D0984018

DICTIONNAIRE
DES AUTEURS DE LANGUE FRANÇAISE
EN AMÉRIQUE DU NORD

RÉGINALD HAMEL
Professeur
à l'Université
de Montréal

JOHN HARE
Professeur
à l'Université
d'Ottawa

PAUL WYCZYNSKI
Professeur
à l'Université
d'Ottawa

DICTIONNAIRE
DES AUTEURS DE LANGUE FRANÇAISE
EN AMÉRIQUE DU NORD

éditions fides

Nous remercions tout particulièrement

le Père Bernard Julien, o.m.i., rédacteur-recherchiste,

et

Madame Diane Auger, recherchiste et coordonnatrice des dossiers biobibliographiques,

associés aux travaux du *Dictionnaire* depuis plusieurs années dont la fidèle collaboration nous a été extrêmement précieuse.

Données de catalogage avant publication (Canada)

Hamel, Réginald, 1931–

    Dictionnaire des auteurs de langue française en Amérique du Nord

    Comprend un index.

    Bibliogr. : p.

    ISBN 2-7621-1475-6

    1. Écrivains canadiens-français — Biographies. 2. Littérature canadienne-française — Biobibliographie. 3. Littérature américaine (française) — Biobibliographie. I. Hare, John, 1933– . II. Wyczynski, Paul, 1921– . III. Titre.

PS8081.H35 1989   C840′.9   C89-096241-3
PS9081.H35 1989
PQ3904.H35 1989

Maquette de la couverture : **Jean-Louis Léger**.

Dépôt légal : 4ᵉ trimestre 1989. Bibliothèque nationale du Québec.

© La Corporation des Éditions Fides, 1989.

TABLE DES MATIÈRES

REMERCIEMENTS

Le *Dictionnaire des auteurs de langue française de l'Amérique du Nord* a bénéficié d'une subvention substantielle du ministère des Affaires culturelles du Québec dont le directeur de l'édition, Monsieur Clément Saint-Germain, nous a témoigné une amitié encourageante. Le Gouvernement de l'Ontario, pour sa part, a accordé à notre projet une aide financière appréciable que ce soit par la voie du ministère des Collèges et Universités ou par l'entremise du ministère des Affaires civiques et culturelles, grâce aux bons soins du ministre, l'Honorable Lily Munro. Le Conseil de recherches en sciences humaines du Canada a bien voulu nous allouer quelques milliers de dollars. L'École des Études supérieures et de la Recherche et la Faculté des Arts de l'Université d'Ottawa nous ont octroyé une subvention d'appoint pour faciliter la finition de notre ouvrage. À tous ces organismes et bienfaiteurs, nous exprimons notre vive reconnaissance.

Nous apprécions grandement la collaboration de l'Université d'Ottawa : ses recteurs, le Révérend Père Roger Guindon, o.m.i., et Monsieur Antoine D'Iorio ainsi que Madame Susan Mann-Trofimenkoff, vice-recteur à l'enseignement et à la recherche, ont toujours manifesté un grand intérêt pour notre entreprise. Au Centre de recherche en civilisation canadienne-française, qui nous a hébergés et qui a contribué au succès de nos travaux d'une façon tangible, et à ses directeurs, Monsieur Pierre Savard et Madame Yolande Grisé, va notre sincère gratitude. Nos remerciements s'adressent aussi au Département des lettres françaises et à la Faculté des arts dont le doyen, Monsieur Marcel Hamelin, nous a fidèlement appuyés tout au long de nos travaux. Enfin, nous sommes très obligés à la Bibliothèque de l'Université d'Ottawa, à la Bibliothèque nationale du Québec et à la Bibliothèque nationale du Canada qui ont facilité nos recherches bibliographiques.

Il nous fait plaisir de souligner le concours de Madame Micheline Tremblay, c.s.c., directrice des Éditions Fides qui ont assuré la publication de notre ouvrage.

Nous reconnaissons l'apport important de nos principaux adjoints de recherche en bibliographie : Francine Morel, Sylvie Auger et Jacques Viens. Lise Ouellet a rempli avec diligence le poste de secrétaire-recherchiste en 1978–1980. Sans leur travail assidu, il aurait été difficile de mener le travail à terme.

Nous gardons également un bon souvenir des assistants de recherche qui ont travaillé occasionnellement avec nous : Katherine Barber, Suzanne Bossé, Jacqueline Charpentier, Lucie Lalonde, Pierre-Yves Major, Guylaine Massoutre, Joanne Whalen, Lucille Auger et Stephan Lake.

Nous avons gré aux écrivains qui ont bien voulu répondre à notre questionnaire et ont ainsi facilité notre travail.

Nous assurons aussi de notre reconnaissance le personnel du Centre de recherche en civilisation canadienne-française de l'Université d'Ottawa : Monique Légaré, Joanne Beauchesne et Louise Beauregard, secrétaires ; France Beauregard, adjointe aux publications et Bernadette Routhier, archiviste de références ; Lucie Pagé et Michel Lalonde, respectivement responsable des archives et archiviste du CRCCF.

Enfin, nous soulignons le précieux concours bénévole de Mademoiselle France Beauregard et de Madame Régine Delabit-Wyczynski lors de la longue et laborieuse correction des épreuves.

Réginald HAMEL
Professeur
à l'Université
de Montréal

John HARE
Professeur
à l'Université
d'Ottawa

Paul WYCZYNSKI
Professeur
à l'Université
d'Ottawa, coordonnateur

INTRODUCTION

HISTORIQUE

Au début des années 1970, il existait peu de dictionnaires consacrés aux auteurs de langue française du Canada. On recourait, selon le cas, au *Dictionnaire général* du Père Louis-Marie Le Jeune, au *Dictionnaire Beauchemin* de Jean-Jacques Lefebvre, au supplément canadien de Sylva Clapin dans le *Petit Larousse illustré* de 1943, ainsi qu'aux deux volumes déjà parus du *Dictionnaire biographique du Canada*. On consultait au besoin *The Macmillan Dictionary of Canadian Biography* de William Stewart Wallace ou *The Oxford Companion to Canadian History and Literature*, préparé par Norah Story.

Vu sous cet angle, le *Dictionnaire pratique des auteurs québécois* pouvait être regardé, en 1976, comme une sorte d'événement. L'ouvrage comprenait quelque six cents écrivains et constituait, dans notre esprit, une première étape de nos recherches. Depuis ce temps ont paru le volumineux *Dictionnaire des œuvres littéraires du Québec*, le *Dictionnaire des écrivains québécois contemporains*, ainsi que plusieurs dictionnaires régionaux. Tous sont utiles, mais par sa facture, ses précisions critiques et bibliographiques, notre dictionnaire gardait sa place et son utilité.

Une douzaine d'années après notre première édition, nous présentons non seulement une édition mise à jour, corrigée et augmentée, mais un ouvrage au titre nouveau, *Dictionnaire des auteurs de langue française en Amérique du Nord*, dont le contenu s'étend au continent nord-américain. La présente version regroupe quelque mille six cents auteurs du Canada et des États-Unis. La tâche n'était pas facile si on pense au nombre encore restreint des instruments de référence, à la matière biographique et bibliographique mouvante des contemporains immédiats, sans compter l'insuffisance nette des subventions.

OBJECTIFS

Il s'agit de fournir l'information aussi précise que possible sur un bon nombre d'auteurs de l'Amérique française. Il va de soi que le *Dictionnaire* réserve une large place aux auteurs québécois, mais il accueille aussi les Acadiens, les Franco-Ontariens, les francophones de l'Ouest canadien et un certain nombre d'auteurs franco-américains et louisianais. On peut rêver d'un ouvrage exhaustif, mais il faudrait rêver aussi d'une équipe immense et de moyens financiers presque illimités. Nous croyons que notre choix est déjà intéressant. La notice biographique succincte et le groupement chronologique des écrits dans le cas de chaque auteur permettent une consultation rapide.

DALFAN

AUTEUR

La définition est souvent arbitraire. Dans le cas du mot « auteur », elle invite d'abord à une comparaison avec le mot « écrivain ». D'après *Larousse*, « auteur » signifie « écrivain, homme ou femme, qui a fait un livre ». De son côté, le *Petit Robert* précise qu'un écrivain est « un auteur qui a le don du style ». Le mot « écrivain », par conséquent, nous semble sémantiquement trop restrictif, car il est d'habitude associé à ceux qui s'imposent dans le monde des lettres par leurs qualités d'écriture ; il désigne principalement les romanciers, les poètes, les dramaturges et les essayistes de marque. Il va de soi que cette catégorie d'auteurs constitue la majeure partie de notre répertoire. Mais il nous a paru également légitime d'inclure ceux qui ont pourtant produit des écrits valables et contribué sensiblement à l'épanouissement des connaissances dans différents domaines : histoire, sociologie, économie, sciences politique et religieuse, droit, géographie, journalisme... Toutes les manifestations d'écriture, chacune correspondant à un genre de perception spécifique, affichent une façon de communiquer différente et témoignent des cheminements de la pensée et de la sensibilité d'un peuple d'expression française. Ainsi, pour nous, *un auteur de langue française en Amérique du Nord est un auteur qui, par ses écrits, a contribué à enrichir, au sens large du terme, la civilisation du Québec, du Canada français et des États-Unis.*

MÉTHODE

a) *Dossier d'auteur*

Avant de rédiger un article, il a fallu constituer un dossier d'auteur, établi d'après des sources diverses : bibliographies, études littéraires, presse périodique, archives publiques et privées, interviews... Un questionnaire a été adressé aux auteurs contemporains et leurs réponses ont été généralement fort utiles. Certains auteurs sont restés introuvables ; d'autres ont refusé d'être inclus dans le dictionnaire ; quelques-uns ont demandé d'omettre certains détails de leur vie ; nous avons respecté leur volonté.

b) *Article*

L'article se compose de deux parties : notice biographique et notice bibliographique. Les auteurs sont classés dans l'ordre alphabétique. Les pseudonymes figurent à leur place respective avec renvois appropriés. La vedette est déterminée par le nom de famille excepté dans quelques cas rares où l'auteur a publié toute son œuvre — ou presque — sous un nom d'emprunt ou un autre nom : Louis Dantin (Eugène Seers), Françoise (Robertine Barry), Marie de l'Incarnation (Marie Guyard), Frère Marie-Victorin (Conrad Kirouac).

c) *Notice biographique*

La notice biographique regroupe plusieurs éléments : le nom et les prénoms de l'auteur, les pseudonymes qu'il a utilisés, ses dates de naissance et de décès, les genres d'écriture pratiqués et l'endroit de sa naissance, les éléments marquants de sa vie (études, carrière professionnelle, distinctions, événements particuliers...). Le *curriculum vitæ* comporte aussi d'autres éléments. L'auteur appartient au patrimoine littéraire d'une collectivité parce qu'il a produit une œuvre écrite que nous présentons d'une façon générale. En principe, figure dans notre *Dictionnaire*, un auteur qui a publié au moins un livre. Parfois nous accueillons un auteur qui ne répond pas exactement à ce critère et qui peut sembler de moindre importance mais qui, à son époque, comptait dans la vie littéraire. Naturellement, nous développons davantage la biographie d'un auteur marquant et nous insistons sur l'œuvre qui a connu un retentissement considérable dans son milieu ou à l'extérieur. Comme il est impossible d'être spécialiste en tout, nous essayons, au lieu de tenter toujours une évaluation personnelle, de présenter les réactions de la critique, empruntant, occasionnellement, des commentaires typiques de l'opinion générale, n'hésitant pas, le cas échéant, à donner le pour et le contre. Les citations proviennent des études retenues dans la section bibliographique ; dans le cas contraire, nous indiquons à même le texte la source de sa provenance. Ainsi constituée, la substance de la notice biographique consiste dans l'articulation mesurée des faits biographiques, des faits littéraires et des commentaires critiques.

d) *Notice bibliographique*

La notice bibliographique se compose de deux sections. La première « Œuvres », comprend l'énumération des écrits de l'auteur, d'abord ses livres et brochures, ensuite un choix d'écrits parus dans la presse périodique, les uns et les autres présentés dans l'ordre chronologique et répartis en deux groupes séparés par un trait prolongé. Dans la deuxième rubrique, « Études », nous présentons, également dans l'ordre chronologique, un choix d'études sur l'auteur, livres et articles réunis dans une seule suite.

La première édition d'un livre comporte toujours une description bibliographique complète. Dans la présentation des éditions subséquentes, nous n'indiquons que les détails bibliographiques qui diffèrent de l'édition précédente. La description de la plupart des livres a été faite volume en main de façon à éviter des erreurs qui peuvent venir de sources bibliographques secondaires et même de fichiers de bibliothèque. Notre description bibliographique respecte les détails que fournit la page de titre (en général c'est la page 5 du volume) : auteur, titre, sous-titre, éditeur, date et lieu de publication. Quant à la pagination, nous incluons dans le nombre de pages en chiffres arabes, la dernière page imprimée, sans pourtant tenir compte de l'« achever d'imprimé », souvent éloigné de plusieurs pages blanches du texte proprement dit. Ce travail s'est effectué à la Bibliothèque nationale du Canada et, en partie, dans différentes bibliothèques d'Ottawa, de Montréal et de Québec. Nous avons fait venir aussi de nombreux livres d'autres bibliothèques du Canada et des États-Unis grâce au service de prêt de la Bibliothèque de l'Université d'Ottawa.

Le *Dictionnaire des auteurs de langue française en Amérique du Nord* couvre la vie littéraire jusqu'en 1986, inclusivement. Cependant, lors de sa composition, nous avons pu ajouter au texte, occasionnellement, certains titres — œuvres d'auteurs, études critiques — pour signaler ainsi quelques faits marquants de dernière heure. Nous espérons — et ce sera à vrai dire notre seule récompense — que notre *dictionnaire* pourra guider efficacement tous ceux qui s'intéressent à l'écriture de langue française en Amérique du Nord.

Ottawa/Montréal, le 20 février 1989

PRÉCIS DE PRÉSENTATION BIBLIOGRAPHIQUE

ENTRÉE BIBLIOGRAPHIQUE

L'entrée bibliographique comprend tous les détails qui composent la présentation d'un imprimé (livres et articles) ou d'un manuscrit (thèses, textes dactylographiés, feuilles remplies d'écriture à la main).

I. Imprimés

a) *Livres et brochures*

Nous donnons d'abord les renseignements suivants :

1. nom et prénom(s) de l'auteur ; les prénoms composés sont unis par un trait d'union ; dans le cas des prénoms juxtaposés, le prénom usuel est mis en évidence par les caractères d'impression ;
2. titre et sous-titre (s'il y en a) en italique ;
3. lieu de publication ;
4. éditeur tel qu'il figure sur la page de titre ;
5. date de publication ;
6. pagination : simple : 242 p. ; double : viii, 256 p. ; multiple : [xi], xix, 197 p. ; suivie : vol. 1, 342 p. ; vol. 2, p. –644. ; dans le cas d'un livre non paginé, nous indiquons, si possible, le nombre de pages : [n.p., 245 p.].

Nous donnons ensuite des renseignements supplémentaires s'il y a lieu :

1. pseudonyme que l'auteur utilise pour signer son livre, ou encore «collab.» si le livre est écrit en collaboration, ou «éditeur» si l'auteur n'est que compilateur de textes ;
2. nom de celui qui a écrit la préface, la présentation ou l'avant-propos ;
3. illustration (Ill.) ou portrait ;
4. nom de la collection entre guillemets ;
5. parfois, entre parenthèses, quelques renseignements pertinents sur le caractère du livre : édition de luxe, tirage limité, livre commémoratif, édition en fac-similé...

Les rééditions se suivent dans l'ordre chronologique, séparées par un point-virgule. On y indique seulement les éléments bibliographiques différents de ceux de l'édition précédente ; si le titre diffère, il est repris en entier. Les traductions figurent à la fin de la notice bibliographique.

b) *Articles*

Nous donnons dans l'ordre :

1. nom et prénom(s) de l'auteur ;
2. titre de l'article en italique ;
3. titre de la revue ou du journal en italique, précédé de la préposition «dans» qui est cependant omise si le titre du périodique est donné sous forme de sigle ou d'abréviation ;
4. volume ou année du périodique ;
5. numéro ;
6. date de la livraison ;
7. pagination : p. 7–8 ; p. 2–3, 7 ; p. C-3.

II. Manuscrits et thèses

Dans le cas d'un manuscrit, le titre est présenté en caractères ordinaires entre guillemets, et si possible, on mentionne également le lieu du dépôt. Les thèses sont présentées de la façon suivante : Gérard Bessette, «Les Images chez Nelligan». Thèse de maîtrise. Université de Montréal, 1946, 100 f.

III. Disques

Certains poèmes — surtout ceux des poètes-chansonniers — ont été mis en musique : ils figurent dans un groupe à part, «Discographie», à la fin de la section « Œuvres ». Nous indiquons le titre du disque, la nature, le lieu et la date de son enregistrement.

ABRÉVIATIONS ET SIGNES CONVENTIONNELS

a) *Abréviations*

collab.	en collaboration avec
déc.	décembre
et al	*et alii*
É.-U.	États-Unis d'Amérique
f.	feuillet, feuillets (dans le cas d'un manuscrit et d'une thèse)
févr.	février
ibid.	*ibidem* (le même ouvrage)
id.	*idem* (le même auteur)
ill.	illustrations
janv.	janvier
nov.	novembre
n°, n°s	numéro, numéros
[n.p.]	non paginé
oct.	octobre
op. cit.	*opere citato*
p.	page, pages
[s.a.]	[sans nom d'auteur]
[s.d.]	[sans date]
[s.é.]	[sans éditeur]
[*sic*]	incorrection
sept.	septembre
t.	tome, tomes
vol.	volume, volumes

b) *Signes conventionnels*

« .... »	Les guillemets réservés d'après l'usage à la citation et aussi pour indiquer les titres de manuscrits, de thèses, de poèmes, des sections d'un ensemble, des parties de livres.
‹ .... ›	Les guillemets simples délimitent une citation dans une citation.
(.......)	Précisions ordinaires, notices explicatives sommaires d'après l'usage courant de la parenthèse ; s'applique aussi aux dates de naissance et de décès.
[.......]	Les crochets encadrent dans l'article, après le nom de l'auteur ses pseudonymes ; ailleurs ils indiquent le passage

	supprimé dans une citation ou reconstituent les éléments qui manquent : É[douard]-Z[otique] Massicotte.
[X......]	Précise le nom véritable de l'auteur dont l'article figure sous un nom d'emprunt : Louis Dantin [X Eugène Seers].
(?)	Faits, renseignements ou jugements incertains.
/	La barre oblique sépare dans une entrée bibliographique deux lieux d'édition, deux noms d'éditeurs : Paris/Montréal, Gallimard/Leméac.

TABLEAU DES SIGLES

C : collection ; le sigle est mis entre guillemets
E : éditeur
J : journal
OC : ouvrage collectif
R : revue

AU	*Action universitaire* (L')	R
« AVS »	Arts, Vie et Sciences au Canada français	C
« BC »	Bibliothèque canadienne	C
« BCF »	Bibliothèque canadienne-française	C
« BES »	Bibliothèque économique et sociale	C
BJ	*Barre du jour* (La)	R
BP	*Bien public* (Le)	J
BPF	*Bulletin du parler français*	R
BRH	*Bulletin des recherches historiques*	R
« BQ »	Bibliothèque québécoise	C
« BT »	Les Beaux Textes	C
C	*Culture*	R
« C »	Constantes	C
Ca	*Canada* (Le)	J
CACF	*Cahiers de l'Académie canadienne-française*	R
CaL	*Canadian Literature*	R
« CC »	Classiques canadiens	C
CCL	*Cahiers de la cité libre*	R
« CCRCCF »	Cahiers du Centre de recherche en civilisation canadienne-française	C
« CCT »	Contes du ciel et de la terre	C
CD	*Cahiers des Dix*	R
CF	*Canada français* (Le)	R
Ch	*Châtelaine*	R
« Ch »	Champlain	C
« CHA »	Canadian Historical Association	C
CHAR	*Canadian Historical Association Report*	R
CHR	*Canadian Historical Review*	R
« CIH »	Cahiers de l'Institut d'histoire	C
CL	*Cité Libre*	R
CLF	Cercle du livre de France	E
« CN »	Cahiers noirs	C
CoI	*Co-Incidences*	R
« CSHQ »	Cahiers de la Société historique du Québec	C
CSM	*Cahiers de Sainte-Marie*	R
« CSM »	Cahiers de Sainte-Marie	C
« CUQ »	Cahiers de l'Université du Québec	C
CuV	*Culture vivante*	R
CV	*Carnets viatoriens*	R

DBC	*Dictionnaire biographique du Canada*	OC
«DDLCF»	Dossiers de documentation sur la littérature canadienne-française	C
Deb	*Débats* (Les)	J
Dev	*Devoir* (Le)	J
DOLQ	*Dictionnaire des œuvres littéraires du Québec*	OC
Dr	*Droit* (Le)	J
«E»	Les Essais	C
«ECA»	Écrivains canadiens d'aujourd'hui	C
ECF	*Écrits du Canada français*	R
EF	*Études françaises*	R
EL	*Études littéraires*	R
«EL»	Études littéraires	C
ES	*Enseignement secondaire* (L')	R
ESC	*Enseignement secondaire au Canada* (L')	R
EUO	Éditions de l'Université d'Ottawa	E
	(Deviennent, en 1987, Presses de l'Université d'Ottawa)	
«F»	Fiction	C
«FC»	Figures canadiennes	C
«FL»	Fleur de lys	C
«GA»	Grande Aventure	C
«GD»	La Gerbe d'or	C
«H»	Historique	C
HS	*Histoire sociale*	R
«Hu»	Humanitas	C
«HV»	Histoire vivante	C
I	*Incidences*	R
«IJ»	Les Idées du jour	C
«J»	Les Jugements	C
L	*Liberté*	R
LAC	*Livres et Auteurs canadiens*	R
	(À partir de 1969, revue connue sous le nom de *Livres et Auteurs québécois*)	
LAQ	*Livres et Auteurs québécois*	R
	(Avant 1969, revue connue sous le nom de *Livres et Auteurs canadiens*)	
LCA	Les lettres canadiennes d'autrefois	C
«LQ»	Lecture Québec	C
LQ	*Lettres québécoises*	R
M	*Maintenant*	R
«M»	Les Matinaux	C

MI	*Monde illustré* (Le)	R
MM	*Magazine Maclean*	R
MSGCF	*Mémoires de la Société généalogique canadienne-française*	R
MSRC	*Mémoires de la Société royale du Canada*	R
« N »	Nénuphar	C
NBJ	*Nouvelle Barre du jour*	R
« NF »	Nouvelle-France	C
No	*Nouvelliste* (Le)	J
« NP »	Nouvelle Prose	C
NR	*Nouvelle Relève* (La)	R
	(Continuation de *La Relève*)	
NSC	*Nouvelles Soirées canadiennes*	R
P	*Patrie* (La)	J
« P »	Paroles	C
« PA »	Poètes d'aujourd'hui	C
« PaJ »	Pays du jour	C
« PC »	Poésie canadienne	C
Pe	*Perspective*	R
« Pe »	Pélican (Le)	R
PJ	*Petit Journal* (Le)	J
« PJ »	Poètes du jour	C
« Po »	Poèmes (Les)	C
« PoC »	Livre de poche canadien (CLF)	C
PP	*Parti Pris*	R
« PQ »	Poésie du Québec	C
Pr	*Presse* (La)	J
PUF	Presses universitaires de France	E
PUL	Presses de l'Université Laval	E
PUM	Presses de l'Université de Montréal	E
PUO	Presses de l'Université d'Ottawa	E
	(Continuation, à partir du 1er janvier 1987, des Éditions de l'Université d'Ottawa)	
PUQ	Presses de l'Université du Québec	E
PV	*Pamphlets de Valdombre* (Les)	R
« R »	Reconnaissance	C
RAPQ	*Rapport de l'archiviste de la Province de Québec*	R
RC	*Revue canadienne* (La)	R
« RC »	Radio-Collège	C
RD	*Revue dominicaine* (La)	R

Re	*Relève* (La)	R
	(Cette revue deviendra *La Nouvelle Relève*)	
Rel	*Relations*	R
RHAF	*Revue d'histoire de l'Amérique française*	R
« RJ »	Romanciers du jour	C
RN	*Le Répertoire national : recueil de littérature canadienne*, Montréal, Lovell et Gibson, 1848–1850, 4 vol.	OC
	Textes recueillis par James Huston ; 2ᵉ éd. J.-M. Valois, 1893, 4 vol. Fac-similé de la première édition, 1982, Montréal, VLB éditeur, 4 vol., avec une préface de Robert Mélançon	
« RoC »	Roman canadien (Le)	C
« RQ »	Répertoire québécois	C
RS	*Recherches sociographiques*	R
RSCHE	*Rapport de la Société canadienne d'histoire d'Église*	R
RUL	*Revue de l'Université Laval*	R
RUO	*Revue de l'Université d'Ottawa*	R
« RV »	Rêve et Vie	C
Sa	*Samedi* (Le)	J
« SHC »	Société historique du Canada	C
So	*Soleil* (Le)	J
« TA »	Coll. de la Tête armée	C
« TC »	Théâtre canadien	C
« TJ »	Théâtre du jour	C
TV	*Théâtre vivant* (Le)	R
UTP	University of Toronto Press	E
VI	*Voix et Images*	R
« ViLC »	Visages des lettres canadiennes	C
VIP	*Voix et Images du pays*	R
« VLC »	Vie des lettres canadiennes	C
	(Devient Vie des lettres québécoises)	
« VLQ »	Vie des lettres québécoises	C
	(Continuation de Vie des lettres canadiennes)	
VP	*Vient de paraître*	R
« Z »	Zodiaque	C

INSTRUMENTS DE TRAVAIL

La présente bibliographie n'offre au lecteur qu'un choix d'ouvrages dont il aura occasionnellement besoin pour élargir ses connaissances sur les auteurs de langue française en Amérique du Nord. Sans vouloir couvrir d'une façon exhaustive les secteurs du savoir, nous lui proposons plutôt des jalons bibliographiques, en insistant sur les ouvrages les plus importants et les plus récents. Pour donner à l'ensemble plus de relief, nous groupons les titres selon le plan suivant :

A. BIBLIOGRAPHIES ET RÉPERTOIRES

B. DICTIONNAIRES ET ENCYCLOPÉDIES

C. ANTHOLOGIES

D. OUVRAGES DE SYNTHÈSE

    1) guides littéraires et culturels
    2) ouvrages de littérature
    3) ouvrages d'histoire
    4) ouvrages d'idéologies

E. REGARDS SUR LA LANGUE FRANÇAISE AU CANADA

A. *BIBLIOGRAPHIES ET RÉPERTOIRES*

AUBIN, Paul, *Bibliographie de l'histoire du Québec et du Canada (1966-1975)*, Québec, Institut québécois de recherche sur la culture, 1981, 1425 p.; *id.* et Louis-Marie Côté, *(1976-1980)*, 1985, lxiv, 1316 p.

BEAULIEU, André et Jean HAMELIN, *La Presse québécoise des origines à nos jours*, Québec, PUL, 1973-   , t. 1, *1764-1859*, 1973, xi, 268 p.; t. 2, *1860-1879*, 1975, xv, 350 p.; t. 3, *1880-1895*, 1977, xv, 421 p.; t. 4, *1896-1910*, 1979, xv, 417 p.; t. 5. *1911-1919*, 1982, xv, 348 p.; t. 6, *1920-1934*, 1984, xv, 379 p.; t. 7, *1935-1944*, 1985, xvii, 374 p.

BESSETTE, Émile, Réginald HAMEL et Laurent MAILHOT, *Répertoire pratique de littérature et de culture québécoise*, Montréal, Fédération internationale des professeurs de français, 1982, 64 p.

BESTERMAN, Théodore, *A World Bibliography of Bibliographies*, Lausanne, Societas bibliographica, 1965-1966, 5 vol. Avec des rubriques spéciales sur la littérature française, la langue française et la littérature canadienne de langue anglaise et française. Le 5e volume est un index des quatre volumes précédents.

[BIBLIOTHÈQUE NATIONALE DU CANADA], *Thèses canadiennes/Canadian Theses*, Ottawa, BNC, 1960-1980. Répertoire publié annuellement; remplacé par une publication semestrielle sur microfiches.

[BIBLIOTHÈQUE NATIONALE DU QUÉBEC], *Bibliographie du Québec : liste mensuelle des publications québécoises*, Montréal, BNQ, 1968, 1 vol., publiée trimestriellement d'avril 1969 à mars 1972, puis mensuellement depuis 1972.

ID., *Les Ouvrages de référence du Québec*, Québec/Montréal, Ministère des Affaires culturelles/BNQ, 1969, xii, 184 p. Bibliographie analytique compilée par Réal Bosa.

ID., *Bibliographie de bibliographies québécoises*, Montréal, BNQ, 1979, 2 vol., 573 p. Compilée par le Centre bibliographique sous la direction d'Henri-Bernard Boivin. *Premier supplément*, 1980, 145 p.

ID., *Bibliographie du Québec, 1821-1967*, [Montréal], BNQ, 1980-   , 22 tomes parus. Bibliographie retrospective des monographies parues au Québec de 1821 à 1867.

ID., *Catalogue de la Bibliothèque nationale du Québec : revues québécoises*, Québec/Montréal, Ministère des Affaires culturelles/BNQ, 1981– , 3 vol.

ID., *Catalogue collectif des impressions québécoises, 1764-1820*, Québec/Montréal, Ministère des Affaires culturelles/BNQ, [1984], xxxiii, 251, 195 p. Compilé par Milda Vlach et Yolande Buono.

BOIVIN, Aurélien, *Le Conte littéraire québécois au XIXᵉ siècle. Essai de bibliographie critique et analytique*, Montréal, Fides, [1975], xxxvii, 385 p.

CANTIN, Pierre, Normand HARRINGTON et Jean-Paul HUDON, *Bibliographie de la critique de la littérature québécoise dans les revues des XIXᵉ et XXᵉ siècles*, Ottawa, Centre de recherche en civilisation canadienne-française, 1979, 5 vol. : t. 1, *Études*, x, 155 p. ; t. 2, *Auteurs : A–C*, p. 156-360 ; t. 3, *Auteurs : D–G*, p. 361-603 ; t. 4, *Auteurs : H–M*, p. 604-849 ; t. 5, *Auteurs : N–Z*, p. 850-1254. « Documents de travail du Centre de recherche en civilisation canadienne-française », 12-16. Inventaire jusqu'en 1974.

CHABOT, Juliette, *Bio-bibliographies d'écrivains canadiens-français. Une liste des bio-bibliographies présentées par les élèves de l'École de bibliothécaires de l'Université de Montréal*, Montréal, Université de Montréal, 1970, 75 p.

DESCHAMPS, Marcel et Deny TREMBLAY, *Dossier en théâtre québécois. Bibliographie*, Jonquière, Presses collégiales de Jonquière, 1972, x, 196 p. Préface de Pierre-Paul Troestler.

DIONNE, René, *Bibliographie de la littérature ontaroise et franco-ontarienne*, Ottawa, CRCCF/Université d'Ottawa, 1981, viii, 204 p. « Documents de travail du Centre de recherche en civilisation canadienne-française », 10.

ID. et Pierre CANTIN, *Bibliographie de la critique*, dans la *Revue d'histoire littéraire du Québec et du Canada français*, nᵒ 1, 1979-1987. Chaque numéro présente une tranche de cette bibliographie de la critique parue depuis 1974. *Bibliographie de la critique de la littérature québécoise et canadienne-française dans les revues canadiennes (1974-1978)*, Ottawa, PUO, 1988, 480 p.

DOSSICK, Jesse J., *Doctoral Research on Canada and Canadians. Thèse de doctorat concernant le Canada et les Canadiens, 1884-1983*, Ottawa, National Library of Canada/Bibliothèque nationale du Canada, 1986, xv, 559 p.

HAMEL, Réginald, *Bibliographie des lettres canadiennes-françaises, 1965*, EF (nᵒ spécial), juin 1966, 111 p.

ID., *Cahiers bibliographiques des lettres québécoises*, Montréal, Université de Montréal, Centre de documentation des lettres canadiennes-françaises, 1966-1969, 4 vol.

ID., *Le Québec et sa littérature. Notes et Documents. Comptes rendus, informations, bibliographie*, dans *Revue d'histoire littéraire de la France*, 69ᵉ année, nᵒ 5, sept.-oct. 1969, p. 808-821. Un choix bibliographique des lettres québécoises, 1764-1967.

HARE, John, *Bibliographie du roman canadien-français, 1837-1962*, dans *Le Roman canadien-français*, Montréal, Fides, 1963, p. 375-456. « ALC » 3 ; avec un supplément *1963-1969*, 1971, p. 415-511 ; 1977.

ID., *Les Canadiens français aux quatre coins du monde. Une bibliographie commentée des récits de voyage, 1670-1914*, Québec, Société historique de Québec, 1964, 213 p.

ID., *Bibliographie de la poésie canadienne-française, des origines à 1967*, dans *La Poésie canadienne-française*, Montréal, Fides, 1969, p. 601-698. « ALC » 4.

ID., *Bibliographie du théâtre canadien-français (des origines à 1973)*, dans *Le Théâtre canadien-français*, Montréal, Fides, 1976, p. 951-999. « ALC » 5.

ID., Chantal MOTARD et Robert VIGNEAULT, *Bibliographie représentative de la prose d'idées au Québec, des origines à 1980*, dans *L'Essai et la prose d'idées au Québec*, Montréal, Fides, 1985, p. 783-921. « ALC » 6.

ID., et Jean-Pierre WALLOT, *Les Imprimés dans le Bas-Canada, 1801-1810*, Montréal, PUM, 1967, xxiii, 383 p.

HARGER-GRILING, Virginia A., *Aide bibliographique pour l'étude du nouveau roman canadien-français*, [Regina], University of Regina, 1976, iii–57 p.

HAYNE, David M. et Marcel TIROL, *Bibliographie critique du roman canadien-français, 1837-1900*, Toronto, UTP, 1968, viii, 144 p.

LAMONDE, Yvan, *Je me souviens. La Littérature personnelle au Québec (1860-1980)*, Québec, Institut québécois de recherche sur la culture, 1983, 275 p.

LAVOIE, Pierre, *Pour suivre le théâtre au Québec : les ressources documentaires*, [Québec], Institut québécois de recherche sur la culture, 1985, 521 p. « Instruments de travail », 9.

MONIÈRE, Denis et André VACHET, *Les Idéologies au Québec (bibliographie)*, Montréal, BNQ, 1977, 156 p. Préface de Jean-Rémi Brault.

NAAMAN, Antoine et Léo-A. BRODEUR, *Répertoire des thèses littéraires canadiennes de 1921 à 1976*, Sherbrooke, Éditions Naaman, 1978, 453 p. « Bibliographies », 3.

PAGÉ, Pierre, *Répertoire des œuvres de la littérature radiophonique québécoise, 1930-1970*, Montréal, Fides, 1975, 826 p. « Archives québécoises de la radio et de la télévision », 1. Collab. Renée LEGRIS et Louise BLOUIN.

ID. et Renée LEGRIS, *Répertoire des dramatiques québécoises à la télévision, 1952-1977*, Montréal, Fides, 1977, 252 p.

RINFRET, Édouard-G., *Le Théâtre canadien d'expression française. Répertoire analytique des origines à nos jours*, Montréal, Leméac, 1975-1978, 4 vol. ; t. 1, 389 p. ; t. 2, 404 p. ; t. 3, 387 p. ; t. 4, 338 p.

ROY, Zo-Ann, *Bibliographie des contes, récits et légendes du Canada français*, Boucherville, Éditions Proteau, 1983, 326 p.

SABOURIN, Conrad F. et Rolande M. LAMARCHE, *La Francité canadienne. Vol. 1, Aspects linguistiques. Bibliographie*, Montréal, Université de Montréal, [1986], 395 p.

SPEHNER, Norbert, *Écrits sur la science-fiction*, Longueuil, Le Préambule, 1988, 534 p. « Paralittératures ».

STRATFORD, Philip, *Bibliography of Canadian Books in Translation. French to English and English to French. Bibliographie de livres canadiens traduits de l'anglais*

au français et du français à l'anglais, Ottawa, HRCC/
CCRH, 1981, 78 p.

TANGHE, Raymond, *Bibliographie des bibliographies canadiennes. Bibliography of Canadian Bibliographies*,
2e édition, revue et augmentée par Douglas LOCHEAD,
Toronto, UTP, 1972, xiv, 312 p.

THIBAULT, Claude, *Bibliographia Canadiana*, Toronto,
Longmans Canada Ltd, 1973, lxiv, 795 p. Questions
d'histoire.

TOUGAS, Gérard, *A Checklist of Printed Materials Relating
to French-Canadian Literature, 1763-1968/Liste de
référence d'imprimés relatifs à la littérature canadienne-
française* Vancouver, University of British Columbia
Press, 1972, xvi, 174 p. Deuxième édition revue et
augmentée. (Première édition en 1958).

TREMBLAY, Jean-Pierre, *Bibliographie québécoise. Roman.
Théâtre. Chanson. Inventaire des Écrits du Canada
français*, [s.l., s.é.], 1973, 252 p.

TREMAINE, Marie, *A Bibliography of Canadian Imprints,
1751-1800*, Toronto, UTP, 1952, xxvii, 705 p.

B. *DICTIONNAIRES ET ENCYCLOPÉDIES*

BOIVIN, Aurélien et Jean-Marc BOURGEOIS, *Littérature
du Saguenay-Lac-St-Jean. Répertoire des œuvres et
des auteurs*, [Alma], Éditions du Royaume, [1980],
147 p.

BRULOTTE, Gaétan, Alexis KLIMOV et Bernard POZIER,
*Écrivains de la Mauricie. Dictionnaire bio-bibliogra-
phique critique et anthologique*, [Trois-Rivières], Éditions du Bien public, 1981, 274 p.

The Canadian Encyclopedia, Edmonton, Hurtig, 1985,
3 vol., 2089 p. (pagination continue). Nouvelle édition
en 4 vol. en 1988. Aussi édition française : *L'Encyclopédie du Canada*, Montréal, Stanké, 1987, 3 vol.

Dictionnaire biographique du Canada, Québec, PUL,
1966-   ; t. 1, *De l'an 1000 à 1700*, 1966, xxv, 774 p. ;
t. 2, *De 1701 à 1740*, 1969, xli, 791 p. ; t. 3, *De 1741 à
1770*, 1974, xlv, 842 p. ; t. 4, *1771 à 1800*, 1980, lxiii,
980 p. ; t. 5, *1801-1820*, 1983, xxx, 1136 p. ; t. 8, *De
1851 à 1860*, 1985, xiv, 1243 p. ; t. 9, *De 1861 à 1870*,
1977, xiii, 1057 p. ; t. 10, *De 1871 à 1880*, 1972, xxxii,
984 p. ; t. 11, *De 1881 à 1890*, 1982, xx, 1192 p.

*Dictionnaire de l'Amérique française. Francophonie nord-
américaine hors Québec*, Ottawa, PUO, 1988, 386 p.
Préparé par Charles DUFRESNE, Jacques GRIMARD,
André LAPIERRE, Pierre SAVARD et Gaétan VALLIÈRES.

Dictionnaire des écrivains québécois contemporains, Montréal, Québec/Amérique, 1983, 399 p. Éditeur : Yves
LÉGARÉ.

Dictionnaire des œuvres littéraires du Québec, Montréal,
Fides, 1978-1987 ; t. 1, *Des Origines à 1900*, 1978, lxvi,
918 p. ; t. 2, *De 1900 à 1939*, 1980, 1365 p. ; t. 3, *De
1940-1959*, 1982, xcii, 1252 p. ; t. 4, *De 1960-1969*,
1984, lxiii, 1123 p. ; t. 5, *De 1970-1975*, 1987, lxxxvii,
1133 p. Sous la direction générale de Maurice LEMIRE.

Encyclopedia of Music in Canada, Toronto, University
of Toronto Press, 1981, xxix, 1076 p. Version française :
L'Encyclopédie de la musique au Canada, Montréal,

Éditions Fides, 1981, 1200 p. Éditeurs : Helmut KALL-
MANN, Gilles POTVIN et Kenneth WINTERS.

L'Encyclopédie du Québec, Montréal, Éditions de
l'homme, 1973, 2 vol. « Encyclopédie du Canada français », vol. 5-6.

GALLANT, Melvin et Ginette GOULD, *Portraits d'écrivains.
Dictionnaire des écrivains acadiens*, [Moncton], Éditions
d'Acadie, 1982, [n.p., 180 p.]

HOULE, Ghislaine et Jacques LAFONTAINE, *Écrivains québécois de nouvelle culture*, Montréal, Ministère des
Affaires culturelles/Bibliothèque nationale du Québec,
1975, 137 p. « Bibliographies québécoises », 2.

HOUYOUX, Philippe, *Auteurs et Compositeurs de la Mau-
ricie et du centre du Québec : liste provisoire*, [Trois-
Rivières], Bibliothèque de l'Université du Québec à
Trois-Rivières, 1978, v, 109 p.

LE JEUNE, Louis-Marie, o.m.i., *Dictionnaire général de
biographie, histoire, littérature, agriculture, commerce,
industrie et des arts, sciences, mœurs, coutumes, institutions politiques et religieuses du Canada*, [Ottawa],
Université d'Ottawa, [1931], 2 vol. : t. 1 : viii, 862 p. ;
t. 2 : 828 p.

LEFÈBVRE, Jean-Jacques, *Le Canada, l'Amérique*, dans
Dictionnaire Beauchemin canadien, Montréal, librairie
Beauchemin ltée, 1968, supplément, p. 1-370.

LEGRIS, Renée, *Dictionnaire des auteurs du radio-feuilleton
québécois*, Montréal, Fides, 1981, 200 p. « Radiophonie
et Société québécoise ». Collab. Pierre PAGÉ, Suzanne
ALLAIRE-POIRIER, Louise BLOUIN.

OLIVIER, Réjean, *Répertoire des auteurs contemporains
de la région de Lanaudière*, [Joliette], Éditions Plein
Bords, 1981, 320 p.

PONTAUT, Alain, *Dictionnaire critique du théâtre québécois*, Montréal, Leméac, 1972, 161 p.

SYLVESTRE, Guy, Brandon CONRON et Carl F. KLINCK,
Écrivains canadiens/Canadian Writers, Montréal, Éditions HMH, 1964, xvi, 163 p. ; 1966, 186 p.

TOYE, William *et al*, *The Oxford Companion to Canadian
Literature*, Toronto, Oxford University Press, 1983,
xviii, 843 p.

VINET, Bernard, *Pseudonymes québécois*, Québec, Éditions
Garneau, [1974], xiv, 363 p.

WALLACE, William Stewart, *The Macmillan Dictionary
of Canadian Biography*, Toronto, Macmillan, [1963],
(4), 822 p. ; 1967, [1978], 914 p.

C. *ANTHOLOGIES*

ANCELET, Barry Jean, *Cris sur le bayou. Naissance d'une
poésie acadienne en Louisiane*, Montréal, Éditions
Intermède, 1980, 143 p.

Anthologie de la littérature québécoise, Montréal, La
Presse, 1978-1980, 4 vol. ; t. 1, Léopold LEBLANC,
Écrits de la Nouvelle-France, 1534-1760, 1978, xiii,
311 p. ; t. 2, René DIONNE, *La Patrie littéraire, 1760-1895*,
1978, xii, 516 p. ; t. 3, Gilles MARCOTTE et François
HÉBERT, *Vaisseau d'or et Croix du chemin, 1895-1935*,
1979, xv, 498 p. ; t. 4, René DIONNE et Gabrielle

POULIN, *L'Age de l'interrogation, 1937-1952*, 1980, xiii, 463 p. Sous la direction de Gilles MARCOTTE.

BESSETTE, Gérard, *Anthologie d'Albert Laberge*, Montréal, CLF, 1972, xl, 257 p.

DOAT, Jan, *Anthologie du théâtre québécois, 1606-1970*, Québec, Éditions Laliberté, 1973, 505 p.

DUVAL, Étienne F. et Jean LAFLAMME, *Anthologie thématique du théâtre québécois du XIXe siècle*, Montréal, Leméac, 1978, 463 p.

GRISÉ, Yolande, *Anthologie des textes littéraires franco-ontariens*, 4 vol. : surtout t. 4, *Pour se faire un nom*, Montréal, Fides, 1982, 322 p.

HAMEL, Réginald, *La Louisiane créole littéraire, politique et sociale, 1762-1900*, Montréal, Leméac, 1984, 2 vol., 679 p.

HARE, John, *Anthologie de la poésie québécoise du XIXe siècle (1790-1890)*, Montréal, Hurtubise HMH, 1979, 410 p.

MAILHOT, Laurent, *Essais québécois, 1837-1983*, Montréal, Hurtubise HMH, 1984, 658 p. Collab. Benoît MELANÇON.

ID. et Pierre NEPVEU, *La Poésie québécoise des origines à nos jours*, Québec/Montréal, PUQ/Éditions de l'Hexagone, 1980, 714 p. Ill. ; 1986, 637 p. « Typo poésie » (édition remaniée).

MAILLET, Marguerite, Gérard LEBLANC et Bernard ÉMONT, *Anthologie de textes littéraires acadiens*, Moncton, Éditions d'Acadie, [1979], 643 p.

MOREAU, Gérald, *Anthologie du roman canadien-français*, Montréal, Lidéc, [1973], 224 p.

PAGÉ, Pierre et Renée LEGRIS, *Le Comique et l'humour à la radio québécoise. Aperçus historiques et textes choisis 1930-1970*, t. 1, Montréal, Éditions La Presse, 1973, 677 p. ; t. 2, Montréal, Fides, 1979, 736 p.

ROCHE, François, *Les Francos de la Nouvelle-Angleterre, anthologie franco-américaine (XIXe et XXe siècle)*, Le Creusot, LARC [Centre d'action culturelle]/Langues, cultures et communications, 1981, 220 p.

SAINT-PIERRE, Annette, *Répertoire littéraire de l'Ouest canadien*, Saint-Boniface, Collège Universitaire de Saint-Boniface, Centre d'études franco-canadiennes de l'Ouest, 1984, ix, 368 p.

SANTERRE, Richard, *Anthologie de la littérature franco-américaine de la Nouvelle-Angleterre*, Bedford/Manchester, N.H., NMDCF, 1980-1982, 9 vol.

SYLVESTRE, Guy, *Anthologie de la poésie québécoise*, Montréal, Beauchemin, 1974, 412 p. Septième édition. Les éditions antérieures, sous le titre *Anthologie de la poésie canadienne d'expression française*, furent publiées en 1942, 1958, 1961, 1963, 1966 et 1971.

THÉRIO, Adrien, *Conteurs canadiens-français (époque contemporaine)*, Montréal, Librairie Déom, 1970, 377 p. ; troisième édition en 1976.

ID., *Conteurs québécois, 1900-1940*, Ottawa, PUO, 1988, 229 p. « Cahiers du CRCCF ».

VIATTE, Auguste, *Anthologie littéraire de l'Amérique francophone. Littératures canadienne, louisianaise, haïtienne, de la Martinique, de la Guadeloupe et de la Guyane*, Sherbrooke, CELEF, Université de Sherbrooke, [1971], 519 p.

D. *OUVRAGES DE SYNTHÈSE*

1) *Guides littéraires et culturels*

ARCHAMBAULT, Michèle, *Guide bibliographique des lettres françaises et québécoises*, Montréal, Bibliothèque de l'Université de Montréal, 1977, 120 p.

BEAULIEU, André et Monique MAILLOUX, *Introduction aux ouvrages généraux de référence encyclopédies, dictionnaires, annuaires etc. Choix d'ouvrages de la collection de la Bibliothèque de l'Université Laval*, Québec, Bibliothèque de l'Université Laval, 1970, 45 p.

[BIBLIOTHÈQUE NATIONALE DU QUÉBEC], *Catalogue des publications*, Montréal, Ministère des Affaires culturelles, 1988, 69 p. Cinquième édition.

DIONNE, René, *La Littérature canadienne de langue française*, [Ottawa], Secrétariat d'État du Canada, 1988, 35, 31 p. « Guides pédagogiques des études canadiennes ». Texte en français et en anglais.

DU BERGER, Jean, *Introduction aux études en arts et traditions populaires, première partie : éléments de bibliographie et choix de textes historiques*, Québec, PUL, 1973, iii, 268 p. « Dossiers de documentation des Archives de folklore de l'Université Laval », 5.

FORTIN, Marcel, Yvan LAMONDE et François RICARD, *Guide de la littérature québécoise*, Montréal, Boréal, 1988, p. 154.

GAUVIN, Lise et Laurent MAILHOT, *Guide culturel du Québec*, Montréal, Boréal Express, 1982, 535 p.

LEBLANC, Léopold, *Introduction à la littérature : guide de l'étudiant*, [Montréal], Librairie de l'Université de Montréal, 1972, 133 p.

[LEMIEUX, Louise, c.n.d.], *Auteurs canadiens pour la jeunesse. 22 biographies et bibliographies*, [s.l., s.é.], 1975, 32 p. « Communications-Jeunesse », 2.

2) *Ouvrages de littérature*

Archives des lettres canadiennes, publication du Centre de recherche en civilisation canadienne-française de l'Université d'Ottawa, sous la direction générale de Paul WYCZYNSKI, 6 vol. : t. 1, *Mouvement littéraire de Québec (1860)*, Ottawa, EUO, 1961, 221 p. ; t. 2, *L'École littéraire de Montréal*, 2e édition, Montréal, Fides, 1972, 353 p. ; t. 3, *Le Roman canadien-français*, 3e édition, Montréal, Fides, 1977, 516 p. ; t. 4, *La Poésie canadienne-française*, 1969, 701 p. ; t. 5, *Le Théâtre canadien-français*, 1976, 1005 p. ; t. 6, *L'Essai et la prose d'idées au Québec*, 1985, 926 p. ; t. 7, *Le Nigog*, 1987, 390 p.

CHASSÉ, Paul-P., *Les Poètes franco-américains de la Nouvelle-Angleterre, 1875-1925*, Somerworth [NH.], Éditions de l'Abbaye de Thélème à l'Étang des Lys, 1968, (2), 479 p.

GRANDPRÉ, Pierre de, *et al*, *Histoire de la littérature française du Québec*, Montréal, Beauchemin, 1967-1969,

4 vol.; t. 1, [*1534–1900*], 1967, 368 p.; t. 2, *(1900–1945)*, 1968, 390 p.; t. 3, *(1945 à nos jours) — la poésie*, 1969, 407 p.; t. 4, *roman, théâtre, histoire, journalisme, essai, critique (de 1945 à nos jours)*, 1969, 428 p.

GAY, Paul, *La Vitalité littéraire de l'Ontario français*, Ottawa, Les Éditions du Vermillon, 1986, 239 p. «Paedagogus».

HÉBERT, Pierre, *Le Journal intime au Québec. Structure, évolution, réception*, Montréal, Fides, 1988, 209 p. Collab. Marilyn Baszczynski.

LEMIEUX, Louise, *Pleins Feux sur la littérature de jeunesse au Canada français*, [Montréal], Leméac, 1972, 342 p.

LEMIRE, Maurice, *Introduction à la littérature québécoise (1900–1939)*, Montréal, Fides, 1981, 171 p.

ID., [éditeur], *Le Poids des politiques : livres, lecture et littérature*, Québec, Institut québécois de recherche sur la culture, 1987, 191 p.

LORTIE, s.c.o., Jeanne d'Arc, *Les Textes poétiques du Canada français, 1606–1867*, Montréal, Fides, vol. 1, *1606–1806*, 1987, lxxii, 613 p. Collab. Pierre SAVARD et Paul WYCZYNSKI; vol. 2, *1806–1826*, 1989, lxxiv, 739 p. Collab. Yolande GRISÉ, Pierre SAVARD et Paul WYCZYNSKI.

MAILHOT, Laurent, *La Littérature québécoise*, Paris, PUF, 1974, 126 p. «Que sais-je?»

MAILLET, Marguerite, *Histoire de la littérature acadienne. De rêve en rêve*, Moncton, Éditions d'Acadie, 1983, 262 p.

MOISAN, Clément, *Comparaison et raison. Essais sur l'histoire et l'institution des littératures canadienne et québécoise*, Montréal, Hurtubise HMH, 1987, 180 p. «Constantes».

Le Québécois et sa littérature, Sherbrooke, Éditions Naaman, 1984, 462 p. Sous la direction de René DIONNE.

SMART, Patricia, *Écrire dans la maison du père. L'Émergence du féminin dans la tradition littéraire du Québec*, Montréal, Québec/Amérique, 1988, 337 p.

TOUGAS, Gérard, *Histoire de la littérature canadienne-française*, Paris, PUF, 1960, 286 p.; *La Littérature canadienne-française*, 1974, 270 p.

VIATTE, Auguste, *Histoire de la littérature de l'Amérique française des origines à 1950*, Québec/Paris, PUL/PUF, 1954, xi, 545 p.

3) Ouvrages d'histoire

BROWN, Craig, [éditeur], *Illustrated History of Canada*, Toronto, Lester & Orpen Dennys Ltd., 1987, 574 p. Collab. Ramsay COOK, Christopher MOORE, Desmond MORTON, Arthur RAY, Peter WAITE, Graeme WYNN. Version française : *Histoire générale du Canada*, Montréal, Éditions de Boréal, 1988, 694 p. Ill. Sous la direction de Paul-André LINTEAU, traduction et adaptation par Michel BUTTINS, Andrée DÉSILETS, Suzanne MINEAU, Paule SAINT-ONGE, Marcel TRUDEL.

CASANOVA, Jacques-Donat, *Une Amérique française*, Québec, Éditeur officiel du Québec, 1975, 160 p.

CHOQUETTE, Robert, *L'Ontario français, historique*, Montréal, Éditions Études vivantes, 1980, viii, 272 p.

DE GRÂCE, Éloi, Georgette DESJARDINS et Rose-Alma MALLET, *Histoire d'Acadie par les textes*, [Fredericton], Ministère de l'Éducation du Nouveau-Brunswick, [1976], 4 vol.

FRÉMONT, Donat, *Les Français dans l'Ouest canadien*, Saint-Boniface, Éditions du Blé, 1980, 192 p.

GAGNON, Serge, *Le Québec et ses historiens de 1840 à 1920*, Québec, PUL, 1978, 474 p.

HAMELIN, Jean et Yves ROBY, *Histoire économique et sociale du Québec, 1851–1896 : structures et conjonctures*, Montréal, Fides, 1971, 436 p.

HARRIS, Richard C. et Geoffrey J. MATTHEWS, [éditeurs], *Historical Atlas of Canada*, Toronto, UTP, 1987, vol. 1. Version française : *Atlas historique du Canada*, Montréal, PUM, 1987, vol. 1. Éditeur: Louise DECHÊNE.

LACOURSIÈRE, Jacques, Jean PROVENCHER et Denis VAUGEOIS, *Canada-Québec : synthèse historique*, Montréal, Renouveau pédagogique, 1978, 625 p.

LAPIERRE, Jean-William et Muriel ROY, *Les Acadiens*, Paris, PUF, 1983, 127 p. «Que Sais-je?»

LINTEAU, Paul-André, René DUROCHER et Jean-Claude ROBERT, *Histoire du Québec contemporain*; t. 1, *De la Confédération à la Crise (1867–1929)*, Montréal, Éditions du Boréal Express, 1979, 658 p.; LINTEAU, Paul-André, René DUROCHER, François RICARD, Jean-Claude ROBERT, t. 2, *Le Québec depuis 1930*, Montréal, Éditions du Boréal Express, 1986, 739 p.

OUELLET, Fernand, *Histoire économique et sociale du Québec 1760–1950 : structures et conjonctures*, Montréal, Fides, 1966, 639 p.

ID., *Le Bas-Canada, 1791–1840 : changements structuraux et crise*, Ottawa, EUO, 1976, 541 p.

TROFIMENKOFF, Susan Mann, *The Dream of Nation : a Social and Intellectual History of Quebec*, Toronto, Gage, 1983 [1982], 344 p. Ill. Version française : *Visions nationales : une histoire du Québec*, Saint-Laurent, Éditions du Trécarré, [1986], 455 p.

TRUDEL, Marcel, *Atlas historique du Canada français. Des débuts à la Confédération*, Québec, PUL, 1961, 91 cartes.

ID., *Histoire de la Nouvelle-France*, Montréal, Fides, 1963–1983, 3 vol.

ID., *Initiation à la Nouvelle-France*, Montréal/Toronto, Holt, Rinehart et Winston Limitée, 1968, xviii, 323 p.

ID., Guy FRÉGAULT et Michel BRUNET, *Histoire du Canada par les textes*, Montréal, Éditions Fides, 1962, 2 vol. (Première édition en 1952.)

VOISINE, Nive, *Histoire de l'Église catholique au Québec (1608–1970)*, Montréal, Fides, 1971, 112 p.

WALLOT, Jean-Pierre, *Un Québec qui bougeait*, Montréal, Boréal Express, 1973, 345 p.

4) Ouvrages d'idéologies

BERNARD, Jean-Paul, [éditeur], *Les Idéologies québécoises du XIXe siècle*, Montréal, PUQ, 1973, 151 p.

DUMONT, Fernand, Jean-Paul MONTMINY et Jean HAMELIN, [éditeurs], *Idéologies au Canada français*, Québec, PUL, 1971–1978, 3 vol.; t. 1, ix, 327 p.; t. 2, 377 p.; t. 3, 351 p.

LAMONDE, Yvan, *Historiographie de la philosophie au Québec (1853–1972)*, Montréal, HMH, 1972, 241 p.

ID., *La Philosophie et son enseignement au Québec (1665–1920)*, Montréal, Hurtubise HMH, 1981, 312 p.

MONIÈRE, Denis, *Le Développement des idéologies au Québec, des origines à nos jours*, Montréal, Québec/Amérique, 1977, 265 p.

ID., et André VACHET, *Les Idéologies au Québec*, Montréal, BNQ, 1980, 175 p. Préface d'André-J. Bélanger. Troisième édition revue et augmentée.

ROUSSEAU, Louis et Pierre PARTIKAN, *La Théologie québécoise contemporaine (1940–1973): genèse de ses producteurs et transformations de son discours*, Québec, Université Laval, 1977, 162 p. « Études sur le Québec. Cahiers de l'ISSH(UL) » 8.

E. *REGARDS SUR LA LANGUE FRANÇAISE AU CANADA*

ACADÉMIE CANADIENNE-FRANÇAISE, *Linguistique*, Montréal, [s.é.], 1960, 158 p. « Cahiers de l'Académie canadienne-française ».

BÉLAND, Jean-Pierre et Roland ARPIN, *La Linguistique et ses applications: initiation aux études de linguistique et de littérature*, Montréal, Centre de psychologie et de pédagogie, 1967, 257 p., surtout le chapitre VI: « Le franco-canadien », p. 201–257.

BOUDREAULT, Marc, *Rythme et Mélodie de la phrase parlée en France et au Québec*, Paris/Québec, Klincksieck/PUL, 1968, 273 p. « Bibliothèque française et romane ». Série E: « Langue et littérature françaises au Canada », 4.

BOUTHILLIER, Guy et Jean MEYNAUD, *Le Choc des langues au Québec: 1760–1970*, Montréal, PUQ, 1972, xiv, 768 p.

COLPRON, Gilles, *Les Anglicismes au Québec; répertoire classifié*, Montréal, Beauchemin, 1970, 241 p.

DAGENAIS, Gérald, *Dictionnaire des difficultés de la langue française au Canada*, Québec/Montréal, Éditions Pedagogia inc., 1967, xv, 679 p.

ID., *Nos écrivains et le français*, Montréal, Éditions du Jour, 1967, 109 p.

DARBELNET, Jean, *Regards sur le français actuel*, Montréal, Beauchemin, 1963, 176 p.

DAVIAULT, Pierre, *Langage et Traduction*, Ottawa, Imprimerie de la Reine, 1961, 398 p.

DELISLE, Jean, *La Traduction au Canada. Translation in Canada, 1534–1984*, Ottawa, PUO, 1987, 436 p. Étude historique et bibliographie analytique.

DULONG, Gaston, *Dictionnaire correctif du français au Canada*, Québec, PUL, 1968, viii, 255 p.

ID., *Bibliographie linguistique du Canada français*, Paris/Québec, Klincksieck/PUL, 1975, 166 p.

ID. et Gaston BERGERON, *Atlas linguistique de l'Est du Canada: le parler populaire du Québec et de ses régions voisines*, Québec, EOQ, 1981, 10 vol.

FORTIN, David, *Évolution de la langue agricole franco-canadienne*, Québec, PUL, 1968, viii, 241 p.

GAGNON, Claude-Marie, *Bibliographie critique du joual 1970–1975*, Québec, Cahiers de l'ISSH(UL), 1976, 117 p.

GENDRON, Jean-Denis, *Tendances phonétiques du français parlé au Canada*, Paris/Québec, Klincksieck/PUL, 1966, xx, 254 p. « Bibliothèque française et romane ». Série E: « Langue et littérature françaises au Canada ».

ID. et Georges STRAKA, [éditeurs], *Études de linguistique franco-canadienne*, Paris/Québec, Klincksieck/PUL, 1967, 176 p. Communication présentées au XXXIVe congrès de l'ACFAS. « Bibliothèque française et romane ». Série E: « Langue et littérature françaises au Canada ».

JUNEAU, Marcel, *Contribution à l'histoire de la prononciation française au Québec*, Québec, PUL, 1972, xix, 311 p. « Langue et littérature françaises au Canada » 8.

ID., *Problèmes de lexicologie québécoise*, Québec, PUL, 1977, 278 p. « Langue française au Québec. 3e section: lexicologie et lexicographie », 5.

LÉON, Pierre-R. [éditeur], *Recherches sur la structure phonique du français canadien*, Montréal, Marcel Didier, 1968, xii, 232 p.

MACKAY, William F., *Le Bilinguisme canadien: bibliographie analytique et guide du chercheur*, Québec, CIRB (UL), 1978, 603 p.

MARCEL, Jean, *Le Joual de Troie*, Montréal, Le Jour, 1973, 236 p.

MASSIGNON, Geneviève, *Les Parlers français d'Acadie*, Paris, Klincksieck, 1962, 2 vol.

POIRIER, Claude, [éditeur], *Dictionnaire du français québécois*, Québec, PUL, 1985, xlii, 172 p.

SABOURIN, Conrad-F. et Rolande-M. LAMARCHE, *La Francité canadienne*, vol. 1, *Aspects linguistiques. Bibliographie*, Montréal, Université de Montréal, 1985, vii, 394 p.

SOCIÉTÉ DU PARLER FRANÇAIS AU CANADA, *Glossaire du parler français au Canada*, Québec, PUL, 1968, ixi, 709 p. (Première édition en 1930.)

A

A.B. Voir **LAMARCHE**, GUSTAVE.

ACHARD, EUGÈNE [Lucien Rivereine, Henry Sageant] (1884–1976). Écrivain et libraire, originaire de l'Auvergne (France). Entré chez les frères maristes, il est envoyé au Canada en 1900. Il y termine ses études, puis, en 1903, il est attaché à l'enseignement dans lequel il passe une vingtaine d'années. En réponse aux besoins scolaires, il prépare pour les jeunes des manuels de géographie, d'histoire et de grammaire. Atteint de surdité partielle à la suite d'un accident, relevé de ses vœux en 1920, il quitte l'enseignement et devient directeur de la Salle des documents publics de la Ville de Montréal. La passion de l'enseignement et de l'histoire a fait de lui un écrivain qui, pendant cinquante ans — son premier recueil de nouvelles est de 1921, et son dernier ouvrage de 1972 — publiera, surtout pour la jeunesse, des contes, des romans et des livres d'histoire. À ses débuts, ne trouvant pas d'éditeur, il fonde sa propre maison d'édition, la Librairie générale canadienne. De plus, il lance, dirige et publie plusieurs revues : *L'École canadienne* et *L'École primaire* pour la Commission des écoles catholiques de Montréal, et pour les jeunes, *La Ruche littéraire* et *La Ruche écolière*. Il est aussi membre fondateur de la Société des écrivains canadiens, de la Société des écrivains canadiens pour la jeunesse, et de la Société des éditeurs canadiens. La France le nomme officier d'Académie pour services à la langue française, et le Québec commandeur de l'Ordre du mérite scolaire. Actif jusqu'à la fin, il occupe ses dernières années à gérer, boulevard Saint-Laurent, à Montréal, une petite librairie dont il disait joliment : « Ma librairie n'est pas une librairie de commerce, c'est une librairie d'amitié ». Ses récits, contes et légendes — il a publié près de 80 volumes — ont pour dénominateur commun le passé canadien riche d'événements épiques et de couleurs folkloriques. La critique a presque ignoré ses ouvrages écrits et documentés avec soin, mais d'innombrables enfants y ont appris leur langue et leur histoire.

ŒUVRES

Aux quatre coins des routes canadiennes (nouvelles), Montréal, Librairie générale canadienne, 1921, 126 p. ; Montréal/Québec, Librairie générale canadienne/Librairie de l'Action catholique, 1941, 127 p. Ill. ; 1943, 127 p. Ill. ; 1948, 128 p. Ill.

Aux bords du Richelieu. Nouvelles, Montréal, Librairie Beauchemin limitée, 1925, 288 p. Préface de L.-O. David ; 1951, 126 p. « Des veillées ».

Le Trésor de L'Île-aux-Noix. Roman canadien, Montréal, Librairie Beauchemin limitée, 1925, 189 p. Préface de Mme Blanche Lamontagne-Beauregard ; Québec, Librairie de l'Action catholique, 1940 ; Librairie générale canadienne, 1943, 124 p. ; *Chroniques du Richelieu. Le Trésor de l'Île-aux-Noix et Autres Nouvelles,* Éditions Eugène Achard/Librairie générale canadienne, [1969], 140 p. Ill. (Édition définitive).

La Fin d'un traître. Épisode de la révolte de 1837 (récit), Montréal, Bibliothèque de l'Action française, 1926, 60 p. « Série scolaire » ; Librairie générale canadienne, [1940 ?], 59 p. Ill. ; Librairie générale canadienne/Librairie de l'Action catholique, 1941, 59 p. Ill.

L'Érable enchanté. Récits et légendes, Montréal, Éditions Albert Lévesque/LACF limitée, 1932, 171 p. Ill. ; *La Fée des érables. Récits et légendes,* Montréal/Québec, Librairie générale canadienne/Librairie de l'Action catholique, 1940, 127 p. Ill.

Le Marinier de Saint-Malo. Roman historique canadien, Montréal, Librairie Beauchemin limitée, [1934 ?], 149 p. Ill. ; Éditions Beauchemin, 1935. Ill. « BC, Laval » ; *La Grande Épopée de Jacques Cartier. I. Le Marinier de Saint-Malo,* Éditions Eugène Achard/Librairie générale canadienne, [1954], 128 p. Ill. « Romans et Légendes historiques ».

Les Northmans en Amérique. I. Les Vikings des Grandes Étapes (roman historique), Montréal, Éditions du Zodiaque, 1935, 267 p. Ill. « Zodiaque '35 ».

Sous les plis du drapeau blanc. Roman historique canadien, Montréal, Éditions Beauchemin, 1935, 161 p. Ill. « BC, Laval » ; *Sous les plis du drapeau blanc,* Éditions Eugène Achard/Librairie générale canadienne, [1954], 189 p. Ill. « Les Grandes Aventures ».

L'Homme blanc de Gaspé (récit), Montréal, Librairie générale canadienne, 1936, 123 p. Ill. ; *L'Homme blanc de Gaspé. Roman historique canadien,* Montréal/Québec, Librairie générale canadienne/Librairie de l'Action catholique, 1941, 125 p. Ill. ; *La Grande Épopée de Jacques Cartier. L'Homme blanc de Gaspé,* Éditions Eugène Achard/Librairie générale canadienne, [1955], 128 p. Ill.

Sur le Grand Fleuve de Canada (récits), Montréal, Librairie générale canadienne, 1939, 189 p. Ill. ; Montréal/Québec, Librairie générale canadienne/Librairie de l'Action catholique, [1940?], 127 p. Ill.; Montréal, Librairie générale canadienne, [1945], 128 p. Ill. «Romans et Légendes historiques»; *La Grande Épopée de Jacques Cartier. IV. Sur le Grand Fleuve de Canada,* Éditions Eugène Achard/Librairie générale canadienne, [1956], 127 p. Ill. «Romans et Légendes historiques». (Version définitive).

Histoire générale de l'Église d'après le nouveau programme contenant Histoire romaine (fin), Histoire de l'Église, Histoire de France, Histoire d'Angleterre, Histoire des États-Unis fondues ensemble, Montréal, Librairie Beauchemin limitée, [1940?], 462 p. Ill. (17e édition).

Les Grands Noms de l'histoire canadienne (récits), Montréal, Librairie générale canadienne, 1940, 60 p.; Montréal/Québec, Librairie générale canadienne/Librairie de l'Action catholique, 1941, 61 p. Ill.; 1946, Ill. «Romans et Légendes historiques»; 1958, 96 p. Ill.

Sur les hauteurs de Charlesbourg-Royal (récits), Montréal/Québec, Librairie générale canadienne/Librairie de l'Action catholique, 1940, 125 p.; Montréal, Librairie générale canadienne, 1943, 124 p.

Les Contes du Richelieu, Montréal/Québec, Librairie générale canadienne/Librairie de l'Action catholique, [1940], 128 p. Ill.

L'Héroïne de Châteauguay (récit), Montréal, Librairie générale canadienne, [1940], 125 p. Ill. (Édition refondue de l'œuvre d'Émile Chartier, et adaptée pour la jeunesse).

Terres de brume et de soleil (récits), Montréal, Librairie générale canadienne, [1940?], 111 p.; [1945?], 128 p. Ill.

Le Château de la fée Carabosse (conte), Montréal, Librairie générale canadienne, [1940?], 48 p.

Les Moutons hérétiques. Conte, [s.l., s.é., 1940?], 67 p. Ill. (Paru d'abord dans La Ruche littéraire).

La Petite Rose de Lisieux (récit), Librairie générale canadienne, [1940?], 32 p. Ill. «Petits Contes illustrés».

Petite Poucette. D'après le conte d'Andersen, Montréal, Librairie générale canadienne, [1941?], 24 p. Ill. (Adaptation d'Achard).

Poulette brune et Safo, le renard (conte), Montréal, Librairie générale canadienne, [1940?], 24 p. Ill. (D'après un conte d'Andersen. Adaptation d'Achard).

Les Contes de l'oiseau bleu, Sherbrooke, Apostolat de la presse, [1940?], 128 p. Ill.; Montréal, Librairie générale canadienne, [1954], 96 p. Ill. «Romans et Légendes historiques».

[*Bézenet le Chanceux*] (conte), Montréal, Librairie générale canadienne, [1940?], 25 p. Ill.

Les Contes du Saint-Laurent. Récits et légendes, Montréal, Librairie générale canadienne, [1940], 125 p.; Montréal/Québec, Librairie générale canadienne/Librairie de l'Action catholique, 1941. Ill.

Aux temps des Indiens rouges. Récits et légendes, Montréal/Québec, Librairie générale canadienne/Librairie de l'Action catholique, 1941, 125 p. Ill. «Romans historiques et Légendes»; Montréal, Librairie générale canadienne, 1948, 128 p. Ill.

Le Mississippi, père des eaux (récits), Montréal/Québec, Librairie générale canadienne/Librairie de l'Action catholique, 1941, 63 p. Ill. Avant-propos de l'auteur. «Romans historiques et Légendes»; Montréal, Librairie générale canadienne, [1946], 128 p. Ill. Avant-propos de l'auteur.

Le Grand Chef de Stadaconé (récit), Montréal/Québec, Librairie générale canadienne/Librairie de l'Action catholique, 1941, 121 p.; Montréal, Librairie générale canadienne, 1943, 121 p. «Romans et Légendes historiques»; *La Grande Épopée de Jacques Cartier. V. Le Grand Chef de Stadaconé,* Montréal, Éditions Eugène Achard/Librairie générale canadienne, [1956], 129 p. Ill. «Romans et Légendes historiques». (Édition définitive).

Les Grands Noms de l'histoire canadienne (récits), Montréal/Québec, Librairie générale canadienne/Librairie de l'Action catholique, 1941, 61 p. Ill.

Le Corsaire de la baie d'Hudson (exploits d'Iberville), Montréal/Québec, Librairie générale canadienne/Librairie de l'Action catholique, 1941, 61 p. Ill. Avant-propos de l'auteur. «Romans historiques et Légendes»; *Le Corsaire de la baie d'Hudson,* Montréal, Éditions Eugène Achard/Librairie générale canadienne, [1953], 143 p. Ill. Avant-propos de l'auteur.

À travers le Canada (récits et légendes), Montréal, Librairie générale canadienne, 1941, 61 p.; *À travers le Canada. Récits et légendes,* Montréal/Québec, Librairie générale canadienne/Librairie de l'Action catholique, 1941, 63 p. Ill. «Romans historiques et Légendes»; [1946], 128 p. Ill. «Romans historiques et Légendes». (Édition revue et complétée).

[*La Sorcière du Rocher Percé*] (conte), Montréal, Librairie générale canadienne, [1941?], 24 p. Ill.

Sur le double ruban d'acier. Aventures dans l'Ouest canadien (récits), Montréal/Québec, Librairie générale canadienne/Librairie de l'Action catholique, [1941?], 141 p. Sous le pseudonyme de Rivereine. Ill.; *Sur le double ruban d'acier. Aventures sur le chemin de fer du Pacifique Canadien,* 1941. Sous le pseudonyme de Rivereine. Ill.

Ce que raconte le vent du soir (conte), Montréal, Librairie générale canadienne, 1942, 127 p.; 1948.

La Caserne des Rocheuses. Aventures dans l'Ouest canadien sur le chemin de fer du Pacifique canadien, Montréal, Librairie générale canadienne/Librairie de l'Action catholique, 1942, 139 p. Sous le pseudonyme de Lucien Rivereine. Ill.; 1949, 140 p.

Le Petit Théâtre scolaire, Montréal/Québec, Librairie générale canadienne/Librairie de l'Action catholique, 1942, 125 p.; Montréal, Librairie générale canadienne, 1942; Montréal/Québec, Librairie générale canadienne/Librairie de l'Action catholique, [1949], 141 p.

Le Génie du Rocher Percé, Montréal, Librairie générale canadienne, [1942], 80 p.; *Le Génie du Rocher Percé et Autres Contes,* Montréal, Éditions Eugène Achard/Librairie générale canadienne, [1954]. Ill. «Rayon d'or».

Le Ranch de l'U barré (conte), Montréal/Québec, Librairie générale candienne/Librairie de l'Action catholique, 1942, 127 p. « Romans et Légendes historiques » ; Montréal, Librairie générale canadienne, [1951], 144 p. Ill. « Les Grandes Aventures ».

Le Vice-roi du Canada. Roman historique, Montréal, Librairie générale canadienne, 1942, 127 p. Ill. ; *La Grande Épopée de Jacques Cartier. VII. Le Vice-roi du Canada,* Éditions Eugène Achard/Librairie générale canadienne, [1960], 128 p. Ill. « Romans et Légendes du Canada ».

Ceux qui régissent le monde (récits), Montréal/Québec, Librairie générale canadienne/Librairie de l'Action catholique, 1942, 127 p. Ill. ; Montréal, Librairie générale canadienne, 1945. Ill. « Romans et Légendes historiques ».

Notre-Dame des Rocheuses (récit), Montréal, Librairie générale canadienne, 1942, 144 p. ; [1951], 143 p. Ill. « Les Grandes Aventures ».

À travers le monde (récits), Sherbrooke, Apostolat de la presse, [s.d.], 111 p. Ill. Cartes. « Romans et Légendes historiques » ; Montréal, Librairie générale canadienne, 1942, 127 p. Ill. Cartes.

Le Royaume du Saguenay (récit), Montréal, Librairie générale canadienne, [1942 ?], 208 p. Ill. Avant-propos de l'auteur.

Sur les chemins de la mer (récits), Sherbrooke, Apostolat de la presse, [1942 ?], 112 p. Ill. Cartes ; Montréal, Librairie générale canadienne, 1943, 125 p.

Les Contes de la forêt canadienne, Montréal, Librairie générale canadienne, [1943 ?], 127 p. « Romans et Légendes historiques » ; Éditions Beauchemin, 1951, 128 p. « Des veillées ».

Anéatah et Déranah, les jumelles d'Hochelaga (légende indienne), Montréal, Librairie générale canadienne, 1943, 32 p. Ill.

« *Le Château du Rat-Musqué* » (récit), Montréal, Librairie générale canadienne, 1943, 143 p. Ill. (Adaptation de l'œuvre de Fénimore Cooper) ; *Les Chroniques du Lac Champlain,* 1948, 3 vol. Ill. : vol. 1, *Le Château du Rat-Musqué,* 141 p. ; vol. 2, *L'Épervier,* 141 p. ; vol. 3, *Le Trappeur du Lac Champlain,* 143 p.

Aux jardins du Richelieu (nouvelles), Montréal, Librairie générale canadienne, [1943], 128 p. Ill. ; Éditions Beauchemin, 1951, 127 p. Ill. « Des veillées ».

Les Naufragés du Saint-Laurent (récit), Montréal, Librairie générale canadienne, [1943], 128 p. Ill.

Les Contes de la Claire Fontaine, Montréal, Librairie générale canadienne, [1943], 128 p. Ill.

Les Grandes Légendes de l'histoire, Montréal, Librairie générale canadienne, 1943, 128 p. Ill. ; Éditions Eugène Achard/Librairie générale canadienne, [1958], 96 p. Avant-propos de l'auteur. « Romans et Légendes historiques ».

Jacques et Marie. (Souvenirs d'un peuple dispersé), Montréal, Librairie générale canadienne, [1944], 4 vol. Ill. (Nouvelle édition d'après un exemplaire revu et corrigé par Napoléon Bourassa, avec notes par Eugène Achard) : vol. 1, *Le Départ de Grand-Pré,* 144 p. ; vol. 2, *Le Retour à Grand-Pré,* 144 p. ; vol. 3, *La Nuit rouge de Grand-Pré,* 144 p. ; vol. 4, *La Petite Cadie,* 143 p. ; [1957], 4 vol. Ill. « Chroniques acadiennes ». (Texte revu et complété par Achard) : vol. 1, 191 p. Avertissement de Achard ; vol. 2, 192 p. ; vol. 3, 189 p. ; vol. 4, 192 p.

Les Deux Bossus de l'île d'Orléans et Autres Contes, Montréal, Librairie générale canadienne, [1944], 80 p. Ill. « Enfantine ».

La Douloureuse Aventure d'Évangéline (récit), Montréal, Librairie générale canadienne, [1945 ?], 2 vol. Ill. « Albums historiques ». (Traduction libre du poème de Longfellow) : vol. 1, *En Acadie,* 48 p. ; vol. 2, *Sur les routes de l'exil,* 48 p. ; *La Touchante Odyssée d'Évangéline.* Traduction libre du poème de Longfellow avec notes explicatives, 1946, 2 vol. Ill. : vol. 1, *En Acadie,* 141 p. ; vol. 2, *Sur les routes de l'exil,* 144 p.

Zozor (suivi de La Puce), (contes), Montréal, Librairie générale canadienne, [1945], 80 p. Ill. « Enfantine ».

Le Livre de ma poupée (comptines), Montréal, Librairie générale canadienne, [1946], [n.p., 78 p.]. Ill.

Sur les chemins de l'Acadie. (Récits et nouvelles.), Montréal, Librairie générale canadienne, 1946, 128 p. Ill. ; Éditions Beauchemin, 1951, 127 p. Ill. « Des veillées ».

Les Pèlerins de la Grande Escarboucle (récit), Montréal, Librairie générale canadienne, [1947], 127 p. Ill.

Brun Brun, l'ours des Laurentides (conte), Montréal, Librairie générale canadienne, [1947], 96 p. Ill. « La Légende dorée canadienne ».

Les Aventures du frère Renard. (D'après saint François d'Assise et le fabuliste La Fontaine), Montréal, Librairie générale canadienne, [1948], 80 p. Ill.

L'Herbe des champs et Autres Contes, Montréal, Librairie générale canadienne, [1948], 32 p. Ill. d'Odette Fumet-Vincent. « Petits Contes illustrés ». (Adaptation d'Achard d'un texte d'Odette Fumet-Vincent).

Les Petits Clercs de Santarem et Autres Contes, Montréal, Librairie générale canadienne, [1948], 32 p. Ill. d'Odette Fumet-Vincent. « Petits Contes illustrés ». (Adaptation d'Achard d'un texte d'Odette Fumet-Vincent).

La Légende de sainte Odile et Autres Contes, Montréal, Librairie générale canadienne, [1948], 32 p. Ill. d'Odette Fumet-Vincent. « Petits Contes illustrés ». (Adaptation d'un texte d'Odette Fumet-Vincent).

Lydia et Autres Contes, Montréal, Librairie générale canadienne, [1948], 32 p. Ill. d'Odette Fumet-Vincent. « Petits Contes illustrés ». (Adaptation d'Achard d'un texte d'Odette Fumet-Vincent).

Le Théâtre d'Arlequin (théâtre), Montréal, Librairie générale canadienne, [1948 ?], 144 p. Ill.

Histoire d'un brin de cerfeuil et Autres Contes, Montréal, Librairie générale canadienne, [1948 ?], 32 p. Ill. d'Odette Fumet-Vincent. « Petits Contes illustrés ». (Adaptation d'Achard d'un texte d'Odette Fumet-Vincent).

Une nuit de Pâques à Jérusalem (conte), Montréal, Librairie générale canadienne, [1950?], 32 p. Ill. « Petits Contes illustrés ».

Les Lutins cordonniers (contes), Montréal, Librairie générale canadienne, [1951], 24 p. Ill. « Les Grands Albums ».

Sur les pistes du grand désert blanc (récits), Montréal, Librairie générale canadienne, [1951], 127 p. Ill. « Romans et Légendes historiques ».

Le Casseau d'écorce magique (conte), Montréal, Librairie générale canadienne, [1952], 79 p. Ill. « Rayon d'or ».

Les Enfants perdus (contes), Montréal, Librairie générale canadienne, [1952], 79 p. Ill. « Rayon d'or ».

La Grenouille verte (contes), Montréal, Éditions Eugène Achard / Librairie générale canadienne, [1953], 80 p. Ill. « Rayon d'or ».

La Grande Aventure de Jean Cousin (roman), Montréal, Éditions Eugène Achard / Librairie générale canadienne, [1953], 79 p. Sous le pseudonyme de Henry Sageant. « Rayon d'or ».

Les Vacances de Geneviève. (Une petite Québécoise d'autrefois) (roman), Montréal, Librairie générale canadienne, [1953], 191 p. Ill. « Aventures merveilleuses ».

La Dame blanche du cap Diamant (conte), Montréal, Éditions Eugène Achard / Librairie générale canadienne, [1953], 80 p. Ill. « Rayon d'or ».

Les Contes de la lune et du vent, Montréal, Éditions Eugène Achard / Librairie générale canadienne, [1953?], 79 p. Ill. « Rayon d'or ».

La Souris blanche (conte), Montréal, Éditions Eugène Achard / Librairie générale canadienne, [1953?], 32 p. Ill. « Primevère ».

La Belle Histoire de Blondine (conte), Montréal, Éditions Eugène Achard / Librairie générale canadienne, [1954], 79 p. Ill. (Adaptation d'Eugène Achard).

La Légende dorée de saint Sylvestre d'après Voragine, Montréal, Éditions Eugène Achard / Librairie générale canadienne, [1954], 47 p. Ill.

L'Espion du Nord (conte), Montréal, Éditions Eugène Achard / Librairie générale canadienne, 1954, 191 p. Collab. J.-L. Bronner.

Élizabeth II, reine du Canada, Montréal, Éditions Eugène Achard / Librairie générale canadienne, [1955], 192 p. Ill.

Anniversaire et Autres Contes, Montréal, Éditions Eugène Achard / Librairie générale canadienne, [1955], 32 p. Ill. d'Odette Fumet-Vincent. « Primevère ».

Le Berger et le Dragon (d'après un vieux conte slovaque), Montréal, Éditions Eugène Achard / Librairie générale canadienne, [1955], 32 p. « Primevère ».

Les Jumeaux et Autres Contes, Montréal, Éditions Eugène Achard / Librairie générale canadienne, [1955], 32 p. Ill. d'Odette Fumet-Vincent. « Primevère ».

La Lotion de maman et Autres Contes, Montréal, Éditions Eugène Achard / Librairie générale canadienne, [1955], 32 p. Ill. d'Odette Fumet-Vincent. « Petits Contes illustrés ». (Adaptation du texte d'Odette Fumet-Vincent).

Le Bonhomme Misère (conte), Montréal, Éditions Eugène Achard / Librairie générale canadienne, [1956], 80 p. Ill. « Enfantine ».

L'Oiseau vert et la Princesse Fortunée. (D'après un conte oriental), Montréal, Éditions Eugène Achard / Librairie générale canadienne, [1956], 79 p. Ill. « Enfantine ».

Le Vainqueur du rodéo (récit), Montréal, Éditions Eugène Achard / Librairie générale canadienne, [1956], 80 p. Ill. « Enfantine ».

Le Corsaire au gant de fer (récit), Montréal, Éditions Eugène Achard / Librairie générale canadienne, [1957], 191 p. Sous le pseudonyme de Lucien Rivereine. Ill.

Les Contes de l'aigle d'or, Montréal, Éditions Eugène Achard / Librairie générale canadienne, [1957?], 96 p. Ill.

La Grande Découverte de l'Ouest canadien (récits), Montréal, Éditions Eugène Achard / Librairie générale canadienne, [1958], 96 p. Ill.

Pionniers et Découvreurs (récits), Éditions Eugène Achard / Librairie générale canadienne, [1958], 96 p. Ill. « Romans et Légendes historiques ».

Aux temps héroïques du Canada (récits), Montréal, Éditions Eugène Achard / Librairie générale canadienne, [1959], 95 p. Ill. « Romans et Légendes historiques ».

Ceux qui firent Montréal (récit), Montréal, Éditions Eugène Achard / Librairie générale canadienne, [1959], 96 p. « Romans et Légendes historiques ».

Sur les chantiers de la Côte-Nord (récit), Montréal, Éditions Eugène Achard / Rayonnement, [1960], 207 p. Ill. « Belles Aventures ».

Un couvent de moines en Nouvelle-Écosse avant l'an mille (récit), Montréal, Leméac, 1972, 203 p. Ill. Cartes.

ÉTUDES

Maurice Hébert, *Le Trésor de L'Île-aux-Noix,* CF, vol. 14, n° 3, nov. 1926, p. 198-200.

Camille Bertrand, *M. Eugène Achard,* dans *La Revue des livres,* vol. 1, n° 10, déc. 1935, p. 129.

Émile Bégin, *Les Northmans en Amérique,* ESC, vol. 15, n° 8, mai 1936, p. 614-616.

Pierre Turgeon, *Une vie à fouiller notre histoire et à nous la raconter (Eugène Achard),* Pe, vol. 14, n° 9, 26 fév. 1972, p. 2-4.

Louise Lemieux, *Eugène Achard,* dans *Pleins Feux sur la littérature de jeunesse au Canada français,* Montréal, Leméac, 1972, p. 135-136, 192-197.

ALARIE, DONALD (1945-   ). Romancier, né à Montréal. Il fait ses études classiques au Collège Saint-Viateur et à l'Externat classique Sainte-Croix où il reçoit son baccalauréat en 1967. Inscrit en lettres à l'Université de Montréal, il obtient sa licence ès lettres en 1977. La même année, il devient professeur au Cégep de Joliette. Il collabore à divers périodiques dont *Liberté* et l'*Atelier de production littéraire de la Mauricie.* En 1978, il mérite le prix littéraire Gibson. Il fait d'abord paraître deux nouvelles dans *Liberté* (1976), puis il publie *La Rétrospection* (1977), premier roman qui, malgré ses faiblesses, « fait entrevoir un univers authentique », selon Robert Melançon, et qui est salué par André Vanasse comme « un roman fort attachant dans la mesure, même si cela peut sembler contradictoire, où prétendant ‹ faire le tour de la question › l'auteur n'y répond jamais ! » Un recueil de nouvelles publié en collaboration avec Claude R. Blouin, *La Visiteuse* (1979), passe inaperçu, mais les nouvelles de *Jérôme et les mots* (1980) méritent à Donald Alarie le prix Jean-Béraud-Molson. La critique y découvre une grande sobriété d'écriture ; Réginald Martel fait bien quelques réserves, mais à son avis ces nouvelles « révèlent un artisan que l'art attend au tournant ».

ŒUVRES

La Rétrospection ou Vingt-quatre heures dans la vie d'un passant. Roman, Montréal, CLF Pierre Tisseyre, 1977, 169 p.

La Visiteuse (nouvelle), Trois-Rivières, A.P.L.M., 1979, 122 p. Avec *Le Dragon blessé* de Claude R. Blouin.

Jérôme et les Mots ou Les Vieux Enfants (nouvelles), Montréal, CLF Pierre Tisseyre, 1980, 145 p.

La Vie d'hôtel en automne. Roman, Montréal, CLF Pierre Tisseyre, 1983, 169 p.

Un homme paisible (roman), Montréal, CLF/Pierre Tisseyre, 1987, 184 p.

Gérard Latreille, fossoyeur, et Il y a enfin de véritables cas d'ilotisme (nouvelles), L, vol. 18, n⁰ 1, janv.-févr. 1976, p. 52–58.

Abécédaire, dans *Du silence* (poésie), Trois-Rivières, A.P.L.M., 1979, p. 9–10.

Cinq tableautins de la vie (presque) quotidienne, L, vol. 22, n⁰ 1, janv.-févr. 1980, p. 81–85.

Quelques peintres (poèmes) dans *Graphiques. Atelier de production littéraire de la Mauricie,* n⁰ 10, 1980, p. 7–8.

ÉTUDES

Robert Mélançon, *Un premier roman,* Dev, vol. 69, n⁰ 117, 20 mai 1978, p. 33.

Pierre L'Hérault, *Donald Alarie. La Rétrospection,* LAQ 1978, p. 22.

André Vanasse, *Autour de six romans,* LQ, n⁰ 11, sept. 1978, p. 11–12.

Réginald Martel, *À la bourse des prix, un problème d'offre et de demande,* Pr, 96ᵉ année, n⁰ 281, 29 nov. 1980, p. B-3.

Noël Audet, *Donald Alarie. Le Monde des « vieux enfants » reconstitué,* Dev, vol. 72, n⁰ 43, 21 févr. 1981, p. 19.

Madeleine Ouellette-Michalska, *De l'amour et des hôtels,* Dev, vol. 74, n⁰ 99, 30 avril 1983, p. 19.

Claire de Lamirande, *« La Vie d'hôtel en automne » de Donald Alarie. À la recherche de l'autre,* Dr, 71ᵉ année, n⁰ 64, 11 juin 1983, p. 34.

ALBERT. Voir **HOUDE, ROLAND**.

ALBERT, A. d'. Voir **BEAULIEU, GERMAIN**.

ALBERT, ANNE. Voir **LÉVESQUE, ANNE**.

ALBERT, RENAUD S. (1931–   ). Essayiste et dramaturge acadien, né à Madawaska (Maine, É.-U.). Il fait ses études classiques à l'Université Saint-Louis d'Edmundston (Nouveau-Brunswick, B.A. en 1953). Il obtient ensuite une maîtrise en pédagogie à l'Université du Maine (1960). Boursier de la NDEA et de la FACSEA, il poursuit des études de lettres à l'Alliance française de Paris, puis au Centre pédagogique de Sèvres (France). De 1957 à 1975 il est professeur de français et de latin dans l'État du Maine à Deer Isle, Madawaska, Brunswick, Bar Harbor, Presque Isle, puis aux universités de Western Carolina et de Moncton. En 1975, il devient éditeur du National Materials Development Center de Manchester (N.H., É.-U.) pour le français, le portugais et le créole. Très actif dans les milieux franco-américains de la Nouvelle-Angleterre, cet enseignant qui a été nommé « professeur de l'année », en 1971, prépare et publie des textes pédagogiques, le théâtre surtout, à l'usage des étudiants francophones, publie de nombreux articles et fait paraître quatre pièces de théâtre sur des sujets chrétiens, des problèmes sociaux ou simplement humains pour rendre ainsi service à la langue française et à la culture de son milieu.

ŒUVRES

Le Testament (théâtre), Bedford (N.H.), National Materials Development Center for French and Creole, 1980, 28 p. « À tour de rôle ».

La Crise de l'huile (théâtre), Bedford (N.H.), National Materials Development Center for French and Creole, 1980, 24 p. « À tour de rôle ».

Minuit, Chrétien! (théâtre), Bedford (N.H.), National Materials Development Center for French and Creole, 1980, 20 p. « À tour de rôle ».

La Belle-mère (théâtre), Bedford (N.H.), National Materials Development Center for French and Creole, 1980, 24 p. « À tour de rôle ».

ALCIBIADE. Voir **CINQ-MARS, ALONZO**.

ALDRED, DIANE (1941–). Pédagogue et historienne, née à Ottawa (Ont.). Elle obtient un baccalauréat ès arts à l'Université Carleton (1961) et, l'année suivante, un diplôme en pédagogie de l'Ontario College of Education. Elle enseigne ensuite au secondaire à Toronto et à Ottawa. En 1975, à la suite de plusieurs articles parus dans le *Aylmer Sun*, sous le titre *Legacies from the Past,* elle publie une monographie sur l'histoire régionale d'Aylmer. « Dans son ouvrage, écrit Murray Maltais, Diane Aldred décrit environ 75 maisons et en mentionne une douzaine d'autres, aujourd'hui détruites. [...] Enfin, l'important est surtout de faire prendre conscience de la richesse du patrimoine qui [nous] entoure ».

ŒUVRE

Aylmer Québec. Its Heritage. Son patrimoine, Aylmer, l'Association du Patrimoine d'Aylmer, 1977, viii, 199 p. Ill.

ÉTUDE

Murray Maltais, *Aylmer : de vieilles maisons qui témoignent de son passé,* Dr, vol. 65, nᵒ 228, 24 déc. 1977, p. 18.

ALEXANDRE, MARCEL Émile Antoine (1913–). Conteur, romancier, essayiste, né au Caire. Il fait ses études classiques au Lycée Français d'Alexandrie (B.A., 1931). Inscrit aux études supérieures de lettres à Paris, puis à Clermont-Ferrand, il obtient une licence ès lettres en 1936, et une maîtrise en 1937 pour un mémoire intitulé « Du caractère internationaliste de l'Égypte ». Il prépare un doctorat sur « La Philosophie politique d'Akh En Aton », recherches que la guerre interrompt. Il s'engage dans les Forces françaises libres en 1941. Avant la guerre, il a été professeur de philosophie-lettres au Gymnase hellénique d'Alexandrie (1936–1941) ; il enseigne ensuite au Lycée français de Port-Saïd (1946–1949), puis il est précepteur de la famille royale d'Égypte (1949–1951). Émigré au Canada en 1951, il devient professeur au Collège Stanislas (1951–1952) et au Collège de l'Assomption de Worcester (É.-U., 1952–1955). En 1955 il fonde l'Institut de Culture générale de Montréal qu'il dirige jusqu'en 1974. Il est ensuite conseiller psycho-pédagogique et s'adonne à l'écriture. Ses activités en Égypte et en France lui ont mérité la médaille des Services volontaires de la France libre et le titre de chevalier de l'Ordre des palmes académiques. Il a collaboré à *L'Égypte nouvelle, L'Éclair du Nord* (Syrie), *Chic,* et depuis 1954 plusieurs de ses contes ont été lus à la radio montréalaise. Il a publié quelques essais. Suzanne Lafrenière écrit, à propos du *Cercle infernal* paru en 1981 : « La génération de Montaigne et des grands humanistes n'est pas encore éteinte. Marcel Alexandre veut établir une sorte de dialogue entre lui et son lecteur [...]. Il expose ses réflexions, il dit ses sentiments, redit sa foi en l'homme, son goût de l'humain, son amour pour l'homme ».

ŒUVRES

Des enfants... des problèmes... (essai), Paris, La Pensée universelle, 1974, 219 p.

Le Paradis, c'est l'autre (essai), Montréal, Éditions du Jour, 1976, 159 p. Avant-propos de l'auteur.

Le Cercle infernal. Comment retrouver « l'honneur de vivre » (essai), Montréal, Les Éditions La Presse, ltée, 1981, 175 p.

ÉTUDES

Jean-Léonard Binet, *Le Plaisir de noircir du papier...,* dans *Le Livre d'ici,* vol. 1, nᵒ 48, 11 oct. 1976, p. 1.

Alonzo Leblanc, *Marcel Alexandre. Le Paradis, c'est l'autre,* LAQ 1976, p. 278.

Suzanne Lafrenière, *Le Cercle infernal de Marcel Alexandre. Comment retrouver l'honneur de vivre,* Dr, 69ᵉ année, nᵒ 123, 22 août 1981, p. 18.

ALIOCHA. Voir LÉVY-CHÉNEVILLE, DOMINIQUE.

ALLAIN, MATHÉ (1927–). Essayiste, née à Casablanca (Maroc). Elle interrompt ses études au Lycée Foch de Casablanca, émigre aux États-Unis (1944) et poursuit ses études au Southwestern Louisiana Institute (B.S., 1948) et à l'Université de Southwestern Louisiana où elle obtient un baccalauréat ès arts (1955), une maîtrise (1963) pour un mémoire sur *La Fête du Petit Blé ou L'Héroïsme de Poucha-Houmma* (tragédie de Paul-Louis Le Blanc de Villeneufve qu'elle édite l'année suivante), et un doctorat (1984) en présentant une thèse intitulée « French Colonial Policy in the Ancien Regime and the Establishment of the Louisiana Colony ». Elle enseigne au Lycée Saint-Joseph de Jeannerette pendant six ans, dirige un an le Conseil pour le développement du français en Louisiane, puis devient professeur de lettres françaises à l'Université de Southwestern Louisiana. Outre son édition critique de la pièce de Villeneufve, elle édite les actes de plusieurs colloques sur les relations entre la France et l'Amérique du Nord, et elle publie des anthologie de textes littéraires et historiques. De plus, elle collabore à divers périodiques, tels *The French Review, Louisiana Studies, Revue de l'Université de Moncton, Revue d'histoire de l'Amérique française, Laurel Review...* Elle a été nommée chevalier de l'Ordre des palmes académiques (1977) pour son dévouement à la cause française.

ŒUVRES

The Festival of the Young Corn: or the Heroism of Poucha-Houmma (La Fête de Petit-Blé ou L'Héroisme de Poucha-Houmma) de Le Blanc de Villeneufve (traduction et édition critique), La Fayette (Louisiane), Chez l'auteur, 1964, xxiv, 56 p.

France and North America: Over Three Hundred Years of Dialogue. Proceedings of the First Symposium of French-American Studies, April 26-30, 1971, La Fayette (Louisiane), University of Southwestern Louisiana, 1973, xiv, 201 p. Éditeur. Collab. Glenn R. Conrad. Ill. «USL History Series».

France and North America: The Revolutionary Experience. Proceedings of the Second Symposium of French-American Studies, March 26-30, 1973, Lafayette (Louisiane), USL Press, 1974, xiv, [iv], 260 p. Éditeur. Collab. Glenn. R. Conrad. Ill. «USL History Series».

France and North America: Utopias and Utopians. Proceedings of the Third Symposium of French-American Studies, March 4-8 1974, Lafayette (Louisiane), University of Southwestern Louisiana Press, 1979, vii, 195 p. Éditeur. Ill.

Littérature française de la Louisiane (anthologie), [Bedford (N.H.), National Materials Development Center for French and Creole, 1981], 360 p. Collab. Barry Ancelet. Ill.

A Franco-American Overview: Louisiana (anthologie), Bedford (N.H.), National Materials Development Center for French and Creole, 1981, vol. 5 et 6, 246, 229 p. Collab. Carl A. Brasseaux.

Acadie tropicale (anthologie), Lafayette, Center for Louisiana Studies, University of Southwestern Louisiana, 1983, 51 p. Collab. Barry-Jean Ancelet. Ill. de Philip Gould.

L'Immigration française en Louisiane 1718-1721, RHAF, vol. 28, n° 4, 1975, p. 555-564.

L'Image de l'Acadien dans le roman louisianais: G.W. Cable et Mme de la Houssaye, dans *Revue de l'Université de Moncton,* vol. 2, 1978, p. 9-16.

Manon Lescault et ses consoeurs, dans *Proceedings of the French Colonial Historical Society,* 1980, p. 18-26.

Feu de savane: Renaissance of French Literature in Louisiana, dans *Southern Exposure,* 1981, p. 18-24. Collab. Barry Ancelet.

L'Esclavage et la Condition féminine dans le roman louisianais, dans *Bulletin de la SPFA,* 1982-1983, p. 59-66.

Les Éléments surréalistes dans la littérature louisianaise, dans *Héritage francophone en Amérique du Nord,* 1984, p. 83-94.

ÉTUDES

George Reinecke, *France and North America: Over Three Hundred Years of Dialogue by Allain and Conrad,* dans *Louisiana History,* vol. 15, n° 1, hiver 1974, p. 90-91.

Donald J. Harvey, *France and North America: the Revolutionary Experience by Allain and Conrad,* dans *Louisiana History,* vol. 17, n° 1, hiver 1976, p. 110-111.

ALLAIRE, DENYS Onil (1956-   ). Poète et conteur, né à Saint-Rosaire de Victoriaville. Après ses études secondaires, il exerce divers métiers: boucher, travailleur en sérigraphie, directeur des Éditions MFR. À compter de 1982 il fait partie de la troupe de théâtre « Les Ateliers de l'Encre Mauve » (LADELEM) comme comédien, concepteur de décors et teneur des comptes. Son premier recueil, *Sous une pluie de mots,* consiste surtout en une série d'observations, « comme si son recueil laissait des messages à tout le monde de son entourage », note Hélène Ruel. Son récit *Baël* (1982), tiré à deux cents exemplaires, mêle le réel et la science-fiction. Grâce à une rencontre avec un extraterrestre, le héros prend conscience du social et du cosmique. « Le récit de Denys-Onil Allaire, écrit Hélène Ruel, ne se détache pas du peloton par son caractère exclusif et original », mais « la conclusion vient apporter un nouvel éclairage » sur son auteur.

ŒUVRES

Sous une pluie de mots (poésie), Île Bizard, Éditions MFR inc., 1981, 55 p.

Baël (conte), Victoriaville, [chez l'auteur], 1982, 90 p. Ill. de l'auteur.

ÉTUDES

Hélène Ruel, *Un autre auteur surgit,* dans *L'Union* (Victoriaville), 115e année, n° 20, 31 mars 1981, p. C-16.

Id., *« Baël » de Denys-Onil Allaire. Après la poésie, la rencontre d'une entité,* dans *L'Union* (Victoriaville), 116e année, n° 22, 9 mars 1982, p. C-12.

Kèro

ALLARD, JACQUES (1939–). Essayiste, né à La Tuque. Après ses études classiques au Collège de Valleyfield (B.A. en 1961), il continue ses études en lettres françaises à l'Université de Montréal : licence ès lettres (1964) ; C.A.P.E.S. à l'École normale supérieure (1964) ; scolarité du diplôme d'études supérieures (1965). Il obtient son doctorat à l'Université de Paris VIII, pour une thèse sur Zola, en 1976. Il a été boursier du ministère de l'Éducation du Québec, du Conseil des Arts du Canada, du Collège Sainte-Marie, de l'U.Q.A.M., et du Gouvernement français. Tout en poursuivant ses études de lettres, Jacques Allard occupe divers postes d'enseignement au Séminaire Sainte-Croix, au Collège des Eudistes, au Collège Sainte-Marie, à l'Université de Montréal. À partir de 1970, il est professeur régulier à l'Université du Québec à Montréal où il sera directeur du département d'études littéraires (1976–1978). Il est aussi professeur invité à University College (Toronto, 1974), à Queen's University (1976) et à l'Université de Paris VIII (1980). À partir de 1963, il collabore à plusieurs périodiques : *Parti Pris, Europe, Le Quartier latin, Le Carabin, Éducation québécoise, Livres et Auteurs québécois, Voix et Images du pays*; il est de plus directeur fondateur de *Voix et Images* (1974). À cela s'ajoutent ses activités de reporter et d'animateur de radio et de télévision à CHNC (New Carlisle) et à CHAV-TV (Carleton-sur-Mer) en 1963, la collaboration à Radio-Canada (Book Club), la participation à de nombreux comités et sociétés, la direction de la collection « Textes et Documents littéraires » chez HMH, etc. En 1978 paraît un important ouvrage, *Zola, le chiffre du texte,* dont la critique est unanime à reconnaître les grandes qualités. « Il dégage des traits et des valeurs jusqu'ici inconnus de la critique, écrit Henri Mitterand. [...] Ce livre, brillant, scrupuleux et subtil, qui atteste la vigueur de la jeune école québécoise d'analyse littéraire, n'intéressera pas seulement les lecteurs de Zola. Au-delà d'une ‹ explication › de l'*Assommoir*, Jacques Allard propose des données originales pour l'étude de la fonctionnalité des lieux narratifs, pour une sorte d'‹ écocritique ›, qui rendrait compte de la relation du personnage romanesque à son environnement ».

ŒUVRES

Gérard Bessette, *Le Libraire* (roman), Montréal, Éditions du Renouveau pédagogique inc., 1970, 102 p. Présentation et annotation de Jacques Allard.

Zola, le chiffre du texte. Lecture de l'Assommoir, [Montréal/Grenoble], PUQ/Presses universitaires de Grenoble, 1978, 164 p.

Travaux sémiotiques. Textes réunis et présentés par Jacques Allard, Montréal, Université du Québec à Montréal, 1984, 205 p. Éditeur. Liminaire de Jacques Allard. « Cahiers du département d'études littéraires ».

L'Information à Radio-Canada, PP, vol. 2, nᵒ 2, oct. 1964, p. 26–39.

Le chemin qui mène à la Petite Poule d'eau, CSM, nᵒ 4, 1966, p. 45–57.

Le Libraire de G. Bessette ou Comment la parole vient au pays du silence, VIP, nᵒ 1, 1967, p. 51–63.

Faut-il encore enseigner en français? dans *Éducation québécoise,* vol. 1, nᵒ 1, nov. 1967, p. 6–16.

L'Enseignement de la littérature en rapport avec l'état de la langue, dans *Liberté 57,* vol. 10, nᵒ 3, mai–juin 1968, p. 87–92.

Dix remarques sur la langue, dans *Europe,* 47ᵉ année, nᵒˢ 478–479, févr.–mars 1969, p. 21–23.

Le Roman des années 1960 à 1968, ibid., p. 41–50.

L'Idéologie du pays dans le roman québécois contemporain : Il n'y a pas de pays sans grand-père et l'inter texte national, VI, vol. 5, nᵒ 1, automne 1979, p. 117–133.

Les Lettres québécoises depuis 1930, dans *University of Toronto Quarterly,* vol. 50, nᵒ 1, automne 1980, p. 102–115.

ÉTUDES

Patrick Imbert, « *Zola : le chiffre du texte* » *de Jacques Allard ou La Critique électrique,* LQ, vol. 1, nᵒ 10, avril 1978, p. 44–45.

André Belleau, *Le « Zola » de Jacques Allard et autres considérations,* Dev, vol. 68, nᵒ 155, 6 mai 1978, p. 14.

Jacques Michon, *Classer, Interpréter, Formaliser,* LAQ 1978, p. 175–177.

Martine Léonard, *Jacques Allard, Zola, le chiffre du texte : lecture de « L'Assommoir », ibid.,* p. 178–179.

Henri Mitterrand, *Jacques (Allard), Zola, le chiffre du texte,* dans *Cahiers naturalistes,* vol. 23, nᵒ 52, 1978, p. 231–233.

Chantal Bertrand Jennings, *Jacques Allard. Zola. Le Chiffre du texte. Lecture de L'Assommoir,* dans *L'Esprit créateur,* vol. XXI, nᵒ 1, printemps 1981, p. 109–110.

ALLARD, JEAN-LOUIS (1926–). Philosophe et psychopédagogue, né à Saint-Robert (Richelieu). Après le secondaire au Séminaire Oblat de Chambly, il continue des études classiques à l'Université d'Ottawa (B.A. et B. Ph., 1958 ; L. Ph., 1949). Il obtient ensuite un diplôme d'études supérieures en philosophie à la Sorbonne (1960), un doctorat en philosophie à l'Institut catholique de Paris pour une thèse de philosophie sur *Le Mathématisme de*

Descartes (1960) paru en 1963 et prix Champlain en 1965. Il soutient une seconde thèse de doctorat en psychopédagogie et sciences de l'éducation, *L'Éducation à la liberté ou La Philosophie de l'éducation de Jacques Maritain* (1978) à l'Université des sciences sociales de Grenoble. Engagé comme professeur de philosophie à la leçon à l'Université d'Ottawa en 1949, il y franchira tous les échelons — titulaire en 1965 — jusqu'à sa retraite, en 1986. À partir de 1970, il enseigne également à la Faculté d'éducation de la même institution. Il prend une part active à la vie de l'Université, à titre de membre de comités de département, de faculté ou du Sénat dont il fait partie de 1965 à 1969, comme organisateur de colloques, représentant de l'Université à l'extérieur, président conjoint d'une commission d'enquête sur les universités et collèges catholiques du Canada (1968-1970)... Membre de plusieurs sociétés savantes, il est président fondateur de l'Association de la jeunesse franco-ontarienne (1949), président fondateur de l'Association canadienne Jacques Maritain, membre de divers organismes d'ordre éducatif ou social. En plus de ses livres (auteur ou éditeur) et de ses nombreux articles, il donne un grand nombre de communications et conférences sur des questions philosophiques, pédagogiques et religieuses au Canada, aux États-Unis, en France et en Italie. Outre le prix Champlain, il est nommé, entre autres, « Fellow » de la Philosophy of Education Society (1974) et décoré de la médaille *Pro Ecclesia et Pontifice* (1982). Son livre *L'Éducation à la liberté* a connu beaucoup de succès. Toute pratique éducative se fonde sur une philosophie de l'être humain dans ses dimensions personnelles et sociales.

ŒUVRES

Le Mathématisme de Descartes, Ottawa, EUO, 1963, 232 p.

Cosmology, Selection of Texts in the Philosophy of Nature, Ottawa, Faculty of Philosophy, Sedes Sapientiae Courses, (Ad instar manuscripti), 1963, 213 p.

Introduction à l'histoire de la philosophie par des textes choisis, Ottawa, Faculté de philosophie, (ad instar manuscripti), 1966, 3 vol. : vol. 1, *Philosophie ancienne et médiévale*, 101, 123 f. ; vol. 2, *Philosophie moderne et contemporaine. Première partie : XVIIᵉ et XVIIIᵉ siècles*, 192 f. ; vol. 3, *Philosophie moderne et contemporaine. Deuxième partie : XIXᵉ et XXᵉ siècles*, 213 f. Éditeur.

Présence catholique dans l'enseignement supérieur au Canada, Ottawa, National Education Office, 1970, xii, 276 p. (Contenu du rapport d'une commission d'enquête sur quarante universités et collèges catholiques). Traduction anglaise : *A Commitment to Higher Education in Canada*, Ottawa, National Education Office, 1970, xii, 272 p.

L'Éducation à la liberté ou La Philosophie de l'éducation de Jacques Maritain, Grenoble/Ottawa, Les Presses universitaires de Grenoble/EUO, 1978, 152 p. ; *L'Éducation à la liberté ou La Pédagogie de Jacques Maritain*, EUO, 1984. Traduction anglaise par Ralph Nelson : *Education for Freedom. The Philosophy of Education of Jacques Maritain*, New York/Ottawa, The University of Notre Dame Press/The University of Ottawa Press, 1982, xiv, 130 p.

Jacques Maritain, philosophe dans la cité/A Philosopher in the World, Ottawa, EUO, 1985, x, 447 p. Publié sous la direction de Jean-Louis Allard qui signe aussi l'introduction.

L'Explication empiriste de la causalité selon David Hume, RUO, vol. 32, juillet-sept. 1962, p. 153-167.

Relativité historique et Vérité immuable, dans *Dialogue*, vol. 4, nᵒ 4, 1966, p. 518-530.

To Drink or not to Drink : The Individual's Responsability, dans *Addictions*, vol. 14, nᵒ 1, 1967, p. 10-23.

Contemporary Society and Alcoholism, dans *Proceedings of the Conference on Alcoholism*, nᵒˢ 25-27, sept. 1967.

Colloque universitaire sur le Rapport Faure, Introduction, RUO, vol. 43, nᵒ 3, juillet-sept. 1973, p. 317-320.

Les Franco-Ontariens et l'Éducation post-secondaire, RUO, vol. 43, nᵒ 4, oct.-déc. 1973, p. 518-531.

Qu'est-ce que l'éducation permanente? (À propos du rapport Faure : « Apprendre à être »), dans *Conférences et Débats du Cercle d'études philosophiques d'Annecy*, 2ᵉ trimestre, 1977, p. 33-48.

Étude sur la pédagogie de saint Benoît, première partie : Un grand éducateur contemporain, saint Benoît, dans *L'Église canadienne*, vol. 14, nᵒ 20, 11 juin 1981, p. 14 ; deuxième partie : « *Prie et travaille* », vol. 14, nᵒ 21, 25 juin 1981, p. 653-657.

Maritain's Epistemology of Modern Science, dans *R. J. Henle, Conference-Seminar on Jacques Maritain's The Degrees of Knowledge (May 9-10, 1980)*, St-Louis University, 1981, p. 144-173.

A Philosophical Consideration of Lifelong Education, dans *The Alberta Journal of Educational Research*, vol. 27, nᵒ 1, mars 1981, p. 84-92.

La Personne humaine et la liberté, RUO, vol. 51, nᵒ 4, oct.-déc. 1981, p. 617-628.

La Pedagogia di S. Benedetto, dans *Benedictina (Abbazia di S. Paolo)*, Roma, anno 28, 1981, Fasc. 1-2, p. 545-564.

Jacques Maritain, philosophe dans la cité, dans *L'Église canadienne*, vol. 16, nᵒ 8, 16 déc. 1982, p. 245-248.

L'Éducation et les Requêtes du temps présent, dans *Pedagogia e Vita*, Université de Milan, nᵒ 1, 1982-1983, p. 5-16.

Raissa Maritain, contemplative dans le monde, dans *L'Église canadienne*, vol. 17, nᵒ 10, janv. 1984,

p. 307–308 ; aussi dans *Notes et Documents,* nouvelle série, n° 4, oct.–déc. 1983, p. 77–80.

L'Educazione alla contemplazione, dans *Contemplazione e ricerca spirituale nella società secolarizzata,* Milano, Editrice Massimo, 1984, p. 53–65.

L'Égalité humaine, utopie ou réalité, dans *Nova et Vetera,* vol. 3, p. 229–241.

ÉTUDE

Jacques Croteau, *L'Éducation à la liberté,* Dr, 66ᵉ année, n° 280, 24 fév. 1979, p. 20.

ALLARD, LIONEL (1911–   ). Romancier et historien, né à Nouvelle (Bonaventure). Il fait ses études à l'École normale Laval de Québec et obtient le brevet d'enseignement en 1929. Il est instituteur à l'Ancienne-Lorette de 1929 à 1942, année où il devient inspecteur. De 1957 à 1969, il fait partie des cadres supérieurs du département de l'Instruction publique, devenu ministère de l'Éducation du Québec, et dirige le bureau de l'agrément des manuels scolaires. En 1954, il a été décoré de l'Ordre du mérite scolaire. Pendant des années, il dirige le *Bulletin de l'Association des inspecteurs d'écoles* et le *Bulletin hebdomadaire de la Direction générale de l'Enseignement primaire et secondaire.* En outre, il collabore à *L'Enseignement primaire,* à la *Revue d'histoire de la Gaspésie* et à *L'Appel.* Dans son premier roman, *Au fin bout de l'espoir* (1972), Lionel Allard raconte le drame de la disparition de certaines paroisses gaspésiennes : « Un véritable réquisitoire contre les responsables d'une telle situation, écrit Robert Lévesque. C'est là que le roman trouve sa force, plutôt que dans le style ou le langage ». Allard rédige ensuite l'histoire d'une réussite, *L'Ancienne-Lorette* (1979), récit vivant et bien étoffé des traditions et des coutumes ancestrales maintenues jusqu'à nos jours à l'Ancienne-Lorette. Son deuxième roman, *Mademoiselle Hortense,* s'inscrit dans l'expérience même de la carrière de l'auteur. Hortense est l'incarnation de toutes ces institutrices qui se sont dévouées à l'éducation des petits Québécois.

ŒUVRES

Un siècle au service de l'éducation 1851–1951. L'inspection des écoles dans la province de Québec (essai), [s.l., s.é., 1951 ?], 2 t. : t.1, [4], ii, 152,[2] p. ; t. 2,[2], ii, 145, [6] p. Collab. Gérard Filteau. Présentation de Michel Savard.

Au fin bout de l'espoir. Roman, Montréal, Beauchemin, 1972, 127 p.

L'Ancienne-Lorette (monographie), [Montréal], Leméac, 1979, 386 p. Ill. « Ouvrages historiques ».

Mademoiselle Hortense ou L'École du septième rang (roman), [Montréal], Leméac, 1981, 245 p. « Roman québécois ».

Le Goéland blessé (récit), [Montréal], Leméac, 1983, 199 p. Ill.

ÉTUDES

Robert Lévesque, *Le Drame des Gaspésiens, 30 ans de labeur pour rien,* dans *Québec-Presse,* vol. 4, n° 15, 9–15 avril 1972, p. 26.

Julia Richer, *Aux éditions Beauchemin,* Dev, vol. 63, n° 101, 2 mai 1972, p. 23.

Jacques Ferron, *Littérature,* MM, vol. 87, n° 10, 6 oct. 1972, p. 82.

Monique Duval, *L'Histoire de l'Ancienne-Lorette telle que vue par Lionel Allard,* Pr, 83ᵉ année, n° 234, 24 oct. 1979, p. 15.

Jacques Mathieu, *Notes bibliographiques,* RHAF, vol. 34, n° 4, mars 1981, p. 650–651.

Évangéline Veilleux, *Allard (Lionel), L'Ancienne-Lorette,* dans *Nos Livres,* vol. 12, automne 1981, n° 167.

Adrien Thério, *Un hommage à l'ancienne maîtresse d'école ou un hommage aux enfants d'école d'autrefois ? Mademoiselle Hortense ou L'École du septième rang de Lionel Allard,* LQ, n° 23, automne 1981, p. 84.

Ellen Reisman Babby, *Allard, Lionel, Mademoiselle Hortense ou L'École du septième rang* dans *The French Review,* vol. 55, n° 6, mai 1982, p. 919.

ALONZO, ANNE-MARIE (1951–   ). Poète, née à Alexandrie (Égypte). Après ses études primaires à l'École allemande d'Alexandrie, elle s'établit à Montréal en 1963 et continue ses études. En 1976, elle obtient un baccalauréat de l'Université de Montréal, et en 1978 une maîtrise avec une thèse sur les « Problèmes pratiques de l'adaptation du roman au théâtre : *Ravages* de Violette Leduc ». Tout en préparant une thèse de doctorat sur Colette, elle collabore à divers périodiques, comme *La Nouvelle Barre du jour* et *Possibles,* et elle rédige des textes pour Radio-Canada (« L'Atelier des inédits »), les Grands Ballets canadiens, le Théâtre du Nouveau Monde. En 1980, l'Université de Montréal lui confie des cours de création littéraire. *Geste,* recueil de poésies publié à Paris en 1979, révèle un vrai talent de poète. « Le texte d'Anne-Marie Alonzo, écrit Gilles Marcotte, n'invite pas à quelque molle compassion, au partage de la douleur, mais à quelque chose d'infiniment plus exigeant : à l'action ». Il faut noter, en effet, qu'à l'âge de quatorze ans, un accident d'automobile l'a laissée handicapée pour la vie ; son recueil est une sorte de reconstruction de son existence, « une vie, ajoute Marcotte, qui est une beauté, celle de l'exacte nécessité ». « Ce livre, tendre et dur, souligne Madeleine Ouellette-Michalska, se veut lieu de rencontre et d'affrontement. Il nomme nos manques avec insistance, mais il invite au partage du cœur et de la voix ». En 1985, elle reçoit le prix de poésie Émile-Nelligan pour son recueil *Bleus de mine*, publié aux éditions du Noroît.

ŒUVRES

Geste (texte poétique), Paris, Des Femmes, 1979, 147 p.

Veille, Paris, Des Femmes, 1982, 98 p.

Blanc de thé (poésie), [s.l.], Les Éditions Élastiques, 1983, [n.p., 1 f.]. Ill. de Azélie Zee Artand. (Livre objet en 25 exemplaires dont chaque copie est unique).

Une lettre rouge orange et ocre (théâtre), Montréal, Les Éditions de la pleine lune, 1984, 64 p. « Texte dramatique ».

Ductus (poésie), Saint-Lambert, Éditions du Noroît, 1984, [portefeuille, n.p., 40 f.]. Gravures et calligraphie de Martin Dufour. Traduction anglaise, allemande et italienne en regard, par Sheila Fischman, Hans-Georg Ruprecht et Lamberto Tassinari. (Édition de luxe. Tirage limité).

Bleus de mine (poésie), Saint-Lambert, Éditions du Noroît, 1985, 68 p. Ill.

French Conversation (texte poétique), Laval, Éditions Trois, 1986, [n.p., 34 f.]. Collab. Alain Laframboise. Ill. « Le Cabinet des merveilles ». (Tirage limité).

Écoute, Sultane (poésie), Montréal, L'Hexagone, 1987, 136 p.

———

À ma mère, à ma mère, à ma mère... (poésie), NBJ, no 71, nov. 1978, p. 4.

Veille (essai), dans *Possibles*, vol. 4, no 1, nov. 1979, p. 57–60.

L'Amère des rêves (poésie), NBJ, no 87, févr. 1980, p. 13–18.

En deuil et suivi de Regard (poésie), NBJ, no 88, mars 1980, p. 23–35.

Mésanges et Parapluies (poésie), NBJ, no 92, juin 1980, p. 3.

La Tisseuse d'Oran, NBJ, no 98, janv. 1981, p. 75–76.

Portrait d'intérieur et Ou l'art de l'innocence, NBJ, no 109, janv. 1982, p. 87–91.

Sables fous de dunes, NBJ, no 112, mars 1982, p. 49–53.

D'étage en palais, NBJ, no 115, juin 1982, p. 35–44.

Route II (texte poétique), NBJ, déc. 1985, p. 25–30.

ÉTUDES

J.C. Abrassart, *Geste,* dans *Trajectoires*, vol. 1, no 2, 1979, p. 1, 4.

Anne-Brigitte Kern, *Lecture de Geste*, dans *Des femmes en mouvement hebdo* (Paris), vol. 1, no 3, nov. 1979, p. 1.

Louise Cotnoir, *Le Geste, la parole*, dans *Spirale*, vol. 1, no 9, mai 1980, p. 2, 7.

Gilles Marcotte, *Trois complaintes du mal de vivre*, dans *Actualité*, vol. 5, no 4, avril 1980, p. 94.

Madeleine Ouellette-Michalska, *Recréer le geste premier*, Dev, vol. 71, no 9, 12 janv. 1980, p. 17.

Mona Latif-Ghattas, *À la recherche du geste-image dans la mise en scène de « Veille » d'Anne-Marie Alonzo*, dans *Pratiques théâtrales*, no 13, automne 1981, p. 27–31.

Martial Dassylva, *Anne-Marie Alonzo. L'immobilité vaincue par la parole et l'écriture*, Pr, 97e année, no 140, 13 juin 1981, p. C-12.

Id., *Au théâtre expérimental des femmes. Un beau récital poétique dramatisé*, Pr, 97e année, no 143, 16 juin 1981, p. C-21.

Jean Royer, *Alonzo. La fuite hors d'Égypte*, Dev, vol. 76, no 231, 5 oct. 1985, p. 21, 30.

Id., *Le Prix Nelligan à A.-M. Alonzo*, Dev, vol. 77, no 80, 8 avril 1986, p. 5.

AMBROISE, PÈRE. Voir **LAFORTUNE,** AMBROISE.

AMI D'ALCESTE (UN). Voir **HARVEY,** JEAN-CHARLES.

AMPRIMOZ, ALEXANDRE Laurent Antoine (1948–   ). Poète, essayiste et traducteur, né à Rome. Après son secondaire au Collegio San Domenico d'Arezzo, il fait des études en mathématiques (B.A., 1966), en physique et en chimie (diplôme universitaire d'enseignement, 1967) à l'Université d'Aix-Marseille, puis en mathématiques spéciales au Prytanée militaire (1968). Arrivé au Canada en 1968, il étudie les techniques d'enseignement d'une langue seconde à l'Université d'Ottawa en 1969, s'inscrit la même année à l'Université de Toronto à la maîtrise en français et la termine à l'Université de Windsor (1970). Boursier du Conseil des Arts du Canada, il obtient un doctorat de l'Université de Windsor pour une thèse intitulée « L'Évolution poétique de Germain Nouveau : vers la folie cohérente d'Humilis » (1978). Il commence sa carrière d'enseignant dès son arrivée au Canada, d'abord à l'Assomption College School (Windsor, 1968–1973), puis à l'Université Western (1973–1974), au Saint Clair College et, à compter de 1978, à l'Université du Manitoba. Très actif dans les milieux littéraires de langue française et anglaise, il est membre de nombreuses associations ; il s'occupe d'édition au profit d'une dizaine de maisons, dirige la revue *Poetry Windsor Poésie* et le *Bulletin du Centre d'études françaises canadiennes de l'Ouest*, et est cofondateur du Groupe de recherche « Prométhée » de Sherbrooke. Il collabore en outre à un grand nombre de périodiques, tels *Imagine, Présence francophone, Revue de l'Université de Bruxelles, Studia Neophilologica, Revue de l'Université de Moncton, Studi Francesi*. Sa poésie est bien connue des milieux anglophones mais moins des milieux francophones, probablement à cause d'un manque de diffusion. La critique remarque cependant *10/11* (1979), et Richard Giguère écrit : «Poésie difficile, exigeante? Oui, sans doute, mais quel plaisir de décortiquer un poème pour en refaire les associations et les liens de cohérence, pour en découvrir la richesse, pour créer d'autres textes».

ŒUVRES

Jiva and Other Poems, Lakemont (U.S.A.), CSA Press, 1971, 47 p. Ill.

RE and Other Poems, New York/Washington/Hollywood, Vantage Press, 1972, 88 p. Introduction de Gustave Kaitz.

Initiative à Menke Katz (essai), Montréal, Les Presses libres, 1972, 29 p.

Visions (poésie), Lakemont, Tarnhelm Press, 1973, 64 p.

An Island in the Heart and Other Dialogues, Lakemont, Tarnhelm Press, 1973, 47 p.

Menke Katz' Choice Poems in Italian, [Windsor, s.é.], 1974, 35 p.

Studies in Grey (poésie), London, Killaly Press, 1976, [n.p., 24 p.]. «Killaly Chapbooks».

Chant solaire ou La Poésie éventrée de Vers ce logocentre notes pour un poème néo-crépusculaire, Sherbrooke, Éditions Naaman, 1978, 69 p. «Création».

Against the Cold (poésie), Fredericton, Fiddlehead Poetry Books, 1978, 40 p.

Selected Poems, Toronto, Hounslow Press, 1979, 79 p.

10/11 (poésie), Sudbury, Éditions Prise de parole, 1979, [n.p., 56 p.].

CDN SF & F. A Bibliography of Canadian Science Fiction and Fantasy, Toronto, Hounslow Press, 1979, viii, 85 p. Collab. John Robert Colombo, Michael Richardson et John Bell. Préface des auteurs.

Springtime of Spoken Words (poésie), Toronto, Hounslow Press, 1979, 91 p. Ill. hors texte. Traduction de poèmes de Cécile Cloutier.

Odes for Sterilized Streets (poésie), Cornwall, Vesta Publications limited, 1979, 50 p.

Other Realities (poésie), Toronto, Three Trees Press, 1980, 71 p.

In Rome (nouvelles), Toronto, Three Trees Press, 1980, 48 p.

Ice Sculptures (poésie), Toronto, Three Trees Press, 1981, 48 p.

Changements de tons (poésie), Saint-Boniface, Les Éditions des plaines, 1981, 84 p. Préface d'Alexandre L. Gordon.

Fragments of Dreams (poésie), Toronto, Three Trees Press, 1982, 48 p.

Conseils aux suicidés (poésie), Paris, Éditions Saint-Germain des prés/Le Cherche-Midi éditeur, 1983, 58 p.

Germain Nouveau dit Humilis : étude biographique, Chapel Hill, North Carolina Studies in the Romance Languages and Literatures U.N.C. Department of Romance Languages, 1983, 200 p. Avant-propos de l'auteur.

La poésie érotique de Germain Nouveau. Une lecture des Valentines (essai), Saratoga (Cal.), Anma Libri, 1983, 67 p. Avant-propos de l'auteur.

Sur le damier des tombes. Poésie, Saint-Boniface, Les Éditions du Blé, 1983, 76 p.

Dix plus un demi (poésie), Saint-Boniface, Les Éditions du Blé, 1984, [n.p., 60 p.]. «Rouge».

[*For a Warmer Country*] (poésie), [Brandon (Manitoba), Pierian Press], 1984, 12 p. «Dollarpoems».

Absence et Signification, dans *Présence francophone*, n° 9, automne 1974, p. 149–153.

Petite Note sur une lecture oblique, dans *Revue de l'Université de Bruxelles*, nos 3–4, 1976, p. 236–241.

Poussière sur la ville : vers une sémiotique des gestes, dans *Présence francophone*, n° 14, printemps 1977, p. 97–104.

La Sémiotique des gestes dans le roman québécois, dans *Présence francophone*, n° 18, printemps 1979, p. 95–107.

Sémiotique de la segmentation d'un texte narratif : La Mort de Stella d'Anne Hébert, dans *Présence francophone*, n° 19, automne 1979, p. 97–105.

Vers un faire scientifique de la sémiologie, dans *Revue de l'Université de Moncton*, vol. 13, nos 1–2, janv.-mai 1980, p. 107–114.

Le Pont de Jacques Ferron : structure et génération, dans *Revue de l'Université de Moncton*, vol. 14, n° 1, janv.-mars 1981, p. 99–107.

Sémiotique de l'organisation textuelle d'un conte : Les Méchins de Jacques Ferron, dans *Présence francophone*, n° 23, automne 1981, p. 131–141.

Le Meurtre d'une idée (nouvelle), dans *Les Années-Lumière. Dix nouvelles de science-fiction*, Montréal, VLB éditeur, 1983, p. 15–30.

ÉTUDES

Clément Moisan, *Alexandre Amprimoz. 10/11*, LAQ 1979, p. 92.

Richard Giguère, *En d'autres lieux (de poésie)*, LQ, n° 17, printemps 1980, p. 30–33.

André G. Bourassa, *Des choses à dire. Parole donnée aux Éditions Prise de parole*, LQ, n° 17, printemps 1980, p. 83–84.

Richard Giguère, *La Poésie acadienne et ontarienne de langue française : un pari pour la vie*, LQ, n° 22, été 1981, p. 34.

Michel Clément, *Alexandre Amprimoz. Changements de ton*, LAQ 1981, p. 118–119.

AMY, MARCELLE. Voir ORMES, RENÉE DES.

AMYOT, GENEVIÈVE (1945-   ). Poète et romancière, née à Saint-Augustin (Portneuf). Elle fait ses études classiques au Couvent de Saint-Augustin et à l'École normale Notre-Dame-de-Québec (B.A., 1965) et une licence ès lettres à l'Université Laval (1969). Elle enseigne ensuite à l'Ancienne-Lorette, à Thetford-les-Mines et, à partir de 1978, au Cégep de Lévis-Lauzon. En 1979, elle est boursière du ministère des Affaires culturelles du Québec. Elle collabore à des périodiques tels *Estuaire, La Barre du jour* et *La Nouvelle Barre du jour.* Son premier recueil de poèmes, *La Mort était extravagante* (1975), s'apparente à l'écriture surréaliste. « Comment ne pas aimer cette poésie barbare parce que cruelle, écrit Paul-André Bourque, cet univers baroque, presque surréel parfois, et pourtant si proche, même du réel, cette poésie dont la syntaxe est aussi syncopée et syncopante que la vie extravagante du souvenir ». Dans *L'Absent aigu* (1976), « il y a un rythme envoûtant, imprévisible et sinueux, écrit Claire Piché. L'auteur accumule les mots magiques [...], elle réussit à inventer un univers où l'écriture se suffit à elle-même ». On retrouve les mêmes exigences stylistiques dans *Journal de l'année passée* (1978) ; l'intérêt du livre vient particulièrement des libertés de découpage et de regroupement que se donne l'auteur « au nom de notre vie intérieure dont seuls les caprices sont prévisibles » (Gabrielle Pascal).

ŒUVRES

La Mort était extravagante (textes poétiques), Saint-Lambert, Éditions du Noroît, 1975, 91 p. Avec trois dessins de Madeleine Morin.

L'Absent aigu. Roman, Montréal, Quinze, 1976, 127 p. ; VLB éditeur, 1979.

Journal de l'année passée. Roman, Montréal, VLB éditeur, 1978, 167 p.

Dans la pitié des chairs (textes poétiques), Saint-Lambert, Éditions du Noroît, 1982, 117 p. Avec un dessin de Madeleine Morin.

_____

Écrire. Journal du onze novembre et Poèmes, dans *Estuaire,* nº 4, mai 1977, p. 20–37.

Dites-le avec des fleurs, NBJ, nᵒˢ 56–57, mai–août 1977, p. 20–34.

Enjamber le corps tronqué de l'ancêtre, NBJ, nº 81, sept. 1979, p. 47–58.

Ces enfants qui insistent dans mes côtes, NBJ, nº 97, déc. 1980, p. 7–13.

ÉTUDES

François Ricard, *Quatre livres, un seul bon roman,* Dev, vol. 68, nº 283, 4 déc. 1976, p. 30.

Claire Piché, *Geneviève Amyot. L'Absent aigu,* LAQ 1976, p. 57.

Paul-André Bourque, *Geneviève Amyot. La Mort était extravagante,* LAQ 1976, p. 170–171.

Réginald Martel, *Le Destin heureux d'une peine d'amour,* Pr, 94ᵉ année, nº 165, 18 nov. 1978, p. D-3.

Jean Royer, *Geneviève Amyot : le grandiose et l'ordinaire,* Dev, vol. 69, nº 274, 25 nov. 1978, p. 21.

Robert Mélançon, *L'Action-writing de Geneviève Amyot,* Dev, vol. 69, nº 274, 25 nov. 1978, p. 21.

Gabrielle Pascal, *Geneviève Amyot. Journal de l'année passée,* LAQ 1978, p. 22–23.

Hugues Corriveau, *La Passion d'écriture,* NBJ, nº 76, mars 1979, p. 75–77.

Claude Beausoleil, *Geneviève Amyot : la chair des mots,* Dev, vol. 73, nº 118, 22 mai 1982, p. 23.

Richard Giguère, *De l'origine aux origines. Dans la pitié des chairs de Geneviève Amyot,* LQ, nº 27, automne 1982, p. 39–43.

AMZAD. Voir **DELABIT,** RÉGINE.

ANAOUÏL, Marie Rachel LOUISE [X Louise Aylwin] (1953–   ). Conteuse, poète et traductrice, née à Saint-Louis-de-Médelec (Témiscamingue). Elle fait ses humanités aux cégeps d'Amos, de Trois-Rivières et de Sainte-Foy (D.E.C., 1972), puis obtient un baccalauréat en communications (1976) à l'Université du Québec à Montréal où elle poursuit des études en programmation-informatique. En 1975–1976, elle enseigne chez les Inuit à Povungnituk (Nouveau-Québec). Elle fait de la traduction d'ouvrages anglais et espagnols. Son premier recueil de contes, *Raminagradu,* mérite le prix Marie-Claire-Daveluy (1974) et le prix de littérature de jeunesse du Conseil des Arts du Canada (1975). Renée Cimon dit de cet ouvrage : « Des faits et gestes quotidiens où s'insinuent l'étrange, le merveilleux, l'insolite, qu'il s'agisse de gitans de passage, d'extraterrestres qui empruntent la voix et le corps d'un enfant [...] ; elle réussit à créer une atmosphère spéciale qu'appuient les illustrations aériennes et fraîches ». Dans *L'Opale juillet* (1980), on retrouve cette même délicatesse poétique toute en demi-tons et en nuances où le corps et l'esprit se marient à merveille au vent, à la forêt, à la mer, au sable et à l'amour.

ŒUVRES

Raminagradu. Histoires ordinaires pour enfants extraordinaires (contes), Montréal, Les Éditions du Jour, 1975, 101 p. Sous le pseudonyme de Louise Aylwin. Ill. de l'auteur. « Tout âge ».

Laura (poésie), Montréal, Les Éditions Minimales, 1979, [n.p., 6 feuillets]. (Tirage limité).

L'Opale juillet (poésie), Montréal, Estérel, 1980, [n.p., 22 feuillets doubles]. Ill. de Jehane d'Arc Brochu. (Tirage limité).

Et hop ! (poésie), Montréal, Estérel, 1980, [n.p., 3 feuillets]. Collab. Jean-Yves Collette. (Tirage limité).

Gris à lier, NBJ, n° 74, janv. 1979, p. 5–20.
Au Québec. Après un long silence, l'Estérel renaît..., dans
Le Livre d'ici, vol. 4, n° 52, 3 oct. 1979, p. 1.

ÉTUDE

Renée Cimon, *Aylwin (Louise), Raminagradu*, dans *Nos livres*,
vol. 9, mars 1978, n° 104.

ANCELET, BARRY Jean [X Jean Arceneaux]
(1951–   ). Poète, essayiste et folkloriste, né à
Pointe-de-l'Église (Louisiane). Il fait ses humanités
à l'Université de Nice et à l'Université de Southwestern Louisiana (B.A., 1974). Il poursuit ensuite des
études de folklore à l'Université d'Indiana où il
obtient une maîtrise (1977) dont le mémoire s'intitule
« J'sus sûrement pas un conteur de contes, mais... ».
Il a terminé son doctorat en ethnologie à l'Université
d'Aix-Marseille ; sa thèse porte sur « La Truie dans
la Berouette : littérature orale de la Louisiane »
(1987). En 1974, il fonde le Festival de musique
acadienne à Lafayette. En 1977, il est nommé
directeur du programme de folklore au Centre
d'études louisianaises de l'Université de Southwestern Louisiana. En outre, il devient animateur du
poste KRVS Radio-Acadie en Louisiane, en 1980,
et l'année suivante il est élu secrétaire général de
l'Association des écrivains louisianais, et il fonde
les Éditions de la Nouvelle Acadie. Il a composé de
nombreux poèmes, quelques pièces de théâtre, de
nombreux articles sur la culture et la littérature de
la Louisiane, et il prépare en collaboration des
anthologies louisianaises. Ses *Musiciens cadiens et
créoles/The Makers of Cajun Music* (1984) sont
une première synthèse des connaissances sur la
musique des Acadiens de la Louisiane moderne.

ŒUVRES

Jean l'ours et la fille du roi (théâtre), Lafayette, Centre
d'études louisianaises, 1979, 24 p. Ill. de Mary Ryder.
*Cris sur le Bayou. Naissance d'une poésie acadienne en
Louisiane* (anthologie), Montréal, Les Éditions Inter-
mède, 1980, 143 p. Ill. Préface de l'auteur.
Littérature française de la Louisiane. Anthologie, [Bedford,
National Materials Development Center for French
and Creole, 1981], 360 p. Collab. Mathé Allain.
Acadie tropicale (anthologie), Lafayette, Center for Loui-
siana Studies, University of Southwestern Louisiana,
1983, 51 p. Collab. Mathé Allain. Ill. de Philip Gould.
Musiciens cadiens et créoles/The Makers of Cajun Music
(essai-interview), Houston/Québec, University of Texas
Press/PUQ, 1984, 160 p. Ill. d'Eleonore Morgan Jr.
Préface de Ralph Ringler.

*Feu de Savane : A Renaissance of Louisiana French
Literature* dans *Southern Exposure*, vol. 9, n° 2,
été 1981, p. 4–11.

ÉTUDES

Claude Beausoleil, *Naissance d'une poésie acadienne*, Dev, vol. 72,
n° 68, 21 mars 1981, p. 21.
Bryant C. Freeman, *Ancelet, Barry-Jean. Cris sur le Bayou.
Naissance d'une poésie acadienne en Louisiane*, dans *The
French Review*, vol. 55, n° 2, déc. 1981, p. 297–298.

ANCIEN VI–XIII. Voir **LAMARCHE, GUSTAVE**.

ANCTIL, PIERRE (1952–   ). Anthropologue,
géographe et bibliographe, né à Québec. Il fait ses
humanités au Petit Séminaire de Québec (D.E.C.,
1970). Inscrit à l'Université Laval, il présente un
mémoire de licence ès lettres en géographie sur la
« Morphologie du village de Vallée Jonction » (1973),
et un second mémoire pour l'obtention d'une maîtrise en anthropologie, « Le Mode de production
marchand et la parenté, un cas historique québécois :
Saint-Vallier (1893–1923) », en 1975. Boursier du
Conseil des Arts, de la Direction générale de l'enseignement supérieur, et du Conseil de recherches
en sciences humaines, il poursuit ses études à la
New School for Social Research de New York où il
soutient, en 1980, sa thèse de doctorat : « Aspects of
Class Ideology in a New England Ethnic Minority :
the Franco-Americans of Woonsocket, Rhode Island
(1865–1929) ». Pierre Anctil est à la fois chargé de
cours d'études littéraires à l'Université du Québec
à Montréal, au Centre d'études canadiennes-
françaises de l'Université McGill, et chercheur à
l'Institut québécois de recherche sur la culture. Il
collabore à divers périodiques, tels *Anthropologie
et Société*, *Le Canado-Américain*, *Recherches amérindiennes au Québec* et *Cahiers de géographie du
Québec*, et il est cofondateur des Éditions du
45e Parallèle Nord. En 1979, il fait paraître la
première bibliographie annotée et analytique des
Franco-Américains de la Nouvelle-Angleterre, *A
Franco-American Bibliography* qui montre l'évolution de l'écriture dans les divers champs d'action
des Québécois émigrés en Nouvelle-Angleterre. Ce
travail fouillé se limite aux livres et aux brochures ;
il n'est donc pas exhaustif mais il est la première
bibliographie sérieuse publiée sur un coin de la
francophonie mal exploré jusqu'à présent.

ŒUVRES

A Franco-American Bibliography. New England (bibliographie annotée), Bedford, NMDC, 1979, 137 p. Ill. Préface de Robert B. Perreault.

« Aspects of Class Ideology in a New England Ethnic Minority : the Franco-Americans of Woonsocket, Rhode Island (1865-1929) ». Thèse de doctorat, Ann Arbor, Michigan, New School for Social Research, 1980, 340 f.

Juifs et Réalités juives au Québec (essai), Québec, Institut québécois de recherche sur la culture, 1984, 371 p. Collab. Gary Caldwell. Ill. Cartes.

Saint-Vallier-de-Bellechasse au tournant du siècle dernier : la pénétration du capitalisme, dans *Anthropologie et Société,* vol. 1, n° 2, [oct.–déc.] 1977, p. 37–50.

Aperçu critique de la littérature franco-américaine, dans *Le Canado-Américain* (Manchester), vol. 5, n° 1, janv.–mars 1979, p. 21–22.

Récit d'une danse du Soleil chez les Crows, dans *Recherches amérindiennes au Québec,* vol. 8, n° 3, 1977, p. 223–233.

La Franco-américanie, ou Le Québec d'en bas, dans *Cahiers de géographie du Québec,* vol. 23, n° 58, avril 1979, p. 39–52.

Les Lettres de Gabriel Dumont au major Edmond Mallet, dans *Recherches amérindiennes au Québec,* vol. 10, n°s 1–2, 1980, p. 52–66.

L'Exil américain de Louis Riel (1874–1884), dans *Recherches amérindiennes au Québec,* vol. 11, m.f. n° 3, 1981, p. 239–249.

« *Chinese of the Eastern States* », *1881,* RS, vol. 22, n° 1, janv.–avril 1981, p. 125–131.

L'Identité de l'immigrant québécois en Nouvelle-Angleterre. Le Rapport Wright de 1882, RS, vol. 22, n° 3, sept.–déc. 1981, p. 331–359.

Aimer New York pour connaître les Juifs, dans *Jonathan,* n° 2, déc. 1981, p. 17–19.

ÉTUDE

Jacques Dufresne, *Les Chinois de l'Est,* Dev, vol. 71, n° 297, 20 déc. 1980, p. 15.

ANDRÈS, BERNARD-JOSEPH (1949–   ). Essayiste, né à Oran (Algérie). Il fait ses humanités au Lycée J.-B. Corot (1962-1967). Inscrit à la Sorbonne en 1967, il obtient successivement un D.U.E.L. (1969), une licence ès lettres (1970), une maîtrise pour un mémoire « L'Humanisme verbal chez Boris Vian » (1971), et un doctorat dont la thèse s'intitule « Dissolution et Dislocation du personnage chez Claude Simon » (1973). Il enseigne à l'École Saint-Louis (Viry-Chatillon, France) de 1967 à 1973. Par la suite, il émigre au Québec. À partir de 1975, il est professeur de lettres à l'Université du Québec à

Montréal. Il est l'auteur d'un seul roman, *La Trouble-Fête.* Ses articles les plus marqués paraissent dans *Voix et Images* dont il est le rédacteur, *Degrés* (Bruxelles), *Jeu, Le Jour, Le Devoir...* Il est de plus animateur de plusieurs émissions littéraires à Radio-Canada.

ŒUVRE

La Trouble-Fête. Triptyque (roman), Montréal, Leméac, 1986, 237 p. « Roman québécois ».

Essai de typologie du discours pamphlétaire québécois, VI, vol. 1, n° 3, avril 1976, p. 417–431.

Tardivel et le roman chrétien de combat, VI, vol. 2, n° 1, sept. 1976, p. 99–109.

Le Trou dans La Terre paternelle, VI, vol. 2, n° 3, avril 1977, p. 365–374.

Pour une segmentation transphrastique du discours littéraire : Sagard en huronie, dans *Degrés* (Bruxelles), n° 14, été 1978, p. 1–21.

Pour une grammaire de l'émotion pamphlétaire, EL, vol. 10, n° 2, août 1978, p. 351–372.

ANFOUSSE, GINETTE (1944–   ). Conteuse pour la jeunesse et dessinatrice, née à Montréal. Après le secondaire à l'Institut Cardinal Léger, elle est inscrite à l'École des Beaux-Arts (1961–1965) et elle étudie la gravure à l'Atelier Graff (Montréal) et à l'Atelier de L'Île (Val-David). Elle obtient des bourses du Conseil des Arts du Canada et du ministère des Affaires culturelles du Québec. Elle devient concepteur visuel pour Radio-Canada (1968–1970) et Radio-Québec (1970–1975), puis elle travaille à Via le monde Canada Inc. (1975-1976) et aux Ateliers Pigi Inc. (1976–   ). En outre, elle dirige des stages en atelier sur la littérature de jeunesse, anime des rencontres en milieux scolaires, etc. Ses travaux méritent plusieurs prix, tels le prix de la Littérature de jeunesse du Conseil des Arts du Canada (1978, 1983) et l'International Board on Books for Young People Award (Prague, 1980). Elle publie son premier conte pour enfants, *Mon ami Pichou,* en 1976. Ses recueils de contes sont de beaux récits illustrés : « Ginette Anfousse exploite une forme de dialogue entre le livre et l'enfant, écrit Christiane Duchesne. L'auteur permet à ses lecteurs de fouiller l'image, de chercher les détails, de se perdre dans l'illustration ». Hélène Roberge déclare en 1978 qu'« un des grands intérêts de ces albums réside dans le fait que le personnage principal s'adresse toujours directement à l'enfant en l'interpellant, en le questionnant ou encore en le rassurant », avec un «vrai langage d'enfant». Mais, en 1980, Carole David pense — à propos de *Savon* et de *L'Hiver* — que cette littérature enfantine veut, de façon traditionnelle, non seulement « transmettre des connaissances » mais « aussi déterminer des comportements » : « On veut éduquer avant tout », « intégrer les petits chez les grands ». En contrepartie, Michel Laurin et Monique Chartier trouvent que ce sont là des textes « d'une rare richesse » « où l'on montre que l'enfant, même jeune, a ses idées à lui ».

ŒUVRES

Mon ami Pichou (conte), Montréal, Le Tamanoir, 1976, [n.p., 21 p.]. Ill. de l'auteur. « De l'étoile filante » ; La Courte Échelle, 1978. Traduction anglaise par Mayer Romaner : *My Friend Pichou*, NC Press ltd, 1978, [n.p., 21 p.].

La Cachette (conte), Montréal, Le Tamanoir, 1976, [n.p., 21 p.]. Ill. de l'auteur. « De l'étoile filante » ; Les Éditions de la Courte Échelle, 1978. « Pichou ». Traduction anglaise par Mayer Romaner : *Hide-and-Seek*, NC Press ltd, 1978, [n.p., 21 p.].

La Montée des marguerites. 13 nouvelles de Pierre Sarrazin et Ginette Anfousse, Val-David, Éditions Pigi, 1977, 92 p. (Ginette Anfousse, p. 75–91).

La Chicane (conte), Montréal, Les Éditions de la Courte Échelle, 1978, [n.p. 21 p.]. Ill. de l'auteur. « Pichou ». Traduction anglaise par Mayer Romaner : *The Fight*, NC Press ltd, 1978, [n.p., 21 p.].

La Varicelle (conte), Montréal, Les Éditions de la Courte Échelle, 1978, [n.p., 21 p.]. Ill. de l'auteur. « Pichou ». Traduction anglaise par Mayer Romaner : *Chicken-Pox*, NC Press ltd, 1978, [n.p., 21 p.].

Le Savon (conte), Montréal, Les Éditions de la Courte Échelle, 1980, [n.p., 21 p.]. Ill. « Pichou ». Traduction anglaise par Mayer Romaner : *The Bath*, NC Press ltd, 1981, 21 p.

L'Hiver ou Le Bonhomme Sept-heures (conte), Montréal, Les Éditions La Courte Échelle, 1980, [n.p., 21 p.]. Ill. « Pichou ».

Fabien 1. Un loup pour Rose (récit), [Montréal], Leméac, 1982, 40 p. Ill. « Littérature de jeunesse ».

Fabien 2. Une nuit au pays des malices (récit), [Montréal], Leméac, 1982, 40 p. Ill. « Littérature de jeunesse ».

Le Héros de Rosalie (récit), Montréal, La Courte Échelle, 1988, 96 p.

Ma pomme (conte), dans *Le Livre d'ici*, vol. , n° 8, 28 nov. 1979, p. 1.

Conte de Noël en image, dans *Lurelu*, vol. 3, n° 4, hiver 1980, p. 8.

ÉTUDES

Christiane Duchesne, *Il pleut des tamanoirs...*, dans *Le Livre d'ici*, vol. 2, n° 6, 12 déc. 1976, p. 1.

André Carpentier, *Ginette Anfousse donne le ton aux éditions La Courte Échelle*, dans *Le Livre d'ici*, vol. 4, n° 7, 22 nov. 1978, p. 1.

Renée Roman, *L'Originalité du quotidien*, Dev, vol. 69, n° 279, 27 nov. 1978, p. 21.

Hélène Roberge, *Ginette Anfousse. La Chicane. La Varicelle*, LAQ 1978, p. 247.

Irma McDonough, *Ginette Anfousse*, dans *Review*, vol. 13, n° 2, avril 1979, p. 32.

Marie-Thérèse Ribeyron, *Ginette Anfousse un petit bout de fée*, Pe, vol. 21, n° 28, 14 juillet 1979, p. 1–4.

Marie-Jeanne Robin, *Rencontre avec Ginette Anfousse*, dans *Lurelu*, vol. 2, n° 4, hiver 1979, p. 1,12–13, 20.

Carole David, *Ginette Anfousse. Le Savon. L'Hiver ou Le Bonhomme Sept-heures*, LAQ 1980, p. 216–217.

Lorraine Boisvenue, *Dormez sans cauchemar*, dans *Le Livre d'ici*, vol. 6, n° 14, 7 janv. 1981, p. 2.

Angèle Dagenais, *L'Industrie du jouet*, Dev, vol. 72, n° 70, 24 mars 1981, p. 11–12.

Christiane Charette, *M'as-tu vu, m'as-tu lu ?*, dans *Lurelu*, vol. 4, n° 1–2, printemps–été 1981, p. 7, 20, 24.

Michel Laurin et Monique Chartier, *Anfousse (Ginette). L'Hiver ou Le Bonhomme Sept-heures. Le Savon*, dans *Nos livres*, vol. 12, févr. 1981, n° 54.

ANGENOT, MARC (1941–   ). Essayiste, critique et comparatiste, né à Bruxelles. Après ses humanités gréco-latines à l'Athénée Royal d'Ixelles, il poursuit ses études en philosophie-lettres à l'Université libre de Bruxelles, obtient la licence ès lettres et la maîtrise en 1962, puis un doctorat (1967) homologué par l'État (1969), en présentant une thèse sur la rhétorique du surréalisme. Pendant ses travaux, il a fait partie de l'équipe des chercheurs du Fonds National Belge de la Recherche scientifique (1963–1967). En 1967, il émigre au Canada et devient professeur de lettres françaises et de littérature comparée à l'Université McGill. Il collabore à de nombreuses revues : *Études françaises*, *Revue des sciences humaines*, *Cahier Dada/Surréalisme*, *Semiotica*, *Études littéraires*, *Journal canadien de littérature comparée*, *Science-Fiction Studies* dont il est codirecteur... Ses recherches lui ont mérité des bourses et des subventions du Conseil des Arts du Canada, du Québec, etc. En 1972, il publie son *Glossaire pratique de la critique contemporaine*, qui a le grand mérite de rendre accessible aux étudiants un vocabulaire souvent ténébreux. Son ouvrage sur le *Roman populaire* (1975) applique les méthodes de Propp, Greimas et Barthes à des études allant des *Mystères de Paris* à *Papillon* : c'est, dit Jean Fisette, « un travail fort intéressant, même si ce n'était qu'en raison des questions qu'il soulève ; en ce sens, il reflète d'une façon sérieuse les recherches en cours dans le domaine de la critique ‹ universitaire › ». En 1979, il publie *Les Champions des femmes*, étude qui examine les polémiques autour des femmes, de 1400 à 1800.

« L'ouvrage de Marc Angenot, affirme Patrick Imbert, est peut-être le meilleur texte produit à notre époque pour rendre les êtres sensés lorsqu'ils discutent ou s'agressent au sujet du féminisme ».

ŒUVRES

Glossaire de la critique littéraire contemporaine, Montréal, Hurtubise/HMH, 1972, 118 p.

Le Roman populaire. Recherches en paralittérature (essai), Montréal, PUQ, 1975, 145 p. Avant-propos de l'auteur. « Genres et Discours ».

Les Champions des femmes. Examen du discours sur la supériorité des femmes 1400-1800, Montréal, PUQ, 1977, 193 p.

Glossaire pratique de la critique contemporaine, Montréal, Hurtubise HMH, 1979, 223 p. Avertissement de l'auteur.

La Parole pamphlétaire. Contribution à la typologie des discours modernes (essai), Paris, Payot, 1982, 425 p. Avertissement de l'auteur. « Langages et Sociétés ».

Critique de la raison sémiotique. Fragment avec pin up (essai), Montréal, PUQ, 1985, 136 p. Ill.

La Complainte de Fantômas et la Complainte de Fualdès, EF, vol. 4, nº 4, nov. 1968, p. 424-430.

Lecture et Critique, dans *Critères*, vol. 3, nºs 6-7, sept. 1972, p. 133-138.

Qu'est ce que la paralittérature?, EF, vol. 7, nº 1, avril 1974, p. 9-22.

Présupposé, Topos, Idéologie, FF, vol. 13, nºs 1-2, avril 1977, p. 11-34.

Smith Conundrum, VI, vol. 3, nº 1, sept. 1977, p. 162-165.

La Parole pamphlétaire et *Bibliographie du pamphlet*, EL, vol. 11, nº 2, août 1978, p. 255-264, 389-390.

ÉTUDES

Robert Vigneault, *Chronique : la critique et l'essai entre l'humain et le sacré*, EF, vol. 9, nº 2, mai 1973, p. 163-166.

Jean Fisette, *Le Roman populaire. Recherches en paralittérature de Marc Angenot*, LAQ 1975, p. 188-189.

Valérie Shaw, *Le Roman populaire. Recherches en paralittérature*, dans *Nineteenth-Century Fiction*, vol. 31, nº 3, déc. 1976, p. 360-363.

Patrick Imbert, *Le Féminisme à travers les siècles*, Dr, 66e année, nº 42, 13 mai 1978, p. 22.

Mary Anglim, *Les Champions des femmes. Examen du discours sur la supériorité des femmes 1400-1800*, dans *The Canadian Journal of History*, vol. 13, nº 2, août 1978, p. 260-261.

Paul G. Spagnoli, *Social History With and Without Numbers*, dans *Journal of Interdisciplinary History*, vol. 10, nº 1, été 1979, p. 107-119.

Christian Allègre, *Les Champions des femmes*, Dev, vol. 69, nº 23, 28 janv. 1981, p. 35.

ANGERS, FÉLICITÉ. Voir **CONAN, LAURE.**

ANGERS, FRANÇOIS-ALBERT (1909-   ). Économiste et professeur, né à Québec. Après avoir étudié à l'École des Hautes Études commerciales de Montréal (licence en sciences commerciales, 1934), il y devient professeur de science économique, en 1937, au retour d'un séjour à l'École libre des Sciences politiques de Paris. Même après sa retraite, en 1974, alors qu'il est nommé professeur émérite, il continue à donner des cours. Expert auprès d'associations et d'institutions financières, il occupe successivement divers postes de direction : président de la Ligue d'Action nationale, secrétaire de la Commission française des Semaines sociales du Canada, vice-président du Centre international de recherches et d'information sur les entreprises publiques et les coopératives, conseiller économique de la Solidarité et de la Société nationale de fiducie, secrétaire de l'Académie des sciences morales et politiques du Québec à Montréal, etc. Il collabore à plusieurs journaux et revues dont *L'Actualité économique*, *L'Action nationale, Culture, Canadian Journal of Economic and Political Science*. Ses succès et ses travaux lui ont mérité la médaille du lieutenant-gouverneur de la province de Québec (1930), la médaille d'or de l'École des Hautes Études commerciales (1934) et celle de l'École libre des Sciences politiques de Paris (1937), le prix Duvernay (1961), la médaille d'or de l'Université de Liège (1964). Parlant de *Pour orienter nos libertés*, Fernand Dumont souligne ainsi son apport à la vie du pays : « On sait quelle contribution décisive François-Albert Angers a apportée au développement de la recherche et de l'enseignement de la science économique en notre pays. Ses publications techniques, les initiatives diverses qu'il a suscitées auraient suffi déjà à bien remplir la carrière d'un savant très laborieux. Pourtant, Angers a poursuivi en parallèle une autre carrière aussi chargée que la première, vouée à l'engagement social et national [...] : l'éducation, l'économique, le national, la constitution ».

ŒUVRES

Coopératives de consommation et Marchands indépendants (essai), [Montréal], Conseil supérieur de la coopération, 1940, 20 p.

Vers la république du Canada (essais), Montréal, Éditions de l'Action nationale, [1940], 68 p. Collab. Gérard Fillion, André Laurendeau, et al.

[*L'Art de déplacer les questions. À propos du bilinguisme mercantile*] (essai), [Montréal, Éditions de l'Action nationale, 1940?], 24 p. «Actualités». (Paru d'abord dans l'*Action nationale*).

Le Comté de Charlevoix, inventaire des ressources naturelles et industrielles (étude), Québec, Ministère de l'Industrie et du Commerce, 1942, 232 p.

[*Est-ce ainsi qu'on fait la guerre sainte?*] (essai), [Montréal, Les Éditions de l'Action nationale, 1942], 21 p. «Actualités». (Paru d'abord dans l'*Action nationale*).

Le Travail féminin à l'usine et l'Effort de guerre (essai), Montréal, [L'imprimerie populaire ltée], 1942, 53 p. Collab. Émile Bouvier. «Le Document».

Le temps est venu pour les Canadiens de mettre le holà! (essai), Montréal, Éditions de l'Action nationale, [1943], 28 p. «Actualités».

Le Salaire de l'instituteur et de l'institutrice dans la Province de Québec (étude), Montréal, La Fédération des instituteurs et des institutrices catholiques des cités et villes de la Province de Québec, 1945, 47 p.

Pourquoi nous n'accepterons «jamais» la conscription pour service outre-mer (essai), Montréal, Éditions de l'Action nationale, [1946?], 22 p. «Actualités». (Paru d'abord dans l'*Action nationale*).

Le Bilan canadien d'un conflit (essai), Montréal, Éditions de l'Action nationale, [1946?], 32 p. «Actualités». (Paru d'abord dans l'*Action nationale*).

Le Culte de l'incompétence (essai), Montréal, Éditions de l'Action nationale, 1946, 24 p. «Actualités». (Paru d'abord dans l'*Action nationale*).

Initiation à l'économie politique (avec application au Canada). Cours abrégé préparé à l'intention des secrétaires des chambres de commerce, Montréal, Fides, 1948, 308 p. Préface de l'auteur. «Bibliothèque économique et sociale»; [1952], 314 p.; *Initiation à l'économie politique (avec applications au Canada)*, 1958, 397 p. Introduction de l'auteur. «Bibliothèque économique et sociale»; *Initiation à l'économie politique (avec applications au Canada)*, 1963, 444 p. Introduction de l'auteur. «Bibliothèque économique et sociale»; *Initiation à l'économie politique, 1971-1972*, 2 t.: t. 1, *Initiation à la vie économique*, 1971, 235 p. Avant-propos de l'auteur; t. 2, *Initiation à l'analyse économique*, 1972, 370 p.

Structure de l'entreprise (essai), Montréal, École des Hautes Études commerciales, 1950, 41 p. «Étude».

Deux modèles d'inconscience: le Premier Ministre St-Laurent et le commissaire Lévesque (essai), Montréal, [L'Action catholique?, 1951], 24 p. (Paru d'abord dans l'*Action catholique*).

Évolution de la structure des emplois au Canada (essai), Montréal, Service de documentation économique, École des Hautes Études commerciales, 1954, 112 p. Collab. Patrick Allen. «Étude».

La Sécurité sociale et les Problèmes constitutionnels. Commission d'enquête sur les problèmes constitutionnels, [Québec, Imprimerie de la Reine], 1955, 2 vol.

Le Problème fiscal et les Relations fédérales-provinciales. Étude présentée à la Commission royale d'enquête sur les problèmes constitutionnels, Québec, Imprimeur de la Reine, 1956, 337 p.

El Concepto de inflación y las confusiones de la politica monetaria (essai), Cordoba (Argentine), Dirección general de Publicidad, 1960, 43 p.

Essai sur la centralisation. Analyse de principes politique et économique dans les perspectives canadiennes, Montréal, Les Presses de l'École des Hautes Études commerciales / Éditions de la Librairie Beauchemin, 1960, 331 p. Collab. Pierre Harvey et Jacques Parizeau.

Le Rôle des caisses populaires (essai), Montréal, [s.é.], 1961, 34 p.

L'École confessionnelle (conférence), [Montréal, s.é., 1962], 24 p. (Paru d'abord dans l'*Action catholique*).

Statistiques manufacturières du Québec, 1665-1948 (avec quelques données comparatives pour le Canada et les autres provinces), Institut d'économie appliquée / École des Hautes Études commerciales, 1966, 167 p. Collab. Roland Parenteau. «Étude».

La Confessionnalité et le Rapport Parent, Sherbrooke, [s.é.], 1967, 30 p.

Le Contrôle des institutions financières et la Banque du Canada. Annexe au Rapport de la Commission d'enquête sur les institutions financières au Québec, Québec, Imprimeur du Québec, 1969, 2 vol.

Pour orienter nos libertés (essai), Montréal, Fides, 1969, 280 p. Préface de Richard Arès. «BES».

Les Droits du français au Québec (essai), Montréal, Éditions du Jour, 1971, 189 p. Préface d'Yvon Groulx. «IJ».

La Coopération: de la réalité à la théorie économique (étude), Montréal, Fides, 1974-1976, 2 vol.: vol. 1, *Le Monde vivant de la coopération*, 1974, 227 p.; vol. 2, *L'Actualité coopérative en théorie économique*, 1976, 411 p.

Esdras Minville, *La Vie économique* (essais), Montréal, Fides, HEC, 1979-1984, 7 vol.: vol. 1, *L'Économie du Québec et la Science économique*, 1979, 478 p.; vol. 2, *Systèmes et Structures économiques*, 1980, 770 p.; vol. 3, *Plan et Aménagement; les données fondamentales*, 1981, 381 p.; vol. 4, *Plan et Aménagement; les secteurs de base*, 1981, 514 p.; vol. 5, *Le Travail*, 1982, 452 p.; vol. 6, *Propos sur la conjoncture des années 1925-1938, 1: de la grande prospérité à la grande crise*, 1984, 618 p.; vol. 7, *Propos sur la conjoncture des années 1925-1938, 2: décevante reprise, les finances publiques, les relations internationales*, 1984, 724 p. François-Albert Angers éditeur avec Ruth Paradis.

De l'impérialisme au colonialisme, AN, vol. 19, avril 1942, p. 190-205.

Varennes, berceau d'une sainte, RHAF, vol. 13, n° 1, juin 1959, p. 3-13.

Naissance d'une pensée économique au Canada français, RHAF, vol. 15, n° 2, sept. 1961, p. 204-229.

À quand le biculturalisme ?, AN, vol. 53, n° 6, févr. 1964, p. 515–522.

L'Évolution économique du Canada et du Québec depuis la Confédération, RHAF, vol. 21, n° 3, 1967, p. 637–655. Numéro spécial.

Nationalisme et Vie économique, RHAF, vol. 22, n° 4, mars 1969, p. 589–610.

Vue nouvelle de portée historique, AN, vol. 60, n° 8, avril 1971, p. 623–654.

ÉTUDES

Willie Chevalier, *M. François-Albert Angers et le Séparatisme*, Dr, 53e année, n° 23, 28 janv. 1966, p. 5.

[Anonyme], *La Révolution tranquille dans l'ombre... Espoir ou désespoir des nationalistes ?*, dans *Jeune-Québec*, vol. 1, n° 2, 24 janv. 1967, p. 8–9.

Jean Genest, *Notre merci à Monsieur Angers*, AN, vol. 57, n° 2, oct. 1967, p. 101–104.

Julia Richer, *Pour obtenir nos libertés* (entrevue), dans *L'Information médicale et paramédicale*, n° 17, 15 juillet 1969, p. 18–26.

André-J. Bélanger, *Pour orienter nos libertés, de François-Albert Angers*, LAC 1969, p. 200.

Fernand Dumont, *Pour orienter nos libertés*, RHAF, vol. 24, n° 4, mars 1971, p. 597–598.

Jean-Luc Migué, *François-Albert Angers, La Coopération : de la réalité à la théorie économique*, LAQ 1974, p. 304–305.

Maurice Saint-Germain, *François-Albert Angers, La Coopération : de la réalité à la théorie économique*, LAQ 1976, p. 363–365.

John Grube, *Bâtisseur de pays : la pensée de François-Albert Angers*, Montréal, Éditions de l'Action nationale, 1981, 256 p. Suivi d'une notice biographique et bibliographique de Patrick Allen.

Clément Trudel, *L'Histoire et ses ressources*, Dev, vol. 71, n° 275, 29 nov. 1980, p. 21.

François Séguin, *Quand le nationalisme frise le racisme*, Dev, vol. 72, n° 188, 20 oct. 1981, p. 17.

ANGERS, FRANÇOIS-RÉAL (1812–1860). Juriste, romancier, né à la Pointe-aux-Trembles (Neuville). Il fait ses études classiques au Petit Séminaire de Québec. Après avoir étudié le droit, il est admis au barreau en 1837. Engagé dans les grandes luttes politiques de l'époque, il publie, en 1834, sous la forme d'une pièce de théâtre, un pamphlet politique intitulé *Le Statu quo en déroute*. Il écrit ensuite l'un des premiers romans publiés au Québec, *Les Révélations du crime ou Cambray et ses complices* (1837), à partir du témoignage d'un compagnon de la bande de Chambers dont les méfaits, vols, sacrilèges et meurtres, défraient les chroniques de Québec entre 1835 et 1837. Il est aussi l'auteur de quelques poèmes dont *Chant canadien*, mis en musique par le compositeur québécois Charles Sauvageau. Devenu avocat en 1837, Angers délaisse la littérature pour se consacrer principalement à la pratique du droit et à la rédaction d'études juridiques parues dans les *Décisions des Tribunaux du Bas-Canada* (1856).

ŒUVRES

Le Statu quo en déroute. La scène se passe dans une Étude de procureur, rue Ste-Anne, maison voisine à l'Enseigne à la Tortue, à Québec, Plattsburgh (N.Y., É.-U.), [s.é.], 1834, 16 p. ; Montréal, Réédition-Québec, 1969, [n.p., 34 p.]. Introduction de Gérard Bernier. (Paru aussi dans *Les Trois comédies du « Statu quo »* 1834, Québec, typ. Laflamme & Proulx, 1909, p. 97–124. Préface de N.-E. Dionne. « Galerie historique »).

Système de sténographie, applicable au français et à l'anglais, Québec, Imprimé pour le propriétaire, par Fréchette & Cie, 1836, 16 p.

Les Révélations du crime ou Cambray et ses complices. Chroniques canadiennes de 1834 (roman), Québec, Imprimé par Fréchette et Cie, 1837, 76 p. ; Imprimé par B. Sauvageau, Jn., 1867, 62 p. ; [s.é.], 1880, 108 p. ; Montréal, Réédition-Québec, 1969, xvii, 108 p. Introduction de John Hare. (Réimpression photographique de l'édition de 1880). Traduction anglaise : *The Canadian Brigands ! ! An Intensely Exciting Story of Crime in Quebec, Thirty Years Ago !*, Montréal, Published by R. Worthington, 1867, 31 p.

Lower-Canada Reports. Décisions des tribunaux du Bas-Canada. Questions Seigneuriales ; compilation contenant l'Acte Seigneurial de 1854, l'Amendement à l'Acte Seigneurial, de 1855, les Questions soumises par le Procureur-Général du Bas-Canada, les Contre-Questions soumises par divers Seigneurs, les Procédés et Décisions de la Cour Spéciale constituée sous l'autorité de l'Acte Seigneurial de 1854, les Plaidoyers et les Mémoires des Avocats, et les Observations des Juges, etc., 1856, 2 vol. : vol. A, Imprimé partie à Québec, par Augustin Côté ; et partie à Montréal au Bureau de la Minerve, 143 a, 432 b ; vol. B, Imprimé, partie à Québec, par A. Côté, et partie à Montréal, par Duvernay et frères, 14 a, 31 b, 19 c, 60 d, 73 e, et 135 f, 59 g, 117 h, 93 i, 9 j, [13]. Compilées et rédigées par M. Lelièvre et F.-R. Angers. Traduction anglaise : *Lower Canada Reports. Décisions des tribunaux du Bas-Canada. Seigniorial Questions : a Compilation Containing the Seigniorial Act of 1854, the Amendment to the Seigniorial Act of 1854, the Questions Submitted by the Attorney General for Lower Canada, the Counter Question, Submitted by Divers Seigniors, the Proceedings and Decisions of the Special Court Constituted Under the Authority of the Seigniorial Act of 1854, the Pleadings and Memoirs of the Advocates and the Observations of the Judges, &c, &c.* Printed Partly at Quebec by A. Côté, and Partly at Montreal by Duvernay Brothers, 1856, 2 vol. : vol. A, 143 a, 448 a [sic] ; vol. B, 13 a, 31 b, 18 c, 64 d, 72 e, 135 f, 63 g, 116 h, 91 i, 9 j, [12].

Chant canadien, Montréal, Senécal, Daniel et Cie, 1859, 3 p. Paroles de F.-R. Angers, musique de Charles Sauvageau.

[*Cinq poèmes*], RN, vol. 1, 1893, p. 383 ; vol. 2, p. 5, 79, 158, 350.

ÉTUDES

Benjamin Sulte, *La Chanson de Moore,* RC, vol. 12, 1875, p. 580–586.
Pierre-Georges Roy, *La Bande Chambers,* CD, vol. 3, 1938, p. 89–113.

ANGERS, PIERRE (1912–). Essayiste et pédagogue, né à Montréal. Il fait des études classiques au Collège Sainte-Marie et au Collège Jean-de-Brébeuf. Entré chez les Jésuites en 1930, il est ordonné prêtre en 1943. Après des études en philosophie et en théologie, il prépare une thèse sur « *L'Analogie de la durée* ». Il obtient un doctorat ès lettres à l'Université de Louvain pour une thèse intitulée : *Commentaire à l'Art poétique de Paul Claudel* (1949). Tout en occupant diverses fonctions au sein de sa communauté et dans l'enseignement (à la Faculté des lettres de l'Université de Montréal (1949–1968), chez les Récollets, au Collège Jean-de-Brébeuf), Pierre Angers continue ses recherches qui débordent sur des questions de sociologie et de culture. Membre de plusieurs associations, il collabore aussi en matière de recherche et de planification avec le ministère de l'Éducation du Québec. En 1961, il obtient le prix de la Province de Québec, et en 1975 la médaille Parizeau de l'ACFAS. Boursier de gouvernements français et canadien, il poursuit ses recherches en éducation à l'Université du Québec à Trois-Rivières. D'une grande culture littéraire et philosophique, humaniste par nature et pédagogue par métier, Pierre Angers traite de sujets variés dans ses écrits et propose, dans une optique réaliste, des solutions qui respectent la tradition et l'esprit moderne. Dans *Foi et Littérature*, il résume ainsi sa pensée sur la vocation de la critique : « Ce qui nous apparaît comme la tâche primordiale de la critique, c'est de chercher le plein sens d'une œuvre, de descendre jusqu'au foyer d'où elle émerge, afin de la comprendre dans la richesse de ses foisonnements tout aussi bien que dans ses défaillances, et de l'apprécier selon des normes qui se réfèrent aux divers plans de l'existence ».

ŒUVRES

L'Analogie de la durée (essai), Montréal, Scolasticat de l'Immaculée-Conception, 1937, 17 p.

[*Montréal, ville inconnue*] (essai), [Action paroissiale], 1941, [n.p., 14 p.]. « L'Œuvre des tracts ».

Commentaire à l'Art poétique de Paul Claudel avec le texte de l'Art poétique (essai), Paris, Mercure de France, [1949], 390 p.

Foi et Littérature (essais), Montréal, Éditions Beauchemin, 1959, 107 p.

Problèmes de culture au Canada français (essai), Montréal, Éditions Beauchemin, 1961, 117 p. Préface de l'auteur.

L'Enseignement et la Société d'aujourd'hui (essai), Montréal, Éditions Sainte-Marie, [1961], 46 p.

L'Explosion scolaire. Étude sur quelques-unes de ses causes et de ses conséquences sociales, Montréal, Centre pédagogique des Jésuites canadiens, 1962, [vi], 166 p. Introduction de l'auteur. (Texte dactylographié et polycopié).

Formation universitaire des candidats à l'enseignement secondaire et collégial, Montréal, Éditions du Centre pédagogique des Jésuites canadiens, 1962, 18 f. Collab. Robert Picard. (Annexe au mémoire présenté par la Commission universitaire de la Compagnie de Jésus à la Commission royale d'enquête sur l'enseignement. Texte polycopié).

Réflexions sur l'enseignement (essai), Montréal, Éditions Bellarmin, 1963, 204 p. Avant-propos de l'auteur.

L'Enseignement du français au niveau secondaire et à l'université. Mémoire présenté à la Commission royale d'enquête sur l'enseignement, Montréal, Éditions du Centre pédagogique des Jésuites canadiens, 1963, [xi], 117 f.

La Structure du premier cycle universitaire (étude), Montréal, Centre de psychologie et de pédagogie, 1964, 68 p. Collab.

Les Modèles de l'institution scolaire. Contribution à l'analyse institutionnelle, Trois-Rivières, Université du Québec à Trois-Rivières, 1977, [iii], 97 f. (Texte dactylographié).

École et Innovation (étude), Ville de Laval, Éditions N.H.P., 1978, 268 p. Collab. Colette Bouchard. Ill. Préface de l'auteur.

L'Activité éducative : une théorie, une pratique [Saint-David, (Québec)], Centre de développement en environnement scolaire inc., 1981–1985, 5 vol. Collab. Colette Bouchard. Ill. : vol. 1, *La Mise en œuvre du projet d'intégration,* 1981, 110 p. ; Montréal, Éditions Bellarmin, 1984, 131 p. Préface de Colette Bouchard ; vol. 2, *L'Appropriation de soi,* 1982, viii, 65 p. ; vol. 3, *Le Développement de la personne,* 1982, 60 p. ; vol. 4, *L'Intuition dans l'apprentissage,* 1983, iv, 75 p. Préface de Pierre Angers ; Montréal, Éditions Bellarmin, 1985, 156 p. ; vol. 5, *De l'expérience à l'intuition,* 1985, 22 p. Préface des auteurs.

Montréal est-il français? dans *Le Quartier latin,* vol. 24, n° 25, 24 avril 1942, p. 7.

La Religion d'André Gide, dans *Le Quartier latin,* vol. 33, n° 36, 2 mars 1951, p. 4.

Trente Arpents (essai), dans *Le Roman canadien-français,* Montréal, Fides, 1964, p. 123–131. « ALC » 3.

Problèmes de culture au Canada français, dans *Québec ; hier et aujourd'hui,* Montréal, McGill Press, 1967, p. 92–93.

Dona Musique et la poésie de Paul Claudel, dans *Formes et Figures,* Ottawa, EUO, 1967, p. 53–74.

ÉTUDES

[Anonyme], *Commentaire à l'Art poétique de Claudel,* Dev, vol. 41, n° 116, 20 mai 1950, p. 9.

Pierre de Grandpré, *L'Hommage de la N.R.F. à Paul Claudel,* Dev, vol. 46, n° 235, 15 oct. 1955, p. 32.

[Anonyme], *La poésie est le Chant dans l'homme de l'âme profonde,* Dev, vol. 46, n° 288, 27 déc. 1955, p. 5.

Jean Éthier-Blais, *Problèmes de culture au Canada français,* Dev, vol. 52, n° 29, 4 févr. 1961, p. 13.

Maurice Lebel, *L'Enseignement et la Société d'aujourd'hui et Problèmes de culture au Canada français de Pierre Angers,* LAC 1961, p. 74–75.

[Anonyme], *Pierre Angers : la formation du français relève du corps professoral tout entier,* Dev, vol. 54, n° 105, 6 mai 1963, p. 3.

Guy Stringer, *Une étude qui tient compte de la réalité étudiante,* dans *La Crue,* vol. 1, n° 7, 15 déc. 1963, p. 2.

Jean-Roch Perron, *Réflexions sur l'enseignement de Pierre Angers,* LAC 1963, p. 122–125.

Benoît Lacroix, *Pierre Angers,* dans *L'Essai et la Prose d'idées au Québec,* Montréal, Fides, 1985, p. 427–452. « ALC » 6.

ANNA. Voir **CARBET,** MARIE-MAGDELEINE.

ANTOINE, YVES (1941–   ). Poète, né à Port-au-Prince (Haïti). Il fait ses études classiques au Lycée Pétion en Haïti (B.A., 1963). Il arrive au Québec en 1969 et poursuit ses études en pédagogie à l'Université de Montréal (B.péd., 1970). À l'Université d'Ottawa, il obtient une maîtrise en éducation (1972), un baccalauréat spécialisé (1979) et une maîtrise en lettres françaises (1981), et il prépare un doctorat en littérature. De 1970 à 1972, il enseigne le français dans une école d'Ottawa, et de 1973 à 1978 il enseigne aux adultes à L'Étape de Hull. En 1981, il est conjointement professeur au Cégep de l'Outaouais et au Collège Algonquin d'Ottawa. Yves Antoine a publié cinq recueils de poésie entre 1964 et 1979, en Haïti d'abord, puis au Canada. Jean Jonassaint l'inclut parmi les poètes haïtiens vivant en Amérique qu'il accuse de ressasser des poncifs et de croupir dans du folklore conformiste.

Mais la critique des journaux haïtiens, *Le Nouvelliste, Le Petit Samedi Soir*, etc., est assez louangeuse sur l'engagement d'Antoine et sur la maîtrise de son art.

ŒUVRES

La Veillée. Poèmes, Port-au-Prince, [s.é., 1964], 63 p. Portrait. Préface de Pradel Pompilus.

Témoin oculaire (poésie), [Port-au-Prince, s.é., 1970], 45 p. Portrait. Avant-propos de l'auteur.

Au gré des heures suivi de « Horizon fantôme » (poésie), [Port-au-Prince, Les Presses nationales], 1972, 48 p. Portrait.

Les Sabots de la nuit (poésie), [s.l., s.é.], 1974, 80 p.

Alliage. Poésie et prose, Sherbrooke, Éditions Naaman, 1979, 60 p. Ill. d'Emmanuel Pierre Charles. « Création ».

Chants de la toundra (poésie), Sherbrooke, Ed. Naaman, 1985, 144 p.

Désir de retour à la source. Réconciliation, Constatation (poème), dans *Conjonction : Revue franco-haïtienne,* n° 119, févr.–mars 1983, p. 69–71.

Clairemise (prose), dans *Mapou,* vol. 1, n° 1, automne 1977, p. 23–25.

Choix (poème), dans *Mapou,* vol. 1, n° 4, été 1978, p. 39.

Boat-People (poème), dans *Haïti progrès* (supplément littéraire), vol. 2, n° 2, 18–24 avril 1984, p. 7.

ÉTUDES

Jacquelin Dolcé, *Yves Antoine ou la Quête de la perfection,* dans *Le Petit Samedi Soir* (Haïti), n° 119, 16–22 août 1975, p. 17–18.

Id., Yves Antoine : l'achimiste du verbe, dans *Le Petit Samedi Soir* (Haïti), n° 225, 21–27 janv. 1978, p. 25–26.

Jean Jonassaint, *Les Productions littéraires haïtiennes en Amérique du Nord,* EF, vol. 13, n° 2, août 1980, p. 313–333.

André Couture, *La Nuit porte des sabots,* Dr, 63e année, n° 8, 6 avril 1974, p. 9.

Yves Antoine, dans F. Raphaël Berrou et Pradel Pompilus, *Histoire de la littérature haïtienne,* Port-au-Prince, Éditions Caraïbes, 1977, t. 3, p. 372–374.

Charles Novastar, *Les Voies poétiques de la réconciliation des hommes,* dans *Le Nouvelliste* (Haïti), 82e année, n° 30710, 13 janv. 1978, p. 1.

St. John Kauss, *Yves Antoine ou Les Sabots de la nuit,* dans *Étincelles,* vol. 1, n° 1, août 1982, p. 11–12.

[Anonyme], *Yves Antoine poète nous a dit...* (entrevue), dans *Kalfou* (Hull), vol. 1, n°s 8–9, juillet–août 1983, p. 7–8.

APRIL, JEAN-PIERRE (1948–   ). Nouvelliste, né à Rivière-du-Loup. Il fait ses études à l'Externat classique de Rivière-du-Loup, au Collège de La Pocatière et à l'Externat classique Saint-Jean Eudes. Il obtient un diplôme d'études collégiales au Cégep de Limoilou, en 1968. En 1971, l'Université Laval lui octroie une licence ès lettres avec spécialisation en linguistique et français moderne ainsi qu'un brevet d'enseignement. Il enseigne ensuite à Montréal, puis à la régionale de La Pocatière. En 1977, il devient professeur de langue et de littérature fantastique et de science-fiction au Cégep de Victoriaville. Auteur de science-fiction, il mérite trois fois le prix Boréal pour deux nouvelles : « Jackie, je vous aime... » (1978) et « Télétotalité » (1980) et pour un recueil de nouvelles, *La Machine à explorer la fiction* (1981). Il collabore à divers périodiques spécialisés en science-fiction, comme *Requiem, Mille plumes, Espace-temps, Solaris* et *Imagine.* « Jean-Pierre April, écrit Vital Gadbois, un nom à retenir. Il manie avec maîtrise les tons et les styles : tendresse, ironie, cruauté ; on pense parfois au roman noir américain. *La Machine à explorer la fiction,* un livre intelligent, attachant et insolite, toujours juste ».

ŒUVRES

La Machine à explorer la fiction (nouvelles), Longueuil, Le Préambule, 1980, 251 p. Postface par Norbert Spehner. « Chroniques du futur ».

Télétotalité. Nouvelles, Ville La Salle, Hurtubise HMH, 1984, 215 p. « A ».

Le Nord électrique (roman), Longueuil, Le Préambule, 1986, 246 p. « Chroniques du futur ».

Hallucination 2 pistons, dans *Requiem,* vol. 3, n⁰ 2, févr.–mars 1977, p. 8–9. Collab. Jacques Auger.

King-Kong III, dans *Requiem,* vol. 4, n⁰ 1, janv. 1978, p. 6–7.

Les Orphelins de Hoi Tri, dans *Mille-plumes,* n⁰ 2, printemps 1978, p. 20–21.

Jackie, je vous aime..., dans *Requiem,* vol. 4, n⁰ 6, déc. 1978, p. 6–11.

Voyage au centre de la digestion divine, dans *Requiem,* vol. 5, n⁰ 2, avril 1979, p. 9–12.

Une nouvelle page (coma-70), dans *Espace-temps* (Levallois-Perret, France), n⁰ 10, printemps 1979, p. 9–17.

Le Miracle de Noël, dans *Image,* vol. 1, n⁰ 2, déc. 1979–janv.–févr. 1980, p. 9–17.

Perspectives de la science-fiction québécoise, dans *Imagine,* vol. 1, n⁰ 2, déc. 1979–févr. 1980, p. 82–94.

Le Vol de la ville, dans *Imagine,* vol. 1, n⁰ 3, mars–mai 1980, p. 61–101.

Télétotalité, dans *Solaris,* vol. 6, n⁰ 2, avril 1980, p. 21–26 ; n⁰ 3, juin 1980, p. 8–11.

Regards sur l'an 2000, dans *Imagine,* vol. 2, n⁰ 3, mars 1981, p. 29–47 ; repris dans *Les Années-Lumière. Dix nouvelles de science-fiction,* Montréal, VLB éditeur, 1983, p. 31–53.

Les Mutants au CEGEP, dans *Québec-français,* n⁰ 42, mai 1981, p. 80–81.

L'Emballeuse, dans *Solaris,* vol. 7, n⁰ 4, sept. 1981, p. 6–9.

Kébékélectrik, dans *Imagine ,* vol. 3, n⁰ 1, automne 1981, p. 33–52.

François Barcelo : Agenor, Agenor, Agenor et Agenor, dans *Imagine,* vol. 2, n⁰ 4, été 1981, p. 168–170.

L'Avaleuse d'oiseaux, dans *Dix Contes et Nouvelles fantastiques par dix auteurs québécois,* Montréal, Quinze, 1983, p. 13–30.

La Science-fiction québécoise : rétrospective et prospective, dans *Écriture française,* n⁰ˢ 15–16, 1984, p. 3–10.

ÉTUDES

Michel Truchon, *Vendredi 13 chanceux pour la science-fiction québécoise,* So, vol. 82, n⁰ 174, 24 juillet 1979, p. B-7.

Gloria Escomel, *Fantastique et Science-fiction,* Dev, vol. 72, n⁰ 42, 16 fév. 1980, p. 28.

Michel Truchon, *Un heureux départ pour la science-fiction,* So, vol. 85, n⁰ 24, 24 janv. 1981, p. D-8.

Vital Gadbois, *La Machine à explorer la fiction de Jean-Pierre April,* dans *Québec-français,* n⁰ 42, mars 1981, p. 12.

Claude Janelle, *La Science-fiction au Québec,* dans *Québec-français,* n⁰ 42, mai 1981, p. 66–69.

Michel Truchon, *Science-fiction québécoise. Il est temps que la relève passe à l'action,* So, vol. 85, n⁰ 229, 26 sept. 1981, p. D-10.

Jean-Marc Gouanvic, *La Science-fiction irrévérencieuse de Jean-Pierre April,* VI, vol. 7, n⁰ 2, hiver 1982, p. 421–422.

Anon, *Bibliographie [de Jean-Pierre April],* dans *Écriture française,* n⁰ˢ 15–16, 1984, p. 10–11.

AQUIN, HUBERT (1929–1977). Romancier et journaliste, né à Montréal. Il fait ses études à l'École Jean-Jacques-Olier, à l'Externat Sainte-Croix, au Collège Sainte-Marie et à l'Université de Montréal où il obtient une licence en philosophie. Il passe aussi trois ans à l'Institut d'études politiques de Paris. De retour à Montréal en 1954, il travaille six ans à Radio-Canada comme écrivain, réalisateur de radio, et animateur de télévision. Puis, de 1960 à 1963, il est à l'Office national du film, à la fois scénariste et réalisateur d'œuvres comme « L'Homme vite » et « À Saint-Henri le 3 septembre ». Il milite activement au sein du Rassemblement pour l'indépendance nationale, et il est enfermé quelques mois, en 1964 à l'Institut Albert-Prévost, pour port d'armes illégales, temps dont il profite pour rédiger son roman, *Prochaine Épisode.* En 1961, il devient directeur de la revue *Liberté,* poste qu'il occupe jusqu'à sa démission fracassante de 1971, tout en continuant ses activités politiques et son travail de création littéraire. Il est aussi professeur de littérature dans plusieurs institutions, de 1967 à 1974 : Collège Sainte-Marie, Université du Québec à Montréal, State University of New York (Buffalo), Carleton University (Ottawa). En 1975, il est directeur littéraire aux Éditions *La Presse,* qu'il quitte subitement en août 1976. Il met fin à ses jours le 15 mars 1977. Quelques-unes de ses pièces ont été jouées à Radio-Canada : *Vingt-quatre heures de trop* (9 mars 1969), *Double sens* (30 janvier 1972). Mais c'est surtout comme romancier qu'Hubert Aquin est connu. Ses romans — *Prochain Épisode* (1965), *Trou de mémoire* (1968), *L'Antiphonaire* (1969), *Neige Noire* (1974) — se distinguent par une écriture très originale. En 1969 lui est décerné le prix du Gouverneur général qu'il refuse. Il reçoit par la suite plusieurs distinctions : prix de la Province de Québec (1970), prix David (1972), prix de La Presse (1974), Grand Prix littéraire de la Ville de Montréal (1975). Son œuvre entière, comme sa vie, tend au maximum d'intensité, de liberté, de lucidité et d'art. Pour certains, comme Jean Éthier-Blais, cette œuvre, en dépit de ses « fulgurances », garde quelque chose d'inachevé, de « désaxé ». Pour d'autres, comme François Ricard, « Aquin est sûrement l'écrivain qui, avec Gaston Miron, a le plus intensément vécu le drame canadien-français des années 60, c'est-à-dire le déchirement entre une immense culture [...] et son appartenance québécoise, son engagement politique ». « Produit fulgurant de l'époque des collèges classiques », écrit Patricia Smart, « il a exprimé avec une lucidité percutante la nécessité d'une rupture et la création d'un nouvel ordre. Mais par une suprême ironie, en assumant pleinement l'ambiguïté de cette période de transition, il préparait une société confiante et déculpabilisée dans laquelle il ne pouvait par définition pas trouver sa place ». C'est dans son œuvre romanesque qu'il se révèle le mieux : « Tous les masques que sont ses personnages, écrit encore Patricia Smart, cachent un des visages contradictoires de cet homme qui était à la fois le révolutionnaire passionné mais insécure de *Prochain Épisode* et son ennemi l'élégant aristocrate H. de Heutz ; à la fois un romantique qui aurait été plus à l'aise dans le siècle de Byron et de Balzac, et un esprit archi-moderne qui cherchait une nouvelle voie pour la littérature dans l'âge de la phénoménologie, du cinéma et de la conscience einsteinienne ».

ŒUVRES

Prochain Épisode. Roman, Montréal, CLF, 1965, 174 p. ; Paris, Robert Laffont, 1966, 229 p. « Références » ; Montréal, Éditions du renouveau pédagogique inc., 1969, 152 p. Présentation et annotation de Gilles Beaudet. Portrait. « LQ » ; Art global, 1978, 181 p. Ill. de Fernand Toupin. (Tirage limité). Traduction anglaise par Penny Williams : *Prochain Épisode,* Toronto/ Montréal, McClelland and Stewart limited, 1967, 125 p. ; 1972, 126 p. Introduction par Ronald Sutherland. « New Canadian Library ».

Trou de mémoire. Roman, [Montréal], CLF, 1968, 204 p. Traduction anglaise par Alan Brown : *Blackout,* Toronto, Anansi, 1974, 168 p.

L'Antiphonaire. Roman, Montréal, CLF, 1969, 250 p. Traduction anglaise par Alan Brown : *The Antiphonary,* Toronto, Anansi, 1973, 196 p. ; General Publishing Co Limited, 1983.

Point de fuite (essai), Montréal, CLF, 1971, 161 p. Ill.

Neige Noire. Roman. Montréal, La Presse, 1974, 254 p. « Écrivains des deux mondes » ; CLF Pierre Tisseyre, 1978, 264 p. Traduction anglaise par Sheila Fischman : *Hamlet's Twin,* Toronto, McClelland and Stewart, 1979, 208 p.

Blocs erratiques (recueil de textes), Montréal, Quinze, 1977, 284 p. Textes (1948–1977) rassemblés et présentés par René Lapierre. « Prose entière » ; 1982, 286 p. « Textes 10/ 10 ».

―――――――――

Les Rédempteurs (récit), ECF, nᵒ 5, 1959, p. 45–114.

L'Existence politique, L, nᵒ 21, 1962, p. 67–77.

La Fatigue culturelle du Canada français, L, vol. 4, nᵒ 23, mai 1962, p. 299–326.

Profession : écrivain, PP, nᵒ 4, janv. 1964, p. 23–31.

Le Québec et les Autres. Le Québec change de visage, L, vol. 6, nᵒ 1, janv.-févr. 1964, p. 67–74.

Thèmes de la littérature récente : commentaires, RS, vol. 5, nᵒˢ 1–2, janv.–août 1967, p. 191–193.

Un Canadien errant, MM, vol. 7, nᵒ 4, avril 1967, p. 20, 52, 54, 56, 58.

Introduction, dans *Louis-Joseph Papineau, Histoire de l'insurrection au Canada,* Montréal, Leméac, 1968, p. 9–31.

Table tournante (théâtre), VIP, nᵒ 2, 1969, p. 145–194. « CSM, nᵒ 15 ».

De retour, le 11 avril (nouvelle), L, vol. 11, nᵒ 2, 1969, p. 7–19.

24 heures de trop (télé-théâtre), VIP, nᵒ 3, 1970, p. 279–336.

Le Choix des armes (télé-théâtre), VIP, nᵒ 5, 1972, p. 189–237. « CUQ ».

24 février 1977, NBJ, nᵒ 63, févr. 1978, p. 65–67.

Obombre, L, vol. 23, nᵒ 3, mai–juin 1981, p. 15–24.

ÉTUDES

Clément Lockquell, *Prochain Épisode,* LAC 1965, p. 41–42.

Michel Bernard, *Prochain Épisode ou L'Autocritique de l'impuissance,* PP, vol. 4, nᵒˢ 3–4, nov.–déc. 1966, p. 78–87.

Renée Legris, *Les Structures d'un nouveau roman « Prochain Épisode »,* CSM, nᵒ 1, Littérature canadienne, 1966, p. 23–30.

Gérard Bessette, *Hubert Aquin,* dans *Histoire de la littérature canadienne-française,* Montréal, Centre éducatif et culturel, 1968, p. 639–643.

Jean Éthier-Blais, *Trou de mémoire d'Hubert Aquin,* dans *Québec 68,* 5ᵉ année, oct. 1968, p. 107–109.

René Dionne, *Trou de mémoire,* EF, vol. 4, nᵒ 4, nov. 1968, p. 444–447.

Michel Têtu, *L'Antiphonaire,* LAC 1969, p. 27–29.

Jean Bélanger, *L'Antiphonaire,* EF, vol. 6, nᵒ 2, mai 1970, p. 214–219.

Victor-Lévy Beaulieu, *Introduction à Hubert Aquin, essayiste,* dans *L'Illettré,* été 1970, p. 2–3.

André Berthiaume, *Le Roman,* EF, vol. 6, nᵒ 4, nov. 1970, p. 489–503, surtout p. 497–503.

Léo-Paul Desaulniers, *Ducharme, Aquin : conséquences de la mort de l'auteur,* EF, vol. 7, nᵒ 4, nov. 1971, p. 398–409.

Jocelyne Lefebvre, *Prochain Épisode ou Le Refus du livre,* VIP, nᵒ 5, 1972, p. 141–164. «CUQ».

Patricia Smart, *Hubert Aquin, agent double,* Montréal, PUM, 1973, 139 p.

Léandre Bergeron, *Prochain Épisode et la Révolution,* VIP, nᵒ 6, 1973, p. 123–129.

Réginald Martel, *Une transgression délirante du sens,* Pr, 90ᵉ année, nᵒ 238, 5 oct. 1974, p. D-3.

François Ricard, *La Caméra comme instrument littéraire,* dans *Le Jour,* vol. 1, nᵒ 201, 26–27 oct. 1974, p. 14.

Réginald Martel, *En guise de rappel,* Pr, 90ᵉ année, nᵒ 256, 26 oct. 1974, p. E-3.

Micheline Lachance, *Hubert Aquin, le sentiment d'être près de la fin...,* dans *Québec-Presse,* 6ᵉ année, nᵒ 37, 3–9 nov. 1974, p. 23.

Jean-Pierre Martel, *Trou de mémoire : œuvre baroque (essai sur le dédoublement et le décor),* VIP, nᵒ 8, 1974, p. 67–104.

Joseph Bonenfant, *Neige noire,* LAQ 1974, p. 20–23.

Patricia Smart, «*Neige Noire*», *Hamlet et la coïncidence des contraires,* EF, vol. 11, nᵒ 2, mai 1975, p. 151–160.

[Collectif], *Hubert Aquin,* dans *Le Québec littéraire 2,* Montréal, Guérin, 1976, 157 p. (Numéro spécial).

Jeanne Letellier-Dutrisac, *Saint-Aquin, comédien et martyr,* Dev, vol. 68, nᵒ 246, 23 oct. 1976, p. 16.

Jean Basile, *Aquin : un homme de la hauteur,* Dev, vol. 69, nᵒ 62, 17 mars 1977, p. 7.

Angèle Dagenais, *Hubert Aquin se donne la mort,* Dev, vol. 69, nᵒ 62, 17 mars 1977, p. 7.

Conrad Bernier, *La Mort de Hubert Aquin laisse le milieu littéraire accablé,* Pr, 93ᵉ année, nᵒ 62, 17 mars 1977, p. D-6, D-7.

Patricia Smart, *Une présence qui dérange,* Dev. vol. 69, nᵒ 65, 18 mars 1977, p. 48.

Réginald Martel, *Cette œuvre en ce lieu pour nous,* Pr, 93ᵉ année, nᵒ 64, 19 mars 1977, p. D-3.

Maurice Champagne Gilbert, *C'est l'acte d'un vivant,* Dev, vol. 69, nᵒ 70, 26 mars 1977, p. 28.

Paul Chamberland, *L'Un des « horribles travailleurs » s'est absenté,* Dev, vol. 69, nᵒ 70, 26 mars 1977, p. 28.

Marcel Coulombe, *Lettre ouverte à Jean Basile,* Dev, vol. 69, nᵒ 70, 26 mars 1977, p. 28.

Renald Tremblay, *Assis au centre du XIXᵉ siècle,* Dev, vol. 69, nᵒ 70, 26 mars 1977, p. 28.

Christian Houde, *Scénario et Fiction : Neige Noire,* VI, vol. 2, nᵒ 3, avril 1977, p. 418–435.

Patricia Smart, *Hubert Aquin. Blocs erratiques,* LAQ 1977, p. 207–210.

Françoise Maccabée Iqbal, *Hubert Aquin romancier* (essai), Québec, PUL, 1978, 288 p. «VLQ».

Gilles de La Fontaine, *Aquin et le Québec* (essai), Montréal, Parti Pris, 1978, 156 p. «Frères Chasseurs».

Roger Lemelin, *Hubert Aquin et les Jeux de hasard,* Pr, 95ᵉ année, nᵒ 17, 20 janv. 1970, p. A-5.

Jean Royer, *Hubert Aquin en deux épisodes. Un film contre le mythe,* Dev, vol. 70, nᵒ 257, 3 nov. 1979, p. 27.

Daniel Drolet, *Un film de Jacques Godbout raconte un peu Hubert Aquin,* Dr, 67ᵉ année, nᵒ 295, 14 mars 1980, p. 17.

Françoise Maccabée Iqbal, *L'Appel du nord dans « Neige Noire » : la quête de Narcisse,* VI, vol. 5, nᵒ 2, hiver 1980, p. 365–377.

Richard G. Hodgson, *Un roman à métamorphoses : éléments baroques dans Neige Noire d'Hubert Aquin,* dans *Présence francophone,* nᵒ 21, automne 1980, p. 131–136.

René Lapierre, *Les Masques du récit. Lecture de Prochain Épisode de Hubert Aquin* (essai), Ville LaSalle, Hurtubise HMH, 1980, 136 p. Avant-propos de l'auteur. «Cahiers du Québec, collection littérature».

Id., *Hubert Aquin. L'Imaginaire captif* (essai), Montréal, Quinze, 1981, 183 p. « Prose exacte ».

Jean-Pierre Bonhomme, *Hubert Aquin au théâtre. La révélation de nos violences,* Pr, 99ᵉ année, nᵒ 263, 12 nov. 1983, p. D-2.

Réginald Martel, *Sur l'édition critique d'Aquin. Le moment de faire le point,* Pr, 100ᵉ année, nᵒ 66, 17 mars 1984, p. C-3.

Jacinthe Martel, *Bibliographie analytique d'Hubert Aquin 1947-1982,* dans *Revue d'histoire littéraire du Québec et du Canada français,* nᵒ 7, hiver-printemps 1984, p. 79–234 ; *Mise à jour (1983-1984) de la bibliographie analytique d'Hubert Aquin,* nᵒ 10, été-automne 1985, p. 75–112.

[Collectif], *Éditer Hubert Aquin,* dans *Revue d'histoire littéraire du Québec et du Canada français,* nᵒ 10, été-automne 1985, p. 9–115.

Pierre-Yves Mocquais, *Hubert Aquin ou La Quête interrompue* (essai), Montréal, CLF Pierre Tisseyre, 1985, 234 p.

Gordon Sheppart et André Yanacopoulo, *Signé Hubert Aquin. Enquête sur le suicide d'un écrivain,* Montréal, Éditions du Boréal Express, 1985, 357 p. Ill.

ARBEZ, MARIA. Voir **CHAPUT-ARBEZ,** MARIA.

ARBOUR, ROMÉO (1919–). Critique, historien et bibliographe de la littérature, né à Saint-Siméon (Bonaventure). Il fait son cours classique au Séminaire des Oblats de Chambly, et ses études philosophiques et théologiques à l'Université d'Ottawa (1940-1947). Il se spécialise à la Sorbonne (Paris, 1950-1955) où il obtient une licence ès lettres et soutient une thèse de doctorat sur *Bergeron et les Lettres françaises.* La critique a très favorablement accueilli cet ouvrage que Pierre Moreau qualifie de «livre si personnel, dense et intelligent» sur le prolongement caché du bergsonisme littéraire, ouvrage qui mérite le prix David en 1958. De 1955 à 1964 il est professeur et directeur des études au Séminaire de Chambly. En 1964, il devient professeur titulaire à l'Université d'Ottawa. Membre de l'Association internationale des études françaises, de l'Association des professeurs de français des universités canadiennes, de la Société d'étude du XVIIᵉ siècle, Roméo Arbour s'intéresse plus particulièrement à la littérature du XVIIᵉ siècle et à ses rapports avec la civilisation naissante de la Nouvelle-France. Boursier du Conseil des Arts à plusieurs reprises, il fait de nombreux voyages de recherche en Europe et aux États-Unis. Son travail le conduit à la préparation d'une bibliographie en cinq volumes des textes littéraires de l'époque baroque. Louis Desgraves écrit, à la parution des deux premiers volumes : « On doit féliciter M. Arbour de présenter un tableau aussi complet que possible des œuvres littéraires de l'époque baroque. Son *Répertoire* soigneusement présenté est appelé à rendre les services les plus éminents et à devenir rapidement un ‹ classique › du genre ». En 1979, il est chargé, avec Jean-Louis Major et Benoît Lacroix (remplacé plus tard par Laurent Mailhot), d'un vaste projet interuniversitaire d'éditions critiques d'œuvres canadiennes-françaises subventionné par le Conseil de recherches en sciences humaines du Canada.

ŒUVRES

Henri Bergson et les Lettres françaises, Paris, José Corti, 1956, 460 p. (On a indiqué par erreur 1955 sur la page de titre).

Les Revues littéraires éphémères paraissent à Paris de 1900 à 1914, répertoire descriptif, Paris, José Corti, 1956, 93 p.

Antoine Du Perier, *Les Amours de Pistion et de Fortunie,* Ottawa, EUO, 1973, 137 p. Édition critique avec introduction et notes par Roméo Arbour. Ill. « Les Isles fortunées ».

Jacques Du Hamel, *Acoubar ou La Loyauté trahie. Tragédie tirée des Amours de Pistion & Fortunie, en leur voyage de Canada,* Ottawa, EUO, 1973, xxxvi, 83 p. Édition critique avec introduction et notes par Roméo Arbour. Ill. « Les Isles fortunées ».

L'Ère baroque en France. Répertoire chronologique des éditions de textes littéraires, Genève, Librairie Droz, 1977-1985, 5 vol. *Première partie, 1585-1615,* 1977, t. 1, xxviii, 565 p. ; *Première partie, 1585-1615,* 1977, t. 2, 639 p. ; *Deuxième partie, 1616-1628,* 1979, xx, 905 p. ; *Troisième partie, 1629-1643,* 1980, xx, 859 p. ; *Quatrième partie : supplément, 1585-1643,* 1985, xxvi, 1145 p. (Plusieurs index). « Histoire des idées et critique littéraire ».

Le Bergsonisme dans la littérature française, dans *Revue internationale de Philosophie* (Bruxelles), vol. 13, nᵒ 48, 1959, p. 220-248.

Pierre Charron et ses idées sociales, RUO, vol. 40, nᵒ 3, juillet 1970, p. 386-417.

Langage et Société dans « Les Nouvelles Françoises » de Charles Sorel, RUO, vol. 41, nᵒ 1, 1971, p. 169-191.

Bergson, article dans *Dictionnaire des Lettres françaises,* Paris, Fayard, 1971, section XIXᵉ siècle I, p. 148-152.

« Le Théâtre de Neptune » de Marc Lescarbot, dans *Le Théâtre canadien-français,* Montréal, Fides, 1976, p. 21-31. « ALC » 5.

Raphaël Du Petit Val, de Rouen, de l'édition des textes littéraires en France (1587-1613), dans *Revue française d'histoire du livre,* Bordeaux, France, t. 5, nᵒ 9, [1975], p. 87-141.

ÉTUDES

Pierre de Grandpré, *Henri Bergson et les Lettres françaises par Roméo Arbour,* Dev, vol. 47, nᵒ 130, 2 juin 1956, p. 5.

André Billy, *Sur les cent quatre-vingt-cinq petites revues de 1900 à 1914,* dans *Le Figaro littéraire,* 11ᵉ année, nᵒ 531, 23 juin 1956, p. 2.

Réjean Robidoux, *Henri Bergson et les Lettres françaises,* RUO, vol. 27, nᵒ 1, janv. 1957, p. 151-152.

Jan W. Alexander, *Henri Bergson et les Lettres françaises,* dans *French Studies,* vol. 11, 1957, p.380-381.

Pierre Moreau, *Henri Bergson et les Lettres françaises,* dans *Revue d'histoire littéraire de la France,* vol. 58, nᵒ 1, janv.-mars 1958, p. 249-252.

Louis Desgraves, *L'Ère baroque en France. Répertoire chronologique des éditions de textes littéraires. Première partie : 1585-1615,* dans *Revue française d'histoire du livre,* 47ᵉ année, nᵒ 20, nouvelle série, juillet-août-septembre 1978, p. 755-756.

Maurice Lever, *L'Ère baroque en France. Répertoire chronologique des éditions de textes littéraires. première partie : 1585-1615,* dans *Revue d'histoire littéraire de la France,* 79ᵉ année, nᵒ 4, juillet-août 1979, p. 646-647.

A.-R. C. Voir **CHERRIER,** ANDRÉ-ROMUALD.

ARCAND, BERNARD (1945-   ). Anthropologue et ethnologue, né à Deschambault. Il fait ses études classiques au Collège Sainte-Marie (B.A., 1963). Il poursuit ensuite des études en anthropologie à l'Université de Montréal (M.A., 1966) et à l'Université Cambridge où il soutient, en 1972, une thèse de doctorat sur les Amérindiens Cuiva de Colombie. Il enseigne l'ethnographie et l'anthropologie à l'Université de Copenhague (1971, 1977), à l'Université McGill (1972-1976) et, à compter de 1976, à l'Université Laval. Il collabore à diverses revues d'anthropologie et de sociologie, dont *Recherches amérindiennes au Québec, Social Sciences in Canada, Dialectical Anthropology, Anthropologie et Sociétés, Études/Inuit/Studies.* En outre, il enregistre sur film plusieurs documentaires sur les mœurs et coutumes des Amérindiens, comme « Les Indiens pourchassés» et «The Notion of Ritual». Son essai, écrit en collaboration avec Sylvie Vincent, *L'Image de l'Amérindien dans les manuels scolaires du Québec* (1979), reçoit une mention honorable au concours du Prix de la Ville de Montréal, mais il ne plaît pas à toute la critique. «Au rayon du prêt-à-porter idéologique, l'amérindianisme est très en vogue, écrit Raymond Laprés. Quant à l'idéologie que sert le présent ouvrage, elle est plutôt fumeuse.» Il relève en détail les inepties (selon lui) que contient le livre. Et Murray Maltais rapporte qu'au dire d'Arcand les historiens se seraient exclamés après avoir lu l'ouvrage : «On ne peut plus rien dire !» Le débat est ouvert.

ŒUVRE

L'Image de l'Amérindien dans les manuels scolaires du Québec ou Comment les Québécois ne sont pas des sauvages (essai), Montréal, Hurtubise HMH, 1979, 334 p. Collab. Sylvie Vincent. Préface de Francine Fournier. «Cahiers du Québec. Cultures amérindiennes».

Notes pour l'étude de l'ethnocide, dans L'Amérique latine, développement et société, Montréal, PUM, 1973, p. 424-430.

L'IWGIA et les Amérindiens du Québec, dans Recherches amérindiennes du Québec, vol. 3, nos 3-4, juin 1973, p. 157-160.

Frustrer, frustrant, frustration, dans Social Sciences in Canada/Sciences sociales au Canada, vol. 4, no 1, 1977, p. 9.

Essai sur l'origine de l'inégalité entre les sexes, dans Anthropologie et Sociétés, vol. 1, no 3, 1977, p. 1-14.

Production, culture et idéologie, dans Perspectives anthropologiques, Montréal, Éditions du Renouveau pédagogique, 1979, p. 143-153.

L'Imagerie des Amérindiens, un tour organisé, dans Recherches amérindiennes au Québec, vol. 10, no 12, janv. 1980, p. 132-135. Collab. Sylvie Vincent et M. Laberge.

De la justesse du débat, dans Recherches amérindiennes au Québec, vol. 10, no 4, nov. 1981, p. 226.

Indigénisme et autogestion, un débat récent au Vénézuéla, dans Recherches amérindiennes au Québec, vol. 11, no 1, janv. 1981, p. 69-72.

ÉTUDES

Gérald LeBlanc, Aurons-nous une crise d'octobre autochtone, dans Le Livre d'ici, vol. 5, no 11, 19 déc. 1979, p. 1.

Raymond Laprés, Vincent (Sylvie) et Arcand (Bernard). L'Image de l'Amérindien dans les manuels scolaires du Québec ou Comment les Québécois ne sont pas des sauvages, dans Nos livres, vol. 11, janv. 1980, no 22.

Murray Maltais, L'Histoire du Canada. Un coup de torchon dans nos manuels, Dr, 69e année, no 164, 10 oct. 1981, p. 31.

ARCAND, DENYS (1941-   ). Scénariste et essayiste, né à Québec. Il fait ses études classiques au Collège Sainte-Marie (B.A., 1960), puis il obtient une licence en histoire (1962) à l'Université de Montréal. En 1962, il commence sa carrière de scénariste et de cinéaste à l'Office national du film. Il collabore à *Parti Pris* et à *Cultures*. Ses réalisations cinématographiques, «On est au coton» et «Québec : Duplessis et après...» lui valent une solide réputation. Il publie des essais, *Programme cinématographique* (1972), des scénarios, tels *Réjeanne Padovani* (1972) en collaboration avec Jacques Benoît, et *Duplessis* (1978) présenté à la télévision par Radio-Canada. «Le *Duplessis* de Denys Arcand n'est peut-être pas du grand théâtre, écrit Léo Beaudoin : il y manque la profondeur, et l'auteur a manifestement cédé trop souvent à la tentation de faire rire à tout prix. Mais si les personnages ne sont pas toujours authentiques, les dialogues le sont et l'action dramatique est bien construite en fonction du médium télévision». On peut ainsi résumer, avec le professeur Gilles Marsolais, l'intention de l'œuvre d'Arcand : «Amener le public dans la salle de cinéma sous certain prétexte et, par la subversion des moyens utilisés, espérer obtenir de lui une participation intelligente, i.e. provoquer chez lui une attitude de réflexion». Ses films *Le Déclin de l'Empire américain* (1986) et *Jésus de Montréal* (1989) connaissent un succès mondial.

ŒUVRES

Programme cinématographique à l'intention du Centre national des arts du Canada (essai), Montréal, ONF, 1967, 105 p.

Réjeanne Padovani. Dossier établi par Robert Lévesque sur un film de Denys Arcand. Textes de présentation et témoignages. Biofilmographie. Découpage technique et dialogues in-extenso. Photogrammes tirés du film même. Choix de critiques et bibliographie. Photos de tournage (scénario de Jacques Benoît), Montréal, L'Aurore, 1975, 111 p. Ill. «Le Cinématographe».

Gina. Dossier établi par Pierre Latour sur un film de Denys Arcand. Textes de présentation et témoignages. Biofilmographie. Découpage technique et dialogues in-extenso. Photogrammes (tirés du film même). Choix de critiques et bibliographie. Photos de tournage (scénario), Montréal, Éditions le Cinématographe & VLB éditeur, 1976, 126 p. «Le Cinématographe».

Duplessis (scénario), Montréal, VLB éditeur, 1978, 491 p. Ill.

La Maudite Galette. Dossier établi par Pierre Latour sur un film de Denys Arcand... Textes de présentation et témoignages... Biofilmographie... Découpage technique et dialogues in-extenso. Photogrammes (tirés du film même)... Choix de critiques et bibliographies... Photos *de tournage* (scénario de Jacques Benoît), Montréal, Éditions Le Cinématographe & VLB éditeur, 1979, 101 p. « Le Cinématographe ».

Le Déclin de l'Empire américain (roman), Montréal, Boréal, 1986, 174 p.

L'O.N.F. et le Cinéma québécois : des évidences, PP, vol. 1, nᵒ 7, avril 1964, p. 19-21.

Le Film historique : problèmes de réalisation, dans *Cultures* (Unesco), vol. 2, nᵒ 1, 1974, p. 15-31.

ÉTUDES

Luc Perrault, *Denys Arcand veut pêcher son marsouin,* Pr, 91ᵉ année, nᵒ 21, 25 janv. 1975, p. D-13.

Serge Dussault, « *Gina* », *un film violent dans un monde violent,* Pr, 91ᵉ année, nᵒ 21, 25 janv. 1975, p. D-13.

Claude Daigneault, *Gina : le Québec de la démission,* So, vol. 79, nᵒ 49, 22 févr. 1975, p. D-3.

Id., Un Denys Arcand pessimiste, So, vol. 79, nᵒ 49, 22 févr. 1975, p. D-3.

Alonzo LeBlanc, *Denys Arcand. Duplessis,* LAQ 1978, p. 157-159.

Léo Beaudoin, *Arcand (Denys). Duplessis,* dans *Nos livres,* vol. 10, févr. 1979, nᵒ 49.

Denise Bombardier, *Le Succès a-t-il changé Denys Arcand ?* dans *L'Actualité,* vol. 13, nᵒ 4, avril 1988, p. 176-179.

ARCENEAUX, JEAN. Voir **ANCELET, BARRY JEAN.**

ARCHAMBAULT, GILLES (1933-). Romancier, dramaturge et essayiste, né à Montréal. Il fait ses études classiques au Collège Marie-Médiatrice et au Collège Sainte-Marie. Après son baccalauréat (1955), il s'inscrit à l'Université de Montréal et obtient une licence ès lettres en 1957. Il est alors nommé adjoint au directeur du Service des textes de Radio-Canada — dont il prendra la direction au décès de Robert Charbonneau (1967) —, devient réalisateur en 1963. Il a écrit plusieurs textes de théâtre pour la radio et la télévision. À la parution de son premier roman, *Une suprême discrétion* (1963), Pierre Daviault reconnaît chez lui un talent d'écriture certain. Assez régulièrement depuis, outre ses chroniques de jazz dans *Le Devoir,* Archambault publie des romans et des essais, douze volumes de 1963 à 1980. La critique a signalé maintes fois que ses romans sont « spécialisés dans l'auto-destruction », et du coup dans la destruction des autres, que ses personnages sont « des ratés, des êtres qui ne savent se dominer, ni surmonter les événements » (Nicole Bourbonnais). Pourtant, dans ce sentiment tragique de la vie, il reste place pour l'humour et une certaine tendresse (Réginald Martel, Jean Royer). L'auteur avoue qu'il écrit « dans une sorte de fureur, reprenant sans cesse ses manuscrits comme un obsédé, préférant les réécritures aux ratures, emporté, violent, désespéré, attiré pourtant par les murmures et les gestes que l'on ne se résout pas à faire ». La critique s'accorde sur la qualité de son écriture élégante et soignée. « Il n'y a pas une page superflue », « pas une phrase inutile » (Gabrielle Poulin). « Ce style est classique, souple et travaillé, mais parfaitement naturel » (Madeleine Ouellette-Michalska). « Archambault, note René Dionne, nous donne à voir des portraits en blanc et en noir qu'un La Bruyère n'aurait pas laissés dans ses cartons ». Il reçoit le prix David en 1981.

ŒUVRES

Une suprême discrétion. Roman. [Montréal], CLF, 1963, 158 p. « Nouvelle-France ».

La Vie à trois. Roman, [Montréal], CLF, 1965, 178 p. ; *La Vie à trois,* Montréal/Paris, Stanké, 1981, 189 p. « Québec 10/10 ».

Le Tendre Matin. Roman, [Montréal], CLF, 1969, 146 p.

Parlons de moi. Récit complaisant, itératif, contradictoire et pathétique d'une auto-destruction, Montréal, CLF, 1970, 204 p. ; [Montréal], Stanké, 1980, 211 p. « Québec 10/10 ». Traduction anglaise par David Lobdell : *One for the Road,* [Toronto], Oberon Press, 1982, 156 p.

La Fleur aux dents. Roman, Montréal, CLF, 238 p. ; Quinze, 1980, 248 p. Postface de François Ricard. « Présence ». Traduction anglaise par David Lobdell : *The Man with a Flower in his Mouth,* [Toronto], Oberon Press, 1983, 135 p.

Enfances lointaines. Nouvelles, Montréal, CLF, 1972, 121 p.

La Fuite immobile (roman), Montréal, L'Actuelle, 1974, 170 p. ; Montréal/Paris, Stanké, 1982, 181 p. « Québec 10/10 ».

Le Tricycle suivi de *Bud Cole Blues* (pièces radiophoniques), [Montréal], Leméac, 1974, 75 p. Texte liminaire de l'auteur. « RQ ».

Les Pins parasols. Roman, Montréal, Quinze, 1976, 158 p. ; 1980, 164 p. Présentation critique d'Alain Gerber. « Présence ». Traduction anglaise par David Lobdell : *The Umbrella Pines,* [Toronto], Oberon Press, 1980, 137 p.

Stupeurs. Proses, Montréal, Éditions du Sentier, 1979, 77 p. Avec 8 monotypes de Jacques Brault.

Les Plaisirs de la mélancolie. Petites proses presque noires, Montréal, Quinze, 1980, 136 p. Préface de l'auteur. « Prose entière ».

Le Voyageur distrait. Roman, Montréal/Paris, Stanké, 1981, 120 p; Montréal, L'Hexagone, 1988, 149 p. «typoroman».

À voix basse (roman), Montréal, Boréal Express, 1983, 157 p.

Le Regard oblique. Rumeurs de la vie littéraire, Montréal, Boréal Express, 1984, 179 p. «Papiers collés».

L'Obsédante obèse (nouvelles), Montréal, Boréal, 1987, 148 p.

Treize récits de Jean Simard, LAC 1964, p. 29–30.

La Fable de la priorité du français au Québec, Dev, vol. 57, nº 242, 18 oct. 1966, p. 5.

La Priorité du français, Dev, vol. 57, nº 250, 27 oct. 1966, p. 19.

Quarante moins trois, L, nº 73, janv.–févr. 1971, p. 27. (Témoignage).

À voir et à entendre, Dev, vol. 68, nº 239, 2 oct. 1976, p. 15.

Le Jazz et l'Air du temps/All You Need is Jazz, Dev, vol. 69, nº 16, 20 janv. 1979, p. 22.

Vous souvenez-vous de Louis Armstrong?, Dev, vol. 70, nº 34, 10 févr. 1979, p. 29.

Le Droit à l'humour, dans *Le Livre d'ici,* vol. 6, nº 2, 15 oct. 1980, p. 1.

Amour maternel (nouvelle policière), dans *Fuites et Poursuites,* Montréal, Quinze, 1982, p. 37–50.

ÉTUDES

Pierre Daviault, *Une suprême discrétion,* LAC 1963, p. 11.

Michèle Mailhot, *À la recherche d'une image de soi,* Ch, vol. 5, nº 4, avril 1964, p. 60.

Michel Têtu, *La vie à trois,* LAC 1965, p. 64.

Adrien Thério, *Le Tendre Matin,* LAQ 1969, p. 21.

Françoise de Labsade, *Parlons de moi,* LAQ 1970, p. 45.

Madeleine Bellemare, *Parlons de moi,* dans *Le Livre canadien,* vol. 2, 1971, nº 91.

Michèle Henchiri, *La Fleur aux dents,* LAQ 1971, p. 62–63.

Michel Têtu, *Enfances lointaines,* LAQ 1972, p. 55.

Joseph Bonenfant, *La Fuite immobile,* LAQ 1974, p. 56–57.

François Ricard, *La Fuite immobile de Gilles Archambault,* L, vol. 16, nº 3, mai–juin 1974, p. 82–91.

Raymond Plante, *À la recherche des complices absents (Lecture de l'œuvre de Gilles Archambault),* VIP, nº 9, 1975, p. 209–221.

Réginald Martel, *L'Absurdité apprivoisée,* Pr, 92ᵉ année, nº 86, 10 avril 1976, p. D-2.

Gabrielle Poulin, *Les Pins parasols, de Gilles Archambault. Hors de la famille, point de salut,* Dr, 64ᵉ année, nº 53, 29 mai 1979, p. 17.

François Ricard, *Trois styles (Archambault, Major, Rivard),* L, vol. 18, nº 6, nov.–déc. 1976, p. 182–192.

Nicole Bourbonnais, *Gilles Archambault. Les Pins parasols,* LAQ 1976, p. 57–60.

René Dionne, *Beauté froide,* R, nº 453, nov. 1979, p. 318–319.

Madeleine Ouellette-Michalska, *Gilles Archambault à l'égard des modes,* Dev, vol. 71, nº 79, 5 avril 1980, p. 21.

Jean Royer, *Gilles Archambault. Les Plaisirs de la mélancolie,* Dev, vol. 71, nº 123, 31 mai 1980, p. 17–18.

René Dionne, *Le Moraliste, le témoin et l'intime. Les Plaisirs de la mélancolie de Gilles Archambault,* LQ, nº 19, automne 1980, p. 61–63.

Gilles Pellerin, *Gilles Archambault. Parlons de moi,* LAQ 1980, p. 18.

Réginald Martel, *Un voyageur distrait. À travers l'impasse de sa vie,* Pr, 97ᵉ année, nº 258, 31 oct. 1981, p. D-2.

Mario Pelletier, «*Le Voyageur distrait*»: le meilleur Archambault, Dev, vol. 72, nº 219, 14 nov. 1981, p. 23.

André Vanasse, *L'Âge de la tendresse : «Le Voyage distrait» de Gilles Archambault,* LQ, nº 25, printemps 1982, p. 21–22.

Claire de Lamirande, «*À voix basse*» de Gilles Archambault. *La vie est triste hélas et j'ai entendu tous les disques,* Dr, 71ᵉ année, nº 185, 5 nov. 1983, p. 34.

Pierre Quesnel, *L'Humour charmant d'un égotiste impénitent,* Dev, vol. 75, nº 162, 14 juillet 1984, p. 19.

Alice Parizeau, *Gilles Archambault,* dans *Plus,* 102ᵉ année, nº 35, 23 nov. 1985. p. 17.

ARCHAMBAULT, GILLES-R. (1950–   ). Poète,

né à Montréal. Il fait le secondaire à Granby et à Iberville, et apprend le dessin industriel au Cégep de Saint-Jean (D.E.C., 1973). Ensuite, à l'Université de Montréal, il obtient un baccalauréat en lettres françaises (1976), une maîtrise pour une «Étude de sémiotique narrative des trois premiers romans de Jean-Marie Poupart», et prépare une thèse de doctorat sur le renouvellement des structures narratives dans le roman québécois de 1965 à 1975. Il publie des poèmes dans *Liberté, Estuaire* et *La Nouvelle Barre du jour.* Son premier recueil, *Des cendres pour Cendrillon,* paraît en 1978. Michel Beaulieu qui avait trouvé «assez intéressante» la suite de poèmes «Tant va le fond... qu'à la fin le tiroir» parue dans *Liberté,* est sévère pour le recueil: «La destructuration du vers y est banale et l'intérêt du texte lui-même est nul». Mais André Gaulin écrit que «le texte d'Archambault est vif dans sa plume plutôt courte, avec une mise en page originale».

ŒUVRE

Des cendres pour Cendrillon. Poèmes, Saint-Jean-sur-Richelieu, Éditions Mille Roches, 1978, 93 p. Ill. de Claire Sasseville. «Étoile noire».

Tant va le fond... qu'à la fin le tiroir, L, vol. 20, nº 2, mars–avril 1978, p. 74–78.

Septembre agenouillé, dans *Estuaire,* nº 8, juin 1978, p. 65–73.

Et elles le tumulte, NBJ, nº 88, mars 1980, p. 17–22.

Sinon l'Éphémère, dans *Estuaire,* nº 19, printemps 1981, p. 85–92.

L'Liaisons simples et Fragments, NBJ, nº 120, déc. 1982, p. 39–45.

Sortie/Exit, NBJ, nº 140, juin 1984, p. 14.

Ton amie Martine, NBJ, nº 152, mai 1985, p. 5–9.

ÉTUDES

André Gaulin, « *Des cendres pour Cendrillon* » de Gilles-R. Archambault », dans *Québec français*, nº 32, déc. 1978, p. 7.

Madeleine Bellemare, *Archambault (Gilles-R.). Des cendres pour Cendrillon,* dans *Nos livres,* vol. 10, avril 1979, nº 143.

Michel Beaulieu, *Trois poètes mineurs,* dans *Le Livre d'ici,* vol. 4, 4 juillet 1979, nº 39.

ARCHAMBAULT, JOSEPH-PAPIN [Henri Beauvais, Pierre Homier] (1880–1966). Sociologue, né à Montréal. Il fait son cours classique au Collège Sainte-Marie, puis il entre chez les jésuites au Sault-aux-Récollets, en 1897, et il est ordonné prêtre en 1912. En 1913 et 1914 il poursuit des études de sociologie en Europe. En 1909, alors qu'il est professeur de Belles-lettres au Collège Sainte-Marie, il participe à l'inauguration de l'œuvre des retraites fermées au Canada. En 1913 il fonde la Ligue des Droits du français, devenue la Ligue d'Action française (1917) et plus tard la Ligue d'Action nationale ; en 1920, il fonde les Semaines sociales du Canada dont il est président jusqu'en 1959, et, en 1925, la Ligue du dimanche. Devenu directeur de l'École sociale populaire à Montréal en 1929, il est aussi, de 1929 à 1932, directeur du *Messager canadien.* De 1932 à 1946, il assume la direction du Comité des Œuvres catholiques de Montréal. Professeur à l'Université Laval à Montréal, au Scolasticat de l'Immaculée-Conception et à l'Institut pédagogique de Montréal, le père Archambault est membre de l'Académie canadienne Saint-Thomas d'Aquin, de l'Union internationale de Malines, de l'Union catholique d'études internationales, de l'American Catholic Sociological Society... Il collabore à plusieurs périodiques, tels *Le Devoir* et l'*Action française,* et il publie près d'une centaine de livres et brochures qu'on peut grouper autour de trois thèmes : retraites fermées, apostolat social et action catholique. Richard Arès conclut ainsi une étude de cette œuvre : « [...] l'objectif est nettement apostolique et non littéraire. Le style en est clair, incisif ; il tend à convaincre, à faire agir et à engager ». Omer Héroux l'appelle « [...] l'un des grands serviteurs de l'Église et de notre peuple ».

ŒUVRES

L'Œuvre qui nous sauvera : la régénération de l'individu et de la société par les retraites fermées (essai), Montréal, Le Messager canadien, 1909, xxii, 75 p. Ill. (Lettres d'approbations épiscopales. Livre non signé).

Rallions-nous ! Retraites fermées et Ligue du Sacré-Coeur (essai), Montréal, Le Messager canadien, 1910, 31 p.

[Ligue des Droits du français. Programme-Manifeste], [s.l., s.é., 1911?], 6 p. Sous le pseudonyme de Pierre Homier.

L'Organisation ouvrière catholique en Hollande (essai), Montréal, Secrétariat de l'École sociale populaire, 1911, 29 p. « L'École sociale populaire ».

L'Église et les Associations ouvrières. Encyclique « Singulari Quâdam ». Texte français (essai), Montréal, Secrétariat de l'École sociale populaire, 1913, 27 p. Sous le pseudonyme d'Henri Beauvais. « L'École sociale populaire ».

Le Clergé et les Études sociales (essai), Montréal, Secrétariat de l'École sociale populaire, 1913, 27 p. « L'École sociale populaire ».

La Langue française au Canada. Faits et réflexions (essai), Montréal, Ligue des Droits du français, [1913?], 95 p. Sous le pseudonyme de Pierre Homier. Préface de Joseph Gauvreau. (Paru d'abord, en grande partie, dans *Le Devoir* du 16 mars 1912 au 26 juin 1913).

Les Retraites fermées (essai), Montréal, Imprimerie du Messager, 1915, 143 p. Ill.

Le Clergé et les Œuvres sociales (essai), Montréal, Secrétariat de l'École sociale populaire, 1916, 31 p. « L'École sociale populaire ».

Le Prêtre sur le champ de bataille. D'après des lettres de religieux français (correspondance), Montréal, Éditions du « Devoir », 1916, [iv], 276 p. (Au-dessus du titre : *En marge de la guerre.* Paru d'abord en chroniques dans *Le Devoir* du 25 nov. 1914 au 30 déc. 1916, sous le titre : *En marge de la guerre*).

Les Familles au Sacré-Coeur. Intronisation du Sacré-Coeur de Jésus (essai), Montréal, Messager canadien du Sacré-Coeur, 1917, 36 p.

La Question sociale et nos devoirs de catholiques (essai), Montréal, École sociale populaire, 1917, 113 p.

Le Clergé et l'Action sociale (étude), Montréal, École sociale populaire, 1918, vi, 105 p. Préface de Mgr G[eorges] Gauthier.

[*La Fête du Sacré-Coeur*] (essai), Montréal, L'Œuvre des Tracts, 1919, 16 p. « Œuvre des Tracts ».

[*L'Église et l'Organisation ouvrière*] (essai), Montréal, L'Œuvre des Tracts, 1919, 16 p. « L'Œuvre des Tracts ».

[*Les Familles au Sacré-Coeur*] (essai), Montréal, L'Œuvre des Tracts, [1919?], 16 p. Portrait. « L'Œuvre des Tracts ». (Paru d'abord dans *L'Action sociale catholique* (Québec)).

Une digue contre le bolchévisme : les syndicats catholiques (essai), Montréal, La Vie nouvelle, 1919, 83 p.

L'Encyclique Rerum Novarum « Sur la condition des ouvriers » (traduction annotée), Montréal, Secrétariat général de l'A.C.J.C., 1920, 54 p. Nouvelle édition avec préface, divisions et notes. « Association catholique de la Jeunesse canadienne-française ».

[*La Première Semaine sociale du Canada*] (essai), Montréal, L'Œuvre des Tracts, 1920, 16 p. « L'Œuvre des Tracts ».

[*Consignes de demain. Doctrine et origines de l'Action française*] (étude), Montréal Bibliothèque de l'Action française, 1921, 24 p. Sous le pseudonyme de Pierre Homier. Collab. Antonio Perrault et Lionel Groulx. Avant-propos d'Antonio Perrault.

Les Forteresses du catholicisme (histoire), Montréal, Éditions de la Vie nouvelle, 1921, 189 p. Ill.

[*Les Congrès eucharistiques internationaux*] (étude), Montréal, L'Œuvre des Tracts, 1922, 16 p. Ill. « L'Œuvre des Tracts ».

Les Exercices spirituels de saint Ignace de Loyola : origines, nature, fruits (essai), Montréal, Éditions de la Vie nouvelle, [1922 ?], 72 p.

La Villa Saint-Martin. Retraites fermées pour les hommes (essai), Montréal, Abord-à-Plouffe, [1922 ?], 23 p. Ill.

[*La Villa La Broquerie*] (histoire), Montréal, L'Œuvre des Tracts, 1923, 16 p. « L'Œuvre des Tracts ».

Au service de l'Église ; ordres religieux et congrégations ecclésiastiques au Canada français (histoire), Montréal, Imprimerie du Messager, 1924, 316 p. Ouvrage rédigé en collaboration. Ill. Avant-propos de J.-P. Archambault. (Paru d'abord dans la *Vie nouvelle* en articles détachés).

[*Contre le travail du dimanche. La Ligue du dimanche*] (essai), Montréal, L'Œuvre des Tracts, 1924, 16 p. « L'Œuvre des Tracts ».

[*Le Bienheureux Bellarmin*] (biographie), Montréal, L'Œuvre des Tracts, 1924, 16 p. « L'Œuvre des Tracts ».

[*Quinze ans de retraites fermées, 1909–1924*] (histoire), Montréal, La Vie nouvelle, 1924, 31 p. Portrait. Ill. Lettres du cardinal Gaspari et de Mgr P.-E. Roy.

[*Nos martyrs canadiens*] (histoire), Montréal, L'Œuvre des Tracts, 1925, 16 p. Portraits. Ill. « L'Œuvre des Tracts ».

Pour persévérer. Conseils aux retraitants (étude), Montréal/Québec, Éditions de la Vie nouvelle, 1926, ii, 161 p. ; Montréal, Éditions du Messager du Sacré-Coeur, 1930, 185 p. Édition revue et augmentée.

La Villa Manrèse. Retraites fermées pour les hommes, chemin Ste-Foy, Québec (essai), [Québec ?, s.é., 1926 ?], 30 p. Ill.

[*Parents chrétiens sauvez vos enfants du cinéma meurtrier !*] (essai), Montréal, L'Œuvre des Tracts, 1927, 16 p. « L'Œuvre des Tracts ».

Le Repos dominical (étude), Montréal/Québec, Ligue du dimanche, 1927, 85 p.

Le Devoir professionnel (essai), Montréal, Éditions de la Vie nouvelle, 1928, 125 p. Préface de Mgr Louis-Adolphe Pâquet.

Le Drapeau canadien-français (essai), Montréal, L'Œuvre des Tracts, 1928, 16 p. « L'Œuvre des Tracts ».

Pèlerinages canadiens ; monographies des principaux lieux de pèlerinage au Canada (histoire), Montréal, Imprimerie du Messager, 1928, 250 p. Ouvrage rédigé en collaboration. Ill. Avant-propos de J.-P. Archambault. (Paru d'abord dans la *Vie nouvelle* en articles détachés).

[*Le Mois du dimanche*] (essai), Montréal, L'Œuvre des Tracts, 1929, 16 p. « L'Œuvre des Tracts ».

Les Retraites fermées au Canada. Monographie des maisons de retraite pour les hommes (histoire), Montréal, Imprimerie du Messager, 1929, 214 p. Ouvrage rédigé en collaboration. Ill. Lettre du cardinal Rouleau.

Sur les pas de Marthe et de Marie : congrégations de femmes au Canada français (essai), Montréal, Imprimerie du Messager, 1929, 672 p. Ill.

[*L'Apostolat laïque*] (essai), Montréal, L'École sociale populaire, 1930, 64 p. Préface de Mgr S.-Georges Gauthier. « L'École sociale populaire ».

Esquisses sociales (essai), [Montréal], Librairie d'Action canadienne-française ltée, 1930, 233 p.

[*La Charte des travailleurs, 1891–1931*] (essai), Montréal, Éditions de l'École sociale populaire, [1931 ?], 16 p. Ill.

La Restauration de l'ordre social d'après les encycliques Rerum novarum et Quadragesimo anno (essai), Montréal, Éditions de l'École sociale populaire, 1921, 106 p.

[*Directives sociales catholiques. Essai de bibliographie*], Montréal, L'École sociale populaire, 1933, 32 p. « L'École sociale populaire ».

Pour un catholicisme conquérant. Allocutions et discours, Montréal, École sociale populaire, 1933, 175 p.

[*Vingt-cinq ans de retraites fermées, 1909–1934*] (histoire), Montréal, Imprimerie du Messager, [1934], 55 p. Ill.

La Fête des saints martyrs canadiens. Pourquoi et comment la célébrer (essai), Montréal, L'Action paroissiale, 1935, 153 p.

[*La Menace communiste au Canada*] (essai), Montréal, L'École sociale populaire, 1935, 64 p. Lettre-préface de J.-M.-Rodrigue Card. Villeneuve. « L'École sociale populaire ».

[*Sous la menace rouge*] (essai), Montréal, L'Œuvre des Tracts, 1936, 14 p. « L'Œuvre des Tracts ».

[*Le Syndicalisme catholique au Canada*] (essai), Montréal, L'École sociale populaire, 1936, 23 p. « L'École sociale populaire ». (Paru d'abord dans *Miscellanea Vermeersch*, ouvrage en deux volumes, publié à Rome).

[*Les Exercices spirituels dans la pensée de Pie XI*] (essai), Montréal, L'École sociale populaire, 1937, 30 p. « L'École sociale populaire ».

[*L'Action catholique au Canada*] (essai), Montréal, L'École sociale populaire, 1937, 32 p. « L'École sociale populaire ».

L'Action catholique d'après les directives pontificales (essai), Montréal, École sociale populaire, 1938, 156 p.

[*L'Action catholique et les religieuses*] (essai), Montréal, L'École sociale populaire, 1938, 32 p. « L'École sociale populaire ».

Le Comité paroissial, organe de l'Action catholique (essai), Montréal, L'École sociale populaire, 1939, 64 p. « L'École sociale populaire ».

Les Voyageurs catholiques (étude historique), Montréal, Éditions de l'École sociale populaire, 1939, 80 p. (Au-dessus du titre : « L'Apostolat du semblable sur le semblable. Un exemple canadien ».

[*Notre relèvement économique. Le devoir du consommateur, des communautés, du marchand*] (essai), Montréal, L'École sociale populaire, 1940, 32 p. « L'École sociale populaire ».

[*La Jeunesse et l'Action catholique*] (essai), Montréal, L'École sociale populaire, 1940, 64 p. « L'École sociale populaire ».

Les Objectifs de l'Action catholique (étude), [Montréal], École sociale populaire, [1940 ?], 155 p.

[*Les Martyrs jésuites ; seconds patrons du Canada*] (essai), Montréal, L'Œuvre des Tracts, 1941, 16 p. Ill. « L'Œuvre des Tracts ».

La Dévotion à la sainte Famille (essai), Montréal, L'Œuvre des Tracts, 1941, 16 p. « L'Œuvre des Tracts ».

[*Les Religieux et l'Action catholique dans la pensée de Pie XII. Lettre de S. Ém. le cardinal Pacelli aux supérieurs d'Ordres et de congrégations religieuses*] (essai), Montréal, L'École sociale populaire, 1941, 32 p. « L'École sociale populaire ».

[*L'Esprit de l'Action catholique d'après Pie XII*] (essai), Montréal, L'École sociale populaire, 1941, 31 p. « L'École sociale populaire ».

Le Couvre-Feu (essai), Montréal, L'Œuvre des Tracts, 1942, 16 p. « L'Œuvre des Tracts ».

De Rome à Montréal. L'Action catholique à travers le monde (histoire), [Montréal], École sociale populaire, [1942 ?], 274 p. Préface du cardinal Villeneuve.

L'Œuvre des vocations (essai), Montréal, L'Œuvre des Tracts, 1943, 16 p. « L'Œuvre des Tracts ».

[*Le Plus Grand Péril*] (essai), Montréal, École sociale populaire, 1943, 30 p. « L'École sociale populaire ».

[*Les Sources de l'Action catholique. Bibliographie générale*] (essai), Montréal, École sociale populaire, 1943, 31 p. « L'École sociale populaire ».

[*Pour un ordre meilleur. Déclaration des Semaines sociales du Canada, expliquée et commentée*] (essai), Montréal, École sociale populaire, 1944, 64 p. « L'École sociale populaire ».

[*Pour restaurer la famille*] (essai), Montréal, École sociale populaire, 1944, 32 p. « L'École sociale populaire ».

Silhouettes de retraitants (biographies), Montréal, L'École sociale populaire, 1944, xiv, 211 p. Préface de Thibaudeau Rinfret.

[*La Moralité publique. Programme de moralisation pour les groupes d'Action catholique et les œuvres auxiliaires*] (essai), Montréal, École sociale populaire, 1945, 32 p. Préface du chanoine Laurent Morin. « L'École sociale populaire ».

[*Le Problème de la jeunesse*] (essai), Montréal, École sociale populaire, 1946, 27 p. « L'École sociale populaire ».

Le Jubilé du R.P. Archambault (essai), [s.l., s.é.], 1947, 4 p. Portrait.

[*Le Logement populaire, problème capital*] (essai), Montréal, École sociale populaire, 1947, 32 p. « L'École sociale populaire ».

[*La Pensée sociale du cardinal Villeneuve*] (essai), Montréal, École sociale populaire, 1948, 62 p. « L'École sociale populaire ».

[*Gymnastique des Athlètes spirituels. Quatrième centenaire de l'approbation des Exercices spirituels de saint Ignace par le pape Paul III, 1548-1948*] (essai), Montréal, École sociale populaire, 1948, 62 p. « L'École sociale populaire ».

[*Vers la compétence. Le Prêt d'honneur de la Société Saint-Jean-Baptiste de Montréal*] (essai), Montréal, L'Œuvre des Tracts, 1948, 16 p. « L'Œuvre des Tracts ».

[*Pour un dimanche chrétien. Vingt-cinq ans de bon combat*] (histoire), Montréal, L'Œuvre des Tracts, 1938, 16 p. « L'Œuvre des Tracts ».

[*L'Année sainte. Pour que chaque fidèle y participe. Les grandes intentions du pape*] (étude), Montréal, L'Œuvre des Tracts, 1949, 16 p. Ill. « L'Œuvre des Tracts ».

[*Le Jubilé sacerdotal de Pie XII*] (essai), Montréal, L'Œuvre des Tracts, 1949, 16 p. Portrait. « L'Œuvre des Tracts ».

Figures catholiques (biographies), Montréal, Institut social populaire, 1950, 193 p. Ill. Préface du juge Thomas Tremblay.

Un apôtre laïc : Joseph-Alfred Bernier (biographie), [s.l., s.é., 1950], 32 p. Portrait.

Un chef syndiqué : Gaudiose Hébert (biographie), [Montréal, Institut social populaire, 1950], 40 p. (Extrait de *Figures catholiques*).

Un grand catholique : Charles-Joseph Magnan. Ancien inspecteur général des écoles et président général de la Société Saint-Vincent-de-Paul au Canada (biographie), [s.l., s.é.], 1950, 28 p. Portrait. (Extrait de *Figures catholiques*).

[*La Doctrine sociale de Léon XIII et de Pie XI. Pour la mieux connaître et pratiquer*] (essai), Montréal, L'Œuvre des Tracts, 1951, 16 p. « L'Œuvre des Tracts ».

[*« Retraites du Pape ». Renouveau chrétien pour les exercices spirituels*] (étude), Montréal, L'Œuvre des Tracts, 1952, 15 p. « L'Œuvre des Tracts ».

[*La Famille Papin (1653-1953)*] (histoire), Montréal, L'Œuvre des Tracts, 1953, 16 p. « L'Œuvre des Tracts ».

[*Une noble carrière : Me Antonio Perrault*] (biographie), Montréal, L'Œuvre des Tracts, 1955, 16 p. « L'Œuvre des Tracts ».

L'Aide du Canada à la France, dans *Études* (Paris), 52e année, t. 143, 5-20 avril 1915, p. 84-97.

Cours d'apologétique du lundi soir, Dev, du 16 oct. 1915 au 1er mai 1916. Sous le pseudonyme d'Henri Beauvais.

Propos de Croisés, dans *Almanach de la langue française* (Montréal), 4e année, 1919, p. 10-20. Sous le pseudonyme de Pierre Homier.

Le Bilinguisme dans le commerce et l'industrie, AF, 9e année, 2e semestre, vol. 14, [no 6], déc. 1935, p. 330-337. Sous le pseudonyme de Pierre Homier.

Les Pionniers, AF, 10e année, 2e semestre, vol. 16, [nᵒ 6], déc. 1926, p. 342–347.

La Passion: le plus émouvant des drames, dans *Le Messager canadien du Sacré-Coeur,* vol. 40, avril 1931, p. 164–174.

L'Esprit français dans la vie professionnelle, dans *2e Congrès de la langue française au Canada, 1937,* Québec, [s.é.], 1938, t. 3, p. 38–43.

ÉTUDES

Omer Héroux, *Ceux qui travaillent. Le P. Joseph-Papin Archambault,* Dev, vol. 21, nᵒ 283, 6 déc. 1930, p. 1.

Anne-Marie Bernier, « Essai de bio-bibliographie. Biographie du R.P. Joseph-Papin Archambault, s.j. et bibliographie de son œuvre littéraire », Mémoire. École des bibliothécaires. Université de Montréal, 1939, ii, 41 f. Portrait de J.-P. Archambault. « Avant-propos » d'Anne-Marie Bernier.

Jacques Cousineau, *Le P. Joseph-Papin Archambault, s.j. — Notes biographiques,* Rel, nᵒ 310, nov. 1966, p. 296–199.

Jean-Claude Saint-Amant, *La Propagande de l'École sociale populaire en faveur du syndicalisme catholique, 1911–1949,* RHAF, vol. 32, nᵒ 2, sept. 1978, p. 203–228.

Richard Arès, *Le Père Joseph-Papin Archambault, S.J.,* AN, vol. 70, nᵒ 8, avril 1981, p. 637–644 ; nᵒ 9, mai 1981, p. 757–764 ; nᵒ 10, juin 1981, p. 843–658.

Id., Le Père Joseph-Papin Archambault, s.j. et l'École sociale populaire —Témoignage, RHAF, vol. 35, nᵒ 4, mars 1982, p. 563–587.

Id., Le Père Joseph-Papin Archambault, s.j. (1880–1966). Sa vie, ses œuvres (essai), Montréal, Éditions Bellarmin, 1983, 175 p. Ill. Préface d'Antonio Poulin. « Cahiers d'histoire des Jésuites ».

ARCHILOQUE. Voir CHAPAIS, THOMAS.

ARÈS, RICHARD (1910–1989).

Sociologue, né à Marieville (Rouville). Licencié en philosophie et en théologie, maître ès arts et licencié en sciences sociales, économiques et politiques de l'Université de Montréal, Richard Arès est aussi docteur en philosophie et en sciences sociales de l'Institut catholique de Paris, diplômé d'études supérieures et docteur en droit international de l'Université de Paris. Associé à l'École sociale populaire (1949–1959), il est également membre de la Commission Tremblay sur les problèmes constitutionnels (1953–1956). Il collabore activement à *L'Action nationale,* à *l'Actualité* et à la revue *Relations* dont il est directeur de 1956 à 1969. À ses fonctions de conseiller moral auprès de la Société Saint-Jean-Baptiste de Montréal, il ajoute celles de membre de la Ligue de l'Action nationale, de l'Institut social populaire, de la Société royale du Canada et de l'Académie des sciences morales et politiques. Ses préoccupations essentielles, bien perceptibles dans ses écrits, sont d'ordre social et politique.

ŒUVRES

Dossier sur le Pacte fédératif de 1867 (essai), Montréal, [s.é.], 1941, vi, 102 p. Préface de Lionel Groulx. « Frangipani » ; *La Confédération : pacte ou loi,* Éditions de l'Action nationale, [1950], 76 p. ; *Dossier sur le Pacte fédératif de 1867. La Confédération : pacte ou loi ?,* Éditions Bellarmin, 1967, 264 p. (Édition entièrement refondue et mise à jour).

Nos positions françaises au Manitoba d'après le recensement de 1936 (essai), [Saint-Boniface, Le Collège, 1941], 89 p. (Paru d'abord dans *La Liberté* de Winnipeg du 29 janv. au 16 avril 1941).

[*Plans d'étude sur la restauration sociale d'après la Lettre pastorale collective de l'épiscopat de la province de Québec sur les encycliques « Rerum novarum » et « Quadragesimo anno »*], [Montréal, Éditions de l'École sociale populaire, 1941 ?], 64 p.

Pierre Le Moyne, chevalier d'Iberville (biographie), Montréal, Le Messager canadien, 1941, 30 p. Ill. « Ville-Marie ».

Notre question nationale (essai), Montréal, 1943–1974, 5 vol. : vol. 1, *Les Faits,* Éditions de l'Action nationale, 1943, 239 p. Préface de Lionel Groulx ; 1945, 217 p. ; vol. 2, *Positions de principes. Positions théoriques et doctrinales sur la nation, l'État, la patrie, le patriotisme et le nationalisme,* Éditions de l'Action catholique, 1945, 252 p. ; vol. 3, *Positions patriotiques et nationales,* Éditions de l'Action nationale, 1947, 234 p. ; vol. 4, *Nos grandes options politiques et constitutionnelles. Dossier sur les options : Canada, Canada bilingue, Canada français, Québec,* Éditions Bellarmin, 1972, 243 p. ; vol. 5, *L'Église et les Projets d'avenir du peuple canadien-français,* Éditions Bellarmin, 1974, 277 p.

L'Église catholique et l'Organisation de la société internationale contemporaine (1939–1949). Les faits — Les principes — Le programme (essai), Montréal, Facultés de philosophie et de théologie de la compagnie de Jésus à Montréal, [1949], 269 p. « Studia Collegii Maximi Immaculatae Conceptionis ».

Vers la corporation agricole (essai), Sherbrooke, Éditions de l'École « Noé Ponton », 1951, 172 p. Collab. Marcel Clément.

Les Caisses populaires et la Communauté canadienne-française (essai), [Montréal, Éditions Bellarmin 1961 ?], 19 p. « Questions actuelles ».

Du rôle de l'État dans un Québec fort (essai), Montréal, Éditions Bellarmin, [1962], 18 p. « Questions actuelles ».

Justice et Équité pour la communauté canadienne-française (essai), [Montréal, Éditions Bellarmin, 1963], 19 p. « Questions actuelles ».

Options pour une nouvelle constitution (conférence), [s.l., s.é., 1967 ?], 24 p. Présentation par Me Rodolphe Fournier.

Comportement linguistique des groupes ethniques à Montréal (essai), Montréal, Relations, 1969, 19 p. «Relations».

Faut-il garder au Québec l'école confessionnelle? (essai), Montréal, Éditions Bellarmin 1970, 67 p. «Questions actuelles».

Qui fera l'avenir des minorités francophones au Canada? (conférence), [Saint-Boniface, Société historique de Saint-Boniface, 1972], [ii], 23 p.

Le Rapport Gendron: sa position sur le français-langue-de-travail au Québec (étude), Montréal, Éditions Bellarmin, 1973, 76 p. «Réflexion et Vie». (Paru d'abord dans *Relations,* mars, avril, mai 1973).

Les Positions — ethniques, linguistiques et religieuses — des Canadiens français à la suite du recensement de 1971 (essai), Montréal, Éditions Bellarmin, 1975, 210 p.

Le Rapport Parent, dix ans après (essai), Montréal, Éditions Bellarmin, 1975, 163 p. Collab. Présentation de Richard Arès.

L'Église dans le monde d'aujourd'hui. Présentation pédagogique de la Constitution pastorale « Gaudium et Spes », Montréal, Éditions Bellarmin, 1977, 357 p.

Le Père Joseph-Papin Archambault, s.j. (1880-1966). Sa vie, ses œuvres (essai), Montréal, Éditions Bellarmin, 1983, 175 p. Ill. Préface d'Antonio Poulin. «Cahiers d'histoire des Jésuites».

Catéchisme de l'organisation corporative, dans *L'École sociale populaire,* nos 289-290, févr.-mars 1938, 64 p.

Petit Catéchisme d'éducation syndicale, dans *L'École sociale populaire,* no 295, août 1938, 32 p.

Petit Guide moral du législateur, dans *L'École sociale populaire,* no 350, mars 1943, 32 p.

L'Église et le Nationalisme (essai), dans *L'École sociale populaire,* no 365, juin 1944, 31 p.

Défense et Illustration du fédéralisme (essai), AN, vol. 36, no 2, oct. 1950, p. 95-109; no 3, nov. 1950, p. 169-185; no 4, déc. 1950, p. 233-269; vol. 37, no 1, janv. 1951, p. 5-14.

Essais de réforme de l'entreprise aux États-Unis, dans *L'Institut social populaire,* no 437, oct. 1950, 48 p.

Avant et Après le Rapport de la Commission Massey (essai), dans *L'Institut social populaire,* no 448, nov. 1951, 32 p.

Qu'est-ce que la Sécurité sociale? (essai), dans *L'Institut social populaire,* no 457, oct. 1952, 32 p.

Pie XII et l'Ordre politique (essai), dans *L'Institut social populaire,* no 483, mars-avril 1956, 32 p.

Un siècle de vie française en dehors du Québec, RHAF, vol. 21, no 3a, 1963, p. 533-570.

Le Devoir politique du Québec: ses caractéristiques fondamentales (conférence), [Trois-Rivières, Fédération des SSJB], oct. 1964, 15 p.

Les Relations des Jésuites et le Climat de la Nouvelle-France, MSRC, 4e série, vol. 8, 1970, p. 75-91.

« L'Accession à la souveraineté et le cas du Québec » de Jacques Brossard, Rel, vol. 36, no 418, sept. 1976, p. 235-237.

Le Défi québécois, Rel, vol. 37, no 430, oct. 1977, p. 283-284.

Richard Arès, premier lauréat du prix Esdras-Minville (discours), dans *Information nationale,* mai-juin 1979, p. 5.

ÉTUDES

Valère Massicotte, *Dossier sur le pacte fédératif,* C, vol. 3, no 1, mars 1942, p. 132-133.

Gérard Filion, *Présentation du R.P. Richard Arès,* dans Société royale du Canada. Section française, *Présentation,* no 18, 1963-1964, p. 45-49.

Jean-Charles Bonenfant, *Dossier sur le pacte fédératif de 1867,* LAC 1966, p. 163.

Fernand Dumont, *Richard Arès. L'Église et les Projets d'avenir du peuple canadien-français,* LAQ 1974, p. 306-307.

Charles Castonguay, *Richard Arès. Les Positions — ethniques, linguistiques et religieuses — des Canadiens français à la suite du recensement de 1971,* LAQ 1975, p. 249-250.

ARLES, HENRI d' [X abbé Henri Beaudé, né Beaudet] (1870-1930). Historien et critique, né à Princeville, (Arthabaska). Il étudie chez les Frères des Écoles chrétiennes, au Petit Séminaire de Québec et au Séminaire de Saint-Hyacinthe. Entré chez les dominicains à dix-neuf ans, il est ordonné prêtre en 1895; après des années de ministère à Saint-Hyacinthe, à New York, à Lewiston et Fall River, il quitte l'ordre en 1912 et entre dans le clergé séculier à Manchester (New Hampshire) où il devient aumônier de religieuses en 1918. Pendant un séjour à Paris, en 1920, il suit des cours de littérature et d'histoire à la Sorbonne, au Collège de France et à l'Institut catholique. Il meurt à Rome en 1930. Intéressé particulièrement à l'histoire, surtout à l'histoire patriotique et littéraire, il veut qu'on la traite de façon érudite, mais avec une science qui s'exprime dans la beauté. Chez lui, tout passe par l'art, et il est significatif que son premier livre s'intitule *Propos d'art,* et soit suivi de titres comme *Pastels, Eaux-fortes et Tailles-douces, Arabesques.* Il a écrit abondamment, il a parlé d'histoire, de littérature, de peinture, de nature, et s'est ainsi créé une réputation de touche-à-tout superficiel, jugement en partie mérité par ses notes et descriptions impressionnistes, et par les artifices d'un style très étudié. Il convient cependant de remarquer le côté constructif de sa critique, la valeur réelle de ses études sur Crémazie et Fréchette, de même que le souffle poétique profond de ses *Laudes.*

ŒUVRES

Esquisse des collèges américains (essai), [s.l., s.é.], 1902, [n.p., 18 p.].

Propos d'art (critique), New York, Librairie française des États-Unis, 1903, [xviii], 121 p.

Pastels (essais), New York, Daniel V. Wien, Libraire-Éditeur, 1905, 197 p.

Tête d'étude, Paris, [s.é.], 1906, [n.p., 28 p.]. (Travail présenté en séance solennelle à l'École des Hautes Études bibliques de Jérusalem, le 7 mars 1906.)

Jérusalem (conférence), Paris, F.-R. de Rudeval éditeur, 1907, [n.p., 40 p.].

Le Collège sur la colline (essai), Paris, F.-R. de Rudeval, 1908, 97 p.

[*Edmond de Nevers, le penseur et l'artiste*] (conférence), [Fall River (Mass.), Imprimé par L.J. Gagnon], 1908, [n.p., 55 p.].

Le Cimetière de mon village (récit), [s.l., s.é., imprimé à la Typographie Laflamme et Proulx, Québec, 1909?, n.p., 12 p.].

Essais et Conférences, Québec, chez l'auteur, 1909, 322 p.

Lacordaire, l'orateur et le moine, Manchester (N. H.) [Imprimé chez Laflamme et Proulx à Québec], 1911, 54 p. ; 1912, 105 p. Édition corrigée, enrichie de notes et ornée d'un autographe.

Eaux-fortes et Tailles-douces (essais), Québec, Typographie Laflamme et Proulx, 1913, 335 p.

Newman, la première phase (essai), Manchester (N. H.), chez l'auteur, 1913, [n.p., 44 p.].

Religion, Patriotisme, Fraternité (sermon), [s.l., s.é., 1913, n.p., 9 p.].

Une romancière canadienne, Laure Conan (essai), Paris, Éditions de la Pensée de France / Librairie R. Duval, 1914, 38 p. (Extrait de la *Pensée de France,* juillet–sept. 1914).

Le Mystère de l'Eucharistie (essai), Québec, Typographie Laflamme et Proulx, [1915], 199 p.

Acadie ; reconstitution d'un chapitre perdu de l'histoire d'Amérique (histoire), Québec / Boston, Typographie Laflamme / The Marlier Publishing Co., 1916–1921, 3 t. : t. 1, *Depuis les origines jusqu'à la paix d'Aix-la-Chapelle,* 1916, xxxii, 418 p. ; t. 2, *Depuis la paix d'Aix-la-Chapelle jusqu'à la Déportation,* 1918, xvi, 505 p. ; t. 3, *La Déportation et au-delà,* 1921, viii, 547 p.

La Déportation des Acadiens (conférence), Montréal, Bibliothèque de l'Action française, [1919], 29 p.

Le Français dans le Nouveau-Hampshire (essai), [s.l.], Ligue du Ralliement français en Amérique, [1919], 19 p.

[*La Tragédie acadienne*] (histoire), Montréal, Librairie de l'Action française, [1920], 30 p.

La Culture française (conférence), [Montréal], Bibliothèque de l'Action française, [1920], 32 p.

Les Grands Jours ; historique du Congrès eucharistique régional tenu à Victoriaville les 12, 13, 14 et 15 septembre 1918, Québec, L'Action sociale, [1920], 123 p. Ill.

Nos historiens, Montréal, Bibliothèque de l'Action française, 1921, 245 p.

Arabesque (critique), Paris / New York, Dorbon-Aîné, 1923, 41 p. Douze planches hors-texte.

Louis Fréchette (histoire), Toronto, Ryerson Press, [1924], 127 p. « Makers of Canadian Literature ».

Laudes (prose religieuse), Paris, Paul Lefebvre, 1926, 159 p. Ill. de Maurice Denis.

Estampes (critique), Montréal, Bibliothèque de l'Action française, [1926], 217 p.

Miscellanées (critique), Montréal, Carrier / Éditions du Mercure, 1927, 210 p.

Horizons (critique), Montréal, LACF, 1929, 196 p.

Primevères (critique), Paris, P. Lefebvre, [192–, n.p.].

Si scires Donum Dei (essai), Rome, Desclée et Cie, Éditeurs pontificaux, 1930, 207 p.

[*La Vierge et le Nuage*] (essai), [s.l.], chez l'auteur, [s.d.], 7 p.

Notre langue, CF, vol. 3, n° 3, nov. 1919, p. 161–174.

La Tragédie acadienne, CF, vol. 4, n°s 2–3, mars–avril 1920, p. 184–210.

Variations sur notre « parlure », CF, vol. 6, n° 1, févr. 1921, p. 54–62.

Préface, dans *À travers les vents* de Robert Choquette, Montréal, Louis Carrier / Éditions du Mercure, [1927], p. 9–14.

ÉTUDES

Émile Dubois, *Nos historiens,* dans *Autour du métier,* Montréal, Bibliothèque de l'Action française, 1922, p. 91–97.

Séraphin Marion, *Henri d'Arles et l'impressionnisme canadien-français,* dans *En feuilletant nos écrivains,* Montréal, Librairie d'action canadienne-française, 1931, p. 59–76.

Adolphe Robert, *Henri d'Arles,* CF, vol. 30, n° 5, janv. 1943, p. 329–498.

Frère Fulbert, « L'Impressionnisme chez Henri d'Arles ». Thèse de maîtrise. Université d'Ottawa, 1947, 128 p.

Marie Amabilis [I. Parenteau], « Henri d'Arles, styliste ». Thèse de maîtrise. Université de Montréal, 1960, xiii, 102 p.

Louis-P. Cormier, *Note sur Henri d'Arles. Lettres inédites,* C, vol. 23, n° 3, sept. 1962, p. 258–265.

ARMENTIER, LOUIS Jacques Henri (1938–   ). Linguiste, né à Vinch (Viêt-nam). Ses études primaires à peine terminées, il est interné en 1946 avec ses parents dans un camp de concentration des Vietminch. Il est libéré en 1951, entre en France et poursuit ses études de lycée à Saintes (Charente-Maritime, 1951–1956). En 1958, il obtient le diplôme de capacité en droit de l'Université catholique de l'Ouest (Angers, Maine-et-Loire), puis, en 1964, le diplôme du CREDIF de l'École normale supérieure de Saint-Cloud pour l'enseignement à l'étranger. Émigré au Canada la même année, il enseigne le français pour l'Hydro-Québec (1964–1965), puis à partir de 1966, au Bureau des langues de la Commission de la fonction publique du Canada, à Montréal. Tout en continuant son enseignement, il poursuit ses études à l'Université de Montréal

(1967–1971) et obtient un baccalauréat en pédagogie et une licence ès lettres. En 1973 il s'inscrit en linguistique à l'Université McGill (M.A., 1977) et prépare un doctorat en lexicologie. En 1980 il publie un volume d'introduction aux principales langues continentales de l'Extrême-Orient. C'est le premier ouvrage de ce genre publié au Canada français.

ŒUVRE

Orientalisme et linguistique : introduction aux principales langues continentales de l'Extrême-Orient. Les idiomes sino-tibétains, Montréal, L'Aurore, 1980, 217, [7] p. Ill. Cartes de Guy Frumignac. Préface de Robert Garry. Avant-propos de l'auteur. « Univers ».

Hô-Xuân-Huong, poétesse libertaire, dans *Dérives,* n⁰ 22, 1ᵉʳ trimestre, 1980, p. 15–21.
Discours scientifique et néologie, dans *La Petite Revue de philosophie,* vol. 2, n⁰ 1, 15 oct. 1980, p. 25–42.

ÉTUDE

Archambault, Gilles, *À l'étalage,* dans *Le Livre d'ici,* vol. 5, n⁰ 38, 25 juin 1980, p. 3.

ARSENAULT, ANGÈLE (1943–   ). Poète, auteur-compositeur-interprète, née à Abrams Village (Île-du-Prince-Édouard). Elle commence ses humanités au Collège Notre-Dame d'Acadie de Moncton et les termine à l'Université de Moncton (B.A., 1966). Elle poursuit ensuite des études de lettres à l'Université Laval où elle obtient une maîtrise en 1969. Elle enseigne l'anglais pendant un an à l'École normale Notre-Dame de Sainte-Foy de Québec, puis, en 1970, elle se donne entièrement à la chanson, la composition musicale et l'interprétation. Elle fait aussi du cinéma comme interprète de ses chansons ou narratrice dans des films de l'ONF : « Le Temps de l'avent » d'Anne-Claire Poirier, « Maude Lewis » de Diane Beaudry-Cowling, et « I hate to lose » de Michael Robbo. Au dixième festival du film de Chicago, en 1974, son émission « Avec Angèle » mérite le Gold Hugo Award, et elle remporte le trophée Félix, en 1979, pour « Libre », le microsillon le plus vendu au Canada français. À la parution de *Première* (1975), la critique la compare à Jean Narrache ou à la Bolduc : « Cette Jean Narrache acadienne a des accents très purs et très vrais pour nous créer des ‹émouvances›», écrit Cécile Cloutier qui ajoute : « C'est dans le chant, le cri et le silence qu'elle prend tout son sens et réalise ses confidences. Le discours se fait alors tendre

connivence. Et c'est là son achèvement. » En Belgique, on la déclare « la révélation foudroyante » du festival de Spa, en 1980.

ŒUVRES

Première (chansons), [Montréal], Leméac, 1975, 125 p. Ill. Présentation de Jacqueline Lemay. « Mon pays mes chansons ».
Angèle Arsenault (chansons), Montréal, Les Éditions Lise Aubut, 1978, 46 p. Ill. « Intermède musique ».

ENREGISTREMENTS

Oh Canada, Bonjour mon ami, Éditions de l'Échelle, 1974, 45 tours.
Première, Éditions de l'Échelle, 1975, PS-19901, 33⅓ tours.
Angèle Arsenault, Éditions Lise Aubut Enr., 1976, PS-19908, 33⅓ tours.
Libre, Éditions Lise Aubut Enr., 1977, PS-19903, 33⅓ tours.
C'est la récréation, Éditions Lise Aubut Enr., 1977, PS-19906, 33⅓ tours.
Y'a une étoile pour vous, Éditions Angèle Arsenault, 1979, PS-19907, 33⅓ tours.
Angèle Arsenault : ses plus grands succès, Éditions Angèle Arsenault et Lise Aubut Enr., 1980, PS-19910, 33⅓ tours.
Chanter au soleil, Éditions Angèle Arsenault, 1980, KD-503, 33⅓ tours.
Paniquez pas pour rien, Éditions Angèle Arsenault, 1982, KD-537, 33⅓ tours.

ÉTUDES

Cécile Cloutier, *Voix acadiennes,* LAQ 1975, p. 132–133.
Pierrette Roy, *Angèle Arsenault : l'art de séduire son auditoire,* dans *La Tribune,* vol. 71, n⁰ 288, 6 févr. 1981, p. D-7.
Michelle Talbot, *Angèle Arsenault : au pied de la pente douce !,* dans *Dimanche-Matin,* vol. 29, n⁰ 13, 11 avril 1982, p. B-3.
Denis Lavoie, *Angèle Arsenault et autres. Au Québec, on chante surtout au féminin,* Pr, 98ᵉ année, n⁰ 107, 8 mai 1982, p. C-6.

ARSENAULT, BONA (1903–   ). Chroniqueur et généalogiste, né à Thivierge (Bonaventure). Il fait ses études à l'Académie de Bonaventure. Par la suite, il continue de s'instruire seul, suit quelques cours à l'Université Laval et, sporadiquement, des cours d'administration et de psychologie à Storrs University (Connecticut). À compter de 1932, il est successivement directeur général du *Journal* (Québec) (1932–1936), de *L'Événement-Journal* (1936–1939), président de l'Association des hebdomadaires du Québec, gérant du district de Québec à la Société d'assurance nationale du Canada et directeur des relations publiques de la Société Pratte et Côté. Président du Parti conservateur du Québec de 1942 à 1944, il est élu député à la Chambre des communes en 1945. Après sa défaite de 1957, il passe au Parti libéral provincial et est élu député à l'Assemblée nationale du Québec en 1960, est nommé ministre de la Chasse et des Pêcheries, puis secrétaire de la province, ministre des Terres et Forêts. Défait en 1976, il se retire définitivement de la politique et se consacre entièrement à ses travaux sur la généalogie des Acadiens du Canada et de la Louisiane. À la parution de *L'Acadie des ancêtres* (1955), l'Université de Bathurst lui décerne un doctorat honorifique. Les premières publications de Bona Arsenault passent presque inaperçues, mais *Histoire et Généalogie des Acadiens* (1965) marque une étape importante dans les recherches sur les Acadiens. Il y avait avant lui des travaux sur l'histoire de l'Acadie, mais peu sur la généalogie. Par ailleurs, les spécialistes de l'histoire reprochent à l'auteur de manquer de méthode et de rigueur.

ŒUVRES

Malgré les obstacles (essai), Québec, Institut littéraire du Québec, [1953 ?], 195 p.

L'Acadie des ancêtres. Avec la généalogie des premières familles acadiennes, Québec, Le Conseil de la vie française en Amérique, 1955, 396 p. Avant-propos de l'auteur.

Histoire et Généalogie des Acadiens, Québec, Le Conseil de la vie française en Amérique, 1965, 2 vol. : vol. 1, 524 p. ; vol. 2, -1118 p. ; [Montréal], Leméac, 1978, 6 vol. : vol. 1, *Histoire des Acadiens*, 389 p. Présentation de l'auteur ; vol. 2, *Port-Royal. Annapolis Royal, Nouvelle-Écosse*, -825 p. ; vol. 3, *Beaubassin. Amherst, Nouvelle-Écosse, Grand-Pré, Nouvelle-Écosse*, -1318 p. ; vol. 4, *Pisiguit. Windsor, Nouvelle-Écosse, Cobequid, Truro, Nouvelle-Écosse, Chipoudy et Petitcoudiac. Hopewell Hill et Hillsborough, Nouveau-Brunswick, Cap-de-Sable et Pobomcoup. Cap-de-Sable et Pubnico, Nouvelle-Écosse, Rivière Saint-Jean, Nouveau-Brunswick, Ristigouche au Québec*, -1669 p. ; vol. 5, *Plaisance, Terre-Neuve, Île Royale incluant Louisbourg, Île du Cap-Breton, Île Saint-Jean, Île du Prince-Édouard*, -2181 p. ; vol. 6, *Île Saint-Pierre et Miquelon, Îles-de-la-Madeleine, Bordeaux, France, Belle-Île-en-Mer, Bretagne, France, Louisiane, États-Unis*, -2646 p.

Histoire des Acadiens, Québec, Le Conseil de la vie française en Amérique, 1966, 331 p. ; [Montréal], Leméac, 1986, 395 p. Traduction anglaise : *History of the Acadians*, 265 p. ; [Montréal], Leméac, 1978, 268 p. Introduction de l'éditeur.

Louisbourg 1713-1758 (essai), Québec, Le Conseil de la vie française en Amérique, 1971, 239 p.

Les Registres de Bonaventure 1791-1900. Incluant de nombreux actes de baptêmes, mariages et sépultures des premiers établissements du versant sud de la Gaspésie, de New-Richmond à Rivière-au-Renard, Ottawa, Éditions Marquis, 1981, 442 p. Présentation de l'auteur.

Souvenirs et Confidences, [Montréal], Leméac, 1983, 288 p. Ill. « Vies et Mémoires ».

Les Registres de Carleton 1773-1900. Incluant les noms des pionniers de Nouvelle, St-Omer, Maria et New-Richmond, ainsi que ceux de plusieurs autres établissements des deux rives de la Baie des Chaleurs, Carleton (Québec), CHAU-TV, Télévision de la Baie des Chaleurs inc., 1983, 574 p. Présentation de l'auteur ; *Les Registres de Carleton 1900-1982*, 1984, -1018 p.

Les Registres de Maria, 1860-1960, Carleton (Québec), CHAU-TV, Télévision de la Baie des Chaleurs inc., 1984, 405 p. Présentation de l'auteur.

Les Registres de Nouvelle (Saint-Jean l'Évangéliste) 1867-1970. Incluant les actes religieux de St-Jean de Brébeuf, Carleton (Québec), CHAU-TV, Télévision de la Baie des Chaleurs inc., 1985, 395 p. Présentation de l'auteur.

Les Registres de St-Omer, 1899-1984. Incluant les actes religieux de St-Louis de Gonzague, Carleton (Québec), CHAU-TV, Télévision de la Baie des Chaleurs inc., 1985, 219 p. Présentation de l'auteur.

ÉTUDES

Léon Thériault, *Histoire et Généalogie des Acadiens de Bona Arsenault*, LAC 1965, p. 134-135.

Jean Martel, *La traduction anglaise du livre de M. B. Arsenault « Histoire et Généalogie des Acadiens » sera lancée en Louisiane, mardi*, dans *L'Action*, vol. 59, n° 17 692, 22 juin 1966, p. 11.

Antoine Bernard, *L'Acadie, le français et M. Arsenault*, Dev, vol. 57, n° 156, 7 juillet 1966, p. 4.

Jean-Charles Bonenfant, *Les Études sociales*, dans *University of Toronto Quarterly*, vol. 35, n° 4, déc. 1966, p. 524-536.

Pierre Savard, *Sept ans de production historique au Canada français, 1961-1968*, LAC 1969, p. 165.

Serge Gagnon, *Louisbourg 1713-1758 de Bona Arsenault*, LAQ 1971, p. 229-230.

[Clément Richard], *Répertoire des parlementaires québécois 1867-1978*, Québec, L'Assemblée nationale du Québec, 1980, p. 8-9.

Pierre Vennat, *Souvenirs et Confidences de M. Bona Arsenault*, Pr, vol. 99, n° 257, 5 nov. 1983, p. A-6.

Willie Chevalier, *Quand « Bona » se souvient...*, dans *L'Incunable*, 18e année, n° 1, mars 1984, p. 35-27.

ARSENAULT, FERNAND (1929–   ). Théologien et essayiste acadien, né à Bonaventure. Après l'obtention de son baccalauréat à l'Université Saint-Joseph (Nouveau-Brunswick, 1951), il fait des études de théologie, puis enseigne pendant quelques années. Il poursuit ensuite des études supérieures aux universités de Montréal, Laval et Grégorienne (Rome) ; il obtient une licence en 1962, une maîtrise en 1963, et il soutient une thèse de doctorat en théologie sur saint Augustin en 1965. Il devient alors professeur de théologie à l'Université de Moncton où il est nommé titulaire en 1975. Théologien engagé dans le milieu, il continue des études en sociologie à l'Université Laval (B.Sc.soc.) et en psychologie au Western Institute for Group and Family Therapy

(1973). Fernand Arsenault collabore à plusieurs périodiques, tels la *Revue de l'Université de Moncton, Sciences religieuses, L'Action nationale, Cahiers de la Société historique acadienne, L'Évangéline.* La critique a remarqué son essai théologique et pastoral, *Augustin, qui est Jésus-Christ?* dont l'objectif est de « tenter de mettre en lumière ce qui nous apparaît comme le cœur de la foi de Saint Augustin ». Émilien Lamirande reproche à l'auteur de manquer de précision sur plusieurs points, tandis que Henri-Paul Bergeron trouve qu'il « entreprend, non pas une étude critique, mais un véritable dialogue. Dialogue entre l'homme d'aujourd'hui, à la recherche de lui-même, de son mystère, et Augustin, ce chercheur si profondément authentique », rencontre qui « ne manque pas de fraîcheur et d'harmonie ».

ŒUVRES

Le Christ, plénitude de la révélation selon Saint Augustin, (essai), Moncton, Imprimerie acadienne, 1966, 90 p.

Augustin, qui est Jésus-Christ? Essai théologique et pastoral, Paris-Tournai/ Montréal, Desclée & Cie/ Bellarmin, 1974, 183 p. Avant-propos de l'auteur. « Hier-Aujourd'hui ».

François-Amédée Bourgeois (biographie), Moncton, Éditions d'Acadie, 1985, 108 p. Collab. Edmour Babineau. Portrait. Préface d'Anselme Chiasson. Avant-propos des auteurs. « Pasteurs et Patriotes ».

L'Éthique sociale chez Teilhard de Chardin, dans *Studies in Religion/ Sciences religieuses,* vol. 1, no 1, janv. 1971, p. 25–44.

L'Acadien et la Religion, dans *L'Action nationale,* vol. 68, nos 3–4, nov.–déc. 1977, p. 275–290.

L'Église acadienne dans le Moniteur acadien, dans *Les Cahiers de la Société historique acadienne,* vol. 10, no 2, juin 1979, p. 91–101.

ÉTUDES

Émilien Lamirande, *Fernand Arsenault. Augustin : qui est Jésus-Christ?,* LAQ 1974, p. 326–327.

Robert Jurie, *D'un livre à l'autre,* dans *L'Information médicale et paramédicale,* vol. 27, no 5, 25 janv. 1975, p. 24.

Henri-Paul Bergeron, *Arsenault (Fernand). Augustin : qui est Jésus-Christ?,* dans *Le Livre canadien,* vol. 6, mars 1975, no 80.

ARSENAULT, GEORGES (1952–   ). Folkloriste acadien, né à Abram-Village (I.-P.-E.). Il fait ses études à l'Université de Moncton où il obtient un baccalauréat en sciences sociales (1974) et à l'Université Laval qui lui décerne une maîtrise ès arts pour ses recherches sur le folklore acadien (1979).

Il s'installe à Summerside (I.-P.-E.) où il est animateur culturel à la Société Saint-Thomas-d'Aquin, puis coordonnateur-recherchiste à la rédaction de l'histoire de la culture acadienne de l'Île-du-Prince-Édouard (1979). Nommé secrétaire de la Société historique acadienne de l'Île, il fonde *La Petite Souvenance,* revue dont il est le rédacteur. En 1980, Georges Arsenault publie *Complaintes acadiennes de l'Île-du-Prince-Édouard,* qui relatent la vie des Acadiens dans ce coin de pays, de 1755 à nos jours. Dans la première partie de l'ouvrage, l'auteur présente la tradition des complaintes locales, leurs créateurs, leurs styles, leur originalité, leurs variantes. En second lieu, il présente les textes, les explique abondamment, et montre en détail comment la culture acadienne a été étouffée dans cette province. C'est « un livre plutôt ardu à lire » remarque Pol Chantraine ; il n'en demeure pas moins fort intéressant, bien documenté. Il nous dévoile les préoccupations passées et présentes des Acadiens de l'Île. Selon Michel Laurin, c'est « un témoignage éloquent du besoin universel de l'homme de revivre ses malheurs, d'amadouer cette mort jamais apprivoisée ».

ŒUVRES

Histoire de la pêche chez les Acadiens de l'Île-du-Prince-Édouard (histoire), Summerside, Société St-Thomas-d'Aquin, 1980, 52 p.

Histoire de l'émigration chez les Acadiens de l'Île-du-Prince-Édouard (histoire), Summerside, Société St-Thomas-d'Aquin, 1980, 42 p.

Complaintes acadiennes de l'Île-du-Prince-Édouard (essai), Montréal, Leméac, 1980, 261 p. Préface de J.-C. Dupont.

Le Système des propriétaires fonciers absents de l'Île-du-Prince-Édouard, dans *La Revue de l'Université de Moncton,* vol. 9, nos 1–3, oct. 1976, p. 63–84.

La Marlèche : conte-type 56 B, dans *Culture et Traditions,* vol. 1, 1976, p. 19–31.

Le Meurtre de Timothy McCarthy : une complainte acadienne, dans *Canadian Folk Music Journal,* vol. 5, 1977, p. 24–31.

Les Complaintes acadiennes de l'Île-du-Prince-Édouard, dans *Les Cahiers de la Société historique acadienne,* vol. 10, no 4, déc. 1979, p. 176–185.

ÉTUDES

Pol Chantraine, *Qui connaît la culture acadienne?* dans *Le Livre d'ici,* vol. 6, no 5, 5 nov. 1980, p. 2.

Michel Laurin, *Complaintes acadiennes de l'Île-du-Prince-Édouard,* dans *Nos livres,* vol. 11, déc. 1980, no 368.

ARSENAULT, GUY-Guillaume-Joseph (1954–   ).
Poète et peintre acadien, né à Moncton (Nouveau-Brunswick). Après le secondaire aux écoles Vanier et Mathieu-Martin, il s'adonne à l'écriture et à la peinture, participe à des récitals de poésie... À dix-neuf ans il publie son premier recueil, *Acadie Rock* (1973) qui sera suivi de trois petits recueils, *Poèmes et Dessins* I, II, III. Issu de Parkton, quartier ouvrier majoritairement acadien qu'il fait revivre, il en utilise le langage composé de français, de « chiac » et d'anglais. Certains poèmes, comme « Tableau de backyard », font sensation, mais la critique n'est pas toute favorable. « Faut-il imputer au rock la forme syncopée de la grande majorité des textes ? demande *Le Livre canadien*. Pourtant, l'allure énumérative de nombreux poèmes provoque plus souvent la lassitude que l'impression de musicalité. » Gaétan Dostie se dit « étonné et un peu déçu » par la présentation, et surtout parce qu'après le chiac, le poète « est passé carrément à l'anglais ». Pour Marguerite Maillet c'est, en dépit d'une certaine tendresse, une œuvre violente qui dénonce le système établi ; sur un ton de dérision le poète refuse une culture étrangère dans la langue de laquelle « il reste conscient qu'il est peut-être condamné à chanter ses complaintes ».

ŒUVRES

Acadie Rock (poésie), Moncton, Éditions d'Acadie, 1973, 73 p.
Poèmes et Dessins I, Moncton, Chez l'auteur, 1979, 12 p.
Poèmes et Dessins II, Moncton, Chez l'auteur, 1980, 9 p.
Poèmes et Dessins III, Moncton, Chez l'auteur, 1980, 12 p.

Acadie Rock. Le Quai et l'Angélus électrique (extraits), ECF, n° 38, 1974, p. 90–102.
Tableau de Back Yard et Acadie expérience. Choix de textes acadiens : complaintes, poèmes et chansons, dans Jean-Guy Rens et Raymond Le Blanc, *Acadie/Expérience,* Montréal, Parti Pris, 1977, p. 144–156.
Acadie Rock et J'aime, dans Marguerite Maillet, Gérard LeBlanc et Bernard Emont, *Anthologie de textes littéraires acadiens,* Moncton, Éditions d'Acadie, 1979, p. 579–582.

ÉTUDES

Gaétan Dostie, *Lettres acadiennes : une poésie qui témoigne aussi du « grand dérangement »,* dans *Le Jour,* vol. 1, n° 125, 27–28 juillet 1974, p. 9.
[Anonyme], *Arsenault, Guy. Acadie Rock,* dans *Le Livre canadien,* vol. 7, nov. 1976, n° 330.
Marguerite Maillet, *Histoire de la littérature acadienne,* Moncton, Éditions d'Acadie, 1983, p. 188–191.

ASSELIN, OLIVAR (1874–1937). Journaliste et essayiste, né à Saint-Hilarion (Charlevoix). Après l'école primaire à Mont-Joli, il fait des études classiques au Séminaire de Rimouski (1886–1892) d'où, élève peu travailleur et indiscipliné, il est chassé en 1892 avant la fin de la rhétorique. Au printemps de la même année, sa famille ruinée émigre à Fall River (Massachusetts). Olivar travaille pendant quelques mois dans une filature de coton et continue à se former en lisant des journaux français. À dix-huit ans, il fait accepter des articles de politique au *Protecteur canadien* dont il devient le rédacteur en 1894. En 1895, il est à *La Tribune* de Woonsocket, puis au *Jean-Baptiste* de Pawtucket. En 1896, il quitte le journalisme, devient photographe et même directeur d'école ; puis il s'engage comme volontaire dans la guerre hispano-américaine, en 1898. De retour au Canada en 1900, il entre aux *Débats,* dirigés par Louvigny de Montigny, puis à *La Patrie,* au *Herald* et au *Canada,* journaux de politique libérale. Secrétaire particulier de Lomer Gouin, Olivar Asselin devient l'un des dirigeants les plus actifs du Parti nationaliste aux côtés d'Henri Bourassa. Il fonde la Ligue nationaliste canadienne en 1903 et, en 1904, *Le Nationaliste,* journal militant. Il participe à la fondation du *Devoir* en 1910 après avoir fait deux séjours en prison — 1907, 1909 — pour « outrage à la magistrature ». Il se retire bientôt du *Devoir* et collabore à *L'Action.* En 1915, après avoir combattu en faveur de l'abstentionnisme, il s'enrôle dans l'armée canadienne « pour aller au secours de la France », « parce que sans la France, la vie française s'arrêterait en nous comme une eau qui gèle ». Il s'illustre à Vimy et mérite la Légion d'honneur à titre militaire. Il devient secrétaire de la mission militaire canadienne et délégué à la Conférence de la paix. Profondément charitable, il est, à partir de 1927, l'un des principaux artisans de l'Œuvre de la Merci, refuge pour les vieillards pauvres et malades. Asselin renoue avec le journalisme en 1930, comme rédacteur en chef du *Canada,* quotidien libéral. En 1934, il fonde *L'Ordre,* puis un « hebdomadaire politique et littéraire », *La Renaissance* (1935) qui ne dure que quelques mois. En 1937, il s'affilie à l'ordre qu'il a amené à la Merci, les Frères Hospitaliers de Saint-Jean-de-Dieu, et il meurt le 18 avril.

Polémiste brillant et caustique, excellent écrivain, Olivar Asselin a mené toute sa vie une action orageuse et remplie de contradictions. Il n'épargnait personne, fût-ce un ami de la veille comme Henri Bourassa, et ses colères comme ses changements d'idées lui ont valu de solides inimitiés. Il a été l'un des grands journalistes du Québec, et il a marqué de sa forte personnalité le premier tiers du vingtième siècle.

ŒUVRES

A Quebec View of Canadian Nationalism ; an Essay by a Dyed-in-the-wool French-Canadian on the Best Means of Ensuring the Greatness of the Canadian Fatherland, Montréal, Guertin Printing Co, 1909, 61 p.

Les « Souvenirs politiques » de M. Ch. Langelier, Montréal, Olivar Asselin, 1909, 40 p., 1re feuille, « Feuilles de combat ».

Le Sou de la Pensée française, [Montréal], O. Asselin, [s.é., 1913], 46 p., 3e feuille, « Feuilles de combat ».

Jules Fournier, *Anthologie des poètes canadiens,* Montréal, [s.é.], 1920, 309 p. Mise au point et préfacée par Asselin ; Granger Frères, 1920 ; 1933 ; 1934, 299 p.

L'Œuvre de l'abbé Groulx, Montréal, Bibliothèque de l'Action française, 1923, 96 p. (Conférence prononcée salle Saint-Sulpice le 15 janvier 1923 sous les auspices du Cercle d'Action française des étudiants de l'Université de Montréal) ; dans Jean Éthier-Blais, *Discours de réception à l'Académie canadienne-française* suivi de [...], Éditions Hurtubise HMH, 1973, p. 53–155.

Pensée française. Pages choisies, Montréal, Éditions de l'A.C.F., [1937], 214 p. Textes recueillis et préfacés par Gérard Dagenais.

Trois textes sur la liberté, Montréal, Éditions Hurtubise HMH, 1970, 195 p. Préface de Lucien Parizeau. Textes parus aussi dans *Pensée française. Pages choisies.*

Trois textes sur la liberté et la guerre, ECF, no 6, 1960, p. 213–347.

Préface, dans Jules Fournier, *Souvenirs de prison,* ECF, no 7, 1960, p. 239–244.

ÉTUDES

Rex Desmarchais, *Olivar Asselin. Le Sens d'un sourire,* dans *Vivre,* 4e cahier, 1re série, nov. 1934, p. 6–8.

Pierre Chaloult, *Allah Selamet versen Asselin,* dans *Vivre,* 2e série, no 5, 15 mai 1935, p. 7, 11.

Arthur Laurendeau, *Olivar Asselin,* AN, vol. 10, no 1, sept. 1937, p. 55–60.

Valdombre, *Olivar Asselin et les Polémiques d'autrefois,* PV, 1re année, no 11, 1er oct. 1937, p. 447–473.

Hermas Bastien, *Olivar Asselin,* Montréal, Éditions Bernard Valiquette, 1938, 220 p.

Valdombre, *Asselin vivant,* PV, 2e année, no 5, avril 1938, p. 220–231.

Regards, vol. 2, no 2, avril 1941 (numéro spécial).

Arthur Laurendeau, *Olivar Asselin,* AN, vol. 17, juin 1941, p. 580–584.

Marcel-A. Gagnon, *Sur le rôle d'Olivar Asselin,* AN, vol. 41, no 4, avril 1953, p. 267–277.

Maurice Hébert, *Deux protagonistes de notre pensée française : MM. Olivar Asselin et Édouard Montpetit,* CF, vol. 25, no 7, mars 1958, p. 752–767 ; surtout p. 752–760.

Jean-Charles Falardeau, *Asselin avait-il raison?,* CL, vol. 2, no 25, janv.-fév. 1960, p. 30–31.

Marcel-A. Gagnon, *La Vie orageuse d'Olivar Asselin,* Montréal, Éditions de l'Homme, 1962, 302 p.

André Beaulieu et Fernand Dumont, *Le Centenaire Olivar Asselin, son histoire, sa présence,* Dev, vol. 65, no 240, 19 oct. 1974, p. 13.

[Bibliothèque nationale du Canada], *Olivar Asselin 1874–1937,* Ottawa, Information Canada, 1974, 100 p. (Catalogue de l'exposition commémorant le centième anniversaire de la naissance d'Olivar Asselin. Texte en français et en anglais.)

Marcel-Aimé Gagnon, *Olivar Asselin toujours vivant,* Montréal, PUQ, 1974, 210 p. Préface de Willie Chevalier.

ASSINIWI, BERNARD [Chagnan] (1935–   ). Folkloriste, historien, conteur et romancier, né à Montréal. Il fait des études secondaires par correspondance à l'American School de Chicago (Senior Matriculation, 1953), les complète à l'École préuniversitaire Fernand Girard de Montréal, puis, intéressé à la génétique animale, il termine son baccalauréat à l'Ontario College of Agriculture de Guelph (1957). En 1978, il fait une année d'études en administration à l'Université du Québec à Hull. À compter de 1959, il est occasionnellement comédien aux théâtres du Rideau-Vert, T.N.M., Le Trident, La Marjolaine, la Comédie canadienne, et à la télévision de Radio-Canada. Il est aussi animateur-narrateur de textes sur l'écologie, la vie en plein air, et surtout l'histoire de ses ancêtres paternels, les Amérindiens. C'est d'ailleurs à la suite d'émissions radiophoniques sur les Amérindiens que Bernard Assiniwi découvre sa vocation d'écrivain. Tout en collaborant à de nombreux périodiques, tels *Le Devoir, La Presse, Le Soleil, Maclean, Québec Nature,* etc., il fait paraître plus de vingt ouvrages, légendes, recettes, contes pour enfants,... Les premiers contes indiens d'Assiniwi reçoivent un accueil assez sévère. On lui reproche de ne pas indiquer ses sources et d'utiliser une méthodologie peu orthodoxe. Sur ses deux ouvrages principaux : *Lexique des noms indiens en Amérique* (1977) et *Histoire des Indiens* (1973–1974), la critique fait des réserves sur la méthode et la sûreté des sources historiques : « Il serait profitable, écrit Louis-Edmond Hamelin, que des chercheurs chevronnés proposent la fixation optimale des formes et des significations des termes. » Et Cornelius J. Jaenen : « Cet ouvrage ne sera donc pas inutile, mais par ses défauts de conception et de réalisation, il ne répond pas entièrement à notre attente.» Assiniwi réussit mieux dans les contes et le roman ; et Léo Beaudoin décrit ainsi sa manière : «Le texte de Bernard Assiniwi s'articule comme une légende, et son style s'apparente à celui de la complainte et de la cantilène. Les répétitions qui graduent l'intensité dramatique et le souffle lyrique de la phrase donnent à ce roman une allure qui nous est peu familière».

ŒUVRES

Talent among Canadian Indians, [Ottawa], Dept. of Indian Affairs and Northern Development, Indian Affairs Branch, Education Division, 1968, 105 f.

Anish — Nah — Bé. Contes adultes du pays algonquin, [Montréal], Leméac, 1971, 107 p. Collab. Isabelle Myre. Ill. de Clayton Brascoupé et John Fadden. «Ni-T' Chawama/Mon ami mon frère».

Recettes indiennes et Survie en forêt, [Montréal], Leméac, 1972, 40 p. Avant-propos de l'auteur. Ill. de Clayton Brascoupé et Nimus. «Ni-T' Chawama».

Recettes typiques des indiens, [Montréal], Leméac, 1972, 175 p. Ill. de Clayton Brascoupé et Nimus. «Recettes typiques». Traduction anglaise : *Indian Recipes*, Toronto/Montréal/Vancouver, The Copp Clark Publishing Company, 169 p. Ill.

À l'Indienne (essai), [Montréal], Leméac/Les Éditions Ici Radio-Canada, 1972, 207 p. Avant-propos de l'auteur. Ill. «Ni-T' Chawama/Mon ami mon frère».

Sagana. Contes fantastiques du pays algonquin, [Montréal], Leméac, 1972, 115 p. Collab. Isabelle Myre. Ill. de Kahonhes (John Fadden). «Ni-T' Chawama/Mon ami mon frère».

Survie en forêt (essai), [Montréal], Leméac, 1972, 174 p. Ill. de Nimus. «Éducation physique et loisirs». Traduction anglaise : *Survival in the Bush*, Toronto, The Copp Clark Publishing Company, 1972, 158 p. Ill.

Les Iroquois (litt. jeunesse), Montréal, Leméac, 1973, 47 p. Sous le nom de Chagnan (Bernard Assiniwi). Collab. Ka-Hon-Hes (John Fadden). Ill. «Chicouté».

Makwa le petit Algonquin (litt. jeunesse), Montréal, Leméac, 1973, 47 p. Sous le nom de Chagnan (Bernard Assiniwi). Collab. Ka-Hon-Hes (John Fadden). Ill. «Chicouté».

Sculpteur de totems (litt. jeunesse), Montréal, Leméac, 1973, 47 p. Sous le nom de Chagnan (Bernard Assiniwi). Collab. Ka-Hon-Hes (John Fadden). Ill. «Chicouté».

Chasseurs de bisons (litt. jeunesse), Montréal, Leméac, 1973, 48 p. Sous le nom de Chagnan (Bernard Assiniwi). Collab. Ka-Hon-Hes (John Fadden). Ill. «Chicouté».

Histoires des Indiens du Haut et du Bas Canada, [Montréal], Leméac, 1973-1974, 3 t. Ill. «Ni-T' Chawama/Mon ami mon frère» : t. 1, *Moeurs et coutumes des Algonquins et des Iroquois*, 1973, 153 p. Introduction de l'auteur ; t. 2, *Deux siècles de civilisation blanche 1497-1685*, 1974, 166 p. ; t. 3, *De l'épopée à l'intégration 1685 à nos jours*, 1974, 191 p.

Lexique des noms indiens en Amérique, [Montréal], Leméac, 1973, 2 t. : t. 1, *Noms géographiques*, 144 p. ; t. 2, *Personnages historiques*, 166 p. «Ni-T' Chawama/Mon ami mon frère».

Le Bras coupé (roman), [Montréal], Leméac, 1976, 209 p. «Roman québécois».

Les Cris des marais (litt. jeunesse), [Montréal], Leméac, 1979, 45 p. Sous le nom de Chagnan (Bernard Assiniwi). Collab. Ka-Hon-Hes (John Fadden). Ill. «Chicouté».

Les Montagnais et Naskapi (litt. jeunesse), [Montréal], Leméac, 1979, 47 p. Sous le nom de Chagnan (Bernard Assiniwi). Collab. Ka-Hon-Hes (John Fadden). Ill. «Chicouté».

Le Guerrier aux pieds agiles (litt. jeunesse), [Montréal], Leméac, 1979, 47 p. Sous le nom de Chagnan (Bernard Assiniwi). Collab. Ka-Hon-Hes (John Fadden). Ill. «Chicouté».

Faites votre vin vous-même (recettes), [Montréal], Leméac, 1979, 198 p. Ill. «Recettes typiques».

Il n'y a plus d'Indiens (théâtre), [Montréal], Leméac, 1983, 95 p. «Théâtre Leméac».

Contes adultes des territoires algonquins. Contes entièrement revisés, publiés sous les titres Anish-Nah-Bé (1971) et Sagnan (1972), [Montréal], Leméac, 1985, 182 p. Collab. Isabelle Myre. «Roman québécois».

ÉTUDES

[Anonyme], *Recettes typiques des Indiens de Bernard Assiniwi*, dans *Le Livre canadien*, vol. 3, avril 1972, n° 146.

[Anonyme], *Anish-Nah-Bé de Bernard Assiniwi et d'Isabelle Myre*, dans *Le Livre canadien*, vol. 3, sept. 1972, n° 209.

[Anonyme], *À l'Indienne de Bernard Assiniwi*, dans *Le Livre canadien*, vol. 3, oct. 1972, n° 245.

[Anonyme], *Survie en forêt de Bernard Assiniwi*, dans *Le Livre canadien*, vol. 4, févr. 1973, n° 39.

[Anonyme], *Les Iroquois de Bernard Assiniwi*, dans *Le Livre canadien*, vol. 4, avril 1973, n° 138.

[Anonyme], *Makwa le petit Algonquin de Bernard Assiniwi*, dans *Le Livre canadien*, vol. 4, avril 1973, n° 139.

[Anonyme], *Sagana de Bernard Assiniwi et d'Isabelle Myre*, dans *Le Livre canadien*, vol. 4, avril 1973, n° 140.

[Anonyme], *Assiniwi (Bernard), Histoire des Indiens du Haut et du Bas Canada*, dans *Le Livre canadien*, vol. 5, avril 1974, n° 118 ; déc. 1974, n°s 336-337.

Louis-Edmond Hamelin, *Bernard Assiniwi ; Lexique des noms indiens en Amérique*, LAQ 1974, p. 240-243.

Cornélius J. Jaenen, *Bernard Assiniwi ; Histoire des Indiens du Haut et du Bas Canada*, LAQ 1974, p. 315-317.

Jean-Claude Trait, *Assiniwi : défense et illustration de la culture indienne*, Pr, 90e année, n° 64, 16 mars 1974, p. D-3.

Gaëtan Dostie, *Bernard Assiniwi. Le Bras coupé*, LAQ 1976, p. 47-48.

Réginald Martel, *Des nouvelles, un roman et des riens*, Pr, 92e année, n° 290, 4 déc. 1976, p. E-3.

Léo Beaudoin, *Notre choix. Le Bras coupé de Bernard Assiniwi*, dans *Nos livres*, vol. 8, févr. 1977, n°s 37-41.

Adrien Cantin, *Pour découvrir la véritable identité de l'Outaouais. On ne peut oublier les Amérindiens*, Dr, vol. 79, n° 194, 16 nov. 1981, p. 29.

Normand Desjardins, *Assiniwi (Bernard). Faites votre vin vous-même*, dans *Nos livres*, vol. 12, mars 1981, n° 112.

Jean-Guy Boudreau, *Dans ses nombreux volumes, Assiniwi admet avoir idéalisé l'histoire indienne,* Dr, vol. 70, n° 301, 23 mars 1983, p. 21.

ATHOS. Voir **LENOIR, JOSEPH.**

AUBERT DE GASPÉ fils, PHILIPPE Ignace François (1814-1841). Romancier et journaliste, né à Québec. Il est le fils de l'auteur des *Anciens Canadiens.* À l'âge de treize ans, il entre en cinquième au Collège de Nicolet où il passe deux ans et se fait remarquer comme élève brillant et studieux. En 1835, il devient correspondant parlementaire à Québec pour le compte du *Canadien* et du *Quebec Mercury.* À la suite d'une altercation avec le docteur Edmund O'Callaghan, député d'Yamaska, il est condamné à un mois de prison par l'Assemblée législative. En quittant la prison, le turbulent correspondant parlementaire ne pense qu'à se venger des députés. En compagnie de Napoléon Aubin, il jette, le 12 février 1836, une bouteille de liquide nauséabond sur le poêle du vestibule de la salle où siègent les députés. L'orateur (président) de la Chambre émet contre ces mauvais plaisants un mandat d'arrestation. Ils trouveront cependant refuge au manoir de Saint-Jean-Port-Joli, où vit son père, Philippe Aubert de Gaspé, depuis 1822, c'est-à-dire du moment de ses revers de fortune comme shérif. C'est à cette époque que le journaliste écrit son roman, *L'Influence d'un livre.* Philippe Aubert de Gaspé père a certainement contribué, par ses souvenirs, à la naissance de ce livre ; certains critiques avancent même l'hypothèse qu'il serait l'auteur de « L'Étranger », un des chapitres du récit. De retour à Québec, Aubin et Aubert de Gaspé fils participent à la rédaction d'un journal, *Le Télégraphe,* qui paraît du 22 mars au 3 juin 1837. Le 14 avril, le journal annonce la parution du roman et en publie un extrait. Le roman est enfin publié en septembre. Mal reçue par la critique, surtout par Hyacinthe Leblanc de Marconnay, journaliste français au service du *Populaire,* l'œuvre devient l'objet d'une courte polémique entre Pierre-André (pseudonyme d'André-Romuald Cherrier) et l'auteur lui-même qui défend ses idées de romancier dans *La Gazette de Québec* du 24 octobre 1837. Au début de l'automne 1840, il se trouve à Halifax, malade et sans ressources ; Thomas Pyke, un ami de son père, lui trouve alors un emploi modeste d'instituteur à l'orphelinat de la ville ; par

la suite, il devient correspondant à l'Assemblée législative de la Nouvelle-Écosse. Il meurt le 7 mars 1841. Dans sa brève « Préface », le jeune auteur explique ainsi son credo d'écrivain : « ... c'est la nature humaine qu'il faut exploiter pour ce siècle positif, qui ne veut plus se contenter des Bucoliques, de tête-à-tête sous l'ormeau, ou de promenades solitaires dans les bosquets [...]. Maintenant c'est le cœur humain qu'il faut développer à notre âge industriel !... » En 1864, Henri-Raymond Casgrain apporte plusieurs modifications au texte et c'est sous cette forme mutilée que le premier roman québécois a été réédité jusqu'à nos jours. Le roman reçoit des interprétations les plus diverses. Pour Luc Lacourcière il s'impose surtout par son intérêt sociologique et folklorique. Maurice Lemire pour sa part considère que ce roman « n'était pas comparable même aux productions médiocres qui se publiaient alors en France et en Angleterre ». L'interprétation structurale de Louise Desforges et l'analyse de l'élément fantastique par Louis Lasnier rétablissent quelque peu l'importance du roman d'Aubert de Gaspé fils.

ŒUVRES

L'Influence d'un livre. Roman historique, Québec, Imprimé par William Cowan & Fils, 1837, 122 p. Préface de l'auteur. Dédié à Thomas C. Aylwin. Le chapitre « Le Meurtre » parut d'abord dans *Le Télégraphe,* vol. 1, n°s 12-13, 14 et 17 avril 1837. Les chapitres « L'Étranger » et « L'Homme du Labrador » sont publiés deux fois par James Huston : dans *Le Répertoire National,* Montréal, Lovell & Gibson, 1848-1850, vol. 2, p. 25-34, 51-60, et dans *Légendes canadiennes,* Paris, P. Jamet, 1853, p. 68-76, 77-86 ; *Le Chercheur de trésors, ou L'Influence d'un livre,* dans *La Littérature canadienne de 1850 à 1860,* Québec, G. et G.-E. Desbarats, 1864, t. 2, p. 123-220. (Texte expurgé et modifié par H.-R. Casgrain ; les éditions subséquentes reprennent le même texte sous le titre modifié par Casgrain) ; Québec, Imprimerie de Léger Brousseau, 1878, 166 p. ; Montréal, Beauchemin et Valois, 1885, 166 p. ; Gernaey et Hamelin, 1885, 165 p. ; Mile-End, Imprimerie de l'Institut des Sourds-Muets, 1885, 165 p. ; Réédition-Québec, 1968, 166 p. (réimpression de l'édition de 1878) ; Éditions L'Étincelle/Réédition-Québec, 1968. Préface de Léopold LeBlanc ; Nouvelles Éditions de poche ltée, 1980, 157 p. Préface de Léopold LeBlanc. « Opuscule ».

L'Influence d'un livre, roman historique, Hurtubise HMH, 1984, 214 p. Introduction, bibliographie et notes par André Senécal. « Cahiers du Québec ». (Réimpression du texte de 1837).

ÉTUDES

Pierre-André [X Romuald Cherrier], *Littérature canadienne,* dans *Le Populaire,* vol. 1, n° 80, 11 oct., p. 1 ; n°s 94-95, 15 et 17 nov. 1837, p. 1.

Pierre-Georges Roy, *Philippe-Ignace-François Aubert de Gaspé,* dans *La Famille Aubert de Gaspé,* Lévis, [s.é.], 1907, p. 137-140.

Id., Escapade de journaliste, dans *Les Petites Choses de notre histoire,* Lévis, [s.é.], 1919, 2e série, p. 218-222.

Id., Philippe-Ignace-François Aubert de Gaspé, dans *Fils de Québec,* Lévis, [s.é.], 1933, vol. 3, p. 192.

Albert Dandurand, *Le Roman au Canada français,* Montréal, Albert Lévesque, 1937, p. 46-50.

David M. Hayne, *La Première Édition de notre premier roman,* BRH, vol. 49, 1953, p. 49-50.

Luc Lacourcière, *Philippe Aubert de Gaspé (fils),* LAC 1964, p. 150-157.

John Hare, *Contes et Nouvelles du Canada français, 1778-1859,* Ottawa, EUO, 1971, t. 1, p. 69-72.

Louise Desforges, *Nouveau regard critique sur le premier roman écrit en Canada : L'Influence d'un livre,* VIP, n° 5, 1972, p. 15-56.

Pierre Berthiaume, *L'Influence d'un livre : de la région à la lutte des classes,* I, vol. 4, n° 1, janv.-avril 1980, p. 9-17.

Louis Lasnier, *La Magie de Charles Amand. Essai. Imaginaire & Alchimie dans « Le Chercheur de trésors » de Philippe Aubert de Gaspé,* Montréal, Québec/Amérique, 1980, 224 p. Ill. « Littérature d'Amérique ».

AUBERT DE GASPÉ, père, PHILIPPE-Joseph (1786-1871). Romancier, mémorialiste et avocat, né à Québec, descendant d'une famille illustre arrivée en Nouvelle-France en 1655. Il est apparenté aux familles les plus influentes de l'époque : les De Lanaudière, les Baby, les Allison... Son enfance se déroule au manoir seigneurial de Saint-Jean-Port-Joli. À l'âge de neuf ans, il est mis en pension à Québec. Il fréquente d'abord l'école privée des sœurs Cholette, puis le Petit Séminaire de Québec (1798-1806) où, parmi ses condisciples, se trouve Louis-Joseph Papineau. Il est admis au barreau le 15 août 1811, après avoir étudié le droit chez Jonathan Sewell et Jean-Baptiste-Olivier Perrault. Très dynamique dans tous les secteurs de la vie publique, il participe aux réunions de la première Société littéraire de Québec en 1809, est membre fondateur de la Banque de Québec, capitaine du premier bataillon de la ville de Québec, et s'intéresse aussi à la vie sportive. Il est nommé shérif du district de Québec en 1816. Il se révèle malheureusement mauvais administrateur. Après avoir démissionné en novembre 1822, il se retire au manoir familial, à Saint-Jean-Port-Joli où il demeure une quinzaine d'années. Pendant ce temps l'enquête ouverte sur l'état de ses comptes progresse lentement (on établit un déficit de 27 644 livres). En juin 1834, Joseph-François Perrault, l'une des cautions d'Aubert de Gaspé, est condamné à payer à la couronne la somme de 1 169 livres et 14 shillings et les intérêts. En octobre de la même année, Perrault obtient un jugement contre Aubert de Gaspé. Incapable de payer, le « vieux gentilhomme » est incarcéré, le 29 mai 1838, à la prison de Québec. Il est libéré par un acte du Parlement du 18 septembre 1841, mais il lui est interdit de quitter la province. Il s'installe à Québec, renoue avec la vie culturelle et participe aux rencontres du « club des anciens » au magasin de Charles Hamel, rue Saint-Jean, où il côtoie plusieurs écrivains et notables de l'époque. Il s'y révèle conteur volubile. Ses dons de narrateur lui permettent de produire, à un âge très avancé, une œuvre littéraire qui perpétuera son nom : *Les Anciens Canadiens* (1863) et *Mémoires* (1866). Le succès de ces ouvrages est sans précédent au Canada ; Hector Fabre le souligne en ces termes en 1866 : « Remercions le noble vieillard, qui est le plus jeune de nos écrivains, de nous avoir rendu ce qu'il a vu durant sa longue carrière, avec un tel aspect de vérité, un entrain si rare ». Par contraste avec les années de réclusion, celles qui précèdent la mort de l'écrivain équivalent à une apothéose. Parmi tant de témoignages de reconnaissance venus de toutes parts, les fêtes organisées par le Collège de l'Assomption, les 10, 11 et 12 juillet 1865, demeurent inoubliables. Amené en triomphe de Montréal, à bord d'un bateau à vapeur et salué des deux côtés du fleuve, « l'ancien canadien » assiste aux réceptions et aux représentations du drame tiré de son roman. Sa vocation littéraire remonte censément à l'année 1836, et semble liée à l'entreprise inhabituelle autant qu'imprévue de son deuxième fils, Philippe, qui décide d'écrire un roman, *L'Influence d'un livre.* Or dans ce livre, paru en 1837, le cinquième chapitre — « L'Étranger », légende de Rose Latulippe — aurait été écrit par Philippe Aubert de Gaspé père, qui aurait en outre fourni maints détails à la trame du récit. Mais cette première expérience littéraire ne devait avoir de suite qu'un quart de siècle plus tard, dans l'élaboration d'un vaste tableau de mœurs où Aubert de Gaspé consigne ses souvenirs en les transposant dans le cadre d'un roman. Encouragé alors par Auguste-Norbert Morin, Octave Crémazie et Henri-Raymond Casgrain, il confie, en 1861, à Joseph-Charles Taché, deux chapitres de son livre :

c'est ainsi que paraissent, en janvier 1862, dans les *Soirées canadiennes,* « Une nuit avec les sorciers » et « La Débâcle ». Au printemps de 1863, *Les Anciens Canadiens* voient le jour chez Georges-Pascal Desbarats, pour le compte du *Foyer canadien* qui distribue le volume en prime à ses abonnés. Une édition corrigée et une traduction anglaise paraissent en 1864. Depuis lors, ce roman a connu une vingtaine de réimpressions, sans compter des traductions en anglais et en espagnol. Le récit ressortit à la fois au roman de mœurs et au roman historique, ayant pour cadre chronologique les années d'avant et d'après 1759. L'action suit le rythme de la vie des deux personnages principaux que sont Jules d'Haberville et Archibald Cameron of Locheill : le premier est Canadien, le second, Écossais. Leur amitié née au Collège, à Québec, et solidifiée par la vie commune dans la chaleureuse ambiance du manoir d'Haberville, sera mise à l'épreuve pendant la guerre de 1759. Jules et Archibald se trouvent dans des camps opposés et s'affrontent sur le champ de bataille. Plus tard, alors que Jules épouse une Anglaise, sa sœur, Blanche d'Haberville, héroïne cornélienne soucieuse avant tout de l'honneur, refuse sa main à Archibald qu'elle aime. À vrai dire, l'intrigue amoureuse comme d'ailleurs toute l'affabulation n'est ici qu'un prétexte à l'évocation de souvenirs personnels ou collectifs. En 1866, Philippe Aubert de Gaspé publie, en les embellissant, et en les atténuant sur ses déboires, ses *Mémoires* qui complètent le tableau des *Anciens Canadiens.* Luc Lacourcière, dans le dixième volume du *Dictionnaire biographique du Canada,* formule ainsi son jugement sur ce deuxième ouvrage : « Il n'est pas facile de résumer les *Mémoires* qui ne se déroulent pas selon un ordre strictement chronologique. En gros, l'on constate que l'auteur s'attarde davantage aux années antérieures à 1822, sauf en ce qui concerne ses amis, les habitants de Saint-Jean-Port-Joli. [...] Il est intarissable sur les générations anciennes de ses ancêtres, sur les familles amies de la sienne et en général sur la société qu'il a fréquentée : écoliers du Séminaire de Québec, avocats, juges, médecins, militaires, ecclésiastiques, politiciens. Sur chacun des noms retenus, il rappelle des anecdotes un peu pêle-mêle comme il devait le faire au hasard des conversations. C'est qu'en définitive son art est celui d'un brillant causeur et partant d'un conteur. L'ensemble des anecdotes contenues dans les *Mémoires* constitue un des meilleurs tableaux que nous ayons de la société canadienne au début du XIXᵉ siècle, tant urbaine que rurale ». Parmi les romanciers et mémorialistes du XIXᵉ siècle

canadien-français, Philippe Aubert de Gaspé occupe une place de choix.

ŒUVRES

Les Anciens Canadiens (roman), Québec, Desbarats et Derbishire, 1863, 413 p. ; 1864, 409 p. ; Imprimerie Augustin Côté et Cie, 1877, 2 vol. : 298 p. ; 240 p. ; Montréal, Librairie Saint-Joseph Cadieux & Derome, 1886, 271 p. ; Librairie Beauchemin Limitée, 1899, 279 p. ; 1913, 363 p. « Jacques Cartier » ; 1925, 299 p. ; 1931 ; 1935, 279 p. ; Éditions Beauchemin, 1956, 189 p. Édition scolaire présentée par Guy Boulizon ; Montréal/Paris, Fides, 1961, 355 p. Texte intégral conforme à l'édition de 1864. « AB » ; 1963 ; 1967, 359 p. Précédé d'une chronologie, d'une bibliographie et de jugements critiques. Texte intégral conforme à l'édition de 1864. « BCF ». Traduction anglaise par Charles G.D. Roberts : *Canadians of Old,* New York, D. Appleton and Company, 1890, 287 p. ; *Cameron of Lochiel,* Boston, L.C. Page & Compagny, 1905, 287 p. ; *Seigneur D'Haberville (The Canadians of Old); A Romance of the Fall of New France,* Toronto, The Musson Book Company Ltd, 1929, xiv, 333 p. Traduction de Georgiana M. Pennée de l'édition de 1864, corrigée : *Canadians of Old,* Toronto, McClelland and Stewart, [1974], 364 p. « New Canadian Library ». Traduit en espagnol.

Mémoires, Ottawa, G.E. Desbarats, 1866, 563 p. ; Québec, N.S. Hardy, 1885, 563 p. ; Montréal/Tours, Granger frères/Mame, 1930, 2 vol. : 358 p. ; 360 p. Ill. de Maitrejean ; 1966, Wakefield/New York/La Haye, S.R. Publishers/Johnson Reprint Corporation/Nouton. (Conforme à l'édition de 1866) ; Montréal, Fides, 1971, 435 p. « BCF ».

Divers, Montréal, C.O. Beauchemin et fils, 1893, 147 p. ; Librairie Beauchemin limitée, 1913, 140 p. ; 1924, 123 p.

Les Anciens Canadiens ; drame en trois actes, Montréal, [C.O. Beauchemin et fils, 1894], 50 p. ; Librairie Beauchemin Limitée [1917], 48 p. (Drame tiré du roman de Philippe Aubert de Gaspé).

ÉTUDES

Lˣˣˣ [Hector Fabre], *Les Mémoires de M. de Gaspé,* dans *Le Foyer canadien,* t. 4, 1866, p. 369–391.

Henri-Raymond Casgrain, *Philippe Aubert de Gaspé,* Québec, Léger Brousseau, 1871, 123 p.

L.-M. Darveau, *Nos hommes de lettres,* Montréal, Stevenson, 1873, p. 242–250.

Narcisse Degagné, *Philippe Aubert de Gaspé, étude littéraire,* RC, 31ᵉ année, août–sept. 1895, p. 456–478, 524–551.

Pierre-Georges Roy, *La Famille Aubert de Gaspé,* Lévis, [s.é.], 1907, p. 113–130.

Fortunat Charron, *Notre langue populaire dans Les Anciens Canadiens,* BPF, vol. 12, nᵒ 10, juin-juillet-août 1914, p. 369–374.

Camille Roy, *Les Anciens Canadiens,* dans *Nouveaux Essais sur la littérature canadienne,* Québec, L'Action sociale, 1914, p. 1–63.

Pierre-Georges Roy, *À travers les Anciens Canadiens, de Philippe Aubert de Gaspé,* Montréal, M. Ducharme, 1943, 279 p.

Id., À travers les Mémoires de Philippe Aubert de Gaspé, Montréal, M. Ducharme, 1943, 296 p.

Sœur Marie de Saint-François Georges, « Philippe Aubert de Gaspé dans la littérature canadienne ». Thèse de maîtrise, Montréal, Université de Montréal, 1954, viii, 64 f.

Verna Isobel Curran, « Philippe Aubert de Gaspé : His Life and Works ». Thèse de doctorat, Toronto, Université de Toronto, 1957, 299 f.

Nicole Deschamps, *Les Anciens Canadiens de 1860 ; une société de seigneurs et de va-nu-pieds,* EF, vol. 1, nº 3, 1965, p. 3–15.

David M. Hayne et Marcel Tirol, *Philippe-Joseph Aubert de Gaspé,* dans *Bibliographie critique du roman canadien-français 1837–1900.* [Toronto], UTP, [1968], p. 46–60.

Luc Lacourcière, *L'Enjeu des Anciens Canadiens,* CD, nº 32, 1967, p 223–254.

Gérard Parizeau, *Deux Seigneurs du Bas-Canada : Philippe Aubert de Gaspé (1786–1871) et Joseph Papineau (1752–1841),* dans *Assurances,* vol. 40, nº 3, 1972, Supplément, p. 1–29 ; nº 4, 1973, Supplément, p. 29–65.

Pierre-Hervé Lemieux, *L'Évolution de la symbolique chez P. Aubert de Gaspé : essai de critique lonerganienne,* dans *Mélanges de civilisation canadienne-française offerts au professeur Paul Wyczynski,* Ottawa, PUO, 1977, p. 149–182. « Cahiers du C.R.C.C.F. ».

Jacques Castonguay, *La Seigneurie de Philippe Aubert de Gaspé, Saint-Jean-Port-Joli,* Montréal, Fides, 1977, 162 p.

AUBIN, DENIS (1952–   ). Romancier et essayiste, né à Montréal. Il fait ses humanités au Cégep Ahuntsic (D.E.C., 1973), puis il obtient un baccalauréat spécialisé en études littéraires (1977) à l'Université du Québec à Montréal, et une maîtrise comportant un mémoire en création littéraire : « Dispersion programmée d'un corps libidinal sur une surface. Essai fictionnel » (1980). Boursier de la Fondation de l'UQAM, il poursuit ses études de doctorat en sémiologie. Après avoir été animateur linguistique au Chomedey High School (1971), agent d'information au Cégep Ahuntsic (1973–1977), animateur socio-culturel à l'UQAM (1977–1979), il est chargé de cours de création à la même institution, en 1980. Il prépare, en 1974, un *Guide étudiant* qui mérite un premier prix de l'Association des collèges et universités du Canada. Il collabore à *Critère* et à *La Nouvelle Barre du jour,* et il publie, en 1980, *Éros brun,* roman dont le texte est agrémenté de dessins, montages et collages, livre souvent étonnant et prenant, selon Claude Beausoleil, « traversé d'un souffle de dérision et d'amusement ».

ŒUVRES

Éros brun. Pour en finir avec la merde (prose), Saint-Luc, Les éditions de la folie furieuse, 1980, [n.p., 72 p.]. Ill. de Robert Gaboury.

« Dispersion programmée d'un corps libidinal sur une surface (texte) ». Thèse de maîtrise, Montréal, UQAM, 1980, 101 f.

Paramnèses (poésie), Montréal, NBJ, 1984, [n.p., 17 p.]. Avec une encre originale de l'auteur. (Tirage limité) ; 1984, sans l'encre.

Mutations/Fluctuations (textes poétiques), Montréal, NBJ, 1985, [n.p., 19 p.]. (Tirage limité).

———————

L'Hier de demain, dans *Critère,* nº 8, janv. 1973, p. 90–99. Collab. Serge Barbeau.

Préalable (A-) théorique à la production d'un texte de fiction (essai), NBJ, nº 67, juin 1978, p. 45–60.

Histoire d'écrire/histoire de vendre, NBJ, nº 107, nov. 1981, p. 63–74.

ÉTUDE

Claude Beausoleil, *Quelques confidences et plaisirs,* Dev, vol. 71, nº 123, 31 mai 1980, p. 19.

AUBIN, NAPOLÉON [L'observateur] (1812–1890). Journaliste, poète, conteur et essayiste, né en Suisse. En 1830, il débarque à New York et y séjourne pendant cinq ans. Encore aux États-Unis, il envoie à *La Minerve,* en 1834, une série de onze articles sur la situation au Canada, sous le pseudonyme « l'observateur étranger ». En 1835 il émigre à Montréal où il collabore à *La Minerve* et à *L'Ami du peuple,* puis, la même année, il s'installe à Québec. Courriériste parlementaire, il se lie d'amitié avec Philippe Aubert de Gaspé fils. En 1837, ils fondent ensemble un journal bilingue, *Le Télégraphe,* qui ne dure que trois mois. En août 1837, Aubin publie le premier numéro de son célèbre *Fantasque,* journal satirique, largement alimenté par l'esprit caustique de son rédacteur et fort significatif dans son genre pour le journalisme au Québec (paraît irrégulièrement de 1837 à 1849) ; il contient les meilleurs écrits de son fondateur. Il est emprisonné en janvier 1839 pour avoir publié un poème dédié aux exilés des Bermudes. Directeur du *Canadien* en 1849, il dirige aussi *Le Pays* en 1868. Il fonde de nombreux journaux dont la durée varie entre quelques mois et un an : *Le Castor* (1843), *Le Canadien indépendant* (1849), *La Sentinelle du Peuple* (1850), *La Tribune* (1863) *Les Veillées du Père Bonsens* (1864). Entre 1834 et 1840, il publie dix-sept poèmes teintés de romantisme, ainsi que plusieurs contes à la fois romantiques, humoristiques et philosophiques. Il repart en 1853 pour les États-Unis, mais en 1863, au milieu des bouleversements de la Guerre de Sécession, il revient à Québec ; il s'établit définitivement à Montréal, en 1866. Ayant participé à la formation de la Société canadienne d'études littéraires et scientifiques et au Comité constitutionnel de la réforme et du progrès, il est élu président de l'Institut canadien de Montréal en 1869. Jusqu'à sa mort, il reste un journaliste de combat et participe aux grandes luttes politiques de son temps. Il a participé avec enthousiasme au renouveau culturel de la décennie 1830–1840. En 1838 déjà, il proposait la publication d'un répertoire de littérature canadienne. Dans son œuvre littéraire, œuvre de jeunesse pour l'essentiel, il fait siens les thèmes romantiques et patriotiques de son époque.

ŒUVRES

La Chimie agricole mise à la portée de tout le monde. Ouvrage très simplifié, à l'usage des agriculteurs canadiens et particulièrement des écoles élémentaires, Québec, W. Ruthven/J.B. Fréchette imprimeur, 1847, 116 p.

Manifeste adressé au peuple du Canada par le Comité constitutionnel de la réforme et du progrès, Québec, Chez Fréchette & frère, 1847, 26 p. Manifeste rédigé par Napoléon Aubin secrétaire archiviste pour le Comité.

Les Guêpes canadiennes, 2e série, Ottawa, A. Bureau, 1882, p. 267–350. Textes extraits du *Fantasque* (1838–1849), choisis par A. Laperrière. On attribue la plupart des textes publiés dans cette revue à l'éditeur, Napoléon Aubin.

Les Veillées du Père Bonsens (revue de caractère politique), Montréal, [Imprimé par Louis Perrault, édité par l'auteur], 1re série, 1865, 88 p. ; 2e série, 1873, 80 p.

Napoléon Aubin, Montréal, Fides, 1972, 96 p. Textes choisis et présentés par J.-P. Tremblay. «CC».

La Lucarne d'un vieux garçon (conte), dans *La Minerve,* vol. 9, no 35, 11 juin 1835, p. 1 ; RN, [1893], vol. 1, p. 343–351.

Une entrée dans le monde (conte), dans *La Minerve,* vol. 9, no 38, 22 juin 1835, p. 1 ; RN [1893], vol. 1, p. 324–336.

Une chanson, un songe, un baiser (conte), dans *La Minerve,* vol. 9, no 44, 13 juillet 1835, p. 1.

Histoire qui n'a pas de nom ou plutôt mélanges (conte), dans *La Minerve,* vol. 9, no 51, 6 août 1835, p. 1 ; *Monsieur Desnotes,* RN, [1893], vol. 1, p. 356–367.

Une Joconde noire (conte), dans *Le Fantasque,* vol. 1, nos 2–4, août 1837.

Mon voyage à la lune (conte), dans *Le Fantasque,* vol. 2, nos 5–11 ; juillet-oct. 1839 ; dans *Imagine,* nos 8–9, 1981, p. 25–45.

Quinze poèmes, RN, [1893], vol. 1–2.

Cours de chimie. Discours d'introduction, RN, [1893], vol. 4, p. 168–183.

ÉTUDES

L.-M. Darveau, *Nos hommes de lettres,* Montréal, A.M. Stevenson, 1873, p. 1–16.

Alphonse Lusignan, *Nos premiers rapports littéraires avec la France,* NSC, vol. 5, 1886, p. 433–446.

Adrien Thério, *L'Humour au Canada français,* Montréal, CLF, 1968, p. 11–27.

J.-P. Tremblay, *À la recherche de Napoléon Aubin,* Québec, PUL, 1969, 189 p. «VLC».

AUBRY, CLAUDE (1914–1984). Bibliothécaire et écrivain pour les jeunes, né à Morin Heights (Laurentides). Il obtient un baccalauréat ès arts au Collège Sainte-Marie de Montréal en 1936, et un baccalauréat en bibliothéconomie à l'Université McGill en 1945. Il devient alors chef du personnel à la Bibliothèque municipale de Montréal. En 1949, il est nommé adjoint à la Bibliothèque publique d'Ottawa, puis directeur, en 1953, poste qu'il occupe jusqu'à sa retraite (1979). Il prend une part active à la vie de nombreuses associations de bibliothécaires et d'écrivains : il a été, par exemple, directeur de la Fédération régionale des bibliothèques de l'Ontario, président de l'Association des bibliothécaires d'Ottawa, vice-président de la Canadian Library Association, président de l'Association canadienne-française des bibliothèques de langue française, président de la Canadian Writers Foundation... Il occupe aussi des postes clés dans des associations culturelles et professionnelles : Institut canadien du film, Canadian Authors Association, Canadian Children's Literature... Il est nommé membre de l'Ordre du Canada en 1974. Ses premiers contes ont paru dans *Le Jour.* Son œuvre pour les jeunes commence en 1944 avec un recueil de contes, *La Vengeance des hommes de bonne volonté,* pour lequel il reçoit le prix du Gouvernement de la Province de Québec et une médaille de bronze de la C.L.A. en 1964 à la parution d'une nouvelle édition. En 1960, *Les Îles du roi Maha Maha II* remportent le prix «Littérature jeunesse» de l'A.C.B.L. La technique de Claude Aubry tient en éveil l'imagination du lecteur, et sa thématique abonde en références au passé et au folklore canadien. Sous cet angle, *Le Violon magique et Autres Légendes du Canada français* est le plus significatif, et on y trouve des récits aux titres évocateurs : « Le Violon magique », « La Cloche de Caughnawaga », « La Corriveau », « La Chasse-Galerie »... « Ces légendes, souligne Marius Barbeau dans l'avant-propos, font partie d'un répertoire consigné et relaté sous des formes variées par les auteurs canadiens-français. Claude Aubry y ajoute des contes de son cru joliment illustrés par Saul Field.

ŒUVRES

La Vengeance des hommes de bonne volonté (conte), Montréal, Fides, 1944, 70 p. Ill. de Marcel Martin ; *Le Loup de Noël*, Éditions Centre de psychologie et de pédagogie, 1962, 58 p. Ill. de Édouard Perret. « Le Canoë d'argent ». Traduction anglaise par Alice Kane : *The Christmas Wolf*, Toronto, McClelland and Stewart Limited, 1965, 42 p. ; *Le Loup de Noël*, Hull, Éditions de l'Espoir ltée, 1978, viii, [9]–46 p. Ill. d'Alex Demianenko. « Espoir-Jeunesse ». (Médaille de bronze de l'Association canadienne des bibliothèques en 1964).

Miroirs déformants (contes), Montréal, Fides, 1945, 207 p. (*La Messe de maman Grosbois, Le Pet du diable, Le Conte du jour. L'Acte fatidique* et *Le Conte du jour. Le Lampadaire* ont d'abord paru dans *Le Jour* en 1939).

Les Îles du roi Maha Maha II « conte fantaisiste canadien », Québec, Éditions du Pélican, 1960, 60 p. Ill. d'Édouard Perret. Traduction anglaise par Alice Kane : *A Canadian Fairy Tale : The King of the Thousand Islands*, Toronto, McClelland and Stewart Limited, 1963, [8], 54 p. ; New York, Doubleday, 1971.

Enquête et Rapport sur la possibilité d'établir une bibliothèque régionale dans le Nord de l'Outaouais (région Hull-Gatineau), [s.l.], Commission des bibliothèques publiques du Québec et le Comité de la bibliothèque régionale du Nord de l'Outaouais, 1962, 38 p.

Le Violon magique et Autres Légendes du Canada français, Ottawa, Éditions des Deux Rives, 1968, 100 p. Ill. de Saul Field. Avant-propos de Marius Barbeau. Traduction anglaise par Alice E. Kane : *The Magic Fiddler and Other Legends of French Canada*, Toronto, Peter Martin Associates Limited, 1968, 98 p. ; 1974, x, 116 p. *Légendes du Canada français*, Hull, Éditions de l'Espoir ltée, 1977, 197 p. « Large Vision ».

Cinderella (conte), [s.l.], Oberon Press, 1969, [n.p., 59 p.]. Texte et ill. d'Alan Suddon. Traduction française en regard par Claude Aubry.

Agouhanna. Le petit indien qui était peureux (conte), Montréal, McGraw-Hill, Éditeurs, 1974, 95 p. Ill. Traduction anglaise par Harvey Swados : *Agouhanna*, Toronto/Garden City, New York, Doubleday Canada Limited/Doubleday & Company, inc., 1972, [6], 89 p. Ill. de Julie Brinckloe ; Don Mills, PaperJacks, 1973, [vi], 112 p. *Agouhanna*, Montréal, Fides, 1981, 111 p. Ill. de Marc Senécal. « Les Quatre Vents ». (Traduit également en roumain : *Agouhanna provestea unuic mic indian*).

Le Chien transparent (contes), Montréal, Éditions Université Libre, 1982, 48 p. Ill. de François Aubry. « Jeunesse-Plus ».

Tom Penny et les Géants de l'Outaouais (litt. jeunesse), Montréal, Fides, 1982, 211 p. « Des mille îles ». Traduction du livre de Tony German : *River Race*.

ÉTUDES

F.-M. Frazer, *Legends : Old and New*, CaL, nᵒ 22, automne 1964, p. 71.

Janet Lunn, *Claude Aubry*, dans *Quill and Quire*, vol. 32, nᵒ 4, juillet-août 1955, p. 20.

Irma McDonough, *Claude Aubry (Profile)*, dans *In Review*, vol. 1, nᵒ 3, été 1967, p. 5–6.

Adrien Thério, *Le Violon magique et Autres Légendes du Canada français*, LAQ 1968, p. 51–52.

Louise Lemieux, *Claude Aubry*, dans *Pleins feux sur la littérature de jeunesse au Canada français*, Montréal, Leméac, 1972, p. 136–138, 199.

Jacques Gouin, *Légendes du Canada français*, Dr, vol. 64, nᵒ 299, 19 mars 1977, p. 19.

AUBRY, DANIELLE. Voir **FADETTE.**

AUBRY, JACQUELINE. Voir **MORIN,** JACQUELINE.

AUBRY-MORIN, Madame J. Voir **MORIN,** JACQUELINE.

AUCLAIR, Joseph Arthur ÉLIE [Élias, Julien des Écores, L'un des deux Télémaques de Rome, Un chroniqueur sherbrookien] (1866–1946). Historien et journaliste, né à Montréal. Il étudie au Collège Lami, au Collège de Montréal et au Séminaire de Sainte-Thérèse (B.A., 1888). Ordonné prêtre en 1891, il continue sa formation à Rome, où il obtient des doctorats en théologie et en droit canonique (1891–1895), puis à Paris, où il étudie les lettres durant une année. Revenu à Montréal en 1896, il devient vicaire dans les paroisses Saint-Jean-Baptiste et Saint-Joseph ainsi que professeur de philosophie à l'Université Laval de Montréal. De 1901 à 1905, il enseigne au Séminaire de Sherbrooke ; de retour à Montréal, il devient rédacteur à la *Semaine religieuse* (1905–1922), directeur de la *Revue canadienne* (1908–1922) et professeur de littérature canadienne à l'Université de Montréal (1920–1922). Il participe en tant que secrétaire au congrès eucharistique de Montréal de 1910 et au congrès du parler français à Québec en 1912. Membre de la Société royale du Canada et de la Société historique de Montréal, il se consacre à ses travaux d'histoire à partir de 1922. Il publie un grand nombre d'articles et une quarantaine d'ouvrages dont la plupart sont des monographies de paroisses, d'institutions et de figures religieuses, notamment Mère Catherine-Aurélie et le curé Labelle. Ses ouvrages se distinguent autant par la richesse de la documentation que par le style sobre et soigneux.

ŒUVRES

La Foi catholique dans ses relations avec la raison et la volonté. Conférences données à l'Université Laval à Montréal le 19 janvier et le 2 février 1898. Première conférence : La foi et la raison ; deuxième conférence : La foi et la volonté, Montréal, Arbour & Laperle, Imprimeurs-Relieurs, 1897, 53 p.

Le Mariage clandestin des catholiques devant la loi du pays. Dictum de M. le juge F.-X. Lemieux, Juge de la Cour Supérieure à Sherbrooke, En cour de révision à Montréal, le 17 mai 1901, suivi de Quelques articles analytiques, par M. l'abbé Élie-J. Auclair, S.T.D. et J.C.D. Du Séminaire Saint-Charles-Borromée à Sherbrooke (étude), Montréal, Arbour & Laperle, imprimeurs-éditeurs, 1901, 96 p. Collab. F.-X. Lemieux.

Articles et Études, Montréal, La Cie de Publication de la « Revue canadienne », 1903, 313 p.

Vie de Mère Caron, l'une des sept fondatrices et la deuxième supérieure des Sœurs de la Charité de la Providence, 1808-1888 (biographie), Montréal, [s.é.], 1908, 271 p. Portrait. Traduction anglaise par Anna T. Sadlier : *Life of Mother Caron, one of the Seven Foundresses and Second Superior of the Sisters of Charity of Providence, 1808-1888,* Montréal, [s.é.], 1914, 272 p. Portrait.

Les Fêtes de l'Hôtel-Dieu en 1909. Pour célébrer le 250ᵉ anniversaire de l'arrivée au pays en 1659 des trois premières Hospitalières de Montréal (histoire), [Montréal], Arbour & Dupont, imprimeurs-éditeurs, 1909, 194 p. Ill.

[*Le Canada héroïque. Tableaux de la cathédrale de Montréal peints par Georges Delfosse, 1908-1909*] (photographies des tableaux, chacune précédée d'une notice), Montréal, L.A. Morissette, dessinateur, graveur, imprimeur, [1910?, n.p., 36 f.]. Collab. Albert Ferland. Ill.

Histoire de Saint-Jacques d'Embrun, Russell, Ontario, Ottawa, La Cie d'Imprimerie d'Ottawa, 1910, [viii], vii, [8]-66 p. Collab. Jean-Urgel Forget. Ill.

Prêtres et Religieux du Canada (biographies), Montréal, Librairie Beauchemin, limitée, 1914-1924, 2 t. Ill. « BC, collection Montcalm » : t. 1, 1914, 141 p. ; t. 2, 1924, 127 p.

Les Fêtes de Chambly, 6 septembre 1915. Souvenir de la célébration du 250ᵉ Anniversaire de la Fondation de Chambly. 1665-1915 (essai), Montréal, Arbour & Dupont, imprimeurs-éditeurs, [1915?], 30 p. (Paru d'abord dans la *Revue canadienne* de nov. 1915).

Un éducateur d'il y a cent ans : M. le curé Charles-Joseph Ducharme, fondateur du Séminaire de Sainte-Thérèse. Étude présentée à la Société royale du Canada à la session de mai 1920 (biographie), Montréal, Arbour & Dupont, imprimeurs-éditeurs, 1920, 30 p. Portrait. (Paru d'abord dans la *Revue canadienne,* nouvelle série, vol. 25, nᵒ 5, mai 1920, p. 321-345).

Sir Adolphe Routhier. Son œuvre d'homme de lettres. Étude présentée à la Société royale du Canada session de mai 1921 (biographie), Montréal, Arbour & Dupont, imprimeurs-éditeurs, [1921 ?], 35 p. (Extrait de la *Revue canadienne,* mai et juin 1921).

Courte notice sur la vie et les œuvres de Louis-Joseph-Amédée Derome ; Fondateur de l'« Adoration nocturne » au Canada, Montréal, Arbour & Dupont, imprimeurs-éditeurs, 1922, 31 p. Ill.

Histoire des Sœurs de Sainte-Anne. Les premiers cinquante ans, 1850-1900, Montréal, Imprimerie des Frères des Écoles chrétiennes, 1922, vi, 355 p. Ill. Traduction anglaise par Sœur Mary Mildred : *History of the Sisters of Saint Ann. The First Fifty Years, 1850-1900,* Lachine, Saint Ann's Press, 1939, 417 p. Ill.

Pau, Fayolle, Foch au Canada (histoire), Montréal, Librairie Beauchemin limitée, 1922, 157 p. Ill. Préface de L.-O. David.

Mère Catherine-Aurélie. Histoire de Mère Catherine-Aurélie-du-Précieux-Sang, née Aurélie Caouette. Fondatrice de l'Institut du Précieux-Sang au Canada, Québec, Imp. L'Action sociale limitée, 1923, 448 p. Portrait.

Les Noces d'or de la paroisse Saint-Jean-Baptiste de Montréal. Les 28, 29 et 30 juin 1924 (histoire), Montréal, [s.é.], 1924, 67 p.

Saint-Jean-Baptiste de Montréal. Monographie paroissiale, 1874-1924 (histoire), Québec, [s.é.], 1924, 135 p. Ill.

[*Les Sœurs de Miséricorde de Montréal*] (étude), Montréal, L'Œuvre des Tracts, 1924, 16 p. « L'Œuvre des Tracts ».

Les Célébrations d'anniversaires et les pèlerinages historiques. Conférence donnée à la semaine d'histoire de Montréal, 23-27 novembre 1925, [s.l., s.é.], 1925, 12 p.

Histoire de la paroisse de N.-D.-des-Sept-Douleurs de Verdun de Montréal depuis sa fondation par monseigneur J.-A. Richard jusqu'à ses noces d'argent, 1899-1924, Montréal, [s.é.], 1925, 176 p. Ill.

Histoire de la paroisse de Saint-Joseph-de-Soulanges ou les Cèdres (1702-1927), Montréal, Imprimerie des Sourds-Muets, 1927, 417 p. Ill.

Un cœur d'apôtre : R.-T.-S. Lamoureux, 1865-1926 (biographie), Montréal, Imprimerie des Sourds-Muets, 1927, 20 p. Ill.

Histoire des Sœurs de Miséricorde de Montréal. Les premiers soixante-quinze ans, de 1948 à 1923, Montréal, Imprimerie et Reliure des Sourds-Muets, 1928, 362 p. Ill.

Vie de Mgr John Forbes, le premier Père Blanc canadien évêque de Vaga et coadjuteur de l'Ouganda, 1864-1926 (biographie), Québec, Imprimerie Ernest Tremblay, [1928], xx, 318 p. Ill. Préface de Joseph Fillion.

Le Curé Labelle. Sa vie et son œuvre : ce qu'il était devant ses contemporains ; ce qu'il est devant la postérité (biographie), Montréal, Librairie Beauchemin limitée, 1930, 271 p. Ill. Préface de Jules-Édouard Prévost.

Les De Jordy de Cabanac. Histoire d'une ancienne famille noble du Canada, Montréal, Librairie Beauchemin limitée, 1930, 280 p. Ill. Préface d'Aegidius Fauteux.

Mgr Paul La Rocque, deuxième évêque de Sherbrooke (biographie), Saint-Gérard-de-Wolfe, Annales de Saint-Gérard, 1930, 34 p. Portrait. Préface de Charles-Joseph Roy.

Figures canadiennes, Montréal, Éditions Albert Lévesque, 1933, 2 t. : t. 1, *Première série. Quelques figures marquantes de notre épiscopat et de notre clergé,* 201 p. ; t. 2, *Deuxième série. Quelques figures marquantes de nos hommes de la politique, de l'éloquence et des lettres,* 209 p.

Saint-Jérôme de Terrebonne (histoire), Saint-Jérôme, L'imprimerie-photogravure J.-H.-A. Labelle, 1934, 365 p. Ill.

Histoire de Châteauguay, Montréal, Librairie Beauchemin limitée, 1935, 243 p. Ill. (Au-dessus du titre : *1735-1935*).

Short History of the Archbishop's Academy. L'Académie de l'archevêché a vécu (essai), Montréal, [s.é.], 1939, 74 p. Collab. Brother Mactalius. Portraits. Ill. [Le titre de la couverture se lit : *Vingt ans après... Twenty Years After*].

Sainte-Rose de Laval. Notice historique sur les origines de la paroisse, Montréal, Éditions Beauchemin, [1940], 93 p. Ill. (Album-souvenir publié à l'occasion du deuxième centenaire).

Rigaud de Vaudreuil et son Collège Bourget. Étude présentée à la Société Royale, session de mai 1941 (histoire), Montréal, Imprimerie des Sourds-Muets, 1941, 40 p.

Saint-Henri des Tanneries de Montréal (histoire), Montréal, Imprimerie De-La-Salle, 1942, [ii], 128 p. Ill.

Saint-Édouard de Montréal, 1845-1945. Précis historique, Montréal, École Industrielle des Sourds-Muets, 1944, 116 p. Ill.

[*La Chapelle de Notre-Dame de Pitié à l'église Sainte-Catherine de Montréal, Précis historique*], Montréal, [s.é., 1945], 16 p.

L'Idée française et catholique chez les Canadiens, RC, t. 41, févr. 1902, p. 86–94 ; mars 1902, p. 166–175.

Nos prêtres éducateurs, RC, t. 48, avril 1905, p. 390–408.

Au monument Crémazie, RC, 43ᵉ année, vol. 1, févr. 1907, p. 113–127.

Louis-Honoré Fréchette, RC, nouvelle série, vol. 1, juin 1908, p. 547–551.

La Confédération canadienne, RC, nouvelle série, vol. 22, juillet 1918, p. 74–75.

Sir Adolphe Routhier, son œuvre d'homme de lettres, RC, nouvelle série, vol. 26, mai 1921, p. 321–342 ; juin-juillet 1921, p. 402–413.

Les Idées, les Faits et les Hommes, dans *La Tribune,* 1942 à 1946. (Rubrique tenue par M. Auclair).

L'Hymne national « Ô Canada », dans *Québec-Histoire,* vol. 2, nᵒ 2, hiver 1973, p. 84–86.

ÉTUDES

Louis Fréchette, *Articles et Études,* dans *Le Journal de Françoise,* 3ᵉ année, nᵒ 17, 3 déc. 1904, p. 567–568.

Françoise, *Notre littérature nationale,* dans *Le Journal de Françoise,* 7ᵉ année, nᵒ 2, 18 avril 1908, p. 27.

[Anonyme], *Figures canadiennes,* dans *Revue trimestrielle canadienne,* 19ᵉ année, nᵒ 76, déc. 1933, p. 442–443.

Mgr Albert Legrand, *L'Abbé Élie-J. Auclair et son œuvre. Cinquante ans de vie littéraire,* Sherbrooke, [s.é.], 1963, [ii], 60 p. Ill. (Texte polycopié).

AUDE. Voir **CHARBONNEAU-TISSOT,** CLAUDETTE.

AUDET, FRANCIS-JOSEPH (1867–1943). Archiviste et historien, né à Détroit (É.-U.). Il fait ses études chez les Frères des Écoles chrétiennes à Ottawa et à Montréal. Il travaille en qualité de comptable pour diverses maisons de commerce jusqu'en 1888. L'année suivante, il entre aux archives du gouvernement fédéral, et il devient, en 1904, directeur de la Division de la classification, de l'index et des renseignements. Audet est membre d'une vingtaine de sociétés dont la Société royale du Canada où il est élu en 1923, la Société historique du Canada et la Société des Dix (Montréal). En 1934, il reçoit un doctorat honorifique de l'Université d'Ottawa. À sa retraite en 1939, le Gouvernement lui confère la rare distinction d'archiviste émérite. Audet a décrit une vingtaine de livres et brochures, plus de sept cents articles de revues et de journaux, dont une partie considérable paraît dans *Les Annales,* le *Bulletin des recherches historiques, La Revue du droit, La Presse...* Victor Morin écrit : « Grâce à son goût des recherches et à son esprit de justice, la postérité connaîtra sous leur véritable jour les figures de nombreux personnages en vedette dans l'histoire de notre pays ».

ŒUVRES

Dictionnaire biographique des gouverneurs, lieutenants-gouverneurs et administrateurs du Canada et de ses provinces, 1604-1921, [s.l., s.é., 19 ?], 2 v. (Texte dactylographié).

Governors, Lieutenant Governors and Administrators of Nova Scotia, 1604-1932, [s.l., s.é., 19 ?], 325 p. (Texte dactylographié).

Historique des journaux d'Ottawa, Ottawa, A. Bureau & Frères, imprimeurs, 1896, iv, 45 p.

[*Monument national d'Ottawa*] (propagande en faveur de cette institution d'Ottawa), [Ottawa, s.é., 1910 ?], 8 p. (Brochure rédigée en collaboration).

Canadian Historical Dates and Events 1492-1915 (histoire), Ottawa, Printed by Georges Beauregard, 1917, 247 p.

Préface de Arthur G. Doughty. (Histoire du Canada en tableaux. Tirage limité).

Jean-Daniel Dumas. Le héros de la Monongahéla. Esquisse biographique, Montréal, G. Ducharme libraire-éditeur, 1920, 135 p. Ill.

La Famille Audet-Lapointe. Étude généalogique et historique, Ottawa, La Compagnie d'imprimerie d'Ottawa, limitée, 1924, 30 p. Collab. Joseph-Alfred Lapointe.

Les Juges en chef de la province de Québec 1764-1924 (biographies), Québec, l'Action sociale (limitée), 1927, 179 p. (Paru d'abord dans la *Revue du Droit* (Québec), avril 1925 à décembre 1926).

Les Députés des Trois-Rivières (1792 à 1808) (biographies), Les Trois-Rivières, Les Éditions du « Bien public », 1933, 83 p. Collab. Fabre Surveyer. « Pages trifluviennes ».

Le Comté de Maskinongé (1853-1867). Notes historiques, statistiques et biographiques, Les Trois-Rivières, Les Éditions du Bien public, 1934, 51 p. « Pages trifluviennes ». (Tirage limité).

Les Députés de la région des Trois-Rivières (1841-1867) (biographies), Les Trois-Rivières, Les Éditions du Bien public, 1934, 91 p. « Pages trifluviennes ». (Tirage limité).

Les Députés de Saint-Maurice et de Buckinghamshire (1792 à 1808) (biographies), Les Trois-Rivières, [s.é.], 1934, 95 p. Collab. Édouard Fabre Surveyer. « Pages trifluviennes ».

Les Députés de Saint-Maurice (1808-1838) et de Champlain (1830-1838) (biographies), Les Trois-Rivières, Les Éditions du Bien public, 1934, 79 p. « Pages trifluviennes ». (Tirage limité).

Les Députés des Trois-Rivières (1808-1838) (biographies), Les Trois-Rivières, Les Éditions du « Bien public », 1934, 77 p. « Pages trifluviennes ». (Tirage limité).

Pseudonymes canadiens, Montréal, G. Ducharme, libraire-éditeur, 1936, 191 p. [2 feuilles de garde]. Collab. Gérard Malchelosse. Préface de Aegidius Fauteux ; *Pseudonymes québécois*, Québec, Éditions Garneau, 1974, xiv, 363 p. Avertissement et avant-propos de Bernard Vinet. (Édition basée sur l'œuvre de Audet et Malchelosse, mise à jour par Bernard Vinet).

Les Représentants de la France au Canada au XIXᵉ siècle (biographies), Montréal, Les Éditions des Dix, 1939, 31 p. (Tirage limité).

Contrecœur : Famille, Seigneurie, Paroisse, Village (histoire), Montréal, G. Ducharme libraire-éditeur, 1940, 276 p. Ill.

The Republic of Indian Stream (histoire), Pueblo, Minnequa Historical Society, 1940, 9 p. Traduction par Thomas P. Wilson de l'étude de F.-J. Audet publiée dans les *Mémoires de la Société royale du Canada* en 1906.

Les Députés de Montréal (ville et comtés) 1792-1867. Études biographiques, anecdotiques et historiques, Montréal, Les Éditions des Dix, 1943, 455 p. Préface de Gérard Malchelosse.

Varennes. Notes pour servir à l'histoire de cette seigneurie, Montréal, Les Éditions des Dix, 1943, 38 p. Ill.

Les Députés au Premier Parlement du Bas-Canada. [1792-1796]. Études biographiques, anecdotiques et historiques, Montréal, Les Éditions des Dix, t. 1, 1946, 317 p. Collab. Édouard Fabre Surveyer. Préface de Gérard Malchelosse.

_____

La Première Église protestante au Canada, BRH, vol. 4, nᵒ 11, nov. 1898, p. 347-348.

Nos archives nationales, dans *La Revue nationale* (Montréal), [vol. 1, nᵒ 1, janv.] 1919, p. 27-32.

L'Heure universelle, dans *Bulletin de la Société de géographie de Québec,* vol. 16, nᵒ 2, mars-avril 1922, p. 91-92. (Extraits tirés de la revue *Les Annales*).

[Série de biographies des députés de Hull], dans *Le Progrès de Hull,* du 10 mai 1924 au 29 nov. 1924.

[Série d'articles sur Ottawa], BRH, vol. 32, nᵒ 8, août 1926, p. 449-512. (Toute la livraison consacrée au centenaire d'Ottawa, est de Francis-J. Audet).

Le Parler français au Canada, dans *Le Canada* (Montréal), vol. 31, nᵒ 80, 10 juillet 1933, p. 2.

Les Lieutenants-gouverneurs de la province de Québec, dans *Les Cahiers des Dix,* 1962, nᵒ 27, p. 215-261. Collab. Olivier Maurault et Gérard Malchelosse.

ÉTUDES

Lucien Brault, *Francis-J. Audet et son œuvre. Bio-bibliographie,* Ottawa, [s.é.], 1940, 93 p. Préface de Victor Morin.

Victor Morin, *Francis-J. Audet (1867-1943),* MSRC, 3ᵉ série, t. 38, 1944, p. 89-92.

AUDET, JEAN-PAUL (1918-). Théologien et philosophe, né à Saint-Anselme (Dorchester). Après son cours classique au Collège de Lévis, il poursuit ses études au Collège dominicain de philosophie et de théologie d'Ottawa, à partir de 1940. En 1950, il étudie le copte à l'Institut d'égyptologie d'Oxford (Angleterre) et se rend ensuite à Jérusalem, à l'École biblique et archéologique française. Licencié en théologie (Ottawa, 1947), docteur en théologie de l'Université Saint-Thomas-d'Aquin (Rome, 1949), licencié en science biblique (Rome, 1950), lauréat en science biblique (Rome, 1952), il est professeur de grec, d'hébreu et de théologie à l'École biblique et archéologique française de Jérusalem (1958-1969). En 1969, il devient professeur titulaire au Département de philosophie de l'Université de Montréal. Il a collaboré à de nombreuses revues : *Revue biblique, Journal of Theological Studies, Nouvelle Revue théologique, Sciences ecclésiastiques, Communauté chrétienne, Dialogue, Méta, Maintenant,* etc. Il reçoit le prix Molson du Conseil des Arts du Canada (1970) et il est membre de la Société royale du Canada (1971). La revue *Maintenant* (avril 1970) définit ainsi la carrière de Jean-Paul Audet : « C'est au carrefour populeux et fascinant des sciences de l'homme que le penseur a choisi depuis des années d'installer sa table de travail. Sans doute est-ce cette dimension universelle qu'a revêtue avec lui la théologie canadienne que le jury du prix Molson a voulu saluer dans son œuvre ».

ŒUVRES

La Didachè. Instructions des apôtres (essai), Paris, Librairie Lecoffre J. Gabalda et Cie, éditeurs, 1958, xvi, [4], 498 p. Préface de l'auteur. « Études bibliques ».

Admiration religieuse et Désir du savoir. Réflexions sur la condition du théologien, Montréal/Paris, Inst. d'Études médiévales/Librairie J. Vrin, 1962, 69 p. « Conférence Albert-le-Grand ».

Bâtir la demeure humaine, Montréal, Centre d'animation pastorale EXPO 67, 1967, 127 p. « Terre nouvelle ».

Mariage et Célibat dans le service pastoral de l'Église. Histoire et orientations, [Paris], Éditions de l'Orante, 1967, 161 p. Préface de l'auteur. Traduction anglaise par Rosemary Sheed : *Structures of Christian Priesthood : Home, Marriage and Celibacy in the Pastoral Service of the Church : the Origin of a Tradition and its Meaning for Today,* London, Sheed and Ward and Melbourne, 1967, 182 p. Préface de l'auteur ; New York, McMillan, 1968, 112 p.

Le Projet évangélique de Jésus. Sa mise en œuvre, son style, son sens et sa portée depuis les commencements jusqu'à la fin de l'âge apostolique, [Paris], Aubier/ Éditions Montaigne, 1969, 164 p. Préface de l'auteur. « Foi vivante ». Traduction anglaise par Edmond Bonin : *The Gospel Project,* New York, Paulist Press, 1969, v, 106 p.

Styles de vie et Service presbytéral. Mariage et célibat ecclésiastique, Montréal, HMH, 1969, 118 p. « Aujourd'hui ».

Les Chemins de la dispersion. Clercs et laïcs dans la communauté chrétienne, Montréal, [Communauté chrétienne], 1971, 85 p. « Cahiers de communauté chrétienne ».

Rapport sur les besoins des humanistes dans la pratique actuelle de la recherche, Montréal, Université de Montréal/Le Conseil des Arts du Canada, 1977, 145 p. Avant-propos de Richard F. Salisbury. Préface de l'auteur. (Texte polycopié). Traduction anglaise : *Report of the Needs of Humanists in Research,* 109 p.

La Philosophie et l'Esprit chrétien, dans *Études et Recherches,* nº 7, 1948, p. 245–275.

A Hebrew-Aramaic List of Books of the Old Testament in Greek Transcription, dans *Journal of Theological Studies* (Oxford), N.S.I., 1950, p. 135–154.

Les Proverbes et Isaïe dans la tradition juive ancienne, dans *Études et Recherches,* nº 8, 1952, p. 23–30.

Le Sacré et le Profane dans le message chrétien, dans *Carrefour '55,* nº 8, 1955, p. 45–67.

Origines comparées de la double tradition de la loi et de la sagesse dans le Proche-Orient ancien, dans *Actes du Congrès,* [Moscou], 1962, t. 1, p. 353–357 (Communication donnée à Moscou).

Le Monde et l'Histoire dans la pensée juive ancienne, ECF, nº 31, 1971, p. 139–156.

De la distance en histoire (discours), dans *Présentation d'Albert Faucher, Jean Hamelin et Jean-Paul Audet,* à la *Société royale du Canada,* vol. 28, 1972–1973, p. 53–70.

Images du monde et Images de l'homme, dans *Sur une terre incertaine, 500 ans après Copernicus,* Ottawa, Société royale du Canada, 1974, p. 87–107.

ÉTUDES

Jean-Pierre Proulx, *Jean-Paul Audet : un explorateur de frontières,* Dev, vol. 61, nº 72, 28 mars 1970, p. 12.

[Anonyme], *Lightning Shafts,* dans *Time,* vol. 95, nº 13, 30 mars 1970, p. 8.

Vianney Décarie, *Présentation de Jean-Paul Audet,* dans *Réception,* Société royale du Canada, vol. 27, 1971, p. 57–77.

AUDET, LOUIS-PHILIPPE (1903–1981). Éducateur et historien, né à Sainte-Marie (Beauce). Il étudie chez les Frères des Écoles chrétiennes, dans la Beauce puis obtient le baccalauréat ès arts, le diplôme d'enseignement moderne et de pédagogie à l'Université de Montréal, ainsi qu'une licence ès sciences et un doctorat en pédagogie à l'Université Laval. À son retour d'Europe, où il a perfectionné ses connaissances pédagogiques, Louis-Philippe Audet enseigne à l'École d'agriculture de Sainte-Anne-de-la-Pocatière, à l'École de pédagogie et d'orientation et à l'École supérieure de commerce de l'Université Laval. Il devient par la suite professeur titulaire à la Faculté des sciences de l'éducation de l'Université de Montréal. Il remplit des fonctions administratives au ministère de l'Industrie et du Commerce, au Secrétariat provincial, au ministère du Bien-être social. Mais c'est le domaine de l'éducation qui constitue sa principale préoccupation : il est surintendant des cours de culture populaire au Service de l'aide à la jeunesse, directeur de l'enfance exceptionnelle au ministère du Bien-être social, puis il est nommé secrétaire de la Commission royale d'enquête sur les problèmes d'enseignement. Il prend sa retraite en 1964. Par la suite, il est directeur des Éditions du Centre de psychologie et de pédagogie, et il enseigne à l'Université de Montréal de 1966 à 1970. Membre de la Société royale du Canada dont il reçoit, en 1966, la médaille P.-J.-O. Chauveau, il fait également partie de la Société des Dix. En 1976, l'Université McGill lui confère un doctorat honorifique. Son œuvre porte principalement sur l'histoire de l'enseignement au Canada français. L'abbé Arthur Maheux, dans la présentation du récipiendaire à la Société royale, résume ainsi ses efforts : « C'est donc une œuvre monumentale que M. Audet construit. Je ne puis m'empêcher d'admirer la capacité de travail de ce chercheur. Histoire naturelle, éducation populaire, pédagogie, histoire reçoivent son attention, sans compter son bureau de l'Aide à la Jeunesse ».

ŒUVRES

Le Frère Marie-Victorin, éducateur. Ses idées pédagogiques (essai biographique), Québec, Éditions de l'Érable, 1942, xviii, 283 p. Ill., 16 planches hors texte. Préface de Mgr Philippe Perrier. Bibliographie par Marcelle Gauvreau.

Où mène le cours primaire de la Province de Québec? (essai), Québec, École de pédagogie et d'orientation de l'Université Laval, 1948, 47 p. « Pédagogie et Orientation ».

La Chanson du bonheur (essai), Québec, Éditions de l'Érable, 1948, 170 p. Préface de Georges-Henri Lévesque ; 1949.

La Paroisse et l'Éducation (essai), Québec, École de pédagogie et d'orientation de l'Université Laval, 1949, 35 p. « Pédagogie et Orientation ».

Le Chant de la forêt (sciences naturelles), Québec, Éditions de l'Érable, 1949, 196 p. Ill. Préface de Françoise Gaudet-Smet.

Le Système scolaire de la province de Québec (étude), Québec, 1950-1956, 6 t. : t. 1, *Aperçu général*, Éditions de l'Érable, 1950, 345 p. Préface de M. O.-J. Desaulniers ; t. 2, *L'Instruction publique de 1635 à 1800*, PUL, 1951, xxii, 362 p. Ill. Bibliographie ; t. 3, *L'Institution royale. Les Débuts : 1801-1825*, PUL, 1952, xxvi, 323 p. Bibliographie ; t. 4, *L'Institution royale. Le Déclin : 1825-1846*, PUL, 1952, xxvi, 416 p. Bibliographie ; t. 5, *Les Écoles élémentaires dans le Bas-Canada 1800-1836*, Éditions de l'Érable, 1955, xviii, 325 p. Bibliographie ; t. 6, *La Situation scolaire à la veille de l'Union 1836-1840*, Éditions de l'Érable, 1956, xviii, 353 p. Bibliographie.

Ceux qui nous servent (sciences naturelles), Québec, Éditions de l'Érable, 1953, 189 p. Préface de Jean-Charles Magnan ; Montréal, Comptoir du livre, 1961.

Les Fauves et leurs victimes (sciences naturelles), Québec, Éditions de l'Érable, 1954, xviii, 93 p. Ill. Préface de J.-Armand Brassard ; 1958.

La Cité des animaux (sciences naturelles), Québec, Éditions de l'Érable, 1956, [xiv], 209 p. Ill. Préface de Louis-Arthur Richard ; 1960.

La Cabane enchantée (litt. jeunesse), [Montréal], Granger Frères limitée, 1960, 48 p. Ill. de Louis Brouilly. « Laurentienne ».

Éducateurs, Parents, Maîtres (essai), Québec, Éditions de l'Action, 1963, 145 p.

Histoire du Conseil de l'Instruction publique de la province de Québec 1856-1964, Montréal, Éditions Leméac, 1964, xx, 346 p. Bibliographie.

Histoire de l'éducation au Québec. Cahier nº 1. L'organisation scolaire sous le régime français 1608-1760, Montréal, Centre de psychologie et de pédagogie, 1966, xii, 65 p. Ill.

Le Système scolaire du Québec. Organisation et fonctionnement (étude), Montréal, Librairie Beauchemin limitée, 1967, xiv, 235 p. Collab. Armand Gauthier ; 1969, xvi, 286 p. Édition revue et mise à jour.

Bilan de la réforme scolaire au Québec 1959-1969 (étude), Montréal, PUM, 1969, 70 p. (Leçon inaugurale faite à l'Université de Montréal le mercredi 12 février 1969).

Canadian Education : A History, Scarborough (Ont.), Prentice-Hall of Canada, 1970, xvi, 528 p. Collab. J. Donald Wilson et Robert M. Stamp. Ill.

Histoire de l'enseignement au Québec 1608-1971, Montréal/Toronto, Holt, Rinehart et Winston ltée, 1971, 2 t. Ill. : t. 1, *1608-1840*, xvi, 432 p. ; t. 2, *1840-1971*, xiv, 496 p.

La Paroisse et l'Éducation élémentaire, 1608-1867, dans *Rapport de la Société canadienne d'histoire de l'Église*, 1947-1948, p. 101-120.

Les Écoles indépendantes dans le Bas-Canada 1800-1825, C, vol. 15, nº 6, sept. 1954, p. 266-279 ; nº 4, déc. 1954, p. 379-390 ; vol. 16, nº 1, mars 1955, p. 33-50.

L'Éducation au temps de Mgr Laval, dans *Rapport de la Société canadienne d'histoire de l'Église*, 1957-1958, p. 59-78.

La Querelle de l'instruction obligatoire, CD, nº 24, 1959, p. 133-150.

La Fondation de l'école polytechnique de Montréal, CD, nº 30, 1965, p. 149-191.

Le Premier Ministère de l'Instruction publique au Québec 1867-1876, RHAF, vol. 22, nº 2, sept. 1968, p. 171-222.

La Question des écoles juives : 1870-1931, MSRC, 4e série, t. 8, 1970, p. 109-122.

ÉTUDES

Arthur Maheux, *Sur l'œuvre de Louis-Philippe Audet*, RUL, vol. 10, nº 7, mars 1956, p. 626-632.

Id., *Présentation de M. Louis-Philippe Audet*, dans *Présentation de Louis-Philippe Audet... à la Société royale du Canada*, 1957-1958, p. 9-14.

Maurice Lebel, *Histoire du Conseil de l'Instruction publique de la province de Québec, 1856-1964*, AN, vol. 54, nº 6, févr. 1965, p. 616-619.

Marcel Lajeunesse, *Le Système scolaire du Québec, organisation et fonctionnement*, RHAF, vol. 22, nº 2, sept. 1968, p. 309-310.

Claude Galarneau, *Histoire de l'enseignement au Québec 1608-1971*, LAQ 1971, p. 223.

AUDET, NOËL (1938–   ). Poète et romancier, né à Maria (Bonaventure). Il fait ses études classiques au Collège Bourget (B.A. 1959), puis il obtient une licence ès lettres à l'Université Laval (1959–1962, médaille du Lieutenant-gouverneur) et un doctorat à la Sorbonne (1965) pour une thèse sur Paul Valéry. Il a été boursier du Conseil des Arts du Canada de 1962 à 1965. À partir de 1969, sauf quelques interruptions — il est professeur invité en Californie (U.C.L.A., 1971–1972) et à l'Université de Caen (1976–1978) — Noël Audet enseigne à l'Université du Québec à Montréal où il a été directeur du département des lettres françaises. Il collabore à divers périodiques : *Europe, Voix et Images, Le Devoir, Liberté*. Sa carrière littéraire débute par deux recueils de poèmes, *Figures parallèles* (1963) et *La Tête barbare* (1968). Paul Chamberland voyait dans l'écriture d'Audet une sorte de contestation du langage à la manière de Queneau, et il ajoutait : « Il reste à ce langage de s'inventer lui-même, de s'imposer selon l'évidence d'intentions bien nettes ». En 1980, Audet fait paraître *Quand la voile faseille,* récit où il trouve sa voie, semble-t-il, car il obtient l'unanimité autour de sa prose alerte qui fait dire à Gilles Marcotte que c'est « l'un des livres les plus chaleureux, les plus beaux qui aient paru à Montréal ces dernières années. [...] La fête, ici, est dans le langage ; et le langage ne se résume pas [...] parce que c'est un livre subtil, savant, qui témoigne d'une étonnante maîtrise technique [...]. Un livre fait pour tout le monde ».

ŒUVRES

Figures parallèles (poésie), Québec, Éditions de l'Arc, 1963, 108 p. « De l'escarfel ».

La Tête barbare. Transpoésie, Montréal, Éditions du Jour, 1968, 77 p. « PJ ».

Récits. Quand la voile faseille, Ville La Salle, HMH, 1980, 313 p. « A ».

Ah, l'amour l'amour (roman), Montréal, Quinze, 1981, 192 p. « Prose entière ».

La Parade. Roman, Montréal, Québec/Amérique, 1984, 226 p. Ill. « Littérature d'Amérique ».

L'Ombre de l'épervier (roman). Montréal, Québec/Amérique, 1988, 539 p. « Littérature d'Amérique ».

Présence de Rina Lasnier, dans *Europe,* 47e année, nos 478–479, févr.–mars 1969, p. 148–151.

La Terre étrangère appropriée ; étude sur Paul-Marie Lapointe, VIP, no 2, 1969, p. 31–42.

Structures poétiques dans l'œuvre de Fernand Ouellette, VIP, no 3, 1970, p. 103–124.

Saint-Denys Garneau ou le Procès métonyque, VI, vol. 1, no 3, avril 1976, p. 432–441.

Alain Grandbois ou le Procès métaphorique, VI, vol. 2, no 1, sept. 1976, p. 60–70.

Langage poétique : écart ou errance du sens, VI, vol. 3, no 3, avril 1978, p. 459–467.

Guy Lafond ou le Recours à l'Être, VI, vol. 4, no 2, déc. 1978, p. 193–204.

Poésie minimale de l'Alberta au Québec, VI, vol. 4, no 2, déc. 1978, p. 334–337.

Au sujet d'une lettre d'amour, en poésie. Marie-José Thériault, VI, vol. 4, no 3, avril 1979, p. 542–543.

ÉTUDES

Paul Chamberland, *Figures parallèles de Noël Audet,* LAC 1963, p. 57–58.

Réginald Martel, *Le Premier Roman de Noël Audet. Attention livre méchant,* Pr, 96e année, no 109, 10 mai 1980, p. D-3.

Madeleine Ouellette-Michalska, *Noël Audet. La gravité derrière le rire,* Dev, vol. 71, no 155, 14 juin 1980, p. 19.

Suzanne Lafrenière, *Noël Audet. Quand la voile faseille,* Dr, 68e année, no 206, 29 nov. 1980, p. 18.

André Brochu, *Quand la voile faseille,* VI, vol. 6, no 2, hiver 1981, p. 323–325.

Jean Royer, *Noël Audet. Ah, l'amour l'amour,* Dev, vol. 71, no 244, 24 déc. 1981, p. 13, 24.

André Berthiaume, *Noël Audet, Ah ! l'amour l'amour,* LAQ 1981, p. 22–23.

François Hébert, *Un éléphant blanc et un boa au miroir,* Dev, vol. 76, no 21, 26 janv. 1982, p. 21.

Gabrielle Poulin, *Une voi(x)e de belle-mer. Ah, l'amour l'amour de Noël Audet,* LQ, no 26, été 1982, p. 19–21.

Réginald Martel, *Noël Audet arrive en ville. La chronique du temps fou,* Pr, 101e année, no 76, 5 janv. 1985, p. E-2.

Michel Laurin, « L'Ombre de l'épervier de Noël Audet », Nos Livres, vol. 19, no 6, juillet 1988, p. 3–4.

AUGER, Mme JACQUES. Voir **DESPREZ, JEAN.**

AUGER, RÉGIS. Voir **LANGEVIN, GAILBERT.**

AUGER, ROGER (1949–   ). Dramaturge, né à Saint-Boniface (Manitoba). Il fait ses études classiques au Collège de Saint-Boniface (B.A., 1970), puis il obtient un baccalauréat en philosophie à l'Université Laval (1972). Il sera reporter au poste CKSB de Saint-Boniface, journaliste à *La Liberté,* directeur adjoint du Centre culturel franco-manitobain, professeur de français à l'école Berlitz, employé chez un libraire de Québec. Dès ses études il travaille au Cercle Molière comme technicien, comédien et même comme administrateur. Il fait jouer sa première pièce, *Les Éléphants de tante Louise,* en 1972. Suivront *Je m'en vais à Régina* (1976), « John's Lunch » (1977), une traduction de *Ecstasy of Rita Joe* (1977) et « V'là Vermette »

(1978). *Les Éléphants de tante Louise,* pièce pour enfants, est un divertissement multiforme qui a du mouvement, mais « selon les enseignants, écrit Annette Saint-Pierre, le vocabulaire est trop éloigné de la réalité manitobaine, et les écoliers s'y perdent ». L'œuvre fait date, cependant, car c'est la première pièce publiée par un auteur né au Manitoba. Les autres pièces traitent surtout des problèmes de la vie et de la langue des Franco-Manitobains. *Je m'en vais à Régina* brosse en cinq tableaux la tragédie d'une famille : « Auger peint admirablement personnages et situations, dit Jean-Cléo Godin, avec un sens du langage direct et efficace qui traduit la vie quotidienne dans un univers clos et auto-destructeur ».

ŒUVRES

Les Éléphants de tante Louise. Pièce pour enfants, Saint-Boniface, Les Éditions du Blé, 1974, xiv, 49 p. Ill. Avant-propos de l'auteur.
Je m'en vais à Régina (théâtre), [Montréal], Leméac, 1976, xxxii, 83 p. Avant-propos de Jacques Godbout. Présentation de Marie-Rose Deprez. « Théâtre ».

ÉTUDES

[Anonyme], *Auger (Roger). Les Éléphants de tante Louise,* dans *Le Livre canadien,* vol. 7, janv. 1976, n° 25.
Jean-Cléo Godin, *Roger Auger. Je m'en vais à Régina,* LAQ 1976, p. 201-202.
Hélène Bellemare, *Auger (Roger). Je m'en vais à Régina,* dans *Nos livres,* vol. 8, janv. 1977, n° 2.
Annette Saint-Pierre, *Le Rideau se lève au Manitoba,* Saint-Boniface, Éditions des Plaines, 1980, 320 p. (surtout p. 202-206).

AUMASSON DE COURVILLE, LOUIS-LÉONARD [S... de C...] (1722/1723–après 1782). Mémorialiste et historien, né à Sainte-Menehould (Marne, France). Il est probablement arrivé à Québec en août 1749, avec le marquis de La Jonquière dont il est le secrétaire jusqu'en 1752. En mai 1754, Bigot le nomme notaire royal pour toute l'Acadie française. Établi au Fort Beauséjour, il est aussi secrétaire du commandant de Vergor, auquel titre il rédige le projet de capitulation du fort, le 16 juin 1755. Revenu à Québec, il est nommé greffier du tribunal de la seigneurie jésuite Notre-Dame-des-Anges. Il s'établit à l'Ancienne-Lorette et occupe ses loisirs à composer ses *Mémoires* ; il en remet la première partie à un ami qui rentre en France au printemps de 1760 et qui les utilise pour la rédaction de ses propres mémoires dont le manuscrit, retrouvé en Russie, a été publié par les soins de Pierre-Georges Roy dans le *Rapport de l'Archiviste de la province de Québec* (1924-1925). En octobre 1760, Aumasson de Courville reçoit du général Gage, gouverneur militaire de Montréal, une commission du notaire royal pour plusieurs paroisses de la région du Richelieu. En 1765, il s'établit à Montréal, est reçu avocat en 1768, mais il n'a guère de succès et retourne au notariat en 1770. On perd sa trace après 1782. En 1838, la Société littéraire et historique de Québec publie les *Mémoires de S... de C...* d'après un manuscrit provenant de la succession du général Burton, gouverneur militaire de Trois-Rivières (1760-1763). Selon Aegidius Fauteux, ces mémoires de la période 1749-1760 « restent notre plus précieuse source d'information, non pas seulement sur les opérations militaires, mais sur ce qui, en fin de compte, nous intéresse peut-être plus encore, les causes intérieures du désastre final, les tristes agissements des maîtres de l'heure et leur conséquente répercussion sur la vie populaire ». C'est Fauteux qui a découvert l'identité du S... de C..., grâce à un examen minutieux des documents et du manuscrit original qui se trouve à l'Université McGill. Il ressort de son étude que l'édition de 1838 fourmille d'erreurs de transcription, ne reproduit que treize des dix-sept cartes et plans de Courville, planches d'ailleurs retouchées par des ingénieurs militaires britanniques exprès pour cette édition. De Courville composa aussi une version retouchée de ses *Mémoires* et intitulée « Histoire du Canada depuis l'année 1749 jusqu'à celle de 176... », dont le manuscrit se trouve aussi à l'Université McGill. C'est ce manuscrit que William Smith a incorporé dans son *History of Canada* (1815, tome 1, p. 208-231), sans dire qu'il s'agit d'une traduction. En fait, le notaire n'a pas continué son récit au-delà de 1755 : songeant à la publication de son « Histoire », il en arrête brusquement le récit, comme il le dit dans une lettre de 1765, à cause de l'hostilité de quelques personnes qui l'ont lu à son insu. Il faudrait une édition critique de cette « Histoire du Canada » qui a beaucoup servi aux historiens de Bigot et de la guerre de Sept ans. Aumasson de Courville fut aussi mêlé à une controverse autour de la prétendue Académie voltairienne, en 1779, à cause d'articles parus dans *La Gazette littéraire* de Mesplet et signés Velcrioul et l'Infortuné, pseudonymes dont il nia ensuite la paternité. Fauteux croit qu'il s'agit bien de lui, car Velcrioul — et non Vercrioul, comme il l'écrit — est l'anagramme de Courville.

ŒUVRE

Mémoires de S... de C... contenant l'histoire du Canada durant la guerre, et sous le gouvernement anglais, dans

Mémoires sur le Canada, depuis 1749 jusqu'à 1760. En trois parties ; avec cartes et plans lithographiés. Publiés sous la direction de la *Société littéraire et historique de Québec,* Québec, T. Cary & Co., 1838, vii, 207 p. Cartes et plans ; 2e éd. Q., Middleton & Dawson, 1873. (Introduction attribuée à G.-B. Faribault).

(Lettre, sans date, ca. 1765), CD, nº 5, 1940, p. 265-268.

À l'Académie naissante, & en apparence mourante dans *La Gazette littéraire,* nº 6, 21 avril 1779, p. 63. (Signée Velcrioul).

À l'imprimeur, ibid., nº 18, 12 mai 1779, p. 73-75.

ÉTUDES

[Anonyme], *Mémoire sur le Canada,* RAPQ, 1924-1925, p. 96-198.

Aegidius Fauteux, *Le S... de C... enfin démasqué,* CD, nº 5, 1940, p. 231-292.

François Rousseau, *Aumasson de Courville, Louis-Léonard,* DBC, vol. IV, p. 39-40.

AVRIL, CARMEN. Voir **LANGEVIN,** GILBERT.

AVRIL, MARC. Voir **CINQ-MARS,** ALONZO.

AYLWIN, LOUISE. Voir **ANAOUÏL, Marie, Rachel** LOUISE.

AYMÉRILLOT II. Voir **GROULX,** LIONEL.

AYOTTE, ALFRED (1905-1964). Journaliste et essayiste, né à Sainte-Flore (Saint-Maurice). Il suit le cours classique au Collège Séraphique de Trois-Rivières et au Collège Sainte-Marie de Montréal, puis il fait des études en sciences sociales à l'Université de Montréal. Il devient alors journaliste, d'abord au *Nouvelliste,* en 1927, puis au *Canada* en 1928, au *Devoir* de 1930 à 1944, et à *La Presse* de 1944 à sa mort accidentelle à Longueuil, en 1964. Reporter, puis éditorialiste, il a été aussi directeur de *L'Œil.* Grand amateur de petite histoire, il préparait depuis longtemps une biographie minutieuse de Louis Hémon qui sera complétée par Mgr Victor Tremblay et publiée en 1974 sous le titre *L'Aventure Louis Hémon.* Le critique François Hébert est agacé parce qu'à son avis la multitude de détails biographiques de l'ouvrage apporte peu à la connaissance de l'œuvre du romancier. Mais pour René Dionne, « pour peu que l'on connaisse Louis Hémon et son œuvre canadienne, c'est avec beaucoup d'intérêt et de profit que l'on parcourt l'ouvrage d'Ayotte et Tremblay ».

ŒUVRE

L'Aventure Louis Hémon (essai), Montréal, Fides, 1974, 388 p. Collab. Victor Tremblay. Ill. Présentation par Victor Tremblay. « Vies canadiennes ».

ÉTUDES

[Anonyme] *Le Journaliste Alfred Ayotte est tué dans un accident de voiture,* Dev, vol. 55, nº 115, 19 mai 1964, p. 1.

Roger Champoux, *Alfred Ayotte, victime de la route,* Pr, 80e année, nº 114, 19 mai 1964, p. 2.

G. Barillot, *Comment on fabrique un succès : Maria Chapdelaine,* dans *Revue d'histoire littéraire de la France,* vol. 74, nº 2, mars-avril 1974, p. 223-253.

François Hébert, *Alfred Ayotte et Victor Tremblay. L'Aventure Louis Hémon,* LAQ 1974, p. 207-209.

René Dionne, *Louis Hémon,* Rel, vol. 35, nº 401, févr. 1975, p. 61.

B

BACHAND, DENIS (1948–). Poète et essayiste spécialisé en communication, né à Granby (Shefford). Il fait le secondaire au Collège Sacré-Cœur de Granby, puis, il s'inscrit aux études françaises à l'Université de Sherbrooke, et obtient un baccalauréat (1970), une licence ès lettres (1971), une maîtrise (1973) dont le mémoire porte sur « La Nostalgie des origines dans *Le Procès-Verbal* de J.-M.-G. Le Clézio ». Il fait ensuite la scolarité du doctorat à l'Université de Sherbrooke, à l'Université Laval et à l'École pratique des Hautes Études en Sciences sociales de Paris, et soutient sa thèse à Sherbrooke, en 1980, sur « L'Image du réel : psycho-sociologie de la représentation ». Denis Bachand est chargé de cours à l'Université de Sherbrooke (1975–1980) et à l'Université du Québec à Montréal (1979–1980), puis il devient professeur au Département de communication de l'Université d'Ottawa, en 1980. Il collabore à plusieurs périodiques, tels *Ellipse, Liberté, L'Écran, L'Estrie, La Nouvelle Barre du jour*... Il s'intéresse particulièrement aux expériences de la vie communautaire. *Roséfine la cristalline* (1973), poésie-théâtre genre expérimental écrite en collaboration avec Jacques Couture, est créée à l'Université de Sherbrooke. Michelle Bisson-Henchiri dit de son premier recueil de poésie : « Lire *Où vers*, c'est faire une petite découverte agréable et intéressante. Non que tout soit parfait dans ce recueil, mais l'ensemble laisse une impression de prise de possession du réel et de l'imaginaire, avec la fougue que suppose la jeunesse ».

ŒUVRES

Où vers (poésie), Sherbrooke, Éditions Cosmos, 1972, 101 p. « Amorces ».

Roséfine la cristalline en 34 tableaux (poésie-théâtre), Sherbrooke, Éditions Cosmos, 1973, 62 p. Collab. Jacques Couture. Ill. « Varia ».

Paroles d'images. Éco-sémio-logie de l'image fonctionnelle statique (essai), Québec, École des Arts visuels, Université Laval, 1976, 47 f. Collab. Claude Cossette. Édition préliminaire. Présentation des auteurs. (*Paroles d'images* est constitué de 6 tomes, de plus de 4 500 pages colligées par les auteurs et disponible à la consultation des chercheurs en « iconique » au secrétariat du programme de Communication graphique à l'Université Laval).

[Poèmes], dans *Ellipse*, n° 12, 1973, p. 30–33.

Le Spectacle de la consommation, dans *Communication/Information*, vol. 2, n° 2, automne 1977, p. 303–317.

Analyse sémiologique 2ᵉ vague publicitaire télévisée, programme OSE, dans *Communication/Information*, vol. 3, n° 3, hiver 1980, p. 99–143.

Le Récit fre (u) dien, NBJ, nᵒˢ 110–111, févr. 1982, p. 43–51.

ÉTUDES

Gaëtan Dostie, *Denis Bachand vient à son tour publier sa poésie chez Cosmos*, dans *La Tribune*, vol. 63. n° 50, 22 avril 1972, p. 7.

Michelle Bisson-Henchiri, *Où vers de Denis Bachand*, LAQ 1972, p. 177.

René Berthiaume, *Un grand pas de plus dans l'évolution du spectacle de création à Sherbrooke*, dans *La Tribune*, vol. 64, n° 20, 22 mars 1973, p. 8.

Paul-André Bourque, *Denis Bachand et Jacques Couture. Roséfine la cristalline*, LAQ 1973, p. 115.

BACLE, CLAUDE. Voir **GRIGNON, CLAUDE-HENRI.**

BAILLARGEON, GEORGES-E. (1924–). Historien, né à Montauban (Portneuf). Après ses études secondaires, il entre à l'Université de Montréal où il obtient un baccalauréat ès arts (1949), une maîtrise et un doctorat en histoire (1952 et 1963). Plus tard, il étudie les sciences politiques à Montréal (1972–1974). Il est professeur d'histoire au Collège militaire de Saint-Jean. Il a publié, sur la survivance du régime seigneurial, un ouvrage qui a soulevé des critiques contradictoires.

ŒUVRES

La Survivance du régime seigneurial à Montréal. Un régime qui ne veut pas mourir, [Montréal], CLF, 1968, 310 p. Cartes. Bibliographie.

Les Arrérages de lots et ventes à Québec en 1832, RHAF, vol. 19, n° 2, sept. 1965, p. 296–301.

Le Régime seigneurial a-t-il été aboli à cause des réclamations du peuple ?, RHAF, vol. 21, n° 1, juin 1967, p. 64–80.

À propos de l'abolition du régime seigneurial, RHAF, vol. 22, n° 3, déc. 1968, p. 365–392.

BAILLARGEON

ÉTUDES

Jacques Boucher, *Georges Baillargeon*, RHAF, vol. 22, n⁰ 1, juin 1968, p. 128–131.

Serge Gagnon, *La Survivance du régime seigneurial à Montréal, de Georges Baillargeon*, LAQ 1969, p. 170–171.

BAILLARGEON, PIERRE (1916–1967). Journaliste et romancier, né à Montréal. Il étudie chez les Clercs de Saint-Viateur et au Collège Jean-de-Brébeuf (1929–1938) puis se rend en France en décembre pour y poursuivre des études de médecine ; en 1939, il épouse Jacqueline Mabit. À la suite d'un accident d'auto, il doit interrompre ses études et il rentre au Canada en février 1940. La même année, il fonde la revue *Amérique française* dont il assume la direction jusqu'en 1943, date où la revue devient la propriété d'Andrée Maillet. En 1942, il devient journaliste à *La Patrie*. De 1940 à 1948, Baillargeon publie quatre romans, un recueil de poèmes et des centaines d'articles. En 1949, il retourne en France pour un séjour de dix ans. Il collabore à *La Nouvelle Relève*, à *La Patrie* (pages sportives), à *La Presse* (pages littéraires). Son œuvre s'apparente davantage à celle d'un essayiste qu'à celle d'un romancier : la forme romanesque lui permet de diffuser plus facilement des idées morales, religieuses et sociales. C'est ainsi qu'on a compris *Les Médisances de Claude Perrin*, livre qui tient à la fois du roman et de l'essai, et dont la portée dépasse l'actualité d'une époque. La même remarque s'applique à *Commerce* (1947). Par contre, dans *La Neige et le Feu* (1948), la rigoureuse structuration de la durée autour du personnage principal, Ambroise Audigny, fait du récit un roman au vrai sens du terme. Baillargeon se complaît dans des conflits d'esprits et de cœurs, dans des crises dont la femme sort particulièrement éprouvée. Son égotisme est partout présent dans ses écrits ; d'autre part, la société québécoise fournit à l'auteur la matière de fond. « Grâce à l'acte si pénible d'écrire, note Jean Ménard, Pierre Baillargeon est arrivé à une plus exacte connaissance de lui-même et l'on remarque que le principal personnage de chacun de ses romans et de sa pièce de théâtre est jusqu'à un certain point lui-même ». Homme de grande culture, excellent styliste, Baillargeon demeure surtout un moraliste de qualité et un penseur dont le jugement raffiné est dans la tradition des grands maîtres du genre.

ŒUVRES

Hasard et moi (roman), [Montréal, Beauchemin], 1940. 53 p.

Le Japon et la Guerre (essai), Montréal, Les Éditions Variétés, 1942, 169 p. Traduction du livre de Hugh Byas : *The Japanese Enemy, his Power and his Vulnerability.*

Églogues (poèmes), Montréal, poèmes édités par la revue *Amérique française*, 1943, [n.p., 19 p.]. Ornés d'un dessin de Jacques G. de Tonnancour. Musique de Jean Papineau-Couture.

Les Médisances de Claude Perrin (roman), Montréal, Lucien Parizeau & Compagnie, 1945, 197 p. ; Éditions du Jour, 1973, xxii, 197 p. Présenté par André Gaulin.

Commerce (roman), Montréal, Les Éditions Variétés, Dussault et Péladeau, 1947, 185 p. Notice de l'auteur.

La Neige et le Feu (roman), Montréal, Les Éditions Variétés, 1948, 205 p. ; Les Éditions du Jour Inc., 1979. « Le Petit Jour ».

Le scandale est nécessaire (essais-souvenirs), Montréal, Les Éditions du Jour, 1962, 154 p. « IJ ».

Madame Homère (théâtre), [Montréal], Éditions du Lys, 1963, 125 p.

Le Choix (essais), Montréal, Éditions HMH, 1969, 172 p. « C ».

Discours sur les Médisances, CL, 15ᵉ année, n⁰ 76, avril 1965, p. 23–28.

ÉTUDES

Roger Duhamel, *Les Médisances de Claude Perrin*, AN, vol. 26, sept. 1945, p. 71–74.

Romain Légaré, *Trois récents romans canadiens-français*, C, vol. 10, n⁰ 1, mars 1949, p. 3–12, surtout p. 3–5.

Victor Barbeau, *Pierre Baillargeon. Commerce*, dans *La Face et l'Envers,* Montréal, Les Publications de l'Académie canadienne-française, 1966, p. 32–34.

Adrien Thério, *Le Choix*, LAC 1969, p. 161–162.

Jean Ménard, *Éloge de Pierre Baillargeon* dans *La Vie littéraire au Canada français*, Ottawa, EUO, 1971, p. 95–102.

Madeleine Ducrocq-Poirier, *Les Vrais Mérites de Pierre Baillargeon*, VIP, n⁰ 8, 1974, p. 127–137.

André Gaulin, *Entre la neige et le feu. Pierre Baillargeon, écrivain montréalais*, Québec, PUL, 1980, 323 p. « VLQ ».

Id., *Pierre Baillargeon, essayiste*, dans *L'Essai et la Prose d'idées au Québec*, Montréal, Fides, 1986, p. 505–512. « ALC » 6.

BAILLIE, ROBERT (1947–   ). Poète et romancier, né à Montréal. Il fait ses études classiques au Collège Sainte-Croix (B.A., 1968), puis il obtient à l'Université de Montréal une licence ès lettres (1971) et une maîtrise en création littéraire intitulée « Pêle-mère, roman, suivi de Texte androgyne fécond » (1980). Il prépare ensuite une thèse de doctorat sur

Hubert Aquin. Il enseigne un an à l'école Vanier de Laval puis, à compter de 1971, il est professeur de littérature française au Collège de Rosemont. Il collabore à *Liberté, Estuaire* et *Hobo-Québec*. Son premier roman, *La Couvade* (1980), est assez bien accueilli par la critique. « Le livre, écrit Raymond Paul, est une réflexion portant sur une double gestation : celle, physiologique, de la femme portant l'enfant à naître et celle de l'homme vivant une expérience qui l'angoisse. Il y a aussi, parallèlement, une réflexion sur l'écriture qui prend forme, se justifie puis s'impose comme une nécessité. » Dans l'ensemble, les critiques louent la conception originale du livre mais énoncent des réserves, par exemple sur les nombreux jeux de mots faciles.

ŒUVRES

La Couvade. Roman, Montréal, Quinze, 1980, 265 p. « Prose entière ».

Des filles de beauté (roman), Montréal, Quinze, 1982, 187 p. « Prose entière ».

Les Voyants (roman), Montréal, l'Hexagone, 1986, 216 p. « Fictions ».

Vulgarisations endémiques, L, vol. 22, nᵒ 1, janv.-févr. 1980, p. 87–89.

Maria aux bijoux anciens, dans *Estuaire,* nᵒ 17, automne 1980, p. 41–50.

Deux romanciers dangereux plus un, dans *Hobo-Québec,* nᵒˢ 44–45, printemps–été 1981, p. 62–64.

ÉTUDES

Réginald Martel, *Robert Baillie, ce bonheur qui vient des mots,* Pr, 96ᵉ année, nᵒ 257, 27 sept. 1980, p. C-3.

Madeleine Ouellette-Michalska, *Robert Baillie. Et si Freud riait dans sa barbe,* Dev, vol. 71, nᵒ 287, 13 déc. 1980, p. 23.

Raymond Paul, *Baillie, Robert. La Couvade,* LAQ 1980, p. 20–21.

Réginald Martel, *Des filles de beauté. Merlin et l'empire des mots,* Pr, 99ᵉ année, nᵒ 30, 3 févr. 1983, p. B-3.

Claire de Lamirande, *Des filles de beauté, de Robert Baillie. Le lapsus de la vie,* Dr, 71ᵉ année, nᵒ 70, 18 juin 1983, p. 32.

Jean Royer, *Robert Baillie. À la recherche de notre mère littéraire,* Dev, vol. 74, nᵒ 53, 5 mars 1983, p. 17.

BAIS, JACQUELINE. Voir **MARTIN,** JACQUELINE.

BAKER, WILLIAM-ATHANASE [Beck], (1870–1950). Poète, dramaturge et essayiste, né à Beauharnais. Étudiant en droit à Montréal, il publie, à partir de 1891, ses poésies et proses dans *La Presse, La Fortune,* et *La Croix de Montréal,* sous le pseudonyme de Beck. Devenu avocat en 1895, il continue de s'intéresser à la littérature, et il écrit au début du siècle une comédie en un acte, *Place à l'amour,* primée et jouée en 1904 au Théâtre National. Le 30 juillet 1909 Baker est admis à l'École littéraire de Montréal. Ses œuvres en prose et en vers n'ont pas eu le retentissement qu'elles méritent. La plupart des historiens de la littérature ignorent même son nom. *Les Soirées de l'École littéraire de Montréal* ne contiennent que deux sonnets de lui, à la dernière page du recueil : « Allégories » et « Quand les jours tombent ». J.-L.-L. D'Artrey, dans son *Anthologie internationale,* présente cet avocat passionné de littérature comme « un noble et bon poète », et retient quatre de ses poèmes : « Chasseurs alpins », « Vision mystique », « Au rêveur », « Le Printemps ». Albert Ferland dit de Baker, à propos des *Nouvelles Rêveries* : « Il affirme chez nous [...] la tendance d'un Guyau, l'auteur des *Vers d'un philosophe*. Ses lectures affectionnées, Emerson, Taine, Pascal, Goethe surtout, ont visiblement influencé le poète vers la gravité d'une poésie philosophique ». On retrouve dans sa poésie les vieux thèmes de l'humanité — amour, joie, espoir, émerveillement, mélancolie — dans le cadre de la grande nature. Le sonnet « Monts laurentiens » est un exemple typique de cette tendance. Dans la « Préface » des *Disques d'airain,* Baker dit que le poète incarne le sens des valeurs sacrées : [...] comme la religion, l'art est éternel et le mépris des gens pratiques ne découragera jamais ceux qui, par-dessus la ruée des arrivistes, peuvent voir se lever les aubes spirituelles aux accents du chantre divin ».

ŒUVRES

Place à l'amour. Comédie en un acte, Montréal, [s.é.], 1905, 23 p. ; dans *Prose et Pensées,* 1910, p. 25–39 ; 1911, p. 93–113.

Prose et Pensées (essais, comédie), Montréal, J.-P.-R. Drouin Chez l'auteur, 1910, 52 p. Avec Avertissement de l'auteur ; Daoust et Tremblay, 1911, 115 p. Édition revue, corrigée et considérablement augmentée ; 1912, 113 p.

Poèmes des montagnes, Montréal, Victor Grenier, [1911], 23 p.

Une partie de 500 (comédie), Montréal, Beauchemin, 1913, 8 p. ; [1915], 15 p.

Rêveries ; poésies et sonnets, Montréal, Beauchemin, [1915], 15 p.

Nouvelles Rêveries ; poésies et sonnets, Montréal, Le Pays Laurentien-G. Malchelosse, 1917, 23 p. Avec quelques mots d'appréciation d'Albert Ferland et un fragment de lettre de Paul-T. Lafleur ; 1918, 35 p. Édition revue et augmentée.

Les Disques d'airain (poésie), Montréal, Le Pays Laurentien-G. Malchelosse, 1918, 166 p . Avec une préface de l'auteur. Le recueil contient *Les Disques d'airain, Premières poésies et Rêveries.* Trois poèmes qui figurent ici ont été mis en musique: *Ode à Reims* (1916) et *Retour* (1918) par l'abbé J.-O. Lagacé; *Chansonnette* par Stella Ricard (1918).

Les Aubes sur les cimes (poésie), [s.l., s.é.], 1924, 12 p.; Montréal, Librairie Victor Grenier, [1924], 37 p.

Poésies choisies, Montréal, Victor Grenier, 1932, 39 p.

Le Poète mourant (poème), Dev, vol. 15, n⁰ 72, 25 mars 1924, p. 3.

Madeleine de Verchères (poème), dans *La Revue moderne,* 5ᵉ année, n⁰ 5, mars 1924, p. 18.

ÉTUDES

[J.-L.-L. D'Artrey], dans *L'Anthologie internationale,* Paris, La France universelle, 1927, p. 69–72.

Germain Beaulieu, *Nos immortels,* Montréal, A. Lévesque, 1931, p. 19–28.

BALLE-RANCHE. Voir **BILODEAU,** ERNEST.

BALTE, LUCIEN. Voir **FAUTEUX,** AEGIDIUS.

BAPTISTE. Voir **BÉDARD,** JOSEPH ISIDORE.

BARBEAU, JEAN (1945–). Dramaturge, né à Saint-Romuald (Lévis). Ses études classiques au Collège de Lévis (1958–1966) sont suivies d'un séjour à l'Université Laval qu'il quitte en 1969 pour ne faire que du théâtre. Ses premières pièces, écrites en collaboration, «Cain et Babel» et «La Goêle», sont montées respectivement au Collège de Lévis (1966) et au Théâtre de l'Estoc (1967). À l'université, il se joint à la Troupe des Treize, troupe de théâtre amateur fondée en 1949 qui, en mars 1968, joue sa pièce «Etcétéra», suivie d'une création collective, «Le Frame All-dressed». Jouée au concours du Festival d'art dramatique, «Etcétéra», avec une mise en scène conçue par Jean Guy, remporte le deuxième prix à la finale nationale de Windsor. Jean Barbeau est également l'auteur de plusieurs textes radiophoniques d'une demi-heure présentés à l'émission «Atelier» de Radio-Canada. En 1969, avec les

comédiens Dorothée Berryman, Marc Legault, Claude Septembre et avec le peintre Claude Fleury, Barbeau fonde le Théâtre quotidien de Québec sur la scène duquel plusieurs de ses pièces ont été jouées. En 1970, sous la direction d'Yvon Thiboutot, les finissants du Conservatoire de Montréal montent *Manon Lastcall.* En janvier 1971, « O-71 » sert de spectacle d'ouverture au Théâtre du Trident. Ces faits attestent l'importance croissante de son œuvre. Barbeau a déjà une trentaine de pièces à son crédit, sans compter une douzaine de courts textes radiophoniques et quelques essais cinématographiques. C'est le dramaturge le plus prolifique du Québec. On l'a joué sur un grand nombre de scènes, et la saison 1979–1980 marque une année faste: quatre nouveaux textes joués, une pièce en tournée, plusieurs pièces publiées chez Leméac. Il faut ajouter à cette production impressionnante un bon nombre de traductions et des spectacles en anglais au Canada et aux États-Unis. Contestant pendant des années la conception « hiérarchique » du théâtre où l'auteur est roi et maître, puis effectuant un retour à l'écriture traditionnelle, Barbeau opte pour une thématique québécoise centrée sur « l'impuissance endémique d'un destin individuel sans cesse confondu avec notre histoire collective », comme l'explique Adrien Gruslin. Malgré l'humour, les calembours et les bons mots, l'œuvre est teintée d'un profond pessimisme. « Depuis *Goglu* (1970), le dramaturge tente de circonscrire l'impuissance atavique, un pied dans le quotidien, l'autre dans l'imaginaire. Cette constante de l'imaginaire lui permet d'aller au plus profond des choses tout en traduisant une incapacité d'assumer une réalité aliénante ». Au cours des années 1980, Barbeau est devenu le « champion » des théâtres d'été. En été 1983, Martial Dassylva remarque après avoir énuméré les six titres de Barbeau: « Il faut lui reconnaître le mérite d'être beaucoup joué et aisément jouable ».

ŒUVRES

Le Chemin de Lacroix, suivi de Goglu (théâtre), [Montréal], Leméac, 1971, 75 p. Présentation de Jean Royer. « RQ »; 1977, 119 p. « Théâtre ». Traduction anglaise par Laurence R. Bérard et Philip W. London: *The Way of Lacrosse,* Toronto, Playwrights Co-op, 1973, [43 p. numérotées ainsi d'un seul côté: i 28, ii 14].

Ben-Ur (théâtre), [Montréal], Leméac, 1971, 108 p. Présentation d'Albert Millaire. « RQ ».

Manon Lastcall, et Joualez-moi d'amour (théâtre), [Montréal], Leméac, 1972, 98 p. Introduction de Jacques Garneau. « TC ».

Le Chant du sink (théâtre), [Montréal], Leméac, 1973, 83 p. Préface de Jean-Guy Sabourin. « RQ ».

La Coupe stainless, suivi de Solange (théâtre), [Montréal], Leméac, 1974, 111 p. « RQ ».

Citrouille (théâtre), [Montréal], Leméac, 1975, 101 p. « RQ » ; 1982, « Théâtre ».

Une brosse (théâtre), [Montréal], Leméac, 1975, 113 p. Présentation de Jean Royer. « Théâtre ».

Dites-le avec des fleurs (théâtre), [Montréal], Leméac, 1976, 125 p. Collab. Marcel Dubé. « Théâtre ».

Émile et une nuit (théâtre), [Montréal], Leméac, 1979, 95 p. Préface de Michèle Marineau. « Théâtre ».

Le Jardin de la maison blanche (théâtre), [Montréal], Leméac, 1979, 129 p. Préface de Jean-Pierre Leroux. « Théâtre ».

Une marquise de Sade et un lézard nommé King-Kong, [Montréal], Éditions Leméac, [1979], 98 p. « Théâtre ».

Le Théâtre de la maintenance (théâtre), [Montréal], Leméac, 1979, 103 p. Préface de Laurent Mailhot. « Théâtre ».

Les Gars, [Montréal], Leméac, 1984, 153 p. Ill. « Théâtre ».

La Vénus d'Émilio, [Montréal], Leméac, 1984, 138 p. Ill. « Théâtre ».

Le Grand Poucet, [Montréal], Leméac, 1985, 173 p. Portrait. « Théâtre ».

Cœur de papa, [Montréal], Leméac, 1986, 158 p. Portrait. « Théâtre ».

Les Écœurants à Brassard-Hébert, dans *Le Carabin*, vol. 29, n° 11, 17 oct. 1968, p. 13.

ÉTUDES

Jean Garon, « *La Geôle* », une tentative de renouvellement théâtral, So, vol. 70, n° 80, 1er avril 1967, p. 23.

Id., *Un auteur à la découverte de ses moyens*, So, vol. 71, n° 50, 2 mars 1968, p. 25.

Id., *Excellent Départ pour le T.Q.Q.*, So, vol. 72, n° 80, 30 mars 1970, p. 11.

Michel Beaulieu, *Québec a son auteur à succès*, Pe, vol. 13, n° 13, 17 avril 1971, p. 14, 17-19.

Jean-Cléo Godin, *Le Théâtre. Rire à pleurer*, EF, vol. 7, n° 4, nov. 1971, p. 425-433.

Laurent Mailhot, *Le Chemin de Lacroix, Goglu et Ben-Ur de Jean Barbeau*, LAQ 1971, p. 112-114.

Yves Bolduc, *Jean Barbeau ou La Mise à mort du héros vaincu*, LAQ 1972, p. 353-362.

Hélène Beauchamp-Rank, *Le Chant du sink de Jean Barbeau*, LAQ 1973, p. 162-163.

Ronald Bérubé, *Jean Barbeau, La Coupe stainless, suivi de Solange*, LAQ 1974, p. 160-161.

François Hébert, *Jean Barbeau. Citrouille. Une brosse*, LAQ 1975, p. 150-151.

Martial Dassylva, *Jean Barbeau et l'Au-delà du réel québécois*, Pr, 91e année, n° 111, 10 mai 1975, p. D-14.

Jean-Cléo Godin, *Jean Barbeau et Marcel Dubé. Dites-le avec des fleurs*, LAQ 1976, p. 193-194.

Donald Smith, *Jean Barbeau, dramaturge* (entrevue), LQ, vol. 1, n° 8, févr. 1977, p. 34-39.

[Collectif], *Jean Barbeau*, dans *La NCT*, Cahiers mars 1978, 13e année, n° 3, 29 p.

Adrien Gruslin, *Un théâtre qui trace un certain visage du Québec*, Dev, vol. 70, n° 42, 7 avril 1979, p. 19-20.

Lucie Robert, *Jean Barbeau. Émile et une nuit. Une marquise de Sade. Le Théâtre de la maintenance. Le Jardin de la maison blanche*, LAQ 1979, p. 183-185.

Gilbert David, *Émile et une nuit*, dans *Jeu*, n° 14, 1980, p. 174-175.

Robert Lévesque, *Jean Barbeau. C'est arrivé dans la rue hier*, Dev, vol. 73, n° 146, 26 juin 1982, p. 17.

André Dionne, *Le Grand Poucet de Jean Barbeau*, LQ, n° 29, printemps 1983, p. 46.

Robert Lévesque, *Michaud sauve « Les Gars »*, Dev, vol. 74, n° 84, 13 avril 1983, p. 14.

Martial Dassylva, *Théâtre d'été 1983. Jean Barbeau toujours champion*, Pr, 99e année, n° 146, 25 juin 1983, p. C-1.

BARBEAU, MARIUS (1883-1969). Anthropologue et folkloriste, né à Sainte-Marie-de-Beauce. Il fait ses études au Collège Sainte-Anne-de-la-Pocatière, à l'Université Laval (licence en droit), au Collège Oriel d'Oxford (bourse Rhodes, 1907-1910 : sciences et ethnographie) et à la Sorbonne (études d'anthropologie). Attaché au Musée national d'Ottawa, il y occupe le poste d'ethnographe (1915-1948), et enseigne, à titre de professeur invité, à l'Université Laval et à l'Université d'Ottawa. Il est reçu à la Société royale du Canada en 1916. Il exerce son activité au sein de nombreuses sociétés : membre de l'American Folk-Lore Society et coéditeur de la revue *The Journal of American Folk-Lore*, membre de la Canadian Authors Association, de la Washington Academy of Sciences, membre fondateur de l'Académie canadienne-française. Il participe également à la fondation de la Société historique du Canada. Le prix David (section anglaise) lui est décerné en 1925 pour *Indian Days in the Canadian Rockies* et, en 1929, pour *The Downfall of Temlaham*. En 1937, il est élu président du Comité consultatif national pour la protection de la faune au Canada et président de la Société canadienne de musique folklorique. L'année suivante, l'Université de Montréal lui confère le grade de docteur « honoris causa ». Durant sa longue carrière, Marius Barbeau collabore à différentes revues : *Bulletin du Parler français au Canada, La Revue canadienne, La Revue populaire, Scientific American, The Bulletin of the Geographic Society of Philadelphia, Le Canada français, Culture, Revue de l'Université d'Ottawa*. Au début des années 1920, il rencontre Béla Bartók et Zoltán Kodály qui l'incitent à travailler sur la musique des Amérindiens. Travailleur infatigable, il est le premier Canadien à consacrer sa vie aux recherches folkloriques. Il en élargit aussi les perspectives en prêtant une attention soutenue à la difficile ethnographie des autochtones. Il a publié de très nombreux articles et plus de cinquante volumes qui vont des études d'ethnographie scientifique aux recueils de contes folkloriques et aux contes pour enfants, l'anthropologue s'accompagnant du vulgarisateur et du littérateur. Selon Lotta Hitschmanova, « Marius Barbeau n'est pas seulement le grand spécialiste des traditions du Canada français. Il est presque incroyable qu'il ait pu, avec le même enthousiasme, le même dévouement scientifique, s'adonner à une tâche aussi compliquée, peut-être plus responsable encore et plus exigeante : l'ethnologie des Indiens. Il a partagé son temps entre deux civilisations, les a explorées avec pareil bonheur, et le monde scientifique d'aujourd'hui accepte ses conclusions comme venant d'une autorité incontestable ».

ŒUVRES

Classification of Iroquoian Radicals with Subjectives Pronominal Prefixes (étude), Ottawa, Department of Mines, 1915, 30 p. Geological Survey, Memoir 46. Anthropological Series, nº 7.

Huron and Wyandot Mythology (étude), Ottawa, Department of Mines, 1915, xiv, 437, viii p. Geological Survey, Memoir 80. Anthropological Series, nº 11.

Contes populaires canadiens, New York, American Folk-Lore Society, 1916, 154 p.

Indian Days in the Canadian Rockies (étude), Toronto, MacMillan, 1923, 207 p. Ill. de W. Langdon Kihn.

Folk Songs of French Canada, New Haven, Yale University Press, 1925, xxii, 216 p. Collab. Edward Sapir.

The Downfall of Temlaham (histoire), Toronto, MacMillan, 1928, xii, 253 p. Ill. d'A.Y. Jackson, Edwin H. Holgate, W. Langdon Kihn, et al. ; Edmonton, Hurtig Publishers, 1973.

Totem Poles of the Gitksan, Upper Skeena River, British Columbia (étude), Ottawa, Department of Mines, National Museum of Canada, 1929, vi, 275 p. Bulletin nº 61. Anthropological Series, nº 12.

Au cœur de Québec (voyages), Montréal, Éditions du Zodiaque/Librairie Déom Frères, 1934, 201 p. « Z ».

Cornelius Krieghoff, Pioneer Painter of North America (biographie), Toronto, MacMillan, 1934, 152 p. Ill.

La Merveilleuse Aventure de Jacques Cartier (histoire), Montréal, Albert Lévesque, 1934, 117 p. « Documents historiques ».

Chansons populaires du vieux Québec, [Ottawa], Ministère des Mines/Musée national du Canada, 1935, 61 p. Ill. d'Arthur Lismer. Bulletin 75. Série anthropologique

nº 16. Bibliographie. Traduction anglaise par Regina Lenore Shoolman : Folk-Songs of Old Quebec, [Ottawa], Department of Mines/National Museum of Canada, [1935], 72 p. Bulletin nº 75. Anthropological Series, nº 16 ; Department of the Secretary of State, 1964.

Grand-mère raconte... (contes populaires), Montréal, Éditions Beauchemin, 1935, 103 p. Ill. de Phoebé Thompson ; Toronto/New York/London, Longmans, Green and Co., 1947, xii, 105 p. Canadian School Edition Edited with Vocabulary, Questions and Exercises by Françoise Clément.

Il était une fois (contes), Montréal, Beauchemin, [1935], 105 p. Ill. de Phoebé Thompson ; Montréal, Éditions Héritage, 1976, 127 p. Ill. de Claude Poirier. « Pour lire avec toi ».

The Kingdom of Saguenay (histoire), Toronto, MacMillan, 1936, 167 p. Ill. d'A.Y. Jackson, George Pepper, Katleen Daly, et al.

Québec Where Ancient France Lingers, Québec/Toronto, Garneau/MacMillan, [1936], 173 p. Ill. de Marjorie Borden. Traduction française, [s.t.] : Québec où survit l'ancienne France, Garneau, 1937, 176 p.

Romancero du Canada, Montréal, Éditions Beauchemin, 1937, 254 p. Préface de Marguerite Béclard d'Harcourt.

Assomption Sask. (étude), Ottawa, Department of Mines and Resources/National Museum of Canada, 1939, 51 p. Bulletin nº 93. Anthropological Series, nº 24.

Le soldat canadien chante, Ottawa, Service de guerre de la Légion canadienne, 1940, 40 p. Ill. d'Arthur Lismer. Lettrage de Joseph-Ovila Fortin.

French-Canadian Backgrounds (essai), Toronto, Ryerson Press, [1940], 101 p. Collab. Olivier Maurault, Henri Saint-Denis, Jean Bruchési et Léon Mercier-Gouin. « The New Dominion Books ».

Aux armes, Canadiens ! (chansons), Ottawa, Hutte canadienne des Chevaliers de Colomb, 1941, 40 p. Ill. d'Arthur Lismer. Lettrage de Joseph-Ovila Fortin.

Henri Julien (biographie), Toronto, Ryerson Press, 1941, 44 p.

Les Rêves des chasseurs (conte), Montréal, Beauchemin, 1942, 117 p. Ill. de Phoebé Thompson et Marjorie Borden.

Maîtres artisans de chez nous (étude), Montréal, Éditions du Zodiaque, 1942, 221 p. « Z ».

The Indian Speaks (contes), Caldwell/Toronto, Caxton Printers/MacMillan Company of Canada, 1943, 117 p. Collab. Grace Melvin. Ill.

Saintes Artisanes (étude), Montréal, Fides, [1943-1946], 2 t. « Cahiers d'art Arca » : t. 1, Les Brodeuses, [1943], 117 p. Ill. ; t. 2. Mille petites adresses, [1946], 157 p.

Côté, the Wood Carver (biographie), Toronto, Ryerson Press, 1943, 43 p. « Canadian Art ».

Madones canadiennes (étude), Montréal, Beauchemin, 1944, 289 p. Collab. Rina Lasnier.

Mountain Cloud (roman), Toronto, MacMillan, 1944, 300 p. Ill. de Thoreau MacDonald ; Traduction française [s.t.] : *Le Rêve de Kamaemouk,* Montréal, Fides, 1948, 231 p. « N ». Préface de Luc Lacourcière ; Paris/Montréal, 1962. Ill. de Grace Melvin.

Ceinture fléchée (étude), Montréal, Éditions Paysana, 1945, 112 p. ; Éditions de l'Étincelle, [1973], 111 p. Nouvelle préface de Marcel Rioux.

L'Homme aux trois femmes (théâtre), Montréal, Beauchemin, 1945, 48 p. Collab. Juliette Caron-Dupont. Ill. de Robert Langstadt.

Alouette (chansons), Montréal, Éditions Lumen, 1946, 216 p. « Hu ».

Come a Singing ! Canadian Folk-Songs (chansons), Ottawa, Department of Mines and Resources, Mines and Geology Branch/National Museum of Canada, 1947, vi, 59 p. Collab. Arthur Lismer et Arthur Bourinot. Bulletin nº 107. Anthropological Series, nº 26 ; National Museums of Canada/National Museum of Man, 1973.

L'Arbre des rêves (légendes), Montréal, Éditions Lumen, [1947], 189 p. Ill. « Hu » ; Traduction anglaise [s.t.] : *The Tree of Dreams,* Toronto, Oxford University Press, 1955, ix, 112 p.

Alaska Beckons (étude), Caldwell/[Toronto], Caxton Printers/MacMillan Company of Canada, 1947, 343 p. Ill. d'Arthur Price. (Bibliographie).

Cornelius Krieghoff (biographie), Toronto, Ryerson Press, 1948, 36 p. « Canadian Art » ; McClelland and Stewart, 1962, 29 p. « Gallery of Canadian Art ».

Les Contes du Grand-Père Sept-Heures, Montréal, [Chanteclerc], 1950–1953, 12 t. : t. 1, *Le Phénix doré,* 1950, 61 p. Ill. d'Arthur Price ; t. 2, *Le Fin Voleur de Valenciennes,* 1950, 64 p. Ill. d'Arthur Price ; t. 3, *La Princesse du Tomboso,* 1950, 64 p. Ill. d'Arthur Price ; t. 4, *L'eau qui rajeunit,* 1950, 62 p. Ill. de Phoebe Thompson ; t. 5, *La Fontaine de Paris,* 1950, 64 p. Ill. d'Arthur Price ; t. 6, *La Bague de vertu,* 1950, 63 p. Ill. de Phoebe Thompson ; t. 7, *Le Meunier sans-souci,* 1953, 63 p. Ill. d'Arthur Price ; t. 8, *La Fée de la mer verte,* 1953, 63 p. Ill. d'Arthur Price ; t. 9, *Le Fantôme ingrouillable,* 1953, 63 p. Ill. d'Arthur Price ; t. 10, *La Vieille Fée aigruchonne,* 1953, 64 p. Ill. d'Arthur Price ; t. 11, *Le miroir qui parle,* 1953, 63 p. Ill. d'Arthur Price ; t. 12, *Le Monstre noir,* 1953, 63 p. Ill. d'Arthur Price.

Totem Poles (étude), Ottawa, Department of Resources and Development/National Museum of Canada, 1950. Bulletin nº 119, Anthropological Series, nº 30, 2 t. : t. 1, *Totem Poles According to Crests and Topics,* xii, 433 p. ; t. 2, *Totem Poles According to Location,* xi, 434–881 p. ; Department of the Secretary of State/National Museum of Canada, 1964, 2 t. : xii, 434 p. ; x, 435–881 p.

The Tsimshian : Their Arts and Music (étude), New York, J.J. Augustin, 1951, xii, 290 p. Collab. Sir E. MacMillan, M. Béclard d'Harcourt et H. Lefebvre.

Haida Myths Illustrated in Argyllite Carvings (étude), Ottawa, Department of Resources and Development, National Parks Branch/National Museum of Canada, 1953, x, 417 p. Bulletin nº 127. Anthropological series, nº 32.

Haida Carvers in Argyllite (étude), Ottawa, Department of Northern Affairs and National Resources/National Museum of Canada, 1957, xiii, 214 p. Bulletin nº 139. Anthropological series, nº 38.

J'ai vu Québec (voyages), Québec, Librairie Garneau Ltée, 1957, [n.p., 157 p.]. Ill. d'Arthur Price ; Traduction anglaise : *I Have seen Québec,* Toronto, MacMillan Company of Canada Ltd., 1957, [n.p., 169 p.].

Trésor des anciens Jésuites (étude), Ottawa, Ministère du Nord canadien et des Ressources nationales/Musée national du Canada, 1957, x, 242 p. Bulletin nº 153. Série anthropologique, nº 43.

Medicine-Men of the North Pacific Coast (étude), Ottawa, Department of Northern Affairs and National Resources/National Museum of Canada, 1958, 95 p. Ill. Bulletin nº 152. Anthropological series, nº 42.

Pathfinders in the North Pacific (étude), Caldwell/Toronto, Caxton Printers/Ryerson Press, 1958, 235 p. Bibliographie.

The Golden Phoenix, and Other French-Canadian Fairy Tales (contes), London, Oxford University Press, 1958, 144 p. Retold by Michael Hornyansky. Ill. d'Arthur Price ; New York/Richmond Hill (Ont.), Scholastic Book Services, 1965 ; *The Golden Phoenix and Other Fairy Tales from Quebec,* Toronto, Oxford University Press, 1980. Traductions danoise et japonaise.

Roundelays ; Folk Dances and Games Collected in Canada and New England, Ottawa, National Museum of Canada, 1958, 104 p. Bulletin nº 151. Anthropological Series, nº 41.

Indian Days on the Western Prairies (étude), Ottawa, Department of Northern Affairs and National Resources/National Museum of Canada, 1960, vi, 234 p. Portraits par W. Langdon Kihn. Ill. d'Arthur Price.

Huron-Wyandot Traditional Narratives in Translations and Native Texts (étude), Ottawa, Department of Northern Affairs and National Resources, National Museum of Canada, 1960, vi, 338 p. Bulletin nº 165. Anthropological Series, nº 47.

Tsimsyan Myths (étude), Ottawa, Department of Northern Affairs and National Resources, National Museum of Canada, 1961, v, 97 p. Ill. Bulletin nº 174. Anthropological Series, nº 51.

Le Rossignol y chante. Première partie du Répertoire de la chanson folklorique française au Canada, Ottawa, Ministère du Nord canadien et des Ressources nationales/Musée national du Canada, 1962, 485 p. Ill. Avant-propos de l'auteur. Bulletin nº 175. Série anthropologique, nº 52 ; Musée national de l'Homme/Musées nationaux du Canada, 1979. Nouvelle préface de Carmen Roy.

Peaux-rouges d'Amérique : leurs mœurs, leurs coutumes (étude), Montréal, Beauchemin, 1965, 125 p. Ill. de Cécile Chabot.

Comment on découvrit l'Amérique (étude), Montréal, Beauchemin, 1966, 119 p. Ill. de Cécile Chabot.

Fameux Peaux-Rouges d'Amérique du nord-est au nord-ouest (étude), Montréal, Beauchemin, 1966, 284 p. Ill. de Cécile Chabot.

Le Saguenay légendaire (étude), Montréal, Librairie Beauchemin, 1967, 147 p. Ill.

Louis Jobin statuaire (biographie), Montréal, Librairie Beauchemin, 1968, 147 p. Ill.

The Magic Tree and Other Tales, New York/Toronto, Scholastic Book Services, 1969, 128 p. Retold by Michael Hornyansky. Ill. d'Arthur Price.

En roulant ma boule. Deuxième partie du Répertoire de la chanson folklorique française au Canada, Ottawa, Musée national de l'Homme/Musées nationaux du Canada, 1982, xviii, 753 p. Ill. Préface de Pierre Crépeau.

Art of the Totem. Totem Poles of the Northwest Coastal Indians, Surrey (C.-B.)/Blaine (Washington, É.-U.), Hancock House, 1984, 64 p. Ill.

Pantagruel in Canada, Ottawa, National Museum of Canada, 1984, viii, 118 p. Ill.

Le Folklore canadien-français, MSRC, série 3, vol. 9, section 1, 1915, p. 449-481.

Les Traditions orales françaises au Canada, BPF, vol. 15, n° 7, mars 1917, p. 300-318.

Blason, Géographie et Généalogie populaire de Québec, dans *The Journal of American Folklore,* vol. 33, n° 130, oct.-déc. 1920, p. 346-366.

Alexis le trotteur, CF, vol. 27, n° 9, mai 1940, p. 881-891.

L'Île d'Orléans, dans *Cul-Q,* vol. 49, n° 4, hiver 1942-1943, p. 374-384.

Boily, le ramancheur, dans *Liaison,* vol. 2, n° 13, mars 1948, p. 145-153.

Folklore, CACF, n° 9, 1965, 180 p. Avant-propos de Victor Barbeau.

ÉTUDES

E. MacMillan, *Folk Songs of French Canada,* dans *The Canadian Forum,* vol. 6, n° 63, déc. 1925, p. 79-80, 82.

Maurice Hébert, *Au cœur du Québec,* CF, vol. 22, n° 7, mars 1935, p. 665-671.

Clarisse Cardin, « Bio-bibliographie de Marius Barbeau ». Mémoire. École des bibliothécaires de l'Université de Montréal, 1942, 101 f. Préface de M. Louvigny de Montigny.

Lotta Hitschmanova, *Marius Barbeau, ami de l'habitant et du sauvage,* C, vol. 7, n° 7, n° 1, mars 946, p. 66-71.

Félix-Antoine Savard, *Marius Barbeau et le folklore,* RUL, vol. 1, n° 3, nov. 1946, p. 175-184.

Jacques Deguire, *Hommage à Marius Barbeau,* dans *Les Archives de folklore,* vol. 2, Québec, PUL, 1947, p. 7-96.

Victor Barbeau, *L'Arbre des rêves,* dans *Liaison,* vol. 2, n° 14, avril 1948, p. 236-238.

Nanpi Sevayze, *The Man Hunters: Jenness, Barbeau, Wintemberg,* Toronto, Clarke, Irwin, 1960, xi, 180 p.

Léon Bernard, *Les Archives de folklore de l'Université Laval,* CuV, n° 23, déc. 1971, p. 3-11. Entrevue avec M. Luc Lacourcière.

Fernande St-Martin, *Origines et Destin des cultures dans l'œuvre de Marius Barbeau,* VIP, vol. 2, n° 2, déc. 1976, p. 240-254.

Jean Du Berger, *Marius Barbeau : le conte et le conteur,* EF, vol. 12, n°s 1-2, avril 1976, p. 61-70.

Marthe Lemery, *Le Destin exceptionnel de Marius Barbeau,* Dr, 70e année, n° 244, 15 janv. 1983, p. 23.

BARBEAU, RAYMOND (1930–   ). Critique, homme politique, naturopathe, né à Montréal. Après ses humanités à l'Institut Alie (B.A., 1952), il obtient un baccalauréat en droit du Blackstone College of Law de Chicago (1953), un doctorat de la Sorbonne pour une thèse intitulée *Un prophète luciférien, Léon Bloy* (1955), un doctorat du Lincoln College of Naturopathic Physicians and Surgeons (1964) et un doctorat en science de la nutrition du European College of Sciences of Man (1967), et une licence de naturopathe du gouvernement de l'Ontario (1968). Professeur de langue et de littérature française à l'École des Hautes Études commerciales de Montréal, de 1959 à 1967, il quitte l'enseignement et ouvre une clinique de naturopathie à Montréal. Barbeau est l'auteur d'une bonne douzaine d'ouvrages. Sa thèse sur Bloy a fait un assez beau tapage : « Thèse érudite, écrivait le père Mignault, d'un dogmatisme haletant, qui troublera les profanes et forcera les amis de Léon Bloy à confirmer leurs positions. Ce ne sera pas trop difficile ». Naturopathe, il est membre des académies des sciences de New York, du Brésil et de Rome, de l'Académie nationale de psychologie de France..., et mérite plusieurs récompenses dont le prix international Dag Hammarskjöld (1983) du Conseil académique Pax Mundi. Au Québec, on voit principalement en Raymond Barbeau le penseur et l'animateur de l'indépendantisme. Il a fondé les mouvements Alliance laurentienne (1957-1964) et Les Fils du Québec (1970-), ainsi que la revue Laurentie (1957-1962). On l'a appelé le père de l'indépendantisme de l'après-guerre, le grand prêtre du culte de l'autodétermination..., et il a reçu plusieurs décorations, telle la médaille Bene Merenti de Patria (1977) de la Société Saint-Jean-Baptiste qui le proclame patriote de l'année, en 1978. Vincent Lemieux dit de *Québec est-il une colonie ?* : « Ces propos révèlent davantage de la littérature que de la démonstration scientifique », et Charles Bujold a jugé que *La Libération économique du Québec* contenait des développements « insuffisants », des « opinions éminemment discutables » et « un souffle de passion qui seyait mal à l'étude d'un sujet de cette importance ».

ŒUVRES

Un prophète luciférien, Léon Bloy (essai), Aubier, Éditions Montaigne, 1957, 287 p.

J'ai choisi l'indépendance (essai), Montréal, Les Éditions de l'Homme, 1961, 127 p.

Le Québec est-il une colonie? (essai), Montréal, Les Éditions de l'Homme, 1962, 159 p. ; Paru sous le titre : *Oui au Référendum, Procès de la Confédération canadienne* (essai), Montréal, Les Fils du Québec, 1977, 44 p.

La Libération économique du Québec (essai), Montréal, Les Éditions de l'Homme, 1963, 159 p.

Le Québec aux Québécois ; directives 1965, Montréal, Éditions Actualité, 1965, 16 p. Collab. Marcel Chaput, Réginald Chartrand et René Jutras. Portrait.

Le Québec bientôt unilingue? (essai), Montréal, Les Éditions de l'Homme, 1965, 159 p.

Mangez bien et rajeunissez (essai), Montréal, Les Éditions de l'Homme, 1966, 127 p.

Votre santé par la naturopathie (essai), Montréal, Éditions Natura, 1967, 127 p.

L'Importance du magnésium dans la santé (essai), Montréal, Éditions Natura, 1967, 159 p.

Recettes naturistes pour les Québécois (essai), Montréal, Clinique Barbeau, 1970, 331 p. Ill.

La Cause du cancer (essai), Montréal, Clinique Barbeau, 1971, 285 p.

La Cause inconnue des maladies, Montréal, Clinique Barbeau, 1972, 413 p.

Pour un référendum vraiment démocratique : mémoire à la Commission parlementaire sur la consultation populaire au Québec présenté le 25 septembre 1977 (essai), Montréal, Les Fils du Québec, 1977, 5 f.

Orgasmes du couple (essai), Montréal, Éditions Québecor, 1980, 122 p. Ill.

La Reconnaissance de la naturopathie par le gouvernement du Québec : requête présentée au Conseil des ministres du Québec par le Collège des naturopathes du Québec, Montréal, Le Collège des naturopathes du Québec, 1985, 54 p.

ÉTUDES

Thomas Mignault, *Un prophète luciférien, Léon Bloy,* Rel, 17e année, no 199, juillet 1957, p. 195-196.

Charles Bujold, *J'ai choisi l'indépendance de Raymond Barbeau,* LAC 1961, p. 61.

Vincent Lemieux, *Le Québec est-il une colonie? de Raymond Barbeau,* LAC 1962, p. 84.

Charles Bujold, *La Libération économique du Québec, de Raymond Barbeau,* LAC 1963, p. 109.

Jean-Charles Bonenfant, *Les Études souples,* dans *University of Toronto Quarterly,* vol. 35, no 4, 1965-1966, p. 524-536.

Renée Rowan, « *Mangez bien et rajeunissez* » par *Raymond Barbeau,* Dev, vol. 57, no 238, 13 oct. 1966, p. 9.

Jean-Pierre Richard, *Recevant la médaille* « *Bene Merenti de Patria* », *Raymond Barbeau prédit :* « *La cité libre et le pays libre* », Pr, 93e année, no 21, 26 janv. 1971, p. H-1.

BARBEAU, SUZANNE. Voir **MELOCHE, SUZANNE**.

BARBEAU, VICTOR [Turc] (1896-). Critique et essayiste, né à Montréal. Il fait ses études au Collège Sainte-Marie (1902-1913), à l'Université Laval à Montréal (1913-1915), à l'Université de Paris (diplôme d'études supérieures de philosphie en 1924). Il fait partie de la R.A.F. pendant la Première Guerre mondiale. Il collabore à de nombreux journaux et revues : *Le Devoir, Le Nationaliste, La Presse, La Patrie, Le Canada, L'Économiste* (dont il est le directeur), *L'Action nationale, Liaison* (qu'il fonde en 1946),... Cofondateur et président de la Société des écrivains canadiens (1937-1944), il est aussi président fondateur de « La Familiale » (1937-1960) et de l'Alliance des Coopératives de consommation (1938). Il est professeur titulaire de langue et de littérature française à l'École des Hautes Études commerciales de Montréal (1925-1963), professeur invité de corporatisme à l'Université Laval (1939-1943) et de littérature contemporaine à l'Université McGill (1939-1942). Victor Barbeau est également président du PEN Club (Poets, Playwrights, Editors, Essayists, Novelists) de Montréal (1939-1944). Fondateur de l'Académie canadienne-française (1944), il en conçoit les *Cahiers* auxquels il collabore activement. En 1959, la Société Saint-Jean-Baptiste de Montréal lui attribue le prix Duvernay. Il est docteur honoris causa des universités de Montréal, Laval et Aix-Marseille. Il est membre du Conseil international de la langue française et officier de l'Ordre du Canada. Ses *Cahiers de Turc* (1921-1922, 1926-1927, 16 cahiers en tout) révèlent un critique et un chroniqueur redoutable qui étonne ses lecteurs tant par la fermeté et même la violence du ton que par la qualité de la langue. Victor Barbeau s'intéresse à la politique ou à l'économie comme à la littérature et à la langue qui toutes concourent à une culture vivante. Il analyse, dénonce, fustige impitoyablement, mais toujours — pour emprunter un de ses titres — « Pour nous grandir ». « Cette intolérance, toutefois, écrit Gilles Marcotte, ne relève pas d'un système d'une pensée arrêtée, cantonnée dans le refus. J'y vois plutôt un rêve, un grand rêve, qui se brise, et n'accepte pas d'être brisé : celui d'une littérature canadienne-française qui offrirait au monde la forte, la convaincante image de ce que nous sommes — ou de ce que nous aurions pu devenir — et que nous pouvons peut-être encore devenir ».

ŒUVRES

Mesure de notre taille (essai), Montréal, Le Devoir, 1936, 245 p.

Pour nous grandir. Essai d'explication des misères de notre temps, Montréal, Imprimé au Devoir, 1937, 243 p.

Le Ramage de mon pays. Le français tel qu'on le parle au Canada (essai), Montréal, Éditions Bernard Valiquette, 1939, 225 p.

Vocabulaires normalisés (étude), Montréal, Office de linguistique de la Société des écrivains canadiens, 1941, 45 p.

Ville, ô ma Ville (essai), Montréal, Éditions de la Société des écrivains canadiens, 1942, 405 p. Collab. Francis-J. Audet *et al.*

Fidélité à Ville-Marie (récits et légendes), Montréal, Éditions de la Société des écrivains canadiens, 1942, 162 p.

Initiation à l'humain (étude), Montréal, Éditions de « La Familiale », 1944, 179 p.

La Société des écrivains canadiens. Ses règlements, son action : bio-bibliographie de ses membres, Montréal, Éditions de la Société des écrivains canadiens, 1944, 119 p.

Géraldine Bourbeau, peintre-céramiste-critique d'art, 1906-1953 (biographie), Montréal, Victor Barbeau éditeur, 1954, 158 p. Collab. Louise Gadbois.

L'Académie canadienne-française (bio-bibliographie de ses membres), Montréal, Académie canadienne-française, 1955, 61 p. ; 1960, 61 p. ; 1963, 84 p.

Libre Examen de la démocratie (essai), Montréal, Librairie Beauchemin, 1960, 147 p.

Le Français du Canada (étude), Montréal, Publications de l'Académie canadienne-française, 1963, 252 p. ; Québec, [Éditions Garneau], 1970, 305 p. « Garneau/Histoire ». (Nouvelle édition revue et augmentée.)

L'Œuvre du chanoine Groulx. Témoignages. Bio-bibliographie, Montréal, Académie canadienne-française, 1964, 197 p. Collab. Juliette Rémillard et Madeleine Dionne.

La Face et l'Envers. Essais critiques, Montréal, Publications de l'Académie canadienne-française, [1966], 158 p.

Grammaire et Linguistique, CACF, n° 12, 1968, 169 p.

Dictionnaire bibliographique du Canada français, Montréal, Académie canadienne-française, 1974, 246 p. Collab. André Fortier.

La Tentation du passé (autobiographie), Montréal, La Presse, 1977, 179 p. « Ressouvenirs ».

Le Choix de Victor Barbeau dans l'œuvre de Victor Barbeau (discours, essais, conférences), [Notre-Dame-des-Laurentides], Presses Laurentiennes, 1981, 79 p. « Le Choix de... ».

Les Cahiers de Turc, oct. 1921-mars 1922 ; oct. 1926-juil. 1927. (On attribue tous les textes au rédacteur, Victor Barbeau).

Le Français, langue inférieure, AmF, vol. 9, avril 1937, p. 214-219.

La Bourgeoisie et la Culture (conférence), dans *L'Avenir de notre bourgeoisie,* Montréal, Éditions Bernard Valiquette, 1939, p. 57-90. Collab. Esdras Minville et Lionel Groulx.

La France peut être heureuse sans le Canada, RHAF, vol. 5, n° 1, juin 1951, p. 3-14.

Langue vivante ou Langue morte, CaV, 18e année, janv. 1953, p. 10-15.

Des sentiments de l'élite intellectuelle à l'endroit de la Nouvelle-France, CACF, n° 2, *Histoire,* 1957, p. 135-165.

La Danse autour de l'érable, CACF, n° 3, *Essais critiques,* 1958, p. 7-43.

Les Sources, CACF, n° 5, *Linguistique,* 1960, p. 11-24 ; *Les Anglicismes,* p. 41-49.

Le Profit d'être plus homme, CACF, n° 6, *Humanisme,* 1961, p. 135-147.

Ville, ô ma Ville !, CACF, n° 10, *Regards sur Montréal,* 1966, p. 101-122.

Boileau, CACF, n° 11, *Renaissances littéraires,* 1967, p. 62-74.

Paul Morin, CACF, n° 13, *Versions,* 1970, p. 45-119.

ÉTUDES

Mgr Olivier Maurault, *Victor Barbeau,* dans *Brièvetés,* Montréal, Carrier, 1928, p. 161-165.

Léopold Richer, *Mesure de notre taille,* AN, 4e année, t. 8, oct. 1936, p. 131-137.

Valdombre, *Les Prédictions de Victor Barbeau,* PV, 1re année, n° 7, 1er juin 1937, p. 265-289.

Maurice Hébert, *Un ex-pamphlétaire au service de l'ordre,* CL, vol. 25, n° 6, févr. 1938, p. 635-651.

Roger Duhamel, *Initiation à l'humain,* AN, 12e année, vol. 24, déc. 1944, p. 284-291.

Émile Chartier, *Victor Barbeau,* dans *Lectures,* vol. 7, n° 4, déc. 1960, p. 99-100.

[Collectif], *Présence de Victor Barbeau* (essais), Montréal, [s.é., 1963], 31 p. Compilation de Lucie Robitaille. (Divisé en quatre cahiers).

Roger Duhamel, *La Face et l'Envers,* RHAF, vol. 20, n° 3, déc. 1966, p. 473-475.

Jacques Allard, *La Face et l'Envers de Victor Barbeau,* LAC, 1966, p. 122-123.

André Major, *La Face et l'Envers,* AN, vol. 56, n° 5, janv. 1967, p. 503-505.

Yerri Kempf, *Les Pieds dans le plat... culturel,* CCL, vol. 17, n° 5, 15 juin 1967, p. 77-83.

Gaston Pélotte, *Victor Barbeau et la Querelle du régionalisme,* EF, vol. 7, n° 1, févr. 1971, p. 23-47.

Robert Choquette éd., *Victor Barbeau. Hommages et tributs,* CACF, n° 15, 1978, 191 p. Portrait.

Roger Duhamel, *Victor Barbeau ou Le Combat pour l'esprit,* dans *L'Incunable,* 19e année, n° 3, sept. 1985, p. 42-44 ; n° 4, déc. 1985, p. 4-7.

BARBERIS, ROBERT (1938–   ). Critique littéraire et essayiste, né à Montréal. Il fait ses études classiques à l'École du Plateau et au Séminaire Marie-Médiatrice (B.A. en 1960). Inscrit à l'Université de Montréal, il obtient un baccalauréat en pédagogie (1964), une licence en théologie pour une thèse sur « Les Manuscrits autobiographiques de Thérèse de Lisieux » (1964), une licence ès lettres (1969) et une maîtrise ès arts dont le sujet porte sur « La Critique de la religion dans *L'Avalée des avalés* de Réjean Ducharme » (1972), puis il fait la scolarité du doctorat en 1973. Il enseigne les sciences religieuses à la Commission des écoles catholiques de Montréal, au Loyola College, au Collège des Eudistes (1964–1969). En 1969, il devient professeur de français et de littérature au Collège de Sorel-Tracy, charge interrompue en 1978 alors qu'il est conseiller politique du ministre Jacques Couture. Il collabore à plusieurs périodiques : *Le Quartier latin, Maintenant, Le Jour, Le Devoir, L'Information nationale.* Son premier essai est mal accueilli par la critique, mais à la parution de *La Fin du mépris* on reconnaît du talent à Barberis : « Si le premier ouvrage de Robert Barberis nous était apparu comme un pamphlet d'assez faible calibre, écrit Léo Beaudoin, celui-ci nous le révèle sous un tout autre jour. L'écrivain, il est vrai, n'a pas l'élégance du style, mais à travers une phrase le plus souvent laborieuse, on perçoit un irrévocable et total engagement à une cause. [...] D'une indiscutable sincérité avec lui-même comme avec les autres, il n'hésite pas, à l'occasion, à dénoncer des menées ou des tendances qu'il juge néfastes au P.Q. ».

ŒUVRES

De la clique des Simard à Paul Desrochers, en passant par le joual : essai sur des parvenus du pouvoir, Montréal, Éditions québécoises, 1973, 159 p. Ill. Préface d'André Bouchard ; *De la clique des Simard à Paul Desrochers, essai sur les libéraux et leurs stratégies contre l'indépendance,* [Longueuil], Éditions Robert Antoine, 1976, 153, 19–82 p. Ill. (Deuxième édition augmentée d'une analyse des méthodes électorales des libéraux extraite de *Ils sont fous ces libéraux*).
Ils sont fous ces libéraux (essai), [Longueuil], Éditions Robert Antoine, 1974, 157 p. Ill.
La Fin du mépris. Écrits politiques et littéraires (1966–1976) (essai), Montréal, Parti Pris, 1978, 262 p. Ill. Préface de Pierre Drouilly. « Aspects ».
Les Illusions du pouvoir. Les Erreurs stratégiques du gouvernement Lévesque, Montréal, Éditions Sélect, 1980, 238 p. Collab. Pierre Drouilly.
La Rencontre (roman), Montréal, Éditions du Fleuve, 1988, 91 p.

Entretiens avec nos écrivains : Jean Simard, dans *Cahiers des arts et des lettres,* vol. 2, n° 14, 3 févr. 1966, p. 7.
Fanatisme, dans *Le Quartier latin,* vol. 48, n° 30, 10 févr. 1966, p. 4.
Un peuple sans littérature ?, dans *Cahier des arts et des lettres,* vol. 2, n° 19, 10 mars 1966, p. 7.
Menaud, ou L'Impossible Fête, dans *Le Quartier latin,* vol. 11, n° 22, 31 mars 1966, p. 8.
Pédagogie aliénante, BJ, vol. 2, n° 2, oct.–nov. 1966, p. 4–11.
De l'exil au royaume, M, n° 64, avril 1967, p. 122–124.
Littérature québécoise et Religion, M, n° 74, févr.–mars 1968, p. 57–68.
Les Événements du 24 juin et la Fusion des éléments indépendantistes, Dev, vol. 59, n° 157, 6 juillet 1968, p. 4, 6.
Montréal, état policier : une enquête s'impose, M, n° 79, août–sept. 1968, p. 211–212.
La partie d'échecs avec Trudeau continue, dans *L'Information nationale,* 30e année, n° 4, mai 1981, p. 13.

ÉTUDES

[Anonyme], *Barberis, Robert. Ils sont fous ces libéraux,* dans *Le Livre canadien,* vol. 5, déc., 1974, n° 361.
Léo Beaudoin, *Barberis Robert. La Fin du mépris. Écrits politiques et littéraires (1966–1976),* dans *Nos livres,* vol. 10, mai 1979, n° 169.
Aurélien Boivin, *La Fin du mépris de Robert Barberis,* dans *Québec français,* n° 33, mars 1979, p. 13.
Michel Crête, *Deux indépendantistes publient « L'Illusion du pouvoir »,* dans *Courrier Rivièra,* 11 mars 1981, p. 12–13.
Jean Basile, « L'Amour et la mort », dans la Pr, 104e année, n° 304, 27 août 1988, p. K-3.

BARCELO, FRANÇOIS (1941–   ). Romancier, né à Montréal. Il fait ses humanités au Collège Stanislas, au Collège de l'Assomption, à l'Externat classique Sainte-Croix et au Collège Brébeuf (B.A. en 1960). Après une année à l'École des Beaux-Arts (1960–1961), il s'inscrit en lettres à l'Université de Montréal où il soutient une thèse de maîtrise sur la « Situation du roman canadien-français contemporain » (1963). Son premier roman relate la vie et les aventures de trois générations d'Agénor, des extra-terrestres installés à Sainte-Robille, en haut de Val-d'Or, en 1850. La fin de l'histoire se situe en 1914 sur les champs de bataille européens. Le roman, selon Jacques Ferron, « renoue avec la tradition de nos bons conteurs qui en mettent et qui n'en reviennent pas d'en mettre autant ; Barcelo est le premier à prendre plaisir à son récit. C'est un plaisir qu'on partage volontiers et tout va pour le mieux aussi longtemps qu'il s'en tient à l'unité de lieu ». Ce qu'on lui reproche le plus est de transporter ses Agénor hors de leur village et de les entourer de plus en plus de personnages, de sorte qu'on « a l'impression que, bien parti, le roman n'aura plus de fin ».

ŒUVRES

Agénor, Agénor, Agénor et Agénor. Roman, Montréal, Quinze, 1980, 319 p. « Prose entière ».

La Tribu. Roman, [Montréal], Libre Expression, 1981, 307 p.

Ville-Dieu (roman), [Montréal], Libre Expression, 1982, 271 p.

Courir à Montréal et en banlieue (manuel), [Montréal], Libre Expression, 1982, 149 p. Plans dessinés par Benoit Michaud. Préface de Jo Malléjac.

Montréal. Mia et Klaus (album), [Montréal], Libre Expression, 1983, [n.p., 185 p.]. Ill. Texte de François Barcelo. Préface de Jean Drapeau. Traduction anglaise par Sheila Fischman : *Montreal. Mia and Klaus.*

L'Homme qui faisait arrêter les trains, dans *Dix contes et nouvelles fantastiques par dix auteurs québécois,* Montréal, Quinze, 1983, p. 31–47.

ÉTUDES

Réginald Martel, *François Barcelo. Un talent pour un livre fou,* Pr, 97e année, no 234, 21 mars 1981, p. C-3.

Jacques Ferron, *François Barcelo. La Débandade des Agénor,* dans *Le Livre d'ici,* vol. 6, no 27, 8 avril 1981, p. 2.

Gaétan Lévesque, *Agénor, Agénor, Agénor et Agénor de François Barcelo,* VI, vol. 7, no 2, hiver 1982, p. 423–424.

Michel Lord, *Agénor, Agénor, Agénor et Agénor, La Tribu, de François Barcelo,* LQ, no 26, été 1982, p. 34–36.

Michèle Mailhot, *François Barcelo : La Tribu,* Dr, 69e année, no 255, 30 janv. 1982, p. 16.

Réginald Martel, *François Barcelo, déchaîné. Trois sur trois, naturellement,* Pr, 99e année, no 54, 5 mars 1983, p. E-3.

Id., François Barcelo, romancier. Refaire le monde, Pr, 99e année, no 66, 19 mars 1983, p. E-1, E-3.

BARD, PAUL. Voir **PELLETIER, ALBERT.**

BARIBEAU, CLAUDE (1952–   ). Historien, né à Messines (Bouchette). Il fait ses études au Collège Marie-Médiatrice de Hull, au Collège Saint-Alexandre de Limbour, au Cégep de Hull (DEC, 1972). Il s'inscrit à l'Université d'Ottawa où il obtient un baccalauréat ès arts (1970) et une maîtrise en histoire (1980) dont la thèse s'intitule *La Seigneurie de la Petite-Nation, 1801–1854.* En 1980, il est animateur aux Affaires communautaires à l'Université d'Ottawa et, à partir de 1981, adjoint au directeur général des Services aux étudiants. Disciple de l'historien Fernand Ouellet, Claude Baribeau poursuit dans son ouvrage, *La Seigneurie de la Petite-Nation,* l'analyse du pouvoir social et économique du Québec dans la première moitié du XIXe siècle. Le livre de Claude Baribeau, selon Paul Gay, « montre comment des hommes décidés peuvent tenir tête aux orages et bâtir un pays. Il y manque peut-être un deuxième volet : celui de la vie des habitants qui nous permettrait de saisir par l'intérieur l'âme de la Petite-Nation ».

ŒUVRES

La Seigneurie de la Petite-Nation, 1801–1854. Le rôle économique et social du seigneur (essai), Hull, Éditions Asticou, 1983, 165 p. Préface de Fernand Ouellet. « Les Thèses ».

Un bel exemple de bafouage historique, Dr, vol. 68, no 302, 21 mars 1981, p. 18.

Le Canotage de nos ancêtres, dans *Canot-camping,* févr. 1982, p. 26–27.

ÉTUDE

Paul Gay, *Une conception féodale de la seigneurie,* Dr, vol. 72, no 5, 31 mars 1984, p. 36.

BARRÉ, LAURENT (1886–1964). Romancier, né à L'Ange-Gardien (Rouville). Il fréquente l'école de rang jusqu'à l'âge de 13 ans, puis il commence le travail d'agriculteur sur la terre ancestrale. En 1924, il participe à la fondation de l'Union catholique des cultivateurs et assume la présidence pendant les deux premières années. Candidat conservateur défait aux élections provinciales de 1927, il est élu en 1931. Défait en 1939, il est réélu en 1944 et devient ministre de l'Agriculture dans le gouvernement de l'Union nationale, poste qu'il conserve jusqu'en 1960. Autodidacte, il collabore à plusieurs périodiques ; en 1929 et 1930, il publie un roman *L'Emprise* dont les intrigues amoureuses servent à présenter la thèse terroriste de l'auteur qui condamne l'envahissement du capital américain, l'exode rural, le luxe, les mariages mixtes... Considéré comme un « hymne à la terre canadienne » par Raphaël Ouimet en 1930, ce roman à thèse tombe rapidement dans l'oubli. L'auteur « multiplie les interventions dans le récit, écrit Aurélien Boivin, [et] résume sa pensée au dernier chapitre, comme pour bien s'assurer que les lecteurs ont saisi son message » (DOLQ, t. 2, p. 415).

ŒUVRE

L'Emprise (roman), Saint-Hyacinthe, [s.é.], 1929–1930, 2 t. : t. 1, *Bertha et Rosette, roman canadien,* 224 p. ;

t. 2, *Conscience de croyante, roman canadien,* 230 p. Ill.

ÉTUDES

[Anonyme], « *Bertha et Rosette* », Dev, vol. 21, n° 13, 18 janv. 1930, p. 37.

Raphaël Ouimet, « *Laurent Barré. Agriculteur* », dans *Biographies canadiennes-françaises,* Montréal, [s.é.], 1930, p. 418.

BARRETTE, JACQUELINE (1947–   ). Dramaturge et monologuiste, née à Montréal. Elle fait ses études aux écoles normales Notre-Dame de la Sagesse (Dorval) et Notre-Dame (Montréal) (B.péd., 1966), puis elle obtient un brevet spécialisé en études théâtrales (1970) à l'Université du Québec à Montréal. Très jeune, elle s'intéresse au théâtre amateur à l'Île Perrot, et elle compose à vingt ans des pièces qui sont interprétées par les étudiantes de la Cité des Jeunes de Vaudreuil, comme «Le Rêve d'un mort», «Noël chez Réjeanne», «Que reste-t-il de vos amours»... Mais sa carrière proprement dite commence en 1970 au Festival de l'ACTA où sa revue *Ça-dit-qu'essa-à-dire* remporte le premier prix. Elle quitte alors l'enseignement pour se consacrer à l'écriture et à l'interprétation de ses monologues. Elle écrit pour le théâtre, comme *Oh ! Jerry Oh !* (1972), *Dis-moi qu'y fait beau, Méo* (1974), etc. ; pour la radio : « Pauline et Édouard » (1973–1974) ; pour la télévision des séries pour enfants : « Minute Moumoute » (1972–1975), « You Hou » (1973–1976), « Pop Citrouille » (1979–). Elle collabore en outre aux spectacles de variétés de Jean-Guy Moreau dans « Tabaslak » (1975) et « Mon cher René, c'est à ton tour » (1976), et de Dominique Michel dans «Showtime» (1978) et «Ben voyons donc » (1979). Jean-Cléo Godin dit de *Ça dit qu'essa-à-dire,* que Jacqueline Barrette se situe dans la suite de Fridolin et de Deschamps avec les conteurs des veillées d'antan, « pour évoquer des souvenirs, dire les travaux et les jours. [...] Il est certain, par ailleurs, que ce genre, qui a connu un essor particulier, ces dernières années, prend un relief nouveau du fait que le théâtre, si on peut dire, est venu à sa rencontre ». Cependant, le texte « n'arrive pas toujours à transmettre la tonalité à laquelle l'oreille est habituée », car à défaut du spectacle le livre n'offre guère qu'une compensation. Comment, en effet, recréer par le seul texte l'ambiance d'une salle où le comédien, tout en essayant de faire rire, exprime une vision du monde « d'un pessimisme paralysant », selon l'expression de Martine Léonard au sujet de *Flatte ta bédaine, Ephrème.* C'est dans le monologue que Jacqueline Barrette manifeste le mieux la maîtrise de son art.

ŒUVRES

Ça-dit-qu'essa-à-dire (théâtre), Montréal-Nord, Le Théâtre actuel du Québec inc./Les Grandes Éditions du Québec inc., 1972, 96 p. Ill.

Flatte ta bedaine, Ephrème (théâtre), Montréal-Nord, Le Théâtre actuel du Québec inc./Les Grandes Éditions du Québec inc., 1973, 79 p. Ill.

Bonne Fête papa (théâtre), Montréal-Nord, Le Théâtre actuel du Québec inc./Les Grandes Éditions du Québec inc., 1973, 94 p. Ill.

Dis-moi qu'y fait beau, Méo ! (théâtre), Montréal-Nord, Le Théâtre actuel du Québec inc./Les Grandes Éditions du Québec, 1975, 162 p. Ill.; [Montréal], Leméac, 1983, 165 p. « Théâtre Leméac ».

Oh ! Gerry Oh ! (théâtre), [Montréal], Leméac, 1982, 131 p. Portrait. Préface de Normand Chaurette. « Théâtre Leméac ».

Les Larmes volées (théâtre), Montréal, Leméac, 1986, 117 p. Ill. « Théâtre Leméac ».

ÉTUDES

Martial Dassylva, *À l'ACTA, des moments pénibles et une révélation : Jacqueline Barrette,* Pr, 87e année, n° 151, 3 juillet 1971, p. D-2.

Jean-Cléo Godin, *Ça dit qu'essa-à-dire de Jacqueline Barrette,* LAQ 1972, p. 127.

Martin Léonard, *Monologues : de la parole au texte : Clémence Desrochers, Jacqueline Barrette, Yvon Deschamps,* LAQ 1973, p. 159.

[Anonyme], *Barrette Jacqueline, Bonne Fête papa,* dans *Le Livre canadien,* vol. 6, avril 1975, n° 122.

Christine L'Heureux, *Les Trompeuses Apparences de J. Barrette,* dans *Nous,* vol. 5, n° 9, févr. 1978, p. 54–58.

Mireille Soucy, *L'humour a un nom : Jacqueline Barrette,* dans *Madame,* vol. 5, n° 8, déc. 1978, p. 4–6.

BARRY, ROBERTINE. Voir **FRANÇOISE**.

BARTHE, JOSEPH-GUILLAUME [Marie-Louise] (1816–1893). Poète, mémorialiste et journaliste, né à Carleton (Bonaventure). Après son cours classique au Séminaire de Nicolet, il entreprend des études de médecine qu'il abandonne presque aussitôt pour le droit. À Trois-Rivières où il habite, il se passionne pour la littérature. C'est le moment où le journal *Le Popu-laire* lance un appel en faveur de la création littéraire (avril 1837) ; Barthe y envoie des poèmes et récits signés du pseudonyme « Marie-Louise ». En novembre 1837, Barthe révèle son identité. Ses efforts littéraires seront interrompus par les événements politiques de l'automne 1837. Le 26 décembre 1838, Barthe en parle dans un poème « Aux exilés politiques canadiens », paru dans *Le Fantasque*. Le 2 janvier 1839, le jeune écrivain est emprisonné pour incitation à la violence. À l'automne de 1839, il s'établit à Montréal où il accepte, sur les instances de Denis-Benjamin Viger, le poste de rédacteur de l'*Aurore des Canada* (1839-1848), le seul journal français de Montréal à cette époque. Admis au barreau en 1840, il est élu député de Yamaska à l'Assemblée législative du Canada-Uni en 1841. Considéré comme un soutien du ministère de D.-B. Viger, Barthe est défait aux élections de 1844. Il abandonne la direction du journal en 1846, afin d'accepter le poste de greffier de la cour d'appel. Préoccupé par les problèmes socio-politiques du Québec, il participe activement aux travaux de l'Institut canadien de Montréal. Il se présente de nouveau aux élections de 1851, mais est défait. En 1852, il doit abandonner son poste de greffier à la suite des changements politiques. L'année suivante, il se rend en France, chargé par l'Institut canadien de renouer des liens avec des instituts français et avec le gouvernement de Napoléon III. Durant les trois années passées à Paris, il collabore à la *Gazette de France* et publie un ouvrage visant à renseigner les Français sur la condition générale de leurs descendants canadiens : *Le Canada reconquis par la France* (1855). Cet ouvrage, malgré des faiblesses d'écriture, constitue un document de tout premier ordre sur le Québec sous l'Union et sur les débats d'ordre culturel et social. À son retour au Canada en 1856, tout en pratiquant le droit, Barthe collabore au *Bas-Canada* que venait de fonder son frère, Georges-Isidore, puis au *Canadien*, au *Moniteur* et à l'*Avenir*. En 1885, il publie ses *Souvenirs d'un demi-siècle* où il raconte les événements de sa jeunesse. Ce livre reconstitue fidèlement l'atmosphère des premières décennies du XIXᵉ siècle. Joseph-Guillaume Barthe est un représentant typique de la jeunesse des années 1830, épris de littérature et de liberté, fervent adepte du libéralisme. Il a joué un rôle important dans le renouveau culturel des années 1850, et il a participé à la reprise des relations entre la France et le Canada français.

ŒUVRES

Lettre sur le Canada à M. de Monmergué, Paris, Imprimerie de Guiraudet et Jouaust, 1853, 16 p.

Le Canada reconquis par la France suivi de pièces justificatives, Paris, Ledoyen, libraire, 1855, xxxvi, [i], 38-419 p. Portrait. Six gravures et une carte. Préface de l'éditeur.

Souvenirs d'un demi-siècle ou Mémoires pour servir à l'histoire contemporaine, Montréal, J. Chapleau & fils, imprimeurs, 1885, xvii, 482 p. Préface de l'auteur.

ÉTUDES

Edmond Lareau, *Joseph-Guillaume Barthe* dans *Histoire de la littérature canadienne,* Montréal, John Lovell, 1874, p. 176-179.

Alphonse Lusignan, *Nos premiers rapports littéraires avec la France,* NSC, vol. 5, 1886, p. 442-443.

P.-G.-R., *La Famille Barthe,* BRH, vol. 41, nᵒ 12, 1935, p. 705-707.

Armand Yon, *Les Canadiens français jugés par les Français de France, 1830-1939,* RHAF, vol. 18, 1964-1965, p. 517-533.

BARUCH. Voir **FAUTEUX, AEGIDIUS.**

BASILE. Voir **BENOIST, ÉMILE.**

Guy Borremans 1989

BASILE, JEAN [X Jean-Basile Bezroudnoff] (1932-). Critique, essayiste, poète et romancier, né à Paris de parents russes. Arrivé au Canada dans la vingtaine, il devient directeur des pages littéraires du *Devoir* en 1964. Jean Basile est l'un des membres fondateurs d'une revue d'avant-garde en matière ésotérique, *Mainmise* (1970). Il quitte cette revue pour retourner au *Devoir* comme critique littéraire. Il dirige aussi une maison d'édition. En 1963 paraît son récit ironique, *Lorenzo*, puis, en 1964, *La Jument des Mongols*, premier roman d'un trilogie intitulée « Roma-amor », suivi du *Grand Khan* (1967) dont la verve et l'écriture ne s'éloignent guère du projet initial et des *Voyages d'Irkoutsk* (1970). Sa pièce de théâtre, *Joli Tambour*, est créée à Toronto, en janvier 1968, sous le titre anglais *The Drummer Boy*. Après un long silence où il s'adonne surtout au journalisme et à l'essai, il publie *Le Piano-trompette* (1983), « roman total, selon François Hébert, dans quoi tout entre, tout est expérimenté, analysé, jugé, consumé ». Les romans de Jean Basile présentent autant de désinvolture, d'humour et de fantaisie que de réflexion et de réalisme ; l'auteur accorde une large part aux questions d'esthétique et vise aussi au renouvellement des formes romanesques. C'est ainsi que *La Jument des Mongols* est devenue une narration d'une seule coulée, artificiellement divisée en six chapitres, mais forte de la révélation progressive d'un monde où le tragique voisine avec le comique dans la structuration d'un triangle de personnages qui s'appellent Jérémie, Jonathan et Judith. Réjean Robidoux et André Renaud font remarquer l'intensité de la signification de ce roman, signification qui « se parfait dans le symbolisme exprès de ses personnages et de ses épisodes, que souligne du reste la préface. La ronde folâtrement tragique de Jérémie, Judith et Jonathan autour d'Armande est traitée à la façon spirituelle et brillante des compositions prodigieuses et sans retour d'un kaléidoscope : jeu de trois miroirs complexes autour d'un être imprévisible, dans la lumière un peu irréelle d'un certain Victor, sorte de mage absent. [...] Cela donne un ensemble souple comme un flot où s'amalgament, dans un acte progressif — et dans une écriture très serrée, — les paroles proférées par chaque personnage et les pensées de Jérémie le narrateur ».

ŒUVRES

Lorenzo (roman), Montréal, Les Éditions du Jour, 1963, 121 p. « RJ ».

La Jument des Mongols. Roma-amor (1) (roman), Montréal, Les Éditions du Jour, 1964, 179 p. « RJ » ; Paris, Éditions Bernard Grasset, 1966, 221 p.

Journal poétique 1964-1965. Élégie pour apprendre à vivre, suivie de pièces brèves, Montréal, Les Éditions du Jour, 1965, 95 p. Ill. d'Yves Douris. « PJ ».

Joli Tambour (théâtre), Montréal, Les Éditions du Jour, 1966, 167 p. «TJ ».

Le Grand Khan (roman), [Montréal], Les Éditions Estérel, 1967, 283 p. ; Paris, Éditions Bernard Grasset, 1968, 239 p. ; Montréal, HMH, 1970, 187 p.

Les Voyages d'Irkoutsk (roman), Montréal, HMH, 1970, 169 p. ; paru aussi sous le titre *L'Acide,* Paris, Éditions Bernard Grasset, 1970, 220 p.

L'Écriture de radio-télé, suivi de suggestions de Robert Choquette (essai), Montréal, Société Radio-Canada, 1976, 94 p.

Coca & Cocaïne (essai), Montréal, Éditions de l'Aurore, 1977, 143 p. Ill. Préface de Marie-Andrée Bertrand. Introduction et recherches de Jean Basile. « Connaissance des pays québécois/Le Jardin naturel ».

La Marijuana (essai), Montréal, Éditions de l'Aurore, 1977, 222 p. Ill. Recherches de Jean Basile et Georges Khal. « Connaissance des pays québécois/Le Jardin naturel ».

Sortir (essai), Montréal, L'Aurore, 1978, 303 p. Luc Benoit, Paul Chamberland, Georges Khal et Jean Basile éditeurs. « Exploration/Sciences humaines ».

La Culture du cannabis : de la fibre textile à la résine psychoactive : un vade mecum pour l'agriculteur amateur (essai), Montréal, Jean Basile éditeur, 1980, 110 p. Ill.

L'Essentiel sur le droit d'auteur (essai), Québec, Ministère des Affaires culturelles, 1982, 32 p. Ill.

Iconastase pour Pier Paolo Pasolini. Discours poétique sur les gays, le féminisme et les nouveaux mâles, Montréal, VLB éditeur, 1983, 111 p. Ill.

Le Piano-trompette. Roman, Montréal, VLB éditeur, 1983, 404 p. Ill.

Le Tarot des amoureux : une analyse sexuelle des arcanes majeurs et des lames mineures du tarot de Marseille, [s.l.], Jean Basile éditeur, [s.d.], 295 p. Ill. de Philippe Béha. « Érographie ».

Adieu... Je pars pour Viazma ! (théâtre), Montréal, L'Hexagone, 1987, 156 p.

Un fameux carambolage de billard (nouvelle), L, vol. 11, nº 2, mars–avril 1969, p. 23–32.

Jacques Godbout entre course et labour, Dev, vol. 69, nº 28, 5 févr. 1977, p. 15.

Aquin : un homme de la hauteur, Dev, vol. 69, nº 62, 17 mars 1977, p. 7.

Jean Guénon à travers sa vie et son œuvre, Dev, vol. 69, nº 227, 30 sept. 1978, p. 18.

Faut-il avoir des souvenirs ?, Dev, vol. 69, nº 244, 21 oct. 1978, p. 23.

Préface, dans Marcel Lavallée, *Journal d'un prisonnier,* Montréal, Éditions de l'Aurore, 1978, p. 7–11. « Documents ».

ÉTUDES

Roland-M. Charland, *La Jument des Mongols,* dans *Lectures,* vol. 11, nº 5, janv. 1965, p. 124.

Guy Robert, *Journal poétique,* LAC 1965, p. 80.

Réjean Robidoux et André Renaud, *La Jument des Mongols,* dans *Le Roman canadien-français du vingtième siècle,* Ottawa, EUO, 1966, p. 207–208.

Bernard Julien, *Joli Tambour,* LAC 1966, p. 61–62.

Jean Fréchette, *Tambour et Fugue,* AN, vol. 56, nº 7, mars 1967, p. 720–723.

Raoul Duguay, *Le Grand Khan qui parle pour parler,* PP, vol. 5, nºs 2–3, oct.–nov. 1967, p. 61–63.

Jean-Louis Major, *Le Grand Khan,* LAC 1967, p. 39–40.

Gilles Marcotte, *Le Grand Khan,* EF, vol. 4, nº 2, mai 1968, p. 230–232.

Gérard Bessette, *Les Voyages d'Irkoutsk,* LAQ 1970, p. 50–51.

Christian Allègre, *Un manifeste pour le droit à la différence,* Dev, vol. 69, nº 93, 22 avril 1978, p. 32.

Jean-Paul Brousseau, *Jean Basile. Un éditeur radical. Avec sérieux, même si ça scandalise,* Pr, 97e année, nº 20, 24 janv. 1981, p. C-1-C-2.

Claude Beausoleil, *Basile, Szucsany, Lessard : écrire à contre-courant,* Dev, vol. 74, nº 140, 18 juin 1983, p. 20.

François Hébert, *À quoi bon l'homme ?,* Dev, vol. 74, nº 280, 3 déc. 1983, p. 21.

Michel Laurin, *Basile (Jean). Le Piano-trompette,* dans *Nos livres,* vol. 154, janv. 1984, n° 5544.

Jean-Paul Soulié, *Jean Basile, écrivain. « Je vis un exil à la fois intérieur et extérieur »,* Pr, 100ᵉ année, n° 180, 14 juillet 1984, p. B-1.

Nathalie Petrowski, *Le Pope de la rue Saint-Christophe. Jean Basile, romancier, ne connaît que deux personnages : le métèque qui est en lui, et Montréal qui est autour...,* dans *L'Actualité,* vol. 9, n° 10, oct. 1984, p. 72–78.

BASTIEN, HERMAS [Étienne Robin, Étienne Rocand, Jean Tillemont] (1897–1977). Essayiste et pédagogue, né à Montréal. Il fait ses études au Collège de Montréal et au Collège Sainte-Marie (1910–1918), puis à l'Université de Montréal où il obtient les grades de maître ès arts et de docteur ès sciences pédagogiques. Il est professeur de langue et de littérature latines au Mont-Saint-Louis (1928–1939), chargé de cours de littérature américaine à l'Université de Montréal (1931–1941). Major dans l'armée canadienne pendant la guerre, il devient ensuite professeur de pédagogie à l'Université Saint-Joseph, au Nouveau-Brunswick, puis à l'Université de Montréal à partir de 1954. Il est membre de l'Académie Saint-Thomas d'Aquin, de l'Académie canadienne-française, de l'Académie des sciences morales et politiques... Le prix d'Action intellectuelle lui est décerné en 1928 pour son *Essai sur la psychologie religieuse de William James* et, en 1929, pour *Itinéraires philosophiques.* Il collabore à de nombreux journaux et revues dont *Le Devoir, Le Canada, L'Information médicale et paramédicale* où il tient la chronique littéraire pendant de nombreuses années, *L'Action française, L'Action nationale,* les *Cahiers de l'Académie canadienne-française.* Au cours de sa longue carrière de professeur, ce philosophe qui justifiait le nationalisme par le thomisme s'est constamment intéressé à la vie du Canada français et aux problèmes de la langue, questions dont il avait compris l'importance en écoutant les premières conférences universitaires de l'abbé Lionel Groulx et en collaborant à *L'Action française.* Dans ses *Mémoires,* Groulx lui reproche de n'avoir pas répondu aux promesses de sa riche intelligence, mais l'œuvre considérable de Bastien montre que s'il n'a pas été un grand homme d'action, il a toujours travaillé à l'épanouissement de ses concitoyens, et que de cette façon il a rendu des services réels. Comme critique littéraire, il s'efforce surtout de dégager le profil intellectuel et spirituel des auteurs.

ŒUVRES

Les Eaux grises (poésie), Montréal, Imprimé au Devoir, 1919, 238 p.

Les Énergies rédemptrices (philosophie), Montréal, Bibliothèque de l'Action française, 1923, 163 p.

Itinéraires philosophiques (essai), Montréal, Librairie d'Action canadienne-française, 1929, 213 p.

La Défense de l'intelligence (essai), Montréal, Albert Lévesque, 1932, 215 p. « Documents sociaux ».

Témoignages : études et profils littéraires, Montréal, Albert Lévesque, 1933, 215 p.

Conditions de notre destin national (essai), Montréal, Albert Lévesque, 1935, 239 p. « Documents sociaux ».

L'Enseignement de la philosophie, I. Au Canada français (essai), Montréal, [1936], 222 p. « Documents historiques ».

Notre américanisation. Enquête de la Revue Dominicaine (1936), Montréal, Œuvre de presse dominicaine, 1937, 269 p. Collab. T.R.P. M.-A. Lemarche, R.P. Raymond-M. Voyer, Alban Janin *et al.*

Le Bilinguisme au Canada (étude), Montréal, Librairie d'Action canadienne-française, 1938, 206 p. « Documents sociaux ».

Olivar Asselin... La grandeur d'Asselin en face de la petitesse de son temps (biographie), Montréal, Éditions Bernard Valiquette, 1938, 221 p.

Les Méthodes scientifiques dans l'éducation (essai), Ottawa, Les Services éducatifs de la légion canadienne, [1944], 18 p. « Guide de lecture ».

L'Ordre hospitalier de Saint-Jean-de-Dieu au Canada (histoire), Montréal, Lumen, 1948, 211 p.

Psychologie de l'apprentissage pédagogique (essai), Montréal, Institut pédagogique Saint-Georges/Frères des Écoles chrétiennes, 1951, 279 p. Traduction italienne par Armando Gardini : *Psicologia dell'apprendimento. Il problema fondamentale della psicologia pedagogica,* Brescia, Éditrice La Scuola, 1954, 239 p. « L'Età Evolutiva ».

Philosophies et Philosophes américains (étude), Montréal, Frères des Écoles chrétiennes, 1959, 250 p.

La Motivation et l'Apprentissage (essai), Montréal, Institut pédagogique Saint-Georges, 1964, 311 p.

Dictionnaire usuel du français moderne, Tours/Maine/Paris/Montréal, Hatier/Lidec, 1967, 770, lxxii p. Collab. M. Rémy et R. Brisebois.

Ces écrivains qui nous habitent (essai), Montréal, Beauchemin, 1969, 227 p. Bibliographie de l'auteur.

Pour l'amour du Québec. Choix de textes de Marie-Victorin, Sherbrooke, Éditions Paulines, * 1971, 198 p.

Le Milieu et l'Apprentissage (essai), Montréal/Paris, Éditions Paulines/Apostolat des éditions, 1973, 265 p. « Psyka ».

Visages de la sagesse (essai), [Montréal], Éditions Paulines/Apostolat des éditions, 1974, 187 p.

Émile Nelligan, poète génial, dans Qui?, vol. 3, n° 2, décembre 1951, p. 25–40.

L'Équilibre extérieur et intérieur et les Dilemmes de la politique monétaire canadienne (essai), dans *Colloque franco-canadien (Paris, décembre 1961) ;* dans *Cahiers de l'Institut de science économique appliquée,* août 1962, n° 128, p. 5–36.

ÉTUDES

Camille Roy, *Itinéraires philosophiques,* ESC, vol. 9, n° 4, janv. 1930, p. 249–250.

Maurice Hébert, *Témoignages,* CF, vol. 20, n° 10, juin 1933, p. 964–965.

Émile Bégin, *Conditions de notre destin national,* ESC, vol. 15, n° 6, mars 1936, p. 463–466.

Rex Desmarais, *Conditions de notre destin national,* AN, 4ᵉ année, t. 8, n° 9, sept. 1936, p. 35–40.

Valdombre, *La Boîte à surprise ou Les Étrennes de M. Hermas Bastien,* PV, 3ᵉ année, n° 1, déc. 1938, p. 25–43.

Émile Bégin, *Olivar Asselin,* ESC, vol. 19, n° 6, mars 1940, p. 497.

Gérald Filteau, *L'Ordre hospitalier de Saint-Jean-de-Dieu au Canada,* RHAF, vol. 2, n° 3, déc. 1948, p. 452–453.

Benoît Lacroix, *Philosophies et Philosophes américains,* RHAF, vol. 13, n° 1, juin 1959, p. 127.

J.-Yves Lortie, *La Motivation et l'Apprentissage,* LAC 1964, p. 124–125.

Lionel Groulx, *Mes mémoires,* Montréal, Fides, 1970–1971, t. 1, p. 262 ; t. 2, p. 35, 70, 126, 272–273, 313, 334, 356, 371.

BATISCAN, PIERRE. Voir **BOISSONNAULT, CHARLES-MARIE.**

BATTELIER, JEAN-FRANÇOIS. Voir **LE CLÈRE, RENÉ.**

BAUDOIN, RENÉE. Voir **LESCOP**, RENÉE.

BAZIN, MICHÈLE (1946–   ). Poète et essayiste, spécialiste en communication, née à Saint-Hyacinthe. Elle fait ses études classiques au Collège Basile-Moreau de Ville Saint-Laurent, au Collège français et au Collège Brébeuf (B.A., 1969). Elle devient ensuite recherchiste en communication et est chargée des relations extérieures auprès de Claude Ryan, chef de l'opposition provinciale. En outre elle participe au Groupe Communi-Conseil et elle collabore à titre de scénariste à la préparation d'un téléroman pour Radio-Canada avec Solange Chaput-Rolland : « M. le ministre » (1982–1983). En 1981, elle fait paraître son premier livre, *Je ne serai plus jamais la même,* qui, selon Madeleine Dubuc, « décrivait, au jour le jour, les hauts et les bas d'une vie de femme blessée, mais déterminée à guérir [...], ouvrage écrit

à cœur ouvert-et-saignant qui a fait s'émouvoir les uns, sourire les autres, sans laisser personne indifférent ». Dans son second ouvrage, *La Pomme d'Ève* (1982), il s'agit de l'analyse d'une série d'interviews de femmes et d'hommes à propos de leurs relations avec l'autre sexe, recherche d'équilibre entre le monde du pouvoir et le monde des émotions.

ŒUVRES

Je ne serai plus jamais la même (poésie), Longueuil, Inédi Raffin, 1981, 149 p. « Les Mots justes ».

La Pomme d'Ève (essai), Inédi, 1982, 215 p. Propos recueillis par Michèle Bazin. « Documents ».

ÉTUDES

Marie Laurier, *L'Impasse des relations hommes-femmes,* Dev, vol. 72, n° 60, 13 mars 1982, p. 25.

Madeleine Dubuc, « *La Pomme d'Ève* de Michèle Bazin. Les relations entre les sexes à travers quelque 60 entrevues,* Pr, 98ᵉ année, n° 101, 1ᵉʳ mai 1982, p. E-2.

[Anonyme], *Solange Chaput-Rolland. Les Coulisses du pouvoir,* Dev, vol. 73, n° 210, 11 sept. 1982, p. 17, 32.

BEAUCHAMP, PIERRE (1950–1980). Poète et essayiste, né à Montréal. Il fait son cours classique au Collège André Grasset (B.A., 1969), puis il étudie la médecine à l'Université de Montréal (M.D., 1974) et il exerce sa profession en cabinet privé et à l'Hôpital Louis-Hippolyte Lafontaine. En 1977, il présente une thèse de maîtrise en génie mécanique à l'École Polytechnique. Il meurt à Longueuil, le 20 octobre 1980. Pierre Beauchamp a collaboré à plusieurs périodiques : *Communauté chrétienne, Union médicale du Canada, The Canadian Journal of Surgery* et *Revue de chirurgie orthopédique* (Paris). Il a été boursier à plusieurs reprises. Il a été membre de plusieurs sociétés savantes, et a présenté des travaux scientifiques à divers congrès. Son premier recueil de poèmes, *Sur les chemins d'espoir* (1978), est d'une écriture classique ; il cultive le sonnet, la ballade, l'élégie, etc. Sa poésie dont les thèmes principaux sont l'amour, la mer, l'enfance, est empreinte d'une tristesse profonde : « Souffrir à perdre l'âme », dit l'un de ses vers. Son deuxième recueil, *L'Eschare* (1980), paru quelques mois avant sa mort, montre un homme écrasé par la fatalité. « *L'Eschare,* écrit Bernard Courteau, nous entraîne par ses multiples points de chute vers l'abîme ».

ŒUVRES

Sur les chemins d'espoir (poésie), Montréal, les Éditions Émile-Nelligan, 1978, 90 p.

L'Eschare (poésie), Montréal, les Éditions Émile-Nelligan, 1980, [n.p., 117 p.]. Avec deux encres originales de Danièle Melançon. Prologue de Bernard Courteau.

BEAUCHEMIN, CORINNE. Voir **OLIER,** MOÏSETTE.

BEAUCHEMIN, NÉRÉE (1850–1931). Poète, né à Yamachiche. Il étudie au Séminaire de Nicolet (1863–1870), puis à l'Université Laval où il obtient, en 1874, une licence en médecine. Il hérite de la clientèle de son père dans son village natal où il passe le reste de sa vie. Son premier poème, « Les Petits Pèlerins », paraît dans *L'Opinion publique* du 23 novembre 1871. *La Patrie* publie *Le Lac,* le 20 décembre 1884, date qui marque le début d'une collaboration d'une vingtaine d'années à ce journal. En 1888, après la parution d'une trentaine de poèmes, Beauchemin reçoit un « diplôme de jeune auteur » décerné par la Société royale qui l'admet parmi ses membres le 23 mai 1896, sous le parrainage de Louis Fréchette qui l'encourage depuis ses premières poésies. En 1897, il fait paraître ses meilleurs poèmes dans *Les Floraisons matutinales,* recueil qui est jugé durement par certains critiques. Blessé au vif, il cesse de publier. Vers 1925, il se lie d'amitié avec l'abbé Albert Tessier qui le décide à publier *Patrie intime* (1928) qui lui obtient, en 1930, la médaille de l'Académie française. À cette œuvre s'ajoutent quelques « juvenilia » et d'autres poèmes inédits colligés dans l'édition critique préparée par Armand Guilmette. Un poème en particulier, « La Cloche de Louisbourg », beau poème d'un patriotisme mystique, a rendu Beauchemin célèbre. Sa poésie se veut simple, régionale et patriotique. Beauchemin lui-même définit ainsi sa manière d'écrire la poésie : « J'ai essayé d'être moi-même, de traduire à ma façon les impressions enregistrées au cours de mes longues méditations en face de la nature ».

ŒUVRES

Les Floraisons matutinales (poésie), Trois-Rivières, Victor Ayotte, 1897, 214 p.
Patrie intime. Harmonies (poésie), Montréal, LACF, 1928, 199 p.

Choix de poésie, Trois-Rivières, Trois-Rivières, EBP, 1950, 215 p. Présenté par Clément Marchand.
Nérée Beauchemin, Montréal/Paris, Fides, 1957, 96 p. Introduction, chronologie et notes bibliographiques de Clément Marchand. « CC » ; 1968.
Nérée Beauchemin. Son œuvre, Montréal, PUQ, 1973–1974, 3 tomes : t. 1, 1973, xxix, 661 p. ; t. 2, 1973, xvi, 805 p. ; t. 3, 1974, xv, 245 p. Édition critique préparée par Armand Guilmette.

ÉTUDES

Félix Charbonnier, *Les Floraisons matutinales par Nérée Beauchemin,* AF, vol. 10, n⁰ 2, août 1923, p. 86–96.
Henri Dombrowski, *Patrie intime par Nérée Beauchemin,* ACF, vol. 19, n⁰ 6, juin 1928, p. 374–379.
Harry Bernard, *La Jeune Poésie,* ACF, vol. 20, n⁰ 6, déc. 1928, p. 347–360.
Camille Roy, *Nérée Beauchemin,* CF, vol. 16, n⁰ 4, 2ᵉ série, déc. 1928, p. 217–227.
Émile Chartier, *Un poète patriote et mystique Nérée Beauchemin,* MSRC, vol. 23, 3ᵉ série, section 1, 1929, p. 35–46.
Albert Dandurand, *L'École canadienne,* dans *La Poésie au Canada français,* Montréal, Albert Lévesque, 1933, p. 140–149.
Gonzalve Poulin, *Nérée Beauchemin,* dans *Pages trifluviennes,* série B, Trois-Rivières, EBP, 1934, 78 p.
Clément Marchand, *Nérée Beauchemin, parnassien mystique (1850–1931),* dans *Qui,* vol. 1, n⁰ 4, mars 1950, p. 65–80.
Charles-Marie Boissonnault, *Un centenaire : Charles-Nérée Beauchemin,* RUL, vol. 5, n⁰ 4, déc. 1950, p. 339–354.
Jacques Coulon, *Chez les Beauchemin de Yamachiche. Ici survit le souvenir d'un poète,* P, vol. 6, n⁰ 21, 23 mai 1964, p. 26, 28–30.
Armand Guilmette, *Nérée Beauchemin, poète de la conciliation,* CACF, vol. 14, 1972, p. 131–138.
Ivor-A. Arnold, *Nérée Beauchemin, poète de transition,* RUO, vol. 42, n⁰ 2, avril–juin 1972, p. 279–293.
Gaétan Dostie, *Nérée Beauchemin retrouvé,* dans *Le Jour,* 2ᵉ année, n⁰ 8, 8 mars 1975, p. 18.

BEAUCHEMIN, YVES (1941–   ). Romancier, né à Noranda. Il fait ses études classiques au Séminaire de Joliette. En 1965, il obtient une licence ès lettres de l'Université de Montréal. La même année, il enseigne au Collège universitaire Garneau et à l'Université Laval. En 1966, il travaille à la Bibliothèque générale de l'Université de Montréal et enseigne à l'École des Hautes Études commerciales. Il est ensuite à l'emploi de la maison d'édition Holt-Rinehart et Winston (1967). D'abord conseiller musical à Radio-Québec à compter de 1969, il y travaille ensuite comme recherchiste. Il collabore en outre à divers périodiques dont *Sept-Jours, Digeste éclair* et *Le Devoir.* Son premier roman, *L'Enfirouapé,* reçoit le prix France-Québec (1975). Son deuxième roman, *Le Matou,* dans lequel évoluent une centaine de personnages à travers de multiples péripéties, mérite le prix des Jeunes Écrivains du Journal de Montréal pour l'année 1981. Il obtient aussi le Prix du livre de l'été à Cannes, en 1982. Gabrielle Poulin note que « *Le Matou* », c'est d'abord le récit palpitant et endiablé des aventures d'un jeune Québécois *ordinaire*. [...] Rien n'échappe à ce romancier doué du sens de l'observation la plus aiguë et la plus lucide. [Ces qualités, ainsi que] la bonne humeur et l'humour omniprésent du romancier font de la lecture du *Matou* une véritable fête de l'intelligence et des sens ». *Le Matou* connut un succès retentissant tant au Québec qu'en France où il a été sélectionné par le Club du livre France-Loisirs. Le réalisateur Jean Beaudin en fait un film qui remporte le prix Air-Canada pour le film le plus populaire au Festival des films du Monde en 1985.

ŒUVRES

L'Enfirouapé (roman), Montréal, La Presse, 1974, 257 p. « Écrivains des Deux Mondes » ; Montréal, Stanké, 1985, 267 p. « 10/10 ».

Le Matou (roman), Montréal, Québec/Amérique, 1981, 583 p. « Littérature d'Amérique » ; Paris, Julliard, 1982, 583 p. ; *Le Matou. Roman,* Paris, France Loisirs, 1982, 602 p. ; Montréal, Éditions du Club Québec loisirs inc., 1983, 583 p. Traduction anglaise par Sheila Fischman : *The Alley Cat,* Toronto, McClelland and Stewart, 1986, 450 p.

Cybèle (récit), Montréal, Art global, 1982, 41 p. Estampes originales de Stanley Cosgrove, André L'Archevêque, Claude LeSauteur, Henri Masson, Miyuki Tavoke. Postface de Jacques Godbout. (Édition de luxe. Tirage limité).

Être écrivain : un métier comme les autres ? (essai), Dev, vol. 69, nº 268, 18 nov. 1978, p. 3.

La Ville, la musique et le reste, Dev, vol. 73, nº 269, 20 nov. 1982, p. 6.

Sueurs (nouvelle policière), dans *Fuites et Poursuites,* Montréal, Quinze, 1982, p. 159–201.

ÉTUDES

Réginald Martel, *La terreur qui répand le sourire,* Pr, 90ᵉ année, nº 98, 27 avril 1974, p. E-3.

François Ricard, *L'Enfirouapé : une fête tragique,* dans *Le Jour,* vol. 1, nº 61, 11 mai 1974, p. V-3.

Jean Éthier-Blais, *La Quadrature du cercle de la défaite,* Dev, vol. 65, nº 141, 15 juin 1974, p. 12.

Jacques Ferron, *Un enfirouapé, pas d'enfirouapète,* dans *Québec-Presse,* 6ᵉ année, nº 28, 1–7 sept. 1974, p. 56.

Maximilien Laroche, *Yves Beauchemin. L'Enfirouapé,* LAQ 1974, p. 46–48.

Colette Duhaime, *Yves Beauchemin. Un rêve à réaliser,* Dr, vol. 65, nº 292, 11 mars 1978, p. 18.

Réginald Martel, « *Le Matou* » *de Beauchemin. La joyeuse chronique d'une jeunesse qui rêve... et calcule,* Pr, 97ᵉ année, nº 98, 25 avril 1981, p. C-3.

Gabrielle Poulin, *Le père est mort ; vive le parrain ! Le Matou d'Yves Beauchemin,* LQ, nº 23, automne 1981, p. 17–19.

Réginald Martel, *Une œuvre déjà et vive la musique. Yves Beauchemin écrivain* (entrevue), Pr, 99ᵉ année, nº 6, 8 janv. 1983, p. C-1, C-3.

Véronique Robert, *Le Matou c'est lui,* dans *L'Actualité,* vol. 8, nº 2, févr. 1983, p. 32–37.

Paule La Roche, *Le Matou : une fresque endiablée,* Dr, 73ᵉ année, nº 129, 29 août 1985, p. 14.

Id., « *Le Matou* ». *Deux prix... et c'est tant mieux,* Dr, 73ᵉ année, nº 136, 7 sept. 1985, p. 38.

BEAUCHESNE, YVES (1948–). Poète et romancier, né à Sainte-Marie-de-Nicolet (Nicolet-Lotbinière). Il fait ses études au Séminaire Saint-Joseph de Trois-Rivières et les complète avec un baccalauréat en éducation de l'Université Laval (1970), un baccalauréat en études françaises de l'Université du Québec à Trois-Rivières (1972) et une maîtrise de l'Université de Sherbrooke (1973) pour un mémoire intitulé « Pierre Reverdy ou Une poétique de la résistance ». De 1972 à 1977, il enseigne à différents niveaux, du primaire à l'universitaire. En 1977, il est nommé coordonnateur des programmes auprès du conseil des ministres de l'éducation, puis, en 1981, il devient directeur général de la Fédération québécoise des loisirs culturels. Il collabore à *Livres et Auteurs québécois* et à *Des loisirs et des jeunes.* En 1982, il publie un recueil de poésie, *Les Passagers étonnés,* et un roman, *Nuit battante,* qui a remporté le troisième prix de la Relève du roman québécois au Salon du livre de Québec, en 1981.

ŒUVRES

Les Passagers étonnés. Poèmes, Sherbrooke, Éditions Naaman, 1982, 60 p. « Création ».

Nuit battante (roman), [Montréal], Leméac, 1982, 242 p. « Roman québécois ».

Pour l'adulte aussi, le plaisir de lire, dans *Des livres et des jeunes,* vol. 5, nº 13, automne 1982, p. 15–17.

ÉTUDE

Claire de Lamirande, « *Nuit battante* » *de Yves Beauchesne. Tout à fait l'image de la vie,* Dr, 71ᵉ année, nº 109, 6 août 1983, p. 24.

BEAUDÉ, abbé HENRI. Voir **ARLES,** HENRI D'.

BEAUDET, ANDRÉ [Janek Sinoé] (1951–   ).
Romancier et poète, né à Montréal. Il fait ses
études au Collège Saint-Viateur de Rigaud et au
Cégep du Vieux-Montréal. Il obtient, en 1974, un
baccalauréat de l'Université de Montréal où il
prépare ensuite une maîtrise en littérature comparée.
Il publie ses premiers écrits dans *La Barre du jour*,
puis dans *Hobo-Québec*. Il collabore à la revue
Stratégie et il participe à la fondation de la revue
Brèches. Ses poésies parues dans *La Barre du jour*,
OVO et d'autres revues, ont été réunies dans *Nocturnales d'octobre*. En 1975 paraît son roman *Fréquences* dont l'intrigue laisse une large place à la
participation littéraire et politique du lecteur qui
doit s'écrire à son tour dans un texte sans sujet.
Texte qui se veut d'avant-garde mais se présente
dans une ambiguïté « que ne parvient pas à dissiper
la lecture [et qui] explique en partie, note Rodrigue
Villeneuve, ce que je pense être l'échec de l'entreprise
littéraire, mais nécessairement aussi politique, de
Beaudet ».

ŒUVRES

Kebekosmik (Blues Again). Poèmes juin 70–mai 71, [Montréal, Les Éditions Spinifex, 1971], 40 p.
Nocturnales d'octobre. Poèmes et textes (Oct. 1970–Févr. 1972), Montréal, Les Éditions Spinifex, 1973, 69 p. « Brèches ».
Fréquences/En l'inscription du roman (roman), Montréal, L'Aurore, 1975, 158 p. « Écrire ».
Félix Pulpa! (essai), Montréal, Les Herbes rouges nᵒˢ 107/109, 1982, 64 p.

Voyage d'O (poésie), BJ 21, sept.–oct. 1969, p. 7, 13. Sous le pseudonyme de Janek Sinoé.
Tout peut recommencer (essai), dans *OVO*, vol. 1, nᵒ 2, janv. 1971, p. 19–20.
Poèmes, BJ 27, nov.–févr. 1971, p. 30–47. Sous le pseudonyme de Janek Sinoé.
Octobre 70 (poésie), BJ 28, mai 1971, p. 62–68.
L'État de choisir entre (essai), BJ 30, automne 1971, p. 73–88.
Fragment en marge d'un journal noir et blanc (essai), dans *Hobo-Québec*, vol. 1, nᵒ 1, janv. 1973, p. 2–3.
Le Maréchal Ferron (essai), dans *Brèches 1*, printemps 1973, p. 43–57.
Le Récit rouge (essai), dans *Brèches 2*, été–automne 1973, p. 59–70.
Sans titre (essai), BJ 42, automne 1973, p. 2–10.
Changement de ca(m)p (essai), BJ 44, printemps 1974, p. 56–66.
Éventail chinois (essai), dans *Brèches 4–5*, printemps–été 1975, p. 137–147.
Intervenir dans la langue (essai), dans *Chronique*, vol. 1, nᵒˢ 8 et 9, août–sept. 1975, p. 66–74. Collab. Nicole Bédard.

L'Amanchure Autopsie d'un fait d'automne (6 novembre 1837), NBJ, nᵒˢ 68–69, sept. 1978, p. 121–126.
Intervention du parlogue, NBJ, nᵒ 76, mars 1979, p. 39–53.
Gynécophonie-s suivi de *Dessins, Oblique, Profils,* NBJ, nᵒ 88, mars 1980, p. 111–132.
L'Imposture généralisée, NBJ, nᵒˢ 90–91, mai 1980, p. 101–106.
L'État de veille (extrait), NBJ, nᵒˢ 90–91, mai 1980, p. 107–108.
Das Grosse Urteil ou Un pied dans la tombe des-articulations, NBJ, nᵒ 104, juin 1981, p. 55–66.

ÉTUDES

Patrick Straram, *Nocturnales d'automne,* dans *Hobo-Québec,* nᵒˢ 12–13, déc. 1973, p. 30–31.
Claude Lagadec, *Des explorations au pays du nouvel imaginaire,* dans *Le Jour,* vol. 2, nᵒ 30, 7 avril 1975, p. 13.
Rodrigue Villeneuve, *André Beaudet, Fréquences/En l'inscription du roman,* LAQ 1975, p. 79–81.

BEAUDET, GILLES J.-A. [Frère Gabriel]
(1930–   ). Essayiste, né à Montréal. Il fait ses
études à l'École normale des Frères des écoles
chrétiennes à Laval-des-Rapides. Il obtient ensuite
un baccalauréat (1955) et une maîtrise pour un
mémoire sur « La Voyance d'Alfred de Musset »
(1957) à l'Université de Montréal, une licence en
pédagogie (1962) à l'Institut pédagogique Saint-Georges (U. de M.), un doctorat (1966) à l'Université
de Paris dont la thèse est intitulée « Un témoin du
pré-romantisme, Michel de Cubières », et, en 1973,
un baccalauréat en musique à l'Université du Québec
à Montréal. Il enseigne à l'École normale de Laval-des-Rapides pendant neuf ans, au Mont-Saint-Louis de 1966 à 1968, puis, à compter de 1968, au
Cégep du Vieux-Montréal. En 1971 il remporte le
prix de poésie de la Société des poètes canadiens-français. Il est directeur-fondateur du groupe de
solistes Operamix (1975) et il fonde la revue *Appoints*
(1975), consacrée aux problèmes religieux. Il collabore en outre aux revues des Frères des écoles
chrétiennes, *Informac* et *Les Études,* et il prépare
plusieurs articles pour l'*Encyclopédie canadienne
de la musique*. Gilles Beaudet a publié une intéressante correspondance du célèbre frère Marie-Victorin
et une bonne édition pédagogique de *Prochain
Épisode* d'Hubert Aquin.

ŒUVRES

Pour réussir l'apostolat (essai), Montréal, Éditions des Frères des écoles chrétiennes, 1960, 117 p. Sous le pseudonyme de Frère Gabriel.

Frère Marie-Victorin, *Confidence et Combat. Lettres (1924-1944),* Montréal, Lidec, 1969, 251 p. Ill. Présentation et notes de Gilles Beaudet.

Hubert Aquin, *Prochain Épisode* (roman), Montréal, Éditions du Renouveau pédagogique inc., 1969, 152 p. Portrait. Ill. Présentation et annotation de Gilles Beaudet. « LQ ».

Frère *Marie-Victorin* (biographie), [Montréal], Lidec, 1985, 64 p. Ill. « Célébrités canadiennes ».

Les Règlements du comité catholique : amorce d'une école neutre, dans *Appoint,* vol. 1, nº 1, 1967, p. 7-20.

ÉTUDES

[Anonyme], « *Confidence et Combat* », P, vol. 90, nº 52, 3 août 1969, p. 57.

André Major, *Hermas Bastien et le frère Marie-Victorin. Les pionniers pour que la littérature soit vivante,* Dev, vol. 60, nº 163, 9 août 1969, p. 9.

Roger Le Moine, *Confidence et Combat de Marie-Victorin,* LAQ 1969, p. 167-168.

BEAUDET, HENRI. Voir **ARLES, HENRI D'.**

BEAUDIN-BEAUPRÉ, ALINE (1948-   ). Romancière, née à Sept-Îles. Elle étudie au Collège de Matane (D.E.C., 1971), puis elle s'adonne aux études de lettres à l'Université du Québec à Chicoutimi. Elle enseigne un an à La Bostonnais, près de La Tuque, puis elle donne à Sept-Îles deux ans de cours de théâtre et d'écriture chez les petits. En 1976, elle publie un premier livre, *Pluie dans le cercle,* roman poétique qui est accueilli avec des réserves. « Aline B. Beaupré, écrit Roland-M. Charland, possède un réel talent de poète [...]. Elle aurait mieux réussi à nous présenter son dernier rêve sous la forme d'un long poème en plusieurs petits tableaux ». Mais en 1981, à la parution de *L'Aventure de Blanche Morti,* la critique est unanime à reconnaître un beau talent, auquel on trouve des parentés littéraires avec Réjean Ducharme entre autres. Le roman reçoit le prix du Gouverneur général, en 1982, et le cinéaste Roger Fournier en fait un court métrage pour la série « Les Chemins de l'imaginaire » de Radio-Canada. La revue *Nos livres* fait du roman « le choix du mois » de son numéro d'octobre 1981, et Normand Desjardins l'appelle « un grand petit livre ».

ŒUVRES

Pluie dans le cercle. Roman, Montréal, Quinze, 1976, 69 p.

L'Aventure de Blanche Morti (roman), Montréal, Quinze, 1981, 149 p. « Prose entière ».

Mon frère, Au coin du temps (poèmes), dans *La Vie au féminin. Poèmes,* Sept-Iles, Édition le Musée des Sept-Îles inc., [s.d.], p. 7-9.

ÉTUDES

Nicole Bourbonnais, *Aline B. Beaupré. Pluie dans le cercle,* LAQ 1976, p. 75-76.

Roland-M. Charland, *Beaupré (Aline B.). Pluie dans le cercle,* dans *Nos livres,* vol. 8, janv. 1977, nº 4.

Réginald Martel, *Un premier roman étonnant. La petite fille folle, folle d'amour,* Pr, 97e année, nº 200, 22 août 1981, p. C-3.

Jean-Guy Martin, « *J'adore écrire. J'aime passionnément écrire* ». *Aline Beaudin-Beaupré,* dans *Le Journal de Montréal,* vol. 18, nº 97, 19 sept. 1981, p. 44-45.

Normand Desjardins, *Beaudin-Beaupré (Aline). L'Aventure de Blanche Morti,* dans *Nos livres,* vol. 12, oct. 1981, nº 372.

André Vanasse, *Aline Beaudin-Beaupré. Blanche Morti,* LAQ 1981, p. 28-29.

BEAUDOIN, DOROTHÉE [née Poulin] (1941-   ). Chroniqueuse et poète, née à Notre-Dame-de-la-Guadeloupe (Frontenac). Elle fait ses études au Couvent Notre-Dame-de-la-Guadeloupe et à l'École normale de Thetford-les-Mines (Brevet C, 1959). Elle poursuivra ensuite diverses études en sciences cosmiques, en psychologie et en pédagogie, en mathématiques et en anglais. Elle exerce divers métiers, tour à tour secrétaire, téléphoniste, enseignante à l'élémentaire pendant quinze ans, lectrice pour les aveugles à la Magnétothèque de Montréal. Elle collabore au périodique *De bouche à oreille.* Son premier recueil de poésie, *Éclatement. Réflexions sur la vie* (1980) traite de nombreux sujets dans lesquels la nature, le bonheur, l'amour et Dieu sont les principaux thèmes. Ces pages que Réginald Martel trouve « édifiantes ou toniques » mais « mièvres », sont richement illustrées et dégagent des accents de bonté et de tendresse qui ne laissent pas indifférent un lecteur un peu sensible à cette forme de parole semeuse de bonheur.

ŒUVRES

Éclatement. Réflexions sur la vie (prose et poésie), Laval, Édition M.D.B., 1980, 59 p. Ill. de Jacques Ménard. Préface de Gilles Laprade.

À l'aube d'une vie nouvelle. Réflexions sur la vie (prose et poésie), Laval, Édition M.D.B., 1982, 79 p. Ill. de Richard Duperche. Préface d'André Hamel.

ÉTUDES

Réginald Martel, *Un mouvement d'humeur du ministre Vaugeois,* Pr, 97e année, nº 39, 16 févr. 1981, p. B-6.

BEAUDOIN

Évangéline Veilleux, *Beaudoin (Dorothée). À l'aube d'une vie nouvelle. Réflexions sur la vie,* dans *Nos livres,* vol. 13, déc. 1982, n° 446.

BEAUDOIN, GÉRALD Armand (1929–). Juriste et professeur, né à Montréal. Après ses études classiques aux collèges Saint-Ignace et Sainte-Marie (1942-1950, B.A. en 1950), il fait son droit à l'Université de Montréal (LL.L. en 1953 et M.A. en droit en 1954). Membre du barreau en 1954, il poursuit des études à la School of Law de Toronto en droit comparé (1954-1955), puis à l'Université d'Ottawa (D.E.S., 1958). Il pratique le droit à Montréal avec Me Paul Gérin-Lajoie (1955-1956), devient conseiller juridique au ministère fédéral de la Justice (1956-1965), puis conseiller parlementaire adjoint de la Chambre des communes du Canada (1965-1969), et il est nommé Conseiller de la Reine en 1969. Professeur de droit constitutionnel à temps partiel de 1960 à 1969 à l'Université d'Ottawa, il devient titulaire en 1969 et assume la fonction de doyen de la Section de droit civil de la Faculté de droit de 1969 à 1979. Spécialiste en droit constitutionnel, il donne des conférences aux États-Unis, en Europe, en Afrique, en Amérique du Sud, en Asie et en Australie ; ainsi, il est professeur invité à l'Université de Paris XII et à la Faculté des sciences sociales de Toulouse, en avril 1981 et à Paris-Sorbonne au printemps 1985. Il occupe des postes importants : entre autres, il est président national de la Section de droit constitutionnel de l'Association du barreau canadien (1971-1973), membre de la Commission des Services juridiques du Québec (1972-1973), président de l'Assemblée des doyens des facultés de droit du Canada (1972-1973), vice-président pour le Canada de l'Institut international de droit d'expression française (IDEF, 1973-1977, réélu en 1977 et en 1981), membre de la Commission royale Pépin-Robarts sur l'unité canadienne (1977-1979). Il est élu membre de la Société royale du Canada en 1977, nommé officier de l'Ordre du Canada et décoré du mérite universitaire en 1980. En 1982, il est choisi conférencier de recherche de l'Université d'Ottawa. En 1983, il est élu membre de l'Académie canadienne-française. En 1985, il devient membre du Comité de rédaction française de la Constitution. Le 26 septembre 1988, il est nommé sénateur. Ses travaux portent principalement sur les questions constitutionnelles. Il fait paraître ses *Essais sur la Constitution* en 1979 et *Le Partage des pouvoirs* en 1980, et il collabore à des ouvrages collectifs comme *Confederation Dialogue* (1978), *Rapport Pépin-Robarts* (1979), *Mécanismes pour une nouvelle Constitution* (1981), et *Les Quotidiens et la Loi* (1981). Avec W.S. Tarnopolsky, il est coéditeur d'un ouvrage collectif publié en français et en anglais en 1982 : *Charte canadienne des droits et libertés/ The Canadian Charter of Rights and Freedoms. Commentary.* En 1985, avec Daniel Turp, il est également coéditeur des *Journées strasbourgeoises.* Il a publié en outre de nombreux articles dans des journaux et des revues juridiques canadiennes ou étrangères. À propos des *Essais,* l'historien Michel Brunet écrit que Me Gérald Beaudoin « est devenu sans aucun doute le juriste le plus connu au Canada français. [...] Quiconque s'intéresse au débat constitutionnel a bénéficié de ses enseignements largement diffusés par les revues, les journaux, la radio et la télévision ». À l'occasion de sa réception à la Société royale du Canada, le professeur Paul A. Crépeau disait de Me Beaudoin qu'il... « est un constitutionnaliste averti qui [...] a puissamment contribué, depuis plusieurs années, à l'élaboration, au Canada, d'un ordre constitutionnel nouveau ».

ŒUVRES

Essais sur la Constitution, Ottawa, EUO, 1979, xii, 422 p. Collection des travaux de la Faculté de droit de l'Université d'Ottawa.

[*Rapport Pépin-Robarts*]. *La Commission de l'unité canadienne,* Ottawa, Ministère des Approvisionnements et Services Canada, 1979, 3 vol. : vol. 1, *Se retrouver. Observations et recommandations,* 160 p. ; vol. 2, *Définir pour choisir. Vocabulaire du débat,* viii, 125 p. ; vol. 3, *Un temps pour parler. Les commentaires du public,* x, 343 p. Il existe une version anglaise de ce rapport. Signé par Jean-Luc Pépin et John P. Robarts (coprésidents) et par Gérald A. Beaudoin, Richard Cashin, Solange Chaput-Rolland, Muriel Kovitz, Ross Marks et Ronald L. Watts.

Le Partage des pouvoirs (essai), Ottawa, EUO, 1980, xix, 432 p. Collection des travaux de la Faculté de droit de l'Université d'Ottawa ; 1982, xix, 527 p. ; 1983, xix, 634 p.

Mécanismes pour une nouvelle Constitution (essais), Ottawa, EUO, 1981, x, 146 p. Collab. Edmond Orban, Gérard Bergeron et Edward McWhinny.

Les Quotidiens et la Loi, Ottawa, Ministère des Approvisionnements et Services Canada, 1981, x, 157 p. Collab.

Walter S. Tarnopolsky, Colin Wright et Edith Codry-Rice. « Commission royale sur les quotidiens ». Publications de recherche, vol. 3.

Charte canadienne des droits et libertés, Montréal, Éditions Wilson & Lafleur/Sorej, 1982, xxxiii, 770 p. Collab. Walter S. Tarnopolsky. Éditeurs. Avant-propos des éditeurs. *The Canadian Charter of Rights and Freedoms. Commentary,* Toronto, The Carswell Company Limited, 1982, liii, 590 p. Préface des éditeurs.

Perspectives canadiennes et européennes des droits de la personne : actes des Journées strasbourgeoises de l'Institut canadien d'études juridiques supérieures 1984, Cowansville, Les Éditions Yvon Blais, inc., 1986, [4], 722 p. Sous la direction de Gérald A. Beaudoin et Daniel Turp.

Le Système judiciaire canadien, dans Louis Sabourin, *Le Système politique du Canada. Institutions fédérales et québécoises,* Ottawa, EUO, 1969, p. 351–377.

La Cour suprême du Canada et la Constitutionnalité des lois, dans *Actualité du contrôle juridictionnel des lois. Travaux des Sixièmes Journées d'études juridiques Jean Dabin,* Bruxelles, Maison F. Larcier, S.A., 1973, p. 187–212. « Bibliothèque de la Faculté de droit de l'Université catholique de Louvain ».

Canada, Droit civil [*Évolution récente de l'enseignement : les programmes*], dans Centre canadien de droit comparé — Canadian and Foreign Law Research Centre, *Travaux du Onzième Colloque international de droit comparé — Proceedings of the Eleventh International Symposium on Comparative Law,* tenu à Ottawa les 4 et 5 avril 1974, Ottawa, EUO, 1975, p. 13–30. Collection des Travaux de la Faculté de droit de l'Université d'Ottawa.

La Cour suprême et la protection des droits fondamentaux, dans *la Revue du barreau canadien — The Canadian Bar Review,* vol. 53, n° 4, déc. 1975, p. 675–714.

La Crise parlementaire du 19 février 1968 et ses conséquences en droit constitutionnel, dans *Revue générale de droit,* vol. 6, n° 2, 1975, p. 283–304.

[*Le Fédéralisme face à la société post-industrielle*] *au Canada,* dans Centre canadien de droit comparé — Canadian and Foreign Law Research Centre, *Travaux du Douzième Colloque international de droit comparé — Proceedings of the Twelfth International Symposium on Comparative Law,* tenu à Ottawa les 3 et 4 oct. 1974, Ottawa, EUO, 1976, p. 52–66.

La Protection de l'environnement et ses implications en droit constitutionnel, dans *McGill Law Journal,* vol. 23, n° 2, été 1977, p. 207–224.

Nationalisme et fédéralisme renouvelé, dans *Mémoires de la Société royale du Canada,* 4e série, t. 16, 1978, p. 293–300.

Réponse de M. Gérald Beaudoin de la Société royale du Canada : notre Constitution vit-elle à l'heure de la Société ?, dans *Présentation,* Société royale du Canada, 1978–1979, p. 117–123.

La Philosophie « constitutionnelle » du Rapport Pépin-Robarts, dans *La Revue du barreau canadien — The Canadian Bar Review,* vol. 57, n° 3, sept. 1979, p. 428–445.

Un difficile consensus [sur la couverture : *Les Droits linguistiques : comment trancher le nœud gordien ?*], dans *Langue et Société,* n° 3, automne 1980, p. 3–6.

Devolution, Delegation, Centralization of Powers as Seen by the Pepin-Robarts Commission, dans *The Cambridge Lectures,* Toronto, Butterworth & Co., 1981, p. 79–92.

Réformes de structure à la Cour suprême du Canada, dans *The Supreme Court Law Review,* vol. 2, Toronto, Butterworth & Co., 1981, p. 379–385.

La Révision de la Constitution du Canada et l'Avenir du Québec : problèmes et perspectives, dans *Revue générale de droit,* 1982, vol. 13, n° 2, p. 477–497. (Conférence prononcée dans le cadre du Colloque du 8 février 1982 à l'Université de Paris I, au Centre d'analyse comparative des systèmes politiques).

Le Rapatriement : la fin du commencement ?, Ottawa, RUO, vol. 52, n° 3, juillet 1982, p. 287–301.

Les Droits démocratiques, dans *The Canadian Bar Review/La Revue du barreau canadien,* 1983, vol. 61, n° 183, p. 151–176.

Le Juriste, la Constitution et la Langue française, dans *Revue générale de droit,* vol. 15, n° 1, 1984, p. 169–179. (Discours de réception à l'Académie canadienne-française).

Considération sur l'influence de la religion en droit public au Canada, dans *Revue générale de droit,* vol. 15, n° 3, 1984, p. 589–602.

La Réforme de la Chambre des communes. Quelques propositions, dans *Les Cahiers de droit,* vol. 26, n° 1, mars 1985, p. 143–160.

Protection de la langue française au Canada, dans *Téléclef,* n° 3, 1988, p. 23–24. (Extrait de l'allocution prononcée le 9 mai 1988, à Paris, à l'Académie des sciences morales et politiques ; l'Institut de France).

ÉTUDES

Noël Fortin, *Les « Essais sur la Constitution » de Gérald Beaudoin. Des attributions précises au Québec,* Dr, 67e année, n° 250, 22 janvier 1980, p. 5.

Michel Brunet, *Beaudoin, Gérald-A., Essais sur la Constitution,* RHAF, vol. 43, n° 3, déc. 1980, p. 440–441.

Pierre Tremblay, « *Le Partage des pouvoirs* », un nouvel ouvrage, Dr, 68e année, n° 244, 15 janv. 1981, p. 6.

Roger Duhamel, *Conflit des pouvoirs, montée des périls,* Dev, vol. 72, n° 37, 14 févr. 1981, p. 17.

Alain Plantey, *Le Partage des pouvoirs par Gérald A. Beaudoin,* dans *Bulletin de l'Institut international de droit d'expression française,* supplément au n° 3, 1981, de la Revue juridique et politique indépendance et coopération.

Edward G. Hudon, *Gérald A. Beaudoin, Essais sur la Constitution* […], *Le Partage des pouvoirs,* dans *La Revue du barreau du Québec,* sept.–oct. 1982, t. 42, n° 4, p. 684–688.

Id., *Le Partage des pouvoirs. Troisième édition. By Gérald A. Beaudoin,* dans *The Canadian Bar Review/La Revue du barreau canadien,* vol. 62, n° 4, 1984, p. 719–722.

BEAUDOIN

[Anonyme], *Gérald Beaudoin nommé au Sénat*, La Gazette [de l'Université d'Ottawa], vol. 1, n° 2, 1988, 30 sept. 1988, p. 3.

BEAUDOIN, PAUL (1948–). Poète, né à Montréal. Il étudie à l'École secondaire Urgel Archambault et au Collège de Bois-de-Boulogne (D.E.C., 1971), puis il poursuit des études de lettres à l'Université de Montréal où il obtient un baccalauréat spécialisé (1974) et une maîtrise en création littéraire en présentant un recueil de poésie, « Le Centaure » (1975). Il prépare ensuite un doctorat à l'Université McGill. Il enseigne le français au Bureau des langues d'Ottawa (1975), à l'Institut de technologie agricole de Saint-Hyacinthe (1976) et, à partir de 1977, au Cégep de Saint-Hyacinthe. Il est élu président du Conseil régional de la culture de la Rive-Sud de Montréal en 1981. Il participe à plusieurs récitals de poésie, prépare des monologues dramatiques pour l'émission « En première » de Radio-Canada (1976–1978), enregistre une cassette des poèmes du *Message* avec musique de Christian Beauregard. Entre 1979 et 1983, il publie deux poèmes-affiches et deux recueils de poésie, *Le Message* (1982) et *Cathédrale intérieure* (1983). En outre, il traduit en anglais des poèmes de Gérald Godin, et en français des œuvres d'Eva-Bell Werber.

ŒUVRES

L'Homme en dedans (poème-affiche), Belœil, Chez l'auteur, 1979. Ill. d'Yvon Coderre.
La Parole en dedans (poème affiche), Belœil, Chez l'auteur, 1980. Ill. d'Yvon Coderre.
Le Message (poésie), Belœil, À compte d'auteur, 1982, 103 p. Ill. d'Yvon Coderre ; Orandia, 1984. Cassette et musique de Christian Beauregard.
Cathédrale intérieure. Poésie, Saint-Hyacinthe, Tourne-jour, [1983], 75 p.

L'Image-reflet, Regret, Les Poètes, Le Vieux Montréal, Il suffit de presque rien (poésie), dans *Poésie Québec I*, Montréal, Ferron éditeur, 1972, p. 35–39.

BEAUDRY, DAVID-HERCULE [Un compatriote] (1822–1876). Moraliste, né à Québec. Ordonné prêtre en 1849, il est successivement curé de Saint-André-d'Argenteuil (1849–1850), de Saint-Jean-Chrysostôme (Châteauguay) (1850–1859), de Saint-Constant (1861–1868) et de Saint-Rémi-de-La-Salle (1868–1876) (Napierville). Son ouvrage de moraliste, *Le Conseiller du peuple* (1861), connaît une large diffusion et inspirera le célèbre père Zacharie Lacasse. Beaudry utilise adroitement les lieux communs de l'époque pour répandre l'idéologie cléricо-nationaliste. À la parution du livre, le jeune Laurent-Olivier David ne cache pas son enthousiasme : ce livre, « écho d'une âme vraiment religieuse et patriotique [...], démontre éloquemment que le peuple français nous a transmis ses belles qualités de l'esprit, aussi bien que celles du cœur ». Étant donné qu'il utilise le pseudonyme, « Un compatriote », bien des ouvrages ainsi signés lui sont attribués sans pour autant avoir des preuves suffisantes. C'est ainsi que Nadia F. Eid attribue à Beaudry un ouvrage de polémique, paru en 1887, *L'Héritage des Canadiens-français [sic] aux États-Unis, ou Notre foi prouvée et défendue par un compatriote*. Le pseudonyme est bien le même, mais aucun document contemporain ne permet de soutenir que ce livre, paru onze ans après sa mort, soit de lui.

ŒUVRES

Le Conseiller du peuple ou Réflexions adressées aux Canadiens-français par un compatriote (essai), Montréal, Typographie d'Eusèbe Senécal, 1861, 218, iii p. ; Québec, J.-A. Langlais, 1877 ; Mile-End, Imprimerie de l'Institution des Sourds-Muets, 1885, 227, iii p.
Les Jeunes Converties, ou Mémoires des trois sœurs, Debbie, Helen et Anne Barlow (biographie), Montréal, Eusèbe Senécal, imprimeur-éditeur, 1866, xv, 195 p. Traduction de l'anglais par Beaudry qui signe aussi la préface ; Tours, Alfred Mame et Fils, éditeur, 1868, xxi, 216 p. ; Montréal, Eusèbe Senécal, 1869, xv, 195 p. ; Librairie Saint-Joseph, Cadieux & Derome, 1882, 188 p.

ÉTUDES

Laurent-Olivier David, « *Le Conseiller du peuple* », dans *Échos du cabinet de lecture publique*, vol. 3, n° 40, 12 oct. 1861, p. 316.
Nadia F. Eid, *Le Clergé et le Pouvoir politique au Québec*, Montréal, Hurtubise HMH, 1978, p. 89–91.

BEAUDRY, JEAN (1939–). Essayiste et romancier, né à Saint-Jean. Il fait ses études classiques au Séminaire de Saint-Jean (B.A., 1959) et ses études de droit à l'Université de Montréal (L.L.D., 1964). En 1977–1978, il étudie la psychologie sociale à l'UQAM. Il a enseigné pendant deux ans à Jonquière et fait du journalisme pendant quatre ans au *Canada français* où il a été rédacteur en chef. Son premier livre, *Divorcer. Comment ? Pourquoi ? (Un avocat vous répond)* (1975), est lié à la fois à son expérience journalistique et à sa profession légale. Dans *Mamba* (1979), roman à suspense, l'histoire de la chasse à un serpent venimeux qui fait des morts à Montréal, est « habilement menée », écrit Raymond Laprès : « Si le démarrage semble un peu tâtonnant, le récit prend vite son rythme et son souffle, et se lit avec intérêt ».

ŒUVRES

Divorcer. Comment ? Pourquoi ? (Un avocat vous répond) (essai), Saint-Jean, Les Éditions du Richelieu ltée, 1975, 94 p. Introduction de l'auteur.
Mamba (roman), Saint-Lambert, Les Éditions Héritage, 1979, 173 p. « Héritage + plus ».

ÉTUDES

Raymond Laprés, *Beaudry (Jean). Mamba,* dans *Nos livres,* vol. 11, févr. 1980, n° 30.
Pierre St-Jacques, *Mamba : histoire d'un serpent venimeux qui effraie Montréal. J. Beaudry : un avocat qui fuit le stress en écrivant,* dans *La Tribune,* vol. 71, n° 10, 8 mars 1980, p. E-2.
Michel Phaneuf, *Jean Beaudry : un avocat de métier, écrivain par goût et par plaisir* (entrevue), CF, 127ᵉ année, n° 39, 18 juin 1981, p. 50.
Huguette Roberge, *Un thriller québécois pas plus mauvais que bien d'autres !,* Pr, 98ᵉ année, n° 95, 24 avril 1982, p. C-5.

BEAUDRY, MARGUERITE (1926–   ). Romancière, née à Québec. Après ses études de sciences et lettres, elle poursuit des études de philosophie et de création littéraire à l'Université de Montréal. De 1956 à 1959, elle est travailleuse sociale auprès des réfugiés hongrois. En 1961 elle devient rédactrice-correctrice de *La Semaine à Radio-Canada,* puis à compter de 1967, elle est rédactrice en chef du périodique *Ici Radio-Canada.* Elle fait paraître son premier roman en 1977, *Tout un été l'hiver* qui est accueilli assez froidement par la critique. « Un roman qui n'est pas mal écrit, signale Réginald Martel, bien au contraire, mais qui ne va pas vraiment plus loin que cette description atroce, instant par instant, de la mort par cancer d'une femme jeune ». Ce roman montre que l'auteur peut traiter avec finesse la psychologie de son personnage principal qui vit dignement l'expérience de la mort. Dans son second roman, *Debout dans le soleil,* Marguerite Beaudry explore l'univers du rêve et de l'inceste, en décrivant les amours étranges entre un frère et une sœur. « Ce que cet écrivain apporte de neuf, dit encore Martel, c'est un monde imaginaire où tout se joue dans les infimes nuances des sentiments, [...]. Cette romancière démontre qu'il est possible de faire de la littérature avec de faux sentiments ».

ŒUVRES

Tout un été l'hiver. Roman, Montréal, Quinze, 1976, 179 p.
Debout dans le soleil (roman), Montréal, Quinze, 1977, 156 p.
Le Rendez-vous de Samarcande (roman), Montréal, Libre Expression, 1981, 156 p.
Les yeux ne sont pas faits pour pleurer (roman), Montréal, Éd. Libre Expression, 1985, 155 p.

———

Décantation, NBJ, nᵒˢ 68–69, sept. 1978, p. 144–149.
Autoportrait, dans *Québec français,* n° 31, oct. 1978, p. 46–47.

ÉTUDES

Marcel Dubé, *Un cœur de femme,* dans *Le Livre d'ici,* vol. 2, n° 45, 17 août 1977, p. 1.
Micheline LaFrance, *Tout un été l'hiver ou Vivre pleinement sa mort,* dans *Le Point,* vol. 1, n° 1, janv. 1977, p. 5–6.
Gabrielle Poulin, *Une histoire brodée de fils d'or,* Dev, vol. 67, n° 81, 2 juillet 1977, p. 19.
Élisabeth Vonarburg, *Marguerite Beaudry. Tout un été l'hiver,* LAQ 1977, p. 33–34.
Donald Smith, *Marguerite Beaudry. Debout dans le soleil,* LAQ 1977, p. 92–93.
Réginald Martel, *Entre mort et renaissance. Le lieu secret de la solitude,* Pr, 97ᵉ année, n° 288, 5 déc. 1981, p. D-3.
Claire de Lamirande, *Le Rendez-vous de Samarcande. Une fuite vers son destin,* Dr, 69ᵉ année, n° 227, 24 déc. 1981, p. 38.
Michèle Mailhot, *Le Rendez-vous de Samarcande de Marguerite Beaudry,* LQ, n° 26, été 1982, p. 25–26.

BEAUGRAND, Marie-Louis HONORÉ (1848–1906). Romancier, essayiste et journaliste, né à Lanoraie en 1848 (et non en 1849 comme l'indiquent la plupart de ses biographes). Il fait son cours classique au Collège de Joliette. Expulsé du collège en 1865, il fréquente le manège militaire de Montréal. La même année, il part pour le Mexique avec son ami Faucher de Saint-Maurice et se joint à l'armée française de l'empereur Maximilien. Blessé plusieurs fois, emprisonné par les Mexicains, il réussit à s'échapper. En 1867, il part pour la France qu'il doit quitter précipitamment à cause d'activités antigouvernementales. En 1869, après quelques mois à la Nouvelle-Orléans, il devient comptable-interprète pour la compagnie de chemin de fer de Vera Cruz (Mexique). En 1873, il se fixe à Fall River (Mass.) et fonde un journal, *L'Écho du Canada.* La même année, il épouse une jeune Américaine, Eliza Walker. Il vend son journal au printemps de 1875 et voyage dans l'Ouest des États-Unis. En septembre, il fonde un autre journal à Fall River, *La République,* dans lequel il publie notamment les premiers chapitres d'un roman de l'émigration, *Jeanne la fileuse,* et son credo de franc-maçon, en janvier 1878, qui lui vaut des critiques acerbes. *La République* cesse de paraître en février, et Beaugrand déménage à Ottawa où il fonde un nouveau journal, *Le Fédéral,* qui dure seulement quelques mois. Il s'installe à Montréal à l'automne, fonde un journal humoristique, *Le Farceur,* et, l'année suivante, *La Patrie,* journal libéral dont le succès lui permet de se lancer en politique. Il est maire de Montréal en 1885 et 1886. Il publie plusieurs essais et des récits de voyages qui consignent les souvenirs de sa vie mouvementée et traitent souvent avec originalité de sujets d'actualité sociale. Il se rend à Londres en 1896 comme délégué de la Chambre de commerce de Montréal. En 1897, il vent *La Patrie* à Israël Tarte, voyage, et accroît considérablement sa fortune dans la haute finance. Il meurt en 1906. Mémorialiste et romancier, Beaugrand a aussi écrit des contes dont le plus célèbre demeure « La Chasse-galerie », parue d'abord dans *La Patrie,* le 13 décembre 1891, et réimprimée plusieurs fois. Ce titre devient celui d'un recueil de contes publié en 1900. Le style en est celui d'un excellent conteur. Réjean Beaudoin note que cet ouvrage «ressemble à un recueil de documents vrais » capables de donner un caractère d'authenticité à des êtres fabuleux, et que l'étonnement qu'on éprouve à leur lecture ne provient pas de leur aspect littéraire ou de leur étrangeté, mais «plutôt de la nature même de ces récits [...]. La parole entendue n'est pas la voix d'un écrivain mais ressemble aux accents sobres et crus du peuple lui-même ».

ŒUVRES

Le Vieux Montréal, 1611–1803, Montréal, [s.é.], 1884, [n.p.]. Dessins de P.L. Morin.

Jeanne la fileuse. Épisode de l'émigration franco-canadienne aux États-Unis (roman), Fall River, [Typographie Fiske et Munroe], 1878, 301 p. ; Montréal, La Patrie, 1888, 330 p. ; Fides, 1980, 312 p. Édition présentée et préparée par Roger Le Moine. « N ».

De Montréal à Victoria par le transcontinental canadien (conférence), Montréal, 1887, 52 p. Ill.

Mélanges, Trois conférences : I. De Montréal à Victoria, II. Le Journal : son origine et son histoire, III. Anita : souvenirs d'un contre-guérillas, Montréal, Les Presses de La Patrie, 1888, 151 p.

Lettres de voyage, France-Italie-Sicile-Malte-Tunisie-Algérie-Espagne, Montréal, La Patrie, 1889, 350 p.

Six mois dans les Montagnes rocheuses, Colorado, Utah, Nouveau-Mexique, Montréal, Granger Frères, 1890, 324 p. Ill. Préface de Louis Fréchette.

La Chasse-galerie, légendes canadiennes, Montréal, [s.é.], 1900, 123 p. Ill. ; dans *Contes canadiens,* Beauchemin, [1919], 93 p., p. 35 à 64. Collab. Paul Stevens, Louis Fréchette. Ill. d'Henri Julien ; dans *Contes d'autrefois,* 1946, 275 p. ; Fides, 1973, 93 p. Préface de François Ricard ; Fides, 1979, 107 p. Chronologie et bibliographie d'Aurélien Boivin. «BQ». Traduction anglaise : *La Chasse Galerie and other Canadian Stories,* Montréal, [s.é.], 1900, 101 p.

New Studies of Canadian Folklore, Montréal, E.M. Renouf Publisher, [1904], 130 p.

Anita, souvenirs d'un contre-guérillas (roman), [s.l., s.é., s.d.], 36 p.

ÉTUDES

Joseph Desrosiers, *Jeanne la fileuse,* RC, vol. 15, 1878, p. 402–404.

[Anonyme], *Jeanne la fileuse,* dans *L'Opinion publique,* vol. 9, 1878, p. 193.

Charles ab der Halden, *M. Beaugrand,* dans *Études de la littérature canadienne-française,* Paris, F.R. de Rudeval, 1904, p. 289–299.

[Anonyme], *Honoré Beaugrand,* BRH, vol. 35, 1929, p. 626.

Albert Dandurand, [« Honoré Beaugrand »], dans *Le Roman canadien-français,* Montréal, Albert Lévesque, 1937, p. 133–134.

Mary Carmel Therriault, [« Honoré Beaugrand »], dans *La Littérature française de Nouvelle-Angleterre,* Montréal, Fides, 1946, p. 233–237.

Lucie Lafrance, « Bio-bibliographie de M. Honoré Beaugrand, 1849–1906 ». Thèse de maîtrise. Université de Montréal, 1948, 67 f.

Séraphin Marion, *Libéralisme canadien-français d'autrefois et d'aujourd'hui,* CD, nº 27, 1962, p. 9–45.

Pierre Bance, « Beaugrand et son temps ». Thèse de doctorat. Université d'Ottawa, 1964, ix, 438 f.

Réjean Beaudoin, *L'Impossible littérature populaire,* L, vol. 16, nº 92, mars-avril 1974, p. 100–104.

Andrée Bergens, *Honoré Beaugrand. La Chasse-galerie,* LAQ 1979, p. 21.

Maurice Poteet, *Honoré Beaugrand. Jeanne la fileuse. Épisode de l'émigration franco-canadienne aux États-Unis,* LAQ 1980, p. 21–23.

Paul Gay, *L'Émigration franco-canadienne aux États-Unis. Jeanne la fileuse,* Dr, 68ᵉ année, nº 212, 6 déc. 1980, p. 18.

Maurice Poteet, *Notre premier roman bourgeois? « Jeanne la fileuse » d'Honoré Beaugrand. Réédition préparée par Roger Le Moine,* VIP, vol. 6, nº 2, hiver 1981, p. 227–231.

BEAUGRAND-CHAMPAGNE, LOUISE (1941–). Romancière, née à Montréal. Elle fait ses humanités à l'Académie Saint-Urbain, au Collège Marguerite-Bourgeois, au D'Arcy McGee High School et au Marianopolis College. Elle enseigne quelque temps à Beloeil, et devient ensuite attachée aux relations publiques de l'Hydro-Québec, puis de la Société Michelin à New York. Après un stage d'études en graphisme en Europe, elle entre au service des Presses de l'Université de Montréal, puis de McGraw-Hill. En 1969, elle travaille un moment à l'Administration publique du Canada, passe au Musée national du Canada d'Ottawa, et ensuite à l'Association canadienne d'éducation. En 1976, elle s'inscrit à l'École nationale d'administration publique où elle présente, en 1978, une thèse de maîtrise intitulée « Philosophie administrative et Structure de planification au Québec, 1960-1977 ». Entre temps elle a effectué des stages en administration à Londres et à Bruxelles. Elle entre alors au ministère de l'Éducation de l'Ontario et, en 1980, elle est nommée directrice du bureau de traduction du gouvernement de l'Ontario. Son premier roman, *Kathmandou* (1968), se compose en fait de douze nouvelles racontant les amours de douze personnages masculins répondant aux signes du zodiaque, et reliés entre eux par la narratrice, héroïne des aventures. L'ouvrage reçoit un accueil favorable des critiques qui reconnaissent tous que l'auteur a du style. « Un roman qui se lit vite, écrit Brigitte Morissette, tout d'une traite, rédigé d'une écriture rapide, sans bavures, comme un ‹ rock › bien rythmé ».

ŒUVRES

Kathmandou (roman), [Montréal], Les Éditions Estérel, 1968, 148 p.
Will That Be Cash Or...? A Look at Consumer Studies in Canada (essai), Toronto, The Canadian Education Association, 1975, 47 p.
Étapes et Transitions. Un aperçu de l'éducation au Canada de 1960 à 1975, Toronto, L'Association canadienne d'éducation, 1976, 48 p. Avant-propos de F.K. Stewart. Traduction du livre de Harriett Goldsborough, Donal Deiseach *et al.*

ÉTUDES

André Major, *Louise Beaugrand-Champagne. Kathmandou ou la Narratrice désinvolte et curieuse,* Dev, vol. 69, n° 40, 17 févr. 1968, p. 12.
Jean Éthier-Blais, *Trois jeunes romanciers : une nouvelle relève,* Dev, vol. 69, n° 52, 2 mars 1968, p. 13.
André Renaud, *Kathmandou de Louise Beaugrand-Champagne,* LAC 1968, p. 32.

BEAULIEU, DANIELLE (1947–   ). Romancière, née à Magog (Québec). Elle obtient un brevet d'enseignement à l'École normale Marguerite-Bourgeois de Sherbrooke (1966), puis un D.E.C. en assistance sociale au Cégep de Sherbrooke (1969). Ensuite, elle travaille en service social à La Tuque et à Sherbrooke, service coupé de trois ans et demi de séjour en Afrique centrale et en Belgique. En

1978, son premier roman, *Il neige sur les frangipaniers*, mérite le prix Alfred-DesRochers. L'action se déroule au Rwanda où a vécu la romancière. « Ce roman à caractère autobiographique se range dans la catégorie des romans à thèse où le didactique l'emporte sur l'imaginaire », écrit Jacques Flamand qui lui reproche en outre de sérieuses fautes de langue. Pour Adrien Thério, le roman a le mérite de poser bien des questions à notre société sexiste. Raymond Laprés voit dans son deuxième roman, *Les Coquelicots* (1980), un « style extrêmement vivant et d'une grande beauté, [... où passe] malgré la dureté et la crudité de certains passages, un courant intense de poésie ».

ŒUVRES

Il neige sur les frangipaniers. Roman, Sherbrooke, Éditions Naaman, 1978, 163 p. Ill. Carte. « Création ».
Les Coquelicots. Récit-essai, Sherbrooke, Éditions Naaman, 1980, 59 p. « Création ».

ÉTUDES

Jacques Flamand, *Exil et Féminisme : thème ou thèse romanesque,* Dr, 67e année, n° 40, 12 mai 1979, p. 21.
Adrien Thério, *L'Esclavage ou La Libération des femmes,* LQ, n° 17, printemps 1980, p. 24-25.
Raymond Laprés, *Beaulieu (Danielle), Les Coquelicots,* dans *Nos livres,* vol. 12, mars 1981, n° 114.

BEAULIEU, FRANÇOIS (1939–   ). Dramaturge, né à Montréal. Il fait ses humanités et ses études en pédagogie à l'École normale Jacques-Cartier, et il continue sa formation à l'Université de Montréal où il obtient une licence ès lettres, en 1965. Il enseigne à Montréal, à Longueuil, à Chambly et à l'Université du Québec à Montréal, puis, en 1971, il devient professeur de littérature au Cégep Lionel-Groulx. Il a fait du journalisme à Métro-Express (1965-1967). Principalement intéressé au théâtre, il écrit, de 1974 à 1980, près de vingt-cinq pièces pour la radio, la télévision, et surtout pour la scène qu'il préfère. En 1977, « En attendant le prince charmant » mérite le premier prix du concours d'œuvres dramatiques de Radio-Canada ; il adapte sa pièce à la scène et elle est jouée à Québec (1978) et en Suisse (1980). On joue ses œuvres au Théâtre du Nouveau Monde, au Théâtre de Quat'sous, à l'Atelier de la NCT, au café-théâtre Rizpainsel, etc. Deux d'entre elles paraissent en un volume, en 1976 : *Septième Ciel* et *Fais pas semblant de rêver Bobby*. Renée Cimon note sur la première : « Le dialogue réussit assez bien à traduire une joute verbale tout en estocades, en parades, en feintes et en esquisses.». Et sur la seconde: «Le texte de Beaulieu n'arrive pas à donner une quelconque densité à l'intrigue ni même à faire passer le jeu». Michel Vaïs joint des considérations scéniques à son analyse de *Septième Ciel*: «Au T.N.M, la pièce doit sans doute tout son succès populaire à l'audace d'avoir montré un couple habillé de sa seule innocence, bavardant paisiblement pendant près de trois quarts d'heure dans et autour d'un lit».

ŒUVRE

Septième Ciel — Fais pas semblant de rêver Bobby (théâtre), [Montréal], Leméac, 1976, xii, 107 p. Préface d'Alain Pontaut. «Théâtre».

ÉTUDES

Michel Vaïs, *François Beaulieu. Septième Ciel,* LAQ 1976, p. 177–179.

Renée Cimon, *Beaulieu (François). Septième Ciel — Fais pas semblant de rêver Bobby,* dans *Nos livres,* vol. 8, févr. 1977, n° 42.

Gilbert David, *Marie Pontonnier, fille du roi,* dans *Jeu,* n° 4, hiver 1977, p. 93–94.

Martial Dassylva, *François Beaulieu fascine par la jeunesse, l'aventure et...* Sam, Pr, 94e année, n° 171, 25 nov. 1977, p. D-6.

Adrien Gruslin, *François Beaulieu : «J'écris vite et beaucoup»,* Dev, vol. 70, n° 58, 10 mars 1979, p. 29.

Jean-Paul Brousseau, *Une pièce sur les rapports du couple. François Beaulieu : peu connu mais prolifique,* Pr, 95e année, n° 210, 8 sept. 1979, p. B-1–B-2.

BEAULIEU, GERMAIN [A. d'Albert, Cyprien, L.-P. Dorval, Fabricius, Népomucène Hébardaut, Hollois, Procule Hotte, Hugues Lambert, Philippe Le Ber, Philippe L. Leclaire, Philippe Leclerc, Jean Pince, Jean Pince fils, Lector Probus, Joseph Saint-Hilaire, Hyppolite Vaumarin] (1870–1944). Poète, dramaturge, essayiste, entomologiste, né à Rivière-Blanche, près de Matane. Orphelin de bonne heure, il est adopté par une famille de Montréal. Après ses études à l'École normale Jacques-Cartier, il fait son droit à l'Université Laval à Montréal et est admis au barreau en 1894. Il pratique de longues années à Montréal. Il collabore au *Pays,* puis à *La Semaine,* aux *Débats* où il participe à «la critique en groupe», à *L'Annuaire théâtral,* au *Nationaliste,* signant poèmes et articles d'une foule de pseudonymes. Ses premiers poèmes, parus dans *Recueil littéraire,* en 1891 et 1892, sont démesurément longs et ne sont guère qu'un témoignage de sa sensibilité d'orphelin. Ceux qu'il publie en 1893 dans *L'Oiseau-Mouche* et dans *L'Alliance nationale* dénotent une meilleure maîtrise de sa prosodie. En

novembre 1895, il participe à la fondation de l'École littéraire de Montréal et en devient le premier président : il lui demeure fidèle pendant quarante ans. Au théâtre, il compose un mystère, «La Passion», joué au Mouvement national en 1902, un drame tiré de Jules Verne, «Famille sans nom», joué la même année au Théâtre National, et une comédie en cinq actes «Fascination» (1907). Sa campagne en faveur de la réforme scolaire lui vaut une condamnation de l'archevêché, en 1904. En 1909, il est secrétaire de la Société des artisans. Il prend aussi une part active à l'organisation du Musée entomologique canadien. En 1930, il devient conseiller juridique au ministère de l'Agriculture et s'installe à Québec. En 1935, il publie *Nos immortels,* volume humoristique dans lequel il brosse le portrait de quatorze membres de l'École littéraire, y compris lui-même, et qui, en plus de faire rire, fait voir cette époque (1895–1935). Le mérite principal de Germain Beaulieu est d'avoir travaillé toute sa vie au développement de la vie culturelle du Québec.

ŒUVRES

Monographie des mélasides du Canada. Extrait du Naturaliste canadien, Québec, Imprimerie Laflamme, 1922, 91 p.

Les Insectes nuisibles de la Province de Québec, Québec, Imprimerie Charrier et Dugal limitée, 1929, 244 p. Ill. Collab. Georges Maheux.

Nos immortels. Sic transit... (caricatures de bourgeois), Montréal, Éditions Albert Lévesque, 1931, 157 p. Ill.

Les Cicindélides du Canada et *Promenade dans les champs,* dans *Les Soirées du Château de Ramezay* par l'École littéraire de Montréal, Montréal, Eusèbe Senécal, 1900, p. 253–271. Neuf poèmes et deux essais entomologiques.

Fascination. Pièce en 5 actes, dans *L'Annuaire théâtral,* Montréal, Géo-H. Robert, 1908–1909, p. 155–181. Collab. Louis-P. Verande.

Les Quatre âges du cœur (poème), dans *L'Action sociale,* 2e année, n° 1, 21 déc. 1908, p. 34.

Les Âmes fortes, Dev, vol. 13, n° 1, 3 janv. 1922, p. 5.

[*Poésies], et Les Insectes,* dans *Les Soirées de l'École littéraire de Montréal,* Montréal, [s.é.], 1925, p. 191–217. Sept poèmes et un essai entomologique.

[*Poésies],* dans J.-L.-L. D'Artrey, *L'Anthologie internationale,* Paris, La France universelle, 1927, p. 65–68. Trois poèmes et une notice biographique.

[*Poésies],* dans Jules Fournier, *Anthologie des poètes canadiens,* Montréal, Granger Frères, 1933, p. 112–114. Deux poèmes et une notice biographique.

ÉTUDES

G.-A. Dumont, *L'École littéraire de Montréal. Réminiscences,* Montréal, Librairie G.-A. Dumont, [1917], 15 p.

L'Ami d'Alceste, *Nos immortels par Germain Beaulieu*, So, vol. 51, nº 6, 4 janv. 1932, p. 4.

André Giron, *L'École littéraire* dans *La Revue moderne*, nº 3, janv. 1932, p. 6.

Jean Charbonneau, *Germain Beaulieu*, dans *L'École littéraire de Montréal*, Montréal, Albert Lévesque, [1935], p. 97–107.

Paul Wyczynski, *L'École littéraire de Montréal : origines, évolution, rayonnement*, dans *L'École littéraire de Montréal*, Montréal, Fides, 1972, p. 11–36. « ALC ». 2.

BEAULIEU, GERMAINE (1949–   ). Poète et romancière, née à Laval. Elle étudie à l'École Curé-Antoine-Labelle et à l'École normale Ville-Marie (B.Péd., 1971) ; elle poursuit ensuite des études en psychologie à l'Université de Montréal où elle obtient un baccalauréat (1974) et une maîtrise (1979) dont le mémoire porte sur « L'Influence de la marijuana sur l'expression des processus primaires ». De 1971 à 1974, elle enseigne à l'École Regina-Mundi et au Cégep de Saint-Laurent, puis en 1977–1978 à l'Université de Montréal et, à compter de 1979, aux cégeps de Bois-de-Boulogne, de Saint-Laurent et Ahuntsic. En outre, elle ouvre en 1979 un bureau de psychologue. Elle collabore à des revues comme *La Nouvelle Barre du jour*. Son premier recueil de poésie, *Envoie ta foudre jusqu'à la mort. Abracadabra* (1977), passe pratiquement inaperçu. En 1980, elle publie un livre qui tient du roman, de la poésie et de l'essai : « L'écriture de la modernité a pris plusieurs sentiers, écrit Claude Beausoleil. S'interrogeant de différentes manières sur les rapports fond et forme, elle se risque dans des zones multidisciplinaires qui disent bien l'ouverture de son projet. *Sortie d'elle(s) mutante* de Germaine Beaulieu [...] appartient à ce type d'expérimentation ».

ŒUVRES

Envoie ta foudre jusqu'à la mort. Abracadabra (poésie), Montréal, Les Éditions de la Pleine Lune, 1977, 89 p. Ill. de Mireille Lanctôt.

Sortie d'elle(s) mutante (récit poétique), Montréal, Quinze, 1980, 109 p. Préface de Nicole Brossard. « Réelles ».

Archives distraites (poésie), Trois-Rivières, Écrits des Forges, 1984, 58 p. « Les Rouges-gorges ».

Textures en textes (poésie), Saint-Lambert, Éd. du Noroît, 1986, 80 p. Ill.

Énergie, NBJ, nºˢ 56–57, mai–août 1977, p. 60–67.

Déesses mutantes, NBJ, nº 75, févr. 1979, p. 75–82.

Femme/Hologramme, NBJ, nº 106, oct. 1981, p. 37–43.

Le Célibat dans le couple (essai), dans *Célibataire, pourquoi pas ?*, Québec, Serge Fleury, éditeur, 1981, p. 125–131.

Espaces des mots, NBJ, nº 120, déc. 1982, p. 5–12.

ÉTUDES

Claude Beausoleil, *Germaine Beaulieu. La mutation, dit-elle*, Dev, vol. 71, nº 39, 16 févr. 1980, p. 31.

Id., Germaine Beaulieu. Sortie d'elle(s) mutante, LAQ 1980, p. 85–86.

BEAULIEU, MICHEL (1941–1985). Poète, romancier et dramaturge, né à Montréal. Il fait ses études au Collège Jean-de-Brébeuf, puis à l'Université de Montréal. À son entrée à l'Université de Montréal, il prend la direction du *Quartier latin* et celle des Presses de l'Association générale des étudiants (AGEUM). Son premier recueil, *Pour chanter dans les chaînes*, paraît en 1964. Ces premières expériences dans l'édition et des rencontres d'écrivains (Miron, Brossard, Racine, Basile, Langevin, Duguay) ne sauraient être étrangères à la fondation des Éditions Estérel en 1965 et de la revue *Quoi*. Cette lourde tâche d'éditeur ne l'empêche pas de collaborer à de nombreux périodiques : *La Barre du jour*, *Études françaises*, *Les Herbes rouges*, *Point-de-Mire*, *Presqu'Amérique*, *Le Devoir*, etc. En 1975, il participe à la fondation des cahiers de théâtre, *Jeu*, et l'année suivante le Théâtre de Quat'sous crée sa pièce « Jeudi soir en pleine face ». À partir de 1977, il travaille surtout comme traducteur et il tient dans *Le Devoir*, la rubrique des lettres canadiennes-anglaises. Jusqu'à sa mort, Michel Beaulieu a consacré à la poésie la plus large part de son œuvre centrée sur les thèmes de l'amour et du pays. « Sur ces thèmes, précise G.-A. Vachon, il met à l'essai des rythmes connus, courts et réguliers, appuyés parfois sur la rime ou l'assonance, imitant, ici, l'allure du ver ‹ libre ›, là, la démarche d'un verset vaguement claudélien ». Michel Beaulieu laisse une œuvre poétique d'une trentaine de titres dont *Variables* qui lui a valu le prix de la revue *Études françaises* en 1973. *Desseins* pour lequel il a reçu le premier des prix littéraires du *Journal de Montréal* en 1981, et *Visages*, prix du Gouverneur général en 1982.

ŒUVRES

Pour chanter dans les chaînes (poésie), Montréal, Éditions La Québécoise, 1964, [n.p., 69 p.].

Le Pain quotidien. Poèmes, [Montréal], Estérel, 1965, 103 p. Sept dessins à l'encre de Jean McEwen.

Apatride (Gestes II), Montréal, Les Éditions Estérel, 1966, [portefeuille, n.p., 81 f.]. Ill. de Roland Pichet. (Tirage limité).

Un poème. Mère, Montréal, Les Éditions Estérel, 1966, [portefeuille, n.p., 13 f.]. Neuf bois gravés de Roland Pichet. (Tirage limité).

Érosions (poésie), Montréal, Les Éditions Estérel, 1967, 57 p.

X (récit), Montréal, L'Obscène Nyctalope, 1968, [portefeuille, n.p., 30 f.].

0 : 00 (poésie), Montréal, Estérel, 1969, 80 p.

Je tourne en rond mais c'est autour de toi. Roman, Montréal, Éditions du Jour, 1969, 180 p. « RJ » ; *Je tourne en rond mais c'est autour de toi,* Quinze, 1980, 184 p. Postface critique d'André Beaudet. « Présence ».

Sous-jacences (poésie), [s.l., s.é.], 1970, [portefeuille, n.p., 16 f.]. Ill. de Roland Pichet. (Tirage limité).

Charmes de la fureur (poésie), Montréal, Éditions du Jour, 1970, 79 p.

Paysage précédé de ADN. Poèmes, Montréal, Éditions du Jour, 1971, 103 p. « PJ ».

La Représentation (roman), Montréal, Éditions du Jour, 1972, 199 p. « RJ » ; Quinze, 1980, 203 p. Postface critique de Guy Cloutier. « Présence ».

Pulsions. Poèmes, Montréal, L'Hexagone, 1973, 62 p.

Variables (poésie), Montréal, PUM, 1973, 111 p. «Prix de la revue *Études françaises* ».

Sylvie Stone. Roman, Montréal, Éditions du Jour, 1974, 178 p. ; Quinze, 1980, 183 p. Postface critique de Jean-Marie Poupart. « Présence ».

FM Lettres des saisons III (poésie), Saint-Lambert, Éditions du Noroît, 1975, [n.p., 59 p.].

Le Flying Dutchman (poésie), Montréal, Éditions Cul Q, 1976, [n.p., 57 f.]. Préface de Claude Beausoleil.

Anecdotes (poésie), Saint-Lambert, Éditions du Noroît, 1977, 64 p. Huit encres de Louise Thibault.

Le Cercle de justice (poésie), Montréal, L'Hexagone, 1977, 101 p.

Indicatif présent. Poèmes, [Montréal], Estérel, 1977, portefeuille, 45 p. Quatre encres de Carol Dunlop. (Tirage limité).

L'Octobre suivi de Dérives (poésie), Montréal, L'Hexagone, 1977, 75 p.

Comment ça va? Poèmes, Montréal, Éditions Cul Q, 1978, [n.p., 31 p.].

Familles (poésie), Montréal, Estérel, 1978, [portefeuille, n.p., 14 f.]. Ill. de Francine Léger. (Tirage limité).

Oratorio pour un prophète (poème), Montréal, Estérel, 1978, [portefeuille, n.p., 7 f.]. (Tirage limité).

Civilités (poésie), [Montréal], Estérel, 1978, [portefeuille, n.p., 27 f.]. (Tirage limité).

Amorces (poésie), [Montréal], Estérel, 1979, [portefeuille, n.p., 4 f.]. (Tirage limité).

Fléchettes (poésie), Montréal, Éditions Minimales, 1979, [portefeuille, n.p., 21 f.].

Oracles des ombres (poésie), Saint-Lambert, Éditions du Noroît, 1979, [n.p., 87 p.]. Ill. de Sylvie Melançon.

Rémission du corps énamouré (poésie), Montréal, Le Mouton noir, 1979, [portefeuille, n.p., 13 f.]. (Tirage limité).

Zoo d'espèces (poésie), Montréal, Le Mouton noir, 1979, [portefeuille, n.p., 17 f.]. (Tirage limité).

Desseins. Poèmes 1961–1966, Montréal, Éditions de l'Hexagone, 1980, 250 p. « Rétrospectives ».

Sept fois tournée la langue effleure (poème), Montréal, Minimales, 1980, [n.p.].

P.V. Beaulieu (monographie), La Prairie, Éditions Marcel Broquet, 1981, 107 p. Textes de Michel Beaulieu et Jacques Brault. Introduction de Jacques Brault. « Signatures ».

Visages, Neiges, Mai la nuit, Rémission du corps énamouré, Zoo d'espèces, Personne, Saint-Laurent, Éditions du Noroît, 1981, 135 p.

Hibernation (poésie), Montréal, Le Mouton noir, 1982, 11 p. (Tirage limité).

Images du temps (poésie), Saint-Lambert, Éditions du Noroît, 1983, [portefeuille, n.p., 23 f.]. Six lithographies et six gaufrures de Gilles Boisvert. (Édition de luxe. Tirage limité).

Kaléidoscope ou Les Aleas du corps grave (poésie), Saint-Lambert, Les Éditions du Noroît, 1984, 156 p.

Natalités (poésie), Magog, Sylvédite, 1984, [portefeuille, n.p., 6 f]. Cinq eaux-fortes de Monique Voyer. (Édition de luxe. Tirage limité).

Ballades... et Satires (poésie), dans *Trois,* Montréal, Les Presses de l'AGEUM, 1965, p. 9–35. (Cahier n⁰ 12).

Octobre (poème), dans *Interventions,* Montréal, Quinze, 1975, p. 9.

L'Octobre (fragment) (poème), dans *Suite québécoise, Blues pour un piquet de clôture,* [Montréal], Les Éditions du Songe/Iconia Ltée, [1976], [p. 7], 3e feuillet. Onze images de Roland Pichet.

Nouveaux Poèmes, BJ, n⁰ 52, sept.–oct. 1976, p. 52–65.

Veillée d'armes (poésie), NBJ, n⁰ 55, mars–avril 1977, p. 44–56.

Mine de rien (poésie), NBJ, n⁰ 60, nov. 1977, p. 38–51.

Guy Lafleur pense et compte, NBJ, n⁰ 62, janv. 1978, p. 30–40.

Le Plaisir d'écrire chez Michel Garneau, dans *Le Livre d'ici,* vol. 3, n⁰ 29, 26 avril 1978, p. 1.

Les Livres de Hogg, dans *Le Livre d'ici,* vol. 4, n⁰ 12, 27 déc. 1978, p. 1.

Pour ou Contre le nucléaire, dans *Le Livre d'ici,* vol. 4, n⁰ 30, 2 mai 1979, p. 1.

Encres (poésie), NBJ, n⁰ 82, oct. 1979, p. 25–35.

Personne (poésie), L, vol. 22, n⁰ 3, mai–juin 1980, p. 77–90.

1979.3.1 — 1979.3.6 (poésie), NBJ, nᵒˢ 100–101, mars 1981, p. 15–18.

ÉTUDES

Guy Robert, *Pour chanter dans les chaînes*, LAC 1964, p. 53.

André Major, *Trois jeunes poètes*, LAC 1965, p. 97.

Roch Poisson, *Le Dictionnaire de la rentrée*, dans *Photo-Journal*, vol. 31, nº 19, du 23 au 30 août 1967, p. 66.

[Anonyme], *Michel Beaulieu ou Le Risque de l'avant-garde*, Dev, vol. 58, nº 267, 18 nov. 1967, p. 14.

Gatien Lapointe, *Michel Beaulieu, non pas évolution mais révolution*, So, 71ᵉ année, nº 73, 23 mars 1968, p. 34.

Léo Bonneville, *Réponse à Michel Beaulieu*, Dev, vol. 60, nº 116, 20 mai 1969, p. 8.

Jean-Cléo Godin, *Le Roman au nom du père, des petits-fils et des grands-pères*, EF, vol. 8, nº 4, nov. 1972, p. 438–439.

Robert Vigneault, *La Représentation*, LAC 1972, p. 56–59.

G.-André Vachon, *Qu'est-ce que cela veut dire?*, EF, Montréal, PUM, 1973, p. 93–99. « Prix de la revue Études françaises ».

Paul Gay, *Sylvie Stone*, Dr, 62ᵉ année, nº 167, 12 oct. 1974, p. 20.

François Hébert, *Michel Beaulieu. Sylvie Stone*, LAQ 1974, p. 80–82.

Joseph Bonenfant, *Michel Beaulieu. FM/Lettres des saisons III*, LAQ 1976, p. 167–169.

André-G. Bourassa, *Anecdotes, rumeurs, réminiscences*, Dr, 65ᵉ année, nº 64, 11 juin 1977, p. 18.

François Hébert, *Lefrançois, Beaulieu, Nepveu, Vanier*, L, nº 114, nov.-déc. 1977, p. 93–99.

Paul Chanel Malenfant, *Michel Beaulieu. Anecdotes, L'Octobre suivi de Dérives, Le Cercle de justice*, LAQ 1977, p. 160–164.

Suzanne Paradis, *La Saison plénière de Michel Beaulieu*, Dev, vol. 69, nº 65, 18 mars 1978, p. 35.

André-G. Bourassa, *Justice et Beaulieu*, LQ, vol. 1, nº 10, avril 1978, p. 12–15.

Gérald Gaudet, *Michel Beaulieu. Oracle des ombres*, LAQ 1979, p. 94–95.

Normand de Bellefeuille, *La Tentation de l'Histoire*, dans *Spirale*, nº 10, juin 1980, p. 11.

Robert Lévesque, *Décès du poète Michel Beaulieu*, Dev, vol. 76, nº 160, 13 juillet 1985, p. 3.

Pierre Nepveu, *Michel Beaulieu. Un engagement à la durée*, Dev, vol. 76, nº 166, 20 juillet 1985, p. 17, 20.

Gilles Toupin, *Michel Beaulieu. Une œuvre inscrite dans le vécu quotidien*, Pr, 101ᵉ année, nº 267, 20 juillet 1985, p. C-3.

Michel Van Schendel, *Métier et Honneur de Michel Beaulieu*, Dev, vol. 76, nº 207, 7 sept. 1985, p. 25.

BEAULIEU, RENÉ (1957–   ). Nouvelliste et romancier, né à Montmorency. Il étudie au Cégep de Sainte-Foy (1976-1978) où il se spécialise en bibliotechnique. Tout en exerçant le métier de libraire, il participe à des ateliers d'écriture d'Élisabeth Vonarburg à l'Université du Québec à Chicoutimi et à Montréal, et s'intéresse particulièrement à la science-fiction. Sa nouvelle, *Le Geai bleu*, mérite en 1980 le prix Dagon de la revue *Solaris* et le prix Boréal décerné par le troisième Congrès québécois de la science-fiction et du fantastique. Il collabore à *Requiem*, *Solaris* et *Infos*, et il publie un recueil de nouvelles, *Légendes de Virnie*, en 1980. Ce livre influencé par Théodore Sturgeon, un des grands de la science-fiction américaine, nous révèle, écrit Nor-bert Spehner, « un auteur à l'imagination féconde et un être d'une grande sensibilité ».

ŒUVRE

Légendes de Virnie (nouvelles de science-fiction), Longueuil, Le Préambule, 1981, 207 p. Postface de Norbert Spehner. « Chroniques du futur ».

Deux utopies (nouvelle), dans *Requiem*, vol. 4, nº 2, mars 1978, p. 9–11.

Tarmaël ou La Quête (nouvelle), dans *Requiem*, vol. 4, nº 3, mai 1978, p. 8–11.

Mystère éclairci (nouvelle), dans *Requiem*, vol. 5, nº 1, févr. 1979, p. 14. Collab. Claude Beaulieu.

La Maudite (nouvelle), dans *Solaris*, vol. 6, nº 2, avril 1980, p. 5–15. Collab. Élisabeth Vonarburg.

Le Geai bleu (nouvelle), dans *Solaris*, vol. 6, nº 6, déc. 1980, p. 17–24.

Partage (nouvelle), dans *Infos*, nº 3, printemps 1981, p. 36. Ill. de Pierre D. Lacroix.

ÉTUDES

Pierre D. Lacroix, *René Beaulieu, auteur* (interview), dans *Infos*, vol. 2, nº 2, janv. 1981, p. 23–24.

Michel Truchon, *René Beaulieu: 20 fois sur le métier... de la science-fiction* (interview), So, 85ᵉ année, nº 233, 3 oct. 1981, p. E-4.

Gilles Cossette, *Science-fiction et fantastique: des écrivains d'ici en savent long sur le sujet*, LQ, nº 24, hiver 1981–1982, p. 29–35.

Marie-France Richards, *René Beaulieu: « Légendes de Virnie »*, Dr, 70ᵉ année, nº 65, 12 juin 1982, p. 14.

Murièle Villeneuve

BEAULIEU, VICTOR-LÉVY (1945–   ). Essayiste, romancier et dramaturge, né à Saint-Jean-de-Dieu, près de Rimouski. Après ses études secondaires, il s'adonne très tôt au roman et à l'essai. Lauréat du prix Hachette-Larousse (1967) accordé pour un texte consacré à Victor Hugo, Beaulieu reçoit, en 1972, le Grand Prix de la Ville de Montréal pour son roman *Les Grands-pères* et, en 1975, son récit *Don Quichotte de la Démanche*, mérite le prix du Gouverneur général. Avec Pierre Turgeon et Jean-Claude Germain, il a fondé, en janvier 1970, le journal littéraire *L'Illettré* dont la fortune fut éphémère. Son talent de journaliste continue de se manifester dans les divers articles qu'il publie dans les revues et les journaux de Montréal. En 1984, il signe un recueil de ses meilleurs articles sous le titre *Entre la sainteté et le terrorisme*. Il est aussi tenté par le théâtre : sa pièce, *En attendant Trudot*, est créée au Théâtre d'Aujourd'hui, par Jean-Claude Germain, le 24 janvier 1974. Après avoir publié son essai, *Pour saluer Victor Hugo* (1971), vivement commenté par la critique, Beaulieu entreprend, avec l'aide du gouvernement québécois, la rédaction d'un essai sur l'écrivain beatnick franco-américain, Jack Kérouac, qui apparaît sous sa plume soit comme un « clown malade d'écœurement » au sein d'une collectivité anachronique, soit comme un rêveur malade dans un monde imaginaire. Directeur littéraire aux Éditions du Jour durant plusieurs années, Victor-Lévy Beaulieu se montre particulièrement actif dans ce domaine. Il crée et dirige la collection « Bibliothèque québécoise », destinée à la réédition des textes du passé ; puis, rompant bruyamment avec les Éditions du Jour, il fonde, en compagnie de Léandre Bergeron, les Éditions de l'Aurore. Plus tard, il fonde les Éditions VLB. Avant même d'atteindre l'âge de trente ans, Victor-Lévy Beaulieu se classe déjà parmi les auteurs les plus prolifiques du Québec contemporain. L'amour éperdu qu'il voue à Victor Hugo n'est pas autre chose que le vif vouloir de se reconnaître dans la force mythique du grand romantique français : « il fallait être démesuré, avoue l'auteur montréalais, éclater par tous les possibles, vivre toutes les errances et toutes les folies... » Il en va de même lorsqu'il écrit son *Jack Kérouac* : « Ma machine à écrire s'est transformée en un épouvantable moulin à viande : les mots en sortent dans des flopées de gros anchets blancs ». Mais le visage littéraire de Beaulieu se précise surtout dans son œuvre romanesque, « touffue et, à la première lecture, assez déroutante », au dire de Gérard Bessette. Son premier roman, *Mémoires d'outre-tonneau* (1968) est repris sous le titre *Satan Belhumeur* en 1981. Gilles Marcotte remarque : « L'écrivain correct, soigneux, élégant même des premiers *Mémoires* est devenu un tortionnaire du langage ». Son écriture, qui à l'origine faisait grand état du jeu de mots et du calembour, s'affermit dans son troisième roman, *La Nuitte de Malcomm Hudd* (1969), récit absurde autant que symbolique autour de la mort d'un cheval nommé Goulatromba. Un changement plus notable intervient dans *Jos Connaissant* (1970) et *Les Grands-pères* (1971), résultat d'un style plus personnel. Beaulieu y reprend l'histoire de la famille Beauchemin (déjà commencée dans son deuxième roman, *Race de monde*), non sans vertige et délire verbal : il décrit les rapports entre les générations, le sombre espace marqué par

le rêve et le poids de vivre, Montréal, ainsi que le paysage largement ouvert du Bas du Fleuve. *Un rêve québécois* (1972), truffé d'allusions aux événements d'octobre 1970, présente un héros aliéné, Joseph-David-Barthélemy Dupuis, hanté par le meurtre de sa femme et aveuglément à la recherche d'une libération totale. Dans *Ô Miami Miami Miami* (1973), l'odyssée d'un certain Berthold Mâchefer aboutit à l'immobilité mythique des grandes créations, faites, selon Agathe Martin-Thériault, « de retours à une enfance ravie ou désolée de scatologique, de perversité, de violence, de fétidités diverses et, peut-être, par-dessus tout, d'un grand délire de l'imagination ». Au sujet du huitième roman de Beaulieu, François Ricard écrit : « Assurément, ce *Don Quichotte de la Démanche* ne surprendra guère ceux qui ont déjà lu les romans précédents de Victor-Lévy Beaulieu. Non pas que celui-ci s'y répète purement et simplement ; au contraire, il y a ici un effort de renouvellement et d'approfondissement assez frappant, comme cela se voit, par exemple, dans l'écriture, qui conserve toute sa puissance, sa nervosité, de même que ce caractère débordant, envahissant et comme intarissable qu'on lui connaissait mais qui tend à se débarrasser en même temps de certaines facilités ». L'art romanesque de Beaulieu a ceci d'original que le récit s'y maintient à deux niveaux interchangeables : la réalité québécoise et la fantaisie onirique. Les personnages n'échappent guère à leur drame d'être enracinés quelque part à Montréal et constamment ballottés par des cauchemars et des soûleries invraisemblables. « Chez Victor-Lévy Beaulieu, remarque Gérard Bessette, tout commence par le traumatisme : blessure, maladie, infirmité, déficience physique, choc émotif ». Les héros sont des déséquilibrés de la race des Beauchemin, égarés dans le monde du désir et de l'absurde, qui tentent de poursuivre leurs expériences frénétiques. Il publie plusieurs romans par la suite parmi lesquels on remarque surtout *Monsieur Melville* (1978), épopée en trois volumes, et *Una* (1980). « Tous les romans de Beaulieu, souligne André Vanasse, sont d'abord et avant tout des fantaisies érotiques ». À cette exigence thématique se subordonnent le langage romanesque lui-même et la description naturaliste. Le romancier accepte volontiers la couleur populaire et les néologismes liés à la vie sexuelle ; il ne recule devant aucun conflit, aucune situation provocante et semble à ce niveau créer les vraies formes de son univers romanesque.

ŒUVRES

Mémoires d'outre-tonneau (roman), [Montréal], Estérel, 1968, 191 p.

Race de monde. Roman, Montréal, Éditions du Jour, 1969, 186 p. Portrait. « RJ » ; VLB éditeur, 1979, 206 p.

La Nuitte de Malcomm Hudd. Roman, Montréal, Éditions du Jour, 1969, 229 p. Portrait. « RJ ».

Jos Connaissant. Roman, Montréal, Éditions du Jour, 1970, 250 p. Portrait. « RJ » ; VLB éditeur, 1978, 266 p. Traduction anglaise par Ray Chamberlain : *Jos Connaissant*, Toronto, Exile Editions, 1982, 171 p.

Quand les écrivains jouent le jeu. 43 réponses au questionnaire Marcel Proust présenté par Victor-Lévy Beaulieu, Montréal, Éditions du Jour, 1970, 268 p. Ill. Collab.

Pour saluer Victor Hugo (essai), Montréal, Éditions du Jour, 1971, 391 p. Ill. « Littératures du Jour » ; Stanké, 1985, 403 p. Suivi de Dossier. « Essai 10/10 ».

Les Grands-pères (roman), Montréal, Éditions du Jour, 1971, 157 p. Portrait. « RJ » ; *Les Grands-pères. Roman*, Paris, Éditions Robert Laffont, 1973 ; *Les Grands-pères. Roman*, VLB éditeur, 1979, 141 p. Traduction anglaise par Marc Plourde : *The Grandfathers*, Montréal, Harvest House Ltd., 1975, 158 p. « French Writers of Canada ».

Jack Kérouac. Essai-poulet (biographie), Montréal, Éditions du Jour, 1972, 240 p. Ill. ; *Jack Kérouac*, Paris, L'Herne, 1973, 239 p. « Les Livres noirs ». Traduction anglaise par Sheila Fischman : *Jack Kerouac : A Chicken Essay*, Toronto, The Coach House Press, 1975, 170 p. Note du traducteur. « Coach House Quebec Translations ».

Un rêve québécois (roman), Montréal, Éditions du Jour, 1972, 173 p. « RJ » ; VLB éditeur, 1977, 135 p. Traduction anglaise par Ray Chamberlain : *A Québecois Dream*, Toronto, Exile Editions, 1978, 102 p.

Oh, Miami, Miami, Miami. Roman, Montréal, Éditions du Jour, 1973, 349 p. Portrait.

Don Quichotte de la Démanche (roman), Montréal, l'Aurore, 1974, 278 p. « L'Amélanchier » ; *Don Quichotte de la Démanche. Roman*, Paris, Flammarion, 1979, 263 p. Montréal, Stanké, 1988, 320 p. « Québec 10/10 ». Traduction anglaise par Sheila Fischman : *Don Quixote in Nighttown*, Erin (Ontario), Porcepic Press Ltd., 1978, 192 p.

Manuel de la petite littérature du Québec, Montréal, l'Aurore, 1974, 268 p. Ill. Introduction de l'auteur. « Connaissance des pays québécois ».

En attendant Trudot (théâtre), Montréal, l'Aurore, 1974, 73 p. Ill. Avant-propos de l'auteur. Préface de Jean-Claude Germain. « Entre le parvis et le boxon ».

Blanche forcée. Récit, Montréal, l'Aurore, 1975, 220 p. ; VLB éditeur, 1976, 213 p. ; [Paris], Flammarion, 1978, 241 p. « Connections ».

Ma Corriveau (théâtre), Montréal, l'Aurore, 1975, 76 p. ; *Ma Corriveau suivi de La Sorcellerie en finale sexuée. Théâtre*, VLB éditeur, 1976, 119 p.

N'évoque plus que le désenchantement de ta ténèbre, mon si pauvre Abel. Lamentation (roman), Montréal, VLB éditeur, 1976, 194 p. Ill.

Sagamo Job J. Cantique (roman), Montréal, VLB éditeur, 1977, 206 p.

Monsieur Zéro. Théâtre, Montréal, VLB éditeur, 1977, 132 p. Ill.

Cérémonial pour l'assassinat d'un ministre. Oratorio, Montréal, VLB éditeur, 1978, 103 p.

Monsieur Melville (récit), Montréal, VLB éditeur, 1978, 3 t. Ill. : t. 1, *Dans les aveilles de Moby Dick*, 223 p. ; t. 2, *Lorsque souffle Moby Dick*, 298 p. ; t. 3, *L'Après Moby Dick ou La Souveraine Poésie*, 238 p. ; [Paris], Flammarion, 1980, 467 p. Traduction anglaise par Ray Chamberlain : *Monsieur Melville*, Toronto, Coach House Press, [1984], 3 t. Ill. ; t. 1, *On the Eve of Moby-Dick*, 197 p. ; t. 2, *When Moby-Dick Blows*, 263 p. ; t. 3, *After Moby-Dick or The Reign of Poetry*, 205 p.

La Tête de Monsieur Ferron ou Les Chians. Une épopée drôlatique tirée du « Ciel de Québec » de Jacques Ferron, Montréal, VLB éditeur, 1979, 115 p. Ill. Introduction de l'auteur.

Una, romaman illustré par deux petites filles, Montréal, VLB éditeur, 1980, 234 p. Ill.

Satan Belhumeur. Roman, Montréal, VLB éditeur, 1981, 225 p. Ill. de Tibo. Préface de l'auteur. Traduction anglaise par Ray Chamberlain : *Satan Belhumeur. A Novel*, Toronto, Exile Editions, 1983, viii, 121 p. Préface de l'auteur.

Moi Pierre Leroy, prophète, martyr et un peu fêlé du chaudron plagiaire (roman), Montréal, VLB éditeur, 1982, 306 p. Ill. Avant-propos de l'auteur.

Discours de Sam. Comédie, Montréal, VLB éditeur, 1983, 247 p.

Entre la sainteté et le terrorisme. Essais, Montréal, VLB éditeur, 1984, 499 p. Ill.

Steven le hérault. Roman, [Montréal], Stanké, 1985, 342 p.

Chroniques polissonnes d'un téléphave enragé (essai), Montréal, Éd. Stanké, 1986, 196 p.

L'Héritage (roman), Montréal, Les Entreprises Radio-Canada et Stanké, 1987, 476 p.

Louis Riel, dans *Digest-Éclair*, vol. 4, n⁰ 4, avril 1967, p. 100–129.

Henri Bourassa, dans *Digest-Éclair*, vol. 4, n⁰ˢ 7–8, juillet-août 1967, p. 101–130.

Le Montréal insolite, dans *Digest-Éclair*, vol. 4, n⁰ 11, nov. 1967, p. 43–53.

La Famille du roman scié (extraits), L, vol. 10, n⁰ˢ 5–6, sept.-déc. 1968, p. 56–79.

La T.V. sacrifie au dieu de la publicité, M, n⁰ 92, janv. 1970, p. 16–19.

Sur trois aspects de notre aliénation culturelle, M, n⁰ 93, févr. 1970, p. 58–60.

Saluer Pierre Vadeboncœur, L, vol. 12, n⁰ 4, juillet-août 1970, p. 3–10.

*Littérature québécoise des actes d'amour : Fernand Ouel-
lette*, L, vol. 12, n° 4, juillet–août 1970, p. 81–84.

Être écrivains québécois, Dev, vol. 63, n° 243, 21 oct.
1972, p. 18–21.

La Faillite du ministère des Affaires culturelles, Dev,
vol. 66, n° 283, 7 déc. 1974, p. 13.

L'Écrivain et le Pays équivoque, Dev, vol. 68, n° 224,
25 sept. 1976, p. 15–16 ; n° 230, 2 oct. 1976, p. 15.

L'Écrivain québécois et la Victoire péquiste, Dev, vol. 68,
n° 289, 11 déc. 1976, p. 17.

*L'exigence de ce qui, même dans le désespoir, est incapable
de mourir*, Dev, vol. 72, n° 222, 28 nov. 1981, p. 23.

ÉTUDES

Pierre Châtillon, *Mémoires d'outre-tonneau*, LAC 1968, p. 55–56.

Adrien Thério, *Race de monde*, LAQ 1969, p. 19–20.

André Renaud, *La Nuitte de Malcomm Hudd*, LAQ 1970,
p. 17–18.

Adrien Thério, *Jos Connaissant*, LAQ 1970, p. 19–21.

Id., Un chef de tribu ou Les Grands-pères, LAQ 1971, p. 37–38 ;
Pour saluer Victor Hugo, p. 190–191.

Paule Saint-Onge, *Jos Connaissant*, Ch, vol. 12, n° 3, mars 1971,
p. 14.

Gabrielle Poulin, *De la castration à l'incontinence — les premiers
romans de Victor-Lévy Beaulieu*, Rel, n° 374, sept. 1972,
p. 249–251.

Robert-Guy Scully, *De l'essai-poulet au « Kérouac Revival »,
Kérouac québécois*, Dev, vol. 63, n° 249, 28 oct. 1972, p. 29.

Jean-Claude Trait, *V.-L. Beaulieu ou L'Histoire d'un « joualeux »*,
Pr, 88e année, n° 231, 4 nov. 1972, p. D-3.

Gabrielle Poulin, *Folie ou Mysticisme ? Victor-Lévy Beaulieu : de
Malcomm Hudd à Jos Connaissant*, Rel, n° 376, nov. 1972,
p. 312–314.

Patricia Smart, *Un rêve québécois*, LAQ 1972, p. 46–49.

Paul-André Bourque, *Jack Kérouac de Victor-Lévy Beaulieu*,
LAQ 1972, p. 204–206.

André Vanasse, *Victor-Lévy Beaulieu : à la recherche du mystère
du bout de la Queue de Christ*, LAQ 1972, p. 385–396.

Gabrielle Poulin, *Au commencement étaient les grands-pères*,
Rel, n° 378, janv. 1973, p. 24–25.

Gérard Bessette, *Victor-Lévy Beaulieu, dans Trois romanciers
québécois*, Montréal, Éditions du Jour, 1973, p. 9–128.

Francine Couture-Lebel et Michelle Provost, *Exercice de tir sur
« Un rêve québécois »*, dans *Stratégie*, n°s 5–6, automne 1973,
p. 89–110.

Agathe Martin-Thériault, *O Miami Miami Miami*, LAQ 1973,
p. 20–22.

François Ricard, *La Démanche et Quichotisme*, dans *Le Jour*,
vol. 1, n° 190, 12–13 oct. 1974, p. 14.

Pierre-André Arcand, *Victor-Lévy Beaulieu. Don Quichotte de
la Démanche*, LAQ 1974, p. 35–38.

André Vanasse, *Victor-Lévy Beaulieu. En attendant Trudot*,
LAQ 1974, p. 176–177.

Agnès Whitfield, *Victor-Lévy Beaulieu. Blanche forcée*, LAQ
1976, p. 92–94.

Lise Gauvin, *Victor-Lévy Beaulieu. Ma Corriveau suivi de La
Sorcellerie en finale sexuée*, LAQ 1976, p. 179–180.

Jacques Pelletier, *Victor-Lévy Beaulieu. N'évoque plus que le
désenchantement de ta ténèbre, mon si pauvre Abel — Sagamo
Job J*, LAQ 1977, p. 46–49.

Jean-Cléo Godin, *Victor-Lévy Beaulieu. Monsieur Zéro*, LAQ
1977, p. 192–194.

Gabrielle Poulin, *N'évoque plus que le désenchantement de ta
ténèbre, mon si pauvre Abel, de Victor-Lévy Beaulieu. Un
roman en forme de courtepointe*, Dr, 65e année, n° 6, 2 avril
1977, p. 20.

Robert Mélançon, *« Monsieur Melville » de Victor-Lévy Beaulieu.
Une prodigieuse aventure de langage*, Dev, vol. 69, n° 286,
9 déc. 1978, p. 37.

Jacques Pelletier, *Victor-Lévy Beaulieu. Monsieur Melville*, LAQ
1978, p. 23–26.

Michel Le Bel, *Victor-Lévy Beaulieu. Cérémonial pour l'assassinat
d'un ministre*, LAQ 1978, p. 159–160.

Réginald Martel, *Pour saluer un géant*, Pr, 95e année, n° 17,
20 janv. 1979, p. D-1, D-3.

Gabrielle Poulin, *Voici Monsieur Melville*, LQ, n° 14, avril–mai
1979, p. 5–7.

Robert Mélançon, *La Saga de Victor-Lévy Beaulieu*, Dev, vol. 70,
n° 281, 1er déc. 1979, p. 31.

Alonzo Le Blanc, *Victor-Lévy Beaulieu. La Tête de Monsieur
Ferron ou Les Chians*, LAQ 1979, p. 185–187.

Monique Roy, *Victor-Lévy Beaulieu. Don Quichotte de la démesure*, Pe, vol. 22, n° 10, 8 mars 1980, p. 12–13.

Noël Audet, *« Una » de VLB. Un beau conte pour adultes*, Dev,
vol. 71, n° 245, 25 oct. 1980, p. 23.

Réginald Martel, *Le Dernier VLB : Les Voyageries, fin*, Pr,
96e année, n° 275, 22 nov. 1980, p. C-3.

Jacques Michon, *Les Avatars de l'histoire : « Les Grands-pères »
de Victor-Lévy Beaulieu*, VI, vol. 5, n° 2, hiver 1980,
p. 307–317.

Benoît Melançon, *Victor-Lévy Beaulieu. Satan Belhumeur*, LAQ
1981, p. 29–31.

Gilles Marcotte, *Maillet et Beaulieu : deux auteurs au long cours*,
dans *L'Actualité*, vol. 7, n° 3, mars 1982, p. 95.

Michèle Mailhot, *Satan Belhumeur de Victor-Lévy Beaulieu*,
LQ, n° 26, été 1982, p. 22–24.

[Victor-Lévy Beaulieu], EF, vol. 19, n° 1, printemps 1983. (Numéro
spécial).

François Hébert, *Saint VLB, comédien et martyr*, Dev, vol. 74,
n° 274, 26 nov. 1983, p. 18.

Réginald Martel, *Le Dernier Hoquet d'une nausée fantastique*,
Pr, 99e année, n° 304, 31 déc. 1983, p. C-2.

Id., Autour d'un essai de VLB. Cette fureur totalitaire, Pr,
101e année, n° 50, 8 déc. 1984, p. E-3.

Jean-Claude Leclerc, *La Voie québécoise de VLB*, Dev, vol. 76,
n° 57, 9 mars 1985, p. 23.

Michel Laurin, *Entre la sainteté et le terrorisme de Victor-Lévy
Beaulieu*, dans *Nos livres*, vol. 16, mai 1985, p. 3–5, 24–25.

Gabrielle Poulin, *Steven le hérault, de Victor-Lévy Beaulieu.
Trop c'est trop*, Dr, 73e année, n° 183, 2 nov. 1985, p. 28.

BEAULNE, GUY [Séverin] (1921–   ). Critique
dramatique, comédien, metteur en scène et réalisateur à la télévision, né à Ottawa. Il est le fils du
comédien et metteur en scène bien connu à Ottawa,
Léonard Beaulne. Il fait ses études secondaires au
High School de l'Université d'Ottawa et au Lisgar
Collegiate, puis il obtient un diplôme d'enseignement
à l'École normale de l'Université d'Ottawa (1941)
et un baccalauréat en philosophie à la même institution (1945). Il s'occupe aussi de théâtre et il est
journaliste au *Droit* de 1945 à 1948. Boursier du

Gouvernement français, de l'Institut canadien-français d'Ottawa et de la Canada Foundation, il va étudier le théâtre et la diction à Paris où il travaille en outre comme correspondant de théâtre. De 1950 à 1963 il est réalisateur dramatique à Radio-Canada, en particulier pour «La Famille Plouffe» (1952-1963). De 1963 à 1970, il remplit diverses fonctions au ministère des Affaires culturelles du Québec, puis il devient administrateur du Grand Théâtre de Québec (1970-1976). Il est ensuite envoyé à Paris comme diplomate à la Délégation générale du Québec (1976-1979). Revenu au Ministère en 1979, il est nommé directeur du Conservatoire d'art dramatique de Montréal en 1981. Il a été élu membre de la Société royale du Canada en 1972. Pierre de Grandpré place Guy Beaulne parmi les dix critiques et animateurs les plus importants dans les arts du spectacle après 1945.

ŒUVRE

Québec Théâtre Divadio Theater (essai), Québec, Ministère des Affaires culturelles, 1967, [n.p., 46 p.]. Ill. Préface de Jean-Noël Tremblay. Traduction anglaise et slovaque en regard. (Contribution du Québec à la Quadriennale de Prague).

Théâtre, milieu du siècle, Dev, vol. 41, nº 276, 20 nov. 1950, p. 2.
Le Théâtre radiophonique (essai), ECF, nº 4, 1958, p. 9-11.
L'Information de l'ACTA, dans *Théâtre Canada*, vol. 9, nº 5, oct.-nov. 1960, p. 12-13.
Animateurs et Partenaires, CuV, vol. 1, nº 1, juillet 1966, p. 46-49 ; dans *Québec : hier et aujourd'hui*, Montréal, McGill Press, 1967, p. 62-67.
Les 3 Sœurs de Tchekhov, CuV, vol. 1, nº 3, oct. 1966, p. 4-5.
L'Enseignement de l'art dramatique, CuV, vol. 3, nº 11, déc. 1968, p. 30-34.

ÉTUDES

Louis-Marcel Raymond, *Au Gesù, Guy Beaulne parle du théâtre canadien*, Dev, vol. 45, nº 86, 14 avril 1954, p. 8.
Mario Duliani, *Charles Goldoni, le Molière italien*, dans *La Revue moderne*, vol. 39, nº 7, nov. 1957, p. 15, 39.
Martial Dassylva, *Guy Beaulne : l'art dramatique à l'heure de l'État*, Pr, 85ᵉ année, nº 214, 13 sept. 1969, p. 30.

BEAUPRÉ, JEAN-BAPTISTE [Lambert Closse, Jean du Canada, Jean du Lac] (1896-1977). Chroniqueur et historien, né à Saint-Antonin de Témiscouata. Il étudie au Collège de Sainte-Anne-de-la-Pocatière (1906-1912), puis au Séminaire de Rimouski (1912-1917). Il fait sa philosophie au Séminaire de

Saint-Sulpice de Montréal (1917-1919) et ses études théologiques au Grand Séminaire de Québec et au Séminaire de Rimouski (1919-1923). Ordonné prêtre à Saint-Honoré-de-Témiscouata, le 13 mai 1923, il est vicaire dans plusieurs paroisses du diocèse de Rimouski et devient curé fondateur de Sainte-Marguerite-Marie (1928-1936), curé de Saint-Damase (1939-1950), de Saint-Nom-de-Marie (1950-1952), et de la paroisse Saint-Georges de Cacouna (1953-1970). En 1970, il se retire à la Maison provinciale des Filles de Jésus, à Rimouski, où il meurt en 1977. À compter de 1920, il consacre son temps libre à l'étude de l'histoire régionale. Souvent signés de pseudonymes, ses articles paraissent dans différents journaux, tels *Le Saint-Laurent* de Rivière-du-Loup, *Le Progrès du Golfe* de Rimouski, *L'Évangéline*, de Moncton. Parmi ses livres et brochures, *La Réponse de la race* (1936) et l'*Album-Souvenir* dédié aux Sœurs de la Charité de Cacouna ont surtout retenu l'attention des lecteurs.

ŒUVRES

Une âme d'apôtre : Alexis-Louis Mangin, prêtre de Marie et de l'Eucharistie (biographie), Rimouski, Imprimerie générale S. Vachon, 1922, xviii, 103 p. Lettre-préface de Mgr F.-X. Ross, évêque de Gaspé. Sans nom d'auteur.
Un site enchanteur de la vallée de la Matapédia : Causapscal (monographie), [Causapscal, s.é.], 1928, xx, 184 p. Sous le pseudonyme de Lambert Closse. Portraits. Ill. Lettre-préface de Philippe Cossette. Introduction par J.-B. Lavoie.
La Colonisation dans la Matapédia..., [s.l., s.é.], 1930, 100 p.
La Réponse de la race (essai), [Montréal, s.é.], 1936, 546 p. Sous le pseudonyme de Lambert Closse. Ill. Préface d'Arthur Laurendeau.
Par la foi et la charrue. Notes historiques sur Saint-Damase-de-Matane (1874-1942), [Rimouski, s.é.], 1942, 162 p. Sous le pseudonyme de Lambert Closse. Portrait.
Album-Souvenir. Centenaire de la fondation du couvent des révérendes sœurs de la charité de Cacouna. Glanures historiques sur le couvent et la paroisse de Cacouna, [Cacouna, chez l'auteur, 1957], 160 p. Selon le titre qui figure sur la couverture.

ÉTUDE

Réal Lebel, *Au pays du porc-épic. Kakouna, 1673, 1825, 1975*, [Cacouna], *Le Comité des fêtes de Cacouna*, 1975, 296 p., surtout p. 11-13.

BEAUPRÉ, NORMAND-ROBERT (1935-). Essayiste, né à Biddeford (Maine, É.-U.). Il étudie au

Collège Saint-François de Biddeford (B.A., 1967), et à Brown University (Providence, Rhode Island) où il obtient successivement une maîtrise pour un mémoire sur « L'Ennui dans les romans de Lamartine » (1969), et un doctorat dont la thèse porte sur « La Notion de bassesse dans le théâtre de Pierre Corneille, 1633 à 1651 » (1974). Il enseigne au Collège Saint-François et, à partir de 1975, il est régistraire à l'University of New England. Il appartient à diverses associations professionnelles : la Société d'ethnologie française, l'Alliance française, etc. Il fait paraître un premier essai, *L'Enclume et le Couteau* (1982), consacré à l'artisanat folklorique des Franco-Américains.

ŒUVRE

L'Enclume et le Couteau. Précis d'art populaire francoaméricain : Adélard Côté, Manchester (N.H.), National Materials Development Center, 1982, 250 p. Ill. de Stephen O. Muskie.

BEAUPRÉ, PAUL (1923–   ). Essayiste et poète, né à Berthier. Il fait le secondaire à Berthierville, entre à l'École normale Saint-Viateur de Rigaud (1940–1941) et commence à enseigner en 1941. En 1949–1950, il suit des cours de philosophie à l'Université d'Ottawa, puis il prépare le diplôme de l'École des Beaux-Arts de Montréal (1950–1953) et une maîtrise en littérature à l'Université de Montréal dont le mémoire s'intitule : « Des salons de Baudelaire au Musée imaginaire » (1955). Il obtiendra un baccalauréat spécialisé en arts plastiques en 1958, à l'Université du Québec à Montréal. Il continue à enseigner à divers niveaux et il fait de l'animation pédagogique à la Commission des écoles catholiques de Montréal. Il fonde, en 1969, la revue *Vision* de l'Association des professeurs d'arts plastiques du Québec, et il collabore en outre à *L'Action nationale, Chantiers pédagogiques, Âmes et Couleurs...* En 1971, il fonde à Joliette la maison d'édition Pleins Bords où sont publiés presque tous ses essais et ses recueils de poèmes. Parmi ses essais, plusieurs ouvrages préconisent le développement des arts plastiques dans l'enseignement.

ŒUVRES

Acceptation globale (essai), Montréal, Chez l'auteur, 1971, 202 p.
Pour une pédagogie écologique, [s.l., s.é.], 1971, 155 p. Édition corrigée.
Les Activités plastiques à l'élémentaire, Charlesbourg, Chez l'auteur, 1972, 207 p. Collab. Suzanne Blouin-Rafie, Michèle Drouin-Martineau *et al.* Ill. Présentation de Paul Beaupré.
Le Verbe se fait sang (poésie), Montréal, Pleins Bords, 1973, 259 p. Ill. de l'auteur.
Triple Conquête (essai), Montréal, Pleins Bords, 1973, 360 p.
Les Faisceaux convergents de notre involution (essai), Montréal, Pleins Bords, 1974, 302 p. Ill. de l'auteur.
Expositions. [*Pourquoi et Comment monter une exposition*], Montréal, Bureau de perfectionnement de l'enseignement, division de la recherche et des programmes, service des études. La Commission des écoles catholiques de Montréal, 1976, 91 p. Collab. Réal Dupont, Michel Fiorito *et al.* Ill.
Les arts plastiques et visuels sont aussi didactiques (guide pédagogique), Joliette, Les Éditions Pleins Bords, 1978, 241 p. Présentation de l'auteur.
Chemin de la croix (essai), Joliette, Les Éditions Pleins Bords, 1978, 75 p. Ill.
Provende (aphorismes), Joliette, Les Éditions Pleins Bords, 1978, [n.p., 226 p.].
Didactique des arts plastiques, Joliette, Les Éditions Pleins Bords, 1979, 263 p.
Émilien. Illustration d'une éducation au Québec, Joliette, Les Éditions Pleins Bords, 1980, 234 p. Ill. de l'auteur.
Les Arts plastiques préscolaires d'un an à six ans (guide pédagogique), Joliette, Les Éditions Pleins Bords, 1981, 123 p. Ill. Présentation de l'auteur.
Poèmes enchaînés, Joliette, Les Éditions Pleins Bords, 1981, 147 p. Ill. de l'auteur.
Poèmes déchaînés, Joliette, Les Éditions Pleins Bords, 1982, 139 p. Ill. de Bruno Hébert.
APO (poésie), Joliette, Les Éditions Pleins Bords, 1982, 16 p.
Psaumes cursillos, Joliette, Les Éditions Pleins Bords, 1983, 165 p. Ill. de l'auteur. Préface de l'auteur.
Arc-en-ciel (poésie), Joliette, Les Éditions Pleins Bords, 1985, 159 p. Ill. de l'auteur.

ÉTUDES

[Anonyme], *Acceptation globale, essai philosophique de Paul Beaupré*, dans *Le Livre canadien*, vol. 3, juin–juillet 1972, nº 150.
Sylvia Giroux, *Les Arts en 1971*, LAQ 1972, p. 212.
[Anonyme], *Beaupré, Paul. Triple conquête*, dans *Le Livre canadien*, vol. 5, janv. 1974, nº 3.
[Anonyme], *Beaupré, Paul. Le Verbe se fait sang*, dans *Le Livre canadien*, vol. 5, avril 1974, nº 121.
[Anonyme], *Beaupré (Paul). Les Faisceaux convergents de notre involution*, dans *Le Livre canadien*, vol. 6, mars 1975, nº 82.
Gérard Lavallée, *Beaupré (Paul). Les arts plastiques et visuels sont aussi didactiques*, dans *Nos livres*, vol. 9, août–sept. 1978, nº 274.
Évangéline Veilleux, *Beaupré (Paul). Émilien*, dans *Nos livres*, vol. 12, mars 1981, nº 115.
Michel Laurin, *Beaupré (Paul). Les Arts plastiques préscolaires d'un an à six ans*, dans *Nos livres*, vol. 12, avril 1981, nº 170.
Stéphane Lépine, *Beaupré (Paul). Poèmes enchaînés*, dans *Nos livres*, vol. 12, déc. 1981, nº 463.
Antonio D'Alfonso, *Beaupré (Paul). Poèmes déchaînés*, dans *Nos livres*, vol. 14, mars 1983, nº 5148.

BEAUREGARD, ALPHONSE [A. Chasseur] (1881-1924). Poète, né à La Patrie (Compton). À la mort de son père, en 1892, il doit abandonner ses études après un cours commercial élémentaire à l'Académie Girouard, à Saint-Hyacinthe. Il travaille à la manufacture de chaussures Côté jusqu'en 1898, puis il s'établit à Montréal où il devient comptable pour la compagnie Singer. En 1907, il entre au service de la Commission du Havre. Son ami Francis Saint-Germain lui a ouvert sa riche bibliothèque familiale. Il consacre ses loisirs à la poésie depuis 1906. Ses premiers poèmes paraissent dans *La Revue* et dans *Le Nationaliste*, et ses récits dans *L'Avenir du Nord, La Revue moderne,...* Le 28 octobre 1908, il est reçu à l'École littéraire de Montréal dont il sera secrétaire de 1911 à 1922, et président en 1922. Il publie un premier recueil de poésie en 1912, *Les Forces*, et un second, *Alternances*, en 1921. Sa poésie est une longue méditation sur l'homme. «Sans être poète de premier plan, écrit Raymond Rivard, Alphonse Beauregard affiche une originalité certaine. Si une partie de son œuvre n'est pas viable, l'autre n'est pas à rejeter. Après Nelligan, on aurait tort de croire que l'angoisse poétique s'est éteinte». Paul Wyczynski situe ce poète entre Jean Charbonneau et Gonzalve Desaulniers : «il ressemble au premier par ses tendances philosophiques ; de l'autre, il a hérité cette inclination à brosser un paysage qui ne sert d'ailleurs que de fond à sa pensée. Beauregard affectionne le poème strophique et l'alexandrin bien balancé. Vers la fin des *Alternances*, nous rencontrons quelques poèmes en vers libres ainsi que des compositions plus mélodieuses, à la manière romantique. Dans l'ensemble, cependant, l'art du vers ressemble à la rigueur du raisonnement ; l'argumentation philosophique se sert abondamment de la personnification».

ŒUVRES

Les Forces (poésie), Montréal, Arbour & Dupont, imprimeurs-éditeurs, 1912, 168 p.
Les Alternances. Poèmes, Montréal, Roger Maillet, éditeur, 1921, 145 p.

ÉTUDES

Madeleine [Anne-Marie Gleason-Huguenin], *Chronique*, P, 34ᵉ année, nᵒ 78, 27 mai 1912, p. 4.

Edmond Léo, *Les Forces*, Dev, 3ᵉ année, nᵒ 145, 20 juin 1912, p. 1.
Louis Dantin, *Chronique littéraire, M. Alphonse Beauregard*, dans *La Revue moderne*, 1ʳᵉ année, nᵒ 12, 15 oct. 1920, p. 12–16 ; aussi dans *Poètes de l'Amérique française*, Montréal, Louis Carrier, 1928, p. 26–54.
Jean-Aubert Loranger, *Les Alternances par M. Alphonse Beauregard*, Ca, vol. 19, nᵒ 254, 1ᵉʳ févr. 1922, p. 4.
[Anonyme], *Littérateur canadien qui est décédé*, Pr, 40ᵉ année, nᵒ 76, 15 janv. 1924, p. 23.
Raymond Rivard, «Alphonse Beauregard de l'École littéraire de Montréal». Thèse de maîtrise. Ottawa, Université d'Ottawa, 1968, viii, 198 f. Portrait. Bibliographie.
Paul Wyczynski, *L'Héritage poétique de l'École littéraire de Montréal*, dans *La Poésie canadienne-française*, Montréal, Fides, 1969, p. 75–108, surtout p. 97–100. «ALC» 4.
Raymond Rivard, *Alphonse Beauregard*, dans *L'École littéraire de Montréal*, Montréal, Fides, 1972, p. 255–279. «ALC» 2.

BEAUREGARD, CÉLINE. Voir **LAROSE,** CÉLINE.

BEAUSOLEIL, CLAUDE (1948–). Poète et critique littéraire, né à Montréal. Bachelier du Collège Sainte-Marie (1969), il obtient un baccalauréat spécialisé en lettres françaises de l'Université du Québec à Montréal (1970), puis une maîtrise ès arts (1973) pour une thèse sur Hubert Aquin. Il est alors chargé de cours à l'Université du Québec à Montréal et devient professeur au département de français au Cégep Édouard-Montpetit. Avec Yolande Villemaire, il écrit les dialogues et les chansons de la pièce *Les jeux sont faits*, présentée aux lundis du TNM, en décembre 1972, par la Troupe du Théâtre sans fil. C'est à partir de ce moment que commencent à paraître ses recueils de poésie, une quinzaine en quinze ans. Comme critique, il collabore à diverses revues dont *Main mise, Hobo-Québec, La Nouvelle Barre du jour, Les Herbes rouges, Livres et Auteurs québécois* et écrit régulièrement dans *Le Devoir*. En 1980, il reçoit le prix Émile-Nelligan pour son recueil *Au milieu du corps l'attraction s'insinue* que certains critiques considèrent comme son meilleur recueil, où le corps hanté est en réalité le corps de la parole : c'est ainsi que la passion inscrit ses élans dans une «écriture qui ne finirait jamais, remarque Jean Royer, [...] dans la nuit des mots». Dans un autre recueil, *S'inscrit sous le ciel gris en graphiques de feu*, l'écriture s'ouvre sur le lointain, l'enfance, l'espace de jeunes années. D'après Jean Royer, le poème se fait ici l'image «du temps, de la beauté, du geste, du silence, du voyage, de l'éphémère, du langage, de l'astre, de la magie [...]. Alors la poésie explore le rythme du quotidien, des rituels, des signaux, du soir, de l'aléatoire ». Manifestement, l'expérience créatrice de Beausoleil témoigne de la recherche d'une écriture entièrement au service de la modernité.

ŒUVRES

Intrusion ralentie (poésie), Montréal, Éditions du Jour, 1972, 133 p.

Les Bracelets d'ombre (poésie), Montréal, Éditions du Jour, 1973, 63 p.

Avatars du trait (poésie), Montréal, L'Aurore, 1974, 69 p. Ill. de Jean Lussier. « Lecture en vélocipède ».

Ahuntsic Dream, suivi de Now (poésie), Montréal, Les Herbes rouges, n⁰ 25, mars 1975, 32 p. Ill.

Dead Line (récit poétique), Montréal, Danielle Laliberté, 1974, 167 p. Ill.

Journal mobile (poésie), Montréal, Éditions du Jour, 1974, 88 p. Préface de Denis Vanier. « PJ ».

Promenade modern style. Récit, [Montréal], Éditions Cul Q, 1975, [n.p., 27 f.]. Ill.

Motilité (poésie), Montréal, L'Aurore, 1975, 85 p. « Lecture en vélocipède ».

Sens interdit. L'offset story, le langage : aucune obligation, le fragmenté, les lames de fonds (poésie), Montréal, Éditions Cul Q, 1976, [n.p., 31 p.].

Sirocco (poésie), Montréal, Éditions Cul Q, 1976, [n.p.].

Le Sang froid du reptile. Poésie tropicale, Montréal, Les Herbes rouges, n⁰ 27, nov. 1976, [n.p., 24 p.]. Ill.

Les Marges du désir (poésie), Montréal, Éditions du Coin, 1977, 51 p.

Le Temps maya (poésie), Montréal, Éditions Cul Q, 1977, [n.p., 23 p.]. Ill.

Mao Bar Salon. Des textes qui déplacent les montagnes (livre objet : carton d'allumettes), Montréal, Éditions Cul Q, 1978.

La Surface du paysage. Textes et poèmes, Montréal, VLB éditeur, 1979, 149 p.

Au milieu du corps l'attraction s'insinue. Poèmes 1975-1980, Saint-Lambert, Éditions du Noroît, 1980, 236 p. Ill. de Daniel Pilon. Préface de Paul Chamberland et de Lucien Francœur.

Soudain la ville (poésie), [Montréal], Les Zéditions Élastiques, 1981, 16 f. (Tirage limité).

Dans la matière rêvant comme d'une émeute (poésie), Trois-Rivières, Écrits des forges, 1982, 98 p. Ill. « Radar ».

D'autres sourires de stars (poésie), Talence (France), Le Castor astral, 1983, 70 p. Ill. « Matin du monde ».

Concrete City. Selected Poems : 1972-1982, Montréal, Guernica Editions, 1983, 109 p. Pré-texte de Roy Chamberlain. « Essential Poets ».

Une certaine fin de siècle. (Poésie 1973-1983), Saint-Lambert, Éditions du Noroît, 1983, 350 p. Ill. de Célyne Fortin.

Présences du réel (de Philip Surrey), Saint-Lambert, Éditions du Noroît, 1983, 123 p. Soixante et un dessins de Philip Surrey accompagnés d'un texte de Claude Beausoleil.

Langue secrète (poésie), Montréal, NBJ, 1984, 20 p. « On voit plus de prodiges merveilleux & de belles choses ».

Les livres parlent (essais), Trois-Rivières, Écrits des forges, 1984, 246 p. Préface de Jean Royer. « Estracades ».

Découverte des heures (poésie), Montréal, NBJ, 1985, 21 p. Ill. « On voit plus de prodiges merveilleux & de belles choses ».

S'inscrit sous le ciel gris en graphiques de feu (poésie), Trois-Rivières, Écrits des forges, 1985, 114 p. « Radar ».

Il y a des nuits que nous habitons tous (poésie), Saint-Lambert, Éditions du Noroît, 1986, 195 p. Ill. d'Herménégilde Chiasson.

Extase et Déchirure (essai), Trois-Rivières, Écrits des Forges, 1987, 200 p.

La Forme du mot rupture (poésie), BJ, n⁰ 43, févr. 1974, p. 30-40.

Du texte et du doute (essai), NBJ, n⁰ 59, oct. 1977, p. 57-71.

Déplacements et Failles (poésie), NBJ, n⁰ 65, avril 1978, p. 40-53.

Lucien Francœur supertexte, NBJ, n⁰ 67, juin 1978, p. 74-78.

La Douce Ironie de Louis Gauthier, Dev, vol. 69, n⁰ 280, 2 déc. 1978, p. 23.

Le Plaisir de Monsieur Barthes, Dev, vol. 70, n⁰ 70, 24 mars 1979, p. 27.

Les Nouveaux Écrivains et la Critique (3). Chercher le doute et les questions, Dev, vol. 70, n⁰ 98, 28 avril 1979, p. 26.

Scènes techniques / Textes, NBJ, n⁰ 88, mars 1980, p. 43-55.

Le Désir d'écrire, NBJ, n⁰s 90-91, mai 1980, p. 109-116.

Quelques Désordres suivi de Son image & la rupture, ibid., p. 117-118.

Réplique / L'envie c'est les autres, Dev, vol. 71, n⁰ 269, 22 nov. 1980, p. 24.

Décrire Warhol ou Le Sens de la répétition, NBJ, n⁰ 95, oct. 1980, p. 49-77.

La Chambre claire ou Les Images de l'intime, NBJ, n⁰ 98, janv. 1981, p. 73-74.

Le Roman de la fin, NBJ, n⁰ 106, oct. 1981, p. 90-93.

Mémoire de ville, NBJ, n⁰ 109, janv. 1982, p. 5-17.

Écritures insoumises, NBJ, n⁰ 114, mai 1982, p. 55-71.

ÉTUDES

Jacques Blais, *Intrusion ralentie*, dans *University of Toronto Quarterly*, vol. 62, n⁰ 4, été 1973, p. 384.

Christian Bauer, *Claude Beausoleil. Ahuntsic Dream, suivi de Now*, LAQ 1975, p. 121-122.

Richard Giguère, *Trois tendances de la poésie québécoise*, LAQ 1976, p. 114-116, surtout p. 115.

Robert Giroux, *Claude Beausoleil. Le Temps maya*, LAQ 1977, p. 181.

Hugues Corriveau, *Claude Beausoleil. La Surface du paysage*, LAQ 1979, p. 95-97.

Noël Audet, *Claude Beausoleil. Une modernité comme allant de soi*, Dev, vol. 71, n⁰ 63, 15 mars 1980, p. 21.

Hugues Corriveau, *Claude Beausoleil. Au milieu du corps l'attraction s'insinue*, LAQ 1980, p. 88-90.

Pierre Nepveu, *L'Écriture à la première personne : Vanier et Beausoleil*, LQ, n° 21, printemps 1981, p. 26-28.

Jean Royer, *Claude Beausoleil. Vivre comme un texte*, Dev, vol. 72, n° 73, 28 mars 1981, p. 21-22.

Id., *Claude Beausoleil. Écrire le tout pour le tout*, Dev, vol. 73, n° 222, 25 sept. 1982, p. 21.

Caroline Bayard, *Dans la modernité, l'un change et l'autre tourne. Beausoleil et Charron*, LQ, n° 28, hiver 1982-1983, p. 39-42.

Gérald Gaudet, *Beausoleil, Haeck, de la suite dans les passions*, Dev, vol. 75, n° 286, 8 déc. 1984, p. 28.

Daniel Guénette, *Beausoleil (Claude). Les livres parlent*, dans *Nos livres*, vol. 16, mars 1985, n° 6114.

Jean Royer, *Chronique pour non-liseurs de poésie. De l'érotisme avant toute chose*, Dev, vol. 76, n° 57, 9 mars 1985, p. 24.

Id., *Chronique pour non-liseurs de poésie. Où se déploie l'épopée de l'intime*, Dev, vol. 76, n° 266, 16 nov. 1985, p. 26.

BEAUVAIS, HENRI. Voir **ARCHAMBAULT**, JOSEPH-PAPIN.

BÉCHARD, AUGUSTE (1828-1893). Historien et journaliste, né à Longueuil (Chambly). Après des études au Collège de Sainte-Anne-de-la-Pocatière, il fait de l'enseignement et est nommé bibliothécaire au Département de l'Instruction publique. En 1865, il devient inspecteur des écoles dans la région de Gaspé. Il est rédacteur du *Quotidien* de Lévis en 1881 et, l'année suivante, il fonde *Le Saguenay*, journal qui dure un an, et qui favorise la colonisation et l'agriculture et prend position contre l'émigration. En avril 1890, il fonde *La Voix du peuple* à Louiseville qu'il dirige jusqu'à sa mort à Danville. Béchard collabore à plusieurs périodiques, tels *La Lyre d'or*, *La Justice de Québec*, *L'Électeur*. Il publie plusieurs monographies biographiques et historiques. « Il a la plume rapide et alerte, selon Jean-Pierre Cantin. [Mais, il] n'approfondit jamais ses sujets » (DOLQ, t. 1, p. 16).

ŒUVRES

Histoire de la Banque nationale, Saint-Roch de Québec, des Ateliers de Laberge & Gingras, 1878, iv, 111 p.

Biographie de M. François Vézina, caissier de la Banque nationale, Québec, « Le Nouvelliste », 1878, 35 p.

L'Honorable Joseph-Goderick Blanchet (biographie), Québec, Léger Brousseau, 1884, 42 p. « Galerie nationale ».

Histoire de la paroisse de Saint-Augustin (Portneuf), Québec, Imprimerie Léger Brousseau, 1885, vii, 382 p.

L'Honorable A.-N. Morin (biographie), Québec, Imprimerie de « La Vérité », 1885, 259 p. « Galerie nationale » ; Saint-Hyacinthe, Imprimerie du « Courrier de Saint-Hyacinthe », 276 p.

M. l'abbé François Pilote, curé de Saint-Augustin (Portneuf) (biographie), Sainte-Anne-de-la-Pocatière, Im-

primerie de la « Gazette des Campagnes », 1885, 76 p. « Galerie nationale ».

Monographies. Gouverneurs, intendants et évêques de la Nouvelle-France, Ottawa, Imprimerie du « Courrier fédéral », 1888, 97 p. ; Lewiston (Maine, É.-U.), Imprimerie du « Messager », 1889, 94 p.

L'Ancien Québec, description, nos archives, Québec, Imprimerie Belleau & cie, 1890, 146 p.

Monographies aux États-Unis et dans l'Ontario, [s.l.], [s.é.], 1892, 65 p.

La Gaspésie (essai), Québec, l'Imprimerie nationale, 1918, 130 p.

BECK. Voir **BAKER**, WILLIAM-ATHANASE.

BÉDARD, Joseph ISIDORE [Baptiste] (1806-1833). Poète, né à Québec, fils de Pierre Stanislas Bédard, premier chef du Parti canadien. Admis au barreau en 1829, il est élu député de la circonscription du Saguenay en 1830. L'année suivante, il entreprend un long voyage en Europe ; il séjourne pendant un certain temps à Londres auprès de Denis-Benjamin Viger, et part ensuite pour Paris où il meurt de tuberculose en 1833. Le nom de Bédard se perpétue par le succès de son chant patriotique, « Sol canadien, terre chérie », paru dans *La Gazette de Québec*, le 6 août 1827 sous le pseudonyme de Baptiste puis, augmenté de deux strophes, en janvier 1829. Le chant connut une grande popularité à l'époque. Voici ce qu'en dit Jeanne d'Arc Lortie : « Durant un siècle, ce chant n'a cessé d'exprimer un juste équilibre entre le culte de la France, le respect de l'Angleterre, le refus de l'annexion aux États-Unis et le droit inaliénable des Canadiens français aux libertés essentielles » (DOLQ, t. 1, p. 683).

ŒUVRE

[Hymne national], dans *La Gazette de Québec*, n° 3771, 6 août 1827, p. 2 (deux strophes) ; n° 3919, 8 janv. 1829 (quatre strophes) ; dans RN, vol. 1, 1848, p. 182-183 ; 1893.

ÉTUDE

Narcisse-Eutrope Dionne, *Pierre Bédard et ses fils*, Québec, Laflamme et Proulx, 1909, p. 220-240.

BÉDARD, PAUL. Voir **CIRCÉ-CÔTÉ**, ÉVA.

BÉDARD, PIERRE Joseph [Paul Durand] (1869-1905). Essayiste, nouvelliste et journaliste, né à Montréal. Après ses études collégiales, il s'inscrit, en 1889, à la Faculté de médecine de l'Université Laval de Montréal. Pourtant, il se sent davantage attiré par la littérature et, à partir de mars 1889, *Le Monde illustré* publie régulièrement ses nouvelles et ses études sur les problèmes sociaux et sur la littérature française. Il collabore aussi au *Recueil littéraire* et au *Glaneur* (Lévis). Encouragé par Louis Fréchette, il regroupe, en 1890, dans *Études et Récits*, trente-cinq de ses textes dont cinq inédits. L'année suivante, il abandonne ses études et fait l'acquisition d'une imprimerie et d'un bimensuel, *Le Recueil littéraire*. Au printemps de 1892, sa revue fusionne avec *Le Glaneur*, mensuel qui se veut « l'organe des jeunes, leur porte-voix, leur arène de combat, leur champ d'exercice ». Quelques mois plus tard, Bédard en cède la direction à É.-Z. Massicotte et fonde *La Fortune*, hebdomadaire, avec le concours de Rodolphe Brunet et de J.-G. Boissonnault. Ce journal à primes, qui disparaît en janvier 1893, s'intéresse surtout à l'économie politique, car, pour Bédard, la seule façon d'assurer l'avenir de la langue française au Québec est de s'occuper du commerce. En mars suivant, il fonde *La Libre Parole*, hebdomadaire de tendance nationaliste. Ce périodique ne dure que deux mois. Après cette période d'intense activité dans les milieux intellectuels de Montréal, Bédard retourne à la Faculté de médecine en 1894 et est reçu médecin en 1897. Il participe à la fondation de l'École littéraire de Montréal, en 1895, et collabore à *La Revue nationale* (1895-1896) et à *La Feuille d'Érable* (1896). Il semble toutefois que ses préoccupations professionnelles l'éloignent du cénacle littéraire, et il n'assiste qu'occasionnellement aux réunions ; il démissionne en avril 1900, à la suite de la publication d'un petit poème en prose dans *Les Soirées du Château de Ramezay*, à la place de l'essai qu'il avait d'abord proposé. Membre du bureau d'hygiène provincial, il est rédacteur adjoint de *La Revue médicale de Montréal* (1900-1901). De mai à septembre 1901, il finance et édite *La Revue scientifique*, voulant ainsi « vulgariser les notions d'hygiène ». Il meurt à Montréal en 1905. Les préoccupations littéraires de Pierre Bédard, dont l'intérêt allait surtout aux classiques, permettent de mieux comprendre les idées des intellectuels canadiens au tournant du siècle.

ŒUVRE

Études et Récits, Montréal, G.A. et W. Dumont, [1890], 214 p. Préface de Rémi Tremblay.

La Petite Mendiante (nouvelle), MI, vol. 7, nº 350, 17 janv. 1891, p. 592.

Le Noël de l'athée (nouvelle), MI, vol. 10, nº 503, 23 déc. 1893, p. 404-405.

Le Matin du Jour de l'an (nouvelle), MI, vol. 10, nº 504, 30 déc. 1893, p. 412.

La Petite Mendiante. Conte de Noël, MI, vol. 11, nº 555, 22 déc. 1894, p. 401.

Artiste et Père (nouvelle), dans *La Revue nationale*, vol. 2, 1895, p. 509-516.

Fleurs brisées (nouvelle), dans *Le Jour*, vol. 1, nº 96, 15 août 1896, p. 2.

Aux Patriotes (essai), dans A. Bissonnette, comp., *Soixante ans de liberté, 1837-1897*, Montréal, Déom Frères, [1897], p. 36-39.

Doux Mystère (poème en prose), dans *Les Soirées du Château de Ramezay*, Montréal, E. Senécal & Cie, 1900, p. 357-358.

ÉTUDES

Rodolphe Brunet, *Bibliographie*, « *Études et Récits* » *par P. J. Bédard*, MI, vol. 7, nº 344, 6 déc. 1890, p. 498-499.

[Anonyme], *MM. E.-Z. Massicotte, avocat et Pierre Bédard, e.m.*, dans *La Feuille d'Érable*, vol. 1, nº 10, 10 avril 1896, p. 6-7.

G.-A. Dumont, *L'École littéraire de Montréal. Réminiscences*, Montréal, Librairie G.-A. Dumont, [1917], 15 p.

Aurélien Boivin, *Le Conte littéraire québécois au XIXe siècle*, Montréal, Fides, 1975, p. 61-64.

André Beaulieu et Jean Hamelin, *La Presse québécoise des origines à nos jours, T. 3, 1880-1895*, Québec, PUL, 1977, p. 275-276, 296-299.

BÉDARD, PIERRE Stanislas (1763-1829). Homme politique et journaliste, né à Charlesbourg. Après des études classiques au Séminaire de Québec, il est reçu avocat en 1790. Député à l'Assemblée législative du Bas-Canada de 1792 à 1812, il devient le chef des nationalistes canadiens-français. En 1806, avec un groupe de sympathisants, il fonde *Le Canadien*, journal de combat qui défend les intérêts des Canadiens français contre les attaques des membres du parti ministériel, appelés à l'époque « anti-canadiens ». Exaspéré par le succès du journal et son influence auprès de la population, le gouverneur Craig fait arrêter, en 1810, une vingtaine de collaborateurs du *Canadien*, dont Pierre Bédard, sous prétexte d'une rébellion en fomentation. Bédard est le seul qui refuse d'implorer le pardon du gouverneur. Craig le relâche après plusieurs mois d'emprisonnement sans procès. Dans l'intervalle, le prisonnier est élu de nouveau député. Nommé juge à Trois-Rivières en 1812, il s'éloigne des turbulences de la vie politique. *Le Canadien* (1806-1810), des mémoires adressés aux autorités gouvernementales dont l'un au Prince Régent (1814), et plusieurs centaines de lettres témoignent de ce que Bédard a accompli en faveur de ses compatriotes. Son effort marque une date importante dans l'histoire du journalisme québécois et dans celle du sentiment national du Canada français au premier quart du XIXe siècle.

ŒUVRE

Le Canadien, Prospectus, 13 nov. 1806 (feuillet). Texte reproduit dans *Le Canadien* du 22 nov. 1806. (Bédard est le principal rédacteur de ce journal qui dure du 22 nov. 1806 au 14 mars 1810).

Discours de P. S. Bédard, avocat, pour la défense d'un sauvage accusé de meurtre, dans Narcisse-Eutrope Dionne, *Pierre Bédard et son temps*, MSRC, 1898, p. 115–117.

ÉTUDES

Narcisse-Eutrope Dionne, *Pierre Bédard et son temps*, MSRC, 1898, p. 73–117.

Id., *Pierre Bédard et ses fils*, Québec, Laflamme et Proulx, 1909, xvi, 272 p.

Léon-Mercier Gouin, *Pierre Bédard et la responsabilité ministérielle*, AmF, vol. 3, n° 6, 1919, p. 241–249.

Arthur Maheux, *Pierre Stanislas Bédard, 1763–1829. Philosophe et savant*, MSRC, vol. 50, 1956, p. 85–93.

Lawrence Smith, *Le Canadien and the British Constitution*, CHR, vol. 38, 1957, p. 93–108.

Jean-Pierre Wallot, *La Querelle des prisons (1805–1807)*, RHAF, vol. 14, 1960-1961, p. 395–407, 559–582.

John Hare et Jean-Pierre Wallot, *Les Imprimés dans le Bas-Canada, 1801–1810*, Montréal, PUM, 1967, p. 315–327.

BÉDARD, THÉOPHILE-PIERRE (1837–1900). Historien et journaliste, né à Québec. Après des études au Petit Séminaire de Québec, il étudie le droit et est reçu au barreau en 1862. Il collabore à plusieurs journaux dont *La Scie* et le *Journal de Québec*. Après avoir exercé sa profession d'avocat pendant quelques années, il travaille d'abord aux Archives de Québec, et ensuite au Bureau du régistraire et au Bureau de l'immigration. Il meurt à Lynn (Mass., É.-U.). Parmi ses études historiques, son livre sur les premières années de la vie parlementaire au Québec (1869) rend toujours service aux chercheurs. Mais, selon Edmond Lareau, le livre manque de « cette profondeur d'appréciation, première qualité des grands historiens ».

ŒUVRES

Histoire de cinquante ans (1791–1840) : Annales parlementaires et politiques du Bas-Canada depuis la consti- *tution jusqu'à l'Union*, Québec, des presses à vapeur de Léger Brousseau, 1869, xvi, 419, x p.

Nos archives. Les statistiques, Québec, Augustin Côté et Cie, 1880, 30 p.

La Comtesse de Frontenac, 1632–1707, Lévis, Pierre-Georges Roy, éditeur, 1904, 95 p. « Bibliothèque canadienne ».

Dix ans de notre histoire, 1660–1670. Conférence donnée à l'Institut canadien, le 13 mars 1879, dans *Annales de l'Institut canadien de Québec*, 1879, 26 p.

Première Administration du Comte de Frontenac, 1672–1682. Conférence donnée à l'Institut canadien de Québec, dans *Annales de l'Institut canadien de Québec*, 1879, 46 p.

Deuxième Administration du Comte de Frontenac, 1689–1698, dans *Annales de l'Institut canadien de Québec*, 1881, 30 p.

ÉTUDES

Joseph Tassé, *Bibliographie. Histoire de cinquante ans (1791–1840) : Annales parlementaires et politiques du Bas-Canada depuis la constitution jusqu'à l'Union*, RC, vol. 1, 1869, p. 951–952.

Edmond Lareau, *Histoire de la littérature canadienne*, Montréal, John Lovell, 1874, p. 209–213.

BÉGIN, DIANE (1948–). Poète, née à Lévis (Québec). Elle fait ses études au Cégep de Sainte-Foy et au Collège de Lévis (D.E.C., 1969). En 1972, elle obtient un baccalauréat d'enseignement (B.éd.) à l'Université Laval, puis, en 1979, une maîtrise d'enseignement à l'Université de Montréal, après quoi elle poursuit des études en psychanalyse. Elle enseigne à Chicoutimi, à Sainte-Foy et à Montréal. Poète, elle collabore à quelques périodiques et participe à des nuits de poésie. Son premier recueil, *Chair aux enchères* (1979), s'inscrit dans l'écriture des combats féministes. « Désir du corps, désir de l'autre, écrit Roger Chamberland, la parole de Diane Bégin semble jaillir en éclaboussant tout ce qui jadis et maintenant l'a oppressée et continue à l'opprimer dans sa condition féminine. La poésie lui sert de seconde naissance par laquelle sa vie pourrait désormais lui appartenir ».

ŒUVRE

Chair aux enchères. Poésie, Sherbrooke, Éditions Naaman, 1979, 100 p. « Création ».

Migration, dans *Au fil des événements*, vol. 10, n° 34, 29 mai 1975, p. 7.

Le Viol de l'anse, dans *Les Têtes de Pioche*, vol. 2, n° 7, nov. 1977, p. 8 ; repris dans *Les Têtes de Pioche*, Montréal, Les Éditions du Remue-ménage, 1980, p. 140.

Les fées ont encore soif! dans *Des luttes et des rires de femmes*, vol. 2, n° 3, mars–avril 1979, p. 11–13.

ÉTUDE

Roger Chamberland, *Recueils de poésie aux Éditions Naaman*, LAQ 1980, p. 122.

BÉGIN, LUC-A. (1943–   ). Poète, né à Montréal. Il fait ses études classiques aux collèges Saint-Ignace et Sainte-Marie (B.A., 1963). Il poursuit ses études de lettres à l'Université McGill où il obtient une maîtrise pour un mémoire sur «Le Rôle du peuple dans la philosophie sociale de Voltaire», puis il fait sa scolarité de doctorat aux universités de Montpellier et McGill, grâce à des bourses des gouvernements de France et du Québec, ainsi que du Conseil des Arts du Canada. Il est tour à tour professeur à l'Université McGill, journaliste à Radio-Canada, agent des relations publiques à Centraide, professeur aux collèges de Saint-Jérôme, Lionel-Groulx et Montmorency (Laval), puis éditeur. Son premier recueil, *L'Abitibien-Outan suivi de l'Ariane. Parodies* (1966), est accueilli plutôt froidement par la critique: le sous-titre «parodies» fait dire à Maximilien Laroche que si parodies il y a, «l'auteur n'a fait que nous fournir bien involontairement une parodie de lui-même et de ses propres idées». On parle peu des recueils suivants, *Le Firmament trop cru* (1971) et *Vertiges* (1972). *Depuis silence* (1977) réunit en quatre parties des poèmes composés à partir de 1971. L'auteur se voit comme un poète engagé dont l'arme est la poésie.

ŒUVRES

L'Abitibien-Outan suivi de l'Ariane. Parodies, Montréal, Les Éditions Miniatures, 1966, 89 p.

Le Firmament trop cru (poésie), Montréal, Éditions Aquila limitée, 1971, 53 p. «Aquila poésie».

Vertiges (poésie), Montréal, Éditions Aquila limitée, 1972, 70 p. «Aquila poésie».

Depuis silence (poésie), Montréal, Hurtubise HMH, 1977, 67 p. «Sur parole».

Entrer en libertés (poésie), Montréal, [s.é.], 1981, 19 p. (plus 1 affiche au centre non paginée). Ill. de Paul Montpetit.

D'après-nous. Choix de poèmes 1968–1983, Saint-Nazaire, Les Éditions JCL, Inc., 1984, 190 p. Ill.

La Mémoire à l'envers, L'Été sauvage (poèmes), ECF, n° 32, 1971, p. 71–93.

La soif est de sang (poèmes), ECF, n° 39, 1974, p. 173–222.

ÉTUDES

Jean Bélanger, *L'Abitibien-Outan,* dans *Jeune Québec*, vol. 1, n° 4, 7 févr. 1967, p. 9.

Gilles Rioux, *Un talent véritable*, dans *Sept-Jours*, vol. 1, n° 27, 18 mars 1967, p. 44.

Maximilien Laroche, *L'Abitibien-Outan de Luc Bégin*, LAC 1967, p. 93.

[Anonyme], *Le Firmament trop cru de Luc-A. Bégin*, dans *Nos livres*, vol. 2, mai 1971, n° 197.

Christiane Engel, *Luc-A. Bégin. Depuis silence*, LAQ 1977, p. 166–167.

Madeleine Bellemare, *Bégin (Luc-A.). Depuis silence*, dans *Nos livres*, vol. 9, déc. 1978, n° 420.

Claude Beausoleil, *La Vie, l'amour, la poésie...*, Dev, vol. 75, n° 94, 21 avril 1984, p. 26.

BÉGIN, LUCIE. Voir **LEDUC**, JEAN.

BÉGON, ÉLISABETH (1696–1755). Épistolière, fille d'un haut fonctionnaire (garde-magasin), Marie-Isabelle-Élisabeth Rocbert de la Morandière est née à Montréal. Elle épouse en secret Claude-Michel Bégon, frère de Michel Bégon, intendant de la Nouvelle-France, en dé-pit de l'opposition de ce dernier. Pendant trente ans, Madame Bégon accompagne son mari dans ses nombreux déplacements: celui-ci est major à Québec en 1726, lieutenant du roi à Trois-Rivières en 1731 et à Montréal en 1733, enfin gouverneur de Trois-Rivières en 1743. Ces déplacements permettent à Élisabeth de bien connaître les différents aspects du milieu social de la Nouvelle-France. Devenue veuve en 1748, elle s'installe à Montréal, dans une demeure grande et confortable qu'elle louera plus tard à François Bigot. De ses quatre enfants, il ne reste à Mme Bégon qu'un seul fils qui ira d'ailleurs vivre en France. À Montréal, elle demeure avec son père et sa petite-fille. À son gendre, Michel de Villebois de la Rouvillière, veuf de sa fille Marie-Catherine-Élisabeth, elle adresse de nombreuses lettres entre 1748 et 1752. Cette correspondance suivie, qui décrit la vie mondaine de Montréal dans les années 1740, traduit aussi les sentiments de la Canadienne à l'étranger, car Élisabeth Bégon s'était établie en France, à La Rochelle, à partir de septembre 1749. Son gendre meurt en décembre 1752; elle vivra alors ses dernières années dans la solitude la plus complète. Elle meurt en 1755. Sa correspondance, retrouvée en 1932, forme, comme l'affirme très justement Claude de Bonnault, « un précieux et inestimable recueil que l'on pourrait intituler ‹ Les Canadiens du XVIIIᵉ siècle peints par eux-mêmes › ».

ŒUVRES

La Correspondance de Madame Bégon 1748–1753, RAPQ 1934–1935, p. 1–277. Texte traduit en français moderne par Claude de Bonnault et suivi du texte original; *Lettres au cher fils. Correspondance d'Élisabeth Bégon avec son gendre (1748–1753)*, Montréal, Hurtubise HMH, 1972, 314 p. Portrait. Préface de Nicole Deschamps. « Reconnaissances ». (Ne reproduit que le texte en français moderne).
Élisabeth Bégon, Montréal/Paris, Fides, 1961, 95 p. Portrait. Textes choisis, présentés et annotés par Céline Dupré. « CC ».

ÉTUDES

Isabel Landels, « La Correspondance de Madame Bégon ». Thèse de doctorat, Québec, Université Laval, 1947, v, 238 f.
Céline Dupré, *Marie-Élisabeth Rocbert de la Morandière*, DBC, vol. 3, p. 609–610.

BÉGUIN, LOUIS-PAUL (1933–   ). Linguiste et terminologue, né en France. Il fait ses humanités au lycée d'Amiens (B.A., 1954), puis il obtient une licence ès lettres à la Sorbonne (1959). Il suivra un peu plus tard des cours de gestion, de linguistique et de traduction. Au Canada en 1960, il s'établit à Toronto comme traducteur et publie une chronique de linguistique, « Dire et Traduire », dans le bulletin de la Prudentielle d'Amérique. Au Québec en 1970, il remplit la fonction de terminologue à Québec et à Montréal. Il est chroniqueur au *Nouvelliste* à compter de 1971, puis, en 1975, il commence au *Devoir* une chronique régulière de langue et de terminologie qui comptera un millier d'articles sept ans plus tard. Terminologue agréé par la Société des traducteurs du Québec, il est nommé conseiller linguistique à l'Office de la langue française en 1978. Il collabore en outre à divers périodiques, tels *Antennes, Méta, Liberté Magazine, Assurances, Virus Magazine*. Ses chroniques forment la matière de ses livres sur la langue, qui méritent à l'auteur plusieurs prix et distinctions : prix Montcalm (1974), officier de l'Ordre de la courtoisie française (1976), médaille d'argent des Arts, Sciences et Lettres (1976), officier de l'Encouragement public de France (1977). Louis-Paul Béguin est moins connu comme poète ou dramaturge. Ses chroniques de langue

s'attachent principalement à des questions de vocabulaire, de grammaire, d'anglicismes et de traduction, et elles constituent une mine précieuse d'observations et de précisions.

ŒUVRES

Miroir de Janus (poésie), Montréal, Les Éditions Sans le sous, 1966, 91 p. ; Paris, Éditions de la Revue moderne, 1968, 72 p.
Vocabulaire correctif des assurances, [Québec], Gouvernement du Québec, 1972, 126 p. Préface de Gaston Cholette. Introduction de l'auteur. « Cahiers O.L.F. ».
Impromptu de Québec (théâtre), Québec, Bélisle éditeur, 1973, 23 p. Ill. de Raoul Hunter.
Le Mot du jour (chroniques de langue), Québec, Ministère de l'Éducation, Office de la langue française, 1974, 168 p. Préface de Gaston Cholette.
Un homme et son langage (chroniques de langue), Montréal, Éditions de L'Aurore, 1977, 291 p. Préface de Claude Ryan. « Connaissance des pays québécois : littérature ».
Vocabulaire technique des assurances sur la vie, anglais-français (lexique), Québec, Bureau de l'Éditeur officiel, Ministère de l'Éducation, 1978–1979, 2 vol. : vol. 1, 1978, 126 p. ; vol. 2, Montréal, 1979, 335 p. Collab. Jean-Paul de Grandpré et Lucien Forgues. Préface de Gaston Cholette. « Cahiers O.L.F. ».
Problèmes de langue au Québec et ailleurs, Montréal, Éditions de L'Aurore, 1978, 259 p. Préface de Robert Choquette. « Connaissance des pays québécois : littérature ».
Yourcenar ou Le Triomphe des femmes (théâtre), Montréal, Éditions Janus, 1980, 27 p. « Pastiche ».
Terminologie des rentes de retraite (lexique), Montréal, Services de publication directe du commerce, 1980, 33 p.
Idoles et Paraboles. Chroniques montréalaises virus Montréal, Montréal, Éditions Janus, 1982, 177 p. Ill. Introduction de l'auteur.
Les Aventures illustrées de Délima, Montréal, Éditions Bergeron, 1982, 79 p. Ill. de Raoul Hunter. Préface de l'auteur.
Poèmes et Pastiches 1965–1985, Montréal, Éditions Janus, 1985, 143 p.

ÉTUDES

André Gaulin, *Le Mot du jour de Louis-Paul Béguin*, dans *Québec français*, nᵒ 17, févr. 1975, p. 6.
Jacques Beauchamp-Forget, *Béguin (Louis-Paul). Un homme et son langage*, dans *Nos livres*, vol. 8, août-sept. 1977, nᵒ 242.
Id., *Béguin (Louis-Paul). Problèmes de langage au Québec et ailleurs*, dans *Nos livres*, vol. 9, mai 1978, nᵒ 185.

BÉLAIR, MICHEL (1944–   ). Critique littéraire, essayiste et romancier, né à Montréal. Il fait des études classiques au Collège de Sainte-Croix, obtient une licence ès lettres à l'Université de Montréal (1969) et une maîtrise à l'Université d'Aix-Marseille. Il succède à Jean Basile, comme chroniqueur de théâtre et de cinéma, au *Devoir* où il travaille quatre ans jusqu'en juin 1973, puis il se joint à l'équipe de *Mainmise*, revue qu'il quitte en octobre 1974 afin de consacrer plus de temps à l'écriture, tout en continuant de collaborer à divers périodiques. Louis Francœur écrit au sujet de *Nouveau Théâtre québécois* (1973) que pour Bélair « n'est québécois que ce qui manifeste une conscience sociale, politique et culturelle », opinion qui exclut presque Gélinas, Dubé, Loranger et Ferron. Mais dans la suite de l'ouvrage « Bélair se penche encore plus particulièrement sur trois expériences qu'il appelle les courants majeurs du théâtre québécois : Michel Tremblay et le courant populaire, le TNM et le théâtre ‹ politique ›, le Grand Cirque Ordinaire et la fabulation de l'univers québécois ». En 1977, Bélair publie *Franchir les miroirs*, récit difficile d'accès et d'une langue verbeuse qui, « sous couvert de décrire l'odyssée intérieure d'un homme, représente une somme de réflexion sur notre destin » (J. Éthier-Blais).

ŒUVRES

Avant la violence ou La Révolution de mai comme préliminaire? (essai), [Montréal], Leméac, 1968, 61 p. Collab. Gilbert David et André Desjardins.

Michel Tremblay (essai), Québec, PUQ, 1972, 95 p. Portrait. Ill.

Le Nouveau Théâtre québécois (essai), [Montréal], Leméac, 1973, 205 p. « Dossiers ».

Franchir les miroirs. Récit, Montréal, Parti Pris, 1977, 220 p. « P ».

Idéal Standard (roman), Montréal, Guérin, 1987, 300 p.

Théâtre d'été I : « Hold-Up » à Eastman. Quelle société voulez-vous voir?, Dev, vol. 60, nº 181, 3 août 1969, p. 8.

Théâtre d'été II : « Une fille nuit » au théâtre des Prairies, Dev, vol. 60, nº 188, 11 août 1969, p. 8.

Théâtre d'été III : Sun Valley. Pourquoi choisir « Monsieur de Falindor »?, Dev, vol. 60, nº 198, 22 août 1969, p. 10.

Théâtre d'été IV : Le Théâtre des Marguerites. Une double image réussie, Dev, vol. 60, nº 202, 26 août 1969, p. 8.

Situation du Théâtre au Québec I. Chicoutimi : une animation particulièrement vigoureuse, Dev, vol. 60, nº 257, 1er nov. 1969, p. 11.

Des livres de théâtre pour le temps des fêtes, Dev, vol. 60, nº 287, 6 déc. 1969, p. 16.

Sang-suite. Roman et/ou poème, ECF, nº 30, 1970, p. 9–58. Préface de Lucien Parizeau.

« Préface », dans Michel Tremblay, *À toi, pour toujours, ta Marie-Lou*, Montréal, Leméac, 1971, [6 p.].

Raoul Vanegein. Le livre des plaisirs, Dev, vol. 70, nº 281, 1er déc. 1979, p. 34.

Raôuluôar. Un wégo solaire qui ne fait plus peur au monde, dans *Raôul Duguay ou : Le Poète à la voix d'Ô*, Montréal, L'Aurore, 1979, p. 70–92.

ÉTUDES

Lucien Parizeau, *Michel Bélair*, ECF, nº 30, 1970, p. 11–13.

Raymond Joly, *Une douteuse libération*, EF, vol. 7, nº 4, nov. 1972, p. 364.

Élaine F. Nardocchio, *Michel Tremblay de Michel Bélair*, LAQ 1972, p. 240.

Louis Francœur, *Le Nouveau Théâtre québécois de Michel Bélair*, LAQ 1973, p. 205–207.

Jean Éthier-Blais, « *Franchir les miroirs* ». *L'univers allusif de Michel Bélair*, Dev, vol. 69, nº 70, 25 mars 1978, p. 33.

André Vanasse, *Jeunes Romanciers. Autour de six romans*, LQ, vol. 1, nº 11, sept. 1978, p. 5–12, surtout p. 5–6.

Pierre L'Hérault, *Michel Bélair. Franchir les miroirs*, LAQ 1978, p. 26–27.

BÉLANGER, ANDRÉ-J. (1935–   ). Politicologue, né à Montréal. Il fait ses humanités au Collège Mont-Saint-Louis de Montréal (B.A., 1956), puis il obtient, à l'Université McGill, un baccalauréat en sciences économiques (1959) et une maîtrise en sciences politiques (1961) après un séjour à la Fondation nationale des sciences politiques de Paris (1960–1961). Tout en enseignant à l'Université Laval, il prépare un doctorat en sciences sociales et politiques (1972) ; sa thèse, sur *L'Apolitisme des idéologies québécoises*, sera publiée en 1974. En 1973, il devient professeur à l'Université de Montréal. Jacques Rouillard dit de *L'Apolitisme* : « Nous avons affaire ici à un ouvrage de qualité, écrit dans un style impeccable et représentant, à notre point de vue, une des études les plus pénétrantes de la droite canadienne-française ». Il lui reproche cependant d'avoir négligé dans cet inventaire l'importante presse de tendance libérale. Un second livre, *Ruptures et Constantes. Quatre idéologies du Québec en éclatement* (1977), s'inscrit dans le prolongement du premier. Pour Raymond Roy, c'est un ouvrage dense qui corrige « l'illusion d'optique qui voudrait laisser croire que la révolution tranquille a commencé en 1960 » et qui « nous oblige à repenser certains jugements auxquels l'habitude et les préjugés du discours officiel nous avaient trop souvent référés ».

ŒUVRES

L'Apolitisme des idéologies québécoises. Le grand tournant de 1934–1936 (essai), Québec, PUL, 1974, 392 p. Avant-propos de l'auteur. «Histoire et Sociologie de la culture».

Ruptures et Constantes. Quatre idéologies du Québec en éclatement : la Relève, la JEC, Cité Libre, Parti Pris (essai), Montréal, Hurtubise HMH, 1977, x, 219 p. Avant-propos de l'auteur. «Sciences de l'homme et Humanisme».

Le Nationalisme au Québec : histoire en cinq temps d'un imaginaire, dans *Critère*, printemps 1980, p. 47–58.
Guy Frégault au temps de La Relève, dans *Guy Frégault 1918-1977*, Montréal, Bellarmin, 1981, p. 17–25.

ÉTUDES

[Anonyme], *Bélanger (André-J.). L'Apolitisme des idéologies québécoises. Le grand tournant de 1934-1936*, dans *Le Livre canadien*, vol. 5, déc. 1974, n° 339.
Jacques Rouillard, *André-J. Bélanger. L'Apolitisme des idéologies québécoises*, LAQ 1974, p. 288–290.
Guy Cormier, *Ruptures et Constantes par André-J. Bélanger. Un théâtre d'ombre*, Dev, vol. 69, n° 11, 14 janv. 1978, p. 33, 35.
Raymond Roy, *Bélanger (André-J.). Ruptures et Constantes... Quatre idéologies du Québec en éclatement : La Relève, La JEC, Cité Libre, Parti Pris*, dans *Nos livres*, vol. 9, mars 1978, n° 85.

BÉLANGER, JEANNINE [Magnanarelle] (1915–   ). Poète, née à Hull. Après son cours secondaire à Ottawa, elle poursuit des études à l'Université d'Ottawa où elle obtient un doctorat en littérature française (1939), pour une thèse intitulée « La Poésie au Canada sous le régime français ». D'abord professeur chez les Sœurs Grises d'Ottawa, elle devient traductrice parlementaire. Professeur de traduction à l'Université de Montréal pendant plusieurs années, elle y prépare une licence en sciences bibliques (1975). Ses poèmes d'inspiration biblique paraissent dans les *Mémoires de la Société royale* et la revue *Culture* entre autres. Le recueil *Stances à l'éternel absent* (1941) traduit une inspiration nettement mystique exprimée « en des vers d'une agréable et volontairement naïve fantaisie », selon Pierre de Grandpré. Dans *Suite pour l'innommé* (1980), « le poète exprime ses rêves, ses désirs et ses regrets », de dire Yolande Grisé.

ŒUVRES

Stances à l'éternel absent 1935-1940 (poésie), Hull, Les Éditions l'Éclair, 1941, 155 p.
Le Visage dans la roche (poésie), Hull, Imprimerie Leclerc, 1941, 15 p.
Étrennes pour deux petits pauvres ; sonnets à la crèche, [s.l., s.é.], 1961, 4 p.
Courtisane imparfaite (poésie), Montréal, PUM, 1977, 70 p.

Suite pour l'innommé (poésie), Montréal, PUM, 1980, [n.p.].
Apprendre l'orthographe grammaticale au secondaire. Guide didactique, Sherbrooke, Éditions Naaman, 1984, 78 p. Collab. Guy Simard, Marcel Côté, Gemma Lebrun et Gatia Plourde. «Didactique du français».

Poèmes, MSRC, 3e série, vol. 32, 1938, p. 145–148.
Une corde oubliée de notre lyre, MSRC, 3e série, vol. 35, 1942, p. 13–24.
La Laisse épique dans nos chansons, C, n° 4, 1943, p. 48–54.

ÉTUDES

Pierre de Grandpré, [*Jeannine Bélanger*], dans *Histoire de la littérature française du Québec. Tome II (1900-1945)*, Montréal, Librairie Beauchemin limitée, 1968, p. 248–249.
Yolande Grisé, *Jeannine Bélanger*, dans *Pour se faire un nom*, Montréal, Fides, 1982, p. 174–175.

BÉLANGER, JULES (1929–   ). Historien, né à Nouvelle (Bonaventure). Il fait ses études classiques au Collège de Gaspé (B.A., 1952). Ensuite, il obtient un baccalauréat en théologie à Halifax (1957), une licence ès lettres (1964) et une maîtrise en philosophie (1965) à l'Université Laval, puis un doctorat en littérature à l'Université de Rennes (France, 1969) ; sa thèse porte sur « Bertrand de Latour et la Querelle du théâtre au XVIIIe siècle ». En 1971, il reçoit du ministère de l'Éducation du Québec un brevet d'enseignement spécialisé. Professeur de langue et de littérature françaises au Collège de Gaspé depuis 1958, il est directeur du Département des arts et des lettres de 1969 à 1979. Il participe activement à la vie de plusieurs organismes : par exemple, il est cofondateur des Jeunesses musicales de Gaspé, vice-président puis président de la Société historique de la Gaspésie, membre-fondateur de Diffusion Gaspésie, des Éditions du Pharillon et de Radio-Gaspésie. De plus, il collabore au *Soleil*, au *Devoir*, au *Pharillon*, à la *Revue d'histoire de la Gaspésie*, à des séries télévisées du poste CHAU-TV, etc. Son *Histoire de la Gaspésie* (1981), écrite en collaboration, reçoit un accueil enthousiaste : « C'est le genre de livre dont on n'a que du bien à dire, déclare Gérald LeBlanc. La photo de la couverture, les abondantes illustrations, l'économie générale de la présentation, le contenu, le style, les tableaux, tout semble au-dessus de la critique. » Et Laurent Laplante : « Dans une telle immensité, on aurait pu s'attendre à de minuscules et très pardonnables raccourcis, à des synthèses un peu rapides, à des diagonales un tantinet impatientes. Voilà un autre sujet d'admiration : ceux qui ont brossé la fresque ont également effacé les moindres traces de pinceau ! »

ŒUVRE

Histoire de la Gaspésie, Montréal, Boréal Express/Institut québécois de recherche sur la culture, 1981, 803, [4] p. Collab. Marc Desjardins, Yves Frenette et Pierre Dansereau. Ill. Cartes. « Les Régions du Québec ».

Latour, Bertrand de, DBC, vol. 4, (1771-1800), Québec, PUL, 1980, p. 475-476.

ÉTUDES

Clément Trudel, *Histoire de la Gaspésie de Jules Bélanger*, Dev, vol. 73, nº 296, 19 déc. 1981, p. 21.

Laurent Laplante, *Histoire de la Gaspésie*, So, vol. 84, nº 5, 4 janv. 1982, p. 6.

Gérald LeBlanc, *La Gaspésie de A à Z. Un document monumental et exceptionnel*, dans *Le Livre d'ici*, vol. 7, 20 janv. 1982, nº 16.

Madeleine Dubuc, *La Gaspésie. Une survivance*, Pr, 98ᵉ année, nº 43, 20 févr. 1982, p. C-1.

BÉLANGER, MARCEL (1949-   ). Poète et critique littéraire, né à Berthierville. Il fait ses humanités dans des collèges de Joliette et de Berthierville, puis à l'Université de Sherbrooke et à l'Université de Montréal (1956-1963). Il interrompt ses études et travaille comme percepteur à Joliette et responsable de crédit à Thetford Mines. En 1965, il étudie la gestion et le crédit à l'École des Hautes Études de Montréal. Inscrit en 1965 à l'Université Laval, il obtient en 1968 une licence ès lettres et une licence en pédagogie. Ensuite, boursier du Conseil des Arts du Canada et du Gouvernement français, il fait une maîtrise et un doctorat en littérature à Aix-en-Provence ; sa thèse porte sur Lautréamont. À son retour, il devient professeur à la faculté des lettres de l'Université Laval. Il est professeur invité à l'Université du Québec à Chicoutimi (1972) et à l'Université Simon Fraser de Vancouver (1976) ; il participe à des colloques nationaux et internationaux, et collabore à des périodiques comme *Livres et Auteurs québécois* (dont il est responsable de la section de poésie de 1975 à 1978), *Estuaire* (dont il est nommé directeur en 1980), *Études littéraires*, etc. Si son premier recueil de poésie, *Pierre de cécité* (1962) est qualifié de « poésie qui se cherche » par André Major, ses recueils suivants lui valent beaucoup d'éloges. « Le poème de Bélanger, remarque Robert Mélançon, peut donner l'impression de la facilité, d'un certain relâchement. Il étale dans la durée une chaîne d'associations qu'il explicite

jusqu'à ce qu'il prenne fin après en avoir virtuellement épuisé les possibilités ». Il voit dans la linéarité du développement et l'ampleur de certains poèmes une parenté avec la poésie anglaise et américaine.

ŒUVRES

Pierre de cécité (poésie), Montréal, Les Éditions Atys, [1962, n.p., 55 p.].

Prélude à la parole (poésie), Montréal, Librairie Déom, 1967, 77 p. « PC ».

Plein vent (poésie), Montréal, Librairie Déom, 1970, 74 p. « PC ».

Saisons sauvages (poésie), Sainte-Foy, Les Éditions Parallèles, 1976, 32 p. Avec quatre dessins de Roland Bourneuf ; *Saisons sauvages. Poème*, 1979. Édition revue et corrigée.

Infranoir (poésie), Sainte-Foy/Montréal, Les Éditions Parallèles/L'Hexagone, 1978, 65 p.

Fragments paniques (prose), Sainte-Foy, Les Éditions Parallèles, 1978, 89 p.

Migrations (poèmes 1969-1975), Montréal, L'Hexagone, 1979, 148 p.

Libre cours. Essais 1962-1983, Montréal, Les Éditions Primeur inc., 1983, 175 p. Avant-dire de l'auteur. « Primeur l'échiquier ».

Strates. Poèmes 1960-1982, [Paris], Flammarion, 1985, 233 p.

Le Poète fou à la poésie, I, vol. 1, nº 2, mars 1963, p. 5-8.

La Lettre contre l'esprit ou quelques points de repère dans la poésie de Claude Gauvreau, EL, vol. 5, nº 3, déc. 1972, p. 481-497.

La Poésie telle qu'on la mythifie, dans *Cahiers de l'ISSH*, nº 5, avril 1976, p. 235-256.

Une poésie en crise ?, LAQ 1976, p. 105-113.

La Genèse d'une thématique (Rina Lasnier), L, nº 108, nov.-déc. 1976, p. 34-46.

La Folie des poètes, LAQ 1977, p. 105-114.

L'Homme à l'affût (Julio Cortazar), L, nº 128, mars-avril 1980, p. 51-58.

De l'un à l'autre suivi de l'Esprit de contradiction, dans *Estuaire*, nº 23, printemps 1982, p. 29-45.

L'Esprit de contradiction ou La Pensée à l'infinitif (notes pour une désintégration de la pensée), dans *Estuaire*, nº 25, hiver 1982, p. 59-82.

ÉTUDES

Jean Ménard, *Pierre de cécité de Marcel Bélanger*, LAC 1962, p. 46.

Gilles Rioux, *Deux préludes très différents*, dans *Sept-Jours*, vol. 1, nº 32, 22 avril 1967, p. 40-41.

André Major, *Prélude à la parole de Marcel Bélanger*, LAC 1967, p. 92.

Suzanne Paradis, *Marcel Bélanger, quatre recueils en deux ans*, Dev, vol. 69, nº 145, 23 juin 1978, p. 37.

André G. Bourassa, *Leur lieu est une île d'or. Des poètes Paul Chamberland et Marcel Bélanger*, LQ, nº 12, nov. 1978, p. 12-14.

Jeanne Demers, *Marcel Bélanger. Infranoir. Fragments paniques*, LAQ 1978, p. 90–93.

Robert Mélançon, *La Ligne du poème*, Dev, vol. 70, n° 151, 30 juin 1979, p. 14.

Lise Guèvremont, *Marcel Bélanger. Migrations*, LAQ 1979, p. 101–102.

BÉLANGER, MARIE-GEORGINA. Voir **MONTREUIL, GAËTANE DE.**

BÉLANGER, YRÉNÉE (1948–   ). Poète, né à Montréal. Après des études classiques au Collège Sainte-Marie, il obtient une maîtrise ès arts à l'Université d'Ottawa, puis il s'inscrit au doctorat. Il cherche à outrance l'originalité dans la mise en page, dans la forme de ses recueils suggestifs par leur couleur, leur disposition typographique et leur couverture. Le thème principal de cette poésie est la pulsion véhémente de l'amour dans toutes les couches de l'être humain. Avec quelques amis, Bélanger a fondé à Ottawa les Éditions de l'Œuf dont l'objet serait d'être au service de « la littérature du livre-objet ».

ŒUVRES

Dans les plaies (poésie), [Ottawa], Éditions de l'Œuf, 1971, 31 p. Texte imprimé à l'encre noire sur papier noir. Couverture en velours noir. Accompagné d'une poupée de 8 cm dans un sac de plastique.

Là derrière le corps (poésie), [Ottawa], Éditions de l'Œuf, 1972, [n.p., 35 p.]. Sur la couverture est collée une imitation plastique de deux œufs frits.

Soubremots (poésie), [Ottawa], Éditions de l'Œuf, 1973, [n.p., 44 p.]. Collab. Guy Pressault. Une balle rouge de 3 cm de diamètre est reliée à la couverture par un fil.

Texte intégral (objet poétique), [s.l.], Éditions de l'Œuf, [1974]. Cage de bois de 9 × 9 × 12 cm qui contient un œuf en plastique déposé sur de la paille et duquel sort un bras en plastique.

Scrap book (objet poétique), [s.l.], Les Éditions de l'Œuf, [1974]. Boîte de plastique transparent à l'intérieur de laquelle se trouvent entassés divers petits jouets d'enfant.

Les Herbes rongent (correction d'épreuves), [s.l., s.é., 1974], [n.p., 24 p.]. Collab. Guy Pressault. Photocopies de textes divers où les auteurs ont apporté des corrections.

Des mêmes auteurs (objet poétique), [Ottawa], Les Éditions de l'Œuf, 1974. Collab. Guy Pressault. Tube blanc, écriture noire, de 2 × 5 × 18 cm, dans lequel on retrouve des lettres et des chiffres en pâtes alimentaires.

Lettre à ma femme (poème), CoI, vol. 1, n° 1, mars 1971, p. 42–51.

En cercle en mon cercle lui-même (poésie), CoI, vol. 1, n° 2, avril 1971, p. 10–14.

À bout de crachats (poésie), CoI, vol. 1, n° 3, nov. 1971, p. 64–70.

ÉTUDES

Gérard-Claude Fournier, *Dans les plaies*, LAQ 1971, p. 163–164.

René Dionne, *Sur les voies de notre poésie (II)*, Rel, n° 368, févr. 1972, p. 56–59, surtout p. 57.

François Gallays, *Là derrière le corps d'Yrénée Bélanger*, LAQ 1972, p. 175.

Pierre Quesnel, *Les Éditions de l'Œuf : « on a créé l'énigme »*, Dr, 63e année, n° 38, 10 mai 1975, p. 19.

BÉLIL, MICHEL (1951–   ). Conteur et romancier, né à Magog. Il commence ses humanités au Cégep de Drummondville (D.E.C., 1971) et achève son baccalauréat à l'Université Laval (1974). Il fera ensuite des études en lettres françaises à l'Université d'Ottawa, en italien et en traduction à l'Université Laval. De 1974 à 1978, il enseigne le français langue seconde à Gander (Terre-Neuve), à Halifax et à Ottawa, puis, en 1979, il devient agent d'information dans un service gouvernemental à Québec. L'œuvre de Michel Bélil est axée surtout sur le fantastique et la science-fiction. Il collabore à *Requiem* (Solaris), *La Nouvelle Barre du jour, Imagine*, etc. En 1980, il organise Boréal 80, deuxième congrès de science-fiction tenu au Salon international du livre de Québec. La critique reconnaît à son premier recueil de contes, *Le Mangeur de livres, contes terre-neuviens* (1978), un talent certain à construire des aventures réelles dans des univers fantastiques : « L'ensemble de ces nouvelles fantastiques constitue une lecture passionnante », écrit Benoît Beaulieu. Mais plusieurs trouvent que les nouvelles du second recueil se développent selon un modèle un peu trop stéréotypé. Le premier roman de Bélil, *Greenwich*, mêle le fantastique à un récit assez conventionnel, et pour Réginald Martel « le mélange n'est pas heureux », jugement confirmé par Marie-France Richards qui reproche en outre à l'auteur les libertés qu'il prend avec la langue.

ŒUVRES

Le Mangeur de livres (contes terre-neuviens) (contes fantastiques), Montréal, CLF Pierre Tisseyre, 1978, 216 p.

Déménagement (24 contes fantastiques), Québec, Les Éditions Chasse-galerie, 1981, 79 p. Ill. de Pierre Djada Lacroix.

Greenwich (roman), [Montréal], Leméac, 1981, 228 p. « Roman québécois ».

Cocktail. Amputation, NBJ, n° 89, avril 1980, p. 85–92.

Le Fantastique québécois au XIXᵉ siècle, dans *Imagine*, vol. 2, n° 2, déc. 1980, p. 77–99.

Jean-Yves Soucy, explorateur du quotidien, dans *Imagine*, vol. 2, n° 4, été 1981, p. 101–111.

Ascenseur pour le sous-monde, dans *Dix Contes et Nouvelles fantastiques par dix auteurs québécois*, Montréal, Quinze, 1983, p. 49–64.

ÉTUDES

Michel Truchon, *Les Derniers Frissons...*, So, vol. 81, n° 190, 12 avril 1978, p. F-5.

Benoît Beaulieu, *Michel Bélil. Le Mangeur de livres. Contes terre-neuviens*, LAQ 1978, p. 27–29.

Réginald Martel, *Chroniqueur littéraire*, Pr, 91ᵉ année, n° 216, 9 sept. 1978, p. D-3.

Claude Janelle, *Un roman hybride*, dans *Solaris* (Requiem), n° 41, oct. 1981, p. 23.

Marie-France Richards, « *Greenwich* » *de Michel Bélil. Un héros mal dans sa peau*, Dr, 69ᵉ année, n° 181, 31 oct. 1981, p. 16.

Michel Truchon, *Bélil : la réalité est là pour être transformée*, So, vol. 84, n° 262, 7 nov. 1981, p. E-12.

Stéphane Lépine, *Bélil (Michel). Greenwich*, dans *Nos livres*, vol. 12, déc. 1981, n° 464.

Gilles Cossette, *Science fiction et Fantastique : des écrivains d'ici en savent long sur le sujet*, LQ, n° 24, hiver 1981–1982, p. 29–35.

BÉLISLE, ALEXANDRE (1856– ?). Historien, né à Sainte-Victoire (Richelieu). Il interrompt ses études à l'âge de dix ans et travaille à la cordonnerie de son père, à Worcester (Massachusetts). En 1878, il devient administrateur du *Travailleur*, puis on perd sa trace. On le retrouve vers 1920 aux postes de vice-président de la Bay State Savings Bank et directeur des banques coopératives Home et Equity. Bélisle est membre de la Compagnie de publication Bélisle et de plusieurs sociétés, dont la Société historique franco-américaine et la Worcester Society of Antiquity. Son œuvre comprend deux volumineux ouvrages ayant trait à divers aspects de l'histoire des Franco-Américains. Le premier, traitant des origines de la presse en Nouvelle-Angleterre, est, selon Mary-Carmel Therriault, un ouvrage « de grande valeur et de tout premier plan dans l'œuvre journalistique de langue française aux États-Unis ». Le second offre une sorte de monographie dédiée aux Franco-Américains du Massachusetts.

ŒUVRES

Histoire de la presse franco-américaine. Comprenant l'historique de l'émigration des Canadiens-français [sic] aux États-Unis, leur développement, et leurs progrès. Cet ouvrage contient aussi un historique des journaux publiés depuis 1838 jusqu'à nos jours, les biographies

des journalistes, défunts et vivants, et un supplément sur les journaux publiés par des Français à New-York, en Louisiane et ailleurs, Worcester (Massachusetts), Ateliers typographiques de « L'Opinion publique », 1911, [xvi], 448 p. Ill. Préface de J.G. LeBoutillier.

Livre d'or des Franco-Américains de Worcester, Massachusetts (histoire), Worcester, La Compagnie de publication Bélisle, [1920 ?], 364 p. Ill. Préface de Corinne Rocheleau.

The French Canadians in the Development of Our Country, dans *Proceedings of the Worcester Society of Antiquity*, vol. 23, 5 mars 1907, p. 59–79.

La Presse française aux États-Unis, dans *Les Quarante ans de la Société historique franco-américaine, 1899-1939*, Boston, Société historique franco-américaine, 1940, p. 195–204.

ÉTUDE

Mary-Carmel Therriault, *La Littérature française de Nouvelle-Angleterre*, Montréal, Fides, 1946, 325 p. « Les Publications de l'Université Laval ».

BÉLISLE, LOUIS-ALEXANDRE (1902–1985). Essayiste et lexicographe, né à Trois-Pistoles (Rivière-du-Loup). Après ses études aux écoles normales de Lévis et de Saint-Hyacinthe, il est instituteur, devient commis à la Banque Canadienne Nationale, travaille à la société Power and Lumber, puis est chroniqueur et rédacteur des pages financières au *Soleil*. Il fonde la revue *Les Affaires* (1928–1942) et la maison d'édition du même nom qui dure jusqu'en 1963. Il achète, en 1936, *La Semaine commerciale* qui dure jusqu'en 1974. De 1939 à 1949 il est chargé des cours de français des affaires à l'Université Laval. Il fonde en 1943 la Société canadienne de technologie. Il a publié en 1932 une *Initiation pratique à la bourse*, mais c'est surtout durant la période de son enseignement qu'il compose, traduit ou adapte de l'américain de nombreux ouvrages traitant de technologie, de sciences et de questions financières, et dont une douzaine de volumes constituent la collection « La Pratique des affaires ». Il dirige plusieurs autres collections et devient un gros éditeur du livre technique. Il fonde aussi un autre périodique, *Salesman Selection and Training* (1951–1961). Louis-Alexandre Bélisle est membre-fondateur de la Société des éditeurs canadiens du livre français, président-fondateur de l'École d'imprimerie de Québec, etc. En 1958, il reçoit le prix de la langue française de l'Académie française, et en 1974 la médaille d'or de la Vie française en Amérique, année où il est élu à la Société royale du Canada. En 1978 paraissent aux

Éditions de la famille canadienne les cinq volumes des *Références biographiques. Canada-Québec.* C'est surtout par son *Dictionnaire général de la langue française* qu'il est connu du grand public. Commencée en 1932 et poursuivie pendant près de cinquante ans, cette entreprise solitaire manifeste une persévérance exemplaire. L'ouvrage, titré *Dictionnaire général*, appelé communément « Dictionnaire Bélisle », est publié en 1944 ; il connaît plusieurs éditions et, entièrement refondu, reparaît en 1979 avec une préface de Maurice Lebel, sous le titre de *Dictionnaire nord-américain de la langue française.* Le dictionnaire a soulevé des discussions assez vives entre puristes, anti-normatifs et linguistes. « Malgré ses failles, écrit la linguiste Anne McLaughlin, ce dictionnaire est un bon ouvrage de référence ; il doit cependant être utilisé avec précaution ».

ŒUVRES

Initiation pratique à la bourse, Montréal, Éditions Albert Lévesque, 1932, xvi, 387 p. Ill. de l'auteur. Introduction de l'auteur.

Crédits et Recouvrements (essai), Québec, Bélisle éditeur, 1940, xv, 230 p. Avant-propos de l'auteur. « La Pratique des affaires » ; 1965, 286 p.

Le Français des affaires suivi d'un traité de correspondance comprenant de nombreux modèles de lettres annotées, Québec, Bélisle éditeur, 1942, 256 p. Introduction de l'auteur ; *Le Français des affaires. Nouvelle édition entièrement refondue conformément aux directives du comité catholique de l'instruction public*, 1944, 286 p. ; 1959 ; 1962 ; *Le Français des affaires suivi d'un traité de correspondance comprenant de nombreux modèles de lettres annotées. Troisième édition revue, corrigée et augmentée d'un vocabulaire des principaux termes du commerce et du droit commercial*, 1946, 286 p. ; *Le Français des affaires. Livre du maître*, Bélisle éditeur inc., 1970, 381 p.

Dictionnaire général de la langue française au Canada, Québec, Bélisle éditeur, 1944, [16], 1390 p. Ill. Préface de l'auteur. Introduction de l'auteur ; 1954 ; Société des éditions Leland limitée, [196?], [16], 1391 p. ; suivi de *Dictionnaire Oxford Français-Anglais* (par A. et M. Chevalley), [6], 456 p. Introduction de l'auteur, suivi de *Dictionnaire Oxford Anglais-Français* (par G.W.F.R. Goodridge), [4], 153 p. Introduction de l'auteur, suivi de *Les Pays du Monde*, [n.p., 20 p.] (Édition publiée en fascicules et augmentée de 32 planches en couleurs) ; *Dictionnaire général de la langue française au Canada. (Compilé — édité et imprimé)*, Québec, Bélisle éditeur inc., 1971, [16], 1390 p. Ill. Préface de l'auteur ; *Dictionnaire général de la langue française au Canada. Édition spéciale [1974] comprenant un supplément illustré de biographies, histoire, géographie, conversions métriques, etc.*, Québec/Montréal, Bélisle/Sondec, 1974, [16], 1487 p. ; *Dictionnaire nord-américain de la langue française. Édition entièrement refondue comprenant : suppléments de biographies, histoires, géographie et des plus importantes villes du monde avec leur population*, Montréal, Beauchemin, 1979, [14], 1196 p. Préface de Maurice Lebel. Introduction de l'auteur.

Charpente et Menuiserie (de Ludger Robitaille), Québec, La Société canadienne de technologie/Bélisle éditeur, 1948, 333 p. Ill. Sous la direction de L.A. Bélisle. « Arts — métiers et technique » ; 1958 ; 1963.

Les Outils manuels d'ateliers (par La Société canadienne de technologie), Québec, Bélisle, 1949, 397 p. Ill. « Arts — métiers et technique. La bibliothèque du machiniste ».

Organisation financière et Administration (Office and Cost Management) (de Georges de Leener), Québec, Bélisle éditeur, 1950, 254 p. Ouvrage revu et adapté aux conditions canadiennes par L.A. Bélisle. Introduction par L.A. Bélisle. « La Pratique des affaires ».

Manuel de réfrigération (par La Société canadienne de technologie), Québec/Montréal, Bélisle éditeur, 1952, 438 p. Ill. « Arts — métiers et technique » ; 1957.

Mécanique appliquée (essai par La Société canadienne de technologie), Québec/Montréal, Bélisle éditeur, 1952, 295 p. Ill. Introduction de La Société canadienne de technologie. « Arts — métiers et technique ».

Organisation et Financement des entreprises, Québec/Montréal, Bélisle éditeur, 1952, 288 p. Introduction de l'auteur. « La Pratique des affaires ».

Chaudières, « engins », machines à vapeur, 4e et 3e classes (par La Société canadienne de technologie), Québec/Montréal, Bélisle éditeur, 1954, 371 p. Ill. Introduction par La Société canadienne de technologie. « Arts — métiers et technique ».

Marchés mobiliers et Placements (essai), Québec, Bélisle éditeur inc., 1966, 400 p. Ill. de l'auteur. « La Pratique des affaires ».

Principes généraux de l'organisation (Business Organization) (par Georges de Leener), Québec, Bélisle éditeur, 1966, 284 p. Ouvrage revu et adapté aux conditions canadiennes par L.A. Bélisle. Présentation de L.-A. Bélisle. Avant-propos de Georges de Leener. « La Pratique des affaires ».

Organisation de la production (Factory Management) (par Georges de Leener), Québec, Bélisle éditeur, 1966, 288 p. Ill. Ouvrage revu et adapté aux conditions canadiennes par L.-A. Bélisle. Introduction de L.-A. Bélisle. « La Pratique des affaires ».

Organisation de l'emploi (Personnel Management) (par Georges de Leener), Québec, Bélisle éditeur, 1966, 392 p. Ill. Ouvrage revu et adapté aux conditions canadiennes par L.-A. Bélisle. Introduction de L.-A. Bélisle. « La Pratique des affaires ».

Peinture, vitrerie, isolation (de Ludger Robitaille), Montréal, La Société canadienne de technologie/Bélisle éditeur, 1966, 358 p. Ill. Sous la direction de L.-A. Bélisle. « Arts — métiers et technique ».

Cahier d'exercice « A ». Livre du maître. Tenue de bureau, Québec, Bélisle éditeur inc., 1968, 92 p. Suivi du *Cahier*

« B ». *Instructions pour l'utilisation de la trousse de classement. Notes préliminaires à l'adresse du professeur,* [4], 32 p.

Petit Dictionnaire canadien de la langue française. Comprenant plus de 3000 canadianismes répartis en trois catégories selon les normes de l'Office de la langue française, les mots, les noms propres, l'histoire, la géographie, Montréal, Les Éditions Aries inc./ Nicholas D. Demetelin éditeur, 1969, 644 p. Introduction de l'auteur.

Famille 2000 (encyclopédie), Montréal/Paris/Genève/ Bruxelles, Éditions des Connaissances modernes, s.a., 1971, 24 vol. Ill. Adaptation canadienne sous la direction de Louis Alexandre Bélisle : vol. 1, *Violons d'Ingres et Hobbies,* 191 p. ; vol. 2, *Les Plantes et les Fleurs,* 191 p. ; vol. 3, *Les Conserves,* 191 p. ; vol. 4, *Les Animaux chez soi,* 192 p. ; vol. 5, *Guide des antiquités,* 191 p. ; vol. 6, *Histoire de la famille,* 192 p. ; vol. 7, *Découverte du monde,* 191 p. ; vol. 8, *La Vie sexuelle,* 191 p. ; vol. 9, *L'Homme à travers les âges,* 191 p. ; vol. 10, *Les Jeux de société,* 192 p. ; vol. 11, *Le Bricolage,* 191 p. ; vol. 12, *Le Manuel de la vie domestique,* 191 p. ; vol. 13, *Maison et Décoration,* 192 p. ; vol. 14, *La Cuisine à deux,* 175 p. ; vol. 15, *Beauté et Hygiène,* 192 p. ; vol. 16, *Les Premières Années de la vie,* 190 p. ; vol. 17, *Les Collections,* 191 p. ; vol. 18, *Mon premier livre,* 127 p. ; [*Comment utiliser Mon premier livre,* n.p., 35 p.]; vol. 19, *Enfance et Adolescence,* 192 p. ; vol. 20, *Les Délices du gourmet,* 192 p. ; vol. 21, *Jeux d'enfants,* 192 p. ; vol. 22, *L'Âge industriel de la culture,* 192 p. ; vol. 23, *Vins et Liqueurs,* 192 p. ; vol. 24, *Guide médical,* 191 p.

Références biographiques Canada-Québec, Montréal, Les Éditions de la famille canadienne limitée, 1978, 5 vol. : vol. 1, *A-Ca,* 116 p. Préface de l'auteur ; vol. 2, *Ca-Fi,* 142 p. ; vol. 3, *Fi-La,* 142 p. ; vol. 4, *La-Pe,* 142 p. ; vol. 5, *Pe-Z,* 142 p. Ill. « Référence ».

ÉTUDES

Henri Bélanger, *Louis-A. Bélisle et la norme du français,* LQ, vol. 1, n° 11, sept. 1978, p. 73–77.

Maurice Lebel, *Un dictionnaire nord-américain de la langue française,* Dr, 68e année, n° 61, 7 juin 1980, p. 18.

Réginald Martel, *Louis-Alexandre Bélisle, un aventurier des mots,* Pr, 97e année, n° 271, 17 nov. 1980, p. C-5.

Ghislaine Pesant, *40 années de travail : le dictionnaire des gens d'ici,* dans *Le Livre d'ici,* vol. 6, n° 13, 13 déc. 1980, p. 2.

Anne McLaughlin, *Dictionnaire nord-américain de la langue française de Louis-Alexandre Bélisle,* LQ, n° 22, été 1981, p. 72–73.

BÉLIVEAU, LOUIS-JOSEPH [Ludo, B. Livo] (1874–1960). Libraire, publiciste, journaliste et poète, né à Montréal. Ses ancêtres sont d'origine acadienne. Orphelin de père à neuf ans, il doit s'orienter assez vite vers la vie pratique. Après son cours commercial au Mont-Saint-Louis (1889–1893), interrompu par un court séjour au Collège de Montréal, il travaille un peu au hasard des circonstances dans des établissements commerciaux de Montréal. En 1896 il fonde, avec son beau-frère Urgèle Archambault, au 1617 de la rue Notre-Dame, une librairie dont le nom deviendra, en 1897, La Librairie ancienne et moderne. À cette époque il s'intéresse aux lettres, fait partie de l'École littéraire de Montréal et esquisse un certain nombre de poèmes de teinte romantique dont plusieurs paraissent dans *Le Monde illustré.* Mais son commerce essuie un échec. Après un essai comme publiciste à *La Patrie,* il s'en va aux États-Unis en 1911. Il y fonde deux journaux éphémères : *La Feuille d'Érable* à New Bedford, en 1914, et *La Liberté* à Providence, en 1916. Il tente la chance tantôt comme publiciste de *L'Indépendant,* tantôt comme agent de ventes. Mais les affaires vont de mal en pis. Il retourne au pays en 1921 et travaille dans le domaine de la publicité au *Soleil,* à *La Patrie,* au *Petit Journal* et au *Radiomonde.* Il meurt à Montréal en 1960. Il s'est intéressé très tôt à la littérature. Déjà au Mont-Saint-Louis il était secrétaire et président d'une *Académie littéraire.* En 1892–1893, il compose un cahier de poèmes : « Naiveté [sic] et Premières Erreurs » et publie quelques textes en vers et en prose parmi lesquels « Si j'étais poète » retient l'attention des critiques. Une partie de ses écrits de circonstances paraissent sous le pseudonyme Ludo. Il est essentiellement gentil animateur des lettres ; ses collègues, membres de l'École littéraire de Montréal, l'ont confirmé, en septembre 1897, lors de son mariage avec Bernadette Archambault : ils lui ont offert un « Album Souvenir » où, entre autres textes, se trouve un autographe de Nelligan, « Salons allemands ». Le précieux manuscrit se trouve aujourd'hui à Ottawa, au Centre de recherche en civilisation canadienne-française.

ŒUVRES

Naïvetés et Premières Erreurs (poésie), dans Paul Wyczynski, *Louis-Joseph Béliveau et la vie littéraire de son temps,* Montréal, Fides, 1984, p. 51–76. Portrait. Ill. (Choix de poèmes).

Prose, ibid., p. 77–88. (Choix d'écrits publiés dans *Le Monde illustré* et *La Feuille d'Érable* de Fall River).

N.B. Paul Wyczynski a retrouvé 50 poèmes et 14 textes en prose de Louis-J. Béliveau. Il faut associer en nom de Louis-Joseph Béliveau l'*Album-Souvenir offert en cadeau de noces par les membres de l'École littéraire de Montréal à Louis-Joseph Béliveau, ibid.,* p. 89–181. Liminaire de Paul Wyczynski, p. 91–116.

Si j'étais poète, dans *Le Monde illustré,* 10e année, n° 482, 29 juillet 1893, p. 149.

Alléluia!, dans *La Feuille d'Érable* (de Fall River), 1re année, no 10, 11 avril 1914, p. 1.

ÉTUDES

Louis Dantin, *Les Débuts de l'École littéraire de Montréal*, dans *Le Canada*, 16 oct. 1928, p. 4, reproduit dans *Gloses critiques*, Montréal, Lévesque, 1931, p. 179-199.

Jean Charbonneau, *L'École littéraire de Montréal. Ses origines, ses animateurs, ses influences*, Montréal, Éditions Albert Lévesque, [1935], p. 33-34.

René-O. Boivin, *À l'époque où l'on offrait un recueil de poésies manuscrites comme cadeau de noces. Des vers de Ferland et autres. Nelligan épelait-il son nom Émil Nélighan*, dans *La Patrie* (section magazine), 5e année, no 8, 19 févr. 1939, p. 17.

Paul Wyczynski, *Louis-Joseph Béliveau*, dans *Bulletin du Centre de recherche en civilisation canadienne-française*, no 23, déc. 1981, p. 1-14.

Id., *Louis-Joseph Béliveau et la vie littéraire de son temps*, suivi d'un *Album-Souvenir* par l'École littéraire de Montréal, Montréal, Fides, 1984, 189 p. Portrait. Ill. (Le volume contient les écrits de Louis-Joseph Béliveau (choix de vers et de proses) ainsi que l'*Album-Souvenir* offert à celui-ci en cadeau de noces par les membres de l'École littéraire de Montréal, le tout présenté par Paul Wyczynski avec un «Arbre généalogique de Louis-Joseph Béliveau» par Jean Béliveau, fils de l'écrivain).

BELLATOR. Voir **LAMARCHE**, GUSTAVE.

BELLEAU, ANDRÉ (1930–1986). Poète, nouvelliste et critique, né à Montréal. Il fait ses études classiques au Séminaire Marie-Médiatrice et au Collège Sainte-Marie (B.A., 1952). Il poursuit ses études à l'Université de Montréal où il obtient un baccalauréat en psychologie (1953) et, plus tard, une licence ès lettres (1968), une maîtrise (un mémoire sur Rabelais, 1970), et un doctorat (1979) pour une thèse intitulée «Le Personnage de l'écrivain dans le roman québécois de 1940 à 1960», thèse qu'il publie remaniée sous le titre *Le Romancier fictif. Essai sur la représentation de l'écrivain* (1980). De 1954 à 1967, il a été agent du personnel au ministère de la Santé nationale (Ottawa), agent d'organisation et de classification à la Commission de la fonction publique (Ottawa), et il a occupé à l'Office national du film divers postes dont celui de producteur exécutif (Montréal). En 1968, il devient professeur de lettres au Collège Sainte-Marie, puis, en 1969, à l'Université du Québec à Montréal. Ses champs de recherche sont : Rabelais, Bakhtine, le roman québécois moderne, le discours fantastique et la socio-critique. Il a de plus produit une œuvre radiophonique considérable : ainsi, il écrit pour Radio-Canada les textes de l'émission «La Cybernétique et nous» (1966-1968), publiés en quatre volumes ronéotypés par la Société Radio-Canada, «Regards neufs sur la littérature» (1975) et, à partir de 1956, une bonne quarantaine de textes de trente à soixante minutes d'analyses et d'études littéraires. En 1985, le Secrétariat d'État du Canada lui décerne le prix d'excellence en études canadiennes. Dans *Le Romancier fictif*, essai qui porte sur dix ans de littérature québécoise, André Belleau débute par une analyse des romans de Lemelin et de Gabrielle Roy, et termine avec les premiers romans de Simard et de Bessette. «Par l'ampleur des avenues qu'il ouvre, écrit Jacques Michon, et du corpus qu'il embrasse, cet essai est sans doute l'un des plus importants qu'on ait publié sur notre roman ces dernières années».

ŒUVRES

Le Romancier fictif. Essai sur la représentation de l'écrivain dans le roman québécois (essai), Québec, PUQ, 1980, 155 p. Note liminaire de Marc Angenot. «Genres et Discours».

Y a-t-il un intellectuel dans la salle? Essais, Montréal, Primeur, 1984, 206 p. Avant-propos de René Lapierre. «L'Échiquier».

Suspendre les voix (essai), Montréal, Boréal, 1986, 239 p. Avertissement de François Ricard et Fernand Ouellette. «Papiers collés».

Le Pianiste de Prague (nouvelle), L, no 22, avril 1962, p. 218-224.

Mon cœur est une ville (poésie), L, no 28, juillet-août 1963, p. 330-338.

Sous le pont de l'est, Ce jour-là à Deception Bay, Liguori (nouvelles), ECF, no 16, 1963, p. 187-217.

Wiener, McLuhan et la montée des automates, L, no 53, sept.-oct. 1967, p. 38-50.

Le Cinéma québécois, dans *Europe*, nos 478-479, févr.-mars 1969, p. 246-251.

Kronos (nouvelle), L, no 68, mars-avril 1970, p. 39-42.

Discours de Marcel Duchamp (nouvelle), L, nos 76-77, déc. 1971, p. 5-10.

L'Automate comme personnage de roman, EF, vol. 8, no 2, mai 1972, p. 115-129.

La Problématique présente de la littérature québécoise, L, no 81, juillet 1972, p. 13-24.

La Langue de la Sagouine (introduction à la réédition de *La Sagouine*), [Montréal], Leméac, 1973, p. 33-37.

Ryan, Scully, Victor-Lévy Beaulieu : un même langage de l'immobilité, L, no 92, mars-avril 1974, p. 80-87.

Ottawa, Ottawa, que me veux-tu? L'automne (nouvelle), L, no 104, mars-avril 1976, p. 23-30.

Conditions d'une sociocritique, L, n° 111, mai–juin 1977, p. 111–117.

Approches et Situation de l'essai québécois, VI, vol. 5, n° 3, printemps 1980, p. 537–543.

Le Fragment de Batiscan (nouvelle), dans *Dix contes et nouvelles fantastiques par dix auteurs québécois*, Montréal, Quinze, 1983, p. 65–88.

ÉTUDES

Jacques Michon, *Les Études littéraires : Le Romancier fictif, problématique de la culture au Québec*, LQ, n° 18, été 1980, p. 56–57.

Jean-Louis Major, *Profession : écrivain fictif*, Rel, vol. 40, n° 462, sept. 1980, p. 251–252.

Pierre Nepveu, *Le Romancier fictif d'André Belleau*, VI, vol. 6, n° 1, automne 1980, p. 147–149.

Noël Audet, *André Belleau, un regard lucide sur notre roman*, Dev, vol. 72, n° 22, 24 janv. 1981, p. 21.

[Anonyme], *Vient de paraître*, Dr, 72e année, n° 92, 14 juillet 1984, p. 20.

Jean Royer, *André Belleau : la passion de l'essentiel*, Dev, vol. 77, n° 218, 20 sept. 1986, p. C-2. Suivi de trois témoignages : *Une générosité peu commune* par François Hébert, *Plus qu'un grand professeur* par Michel van Schendel, *Un essayiste qui compte* par Gilles Marcotte.

BELLEAU, ROMAIN (1946–   ).

Romancier, né à l'Ancienne-Lorette (Québec). Après ses études classiques au Petit Séminaire de Québec il fait une licence ès lettres à l'Université Laval (1970). Il enseigne de 1970 à 1976 puis, en 1977, il devient employé de bureau. Il vit à Saint-Dizier (France). François Ricard voit dans le premier roman de Belleau, *Les Rebelles* (1975), « une aventure de l'écriture, la tentative de subvertir l'ordre conventionnel de la narration, de désorienter le lecteur, de heurter ses habitudes et de l'entraîner dans un texte rebelle, frénétique, bousculé, sans cesse remis en question, à toutes fins pratiques insaisissable ». Et André Gaulin déclare : « Les friands de l'autopsie du texte trouveront ici belle pâture à leur décomposition savante et les rêveurs de mon acabit reconnaîtront sous la rupture du texte, les éléments pour un poème lyrique à la mémoire de l'homme mécanisé ».

ŒUVRE

Les Rebelles. Roman, Montréal, Éditions du Jour, 1975, 207 p. « RJ ».

ÉTUDES

François Ricard, *Des portraits de la révolte*, dans *Le Livre d'ici*, vol. 1, n° 9, 14 déc. 1975, p. 1.

André Gaulin, *Romans. Les Rebelles de Romain Belleau*, dans *Québec français*, n° 20, déc. 1975, p. 8–9.

Id., *Romain Belleau. Les Rebelles*, LAQ 1975, p. 67–68.

BELLEMARE, GASTON (1942–   ).

Poète, né à Saint-Étienne-des-Grès (Québec). Il fait ses études classiques au Séminaire Saint-Sacrement de Terrebonne et au Séminaire Sainte-Marie de Shawinigan (B.A., 1967). En 1968, il obtient un baccalauréat en pédagogie de l'École normale Duplessis de Trois-Rivières et, en 1972, un baccalauréat spécialisé en français de l'Université du Québec à Trois-Rivières, puis il prépare une maîtrise en didactique des langues. Cofondateur à l'UQTR de l'École internationale de français, en 1974, il s'occupe d'enseignement, de recherche et de gestion de programmes en ce domaine. En 1979, il est nommé vice-président du Conseil des programmes de langue seconde du Canada (Ottawa). Dans le domaine littéraire il est cofondateur et trésorier de la maison d'édition Écrits des Forges (1970–1980), et il collabore à divers périodiques, tels *Le Nouvelliste, Le Journal* de l'UQTR, *Le Bien public, Estuaire* et *Nord*. Jean-Guy Pilon écrit que son expression poétique est « recherchée » : « on sent dans sa poésie un travail patient et continu ».

ŒUVRE

Bleu-Source de terre (poésie), Trois-Rivières, Éditions des Forges, 1971, 50 p. Ill. de Guymont. « Les Rouges-gorges ».

La Parole dans l'œuvre de Pierre Morency, dans *Nord*, n° 3, été 1972, p. 65–73.

Bleu-Source de terre (poème), dans *Estuaire*, n° 9–10, déc. 1978, p. 123.

ÉTUDES

Yrénée Bélanger, *Bleu-Source de terre de Gaston Bellemare*, LAQ 1971, p. 172.

Jean-Guy Pilon, *Bienvenue aux jeunes poètes de Trois-Rivières*, Dev, vol. 62, n° 99, 1er mai 1971, p. 12.

BELLERIVE, Guillaume GEORGES (1859–1935).

Essayiste, né à Lévis. Il fait ses études classiques au Séminaire de Québec (B.A., 1878) puis il étudie le droit à l'Université Laval. Reçu au barreau en 1881, il travaille comme avocat, devient secrétaire particulier du ministre Jean Blanchet vers 1889, et passe à la fonction publique fédérale en 1892. Membre de nombreuses sociétés dont la Société Saint-Jean-Baptiste de Québec, la Société du Parler français, l'Institut canadien de Québec (directeur de 1904 à 1910)..., il reçoit plusieurs décorations : officier de l'Académie (1911), la croix de la Légion d'honneur (1912) et les insignes de l'Ordre de Saint-Grégoire-le-Grand (1928). Il publie une dizaine de livres dont les sujets portent sur l'écriture féminine, sur la dramaturgie québécoise, sur les artistes peintres.

ŒUVRES

Conférences et Discours de nos hommes publics en France, Québec, Léger Brousseau, imprimeur, 1902, xviii, 206 p.

Orateurs canadiens-français aux États-Unis. Conférences et discours, Québec, Imprimerie H. Chassé, 1908, 231 p.

Monument Montcalm à Québec. Fête d'inauguration, 16 octobre 1911. Notes, discours, souvenirs, Québec, Imprimé par la Cie de Publication « Le Soleil », 1911, 71 p. Ill. (Livre non signé).

[*Œuvre des deux monuments à Montcalm : à Vestric-Condiac, France, et à Québec, Canada, 1910-1911. Notes, souvenirs, illustrations*], Québec, La Cie de Publication « Le Soleil », 1911, 60 p. Ill. (Livre non signé).

Orateurs canadiens-français en Angleterre, en Écosse et en Irlande. Conférences et discours, Québec, Imprimerie « le Solei[l] », 1912, x, 117 p.

Délégués canadiens-français en Angleterre, de 1763 à 1867. Objet de leur mission ; Aperçu sur leur temps et leur carrière, Québec, Librairie Garneau, [1913 ?], viii, 238 p.

Éloges de l'agriculture. Dignité et bonheur de la vie rurale, Québec, Librairie Garneau, 1915, [ii], 88 p.

Brèves Apologies de nos auteurs féminins (essai), Québec, Librairie Garneau, 1920, 139 p. Ill.

Artistes-Peintres canadiens-français. Les Anciens (essai), Québec, Librairie Garneau, 1925-1926, 2 t. Ill. : t. 1, 1925, 80 p. ; t. 2 (deuxième série), 1926, 78 p. Ill. ; Montréal, Librairie Beauchemin, limitée, 1927, 123 p. « BC, collection Laval ».

[*Les Éboulements et l'Île-aux-Coudres. Souvenirs et impressions d'écrivains sur ces deux beaux endroits historiques*] (recueil d'articles), [s.l., s.é., 1930 ?], 45 p. Portrait. Ill. (Livre non signé. Une note de l'éditeur est signée « G.B. »).

Nos auteurs dramatiques anciens et contemporains. Répertoire analytique (essai), [Québec, s.é.], 1933, 162 p. Portrait.

———

Nos auteurs dramatiques : leurs noms et leurs œuvres, dans *Le Canada français*, vol. 20, n° 8, avril 1933, p. 748-757.

ÉTUDES

[Anonyme], *Nos auteurs féminins*, dans *L'Action catholique. Organe de l'Action sociale catholique*, 13ᵉ année, n° 3919, 17 nov. 1920, p. 3.

Louis Claude, *Brèves Apologies de nos auteurs féminins*, dans *La Revue moderne*, 2ᵉ année, n° 12, 15 déc. 1920, p. 39.

[Anonyme], *Nos femmes de lettres*, dans *L'Action catholique. Organe de l'Action sociale catholique*, 13ᵉ année, n° 3946, 20 déc. 1920, p. 1.

Louis Claude, *Brèves Apologies de nos auteurs féminins*, dans *La Revue moderne*, 2ᵉ année, n° 3, 15 janv. 1921, p. 20-21.

M.L., *Artistes-peintres canadiens-français*, dans *Le Canada français*, vol. 13, n° 6, févr. 1926, p. 439.

P.L., *Nos auteurs dramatiques*, dans *Le Canada français*, vol. 21, n° 3, nov. 1933, p. 283-284.

[Anonyme], *Nos auteurs dramatiques*, dans *The Canadian Author*, vol. 11, n° 3, mars 1934, p. 16.

BELLIER, MARCEL (1907-). Journaliste et romancier, né à Chalô-Saint-Mars (Seine et Oise, France). Après ses études secondaires au Lycée d'Orléans, il poursuit des études en agriculture à Paris où il obtient un diplôme d'ingénieur technique d'agriculture (1930). De 1932 à 1945 il dirige une exploitation agricole à Meung-sur-Loire. Entre-temps il est rédacteur au journal *La Gazette agricole* (1936-1940, 1945-1951) dont il est aussi rédacteur en chef en 1950-1951, et à *La Dépêche du Loiret* (1947-1951). Il est également président national du Syndicat agricole de défense paysanne (1949 à 1951) jusqu'à son départ pour le Canada où il arrive en novembre 1951. Il devient alors rédacteur à la revue *La Ferme* (1952-1953), puis à l'Agence France-Presse (1953-1966), et il s'occupe ensuite de la diffusion d'ouvrages français spécialisés en médecine, en génie et en droit. En 1971, il publie un reportage coloré, *Le « Premier » des Hurons*, qui réunit les propos et les confidences du chef Max Gros-Louis. En 1980 paraît son premier roman, *Jean-Paul ou Les Hasards de la vie*, dont le héros est inspiré de la jeunesse de l'auteur. Il s'agit de la vie d'un garçon qui grandit pendant la guerre de 1914 et devient soldat pendant celle de 1939, de ses angoisses, de ses amours et de l'espoir qu'il y aura un jour une paix universelle.

ŒUVRES

Le « Premier » des Hurons (autobiographie de Max Gros-Louis), Montréal, Éditions du Jour, 1971, 244 p. Collab. Max Gros-Louis. Portrait. Ill. Préface de John L. Brown. Traduction anglaise de Sheila Fischman : *First Among the Hurons*, Montréal/Toronto, Harvest House, 1974, 151 p. Portrait. Ill.

Jean-Paul ou Les Hasards de la vie (roman), Montréal, Éditions du Jour, 1980, 433 p. Ill. Préface de Carl Weissfloch. Avant-propos de l'auteur.

ÉTUDES

[Anonyme], *Un Orléanais vivant au Canada publie un roman autobiographique*, dans *La Nouvelle République du Centre-ouest*, 24 juin 1980, p. 5.

Jean-Léonard Binet, *Cher Jean-Paul*, dans *Le Livre d'ici*, vol. 5, n° 43, 23 juillet 1980, p. 1.

Roger Joseph, *Jean-Paul ou Les Hasards de la vie*, dans *La Tribune de Toulouse* (France), n° 111, 19–26 déc. 1980, p. 12.

BELZILE-MADORE. Voir **MADORE**, LINA.

BENJAMIN, PIERRE. Voir **BOURDON**, JOSEPH.

BENOIST, ÉMILE [Basile, Nab] (1895–1958). Journaliste et essayiste, né à Montréal. Il étudie au Collège de Montréal, puis à l'Université Laval de Montréal. Entré au *Devoir* en 1913, il y occupe plusieurs postes : journaliste, chef d'information, courriériste parlementaire à Québec et à Ottawa, secrétaire à la rédaction, rédacteur en chef adjoint. Il donne des cours du soir à la Faculté des sciences sociales de l'Université de Montréal et à l'École du tourisme. Un de ses cinq ouvrages, *Monographies économiques*, lui vaut en 1925 le prix d'Action intellectuelle. Berthelot Brunet écrit, à propos de *L'Abitibi, pays de l'or* (1938) : « Je tiens Benoist un de nos meilleurs journalistes. Sauf erreur, le seul qui ose en terre québécoise le grand reportage. [...] Benoist possède une qualité peu commune chez nous : il observe, il sait observer ».

ŒUVRES

Monographies économiques (enquête), Montréal, Les Éditions du Devoir, 1925, x, 275 p. Préface d'Édouard Montpetit. « Les Enquêtes du *Devoir* ». (Série d'enquêtes parues d'abord dans *Le Devoir*).
Square Chaboillez (conférence), Montréal, [s.é., 1927 ?], 24 p. (Brochure tirée à 200 exemplaires. Extrait de la *Revue trimestrielle canadienne*, mars 1927).
Un moteur et des ailes (chroniques), Montréal, Les Éditions Jocistes, 1937, 155 p. Lettre-préface de Em.-A. Deschamps. (Paru d'abord dans *Le Devoir* au cours des mois de novembre et décembre 1936).
L'Abitibi, pays de l'or (essai), Montréal, Les Éditions du Zodiaque, 1938, 199 p. Ill. « Zodiaque deuxième ». (Articles parus d'abord dans *Le Devoir*).
Rimouski et les Pays d'en-bas (essai), Montréal, Les Éditions du Devoir, 1945, [ii], 196 p. (Série d'articles parus d'abord dans *Le Devoir* (Montréal) durant l'été et l'automne de 1945).

ÉTUDES

Valdombre [X Claude-Henri Grignon], *Les Livres canadiens. L'Abitibi, pays de misère ou pays de richesse ?*, dans *En avant !*, 2e année, n° 32, 19 août 1938, p. 3–4.
[Anonyme], *L'Abitibi, pays de l'or, par Émile Benoist*, AU, vol. 5, n° 1, sept. 1938, p. 21.

Berthelot Brunet, *Revue des livres. Émile Benoist : l'Abitibi, pays de l'or*, dans *Les Idées*, vol. 8, déc. 1938, p. 370–371.
Maurice Huot, *Journalistes canadiens*, [Trois-Rivières], Éditions du Bien public, 1959, p. 81–84. Portraits.

BENOIST, MARIUS (1896–   ). Musicien, dramaturge et romancier, né à Sainte-Anne-des-Chênes (Manitoba). Il fait ses humanités classiques au Collège de Saint-Boniface et des études musicales à la Schola Cantorum de Montréal. Tout en exerçant le métier de courtier de douanes à Montréal d'abord et à Winnipeg ensuite (1920–1970), il s'intéresse à la musique, aux arts de la scène et à la littérature. Il sera tour à tour maître de chapelle (1926–1956), chef d'orchestre de la Sinfonietta (1927–1978) et directeur musical de la CBC String Orchestra de Winnipeg (1943–1945) ; il écrit et dirige plusieurs spectacles musicaux de la scène : « Pageant La Vérendrye » (1938), « La Rencontre dans l'escalier » (1953), « La Légende du vent » (1974) (sur un livret de Léo Brodeur), puis *Onadéga ou La Tragédie du lac des bois* (1977), d'après un livret de Milway Filion. En 1976, il fait paraître un roman *Louison Sansregret, métis* qui mérite le prix Samuel de Champlain du Conseil de la vie française en Amérique. Voici le récit de la vie d'un chasseur métis qui après avoir été expulsé du clan poursuit une vie de nomade jusqu'à sa mort. « Le conteur domine chez Marius Benoist, note Renée Cimon ; le ton du récit en témoigne : interpellation du lecteur, fréquence du possessif, expressions typiques de la région... Est-ce faiblesse que la linéarité du récit, sans autre climax que l'humiliation de Louison ? ».

ŒUVRE

Louison Sansregret, métis (roman), Saint-Boniface, Éditions du Blé, 1975, 94 p. Ill. de Suzanne Gauthier.

ÉTUDES

Renée Cimon, *Benoist, Marius. Louison Sansregret, métis*, dans *Nos livres*, vol. 8, nov. 1977, n° 322.
G.D., *Marius Benoist*, dans *Auteurs francophones des prairies*, Saint-Boniface, Centre de ressources éducatives françaises du Manitoba, 1981, p. 3–4.
Madeleine Bernier, *Marius Benoist*, dans *Encyclopédie de la musique au Canada*, Montréal, Fides, 1983, p. 75.

BENOIT, AUGUSTE. Voir **LAMARCHE**, GUSTAVE.

BENOÎT, CÉCILE. Voir **LEBEL**, CÉCILE.

BENOÎT, MADAME EMMANUEL-PERSILLIER [née Alice Pépin], [Monique, Laurette de Valmont], (1877-1957). Auteur de chroniques, dramaturge et conférencière, née à Montréal. Elle étudie chez les religieuses de la Providence de 1882 à 1890, puis à l'Académie Saint-Louis-de-Gonzague. En 1905, elle épouse le docteur Emmanuel-Persillier Benoît. Membre de la Société des écrivains canadiens et du Canadian Women's Press, elle écrit des chroniques qui paraissent dans *Le Devoir* sous le pseudonyme de « Monique » et, entre 1921 et 1934, six pièces de théâtre dont seulement les deux premières, *Le Mirage* (1921) et *L'heure est venue* (1923), ont été publiées. Les autres pièces, « Blanc et Noir » (1925), « Le Destin » (1926), « Le Lys noir » (1927) et « La Maison sans horloge » (1934) ont été simplement jouées. Son ouvrage *Brins d'herbe* se caractérise selon Louis Dantin par « une émotion délicate et un langage brillant et souple. [...] Il y a des passages [...] dont la touche réaliste dénote l'esprit d'observation, la faculté de voir et de peindre ».

ŒUVRES

Brins d'herbe (chroniques), Montréal, Imprimé au Devoir, 1920, 137 p. Sous le pseudonyme de Monique. Préface de Léon Lorrain. (Paru d'abord dans *Le Devoir* du 30 avril 1918 au 18 mai 1920).

L'heure est venue. Pièce en un acte [suivi de] *Le Mirage. Pièce en trois actes*, Montréal, Imprimé au *Devoir*, 1923, 141 p. Sous le pseudonyme de Monique.

ÉTUDES

Élie-J. Auclair, *Brins d'herbe*, RC, vol. 25, nouvelle série, déc. 1920, p. 788-789.

Louis Dantin, *Quelques livres d'hier. Brins d'herbe par Monique*, dans *La Revue moderne*, 2e année, no 5, 15 mars 1921, p. 15-16.

Louis Claude, *L'heure est venue*, dans *La Revue moderne*, 4e année, no 7, mai 1923, p. 49.

Louis Claude, *Le Mirage*, dans *La Revue moderne*, 4e année, no 7, mai 1923, p. 49.

Julienne Lecomte, « Essai de bibliographie de Mme Emmanuel-Persillier Benoît ». Mémoire. École des bibliothécaires. Université de Montréal, 1949, 31 f. Lettre-préface de M. l'abbé N.-Paul Desrochers.

Guildo Rousseau, *L'Image des États-Unis dans la littérature québécoise (1775-1930)*, Sherbrooke, Éditions Naaman, 1981, p. 158, 164, 174, 309.

BENOÎT, ÉTIENNE. Voir **LEBEL, CÉCILE.**

BENOÎT, JACQUES (1941-   ). Romancier et journaliste, né à Lacolle (Saint-Jean). Ses études le conduisent du Séminaire de Saint-Jean à la Faculté des lettres de l'Université de Montréal et à l'Université McGill. Après une courte carrière dans l'enseignement, il se tourne vers le journalisme. Il travaille au *Petit Journal* (1964-1967), à *La Patrie* (1967-1968) qu'il quitte pour Radio-Canada où il travaille comme intervieweur et recherchiste. À partir de 1973, il se joint au personnel de *La Presse*. Il y signe de grands reportages. Benoit écrit aussi des scénarios de films : *La Maudite Galette, Réjeanne Padovani* et « L'Affaire Coffin ». En 1968, son roman, *Jos Carbone* mérite le prix du Québec : l'œuvre reçoit des éloges unanimes. Jacques Ferron le considère comme « le seul [roman québécois] qui pourrait être traduit du jour au lendemain en cinquante-six langues ». D'autres prix lui sont décernés : le prix Étrog (conjointement avec Denys Arcand), en 1973 ; le prix Judith-Jasmin 1976 (section presse écrite) pour *Il était une fois Montréal*, une série de reportages dans *La Presse* en 1975, ainsi que le prix Héritage-Canada (conjointement avec Cyrille Felteau) pour ses articles consacrés à la défense du patrimoine. Son œuvre romanesque témoigne d'un progrès remarquable de son écriture. À la parution de son roman, *Gisèle et le Serpent* (1982), Jacques Allard souligne « le cheminement de cet affabulateur unique qu'est Jacques Benoit » qui réside dans une suite d'expériences entre la science-fiction et le discours populaire, entre le fantastique et les moyens propres au roman policier. Les romans de Jacques Benoit se situent dans la même ligne que ceux de Réjean Ducharme et de Marie-Claire Blais : c'est un perpétuel affrontement entre le réalisme de la vie quotidienne et le charme d'un monde de liberté, un duel entre le terre à terre et la poésie, un combat entre le monde de l'adulte et l'univers fantaisiste de l'enfant, un monde de violence et de cruauté dans un univers dur et enchanté où vivent des personnages mi-réels, mi-imaginaires.

ŒUVRES

Jos Carbone. Roman, Montréal, Éditions du Jour, 1967, 120 p. « RJ ». ; [Montréal], Éditions internationales Alain Stanké, 1980, 131 p. Suivi de critiques. « Québec 10/10 ». Traduction anglaise par Sheila Fischman : *Jos Carbone*, Montréal, Harvest House Ltd., 1975, 136 p.

Les Voleurs. Roman, Montréal, Éditions du Jour, 1969, 240 p. « RJ » ; Quinze, 1977, 240 p. ; Montréal/Paris, Stanké, 1981, 253 p. Suivi de critiques. « Québec 10/10 ».

Patience et Firlipon. Roman d'amour, Montréal, Éditions du Jour, 1970, 183 p. « RJ » ; Montréal/Paris, Stanké, 1981, 195 p. Suivi de critiques. « Québec 10/10 ».

Les Princes. Récit, Montréal, Éditions du Jour, 1973, 173 p. « RJ » ; Montréal/Paris, Stanké, 1981, 187 p. Suivi de critiques. « Québec 10/10 ». Traduction anglaise par David Lobdell : *The Princes*, Oberon Press, 1977, 123 p.

Réjeanne Padovani. Dossier établi par Robert Lévesque sur un film de Denys Arcand. Textes de présentation et témoignages. Biofilmographie. Découpage technique et dialogues in-extenso. Photogrammes tirés du film même. Choix de critiques et bibliographie. Photos de tournage (scénario), Montréal, L'Aurore, 1975, 111 p. Ill. « Le Cinématographe ».

[L'Extrême Gauche] (chroniques), Montréal, [La Presse Ltée], 1977, 137 p. (Paru d'abord dans *La Presse* du 7 au 18 mai et du 18 au 25 juin 1977).

La Maudite Galette. Dossier établi par Pierre Latour sur un film de Denys Arcand... Textes de présentation et témoignages... Biofilmographie... Découpage technique et dialogues in-extenso. Photogrammes (tirés du film même)... Choix de critiques et bibliographie... Photos de tournage (scénario), Montréal, Éditions Le Cinématographe & VLB éditeur, 1979, 101 p. « Le Cinématographe ».

Gisèle et le Serpent. Roman, Montréal, Libre Expression, 1981, 252 p.

Les Plaisirs du vin (essai), [Montréal], Libre Expression, 1985, 142 p. Ill.

La Tâche du romancier, L, vol. 13, n⁰ 2, mars–avril 1971, p. 66–72.

ÉTUDES

Bernard Lévy, *Un jeu de cache-cache...*, dans *Sept-Jours*, 2ᵉ année, n⁰ 12, 3–9 déc. 1967, p. 48.

Jean-Cléo Godin, *Jos Carbone*, EF, vol. 4, n⁰ 2, mai 1968, p. 229–230.

Gabrielle Poulin, *Jos Carbone ou La Puissance du jeu*, Rel, n⁰ 340, juillet-août 1969, p. 208–209.

Jacques Ferron, *Jos Carbone*, PJ, 21 déc. 1969, p. 67.

Michel Gaulin, *Les Voleurs*, LAC 1969, p. 17–18.

Michelle Henchiri, *Patience et Firlipon de Jacques Benoit*, LAQ 1970, p. 29.

Gabrielle Poulin, *Patience et Firlipon*, Rel, n⁰ 358, mars 1971, p. 93–94.

Jacques Pelletier, *Les Princes de Jacques Benoit*, LAQ 1973, p. 32–33.

François Ricard, *Deux romanciers de trente ans*, L, vol. 16, n⁰ 2, mars–avril 1974, p. 88–99.

André Vanasse, *Jos Carbone*, LAQ 1980, p. 25–26.

Jacques Gagné, « *Les Princes* » *de Jacques Benoit. Des chiens et des hommes*, Dr, 69ᵉ année, n⁰ 37, 9 mai 1981, p. 8.

Madeleine Ouellette-Michalska, *La Grande Bouffe d'un serpent parleur*, Dev, vol. 72, n⁰ 181, 10 oct. 1981, p. 23.

Jacques Allard, *Jacques Benoit. Gisèle et le Serpent*, LAQ 1981, p. 31–35.

Gilles Cossette, *Science fiction et Fantastique : des écrivains d'ici en savent long sur le sujet*, LQ, n⁰ 24, hiver 1981–1982, p. 29–35.

BENOÎT, JOSAPHAT (1900– ?). Journaliste, essayiste et conférencier, né à Sainte-Madeleine (Saint-Hyacinthe). Il étudie à l'école Saint-François d'Assise de Fitchburg (Massachusetts), où sa famille est allée chercher domicile, puis au Séminaire de Saint-Hyacinthe, au Collège Sainte-Marie de Montréal et à Paris où il obtient un doctorat en 1934. Professeur au secondaire en Nouvelle-Angleterre, il est aussi journaliste à *La Liberté* de Fitchburg, puis rédacteur en chef de *L'Avenir national* de Manchester (New Hampshire), maire de la même ville de 1943 à 1957 et chef de l'opposition au New Hampshire de 1944 à 1946. Cofondateur et rédacteur de *L'Action* de Manchester, hebdomadaire fondé en 1950, il est membre actif de plusieurs sociétés, dont la Société historique franco-américaine de Boston. Profondément dévoué à la cause française et culturelle franco-américaine, il mérite la médaille Richelieu de l'Académie française et les Palmes académiques, et il est fait docteur de l'Université de Montréal en 1952. Il a publié trois ouvrages dont *L'Âme américaine*. Selon Yves Roby, il s'agit du meilleur exposé de l'idéologie de la survivance française en Nouvelle-Angleterre.

ŒUVRES

Rois ou Esclaves de la machine ? Un siècle de progrès mécanique (essai), Montréal, Alfred Carrier, éditeur, 1931, x, 232 p.

L'Âme franco-américaine (essai), [Montréal], Éditions Albert Lévesque, 1935, 246 p. « Documents sociaux ».

Catéchisme d'histoire franco-américaine (histoire), [Manchester, N.H., *L'Avenir national*], publié sous les auspices de la Société historique franco-américaine, [1940 ?], 61 p. Avant-propos de l'auteur.

L'Âme franco-américaine, dans *Bulletin de la Société historique franco-américaine*, 1935, p. 3–10 ; *Les Quarante ans de la Société historique franco-américaine, 1899-1939*, Boston, Société historique franco-américaine, 1940, p. 549–559.

ÉTUDES

Albert Pelletier, *La Vie littéraire. Rois ou Esclaves de la machine ?*, Ca, vol. 29, n⁰ 235, 12 janv. 1931 [*sic* : 1932], p. 1.

Jean Bruchési, *Dans le monde des lettres. Rois ou Esclaves de la machine ?*, dans *La Revue moderne*, 13ᵉ année, n⁰ 6, avril 1932, p. 9.

Camille Roy, *Rois ou Esclaves de la machine ?*, ESC, vol. 11, n⁰ 8, mai 1932, p. 631–632.

Yves Roby, *Un Québec émigré aux États-Unis. Bilan historiographique*, Québec, Institut québécois de recherche sur la culture, 1984, p. 105–129.

BENOÎT, PIERRE (1906–   ). Romancier, historien et traducteur, né à Montréal. Il étudie au Collège Sainte-Marie puis à l'Université de Montréal où il suit des cours de droit pendant deux ans et collabore au *Quartier latin*. En 1927, il devient reporter et chroniqueur à *La Patrie*; il travaille également à *La Presse*, au *Canada* et à la *Canadian Press* comme traducteur des dépêches. En 1935, il reçoit le prix d'Action intellectuelle pour *La Vie inspirée de Jeanne Mance*. À partir de 1940, il est traducteur au Secrétariat d'État à Ottawa et, en 1949, secrétaire-trésorier de la Société des écrivains canadiens (section d'Ottawa). Intéressé par l'histoire, Pierre Benoît a écrit quelques biographies et des romans historiques. Il compose aussi de nombreux sketches pour la radio et la télévision. Roger Duhamel a goûté assez médiocrement *Le Sentier couvert*, mais *Martine Juillet* lui apparaît comme « une belle réussite d'un genre mixte ». Pierre Benoît, écrit-il, « nous offre une œuvre mûre, de belle inspiration, et qui se lit avec beaucoup d'agrément. [... Il] se veut d'abord annaliste fidèle et [...] parvient à évoquer en une fresque généreuse et sereine les débuts d'une petite nation de race française sur le sol d'Amérique ».

ŒUVRES

La Vie inspirée de Jeanne Mance (biographie), Montréal, Éditions Albert Lévesque, 1934, 213 p. Linogravures d'Henri Beaulac. « FC »; 1935, 192 p.; 1937. « AC »; Librairie Granger Frères limitée, 1945; 1950.
Le Sentier couvert (roman), Montréal, Éditions de l'Arbre, 1945, 123 p.
Martine Juillet, fille du roi (roman), Montréal, Fides, 1945, 323 p.
Le Marchand de la Place Royale (roman), Montréal/Paris, Fides, 1960, 157 p. « RV ».
Maisonneuve (biographie), [Tours], Mame, 1960, 189 p. « FC ».
Lord Dorchester (Guy Carleton) (biographie), Montréal, Éditions HMH limitée, 1961, 203 p. « FC ».
À l'ombre du mancenillier (autobiographie), Montréal, Éditions Bergeron inc., 1981, 281 p. Ill.

ÉTUDES

Émile Bégin, *La Vie inspirée de Jeanne-Mance*, ESC, vol. 15, n° 2, oct. 1935, p. 126–128.
Roger Duhamel, *Le Sentier couvert*, AN, vol. 26, n° 1, sept. 1945, p. 74–77.
Jules Émery, *Martine Juillet, fille du roi*, Rel, 6ᵉ année, n° 68, août 1946, p. 255.
Roger Duhamel, *Martine Juillet, fille du roi*, AN, vol. 27, n° 5, mai 1946, p. 387–388.

BENOÎT, RÉAL (1916–1972). Romancier, conteur et journaliste, né à Sainte-Thérèse-de-Blainville (Terrebonne). Après son baccalauréat, il entre au *Jour* comme critique de cinéma et critique musical. En 1940, il fonde avec André Giroux, la revue *Regards*. De retour d'un séjour au Brésil en 1946-1947, il crée sa propre compagnie de production cinématographique. Il est responsable aussi de la chronique du cinéma à Radio-Canada et au *Devoir*. À partir de 1960, il dirige le service des émissions sur film à Radio-Canada. Comme écrivain, il se fait connaître d'abord par un recueil de contes, *Nézon* (1945) puis par un essai biographique, *La Bolduc*, et *Rhum Soda*, récit fantastique haïtien. Mais le livre qui impose vraiment son talent est son roman, *Quelqu'un pour m'écouter* qui lui mérite, en 1965, le Grand Prix littéraire de Montréal. L'auteur utilise avec originalité les techniques du nouveau roman et invente une écriture pleine d'imagination et de sensibilité : phrase mélodieuse et mots suggestifs au service d'un récit qui progresse selon les caprices d'une « conscience rhapsodique ». On y perçoit l'écho des voyages que Réal Benoît effectua en France, en Haïti, au Brésil et dans les Antilles.

ŒUVRES

Nézon (contes), Montréal, Lucien Parizeau & Compagnie, 1945, 131 p. Ill. de Jacques de Tonnancour.
La Bolduc (biographie), Montréal, Les Éditions de l'Homme, 1959, 125 p. Préface de Doris Lussier.
Quelqu'un pour m'écouter. Roman, Montréal, CLF, 1964, 126 p.; 1968, 139 p. « PoC ».
Le Marin d'Athènes (théâtre), [Montréal], CLF, 1966, 68 p. Ill.
La Saison des artichauts suivi de Mes voisins (nouvelles), [Montréal], CLF, 1968, 89 p. (La nouvelle *Mes voisins* a paru d'abord dans ECF, n° 10, 1961, p. 375–393).
Œuvres dramatiques, Montréal, CLF, 1973, 208 p. (Comprend : *La Nuit de la Saint-Théodore, Le Marin d'Athènes* et *Le Chant des grenouilles après la pluie*).
Rhum Soda (nouvelle), [Montréal], Leméac, 1973, 125 p. Préface de Marcel Dubé. « Francophonie vivante ». (Édition revue et augmentée). (Parue d'abord dans ECF, n° 8, 1961, p. 93–164).

ÉTUDES

André Giroux, *Nézon*, C, vol. 6, n° 2, juin 1945, p. 255–256.
Roger Duhamel, *Nézon*, AN, vol. 26, sept. 1945, p. 77–80.

Gilles Marsolais, *Quelqu'un pour m'écouter : roman de rêverie créatrice par Réal Benoît*, dans *Lettres et Écritures*, vol. 2, n° 1, nov. 1964, p. 22–29.

Pierre de Grandpré, *Quelqu'un pour m'écouter*, L, vol. 6, n° 6, nov.-déc. 1964, p. 476–480.

Yvan Boucher, *Quelqu'un pour m'écouter*, C, vol. 27, n° 1, mars 1966, p. 93–94.

Bernard Julien, *Le Marin d'Athènes*, LAC 1966, p. 62.

Jean Ménard, *La Saison des artichauts de Réal Benoît*, LAC 1968, p. 42.

Jean-Marie Poupart, *Entre autres choses, une prise à témoin*, VIP, n° 4, 1971, p. 99–114.

Jeanne Demers, *Œuvres dramatiques ou Le Dialogue impossible*, LAQ 1973, p. 337–344.

BENYEKHLEF, DJAMEL (1940–   ). Essayiste et poète, né à El-Kerma (Algérie). Il étudie au Lycée Ardaillon à Oran (B.A. 1958). Émigré au Canada en 1966, il enseigne à l'École secondaire Riverdale, dans la région de Montréal, à partir de 1967. Il obtient une maîtrise ès arts à l'Université de Montréal en présentant une thèse de création littéraire (1983). Il collabore au *Jour*, à *Magazine Présent*, au *Devoir*, puis, en 1979, il fonde une feuille éphémère, *Marché international*. En 1975, il fait paraître le *Guide pratique des jeux olympiques* et, l'année suivante, un recueil de poésie *Poèmes incendiaires*. Ces poésies nostalgiques qui masquent la révolte par l'ironie, la mélancolie par la gaieté, dénoncent les misères du temps moderne.

ŒUVRES

Guide pratique des jeux olympiques, Montréal, Lidec, 1975, 111 p. « Joie de vivre ».

Poèmes incendiaires, Sherbrooke, Éditions Naaman, 1976, 116 p. Ill. de Christiane Frenay-Malé. « Création ».

ÉTUDE

[Anonyme], *Benyekhlef (Djamel). Guide pratique des jeux olympiques*, dans *Le Livre canadien*, vol. 7, mai 1976, n° 20.

BER, ALICE. Voir **GRISÉ-ALLARD, JEANNE.**

BER, ANDRÉ (1920–   ). Romancier, né à Bordeaux (France). Il fait des études scientifiques au Lycée national technique de sa ville natale (B.Sc., 1939). Pendant la Deuxième Guerre mondiale, il est officier dans la marine marchande. En 1945, il dirige une sucrerie à Fort-de-France (La Martinique) et voyage beaucoup dans les Antilles, en particulier en Guyane où il situe l'action de son roman *La Cage aux fauves*. Émigré au Canada en 1950, il exerce divers métiers dont celui de chef dessinateur aux entreprises Miron. Devenu citoyen canadien en 1956, il ouvre un bureau de consultation en art graphique, travaille ensuite à la Compagnie d'énergie atomique de Gentilly, puis, en 1973, passe à l'emploi de l'Hydro-Québec. Il participe à quelques concours littéraires et il est plusieurs fois boursier du Conseil des Arts. Sa nouvelle, *Géronimo*, paraît dans le magazine *Maclean*, et on présente *Le Singe bleu* à l'Atelier des inédits de Radio-Canada. Le mélange de science-fiction et de psychopathologie de *Ségoldiah !* (1964) peut devenir fascinant, pense Jean-Louis Major, mais il trouve qu'ici le sujet est mal traité et encombré d'un fatras pseudo-scientifique. Par ailleurs, Jean-Paul Soulie dit de *La Cage aux fauves* (1981) : « En vingt-cinq histoires, André Ber fait revivre des personnages hauts en couleur, ceux qu'il a rencontrés dans cet enfer qu'était le bagne de la Guyane. [...] Le témoignage est direct, la langue est celle des bagnards ».

ŒUVRES

Le Mystère des trois roches (roman), Montréal/Paris, Fides, 1953, 175 p. ; 1961, 215 p. « AB ».

Le Repaire des loups gris. Roman, Montréal/Paris, Fides, 1962, 168 p. « RV ».

Ségoldiah ! (roman), Montréal, Librairie Déom, 1964, 245 p. « Du Québec ».

Canadia (roman-thèse), Cité de Laval, [Chez l'auteur], 1967, [9], 392 f. (Finaliste au concours du centenaire « Canada-An 2000 » commandité par Imperial Tobacco du Canada ltée).

Les Fourmis en société (essai), Montréal, Éditions Fides, 1974, 44 p. « Satellite 2000 ».

La Cage aux fauves (roman), Montréal, Librairie Déom, 1981, 343 p.

Ségoldiah (1er chapitre), Dev, vol. 55, n° 299, 19 déc. 1964, p. 15.

Géronimo (conte), MM, vol. 4, n° 8, août 1964, p. 23–26.

ÉTUDES

Pierre Rigaud, *Le Mystère des trois roches*, dans *Lectures*, t. 9, n° 7, mars 1953, p. 308–309.

Huguette Uguay, *Le Repaire des loups gris d'André Ber*, LAC 1962, p. 95–96.

[Anonyme], *Segoldiah d'André Ber*, CF, vol. 105, n° 35, 21 janv. 1965, p. 24.

Jacques de Roussan, *Le libraire est un confident*, P, vol. 86, n° 5, 4 févr. 1965, p. 14.

Jean-Louis Major, *Segoldiah d'André Ber*, LAC 1964, p. 32–33.

Jean-Paul Soulie, *Un bagne en Guyane*, Pr, 98e année, n° 14, 23 janv. 1982, p. C-3.

BÉRAUD, JEAN (1900–1965) [X La Roche, Jacques]. Critique dramatique et journaliste, né à Québec. Après ses études au Séminaire de Nicolet, il aborde le droit qu'il quitte presque aussitôt pour s'initier à la composition dramatique à New York. Puis, pendant trois ans, il étudie à Paris l'histoire du théâtre, la musique et la littérature. De retour en 1924, il commence à *La Patrie* une carrière de journaliste. Il entre ensuite à *La Presse* où il fonde la page littéraire et où, en 1928, il inaugure une chronique dramatique hebdomadaire, nouveauté à laquelle il est fidèle jusqu'à sa mort. Il s'intéresse activement à la vie culturelle. Marcel Valois rapporte que c'est à lui qu'on doit l'attribution du prix du Gouverneur général à des œuvres publiées en français, prix fondé en 1936 et accordé pour la première fois à une œuvre de langue française en 1960. Récipiendaire du prix David en 1934 pour son essai *Initiation à l'art dramatique*, il a reçu en outre le prix Victor-Morin de la Société Saint-Jean-Baptiste de Montréal et le Drama Award. Jean Béraud est élu, en 1958, à la Société royale du Canada et nommé Fellow de la Royal Society de Londres. À sa mort, ses riches archives littéraires sont léguées à l'Université de Montréal. En 1968, on institue le prix littéraire Jean-Béraud qui perpétue la mémoire d'un maître de la critique dramatique. Son histoire du théâtre au Canada français, parue en 1958, est l'« œuvre d'un journaliste attentif mais brouillon », disent Lise Gauvin et Laurent Mailhot. C'est un ouvrage important, rempli de détails utiles.

ŒUVRES

Initiation à l'art dramatique. Un peu d'histoire. Le métier du dramaturge et du comédien — La mise en scène — La défense du critique — Pour un théâtre national, Paris, Éditions Eugène Figuière, 1936, 253 p. Sous le pseudonyme de Jean Béraud ; Montréal, Éditions Variétés, 1942, 229 p. « À l'enseigne des deux figuiers ».
350 ans de théâtre au Canada français, [Montréal], CLF, 1958, 319 p. « L'Encyclopédie du Canada français ».
La Nuit insurgée (théâtre), Paris, Pensée universelle, 1972, 93 p. Sous le pseudonyme de Jean Béraud.

Le Théâtre, dans *Variations sur trois thèmes*, Montréal, Les Éditions Fernand Pilon, 1946, p. 9–183.

ÉTUDES

Marie-Claire Daveluy, *350 ans de théâtre au Canada français*, dans *Lectures*, vol. 5, nº 8, 15 déc. 1958, p. 118–119.
Jean Vallerand, *Présentation de M. Jean Béraud*, SRC, nº 13, 1958–1959, p. 101–104.
François Soumande, *350 ans de théâtre au Canada*, PUL, vol. 14, nº 1, sept. 1959, p. 68–70.
Gérard Tougas, *350 ans de théâtre au Canada français by Jean Béraud*, dans *Queen's Quarterly*, vol. 65, nº 4, hiver 1959, p. 692–694.
Éloi de Grandmont, *Mort de Jean Béraud*, BJ, vol. 1, nºs 3-4-5, juillet–déc. 1965, p. 19–20.
Marcel Valois, *Jean Béraud (1900–1965)*, MSRC, 4e série, vol. 4, part. 2, 1966, p. 67–72.

BERGERET, HUGUES. Voir **DESMARCHAIS, REX.**

BERGERON, GÉRARD [Isocrate, Alain Sylvain] (1922–   ). Politicologue, né à Charny (Lévis). Il fait ses humanités au Collège de Lévis (B.A., 1944). Après une maîtrise en sociologie de l'Université Laval (1947), il fait des études à l'Institut des Hautes Études internationales de Genève (1947–1948), et ensuite à la Faculté de droit de l'Université de Paris (1948–1950) où il reçoit un doctorat en science politique en 1964. De 1950 à 1980, il est professeur de science politique à l'Université Laval, puis il poursuit sa carrière à l'École nationale d'administration publique. Il fonde et dirige *La Revue canadienne de science politique*, et collabore à d'autres périodiques, tels *The University of Toronto Quarterly*, *Revue canadienne de science politique*, *Sociologie et Sociétés*, *Revue canadienne du barreau*, *Liberté*, *International Journal*... Au temps de Duplessis, il signe des articles d'opposition remarqués dans *Le Devoir*, sous le pseudonyme d'Isocrate. Il est membre de plusieurs associations : Association canadienne de science politique, Institut canadien des affaires internationales, Association française de science politique, Académie des sciences morales et politiques... Il reçoit en 1965 le prix spécial de thèse de l'Université de Paris, en 1966, le Prix du Québec en sciences humaines et en 1968, le prix Montcalm. Gérard Bergeron a composé entre 1957 et 1967, quelques textes humoristiques pour l'émission « Chez Miville » et de nombreux textes pour l'émission « Petit dictionnaire de la chanson » sous le pseudonyme d'Alain Sylvain. Il a aussi publié un amusant recueil de portraits de politiciens, *Ne bougez plus*. Son œuvre principale est celle du politicologue qui se définit lui-même « théoricien de l'État ». Gérard Bergeron appartient, écrit François Ricard, « à cette génération d'intellectuels qui, ayant participé aussi activement à la lutte anti-duplessiste qu'à la Révolution tranquille, en ont gardé à la fois la croyance au Canada et le ‹ goût du Québec ›, ce qui les incite [...] à tenter de trouver, entre l'indépendantisme et le fédéralisme actuels, une ‹ troisième voie › qui assure à la fois la souveraineté du Québec et l'unité du Canada ». En 1984 paraît *Pratique de l'État au Québec* où, selon le mot de l'auteur, « un théoricien fait le test de sa théorie ».

ŒUVRES

Problèmes politiques du Québec. Répertoire bibliographique des commissions royales d'enquête présentant un intérêt spécial pour la politique de la province de Québec 1940-1957, Montréal/Québec, Publié par l'Institut de recherches politiques de la Fédération libérale provinciale, 1957, 218 p. Présentation de Paul Gérin-Lajoie.

Fonctionnement de l'État (essai), Québec/Paris, PUL/ Librairie Armand Colin, 1965, 660 p. Préface de Raymond Aron. Avant-propos de l'auteur ; Paris, Librairie Armand Colin, 1969, vii, 660 p.

Du Duplessisme au Johnsonisme 1956-1966 suivi de À l'écoute du diapason populaire par Lionel Ouellet, Montréal, Éditions Parti Pris, 1967, 470 p. Avant-propos de l'auteur. « Aspects » ; *Du Duplessisme à Trudeau et à Bourassa 1956-1971*, 1971, 631 p. (Édition revue et augmentée).

Le Canada français. Après deux siècles de patience (histoire), Paris, Éditions du Seuil, 1967, 281 p. « L'Histoire immédiate ».

Ne bougez plus. Portraits de 40 politiciens de Québec et d'Ottawa, Montréal, Éditions du Jour, 1968, 224 p.

La Guerre froide inachevée, rétrospective 1945-1962, expectative : 1963-1970, prospective 1973-... (histoire), Montréal, PUM, 1971, xiv, 315 p. Préface de John-W. Holmes. Avant-propos de l'auteur ; Boréal Express, 1986, 339 p.

La Gouverne politique (essai), Paris-La Haye/Québec, Mouton/PUL, 1977, 264 p.

L'Indépendance : oui, mais... (essai), Montréal, Quinze, 1977, 198 p. Préface de l'éditeur.

Ce jour-là... le référendum (essai), Montréal, Quinze, 1978, 256 p. Avant-propos de l'auteur.

Incertitudes d'un certain pays. Le Québec et le Canada dans le monde (1958-1978) (essai), Québec, PUL, 1979, 270 p. Avant-propos de l'auteur.

L'État du Québec en devenir, Montréal, Boréal Express, 1980, 413 p. Collab. Réjean Pelletier. Introduction de l'auteur.

Syndrome québécois et Mal canadien (essai), Québec, PUL, 1981, 297 p. Préface de Louis Duclos. Avant-propos de l'auteur.

Pratique de l'État au Québec, Montréal, Québec/Amérique, 1984, 442 p. « Dossiers documents ».

Notre miroir à deux faces, Trudeau, Lévesque, Montréal, Québec/Amérique, 1985, 341 p. Avant-propos de l'auteur. « Dossiers documents ».

La Guerre froide recommencée (essai), Montréal, Boréal, 1986, 399 p.

Political Parties in Quebec, dans *University of Toronto Quarterly*, vol. 27, n° 3, avril 1958, p. 352-368.

La Guerre froide serait-elle cyclique ?, ECF, n° 15, 1963, p. 103-167.

L'Écrivain dans notre société et face aux pouvoirs, L, vol. 13, n° 2, mars-avril 1971, p. 94-104.

Préface, dans Daniel Latouche et Diane Poliquin-Bourassa, *Le Manuel de la parole. Tome I. 1760-1869*, Montréal, Les Éditions du Boréal Express, 1977, p. 7-8.

ÉTUDES

Vincent Lemieux, *Fonctionnement de l'État*, LAC 1965, p. 137-138.

Marc LaTerreur, *Du Duplessisme au Johnsonisme de Gérard Bergeron*, LAC 1967, p. 150.

Pierre Savard, *Le Canada français après deux siècles de patience de Gérard Bergeron*, LAC 1967, p. 151.

Pierre Villon, *Du Duplessisme au Johnsonisme 1956-1966 par Gérard Bergeron*, L, vol. 10, n° 55, janv.-fév. 1968, p. 70.

Dimitri Kitsikis, *La Guerre froide inachevée de Gérard Bergeron*, LAQ 1971, p. 240-241.

Jean Blouin, *Quand un théoricien descend sur le plancher des vaches. Universitaire et journaliste politique, Gérard Bergeron cultive l'art difficile de s'engager sans se laisser inféoder*, dans *Perspectives, Dimanche-Matin*, vol. 19, n° 44, 29 oct. 1977, p. 2-4.

Alain Pontaut, *Au fait c'est quoi, une confédération ?*, dans *Le Jour*, vol. 1, n° 7, 18-24 mars 1977, p. 32-33.

Daniel Latouche, *Gérard Bergeron. Syndrome québécois et Mal canadien*, LAQ 1981, p. 271-272.

Jean Blouin, *Gérard Bergeron. De l'autre côté de l'action*, [Montréal], Nouvelle Option, 1982, 231 p. « Traces et Paroles ».

Marie Laurier, *La Vie littéraire*, Dev, vol. 75, n° 128, 2 juin 1984, p. 22.

Michel Pilon, *Bergeron (Gérard). Pratique de l'État au Québec*, dans *Nos livres*, vol. 16, févr. 1985, n° 6047.

Paul-André Comeau, *Deux rencontres au sommet*, Dev, vol. 77, n° 219, 22 sept. 1986, p. 6.

BERGERON, LÉANDRE (1933–   ). Historien, lexicographe et dramaturge, né à Saint-Lupicin (Manitoba). Il fait son cours classique au juniorat des pères Oblats et au Collège de Saint-Boniface (B.A., 1954), et ses études pédagogiques à l'Université du Manitoba (B. péd., 1957). Il enseigne au secondaire, au Manitoba, puis, boursier du Gouvernement français, il prépare une thèse de doctorat à l'Université d'Aix-Marseille sur Paul Valéry (1961). Il devient alors professeur de français au Collège militaire royal de Kingston (1961-1964) et à l'Université Sir George Williams (devenue Concordia) de Montréal (1964-1975), après quoi il se transforme en éleveur d'agneaux à McWatters (près de Rouyn) qu'il rebaptise « Macouâteur ». Entre temps, il est devenu militant au sein du groupe de Parti Pris, du parti socialiste du Québec..., il a fondé les Éditions Québécoises et publié, en 1970, son *Petit Manuel d'histoire du Québec* qui obtient un vif succès, il a participé à la fondation des Éditions de l'Aurore avec Victor-Lévy Beaulieu, il a organisé des spectacles où l'on joue ses pièces... Son *Petit Manuel* est un livre engagé et fort controversé où certains ont cru voir un renouvellement de l'interprétation de l'histoire. Mais Pierre Savard y voit le travail d'un « apprenti historien » : « Sur un schéma de lutte des classes assez grossier, l'auteur raconte l'histoire du Canada comme la colonisation successive par les Français, les Britanniques puis les Américains ». En 1980 paraît le *Dictionnaire de la langue québécoise*, nouveau best-seller précédé d'une préface retentissante sur la technique et les choix de l'auteur. Certains lecteurs se réjouissent de posséder « enfin un dictionnaire de notre langue », mais l'ouvrage provoque un tollé chez les linguistes qui lui refusent à peu près toute valeur. Paul Morisset lui reconnaît cependant « le mérite de susciter auprès du public québécois un certain intérêt et une certaine fierté à l'égard de sa langue ». Puis, en 1982, Bergeron publie son *Petit Manuel de l'accouchement à la maison* qui déclenche une autre tempête.

ŒUVRES

Le Son et le Sens dans quelques poèmes de « Charmes » de Paul Valéry (étude), Aix-en-Provence, Éditions Ophrys, 1963, 175 p.

Petit Manuel d'histoire du Québec, [Montréal], Éditions Québécoises, 1970, 207 p. Ill.; 1971, 253 p.; 1974; Montréal, Éditions Québécoises/VLB éditeur, 1979, 263 p. Traduction anglaise par Baila Markus: *The History of Quebec, A Patriote's Handbook*, Toronto, NC Press, 1971, 243 p.; 1972; 1975, 270 p.; 1977; 1978; 1980; [*L'Histoire du Québec illustrée*] (bandes dessinées), [Montréal], Éditions Québécoises, [1971-1972], 2 vol.: vol. 1, 48 p.; vol. 2, 48 p. Collab. Robert Lavaill. Traduction anglaise par Phillip London: *The History of Quebec. A Patriote's Handbook*, Toronto, New Canada Publications, [1976?], 48 p.

Pourquoi une révolution au Québec, [Montréal], Éditions Québécoises, 1972, 185 p. Traduction anglaise par Sheldon Lipsey: *Why There Must Be a Revolution in Quebec*, Toronto, NC Press Limited, 1974, 140 p.

Histoire du Québec en trois régimes (théâtre), Montréal, L'Aurore, 1974, 111 p. Ill. « Entre le parvis et le boxon ».

Dictionnaire de la langue québécoise, Montréal, VLB, 1980, 572 p. Préface de l'auteur.

Dictionnaire de la langue québécoise précédé de la Charte de la langue québécoise (supplément 1981), Montréal, VLB éditeur, 1981, 168 p.

La Charte de la langue québécoise, Montréal, VLB éditeur, 1981, 49 p.

Petit Manuel de l'accouchement à la maison, Montréal, VLB éditeur, 1982, 255 p. Ill.

Prochain Épisode et la Révolution, VIP, n⁰ 6, PUQ, 1973, p. 123-132.

ÉTUDES

Guy Robert, *Le Son et le Sens dans quelques poèmes de « Charmes » de Paul Valéry de Léandre Bergeron*, LAC 1963, p. 77.

Richard A. Jones et Gilles Lemieux, *Petit Manuel d'histoire du Québec de Léandre Bergeron*, LAQ 1970, p. 209.

Jules Tessier et Jean-Pierre Wallot, *Bergeron: Two Views*, dans *Canadian Forum*, vol. 51, n⁰ 610, nov. 1971, p. 22-25.

Jacques Coulon, *L'Histoire du Québec vue par Léandre Bergeron; un petit manuel qui a fait du bruit et du chemin*, Pr (Pe), vol. 14, n⁰ 10, 14 mars 1972, p. 7-9.

Pierre Savard, *Un quart de siècle d'historiographie québécoise, 1947-1972*, RS, vol. 15, n⁰ 1, janv.-avril 1974, p. 77-96, surtout p. 91.

Albert Faucher, *Pseudo-marxisme et Révolution au Québec. Réflexions sur la propagande de Léandre Bergeron*, dans *Travaux et Communications* (de l'Académie des sciences morales et politiques), Montréal, Éditions Bellarmin, 1974, vol. 2, p. 117-130.

François Latraverse, *Léandre Bergeron. Dictionnaire de la langue québécoise*, LAQ 1980, p. 249-254.

Jean Larose, *La Langue québécoise? Sur l'idéologie dans le Dictionnaire de la langue québécoise de Léandre Bergeron*, L, vol. 23, n⁰ 2, mars-avril 1981, p. 21-29.

Paul Morisset, *Léandre Bergeron. Une image déformée du français québécois*, Dev, vol. 73, n⁰ 24, 30 janvier 1982, p. 16.

Émile Seutin, *Léandre Bergeron. Dictionnaire de la langue québécoise*, dans *La Revue canadienne de linguistique*, t. 27, n⁰ 2, automne 1982, p. 191-193.

Danielle Trudeau, *Léandre et son péché*, Montréal, Hurtubise HMH, 1982, 125 p.

BERGERON, RICHARD (1933-). Théologien, né à Grande-Baie (Bagot). Il fait ses humanités au Séminaire Saint-Antoine de Trois-Rivières (B.A., 1956). Il poursuit ensuite des études de théologie au Scolasticat des franciscains à Montréal (1956-1960) et à l'Université d'Ottawa où il obtient une licence en théologie (1961), puis prépare un doctorat, à l'Université de

Strasbourg (France) sur *Les Abus de l'Église d'après Newman* (1965). Il est professeur de sciences religieuses au Scolasticat des franciscains (1965), à l'Externat classique de Longueuil (1966) et, à partir de 1967, à l'Université de Montréal. Il collabore à divers périodiques, tels *Studium, La Vie des communautés religieuses, Relations, Science et Esprit*. Il s'occupe particulièrement de problèmes de christologie, de théologie de la vie religieuse, ainsi que des différentes gnoses contemporaines. On a souligné la qualité stylistique des ouvrages de R. Bergeron. Sa réflexion est riche d'une information sérieuse et sait relier les thèmes de ses études à la vie et à la culture actuelles. Paul-André Giguère dit de son ouvrage sur Newman : « Ce livre est précieux pour ceux qui veulent réfléchir sur l'Église ». Et Denise Robillard dit du livre qu'il a préparé avec ses élèves sur les nouvelles religions et sectes au Québec (*Les Gourous*) qu'il « vient non seulement éclairer quelques-unes des questions soulevées par ce phénomène, mais mettre en relief les défis qu'il lance à l'Église et à la société ».

ŒUVRES

Les Abus de l'Église d'après Newman. Étude de la préface à la troisième édition de La Via Media, Tournai/Montréal, Desclée & Cie/Bellarmin, 1971, 244 p. Préface de Maurice Nedoncelle. « Recherches ».

Obéissance de Jésus et Vérité de l'homme. Une interpellation (essai), Montréal, Fides, 1976, 231 p. « Héritage et projet ».

Faites vos Jeux ! Résurrection et Réincarnation (essai), Ottawa, Novalis, 1979, 30 p.

Le Cortège des fous de Dieu... un chrétien scrute les nouvelles religions (essai), Montréal/Paris, Éditions Paulines & Apostolat des éditions, 1982, 511 p. ; 1983.

Marie dans le mystère du Christ, dans *Studium*, vol. 12, nos 2–3, 1958, p. 95–120.

Réflexion sur l'acte missionnaire, dans *Studium*, vol. 13, nos 2–3, 1959, p. 118–138.

L'Eucharistie dans la vie de saint François, dans *La Revue franciscaine*, vol. 74, nos 11–12, nov.–déc. 1959, p. 306–312 ; vol. 75, nº 2, févr. 1960, p. 68–70 ; nº 3, mars 1960, p. 112–114 ; nº 4, avril 1960, p. 145–147 ; nº 5, mai 1960, p. 175–178 ; nos 6–7, juin–juillet 1960, p. 211–213 ; nos 8–9, août–sept. 1960, p. 249–250 ; nº 10, oct. 1960, p. 289–290.

La Prière d'intercession chez Newman, dans *Évangile Aujourd'hui* 1966, nº 49, 1er trimestre, p. 50–63.

Communauté '66, dans *La Vie des communautés religieuses*, vol. 24, nº 8, oct. 1966, p. 231–244. Repris sous le titre : *La Tâche de l'adaptation*, dans *Donum Dei*, vol. 12, 1967, p. 79–99.

Le Problème de l'Antéchrist et la Conversion de Newman, dans *Memorial Doucet-Longpré*, Québec, Édition Culture, 1966, p. 180–201.

Structure in Religion and the Needs of Contemporary Society, dans *The Christian Society : A Pastoral Vision*, Saint Meinrad, Abbey Press, 1969, p. 71–92.

Lecture biblique du dimanche. Du 1er dimanche du Carême à la Fête-Dieu, dans *Communauté chrétienne*, vol. 11, nº 61, janv.–févr. 1972, p. 48–97.

Redécouvrir la Résurrection, dans *Le Souffle*, vol. 39, nº 1, mars 1972, p. 51–68.

La Doctrine eucharistique de l'Enarr. in Ps. XXXIII d'Augustin, dans *Revue des études augustiniennes*, vol. 19, nº 1, févr. 1973, p. 102–120.

Neuve est ta parole. Lectures bibliques du dimanche. Année A, Montréal, Éditions Paulines & C.A.D.E., 1974, 246 p. Collab. Préface de J. Ménard.

Vivante est ta parole. Lectures bibliques du dimanche. Année B, Montréal, Éditions Paulines & C.A.D.E., 1975, 296 p. Collab.

Le Dieu paradoxal de Jésus-Christ, dans *Dieu : parole et silence* (essai), Montréal, Fides, 1978, p. 153–167.

Dans la réflexion théologique, dans *L'Espérance au cœur du monde*, Montréal/Paris, Éditions Paulines, 1979, p. 112–128.

Jésus et le Fondement de la décision, dans *Science et Esprit*, nº 32, 1980, p. 143–151.

ÉTUDES

Paul-André Giguère, *Les Abus de l'Église d'après Newman*, dans *L'Église de Montréal*, vol. 13, mars 1972, p. 212–213.

Jean-Guy Pagé, *Les Abus de l'Église d'après Newman*, dans *Laval théologique et philosophique*, vol. 28, nº 3, oct. 1972, p. 312–313.

Gilles Bourdeau, *Les Abus de l'Église d'après Newman*, dans *Science et Esprit*, vol. 24, nº 3, automne 1972, p. 393–396.

René Baril, *Les Abus de l'Église d'après Newman*, dans *Studies in Religion — Sciences religieuses*, vol. 2, nº 4, printemps 1973, p. 356–358.

Gilles Bourdeau, *Obéissance de Jésus et Vérité de l'homme. La manifestation d'un théologien québécois*, Dev, vol. 68, nº 133, 8 juin 1976, p. 5–6.

L. Denis, *Obéissance de Jésus et Vérité de l'homme*, dans *Nouvelle Revue théologique*, nº 4, juillet–août 1977, p. 570–571.

Denise Robillard, *Les Gourous et les Autres*, Dev, vol. 73, nº 245, 23 oct. 1982, p. 1, 36.

BERGERON-HOGUE, MARTHE. Voir HOGUE, MARTHE B.

BERGEVIN, GYL. Voir LANGEVIN, GILBERT.

BÉRIAULT, JEAN (1950–   ). Essayiste, politicologue et humoriste, né à Montréal. Il fait ses études classiques au Collège Jean-de-Brébeuf (B.A., 1970); il obtient ensuite une licence en sciences politiques à l'Université du Québec à Montréal (1972) et, grâce à des bourses du ministère de l'Éducation du Québec, un doctorat en relations internationales à la Sorbonne (1976): sa thèse porte sur « Les Objectifs de la politique étrangère chinoise à l'égard de la Birmanie, 1949-1952 ». En 1976, il devient journaliste à Radio-Canada et, à compter de 1980, il publie des textes humoristiques dans le *Magazine Croc*. Un essai politique sur des événements d'actualité, *Anti-Québec*, paraît en 1977. « C'est, écrit Marcel Dubé, un petit texte qui fera rapidement son chemin. L'ouvrage, de facture simple et claire, n'en demeure pas moins troublant. [...] Des révélations passionnantes ».

ŒUVRE

Anti-Québec. Les réactions du Canada anglais face au French-Power (essai), Montréal, Quinze, 1977, 177 p. Ill. « Les Grands Dossiers de l'actualité ».

ÉTUDES

Pierre O'Neil, *Anti-Québec: le portrait froid d'un débat chaud*, Dev, vol. 69, n° 77, 2 avril 1977, p. 19.
Marcel Dubé, *Mes découvertes. Lisez entre les lignes*, dans *Le Livre d'ici*, vol. 2, n° 31, 11 mai 1977, p. 1.
Léo Beaudoin, *Bériault (Jean). Anti-Québec. Les réactions du Canada anglais face au French Power*, dans *Nos livres*, vol. 9, févr. 1978, n° 65.

BÉRITH. Voir **LA CHEVROTIÈRE, NICOLE DE**.

BERLOIN. Voir **NANTEL, ANTONIN**.

BERNARD, ANDRÉ (1939-   ). Politicologue, né à Carleton (Bonaventure). Il fait ses humanités au Séminaire de Gaspé, à l'Université du Sacré-Cœur de Bathurst (Nouveau-Brunswick) et au Collège Jean-de-Brébeuf de Montréal (B.A., 1960). Il obtient ensuite une maîtrise en sciences économique et politique à l'Université McGill dont le mémoire s'intitule « Parliamentary Control of Public Finance in Québec » (1965), un doctorat à l'Université de Montréal pour une thèse intitulée « Les Inégalités structurelles de représentation: la carte électorale du Québec, 1867-1967 » (1969), et un diplôme supérieur de recherche de la Fondation nationale des sciences politiques de Paris et de l'Institut d'études politiques de Grenoble, avec un mémoire

sur « L'Abstentionnisme électoral au Québec, 1867-1967 » (1970). En tout ou en partie, les résultats de ces recherches paraîtront dans des ouvrages subséquents. André Bernard enseigne au Collège Sainte-Marie de 1964 à 1969, et à l'Université du Québec à Montréal à partir de 1969. Il est aussi chargé de cours ou professeur invité à l'Institut de Grenoble, à l'Université de Montréal, à l'Université McGill, à l'École nationale d'administration publique, etc. Son livre: *La Politique au Canada et au Québec* (1976) reçoit un excellent accueil: « Il n'existait aucun texte français consacré à l'étude de la vie politique canadienne pouvant servir et de manuel d'introduction à la compréhension du sujet et de texte de référence », écrit Duncan Cameron qui le regarde comme le meilleur livre écrit jusqu'alors sur la politique canadienne. *Québec: élections 1976* (1976), analyse de l'arrivée au pouvoir du Parti québécois, est vu comme un ouvrage sérieux, même s'il manque de recul; mais, en 1981, une analyse du même genre, *Québec: élections 1981*, est jugée par Daniel Latouche comme « un échec sur toute la ligne ». André Bernard publie en outre dans des périodiques ou des collectifs, tels *Fédéralisme et Nations* (1971), *Ethnicity and Ethnic Relations in Canada* (1980), *Politique, Revue française de science politique*. Il a une solide réputation de politicologue dans le monde universitaire.

ŒUVRES

La Législation électorale au Québec 1790-1967, Montréal, Les Éditions Sainte-Marie, 1969, 197 p. Collab. Denis Laforte. Ill.
Profil: Halifax-Dartmouth. Les structures politiques et administratives de la région métropolitaine d'Halifax-Dartmouth, Ottawa, Ministère d'État, Affaires urbaines, 1974, xiii, 102 p. Collab. Jacques Léveillé et Guy Lord. Carte. Traduction anglaise: *Profile: Halifax-Dartmouth. the Political and Administrative Structures of the Metropolitan Region of Halifax-Dartmouth*, 1975, xiii, 103 p.
Profil: Edmonton. Les structures politiques et administratives de la région métropolitaine d'Edmonton, Ottawa, Ministère d'État, Affaires urbaines, 1974, xi, 153 p. Collab. Jacques Léveillé et Guy Lord. Carte. Traduction anglaise: *Profile: Edmonton. The Political and Administrative Structures of the Metropolitan Region of Edmonton*, xi, 129 p.
Profil: Ottawa-Hull. Les structures politiques et administratives de la région métropolitaine d'Ottawa-Hull, Ottawa, Ministère d'État, Affaires urbaines, 1974, xiv, 238 p. Collab. Jacques Léveillé et Guy Lord. Carte. Traduction anglaise: *Profile: Ottawa-Hull. The Political and Administrative Structures of the Metropolitan Region of Ottawa-Hull*, xiv, 219 p.

Profil : Montréal. Les structures politiques et administratives de la région métropolitaine de Montréal, Ottawa, Ministère d'État, Affaires urbaines, 1974, xii, 153 p. Collab. Jacques Léveillé et Guy Lord. Carte. Traduction anglaise : *Profile : Montréal. The Political and Administrative Structures of the Metropolitan Region of Montréal*, xiii, 196 p.

Profil : Calgary. Les structures politiques et administratives de la région métropolitaine de Calgary, Ottawa, Ministère d'État, Affaires urbaines, 1975, xi, 141 p. Collab. Jacques Léveillé et Guy Lord. Carte. Traduction anglaise : *Profile : Calgary. The Political and Administrative Structures of the Metropolitan Region of Calgary*, xi, 130 p.

Profil : Toronto. Les structures politiques et administratives de la région métropolitaine de Toronto, Ottawa, Ministère d'État, Affaires urbaines, 1975, xi, 132 p. Collab. Jacques Léveillé et Guy Lord. Carte. Traduction anglaise : *Profile : Toronto. The Political and Administrative Structures of the Metropolitan Region of Toronto*, xii, 244 p.

Profil : Vancouver. Les structures politiques et administratives de la région métropolitaine de Vancouver, Ottawa, Ministère d'État, Affaires urbaines, 1975, xi, 132 p. Collab. Jacques Léveillé et Guy Lord. Carte. Traduction anglaise : *Profile : Vancouver. The Political and Administrative Structures of the Metropolitan Region of Vancouver*, xiii, 122 p.

Profil : Winnipeg. Les structures politiques et administratives de la région métropolitaine de Winnipeg, Ottawa, Ministère d'État, Affaires urbaines, 1975, xi, 127 p. Collab. Jacques Léveillé et Guy Lord. Carte. Traduction anglaise : *Profile : Winnipeg. The Political and Administrative Structures of the Metropolitan Region of Winnipeg*, xi, 109 p.

Profil : Québec. Les structures politiques et administratives de la région métropolitaine de Québec, Ottawa, Ministère d'État, Affaires urbaines, 1975, xii, 140 p. Collab. Jacques Léveillé et Guy Lord. Carte. Traduction anglaise : *Profile : Québec. The Political and Administrative Structures of the Metropolitan Region of Québec*, xiv, 139 p.

Profil : Hamilton-Wentworth. Les structures politiques et administratives de la région métropolitaine de Hamilton-Wentworth, Ottawa, Ministère d'État, Affaires urbaines, 1975, xi, 124 p. Collab. Jacques Léveillé et Guy Lord. Carte. Traduction anglaise : *Profile : Hamilton-Wentworth. The Political and Administrative Structures of the Metropolitan Region of Hamilton-Wentworth*, xi, 108 p.

La Politique au Canada et au Québec, Montréal, PUQ, 1976, xxiii, 518 p. Ill. Avant-propos de l'auteur ; 1977, xxiv, 536 p. ; 1980, xxiv, 535 p.

Québec : élections 1976, Montréal, Cahiers du Québec/ Hurtubise HMH ltée, 1976, 174 p. Ill. « Science politique ».

What Does Quebec Want ?, Toronto, James Lorimer & Company Publishers, 1978, 160 p. Préface de l'auteur.

Québec : élections 1981, Ville de LaSalle, Hurtubise HMH, 1981, 229 p. Ill. Préface de Rodolphe Morissette. « Cahiers du Québec. Collection science politique ».

Systèmes parlementaires et modes de scrutin, Québec, Directeur général des élections du Québec, 1984, 98 p.

Le Scrutin au Québec : un miroir déformant, Ville de LaSalle, Hurtubise HMH, 1985, 255 p. Collab. Louis Massicotte. Ill. « Cahiers du Québec. Collection science politique ».

———

La Réforme du mode de scrutin au Québec, Rel, n⁰ 476, déc. 1981, p. 332–335.

Les Experts et le Pouvoir, dans *Politique*, vol. 1, n⁰ 1, janv. 1982, p. 47–62.

La Succession à la chefferie du Parti libéral du Québec, dans *Conjoncture*, n⁰ 2, automne 1982, p. 37–46.

Les Sciences sociales à l'U.Q.A.M., dans *Sciences sociales au Canada*, vol. 10, n⁰ 4, mars 1983, p. 4.

ÉTUDES

Duncan Cameron, *André Bernard. La Politique au Canada et au Québec*, LAQ 1976, p. 332–335.

Robert Boily, *Pierre Dupont. 15 novembre 1976, André Bernard. Québec : élections 1976*, LAQ 1976, p. 352–354.

Michel Beaulieu, *Une belle cuvée. Revivre le 15 novembre 1976*, dans *Le Livre d'ici*, vol. 2, n⁰ 17, 2 févr. 1977, p. 1.

Léo Beaudoin, *Bernard (André). Québec : élections 1976*, dans *Nos livres*, vol. 8, juin-juillet 1977, n⁰ 203.

Id., *Bernard (André). La Politique au Canada et au Québec*, dans *Nos livres*, vol. 8, août-sept. 1977, n⁰ 245.

Daniel Latouche, *Les Élections de 1981*, dans *Le Livre d'ici*, vol. 6, n⁰ 51, 23 sept. 1981, p. 2.

BERNARD, ANNE (née Jourdan de la Passadière) (1922–   ). Romancière et nouvelliste, née à Toulon (France). Elle passe une partie de son enfance en Indochine. De retour en France en 1932, elle fait ses études de lettres-sciences au Cours Gufflet, à Versailles, et sa philosophie à Paris (B.A., 1939). Arrivée au Canada avec ses parents en 1941, elle poursuit ses études à l'Université de Montréal en physique-chimie-biologie, puis retourne à Paris, en 1944, et continue ses études de médecine. Elle revient au Canada en 1953. Elle débute sa carrière littéraire en 1966 avec la publication de *La Chèvre d'or, suivi de Hécate* dont la critique est unanime à reconnaître l'originalité : « Anne Bernard sait peindre avec émotion la nature provençale, ressusciter la poésie de l'enfance et nous faire partager la délectation qu'elle éprouve à manier une langue musicale qui marie les couleurs et les sons » (Yves Lefier). Mais *Le Soleil sur la façade*, de la même année, est moins bien accueilli. En 1967, *Cancer* remporte le prix du Cercle du livre de France, prix sur lequel la critique n'est pas d'accord : les uns l'expliquent par « le traditionnalisme [...], une valeur sûre » (Michel Têtu) ; d'autres, tout en reconnaissant que « le roman se recommande surtout par la qualité de l'écriture et la poésie de certains passages », reprochent à l'œuvre un manque « de profondeur et d'originalité », « un déséquilibre entre l'anecdote et la forme romanesque » (Robert Vigneault). Par ailleurs, Jeanne Goldin écrit : « Sensible aux êtres, Anne Bernard l'est aussi aux paysages. Cette tendresse attentive aux lumières, aux couleurs, aux formes vient d'une sensibilité attachante et toute féminine et fait le charme réel de ce roman ». Ce jugement peut s'appliquer aussi aux ouvrages suivants, *Le Chemin de la côte* et *L'Amour sans passeport*.

ŒUVRES

La Chèvre d'or, suivi de Hécate (roman), Montréal, CLF, 1966, 197 p. « Nouvelle-France ».

Le Soleil sur la façade (roman), Montréal, CLF, 1966, 158 p.

Cancer (roman), Montréal, CLF, 1967, 143 p.

Le Chemin de la côte (roman), Montréal, CLF, 1969, 143 p.

L'Amour sans passeport. Nouvelles, Montréal, CLF, 1973, 151 p.

ÉTUDES

Jean-Guy Pilon, « *La Chèvre d'or* », L, vol. 8, nᵒ 1, janv.-févr. 1966, p. 88–89.

Paul Gay, « *La Chèvre d'or* », Dr, 53ᵉ année, nᵒ 42, 19 févr. 1966, p. 6.

Yves Lefier, « *La Chèvre d'or* » *d'Anne Bernard*, LAC 1966, p. 41–42.

Claude Gingras, *Le Prix du Cercle du livre de France à Anne Bernard*, Pr, 83ᵉ année, nᵒ 264, 14 nov. 1967, p. 40.

Roch Carrier, *Le Soleil sous la façade d'Anne Bernard*, LAC 1967, p. 40.

Roger Duhamel, « *Cancer* » *d'Anne Bernard*, Dr, 55ᵉ année, nᵒ 223, 16 déc. 1967, p. 8.

Michel Têtu, *Prix du Cercle du livre de France. Deux appréciations sur quatre romans retenus en finale*, LAC 1967, p. 63, 66–67.

Robert Vigneault, *Prix du Cercle du livre de France. Deux appréciations sur quatre romans retenus en finale*, LAQ 1967, p. 68.

Jean-Cléo Godin, *Le Soleil sous la façade d'Anne Bernard*, EF, vol. 4, nᵒ 1, févr. 1968, p. 108–109.

Jeanne Goldin, *Cancer*, EF, vol. 4, nᵒ 2, mai 1968, p. 232–234.

[Anonyme], *Le Chemin de la côte d'Anne Bernard*, dans *Le Livre canadien*, vol. 1, janv. 1970, nᵒ 39.

[Anonyme], *Bernard (Anne). L'Amour sans passeport*, dans *Le Livre canadien*, vol. 5, févr. 1974, nᵒ 40.

BERNARD, ANTOINE [Marius] (1890–1967). Historien, né à Maria (Bonaventure). Après ses études primaires, il entre au juvénat des Clercs de Saint-Viateur à Outremont. Il étudie le commerce à l'Académie Saint-Jean-Baptiste, et il entre au noviciat de Joliette en 1906. Dès 1907, il enseigne à l'Académie Saint-Jean-Baptiste, puis au Collège Saint-Joseph de Berthierville durant six ans. De nouveau professeur à Saint-Jean-Baptiste (1915–1919), il est nommé directeur du Collège Saint-Rémi-de-Napierville (1919). Il s'inscrit alors en lettres à l'Université de Montréal. Après deux ans à Montréal, Antoine Bernard est envoyé à Paris ; il y poursuit ses études de littérature et d'histoire à l'Institut catholique, à l'École du Louvre et au Collège de France, et commence un travail intitulé « La Gaspésie, foyer de vie française et catholique », qu'il retouche et publie à Montréal, en 1925, sous le titre *La Gaspésie au soleil*. Le grade de docteur ès lettres lui sera conféré par l'Université de Montréal en 1941 pour l'ensemble de son œuvre. En 1925, il est nommé directeur de l'École Saint-Louis, à Montréal. En 1926, il occupe, à l'Université de Montréal, la chaire d'histoire de l'Acadie qu'il gardera jusqu'en 1948. Professeur titulaire en 1933, il est nommé professeur honoraire en 1950, au moment de sa retraite, et fait docteur honoris causa de l'Université Saint-Joseph de Memramcook (Nouveau-Brunswick) en 1955. Membre du Conseil de la vie française en Amérique, professeur invité à la Louisiana State University, à Baton Rouge (1941). Antoine Bernard se dépense sans compter pour promouvoir la culture acadienne. Il est l'auteur de plus de sept cents articles dans les périodiques d'expression française : *Relations, Le Canada français, Le Devoir, La Revue d'histoire de l'Amérique française, Ma Gaspésie, La Revue d'histoire de la Gaspésie*, etc. Son œuvre dense et riche est récompensée à plusieurs reprises : prix d'Action intellectuelle pour *Coquillages* (1922), prix Thérouanne de l'Académie française (1926) pour *La Gaspésie au soleil*, prix Montyon de l'Académie française (1936) pour *Histoire de la survivance acadienne*.

ŒUVRES

Coquillages, Crayons et Impressions, Montréal, Imprimerie des Sourds-Muets, 1922, 212 p. Sous le pseudonyme de Marius.

Nos pionniers de l'Ouest (étude), Québec, Ferland, [s.d.], 150 p. ; Québec, Le Comité de la survivance française, 1949, 145 p.

La Gaspésie au soleil (étude), Montréal, Clercs de Saint-Viateur, Éditeurs, 1925, 332 p. ; Tours, Mame, 1932, 302 p. « BCF ».

Histoire de la survivance acadienne, 1755–1935, Montréal, Clercs de Saint-Viateur, 1935, 467 p. Ill.

Le Drame acadien depuis 1604 (étude), Montréal, Clercs de Saint-Viateur, 1936, 463 p. Ill.

Histoire de l'Acadie, Moncton, L'Évangéline, [1939?], 130 p.

L'Acadie vivante : histoire du peuple acadien de ses origines à nos jours, Montréal, Éditions du Devoir, 1945, 182 p. Préface de Mgr Norbert Robichaud.

La Vocation de la race française en Amérique (étude), Québec, Clercs de Saint-Viateur, 1945, 199 p. Collab.

Notre épopée rurale (commentaires en marge du calendrier de la Survivance française pour 1946), Québec, Comité permanent de la survivance française en Amérique, [1945], 52 p.

Les Clercs de Saint-Viateur au Canada (étude), Montréal, Clercs de Saint-Viateur, 1947, 2 tomes : t. 1, *Le Premier demi-siècle, 1847–1899*, 651 p. ; t. 2, *Le Second demi-siècle, 1897 à 1947*, 613 p. Ill.

La Renaissance acadienne au XXᵉ siècle (étude), Québec, Comité de la survivance française, [1949?], 193 p.

Vie du Père Champagneur, fondateur et premier Supérieur de l'Institut Saint-Viateur au Canada, 1807–1882 (biographie), Montréal, Clercs de Saint-Viateur, [1950?], 156 p.

Histoire de la Louisiane, de ses origines à nos jours, Québec, Université Laval/Conseil de la vie française en Amérique, [1953], 446 p.

Au cœur du Canada français (récit), Paris, Éditions de l'École, 1956, 159 p. Ill. de Line Touchet.

Les Sœurs de Saint-Paul de Chartres ; dans le monde, au Canada (étude), Québec, Librairie Garneau, 1957, 509 p.

Les Hospitalières de Saint-Joseph et leur œuvre en Acadie (étude), Vallée-Lourdes (Nouveau-Brunswick), Les Hospitalières de Saint-Joseph, 1958, 303 p. Préface de Camille LeBlanc.

Le Centenaire de la paroisse de Maria (étude), Montréal, Clercs de Saint-Viateur, 1959, 150 p.

L'Épopée canadienne (étude), Montréal, Clercs de Saint-Viateur, 1959, 340 p.

Historique d'une fondation : le foyer Saint-Joseph à Maria, Montréal, Clercs de Saint-Viateur, 1962, 47 p.

Carnet de route (échos et souvenirs), Montréal, Librairie Saint-Viateur, 1965, 399 p.

Les Relations récentes du Canada avec la Louisiane, dans *Louisiane et Texas*, Paris, Paul Hartmann, 1938, p. 110–119.

Choses d'Acadie, RHAF, vol. 1, nº 1, juin 1947, p. 39–48.

Les Origines du pays de Carleton, 1760–1810, dans *Revue d'histoire de la Gaspésie*, vol. 4, nº 4, oct.-déc. 1966, p. 205–213.

Pionniers de la région de Bonaventure, dans *Revue d'histoire de la Gaspésie*, vol. 5, nº 2, avril–juin 1967, p. 87–92.

Pionniers de la région de Paspebiac, dans *Revue d'histoire de la Gaspésie*, vol. 6, nº 4, oct.-déc. 1968, p. 158.

ÉTUDES

Maurice Hébert, *La Gaspésie au soleil*, CF, vol. 13, nº 2, oct. 1925, p. 105–117.

Albert Plante, *Carnet de route*, Rel, nº 306, juin 1966, p. 195.

Jules Bélanger, *Le Frère Antoine Bernard, historien de la Gaspésie*, So, vol. 69, nº 157, 2 juillet 1966, p. 10.

Joseph Costisella, *Le Frère Antoine Bernard*, dans *Le Travailleur*, vol. 36, nᵒˢ 35–36, 1ᵉʳ sept. 1966, p. 8.

Michel Le Moignan, *Le Frère Antoine Bernard ; historien de la Gaspésie et du peuple acadien*, Gaspé, Éditions Gaspésiennes, 1966, 123 p. «Publications de la Société historique de la Gaspésie».

Léopold Taillon, *Le F. Antoine Bernard, émérite vulgarisateur de l'épopée canadienne*, dans *Contacts*, vol. 6, nº 4, 1967–1968, p. 123–129.

René Pageau, *Antoine Bernard*, [Sherbrooke], Éditions Paulines, 1971, 156 p. Préface de Maurice Lebel. Bibliographie.

BERNARD, HARRY [L'Illettré] (1898–1979). Romancier, journaliste et essayiste, né à Londres. Il fait ses études primaires à Paris et à Soissons, puis à Saint-Albans (Vermont), et ses études classiques au Séminaire de Saint-Hyacinthe où il obtient un baccalauréat ès arts en 1918. Après une année d'études à Lowell (Massachusetts), il s'inscrit à l'Université de Montréal où il obtient une licence ès lettres en 1921, et par la suite un doctorat pour sa thèse sur *Le Roman régionaliste aux États-Unis*. Il est rédacteur et correspondant parlementaire au *Droit*, à Ottawa, de 1919 à 1923, puis il devient directeur et rédacteur en chef du *Courrier de Saint-Hyacinthe* (1923) qu'il ne quittera qu'en 1970. Pendant cinquante ans il collabore à plusieurs journaux, signant ses chroniques littéraires du pseudonyme de « l'Illettré ». Il est élu membre de la Société royale du Canada en 1943 et obtient la même année une bourse de la fondation Rockefeller. Son œuvre romanesque comprend sept romans et quinze nouvelles (2 recueils), publiés presque tous entre 1924 et 1932, qui appartiennent surtout à la littérature régionaliste et à la littérature du terroir. Harry Bernard a connu alors un succès considérable. Pourtant, si on lui reconnaissait de la facilité d'écriture, on concédait volontiers avec Auguste Viatte qu'il avait accompli son travail « honnêtement, avec métier, sans grand relief ». La critique s'est nuancée ensuite. On dit, par exemple, que *Juana mon aimée* marque une étape importante du roman québécois, en ce sens que l'auteur abandonne son attitude omnisciente pour laisser le personnage principal se raconter (Jean-Paul Lamy, DOLQ,

t. 2, p. 615). Ces études psychologiques ne parviennent pas à une vision approfondie de la condition humaine; mais *La Terre vivante* est le premier « roman de mœurs qui soit aussi, pour une bonne partie, un roman d'analyse », et un roman qui ne se fonde plus sur des souvenirs et consent à ses personnages une aventure qui leur est propre (Madeleine Ducrocq-Poirier). Enfin, dans son ensemble, l'écriture de Harry Bernard est « le fruit d'un patient labeur et l'expression d'un esprit curieux » (Claude-Henri Grignon).

ŒUVRES

L'Homme tombé (roman), Montréal, [s.é.], 1924, 173 p.
La Terre vivante (roman), Montréal, Bibliothèque de l'Action française, 1925, 214 p.
La Maison vide (roman), Montréal, Bibliothèque de l'Action française, 1926, 203 p.
La Dame blanche (nouvelles), Montréal, Bibliothèque de l'Action française, [1927], 223 p.
Essais critiques, Montréal, Librairie de l'Action canadienne-française, 1929, 197 p. « Les Jugements ».
La Ferme des pins (roman), Montréal, Librairie d'Action canadienne-française, 1930, 206 p.; Granger Frères, 1947, 197 p.
Juana, mon aimée (roman), Montréal, Albert Lévesque/ Librairie d'Action canadienne-française, 1931, 212 p.; 1932; Granger, 1946.
Dolorès (roman), Montréal, Albert Lévesque, 1932, 223 p.
Montcalm se fâche (roman), Montréal, Albert Lévesque, 1935, 149 p. Gravures d'Henri Beaulac; Librairie d'Action canadienne-française, 1937, 160 p.
ABC du petit naturaliste canadien, Montréal, Librairie Granger Frères limitée, 1936-1946, 7 tomes: t. 1, *Le Petit Oiseleur*, 1936, 63 p.; t. 2, *Le Petit Chasseur*, 1936, 64 p.; t. 3, *Le Petit Entomologiste*, 1936, 68 p.; t. 4, *Le Petit Fermier*, 1936, 64 p.; t. 5, *Le Petit Fleuriste*, 1946, 64 p.; t. 6, *Le Petit Jardinier*, 1946, 64 p.; t. 7, *Le Petit Arboriste*, 1946, 67 p.
Le Roman régionaliste aux États-Unis (1913-1940), Montréal, Fides, 1949, xiii, 389 p. « L'Hermine ».
Les jours sont longs (roman), [Montréal], CLF, 1951, 183 p.; Montréal/Paris, Fides, 1961, 213 p. « AB ».
Portages et Routes d'eau en Haute-Mauricie (essai), Trois-Rivières, Éditions du Bien public, 1953, 239 p. Ill. « Histoire générale ».

Romans de l'avarice, ESC, vol. 21, no 5, févr. 1942, p. 376-389.
Les Noirs des États-Unis et le Roman américain, RUO, vol. 12, no 4, oct.-déc. 1942, p. 408-427.
Le Roman de la Nouvelle-Angleterre, MSRC, 3e série, vol. 42, section 1, 1948, p. 9-27.
Le Roman régionaliste du Sud-Ouest, RUO, vol. 18, no 1, janv.-mars 1948, p. 316-341.

ÉTUDES

Maurice Hébert, *La Dame blanche*, dans *De livres en livres*, Montréal, Carrier, 1929, p. 171-183, 239-250.
Camille Roy, *Harry Bernard*, dans *Histoire de la littérature canadienne*, Québec, L'Action sociale, 1930, p. 228-230, 254-255.
Claude-Henri Grignon, *Harry Bernard*, dans *Ombres et Clameurs*, Montréal, Albert Lévesque, 1933, p. 173-204.
Séraphin Marion, *Deux nouveaux romans canadiens*, dans *Sur les pas de nos littérateurs*, Montréal, A. Lévesque, 1933, 198 p., surtout p. 43-70. (Étude consacrée à *Juana, mon aimée* et *Dolorès*).
Albert Pelletier, *Harry Bernard*, dans *Égrappages*, Montréal, Albert Lévesque, 1933, p. 176-204.
Adrienne Choquette, *Harry Bernard*, dans *Confidences d'écrivains canadiens-français*, Trois-Rivières, EBP, 1939, p. 16-26.
Auguste Viatte, [*Harry Bernard*], dans *Histoire littéraire de l'Amérique française des origines à 1950*, Québec/Paris, PUL/ PUF, 1954, p. 176.
Madeleine Ducrocq-Poirier, [*Harry Bernard*], dans *Le Roman canadien de langue française de 1860 à 1950. Recherche d'un esprit romanesque*, Paris, A.G. Nizet, 1978, p. 256-260, 293-299.

BERNARD, JEAN-PAUL (1936–   ). Historien, né à Saint-Hyacinthe. Après des études classiques au Séminaire de Saint-Hyacinthe, il entre à l'Université de Montréal où il obtient une maîtrise en histoire (1958) et un doctorat (1968). De 1958 à 1970, il enseigne au Collège Sainte-Croix (devenu Cégep de Maisonneuve en 1967), et il est ensuite professeur à l'Université du Québec à Montréal. Coordonnateur provincial de l'enseignement de l'histoire au niveau collégial (1968-1969), Jean-Paul Bernard a été aussi membre du conseil d'administration de l'Institut d'histoire de l'Amérique française. Spécialiste du dix-neuvième siècle, il s'intéresse surtout à l'histoire politique et aux idéologies, et il est actif dans un groupe d'études sur la société montréalaise de ce siècle. Philippe Sylvain écrit à propos des *Rouges* : c'est « un ouvrage qui nous en apprend beaucoup sur un mouvement qui n'avait pas encore fait l'objet de recherches aussi poussées ». Au sujet de son étude sur les rébellions de 1837-1838, Yvan Lamonde remarque : « Sur un point fondamental, J.-P. Bernard nous rappelle l'impératif de la méthode ».

ŒUVRES

Les Rouges. Libéralisme, nationalisme et anticléricalisme au milieu du XIXᵉ siècle, Montréal, PUQ, 1971, xx, 395 p. Préface de Fernand Dumont.
Les Idéologies québécoises au XIXᵉ siècle, [Montréal], Éditions du Boréal Express, 1973, 151 p. Direction et présentation de Jean-Paul Bernard. « Études d'histoire du Québec ».

Les Rébellions de 1837-1838. Les patriotes du Bas-Canada dans la mémoire collective et chez les historiens, Montréal, Boréal Express, 1983, 351 p.

Assemblées publiques, résolutions et déclarations de 1837-1838, Montréal, VLB, 1988, 304 p.

Définition du libéralisme et de l'ultramontanisme comme idéologies, RHAF, vol. 25, n° 2, sept. 1971, p. 244-246. Notes de recherches.

Le Québec et le Fédéralisme, 1950-1970 : chronique des débats idéologiques et des événements politiques, dans *Fédéralisme et Nations*, Montréal, PUQ, 1971, p. 87-125.

ÉTUDES

Jacques Monet, *Les Rouges...*, LAQ 1971, p. 214-216.

Philippe Sylvain, *Jean-Paul Bernard, Les Rouges : libéralisme, nationalisme et anticléricalisme au milieu du XIXᵉ siècle*, RHAF, vol. 25, n° 4, mars 1972, p. 565-568.

G.-M. Craig, *Les Rouges...*, CHR, vol. 53, n° 4, 1972, p. 450-451.

Yvan Lamonde, *Les Rébellions de 1837-1838 : la spirale*, Dev, vol. 74, n° 298, 24 déc. 1983, p. 13.

BERNARD, MARIE. Voir GENEST, OLIVETTE.

BERNIER, ANDRÉ (1949-   ). Dramaturge, né à Sherbrooke. Il fait ses études à la Section classique Montcalm et au Collège de Sherbrooke (D.E.C., 1970), puis il obtient à l'Université de Sherbrooke un baccalauréat spécialisé en français (1974) et une maîtrise dont le mémoire s'intitule : « De l'écriture romanesque : pratique et théorie » (1978). Pendant ses études, dès 1964 et après, il exerce le métier de journaliste au *Journal de Sherbrooke*, à l'*Hebdo de Sherbrooke*, à *La Patrie*, à *La Tribune*, à *CHLT Radio*... Des textes de création paraissent aussi dans *L'Estrie*, *Actualité* et *Les Cahiers du Hibou*. En 1979 il est au Service de l'information de l'Université de Sherbrooke, puis il devient réviseur de textes au *Journal de Montréal* en 1980. Raymond Laquerre pense que la première pièce de Bernier, *Les Iconoclastes*, est une pièce sans rebondissements dramatiques qui « laisse peu de place à l'imagination du lecteur ou du spectateur, mais le dispositif scénique est très original et le style d'écriture, très prometteur ». Dans sa deuxième pièce, *Les Jambes*, un couple se trouve empêtré dans un imbroglio vaudevillesque par le retour inattendu d'une maîtresse et d'un amant. Selon Josette Féral, il y a là des échos à Sartre et Beckett, mais Bernier s'en tire bien car il « a réussi [...] à préserver l'originalité de son œuvre en lui donnant un accent mi-dramatique mi-mondain » qui rappelle un peu *Les Iconoclastes*.

ŒUVRES

Les Iconoclastes. Comédie dramatique en deux actes, Sherbrooke/Montréal, Éditions Cosmos, 1977, 83 p. « Amorces ».

Le Vieux-Sillery, Québec, Ministère des Affaires culturelles, Direction générale du patrimoine, 1977, 162 p. Ill. Cartes. « Les Cahiers du patrimoine ».

Les Jambes. Théâtre, Sherbrooke, Éditions Naaman, 1980, 83 p. « Création ».

Petit Album des auteurs des Cantons de l'Est 1980, Saint-Élie d'Orford, L'Association des auteurs des Cantons de l'Est, 1980, 126 p. Ill. Sous la responsabilité de Jean Civil, avec la collaboration d'André Bernier, Jacques Côté et Jocelyne Vallence.

La Grande Ville (nouvelle), dans *Actualité*, vol. 14, n° 11, nov. 1974, p. 66-70, 75.

Le Petit Oreste (extrait) (théâtre), dans *Les Cahiers du Hibou* (Sherbrooke), vol. 1, n°ˢ 4-5, 1980, p. 79-82.

ÉTUDES

Marcil Dupré, *À onze ans, il imprime déjà son propre journal*, Pr, 76ᵉ année, n° 286, 9 déc. 1960, p. 34.

Renée Cimon, *Bernier (André). Les Iconoclastes*, dans *Nos livres*, vol. 9, mars 1976, n° 86.

Raymond Laquerre, *André Bernier. Les Iconoclastes*, LAQ 1978, p. 160-161.

Josette Féral, *André Bernier. Les Jambes*, LAQ 1980, p. 149.

Aline Lafortune, *Bernier (André). Les Jambes*, dans *Nos Livres*, vol. 12, avril 1981, n° 173.

BERNIER, HECTOR (1886-1947). Romancier et journaliste, né à Saint-Michel de Bellechasse (Bellechasse). Il étudie au Séminaire de Québec et à l'Université Laval. Admis au barreau en 1911, il n'exerce sa profession que quelques mois. En 1912, il entre à la Bibliothèque du Parlement à Ottawa. Deux ans plus tard, il part pour Paris où il étudie les lettres à la suite du succès de ses deux romans publiés en 1912 et 1913. Lorsque la guerre éclate en septembre 1914, il revient à Montréal où il travaille à *La Patrie* avant de s'engager dans l'armée. Blessé à Vimy le 14 mars 1917, il doit passer le reste de sa vie à l'hôpital à part quelques séjours chez ses parents. À leur mort en 1932, il rentre définitivement à l'hôpital de Sainte-Anne de Bellevue où il meurt en 1947. Son premier livre *Au large de l'écueil* (1912), est un roman à thèse : l'auteur s'attaque au matérialisme qui envahit le Québec. À sa parution, ce roman connaît un certain succès dont témoignent les articles élogieux de Camille Roy et de Léon Lorrain entre autres. Par contre, le nationalisme étroit et le mépris de la France affiché par Bernier suscitent des attaques sévères de Marcel Dugas et de Jules Fournier ; ce dernier voit en Bernier le

symbole de la misère intellectuelle de la jeunesse canadienne-française de l'époque. Dans son deuxième roman, *Ce que disait la flamme* (1913), il engage la jeunesse du Québec «à cultiver, à développer dans son âme l'amour de notre race». Selon Yvan G. Lepage, les romans de Bernier illustrent «assez bien la teinte qu'avait prise le patriotisme dans la province de Québec, au cours des grandes purges catholiques de la fin du XIXᵉ siècle» (DOLQ, t. 2, p. 92).

ŒUVRES

Au large de l'écueil. Roman canadien, Québec, Imprimerie de «L'Événement», 1912, 319 p.
Ce que disait la flamme, Québec, Imprimerie de «L'Événement», 1913, xii, 452 p.

ÉTUDES

Camille Roy, *Courrier littéraire. Au large de l'écueil par M. Hector Bernier*, dans *La Nouvelle-France*, vol. 2, nᵒ 7, juillet 1912, p. 298–307. (Reproduit dans *Nouveaux Essais de littérature canadienne*, Québec, 1914, p. 328–344).
Jules Fournier, *Que ceux qui ont des yeux voient*, dans *L'Action*, 10 août 1912, p. 1, 4. (Reproduit dans *Mon encrier*, Montréal, Le Devoir, 1922, t. 2, p. 132–161 ; 1970, p. 224–247).
Marcel Henry [ps. de Marcel Dugas], *Propos littéraires. M. Ernest Beauregard, M. Jean Charbonneau, M. Hector Bernier, la Revue française et M. Paul Morin*, dans *L'Action*, 28 sept. 1912, p. 1.
Camille Roy, *Courrier littéraire. Ce que disait la flamme*, dans *L'Action sociale*, 5 déc. 1913, p. 6. (Reproduit dans *Nouveaux Essais de littérature canadienne*, Québec, 1914, p. 345–356).
Adrien Thério, *Un cas de masochisme exemplaire. Au large de l'écueil d'Hector Bernier*, LAC 1967, p. 197–204.
Yvan G. Lepage, *Hector Bernier, romancier de l'idéalisme abstrait*, VIP, vol. 2, nᵒ 3, avril 1977, p. 358–368.

BERNIER, JOSEPH-ELZÉAR (1852–1934). Mémorialiste, né à l'Islet (Montmorency). Petit-fils et fils de navigateur, il s'engage comme mousse à 14 ans. À 17 ans, il est capitaine de navire. Bernier fait des centaines de voyages dans toutes les parties du monde. En 1887, il est nommé maître du port à Lauzon. En 1890, il reprend le commandement des voiliers océaniques. En 1895, il devient gouverneur de la prison de Québec. Il rêve cependant de se rendre au pôle nord et, après de longues recherches, il expose son projet, en 1898, devant la Société de géographie de Québec. Enfin, le gouvernement du Canada fait l'acquisition d'un navire, l'*Arctique*, et Bernier dirige une expédition à la Baie d'Hudson en 1904-1905. Par la suite, il effectue trois grands voyages entre 1906 et 1911, afin d'affirmer la souveraineté canadienne dans l'Arctique. À l'automne de 1911, Bernier abandonne son poste au ministère de la Marine et des Pêcheries, victime du changement de gouvernement. Il fait l'acquisition d'un navire en acier et fait plusieurs voyages dans l'Arctique jusqu'en 1925. Bernier publie des rapports officiels de ses expéditions en 1909, 1910 et 1911. À sa mort, il laisse des mémoires qui sont publiés sous le titre *Master Mariner and Arctic Explorer* (1939). Suzanne Lafrenière remarque : « Tempêtes, ouragans, grosses mers, naufrages, avaries. Des ports, des quais, des officiers du port et des marchands [...] Joseph-Elzéar Bernier a tout connu, tout expérimenté, tout vécu de la grande épopée maritime qu'ont inscrite dans l'histoire les navigateurs canadiens au XIXᵉ siècle et dans le premier tiers du XXᵉ ».

ŒUVRES

Report of the Dominion Government Expedition to Arctic Islands and the Hudson Strait on board the C.G.S. « Arctic », 1906–1907, Ottawa, C.H. Parmelee, Printer to the King's Most Excellent Majesty, 1909, 127 p.
Rapport sur la croisière faite par le trois-mâts mixte « Arctic » de la Puissance du Canada dans l'archipel arctique et le détroit d'Hudson, Ottawa, Imprimerie Nationale, 1910, 573 p.
Report on the Dominion Government Expedition to the Northern Waters and Arctic Archipelago of the D.G.S. « Arctic » in 1910, Ottawa, King's Printer, 1911, 161 p.
Master Mariner and Arctic Explorer (mémoires), Ottawa, Le Droit, 1939, 409 p. Traduction française par Paul Terrien : *Les Mémoires de J.-E. Bernier. Le dernier des grands capitaines*, Montréal, Quinze, 1983, 208 p.

ÉTUDES

Yolande Dorion-Robitaille, *Le Capitaine Bernier et la Souveraineté du Canada dans l'Arctique*, Ottawa, Ministère des Affaires indiennes et du Nord, 1978, 110 p.
Suzanne Lafrenière, *Les Mémoires de J.-E. Bernier. Le dernier des grands capitaines*, Dr, 71ᵉ année, nᵒ 162, 8 oct. 1983, p. 30.

BERNIER, JOVETTE-ALICE [X Mme Georges Rousseau] (1900–1981). Journaliste, poète et romancière, née à Saint-Fabien de Rimouski. Après ses études à l'École normale des Ursulines de Rimouski, elle fait de l'enseignement de 1917 à 1923, puis s'établit à Québec et commence une longue carrière dans le journalisme. Elle débute à *L'Événement* en 1923, passe à *La Tribune* en 1926, collabore à un bon nombre de journaux et revues, tels *L'Illustration* (devenue *Montréal-Matin* en 1941), *La Revue moderne, La Muse française* et *Le Journal de la femme* (Paris), *L'Ordre, La Patrie, Radiomonde* (avec une chronique hebdomadaire « Quelles nouvelles, Jovette ? »), *Châtelaine* où elle est courriériste du cœur de 1957 à 1973, etc. Elle prend part à la fondation de la revue *Jovette*. Elle donne, en outre, des conférences sur le féminisme, la littérature, la Gaspésie. En 1931, elle commence à la radio des récitals de poésie et des causeries. En 1932, le poste CKAC accepte de passer, sans cachet, l'émission « Bonjour madame » (1932–1940). Dès 1933, elle fait partie d'autres émissions. En 1939, elle crée la série de sketches humoristiques « Quelles nouvelles » qui connaît une grande vogue (1939–1959). Elle collabore à « La Rumba des radioromans » (1939–1941), crée d'autres séries comiques à CBF, comme « J'ai un cœur à chaque étage » (1941–1942), délaisse le comique dans le radioroman « Je vous ai tant aimé » (1951–1959, rédigé par Simon L'Anglais à partir de 1954), revient à l'humour avec « Comédie éclair » (1961–1962), puis quitte la radio. À la télévision, elle commence une carrière de scripteur, en 1954, surtout dans le genre humoristique. On y reprend « Quelles nouvelles » (1956–1959). Passent alors la série « Rêve et Réalité » (1954–1956), le téléroman « Rue de l'Anse », et environ soixante-cinq sketches pour les programmes éducatifs : « Langue vivante » (1967–1970) et « Le Français d'aujourd'hui » (1970–1971). L'œuvre publiée de Jovette Bernier comprend cinq recueils de poésies, deux romans et un essai. En 1929, *Tout n'est pas dit* mérite la médaille du Lieutenant-gouverneur et, en 1969, *Non, Monsieur* obtient le prix du Cercle du livre de France. Quatre volumes de poésie et un roman paraissent de 1924 à 1932, après quoi il faut attendre jusqu'en 1945 pour un cinquième recueil de poèmes — fait en grande partie de pièces datées de 1933 à 1935 —, puis jusqu'en 1969 pour un second roman. Sa poésie, d'abord maladroite et pleine d'emprunts — de Hugo surtout — évolue assez vite vers une forme plus personnelle, un langage plus dépouillé et plus vrai. Histoire invraisemblable aux personnages artificiels, *La Chair décevante* suscita des jugements contradictoires, en 1931, mais l'œuvre marque une date dans les lettres québécoises, idée que Maurice Hébert exprimait justement dans le titre d'un article : « Au tournant romanesque de nos lettres ». *Non, Monsieur*, beau et fort roman à la première personne, reprend le thème d'un grand amour malheureux.

L'Amour est le thème presque unique de toute l'œuvre de Jovette Bernier, amour difficile chanté avec réalisme et passion, amour déçu qui s'exhale dans la solitude.

ŒUVRES

Roulades (poésie), Rimouski, Imprimerie générale S. Vachon, 1924, 105 p.

Comme l'oiseau (poésie), Québec, [s.é.], 1926, 110 p.

Tout n'est pas dit (poésie), Montréal, Éditions Édouard Garand, 1929, 136 p. Préface de Louis Dantin. (Une première édition, légèrement différente, fut publiée en 1928 et détruite par la suite : il n'en reste que deux exemplaires).

La Chair décevante (roman), Montréal, Librairie d'Action canadienne-française, Albert Lévesque, 1931, 137 p.

On vend le bonheur (essai), Montréal, Librairie d'Action canadienne-française, Montréal, 1931, 193 p.

Les Masques déchirés (poésie), Montréal, Albert Lévesque, 1932, 142 p. Ill. de M. Robert Lapalme.

Mon deuil en rouge (poésie), Montréal, Éd. Serge Brousseau, 1945, 90 p.

Non Monsieur (roman), Montréal, CLF, 1969, 220 p.

Poèmes. Anthologie, ECF, n° 32, 1971, p. 9–49.

[*Poèmes*], dans *Ellipse*, n°s 25–26, 1980, p. 34–39. Trois poèmes reproduits et traduits en anglais.

ÉTUDES

Maurice Hébert, *Comme l'oiseau*, CF, vol. 14, n° 6, févr. 1927, p. 413–419.

Louis Dantin, *Mlle Jovette-Alice Bernier. « Comme l'oiseau »*, dans *Poètes de l'Amérique française*, Montréal, Albert Lévesque, 1928, p. 185–195.

Albert Pelletier, *Jovette-Alice Bernier*, dans *Carquois*, Montréal, LACF, 1931, p. 112–117.

Maurice Hébert, *Au tournant romanesque de nos lettres. La Chair décevante*, CF, vol. 19, n° 5, janv. 1932, p. 375–377.

Carmel Brouillard, *Jovette-Alice Bernier*, dans *Sous le signe des muses*, Montréal, Granger, 1935, p. 111–136.

Adrienne Choquette, *Jovette Bernier*, dans *Confidences d'écrivains canadiens-français*, Trois-Rivières, EBP, 1939, p. 30–31.

Albert Laberge, *Jovette Bernier*, dans *Peintres et Écrivains d'hier et d'aujourd'hui*, Montréal, Éd. privée, 1945, p. 133–144.

Marie Bourbonnais, *La Femme du mois*, dans *Pour vous Madame*, vol. 2, n° 2, déc. 1948, p. 16–21.

André Couture, *Non Monsieur*, LAQ 1969, p. 13–14.

Jean-Guy Pilon, *Non Monsieur*, L, vol. 2, n° 66, nov.–déc. 1969, p. 117.

Alice Parizeau, *La Romancière de l'année au Québec, Jovette Bernier*, Ch, vol. 11, n° 2, févr. 1970, p. 28–29, 41–43.

BERNIER, LÉONARD (1922–   ). Conteur, né à Matane. Après ses études primaires à l'Académie Saint-Antoine, il devient électricien puis bûcheron. Il collabore au journal syndical *Le Travail*. Son premier recueil de contes est accueilli assez sévèrement par la critique. Jeanne Demers, analysant *Au* *temps du «boxa»* (1977), se demande : « Mais lira-t-on vraiment l'ouvrage de Léonard Bernier ? » et, selon Jacques Larue-Langlois, l'ouvrage « aurait donné, au mieux, une ou deux bonnes émissions de radio... ». Aurélien Boivin, par contre, voit dans ce recueil de récits populaires un lien de parenté avec les contes de Louis Fréchette.

ŒUVRE

Au temps du «boxa» (contes), Montréal, Parti Pris, 1977, 93 p. « P ».

ÉTUDES

Jeanne Demers, *Léonard Bernier. Au temps du «boxa»*, LAQ 1977, p. 51-52.
Jacques Larue-Langlois, *Au temps du «boxa» ou du «buck saw»*, dans *Le Livre d'ici*, vol. 3, 22 mars 1978, n° 24.
Aurélien Boivin, *Contes. Au temps du «boxa» de Léonard Boivin*, dans *Québec français*, n° 16, mars 1978, p. 8.

BERNIER, NOËL (1879-1944). Journaliste et historien, né à Saint-Jean (Iberville). Fils de Thomas-Alfred Bernier, avocat qui s'établit au Manitoba en 1880 et qui fut nommé sénateur en 1892. Noël Bernier étudie au Collège Saint-Boniface (B.A. 1898) et entre au barreau du Manitoba en 1902. Il pratique le droit à Saint-Boniface, tout en se consacrant au journalisme, d'abord comme rédacteur du journal *Le Manitoba* (1900-1908), ensuite de *La Liberté et le Patriote*. Il collabore à des périodiques tels : *L'Action française, Le Devoir, L'Action sociale* et donne des conférences sous les auspices de l'Union canadienne et de la Société historique de Saint-Boniface. Bernier est surtout connu comme l'auteur de l'histoire de Fannystelle, paroisse franco-manitobaine, ouvrage décrit par Arthur Maheux comme « étude solide et attrayante à la fois ».

ŒUVRES

Le Capital et le Travail. Conférence, Saint-Boniface (Manitoba), Comité de propagande La Vérendrye de l'A.C.J.C., [1920], 36 p.
Fannystelle ; une fleur de France éclose en terre manitobaine (histoire), Saint-Boniface (Manitoba), Société historique de Saint-Boniface, 1939, 189 p. Portrait.

La Presse française au Manitoba, BPF, vol. 13, 1915, p. 446-449.
Le Rôle du gouvernement provisoire, à propos du cinquantenaire de l'entrée des terres de Rupert et du Nord-Ouest dans la Confédération canadienne, AF, vol. 4, 1920, p. 266-273. Paru aussi dans *Les Cloches de Saint-Boniface*, vol. 19, 1920, p. 198-203.

Le P. Aulneau, jésuite, dans *Le Messager canadien du Sacré-Cœur*, vol. 49, 1940, p. 438-445. Paru aussi dans *Les Cloches de Saint-Boniface*, vol. 39, 1940, p. 291-298.
La Société historique de St-Boniface et ses travaux, dans *Les Cloches de Saint-Boniface*, vol. 39, 1940, p. 283-288.
Octave Crémazie, dans *Aujourd'hui*, n° 35, août 1942, p. 33-35.

ÉTUDE

Arthur Maheux, *Problèmes canadiens dans les livres récents. Problèmes d'histoire : Fannystelle*, CF, vol. 29, n° 9, mai 1942, p. 720.

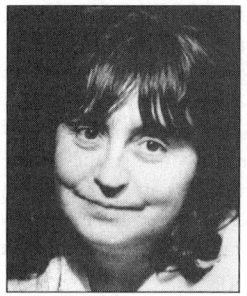

BERSIANIK, LOUKY [X Lucile Durand] (1930-). Dramaturge, poète et romancière, née à Montréal. Après ses études primaires et secondaires au Couvent de la Présentation, à Saint-Alexandre, elle fait son cours classique au Collège Jésus-Marie (B.A., 1950). Inscrite à la Faculté des lettres et à l'École des bibliothécaires de l'Université de Montréal, elle obtient, en 1952, sa maîtrise pour une thèse sur Bernanos et son baccalauréat en bibliothéconomie, puis elle continue ses études en vue du doctorat. Une bourse du Gouvernement français lui permet d'aller à la Sorbonne où elle passe deux ans (1953-1954). Rentrée à Montréal, elle travaille à la Bibliothèque municipale de Montréal (1956-1958), et plus tard au Cégep du Vieux-Montréal (1968-1970). De 1954 à 1981, elle est tour à tour ou conjointement rédactrice aux Éditions des Anciens Résidents de la Cité universitaire de Paris ; scripteur pour Radio-Canada, Télé-métropole, l'ORTF ; assistante à la direction du Bureau des affaires publiques de Radio-Canada à Paris ; scénariste, dialoguiste et recherchiste pour des compagnies de cinéma ; parolière pour des chansonniers ; professeur de création littéraire à l'Université Concordia et à l'Université du Québec à Montréal. Sa carrière littéraire débute très tôt : son père écrivait des pièces de théâtre et effectuait des tournées au cours desquelles Lucile (Louky) était amenée à réciter ses propres poèmes sur les tréteaux. Plus tard, elle s'intéressera aux émissions et aux films d'animation pour enfants, et présentera un film d'animation à Prague, en 1954, avec son mari Jean Letarte. À compter de 1964, elle publie des contes pour enfants, illustrés par Jean Letarte ; *Togo, apprenti-remorqueur* remporte le prix de la Province de Québec, en 1966. Elle collabore à divers périodiques comme *Liberté, Le Devoir, La Nouvelle Barre du jour, Études littéraires*, etc. Ses premiers romans seront publiés sous son nom véritable, Lucile Durand. À partir de 1976, elle utilise le pseudonyme Louky Bersianik « pour [se] démarquer de [sa] vie antérieure ». En 1976, elle publie *L'Euguélionne*, roman triptyque d'une importance majeure comme ouvrage et en raison des sujets féministes qu'il aborde. La critique est partagée entre pro-Louky et contre-Louky, les premiers qualifiant le livre de « génial » et les autres d'« imbuvable ». « Faire un relevé du discours ou des idées reçues sur la femme, écrit Agathe Martin, du lieu commun du langage courant au discours littéraire ou scientifique, donner à voir le sexisme qui s'y infiltre ou qui s'y indique, opposer à cet ensemble idéologique un contre-discours, un contre-texte, voilà ce que me paraît avoir cherché à faire Louky Bersianik. Son livre, dans cette perspective, est une somme et comme tel irremplaçable ». *Le Pique-nique sur l'Acropole* (1979), son deuxième roman, s'inscrit dans cette recherche féministe qui, pour certains critiques, semble une enquête exacerbée sur la supériorité de la femme sur l'homme. Avec ces deux premiers romans, Louky Bersianik devenait une voix autorisée du féminisme québécois, ce qui l'a amenée à donner de nombreuses conférences et à participer à des colloques. Aux poèmes et fictions dramatiques de *Maternative* (1980), viennent s'ajouter les paroles de *Trace et Contraste*, mises en musique par Richard Séguin, que Nathalie Petrowski qualifie de « réconciliation certaine entre deux pôles extrêmes... le jour et la nuit, la vie et la mort... la mère et le fils... » Dans *Les Agénésies du vieux monde* (1982), Louky Bersianik découvre les chemins de la mémoire des femmes. Le sous-titre de son septième livre, *Axes et Eau* (1985), précise que le contenu est comme des « poèmes de La Bonne Chanson ». Pourtant ce recueil « n'a rien d'une plaquette », remarque Jean Royer. On retrouve en poésie, les personnages rendus célèbre dans ses ouvrages antérieurs. Commentant sa propre démarche elle dit : « Je suis toujours en recherche. Le féminisme, c'est une conscience. Et une conscience, ce n'est jamais arrêté, c'est toujours en marche ».

ŒUVRES

Le Cordonnier Pamphile, mille pattes (litt. jeunesse), Montréal, Éditions du Centre de psychologie et de pédagogie, 1964, 63 p. Sous le nom de Lucile Durand. Ill. de Jean Letarte. « Le Canoë d'argent ».

Koumic, le petit Esquimau (litt. jeunesse), Montréal, Éditions du Centre de psychologie et de pédagogie, 1964, 48 p. Sous le nom de Lucile Durand. Ill. de Jean Letarte. « Le Canoë d'argent ».

La Montagne et l'Escargot (litt. jeunesse), Montréal, Éditions du Centre de psychologie et de pédagogie, 1965, 60 p. Sous le nom de Lucile Durand. Ill. de Jean Letarte. « Le Canoë d'argent ».

Togo, apprenti-remorqueur (litt. jeunesse), Montréal, Éditions du Centre de psychologie et de pédagogie, 1965, 80 p. Sous le nom de Lucile Durand. Ill. de Jean Letarte. « Le Canoë d'argent ».

L'Euguélionne. Roman triptyque, Montréal, La Presse, 1976, 398 p. Ill. de Jean Letarte ; Paris, Hachette, 1978 ; Montréal, Stanké, 1985, 412 p. Suivi de « Dossier ». « Roman 10/10 ». Traduction anglaise par Gerry Denis, Alison Hewitt, Donna Murray et Martha O'Brian : *The Euguelionne. A Triptych Novel*, Victoria/Toronto, Press Porcepic, [1981], 347 p.

La Page de garde (poésie), Saint-Jacques-le-Mineur, Éditions de la Maison, 1978, 12 p. Ill. de Lucie Laporte. (Tirage limité).

Le Pique-nique sur l'Acropole. Cahiers d'Ancyl (textes poétiques), Montréal-Nord, VLB éditeur, 1979, 238 p. Eaux-fortes et tailles-douces de Jean Letarte. Avertissement de l'auteur.

Maternative. Les Pré-Ancyl (textes poétiques), Montréal-Nord, VLB éditeur, 1980, 163 p. Acides de Jean Letarte.

Les Agénésies du vieux monde (essai), Outremont, L'Intégrale, éditrice, 1982, 24 p.

Au beau milieu de moi (textes poétiques), Montréal, Nouvelle Optique, 1983, 83 p. Photographies de Kéro.

Axes et Eau. Poèmes de « La Bonne Chanson », Montréal, VLB éditeur, 1984, 234 p. Ill. de Francine Simonin.

L'Arbre à trous (histoire fantastique), C, vol. 5, n° 12, déc. 1964, p. 22–23, 58, 60–63.

Noli me tangere [sic], BJ, n°s 56–57, mai–août 1977, p. 148–164 ; traduit dans *Room of One's Own* (Vancouver), vol. 4, n°s 1–2, 1978, p. 98–110.

L'Autonomie, une forme de gouvernement & Commentaires, dans *Conférence 78* (Conseil canadien de la condition féminine), Moncton, avril 1978, p. 17–28, 41.

L'Instantané, NBJ, n°s 68–69, sept. 1978, p. 78–92.

L'amour lesbien est une splendeur, NBJ, n° 75, févr. 1979, p. 65–74.

La Noyée repentie, dans *Journal of Canadian Fiction*, n°s 25–26, 1979, p. 68–75.

Séjournale, dans *Les Cahiers de la femme*, vol. 1, n° 3, printemps 1979, p. 99–102.

L'Union fondamentale, dans *Possibles*, vol. 4, n° 1, automne 1979, p. 61–69.

La Maternité mâle, EL, vol. 12, n° 3, déc. 1979, p. 407–410.

Tradition féminine en littérature, RUO, vol. 50, n° 1, janv.-mars 1980, p. 24–27.

La Natte et la Hutte, NBJ, n° 87, févr. 1980, p. 31–47.

Le Corps indigent, NBJ, n°s 92–93, juin 1980, p. 33–39.

Mon engagement féministe, dans *Les Cahiers de la femme*, vol. 2, n° 4, automne 1980, p. 14.

Ste-Urbaine-la-Villaine, NBJ, n° 102, avril 1981, p. 69–75.

Les Heures, NBJ, n° 106, oct. 1981, p. 23–36.

ÉTUDES

Christian Vandendorpe, *L'Euguélionne de Louky Bersianik*, dans *Québec français*, n° 22, mai 1976, p. 5.

Christiane L'Heureux, *L'Euguélionne*, dans *Le Livre d'ici*, vol. 1, n° 3, 5 juillet 1976, p. 1.

Agathe Martin, *Louky Bersianik. L'Euguélionne. Roman triptyque*, LAQ 1976, p. 50–53.

Camille Larose, *Louky Bersianik, la femme du mois*, dans *Femme*, vol. 3, n° 10, oct. 1977, p. 26–28.

Jean Royer, *Louky Bersianik. Notre corps d'écriture*, Dev, vol. 70, n° 275, 24 nov. 1979, p. 20.

Madeleine Ouellette-Michalska, *Louky Bersianik : un pique-nique savoureux*, Dev, vol. 70, n° 293, 15 déc. 1979, p. 21.

Réginald Martel, *Le banquet s'achève et le pique-nique devrait commencer*, Pr, 95e année, n° 302, 22 déc. 1979, p. C-3.

Gabrielle Frémont, *Louky Bersianik. Le Pique-nique sur l'Acropole. Cahiers d'Ancyl*, LAQ 1979, p. 283–285.

Louise Forsyth, *L'Écriture au féminin ; L'Euguélionne de Louky Bersianik*, dans *Journal of Science Fiction 1979*, n°s 25–26, 1979, p. 199–211.

Cécile Cloutier, *L'Euguélionne : texte et signification*, RUO, vol. 50, n° 1, janv.-mars 1980, p. 95–98.

France Théoret, *Le Pique-nique sur l'Acropole de L. Bersianik*, dans *Spirale*, n° 6, févr. 1980, p. 7.

Hélène de Billy, *À travers l'écriture*, Dev, vol. 71, n° 126, 26 avril 1980, p. 26.

Nathalie Petrowsky, *Richard Séguin et Louky Bersianik. Pour une coexistence pacifique*, Dev, vol. 71, n° 281, 6 déc. 1980, p. 21.

Odile Annie Renault, « L'Euguélionne de Louky Bersianik : une écriture au féminin ». Mémoire de maîtrise. Manchester, University of Manchester, 1980, 97 f.

Guy Rancourt, *Louky Bersianik. Maternative. Les Pré-Ancyl*, LAQ 1980, p. 90–94.

Madeleine Ouellette-Michalska, *Louky Bersianik : de la mère à la fille*, Dev, vol. 72, n° 49, 28 févr. 1981, p. 19.

Jean Royer, *La Féminie intégrale*, Dev, vol. 73, n° 54, 6 mars 1982, p. 15.

Lucile Durand interviewe Louky Bersianik, LQ, n° 26, été 1982, p. 53–55.

Donald Smith, *Louky Bersianik et la mythologie du futur. De la théorie-fiction à l'émergence de la femme positive*, LQ, n° 27, automne 1982, p. 61–69.

Jean Royer, *Les Terribles Vivantes*, Dev, vol. 76, n° 57, 9 mars 1985, p. 21, 26.

BERTHELOT, AMABLE (1777–1847). Essayiste et historien, né à Québec. Il est le fils de Michel-Amable Berthelot d'Artigny, avocat, membre marquant de l'Assemblée législative du Bas-Canada et descendant d'une famille parisienne qui avait obtenu un succès notable dans le petit commerce. Il fait ses études au Séminaire de Québec. Avocat en 1799, Amable Berthelot pratique le droit à Trois-Rivières et amasse, au bout de quelques années, une belle fortune qui vient en partie de son travail, en partie de l'héritage familial. Il est député de Trois-Rivières de 1814 à 1816. En 1820, il part pour Paris où il réside quatre ans. Il monte une riche bibliothèque qui formera le noyau de celle de l'Assemblée législative dont il redeviendra membre en 1824. Entre 1831 et 1834, il séjourne de nouveau à Paris où il rencontre François-Xavier Garneau qui bénéficiera de son aide pour préparer et publier son *Histoire du Canada*. Revenu au pays, il siège comme député de la Haute-ville de Québec à l'Assemblée législative. En 1838, soupçonné d'activités révolutionnaires, il est emprisonné pendant quelque temps avec son associé et gendre, Louis-Hippolyte Lafontaine. En 1841, il est élu député du comté de Kamouraska ; il gardera ce siège jusqu'à sa mort. Homme de grande culture, il s'adonne dans ses loisirs à l'étude du droit, de l'économie politique, de la botanique, de l'histoire et même de la grammaire. Plusieurs de ses discours politiques sont fort goûtés, et publiés par la suite. Ses recherches historiques portent sur des questions de petite histoire des origines de la Nouvelle-France. L'instruction publique lui doit deux précis de grammaire, inspirés par les principes d'éducation mutuelle de l'abbé Girard. « Il a simplifié ainsi considérablement, note F.-X. Garneau dans sa notice nécrologique de Berthelot, l'étude de la grammaire à laquelle il se proposait de rattacher la logique et la rhétorique [...] dans un travail qu'il a laissé inachevé ».

ŒUVRES

Discours de M. Berthelot prononcé à la Chambre d'Assemblée lors de la seconde lecture du bill de M. Vallières pour la publicité de l'hypothèque, Québec, [s.é.], 1827, 17 p. ; aussi dans *La Gazette de Québec*, 19 avril 1827.

Dissertation sur le canon de bronze que l'on voit dans le musée de M. Chasseur à Québec, Québec, Neilson & Cowan, 1830, 13 p.

Essai de grammaire française, Québec, Fréchette, 1840, 60 p.

Essai d'analyses grammaticales suivant les principes de l'abbé Girard, Québec, [s.é.], 1843, 16 p. ; A. Côté, 1847, xx, 99 p.

Discours fait devant la Société de discussion de Québec, le 15 juillet 1844, sur le vaisseau trouvé à l'embouchure du ruisseau St-Michel et que l'on prétend être la Petite Hermine de Jacques Cartier, Québec, [s.é.], 1844, 15 p.

Dissertation sur l'Instruction primaire, Québec, A. Côté, 1845, 11 p.

Discours de M. Berthelot, prononcé à une Assemblée de l'Association des Instituteurs du District de Québec, le 10 janvier 1846, Québec, [s.é.], [1846], 10 p. ; aussi dans *Le Journal de Québec*, 24 janv. 1846.

ÉTUDES

[F.-X. Garneau], *Notice biographique*, dans *La Minerve*, vol. 18, n° 33, 30 déc. 1847, p. 2.

[Anonyme], *Ouvrages d'Amable Berthelot*, BRH, vol. 20, n° 3, 1914, p. 89.

BERTHELOT, HECTOR [Cric-Crac, La Cane, Paul Hisse, Ladébauche], (1842-1895). Journaliste, humoriste et romancier, né à Trois-Rivières. Il fait son cours classique au Séminaire de Saint-Hyacinthe et au Collège Sainte-Marie. Après quelques mois au *Pays* (Montréal, 1861), il s'installe à Québec où il étudie le droit tout en collaborant à trois journaux humoristiques : *Le Grognard*, la *Figaro-Revue*, *La Lime*, de 1862 à 1864. Il est aussi chroniqueur parlementaire pour *Le Courrier de Saint-Hyacinthe*. Reçu au barreau en 1865, il devient chroniqueur parlementaire pour *L'Ordre* (Montréal) et s'établit à Ottawa. En 1870, il retourne à Montréal, collabore au *Bien public* et à *La Minerve*, fonde en 1877 *Le Canard* qu'il vend à Honoré Beaugrand (1878), fonde *Le Vrai Canard* (1879) qui devient *Le Grognard* en 1881 pour ne plus prêter à confusion, et est vendu en 1884. En 1885, il lance *Le Bourru* (Longueuil) qui dure deux mois, puis *Le Violon* (1886-1888). Rédacteur de la *Vie illustrée* (1889), il la quitte et crée *L'Iroquois* pendant les élections provinciales de 1890. En novembre 1893, il ressuscite *Le Canard* qui a cessé de paraître en 1887 et le dirige jusqu'à sa mort (1895). Il est un des premiers caricaturistes du Québec. En 1898, son associé A.P. Pigeon édite en volume le roman-feuilleton de Berthelot, *Les Mystères de Montréal*, scènes humoristiques un peu abracadabrantes. Selon Victor Morin, « Les créations humoristiques [de Berthelot] ont déridé bien des fronts moroses ; grâce à la verve de leur auteur, elles ont même survécu à l'oubli des événements du jour. Tous les hommes publics de l'époque y ont passé sans merci, mais le personnage de Ladébauche [...] restera comme prototype inimitable du Canadien madré qui commente à sa manière, avec une sûreté d'observation et de jugements que rien n'égale, les événements politiques et sociaux de la vie courante ».

ŒUVRES

Les Mystères de Montréal. Roman de mœurs, dans *Le Vrai Canard*, 20 déc. 1879-31 juillet 1880 ; deuxième partie, 13 nov. 1880-5 mars 1881 ; dans *Le Canard*, 23 mai 1896-18 févr. 1897 ; Montréal, Imprimerie A.P. Pigeon, 1898, (2), 118 p. ; 1901 ; quatrième édition, [1918], 144 p.

Montréal. Le bon vieux temps, compilé, revu et annoté par E-Z. Massicotte, première série, Montréal, Librairie Beauchemin, 1916, 124 p. ; 1924 ; deuxième série, 1924, 116 p.

« *Souvenirs de vingt ans de journalisme* » *conférence donnée au Cabinet de lecture paroissiale, le 27 décembre 1889*, dans Henriette Lionais-Tassé, *La Vie humoristique d'Hector Berthelot*, Montréal, Éditions Albert Lévesque, 1934, p. 161-180. (Paru d'abord dans *Le Canard*, 26 oct.-30 nov. 1895).

ÉTUDES

[Anonyme], « *Hector Bête-à-l'eau* », dans *La Scie* (Québec), vol. 1, n° 17, 25 févr. 1864, p. 1.

Henriette Lionais-Tassé, *La Vie humoristique d'Hector Berthelot*, Montréal, Éditions Albert Lévesque, 1934, 243 p. Préface de Victor Morin.

BERTHIAUME, ANDRÉ (1938-   ). Dramaturge, essayiste, romancier et nouvelliste, né à Montréal. Bachelier du Collège Sainte-Marie (1958), il fait une maîtrise à l'Université de Montréal : son mémoire porte sur « La Dramaturgie française face à la dramaturgie américaine » (1961). Une thèse sur l'humour dans les *Essais* de Montaigne lui vaut un doctorat de l'Université de Tours (France) en 1969. Il enseigne au Collège Saint-Denis, au Collège militaire de Saint-Jean, au Collège Loyola, puis à compter de 1969, à l'Université Laval. Il collabore à *La Barre du jour*, *Liberté*, *Écrits du Canada français*, *Passe-Partout* ainsi qu'aux *Études littéraires* dont il est le directeur de 1971 à 1974. Il est en outre coanimateur des Éditions Parallèles (1977-) et directeur de la revue *Livres et Auteurs québécois* (1978-). Il remporte ses premiers succès au théâtre avec *À ceux qui viendront*, pièce jouée au Gesù et à la télévision en 1958. *L'Exilé*, téléthéâtre, remporte le prix des Jeunes Auteurs en 1960. En 1966, son roman *La Fugue* mérite le prix du Cercle du livre de France. Par la suite il publie deux recueils de nouvelles. À propos du premier, *Contretemps*, Yvan Lepage écrit que « L'œuvre ne manque pas d'intérêt : plusieurs scènes empreintes d'une atmosphère tantôt fantastique, tantôt poétique, ne laissent pas indifférent et certaines audaces techniques annoncent l'écrivain de talent ». « *Le Mot pour vivre* [est] l'un des meilleurs livres de la saison, varié, ironique sans méchanceté, tendre sans sentimentalité, drôle et sérieux, une vraie réussite ». André Berthiaume remporte le prix de la Science-fiction

(1985) pour son recueil de nouvelles *Incidents de frontière*.

ŒUVRES

La Fugue (roman), [Montréal], CLF, 1966, 133 p.

Contretemps (nouvelles), Montréal, CLF, 1971, 131 p.

La Découverte ambiguë. Essai sur les récits de voyage de Jacques Cartier et leur fortune littéraire, Montréal, Éd. Pierre Tisseyre, 1976, 207 p.

Le Mot pour vivre (nouvelles), Montréal, Éditions Parallèles / Parti Pris, 1978, 206 p.

Incidents de frontière (nouvelles), [Montréal], Leméac, 1984, 143 p. « Roman québécois ».

Un arbre (poésie), BJ, vol. 1, n° 2, mai–juin 1965, p. 8–9.

L'Homme et la Parole (essai), BJ, vol. 1, n°s 3–5, juillet–déc. 1965, p. 60–61.

À ceux qui viendront (théâtre), BJ, vol. 1, n°s 3–5, juillet–déc. 1965, p. 96–112.

Toujours (poésie), dans *Passe-partout*, vol. 1, n° 9, sept. 1965, p. 4–5.

Gatien Lapointe ou L'Âpre Merveille de vivre (essai), ECF, n° 20, 1965, p. 255–272.

Le Thème de l'hésitation dans Prochain Épisode, L, vol. 15, n° 85, janv.–fév. 1973, p. 135–148.

Le Soleil, la croix, l'épée, brève lecture d'une épître attribuée à Jacques Cartier, EL, vol. 7, n° 1, avril 1974, p. 183–190.

Notes sur un genre présumé mineur, NBJ, n° 74, janv. 1979, p. 38–50.

Deux nouvelles, L, vol. 23, n° 5, sept.–oct. 1981, p. 47–52.

ÉTUDES

Alain Pontaut, *André Berthiaume, auteur du roman « La Fugue »*, Prix du Cercle du livre de France, Pr, vol. 82, n° 243, 20 oct. 1966, p. 47.

Louis-Martin Tard, *Au Prix du Cercle, un auteur absent joue « La Fugue » devant cinquante spectateurs*, P, vol. 87, n° 43, 30 oct. 1966, p. 52.

Jean-Yves Théberge, *Ce roman nous concerne tous !*, CF, vol. 107, n° 28, 1er déc. 1966, p. 34.

Jacques Allard, *La Fugue d'André Berthiaume*, LAC 1966, p. 16–17.

Jean-Guy Pilon, *La Fugue*, L, vol. 9, n° 1, janv.–févr. 1967, p. 85–86.

Yvan-G. Lepage, *Contretemps d'André Berthiaume*, LAQ 1971, p. 74–75.

Guy Laflèche, *André Berthiaume. La Découverte ambiguë*, LAQ 1976, p. 238–241.

Réginald Martel, *Quelques notes sur le pub à la quatre*, Pr, 94e année, n° 12, 20 mai 1978, p. D-2.

Gilles Cossette, *Le Mot pour vivre d'André Berthiaume*, LQ, n° 11, sept. 1978, p. 14–16.

André Vanasse, *André Berthiaume. Le Mot pour vivre*, LAQ 1978, p. 29–30.

François Hébert, *De fascinants incidents de frontière*, Dev, vol. 76, n° 51, 2 mars 1985, p. 23.

Réjane Bougé, *« Incidents de frontière », d'André Berthiaume, « La Ballade du peuplier carolin », d'Haroldo Conti. Des nouvelles qui font feu de tout bois*, Dr, 73e année, n° 84, 6 juillet 1985, p. 22.

BERTHIAUME, PIERRE (1946–   ). Essayiste et critique littéraire, né à Montréal. Il fait ses humanités à la Commission des écoles catholiques de Montréal et au Collège Saint-Ignace (B.A., 1968), puis il obtient une maîtrise en littérature à l'Université McGill dont le mémoire s'intitule « La Stylisation romanesque dans les trois versions de *Justine* » (1971). Boursier du Conseil des Arts et du Gouvernement français, il prépare un doctorat à l'Université de Grenoble sur « Les Techniques de narration ou La Notion de mémoires chez Prévost » (1973). Il enseigne au Collège Ahuntsic de Montréal (1969-1971, 1974-1976), à l'Université McGill (1976-1977), puis il devient professeur à l'Université d'Ottawa en 1977. Il collabore à divers périodiques, tels *Critère, Lettres québécoises, Voix et Images, Études littéraires, Études françaises, Cahiers de l'Institut supérieur des sciences humaines*. Il est l'un des collaborateurs de Jean Sgard pour l'édition critique des œuvres de Prévost. En 1981, il publie *Le Journal piégé* sur la valeur de l'information journalistique, ouvrage fort diversement apprécié. « Rarement allais-je lire autant d'inepties en si peu de temps, écrit Florian Sauvageau. Monsieur Berthiaume, par la technique du procès d'intention érigée en système de critique, par son ignorance des règles de base de l'organisation et du fonctionnement d'un quotidien, dévalorise une activité indispensable [...] ». Raymond Laprés abonde dans le même sens. Par ailleurs, Patrick Charbonneau trouve « passionnant » ce livre qui « explique comment et pourquoi le récit qui nous est donné dans le journal colle si peu à la réalité ». Et pour Daniel Latouche, « il est impossible de ne pas être d'accord avec les conclusions de l'auteur ».

ŒUVRES

Œuvres de Prévost I. Mémoires et Aventures d'un homme de qualité qui s'est retiré du monde. Histoire du Chevalier des Grieux et de Manon Lescaut, Grenoble, Presses universitaires de Grenoble, 1978, 493 p. Texte établi par Pierre Berthiaume et Jean Sgard. Note sur l'établissement du texte par Jean Sgard. Lettre de l'éditeur.

Le Journal piégé ou L'Art de trafiquer l'information. Essai, Montréal-Nord, VLB éditeur, 1981, 197 p. Ill.

Le crime ne paie pas, dans *Critère*, n° 4, juin 1971, p. 44–45.

Le XVIIIe siècle : la lumière et l'ombre, dans *Critère*, n° 13, avril 1976, p. 231–250.

L'Idéologie de Tit-Coq de Gratien Gélinas, dans *Cahiers de l'Institut supérieur des sciences humaines*, août 1976, p. 65–90.

Thomas Chapais : un discours biblique, VI, vol. 2, nº 2, déc. 1976, p. 231–239.

Les Rouges au XIXᵉ siècle, lecture des pamphlets de Louis-Antoine Dessaules, EL, nº 2, août 1978, p. 333–339.

Lesage et le Spectacle forain, EF, vol. 15, nᵒˢ 1–2, avril 1979, p. 125–141.

Une de perdue, deux de trouvées, de Georges Boucher de Boucherville ; rapports actantiels, rapports économiques, dans *Journal of Canadian Fiction*, nᵒˢ 25–26, 1979, p. 115–123.

La Ville et la Campagne : de la raison à l'utopie, dans RUO, vol. 51, nº 1, janv.–mars 1981, p. 64–77.

Les Contes de Prévost et leurs «sources», dans *Revue canadienne de littérature comparée*, vol. 8, nº 1, hiver 1981, p. 61–78.

ÉTUDES

Patrick Charbonneau, *Pierre Berthiaume : Le Journal piégé*, Dr, 69ᵉ année, nº 88, 11 juillet 1981, p. 16.

Daniel Latouche, *Le Journal truqué !*, dans *Le Livre d'ici*, vol. 6, nº 46, 19 août 1981, p. 1.

Florian Sauvageau, *Pierre Berthiaume. Le Journal piégé ou L'Art de trafiquer l'information*, LAQ 1981, p. 265–267.

Raymond Laprés, *Berthiaume (Pierre). Le Journal piégé ou L'Art de trafiquer l'information*, dans *Nos Livres*, vol. 13, avril 1982, nº 146.

BERTHIAUME-DENAULT, LAURE (1910–1971).

Romancière, née à Ottawa. Elle étudie la musique au Collège Bruyère d'Ottawa, puis les arts plastiques à l'Université de Montréal. À quinze ans, elle fait partie de la Symphonie d'Ottawa, comme violoniste. Épouse du photographe Alphonse Denault (1933), elle l'assiste dans son studio mais trouve le temps d'écrire des nouvelles pour les périodiques. Les années 1948 à 1964 sont en grande partie vouées à la peinture et à des expositions d'art à Montréal. En 1967, elle organise, à l'Université d'Ottawa, une exposition d'œuvres de peintres nés à Ottawa. Elle collabore au *Droit*, à *La Presse* et au *Petit Journal*. Son premier roman, *Marie-Jeanne* (1937), est gâté par deux actions mal reliées. Le second, *Mon sauvage* (1938), mieux construit et bien écrit, raconte les amours d'une Blanche et d'un Métis de Maniwaki déchiré entre l'attrait de la civilisation des Blancs et l'appel de la grande nature de ses origines.

ŒUVRES

Marie-Jeanne. Roman, Montréal, Éditions Beauchemin, 1937, 91 p. Préface de Marius Barbeau.

Mon Sauvage. Roman, Montréal, Éditions Bernard Valiquette, 1938, 216 p. Ill. de Tom Wood ; 1940.

ÉTUDES

Sébaste, *La Littérature canadienne. Un petit roman ottawain* [*Marie-Jeanne. Roman*], dans *En Avant !*, 1ʳᵉ année, nº 15, 23 avril 1937, p. 3.

Alphonse Désilets, *Marie-Jeanne*, dans *Le Terroir*, vol. 18, nº 11, avril 1937, p. 16.

Émile Bégin, *Littérature canadienne. Mon Sauvage*, dans *L'Enseignement secondaire au Canada*, vol. 21, nº 1, oct. 1941, p. 78–79.

Arthur Maheux, *Livres canadiens. Mon Sauvage*, dans *Le Canada français*, vol. 29, nº 4, déc. 1941, p. 303.

L.-P. Cormier, *Les Livres canadiens. Mon Sauvage*, dans *Culture*, vol. 3, nº 2, juin 1942, p. 274–275.

BERTON, DICK. Voir ROQUEBRUNE, ROBERT DE.

BERTRAND, CLAUDINE [née Sauvageau] [Eau sauvage] (1948–   ).

Poète et essayiste, née à Montréal. Après le secondaire au Pensionnat Notre-Dame-de-la-Trinité (Pointe-aux-Trembles) et à l'École Saint-Alphonse d'Youville (Montréal), elle étudie à l'École normale Ignace-Bourget (Brevet A, 1967) et à l'École normale Ville-Marie (B.péd., 1969), puis elle obtient, à l'Université du Québec à Montréal, un baccalauréat spécialisé en littérature (1973) et une maîtrise (1977) dont le mémoire s'intitule «Éléments pour une lecture de *L'Avalée des avalés*». Elle obtient aussi un certificat en information et en journalisme à l'Université de Montréal (1979) et un certificat en scénarisation cinématographique à l'UQAM (1980). Elle enseigne à l'École Notre-Dame de Vimont, en 1972, puis, à partir de 1973, elle est professeur de français au Collège de Rosemont. Active à la direction du syndicat des professeurs, elle fonde le journal *L'Action syndicale* (1975) et le *Bulletin express* (1976). Directrice du département de français, elle organise des rencontres culturelles, prend part à des spectacles de poésie, participe à des émissions radiophoniques et collabore à des périodiques tels *APLM, Intervention, La Nouvelle Barre du jour*... Son premier livre, *Idole errante* (1983), est une sorte d'essai ou récit poétique sur sa propre condition féminine. «Ce voyage hasardeux dans le labyrinthe intérieur, écrit Michel Laurin, est traduit dans un style haletant, fait de fines touches impressionnistes, aux phrases hachurées qui empruntent souvent à l'oral».

ŒUVRE

Idole errante (récit), Montréal, Éditions Lèvres urbaines, 1983, 87 p.

Hacienda del tobo, dans APLM, n⁰ 17, oct. 1982, p. 11.

Rrose Sélavy..., dans *Arcade*, n⁰ 6, oct. 1983, p. 23.

Bibliographie/Discographie/Chronologie (de Lucien Francœur), dans *Arcade*, n⁰ 3, hiver 1983, p. 64-73.

La Nuit des temps, dans *Agenda de la poésie 1984*, n⁰ 1, janv. 1984 (déc. 1983), p. 60.

La Parole inflammable, dans *Montréal Now !*, n⁰ 1, févr. 1984, p. 4.

ÉTUDES

Yvanhoé Beaulieu, *Du « néo-dandysme » en poésie*, Pr, 90ᵉ année, n⁰ 180, 7 août 1982, p. C-1.

Marie Laurier, *Claudine Bertrand : un talent réel*, Dev, vol. 74, n⁰ 289, 10 déc. 1983, p. 17.

Michel Laurin *Bertrand (Claudine). Idole errante*, dans *Nos livres*, vol. 15, avril 1984, n⁰ 5684.

BERTRAND, JANETTE [Bertran] (1925–). Auteur de chroniques, dramaturge et poète, née à Montréal. Elle s'inscrit à la Faculté des lettres de l'Université de Montréal où elle complète un certificat de littérature. Connue comme comédienne et animatrice à la radio et à la télévision, elle écrit et joue avec son mari, Jean Lajeunesse, dans le téléroman « Quelle Famille ! » (1969-1974). Elle se fait connaître par ses chroniques dans le *Petit Journal* et au poste CKAC, à Télé-métropole, ainsi que par ses émissions de Radio-Québec. En 1946, elle publie un recueil de textes versifiés dont le thème central est le rapport entre l'amour et la nature. Son livre de recettes de cuisine, *Les Recettes de Janette et le Grain de sel de Jean* (1968), remporte un succès monstre : plus de 200 000 exemplaires vendus. En 1981, elle met à profit ses 35 ans d'expérience comme animatrice d'émissions centrées sur les problèmes du couple, et écrit une pièce de théâtre intitulée *Moi Tarzan, toi Jane*. Selon André Dionne, il s'agit d'« une macédoine crue et épicée » où l'auteur « sermonne un peu trop ». L'année suivante, *Dis-moi-le si je dérange*, l'histoire d'une femme de 58 ans qui, seule dans sa grande maison, passe une soirée à téléphoner à tout le monde, remporte un certain succès.

ŒUVRES

Mon cœur et mes chansons (poésie), Montréal, Société des Éditions Pascal, [1946], 92 p. (Publié sous le nom Bertran).

Les Recettes de Janette et le Grain de sel de Jean, Montréal, Éditions du Jour, 1968, 189 p.

Moi Tarzan, toi Jane (théâtre), Longueuil, Éditions Inédi, [1981], 116 p.

ÉTUDES

Roger Duhamel, *Le Courrier des lettres*, dans *L'Action universitaire*, vol. 13, n⁰ 1, sept. 1946, p. 21-22.

Albert Saint-Pierre, *L'Esprit des livres. Mon cœur et mes chansons*, dans *Revue dominicaine*, vol. 53, t. 2, oct. 1947, p. 187.

Martial Dassylva, *Moi Tarzan, toi Jane*, Pr, 97ᵉ année, n⁰ 92, 18 avril 1981, p. C-5.

André Dionne, *Moi Tarzan, toi Jane*, LQ, n⁰ 23, 1981, p. 41.

Francine Pelletier, *Déranger sans choquer*, dans *La Vie en rose*, vol. 7, n⁰ 3, sept.-nov. 1981, p. 25-30.

[Anonyme], *Janette Bertrand. Entre une nouvelle pièce et un SOS*, Pr, 98ᵉ année, n⁰ 113, 15 mai 1982, p. C-10.

BERTRAND, MARIE-ANDRÉE (1925–). Essayiste et criminologue, née à Ville Saint-Laurent. Après ses études secondaires, elle fait ses humanités au Collège Bruyère (Ottawa) où elle obtient un baccalauréat en 1947. En 1951, elle obtient une maîtrise en service social à l'Université de Montréal et, en 1953, un baccalauréat en musique à l'École Vincent d'Indy. Elle est travailleuse sociale à la Clinique d'aide à l'enfance et à la Cour du bien-être social de Montréal (1954-1959), puis, de 1959 à 1963, directrice des Centres de socio-pédagogie du ministère du Bien-être social à Montréal et à Québec. En même temps, de 1961 à 1963, elle prépare une maîtrise en criminologie à l'Université de Montréal où, en 1963 elle est chargée de cours au département de criminologie. En 1965, elle s'inscrit à la University of California (Berkeley) et obtient un doctorat en criminologie (1967). Elle retourne ensuite enseigner au département de criminologie de l'Université de Montréal qui la nomme professeur titulaire en 1979. Profondément engagée, elle participe activement à du travail professionnel, est membre de la Commission sur les troubles d'émotivité et d'apprentissage chez l'enfant (CELDIC, 1965-1966), membre de la Commission LeDain sur l'usage non-médical des drogues (1969-1973), vice-présidente de la Ligue des droits de l'homme (1969-1972), rédacteur en chef de la *Revue canadienne de criminologie* (1966-1976), présidente du Conseil québécois de la recherche sociale (1980), présidente du Comité permanent sur le statut de la femme (1977-1981), membre de plusieurs sociétés dont l'Association professionnelle des criminologues du Québec et Amnistie Internationale. En plus de présenter des communications en criminologie à divers congrès, elle publie des articles sur la criminologie dans des périodiques dont *Maintenant, Le Devoir, Forum, Forces*, et des revues spécialisées comme *Crime and Delinquency, Revue canadienne de criminologie, Déviance et Société, Santé mentale.*

En 1970, à la publication du *Rapport préliminaire* de la Commission LeDain, Marie-Andrée Bertrand se fait remarquer par l'audace et l'originalité de son rapport minoritaire à cette enquête royale, et elle adjoint au *Rapport final* de 1970 des « conclusions et recommandations » qui sont considérées par les spécialistes comme un grand apport sur la manière de traiter la délinquance. Son ouvrage, *La Femme et le Crime*, aidera, selon Clément Trudel, « à étayer la lutte entreprise en vue de réviser le code pénal. Elle a le mérite de faire ressortir des incohérences flagrantes, des contradictions qui, même si elles ne jouent pas toujours objectivement contre les femmes, n'en sont pas moins désuètes ».

ŒUVRES

La Femme et le Crime, Montréal, L'Aurore, 1972, 224 p. « Exploration / Sciences humaines ».

Les Études de la femme à l'Université de Montréal, Montréal, [s.é.], 1983, 2 vol. : vol. 1, vii, 177 p. ; vol. 2, 58 p. Étude de Renée Colette-Carrière, sous la direction de Marie-Andrée Bertrand.

CRI 3422 : marginalité, déviance et criminalité, Montréal, Librairie de l'Université de Montréal, 1986, 129 p. Ill.

Quelques Aspects culturels de la délinquance des adolescents à Montréal, dans *Actes du 4e Colloque de recherche sur la délinquance et la criminalité*, Montréal, Centre de psychologie et de pédagogie, 1965, p. 38–48, 309–324.

Interventions psycho-sociologiques auprès de parents de délinquants, dans *Actes du 5e Congrès international de criminologie*, Montréal, PUM, 1965, p. 71–145.

The Myth of Sexual Equality Before the Law, dans *Actes du 5e Colloque de recherche sur la délinquance et la criminalité*, Montréal, Société de criminologie du Québec, 1967, p. 129–161.

Self-Image and Delinquency : A Contribution to the Study of French Criminality, dans *Acta Criminologica*, vol. 2, no 1, janv. 1969, p. 71–145.

La Querelle autour du Centre international de criminologie comparée, M, no 116, mai 1972, p. 18–22.

La Criminologie, entre la mission réformiste et le boy-scoutisme, M, no 118, août–sept. 1972, p. 18–21.

L'Esprit du Free Speed Movement est-il mort ?, Dev, vol. 64, no 248, 23 août 1973, p. 5.

Les Nouvelles Formes de la politisation étudiante, Dev, vol. 64, no 249, 24 août 1973, p. 5.

Les Femmes en prison, dans *Revue OVO*, été–automne 1976, p. 9–10.

La Loi C-84, pourquoi on recule ?, Dev, vol. 67, nos 262–264, 17–19 août 1976, p. 5.

Les Minorités sexuelles, un débat à refaire, dans Jean Basile et al., *Sortir*, Montréal, L'Aurore, 1978, p. 15–24.

Les Femmes, la folie et au-delà, dans *Santé mentale*, vol. 4, no 2, nov. 1979, p. 11–24.

ÉTUDE

Clément Trudel, *Marie-Andrée Bertrand. Requiem pour la criminologie masculine*, Dev, vol. 70, no 82, 7 avril 1979, p. 25.

BERTRAND, PIERRE (1944–   ). Poète, né à Montréal. Après ses études à l'Institut des arts graphiques (1959–1961), il exerce divers métiers : commis-libraire chez Déom, pressier-typographe à l'Imprimerie Létourneau de Saint-Constant, professeur à l'élémentaire à la Commission des écoles catholiques de Montréal, auteur dramatique pour le poste CBV de Québec, etc. À compter de 1972, il s'occupe presque uniquement d'écriture. De 1972 à 1976, il est plusieurs fois boursier du Conseil des Arts du Canada et du ministère des Affaires culturelles du Québec. En 1965, il fonde avec des amis la revue de poésie *Passe-Partout*, et en 1970 il fonde les Éditions Passe-Partout. Il collabore à des revues telles *La Barre du jour*, *Liberté*, *Lettres et Écritures* et *Écrits du Canada français*. Pierre Olivier qualifie de « langage sans rigueur » le premier recueil de Bertrand, *Un point tôt surgi du sac de la mémoire bâille* (1967). De son côté Maximilien Laroche trouve que dans ses vers on « sent une certaine tension qui leur donne à la fois densité, originalité et signification. [...] Il y a parfois du mauvais goût et de l'exagération dans la recherche évidente des allitérations et de la fabrication des néologismes. [...] Mais, ce qui sauve tout cela, c'est que ce n'est pas toujours un jeu pur, gratuit et absurde ».

ŒUVRES

Un point tôt surgi du sac de la mémoire bâille. Poèmes, [s.l., s.é.], 1967, [n.p., 44 p.].

L'Homme incendié. Poèmes de 1965, Québec, Les Éditions Passe-Partout illimitées, 1972, 78 p. Avant-propos de l'auteur.

Éros et Liberté (essai), Montréal, Humanitas / Nouvelle Optique, 1988, 144 p.

D'estoc et de taille (poésie), dans *Passe-Partout*, vol. 1, no 1, janv. 1965, p. 11.

L'Amour en berne (poésie), dans *Passe-Partout*, vol. 1, no 3, mars 1965, p. 11–13.

Encore une fois. Chanson du temps qui arrive (poésie), BJ, vol. 1, no 2, mai–juin 1965, p. 22–23.

Onze poèmes en forme d'évidence (poésie), ECF, no 20, 1965, p. 119–129.

La Machine à laver (poésie), BJ, vol. 2, no 3, janv.–févr. 1967, p. 39–44.

Soliloque I et II (poésie), L, vol. 9, n° 3, mai–juin 1967, p. 51–53.

Le Cycle de l'amour (poésie), dans *Passe-Partout*, vol. 2, n° 1, mai 1970, p. 2–8.

Poèmes, dans *Passe-Partout*, vol. 3, n° 2, févr. 1971, p. 2–15.

Poèmes, dans *Passe-Partout*, vol. 4, n° 2, oct. 1972, p. 2–15.

ÉTUDES

André Major, *Les Écrits du Canada français, tome vingt*, PJ, vol. 40, n° 10, 2 janv. 1966, p. 24.

[Anonyme], *Obsessions ou défoulement, mise en orbite de poèmes Bertrand-Cornellier*, Dev, vol. 58, n° 50, 1er mars 1967, p. 8.

Pierre Olivier, *Un langage sans rigueur : deux poètes et leurs mots*, Pr, 83e année, n° 75, 1er avril 1967, p. 26.

Maximilien Laroche, *Un point tôt surgi du sac de la mémoire bâille de Pierre Bertrand*, LAC 1967, p. 97.

Jean Garon, *Les Poètes de Québec à la défense de la poésie*, So, vol. 72, n° 106, 3 mai 1969, p. 46.

Gérard-Claude Fournier, *L'Homme incendié de Pierre Bertrand*, LAQ 1972, p. 182.

BÉRUBÉ, ALBERT (1935–   ). Poète et conteur, né à Saint-Hyacinthe. Il fait ses études classiques au Séminaire de Saint-Hyacinthe (B.A., 1952), ses études en théologie au Grand Séminaire de Saint-Hyacinthe, ainsi qu'à l'Université du Latran où il obtient un baccalauréat en théologie, en 1960, l'année de son ordination. De 1966 à 1967, il fait des études en pédagogie religieuse à l'Université de Strasbourg. Il est tour à tour professeur d'anglais et animateur de pastorale au Séminaire de Saint-Hyacinthe, au Collège Saint-Mathieu, à l'École secondaire Saint-Sacrement, au Collège Mariana à Niamey (Niger), et à l'École de Léry de Beauceville. Il voyage beaucoup à travers le monde : en France, au Niger, en Inde, aux Philippines. Albert Bérubé fait paraître en Inde *Arrêts* (1981), un recueil de poésie, puis *Thor et Ringo* (1981), récit. Ces ouvrages sont les fruits de ses voyages et de ses réflexions sur la vie, la mort, l'amour et la misère dans le monde.

ŒUVRES

Arrêts (poésie), Pondichery (Inde), All India Press, 1981, 67 p. Ill. de Ray Meeker. Traduction anglaise : *Stopovers*, Pondichery (Inde), Vijayaraj Printers, 1981, 67 p. Ill.

Thor et Ringo (récit), Pondichery (Inde), All India Press, 1981, 188 p. Ill. de Ray Meeker.

BESSETTE, ARSÈNE [Jean Rémuna] (1873–1921). Journaliste et romancier, né à Saint-Hilaire (Rouville). Son père, maire de Saint-Hilaire, s'étant ruiné dans la politique, Arsène peut quand même faire ses humanités au Collège de Sainte-Marie-de-Monnoir, grâce au député Louis-Philippe Brodeur. Il se lance ensuite dans le journalisme, d'abord à *La Patrie* en 1898, puis au *Canada français* de Saint-Jean que dirige son ami, Gabriel Marchand. Il devient vite rédacteur en chef du journal, s'intéressant à l'actualité politique, sociale et littéraire. Il écrit aussi dans les périodiques éphémères, *L'Étincelle* et *Le Taon*. Cultivé, passionné de théâtre, grand liseur, ami du peintre Ozias Leduc, il correspond avec des intellectuels français, notamment avec la romancière Marie LeFranc qu'il fait venir à Montréal en 1905. Il songe alors au mariage, mais il est déçu et c'est une collaboratrice de la page féminine de son journal, Albina Lareau, qu'il épouse en 1907. En 1914, il publie son unique roman, *Le Débutant*. À cause du journal libéral qu'il dirige, reconnu comme franc-maçon, Bessette a plus d'une fois été pris à partie, en particulier par *La Vérité* de Québec. Le roman, inspiré par son expérience et sa pensée, est condamné par l'archevêque de Montréal. La situation du journal se détériore et Bessette, découragé, quitte son journal à la fin de 1917. Retiré à Montréal, il obtient un petit emploi à *La Presse*, accepte un poste d'inspecteur à la Compagnie des Tramways de Montréal, en 1920, et meurt subitement le 21 juin 1921. Défendu par le seul Albert Laberge, injustement oublié, *Le Débutant* a été réédité de nos jours et redécouvert par la critique. Ainsi, René Dionne le considère comme un maillon important de l'évolution du roman canadien-français. « Bessette écrivait bien, en plus de penser neuf. [...] Les portraits sont bien dessinés, les descriptions vivantes, le récit alerte. Défaut de journaliste cependant, la profondeur manque [...] ».

ŒUVRE

Le Débutant (roman), Saint-Jean, Compagnie de publication « Le Canada français », 1914, 257 p. Dessins de Busnel et de Saint-Charles ; Montréal, Éditions Hurtubise HMH, 1977, 283 p. Postface de Madeleine Ducrocq-Poirier. Réimpression de l'édition originale. « Cahier du Québec. Textes et documents littéraires ».

Modernités (étude), dans *La Justice* (Holyoke, Mass.), 17 sept. 1908 ; dans *La Chanson du passant. Études littéraires*, Montréal/Québec, J.-G. Yon/A.-C. Dugal, [1916 ?], p. 39–45.

ÉTUDES

Albert Laberge, *Journalistes, écrivains et artistes*, Montréal, Édition privée, 1945, p. 25–32.

Madeleine Ducrocq-Poirier, *Le Débutant et son auteur* (étude en postface de l'édition de 1977), p. 261–281.

BESSETTE

Bernard Andrès, *Arsène Bessette. Le Débutant*, LAQ 1977, p. 64–66.

René Dionne, *Un maillon de la chaîne : Le Débutant d'Arsène Bessette*, LQ, vol. 1, n° 6, avril-mai 1977, p. 24–25, 31.

BESSETTE, GÉRARD (1920–   ). Romancier, essayiste, nouvelliste, poète et dramaturge, né à Sainte-Anne-de-Sabrevois (Iberville). Il fait ses études à l'Externat classique Sainte-Croix (B.A., 1941), à l'Université de Montréal où il obtient successivement une licence ès lettres (1944), une maîtrise ès arts (1946) et un doctorat ès lettres (1950). Il enseigne le français à l'Université de Saskatchewan (1946-1948), à l'Université Duquesne de Pittsburg (1951-1958), au Collège militaire royal de Kingston (1958-1960), et à l'Université Queen's de Kingston (1960-1979). Pendant un an (1966-1967), il est professeur invité à l'Université Laval. Grand voyageur, il parcourt le Canada, les États-Unis, le Mexique, fait connaissance avec l'Angleterre, l'Espagne, la France, l'Italie. Il collabore à de nombreuses revues : *Gants du ciel, Amérique française, L'Action nationale, L'Action universitaire, Canadian Literature, Liberté*. Sa création littéraire commence par le théâtre : *Hasard*, pièce en un acte, composée alors que l'auteur est étudiant au collège, remporte le premier prix du concours organisé par le Montreal Reportory Theatre en 1940. En 1947, il obtient le prix du Concours littéraire de la Province de Québec pour *Le Coureur et Autres Poèmes* ; en 1948, il représente le Canada aux Jeux Olympiques (section de poésie). Il s'oriente par la suite vers le roman : *La Bagarre* (1958), *Le Libraire* (1960), *Les Pédagogues* (1961), *L'Incubation* (1965), *Le Cycle* (1971), *La Commensale* (1975), *Les Anthropoïdes* (1977), *Le Semestre* (1979), *Les Dires d'Omer Marin* (1985). Il publie aussi des nouvelles : *La Garden-Party de Christophine* (1980). En 1961, *Le Libraire* lui vaut le prix du Grand Jury des lettres. Le prix du Gouverneur général lui est décerné en 1965, pour *L'Incubation*, et en 1972, pour *Le Cycle*. Il est membre de la Société royale du Canada depuis 1966 et de l'Académie canadienne-française depuis 1988. Son œuvre de critique s'est orientée vers les questions formelles dès l'époque de ses thèses de maîtrise et de doctorat dédiées toutes deux aux images chez Nelligan et chez quelques poètes français et québécois. Fortement influencé par Freud et Charles Mauron, toujours dans le registre de la psychiatrie, Bessette reprend quelques aspects de l'œuvre nelliganienne, étudie le monde poétique d'Anne Hébert et se penche sur les romans d'Yves Thériault, de Gabrielle Roy, de Victor-Lévy Beaulieu... Son anthologie d'Albert Laberge révèle ses idées sur le conte autant qu'elle fait valoir l'art et la thématique de l'auteur de *La Scouine*. Les romans réalistes de Gérard Bessette traduisent le conflit entre l'individu et la société. L'essentiel de son art romanesque semble être la saisie toujours renouvelée de la vie dans sa dimension sociale ; il excelle dans les portraits de ses personnages dont chacun incarne, par ses actes et son langage, un aspect de la vie. Gérard Bessette manie facilement plusieurs styles et sa technique évolue d'un roman à l'autre : de celle jugée « populiste » dans *La Bagarre* à celle d'un réalisme raffiné dans *Le Libraire* ; de celle du nouveau roman dans *L'Incubation* à une technique éminemment personnelle dans *Le Cycle*. L'œuvre conserve pourtant une « fondamentale unité » que Réjean Robidoux souligne et explique comme « la conscience de ce que l'aspect formel est le plus important en littérature ». En 1985, étudiant la production toujours soutenue de l'écrivain, Réginald Martel écrit : « En vieillissant, Gérard Bessette devient de plus en plus provocateur ; aussi bien dire qu'il ne vieillit pas ». Dans son roman *Les Dires d'Omer Marin* (1985), Bessette « jette un regard d'ensemble sur son œuvre, remarque encore Martel. Il y dit sa préférence pour *Les Anthropoïdes*, cette séduisante et ambitieuse genèse de l'humanité, [...] et pour *La Commensale*, qui regroupe, selon lui, quelques-unes de ses meilleures pages ».

ŒUVRES

Poèmes temporels, Monte Carlo, Regain, 1954, 59 p. « Poètes de notre temps » ; Montréal, Éditions du Jour, 1972. « PJ ».

La Bagarre. Roman, Montréal, CLF, 1958, 231 p. « NF » ; 1969, 215 p. « PoC ». Traduction anglaise par Marc Lebel et Ronald Sutherland : *The Brawl*, Montréal, Harvest House, 1976, 230 p. « French Writers of Canada ».

Le Libraire. Roman, Paris/Montréal, René Julliard/CLF, 1960, 173 p. ; Montréal, CLF, 1968, 153 p. « PoC » ; Éditions du Renouveau pédagogique inc., 1970, 102 p. Portrait. Présentation et annotation de Jacques Allard. Traduction anglaise par Glen Shortliffe : *Not for Every Eye*, Toronto, The Macmillan Company of Canada Limited, 1962, 98 p. Une traduction tchèque en 1974.

Les Images en poésie canadienne-française (essai), Montréal, Éditions Beauchemin,, 1960, 282 p. ; 1967.

Anthologie d'Albert Laberge, Montréal, CLF, 1963, xxxv, 310 p. Biographie sommaire. Avertissement au lecteur. Préface de Gérard Bessette ; 1972, 259 p. « PoC ».

L'Incubation. Roman, Montréal, Librairie Déom, 1965, 178 p. « NP » ; 1968, 179 p. ; Québec/Amérique, 1981, 202 p. « Littérature d'Amérique ». Postface de Patricia Smart. Traduction anglaise par Glen Shortliffe : *Incubation*, Toronto, Macmillan of Canada, 1967, 143 p.

De Québec à Saint-Boniface. Récits et nouvelles du Canada français, Toronto, Macmillan, 1968, 286 p. Textes choisis et annotés par Gérard Bessette ; 1971.

Une littérature en ébullition (essai), Montréal, Éditions du Jour, 1968, 318 p.

Histoire de la littérature canadienne-française par les textes. Des origines à nos jours, Montréal, Centre éducatif et culturel inc., 1968, 704 p. Collab. Lucien Geslin et Charles Parent.

Le Cycle. Roman, Montréal, Éditions du Jour, 1971, 213 p. « RJ » ; *Le Cycle*, Quinze, 1976 ; *Le Cycle. Roman*, Québec/Amérique, 1980.

Trois romanciers québécois (essai), Montréal, Éditions du Jour, 1973, 240 p.

La Commensale. Roman, Montréal, AS Quinze, 1975, 156 p. Avertissement de l'auteur ; Québec/Amérique, 1979. « Littérature d'Amérique ». Traduction anglaise par John Thomas Alexander : « The Lunch Companion ». Thèse de maîtrise, Université de Colombie Britannique, 1982, 148 f.

Roman d'aventure(s). Les Anthropoïdes, Montréal, La Presse, 1977, 297 p. Avertissement de l'auteur.

Mes romans et moi (essai), Montréal, Hurtubise HMH, 1979, 128 p. Préface de Jacques Allard. « Littérature ». (Paru d'abord en partie dans *Voix et Images*, vol. 3, n° 3, avril 1978, p. 408–420, vol. 4, n° 1, sept. 1978, p. 127–133),

Le Semestre. Roman, Montréal, Québec/Amérique, 1979, 278 p. « Littérature d'Amérique ».

La Garden-Party de Christophine. Nouvelles, Montréal, Québec/Amérique, 1980, 121 p. « Littérature d'Amérique ».

Les Dires d'Omer Marin. Roman/journal, Montréal, Québec/Amérique, 1985, 129 p. « Littérature d'Amérique ».

Hasard. Comédie en un acte, dans *Le Trait d'union. Journal des étudiants de l'externat classique de Sainte-Croix*, 2e année, printemps 1940, [2 p.].

Le Coureur (poème), dans *Gants du ciel*, juin 1945, p. 21–39.

Analyse d'un poème de Nelligan, AU, 15e année, n° 1, oct. 1948, p. 62–79 ; texte repris dans *Une littérature en ébullition*, p. 27–41.

Bonheur d'occasion, AU, 18e année, n° 4, juillet 1952, p. 53–74.

L'Évolution des images en poésie canadienne-française, C, vol. 20, n° 1, mars 1959, p. 3–14.

French Canadian Society as Seen by Contemporary Novelists, dans *Queen's Quarterly*, vol. 69, n° 2, été 1962, p. 177–197.

Poètes et Romanciers, dans André Brochu, *La Littérature par elle-même*, Montréal, A.G.E.U.M., 1962, p. 35–38.

[Témoignages], dans *Le Roman canadien-français*, Montréal, Fides, 1964, p. 374–376. « ALC » 3.

La Dislocation dans la poésie d'Anne Hébert, RUO, vol. 36, n° 1, janv.–mars 1966, p. 50–60 ; texte repris dans *Une littérature en ébullition*, p. 13–23.

Philosophie et Technique romanesque, Dev, vol. 57, n° 100, 30 avril 1966, p. 11.

L'Offre d'emploi (nouvelle), dans Guy Sylvestre et H. Gordon Green, *Un siècle de littérature canadienne/A Century of Canadian Literature*, Montréal/Toronto, HMH/Ryerson Press, 1967, p. 441–443.

Grossesse (nouvelle), L, vol. 11, n° 2, mars–avril 1969, p. 35–45.

Alexandre Chenevert de Gabrielle Roy, EL, vol. 2, n° 2, août 1969, p. 117–202.

Le Lecteur intérieur, L, vol. 14, n° 6, 1972, p. 61–64.

ÉTUDES

[Anonyme], Gala de pièces canadiennes. La pièce « Hasard » de M. *Gérard Bessette remporte le premier prix*, dans *Le Canada*, 29 avril 1940, p. 7.

Marcel Séguin, *Gérard Bessette — un nouveau poète et romancier*, dans *L'École canadienne*, 33e année, n° 8, avril 1958, p. 543–548.

E.B. Gose, *Inner or Outer Flaw*, CaL, n° 12, printemps 1962, p. 65–67.

André Brochu, *La Nouvelle Relation écrivain-critique*, PP, vol. 2, n° 5, janv. 1965, p. 52–62.

Glen Shortliffe, *Gérard Bessette, l'homme et l'écrivain*, EF, 1re année, n° 3, 1965, p. 17–42.

Réjean Robidoux, *Gérard Bessette et la technique romanesque*, LAQ 1965, p. 36–39.

Jean Éthier-Blais, *Romans*, dans *University of Toronto Quarterly*, vol. 35, n° 4, 1966, p. 409–523, *L'Incubation*, p. 509–510.

Jacques Allard, *Le Libraire de Gérard Bessette ou Comment la parole vient au pays de silence*, VIP, n° 1, avril 1967, p. 51–63.

Gérard Tougas, *Something or Nothing*, CaL, n° 36, printemps 1968, p. 62–67.

Paul Wyczynski, *Histoire de la littérature canadienne-française par les textes*, LAC 1968, p. 122–124.

Patricia Smart, *Relire L'Incubation*, EF, vol. 6, n° 2, mai 1970, p. 193–213.

Réjean Robidoux, *Le Cycle créateur de Gérard Bessette ou Le Fond, c'est la forme*, LAC 1971, p. 11–28.

[Collectif], *Le Québec littéraire*, n° 1, 1974, 166 p. Livraison entière consacrée à Gérard Bessette. C.3. BESSETTE, Gérard.

Réjean Robidoux, *Gérard Bessette et sa « Commensale »*, LQ, vol. 1, n° 1, mars 1976, p. 37–39.

Jacques Allard, *« Les Anthropoïdes » de G. Bessette*, VI, vol. 3, n° 3, avril 1978, p. 481–484.

Réjean Robidoux, *Gérard Bessette sous le signe du chaînon (non-) manquant ou L'Immémorial Rituel de la parole*, LQ, vol. 1, n° 11, sept. 1978, p. 22–24.

Donald Smith, *Gérard Bessette. Entrevue sur Les Anthropoïdes*, LQ, vol. 1, n° 11, sept. 1978, p. 25–31.

Carole Pilote, *« Gérard Bessette : bibliographie analytique et annotée, 1939–1976 »*. Thèse de maîtrise. Université de Montréal, 1978, xxiii, 216 f.

Réjean Robidoux, *Mes romans et moi ou Gérard Bessette auto-bio-psycho-critique*, LQ, n° 15, août–sept. 1979, p. 42–43.

André Vanasse, *Gérard Bessette. Le Semestre*, LAQ 1979, p. 24–26.

Hugues Corriveau, *Le Gophorrée d'un écrivain*, dans *Spirale*, n° 6, févr. 1980, p. 11.

Michel M. Solomon, *Entrevue avec Monsieur Gérard Bessette, écrivain*, dans *Regards sur l'Israël*, sept. 1980, p. 4–5.

Réjean Robidoux, « *Le (dernier) Semestre du professeur Gérard (Omer Marin) Bessette et la suite* », LQ, n° 19, automne 1980, p. 23–25.

Léonce Cantin et Gilles Dorion, *Gérard Bessette. Entrevue*, dans *Québec français*, n° 40, déc. 1980, p. 33–36.

Léonce Cantin, *Gérard Bessette : un micro-univers en ébullition*, dans *Québec français*, n° 40, déc. 1980, p. 37–39. (Suivi de « Biographie », p. 40).

Aurélien Boivin, *Bibliographie*, dans *Québec français*, n° 40, déc. 1980, p. 40.

Léonce Cantin, *Gérard Bessette. Le Garden-Party de Christophine*, LAQ 1980, p. 26–28.

Lectures de Gérard Bessette, Montréal, Québec/Amérique, 1982. Textes réunis par Jean-Jacques Hamm. Ce volume réunit les communications du colloque « Lectures de G. Bessette », tenu à Queen's University les 7–8 nov 1980.

Alain Piette, *Gérard Bessette. L'Incubation et ses figures* (essai), Montréal, PUM, 1983, 212 p. « Lignes québécoises ».

Josette Giguère, *Gérard Bessette et son double* (entrevue), dans *Nuit blanche. L'actualité du livre*, n° 17, févr.–mars 1985, p. 40–41.

Réginald Martel, *Gérard Bessette. Agiter des cendres fictives*, Pr, 101ᵉ année, n° 172, 13 avril 1985, p. D-3.

Angès Whitfield, *Gérard Bessette. Entre l'écriture et l'enseignement. Interview*, LQ, n° 38, été 1985, p. 39–44.

Réjean Robidoux, *Les Dires de Gérard Bessette*, LQ, n° 38, été 1985, p. 45. (Suivi d'extraits, p. 45–46).

Réjean Robidoux, *La Création de Gérard Bessette. Essai*, Montréal, Québec/Amérique, 1987, 210 p. « Littérature d'Amérique ».

Excel Photo Studio

BEUGNOT, BERNARD **André Henri** (1932–   ). Essayiste, né à Paris. Après ses humanités au Lycée Carnot et au Lycée Henri IV (1944–1954), il poursuit ses études en lettres (1954–1958, C.A.P.E.S. en 1954, L. ès L. en 1955, D.E.S. en 1956, et maîtrise en 1957), et à l'École normale supérieure (agrégation en 1958). En 1969 il soutient une thèse sur Guez de Balzac et obtient son doctorat de la Sorbonne. Il enseigne au Lycée Marceau de 1960 à 1962. Il émigre au Canada en 1962 et devient professeur à l'Université de Montréal. Ses travaux sur le dix-septième siècle méritent le prix Halpen en 1974. En 1969 il publie une bibliographie générale de l'œuvre de Guez de Balzac (1967, 1969, 1979) constituant,

selon J. Descrains, « un énorme travail de recherche, modèle de méthode scientifique ». En 1972, il fait paraître une édition critique des *Entretiens* de Guez de Balzac, « accompagnée de notices et de notes si nombreuses et si riches que, sauf dans quelques cas désespérés, elles ne laissent pratiquement rien dans l'ombre [...], travail admirable qui contribuera certainement à rendre à Guez de Balzac sa juste place dans l'histoire littéraire du XVIIᵉ siècle » (R. Lathuillère). En 1973, en collaboration avec Roger Zuber, il publie *Boileau. Visages anciens, visages nouveaux*, étude critique qui dresse le bilan de la fortune littéraire de Boileau et renouvelle les connaissances sur lui. Selon Jean-Pierre Collinet, « grâce à l'étendue et à la solidité d'une érudition qui sait rester discrète, leur volume, qui abonde en formules heureuses, pénétrantes et nuancées, allie la rigueur à la concision ».

ŒUVRES

Jean-Louis Guez de Balzac. Bibliographie générale, Montréal, PUM, 1967, 173 p. ; *Jean-Louis Guez de Balzac. Bibliographie générale. Supplément I*, 1969, 94 p. Avant-propos de l'auteur ; *Jean-Louis Guez de Balzac. Bibliographie générale. Supplément II*, Paris, Publications de l'Université de Saint-Étienne, 1979, 94 p.

L'Entretien au XVIIᵉ siècle. Leçon inaugurale faite à l'Université de Montréal le mercredi 17 février 1971, Montréal, PUM, 1971, 54 p.

Jean-Louis Guez de Balzac, *Les Entretiens 1657*, Paris, Librairie Marcel Didier, 1972, 2 vol. : vol. 1, 366 p. ; vol. 2, –659 p. Édition critique avec introduction, notes et documents inédits établie par Bernard Beugnot. Avant-propos de Bernard Beugnot.

Boileau. Visages anciens, visages nouveaux (essai), Montréal, PUM, 1973, 175 p. Collab. Roger Zuber. Avant-propos des auteurs.

Théâtre d'Anouilh, Montréal, La Librairie de l'Université de Montréal, 1973–1974, 215 p. (Notes de cours. Texte polycopié).

Manuel bibliographique des études littéraires. Les bases de l'histoire littéraire. Les voies nouvelles de l'analyse critique, Paris, Fernand Nathan, 1982, 478 p. Collab. José-Michel Moureaux. Préface de René Rancœur. « Nathan Université ».

Boileau et la Distance critique, EF, vol. 5, n° 2, mai 1969, p. 195–206.

Les Études sur J.-L. Guez de Balzac, dans *Le Bulletin de la Société archéologique de la Charente*, 1970, p. 1–11.

Boileau, une esthétique de la lumière, dans *Studi Francesi*, n° 44, mai–août 1971, p. 229–237.

Fonction du dialogue chez La Mothe le Vayer, dans *Les Cahiers de l'Association internationale des études françaises*, n° 24, mai 1972, p. 31–41.

Débats autour du genre épistolaire, dans *Revue d'histoire littéraire de la France*, 74e année, no 2, mars–avril 1974, p. 173–182.

L'Idée de retraite chez La Fontaine, dans *Les Cahiers de l'Association internationale des études françaises*, no 26, mai 1974, p. 131–142.

L'Héroïsation des vertus solitaires, dans *Héroïsme et Création littéraire sous les règnes d'Henri IV et de Louis XIII*, Paris, Klincksieck, 1974, p. 173–182.

Vie mondaine et Retraite au temps de Louis XIV, dans *La Revue du Pacifique*, no 1, 1975, p. 13–32.

Racine, poète de la solitude, dans *Racine, mythes et réalités du XVIIe siècle*, Paris, Société, 1976, p. 135–151.

Un aspect de la réception critique : la citation, dans *Œuvres et Critiques*, vol. 1, no 2, été 1976, p. 5–20.

Florilèges et Polyanthea : diffusion et statut du lien commun à l'époque classique, EF, vol. 13, nos 1–2, avril 1977, p. 119–141.

Pour une poétique de l'allégorie classique, dans *Critique et Création littéraire en France au XVIIe siècle*, Paris, CNRS, 1977, p. 402–432.

Un feuilleton au XVIIe siècle : Les Lettres de Cliante et de Célidie, dans *Les Cahiers de l'Association internationale des études françaises*, no 29, mai 1977, p. 147–158.

Y a-t-il une problématique féminine de la retraite ?, dans *Images de la femme au XVIIe siècle*, Paris et Tübingen, 1978, p. 29–49.

Livre de raison, livre de retraite : interférences des points de vue chez les mémorialistes, dans *Les Valeurs chez les mémorialistes français avant la Fronde*, Paris, Klincksieck, 1979, p. 47–64.

Dix ans de recherche québécoise sur la littérature française 1970–1979 : le XVIIe siècle, dans *Cahiers de l'ACFAS*, no 4, 1980, p. 61–74.

ÉTUDES

François Carlo, *Beugnot, Bernard. Guez de Balzac. Bibliographie générale*, dans *The French Review*, vol. 41, no 5, avril 1968, p. 730.

F.E. Sutcliffe, *Guez de Balzac. Bibliographie générale. By Bernard Beugnot*, dans *French Studies*, vol. 22, no 3, juillet 1968, p. 246–247.

Caspar Von Schoenberg, *Beugnot, Bernard et Roger Zuber. Boileau. Visages anciens, visages nouveaux*, LAQ 1973, p. 177–178.

R. Lathuillère, *Bernard Beugnot, Guez de Balzac. Bibliographie générale*, dans *Revue d'histoire littéraire de France*, 74e année, no 6, déc. 1974, p. 1068–1070.

Lucette Sigaux, *Jean-Louis Guez de Balzac. Les Entretiens*, dans *XVIIe siècle*, no 108, 1975, p. 91–94.

Jerome A. Ramsey, *Beugnot, Bernard and Roger Zuber, Boileau. Visages anciens, visages nouveaux ?*, dans *French Review*, vol. 17, no 6, mai 1979, p. 1184–1185.

Jean-Pierre Collinet, *Bernard Beugnot et Roger Zuber. Boileau. Visages anciens, visages nouveaux*, dans *XVIIe siècle*, no 108, 1979, p. 113–115.

Réal Ouellet, *Manuel bibliographique des études littéraires. Les bases de l'histoire littéraire. Les voies nouvelles de l'analyse critique*, LQ, no 28, hiver 1982–1983, p. 76–77.

BEZROUDNOFF, JEAN-BASILE. Voir **BASILE, JEAN**.

BIBAUD, ADÈLE [Eléda Gonneville] (1857–1941). Romancière, nouvelliste et journaliste, née à Montréal. C'est la fille de Jean Gaspard Bibaud, fondateur de l'École de médecine de Montréal, et la petite-fille du poète et historien Michel Bibaud. On ne sait pas grand-chose d'elle, sinon qu'elle collabore à quelques périodiques, tels *La Presse*, le *Journal de Françoise* et *La Bonne Parole*, qu'elle prépare, avec sa sœur Victoria, une édition augmentée du *Panthéon canadien* de son oncle, Maximilien Bibaud, et qu'elle publie quelques romans et des nouvelles. Son premier roman, *Trois ans en Canada*, paraît en 1887 sous le pseudonyme d'Eléda Gonneville. Revu et augmenté, rebaptisé *Avant la conquête*, ce roman historique est réédité en 1904. « Je ne louerai pas le nouvel ouvrage sans quelque réserve, écrit Louis Fréchette. [...] Mais on sent que c'est toujours le cœur qui parle chez elle ». La petite histoire de son deuxième roman, *L'Enfant perdue* paru dans *La Presse* en 1888, est curieuse. En 1920, dans ses *Brèves Apologies de nos auteurs féminins*, Georges Bellerive dit qu'Adèle Bibaud a publié son « premier roman », *L'Enfant perdu*, dans *Le Monde* de Montréal, en 1881. Selon David H. Hayne, cette attribution est fausse ; mais Aurélien Boivin affirme, dans le DOLQ (t. 2, p. 211–212) que ce roman a paru dans *Le Monde*, en 1881, et de nouveau dans *La Presse*, en 1888. Or le feuilleton du *Monde* s'intitule *L'Enfant perdu* alors que celui de *La Presse* a pour titre *L'Enfant perdue* (au féminin). Ce sont deux romans complètement différents par le genre de narration, le sexe des héros principaux, leur origine, les lieux et le déroulement de l'action. En outre, le premier paraît sans nom d'auteur, tandis que *La Presse* présente le second comme « dû à la plume d'une jeune canadienne de Montréal » dont le pseudonyme est Eléda Gonneville.

ŒUVRES

Trois ans en Canada (roman), [Montréal], [s.é.], [1887], 44 p. Sous le pseudonyme de Eléda Gonneville. Ill. ; *Avant la conquête. Épisode de la guerre de 1757* (roman), Montréal, Montreal Printing & Publishing Co., Limited, 1904, 172 p.

Un terrible secret (récit), [s.l., s.é., 1893 ?], 35 p.

Une lettre anonyme (nouvelle), [s.l., s.é., 1900], 11 p.

Un mariage forcé (nouvelles et essais), Montréal, [s.é.], 1901, 12 p. (D'abord publié sous le titre *Nouvelle*, Pr, 5e année, nos 74–79, 14 au 19 janv. 1889).

Le Secret de la marquise. Un homme d'honneur (nouvelles), Montréal, Imprimerie P.-H. Dallaire, 1906, 128 p. Suivi des *Poésies canadiennes* de Michel Bibaud.

Méprise (récit), [s.l., s.é.], 1908, [n.p., 10 p.].

Les Fiancés de St-Eustache (roman), [Montréal, s.é.], 1910, vii, 163 p.

Lionel Duvernoy (nouvelles et récits), Montréal, [s.é.], 1912, 83 p. Ill. (Comprend *Une lettre anonyme, Noémie* et *Le Grand Cœur de l'ouvrier canadien*).

L'Homme qui pense. Contes de Noël, [s.l.], Chez l'auteur, 1925, 16 p.

L'Enfant perdue, Pr, 4ᵉ année, 18 juillet au 23 oct. 1888.

ÉTUDES

Louis Fréchette, *Petit Courrier littéraire, Avant la Conquête*, dans *Le Journal de Françoise*, 3ᵉ année, nᵒ 29, 21 janv. 1904, p. 613-614.

Georges Bellerive, *Mlle Adèle Bibaud*, dans *Brèves Apologies de nos auteurs féminins*, Québec, Garneau, 1920, p. 49-51.

David M. Hayne et Marcel Tirol, *Adèle Bibaud*, dans *Bibliographie critique du roman canadien-français 1837-1900*, [Toronto], UTP, [1968], p. 63-64.

BIBAUD, François Marie Uncas MAXIMILIEN (1824-1887). Essayiste, biographe et historien, né à Montréal, fils de l'historien Michel Bibaud. Après des études classiques à Montréal, il devient avocat en 1851, puis professeur dans plusieurs institutions, telle l'école de droit qu'il a fondée au Collège Sainte-Marie. Il est l'auteur de plusieurs brochures sur des sujets variés d'histoire et de droit. Il publie, en 1848, le premier dictionnaire biographique canadien connu sous le nom de *Biographie des Sagamos illustres de l'Amérique septentrionale* dont la dernière édition, préparée par ses nièces, paraît en 1891, sous le titre de *Panthéon canadien*. À la suite du succès de François-Xavier Garneau, Maximilien Bibaud se croit obligé de défendre l'œuvre de son père Michel Bibaud, ce qui l'amène à publier un *Catéchisme de l'histoire du Canada* (1853) et une étude critique de l'*Histoire du Canada* de Garneau (1855). Esprit cultivé, parfois agressif, Maximilien Bibaud s'est penché avec amour sur le passé canadien ; il en a fait le sujet de ses brochures, de ses tableaux synoptiques et de ses essais, évoquant la vie des hommes et des institutions, cherchant toujours à contribuer à une meilleure connaissance de sa propre civilisation. La documentation historique et bio-bibliographique qu'il a recueillie est considérable. Il a cependant manqué de méthode scientifique et de rigueur intellectuelle. C'est surtout un compilateur.

ŒUVRES

Biographie des Sagamos illustres de l'Amérique septentrionale. Précédée d'un index de l'histoire fabuleuse de ce continent, Montréal, Imprimerie de Lovell et Gibson, 1848, xxv, [26]-309 p.

Essai de logique judiciaire. Ouvrage qui doit servir d'appréciation, et sur quelques points, d'antirrhétique de la logique judiciaire publiée à Paris, en 1841, par M. Hortensius de St-Albin, juge au Tribunal de la Seine, membre de la Chambre des députés, et Chevalier de la Légion d'honneur et de l'Étoile polaire, Montréal, De Montigny et cie éditeurs-imprimeurs, 1853, 156 p.

Catéchisme de l'histoire du Canada, à l'usage des écoles, Montréal, Typographie de P. Gendron, 1853, 112 p.

Revue critique de l'Histoire du Canada de M. Garneau, Montréal, Sénécal et Daniel, 1855, 46 p.

Les Institutions de l'histoire du Canada ou Annales canadiennes jusqu'à l'an MDCCCXIX, suivies D'un précis jusqu'à nos jours, d'un tableau historique des progrès et biographique des hommes illustres du Canada, et accompagnées de synchronismes de l'histoire générale de l'Amérique, Montréal, Imprimé par Sénécal et Daniel, 1855, 440 p. Sous le nom de Bibaud, jeune. (Ouvrage divisé en 5 livres mais les livres I, III et IV ne furent jamais publiés) ; 1885.

Exégèse de jurisprudence, [s.l., s.é.], [1855 ?], 42 p. (Paru d'abord dans *La Patrie*.)

Supplément à la notice historique sur l'enseignement du droit, [s.l., s.é.], [1855 ?], [iiv]-1xxviii.

Deux pages de l'histoire d'Amérique lues au Cabinet de lecture le 12 mai 1857 (essais), Montréal, Typographie de Senécal et Daniel, 1857, 70 p. (Comprend également les essais *Introduction à l'étude de la géologie* et *Résumé de l'entretien familier du président en chef de l'Institut polytechnique du Canada à la séance hebdomadaire du 30 avril 1857, l'an II de sa fondation*).

Dictionnaire historique des hommes illustres du Canada et de l'Amérique, Montréal, Bibaud et Richer, 1857, 391 p. ; *Le Panthéon canadien*, Cérat et Bourguignon, 1858, 364 p. ; *Le Panthéon canadien. Choix de biographies*, Jos M. Valois, libraire-éditeur, 1891, vi, 321 p. (Nouvelle édition revue, augmentée et complétée par Adèle et Victoria Bibaud).

Opuscules (essais), Montréal, Sénécal et Daniel, 1857, 70 p.

Bibliothèque canadienne ou Annales bibliographiques, Montréal, Imprimé par Cérat et Bourguignon, [1858 ?], 52 p. ; *Bibliothèque canadienne ou Annales bibliographiques. Pour faire suite à l'histoire du Canada de Bibaud, père*, [s.é.], 1880, 2 vol.

Tableau historique des progrès matériels et intellectuels du Canada, Montréal, Cérat et Bourguignon, 1858, 50 p.

Les Machabées canadiens (histoire), Montréal, Cérat et Bourguignon, 1859, 28 p.

La Société historique de Montréal (essai), [Montréal], Cérat et Bourguignon, [1859 ?], 12 p.

Tablettes historiques canadiennes, Montréal, Cérat et
Bourguignon, imprimeurs, 1859, 39 p ; *Tablettes historiques canadiennes modelées sur l'Abrégé chronologique
du Président Hénaut*, Imprimerie de Louis Perrault et
compagnie, 1861, 46 p.

Napoléon I et Napoléon III. Parallèle historique, Montréal,
Cérat et Bourguignon, imprimeurs, 1860, 22 p.

Feuilleton bibliographique, [s.l., s.é.], [1860 ?], 16 p.

*Commentaires sur les lois du Bas-Canada ou Conférences
de l'école de droit liée au Collège des RR. PP. Jésuites.
Suivi d'une Notice historique*, Montréal, Typographie
de Pierre Cérat, 1861, 595 p.

*L'Honorable L.-A. Dessaules et le Système judiciaire des
États-pontificaux*, Montréal, P. Cérat, imprimeur, 1862,
78 p.

Notice historique sur l'enseignement du droit en Canada,
Montréal, Imprimerie de Louis Perrault, 1862, 112 p.
(Pour faire suite aux *Commentaires sur les lois du Bas-
Canada*, publiés en 1861).

La Confédération du Sud (histoire), Montréal, P. Cérat,
imprimeur, 1864, 119 p.

L'Affaire St-Albans (pamphlet), [s.l., s.é.], [1865 ?], 12 p.

*Le Mémorial des vicissitudes et des progrès de la langue
française en Canada*, Montréal, J.-B. Byette, imprimeur,
1879, 128 p.

*Mémorial des honneurs étrangers conférés à des Canadiens
ou domiciliés de la puissance du Canada*, Montréal,
Beauchemin & Valois, libraires-imprimeurs, 1885,
100 p.

*Histoire de la vie du grand poète du siècle, Edouard
Sempé, des Turcos de S.M.L. Napoléon III, empereur
des Gaulois, volume premier*, Montréal, [édition privée],
[s.d.], 7 p. Sous le nom de Nelemixam Duabib.

Corrigé du code civil avec un sommaire des lois nouvelles,
[s.l., s.é., s.d.], 19 p.

ÉTUDES

E.-Z. Massicotte, *Bibaud et Pasteur*, BRH, vol. 44, 1938,
p. 238–241.

Id., *Les Deux Premiers Avocats Bibaud*, BRH, vol. 44, 1938,
p. 240–243.

Arthur Perrault, « Bio-bibliographie de Maximilien Bibaud ».
Thèse de maîtrise. Université de Montréal, 1942, 35 f.

E.-Z. Massicotte, *Quelques notes sur Maximilien Bibaud*, BRH,
vol. 52, 1946, p. 90–93.

Arthur Perrault, *Bibliographie des œuvres de Maximilien Bibaud*,
dans *Thémis*, vol. 2, n° 1, 1951, p. 31–34.

BIBAUD, MICHEL (1782–
1857). Journaliste, historien et poète, né à Mont-
réal. À dix-huit ans il entre au Collège des Sulpi-
ciens où il termine ses
études en 1806. Sa carrière
est partagée entre l'enseignement, le journalisme
et la fonction publique. Il
fonde et publie successi-
vement plusieurs journaux, la plupart éphémères :
L'Aurore (1816–1819), *Le Courrier du Bas-Canada*
(1819–1820), *La Bibliothèque canadienne* (1825–
1830), *L'Observateur* (1830–1831), *Le Magasin du
Bas-Canada* (1832) et *L'Encyclopédie canadienne*
(1842–1843). Nommé juge de paix en 1838, Michel
Bibaud devient inspecteur des poids et mesures à la
fin de l'année, puis traducteur à la Commission
géologique du Canada de 1844 à 1856. Bibaud s'est
vivement intéressé à la vie politique et culturelle du
Canada dont il a tenté de résumer l'essentiel dans
son *Histoire du Canada sous la domination française*, fortement influencée par Charlevoix. On a
reproché à ses œuvres de journaliste, de poète et
d'historien, d'être mal écrites et de composition
peu cohérente. De l'historien on a dit qu'il était
« bureaucrate », terme qui désignait les partisans de
l'administration britannique durant les premières
décennies du XIXe siècle. Son tort est, semble-t-il,
d'avoir toujours été rétrograde : disciple convaincu
de Boileau à l'heure du Romantisme, résolument
pro-britannique à l'époque de Papineau, journaliste
solitaire alors que l'esprit d'équipe s'imposait. Pourtant, l'apport de Michel Bibaud à l'avancement
des sciences et des lettres est indéniable. Il a ouvert
la voie aux historiens ; ses journaux sont un reflet
fidèle de l'époque. Henri d'Arles le compare avec
raison à ces premiers colons qui ont défriché le
domaine : il est « un pionnier ». Bibaud sera notamment toujours cité dans les anthologies comme
l'auteur du premier recueil de poésie publié au
Québec : *Épîtres, Satires, Chansons, Épigrammes
et Autres Pièces de vers*.

ŒUVRES

*L'Arithmétique en quatre parties, à savoir : l'arithmétique
vulgaire, l'arithmétique marchande, l'arithmétique scientifique, l'arithmétique curieuse, suivie d'un précis sur la
tenue des livres de comptes*, Montréal, Imprimerie
Nahum Mower, 1816, iv, 199 p.

*Épîtres, Satires, Chansons, Épigrammes et Autres Pièces
de vers*, Montréal, Imprimerie La Minerve, 1830, 178 p. ;
Réédition-Québec, 1969. (Réimpression en fac-similé).

Quelques Réflexions sur la dernière élection du Quartier Ouest de la cité de Montréal, Montréal, [s.é.], 1832, 15 p.

L'Arithmétique à l'usage des écoles élémentaires du Bas-Canada, Montréal, Workman et Bowman, 1832, 108 p. ; Lovell et Gibson, 1847.

Histoire du Canada sous la domination française, Montréal, John Jones, 1837, xii, 13–370 p. ; (Édition revue, corrigée et augmentée), Lovell et Gibson, 1843, 414 p. ; New York, Johnson Reprint Corporation, 1968. (Réimpression en fac-similé de l'édition de 1837).

Histoire du Canada et des Canadiens sous la domination anglaise, Montréal, Lovell et Gibson, 1844, 418 p. ; New York, Johnson Reprint Corporation, 1968. (Réimpression en fac-similé de l'éd. de 1844) ; *Histoire du Canada et des Canadiens sous la domination anglaise (deuxième partie)*, Montréal, Lovell, 1878, 512 p. Publiée par J.-G. Bibaud.

_____

Poésies canadiennes, dans Adèle Bibaud, *Le Secret de la Marquise et Un homme d'honneur, suivi des poésies de Michel Bibaud*, [Montréal], Imprimerie de P.H. Dallaire, [1906], p. 87–120.

ÉTUDES

Mgr Camille Roy, *Michel Bibaud, journaliste, et la vie littéraire de son temps*, BPF, vol. 6, nº 5, janv. 1908, p. 161–176 ; nº 6, févr. 1908, p. 201–211.

Henri d'Arles, *Michel Bibaud*, dans *Nos historiens*, Montréal, BAF, 1921, p. 65–82.

Camille Roy, *Michel Bibaud, le poète, l'historien, le journaliste*, dans *Nos origines littéraires*, Québec, L'Action sociale, 1931, p. 205–238, 239–277, 279–319, 348–354.

Guy Frégault, *Michel Bibaud, historien loyaliste*, AU, vol. 11, nº 12, déc. 1944, p. 1–7.

Gérard Malchelosse, *Michel Bibaud*, dans *Centenaire de l'histoire du Canada de F.-X. Garneau*, Montréal, Société historique de Montréal, 1945, p. 361–370.

Bernardine Bujila, *Michel Bibaud's Encyclopédie canadienne*, C, vol. 21, nº 2, juin 1960, p. 117–132.

David M. Hayne, *Des vers inédits de Michel Bibaud*, RUL, vol. 16, nº 10, juin 1962, p. 913–914.

Fernand Harvey, *Bibliographie de six historiens québécois (Michel Bibaud, Garneau, Chapais, Groulx, Ouellet, Brunet)*, Québec, Institut supérieur des sciences humaines, oct. 1970, 43 p.

Claude Tousignant, *Michel Bibaud : sa vie, son œuvre et son combat politique*, RS, vol. 15, nº 1, 1974, p. 21–30.

_____

BIBEAU, PAUL-ANDRÉ (1944–   ). Romancier et nouvelliste, né à Sorel. Il fait ses études classiques au Collège Mgr Decelles de Sorel et au Séminaire de Saint-Hyacinthe (B.A., 1967), et il poursuit des études en littérature à l'Université de Montréal. Il enseigne le français à Sorel au Collège Didace-Pelletier, puis, à compter de 1973, il voyage beaucoup (Vancouver, Paris, New York, etc.) et se livre à l'écriture romanesque. Outre ses romans il publie des nouvelles dans *Mille Plumes* et *Moebius*. Son premier roman, *D'un mur à l'autre* (1970), est bien accueilli par la critique. Son deuxième ouvrage, *Porte silence* (1972), qui raconte un long cauchemar toujours recommencé et jamais éclairci, fait dire à Adrien Thério qu'il est le résultat d'un grand effort de technique. Et il ajoute : « C'est peut-être bien à la fin le symbole de la vie qui ressemble à un long corridor où les lumières se font rares, où l'on court après une sorte de mirage. En ce sens, ce long cauchemar, ce *Porte silence*, c'est un tour de force ». Dans *Fréquences interdites* et dans *Le Château d'ombre*, il s'agit encore de personnages « enfermés » qui tentent d'en « sortir » par un immense effort d'imagination déchaînée, onirique et répétitive. Ce mélange de rêve et de réalité se poursuit dans les œuvres subséquentes. Un critique a qualifié le premier roman de Bibeau d'œuvre « étrange, attachante et originale », mais la suite est beaucoup moins convaincante.

ŒUVRES

D'un mur à l'autre (roman), Montréal, L'Actuelle, 1970, 139 p.

Porte silence (récit), Montréal, L'Actuelle, 1972, 124 p.

Fréquences interdites, suivi de Le Château d'ombre (récits), Montréal, L'Actuelle, 1974, 160 p.

Le Fou de bassan (récit), [Montréal], Éditions de la lune occidentale, 1980, 62 p. Ill. de Michel Casavant.

_____

Fièvre blanche (nouvelle), dans *Mille Plumes*, nº 1, janv. 1978, p. 8–12.

Flagrant délit (nouvelle), dans *Mille Plumes*, nº 2, mars 1978, p. 14–18.

Cinéma cristal (nouvelle), dans *Moebius*, nº 7, sept. 1979, p. 29–39.

Le Chat à neuf queues (nouvelle), dans *Moebius*, nº 8, janv. 1980, p. 5–15.

Le Week-end rouge (nouvelle), dans *Moebius*, nºs 10–11, janv. 1981, p. 9–21.

ÉTUDES

Jean Basile, *Un coup d'éclat : Paul-André Bibeau*, Dev, vol. 269, 21 nov. 1970, p. 12.

Ivanhoé Beaulieu, *Déjà en possession d'un univers*, So, vol. 73, nº 289, 5 déc. 1970, p. 45.

Adrien Thério, *Porte silence de Paul-André Bibeau*, LAQ 1972, p. 92.

Robert Tremblay, *Marcher sans filets sur le mur du néant*, So, vol. 75, nº 18, 18 janv. 1975, p. D-8.

Donald Smith, *Paul-André Bibeau. Fréquences interdites suivi de Le Château d'ombre*, LAQ 1975, p. 56–58.

Réginald Martel, *La Tentation métaphysique*, Pr, 96e année, nº 148, 28 juin 1980, p. C-3.

André Janoël, *Bibeau (Paul-André). Le Fou de bassan*, dans *Nos livres*, vol. 11, juin-juillet 1980, nº 214.

Michel Beaulieu, *Le Fou de bassan*, dans *Le Livre d'ici*, vol. 5, nº 51, 24 août 1980, p. 2.

BIBLIO. Voir **BILODEAU,** ERNEST.

BIENVILLE, LOUYSE DE. Voir **MARINETTE, MARIE-LOUISE.**

BIGRAS, JULIEN (1932–1989). Essayiste et romancier, né à Saint-Martin (Laval). Il fait ses études classiques au Séminaire Sainte-Thérèse de Blainville (B.A. en 1952). Il fait ses études de médecine à l'Université de Montréal (1952–1958) ; il obtient en outre, en 1963, un diplôme en psychiatrie et en psychanalyse de la Société psychanalytique de Paris. De 1963 à 1967 il est chargé de recherches au département de psychiatrie infantile à l'hôpital Sainte-Justine ; il est ensuite directeur de l'enseignement et de la recherche au département de l'enfance et de l'adolescence à l'Institut Albert Prévost (1967–1971). Il collabore à des revues de psychologie et de psychiatrie dont *L'Union médicale du Canada, Canadian Psychiatric Association Journal, Interprétation, Cahiers de psychologie, Études freudiennes, Éducation et Psychanalyse,* etc. « Les écrits psychanalytiques sont ou trop techniques ou trop théoriques pour s'adresser à un public autre que spécialisé. *Le Psychanalyste nu* de Julien Bigras fait partie des cas d'exception. Il est écrit dans un langage toujours clair, précis, dépouillé de tout parti pris d'intellectualité », écrit Gabrielle Frémont. Au sujet de son roman *L'Enfant dans le grenier,* Madeleine Ouellette-Michalska dit que c'« est un vibrant et émouvant récit de dépossession dont la densité et la trajectoire intimiste s'affirment au départ [...]. La vérité et la simplicité s'imposent au-delà des techniques narratives parfaitement présentes et superbement efficaces ». Réginald Martel voit dans *Kati, of Course,* un appareil scientifique qui « vient dissocier les éléments narratifs pour produire un livre hybride et décevant ».

ŒUVRES

Les Images de la mère (essai), St-Jérôme/Paris, Les Éditions Interprétation/Hachette, 1971, 190 p. Ill. Préambule de l'auteur. « Interprétation ». Traduction allemande par Edwinn Ortmann : *Gute Mutter-Böse Mutter,* Munich, [s.é.], 1975, 216 p. « Psyche des Kindes ».
L'Enfant dans le grenier. Roman, Montréal, Éditions Parti Pris, 1976, 108 p. Préface de Henry Bauchau. Présentation de l'auteur. « P » ; *L'Enfant dans le grenier. Récit,* [Paris], Hachette, 1977, 217 p. « Littérature & Sciences humaines ».

Le Psychanalyste nu (essai), Paris, Éditions Robert Laffont, 1979, 187 p. « Réponses ».
Kati, of Course. Récit, Paris, Mazarine, 1980, 201 p. ; [s.l.], L.R.P. (pour l'édition canadienne). Suivi de *La Petite Fille du moulin* par Anne-Marie Arrial-Duhau, p. 189–201.
Le Choc des œuvres d'art (essai), Ville LaSalle, Hurtubise HMH, 1980, 128 p. Ill. Avant-propos de l'auteur. « Brèches ».
Premier bal. Récit, Ville La Salle, Hurtubise HMH, 1981, 115 p. Collab. Jeanne Cordelier. Avertissement de l'auteur ; Paris, Hachette, 161 p.
Ma vie, ma folie. Roman, Paris/[Ville Saint-Laurent], Mazarine/Boréal Express, 1983, 215 p. Avant-propos de l'auteur.

Projet de recherche sur le mythe indien (entrevue), dans *Lettres et Écritures,* vol. 2, n° 2, déc. 1964, p. 27–29.
Eros et la transgression, L, vol. 9, n° 9, nov.–déc. 1967, p. 50–54.

ÉTUDES

André Brochu, *Julien Bigras : L'Enfant dans le grenier,* VI, vol. 2, n° 1, sept. 1976, p. 119–123.
Jean-Léonard Binet, *Le Plaisir de noircir du papier,* dans *Le Livre d'ici,* vol. 1, 11 oct. 1976, n° 48.
Madeleine Ouellette-Michalska, *Le Psychanalyste nu,* Dev, vol. 70, n° 287, 8 déc. 1979, p. 21.
Jean Royer, *Julien Bigras. Du côté de la fiction* (entrevue), Dev, vol. 70, n° 287, 8 déc. 1979, p. 21.
Gabrielle Frémont, *Julien Bigras. Le Psychanalyste nu,* LAQ 1979, p. 289–291.
André Brochu, *Julien Bigras. Kati, of Course,* LAQ 1980, p. 28–30.
André Vidricaire, *Julien Bigras. Le Choc des œuvres d'art,* LAQ 1980, p. 258–260.
Nicole Bédard, *Julien Bigras/Jeanne Cordelier. Premier bal,* LAQ 1981, p. 35–36.
Réginald Martel, *Julien Bigras. Une folie pas très douce,* Pr, 99ᵉ année, n° 222, 24 sept. 1983, p. E-2.
Claire de Lamirande, « *Ma vie, ma folie* », de Julien Bigras. Une *sombre histoire de cas,* Dr, 71ᵉ année, n° 173, 22 oct. 1983, p. 34.

BILLON, PIERRE S. (1937–   ). Romancier et essayiste, né à Genève (Suisse). Il étudie à l'École supérieure de commerce de Genève et à l'École d'études sociales de Genève où il obtient un diplôme du centre de formation d'éducateurs spécialisés : sa thèse porte sur « L'Éducation sexuelle en internat spécialisé » (1962). Il s'inscrit ensuite à l'Université de Montréal où il obtient une licence en sciences de l'éducation pour une thèse, « Les Applications pédagogiques des théories de Carl Rogers » (1965). De 1963 à 1965, il travaille à la maison Fides comme directeur des revues pédagogiques ; par la suite, il occupe diverses fonctions au ministère de l'Éducation du Québec (1965-1970). À partir de 1970 il est fonctionnaire à Ottawa où il est directeur du Secrétariat à la planification du ministère des Communications (1979-1980). Entre 1981 et 1983, il est professeur invité au Département de communication de l'Université d'Ottawa. Il publie plusieurs articles dans la revue *Le Maître* dont il est rédacteur de 1963 à 1965. Son premier roman *L'Ogre de Barbarie* (1972) a beaucoup de succès : traductions allemande et turque, et film mettant en vedette Mariana Vlady. Selon Michel Têtu : « L'intérêt du roman réside dans le choix du narrateur. La guerre en Suisse n'est pas vraiment la guerre [...]. La vision d'une petite fille devient ainsi symbolique : on perçoit à travers sa naïveté, celle du peuple suisse ». Au sujet de *L'Enfant du cinquième Nord* (1982), les avis sont partagés : « Il y a là un art de raconter une histoire, qui, tout traditionnel qu'il soit, continue de manifester son pouvoir de séduction » (Noël Audet) ; « Seule une deuxième lecture peut rendre justice à cette œuvre surprenante » (Michel Laurin) ; « Tout se passe comme s'il avait voulu trop en dire sur une société qu'il juge sévèrement » (Michel Lord). Devant son roman écrit en versets, *Le Livre de Seul* (1983), les critiques restent perplexes. Selon François Hébert, « le livre agacera, parce qu'il tente d'amalgamer des formes étrangères les unes aux autres » ; mais Suzanne Lafrenière soutient que « le *Livre de Seul* est un ouvrage qu'on retiendra longtemps à portée de la main et de l'esprit ».

ŒUVRES

Djibrilla, enfant africain (litt. jeunesse), Montréal, Fides, 1964, 29 p.

Gopal, enfant de l'Inde (litt. jeunesse), Montréal, Fides, 1965, 28 p.

L'Ogre de Barbarie. Roman, Montréal/Paris, Éditions du Jour/Éditions Robert Laffont, 1972, 223 p. « RJ » ; *Le Journal de Catherine W. L'Ogre de Barbarie. Roman*, Montréal, Québec/Amérique, 1984, 224 p. Ill. ; Édition du Club Québec Loisirs inc.

La Chasse-trappe. Roman, Montréal, Jacques Frenette éditeur inc., 1981, 139 p.

L'Enfant du cinquième Nord (Mamatowee Awashis). Roman, Montréal, Québec/Amérique, 1982, 325 p. Ill. « 2 Continents, série Best-Sellers » ; Paris, Éditions du Seuil, 1982, 309 p. ; [1984]. « Points » ; *L'Enfant du cinquième Nord. Roman*, [Montréal], Édition du Club Québec Loisirs inc., 1983, 325 p. Ill.

Le Livre de Seul. Roman, Ottawa, Éditions Archambault, 1983, 218 p. Préface de Gabrielle Poulin.

ÉTUDES

Michel Têtu, *L'Ogre de Barbarie*, LAQ 1972, p. 54.

Gabrielle Poulin, *L'Enfance, terre de contradictions*, Rel, n° 379, févr. 1973, p. 55-57.

[Anonyme], *Pierre Billon,* dans *Québec/Amérique*, vol. 4, n° 8, 1982, p. 16-18.

Michel Laurin, *Pierre Billon. L'enfant du cinquième Nord*, dans *Nos livres*, vol. 13, 1982, n° 243.

Noël Audet, *Un suspense séduisant*, Dev, vol. 73, n° 83, 10 avril 1982, p. 17, 32.

Gabrielle Poulin, *Une histoire captivante*, Dr, vol. 70, n° 24, 24 avril 1982, p. 30.

Michel Lord, *L'Enfant du cinquième Nord*, LQ, n° 29, hiver 82-83, p. 36.

Suzanne Lafrenière, *Dans la lumière de la Bible*, Dr, vol. 71, n° 179, 29 oct. 1983, p. 32.

François Hébert, *Un fonctionnaire devant Dieu*, Dev, vol. 75, n° 11, 14 janv. 1984, p. 15.

Suzanne Lafrenière, *À la manière de Candide. Le Journal de Catherine W.*, Dr, vol. 72, n° 227, 22 déc. 1984, p. 30.

BILODEAU, CAMILLE. Voir **LEMOINE, WILFRID.**

BILODEAU, ERNEST [E.B., Balle-Franche, Biblio, By, Eutrope, P.H. Hervé, Polyte Hick, Bill Ingue, Frère Jacques, Marius, Mont-Calme, L'Outaouais, Père Plexe, Périscope, Phare-à-bras, Saint-Laurent, Sam et Pat, Un Canadien errant, R.V., Robert Val, Le Vétéran, Vox Populi] (1881-1956). Journaliste et chroniqueur, né à Deschambault (Portneuf). Il fait ses études à l'Académie commerciale de Québec (1895-1898), et il travaille ensuite pour la Banque nationale, d'abord à Roberval, puis à Amqui et, à partir de 1910, à Paris. Pendant un an il vit dans l'Ouest canadien, mais revient à Montréal en 1914 et collabore au *Devoir* pour lequel il est courriériste parlementaire à Ottawa de 1915 à 1920. Il fonde, en 1915, une revue mensuelle, *Un Canadien errant*, et il collabore à plusieurs journaux, tels *Le Nationaliste, La Presse* et *La Patrie*. En 1922, il fait un voyage à Rome. Bibliothécaire adjoint au Parlement d'Ottawa (1924-1952), il consacre son temps libre à la littérature. En 1928, il reçoit le titre de chevalier de l'Ordre du Saint-Sépulcre. Son œuvre comprend huit volumes de chroniques et de très nombreux articles. Ses ouvrages décrivent, dans un style simple, parfois naïf, son itinéraire de voyageur et d'observateur.

ŒUVRES

Au pays de Québec. Chroniques, Paris, Éditions Casterman, [s.d.], [3]-156 p. Préface d'Eugène Lapointe. « Ma bibliothèque ».

Un Canadien errant... Lettres parisiennes. — Croquis canadiens. Chroniques, voyages et fantaisies, Québec, L'Action sociale limitée, 1915, 251 p. Ill. Préface de l'abbé Thellier de Poncheville. (Paru d'abord dans l'*Action Sociale*); Montréal, Imprimerie de La Salle, 1919; Montréal, Les Frères des Écoles chrétiennes, 1947, 250 p.

Chemin faisant. Voyages — Chroniques. Billets du soir, Québec, Imp. L'Action sociale ltée, 1917, xvi, 285 p. Portrait. Préface de Léon de Tinseau; Montréal, Imprimerie de La Salle, 1920, [iv]–xv, [3]–285 p. Ill.

Autour du lac Saint-Jean (Province de Québec-Canada). Impressions de voyage (chroniques), Paris/Tournai, Éditions Casterman, [1920?], [3]–155 p.

Pèlerins de Rome et du XXVIᵉ congrès eucharistique international (24–29 mai 1922). Le « Congrès du Pape ». — Cérémonies grandioses et paroles de paix. — Pie XI et les Canadiens. — Retour par Assise et autres villes et sanctuaires. — Souvenirs et impressions (chroniques), Québec, « Le Soleil » (limitée), 1922, xviii, 175 p. Ill. Lettre de Victor Lault. Lettre-préface de Mgr Joseph-Médard Émard.

Au temps de Benoît XV. Billets, chroniques et souvenirs de Rome, Lourdes, Montmartre, etc., Montréal, Imprimerie de La Salle, 1923, [xii], vi, 249 p. Portrait. Ill. Préface d'Albert Tessier.

Regards franciscains (chroniques), Montréal, Librairie Saint-François, 1935, xiv, 248 p. Ill. Préface de Gonzalve Poulin.

Paderewski à Montréal. Les malheurs de la Pologne, Dev, vol. 7, nᵒ 252, 26 oct. 1916, p. 1.

Nos frais de guerre, 1914–1919 : 1279 millions, Dev, vol. 9, nᵒ 85, 11 avril 1918, p. 1, 2.

On reçoit le général Pau, Dev, vol. 10, nᵒ 50, 1ᵉʳ mars 1919, p. 1.

Les Derniers Jours de Laurier, dans *Un Canadien errant,* vol. 4, nᵒ 3, 15 mars 1919, p. 1, 2, 3 ; nᵒ 4, 1ᵉʳ mai 1919, p. 2, 3.

M. Laurier et la Langue française, dans *Un Canadien errant,* vol. 4, nᵒ 7, 1ᵉʳ sept. 1919, p. 1–4.

Croquis laurentiens, dans *La Canadienne,* vol. 1, nᵒ 3, mai 1920, p. 7, 47.

J'ai trouvé sur ma table..., AF, vol. 8, nᵒ 3, août 1922, p. 158–164.

Relations des voyageurs français en Nouvelle-France par Séraphin Marion, docteur ès-lettres, AF, vol. 10, nᵒ 5, nov. 1923, p. 299–307.

La Grande Artiste par Fr. Paul Charland, O.P., AF, vol. 12, nᵒ 2, août 1924, p. 81–92.

Une expérience religieuse par l'abbé Félix Klein, RD, 36ᵉ année, mai 1925, p. 278–287.

Essai sur la mentalité canadienne française, Dev, vol. 19, nᵒ 70, 24 mars 1928, p. 1, 2.

ÉTUDES

Madeleine, *Chronique. Un Canadien errant,* P, 37ᵉ année, nᵒ 62, 10 mai 1915, p. 4.

Adjutor Rivard, *Les Livres. Ernest Bilodeau. Un Canadien errant...,* dans *Le Parler français,* vol. 13, nᵒ 9, mai 1915, p. 406.

Élie-Joseph Auclair, *Un Canadien errant,* RC, vol. 16, nouvelle série, juillet 1915, p. 92–93.

É[mile] M[iller], *Livres de chez nous. Chemin faisant,* dans *Le Petit Canadien,* vol. 14, nᵒ 12, déc. 1917, p. 377–378.

Lector Amicus, *Chemin faisant par Ernest Bilodeau,* dans *La Nouvelle-France. Revue mensuelle,* t. 17, nᵒ 2, févr. 1918, p. 77–81.

A[djutor] R[ivard], *Livres. Ernest Bilodeau. Chemin faisant,* dans *Le Parler français,* vol. 16, nᵒ 6, févr. 1918, p. 269.

Damase Potvin, *Revue des lectures* [*Pèlerins de Rome*], dans *Le Terroir,* vol. 3, nᵒ 10, févr. 1923, p. 471.

Thérèse Allard, « Bio-bibliographie de M. Ernest Bilodeau ». Mémoire. École de bibliothécaires. Université de Montréal, 1945, xxvii, 179 p.

BILODEAU, Octave GEORGES-MARIE (1895–1966).

Essayiste, né à Saint-Lazare (Bellechasse). Il étudie au Petit Séminaire de Québec, à l'Université d'Ottawa et au Grand Séminaire de Québec. Ordonné prêtre en 1923, il devient professeur de rhétorique au Séminaire des vocations tardives de Saint-Victor (Beauce). Il compose alors et fait jouer plusieurs pièces de théâtre, et il donne des leçons de chant et de diction. En 1926, il est nommé missionnaire-colonisateur dans l'Ouest canadien. Rentré au Québec, et appuyé par le ministère de la Colonisation, il fonde plusieurs localités nouvelles entre 1931 et 1936 : Saint-Émile d'Auclair et Lejeune (Témiscouata), Sainte-Gertrude de Villemontel et Vautrin (Abitibi). En 1937, il est nommé curé de Rivière-à-Pierre et, plus tard, de Saint-Raymond, dans le comté de Portneuf. Son essai, *Pour rester au pays,* lui vaut en 1925 le prix de Liaison française et, en 1926, un prix d'Action intellectuelle. Son œuvre fait l'éloge de la vie agricole et prêche le retour à la terre qui lui semble le vrai remède à la crise d'émigration de son époque.

ŒUVRES

Pour rester au pays. Étude sur l'émigration des Canadiens-français [sic] aux États-Unis. Causes. Remèdes (essai), Québec, L'Action sociale limitée, 1926, 6, 168 p.

Le Vrai Remède. Étude sur la crise actuelle. Remèdes proposés (essai), Québec, L'Action sociale limitée, 1931, 170 p.

[*La Profession agricole*] (essai), Montréal, L'École sociale populaire, 1932, 32 p. « L'École sociale populaire ».

ÉTUDES

[Anonyme], *Pour rester au pays,* dans *L'Action catholique,* 19ᵉ année, nᵒ 5944, 14 mai 1926, p. 6.

Ferdinand Bélanger, *Pour rester au pays,* dans *L'Apôtre,* vol. 7, nᵒ 12, août 1926, p. 545–546.

L[ouis]-A[dolphe] Pâquet, *Le Couronnement des lauréats de l'« Action intellectuelle »*, Dev, vol. 18, n° 22, 28 janv. 1927, p. 8, 5.

Louis Arneau, *Pour rester au pays*, Dev, vol. 18, n° 46, 25 févr. 1927, p. 5.

Serge Gagnon, *Rosario Bilodeau et Roger Léger. Classes sociales et Pouvoir politique au Québec*, LAQ 1974, p. 336.

Pierre Cantin, *Quand ce sacré Dollard nous refait le coup du baril de poudre*, Dr, 65ᵉ année, n° 174, 22 oct. 1977, p. 18.

BILODEAU, ROSARIO (1922–   ). Historien, né à Saint-Patrice (Rivière-du-Loup). Il fait le cours classique au Collège de Lévis (1936–1942), puis il obtient, à l'Université de Montréal, une licence ès lettres (1946) et un doctorat (1956) pour une thèse intitulée « Liberté économique et politique des Canadiens sous le régime français ». Il enseigne au Collège de Saint-Laurent (1945–1946), au Lycée français de São Paulo (1947–1949) et, à partir de 1952, au Collège militaire royal de Saint-Jean. Il collabore à l'*Action nationale* et à la *Revue d'histoire de l'Amérique française*. Son premier livre est une biographie de Champlain (1961) que Léopold Lamontagne qualifie de « travail scientifique, fondé sur des recherches étendues, sur des textes originaux ». On lit dans *Le Livre canadien*, à propos de l'*Histoire des Canadas* (1974) écrite en collaboration : « La densité du contenu, la clarté et la sérénité de la vision d'ensemble sont les qualités indéniables de cette synthèse ». Par ailleurs, Serge Gagnon pense que *Classes sociales et Pouvoir politique* (1974) est une présentation « légère » qui n'aurait pas dû aller plus loin que l'émission radiophonique « convenable » pour laquelle elle avait d'abord été préparée.

ŒUVRES

Champlain (biographie), Montréal, Éditions HMH limitée, 1961, 203 p. « FC ».

Histoire des Canadas, Montréal, Hurtubise HMH, 1971, 676 p. Collab. Robert Comeau, André Gosselin et Denise Julien. Cartes.

Classes sociales et Pouvoir politique au Québec. Perspective historique (essai), [Montréal], Éditions Leméac, 1974, 133 p. Collab. Roger Léger. Cartes.

Histoire nationale, Montréal, Hurtubise HMH, 1976–1977, 7 vol. : vol. 1, *Le Territoire*, 1976, 32 p. ; vol. 2, *La Population*, 32 p. ; vol. 3, *Les Voies de communication*, 32 p. ; vol. 4, *La Défense*, 48 p. ; vol. 5, *La Vie politique*, 1977, 61 p. ; vol. 6, *La Vie économique*, 60 p. ; vol. 7, *La Vie religieuse*, 1977, 30 p. Collab. Gisèle Morin. Ill.

ÉTUDES

Léopold Lamontagne, *Figures canadiennes. Champlain de Rosario Bilodeau*, LAC 1961, p. 53–54.

[Anonyme], *Histoire des Canadas de Rosario Bilodeau, Robert Comeau, André Gosselin et Denise Julien*, LAQ 1971, p. 229.

[Anonyme], *Bilodeau (Rosario) et Léger (Roger). Classes sociales et Pouvoir politique au Québec*, dans *Le Livre canadien*, vol. 6, mai 1975, n° 170.

BIRON, HERVÉ [André Lejeune] (1910–1976). Journaliste et romancier, né à la Pointe-du-Lac (Saint-Maurice). Il fait des études privées chez les Sœurs Grises de la Croix puis au Juniorat du Sacré-Cœur à Ottawa. En 1930, il est journaliste au *Nouvelliste* qu'il quittera en 1934 pour l'*Action catholique*. Il collabore également au *Flambeau*, au *Devoir*, au *Soleil* et à l'*Almanach trifluvien*. Il a donné des conférences sur différents thèmes de la littérature québécoise et française et sur l'histoire. Son œuvre est empreinte d'un grand souci de vérité historique. Son roman, *Nuages sur les brûlés*, a servi de source au film « Les Brûlés » que l'Office national du Film a réalisé en 1959. Bertrand Lombard voyait alors dans le roman d'Hervé Biron « un tableau puissamment coloré de la colonisation au Témiscamingue ».

ŒUVRES

Paroissiales (poésie), *suivi d'une étude sur l'œuvre de Francis Jammes*, Trois-Rivières, chez l'auteur, 1939, 23 p. (Hors commerce).

Benjamin Sulte (conférence), Québec, Éditions Culture, 1942, 16 p.

Vers les pays d'en-haut (histoire), Montréal, Fides, [1944], 246 p. Collab. l'abbé Albert Tessier. Ill. de Henri Beaulac.

Poudre d'or (roman), Montréal, Éditions Fernand Pilon, 1945, 191 p. ; Paris, Paul Dupont, 1947.

Grandeurs et Misères de l'Église trifluvienne (1615–1947), Trois-Rivières, Éditions Trifluviennes, 1947, 242 p.

Nuages sur les brûlés (roman), Montréal, Éditions Fernand Pilon, [1947], 207 p.

L'Herbier de chair (poésie), Montréal, Éditions Boréal Express/L'Hexagone, 1977, 84 p.

Carnets intimes : Rodolphe Duguay, Montréal, Éditions Boréal Express, 1978, 266 p.

Deux siècles de vie paroissiale à la Pointe-du-Lac (histoire), dans *Pages trifluviennes*, série A, n° 2, 1939, 132 p. Collab. l'abbé Georges Biron.

ÉTUDES

Jean-Charles Bonenfant, *Poudre d'or*, C, vol. 7, n° 1, mars 1946, p. 117–118.

Pauline Britten, « Notes bio-bibliographiques sur Monsieur Hervé Biron ». Mémoire. École de bibliothécaires de l'Université de Montréal, 1947, 30 f.

Bertrand Lombard, *Nuages sur les brûlés*, RUL, vol. 2, n° 10, juin 1948, p. 906–908.

C.-M. Morin, *Grandeurs et Misères de l'Église trifluvienne (1615–1947)*, C, vol. 10, nº 1, mars 1949, p. 89.

Denyse Legris, « Notes bio-bibliographiques sur Monsieur Hervé Biron ». Mémoire. École de bibliothécaires de l'Université de Montréal, 1950, 31 f.

Fernand Gagnon, *Poète, littérateur, historien, Hervé Biron n'a jamais perdu la passion du journalisme*, No, vol. 44, nº 279, 28 sept. 1964, p. 4.

BISON RAVI. Voir **STRARAM, PATRICK**.

BISSON, LAURENCE **Adolphus** (1897–1965).

Historien de lettres et comparatiste, né à Saint-Hélier (Île de Jersey). Il étudie au Collège Victoria de Jersey et au Pembroke College d'Oxford où on lui décerne un baccalauréat (1921) et une maîtrise ès arts (1922). Il obtient un doctorat, en 1932, à l'Université de Bordeaux, pour une thèse sur le romantisme. D'abord professeur de lettres françaises à l'Université Queen's de Kingston (1922–1923), il continue sa carrière d'enseignant et de chercheur à l'Université de Toronto (1923–1926), puis, en Angleterre, à l'Université de Birmingham (1927–1933), à l'Université d'Oxford (1933–1945) et à l'Université Queen's de Belfast (1945–1961). Dans *Le Romantisme littéraire au Canada français*, Bisson étudie les rapports entre les romantiques du Québec — Garneau, Lenoir, Crémazie, Casgrain, Fréchette, Le May, Chapman — et les auteurs français. Son étude marque un progrès notable sur les travaux de Charles ab der Halden et de Jean Charbonneau. Les deux chapitres préliminaires de l'ouvrage constituent une introduction substantielle à la civilisation canadienne-française des XVIIIe et XIXe siècles.

ŒUVRES

Le Romantisme littéraire au Canada français (essai), Paris, Librairie E. Droz, 1932, 285 p.

Amédée Pichot ; A Romantic Prometheus (biographie), Oxford, Basil Blackwell, [1942 ?], xvi, 422 p. Portrait.

Des vers de France, A Book of French Verse... (recueil), Harmondsworth (Middlesex, England), Penguin Books, 1942, xx, 21–140 p. Portrait.

A Short History of French Literature, From the Middle Ages to the Present Day, Harmondsworth (Middlesex, England), Penguin Books, [1943], 159 p. Ill.

André Gide, 1869–1951. A Memorial Lecture Delivered in the Sir William White Hall, 6th December 1951, Belfast, M. Boyd, [1952 ?], 21 p.

ÉTUDES

Camille Roy, *Bibliographie canadienne. À propos de littérature canadienne*, ESC, févr. 1923, p. 299–304.

[Anonyme], *Le Romantisme au Canada*, dans *La Revue de littérature comparée*, 1934, p. 784–785.

BISSONNETTE, CHANTAL. Voir **BOURGAULT, PIERRE**.

BISSONNETTE, ROSEMARIE [Tante Rosemarie]

(1927–   ). Chroniqueuse et dramaturge, née à Saint-Jean-Baptiste (Manitoba). Elle fait ses humanités au Collège des Sœurs de Saints Noms de Jésus et de Marie de Saint-Boniface et à l'Université du Manitoba (B.A., 1949). Elle fait aussi des études en pédagogie et en administration. En 1950, elle enseigne au Morris High School, puis elle devient, l'année suivante, animatrice et chroniqueuse à la station radiophonique CKSB dans les séries « Le Club des ménagères », « L'heure classique » et « Le Club des jeunes », sous le nom de Tante Rosemarie. Jusqu'en 1966 elle occupe un poste à la BCN et est correspondante au *Emerson Journal*, puis elle entre au service de la fonction publique comme agent des douanes, un moment à Emerson (Manitoba), puis à Ottawa de 1966 à 1976. Elle retourne alors à Winnipeg où elle s'occupe de littérature. Sa première pièce de théâtre, *Une bagarre très politique*, est créée à l'occasion du centenaire de la paroisse Saint-Jean-Baptiste, le 5 octobre 1977. Fondée sur des faits relatés dans *Le Métis* en 1878 et 1879, la pièce fait revivre un procès survenu à la suite d'un drame d'après élections au Manitoba.

ŒUVRE

Une bagarre très politique (théâtre), Saint-Boniface, Les Éditions des Plaines, 1981, 95 p. Ill. Préface de Pierre Gagné.

ÉTUDES

[Anonyme], *Drame sanglant à Saint-Jean-Baptiste*, dans *Le Métis*, vol. 8, nº 25, 19 déc. 1978, p. 1.

[Anonyme], *Tragédie de Saint-Jean-Baptiste*, dans *Le Métis*, vol. 8, nº 38, 20 mars 1979, p. 2.

BLACKBURN. Voir **ROCHON, ESTHER**.

BLAIS, JACQUES (1937–

). Historien de la littérature et critique littéraire, né à Québec. Il fait ses études classiques au Petit Séminaire de Québec (1948–1955) et ses études littéraires à l'Université Laval où il obtient une licence (1960), une maîtrise (1963) et un doctorat

(1974) dont le sujet porte sur la poésie du Québec de 1934 à 1944. Il enseigne à l'Externat classique Saint-Jean-Eudes de Québec de 1957 à 1960. Il est ensuite professeur adjoint à l'Université de Sherbrooke (1960–1966), puis à l'Université Laval où il est nommé titulaire en 1975. En collaboration avec Joseph Bonenfant, il dirige, à compter de 1975, la collection « Vie des lettres québécoises » des Presses de l'Université Laval. Il a été également responsable de la section « Poésie » du premier tome du *Dictionnaire des œuvres littéraires du Québec*. Jacques Blais s'intéresse à l'histoire littéraire, à la critique thématique et à la mythanalyse littéraire. Ses études sur Saint-Denys Garneau et Alain Grandbois font autorité. Gilles Marcotte dit de son essai, *De l'ordre et de l'aventure*, que « l'un des principaux mérites de cet ouvrage est justement de dessiner, à partir de tous les faits littéraires disponibles, une évolution qui donne aux têtes d'affiche de la période leur plein sens historique. [...C']est un ouvrage indispensable à qui veut se retrouver dans les méandres de l'évolution poétique et intellectuelle du Québec ». En 1982, il entreprend une vaste recherche sur Louis Fréchette. En 1984, il est nommé directeur du Centre de recherche en littérature québécoise à l'Université Laval. Par l'envergure de ses recherches et l'originalité de son sens critique, Jacques Blais figure parmi les meilleurs critiques québécois contemporains.

ŒUVRES

Textes pour la lecture et l'explication, Montréal, HMH, 1967, 352 p. Ill. Sélection de Jacques Blais, P. Langlois et A. Mareuil. Collab. M. Cardera. « Secondaire I. Collection de français ».

Saint-Denys Garneau, Montréal, Fides, 1971, 65 p. « DDLC ».

Vivre au Québec, Toronto, McClelland and Stewart Limited, 1972, 111 p. Ill. Choix de textes destinés aux étudiants anglophones et édités par Jacques Cotnam, Jacques Blais et Robert Dickson.

Saint-Denys Garneau et le Mythe d'Icare, Sherbrooke, Éditions Cosmos, 1973, 141 p. Préface de Marc Eigeldinger. « Profils ».

Présence d'Alain Grandbois avec quatorze poèmes parus de 1956 à 1969, Québec, PUL, 1974, viii, 261 p. Ill. « VLQ ».

De l'ordre et de l'aventure : la poésie au Québec de 1934 à 1944, Québec, PUL, 1975, x, 410 p. Avant-propos de l'auteur. « VLQ ».

Le Choix de Jacques Blais dans l'œuvre de Saint-Denys Garneau, Charlesbourg, Presses laurentiennes, 1987, 80 p.

Fraternel André Giroux, dans *La Revue de l'Université de Sherbrooke*, vol. 2, n⁰ 1, oct. 1961, p. 7–14.

Un nouvel Icare. Documents pour servir à la bibliographie critique de Saint-Denys Garneau, RUL, vol. 18, n⁰ 3, nov. 1963, p. 210–235.

Jean-Guy Pilon, dans *Europe*, vol. 47, n⁰ˢ 478–479, févr.–mars 1969, p. 163–169.

La Poésie québécoise au tournant de la guerre 1935–1950, dans *La Poésie canadienne-française*, Montréal/Paris, Fides, 1969, p. 143–173. « ALC » 4.

L'Unité organique de « Bonheur d'occasion », EF, vol. 6, n⁰ 1, févr. 1970, p. 25–50.

Lecture du « Barachois », C, vol. 31, n⁰ 4, déc. 1970, p. 289–304.

La Poésie au Québec en 1972, dans *University of Toronto Quarterly*, vol. 42, n⁰ 4, été 1973, p. 380–386.

La Poésie au Québec en 1973, dans *University of Toronto Quarterly*, vol. 43, n⁰ 4, 1974, p. 365–371.

Notes sur le héros de romans québécois de La Scouine à l'Hiver de force, dans *Québec français*, n⁰ 17, févr. 1975, p. 36–39.

Fantaisie sur une séquence de « La Minuit », dans *Mélanges de civilisation canadienne-française offerts au professeur Paul Wyczynski*, Ottawa, EUO, 1977, p. 61–74. « CCRCCF ».

Saint-Denys Garneau et le jeu des variantes, EF, vol. 20, n⁰ 3, hiver 1984–1985, p. 29–50.

Poète québécois d'avant 1940 en quête de la modernité, dans *L'Avénement de la modernité culturelle au Québec*, ouvrage réalisé sous la direction d'Yvan Lamonde et Esther Trépanier, Québec, Institut québécois de recherche sur la culture, 1986, p. 17–42.

Présence aux mirages : la poésie du Nigog, dans *Le Nigog*, Montréal, Fides, 1987, p. 175–199. « ALC » 7.

ÉTUDES

Robert Vigneault, *Saint-Denys Garneau et le Mythe d'Icare*, EF, vol. 9, n⁰ 2, mai 1973, p. 166–167.

David M. Hayne, *Saint-Denys Garneau et le Mythe d'Icare*, LAQ 1973, p. 203–204.

Léopold LeBlanc, *Jacques Blais. Présence d'Alain Grandbois*, LAQ 1974, p. 203–207.

Paul Gay, *De l'ordre et de l'aventure*, Dr, 63ᵉ année, n⁰ 136, 6 sept. 1975, p. 27.

Paul Wyczynski, *Jacques Blais. De l'ordre et de l'aventure*, LAQ 1975, p. 180–183.

Nicole Bourbonnais, *De l'ordre et de l'aventure de Jacques Blais*, LQ, vol. 1, n⁰ 1, mars 1976, p. 25–27.

Gilles Marcotte, *Jacques Blais : De l'ordre et de l'aventure. La poésie au Québec de 1934 à 1944*, EL, vol. 9, n⁰ 3, déc. 1976, p. 596–600.

BLAIS, MARIE-CLAIRE (1939-   ). Romancière, poète, dramaturge, née à Québec. Elle doit abandonner ses études dès l'âge de quinze ans et gagner sa vie dans une usine. Plus tard, encouragée par Jeanne Lapointe et le père G.-H. Lévesque, elle suivra quelques cours à l'Université Laval, en caressant le rêve de devenir écrivain. Le départ sera fulgurant. Dans l'espace de cinq ans, elle publie trois romans, *La Belle Bête* (1959), *Tête blanche* (1960), *Le jour est noir* (1962), et deux recueils de poésie *Pays voilés* (1963), et *Existence* (1964). Ainsi, deux genres littéraires collent à la même thématique et deux styles se complètent dans le désir de voir et de dire. La critique subit un choc d'étonnement. Le premier roman annonce déjà toute une technique qui repose sur l'alliage du réalisme et de la poésie. Un jeune idiot physiquement épanoui (Patrice), sa sœur laide et inquiète (Marie-Isabelle), un aveugle (Michel), uni à celle-ci par un acte d'amour, un monsieur à la canne d'or (Lanz), aristocrate dévergondé, boiteux et barbu, voilà les protagonistes humains en conflit autour d'une mère malade ; cet univers, ruiné par les flammes qui se reflètent dans un morceau de miroir, est toutefois mystérieusement embelli par un puissant souffle poétique. La romancière débutante, qui affectionne la technique vive de la succession des plans de cinéma, juxtapose les descriptions en phrases courtes et rapides. Les passages décrivant la course à la source et les trois dernières pages du récit ne dépareraient pas une anthologie. Après un tel début, Marie-Claire Blais, boursière à deux reprises de la Fondation Guggenheim, « s'exile » aux États-Unis, à Cape Cod, fait un séjour en France et se consacre entièrement à la création littéraire. *Une saison dans la vie d'Emmanuel* (1965), roman réaliste centré sur la vie d'une famille québécoise, marque un deuxième jalon dans l'expérience romanesque de Marie-Claire Blais ; cet ouvrage sera consacré par le prix France-Canada et le prix Médicis (1966). Suit la troisième étape avec *Manuscrits de Pauline Archange* qui mérite le prix du Gouverneur général en 1968 ; roman, sans doute, mais en réalité il s'agit d'un dialogue intérieur inspiré par le passé, dont *Vivre ! Vivre !* (1969) et *Les Apparences* (1970) ne seront que les parties subséquentes, le tout s'ordonnant dans une triologie romanesque. Récipiendaire de l'Ordre du Canada en 1975, Marie-Claire

Blais s'est également vu décerner le prix du Québec (Athanase-David) en 1982 et le prix de l'Académie française pour son livre *Visions d'Anna* (1983). L'essentiel de l'expérience de l'auteur réside dans la saisie d'une société aliénée, dans la poursuite d'un rêve solitaire et dans la mise en œuvre d'une écriture où le réalisme noir — misère sociale, souffrance humaine, perversité des individus, sexualité maladive, religion superficielle, cris d'enfants et râles d'adultes — s'associe à une étonnante poésie qui rend le tout complexe et suggestif. L'art descriptif de Marie-Claire Blais admet volontiers les pointes d'humour et d'ironie. L'artiste, non sans une certaine complaisance, fait le procès de la société québécoise, mais en restant toujours sensible aux formes d'écriture. Le fond sociologique s'enrichit chez elle d'expressifs symboles : interventions lyriques dans une réalité sombre où opèrent conjointement un regard scrutateur et une plume habile. L'œuvre a sa profondeur et son évolution. Selon Gilles Marcotte, « L'ambiguité, l'ironie dévastatrice qui faisaient le prix de ce très singulier roman [*Une saison dans la vie d'Emmanuel*] s'estompent, à partir des *Manuscrits de Pauline Archange*, au profit d'une vision du monde plus univoque, axée sur les exigences d'une morale à inventer [...] il s'agit moins pour la romancière de bouleverser l'ordre des choses — et l'ordre du roman —, que d'interpréter, d'essayer de comprendre ceux qui le bouleversent ». À propos de *Visions d'Anna* (1982), Michèle Mailhot ne peut retenir son angoisse : « Marie-Claire Blais atteint ici à un art à la fois puissant et délicat, celui de rendre, d'une voix étale et douce, les pires grondements de notre époque apocalyptique ». En 1985, Victor-Lévy Beaulieu réexamine les romans parus vingt ans plus tôt ; pour lui *Une saison dans la vie d'Emmanuel* « marque le grand moment de rupture, celui où le Québec jusqu'alors traditionnaliste, hibernant dans l'arrière-pays, tant géographique que social et culturel, éclate définitivement [...]. Il s'agit d'une prose que Jacques Ferron a déjà qualifiée de somptueuse, et qui le reste parce qu'habitée de l'intérieur par Marie-Claire Blais, dans une intensité dont on n'avait pas l'habitude en 1965. Voilà pourquoi ce roman est grand et ne saurait pas vieillir ».

ŒUVRES

La Belle Bête. Roman, Québec, Institut littéraire du Québec ltée, 1959, 214 p. ; Paris, Flammarion, éditeur, 1961, 185 p. ; Montréal, CLF, 1968, 157 p. « PoC ». Traduction anglaise par Merloyd Laurence : *Mad Shadows*, Toronto, McClelland & Stewart limited, 1960, 123 p. ; Boston, Little, Brown & Company, [1960],

125 p.; London, Jonathan Cape, [1960?], 123 p.; Toronto, McClelland & Stewart limited, 1971, xii–123 p. Introduction par Naïm Kattan. «New Canadian Library».

Tête blanche. Roman, Québec, Institut littéraire du Québec ltée, 1960, 205 p.; Montréal, Éditions de l'Homme, 1969; Éditions de l'Actuelle, 1977. Traduction anglaise par Charles Fullman: *Tête blanche*, Toronto, McClelland and Stewart, 1961, 136 p. Ill.; [London], Jonathan Cape, [1961?]; Boston, Little, Brown & Company, 1962, 136 p.; Toronto, McClelland and Stewart, 1974, xiv, 136 p.

Le jour est noir. Roman, Montréal, Éditions du Jour, 1962, 125 p. «RJ»; 1967, 125 p. *Le jour est noir suivi de L'Insoumise*, Montréal, Éditions internationales Alain Stanké, 1979, 253 p. «Québec 10/10». Traduction anglaise par Derek Coltman: *The Day is Dark and Three Travellers*, New York, Farrar, Straus and Giroux, 1967, 183 p.

Pays voilés (poésie), Québec, Garneau, éditeur, 1963, 45 p. Préface de Charles Moeller; *Pays voilés. Existences. Poèmes*, Montréal, Éditions de l'Homme, 1967, 91 p. Portrait.

Existences. Poèmes, Québec, Éditions Garneau, 1964, 51 p.; *Pays voilés. Existences. Poèmes*, Montréal, Éditions de l'Homme, 1967, 91 p. Portrait; Stanké, 1983, 95 p. Préface de Charles Moeller. «10/10».

Une saison dans la vie d'Emmanuel. Roman, Montréal, Éditions du Jour, 1965, 128 p. «RJ»; Paris, Bernard Grasset, éditeur, 1966, 175 p.; Montréal, Éditions du Jour, 1967, 128 p. «RJ»; Éditions du Jour, Jacques Hébert, éditeur, 1968, 138 p. Ill. de Mary Meigs. (Édition de luxe); Quinze, 1976, 175 p. Portrait; 1978; Éditions internationales Alain Stanké, 1980, 195 p. «Québec 10/10»; Stanké, 1980, 125 p. Traduction anglaise par Derek Coltman: *A Season in the Life of Emmanuel*, New York, Farrar, Straus and Giroux, 1966, x, 145 p. Introduction par Edmund Wilson; London, Jonathan Cape, 1967; Toronto/New York/Londres, Bantam Books, 1966, 130 p.; Toronto, Bantam Books, 1976, xii, 130 p. (Ce roman a été traduit en 14 langues).

L'Insoumise. Roman, Montréal, Éditions du Jour, 1966, 119 p. Portrait. «RJ»; 1968. *L'Insoumise. Roman suivi de Le jour est noir*, Paris, Éditions Bernard Grasset, 1971, 235 p. Préface d'Yves Berger. Traduction anglaise par David Lobdell: *The Fugitive*, Ottawa, Oberon Press, 1978, 96 p.

David Sterne. Roman, Montréal, Éditions du Jour, 1967, 127 p. «RJ»; Montréal/Paris, Stanké, 1981, 139 p. «Québec 10/10». Traduction anglaise par David Lobdell: *David Sterne*, Toronto, McClelland and Stewart, limited, 1973, 92 p.

L'Exécution. Pièce en deux actes, Montréal, Éditions du Jour, 1968, 118 p. Portrait. «TJ». Traduction anglaise par David Lobdell: *The Execution*, Vancouver, Talonbooks, 1976, 103 p.

Manuscrits de Pauline Archange. Roman, Montréal, Éditions du Jour, 1968, 127 p. «RJ»; *Manuscrits de Pauline Archange*, Paris, Éditions Bernard Grasset, 1968, 206 p.; Montréal/Paris, Stanké, 1981, 219 p. «Québec 10/10». Traduction anglaise par Derek Coltman: *The Manuscripts of Pauline Archange*, New York, Farrar, Straus and Giroux, 1970, 217 p.; Bantam Books, 1976; Toronto, McClelland and Stewart, 1982, 186 p. «New Canadian Library». (Cet ouvrage est le premier volet d'une trilogie qui comprend *Vivre! Vivre!* et *Les Apparences*).

Les Voyageurs sacrés. Récit, Montréal, HMH, 1969, 113 p. Traduction anglaise par Derek Coltman: *The Day is Dark and Three Travellers*, New York, Farrar, Straus and Giroux, 1967, 183 p.

Vivre! Vivre! Roman. La suite des Manuscrits de Pauline Archange, Montréal, Éditions du Jour, 1969, 170 p. «RJ»; *Manuscrits de Pauline Archange. Vivre! Vivre!*, Montréal/Paris, Stanké, 1981, 179 p. «Québec 10/10».

Les Apparences. Roman, Montréal, Éditions du Jour, 1970, 203 p. Portrait. «RJ»; *Manuscrits de Pauline Archange. Les Apparences*, Montréal/Paris, Stanké, 1981, 215 p. «Québec 10/10». Traduction anglaise par David Lobdell: *Dürer's Angel*, Vancouver, Talonbooks, 1976, 105 p.

Le Loup. Roman, Montréal, Éditions du Jour, 1972, 243 p. «RJ»; Paris, Éditions Robert Laffont, 1973, 243 p.; Montréal, Éditions internationales Alain Stanké, 1980, 256 p. «Québec 10/10». Traduction anglaise par Sheila Fischman: *The Wolf*, Toronto, McClelland and Stewart limited, 1974, 142 p.

Un joualonais, sa joualonie. Roman, Montréal, Éditions du Jour, 1973, 300 p. Portrait. «RJ». *À cœur joual. Roman*, Paris, Éditions Robert Laffont, 1974, 301 p.; *Un joualonais, sa joualonie*, [Montréal], Éditions internationales Alain Stanké, 1979, 311 p. «Québec 10/10». Traduction anglaise par Ralph Manheim: *St. Lawrence Blues*, New York, Farrar, Straus & Giroux, 1974, 229 p.; London, Harrap, 1974. Ill.; New York/Toronto/London, Bantam Books, 1976, xvi, 203 p. Introduction de Margaret Atwood. «Bantam Books».

Fièvre et Autres Textes dramatiques. Théâtre radiophonique, Montréal, Éditions du Jour, 1974, 229 p. Portrait. «TJ».

Une liaison parisienne. Roman, Montréal, Stanké/Quinze, 1975, 175 p. Portrait; Paris, Éditions Robert Laffont, 1976; Quinze, 1980, 181 p. Postface de François Ricard. «Présence»; Montréal/Paris, Stanké, 1982, 189 p. «Québec 10/10». Traduction anglaise par Sheila Fischman: *A Literary Affair*, Toronto, McClelland and Stewart, 1979, 160 p.

L'Océan (téléthéâtre), *suivi de Murmures* (pièce radiophonique), Montréal, Quinze, 1977, 166 p. Portrait. Ill. Traduction anglaise par Ray Chamberlain: *The Ocean*, Toronto, House of Exile, 1977, [n.p., 64 p.].

Les Nuits de l'Underground. Roman, Montréal, Stanké, 1978, 267 p. Traduction anglaise par Ray Ellenwood: *Nights in the Underground. An Exploration of Love*, Don Mills, Musson Book Company, 1979, 199 p.;

Toronto, General Publishing Co. limited, 1979. «Newpress, Canadian Classics».

Le Sourd dans la ville (roman), Montréal, Stanké, 1979, 211 p. Traduction anglaise par Carol Dunlop : *Deaf to the City*, Toronto, Lester & Orpen Dennys Publishers, 1981, 220 p.

Visions d'Anna ou Le Vertige. Roman, Montréal/Paris, Stanké, 1982, 169 p. ; Paris, Gallimard, 1982.

Pierre. La guerre du printemps 1981. Roman, Montréal, Primeur, 1984, 164 p. «L'Échiquier».

L'Île (théâtre), Montréal, VLB, 1988, 88 p.

Poèmes, ECF, n° 5, 1959, p. 173–191.

[*Témoignages...*], dans *La Poésie canadienne-française*, Montréal/Paris, Fides, 1969, p. 528–532. «ALC» 3.

Un acte de pitié (nouvelle), L, vol. 11, n° 2, mars–avril 1969, p. 49–59.

Les Voyageurs sacrés ou L'Invraisemblable instant. Poème, ECF, n° 14, 1972, p. 193–257.

L'Exil, L, vol. 23, n° 1, janv.–févr. 1981, p. 31–51.

Le Vertige ou Portrait d'Anna, NBJ, n° 102, avril 1982, p. 43–54.

ÉTUDES

Marilyn-I. Davis, *La Belle Bête : Pilgrim into Life*, dans *The Tamarak Review*, n° 16, été 1960, p. 51–59.

Jean Marcel, *L'Univers magique de Marie-Claire Blais*, AN, vol. 55, n° 4, déc. 1965, p. 480–483.

Suzanne Paradis, *Marie-Claire Blais*, dans *Femme fictive, femme réelle : le personnage féminin dans le roman canadien-français*, Québec, Garneau, 1966, p. 176–202.

Marie-Louise Ollier, *Une saison dans la vie d'Emmanuel*, EF, vol. 2, n° 2, juin 1966, p. 224–227.

Hyacinthe-M. Robillard, *Marie-Claire Blais ou Le Nécessaire Bistouri*, M, n° 54, juin 1966, p. 211–213.

Jacques-A. Lamarche, *La Thématique de l'aliénation chez Marie-Claire Blais*, CL, 16e année, n°s 88–89, juillet–août 1966, p. 27–32.

Georges-André Vachon, *L'Espace politique et social dans le roman québécois*, RS, vol. 7, n° 3, sept.–déc. 1966, p. 259–279, surtout p. 276–279.

Jean Onimus, *Une saison dans la vie d'Emmanuel*, dans *La Table ronde*, n° 230, mars 1967, p. 125–132.

Raoul Duguay, *David Sterne : le pathétique de la misère ou la gloire de la finitude*, PP, vol. 5, n° 1, sept. 1967, p. 46–49.

Gérard-Marie Boivin, *Le Monde étrange de Marie-Claire Blais ou La Cage aux fauves*, C, vol. 29, n° 1, mars 1968, p. 3–17.

Pierre Châtillon, *Marie-Claire Blais telle qu'en elle-même*, LAQ 1968, p. 241–245.

Lucien Goldmann, *Notes sur deux romans de Marie-Claire Blais*, dans *Structures mentales et création culturelle*, Paris, Anthropos, 1970, p. 401–414.

Naïm Kattan, «*La Belle Bête*» de Marie-Claire Blais, C, vol. 32, n° 1, mars 1971, p. 400–404.

Philip Stratford, *Marie-Claire Blais*, Toronto, Forum House Publications, 1971, 70 p.

Réal Girard, *Marie-Claire Blais, écrivain : les apparences de l'écriture*, LAQ 1972, p. 363–374.

Vincent Nadeau, *Marie-Claire Blais : le noir et le tendre*, Montréal, PUM, 1974, 109 p. «LQ».

Mariel et Pierre-Paul Karch, *Marie-Claire Blais. Fièvre et autres textes dramatiques*, LAQ 1974, p. 178–179.

Johanne Du Berger Howse, *Marie-Claire Blais. Une liaison parisienne*, LAQ 1975, p. 37–38.

Denis Saint-Jacques, *L'Océan, suivi de Murmures de Marie-Claire Blais*, LQ, vol. 1, n° 6, avril–mai 1977, p. 19–21.

Gilles Marcotte, *Une saison dans la vie de Geneviève Aurès*, Dev, vol. 69, n° 70, 25 mars 1978, p. 35.

Gabrielle Poulin, *Saphisme, Mystique et Littérature. Les Nuits de l'Underground de Marie-Claire Blais*, LQ, n° 12, nov. 1978, p. 6–8.

Paul-André Bourque, *Marie-Claire Blais. Le jour est noir, suivi de L'Insoumise*, LAQ 1979, p. 26–27.

Donald Smith, *Les Vingt années d'écriture de Marie-Claire Blais*, LQ, n° 16, hiver 1979–1980, p. 51–58.

Jean Royer, *Marie-Claire Blais. Écrire contre la mort*, Dev, vol. 71, n° 15, 19 janv. 1980, p. 18.

Gabrielle Poulin, *Un torrent qui se fige. « Le Sourd dans la ville » de Marie-Claire Blais*, LQ, n° 18, été 1980, p. 19–21.

Yvan G. Lepage, *Sicut enim Narcissus : La Belle Bête de Marie-Claire Blais*, I, vol. 4, n°s 2–3, mai–déc. 1980, p. 101–108.

Claire Rochon, *Les Voyageurs sacrés de Marie-Claire Blais : une dialectique existentielle de l'imaginaire*, I, vol. 4, n°s 2–3, mai–déc. 1980, p. 109–118.

Alain-Bernard Marchand, *Les Manuscrits de Pauline Archange : Éros et Thanatos*, VI, vol. 7, n° 2, hiver 1982, p. 343–349.

Noël Audet, *Une écriture vertigineuse*, Dev, vol. 73, n° 106, 8 mai 1982, p. 19, 36.

Michèle Mailhot, *Visions d'Anna de Marie-Claire Blais*, LQ, n° 27, automne 1982, p. 18–19.

Donald Smith, *Marie-Claire Blais, prix David 1982*, LQ, n° 29, printemps 1983, p. 17–18.

Gilles Marcotte, Béatrice Slama, Élène Cliche, Aurélien Boivin, Lucie Robert et Ruth Major-Lapierre, *Dossier*, VI, n° 2, hiver 1983, p. 191–295.

François Hébert, *La Guerre selon Marie-Claire Blais*, Dev, vol. 75, n° 94, 21 avril 1984, p. 27.

Anne-Marie Pichette, *Marie-Claire Blais. « C'est les enfants de demain ou le néant »*, Dev, vol. 75, n° 168, 21 juillet 1984, p. 17.

Victor-Lévy Beaulieu, *Roman : l'automne 65. La saison de la grande connivence*, Dev, vol. 76, n° 219, 21 sept. 1985, p. 23, 29.

France Simard, *Marie-Claire Blais en interview. L'écriture est une délivrance*, Dr, 73e année, n° 160, 5 oct. 1985, p. 25.

BLONDEAU, DOMINIQUE (1942–   ). Romancière et critique littéraire, née à Paris. Elle fait ses humanités au Lycée Marie-Curie de Sceaux (Hauts-de-Seine) où elle obtient son baccalauréat. Établie à Rabat (Maroc) en 1959, elle se spécialise en informatique et travaille pour la Société IBM et pour une société de phosphates. En 1969, elle émigre au Canada, devient critique littéraire aux revues *Vivre* et *Nous*. Elle est de plus pigiste à Radio-Canada International où elle écrit de nombreux textes dans les séries « Famille québécoise » et « Du monde entier au cœur du monde ». Elle présente aussi des œuvres dramatiques : « Marrakech » (1975), « Plaidoyer pour la mort » (1976), puis, à l'Atelier des inédits, « Création pour un homme seul ». Elle est en outre attirée par la poésie, et un choix de ses poèmes a été lu à Radio-Canada en 1972, mais c'est le roman surtout qui marque sa carrière littéraire. Un premier roman, *Les Visages de l'enfance* (1970), ne fait pas grand bruit; le second, en revanche, *Demain, c'est l'Orient...* (1972), retient l'attention, et Roland Bourneuf écrit : « Ce roman d'un haut raffinement dans sa conception et dans son écriture ne surmonte peut-être pas complètement ce conflit latent, mais il faut, comme pour son auteur, ‹ savoir le mériter ›, prêter l'oreille à son appel, sentir la passion de vivre qui l'anime ». Réginald Martel qualifie son quatrième roman, *L'Agonie d'une salamandre* (1979), de « baroquisme éblouissant » dont les mots montrent parfois trop de recherche ; et il ajoute : « On dirait que cette prose ne fait qu'effleurer la conscience pour s'infiltrer ensuite dans l'inconscient, au-delà du champ connu du verbal, et les personnages et leurs histoires égarent le lecteur dans une irréalité pourtant presque palpable ». La critique est unanime à louer les qualités exceptionnelles du style de Dominique Blondeau ; et Madeleine Ouellette-Michalska dit des *Funambules* (1980): « Ce roman échappe à toute tendance et à toute mode. Construit en longues phrases périodiques qui s'enroulent sur elles-mêmes et nous captent dans un effet d'envoûtement que l'on répugne à voir briser, il se déploie avec toutes les ruses et les sinuosités d'un labyrinthe dont on n'est jamais sûr de voir la fin ».

ŒUVRES

Les Visages de l'enfance (roman), Montréal, L'Actuelle, 1970, 191 p.

Demain, c'est l'Orient... (roman), [Montréal], Leméac, 1972, 202 p. « Roman québécois ».

Que mon désir soit ta demeure. Roman, Montréal, La Presse, 1975, 262 p.

L'Agonie d'une salamandre (roman), Montréal, Libre Expression, 1979, 215 p.

Les Funambules (roman), Montréal, Libre Expression, 1980, 409 p.

Les Errantes. Roman, Montréal, Québec/Amérique, 1983, 439 p. Ill.

Un homme foudroyé. Roman, Montréal, Québec/Amérique, 1985, 324 p. « Littérature d'Amérique ».

La Poursuite (roman), Montréal, Québec/Amérique, 1986, 110 p. « Littérature d'Amérique ».

ÉTUDES

[Anonyme], *Dominique Blondeau. Demain, c'est l'Orient*, dans *Le Livre canadien*, vol. 3, août–sept. 1972, n° 251.

Roland Bourneuf, *Dominique Blondeau. Que mon désir soit ta demeure*, LAQ 1975, p. 90-92.

André Vanasse, *Dominique Blondeau. L'Agonie d'une salamandre*, LAQ 1979, p. 27-29.

Réginald Martel, *Une histoire d'amour sans amour ni amants*, Pr, 95ᵉ année, n° 269, 17 nov. 1979, p. C-3.

[Anonyme], *Écrire ou la Nécessité de vivre* (interview), Dev, vol. 70, n° 287, 8 déc. 1979, p. 25.

Madeleine Ouellette-Michalska, *Dominique Blondeau, retraite pour l'effacement du double*, Dev, vol. 71, n° 251, 1 nov. 1980, p. 21.

Léonce Cantin, *Les Funambules. Dominique Blondeau*, dans *Québec français*, n° 41, févr. 1981, p. 12.

Jacques Ferron, *Dominique Blondeau, la fugitive ou la chute des funambules*, dans *Le Livre d'ici*, vol. 6, n° 22, 3 mars 1981, p. 2.

André Vanasse, *Le Double, le multiple... le même. Les Funambules de Dominique Blondeau*, LQ, n° 21, printemps 1981, p. 21-22.

Hélène Belley, « *Une marginale dans les marginaux* ». *Dominique Blondeau*, LQ, n° 24, hiver 1981-1982, p. 89-90.

Jean-Paul Soulié, *Dominique Blondeau. L'amour des mots et des structures*, Pr, 99ᵉ année, n° 281, 3 déc. 1983, p. E-4.

Claire de Lamirande, « *Les Errantes* » *de Dominique Blondeau. Le quatuor de Montréal*, Dr, 71ᵉ année, n° 291, 10 mars 1984, p. 30.

BLONDEL. Voir **MASSICOTTE**, ÉDOUARD-ZOTIQUE.

BLOUIN, JEAN (1944–   ). Chroniqueur et biographe, né à Québec. Il fait ses humanités à l'Externat classique Saint-Jean-Eudes (Québec) (B.A. en 1965). Il poursuit des études en pédagogie (B. Péd. en 1966) et en lettres (L. ès L. en 1969) à l'Université Laval. Il devient professeur de français et de littérature à l'École secondaire Montmorency en 1968 et, à compter de 1969, au Cégep du Vieux-Montréal. Il donne aussi des cours d'été aux non-francophones à l'Université Laval. Journaliste à la pige, il s'intéresse surtout aux biographies et aux chroniques québécoises, collabore au magazine *Perspectives*, surtout entre 1975 et 1979, puis à la revue *Actualité*. En 1979, ses articles sur les Amérindiens et sur Pierre Vadeboncœur méritent des grands prix des magazines canadiens. En 1980, il anime l'émission « Horizons » au réseau FM de Radio-Canada. À propos de *Roland Beaupré*, « *Monsieur Baseball* » *se raconte*, Claude Larochelle écrit : « Le mérite de ce récit captivant revient sans doute à Jean Blouin [...], qui a su rendre parfaitement ce personnage ».

ŒUVRES

Roland Beaupré, « *Monsieur Baseball* » *se raconte* (biographie), Montréal, Les Presses libres, 1980, 239 p. Ill. Préface de Roland Sabourin. Avant-propos de l'auteur.

Gérard Bergeron de l'autre côté de l'action (biographie), [Montréal], Nouvelle Optique, 1982, 231 p. Prologue de l'auteur. « Traces et Paroles ».

Le Scandale Marie Calumet, Pe, vol. 12, n° 13, 28 mars 1970, p. 20–24.

Pour la patrie, La Chesnaie, Le Député : trois romans, une aliénation, VI, vol. 9, 1975, p. 63–85.

Après une vie de bataille, Hector Grenon s'est fait notre mémoire, Pe, vol. 18, n° 9, 28 févr. 1976, p. 8–10.

Quand un théoricien descend sur le plancher des vaches : Gérard Bergeron, Pe, vol. 19, n° 44, 29 oct. 1977, p. 2–4.

Un seul homme contre l'establishment de son temps : Lionel Groulx, Pe, vol. 20, n° 23, 10 juin 1978, p. 16–21.

Fernand Dumont, un théoricien qui ne craint pas de mettre la main à la pâte, Pe, vol. 20, n° 40, 2 déc. 1978, p. 12–16.

Jacques de Grand'Maison, homme de foi et de combat, Pe, vol. 21, n° 4, 27 janv. 1979, p. 10–11.

Les Amérindiens et nous : associés ou ennemis, Pe, vol. 21, n° 15, 14 avril 1979, p. 4–7.

L'Indépendance à cœur perdu : Pierre Vadeboncœur, dans *L'Actualité*, vol. 4, n° 10, oct. 1979, p. 70–80.

ÉTUDE

Claude Larochelle, *Roland Beaupré : gifle retentissante aux Expos*, So, vol. 83, n° 140, 7 juin 1980, p. F-2.

BLOUIN, LISE (1944–   ). Romancière et essayiste, née à Saint-Isidore d'Auckland. Elle fréquente l'école Notre-Dame de Sherbrooke et fait ses études pédagogiques à l'École normale Notre-Dame-du-Sacré-Cœur de Sherbrooke (B. péd., 1965). Elle poursuit ses études à l'Université de Sherbrooke où elle obtient une licence ès lettres en 1972. Elle enseigne ensuite à Saint-Lambert et à East-Angus au niveau élémentaire. À compter de 1974, elle travaille à la formation des adultes au Centre Saint-Michel de Sherbrooke. Elle a préparé plusieurs textes pédagogiques (guides et vidéo d'accompagnement), en particulier des essais d'application de la grammaire structurale au secondaire. Elle publie sa première nouvelle dans *Contes et Nouvelles du monde francophone*, en 1971, et elle reçoit le prix Esso, en 1981, pour son premier roman, *Miroir à deux visages*, que la critique, tout en reconnaissant du talent à l'auteur, accueille assez froidement.

ŒUVRES

Vers la maîtrise du français. Méthode d'apprentissage individualisée. FR07 secondaire 1A (manuel), Ville de Laval, Les Éditions FM, 1981, 218 p. Présentation de l'auteur. « Explore ».

Miroir à deux visages. Roman, Montréal, CLF Pierre Tisseyre, 1981, 169 p. Ill. d'Adèle Bruneau.

Étrange Barbara (nouvelle), dans *Contes et Nouvelles du monde francophone*, Sherbrooke, Cosmos, 1971, p. 84–87.

ÉTUDES

Mario Pelletier, *Un miroir tourné au goût du jour*, Dev, vol. 72, n° 198, 31 oct. 1981, p. 23.

Réginald Martel, *Deux romans de femmes. Les moyens de la confidence*, Pr, 97ᵉ année, n° 264, 7 nov. 1981, p. D-3.

Agnès Bastien, *Glanures. Lise Blouin*, dans Grimoire, vol. 4, n° 9, déc. 1981, p. 20–21.

Raymond Paul, *Lise Blouin. Miroir à deux visages*, LAQ 1981, p. 37.

BLOUIN, MICHÈLE. Voir **L'HEUREUX-BLOUIN, MICHÈLE.**

BLUTEAU, GIL. Voir **BLUTEAU, GILLES.**

BLUTEAU, GILLES [Gil Bluteau] (1940–   ). Romancier, né à Bagotville (Chicoutimi). Il étudie au Collège Saint-Édouard-de-Port-Alfred, au Séminaire de Chicoutimi (B.A., 1961) et à l'Université Laval (licence ès lettres, 1965). À partir de 1965, il enseigne au Séminaire de Chicoutimi puis au Cégep de la même ville. Il collabore aux revues *La Tourmente, La Bonante*, puis *Focus*. En 1971, il mérite un premier prix au Festival international de cinéma amateur. Après avoir été tenté par la poésie à la manière des surréalistes durant ses études universitaires, Gilles Bluteau fait paraître un roman *Meurent les allumettes* (1978) dont l'action se déroule au Saguenay. Bien que les critiques n'ont pas été tendres à l'égard de ce premier roman : « le roman le plus antiféministe de la saison » de déclarer Réginald Martel ; on reconnaît cependant que cet ouvrage « suscite l'attention » (Jacques Beauchamp-Forget) à cause de sa construction « très savante et très rigoureuse » (Martel).

ŒUVRE

Meurent les allumettes (roman), Montréal, La Presse, 1978, 255 p.

Tes yeux, Délires, À la Prévert, Nocturne, Expérimental 13, dans *La Tourmente*, n° 1, 1965, p. 23–30.

ÉTUDES

Réginald Martel, *C'est quoi le cœur, c'est quoi la raison ?*, Pr, 94ᵉ année, n° 64, 22 juillet 1978, p. C-3.

Jacques Beauchamps-Forget, *Bluteau (Gil). Meurent les allumettes*, dans *Nos livres*, vol. 9, déc. 1978, n° 413.

BOISJOLI, CHARLOTTE (1923–   ). Comédienne, metteur en scène et nouvelliste, née à Québec. Elle fait ses études à la Pension Marie-Rose de Montréal, puis, à compter de 1941, elle est professeur d'art dramatique et de diction à Montréal, Sainte-Thérèse, L'Assomption, Longueuil... Initiée très jeune au théâtre, elle se joint aux Compagnons de Saint-Laurent du père Émile Legault, en 1944, amorçant ainsi une longue et fructueuse carrière de comédienne et de metteur en scène. En 1948, elle fonde avec Fernand Doré la Compagnie du Masque qui joue à Montréal et fait des tournées au Québec et en Ontario, mais cesse ses activités en 1951. À la scène, à la télévision ou au cinéma, Charlotte Boisjoli sera une interprète remarquable de Camille, Jeanne d'Arc ou Phèdre, elle tiendra de nombreux rôles dans des textes de Guèvremont, Loranger, Laurendeau, Tchekhov..., jouera dans des séries télévisées comme « Marie Didace » et « Le Signe du Lion ». À l'été de 1959 elle est directrice et metteur en scène du Centre d'art de Percé. En 1960, elle reçoit le prix de la meilleure interprète pour le rôle de Julie dans *Les Taupes* de François Moreau. Elle interrompt brusquement son double travail de comédienne et de metteur en scène en 1968 et, grâce à une bourse du Conseil des Arts du Canada, part pour la France et les pays de l'Est faire des recherches en dynamique de groupe. À son retour elle fonde le Théâtre des Travailleurs avec Jean-Pierre Compain. Cette grande femme de théâtre a beaucoup lu et a gardé le goût d'écrire : en 1981, elle publie un recueil de six nouvelles, *La Chatte blanche*. « Elles sont si bien construites, sans apparat, sans redites, avec les mots qu'il faut et toujours à la bonne place, qu'on pourrait croire que nous avons affaire à un auteur qui pratique son métier d'écrivain depuis longtemps », écrit Adrien Thério.

ŒUVRES

La Chatte blanche (nouvelles), Montréal, Les Éditions de la Pleine Lune, 1981, 109 p. Ill. de l'auteur.
Le Dragon vert (nouvelles), Montréal, Les Éditions de la Pleine Lune, 1983, 87 p. « Nouvelles ».
Dis-moi qui je suis. Exercices d'improvisation, [Montréal], Leméac, 1984, 98 p. Ill. Préface de Marcel Rioux. Note de l'auteur.

ÉTUDES

Solange Chalvin, *La Tendre et Secrète Charlotte Boisjoli*, Ch, vol. 2, n° 11, nov. 1961, p. 36-37, 64, 67-68.
Jean-Louis Gauthier, *Charlotte Boisjoli au bel été de sa vie* (entrevue), Ch, vol. 22, n° 8, août 1981, p. 76-87.
Réginald Martel, *Boisjoli et Harvey. Les voies nouvelles de l'écriture*, Pr, 97ᵉ année, n° 300, 19 déc. 1981, p. D-3.

Adrien Thério, *La Chatte blanche de Charlotte Boisjoli ou la femme qui brise ses chaînes et celles des autres*, LQ, n° 25, printemps 1982, p. 23-24.
André Janoël, *Boisjoli (Charlotte). Le Dragon vert*, dans *Nos livres*, vol. 14, nov. 1983, n° 5454.

BOISSEAU, LIONEL [Georges, Laurent] (1903–   ). Romancier et essayiste, né à Trois-Rivières (Saint-Maurice). Il étudie au Séminaire Saint-Joseph de Trois-Rivières, puis au Grand Séminaire de Québec. Ordonné prêtre en 1930, il devient chancelier à l'évêché de Gaspé, ensuite vicaire à Bonaventure et à Grande-Rivière, et curé à Cap-aux-Os (1935) et à New-Carlisle (1936-1972). De 1936 à 1979, il est aussi animateur à la radio locale (CHNC) et aumônier de la prison de New-Carlisle. Il collabore à plusieurs périodiques dont *Le Bien public*, *L'Action catholique*, *Le Progrès du Golfe* et *Le Devoir*. Outre quelques ouvrages de piété, il publie un roman social qui traite du relèvement de la Gaspésie, *La mer qui meurt*.

ŒUVRES

La mer qui meurt (roman), Montréal, Les Éditions du Zodiaque, Librairie Déom frères, 1939, 210 p. Portrait. Préface de Marie Le Franc. « Zodiaque deuxième ».
Mois de Marie à Notre-Dame du Rosaire de Fatima (essai), Montréal, Fides, 1945, 163 p. ; 1955, 112 p.
Mois de Marie à Notre-Dame de la Salette (essai), Montréal, Fides, 1946, 151 p.
Lourdes nous parle (essai), Montréal, Les Éditions Lumen (Thérien Frères, limitée), 1947, 196 p.
Huit heures et quart (essai), Montréal, Les Éditions Lumen, 1948, 188 p. Préface d'Albert Tessier.
Carnet de route (chroniques), Sherbrooke, Apostolat de la Presse, [1952], 272 p.

ÉTUDES

Alfred Ayotte, *Les Livres et leurs auteurs. La mer qui meurt par l'abbé Lionel Boisseau, avec préface de Marie Le Franc*, Dev, vol. 30, n° 299, 23 déc. 1939, p. 7.
Alexandre Dugré, *La mer qui meurt. Un beau livre de l'abbé Lionel Boisseau. Préface de Marie Lefranc* [sic], dans *L'Action catholique*, 38ᵉ année, n° 10 170, 28 déc. 1939, p. 4.
[Anonyme], *La mer qui meurt*, dans *La Revue populaire*, vol. 34, n° 1, janv. 1941, p. 54.

BOISSONNAULT, CHARLES-MARIE [Pierre Batiscan, Marc Collières, Paul Crémazie, Jean Dorval, Carolus Marya, Le Muezzin, Jayme Darc, C.M.B.] (1902-1979). Poète, critique littéraire et historien, né à Saint-Blaise (Saint-Jean), fils de Marie Dumais, poète et une des premières femmes journalistes au Canada français. Il fait ses études classiques au

Séminaire Saint-Charles-Borromée de Sherbrooke. Plus tard, en 1947, il suivra des cours d'histoire à l'Université Laval. Dès 1918, il envoie des poèmes au *Devoir*. En 1926, il est journaliste au *Nouvelliste* de Trois-Rivières, puis il passe à *L'Événement* de Québec (1927-1937) dont il devient chef de l'information en 1937. De 1940 à 1959 il est publiciste au ministère de la Santé du Québec; il y est nommé directeur de la recherche et de l'information en 1960, poste qu'il conserve jusqu'à sa retraite. Président de la Société des poètes canadiens-français (1952-1964), membre de la Société royale du Canada (1959)..., il collabore aussi à plusieurs périodiques, tels *L'Action catholique*, *Le Devoir*, *La Presse*, la *Revue de l'Université Laval*. En 1931 paraît *Intailles*, petit recueil de vers adroits et de facture traditionnelle. Mais l'œuvre publiée de ce poète impénitent porte principalement sur l'histoire. Il remporte le prix H.-R. Casgrain, en 1955, pour son *Histoire de la Faculté de médecine de Laval*, et son *Histoire politico-militaire des Canadiens français* est couronnée par la Commission du centenaire de la Confédération (1967) et par la médaille Simon-Henri-Martin de l'Académie française (1970). « Ce qui lui [*Histoire politico-militaire*] donne un caractère particulier et spécial, c'est que l'auteur a voulu y traiter de l'activité militaire des Canadiens français en rapport avec la politique », écrit Antonio Drolet. L'ouvrage comble une lacune.

ŒUVRES

Intailles (poésie), Québec, L'Événement, [1931?, n.p., 23 p.].

La Carriole d'argent. Roman historique, [s.l., s.é.], 1932, 111 p.

Histoire politique de la province de Québec (1867-1920), Québec, Les Éditions Frontenac, 1936, 377 p.

Un Canada nouveau. Vue d'ensemble de l'historique et de la politique du mouvement C.C.F., Montréal, Éditions Bernard Valiquette, 1944, 279 p. Ill. Préface de M.J. Coldwell. Traduction de *Make this your Canada* de David Lewis et Frank Scott.

Blanc et Or. Le Régime français du Canada, [Toronto], Doubleday Canada limited, 1959, 417 p. Ill. Traduction de *The White and the Gold* de Thomas B. Costain.

Histoire de la Faculté de médecine de Laval, Québec, PUL, 1953, 438 p. Ill. Introduction de Ferdinand Vandry.

Histoire générale de la médecine. I. Premières explorations de l'être vivant. D'Empédocle à Lavoisier, Québec, Éditions du Laval médical, 1960, 269 p. Préface de Rosaire Gingras.

Histoire du Royal 22e Régiment, Québec, Les Éditions du Pélican, 1964, 414 p. Publiée par la Régie du Royal 22e Régiment, La Citadelle, Québec, 1964. (Préparée par un Comité d'officiers du Régiment d'après les recherches de Charles-Marie Boissonnault de la Société royale du Canada, avec la collaboration du lieutenant-colonel L. Lamontagne, C.D.).

Histoire politico-militaire des Canadiens français (1763-1945), Trois-Rivières, Éditions du Bien public, 1967, 314 p. Ill.

[*Informations et Documents. Bulletin d'hygiène et de médecine préventive*, s.l., s.d., Québec, Ministère de la Santé de la province de Québec], 24 p. Éditeur.

Le Ministère de la santé et du bien-être social (étude), Québec, Province de Québec, [s.d.], [6], 21 p.

———

L'Aube (poésie), dans *L'Action catholique*, vol. 16, no 4997, 31 mars 1923, p. 11.

Campaniles de Millicent (essai), Dev, vol. 15, no 10, 12 janv. 1924, p. 5.

Dis-moi (poésie), dans *La Revue moderne*, vol. 10, no 3, janv. 1929, p. 9.

Maurice Hébert (1888-1960), MSRC, 3e série, vol. 54, 1960, p. 117-121.

L'Académie canadienne de Québec (1857-1867), MSRC, 3e série, section 1, vol. 56, 1962, p. 17-22.

Quarante ans de poésie; la Société des poètes canadiens-français, MSRC, 4e série, section 1, vol. 1, 1963, p. 163-175.

Historiens canadiens-anglais de la Confédération, MSRC, 4e série, section 1, vol. 3, 1965, p. 29-39.

L'Expédition du Nord-Ouest: le rapport Wolseley, MSRC, 4e série, section 1, vol. 8, 1970, p. 123-131.

Mirabeau donne la Colombie « espagnole » à l'Angleterre, MSRC, 4e série, section 1, vol. 10, 1972, p. 103-113.

ÉTUDES

Juliette de Guire, « Bibliographie analytique de l'œuvre de Charles-Marie Boissonnault, historien, poète et critique ». Mémoire de maîtrise. Québec, Université Laval, 1950, 73 f.

Madeleine Lapointe, « Bibliographie analytique de l'œuvre de Charles-Marie Boissonnault, historien, poète, critique, publiciste (1950-1959) ». Mémoire de maîtrise. Québec, Université Laval, 1959, [n.p.].

Jean-Charles Bonenfant, *Histoire du 22e régiment*, LAC 1964, p. 119.

Antoine Goulet, *La Société des poètes canadiens-français*, dans *Le Travailleur*, vol. 36, no 1, 6 janv. 1966, p. 1, 4.

Maurice Huot, *Une œuvre captivante*, BP, vol. 57, no 13, 29 mars 1968, p. 1.

Antonio Drolet, *Bibliothécaire et Historien*, MSRC, 4e série, section 1, 1972, p. 127-134.

BOISSONNAULT, MME LUCIEN [née Marie Dumais] [Berthe d'Iberville, Odette Montausier, Solange, Solange d'Iberville] (1866-1941). Poète, journaliste, conférencière, née à Trois-Pistoles (Rivière-du-Loup). Elle fait ses études au Couvent de Bathurst (Nouveau-Brunswick). À l'âge de 18 ans elle devient publiciste de la Maison Sears Roebuck à Montréal puis à Buffalo (É.-U.). En 1897, elle entreprend un voyage de formation eu Europe — à Paris, à Londres, etc. De retour à Montréal en 1900, elle entre au *Journal* comme reporter ; on lui confie aussi une chronique en 1901. En 1902, elle épouse un riche cultivateur de Saint-Blaise (Saint-Jean). Devenue veuve (1913), elle reprend son métier de journaliste au *Progrès du Saguenay* (1914), puis au *Saint-Laurent* de Rivière-du-Loup. En 1915, elle entre au ministère des Postes à Ottawa où elle demeure une dizaine d'années. Par la suite, elle est secrétaire de la Canadian Author's Association (Montréal) et présidente de la Société des poètes du Canada (Québec). Elle prononce de nombreuses conférences au Canada et aux États-Unis et collabore à plusieurs périodiques dont *L'Événement* et *Le Canada français*, écrit des poèmes qui lui valent les prix Edmond-Rostand et Leconte-de-Lisle, en France. Elle meurt à Québec en 1941. Son recueil de poésie, *L'Huis du passé* (1924), développe principalement les thèmes du culte catholique, de la patrie, de l'enfance et des sentiments intimes. Reçus avec un certain intérêt à l'époque, ces vers nous semblent assez ternes aujourd'hui. Marie Boissonnault, une des premières femmes journalistes au Québec, demeure un esprit avant-gardiste pour son temps.

ŒUVRES

Pro patria. Le Drapeau. Ma patrie. Feuilles d'érables (poésie), Ottawa, Imprimerie Beauregard, 1921, (n.p., 8 p.)

L'Huis du passé (poésie), Montréal, [s.é.], 1924, 208 p. Préface de l'abbé Auguste La Palme.

ÉTUDES

Georges Bellerive, *Brèves Apologies de nos auteurs féminins,* Québec, Librairie Garneau, 1920, p. 135–137.

Maurice Hébert, *L'Huis du passé,* dans *Le Terroir,* avril 1924, p. 511.

Turc [V. Barbeau], *L'Huis du passé,* dans *Les Cahiers de Turc,* 10 févr. 1927, p. 128.

BOISVERT, EDMOND. Voir **NEVERS, EDMOND DE.**

BOISVERT, RÉGINALD [Pépinot, Capucine] (1922–1985). Romancier, poète et journaliste, né à Grand-Mère (Saint-Maurice). Après ses études à l'École supérieure du Sacré-Cœur, il travaille à la Consolidated Paper en Mauricie, puis dans une fonderie à Trois-Rivières. C'est alors qu'il rencontre

François Hertel qui l'incite à se lancer dans la carrière des lettres. En 1943, il collabore aux journaux de la Jeunesse étudiante catholique. Par la suite, il entre au Syndicat des Métallos comme publiciste. Membre fondateur de *Cité libre*, il participe à la grève de l'amiante en 1949. Il publie ses premiers poèmes dans *Gants du ciel* (1944) et, en 1955, il les réunit dans un recueil *Le Temps de vivre. Poèmes (1949–1955).* « Poésie un peu glaciale, selon Pierre de Grandpré, mais où l'ingéniosité des images s'accommodait d'une sûreté de langue peu commune, en ces années-là, au Québec ». Au début de la télévision, il entre à Radio-Canada où il signe *Pépinot et Capucine.* Par la suite, il écrit des téléromans à Radio-Canada et à Télé-Métropole : *Le Pain du jour* (1962–1965), *Le Paradis terrestre* (1968–1969), *Mont-Joye* (1970, 1975), *Y'a pas de problèmes* (1975–1977), *Faut le faire* (1977–1978), *Week-end* (1981), *Belle Rive* (1983–1985). Boisvert juge ainsi son travail : « Écrire un téléroman, ce n'est pas du grand art, mais plutôt de l'artisanat ».

ŒUVRE

Le Temps de vivre. Poèmes (1949–1955), Montréal, Les Éditions Cité libre, [1955], 44 p.

Les Livres : Le Jeu de patience (L. Guilloux), Animal Farm (G. Orwell), CL, vol. 1, n° 1, 1950, p. 46–48.

Flèches de tout bois : nos classiques, CL, vol. 1, n° 2, 1951, p. 47–48.

La Guerre de Troie est-elle souhaitable?, CL, n° 37, 1961, p. 17–19.

ÉTUDES

Lucette Landormy, « Réginald Boisvert ». Mémoire. École de bibliothécaires de l'Université de Montréal, 1957, 35 f.

Pierre de Grandpré, *Histoire de la littérature française du Québec,* Montréal, Beauchemin, 1969, t. 3, p. 88–89.

BOISVERT, YVES (1950–   ). Peintre, dramaturge, poète, né à L'Avenir (Cantons de l'Est). Après ses études secondaires à Drummondville, il exerce divers métiers : manœuvre, commis au journal syndical de la CSN, *Le Journal* (1970), appariteur à la CECM, rédacteur au *Clairon* de Saint-Hyacinthe (1971). En 1972, il fonde à Drummondville une revue de poésie, *L'Écritur,* et il est coréalisateur d'émissions culturelles à la télévision communautaire. En 1976, il est cofondateur de l'Atelier de production littéraire de la Mauricie. En 1977, il devient chargé de cours de poésie au Cégep de Trois-Rivières et recherchiste en sémiolinguistique à l'Université du Québec à Trois-Rivières où il obtient, en 1979, une maîtrise ès arts dont le mémoire est intitulé « Essai pour la prose poétique moderne ». Collaborateur à *Hobo-Québec, Intervention, Atelier de production littéraire de la Mauricie,* il prépare des spectacles de poésie, tels « On part » (1972), « Piano-paroles » (1972) et « Le Coup classique » (1981), et il compose des pièces de théâtre : « Du calme, Louis Fréchette », « L'Assassinat de Joseph-Claude Gauvreau ». En outre, il fait plusieurs expositions de ses tableaux à Drummondville et à Trois-Rivières. Ses premiers recueils de poésie, *Pour Miloiseau* (1974) et *Mourir épuise* (1974), sont accueillis favorablement par la critique : « Une poésie au rythme essoufflé, aux sonorités qui se font écho, écrit Maurice Emond sur *Pour Miloiseau* ; des poèmes brefs comme saisis au vol et retenus là au bord de l'innombrable par le sortilège d'un mot, d'une image. » Mais il n'en va pas de même pour *Manifeste* et *Code d'oubli* qu'il publie avec Bernard Pozier et Louis Jacob. Max Roy écrit sur le premier : « Les propos de ces écrivailleurs se réalisent dans la contradiction. Le souffle des autres les agace et leur propre parlotte pour ou contre la poésie ne peut que provoquer l'ennui ». « J'aime la poésie capable d'humour et d'ironie, dit Pierre Nepveu à propos de *Jet / Usage / Résidu.* Je n'aime pas la poésie futile qui, refusant de se prendre au sérieux, croit qu'il faut du même coup éviter tout sérieux ».

ŒUVRES

Pour Miloiseau (poésie), Trois-Rivières, Écrits des Forges, 1974, 66 p. « Les Rouges-gorges ».

Mourir épuise (poésie), Trois-Rivières, Écrits des Forges, 1974, 76 p. « Les Rouges-gorges ».

Des soirs d'ennui et *Du temps platte* (poésie), [Trois-Rivières], Atelier de production littéraire de la Mauricie, [1976 ?, n.p., 32 p.]. Préface des auteurs. (*Des soirs d'ennui* de Bernard Pozier, p. 1–18).

Manifeste : Jet / Usage / Résidu, Trois-Rivières, Écrits des Forges, 1977, 76 p. Collab. Bernard Pozier et Louis Jacob. Ill. « Les Rouges-gorges ».

Code d'oubli (poésie), Trois-Rivières, Écrits des Forges, 1978, 83 p. Collab. Gilles Lemire, Bernard Pozier et Jacques Daignault. « Les Rouges-gorges ».

Contes populaires de la Mauricie, Montréal, Fides, 1978, 299 p. Ill. Présentés par Clément Légaré. Recueillis par Yves Boisvert et Carolle Richard. « Essais et recherches, section lettres ».

Simulacre dictatoriel (prose poétique), Trois-Rivières, Écrits des Forges, 1979, 71 p. « Les Rouges-gorges ».

La Bête à sept têtes et autres contes de la Mauricie suivis d'une étude sur la sémiotique générative de « Pierre La Fève » version québécoise du conte type 563, par Clément Légaré, Montréal, Quinze, 1980, 279 p. Présentés par Clément Légaré. Recueillis par Yves Boisvert et Carolle

Richard. Préface par Jean-Pierre Pichette. « Mémoire d'homme ».

Vitraux d'éclipse (poésie), Trois-Rivières, Écrits des Forges, 1981, 68 p. Portrait. « Les Rouges-gorges ».

« *Lis : écris ! ?* » (poésie), Trois-Rivières, Sextant, 1981, [n.p., 141 p.]. Ill. de Serge Mongrain.

ÉTUDES

Maurice Emond, *Yves Boisvert. Pour Miloiseau,* LAQ 1974, p. 144.

Pierre Nepveu, *La poésie qui se fait et celle qui ne se fait pas,* LQ, n° 9, févr. 1978, p. 15–17.

Hugues Corriveau, *Boisvert, Lemire, Pozier : Code d'oubli,* LAQ 1978, p. 95.

Philippe Haeck, *Yves Boisvert. Simulacre dictatoriel,* LAQ 1979, p. 168–169.

Marcel Labine, *Une écriture qui retarde,* dans *Spirale,* n° 6, févr. 1980, p. 10.

Pierre-Justin Déry, *Vitraux d'éclipse,* LAQ 1981, p. 139–140.

Fulvio Caccia, *Yves Boisvert. Lis : écris ! ?,* LAQ 1981, p. 126–129.

Hugues Corriveau, *Jeu de textes. Maison de Yves Préfontaine, Vitraux d'éclipse de Yves Boisvert, Passe de Patrick Coppens,* LQ, n° 26, été 1982, p. 41–44.

BOIVIN, AURÉLIEN (1945-). Bibliographe et historien des lettres, né à Saint-Edmond-de-Roberval. Il fait ses études classiques au Petit Séminaire de Chicoutimi (B.A. 1965) et obtient, successivement à l'Université Laval, une licence ès lettres

Roger Chamberland

modernes, un diplôme d'études supérieures pour un mémoire sur Damase Potvin, un diplôme de l'École normale supérieure (1968), une maîtrise dont le mémoire est publié sous le titre *Le Conte littéraire québécois au XIXe siècle. Essai de bibliographie critique et analytique* (1972), puis il prépare un doctorat sur le conte littéraire québécois entre 1900 et 1940. Il a été boursier du Gouvernement du Québec et du Conseil des Arts du Canada. Il enseigne à la Régionale de Tilly (Sainte-Foy) de 1969 à 1971, devient recherchiste en 1971 à l'Université Laval où il est chargé de cours à compter de 1974. Il est membre de l'équipe de *Québec français* et de *Recherches sociographiques,* directeur de la collection « Bibliothèque québécoise » chez Fides où il prépare en outre l'édition d'œuvres de Louis Fréchette, Sylva Clapin, Rodolphe Girard... Boivin est également l'un des organisateurs des expositions « Louis Hémon »1 à Péribonka, à Brest et à Paris, en 1981, et de trois expositions « Recent Trends in Québec Literature » en Angleterre, en 1982. Il est directeur fondateur des Éditions du Royaume avec J.-M. Bourgeois et G. Fortin, collabore à plusieurs périodiques comme *Études françaises, Québec français, Voix et Images, Livres et Auteurs québécois...*, et il signe plus d'une centaine d'articles dans le *Dictionnaire des œuvres littéraires du Québec*. En 1978, la Société des écrivains canadiens lui décerne le prix Air-Canada, prix qui souligne à juste titre l'importance des travaux d'Aurélien Boivin qui est l'un des meilleurs bibliographes du Québec.

ŒUVRES

Le Conte littéraire québécois au XIXᵉ siècle. Essai de bibliographie critique et analytique, Montréal, Fides, 1975, xxxviii, 385 p. Préface de Maurice Lemire. Avant-propos de l'auteur.

Littérature du Saguenay-Lac-Saint-Jean. Répertoire des œuvres et des auteurs, Alma, Éditions du Royaume, 1980, 147 p. Collab. Jean-Marc Bourgeois. Ill. Préface de l'auteur.

Le Saguenay-Lac-Saint-Jean célèbre Louis Hémon. Introduction à l'écrivain et à son œuvre à l'occasion du centenaire de sa naissance, Alma, Éditions du Royaume, 1980, 53 p. Collab. Jean-Marc Bourgeois. Ill.

Louis Fréchette, *La Noël au Canada* (contes), Montréal, Fides, 1980, 178 p. Chronologie, bibliographie et jugements critiques d'Aurélien Boivin. « BQ ».

Madeleine Grandbois, *Maria de l'hospice* (roman), Montréal, Fides, 1980, 197 p. Présentation, chronologie, bibliographie et jugements critiques d'Aurélien Boivin. « BQ ».

Sylva Clapin, *Contes et Nouvelles,* Montréal, Fides, 1980, 398 p. Portrait. Édition préparée par Gilles Dorion et Aurélien Boivin. « N ».

Louis Hémon, l'homme et l'œuvre (catalogue d'exposition), Alma, Éditions du Royaume, 1981, 69 p. Collab. Jean-Marc Bourgeois. Ill.

Louis Hémon, *Récits sportifs*, Alma, Les Éditions du Royaume, 1982, 252 p. Édition préparée et présentée par Aurélien Boivin et Jean-Marc Bourgeois.

Félix-Antoine Savard, *Menaud maître-draveur* (roman), Montréal, Fides, 1982, 239 p. Présentation d'André Renaud. Chronologie, bibliographie et jugements critiques d'Aurélien Boivin. « BQ ».

Madeleine Ferron, *La Fin des loups-garous* (roman), Montréal, Fides, 1982, 203 p. Présentation, chronologie, bibliographie et jugements critiques d'Aurélien Boivin. « BQ ».

Félix Leclerc, *Pieds nus dans l'aube* (roman), Montréal, Fides, 1982, 223 p. Chronologie, bibliographie et jugements critiques d'Aurélien Boivin. « BQ ».

Frère Marie-Victorin, *Croquis laurentiens* (nouvelles), Montréal, Fides, 1982, 262 p. Édition préparée et présentée par André Gaulin et Aurélien Boivin. « N ».

Damase Potvin, *Peter McLeod* (roman), Alma, Les Éditions du Royaume, 1983, 183 p. Édition préparée et présentée par Aurélien Boivin.

Félix Leclerc, *Moi, mes souliers* (roman), Montréal, Fides, 1983, 218 p. Préface de Jean Giono. Chronologie, bibliographie et jugements critiques d'Aurélien Boivin. « BQ ».

Philippe Aubert de Gaspé, *Les Anciens Canadiens* (roman), Montréal, Fides, 1985, 373 p. Chronologie, bibliographie et jugements critiques d'Aurélien Boivin. « BQ ». (Texte conforme à l'édition de 1864).

Le Conte fantastique québécois au XIXᵉ siècle (anthologie), Montréal, Fides, 1987, 448 p. « BQ ». Introduction et choix de textes par Aurélien Boivin.

Poésies, Contes et Nouvelles du Québec (anthologie), Laval, Mondia éditeurs, 1987, 112 p. « À l'écoute de la littérature ». Un livre et deux microsillons. Choix de textes et commentaires d'Aurélien Boivin.

Les Périodiques et la Diffusion du conte littéraire québécois au XIXᵉ siècle, EF, vol. 12, nᵒˢ 1-2, avril 1970, p. 91-102.

Le Corpus du conte littéraire québécois au XIXᵉ siècle, dans *Annales de l'ACFAS,* vol. 41, nᵒ 2, 1974, p. 135-137.

La Thématique du conte littéraire québécois au XIXᵉ siècle, dans *Annales de l'ACFAS,* vol. 42, nᵒ 2, 1975, p. 37-43.

Hommage à Monique Corriveau (1925-1976), dans *Québec français,* nᵒ 24, déc. 1976, p. 36-37.

De quelques êtres surnaturels dans le conte littéraire québécois au XIXᵉ siècle, dans *Nord,* nᵒ 7, automne 1977, p. 9-40.

Maria Chapdelaine. Les éditions « intégrales » et les autres, dans *Québec français,* nᵒ 40, déc. 1980, p. 62-64.

Gilles Archambault : hommage, dans *Québec français,* nᵒ 45, mars 1982, p. 38-39.

ÉTUDES

Gaétan Dostie, *Séguin et Boivin : de l'ancien nouveau,* dans *Le Jour,* vol. 2, nᵒ 286, 13 févr. 1976, p. 16.

Jean-Pierre Boucher, *Les Contes littéraires québécois et l'Index de Parti Pris,* Dev, vol. 68, nᵒ 55, 6 mars 1976, p. 16.

[Anonyme], *Boivin Aurélien. Le Conte littéraire québécois au XIXᵉ siècle,* dans *Le Livre canadien,* vol. 7, mars 1976, nᵒ 91.

Adrien Thério, *Des choses à dire,* LQ, nᵒ 2, mai 1976, p. 42.

Paul Gay, *Le Conte littéraire québécois au XIXᵉ siècle. « Hâtons-nous d'écouter les délicieuses histoires d'un peuple »,* Dr, vol. 64, nᵒ 67, 12 juin 1976, p. 13.

Jacques Gouin, *Le Carnet du liseur. Le Conte littéraire au Canada français,* dans *Le Journal des Pays d'en Haut,* vol. 9, nᵒ 44, 22 déc. 1977, p. C-5.

[Anonyme], *Natif de St-Edmond-les-Plaines, Aurélien Boivin, de Normandin, œuvre au Dictionnaire littéraire québécois,* dans *L'Étoile du Lac,* 62ᵉ année, nᵒ 7, 12 avril 1978, p. 24.

André Gaulin, *Littérature du Saguenay-Lac-Saint-Jean,* dans *Québec français,* nᵒ 41, févr. 1981, p. 19.

Paul Gay, *Louis Hémon, apôtre du corps humain,* Dr, vol. 70, nᵒ 110, 7 août 1982, p. 14.

Adrien Thério, *Récits sportifs. Un inédit de Louis Hémon,* LQ, nᵒ 27, automne 1982, p. 94.

BOLDUC (LA). Voir **BOLDUC, MADAME ÉDOUARD.**

BOLDUC, MADAME ÉDOUARD DITE AUSSI LA BOLDUC, [née Mary Travers] (1894–1941). Auteur, interprète et musicienne, née à Newport (Gaspé-Est). Elle fait ses études primaires dans sa paroisse natale, et elle apprend le violon, l'accordéon, l'harmonica et la guimbarde. À treize ans (1907), elle s'établit à Montréal où elle travaille comme servante puis ouvrière. Mariée, en 1914, avec un « violonneux » plombier de son métier, elle forme un petit orchestre avec lui et des amis gaspésiens, et elle organise quelques soirées. Vers 1928, elle accompagne les chansons comiques d'Ovila Légaré avec sa « bombarde » et sa « musique à bouche ». Un soir de la même année, elle se rend aux « Veillées » populaires du Monument national animées par Conrad Gauthier et exécute sa chanson « La Cuisinière », avec les curieuses « turlutes » de la fin des couplets. C'est frais et tout nouveau, le public ovationne, et le disque qu'en fait Star-Gennet remporte un succès immédiat. La Bolduc, comme on l'appellera familièrement, vient d'inaugurer une brillante carrière qui la conduit à travers le Québec, et les régions francophones du Canada et de la Nouvelle-Angleterre, pendant plus de dix ans. Seul un cancer l'arrête, à la fin de décembre 1940. Elle meurt à Montréal en février suivant. Ses disques se vendaient à cent mille exemplaires, fait sans précédent au Canada français. Il reste une centaine de chansons sur les trois cents qu'elle a composées. La critique de l'époque l'a boudée, la jugeant vulgaire, et elle ne la redécouvrira que vingt ans plus tard. La Bolduc chante la vie quotidienne, l'actualité, les petites gens et les petits travers, avec humour et simplicité, avec un art qui allie à merveille les paroles et la musique. Le soir de sa première chanson, en 1928, a été, écrit Robert Lévesque, « le point de départ de la chanson québécoise moderne ». La Gaspésie reconnaissante a donné son nom à trois monts des environs de Newport, en 1982.

ŒUVRE

[« *Chansons* »], dans Marie-Blanche Doyon, « Madame Édouard Bolduc et ses chansons ». Mémoire. Québec, Université Laval, 1969, partie II, documents, 238 f.

DISCOGRAPHIE

La Bolduc chante la Bolduc, Lachine, The Compo Company limited, [195-], Carnaval C-434, 33⅓ tours, stéréo.
La Bolduc : volume 2, [s.l., s.é., 195-], Apex-français ALF-1515, 33⅓ tours, mono.

La Bolduc. Le Petit Sauvage du Nord, Lachine, The Compo Company limited, [1966], Carnaval C-492, 33⅓ tours ; Willowdale (Ont.), MCA Records, 1973, MCA Coral CB 33024.
La Bolduc. Si vous avez une fille qui veut se marier, Lachine, The Compo Company limited, [1966], Carnaval C-505, 33⅓ tours, mono. ; Willowdale (Ont.), MCA Records, [1973, s.n° de catalogue], stéréo.
Madame Bolduc. Fêtons le mardi gras, Lachine, The Compo Company limited, [1967], Carnaval C-510, 33⅓ tours, mono. ; Willowdale (Ont.), MCA Records, 1973, MCA Coral CB 33035.
Trame sonore du film Swing la baquaise et autres chansons. Madame Bolduc, Lachine, The Compo Company limited, [1968], Carnaval C-518, 33⅓ tours, mono. (Production de l'Office national du film).
La Bolduc, North Ferrisburg (Vt), Philo Records, [1974, s.n° de catalogue], 33⅓ tours, stéréo.
La Bolduc. Collection québécoise. 20 grands succès d'hier, Willowdale (Ont.), MCA Records, 1974, MCA Coral CB-37000, 33⅓ tours.
Disque. Hommage à Madame Bolduc, North Ferrisburg (Vt.), Philo Records, 1975, Philo F1 2014, 33⅓ tours, stéréo.
Encore ! Encore ! La Bolduc, Willowdale (Ont.), RCA Records, [1981 ?, s.n° de catalogue], 33⅓ tours, stéréo.

ÉTUDES

[Anonyme], *Madame Bolduc. Chansonnière populaire,* dans *La Revue populaire,* vol. 24, n° 3, mars 1931, p. 15.
Réal Benoît, *La Bolduc,* Montréal, Les Éditions de l'Homme, [1959], 123 p. Ill.
Oliva [X Madame Olivette Larouche-Nadeau], *Le Forillon (ou Turlutage au GoGo). Récit,* [Ottawa, s.é., 1967], 166 p.
Marie-Blanche Doyon, « Madame Édouard Bolduc et ses chansons ». Mémoire. Québec, Université Laval, 1969, partie I, v, 83 f.
[Anonyme], *En commençant par la fin,* dans *Le Maclean,* vol. 14, n° 6, juin 1974, p. 64.
Raymonde Bergeron, *Jeanne d'Arc Charlebois. Dans les traces de la Bolduc depuis 35 ans,* Pe, 7 juin 1975, p. 28, 30–33.
Yves Taschereau, *Disques : 500 disques : pas de miracles,* dans *Le Maclean,* vol. 16, n° 8, août 1976, p. 6.
Gabriel Labbé, *Les Pionniers du disque folklorique québécois 1920-1950,* [Montréal], L'Aurore, [1977], 216 p.
Robert Lévesque, *La Bolduc 40 ans après. La voix des prolétaires des années trente,* Dev, vol. 72, n° 55, 7 mars 1981, p. 20.

BOMBARDIER, DENISE (1941–   ). Politicologue, journaliste et romancière, née à Montréal. Après le baccalauréat ès arts (1964), elle obtient encore à l'Université de Montréal un baccalauréat en science politique (1968) et une maîtrise (1971) dont le mémoire porte sur « Les Cent jours de Paul Sauvé », puis un doctorat (1974) à l'Université de Paris II pour une thèse sur « Le Traitement de la politique étrangère dans les journaux télévisés à l'O.R.T.F. ». De 1965 à 1968, elle enseigne l'histoire et la géographie à la régionale des Deux-Montagnes, et à partir de 1967 elle travaille à Radio-Canada aux émissions « Aujourd'hui », « Format 30 », « Femme d'aujourd'hui », « Présent international »...

De 1971 à 1974, elle séjourne à Paris. Elle collabore à divers périodiques, tels *Le Monde, L'Express, Le Point, Le Devoir, Châtelaine...* Lors du référendum de 1980, elle est animatrice et narratrice principale d'un film pour la télévision française : « Québec et le Référendum ». Politicologue, elle participe à plusieurs colloques internationaux dont celui de Cracovie, en 1982. De 1979 à 1983, elle dirige l'émission très suivie « Noir sur Blanc ». En 1975, son livre polémique sur la télévision française, *La Voix de la France,* lui crée une réputation auprès de ses collègues français, mais est presque ignoré de la critique canadienne. En 1984, Denise Bombardier publie en France un roman autobiographique, *Une enfance à l'eau bénite,* qui provoque des remous tels que certains parleront de règlements de comptes. On s'accorde à dire que ce livre sur la vie québécoise d'avant 1960, sur l'omniprésence de la religion dans l'enseignement... n'est pas un roman, mais on lui reconnaît grande audace et vigueur. François Hébert dit de l'écriture : « Le livre est écrit de façon alerte ; tantôt grave, tantôt truculent, il se lit vite et bien ».

ŒUVRES

La Voix de la France (étude), Paris, Éditions Robert Laffont, 1975, 300 p. Avant-propos de l'auteur. « Libertés 2000 ».
Une enfance à l'eau bénite (roman), Paris, Éditions du Seuil, 1985, 223 p.

La Télévision : moteur et reflet du changement au Québec, dans *Dossier-Québec,* Montréal/Paris, [LRP/Stock, 1979], p. 283-293. « Livre-dossier Stock ».
Vous avez dit « nouvelles »?, dans *Le Point,* nº 498, 5 avril 1982, p. 112-113.

ÉTUDES

Réginald Martel, *Denise Bombardier. Un cloaque dans le bénitier,* Pr, 101ᵉ année, nº 177, 20 avril 1985, p. E-3.
François Hébert, *À cette époque où l'hostie saignait...,* Dev, vol. 76, nº 91, 20 avril 1985, p. 23.
Martial Bouchard, *Une enfance à l'eau bénite, Denise Bombardier,* dans *Nuit blanche,* nº 19, juin-juillet-août 1985, p. 7-8.
Yvon Bernier, *Une enfance à l'eau bénite de Denise Bombardier,* LQ, nº 39, automne 1985, p. 26-27.

BONCOMPAIN, LOUIS (1872-1928). Chroniqueur, né à Bassamorel (Haute-Loire, France). Il fait ses études classiques à l'école apostolique d'Avignon et à Lons-le-Saulnier, en France. Arrivé au Canada en 1891, il entre, en septembre, au noviciat des Jésuites à Sault-au-Récollet et termine ses études de lettres et de philosophie en 1898. Il est associé au Collège Sainte-Marie jusqu'en 1903. Après son ordination en 1906, il prêche des retraites et fonde, en 1910, *Le Bulletin paroissial de l'Immaculée Conception,* qui deviendra *Le Messager canadien du Sacré-Cœur :* Louis Boncompain en sera le directeur de 1917 à 1924. En 1911, il est nommé recteur du scolasticat de l'Immaculée Conception et sera délégué, en 1923, à la Congrégation générale comme spécialiste du droit canon. L'année suivante, il agit comme provincial des jésuites de langue française au Canada. Son recueil de chroniques, *Autour du foyer canadien,* connut beaucoup de succès : l'auteur se propose de combattre les détracteurs de la religion et les libres penseurs.

ŒUVRES

Autour du foyer canadien (chroniques), Montréal, Imprimerie du Messager, 1914, 271 p. Ill. d'Edmond-J. Massicotte. (Paru d'abord dans *Le Bulletin paroissial de l'Immaculée Conception* [Montréal] de 1910 à 1914).
Grains de bon sens (chroniques), Montréal, Imprimerie du Messager, 1918, 282 p. Ill. d'Edmond-J. Massicotte.
Un directeur d'âmes, le P. Almire Pichon de la compagnie de Jésus. Notes et souvenirs (biographie), Montréal, Imprimerie du Messager, 1921, 47 p. Portrait. Ill.
Chemin de la Croix de l'Âme apostolique (litt. religieuse), [Montréal, Le Messager canadien, 1941?], 16 p. « Vivre ».

ÉTUDES

[Anonyme], *Autour du foyer canadien,* Pr, 31ᵉ année, nº 24, 28 nov. 1914, p. 4.
[Anonyme], *Le R.P. Boncompain,* Dev, vol. 19, nº 263, 9 nov. 1928, p. 1.

BONENFANT, JEAN-CHARLES [Jean] (1912-1977). Essayiste, journaliste, bibliothécaire et professeur, né à Saint-Jean-de-l'Île-d'Orléans. Il fait brillamment ses études classiques au Petit Séminaire de Québec (B.A., 1932), puis il s'inscrit en droit à l'Université Laval où il suit en même temps des cours de lettres et de philosophie. Il est admis au barreau en 1935. Journaliste à *L'Événement* (1934-1937), il tient la chronique judiciaire et signe des « Billets du matin » sous le pseudonyme de Jean. Secrétaire du Premier ministre M. Duplessis (1937-1939), assistant bibliothécaire (1939-1952), puis directeur (1952-1969)

à la bibliothèque de la Législature, il est également conseiller juridique de l'Assemblée législative à partir de 1952. Chargé de cours de droit romain en 1949 à l'Université Laval, il devient professeur agrégé à la Faculté de droit en 1969. Il a de plus donné des cours aux facultés des sciences sociales et de l'éducation, et à l'Institut d'histoire et de géographie. Il collabore à plusieurs périodiques, tels la *Revue du barreau, Culture, Revue de l'Université Laval, Revue du notariat, University of Toronto Quarterly, Les Cahiers de droit* dont il est directeur de 1970 à la fin de 1974. Conférencier recherché, il travaille aussi à la radio et à la télévision, comme analyste de théâtre à Radio-collège dès 1942, puis commentateur, animateur de débats, etc. À titre d'expert, il fait partie de nombreuses commissions : Commission Laurendeau-Dunton, Commission de géographie du Québec, Commission Gendron... En 1954, il est élu à la Société royale du Canada ; en 1968, il reçoit un doctorat honorifique de l'Université Laval et, en 1971, il est décoré de la médaille de l'Ordre du Canada. À sa mort, la critique a été unanime à reconnaître l'ampleur de la culture et de l'érudition juridique et historique de cet homme qu'on a appelé «une encyclopédie vivante» et qui, «espèce de bon samaritain de l'esprit» (E. Capparos), mettait à la disposition des chercheurs ses connaissances et sa documentation. En 1978, on a donné son nom à la bibliothèque de l'Université Laval, et l'Assemblée nationale du Québec a créé la Fondation Jean-Charles Bonenfant pour l'étude des sciences politiques.

ŒUVRES

Les Institutions politiques canadiennes (essai), Québec, PUL, 1954, 204 p.

Thomas Chapais. Textes choisis et présentés par Jean-Charles Bonenfant, Montréal/Paris, Fides, 1957, 95 p. «CC».

Les Canadiens français et la naissance de la Confédération (essai), Ottawa, Commission du Centenaire, 1967, 20 p. Brochure historique du Centenaire n° 10. Traduction anglaise par Grace Maurice : *The French Canadians and the Birth of Confederation,* [s.é., s.d.], 20 p. Centennial Historical Series n° 10, (CHA Booklet n° 21) (SHC Brochure n° 21).

Répertoire des publications gouvernementales du Québec de 1867 à 1964, Québec, Imprimeur de la Reine, 1968, 554 p. Collab. André Beaulieu et Jean Hamelin.

La Réforme du travail parlementaire au Québec (essai), (texte polycopié), Québec, [s.é.], 1964, 37 p.

La Naissance de la Confédération (essai), Montréal, Leméac, 1969, 155 p. Ill. «Histoire».

Histoire des institutions juridiques. Histoire du droit public. Textes, Québec, Université Laval, 1969, 420 p. Collab. Henri Brun et Claude Vachon.

Histoire des institutions juridiques. Histoire du droit privé. Textes, Québec, Université Laval, 1969, 273 p. Collab. Henri Brun et Claude Vachon.

Histoire des institutions juridiques. Histoire du droit public canadien et québécois (textes et bibliographie). Notes de cours. Québec, PUL, 1971, 419, 21 p. Collab. Henri Brun.

Le Parlement du Canada, [Ottawa, Information Canada], 1972, [n.p., 22 p.].

Histoire du droit canadien et québécois. Programme détaillé des cours avec textes additionnels polycopiés, Québec, UL, 1973, 59 p. Ill. Collab. Jacques Deslauriers.

2060 Droit constitutionnel II. Recueil de textes polycopiés, Québec, Université Laval, 1973, 478 p. Collab. Gil Rémillard.

La Constitution (essai), Montréal, La Presse, ltée, 1976, 29 p. Ill. (Recueil d'articles parus antérieurement dans *La Presse*).

Cultural and Political Implications of French Canadian Nationalism, CHAR, 1946, p. 56–75. Collab. Jean-Charles Falardeau.

Le Rôle comparé de la critique littéraire au Canada anglais et français, C, vol. 13, n° 3, sept. 1952, p. 266–276.

Les Œuvres de Samuel de Champlain, dans *Le Journal de l'Instruction publique,* vol. 2, n° 8, avril 1958, p. 669–672.

Les Études politiques, dans *Situation de la recherche sur le Canada français,* RS, vol. 3, n°s 1–2, janv.–août 1962, p. 75–82.

L'Esprit de 1867, RHAF, vol. 17, n° 1, juin 1963, p. 19–38.

Destitution d'un premier ministre et d'un lieutenant-gouverneur, CD, n° 28, 1963, p. 9–31.

L'idée que les Canadiens français de 1864 pouvaient avoir du fédéralisme, C, vol. 25, n° 4, déc. 1964, p. 307–322.

L'Évolution du statut de l'homme politique canadien-français, RS, vol. 7, n°s 1–2, janv.–août 1966, p. 117–124.

Un Français témoin de la naissance de la Confédération, CD, n° 32, 1967, p. 137–180.

Le Canada et les hommes politiques de 1867, RHAF, vol. 21, n° 3a, 1967, p. 573–596.

La Dualité linguistique au Manitoba, MSRC, 4e série, vol. 8, sect. 1, 1970, p. 133–140.

Les Avocats du Québec et la Constitution, dans *Le Barreau a 125 ans, son passé, son avenir,* sous la direction de Jacques Boucher, Montréal, PUQ, 1974, p. 17–38.

La féodalité a définitivement vécu, RUO, vol. 47, n°s 1–2, janv.–avril 1977, p. 14–26.

BONENFANT

ÉTUDES

Colette Jacques, « Bio-bibliographie de Mᵉ Jean-Charles Bonenfant », Québec, thèse présentée à l'École de bibliothéconomie de l'Université Laval, 1954, 59 f.

Jean Bruchési, *Présentation de M. Jean-Charles Bonenfant,* SRC, n° 11, 1954–1957, p. 11–20.

Thérèse Proulx, « Bio-bibliographie de Mᵉ Jean-Charles Bonenfant », Québec, thèse présentée à l'École de bibliothéconomie de l'Université Laval, 1969 (thèse dactylographiée).

Richard Jones, *La Naissance de la Confédération,* LAQ 1969, p. 188.

Jean-Pierre Wallot, *La Naissance de la Confédération,* RHAF, vol. 25, n° 2, sept. 1971, p. 252–254.

Philippe Sylvain, *Le Départ de Jean-Charles Bonenfant,* CD, vol. 41, 1976 [paru en 1977], p. 237–238.

Henri Brun, *Jean-Charles Bonenfant (1912–1977). Un homme que seule la vérité intéressait,* Dev, vol. 69, n° 230, 6 oct. 1977, p. 4.

Jean-Charles Falardeau, *Jean-Charles Bonenfant,* MSRC, 4ᵉ série, t. 16, 1978, p. 49–55.

Jean Hamelin, *Jean-Charles Bonenfant, 1912–1977,* CHAR, 1978, p. 243–245. Textes en français et en anglais. Témoignage paru dans le bulletin d'information de l'Université Laval, *Au fil des événements,* le 13 octobre 1977.

Ernest Caparros, *Jean-Charles Bonenfant (1912–1977),* dans *Les Cahiers de droit,* PUL, vol. 20, n°ˢ 1 et 2, *Hommage à Jean-Charles Bonenfant,* p. 7–46 (bibliographie juridique de J.-C. B., p. 23–46).

BONENFANT, JOSEPH (1934–   ). Critique, essayiste et romancier, né à Saint-Narcisse (Champlain). Après son baccalauréat de l'Université Laval (1957), il poursuit ses études à l'Université de Montréal où il obtient une licence ès lettres en littératures française et anglaise ; puis il étudie à l'Université de Paris où il soutient une thèse de doctorat sur Péguy en 1966. À son retour au Québec, il est nommé professeur de littérature française et québécoise à l'Université de Sherbrooke. Son étude, *L'Imagination du mouvement dans l'œuvre de Péguy,* est favorablement accueillie par la critique. « Si cette étude, écrit Charles Bolduc, n'a pas la prétention d'expliquer l'homme Péguy, elle réussit à faire comprendre mieux le poète Péguy et pourquoi il est tout naturellement le chantre de la Deuxième Vertu : les poèmes relus y gagnent en résonances jusqu'ici non captées et c'est la pierre de touche de la valeur de l'ouvrage de M. Bonenfant ». Codirecteur de la revue *Ellipse,* il fait connaître, grâce à ses traductions remarquables, les poètes canadiens-anglais Cohen, Atwood, Nowlan, Page... Il collabore aussi à plusieurs périodiques dont *Le Devoir, Études françaises, Études littéraires, Liberté, Lettres québécoises, Voix et Images du pays.* Son premier roman, *Repère,* paraît en 1979, roman à un seul personnage en quête des valeurs individuelles et

culturelles. Jean-Louis Major écrit que ce roman « témoigne d'une esthétique qui ne croit plus aux valeurs romanesques : l'auteur se soucie moins d'assurer l'existence de son personnage que de marquer ses distances à l'égard de ce qu'il raconte ». « Il s'agit, dit Noël Audet, du roman d'une intelligence qui se penche sur son cœur pour tenter de le comprendre en traversant toute la culture depuis le mythe grec et la Bible jusqu'à la psychanalyse moderne ».

ŒUVRES

L'Imagination du mouvement dans l'œuvre de Péguy (étude), Montréal, Centre éducatif et culturel, inc., 1969, [viii], 353 p. Ill. « Reflets » ; Sherbrooke, Éditions Naaman, 1978, 256 p. « Naaman Dilif ».

La Littérature selon Maurice Blanchot. Sous la direction de Joseph Bonenfant (études), [Sherbrooke], Département des études françaises, Faculté des arts, Université de Sherbrooke, [1971 ?], 192 f. Collab. Nicole Bourbeau, Gaston Gouin *et al.* Avant-propos de Joseph Bonenfant. « Cahiers d'études littéraires et culturelles ». (Texte polycopié).

Études de littérature québécoise, sous la direction de Joseph Bonenfant, [Sherbrooke], Département des études françaises, Faculté des arts, Université de Sherbrooke, [1972 ?], [ii], 104 f. Avant-propos de Joseph Bonenfant. « Cahiers d'études littéraires et culturelles ». (Texte polycopié).

Index de « Parti Pris » (1963–1968), Sherbrooke, CELEF, Université de Sherbrooke, 1975, [vi], 116 p. Éditeur. Préfaces de Marcel Rioux et Paul Chamberland.

L'Oiseau migrateur. À la mémoire de Gilles Bonenfant, Saint-Narcisse (Québec), Éditions de la Catalogne, [1978 ?], 100 p. « Le Galendor ». (Brochure photocopiée).

Repère. Roman, Montréal, HMH, 1979, 166 p. Portrait. « A ».

Grandes Aires (poésie), [Trois-Rivières], Écrits des Forges, 1984, 68 p. « Radar ».

Célébration de l'Estrie (textes choisis), [Sherbrooke], Éditions Jour et Nuit, 1984, 153 p. Éditeur. Ill. de Jacques Marcotte. Liminaire de Joseph Bonenfant. (Tirage limité).

À l'ombre de Des Rochers. Le Mouvement littéraire des Cantons de l'Est, 1925–1950. L'effervescence culturelle d'une région, [Sherbrooke], La Tribune/Éditions de l'Université de Sherbrooke, 1985, viii, [ii], 381 p. Collab. Pauline Adam, Richard Giguère *et al.* Ill. Liminaire de Lionel Dalpé.

Entre nous, la neige : correspondance québecaméricaine, Trois-Rivières, Écrits des Forges, 1986, 123 p. Collab. Andrea Moorhead.

Lumière et Violence dans la poésie de Pilon, EF, vol. 6, n° 1, févr. 1970, p. 79–90.

Entre Montaigne et l'événement, EF, vol. 8, n° 1, févr. 1972, p. 101–108.

Nicole Brossard, hauteur d'un texte, VIP, vol. 9, 1975, p. 223–235.

Dimensions iconiques de la poésie de Rina Lasnier, L, vol. 18, nov.-déc. 1976, p. 85–101.

Péloquin : l'œuvre, LQ, vol. 1, n° 7, août-sept. 1977, p. 42–46.

« Les Petits Chevals amoureux » de Michel Garneau. « Les mots couleur joual vert », Dr, 66ᵉ année, n° 48, 20 mai 1978, p. 22.

Du théâtre à Marguerite Yourcenar, Dev, vol. 70, n° 221, 22 sept. 1979, p. 18.

Colloque Crémazie-Nelligan : Émile Nelligan n'a pas vieilli, Dr, 67ᵉ année, n° 172, 20 oct. 1979, p. 3.

La Revue des revues : pour situer notre culture, Dev, vol. 70, n° 287, 8 déc. 1979, p. 24.

ÉTUDES

P. Charles Bolduc, *L'Imagination du mouvement dans l'œuvre de Péguy de Joseph Bonenfant,* LAQ 1969, p. 122–124.

René Dionne, *Naissances du sang ou Les Jalons de la paternité. Repère de Joseph Bonenfant,* LQ, n° 15, août-sept. 1979, p. 11–13.

Maryse Parent-Hébert, *Un mort vivant ?,* dans *Le Livre d'ici,* vol. 5, 17 oct. 1979, n° 2.

René Lapierre, *Joseph Bonenfant. Repère,* LAQ 1979, p. 29–32.

Jean-Louis Major, *La Tentation du fictif,* Dr, 67ᵉ année, n° 266, 9 févr. 1980, p. 18.

Noël Audet, *« Repère », une histoire de culture,* Dev, vol. 71, n° 141, 21 juin 1980, p. 21–22.

France Théoret, *Le Fantasme de la BJ, c'est la théorie. Entrevue,* VI, vol. 10, n° 2, hiver 1985, p. 87–92.

BONENFANT, RÉJEAN (1945–   ). Romancier, né à Saint-Narcisse (Champlain). Il fait ses études au Collège Saint-Joseph de Saint-Narcisse et à l'École normale Duplessis de Trois-Rivières (B. péd., 1967). Il poursuit des études de lettres à l'Université du Québec à Trois-Rivières où il obtient une licence ès lettres en 1972, puis il fait une maîtrise à l'Université de Sherbrooke : « Création romanesque : texte et commentaire » (1978). À compter de 1967, il enseigne le français au secondaire à Trois-Rivières. Il collabore à *Hobo-Québec* et à *Voyages 81-Mélopée.* Dans son premier roman, *L'Écriveule* (1978), Bonenfant reprend, autour d'une histoire vaguement incestueuse entre frère et sœur, le thème vieilli de l'œuvre à écrire.

ŒUVRES

L'Écriveule (roman), Montréal, Éditions La Presse, 1979, 158 p. « Romans d'aujourd'hui ».

Un amour de papier. Roman, Montréal, La Presse, 1983, 197 p. Ill. « Romans d'aujourd'hui, Série 2000 ».

Itinéraire du No Where au Now Here, dans *Hobo-Québec,* nᵒˢ 44–45, printemps-été 1981, p. 50–51.

Le Cinéphile ambulant (récit), dans *Mourire aux éclats,* Trois-Rivières, Les Éditions Mouche à feu, 1983, p. 4–8.

ÉTUDES

Réginald Martel, *Le Roman au pluriel d'un auteur singulier,* Pr, 94ᵉ année, n° 121, 26 mai 1979, p. D-3.

Jacques Michaud, *Un premier cri qui aveugle,* Dr, 67ᵉ année, n° 122, 18 août 1979, p. 16.

Gilles Dorion, *Réjean Bonenfant. L'Écriveule,* LAQ 1979, p. 32–33.

Réginald Martel, *Un livre pour l'été. Le papier, la peau et le cœur,* Pr, 99ᵉ année, n° 135, 11 juin 1983, p. B-2.

Claire de Lamirande, *« Un amour de papier », de Réjean Bonenfant. Le plus émouvant modèle,* Dr, 71ᵉ année, n° 156, 1ᵉʳ oct. 1983, p. 36.

BONENFANT, YVON (1947–   ). Poète, né à Saint-Narcisse (Champlain). Il fait ses études au Séminaire Saint-Antoine de Trois-Rivières (B.A., 1968), obtient ensuite un baccalauréat spécialisé en littérature française à l'Université Laval (1971), puis entreprend une maîtrise à l'Université du Québec à Trois-Rivières. À compter de 1974, il est professeur de français langue seconde à la Commission de la fonction publique du Canada, et il devient, en 1980, agent de formation auprès des professeurs. Il collabore activement à la revue *Le Livre canadien (Nos livres)* où il publie de nombreux comptes rendus. Guy Laflèche dit du second recueil du poète : « *Transes-mutations* d'Yvon Bonenfant, c'est le bonheur de l'apposition. Je le dis sans ironie et d'abord au sens grammatical puisque de larges pans de ce recueil se construisent sur cette équivalente linguistique : ‹ Nous inventions des galaxies sous notre front, cosmos contenu dans les prunelles › ».

ŒUVRES

L'Œil de sang (poèmes en prose), Trois-Rivières, Éditions des Forges, 1971, 41 p. « Les Rouges-gorges ».

Transes-mutations (poèmes en prose), Trois-Rivières, Écrits des Forges, 1973, 60 p. Avec quatre dessins de Réjean Bonenfant. « Les Rouges-gorges ».

ÉTUDES

Yrénée Bélanger, *L'Œil de sang d'Yvon Bonenfant,* LAQ 1971, p. 172.

René Lord, *« Transes-mutations » poèmes par Yvon Bonenfant,* No, vol. 53, n° 210, 20 juin 1973, p. 23.

Jacques Renaud, *Quatre recueils de poésie transcendante,* Dev, vol. 64, n° 224, 25 sept. 1973, p. 20.

Guy Laflèche, *Yvon Bonenfant. Transes-mutations,* LAQ 1973, p. 117.

BONIN, JEAN-FRANÇOIS (1948–   ). Romancier et nouvelliste, né à Montréal. Il fait ses études classiques au Collège Notre-Dame du Sacré-Cœur, au Lycée Corneille de Paris (1960–1965) et aux Cégeps du Vieux-Montréal et Lionel-Groulx (D.E.C., 1972). Il fait du théâtre en France et au Québec ; sa pièce « Octave-Pet » est montée dans une mise en scène de Pierre Collin par la troupe La Filoche du Vieux-Montréal. Il poursuit ses études à l'Université du Québec à Montréal où il obtient une maîtrise en création dont la thèse s'intitule « La Vie et l'Œuvre d'Œdipe Roy, essai : l'humour et la tragédie » (1981). Son premier roman, *La Longue Marche de Valentin* (1974), est fort bien accueilli : « J.-F. Bonin écrit avec beaucoup de plaisir, un plaisir qui n'est pas sans qualité et même à l'occasion, sans finesse », écrit Réginald Martel. Cependant, à la parution de *La Vie et l'Œuvre d'Œdipe Roy* (1983), Martel formule des réserves : « On ne sourit même pas à ces blagues [...] sur la religion [...]. On n'est guère plus enthousiaste en regardant défiler des morceaux de prose qui ont l'air de ressembler à du Boris Vian, ou à des cadavres exquis, ou du Achille Talon ». En 1984, Bonin publie un recueil de quatre nouvelles sous le titre *Contes à régler*.

ŒUVRES

La Longue Marche de Valentin suivi de La Vraie Vie d'Henri Bourassa (roman), Montréal, L'Aurore, 1974, 116 p. « L'Amélanchier ».

La Vie et l'Œuvre d'Œdipe Roy. Roman, Montréal, VLB éditeur, 1983, 213 p.

Contes à régler, Verchères, les Éditions Rebelles, 1984, 131 p.

ÉTUDES

Réginald Martel, *Quand la fiction est contrefaite,* Pr, 91e année, no 57, 8 mai 1975, p. D-3.

Id., Jean-François Bonin, Colone, P.Q., Pr, 99e année, no 245, 22 oct. 1983, p. B-3.

François Hébert, *Saint VLB, comédien et martyr,* Dev, vol. 74, no 274, 26 nov. 1983, p. 19.

BORDUAS, PAUL-ÉMILE (1905–1960). Peintre et essayiste, né à Saint-Hilaire (Rouville). Après quatre ans d'études primaires à l'école du village, il reçoit des leçons particulières puis commence à travailler avec le peintre Ozias Leduc en 1920. De 1921 à 1923, il l'assiste dans la décoration de la Chapelle de l'évêché de Sherbrooke et suit des cours du soir à l'École des Arts et Métiers où il recevra, à la fin du cours, sa première médaille de dessin. En novembre 1923, il entre à l'École des Beaux-Arts de Montréal. Diplômé en 1927, il enseigne le dessin à l'École Le Plateau, avant d'effectuer un court séjour aux États-Unis. À son retour, en septembre 1928, il perd son poste. On le nomme alors professeur à mi-temps aux écoles Champlain et Montcalm, mais il doit démissionner un mois après. Il part pour la France où il fréquente les Ateliers d'art sacré, sous la direction de Maurice Denis et de Georges Desvallières. Revenu au Canada en 1930, il collabore de nouveau avec Ozias Leduc, ouvre un atelier de décoration murale (1932), enseigne le dessin dans plusieurs institutions montréalaises, et est nommé professeur à l'École du Meuble, en remplacement de Jean-Paul Lemieux (1937–1948). En février 1938, lors d'une exposition au Musée des Beaux-Arts, il rencontre le peintre montréalais John Lyman et commence à s'intéresser à la littérature française contemporaine, surtout aux surréalistes. Il est cofondateur, en 1939, de la Société d'art contemporain dont il est vice-président de 1939 à 1945. En avril 1946, il expose avec le Groupe des peintres canadiens — Barbeau, Fauteux, Gauvreau, Leduc, Mousseau, Riopelle — qu'on appellera, un an plus tard, les Automatistes, nom qui vient d'un tableau de Borduas, intitulé « Automatisme, 1,47 ». En 1948, à la suite de la publication de *Refus global*, il est congédié à l'École du Meuble. L'année suivante, il publie une brochure à caractère biographique, *Projections libérantes*. En mars 1950 *Refus global* devait paraître en anglais dans *Free Union — Union libre* (Angleterre). Borduas s'établit alors à New York où il crée, entre 1953 et 1955, une importante partie de son œuvre. En 1955, il retourne à Paris où, avec l'aide de Tristan Tzara, il organise sa première exposition solo à la Galerie Saint-Germain. La même année, il obtient une mention spéciale au onzième prix Lissone, à Milan. Il meurt à Paris d'une crise cardiaque le 22 février 1960. Le prix Guggenheim lui est décerné à titre posthume. *Refus global* est un essai polémique faisant partie d'un ouvrage collectif, signé par Paul-Émile Borduas et ses quinze confrères « automatistes ». En faisant une critique virulente des idées et des institutions, en vitupérant même l'idéologie marxiste et les déviations du surréalisme européen (excepté Breton), Borduas poursuit dans la joie son « sauvage besoin de libération ». À la place des anciennes valeurs et des systèmes idéologiques révolus, il en entrevoit d'autres dans une émergence rimbaldienne, dans la perspective d'une modernité à toute épreuve. Peintre et essayiste d'une rare lucidité, extrêmement dynamique, voir révolutionnaire dans la recherche de nouvelles formes d'expression, Paul-Émile Borduas a fortement influencé les courants de pensée et de création artistique au Québec.

ŒUVRES

[*Refus global*] (recueil de textes), Saint-Hilaire, Mithra-Mythe éditeur, 1948, 113 p. Ill. (Couverture signée par Jean-Paul Riopelle et Claude Gauvreau : une aquarelle et un montage paragrammatique. Production ronéotypée de Maurice Perron. Douze planches. Comprend : *Refus global*, de Paul-Émile Borduas, 45 p., *Au Cœur des quenouilles, Bien-être* et *L'Ombre sur le cerveau*, de Claude Gauvreau, 32 p., *En regard du surréalisme actuel*, de Paul-Émile Borduas, 8 p., *L'Œuvre picturale est une expérience*, de Bruno Cormier, 14 p. et *La Danse et l'Espoir*, de François Sullivan, 14 p.) ; dans *Borduas et les Automatistes. Montréal 1942-1955*, Montréal, Musée d'art contemporain, 1971, p. 95-151. Ill. ; Shawinigan, Éditions Anatole Brochu, 1972, 112 p. Ill. ; *Textes. Refus global. Projections libérantes*, Montréal, Éditions Parti Pris, 1974, 71 p. ; *Refus global. Projections libérantes*, Parti Pris, 1977, 155 p. Ill. Introduction de François-Marc Gagnon. Notes biographiques. « Coll. Projections libérantes » ; *Paul-Émile Borduas/Écrits/Writings 1942-1958*, Halifax, The Press of Nova Scotia College of Art and Design, 1978, 161 p. Écrits présentés et édités par François-Marc Gagnon. Traduction anglaise de François-Marc Gagnon et Dennis Young. Nouvelle traduction anglaise par Ray Ellenwood : *Total Refusal*, Toronto, Exile Editions, 1985, 119 f.

Projections libérantes (essai), Saint-Hilaire, Mithra-Mythe éditeur, 1949, 40 p. ; Montréal, PUM, 1972, 106 p. Édition annotée et établie sous la direction de François-Marc Gagnon. (Paru aussi dans *Textes. Refus global. Projections libérantes*, Montréal, Éditions Parti Pris, 1974, 71 p. ; *Refus global. Projections libérantes*, Parti Pris, 1977, 155 p. Ill. Introduction de François-Marc Gagnon. Notes biographiques. « Coll. Projections libérantes »).

Écrits I, Montréal, PUM, 1987, 700 p. Ill. Édition critique établie par André-G. Bourassa, Jean Fisette et Gilles Lapointe. « Bibliothèque du Nouveau Monde ».

Lettre à Claude Gauvreau, L, vol. 3, nº 13, janv.-févr. 1961, p. 431-433.

Borduas parle, L, vol. 4, nᵒˢ 19-20, janv.-févr. 1962, p. 5-17.

ÉTUDES

Robert Élie, *Borduas*, Montréal, L'Arbre, 1943, 44 p. Ill. « Art vivant » ; 1983, 46 p.

Ernest Gagnon, *Refus global*, Rel, 8ᵉ année, nº 94, oct. 1948, p. 292-294.

Marcel Barbeau, *Une victime du conservatisme : l'exilé Borduas*, dans *Revue socialiste*, nº 4, été 1960, p. 56-63.

[Anonyme], *Paul-Émile Borduas 1905-1960. A Loan Exhibition*, Hanover (New Hampshire), Hapkins Center Art Gallery, Dartmouth College, 1967, [n.p., 27 p.]. Ill.

Jean-Éthier Blais, « Borduas et ses amis ». Thèse de doctorat. Québec, Université Laval, 1971, 540 f.

Guy Robert, *Borduas*, Québec, PUQ, 1972, 339 p. Ill.

François Gagnon, *Ozias Leduc et Paul-Émile Borduas*, Montréal, PUM, 1974, 153 p. Collab. Jean-Éthier Blais.

Philippe Haeck, J.-M. Piotte et Patrick Straram, *30 ans après le Refus global*, dans *Chroniques*, vol. 1, nº 1, janv. 1975, p. 12-31. (Entretien avec Gilles Hénault).

François-Marc Gagnon, *Paul-Émile Borduas*, Ottawa, The National Gallery of Canada, National Museums of Canada, 1976, 95 p. Ill. « Canadian Artists Series ».

Guy Robert, *Borduas ou Le Dilemme culturel québécois*, Montréal, Stanké, 1977, 255 p. Ill.

François-Marc Gagnon, *Paul-Émile Borduas (1905-1960). Biographie critique et analyse de l'œuvre*, Montréal, Fides, 1978, 560 p. Ill. Avant-propos de l'auteur.

[Anonyme], *Borduas and America/Et l'Amérique*, Vancouver, La Galerie d'art de Vancouver, 1978, 56 p. Ill. Avant-propos de Luke Rombout.

Jean-Éthier Blais, *Autour de Borduas. Essai d'histoire intellectuelle*, Montréal, PUM, 1979, 200 p.

[Anonyme], *La Collection Borduas du Musée d'art contemporain*, Montréal, Gouvernement du Québec, Ministère des Affaires culturelles, Musée d'art contemporain, 1979, 105 p. Ill.

Gilles Daigneault, *Borduas au M.A.C.*, Dev, vol. 75, nº 204, 1ᵉʳ sept. 1984, p. 13, 17.

Jean Fisette, *Fascination, Fantasme et Fanatisme de Refus Global. La seconde carrière de Borduas*, dans *L'Essai et la Prose d'idées au Québec*, Montréal, Fides, 1985, p. 465-474. (Le même auteur a signé un article substantiel, « *Refus global, manifeste de Paul-Émile Borduas et alii* », dans *Dictionnaire des œuvres littéraires du Québec, t. 3, 1940-1959*, Montréal, Fides, 1982, p. 853-860).

André-G. Bourassa et Gilles Lapointe, *Refus Global et ses environs*, Montréal, l'Hexagone, 1988, 188 p.

BOSCO, MONIQUE (1927-   ). Romancière et poète, née à Vienne (Autriche). Elle fait en France ses études primaires et secondaires. Émigrée au Canada en 1948, elle s'inscrit à l'Université de Montréal où elle obtient un baccalauréat (1950), une maîtrise (1951) et un doctorat (1953) pour une thèse intitulée « L'Isolement dans le roman canadien-français ». De 1949 à 1952, elle fait des reportages pour le Service international de Radio-Canada, puis travaille au Service de presse jusqu'en 1959. Elle rédige plusieurs textes pour l'Office national du film et pour Radio-Canada (1960-1962). En 1961 paraît son premier roman, *Un amour maladroit,* auquel la critique reconnaît un talent certain et qui mérite le First Novel Award (U.S.A.). En 1962, elle est nommée professeur à l'Université de Montréal. Elle collabore à *La Presse* (1961–1976), et elle tient une chronique de télévision au *Devoir* (1962) et une chronique littéraire au magazine *Maclean* (1963–1969). En 1971, elle reçoit le prix du Gouverneur général pour son roman *La Femme de Loth.* Les personnages de ses romans « sont des solitaires, coupés de leur entourage, écrit Paulette Collet. [...] Ce sentiment est d'une telle intensité qu'il en devient maladif. Ses personnages ne se sentent pas seulement isolés ; ils se sentent rejetés ». Et souvent coupables. « Sur un ton qui va s'amplifiant, dit Gloria Escomel, de la confidence timide d'*Un amour maladroit* à la révolte douloureuse de *La Femme de Loth*, jusqu'à ces hystériques et magnifiques imprécations de *New Medea* [...], Monique Bosco n'a cessé d'exprimer la même difficulté d'être ». *Charles Lévy*, premier porte-parole masculin, reprend le même lamento, mais au bout de son agonie lucide il entrevoit peut-être une délivrance. *Schabbat 70–77* (1978) et *Portrait de Zeus peint par Minerve* (1982), œuvres où la poésie rejoint facilement la prose, comme l'inverse est fréquent chez Monique Bosco, continuent les mêmes thèmes mais avec plus d'ironie et de volonté de libération.

ŒUVRES

Un amour maladroit (roman), Paris, Gallimard, NRF, 1961, 213 p.

Les Infusoires (roman), Montréal, Éditions HMH, 1965, 174 p. « A ».

La Femme de Loth. Roman. Paris/Montréal, Éditions Robert Laffont/Éditions H.M.H., 1970, 282 p. Traduction anglaise par John Glassco : *Lot's Wife*, Toronto, McClelland and Stewart Limited, 1975, 151 p.

Jéricho. Poèmes, Montréal, HMH, 1971, 63 p. « Sur parole ».

New Medea (roman), Montréal, L'Actuelle, 1974, 149 p.

Charles Lévy, m.d. (roman), Montréal, Quinze, 1977, 136 p.

Schabbat 70–77, (poésie), Montréal, Quinze, 1978, 100 p.

Portrait de Zeus peint par Minerve. Fiction, Ville LaSalle, L'Arbre HMH, 1982, 179 p.

Sara Sage. Roman, Montréal, Hurtubise HMH, 1986, 132 p.

Boomerang (nouvelles), Montréal, Hurtubise HMH, 1987, 144 p. « A ».

Poèmes, ECF, n° 15, 1963, p. 167–190.

La Part de l'enseignement de la littérature dans l'acquisition d'une culture littéraire, L, vol. 10, n° 3, mai–juin 1968, p. 52–57.

Corps-mort, BJ, n°s 56–57, mai–août 1977, p. 68–82.

Le Cri de la folle enfouie dans l'asile de la mort. Oratorio pour une voix, ECF, n° 43, 1981, p. 29–54.

ÉTUDES

Normand Tremblay, *Un amour maladroit de Monique Bosco,* LAC 1961, p. 11–12.

Gilles Marcotte, *Les Infusoires,* dans *Québec,* 3e année, févr. 1966, p. 111–114.

Adrien Thério, *Les Infusoires de Monique Bosco,* LAC 1965, p. 63.

J.-M. Duciaume, *La Femme de Loth de Monique Bosco,* LAQ 1970, p. 52–53.

François Gallays, *Jéricho de Monique Bosco,* LAQ 1971, p. 158.

Bernard Andrès, *Monique Bosco. New Media* [*sic*], LAC 1975, p. 31–32.

Yvan G. Lepage, *Monique Bosco. Charles Lévy, m.d.,* LAQ 1977, p. 49–50.

Jean Basile, *Monique Bosco et « Charles Lévy, m.d. »,* Dev, vol. 69, n° 232, 8 oct. 1977, p. 18.

Ginette Michaud, *Monique Bosco. Schabbat 70–77,* LAQ 1978, p. 96–97.

Gloria Escoumel, *Monique Bosco ou La Femme en quête de son double,* L, vol. 20, n° 2, mars–avril 1978, p. 88–95. Même article que : *Monique Bosco ou Le Miroir brisé,* NBJ, n° 65, avril 1978, p. 90–97.

Suzanne Paradis, *Pour rejoindre le silence,* Dev, vol. 70, n° 234, 6 oct. 1979, p. 19.

Paulette Collet, *Les Êtres divisés du monde de Monique Bosco,* dans *Études canadiennes,* n° 10, 1981, p. 209–221.

[*Dossier Monique Bosco*], VI, vol. 9, n° 3, printemps 1984, p. 5–82.

BOSSUS, FRANCIS (1931–   ). Romancier, né à Paris. Il fait ses humanités au Lycée Malherbe de Caen (B.A., 1948), et il poursuit des études de droit à l'Université de Caen (capacité en droit, 1950), suivies d'un certificat en lettres en 1951. Il devient agent de transit au Nigeria, puis gérant de factorerie au Cameroun. Émigré au Canada en 1956, il occupe diverses fonctions jusqu'en 1960, puis il entre au Service des Affaires sociales de la Ville de Montréal comme agent d'aide sociale, et ensuite comme agent de liaison auprès des cours de justice. Francis Bossus commence à publier en collaborant à un recueil collectif de poésie paru en 1961, *Aux lyres du matin*, et, en 1962, il publie un premier roman, *La Seconde Mort*. Il faudra six ans avant que commencent à paraître régulièrement ses œuvres romanesques. Ses premiers romans font peu de bruit, mais *Le Livre canadien* note à propos de *Dieu préfère la mort* (1974) une langue « forte et superbe » et « l'immense tendresse » qui imprègne le livre. En 1978, *L'Enfant et les Hommes* remporte le prix Jean-Béraud-Molson : l'auteur, écrit Réginald Martel, « accède maintenant à sa maturité d'écrivain et nous offre un roman de très bonne qualité, je dirais même d'une simple perfection. La construction est rigoureuse, le style toujours adéquat, les personnages bien définis ». Cependant, en 1981, *Une affaire sociale* est regardée comme un demi-échec. Entre temps trois nouvelles, « La Mine » (1979), « Le Ministère » (1979), « La Patrouille » (1980), et un conte, « Quand la neige fleurit », sont présentés par Radio-Canada aux émissions « Atelier des inédits » et « Alternances ».

ŒUVRES

La Seconde Mort (roman), Montréal, Éditions Beauchemin, 1962, 187 p.
Beautricourt (roman), Montréal, CLF, 1968, 130 p.
La Forteresse (roman), Montréal, CLF, 1971, 95 p.
Dieu préfère la mort (roman), Montréal, CLF, 1974, 81 p.
L'Enfant et les Hommes. Roman, Montréal, CLF Pierre Tisseyre, 1978, 164 p.
Une affaire sociale. Roman, Montréal, CLF Pierre Tisseyre, 1981, 185 p.
La Maison du peintre. Roman, Montréal, CLF Pierre Tisseyre, 1984, 192 p.
Tant qu'il y aura des hommes (roman), Montréal, Pierre Tisseyre, 1988, 120 p.

[*Poèmes*], dans *Aux lyres du matin,* Montréal, Éditions Nocturne, 1961, 125 p.
Nos cousins du Canada, dans *Normandie-Actualité,* vol. 1, n⁰ 1, mars 1966, p. 44–45 ; n⁰ 2, avril 1966, p. 45–46.
Chronique du Canada : un couple québécois, dans *Normandie-Actualité,* vol. 1, n⁰ 3, mai 1966, p. 44–45.

ÉTUDES

Gilles Marcotte, *La Seconde Mort,* Pr, 1962, p. 9–10.
Maurice Arguin, *Beautricourt de Francis Bossus,* LAC 1968, p. 48.
Françoise de Labsade, *La Forteresse de Francis Bossus,* LAQ 1971, p. 78.
[Anonyme], *La Forteresse de Francis Bossus,* dans *Le Livre canadien,* vol. 3, janv. 1972, n⁰ 38.
[Anonyme], *Bossus Francis, Dieu préfère la mort,* dans *Nos livres,* vol. 6, sept. 1975, n⁰ 256.
Louis Pelletier, *Francis Bossus. Dieu préfère la mort,* LAQ 1975, p. 83–84.
Réginald Martel, *Les Bons Effets de la maturité,* Pr, 94ᵉ année, n⁰ 171, 25 nov. 1978, p. D-3.
Paul Gay, « *L'Enfant et les Hommes* », *de Francis Bossus. Un roman pour 1979, l'année de l'enfant,* Dr, 66ᵉ année, n⁰ 256, 27 janv. 1979, p. 20.
Pierre Berthiaume, *Prix Esso du Cercle du livre de France et prix Jean-Béraud-Molson,* LQ, n⁰ 13, févr. 1979, p. 15–16.
Réginald Martel, *Une affaire sociale, Un roman sage et ennuyeux,* Pr, 98ᵉ année, n⁰ 89, 17 avril 1982, p. D-3.
Normand Desjardins, *Bossus (Francis). Une affaire sociale,* dans *Nos livres,* vol. 13, juin–juillet 1982, n⁰ 245.
François Hébert, *Bossus, Tougas : du Volucre au Porphyre,* Dev, vol. 76, n⁰ 27, 2 févr. 1985, p. 21.

BOUCHARD, DENIS (1925–   ). Poète et essayiste, né à Saint-Joseph-de-la-Rive (Charlevoix). Il commence ses études au Collège du Sacré-Cœur de Beauport, devient agent de trafic pour la Pan American et Air France à Gander et à New York. De 1950 à 1952, il fait son service militaire aux États-Unis pendant la guerre de Corée, est naturalisé américain en 1953 (il redeviendra citoyen canadien en 1975), poursuit ses études à l'Université de l'Arizona à titre de vétéran (B.A. spéc., 1955), obtient la bourse Fulbright et fait une licence ès lettres à Aix-en-Provence. Après un an à l'Université du Wisconsin, il continue ses études à l'Université Laval où il obtient un doctorat pour une thèse sur « Saint-Exupéry et l'Homme d'action » (1961). Pendant ses études, il enseigne à Middleburg (Virginie) et à Skedmore College (Saratoga), puis à l'Université Laurentienne (1961–1963) et à compter de 1963 à l'Université de Toronto (Victoria College). En 1979, il est maître de conférences à l'Université de Grenoble. Il collabore à plusieurs périodiques, tels *La Revue de l'Université Laval, Les Annales, Voix et Images, Études françaises.* Denis Bouchard a publié à Paris deux recueils de poésie : *Vagabond du blizzard* (1968) et *Destination : le vent* (1970). Mais il est mieux connu dans le monde universitaire par ses articles sur Saint-Exupéry et surtout par *Une lecture d'Anne Hébert.* Jacques Michon est sévère pour ce qu'il appelle « cette lecture hautement symbolique du texte littéraire ». De son côté, et après plusieurs critiques sérieuses, Robert Giroux souligne l'apport bibliographique du livre et note que « le *sens* auquel Bouchard entraîne notre adhésion provient de l'intervention inattendue du comique ou du rire dans *Les Enfants du sabbat* ».

ŒUVRES

Vagabond du blizzard (poésie), Paris, Éditions Saint-Germain-des-Prés, 1968, 47 p.
Destination : le vent... (poésie), Paris, Éditions Saint-Germain-des-Prés, 1970, 93 p.
Perspective I : Vers la formulation hypothétique d'un plan d'ensemble pour la recherche franco-ontarienne. Document de travail, Toronto, An Informal Publication of the Franco-Ontarian Section, The Ontario Institute for Studies in Education, 1972, 37 p.
This Is My Best (anthologie), Toronto, Coach House Press, 1975, 144 p.
Une lecture d'Anne Hébert. La recherche d'une mythologie, Montréal, Cahiers du Québec/Hurtubise HMH, 1977, 242 p. « Littérature ».

La Mystique de l'action dans Saint-Exupéry, RUL, vol. 6, n⁰ 3, nov. 1961, p. 1–27.

Les Sources rimbaldiennes dans « Le Petit Prince », dans *Les Annales*, 75ᵉ année, n° 210, avril 1968, p. 39–49.

Le Romantisme dans l'action, dans *Mosaïc*, hiver 1969, p. 13–26.

Les Enfants du sabbat..., VI, vol. 1, n° 3, avril 1976, p. 374–385.

Anne Hébert et la « Solitude rompue », EF, vol. 13, nᵒˢ 1–2, avril 1977, p. 163–179.

Sous le signe de l'art : Agaguk, roman québécois, dans *Recherches et Travaux. Littérature et arts* (Grenoble), bulletin 19, 1980, p. 99–111.

Franglais et Joual, dans *Marseille*, n° 124, janv.–mars 1981, p. 38–41.

ÉTUDES

Robert Giroux, *Bouchard Denis. Une lecture d'Anne Hébert. La recherche d'une mythologie*, LAQ 1977, p. 242–245.

Henri-Paul Jacques, *À propos d'une lecture d'Anne Hébert*, VI, vol. 3, n° 3, avril 1978, p. 448–458.

Jacques Michon, *Les Études littéraires. La méconnaissance de la littérature*, LQ, n° 10, avril 1978, p. 24–25.

Neil B. Bishop, *Une lecture d'Anne Hébert de Denis Bouchard*, dans *University of Toronto Quarterly*, été 1978, p. 463–465.

Raymond Laprès, *Bouchard (Denis). Une lecture d'Anne Hébert. Recherche d'une mythologie*, dans *Nos livres*, vol. 9, mai 1978, n° 187.

BOUCHARD, GEORGES (1888–1956). Chroniqueur, essayiste et conteur, né à Saint-Philippe-de-Néri (Kamouraska). Il étudie au Collège de Sainte-Anne-de-la-Pocatière (B.A., 1908), à l'École polytechnique de Montréal (1908), à la Faculté de théologie de l'Université Laval (1909–1912), à l'Institut agronomique de Louvain (Belgique), à l'École supérieure d'agriculture d'Angers (France, 1913–1914), et à l'Université Cornell (É.-U., 1919) où il obtient un diplôme en agriculture. Professeur au Collège d'agriculture de Sainte-Anne-de-la-Pocatière à partir de 1915, il reçoit le titre de docteur (1930) de l'Université Laval qui le nomme professeur agrégé, la même année. Il est également député fédéral de Kamouraska (1922–1940), représentant du ministère de l'Agriculture en France et en Belgique (1923), délégué au Congrès des arts populaires de Prague (1928), directeur du Conseil de l'agriculture du Québec, membre de la Société royale du Canada..., et sous-ministre de l'Agriculture à Ottawa (1940–1955). Il meurt à Québec en août 1956. Auteur d'articles scientifiques dans diverses revues, il publie une chronique agricole dans *L'Action catholique* (1916) et *Le Soleil* (1919–1922). *Premières Semailles* (1917) est un recueil de chroniques qui constitue une apologie des idées traditionnelles sur l'agriculture. *Vieilles Choses... Vieilles Gens* (1926), ouvrage qui connut un grand succès, regroupe en récits vingt-neuf personnages typiques des paroisses et des campagnes d'autrefois.

ŒUVRES

Premières Semailles (chroniques), Québec, Imp. L'Action sociale limitée, 1917, 96 p. Préface de Camille Roy. (Parues d'abord dans *L'Action catholique* sous la rubrique « Billet agricole » de juin 1915 à 1922) ; Montréal, Librairie Beauchemin limitée, 1926, 108 p.

Le Domaine rural canadien (essai), Montréal, L'École sociale populaire, [1924], 32 p. Préface de l'éditeur. « L'École sociale populaire ».

[*Les Paysans de France*] (essai), Montréal, L'École sociale populaire, [1924], 32 p. « L'École sociale populaire ».

Vieilles Choses... Vieilles Gens. Silhouettes campagnardes (recueil de récits), Montréal, Librairie Beauchemin limitée, 1926, 192 p. Lettre-préface de Rodolphe Lemieux ; *Vieilles Choses, Vieilles Gens. Silhouettes campagnardes*, Montréal/New York, Louis Carrier & Cie/ Les Éditions du Mercure, 1929, 184 p. Bois gravé par Edwin H. Holgate ; *Silhouettes campagnardes. Vieilles choses, vieilles gens*, Librairie d'Action canadienne-française ltée, 1931, 184 p. Bois gravé par Edwin H. Holgate ; *Silhouettes campagnardes. Vieilles choses, vieilles gens*, Librairie Granger frères limitée, 1943, 184 p. Bois gravé par Edwin H. Holgate ; *Vieilles Choses, Vieilles Gens. Silhouettes campagnardes*, Paris, Éditions Casterman, [196–, 158] p. Ill. « Ma bibliothèque ». Traduction anglaise par Alan Hunt Holley : *Other Days, Other Ways. Silhouettes of the Past in French Canada*, Montréal/New York, Louis Carrier & Co./ The Mercury, 1928, 190 p. Bois gravés par Edwin H. Holgate. Préface d'Alan Hunt Holley ; Toronto, The MacMillan Company of Canada Limited, at St. Martin's House, 1930.

[*Les Petites Industries féminines à la campagne*] (essai), Montréal, L'École sociale populaire, [1927 ?], 32 p. « L'École sociale populaire ».

The Work of Women on the Farm (essai), Montréal, [s.é.], 1928, 10 p. (Supplément au *McGill News*, mars 1928).

La Renaissance des arts domestiques (conférence), Québec, L'Action sociale, limitée, [1932], 18 p. (Paru d'abord dans *Le Canada français*, janv. 1932). Traduction anglaise : *The Renaissance of Rustic Arts*, Ottawa, [s.é.], 1932, 15 p. (Paru d'abord dans *Scientific Agriculture*, janv. 1932).

La Renaissance campagnarde (recueil), [Montréal], Éditions Albert Lévesque, 1935, 205 p. Ill. d'Yvan Jobin. Textes compilés et présentés par G. Bouchard. « Albums canadiens ».

ÉTUDES

Adjutor Rivard, *Premières Semailles*, dans *Le Parler français*, vol. 15, n° 7, mars 1917, p. 325–326.

Émile Coderre, *Premières Semailles*, dans *Le Pays laurentien*, 2ᵉ année, n° 8, août 1917, p. 140.

Damase Potvin, *Vieilles Choses... Vieilles Gens !*, dans *Le Terroir*, vol. 7, n° 2, juin 1926, p. 266.

Ferdinand Bélanger, *Premières Semailles. Vieilles Choses, Vieilles Gens,* dans *L'Apôtre,* vol. 7, n° 11, juillet 1926, p. 497–498.

Maurice Hébert, *Vieilles Choses, Vieilles Gens,* CF, vol. 14, n° 3, nov. 1926, p. 201–204.

Jean-Charles Harvey, *Les Choses et les Gens du terroir. Vieilles Choses, Vieilles Gens,* dans *Le Terroir,* vol. 9, n°s 1–2, mai–juin 1928, p. 12–13.

Lucille Larose, « Notes bio-bibliographiques sur Monsieur Georges Bouchard, député fédéral, professeur d'agriculture ». Mémoire. École des bibliothécaires. Université de Montréal, 1949, 11 f.

Lucie Desaulniers, « Un genre littéraire éphémère : le conte paysan québécois de 1910 à 1930 ». Mémoire. Montréal, Université de Montréal, 1974, 175 f.

BOUCHARD, JACQUES (1940–   ). Néo-hélléniste et historien de la culture et de la civilisation grecque, né à Trois-Rivières. Il fait ses humanités au Séminaire de Trois-Rivières (B.A. en 1962), et s'inscrit à l'Université Laval où il obtient une licence ès lettres classiques en 1965. Boursier du Conseil des Arts du Canada et du ministère de l'Éducation du Québec, il poursuit ses études en Grèce, à l'Université d'Athènes (1965–1967) et à l'Université de Thessalonique (1967–1970) où il termine son doctorat en présentant une thèse sur Georges Tertsétis. Pendant ces années il collabore à un grand travail de bibliographie historique au Centre de recherches néo-helléniques de la Fondation royale de la recherche, à Athènes, sous la direction de C.-Th. Dimaras. Il devient professeur à l'Université Laval (1970), puis à l'Université de Montréal (1973) où il est responsable de la section d'études néo-helléniques. Il collabore à l'entreprise de traitement des œuvres d'Hippocrate par ordinateur, étudie la langue et la littérature roumaine à Bucarest, publie dans des revues comme *Hellenika, Études françaises, Revue des études sud-est européennes, Folia Neohellenica.* Le professeur Dimaras écrit au sujet d'un communiqué bibliographique de Jacques Bouchard, que ce travail a été « fait par un étranger qui cependant connaît ce qui a trait à la culture hellénique autant que nous » ; et il dit à propos du *Tertsétis :* « [...] des travaux comme celui de M. Bouchard sont pour nous des guides ».

ŒUVRES

Georges Tertsétis. Sa vie et son œuvre de 1830 à 1843 (essai), Athènes, Hermes, 1970, 168 p.

Cinq ans de bibliographie historique en Grèce (1965–1969), Athènes, Centre de recherches néo-helléniques de la Fondation royale de la recherche scientifique, 1970, 133 p. Collab.

Pour une édition des Œuvres complètes de Tertsétis, dans *Hellenika* (Thessalonique), n° 21, 1968, p. 378–392.

Hellénologie, dans *Actes du 5e colloque de la Société des études grecques et latines du Québec,* Ottawa, 1971, p. 48–53.

Une renaissance. La formation de la conscience nationale chez les Grecs modernes, EF, vol. 10, n° 4, nov. 1974, p. 397–410.

Les Lettres fictives de Nicolas Mavrocordatos à la manière de Phalaris : une apologie de l'absolutisme, dans *Revue des études sud-est européennes* (Bucarest), n° 13, 1975, p. 197–207.

Voyageurs québécois en Grèce au XIXe siècle, dans *Folia Neohellenica* (Amsterdam), n° 2, 1977, p. 1–23.

Nicolas Mavrocordatos et L'« Époque des tulipes », dans *Ho Eranistis* (Athènes), t. 7, 1981, p. 120–129.

Nicolas Mavrocordatos et l'aube des lumières, dans *Revue des études sud-est européennes,* n° 20, avril–juin 1982, p. 237–246.

ÉTUDES

C.-Th. Dimaras, *Les Étrangers et nous,* dans *Revue canadienne d'études slaves,* vol. 2, n° 2, été 1968, p. 19–21.

S.S. Gorovei, *Les Lettres de Nicolas Mavrocordatos,* dans *Magazin istoric* (Bucarest), n° 90, sept. 1974, p. 22 ; n° 96, mars 1975, p. 25 ; n° 97, avril 1975, p. 45.

BOUCHARD, LOUISE (1949–   ). Poète, née à Montréal. Elle commence ses humanités au Collège Sophie-Barat et au Collège de Saint-Laurent (D.E.C., 1969), puis elle obtient à l'Université de Montréal un baccalauréat (1972), une maîtrise ès arts (1976) et un doctorat (1983) pour une thèse sur « Gérard de Nerval et les Versions du rêve ». À partir de 1973, elle enseigne au Collège de Rosemont. Elle collabore à la *Nouvelle Barre du jour,* à *Sorcières,* à *Jeu,* au *Devoir.* Son premier recueil de poésie, *Des voix la même* (1978), reçoit un accueil favorable : « Le texte est dense, écrit Hugues Corriveau, d'un souffle continu [... qui] se construit à mesure que les corps, les appels, les situations s'ajustent [...], un texte efficace ». Et Pierre Monette : « Une amorce de poésie militante qui ne se sent pas obligée d'utiliser des slogans dogmatiques pour avancer ses revendications ».

ŒUVRE

Des voix la même (prose poétique), [Montréal], NBJ, n°s 72–73, 1978, 38 p.

Dis quelque chose (poésie), NBJ, n°s 56–57, mai–août 1977, p. 53–59.

Moisi (poésie), NBJ, n° 60, nov. 1977, p. 3–9.

Tissus, dans *Sorcières,* n° 14, sept. 1978, p. 35–36.

Fureurs et Mains liées, Dev, vol. 70, n° 92, 24 avril 1979, p. 26.

ÉTUDES

Hugues Corriveau, *La Possible Parole à la NBdJ,* Dev, vol. 70, n° 22, 27 janv. 1979, p. 23.

Pierre Monette, *D'une pierre trois coups. La Nouvelle Barre du jour éditée,* LQ, n° 13, févr. 1979, p. 25–27.

Philippe Heack, *Tremblement et Certitude. Des voix la même par Louise Bouchard,* dans *Spirales,* n° 1, sept. 1979, p. 7.

BOUCHARD, MICHEL-MARC (1958–   ). Dramaturge, né à Saint-Cœur-de-Marie (Lac Saint-Jean). Sa carrière au théâtre débute à Matane en 1976 où il assure déjà la double fonction d'auteur et de metteur en scène. Il poursuit ses études à l'Université d'Ottawa et y donne même des cours, tout comme au module des arts de l'Université du Québec à Chicoutimi. Par la suite, il se joint, en tant qu'animateur et comédien, à plusieurs troupes d'Ontario. Conseiller artistique auprès du Théâtre de la Vieille 17 (prix Chalmers du théâtre pour enfants en 1984), Michel-Marc Bouchard est également vice-président de Théâtre-Action (1984–1985) et membre du Centre d'essai des auteurs dramatiques de Montréal ainsi que de la Maison québécoise de théâtre pour l'enfance et la jeunesse. Sa première pièce, *La Contre-nature de Chrysippe Tanguay, écologiste,* présentée à l'Université d'Ottawa en 1980 et à Montréal en 1983, « se permet des libertés assez nouvelles du point de vue de l'utilisation du temps et de l'espace » (André-G. Bourassa). Depuis 1983, il écrit des pièces pour les théâtres d'été dont « L'Amour à l'agenda » au bateau-théâtre L'Escale, « Rock pour un faux-bourdon », à la Salle Fred-Barry de Montréal, « La Visite » au Théâtre du Nouvel-Ontario de Sudbury. *La Poupée de Pélopia,* jouée à Montréal en 1984, a été en lice pour le prix du Gouverneur général en 1986. Traduit en anglais, ce dernier texte a été lu à New York au printemps de 1986, par l'entremise du Centre d'essai des auteurs dramatiques et du New Dramatists de New York. À l'automne de 1987, *Les Feluettes* reçoit un accueil enthousiaste de la critique. Située dans le milieu collégial des années 1910, la pièce raconte une histoire d'amour naïve qui ne pouvait exister que dans cet isolement et ce silence. André-G. Bourassa parle de « coup de théâtre » à propos de la carrière fulgurante de ce jeune dramaturge. « À vrai dire, ajoute-t-il, il n'y a pas beaucoup de pièces québécoises aussi bien construites que *La Poupée de Pélopia.* »

ŒUVRES

La Contre-nature de Chrysippe Tanguay, écologiste (théâtre), Montréal, Leméac, 1984, 71 p. Ill. Intro. de Yves Dubé.

La Poupée de Pélopia (théâtre), Montréal, Leméac, 1985, 84 p. Ill. Intro. de Yves Dubé.

Les Feluettes ou La Répétition d'un drame romantique, (théâtre), Montréal, Leméac, 1988, 126 p. « Théâtre ».

Du haut de ses vingt ans (théâtre), dans *20 ans,* Montréal, VLB éditeur, 1985, p. 47–56.

ÉTUDE

André-G. Bourassa, *Entre Œdipe et Pygmalion,* LQ, n° 43, automne 1986, p. 38–39.

BOUCHER, ANDRÉ-PIERRE (1936–   ). Poète, nouvelliste, essayiste et dramaturge, né à Montréal. Après des études secondaires au Collège Saint-Laurent, au Catholic High School et au Lycée Pierre-Corneille de Montréal, il est commis aux Éditions Beauchemin (1956) et au Service des textes de Radio-Canada (1957). Il travaille comme régisseur et assistant à la production au théâtre La Poudrière (1958). De 1959 à 1965, il vit à Paris où il suit des cours à l'Institut catholique de psychologie et s'initie à l'astrologie. Dès son retour au Québec, il s'établit comme astrologue et rédige, depuis 1967, des chroniques astrologiques pour plusieurs périodiques. Parmi ses volumes on remarque *L'Astrologie et la Vie quotidienne* (1974), un choix de textes parus dans la revue *Châtelaine.* Auteur d'une vingtaine de nouvelles parues tant aux *Écrits du Canada français,* à la revue *Châtelaine,* au *Mercure de France* (Paris) qu'au *Saturday Night* où il remporte le premier prix de la nouvelle en français, avec « Evelyne-de-la-mer », en 1965. En 1958, il fait jouer sa première pièce « Les Embardés ». Sa pièce *Cupidon libéré par l'amour,* écrite au cours de l'automne de 1969, devait être télédiffusée en octobre 1970 par Radio-Canada. À la suite des événements politiques, on en retarde la projection puis le réalisateur en retranche certaines scènes jugées trop politiquement provocantes. L'auteur engage alors une longue bataille avec la Société qui accepte enfin la diffusion de la pièce dans sa nouvelle forme définitive le 30 avril 1972. André-Pierre Boucher s'est fait connaître d'abord comme poète ; son premier recueil, *Fuites intérieures* (1956), témoigne de sa soif « d'idéal et de vie ». Selon Pierre de Grandpré, s'il a « exprimé bien des thèmes récurrents de la nouvelle poésie, [...] il l'a fait avec un jaillissement de naturel entrain peu répandu chez les jeunes poètes ». Dans *Matin sur l'Amérique* (1958), le poète essaie de peindre les gens d'Amérique. Cette ouverture sur le monde extérieur a fait dire à certains que Boucher « n'a pas suffisamment exploré le filon de la québécitude » (DOLQ, t. IV, p. 623). Pourtant, ajoute André Gaulin, « sa poésie [...] invite à une fraternité ».

ŒUVRES

Fuites intérieures (poésie), [Montréal], Éditions d'Orphée, 1956, 100 p.

Matin sur l'Amérique (poésie), [Montréal], Éditions d'Orphée, 1958, 53 p.

Chant poétique pour un pays idéal. Bilan de poésie 1956-1966 : I. Fuites intérieures, II. Matin sur l'Amérique, III. Le Jour interdit, IV. Chant poétique pour un pays idéal, Montréal, Les Éditions du Jour, 1966, 109 p. Avant-propos de l'auteur. « PJ ». (Sept poèmes sont supprimés et l'ordre modifié).

L'Astrologie et Vous (essai), Montréal, Les Éditions du Jour, 1966, 125 p. Ill. Préface de l'auteur.

Votre destin par les cartes. Traité de cartomancie à la portée de tous (essai), Montréal, Éditions du Jour, 1966, 149 p. Ill.

Ces mains qui vous racontent. Petit précis de chiromancie à la portée de tous (essai), Montréal, Les Éditions du Jour, 1966, 137 p. Ill.

L'Astrologie et la Vie quotidienne (essai), Montréal, Éditions du Jour, 1973, 165 p. Ill. Avant-propos de l'auteur.

Mon frère l'esseulé. Nouvelle, ECF, n° 9, 1961, p. 109-128.

Cupidon libéré par l'amour (télé-théâtre), ECF, n° 38, 1974, p. 9-51.

ÉTUDES

[Anonyme], *Embardées,* dans *Bulletin du Cercle juif,* 4ᵉ année, n° 32, févr. 1958, p. 3.

Wilfrid Lemoine, *Matin sur l'Amérique,* dans *Vie des arts,* n° 12, 1958, p. 39.

Fernand Côté, *Deux variations sur un thème : « La Cabane du skieur »* et *«Cupidon sauvé par l'amour»,* dans *Ici Radio-Canada,* vol. 6, n° 16, 15 avril 1972, p. 2.

BOUCHER, BERNARD (1950-   ). Poète, né à Manche d'Épée (Gaspésie). Il étudie au Collège Saint-Maxime, au Collège de Matane et au Cégep du Vieux-Montréal (D.E.C., 1971). En 1974, il obtient un baccalauréat en animation culturelle à l'Université du Québec à Trois-Rivières, puis un certificat de développement régional (1981). En 1977, il est nommé directeur général au Conseil de la culture de l'Est du Québec ; il s'occupe activement du regroupement des auteurs de cette région. En

1982, il publie *Ravaudage,* un recueil de poésie. Il s'agit de poèmes érotiques dont les images neuves se marient bien aux illustrations de Pauline Veilleux.

ŒUVRE

Ravaudage (poésie), Rimouski, ÉDITEQ, 1982, 123 p. Ill. de Pauline Veilleux.

BOUCHER, DENISE (1935-   ). Auteur de chroniques, journaliste, poète et dramaturge, née à Victoriaville. Après le secondaire, elle poursuit ses études à l'École normale Marguerite-Bourgeois (Sherbrooke) où elle obtient un diplôme supérieur en pédagogie en 1953. Revenue à Victoriaville, elle enseigne jusqu'en 1961, puis se tourne vers le journalisme. Elle collabore au *Nouveau Journal* et écrit de nombreux textes pour Radio-Canada : « En sortant de l'école », « La Souris verte », « Bonjour pyjama », ... À la disparition du *Nouveau Journal,* elle devient journaliste à la pige pour *La Presse, Le Devoir,* le *Journal de Montréal, Maclean* et *Métro-Express* où elle dirige les pages féminines et tient des chroniques artistiques. En 1967, attirée par le monde du spectacle, elle se joint au Centre culturel du Vieux-Montréal fondé par Jacques Languirand. Le Centre a une vie assez brève, et Denise Boucher se retrouve en Californie (1968) où elle rédige des textes français pour un poste de radio qui reprend les émissions de Radio-Canada transmises depuis Vancouver. De retour à Montréal en 1968, elle redevient bientôt pigiste jusqu'en 1978. Sa carrière littéraire débute à proprement parler en 1977 avec *Retailles* qu'elle rédige avec Madeleine Gagnon. « Ce livre, écrit Paule Biron, est l'expression d'une expérience d'un *groupe moi-je,* terme emprunté aux ‹ consciousness raising groups › du mouvement féministe américain. [...] *Retailles* est une expérience unique dans le féminisme occidental car nul groupe de conscience n'avait jusqu'alors été analysé de l'intérieur ». Puis elle publie *Cyprine* (1978), collage-essai à peu près ignoré par la critique. Elle écrit aussi des chansons mises en musique par Perron et chantées par Pauline Julien. En 1978, elle présente au TNM *Les fées ont soif,* pièce qui déclenche une polémique acerbe, occupe les principaux journaux tant anglais que français pendant des semaines et provoque pétitions et contre-pétitions au nom des droits des uns et des autres. Sur la valeur littéraire de l'œuvre, la critique est un peu moins partagée. Jean-Cléo Godin pense que « le sens du titre lui-même échappe, et [qu']il ne semble pas y avoir corrélation entre l'entreprise de l'auteur et sa réalisation [...], que des spectateurs unanimes semblaient affirmer que *Les fées ont soif* avaient le mérite de proposer enfin une solution claire au débat féministe [...] mais je n'en crois rien ». Pierre Nepveu semble partager l'opinion de Godin : « La structure de sa pièce, ses simplifications, font qu'elle prend un certain aspect démagogique : même pour les hommes qui sont plutôt bien disposés à battre leur coulpe par les temps qui courent ». Et il ajoute : « Si l'on tient absolument à parler en termes d'efficacité immédiate, je ne pense pas que *Les fées ont soif* aide beaucoup à cet avènement (la libération des femmes). Nous avons besoin d'œuvres plus exigeantes, plus dialectiques, moins figées dans les stéréotypes mâles ou femelles. Ce qui n'empêche pas, je le concède, que la pièce de Denise Boucher ait eu l'immense mérite de susciter un débat public passionnant et stimulant ».

ŒUVRES

Je viens comme une mante religieuse (poème-affiche), Montréal, Librairie des femmes, 1976, 1 f.

Retailles. Complaintes politiques, Montréal, Éditions l'Étincelle, 1977, 163 p. Collab. Madeleine Gagnon. Préface des auteurs.

Cyprine (essai-collage), Montréal, Éditions de l'Aurore, 1978, 109 p. Préface de Madeleine Gagnon.

Les fées ont soif (théâtre), Montréal, Les Éditions Intermède, 1979, 157 p. Portrait. Ill. Traduction anglaise d'Alan Brown : *The Fairies Are Thirsty,* Vancouver, Talonbooks, 1982, 67 p.

Lettres d'Italie (récit de voyage), Montréal, L'Hexagone, 1987, 112 p. « Itinéraires littéraires ».

Pierre Brault, PJ, vol. 40, n° 25, 17 avril 1966, p. 34-35.

Robert Charlebois ou La Chanson coup de poing, Pe, vol. 10, n° 45, 9 nov. 1968, p. 8, 10, 12.

Jean-Claude Péloquin alias Pélo, poète de chez nous, Pe, vol. 11, n° 41, 11 oct. 1969, p. 25-38.

J'peux vous en chanter des chansons, dans *Magazine littéraire* (Paris), n° 134, mars 1978, p. 86-87.

ÉTUDES

Monique Roy, *Retailles,* Dev, vol. 69, n° 133, 11 juin 1977, p. 16.

Paule Biron, « *Retailles* » *de Denise Boucher et Madeleine Gagnon. Quand l'atmosphère est à la poésie,* Dev, vol. 69, n° 257, 8 nov. 1977, p. 19.

Agathe Martin, *Denise Boucher et Madeleine Gagnon. Retailles,* LAQ 1977, p. 75-78.

Colette Duhaime, *Denise Boucher et les Femmes écrivains. Écrire, un geste d'urgence,* Dr, 66e année, n° 53, 27 mai 1978, p. 17.

Jean-Paul Brousseau, *Denise Boucher : sortir les femmes du virginal,* Pr, 94e année, n° 159, 11 mai 1978, p. D-5.

Martial Dassylva, *La Censure : quand on s'arroge un pouvoir qu'on n'a pas,* Pr, 94e année, n° 199, 23 juin 1978, p. C-1.

Adrien Gruslin, *Denise Boucher dramaturge,* Dev, vol. 69, n° 256, 4 nov. 1978, p. 19.

Lawrence Sabbath, *Montreal Censorship,* dans *Canadian Theatre Review,* CTR 20, automne 1978, p. 81.

Jean Royer, *Le Texte comme mémoire et témoignage,* Dev, vol. 69, n° 280, 2 déc. 1978, p. 28.

Madeleine Gagnon, *Quand le pouvoir patriarcal s'en prend aux fées,* Dev, vol. 69, n° 285, 8 déc. 1978, p. 5.

Pierre Nepveu, *Les Fées vues d'un autre angle,* Dev, vol. 69, n° 288, 16 déc. 1978, p. 4.

Jean-Guy Nadeau, *Les Fées : une atteinte aux images,* Dev, vol. 69, n° 301, 29 déc. 1978, p. 5.

Jean-Cléo Godin, *Denise Boucher. Les fées ont soif,* LAQ 1978, p. 161-163.

Jean-René Éthier, « *Fées ou Sorcières* », Rel, vol. 39, n° 444, janv. 1979, p. 20-27.

Caroline Barrett et Denis Saint-Jacques, *Heureuse censure. Les fées ont soif,* LQ, n° 13, févr. 1979, p. 4-6.

Paul Lefebvre, *Les fées ont soif : une pièce et un débat,* dans *Canadian Drama/L'Art dramatique canadien,* vol. 5, n° 2, automne 1979, p. 204-211.

Gabrielle Pascal, *Entrevue avec Denise Boucher autour de la pièce : Les fées ont soif,* dans *Études canadiennes,* n° 8, 1980, p. 107-112.

André Smith, *Théâtre au féminin : Encore 5 minutes et Les fées ont soif,* VI, vol. 7, n° 2, hiver 1982, p. 351-365.

Jean Royer, *Denise Boucher : un vrai conte de fées,* Dev, vol. 75, n° 280, 1er déc. 1984, p. 24.

BOUCHER, GÉDÉON (1893-1945). Musicien, journaliste et poète, né à Saint-Damien (Berthier). Après ses études musicales à Montréal, il est organiste à Chambly de 1915 à 1926. En 1932, il devient professeur de musique au Collège de l'Assomption. À cette époque il collabore à *L'Action populaire,* à *La Boussole,* à *L'Essor* et au *Devoir* où, de 1940 à 1945, il publie principalement des poèmes et des « billets du soir ». Son œuvre littéraire se résume à deux recueils de poésie de caractère descriptif et didactique.

ŒUVRES

Gazouillis (poésie), St-Jean (Qué.), Montréal, Les Éditions du Richelieu ltée/Éditions Beauchemin, 1940, 159 p. Ill. de Roland Jolicœur. Préface d'Anatase Forget et du Frère Adrien.

Aux aguets (poésie et observations), Montréal, Librairie Granger frères limitée, 1942, [n.p., 141 p.].

ÉTUDES

Émile Bégin, *Gazouillis,* ESC, vol. 21, n° 2, nov. 1941, p. 155-156.

M.B., *Gazouillis,* dans *Les Carnets viatoriens,* 6e année, n° 2, avril 1941, p. 135-136.

Arthur Maheux, *Gazouillis,* CF, vol. 29, n° 4, déc. 1941, p. 301.

BOUCHER, GEORGES-ALPHONSE (1865–1956). Poète franco-américain, né à Saint-Édouard-de-Lotbinière (anciennement Rivière-Bois-Clair). Orphelin, il commence ses études classiques auprès d'un oncle prêtre, passe un an au Collège Bédard de Lotbinière et continue au Juniorat du Sacré-Cœur d'Ottawa (B.A., 1885). Il étudie un peu le droit, puis s'inscrit en médecine à l'Université Laval, est reçu médecin en 1890, fait son internat à New York, et pratique ensuite la médecine à Brockton (Massachusetts). Il consacre ses loisirs à la poésie et lit fréquemment ses œuvres à ses amis au cours des réunions de circonstance, mais il attend jusqu'en 1933 avant de publier un premier recueil, *Je me souviens*. Le Gouvernement français lui décerne les Palmes académiques, en 1938. Membre de la Société des poètes canadiens-français et de la Société historique franco-américaine, il reçoit de celle-ci, en 1941, la médaille Guillet-Dubuque-Bédard. Il meurt à Concord (New Hampshire), en 1956. Sa poésie, souvent inspirée d'idéologie théocratique et marquée par la poésie canadienne de survivance du XIXᵉ siècle, est écrite dans une versification et des rythmes d'imitation hugolienne.

ŒUVRES

Je me souviens (poésie), Montréal, Arbour & Dupont, 1933, 114 p. Portrait ; *Je me souviens. Poèmes*, [Montréal], Beauchemin, 1937, 111 p. Préface de Louis Dantin ; 1938 ; 1939, 141 p. (Édition revue et augmentée. Paru aussi dans *Chants du Nouveau Monde : œuvre poétique*, Brockton (Mass.), [s.é.], 1946, p. 12–108) ; 1950, p. 11–106. Édition refondue et augmentée, dans *Chants du Nouveau Monde*, [Québec, Éditions Quartier latin], 1952, p. 19–108.

[*Sonnets de guerre*] (poésie), Brockton (Mass.), Société historique franco-américaine, 1943, 15 p.

[*Anthologie*], dans Richard Santerre, *Anthologie de la littérature franco-américaine de la Nouvelle-Angleterre*, New Hampshire, National Materials Development Center for French and Creole, 1980–1981, 9 vol., vol. 7, p. 158–269. Portrait.

Éloge. Dr Stanislas Martel, dans *Bulletin de la Société historique franco-américaine*, 1936, nᵒˢ 1–2, p. 30–31.
Discours prononcé le 4 mai 1938, dans *Les Quarante ans de la Société historique franco-américaine, 1899–1939*, Boston, Société historique franco-américaine, 1940, p. 727.

ÉTUDES

Alphonse Désilets, *Je me souviens*, dans *Le Terroir*, vol. 15, nᵒ 4, sept. 1933, p. 11.
Émile Bégin, *Je me souviens*, ESC, vol. 17, nᵒ 3, déc. 1937, p. 235–236.

Thérèse Roch, « Bio-bibliographie de M. le Dr Georges-A. Boucher ». Mémoire. École des bibliothécaires, Université de Montréal, 1946, 41 f. [pagination erronée, 79 f.]. Portrait. Préface de J.-A. Brunet.
Paul-P. Chassé, *Anthologie de la poésie franco-américaine de la Nouvelle-Angleterre*, [s.l.], The Rhode Island Bicentennial Commission, 1976, p. 161–171.

BOUCHER, JEAN-PIERRE (1944–   ). Critique et romancier, né à Montréal. Il fait le cours classique à la CECM et au Collège Saint-Viateur d'Outremont (B.A., 1965), puis il obtient une maîtrise en littérature à l'Université McGill dont le mémoire porte sur « L'Univers gnostique de Jules-Amédée Barbey d'Aurevilly » (1967), et un doctorat à l'Université de Besançon pour une thèse intitulée « Le Dualisme aurevillien : étude psychologique » (1970). Il est professeur de lettres françaises et québécoises à l'Université Concordia (1967–1971), à l'Université de Sherbrooke (1971–1972), puis, à compter de 1972, à l'Université McGill. Il a reçu plusieurs bourses du Conseil des Arts et du Conseil canadien de recherches en sciences humaines, et il collabore à des périodiques comme *Livres et Auteurs québécois*, *Voix et Images du pays*, *Le Devoir*. Ses ouvrages sur Jacques Ferron sont bien vus par la critique : pour Françoise de Labsade, *Jacques Ferron au pays des amélanchiers* (1973) est « une très bonne étude dans une perspective structuraliste ». De même, si Michel Lemaire trouve discutables certains aspects de la thèse sur *Les Diaboliques* (1976), il pense que « l'auteur met en lumière la richesse structurale » des nouvelles. Mais la critique est moins favorablement unanime sur les études de textes des *Instantanés de la condition québécoise*. Les *Souvenirs d'un enfant de chœur* (1981), charge contre l'enseignement confessionnel des années cinquante, se lisent d'une traite car « indubitablement Jean-Pierre Boucher a le don d'un conteur hargneux » (L. Bonneville). *Thérèse* (1982) est l'histoire d'une émigrante racontée, dans une langue très surveillée, à la fois par un narrateur et dans les lettres de l'héroïne : « Se lit avec agrément, écrit Raymond Laprés, même s'il arrive que le lecteur éprouve l'impression d'être reçu à l'atelier plutôt qu'au salon ».

ŒUVRES

Jacques Ferron au pays des amélanchiers (essai), Montréal, PUM, 1973, 113 p. « Lignes québécoises ».
Les « Contes » de Jacques Ferron (essai), Montréal, L'Aurore, 1974, 150 p. « L'Amélanchier/essai ».

Les Diaboliques de Barbey d'Aurevilly. Une esthétique de la dissimulation et de la provocation (essai), Montréal, PUQ, 1976, 155 p. Avant-propos de l'auteur.

Instantanés de la condition québécoise. Études de textes, Montréal, Hurtubise HMH, 1977, 198 p. Avertissement et préface de l'auteur. « Cahiers du Québec. Littérature ».

Souvenirs d'un enfant de chœur (récit), [Montréal], Libre Expression, 1981, 153 p.

Thérèse (roman), [Montréal], Libre Expression, 1982, 183 p.

_____

Une analyse de « La Barbe de François Hertel » de Jacques Ferron, VIP, n° 9, avril 1975, p. 163–180.

ÉTUDES

Françoise de Labsade, *Une nouvelle collection : Lignes québécoises,* LAQ 1973, p. 223–224.

Jean Éthier-Blais, *Louis Dantin vu par Placide Gaboury et Jacques Ferron par J.-P. Boucher,* Dev, vol. 65, n° 4, 5 janv. 1974, p. 14.

Robert Vigneault, *Du semblable à l'autre,* EF, vol. 10, n° 2, mai 1974, p. 180–181.

Yves Taschereau, *Jean-Pierre Boucher. Les « Contes » de Jacques Ferron,* LAQ 1974, p. 202–203.

Michel Lemaire, *Jean-Pierre Boucher. Les « Diaboliques » de Barbey d'Aurevilly,* LAQ 1976, p. 254–255.

Jean-Charles Falardeau, *Instantanés de la condition québécoise,* RS, vol. 19, n° 2, 1978, p. 286–288.

Michèle Mailhot, *Jean-Pierre Boucher. Souvenirs d'un enfant de chœur,* Dr, 69ᵉ année, n° 211, 5 déc. 1981, p. 19.

André Vanasse, *Jean-Pierre Boucher. Souvenirs d'un enfant de chœur,* LAQ 1981, p. 37–38.

Léo Bonneville, *Boucher (Jean-Pierre). Souvenirs d'un enfant de chœur,* dans Nos livres, vol. 13, févr. 1982, n° 55.

Raymond Laprés, *Boucher (Jean-Pierre). Thérèse,* dans Nos livres, vol. 14, févr. 1983, n° 5087.

Claire de Lamirande, *« Thérèse » de Jean-Pierre Boucher. Prendre le large...,* Dr, 70ᵉ année, n° 298, 19 mars 1983, p. 28.

BOUCHER, PIERRE (1622–1717). Sieur de Grosbois, interprète, soldat, juge royal, gouverneur de Trois-Rivières, fondateur de la seigneurie de Boucherville, auteur d'une histoire de la Nouvelle-France. Né à Mortagne-au-Perche (Orne), il vient au pays en 1635, à l'âge de treize ans. Il accompagne les missionnaires jésuites au pays des Hurons, y séjourne quatre ans (1637–1641), apprend leur idiome et d'autres parlers amérindiens. Revenu à Québec, il fait partie de la garnison du Fort Saint-Louis, sert d'interprète à M. de Montmagny et aux autorités de la Compagnie des Cent Associés. À partir de 1644, il demeure à Trois-Rivières, d'abord comme interprète et commis, puis comme capitaine (1649), et enfin comme gouverneur, après s'être distingué plusieurs fois auprès de MM. d'Ailleboust et de Lauzon comme habile défenseur de cette région.

En 1649, il épouse une Huronne qui meurt la même année ; en 1652, il se remarie avec Jeanne Crevier qui lui donnera quinze enfants. Le 22 novembre 1657, il est délégué par M. d'Avaugour auprès du roi pour plaider en faveur de la colonie délaissée. Il est reçu avec bienveillance, et Colbert lui demande d'écrire un livre sur la colonie. Rentré en Nouvelle-France, Boucher est investi de nouveau de la charge de gouverneur de Trois-Rivières en 1662 et nommé juge royal en 1663. Le 8 octobre de cette année, il signe la préface de son *Histoire véritable et naturelle des mœurs et productions du pays de la Nouvelle-France,* imprimée à Paris en 1664. Il démissionne de son poste en 1667. Il s'établit dans sa seigneurie des Iles-Percées, au bord du Saint-Laurent, construit son manoir à l'embouchure de la rivière Sabrevois et élève sur la rive la petite redoute Saint-Louis. Il vivra de longues années dans cette seigneurie nommée Boucherville, grande de « 114 arpents de front sur deux lieues de profondeur à prendre sur le fleuve Saint-Laurent » (64 km²). Dans sa vieillesse, il rédige ses *Mémoires,* suite chronologique des événements auxquels sa vie a été mêlée. En mourant, il laisse un testament, *Mes dernières volontés,* intéressant témoignage sur l'époque et qu'on lisait, paraît-il, une fois l'an. Son histoire est également fort intéressante, même si le livre insiste beaucoup sur l'attrait de la colonie, démarche justifiée par l'avant-propos qui explique que le but de l'ouvrage est d'attirer des colons volontaires et de conserver le pays à la France. Il y a des défauts de composition dans ce livre écrit de l'hiver à l'été 1663, mais si Pierre Boucher est d'abord un homme d'action, il a aussi des dons innés de narrateur qui ne cherche qu'à « dire la vérité avec le plus de naïveté qu'il m'est possible et le plus brièvement que faire se peut ». Et quelle magnifique sérénité de vieux chef dans ces « dernières volontés » de l'un des hommes les plus attachants de l'ancien régime.

ŒUVRES

Histoire véritable et naturelle des mœurs et productions du pays de la Nouvelle-France, vulgairement dite le Canada, Paris, chez Florentin Lambert, 1664, XXIV, 168 p. ; *L'Album du Canadien, choix de morceaux littéraires, historiques, scientifiques et artistiques,* [Québec], Imprimerie du « Canadien », 1849, p. 3–73 ; *L'Album littéraire et musical de la Minerve,* vol. 5, n°s 8–12, 1850, p. 224–228, 245–249 ; Montréal, Imprimerie E. Bastien et Cie, 1882, II, 164 p. (Réédition due aux soins de G. Coffin) ; Benjamin Sulte, *Pierre Boucher et son livre,* MSRC, sect. 1, t. 2, 1896, p. 116–168 ; [Boucherville], Société historique de Boucherville, 1964, LXIII, 415 p. Préface de Marcel Trudel. Avant-propos de Charles Desmarteau. Introduction d'Albert Tessier. (Le texte de Boucher est suivi de plusieurs études). Traduction anglaise par Edward Louis Montizambert: *Canada in the Seventeenth Century,* Montréal, G.E. Desbarats & Co., 1883, 85 p.

Pierre Boucher, Montréal, Éd. Fides, 1970, 95 p. Textes choisis et présentés par Raymond Douville. «CC».

Raison qui m'oblige à établir ma Seigneurie de Boucher-ville, dans *Les Soirées canadiennes,* vol. 5, 1865, p. 305–308.

Mes dernières volontés, dans *Les Soirées canadiennes,* vol. 5, 1865, p. 309–323.

Mémoires de feu Monsieur Boucher, seigneur de Bou-cherville et ancien gouverneur des Trois-Rivières (Ex-traits), BRH, vol. 32, nᵒ 7, 1926, p. 398–404.

ÉTUDES

Séraphin Marion, *Un pionnier canadien, Pierre Boucher,* Québec, L.-A. Proulx, 1927, 290 p.

Montarville Boucher de La Bruère, *Pierre Boucher,* CD, vol. 2, 1937, p. 237–260.

Id., Pierre Boucher colonisateur, CD, vol. 3, 1938, p. 165–190.

Marie Baboyant, *L'Édition originale de Pierre Boucher,* dans *Histoire véritable et naturelle...,* Société historique de Bou-cherville, 1964, p. 170–183.

Roland Houde, *Essai bibliographique (1664–1964), ibid.,* p. 184–201.

Léon Pouliot, *Pierre Boucher et les Jésuites, ibid.,* p. 212–225.

Léo-Paul Desrosiers, *Pierre Boucher et les Jésuites, ibid.,* p. 226–235.

Gaston Dulong, *La Langue de l'HVN, ibid.,* p. 248–261.

Jacques Rousseau, *Pierre Boucher, naturaliste et géographe, ibid.,* p. 262–401.

Raymond Douville, *Pierre Boucher,* DBC, t. 2, p. 86–91.

BOUCHER, YVON (Noy Roucheb) (1946–   ). Dramaturge, critique, essayiste et romancier, né à Montréal. Il fait ses études classiques au Collège Sainte-Marie où il obtient un baccalauréat en 1969. Il obtient un second baccalauréat en pédagogie, en 1971, et poursuit ensuite des études de maîtrise en linguistique à l'Université du Québec à Montréal. À partir de 1973, il collabore à divers périodiques dont *La Barre du jour, Ellipse, Lettres québécoises, Le Devoir* où il est critique littéraire en 1976 et 1977. À compter de 1976, il est lecteur au Cercle du livre de France où il dirige la collection d'essais «Écritudes», chroniqueur de cinéma à la revue *Nous,* agent d'information pour l'Éditeur officiel du Québec, professeur au Cégep de Saint-Jean-sur-Richelieu, éditeur adjoint aux Éditions Guérin où il fonde la revue *Le Québec littéraire,* professeur à la commission des écoles catholiques de Mont-réal. Il décide ensuite de se consacrer totalement à l'écriture. Les études linguistiques et les recherches

personnelles d'Yvon Boucher l'ont conduit à se distancer du milieu universitaire qu'il appelle un «contexte idéologiquement malsain». Sa critique plutôt féroce au *Devoir* — on l'a appelé «l'ennemi dans la maison» — ne lui a pas suscité que des amis. *L'Ouroboros* n'a pas fait grand bruit, mais il n'en va pas de même pour le reste de son œuvre. Pierre-André Arcand dit du curieux roman *L'Obs-cenant*: «C'est un jeu complexe de miroirs et d'emboîtements qui fait que ce texte est exclusive-ment autoreprésentation. [...] On aimera ou pas. Point». Réginald Martel fait un accueil réticent à la *Petite Rhétorique de nuit* qui est un autre jeu de miroirs et lui reproche de «se répéter copieusement». Pierre Berthiaume, à propos de *La Vacuité de l'expérience littéraire* qui aboutit à vider même les mots de tout contenu idéologique, dit qu'il s'agit là de la négation de l'écriture comme «poesis», «c'est-à-dire comme création et affirmation de l'être», ce qui est se condamner au silence.

ŒUVRES

L'Ouroboros (théâtre), Montréal-Nord, Les Grandes Édi-tions du Québec inc., 1973, 82 p.

L'Obscenant (roman), Montréal, CLF, 1974, 83 p.

De la vacuité de l'expérience littéraire. Essai de simulation de nihilisme intégral, Montréal, CLF Pierre Tisseyre, 1975, 174 p. «Écritudes».

Petite Rhétorique de nuit. Singula Singulis Reddita (essais), Montréal, CLF Pierre Tisseyre, 1978, 1–110 et 109–1 p.

L'Oulippopotame. Roman suivi de L'Hapax ou la leçon d'athlettrisme. Premier manifeste nulle part par V. Nucho Y Rebo, Montréal, Éditions de la queue, 1981, 156 p. Collab. V. Nucho Y. Rebo (p. 105–156). Portrait.

Morceaux moisis. Essais en journalisme littéraire, [Mont-réal, Guérin éditeur], 1981, 205 p. Préface de Jean Basile. (Essais sur 18 auteurs).

Fonctions et Séquences dans Charles Guérin, dans P.-J.-O. Chauveau, *Charles Guérin,* Montréal, Éditions Gué-rin, 1973, p. 10–38.

Méditation sur la difficulté d'être un être d'encre et de papier (entrevue), dans *Le Québec littéraire,* nᵒ 1, 1974, p. 9–13.

S'il n'y avait que moi, dans *Le Québec littéraire,* nᵒ 1, 1974, p. 51–58.

Bessette par lui-même, dans *Le Québec littéraire,* nᵒ 1, 1974, p. 127–145. Collab. Carole Michaud.

Sony TC-66/Essai d'autobiographie différée, NBJ, nᵒ 45, été 1974, p. 56–76.

Aquin par Aquin (entrevue), dans *Le Québec littéraire,* nᵒ 2, 1976, p. 129–148.

Mystique du terroir et mystification folkloriste, LQ, nᵒ 7, août-sept. 1977, p. 50–51.

Surréalisme, littérature québécoise et patchwork, dans *Journal of Canadian Fiction*, nos 25–26, déc. 1979, p. 308–310.

Dernier Petit Dictionnaire portatif des citations, NBJ, no 95, oct. 1980, p. 25–30.

Le Duc Hamp et la Question des ready-mades aidés, NBJ, no 99, févr. 1981, p. 31–34.

Débat sur l'origine de la propriété littéraire, NBJ, no 107, nov. 1981, p. 47–49.

ÉTUDES

[Anonyme], *L'Ouroboros de Yvon Boucher*, dans *Le Livre canadien*, vol. 5, juin 1974, no 195.

Pierre-André Arcand, *Yvon Boucher. L'Obscenant*, LAQ 1975, p. 84.

Pierre Berthiaume, *Yvon Boucher. De la vacuité de l'expérience littéraire*, LAQ 1976, p. 215–217.

Réginald Martel, *Yvon Boucher bourreau des lettres*, Pr, 95e année, no 5, 6 janv. 1979, p. D-3.

Louis Lasnier, *Boucher (Yvon). Petite Rhétorique de nuit*, dans *Nos livres*, vol. 10, avril 1979, no 124.

Maximilien Laroche, Yvon Boucher, *Morceaux moisis*, LAQ 1981, p. 202–204.

Jacques Michon, *Radio-feuilletons et Morceaux moisis*, LQ, no 26, été 1982, p. 66–67.

BOUCHER de BOUCHERVILLE, Pierre GEORGES Prévost [José] (1814–1894).

Romancier et conteur, né à Québec. Après ses études à Montréal, Pierre Georges Prévost Boucher de Boucherville est admis au barreau en 1837. Dès 1835, il a publié deux nouvelles dans *L'Ami du peuple*. Secrétaire des Fils de la liberté en 1837, il passe quelques mois en prison. En 1838, il s'exile en Louisiane d'où il revient deux ans plus tard. C'est là qu'il a trouvé l'inspiration de la première partie de son roman d'aventures, *Une de perdue, deux de trouvées*, paru en feuilleton de 1849 à 1851. Il est nommé greffier du Conseil exécutif de la province de Québec en 1867. Son œuvre est variée, mais c'est avant tout par son roman que Georges Boucherville nous révèle les nombreuses préoccupations littéraires et surtout politiques de son époque. Comme le souligne Réginald Hamel dans la préface de son édition de ce roman : « Sous quelque aspect que l'on examine ce roman, on y trouve la marque d'un écrivain davantage dominé par une conscience politique que par celle d'une vocation littéraire [...] toute l'écriture du roman a été déviée par des ambitions plus idéologiques qu'esthétiques [...]. C'est donc à une lecture démystificatrice que nous convions le lecteur. Il pourra ainsi reconnaître l'importance réelle de cette collaboration qui nous en dit long sur certaine motivation littéraire et sur l'idéologie de la deuxième moitié de notre XIXe siècle ».

ŒUVRES

Une de perdue, deux de trouvées (roman), Montréal, Eusèbe Senécal, imprimeur-éditeur, 1874, 2 vol. : vol. 1, [vi], 377 p. ; vol. 2, 357 p. (Paru d'abord dans *L'Album littéraire et musical de La Minerve*, vol. 4, no 1 au vol. 6, no 6, janv. 1849 à juin 1851, 1re partie seulement ; RC, vol. 1, no 7 au vol. 2, no 7, janv. 1864 à juillet 1865) ; Librairie Beauchemin limitée, 1913, 364 p. Portrait. « BC, Jacques Cartier » ; 1925, 316 p. ; Éditions Beauchemin, 1931, 319 p. Portrait. « BC, Lévis » ; 1948 ; 1953 ; Hurtubise HMH ltée, 1973, 473 p. Portrait. Présentation par Réginald Hamel. « Cahiers du Québec, textes et documents littéraires ».

Programme d'étude pour la formation d'une banque agricole nationale pour le Bas-Canada (essai), St-Hyacinthe, Imprimé au bureau du « Courrier de St-Hyacinthe », 1862, 23 p.

Le Crédit foncier (essai), Québec, Hunter Rose et Lemieux, 1863, 124 p. Traduction anglaise : *The « Credit Foncier »*, *Annexed to the Report of the Special Committee Appointed by the Legislative Assembly, 3rd March, 1863, to Enquire into the Expediency of Establishing it in Lower Canada*, Québec, Hunter, Rose & Co, 1863, 177 p.

Le Code de Whist. Règles, principes et exemples, Montréal, Duvernay, frères et Dansereau, 1877, v, 188 p.

Dictionnaire du langage des nombres (cesges de damis) avec une introduction contenant les principes d'une méthode de réductions et l'usage que l'on en peut faire pour abréger les correspondances télégraphiques et autres, Québec, Atelier typographique C. Darveau, 1889, xxviii, [iii], 346 p., 302 p., 285 p., 1 feuille 6½″ x 11″.

La Tour de Trafalgar (conte), dans *L'Ami du peuple*, vol. 3, no 82, 2 mai 1835, p. 1 ; dans *Contes et Nouvelles du Canada français, 1778–1859*, Ottawa, EUO, 1971, t. 1, p. 90–101. Texte présenté par John Hare.

Louise Chawinikisique (conte), dans *L'Ami du peuple*, vol. 4, nos 19–20, 23, 26 sept. 1835 ; dans *Contes et Nouvelles du Canada français, 1778–1859*, Ottawa, EUO, 1971, t. 1, p. 102–126.

Les Sophismes de M. Bastiat (essais d'économie politique), dans *La Minerve*, 9 nov. 1848–11 janv. 1849.

Discours au Conseil législatif, dans *La Minerve*, vol. 21, no 42, févr. 1849, p. 1.

Récit d'un prisonnier de 1837, RHAF, vol. 22, no 4, mars 1969, p. 617–623.

ÉTUDES

H.-R. Casgrain, *Georges de Boucherville*, dans *L'Opinion publique*, vol. 3, no 8, 22 févr. 1872, p. 86. Sous le pseudonyme de Placide Lépine.

Faucher de St-Maurice, *Étude bibliographique*, dans *La Minerve*, vol. 46, no 149, 6 mars 1874, p. 3.

W.J. White, *The Trafalgar Tower*, dans *Canadiana. A Collection of Canadian Notes*, vol. 2, no 3, 1890, p. 40–49.

E.Z. Massicotte, *Deux fois mariés le même jour*, BRH, vol. 27, no 6, juin 1921, p. 191.

Aegidius Fauteux, *Pierre-Georges-Prévost Boucher de Boucherville*, CD, *Patriotes de 1837-1838*, 1950, p. 125-126.

John Hare, *Pierre-Georges-Prévost Boucher de Boucherville*, dans *Contes et Nouvelles du Canada français 1778-1859*, Ottawa, EUO, 1971, t. 1, p. 83-89.

Réginald Hamel, *Présentation*, dans *Une de perdue, deux de trouvées*, Montréal, Hurtubise HMH limitée, 1973, p. 9-33, 463-473. « Cahiers du Québec, textes et documents littéraires ».

BOUCHETTE, JOSEPH (1774-1841). Géographe, né à Québec. Il entre à seize ans au bureau de l'arpenteur-général de la province de Québec. En 1801, après quelques années dans la marine militaire des Grands Lacs, il retourne à Québec comme arpenteur-général. Cette nomination, confirmée en 1804, le place au premier rang du petit groupe de hauts fonctionnaires de la province. En 1814, il s'embarque pour Londres où il fait paraître, l'année suivante, une série de cartes, ainsi que sa *Description topographique* en éditions anglaise et française. Pendant sa longue carrière, il a fait de nombreux voyages et préparé plusieurs rapports et des cartes de la province de Québec. Sa *Description topographique* et *The British Dominions in North America* en trois volumes parus en 1831 demeurent des ouvrages de base dans les domaines de la géographie rurale et urbaine du Canada du début du XIXe siècle. Selon le jugement toujours valable de Narcisse-Eutrope Dionne, « l'œuvre de Bouchette est considérable. Appréciée comme elle le méritait à sa naissance, elle l'est encore ».

ŒUVRES

A Topographical Description of the Province of Lower Canada, with Remarks upon Upper Canada, and on the Relative Connexion of Both Provinces with the United States of America, London, W. Faden, 1815, xv, 640 p., lxxxviii. Portraits. Ill. ; London, Colburn and Bently, 1831, xii, [n.p., 366 p.] ; Saint-Lambert, Canada East Reprints, 1973. Traduction française : *Description topographique de la province du Bas-Canada, avec des remarques sur le Haut-Canada, et sur les relations des deux provinces avec les États-Unis de l'Amérique*, Londres, Faden, 1815, xv, 664 p., lxxxviii ; Montréal, Éditions Élysées, J. Cohen éditeur, 1978, 22 p., [xix], 664 p., lxxxvii. Gravures, cartes hors texte. Présentation de John Hare.

Carte topographique de la province du Bas-Canada sur laquelle sont indiquées les limites des districts, des comtés, des seigneuries et des cantons ainsi que les terres de la Couronne et celles du clergé, etc..., Londres, W. Faden, 1815, 40 f. sous carton ; Montréal, Éditions Élysées, 1980. Réédition photographique.

General Report of an Official Tour Through the New Settlement of the Province of Lower Canada (...). Part I Comprehending the Townships North of the Saint Lawrence and Those Situated on the Grand or Ottawa River, Quebec, Thomas Cary & Co., 1825, xx, 90, 24 p.

Statistical Tables of the Province of Lower Canada, Accompanying the Topographical Maps, published pursuant to an Act of the Provincial Legislature, 9 Geo. IV, chap. 68 ; to which are added Tables of Distances, Tables of the Lands Granted and Reserved in the Province, and also of the Lands Ungranted, with the Surveyed Townships, etc. etc., [s.l., s.é., 1831 ?], [3], 23 p. [3]. (Printed by Thomas Davison, London).

The British Dominions in North America, or a Topographical and Statistical Description of the Provinces of Lower and Upper Canada, New Brunswick, Nova Scotia, the Islands of Newfoundland, Prince Edward and Cape Breton, including Considerations of Land-Granting and Emigration to which are annexed Statistical Tables and Tables of distances, etc... etc..., London, Henry Colburn & Richard Bentley, 1831, 2 vol. : vol. 1, xxvi [2] 498 p., [4]. Ill. ; vol. 2, xi [1], 296 p. Ill. ; autre édition de 1831, 2 vol. : vol. 1, London, Longman, Rees, Brown, Green and Longman, xxvi [2], 498 p., [4] ; vol. 2, London, Henry Colburn and Richard Bentley, xi [1], 296 p. Ill. Le volume 2 contient également le *Topographical Dictionary of Lower Canada*, non paginé et mentionné dans la page de titre du volume 1. Cette édition de 1831 (Longman-Colburn) a été réimprimée à New York par First AMS Edition en 1968. Toutefois, la page de titre des deux volumes fait mention du dictionnaire topographique. La page de titre du volume 1 se lit comme suit : *The British Dominions in North America, or a Topographical and Statistical Description of the Provinces of Lower Canada and Upper Canada. [...] Considerations of Land-Granting and Emigration ; and a Topographical Dictionary of Lower Canada, to which are annexed the Statistical Tables and Tables of Distances, published, with the author's Topographical Maps of Lower Canada, in consequence of a vote of the Provincial Legislature*. Le volume 2 n'inscrit pas : « *published with the Author's Topographical Maps [...] legislature* » : vol. 1, xxx, 498 p., [4], [dictionnaire n.p/, Abe-Mar] ; vol. 2, xi, [1], 296 p., [dictionnaire n.p., Mas-Yam]. Ill. ; London, Longman, Rees, Brown, Green and Longman, 1832, 2 vol. vol. 1, xxvi [2], 498 p. ; vol. 2, xi [1], 296 p. Ill. Le volume 2 contient également le *Topographical Dictionary of Lower Canada*, non paginé et non mentionné dans la page de titre des deux volumes ; London, Longman, Rees, Orme, Brown, Green and Longman, 1832, 2 vol. : vol. 1, xxvi [2] 498 p. [n.p., 22, gravures, cartes]. Ill. ; vol. 2, xi [1], 296 p. [n.p., 11, gravures, cartes]. Ill. ; London, Longman, Rees, Orme, Brown, Green and Longman, 1832, 2 vol. : vol. 1, xxvi [2], 498 p. ; vol. 2, xi [1], 296 p. [n.p., 28, gravures, cartes].

A Topographical Dictionary of the Province of Lower Canada, London, Colburn and Bentley, 1831, xii, [n.p., 356 p.], viii ; London, Longman, Rees, Orme, Brown, Green and Longman, 1832, xii, [n.p., 358 p.].

Tables Showing the Difference of Longitude in Time at
the Most Important Places Between the Atlantic and
Pacific Oceans, in the British North American Dominions and the Northern Section of the United States,
Toronto, [s.é.], 1857, [n.p., 6 p.]. Carte par J. Bouchette,
1857, lithographie de J. Ellis, Toronto.

ÉTUDES

Exposition of the Case of Lieut.-Col. Bouchette, Surveyor-General
before the House of Assembly of Lower Canada, Quebec,
M. Gary and Co., 1826, 18 p.

Narcisse-Eutrope Dionne, Joseph Bouchette, dans P.G. Roy,
Fils de Québec, deuxième série, Lévis, 1933, p. 169–172.

Albert Tessier, De Jacques Buteux à l'arpenteur Bouchette, CD,
n° 4, 1936, p. 223–242.

E. Fabre-Surveyer, J. Bouchette, notice biographique, MSRC,
3ᵉ série, vol. 34, 1940, p. 101–118.

Id., Bouchette Family, A Genealogy, MSRC, 3ᵉ série, vol. 35,
1941, p. 135–146.

Marc-Aimé Guérin, « Joseph Bouchette ». Mémoire. École des
bibliothécaires, Université de Montréal, 1951, 111 f.

Gérard Parizeau, Joseph Bouchette, l'homme et le haut fonctionnaire, MSRC, 4ᵉ série, vol. 9, 1971, p. 95–126.

John Hare, Présentation, dans Description topographique de la
province du Bas-Canada [...], Montréal, Éditions Élysées,
1980, p. 5–22.

BOUCHETTE, MARIE-CAROLINE-ALEXANDRA.
Voir MAXINE.

BOUCHETTE, ROBERT-ERROL (1863–1912). Es-
sayiste et romancier, né à Québec. Après ses études
au Séminaire de Québec et à l'Université Laval, il
est reçu à la chambre des notaires en 1885, et il
pratique le notariat pendant quelques années à
Québec et à Montréal. Il collabore à plusieurs
journaux, notamment L'Électeur (Québec) et le
Globe de Toronto. Par la suite il devient secrétaire
de sir Henri Joly de Lotbinière, ministre du Revenu,
à Ottawa (1898–1900), puis il est nommé bibliothécaire adjoint de la Bibliothèque du Parlement,
poste qu'il détient jusqu'à sa mort. Élu à la Société
royale du Canada en 1905, il fut aussi membre du
Club des Dix et de l'Institut canadien-français
d'Ottawa. L'un des premiers à s'occuper des problèmes de l'industrialisation au Québec, il prône
un nationalisme économique dans ses études et
dans son roman, Robert Lozé. Selon Jean-Charles
Falardeau, « Bouchette fut presque le seul, au tournant du siècle, à proclamer que l'arme par excellence
d'un peuple [...], c'est la supériorité économique et
à proposer au gouvernement du Québec une auda-
cieuse politique d'encouragement à l'industrie. [...]
Son récit mythique (Robert Lozé) est une transcription romanesque des thèses qu'il avait déjà

élaborées comme base d'une politique économique
canadienne-française ». Son ouvrage sur L'Indépendance économique, qui avait attiré l'attention
de Fernand Rinfret et d'Édouard Montpetit, a
connu une nouvelle vogue en 1976, et ses idées une
nouvelle actualité.

ŒUVRES

Emparons-nous de l'industrie, Ottawa, Publié par l'Imprimerie générale, 1901, 41 p. (Paru aussi dans ECF,
n° 35, 1972, p. 187–248).

Robert Lozé. Nouvelle, Montréal, A.P. Pigeon, imprimeur,
1903, 170 p.

Mémoires de Robert-S.-M. Bouchette 1805–1840. Re-
cueillis par son fils Errol Bouchette et annotés par
A.-D. Decelles, Montréal, La Cie de publication de la
Revue canadienne, 1903, 129 p. Ill.

Études sociales et économiques sur le Canada, Montréal,
La Compagnie de publication de la Revue canadienne,
1905, 196 p. Ill. « Emparons-nous de l'industrie ».

L'Indépendance économique du Canada français, Arthabaska, La Cie d'imprimerie d'Arthabaskaville imprimeur, 1906, 334 p. ; Montréal, Wilson & Lafleur limitée,
1913, 293 p. ; L'Indépendance économique du Canada
français. Nouvelle édition précédée d'une étude de
Rodrigue Tremblay, La Presse, 1977, 273 p. Préface de
Rodrigue Tremblay.

Lewis James Seargeant, dans Les Hommes du jour.
Galerie de portraits contemporains. Monument érigé à
la gloire de la confédération du Canada, Ottawa, Éditeurs
Mortimer & Cie, 1890–1894, n° 32, p. 249–253 ; Mont-
réal, Cie de Moulins à papier de Montréal, p. 497–507.
Ill. Traduction du livre de George Stewart : Lewis
James Seargeant.

L'Évolution économique dans la province de Québec,
MSRC, 2ᵉ série, vol. 7, 1901, p. 117–143.

Vues patriotiques. Du goût des Canadiens français pour
les arts industriels et du parti qu'on en pourrait tirer,
NF, vol. 3, 1904, p. 449–463.

Les Écossais du Cap-Breton, MSRC, 3ᵉ série, vol. 4,
1910, p. 3–16.

Les Débuts d'une industrie et notre classe bourgeoise,
MSRC, 3ᵉ série, vol. 6, 1912, p. 143–157.

L'Ontario français économique, dans La Revue franco-
américaine, vol. 9, 1912, p. 389–409.

ÉTUDES

Armand Lavergne, Un beau et bon livre. L'Indépendance économique du Canada français, dans La Revue franco-américaine,
vol. 1, 1908, p. 89–93.

Édouard Montpetit, La Conquête économique, Montréal, Valiquette, [s.d.], p. 217–237.

Clorinde de Serres, « Bio-bibliographie d'Errol Bouchette ». Mémoire de maîtrise. École de bibliothécaires, Université de
Montréal, 1944, 39 f.

Gérard Parizeau, Évolution de la pensée sociale au Canada
français, dans Présentation, Société royale du Canada, vol. 14,
1959–1960, p. 15–31.

Jean-Charles Falardeau, *Notre société et son roman,* Montréal, HMH, 1967, p. 25-45.

BOUDOU, JEAN-RAYMOND (1916–   ). Poète et romancier, né à Villefranche-de-Rouergue (Aveyron, France). Il fait ses études classiques au Lycée d'Albi (B.A., 1935). À l'Université McGill, il obtiendra une maîtrise ès arts, en 1970. Pendant la Seconde Guerre mondiale, il fait partie de l'armée française et mérite la Croix du combattant. De 1945 à 1955, il est assistant-producteur à la Société des films B.U.P. Arrivé au Canada en 1957, il devient, l'année suivante, scripteur et chroniqueur à Radio-Canada (1958-1965) : il écrit de nombreuses chroniques historiques et littéraires, et une vingtaine de pièces radiophoniques, telles « Dames de cœur... dames de pique », « La Petite Fiancée de Napoléon », et « Jardin d'automne ». Il est en outre professeur dans quelques institutions, et en particulier au Collège Stanislas, à compter de 1959. Il est fait chevalier de l'Ordre des palmes académiques en 1970. Membre de plusieurs associations, il est pendant des années secrétaire général de l'Alliance française de Montréal dont il est élu président en 1982. Venu à la littérature par la poésie, Jean-Raymond Boudou a publié plusieurs recueils. Il aborde la nouvelle en 1976 avec *Dom Emmanuel.* En 1982, son premier roman, *Une heure de ta vie,* est l'un des finalistes du prix Esso. « Le roman de Jean-Raymond Boudou, écrit Réginald Martel, malgré ses ficelles un peu grosses, est attachant. Il l'est, en tout cas, pour quiconque a connu cette fièvre amoureuse qui balaie tout sur son passage. C'est enfin un livre qui aborde avec franchise la difficulté des amours qui réunissent des personnes d'âge et d'état civil différents. On reprocherait seulement à l'auteur une mièvrerie parfois excessive et des dialogues dont le ton n'est pas très juste ».

ŒUVRES

Passe-temps (poésie), Paris, [s.é.], 1946, 15 p.

Le Clocher et mon cœur (poésie), Paris, [s.é.], 1954, 122 p. Préface de Francis Carco.

Atlantide « 43 » (récit), Montréal, Éditions Beauchemin, 1958, 83 p. Collab. Ollivier Mercier Gouin. Ill. Introduction des auteurs. « Rose des vents ».

Arc-en-ciel. Poèmes, Montréal, Beauchemin, 1960, 110 p.

Dom Emmanuel le diable et l'année sainte (récit), Montréal, [s.é.], 1976, 55 p.

L'Âme en pièce (poésie), Paris, [s.é.], 1978, 25 p.

Une heure de ta vie. Roman, Montréal, CLF Pierre Tisseyre, 1982, 163 p.

ÉTUDES

Pierre Pagé, *Répertoire des œuvres de la littérature radiophonique québécoise 1930-1970,* Montréal, Fides, 1975, p. 118-120.

Réginald Martel, *Un premier roman de J.-R. Boudou. Higgins et Pygmalion pour l'amour,* Pr, 98ᵉ année, nᵒ 299, 24 déc. 1982, p. D-3.

Madeleine Ouellette-Michalska, *L'Amour sans âge,* Dev, vol. 74, nᵒ 23, 29 janv. 1983, p. 2.

Monique Chartier, *Boudou (Jean-Raymond). Une heure de ta vie,* dans *Nos livres,* vol. 14, févr. 1983, nᵒ 5088.

BOUDREAU, DIANE (1957–   ). Poète et romancière, née à Sherbrooke. Elle fait ses études au Cégep de Sherbrooke, et les poursuit en littérature et en pédagogie à l'Université de Sherbrooke où elle obtient un baccalauréat spécialisé en 1978. Pendant ses études elle fait de l'enseignement de suppléance dans des écoles de Sherbrooke, et elle fait paraître deux recueils de poésie : *Divagations* et *Léonure* (1976). À compter de 1976, elle participe à plusieurs activités littéraires dont la nuit de la poésie en l'honneur d'Alfred DesRochers, le concours littéraire de la Société Saint-Jean-Baptiste de Sherbrooke (1976). Elle donne des récitals de ses chansons et de sa poésie au Café des Virgules. Son premier roman, *Blanche et François* paraît en 1980. « Cette écriture, écrit Michel Laurin, paraît un cri isolé, jailli de la solitude, prêt à toutes les bravades afin de tromper l'ennui de vivre ». Dans ce roman, selon Madeleine Ouellette-Michalska, « rien n'est trop fortement appuyé. La parole est simple, discrète, mesurée ». L'auteur se reconnaît dans ses ancêtres : « En écrivant leur histoire, j'ai aussi écrit mon histoire ».

ŒUVRES

Divagations (Contes et poèmes), Sherbrooke, Les Presses Coopératives, 1976, [n.p., 79 p.].

Léonure (poésie), Sherbrooke, [s.é.], 1976, 72 p. Ill. de Florence Picard ; 69 p.

Me foutre du rire de la mort (poésie), Sherbrooke, [s.é.], 1979, 20 p.

Blanche et François (roman), Sherbrooke, Les Éditions Sherbrooke inc., 1979, 105 p. Introduction de Sylvie Hébert Evangelho. Préface de H.G. William Smith. « Amplitudes ».

Monsieur Vauchon. Esquisse, Sherbrooke, [s.é.], 1978, 60 p. Ill. de Pierre Houde. Introduction de H.G. William Smith.

Flammes (poésie), Sherbrooke, [s.é.], 1980, (hors commerce).

N'importe quoi (prose poétique), [s.l., s.é.], 1981, 47 p. Ill. de Louise Marceau.

Hymne au poète, dans *Poèmes choisis,* Cégep de Sherbrooke, 1975, p. 20; dans *Le Livre des Grandes-Fourches, six ans après... à l'aube de l'Orford,* Sherbrooke, 1976, p. 5.

Bonne Nuit, Et..., Fugue, Aube, Evanescence (poèmes), dans *Canton s'met à faire de la poésie,* Sherbrooke, 1977, p. 7–13.

Folie d'un soleil (poème), dans *Poésie* (Québec), vol. 12, été 1977, p. 24.

ÉTUDES

Gaétan Dostie, *Ces poètes à Sherbrooke,* dans *Le Jour,* vol. 1, nº 7, 18 mars 1977, p. 34.

Madeleine Ouellette-Michalska, *Quêtes d'identité,* Dev, vol. 71, nº 175, 2 août 1980, p. 12.

Michel Laurin, *Boudreau Diane. Blanche et François,* dans *Nos livres,* vol. 11, déc. 1980, nº 373.

BOUDREAU, MARIELLE (1942–   ). Folkloriste, née à Bertrand (Nouveau-Brunswick). Elle fait ses humanités à l'École régionale de Bertrand et au Collège Jésus-Marie de Shippagan (B.A., 1964). Elle obtient ensuite un baccalauréat en éducation à l'Université de Moncton (1965), puis une maîtrise en ethnographie à l'Université Laval (1967), grâce à des bourses de l'Assomption et de la province du Nouveau-Brunswick. Par la suite, elle enseigne la littérature au Collège de Bathurst, puis le français et le folklore à l'Université de Moncton (campus Shippagan). Spécialisée en culture acadienne, elle est surtout connue pour avoir préparé, en collaboration avec Melvin Gallant, un ouvrage sur la cuisine traditionnelle acadienne qui a été réédité plusieurs fois.

ŒUVRE

La Cuisine traditionnelle en Acadie (folklore culinaire), Moncton, Éditions d'Acadie, 1975, 181 p. Collab. Melvin Gallant. Ill.; *Le Guide de la cuisine traditionnelle acadienne,* [Montréal/Moncton], Stanké/Éditions d'Acadie, 1980, 223 p. Collab. Melvin Gallant. Ill. de François Poirier. Photographies des auteurs.

L'Acadie, dans *Guide culturel. Civilisation et littérature d'expression française,* Paris, Hachette, 1977, p. 142–155. Collab. Melvin Gallant.

Propos sur la cuisine acadienne, dans *Revue Si-Que* (Université de Moncton), nº 3, printemps 1978, p. 7–13.

BOULANGER, GEORGES (1901– ?). Poète et conteur, né à Saint-Agathe (Lotbinière). Il étudie au Collège d'Arthabaska de 1916 à 1919. De 1921 à 1936, il est secrétaire au *Journal d'agriculture.* Il organise la bibliothèque du ministère de l'Agriculture dont il est le bibliothécaire de 1953 à 1968. Il fonde, en 1967, l'Association des fonctionnaires à la retraite du Québec et, en 1968, l'Institut national Samuel de Champlain, après avoir organisé les fêtes annuelles de Champlain à Québec et à Ottawa. Un sonnet, « La Mère », remporte le concours international de poésie organisé par le journal *Gringoire* de Paris, en 1932. Collaborateur à plusieurs périodiques dont *Contacts* (dix-sept contes en 1954–1955), *Concorde* (plusieurs contes en 1959), *L'Opinion, Le Terroir,* il est surtout connu par deux recueils de poèmes traditionnalistes qui chantent la terre, l'amour, la patrie.

ŒUVRES

L'Heure vivante. Poésies, Québec, [s.é.], 1926, 113 p. Ill. Préface de Louis-Joseph Doucet.

Fleurs du Saint-Laurent. Poésies, Québec, Les Éditions canadiennes et cie, 1929, xii, 154 p. Portrait.

Quelques Chanteurs du terroir canadien, dans *Le Terroir,* vol. 9, nᵒˢ 3–5, juillet–sept. 1928, p. 40, p. ix–x.

La Naissance de la poésie en Amérique française, dans *Concorde,* vol. 10, nᵒˢ 11–12, nov.–déc. 1959, p. 30–31.

À propos de Raymond Savard, dans *L'Opinion,* vol. 8, nº 6, mai 1962, p. 2.

Sylvie Francœur ou Les Aspects merveilleux de la vie, dans *L'Opinion,* vol. 9, nº 2, janv. 1963, p. 2.

Antoine Goulet ou Les Élans de l'âme, dans *L'Opinion,* vol. 9, nº 5, avril 1963, p. 2.

Petits Commentaires sur Yves Thériault, dans *L'Opinion,* vol. 11, nº 8, 15 sept. 1965, p. 2.

DISCOGRAPHIE

Disque. Ma prière (My Prayer), Lachine, The Compo Co. Limited, [1939], Starr 16306-A, 78 t/m. 1 face. 10 po. Coauteur avec Grimaldi. Interprété par Lionel Parent.

ÉTUDES

Alphonse Désilets, *L'Heure vivante,* dans *Le Terroir,* vol. 8, nº 3, juillet 1927, p. 38.

Maurice Hébert, *L'Heure vivante,* CF, vol. 15, nº 3, nov. 1927, p. 228.

[Anonyme], *Fleurs du Saint-Laurent,* dans *La Revue populaire,* vol. 23, nº 3, mars 1930, p. 15.

Alfred DesRochers, *Paragraphes,* Sherbrooke, Librairie de l'Action canadienne-française, 1931, p. 93–102.

BOULERICE, JACQUES (1945–   ). Poète et conteur, né à Saint-Jean-sur-Richelieu. Il fait ses études classiques au Séminaire de Saint-Jean (B.A., 1966). En 1967 et 1968, il est rédacteur des pages Arts et Lettres au journal *Le Richelieu.* Il obtient sa licence ès lettres à l'Université de Montréal en 1969, et il devient professeur au Cégep Saint-Jean-sur-Richelieu. Il publie ses premières poésies en 1967. En 1970, la nouvelle *Le Goût du bonheur*, parue dans les *Écrits du Canada français,* est remarquée par Jean Éthier-Blais qui écrit : « Jacques Boulerice est un jeune écrivain qui a, chose rare, du tempérament. On lui passe une certaine aigreur dans le ton, au nom du mouvement de la phrase et de la passion qui l'anime ». Il fait également paraître des recueils de poésie qui passent presque inaperçus. Michel Beaulieu ne voit là rien d'étonnant : « Il va presque de soi qu'une œuvre comme celle de Boulerice, qui se construit en-dehors des grands courants et qui leur doit bien peu, risque de passer longtemps encore inaperçue ». « On se souviendra, note Jean-Yves Théberge, que dans *Élie, Élie pourquoi*, le poète faisait ce que l'on peut appeler des cabrioles, des pitreries ; plus d'un poème se terminait sur une pirouette. Il s'amusait, croyait-on. Nous faisions erreur. C'est dans son deuxième livre *L'Or des fous* que l'on découvre l'importance et le vrai sens de ce jeu ». Et Théberge ajoute que « la poésie de Jacques Boulerice est d'un grand lyrisme. Il charrie des émotions fortes dans ses mises au jeu ».

ŒUVRES

Avenues (poésie), Saint-Jean, Éditions du Verveux, 1967, [n.p.]. Collab. Denis Boudrios et André Beaudoin.

Élie Élie pourquoi. (Poèmes de l'émotion fragile et du virage en vue), Montréal, Éditions du Jour, 1970, 61 p. « PJ ».

L'Or des fous (poésie), Montréal, Éditions du Jour, 1972, 74 p. « PJ ».

Quelques Plis sur la différence. Gravures-poèmes bien enveloppés (poésie), Saint-Jean-sur-Richelieu, 1976, [n.p., 9 feuillets]. Gravures de Yvan LaFontaine. (Édition de luxe à tirage limité. Dans un étui de cuir, 57 cm × 40 cm).

La Boîte à bois (poésie), Saint-Jean-sur-Richelieu, Éditions Mille Roches, 1978, 143 p. Ill. de Louise Chicoine.

Le Goût du bonheur (nouvelle), ECF, n° 29, 1970, p. 123–132.

L'Évidence même (nouvelle), ECF, n° 39, 1974, p. 133–145.

En réalité (nouvelle), Dev, vol. 70, n° 281, 1er déc. 1979, p. 41.

ÉTUDES

Jean Éthier-Blais, *À la recherche d'un inconnu : Berthelot Brunet,* Dev, vol. 60, n° 106, 9 mai 1970, p. 17.

Gérard-Claude Fournier, *Trois poètes,* LAQ 1970, p. 147.

Jean-Yves Théberge, « *Pour ces hommes dont tu connais la droiture et l'attachant mensonge* », dans *Le Canada français,* 112e année, n° 25, 22 nov. 1972, p. 90.

Id., Après une nouvelle de Jacques Boulerice, dans *Le Canada français,* 117e année, n° 50, 22 janv. 1975, p. 15.

Michel Beaulieu, *La Boîte à bois,* dans *Le Livre d'ici,* vol. 4, n° 19, 14 févr. 1979, p. 1.

BOULIZON, GUY [Saint-Andoche] (1906–). Écrivain pour la jeunesse, critique littéraire et critique d'art, né à Nevers (France). Après son baccalauréat au Collège Saint-Cyr (1924), il obtient une licence en philosophie à la Sorbonne et une licence en philosophie scolastique à l'Institut catholique de Paris (1930), puis il est professeur au Collège Stanislas. En 1938, il arrive au Canada pour participer à la fondation du Collège Stanislas de Montréal où il enseigne jusqu'en 1950. Il fonde alors la Librairie Flammarion, puis il devient directeur des Éditions Beauchemin, en 1952. Il continue à faire de l'enseignement dans des institutions comme l'Université de Montréal, « Radio-Collège », Marie-de-France, l'Institut des arts appliqués, l'École des Beaux-Arts. En outre, il a été président de l'Association des écrivains pour la jeunesse, commissaire provincial des Scouts du Québec, membre du Conseil supérieur de l'éducation, président du Comité consultatif du livre aux Affaires culturelles, collaborateur à *Vie des arts, Communauté chrétienne, Critère, Études françaises...* En 1975, le Gouvernement français le décore des Palmes académiques. De 1943 à 1984, il publie quelque vingt-cinq livres : travaux de pédagogie, contes, poèmes et romans pour la jeunesse, anthologies littéraires, ouvrages sur l'art au Québec. Alvine Bélisle dit, à propos d'*Alexandre et les Prisonniers des cavernes* (1979), remaniement d'un roman de 1950 adapté pour des jeunes d'une autre époque : « Le récit est vivant, nerveux même, sans bavure ». Lors de la parution de *Musées du Québec* (1976), guide remarquable par la qualité et la quantité des informations qu'il présente, on écrit dans *La Patrie* : « Depuis près de quarante ans que Guy Boulizon est parmi nous, il y a peu d'aspects de la vie socio-culturelle québécoise auxquels il ne se soit intéressé ».

ŒUVRES

Contes du Moyen Âge, Montréal, Les Éditions Variétés, 1943, 30 p. Ill. de Francine.

[*Du tomahawk à la croix*] (conte), Montréal, Les Éditions Variétés, 1943, 31 p. Ill. de l'auteur.

Kateri Tekakwitha (conte), Montréal, Les Éditions Variétés, 1943, 30 p. Ill.

[*La Chanson de Roland*] (récit), Montréal, Les Éditions Variétés, 1943, 31 p. Ill. de Francine.

[*La Chèvre d'or*] (conte), Montréal/Paris, Fides, 1945, 31 p. Ill. de l'auteur. «Contes et Aventures»; 1955, 64 p.; 1960.

[*L'Île de Jacques*] (conte), Montréal, Fides, 1945, 30 p. Ill. de l'auteur. «Contes et Aventures».

De Jules Verne à Tarzan (conte), Montréal, [s.é.], 1945, 15 p.

Féeries radiophoniques d'après les Mille et Une nuits (contes), Montréal, Fides, 1946, 251 p. Ill. de Janine Charpentier. Préface de Léopold Houle.

Prisonniers des cavernes. Roman, Montréal/Paris, Fides, 1950, 143 p. Ill. «La Grande Aventure»; *Prisonniers des cavernes,* 1960. «AJ»; *Alexandre et les Prisonniers des cavernes,* Montréal, Les Éditions Fides, 1979, 169 p. Ill. de Jean Christian Knaff. Préambule de l'auteur. «Du goéland».

Au pays des nains (conte), [s.l.], Édition canadienne, [1955, n.p., 42 p.]. Ill. de Nans Van Leeuwen. (Traduit en italien et en allemand).

Poésies choisies pour les jeunes, [Montréal, Beauchemin, 1955], 295 p. Collab. Jeanne Boulizon. Ill. Introduction des auteurs.

Les Anciens Canadiens (roman de Philippe Aubert de Gaspé), Montréal, Éditions Beauchemin, 1956, 189 p. Ill. Édition scolaire préparée et présentée par Guy Boulizon. Note des éditeurs.

Livres roses et Séries noires. Guide psychologique et bibliographique de la littérature de jeunesse, Montréal, Éditions Beauchemin, 1957, 188 p.

Contes du Mont-Tremblant, Montréal, Éditions Beauchemin, 1958, 109 p. Présentation de l'auteur. «Rose des vents»; 1960.

La Croix chez les Indiens (récit), Montréal, Éditions Beauchemin, 1958, 137 p. «Rose des vents»; 139 p.

250 histoires comiques, Montréal, Éditions Beauchemin, 1958, 106 p. Sous le pseudonyme de Saint-Andoche. Ill. «Rose des vents».

Anthologie littéraire. Pages choisies d'auteurs français, canadiens, belges, Montréal, Éditions Beauchemin, 1959, 2 vol.: vol. 1, 385 p.; vol. 2, 262 p. Préface de l'auteur. Sous la direction de Guy Boulizon.

Les 4 du mystigri (conte), Montréal, Éditions Beauchemin, 1959, 125 p. Ill. de Georges Lauda. «Rose des vents».

Contes et Récits canadiens d'autrefois, Montréal, Éditions Beauchemin, 1961, 185 p. Ill. de E.J. Massicotte. «Grand Nord».

Le Livre face à la civilisation de l'image, Montréal, Librairie Beauchemin, 1963, 12 p. (Causerie prononcée au Club Richelieu de Montréal, le 22 nov. 1963).

Canada, 20ᵉ siècle. 20th Century, Montréal/Paris, Éditions Beauchemin/Éditions de la Pensée moderne, 1964,

[n.p., 141 p.]. Ill. de Pierre Gaudard. Texte anglais de Geoffrey Adams.

Les Musées du Québec, Montréal, Fides, 1976, 2 vol.: vol. 1, *Montréal et l'Ouest du Québec,* 205 p.; vol. 2, *La Vieille Capitale et l'Est du Québec,* 205 p. Ill. Présentation de Jean-Paul L'Allier. Préface de l'auteur.

La Chaise à Sébastien (récit), Montréal, Fides, 1982, 139 p. Ill. de Félix Vincent. «Intermondes».

Basque (monographie), La Prairie, Éditions Marcel Broquet, 1983, 103 p. Ill. Préface de Jean-Guy Nadeau. «Signatures».

Le Paysage dans la peinture au Québec vu par les peintres des cent dernières années, La Prairie, Éditions Marcel Broquet, 1984, 223 p. Ill. Préface de Jacques-Yvan Morin.

Québec: l'artisanat créateur, Paris/Ville LaSalle, Agence de coopération culturelle et technique/Hurtubise HMH, 1985, 76 p. Collab. Denise Beaudin, Anne-Marie Blouin-Sioui et Pierre Sioui. Ill.

Nos jeunes liront... 1 000 titres de livres, Montréal, École des parents du Québec, [s.d.], 40 p. Collab. Jeanne Boulizon.

ÉTUDES

Moïsette Landry, «Essai de bibliographie de Guy Boulizon, 1946–1960», Mémoire. Montréal, École de bibliothéconomie, Université de Montréal, 1961, vii, 131 f.

Roch Poisson, *Guy Boulizon a été et reste un témoin actif de nos élans culturels,* dans *Photo-Journal,* vol. 3, nº 3, mai 1966, p. 27.

[Anonyme], *Notes biographiques sur Guy Boulizon,* dans *Vient de paraître,* vol. 7, nº 3, sept. 1971, p. 19.

Yvan Lamonde, *Découvrir nos musées,* Pr, 92ᵉ année, nº 168, 3 juillet 1976, p. D-2.

Gilles Toupin, *Guy Boulizon. Les Musées du Québec,* LAQ 1976, p. 323–324.

[Anonyme], *M. Guy Boulizon nous livre un vrai trésor,* P, 98ᵉ année, nº 8, 5–11 mars 1977, p. 10.

Ghislaine Pesant, *Littérature pour «adultenfants». Merveilleux!,* dans *Le Livre d'ici,* vol. 4, nº 50, 19 sept. 1979, p. 1.

Alvine Bélisle, *Guy Boulizon. Alexandre et les Prisonniers des cavernes,* LAQ 1979, p. 254–255.

Sandra Jean, *Boulizon (Guy). La Chaise à Sébastien,* dans *Nos livres,* vol. 14, févr. 1983, nº 5089.

Gilles Daigneault, *Guy Boulizon: un triste tableau de notre paysage,* Dev, vol. 75, nº 286, 8 déc. 1984, p. 46.

Jocelyne Lepage, *Guy Boulizon et le Paysage québécois,* Pr, 101ᵉ année, nº 50, 8 déc. 1984, p. E-1.

BOUQUINISTE (LE). Voir ROUSSAN DE THORENC, JACQUES DE.

BOURASSA, ANDRÉ-GILLES (1936–). Essayiste, né à Montréal. Il fait ses études classiques au Collège Sainte-Marie, au Don Bosco College (Newton, N.J.), et au Collège Jean-de-Brébeuf (B.A., 1959). À l'Université de Montréal il obtient un baccalauréat en philosophie (1961), une licence ès lettres classiques (1965), un diplôme d'études supérieures pour une thèse sur Claudel (1967) et un doctorat ès lettres (1974) dont la thèse s'intitule : *Surréalisme et Littérature québécoise*. À compter de 1961, il enseigne la littérature au Collège Saint-Ignace, au Séminaire de Sainte-Thérèse (1964), au Cégep de Saint-Jérôme (1970) où il est directeur des services pédagogiques, au Cégep Lionel-Groulx (1967, 1970), à l'Université d'Ottawa (1976) et à l'Université du Québec à Montréal (1979). Il publie des critiques littéraires dans *Dialogue, Studies on Voltaire, La Barre du jour, Livres et Auteurs québécois, Lettres québécoises, Voix et Images,* etc. Jacques Ferron, qui a vécu l'époque du *Refus global,* écrit au sujet de *Surréalisme et Littérature québécoise :* « André-G. Bourassa a sans doute raison de réduire le surréalisme à un état d'esprit qui peut marquer écrivain, peintre, musicien, sans être le monopole d'aucun d'eux ». De son côté, Joseph Bonenfant voit dans ce livre «la première tentative de représentation systématique du surréalisme et de l'automatisme québécois. André Bourassa a réussi à créer, sinon simplement manifester, une cohérence qu'on n'aurait pas cru possible ; tant d'activités, d'amitiés et de ruptures, d'œuvres, tant de formes variées et farouchement personnelles pouvaient-elles être réunies et se tenir ensemble [...] ? » Ce livre magnifiquement documenté est un livre de base.

Cathy Bernheim

ŒUVRES

Le Livre de Christophe Colomb ; un essai de théâtre total comme représentation de l'univers claudélien (étude), Montréal, Librairie de l'Université de Montréal, 1968, xviii, 182 p. ; *Le Livre de Christophe Colomb ; un essai de théâtre total comme représentation de l'univers claudélien. Extraits,* 1970, xviii, 85 p.
Surréalisme et Littérature québécoise (étude), Montréal, Éditions l'Étincelle, 1977, 380 p. Ill. Introduction de l'auteur. Traduction anglaise par Mark Czarnecki : *Surrealism and Quebec Literature. History of a Cultural Revolution,* Toronto/Buffalo/London, UTP, [1984], xvi, [xvi], 374 p. Ill. Introduction de l'auteur.

Paul-Émile Borduas. Écrits I, Montréal, PUM, 1987, 700 p. Ill. Édition critique. Collab. Jean Fisette et Gilles Lapointe. « Bibliothèque du Nouveau Monde».
Refus global et ses environs (essai), Montréal, l'Hexagone, 1988, 188 p. Collab. Gilles Lapointe.

Descartes et la Connaissance intuitive, dans *Dialogue,* vol. 6, n° 4, déc. 1968, p. 539–554.
Morale et Dialectique inductive, dans *Dialogue,* vol. 7, n° 2, 1968, p. 254–267.
Le Pouvoir du noir — Borduas — Giguère, dans *Revue des sciences humaines* (Lille), n° 173, printemps 1979, p. 49–58.
Prendre la parole pour se (faire) connaître, dans *Liaison,* n° 5, 6 mai 1979, p. 19.
Vers la modernité de la scène québécoise. Influence des grands courants du théâtre français au Québec (1898-1948), dans *Pratiques théâtrales,* n° 13, printemps 1981, p. 3–26.
Bonjour Québec ! Le théâtre québécois entre rêve et réalité, dans *La Feuillette* (Mâcon, France), n°s 47–48, mai–juin 1981, p. 1.
Scène québécoise et Modernité (essai), dans Yvan Lamonde et Esther Trépanier, *L'Avènement de la modernité culturelle au Québec,* Québec, Institut québécois de recherche sur la culture, 1986, p. 139–171.

ÉTUDES

André Beaudet, *Surréalisme et Littérature québécoise : une histoire de l'épopée automatiste,* Dev, vol. 69, n° 284, 10 déc. 1977, p. 51.
Jacques Ferron, *Le Surréalisme québécois, son amont, son aval,* dans *Le Jour,* vol. 1, n° 48, 30 déc. 1977–5 janv. 1978, p. 24.
Jean Fisette, *André-G. Bourassa, Surréalisme et Littérature québécoise,* LAQ 1977, p. 229–231.
Joseph Bonenfant, *Surréalisme et Littérature québécoise par André-G. Bourassa : petite encyclopédie vivante du surréalisme d'ici,* Dr, 65e année, n° 262, 14 févr. 1978, p. 16.
Madeleine Bellemare, « Refus global et ses environs 1948–1988 de André G. Bourassa et Gilles Lapointe, pour redécouvrir Borduas ‹ et ses environs ›», dans *N.L.,* vol. 19, n° 9, novembre 1988, p. 28–29.

BOURASSA, HENRI (1868–1953). Journaliste, essayiste et homme politique, né à Montréal, fils du peintre et écrivain Napoléon Bourassa, petit-fils de Louis-Joseph Papineau. Après la mort de sa mère qu'il perd très jeune, il est confié à sa tante Ézilda Papineau ; il habite à Montréal pendant l'année scolaire et au manoir de Montebello pendant les vacances. Il termine ses études primaires (1879–1881) à l'École Archambault (aujourd'hui École du Plateau), et ses études secondaires avec un précepteur français, Frédéric André. En 1885, il entre à l'École polytechnique, puis, l'année suivante, au collège Holy Cross, à Worcester (Massachusetts). Malade, il doit abandonner ses études pour refaire sa santé à la campagne, au manoir (1887). Il en profite pour se cultiver par de fortes lectures. Chargé d'ordonner la succession Papineau, il s'intéresse aux questions seigneuriales, à la colonisation, à l'agriculture, à la politique. À 21 ans (1889), il est élu maire de Montebello. Il y dirige une ferme et obtient la médaille du mérite agricole (1890). Il prend une part active aux élections fédérales de 1891, et participe à la campagne d'Israël Tarte dans le comté de l'Islet, en 1893. Il est maire de Papineauville en 1897, époque où il prend la défense des écoles françaises du Manitoba. En 1896, il est élu député de Labelle, réélu en 1900 et en 1904. Secrétaire de la Commission anglo-américaine du Québec (1898), il démissionne comme député, en 1899, pour protester contre l'attitude du gouvernement Laurier face à la guerre sud-africaine ; il ne tarde guère, cependant, à être réélu par acclamation. Il démissionne de nouveau en 1907 pour se présenter comme indépendant à l'élection partielle du comté de Bellechasse à l'assemblée législative de Québec : il est battu. L'année suivante, il est élu député de la Ligue nationaliste canadienne à l'Assemblée législative dans les circonscriptions de Saint-Hyacinthe et Montréal n⁰ 2 (Saint-Jacques), mais démissionne de Montréal n⁰ 2 en 1909. Il se rend une dizaine de fois en Europe et rencontre le pape plusieurs fois. En 1910, au Congrès eucharistique international de Montréal, il prononce son célèbre discours à Notre-Dame pour le maintien de la langue française, en réponse aux affirmations contraires du cardinal Merry del Val. En 1910 encore, il fonde *Le Devoir* qu'il dirige jusqu'en 1932. Au retour d'un voyage dans l'Ouest du Canada, Henri Bourassa fait sa rentrée sur la scène fédérale : en 1925, il est élu député du comté de Labelle, réélu en 1926 et en 1930. Défait en 1935, il se retire et consacre désormais son temps à de nombreuses conférences prononcées dans la province de Québec. Il appuie le mouvement anti-conscriptionniste en 1942. Journaliste de grand talent, fondateur de l'un des meilleurs journaux québécois du XXᵉ siècle, orateur adulé, auteur de nombreux livres et brochures, Henri Bourassa appartient à l'histoire comme un maître de la parole orale ou écrite, et comme un guide politique prestigieux.

ŒUVRES

The French-Canadian in the British Empire (essai), London, John Murray, 1902, 35 p. (Paru d'abord dans *Monthly Review*, sept.-oct. 1902). Traduction française : *Les Canadiens français et l'Empire britannique. Extrait de la Nouvelle-France* (essai), Québec, Imprimerie S.-A. Demers, 1903, 40 p.

Grande-Bretagne et Canada. Questions actuelles. Conférence au Théâtre national français, Montréal, le 20 octobre 1901, Montréal, Imprimerie du Pionnier, 1902, 42 p., cxxx p., pièces justificatives ; *Great Britain and Canada. Topics of the Day. A Lecture Delivered at the « Théâtre National français », Montreal, on the 20th of October 1901*, Montréal, C.O. Beauchemin et fils, 1902, 48 p., cxxxiv p., appendices.

Devant le tribunal de l'histoire. Un plaidoyer en faveur des Canadiens qui ont condamné la Guerre sud-africaine (de Goldwin Smith), Montréal, Librairie Beauchemin (à responsabilité limitée), 1903, 85 p. Traduction et préface d'Henri Bourassa.

Les Écoles du Nord-Ouest. Discours prononcé le 17 avril 1905 dans la grande salle du Monument national, à Montréal, Montréal, Imprimerie du « Nationaliste », [1905], 29 p.

Le Projet de Loi navale. Sa nature ses conséquences. Discours prononcé au Monument national le 20 janvier 1910, [Montréal, Le Devoir], 1910, 37 p.

La Publicité : Compagnie à responsabilité limitée, constituée par lettres patentes fédérales (prospectus), Montréal, [s.é., 1910], 10 p.

Religion, Langue, Nationalité. Discours prononcé à la séance de clôture du XXIᵉ Congrès eucharistique, à Montréal, le 10 septembre 1910, Précédé d'un avertissement par l'auteur et suivi du discours prononcé à la même séance par Sa Grandeur Mgr Bourne archevêque de Westminster, Montréal, Imprimerie du Devoir, 1910, 30 p.

La Conférence impériale et le Rôle de M. Laurier (essai), Montréal, Imprimerie du Devoir, 1911, 80 p.

La Convention douanière entre le Canada et les États-Unis, sa nature, ses conséquences (essai), Montréal, Imprimerie du Devoir, 1911, 38 p. ; *The Reciprocity Agreement and its Consequences, As Viewed From the Nationalist Standpoint*, Montréal, Le Devoir Printing, 1911, iv, 43 p.

Les « Rouges » s'en souviennent-ils ? Un appel de M. Henri Bourassa (essai), [s.l., s.é., 1911], 5 p.

Pour la Justice. La législation scolaire au Nord Ouest. Les discours de MM. Monk et Pelletier. Quelques objections. L'esprit de la Confédération. Discours prononcé au Monument national, le 9 mars 1912 par M. Henri Bourassa, directeur du « Devoir ». Consultation de M. C.H. Cahan C.R., Montréal, Imprimerie du « Devoir », 1912, 44 p.

The Spectre of Annexation and the Real Danger of National Disintegration (essai), Montréal, Le Devoir, 1912, 42 p. Avec deux lettres de C.H. Cahan, K.C.

Why the Navy Act Should be Repealed. Imperial Problems (essai), Montréal, Le Devoir, 1912, 37 p.

Le Canada et l'Arbitrage international. Discours prononcé par M. Henri Bourassa à la Conférence du Lac Mohouk, le 14 mai 1913, [s.l., s.é., 1913].

Imperial Relations. An Address by Henri Bourassa, Esq., Before the Empire Club of Canada, Toronto, March 6, 1913, Montréal, « Le Devoir » Printing, [1913], 24 p.

La Langue française et l'Avenir de notre race. Discours prononcé devant le premier congrès de la langue française au Canada, à la 6ᵉ séance générale, vendredi soir, le 28 juin 1912. Extrait du Compte rendu du congrès, Québec, Imprimerie de l'Action sociale limitée, 1913, 22 p.

Discours de Sa Grandeur Mgr Gauthier Évêque auxiliaire de Montréal et de M. Henri Bourassa directeur du Devoir, Montréal, Imprimerie du Devoir, 1914, 29 p. (Discours de M. Bourassa: *Ce que le Canada rend à l'Église et à la France*).

The Duty of Canada at the Present Hour. An Address Meant to be Delivered at Ottawa, in November and December, 1914, but Twice Suppressed in the Name of « Loyalty and Patriotism », Montréal, Imprimerie du Devoir, 1914, 44 p.

French and English. Frictions and Misunderstandings. A Few Reflexions a Propos of the Mayoralty Contest (essai), Montréal, Imprimerie du Devoir, [1914], 23 p. Préfaces de C.H. Cahan et de J.-C. Walsh.

Ireland and Canada. An Address Delivered in Hamilton, Ont., on Saint-Patrick's Day, 1914, Under the Auspices of the Ancient Order of Hibernians, Montréal, Le Devoir, 1914, 15 p.; 1924.

La Politique de l'Angleterre avant et après la guerre (essai), Montréal, Imprimerie du Devoir, 1914, vi, 53 p.; *The Foreign Policy of Great Britain*, Montréal, Imprimerie du Devoir, 1915, 55 p.

Le Devoir, son origine, son passé, son avenir. Discours de M. Henri Bourassa au Monument national le 14 janvier 1915, Montréal, Imprimerie du Devoir, [1915], 53 p. (Paru aussi dans: *Le 5ᵉ anniversaire du Devoir, Compte rendu de la grande manifestation du 14 janvier 1915. Allocution et discours de MM. J.N. Cabana, G.-N. Ducharme, Armand Lavergne, le docteur J.B. Prince et Henri Bourassa*, Montréal, Imprimerie du Devoir, [1915], p. 26–75.

La Langue française au Canada, ses droits, sa nécessité, ses avantages. Discours prononcé au Monument national le 19 mai 1915, sous les auspices du comité régional de Montréal de l'A.C.J.C, Montréal, Imprimerie du Devoir, 1915, vi, 52 p.

Que devons-nous à l'Angleterre? La défense nationale, la révolution impérialiste, le tribut à l'Empire (essai), Montréal, [Le Devoir], 1915, x, 420 p.

Canadian Nationalism and the War, Montréal, [s.é.], 1916, 31 p. (Entrevue de H. Bourassa réalisée pour le Toronto Star par Arthur Hawkes, et lettres de M. Talbot Papineau et de M. Andrew R. McMaster, K.C.).

Le Devoir et la Guerre. Le conflit des races. Discours prononcé au banquet des Amis du Devoir le 12 janvier 1916, Montréal, Imprimerie du Devoir, [1916], 45 p.

Hier, aujourd'hui, demain. Problèmes nationaux (essai), Montréal, [Le Devoir], 1916, 181 p.

Le Problème de l'Empire. Indépendance ou association impériale? Étude critique du livre de M. Lionel Curtis: The Problem of the Commonwealth, Montréal, Éditions du Devoir, 1916, 44 p.; *Independence or Imperial Partnership? A Study of the Problem of the Commonwealth, by Mr. Lionel Curtis*, Montréal, Printed at Le Devoir, 1916, 62 p.

The Case Against Conscription. I « Win the War » and Lose Canada (essai), Montréal, Printed at Le Devoir, 1917, 14 p.

La Conscription (essai), Montréal, Éditions du Devoir, 1917, 46 p.

L'Emprunt de la « Victoire ». La surenchère du « Bluff » (essai), Montréal, Éditions du Devoir, 1917, 8 p.

L'Intervention américaine, ses motifs, son objet, ses conséquences (essai), Montréal, Éditions du Devoir, 1917, 53 p.

La Langue, gardienne de la foi (essai), [Montréal], Bibliothèque de l'Action française, [1918], 85 p.

Le Pape, arbitre de la paix (essai), Montréal, Imprimé au Devoir, 1918, 169 p.

Le Canada apostolique. Revue des œuvres de missions des communautés franco-canadiennes, [s.l.], Bibliothèque de l'Action française, 1919, 173 p.

Syndicats nationaux ou internationaux (essai), Montréal, Imprimerie du Devoir, 1919, 46 p.

Le Devoir, ses promesses d'avenir, ses conditions de survie. Discours prononcé au Monument national le 13 janvier 1920, Montréal, Imprimerie du Devoir, [1920], 46 p. (Paru aussi dans *Le Dixième Anniversaire du Devoir. Compte rendu de la manifestation du 13 janvier 1920 au Monument national*, Montréal, Imprimerie du Devoir, [1920], p. 56–101).

La Mission Jellicoe. Nouvelle poussée d'impérialisme (essai), Montréal, Éditions du Devoir, 1920, 62 p.

La Prochaine Guerre impérialiste. En serons-nous? (essai), Montréal, Imprimerie du Devoir, 1920, 32 p.

Hommage à M. G.-N. Ducharme (discours), Montréal, Imprimerie du Devoir, 1921, 53 p.

Le Pape; son infaillibilité doctrinale, son autorité sociale (essai), Montréal, Imprimerie du Devoir, 1921, 65 p.

La Presse catholique et nationale (essai), Montréal, Imprimerie du Devoir, 1921, 80 p.

Une mauvaise loi. L'assistance publique (essai), Montréal, Imprimerie du Devoir, 1921, 40 p.

L'Occupation de la Ruhr, ses suites possibles. Conférence donnée à Notre-Dame-de-Grâce le 13 mars 1923, Montréal, [Imprimerie du Devoir], 1923, 22 p.

Patriotisme, nationalisme, impérialisme. Conférence donnée à la salle académique du Gesù sous les auspices de l'Association catholique des voyageurs de commerce le 23 novembre 1923, Montréal, [s.é.], 1923, 63 p.

Le « Devoir » a l'honneur de recevoir chez lui. Article reproduit du Devoir du 7 juin 1924, Montréal, Imprimerie du Devoir, 1924, 8 p.

The United Church Bill; a Protest, a Reply, Montréal, Imprimerie du Devoir, 1924, 7 p.

« Bonne Entente »; a Word of Cordial Welcome and Friendly Explanation to our Visitor, « Reprinted from Le Devoir, Jan. 29th 1925 », [s.l., s.é., 1925], 8 p.

Divorce et Mariage. Articles parus dans le Devoir des 5, 6 et 7 mars 1925, Montréal, Imprimerie du Devoir, [1925], 12 p.

Esquisse d'un programme de politique nationale/ Outline of a National Program Policy, [Montréal], [Imprimerie populaire], 1925, 14 p.

Femmes-Hommes ou Hommes-Femmes. Étude à bâtons rompus sur le féminisme, Montréal, Imprimerie du Devoir, 1925, 83 p.

Le Problème des races au Canada (essai), [Montréal, s.é., 1925], 8 p.

La Propriété, ses bornes, ses abus. Conférence de M. Henri Bourassa directeur du Devoir, à la Semaine sociale de Sherbrooke, le 11 août 1924, Montréal, [Le Commerce limitée], 1925, 30 p.

La Politique et les Partis. Comment voter? Discours prononcé à l'Aréna le 9 septembre 1926, [Montréal, Imprimerie populaire limitée, 1926], 42 p.

La Conférence impériale (essai), Montréal, [Imprimerie du Devoir], 1927, 26 p.

Examen de conscience national (essai), Montréal, Imprimerie du Devoir, 1927, 16 p.

La Situation politique. Résumé d'un discours prononcé à Saint-André-Avellin le 31 juillet 1927, [Montréal, s.é., 1927], 20 p.

L'Affaire de Providence et la Crise religieuse en Nouvelle-Angleterre. Reproduction de cinq articles parus dans le « Devoir » du 15 au 19 janvier 1929, Montréal, [s.é.], 1929, 22 p.

La Paix romaine (essai), Montréal, Imprimerie du Devoir, [1929], 48 p.

Pie XI et Mussolini. Reproduction du Devoir, 6-10 août 1929, Montréal, Imprimerie du Devoir, [1929], 18 p.

Le Devoir, ses origines, sa naissance, son esprit. Discours prononcé par M. Henri Bourassa, directeur du « Devoir », le 3 février 1930, [Montréal, Imprimerie du Devoir, 1930], 33 p.

Le Divorce. Aspects constitutionnels et politiques (essai), Montréal, Imprimerie du Devoir, [1930], 21 p.

Capitalisme, Bolchévisme, Christianisme. Conférence donnée à Québec, sous les auspices des Voyageurs catholiques de commerce, le 20 novembre 1931, [Montréal, Imprimerie populaire limitée, 1931], 23 p.

La Loi des accidents du travail (essai), [Montréal, Imprimerie du Devoir?], 1931, 22 p.

La Crise... trois remèdes: tempérance, justice, charité. Conférence donnée à Québec, au Belvédère, sous les auspices des Voyageurs de commerce catholiques, le 28 novembre 1932. Compte rendu de l'Action catholique du 29 novembre, Québec, L'Action sociale limitée, 1932, 12 p.

[*Le Canada et la Paix. Appel aux consciences et au bon sens. Traduction du discours prononcé par Henri Bourassa député de Labelle à la Chambre des communes le 1er avril 1935*], [Montréal, Imprimerie du Devoir], 1935, 43 p.

Honnêtes ou Canailles? Conférence donnée à Montréal, sous les auspices des Voyageurs catholiques de commerce (section Mont-Royal), le 4 mars 1932, [Montréal], Imprimerie du Devoir, 1935, 43 p.

Impressions d'Europe. Articles parus dans le « Devoir », [s.l., s.é.], 1938, 31 p.

C'est la démocratie corporative qu'il nous faut. Manifeste du Front corporatif-démocratique, [Montréal], Front corporatif-démocratique, 1943, 13 p.

Henri Bourassa expose une des conséquences de la guerre totale en répondant à la question « Que seront nos enfants? » (essai), Montréal, Ligue pour la Défense du Canada, [1943], 39 p.

Le Patriotisme canadien-français. Ce qu'il est, ce qu'il doit être, RC, juin 1902, p. 423-448.

Les Canadiens français et l'Empire britannique, NF, t. 2, no 1, janv. 1903, p. 5-42.

La Colonisation, AF, vol. 2, no 10, oct. 1917, p. 434-448.

Le Rôle des Canadiens français, AN, vol. 43, no 1, janv. 1954, p. 113-138. Conférence prononcée au Cercle Ville-Marie en 1900.

ÉTUDES

Marcel Dugas, *Henri Bourassa*, dans *Littérature canadienne. Aperçus*, Paris, Firmin-Didot, 1929, p. 51, 71-72, 123.

Charles Valois, *Le Style héroïque d'Henri Bourassa*, CV, no 2, 1950, p. 121-126.

Pierre Vadeboncœur, *Henri Bourassa*, CL, vol. 1, no 2, févr. 1951, p. 71-72.

Auguste Benoît, *Henri Bourassa et l'Idée de race*, CV, no 4, 1952, p. 94-101.

Robert Rumilly, *Henri Bourassa*, Montréal, Chantecler, 1953, 791 p.

[Collectif], [*Henri Bourassa*], AN, vol. 43, no 1, janv. 1954, 259 p. (Numéro spécial sur Henri Bourassa).

François-Albert Angers, *Bourassa, aujourd'hui, pourrait-il être séparatiste?*, AN, vol. 53, nos 9-10, mai-juin 1964, p. 805-822.

André Bergevin, Cameron Nish et Anne Bourassa, *Biographie. Index de ses écrits et de sa correspondance publique 1895-1929*, Montréal, L'Action nationale, 1966, 150 p.

Pierre-R. Desrosiers, *Le Castor rouge. La genèse et le développement de la pensée politique et sociale d'Henri Bourassa*, PP, vol. 4, nos 9-12, mai-août 1967, p. 146-164.

V.-C. Smith, *Moral Crusader: Henri Bourassa and the Empire, 1900-1916*, dans *Queen's Quarterly*, vol. 76, no 4, hiver 1969, p. 635-647.

Joseph Levitt, *Henri Bourassa and the Golden Calf. The Social Program of the Nationalists of Quebec (1900-1914)*, Ottawa, EUO, 1969, 178 p.

Id., *La Perspective nationaliste d'Henri Bourassa 1896-1914*, RHAF, vol. 22, no 4, 1969, p. 569-581.

Id., *Henri Bourassa on Imperialism and Biculturalism, 1900-1918*, Toronto, Copp Clark Publ. Co., 1970, 183 p. « Issues in Canadian History ».

BOURASSA, NAPOLÉON (1827-1916). Peintre et romancier, né à L'Acadie. Il fréquente le Collège de Montréal de 1840 à 1848 et c'est là, grâce aux cours du sulpicien Monsieur Barbarin, qu'il s'initie et prend goût à la musique et à la peinture. De 1849 à 1851, il prend des leçons chez le peintre Théophile Hamel, puis effectue un séjour de trois ans en Europe (1852-1855) pour étudier à Rome auprès du peintre Frédéric Overbeck, après de courtes haltes à Paris et à Florence. Marié à Azélie Papineau, il séjourne tour à tour à Montebello, à Saint-Hyacinthe et à Montréal, partageant son temps entre la peinture, le dessin et la littérature. Parmi ses tableaux, presque toujours d'inspiration historique, il convient de mentionner « L'Apothéose de Christophe Colomb » (1861) qui mérite une place à l'Exposition universelle de Paris, en 1863. Nommé professeur de dessin à l'École normale Jacques-Cartier en 1861, Bourassa est élu directeur de la *Revue canadienne* (1864-1870) où il publie ses études et chroniques, ainsi que son roman, *Jacques et Marie*. Membre fondateur de l'Institut canadien-français des arts et métiers (1865), il enseigne le dessin à la Société des artisans canadiens-français ; élu président de l'Académie des Beaux-Arts du Canada, il occupe, en 1880, la vice-présidence de la Société Saint-Jean-Baptiste de Montréal et assiste, le 25 mai 1882, à la fondation de la Société royale du Canada. Il s'était rendu en France en 1877 à titre de membre d'une commission d'enquête du Gouvernement du Québec ; il retourne en Europe en 1888. En 1891, il entre à la Trappe d'Oka pour quelques semaines. Il mourra à Lachenaie, chez son fils Henri, fondateur du *Devoir*. L'œuvre artistique de Napoléon Bourassa est importante pour l'époque : il construit et décore l'église Notre-Dame-de-Lourdes de Montréal (1872-1880), trace les plans du monastère de l'église des Dominicains de Saint-Hyacinthe (1890-1892), de l'église de Montebello (1894-1895) et de celle de Fall River (Mass., 1892-1896). Il est également l'auteur des murales de la chapelle de Nazareth à Montréal, et de celles de l'église de Saint-Jean d'Iberville. Son roman, *Jacques et Marie*, est à la fois un roman historique et un roman d'aventures, inspiré de la tragique déportation des Acadiens en 1755. Sans être un chef-d'œuvre, ce récit occupe une place de choix parmi les œuvres peu nombreuses des années 1860.

ŒUVRES

Jacques et Marie. Souvenir d'un peuple dispersé (roman), Montréal, Eusèbe Senécal, imprimeur-éditeur, 1866, 306 p. (Paru d'abord dans la *Revue canadienne*, vol. 2-3,

juillet 1865-août 1866 ; reproduit dans *La Justice* (Ottawa), vol. 1, no 4, 22 juin 1912, no 46, 11 avril 1913) ; Librairie Saint-Joseph, Cadieux et Derome, 1886, 290 p. Ill. ; *Jacques et Marie (Souvenirs d'un peuple dispersé)*, Montréal, Librairie générale canadienne, 1944, 4 t. : t. 1, *Le Départ de Grand-pré*, 144 p. ; t. 2, *Le Retour à Grand-pré*, 144 p. ; t. 3, *La Nuit rouge de Grand-pré*, 144 p. ; t. 4, *La Petite Cadie*, 143 p. Nouvelle édition d'après un exemplaire revu et corrigé par l'auteur, avec notes par Eugène Achard ; Éditions Eugène Achard, Librairie générale canadienne, 1957, 4 vol. : 191 p. ; 192 p. ; 189 p. ; 192 p. Ill. (Publié sans le titre général de *Jacques et Marie* mais les 4 épisodes conservent les mêmes titres). Texte revu et complété par Eugène Achard ; *Jacques et Marie. Souvenir d'un peuple dispersé*, Montréal, Fides, 1976, 371 p. Portrait. Texte établi et présenté par Roger Le Moine. « N ».

[*Réunion des anciens élèves du Collège de Montréal. Le 9 septembre 1885*] (discours), [Montréal, C.O. Beauchemin & fils, libraires-imprimeurs, 1886], 69 p.

Nos grand'mères. Discours, Montréal, Librairie Saint-Joseph, Cadieux & Derome, 1887, vii, 109 p.

Mélanges littéraires, Montréal, C.O. Beauchemin & fils, libraires-imprimeurs, 1887-1889, 2. t. : t. 1, *Causeries et Discours*, 1887, 125 p. ; t. 2, *Souvenirs de voyage*, 1889, 137 p.

Lettres d'un artiste canadien : N. Bourassa, Paris/Bruges, Desclée de Brouwer et cie, [1929 ?], 499 p.

Napoléon Bourassa, Montréal, Fides, 1972, 86 p. Textes choisis et présentés par Roger Le Moine. « CC ».

Causerie artistique, RC, vol. 4, no 10, oct. 1867, p. 789-798.

Du développement du goût dans les arts en Canada, RC, vol. 5, no 1, janv. 1868, p. 67-80 ; vol. 5, no 3, mars 1868, p. 207-215.

ÉTUDES

Hector Fabre, *Écrivain canadien — N. Bourassa*, RC, vol. 3, no 12, déc. 1866, p. 727-750.

Raoul Frary, *Le Canada français et sa littérature*, dans *Revue de Montréal*, vol. 2, nos 11-12, nov.-déc. 1878, p. 607-614 ; vol. 3, no 2, févr. 1879, p. 101-108.

Élie-J. Auclair, *Napoléon Bourassa*, RC, 71e année, nouvelle série, vol. 18, no 3, sept. 1916, p. 193-195 ; dans *Figures canadiennes*, Montréal, Albert Lévesque, 1933, vol. 2, p. 78-85.

J.-D. Brousseau, *À propos de l'œuvre de Napoléon Bourassa*, RD, 23e année, no 6, juin 1917, p. 172-175.

Marjorie McKenzie, *Canadian History in the French-Canadian Novel*, dans *Queen's Quarterly*, vol. 34, no 1, juillet-août-sept. 1926, p. 63-77, surtout p. 72-77 ; no 2, oct.-nov.-déc. 1926, p. 203-214.

Rodolphe Lemieux, *Napoléon Bourassa*, dans *France-Canada*, vol. 22, 1927, p. 252-253, 382-387.

Thomas Caouet, *Lettres d'un artiste canadien. Napoléon Bourassa*, RD, 35e année, déc. 1929, p. 684-690.

Olivier Maurault, *Napoléon Bourassa*, dans *Marges d'histoire*, vol. 1, Montréal, Librairie d'Action canadienne-française, 1929, p. 115-132.

F.M. Jones, *Le Roman canadien-français*, Université de Mont-pellier, Imprimerie de la Charité, 1931, 202 p., surtout p. 120–122, 141–142.

Albert Dandurand, *Le Roman au Canada français*, Montréal, Albert Lévesque, 1937, p. 80–93.

David M. Hayne, « The Historical Novel and French Canada ». Thèse de doctorat. Ottawa, Université d'Ottawa, 1945, 188 f.

Henri Bourassa, *Hommage* (tiré à part du numéro-souvenir du *Devoir*, 25 oct. 1952), Montréal, Imprimerie populaire, 1952, 216 p.

Anne Bourassa, *Un artiste canadien-français, Napoléon Bourassa 1827–1916*, Montréal, [s.é.], 1968, 87 p.

Roger Le Moine, *Napoléon Bourassa, l'homme et l'artiste*, Ottawa, EUO, 1974, 259 p. « CCRCCF ».

Gaétan Dostie, *Napoléon Bourassa. Jacques et Marie*, LAQ 1976, p. 64–66.

Marie Laurier, *Napoléon Bourassa, artiste et écrivain du 19ᵉ siècle. Le témoin extrêmement important*, Dev, vol. 69, nᵒ 16, 22 janv. 1977, p. 15.

BOURBEAU CHOLETTE, Mariette THÉRÈSE

(1926–   ). Poète, peintre, sculpteur et tisserande, née à Saint-Félix-de-Kingsey (Drummond). Elle fait ses études secondaires et collégiales à Nicolet, et obtient son baccalauréat en arts plastiques à l'Université du Québec à Montréal (1971), sa maîtrise à l'Université Concordia (1974) et son doctorat à l'Université de Montréal (1976). Elle fait des stages à Paris pour étudier la gravure, en 1979 et 1982, à l'Atelier de Jacques de Champfleury, enseigne les arts plastiques au Collège Bourget de Rigaud et expose ses œuvres (tableaux, sculptures, tissus) à Montréal, à New York et à Paris. Gagnante d'un concours du gouvernement du Québec en 1983, Bourbeau Cholette réalise une sculpture en béton armé qui se trouve aujourd'hui à Saint-Hubert, au Centre d'accueil Henriette-Céré. Au chapitre de l'écriture, elle réalise deux albums de luxe dans lesquels la poésie et la peinture se côtoient et se complètent. Le premier album, *Mutances*, publié en 1980, regroupe six lithographies, chacune accompagnée d'un poème qui correspond à une résonnance de l'être : corps, cœur, subconscient, désir, rêve, environnement. Le deuxième album publié en 1985, *Gerbes de chevances* (vieux mot du Moyen Âge qui signifie biens, fortune, dot...), comprend neuf cartons à quatre pages ; dans chacun s'insère une lithographie réalisée par l'auteur. La disposition des vers et des titres établit des correspondances originales entre la thématique d'un poème et la gravure correspondante. Tout au long de l'album l'artiste amène le lecteur tantôt à rêver sur les mots à partir de l'image visuelle, tantôt à rêver sur l'image pour mieux apprécier la charge lyrique des vers. L'art de Bourbeau Cholette consiste à unir voix et images dans des suites d'énoncés qui sont à la fois lignes, couleurs, sons et symboles.

ŒUVRES

Mutances (poésie et gravures), Montréal, [Édition privée], 1980, 36 p. Ill. (Édition de luxe limitée à 52 exemplaires. Six lithographies réalisées par l'auteur et imprimées à Paris à l'atelier Jacques de Champfleury. Le boîtier confectionné par Pierre Ouvard. La composition typographique, en Garamond corps 24, ainsi que l'impression ont été exécutées par Pierre Guillaume).

Gerbes de chevances (poésie et gravures), Montréal, [Édition privée], 1985, 48 p. Ill. (Édition de luxe limitée à 36 exemplaires, imprimés sur vélin arches. La conception graphique, les textes et les neuf lithographies ont été réalisés, numérotés et signés par l'auteur. Les lithographies ont été imprimées à Paris, à l'atelier Jacques de Champfleury et rehaussées à l'acrylique par l'auteur. Les textes ont été imprimés en sériographie par Lorraine Dagenais et Élisabeth Mathieu. Le boîtier confectionné par Odette Drapeau Milot).

ÉTUDE

Paul Wyczynski, *Mutances. Lithographies et poèmes de Thérèse Bourbeau Cholette*, Dr, 68ᵉ année, nᵒ 224, 20 déc. 1980, p. 14.

BOURDEAU, LISE (1946–   ). Romancière, née

à Montréal. Après ses études secondaires à l'École Sainte-Thérèse de Delson (Laprairie), elle devient dessinatrice technique puis estimatrice en téléphonie pour la société Northern Telecom (1962–1972). Pendant ce temps elle continue ses études et obtient, en 1980, un baccalauréat d'enseignement professionnel à l'Université du Québec à Montréal, puis elle s'inscrit à un baccalauréat en sexologie. À compter de 1972, elle enseigne à la Polyvalente La Magdelaine en commerce, en orthopédagogie et en sciences familiales. En 1981, elle obtient le deuxième prix des Écritures du Haut-Richelieu pour sa nouvelle, *L'Affranchissement*. Ses enquêtes dans le domaine de la sexologie lui fournissent les éléments de son roman, *Josée* (1982). « *Josée*, écrit Réginald Martel, est un ouvrage nécessaire. Il est ce qu'en dit le titre, l'histoire d'une fillette soumise très jeune et pour longtemps, même au-delà de sa liberté difficilement reconquise, à la violence psychologique et physique de l'inceste [...]. Sur le plan strictement littéraire, les qualités sont plus ténues. [...] Il faudrait voir dans ce livre, plus qu'une œuvre d'art, un outil d'information et de revendication ».

ŒUVRES

Josée. Récit d'un inceste, Saint-Jean-sur-Richelieu, Éditions Mille Roches, 1982, 212 p.

Marijo femme ou putain. Récit autobiographique, Montréal, Stanké, 1984, 250 p.

L'Affranchissement (nouvelle), dans *Le Canada français*, 122ᵉ année, nᵒˢ 22–27, 14 oct.–25 nov. 1981, p. 40.

ÉTUDES

Jean-François Crépeau, « *Josée* », récit d'un inceste troublant, dans *Le Canada français*, 123ᵉ année, nᵒ 49, 28 avril 1982, p. 34.

Réginald Martel, *Les Récits d'André Carpentier. Une lumière qui assombrit la vision de la réalité*, Pr, 98ᵉ année, nᵒ 107, 8 mai 1982, p. C-3.

Catherine Faubert, *Une femme ose enfin parler d'inceste*, dans *Marie-Pier*, vol. 1, nᵒ 21, 12 juin 1982, p. 2.

BOURDON, JOSEPH [Pierre Benjamin] (1912–   ). Journaliste et romancier, né à Boucherville (Chambly). Après le primaire à l'École Sainte-Brigide (Montréal), il poursuit ses études à l'École Le Plateau mais doit les interrompre pour gagner sa vie, en 1930. La même année, il entre au journal *L'Illustration*, fondé en juillet, et il suit des cours de journalisme, le soir, à l'École sociale de Montréal. À part un bref séjour à *La Patrie*, il travaille à *L'Illustration* (devenue *L'Illustration nouvelle* en 1936, et *Montréal-Matin* en 1941) où il est successivement journaliste, directeur de l'information, rédacteur en chef, directeur adjoint. Il démissionne en 1973 mais continue à collaborer à la page éditoriale jusqu'en 1977. Son premier livre, *Trois lettres manquent !* (1933), est un roman policier qui présente un détective un peu trop omniscient et un certain nombre d'invraisemblances. Mais l'auteur, dit Jean-Louis Dussault, « raconte les choses simplement, [...] dans une langue claire, sans emphase ». *Jour après jour* (1975) contient cent vingt-cinq de ses articles qui révèlent un chroniqueur adroit et observateur, un « billettiste » qui témoigne de sa foi, parle de charité, d'amour humain ou d'éthique sociale avec une sagesse sans prétention. Dans *Montréal-Matin : son histoire, ses histoires* (1978), Joseph Bourdon raconte près de cinquante ans de ce journal engagé dont il a vécu toutes les péripéties, et fait revivre une tranche d'histoire contemporaine.

ŒUVRES

Trois lettres manquent ! Roman policier, Montréal, [s.é.], 1933, 179 p. Sous le pseudonyme de Pierre Benjamin.

Jour après jour (pensées), Montréal/Paris, Éditions Paulines/Apostolat des Éditions, 1975, 135 p.

Montréal-Matin. Son histoire, ses histoires, Montréal, La Presse, 1978, [iv], 283 p. Portrait. Ill.

Pêcheur malgré soi, dans *Québec chasse & pêche*, vol. 8, nᵒ 11, août 1979, p. 33–35, 47–48.

ÉTUDES

J[ean]-L[ouis] D[ussault], *Les Livres. Un roman et des propos littéraires*, Dev, vol. 24, nᵒ 93, 22 avril 1933, p. 1.

Valdombre, *Trois lettres manquent !*, dans *Le Canada*, vol. 31, nᵒ 26, 4 mai 1933, p. 2.

Louis Dantin, *Une lettre de Louis Dantin*, dans *L'Avenir du Nord*, 37ᵉ année, nᵒ 19, 12 mai 1933, p. 1.

[Anonyme], *Jour après jour de Joseph Bourdon*, dans *Le Livre canadien*, vol. 7, mars 1976, nᵒ 93.

Jean-Louis Morgan, *À la bonne page*, dans *Antennes*, nᵒˢ 11–12, 3ᵉ et 4ᵉ trimestres, 1978, p. 60–61.

Léo Beaudoin, *Bourdon* [*Joseph*]. *Montréal-Matin : son histoire, ses histoires*, dans *Nos livres*, vol. 10, janv. 1979, nᵒ 3.

Gérard Laurence, « *Montréal-Matin* », son histoire, ses histoires. Montréal, La Presse, 1978, 283 p., RS, vol. 21, nᵒ 3, sept.–déc. 1980, p. 385–387.

BOURGAULT, PIERRE [Chantal Bissonnette] (1934–   ). Homme politique et polémiste, né à East Angus (Compton). Il fait ses humanités à Saint-Lambert, au Séminaire de Sherbrooke et au Collège Jean-de-Brébeuf de Montréal (1941–1952) et il étudie le piano et l'orgue avec Papineau-Couture et Marie Daveluy. Ensuite, il s'inscrit à un cours d'officier d'artillerie, travaille comme commis, fait du théâtre avec le père Émile Legault. En 1953, il est annonceur de radio à Trois-Rivières et à Sherbrooke, puis à Ottawa en 1954. De 1955 à 1957, il est régisseur des plateaux à la télévision de Radio-Canada. Il voyage ensuite en Europe, écrit une pièce de théâtre historique, « Les Honorables » (1959), devient journaliste à *La Presse* (1961-1964), publie des articles politiques et polémiques dans *l'Indépendant*, et poursuit simultanément une carrière de comédien et d'animateur à Radio-Canada. Il quitte son poste à la télévision au moment de son élection à la présidence du Rassemblement pour l'indépendance nationale (R.I.N.), à la fin de mai 1964. Le R.I.N. est dissout lors de la fondation du Parti québécois. À partir de 1971, il est pigiste au *Jour*, *Point de mire*, *Nous* sous le pseudonyme de Chantal Bissonnette. Il écrit des chansons pour Steve Fiset et pour Robert Charlebois. En 1976, il devient professeur au département des communications de l'Université de Québec à Montréal, puis il retrouve des postes de commentateur et de rédacteur à CKVL (Verdun), à « Station-Soleil » de Radio-Québec, à CFCF ; il collabore à *The Gazette* et traduit des ouvrages politiques anglais. Bourgault réunit des articles parus à l'époque de son accession à la direction du R.I.N. dans *Québec, quitte ou* *double* (1970), et d'autres publiés au *Jour*, dans *Oui à l'indépendance du Québec* (1977), «où il se laisse aller parfois aux simplifications rapides» (Léo Beaudoin). Ces écrits ont la fougue de ce passionné de liberté. Bourgault et Chaput-Rolland tentent d'expliquer à leur manière l'histoire politique du Québec dans *Face à face*, feuille qui disparaît après deux numéros. En 1982 et 1983, il publie deux volumes de ses *Écrits politiques 1960-1981*. «On peut ne pas être d'accord, cela va de soi, écrit Michel Pilon, mais néanmoins son analyse de la situation politico-sociale québécoise, plonge ses racines au sein de notre histoire, de ses interrogations familières».

ŒUVRES

Québec, quitte ou double (essai), Montréal, Ferron éditeur, inc., 1970, 219 p.

Oui à l'indépendance du Québec (essai), Montréal, Quinze, 1977, 179 p. Préface de l'auteur.

Écrits polémiques 1960-1981. I. La Politique (essais), Montréal, VLB éditeur, 1982, 370 p. Portrait. Préface de l'auteur. Recherches de Céline Ménard et Michel Denis.

Écrits polémiques 1960-1981. 2. La Culture (essais), Montréal, VLB éditeur, 1983, 322 p. Portrait. Préface de Jean-Pierre Désaulniers.

Les Plaisirs de la liberté : (essais), Montréal, Nouvelle Optique, 1983, 237 p. Collab. Andrée Lebel ; VLB éditeur, 1987, 235 p.

De nos origines au référendum, l'histoire vécue des Québécois, dans *Face à face*, nºˢ 1-2, févr.-mars 1980, 40 p. Collab. Solange Chaput-Rolland.

Une souveraineté qui a honte d'elle-même, Dev, vol. 71, nº 196, 21 août 1980, p. 17.

ÉTUDES

[Presse canadienne], *Bourgault au Musée des beaux-arts*, Pr, 93ᵉ année, nº 34, 10 févr. 1977, p. C-11.

Réginald Hamel, *Pierre Bourgault*, dans *Magazine littéraire*, nº 134, mars 1978, p. 114.

Léo Beaudoin, *Bourgault (Pierre). Oui à l'indépendance du Québec*, dans *Nos livres*, vol. 9, mai 1978, nº 212.

Clément Trudel, *Bourgault : le bilan d'un militant*, Dev, vol. 73, nº 234, 9 oct. 1982, p. 15.

Michel Pilon, *Bourgault (Pierre). Écrits polémiques, 1960-1981. La Politique*, dans *Nos livres*, vol. 12, déc. 1982, nº 449.

Benoît Aubin, *Le Mouton noir aux cheveux blancs*, dans *L'Actualité*. vol. 8, nº 7, juillet 1983, p. 32-34, 36, 38, 40.

André Le Bel, *Pierre Bourgault. Le Plaisir de la liberté* (entrevue), Montréal, Nouvelle Optique, 1983, 237 p.

BOURGEAULT, GUY (1933–   ). Théologien, né à Montréal. Il fait ses études classiques au Collège Saint-Ignace et au Collège Immaculée-Conception (B.A., 1956). Aux facultés jésuites de Montréal, il obtient les licences de philosophie et de théologie (1958, 1966). En 1969, il termine à l'Université grégorienne de Rome un doctorat en théologie morale. Il enseigne la littérature, puis les sciences religieuses aux collèges Sainte-Marie, Saint-Ignace et Sophie-Barat de 1958 à 1966. En 1969, il devient professeur d'éthique à la Faculté de théologie de l'Université de Montréal. Il collabore à divers périodiques, tels *Relations* dont il est secrétaire à la rédaction de 1969 à 1976, *Science et Esprit, Communauté chrétienne, Collège et Famille, L'Église canadienne, Prêtre et Pasteur*... Guy Bourgeault s'intéresse surtout à l'éthique familiale et à l'éducation des adultes. En 1977, il est nommé doyen de la Faculté de l'éducation permanente de l'Université de Montréal. On lit dans *Le Livre canadien* à propos de *Décalogue et Morale chrétienne* : Guy Bourgeault «s'en tient à l'enquête historique et nous livre la pensée des premiers écrivains chrétiens sans prolonger lui-même théologiquement les conclusions qu'il dégage [...]. Destiné aux spécialistes, cet ouvrage est appelé à rendre de grands services».

ŒUVRES

L'Église s'en va chez le diable (essai), Montréal, Éditions de l'Homme, [1968], 174 p. Collab. Jean Caron et Jean Duclos.

Décalogue et Morale chrétienne ; enquête patristique sur l'utilisation et l'interprétation chrétienne du décalogue de c. 60 à c. 220, Paris-Tournai/Montréal, Desclée et Cie/Bellarmin, 1971, 484 p. «Recherches, 2, Théologie».

Quand les églises se vident ; vers une théologie de la pratique (essai), Paris-Tournai/Montréal, Desclée et Cie/Bellarmin, 1974, 161 p. Collab. Jean-Louis d'Aragon, Julien Harvey, Gilles Langevin et Gilles Pelland. «Hier-Aujourd'hui, 17. Théologie».

Nouveau Pape noir : Paul VI à Kampala, Rel, nº 341, sept. 1969, p. 227-228.

La liberté est-elle encore possible ?, Rel, nº 352, sept. 1970, p. 233-235.

L'Indissolubilité du mariage et le Divorce, Rel, nº 355, déc. 1970, p. 331-336.

Nouveaux Chantiers de l'éthique chrétienne, dans *Communauté chrétienne*, vol. 43, nº 73, janv.-févr. 1974, p. 50-68.

ÉTUDES

Jean-Marie Lebeau, *L'Église s'en va chez le diable*, CF, vol. 108, nº 52, 28 mai 1968, p. 36.

[Anonyme], *Décalogue et Morale chrétienne*, dans *Le Livre canadien*, vol. 2, [oct.] 1971, nº 200.

BOURGEOIS, EMMA-ADÈLE. Voir **LACERTE**, EMMA-ADÈLE.

BOURGEOYS, MARGUERITE (1620-1700). Institutrice, mémorialiste et fondatrice des Sœurs de la Congrégation de Notre-Dame au Canada, née à Troyes, en Champagne. Fille d'un maître-chandelier, elle devient religieuse « externe » de la Congrégation de Notre-Dame à

Armour Landry

Troyes et, à ce titre, elle peut participer aux exercices pieux des cloîtrées, tout en enseignant dans les petites écoles de la ville. À cette époque, la directrice des Congréganistes est Mère Louise de Chomedey de Sainte-Marie, sœur de Paul de Maisonneuve, gouverneur de Ville-Marie (ancien nom de Montréal). De passage à Troyes en 1652, Maisonneuve convainc sœur Maguerite Bourgeoys de l'accompagner à Québec (septembre 1653) et ensuite à Ville-Marie où elle commence son œuvre d'apostolat en novembre 1653. Pendant cinq ans, elle se dévoue à l'Hôpital Saint-Joseph. En 1658, elle ouvre une école dans « une étable de pierre » où l'on enseigne selon les principes de Pierre Fourier, adaptés aux exigences de la Nouvelle-France. La même année, elle retourne à La Rochelle et recrute quatre aides-institutrices : Catherine Crolo, Marie Raisin, Aimée Châtel et Anne Hyoux. En 1659, le *Saint-André* amène aussi au pays 109 colons dont 32 filles du roi qui sont confiées à Marguerite Bourgeoys. Revenue à Ville-Marie en octobre, celle-ci travaille avec ardeur à multiplier les écoles et organiser sa communauté. En 1666, elle ouvre à Pointe Saint-Charles une école dite de la Providence, première école ménagère au Canada. D'autres écoles seront organisées : mission indienne à la Montagne (1676) ; Champlain (1676) ; Pointe-aux-Trembles de Montréal (1678) ; Lachine (1680) ; Sault Saint-Louis, au service des Indiens (1683) ; Sainte-Famille, Île d'Orléans (1685) ; Ouvroir de la Providence de Québec (1686) ; école de Château-Richer (1689) ; École de la Basse-Ville de Québec (1692). La grande œuvre de Marguerite Bourgeoys est d'avoir fondé la Congrégation de Notre-Dame en Nouvelle-France et, par le fait même, d'avoir introduit en terre d'Amérique une communauté de « filles séculières » (non cloîtrées) accueillant dans ses rangs des Françaises et des Indiennes. Une Algonquine, Marie-Thérèse Cannensaquaa, et une Iroquoise, Marie-Barbe Atontinon, sont les deux premières sœurs indigènes formées par Marguerite Bourgeoys. En 1669, Mgr de Laval approuve « Les Filles séculières de Ville-Marie » et les invite à enseigner dans toutes les régions de la Nouvelle-France ; en 1676, une érection canonique approuve l'existence de l'Institut des Filles séculières de la Congrégation de Notre-Dame. Trois ans avant sa mort, en 1697, Marguerite Bourgeoys commence la rédaction de ses « Mémoires », destinés à ses filles spirituelles. Ces mémoires constituent un magnifique témoignage sur la vie en Nouvelle-France au XVIIᵉ siècle. Plusieurs manuscrits de la fondatrice ont péri dans l'incendie de 1788. L'original des « Mémoires » devient à son tour la proie du feu en 1893. On a pu le reconstituer d'après une copie déposée à l'archevêché de Montréal.

ŒUVRES

Marguerite Bourgeoys, Montréal/Paris, Fides, 1958, 95 p. Textes choisis et présentés par Hélène Bernier. « CC » ; Montréal, 1974, 94 p.

Les Écrits de mère Bourgeoys. Autobiographie et testament spirituel, Montréal, Les Sœurs de la Congrégation Notre-Dame, 1964, 302 p. Texte présenté et annoté par Sœur Saint-Damase-de-Rome.

ÉTUDES

Michel François Ransonet, *La Vie de la Sœur Marguerite Bourgeoys, institutrice fondatrice & première supérieure d'une communauté de filles séculières, établie au Canada sous le nom de Congrégation de Notre-Dame*, imprimé à Avignon, se vend à Liège, Ches Barnabé, en Nonvice, 1728, 123 p. (Microfilm de la Bibliothèque nationale du Québec, 1974 ; BNC, Mic-Mc42).

Étienne Montgolfier, *La Vie de la Vénérable Marguerite Bourgeoys*, Montréal, Wm. Gray, 1818, 270 p. Traduction anglaise par une Religieuse de Cedar Rapids, Iowa : *The Life of Venerable Sister Marguerite Bourgeois, Foundress of the Sisters of the Congrégation de Notre-Dame, Established at Montreal, Canada, 1659*, New York, D. & J. Sadler & Co., 1886, 233 p.

[Étienne-Michel Faillon], *Vie de la Sœur Bourgeois, fondatrice de la Congrégation Notre-Dame de Villemarie en Canada, suivie de l'Histoire de cet institut jusqu'à ce jour*, Villemarie, chez les sœurs de la Congrégation de Notre-Dame, 1853, 2 vol. : vol. 1, cx, 406 p., vol. 2, xii, 519 p. Ill. [Tours, Imp. Mame]. Cette édition a paru aussi sous le titre *Mémoires particuliers pour servir à l'histoire de l'Église de l'Amérique du Nord*, Paris, Poussielgue-Rusand/Périsse Frères, 1853, 2 vol. : vol. 1, cxvii [1], 406 p., vol. 2, xi [1], 519 p.

[Anonyme], *The Pearl of Troyes or Reminiscences of the Early Days of Ville-Marie. Revealed to us in the heroic life of Sister Marguerite Bourgeoys, Foundress and First Superior of the Congregation of Notre-Dame, Established at Ville-Marie in the year 1653*, Montréal, Canada Printing Company, 1878, xviii, 375 p.

[Anonyme], *Vie abrégée de la Vénérable servante de Dieu Marguerite Bourgeoys. Fondatrice et première Supérieure de la Congrégation de Notre-Dame, Ville-Marie, Canada*, Montréal,

Librairie Saint-Joseph, Cadieux & Derome, 1882, 112 p. « Bibliothèque religieuse et nationale ».

Joseph Bruneau, *La Vénérable Mère Marguerite Bourgeoys, sa vie et son temps*, Montréal/Paris, chez les Sœurs de la Congrégation de Notre-Dame/Librairie Vic et Amat, Charles Amat, 1910, xxv, 251 p. Ill. Traduction de l'original : *The Life and Times of Marguerite Bourgeoys (The Venerable)*, par Margaret-Mary Drummond, c.n.d., Boston, Angel Guardian Press, 1907, xxvi, 275 p. Préface de Paul [Bruchési], archevêque de Montréal.

[Anonyme], *Guérisons et Faveurs attribuées à l'intervention de la Vénérable Mère Marguerite Bourgeoys*, Montréal, C.N.D., [1925], 127 p.

[Anonyme], *Les Étapes d'un sacrifice ou Quelques Pages de la vie héroïque de la Vénérable Mère Marguerite Bourgeoys, fondatrice de la Congrégation de Notre-Dame de Montréal (1620–1700)*, Paris, s.a., J. de Gigord, 1927, xiii, 175 p. Préface de R. Labelle, supérieur provincial du Séminaire de Saint-Sulpice.

Elizabeth Butler, *The Life of Venerable Marguerite Bourgeoys, Foundress of the Congrégation de Notre-Dame of Montreal*, New York, P. J. Kennedy & Sons, 1932, xiii, 231 p.

Robert Rumilly, *Marguerite Bourgeoys*, Paris, Spes, [1936], 245 p.

Sister SS. Ignatius Doyle, *Marguerite Bourgeoys and her Congregation*, Gardenvale, Quebec, Garden City Press, 1940, xx, 318 p. Préface de James C. McGuigan.

Yvon Charron, *L'Itinéraire spirituel de Marguerite Bourgeoys*, RHAF, vol. 2, nos 2-4, 1948-1949, p. 230-237, 351-374, 522-539.

Id., *Mère Marguerite Bourgeoys (1620-1700)*, [*Montréal*], Beauchemin, 1950, 250 p. Préface du Chanoine Lionel Groulx. Traduction anglaise par Sister Saint Gadeliva, *Mother Bourgeoys*, 1950, 238 p.

J.C. Niel, *Marguerite Bourgeoys et sa Famille d'après des documents inédits*, Troyes, Imprimerie de la Renaissance, 1950, [n.p., 27 p.].

Fernand Jetté, *La Personnalité missionnaire de la Bienheureuse Marguerite Bourgeoys*, RUO, vol. 21, nº 1, 1951, p. 50-63.

Madeleine-Louise de S., *L'Héroïque Aventure d'une missionnaire française au Canada. Marguerite Bourgeoys 1620-1700*, Paris, Beauchesne et ses fils, 1952, 134 p.

Marie-Thérèse Bourguard, *Fille de lumière. La Bienheureuse Marguerite Bourgeoys, fondatrice de la Congrégation de Notre-Dame de Montréal*, [s.l.], imprimé à C.N.D., 1956, 162 p. Traduction de la *Beata Margherita Bourgeoys. Fondatrice della Congregazione di Nostra Signora di Montreal, Canada, 17 aprile 1620-12 gennaio 1700*, par G. Della Cioppa, Scuola Salesina del Libro, Roma, 1950, 191 p. Ill.

La Bienheureuse Marguerite Bourgeoys. Sa Béatification, Montréal, Congrégation de Notre-Dame, [1951], 320 p. Ill. Album commémoratif.

Marie-Anne Gauthier-Landreville, *L'Intendante de Notre-Dame : la Bienheureuse Marguerite Bourgeoys et son administration temporelle*, Montréal, Éd. de la Congrégation, 1958, 93 p.

Katherine Burton, *Valiant Voyager, Blessed Marguerite Bourgeoys, Foundress of the Congrégation of Notre-Dame of Montreal*, Milwaukee, The Bruce Publishing Company, 1964, xvi, 197 p. Préface du Cardinal Spellman.

A.J. Roque, *Documents inédits. Étude caractériologique de Mère Marguerite Bourgeoys d'après douze documents autographes de 1651 à 1695*, RHAF, vol. 20, nº 1, juin 1966, p. 74-107.

Thérèse Lambert, *Marguerite Bourgeoys, éducatrice 1620-1700. Mère d'un pays et d'une Église*, Montréal, Les Éditions Bellarmin, 1978, 137 p. Ill.

Florence Quigley, *In the Company of Marguerite Bourgeoys*, Ottawa/Montréal, Novalis/CND, 1982, 124 p. Traduction française par Denise Malo, Edna Poirier et Laurette Houle : *En compagnie de Marguerite Bourgeoys*, Ottawa/Montréal, Novalis/Éditions Paulines, 1982, 111 p. « Des idées et des hommes ».

Simone Poissant, *Marguerite Bourgeoys, 1620-1700*, Montréal, Les Éditions Bellarmin, 1982, 95 p.

Suzanne Martel, *Au temps de Marguerite Bourgeoys quand Montréal était un village*, Montréal, Éditions du Méridien, 1982, 336 p. Ill. de Thomas Corriveau. Préface de Fernande Bélisle.

Mgr Charles-Henri Lévesque, *Sainte Marguerite Bourgeoys une réponse authentique à l'appel de l'Amour*, dans *L'Église canadienne*, vol. 16, nº 7, 2 déc. 1982, p. 195-201. *Homélie de Jean-Paul II ; lettre du Premier ministre René Lévesque à Jean-Paul II ; les saints nous invitent à presser le pas.*

Lorraine Caza, *La Vie voyagère, conversante avec le prochain. Marguerite Bourgeoys*, Montréal/Paris, Éditions Bellarmin/Cerf, 1982, 215 p.

Claude Lafortune et Henriette Major, *Marguerite Bourgeoys*, Montréal, Éditions Hurtubise HMH, 1983, 55 p.

Il était une fois, Marguerite Bourgeoys, document audio-visuel composé d'un disque 45 tours et de diapositives pour élèves du 2e cycle de l'élémentaire. Production Roland, Cap-de-la-Madeleine, Les Éditions R.M., [1974?]. Notes pédagogiques. Centre Marguerite Bourgeoys de Montréal.

BOURGET, CLAIRE. Voir **LAMIRANDE, CLAIRE DE.**

BOURGET, ÉLIZABETH (1953–). Dramaturge, née à Montréal. Elle commence ses humanités au secondaire classique Sainte-Croix (1966-1971), et travaille ensuite deux ans comme secrétaire à Montréal. De 1973 à 1975, elle étudie les lettres au Cégep du Vieux Montréal. Après son diplôme d'études collégiales, elle s'inscrit à l'École nationale de théâtre où elle est la première étudiante à obtenir un diplôme en écriture dramatique (1978). Elle fait jouer successivement « Fais-moi mal juste un peu », *Bernadette et Juliette*, « Le Bonheur d'Henri », *Bonne Fête maman* et « Songe pour un soir de printemps ». Elle est de plus secrétaire à la création au Centre d'essai des auteurs dramatiques. Ses pièces ont été généralement bien accueillies par le public. Adrien Gruslin écrit que *Bernadette et Juliette*, sa première pièce publiée, « demeure un texte théâtral fort honorable quoique sans audace, capable de faire rire sans libérer, encore moins exorciser ». Dans *Bonne Fête maman*, pièce qui étudie la relation d'un couple quinquagénaire, « chaque mouvement du morceau est bien en place, parfaitement équilibré par rapport au suivant. [...] À cette structure remarquable s'ajoutent un choix judicieux et surtout une peinture très ferme et très nuancée de chacun des personnages » (Martial Dassylva).

ŒUVRES

Bernadette et Juliette ou La Vie c'est comme la vaisselle, c'est toujours à recommencer (théâtre), Montréal, VLB éditeur, 1979, 149 p. Préface de Gilbert Lepage. Ill.
Bonne Fête maman. Théâtre, Montréal, VLB éditeur, 1982, 170 p. Ill.
En ville. Théâtre, Montréal, VLB éditeur, 1984, 221 p. Ill.

Théâtre à lire et à voir, dans *Le Livre d'ici*, vol. 3, n⁰ 51, 27 sept. 1978, p. 1.

ÉTUDES

Adrien Gruslin, *De l'École nationale au Conservatoire, Élizabeth Bourget, auteur dramatique diplômée*, Dev, vol. 69, n⁰ 224, 30 sept. 1978, p. 23.
Martial Dassylva, *Élizabeth Bourget et l'Écriture dramatique*, Pr, 94ᵉ année, n⁰ 30, 7 oct. 1978, p. D-5.
Angèle Dagenais, *J'aime mes personnages (Élizabeth Bourget)*, Dev, vol. 70, n⁰ 216, 22 sept. 1979, p. 23.
Vincent Nadeau, *Élizabeth Bourget. Bernadette et Juliette*, LAQ 1979, p. 188-190.
Martial Dassylva, *Bonne Fête maman. Une comédie de première force*, Pr, 96ᵉ année, n⁰ 157, 5 juillet 1980, p. C-5.
André Dionne, *Élizabeth Bourget, dramaturge (entrevue)*, LQ, n⁰ 20, hiver 1980-1981, p. 75-79.
Lise Armstrong et Joanne Mongeon, *Bernadette et Juliette ou .../ Les Pichous*, dans Jeu, n⁰ 14, hiver 1981, p. 149-157.
Francine Noël, *Entrevue d'Élizabeth Bourget et Les Pichous*, dans Jeu, n⁰ 14, hiver 1981, p. 159-170.
Louise Nantal, *Bonne Fête maman*, dans Jeu, n⁰ 17, automne 1981, p. 114-116.

BOURGET, IGNACE (1799-1885). Prédicateur, théologien et essayiste, né à Pointe-Lévis. Il étudie au Séminaire de Québec et au Collège de Nicolet. Secrétaire de Mgr Lartigue en 1821, il est ordonné prêtre en 1822. Vicaire général de Montréal, puis évêque coadjuteur en 1837, il devient titulaire en avril 1840. Cette même année il fonde les *Mélanges religieux*, journal qui allait défendre les intérêts de l'Église catholique jusqu'à sa disparition dans un incendie, en 1852. Grand artisan de l'essor du diocèse de Montréal pendant la dernière moitié du XIXᵉ siècle, il érige soixante-quinze paroisses, fonde le Grand Séminaire, rebâtit la cathédrale et voit à l'institution d'une succursale de l'Université Laval à Montréal. Pendant ses voyages en Europe il incite plusieurs communautés à s'établir à Montréal, comme les Oblats, les Jésuites, les Clercs de Saint-Viateur, les Frères des écoles chrétiennes, les Sœurs du Bon-Pasteur, pour n'en nommer que quelques-unes. C'est à son instigation que sont fondées les Sœurs de la Providence, les Sœurs de Sainte-Anne, etc. En 1876, il se retire à l'hospice du Sacré-Cœur de Montréal, puis à la résidence Saint-Janvier, au Sault-au-Récollet, où il meurt en 1885. Partisan d'une moralité rigide, il est l'ennemi de toute manifestation de l'esprit mondain. Il préconise activement la prééminence de la société religieuse sur la société civile et la soumission de l'État à l'Église. En 1858, Mgr Bourget engage une longue lutte contre l'Institut canadien animé à ses yeux d'esprit libéral répréhensible, lutte qui connaît son dénouement en 1869. Il est le grand champion de l'ultramontanisme à Montréal, comme on peut le voir dans l'écrasement de l'Institut canadien et dans le tumulte de l'affaire Guibord. C'est dans le dessein d'enseigner la morale et de veiller sur les mœurs qu'il rédige ses écrits dans lesquels il atteint souvent un niveau de style qui place son écriture parmi les meilleures du genre.

ŒUVRES

Lettre pastorale de Monseigneur l'évêque de Montréal au sujet de l'épidémie de 1847, Montréal, Imprimerie Louis Perrault, [1847], 10 p.
Appel à l'ancienne France pour un secours en faveur de la nouvelle, Paris, Librairie Adrien Leclerc, 1855, 40 p.
Cérémonial des évêques commenté et expliqué par les usages et les traditions de la sainte Église romaine (...), Paris, Jacques Lecoffre, 1856, xxxiv, 572 p.
Lettres pastorales de Mgr l'évêque de Montréal contre les erreurs du temps (en date du 10 mars 1858), sur l'Institut canadien et les mauvais livres (en date du 30 avril 1858), sur les mauvais journaux (en date du 31 mai 1858), Montréal, Presses de Plinguet et Laplante, [1858], iii, 45 p.
Instruction pastorale de Mgr l'évêque de Montréal sur l'indépendance et l'inviolabilité des États pontificaux, Montréal, Plinguet et Cie, 1860, 52 p.
Mémoires de Mgr l'évêque de Montréal concernant les affaires du séminaire, Paris, Poupart-Davyl, [1865], 104 p.
Allocution de Mgr l'évêque de Montréal aux zouaves pontificaux canadiens à leur départ pour Rome (19 février 1868), Montréal, Plinguet et Laplante, 1868, 24 p.
Fioretti Vescovili ou Extraits des mandements, lettres pastorales et circulaires de Monseigneur Ignace Bourget second évêque de Montréal. Offerts à Sa Grandeur, pour célébrer les noces d'or de sa prêtrise par trois

anciens camarades du régiment des zouaves pontificaux, Montréal, Imprimerie « Le Franc-Parleur », 1872, 202 p.

Extraits d'une lettre pastorale de Sa Grandeur Mgr l'évêque de Montréal, rappelant les règles à suivre dans les élections, Montréal, C.-O. Beauchemin et Valois, 1875, 54 p.

Mémoire de l'évêque de Montréal, Mgr I. Bourget concernant l'intervention du clergé de la province de Québec dans les élections politiques, Montréal, [s.é.], 1876, 19 p.

Mandements, lettres pastorales, circulaires et autres documents publiés dans le diocèse de Montréal depuis son érection jusqu'à l'année 1869, Montréal, 9 vol.: vol. 1, J. Chapleau & Fils, Imprimeurs de l'Archevêché, 1887, xviii, 499 p.; vol. 2, Chapleau Frères, Imprimeurs de l'Archevêché, 1869, 500 p.; vol. 3, Typographie Le Nouveau Monde, 1869, 519 p.; vol. 4, *Mandements, lettres pastorales, circulaires et autres documents publiés dans le diocèse de Montréal depuis son érection*, Imprimés par J.A. Plinguet, 1887, 508 p.; vol. 5, 500 p.; vol. 6, 480 p.; vol. 7, 354 p.; vol. 8, 642 p.; vol. 9, 644 p.

Vie de saint Viateur, confesseur et lecteur de l'Église de Lyon, Montréal, Imprimerie de l'institution des Sourds-Muets, 1897, 108 p.

Correspondance de Mgr Bourget, RAPQ, 1945–1946; 1946–1947; 1947–1948; 1955–1957; 1961–1964.

ÉTUDES

Noces d'or de Mgr l'évêque de Montréal, compte rendu des fêtes, Montréal, Le Nouveau Monde, 1872, 15 p.

Louis-Antoine Dessaulles, *La Grande Guerre ecclésiastique. La Comédie infernale et les noces d'or. La suprématie ecclésiastique sur l'ordre temporel*, Montréal, typographie Alphonse Doutre, 1873, v, 130 p.

Id., *Réponse honnête à une circulaire assez peu chrétienne*, Montréal, Typographie Alphonse Doutre, 1873, 32 p.

Arthur Savaète, *Mgr Ignace Bourget, sa vie, ses contrariétés, ses œuvres*, Paris, Librairie générale catholique, [1908], 462 p.

L.O. David, *Mgr Ignace Bourget et Mgr Alexandre Taché*, Montréal, Librairie Beauchemin limitée, 1912, 141 p.

F. Langevin, *Monseigneur Ignace Bourget. Deuxième évêque de Montréal. Précis biographique*, Montréal, Imprimerie du Messager, 1931, 299 p. Lettre-Préface de S. Exc. Mgr Georges Gauthier; 1932.

Paul-Henri Barabé, *Autour de Mgr Bourget, centenaire*, Ottawa, Éd. L'Éclair, 1942, 148 p.

Léon Pouliot, *La Réaction catholique de Montréal, 1840–41*, Montréal, Imprimerie du Messager, 1942, 120 p.

Léopold Beaudouin, « Bio-bibliographie de Monseigneur Ignace Bourget ». Thèse présentée à l'École de bibliothécaires de l'Université de Montréal, 1950, 173 f.

Marcel Dandurand, *Les Premières Difficultés entre Mgr Bourget et l'Institut canadien de Montréal (1844–1865)*, RUO, vol. 25, 1955, p. 145–165, 273–307.

Léon Pouliot, *Monseigneur Bourget et son temps*, Montréal, Éditions Beauchemin, 1955–1956, Les Éditions Bellarmin 1972–1977, 5 vol.: vol. 1, *Les Années de préparation (1799–1849)*, 1955, 209 p. Préface de son Éminence le Cardinal Léger; vol. 2,

L'Évêque de Montréal. Première partie: L'organisation du diocèse de Montréal (1840–1846), 1956, 277 p.; vol. 3, *L'Évêque de Montréal. Deuxième partie: La marche en avant du diocèse (1846–1876)*, 1972, 197 p.; vol. 4, *Affrontement avec l'Institut canadien (1858–1870)*, 1976, 160 p.; vol. 5, *Les Derniers Combats. 1. Le Démembrement de la paroisse Notre-Dame (1865). 2. Vingt-cinq années de luttes universitaires (1851–1876)*, 1977, 319 p.

Id., *Les Dernières Années (1876–1885) et la Survie de Mgr Bourget*, Montréal, Éditions Beauchemin, 1960, 63 p.

Gaston Carrière, *Monseigneur Ignace Bourget et les Oblats*, RUO, vol. 30, n° 4, oct.–déc. 1960, p. 400–420.

James H. Lambert, *Le Haut Enseignement de la religion: Mgr Bourget and the Founding of Laval University*, RUO, vol. 45, n° 3, juillet–sept. 1975, p. 278–294.

Adrien Thério, *Ignace Bourget écrivain*, Montréal, Éditions Jumonville, 1975, 195 p. Collab. Donald Smith et Patrick Imbert.

A.-M. Cimichella, *Mgr Ignace Bourget et les Évêques de Montréal*, Montréal, Les Éditions Jésus Marie et Notre Temps, 1976, 33 p. « Nos grandes figures ».

BOURNEUF, ROLAND (1934–). Essayiste et poète, né à Riom (France). Il fait ses humanités classiques à Clermont-Ferrand où il obtient un baccalauréat (1952), une licence ès lettres (1957) et une maîtrise (1959). Il étudie aussi à l'École des traducteurs de Paris (1958–1959). Il enseigne à Manchester, Tübingen, Paris, Tulle et Québec où il arrive en 1962. En 1967, il devient professeur à l'Université Laval où il avait obtenu un doctorat, l'année précédente, pour une thèse sur Saint-Denys Garneau. Roland Bourneuf collabore à de nombreux périodiques tels *Le Soleil, L'Enseignement secondaire, Études littéraires, Études françaises, Ellipse, Revue d'histoire littéraire de France, Livres et Auteurs québécois, Revue canadienne de littérature comparée, Liberté*. À la parution de sa thèse, *Saint-Denys Garneau et ses lectures européennes* (1969), il mérite le Prix de la Province de Québec (1970): « L'ouvrage que M. Roland Bourneuf a consacré aux lectures de Saint-Denys Garneau, écrit Jean-Louis Major, est à l'image des textes qu'il étudie, scolaire et appliqué. Il s'y ajoute les qualités d'une bonne thèse: inventaire méthodique, sans faille; tout est exploré; volonté soutenue de préserver le sens de la mesure; honnêteté dans la recherche des faits; tentative pour distinguer le vrai des apparences ». En 1971, Bourneuf publie avec Réal Ouellet *L'Univers du roman*. Selon Jean-Pierre Goldenstein, « cet ouvrage bien informé permet de s'initier aux recherches les plus contemporaines, parvient à rester clair et à éviter le jargon structural fréquent dans ce type d'analyse ». En 1978 paraît *Passage de l'ombre*, recueil que Suzanne Paradis qualifie de « prose surréaliste et automatiste » dans laquelle « l'auteur utilise la description avec art». D'une écriture difficile aussi les courts et beaux récits de *Reconnaissances* (1981): «L'irrationnel règne dans ces visions semblables à des rêves» dans lesquels «l'indétermination est un trait essentiel», note Gilles Cossette.

ŒUVRES

Baudelaire : la francophonie, Québec, PUL, 1968, 157 p.

Saint-Denys Garneau et ses lectures européennes (essai), Québec, PUL, 1969, 332 p. «VLC».

L'Univers du roman (essai), Paris, PUF, 1972, 232 p. Collab. Réal Ouellet. «Littérature moderne»; 1981, 250 p.

Les Critiques de notre temps et Giono (essai), Paris, Éditions Garnier, 1977, 205 p. «Les Critiques de notre temps».

Passage de l'ombre (poésie), Québec, Les Éditions Parallèles, 1978, 61 p. Avec cinq dessins de l'auteur.

Reconnaissances. Récits, Québec, Les Éditions Parallèles, 1981, 100 p.

Antoine Dumas (biographie), Montréal, Stanké, 1983, 237 p. Ill.

Du cri à la parole, So, vol. 68, nº 58, 6 mars 1965, p. 14.

L'Âge de la parole, So, vol. 69, nº 93, 16 avril 1966, p. 27.

La Correspondance de Mallarmé, So, vol. 69, nº 129, 28 mai 1966, p. 15.

Saint-Denys Garneau et l'Avenir de la littérature canadienne-française, dans *L'Enseignement secondaire*, vol. 45, nº 5, nov.–déc. 1966, p. 209–212.

La Publication de « Regards et Jeux dans l'espace », dans *L'Enseignement secondaire*, vol. 46, nº 1, janv.–févr. 1967, p. 5–11.

Saint-Denys Garneau lecteur de Baudelaire, EL, vol. 1, nº 1, avril 1968, p. 83–112.

Images et Littératures, L, vol. 11, nº 5, avril–oct. 1969, p. 164–166.

La Culture européenne de Saint-Denys Garneau d'après les inédits, EF, vol. 5, nº 4, nov. 1969, p. 473–479.

Roland Giguère, L, vol. 11, nº 6, nov.–déc. 1969, p. 157–162; aussi dans *Ellipse*, nº 2, hiver 1970, p. 30–37.

Retour et Variation des formes, dans « La Curie », RHLF, vol. 69, 1969, p. 933–1008.

Formes littéraires et Réalités sociales dans le roman québécois, LAQ 1970, p. 265–269.

Lectures du silence, L, nº 122, mars–avril 1979, p. 28–31.

Literary Form and Social Reality in the Quebec Novel, dans *Essays on Canadian Writing*, nº 16, automne–hiver 1979–1980, p. 219–228.

Écrire au cinéma, L, nº 133, janv.–févr. 1981, p. 109–113.

Libre de tout son être, L, nº 139, janv.–févr. 1982, p. 27–33.

ÉTUDES

Jean-Louis Major, *Roland Bourneuf. Saint-Denys Garneau et ses lectures européennes*, LAQ 1969, p. 128–130.

Sébastien Dhavernas, *Roland Bourneuf. Saint-Denys Garneau et ses lectures européennes*, L, vol. 12, nº 2, mars-avril 1970, p. 148–149.

Romain Légaré, *Roland Bourneuf. Saint-Denys Garneau et ses lectures européennes*, C, vol. 31, nº 4, déc. 1970, p. 356.

Jean-Pierre Goldenstein, *Roland Bourneuf et Réal Ouellet. L'Univers du roman*, LAQ 1972, p. 198–199.

N. Bothorel, *R. Bourneuf et R. Ouellet. L'Univers du roman*, EL, vol. 6, nº 1, avril 1973, p. 121–122.

Jean-Cléo Godin, *Bourneuf Roland. Les Critiques de notre temps et Giono*, LAQ 1977, p. 252–253.

Michel Lemaire, *Roland Bourneuf. Passage de l'ombre*, LAQ 1978, p. 97–99.

Marie-Andrée Hamel, *La Voix de Bourneuf*, dans *Le Livre d'ici*, vol. 4, nº 18, 7 févr. 1979, p. 1.

Suzanne Paradis, *À l'écoute du lyrisme. O'Reilly, Charlebois, Hamelin, Bourneuf*, Dev, vol. 70, nº 46, 24 févr. 1979, p. 26.

Gilles Cossette, *Gens du soleil. Reconnaissances de Roland Bourneuf*, LQ, nº 26, été 1982, p. 30–31.

René Lapierre, *Comme des jardins suspendus...*, Dev, vol. 72, nº 60, 13 mars 1982, p. 21.

BOURQUE, GILLES (1942–   ).

Sociologue, né à Montréal. Bachelier du Collège Sainte-Marie (1962), il obtient une licence ès lettres (1965) et une maîtrise en sociologie (1969) à l'Université de Montréal, puis un doctorat en sociologie à la Sorbonne (1974). Il enseigne au Collège Sainte-Marie en 1968, puis il entre au Département de sociologie de l'Université du Québec à Montréal en 1969. En 1972, il devient directeur de la revue *Socialisme québécois*. Membre actif de Parti Pris, il tente de renouveler l'histoire économique du Québec, par une approche marxiste. En 1972, il reçoit le prix Montcalm pour *Question nationale et Classes sociales au Québec (1760–1840)*. À ce sujet, Alfred Dubuc écrit: «L'ouvrage de Bourque sur la période 1760–1840 constitue un apport significatif à la genèse d'un courant d'histoire d'inspiration marxiste au Québec». En 1980, paraît un recueil d'articles publiés entre 1967 et 1979 sous le titre *Socialisme et Indépendance*. Selon Robert Comeau, il s'agit d'un «heureux choix de textes significatifs des débats idéologiques dans la gauche québécoise».

ŒUVRES

Question nationale et Classes sociales au Québec (1760–1840) (essai), [Montréal], Parti Pris, 1970, 352 p. «Aspects».

L'État capitaliste et la Question nationale (essai), Montréal, PUM, 1977, 384 p.

Comment faire avaler la couleuvre : ou, la trahison des clercs revisitée, [Montréal], Centre de formation populaire, 1979, 45 p.

Le Québec. La question nationale (essai), Paris, Maspero, 1979, 234 p. Collab. Anne Légaré. "Petite Collection Maspero".

Socialisme et Indépendance (essai), Montréal, Boréal Express, 1980, 223 p. Collab. Gilles Dostaler.

Organisation syndicale, néo-capitalisme et planification, PP, vol. 4, nos 7–8, mars-avril 1967, p. 10. Collab. Pierre Maheu.

Production culturelle et Classes sociales au Québec, PP, vol. 4, nos 9–12, mai-août 1967, p. 43–75. Collab. Luc Racine, Narciso Pizarro et Michel Pichette.

Histoire et Idéologie, PP, vol. 4, nos 5–6, janv.-févr. 1969, p. 17. Collab. Luc Racine.

Classes sociales et Idéologies nationalistes au Québec (1760-1970), dans *Socialisme québécois*, no 20, avril-juin 1970, p. 13–55.

La Structure nationale québécoise, dans *Les Idéologies québécoises au 19e siècle*, Montréal, Boréal Express, 1973, p. 99–126. Collab. Nicole Laurin-Frenette.

ÉTUDES

Gilles Paquet, *Classes sociales et Question nationale au Québec 1760-1840 de Gilles Bourque*, LAQ 1970, p. 214.

Pierre Thibault, *Gilles Bourque. Classes sociales et Question nationale au Québec 1760-1840*, RS, no 9, 1970, p. 120–121.

R. Arès, « *L'État capitaliste et la Question nationale* » de Gilles Bourque, Rel, vol. 37, no 428, juillet 1977, p. 218.

J. Genest, *L'État capitaliste et la Question nationale, dans lequel l'auteur résume la position de la gauche québécoise face au nationalisme*, AN, vol. 67, no 6, févr. 1978, p. 434–445.

Jean Copans, *Regards marxistes sur le Québec : à la recherche de la nation et du parti ouvrier*, dans *Le Monde diplomatique*, no 307, oct. 1979, p. 21.

Gilles Gagné, *Avoir une cause ou faire comme si ?*, RS, vol. 21, nos 1–2, janv.-août 1980, p. 131–150.

Gordon Lefebvre, *Les Arguments de la fatigue*, dans *Conjoncture politique au Québec*, no 5, printemps 1984, p. 155–160.

BOUTHILLETTE, JEAN (1929–   ). Journaliste et essayiste, né à Montréal. À la fin de ses études secondaires à l'École supérieure Saint-Viateur (1948), il travaille d'abord en usine puis dans un bureau. En 1951, il passe une année en France. Il commence sa carrière de journaliste en 1955, est au *Petit-Journal* de 1957 à 1959 puis, à compter de 1959, au *Magazine Perspectives*. Pendant ses années d'apprentissage il suit quelques cours du soir en sciences sociales, en littérature et en philosophie à l'Université de Montréal, mais il se déclare volontiers autodidacte. En 1972, il publie *Le Canadien français et son double*, petit livre qui connaît un retentissement considérable. L'essai reçoit un concert d'éloges, à peu d'exceptions près, tel Pierre Vallières qui pense que « la jeunesse québécoise ne se reconnaît pas dans le type de problématique philosophique qu'élabore Bouthillette ». Une « certaine jeunesse » peut-être, répond Pierre Vadeboncœur qui déclare qu'il s'agit probablement de l'essai le plus pénétrant, le

plus concis et en même temps le plus dramatique qu'on ait jamais écrit sur l'aliénation psychologique (et politique) des Canadiens français ». « C'est un de ces petits livres exceptionnels qui disent le fond des choses ». Jean-Claude Dussault remarque encore que « sous le discours de Jean Bouthillette à propos de notre condition de Canadien de langue française, se profilent d'autres discours, tant sur notre condition d'hommes, à la fois incertains et angoissés, que sur la nature même de l'activité politique qui est d'être déchirante dans quelque condition qu'on la pratique ».

ŒUVRE

Le Canadien français et son double. Essai, Montréal, Éditions de l'Hexagone, 1972, 101 p. ; 1979.

Un peu plus mal dans notre peau, M, nos 137–138, juin-sept. 1974, p. 24–25.

Tout avoir et n'être rien, M, no 141, déc. 1974, p. 10–11.

ÉTUDES

Robert Lévesque, *Le Canadien français et son double : l'ombre d'une ombre*, dans *Québec-Presse*, no 43, 22–28 oct. 1972, p. 28.

Jean-Yves Théberge, *Émouvante Quête de nous-mêmes dans un paradis perdu*, CF, 113e année, no 21, 25 oct. 1972, p. 26.

Jean-Claude Dussault, *L'Anglais et Nous*, Pr, 88e année, no 225, 28 oct. 1972, p. C-4.

Pierre Vadeboncœur, « *Le Canadien français et son double* », Dev, vol. 63, no 290, 13 déc. 1972, p. 2.

Pierre Trudel, *Le Canadien français et son double de Jean Bouthillette*, LAQ 1972, p. 288.

Michèle Lalonde, *À propos du Canadien français et son double*, M, no 122, janv. 1973, p. 4–5.

Pierre Vallières, *Les Essais. Le recours à l'universel abstrait ou la philosophie de l'impuissance*, Dev, vol. 64, no 82, 7 avril 1973, p. 21.

Pierre Vadeboncœur, *Pour Bouthillette*, Dev, vol. 64, no 87, 14 avril 1973, p. 2.

Robert Vigneault, *La Chute du Canadien français*, EF, vol. 9, no 2, mai 1973, p. 180–182.

Pierre Vadeboncœur, *Jean Bouthillette. Le Canadien français et son double*, RS, vol. 19, no 3, 1978, p. 411–412.

René Juéry, *Le Canadien français et son double de Jean Bouthillette*, dans *L'Essai et la Prose d'idées au Québec*, Montréal, Fides, 1985, p. 527–539. « ALC » 6.

BOUYOUCAS, PAN (1946–   ). Traducteur, dramaturge et romancier, né à Beyrouth (Liban). Il commence ses études secondaires au Collège International de Beyrouth et les poursuit au Montreal High School à son arrivée au Canada, en 1963. Il étudie ensuite à la Parson's School of Design de New York (1964–1965), puis à l'École d'architecture de Montréal (1965–1966), et à l'Université Concordia où il obtient un baccalauréat ès arts, en 1975. Entre-temps il enseigne au National College de Montréal (1966–1969), puis devient traducteur à la pige à partir de 1969, traduit un récit de Peter Gzowski, des essais de Maurice F. Strong et de Jack Burnbaum, etc., collabore à *Nous*, au *Magazine Perspectives* et est critique de cinéma à *The Georgian* et à *The Athenian*. En 1978, il est nommé professeur d'histoire et de cinéma à la Hellenic American Association, puis à l'Université du Québec à Montréal, en 1980. La critique réserve un accueil partagé à son premier roman, *Le Dernier Souffle* (1975), mais elle découvre dans le second, *Une bataille d'Amérique* (1976), un auteur de talent et plein d'humour: «Pan Bouyoucas, à l'instar d'Émile Ajar dans *La Vie devant soi*, écrit Patrick Imbert, est un de nos grands humoristes».

ŒUVRES

Le Dernier Souffle. Roman, Montréal, Éditions du Jour, 1975, 187 p. «RJ».
Une bataille d'Amérique. Roman, Montréal, Quinze, 1976, 213 p.

Mes tribulations multiculturelles, Pe, vol. 18, n° 17, 24 avril 1976, p. 2–5.
C'est quoi la Grèce?, dans *Nous*, vol. 4, n° 10, mars 1977, p. 23–25.
Fassbinder and Co, dans *Seven*, vol. 1, n° 3, 18 déc. 1978, p. 16–17.

ÉTUDES

Pierre M. Gérin, *Pan Bouyoucas. Le Dernier Souffle*, LAQ 1975, p. 76–77.
[Anonyme], *Bouyoucas (Pan). Le Dernier Souffle*, dans *Nos livres*, vol. 7, janv. 1976, n° 4.
[Anonyme], *Bouyoucas, (Pan). Une bataille d'Amérique*, dans *Nos livres*, vol. 7, sept. 1976, n° 259.
Pierre M. Gérin, *Pan Bouyoucas. Une bataille d'Amérique*, LAQ 1976, p. 60–61.
Patrick Imbert, «*Une bataille d'Amérique*» par Pan Bouyoucas. *Le burlesque et le tragique réunis*, Dr, vol. 65, n° 134, 3 sept. 1977, p. 18.

BRANCH, JAMES E. (1907–   ). Dramaturge et essayiste, né à Burnsville (Nouveau-Brunswick). Il étudie au Collège du Sacré-Cœur de Bathurst (B.A., 1929). Ordonné prêtre en 1933, il exerce son ministère à Gravelbourg (Sask.) Rédacteur de *La Voix catholique* de 1937 à 1939, il devient commentateur au poste de radio de Gravelbourg de 1943 à 1952. Il s'occupe de l'imprimerie Amateur puis de l'Imprimerie Modèle; de 1941 à 1956, il est directeur du journal *Prairie Optimiste*. À partir de 1956, le Père

Branch travaille à Ottawa où il assiste les syndicats dans le domaine publicitaire. Pendant ses dernières années au collège, il s'engage dans le mouvement patriotique acadien et écrit quatre pièces, toutes publiées en 1929: *L'Émigrant acadien; Vivent nos écoles catholiques!* ou *La Résistance de Caraquet; Whose Fault is it?* et *Jusqu'à la mort!... Pour nos écoles*. Au sujet de ses pièces, Lucie Robert remarque: «Si, dans *Jusqu'à la mort!*, les pôles d'opposition sont déterminés de façon stricte, presque manichéenne, (sa pièce) *Vivent nos écoles catholiques!* présente une analyse historique beaucoup plus nuancée, qui met en évidence des hésitations et les faiblesses d'organisation des résistants, qui donne à l'événement raconté un caractère tragique et à la pièce un potentiel dramatique et scénique nettement plus intéressant» (DOLQ, t. 2, p. 619). En 1937, il publie une autre pièce pour jeunes. Branch est aussi l'auteur d'essais socio-politiques.

ŒUVRES

L'Émigrant acadien. Drame social acadien en 3 actes, [Moncton, L'Évangéline ltée, 1929], 37 p.; [s.d.], 46 p. (Édition revue et corrigée).
Jusqu'à la mort!... Pour nos écoles! Drame canadien de la «Question des Écoles», [Moncton, L'Évangéline ltée, 1929], 33 p.
Vivent nos écoles catholiques! ou La Résistance de Caraquet. Drame historique acadien, [Moncton, L'Évangéline ltée, 1929], 42 p.
«*Whose Fault is it?*» *Social Drama in Three Acts*, [Moncton, L'Évangéline Print, 1929], 31 p.
L'Année 1934; parcelles d'histoire, durant l'année 1934, pour la paroisse de Ste-Philomène de Gravelbourg, et un peu partout, pour le diocèse, [Gravelbourg, Sask., s.é., 1935], 16 p.
Frassati. Drame de jeunesse, [Gravelbourg, Sask., Imprimerie Amateur, 1937], 34 p. «Le Blé qui lève».
I Call it Confiscation. The Story of the Valley Coach Lines «Taken Over» by Sask. Government (essai), Moose Jaw, Sask., Radio and Press Publicity, 1946, [n.p., 11 p.].
The Price of Wheat (essai), Gravelbourg, Sask., Radio and Press Publicity, 1948, [n.p., 16 p.].
The Farmer Needs Money: A Series of Radio Talks, [Mossbank, Sask., Radio and Press Publicity, 1955], 16 p. «Our Way of Life».

ÉTUDES

[Anonyme], *Pièces canadiennes par James E. Branch*, dans *L'Évangéline*, 4 avril 1929, p. 8.
Édouard-G. Rinfret, *Le Théâtre canadien d'expression française. Répertoire analytique des origines à nos jours*, Montréal, Leméac, 1975, t. 1, p. 83–86.
Marguerite Maillet, Gérard Leblanc et Bernard Émont, «James Branch (1907–   )», dans *Anthologie de textes acadiens*, Moncton, Éditions de l'Acadie, 1979, p. 332–343.

BRANDA, JEANNE-LOUISE [Sœur Marie Thomas d'Aquin, née Jeanne-Lydia Branda, Marie Sylvia] (1877–1963). Poète et journaliste, née à Saint-Romain-la-Virvée (Gironde, France). Elle obtient son brevet supérieur au Pensionnat Sainte-Marie à Saint-André-de Cubzac (Gironde, France), en 1895, et entre chez les sœurs de Saint-Dominique en 1899. Arrivée à Lewiston (Maine) en 1904, elle y prononce ses vœux deux ans plus tard et prend le nom de sœur Marie Thomas d'Aquin. En 1914, elle se rend à Ottawa et fonde la revue *Jeanne d'Arc* qu'elle dirige jusqu'en 1957. Fondatrice de la Congrégation des Sœurs de l'Institut Jeanne d'Arc d'Ottawa en 1919, elle en assume la direction générale jusqu'en 1943, après quoi elle devient assistante générale. Elle s'adonne également, de 1919 jusqu'à sa mort, à l'enseignement privé du français. Membre de l'Union nationale française (vice-présidente en 1935), de la Société des auteurs canadiens et de la Société des poètes canadiens-français, elle reçoit la croix de la Légion d'honneur en 1956. Elle collabore au *Droit* et au *Citizen* et publie environ soixante-quinze articles dans la revue *Jeanne d'Arc*. Elle compose également plusieurs recueils de poésie où «[...] des poèmes se montrent, précise Jules Tremblay, remplis de bonne sève et de fortes idées».

ŒUVRES

Vers le bien (poésie), [Ottawa, Imprimerie canadienne ?], 1916, 86 p. Sous le pseudonyme de Marie Sylvia.

[*Vers le beau*] (poésie), [Ottawa ?, s.é.], 1924, 111 p. Sous le pseudonyme de Marie Sylvia.

Vers le vrai. Poésies, Montréal/New York, Louis Carrier & Cie/Les Éditions du Mercure, 1928, 74 p. Sous le pseudonyme de Marie Sylvia.

Duets in Verse ; French and English (poésie), Ottawa, The Graphic Publishers, Limited, 1929, 81 p. Sous le pseudonyme de Marie Sylvia. Ill. Textes choisis et traduits par William Wilkie Edgar ; le texte français en regard du texte anglais.

Reflets d'opales (poésie), Montréal, [s.é.], 1945, 219 p. Sous le pseudonyme de Marie Sylvia. Ill.

Un rosaire à la Vierge Marie. En l'Année mariale du centenaire de la proclamation du dogme de l'Immaculée Conception, 1854-1954. Humble hommage à notre Mère du ciel au nom de la Congrégation des Sœurs de l'Institut Jeanne d'Arc d'Ottawa (poésie), [Ottawa ?, s.é., 1954 ?], 18 p. Signé Mère Marie Thomas d'Aquin, s.j.a., suivi du pseudonyme Marie Sylvia.

ÉTUDES

P[ierre] H[éribert], *Vers le bien*, dans *Le Pays laurentien*, 2ᵉ année, nᵒ 4, avril 1917, p. 63–64.

Jules Tremblay, *Vers le beau*, Dev, vol. 16, nᵒ 43, 21 févr. 1925, p. 1.

Louis Claude, *Vers le beau*, dans *La Revue moderne*, 6ᵉ année, nᵒ 8, juin 1925, p. 40.

Robert Choquette, *Vers le vrai*, dans *La Revue moderne*, 9ᵉ année, nᵒ 12, oct. 1928, p. 12.

Maurice Hébert, *Vers le vrai*, CF, vol. 16, nᵒ 5, janv. 1929, p. 337–342.

[Anonyme], *Reflets d'opales*, dans *La Revue populaire*, vol. 38, nᵒ 8, août 1945, p. 2.

Marguerite Charron, i.j.a., « L'Itinéraire spirituel de Mère Marie Thomas d'Aquin, fondatrice de la Congrégation des Sœurs de l'Institut Jeanne d'Arc d'Ottawa (1877–1963) ». Mémoire de maîtrise. Université Saint-Paul, 1981, xi, 238, 4 f.

BRANDA, JEANNE-LYDIA. Voir **BRANDA,** JEANNE-LOUISE.

BRASSARD, ADOLPHE (1891–1962). Romancier, conteur et scripteur radiophonique, né à Danville (Richmond). Il étudie à l'école primaire du rang, après quoi il travaille avec son père cultivateur. En 1936, il publie son premier roman *Péché d'orgueil*, histoire des amours de deux générations, qualifié par Louise Filteau de roman « à l'eau de rose » (DOLQ, t. 2, p. 840). L'année suivante, paraissent ses *Confidences de la nature*, recueil de contes et nouvelles. À la suite du succès de ces écrits, il devient scripteur à Radio-Canada et « La Métairie Rancourt » passera sur les ondes pendant une dizaine d'années. En 1939, il écrit un deuxième roman, *Les Mémoires d'un soldat inconnu*, un réquisitoire contre la guerre et contre la participation des Canadiens français aux conflits des « vieux pays fatigués d'Europe ». Dans les années 1950, il prépare une série hebdomadaire de textes sur l'histoire des Cantons de l'Est qui passe sur les ondes de CHLT de Sherbrooke. Avec ses derniers romans, publiés en 1950 et 1957, l'auteur tombe dans un nationalisme étroit sans trop d'effets propres à l'art romanesque.

ŒUVRES

Péché d'orgueil. Roman, Montréal, Imprimerie des Sourds-Muets, 262 p.

Confidences de la nature (contes), Montréal, Éditions Albert Lévesque, 1936, 91 p. Ill. de Le May ; Beauchemin, 1945, 101 p. ; 1952.

Les Mémoires d'un soldat inconnu. Roman, Montréal, [s.é.], 1939, 208 p.

L'Horrible Héritage. Roman, [Danville], Adolphe Brassard, 1950, 141 p.

Racisme meurtrier. Roman, Montréal/Sherbrooke, Apostolat de la Presse, [1957 ?], 208 p. « Prends et Lis ».

ÉTUDES

Alphonse Désilets, *Le Péché d'orgueil*, dans *Le Terroir*, vol. 17, n° 8, janv. 1936, p. 11.

Rex Desmarchais, *Les Confidences de la nature*, dans *L'École canadienne*, 12ᵉ année, n° 5, janv. 1937, p. 238-239.

R.L., *L'Horrible Héritage*, dans *Lectures*, t. 7, n° 4, déc. 1950, p. 220.

[Anonyme], *Brassard, Adolphe*, dans *Vedettes 1952*, Montréal, Société nationale de publicité, 1953, p. 69-70.

BRASSIER, JACQUES. Voir **GROULX, LIONEL.**

BRAULT, JACQUES (1933–). Critique, poète, nouvelliste, dramaturge, romancier et philosophe, né à Montréal. Après ses études classiques au Collège Sainte-Marie, il étudie la philosophie à l'Université de Montréal, à Paris et à Poitiers. Il enseigne ensuite à l'Institut des sciences médiévales et à la Faculté des lettres de l'Université de Montréal. Son recueil de poésie, *Mémoire*, qui lui a valu le prix France-Canada en 1969, témoigne d'une poésie de l'engagement en vertu d'une liberté individuelle et collective. La partie médiane de ce recueil, *Suite fraternelle*, plusieurs fois rééditée, est un long poème poignant, centré sur la vie et la mort, senti, au dire de Bernard Émont, « comme lourd de significations cachées, dans le multiple et mystérieux flamboiement de ses images ». Poète violent, épris d'espace métaphysique, Jacques Brault est aussi le poète du quotidien comme le prouve son recueil *La Poésie ce matin*. « Rien ne ressemble ici, précise Paul Wyczynski, à la démarche symphoniste de la *Suite fraternelle* ». Le poète se contente de noter rapidement ce qu'est la vie au petit matin : « quelques chants à peine amorcés, quelques voix confuses, mots ‹ nus › sans points ni virgules. [...] La perspective est forcément limitée et la brisure ponctue le rythme au point de le couper à maintes occasions ». Dans son recueil, *Poèmes des quatre côtés*, Brault chante la nuit, le silence, drame de la parole emprisonnée dans une tristesse sans nom. Son œuvre, empreinte de la souffrance et de l'humilité quotidiennes, « évoque les maux endurés par les québécois, [...] exprime comme cendres l'aventure humaine ». Ce trait, où Axel Maugey voit la recherche de « la pure vérité »,

s'applique aussi à son œuvre de critique, surtout à ses écrits sur Grandbois, Miron et Saint-Denys Garneau où des jugements originaux portent sur les rapports entre l'acte créateur et les modes d'expression. Il remporte deux fois le prix du Gouverneur général : en 1970 pour une pièce de théâtre intitulée *Quand nous serons heureux* et, en 1985, pour son roman, *Agonie*. À propos de ce dernier livre, Gabrielle Poulin écrit : « Jacques Brault [...] est entré dans son premier roman comme on s'approche du mirage et des buissons. L'univers réel a basculé. Le temps et l'espace se sont figés dans le miroir aux alouettes ».

ŒUVRES

Trinôme. Poèmes, Montréal, Jean Molinet, 1957, 57 p. Collab. Richard Pérusse et Claude Mathieu.

Alain Grandbois (textes choisis), Montréal/Paris, Fides, 1958, 96 p. Présentation par Jacques Brault. « CC ».

Nouvelles, [Montréal], [Presses de l'A.G.E.U.M.], 1963, 141 p. Collab. André Brochu et André Major. « Cahiers ».

Mémoire (poésie), Montréal, Librairie Déom, 1965, 81 p. « PC » ; Paris, Éditions Bernard Grasset, 1968, 108 p.

Miron le magnifique (conférence), [Montréal, PUM], 1966, 44 p.

Alain Grandbois (textes choisis), Montréal/Paris, L'Hexagone/Seghers, 1968, 190 p. Ill. Présentation par Jacques Brault. « PA ».

Suite fraternelle (poésie), Ottawa, EUO, 1969, 39 p. Ill. par André Couture. « Voix vivantes ».

La Poésie ce matin (poésie), Paris, Éditions Bernard Grasset, 1971, 117 p. ; Montréal, Parti Pris, 1972, 117 p. « P ».

Saint-Denys Garneau. Œuvres, Montréal, PUM, 1971, xxvii, [i], 1320 p. Texte établi, annoté et présenté par Jacques Brault et Benoît Lacroix. « Bibliothèque des lettres québécoises ».

Trois partitions (théâtre), [Montréal], Leméac, 1972, 195 p. Ill. Introduction d'Alain Pontaut. « TC ».

Chemin faisant ! Essais, Montréal, La Presse, 1975, 150 p. « Échanges ».

L'En dessous l'admirable (poésie), Montréal, PUM, 1975, 51 p. « Lectures ». Traduction anglaise par Gertrude Sanderson : *Within the Mystery*, Montréal, Guernica, 1985.

Poèmes des quatre côtés, Saint-Lambert, Éditions du Noroît, 1975, 95 p. Ill., cinq encres de l'auteur.

Les Hommes de paille (poésie), Montréal, Éditions du Grainier, 1978, [portefeuille, n.p., 15 f.]. Ill., gravures originales de Marie-Anastasie, dix exemplaires comprennent en plus une illustration de Françoise Bujold, Célile Chabot et Marie-Anastasie. (Édition de luxe. Tirage limité.)

Migration. Poème, Saint-Antoine-sur-le-Richelieu, Éditions de la Serfouette, [1979 ?], [portefeuille, n.p., 7 f.].

Ill. par Monique Charbonneau. (Édition de luxe. Tirage limité.)

Vingt-quatre murmures en novembre (poésie), Saint-Lambert, Éditions du Noroît, 1980, [portefeuille, n.p., 27 f.]. Ill., vingt-quatre gravures en eau-forte et taille douce par Jeannine Leroux-Guillaume. (Édition de luxe. Tirage limité.)

Trois fois passera précédé de Jour et Nuit (poésie), Saint-Lambert, Éditions du Noroît, 1981, 87 p. Ill., collages de Célyne Fortin.

P.V. Beaulieu (essai), La Prairie, Éditions Marcel Broquet, 1981, 107 p. Collab. Michel Beaulieu. Ill. Introduction de Jacques Brault. « Signatures ».

Moments fragiles (poésie), Ville Saint-Lambert, Éditions du Noroît, 1984, 113 p. Avec 11 lavis de l'auteur.

Agonie. Récit, Montréal, Éditions du Sentier, 1984, 77 p. ; *Agonie. Roman*, Boréal Express, 1985.

La Naissance des nuages (poésie), Shawinigan, Les Éditions Lucie Lambert, 1984, [portefeuille, n.p., 54 f]. Eaux-fortes de Lucie Lambert. (Édition de luxe. Tirage limité).

Poèmes I, Saint-Lambert, Ed. du Noroît, 1986, 248 p.

Réflexion sur la poésie (essai), CV, n° 2, 1954, p. 123–128.

La Littérature et le Politique (essai), PP, vol. 2, n° 5, janv. 1965, p. 43–51.

Un pays à mettre au monde (essai), PP, vol. 2, n°s 10–11, juin–juillet 1965, p. 9–25.

Fragment d'un Baudelaire (essai), L, vol. 9, n° 4, juillet–août 1967, p. 8–12.

À n'en plus finir (essai), L, vol. 9, n° 6, nov.–déc. 1967, p. 2–7.

[Témoignages...], dans *La Poésie canadienne-française*, Montréal, Fides, 1969, p. 485–493. « ALC » 4.

La Morte-saison (théâtre), ECF, n° 25, 1969, p. 9–20.

L'écrivain a des antennes (essai), L, vol. 11, n°s 3–4, mai–juin–juillet 1969, p. 109–112.

Sur la langue des poètes : Villon et Miron (étude), L, vol. 20, n° 1, janv.–févr. 1978, p. 23–44.

Carnet d'un apprenti (extraits), L, vol. 21, n° 2, mars–avril 1979, p. 32–41. Avec dessins de l'auteur.

ÉTUDES

André Major, *Mémoire*, LAC 1965, p. 97–98.

Jean Éthier-Blais, *L'Hexagone—Miron's Band*, dans *Signets II*, Montréal, CLF, 1967, p. 175–184.

André Major, *Pour une pensée québécoise*, CSM, n° 4, avril 1967, p. 125–131.

Robert Barberis, *Mémoire de Jacques Brault*, M, n° 81, nov.–déc. 1968, p. 279–280.

Axel Maugey, *Hommage à un poète du Québec : Jacques Brault*, AN, vol. 59, n° 6, févr. 1970, p. 592–604. (A paru aussi sous le titre : *Jacques Brault*, dans *Poésie et Société au Québec 1937–1970*, Québec, PUL, 1972, p. 209–220).

André Belleau, *Quelques remarques sur la poésie de Jacques Brault*, L, vol. 12, n° 2, mars–avril 1970, p. 85–92.

Laurent Mailhot, *Contre le temps et la mort : « Mémoire » de Jacques Brault*, dans *Les Cahiers de l'Université du Québec*, n°s 22–23, 1970 p. 125–144.

Paul Wyczynski, *La Poésie ce matin de Jacques Brault*, LAQ 1971, p. 148–151.

François Hébert, *Notre conscience mystique. (Théâtre de Jacques Brault)*, LAQ 1972, p. 118–120.

Paul-André Bourque, *Jacques Brault. Poèmes des quatre côtés*, LAQ 1975, p. 110–112.

Luc Bouvier, *Jacques Brault. L'En dessous l'admirable*, LAQ 1976, p. 135–138.

François Hébert, *Jacques Brault. Chemin faisant*, LAQ 1976, p. 209–210.

Nicole Bourbonnais, « *Chemin faisant* », LQ, vol. 1, n° 2, mai 1976, p. 27–28.

Michel Lemaire, *Jacques Brault. L'orfèvre et l'artisan (Trois fois passera...)*, LQ, n° 23, automne 1981, p. 64–65.

Hugues Corriveau, *Jacques Brault. Trois fois passera précédé de Jour et Nuit*, LAQ 1981, p. 112–113.

Philippe Haeck, *Trois fois passera précédé de Jour et Nuit de Jacques Brault*, dans *Estuaire*, n° 23, printemps 1982, p. 116–118.

Daniel Guénette, *Brault (Jacques). Agonie*, dans *Nos livres*, vol. 16, févr. 1985, n° 6071.

Ivanhoé Beaulieu, *Le Carnet d'un homme sans enfance*, Dev, vol. 76, n° 166, 20 juillet 1985, p. 18.

Gabrielle Poulin, *Le Prix du Gouverneur général. Agonie de Jacques Brault*, Dr, 73e année, n° 131, 31 août 1985, p. 29.

BRAULT, LUCIEN (1904–1987). Archiviste et historien, né à Ottawa. Il fait ses études à l'Académie de La Salle, à l'Université Queen's de Kingston (1930) et à l'Université d'Ottawa (B.A., 1937 ; M.A., 1939 et Ph.D., en histoire, 1943). Fonctionnaire au gouvernement fédéral en 1923, il entre à l'emploi des Archives publiques du Canada en 1927. De 1937 à 1961, parallèlement à son travail d'archiviste, il est professeur d'histoire du Canada à temps partiel à l'Université d'Ottawa, puis, de 1963 à 1970, professeur à temps plein au Collège militaire royal de Kingston. Membre de plusieurs sociétés savantes et membre fondateur de la Société historique de l'Ouest du Québec et de celle de la Gatineau, il collabore à la *Revue de l'Université d'Ottawa*, à la *Revue d'histoire de l'Amérique française*, au *Bulletin des recherches historiques*, à *The Ottawa Citizen* et principalement au journal *Le Droit*. Outre ses nombreux articles, Lucien Brault a publié une bonne vingtaine d'ouvrages d'histoire et d'archives. Ses travaux portent en particulier sur l'histoire d'Ottawa et de la région de Hull et de Gatineau. « Pour avoir consacré toute une vie à pareille tâche, Lucien Brault mérite pleinement son titre d'historien » (Pierre Tremblay). Il est nommé historien honoraire de la ville d'Ottawa (1942) et de la ville de Hull, remporte le prix David (1943), est nommé professeur émérite de l'Université d'Ottawa (1961), docteur honorifique de l'Université Saint-François-Xavier d'Antigonish (1973), et reçoit, en 1984, le

Certificat d'excellence de la Société historique du Canada qui l'appelle « un inlassable propagandiste de l'histoire régionale ».

ŒUVRES

Gaspé depuis Cartier, Québec, Au Moulin des lettres, 1934, 233 p. Collab. Charles-Eugène Roy. Ill. Préface de Thomas Chapais. Traduction anglaise : *Historical Gaspé (1534-1934)*, 230 p.

Francis-J. Audet et son œuvre (bio-bibliographie), Ottawa/Hull, L'Imprimerie Leclerc, 1940, 93 p. Portrait. Préface de Victor Morin.

Ottawa, capitale du Canada : de son origine à nos jours, Ottawa, EUO, 1942, 305 p. Ill. Préface de Gustave Lanctot. Traduction anglaise : *Ottawa Old and New*, Ottawa Historical Information Institute, 1946, 349 p. Préface de H.P. Hill.

Index to Titles and Sub-titles of Canadian Archives Reports, 1872-1944, [s.l., s.é., 1944], 159 p.

Mémoires de la Société royale du Canada, section I et II, 1882-1943. Index, Ottawa, 1944, 112 p. [Avant-propos de Jean Bruchési].

Le Canada, guide du lecteur, Ottawa, les Services éducatifs de la Légion canadienne, 1945, 32 p.

Histoire de la Pointe-Gatineau, 1807-1947, Montréal, École industrielle des Sourds-Muets, 1948, 182 p. Ill.

Hull, 1800-1950, Ottawa, EUO, 1950, 262 p. Préface de J.-Alphonse Moussette.

Index des Mémoires de la Société canadienne d'histoire de l'Église catholique, (1933-1958), Ottawa, Société canadienne d'histoire de l'Église catholique, 1960, 248 p. Préface de Lorenzo Cadieux. Traduction anglaise : *Index to the Transactions of the Canadian Catholic Historical Association*.

Histoire des comtés unis de Prescott et de Russell, L'Orignal (Ontario), Conseil des comtés unis, 1965, 377 p. Préface d'Elphège Lefebvre.

Bref Exposé de l'enseignement bilingue au XXᵉ siècle dans l'Ontario et les autres provinces, Kingston, [s.é.], 1966, 36 p.

Le Canada au XXᵉ siècle, Toronto, Nelson, 1966, 341 p.

Un siècle d'administration scolaire : la commission des écoles catholiques de Hull, 1866-1966, Ottawa, « Le Droit » / Commission des écoles catholiques de Hull, 1966, 146 p. Préface de Mgr Paul-Émile Charbonneau.

Un siècle de reportage : anthologie du Cercle national des journalistes/A Century of Reporting : the National Press Club Anthology, Toronto, Clarke, Irwin, 1967, 301 p. Collab.

Sainte-Anne d'Ottawa : cent ans d'histoire, 1873-1973, Ottawa, Imprimerie Beauregard Ltée, 1973, 80 p. Ill.

Parliament Hill/La Colline parlementaire, Ottawa, National Capital Commission, [1978], 41 p. Ill.

The Mile of History/Le Mille historique, Ottawa, National Capital Commission, [1979], 95 p. Ill. Carte.

Aylmer d'hier/Aylmer of Yesteryear, Aylmer, Institut d'histoire de l'Outaouais, 1981, 269 p. Ill.

Du premier Hôtel de ville à la Maison du citoyen, [Hull], Éditions Asticou, 1981, 86, [10] p. Ill. Sous la direction de Lucien Brault.

Les Panet de Québec : histoire d'une lignée militaire, Montréal, Bergeron, 1984, 238 p. Collab. Jacques Gouin. Ill. Portrait. Traduction anglaise : *Legacy of Honour. The Panets. Canada's Foremost Military Family*, Toronto, Methuen, 1985, 240 p. Préface d'Antoine de Lotbinière Panet II.

Les Petites Choses de notre histoire. Index, [s.l., s.é., s.d.], 33 p.

ÉTUDES

[Anonyme], *Lucien Brault est mort*, Dr, 74ᵉ année, nº 235, 5 janv. 1987, p. 2.

Pierre Tremblay, *Lucien Brault 1904-1987*, Dr, 74ᵉ année, nº 236, 6 janv. 1987, p. 4.

Paul Gaboury, *« Le Champion et le Prince » de l'histoire locale et régionale. Un ultime hommage au Dr Lucien Brault*, Dr, 74ᵉ année, nº 239, 9 janv. 1987, p. 21.

BRAULT, PIERRE (1921–   ). Historien, né à L'Acadie (Saint-Jean). Il fait d'abord des études commerciales à Saint-Jean dans les années trente, puis il étudie à l'École normale Jacques-Cartier (1952-1955) et obtient ensuite un baccalauréat à l'Université de Montréal en 1958. Il enseigne pendant vingt-cinq ans, à Verdun, à Saint-Jean-sur-Richelieu, à Napierville et à La Prairie. Intéressé à l'histoire de sa petite patrie, il publie, en 1977, *L'Acadie et son église*, petit livre suivi d'une monographie plus importante, *Histoire de l'Acadie du Haut-Richelieu* (1982). « C'est ce passé vrai dont les petits faits ont été recueillis patiemment avec exactitude et piété, dans leur diversité changeante, écrit Albert Brie. L'auteur ranime ce passé comme s'il vivait encore, tant et si bien que le lecteur sent toujours la terre sous ses pieds et la vie autour de lui. C'est de la belle ouvrage ».

ŒUVRES

L'Acadie et son église (histoire), Saint-Jean-sur-Richelieu, Éditions Mille Roches, 1977, 95 p. Ill. Avant-propos de l'auteur.

Histoire de l'Acadie du Haut-Richelieu, Saint-Jean-sur-Richelieu, Éditions Mille Roches, 1982, 312 p. Ill.

Les Fêtes de l'Acadie du Haut-Richelieu 1782-1982, Saint-Jean-sur-Richelieu, Éditions Mille Roches, 1983, 63 p. Ill. Avant-propos de l'auteur.

ÉTUDES

Gilles Gemme, *L'Acadie et son église de Pierre Brault*, dans *Le Canada français*, 97ᵉ année, nº 47, 13 avril 1977, p. 30.

Alain Duhamel, *Pour les nouveaux résidents de l'Acadie*, Dev, vol. 68, nº 94, 23 avril 1977, p. 14.

Albert Brie, *Les Acadiens de chez-nous*, dans *Le Livre d'ici*, vol. 7, n° 49, oct. 1982, p. 2.

BRÉBEUF, JEAN de (1593–1649). Missionnaire et mémorialiste, né à Condé-sur-Vire, en Normandie. Entré chez les Jésuites en 1617, il est ordonné prêtre en 1622 et est envoyé aux missions de la Nouvelle-France en 1625. Il y passe d'abord quatre ans, dans la région des Grands Lacs, surtout au service des Hurons. En 1629, il est rappelé d'urgence à Québec et retourne en France après la prise du poste par les frères Kirke. Il prononce ses derniers vœux et est affecté au collège d'Eu (Normandie). Il revient au Canada en 1633, et retourne en Huronie en 1634, chargé d'y organiser une grande mission modèle pour la Nouvelle-France. Épuisé par les labeurs et les épreuves de l'opposition violente à sa mission, il est rappelé à Québec par le père Lalemant en 1642. Deux ans plus tard il reprend son poste auprès des Hurons menacés d'extermination par les Iroquois. Le 16 mars 1649, un millier d'Iroquois envahissent la mission, font prisonniers les pères Brébeuf et Gabriel Lalemant qu'ils amènent à Saint-Ignace où ils subissent un supplice atroce. Avec ses compagnons, il est canonisé en 1930 et proclamé patron du Canada en 1940. Ses écrits, comprenant deux *Relations* (1635–1636), un journal spirituel et des lettres, ainsi qu'un catéchisme, une grammaire et un dictionnaire iroquois en collaboration, témoignent à la fois des connaissances et des dons magnifiques de cœur et de surnaturel du père de Brébeuf et font de lui un des chroniqueurs importants de la route de l'Ouest.

ŒUVRES

Relation de ce qui s'est passé aux Hurons, en l'année 1635, Envoyé à Kébec au Père le Jeune, par le Père Brébeuf, dans *Relations des Jésuites*, Québec, Augustin Côté, éditeur-imprimeur, 1858, vol. 1, p. 23–50 de la relation de 1635 : *Relation de ce qui s'est passé en la Nouvelle France en l'année 1635, envoyés au R. Père Provincial de la Comp. de Jésus en la province de France par le P. Paul le Jeune de la même compagnie, supérieur de la résidence de Kébec ; Relation de ce qui s'est passé dans le pays des Hurons. En l'année 1636. Envoyé à Kébec au R. P. Paul Le Jeune, Supérieur de la* mission de la Compagnie de Jésus, en la Nouvelle France, p. 76–139 de la relation de 1636 : *Relation de ce qui s'est passé en la Nouvelle France en l'année 1636, envoyés au R. Père Provincial de la Comp. de Jésus en la province de France par le P. Paul le Jeune de la même compagnie, supérieur de la résidence de Kébec* ; Reuben-G. Thwaites, *The Jesuit Relations and Allied Documents*, Cleveland, Burrows Brothers, 1896–1901, vol. 8 et 9 ; Montréal, Éditions du Jour, 1972. (Réimpression photographique de l'édition de 1858). Traduction anglaise par A.J. MacDougall et J.S. McGuivern : *The Huron Relation of 1635*, Midland, Martyrs' Shrine, 1972, 42 p.

Jean de Brébeuf, s.j. *Les Relations de ce qui s'est passé au pays des Hurons, 1635–1648*, Genève, Librairie E. Droz, 1957, xxvii, 229 p. Textes présentés par Theodore Besterman. Traduction anglaise par Theodore Besterman : *The Travels & Sufferings of Father Jean de Brébeuf among the Hurons of Canada as Described by Himself*, London, The Golden Cockerel Press, 1938, 197 p. Cartes.

Brébeuf, Montréal, Fides, 1958, 96 p. Textes choisis et présentés par René Latourelle. « CC ».

Le Journal spirituel de Saint Jean de Brébeuf, RAPQ, 1924–1925, p. 68–76. Texte latin. Traduction française par René Latourelle, dans *Lettres du Bas-Canada*, vol. 3, n° 1, juin 1949, p. 11–20.

ÉTUDES

Félix Martin, *Hurons et Iroquois. Le P. Jean de Brébeuf, sa vie, ses travaux, son martyre*, Paris, Téqui, 1877, 298 p.

Camille de Rochemonteix, *Les Jésuites et la Nouvelle-France au XVIIᵉ siècle*, Paris, Letouzey et Ané, 1895–1896, 2 vol.

Léon Pouliot, *Étude sur les Relations des Jésuites de la Nouvelle-France (1632–1672)*, Paris, Desclée de Brouwer, 1940, xii, 319 p.

Lucien Lusignan, *Essai sur les écrits de deux martyrs canadiens*, BRH, vol. 50, 1944, p. 174–192.

René Latourelle, *Liste des écrits de Saint Jean de Brébeuf*, RHAF, vol. 3, n° 1, 1949–1950, p. 141–147.

Hubert Létourneau, *À propos de Brébeuf et Lalemant (1649–1949)*, BRH, vol. 55, 1949, p. 9–15.

René Latourelle, *Saint Jean de Brébeuf, routier de la Huronie*, RHAF, vo. 4, n° 3, 1950–1951, p. 322–344.

Id., *Étude sur les écrits de Saint Jean de Brébeuf*, Montréal, Éditions de l'Immaculée-Conception, 1952–1953, 2 vol. : vol. 1, 1952, xx, 216 p. ; vol. 2, 1953, 271 p.

BRÉVART, GILBERT (1918–). Romancier et nouvelliste, né à Cadix (Espagne). Déménagé au Maroc avec ses parents, il y obtient un baccalauréat (1936), puis il se lance dans le journalisme à *Maroc-Demain*. En 1938, il remporte le prix du Maroc pour des contes et nouvelles. Rendu à Paris, il poursuit des études de lettres à l'école ABC (1939) et continue son métier de journaliste au journal

Paris. Il a aussi collaboré à *La Presse marocaine*, à l'hebdomadaire *Fracasse*... Émigré au Canada en 1956, il fait du journalisme à la télévision, il participe à des émissions telles « Pays et Merveilles » et « Carrefour », et il collabore aux périodiques *Vent debout*, *Maroc socialiste*, *Le Petit Marocain*, *Les Échos du Monde*, *Le Petit Journal*. En 1970, il obtient un brevet d'enseignement spécialisé du Québec, et devient professeur de français au Mont-de-La-Salle (Laval). Il publie un recueil de nouvelles, *Une mission d'Anthony Doughton*, en 1945. En 1971, son récit historique sur le premier hiver de Champlain à Québec, *Le Mal de terre*, est finaliste au prix du Cercle du livre de France. Le Fouineur, critique au *Bien public*, paraît enchanté par la « plénitude » et la « véracité » du livre, alors que pour Réginald Martel « le récit est affecté tout autant par les mensonges probables de M. de Champlain lui-même que par le lyrisme un peu naïf du narrateur ». Quant au roman *Maldonne* (1978), Hubert Saint-Germain en admire le style « vif, alerte, énergique », bien que « parfois trop brillant », mais il trouve que l'œuvre marche mal : « La prise de conscience ne se fait qu'à demi, n'aboutit à aucune action et s'enlise dans le rêve ».

ŒUVRES

Une mission d'Anthony Doughton (nouvelles), Casablanca, Éditions Kaganski, 1945, 166 p.
Le Mal de terre. Récit, Montréal, CLF, 1971, 179 p. Avant-propos de l'auteur.
Maldonne. Roman, Montréal, CLF Pierre Tisseyre, 1977, 151 p.
Melrose. Récit, Montréal, CLF Pierre Tisseyre, 1983, 175 p. Avant-propos de l'auteur.

ÉTUDES

Claude Jasmin, *CLF*, Pr, 87e année, n° 211, sept. 1971, p. B-3.
Paule Saint-Onge, *Histoire vraie et Histoire romancée*, Ch, vol. 13, n° 3, mars 1972, p. 24.
Réginald Martel, *Pour ou Contre*, Pr, 88e année, n° 39, 25 mars 1972, p. D-2.
Michel Beaulieu, *L'Art de tourner en rond*, dans *Le Livre d'ici*, vol. 3, n° 52, 4 oct. 1978, p. 1.
Hubert St-Germain, *Gilbert Brévart, Maldonne, roman (1)*, dans *Le Trait d'union*, vol. 14, n° 2, déc. 1978, p. 10.

BRICAULT, LOUIS (1951–   ). Poète, né à Montréal. Il étudie au Cégep Lionel-Groulx dans les arts plastiques (D.E.C., 1974). Par la suite, il s'occupe de cinéma dans la région de Saint-Eustache où il réalise le film « 1837 », ayant trait à la genèse de la rébellion. Il s'inscrit ensuite à l'Université du Québec à Montréal où il étudie la psychologie et prépare

une maîtrise (1984). Son recueil de poésie, *Poèmes de la tout-aimée* (1977), n'est guère distribué. Le verbe est tout en intériorité et en douceur.

ŒUVRE

Poèmes de la tout-aimée, Québec, Éditions de la Basoche, 1977, 52 p.

BRIE, ALBERT (1925–   ). Humoriste, essayiste et dialoguiste, né à Québec. À la fin du secondaire, il fait des études commerciales à l'Institut Thomas, puis fréquente l'École Michaud, à Québec. Mais il devra surtout sa formation et ses vastes connaissances à ses lectures personnelles et à des études supervisées par le professeur Henri-R. Ouellet en histoire, latin, littérature et philosophie. Ces études sont entrecoupées par les fonctions diverses qu'il remplit, comme celle de commis aux écritures pour la compagnie d'assurances Crown Life, vers 1947. Mais en raison de son bagage de culture et par goût, il fera carrière au service de la radio où il débute en mai 1947. Il sera annonceur, réalisateur, metteur en ondes, auteur, etc., pour divers postes : CHRC-Québec, CBFT, CJMS, CKAC. Surtout à compter de 1960 où il devient pigiste, il est rédacteur ou collaborateur à la rédaction de nombreux textes de critique littéraire et de sketches radiophoniques dont les plus célèbres sont « Chez Miville », « Les Enquêtes Jobidon », « Les Couche-Tard », le quiz « Oui ou Non ». Il faut ajouter à ces milliers de textes la revue écrite avec Martin Tard pour le théâtre du Rideau-Vert : « Henni soit qui joual y pense », et des dialogues pour le cinéma et la télévision, comme « Feuille au vent ». Il publie aussi des chroniques humoristiques à *La Presse* et au *Devoir* sous les titres célèbres : *Les Propos du timide* et *Le Mot du silencieux*. En 1977, il commence une chronique littéraire dans *Le Livre d'ici*. Albert Brie s'est acquis la réputation enviable de meilleur humoriste du Canada français. En 1962 paraît *Chez Miville. Comme si vous y étiez*, écrit en collaboration et reconstitué à partir de bandes magnétiques commencées en 1958. « Le comique à la façon de Brie, écrit Paul Legendre, n'exclut certes pas la blague à ressort, la bouffonnerie à haute pression, fondées sur des formules, mais derrière cette façade se tissent jour après jour des comédies de caractère et de situation dont plusieurs sont de la bonne littérature humoristique ». *Les Propos du timide* (1965) ne font guère de bruit, mais *Le Mot du silencieux* (1978) reçoit un accueil chaleureux : « Un tel recueil ne s'analyse pas, dit Renée Cimon. On le déguste à petites lampées. Maîtrise de la langue, aussi du regard qui découvre, dénude et juge ».

ŒUVRES

Chez Miville...comme si vous y étiez ! (sketches humoristiques), Montréal, Les Éditions du Jour, 1962, 159 p. Collab. Miville Couture, Jean Mathieu, Jean Morin, *et al.* Ill. Avant-propos de Paul Legendre.

Les Propos du timide (chroniques humoristiques), Montréal, Les Éditions de l'Homme, 1965, 94 p. Ill. Préface de Paul Legendre.

Une aventure de Bojoual. Bojoual le huron kébékois (litt. jeunesse), Montréal, Mondia éditeur, 1973, 47 p. Collab. J. Guilemay. Ill.

Le Mot du silencieux (essai), Montréal, Fides, 1978, 243 p. Ill. de l'auteur. Préface de Jean Marcel.

La Farce des manuels scolaires, Pr, 82ᵉ année, nᵒ 123, 28 mai 1966, p. 3.

Êtes-vous écrivain?, dans *Le Livre d'ici*, vol. 2, nᵒ 42, 27 juillet 1977, p. 1.

Suivez le guide, devenez écrivain !, dans *Le Livre d'ici*, vol. 2, nᵒ 48, 7 oct, 1977, p. 1.

Mon dictionnaire !, dans *Le Livre d'ici*, vol. 2, nᵒ 49, 14 oct. 1977, p. 1.

Je chasse, tu pêches, il chasse, nous pêchons, dans *Le Livre d'ici*, vol. 3, nᵒ 42, 26 juillet 1978, p. 1.

Drapeau et son millionième projet : le cinéma, dans *Le Nouveau Festival de l'humour québécois*, Montréal, Éditions Quebecor, 1980, p. 84-87. Ill. Introduction de Sylvie Lalande. « Humour ».

Êtes-vous génial, intellectuel... ou « criticailleur » ?, dans *Le Livre d'ici*, vol. 6 nᵒ 46, 19 sept 1981, p. 1.

Ma muse et amie, la machine à écrire, Dev, vol. 74, nᵒ 225, 29 sept. 1983, p. 11.

DISCOGRAPHIE

Yvette Brind'amour présente un triomphe du Rideau Vert. « Henni soit qui joual y pense », [Montréal], Disques Apex, ALF 1701, 1961, 33⅓ tours. Collab. L.-M. Tard et J. Rafa.

ÉTUDES

Guy Plastre, *Chez Miville*, LAC 1962, p. 67.

Jean-Charles Bonenfant, *Les Études sociales*, dans *University of Toronto Quarterly*, vol. 35, nᵒ 4, 1965-1966, p. 524-536.

Yves Thériault, *Les Merveilleux Aphorismes de Monsieur Brie, le silencieux*, dans *Le Livre d'ici*, vol. 3, nᵒ 52, 4 oct. 1978, p. 1.

François Latraverse, *Albert Brie. Le Mot du silencieux*, LAQ 1978, p. 265-268.

Renée Cimon, *Brie (Albert). Le Mot du silencieux*, dans *Nos livres*, vol. 10, déc. 1979, nᵒ 406.

Pierre Wibaut

BRIEN, ROGER (1910–). Poète et journaliste, né à Montréal. Il fait ses études au Collège séraphique de Trois-Rivières, au Collège Sainte-Marie, à l'Université de Montréal et à l'Université Laval. En 1930, il entre au noviciat des Franciscains, mais n'y demeure qu'un an. En 1937, il étudie à la Sorbonne. À son retour, il passe deux ans au noviciat de la Congrégation de Sainte-Croix. Collaborateur de plusieurs revues et journaux (*Le Bien public*, *La Revue franciscaine*, *Le Canada*, *L'Action nationale*, etc.), Brien fonde et dirige pendant de longues années la revue internationale *Marie*. Il est membre fondateur de l'Académie canadienne-française, membre de la Société des écrivains canadiens, de l'Académie pontificale de l'Immaculée Conception (Rome)... En 1960, il reçoit le Prix de la langue française de l'Académie française. Poète prolifique, Roger Brien crée une œuvre d'inspiration essentiellement religieuse et de style épique. La spontanéité du jaillissement propre à Brien conduit Romain Légaré à quelques réserves sur une conception qui privilégie le « poète inspiré » aux dépens de l'« artisan patient » : « Si la poésie est avant tout mouvement ou chant de l'âme, elle prend sa valeur littéraire quand une vie mystérieuse fait chanter les cordes des mots élus et harmonieusement disposés. Les œuvres durables sont le produit d'une intime collaboration entre un poète inspiré et un artisan patient, conscient de la beauté des sacrifices ». Il reste qu'à la fin des années trente et dans les années quarante, l'œuvre poétique de Roger Brien reçut de la critique un accueil sympathique. *Faust aux enfers* est considéré par plusieurs comme son meilleur ouvrage.

ŒUVRES

Faust aux enfers (poésie), Montréal, Éditions du Totem, 1936, 167 p.

Chant d'amour (poésie), Montréal, Fides, 1942, 135 p.

Prière de Marie-des-Neiges à Notre-Dame de Montréal (poésie), Éditions de l'Institut scientifique franco-canadien, 1942, 29 p.

Sourires d'enfants (poésie), Montréal, Fides, 1942, 167 p.

Ville-Marie (poésie), Montréal, Fides, 1942, 78 p.

Les Yeux sur nos temps (poésie), Montréal, Fides, 1942, 150 p. Dédié à Jean Bruchési.

Salut, ô Reine. Paraphrase du Salve Regina (poésie), Montréal, Le Messager canadien, 1943, 139 p. « Service de Dieu ».

Cythère (poésie), Hull, Éditions de l'Éclair, 1946, 256 p.

Chemin de la croix à trois (le Christ, la Vierge et l'homme) (poésie), Nicolet, Centre marial canadien, 1947, 120 p. Lettre-préface de Mgr Albini Lafortune.

La Co-rédemptrice et nous (conférence), Nicolet, Éditions du Centre marial canadien, 1950, 32 p.

Rome, Lourdes, Fatima (conférence), Nicolet, Éditions du Centre marial canadien, 1951, 31 p.

Vous êtes toute belle, ô Marie (conférence), Nicolet, Éditions du Centre marial canadien, 1952, 29 p.

Vols et Plongées (poésie), Nicolet, Éditions du Centre marial canadien, 1956, 133 p.

Poète de l'amour ; commentaires sur François d'Assise, Québec, Éditions de l'Écho, 1957, 199 p.

Irradiacion espiritual de Lourdes sobre el mundo moderno, Madrid, Revista de Espiritualidad, 1958, 9 p.

Mystique exaltante de la femme moderne (conférence), Nicolet, Éditions du Centre marial canadien, 1959, 29 p.

Les grandes amitiés que j'ai connues (conférence), Nicolet, Éditions du Centre marial canadien, 1961, 25 p.

Le jour se lève (poésie), Trois-Rivières, Éditions du Bien public, 1965, 459 p.

Prométhée, dialogues des vivants et des morts (poésie), Trois-Rivières, Éditions du Bien public, 1965, 4 vol. : 312 p. ; 345 p. ; 292 p. ; 309 p.

Triptyque (poème), dans *Regards*, vol. 3, nº 7, avril 1942, p. 292-295.

Victor Hugo (essai), CACF, nº 11, Reconnaissances littéraires, 1967, p. 108, 129.

ÉTUDES

Berthelot Brunet, *Un scandale littéraire*, dans *Les Idées*, vol. 4, nº 6, déc. 1936, p. 380-382.

M.-A. Lamarche, *Roger Brien*, dans *Nouvelles Ébauches critiques*, Montréal, Granger, 1936, p. 75-80.

Émile Bégin, *Lecture expliquée. Les Vieux Mendiants*, ESC, vol. 17, nº 6, mars 1938, p. 473-479.

Adrienne Choquette, *Roger Brien*, dans *Confidences d'écrivains canadiens-français*, Trois-Rivières, Éd. du Bien public, 1939, p. 33-39.

Valère Massicotte, *Roger Brien, musicien du vers*, C, vol. 4, nº 1, mars 1943, p. 105-113.

Fortunate Brien, « Bio-bibliographie de M. Roger Brien ». Thèse présentée à l'École de bibliothécaires, Université de Montréal, 1945, 306 p.

Sœur Marguerite-de-Lorraine, « Roger Brien. L'aventure spirituelle d'un catholique engagé ». Thèse de maîtrise, Université d'Ottawa, 1961, 240 p.

Maurice Huot, *Roger Brien ou Le Poète en réaction contre les « ténors du désespoir »*, LAC 1965, p. 88-90.

Gustave Lamarche, *Roger Brien, poète œcuménique*, RHAF, vol. 19, nº 3, déc. 1965, p. 489-496.

Romain Légaré, *Une somme poétique*, C, vol. 26, nº 4, déc. 1965, p. 467-476.

André Major, *Prométhée de Roger Brien*, LAC 1965, p. 90.

Id., *Le jour se lève de Roger Brien*, LAC 1965, p. 90.

Guillaume Lavallée, *Un grand saint, un grand poème d'amour. Réédition du saint François, de Roger Brien*, No, 60ᵉ année, nº 47, 22 déc. 1979, p. 16.

BRILLANT, JACQUES [Jabry] (1924–   ). Sociologue et politicologue, né à Rimouski. Il fait ses humanités classiques au Collège Brébeuf et à l'Université Saint-Joseph du Nouveau-Brunswick (B.A., 1946), puis il obtient, en 1952, une licence en sciences politiques et sociales à l'Université de Louvain (Belgique). Il devient alors président et directeur général de la Québec-Téléphone, cédée plus tard à la Anglo-American Telephone. À divers titres, il est membre de plusieurs sociétés et maisons d'affaires. Dans les années cinquante, il achète et dirige l'hebdomadaire *Le Progrès du Golfe*. En 1959 il devient propriétaire de *L'Écho du Bas-Saint-Laurent*, puis, en 1964, il lance le quotidien du matin, *Métro-Express*, disparu en 1969. Il publie en 1964 son recueil de poésie, *Le Jardin de nuit*, fait au Japon, avec la collaboration du célèbre calligraphe, Dômoto Inshô. De son essai *L'Impossible Québec*, Richard Jones dira qu'il « semble être en partie une réponse à *Option Québec*, de René Lévesque ». En 1980 paraît le premier roman de Jacques Brillant, *Le soleil se cherche tout l'été*. Noël Audet écrit qu'on « se bute presque à chaque page à un traitement qui ne rend pas justice au sujet par ailleurs intéressant », mais il ajoute qu'il faut « rendre hommage à l'auteur pour la vérité sociologique de certaines descriptions [... et] pour la recherche du sens de la toponymie gaspésienne ».

ŒUVRES

Le Jardin de nuit (poésie), [Kyôto (Japon)], [s.é.], 1960, 45 p. Sous le pseudonyme de Jabry. Calligraphie de l'auteur. Encres de chine de Dômoto Inshô. (Édition de luxe. Tirage limité). Traduction en regard en japonais par ABÉ.

Sœur Jeanne à l'abbaye (satire), Montréal, Éditions du Jour, 1967, 88 p. Sous le pseudonyme de Jabry.

L'Impossible Québec ! Essai d'une sociologie de la culture, Montréal, Éditions du Jour, 1968, 213 p. Avant-propos de l'auteur.

La Mer, écume de la terre. Carnet de bord du Rimousky III, [s.l., s.é.], 1977, [n.p., 18 f.]. Carte.

Le soleil se cherche tout l'été. Roman de mœurs gaspésiennes, [Montréal], Leméac, 1979, 240 p. « Roman québécois ».

L'Anti-monde (roman), [Montréal], Leméac, 1985, 281 p. Avant-propos de l'auteur. « Roman québécois ».

ÉTUDES

André Major, *« Sœur Jeanne à l'abbaye », une autre satire du parti libéral*, Dev, vol. 58, nº 128, 1ᵉʳ juin 1967, p. 3.

[P.C.], *Un livre assez « curieux » : Sœur Jeanne à l'abbaye*, So, vol. 70, nº 132, 1ᵉʳ juin 1967, p. 1-2.

Roger Duhamel, *Fin de partie ou Les Repentirs retardés*, Dr, 55ᵉ année, nº 71, 17 juin 1967, p. 12.

Jean-Yves Théberge, « *Sœur Jeanne à l'abbaye* » *de Jabry*, LAC 1967, p. 45.

Roch Poisson, *Le « Défi canadien » de M. Jacques Brillant, financier*, dans *Photo-Journal*, vol. 32, nº 31, 20 nov. 1968, p. 72.

Richard Jones, *Impossible Québec de Jacques Brillant*, LAC 1968, p. 190-191.

Noël Audet, *Jacques Brillant. Un style qui se cherche tout le temps*, Dev, vol. 71, nº 39, 16 févr. 1980, p. 29.

Gilles Lamontagne, *Le soleil se cherche tout l'été de Jacques Brillant*, VI, vol. 6, nº 1, automne 1980, p. 165-166.

Raymond Paul, *Jacques Brillant. Le soleil se cherche tout l'été*, LAQ 1980, p. 32.

BRILLANT, MAURICE (1909–   ). Poète et romancier, né à Rivière-Trois-Pistoles. Il commence au Séminaire de Rimouski des études classiques qu'il interrompt pour des études de commerce à Montmagny. D'abord commis de bureau à Rimouski, il entre au service du Canadien National comme télégraphiste, en 1942, poste qu'il occupe jusqu'à sa retraite. Il fait partie de plusieurs associations littéraires dont l'Union des écrivains canadiens, la Société des poètes du Québec, la Société des écrivains canadiens. Ses poèmes paraissent dans *Le Progrès du Golfe* et *L'Écho du Bas-Saint-Laurent*. Son premier roman, *Vision of Murder* (1951), paraît à New York. Le second, *Prisonnière de son fils* (1981), développe, tout comme sa poésie, les thèmes du terroir et de la fuite du temps. Son récit se cantonne dans un pathétique un peu vieillot.

ŒUVRES

Vision of Murder (roman), New York, Comet Press, 1951, 134 p.

Prisonnière de son fils (roman), Montréal, Éditions du Cercle littéraire ésotérique, 1981, 114 p.

———

La Maison paternelle (poésie), dans *L'Écho du Bas-Saint-Laurent*, vol. 33, nº 44, 20 janv. 1966, p. 18.

Abandon (poésie), *ibid.*, vol. 33, nº 45, 27 janv. 1966, p. 20.

Poème, *ibid.*, vol. 34, nº 5, 21 avril 1966, p. 34.

ÉTUDES

Guy Robert, *Les Éditions nocturnes*, LAC 1962, p. 41.

Maximilien Laroche, *Éditions nocturnes*, LAC 1963, p. 64.

René Chappaz, *Plus d'une corde à son arc*, dans *Revue du Canadien National*, nº 4, avril 1967, p. 10.

BRISEBOIS, PROSPER. Voir **PAQUIN**, UBALD.

BRISSON, MARCELLE (1929–   ). Essayiste et romancière, née à Montréal. Elle fait ses humanités au Collège Basile-Moreau et à l'Université de Montréal (B.A. et B.Ph., 1949). Elle passe ensuite treize ans chez les moniales bénédictines, puis, en 1963, elle continue ses études et devient enseignante. Elle est professeur au Collège Basile-Moreau, à la Régionale des Deux-Montagnes et surtout au Cégep Ahuntsic. À l'Université de Montréal, elle étudie la pédagogie et obtient un diplôme de l'École normale supérieure (1965). Boursière du Conseil des Arts du Canada (1971-1973), elle termine un doctorat à Paris (1973) ; sa thèse s'intitule *Expérience religieuse et Expérience esthétique*. En outre, elle collabore à des périodiques comme *Maintenant*, la *Nouvelle Barre du jour*, *Le Devoir* et *Mimésis*. Son premier essai — sa thèse — est accueilli avec des réticences : pour Benoît Garceau « il ne brille pas par la rigueur de la pensée, mais il a le mérite de réfléchir une expérience qui est au cœur de la culture au Québec », tandis que pour Henri-Paul Bergeron « Mlle Brisson semble placer [sa] métaphysique dans le rêve du matérialisme historique athée de Karl Marx ». Son second ouvrage, *Par delà la clôture* (1975), est une sorte d'autobiographie. À mesure que progressent ses écrits, progresse aussi l'engagement féministe de l'auteur, et son roman *Maman* (1977), présente une sorte de modèle d'émancipation féminine, avec le récit sur les pages de gauche et des documents d'époque sur les pages de droite. Cela relève du manifeste, déclare René Lapierre. Avec *Plus jamais l'amour éternel ou Héloïse sans Abélard*, sorte d'essai-fiction, Marcelle Brisson déclenche une brève mais assez amusante controverse sur la compréhension et l'interprétation des écrits de la célèbre amante.

ŒUVRES

Expérience religieuse et Expérience esthétique (essai), Montréal, PUM, 1974, 255 p. Ill.

Par delà la clôture (récit), Montréal, Éditions Parti Pris, 1975, 121 p. « P ».

Maman (récit), Montréal, Parti Pris, 1977, 110 p. Ill.

Plus jamais l'amour éternel. Héloïse sans Abélard (essai fiction), [Montréal], Nouvelle optique, 1981, 179 p. Ill. Postface de l'auteur.

Célibataire, pourquoi pas ? (essai), Québec, Serge Fleury, éditeur, 1981, 200 p. Ill. de F. Renaud et D. Petit. Sous la direction de Marcelle Brisson et Louise Poissant.

———

L'Écriture réflexive au Québec, NBJ, nº 60, nov. 1977, p. 53-63.

Pour l'imaginaire. Pour la femme, ni d'Adam ni d'Ève, Dev, vol. 70, nº 275, 24 nov. 1979, p. 4.

La Voix de la mère, Dev, vol. 71, n° 243, 18 oct. 1980, p. 22, 40.

Pour l'amour d'Héloïse, Dev, vol. 72, n° 31, 6 févr. 1982, p. 18.

Réponse à Héloïse, Dev, vol. 72, n° 43, 20 févr. 1982, p. 21.

ÉTUDES

[Henri-Paul Bergeron], *Brisson (Marcelle). Expérience religieuse et expérience critique*, dans *Le Livre canadien*, vol. 6, juin–juillet 1975, p. 209.

André Vanasse, *Marcelle Brisson. Par delà la clôture*, LAQ 1975, p. 62–63.

René Lapierre, *Marcelle Brisson. Maman*, LAQ 1977, p. 66–67.

Madeleine Bellemare, *Brisson (Marcelle). Maman*, dans *Nos livres*, vol. 9, févr. 1978, n° 44.

Gilles Primeau, *Maman de Marcelle Brisson*, dans *Québec français*, n° 29, mars 1978, p. 8.

Julie Stanton, *Marcelle Brisson, une célibataire plus*, dans *La Gazette de la femme*, vol. 2, n° 9, mai 1981, p. 12.

André Ferretti, *Visa le noir et tua le blanc*, Dev, vol. 72, n° 26, 30 janv. 1982, p. 17.

Judith Messier, *Une belle histoire d'amour*, Dev, vol. 72, n° 38, 13 févr. 1982, p. 22.

BRISSON, PIERRE (1955–   ). Poète, né à Sherbrooke. Il fait ses études au Cégep du Vieux-Montréal (D.E.C., 1974), puis à l'Université du Québec à Montréal où il obtient un baccalauréat (1980) et une maîtrise pour un mémoire sur « L'Expérience des technologies informationnelles dans la vie quotidienne » (1983). À partir de 1974, il travaille comme pigiste dans le journalisme, l'enseignement et la recherche. Il collabore à divers titres à des ouvrages collectifs, tels *Il était une fois dans les Cantons de l'Est* de Jean Simoneau (1973), *La Télévision, un média en crise* de Jean-Paul Lafrance (1982)…, et il publie des articles et des poèmes dans des périodiques comme *Spirale*, *Liberté*, *Hobo-Québec*. Son premier recueil de poésie écrit en collaboration avec Jean Simoneau, *Chair de poule* (1973), passe inaperçu. *Exergue* (1978) reçoit un accueil partagé. Michel Beaulieu dit que les Éditions de l'Hexagone « publient parfois des pétards mouillés », ce qui est tout dire. Mais André Gaulin commente ainsi : « Poésie mêlée à la fois de grande tendresse et de violence impétueuse […]. Un recueil qui fouette ».

ŒUVRES

Chair de poule (poésie), Sherbrooke, Les Éditions Tic-Tac, 1973, 45 p. Collab. Jean Simoneau. Ill. de Francine Quinty.

Exergue. Poèmes (septembre 1974-juin 1975), Montréal, L'Hexagone, 1978, 39 p. Avant-propos et postface de l'auteur.

Un témoin de l'anti-psychiatrie à Montréal. Pour David Cooper, il faut propager la discipline de la désobéissance, dans *Le Jour*, 3ᵉ année, n° 126, 30 juillet 1976, p. 14.

Exit (poésie), dans *Hobo-Québec*, n° 31, sept.–déc. 1976, p. 16–17.

Réadapter par la créativité dans *Éducation Québec*, vol. 8, n° 1, sept.–oct. 1977, p. 28–29.

Fragmentaire (poésie), L, vol. 20, n° 6, nov.–déc. 1978, p. 43.

Du parc à la bibliothèque, Pe, vol. 21, n° 42, 20 oct. 1979, p. 26–28.

ÉTUDES

Hugue Corriveau, *Poésie : de la préciosité à la tradition*, Dev, vol. 69, n° 280, 2 déc. 1978, p. 30.

André Gaulin, *Exergue de Pierre Brisson*, dans *Québec français*, n° 33, mars 1979, p. 10.

Renée Cimon, *Brisson (Pierre). Exergue*, dans *Nos livres*, vol. 10, déc. 1979, n° 407.

Michel Beaulieu, *Trois poètes mineurs*, S.P.L., vol. 4, 4 juillet 1979, n° 39.

BROCHU, ANDRÉ (1942–   ). Critique, poète et romancier, né à Saint-Eustache (Deux-Montagnes). Après ses études au Collège Sainte-Marie (B.A., 1960), il obtient une maîtrise à l'Université de Montréal (1961). Boursier du Conseil des Arts du Canada, il fait son doctorat à l'Université de Paris VIII (1968-1970). En 1962-1963, il est professeur de français à l'Institut Cadinal-Léger et au Collège Sainte-Anne de Lachine, puis, à partir de 1963, il enseigne les littératures française et québécoise à l'Université de Montréal. Sa carrière littéraire commence avec la publication de poèmes et de notes critiques dans le journal du collège, puis dans *La Crue* (1963-1964) qui remplace pendant quelque temps le journal *Vie étudiante*. En 1962-1963, il est fondateur et codirecteur des cahiers de l'Association générale des étudiants de l'Université de Montréal, membre fondateur de la revue *Parti Pris* (1963) et directeur fondateur du Mouvement pour l'unilinguisme français au Québec (1968). Bien qu'il ait également publié un roman humoristique, *Adéodat I*, et quelques recueils de poésie, son apport principal se situe dans le domaine de la critique où il essaie d'aborder les auteurs québécois et français d'une manière nouvelle. « Brochu, remarque François Ricard à propos de son œuvre sur Victor Hugo, certes, s'inspire de certains modèles théoriques déjà existants, mais il ne perd jamais de vue que ces modèles ont été élaborés dans d'autres contextes et que, par conséquent, il ne doit pas s'en contenter comme tels quels, mais les fondre, les corriger l'un par l'autre, et inventer ainsi son propre modèle, celui qui sera le mieux adapté à l'œuvre qu'il étudie et en fera le mieux apparaître les caractéristiques particulières ».

ŒUVRES

Étranges Domaines (poésie), Montréal, Éditions de la Cascade, 1957, [n.p., 45 p.]. Collab. J.-André Constant et Yves Dubé. Préface de Germaine Guèvremont.

Privilèges de l'ombre (poésie), [Montréal], L'Hexagone, 1961, 37 p.

Nouvelles, [Montréal], A.G.E.U.M., 1963, 141 p. Collab. Jacques Brault et André Major. « Cahiers ».

Délit contre délit (poésie), Montréal, Presses de l'A.G.E.U.M., 1965, 59 p. « Cahiers ».

Adéodat I. Roman, Montréal, Éditions du Jour, 1973, 142 p. Ill. « RJ ».

Hugo : amour/crime/révolution. Essai sur Les Misérables, Montréal, PUM, 1974, 257 p.

L'Instance critique, 1961–1973 (essais), Montréal, Leméac, 1974, 376 p. Présentation de François Ricard. « Indépendances ».

Le Réel, le Réalisme et la Littérature québécoise : FRA 2603F (notes de cours), Montréal, Librairie de l'Université de Montréal, 1974, 185 p. Collab. Laurent Mailhot et Albert Le Grand.

La Littérature et le Reste (livre de lettres), Montréal, Quinze, 1980, 185 p. Collab. Gilles Marcotte. Introduction de François Hébert. « Prose exacte ».

L'Évasion tragique. Essai sur les romans d'André Langevin, Ville LaSalle, Hurtubise HMH, 1985, 358 p. « Cahiers du Québec. Collection littérature ».

La Visée critique, Montréal, Boréal, 1988, 250 p.

L'Œuvre littéraire et la Critique, PP, vol. 1, n° 2, nov. 1963, p. 23–35.

Yves Thériault et la Sexualité, PP, vol. 1, n°s 9–11, été 1964 p. 141–155.

La Nouvelle Relation écrivain-critique, PP, vol. 2, n° 5, janv. 1965, p. 52–62.

Le Cercle et l'Évasion verticale dans Angéline de Montbrun de Laure Conan, EF, vol. 1, n° 1, févr. 1965, p. 90–100.

Thèmes et Structures de « Bonheur d'occasion » (essai), ECF, t. 22, 1966, p. 163–208.

Notre littérature dépend de notre langue, Dev, vol. 58, n° 251, 31 oct. 1967, p. 5.

Quelle part doit-on réserver à la littérature québécoise dans l'enseignement de la littérature ?, L, vol. 10, n° 3, mai–juin 1968, p. 76–80.

La Critique en question, VIP, n° 6, 1973, p. 133–138.

Absence de Rina Lasnier, VI, vol. 1, n° 2, déc. 1975, p. 173–181.

Julien Bigras : L'Enfant dans le grenier, VI, vol. 2, n° 1, sept. 1976, p. 119–123.

La Littérature québécoise d'hier à demain, L, vol. 19, n° 111, mai–juin 1977, p. 37–40.

La Meule et la Rivière de Saint-Eustache, VI, vol. 5, n° 3, juin 1980, p. 569–582.

ÉTUDES

Jean-Cléo Godin, *L'Amour de la fiancée dans « Angéline de Montbrun »*, dans *Lettres et Écritures*, vol. 1, n° 3, mars 1964, p. 14–19.

Gérard-V. Étienne, *Brochu : une voix qui nous ouvre de nouveaux horizons ; Beaubien : une évolution rapide*, dans *Le Quartier latin* (supplément), vol. 47, n° 50, 6 avril 1965, p. 8.

Maximilien Laroche, *Délit contre délit*, LAC 1965, p. 93.

Jean-Marcel Paquette, *Les Forces provisoires de l'intelligence*, LAC 1965, p. 23–32.

Robert Barberis, *Littérature « québécoise »*, dans *Le Quartier latin* (supplément), vol. 48, n° 40, 17 mars 1966, p. 6.

Rénald Bérubé, *Adéodat I après dix ans de naissance*, L, vol. 15, n° 86, 1973, p. 67–74.

François Ricard, *La Critique au service de l'œuvre, Les Misérables par André Brochu*, dans *Le Jour*, vol. 1, n° 21, 23 mars 1974, p. 2.

François Hébert, *Entretien avec André Brochu*, dans *Le Jour*, vol. 1, n° 219, 16 nov. 1974, p. 14.

Jean-Marie Poupart, *Qué-Can. Graffiti*, Dev, vol. 66, n° 283, 7 déc. 1974, p. 15.

Madeleine Gagnon, *André Brochu. L'Instance critique, Hugo : amour, crime, révolution*, LAQ 1974, p. 192–196.

Dominique Lafon, *André Brochu, Gilles Marcotte. La Littérature et le Reste*, LAQ 1980, p. 183–186.

Gabrielle Poulin, *Mais où sont les lettres d'antan ? La Littérature et le Reste d'André Brochu/Gilles Marcotte*, LQ, n° 20, hiver 1980–1981, p. 81–83.

Agnès Whitfield, *André Brochu, autobiocritique*, LQ, n° 51, automne 1988, p. 42–43.

BRODEUR, Mᵐᵉ **DONAT. Voir MARMETTE, MARIE-LOUISE.**

John Evans

BRODEUR, HÉLÈNE [madame Brodeur-Saint James] (1923–   ). Romancière et nouvelliste, née à Saint-Léon-de-Val-Racine (Frontenac). Très jeune, elle déménage avec sa famille dans le nord de l'Ontario. Elle fait le secondaire à l'Académie Sainte-Marie de Hailey-bury, obtient un diplôme d'enseignement à Ottawa (1940), enseigne au primaire à Val-Gagné (Ontario, 1940–1942), et termine ses études de baccalauréat à l'Université d'Ottawa (B.A., 1946). Elle étudiera plus tard les relations publiques et la publicité à l'Université Carleton (1962–1964). Après un an d'enseignement du français et de l'histoire à South Mountain (Ontario, 1946–1947), elle quitte l'enseignement, travaille un an au consulat du Liban et de l'Irak, à Ottawa, puis devient traductrice et journaliste à la pige. Elle écrit de nombreux textes pour la radio anglophone (CBC) et fait paraître des articles et des nouvelles en français et en anglais dans des revues canadiennes et américaines : *Châtelaine*, *Maclean*, *Flight Magazine* et *Extension Magazine* dans lequel elle publie un roman-feuilleton, *Murder in the Monastary*. De 1964 à 1977, elle est agent d'information au gouvernement fédéral, poste qu'elle quitte pour se consacrer à l'écriture. *La Quête d'Alexandre* (1981), premier roman d'une trilogie de *Chroniques du Nouvel-Ontario*, remporte le prix Champlain. Gabrielle Poulin exprime des réserves sur l'écriture et la structure du roman qu'elle appelle cependant un « livre important » dont elle « n'hésite pas à recommander la lecture à tous ceux qui recherchent la vérité d'un témoignage ». *Entre l'aube et le jour* (1983), est d'une composition très différente, et la vie du milieu l'emporte sur l'intrigue : « Dans ce nouveau livre, dit Gabrielle Poulin, Hélène Brodeur a presque complètement évacué le romanesque au risque de mettre en péril l'unité de l'œuvre. Mais, au jeu du qui-perd-gagne, les chroniques triomphent ». En 1984, elle reçoit le prix du Nouvel-Ontario pour l'ensemble de son œuvre et, en 1985, le premier prix littéraire du *Droit* d'Ottawa.

ŒUVRES

La Quête d'Alexandre. Chroniques du Nouvel-Ontario, (roman), Montréal, Quinze, 1981, 285 p. Cartes. Avant-propos de l'auteur. « Prose entière » ; Sudbury, Prise de Parole, 1985, 283 p. Traduction anglaise par l'auteur : *Alexandre. A Saga of Northern Ontario, Book I*, Winnipeg, Watson & Dwyer Publisher Ltd., 1983, 254 p. Cartes. Avant-propos de l'auteur.

Entre l'aube et le jour. Chroniques du Nouvel-Ontario t. 2 (roman), Montréal, Quinze, 1983, 200 p. « Prose entière » ; Sudbury, Prise de Parole, 1986, 233 p.

Les Routes incertaines. Chroniques du Nouvel-Ontario t. 3, (roman), Sudbury, Prise de Parole, 1986, 235 p.

Les Amours d'Ephrem Maillot (nouvelle), I, nᵒ 10, août 1966, p. 21–24. Reproduit dans *Pour se faire un nom*, Montréal, Fides, 1982, p. 195–199. Recueil compilé par Yolande Grisé.

Donner la parole au Nouvel-Ontario, Dr, 70ᵉ année, nᵒ 192, 13 nov. 1982, p. 18. Discours de réception du prix Champlain. Paru aussi dans *Propos sur la littérature outaouaise et franco-ontarienne IV*, Ottawa, CRCCF,

1983, p. 255–257. Introduction et choix de textes par René Dionne.

Faire revivre le passé (essai), dans *Liaison*, nᵒ 30, printemps 1984, p. 46–47.

ÉTUDES

Yolande Grisé, *Au pays de l'extrême*, Dr, 69ᵉ année, nᵒ 72, 20 juin 1981, p. 18.

Paul Gay, *Chroniques du Nouvel-Ontario*, dans *Liaison*, nᵒ 16, juin 1981, p. 10–11.

Gérald LeBlanc, *Les Racines des Franco-Ontariens*, dans *Le Livre d'ici*, vol. 6, 2 sept. 1981, nᵒ 48.

Réginald Martel, *Jadis en Nouvel-Ontario. Chercher le frère pour trouver l'amour*, Pr, 97ᵉ année, nᵒ 206, 29 août 1981, p. C-2.

Gabrielle Poulin, *Ce feu qui couve… Chroniques du Nouvel Ontario. La Quête d'Alexandre de Hélène Brodeur*, LQ, nᵒ 24, hiver 81–82 p. 19–21.

Paul Gay, « *Entre l'aube et le jour* ». *Des chroniques en spirale*, Dr, 71ᵉ année, nᵒ 58, 4 juin 1983, p. 30.

France Simard, *Hélène Brodeur et les « Chroniques du Nouvel-Ontario ». Un rêve d'enfance réalisé*, Dr, 71ᵉ année, nᵒ 115, 13 août 1983, p. 25.

Réginald Martel, *Chroniques du Nouvel-Ontario. L'Épopée des pauvres*, Pr, 99ᵉ année, nᵒ 193, 20 août 1983, p. E-2.

Gabrielle Poulin, « *L'Action par dévoilement* ». *Entre l'aube et le jour de Hélène Brodeur*, LQ, nᵒ 31, automne 1983, p. 19–20.

Gilles Marcotte, *Madame Jacob a pondu une oasis « médinnequébec », Hélène Brodeur, elle, donne dans la saga romanesque américaine*, dans *L'Actualité*, vol. 8, nᵒ 10, octobre 1983, p. 150–151.

BRODEUR, Léo A[rthur] (1924–). Critique, scénariste, poète, traducteur et bibliographe, né à Saint-Boniface (Manitoba). Il fait ses études classiques au Collège de Saint-Boniface et à l'Université du Manitoba (B.A., 1944), et il poursuit des études en théologie à la Maison Saint-Joseph (Montréal, L.th., 1949) où, de plus, il enseigne l'anglais (1947–1948). Retourné aux études de lettres à l'Université Laval, en 1960, il obtient une maîtrise (1961) pour un mémoire sur « Le Contenu anatomique et physiologique des *Cinq grandes odes* de Claudel », et un doctorat (1968) sur « La Sphère du corps humain dans la symbolique claudélienne ». Marthe Baudoin dit de cette thèse publiée en 1970 : « Originale dans ses conclusions, cette enquête s'appuie constamment sur une masse impressionnante de textes recueillis dans presque toute l'œuvre du grand poète, courageusement explorée ». À compter de 1958, il enseigne le français, l'anglais, le latin, les littératures française, anglaise et québécoise, la littérature comparée, les méthodes critiques, la traduction... à l'Université Laurentienne (1958–1963), à l'Université du Manitoba (1959), à l'Université Laval (1962–1963), à l'Université Bishop (1964–1965, 1976–1977) et, à compter de 1963, à l'Université de

Sherbrooke. Outre son enseignement, Léo Brodeur est d'une activité incroyable dans une variété considérable de domaines qui vont de l'administration universitaire à l'édition, de la musique à la poésie, au théâtre et à la critique comme à la radio et à la télévision. Ainsi, il est directeur du Centre d'étude des littératures d'expression française et fondateur du Cente de recherche Prométhée à l'Université de Sherbrooke, il est cofondateur des Éditions Cosmos, fondateur des Éditions de la Nébuleuse et des Éditions M. Kolbe, cofondateur de l'Institut des civilisations comparées de Montréal, fondateur de l'Atelier de services techniques aux auteurs de Sherbrooke, directeur de la collection « Thèses et recherches » et de la revue *Écriture française* aux Éditions Naaman. Il compose de la musique pour piano, des pièces chorales, des chansons et des milliers de poèmes. Pour la radio et la télévision il écrit le livret de « La Légende du vent », prépare des scénarios, des contes, des documentaires, des programmes éducatifs, en particulier pour les postes de Saint-Boniface et de Sudbury, et il compose les textes et la musique d'une série de cassettes commercialisées sur « *L'Évangile tel qu'il m'a été révélé* de Maria Valtorta comparé aux quatre Évangiles, aux Exercices spirituels de saint Ignace... » De plus, Léo Brodeur est membre d'une dizaine d'associations, il participe à des colloques, il collabore au *Dictionnaire des œuvres littéraires du Québec* et à des périodiques tels *L'Action, Aujourd'hui Québec, Le Devoir, La Presse, The Wanderer*, sans compter les revues universitaires. Enfin, il publie plusieurs traductions et fait paraître, en collaboration avec Antoine Naaman, deux répertoires des thèses (1972, 1978) qui méritent l'éloge de la critique.

ŒUVRES

Et demain, étudiant? Trois réponses: Oracles, Apollo XIII, Claudel, Sherbrooke, Éditions Cosmos, 1970, 52 p.; Saint-Boniface (Manitoba).

Le Corps-sphère clef de la symbolique claudélienne, Montréal, Éditions Cosmos, 1970, 365 p. Préface de Michel Plourde. « Profils ».

Répertoire des thèses littéraires canadiennes (janvier 1969–septembre 1971) 1786 sujets. Index of Canadian Literary Theses (January 1969–September 1971) 1786 Subjects, Sherbrooke, Centre d'étude des littératures d'expression française, 1972, 141 p. Collab. Antoine Naaman. Préface de Léo-A. Brodeur et Antoine Naaman. « Cahiers francophones ».

Répertoire des thèses littéraires canadiennes de 1921 à 1976, Sherbrooke, Éditions Naaman, 1978, 454 p. Collab. Antoine Naaman. Avant-propos d'Antoine Naaman. « Bibliographies ».

Trois marguerites pour ordinateur. Anthologie instantanée. Poésie, Sherbrooke, Éditions Tout-Neuf, 1983, 86 p. Ill. « Le Livre improvisé ».

Légendes pharaoniques, Sherbrooke, Éditions Naaman, 1985, 77 p. Collab. Antoine Naaman et Antoine Karamé. Ill. de Samir Sidhoum. « Création ».

Stratégie de Moscou contre l'anti-communisme, dans *La Revue de l'Université de Sherbrooke*, vol. 5, nº 4, juin 1965, p. 229–259.

Thèses contemporaines et Littérature canadienne-française, dans *Journal of Canadian Fiction*, vol. 1, nº 4, 1972, p. 79–85. Collab. Antoine Naaman.

Depositum custodi, ou La Critique claudélienne en train dans le Far-West, dans *Bulletin de la Société Paul Claudel*, nº 50, avril–juin 1973, p. 15–22.

Ophélie et Quatre autres poèmes, dans *Poetry Windsor Poésie*, vol. 3, nº 3, automne–hiver 1977, p. 37–41.

Tolkien et le Conte de fées, dans *Des livres et des jeunes*, vol. 1, nº 2, juin 1979, p. 19–22.

Alfred DesRochers et Roger Brien, dans *Grimoire*, vol. 3, nº 3, mars 1980, p. 18–20.

Rome, Au nom de charité, Cela fait-il mal, Tu vois mon ongle cassé, Anne (poésie), dans *Les Cahiers du Hibou*, vol. 1, nºs 4–5, 1980, p. 17–19.

Matines, Morning Prayer, dans *Draft. An Anthology of Prairie Poetry*, Winnipeg, Turnstone Press, 1981, p. 37–39.

Semiotic Viewpoint : Woman and Resurrection in Claudel, dans *Claudel Studies* (Dallas, É.-U.), vol. 8, nº 2, 1981, p. 68–100.

ÉTUDES

Marthe Baudoin, *Le Corps-sphère, clef de la symbolique claudélienne de Léo-A. Brodeur*, LAQ 1970, p. 158–159.

[Anonyme], *Le Corps-sphère clef de la symbolique claudélienne de Léo-A. Brodeur*, dans *Le Livre canadien*, vol. 2, mai 1971, nº 201.

[Anonyme], *Répertoire des thèses littéraires canadiennes de Léo-A. Brodeur et Antoine Naaman*, dans *Le Livre canadien*, vol. 3, oct. 1972, nº 289.

Madeleine Bellemare, *Naaman (Antoine), Brodeur (Léo-A.). Répertoire des thèses littéraires canadiennes de 1921 à 1976*, dans *Nos livres*, vol. 10, mars 1979, nº 113.

BRODEUR, MICHEL (1939–   ). Réalisateur à la télévision et romancier, né à Shawinigan. Après ses études secondaires à l'École supérieure Immaculée-Conception de Shawinigan (1954–1957), il suit des cours de comptabilité de l'International Correspondence School (1958–1959), puis il obtient un diplôme en réalisation cinématographique de l'École universelle de Paris (1966). En 1967, il devient réalisateur à Télé-Capitale, à Québec. Il adapte pour la télévision l'histoire de la passion du Christ, « Ecce Homo », écrit d'autres textes pour des émissions telles « Sainte-Misère », « Le Petit Monde de mon Oncle Antoine », et un scénario, « Le Faucon ». En 1980, il remporte le prix Robert Cliche au grand concours de littérature populaire pour son roman, « Une poignée de neige en enfer », publié en 1981 sous le titre *Le Jardin du diable*. « Ce roman d'espionnage à caractère psychologique, écrit Madeleine Ouellette-Michalska, répond aux lois du genre. [...] Brodeur oriente l'intrigue comme il l'entend, maîtrise les dialogues et les allées et venues de ses personnages à sa guise. [...] Il sait camper un personnage, débusquer ses intentions, imposer des climats, reconstituer des bruits, des voix, des atmosphères ».

ŒUVRES

Le Jardin du diable. Roman, Montréal, Québec/Amérique, 1981, 472 p. « 2 continents série best-sellers ».

La Nuit de l'aigle (roman), Québec, Presses Monde, 1985, 508 p. Cartes.

ÉTUDES

Michel Truchon, *Le Jardin du diable*, So, vol. 83, n° 143, 13 juin 1981, p. 22.

Madeleine Ouellette-Michalska, *Entrer par la grande porte ou la petite*, Dev, vol. 72, n° 209, 12 sept. 1981, p. 21.

BRODEUR-SAINT JAMES. Voir **BRODEUR, HÉLÈNE**.

BROSSARD, JACQUES (1933-　　). Essayiste, nouvelliste et romancier, né à Montréal. Il fait le cours classique au Collège Sainte-Marie (B.A., 1952), puis il obtient une licence en droit à l'Université de Montréal en 1955 et est admis au barreau en 1956.

Kristian Studio

Détenteur de la bourse Mackenzie King, il poursuit des études de philosophie et de sciences sociales à l'Université d'Oxford (1956-1957). De 1957 à 1964, attaché au Service diplomatique et consulaire du ministère des Affaires extérieures du Canada, il est nommé à divers postes en Colombie, en Haïti, en Allemagne fédérale et à Ottawa. En 1964, il entre au Centre de recherche en droit public de l'Université de Montréal où il devient professeur titulaire en 1971. Il remplit d'autres fonctions, comme celles de membre fondateur de la Commission politique du mouvement souveraineté-association (1967-1968), de membre de la Commission politique du Parti québécois (1968-1969). Membre de plusieurs associations de droit et de lettres, il collabore à des périodiques tels la *Revue juridique Thémis*, l'*Annuaire canadien de droit international*, *Le Devoir*, les *Écrits du Canada français*, *L'Œil du Golem* (Paris). Ses publications méritent le prix littéraire du Québec (sciences sociales, 1969), le prix Duvernay (1976), la médaille d'argent de la Ville de Paris (1977). Son livre *L'Accès à la souveraineté et le Cas du Québec* (1976) suscite un grand intérêt. Malgré quelques réserves, Edmond Orban écrit : « Telle quelle, la synthèse juridico-politique qu'il nous offre est cependant de grande valeur, par la richesse et la diversité des questions analysées, la clarté et l'articulation de l'ensemble de la construction et enfin le réalisme et la précision des scénarios prospectifs. ». Côté littérature, l'écrivain étonne la critique. « Je veux souligner la grande originalité de l'entreprise de M. Jacques Brossard, dit Jean Éthier-Blais des nouvelles du *Métamorfaux* (1974). Son livre est l'ouvrage le plus personnel que j'ai lu depuis longtemps dans nos lettres ». « Ce qui s'affirmait déjà dans le recueil de nouvelles [...] se confirme merveilleusement dans le premier roman de Jacques Brossard, *Le Sang du souvenir* : un talent d'écrivain absolument remarquable » (Gilles Dorion).

ŒUVRES

L'Immigration. Les droits et pouvoirs du Canada et du Québec (essai), Montréal, PUM, 1967, 209 p. Avant-propos de Pierre Carignan. « Institut de recherche en droit public ».

Les Pouvoirs extérieurs du Québec (essai), Montréal, PUM, 1967, 463 p. Avant-propos de Pierre Carignan. Collab. André Patry et Élisabeth Weiser. « Institut de recherche en droit public ».

La Cour suprême et la Constitution. Le Forum constitutionnel au Canada (essai), Montréal, PUM, 1968, 429 p. Avant-propos de Pierre Carignan. « Institut de recherche en droit public » ; *La Cour suprême et la Constitution*, PUM, 1983, 92 p. Mise à jour 1967-1982 par James Leavy. Avant-propos de Jacques Brossard. « Centre de recherche en droit public ».

Le Territoire québécois (essai), Montréal, PUM, 1970, 412 p. Collab. Henriette Immarigeon, Gérard-V. La Forest et Luce Patenaude. Avant-propos de Gilles Pépin. « Institut de recherche en droit public ».

Le Métamorfaux. Nouvelles, Montréal, Hurtubise HMH, 1974, 206 p. « A ».

L'Accession à la souveraineté et le Cas du Québec. Conditions et modalités politico-juridiques (essai), Montréal, PUM, 1976, 799 p. « Institut de recherche en droit public ».

Le Sang du souvenir. Roman, Montréal, La Presse, 1976,
237 p.

La Cour suprême et la Constitution, Dev, vol. 58, n° 150,
30 juin 1967, p. 9.

L'Affaire gabonaise et la Jungle canadienne, Dev, vol. 59,
n° 59, 11 mars 1968, p. 5-6.

Le Boulon d'Ernest, le Mal de terre. Retours (nouvelles),
ECF, n° 36, 1973, p. 121-177. Errata, ECF, n° 37,
1973, p. 8.

*Fédéralisme et Statut particulier et le Québec et la Fran-
cophonie*, dans A. Popovici, *Problèmes de droit contemporains. Mélanges Louis Baudouin*, Montréal, PUM,
1974, p. 425-462.

L'Engloutissement, dans *Dix contes et nouvelles fantastiques par dix auteurs québécois*, Montréal, Quinze,
1983, p. 89-115.

ÉTUDES

Henri Dorion, *Les Pouvoirs extérieurs du Québec de Jacques
Brossard*, LAC 1967, p. 156-157.

Marc Morin, *Les Pouvoirs extérieurs du Québec*, Dr, vol. 55,
n° 230, 26 déc. 1967, p. 6.

Id., *Les Pouvoirs extérieurs du Québec font l'objet de mises au
point historique*, Dr, vol. 55, n° 234, 30 déc. 1967, p. 14.

Henri Brun, *La Cour suprême et la Constitution de J. Brossard*,
LAC 1968, p. 186-187.

Fernando Lemieux, *Le droit positif se trouve aujourd'hui*, So,
71ᵉ année, n° 257, 30 oct. 1968, p. 18.

Gilles Racine, *La tendance centralisatrice de la Cour suprême
viole l'esprit du fédéralisme*, Pr, 84ᵉ année, n° 243, 18 oct.
1968, p. 23.

Paul Sauriol, *Un ouvrage de Jacques Brossard sur la réforme de
la Cour suprême*, Dev, vol. 59, n° 267, 13 nov. 1968, p. 4, 7.

Jean Basile, *Nouvelles de J. Brossard et Contes de R. Lalande*,
Dev, vol. 66, n° 295, 21 déc. 1974, p. 13.

Jeanne Demers, *Jacques Brossard. Les Métamorfaux*, LAQ
1974, p. 69-70.

Edmond Orban, *Jacques Brossard. L'Accession à la souveraineté
et le Cas du Québec*, LAQ 1976, p. 343-345.

Réjean Beaudoin, *Jacques Brossard. Le Sang du souvenir*, LAQ
1976, p. 26-28.

Patrick Imbert, *Le Sang du souvenir, de Jacques Brossard... ou
La Voie initiatique*, Dr, 64ᵉ année, n° 245, 15 janv. 1977, p. 16.

Conrad Bernier, *Brossard : écrire pour le seul plaisir*, Pr, 93ᵉ année,
n° 18, 22 janv. 1977, p. D-2.

André Vanasse, *Le Sang du souvenir de Jacques Brossard*, LQ,
n° 6, avril-mai 1977, p. 8-9.

Nicole Deschamps, *Jacques Brossard ou L'Excellence d'une
parole libre*, Dev, vol. 69, n° 121, 28 mai 1977, p. 24.

BROSSARD, NICOLE
(1943-   ). Poète, ro-
mancière et dramaturge,
née à Montréal. Elle étu-
die au Collège Margue-
rite-Bourgeoys et à l'Université de Montréal (B.A.,
1965 et licence ès lettres,
1968). Nicole Brossard participe à la plupart des mouvements d'avant-garde
poétique au Québec : codirectrice (1965-1975) et
cofondatrice de la revue *La Barre du jour*, autour
de laquelle se réunissent plusieurs jeunes. Elle est
coordonnatrice des spectacles de jazz et de poésie
au Pavillon de la jeunesse lors de l'Expo '67. Passionnée de voyages, elle parcourt l'Europe depuis
1963, puis elle est attirée un moment par l'enseignement (1969-1971). Elle est fondatrice du journal
féministe *Les Têtes de pioche* (1976-1979), codirectrice de *La Nouvelle Barre du jour* (1977-1979)
et de la collection « Réelles » aux Éditions Quinze
(1979-1981). En 1982, elle fonde sa maison d'édition
L'Intégrale, éditrice. Son souffle poétique depuis la
parution de ses premières poésies, *Aube à la saison*,
est en état de perpétuelle mutation. Ses recueils se
succèdent à un rythme régulier toujours sous le
signe de la recherche des formes nouvelles : *Mordre
en sa chair* (1966), *L'écho bouge beau* (1968), *Le
Centre blanc* (1970), *Suite logique (1970)* et *Mécanique jongleuse*, suivi de *Masculin grammaticale*
(1974), ce dernier recueil gratifié du prix du Gouverneur général. Suivent *La Partie pour le tout*
(1975), *Amantes* (1980) et *Double Impression.
Poèmes et textes 1967-1984*, pour lequel elle reçoit
de nouveau le prix du Gouverneur général. Elle est
tentée par l'écriture romanesque et compose *Un
livre* (1970), et *French Kiss. Étreinte-exploration*
(1974), aussi par les essais, *Le Sens apparent* (1980)
et *Picture Theory* (1982), livres devant lesquels la
critique se sent déroutée, surtout devant ce langage
apparenté à la fois au nouveau roman et à la
sémiologie kristévienne. Nicole Brossard ne fait, en
réalité, que continuer son expérience sur le sens
même de l'acte poétique et de la liberté artistique.
Voici comment l'auteur décrit sa démarche : « Écrire,
c'est de tout temps faire émerger les inavouables,
produire à partir du territoire imaginaire collectif
que nous occupons, d'autres indices, d'autres mobiles pour la pensée. C'est concevoir un lien entre
l'espace mental, le corps et la réalité : en somme,
concevoir dans la pratique même de la langue ce

qui ne peut se concevoir ailleurs qu'en elle» *(La Lettre aérienne).*

ŒUVRES

Mordre en sa chair (poésie), Montréal, Les Éditions Estérel, 1966, 56 p.

L'écho bouge beau (poésie), Montréal, Estérel-quoi, 1968, 50 p.

Suite logique (poésie), Montréal, L'Hexagone, 1970, 58 p.

Un livre (roman), Montréal, Éditions du Jour, 1970, 99 p. «RJ»; *Un livre. Roman*, Quinze, 1980. Présentation critique de Claude Beausoleil. «Présence». Traduction anglaise de Larry Shouldice: *A Book*, Toronto, Coach House Quebec Translations, 1976.

Le Centre blanc (poésie), Montréal, Éditions d'Orphée, 1970, [n.p., 63 p.] Ill.; *Le Centre blanc. Poèmes 1965-1975*, L'Hexagone, 1978, 422 p. «Rétrospectives». (Comprend aussi: *Aube à la saison, Mordre en sa chair, L'écho bouge beau, Suite logique, Mécanique jongleuse, Masculin grammaticale* et *La Partie pour le tout*).

Mécanique jongleuse (poésie), [s.l., s.é.], 1973, 20 p. «Génération»; *Mécanique jongleuse suivi de Masculin grammaticale*, Montréal, L'Hexagone, 1974, 97 p. Traduction anglaise de Larry Shouldice: *Daydream Mechanics*, Toronto, Coach House Quebec Translations, 1980, 92 p.

Sold-out. Étreinte/illustration (roman), Montréal, Éditions du Jour, 1973, 115 p. «RJ»; *Sold-out. Étreinte/illustration. Roman*, Quinze, 1980, 125 p. Présentation critique d'André Beaudet. «Présence». Traduction anglaise de Patricia Claxton: *Turn of a Pang*, Toronto, Coach House Quebec Translations, 1976, 111 p.

French Kiss. Étreinte-exploration (roman), Montréal, Éditions du Jour, 1974, 151 p. «Nouvelle Culture»; *French Kiss. Étreinte-exploration. Roman*, Quinze, 1980, 157 p. Présentation critique de Yolande Villemaire. «Présence». Traduction anglaise de Patricia Claxton: *French Kiss or A Pang's Progress*, Toronto, Coach House Quebec Translations, 1986, 122 p. Préface du traducteur.

La Partie pour le tout (poésie), Montréal, L'Aurore, 1975, 76 p. «Lecture en vélocipède».

L'Amèr ou Le Chapitre effrité (théorie fictive), Montréal, Quinze, 1977, 99 p.; l'Hexagone, 1988, 120 p. «Coll. Typo». Traduction anglaise de Barbara Godard: *These Our Mothers or: The Disintegrating Chapter*, Toronto, Coach House Quebec Translations, 1983, 101 p. Préface du traducteur.

D'arcs de cycle la dérive (poème-affiche), [Saint-Jacques-le-Mineur], Les Éditions de la Maison, 1979. Gravure de Francine Simonin. (Tirage limité).

Le Sens apparent (prose), Paris, Flammarion, 1980, 76 p. «Textes».

Amantes (poésie), Montréal, Quinze, 1980, 111 p. Ill. «Réelles».

Picture Theory (prose), Montréal, Nouvelle Optique, 1982, 207 p. «Fiction».

Double Impression. Poèmes et textes, 1967-1984, Montréal, L'Hexagone, 1984, 146 p. Avant-propos de l'auteur. «Rétrospectives».

Journal intime ou Voilà donc un manuscrit, Montréal, Les Herbes rouges, 1984, 95 p. (Texte radiodiffusé sur les ondes de Radio-Canada du 8 au 12 août 1983).

Mauve (poésie), Montréal, NBJ/Writing, 1985, 19 p. Avec *Mauve a Reading* de Daphne Marlatt.

L'Aviva (poésie), Montréal, NBJ, 1985, 25 p. «On voit plus de prodiges merveilleux & de belles choses».

Domaine d'écriture (poésie), Montréal, NBJ, 1985, 78 p.

La Lettre aérienne (essai), Montréal, Éd. du Remue-Ménage, 1985, 154 p.

Le Désert mauve. Roman, Montréal, L'Hexagone, 1987, 228 p. «Fictions».

––––––––––––––––––

Aube à la saison (poésie), dans *Trois*, Montréal, Les Presses de l'AGEUM, 1965, p. 37-68 (Cahier n° 12).

Tabarnak, dans *Ellipse*, n° 6, hiver 1971, p. 26-31.

Naissance et Dispersion du désir, L, vol. 14, n° 84, nov.-déc. 1972, p. 20-23.

Le Cortex exubérant, BJ, n° 44, printemps 1974, p. 2-22.

E Muet mutant, BJ, n° 50, hiver 1975, p. 10-12.

L'Écrivain, dans *La Nef des sorcières* (théâtre), Montréal, Quinze, 1976, p. 73-80.

La tête qu'elle fait, BJ, n°s 56-57, mai-août 1977, p. 83-92.

L'Avenir de la littérature québécoise aux prises avec la réalité du dedans surgie, EF, vol. 13, n°s 3-4, oct. 1977, p. 383-393.

Le Souffle coupé, NBJ, n° 62, janv. 1978, p. 99-104.

La Question de l'identité, Dev, vol. 69, n° 128, 3 juin 1978, p. 25.

Fiction du privé, NBJ, n°s 68-69, sept. 1978, p. 67-68.

Les Surfaces, NBJ, n° 81, sept. 1979, p. 69-80.

(4): amantes/écrire, dans *Estuaire*, n° 13, sept. 1979, p. 49-75.

L'Épreuve de la modernité, NBJ, n°s 90-91, mai 1980, p. 55-68.

À la lumière des sens, NBJ, n° 112, mars 1982, p. 5-16.

ÉTUDES

Max Laroche, *Mordre en sa chair*, LAC 1965, p. 70-71.

Guy Robert, *L'Écho bouge beau*, LAC 1968, p. 90.

Jean-Yves Théberge, *Nicole Brossard et Denis Vanier*, CF, 2 avril 1969, p. 36.

François Gallays, *Suite logique [et] Le Centre blanc de Nicole Brossard*, LAQ 1970, p. 135-137.

Gilles Marcotte, *La Poésie*, EF, vol. 7, n° 1, févr. 1971, p. 103-114, surtout p. 107-110.

François Charron, *Nicole devant son miroir en papier*, dans *Presqu'Amérique*, août 1972, p. 34-35.

Claude Beausoleil et André Roy, *Entretien avec Nicole Brossard*, dans *Hobo-Québec*, n°s 14-15, janv. 1974, p. 12-21.

Réginald Martel, *Réveillez le singe qui dort!*, Pr, 90e année, n° 232, 28 sept. 1974, p. E-3.

François Ricard, *Nicole Brossard ou Le Langage taché*, dans *Le Jour*, vol. 1, n° 184, 5 oct. 1974, p. 14.

Jean-Pierre Vidal, *Nicole Brossard. French Kiss*, LAQ 1974, p. 42–45.

Clément Moisan, *Nicole Brossard. Mécanique jongleuse suivi de Masculin grammaticale*, LAQ 1974, p. 122–125.

Gaétan Dostie, *Sur les traces de Nicole Brossard*, dans *Le Jour*, vol. 1, n° 263, janv. 1975, p. 13.

Clément Moisan, *Nicole Brossard. La Partie pour le tout*, LAQ 1975, p. 115–118.

Yolande Villemaire, *Autour de La Nef des sorcières*, dans *Jeu*, printemps 1976, n° 2, p. 16–21.

Denis Saint-Jacques, « *La Nef des sorcières* » *ou Les Paramécides massacrés*, LQ, vol. 1, n° 3, sept. 1976, p. 17–18.

Caroline Bayard, *Caroline Bayard et Jack David sont venus rencontrer Nicole Brossard*, LQ, vol. 1, n° 4, nov. 1976, p. 34–37.

Robert Mélançon, *L'Impasse de L'Amèr*, Dev, vol. 69, n° 232, 8 oct. 1977. p. 19.

Monique Roy, *Entretien avec Nicole Brossard. Écrire «je suis une femme» est plein de conséquences*, Dev, vol. 69, n° 261, 12 nov. 1977, p. 37.

Patrick Imbert, « *L'Amèr*» *de Nicole Brossard ou L'Art de la demi-page blanche*, Dr, 65ᵉ année, n° 298, 18 mars 1978, p. 22.

Jean Royer, *Nicole Brossard: la traversée des inédits*, Dev, vol. 69, n° 292, 16 déc. 1978, p. 25–26.

André G. Bourassa, *Nicole Brossard. Le Centre blanc*, LAQ 1978, p. 99–102.

Yves Laliberté, *Deux recueils de poèmes où supprimer l'excentricité c'est s'abstenir*, I, vol. 2–3, n° 1, janv.–avril 1979, p. 77–97.

Jean Fisette, *Écrire pour le plaisir*, VI, vol. 5, n° 1, automne 1979, p. 197–201.

Caroline Bayard, *Nicole Brossard et l'Utopie du langage*, RUO, vol. 50, n° 1, janv.–mars 1980, p. 82–88.

Claude Beausoleil, *Nicole Brossard, un écrivain du Québec*, dans *L'Actualité littéraire*, n° 26, mars–avril 1980, p. 11.

Monique LaRue, *La Forme ardente et la Fiction*, dans *Spirale*, n° 10, juin 1980, p. 1, 6.

Pierre Nepveu, *Trois romans de Nicole Brossard: une histoire au présent*, I, vol. 4, nᵒˢ 2–3, mai–déc. 1980, p. 129–138.

Claude Beausoleil, *Nicole Brossard. Le Sens apparent/Amantes*, LAQ 1980, p. 95–98.

Philippe Haeck, *Nicole Brossard: Écrire, lire, aimer*, dans *Estuaire*, n° 19, printemps 1981, p. 105–107.

Irène Duranteau, *Le Texte-moderne et Nicole Brossard*, EL, vol. 14, n° 1, avril 1981, p. 105–121.

Jean Royer, *Nicole Brossard. La tentation du roman*, Dev, vol. 73, n° 251, 30 oct. 1982, p. 17–18.

Claude Beausoleil, *Pourquoi un colloque sur l'écriture de Nicole Brossard*, Dev, vol. 73, n° 251, 30 oct. 1982, p. 18.

[Collectif], *Traces. Écriture de Nicole Brossard*, NBJ, nᵒˢ 118–119, nov. 1982, 221 p. (Textes d'un colloque sur Nicole Brossard. Bibliographie).

Yolande Grisé, *Lectures de Gérard Bessette. Écriture de Nicole Brossard*, LQ, n° 29, printemps 1983, p. 50–51.

Anne-Marie Delepoulle, *Entretien avec Nicole Brossard*, dans *Études canadiennes/Canadian Studies*, 10ᵉ année, n° 16, juin 1984, p. 67–71.

Pierre Nepveu, *Le Projet mallarméen de N. Brossard*, Dev, vol. 75, n° 180, 4 août 1984, p. 18.

BROUILLARD, MARCEL (1930–   ). Imprésario, journaliste et romancier, né à Vaudreuil. Il fait des études classiques au Séminaire de Valleyfield. Il suivra ensuite des cours en administration à l'École des Hautes Études commerciales, et des cours en communication et en journalisme à l'Université de Montréal. Dès 1948, il travaille à organiser des spectacles avec des artistes comme Félix Leclerc et Jacques Normand, et il commence une carrière longue et variée dans le journalisme. Entre autres choses, il fonde et dirige *La Presqu'île* de Vaudreuil-Soulanges (1952–1959), il est secrétaire de presse et directeur exécutif provincial du Parti conservateur (1960–1962), directeur des publications de Quebecor (1963–1965), fondateur et directeur de *La Semaine* (1966–1968), directeur de *Photo-Journal* (1969–1973), recherchiste et chroniqueur à Télé-Métropole (1974), directeur du bureau de presse de Terre des hommes (1975–1976). En 1977, il est président fondateur des Productions Marcel Brouillard; il organise des spectacles, des tournées... En 1984, il est en outre attaché de presse au ministère de l'Industrie, du Commerce et du Tourisme. Il collabore aussi à *La Presse*, à *Marketing voyages*, *Échos-Vedettes*... Au cours de ces années, il fait de nombreux voyages qui sont à l'origine de plusieurs récits de voyages, tel le *Journal intime d'un Québécois au Mexique* (1971), et des romans : *L'Escapade* (1973) et *Dana l'Aquitaine* (1978). Ce dernier livre connaît un certain succès de librairie, mais des critiques comme Réginald Martel et Léo Beaudoin sont sévères, même si, pour ce dernier, « l'action se déroule rondement, les pièces du récit sont passablement bien agencées et la langue de l'auteur n'est pas sans qualité ».

ŒUVRES

Annuaire de Vaudreuil-Soulanges, Vaudreuil, Chez l'auteur, 1951, 132 p. Préface de Robert-Lionel Séguin.

Journal intime d'un Québécois au Mexique (récit de voyage), Montréal, Éditions Populaires, 1971, 94 p. Préface de Charles Tessier.

Espagne et Portugal (récit de voyage), Montréal, Éditions Populaires, 1971, 111 p. Préface de Robert-Lionel Séguin. Ill. (On trouve sur la couverture : « Le Journal intime d'un Québécois »).

Mes rencontres avec les grandes vedettes (entrevues), Montréal, Éditions Populaires, [1972], 111 p. Ill. Préface de Fernand Robidoux.

Journal intime d'un Québécois (récit de voyage), Montréal, Éditions Populaires, 1973, 177 p. Ill. Préface d'Ernest Pallascio-Morin. (France, Grèce, Maroc).

L'Escapade (récit), Montréal, Éditions Populaires, 1973, 173 p. Ill. Préface de Fernand Robidoux.

Le Maroc sans problème (guide touristique), Montréal, Éditions Intel, 1976, 148 p. Collab. Jean Côté.

Dana l'Aquitaine (roman), Montréal, Éditions Héritage, 1978, 169 p.

ÉTUDES

[Anonyme], *Brouillard (Marcel). Le Journal intime d'un Québécois*, dans *Le Livre canadien*, vol. 5, mars 1974, n° 105.

[Anonyme], *Brouillard (Marcel). L'Escapade*, dans *Le Livre canadien*, vol. 5, sept. 1974, n° 228.

Réginald Martel, *Pas de saison pour les navets*, Pr, 94ᵉ année, n° 195, 23 déc. 1978, p. B-3.

Léo Beaudoin, *Brouillard (Marcel). Dana l'Aquitaine*, dans *Nos livres*, vol. 10, juin–juillet 1979, n° 210.

N. Cusson, *Après 30 ans de journalisme : devenu gérant d'artistes, Marcel Brouillard va combler un trou du showbizz québécois*, dans *Télé-Radiomonde*, 9 janv. 1982, p. 3.

BROUILLET, CHRYSTINE (1958–   ). Romancière, née à Québec. Elle fait ses études au Collège Notre-Dame-de-Bellevue de Québec et au Petit Séminaire (D.E.C., 1977), et elle obtient un baccalauréat en littérature française à l'Université Laval (1981). Durant ses études elle travaille comme serveuse au café Chez Temporel et elle écrit un premier roman *Chère Voisine*, qui mérite le prix Robert-Cliche en 1982. Dans ce roman à suspense il ne s'agit pas d'intrigue policière ordinaire : ici le jeu se joue entre les personnages « parmi les mystifications et les mensonges de ceux qui ne veulent pas voir la police apprendre ce que le lecteur, lui, sait déjà » (René Lapierre). L'intérêt est dans le processus. Et le roman est bien écrit : « Il n'y a aucun de ces liens pénibles, entre les séquences, qui dénoncent l'écrivain inexpérimenté, écrit Réginald Martel. Tout s'enchaîne harmonieusement, comme par nécessité, et enchaîne le lecteur ».

ŒUVRES

Chère Voisine (roman), Montréal, Quinze, 1982, 202 p. « Prose entière » ; [Montréal, Québec Loisirs inc.], 200 p. Traduction anglaise par David Homel : *Dear Neighbor*, Toronto, General Publishing, 1984, 149 p.

Coups de foudre (roman), Montréal, Quinze, 1983, 169 p. « Prose entière ».

Un secret bien gardé (litt. jeunesse), Montréal, Les Éditions la Courte Échelle, 1983, [n.p., 21 p.]. Ill. de Philippe Béha.

À contre vent (litt. jeunesse), Paris/Montréal, Fernand Nathan/Éditions Ville-Marie, 1983, [n.p., 23 p.]. Ill. de Jean-Christian Knaff. Texte adapté par Christine Brouillet.

Le Complot (litt. jeunesse), Montréal, La Courte Échelle, 1985, 91 p. Ill. de Philippe Brochard. « Roman-jeunesse ».

Le Caméléon (litt. jeunesse), Montréal, La Courte Échelle, 1988, 96 p.

Lettre ouverte à Régis Tremblay, So, vol. 85, n° 100, 28 avril 1982, p. 3.

ÉTUDES

Régis Tremblay, *Comment une waitresse peut devenir écrivain* (entrevue), So, vol. 85, n° 92, 21 avril 1982, p. 13.

Réginald Martel, *Le Prix Robert-Cliche du premier roman. La rencontre heureuse du talent et du succès*, Pr, 98ᵉ année, n° 95, 24 avril 1982, p. C-1, C-3.

René Lapierre, *Sa langue au chat*, Dev, vol. 73, n° 99, 1ᵉʳ mai 1982, p. 21.

BROUILLETTE, BENOÎT (1904–   ). Géographe, né à Saint-Théophile (Champlain). Licencié en sciences commerciales de l'Université de Montréal (1928), il reçoit le titre de docteur en géographie de l'Université de Paris en 1931, pour une thèse intitulée : *La Chasse des animaux à fourrure au Canada*. Il est professeur de géographie à l'École des Hautes Études commerciales de Montréal de 1931 à 1969. Benoît Brouillette obtient le prix David en 1940, reçoit un doctorat honorifique de l'Université de Poitiers en 1954, la médaille du Centenaire de la Confédération en 1967, et il devient membre de l'Ordre du Canada en 1969. Il est en outre membre de la Société royale du Canada (1954) et de l'Académie des sciences morales et politiques. Il a été également coordonnateur des stages internationaux de l'UNESCO à Montréal, à Bruxelles et à Sèvres (1950-1951) et président de l'Union géographique internationale (1971). Il collabore à divers périodiques dont *L'Actualité économique*, *La Revue de géographie de Montréal* et les *Mémoires de la Société royale du Canada*. Lionel Groulx le qualifie de géographe attentif qui, dans un style précis révèle les beautés réelles de son pays.

ŒUVRES

Le Développement industriel de la vallée du St-Maurice (essai), Les Trois-Rivières, Les Éditions du « Bien public », 1932, 54 p. Préface de l'auteur. « Pages trifluviennes ».

La Chasse des animaux à fourrure au Canada, Paris, Librairie Gallimard, 1934, xvi, 205 p. Ill. Cartes. Préface de Pierre Deffontaines ; [Paris], Gallimard, [1951 ?].

Le Canada par l'image (essai), Montréal, Éditions Albert Lévesque, 1935, 133 p. Ill. Cartes ; 1936 ; Librairie Beauchemin, 1944, 143 p. ; 1946.

La Pénétration du continent américain par les Canadiens français 1763-1846. Traitants, explorateurs, missionnaires (essai), Montréal, Librairie Granger Frères limitée, 1939, 242 p. Ill. Cartes. Préface de Lionel Groulx ; Fides, 1979. « BCF Histoire et Documents ».

[*Géographie canadienne* (guide), Ottawa, Les Services éducatifs de la légion canadienne], 1944, 26 p.

Atlas of Canada Project : A Preliminary Survey, Montréal, The Canadian Social Science Research Council, 1945, 77 p.

Canadian Regions. A Geography of Canada, Toronto/ Vancouver, J.M. Dent & Sons (Canada) Limited, 1952, 601 p. Collab. Donald F. Putnam, Donald P. Kerr et J. Lewis Robinson. Ill. Cartes. Préface de l'éditeur Donald F. Putnam.

Les Principales Industries manufacturières du Canada (essai), Montréal, École des Hautes Études commerciales de Montréal, 1957, 109 p. Cartes. Présentation de François-Albert Angers. «Service de documentation économique»; *Les Industries manufacturières du Canada*, Institut d'économie appliquée, École des Hautes Études commerciales de Montréal, 1965, 181 p. (Édition mise à jour et augmentée).

Courants commerciaux de quelques produits canadiens: blé, papier journal, combustibles, minerai de fer, aluminium (essai), Montréal, École des Hautes Études commerciales, 1964, 215 p. Cartes. Présentation de François-Albert Angers. Préface de l'auteur. «Institut d'économie appliquée».

Images d'Asie. Récit de voyage illustré de nombreuses photographies prises par l'auteur, Montréal, Centre de psychologie et de pédagogie, 1965, 154 p. Ill. Carte. Présentation de Robert Garry.

L'Enseignement de la géographie, Paris, Unesco, 1966, 224 p. Collab.

Atlas Larousse canadien, Montréal, Librairie Larousse les Éditions françaises inc., 1971, viii, 128, 33 p. Ill. Sous la direction de Benoît Brouillette et Maurice Saint-Yves. Préface des auteurs; Québec/Ville Saint-Laurent, Les Éditions françaises inc., 1978, xvi, 160 p.

African Geography for Schools: A Handbook for Teachers, London, Longman, 1974, ix, 309 p. Collab. Norman J. Graves et Geoffrey Last.

Le Récit de Pierre-Antoine Tabeau dans le Haut Missouri (1803-1805), CHAR, 1937, p. 35-42.

Les Sources de l'étude du peuplement au Canada et plus particulièrement dans la province de Québec, dans *Comptes rendus du Congrès international de géographie*, Lisbonne, 1951, t. 3, p. 411-420.

Géographie et Littérature, MSRC, 4e série, vol. 3, section I, 1965, p. 13-18.

ÉTUDES

Jacques Rousseau, *Présentation de M. Benoît Brouillette*, dans *Présentation*, Société royale du Canada, n° 10, 1952-1953, p. 63-66.

Henri Dorion, *Images d'Asie*, LAC 1965, p. 150.

La Photogravure nationale ltée

BRUCHÉSI, JEAN (1901-1979). Journaliste, historien et critique littéraire, né à Montréal. Il fait ses études au Collège de Montréal et au Collège Sainte-Marie, puis il s'inscrit en droit à l'Université de Montréal: il est admis au barreau en 1924. Ensuite, à Paris, il fréquente l'École libre des sciences politiques, l'École des Chartes, et il étudie les lettres à la Sorbonne. Il enseigne l'histoire et les sciences politiques à l'Université de Montréal, de 1927 à 1937, avant d'être nommé sous-secrétaire de la province de Québec. Il quitte ce poste en 1959 pour devenir ambassadeur en Espagne et en Amérique latine. Il est membre de la Société royale du Canada (1940), de l'Institut polonais des arts et des sciences, du Canadian Institute of International Affairs, de la Société des Dix ... Au cours de sa longue et féconde carrière, il s'est vu décerner plusieurs récompenses, dont le prix d'Action intellectuelle pour *Jours éteints* (1930) et *Aux marches de l'Europe* (1933); l'Académie française couronne son *Histoire du Canada pour tous* en 1934 et en 1946; en 1949, on lui accorde le prix Duvernay pour *Canada. Réalités d'hier et d'aujourd'hui*. Son œuvre, remarquait Marie-Claire Daveluy, «ne peut que durer dans ses parties substantielles et jalonner certaines routes du savoir».

ŒUVRES

Coups d'ailes (poésie), Montréal, Bibliothèque de l'Action française, 1922, 162 p.

La Confédération. Essai historique à la demande de l'Ordre impérial des filles de l'empire. Pour les écoles de la province de Québec, Montréal, Publié sous les auspices du gouvernement de la province de Québec/ l'Université de Montréal/l'Université McGill, [1927], 36 p.

Oscar Dunn et son temps (étude), Montréal, Imprimerie populaire, 1928, 24 p.

Jours éteints (essai), Montréal, Librairie d'Action canadienne-française, 1929, 269 p.

Mistral, poète de lumière et de vérité (étude), Montréal, Librairie d'Action canadienne-française, 1930, 40 p.

Aux marches de l'Europe (récit de voyage), Montréal, Albert Lévesque, 1932, 322 p. Préface d'Édouard Montpetit.

Histoire du Canada pour tous, Montréal, Éditions Albert Lévesque, 1933, 2 vol.: vol. 1, *Le Régime français*, 367 p.; vol. 2, *Le Régime anglais*, 364 p. Cartes. «Documents historiques»; 1935, 2 vol.: vol. 1, 301 p.;

vol. 2, 364 p.; Éditions Beauchemin, 1942, 2 vol.: vol. 1, 303 p.; vol. 2, 364 p.; Éditions de l'Action canadienne-française; *Histoire du Canada*, Éditions Beauchemin, 1954, 682 p.

L'Épopée canadienne. (Pour la jeunesse) (histoire), Montréal, Éditions Albert Lévesque, 1934, 206 p. Ill. de René Chicoine et Jean-Paul Lemieux. «Albums historiques»; Montréal, Librairie Granger frères limitée, 1949.

Rappels (essais), Montréal, B. Valiquette, 1941, 233 p.

De Ville-Marie à Montréal (histoire), Montréal, Éditions de l'Arbre, 1942, 154 p. Ill.

Le Chemin des écoliers (essai), Montréal, B. Valiquette, 1944, 151 p.

Évocations (essais), Montréal, Les Éditions Lumen, 1947, 215 p.

Mgr Bruchési et quelques communautés religieuses de son diocèse, Ottawa, Alexandre Vachon, 1947, 24 p.

Canada. Réalités d'hier et d'aujourd'hui (histoire), Montréal, Les Éditions Variétés, 1948, 406 p. Préface d'Étienne Gilson; Beauchemin, 1954, 364 p. Traduction anglaise par R.-W.-W. Robertson: *A History of Canada*, Toronto, Clarke, Irwin and Company Limited, 1950, 357 p.; Beauchemin, 1954; 1957.

Rameau de Saint-Père et les Français d'Amérique (étude), Montréal, Éditions des Dix, 1950, 59 p.

Fidélité française, Québec, Comité de la Survivance française en Amérique, 1951, 26 p.

Le Canada (récit), Paris, Fernand Nathan, 1952, 191 p. «Merveilles de la France et du monde». Traduction anglaise: *Canada*, Toronto/Paris, The Ryerson Press/Fernand Nathan, 1956, 190 p. Ill.

L'Université (histoire), Québec, PUL, 1953, 117 p. Introduction d'Alphonse-Marie Parent.

Voyages... Mirages..., Montréal, Éditions Beauchemin, 1957, 237 p.

Témoignages d'hier (essais), Montréal, Fides, 1961, 301 p.

Souvenirs à vaincre, Montréal, Hurtubise/HMH, 1974, t. 1, 181 p. Introduction de l'auteur.

Souvenir d'ambassade. Mémoires 1959–1972, Montréal, Fides, 1976, 185 p.

Les États-Unis et la Rébellion de 1837–1838 dans le Bas-Canada, dans *Revue trimestrielle canadienne*, 23e année, n° 89, mai 1937, p. 1–20.

L'Esprit français et l'École, CF, mai 1939, 16 p.

À la recherche de nos œuvres d'art, MSRC, 3e série, vol. 37, section 1, 1943, p. 25–33.

Sir Wilfrid Laurier et Monseigneur Bruchési, MSRC, 3e série, vol. 40, section 1, 1946, p. 3–22.

History and National Life, C, vol. 7, n° 2, juin 1946, p. 177–193.

Aspect intellectuel et universitaire du Canada d'après-guerre, C, sept. 1949, p. 215–229.

Service national et Conscription, 1914–1917, MSRC, 3e série, vol. 44, section 1, 1950, p. 1–18.

Lettre d'un exilé (1837–1839), CD, n° 16, 1951, p. 63–82; n° 17, 1952, p. 85–110.

L'Abbé Paul-Napoléon Bruchési à Québec 1880–1884, CD, n° 21, 1956, 23 p.

Brève histoire d'une longue amitié, CD, n° 23, 1958, 28 p.

ÉTUDES

Camille Roy, *Jours éteints*, ESC, vol. 9, n° 2, nov. 1929, p. 98–99.

Émile Bégin, *Histoire du Canada pour tous*, ESC, vol. 14, n° 2, nov. 1934, p. 86–89.

Napoléon Morissette, *Nouveaux Livres canadiens*, CF, vol. 22, n° 3, nov. 1934, p. 241–258, surtout p. 241–248.

Adrienne Choquette, *Jean Bruchési*, dans *Confidences d'écrivains canadiens-français*, Trois-Rivières, EBP, 1939, p. 43–46.

Berthelot Brunet, *La Trahison de Jean Bruchési*, NR, vol. 2, n° 5, mars 1943, p. 315–316.

Théophile Bertrand, *Canada. Réalités d'hier et d'aujourd'hui*, dans *Lectures*, t. 6, n° 4, déc. 1949, p. 201–207.

Marie-Claire Daveluy, *Un ambassadeur intellectuel du Canada français M. Jean Bruchési*, dans *Lectures*, t. 9, n° 10, juin 1953, p. 433–440.

Émile Chartier, *Jean Bruchési*, dans *Lectures*, vol. 4, n° 3, 1er oct. 1957, p. 35–36.

Id., *Jean Bruchési. Témoignages d'hier*, RHAF, vol. 16, n° 1, juin 1962, p. 142–144.

BRÛLÉ, MICHEL (1926–   ). Sociologue du cinéma et essayiste, né à Montréal. Il fait ses études classiques au Collège Saint-Denis et à l'Université de Montréal (B.A., 1960). En 1961, il termine sa licence en philosophie en présentant un mémoire intitulé «Le Problème de la mort dans l'œuvre d'André Malraux». Boursier du Conseil des Arts du Canada et du ministère de l'Éducation, il poursuit ses études de philosophie et de sociologie à la Sorbonne, ainsi qu'à l'École pratique des Hautes Études de Paris et, en 1966, il soutient une thèse de doctorat de troisième cycle sur «Le Problème de la mort dans la philosophie française de l'existence». De retour à Montréal, il enseigne au département de sociologie de l'Université de Montréal de 1966 à 1977, après quoi il occupe divers postes dans l'administration gouvernementale du Québec. Il collabore au *Devoir*, au *Nouveau Journal*, à *Sociologie et Sociétés*, et il publie en 1974 un important ouvrage sur Pierre Perrault. «Dans ses conclusions, lit-on dans *Le Livre canadien*, Brûlé cherche à relier la structure et les valeurs de l'œuvre de Perrault à l'idéologie du groupe social auquel le cinéaste appartient [...]. Celles-ci apparaissent d'autant plus convaincantes que le lecteur a pu suivre toutes les étapes de l'analyse». Nommé directeur général du cinéma et de l'audio-visuel au ministère des Communications du Québec, Michel Brûlé faisait paraître, en 1978, avec la collaboration de divers spécialistes, un ouvrage qui allait servir à l'établissement d'une loi sur le cinéma: *Vers une politique du cinéma au Québec*.

ŒUVRES

Pierre Perrault ou Un cinéma national. Essai d'analyse socio-cinématographique, Montréal, PUM, 1974, 153 p. III. Avant-propos de l'auteur.

Pour une sociologie du cinéma (essai), Montréal, PUM, 1976, 143 p.

Vers une politique du cinéma au Québec. Document de travail, Québec, Ministère des Communications, 1978, 213 p.

L'Université et les Finalités des sociétés, dans *La Commission d'étude sur les relations entre les universités et le gouvernement*, Ottawa, EUO, 1970, p. 205–240.

Introduction à l'œuvre cinématographique de Jean-Pierre Lefebvre, cinéaste et québécois, dans *Jean-Pierre Lefebvre*, Montréal, PUQ, 1971, p. 17–62.

L'Œuvre ouverte de Lucien Goldman, dans *Sociologie et Sociétés*, vol. 3, n⁰ 1, mai 1971, p. 3–12.

Trente ans d'avant-premières pour un cinéma neuf dans une société neuve, dans *Forces*, n⁰ 25, oct.–déc. 1973, p. 23–34.

L'Imaginaire catalyseur. Deux films pernicieux. Un homme et son péché et Séraphin, dans *Sociologie et Sociétés*, vol. 8, n⁰ 1, avril 1976, p. 117–140.

Les Impacts du cinéma américain sur le cinéma et la société québécoise, dans *Sociologie et Sociétés*, vol. 8, n⁰ 1, avril 1976, p. 25–42.

ÉTUDES

[Anonyme], *Pierre Perrault ou Un cinéma national*, dans *Le Livre canadien*, vol. 5, déc. 1974, n⁰ 342.

Jean-Pierre Bastien, *Le cinéma qu'on transcrit*, LAQ 1974, p. 264–266, surtout 265.

Luc Perrault, *Michel Brûlé : le cinéma québécois aura droit de cité* (entrevue), Pr, 93ᵉ année, n⁰ 138, 11 juin 1977, p. D-14.

BRULOTTE, GAÉTAN (1945–). Essayiste, poète, nouvelliste et romancier, né à Lauzon (Lévis). Il fait ses études au Collège Jean-de-Brébeuf (Montréal) et à l'École normale Laval (B.A., 1966). Ensuite, à l'Université Laval, il obtient une licence ès lettres (1969), un diplôme de l'École normale supérieure (1970) et une maîtrise pour un mémoire sur « L'Imaginaire et l'Écriture : Ghelderode » (1972). Il poursuit ses études à l'École pratique des Hautes Études en sciences sociales et à l'Université de Paris VII où il soutient une thèse de doctorat, en 1978 : « Aspect du texte érotique ». Il est professeur de langue et de littératures françaises à l'Université Laval, en 1969, puis, à compter de 1970, au Cégep de Trois-Rivières. Il est de plus chargé de cours à l'Université du Nouveau-Mexique (1981) et à l'Université de Californie (1982). Il signe une chronique littéraire au *Nouvelliste* et il collabore à divers périodiques, tels *Champs d'application*, *Études littéraires*, *Spirale*, *Bulletin du Cercle Gabriel-Marcel*. Il conçoit avec Alexis Klimov et Bernard Pozier et il coordonne la publication du *Dictionnaire bio-bibliographique des écrivains de la Mauricie* (1981). Il mérite plusieurs récompenses dont le prix Robert Cliche (1979), le prix France-Canada (1979) et le prix France-Québec (1980) pour *L'Emprise* (1979), le prix Adrienne-Choquette (1981) pour *Le Surveillant*, recueil de nouvelles « d'une rare qualité », selon Noël Audet, ainsi que le prix du meilleur texte radiophonique « 60 minutes » (1983). Dans le premier roman de Brulotte, *L'Emprise*, adapté pour la radio et le cinéma, il est question d'écriture, du rapport auteur-personnage. Pierre Berthiaume en admire la construction complexe mais reproche à l'œuvre une certaine froideur. Mais pour Pierre L'Hérault, « le discours sur l'écriture, comme signe trop apparent, est une fausse piste. La réalité du roman est ailleurs. Sans doute, bien davantage dans le rapport (vivant) auteur/lecteur que dans celui (théorique) romancier/personnage ; bien plus dans le *jeu* que dans le propos. Brulotte vise à faire de son lecteur un complice, un partenaire du jeu dont il fixe les règles. [...] Un premier roman qui est bien plus qu'une promesse : une réussite ».

ŒUVRES

L'Emprise. Roman, Montréal, Les Éditions de l'Homme, 1979, 207 p.

Le Surveillant (nouvelles), Montréal, Quinze, 1982, 123 p. « Prose entière ».

Ce qui nous tient (nouvelles), Montréal, Leméac, 1988, 152 p.

Le Sceptre et le Spectre, EL, vol. 7, n⁰ 1, avril 1974, p. 97–107.

L'Écriture priadique, dans *Champs d'application*, 2ᵉ année, n⁰ 3, automne 1974, p. 4–17.

Savoir pour s'avoir : une éthique du détachement, dans *La Feuille*, 1ʳᵉ année, n⁰ 3, oct. 1974, p. 4.

Réel et Fantastique en littérature, dans *Bulletin du Cercle Gabriel-Marcel*, vol. 1, n⁰ 6, déc. 1979, p. 17.

Vécu et Écriture, vie pratique et production, dans Hobo/Québec, n⁰ 44, printemps/été, 1981, p. 45–46.

Érotisme et Littérature, dans *Bulletin du Cercle Gabriel-Marcel*, vol. 3, n⁰ 1, avril 1978, p. 1–19.

ÉTUDES

Réginald Martel, *Attention ! romancier méchant*, Pr, 95ᵉ année, n⁰ 103, 5 mai 1979, p. D-3.

Pierre Berthiaume, *L'Emprise de Gaétan Brulotte. Premier prix Robert Cliche*, LQ, n⁰ 15, août-sept. 1979, p. 19–21.

Pierre L'Hérault, *Gaétan Brulotte. L'Emprise*, LAQ 1979, p. 35–36.

Noël Audet, *Brulotte : l'intelligence de l'écriture*, Dev, vol. 73, n⁰ 293, 18 déc. 1982, p. 23–24.

Gilles Cossette, *Fascismes, Le Surveillant de Gaétan Brulotte*, LQ, n° 29, printemps 1983, p. 30-31.

Gilles Marcotte, *Le Texte le plus terrifiant jamais écrit au Québec, signé Réjean Ducharme*, dans *L'Actualité*, vol. 8, n° 4, avril 1983, p. 118.

BRUNEAU, JEAN. Voir **SYLVESTRE, JOSEPH-GUY.**

BRUNELLE, DORVAL (1941–   ). Sociologue, né à Montréal. Il fait le cours classique au Collège Stanislas de Montréal (B.A., 1959), puis il obtient une licence en droit civil à l'Université de Montréal (1962). En 1962-1963, il étudie à l'Université de Madrid. De 1964 à 1966, il est secrétaire exécutif au ministère des Affaires municipales du Québec et, en 1967 et 1968, il travaille comme journaliste pigiste à Radio-Canada. Boursier du Gouvernement français (1968-1970), il prépare un doctorat en sociologie à l'École pratique des Hautes Études de Paris et soutient une thèse sur «L'Analyse de la contradiction entre le travail manuel et le travail intellectuel à partir du code civil québécois». En 1970, Brunelle devient professeur de sociologie à l'Université du Québec à Montréal. Cofondateur des *Cahiers du socialisme*, il collabore en outre au *Soleil*, au *Devoir*, à *Politique aujourd'hui* (Paris), à *Sociologie et Sociétés*. Son premier livre, *Le Code civil et les Rapports de classes* (1975), qui contient de larges extraits de sa thèse, ne fait guère de bruit. Sur le second, *La Désillusion tranquille* (1978), Raymond Laprés écrit : «On a [...] affaire ici à une certaine lecture de l'événement, entre cent autres possibles. Lecture au reste légitime, dans la mesure où les faits ne sont ni tronqués, ni sollicités». De son côté, Jacques Grand'Maison trouve le travail «bien étayé et fort cohérent dans sa logique marxiste». Mais il pense aussi que «ce qu'il y a de sûr, c'est qu'une politique socialiste ne naîtra jamais de cette scolastique aussi plate que l'ancienne». *La Raison du capital* (1980) fait dire à un Marcel Rafie très favorable qu'on peut trouver chez nous «des marxistes sans complexes et sans œillères qui tirent ressource de leur méthode pour éclairer un peu mieux tel ou tel plan de la pratique sociale».

ŒUVRES

Le Code civil et les Rapports de classes suivi d'une analyse sociologique de la loi canadienne de l'assurance-chômage (essai), Montréal, PUQ, 1975, [4], 119 p. Avant-propos de l'auteur.

La Désillusion tranquille (essai), Montréal, Hurtubise HMH, 1978, 225 p. Avant-propos de l'auteur. «Cahiers du Québec, collection sociologie».

La Raison du capital. Essais sur la dialectique, Ville La Salle, Hurtubise HMH, 1980, 216 p. Avant-propos et présentation par l'auteur. «Brèches».

L'État solide. Sociologie du fédéralisme au Canada et au Québec (essai), Montréal, Éditions Sélect, 1982, 174 p. Présentation par l'auteur.

Socialisme, Étatisme et Démocratie (essai), Montréal, Éditions Saint-Martin, 1983, 176 p. Avant-propos de l'auteur. «Recherches et documents».

Les Trois colombes. Essai, Montréal, VLB éditeur, 1985, 308 p. Ill. Avant-propos de l'auteur.

ÉTUDES

Jacques Grand'Maison, *L'Envers de la révolution tranquille*, dans *Le Livre d'ici*, vol. 4, n° 7, 22 nov. 1978, p. 1.

Raymond Laprés, *Brunelle (Dorval). La Désillusion tranquille*, dans *Nos livres*, vol. 10, avril 1979, n° 125.

Marcel Rafie, *Dorval Brunelle. La Raison du capital*, LAQ 1980, p. 265-267.

BRUNET, BERTHELOT (1901-1948). Journaliste, critique, conteur et romancier, né à Montréal. Il fait des études classiques au Collège Sainte-Marie et étudie le droit à l'Université de Montréal. Notaire de 1922 à 1929, il abandonne cette carrière pour vivre à sa guise. Assez solitaire, bohème, grand liseur, il fait de la traduction et il écrit des centaines d'articles qu'il adresse à divers périodiques dont *La Patrie*, *Les Idées*, *L'Ordre*, *La Relève*, la *Revue dominicaine*, le *Mercure de France*... Membre de l'École littéraire de Montréal, il en est le secrétaire en 1925. Son œuvre est inégale. «Il s'est défini lui-même comme polygraphe, écrit Gilles Marcotte, et ses œuvres, quelque forme qu'elles empruntent ont toujours le charme et le décousu d'une causerie à bâtons rompus». Dans une langue très pure, il cause, raconte, original et libre ; et c'est peut-être ainsi qu'il faut lire son *Histoire de la littérature canadienne-française*, catalogue incomplet et curieusement organisé que plus d'un critique a jugé sévèrement. À la sortie du beau recueil de contes de Brunet, *Le Mariage blanc d'Armandine*, on avait salué la naissance d'un excellent conteur. Et André Vanasse déclare qu'il s'en est fallu de peu pour que soit un grand roman *Les Hypocrites*, livre rempli de références transparentes à la vie et à la personne de l'auteur. «Perpétuel étudiant, lecteur infatigable, observateur tour à tour amusé et scandalisé de la réalité sociale, il nous offre dans son œuvre une riche moisson de *faits vrais*» (Gilles Marcotte).

ŒUVRES

Chacun sa vie. Critiques, Montréal, Imprimerie Excelsior, 1942, 165 p. Préface de l'auteur.

Le Mariage blanc d'Armandine. Contes, Montréal, Éditions de l'Arbre, 1943, 210 p.

Les Hypocrites. La folle expérience de Philippe. Roman, Montréal, Éditions de l'Arbre, 1945, 239 p.

La Conquête morale de l'Allemagne, Montréal, Éditions de l'Arbre, 1945, 211 p. Traduction du livre d'Émile Ludwig.

Histoire de la littérature canadienne-française, Montréal, Éditions de l'Arbre, 1946, 187 p. ; *Histoire de la littérature canadienne-française suivi de Portraits d'écrivains*, HMH, 1970, 332 p. « R ».

Histoire de la littérature française, Montréal, Éditions HMH, 1970, 237 p. « R ».

ÉTUDES

François Hertel, *Les Contes de Berthelot*, NR, vol. 3, nº 2, janv.-févr. 1944, p. 124–125.

Jean Bruchési, *Berthelot Brunet*, RD, vol. 55, nº 1, févr. 1949, p. 105–109.

Paul Toupin, *Rencontre avec Berthelot Brunet*, Montréal, Fides, 1950, 43 p. (Paru d'abord dans *Liaison*, vol. 4, janv. 1950, p. 25–45).

Id., *Berthelot Brunet* (essai), CACF, nº 3, 1958, p. 110–123.

Id., *Les Paradoxes d'une vie et d'une œuvre* (essai), Montréal, CLF, 1965, 138 p.

Gilles Marcotte, *Berthelot Brunet tel qu'en lui-même*, ECF, nº 29, 1970, p. 11–15.

Madeleine Ducrocq-Poirier, *Berthelot Brunet*, dans *Le Roman canadien de langue française de 1860 à 1958. Recherche d'un esprit romanesque* (essai), Paris, A.G. Nizet, 1978, p. 385–393, 465–466, 723–725.

BRUNET, JACQUES (1939–   ).

Essayiste et linguiste, né à Ottawa. Il fait ses humanités à l'Université d'Ottawa (B.A., 1958) où il continue ses études de lettres et obtient une maîtrise pour une thèse sur Albert Laberge (1963). Chargé de cours à l'Université d'Ottawa (1963–1967), il passe à la linguistique et poursuit des études de doctorat en linguistique à l'Université Laval (1967–1970). De retour à l'Université d'Ottawa, il est directeur du laboratoire de langue puis directeur intérimaire du Département des langues modernes (1972). Par la suite, il quitte l'enseignement et devient traducteur à la pige. Jean-Charles Falardeau exprime des réserves sur le *Laberge* publié en 1969. Par contre, Adrien Thério écrit que cette étude « a le mérite de bien situer l'homme, de faire une classification de l'œuvre et d'ouvrir des avenues qui seront fort utiles à d'autres chercheurs ».

ŒUVRES

Correspondance française, Montréal, Hydro-Québec, 1966, 30 p. Collab. Zeno M. Santiago.

Albert Laberge, sa vie et son œuvre (essai), Ottawa, EUO, 1969, 176 p. « VLC ».

Un naturaliste canadien, Albert Laberge (1871–1960), LAC 1962, p. 104–106.

Une résurrection, Dr, 51ᵉ année, nº 75, 29 mars 1963, p. 14.

La Scouine d'Albert Laberge, dans *L'École littéraire de Montréal*, Montréal, Fides, 1972, p. 201–211. « ALC » 2.

Chansons pour un homme seul, I, nº 6, 1964, p. 5–13.

ÉTUDES

Adrien Thério, *Albert Laberge, sa vie et son œuvre de Jacques Brunet*, LAQ 1969, p. 136–137.

Jean-Charles Falardeau, *Albert Laberge, sa vie et son œuvre*, RHAF, vol. 24, nº 1, juin 1970, p. 89–91.

BRUNET, MICHEL (1917–1985).

Historien, né à Montréal. Il fait son cours classique au Collège de Saint-Laurent (B.A., 1939), puis il obtient un diplôme supérieur d'enseignement à l'École normale Jacques Cartier et un baccalauréat en pédagogie à l'Université de Montréal (1941). De 1941 à 1947, il enseigne à la Commission des écoles catholiques de Montréal, tout en poursuivant ses études à l'Université de Montréal qui lui octroie une licence en sciences sociales, économiques et politiques (1946) et une maîtrise en histoire (1947). Boursier de la Fondation Rockefeller, il reçoit, en 1949, un doctorat en histoire de l'Université Clark de Worcester (Mass., É.-U.) ; sa thèse porte sur « The Massachusetts Constitutional Convention of 1853 ». À son retour, il enseigne l'histoire des États-Unis à l'Institut d'histoire de l'Université de Montréal. Il sera directeur du Département d'histoire (1959–1968), secrétaire de la Faculté des lettres (1962–1966) et vice-doyen (1966–1967). Il est membre de la Société historique du Canada, de l'Académie canadienne-française (1961) dont il est élu secrétaire en 1962, et il est président de l'Institut d'histoire de l'Amérique française en 1970–1971. Il mérite plusieurs prix : prix du Gouverneur général 1969 et prix France-Québec 1970 pour *Les Canadiens après la Conquête*, prix Duvernay 1970 pour l'ensemble de son œuvre, et prix Léon-Gérin 1983 décerné par le Gouvernement du Québec pour sa carrière exceptionnelle. Historien et essayiste prolifique, Michel Brunet, en disciple de Maurice Séguin, étudie l'histoire du Canada sous l'angle des conséquences de la Conquête. Il en arrive ainsi à la conclusion que le changement de régime a brisé le processus normal du développement de la nation canadienne-française en Amérique. Cette interprétation n'est pas sans soulever certaines contestations. En raison de ses convictions sur le rôle de l'historien qui devrait être en quelque sorte guide de la nation, Michel Brunet a été souvent invité à prononcer des conférences dont les textes sont réunis en trois volumes : *Canadians et Canadiens* (1955), *La Présence anglaise et les Canadiens* (1958), *Québec — Canada anglais. Deux itinéraires un affrontement* (1968). Selon Ramsay Cook, « malgré l'iconoclasme radical apparent de Brunet, son attitude fondamentale face à l'histoire de son peuple est orthodoxe. L'histoire pour lui [...] est une arme qui doit être maniée tout au long de l'interminable lutte nationale ».

ŒUVRES

Histoire du Canada par les textes, Montréal/Paris, Fides, 1952, 297 p. Collab. Guy Frégault et Marcel Trudel. Cartes ; 1963, 2 vol. : vol. 1, *1534–1854*, 262 p. ; vol. 2, *1855–1960*, 281 p. Avant-propos de Michel Brunet. (Édition revue et augmentée) ; 1979.

Canadians et Canadiens. Études sur l'histoire et la pensée des deux Canadas, Montréal/Paris, Fides, 1954, 175 p. ; 1960. « Bibliothèque économique et sociale » ; Montréal, Fides, 183 p. « Bibliothèque canadienne-française. Histoire et documents » ; 1971 (réimpression de l'édition de 1954) ; 1979, 182 p.

La Présence anglaise et les Canadiens. Études sur l'histoire et la pensée des deux Canadas, Montréal, Beauchemin, 1958, 293 p. ; 1964, 325 p.

Les Canadiens et les Débuts de la domination britannique, 1760–1791 (histoire), Ottawa, La Société historique du Canada, 1962, 24 p. « SHC » ; 1966. Traduction anglaise par Naomi E.S. Griffiths : *French Canada and the Early Decades of British Rule, 1760–1791*, Ottawa, The Canadian Historical Association, 1963, 16 p. « CHA » ; 1968, 17 p.

Le Financement de l'enseignement universitaire au Québec (essai), Montréal, Les Publications de l'Académie canadienne-française, 1963, 31 p.

Société, pouvoir politique, nation et état : le cas de la collectivité canadienne-française ou québécoise, [Montréal], [s.é.], 1966, 42 f. (Texte polycopié).

Québec — Canada anglais. Deux itinéraires un affrontement (essai), Montréal, Éditions HMH, 1968, 309 p. « C ».

Un essai de gravures romantiques sur le pays du Québec au XIXe siècle, Montréal, Les Éditions de l'Homme, 1968, 103 p. Ill. Traduction anglaise par J. Russell Harper : *A 19th Century Romantic Sketch of Quebec :*

Quebec 1800 W.H. Bartlett. Avant-propos de Michel Brunet et J. Russell Harper.

Les Canadiens après la Conquête, 1759–1775 : de la Révolution canadienne à la Révolution américaine (histoire), Montréal, Fides, 1969, 315 p. Avant-propos de l'auteur ; 1980. « Histoire et Documents ».

Histoire politique, économique et sociale des États-Unis contemporains, Montréal, Librairie des Presses de l'Université de Montréal, 1971, 50 p.

Précis d'histoire du Canada de la Nouvelle-France à nos jours, Montréal, Librairie des Presses de l'Université de Montréal, 1972, 76 p.

Histoire politique, économique et sociale du Québec et des Québécois : le premier centenaire de l'État du Québec, Montréal, La Librairie de l'Université de Montréal, 1975, 45 p. (Notes de cours. Texte polycopié).

Notre passé, le présent et nous (histoire), Montréal, Fides, 1976, 278 p. Avant-propos de l'auteur. « Bibliothèque canadienne-française. Histoire et documents ».

Analyse de l'efficacité de la société de développement industriel du Québec, Montréal, [s.é.], 1977, 101 p.

Histoire du Canada et des Canadians, Montréal, La Librairie de l'Université de Montréal, 1978–1979, 52 p. (Notes de cours. Texte polycopié).

Les Idées politiques de la Gazette littéraire de Montréal (1778–1779), CHAR, 1951, p. 43–50.

Premières Réactions des vaincus de 1760 devant leurs vainqueurs, RHAF, vol. 6, n⁰ 4, mars 1953, p. 506–516.

La Science politique au service de l'Union nationale, AN, vol. 44, n⁰ 4, déc. 1954, p. 272–292.

Coexistence : Canadian Style, dans *Queen's Quarterly*, vol. 63, n⁰ 3, automne 1956, p. 424–431.

Trois dominantes de la pensée canadienne-française, l'agriculturisme, l'anti-étatisme et le messianisme, ECF, n⁰ 3, 1957, p. 31–118.

Canadians et Canadiens : Why are They not Alike ?, C, vol. 20, n⁰ 1, mars 1959, p. 14–24.

Les Canadiens et la France révolutionnaire, RHAF, n⁰ 13, mars 1960, p. 467–475.

The University as a Public Institution in French Canada from Louis XIII to the Electoral Campaign of 1960, dans *Journal of the Institute of Public Administration of Canada*, vol. 3, déc. 1960, p. 344–349.

French Canadian Interpretations of Canadian History, dans *The Canadian Forum*, vol. 44, avril 1964, p. 5–7.

Towards the Discovery of a New Quebec and the Rebuilding of the Canadian Union, dans *The Humanities Association Bulletin*, vol. 26, printemps 1965, p. 29–39.

Continentalism and Quebec Nationalism : A Double Challenge to Canada, dans *Queen's Quarterly*, vol. 76, automne 1969, p. 511–527.

L'Équipe multidisciplinaire, une dure réalité, dans *Critère*, n⁰ 14, juin 1976, p. 67–76.

Le Québec, la Révolution américaine et l'intervention de la France, dans *Nouvelles Recherches québécoises*, vol. 1, mars 1978, p. 56–66.

BRUNET

Le Québec et la Présence française en Amérique, dans *Forces*, n° 43, 2ᵉ trimestre, 1978, p. 22–29.

Les Immigrants en Amérique du Nord. Des partenaires d'une même aventure, dans *Question de culture. 2. Migrations et communautés culturelles*, [Montréal], Leméac, 1982, p. 17–22. Présentation de Gary Caldwell et Fernand Harvey. « Institut québécois de recherche sur la culture ».

ÉTUDES

Lionel Groulx, *Canadians et Canadiens. Étude sur l'histoire et la pensée des deux Canadas*, RHAF, vol. 9, n° 1, 1ᵉʳ juin 1955, p. 120–129.

Fernand Ouellet, *M. Michel Brunet et le Problème de la Conquête*, BRH, vol. 62, n° 2, 1956, p. 92–101.

Léon Dion, *Le Nationalisme pessimiste : sa source, sa signification, sa validité*, CL, vol. 7, nov. 1957, p. 3–18.

Dominique Beaudin, *Le « Brunétisme » ou La Déformation de l'histoire*, AN, vol. 48, n° 8, avril 1959, p. 329–342.

Fernand Ouellet, *Le Nationalisme canadien-français, de ses origines à l'insurrection de 1837*, CHR, vol. 45, déc. 1964, p. 277–292.

Ramsay Cook, *L'Historien et le Nationalisme, le cas Michel Brunet*, CL, 15ᵉ année, n° 73, janv. 1965, p. 5–14.

Serge Gagnon, *Pour une conscience historique de la révolution québécoise*, CL, 16ᵉ année, n° 83, janv. 1966, p. 4–19, surtout p. 9–11.

Bruno Deshaies, *Québec — Canada anglais. Deux itinéraires, un affrontement*, RHAF, vol. 22, n° 4, mars 1969, p. 625–633.

Réginald Martel, *L'histoire est un art difficile*, Pr, 85ᵉ année, n° 196, 23 août 1969, p. 27.

Fernand Harvey, *Bibliographie de six historiens québécois (Michel Bibaud, Garneau, Chapais, Groulx, Ouellet, Brunet)*, Québec, Institut supérieur des sciences humaines, 1970, 43 p.

Denis Vaugeois, *Les Canadiens après la Conquête, 1759-1775*, RHAF, vol. 24, n° 3, 1970, p. 420–427.

Paul Gay, *La Démocratie dirigée. Notre passé, le présent et nous*, Dr, 65ᵉ année, n° 110, 6 août 1977, p. 17.

[Anonyme], *Pour sa contribution à l'histoire Michel Brunet est honoré*, dans *L'Information nationale*, vol. 6, n° 7, févr. 1978, p. 3.

Clément Trudel, *Prix Léon-Gérin. Michel Brunet. Ma plus grande satisfaction est d'avoir raison avant les autres*, Dev, vol. 74, n° 238, 15 nov. 1983, p. 17, 32.

Pierre Tousignant, *À la mémoire de Michel Brunet*, Dev, vol. 76, n° 206, 6 sept. 1985, p. 8.

Edmond Robillard, *Hommage à Michel Brunet*, Dev, vol. 76, n° 210, 11 sept. 1985, p. 8.

Edmond Orban, *Pour saluer Michel Brunet*, Dev, vol. 76, n° 223, 26 sept. 1985, p. 11.

BRUNET, YVES-GABRIEL (1938–   ). Poète, essayiste et critique littéraire, né à Montréal. Il fait ses études classiques au Collège Sainte-Marie (B.A., 1959), puis il obtient une maîtrise en sciences médiévales de la Faculté de philosophie de l'Université de Montréal (1961). Durant deux ans, il fait de la chanson au El Cortijo. De 1964 à 1967, il travaille à Radio-Canada, d'abord comme chroniqueur et critique littéraire pour l'émission radiophonique

La Revue des arts et des lettres, puis comme recherchiste pour l'émission *Place aux femmes*, et collabore occasionnellement au *Devoir*, à *Culture vivante*, à *Liberté*, à *La Barre du jour* et à *Vie des arts*. À partir de 1965, il enseigne la stylistique, la langue et la littérature françaises au Collège Victoriaville, aux Cégeps Marie-Victorin et Lionel-Groulx, à la Régionale des Mille-Isles ainsi qu'à l'École nationale de théâtre du Canada. Dans son enseignement comme dans sa poésie, il vise à l'originalité et, à cet égard, il prépare une nouvelle « méthode globale » de l'enseignement du français : *Cours primaire de lecture*. En poursuivant sa carrière de professeur, il participe à plusieurs spectacles de poésie dont « La Nuit de la poésie » (1970), « Hommage à Claude Gauvreau » (1971), « Hymne populaire du Québec » (1976 et 1978). En 1980, il est le concepteur, l'organisateur, le réalisateur d'ensemble et un des participants au spectacle « Sept paroles du Québec », présenté à La Rochelle, à Paris, à Avignon, couronné d'un vif succès. Son recueil, *Poésies I*, est considéré par Eva Kushner, comme un symbole de contestation à la mesure de l'homme et de ses revendications : « La violence de Brunet est comme celle d'un amour récompensé : elle colore l'univers et le peuple de symboles hostiles, dont on sent qu'ils sont réversibles parce qu'une nouvelle chance en ferait des symboles de bonheur ».

ŒUVRES

Les Hanches mauves. Poèmes, Montréal, Éditions Atys, 1961, 78 p.

Poésies I. Les Hanches mauves. Les Nuits humiliées. Poèmes 1958-1962, Montréal, Éditions de l'Hexagone, 1973, 157 p.

L'Appel au fleuve et Le Grand Testament ou Poème du temps des temps, Montréal, Les Éditions de l'Œuvre, 1975, 57 p. Portrait. (Accompagné d'une cassette).

Cours primaire de lecture. Allô le monde. Manuel de pré-lecture, Montréal, McGraw-Hill, éditeurs, 1978, 72 p. Collab. Lucie Déry et Claire Talbot. Ill. de Serge Belda.

Cours primaire de lecture. Allô le monde. Manuel de lecture, Montréal, McGraw-Hill, éditeurs, 1978, 63 p. Collab. Jacques Bourdon, Lucie Déry et Claire Talbot. Ill. de José Mello.

Cours primaire de lecture. Allô le monde. Cahier d'exercices, Montréal, McGraw-Hill, éditeurs, 1978, 152 p. Collab. Lucie Déry et Claire Talbot. Ill. de Serge Belda.

Cours primaire de lecture. Bienvenue chez nous. Cahier d'exercices 1, Montréal, McGraw-Hill, éditeurs, 1978, 95 p. Collab. Lucie Déry et Claire Talbot. Ill. de Serge Belda ; *Cours primaire de lecture. Bienvenue chez nous. Cahier d'exercices 2*, 112 p.

Cours primaire de lecture. Bienvenue chez nous. Manuel de lecture, Montréal, McGraw-Hill, éditeurs, 1979, 119 p. Collab. Jacques Bourdon, Lucie Déry et Claire Talbot. Ill. de José Mello.

Livre des transmutations (suite chimique) (textes poétiques), Ville Mont-Royal, Iconia, 1982, [portefeuille n.p., 19 f.]. Gravures de Michel-Thomas Tremblay. « Verbimaginer ». (Édition de luxe. Tirage limité).

Au commencement était le Verbe (prose et poésie), dans *Littérature du Québec*, Montréal, Librairie Déom, 1964, p. 309–328.

Appel au fleuve (poésie), AN, vol. 56, nᵒ 2, oct. 1966, p. 167–174.

Métamorphoses d'Aphrodite (poésie), BJ, nᵒ 14, juin–juillet 1968, p. 18–22.

Pour ou Contre une planification des lettres, Dev (supplément), vol. 56, nᵒ 82, 8 avril 1965, p. 19.

Face à la littérature, Dev (supplément), vol. 56, nᵒ 82, 8 avril 1965, p. 28–29.

Orphée ressuscité. Redonner souffle à la langue oubliée, dans *Raoul Duguay ou : Le Poète à la voix d'ô*, Montréal, Éditions Univers, 1979, p. 131–154. « L'Aurore ».

ÉTUDES

Denis Lévesque, *Poésie-Québec : quelques aspects de notre poésie*, dans *Le Carabin*, vol. 25, nᵒ 26, 1ᵉʳ avril 1965, p. 8–9.

Yvon Morin, *Yves-Gabriel Brunet*, dans *L'Évangéline*, vol. 80, nᵒ 8549–8559, 10 mars 1967, p. 4.

Éva Kushner, *Poésies I d'Yves-Gabriel Brunet*, LAQ 1973, p. 92.

Gaétan Dostie, *Yves-Gabriel Brunet, alchimiste*, dans *Le Jour*, vol. 1, nᵒ 21, 23 mars 1974, p. V-3.

Jean Royer, *Le Québec part pour la France*, Dev, vol. 71, nᵒ 141, 21 juin 1980, p. 19–20.

[Anonyme], *Avec « 7 paroles du Québec ». Éclatante consécration de la poésie québécoise à La Rochelle*, Pr, 96ᵉ année, nᵒ 159, 8 juillet 1980, p. A-13.

BUGNET, **GEORGES** [Henri Doutremont] (1879–1981). Romancier et poète, né à Châlons-sur-Saône (Saône et Loire). Après ses études classiques à Macon, et deux séjours aux grands séminaires de Dijon et de Brou, il s'inscrit à la faculté des lettres de l'Université de Dijon. Il est tenté un moment par le professorat, mais il opte pour le journalisme et collabore à *La Croix* de Paris (1903), puis à *La Croix de la Haute-Savoie* (1904) où il est rédacteur, aux *Annales*, à la *Revue des poètes*. Arrivé au Canada en 1905 (Saint-Boniface, Manitoba), il s'établit l'année suivante, à Rich Valley, à une centaine de kilomètres au nord d'Edmonton (Alberta) où il sera cultivateur pendant cinquante ans, au cœur de la forêt. Il collabore au journal *L'Union* d'Edmonton pendant plusieurs années, œuvre au sein de l'Association canadienne-française de l'Alberta et de plusieurs commissions scolaires, fait même de l'horticulture et crée des roses. Au cours des rudes hivers, il reprend la plume, écrit quelques poèmes, puis, en 1920, commence un roman, *Le Lys de sang* qu'il publie en 1923, sous le pseudonyme d'Henri Doutremont. *Nipsya* (1924) paraît encore sous ce pseudonyme, mais ses écrits suivants sont signés de son vrai nom. À la parution de *Voix de la solitude* (1938), Camille Roy y voit « l'un de nos plus vigoureux recueils de poésie » : « Georges Bugnet est le poète de la nuit. De la nuit profonde qui, au commencement des temps, a précédé la lumière, et d'où est sortie la lumière, de toutes les nuits de la nature et de la conscience, il tire des considérations, des symboles, une philosophie qui surpasse en originalité, en vigueur d'esprit, en constructions d'idées, ce que l'on voit chez nos poètes ». Son second roman, *Nipsya* (1924), traite de la difficile survie des tribus indiennes refoulées par les Blancs. Curieusement, ce livre passé presque inaperçu dans l'édition française, a été accueilli avec enthousiasme dans sa version anglaise. Bugnet mit six ans à composer son dernier roman, *La Forêt* (1936) : d'une écriture à la fois simple, réaliste et souvent très poétique, c'est le récit de l'inutile combat d'un homme avec la forêt canadienne. Gérard Tougas regarde cette œuvre comme un des plus grands romans canadiens. En 1970, retiré à Legal en Alberta, Georges Bugnet est décoré par la France chevalier de l'Ordre des Palmes académiques.

ŒUVRES

Le Lys de sang. Roman canadien inédit, Montréal, Éditions Edouard Garand, [1923], 64 p. Ill. d'Albert Fournier. « RoC ». (Paru d'abord dans *L'Union* (Edmonton), du 21 déc. 1922 au 11 oct. 1923).

Nipsya. Grand roman canadien inédit, Montréal, Éditions Edouard Garand, [1924], 66 p. « RoC » ; 201 p. Traduction anglaise par Constance Davies Woodrow : *Nipsya*, New York/London/Montréal, Louis Carrier and Co., [1929], 286 p.

Siraf, étranges révélations, ce qu'on pense de nous par-delà la lune (roman), Montréal, Éditions du Totem, 1934, 197 p.

La Forêt (roman), Montréal, Éditions du Totem, 1935, 239 p. Traduction anglaise par David Carpenter : *The Forest*, Montréal, Harvest House, 1976, 168 p.

Voix de la solitude (poésie et prose), Montréal, Éditions du Totem, 1938, 145 p. Avant-propos de l'auteur.

Poèmes, Edmonton, Éditions de l'Églantier, [1978], 106 p. Présentation de Jean-Marcel Duciaume.

Le Pin du Maskeg (conte), CF, vol. 12, n°s 2 et 3, 1924, p. 94–103, 176–185.

Le Conte du bouleau, du mélèze et du pic rouge, CF, vol. 19, n° 7, mars 1932, p. 526–538.

La Défaite (théâtre), CF, vol. 22, n° 1, sept. 1934, p. 40–58.

Yvan et Fedor (théâtre), CF, vol. 26, n° 2, oct. 1938, p. 166–184.

Des valeurs littéraires, CF, vol. 28, n° 4, déc. 1940, p. 346–360.

ÉTUDES

Mgr Camille Roy, *Histoire de la littérature canadienne*, Québec, Imprimerie de l'Action sociale, 1930, p. 24.

Maurice Hébert, *Siraf*, CF, vol. 22, n° 7, mars 1935, p. 676–683.

Jean-Louis Gagnon, *La Forêt par Georges Bugnet*, dans *Vivre*, 2e série, n° 5, 15 mai 1935, p. 8.

Hervé Griffon, *Siraf*, AN, 3e année, t. 5, mai 1935, p. 303–308.

Émile Bégin, *La Forêt*, ESC, vol. 15, n° 3, déc. 1935, p. 205–209.

Simone Paula Farguhar, « Anthée ou l'Ouest canadien dans l'œuvre de Maurice Constantin-Weyer et de Georges Bugnet ». Thèse de maîtrise. Université de Colombie-Britannique, 1966, 150 f.

Gisèle-Marie Chritchleg, « La Femme dans le roman canadien de Constantin-Weyer et de Georges Bugnet ». Thèse de maîtrise. Edmonton, Université d'Alberta, 1967, 98 f.

Normand Ferrier Le Clerc, *Un homme, une femme, une vie !*, dans *Le Franco-Albertain*, vol. 3, n° 21, 8 avril 1970, p. 1–3, 7.

Dave Carpenter, *A Canadian Fête Mobile : Interview with Georges Bugnet*, dans *Journal of Canadian Fiction*, vol. 2, n° 2, printemps 1973, p. 49–53.

Patrick Imbert, « *La Forêt* » de Georges Bugnet ou Le Drame nature-culture non résolu, LQ, n° 12, nov. 1978, p. 28–29.

René Dionne, *Georges Bugnet : poésie albertaine*, Dr, 66e année, n° 250, 20 janv. 1979, p. 21.

Céline Aurore LaFontaine, *A Canadian Critique of Rousseau : Georges Bugnet's La Forêt*, dans *Études canadiennes / Canadian Studies*, 9e année, n° 14, juin 1983, p. 71–80.

Jean Papen, *Georges Bugnet, homme de lettres canadien*, Saint-Boniface, Éditions des Plaines, 1985, 230 p.

BUIES, Joseph Marie ARTHUR (1840–1901). Essayiste et journaliste, né à Côte-des-Neiges (aujourd'hui intégrée à Montréal). Élevé par ses grand-tantes, seigneuresses de Rimouski, il étudie successivement à Sainte-Anne-de-La-Pocatière (1848–1853), à Nicolet (1854–1855) et à Québec (1855–1856). Débordées par son indiscipline, ses tantes l'envoient rejoindre son père en Guyane anglaise. Ce dernier décide de lui faire poursuivre ses études à Dublin. Après y avoir passé quelques mois (juillet-décembre 1856), le jeune homme s'enfuit à Paris où il s'inscrit au Lycée Saint-Louis (1857–1861). En 1860, il s'enrôle dans l'armée de Garibaldi et fait la campagne de Sicile. Rentré en France, il échoue au baccalauréat pour la quatrième fois, et il revient au Canada en 1862. En octobre de cette année, il publie dans *Le Pays* son premier article, une apologie de Garibaldi. Membre très actif de l'Institut canadien, il y fait plusieurs conférences et commence une longue carrière de polémiste. Reçu avocat en 1867, il retourne en France (1867–1868). De retour au pays, il poursuit sa carrière d'écrivain et de journaliste avec la création de *La Lanterne canadienne* (1868) et de *L'Indépendant* (1870). Condamnée par Mgr Bourget, *La Lanterne* cesse de paraître avec le numéro du 18 mars 1869. Buies traverse depuis quelques années une période difficile. En juin 1874, il repart en voyage et se rend à San Francisco où il demeure jusqu'en août. Il fonde *Le Réveil* en 1876. Sa rencontre avec le curé Labelle, en 1879, est à la source de son œuvre géographique et patriotique par laquelle il seconde le défricheur et le bâtisseur des « pays d'en haut ». Il n'en poursuit pas moins son œuvre polémique et réédite *La Lanterne* (1884) qui est condamnée de nouveau. Il collabore à de nombreux périodiques, tels *Les Nouvelles Soirées canadiennes*, *La Revue nationale*, *La Minerve*, *Le National*, etc. La critique est et restera pleine de désaccords sur Buies : ainsi Gérard Tougas le considère comme « une bouffée d'air frais » dans le XIXe siècle, mais l'appelle un peu plus loin le « matamore de l'anticléricalisme ». Ces mots résument bien des jugements. Ses combats ont tour à tour scandalisé, agacé ou enthousiasmé ses lecteurs. De même, devant l'écrivain, on peut se moquer de descriptions et d'élans boursouflés de faux romantisme, puis admirer presque sans restriction les belles pages remplies de fantaisie du chroniqueur-né qui sait faire revivre la nature de son pays et l'animer de son ardent patriotisme. Enfin, on peut dire avec Léopold Lamontagne qu'Arthur Buies a laissé « une œuvre de choc et d'engagement, une œuvre foncièrement triste sous des dehors souvent gais, une œuvre d'angoisse et d'exaltation, toute en contrastes ».

ŒUVRES

Lettres sur le Canada. Étude sociale. 1re et 2e lettres, Montréal, Imprimé pour l'auteur, 1864, 26 p. ; *Lettres* sur le Canada. Étude sociale. 3ᵉ lettre, Montréal, Imprimé pour l'auteur à l'imprimerie du journal Le Pays, 1867, p. 29–52 ; Montréal, Rééditions-Québec, 1968, 52 p. (réimpression photographique de la première édition) ; Montréal, Éditions de l'Étincelle, 1979, 96 p. Préface, biographie et bibliographie par Sylvain Simard.

Chroniques. Humeurs et caprices. Édition nouvelle, Québec, Typographie de C. Darveau, 1873, viii, 7–399 p. ; Chroniques canadiennes. Humeurs et caprices. Édition nouvelle, volume 1, Montréal, Eusèbe Senécal & fils, [1884], 446 p. ; Paris, Éditions d'aujourd'hui, 1978, 446 p. « Introuvables québécois » ; Arthur Buies. Chroniques I, Montréal, PUM, 1986, 656 p. Édition critique établie par Francis Parmentier. « Bibliothèque du Nouveau Monde ».

Chroniques. Voyages. Etc., Etc. Volume II. Édition nouvelle, Québec, Typographie de C. Darveau, 1875, 339 p.

Lecture sur l'entreprise du Chemin de Fer du Nord, donnée par M. A. Buies, à la Salle de Musique, le 26 mars 1874, [Québec, s.é., 1874], 9 p. (Publié aussi dans le 2ᵉ vol. de Chroniques).

Conférences. La presse canadienne-française et les améliorations de Québec, 20 septembre 1875, Québec, Typographie de C. Darveau, 1875, 21 p. Traduction anglaise par Arthur Buies : The French-Canadian Press and the Improvement of Quebec, Québec, C. Darveau, 1875, 21 p.

L'Ancien et le Futur Québec. Projet de son excellence Lord Dufferin. Conférence faite à la Salle Victoria le 19 janvier 1876 par Arthur Buies, Québec, Typographie de C. Darveau, 1876, 43 p.

Question franco-canadienne. (Construction de navires français au Canada — Commerce de vins avec la France) par A. Buies, Montréal, [s.é.], 1877, 13 p.

Petites Chroniques pour 1877, Québec, Imprimerie de C. Darveau, 1878, xxxvi, 162 p.

« Emparons-nous du sol ». Le Saguenay et la vallée du lac St-Jean. Étude historique, géographique, industrielle et agricole. Faite d'après les renseignements les plus authentiques, et contenant les statistiques les plus récentes, en même temps que l'exposé de toutes les questions qui ont trait à ce pays, et les descriptions pittoresques des endroits les plus renommés. Par Arthur Buies. Ouvrage illustré de gravures, Québec, Imprimerie de A. Côté et Cie, 1880, xvi, 343 p. ; Le Saguenay et le bassin du lac Saint-Jean. Ouvrage historique et descriptif. Troisième édition, Québec, Léger Brousseau, Imprimeur-Éditeur, 1896, 420 p. (La deuxième édition est introuvable).

Une évocation. Conférence faite à la salle de « La Patrie » jeudi, le 6 décembre 1883. Par M. Arthur Buies, [Montréal, s.é., 1883], 7 p.

La Lanterne par Arthur Buies. Nouvelle édition, Montréal, [s.é.], 1884, 336 p. ; La Lanterne d'Arthur Buies. Propos révolutionnaires et chroniques scandaleuses. Confessions publiques. Textes choisis et commentés par Marcel-A. Gagnon, Montréal, Les Éditions de l'Homme, [1964], 255 p. (Textes tirés de La Lanterne, p. 33–212).

Sur le parcours du chemin de fer du lac St-Jean. 1ʳᵉ conférence faite à la salle Victoria, le 31 mars 1886, par Arthur Buies, Québec, Imprimerie générale A. Côté et cie, 1886, 40 p.

Sur le parcours du chemin de fer du lac St-Jean. 2ᵉ conférence faite à la salle St-Patrick, le 28 avril 1887, par Arthur Buies, Québec, Typographie de C. Darveau, 1887, 42 p.

Anglicismes et Canadianismes, Québec, Typographie de C. Darveau, 1888, 106 p.

L'Outaouais supérieur, Québec, Imprimé par C. Darveau, 1889, 311 p.

La Région du lac St-Jean, grenier de la province de Québec. Guide des colons. Rédigé pour la Cie du Chemin de fer de Québec et du Lac St-Jean par A. Buies, [Québec, Des presses à vapeur du « Morning Chronicle »], 1890, 50 p. Traduction anglaise : The Territory of lake St. John. The Wheat Growing District of the Province of Quebec. A Guide for Settlers, [Quebec, The Morning Chronicle], 1891, 49 p.

Récits de voyages. Sur les Grands Lacs — À travers les Laurentides — Promenade dans le vieux Québec, Québec, Typographie de C. Darveau, 1890, 271 p.

Les Comtés de Rimouski, de Matane et de Témiscouata, Québec, Imprimé par Belleau & Cie, 1890, 105 p. (Rapport publié d'abord dans les Documents de la Session de l'Assemblée législative du Québec, vol. 24, t. 3, 1890, 57 p.).

Au portique des Laurentides. Une paroisse moderne. Le curé Labelle, Québec, Imprimé par C. Darveau, 1891, 96 p.

I. Réminiscences II. Les Jeunes Barbares, Québec, Imprimerie de l'Électeur, [1893], ii, 110 p.

Québec en 1900. Conférence donnée à l'Académie de Musique de Québec, lundi, le 29 mai 1893, Québec, Léger Brousseau Éditeur, 1893, 65 p.

La Vallée de la Matapédia. Ouvrage historique et descriptif, Québec, Léger Brousseau, Imprimeur-Éditeur, 1895, ii, 52 p. ; 1896, 54 p.

Le Chemin de fer du lac Saint-Jean. Ses origines. Ses développements passés et futurs. Son importance capitale. Son action sur les progrès et l'avenir de la Province de Québec. Ouvrage historique et descriptif, Québec, Léger Brousseau, Imprimeur-Éditeur, 1895, 116 p.

Les Poissons et les Animaux à fourrure du Canada. Publié par ordre de l'Honorable M. Fisher, Ministre de l'Agriculture, Ottawa, Canada, [Ministère de l'Agriculture, 1900], 87 p.

La Province de Québec. Ouvrage publié par le Département de l'Agriculture de la Province de Québec, Québec, [s.é.], 1900, viii, 352 p.

Arthur Buies (1840–1901), Montréal/Paris, Fides, 1959, 93 p. Textes choisis par L. Lamontagne. « CC ».

La Lanterne d'Arthur Buies. Propos révolutionnaires et chroniques scandaleuses, confessions publiques, Montréal, Éditions de l'Homme, 1964, 255 p. Textes choisis et commentés par Marcel-A. Gagnon.

Anthologie d'Arthur Buies, Montréal, Éditions Hurtubise HMH, 1978, 250 p. Textes choisis et présentés par Laurent Mailhot. « Textes et documents littéraires ».

Chroniques I, Montréal, PUM, 1987, 656 p. Édition critique par François Parmentier. « Bibliothèque du Nouveau Monde ».

Nous avons perdu le génie de la langue française, dans Guy Bouthellier et Jean Meynaud, *Le Choc des langues au Québec 1760-1970*, Montréal, PUQ, 1972, p. 229–236. (Articles parus dans *L'Électeur* en 1888).

ÉTUDES

Prosper Bender, *Arthur Buies*, dans *Literary Sheaves ou La Littérature au Canada français*, Montréal, Swanson Bros., 1881, p. 129–134.

Pierre-Georges Roy, *Les Ouvrages d'Arthur Buies*, BRH, vol. 7, n° 5, 1901, p. 150–153.

Raymond Douville, *La Vie aventureuse d'Arthur Buies*, Montréal, Éditions Albert Lévesque, 1933, 185 p. « FC ».

Rachel Tessier, « Bio-bibliographie d'Arthur Buies ». Mémoire. École de bibliothécaires de l'Université de Montréal, 1943, 72 f.

Séraphin Marion, *La Citadelle classique*, dans *Les Lettres canadiennes d'autrefois*, Ottawa/Hull, EUO/Éditions de l'Éclair, vol. 7 : *La Bataille romantique au Canada français*, 1952, p. 13–35, surtout p. 24–29.

Léopold Lamontagne, *Arthur Buies, homme de lettres*, Québec, PUL, 1957, 258 p.

Jean-Charles Falardeau, *Arthur Buies, l'antizouave*, CL, vol. 11, n° 27, mai 1960, p. 25–32.

Marcel-A. Gagnon, *Le Ciel et l'Enfer d'Arthur Buies*, Québec, PUL, 1965, 361 p. « VLC ».

Jean-Guy Genest, *La Lanterne, 1868-1869*, RS, vol. 10, n°s 2-3, 1969, p. 389–407.

G.-André Vachon, *Arthur Buies, écrivain*, EF, vol. 6, n° 3, 1970, p. 283–295.

J.-P. Tusseau, *La Fin « édifiante » d'Arthur Buies*, EF, vol. 9, n° 1, févr. 1973, p. 45–54.

Id., *Quelques Aspects idéologiques de l'œuvre d'Arthur Buies*, dans *Stratégie*, n° 9, été 1974, p. 73–80.

Paul Gay, *Arthur Buies : une vie qui consacre l'écrivain*, Dr, 65e année, n° 81, 2 juillet 1977, p. 19.

Maurice Filion, *Les Premières Œuvres d'un révolté*, Dev, vol. 69, n° 274, 25 nov. 1978, p. 26.

John Hare, *Arthur Buies, essayiste : une introduction à la lecture de son œuvre*, dans *L'Essai et la Prose d'idées au Québec*, Montréal, Fides, 1985, p. 295-310. « ALC » 6.

BUISSIÈRE-TREMBLAY, MARIE-CLAUDE. Voir TREMBLAY, MARIE-CLAUDE.

BUJOLD, FRANÇOISE [La Marmarelle] (1933–1981). Poète, conteur, peintre et graveur, née à Bonaventure, en Gaspésie. Après ses études à l'Institut des arts graphiques de Montréal, puis aux Beaux-Arts,

elle obtient un diplôme en pédagogie. Pendant plus de vingt ans, elle enseigne les arts plastiques aux enfants amérindiens de Maria (Gaspésie) et de Caughnawaga. Elle a aussi écrit des textes pour la série radiodiffusée « Le Canada parle au monde » qui dura dix ans et une série de récits et contes intitulée « À toi qui n'es pas né au bord de l'eau ». Elle a fait de nombreuses expositions de gravures, de dessins, de broderies et de monotypes. Spécialisée dans l'édition de livres d'art, elle fait paraître des albums magnifiques à tirages limités à partir de dessins des enfants amérindiens. Après sa mort, les Éditions Parti Pris publient un ouvrage qui regroupe ses poèmes, textes radiophoniques, écrits sur l'art, gravures et dessins. Son œuvre se distingue par sa fraîcheur et sa simplicité. Jean Royer a écrit : « Cette femme était une sorte de ‹ fille unique › du soleil. L'artiste habitait l'arc-en-ciel des couleurs. [...] Ses poèmes seraient ceux d'une bohémienne, qui prend la liberté de l'humour et la franchise de la tendresse. [...] Et cette poésie porte le ton du pays, se fait l'écho fidèle des paysages de la Gaspésie ».

ŒUVRES

Au catalogue des solitudes (poésie), Montréal, Éditions Erta, 1956, 44 p. Avec trois gravures et une eau-forte de l'auteur.

La Fille unique (poésie), Montréal, Éditions Goglin, 1958, [portefeuille, n.p., 19 f.]. Avec quatre bois gravés par l'auteur.

L'Île endormie (conte), Montréal, Éditions Goglin, 1959, [portefeuille, n.p., 31 f.]. Ill. des enfants du Centre d'art de Percé. (Tirage limité).

La Lune au village (conte), Percé, Éditions Sentinelle, 1960, [portefeuille, n.p., 26 f.]. Ill. des enfants du Centre d'art de Percé. (Tirage limité).

Une fleur debout dans un canot (conte), [Montréal], Éditions Sentinelle, 1962, [portefeuille, n.p., 24 f.]. Ill. des enfants Micmacs de la réserve de Maria. (Tirage limité).

Nagoseteoalesit. La-naissance-du-soleil. Fragments de la mythologie des anciens Micmacs « revus et corrigés » par ceux d'aujourd'hui, [Ottawa], Éditions Sentinelle, 1966, 37 p. Avec 15 bois gravés par les enfants de Gesgapégiag (réserve de Maria). (Tirage limité).

[*Ah ! Ouiche-t'en-plain !* (poème), Montréal, Éditions de la Guilde graphique], 1974, [portefeuille, n.p., 7 f.]. (Tirage limité).

Piouke fille unique. Poèmes, textes radiophoniques, gravures, dessins, écrits sur l'art, Montréal, Parti Pris, 1982, 223 p. Portrait. Ill.

Françoise Bujold. Une exposition organisée par le Service d'animation et d'éducation, Montréal, Musée d'art contemporain, 1982, 55 p. Ill. Avant-propos de Denis Chartrand.

[*Témoignages...*], dans *La Poésie canadienne-française*, Montréal/Paris, Fides, 1969, p. 481–484. «ALC» 4.

Nos matins de «blanc d'Espagne» (préface), dans Gilbert Langevin, *Les Imagiers* (poème), Montréal, Éditions Sagitta, 1977, f. 1. Ill. de Kittie Bruneau, Daniq Charland, Sandra Cole *et al.* (Tirage limité).

La Paix les enfants, dans Jacques Brault, *Les Hommes de paille*, Montréal, Éditions du Grainier, 1978, [2ᵉ portefeuille, f. 4–6].

ÉTUDES

Jean Royer, *La Mer en feu, entretien avec Françoise Bujold*, dans *Estuaire*, nº 15, mars 1980, p. 116–120.

[Anonyme], *Amoureuse de la mer Françoise Bujold meurt à Montréal*, Dr, 68ᵉ année, nº 248, 20 janv. 1981, p. 18.

Jean Royer, *Françoise Bujold. La mer en feu*, Dev, vol. 72, nº 19, 24 janv. 1981, p. 20.

Gilbert Lévesque, *À mourir de soleil*, Dev, vol. 72, nº 19, 24 janv. 1981, p. 20.

Jean Royer, *Françoise Bujold, fille unique*, Dev, vol. 73, nº 141, 19 juin 1982, p. 19.

BUJOLD, GISÈLE [X Thibault] [Solange] (1941–   ). Chroniqueuse et romancière, née à Matane. Elle fait ses études secondaires et pédagogiques au Couvent du Bon Pasteur et à l'École normale des Sœurs du Bon Pasteur de Matane (diplôme en 1958). Elle est ensuite secrétaire au bureau du Service social du diocèse de Rimouski jusqu'à son mariage, en 1961. Établie à Montréal (1961–1969), elle occupe un poste comptable adjointe de 1962 à 1965. Puis elle habite Cap-Chat (1969–1972), Montmagny (1972–1975), et retourne à sa ville natale de Matane en 1975. Elle collabore à des périodiques comme *La Voix gaspésienne* et *L'Équipe*, et elle est membre de l'Association des écrivains de langue française et du Regroupement des auteurs de l'Est du Québec. Plusieurs de ses nouvelles et poèmes sont présentés à l'Atelier des auteurs de Radio-Canada, et l'une de ses pièces, «L'Idiot farfelu» (1972), est jouée au Cégep de Matane. Son œuvre romanesque n'a guère fait de bruit, bien qu'elle ait été présentée au concours du prix France-Québec. *L'Enjeu* paraît en 1971, et *Entre chien et loup* en 1975. La critique reproche à ces œuvres un certain manque d'originalité et une action trop simple.

ŒUVRES

L'Enjeu (roman), Québec, Éditions Garneau, 1971, 123 p.

Entre chien et loup (roman), Québec, [s.é.], 1975, 109 p.

À chacun son futur. Roman, Ste-Foy, Les Éditions La Liberté, 1979, 155 p.

Vivre en Gaspésie, dans *L'Équipe*, printemps 1971, p. 18.

La Femme au foyer, dans *L'Équipe*, été 1971, p. 32.

ÉTUDE

[Anonyme], *Bujold (Gisèle). Entre chien et loup*, dans *Le Livre canadien*, vol. 6, nov. 1975, nº 330.

BUJOLD, MICHEL-WILBROD (1941–   ). Poète et romancier, né à Mont-Laurier (Québec). Il fait ses études à Saint-Jérôme et au Collège de Rosemont. Il exerce ensuite divers métiers : gardien de prison, chauffeur de poids lourds, gardien de sécurité... Il publie son premier recueil de poésie en 1972 : *Transitions en rupture*. En 1981, il remporte le prix de poésie «Goliath» pour son recueil *Péozi* (1980). Parlant de la poésie d'après 1970, Gilles Marcotte écrit qu'elle est «surréalisante ou formaliste», mais qu'elle est aussi un «phénomène nouveau» et qu'une partie importante de cette poésie «offre l'image d'un monde décentré, éclaté. Structurellement, rien ne ressemble plus à cette poésie qu'une journée de télévision [...], le tout rassemblé, sur l'écran ou sur la page, par le hasard ou l'arbitraire».

ŒUVRES

Transitions en rupture (poésie), Montréal, Éditions Parti Pris, 1972, 57 p. «P».

Péozi (poésie), St-Félix de Valois, [Les Investisseurs], 1980, [n.p., 76 p.]. Ill. de Danielle Raby.

Les bananes sont mûres (roman), St-Julien, Éditions Robert Proulx, 1981, 150 p. Ill. d'Aimée Raby. Préface d'André Tétreault. «Le Rang de l'histoire».

Poète à vendre (poésie), Montréal, Éditions d'Orphée, 1984, [n.p., 84 p.]. Ill.

Paul, Sieur de Chomedy de Chamberland fondateur de la poésie, dans *Le Quartier latin*, 50ᵉ année, nº 4, 10 avril 1968, p. 33.

Gaston le Mirobol, dans *Liaisons St-Louis*, vol. 6, nº 2, janv. 1981, p. 12.

ÉTUDE

Gilles Marcotte, *Les Mots comme des choses*, EF, vol. 10, nº 2, mai 1974, p. 130.

BUJOLD, RÉAL-GABRIEL (1949–   ). Romancier, dramaturge et historiographe, né à Val d'Espoir (Gaspé). Il fait ses humanités au Séminaire de Gaspé-Chandler, et sa pédagogie à l'École normale de Gaspé (Brevet A, 1968). À compter de 1968, il enseigne à Ville de Laval (Régionale des Mille-Îles). Intéressé à l'histoire régionale et paroissiale, ainsi qu'au folklore, il collabore à la *Revue d'histoire de la Gaspésie*, à *Gaspésie* et au *Saditou*, journal syndical des Écores qu'il a fondé. Ses premières monographies sur l'histoire et le folklore de Val d'Espoir paraissent à compte d'auteur et à tirage limité. Son premier roman, *Le P'tit Ministre-les-pommes* (1980), se situe dans la ligne des récits régionaux de Bertrand B. LeBlanc ou du régionalisme social. Normand Desjardins lui reconnaît « une langue maniée à l'occasion de belle façon, charnue, pleine, où les expressions du terroir retrouvent leurs lettres de noblesse », tandis que Jacques Ferron trouve qu'il mélange les genres et que Noël Audet — qui ne lui nie pas des qualités d'observation et de vie — lui reproche, outre ses fautes de langue et ses « trop nombreux points de suspension qui ne laissent rien entendre », de s'égarer « dans le collage d'anecdotes », et de rechercher exagérément la « formule saisissante ».

ŒUVRES

Val d'Espoir (monographie), [Laval, Chez l'auteur], 1978, 2 t. Ill. : t. 1, *À fleur de souvenance*, 202 p. Préface de Gilbert Desrosiers ; t. 2, *La Huche aux farfouilleux*, 186 p. Préface de Mireille Dégarie. (Tirage limité).

Le P'tit Ministre-les-pommes (roman), [Montréal], Leméac, 1980, 257 p. « Roman québécois ».

Répertoires des mariages. Val d'Espoir (1932-1980), Saint-Gabriel (1938-1967), Saint-Edgar (1941-1980), réserve indienne de Maria (1941-1980), Montréal, Lyrelou, 1980, 60 p.

Orpha ou la Dégoulinade pédagogique (théâtre), Montréal, Lyrelou, 1981, 97 p.

La Sang-mêlé d'arrière-pays (roman), [Montréal], Leméac, 1981, 314 p. « Roman québécois ».

La Manufacture de vent (roman), [Montréal], Leméac, 1982. « Roman québécois ».

La Brèche-a-ninon. Roman, Rimouski, Éditeq, 1983, 230 p.

Les Coqueluches du Shack-à-farine. Roman, Montréal, La Presse, 1983, 187 p. « Roman d'aujourd'hui série 2000 ».

On a scalpé mon ange gardien (roman), [Montréal], Leméac, 1985, 262 p. « Roman québécois ».

Val d'Espoir, un arc-en-ciel gaspésien, dans *La Revue d'histoire de la Gaspésie*, vol. 11, n° 4, oct.–déc. 1973, p. 217-228.

Val d'Espoir, institutions et personnages, dans *La Revue d'histoire de la Gaspésie*, vol. 16, n° 4, oct.–déc. 1978, p. 204-219.

Les Gélinas à Val d'Espoir, dans *Gaspésie*, vol. 17, n° 66, avril–juin 1979, p. 19-24.

Saint-Gabriel, un rêve lointain, dans *Gaspésie*, vol. 17, n° 67, juillet–sept. 1979, p. 133-141.

ÉTUDES

Réginald Martel, *La Littérature populaire. Un p'tit ministre, des prolétaires et plus de mille jurons*, Pr, 97e année, n° 28, 31 janv. 1981, p. C-3.

Jacques Ferron, *Réal-Gabriel Bujold. Il est fou ce ministre !*, dans *Le Livre d'ici*, vol. 6, n° 18, 4 févr. 1981, p. 1.

Noël Audet, *Il y a prose... et prose*, Dev, vol. 72, n° 214, 5 sept. 1981, p. 21.

Normand Desjardins, *Bujold (Réal-Gabriel). Le P'tit Ministre-les-pommes*, dans *Nos livres*, vol. 12, oct. 1981, n° 375.

BURQUE, FRANÇOIS-XAVIER (1851-1923). Poète et essayiste, né à Saint-Hyacinthe. Il fait ses études classiques et théologiques au séminaire de sa ville natale, et il est ordonné prêtre en 1874. Il enseigne au Séminaire de Saint-Hyacinthe (1874-1882), puis se consacre au ministère qu'il exerce aux États-Unis où il est curé de Fort Kent (Maine) de 1882 à 1904, année de sa retraite à Québec. Auteur d'un « Traité du jeu des échecs », manuscrit conservé aux Archives du Séminaire de Québec, et poète assez abondant, François-Xavier Burque reste un auteur secondaire. Cependant, ses chansons qui voulaient assainir et moderniser le folklore canadien-français, ont suscité une intéressante controverse à laquelle ont pris part des gens comme Germain Beaulieu, Benjamin Sulte et Louis Dantin.

ŒUVRES

Calcul des intérêts simples, de l'escompte, des intérêts composés et des annuités par le moyen de formules algébriques et à l'aide des logarithmes, St-Hyacinthe, Des Presses à Pouvoir du « Courrier », 1878, 22 p.

Pluralité des mondes habités considérée au point de vue négatif, Montréal, Cadieux et Derome, 1898, viii, 407 p.

Élévations poétiques, Québec, Imprimerie de la Libre Parole, 1906-1907, 2 t. : t. 1, 1906, 254 p. ; t. 2, 1907, 276 p. Ill. ; J.-P. Garneau de la Librairie Garneau, Imprimerie Ernest Tremblay, 1921, 2 t. : t. 1, *Poésies religieuses ou Les Grandes Épopées de la foi*, 279 p. ; t. 2 : *Poésies patriotiques, domestiques, sociales, morales et d'église*, 341 p.

Grandeur de Jésus-Christ. Supplément aux « Grandes Épopées de la foi » du volume I des Élévations poétiques, Québec, Imp. Ernest Tremblay, [1906 ?], 8 p. Ill.

Le Docteur Pierre Martial Bardy. Sa vie, ses œuvres et sa mémoire, Québec, Presses de « La Libre Parole », 1907, viii, 354 p. Ill.

Chansons patriotiques et nationales extraites du deuxième volume des « Élévations poétiques » de Monsieur l'abbé F.X. Burque, Québec, Imprimerie de la Libre Parole, 1907, 35 p.

Chansonnier canadien-français. Recueil de chansons populaires, chansons nouvelles et vieilles chansons restaurées. Nova et vetera : — du vieux et du neuf, Québec, Imprimerie nationale, 1921, xx, 283 p.

ÉTUDES

J.-B.-A. Allaire, *Burque (L'abbé François-Xavier)*, dans *Dictionnaire biographique du clergé canadien-français. Les Contemporains*, St-Hyacinthe, Imprimerie de « La Tribune », 1908, p. 96–97.

Louis Dantin, *Poètes de l'Amérique française*, Montréal, Albert Lévesque, 1928, t. 1, p. 205–221.

Réal Bertrand, *Qui a tué Blanche Garneau ?*, Montréal, Quinze, 1983, p. 185–189, 213.

BUSSIÈRES, ARTHUR. Voir **BUSSIÈRES, Joseph Marie** ARTHUR **de.**

BUSSIÈRES, Joseph Marie ARTHUR [dit Arthur de Bussières] (1877–1913). Poète, né à Montréal de parents pauvres. Il fréquente pendant un certain temps l'École Saint-Jean-Baptiste et probablement l'École polytechnique de Montréal. En 1895, il quitte le foyer et gagne sa vie comme peintre en bâtiments et décorateur de vitrines de magasins. Solitaire et bohème, il publie son premier sonnet, « Ruines » dans *Le Monde illustré* du 5 septembre 1896. Le 1er octobre de la même année, il est reçu membre de l'École littéraire de Montréal, après y avoir présenté trois de ses poèmes : « Glaces polaires », « Couchant d'automne » et « Comparaison ». Fervent partisan de ce cénacle littéraire, il y introduit son ami Émile Nelligan en février 1897. Plusieurs de ses poèmes feront partie de deux recueils de textes publiés en 1900 : *Franges d'autel* préparé par Louis Dantin et *Soirées du Château de Ramezay*. Jusqu'à cette date, une trentaine de ses poèmes ont paru dans des journaux. À partir du 25 mai 1900, le poète cesse de fréquenter l'École, vit retiré dans une chambre mansardée 543, boulevard Saint-Laurent, et ne revient à l'École littéraire qu'en 1910. Sa mort, survenue le 7 mai 1913, passe quasi inaperçue. Quantitativement, l'œuvre d'Arthur de Bussières est mince, et faite en grande partie de sonnets. Soixante et un poèmes ont été réunis en volume en 1931 par Casimir Hébert, avec une préface de Jean Charbonneau. Le Frère Léon-Victor a découvert 15 autres poèmes. Au total, l'œuvre de Bussières comprend 57 sonnets et 19 poèmes de différentes structures strophiques. L'originalité des *Bengalis* — titre que de Bussières a donné lui-même à ses poésies — réside dans la richesse des couleurs et des lignes qui impriment à ses cinquante-sept sonnets un cachet nettement parnassien. L'exotisme marque ses paysages ouverts largement sur la Turquie, le Japon, l'Allemagne, l'Espagne, le Sahara et le grand Nord où flottent les glaces polaires sous l'œil brillant de Canopus. Même si dans certains de ces poèmes, la sensibilité romantique est évidente, Paul Wyczynski considère le poète comme le premier vrai parnassien du Canada français : « Le vocabulaire recherché produit des rimes sonores, le mouvement rythmique de ses poèmes suit le jeu de grandioses perspectives. Contour descriptif dressé à la Heredia, le tableau-poème contient un point saillant — objet, animal, personne — pour que la nature s'anime, comme dans les tableaux de Rembrandt autour d'un motif puissamment illuminé ». Sous cet angle, les sonnets « Kita-no-tendji », « La Lionne au crépuscule », « La Mer de Bretagne », « Agar et Ismaël », « À José-Marie de Heredia » et « Canopus » sont des pièces d'anthologie.

ŒUVRES

Les Bengalis, poèmes épars recueillis par Casimir Hébert (poésie), Montréal, Éditions Édouard Garand, 1931, 141 p. *Un mot au lecteur* de Casimir Hébert. Préface de Jean Charbonneau ; *Les Bengalis d'Arthur de Bussières avec des textes inédits. Présentation, chronologie, bibliographie sommaire, notes et variantes de Robert Giroux*, Sherbrooke, Éditions Cosmos, 1975, 126 p. ; Montréal, Éditions Robert Giroux, 1977, 125 p.

Arthur de Bussières, poète et l'École littéraire de Montréal, suivi des poèmes d'Arthur de Bussières publiés dans les Bengalis et de quinze autres poèmes retrouvés par l'auteur (textes choisis), Montréal, Fides, 1986, 118 p. Ill. Présentation par Wilfrid Paquin, i.c.

ÉTUDES

Silhouette littéraire. M. Arthur de Bussières, dans *Le Passe-Temps*, 6e année, no 136, 9 juin, p. 217–218.

[École littéraire de Montréal], *Soirées du Château de Ramezay*, Montréal, Senécal et Cie, 1900, xv, 402 p. ; surtout p. 345–353.

Saint-Hilaire, *Les Sonnets de M. de Bussières*, Dev, 1re année, no 22, 29 avril 1900, p. 31.

Jules Fournier, *Arthur de Bussières*, dans *Anthologie des poètes canadiens*, Montréal, Granger frères limitée, 1920, p. 196–198.

Camille Roy, *Les Bengalis d'Arthur de Bussières*, ESC, vol. 12, no 1, oct. 1932, p. 26–27.

Léon-Victor, i.c., Frère, « Arthur de Bussières, sa vie et son œuvre ». Thèse de doctorat, Université d'Ottawa, 1953, ix, 344 p. Bibliographie : p. 257–272.

Paul Wyczynski, *Arthur de Bussières (1877–1913)*, dans *Lectures*, nouvelle série, vol. 9, no 1, sept. 1962, p. 3–6.

Odette Condemine, *Arthur de Bussières, cet inconnu*, dans *L'École littéraire de Montréal. Bilan littéraire de l'année 1961*, Montréal/Paris, Fides, 1963, p. 110–130. « ALC » 2 ; *L'École littéraire de Montréal*, Montréal, 1972.

BUSSIÈRES, SIMONE [X née Gagnon] [Pierrette Roussel] (1918–). Pédagogue, animatrice radiophonique, romancière et conteuse, née à Québec. Après le secondaire, elle obtient, en 1935, un diplôme supérieur d'enseignement. Plus tard, elle suivra des cours de sciences sociales à l'Université Laval, et des cours d'espagnol, d'anglais et de philosophie. Institutrice, elle enseigne d'abord à Val d'Espoir (Gaspésie), de 1941 à 1944, puis à Québec à compter de 1944. En 1955, elle est la première femme nommée directrice de l'enseignement pour les premières années du primaire, et jusqu'en 1968 elle remplit des fonctions administratives à la Commission des écoles catholiques de Québec. En 1943–1944, elle est scriptrice-réalisatrice à la radio de New Carlisle, et ensuite, de 1948 à 1961, rédactrice et animatrice à CHRC (Québec) puis à CFCM-TV de plusieurs séries, telles «Tante Colette», «Les Jeunes Savants», «Comment parlez-vous». Elle fonde le bulletin *Détente* (1953) pour les institutrices, et la revue officielle de la CECQ, *École-Éducation* (1963). Elle publie pour les enfants des *Devoirs de vacances* dans *L'Action catholique*, les sept fascicules de *Mon cahier de vacances*, tirés à cent soixante mille exemplaires, quatre volumes de lectures choisies pour les enfants, des manuels de lecture spontanée, *Je veux lire*, *Je sais lire*, etc. Elle est membre de la Société des écrivains canadiens dont elle a été secrétaire, vice-présidente et présidente (section Québec). Elle fonde en 1968 Les Publications Didac devenues Les Presses Laurentiennes... En outre, elle publie des récits dans *Le Jeudi*, écrit «La Vengeance d'une folle» (1947), pièce jouée au Collège de Saint-Césaire, des contes, des comptines [et un roman, *L'Héritier*, plutôt mal accueilli par la critique. Simone Bussières, écrit Émilia Allaire, «s'inscrit dans une galerie de femmes ayant marqué notre évolution culturelle».

ŒUVRES

L'Héritier. Roman, Québec, Éditions du Quartier latin, [1951], 195 p.

Les Fables des 3 commères, Québec, Garneau, 1962, 32 p. Ill. de Laurent Bédard.

Première année. Cahier A : complément de Je veux lire, Québec/Montréal, Éditions Pedagogia inc., [1964], 76 p. Ill.; *Cahier A : complément de Je veux lire, méthode de lecture spontanée*, [1967], 72 p. Ill.

Première année. Cahier B : complément de Je veux lire, Québec/Montréal, Éditions Pedagogia inc., [1964], 80 p. Ill.; *Cahier B : complément de Je veux lire, méthode de lecture spontanée*, [1967], 72 p. Ill.

Je veux lire, méthode de lecture spontanée. Premier livret, Québec/Montréal, Éditions Pedagogia inc., 1965, 96 p. Ill.

Je sais lire, méthode de lecture spontanée. Deuxième livret, Québec/Montréal, Éditions Pedagogia inc., 1965, 96 p. Ill.; 1970, 129 p. Ill.

J'aime lire, méthode de lecture spontanée. 3ᵉ livret, Québec/Montréal, Éditions Pedagogia inc., 1966, 159 p. Ill. Indroduction de l'auteur ; 1974.

Cahier d'exercices : complément de J'aime lire, Québec/Montréal, Éditions Pedagogia inc., 1968, 95 p. Ill.

Lexique. Je compose mon dictionnaire. Complément de Je veux lire, Québec/Montréal, Éditions Pedagogia inc., 1968, 40 p. Ill.

Lexique. Je compose mon dictionnaire. Complément de Je sais lire, Québec/Montréal, Éditions Pedagogia inc., 1969, 43 p. Ill.

Lexique. Je compose mon dictionnaire. Complément de J'aime lire, Québec/Montréal, Éditions Pedagogia inc., 1969, 63 p. Ill.

Guide méthodologique. J'aime lire. Troisième livret de la méthode de lecture spontanée, [Québec/Montréal], Pedagogia, 1969, 32 p.

Guide méthodologique. Je sais lire. Deuxième livret de la méthode spontanée, Québec, Pedagogia, 1970, 48 p.

Cahier A : complément de Je sais lire. Méthode de lecture spontanée, Québec/Montréal, Éditions Pedagogia inc., 1970, 96 p. Ill.

Cahier B : complément de Je sais lire. Méthode de lecture spontanée, Québec/Montréal, Éditions Pedagogia inc., 1970, 96 p. Ill.

Le petit sapin qui a poussé sur une étoile (conte), Notre-Dame-des-Laurentides, Les Presses Laurentiennes, [1972], [n.p., 23 p.]. Ill. de Cécile Chabot. Préface d'Adrienne Choquette. «Perce-neige».

C'est ta fête. Comptines et fantaisies, Notre-Dame-des-Laurentides, Les Presses Laurentiennes, 1981, 62 p. Ill. de Renée Le Blanc. «Le Poète et l'Enfant».

Le Choix de Simone Bussières dans l'œuvre d'Adrienne Choquette (textes choisis), [Notre-Dame-des-Laurentides], Les Presses Laurentiennes, 1982, 79 p. Ill. Présentation de Simone Bussières. «Le Choix de... ».

Dans mon petit violon. Comptines et fantaisies, Charlesbourg (Qué.), Presses Laurentiennes, 1985, 62 p. Ill. de Denis Robitaille. «Le Poète et l'Enfant».

ÉTUDES

Jean-Paul Pinsonnault, *L'Héritier de Simone Bussières*, dans *Lectures*, mai 1951, p. 438–441.

Roger Duhamel, *L'Héritier (notes de lecture)*, AU, juin 1951, p. 93–94.

Arthur Prévost, *Un « Héritier » qui aurait mérité qu'on parle un peu plus de lui*, Ca, 49ᵉ année, nᵒ 95, 26 juillet 1951, p. 4.

Émilia B. Allaire, *Simone Bussières*, dans *Têtes de femmes (essais biographiques)*, Québec, Éditions de l'Équinoxe, 1965, p. 67-74.

BUTLER, ÉDITH (1940–). Folkloriste, poète et chansonnier, née à Paquetville (Nouveau-Brunswick). Elle fait ses humanités à l'Université de Moncton (B.A., 1964) et ses études de pédagogie au Collège de Bathurst (B.péd. et licence d'enseignement, 1964), puis elle obtient à l'Université Laval une licence ès lettres en folklore. Elle commence sa carrière de folkloriste au Collège Notre-Dame d'Acadie, en 1962. Elle donne des spectacles à travers le Canada, en Europe et aux États-Unis. En 1970, le gouvernement canadien l'envoie pendant six mois au Japon, à l'exposition universelle d'Osaka. Son premier disque est préparé par Radio-Canada international, microsillon qui sera vite suivi de plusieurs autres. En 1977, Leméac édite *L'Acadie sans frontières*. «Ce livre, écrit Michel Laurin, plus qu'un simple recueil de chansons, prend les traits d'un véritable album de famille où tous les fils et les filles d'Acadie viennent nous montrer leurs plus brillants atours, ceux de la vérité et de la fierté». Et Antonine Maillet commente ainsi ce recueil : « Dans des mots qu'elle va chercher au fond de la mémoire collective d'un peuple, et qu'ont rythmés et remodelés trois siècles d'Acadie blottie entre la mer et la forêt sur la côte Atlantique d'Amérique du Nord, dans des chansons sauvées par un accident de l'histoire, ou réinventées par esprit de conservation, Édith Butler nous rend un visage du monde que sans elle nous n'aurions pas connu ».

ŒUVRE

L'Acadie sans frontières (poésie et chansons), [Montréal], Leméac, 1977, 129 p. Préface d'Antonine Maillet. Avant-propos de l'auteur. « Mon pays mes chansons ».

DISCOGRAPHIE

Chansons d'Acadie, Montréal, Radio-Canada international, [1972], RC 1390, 33 ⅓ tours.

Avant d'être dépaysée, Montréal, CBS, 1973, FS 90156, 33 ⅓ tours.

L'Acadie se marie, Montréal, CBS, 1974, FS 90274, 33 ⅓ tours.

Le P'tit Bœuf et le Fleuve de l'été, Montréal, Société de production et de promotion de spectacles, 1977, PS 9909, 45 tours.

Édith Butler (Je vous aime, ma vie recommence), Montréal, SPPS, 1977, PS 19909, 33 ⅓ tours.

C'est la récréation (chansons enfantines), Les Éditions Projets, EP-990-0, 1977, 33 ⅓ tours. Collab. Jacqueline Lemay et Angèle Arsenault.

C'est une chanson d'amour et Anne ma sœur Anne, Montréal, SPPS, 1978, PS 9916, 45 tours.

L'Espoir, Montréal, SPPS, 1978, PS 19904, 33 ⅓ tours.

Libre, Montréal, SPPS, 1978, PS 19903, 33 ⅓ tours.

Y'a un temps pour dire c'est beau l'amour, Montréal, SPPS, 1978, PS 9917, 45 tours.

Asteur qu'on est là, Le Soleil se lève, Montréal, SPPS, 1979, PS 9918, 45 tours.

Asteur qu'on est là, Montréal, SPPS, 1979, PS 19905, 33 ⅓ tours.

Barbichon, Barbiché, Montréal, SPPS, 1980, PS 1991, 33 ⅓ tours.

Édith Butler. À Paquetville, Montréal, SPPS, 1980, PS 19911, 33 ⅓ tours.

Je m'appelle Édith, Montréal, SPPS, 1981, PS 19916, 33 ⅓ tours.

De Paquetville à Paris, Outremont, Disques Kappa, 1983, KPL-1111, 33 ⅓ tours.

Un million de fois je t'aime, Saint-Laurent, Disques Kappa, 1984, KPL-1112, 33 ⅓ tours.

Le Party d'Édith, Verdun, Les Productions Vampire ltée, 1985, PAR 7007, 33 ⅓ tours.

12 grands succès d'Édith Butler, Verdun, Les Productions Vampire, 1986, PAR 7008, 33 ⅓ tours.

ÉTUDES

Michel Laurin, *Butler (Édith). L'Acadie sans frontières*, dans *Nos livres*, vol. 9, mai 1978, n° 188.

Pierre Beaulieu, *L'Âme de l'Acadie*, Pr, 95ᵉ année, n° 223, 10 mars 1979, p. D-1.

Antonine Maillet, *Édith Butler*, dans *Je m'appelle Édith*, Montréal, Les Éditeurs Lise Aubert/Éditions Mondou, 1981, p. 5.

[Anonyme], *De la chanteuse acadienne à Édith Butler*, dans *Dimanche-matin*, vol. 28, n° 34, 23 avril 1981, p. B-3.

Pierre Beaulieu, *Édith Butler. La solution vient de l'intérieur*, Pr, 97ᵉ année, n° 211, 5 sept. 1981, p. C-1, C-8.

Paul Cauchon, *Édith Butler. L'Acadienne sans frontières*, Dev, vol. 76, n° 45, 23 févr. 1985, p. 21, 26.

Paule La Roche, *Édith Butler. Performeuse, d'hier à aujourd'hui*, Dr, 72ᵉ année, n° 303, 23 mars 1985, p. 25.

BY. Voir **BILODEAU**, ERNEST.

C

CABAY, MARCEL [Marcel Cabay-Marin] (1921–
). Comédien, dramaturge, feuilletoniste et romancier, né à Bressoux (Belgique). Après ses études
secondaires et collégiales à Bruxelles, il s'inscrit au
Conservatoire Royal de Bruxelles où, durant cinq
ans, il étudie l'histoire du théâtre, la comédie, la
tragédie et la mise en scène ; il couronne ses cours
avec un premier prix de comédie et un deuxième
prix de tragédie. Durant la guerre, tout en pratiquant
le droit commercial, il commence sa carrière en
faisant représenter quelques pièces et en jouant lui-
même sur des scènes belges. En 1953, il arrive au
Québec où, au début de sa nouvelle vie, il exerce
divers métiers dont celui de pâtissier, puis il enseigne
la diction et l'art dramatique au collège André
Grasset. À compter de 1954, plusieurs de ses pièces
sont jouées aux « Nouveautés dramatiques », et on
crée sa comédie, « Les Solitudes », au Gesù, en
1956. Il compose de grands romans-feuilletons
pour CKVL, sous le pseudonyme de Marcel Cabay-
Marin : « Grande Allée » (1965–1969), « Côte Vertu »
(1969–1970), « Grande Ville » (1974–1975), en tout
plus de vingt textes radiophoniques auxquels
s'ajoutent des textes pour la télévision, tant à
Radio-Canada qu'à Télé-Métropole : « Le Pélerin
de Kranine », « La Ligne du Nord », « Rue de
l'Anse », « Cœur atout », « Les Berger » (1970–1978),
« Le Clan Beaulieu », etc. Certains sont écrits en
collaboration, comme « Rue de l'Anse » et « Les
Enquêtes Jobidon ». Comédien connu, il joue dans
Un homme et son péché, La Pension Velder, etc.
De plus, il publie des nouvelles dans *Le Petit
Journal* et *Photo-Journal*. En 1971, il remporte le
trophée Méritas pour la meilleure série télévisée,
« Les Berger », qu'il fait paraître sous forme de
roman, en 1976. Léo Beaudoin classe cette œuvre
parmi celles des Lemelin et des Choquette.

ŒUVRES

Grande Ville (roman), Montréal, Éditions CKVL, 1975,
236 p. Sous le nom de Marcel Cabay-Marin. Ill.
Les Berger (roman), Montréal, Éditions de l'Homme/
Éditions TM [Télé-Métropole], 1976, 246 p. Sous le
nom de Marcel Cabay-Marin. Portrait. Ill.
Cher Conrad (roman biographique), Saint-Lambert, Éditions Héritage + plus, 1981, 307 p. Avant-propos de
l'auteur. « Vis-à-vies ».

Marie-Joseph Angélique, incendiaire (roman historique),
Saint-Lambert, Éditions Héritage + plus, 1983, 235 p.
« Vis-à-vies ».
Le P'tit Monde des Berger et du clan Beaulieu (autobio-
graphie), Montréal, Éditions Québécor, 1983, 258 p.
Portrait. Ill. « Témoignages ».
Le Temps des loups (autobiographie), Saint-Lambert,
Éditions Héritage + plus, 1984, 222 p. « Vis-à-vies ».

ÉTUDES

Léo Beaudoin, *Cabay-Marin (Marcel). Les Berger*, dans *Nos
livres*, vol. 8, févr. 1976, n° 46.
Raymond Laprés, *Cabay (Marcel). Cher Conrad*, dans *Nos
livres*, vol. 12, déc. 1981, n° 474.
Renée Legris, *Marcel Cabay*, dans *Dictionnaire des auteurs du
radio-feuilleton québécois*, Montréal, Fides, 1981, p. 60–63.
Fernand Ouellette, *Le Clan Beaulieu*, L, vol. 24, n° 141, mai–juin
1982, p. 59–62.
Gilles Normand, *Un roman de Marcel Cabay mené comme
téléroman*, Pr, 99e année, n° 281, 3 déc. 1983, p. E-4.
Serge Trudel, *Cabay (Marcel). Marie-Joseph Angélique, incendiaire*, dans *Nos livres*, vol. 15, mai 1984, nos 37–38.
Renée Cimon, *Cabay (Marcel). Le Temps des loups*, dans *Nos
livres*, vol. 15, mai 1984, n° 41.

CABAY-MARIN, MARCEL. Voir **CABAY,**
MARCEL.

CABIAC, PIERRE [Pierre Cabiac de Bane, Jules-
Maurice Germain], (1913–   ). Poète et essayiste,
né à Lyon (France). Il fait ses humanités classiques
aux lycées Michelet (Paris) et Clémenceau (Nantes ;
B.A., 1931), puis des études de droit à Paris (licence,
1938). Débarqué aux États-Unis en 1939, il fait des
études en dessin industriel et en radar, et il exerce
divers métiers : enseignant pendant une quinzaine
d'années, traducteur-interprète, spécialiste du radar.
En 1970, il s'installe à Frédéricton, invité par le
Nouveau-Brunswick comme interprète et traducteur
des lois gouvernementales. Il prend sa retraite en
1978. En 1930, il fait paraître un premier recueil de
poèmes, reçoit la médaille de bronze des Jeux
floraux de Saint-Étienne en 1933 et publie, entre
1951 et 1980, neuf autres recueils ainsi qu'une
anthologie de la poésie canadienne-française de
1760 à 1968. Il est membre de plusieurs sociétés,
fonde le Baltimore Poetry Forum, et collabore au

journal de Worcester (É.-U.), *Le Travailleur*. Au Canada, deux ouvrages surtout l'ont fait connaître : d'abord son anthologie, *Feuille d'érable et Fleur de lys*, qui suit les découpages chronologiques proposés par Camille Roy. Son choix d'auteurs n'est pas bien novateur, mais il peut susciter en Europe le goût de mieux connaître cette poésie. Ses présentations d'auteurs contiennent peu de données bibliographiques, et les notes biographiques répètent trop de vieilles erreurs. Par ailleurs, son recueil paru à Sherbrooke, *Étoiles et Feuilles d'érable* (1980), est intéressant et plaît au lecteur surtout par le récit vivant de ses contes.

ŒUVRES

Jeunesse (poésie), Nantes, Éditions Durance, 1933, 35 p.

Amérique en robe bleue (poésie), Alès, Éditions Brabo, 1951, 120 p.

Florilège de l'aimée (poésie), Paris, Jean Grassin éditeur, 1961, 68 p. Sous le pseudonyme de Jules-Maurice Germain.

Chants de l'ombre et du soleil (poésie), Paris, Éditions Grassin, 1964, 85 p. Sous le pseudonyme de Pierre Cabiac de Bane.

Feuilles d'érables et Fleurs de lys. Anthologie de poésie canadienne française, Paris, Éditions de la Diaspora française, 1965-1966, 2 t. : [x], 249 p. ; [iv], 248 p. Préface de François Hertel. « Les Essais ».

Le Sablier des rêves. (Structures poétiques) (poésie), Paris, Jean Grassin, éditeur, 1968, 63 p. « Poésie nouvelle ». (Tirage limité).

Symphonie laurentienne (poésie), Paris, Jean Grassin, éditeur, 1970, 56 p. Sous le pseudonyme de Pierre Cabiac de Bane.

Kaléidoscope (poésie), Paris, Jean Grassin, éditeur, 1975, 63 p. Sous le pseudonyme de Pierre Cabiac de Bane. « Originale ».

La Maison-Dieu (poésie), Paris, Éditions Grassin, 1976, 63 p. Sous le pseudonyme de Pierre Cabiac de Bane.

Rocailles du jardin bleu (poésie), Paris, Jean Grassin, éditeur, 1979, 80 p. Sous le pseudonyme de Pierre Cabiac de Bane.

Étoiles et Feuilles d'érable. Glanes littéraires : Québec, France, États-Unis. Poèmes — contes — essais, Sherbrooke, Éditions Naaman, 1980, 173 p. Portrait. Ill.

ÉTUDES

Pierre Brodin, *La Poésie canadienne-française*, dans *Franc-Amérique*, vol. 33, nº 675, 17 févr. 1966, p. 9.

Antoine Goulet, *Poètes du Canada, de France et de Belgique*, dans *Le Travailleur*, vol. 37, nº 6, 9 févr. 1967, p. 1-4.

Pierre Brodin, *La Poésie canadienne*, dans *Franc-Amérique*, vol. 34, nº 687, 16 mars 1967, p. 9.

André Couture, *Poèmes de l'un, poèmes de l'autre*, Dr, vol. 57, nº 38, 10 mai 1969, p. 7.

Raymond Laprés, *Cabiac (Pierre). Étoiles et Feuilles d'érable*, dans *Nos livres*, vol. 12, mars 1981, nº 121.

CABIAC DE BANE, PIERRE. Voir **CABIAC, PIERRE.**

CABRETTE. Voir **MASSICOTTE, ÉDOUARD-ZOTIQUE.**

CADIEUX, PAULINE [Marie Jérôme] (1909-   ). Romancière, née à Hautes-Laurentides (L'Assomption). Atteinte de la polio avant la fin de l'école primaire, elle est immobilisée pendant quelques années, puis fait ses études secondaires de façon assez irrégulière au Pensionnat des Saints-Anges, à Saint-Jérôme. Elle retournera aux études dans les années cinquante, à l'Université de Montréal, et suivra des cours d'histoire et de langues modernes. Après le secondaire, elle entre au service de la Presse canadienne pour la région du Nord, travail qui inaugure une longue carrière de journaliste. Elle fondera et dirigera trois périodiques qui dureront de huit mois à deux ans : *Laurentia* (1939), *L'Orateur d'Outremont / Outremont Orator* (1958), et *Varietas* (1958). Elle sera aussi secrétaire de notaire à Saint-Jérôme (1932-1937), puis auprès du greffier de la cour dans Terrebonne, pendant la guerre. Elle fera en outre la traduction durant quelques années à Montréal et à Ottawa. C'est son métier de journaliste et ses recherches dans les annales judiciaires qui l'amènent à la littérature : « Je ne peux écrire un roman qu'à partir de faits réels », affirme-t-elle. Un livre est prêt en 1948, mais Pauline Cadieux ne publie un premier ouvrage qu'en 1976. *La Lampe dans la fenêtre*, paru à compte d'auteur, devient en quelques mois un best-seller au Québec, et le cinéaste Jean Beaudoin en fait un long métrage, en 1980, pour l'Office national du film : *Cordélia*. Le roman a été tiré d'un fait vécu : il s'agit de deux accusés exécutés en 1899. L'auteur a mis quinze ans de recherches à bâtir le dossier de l'affaire Cordélia Viau et à reconstituer le climat social et culturel de la fin du siècle dernier dans la région de Terrebonne. « Non seulement, écrit Léo Beaudoin, referme-t-on ce livre avec la conviction qu'il existait un doute raisonnable sur la culpabilité des accusés, mais on demeure également convaincu que la haine de la populace a exercé sur les jurés une pression qui pouvait aller jusqu'à la crainte de représailles en cas d'acquittement ». Son deuxième roman, *Bigame*, autre étude de mœurs, connaît aussi un grand succès, et le troisième, *Flora*, mérite à Pauline Cadieux le « choix du libraire ». Françoise Côté souligne que l'auteur « entend s'attacher surtout à présenter dans son œuvre des personnages féminins victimes des rigueurs d'une justice aveugle et déshumanisée ».

ŒUVRES

La Lampe dans la fenêtre. Étude de mœurs sociales et de criminologie, [Montréal], Libre Expression, 1976, 200 p. Ill. Préface de J.-A. Laforest ; *Cordélia ou la Lampe dans la fenêtre*, Montréal, 1979, 235 p. Portrait. Ill. (Réédité suite au film *Cordélia*).

Bigame (roman), [Montréal], Stanké, 1977, 165 p. Avant-propos de l'auteur.

Flora. Récit, [Montréal], Stanké, 1978, 158 p. Portrait. Avant-propos de l'auteur ; *Flora la rouquine. Récit*, Montréal, Guérin éditeur limitée, 1981. Portrait. Avant-propos de l'auteur.

Violences, un climat social (chroniques), Montréal, Desclez, 1981, 167 p. Avant-propos de l'auteur. Ill.

Bigame (extrait), dans *Le Rimouski*, 2 nov. 1977, section C, p. 10.

Le livre voyage assez mal au pays !, dans *Le livre d'ici*, vol. 3 n° 6, 16 nov. 1977, p. 1.

ÉTUDES

Marcel Dubé, « *Un best seller* », *La Lampe dans la fenêtre*, dans *Le livre d'ici*, vol. 2, n° 27, 13 avril 1977, p. 1.

Marie-Odile Vézina, *Pauline Cadieux, redresseuse de torts*, Ch, vol. 20, n° 4, avril 1979, p. 46–47, 81–82, 84–86.

Madeleine Bellemare, *Cadieux, Pauline. Bigame*, dans *Nos livres*, vol. 9, mai 1979, n° 189.

Carole Levert, *Hommage à Pauline Cadieux*, Dev, vol. 71, n° 45, 23 févr. 1980, p. 25.

Françoise Côté, *Pauline Cadieux, du journalisme au roman à succès*, Dev, vol. 71, n° 216, 2 sept. 1980, p. 33, 40.

Clément Trudel, *Pauline Cadieux inégale. Violences, un climat social*, Dev, vol. 72, n° 88, 20 juin 1981, p. 26.

CADIEUX, PIERRE-B. (1948–   ). Historiographe, né à Iberville. Il commence ses études à l'École Saint-Georges d'Iberville, les continue aux Hautes Études commerciales (1967–1969), puis à l'École normale Cardinal-Léger (B. péd., 1971). Il se consacre ensuite à l'enseignement à Saint-Jean-sur-Richelieu et à Farnham. Membre de quelques sociétés culturelles, il s'intéresse particulièrement à la généalogie et à la petite histoire de sa région, le Haut-Richelieu. En 1977, il publie un guide, *Croisière sur le Richelieu historique*, qui est pour le lecteur une source d'émerveillement sur l'histoire de cette belle région du Québec. La même année, en collaboration avec Réal Fortin, il fait paraître *Les Constructions militaires du Haut-Richelieu*. « Les auteurs de ce petit livre très largement illustré et

fortement documenté, écrit Marcel Dubé, ont fait un travail de sourcier qui leur a permis de situer les lieux où tout au long de notre épopée historique s'est joué le destin du pays ».

ŒUVRES

Croisière sur le Richelieu historique (guide), Saint-Jean-sur-Richelieu, Éditions Mille Roches, 1977, 47 p. Ill.

Les Constructions militaires du Haut-Richelieu (guide touristique), Saint-Jean-sur-Richelieu, Éditions Mille Roches, 1977, 123 p. Collab. Réal Fortin. Ill.

On fouille aux casernes de Blairfindie dans le Haut-Richelieu (litt. jeunesse), Saint-Jean-sur-Richelieu, Musée régional du Haut-Richelieu, 1981, 28 p. Ill.

ÉTUDE

Marcel Dubé, *Nos aïeux les guerriers*, dans *Le Livre d'ici*, vol. 2, n° 43, 3 août 1977, p. 1.

CAILLOUX, ANDRÉ [Grand-père Cailloux] (1920–   ). Dramaturge, comédien et conteur pour enfants, né à Issoudun (France). Après le Collège d'Issoudun, il étudie la philosophie et l'histoire de l'art médiéval à l'Université de Fribourg. À la fin des années quarante, il se produit en Suisse et en France comme magicien, comédien et chanteur, et, en 1949, il entre chez les Compagnons de la musique. Il arrive à Montréal en 1951, appelé par le père Legault, et se joint à la troupe des Compagnons de Saint-Laurent, commençant une carrière d'une trentaine d'années pendant lesquelles il joue Calderon, Molière, Claudel, Loranger, Maillet... sur les scènes du TNM, de l'Arcade, du Théâtre Club et du Rideau-Vert où il est aussi metteur en scène et fait jouer plusieurs de ses pièces. Il se fait connaître encore avantageusement, à partir de 1952, à la radio et la télévision pour enfants en tant qu'animateur, conteur et comédien, dans de nombreuses séries, telles Le Grenier aux images qui mérite le Trophée Frigon, Tic Tac Toc, Ulysse et Oscar, Le Grand Manitou, Monsieur Nicolas... En 1962, il fonde le Jardin de Grand-Père, école pour les tout-petits, et plus tard il prépare pour eux les livres de musique de la collection « Virginie chante ». Il commence à publier ses œuvres en 1958. *Le Livre canadien* signale à propos de la pièce *L'Île-au-sorcier*, qu'André Cailloux « maîtrise avec bonheur son métier. Et ce bonheur est contagieux à la lecture, comme il doit l'être à la représentation ». Pour Françoise Lepage, *François et l'Oiseau du Brésil* est « la meilleure pièce pour enfants éditée cette année » (1977). Et Monique Larue dit du livre de contes *Les Aventures de Frizelis* : « Fertile en images, très diversifié dans son lexique, exploitant à fond l'aspect sonore de la langue dans ses comptines, voilà un texte à lire à haute voix aux enfants dont il stimulera l'imagination par sa fantaisie et son originalité ».

ŒUVRES

Fredons et Couplets (litt. jeunesse), Montréal, Beauchemin, 1958, 80 p. Ill. Préface de Guy Mauffette.

Caroline, la petite souris blanche (récit), Montréal, Éditions Centre de psychologie et de pédagogie, 1965, [n.p., 22 p.]. Ill. « Grand-père Cailloux raconte... »

Lapin agile, le petit Indien (récit), Montréal, Éditions Centre de psychologie et de pédagogie, 1965, [n.p., 23 p.]. Ill. « Grand-père Cailloux raconte... »

Raphaël et son voilier (récit), Montréal, Éditions Centre de psychologie et de pédagogie, 1965, [n.p., 22 p.]. Ill. « Grand-père Cailloux raconte... »

Stella, la petite étoile (récit), Montréal, Éditions Centre de psychologie et de pédagogie, 1965, [n.p., 22 p.]. Ill. « Grand-père Cailloux raconte... » ; *Stella, la petite étoile. Conte original*, Boucherville, Le Sablier inc., 1972, 16 p. Ill. « Textes et prétextes ». (Avec diapositives et bande magnétique).

Le bambou qui chante. Conte original, Boucherville, Le Sablier inc., 1972, 16 p. Ill. « Textes et prétextes ». (Avec diapositives et bande magnétique).

Bridou le petit avion. Conte original, Boucherville, Le Sablier inc., 1972, 16 p. Ill. « Textes et prétextes ». (Avec diapositives et bande magnétique).

Tourbillon, l'écureuil gris. Conte original, Boucherville, Le Sablier inc., 1972, 16 p. Ill. « Textes et prétextes ». (Avec diapositives et bande magnétique).

Frizelis et Gros Guillaume (théâtre), Montréal, Leméac, 1973, 93 p. Ill. « Théâtre pour enfants ».

Frizelis et la Fée Doduche (théâtre), Montréal, Leméac, 1973, 81 p. Ill. « Théâtre pour enfants ».

L'Île-au-sorcier (théâtre), Montréal, Leméac, 1974, 81 p. Ill. « Théâtre pour enfants ».

Mon petit lutin s'endort (comptine), Montréal, Le Tamanoir, 1976, [n.p., 23 p.]. Sous le pseudonyme de Grand-père Cailloux. Ill. « L'Étoile filante » ; La Courte Échelle, 1979. Ill.

Je te laisse une caresse (comptine), Montréal, Le Tamanoir, 1976, [n.p., 23 p.]. Sous le nom de Grand-père Cailloux. Ill. « L'Étoile filante » ; La Courte Échelle, 1979. Sous le pseudonyme de Grand-père Cailloux. Ill.

François et l'Oiseau du Brésil, suivi de Tombé des étoiles (théâtre), Montréal, Leméac, 1977, 153 p. Ill. « Théâtre pour enfants ».

Lune en or (conte), Montréal, Éditions La Courte Échelle, 1979, [n.p., 25 p.]. Sous le pseudonyme de Grand-père Cailloux. Ill.

Mon grand-père a un jardin (récit), Montréal, Éditions La Courte Échelle, 1979, [n.p., 21 p.]. Sous le pseudonyme de Grand-père Cailloux. Ill.

Fleurs et Frimas (litt. jeunesse), Saint-Lambert, Éditions Héritage inc., 1979, [n.p., 55 p.]. Collab. Fran Newman et Claudette Boulanger. Portrait. Ill. (Adaptation de *Sunflakes and Snowshine* de Fran Newman).

[*Virginie chante... les instruments de musique*] (chanson), Saint-Lambert/Montréal, Éditions Héritage inc./Société Radio-Canada, 1979, [n.p., 16 p.]. Ill. « Virginie chante ».

[*Virginie chante... l'arc-en-ciel*] (chanson), Saint-Lambert/Montréal, Éditions Héritage inc./Société Radio-Canada, 1980, [n.p., 16 p.]. Ill. « Virginie chante ».

Les Aventures de Frizelis (contes), Montréal, Éditions Héritage, 1980, 127 p. Sous le pseudonyme de Grand-père Cailloux. Ill. « Pour lire avec toi ».

[*Virginie chante... la locomotion*] (chanson), Saint-Lambert/Montréal, Éditions Héritage inc./Société Radio-Canada, 1981, [n.p., 22 p.]. Ill. « Virginie chante ».

DISCOGRAPHIE

Grand-père Cailloux, « contes du samedi », Select, [1970 ?], M-298122, 33⅓ tours.

[*Chansons et Comptines du Grand-père Cailloux*], Le Tamanoir, [1976 ?], TAM-357, 33⅓ tours.

Grand-père Cailloux, Le Tamanoir, [1980 ?], CE-8001, 33⅓ tours.

ÉTUDES

[Anonyme], *Cailloux (André). Le bambou qui chante — Tourbillon l'écureuil gris — Stella la petite étoile — Bridou le petit avion*, dans *Le Livre canadien*, vol. 4, févr. 1973, n° 46.

[Anonyme], *Cailloux (André). Frizelis et Gros Guillaume*, dans *Le Livre canadien*, vol. 5, juin 1974, n° 197.

[Anonyme], *Cailloux (André). L'Île-au-sorcier*, dans *Le Livre canadien*, vol. 6, févr. 1975, n° 43.

Françoise Lepage, *Les Albums*, LAQ 1977, p. 294.

Danièle Simpson, *Grand-père Cailloux se raconte*, dans *Livre lu*, vol. 1, 1978, n° 7.

Renée Rowan, *On offre à nos jeunes des albums chouettes*, dans *Le Livre d'ici*, vol. 5, 12 déc. 1979, n° 10.

Monique Chartier, *Cailloux (André). Fleurs et Frimas*, dans *Nos livres*, vol. 11, févr. 1980, n° 54.

Renée Cimon, *Cailloux (André). Virginie chante... les instruments de musique*, dans *Nos livres*, vol. 11, févr. 1980, n° 55.

Michel Laurin, *Cailloux (André). Virginie chante... l'arc-en-ciel*, dans *Nos livres*, vol. 11, mai 1980, n° 187.

Monique Larue, *Grand-Père Cailloux. Les Aventures de Frizelis*, LAQ 1980, p. 224.

Lorraine Boisvenue, *Grand-Père Cailloux. Frizelis et Bigoudi*, dans *Le Livre d'ici*, vol. 6, n° 27, 8 avril 1981, p. 1.

Pierre Beaulieu, *André Cailloux. Du théâtre à l'écriture pour enfants*, Pr, 98e année, n° 19, 23 janv. 1982, p. C-2.

CALLIHOU, JAMES. Voir MORIN, PAUL.

CALVÉ, PIERRE (1939–   ).

Poète et chansonnier, né à Montréal. Après avoir fréquenté plusieurs écoles, à Outremont, à Winnipeg et à Saint-Eustache, il s'engage dans la marine marchande en 1956 et, jusqu'en 1961, il parcourt le monde. Il quitte alors ce métier et fait ses débuts à la boîte à chansons gaspésienne de Bonaventure « La Piouke ». Auteur-compositeur-interprète, il fait de nombreuses tournées dont plusieurs sont subventionnées par le ministère des Affaires culturelles du Québec, en Ontario, au Nouveau-Brunswick, dans les provinces des Prairies, aux États-Unis — surtout en Louisiane — au Mexique, à Cuba et en Europe. Entre 1962 et 1973, il produit quatre microsillons. De 1976 à 1980, il dirige la Boîte à chansons de l'Hôtel Méridien de Montréal, puis il abandonne le spectacle et tient, à partir de 1981, une boutique d'encadrement. Ses poèmes et chansons sont réunis dans *Vivre en ce pays... ou ailleurs* (1977). « Calvé, écrit Christian Larsen, fait des chansons comme autrefois les anciens de la voile naviguaient à l'estime. Il écrit sans sextant, sans sondeur, mais d'après les courants et d'après les étoiles ». « Ouvrir ce bouquin, c'est entendre la voix de Pierre Calvé, voix à peine juste mais combien sympathique [...]. Pionnier de la chanson québécoise, Pierre Calvé a chanté l'amour, les grands espaces, la ville, les quatre saisons... » (Raymond Roy).

ŒUVRE

Vivre en ce pays... ou ailleurs (poèmes et chansons), Montréal, Leméac, 1977, 135 p. Préface de Jean-Paul Filion. « Mon pays, mes chansons ».

DISCOGRAPHIE

Chansons de ports et de haute mer, Columbia, [1962], FL-300, 33⅓ tours.
Pierre Calvé. Volume 2, Columbia, [1964], FL-308, 33⅓ tours.
Pierre Calvé. Collection : poésie et chansons, Harmonie, [1967], HFS-9061, 33⅓ tours.
Pierre Calvé, Harmonie, [1973], FHS-9072, 33⅓ tours.

ÉTUDES

Dominique Bourgeois, *Une entrevue avec Pierre Calvé*, PJ, vol. 40, n° 16, 13 févr. 1966, p. M-4, M-5.
Christian Brunelle, *Pierre Calvé : « Je ne suis pas un poète »*, So, vol. 69, n° 129, 28 mai 1966, p. 10.
Michel Lemieux, *Pierre Calvé, un ressac*, CF, vol. 107, n° 19, 29 sept. 1966, p. 46.
René Lord, *Pierre Calvé est l'une des figures de proue de la chanson québécoise*, No, vol. 47, n° 249, 26 août 1967, p. 6.
Suzanne Thomas, *Pierre Calvé veut tenter sa chance à Paris*, P, vol. 90, n° 18, 4 mai 1969, p. 48.
Louise Tassé, « *On peut vivre de la chanson au Québec* ». *Pierre Calvé*, P, vol. 90, n° 30, 17 août 1969, p. 50.
Raymond Roy, *Calvé (Pierre). Vivre en ce pays... ou ailleurs*, dans *Nos livres*, vol. 9, août-sept. 1978, n° 293.

CAMPAGNARD. Voir **DESSAULLES, LOUIS-ANTOINE**.

CAMPEAU, LUCIEN (1914–   ). Historien, né à Waterville, aux États-Unis. Il fait ses études secondaires au Séminaire du Sacré-Cœur de Saint-Victor-de-Beauce, puis obtient un baccalauréat ès arts de l'Université Laval en 1936. Il poursuit, à Montréal, des études couronnées par une maîtrise ès arts (1940), une licence en philosophie (1942) et une licence en théologie (1949). De 1954 à 1957, il étudie à l'Université grégorienne de Rome où il obtient une licence (1956), puis un doctorat en histoire ecclésiastique (1967). De 1951 à 1968, il enseigne l'histoire de l'Église à l'Immaculée-Conception (Faculté de théologie des Jésuites, à Montréal). À compter de 1957, il est professeur consultant au Parc historique de Louisbourg et, en 1968, il est nommé professeur à l'Université de Montréal. Le père Lucien Campeau est membre de l'Institutum Historicum Societatis Iesu (1957), de l'Institut d'histoire de l'Amérique française, de la Société royale du Canada (1973) et du Comité des fondateurs de l'Église du Canada (1974). Ses ouvrages consacrés aux missionnaires jésuites sont le résultat de recherches minutieuses et approfondies. Cornélius Jaenen commente ainsi *Les Finances publiques de la Nouvelle-France sous les Cent-Associés, 1632-1665* : « une monographie [...] scrupuleusement documentée, fourmillant de détails financiers, légaux et familiaux, tous clairement expliqués et remis dans leur contexte historique selon les critères scientifiques que nous attendons de la plume de ce spécialiste du dix-septième siècle canadien ». Son ouvrage de grande envergure en train de se faire, *Monumenta Novae Franciae*, est une entreprise colossale, ce qui signifie en pratique de rééditer et de présenter soigneusement les *Relations* des Jésuites et de rendre accessible les documents inédits pour mieux connaître l'histoire du Québec. Réal Ouellet salue dans cet effort la mise en œuvre de la première véritable histoire de la Nouvelle-France.

ŒUVRES

Monumenta Novae Franciae I. La Première Mission d'Acadie (1602-1616) (essai), Québec/Rome, PUL/Monumenta Historica Societatis Iesu, 1967, 276, 719 p. Ill. ; *Monumenta Novae Franciae II. Établissement à Québec (1616-1634)*, Québec/Rome, PUL/Monumenta Historica Societatis Iesu, 1979, 141, 889 p.
La Première Mission des Jésuites en Nouvelle-France (1611-1613) et les Commencements du Collège de Québec (1626-1670), Montréal, Les Éditions Bellarmin, 1972, 128 p. « Cahiers d'histoire des Jésuites ».
Les Cent-Associés et le Peuplement de la Nouvelle-France 1633-1663, Montréal, Bellarmin, 1974, 175 p. « Cahiers d'histoire des Jésuites ».

L'Évêché de Québec (1674). Aux origines du premier diocèse érigé en Amérique française, Québec, Société historique de Québec, 1974, xv, 142 p. « Cahiers d'histoire ».

Les Finances publiques de la Nouvelle-France sous les Cent-Associés (1632-1665) (essai), Montréal, Éditions Bellarmin, 1975, 223 p. Collab. René Fortin, Jean-Marc et Geneviève Garant et al..

Lettres du P. Bellarmin Lafortune au P. Joseph Waddell, dans Lettres du Bas-Canada, vol. 1, 1947, p. 218–225 ; vol. 2, 1948, p. 23–30.

Les Jésuites ont-ils retouché les écrits de Champlain ?, RHAF, vol. 5, nº 3, déc. 1951, p. 340–361.

Un site historique retrouvé, RHAF, vol. 6, nº 1, juin 1952, p. 31–41.

Autour de la relation du P. Pierre Briard, RHAF, vol. 6, nº 4, mars 1953, p. 517–535.

Theudas les faux prophètes et Judas le Galiléen, dans Sciences ecclésiastiques, vol. 5, 1953, p. 235–245.

Encore à propos de Cartier, RHAF, vol. 7, nº 4, mai 1954, p. 558–570.

Notre-Dame-des-Anges, dans Lettres du Bas-Canada, vol. 8, 1954, p. 77–107.

Les Cabot et l'Amérique, RHAF, vol. 14, nº 3, déc. 1960, p. 317–352.

Le Contrat d'association des Jésuites avec Poutrincourt, RSCHE, 1960, p. 13–21.

La Grande Crise de 1612 à Port-Royal, dans Lettres du Bas-Canada, vol. 15, 1961, p. 7–27.

La Première Mission des Jésuites en Nouvelle-France, dans Lettres du Bas-Canada, vol. 15, 1961, p. 129–157.

Le Séminaire de Québec dans le plan de Monseigneur de Laval, RHAF, vol. 17, nº 3, déc. 1963, p. 315–324.

Sur les pas de Cartier et de Champlain, CACF, 1964, p. 29–38.

Jean Cabot et la Découverte de l'Amérique du Nord, RHAF, vol. 19, nº 3, déc. 1965, p. 384–413.

Découvertes portugaises en Amérique du Nord, RHAF, vol. 20, nº 2, sept. 1966, p. 171–227.

Le Calendrier libérien, dans Sciences ecclésiastiques, vol. 17, 1966, p. 187–206.

Le Dernier Voyage de Champlain, MSRC, 4ᵉ série, vol. 10, 1972, p. 81–101.

La Juridiction ecclésiastique en Nouvelle-France avant Mgr de Laval, RSCHE, 1972, p. 91–108.

Mgr de Laval et les Hospitalières de Montréal (1659-1684), dans L'Hôtel Dieu de Montréal, 1642-1973, Montréal, Hurtubise HMH, 1973, p. 103–123.

Mgr de Laval et le Conseil souverain, 1659-1684, RHAF, vol. 27, nº 3, déc. 1973, p. 323–359.

ÉTUDES

André Lachance, La Première Mission d'Acadie (1602-1616) de Lucien Campeau, LAC 1967, p. 133.

Léon Pouliot, Lucien Campeau, Monumenta Novae I..., RHAF, vol. 21, nº 1, juin 1967, p. 125–128.

Marcel Trudel, La Première Mission d'Acadie (1602-1616), dans Archivum Historicum Societatis Iesu, 1967, p. 186–187.

Léon Pouliot, Canada, CHR, vol. 49, nº 2, juin 1968, p. 173–174.

Cornelius Jaenen, Lucien Campeau, S.J., Les Finances publiques de la Nouvelle-France sous les Cent-Associés, 1632-1665, LAQ 1975, p. 284–286.

Réal Ouellet, Retour aux textes fondateurs. Monumenta Novae Franciae II de Lucien Campeau, LQ, nº 20, hiver 1980/1981, p. 89–93.

CAMPO, MARIO (1951–   ). Poète, né à Montréal. Après ses études secondaires, il exerce divers métiers, s'intéresse aux arts graphiques, étudie la traduction à l'Université de Montréal, fait de la photo, voyage beaucoup en Europe et en Amérique, collabore à la Nouvelle Barre du jour, à Hobo-Québec, à l'Atelier de production littéraire de la Mauricie. En 1973, le théâtre de l'Université du Québec à Montréal présente sa pièce « L'Avatar hanté ». Sa poésie divise les critiques. Pour Claude Beausoleil, L'Anovulatoire (1978) montre « un goût pour les sonorités et les formes neuves » et fait « l'inventaire d'une sexualité exacerbée », mais pour Pierre Monette, Campo « répète dans un recueil très inégal une poésie qu'on commence à avoir trop lue ». Coma laudanum (1979) contient des textes « remplis de trouvailles », dit Pierre Nepveu, mais « souvent gâtées par le caractère informe des textes et surtout par [des surcharges] ». Campo voit la modernité de la poésie comme un « néo-dandysme » ; il veut écrire « comme un poète maudit », de sorte que ses textes ont suscité des rapprochements avec Rimbaud, Dada, Gauvreau, etc., parentés que Marcel Labine juge exagérées.

ŒUVRES

Coma laudanum. Poèmes, Montréal, L'Hexagone, 1979, 70 p. Portrait. « H ».

Les Punks stellaires et Rebel with a Cause (poésie), Trois-Rivières, Atelier de production littéraire de la Mauricie, 1980, [n.p., 25 p.]. Ill.

Insomnies polaroïds, suivi de Rebel with a Cause (poésie), Trois-Rivières, A.P.L.M., 1980, 56 p. Ill. (Texte polycopié).

Des surhommes et des rats, NBJ, nº 59, oct. 1977, p. 14–33.

Za, NBJ, nº 61, déc. 1977, p. 19–24.

Entre les lignes, NBJ, nᵒˢ 68–69, sept. 1978, p. 7–11.

Urgence urbaine, NBJ, nᵒˢ 92–93, juin 1980, p. 63.

Sursis, NBJ, nº 94, sept. 1980, p. 41–55.

ÉTUDES

Pierre Monette, D'une pierre trois coups. La Nouvelle Barre du jour publie, LQ, nº 13, févr. 1979, p. 25–27.

Claude Beausoleil, Mario Campo. Vers l'insolite du langage, Dev, vol. 70, nº 275, 24 nov. 1979, p. 24.

Marcel Labine, *L'Odeur des maîtres*, dans *Spirale*, n° 4, déc. 1979, p. 6.

Hugues Corriveau, *Mario Campo. Como laudanum*, LAQ 1979, p. 102-103.

Pierre Nepveu, *Les Années soixante-dix : du commencement à la fin*, LQ, n° 17, printemps 1980, p. 25-29.

Ivanhoé Beaulieu, *Du « Néo-dandysme » en poésie*, Pr, 98ᵉ année, n° 182, 7 avril 1982, p. B-3.

CANADA, JEAN. Voir LAREAU, EDMOND.

CANADIEN ERRANT. Voir BILODEAU, ERNEST.

CANE (LA). Voir BERTHELOT, HECTOR.

CANTIN, PIERRE (1944–   ). Bibliographe et chroniqueur littéraire, né à Québec. Il fait des études classiques au Séminaire Saint-Joseph de Trois-Rivières et des études pédagogiques à l'École normale Duplessis (B. Péd., 1969). Il poursuit des études de lettres à l'Université d'Ottawa où il obtient une maîtrise (1971) et un doctorat (1981) dont la thèse est une bibliographie analytique de l'œuvre de Jacques Ferron. À diverses reprises il est boursier de l'Université d'Ottawa, du Department of University Affairs de l'Ontario, du Conseil des Arts du Canada et du Conseil de recherches en sciences humaines. En 1971, il devient professeur de littérature au Cégep de l'Outaouais ; il a également été chargé de cours au Département de linguistique et de langues modernes de l'Université d'Ottawa (1972–1975). À compter de 1976, il collabore au *Droit*. En outre, il dirige un vaste projet de recherches bibliographiques sur la littérature québécoise. Pierre Cantin est surtout connu par ses travaux sur Jacques Ferron et par ses bibliographies minutieuses dont le meilleur exemple est la *Bibliographie de la critique de la littérature québécoise dans les revues des XIXᵉ et XXᵉ siècles* (1979) en cinq volumes, préparée en collaboration avec Normand Harrington et Jean-Paul Hudon.

ŒUVRES

[*Dossier sur Jean-Claude Germain. Éléments de bio-bibliographie et textes colligés*], [Hull], Cégep de l'Outaouais, 1976, 57 f. (Texte polycopié).

[*Rimes de chars. Poésie rhinocérose*], Hull, Édition privée, 1979, x f. (Tirage limité. Texte polycopié) ; 1980, 4 f.

Bibliographie de la critique de la littérature québécoise dans les revues du XIXᵉ et XXᵉ siècles, Ottawa, Centre de recherche en civilisation canadienne-française, 1979, 5 t. : t.1, *Études*, 155 p. Préface de René Dionne. Présentation des auteurs ; t. 2, *Auteurs : A-C*, [vi], –360 p. ; t. 3, *Auteurs : D-G*, [viii], –603 p. ; t. 4, *Auteurs : H-M*, [iv], –849 p. ; t. 5, *Auteurs : N-Z*, [iv], –1254 p. (Appendices). Collab. Normand Harrington et Jean-Paul Hudon. « Documents de travail du Centre de recherche en civilisation canadienne-française ».

Jacques Ferron polygraphe : bibliographie suivie d'une chronologie, Montréal, Les Éditions Bellarmin, 1984, 548 p. Préface de René Dionne.

Jacques Ferron, *Les Lettres aux journaux*, Montréal, VLB éditeur, 1985, 586, [6] p. Colligées et annotées par Pierre Cantin, Marie Ferron et Paul Lewis. Préface de Robert Millet.

Jacques Ferron, *L'Amélanchier*, Montréal, VLB éditeur, 1986, 207 p. Éditeur. Collab. Marie Ferron et Paul Lewis.

Jacques Ferron, *La Conférence inachevée. Le Pas de Gamelin et autres récits*, Montréal, VLB éditeur, 1987, 239 p. Éditeur. Collab. Marie Ferron et Paul Lewis.

Bibliographie de la critique de la littérature québécoise et canadienne-française dans les revues canadiennes (1974–1978), Ottawa, PUQ, 1988, ix, 480 p. Collab. René Dionne.

Pierre Vadeboncœur ou Le désir de récrire l'histoire, LQ, n° 7, sept. 1976, p. 37-39.

Fabulation politique ou Conflit prémédité, Dr, vol. 65, n° 41, 14 mai 1977, p. 20.

Jean Paré : le véritable protecteur du citoyen québécois, Dr, vol. 65, n° 99, 23 juillet 1977, p. 16.

Ferron réédité en quatrième vitesse, Dr, vol. 66, n° 42, 13 mai 1978, p. 23.

Bibliographie de la critique, dans *Revue d'histoire littéraire du Québec et du Canada français*, n° 2, 1980–81, p. 180-304. Collab. René Dionne.

ÉTUDES

Paul Gay, *Un travail soutenu et minutieux : une bibliographie de la critique de la littérature québécoise*, Dr, vol. 67, n° 23, 21 avril 1979, p. 21.

Madeleine Bellemare, *Jacques Ferron polygraphe de Pierre Cantin* (entrevue), dans *Nos livres*, vol. 16, avril 1985, p. 3-4.

M.P., *Cantin, Pierre. Jacques Ferron polygraphe. Essai de bibliographie suivie d'une chronologie*, dans *L'Apropos*, vol. 3, n° 2, 1985, p. 108-110.

Gérard Gaudet, *Des mécréants devant le roi*, Dev, vol. 72, n° 44, 22 févr. 1986, p. 39.

CAPUCINE. Voir BOISVERT, RÉGINALD.

CARABINIER (UN). Voir FAUCHER DE SAINT-MAURICE NARCISSE Henri Édouard.

CARBET, CLAUDE ET MAGDELEINE. Voir **CARBET,** MARIE-MAGDELEINE.

CARBET, MARIE-MAGDELEINE [X Anna, Louise-Eugénie MARIE-MAGDELEINE] [signe aussi Claude et Magdeleine, Claude et Magdeleine Carbet] [Tante Phil, Tantana] (1902–   ). Conteuse, romancière et poète, née à Ducos (Martinique). Elle y fait ses études au Lycée des Jeunes Filles (1913–1919). Elle prépare en cours privés le certificat d'aptitudes pédagogiques. De 1925 à 1928, elle étudie au Cours normal, à Paris, l'enseignement ménager et le travail manuel (brevets de capacité, 1927 et 1928). Elle suivra de plus des cours de dessin, de droit et de journalisme. Elle enseigne au secondaire à Fort de France de 1920 à 1935, puis de 1943 à 1960, et elle travaille à la fonction publique (1935–1939) à Paris et à Troyes (radio, conférences de l'Exposition de 1937, etc.). Elle collabore à divers périodiques, tels *Ceux d'outre-mer* avant la guerre, puis après 1960 la *Revue française*, *Droit*, *Liberté* et *Horizons du monde*. Plusieurs décorations récompensent sa carrière et son œuvre : Palmes académiques (1956), prix de l'ADELF (Caraïbes, 1971), médaille d'argent du Grand Prix humanitaire de France pour services rendus aux arts et aux lettres (1980), Palme d'or de Paris-Critique pour son œuvre (1980)... Elle fait paraître quatre recueils de nouvelles et de poèmes entre 1936 et 1939, s'interrompt longuement jusqu'en 1956, puis se remet à publier régulièrement poésies, romans, contes et essais. En 1972, son roman *Au péril de ta joie* fait connaître la romancière au Canada grâce aux Éditions Leméac. En 1977, Réginald Martel salue dans *Au village en temps longtemps* un auteur qui «chante vraiment son pays [...]. Les mots sont en couleur, la musique en émotions». «Ce qui fait le charme indéniable de ces pages, écrit Raymond Laprés, c'est la langue colorée, savoureuse, charnue, évocatrice des bruits, des sons, des couleurs et de la lumière antillaise».

ŒUVRES

Féfé et Doudou. Martiniquaises (nouvelles), Paris, Éditions Jean Crès, 1936, 239 p. Collab. Claude Carbet. Préface de J.L. Gheerbrandt.
Piment rouge. (Poésie), Paris, Les Cahiers d'art et d'amitié, 1938, 35 p. Collab. Claude Carbet. Ill. de Thérèse Ambourg. « La poésie ».
Chanson des Isles (poésie), Paris, Orphée, 1938, 60 p. Collab. Claude Carbet.
Çà et là dans la Caraïbe (nouvelles), Paris, Ceux d'outre-mer, 1939, 88 p. Collab. Claude Carbet.

Chansonnelle (conte), Fort-de-France, Cité du livre, 1956, 36 p.
Braves Gens de la Martinique (nouvelles), Fort-de-France, La Cité du livre, 1957, 141 p. Collab. Claude Carbet.
Point d'orgue (poésie), Paris, Chez l'auteur, 1958, 76 p.
Écoute Soleil Dieu (poésie), Paris, Chez l'auteur, 1961, 64 p. ; Cerf-volant, 1974.
Viens voir ma ville (poésie), Paris, Chez l'auteur, 1963, 64 p. ; Cerf-volant, 1974
Supplices et Chansons (poésie), Paris, Cerf-volant, 1965, 64 p. ; Cerf-volant, 1974.
Rose de ta grâce (poésie), [Paris], Cerf-volant, 1970, 80 p. ; Paris, 1974.
Au péril de ta joie (roman), Montréal, Leméac, 1972, 215 p. Préface de Henri Aueffelec. «Francophonie vivante».
Et merveille de vivre (poésie), Pontarlier, Faivre, 1973, 72 p.
Comptines et Chansons antillaises, Montréal, Leméac, 1975, 77 p. Ill. «Littérature jeunesse».
D'une rive à l'autre (roman martiniquais), Montréal, Leméac, 1975, 170 p. Préface de Robert Cornevin. «Francophonie vivante».
Au village en temps longtemps (roman), Montréal, 1977, 170 p. «Francophonie vivante».
Mini-poèmes sur trois méridiens, Montréal, Leméac, 1977, 124 p. Préface d'Edmon Bambuck.
Le Bon Manger antillais (gastronomie), Montréal, Leméac, 1978, 192 p. «Recettes typiques».
Au sommet, la sérénité (essai), Montréal, Leméac, 1980, 127 p. Présentation d'Yves Dubé.
Contes de Tantana, Montréal, Leméac, 1980, 187 p. Ill.
La Cuisine des Îles ou Le Bon Manger antillais, Verviers, Marabout, 1980, 192 p. «Marabout survie».

ÉTUDES

Anonyme, *Carbet (Marie Magdeleine). Comptines et Chansons antillaises*, dans *Le Livre canadien*, vol. 7, févr. 1976, n° 73.
Réginald Martel, *Du papier, de l'encre et plus*, Pr, 93ᵉ année, n° 144, 18 janv. 1977, p. D-3.
Raymond Laprés, *Carbet (Marie Magdeleine). Au village en temps longtemps*, dans *Nos Livres*, vol. 8, nov. 1977, n° 326.
Maximilien Laroche, *Marie Magdeleine Carbet. Au village en temps longtemps*, LAQ 1977, p. 93–94.
Alfred Cami, *Carbet (Marie Magdeleine). Le Bon Manger antillais*, dans *Nos livres*, vol. 9, déc. 1978, n° 427.
Renée Cimon, *Carbet (Marie-Magdeleine). Mini-poèmes sur trois méridiens*, dans *Nos livres*, vol. 11, mars 1980, n° 102.
Gilles Archambault, *À l'étage*, dans *Le Livre d'ici*, vol. 5, n° 45, 13 août 1980, p. 1.
Monique Chartier, *Carbet (Marie Magdeleine). Contes de Tantana*, dans *Nos livres*, vol. 11, oct. 1980, n° 289.
André Janoël, *Carbet (Marie Magdeleine). Au sommet, la sérénité*, dans *Nos livres*, vol. 11, nov. 1980, n° 327.
Cécile Dubé, *Marie-Magdeleine Carbet. Contes de Tantana*, LAQ 1980, p. 218–219.

CARBONNEAU, HECTOR (1889–1962). Traducteur et romancier, né à l'Étang-du-Nord (Îles-de-la-

Madeleine). Il fait des études en pédagogie à l'École normale Laval où il reçoit le baccalauréat (1909) et le prix du Prince de Galles. En 1910, il enseigne au Collège de Blainville. En 1911, il entre dans la fonction publique fédérale, section des douanes. Devenu traducteur au ministère des Douanes, en 1922, il est ensuite muté au bureau de traduction de la Chambre des communes où il est directeur de 1930 à sa retraite. Hector Carbonneau publie de nombreux articles dans divers périodiques, tels *Liaison*, *Mémoires de la Société royale du Canada*, *Les Archives de folklore* et *Le Canada français*. En 1931, il mérite le prix Wellington pour ses nouvelles « Le Vieux Coquetier » et « La Veuve ». Après sa mort, grâce au concours du personnel du Secrétariat d'État, son *Vocabulaire général* paraît, en 1972, et, en 1974, sa famille publie son roman *Gabriel et Geneviève*. Guy Rondeau écrit au sujet de son dictionnaire : « Cet ouvrage est un instrument de travail de premier choix pour le traducteur [...], il renferme à peu près tous les termes administratifs en usage au Canada, les titres des lois canadiennes et les expressions courantes aux Nations-Unies et à l'UNESCO ».

ŒUVRES

Glossaire anglais-français de la pêche commerciale et sportive : contenant aussi un grand nombre de termes employés en pisciculture, en ostréiculture, ainsi que dans l'industrie des conserves de poisson et dans les sciences relatives à la vie aquatique, Ottawa, Bureau des traductions, Service de terminologie, 1954, 176 p.

Vocabulaire général (Glossaire anglais-français), Ottawa, Secrétariat d'État, Bureau des traductions, Centre de terminologie, 1972, 7 vol. : vol. 1, *(1er fascicule : A-C)*, 156, 102, 174, [10] p. Avertissement par l'auteur ; vol. 2, *(2e fascicule : D-G)*, 112, 92, 100, 64, [14] p. ; vol. 3, *(3e fascicule : H-L)*, 90, 128, 138, [4] p. ; vol. 4, *(4e fascicule : M-O)*, 148, 60, 112, [14] p. ; vol. 5, *(5e fascicule : P-R)*, 230, 24, 178, [13] p. ; vol. 6, *(6e fascicule : S-T)*, 233, 170, [9] p. ; vol. 7, *(7e fascicule : U-Z)*, 105, 63, 196, 2, 19, 9, [1] p. (Paru en partie en 1957 en 3 volumes).

Gabriel et Geneviève. Récit de la mer, Moncton, Éditions d'Acadie, 1974, 242 p.

Le Parler des Madelinois, MSRC, 3e série, t. 38, 1944, p. 49–66.

Les Archaïsmes du parler madelinois, MSRC, 3e série, t. 39, 1945, p. 19–38.

Nos vieilles façons de dire aux Îles-de-la-Madeleine, dans *Archives de folklore*, vol. 3, 1948, p. 83–107.

Le Parler qu'il ne faut pas laisser mourir, dans *Liaison*, nos 21–22, janv.-févr. 1949, 30 p.

Souvenirs d'un traducteur et lexicographe, dans *Cultures du Canada français*, no 4, 1987, p. 71–82. Avant-propos de Jean Délisle.

ÉTUDES

Réal Bertrand, *Monsieur Hector Carbonneau (profil normalien)*, P, vol. 72, no 66, 13 mai 1956, p. 28.

Guy Rondeau, *M. Hector Carbonneau a terminé un dictionnaire anglais-français répondant aux besoins du pays*, Dev, vol. 51, no 270, 24 nov. 1960, p. 6.

CARBOTTE, Mme MARCEL. Voir **ROY**, MARIE ROSE EMMA GABRIELLE.

CARON, IVANHOÉ (1875–1941). Historien et archiviste, né à L'Islet (Montmorency). Après ses études secondaires au Séminaire de Québec, il y enseigne l'histoire (1898–1899), tout en poursuivant des études théologiques. Ordonné prêtre en 1900, il séjourne à Rome où il étudie la philosophie et la théologie. À son retour, il est nommé vicaire à Saint-Jean-Baptiste de Québec. À partir de 1909, il s'occupe de colonisation, surtout en Abitibi. En 1921, il est nommé archiviste adjoint de la province de Québec. Membre de la Société royale du Canada (1921), l'abbé Caron est l'auteur de nombreux mémoires présentés à la Société royale, synthèses soignées ou développements approfondis de ses articles parus dans le *Bulletin des recherches historiques*, *Le Canada français* ou le *Rapport de l'Archiviste de la Province de Québec*. Titulaire du second prix David (1923), Ivanhoé Caron a été un chercheur opiniâtre et érudit dont le style difficile est un handicap. Maurice Lemire considère que Caron « ouvre des horizons qui débouchent sur la multidisciplinarité. [...] Aussi voit-on très bien se dessiner dans son œuvre des mouvements de classes sociales, des heurts entre groupes culturels qui ont différentes visions de leur monde » (DOLQ, t. 2, p. 258–262).

ŒUVRES

La Colonisation du Témiscamingue, Québec, [s.é.], 1910, 15 p. Ill.

La Région du Témiscamingue, Montréal, Société de colonisation de Montréal, 1910, 16 p. Carte.

Centres de colonisation du Nord-Ouest de la Province de Québec : le Témiscamingue, l'Abitibi, section desservie par le chemin de fer Grand-Tronc Pacifique, Québec, Publié sous la direction de M. Devlin, ministre de la Colonisation, des Mines et des Pêcheries, 1912, 58 p. Ill.

Au grand lac Victoria. Étude historique et topographique, Québec, [s.é.], 1913, 23 p. Ill.

L'Abitibi. Un nouveau centre de colonisation, Québec, [s.é.], 1915, 64 p. Ill ; 1918.

La Colonisation du Canada sous la domination française, précis historique, Québec, [s.é.], 1916, xii, 90 p. Ill.

Journal de l'expédition du Chevalier de Troyes à la Baie d'Hudson, en 1686, Beauceville, La Compagnie de « L'Éclaireur », 1918, ix, 136 p. Présenté et annoté par l'abbé Ivanhoé Caron.

La Région de l'Abitibi, terres à coloniser, etc., avantages offerts aux colons canadiens, aux immigrants et aux industriels, Québec, Département de la colonisation, des mines et des pêcheries, 1919, 62 p.

La Colonisation de la province de Québec. Débuts du régime anglais 1760-1791, Québec, L'Action sociale, 1923, xix, 339 p.

Les Monographies, leur rôle, leur caractère, Québec, [s.é.], 1926, 23 p.

La Colonisation de la province de Québec. Les Cantons de l'Est, 1791-1815, Québec, L'Action sociale, 1927, ix, 379 p.

Robert Caron et sa famille, Lévis, [s.é.], 1937, 24 p.

Pierre Gauthier de Varennes de la Vérendrye et ses fils, CF, vol. 2, n° 3, 1919, p. 170-182.

Les Canadiens au lendemain de la capitulation de Montréal (8 septembre 1760), MSRC, 3e série, vol. 15, sect. 1, 1921, p. 73-87.

La Capitulation de Québec, MSRC, 3e série, vol. 18, section 1, 1924, p. 15-32.

Une société secrète dans le Bas-Canada en 1838 : l'Association des Frères Chasseurs, MSRC, 3e série, vol. 20, sect. 1, 1926, p. 17-34.

Édouard-Élysée Mailhot, MSRC, 3e série, vol. 22, sect. 1, 1928, p. 155-166.

Inventaire de la correspondance de Monseigneur Joseph-Octave Plessis (1797-1825), 1re partie : 1797-1815. Extrait du *Rapport de l'Archiviste de la Province de Québec pour 1927-1928*, [s.l.], 1928, p. 213-316 ; 2e partie : 1816-1825. Extrait du *Rapport de l'Archiviste de la Province de Québec pour 1928-1929*,[s.l.], 1929, p. 87-208 ; 3e partie : Extrait du *Rapport de l'Archiviste de la Province de Québec pour 1932-1933*, [s.l.], 1933, p. 1-244.

Les Canadiens français et l'Invasion américaine de 1774-1775, MSRC, 3e série, vol. 23, section 1, 1929, p. 21-39.

Influence de la Déclaration de l'indépendance américaine et de la Déclaration des Droits de l'Homme sur la Rébellion canadienne de 1837 et 1838, MSRC, 3e série, vol. 25, section 1, 1931, p. 5-26.

La Nomination des évêques catholiques de Québec sous le régime français, MSRC, 3e série, vol. 26, section 1, 1932, p. 1-44.

La Nomination de Mgr Joseph-Octave Plessis, évêque de Québec, au Conseil législatif de Québec, MSRC, 3e série, vol. 27, section 1, 1933, p. 1-32.

Inventaire de la correspondance de Mgr Bernard-Claude Panet, archevêque de Québec, 1re partie : Extrait du *Rapport de l'Archiviste de la Province de Québec pour 1933-1934*, [s.l.], 1934, p. 233-431 ; 2e partie : Extrait du *Rapport de l'Archiviste de la Province de Québec pour 1934-1935*, [s.l.], 1935, p. 319-421.

Mgr Joseph-Octave Plessis, archevêque de Québec, et les premiers évêques catholiques des États-Unis, MSRC, 3e série, vol. 28, section 1, 1934, p. 119-138.

Les Archives de l'Archevêché de Québec, RSCHE, 1934-1935, p. 65-73.

Les Évêques de Québec, leurs procureurs et leurs vicaires généraux à Rome, à Paris et à Londres (1734-1834), MSRC, 3e série, vol. 29, section 1, 1935, p. 153-178.

Mgr Joseph-Octave Plessis, sa famille, MSRC, 3e série, vol. 31, section 1, 1937, p. 97-117.

Le Diocèse de Québec, RSCHE, 1937, p. 11-47.

Mgr Joseph-Octave Plessis, curé de Notre-Dame de Québec (1792-1805), MSRC, 3e série, vol. 32, section 1, 1938, p. 21-40.

Mgr Joseph-Octave Plessis, CF, vol. 27, nos 3, 4, 7, 1939-1940, p. 193-214, 309-320, 826-841, vol. 28, nos 2, 3, 8, 10, 1940-1941, p. 180-195, 274-292, 784-796, 1029-1035.

ÉTUDES

Arthur Maheux, *L'Abbé Ivanhoé Caron*, MSRC, 3e série, vol. 36, appendice B, 1942, p. 81.

Antoine Roy, *Bibliographie de M. l'abbé Ivanhoé Caron*, C, vol. 3, n° 1, mars 1942, p. 91-94.

Lector [pseud.], *Un tableau historique de la colonisation chez nous de 1760 à 1791*, Dev, vol. 14, n° 76, 2 avril 1923, p. 6.

CARON, LOUIS (1942–   ). Poète et romancier, né à Sorel. Il abandonne les études à l'âge de seize ans et exerce divers métiers, tout en écrivant de la poésie, des contes et plusieurs romans demeurés inédits. Il est livreur d'huile, commis à la salle des nouvelles de Radio-Canada, correcteur d'épreuves, journaliste, traducteur, agent d'information, directeur de communications. Alors qu'il est rédacteur à la salle des nouvelles de Radio-Canada, il publie son premier recueil de poèmes et de contes, *L'Illusionniste suivi de Le Guetteur*. En 1976, il décide de vivre uniquement de sa plume. Son premier recueil passe presque inaperçu, mais son premier roman, *L'Emmitouflé*, paru chez Laffont en 1977, mérite le prix France-Canada et le prix Hermès. « Avec *L'Emmitouflé*, écrit Lise Gauvin, Louis Caron a créé un ton, un personnage et un espace romanesque que la littérature québécoise n'est pas prête d'oublier ». Gilles Marcotte note qu'il s'agit là d'« un récit qui a pour vertus principales la sobriété de l'écriture et la qualité du regard posé par le narrateur sur les êtres et les choses ». Son deuxième roman,

Le Bonhomme Sept-heures, est, selon Jean Éthier-Blais, « un récit plein d'humour et de finesse ». À la parution du *Canard de bois*, premier volume de la trilogie, *Les Fils de la liberté*, Réginald Martel résume ainsi l'opinion de la critique sur l'œuvre romanesque de Caron : « À aucun moment, [l'auteur] ne s'attarde à faire du style au détriment de la vérité. La langue coule de source, sans fioritures, portée par ses propres rythme et exigence. Le talent, c'est cette force qui permet, dans un langage simple et direct, de transcender la trivialité. Le pays tout entier parle, nature et gens ».

ŒUVRES

L'Illusionniste suivi de Le Guetteur (contes et poèmes), Trois-Rivières, Écrits des Forges, 1973, 78 p. Portrait. « Les Rivières ».

L'Emmitouflé. Roman, Paris, Éditions Robert Laffont, 1977, 242 p. ; [Paris], Éditions du Seuil, 1982, 207 p. (Édition définitive). Traduction anglaise par David Toby Homel : *The Draft Dodger*, Toronto, Anansi, [1980 ?], 150 p.

Le Bonhomme Sept-heures. Roman, Paris/Montréal, Éditions Robert Laffont/Éditions Leméac, 1978, 252 p. ; [Paris], Éditions du Seuil, 1983, 171 p. (Édition définitive).

Les Fils de la liberté. I. Le Canard de bois. Roman, Montréal, Éditions du Boréal Express, 1981, 329 p. ; Paris, Éditions du Seuil, 1981, 333 p. ; [Paris/Montréal], Éditions du Seuil/Boréal Express, 1982, 329 p. Ill. « Points ».

Racontages (récits), Montréal, Boréal Express, 1983, 185 p. Portrait. Ill. de Monique Mercier. (Transcription d'émissions diffusées par Radio-Canada en 1982).

Les Fils de la liberté. II. La Corne de brume. Roman, [Montréal], Éditions du Boréal Express, 1982, 271 p. Portrait. Préface de l'auteur ; Paris, Éditions du Seuil, 1983, 273 p. Portrait. Préface de l'auteur.

Le Vrai Voyage de Jacques Cartier (récit), Montréal, Art global, 1984, [n.p., 42 p.]. (Édition de luxe. Tirage limité).

La Vie d'artiste (essai) Montréal, Boréal, 1987, 217 p.

Émoi chez les scientifiques, NBJ, nos 68–69, sept. 1978, p. 69–74.

ÉTUDES

Gilles Marcotte, L'« *Emmitouflé* » de Louis Caron, Dev, vol. 69, no 267, 19 nov. 1977, p. 33.

Lise Gauvin, *Louis Caron. L'Emmitouflé*, LAQ 1977, p. 43–45.

André Vanasse, *Le Nouveau Roman de la tradition. L'Emmitouflé de Louis Caron*, LQ, no 10, avril 1978, p. 9–11.

Conrad Bernier, *Louis Caron : « Les masques sont tombés et j'écris »* (entrevue), Pr, 94e année, no 66, 13 mai 1978, p. D-2.

Pierre L'Hérault, *Louis Caron. Le Bonhomme Sept-heures*, LAQ 1978, p. 35–37.

Pierre-Louis Vaillancourt, *Catastrophe ! ! !*, Dr, 67e année, no 172, 20 oct. 1979, p. 18.

Réginald Martel, *Le Canard de bois. Louis Caron magicien*, Pr, 97e année, no 152, 27 juin 1981, p. D-3.

Paul Gay, « *Les Patriotes, c'est les Anglais qui les ont tricotés* » (p. 302). « *Le Canard de bois* », Dr, 69e année, no 146, 19 sept. 1981, p. 16.

André Vanasse, *À tire-d'aile au-dessus des siècles : « Le Canard de bois »* de Louis Caron, LQ, no 24, hiver 81–82, p. 22–24.

Réginald Martel, *Louis Caron, le conteur se raconte : la mode, mon dernier souci*, Pr, 98e année, no 13, 16 janv. 1982, p. C-1, C-3.

Jean Royer, *La Corne brume. Toute la verve de Caron, dans le bruit et la fureur*, Dev, vol. 73, no 281, p. C-2, C-36.

Adrien Thério, *La Corne de brume de Louis Caron ou l'Art du roman historique*, LQ, no 29, printemps 1983, p. 70.

François Hébert, *Racontages et Placotages*, Dev, vol. 74, no 250, 20 oct. 1983, p. 19.

CARON, PIERRE [Saint-Arnaud Caron] (1944–). Romancier, né à Bienville (Lévis). En bas âge, il déménage à l'Islet avec sa famille. Il fait les premières années du cours secondaire à Saint-Pascal de Kamouraska, à Saint-Jean-Port-Joli et à Montmagny, puis deux ans à la Faculté des arts de l'Université Laval (1964–1966). Après quatre ans sur le marché du travail, il retourne aux études au Collège Ahuntsic (D.E.C., 1971), puis s'inscrit en droit à l'Université de Montréal (LL.D., 1974 ; diplôme en droit notarial, 1978). Son roman, *La Vraie Vie de Tina Louise* (1980), reçoit un accueil assez favorable. « Le roman est bien composé, pense Raymond Laprés, dans une langue en général correcte [...]. Travail appliqué en ce qui concerne les mises en situation psychologiques, les descriptions de lieux, d'événements, etc. ». En 1983 paraît à Paris le premier tome d'une trilogie, *L'Érable et le Castor*, dont l'action se déroule sous l'Ancien Régime. « Ceux qui s'intéressent particulièrement à cette période de notre histoire plus colorée qu'on ne le croit habituellement ne seront pas déçus par ce livre, écrit Serge Trudel. Il fourmille de détails et d'éléments d'histoire tous plus intéressants et instructifs les uns que les autres ».

ŒUVRES

4000 heures d'agonie (récit), Montréal, Québec/Amérique, 1978, 229 p.

La Vraie Vie de Tina Louise (roman), Montréal, Éditions Libre Expression, 1980, 216 p.

L'Érable et le Castor : 1 — Vadeboncœur (roman), Paris, Éditions de l'Acropole, 1983, 350 p. Sous le pseudonyme de Saint-Arnaud Caron.

ÉTUDES

Raymond Laprés, *Caron (Pierre). La Vraie Vie de Tina Louise*, dans *Nos livres*, vol. 11, juin–juillet 1980, no 192.

Serge Trudel, *Caron (Saint-Arnaud). L'Érable et le Castor : 1 — Vadeboncœur*, dans *Nos livres*, vol. 14, nov. 1983, n° 5456.

CARON, SAINT-ARNAUD. Voir **CARON, PIERRE.**

CARPENTIER, ANDRÉ (1947–   ). Romancier et journaliste, né à Montréal. Après son baccalauréat en pédagogie à l'École normale Ville-Marie (1968), il poursuit des études de lettres à l'Université du Québec à Montréal (M.A., 1971) et des études de doctorat en psychologie à l'Université Louis-Pasteur de Strasbourg. Il a été boursier du Gouvernement français, du Conseil des Arts et du ministère des Affaires culturelles du Québec. Il collabore à divers périodiques dont la *Barre du jour*, s'intéresse à l'humour et au fantastique. Pendant six ans (1975–1980), il est directeur adjoint au Pavillon international de l'humour, à Terre des hommes, puis il dirige une collection sur le fantastique et la bande dessinée, à la *Nouvelle Barre du jour*. Son premier roman, *Axel et Nicolas, suivi de Mémoires d'Axel* (1973), reçoit un accueil mitigé de la critique. On lui reproche particulièrement de manquer de clarté et surtout de ne pas se dégager assez de l'influence de Réjean Ducharme et de Marie-Claire Blais. À la parution de *L'aigle volera à travers le soleil* et de *Rue Saint-Denis*, en 1978, la critique est presque unanime à louer son talent de conteur fantastique. « Il s'agit, écrit Jacques Ferron au sujet de *L'aigle*, d'une histoire extraordinaire, tout à fait dans le genre de celles d'Edgar Poe, et composée avec beaucoup d'art. C'est moins à l'histoire qu'on prend plaisir qu'à la promesse du conteur qui, dans l'invraisemblance, garde la maîtrise de son récit et finit par l'imposer à son lecteur désemparé ». Norbert Spehner abonde dans le même sens au sujet de *Rue Saint-Denis* : « Carpentier se sert d'une recette éprouvée ; le surnaturel entre en conflit avec la réalité quotidienne dans laquelle il fait irruption. Son fantastique est résolument moderne et tous ses récits ont pour cadre un décor familier ».

ŒUVRES

Axel et Nicolas suivi de Mémoires d'Axel. Roman puzzle, Montréal, Éditions du jour, 1973, 177 p. Portrait. « RJ ».
La Bande dessinée kébécoise, [Montréal, paru d'abord dans *La Barre du jour*, n°s 46, 47, 48, 49], hiver 1975, 270 p. André Carpentier éditeur. Ill. Avertissement de l'éditeur.

L'aigle volera à travers le soleil. Roman, Montréal, HMH, 1978, 176 p. Portrait. Note préliminaire de l'éditeur. « A ».
Rue Saint-Denis. Contes fantastiques, Montréal, HMH, 1978, 145 p. Portrait. Ill. « A ».
Du pain des oiseaux. Récits, Montréal, VLB éditeur, 1982, 153 p. Ill. Préface d'André Belleau.
Dix nouvelles humoristiques par dix auteurs québécois, Montréal, Quinze, 1984, 221 p. Collectif sous la direction d'André Carpentier. Avant-propos d'André Carpentier.
Yves Thériault se raconte : entretiens avec André Carpentier, Montréal, VLB éditeur, 1985, 188 p. Ill.
Journal des mille jours (essai-roman), Montréal, Guérin, 1987, 350 pages.

Toge ou Le Miroir du mage, NBJ, n° 89, avril 1980, p. 22–35.
Casse-cou, Ch, vol. 23, n° 2, févr. 1982, p. 94, 98, 100–104.
Société-Pure, dans *Fuite et Poursuite*, Montréal, Quinze, 1982, p. 77.

ÉTUDES

Jacques Allard, *André Carpentier. Axel et Nicolas suivi de Mémoires d'Axel*, LAQ 1973, p. 73–74.
[Anonyme], *André Carpentier. Axel et Nicolas suivi de Mémoires d'Axel*, dans *Le Livre canadien*, vol. 4, juin-juillet 1973, n° 239.
Yvon Bonenfant, *André Carpentier. L'aigle volera à travers le soleil*, dans *Nos livres*, vol. 9, avril-sept. 1978, n° 278.
Yvon Rivard, *André Carpentier. L'aigle volera à travers le soleil*, LAQ 1978, p. 37.
Réginald Martel, *Le Fantastique selon Carpentier*, Pr, 95e année, n° 11, 13 janv. 1979, p. D-3.
Jacques Ferron, *Rue Saint-Denis ou Le Sorcier impuni*, dans *Le Livre d'ici*, vol. 4, n° 27, 11 avril 1979, p. 1.
Alexandre L. Amprimoz, *André Carpentier / Rue Saint-Denis*, dans *Quarry*, vol. 28, n° 2, printemps 1979, p. 85–87.
Norbert Spehner, *Trois voyages dans l'imaginaire*, LQ, avril-sept. 1979, p. 48–49.
Réginald Martel, *Les récits à André Carpentier, une lumière qui assombrit la réalité*, Pr, 98e année, n° 107, 8 mai 1982, p. C-3.
Id., Dix écrivains, des tas de morts. Le Stylo des assassins, Pr, 98e année, n° 204, p. C-3.
Gilles Cossette, *Signes et Pistes. I. Du pain des oiseaux d'André Carpentier*, LQ, n° 28, hiver 82–83, p. 29–31.
François Hébert, *Dix nouvelles humoristiques, pas toujours drôles*, Dev, vol. 75, n° 244, 20 oct. 1984, p. 27.

CARRIER, LOUIS-GEORGES (1928–   ). Dramaturge et réalisateur, né à Détroit (Michigan, É.-U.). Bachelier du Collège Sainte-Marie en 1949, il obtient une maîtrise ès arts de l'Université de Montréal pour une thèse sur Jean Anouilh (1952). Par la suite, il fait des études de théâtre à la Sorbonne. Sa carrière d'auteur dramatique commence à Radio-Canada, en 1952. En un an, il rédige une douzaine de textes réalisés par Guy Beaulne. En 1957, il devient réalisateur à Radio-Canada. Il porte à la scène et à la télévision des œuvres de Musset,

O'Neill, Camus, Shakespeare, Anouilh, Languirand, Jasmin... Ses meilleures réussites sont la réalisation des textes de Dubé, Loranger et Aquin. À partir de 1964, il signe des comédies musicales québécoises au Théâtre de Marjolaine. Beaucoup de troupes ont fait appel à ses talents d'homme de théâtre. Il tourne également plusieurs films pour l'Office national du film. En 1981, il reçoit le prix Victor-Morin de la Société Saint-Jean-Baptiste. Normand Leroux écrit au sujet de *Hold-Up* : « À la seule lecture, l'on devine aisément l'efficacité dramatique et l'originalité de ce scénario qui utilise à bon escient les techniques audio-visuelles ». La plus grande partie de son œuvre est à l'état de manuscrit et sous forme d'enregistrements.

ŒUVRE

Hold-Up (photo-roman), [Montréal], Leméac, 1969, 94 p. Collab. Marcel Dubé. « RQ ».

ÉTUDES

Charles Petit-Martinon, *Du suspense cet été, au théâtre d'Eastman*, PJ, vol. 40, n° 30, 22 mai 1966, p. 55.

René Berthiaume, *Une comédie musicale qui semble assurée déjà d'un grand succès*, dans *La Tribune*, vol. 57, n° 94, 15 juin 1966, p. 18.

Id., *Ne ratez pas l'espion : un bon divertissement mais rien de plus*, dans *La Tribune*, vol. 57, n° 108, 5 juillet 1966, p. 9.

[Anonyme], *De l'espionnage à Eastman...*, dans *Métro-Express*, vol. 2, n° 297, 15 juillet 1966, p. 15.

Jean Basile, « *Il est une saison...* » *délicieuse*, Dev, vol. 58, n° 2, 4 janv. 1967, p. 10.

Jean Bélanger, *Faux-Bond*, dans *Jeune-Québec*, vol. 1, n° 3, 21 janv. 1967, p. 18.

Naïm Kattan, « *Il est une saison* », dans *Bulletin du Cercle juif*, vol. 13, n° 119, janv. 1967, p. 3.

Jacques Merles, *Il est une saison*, dans *Sept-Jours*, vol. 1, n° 19, 21 janv. 1967, p. 46-47.

J. Thériault, *À Eastman 67, « On n'aime qu'une fois » de Carrier-Léveillée*, Dev, vol. 58, n° 141, 16 juin 1967, p. 10.

François Piazza, *Présence du théâtre québécois*, TV, n° 3, juin 1967, p. 3-8.

Jean Basile, « *Elle tournera la terre* », Dev, vol. 58, n° 268, 20 nov. 1967, p. 8.

[Anonyme], *La Pièce de Marcel Dubé « Hold-Up »*, Dev, vol. 60, n° 181, 5 août 1969, p. 10.

Michel Bélair, *Quelle société voulez-vous voir ?*, Dev, vol. 60, n° 181, 5 août 1969, p. 10.

Normand Leroux, *Le Temps des lilas. Au retour des oies blanches. Hold-Up*, LAQ 1969, p. 75.

[Anonyme], *Hold-Up de Dubé-Carrier*, dans *Ici Radio-Canada*, vol. 4, n° 38, 12 sept. 1970, p. 5.

versité d'Ottawa : « Laurier, citoyen d'Arthabasca » (1961), et une thèse de doctorat à l'Université Laval : « Jean-Baptiste-Éric Dorion, l'enfant terrible » (1967). Il est professeur à l'Université du Québec à Trois-Rivières, et il est cofondateur du Centre documentaire en civilisation traditionnelle. Il collabore au *Dictionnaire biographique du Canada*, à la *Revue d'ethnologie française*, à la *Revue d'ethnologie du Québec*, etc. Michel Laurin écrit au sujet des deux volumes de *Chansons politiques du Québec*, préparés en collaboration avec Monique Vachon : « Tenant à la fois de l'ethnographie, de l'histoire, de la politique et de la littérature, ces textes nous font percevoir la pulsion de l'âme collective québécoise, traduite toutefois en une réalité palpable et vibrante ». Il reste que l'ouvrage n'échappe pas aux inexactitudes tant historiques que bibliographiques.

ŒUVRE

Chansons politiques du Québec (anthologie), [Montréal], Leméac, 1977-1979, 2 t. : t. 1, *1765-1833*, 363 p. Préface de Robert-Lionel Séguin. ; t. 2, *1834-1852*, 450 p. Collab. Monique Vachon. Ill. Introduction des auteurs.

La France dans la chanson politique québécoise, 1765-1855, dans *La Revue d'ethnologie française*, 1975, p. 91-118.

Les Squatters dans le canton d'Arthabaska, 1835-1866, dans *Revue d'ethnologie du Québec*, n° 1, 1975, p. 79-117.

Les Mœurs électorales des Québécois d'autrefois, dans *Revue d'ethnologie du Québec*, n° 4, 1976, p. 39-99.

De c'est la faute à Papineau aux quatre-vingt-douze résolutions, dans *Revue d'ethnologie du Québec*, n° 5, 1977, p. 49-112.

Laurier, le porte-étendard libéral, dans *Revue d'ethnologie du Québec*, n° 7, 1978, p. 49-112.

ÉTUDES

Robert Saint-Amour, « *Chansons politiques du Québec* » *de Maurice Carrier et Monique Vachon. Le genre de livre qu'on devrait publier plus souvent*, Dr, 66e année, n° 206, 9 déc. 1978, p. 22.

Benoît Lacroix, *Maurice Carrier et Monique Vachon, Chansons politiques du Québec (2 tomes)*, RHAF, vol. 32, n° 2, juin 1979, p. 98-99.

Gilles Archambault, *À l'étalage*, dans *Le livre d'ici*, vol. 5, n° 6, 14 nov. 1979, p. 1.

CARRIER, MAURICE (1927-   ). Historien, né à Windsor (Richmond). À sa sortie de l'école normale (1946), il enseigne, puis il continue ses études en histoire et présente un mémoire de maîtrise à l'Uni-

CARRIER, MICHELINE (1944-   ). Essayiste, née à Saint-Octave-de-Métis (Matane). Elle commence ses humanités au Collège des Ursulines de Rimouski

(1961-1964) et les complète à l'Université d'Ottawa avec un baccalauréat en philosophie (1967) et un baccalauréat spécialisé en histoire (1974). Elle fait ensuite la scolarité de la maîtrise en histoire à l'Université Laval (1977). À compter de 1967, elle enseigne à Embrun (Ontario), à Rimouski, en Afrique (Côte d'Ivoire et Tchad), et à la Commission scolaire régionale de l'Outaouais. En 1976, elle devient journaliste à la pige, publie de nombreux articles dans *Le Devoir*, *Châtelaine*, *La Gazette des femmes*, *Protégez-vous*, etc., et fait paraître les six numéros de *Contre la violence*, bulletin d'information et de critique sociale (1980-1981). Son grand reportage, « La Pornographie galopante », paru dans *Châtelaine* en juin 1979, mérite le deuxième prix de la Fondation nationale des grands prix de magazines canadiens. Micheline Carrier se consacre à la défense des droits de la femme (pornographie, violence, sexisme...) et a publié plusieurs livres sur ces sujets. Son essai *Doit-on pendre Jocaste* (1983) a reçu un accueil favorable. Elle s'oppose vivement, par exemple, aux thèses fatalistes d'une certaine psychanalyse. « Au fil d'une argumentation serrée, et s'inspirant de connaissances historiques, anthropologiques et sociologiques, écrit Julie Stanton, la journaliste met également à contribution ici sa vaste expérience humaine, son contact journalier et intense avec des femmes de toutes conditions et de tous âges, pour prendre la défense des mères ».

ŒUVRES

La Violence : riposte des pouvoirs menacés (essai), Ancienne-Lorette, Chez l'auteur, 1980, 133 p. Avant-propos de l'auteur. (Texte polycopié).

Les Femmes et la Constitution au Canada (essai), Ottawa, CCSF, 1981, 225 p. Collab. Audrey Doerr. Traduction anglaise : *Women and the Constitution in Canada*, 223 p.

La Violence faite aux femmes en milieu conjugal : le produit d'une société sexiste (essai), Ottawa, Secrétariat d'État, 1982, 108 p. Collab. Monique Michaud et Diane Grenier.

La Pornographie, base idéologique de l'oppression des femmes (essai), Sillery, Apostrophe, 1983, 77 p. « Apostrophe ».

Doit-on pendre Jocaste ? (essai), Sillery, Apostrophe, 1983, 96 p. « Apostrophe ».

La Danse macabre. Violence et pornographie (essai), Sillery, Apostrophe, 1984, 124 p. « Apostrophe ».

La Pornographie galopante, dans *Questions féministes* (Paris), 8 mai 1980, p. 15-41.

ÉTUDES

Noël Fortin, *Pourquoi les hommes se taisent-ils ?*, Dr, 68e année, no 207, 1er déc. 1980, p. 23.

Jacques Lefebvre, *Faire « la guerre » à la pornographie. « Une question de vie ou de mort »*, Dr, 70e année, no 287, 7 mars 1983, p. 13.

Julie Stanton, *Jocaste, encore*, dans *La Gazette des femmes*, janv. 1984, p. 4.

Anne Richer, *Micheline Carrier répond aux « Enfants de Jocaste ». Faut-il dénigrer les femmes pour valoriser les hommes ?*, Pr, 100e année, no 24, 30 janv. 1984, p. B-4.

CARRIER, ROCH (1937-). Romancier, conteur, dramaturge et poète, né à Sainte-Justine (Dorchester). Il étudie à l'Université d'Edmunston, aujourd'hui le Collège Saint-Louis (B.A., 1957) et à l'Université de Montréal où il obtient une maîtrise dont la thèse s'intitule : « Guillaume Apollinaire : poète de la vie immédiate » (1961). Il fait aussi du journalisme au Nouveau-Brunswick (1958) et enseigne à l'Université d'Edmundston (1959-1961). En 1961, il part pour Paris où il prépare un doctorat à la Sorbonne ; il soutient sa thèse sur Blaise Cendrars en 1970. À son retour au Canada, il enseigne d'abord au Collège militaire royal de Saint-Jean (1964-1969), avant d'entrer à l'Université de Montréal. Il est secrétaire général du Théâtre du Nouveau Monde de 1971 à 1974. À partir de 1975, Roch Carrier se consacre surtout à l'écriture. Encore très jeune, il publie deux recueils de poésie, *Les Jeux incompris* (1956) et *Cherche tes mots, cherche tes pas* (1958) qui traduisent son désir de connaître le sort réservé aux jeunes de sa génération. Dès son retour de Paris, il publie un recueil de contes, *Jolis Deuils* (1964) qui mérite en 1965 le Prix de la Province de Québec, dans la section des oeuvres de l'imagination. *La Guerre, yes sir*, d'abord parue sous forme de roman en 1968, est adaptée pour la scène et créée par le Théâtre du Nouveau Monde en 1970. Lors de la création, Georges-Henri d'Auteuil juge que la pièce comporte trop d'« invraisemblances et [de] charges exagérées dans l'action ». Roch Carrier est surtout romancier. Excellent conteur, il écrit dans une langue concise et dépouillée de tout artifice, imprégnée souvent de poésie. En 1971, Jean-Cléo Godin, à la suite de la publication de son troisième roman, *Il est par là le soleil*, soutient que si Carrier

« cherche à délivrer l'homme d'ici de certaines contraintes, il ne cesse de nous décrire un pays encore en hivernage ». Selon Jean Marcel, son imagination féconde en fait un novateur de la prose québécoise : « Roch Carrier est sans aucun doute le premier qui ait tenté d'apprivoiser le pur pouvoir de créer ». « Il a emprunté, remarque Gilles Dorion, une voie tout à fait adaptée à la problématique de l'homme appartenant à un pays bien délimité dans le temps et l'espace, le Québec ». Et il ajoute que « si sa trilogie des Corriveau [...] était suivie d'une pause (en apparence) urbaine (*Le Deux-millième Étage*), le retour aux terriens était visiblement marqué par un diptyque qui les enracinait davantage dans le sol ».

ŒUVRES

Les Jeux incompris. Poèmes, Montréal, Éditions Nocturne, 1956, 22 p.

Cherche tes mots, cherche tes pas (poésie), Montréal, Éditions Nocturne, 1958, [n.p., 18 p.]. Préface de l'auteur. « Encor ».

Jolis Deuils. Petites Tragédies (contes), Montréal, Éditions du Jour, 1964, 159 p. « RJ » ; *Jolis Deuils*, Montréal/Paris, Stanké, 1982, 173 p. « Québec 10/10 ».

La Guerre, yes sir. Roman, Montréal, Éditions du Jour, 1968, 124 p. Portrait. « RJ » ; *La Guerre, yes sir ! Pièce en quatre parties*, 1970, 139 p. (Adaptation théâtrale) ; 1973, 165 p. Nouvelle édition revue et corrigée ; Éditions Art global, 1975, 150 p. Ill. (Éditions de luxe. Tirage limité) ; *La Trilogie de l'âge sombre I. La Guerre, yes sir !* (roman), Montréal/Paris, Stanké, 1981, 137 p. « Québec 10/10 ». Traduction anglaise par Sheila Fischman : *La Guerre, Yes Sir !*, Toronto, Anansi, 1970, [vi], 113 p. Portrait. Note du traducteur.

Floralie, où es-tu ? Roman, Montréal, Éditions du Jour, 1969, 170 p. Portrait. « RJ » ; *Floralie* (théâtre), 1974, 157 p. Portrait. (Adaptation théâtrale) ; *La Trilogie de l'âge sombre 2. Floralie, où es-tu ?*, Montréal/Paris, Stanké, 1981, 185 p. « Québec 10/10 ». Traduction anglaise par Sheila Fishman : *Floralie, Where Are You ?*, Toronto, Anansi, 1971, 108 p.

Il est par là le soleil. Roman, Montréal, Éditions du Jour, 1970, 142 p. Portrait. « RJ » ; *La Trilogie de l'âge sombre 3. Il est par là, le soleil*, Montréal/Paris, Stanké, 1981, 153 p. « Québec 10/10 ». Traduction anglaise par Sheila Fischman : *Is it the Sun, Philibert ?*, Toronto, Anansi, 1972, [vi], 100 p. Note du traducteur.

Le Deux-millième Étage. Roman, Montréal, Éditions du Jour, 1973, 169 p. Portrait ; *Le Deux-millième Étage*, Stanké, 1983, 179 p. « Québec 10/10 ». Traduction anglaise par Sheila Fishman : *They Won't Demolish Me !*, Toronto, Anansi, [1974], 134 p. Portrait.

Le Jardin des délices. Roman, Montréal, La Presse, 1975, 213 p. ; [Montréal], Stanké, 1985, 224 p. « Québec 10/10 ». Traduction anglaise par Sheila Fischman :

The Garden of Delights, Toronto, Anansi, [1978], 173 p.

Il n'y a pas de pays sans grand-père (roman), Montréal, Stanké, 1977, 116 p. ; 1979, 124 p. « Québec 10/10 ». Traduction anglaise par Sheila Fischman : *No Country Without Grandfathers*, Toronto, Anansi, [1981], 139 p. Portrait.

Les Enfants du bonhomme dans la lune (contes), Montréal, Stanké, 1978, 165 p. ; 1979 ; 1983, 177 p. « Québec 10/10 ». Traduction anglaise par Sheila Fischman : *The Hockey Sweater and Other Stories*, Toronto, Anansi, [1979], 160 p.

La Céleste Bicyclette (théâtre), Montréal, Éditions internationales Alain Stanké, 1980, 82 p. Ill. Préface d'Albert Millaire. Postface d'Henri Barras ; Stanké, 1985, 95 p. « Théâtre 10/10 ».

Les Voyageurs de l'arc-en-ciel (conte), [Montréal], Éditions internationales Alain Stanké, [1980], [n.p., 36 p.]. Ill. de François Olivier. « Pour enfants ».

Les fleurs vivent-elles ailleurs que sur la terre ? (roman), Montréal, Stanké, 1980, 127 p.

La dame qui avait des chaînes aux chevilles. Roman, Montréal/Paris, Stanké, 1981, 153 p. ; 1985, 165 p. « Québec 10/10 » ; 1988, 169 p. Traduction anglaise par Sheila Fischman : *Lady with Chains*, Toronto, Anansi, [1984], 151 p. Portrait.

Québec à l'été 1950 (essai), [Montréal], Libre Expression, 1982, 197 p. Collab. Lida Moser. Ill. Préface de Pierre Gascon.

Le Cirque noir (théâtre), Montréal/Paris, Stanké, 1982, 95 p. Portrait. Ill. Avant-propos de Monique Miller et d'Albert Millaire. Postface d'Henri Barras.

De l'amour dans la ferraille. Roman, Montréal, Stanké, 1984, 544 p. Portrait ; Éditions du Club Québec loisirs inc., [1985].

Le Chandail de hockey (nouvelle), Montréal, Livres Toundra, [1984], [n.p., 24 p.]. Ill. de Sheldon Cohen. (Paru d'abord sous le titre *L'Abominable Feuille d'érable sur la glace*, dans *Les Enfants du bonhomme dans la lune*). Traduction anglaise par Sheila Fischman : *The Hockey Sweater*, Montréal, Tundra Books, [1984], [n.p., 24 p.].

Ne faites pas mal à l'avenir (litt. jeunesse), Montréal, Éditions Paulines, 1984, 109 p. « Lectures VIP ». (Paru d'abord dans *Vidéo-presse*).

La Fleur et Autres Personnages (litt. jeunesse), Montréal, Éditions Paulines, 1985, 99 p. « Lectures VIP ».

L'Ours et le Kangourou (récit de voyage), Montréal, Éd. Stanké, 1986, 156 p.

Un chameau en Jordanie (roman), Montréal, Stanké, 1988, 160 p.

Prières d'un enfant très très sage, (récit), Montréal, Stanké, 1988, 149 p.

Une femme inoubliable (nouvelle), Ch, vol. 5, n° 6, juin 1964, p. 34–35, 44–45.

La Chambre nuptiale (nouvelle), Dev (supplément), vol. 56, n° 82, 8 avril 1965, p. 20.

Contes pour mille oreilles, ECF, n° 25, 1969, p. 135–160.

La Noce (nouvelle), EF, vol. 5, n° 1, févr. 1969, p. 51-54.

Gaston Miron, homme libre, BJ, oct. 1970, p. 42-44.

Il y a trop de bruit sur la terre, ECF, n° 38, 1974, p. 135-149.

Ceci n'est pas un conte, EF, vol. 12, n°s 1-2, avril 1976, p. 85-89.

ÉTUDES

Jean-Louis Major, *Roch Carrier et Saint-François réunis*, Dev, vol. 52, n° 249, 24 oct. 1964, p. 17.

Michèle-A. Mailhot, *Contes réussis et Voyages manqués*, Ch, vol. 5, n° 12, déc. 1964, p. 56.

Jean Marcel, *Prose et Poésie*, AN, vol. 54, n° 5, janv. 1965, p. 504-508.

René Dionne, *La Guerre, yes sir*, Rel, n° 331, oct. 1968, p. 279-281.

André Major, *La Guerre, yes sir de Roch Carrier*, dans *Québec 68*, 5e année, oct. 1968, p. 116-117.

René Dionne, *Floralie ou La Recherche de la femme d'ici*, Rel, n° 341, sept. 1969, p. 242-244.

Rénald Bérubé, *La Guerre, yes sir ! de Roch Carrier : humour noir et langage vert*, VIP, n°s 22-23, 1970, p. 145-164.

Georges-V. Fournier, *Roch Carrier : A Quest for the Authentic*, dans *Ellipse*, n° 4, été 1970, p. 35-42.

Ronald Sutherland, *Uses of the Grotesque*, CaL, n° 50, automne 1971, p. 87-88.

Jean-Cléo Godin, *Roch Carrier ; une terre entre deux (ou trois ?) soleils*, LAQ 1971, p. 305-310.

Nancy I. Baily, *The Corriveau Wake : Carrier's Celebration of Life*, dans *Journal of Canadian Fiction*, vol. 1, n° 3, été 1972, p. 43-47.

Gabrielle Poulin, *Aux marches du réel*, Dr, 65e année, n° 128, 27 août 1977, p. 20.

Renald Bérubé, *Roch Carrier. Floralie*, LAQ 1974, p. 162.

Gilles Dorion, *Roch Carrier, Le Jardin des délices*, LAQ 1975, p. 41-45.

Conrad Bernier, *Roch Carrier : j'ai écrit une histoire d'amour*, Pr, 93e année, n° 126, 28 mai 1977, p. D-3.

Réginald Martel, *Pour la suite de nous-mêmes*, Pr, 93e année, n° 126, 28 mai 1977, p. D-3.

Rénald Bérubé, *Roch Carrier. Il n'y a pas de pays sans grand-père*, LAQ 1977, p. 59-63.

Murray Maltais, *Même s'il écrit pour le théâtre, Roch Carrier se considère toujours d'abord romancier*, Dr, 65e année, n° 204, 26 nov. 1977, p. 19.

Adrien Gruslin, « *Il n'y a pas de pays sans grand-père* ». Une « *monologuerie* » aux accents inégaux, Dev, vol. 69, n° 54, 6 mars 1978, p. 17.

Gérald Sigouin, *Il n'y a pas de pays sans grand-père*, dans *Jeu, cahiers de théâtre*, printemps 1978, n° 8, p. 143-144.

Bagriana Bélanger-Popvassileva, « *Les Enfants du bonhomme dans la lune* ». Un nouveau Roch Carrier, Dr, 67e année, n° 160, 6 oct. 1979, p. 18.

Jacques Larue-Langlois, *Roch Carrier. Le défi de l'écriture dramatique*, Dev, vol. 71, n° 9, 12 janv. 1980, p. 15.

Réginald Martel, *Chez Roch Carrier. La tentation métaphysique*, Pr, 96e année, n° 152, 28 juin 1980, p. C-3.

Gilles Dorion, *Roch Carrier. La dame qui avait des chaînes aux chevilles*, LAQ 1981, p. 42-43.

Michelle Talbot, *Roch Carrier et le théâtre : pour retrouver l'enchantement !*, dans *Dimanche-Matin*, vol. 39, n° 10, 14 mars 1982, p. B-7.

François Hébert, *Connaissez-vous Saint-Toussaint-des-Saints ?*, Dev, vol. 75, n° 262, 10 nov. 1984, p. 25.

Louis Lasnier, *De l'amour dans la ferraille, roman de Roch Carrier*, dans *Nos livres*, vol. 15, nov. 1984, p. 3-5, n° 5930.

Réginald Martel, *De l'amour dans la ferraille. Roch Carrier au pays du cœur*, Pr, 101e année, n° 29, 17 nov. 1984, p. E-1.

France Simard, *L'Écrivain, homme d'affaires*, Dr, 72e année, n° 221, 15 déc. 1984, p. 26.

CARRIÈRE, GASTON (1913-1985).

Historien, né à Curran, Ontario. Il entre au Juniorat des oblats (1926), puis au Noviciat de Ville LaSalle (1932). Il poursuit ses études au Collège Angelicum de Rome et obtient une licence en philosophie (1936). De plus, il est licencié en théologie de l'Université grégorienne et diplômé de bibliothéconomie de la Scuola di biblioteconomia du Vatican. En 1945, il obtient un doctorat en philosophie de l'Université d'Ottawa. Il enseigne à l'Université d'Ottawa de 1940 à 1966. Il est secrétaire de la Société thomiste et de la Faculté de philosophie (1947-1950), vice-doyen de la Faculté de philosophie (1955), membre du Sénat académique et président du Congrès des sociétés savantes (1957), ainsi que secrétaire, puis directeur de la *Revue de l'Université d'Ottawa* (1958-1975), secrétaire du Centre de recherche en histoire religieuse du Canada (1966-1971), et directeur des Archives Deschâtelets (1968-1983). Il enseigne également la théologie et la philosophie et collabore à plusieurs revues : *Bannière de Marie-Immaculée, Études oblates, Revue de l'Université d'Ottawa...* Il est l'auteur d'une œuvre considérable : une quarantaine de volumes et environ mille articles et comptes rendus. Sa volumineuse histoire des Oblats est considérée comme un ouvrage monumental. Selon Pierre Savard « l'historien du catholicisme, autant que l'historien des mentalités et le curieux du passé tout court, trouvent beaucoup à glaner au travers la lecture (longue !) des études du Père Carrière ».

ŒUVRES

Précis de méthodologie à l'usage des étudiants en philosophie, [Ottawa], EUO, 1951, 105 p.

Recherches historiques sur la province du Canada-Est I, Ottawa, Éditions des Études oblates, 1954, 101 p. Collab. Maurice Gilbert. Introduction de Gaston Carrière. « Archives d'histoire oblate ».

Histoire documentaire de la Congrégation des missionnaires oblats de Marie-Immaculée dans l'Est du Canada. 1re partie. De l'arrivée au Canada à la mort du fondateur 1848-1861, Ottawa, EUO, 1957-1975, 12 vol. : vol. 1, 1957, 378 p. ; vol. 2, 1959, 344 p. ; vol. 3, 1961, 363 p. ; vol. 4, 1962, 340 p. ; vol. 5, 1963, 374 p. ; vol. 6, *2e partie. De la seconde moitié du XIXe siècle (1861-1900)*, 1967, 338 p. ; vol. 7, 1968, 348 p. ; vol. 8, 1969, 361 p. ; vol. 9,

1970, 370 p. ; vol. 10, 1972, 401 p. ; vol. 11, 1973, 312 p. ; vol. 12, *Table analytique,* 1975, 317 p. Introduction de l'auteur.

Jean-Marie Nédelec, o.m.i., 1834–1896, Sudbury, Société historique du Nouvel-Ontario, 1957, 47 p. « Documents historiques ».

Les Missions catholiques dans l'Est du Canada et l'Honorable compagnie de la Baie d'Hudson (1844–1900), Ottawa, EUO, 1957, 194 p.

Les Oblats dans le vicariat du Labrador, 1844–1957, Ottawa, Études oblates, 1957, 299 p. « Archives d'histoire oblate ».

Le Roi de Betsiamites, le père Charles Arnaud, o.m.i., (1826–1914), Ottawa, EUO, 1958, 185 p.

Un grand éducateur le R.P. René Lamoureux, o.m.i. (1890–1958), fondateur de l'École normale de l'Université d'Ottawa, Ottawa, Séminaire universitaire, 1958, 137 p. Portrait.

Le Père Louis-Étienne Reboul, o.m.i., organisateur de la vie religieuse à Hull et apôtre des chantiers, Ottawa, EUO, 1959, 157 p. Ill. Introduction de l'auteur.

L'Arpenteur du Bon Dieu, Monseigneur Louis-Rhéaume, o.m.i. (1873–1955), évêque de Timmins, Montréal, Rayonnement, 1960, 223 p. Ill. Introduction de l'auteur.

Un apôtre à Québec, le Père Flavien Durocher, o.m.i. (1800–1876), premier curé de Saint-Sauveur, Montréal, Rayonnement, 1960, 191 p. Ill. Introduction de l'auteur.

L'Université d'Ottawa 1848–1861, Ottawa, EUO, 1960, 95 p. Introduction de l'auteur.

Initiation au travail scientifique, Ottawa, EUO, 1961, 140 p. ; 1965 ; 1967, 155 p.

Le Voyageur du Bon Dieu, le Père Jean-Marie Nédelec, o.m.i., Montréal, Rayonnement, 1961, 158 p.

Bibliographie des professeurs oblats des facultés ecclésiastiques de l'Université d'Ottawa (1932–1961), [s.l., s.é., 1962], 54, ix p. Introduction de l'auteur.

Le Père du Keewatin, Mgr Ovide Charlebois, o.m.i., 1862–1933, Montréal, Rayonnement, 1962, 239 p.

Planteur d'églises, J.-B. Honorat, o.m.i., Montréal, Rayonnement, 1962, 191 p. Ill. « Pierres vivantes ».

Explorateur pour le Christ; Louis Babel, o.m.i. (1826–1912), Montréal, Rayonnement, 1963, 150 p. « Pierres vivantes ».

Missionnaire sans toit, le P. Jean-Nicolas Laverlochère, o.m.i., 1811–1884, Montréal, Rayonnement, 1963, 147 p. Introduction de l'auteur. « Pierres vivantes ».

L'Inoubliable fondateur: André-Marie Garin, o.m.i., 1822–1895, sa vie missionnaire, son œuvre à Lowell, Montréal, Rayonnement, 1964, 189 p. Ill. Introduction de l'auteur. « Pierres vivantes ».

L'Apôtre des prairies. Joseph Hugonnard, o.m.i., 1848–1917, Montréal, Rayonnement, 1967, 171, 16 p. Portrait. Introduction de l'auteur. « Pierres vivantes ».

[*Hull 1800–1975*], [s.l., s.é., 1975], 89 p. [122 p.] Collab. Léo Rossignol et Pierre-Louis Lapointe. Ill. Introduction de Pierre-Louis Lapointe.

Dictionnaire biographique des oblats de Marie-Immaculée au Canada, Ottawa, EUO, 1976–1979, 3 vol.: vol. 1, 1976, 350 p. Introduction de l'auteur; vol. 2, 1977, 429 p. ; vol. 3, 1979, 585 p. Introduction de l'auteur.

Le Père Jean-Pierre Gueguen o.m.i., 1838–1909, un grand voltigeur, Mattawa, Kipawa, Tête du lac, Weymontaching, Maniwaki, [s.l.], Éditions de la Société historique Rivière des Quinze, Guérin, Province de Québec, Centre d'études universitaires dans l'Ouest québécois, 1978, 189 p. Ill. Préface de Donat Martineaux.

Plotin et la Tragédie humaine, dans *L'Année théologique,* fascicule II–III, 1949, p. 99–115.

Apôtres de la plume. Contribution des professeurs des Facultés ecclésiastiques de l'Université d'Ottawa 1931–1951 à la bibliographie des oblats de M.I., dans *Missions O.M.I.,* vol. 78, n° 277, 1951, 32 p.

Contribution des oblats de Marie-Immaculée de la langue française aux études linguistique et d'ethnologie du Nord canadien, C, vol. 12, 1951, p. 213–226.

L'Urgence et la Possibilité de la purification dans la philosophie de Plotin, dans *L'Année théologique augustinienne,* fascicule 1, 1952, p. 29–46.

Une mission tragique aux Illinois, RHAF, n° 8, 1955, p. 518–555.

Essai de toponymie oblate canadienne, RUO, n° 28, 1958, p. 365–394, 522–531.

Essai de toponymie oblate canadienne, RUO, n° 29, 1959, p. 92–108, 233–246.

Sources de notre histoire religieuse, RS, n° 1, 1960, p. 189–206.

Mattawa, centre religieux (1844–1900), dans *La Société canadienne d'histoire de l'Église catholique,* Rapport 1960, p. 35–51.

Bibliographie des professeurs des Facultés ecclésiastiques de l'Université d'Ottawa (1932–1961), RUO, vol. 32, 1962, p. 81–104, 215–244.

Quelques Nouveaux Toponymes oblats, dans *Études oblates,* n° 22, 1963, p. 285–287.

L'Œuvre des oblats de Marie-Immaculée dans le Nord canadien oriental, dans *Le Nouveau Québec,* Paris/La Haye, Mouton & Co, 1964, p. 395–425.

L'Honorable Compagnie de la Baie d'Hudson et les Missions dans l'Ouest canadien, RUO, vol. 36, 1966, p. 15–39, 232–257.

Le Père Albert Lacombe, o.m.i., et le Pacifique Canadien durant la période de 1860–1890, RUO, vol. 37, n° 2, avril–juin 1967, p. 287–321 ; vol. 37, n° 4, oct.–déc. 1967, p. 611–638.

L'Établissement de l'Église à Hull et dans la région, RUO, vol. 39, n° 4, oct.–déc. 1969, p. 586–626.

Le Rôle du laïcat selon le cardinal Jean-Marie-Rodrigue Villeneuve, o.m.i., RUO, vol. 40, n° 2, avril–juin 1970, p. 117–209.

Albert Perbal, o.m.i., misséologue (1884–1971), RUO, vol. 42, n° 1, janv.–mars 1972, p. 162–166.

Les Quarante ans de la Société canadienne d'histoire de l'Église catholique, RUO, vol. 43, n° 4, oct.-déc. 1973, p. 585-593.

Les Évêques oblats de l'Ouest canadien et les Ruthènes (1893-1904), dans Vie oblate, vol. 33, 1974, p. 95-119, 157-188.

La Vie religieuse à Hull (1870-1880), dans Asticou, cahier 14, 1975, p. 20-26.

Une fuite dramatique, dans Vie oblate, vol. 35, 1976, p. 153-156.

La Relation personnelle avec Jésus eucharistique selon le bienheureux de Mazenod, dans Vie oblate, vol. 37, 1978, p. 237-250.

Un promoteur des missions canadiennes au Lesotho. Le Père Jean-Marie-Rodrigue Villeneuve, o.m.i., dans Vie oblate, vol. 38, 1979, p. 3-26.

L'Église et l'Évolution de l'Outaouais, dans Vie Oblate Life, vol. 41, 1982, p. 195-200.

Les Archives Des Châtelets, dans Nouvelles oblates, Province Saint-Joseph, vol. 5, n° 5, 23 juin 1983, p. 27-28.

La Visite papale au Canada, dans Vie Oblate Life, vol. 43, 1984, p. 259-262.

ÉTUDES

Robrecht Boudens, Histoire documentaire, vol. 1, dans Études oblates, vol. 16, 1957, p. 381-382.

Émile Chartier, Histoire documentaire, vol. 1, RHAF, vol. 11, n° 4, mars 1958, p. 585-587.

Lionel Groulx, Le Roi de Betsiamites, RHAF, vol. 12, n° 2, sept. 1958, p. 288-291.

Léon Pouliot, Les Missions catholiques dans l'Est du Canada, dans Sciences ecclésiastiques, vol. 2, 1959, p. 296.

Lionel Groulx, Histoire documentaire, vol. 2, RHAF, vol. 13, n° 2, sept. 1959, p. 284-286.

Rosaire Legault, Le Père Louis-Étienne Reboul, Rel, vol. 15, 1960, p. 245.

Émile Chartier, Histoire documentaire, vol. 3, RHAF, vol. 15, n° 3, déc. 1961, p. 457-458.

Lionel Groulx, Un apôtre à Québec..., RHAF, vol. 16, n° 1, juin 1962, p. 137-138.

Émile Chartier, Histoire documentaire, vol. 4, RHAF, vol. 16, n° 2, sept. 1962, p. 277-278.

Marc LaTerreur, Le Voyageur du Bon Dieu..., RHAF, vol. 16, n° 3, déc. 1962, p. 442-443.

Sœur Louis-Bernard, « Bibliographie du révérend père Gaston Carrière, o.m.i., professeur de philosophie à l'Université d'Ottawa et histoire de la Congrégation ». Précédée d'une biographie. « Mémoire de maîtrise ». Québec, Université Laval, 1963, 113 f.

P. Émile Racicot, Histoire documentaire, vol. 5, RHAF, vol. 18, n° 1, juin 1964, p. 144.

Pierre Savard, Histoire documentaire des Oblats et André-Marie Garin, 1822-1895, LAC 1967, p. 146.

Léon Pouliot, Histoire documentaire, vol. 6 et 7, RHAF, vol. 23, n° 2, sept. 1969, p. 310-312.

Louis Rousseau, Histoire documentaire, vol. 9, RHAF, vol. 25, n° 3, déc. 1971, p. 412-413.

CARTIER, GEORGES (1929-). Poète et romancier, né à L'Assomption. Il fait ses humanités à l'Externat classique Sainte-Croix et au Collège de L'Assomption (B.A., 1948), puis il obtient à l'Université de Montréal une licence ès lettres (1951), un baccalauréat en bibliothéconomie (1952), et il fait la scolarité du doctorat (1953-1955). Cartier est coordonnateur des services techniques, puis directeur adjoint à la Commission des écoles catholiques de Montréal (1952-1957), directeur de la bibliothèque du Collège Sainte-Marie (1958-1961), chargé du Service de distribution et du Centre de documentation de l'UNESCO à Paris (1961-1964), conservateur de la Bibliothèque Saint-Sulpice (1964-1967), conservateur de la Bibliothèque nationale du Québec (1967-1973) créée grâce à son initiative. En 1973, il devient directeur de l'enseignement de la bibliothéconomie à l'Université de Montréal, puis, en 1977, directeur des arts et des lettres au ministère des Affaires culturelles. Il collabore à divers périodiques, tels le Bulletin de l'Association canadienne des bibliothécaires de langue française, Le Devoir, La Presse, L'École canadienne et il est membre actif de plusieurs associations et comités ; il prépare un bon nombre de causeries culturelles pour Radio-Canada. Georges Cartier vient aux lettres par la poésie et publie, dans les années cinquante, quatre recueils dont La Mort à vivre (1955) obtient le prix Interfrance. Puis, son roman Le Poisson pêché (1964) remporte le premier prix du Cercle du livre de France. C'est, écrit André Brochu, « une œuvre forte, qui reprend et approfondit jusqu'en son cœur secret, et certes hideux, une thématique de la solitude, de l'impuissance, de l'eau et de la mort avec laquelle nous ont familiarisés de grands poètes québécois ». En 1976, Chanteaux reprend, en élaguant et en y ajoutant, les poèmes des premiers recueils. André Bourassa note dans cette poésie lyrique aux rythmes variés, aux vers ciselés et harmonieux, d'importantes parentés de thèmes avec le roman : homme et femme, rapports femme-forêt, femme-pays..., et il trouve que cette poésie d'avant 1960 fait de Georges Cartier « une des consciences de notre époque ».

CARTIER

ŒUVRES

Hymnes-Isabelle (poésie), Montréal, Éditions de Muy, 1954, 93 p.

Laves et Neiges. Poème, Montréal, Les Éditions de Muy, [1955, n.p. 53 p.] (paginé d'un seul côté). Ill.

La Mort à vivre (poésie), Malines (Belgique), Aux Éditions du C.E.L.F., 1955, 43 p. « La Tour de Babel ».

Obscure Navigation du temps. Poème autographe, Montréal, [s.é.], 1956, [n.p., 57 p.]. Ill.

Le Poisson pêché. Roman, [Montréal], CLF, 1964, 229 p.

Chanteaux. Poèmes 1954-1974, Montréal, La Presse, 1976, 255 p.

Notre-Dame du Colportage. Roman, Montréal, Guérin littérature, 1987, 286 p.

ÉTUDES

Jean-Paul Pinsonneault, *Hymnes-Isabelle,* dans *Lectures,* vol. 10, n° 9, mai 1954, p. 397-398.

Clément Lockquell, *Un chant d'amour incertain,* So, 28 nov. 1964, p. 10.

Henri-Paul Bergeron, *Le Poisson pêché,* dans *Lectures,* vol. 11, n° 5, janv. 1965, p. 29-31.

Maurice Blain, *Robinson à la recherche de son île,* CL, 15e année, n° 74, févr. 1965, p. 29-31.

André Brochu, *Le Poisson pêché,* PP, vol. 2, n° 6, févr. 1965, p. 55-58.

André-G. Bourassa, « *Chanteaux* » *ou Les Rivages de Cartier,* LQ, vol. 1, n° 2, mai 1976, p. 9-11.

Jeanne Demers, *Georges Cartier. Chanteaux/poèmes/1954-1974,* LAQ 1976, p. 165-167.

Gabrielle Poulin, *Mourir en poésie. Chanteaux de Georges Cartier,* Rel, vol. 37, n° 429, sept. 1977, p. 254-255.

CARTIER, JACQUES (1491-1557). Navigateur et explorateur, auteur de récits de voyages, né à Saint-Malo. Il aurait navigué dès sa jeunesse. En 1532, lorsque l'évêque de Saint-Malo le propose comme commandant d'une expédition au Nouveau Monde, il fait valoir que Cartier avait déjà visité le Brésil et la « Terre Neuve ». Muni d'une commission du roi François 1er, Cartier quitte Saint-Malo le 20 avril 1534 avec deux navires et soixante et un hommes. Après avoir fait le tour du golfe Saint-Laurent et avoir établi des contacts avec les indigènes, il repart pour la France et arrive à Saint-Malo le 5 septembre 1534. Un deuxième voyage l'amène, en 1535, à Montréal, appelé Hochelaga par les indigènes. Avec ses cent dix hommes, il passe un hiver difficile à Stadaconé, nom amérindien de Québec, où presque tous sont atteints du scorbut. Après quatorze mois passés en Nouvelle-France, il repart pour Saint-Malo, le 16 juillet 1536, et ramène avec lui une dizaine d'Indiens. Un troisième voyage devait se faire sous le commandement de Roberval, mais c'est finalement Cartier qui l'entreprend, le 19 mai 1541, accompagné de quinze cents hommes.

Après un hiver rigoureux à Cap-Rouge (1541-1542) et non exempt de démêlés avec les Iroquois, il retourne en France après avoir rencontré Roberval sur les côtes de Terre-Neuve en juin 1542. En 1545, paraît une relation anonyme du second voyage de Cartier. On a pendant un certain temps supposé que l'auteur en aurait été Jehan Poullet, l'un des marins de Cartier ; on a pensé aussi à Rabelais. Le manuscrit en est perdu ; il est donc difficile de trancher la délicate question de la paternité du *Bref Récit* de 1545. Quant à la relation du premier voyage, elle a été d'abord publiée en italien par Ramusio, en 1565. Le manuscrit français, édité par The Quebec Literary and Historical Society, en 1843, n'est qu'une copie d'un original disparu. Pour connaître les péripéties du troisième voyage, nous ne disposons que d'une version anglaise, incomplète, publiée par Hakluyt, en 1600. « Découvreur d'un des grands fleuves du monde, Cartier est au point de départ de l'occupation par la France des trois quarts d'un continent », remarque Marcel Trudel. Ses récits de voyages constituent une source précieuse sur les origines de la Nouvelle-France. Les détails concernant la géographie, le climat et la vie des indigènes permettent aux historiens, géographes et sociologues de reconstituer une partie du paysage propre au Saint-Laurent d'autrefois.

ŒUVRES

Brief récit & succincte narration de la navigation faicte es ysles de Canada, Hachelaga & Saguenay & autres, avec particulieres meurs, langaige & cerimonies des habitans d'icelles : fort délectable à veoir, Paris, Ponce Raffet dict Faucheur et Anthoine le Clerc frères, 1545, 49 p. ; reproduction de l'édition originale du *Brief récit et succincte narration de la navigation faictes es ysles de Canada, Hachelaga et Saguenay et autres...,* Paris, Librairie orientale et américaine, G.P. Maisonneuve, [s.d.], 49 p. « Bibliothèque de la société historique du Canada, Paris, série bibliophile II » ; dans *Jacques Cartier et la « grosse maladie ».* Reproduction photographique de son *Brief Récit et Succincte Narration* suivie d'une traduction en langue anglaise du chapitre traitant des aventures de Cartier aux prises avec le scorbut et d'une nouvelle analyse du *Mystère de l'Anedda,* Montréal, xixe Congrès international de physiologie, 1953, xii, 192 p. Traduction anglaise par John Florio : *A Shorte And Briefe narration of the two Navigations and Discoveries to the Northwest partes called Newe Fraunce : First translated out of French into Italian, by that famous learned man Gio : Bapt : Ramutins, and now turned into English by John Florio : Worthy the reading of all Venturers, Travellers, and Discoveries,* London, H. Bynneman, 1580, [8], 80 p. ; Ann Arbor,

University Microfilms Inc., 1966, xiv, 80 p. « March of America Facsimile series », n⁰ 10 ; *Jacques Cartier, Two Navigations to New France, London, 1580,* Amsterdam/Norwood, N.J., Theatrum Orbis Terrarum, Ltd./Walter J. Johnson, Inc., 1975, [8], 80 p. Facsimilé de la première édition. « The English Experience ».

Voyages de découverte au Canada entre les années 1534 et 1542 par Jacques Cartier, le Sieur de Roberval, Jean Alphonse de Xanctoigne, & suivis de la description de Québec et de ses environs en 1608 et de divers extraits relativement au lieu de l'hivernement de Jacques Cartier en 1535-36 (avec gravures fac-similé). Réimprimés sur d'anciennes relations, et publiés sous la direction de la Société littéraire et Historique de Québec, Québec, William Cowan et fils, 1843, iv, 130 p. ; 1927 ; *Voyages de découverte au Canada entre les années 1534 et 1542, suivis d'une biographie de Jacques Cartier par René Maran,* Paris, Anthropos, 1968, 207 p. « Textes et documents retrouvés ». Ill. (Réimpression photographique de l'édition de 1843).

Brief récit et succincte narration de la Navigation faite en MDXXXV et MDXXXVI, par le Capitaine Jacques Cartier aux îles du Canada, Hachelaga, Saguenay et autres. Réimpression figurée de l'édition originale rarissime de MDXLV avec les variantes des manuscrits de la Bibliothèque impériale, précédée d'une brève et succinte introduction historique par M. D'Avezac, Paris, Tross, 1863, xvi, 68 f. (Paginé seulement au recto des pages, ce qui donne en réalité xxxii, 136 p.).

Voyage de Jacques Cartier au Canada en 1534. Nouvelle édition publiée d'après l'édition de 1598 d'après Ramusio par M.H. Michelant avec deux cartes. Documents inédits sur Jacques Cartier et le Canada communiqués par M. Alfred Ramé, Paris, Tross, 1865, 71, 53 p.

Relation originale du voyage de Jacques Cartier au Canada en 1534. Documents inédits sur Jacques Cartier et le Canada. Nouvelle série, Paris, Tross, 1867, vii, 76, 54 p. Ill. Publiés par H. Michelant et A. Ramé.

La Découverte du Canada d'après les récits originaux de Jacques Cartier, Paris, Casterman, 1880, 155 p. Préface de A.-Léo Lemayrie ; Paris/Tournai, Casterman, 1913, 155 p.

Premier Voyage de Jacques Cartier au Canada, Lévis, Imprimerie du Travailleur de Lévis, 1890, xi, 71 p. Édition canadienne du Discours du voyage fait par le capitaine Jacques Cartier, publiée par Raoul de Tilly, pseudonyme de Pierre-Georges Roy. (Réimpression de l'édition publiée par Raphael de Petit Val à Rouen en 1598).

The Voyages of Jacques Cartier, Ottawa, F.A. Acland, 1924, xiv, 330 p. Édition préparée par H.P. Biggar. « Publications of the Public Archives of Canada ». (Considérée comme la meilleure édition avec cartes, index et introduction. Des notes en anglais accompagnent le texte en français de Cartier, dont on donne aussi la traduction anglaise).

Trois voyages au Canada. Jacques Cartier, voyages faits en la Nouvelle-France en 1534 et 1536. S. de Champlain, voyages faits en la Nouvelle-France en 1608 et 1611. Fr. Gabriel Sagard, Le Grand Voyage fait au pays des Hurons en l'an 1624, Paris, Éditions du Carrefour, 1929, vi, 270 p. Ill. Publiés par Bertrand Guégan. « Voyages et Découvertes ».

La Grande Aventure de Jacques Cartier. Épave bicentenaire. Découverte au Cap des Rosiers en 1908, Québec, [s.é.], 1934, [xi], 328 p. Ill. Édition préparée par J. Camille Pouliot. (Contient les Relations de 1534 et 1535-1536, l'histoire de la découverte d'un médaillon de Jacques Cartier et des articles en hommage au capitaine malouin).

Voyages de Jacques Cartier au Canada, dans Th. Beauchesne, *Les Français en Amérique pendant la première moitié du XVIᵉ siècle,* Paris, PUF, 1946, p. 77-197.

Jacques Cartier, Montréal, Fides, 1968, 96 p. Textes choisis et présentés par Marcel Trudel. « CC ».

La Découverte du Canada, Montréal, Les Amis de l'histoire, 1969, 3 tomes : t. 1, *Naissance du Canada et Mystère Champlain. Les Voyages de Jacques Cartier,* 268 p. Mis en orthographe moderne et annotés par Jean Dumont.

Jacques Cartier. Voyages en Nouvelle-France, [Montréal], Cahiers du Québec/Hurtubise HMH, 1977, 158 p. Texte remis en français moderne par Robert Lahaise et Marie Couturier avec introduction et notes. « Documents d'histoire ». (Texte original modernisé selon l'édition de H.P. Biggar).

Jacques Cartier. Relations, Montréal, P.U.M., 1986, 498 p. Édition critique établie par Michel Bideaux. « Bibliothèque du Nouveau Monde ».

Lorion des Longrais, Jacques Cartier, Documents nouveaux, Paris, A. Picard, 1888, 219 p.

A Collection of Documents Relating to Jacques Cartier and the Sieur de Roberval, Ottawa, Public Archives of Canada, 1930, xxxvi, 577 p. Édité par H.P. Biggar.

ÉTUDES

Narcisse-Eutrope Dionne, *Vie et Voyages de Jacques Cartier,* Québec, Brousseau, 1889, 332 p. ; Imprimerie Robitaille, 1933, xv, 157 p.

Marius Barbeau, *Cartier Inspired Rabelais,* dans *Canadian Geographical Journal,* vol. 9, 1934, p. 113-125.

Lionel Groulx, *La Découverte du Canada par Jacques Cartier,* Montréal, Librairie Granger Frères, 1934, 290 p. ; Fides, 1966, xx, 194 p.

Gustave Lanctot, *Jacques Cartier devant l'histoire,* Montréal, Éditions Lumen, 1947, 159 p.

Bernard G. Hoffman, *Cabot to Cartier, Sources for a Historical Ethnography of Northeastern North America, 1497-1550,* Toronto, TUP, 1961, xii, 287 p.

Robert Le Blant, *Les Écrits attribués à Jacques Cartier,* RHAF, vol. 15, n⁰ 1, 1961, p. 90-103.

Marcel Trudel, *Histoire de la Nouvelle-France, t. 1, Les Vaines Tentatives 1524-1603,* Montréal, Fides, 1963, p. 65-175.

Id., *Jacques Cartier,* DBC, vol. 1, 1966, p. 171-177.

Cartier, Jacques, *Récit de ses voyages et découvertes en Nouvelle-France* (1re partie), ECF, no 39, 1974, p. 9-55. (Texte établi en français moderne par Robert Lahaise et Marie Couturier, accompagné d'une présentation et de notes).

André Berthiaume, *Le Soleil. La Croix. L'Épée. Brève lecture d'une épître attribuée à Jacques Cartier*, EL, vol. 7, no 1, avril 1974, p. 183-190.

Id., *La Découverte ambiguë*, Montréal, Éditions Pierre Tisseyre, 1976, 207 p.

Christian Morissonneau, *Dénommer les terres neuves : Cartier et Champlain*, EL, vol. 10, nos 1-2, avril-août, 1977, p. 85-123.

Id., *Le Langage géographique de Jacques Cartier et de Samuel de Champlain. Choronymie, vocabulaire et perception*, Québec, PUL, 1978, 230 p. Collab. Henri Dorion. « Choronoma ».

Robert Mélançon, *Terre de Caïn, âge d'or, prodiges du Saguenay : le Nouveau Monde, dans les « Voyages » de Jacques Cartier*, VI, vol. 8, no 1, automne 1979, p. 51-63.

CASAVANT, RICHARD (1946–   ). Poète, né à Ottawa. Il commence ses humanités au Petit Séminaire d'Ottawa et au Séminaire des Saints-Apôtres de Montréal (1960-1964), les interrompt et est pendant deux ans annonceur-pigiste à la radio et à la télévision. Il est ensuite adjoint à la recherche à la Bibliothèque du Parlement d'Ottawa (1966-1969), est nommé directeur adjoint de la Conférence canadienne des arts, à Toronto, en 1969, puis est responsable franco-ontarien au Conseil des Arts de l'Ontario, de 1970 à 1977. Retourné aux études, il enseigne aussi à temps partiel au Collège Algonquin en 1978. Il obtient un baccalauréat en psychologie et sociologie à l'Université d'Ottawa, en 1980, poursuit ses études au AHR Institute de Concord (Massachusetts) où il reçoit un diplôme en psychothérapie, et au Beacon College de Boston qui lui octroie une maîtrise en psychologie en 1982. Entre-temps il participe à de nombreuses activités culturelles, est membre fondateur de l'Institut Fleury-Mesplet, et écrit de la poésie. En tant que poète, il est invité à la « Superfrancofête » de Québec, en 1974, au Festival international de poésie de l'Université de Toronto, en 1975,... En outre, il est membre de plusieurs associations professionnelles et culturelles, et il collabore à des périodiques comme *Poésie, Ébauche, Art Magazine* et *Toronto Express*. En 1978, il reprend dans une seule édition intitulée *Poèmes 1960-1975* ses deux premiers recueils augmentés d'une troisième section. Selon Paul Wyczynski, il serait exagéré de dire que cette poésie se maintient à un niveau constamment élevé, mais elle se révèle souvent riche par son symbolisme et ses images originales. Résolument moderne de facture, elle incarne les aspirations profondes du poète, devenue essentiellement un cri d'amour, dans la troisième section surtout, sans délaisser pour autant les consi-

dérations sociales et les grandes questions que posent le monde et la vie.

ŒUVRES

Symphonies en « Blues ». Poèmes, Hull, Éditions sans le sous enr., 1965, 54 p. (Tirage limité).

Le Matin de l'infini (poésie), Ottawa, Éditions du Coin du livre, 1967, 49 p.

Poèmes 1960-1975 : Symphonies en « Blues »; *Le Matin de l'infini; Les Sentinelles de l'Absence*, Sudbury, Éditions Prise de Parole, 1978, 141 p. Préface de Paul Chamberland.

Quelques Gestes..., dans *Poésie*, vol. 3, no 1, hiver 1968, p. 22.

Le Cri d'un peuple, dans *Ébauches*, vol. 1, no 1, sept. 1973, p. 35.

Au théâtre de l'Entre-2-chaises, dans *Ébauches*, vol. 2, no 3, mars 1974, p. 12.

Guy Montpetit : Beyond Love Trip Surface Mechanics, dans *Art Magazine*, vol. 7, no 23, oct. 1975, p. 38-39.

Sexphonie à Venus Ben, Partie-Wow 1, dans *Toronto Express*, vol. 2, no 18, 5 août 1977, p. 6.

Cantate vénusienne, dans *Toronto Express*, vol. 2, no 19, 12 août 1977, p. 10.

ÉTUDES

Pierre Mathieu, *Symphonies en blues de Richard Casavant*, LAC 1965, p. 84.

Maximilien Laroche, *Le Matin de l'infini de Richard Casavant*, LAC 1967, p. 88.

Claude Daigneault, *Aide à la vie artistique des Franco-Ontariens*, dans *Le Soleil*, vol. 76, no 13, 13 janv. 1973, p. 44.

Murray Maltais, *Les Franco-Ontariens, la Culture et le Pouvoir*, Dr, 60e année, no 280, 24 févr. 1973, p. 17.

Id., *Richard Casavant quitte son poste au Conseil des Arts de l'Ontario*, Dr, 65e année, no 117, 13 août 1977, p. 14.

Id., *Entrevue avec Richard Casavant : le Rapport Savard un coup d'épée dans l'eau ?*, Dr, 65e année, no 245, 14 janv. 1978, p. 17.

Paul Wyczynski, *En lisant la poésie de Richard Casavant*, Dr, 66e année, no 244, 13 janv. 1979, p. 21.

Paul Gay, *Notre domaine littéraire franco-ontarien*, Dr, 67e année, no 259, 2 févr. 1980, p. 19.

Paul-F. Sylvestre, *Lettres ontaroises*, dans *Le Temps*, vol. 4, no 1, 20 janv. 1982, p. 3.

CASGRAIN, HENRI-RAYMOND [Un littérateur, Me E. B., Eugène de Rives, Placide Lépine] (1831-1904). Historien, conteur, critique littéraire et poète, né à Rivière-Ouelle. Fils du Commissaire des travaux publics, Charles-Eugène Casgrain, il est, par sa mère, descendant direct de la famille Baby de Ranville. Après ses études classiques au Collège de Sainte-Anne-de-la-Pocatière, il commence à Montréal des études de médecine qu'il abandonne après quelques mois. À partir de février 1853, il entreprend des études théologiques au Séminaire de Québec et au Collège de Sainte-Anne-de-la-Pocatière, tout en enseignant dans une classe de lettres. Ordonné en 1856, il continue son travail d'enseignement que l'épuisement le force d'interrompre en 1858, année où il voyage en France et en Italie. Nommé vicaire à Beauport en 1859, puis à la cathédrale de Québec en 1860, il devient aumônier de l'Asile du Bon-Pasteur en 1861. Atteint d'une ophtalmie maligne en 1867, il doit abandonner le ministère sacerdotal à partir de 1872. Quelque peu rétabli, il peut continuer son œuvre d'historien. Il est marqué cependant par la maladie, et c'est aveugle qu'il passe ses dernières années au Bon-Pasteur de Québec. Co-fondateur des *Soirées canadiennes* et du *Foyer canadien*, Henri-Raymond Casgrain appartient à ce groupe de Québécois qui ont renouvelé les lettres dans les années 1860. Grand voyageur, il passe ses hivers aux États-Unis ou à Paris pour y faire des recherches. Il est un trait d'union entre de nombreux écrivains canadiens. Il édite les *Œuvres complètes* d'Octave Crémazie avec qui il a été en correspondance durant l'exil du poète. Écrivain fécond, biographe de plusieurs contemporains, poète à ses heures, chercheur d'archives, généalogiste autant que critique littéraire, il est très admiré par ses contemporains. L'Université Laval lui décerne, en 1877, un doctorat honorifique en droit ; l'Académie française couronne, en 1888, *Un pèlerinage au pays d'Évangéline*. Membre fondateur de la Société royale, il en est élu président en 1889. Dans les dernières années de sa vie, Casgrain écrit ses mémoires sous le titre de « Souvenances canadiennes » restées à l'état de manuscrit et confiées aux archives de l'Asile du Bon-Pasteur de Québec (copies au Séminaire de Québec et au Collège de Sainte-Anne-de-la-Pocatière) ; ces mémoires ne peuvent être consultés que de façon restrictive, selon la volonté de l'auteur. À la mort de Casgrain, Adolphe-Basile Routhier, son ancien adversaire, prononce un éloge flatteur de l'homme et de l'auteur. Dans les années 1960, des critiques ont été assez durs pour certains aspects de sa carrière et de son comportement à l'endroit de quelques-uns de ses contemporains, et cette sévérité s'est étendue à l'ensemble de son œuvre. Les avis se sont nuancés par la suite sur l'œuvre. On aime beaucoup moins que Routhier, par exemple, le style d'un goût romantique facile-

ment affecté et pompeux, parfois ridicule, des *Légendes*. Par contre, ses ouvrages historiques sont construits à partir d'une excellente documentation. Il lui arrive de faire des erreurs, mais il sait exploiter les documents avec bonheur et reconstituer un climat d'époque dans une œuvre bien charpentée et bien écrite, car en histoire il ne pense plus à faire de la littérature. Aussi Serge Gagnon déclare-t-il Casgrain « un des plus importants sinon un des meilleurs historiens du Canada français au XIXe siècle ».

ŒUVRES

Légendes canadiennes, Québec, De l'atelier typographique de J. Brousseau, 1861, 425 p. Préface de l'auteur ; Imprimerie Augustin Côté et Cie, 1876, 200 p.

Le Chevalier Falardeau, Québec, Léger Brousseau, éditeur, 1862, 96 p. Portrait. « Les Contemporains ». (Publié sous le pseudonyme de Eugène de Rivers) ; *Biographies de A.S. Falardeau et A.E. Aubry,* Montréal, Libraire-imprimeur Beauchemin & Valois, 1886, 121 p. ; *A.S. Falardeau et A.E. Aubry,* Librairie Beauchemin limitée, 1912, 141 p. « Bibliothèque canadienne. Coll. Montcalm », 1917, 123 p. ; 1925.

Histoire de la Mère Marie de l'Incarnation, première supérieure des Ursulines de la Nouvelle-France, précédée d'une esquisse sur l'histoire religieuse des premiers temps de cette colonie, Québec, G.E. Desbarats, imprimeur-éditeur, 1864, 467 p. Ill. ; Typographie Darveau, 1873, 124 p. ; *Histoire de la Vénérable Mère Marie de l'Incarnation, première supérieure des Ursulines de la Nouvelle-France,* Québec, Imprimerie Léger Brousseau, 1882, 207, 214, 248 p.

Un contemporain. A.-E. Aubry, Québec, Desbarats, 1865, 101 p. (Paru également avec la biographie de A.S. Falardeau).

Découverte du tombeau de Champlain, Québec, C. Darveau, imprimeur-éditeur, 1866, 19 p.

Un contemporain. F.-X. Garneau, Québec, J.-N. Duquet, 1866, 135 p. ; Montréal, Beauchemin, 1886, 115 p.

De Gaspé et Garneau, Montréal, Librairie Beauchemin limitée, 1912, 141 p. « Bibliothèque canadienne. Coll. Montcalm » ; 1924, 124 p. ; *F.-X. Garneau et Francis Parkman,* 1912, 140 p. ; 1926, 139 p.

Un contemporain. Jules Livernois, Québec, C. Darveau, 1866, 40 p.

Un contemporain. G.B. Faribault, Québec, Léger Brousseau, éditeur, 1867, 123 p. ; Montréal, Beauchemin et Valois, 1886, 128 p. ; *Faribault et la famille de Sales Laterrière,* Montréal, Librairie Beauchemin, 1912, 141 p. ; *Biographies de G.B. Faribault et Laterrière,* 1917, 128 p.

Vie des Saints pour tous les jours de l'année, Ottawa, G.-E. Desbarats, 1868, 4, vi, 730, x p.

Les Miettes. Distractions poétiques, Québec, P.-G. Delisle, 1869, 71 p.

La Famille de Sales Laterrière, Québec, Atelier typographique de Léger Brousseau, 1870, 63 p. (Paru aussi avec la biographie de G.B. Faribault).

Le Journal des Jésuites, Québec, Chez Léger Brousseau, imprimeur-éditeur, 1871, x, 403 p. Collab. M. l'abbé Laverdière ; Montréal, J.M. Valois, libraire-éditeur, 1892 ; 1893 ; Montréal, Éditions François-Xavier, 1973. Préface des auteurs.

Philippe Aubert de Gaspé (biographie), Québec, Atelier typographique de Léger Brousseau, 1871, 123 p. ; *P. Aubert de Gaspé et F. Parkman,* Montréal, Beauchemin et Valois, 1886, 151 p. (Paru aussi avec la biographie de F.-X. Garneau).

Critique littéraire, Québec, C. Darveau, imprimeur-éditeur, 1872, 56 p.

Francis Parkman (biographie), Québec, C. Darveau, imprimeur-éditeur, 1872, 89 p. (Paru aussi avec les biographies de Aubert de Gaspé et de F.-X. Garneau).

La Pêche aux marsouins dans le fleuve Saint-Laurent, Montréal, Typographie de l'Opinion publique, 1873, 16 p. (Attribué à H.-R. Casgrain).

Œuvres complètes, Québec, Typographie de C. Darveau, 1875, [2], 114, 100, 125 p.

Opuscules, Québec, Imprimerie A. Côté, 1876, 199 p. (Contient : *Les Pionniers canadiens* et *Un pèlerinage à l'Ile-aux-Coudres*).

Histoire de l'Hôtel-Dieu de Québec, Québec, Léger Brousseau, 1878, 612 p.

Une paroisse canadienne au XVIIe siècle, Québec, Imprimerie de Léger Brousseau, 1880, 216 p. ; Montréal, Librairie Beauchemin limitée, 1912, 141 p. « Bibliothèque canadienne. Coll. Dollard » ; *Une paroisse canadienne au XVIIe siècle. La Rivière-Ouelle, suivi de Éclaircissements sur la pêche aux marsouins,* 1917, 144 p. Ill. ; *Une paroisse canadienne au XVIIe siècle,* 1924, 121 p. ; Librairie Beauchemin, 1930, 125 p.

La Jongleuse. Légende canadienne, Montréal, Beauchemin et Valois, 1884, 123 p. ; Beauchemin, 1896 ; 1912, 141 p. ; 1917, 121 p. ; Fides, 1956, 80 p. ; 1960. Traduction anglaise par A.W.L. Gompertz : *The Witch,* Montréal, C.O. Beauchemin et fils, 1895, 125 p. (Paru d'abord dans *Légendes canadiennes* en 1861).

Œuvres complètes, Montréal, Beauchemin & Valois, 1884-1888, 4 vol. : vol. 1, 581 p. ; vol. 2, 543 p. ; vol. 3, 599 p. ; vol. 4, 592 p. ; 1896-1897.

Une excursion à l'Ile-aux-Coudres (légende canadienne), Montréal, Librairie Beauchemin limitée, 1885, 92 p. « Bibliothèque canadienne. Coll. Dollard » ; Beauchemin, 1912, 140 p. ; 1917, 134 p. ; 1925, 124 p.

A. Gérin-Lajoie d'après ses mémoires, Montréal, Beauchemin et Valois, 1886, 178 p. ; Librairie Beauchemin, 1912, 141 p. « Bibliothèque canadienne. Coll. Montcalm » ; 1926, 125 p.

Un pèlerinage au pays d'Évangéline, Québec, Imprimerie de L.-J. Demers, 1887, 500 p. Carte. ; 1888, 544 p. ; Paris, Librairie Léopold Cerf, 1889, 404 p. ; 1890, viii, 412 p.

Voyage au Canada dans le Nord de l'Amérique septentrionale, fait depuis l'an 1751 à 1761, par J.C.B., Québec, Imprimerie Léger Brousseau, 1887, 25 p. Préface de Henri-Raymond Casgrain.

François Gaston, duc de Lévis — Collection des manuscrits du maréchal de Lévis, Montréal, C.O. Beauchemin, 1889-1895, 12 vol. Publié sous la direction de H.R. Casgrain.

Dialogue entre un Acadien et un Canadien-français au sujet de certaines questions soulevées par une lettre de Mgr O'Brien, archevêque d'Halifax, Québec, Imprimerie de L.-J. Demers et Frères, 1889, 32 p. Attribué à J. Sasseville et à H.R. Casgrain.

Guerre du Canada, 1756-1760, Montcalm et Lévis, Québec, Imprimerie L.-J. Demers & Frère, 1891, 2 vol. : 572 p., 484 p. ; Tours, Alfred Mame et Fils, 1898, 392 p. ; 1899, 400 p. ; *Les Héros de Québec, Montcalm et Lévis,* 1913, 328 p. ; 1927, 215 p. ; [1933], 331 p. ; *Les Héros de Québec,* 1931, 335 p. ; 1936-1939, 2 vol. ; *Les Français au Canada, Montcalm et Lévis,* Tours, Maison Alfred Mame et Fils, [1896], 327 p. ; [1923], 328 p. ; 1926, 215 p.

Une seconde Acadie ; l'Île Saint-Jean, Île du Prince Édouard sous le régime français, Québec, J.-L. Demers et frère, 1894, 419 p.

Montcalm et Lévis. Les Héros de Québec, Tours, Mame, 1895. Ill.

La Question acadienne et le rapport sur les Archives du Canada, pour 1894, Québec, M.A., 1895, 14 p.

L'Asile du Bon-Pasteur de Québec ; d'après les annales de cet institut, Québec, Imprimerie de J.-L. Demers, 1896, 410 p. (Attribué parfois à H.-R. Casgrain).

Les Sulpiciens et les Prêtres des missions-étrangères en Acadie, 1676-1762, Québec, Pruneau et Kirouac Libraires-éditeurs, 1897, 462 p. Carte. Préface de l'auteur.

Champlain, sa vie et son caractère, Québec, Imprimerie J.-L. Demers, 1898, 60 p.

Notes relatives aux inscriptions du monument de Champlain, Québec, Dussault & Proulx imprimeurs, 1898, 32 p.

Wolfe and Montcalm, Toronto, Morang & Co., 1905, xxviii, 300 p. Édition de luxe. « The Makers of Canada » ; *The Makers of Canada,* vol. 4 : *Wolfe and Montcalm,* Toronto, Morang & Co., 1906 ; 1910 ; *The Makers of Canada,* vol. 2 : *The French Regime — Frontenac, Montcalm, Wolfe,* 1911, 296 p. ; 1926, x, 4, 292 p. ; *Wolfe and Montcalm,* London/Toronto, Oxford University Press, 1928, 300 p. « The Makers of Canada Series, MacLean's Magazine Edition » ; University of Toronto Press, 1964, 292 p.

Octave Crémazie, Montréal, Librairie Beauchemin limitée, 1912, 138 p. « Bibliothèque canadienne. Coll. Montcalm » ; 1926, 125 p.

Les Pionniers canadiens et Le Tableau de la Rivière-Ouelle (légendes), Montréal, Librairie Beauchemin, 1912, 138 p. « Dollard » ; *Le Tableau de la Rivière-Ouelle suivi des Pionniers canadiens,* [s.d.], 93 p. Traduction anglaise : *The Canadian Pioneers,* Montréal, Beauchemin, 1896, 169 p.

Mgr Ignace Bourget et Mgr Alexandre Taché, Montréal, Librairie Beauchemin, 1912, 141 p. ; 1924, 122 p. Collab. L.-O. David. (Seul le nom de L.O. David figure sur la page de titre de l'édition de 1912. Le nom de l'abbé Casgrain apparaît sur la page couverture de l'édition de 1925 alors que le nom de L.-O. David figure sur la page de titre de cette édition).

Notre passé littéraire et nos deux historiens, MSRC, 1re série, vol. 1, section 1, 1882–1883, p. 85–90.

Les Quarante dernières années : Le Canada depuis l'Union de 1841, par John Charles Dent. Étude critique, MSRC, 1re série, vol. 2, section 1, 1884, p. 51–61.

Biographie de Gérin-Lajoie, MSRC, 1re série, vol. 3, section 1, 1885, p. 55–60.

Un pèlerinage au pays d'Évangéline, MSRC, 1re série, vol. 4, section 1, 1886, p. 19–63.

Les Acadiens après leur dispersion, MSRC, 1re série, vol. 5, section 1, 1887, p. 15–91.

Éclaircissements sur la question acadienne, MSRC, 1re série, vol. 6, section 1, 1888, p. 23–75.

Montcalm peint par lui-même d'après des pièces inédites, MSRC, 1re série, vol. 7, section 1, 1889, p. 3–27.

ÉTUDES

Hector Fabre, *Écrivains canadiens, l'abbé Casgrain,* RC, t. 2, mai 1865, p. 289–306.

Edmond Lareau, *Henri-Raymond Casgrain,* dans *Histoire de la littérature canadienne,* Montréal, John Lovell, 1874, vii, p. 115–116, 221–224, 310–313.

Prosper Bender, *Henri-Raymond Casgrain,* dans *Literary Sheaves ou La Littérature au Canada français,* Montréal, Dawson Bros., 1881, p. 39–50.

A.-B. Routhier, *Éloge historique de Monsieur l'abbé H.-R. Casgrain,* MSRC, 2e série, vol. 10, section 1, 1904, p. 35–43.

Camille Roy, *L'Abbé Casgrain,* NF, t. 3, no 6, juin 1904, p. 257–276 ; no 9, sept. 1904, p. 408–422 ; no 11, nov. 1904, p. 511–531.

Émile Chartier, *La Vie de l'esprit au Canada français, 5e étude, la poésie, l'École patriotique de Québec (1855-1890),* MSRC, 3e série, vol. 30, sect. 1, 1936, p. 97–113.

Pascal Potvin, *Lecture expliquée. Une maison canadienne,* ESC, vol. 17, no 4, janv. 1938, p. 293–302.

Mme Charles Rogeau, « Bio-bibliographie de l'Abbé H.-R. Casgrain ». Thèse. École des bibliothécaires, Montréal, Université de Montréal, 1940, 78 f.

Arthur Maheux et Pascal Potvin, *Les Correspondants de l'abbé Henri-Raymond Casgrain,* MSRC, 3e série, vol. 37, sec. 1, 1943, p. 79–88.

Honorius Provost, *L'Abbé Henri-Raymond Casgrain et ses relations d'amitié,* RUL, vol. 8, no 9, mai 1954, p. 791–810.

Léonard Desroches, « L'Abbé Henri Casgrain animateur romantique de l'école de 1860 ». Mémoire de maîtrise, Montréal, Université de Montréal, 1958, 35 f.

Sœur Jeanne Leber, *L'Amitié littéraire de Crémazie et de Casgrain,* RUO, vol. 31, no 2, avril-juin 1961, p. 184–208.

Réjean Robidoux, *Fortunes et Infortunes de l'abbé Casgrain,* RUO, vol. 31, no 2, avril-juin 1961, p. 209–229.

Jean-Paul Hudon, *L'Abbé Henri-Raymond Casgrain et le Mouvement littéraire de 1860,* Co 1, vol. 2, no 1, févr. 1972, p. 25–36.

CASGRAIN, Olivier ARTHUR [Cassegrain] (1835-1868). Journaliste et poète, né à l'Islet. Il fait son cours classique au Collège Sainte-Anne. Encore étudiant en droit, à l'Université Laval, il commence à publier dans *Le Courrier du Canada,* des comptes rendus des cours d'histoire du Canada, donnés par l'abbé J.-B.-A. Ferland (1858-1862). Ces textes, qui permettent de suivre pas à pas ces cours célèbres à l'époque, furent repris dans *Le Journal de l'Instruction publique* (1859-1865). Un poème de Casgrain, paru le 30 avril 1860, commémorant le centenaire de la bataille de Sainte-Foy, fut hautement louangé par un poète français, un certain monsieur Édouard Sempé de passage au Canada. Reçu avocat en 1860, Casgrain fait partie d'un groupe de joyeux littérateurs qui se réunissent à la « mansarde du palais » où logent Fréchette et Lusignan. Il s'adonne à une poésie gaie, badine, humoristique, genre auquel appartiennent *La Tauride* et *La Grand-Tronciade*. Poésie de circonstance et d'amusement, rimée à peu près selon les principes de Boileau, les vers de Casgrain demeurent un exemple de littérature régionale, limitée aux aspirations de la vie culturelle d'un moment précis, sans espoir de survie au-delà de leur époque.

ŒUVRE

La Grand-Tronciade ou Itinéraire de Québec à la Rivière-du-loup. Poème badin, Ottawa, G.E. Desbarats, imprimeur-éditeur, 1866, vii, 96 p. Préface de l'auteur.

Soirées d'universitaires, dans *Le Courrier du Canada,* vol. 1, no 210, 28 déc. 1857, p. 1–2.

La Tauride, RC, vol. 1, mai 1864, p. 297–302. Collab. Pascal-Amable Dionne.

ÉTUDES

Pamphile Le May, *Notice bibliographique sur la Grand-Tronciade,* RC, vol. 3, juillet 1866, p. 441–442.

[Anonyme], *Arthur Casgrain,* dans *Le Courrier du Canada,* vol. 12, no 4, 10 févr. 1868, p. 2.

Edmond Lareau, [*Arthur Casgrain*], dans *Histoire de la littérature canadienne,* Montréal, John Lovell, 1874, p. 109–110.

CASGRAIN, THÉRÈSE F. [née Forget] (1896–1981). Mémorialiste et femme politique, née à Montréal. Elle fait ses études chez les Dames du Sacré-Cœur, au Sault-aux-Récollets. En 1912, elle entreprend avec ses parents, le sénateur et madame Rodolphe Forget, son premier voyage en Europe. Elle termine ses études en 1915 et elle épouse, en 1916, Pierre Casgrain, député du Parti libéral et président de la Chambre des communes. Ayant grandi parmi les hommes politiques les plus éminents du pays, elle est de plus en plus attirée par les affaires publiques. Elle n'a que vingt-deux ans, en 1918, lorsque les femmes récupèrent, au fédéral, leur droit de vote perdu en 1849 pendant la période de l'Union. Son mari étant tombé malade au cours de la campagne électorale de 1919, elle mène cette campagne à sa place et participe à sa victoire. Ses succès incitent Lady Drummond et Mme Henri Gérin-Lajoie à demander à Thérèse Casgrain de se joindre à leur groupe, «The Montreal Suffrage Association», fondé en 1913. Grâce à son travail au sein d'organismes militants tels que le «Montreal Women's Club» et le «Comité provincial pour le suffrage féminin» qui, au cours des années 1921 à 1940, ont réussi à surmonter l'opposition d'une partie du clergé dirigée par le cardinal Villeneuve, et de politiciens dont Duplessis et Taschereau, les femmes du Québec parviennent à se faire accorder le droit de vote aux élections provinciales, le 25 avril 1940. En 1945, Mme Casgrain obtient que les allocations familiales soient versées aux mères plutôt qu'aux pères. En 1946, elle adhère au parti C.C.F. (Cooperative Commonwealth Federation). Avant d'être nommée sénateur en 1970, elle avait mené plus de sept campagnes électorales comme membre du C.C.F. et du N.P.D. (Nouveau Parti démocratique). Dans son livre, *Une femme chez des hommes*, «Récit simple, sans prétention, écrit Marc LaTerreur, elle évoque ses activités nombreuses et persévérantes pour donner à la femme un statut juridique et politique égal à celui de l'homme. Dans ce domaine, elle a accompli une œuvre d'importance».

ŒUVRES

Une femme chez les hommes (mémoires), Montréal, Éditions du Jour, 1971, 299 p. Portrait. Ill. Préface de F.R. Scott. Traduction anglaise par Joyce Marshall: *A Woman in a Man's World*, Toronto, McClelland and Stewart Limited, [1972], 192 p.

Le Défi (poème), Montréal, Édition du Grainier, 1981, [portefeuille, 1 f., grande dimension]. Ill. de Marie-Anastasie. (Édition de luxe. Tirage limité).

Les femmes du Québec n'accepteront plus d'être traitées comme des citoyennes de seconde classe ; c'est à vous, Messieurs, de leur donner une législation juste, Dev, vol. 55, n° 75, 1er avril 1964, p. 7.

Des miettes !, M, n° 28, avril 1964, p. 127–128.

Les femmes sont ignorées à la direction des C.E.G.E.P., Dev, vol. 58, n° 225, 29 sept. 1967, p. 4.

Aux armes citoyens, M, n° 78, juin–juillet 1968, p. 158–188.

Les Droits de la femme au Québec, dans *Québec 68,* 5e année, n° 14, oct. 1968, p. 46–55.

Comment nous avons obtenu le droit de vote, Ch, vol. 12, n° 11, nov. 1971, p. 27, 63–66.

La Place de la femme dans la démocratie, dans *Québécoises du 20e siècle, textes choisis et présentés par Michèle Jean,* Montréal, Quinze, 1977, p. 243–247.

La Longue Marche des Québécoises, Pe, vol. 22, n° 16, 19 avril 1980, p. 2–4.

ÉTUDES

Paule Hafort, *Éducation politique et sociale de la femme: le féminin vu outre-Atlantique. Femmes de deux Canada,* dans *Minerve* (Paris), 22 avril 1934, p. 1.

Émilia B. Allaire, *Têtes de femmes,* Québec, Éditions de l'Équinoxe, 1965, p. 79–83.

[Anonyme], *Une femme chez les hommes de Thérèse F. Casgrain,* dans *Le Livre canadien,* vol. 2, déc. 1971, n° 242.

Marc Laterreur, *Une femme chez les hommes de Thérèse Casgrain,* LAQ 1971, p. 256.

Mona-Josée Gagnon, *Les Femmes vues par le Québec des hommes. 30 ans d'histoire des idéologies 1940–1970,* Montréal, Éditions du Jour, 1974, p. 99–109.

Michel M. Solomon, *Madame le sénateur, Thérèse Casgrain* (interview), dans *Regards sur Israël,* vol. 7, n° 2, nov. 1978, p. 4–5.

[Anonyme], *La Philosophie de Thérèse Casgrain. En politique pour une cause,* Dr, 68e année, 4 nov. 1981, p. 8.

Jean Basile, *Un entretien avec Thérèse Casgrain,* Dev, vol. 72, n° 203, 6 nov. 1981, p. 19.

CASSEGRAIN. Voir **CASGRAIN**, OLIVIER ARTHUR.

CASTILLE, JEANNE (1910–   ). Pédagogue et mémorialiste, née à Pont-Brieux (Louisiane, É.-U.). Elle étudie chez les Sœurs du Saint-Sacrement de sa paroisse natale (1917–1926) et à l'Institut du Sud-Ouest (aujourd'hui l'Université de Lafayette) où elle obtient un baccalauréat en pédagogie (1929). En 1953, elle reçoit une maîtrise en pédagogie de l'Université Colombia. D'abord institutrice dans une petite ville du nord de la Louisiane, elle enseigne le français au High School de Saint-Martinville (1932–1958) et au High School de Pont-Brieux (1958–1973). Dès 1935, confie-t-elle, «j'ai pris conscience que nous perdions le français». Et c'est de cette époque que date son militantisme en faveur de la défense et de la promotion du français en Louisiane. Elle tient une chronique dans le journal de sa ville, met sur pied des groupes de folklore, donne des cours et des conférences sur l'héritage acadien à travers les États-Unis. Enfin, elle participe à la fondation du *Conseil pour le développement du français en Louisiane*. En 1976, le Gouvernement français lui décerne les Palmes académiques. En 1983, elle publie son autobiographie. « Si Jeanne Castille, écrit Claire Moreau-Shirbon, parle de son pays avec amour et poésie, elle ne cache pas pour autant les problèmes sérieux ». Une autre critique ajoute : « Avec Jeanne [...], nous entrons dans les maisons des Louisianais, nous les regardons vivre au jour le jour, résister ou céder à l'*American way of life* ».

ŒUVRE

Moi, Jeanne Castille de Louisiane suivi d'un Interview de Jean Domengeaux (autobiographie), Paris, Éditions Luneau-Ascot, 1983, 222 p.

ÉTUDES

Claire Moreau-Shirbon, *L'Ambassadrice du bayou*, dans *La Vie, hebdomadaire chrétien d'actualité* (Paris), n° 1957, 2 mars 1983, p. 65, 67.

[Anonyme], *Jeanne Castille de Louisiane*, dans *Il faut lire*, vol. 6, n° 1, 15 mars 1983, p. 40.

CASTONGUAY, JACQUES (1926–   ). Essayiste, psychologue et historien, né à Québec. Il fait ses études classiques au Petit Séminaire de Québec et à la Faculté dominicaine de philosophie d'Ottawa (B.A. de l'U. Laval, 1952). Il étudie ensuite la psychologie à l'Université Saint-Thomas de Rome (L.Ph., 1953), à Paris, et il obtient un doctorat à l'Université de Montréal (1960) pour une thèse sur la *Psychologie de la mémoire*. Il fera aussi des études en gestion à l'Université McGill. Pendant la guerre, il sert dans le Corps de Transmissions royal canadien (1943-1945), et plus tard, en 1958, il s'enrôle dans l'Aviation royale du Canada. Professeur de sciences humaines, il enseigne à la Faculté dominicaine de philosophie (1956–1961), à l'Université York de Toronto (1966–1969), et il est professeur de psychologie appliquée au Collège militaire royal de Saint-Jean, de 1963 à 1966. De nouveau au Collège militaire à partir de 1970, il est nommé directeur du Département de psychologie (1971–1972), doyen de la Faculté d'administration et des arts (1972–1979), puis doyen des Études collégiales en 1979. Ses travaux se partagent entre la psychologie et l'histoire militaire. Il a publié un utile *Dictionnaire de la psychologie* (1972) et une

non moins utile *Psychologie au secours du consommateur* (1978) dont Gilles Edmond dit qu'elle a « surtout la qualité de nous donner le goût d'en savoir encore plus sur la psychologie et la consommation ». En histoire, il écrit, par exemple, d'intéressantes monographies sur le célèbre 22ᵉ Régiment et le Fort Saint-Jean. Jacques Castonguay est un amateur de qualité, et Nive Voisine trouve que *La Seigneurie de Philippe Aubert de Gaspé* « n'est pas la fine pointe de la science historique, mais c'est une histoire humaniste qui peut atteindre une clientèle très large ».

ŒUVRES

Psychologie de la mémoire. Sources et doctrine de la memoria chez saint Thomas d'Aquin (essai), Montréal, Éditions du Lévrier, 1963, 262 p.

Le Fort Saint-Jean. Trois siècles d'histoire (essai), Montréal, Éditions du Lévrier, 1965, 96 p. Ill. Préface de Rosario Bilodeau. Traduction anglaise par William J. Cozens : *The Unknown Fort. Saint-Jean Foils Americans*, Montréal, Éditions du Lévrier, 1965, 101 p. Portrait. Préface de Rosario Bilodeau.

Unsung Mission. History of the Chaplaincy. Service (RC) of the (RCAF) (essai), Montréal, Institut de Pastorale, 1968, 173 p. Ill. Lettre d'introduction de J.-P. Davignon. Préface de l'auteur.

Collège militaire royal de Saint-Jean. Les premiers vingt ans. The First Twenty Years, [s.l., s.é., 1972], 44 p. Dessins de Roch Tanguay. Traduction anglaise en regard par Donald A. Lefroy.

Dictionnaire de la psychologie et des sciences connexes français-anglais / Dictionary of Psychology and Related Sciences, St-Hyacinthe / Paris, Édisem inc. / Maloine S.A. Éditeur, 1972, [vi], 163 p. ; [vi], 153 p.

Les Bataillons et le Dépôt du Royal 22ᵉ Régiment. Vingt ans d'histoire 1945-1965 (essai), Québec, Régie du Royal 22ᵉ Régiment, 1974, 288 p. Ill. Préface de Paul E. Bernatchez.

Les Défis du Fort Saint-Jean. L'invasion ratée des Américains en 1775 (essai), Saint-Jean, Éditions du Richelieu, 1975, 187 p. Ill.

La Seigneurie de Philippe Aubert de Gaspé. Saint-Jean-Port-Joli (essai), Montréal, Fides, 1977, 162 p. Ill. « Loisirs et Culture ».

La Psychologie au secours du consommateur (essai), Montréal, Fides, 1978, 156 p. Ill.

[*Historique de la Base des Forces canadiennes Montréal et de ses garnisons / History of Canadian Forces Base Montreal and its Garrisons*, s.l., s.é., 1980], 154 p., 181 p. Ill. Collab. P. Samson, P. Brunet et J. Lussier.

Le Régiment de la Chaudière (essai), Lévis, Éditions du Régiment de la Chaudière, 1983, 656 p. Collab. Armand Ross.

Au temps de Philippe Aubert de Gaspé, Lady Stuart (essai), Montréal, Éditions du Méridien, 1986, 125 p.

Les Intellectuels dans la Cité, RHAF, vol. 18, nᵒ 4, mars 1965, p. 608–610.

École secondaire, Foi religieuse, M, nᵒ 51, mars 1966, p. 98–99.

La Raison d'être des collèges militaires canadiens, dans *Revue canadienne de Défense,* vol. 6, nᵒ 2, automne 1976, p. 30–33.

Ignace-Philippe Aubert de Gaspé, DBC, vol. 4, 1979, p. 33–34 ; 1980, p. 36–37.

ÉTUDES

Jean-Yves Théberge, *La Vérité sur le «Fort Saint-Jean»,* CF, vol. 105, nᵒ 44, 25 mars 1965, p. 20.

J.M., *Enfin un dictionnaire anglais-français et français-anglais,* dans *Psychologie,* nᵒ 39, avril 1973, p. 66.

Jean-Yves Théberge, *Dictionnaire de la psychologie et des sciences connexes,* CF, vol. 114, nᵒ 13, 22 août 1973, p. 66.

Alain Duhamel, *En passant par Saint-Jean-Port-Joli,* Dev, vol. 69, nᵒ 143, 20 juin 1977, p. 7.

Paul Gay, *Les Seigneurs de Saint-Jean-Port-Joli,* Dr, vol. 65, nᵒ 157, 1ᵉʳ oct. 1977, p. 21.

Nive Voisine, *Au pays de Philippe Aubert de Gaspé,* LQ, nᵒ 8, nov. 1977, p. 28–29.

Renée Cimon, *Castonguay (Jacques). La Seigneurie de Philippe Aubert de Gaspé, Saint-Jean-Port-Joli,* dans *Nos livres,* vol. 8, nov. 1977, nᵒ 327.

Madeleine Gendron, *Contre la publicité assommante,* Dev, vol. 70, nᵒ 2, 5 janv. 1979, p. 14.

Gilles Edmond, *Au secours, mon psychologue,* dans *Protégez-vous,* vol. 7, nᵒ 2, févr. 1979. p. 32.

CATTA, RENÉ-SALVATOR [Isal] (1914–   ). Poète, dramaturge et romancier, né à Paris. Il est le petit-fils de René Bazin. Après ses études, il s'oriente vers la poésie et le théâtre, enseigne l'art dramatique à l'École de musique d'Angers et participe à divers spectacles de l'O.R.T.F., à titre de comédien. À cette époque, ses poèmes paraissent à Angers, sous forme de fascicules non paginés et distribués exclusivement par l'auteur. Arrivé au Canada en 1950, pour faire du cinéma avec France-Film, René-Salvator Catta enseigne le français et la diction au Collège de Saint-Laurent. Il présente plusieurs textes à Radio-Canada : « La Panique d'Aaron », « Fuseaux horaires », « Le Colonel Lastings » ; il joue également dans diverses pièces présentées à la télévision et donne de nombreux spectacles de poésie française et québécoise, sous le pseudonyme d'« Isal ». Il enregistre aussi sur disque des poèmes de Nelligan. Il enseigne la diction et l'art dramatique à l'Université de Montréal, à l'Université de Sherbrooke, etc. Par la suite, il s'installe à Ottawa. La critique n'a pas beaucoup parlé de son œuvre poétique. À propos de son roman, *Le Grand Tournant,* Hervé Biron dit que « le tout est bien écrit, très alerte, agrémenté d'humour. Cela ne va pas cependant sans un peu de lourdeur statique ». Une bonne partie de l'œuvre de René-Salvator Catta est encore à l'état de manuscrit.

ŒUVRES

Sanctus (poésie), Paris, Trident, 1937, [n.p.].

La Semence (poésie), Angers, Imprimerie Moderne, 1947, [n.p.].

Le Ver. Rite de la mort (poésie), Angers, Imprimerie Moderne, 1948, [n.p., 32 p.].

L'Arbre (poésie), Angers, Imprimerie Moderne, 1949, [n.p.].

La Genèse. (Descente aux enfers — Résurrection — Ascension) (poésie), Angers, Imprimerie Moderne, 1949, [n.p.].

La Messe de l'anneau (poésie), Angers, Imprimerie Moderne, 1949, 34 p.

Poèmes de la Cathédrale de France (poésie), Angers, Imprimerie Moderne, 1949, [n.p.] (Fascicules I et II).

Poèmes d'Una (poésie), Angers, Imprimerie Moderne, 1949, [n.p.].

La Passion (poésie), Montréal, École industrielle des sourds-muets, 1950, [n.p., 14 p.].

Pourquoi suis-je venue ? Alexandrine Pouliot, première auxiliatrice canadienne 1864–1937 (biographie), Montréal/Paris, Fides, 1964, 272 p. Ill.

Savoir parler (essai), Montréal, Les Éditions de l'Homme, 1966, 96 p. Ill. Avant-propos de l'auteur.

Le Grand Tournant. Roman, [Montréal], CLF, 1967, 3 vol. : vol. 1, 159 p. ; vol. 2, 191 p. ; vol. 3, 192 p.

Comment vaincre la « gêne et la timidité » — Se connaître soi-même — S'intéresser aux autres — Faites de l'auto-suggestion — Pensez à ce que vous faites — Éliminer les tics — Le Complexe d'infériorité — Sortir — Parler en public — Vouloir — Assurer l'équilibre et développer le geste — S'assouplir — Respirer par en haut (essai), Montréal, Les Éditions de l'Homme ltée, 1968, 136 p. Ill.

La Bible en grand (extraits du Pentateuque), Hull, Les Éditions de l'Espoir ltée, 1978, 175 p. Sous le pseudonyme de Isal. « Large vision ».

Des jours d'apocalypse, Sherbrooke, Éditions Saint-Raphaël, 1978, 167 p. (Messages de Bayside, New York (1975–1976) traduits et groupés par René-Salvator Catta).

Sommes-nous des acteurs ? (essai), Ottawa, [Centre franco-ontarien de ressources pédagogiques], 1981, 133 p. Ill. (Texte polycopié).

La Secrétaire disgraciée (conte), dans *L'Information médicale et paramédicale,* vol. 19, nᵒ 15, juin 1967, p. 40–41.

Babylone (poésie), dans *L'information médicale et paramédicale,* vol. 19, nᵒ 23, 17 oct. 1967, p. 34.

À la recherche des mots, ES, t. 45, nᵒˢ 4–5, sept.–déc. 1968, p. 202–205, 258–261.

ÉTUDES

Raynald Desmeules, *Pourquoi suis-je venue ? de René-Salvator Catta*, LAC 1964, p. 121.

Gérard Dagenais, *René-Salvator Catta*, Pr, vol. 82, n° 77, 2 avril 1966, p. 17.

Reine Malouin, *Savoir parler*, dans *Vie française*, vol. 20, n°s 11–12, juillet-août 1966, p. 357.

Réjean Robidoux, *Le Grand Tournant de René-Salvator Catta*, LAC 1967, p. 48.

CHABOT, CÉCILE (1907–   ). Publiciste, peintre, poète et conteur, née à L'Annonciation (Deux-Montagnes). Elle fait des études à l'École des Arts et Métiers, puis à l'École des Beaux-Arts de Montréal. Son goût du voyage la conduit souvent en dehors du Québec. Elle travaille quelque temps aux Archives de la Province de Québec. En 1929, elle obtient la médaille d'or de la Société des poètes, dont elle a été vice-présidente. De 1942 à 1946, elle signe de nombreux sketches pour Radio-Canada. Cécile Chabot est membre de la Société des écrivains canadiens et de la Société royale du Canada (1948) qui lui a décerné, en 1964, la médaille de bronze pour *Féerie*, déclaré alors le plus beau livre canadien de langue française. Artiste, elle illustre elle-même, avec un goût sobre, ses recueils de poésie et ses contes. Ses poèmes, alertes et polis, sont imprégnés d'un grand amour de la nature et expriment une sensualité spontanée dans une exubérante joie de vivre. À l'occasion de la réédition du conte *Et le cheval vert* dans la collection du Goéland en 1980, Yvon Laframboise remarque que : « Cécile Chabot y réinvente merveilleusement les songes de l'enfance, [...] en faisant revivre les événements du passé avec l'émerveillement du présent ».

ŒUVRES

Vitrail. Poèmes, Montréal, Éditions Bernard Valiquette, 1939, 116 p. Ill. de l'auteur. Préface d'Émile Coderre ; Éditions Bernard Valiquette/Éditions A.C.F., 1940, 126 p.

Légende mystique, Montréal, Éditions de la Société des écrivains canadiens, 1942, 43 p. Ill. de l'auteur.

Imagerie. Conte de Noël, Montréal, Fides, 1943, 67 p. Ill. de l'auteur ; 1944, 69 p.

Paysannerie. Conte des rois, Montréal, Fides, 1944, 70 p. Ill. de l'auteur ; [s.l.], Goodyear, [1955 ?], 16 p. Portrait.

La Sainte Famille s'en allant promener (conte), [s.l.], Goodyear, [1956 ?], [n.p., 18 p.]. Ill. de l'auteur.

Chasse-galerie (conte), [s.l., Goodyear News, 1958 ?], 17 p. Ill. de l'auteur.

Et le cheval vert (souvenirs), Montréal, Éditions Beauchemin, 1961, 195 p. Ill. de l'auteur ; Éditions Fides, 1980, 141 p. « du Goéland ».

Contes du ciel et de la terre, Montréal, Beauchemin, 1962, 3 t. : t. 1, *Imagerie*, 59 p. (Version remaniée en prose) ; t. 2, *Féerie*, 63 p. ; t. 3, *Paysannerie*, 63 p. (Version remaniée en prose). Ill. de l'auteur.

Cri pour les quatre coins du monde. Poème, Montréal, Fides, 1976, 129 p.

Le Choix de Cécile Chabot dans l'œuvre de Cécile Chabot (textes choisis), [Notre-Dame-des-Laurentides], Presses Laurentiennes, 1983, 78 p. « Le Choix de... ».

La Paix les enfants !, dans Jacques Brault, *Les Hommes de paille*, Montréal, Éditions du Grainier, 1978, [2e portefeuille, f. 4–6]. Collab. Marie-Anastasie et Françoise Bujold.

ÉTUDES

Carmel Brouillard, *Vitrail*, C, vol. 1, n° 3, sept. 1940, p. 383–385.

Pierre Baillargeon, *Vitrail*, NR, vol. 1, n° 2, oct. 1941, p. 115–117.

Odoric Bouffard, *Imagerie et Paysannerie*, C, vol. 6, n° 3, sept. 1945, p. 378–379.

Jean Chauvin, *Présentation de Mlle Cécile Chabot à la Société royale du Canada*, SRC, n° 6, 1948–1949, p. 39–45.

Jean-Michel Cléroux, *Et le cheval vert de Cécile Chabot*, LAC 1961, p. 15.

Michel Champagne, *Contes du ciel et de la terre, I. Imagerie II. Féerie III. Paysannerie*, C, vol. 24, n° 3, sept. 1963, p. 303–304.

Yvon Laframboise, *Cécile Chabot. Et le cheval vert*, LAQ 1980, p. 220.

Suzanne Lafrenière, *Le Choix de Cécile Chabot*, Dr, 71e année, n° 104, 30 juillet 1983, p. 24.

CHABOT, DENYS (1945–   ). Romancier, né à Val-d'Or. Il fait ses humanités aux collèges d'Amos et de Rouyn (B.A., 1967), puis des études de littérature à l'Université de Montréal (1968–1970). Il enseigne ensuite un an à Amos, est agent d'information deux ans à Noranda, journaliste cinq ans à Val-d'Or et à La Sarre, et finalement libraire à Val-d'Or. Il collabore à *Liberté*, *Hobo-Québec* et *Possibles*. Son premier roman, *L'Eldorado dans les glaces* (1978), mérite le prix littéraire Gibson (1979) et est traduit en anglais. « C'est un beau et grand livre, affirme Robert Mélançon, plein d'invention à chaque page, touffu, surprenant, complexe, savant et naïf à la fois, utilisant les grands moyens, les grosses ficelles et les subtilités les plus fines : un vrai roman baroque, une sorte de version enneigée de ce baroquisme caractéristique des grands romans latino-américains ». Boursier du Conseil des Arts, Chabot écrit un second roman, *La Province lunaire* (1981) qui mérite le prix du Gouverneur général en

1982. Réginald Martel reproche à Chabot de s'attarder sur un personnage épisodique : « En un sens, l'exubérance du roman devient occasion de facilité et l'auteur trop facilement oublie, dans le plaisir de la digression, l'utilité de la densité. C'est un minuscule reproche ». Selon Madeleine Ouellette-Michalska, Chabot — qu'elle appelle un « météor » — « paraît se mouvoir dans un imaginaire fulgurant, qui puise dans le récit initiatique, le roman d'aventures et l'onirisme fantastique empruntés à une tradition littéraire qu'il renouvelle et se soumet [...]. *La Province lunaire* est un hymne à la liberté, une fête du corps cosmique et du corps charnel et un parfait abandon. Fête de l'intelligence également et superbe fête du langage dont la maîtrise et la prolifération étonnent et ravissent à chaque page ».

ŒUVRES

L'Eldorado dans les glaces. Roman, Montréal, HMH, 1978, 203 p. Portrait. « A ». Traduction anglaise par David Lobdell : *Eldorado on Ice*, [Toronto], Oberon Press, [1981], 223 p. Ill.

La Province lunaire. Roman, Montréal, HMH, 1981, [iv], 273 p. « A ». Traduction anglaise par David Lobdell : *Moon Country*, [Toronto], Oberon Press, [1984], 236 p. Ill.

Parti Pris pris à parti, dans *Le Classique*, vol. 15, n° 6, févr. 1966, p. 6.

Où quelques idées se développent dans des solutions alcooliques, L, n° 131, sept.–oct. 1980, p. 61–78.

Fragments, énigmes et horribles hasards d'un discours sur le baroque, dans *Hobo-Québec*, n°s 44–45, printemps–été 1981, p. 58–60.

ÉTUDES

Adrien Thério, *L'Eldorado dans les glaces de Denys Chabot*, LQ, n° 11, sept. 1978, p. 17–18.

Robert Mélançon, *Une étrange collection : l'arbre*, Dev, vol. 69, n° 239, 14 oct. 1978, p. 19.

Janet M. Paterson, *Les Glaces se manifestent*, dans *Journal of Canadian Fiction*, n° 25–26, 1979, p. 297–300.

Madeleine Ouellette-Michalska, *Ce météor nommé Chabot*, Dev, vol. 73, n° 31, 6 févr. 1982, p. 17, 32.

Réginald Martel, *Denys Chabot, romancier. Un explorateur des voies du fantastique*, Pr, 98e année, n° 37, 13 févr. 1982, p. C-3.

Michel Lord, *La Province lunaire de Denys Chabot ou Une cosmogonie baroque*, LQ, n° 26, été 1982, p. 32–33.

Michèle Mailhot, « *La Province lunaire* », de Denys Chabot, un *livre étincelant*, Dr, 70e année, n° 134, 4 sept. 1982, p. 14.

CHABOT, MARC (1949–   ). Philosophe et essayiste, né à Durham-Sud (Drummond, Québec). Il fait ses études au Séminaire Saint-Augustin de Cap-Rouge et au Cégep François-Xavier-Garneau de Québec (D.E.C., 1971), puis il poursuit des études en philosophie à l'Université du Québec à Trois-Rivières où il obtient un baccalauréat en 1975 et une maîtrise pour un mémoire sur « La Philosophie et les Philosophes québécois. Écriture et interventions dans les périodiques québécois de 1930 à 1950 » qui paraîtra sous le titre : *La Pensée québécoise, 1900–1950* (1975). Il devient alors professeur de philosophie au Cégep François-Xavier-Garneau. Il collabore à divers périodiques dont *La Nouvelle Barre du jour*, *Revue de l'enseignement de la philosophie*, *Mimesis*, *La Petite Revue de philosophie*, ainsi qu'à divers ouvrages collectifs. Marc Chabot s'intéresse particulièrement aux rapports entre hommes et femmes, et publie, par exemple, *Condition féminine et Condition masculine* (1980) en collaboration avec Lise Dunnigan. Dans *Chroniques masculines* (1981), il tente de faire la synthèse de ses réflexions et de ses lectures sur l'image masculine dans la société québécoise. Le livre est écrit de telle façon que, selon Raymond Laprés, « on ne sait plus trop bien, par moments qui tient la plume, du philosophe ou du poète ».

ŒUVRES

La Pensée québécoise, 1900–1950 (bibliographie), Montréal/Trois-Rivières, UQAM/UQTR, 1975, 65 p. « Recherche et théorie ».

Condition féminine et Condition masculine (essai), Trois-Rivières, UQTR (Télé-Université), 1980, 225 p. Collab. Lise Dunnigan *et al*.

Chroniques masculines (essai), Québec, Éditions Pantoute, 1981, 119 p. « Indiscipline ».

Objets pour la philosophie : nationalisme, prostitution, syndicalisme, etc. (essais), Québec, Éditions Pantoute, 1983, [vi], 293 p. Éditeur avec André Vidricaire. Ill.

Lettres sur l'amour (essais), Montréal, Éditions Saint-Martin, 1985, 149 p. Collab. Sylvie Chaput.

Le Passé, les Ancêtres et les Fantômes, dans *Philosophie au Québec*, Montréal, Bellarmin, 1976, p. 145–152. « L'univers de la philosophie ».

Du passé méconnu à une thèse trop connue, NBJ, n° 67, juin 1978, p. 62–71.

Le Silence des hommes, dans *Le Temps fou*, n° 7, sept.–nov. 1979, p. 18–20.

L'Engagement : prolégomènes à un je t'aime durable, dans *La Certitude d'être mâle*, Montréal, Éditions Jean Basile, 1980, p. 153–169. « Réflexions ».

Le Festin des dieux ou De la difficulté à se mettre à table, dans *Revue de l'enseignement de la philosophie*, vol. 2, n° 2, 1980, p. 116–138. Collab. Sylvie Chaput.

Horizons tendres, dans *Dérives*, n° 26, 1980, p. 13–31. Collab. Sylvie Chaput.

Postface : une morale pornographique est-elle possible ?, dans *La Pornographie : mise à nu*, Aurore/Univers, Montréal, 1981, p. 93-113.

Correspondance sur la correspondance d'Abélard et Héloïse, dans *Mimesis*, vol. 3, nº 2, 1981, p. 5-41. Collab. Sylvie Chaput.

Les femmes et les enfants sont arrivés, dans *La Petite Revue de philosophie*, vol. 3, nº 1, 1981, p. 1-25.

ÉTUDES

Andrée Ferretti, *La Masculinité remise en cause*, Dev, vol. 72, nº 166, 15 juillet 1981, p. 24.

Raymond Laprés, *Chabot (Marc). Chroniques masculines*, dans *Nos livres*, août-sept. 1981, vol. 12, nº 327.

Clément Guèvremont, *Regards et Parleries*, dans *Hom-Info*, vol. 2, nº 4, sept.-oct. 1981, p. 44-45.

Andrée Matteau, *Chroniques masculines*, dans *Revue québécoise de sexologie*, vol. 2, nºˢ 2-3, 1981, p. 168-169.

André Roy, *Marc Chabot. Chroniques masculines*, LAQ 1981, p. 267.

CHABOT, RICHARD (1942-   ). Historien et essayiste, né à Lambton (Frontenac, Québec). Il fait ses études classiques aux collèges Saint-Laurent, Notre-Dame et Sainte-Marie où il obtient un baccalauréat en 1967. Entre 1967 et 1971, il poursuit simultanément des études de maîtrise en littérature à l'Université McGill (M.A., 1971) et en histoire à l'Université d'Ottawa (M.A., 1971). Sa thèse sur *Le Curé de campagne et la Contestation locale au Québec* a été publiée chez HMH en 1975. Professeur à la Polyvalente de Saint-Jérôme de 1971 à 1975, il est nommé professeur d'histoire à l'Université du Québec à Montréal en 1975. Inscrit au doctorat en histoire à l'Université Laval, il prépare une monographie sur la ville de Nicolet. Richard Chabot s'intéresse à l'histoire des paroisses et particulièrement aux réactions du clergé rural aux changements sociaux. Fernand Ouellet écrit à propos de son essai sur *Le Curé de campagne* : « Un nouveau pas est franchi. Ses analyses et le choix de documents font sérieusement progresser notre connaissance et suggèrent de nouvelles questions ».

ŒUVRE

Le Curé de campagne et la Contestation locale au Québec (de 1791 aux troubles de 1837-38). La querelle des écoles, l'affaire des fabriques et le problème des insurrections de 1837-38 (essai), Montréal, Hurtubise HMH, ltée, 1975, 242 p. Portrait. Ill. Avant-propos de l'auteur. « Les Cahiers du Québec. Histoire et documents d'histoire ».

Le Rôle du bas-clergé face au mouvement insurrectionnel de 1837, CSM, nº 5, juillet 1967, p. 89-98 ; ibid., dans

Histoire du Canada, une expérience tricentenaire, Montréal, PUQ, 1970, p. 87-96. « CUQ ».

Robert Nelson, DBC, vol. 10, 1972, p. 587-600. Collab. Jacques Monet et Yves Roby.

Allez en paix et Priez pour moi, Ch, vol. 15, nº 6, juin 1974, p. 32-33, 37-38, 40.

Un document important du curé Étienne Chartier sur les rébellions de 1837-38, ECF, nº 39, 1974, p. 223-255.

Les Patriotes de 1837-38, essai de Laurent-Olivier David, DOLQ, vol. 1, 1978, p. 1421-1423.

ÉTUDES

Fernand Ouellet, *Richard Chabot. Le Curé de campagne et la Contestation locale au Québec (de 1791 aux troubles de 1837-38)*, LAQ 1975, p. 261-263.

Lise Ranger, *L'Habitant québécois a été le premier à contester son curé*, Pe, vol. 18, nº 3, 17 janv. 1976, p. 12-14.

José Igartua, *Le Curé de campagne et la Contestation locale au Québec (de 1791 aux troubles de 1837-38)*, RHAF, vol. 29, nº 4, 1976, p. 582-585.

[Anonyme], *Chabot, Richard. Le Curé de campagne et la Contestation locale au Québec (de 1791 aux troubles de 1837-38)*, dans *Le Livre canadien*, vol. 7, avril 1976, nº 129.

CHAGNAN. Voir **ASSINIWI, BERNARD.**

CHAGNON, LOUIS-JOSEPH [Louis de Rosale] (1889-1947). Journaliste, traducteur, poète et dramaturge, né à Waterloo (Shefford). Après son baccalauréat obtenu au Séminaire de Saint-Hyacinthe, il étudie le notariat à Granby (1913-1915). Déjà en 1910, il est propriétaire et rédacteur du *Journal de Waterloo* qu'il dirige jusqu'en 1912. C'est à cette époque que commence son intérêt pour la littérature. En 1915, il est nommé adjoint de l'imprimeur du roi à Ottawa, puis traducteur des « Livres bleus » et des « Débats » (1917-1946). En 1924, il est diplômé d'honneur au concours de la *Revue des poètes* de France, puis, en 1927, lauréat du Salon des poètes de Lyon. Ses articles et ses poèmes paraissent de 1910 à 1927 dans différents journaux, et sont le plus souvent signés du pseudonyme Louis de Rosale. Son recueil de poésies, *La Chanson des érables*, paraît en 1925, et en 1927, « Le Chapeau de paille », pièce en un acte, est joué à Ottawa. De facture traditionnelle, sa poésie reprend les thèmes du terroir et des préoccupations de la vie intime et canadienne. Le chanoine Émile Chartier qui préface le recueil croit y entendre l'écho des ormes qui bordent le Yamaska et qui ont appris à son ancien élève à « joindre au goût de l'idéal le sens du réel ».

CHAGNON

ŒUVRE

La Chanson des érables. Poésies, Montréal, Éditions du « Devoir », 1925, 179 p. Préface du chanoine Émile Chartier. (Certains poèmes ont d'abord paru dans des revues et des journaux sous le pseudonyme de Louis de Rosale).

ÉTUDES

J.-E. B., *La Chanson des érables*, CF, vol. 13, n° 4, déc. 1925, p. 284.

Félix Charbonnier, *Deux recueils de poésie... La Chanson des érables*, ACF, n° 2, févr. 1926, p. 91–94.

CHAMBERLAND, JEAN-LOUIS [Jetocha] (1933–). Philosophe, né à Causapscal (Matapédia). Il fait son cours classique au Séminaire de Rimouski (B.A., 1955), puis trois ans de théologie au Séminaire des Missions étrangères (1955-1958). En 1958, il s'inscrit aux études médiévales de l'Université de Montréal, puis en pédagogie, et il obtient un baccalauréat (1962) et une licence en pédagogie (1963) ainsi qu'une maîtrise en philosophie (1965), après quoi il fait la scolarité du doctorat (1968). Il devient professeur à plein temps en 1959 et enseigne dans plusieurs institutions, telles le Collège Saint-Denis, l'École normale Ignace Bourget, le Collège Sainte-Marie... et, à partir de 1968, le Cégep de Saint-Laurent. Très actif, Jean-Louis Chamberland a été président fondateur de la Corporation professionnelle des formateurs de maîtres, membre du premier conseil d'administration du Cégep de Saint-Laurent, etc. Il a publié plusieurs essais philosophiques dans la collection « Phénomène » qu'il a fondée.

ŒUVRES

Le Phénomène moral (essai), Montréal, [chez l'auteur], [1978], 87 p. « Phénomène ».

Le Phénomène sexuel (essai), Montréal, [chez l'auteur], [1979], 87 p. « Phénomène ».

Le Phénomène religion (essai), Montréal, [chez l'auteur], [1980], 75 p. « Phénomène ».

Nouveau Vocabulaire de la sexualité ou Grand Ménage du culturel fétide sur le sujet (essai), Montréal, [chez l'auteur], 1981, 65 p. « Phénomène ».

Les Phénomènes philosophie et logique (essai), Montréal, [chez l'auteur], [1981], 85 p. « Phénomène ».

Michel Dubreuil

CHAMBERLAND, PAUL (1939–). Poète et essayiste, né à Longueuil. Il étudie au Séminaire Sainte-Croix et au collège de Saint-Laurent (B.A., 1961) ; à l'Université de Montréal, il obtient un baccalauréat (1965) et une licence en philosophie (1964). Par la suite, de 1966 à 1968, il poursuit des études en sociologie de la littérature à Paris. En 1963, il est cofondateur de la revue *Parti Pris*, et s'implique dans les mouvements politiques de la période. Il est successivement professeur de français et de philosophie, rédacteur-traducteur à l'Hydro-Québec... Il se joint à l'équipe d'In-Media de Fernand Dansereau, où il anime des ateliers de création ; à la même époque (les années 1970-1973), il fonde la « Fabrïque d'ékriture ». Chamberland participe à de nombreuses séances de lectures publiques dont la « Nuit de la poésie » (1970) et le « Solstice de la poésie québécoise » (1976). Il poursuit, avec d'autres écrivains, une expérience d'écriture : ses préoccupations essentielles ayant trait au style et à la vie — aux questions d'amour surtout — se reflètent dans la revue *Mainmise* et *Hobo-Québec*, dont il est le principal animateur. L'œuvre de Paul Chamberland proclame la fonction sociale du poète, dont l'importance est de « dire » et de « dire vrai ». Pour son recueil *Terre Québec*, il obtient le prix du Maurier en 1964. Ses poèmes ont une résonance nettement révolutionnaire et sa vision du monde reflète des tendances socialistes. Poésie riche et dense, « l'art de Chamberland, écrit Maximilien Laroche, est une alliance rare de ce jaillissement inouï des images, qui est l'essentiel de la vision poétique et de la technique la plus parfaitement au point ». En 1981, Réginald Martel qualifie l'entreprise poétique de Chamberland comme « une exigeante lucidité [...] la tension vers la découverte ».

ŒUVRES

Genèses (poésie), [Montréal], [A.G.E.U.M.], 1962, 96 p. Ill. ; L'Aurore, 1974, 108 p. Gravures de Marie-Anastasie. « Lecture en vélocipède ».

Le Pays (poésie), Montréal, Librairie Déom, 1963, 71 p. Collab. « PC ».

Terre Québec (poésie), Montréal, Déom, 1964, 79 p. « PC » ; 1965.

L'afficheur hurle. Poème, Montréal, Éditions Parti Pris, [1964 ?], 78 p. Ill. « P » ; 1969, 78 p. Avec un « avertissement » inédit de l'auteur.

L'Inavouable. Poème, Montréal, Parti Pris, 1968, 118 p. « P » ; 1971.

Éclats de la pierre noire d'où rejaillit ma vie. Poèmes suivis d'une révélation (1966-1969), Montréal, Éditions Danielle Laliberté, 1972, 118 p.

Demain les dieux naîtront (poésie), Montréal, L'Hexagone, 1974, 285 p. Portrait. Ill.

Le Prince de Sexamour (poésie), Montréal, L'Hexagone, 1976, 333 p. Ill. Préface de Denis Vanier et Josée Yvon.

Extrême Survivance, Extrême Poésie, Montréal, Parti Pris, 1978, 155 p. Photos de Louis Pépin. « P ».

Terre souveraine (essai), Montréal, L'Hexagone, 1980, 79 p. « L'Hexagone/Essai ».

L'Enfant doré (1974-1977) (poésie), Montréal, L'Hexagone, 1981, 108 p. Ill.

Le Courage de la poésie. Fragments d'art total. Essais, Montréal, Les Herbes rouges, nos 90-91, avril 1981, 63 p.

Émergence de l'adultenfant. Poésies et essais, [Montréal], Jean Basil, éditeur, [1981 ?], 264 p. Ill. « Érographie ».

Demi-tour (poème), Montréal, Éditions de l'Hexagone/ Société de Radio-télévision du Québec, 1982, 1 feuille pliée. (Poème imprimé sur fac-similé d'articles de journaux).

Un parti pris anthropologique (essais), [Montréal], Parti Pris, 1983, 327 p. Ill. « Aspects ».

Aléatoire instantané & Midsummer 82 (poésie), [Trois-Rivières], Écrits des forges, 1983, 72 p. Ill. « Radar ».

Le Recommencement du monde. Méditation sur le processus apocalyptique (essai), Longueuil, Le Préambule, 1983, 213 p. « Philosophie ».

Compagnons chercheurs (poésie), Longueuil, Le Préambule, 1984, 130 p.

L'Inceste et le Génocide. Ouverture pour un livre de morale, (poésie), Longueuil, Le Préambule, 1985, 108 p. « Le Sens ».

Terre Québec suivi de L'afficheur hurle, de L'Inavouable et de Autres poèmes. Poésie, Montréal, L'Hexagone, 1985, 287 p. Préface d'André Brochu. « Typo Poésie ».

Marcher dans Outremont ou ailleurs (récit), Montréal, VLB éditeur, 1987, 106 p. Ill.

Phoenix intégral suivi de *Après Auschwitz, Poèmes (1975-1987)*, (poésie), Trois-Rivières, Écrits des Forges/ Pantin, le Castor Astral, 1988, 95 p.

Aliénation culturelle et Révolution nationale, PP, vol. 1, no 2, oct. 1963, p. 10-22.

Philosophie et Quotidienneté, dans *Essais philosophiques*, [Montréal], A.G.E.U.M., 1963, p. 9-22.

Dans un automne à nous (nouvelle), ECF, no 18, 1964, p. 129-145.

Les Contradictions de la révolution tranquille, PP, vol. 1, no 5, févr. 1964, p. 6-29.

De la damnation à la liberté, PP, vol. 1, nos 9-10-11, été 1964, p. 53-89.

L'individu révolutionnaire, PP, vol. 3, no 5, déc. 1965, p. 6-31.

Fondation du territoire — Avant-propos méthodologique, PP, vol. 4, nos 9-12, mai-août 1967, p. 11-42.

De la forge à la bouche, dans Guy Robert, *Littérature du Québec*, Montréal, Déom, 1970, p. 287-302.

Les Chroniques diasynchroniques, BJ, printemps 1972, 64 p. Collab.

Au-dessus de tout (téléthéâtre), VIP, no 6, 1973, p. 181-211.

Artaud : « Le corps est un fait absolu », Dev, vol. 69, no 128, 26 août 1978, p. 15.

Préface dans Richard Casavant, *Poèmes 1960-1975 : Symphonies en « Blues », Le Matin de l'infini, Les Sentinelles de l'absence*, Sudbury, Éditions Prise de Parole, 1978, 141 p.

Fragment d'Eskaton, Aux compagnons chercheurs, dans *Estuaire*, no 13, sept. 1979, p. 77-93.

ÉTUDES

André Brochu, *Genèses*, LAC 1962, p. 51-53.

Maximilien Laroche, *Terre Québec*, LAC 1964, p. 73-79.

Pierre Maheu, *Présentation : le poète et le permanent*, PP, vol. 2, no 5, janv. 1965, p. 2-5.

Yves Préfontaine, *Poésie pas morte !*, M, janv. 1965, p. 211-213.

Jean-Cléo Godin, *L'Inavouable*, EF, vol. 4, no 4, nov. 1968, p. 450-452.

Jacques Bouchard, *Paul Chamberland : inexplicablement restait la poésie*, EL, vol. 5, no 3, déc. 1972, p. 429-446.

Axel Maugey, *Paul Chamberland*, dans *Poésie et Société au Québec (1937-1970)*, Québec, PUL, 1972, p. 200-208.

André Brochu, *Paul Chamberland. Demain les dieux naîtront*, LAQ 1975, p. 100-101.

Max Roy, *Paul Chamberland. Le Prince de Sexamour*, LAQ 1976, p. 148-151.

Conrad Bernier, *Chamberland : une possible apocalypse*, Pr, 93e année, no 76, 2 avril 1977, p. D-2.

Paul Gay, *Le « Sexmessage » de Paul Chamberland. Le Prince de Sexamour*, Dr, vol. 65, no 23, 23 avril 1977, p. 20.

Jean Royer, *Paul Chamberland. L'Extrême Survivance*, Dev, vol. 69, no 144, 17 juin 1978, p. 25.

Max Roy, *Paul Chamberland. Extrêmes Survivances, Extrême Poésie*, LAQ 1978, p. 106-109.

André Beaudet, *L'Utopie souveraine de Paul Chamberland*, Dev, vol. 71, no 111, 17 mai 1980, p. 23-24.

Claude Beausoleil, *Paul Chamberland. Les courages de la parole*, Dev, vol. 52, no 152, 5 sept. 1981, p. 22.

Réginald Martel, *Paul Chamberland. L'utopie revisitée*, Pr, 97e année, no 223, 19 sept. 1981, p. C-1, C-3.

Richard Giguère, *Chamberland, poète-anthrope*, LQ, no 23, automne 1981, p. 34-36.

Pierre Des Ruisseaux, *Paul Chamberland. L'enfant doré*, LAQ 1981, p. 93-94.

Pierre Quesnel, *Un parti pris de changer la vie*, Dev, vol. 74, no 134, 11 juin 1983, p. 15.

Michel Laurin, *Chamberland (Paul). Compagnons chercheurs*, dans *Nos livres*, vol. 14, mai 1984, no 5738.

Serge Trudel, *Chamberland (Paul). Le Recommencement du monde. Méditations sur le processus apocalyptique*, dans *Nos livres*, vol. 14, mai 1984, no 5739.

Gérald Gaudet, *Paul Chamberland, le rêveur en marche*, LQ, no 50, été 1988, p. 14-20.

Louise de Gonzague, « *Phoenix intégral suivi de Après Auschwitz* », dans *Nos livres*, vol. 19, no 9, novembre 1988, p. 35-36.

CHAMPAGNE, ANTOINE (1892–1980). Historien, né à Saint-Norbert (Manitoba). Il fait ses études classiques au Séminaire de l'Immaculée-Conception à Notre-Dame-de-Lourdes (Man.) (B.A., 1910), puis il enseigne un an à Nominingue (Québec). Entré chez les Chanoines réguliers de l'Immaculée-Conception, il poursuit ses études de théologie à Rome (D.Th., 1916). Il est ordonné prêtre en 1915. De 1916 à 1922, il est professeur au Petit Séminaire d'Avignon et à Lyon. De retour au Manitoba, il est vicaire puis curé de Notre-Dame-de-Lourdes, de 1922 à 1948. Il prend alors sa retraite à l'Hôpital Taché de Saint-Boniface et consacre tous ses loisirs à des travaux de généalogie et d'histoire de l'Ouest, surtout sur les La Vérendrye et les Riel. Il collabore à divers périodiques, tels le *Bulletin des recherches historiques*, la *Revue d'histoire de l'Amérique française*, les *Mémoires de la Société généalogique canadienne-française*... Son livre *Les La Vérendrye et le Poste de l'Ouest* (1968) mérite le prix Champlain 1970. La même année, Antoine Champagne est décoré de la médaille d'or du Centenaire du Manitoba. Jacques Mathieu trouve dans ce livre des imprécisions, des opinions « dépassées », mais il constate, à propos de l'activité des La Vérendrye et des difficultés qu'ils rencontrèrent, que « c'est à Champagne que revient le mérite d'avoir coordonné ces éléments divers et mis de la cohérence entre ces renseignements divers, tirés de sources multiples ». Selon le même critique, les *Nouvelles Études*, qui complètent le premier ouvrage, sont, de ce fait, « très hétérogènes », comportent des répétitions, etc., mais contiennent aussi bien des renseignements dont les historiens tireront profit.

ŒUVRES

Les La Vérendrye et le Poste de l'Ouest (histoire), Québec, PUL, 1968, x, 589 p. Ill. Cartes. Avant-propos de l'auteur. « CIH ».
La Famille de Louis Riel. Notes généalogiques et historiques, Saint-Boniface, Chez l'auteur, 1969, 16 p. Ill.
Nouvelles Études sur les La Vérendrye et le Poste de l'Ouest (histoire), Québec, PUL, 1971, 260 p. Ill. Cartes. « CIH ».
Petite Histoire du voyageur, [Saint-Boniface], La Société historique de Saint-Boniface, 1971, 63 p. Collab. Antoine d'Eschambault et Pierre Picton. Ill. Cartes. Textes présentés par Antoine Champagne. Avant-propos de Lionel Dorge.

Mémoire de La Vérendrye (père) sur son voyage au pays des Mantannes, 1738-39, dans *Les Cloches de Saint-Boniface*, vol. 45, 1946, p. 108–116, 127–141, 157–164, 173–188.

Court Aperçu sur Mgr Provencher, dans *Les Cloches de Saint-Boniface*, vol. 52, 1953, p. 157–170.
Les Gauthier de La Vérendrye en France et au Canada et leurs relations par delà l'océan, RHAF, vol. 12, no 2, sept. 1958, p. 262–277; no 3, déc. 1958, p. 411–427; vol. 13, no 1, juin 1959, p. 97–122. Documents inédits.
Journal de Marin, fils, 1753-1754, RAPQ, vol. 41, 1963, p. 235–308.
La Famille de Louis Riel. Recherches généalogiques et historiques, MSGCF, vol. 20, 1969, p. 142–157.
La Communauté des chanoines réguliers de l'Immaculée-Conception au Manitoba, RSCHE, vol. 37, 1970, p. 229–246.

ÉTUDES

Jacques Mathieu, *D'Antoine Champagne*, LAQ 1969, p. 184.
Id., *Nouvelles Études sur les La Vérendrye et le Poste de l'Ouest*, LAQ 1971, p. 224.
[Anonyme], *Nouvelles Études sur les La Vérendrye et le Poste de l'Ouest*, dans *Le Livre canadien*, vol. 2, no 243, 1971, p. 50.
Donald Swainson, *Petite Histoire du voyageur*, dans *Queen's Quarterly*, vol. 78, no 4, hiver 1971, p. 625–626.
[Anonyme], *La Société en deuil*, dans le *Bulletin de la Société historique de Saint-Boniface*, no 1, sept. 1980, p. 1–2.
Rossel Vien, *Hommage à Antoine Champagne*, dans le *Centre d'études franco-canadiennes de l'Ouest*, no 6, oct. 1980, p. 2–4.
G.D. et S.M., *Antoine Champagne* (biographie), dans *Auteurs francophones des Prairies*, Saint-Boniface, Centre de ressources éducatives françaises du Manitoba, 1981, p. 5–6.

CHAMPAGNE, ÉDITH (1955–   ). Ethnologue et conteur pour enfants, née à Black Lake (Québec). Elle fait ses études collégiales au Cégep de Ste-Foy (D.E.C., 1974). Elle obtient ensuite un baccalauréat spécialisé dans les arts et les traditions populaires (1977) et une maîtrise ès arts de l'Université Laval pour un mémoire sur « Les Vêtements dans les chansons énumératives » (1979). Elle travaille comme ethnologue à l'Université Laval où elle est assistante de recherche pour le *Catalogue de la chanson folklorique française* de Conrad Laforte. En 1975, on lui décerne le premier prix du concours provincial Contes et Fables pour enfants au 4e Salon international du livre de Québec pour un conte qui parut sous le titre *Le Vieil Homme aux bulles* (1979). « Si les forces du bien triomphent de celles du mal, note Michel Laurin, ce qui devrait déjà satisfaire l'enfant, ce conte vaut encore plus par le climat de joie, d'amitié et de solidarité qui s'en dégage. Ce récit, qui prend magnifiquement bien la relève des contes de fées du temps passé, devrait servir de modèle aux écrivains de la littérature enfantine ».

ŒUVRES

Le Vieil Homme aux bulles (litt. jeunesse), Montréal, Éditions Paulines, 1979, 15 p. Ill. de Gabriel de Beney. « Contes du pays ».

Les Casseurs de nuit (litt. jeunesse), Montréal, Éditions Paulines, 1983, 15 p. Ill. de Ana Maria Balint. « Toupie ».

Chansons politiques du Québec, 1834-1858, tome 2 de Maurice Carrier et Monique Vachon, RHAF, vol. 35, n° 2, sept. 1981, p. 274-275.

ÉTUDES

Michel Laurin, *Champagne (Édith). Le Vieil Homme aux bulles*, dans *Nos livres*, vol. 11, mai 1980, n° 157.

Id., *Champagne (Édith). Les Casseurs de nuit*, dans *Nos livres*, vol. 14, juillet-août 1983, n° 5306.

CHAMPAGNE-GILBERT, MAURICE (1936–   ). Poète et essayiste, né à Montréal. Il fait ses études classiques au Collège Sainte-Marie (B.A., 1955). À l'Institut des études médiévales de l'Université de Montréal, il obtient une maîtrise pour un mémoire intitulé : « De l'influence des relations entre l'Église et l'État sur la pensée » (1956). Il enseigne ensuite à divers niveaux, au collégial et à l'université, de 1956 à 1970. En 1965, il présente à la Faculté des lettres de l'Université de Montréal un mémoire de maîtrise sur « L'Art de présence d'Alain Fournier », puis, en 1967, un mémoire pour un diplôme d'études supérieures en psychologie : « L'Influence du père dans le développement de l'enfant », à la suite de quoi il est nommé coordonnateur provincial de l'enseignement de la psychologie et des lettres au collégial (1968-1969). En 1968, il soutient une thèse de doctorat en littérature à l'Université de Nice : « De la poésie à la théopoésie chez Patrice de la Tour du Pin », travail qui suit la préparation de son *Anthologie* de l'œuvre de la Tour du Pin. En 1970, il fonde et dirige un programme international d'école nouvelle : Jeunesse Canada-Monde. De 1971 à 1975, il est président, puis directeur général de la Ligue des droits de l'homme ; de 1975 à 1976, il est vice-président de la première Commission des droits de la personne au Québec, et, de 1978 à 1980, commissaire au Comité de la protection de la jeunesse du Québec. Sa carrière d'écrivain est partagée entre la poésie et les essais sur la famille et les droits de l'homme. Dans la poésie de Maurice Champagne-Gilbert, Maximilien Laroche remarque : « On est emporté par l'évocation de cet univers de tendresse et de rêverie que fait l'auteur en phrases morcelées, de longueurs variables ou même

en flots de prose parfois ». Cette poésie et sa thématique annoncent déjà son second livre, *La Violence au pouvoir* (1971), qui est pour Fernand Dumont « un livre de sagesse ». En 1980, son grand ouvrage, *La Famille... et l'homme à délivrer du pouvoir*, mérite le prix du Gouverneur général. « Ce livre, écrit Raymond Laprés, est un plaidoyer fervent et passionné pour la personne, pour la famille [...]. Maurice Champagne-Gilbert, une voix qui nous livre un diagnostic peu rassurant sur notre monde et qui indique quelques pistes de solutions. Il faut mentionner l'excellente écriture du livre, charnue et vivante et de ton toujours accessible ».

ŒUVRES

Suite pour amour. Légende poétique en trois épisodes, 1966-1967 (poésie), Montréal, Éditions du Jour, 1968, 113 p. Portrait. « PJ ».

La Violence au pouvoir ; essai pour la paix, Montréal, Éditions du Jour, 1971, 255 p. Portrait.

Lettres d'amour. Triptyque à trois temps (poésie), Montréal, Éditions du Jour, 1972, 106 p. « PJ ».

La Société québécoise face à l'avortement (essai), Montréal, Leméac, 1974, 180 p. Collab. « Dossiers ».

L'Inégalité hommes-femmes. La plus grande injustice. Cinq articles de Maurice Champagne-Gilbert, [s.l., s.é.], 1977, 30 p. Ill. Traduction anglaise : *The Liberating Family*, Markham, Penguin Books Canada, 1984, x p.

La Famille... et l'homme à délivrer du pouvoir (essai), Montréal, Leméac, 1980, 415 p. Portrait.

L'Homme et la Femme retrouvé-e-s (essai), Saint-Lambert, Éditions Héritage + plus, 1981, 59 p. Portrait. « Vivre ensemble, université populaire ».

Le Temps d'être père (essai), Saint-Lambert, Héritage + plus, 1982, 75 p. Portrait. « Vivre ensemble, université populaire ».

Bâtir ou Détruire le Québec (essai), Montréal, Primeur, 1983, 246 p. Portrait. « Opinions ».

La Famille enfin (essai), Paris, Denoël, 1984, 271 p.

ÉTUDES

André Major, *Poésie et Théopoésie*, Dev, vol. 69, n° 199, 24 août 1968, p. 9.

Maximilien Laroche, *Suite pour amour de Maurice Champagne*, LAC 1968, p. 102-103.

Georges-André Vachon, *Maurice Champagne. Suite pour amour*, EF, vol. 5, n° 2, mai 1969, p. 237-238.

Fernand Dumont, *La Violence au pouvoir (essai pour la paix), de Maurice Champagne*, LAQ 1971, p. 237-238.

Serge Gagnon, *La Ligue des droits de l'homme. La Société québécoise face à l'avortement*, LAQ 1974, p. 333.

Raymond Laprés, *Champagne-Gilbert (Maurice). La Famille et l'homme à délivrer du pouvoir*, dans *Nos livres*, vol. 12, avril 1981, n° 180.

Marie Laurier, *Maurice Champagne-Gilbert. La tendresse doit triompher du « pouvoir mâle »*, Dev, vol. 72, n° 43, 21 févr. 1981, p. 17, 32.

Julie Stanton, *La Passion de la tendresse*, Pe, vol. 23, n° 17, 25 avril 1981, p. 14, 16.

[Anonyme], *Au cœur de la situation familiale actuelle, il y a la question des rapports homme-femme*, dans *Revue Notre-Dame*, n° 5, mai 1981, p. 16–28.

Robert Vigneault, *L'essai à délivrer de l'informe. « La Famille et l'Homme à délivrer du pouvoir » de Maurice Champagne-Gilbert*, LQ, n° 23, automne 1981, p. 69–70.

CHAMPLAIN, SAMUEL DE (1580–1635). Explorateur et fondateur de Québec, né à Brouage (Charente-Maritime, France) vers 1580. (En l'absence d'un acte de baptême, des biographes du milieu du XIXᵉ siècle ont proposé les dates de 1567 et de 1570. L'historien Jean Liebel, après un examen serré des sources, conclut qu'on a vieilli Champlain et propose 1580). Il aurait commencé jeune à naviguer. Maréchal des logis dans l'armée de Henri IV lors de la campagne contre la Ligue en 1598, il est à Cadix en 1601. Son voyage aux Indes occidentales se situerait vers 1600. Cependant, le *Brief discours des choses plus remarquables que Samuel Champlain de Brouage a reconnues aux Indes occidentales* n'a paru qu'en 1859 : ce texte fut imprimé d'après une copie, le manuscrit étant devenu introuvable. C'est pour cette raison que certains historiens ont mis en doute l'authenticité du texte. Selon Marcel Trudel, « jusqu'à ce que l'original soit retrouvé, on n'a pas le droit de verser le *Brief discours* au dossier de Champlain ». De mars à septembre 1603, Champlain fait partie de l'expédition de François Gravé du Pont qui visite Tadoussac et le Saguenay, et remonte le fleuve Saint-Laurent jusqu'aux rapides de Lachine. Dès son retour en France, il publie le récit de l'expédition sous le titre *Des Sauvages*. Il décrit la vie des indigènes et le pays qu'il a visité, rapportant aussi des témoignages sur le réseau des Grands Lacs et les chutes du Niagara. De 1604 à 1607, il participe à des tentatives du Sieur de Monts pour établir une colonie en Acadie. Après l'échec de cette entreprise, il devient le lieutenant du Sieur de Monts en 1608 et, remontant le fleuve, il établit un fort à Québec, le 3 juillet. Participant aux expéditions des Hurons contre les Iroquois, il visite la région de Montréal et la rivière Richelieu. Il est nommé lieutenant du roi à Québec en 1612, année où il commence son grand voyage sur la rivière des Outaouais jusqu'à l'Île-aux-Allumettes, et prépare ainsi la route française vers l'Ouest. L'année suivante, il publie ses *Voyages*, récit des expéditions de 1604 à 1612. En 1615 et 1616, Champlain explore la région des Hurons au sud de la baie Georgienne. De retour en France en 1616, il doit faire face aux critiques des marchands. En 1613, pour expliquer sa politique de colonisation, il soumet deux mémoires, l'un au roi et l'autre à la Chambre de commerce. Fort de l'appui royal, Champlain se rembarque en mai 1618. L'année suivante, il publie le récit de ses voyages de 1615 à 1618. À partir de 1620, il se consacre exclusivement à l'administration du pays. Mais la situation de la colonie reste précaire, et Québec assiégé doit se rendre aux frères Kirke, en juillet 1629. Après quelques années en France, Champlain reprend le commandement de Québec en 1633. Entre-temps, il a publié les *Voyages de la Nouvelle-France* (1632), rétrospective historique depuis 1504, et résumé de ses propres voyages effectués entre 1603 et 1629. Il meurt le 25 décembre 1635. Selon Marcel Trudel, Champlain « a laissé, écrit avec force détails techniques et parfois dans un style pittoresque, un inventaire géographique de l'Acadie, du Saint-Laurent et des Grands Lacs, une somme de l'ethnologie indienne et des annales aussi précieuses que les *Relations des Jésuites* ».

ŒUVRES

Brief Discours Des choses plus Remarquables que Sammuel Champlain De brauage a Reconneues aux Indes Occidentalles. Au voiage qu'il en a faict en Icelles en Lannée mil vᶜ iiij.ˣˣ [xix] et en l'année mil vj ᶜj. comme ensuit, [s.l., s.é.], 1859], 91 p. Ill. (Plusieurs auteurs, dont Marcel Trudel, contestent l'authenticité de cet ouvrage).

Des Sauvages, ou, Voyage de Samuel Champlain, de Brouage, faict en la France nouvelle, l'an mil six cens trois, Contenant, Les mœurs, façon de vivre, mariages, guerres, & habitations des Sauvages de Canadas. De la descouverture de plus de quatre cens cinquante lieuës dans le pays des Sauvages. Quels peuples y habitent, des animaux qui s'y trouvent, des rivières, lacs, isles & terres, & quels arbres & fruits elles produisent. De la coste d'Acadie, des terres que l'on y a descouvertes, & de plusieurs minces qui y sont, selon le rapport des Sauvages, Paris, chez Claude de Monstrœil, [1603], [10], 36 f. ; 1604 ; *Des Sauvages*, Montréal, s.é., 1978, (4), 13, viii, 36 f. (Tirage limité. Édition en fac-similé).

Les Voyages du Sieur de Champlain Xaintongeois, Capitaine ordinaire pour le Roy, en la marine, Divisez en deux livres ou, Journal très-fidèle des observations faites ès découvertes de la Nouvelle-France : tant en la descriptiô des terres, costes, rivières, ports, havres, leurs hauteurs, & plusieurs declinaisons de la guide-aymant, qu'en la créance des peuples, leur superstition, façon de Vivre & de guerrayer, enrichi de quantité de figures. Ensemble deux cartes géografiques : la première servant à la navigation, dressée selon les compas qui nordestent, sur lesquels les mariniers navigent : l'autre en son vray Meridien, avec les longitudes & latitudes : à laquelle est adjousté le voyage du destroict qu'ont trouvé les Anglois, au dessus de Labrador, depuis le 53ᵉ degré de latitude, jusques au 63ᵉ en l'an 1612, cerchans un chemin par le Nord, pour aller à la Chine, Paris, Chez Jean Berjon, 1613, [19], 325, [5], 52 p. Ill. ; 1615 ; 1617 ; Anne Arbor, University Microfilm Inc., 1966, xxx, 331, 52 p. « March of America Facsimile Series ».

Voyages et descouvertures faites en la Nouvelle France, depuis l'année 1615 jusques à la fin de l'année 1618. Par le Sieur de Champlain, Cappitaine ordinaire pour le Roy en la Mer du Ponant. Où sont descrits les mœurs, coustumes, habits, façons de guerrayer, chasses, dances, festins, & enterrements de divers peuples Sauvages, & de plusieurs choses remarquables qui lui sont arrivées audit païs, avec une description de la beauté, fertilité, & température d'iceluy, Paris, chez Claude Collet, 1619, (xx), 158 f. ; 1620 ; 1627, [xvi], 158 f. Traduction anglaise de Michael Macklem : *Samuel de Champlain, Voyages to New France, Being an Account of the Manners and Customs of the Savages and a Description of the Country, with a History of the Many Remarkable Things that Happened in the Years 1615 to 1618*, Ottawa, Oberon Press, 1970, 127 p. Introduction de Marcel Trudel. (Traduction de l'édition de 1619).

Au Roy/Sire/Le Sieur de Champlain remontre très humblement à Vostre Majesté, que les travaux par luy soufferts, aux descouvertes de plusieurs Terres, Lacs & Rivières du Pays/ de vostre Nouvelle France, depuis vingt-sept ans [...], [sans titre, s.l., s.é., 1630], 25 p. ; *Mémoire en requête de Champlain pour la continuation du paiement de sa pension*, Paris, Librairie Tross, 1886, 29 p. Publié et préfacé par Gabriel Marcel.

Les voyages de la Nouvelle France occidentale, dicte Canada, faits par le Sʳ de Champlain Xainctongeois, Capitaine pour le Roy en la Marine du Ponant, & toutes les Descouuertes qu'il a faites en ce païs depuis l'an 1603. iusques en l'an 1629. Où se voit comme ce pays a esté premierement descouuert par les François, sous l'authorité de nos Roys tres-Chrestiens, iusques au regne de la Majesté à present regnante Louis XIII. Roy de France & de Nauarre. Auec vn traitté des qualitez & conditions requises à vn bon & parfaict Nauigateur pour cognoistre la diuersité des Estimes qui se sont en la Nauigation. Les Marques & enseignemens que la prouidence de Dieu a mises dans les Mers pour redresser les Mariniers en leur routte, sans lesquelles ils tomberoient en de grands dangers, Et la maniere de bien dresser Cartes marines auec leurs Ports, Rades, Isles, Sondes, & autre chose necessaire à la Nauigation. Ensemble vne Carte generalle de la description dudit pays faicte en son Meridien selon la declinaison de la

guide Aymant, & vn Catechisme ou Instruction traduicte du François au langage des peuples Sauuages de quelque contrée, avec ce qui s'est passé en ladite Nouuelle France en l'année 1631, Paris, chez Claude Collet, chez Louis Sevestre, chez Pierre Le Mur, 1632, 16, 308, 310, [2], 8, 20, 54 p. Ill. ; Claude Collet, Pierre Le Mure, 1640. Ill. ; *Voyages du Sieur de Champlain, ou Journal ès decouvertes de la Nouvelle-France*, Paris, imprimé aux frais du gouvernement pour procurer du travail aux ouvriers typographes, 1830, 2 vol : [iv], 406 p., [8] ; [iv], 387 p. Traduction anglaise des voyages de Champlain par Charles Pomeray Otis : *Voyages of Samuel de Champlain*, Boston, published by the Prince Society, 1878-1882, 3 t. Préface du Rev. Edmund F. Slafter : t. 1, *1567-1635*, 1880, x, 340 p. ; t. 2, *1604-1610*, 1878, xiv (2), 273 p. ; t. 3, *1611-1618*, 1882, vi (4), 240 p. Ill. ; réimpression, New York, Burt Franklin, 1966-67. « Burt Franklin Research and Work Series », nᵒ 131, « American Classics in History and Social Science ».

Original Narratives of American History. Voyages of Samuel de Champlain 1604-1618, New York, Charles Scribner's Sons, 1907, xi, [4], 377 p. Ill. (Traduction basée sur celle de Charles Pomeray Otis dans volumes 2 et 3 de l'édition de Prince Society) ; Baines and Noble, Inc., 1952. Ill.

The Voyages and Explorations of Samuel de Champlain (1604-1616) narrated by himself. Translated by Annie Nettleton Bourne together with The Voyage of 1603 reprinted from Purchas His Pilgrimes, New York, A.S. Barnes and Company, 1906, [2 vol : vol. 1, [4] x1, 254 p. ; vol. 2, x, 229 p.]. Ill. Introduction et annotation d'Edward Gaylord Bourne ; Toronto, The Courier Press Limited, 1911. Ill. Introduction de W.L. Grant ; Allerton Book Co., 1922. Ill. « American Explorers » ; AMS Press, 1973. (Réimpression de l'édition de 1922).

Œuvres de Champlain, Québec, Imprimé au Séminaire par Geo.-E. Desbarats, 1870, Seconde édition, 2 vol : vol. 1, t. I, (4), lxxvi, iv, 48, 62 gravures ; t. II, (4), viii, 64 p. ; t. III, (4), xvi, 328 p., ill ; t. iv, viii, 143 p. ; vol. 2 : t. V, viii, 16, 328, 86, 344, 56, 8, 20, 36, 30 p. Cette seconde édition a été imprimée en 4 volumes contenant cinq tomes : vol. 1, t. I et II, (2), lxxvi, (iv), 48, 62 gravures, (4), viii, 63 p. ; vol. 2, t. III et IV, (4), xvi, 328, (4), viii, 143 p. Ill., vol. 3, t. V, 1ʳᵉ partie, viii, 16, 328 p ; vol. 4, t. V, 2ᵉ partie, 344, 56, 20, 8, 36, 30 p. Textes présentés par l'abbé C.-H. Laverdière et publiés sous le patronage de l'Université Laval. Édition critique. (La première édition (1865-1869) n'a jamais été publiée à cause d'un incendie de l'imprimerie. Le Séminaire de Québec en a une série complète, et la Bibliothèque nationale, une série partielle) ; Montréal, Éditions du Jour, 1973, 3 vol : vol. 1, [6], xxii, lxxvi, [4], 48, 62 gravures ; t. II, [xii], 64 p. ; t. III, [xx], 326 p. ; vol. 2, t. IV et t. V, 1ʳᵉ partie, [xvi], 144 p., [viii], 328 p. ; vol. 3, t. V, 2ᵉ partie, [2], 344, 56, 8, 20, 36, 30 p. Réimpression en fac-similé, avec une présentation par Georges-Émile Giguère.

CHAMPLAIN

Au roy et à nos seigneurs de son conseil, Sire, Vous remonstre très humblement le sieur de Champlain que, depuis seize ans, il aurait travaillé avec un soing laborieux [...] Communication de M. Louis Audiot, le 9 février 1618. Extrait des *Archives historiques de la Saintonge et de l'Aunis*, vi, Saintes/Paris, Z. Mortreuil, Libraire / H. Champion, Libraire, 1879, p. 378–394.

The Works of Samuel de Champlain, Toronto, The Champlain Society, 1922–1936. Reprinted, translated and annotated under the direction of H.P. Biggar. Édition critique en 6 vol. et un portefeuille contenant gravures et cartes géographiques de 1607, 1612 et 1632. 6 vol: vol. 1, xxii, 469 p., vol. 2, xviii, 351 p., vol. 3, xvi, 418 p., vol. 4, xvi, 373 p., vol. 5, xx, 330 p., vol. 6, xvi, 430 p. Textes français recueillis par J.H. Cameron. Traduction anglaise et préparation par H.H. Langton et W.F. Ganong. (vol. 1), traduction anglaise par J. Squair. (vol. 2), traduction anglaise et préparation par H.H. Langton et W.F. Ganong (vol. 3), traduction anglaise par H.H. Langton (vol. 4), traduction anglaise par W.D. Le Sueur (vol. 5), traduction anglaise par W.D. Le Sueur et H.H. Langton (vol. 6); Toronto/Buffalo, University of Toronto Press, 1971. Réimpression. Ill.

Trois voyages au Canada. Jacques Cartier. Voyages faits en la Nouvelle France en 1534 et 1536. Samuel de Champlain. Voyages faits en la Nouvelle France en 1608 et 1611. Fr. Gabriel Sagard. Le Grand Voyage fait au pays des Hurons, en l'an 1624, Paris, Éditions du Carrefour, [1929], [iv], 270 p. Publié par Bertrand Guégan. « Voyages et Découvertes ».

Les Voyages de Samuel Champlain, Saintongeois, Père du Canada (textes choisis), PUF, 1951, iv, 368 p. Présentation par Hubert Deschamps. « Les classiques de la colonisation », 2ᵉ série. « Colonies et empires ».

Champlain (textes choisis), Montréal, Fides, 1956, 94 p. Présentation par Marcel Trudel. « CC »; Montréal/Paris, 1968, 96 p. (Édition revue et augmentée).

Narrative of a Voyage to the West Indies and Mexico in the Years 1599–1602, with maps and illustrations by Samuel Champlain. Translated from the Original and Unpublished Manuscript with a biographical notice and notes by Alice Wilmere, New York, Burt Franklin, [1964], xcix(1), 48 p. Ill. (Réimpression de la publication de Hakluyt Society, First series, Nᵒ 23, 1859).

La Découverte du Canada. Les Voyages de Samuel de Champlain. Sélectionnés, mis en orthographe moderne et annotés par Jean Dumont, Vol. 2, Montréal, Les Amis de l'histoire, 1969, 248 p. Ill.

Samuel de Champlain, Voyages to New France. Being a narrative of the many remarkable things that happened in the West Indies in the years 1599 to 1601, with an account of the manners and customs of the savages of Canada and a description of that country in the year 1603, [Ottawa], Oberon Press, 1971, 111 p. Introduction de Edward Miles. Traduction anglaise de Michael Macklem.

ÉTUDES

Champlain's Expeditions to Northern and Western New York 1609–1615, dans E.B. O'Callaghan, *The Documentary History of the State of New York*, vol. III, Albany, Weed, Parsons & Co., 1850, p. 1–24.

Champlain' Expeditions to Northern and Western New York (1632), dans *Two Rare Tracts Relating to the State of New York 1609–1615*, Edinburgh, Privately printed, 1887, 47 p. [p. 1–24]. « Collectanea Adamantaea ».

Francis Parkman, *Champlain and His Associates. An Account of Early French Adventure in North America*, New York, Mayrand, Merrill & Co., Publishers, [1890], 64 p. (Historical Classic Readings).

S.E. Dawson, *Champlain* (poèmes), Montréal, impression privée, 1890, 8 p.

A.E. Talbot, *Champlain et son œuvre. Une page d'histoire*, Québec, A.E. Talbot, 1898, 109 p. (Discours prononcés lors de l'inauguration d'un monument à Champlain ainsi que discours de l'honorable Adélard Turgeon, ministre de la Colonisation et des Mines, à Honfleur).

Eugène Guénin, *Histoire de la Nouvelle-France. Les hommes d'action, Champlain*, Paris, Comité Dupleix, 1898, 4 f. « L. Geisler ».

N.-E. Dionne, *Samuel de Champlain, fondateur de Québec et père de la Nouvelle-France*, Québec, Chez l'auteur, 1899–1906, 2 vol.

Id., *Champlain*, Toronto, Morang & Co. Limited, 1906, viii, 299 p. « The Makers of Canada »; 1910; 1912. University edition; Toronto, Oxford University Press, 1928. MacLean's Magazine edition; Toronto, UTP, 1963. « Canadian University Paperbacks ».

Léopold Léau, *Le Fondateur de la Nouvelle-France, Champlain*, Paris/Québec, Bloud & Cie/Action sociale, 1908, 36 p. Ill. Sous le pseudonyme de Jean de Saguenay.

Les Voyages de Samuel de Champlain de 1603 à 1618, Québec, Édition populaire, 1908, 247 p.

Mrs. J.-E. Logan, *An Account of the Explorations and Discoveries of Samuel de Champlain, and of the Founding of Quebec*, Montreal, The Montreal News Company Limited, [1908], 50 p.

L'Abbé Auguste Gosselin, *Champlain et Hudson, La Découverte du Lac Champlain, et celle de la rivière Hudson. À l'occasion du Tricentenaire de ces deux événements — 1609–1909*, Ottawa, MSRC, 3ᵉ série, 1909–1910, vol. III, section I, p. 87–110.

Gabriel Hanotaux, *Champlain*, Paris, E. Sansat & Cie, 1912, 79 p. « Les Commémorations franco-américaines ».

Maurice Constantin-Weyer, *Champlain*, Paris, Plon, Les Petits Fils de Plon et Nourrit, 1931, 241 p. Ill. « Les Grandes Figures coloniales ».

Marie-Claire Daveluy, *Champlain*, dans *Centenaire de l'histoire du Canada de F.X. Garneau*, Montréal, Société historique de Montréal, 1945, p. 214–229.

Maurice Besson, *Champlain*, Paris, Éditions de l'Encyclopédie de l'Empire français, 1946, 159 p. Ill. « Les Grands Coloniaux ».

Morris Bishop, *Champlain: The Life of Fortitude*, New York, A. Knopf, 1948, vii, 364 p.; Toronto, McClelland and Stewart, 1963, x, 308 p. Carleton Library Series; 1964; 1968.

Jean Bruchési, *Champlain a-t-il menti?*, CD, vol. 15, 1950, p. 39–53.

Lucien Campeau, *Les Jésuites ont-ils retouché les écrits de Champlain?*, RHAF, vol. 5, nᵒ 3, 1951, p. 340–361.

Jacques Rousseau, *Samuel de Champlain, botaniste mexicain et antillais*, CD, vol. 16, 1951, p. 39–61.

Claude de Bonnault, *Encore le Brief discours : Champlain a-t-il été à Blavet en 1598 ?*, BRH, vol. 60, 1954, p. 59-69.

L.-A. Vigneras, *Le Voyage de Samuel Champlain aux Indes occidentales*, RHAF, vol. 11, 1957-1958, p. 163-200.

Marcel Delafosse, *L'Oncle de Champlain*, RHAF, vol. 12, 1958-1959, p. 208-216.

L.-A. Vigneras, *Encore le capitaine provençal ?*, RHAF, vol. 13, 1959-1960, p. 544-549.

Rosario Bilodeau, *Champlain*, Montréal, Éditions HMH limitée, 1961, 203 p. « FC ».

Robert Le Blant, *Le Testament de Samuel Champlain, 17 novembre 1635*, RHAF, vol. 17, 1963-1964, p. 269-286.

Marcel Trudel, *Histoire de la Nouvelle-France*, t. 2, Montréal, Fides, 1963-1966.

Id., Samuel de Champlain, DBC, vol. 1, p. 192-204.

Robert Le Blant et René Baudry, *Nouveaux Documents sur Champlain et son époque. Volume 1, 1560-1622*, Ottawa, 1967, lxiv, 2, 492 p. « Publications des Archives du Canada ».

Samuel E. Morrison, *Samuel de Champlain, Founder of New France*, Boston, Little, Brown & Co., 1972, xix, 299 p.

Lucien Campeau, *Le Dernier Voyage de Champlain, 1633*, MSRC, 4e série, vol. 10, 1972, p. 81-101.

CHANTAL, ALMA DE (1925-). Poète, dramaturge, nouvelliste et critique d'art, née à Moose Creek (Ontario). Après avoir étudié les humanités à l'Université d'Ottawa, elle poursuit ses études de lettres à la Sorbonne (1949-1950) grâce à une bourse du Gouvernement français. Après son retour, elle collabore à divers périodiques artistiques et littéraires dont *Amérique française*, *Incidences*, *Delta*, *Ellipse*, *Poetry*, *Châtelaine* et *Vie des arts* dans lequel elle présente des sculpteurs et des peintres mal connus. En 1979, elle obtient un baccalauréat en histoire de l'art de l'Université de Montréal, puis s'inscrit à la maîtrise. À partir de 1972 elle participe activement aux programmes culturels de Radio-Canada : on lit ses nouvelles à la radio ; en 1975, elle présente une première pièce radiophonique, « L'Étrangère », puis, en 1981, « Une aussi longue absence », réalisée par Madeleine Gérôme ; de 1977 à 1980 elle est concepteur-projeteur en art et littérature pour la télévision. La critique n'a pas parlé beaucoup de sa poésie, peut-être parce qu'il s'agit d'une poésie exigeante qui fait penser au haïkaï japonais. « Voici des poèmes exquisement beaux » disait Cécile Cloutier des petits tableaux de *L'Étrange Saison*. Curieusement, J.-G. Pilon voit dans *Miroirs fauves* une « poésie de bonheur de vivre », des « images tendres, sentimentales et fragiles », et Suzanne Paradis croit que le poème « rompu en vers très courts, paralyse l'expression ou trahit le peu de portée de sa voix ». Or il s'agit d'un effort de prise de possession du réel dans une suggestion résolument brève et dense qui, chez Alma de Chantal, s'achève souvent dans « la conscience grandissante de l'inutilité d'une telle entreprise », comme l'écrit Henri Métivier qui lui reproche cependant de ne pas toujours atteindre à « cette force concentrée qu'on eu droit d'exiger de [ce genre de poème] ». En outre, Alma de Chantal fait de l'excellente critique d'art qui voit juste et découvre des talents. Si sa dramaturgie radiophonique manque d'originalité, elle possède des qualités certaines, et ses dialogues sont émaillés d'agréables trouvailles.

ŒUVRES

L'Étrange Saison (poésie), Montréal, Éditions Beauchemin, 1960, 58 p. (Tirage limité).

Miroirs fauves. Poèmes, Québec, Librairie Garneau, 1968, 60 p. Ill. (Tirage limité).

Les Temps spacieux, dans *L'Information médicale et paramédicale*, vol. 19, no 12, 2 mai 1967, p. 31.

Nos fables, dans *L'Information médicale et paramédicale*, vol. 19, no 13, 16 mai 1967, p. 34.

Deux mondes, dans *L'Information médicale et paramédicale*, vol. 19, no 15, 20 juin 1967, p. 34.

Poèmes, ECF, no 23, 1967, p. 209-222.

Jean Lacasse, antiquaire, dans *Vie des arts*, vol. 17, no 68, automne 1972, p. 77-78.

Harold Altman ou Les Jardins d'Eden, dans *Vie des arts*, vol. 18, no 72, automne 1973, p. 77.

Pat Martin Bates : le rouge, le blanc et le noir, dans *Vie des arts*, vol. 20, no 78, printemps 1975, p. 38-39.

ÉTUDES

Cécile Cloutier et Ronald Després, *L'Étrange Saison*, RUO, 31e année, no 2, avril-juin 1961, p. 318-319.

Suzanne Paradis, *Miroirs fauves d'Alma de Chantal*, LAC 1968, p. 111-112.

Jean-Guy Pilon, *Humour, Tendresse, Économie*, Dev, vol. 60, no 8, 11 janv. 1969, p. 15.

Julien Richer, *Élus littéraires*, dans *L'Information médicale et paramédicale*, vol. 21, no 15, 17 juin 1969, p. 18.

Henri Métivier, *Miroirs fauves d'Alma de Chantal*, AN, vol. 58, no 8, avril 1969, p. 816-817.

CHANTAL, RENÉ DE (1923–). Essayiste, linguiste et critique littéraire, né à Moose Creek (Ontario). Il fait ses études primaires et secondaires à Montréal, Sherbrooke et Ottawa. Ses études universitaires, commencées à l'Université d'Ottawa mais interrompues par la Deuxième Guerre mondiale, se continuent à l'Université McGill (B.A., 1948). Il obtient ensuite à l'Université de Paris une licence ès lettres (1951), un diplôme de professeur de français à l'étranger (1951) et un doctorat (1960) dont la thèse porte sur *Marcel Proust, critique littéraire*. Cet ouvrage mérite le Grand Prix littéraire de la Ville de Montréal et la médaille Broquette-Gouin de l'Académie française (1968). Il est professeur à l'Université d'Ottawa de 1951 à 1962, puis de 1962 à 1965 et de 1967 à 1979 à l'Université de Montréal où il fonde la revue *Études françaises* (1965) et où il est nommé successivement aux postes suivants : directeur du Département d'études françaises (1962), doyen de la Faculté des lettres (1967), doyen de la Faculté des arts et des sciences (1971), vice-recteur aux études (1975). Il est membre de plusieurs associations et sociétés savantes, telles la Société royale du Canada (1966), l'Académie canadienne-française (1967), le Conseil international de la langue française (1967) dont il devient vice-président en 1976, l'Académie des sciences, belles-lettres et arts de Rouen (1980). Il est nommé docteur honorifique de l'Université d'Ottawa en 1976. Parmi d'autres fonctions importantes qui lui sont confiées, il faut signaler celles de directeur des Affaires culturelles au ministère des Affaires extérieures du Canada (1966–1967) et de ministre chargé des Affaires culturelles et de l'Information à l'Ambassade du Canada à Paris (1979–1983). De 1964 à 1968, il est membre de l'émission « La Langue bien pendue », puis de « La Parole est d'or », à Radio-Canada. Pendant dix ans (1953–1963), René de Chantal a tenu la chronique hebdomadaire « Défense et Illustration de la langue française » au journal *Le Droit* d'Ottawa. Quelques-uns de ces articles ont été recueillis dans les *Chroniques de français* (1956) dont la critique a dit le plus grand bien : « René de Chantal alimente [...] une chronique de français qui est probablement la meilleure de toutes celles qui paraissent dans nos journaux », écrit Gaston Dulong. Parmi les écrits de R. de Chantal, l'ouvrage sur Proust constitue un apport majeur. Après quelques remarques critiques, Germaine Brée ajoute : « La documentation partout est exhaustive. Il est certain que les deux tomes fournissent un répertoire indispensable aux étudiants et aux chercheurs qui travaillent dans le domaine proustien, qui s'intéressent à l'histoire du goût littéraire de l'époque ou au développement de la pensée critique ».

ŒUVRES

Chroniques de français (essai), Ottawa, EUO, 1956, xv, 272 p. ; 1961, 273 p.

Marcel Proust, critique littéraire (essai), Montréal, PUM, 1967, 2 vol : xiii, 376 p. ; [377] –765 p. Préface de Georges Poulet.

Langage et Traduction de Pierre Daviault, dans *Journal des traducteurs*, vol. 7, n° 1, janv.–mars 1962, p. 9–11.

Proust et Phèdre, EF, vol. 1, n° 2, juin 1965, p. 87–114.

Marcel Proust et la Critique des créateurs, dans *Discours de réception à la Société royale du Canada*, n° 21, Ottawa, La Société royale du Canada, 1967, p. 63–78.

Discours de réception à l'Académie canadienne-française, dans *L'Information médicale et paramédicale*, vol. 20, n° 15, 18 juin 1968, p. 32–34.

The French Language in Canada, dans *The French Language and Culture in Canada*, Brandon, Brandon University, 1969, p. 27–51. Collab. A. Ewerf, J.-C. Falardeau et H.F. Légaré.

Le Français dans l'administration fédérale (essai), dans *La Revue de l'Université Laurentienne*, vol. 3, n° 2, nov. 1970, p. 5–17.

Le jardin de l'Académie, HSRC, 4e série, t. 16, 1978, p. 195–204.

Joachim du Bellay et Victor Barbeau, dans *Victor Barbeau. Hommages et tributs*, Montréal, Fides, 1978, p. 23–38. « Cahiers de l'Académie canadienne-française ».

Les « universités au Canada », dans *France-Amérique* (Paris), déc. 1981, p. 17–24.

Réception de Jean Darbelueb à la Société royale du Canada, dans *Le Français en contact avec l'anglais. En hommage à Jean Darbelueb*, Paris, Didier Érudition, 1988, p. 25–31. Collection « Linguistique ».

ÉTUDES

Pierre Daviault, *Chroniques de français*, NRC, vol. 3, n° 5, mai–juillet 1956, p. 270–271.

Jean Spekkens, *Chroniques de français*, RUO, vol. 26, n° 4, oct.–déc. 1956, p. 519–520.

Gaston Dulong, *Chroniques de français*, RUL, vol. 11, n° 5, janv. 1957, p. 442–444.

Jean Éthier-Blais, *Marcel Proust, critique littéraire*, EF, vol. 3, n° 4, nov. 1967, p. 389–409.

Victor E. Graham, *Marcel Proust, critique littéraire de René de Chantal*, LAC 1967, p. 108–109.

Henri Bonnet, *Marcel Proust, critique littéraire*, dans *Bulletin de la Société des Amis de Marcel Proust et des Amis de Combray*, n° 18, 1968, p. 779–780.

Germaine Brée, *Marcel Proust, critique littéraire,* dans *The Romantic Review,* vol. 60, n° 2, avril 1969, p. 151–154.

J.M. Cocking, *Literature in Proust's Life and Thought,* dans *Forum for Modern Languages Series,* vol. 5, n° 3, juillet 1969, p. 286–291.

Georges Blanc, *Une bibliographie de Marcel Proust,* dans *Europe,* n°ˢ 496–497, août–sept. 1970, p. 264.

CHANTRAINE, POL [X Paul] (1944–   ). Journaliste et chansonnier, né à Wasme (Belgique). Il fait ses études secondaires à l'Athénée royal de Mons (1956–1960), émigre au Canada en 1960, s'établit à Brockville (Ontario) et continue ses études au Brockville Collegiate puis à Queen's University (1960–1964). Il est ensuite chansonnier à Montréal, journaliste à la pige, collaborant à *Perspectives, Maclean, L'Actualité, Le Devoir* et *Le Livre d'ici,* puis pêcheur aux Iles-de-la-Madeleine où il devient professeur de philosophie en 1981. Ses reportages ont mérité le prix du Toronto Press Club (1976) et le Grand prix des Magazines canadiens (1977). Son premier livre paru en 1972 passe inaperçu ; le second, *La Grande Mouvée* (1980), traduit en anglais et largement distribué, reçoit beaucoup d'éloges. « *La Grande Mouvée,* écrit Benoît Aubin, est un écrit à la fois fier, parce qu'il dit les difficiles exploits des loups-mariniers, occupés sur les glaces, au large, passé l'horizon, et humble, parce qu'il décrit la vie des gens soumis, d'instinct et d'expérience, aux grandes lois de la mécanique maritime. [...] Chantraine raconte la nature avec la même sérénité informée, le même humour lucide que les grands chroniqueurs anglophones que sont les Farley Mowatt, les Gerald Durrell ; un apport intéressant aux lettres françaises d'Amérique ».

ŒUVRES

La Vie mouvementée des papes (histoire), Montréal, Éditions Vert blanc rouge, Éditions québécoises, [1972?], 144 p. Sous le pseudonyme de Pol Chantraine.

La Grande Mouvée. L'histoire des phoques et des hommes dans le Golfe du Saint-Laurent (récit), Montréal, Héritage + plus, 1980, 292 p. Cartes. Ill. Traduction anglaise par Ronald Labelle : *The Living Ice,* Toronto, McClelland and Stewart, 1980, 238 p.

ÉTUDES

Gilles Dallaire, *La « Mouvée » pour chasser les phoques avec les Madelinots,* dans *La Tribune,* vol. 61, n° 37, 7 avril 1980, p. B-7.

Doris Hamel, *L'écrivain pour vivre doit s'adresser au monde entier,* No, vol. 60, n° 158, 25 avril 1980, p. 29.

Ghislaine Pesant, *Des Madelinots et des phoques,* dans *Le Livre d'ici,* vol. 5, n° 36, 11 juin 1980, p. 1.

Benoit Aubin, *La Mouvée émouvante,* dans *L'Actualité,* vol. 5, n° 11, nov. 1980, p. 135–136.

CHAPAIS, THOMAS [Ignotus, Archiloque] (1858–1946). Historien, journaliste et homme politique, né à Saint-Denis (Kamouraska). Il est le fils de Jean-Charles Chapais, sénateur et père de la Confédération. Après ses études classiques au Collège de Sainte-Anne-de-la-Pocatière, il obtient de l'Université Laval une licence en droit, en 1879, et est admis au barreau. Il se désintéresse de la pratique du droit pour exercer les fonctions de secrétaire particulier du lieutenant-gouverneur de la province de Québec. Gendre de Sir Hector Langevin, chef de l'aile québécoise du Parti conservateur, il devient rédacteur en chef du *Courrier du Canada* jusqu'à la disparition du journal en 1901. Tenté par la politique dans les rangs du Parti conservateur, il est défait aux élections fédérales de 1891, mais il est nommé l'année suivante au Conseil législatif de Québec et, en 1893, ministre sans portefeuille dans le Cabinet conservateur de Taillon. Président du Conseil législatif (1895), ministre de la Colonisation et des Mines dans le gouvernement Flynn (1897), membre du Sénat canadien (1919), il est délégué par le Canada à la Société des Nations en 1930, avant d'être nommé ministre sans portefeuille au sein du Cabinet de Maurice Duplessis (1936). Journaliste, orateur et historien, Thomas Chapais connaît une grande notoriété. Historien, il donne le cours d'histoire du Canada à l'Université Laval de 1919 à 1934, et il laisse de nombreux ouvrages et essais. Journaliste, il publie dans *La Presse* des chroniques historiques sous le pseudonyme d'Ignotus (1897–1911) ; il rédige pour *La Revue canadienne,* de 1899 à 1922, des chroniques intitulées « À travers les faits et les œuvres » ; rédacteur du *Courrier du Canada* durant une vingtaine d'années, il s'y révèle conservateur sur le plan politique comme sur le plan idéologique, digne représentant de l'ultramontanisme dominant de la fin du XIXᵉ siècle. Membre de la Société royale du Canada (1902), il en est élu président général (1923–1924) et en reçoit la médaille Tyrrell (1928). L'abondante œuvre historique de Thomas Chapais est également reconnue en France : en

1904, l'Académie française lui décerne le prix Thérouanne pour *Jean Talon, intendant de la Nouvelle-France (1665-1672)* et, en 1911, le prix Thiers, pour *Le Marquis de Montcalm (1712-1759)*. Bien qu'il n'hésite pas à se lancer dans des polémiques, Thomas Chapais historien utilise un style modéré, parfaitement ajusté à son idéologie conservatrice. Dans son cours d'histoire du Canada, il défend les bienfaits des institutions britanniques. Ses monographies consacrées à Talon et à Montcalm sont écrites dans un style où la préoccupation d'objectivité s'allie à la rhétorique trop cultivée de son époque. Pour bien juger son œuvre il faut tenir compte de sa formation et de son époque. « Pour Chapais, dit Jean-Charles Bonenfant, l'histoire est à la fois un art et une science en ce sens ‹ qu'elle ne saurait être bannie de la littérature, pas plus qu'elle ne devrait être dissociée des disciplines scientifiques ›. Il a insisté sur cet aspect scientifique. ‹ Une œuvre peut être surabondamment documentée, écrivait-il, et cependant n'en être pas moins inexacte et partiale parce que l'auteur a tout accepté, a recueilli pêle-mêle ce qu'il a trouvé dans les bibliothèques et les archives, en négligeant l'ardu, mais urgent devoir de vérification qui s'impose en pareille matière ›. En appliquant cette méthode, Chapais a fait disparaître de notre histoire une foule d'erreurs que ses prédécesseurs, moins bien documentés et plus romantiques, avaient acceptées ».

ŒUVRES

Les Congrégations enseignantes et le Brevet de capacité (histoire), Québec, Léger Brousseau éditeur, 1893, 50 p.

Discours et Conférences, Québec, Imprimerie de L.-J. Demers & Frère, 1897, 340 p. Avant-propos de l'auteur.

Discours sur la Loi de l'instruction publique, prononcé par l'honorable M. Chapais devant le Conseil législatif, le 10 janvier 1898, Québec, Imprimerie Demers et Frère, 1898, 15 p.

Discours sur la Loi de l'instruction publique, prononcé devant le Conseil législatif les 2 et 3 mars 1899, Québec, Imprimerie Demers et Frère, [1899 ?], 18 p.

Discours prononcé contre l'abolition du Conseil législatif, le 22 mars 1900, [s.l., s.é., 1900 ?], 24 p.

[*Le Serment du Roi et les Catholiques*] (histoire), Québec, Imprimerie de L. J. Demers & Frère, 1901, 42 p.

Discours prononcé par l'honorable Thomas Chapais au Banquet national du 23 juin 1902, Québec, Imprimerie de S.-A. Demers, 1901, 20 p.

Jean Talon, intendant de la Nouvelle-France, 1665-1672 (histoire), Québec, Imprimerie de S.-A. Demers, 1904, xxii, 540 p. Ill. Cartes. Préface de l'auteur. Traduction anglaise : *The Great Intendant. A Chronicle of Jean Talon in Canada, 1665-1672*, Toronto, Glasgow, Brook and Company, 1914, ix, 139 p. Ill. Cartes. « Chronicles of Canada » ; 1922, UTP, 1964, 139 p. Ill. Cartes.

Mélanges de polémique et d'études religieuses, politiques et littéraires, Québec, Imprimerie de la Compagnie de l'« Événement », 1905, 373 p. Préface de l'auteur.

L'Apostolat des bons livres et l'Association catholique de la jeunesse canadienne-française. Conférence donnée par l'hon. M. Thomas Chapais, à l'inauguration de la salle Loyola, le 24 octobre 1905, Québec, Imprimerie de l'Événement, 1905, 23 p.

Le Marquis de Montcalm (1712-1759) (histoire), Québec, J. P. Garneau, 1911, xii, 696 p. Ill. Cartes. Préface de l'auteur.

Discours et Conférences. Deuxième série, Québec, J. P. Garneau, libraire-éditeur, 1913, 404 p. Avant-propos de l'auteur.

Cours d'histoire du Canada, Québec, Librairie Garneau, limitée, 1919-1933, 8 t. : t. 1, *1760-1791*, 1919, x, 350 p. ; t. 2, *1791-1814*, 1921, 343 p. ; t. 3, *1815-1833*, 1921, 334 p. ; t. 4, *1833-1841*, 1923, x, 335 p. Avant-propos de l'auteur ; t. 5, *1841-1847*, 1932, x, 317 p. ; t. 6, *1847-1851*, 1933, 363 p. ; t. 7, *1851-1861*, 1934, 362 p. ; t. 8, *1861-1867*, viii, 331 p. Avant-propos de l'auteur ; Montréal, Bernard Valiquette, [1944 ?], 8 t. : t. 1, *1760-1791*, ix, [i], 350 p. ; t. 2, *1791-1814*, 343 p. ; t. 3, *1815-1833*, 336 p. ; t. 4, *1833-1841*, x, 337 p. Avant-propos de l'auteur ; t. 5, *1841-1847*, x, 316 p. Avant-propos de l'auteur ; t. 6, *1847-1851*, 363 p. ; t. 7, *1851-1861*, 362 p. ; t. 8, *1861-1867*, viii, 330 p. Avant-propos de l'auteur ; Montréal, Éditions du Boréal Express, 1972, 8 t. Portrait : t. 1, *(1760-1791)*, [xxviii], 264 p. Préface de Denis Vaugeois ; t. 2, *(1791-1814)*, [iv], 289 p. ; t. 3, *(1814-1833)*, 280 p. ; t. 4, *(1833-1841)*, x, 337 p. Avant-propos de l'auteur ; t. 5, *(1841-1847)*, x, 244 p. Avant-propos de l'auteur ; t. 6, *(1847-1851)*, 223 p. ; t. 7, *(1851-1861)*, [iv], 253 p. ; t. 8, *(1861-1867)*, vi, 234 p.

[*La Papauté et l'Ordre international. Conférence donnée à la Semaine sociale de Québec le 29 août 1927*], Montréal, Semaines sociales du Canada, [1927 ?], 15 p.

Discours et Conférences, Québec, Librairie Garneau ltée, 1935, 8, 510 p.

Discours et Conférences, Québec, Librairie Garneau ltée, 1943, xxii, 458 p. Préface de Jean d'Aubigny.

Thomas Chapais (textes choisis), Montréal/Paris, Fides, 1957, 96 p. Présentation par Jean-Charles Bonenfant.

Jean Talon, intendant de la Nouvelle-France (histoire), Québec, Archives de Québec, [s.d.], 182 p.

Les Comités des griefs de 1828, CF, vol. 3, n° 5, janv. 1920, p. 325-338 ; vol. 4, n° 1, févr. 1920, p. 5-18.

Lord Durham et son rapport, CF, vol. 9, n° 1, sept. 1922, p. 5-21 ; n° 2, oct. 1922, p. 115-127.

La Science et l'Art dans l'histoire, MSRC, vol. 18, 1924, p. lvii-lxxi.

La Critique en histoire, CHAR, 1926, p. 5-13.

Le Mérite de nos vieux historiens : l'Histoire de Garneau, dans *Semaine d'histoire du Canada,* Montréal, Société historique de Montréal, 1926, p. 10–35.

ÉTUDES

Henri Chérot, *Un intendant de la Nouvelle-France, Jean Talon, d'après un ouvrage récent,* dans *Nouvelle-France,* t. 3, n° 8, août 1904, p. 353–364.

Camille Roy, *Le Marquis de Montcalm,* dans *Nouvelle-France,* t. 11, n° 1, janv. 1912, p. 15–29.

Henri d'Arles, *Chapais et Groulx,* dans *Nos historiens,* Montréal, BAF, 1921, p. 193–243.

Jean Dombreval, *Thomas Chapais, historien,* AN, 3e année, t. 5, avril 1935, p. 247–251.

Jean-Charles Bonenfant, *Sir Thomas Chapais,* C, vol. 7, n° 3, sept. 1946, p. 265–276.

Lionel Groulx, *M. Thomas Chapais,* dans *Liaison,* vol. 1, 1947, p. 12–17.

Victor Morin, *Sir Thomas Chapais (1858–1946),* MSRC, 3e série, vol. 41, appendice B, 1947, p. 119–125.

Maurice Lebel, *Histoire de la littérature canadienne-française, Sir Thomas Chapais,* dans *Le Journal de l'instruction publique,* vol. 3, n° 2, oct. 1958, p. 152–157, 170.

Julienne Barnard, *Mémoires Chapais, 1875–1888,* Montréal, Fides, 1964, t. 3, 370 p.

Fernand Harvey, *Bibliographie de six historiens québécois (Michel Bidaud, Garneau, Chapais, Groulx, Ouellet, Brunet),* Québec, Institut supérieur des sciences humaines, oct. 1970, 43 p.

Jean-Charles Bonenfant, *Retour à Thomas Chapais,* RS, vol. 15, n° 1, 1974, p. 41–56.

CHAPDELAINE-GAGNON, JEAN (1949–). Traducteur et poète, né à Sorel. Il étudie au Séminaire oblat de Chambly, au Collège des Eudistes et au Cégep de Rosemont (D.E.C., 1969). À l'Université de Montréal, il obtient un baccalauréat spécialisé en lettres françaises (1972), puis, grâce à des bourses de la Direction générale des études supérieures du Québec et du Conseil des Arts du Canada, il fait une maîtrise (1974) dont le mémoire s'intitule « Le ‹ Mauvais Pauvre › de Saint-Denys Garneau, étude textuelle », et il prépare un doctorat. Pendant ses études supérieures, il est successivement assistant de recherche à l'Université de Montréal, chargé de cours au Cégep de Rosemont, à l'Université de Montréal et à l'Université du Québec à Montréal. Il est ensuite assistant aux Éditions de l'Homme, réviseur de textes, rédacteur de programme au Centre national des Arts d'Ottawa, et traducteur pigiste. Son premier recueil de poèmes, qualifié de poèmes-nouvelles par Ivanhoé Beaulieu, est bien accueilli par la critique : «‹ L › dites lames est un très beau texte, écrit Richard Giguère, allusif, secret, fuyant, mobile [...]. Cette poésie de dévoilement et de mise à nu agit à différents niveaux du conscient et de l'inconscient ». « On peut imaginer, dit Ivanhoé Beaulieu, que le jeune poète est là, tapi sous les mots, qui ne demande enfin qu'à parler de lui-même, écartelé entre le désir de se dire, et cet autre désir — plus laborieux, plus exigeant aussi — de dire les choses. Cela n'expliquerait-il pas que les poèmes de Jean Chapdelaine-Gagnon aient souvent l'apparence de courtes nouvelles ? ».

ŒUVRES

«*L*» *dites lames* (poésie), Saint-Lambert, Éditions du Noroît, 1980, 81 p. Ill.

Fille à papa (roman), Saint-Lambert, Éditions Héritage + plus, 1981, 309 p. « Vis-à-vies ». Traduction du roman de Charlotte Vale Allen, *Daddy's Girl.*

Essaime (poésie), Saint-Lambert, Éditions du Noroît, 1983, 112 p. Ill.

Échec à Lady Cocaïne (récit biographique), Saint-Laurent, Éditions du Trécarré, 1984, 206 p. « Comme un roman ». (Tel que raconté à Jean Chapdelaine).

Entretailles (poésie), Trois-Rivières, Écrits des Forges, 1984, 75 p. « Les Rivières ».

Dans l'attente d'une aube (essai), Montréal, Triptyque, 1987, 65 p.

Malamour (poésie), Saint-Lambert, Éditions du Noroît/ Cesson [France], Table rase, 1988, 64 p. Ill. de Ghislain Biron.

Etc. ou Quand il est question d'une « prose » de Saint-Denys Garneau, VI, vol. 1, n° 1, sept. 1975, p. 106–119.

ÉTUDES

Richard Giguère, *Le Noroît en 1980 : dix livres pour célébrer son dixième anniversaire,* LAQ 1980, p. 126–127.

Ivanhoé Beaulieu, *Quatre auteurs réunis par le hasard,* Pr, 97e année, n° 213, 28 févr. 1981, p. C-6.

Roger Chamberland, «*L*» *dites lames de Jean Chapdelaine-Gagnon,* dans *Québec français,* n° 41, mars 1981, p. 15.

Joseph Bonenfant, *Notes sur la poésie,* VI, vol. 4, n° 3, printemps 1981, p. 483.

CHAPMAN, WILLIAM (1850–1917). Poète et polémiste, né à Saint-François-de-Beauce. Il fait ses études secondaires au Collège de Lévis. Porte-enseigne de la troisième compagnie de milice de la Beauce en service actif pendant les menaces d'invasion fénienne, en 1870, il compose le « Chant des chasseurs de la Beauce ». Après quelques mois à la Faculté de droit de l'Université Laval (1873–1874), il travaille dans des établissements commerciaux de Québec et consacre ses loisirs à la poésie. Il soumet « L'Algonquine » au concours de poésie de l'Université Laval, en 1873, et obtient une mention. Trois ans après, il publie son premier recueil, *Les Québecquoises* (1876). Il devient journaliste à *La Patrie* (1883–1884) et à *La Minerve* (1884–1889), puis est nommé fonctionnaire au ministère du Procureur général, en 1889. De tendance conservatrice, il se brouille avec son ami Louis Fréchette, à l'occasion des *Lettres à l'abbé Baillargé* (1893) sur la question de l'éducation. Chapman accuse de plagiat le poète Fréchette et déclenche une longue polémique dans le petit monde des lettres de Québec ; ses articles sont repris dans deux brochures, *Le Lauréat* et *Deux copains* (1894). Il perd sa charge de fonctionnaire à la victoire des libéraux, en 1897, et il devient d'abord agent d'assurances dans les Cantons de l'Est, puis libraire à Ottawa en 1898. En 1902, il obtient un poste de traducteur au Sénat. L'année suivante, grâce à une souscription organisée par ses amis, il peut se rendre à Paris où il fait paraître *Les Aspirations*, recueil de poésie couronné par l'Académie française. Il y retourne en voyage de noces en 1909 pour la parution des *Rayons du Nord*, couronnés aussi par l'Académie. Pendant ses dernières années, il prépare une « épopée canadienne » qu'une mort inopinée l'empêche d'achever (Jean Ménard en a préparé une édition critique qui est déposée au Centre de recherche en civilisation canadienne-française de l'Université d'Ottawa). « Notre langue » est sans doute le plus connu et le plus cité de ses poèmes. Parmi les thèmes de son œuvre poétique, la patrie et son histoire, la religion, l'amour, la nature et la vie en plein air, c'est la nature qui lui dicte ses meilleures pages, comme « L'Aurore boréale », « Le Laboureur ». « La poésie, écrit-il, est un souffle qui court à travers toute la littérature d'un peuple. Ce souffle nous élève de la réalité à l'idéal. Or, [...] la poésie ne mourra que lorsque la nature cessera de donner la réalité et que l'homme ne pourra plus fournir l'idéal ». Mais il y a dans sa poésie trop de rhétorique, de mauvais goût, de chevilles, pour que ses poèmes, assortis de quelques belles strophes, aient pu survivre longtemps au-delà de sa génération dont il est, avec Fréchette, l'un des maîtres incontestés.

ŒUVRES

Les Québecquoises (poésie), Québec, Typographie de C. Darveau, 1876, 223 p.

Mines d'or de la Beauce (essai), Lévis, Mercier et cie, propriétaires du « Quotidien », 1881, 64 p. Carte. Traduction anglaise : *Gold Mines of Beauce*.

Guide et Souvenir de la Saint-Jean-Baptiste, Montréal, Imp. The Post Printing and Publishing Co., 1884, 56 p.

Les Feuilles d'érable (poésie), Montréal, Typographie Gebhardt-Berthiaume, 1980, 241 p.

Deux copains. Réplique à MM. Fréchette et Sauvalle, Québec, Léger Brousseau, imprimeur, 1894, 155 p.

Le Lauréat. Critique des œuvres de M. Louis Fréchette, Québec, Léger Brousseau, imprimeur, 1894, xvi, 327 p.

À propos de la guerre hispano-américaine (prose et poésie), Québec, Léger Brousseau, éditeur, 1898, x, 14 p.

Les Aspirations. Poésies canadiennes, Paris, Librairies-imprimeries réunies, Motteroz, Martinet, 1904, 353 p. ; 1907.

Les Rayons du Nord. Poésies canadiennes, Paris, Éditions de la Revue des poètes, 1909, 258 p. ; 1910.

Les Fleurs de givre (poésie), Paris, Éditions de la revue des poètes, 1912, 242 p.

Quelques Poèmes de Chapman, Saint-Joseph de Beauce, Société historique de la Chaudière, 1949, 61 p. Présentation de Luc Mercier.

William Chapman, Montréal/Paris, Fides, 1968, 96 p. Textes présentés et annotés par Jean Ménard. « C ».

ÉTUDES

Marc Sauvalle, *Le Lauréat manqué, un voleur qui crie : Au voleur*, Montréal, [s.é.], 1894, 69 p.

Charles ab der Halden, [*William Chapman*], dans *Nouvelles Études de littérature canadienne-française*, Paris, Rudeval, 1907, p. 225-265.

Camille Roy, [*William Chapman*], dans *Essais sur la littérature canadienne*, Québec, Garneau, 1907, p. 263-290.

Antonin Proulx, *William Chapman*, dans *La Revue nationale*, avril et juillet 1919, p. 140-151, 236-244.

Albert Dandurand, *William Chapman*, dans *La Poésie canadienne-française*, Montréal, Albert Lévesque, 1933, p. 81-93.

Louis J.-A. Mercier, *Propos nouveaux et anciens sur William Chapman*, RUL, févr. 1951, p. 494-501.

Jean Ménard, *Un poète oublié : William Chapman*, I, n° 3, oct. 1963, p. 29-42.

CHAPUT, HÉLÈNE Marguerite [Sœur M. Louise-Gabrielle, Gemme Monpays] (1913-   ). Essayiste, née à Saint-Norbert (Manitoba). Elle fait ses études au Couvent-École Dubuc de Saint-Adolphe (1925-1930), puis à l'École normale de Winnipeg (1932-1933 et étés de 1934 à 1940). Elle reprend ses études plus tard et obtient un baccalauréat ès arts à l'Université du Manitoba (1954), une maîtrise à l'Université de Montréal (1964) pour un mémoire sur *Donatien Frémont, journaliste de l'Ouest canadien*, un baccalauréat en éducation de l'Université du Manitoba (1965) et un doctorat de la Sorbonne (1968) dont la thèse porte sur « Le Thème de la Vierge dans l'œuvre de Péguy ». Elle a été boursière du Conseil des Arts du Canada et du Gouvernement français. Parlant de la thèse sur Péguy, André-A.

Devaux rappelle qu'il y a eu progression dans le culte du poète envers la Vierge : « C'est à cette progression, ajoute-t-il, que nous fait participer Sœur Hélène Chaput, sans aucune prétention, mais avec une honnêteté intellectuelle et un tact spirituel dignes d'éloges ». Après l'école normale elle enseigne pendant une trentaine d'années au primaire et au secondaire, et après son doctorat elle travaille à la formation des maîtres francophones à l'Université du Manitoba et au Collège de Saint-Boniface. Elle a reçu plusieurs prix dont le prix Champlain (1978) pour son *Donatien Frémont* sur lequel Léo Beaudoin écrit que « cet ouvrage bien fait reconstitue une époque. Le début du siècle a vu s'amplifier, dans les provinces anglophones du Canada, un mouvement de francophonie amorcé quelque trente ans auparavant. [...] De façon succincte, l'auteur recrée le climat de l'époque, raconte l'histoire de la presse française et décrit le rôle qu'y a joué Donatien Frémont ». En outre, Hélène Chaput est membre de plusieurs sociétés de lettres et d'histoire, elle collabore au journal *La Liberté*, écrit de nombreux articles sur l'éducation, compose un cours d'histoire sur les Sœurs des Saints Noms de Jésus et de Marie au Manitoba, et publie en 1982 un livre sur *Mère Marie-du-Rosaire. Henriette Préfontaine, 1845-1906* dans une série d'ouvrages sur l'histoire de sa famille religieuse.

ŒUVRES

Donatien Frémont, journaliste de l'Ouest canadien (essai), Saint-Boniface, Éditions du Blé, 1977, 227 p. Préface de Marius Benoist. « Soleil ».
Histoire de la Congrégation des Sœurs des SS. NN. de Jésus et de Marie. Mère Marie-du-Rosaire. Henriette Préfontaine, 1845-1906. Huitième supérieure générale, 1900-1906 (biographie), Saint-Boniface, Éditions du Blé, 1982, x, 258 p. Ill. Avant-propos de l'auteur.

ÉTUDES
André-A. Devaux, *Le Thème de la Vierge dans l'œuvre de Péguy*, dans *Carnet Péguy* 1968, feuillet 173, déc. 1971, p. 30-31.
Nive Voisine, *Les Essais. Le Prescrit et le Vécu*, LQ, n° 7, avril-sept. 1977, p. 57.
Léo Beaudoin, *Chaput (Hélène). Donatien Frémont journaliste de l'Ouest canadien*, dans *Nos livres*, vol. 9, mars 1978, n° 89.
Simone Knutson, *Dans l'Ouest*, dans *Canadian Literature*, vol. 90, automne 1981, p. 164-166.
Robert J. MacDonald, *Donatien Frémont journaliste de l'Ouest canadien et les Français dans l'Ouest canadien*, dans *Saskatchewan History*, vol. 35, n° 1, hiver 1982, p. 36-39.

CHAPUT-ARBEZ, MARIA [Arbez, Maria]
(1942-   ). Romancière et gérontologue, née à Saint-Adolphe (Manitoba). Elle commence son cours secondaire en 1955 au Couvent des Sœurs Grises de Sainte-Anne-des-Chênes, l'interrompt et reprend plus tard des études en vue d'un grade en psychologie au Collège universitaire de Saint-Boniface. Elle a obtenu en 1977 une maîtrise de la International Graphoanalysis Society de Chicago et, en 1981, un certificat en gérontologie de l'Université du Manitoba et un certificat en nutrition de la Canadian Health Association of Canada. En 1978, elle est nommée directrice adjointe d'une maison pour personnes âgées, la Villa Youville de Sainte-Anne-des-Chênes. Elle collabore en outre à *La Liberté*. Maria Chaput-Arbez publie son premier roman en 1979, *Pour l'enfant que j'ai fait*, histoire d'une femme aux prises avec les difficultés d'être femme, épouse et mère. Pour René Minot, « l'évocation du cadre reste superficielle et l'on déplore l'absence d'un véritable questionnement des valeurs traditionnelles de cette petite société des Prairies ». Il déplore aussi les coquilles et les lieux communs. Mais Rossel Vien pense qu'en dépit des reproches, le roman est écrit en « un français qui se tient », que le style « est simple, nerveux, vif », et la langue « presque toujours naturelle ».

ŒUVRE
Pour l'enfant que j'ai fait (roman), Saint-Boniface, Éditions des Plaines, 1979, [viii], 101 p. Portrait.

ÉTUDES
Rossel Vien, *Maria Arbez. Pour l'enfant que j'ai fait*, dans *Bulletin du CEFCO*, n° 4, févr. 1980, p. 47-48.
René Minot, *Chaput-Arbez (Maria). Pour l'enfant que j'ai fait*, dans *Nos livres*, mai 1980, n° 159.
[Anonyme], *Maria Chaput-Arbez* (biographie), dans *Auteurs francophones des Prairies*, Saint-Boniface, Centre de ressources éducatives françaises du Manitoba, 1981, p. 7.

CHAPUT-ROLLAND, SOLANGE (1919-   ).
Journaliste, nouvelliste et essayiste, née à Montréal. Après ses humanités au Couvent d'Outremont, elle poursuit des études supérieures à la Sorbonne et à l'Institut catholique de Paris (1936-1937). De retour au pays, elle collabore à divers périodiques : *L'Écho du Nord, L'Avenir du Nord, La Revue moderne, Amérique française,*

Le Devoir, Le Canada... En 1943, elle publie *Fumées*, un recueil de pensées. En 1955, elle fonde une revue, *Points de vue*, consacrée aux arts, au commerce, à la finance, à la littérature et aux sports. Cette publication mensuelle disparaîtra en 1961. Commentatrice à la télévision, elle fait plusieurs tournées de conférences au Canada. À partir de 1965, elle rédige un journal politique dont le premier essai, *Chers Ennemis*, est un dialogue entre Gwendolyn Graham et elle-même. « Ce petit livre d'actualité, écrit André Vachon, donne au lecteur l'occasion de nombreuses réflexions sur les problèmes que pose au Canada la présence de deux partenaires de cultures, de langues, de mentalités et le plus souvent, de religions différentes ». *Chers Ennemis* est suivi de *Mon pays Québec ou le Canada*, *Québec année zéro*, *Une ou deux sociétés justes*, *La Seconde Conquête*, *Les Heures sauvages*, *Watergate*, *Les Maudits Journalistes*, *De l'unité à la réalité*, *Le Mystère Québec*. Ses écrits dans *Le Devoir* ainsi que ses commentaires radiophoniques lui méritent divers prix dont le Don MacArthur Award en 1974 pour une série d'exposés sur le Moyen-Orient. Elle est élue « Femme de l'année » en 1968, déléguée comme observateur aux Nations Unies en 1969, nommée lauréate du Memorial Award du Media Club en 1972 pour son éditorial anglais et, en 1973, pour ses commentaires à CKAC. En 1974, elle devient présidente du Cercle des femmes journalistes et, en 1977, membre de la Commission sur l'unité canadienne. Élue à l'Assemblée nationale du Québec en 1979, elle milite du côté du « NON » pendant le référendum de 1980. Battue aux élections de 1981, elle retourne au journalisme et écrit un téléroman très populaire, « Monsieur le ministre », présenté à Radio-Canada à partir de 1982. Elle est présidente honoraire de la presse internationale féminine, membre du Cercle des journalistes, du Media Club, de l'Union des artistes, de l'Institut canadien des affaires internationales et de la Fédération des femmes du Québec. Le 26 septembre 1988, elle est nommée au Sénat.

ŒUVRES

Fumées (pensées), Montréal, Beauchemin limitée, 1943, 64 p.

Chers Ennemis (essais), Montréal, Les Éditions du Jour, 1963, xi, 126 p. Collab. Gwendolyn Graham. Traduction anglaise : *Dear Enemies, A Dialogue on French and English Canada*, Toronto, The Macmillan Company of Canada Limited, 1963, 112 p.; New York, The Devin-Adair Company, 1965, xi, 112 p.

Mon pays Québec ou le Canada ? (essai), Montréal, CLF, 1966, 183 p. Préfaces de Claude Ryan et de W.T.

Morton. Traduction anglaise : *My Country, Canada or Quebec ?*, Toronto, Macmillan of Canada, 1966, xi, 122 p. Préface de W.T. Morton.

Regards 1967. Québec année zéro (essai), Montréal, CLF, 1968, 197 p. Préface de Judith Jasmin. Traduction anglaise par Gretta Chambers : *Reflections. Quebec Year One*, Montréal, Chateau Books Limited, 1968, 160 p. Préfaces de Hugh MacLennan et de Judith Jasmin.

Regards 1968. Une ou deux sociétés justes ? (essai), CLF, 1969, 215 p. Préface de Gérard Bergeron.

Regards 1969. La seconde conquête (essai), Montréal, CLF, 1970, 238 p. Traduction anglaise : *The Second Conquest. Reflections II*, Montreal/New York, Chateau Books Limited Publishers, 1970, 184 p. Préface de Douglas Fisher.

Une cuisine toute simple (livre de recettes), Montréal, Éditions du Jour, 1970, 144 p. Collab. Suzanne Monange ; *Une cuisine toute simple : version 1978*, [1978], 188 p. Ill. de Régent Turcot.

Face to Face (essai), Toronto, New Press, 1972, ix, 152 p. Collab. Gertrude Laing.

Regards 1970-71. Les heures sauvages (essai), Montréal, CLF, 1972, 190 p. Préface de Pierre de Bané.

Regards 1973. Watergate (essai), Montréal, CLF, 1973, 161 p. Préface de Paul-Émile Beaulne.

Regards 1974. Les maudits journalistes (essai), Montréal, CLF, 1975, 152 p.

Les Aventuriers de l'Outaouais, ou L'Histoire de la capitale nationale, Montréal/Ottawa, Librairie Beauchemin limitée et Commission de la capitale nationale, 1976, 60 p. Ill. d'Emma Hesse. Traduction du livre de Nadja Corkum.

Regards 1976-1977. Lettres ouvertes à treize personnalités politiques (essai), Montréal, CLF Pierre Tisseyre, 1977, 211 p.

Regards 1977-1981. De l'unité à la réalité (essai), Montréal, CLF Pierre Tisseyre, 1981, 263 p.

Regards 1983-1984. Le mystère Québec (essai), Montréal, CLF Pierre Tisseyre, [1984], 186 p.

États généraux : c'est l'abstention des autres qui crée l'impression du « noyautage » par les indépendantistes, Dev, vol. 57, n° 226, 28 sept. 1966, p. 5.

À propos de « Mon pays : Québec ou le Canada ?», les réactions des deux communautés semblent confirmer leur opposition, Dev, vol. 58, n° 43, 21 févr. 1967, p. 5.

Francophonie oui ; Francofolie, non !, Pr, vol. 83, n° 53, 4 mars 1967, p. 4.

Il faut réaliser à 40 ans ses rêves de jeune fille, Ch, vol. 8, n° 5, mai 1967, p. 38-39, 44-47.

Une charte des droits d'avenir, Dev, vol. 59, n° 34, 10 févr. 1968, p. 4.

Goodbye Mister Chips, Dev, vol. 59, n° 122, 24 mai 1968, p. 4.

L'Année des grandes définitions : la Commission de l'unité canadienne, Dev, vol. 69, n° 5, 7 janv. 1978, p. 4.

Et la longue marche continue, Dev, vol. 69, n⁰ 130, 6 juin 1978, p. 4.

Un temps pour parler des paradoxes, Dev, vol. 69, n⁰ 217, 19 sept. 1978. p. 4.

La 3ᵉ solitude : M. Trudeau seul devant les autres, Pr, vol. 94, n⁰ 154, 6 nov. 1978, p. A-4.

Le Prix de la liberté, Dev, vol. 70, n⁰ 53, 5 mars 1979, p. 5.

Il y a un an le rapport Pépin-Robarts, Dev, vol. 71, n⁰ 20, 25 janv. 1980, p. 5.

En votant pour un seul pays, le Québec n'a pas choisi le concept d'un seul peuple, Dev, vol. 71, n⁰ 143, 25 juin 1980, p. 9.

Réconciliation ou Confrontation ?, Dev, vol. 71, n⁰ 166, 23 juillet 1980, p. 12.

Un pays de régions ou de citoyens ?, Dev, vol. 71, n⁰ 225, 1ᵉʳ oct. 1980, p. 9.

Le rapport Pépin-Robarts n'est pas enterré, Dev, vol. 71, n⁰ 247, 28 oct. 1980. p. 9.

Un paradoxe : la divisible unanimité, Dev, vol. 71, n⁰ 272, 26 nov. 1980, p. 11.

Rapatrier le Québec à l'intérieur de la fédération : la nouvelle constitution canadienne, Pr, vol. 98, n⁰ 89, 17 avril 1982, p. B-10.

À quoi et à qui sert le French Power à Ottawa ?, Dev, vol. 77, n⁰ 207, 8 sept. 1986, p. 7.

ÉTUDES

André Vachon, *Chers Ennemis de Gwendolyn Graham et Solange Chaput-Rolland,* LAC 1963, p. 119-120.

Hermine Beauregard, *À la dolce vita qui l'attendait, elle a préféré une vie de combat,* PJ, vol. 41, n⁰ 6, 4 déc. 1966, p. 4.

Roch Poisson, *Elle a choisi le Québec,* dans *Photo-Journal,* vol. 30, n⁰ 35, 14 déc. 1966, p. 75.

Ernest Pallascio-Morin, *L'état de fait qui pourrait devenir une grande tragédie,* dans *L'Action,* vol. 59, n⁰ 17850, 30 déc. 1966, p. 14.

Gaston Miron, *Les Livres à lire,* MM, vol. 7, n⁰ 2, févr. 1967, p. 54.

Roger Duhamel, « *Mon pays, Québec ou le Canada* », RHAF, vol. 20, n⁰ 4, mars 1967, p. 652-654.

Jean-Charles Bonenfant, *Livres canadiens,* C, vol. 28, n⁰ 3, sept. 1967, p. 138-139.

François-Albert Angers, *Le Pays de Madame Solange Chaput-Rolland,* AN, vol. 56, n⁰ 10, oct. 1967, p. 1008-1013.

Claude Daigneault, *Un témoignage sur la difficulté d'être Québécois au Canada,* So, 71ᵉ année, n⁰ 55, 2 mars 1968, p. 24.

Jean-Yves Théberge, *Québec, année zéro,* CF, vol. 108, n⁰ 43, 21 mars 1968, p. 34.

Francion, *Le Journal politique d'une bourgeoisie d'ici,* dans *Le Progrès du golfe,* 64ᵉ année, n⁰ 49, 29 févr. 1968, p. 6.

Solange Chalvin, *Solange Chaput-Rolland rédige au jour le jour la chronique des contestations,* Dev, vol. 59, n⁰ 243, 17 oct. 1968, p. 11.

Réginald Martel, *Le Drame d'une identité inquiète,* Pr, 85ᵉ année, n⁰ 51, 1ᵉʳ mars 1969, p. 23.

Jean-Pierre Guay, *Une ou deux sociétés injustes,* dans *L'Action,* 62ᵉ année, n⁰ 18720, 11 mars 1969, p. 15.

Lily Tasso, *Solange Chaput-Rolland,* dans *Madame au foyer,* vol. 13, n⁰ 7, nov. 1978, p. 6-18.

R.C., *Conférences sur l'avenir politique du Québec. Solange Chaput-Rolland : la reconstruction du régime fédéral créera*

un fédéralisme authentique, dans *Le Forum,* vol. 14, n⁰ 15, 1ᵉʳ oct. 1979, p. 3.

Michel Roy, *Chronique d'une déception,* Dev, vol. 73, n⁰ 24, 30 janv. 1982, p. 20.

[Anonyme], *Solange Chaput-Rolland. Les coulisses du pouvoir,* Dev, vol. 73, n⁰ 210, 11 sept. 1982, p. 17, 35.

Jean-Louis Major, *Des images au mirage, aller et retour. De l'unité à la réalité de Solange Chaput-Rolland,* LQ, n⁰ 27, automne 1982, p. 78-80.

Anne Richer, *Solange Chaput-Rolland.* « *Par-dessus tout, je me sens libre* », Pr, 99ᵉ année, n⁰ 228, 1ᵉʳ oct. 1983, p. A-9.

Victor-Lévy Beaulieu, *Monsieur le ministre ou* « *Passe-moi la broche et le tableau !* », Dev, vol. 75, n⁰ 262, 10 nov. 1984, p. 30.

CHARBONNEAU, HÉLÈNE [Marthe des Serres] (1894-1964). Poète et romancière, née à Saint-Vincent-de-Paul (Montréal). Elle fait ses études chez les Religieuses du Sacré-Cœur et chez les Sœurs des Saints-Noms de Jésus et Marie, à Montréal. Au début des années 1920, elle donne des récitals de chant. Elle publie un recueil de poésie intitulé *Opales* en 1924 sous le pseudonyme de Marthe des Serres ; une seconde édition augmentée paraît la même année ; il est fait mention aussi d'une troisième édition en 1925. Enfin en 1928, il y a une édition parisienne sous son nom véritable dans laquelle se trouve une section de poèmes en vers réguliers intitulée : « Nouveaux Poèmes » ; de plus, les poèmes en prose de la première édition sont disposés en vers libres. Suzanne Paradis, dans DOLQ, t. 2, p. 801-803, considère que l'édition française a paru en 1920 plutôt qu'en 1928. Mais ceci semble peu probable puisque les premiers comptes rendus datent de 1924. En 1929, le Gouvernement français lui décerne les palmes académiques, très probablement parce qu'elle est choisie à figurer dans l'*Anthologie internationale* de D'Artrey en 1927 et à la suite de la publication d'*Opales* à Paris l'année suivante. Le 15 septembre 1928, *Le Canada* parle du « Succès littéraire d'une femme poète canadienne » à Paris, sous la rubrique « Les Livres ». En 1926, Hélène Charbonneau publie un roman *Châteaux de cartes.* Après la mort de sa mère en 1929, elle renonce à sa carrière musicale pour se consacrer à l'écriture et à l'enseignement. En fait, elle rédige des chroniques sur le théâtre et les concerts pour *Le Canada* autour de l'année 1930 ; elle collabore aussi à divers périodiques, se spécialisant dans la critique d'art. Selon Suzanne Paradis, Hélène Charbonneau « montre une originalité certaine de ton et d'expression » (DOLQ, t. 2, p. 803). Cependant, le critique Harry Bernard ne souscrit pas à l'impressionnisme de ses écrits.

275

En 1933, dans son *Anthologie des poètes canadiens,* Jules Fournier mentionne deux recueils en préparation et y publie un poème «Ondes musiciennes (1932)».

ŒUVRES

Opales (poésie), Montréal, G. Ducharme, 1924, 62 p. Portrait. Sous le pseudonyme de Marthe Des Serres; *Opales. Petits poèmes,* Montréal, G. Ducharme, 72 p. Portrait. (Édition revue et augmentée); *Opales,* Paris, Éditions de la France universelle, [1928 ?], 125 p. Préface de Lucie Delarue-Mardrus. «Franco-Canadienne».
Châteaux de cartes (roman), Montréal, G. Ducharme libraire-éditeur, [1926 ?], 105 p. Ill. de Adrien Hébert.

ÉTUDES

Aimé Plamondon, *La Revue des lectures.* Opales. *Petits poèmes par Marthe des Serres,* dans *Le Terroir,* déc. 1924, p. 194–195.
Jean-Charles Harvey, *Chronique littéraire.* Opales, essais poétiques, *par Marthe des Serres,* dans *Le Cri de Québec,* 13 nov. 1925, p. 4.
Anonyme, *Livres et Autres publications,* Pr, 43ᵉ année, nᵒ 14, 30 oct. 1926, p. 57.
J.L.L. D'Artrey, *Marthe des Serres,* dans *Anthologie internationale. Quinze ans de poésie française à travers le monde,* Paris, La France Universelle, 1927, p. 175–178.
[Anonyme], *Les Livres. Succès littéraire d'une femme poète canadienne,* dans *Le Canada,* 15 sept. 1928, p. 4.
Harry Bernard, *La Jeune Poésie,* ACF, déc. 1928, p. 356–357.
Charles-Marie Boissonnault, *L'Événement littéraire. Les œuvres. Hélène Charbonneau,* dans *L'Événement,* 2 févr. 1929, p. 6.
Félix Charbonnier, *À propos d'un livre,* CF, avril 1930, p. 530–533.
Jules Fournier, *Hélène Charbonneau,* dans *Anthologie des poètes canadiens,* Montréal, Granger, 1933, p. 231–233.

CHARBONNEAU, HUBERT (1936–   ). Démographe, né à Montréal. Il fait ses études classiques aux collèges André-Grasset et Sainte-Marie (B.A., 1956). Il obtient ensuite à l'Université de Montréal une maîtrise en géographie pour un mémoire sur «Le Tourisme dans les Cantons de l'Est» (1958) et, à l'Université de Paris, un diplôme en démographie (1961) et un doctorat (1969), en présentant une thèse: *La Population de Tourouvre-au-Perche.* Devenu professeur au département de géographie de l'Université de Montréal, en 1962, il passe au département de démographie en 1965. Il est plusieurs fois professeur invité à l'Université fédérale du Parana (Brésil). Membre de sociétés internationales, il est président-fondateur de l'Association des démographes du Québec (1971). Il reçoit le prix de l'Association des géographes du Canada (1958), obtient la bourse Killam avec Jacques Légaré (1974–1977) et est élu à la Société royale du Canada (1982). Il collabore à divers périodiques, tels la

Revue de géographie de Montréal, Population, Revue d'histoire de l'Amérique française, Histoire sociale... En plus de ses articles et d'ouvrages importants comme *Vie et Mort de nos ancêtres* (1975), Hubert Charbonneau dirige, seul ou en collaboration, plusieurs ouvrages collectifs: *La Population du Québec: études rétrospectives* (1973), *Les Grandes Mortalités* (1979), *Démographie historique* (1979), et tout particulièrement le déjà célèbre *Répertoire des actes de baptême, mariage, sépulture et des recensements du Québec ancien,* ensemble unique au monde, «masse documentaire recueillie systématiquement» (Yvan Lamonde), dont vingt-deux volumes ont paru entre 1981 et 1984 et qui en comprendra quelque soixante-dix.

ŒUVRES

Naissances planifiées. Pourquoi? Comment? (étude), Montréal, Éditions du Jour, 1966, 152 p. Collab. Serge Mongeau.
Tourouvre-au-Perche aux XVIIᵉ et XVIIIᵉ siècles. Étude de démographie historique, Paris, PUF, 1970, xiv, 423 p. Préface de Louis-Henry. «Travaux et Documents».
La Population des Forges St-Maurice (1729–1883) (étude), Montréal, PUM, 1972, 166 p. Collab. Micheline Tremblay. Cartes. Ill.
Les Aspects démographiques de la question linguistique au Québec (étude), Québec, Éditeur officiel du Québec, 1973, 440 p. Collab. Robert Maheu. Ill.
La Population du Québec: études rétrospectives, Montréal, Éditions du Boréal Express, 1973, 111 p. Éditeur. «Études d'histoire du Québec».
Vie et Mort de nos ancêtres. Étude démographique, Montréal, PUM, 1975, 267 p. Préface de Jacques Henripin. «Démographie canadienne».
Démographie historique (études), Rouen/Montréal, Publications de l'Université de Rouen/PUM, 1979, 215 p. Éditeur avec Maria Luiza Marcilio. Collab. E. Hélin *et al.*
The Great Mortalities: Methodological Studies of Demographic Crises in the Past. Les Grandes Mortalités: étude méthodologique des crises démographiques du passé, Liège, Ordina Éditions, [1979 ?], 373 p. Éditeur avec André Larose. Collab. P.V. Adams *et al.* (Certains textes en français, d'autres en anglais).
Répertoire des actes de baptême, mariage, sépulture et des recensements du Québec ancien, Montréal, PUM, 1980–1985, 30 t. «Programme de recherche en démographie historique», 1ʳᵉ tranche: XVIIᵉ siècle, vol. 1–7, 1980, xxvi, [n.p., 4116 p.]; 2ᵉ tranche: 1700–1729, vol. 8–17, 1981–1982, xvi, 5938 p.; 3ᵉ tranche: 1730–1749, vol. 18–30, 1983–1985, xviii, 8175 p. Éditeur avec Jacques Légaré.
Du manuscrit à l'ordinateur. Dépouillement des registres paroissiaux aux fins de l'exploitation automatique,

Québec, Gouvernement du Québec, Ministère des Affaires culturelles, Archives nationales du Québec, 1980, xvi, 229 p. Éditeur avec André Larose. Cartes. « Études et recherches archivistiques ».

De pseudo-démographes n'hésitent pas, pour des fins politiques, à bafouer la science, exploitant bruyamment de douteuses statistiques, Dev, vol. 57, nᵒ 215, 15 sept. 1966, p. 5. Collab. Jacques Légaré.

L'Extrême Mobilité de la population urbaine au Canada : l'exemple de Montréal entre 1956 et 1961, dans *Revue de démographie de Montréal,* vol. 21, nᵒ 2, 1967, p. 235-265. Collab. Jacques Légaré.

La Population du Canada aux recensements de 1666 et 1667, dans *Population,* vol. 22, nᵒ 2, 1967, p. 1031-1057. Collab. Jacques Légaré.

Recensements et Régistres paroissiaux du Canada durant la période 1665-1668. Étude critique, dans *Population,* vol. 25, nᵒ 1, 1970, p. 97-124. Collab. Yolande Lavoie et Jacques Légaré.

L'Avenir démographique des francophones au Québec et à Montréal, en l'absence de politiques adéquates, dans *Revue de démographie de Montréal,* vol. 24, nᵒ 2, 1970, p. 199-202. Collab. Jacques Henripin et Jacques Légaré.

Le Comportement démographique des voyageurs sous le régime français, HS, vol. 11, nᵒ 21, mai 1978, p. 120-133. Collab. Bernard Desjardins et Pierre Beauchamp.

Jeunes Femmes et Vieux Maris : la fécondité des mariages précoces, dans *Population,* nᵒ 6, 1980, p. 1101-1122.

Démographie différentielle et Catégories sociales en Nouvelle-France, dans *Actes du XVᵉ Congrès international des sciences historiques,* t. iv, [Bucarest], Editura Academici Republicii Socialiste Romania, 1982, p. 1150-1163. Collab. Yves Landry.

Démographie différentielle en Nouvelle-France : villes et campagnes, RHAF, vol. 38, nᵒ 3, 1985, p. 357-378. Collab. Yves Landry et Lorraine Gadoury.

Colonisation, Climat et Âge au baptême des Canadiens au XVIIᵉ siècle, RHAF, vol. 38, nᵒ 3, 1985, p. 341-355.

ÉTUDES

[Anonyme], *Charbonneau (Hubert). Vie et Mort de nos ancêtres,* dans *Le Livre canadien,* vol. 7, avril 1976, nᵒ 130.

Marcel Trudel, *Vie et Mort de nos ancêtres,* HS, vol. 10, nᵒ 19, mai 1977, p. 167-168.

Étienne Van de Walle, *Vie et Mort de nos ancêtres,* dans *Journal of Interdisciplinary History,* vol. 7, nᵒ 3, hiver 1977, p. 546-549.

Yvan Lamonde, *La Généalogie : livraison à domicile,* Dev, vol. 71, nᵒ 57, 8 mars 1980, p. 20.

Jacques Thériault, *Un répertoire en 70 volumes. Qui sont nos aïeux ?,* dans *Le Livre d'ici,* vol. 5, nᵒ 28, 16 avril 1980, p. 1.

CHARBONNEAU, JEAN [Delagny] (1875-1960). Poète, dramaturge et essayiste, né à Montréal. Il fait ses études au Collège Sainte-Marie. Il s'intéresse tôt à la littérature, mais c'est d'abord le théâtre qui l'attire. De 1898 à 1901, sous le nom de Delagny, il est membre d'une troupe appelée les Soirées de famille qui joue Octave Feuillet, Eugène Scribe, Edmond Rostand... à Montréal, à Québec, Trois-Rivières, Ottawa et jusqu'aux États-Unis. En 1894-1895, il fait partie du Groupe des Six Éponges avec Joseph Melançon, Henry Desjardins et É.-Z. Massicotte, puis, en 1895, avec Louvigny de Montigny, il fonde l'École littéraire de Montréal à laquelle il reste fidèle jusqu'à sa disparition en 1935. Reçu avocat en 1903, il épouse Marie-Anna Réaume l'année suivante. En 1935, il est élu à la Société royale du Canada et devient traducteur à l'Assemblée législative du Québec, poste qu'il occupe jusqu'à sa retraite, en 1951. Il visite la France, la Suisse et l'Italie et revient s'installer à Montréal en 1952. Atteint de paralysie en 1956, il meurt en 1960 à l'Hôpital des Deux-Montagnes, à Saint-Eustache. Ses premières œuvres publiées, poèmes et contes, paraissent dans *Le Samedi* et *Le Monde illustré* entre 1895 et 1900. L'ouvrage collectif de l'École littéraire, *Les Soirées du Château de Ramezay* (1900), reproduit quelques-unes de ses poésies et sa conférence célèbre à l'époque, « Quelques Mots sur le symbolisme ». Il collabore au *Terroir* (1909). Son premier recueil de poésie, *Les Blessures,* paraît à Paris en 1912. Six autres recueils suivront en l'espace de trente ans. À la poésie s'ajoute l'œuvre du critique : *Des influences françaises au Canada* (1916, 1918, 1920) et *L'École littéraire de Montréal* (1935). Homme d'une vaste culture, lecteur assidu des philosophes, admirateur de Hugo et de Nietzsche, Jean Charbonneau est resté toute sa vie un solitaire chez qui la pensée l'emporte sur le sentiment, et le labeur sur l'élan créateur. Son œuvre est le résultat d'une cinquantaine d'années de travail persévérant. C'est surtout une œuvre rationnelle trop souvent limitée à des pensées générales. Ce qui lui fait défaut, écrit Louis Dantin, « c'est le contour individuel et la variété de teinte, c'est la qualité atmosphérique et le caractère ». L'œuvre de Charbonneau est principalement un témoignage qui aide à comprendre l'époque de l'École littéraire de Montréal. Ses archives privées, qui contiennent encore en manuscrits un tiers de son œuvre, soit deux recueils de poésie, trois pièces de théâtre, un roman..., se trouvent au Centre de recherche en civilisation canadienne-française de l'Université d'Ottawa.

ŒUVRES

Les Blessures (poésie), Paris, Alphonse Lemerre éditeur, 1912, 228 p.

Des influences françaises au Canada (essai), Montréal, Librairie Beauchemin ltée, 1916–1920, 3 vol. : vol. 1, xx, 226 p. Préface d'Édouard Montpetit ; vol. 2, *Études et Problèmes avant et depuis la cession*, 377 p. ; vol. 3, *Réflexions sur l'histoire constitutionnelle du Canada. La volonté de domination et la volonté de conservation*, 1920, 320 p.

L'Âge de sang (poésie), Paris, Librairie Alphonse Lemerre, 1921, 246 p. « Poésie ».

Les Prédestinés. Poèmes de chez nous, Montréal, Librairie Beauchemin ltée, 1923, 223 p.

L'Ombre dans le miroir. Poèmes, Montréal, Librairie Beauchemin ltée, 1924, 255 p.

La Flamme ardente. Poèmes, Montréal, Librairie Beauchemin ltée, 1928, 240 p.

L'École littéraire de Montréal (histoire littéraire), Montréal, Lévesque, 1935, 319 p.

Tel qu'en sa solitude... Poèmes, Montréal, Éditions Bernard Valiquette/Éditions A.C.F., 1940, 198 p.

Sur la borne pensive. L'Écrin de Pandore. Poèmes, Paris, Librairie Alphonse Lemerre, 1952, 246 p.

Quelques Mots sur le symbolisme, dans *Les Soirées du Château de Ramezay,* Montréal, Senécal et Cie, 1900, p. 220–252.

Causerie théâtrale, Montréal, Arbour et Dupont, 1909, p. 24–26, 60–64, 92–96, 174–180.

Le Centenaire de la « Revue des Deux Mondes », Pr, 46e année, no 59, 23 déc. 1929, p. 6.

Germain Beaulieu, Dev, vol. 35, no 149, 30 juin 1944, p. 8–9.

ÉTUDES

Eugène Hollande, *Un poète canadien : Jean Charbonneau,* dans *La Vie* (Paris), 2e année, no 10, mars 1913, p. 600–601.

Gustave Comte, *Les Influences françaises au Canada. Autour d'un livre récent,* Sa, vol. 30, no 22, 9 nov. 1918, p. 7.

Jules Fournier, *Anthologie des poètes canadiens,* Montréal, [s.é.], 1930, 309 p. surtout p. 176–180.

Victor Barbeau, *Peints par eux-mêmes. Ceux qu'on décore,* dans *Les Cahiers des Turcs,* 1re série, no 1, 1er oct. 1921, p. 13–14.

Camille Roy, *Bibliographie canadienne. La Flamme ardente,* ESC, 14e année, vol. 8, no 5, févr. 1929, p. 356–366.

Albert Pelletier, *Carquois,* Montréal, LACF, 1931, 247 p., surtout p. 95–100.

Germain Beaulieu, *Nos immortels,* Montréal, Lévesque, 1931, 156 p. surtout p. 9–17.

Albert Laberge, *Peintres et Écrivains d'hier et d'aujourd'hui,* Montréal, Édition privée, 1938, 247 p., surtout p. 189–197.

Francine Lacroix, « Bio-bibliographie de Jean Charbonneau ». Mémoire. Montréal. École des bibliothécaires de l'Université de Montréal, 1943, viii, 72 f.

Paul Wyczynski, *Jean Charbonneau a enfin rejoint le « règne du silence »,* Pr, 77e année, no 19, 5 nov. 1960, p. 34.

Jean-Jacques Lefebvre, *Jean Charbonneau,* dans *La Revue du barreau de la province de Québec,* t. 20, no 10, déc. 1960, p. 544–546.

Odette Condemine, « Jean Charbonneau dramaturge ». Thèse de maîtrise. Ottawa. Université d'Ottawa, 1963, v, 166 f.

Paul Wyczynski, *L'Héritage poétique de l'École littéraire de Montréal,* dans *La Poésie canadienne-française,* Montréal, Fides, 1969, p. 75–108. « ALC » 4.

CHARBONNEAU, PIERRE [Paul Nogaret, Pierre Orléans] (1928–   ). Essayiste et romancier, né à Mont-Laurier. Il fait son cours classique au Séminaire Saint-Joseph de Mont-Laurier (1941–1948), étudie les sciences commerciales à l'École des métiers commerciaux de Montréal (1948–1950), puis obtient, à l'Université de Montréal, un baccalauréat en philosophie (1951) et une licence comprenant un mémoire sur « Le Problème du temps » chez Aristote, saint Augustin, Husserl, etc. (1953). De 1953 à 1955, il prépare un doctorat en philosophie à l'Université de Chicago. Il est ensuite journaliste à *Montréal-Matin* (1956), éditorialiste au *Nouveau Journal* (1961–1962), mais il fait surtout carrière à Radio-Canada où il occupe divers postes, à compter de 1956 : chef des services de renseignements, chargé de recherches, attaché de presse, directeur adjoint puis directeur du service des nouvelles, et enfin directeur du secrétariat, à Ottawa, en 1974. Il collabore à *Cité Libre.* Son texte le plus remarqué, *La Couronne* (1961), paraît dans les *Écrits du Canada français ;* c'est un article courageux — si on le replace dans les années qui suivent le décès de Duplessis — et qui provoque une polémique entre nationalistes et tenants de la fidélité à la Couronne britannique. Après un long silence non étranger à cette polémique, Pierre Charbonneau publie son premier roman, *La Baie heureuse* (1981) : il y fait revivre une partie de son enfance dans laquelle les personnages et les situations réels (guerre de 1939–1945) se mêlent aux souvenirs, à la fiction et au terroir dans lequel s'enfoncent ses racines culturelles et sociales.

ŒUVRES

La Baie heureuse. Roman, Montréal, CLF Pierre Tisseyre, 1981, 311 p.

L'Heure du berger. Roman, Montréal, CLF Pierre Tisseyre, 1984, 271 p.

Défense et Illustration de la gauche, CL, 8ᵉ année, nᵒ 18, nov. 1957, p. 26–46.

Lettre ouverte à Gérard Pelletier sur l'unanimité, CL, 11ᵉ année, nᵒ 32, déc. 1960, p. 23–25.

La Couronne. Essai sur les Canadiens français et la démocratie, ECF, nᵒ 8, 1961, p. 11–53.

S'endetter... ou se servir, dans *Le Nouveau Journal,* vol. 1, nᵒ 144–153, 26–28 févr., 1–3 mars, 5 mars 1962, p. 2. (série d'articles).

ÉTUDES

Gérard Pelletier, *À mots découverts,* CL, 11ᵉ année, nᵒ 33, janv. 1961, p. 16–17.

Jean-Paul Robillard, *Démocratie et Autonomie,* PJ, vol. 35, nᵒ 20, 6 févr. 1961, p. 90.

Jean Paré, *Les Lettres,* Pr, 77ᵉ année, nᵒ 41, 18 févr. 1961, p. 24.

Jean-Charles Falardeau, *Le Canada français politique vu de l'intérieur,* RS, vol. 2, nᵒˢ 3–4, juillet–déc. 1961, p. 295–340.

Vincent Lemieux, *La Couronne,* LAC 1961, p. 62.

Pierre Lebœuf, *Le Mouvement laïque : deux ans après,* L, vol. 5, nᵒ 3, mai–juin 1963, p. 179–183.

Madeleine Ouellette-Michalska, *Pierre Charbonneau : portrait d'une époque,* Dev, vol. 73, nᵒ 66, 20 mars 1982, p. 19.

Gabrielle Poulin, « *L'Heure du berger* », *de Pierre Charbonneau. Un siècle de retard,* Dr, 72ᵉ année, nᵒ 291, 19 mars 1985, p. 24.

CHARBONNEAU, RO-BERT (1911–1967). Journaliste, romancier, essayiste et poète, né à Montréal. Il fait ses études classiques au Collège Sainte-Marie (B.A., 1933). Diplômé en journalisme de l'Université de Montréal (1934), il fonde avec Paul Beaulieu *La Relève* (1934), devenue, en 1941, *La Nouvelle Relève* ; il en assumera la direction avec Claude Hurtubise et Paul Beaulieu jusqu'à sa disparition en 1948. Entre 1934 et 1942, Robert Charbonneau a été journaliste à *La Patrie,* rédacteur au *Droit,* puis directeur de l'information au journal *Le Canada.* Il collabore à plusieurs autres périodiques, tels *Culture, Notre Temps, Action nationale, Le Devoir.* En 1940, il fonde les Éditions de l'Arbre avec Claude Hurtubise. En 1944, il participe à la création de l'Académie canadienne-française, dont il sera le vice-président de 1948 à 1960. Il est président de la Société des éditeurs (1945–1948) et, en 1949, adjoint au directeur de l'information à *La Presse.* En 1950, il entre à *La Semaine à Radio-Canada* dont il est nommé directeur en 1953, puis il crée le Service des textes de Radio-Canada en 1955. En 1966, il est élu président de la Société des écrivains. Robert Charbonneau a reçu le prix David (1942) pour *Ils posséderont la terre,* le prix Duvernay (1946) pour *Fontile* et la médaille Chauveau de la Société royale du Canada (1965). À *La Relève,* à *La Nouvelle Relève,* aux Éditions de l'Arbre et au Service des textes, il encourage les jeunes écrivains ; toute sa vie « il a mené une véritable croisade pour faire progresser la littérature canadienne de langue française » (Madeleine Ducrocq-Poirier). En 1946 et 1947, une vive et longue polémique le met aux prises avec Jean Cassou, Louis Aragon, Stanislas Fumet, François Mauriac, etc., à propos de la valeur littéraire d'écrivains français accusés de collaborationnisme, et sur l'originalité de la littérature canadienne-française. Romancier, Charbonneau écrit avant tout des romans psychologiques. Plus que la fabulation, sa technique romanesque privilégie le personnage, ce que souligne Madeleine Ducrocq-Poirier, en renvoyant le lecteur à *Connaissance du personnage* (1944). « Sa première expérience de romancier, sa fréquentation assidue des grands maîtres du genre, que sont Mauriac, Balzac, Dostoïevski, O'Neill, Caldwell, Montherlant, Faulkner, Hemingway, lui ont appris que la difficulté majeure, dans ce domaine était de réussir une fiction criante de vérité et de vie [...]. Que le seul moyen d'y parvenir était d'accorder, par le biais du personnage romanesque, la première place à l'homme, conférant une valeur permanente aux produits de l'imagination. Réussite à la mesure de l'art du romancier ».

ŒUVRES

Ils posséderont la terre. Roman, Montréal, L'Arbre, 1941, 221 p. « Le Serpent d'airain » ; [1944], 222 p. ; Fides, 1970, 181 p. Précédé d'une chronologie, d'une bibliographie et de jugements critiques. « BCF ».

Connaissance du personnage (essai), Montréal, Éditions de l'Arbre, 1944, 195 p.

Fontile. Roman, Montréal, Éditions de l'Arbre, 1945, 203 p. ; Éditions du Sablier, 1982, 171 p.

Petits Poèmes retrouvés (poésie), [Montréal], Éditions de l'Arbre, 1945, 30 p.

La France et nous. Réponses à Jean Cassou, René Garneau, [etc.], Montréal, Éditions de l'Arbre, 1947, 79 p.

Les Désirs et les Jours. Roman, Montréal, Éditions de l'Arbre, 1948, 251 p.

Aucune Créature. Roman, Montréal, Éditions Beauchemin, 1961, 179 p.

Chronique de l'âge amer. Roman, [Montréal], Éditions du Sablier, 1967, 144 p.

Romanciers canadiens (essai), Québec, PUL, 1972, 177 p. « VLC » ; 1980, 196 p. « VLQ ».

François Mauriac, Re, nᵒ 4, 1ʳᵉ série, sept. 1934, p. 64–75.

Vers d'été, NR, vol. 4, sept. 1945, p. 326–333; nov. 1945, p. 384–389.

Aspect du roman, NR, vol. 4, nᵒ 9, mars 1946, p. 763–770; vol. 5, nᵒ 1, mai 1946, p. 40–45; nᵒ 2, juin 1946, p. 165–169.

Aucun chemin n'est sûr, CACF, 1959, p. 11–31.

L'Art d'être Canadien, MSRC, 4ᵉ série, vol. 3, sect. 1, 1965, p. 19–28.

Parallèle, CACF, 1965, p. 19–37.

[*Témoignages...*], dans *Le Roman canadien-français,* Montréal et Paris, Fides, [1964], p. 333–338. « ALC » 5.

ÉTUDES

Arthur Laurendeau, *Ils posséderont la terre,* AN, vol. 21, janv. 1943, p. 98–104.

Roger Duhamel, *Connaissance du personnage,* AN, vol. 24, nᵒ 1, août–sept. 1944, p. 66–70.

Allan McAndrew, *A Canadian Discipline of François Mauriac : Robert Charbonneau,* dans *University of Toronto Quarterly,* vol. 16, nᵒ 1, oct. 1946, p. 42–50.

Madeleine-Blanche Ellis, *Robert Charbonneau et la Création romanesque,* Montréal, Éditions du Lévrier, 1948, 64 p.

Collab., *Extraits de presse sur les œuvres de Robert Charbonneau,* NR, vol. 6, nᵒ 4, mai 1948, p. 371–378.

Romain Légaré, *L'Œuvre romanesque de Robert Charbonneau,* AN, vol. 32, nᵒ 3, nov. 1948, p. 209–223.

Alfred DesRochers, *Aucune Créature,* dans *Lectures,* vol. 8, nᵒ 2, oct. 1961, p. 37–38.

Jean-Charles Falardeau, *Robert Charbonneau et le Rêve de l'adolescent,* dans *Notre société et son roman,* Montréal, HMH, 1967, p. 135–179.

Jacques-A. Lamarche, *Les Inédits : Robert Charbonneau (1911–1967),* BJ, nᵒ 27, nov. 1970, févr. 1971, p. 69–73.

Madeleine Ducrocq-Poirier, *Chroniques. Robert Charbonneau,* L, vol. 13, nᵒ 2, 1971, p. 136–141.

Id., Robert Charbonneau, dans *Présence francophone,* nᵒ 4, printemps 1972, p. 112–124.

Id., Robert Charbonneau, Montréal, Éd. Fides, 1972, 191 p. « ECA ».

M.-G. Hesse, *Le Thème de la jeunesse chez Robert Charbonneau,* AN, vol. 62, nᵒ 7, mars 1973, p. 584–600.

John J. O'Connor, *Fraternal Twins : The Impact of Jacques Maritain on Callaghan and Charbonneau,* dans *Mosaic,* vol. 14, nᵒ 2, printemps 1981, p. 145–163.

Robert Charbonneau parmi nous, ECF, nᵒ 57, 1986.

CHARBONNEAU-TISSOT, CLAUDETTE [Aude] (1947–   ). Romancière et nouvelliste, née à Montréal. Elle fait ses études classiques au Collège Basile-Moreau (B.A., 1968), puis elle obtient une licence ès lettres de l'Université de Montréal (1971) et une maîtrise pour un mémoire intitulé « Mouvement et Fixité dans le recueil ‹ Instantanés › d'Alain Robbe-Grillet » à l'Université Laval (1974) où elle prépare aussi un doctorat. À partir de 1976, elle est professeure de lettres au Cégep François-Xavier-Garneau. Elle collabore à diverses revues dont *Écrits du*

Canada français, Chroniques, Châtelaine, La Nouvelle Barre du jour. Son premier livre, *Contes pour hydrocéphales adultes,* paraît en 1974. Il s'agit plutôt de nouvelles, dit Jeanne Demers qui en admire « la phrase d'une grande souplesse, le tissage savant des images », et met cependant l'auteure en garde contre « une certaine préciosité », le jeu pour le jeu de l'écriture aux dépens du récit. Le recueil suivant, *La Contrainte* (1976), présente cinq histoires à la limite du réel et du rêve, dont la langue « frôle à chaque instant la perfection », selon Michel Beaulieu, alors que Jacques Michon exprime des réserves. Dans son premier roman, *La Chaise au fond de l'œil,* une femme enfermée exprime sa révolte et souhaite sa libération intérieure. « Au plan formel, [l'œuvre] accuse une nette progression » (Madeleine Ouellette-Michalska). En 1985, Claudette Charbonneau-Tissot publie un second roman, *L'Assembleur,* sous le pseudonyme d'Aude. Œuvre étrange, à « caractère unique dans la littérature québécoise » par son thème, et sa technique, écrit Gabriel Poulin. Des personnages se servent d'un ordinateur, non pour des raisons de rapidité et de correction, mais ils l'interrogent sur le développement même de leurs objets. Le résultat n'est pas totalement convaincant, mais il manifeste l'audace et l'originalité d'un auteur de talent.

ŒUVRES

Contes pour hydrocéphales adultes, Montréal, CLF, 1974, 147 p. Ill.

La Contrainte. Nouvelles, Montréal, CLF Pierre Tisseyre, 1976, 144 p.

La Chaise au fond de l'œil. Roman, Montréal, CLF Pierre Tisseyre, 1979, 137 p.

Les Petites Boîtes (litt. jeunesse), Montréal, Éditions Paulines/Éditions Arnaud, 1983, 2 vol. : vol. 1, *L'Oiseau-mouche et l'Araignée,* 23 p. ; vol. 2, *La Boule de neige,* 23 p. Ill. de Michèle Bergeron. Petites notes de Diane Turcotte. « Toupie ».

L'Assembleur. Roman, Montréal, CLF Pierre Tisseyre, 1985, 157 p. Sous le pseudonyme de Aude.

Banc de brume (roman), Montréal, du Roseau, 1987, 148 p. « Garamond ».

Les Petits Trains (nouvelle), ECF, nᵒ 36, 1973, p. 181–189.

L'Énigme du coude (nouvelle), ECF, nᵒ 36, 1973, p. 191–203.

Un hasard contrôlé (nouvelle), dans *Chroniques,* vol. 1, nᵒˢ 6–7, juin–juillet 1975, p. 23–29.

Le Hublot (nouvelle), Ch, vol. 16, nᵒ 7, juillet 1975, p. 38.

L'Inimagination (nouvelle), NBJ, nᵒˢ 56–57, mai–avril 1977, p. 50–52.

Tessons d'un fouillis résurgent (nouvelle), NBJ, n° 63, févr. 1978, p. 32–36.

Le Café des hasards troubles (nouvelle), dans *Bulletin Pantoute*, n° 2, juin–août 1980, p. 14–15.

Le Cercle métallique (nouvelle), Ch, vol. 21, n° 12, déc. 1980, p. 110–117.

Fêlures (nouvelle), dans *Intervention*, n° 7, 1980, p. 19.

ÉTUDES

[Anonyme], *Charbonneau-Tissot (Claudette). Contes pour hydrocéphales adultes*, dans *Le Livre canadien*, vol. 6, févr. 1975, n° 44.

Jacques Michon, *Charbonneau-Tissot, Claudette. La Contrainte*, LAQ 1976, p. 61–62.

Réginald Martel, *Propos au-dessus du vide*, Pr, 92e année, n° 302, 18 déc. 1976, p. C-3.

Michel Beaulieu, *... Et la contrainte*, dans *Le Livre d'ici*, vol. 2, n° 23, 16 mars 1977, p. 1.

Madeleine Ouellette-Michalska, *Claudette Charbonneau-Tissot. La folie comme échappée vers la liberté*, Dev, vol. 71, n° 51, 1er mars 1980, p. 21.

Réginald Martel, *Un pitre, un prisonnier, une fille, un amoureux*, Pr, 96e année, n° 57, 8 mars 1980, p. D-3.

Louis Lasnier, *Charbonneau-Tissot (Claudette). La Chaise au fond de l'œil*, dans *Nos livres*, vol. 11, mars 1980, n° 79.

Gabrielle Poulin, « *L'Assembleur* », *d'Aude. Une vengeance programmée*, Dr, 73e année, n° 166, 12 oct. 1985, p. 28.

CHAREST, LUC (1947–   ).

Romancier, poète et critique artistique, né à Edmundston (Nouveau-Brunswick). Il fait ses études au Collège Saint-Louis d'Edmundston et au Séminaire Saint-Augustin de Cap-Rouge (Québec) (D.E.C., 1971). En 1974, il obtient une licence en histoire de l'art à l'Université Laval, études qu'il continue ensuite à l'Université de Montréal. Il possède en outre un certificat d'enseignement et un diplôme en musique. Critique artistique, il collabore aux revues *Montréal ce mois-ci*, *Le Berdache* et *Vie des arts*. Il publie un premier roman en 1978, *Autrement...*, un second en 1980, *Le Rouquin*, et un recueil de poésie et prose, *Veilleuse*, en 1981. *Le Rouquin*, qui ressemble assez à *Autrement...*, est remarqué par la critique : Réginald Martel lui reproche de se tuer « à faire discourir son narrateur sur un ton qui relève de l'essai — ou de la polémique si on y tient — plutôt que de la création littéraire ». Cependant, pour Marc Morin, « par-delà ce ressentiment-leitmotiv de l'hétérophobie, il y a dans *Le Rouquin* une fraîcheur nouvelle [...] : celle de l'enfance ».

ŒUVRES

Autrement... (roman), Montréal, Éditions Allégoriques, 1978, 89 p. Portrait.

Le Rouquin. Roman, Montréal, Éditions Allégoriques, 1980, 143 p.

Veilleuse — poésie et prose, Montréal, Éditions Allégoriques, 1981, 23 p.

ÉTUDES

Marc Morin, *Une marginalité bien tranquille*, dans *Le Berdache*, n° 4, oct. 1979, p. 39–40.

Pierre Nouveau, *Autrement... de Luc Charest*, dans *Arcadie*, n° 310, oct. 1979, p. 681.

Réginald Martel, *Louise Maheux-Forcier. La gravité de l'humour*, Pr, 96e année, n° 258, 1er nov. 1980, p. C-3.

Marc Morin, *J'irai sur un cheval fou*, dans *Le Berdache*, n° 16, déc.–janv. 1980–1981, p. 43–44.

Pierre Nouveau, *Le Rouquin de Luc Charest*, dans *Arcadie*, n° 325, janv. 1981, p. 62.

CHARLEBOIS, JEAN (1945–   ).

Poète, né à Québec. Il fait ses études classiques aux collèges Sainte-Marie et Notre-Dame (B.A., 1966). Il obtient une licence ès lettres à l'Université de Montréal, en 1971, après quoi il devient rédacteur de textes publicitaires pour la Société d'aménagement de la Baie James. En 1974, il est rédacteur-traducteur à l'Office national du film et à Radio-Québec. Il collabore sporadiquement à *Liberté*, au *Jour* et au *Devoir*. Son premier recueil, *Popèmes absolument circonstances incontrôlables*, paraît aux Éditions du Noroît en 1972 et est accueilli assez froidement : les uns y voient de grosses blagues de collégien, les autres des influences d'un Prévert mal assimilé. Les recueils suivants reçoivent, à quelques exceptions près, la faveur de la critique. Si, avec *Tendresses* (1975), « on aimerait que l'auteur délaisse l'art vagissementiel des petits popèmes pour fanfans heureux » (*Le Livre canadien*), *Hanches neige* (1977), « est un livre muri à point, qu'on savoure de la première à la dernière page » (Richard Giguère). Michel Beaulieu pense que dans son ensemble l'œuvre est « soigneusement articulée et son point de vue, incontestable ».

ŒUVRES

Popèmes absolument circonstances incontrôlables (poésie), Saint-Lambert, Éditions du Noroît, 1972, 109 p. Préface de Natol Hublo.

Tête de bouc. Livre (poésie), Saint-Lambert, Éditions du Noroît, 1973, [n.p., 92 p.].

Tendresses (roman), Saint-Lambert, Éditions du Noroît, 1975, [n.p., 150 p.].

Hanches neige (photo-roman), Saint-Lambert, Éditions du Noroît, 1977, [n.p., 146 p.]. Ill.

Conduite intérieure (poésie), Saint-Lambert, Éditions du Noroît, 1978, [n.p., 121 p.]. Ill.

Plaine Lune, suivi de Corps fou (poésie), Saint-Lambert, Éditions du Noroît, 1980, [n.p., 104 p.].

La Mour, suivi de L'Amort (poésie), Saint-Lambert, Éditions du Noroît, 1982, [n.p., 154 p.]. Ill. (Chaque partie possède sa propre pagination).

Présent! (poésie), Saint-Lambert, Éditions du Noroît, 1984, 107 p.

Corps cible (poésie), Saint-Lambert, Éditions du Noroît/ Cesson (France), Table rase, 1988, 128 p.

ÉTUDES

[Anonyme], *Charlebois, Jean. Tendresses*, dans *Le Livre canadien*, vol. 6, oct. 1975, n° 300.

Pierre-André Arcand, *Le Noroît*, LAQ 1975, p. 124.

Richard Giguère, *Jean Charlebois. Hanches neige*, LAQ 1977, p. 139-142.

Jacques Nolin, *Charlebois, Jean. Hanches neige*, dans *Nos livres*, vol. 9, janv. 1978, n° 5.

André Janoit, *Charlebois, Jean. Conduite intérieure*, dans *Nos livres*, vol. 10, févr. 1979, n° 68.

Suzanne Paradis, *O'Reilly, Charlebois, Hamelin, Bourneuf*, Dev, vol. 70, n° 46, 24 févr. 1979, p. 20.

Michel Beaulieu, *Sur les traces de Charlebois*, dans *Le Livre d'ici*, vol. 4, n° 29, 25 mars 1979, p. 1.

Richard Giguère, *L'un chante, l'autre pas: « Plaine Lune » de Jean Charlebois, « Travesties-Kamikaze » de Josée Yvon*, LQ, n° 20, hiver 1980-1981, p. 28-30.

André Dionne, *Charlebois, Jean. Plaine Lune suivi de Corps fou*, dans *Nos livres*, vol. 12, janv. 1981, n° 7.

Michel Beaulieu, *Jean Charlebois. Le Salut par la Tendresse*, dans *Le livre d'ici*, vol. 6, n° 15, 14 janv. 1981, p. 2.

CHARLEVOIX, FRANÇOIS-XAVIER (1682-1761). Historien, né à Saint-Quentin (France). Il entre au noviciat des Jésuites à Paris en 1698 et, au bout d'un an, continue ses études au Collège Louis-le-Grand. Élevé au diaconat, il part pour le Canada où il enseigne la grammaire au Collège des Jésuites, à Québec, pendant quatre ans (1705-1709). Il retourne en France, termine ses études et, ordonné prêtre, il devient professeur de philosophie et préfet au Collège Louis-le-Grand où parmi les élèves se trouve Voltaire. Chargé officiellement, en 1719, d'étudier les possibilités de découverte de la mer de l'Ouest et la question des frontières de l'Acadie, il le fait sous forme d'un rapport malheureusement disparu, mais connu par le résumé qu'en fait le procureur général d'Auteuil. À la suite de son enquête, il fait un deuxième séjour au Canada, du 30 juin 1720 au 5 janvier 1723. Les trente-six lettres de son « Journal historique » relatent son voyage depuis Rochefort jusqu'à la Nouvelle-Orléans, en passant par Québec, Montréal, Détroit, Michillimakinac et le Mississippi. Il visite aussi l'île Saint-Domingue d'où un bâtiment le ramène en Floride, en passant par la Havane. Après maintes péripéties, il revient en France en janvier 1723. Pendant vingt ans, il est rédacteur des *Mémoires de Trévoux*, revue patronnée par les jésuites ; lui incombe surtout la tâche de la critique littéraire. En 1741, il devient procureur des missions de la Nouvelle-France. Il meurt à La Flèche, en 1761. Voulant faire connaître le Nouveau Monde sous son vrai jour à ses compatriotes, il prépare deux histoires du Japon (1715 et 1736), l'histoire de Saint-Domingue (1730), de la Nouvelle-France (1744) et du Paraguay (1756). Il publie aussi une biographie de mère Marie de l'Incarnation (1724). Mais son œuvre la plus importante est son *Histoire et Description générale de la Nouvelle-France avec le Journal historique d'un voyage fait par ordre du roi dans l'Amérique septentrionale*. Selon F.-X. Garneau (« Préface » à la 3ᵉ édition de l'*Histoire du Canada*), « parmi les auteurs qui sont antérieurs à la conquête, il faut remarquer le célèbre jésuite Charlevoix. Le plan étendu de son livre de ‹ Nouvelle-France ›, l'exactitude des faits qu'il développe, son style simple et naturel, lui ont assuré depuis longtemps un rang élevé ; et le Canada le regarde encore aujourd'hui comme le meilleur de ses historiens. S'il s'abandonne quelquefois à une pieuse crédulité, si ses affections exercent sur lui une influence à laquelle il ne peut pas toujours se soustraire, tous les savants reconnaissent qu'il parle des hommes et des choses avec autant de modération que de jugement ; qu'il sait apprécier les événements avec sagesse et impartialité et que ses relations avec la cour de France lui ont procuré l'avantage de puiser à des sources précieuses ». Un siècle plus tard, Léon Pouliot abondera dans le même sens.

ŒUVRES

Histoire de l'Établissement, des progrès et de la décadence du christianisme dans l'Empire du Japon, où l'on voit les différentes révolutions qui ont agité cette monarchie pendant plus d'un siècle, Rouen, Chez Jacques Joseph le Boulanger, 1715, 3 vol. : vol. 1, 337 p. ; vol. 2, 398 p. ; vol. 3, 460 p. ; Louvain, Vanlinthout et Vanderzande, 1828-1829, 2 vol. : vol. 1, xxix, 410 p. ; vol. 2, 540 p. ; *Histoire du christianisme au Japon, où l'on voit les différentes révolutions qui ont agité cette monarchie pendant plus d'un siècle*, Paris, Librairie ecclésiastique de Rusand, 1828, 2 vol. : vol. 1, xxx, 469 p. ; vol. 2, 467 p. ; Paris, Bureau de l'enseignement catholique, 1828 ; Paris, Gaume, 1836 ; Tours, Mame, 1839, 300 p. (Édition abrégée) ; Lille, L. Lefort, 1853, 324 p. Traduction anglaise : *The History of the Church of Japan* et traduction espagnole : *Historia del Cristianismo en el Japon.*

La Vie de la Mère Marie de l'Incarnation, institutrice et première Supérieure des Ursulines de la Nouvelle-France, Paris, Chez Ant. Claude Briasson, 1724, xxxx, 412 p. Chez P. G. Le Mercier, 1735 ; *Vie de la Mère Marie de l'Incarnation, fondatrice et première Supérieure des Ursulines de la Nouvelle-France,* Clermont-Ferrant, Typographie de Thibaud-Landriot, libraire, 1862, 426 p. Traduction italienne par D. Filia Maria Saminiati : *Vita della Madre Suor Maria dell'Incarnazione, institutrice e prima Superiora delle Orsuline della Nuova Francia,* Lucca, Sebastiano Domenico Cappuri, 1727, [21], 226 p. Introduction de l'auteur. Préface du traducteur.

Histoire de l'Île Espagnole ou de S. Domingue. Écrite particulièrement sur des Mémoires Manuscrits du P. Jean-Baptiste Le Pers, jésuite, missionnaire à Saint-Domingue et sur les Pièces originales qui se conservent au Dépôt de la marine, Paris, 1730–1731, 2 vol. : vol. 1, Chez François Didot, 1730, xxx, 540 p. Préface de l'auteur ; vol. 2, 1731, Chez François Barrois, xvi, 566 p. Ill. Cartes ; Amsterdam, François L'Honoré, 1733, 2 vol. : vol. 1, xxiv, 292 p. ; vol. 2, xiv, 390 p.

Histoire et Description générale du Japon, où l'on trouvera tout ce qu'on a pu apprendre de la nature et des productions du pays, du caractère et des coûtumes des habitans, du gouvernement et du commerce, des révolutions arrivées dans l'Empire et dans la religion ; et l'examen de tous les auteurs, qui ont écrit sur le même sujet, Paris, Chez Julien-Michel Gandouin, Jean-Baptiste Lamesle, Pierre-François Giffard, Rollin fils, Nion fils, 1736, 2 vol. : vol. 1, lviii, 667 p. ; vol. 2, xii, 746 p. (Avec les Fastes chronologiques de la découverte du Nouveau Monde. Enrichie de Figures en taille douce) ; Chez Ganeau, Bauche, d'Houry, 1754 ; Tours, Mame, 1839, 308 p.

Histoire et Description générale de Nouvelle-France avec le Journal historique d'un voyage fait par ordre du Roi dans l'Amérique Septentrionale où l'on trouvera la description géographique et l'histoire naturelle des pays, que l'auteur a parcourus, les coutumes, le caractère, la religion, les mœurs, et les traditions des peuples qui les habitent, Paris, Chez la Veuve Ganeau, 1744, 3 vol. : vol. 1, xxvi, 664 p. ; vol. 2, lxi, 582, 56 p. ; vol. 3, xix, xiv, 543 p. ; Chez Rolin fils libraire ; Chez Nyon fils ; Chez Didot, 6 vol.: vol. 1, viii, 454 p. ; vol. 2, 501 p. ; vol. 3, 465 p. ; vol. 4, 328 p. ; vol. 5, xxxviii, 456 p. ; vol. 6, 434 p. ; *Histoire et Description générale de la Nouvelle-France, avec le Journal historique d'un Voyage fait par ordre du Roi dans l'Amérique Septentrionale,* Montréal/Paris, Chez Nyon fils, libraire/Édition Élisée, 1976, 3 vol. : vol. 1, xxvi, 664 p. ; vol. 2, 582 p. (*Suivi de Description des plantes principales de l'Amérique Septentrionale*), 56 p ; vol. 3, *Journal d'un voyage fait par ordre du Roi dans l'Amérique Septentrionale, adressé à Madame la Duchesse de Lesdiguières,* 543 p.

(*Suivi de Projet d'un corpus d'histoire du Nouveau Monde*). Traduction anglaise : *Journal of a Voyage to North-America. Undertaken by Order of the French King. Containing the Geographical Description and Natural History of that Country Particularly Canada. Together with an Account of the Customs, Characters, Religion, Manners and Traditions of the Original Inhabitants. In a Series of Letters to the Duchess of Lesdiguières,* London, Printed for Rand J. Dodsley, 1761, 2 vol : vol. 1, viii, 382 p. ; vol. 2, viii, 404 p. ; Dublin, Printed for John Exshaw and James Potts inc., 1766, 2 vol. : vol. 1, xii, 228 p. ; vol. 2, 356 p. ; traduction anglaise par John Gilmary Shea : *History and General Description of New France,* New York, Francis P. Harper, 1866–1872, 6 vol. : vol. 1, iv, 285 p. Préface du traducteur ; vol. 2, 1866, iv, 285 p. ; vol. 3, 1868, v, 313 p. ; vol. 4, 1870, vii, 309 p. ; vol. 5, 1871, ix, 311 p. ; vol. 6, 1872, ix, 257 p. ; 1900 ; *Journal of a Voyage to North America,* Chicago, The Caxton Club, 1923, 2 vol. : vol. 1, xxvi, 362 p. ; vol. 2, x, 381 p. ; *History and General Description of New France,* Chicago, Loyola University Press, 1962, 6 vol. : vol. 1, 286 p. ; vol. 2, iv, 284 p. ; vol. 3, v, 312 p. ; vol. 4, xii, 308 p. ; vol. 5, ix, 311 p. ; vol. 6, ix, 256 p. (Il y a aussi des traductions allemandes et néerlandaises).

Histoire du Paraguay, Paris, Chez Didot, Giffart et Nyon, 1756, 3 vol. : vol. 1, xxxiii, 489 p. ; vol. 2, 356, clviii p. ; vol. 3, 285 cccxv p. ; Chez Didot, 1757, 6 vol. (Il y a des traductions anglaise, espagnole, allemande et latine).

Charlevoix (1682–1761), Montréal/Paris, Fides, 1959, 96 p. Textes choisis et présentés par Léon Pouliot. « CC ».

Projet d'un corps d'histoire du Nouveau Monde, dans *Mémoires de Trévoux,* 1735, vol. 6, p. 297–302 ; dans *Charlevoix,* Montréal, Fides, 1959, p. 17–22.

Mémoire sur les limites de l'Acadie... 19 octobre 1720, MSRC, 3e série, vol. 1, 1907, p. 72–76.

ÉTUDES

J. Edmond Roy, *Essai sur Charlevoix,* MSRC, 3e série, vol. 1, 1907, p. 3–96.

Thérèse Ferron, *Essai sur un vieil historien de la Nouvelle-France,* dans *Revue trimestrielle canadienne,* vol. 5, n° 20, 1920, p. 418–437.

H.A. Scott, *Nos anciens historiographes et Autres Études d'histoire canadienne,* Lévis, La Cie de publication de Lévis, 1930, p. 166–181.

Léon Pouliot, *Charlevoix,* dans *Centenaire de l'Histoire du Canada de François-Xavier Garneau,* Montréal, 1945, p. 309–336.

Id., *François-Xavier de Charlevoix, s.j.,* Sudbury, Société historique du Nouvel-Ontario, 1957, 95 p.

W. F. Morley, *Bibliographical Study of Charlevoix's Histoire et Description générale de la Nouvelle-France,* dans *Papers of the Bibliographical Society of Canada,* vol. 2, 1963, p. 21–46.

Jean-Marcel Paquette, *François-Xavier de Charlevoix ou La Métaphore historienne. Contribution à une systématique du récit historiographique,* RS, vol. 15, n° 1, 1974, p. 9–19.

CHARPENTIER, FULGENCE (1897–   ). Essayiste et dramaturge, né à Sainte-Anne-de-Prescott (Ontario). Il fait ses humanités au Collège de Joliette (B.A., 1917). En 1918, il est interprète dans l'armée canadienne en France. Il fait ses études de droit à Osgoode Hall, à Toronto (1919) ; par la suite, il entre au journal *Le Droit* où il devient correspondant parlementaire. En 1926, il est président de la Galerie de la presse à Ottawa. La même année, il est nommé secrétaire privé du ministre Fernand Rinfret. À la défaite du gouvernement en 1930, il devient correspondant à *La Presse* et au *Soleil*. À cette époque, il est également échevin de la ville d'Ottawa (1929-1935). Nommé responsable du journal français de la Chambre des communes en 1936, il dirige le service de censure du gouvernement pendant la Deuxième Guerre mondiale. Durant cette période, il écrit des sketches radiophoniques et, en 1934, il publie *Le Mirage américain*. En 1947, il se joint au ministère des Affaires extérieures : conseiller à Paris (1948-1953), chargé d'affaires en Uruguay (1953-1956), au Brésil (1956-1957) et en Haïti (1957-1960), ambassadeur au Cameroun (1962–1965), commissaire-adjoint à l'Expo de 1967. En 1968, il retourne au *Droit* comme éditorialiste. Il reçoit plusieurs décorations dont le M.B.E. (1944) et l'Ordre du Canada (1978). En 1938, sa pièce, *Les Patriotes*, remporte un grand succès au Little Theatre d'Ottawa. Selon Jean Béraud, ce drame est écrit « dans une forme plus correcte que celle de nos traditionnels dramaturges-patriotards ». Fulgence Charpentier est aussi l'auteur du « Déserteur », joué en 1939, pièce qui pose le problème de la désertion des campagnes. Il écrit aussi « Marie-Anne s'en va au moulin », pièce pour enfants, et « Fantaisie chorale », pièce en un acte montée par l'Amicale Guigues d'Ottawa en 1939.

ŒUVRES

Le Mirage américain. L'exode vers Détroit, gain ou perte, Ottawa, [s.é., 1924 ?], 22 p.

La Famille Charpentier. Essai généalogique, Ottawa, Chez l'auteur, 1929, 60 p.

Les Patriotes. Pièce en trois actes en vers, [s.l., s.é.], 1938, 46 p. (Paru dans *Le Droit* du 31 mars au 28 avril 1938).

La Censure en temps de guerre, RUO, vol. 16, n° 3, juillet-sept. 1946, p. 275-300.

Le Déserteur (extrait), dans E.F. Duval éd., *Le Jeu de l'histoire et de la société dans le théâtre québécois, 1900-1950*, Trois-Rivières, Université du Québec à Trois-Rivières, [1981], p. 91-92. « Théâtre d'hier et d'aujourd'hui ».

ÉTUDES

Jean Béraud, [*Fulgence Charpentier*], dans *350 ans de théâtre au Canada français*, Montréal, CLF, 1958, p. 228-229.

Reine Degarie, *Fulgence Charpentier. Journaliste, ambassadeur. Un passé riche en expérience*, Dr, 70e année, n° 285, 4 mars 1983, p. 7.

CHARPENTIER, GABRIEL (1925–   ). Poète, né à Richmond. Il fait ses humanités au Séminaire Saint-Joseph de Trois-Rivières et au Collège Brébeuf de Montréal (B.A., 1945). Par la suite, il étudie la musique d'abord avec Jean Papineau-Couture, ensuite chez les Bénédictins, avant d'aller en France où il étudie avec Nadia Boulanger et Norbert Dufour (1947 à 1953). À son retour, il entre à Radio-Canada au service des émissions musicales. En 1959, il devient directeur musical au Théâtre du Nouveau Monde, puis au Théâtre du Rideau-Vert. Il enseigne aussi à l'École nationale de théâtre et participe au Festival de Stratford. Connu surtout comme musicien, il compose des poèmes à partir des années 1940 et collabore à *La Nouvelle Relève*, à *Gants du Ciel* et à *Amérique française*. En 1948, paraît son premier recueil, *Aire*, regroupant 14 poèmes. Cette poésie « résolument moderne », selon Eva Kushner, « se nourrit de répétitions, de chant litanique, de symétries... » (DOLQ, t. 3, p. 28). Son deuxième recueil, *Les Amitiés errantes*, est publié à Paris, en 1951. Les 25 textes en prose poétique se situent dans la tradition du « canzenieri » pétrarquiste.

ŒUVRES

Aire (poésie), Paris, Éditions de « la Revue moderne », [1948, n.p., 18 p.] Ill. de Jacques de Tonnancour. « Vérité ».

Les Amitiés errantes (poésie), Paris, Pierre Seghers, [1951], 35 p. « P.S. ».

Le Dit de l'enfant mort (poésie), Paris, Pierre Seghers, [1954], 35 p. « P.S. ».

Musique canadienne à la télévision, Montréal, Société Radio-Canada, 1963, 40 p.

Trois poèmes de Saint-Jean de la Croix pour contralto, violon et violoncelle, Montréal, Les Éditions Québec-Musique, 1981, 21 p.

Beauty and Beast. An Opera for Solo Voice, Masks and String Quartet, Bancroft (Ontario), Arcanan Editions, [1983], 45 p. Version anglaise par R. Murray Schafer et Madame Leprince de Beaumont. Version française par Gabriel Charpentier publiée sous le même titre.

ÉTUDES

Wilfrid Lemoyne, *Un témoin de notre adolescence poétique*, dans *L'Autorité*, 3 juillet 1954, p. 6.

Jean-Paul Robillard, *Interview avec Gabriel Charpentier*, PJ, 11 mars 1956, p. 59.

Jean Basile, *Klondyke*, dans *Québec*, 2ᵉ année, mai 1965, p. 49-50.

CHARRON, ANDRÉ (1936–   ). Théologien et essayiste, né à Montréal. Après son baccalauréat ès arts, au Collège Sainte-Croix (1956), il obtient des baccalauréats en théologie (1961) et en pédagogie (1962) à l'Université de Montréal, ainsi qu'un diplôme en études pastorales (1962). Ordonné prêtre de la Congrégation des Pères de Sainte-Croix, il enseigne au Séminaire Sainte-Croix (1962-1965). En 1967, il termine une licence en théologie à l'Institut catholique de Paris, puis en 1971, un doctorat en théologie dont la thèse est dédiée à l'étude de la confrontation et du dialogue entre l'athéisme contemporain et la foi chrétienne. À compter de 1972, il fait carrière de professeur à la Faculté de théologie de l'Université de Montréal, où il sera vice-doyen (1977-1981) et doyen (1985–   ). Il est membre et conseiller de la Société canadienne de théologie. Aux éditions Fides, il fonde, en 1973, la collection de théologie « Héritage et projet » qu'il dirige toujours, et fait partie du conseil d'administration. Membre fondateur de la corporation du Service Incroyance et Foi (1973), il siège au conseil d'administration et il y dirige la revue *Nouveau Dialogue* (1975-1985). Membre fondateur du Centre d'information sur les nouvelles religions (1983), il est au conseil d'administration et au comité de direction de la collection « Rencontres d'aujourd'hui ». Il est membre du Conseil presbytéral de l'Archidiocèse de Montréal depuis 1977. Le Gouvernement du Québec le nomme, en 1988, membre du Comité catholique du Conseil supérieur de l'éducation. Ses domaines de recherche sont la foi, l'incroyance, la critique de la religion, l'ecclésiologie, les études pastorales, l'école face au pluralisme religieux, la situation religieuse du Québec. Il publie dans les revues *Ateismo e dialogo, Communauté, Communauté chrétienne, L'Église canadienne, Le Souffle, Liturgie et vie chrétienne, Nouveau Dialogue, Pastorale-Québec, Prêtre et pasteur, Relations, Science et esprit*. Son livre *Les Catholiques face à l'athéisme contemporain* présente une étude historique sur les relations entre l'athéisme et le christianisme, à partir de l'expérience de la France depuis la fondation de la revue *Esprit* jusqu'à l'apport du concile Vatican II. Après avoir analysé non seulement les attitudes des interlocuteurs mais aussi les éléments fondamentaux de l'huma-

nisme athée et de la foi chrétienne, l'auteur suggère les voies de remises en question et d'interpellations réciproques, d'enrichissement mutuel et de collaboration pour la réussite du projet humain. C'est, dit Pierre Savard, un « ouvrage utile par la somme de renseignements qu'il apporte, stimulant par les perspectives neuves qu'il adopte, et en même temps sérieux par l'absence de complaisance naïve à l'endroit des solutions faciles ».

ŒUVRES

Les Catholiques face à l'athéisme contemporain. Étude historique et perspectives théologiques sur l'attitude des catholiques en France de 1945 à 1965 (essai), Montréal, Fides, 1973, 643 p. « Héritage et Projet ».

L'incroyance au Québec. Approches phénoménologiques, théologiques et pastorales (essai), Montréal, Fides, 1973, p. 231-259, 345-365, 367-395. Collab. F. Dumont, J. Grand'Maison, V. Harvey, P. Maheu, G. Rocher. « Héritage et Projet ».

Une pratique dominicale et chrétienne à redécouvrir, Montréal, Fides, 1975, 59 p. Collab. J.-G. Bissonnette. « L'Église aux quatre vents ».

Situation et avenir du catholicisme québécois, tome I *Milieux et témoignages* (essai), Montréal, Leméac, 1982, p. 89-152, 243-261. Collab. J.-G. Bissonnette, P.-A. Fournier, M. Pelchat, J. Picher.

Évangélisation et culture dans le Québec des années 80, Montréal, Fides, 1983, p. 75-93. Collab. H. Carrier, B. Lacroix, G. Paiement, T. Sévigny. « L'Église aux quatre vents ».

Essais sur la mort (essai), Montréal, Fides, 1985, p. 467-513. Collab. P. Boglioni, M. Boutin, G. Couturier, G. Durand, G. Lapointe. « Héritage et Projet ».

Le laïcat: les limites d'un système (essai), Montréal, Fides, 1987, p. 191-256. Collab. V. Boulanger, M. Gratton-Boucher, R. Lemieux, T. Potvin, D. Robillard. « Héritage et Projet ».

La praxéologie pastorale. Orientation et parcours (essai), Montréal, Fides, 1987, p. 153-243. Collab. P. Lucier, G. Milot, J.-G. Nadeau, G. Raymond. « Cahiers d'études pastorales ».

Les divers types de distants: essai de clarification, dans *Nouveau Dialogue* 11, avril 1975, p. 3-9.

À propos de la foi ou de l'incroyance des jeunes: une grille de lecture, dans *Nouveau Dialogue* 12, août 1975, p. 17-30.

Qu'est-ce que l'incroyance? Précisions et définitions, dans *Nouveau Dialogue* 17, novembre 1976, p. 9-21.

L'agent de la seconde évangélisation et les niveaux de son intervention, dans *Prêtre et Pasteur*, vol. 80, nᵒ 3, mars 1977, p. 1-54.

Engagement social et religion. Commentaires sur une session, dans *Nouveau Dialogue* 20, mai 1977, p. 21-30.

Adultes et foi : des groupes de base en paroisse, dans *Communauté chrétienne* 94, juillet 1977, p. 408–414.

Les caractéristiques théologiques d'une communauté chrétienne vivante en paroisse, dans *Communauté chrétienne* 97, 1978, p. 17–52.

« Les fées ont soif » : une critique de la religion qui a ses requêtes, dans *Nouveau Dialogue* 29, mars 1979, p. 3–6.

L'école pluraliste et ses enjeux, dans *Nouveau Dialogue* 31, septembre 1979, p. 3–6 ; 33, janvier 1980, p. 28–34.

Famille, foi, incroyance. Synthèse et orientations d'un colloque, dans *Nouveau Dialogue* 43, janvier 1982, p. 9–15.

La critique de la religion, une fonction mal reconnue, dans *Science et Esprit* 38, 1986, p. 151–179.

Le dialogue avec l'incroyance, dans *Nouveau Dialogue* 71, septembre 1987, p. 20–29.

Le diaconat permanent : pour un nouveau visage du ministère ordonné, dans *Prêtre et Pasteur*, vol. 90, nº 10, novembre 1987, p. 585–595.

ÉTUDES

[Anonyme], *Les Catholiques face à l'athéisme contemporain d'André Charron*, dans *Le Livre canadien*, vol. 4, [août] 1973, nº 180.

Pierre Savard, *Les Catholiques face à l'athéisme contemporain d'André Charron*, LAQ 1973, p. 308–309.

[Anonyme], *L'Incroyance au Québec*, dans *Le Livre canadien*, vol. 5, février 1974, nº 50.

CHARRON, CLAUDE (1946–   ). Homme politique et mémorialiste romancier, né à l'Île-Bizard (Île-de-Montréal). Il fait le cours classique au Collège de Saint-Laurent (B.A., 1967) et il obtient une maîtrise en science politique à l'Université de Montréal (1969), puis il devient professeur au Cégep Édouard-Montpetit et au Cégep du Vieux-Montréal (1969-1970). Membre du Parti québécois, il est élu député de Saint-Jacques en 1970, puis il est ministre, de 1976 à sa démission en 1983. Il publie alors *Désobéir*, ouvrage qui n'est ni autobiographie ni mémoires mais d'abord apologie personnelle, selon Jean-Louis Major : « Et la réussite du livre tient à l'échec de l'apologie de l'auteur, qui n'en sort pas justifié mais présent. [...] Le propos de se livrer à la réalité intérieure s'accompagne cependant d'une réflexion à tonalité lyrique. [...] Il a l'étoffe d'un écrivain ».

ŒUVRES

Les Étudiants québécois et la Contestation permanente (essai), Montréal, A.G.E.U.M., 1969, 72 p. Collab. Pierre Bédard. Préface de Michel Chartrand. (Tiré à part de *Noir et Rouge*, nº 2, 1969).

Prendre notre temps. Livre vert sur le loisir au Québec, Québec, Haut Commissariat à la jeunesse, aux loisirs et aux sports, Services des communications, 1977, 87 p. Ill.

On a un monde à recréer ; livre blanc sur le loisir au Québec, Québec, Haut Commissariat à la jeunesse, aux loisirs et aux sports, Services des communications, 1979, 107 p. Ill.

Désobéir (autobiographie), Montréal, VLB éditeur, 1983, 357 p. Portrait.

Probablement l'Espagne (roman), Montréal, Boréal, 1987, 312 p.

ÉTUDES

L'Assemblée nationale du Québec, *Claude Charron*, dans *Répertoire de parlementaires québécois 1867–1978*, Québec, Éditeur officiel, 1980, p. 118.

Christian Dufour, *Désobéir ; une curieuse éthique*, Dev, vol. 74, nº 128, 4 juin 1983, p. 19, 36.

Jean-Louis Major, *Autobiographies. Marginal et conformiste, Désobéir de Claude Charron*, LQ, nº 31, automne 1983, p. 57–58.

Marc Pelchat

CHARRON, FRANÇOIS [André Lamarre] (1952–   ). Poète, peintre et essayiste, né à Longueuil. Il fait ses humanités au Cégep Édouard-Montpetit (D.E.C., 1971). À l'Université du Québec à Montréal il obtient un baccalauréat ès arts (1974) et une maîtrise en recherches culturelles pour un mémoire sur la peinture automatiste (1979). De 1973 à 1977, il enseigne la littérature au Cégep Montmorency de Laval, après quoi il se consacre entièrement à la littérature et à la peinture. À plusieurs reprises, il est boursier du Conseil des Arts du Canada et du ministère des Affaires culturelles du Québec. Il fonde avec Roger Des Roches une revue de poésie surréaliste, *Ether*, il est membre du comité de rédaction de la revue *Stratégie* (1971–1975), et il collabore à plusieurs périodiques, tels *Presqu'Amérique, Hobo-Québec, Liberté, La Barre du jour, Ellipse, Change* (Paris), *Cistre* (Liège). Son premier recueil de poésie *18 Assauts*, paraît à Paris en 1972, et il est réimprimé la même année par l'Hexagone sous le titre *Au réveil de la poésie*. En dix ans il publie seize ouvrages. Le premier prix Émile-Nelligan, qui lui est octroyé en 1979 pour *Blessures*, consacre l'importance du poète. Pierre Nepveu écrit en 1978 que François Charron — en qui plusieurs n'ont vu qu'un scribouillard cultivant l'invective et l'injure — est « l'un des poètes les plus injustement méconnus de sa génération ». Charron est l'une des têtes d'affiche du groupe des *Herbes rouges*. Au début des années soixante-dix, c'est un militant marxiste très agressif, en idéologie politique comme en écriture, qui, influencé entre autres par « Parti Pris » et Chamberland, rejette violemment tous les tabous sociaux, religieux et grammaticaux, parodie des auteurs respectés comme Rina Lasnier et Germaine Guèvremont, se fait une fête de la destruction de ce qu'il appelle « la parole assise et confortable », se sert du joual mais par ironie, utilise l'automatisme surréaliste en poésie comme en peinture dans un mouvement rapide dont le résultat est un produit d'images et de pensées qu'il trouve « surprenantes », créées « avec moi mais sans moi et comme malgré moi ». Cependant, dès ses débuts dans la poésie, s'il se situe dans une tradition, il la renouvelle à sa manière, et déjà, en 1974, *Persister et se maintenir dans les vertiges de la terre qui demeurent sans fin* apparaît à Nepveu comme « l'un des meilleurs recueils de la nouvelle poésie, l'un des seuls à offrir une alternative poétique valable à celle de l'Hexagone ». Le titre du recueil est significatif. Charron refuse de se laisser scléroser : pour lui, tout système aboutit à du trop programmé, du « surcodé » ; il lui faut une liberté totale, et il en vient assez vite à refuser même la « théorie du texte » à laquelle il a contribué. Le poète est un « expérimentateur », répète-t-il avec insistance dans une importante entrevue avec Nepveu (1980). Dès 1973, il s'essaie à des genres différents : *Projet d'écriture* est une tentative de discours strictement politique, et *La Traversée/Le Regard* est un texte subjectif et lyrique sur le thème de la nature. Les questions qui l'assaillent deviennent l'objet de recueils : revendiquant le droit à toute forme de discours (la peinture elle-même est pour lui une forme d'écriture), Charron tente de répondre à son besoin et son désir d'identité et d'appartenance, traite longuement le thème de la mère, interroge les siècles... *1980* est un immense poème lyrique de soixante-quinze pages sans une coupure ou un arrêt, que Pierre Nepveu qu'il faut citer encore, regarde comme « un événement » dont l'essentiel semble « tenir au fait qu'ayant assimilé toute la pensée critique et moderniste des dernières décennies, Charron y réintroduit les questions essentielles que l'on avait évacuées et qui touchent au destin de l'homme, son rapport aux mythes et à un débordement, un au-delà qui concernent le religieux et le sacré ». À la publication de ce livre, le poète n'a pas trente ans.

ŒUVRES

18 assauts (poésie), [Paris?, s.é.], 1972, 18 p. « Génération ».

Au sujet de la poésie (poésie), Montréal, Éditions de l'Hexagone, 1972, 54 p.

Projet d'écriture pour l'été '76 (poésie), Montréal, *Les Herbes rouges*, nº 12, sept. 1973, [n.p., 29 p.].

La Traversée/Le Regard (poésie), Montréal, *Les Herbes rouges*, nº 13, oct. 1973, [n.p., 30 p.]. Sous le pseudonyme d'André Lamarre.

Littérature/Obscénité (poésie), Montréal, Éditions Danielle Laliberté, 1974, 87 p. Préface de Paul Chamberland.

Persister et se maintenir dans les vertiges de la terre qui demeurent sans fin (poésie), Montréal, L'Aurore, 1974, 60 p. « Lecture en vélocipède ».

Interventions politiques (poésie), Montréal, L'Aurore, 1974, 69 p. « Lecture en vélocipède ».

Pirouette par hasard poésie (poésie), Montréal, L'Aurore, 1975, 131 p. Présentation de Gaétan Brulotte. « Lecture en vélocipède ».

Poésie québécoise. Manuel-guide. Cours : 601-102, [s.l., s.é.], [1975], 34 p. (Texte polycopié).

Enthousiasme (poésie), Montréal, *Les Herbes rouges*, nos 42–43, nov. 1976, 52 p. Ill.

Du commencement à la fin (poésie), Montréal, *Les Herbes rouges*, nos 47–48, mars 1977, 60 p. Ill.

Propagande (poésie), Montréal, *Les Herbes rouges*, nº 55, sept. 1977, [n.p., 42 p.]. Ill.

Feu (poésie), Montréal, *Les Herbes rouges*, nº 64, juin 1978, 33 p. Ill.

Blessures (poésie), Montréal, *Les Herbes rouges*, nos 67–68, sept.–oct. 1978, 68 p. Ill. de l'auteur.

Peinture automatiste, précédé de Qui parle dans la théorie ? (essais), Montréal, Les Herbes rouges, 1979, 135 p. Portrait. « Lecture en vélocipède ».

Le Temps échappé des yeux. Notes sur l'expérience de la peinture (essai), Montréal, *Les Herbes rouges*, nos 75–76, nov. 1979, 60 p. Ill. de l'auteur.

1980 (poésie), Montréal, Les Herbes rouges, 1981, 82 p. Portrait. « Lecture en vélocipède ».

Mystère (poésie), Montréal, *Les Herbes rouges*, nº 95, sept. 1981, 36 p.

La Passion d'autonomie : littérature et nationalisme (essai), Montréal, *Les Herbes rouges*, nos 99–100, janv. 1982, 67 p.

Je suis ce que je suis. Journal, Montréal, Les Herbes rouges, 1983, 103 p. Portrait. « Lecture en vélocipède ».

François (récit poétique), Montréal, Les Herbes rouges, 1984, 107 p.

Le Fait de vivre ou d'avoir vécu (poésie), Montréal, Les Herbes rouges, 1986, 152 p.

Le Monde comme obstacle (poésie), Montréal, l'Hexagone, 1988, 216 p.

Opinion/Pour Gauvreau, Dev, vol. 70, nº 116, 19 mai 1979, p. 25.

D'où viennent les tableaux?, NBJ, nº 88, mars 1980, p. 57–71.

CHARRON

L'écriture commence par un rêve, NBJ, n⁰ˢ 90–91, mai 1980, p. 11–32.

La Création du monde, NBJ, n⁰ 99, févr. 1981, p. 43–61.

L'Imagination extérieure, NBJ, n⁰ 107, nov. 1981, p. 77–87.

Entendez-vous ? dans *Estuaire,* n⁰ 24, été 1982, p. 61–77.

ÉTUDES

[Anonyme], *Au sujet de la poésie de François Charron,* dans *Le Livre canadien,* vol. 4, avril 1973, n⁰ 145.

Jeanne Demers, *François Charron,* LAQ 1974, p. 120–121.

Philippe Haeck, *Être au service d'une cause : honorable mais difficile,* Dev, vol. 67, n⁰ 107, 10 mai 1975, p. 24.

[Anonyme], *Charron, François. Persister et se maintenir dans les vertiges de la terre qui demeurent sans fin,* dans *Le Livre canadien,* vol. 6, nov. 1975, n⁰ 333.

Luc Bouvier, *François Charron. Interventions politiques et Pirouette par hasard poésie,* LAQ 1975, p. 112–114.

Robert Giroux, *François Charron. Du commencement à la fin. Propagande,* LAQ 1977, p. 137–139.

Hugues Corriveau, *La Belle Conduite ou Le Feu,* Dev, vol. 69, n⁰ 227, 30 sept. 1978, p. 18.

Pierre Nepveu, *Les Herbes rouges... jusqu'à François Charron,* LQ, n⁰ 11, sept. 1978, p. 38–40.

Robert Mélançon, *Charron : l'impatience du poème,* Dev, vol. 70, n⁰ 287, 8 déc. 1979, p. 23.

Richard Giguère, *François Charron. Blessures,* LAQ 1979, p. 104–105.

Michel Beaulieu, *Lauréat du Prix Nelligan 79. François Charron récidive,* dans *Le Livre d'ici,* vol. 5, 20 févr. 1980, n⁰ 20.

Robert Mélançon, *François Charron. Un écrivain peintre impatient,* Dev, vol. 71, n⁰ 57, 8 mars 1980, p. 19.

Pierre Nepveu, *François Charron, l'urgence de l'écriture* (entrevue), LQ, n⁰ 18, été 1980, p. 40–48.

Renée Payant, *La Part des arts. François Charron. L'heureux prolifique,* LQ, n⁰ 18, été 1980, p. 48–51.

Pierre Nepveu, *Feu la modernité,* LQ, n⁰ 23, automne 1981, p. 30–33, surtout p. 32–33.

Id., *Haeck et Charron : travailler à ne pas s'appartenir,* LQ, n⁰ 25, printemps 1982, p. 36–37, 39.

Robert Vigneault, *Le Manifeste « Refus global » répercuté par François Charron. La Passion d'autonomie. Littérature et nationalisme,* LQ, n⁰ 26, été 1982, p. 71–75.

Caroline Bayard, *Dans la modernité, l'un change et l'autre tourne. Beausoleil et Charron,* LQ, n⁰ 28, hiver 1982–1983, p. 39–42.

Gilles Toupin, *Charron le passeur,* Pr, 99ᵉ année, n⁰ 304, 31 déc. 1983, p. C-2.

Stéphane Lépine, *Charron (François). François,* dans *Nos livres,* vol. 16, mars 1985, n⁰ 6116.

CHARTIER, ARMAND BERNARD (1938–   ). Essayiste, bibliographe et critique, né à New Bedford (Massachusetts, É.-U.). Il fait ses études classiques au Séminaire de Joliette et au Collège de l'Assomption de Worcester (Mass. ; B.A., 1959). Inscrit en lettres françaises à l'Université du Massachusetts, il obtient une maîtrise (1968) et un doctorat pour une thèse sur « Le Roman décadent de Barbey d'Aurevilly avant *Les Diaboliques* » (1970), thèse publiée en partie sous le titre de *Barbey d'Aurevilly* (1977). En plus de plusieurs bourses qu'il reçoit de l'Union Saint-Jean-Baptiste de Woonsocket, du National Defense Education Act, du Gouvernement du Québec et du ministère des Affaires étrangères de France, il est décoré en 1977 de la médaille du Comité français du bicentenaire de l'Indépendance des États-Unis. Professeur de carrière, Armand Chartier enseigne au Dracut High School, aux New Bedford Public Schools, au North Adam State College et, à compter de 1971, à l'Université du Rhode Island. Il milite dans une vingtaine d'organismes, tant universitaires que nationaux ou régionaux, consacrés à la culture et à la langue française aux États-Unis. Il collabore à de nombreuses revues comme *La Revue de Louisiane, The French Review,* la revue *MLA International Bibliography* et au *Dictionnaire des œuvres littéraires du Québec.* Son *Barbey d'Aurevilly* est d'abord historique et porte sur les grandes lignes de la vie et de l'œuvre de l'auteur des *Diaboliques.* Dans le domaine de la bibliographie, Chartier est l'un des premiers à établir un instrument de travail assez complet sur les Franco-Américains.

ŒUVRES

Barbey d'Aurevilly (essai), Boston, Twayne Publishers, [1977], 182 p. Préface de l'auteur. «Twayne's World Authors Series ».

The French in Rhode Island : A History (essai), Providence, Rhose Island Heritage Commission, 1981, 52 p. Collab. Albert K. Aubin, Edward G. St-Godard, Robert P. Goudreau *et al.* Ill. « Pamphlet Series ».

Littérature historique populaire franco-américaine (anthologie), [s.l.], National Materials Development Center for French and Creole, 1981, viii, 108 p.

Notre New Bedford (monographie historique), [s.l.], National Materials Development Center for French and Creole, 1982, [n.p.].

French-Canadian Gothic : Notes on Anne Hébert's Kamouraska, dans *American Review of Canadian Studies,* vol. 2, n⁰ 2, automne 1972, p. 66–75.

The Franco-American Literature of New England : A Brief Overview, dans *Ethnic Literature Since 1776. I,* Lubbock (Texas), Texas Tech Press, 1978, p. 193–215. Collab. W. T. Zyla et W. M. Aycock.

Vic's Revolt de Camille Lessard, dans *The Ethnic American Woman,* Dubuque (Iowa), Kendall-Hunt, 1978, p. 50–53. Collab. Edith Blicksilver. (Présentation et traduction d'un extrait du roman *Canuck*).

Introduction bibliographique à la civilisation du Québec, dans *Contemporary French Civilization,* vol. 3, n⁰ 2, hiver 1979, p. 265–296.

288

Pour une problématique de l'histoire littéraire franco-américaine, dans *Situation de la recherche sur la Franco-Américanie,* Québec, Conseil de la vie française en Amérique, 1980, p. 81-100. Collab. Claire Quintal et André Vachon.

Anthologie de la littérature franco-américaine de la Nouvelle-Angleterre, dans *The French Review,* vol. 55, n° 2, déc. 1981, p. 308-309.

ÉTUDES

Joyce O. Lowrie, *Barbey d'Aurevilly de Armand-B. Chartier,* dans *The French Review,* vol. 52, n° 2, déc. 1978, p. 353-354.

Gabrielle Turgeon, *Barbey d'Aurevilly de Armand-Bernard Chartier,* dans *Nineteenth Century French Studies,* vol. 7, n°s 1-2, automne-hiver 1978-1979, p. 128-129.

Pierre Anctil, *A Franco-American Bibliography — New-England,* Manchester, National Materials Development for French and Creole, 1979, p. 19.

CHARTIER, ÉMILE (1876-1963). Critique littéraire et essayiste, né à Sherbrooke. Il fait ses études classiques et théologiques au Séminaire de Saint-Hyacinthe où il est professeur de rhétorique de 1894 à 1903. Prêtre depuis 1899, il va poursuivre ses études à Rome (doctorats en philosophie (1904) et en théologie (1905)), à Athènes et à Paris (licence ès lettres, 1906). Il obtiendra un doctorat en lettres à l'Université de Montréal en 1936. Il est professeur de philosophie à Saint-Hyacinthe de 1907 à 1914, puis il devient professeur et secrétaire général à l'Université de Montréal où il sera aussi vice-recteur et doyen de la Faculté des lettres (1914-1944). Il est membre de la Société royale du Canada (1916), de la Société des études grecques (France), de la Société historique de Montréal, de la Société canadienne de l'histoire de l'Église, etc. Il publie de nombreux articles dans *L'Enseignement secondaire au Canada* qu'il a fondé, dans la *Revue trimestrielle,* la *Revue canadienne* qu'il dirige de 1908 à 1923, la *Revue littéraire d'Ottawa* qu'il dirige de 1910 à 1912, les *Mémoires de la Société royale du Canada.* Séraphin Marion voit en lui un des pionniers de la critique littéraire et un défenseur des idées claires. La critique a fait observer avec raison que certains de ses articles soulèvent des questions importantes et ont fourni pendant des années des idées aux défenseurs du terroir et de la langue française.

ŒUVRES

Pages de combat, 1re série, études littéraires, Montréal, Imprimerie de l'École catholique des sourds-muets, 1911, 339 p.

L'Art de l'expression littéraire. Esquisse d'un programme d'enseignement des lettres dans les classes de grammaire, Montréal, Imprimerie populaire, 1916, 99 p.

Comment relever le niveau professionnel/How to Raise the Educational Standard of Professional Men, Montréal, Arbour et Dupont, 1920, 30 p. Collab. William McLaren.

Le Canada français (dix leçons) Montréal, [s.é.], 1922, [n.p.].

Bréviaire du patriote canadien-français ; sermon du 23 juin 1902 par Mgr Louis-Adolphe Paquet, commenté par le chanoine Émile Chartier, Montréal, BAF, 1925, 59 p.

Institut de la Providence, Histoire des Filles de la Charité Servantes des Pauvres dites Sœurs de la Providence. Préliminaires et Fondation 1800-1844, Montréal, Providence (Maison Mère), 1925, xiii, 324 p.

The English and the French Systems of Secondary Education in Quebec, Montréal, [s.é.], 1934, 19 p.

Au Canada français : la vie de l'esprit (1760-1925), Montréal, Valiquette, 1941, 355 p.

Poésie grecque, Montréal, Lumen, 1947, 318 p. « Hu ».

Nos indigences littéraires, NF, t. 9, n° 8, août 1910, p. 337-349 ; n° 9, 1910, p. 388-399.

La Critique littéraire au Canada, BPF, vol. 11, n° 8, avril 1913, p. 306-319.

La Race canadienne-française. Étude ethnologique et statistique, dans *Revue trimestrielle canadienne,* 7e année, n° 26, juin 1921, p. 113-136.

Supplément au Manuel illustré d'histoire de la littérature française, Paris, De Gigord, 1923, 131 p. [par le chanoine Halfans pour la Belgique, René de Week pour la Suisse et le chanoine Chartier pour le Canada, p. 53-75].

Le Récent Mouvement des idées au Canada français, MSRC, 3e série, vol. 20, sect. 1, 1926, p. 109-119.

L'Art du discours, ESC, vol. 6, n° 12, avril 1927, p. 748-756.

L'École régionaliste au Canada français (1820-1920), MSRC, 3e série, vol. 22, sect. 1, 1928, p. 7-22.

The So-Called French Canadian Patois, dans *Queen's Quarterly,* vol. 39, n° 2, mai 1932, p. 240-249.

Le « Patois » canadien-français, RUO, vol. 2, 1932, p. 129-144.

ÉTUDES

Camille Roy, « *Pages de combat* » par M. l'abbé Émile Chartier, NF, t. 10, n° 3, mars 1911, p. 130-137.

Thérèse Durnin, « Bio-bibliographie du chanoine Émile Chartier ». Mémoire. Montréal, École des bibliothécaires de l'Université de Montréal, 1938, 30 f.

Émile Bégin, *La Vie de l'esprit au Canada français 1760-1925,* ESC, vol. 21, n° 3, déc. 1941, p. 252-253.

Séraphin Marion, *Mgr Émile Chartier,* dans *Lectures,* vol. 4, n° 14, mars 1958, p. 211-213.

Maurice Lebel, *Mgr Émile Chartier, 1876-1963,* MSRC, 4e série, vol. 1, partie 2, 1963, p. 75-76. (Paru d'abord dans *L'Enseignement secondaire au Canada,* janv.-févr. 1963, p. 37-38).

CHARTRAND, JOSEPH-DAMASE [Chartrand des Écorres] (1852-1905). Essayiste, journaliste, militaire, né aux Écorres, à Saint-Vincent-de-Paul (Québec). Il étudie au Collège Masson de Terrebonne. En 1868, il s'en va à Toronto, puis à Chicago, se joint aux Texas Rangers et fait le coup de feu contre les Indiens et les Mexicains. De retour à Montréal, il s'enrôle dans le 65e bataillon de milice des Carabiniers de Mont-Royal. Il passe quelque temps au Manitoba et devient capitaine. Par la suite, il est draveur sur la rivière de l'Assomption, puis comptable au *National* et au *Bien public* de Montréal. En 1876, il s'enrôle dans la Légion étrangère française et combat en Algérie et au Tonkin (Viêt-nam). Naturalisé Français en 1881, il étudie à l'École militaire d'infantrie de Saint-Maixent de 1882 à 1883. Il se marie en 1883 avec Ernestine de Latour de Grenoble. De 1886 à 1890, il enseigne à l'École militaire de Saint-Hippolyte-du-Fort, obtient la croix de Chevalier de la légion d'honneur de France (1891) et devient capitaine des Chasseurs alpins (1894) à Nice et à Antibes. Revenu d'Europe, Chartrand fonde et publie *La Revue nationale* (1895–1896) et enseigne le français pendant huit ans (1897–1905) au Collège militaire royale du Canada à Kingston. Membre de la Société des gens de lettres de France, il est l'auteur de trois volumes de souvenirs militaires publiés à Paris entre 1887 et 1892, et d'un millier d'articles de journaux et revues (1880–1904) parus en Algérie, en France, aux États-Unis et au Canada.

ŒUVRES

Expéditions autour de ma tente. Boutades militaires (souvenirs), Paris, E. Plon, Nourrit & Cie, 1887, iv, 275 p.

Saint-Maixent. Souvenirs d'école militaire, Paris-Limoges, Henri Charles-Lavauzelle, 1888, 255 p. Préface de Théo-Critt.

Au pays des étapes. Notes d'un légionnaire, Paris-Limoges, Henri Charles-Lavauzelle, 1892, 369 p. Ill. de Baïonnette.

Étude sommaire sur les cadres de l'infanterie, dans *La Revue d'infanterie* (Paris), vol. 5, n° 25, janv. 1889, p. 1–57.

ÉTUDES

Henry James Morgan, *The Canadian Men and Women of the Time,* Toronto, W. Briggs, 1898, p. 182.

Cosette Marcoux-Boivin, « *Joseph-Damase Chartrand* ». Thèse de maîtrise. Ottawa, Université d'Ottawa, 1975, 350 f.

Id., Chartrand des Écorres, Hull, Éditions Asticou, 1979, 192 p. Ill.

CHARTRAND DES ÉCORRES. Voir CHARTRAND, JOSEPH-DAMASE.

CHASSÉ, PAUL-PIE (1926–   ). Essayiste, poète et romancier, né à Somersworth (New Hampshire, É.-U.). Il fait ses humanités au Collège Saint-François de Biddeford (Maine), à l'Université d'Ottawa et à l'Université du New Hampshire (B.A., 1949). Boursier de divers organismes, il fait à l'Université Laval une thèse de maîtrise (1951) sur « Robert Choquette, poète », puis un doctorat (1968) sur *Les Poètes franco-américains de la Nouvelle-Angleterre, 1875–1925*. À partir de 1951, il enseigne aux États-Unis à Pittsfield, Somersworth et Charlton; ensuite, au Cambodge (1956–1959), et de nouveau aux États-Unis à l'Université du New Hampshire (1961–1964), au Birmingham-Southern College (Alabama, 1964–1965) et au Rhode Island College (Providence) à compter de 1965. Membre actif de divers organismes et sociétés de la francophonie, il collabore à une vingtaine de périodiques dont *Le Travailleur, Le Canado-Américain,* la *Revue de l'Université Laval, Culture française, Revue de Louisiane, Contemporary French Review.* Paul Chassé s'est taillé une bonne réputation d'universitaire et d'écrivain, et il a contribué à mieux faire connaître ses compatriotes par son *Anthologie de la poésie franco-américaine de la Nouvelle-Angleterre* (1976). Il a mérité plusieurs récompenses, telles le prix Champlain du Québec (1971) et le titre d'officier des Palmes académiques de France (1976).

ŒUVRES

Et la mer efface... (poésie), Somersworth (N.H.), Abbaye de Thélème, 1964, 44 p. Ill. de l'auteur.

À bout portant... bloc-notes (1965–66) (essai), Providence (R.I.), Rhode Island College, 1967, 151 p.

La Carafe enchantée (poésie), Somersworth (N.H.), Abbaye de Thélème, 1968, 58 p. Ill. de l'auteur.

Heure fauve (chroniques), Somersworth (N.H.), Abbaye de Thélème, 1968, 83 p. Ill. de l'auteur.

Les Poètes franco-américains de la Nouvelle-Angleterre, 1875–1925 (essai), Somersworth (N.H.), Abbaye de Thélème, 1968, 488 p.

Trois épisodes de la vie française en Alabama (essai), Somersworth (N.H.), Abbaye de Thélème, 1968, 88 p.

Le Québec et la Poésie franco-américaine de la Nouvelle-Angleterre (essai), Harrisville (R.I.), Imprimerie des F.S.C., 1971, 19 p.; dans *Littératures ultramarines de langue française,* Sherbrooke, Éditions Naaman, 1974, p. 103–116.

La Neige muette (roman), Somersworth (N.H.), Abbaye de Thélème, 1972, 120 p.

Anthologie de la poésie franco-américaine de la Nouvelle-Angleterre, Providence (R.I.), The Rhode Island Bicentennial Commission, 1976, 293 p. Préface d'Armand-B. Chartier.

A Brief Genealogical Chart of the Chassé-Curran Family (généalogie), Somersworth (N.H.), Abbaye de Thélème, 1983, 42 p.

Le Prêtre chez Gabrielle Roy et Roger Lemelin, dans *Le Canado-Américain,* vol. 2, n° 1, juin 1960, p. 36–39.

Une aventure mystique prématurée (Alice Lemieux-Lévesque), RUL, vol. 17, n° 9, mai 1963, p. 842–847.

Le Québécois d'après les romans de Marie-Claire Blais, dans *Modern Language Studies,* vol. 2, n° 2, été 1972, p. 83–89.

La Fossilisation du Franco-Américain de la Nouvelle-Angleterre, dans *Le Travailleur,* vol. 47, n° 12, déc. 1977, p. 1, 7, 8.

How Elitist Were Franco-American Authors in New England?, dans *Contemporary French Review (Montana State University),* vol. 3, n° 1, automne 1978, p. 1, 4.

ÉTUDES

Antoine Clément, *Les Poètes franco-américains,* dans *Le Travailleur,* vol. 39, n° 5, 10 mai 1969, p. 1, 4.

Adrien Verrette, *Le Prix Champlain va à M. Paul-Pie Chassé,* dans *Le Canado-Américain,* vol. 6, n° 9, mars 1972, p. 42–47.

Alice Roberts, *La Carafe enchantée by Paul P. Chassé,* dans *Revue de Louisiane/Louisiana Review,* vol. 4, n° 2, hiver 1975, p. 81–82.

Rémi-N. Gilbert, *La Poésie de Paul Chassé, poète américain de langue française, Ibid.,* vol. 5, n° 1, été 1976, p. 81–89.

Jean Fisette, *Poésie : lorsqu'il est question de répertoire... Perrault, Charron, Des Rochers, de Bellefeuille et les Franco-Américains,* VI, vol. 3, n° 2, déc. 1977, p. 328.

Armand-B. Chartier, *The Franco-American Literature of New England : A Brief Overview,* dans *Ethnic Literatures Since 1776 : The Many Voices of America,* vol. 1, Lubbock, Texas University Press, 1978, p. 193–215.

CHASSEUR, A. Voir BEAUREGARD, ALPHONSE.

CHÂTILLON, JEAN (1937–). Musicien et conteur, né à Nicolet (Nicolet-Lotbinière). Il fait le cours classique au Séminaire de Nicolet (B.A., 1957), puis il étudie la musique à l'Université de Montréal où il obtient une licence, en présentant un mémoire « Le Chant choral dans l'enseignement » (1967). Il suit en outre des cours privés en musique, entre 1957 et 1967, avec les maîtres Conrad Letendre, Michel Perrault... De 1969 à 1981 il est professeur de musique à l'Université du Québec à Trois-Rivières ; il y dirige la section de musique et écrit plusieurs ouvrages de théorie musicale. Forcé par son état de santé, il devient professeur de cours privés, en 1981. Il compose des dizaines d'œuvres musicales, publie un disque (1974) et collabore à des périodiques dont *Vie musicale, Carnet musical, Perspective.* Quelques-uns de ses textes sont lus à l'Atelier des inédits de Radio-Canada. En 1977, il fonde les Éditions de l'Écureuil noir où paraissent ses premiers livres de contes pour enfants, *7 contes de Noël* (1977) et *L'Histoire d'Érik le petit trille rouge* (1978).

ŒUVRES

7 contes de Noël (litt. jeunesse), Saint-Grégoire, Éditions de l'Écureuil noir, 1977, 63 p. Ill.

L'Histoire d'Érik, le petit trille rouge (conte), Saint-Grégoire, Éditions de l'Écureuil noir, 1978, 94 p. Ill.

À la recherche de l'ancienne musique québécoise, dans *Vie musicale,* n° 9, oct. 1968, p. 10–15.

Une nouvelle nomenclature pour les intervalles musicaux, dans *Carnet musical,* n° 2, oct. 1971, p. 3–9.

Quatre contes de Noël, Pe, vol. 20, n° 51, 23 déc. 1978, p. 10, 12, 13.

CHÂTILLON, PIERRE [Pierre Mercure] (1939–). Poète, romancier et critique littéraire, né à Nicolet. Après son cours classique au Collège de Nicolet (B.A. avec option en philosophie, 1960), il poursuit ses études à l'U-niversité de Montréal (M.A., 1961). Boursier du Conseil des Arts du Canada, de la Province de Québec et du Gouvernement de l'Ontario, il étudie à Paris et à l'Université d'Ottawa. Il enseigne les littératures française et québécoise au Collège militaire royal de Kingston (1964–1965), au Collège militaire de Saint-Jean (1966–1967) et, à partir de 1967, au Centre des études universitaires de Trois-Rivières, devenu, en 1969, Université du Québec à Trois-Rivières. Il collabore à plusieurs revues et ouvrages collectifs dont *Archives des lettres canadiennes, Études françaises, Revue du Nord, La Nouvelle Barre du jour, Les Cahiers de l'Université du Québec.* À Paris, en 1963, il participe à l'écriture d'« Arpents de neige », spectacle sous la direction d'Yvon Thiboutôt qui, remanié, sera présenté au Théâtre de l'Égrégore de Montréal du 15 février au 5 mars 1967. Ses poèmes paraissent depuis 1955 dans plusieurs journaux : *Le Devoir, Le Nouvelliste, La Rotonde.* Son premier recueil, *Les Cris* (1957), témoigne de la présence des passions brimées dans

le message livré au lecteur. Le *Soleil de Bivouac* et *Le Mangeur de neige* traduisent le thème de l'amour où interviennent sans cesse les symboles du feu et de la neige. À propos de ce dernier livre, Robert Giroux écrit : « ce beau texte poétique marque sans aucun doute une date importante dans notre littérature. Il se présente d'une seule coulée, comme si ce n'était qu'un très long paragraphe hallucinatoire ». L'attitude du poète influence grandement ses contes et romans. Si certains critiques voient dans les récits de Châtillon une dangereuse réduction de l'espace et de la polysémie (Dominique Gagnon), il reste que le fantastique y est à son meilleur. Si l'on accepte l'intervention du poétique et de l'imaginaire dans la structure romanesque, *La Mort rousse* devient un genre en soi. Tout y est confondu dans une trame romanesque à plusieurs thèmes, portés par un langage poétique dans lequel s'effectuent d'infinies métamorphoses du soleil dont la luminosité, tantôt teinte, tantôt feu, ne veut qu'éclairer le visage d'une femme aimée.

ŒUVRES

Silex '60 (poésie), Montréal, Atys, 1960, 5 p.

[*Arpents de neige. Évocation poétique du Canada français*] (théâtre-poésie), [Vincenne, M.J. et C. de Y. ?, 1963 ?], 34 f. (Texte polycopié).

Les Cris. Poésie, Montréal, Éditions du Jour, 1968, 97 p. Portrait. « RJ ».

Soleil de Bivouac (poésie), Montréal, Éditions du Jour, 1969, 93 p. Portrait. « PJ » ; 1972, 85 p. Édition remaniée. « PJ ».

Le Journal d'automne de Placide Mortel. Récit poétique, Montréal, Éditions du Jour, 1970, 110 p. « PJ » ; *Le Journal d'automne*, 1977, p. 1–93. Avec *L'Île aux fantômes*. Version entièrement remaniée.

Le Mangeur de neige. Poésie, Montréal, Éditions du Jour, 1973, 121 p. « PJ ».

La Mort rousse. Roman, Montréal, Éditions du Jour, 1974, 282 p. Portrait. « RJ » ; Stanké, 1983, 302 p. « 10/10 ».

Le Fou. Roman, Montréal, Éditions du Jour, 1975, 107 p. « RJ ».

L'Île aux fantômes. Contes, précédés de Le Journal d'automne (récit), Montréal, Éditions du Jour, 1977, 309 p. Portrait. « PJ ». (*Le Journal d'automne* est une version entièrement remaniée de *Le Journal d'automne de Placide Mortel*).

Philédor Beausoleil (roman), Paris/Montréal, Robert Laffont/Leméac, 1978, 235 p.

La Fille arc-en-ciel (contes), [Montréal], Libre Expression, 1983, 217 p.

Poèmes. Le Cri du soleil (1956-1971), L'Oiseau-cœur (1972-1982), [Saint-Lambert], Éditions du Noroît, 1983, 347 p. Portrait. Ill.

Le Violon vert (poésie), Trois-Rivières, Écrits des Forges, 1987, 100 p.

Funérailles pour un songe de soleil rouge défunt et Poème du très authentique homme des neiges (poésie), dans *Passe-Partout*, vol. 1, n° 3, mars 1965, p. 2–3.

La Terre promise (nouvelle), ECF, n° 20, 1965, p. 211–232.

La Naissance du feu dans la jeune poésie du Québec, dans *La Poésie canadienne-française*, Montréal, Fides, 1969, p. 225–285. « ALC » 4.

Le Journal d'automne de Placide Mortel (extrait), VIP, n° 3, 1970, p. 203–210.

Trois-Poèmes, dans *Anthologie des poèmes de l'année 70*, Montréal, L'Hexagone, 1970, p. 8–10.

Les Femmes-Châteaux (essai), dans *Nord*, n° 3, été 1972, p. 49–64.

Suzanne et la mer et Catherine et le feu (contes), dans *Nord*, n° 3, été 1972, p. 133–142.

ÉTUDES

Michel Van Schendel, *Greffe de désirs immurés*, dans *Le Nouveau Journal*, vol. 1, n° 188, 14 avril 1962, p. 5.

André Major, *Les Écrits du Canada français, n° 20*, PJ, vol. 40, n° 10, 2 janv. 1966, p. 24.

Manuel Maître, *Arpents de neige à l'Egrégore*, P, vol. 88, n° 8, 26 janv. 1967, p. 54.

Gilles Normand, *Une synthèse unique de la poésie du Québec depuis les origines jusqu'à nos jours*, No, vol. 47, n° 93, 18 févr. 1967, p. 14.

Jean-Yves Théberge, *Les Cris de Pierre Châtillon*, CF, vol. 109, n° 25, 14 nov. 1968, p. 26.

Gatien Lapointe, *Les Cris*, LAC 1968, p. 97–99.

Gatien Lapointe, *Un poète parle d'un autre poète*, No, 49ᵉ année, n° 64, 16 janv. 1969, p. 10.

Jean-Yves Théberge, *Le Temps d'un bivouac*, CF, 109ᵉ année, n° 48, 23 avril 1969, p. 40.

Jean-Guy Pilon, *Un auteur à suivre : Pierre Châtillon*, Dev, vol. 60, n° 144, 21 juin 1969, p. 12.

Roch Carrier, *Soleil de bivouac*, LAQ 1969, p. 95–97.

Robert Giroux, *Le Mangeur de neige*, LAQ 1973, p. 107–108.

Réginald Martel, *Le Bon Feu et le Mauvais Creuset*, Pr, 90ᵉ année, n° 268, 9 nov. 1974, p. C-3.

Dominique Gagnon, *Pierre Châtillon. La Mort rousse*, LAQ 1974, p. 82–83.

Jeanne Demers, *Pierre Châtillon. L'Île aux fantômes*, LAQ 1977, p. 51–52.

Réginald Martel, *Pierre Châtillon. Des femmes pour rêver*, Pr, 99ᵉ année, n° 106, 7 mai 1983, p. B-3.

CHAUCHEFOIN. Voir **CHEVALIER**, HENRI-ÉMILE.

CHAURETTE, NORMAND (1954–   ). Dramaturge, né à Montréal. Il commence ses humanités au Collège de Saint-Laurent (D.E.C., 1976), puis il obtient un baccalauréat spécialisé en lettres françaises à l'Université de Montréal (1980). Encore au cégep, il mérite en 1976 le premier prix du quatrième concours d'œuvres dramatiques de Radio-Canada ainsi que le prix Paul-Gilson de Lausanne pour sa pièce sur Nelligan. À la fin de ses études, il enseigne un moment à l'Université du Québec à Trois-Rivières, puis il se consacre au théâtre. Influencé au départ par Hubert Aquin et Claude Gauvreau, Normand Chaurette semble fasciné par les sujets qui touchent à la folie et que l'on retrouve dans ses premières pièces. Ses textes se développent dans un univers désarticulé où l'auteur pratique ce qu'il appelle «l'économie de l'écriture» qui consiste à cerner «ce que les personnages n'osent pas dire» de ce qu'ils ressentent. Sa première pièce, *Rêve d'une nuit d'hôpital*, écrite en 1976 comme une nouvelle, refaite pour la radio et très remaniée pour la scène, est jouée au Théâtre de Quat'sous en janvier 1980. La pièce, reconstitution scénique d'une tranche imaginée de la vie de Nelligan, reçoit un très bon accueil de la critique et du public : « Il a su évoquer avec tact et sensibilité une période peu claire de la vie » de Nelligan, écrit Françoise Têtu de Labsade. *Fête d'automne*, jouée à Montréal en mars 1982, est considérée comme un «fascinant spectacle» par Jacques Langlois qui constate cependant que «les sept tableaux de ce concerto tragique» sont trop exigeants pour «les spectateurs urbains venus se délasser». Chaurette apparaît à Robert Lévesque «comme un des rares auteurs qui s'apprête à ‹ élargir › le théâtre québécois, à débarrasser celui-ci de sa carcasse nationalo-patrimoniale».

ŒUVRES

Rêve d'une nuit d'hôpital (théâtre), [Montréal], Leméac, 1980, 102 p. Portrait. Ill. Préface de Jean-Cléo Godin. « Théâtre ».

Provincetown Playhouse, juillet 1919, j'avais 19 ans (théâtre), [Montréal], Leméac, 1981, 125 p. Portrait. Préface de Gilles Gagnon. « Théâtre ».

Fêtes d'automne (théâtre), [Montréal], Leméac, 1982, xviii, 131 p. Portrait. Ill. Préface de René-Daniel Dubois. « Théâtre ».

La Société de Métis (théâtre), [Montréal], Leméac, 1983, 143 p. Portrait. Ill. Préface de Monique Robillard. « Théâtre ».

Monsieur Arsenault désarmé ou L'Infernale Comédie (préface), dans René-Daniel Dubois, *Panique à Longueuil...*, Montréal, Leméac, 1980, p. 7-25.

Le Pouvoir et les Mots (préface), dans Jacqueline Barrette, *Oh ! Gerry ! Oh !*, Montréal, Leméac, 1982, p. 7-18.

Les Trois Grâces ou Une ode aux natures vivantes (préface), dans Francine Ruel, *Les Trois Grâces*, Montréal, Leméac, 1982, p. vii-xxi.

ÉTUDES

Françoise Têtu de Labsade, *Normand Chaurette. Rêve d'une nuit d'hôpital*, LAQ 1980, p. 151-153.

Lucie Robert, *Rêve d'une nuit d'hôpital*, dans *Jeu*, n° 18, 1981, p. 124-125.

Christian Bordeleau, *Nelligan blanc*, dans *Le Berdache*, n° 23, sept. 1981, p. 49.

Linda Lamarche, *Normand Chaurette, Provincetown Playhouse, juillet 1919, j'avais 19 ans*, LAQ 1981, p. 163-165.

Martial Dassylva, « *Fêtes d'automne* » au TNM. *Pour son auteur, une pièce «flyée»*, Pr, 98e année, n° 67, 20 mars 1982, p. C-6.

Robert Lévesque, *Normand Chaurette, dramaturge*, Dev, vol. 73, n° 66, 20 mars 1982, p. 17-18.

Jacques Larue-Langlois, *Fêtes d'automne : aride, exigeant, fascinant*, Dev, vol. 73, n° 72, 26 mars 1982, p. 23.

Martial Dassylva, *Fêtes d'automne, œuvre acceptable*, Pr, 98e année, n° 100, 29 mars 1982, p. D-4.

André G. Bourassa, *Le théâtre qu'on publie. Quand les poètes deviennent personnages*, LQ, n° 20, été 1982, p. 46.

Robert Lévesque, *Lire le théâtre*, Dev, vol. 74, n° 274, 26 nov. 1983, p. 22.

CHAUSSEGROS DE LÉRY, JOSEPH-GASPARD

(1721-1797). Mémorialiste, né à Québec. Fils de l'ingénieur en chef de la Nouvelle-France, il est aussi ingénieur. Il devient cadet dans les troupes de la Marine à douze ans. En 1739-1740, il participe à l'expédition de Céleron de Blainville contre les Chicachas et rédige le premier d'une série impressionnante de journaux de campagnes relatant les actions militaires auxquelles il participe : à Détroit, en 1749 et en 1754-1755 ; dans la région frontalière, au fort de Niagara, au fort Duquesne et au fort Carillon, de 1753 à 1756 ; chez les nations indiennes, en 1758 ; dans la région de l'Islet, en 1758-1759. Envoyé en France avec sa famille en 1761, il ne trouve pas d'emploi et décide de revenir au Canada, en 1764, laissant deux de ses fils en France. Avec l'avènement du gouverneur Guy Carleton, il connaît la prospérité : il est nommé agent voyer du district de Québec en 1768 et conseiller législatif en 1775. Entre 1768 et 1783, il acquiert cinq seigneuries qui rapportent ; il possède deux moulins à blé... Ses journaux et mémoires, restés longtemps à l'état de manuscrits, ont été édités par Pierre-Georges Roy, entre 1922 et 1929. Il demeure l'un des rares Canadiens à laisser des descriptions de campagnes militaires pendant les vingt dernières années du régime français.

ŒUVRES

(Nous présentons les œuvres par ordre chronologique de composition).

Journal de la campagne faite par le détachement du Canada sur les Chicachas en février 1740, RAPQ, 1922-1923, p. 157-165.

Journal de la campagne que le Sr de Léry, officier dans les troupes détachées de la marine entretenues en Canada, a faite au Détroit en l'année 1749, RAPQ, 1926–1927, p. 334–348.

Journal de Chaussegros de Léry, lieutenant des troupes, 1754–1755, RAPQ, 1926–1927, p. 348–371 ; RAPQ, 1927–1928, p. 355–429 (texte au complet). Traduction anglaise : Sylvester K. Stevens & Donald H. Kent (éd.), *Journal of Chaussegros de Lery 1754–1755,* Erie, Pa., Northwestern Pennsylvania Historical Series, 1939, 122 p. Ill.

Journal de la campagne de Chaussegros de Léry commandant du détachement que M. le marquis de Vaudreuil s'est déterminé d'envoyer sur les forts (1755–1756), dans *Inventaire des papiers De Léry conservés aux Archives de la Province de Québec,* Québec, Imprimeur du Roi, 1940, t. 3, p. 39–49.

Journal de la campagne d'hiver, du 13 février au 9 avril 1756, RAPQ, 1926–1927, p. 372–394.

Journal du siège du fort de Chonéguen (12 juillet–21 août 1756), RAPQ, 1926–1927, p. 395–405.

Journal d'un voyage à Carillon en octobre 1756, RAPQ, 1928–1929, p. 227–236.

Journal. Au pays des nations iroquoises en juillet et août 1758, dans *Inventaire des papiers De Léry,* t. 3, p. 5–19.

Journal d'un voyage à Carillon en 7 br [septembre] et 8 br [octobre] 1758, dans *Inventaire des papiers De Léry,* t. 3, p. 20–25.

Journal du siège de 1759, dans l'*Inventaire des papiers De Léry,* t. 3, p. 26–39.

ÉTUDES

P[ierre]-G[eorges] Roy, *La Famille Chaussegros de Léry,* BRH, vol. 40, 1934, p. 589–592.

John Hare, *Les Canadiens français aux quatre coins du monde,* Québec, la Société historique de Québec, 1964, p. 51–59.

F.J. Thorpe, *Gaspard-Joseph Chaussegros de Léry,* DBC, t. 4, p. 157–160.

CHAUVEAU, PIERRE-JOSEPH-OLIVIER [Josephte, Gaspard Le Mage] (1820–1890). Poète, romancier, historien, essayiste, né à Québec. Après de bonnes études au Petit Séminaire de Québec il devient avocat en 1841. Élu député du comté de Québec à la Chambre législative du Canada-Uni (1844–1855), il est nommé ministre en 1851, puis surintendant de l'Instruction publique du Québec (1855–1867). Il continue à cumuler les charges et les honneurs : Premier ministre de la province de Québec (1867), président du Sénat (1873), président de la Commission du havre de Québec (1874), shérif de Montréal (1877), professeur de droit romain, puis doyen de la Faculté de droit de l'Université Laval à Montréal (1877–1885), membre fondateur et président de la Société royale du Canada (1882). Il meurt à Québec, en 1890. Il a été un véritable animateur culturel, et il a apporté une contribution importante à la vie du pays par ses discours et par ses encouragements à des écrivains comme F.-X. Garneau, J. Lenoir, etc. Pour sa part, c'est surtout par son roman *Charles Guérin* que P.-J.-O. Chauveau enrichit la littérature canadienne-française du XIXe siècle. Jean-Charles Falardeau y voit une peinture fidèle de l'époque : « [...] l'idéologie de *Charles Guérin* implique un état social dont les principales avenues de salut et de progrès sont condamnées. Le Canada français est politiquement et économiquement dominé par les Anglais. [...] Le seul salut possible est le refuge dans la vie rurale ».

ŒUVRES

Charles Guérin (roman), dans l'*Album littéraire et musical de la Revue canadienne,* vol. 1, nº 2 ; vol. 2, nº 3, févr. 1846–mars 1847. (Texte incomplet à la suite de la suspension de la revue) ; *Charles Guérin, roman de mœurs canadiennes,* Montréal, G. H. Cherrier, éditeur, Des presses à vapeur de John Lovell, 1852, vii, 362 p. ; 1853, 359 p. Texte présenté par G. H. Cherrier ; dans *La Revue canadienne,* vol. 34, nº 1 ; vol. 35, nº 4, janv. 1898–avril 1899 ; dans l'*Album de la Revue canadienne,* La Cie de Publication de la Revue canadienne, janv.–déc. 1898 ; 1899, 976 p. ; 1900, 384 p. Introduction par Ernest Gagnon. Ill. de J.-B. Lagacé ; Montréal, Librairie Beauchemin, 1925, 212 p. ; Marc-Aimé-Guérin, [1973], xxxii, 384 p. « Classiques du Canada français », précédé de *Fonctions et Séquences dans Charles Guérin,* par Yvon Boucher ; Fides, 1978, 392 p. Présenté et annoté par Maurice Lemire. Bibliographie d'Aurélien Boivin.

La Pléiade rouge suivie de L'Apothéose des martyrs de Gaspard Le Mage, Montréal, Des Presses de la Minerve, [1854], 16 p. ; 1855, 24 p. Attribué à P.-J.-O. Chauveau et J.-C. Taché ; paru sous le pseudonyme de Gaspard Le Mage.

Discours prononcé en 1855 [...] à la cérémonie de la pose de la pierre angulaire du monument dédié à la mémoire des Braves tombés sur la plaine d'Abraham le 28 avril 1760, Québec, E. Fréchette, 1855, 12 p. ; dans *La Littérature canadienne de 1850 à 1860,* Québec, Desbarats et Derbyshire, 1863, t. 1, p. 375–386.

Relation du voyage de Son Altesse Royale le prince de Galles en Amérique, Montréal, Senécal, 1860, 148 p.

Noces d'or de Pie IX : discours prononcé à cette occasion, à la séance littéraire et musicale donnée à l'Université Laval en l'honneur du cinquantième anniversaire du sacerdoce de Sa Sainteté, le 10 avril 1869, Québec, A. Côté, 1869, 27 p.

L'Abbé Jean Holmes et ses conférences de Notre-Dame (critique littéraire), Québec, Imprimerie A. Côté, 1876, 33 p. (Reproduit de L'Opinion publique).

L'Instruction publique au Canada ; précis historique et statistique, Québec, Imprimerie A. Côté, 1876, xii, 366 p.

Souvenirs et Légendes (conférence), Québec, Imprimerie A. Côté, 1877, 36 p.

François-Xavier Garneau, Histoire du Canada depuis sa découverte jusqu'à nos jours. Notice biographique par M. Chauveau et Table analytique par M. Benj. Sulte, précédées de « Notre Histoire », poésie de M. Louis Fréchette, Montréal, C.O. Beauchemin et Fils, 1883, 14, cccxcviii p. (Ce volume fait partie, comme le 4e tome, de la quatrième édition de l'Histoire du Canada de F.-X. Garneau. Le titre sur la couverture est ambigu. À la p. 15 nous lisons : « François-Xavier Garneau, sa vie et ses œuvres ». Il s'agit, en effet, d'une étude sur la vie et l'œuvre de Garneau qui, initialement, ne devait devenir qu'une étude sur la vie et l'œuvre de l'auteur, destinée à être située en tête du Ier tome de la quatrième édition de l'Histoire du Canada de F.-X. Garneau. Finalement, Chauveau enregistra son ouvrage comme volume à part qui contient aussi son « Discours prononcé sur la tombe de F.-X. Garneau », le 15 sept. 1867, p. cclxvii–cclxxvi. Il existe donc une édition parallèle de cet ouvrage, amputée cependant de la table analytique de Benjamin Sulte et de la poésie de Louis Fréchette : François-Xavier Garneau, sa vie et ses œuvres par M. Chauveau, Montréal, Beauchemin & Valois, Libraires-Imprimeurs, 1883, cclxxxi + 1 page « Errata et Corrigenda »).

Les Dies Irae (poésie), Montréal, Bureau des Nouvelles Soirées canadiennes, 1887, 14 p.

Discours prononcé lors de l'inauguration du monument Cartier-Brébeuf, 24 juin 1889, Donnacona (poésie), Montréal, C. O. Beauchemin & Fils, 1889, 26 p.

Bertrand de La Tour suivi de Les Plaines d'Abraham, Lévis, P.-G. Roy, 1898, 104 p. « BC ».

Pierre-Joseph-Olivier Chauveau, Montréal, Fides, 1962, 96 p. Textes choisis et présentés par André-Labarrère-Paulé. « CC ».

Joies naïves (poésie), dans l'Album littéraire et musical de la Revue canadienne, vol. 1, 1846, p. 77 ; Antonin Nantel, Les Fleurs de la poésie canadienne, Montréal, C.-O. Beauchemin & Fils, 1896, p. 19–22.

L'Union des Canadas ou la Fête des banquiers (poésie) dans l'Album littéraire et musical de la Revue canadienne, vol. 1, 1846, p. 192–194.

L'Insurrection (poésie), RN, 1848–1850, vol. 2, p. 42–51.

Donnacona (poésie), dans Léon-Pamphile Le May, Deux poèmes couronnés par l'Université Laval, Québec, P.-G. Delisle, 1870, p. 239–250 ; Louis H. Taché, La Poésie française au Canada, St-Hyacinthe, Imprimerie du « Courrier de St-Hyacinthe », 1881, p. 177–181 ;

Benjamin Sulte, Histoire des Canadiens français 1608–1880 : origine, histoire, religion, guerres, découvertes, colonisation, coutumes, vie domestique, sociale et politique, développement, avenir, Montréal, Wilson & Cie, 1882, vol. 1, p. 18–20 ; Antonin Nantel, Les Fleurs de la poésie canadienne, Montréal, C.-O. Beauchemin & Fils, 1896, p. 22–26 ; Jules Fournier, Anthologie des poètes canadiens, Montréal, [Granger], 1920, p. 45–49.

Introduction, dans Le Deuxième Centenaire de l'érection du diocèse de Québec, Québec, Blumart & Cie, 1874, p. v–lvi.

Épître à M.A. de Puibusque (poésie), dans Louis H. Taché, La Poésie française au Canada, St-Hyacinthe, Imprimerie du « Courrier de St-Hyacinthe », 1881, p. 182–185.

Étude sur les commencements de la poésie française au Canada et en particulier sur les poésies de M. François-Xavier Garneau, MSRC, 1re série, vol. 1, sect. 1, 1882–1883, p. 65–84. (Il existe aussi un tiré à part de cette étude).

Le Sacré-Cœur (poésie), MSRC, 1re série, vol. 2, section 1, 1884, p. 97–104.

Épître à M. Prendergast, après avoir lu « Un soir d'automne » (poésie), MSRC, 1re série, vol. 3, section 1, 1885, p. 101–103 ; Antonin Nantel, Les Fleurs de la poésie canadienne, Montréal, C.-O. Beauchemin & Fils, 1896, p. 35–38.

Introduction, dans Pierre Chauveau, fils, Frédéric Ozanane : sa vie et ses œuvres, Montréal, C.O. Beauchemin, 1887, xx p.

La Messe de minuit. Légende canadienne (poésie), dans Antonin Nantel, Les Fleurs de la poésie canadienne, Montréal, C.-O. Beauchemin & Fils, 1896, p. 28–34 ; Jules Fournier, Anthologie des poètes canadiens, Montréal, [Granger], 1920, p. 49–52.

Première Communion (poésie), dans Antonin Nantel, Les Fleurs de la poésie canadienne, Montréal, C.-O. Beauchemin & Fils, 1896, p. 27–28.

ÉTUDES

Henri Chevalier, Charles Guérin par M. P.-J.-O. Chauveau, dans La Ruche littéraire, 1re série, livre 2, mars 1853, p. 106–108.

Edmond Lareau, [Pierre-Joseph-Olivier Chauveau], Histoire de la littérature canadienne, Montréal, John Lovell, 1874, p. 68–69, 282–286, 334.

Prosper Bender, L'Honorable Pierre-J.-O. Chauveau, dans Literary Sheaves ou La Littérature au Canada français, Montréal, Dawson Bros, 1881, p. 9–11, 185–187.

L.-O. David, Feu P.-J.-O. Chauveau, MSRC, 1re série, vol. 9, section 1, 1891, p. 53–58.

Séraphin Marion, Charles Guérin, dans Les Lettres canadiennes d'autrefois, vol. 4 : La Phase préromantique, Ottawa/Hull, EUO/Éditions de l'Éclair, 1944, p. 70–91.

Thérèse Louis-Hébert, « Bio-bibliographie de Pierre-Joseph-Olivier Chauveau LLD ». Mémoire. École de bibliothécaires de l'Université de Montréal, 1944, 96 f.

Maurice Lebel, P.-J.-O. Chauveau, humaniste du XIXe siècle, RUL, vol. 17, no 1, sept. 1962, p. 32–42.

Arthur Maheux, *P.-J.-O. Chauveau, promoteur des sciences,* MSRC, 4ᵉ série, vol. 1, section 1, 1963, p. 87–103.

Louis-Philippe Audet, *P.-J.-O. Chauveau et l'éducation,* MSRC, 4ᵉ série, vol. 4, section 1, 1966, p. 13–40.

Jean-Charles Falardeau, *Idéologies et Thèmes sociaux du XIXᵉ siècle,* EF, vol. 2, nº 2, juin 1966, p. 133–161, surtout p. 134–140.

Louis-Philippe Audet, *P.-J.-O. Chauveau, ministre de l'Instruction publique, 1867–1873,* MSRC, 4ᵉ série, vol. 5, section 1, 1967, p. 171–184.

Claudia Magny, « Pierre-Joseph-Olivier Chauveau ; sa vie, ses œuvres ». Thèse de maîtrise ès arts. Université de Montréal, 1968, 219 f.

Jean-Pierre Duquette, *Charles Guérin et la Fiction au XIXᵉ siècle,* VI, vol. 1, nº 2, 1975, p. 182–195.

René Dionne, *Pierre-Joseph-Olivier Chauveau. Charles Guérin,* LAQ 1978, p. 41–43.

Parick Imbert, *Charles Guérin ou Le Réalisme critique,* LQ, nº 13, févr. 1979, p. 33–34.

André Senécal, *Charles Guérin : le récit et la thèse,* VI, vol. 5, nº 2, hiver 1980, p. 333–340.

CHAUVIN, ÉDOUARD (1894–1962). Poète et journaliste, né à Longue-Pointe (Île-de-Montréal). Après ses études au Collège de Montréal et au Séminaire de Sainte-Thérèse, il s'inscrit en droit à l'Université Laval de Montréal. En deuxième année, il quitte ses études et se consacre à la littérature. Il fonde avec quelques amis dont Philippe Panneton, Honoré Parent, Roger Maillet et son frère Jean, un groupe littéraire connu sous le nom de « La Tribu des Casoars ». En 1918, il se lance en journalisme : il collabore d'abord au *Canada,* ensuite à *La Patrie,* à *La Presse,* au *Bien public* et au *Nouvelliste* de Trois-Rivières. Au début des années 1930, il se joint à son ami de jeunesse Roger Maillet, au *Petit Journal.* En 1937, Édouard Chauvin crée l'hebdomadaire le *Photo-Journal* qui connaît un grand succès. Traducteur aux débats parlementaires en 1942, il est nommé plus tard responsable des périodiques auprès des Forces armées canadiennes. Son premier recueil, *Figurines,* paraît en 1918 ; il y peint des visages des Casoars, ainsi que des instantanés intimistes et des natures mortes quelque peu surréalistes. Ses vers traduisent la fantaisie d'étudiant. Son deuxième recueil, *Vivre !,* est à la fois plus lyrique et plus éloquent que le premier. Chauvin s'est converti au terroir chez qui « un rythme dolent se traîne de page en page, selon Laurent Mailhot. Il est trop tard pour le poète. Rien n'a éclaté dans cet hymne que les clichés éculés en un ‹ sublime › de convention » (DOLQ, t. 2, p. 1170).

ŒUVRES

Figurines. Gazettes rimées, Montréal, Imprimé au « Devoir », 1918, 130 p.

Vivre ! Poèmes, Montréal, Roger Maillet, 1921, 124 p.

ÉTUDES

W.-A. Baker, *Figurines,* dans *Le Pays laurentien,* 3ᵉ année, nº 10, oct. 1918, p. 184.

Olivar Asselin, *Figurines,* dans *La Revue moderne,* 1ʳᵉ année, nº 2, 15 déc. 1919, p. 13–14.

Louis Claude, *Vivre,* dans *La Revue moderne,* 2ᵉ année, nº 5, 15 mars 1921, p. 30.

Louis Dantin, *Vivre,* dans *La Revue moderne,* 2ᵉ année, nº 8, 15 juin 1921, p. 10–11.

CHAUVIN, JEAN (1895–1958). Essayiste, né à Sainte-Rose-de-Laval (Île-Jésus). Il fait ses études classiques au Collège de l'Assomption et au Collège de Montréal ; il s'inscrit en droit à l'Université Laval de Montréal, mais au début de la guerre de 1914–1918, il abandonne ses études afin de faire partie de l'armée canadienne. Il rejoint la Légion étrangère où il est décoré de la croix de guerre. Tout comme son frère Édouard, il se fait journaliste : au *Devoir* et à *La Revue populaire,* où il devient rédacteur en chef. Membre de la Société royale du Canada et du comité des finances du Musée des Beaux-Arts de Montréal, il s'intéresse tout particulièrement aux arts plastiques. Il publie plusieurs reportages sur les artistes de Montréal. En 1928, paraît son volume *Ateliers. Études sur vingt-deux peintres et sculpteurs canadiens,* qui recrée sous plusieurs angles l'atmosphère artistique de l'époque.

ŒUVRE

Ateliers. Études sur vingt-deux peintres et sculpteurs canadiens, Montréal, Louis Carrier & cie, Les Éditions du Mercure, 1928, 266 p. (Quelques textes parurent d'abord dans *La Revue populaire*).

ÉTUDES

Maurice Hébert, *Ateliers,* CF, vol. 16, nº 9, 1929, p. 644–653.

Lucette Robert, *Ce dont on parle,* dans *La Revue populaire,* vol. 39, nº 7, juillet 1946, p. 8.

CHÉNÉ, YOLANDE [Yolande Genest] (1926–   ). Psycho-pédagogue, romancière et dramaturge, née à Montréal. Après ses études secondaires à l'Académie Saint-Édouard, elle étudie à l'École normale Jacques Cartier (1940–1942), à l'Institut pédagogique (1942–1944) et à l'Université Laval où elle obtient un baccalauréat (1949) et une licence en pédagogie

(1950), puis une maîtrise en psychologie (1972). Elle poursuit ensuite des études à Paris et à Genève. Revenue au pays, elle obtient un doctorat en psychologie à l'Université Laval. En 1965, elle prend part à « L'Affaire Bradet », affirmant que le renvoi du père Bradet comme directeur de la revue *Maintenant*, est une atteinte à la liberté d'expression. En 1967, elle est présidente fondatrice du premier syndicat des écrivains au Québec. Outre deux romans publiés, elle a écrit deux pièces de théâtre encore à l'état de manuscrits mais jouées à Québec : « L'escalier qui ne mène nulle part » (Estoc, été 1967) et « Le pont n'a pas sauté » (École normale Laval, printemps 1970). Son premier roman, *Au seuil de l'enfer,* est couronné par le prix du Cercle du livre de France. Au sujet de *Peur et Amour,* roman sur le thème de la destruction de l'enfant par la mère, Henri Tuchmaïer écrit : « Ce livre est bien construit. Il suit avec rigueur les cheminements et la misère d'une femme à la recherche de la paix et de l'amour, à la poursuite de la liberté et du bonheur. [...] Dans ce récit où les épigraphes vont de Freud à Teilhard de Chardin, il y a un hymne à la vie, têtue dans sa recherche du bonheur ».

ŒUVRES

Au seuil de l'enfer (roman), Montréal, CLF, 1961, 252 p.
Peur et Amour (roman), [s.l.], CLF Ltée, [1965], 177 p. « Nouvelle France ».
L'Affaire Bradet (pamphlet), Montréal, Éditions du Jour, 1965, 119 p.

Les Juifs et la Communauté chrétienne, So, vol. 69, n° 28, 29 janv. 1966, p. 6.
Le Ministère des Affaires culturelles et nos écrivains, Dev, vol. 57, n° 58, 11 mars 1966, p. 4.
Des conseils sévères et justes, donnés sans raillerie, ni colère, So, vol. 70, n° 69, 18 mars 1967, p. 30.
Forces et Faiblesses du Québec, dans *Les Cahiers François-Xavier Garneau,* vol. 1, sept. 1969, p. 13–21.
Le pont n'a pas sauté (extrait-théâtre), dans *Les Cahiers François-Xavier Garneau,* vol. 1, n° 2, 1972, p. 58–62.

ÉTUDES

Adrien Thério, *Au seuil de l'enfer d'Yolande Chéné,* LAC 1961, p. 19–20.
Henri Tuchmaïer, *Peur et Amour de Yolande Chéné,* LAC 1965, p. 60–61.
[Anonyme], *Journée d'étude de la Société des écrivains canadiens,* So, vol. 69, n° 20, 20 janv. 1966, p. 9.
Jacques Benoît, *Les écrivains fondent leur propre syndicat,* P, vol. 88, n° 19, 14 mai 1967, p. 18.
Jean-Claude Germain, *Yolande Chéné : ça m'impressionne d'être joué [sic], 46 fois,* PJ, vol. 41, n° 34, 18 juin 1967, p. 53.
Roch Poisson, *Mme Yolande Chéné : J'ai choisi de m'engager au moment de l'Affaire Bradet,* dans *Photo-Journal,* vol. 31, n° 31, 28 juin–5 juillet 1967, p. 60.

Jean Garon, *L'escalier qui ne mène nulle part,* So, vol. 70, n° 156, 30 juin 1967, p. 10.
[Anonyme], *Le ministère des Affaires culturelles subventionne trois auteurs québécois,* dans *L'Action,* 61ᵉ année, n° 18–181, 31 janv. 1968, p. 17.

CHERCHE QUI. Voir **DICK,** VENCESLAS EUGÈNE.

CHERRIER, ANDRÉ-ROMUALD [A.-R. C., Pierre-André] (1821–1863). Poète, nouvelliste et critique, né à Montréal. Il étudie au Collège de Montréal de 1831 à 1838. Par la suite, il fait sa cléricature et est admis à la pratique du droit le 30 mars 1842. En 1844, il épouse, à Joliette, Henriette Parthenais ; ils auront huit enfants. Après avoir pratiqué à Montréal, il s'établit à Joliette en 1853. Plus tard, il entre dans la fonction publique. Atteint d'une maladie du cerveau, il meurt à l'asile de Beauport, le 12 décembre 1863. Pendant ses années au collège, il participe activement à la vie littéraire de Montréal : le 27 août 1836 paraît son premier poème dans *L'Ami du peuple.* Grâce à Leblanc de Marconnay, rédacteur du *Populaire,* qui encourage les jeunes auteurs, Cherrier y fait paraître vingt-huit poèmes et textes en prose entre le 11 septembre 1837 et le 7 mars 1838, tous signés du pseudonyme Pierre-André. Dans un article du 11 octobre 1837, il condamne l'intrigue du roman de Philippe Aubert de Gaspé fils, qu'il juge mal organisé et invraisemblable ; Aubert de Gaspé fils se défend dans *La Gazette de Québec* du 24 octobre 1837, et Pierre-André riposte les 15 et 17 novembre 1837 dans *Le Populaire.* Cette « petite bataille romantique » autour du premier roman québécois a suscité l'intérêt des historiens des lettres, notamment d'Albert Dandurand et de Luc Lacoursière. L'identité de Pierre-André est demeurée un mystère jusqu'à ce que Yves Garon démontre avec certitude qu'il s'agit d'André-Romuald Cherrier qui est un des plus jeunes et des plus prolifiques poètes québécois de sa génération. Il a publié deux nouvelles dont « Une entrevue » qui selon Aurélien Boivin (DOLQ, t. 1, p. 735) manifeste « la sincérité [...] en tout point conforme aux tendances romantiques de l'époque ». Boivin s'étonne à juste titre que Cherrier semble avoir délaissé la littérature après 1838 ; celui-ci fournit cependant certains de ses poèmes dont un inédit, « La Création », à James Huston pour inclusion dans *Le Répertoire national* (1848). C'est d'ailleurs grâce à la réédition de ces poèmes qu'on a pu identifier Cherrier comme le jeune Pierre-André. À la fin de 1838, il assiste au procès de Joseph N. Cardinal et onze autres, accusés de haute trahison pour leur participation à des événements révolutionnaires. En 1839, le document paraît, signé « par un étudiant en droit ». L'attribution de ce texte à Cherrier est très ancienne selon Audet et Malchelosse (*Pseudonymes canadiens*). Le mouvement littéraire qui s'amorce en 1837 autour de Leblanc de Marconnay et qui compte, entre autres, A.-R. Cherrier, sa sœur Odile et Joseph-Guillaume Barthe de Trois-Rivières, ne résiste pas aux événements de 1837-1838. Cherrier demeure néanmoins un témoin d'un réveil culturel au Québec à la fin de la décennie 1830-1839.

ŒUVRES

Procès de Joseph N. Cardinal, et autres. Auquel on a joint la Requête argumentative en faveur des prisonniers, et plusieurs autres documents précieux, &c. &c. &c. Par un étudiant en droit, Montréal, John Lovell, imprimeur, 1839, 144, [1] p. ; [s.l.], Éditions du Castor, 1974. (Réimpression photographique de l'édition originale. Tirage limité). Traduction anglaise : *Trial of Joseph N. Cardinal, and Others. To Which are Added the Argumentative Petition in Favour of the Prisoners, and Several Other Precious Documents, &c. &c. &c., By a Student at Law*, Montréal, John Lovell printer, 1839, 141 p.

Du bonheur de l'homme (essai), dans *Le Populaire*, vol. 1, n° 54, 11 août 1837, p. 1.

Essai sur l'éducation, dans *Le Populaire*, vol. 1, n°s 65–66, 6–8 sept. 1837, p. 1.

Un épisode gallico-canadien (conte), dans *Le Populaire*, vol. 1, n° 69, 15 sept. 1837, p. 1 ; aussi dans *Contes et Nouvelles du Canada français, 1778–1859*, Ottawa, EUO, 1971, t. 1, p. 133–142. Textes choisis par John Hare.

De l'influence d'un livre par P.A. De Gaspé, fils (critique littéraire), dans *Le Populaire*, vol. 1, n° 80, 11 oct. 1837, p. 1 ; extraits, dans Albert Dandurand, *Le Roman au Canada français*, Montréal, Albert Lévesque, 1937, p. 39–40.

L'Influence d'un livre (critique littéraire), dans *Le Populaire*, vol. 1, n°s 94–95, 15–17 nov. 1837, p. 1 ; aussi dans Albert Dandurand, *Le Roman au Canada français*, Montréal, Albert Lévesque, 1937, p. 39–40.

Une entrevue (conte), dans *Le Populaire*, vol. 1, n° 142, 7 mars 1938, p. 1 ; aussi dans *Contes et Nouvelles du Canada français, 1778–1859*, Ottawa, EUO, 1971, t. 1, p. 151–161. Textes choisis par John Hare.

Sept poèmes, RN, vol. 2, (1893), p. 21, 25, 74–75, 76, 83–85, 135–136, 226–227.

ÉTUDES

Philippe-Ignace Aubert de Gaspé, *Réponse à Pierre-André*, dans *Le Populaire*, vol. 1, n° 94, 15 nov. 1837, p. 1–2.

Yves Garon, *Qui était « Pierre-André » le premier critique de notre premier roman ?*, RHAF, vol. 20, n° 4, 1967, p. 566–571.

John Hare, *André-Romuald Cherrier*, dans *Contes et Nouvelles du Canada français, 1778–1859*, Ottawa, EUO, 1971, t. 1, p. 129–132.

CHEVALIER, HENRI-ÉMILE [Chauchefoin, Maple Knot] (1828–1879). Journaliste, romancier et essayiste, né en France, à Châtillon-sur-Seine (Côte-d'Or). Il s'engage dans l'armée en 1847 comme dragon volontaire ; en même temps il collabore à plusieurs journaux. En décembre 1851 il est arrêté pour activités politiques, condamné à l'exil, mais en réalité simplement gardé à vue. En mars 1852, il obtient un passeport et part pour New York où il passe un peu plus d'un an au service du *Courrier des États-Unis*. Il s'établit ensuite à Montréal, à la fin de 1852 et devient, en mars 1853, rédacteur à *La Ruche littéraire* fondée en février par Georges-Hippolyte Cherrier. Cette revue mensuelle populaire à l'époque et qui modifie plusieurs fois son titre (*La Ruche littéraire et illustrée, La Ruche littéraire, La Ruche littéraire et politique*, et de nouveau *La Ruche littéraire*), disparaît après deux ans et demi pour des raisons financières, renaît en mars 1859, et s'éteint à jamais avec la livraison de juin. Chevalier retourne en France en 1860 et devient conseiller municipal de Paris en 1871. Il meurt à Paris le 25 août 1879. Pendant son séjour au Canada, outre son travail à *La Ruche*, il est associé à la rédaction du *Pays* et de *La Patrie* ; il organise aussi la bibliothèque de l'Institut canadien. Littérateur infatigable, conférencier choyé, journaliste combatif, Chevalier entretient des relations amicales avec tous les journaux canadiens de l'époque et avec ceux des États-Unis. Il est l'ami de François-Xavier Garneau, d'Antoine Gérin-Lajoie, de Joseph-Charles Taché, d'Eugène L'Écuyer... Après 1850 il se met à écrire des romans historiques dont plusieurs ont une thématique canadienne. *La Ruche littéraire* publie trois feuilletons de lui : *L'Isle de sable, La Huronne de Lorette* et *Histoire d'une famille canadienne*. En 1858, il publie *L'Héroïne de Châteauguay* et, en 1859, *Le Pirate du Saint-Laurent*. Après un retour en France il publie une série de romans à succès à la manière de Cooper. Quelques-uns n'ont de lui que le titre. Son nom s'associe davantage à son œuvre d'animateur culturel qu'à son œuvre romanesque écrite dans la veine d'Alexandre Dumas, d'Eugène Sue et de Fenimore Cooper. « Il ne faudrait pas [...]

écrit É.-Z. Massicotte, attribuer cette popularité relative au style de l'auteur, car il est quelconque ; encore moins à l'émotion qu'il provoque, car l'intrigue de ses fictions est toujours enfantine lorsqu'elle n'est pas impénétrable. On voit que la fable n'est là que pour véhiculer des notes, des descriptions, des faits historiques ou des statistiques. [...] Si médiocres que soient ces livres, il leur reste d'avoir été les premiers à traiter du Canada à peu près correctement ».

ŒUVRES

Biographie de Mme Anna de la Grange, Montréal, Senécal et Daniel, 1856, 88 p. « Célébrités contemporaines ».

Biographie de M. Eugène Godard, Montréal, Senécal et Daniel, 1856, 80 p. « Célébrités contemporaines ». (A d'abord paru dans P, vol. 2, nos 116–122, 10–24 sept. 1856).

Tempérance et Intempérance (récit), Montréal, des Presses à vapeur de Montigny et cie, 1856, 86 p.

L'Héroïne de Châteauguay. Épisode de la guerre de 1813 (récit), Montréal, John Lovell, éditeur-imprimeur, 1858, 95 p. ; Librairie générale canadienne, 1949, 125 p. Édition complètement refondue et adaptée pour la jeunesse par Eugène Achard. (A d'abord paru sous le titre *La Batelière du St-Laurent,* P, vol. 1, nos 9–15, 24 oct.– 14 nov. 1854, sous le nom de Chauchefoin).

L'Iroquoise de Caughnawaga (récit), Montréal, John Lovell éditeur-imprimeur, 1858, [99]–125 p. (Ce récit est précédé de *L'Héroïne de Châteauguay*, paru d'abord sous le titre *La Vengeance d'une Iroquoise*, P, vol. 1, no 1, 26 sept. 1854, p. 1–4. Sous le nom de Chauchefoin).

Les Trappeurs de la Baie d'Hudson ou Nick Whiffles (roman), Montréal, John Lovell, 1858, 168 p. (Traduction libre du roman de J.H. Robertson, sous la direction de l'auteur) ; *Les Pieds noirs,* Paris, Librairie nouvelle A. Bourdilliat et cie éditeurs, 1861, iv, 328 p. Préface de l'auteur. « Drames de l'Amérique du Nord » ; Toubon, 1864 ; Paris, Calmann-Lévy éditeur, ancienne maison Michel Lévy frères, 1898. « Drames de l'Amérique du Nord». (A d'abord paru dans *Le Pays,* vol. 7, no 8 au vol. 8, no 1, du 19 août 1858 au 15 janv. 1859).

Le Foyer canadien ou Le Mystère dévoilé. Nouvelle du jour de Noël, Montréal, John Lovell, 1859, vi, 135 p. Sous le pseudonyme de Maple Knot.

Le Pirate du Saint-Laurent (roman), Montréal, John Lovell, 1859, 173 p. ; Paris, E. Dentu, 1862, 281 p. « Les Légendes de la mer » ; Librairie générale canadienne, [1951 ?], 144 p. « Pour la jeunesse canadienne ». Édition entièrement refondue, adaptée et mise à jour par Eugène Achard.

La Huronne. Scènes de la vie canadienne (roman), Paris, Calmann Lévy, 1861, viii, 359 p. ; Poulet-Malassis, libraire-éditeur, 1862. Préface de Ch. Dubois de Gennes. « Drames de l'Amérique du Nord » ; Toubon, libraire-éditeur, 1864, 359 p. « Drames de l'Amérique du Nord » ; Michel Lévy frères, libraires-éditeurs, 1867, 356 p. « Drames de l'Amérique du Nord, collection Lévy » ; Callmann Lévy, éditeur. Ancienne maison Michel Lévy frères, 1889. « Drames de l'Amérique du Nord ». (Texte composé de 2 chapitres des *Mystères de Montréal,* dans *La Ruche littéraire,* vol. 2, 1853 et de 8 chapitres de *La Huronne de Lorette,* dans *La Ruche littéraire,* vol. 4–5, 1854, 1859).

Les Derniers Iroquois (roman), Lagny, F. Aureau, [1862 ?], 308 p. ; Paris, Lécrivain et Toubon, 1863. « Drames de l'Amérique du Nord » ; Paris, Michel Lévy, 1867. « Drames de l'Amérique du Nord, collection Michel Lévy » ; Paris, Callmann-Lévy éditeur. Ancienne maison Michel Lévy frères, 1876. « Drames de l'Amérique du Nord, collection Michel Lévy ».

Les Nez-percés (roman), Paris, Poulet-Malassis, 1862, 320 p. « Drames de l'Amérique du Nord » ; Michel Lévy frères, libraires-éditeurs, 1867 ; Calmann-Lévy, [1890]. « Drames de l'Amérique du Nord ».

La Tête-plate (roman), Paris, Poulet-Malassis, 1862, 322 p. « Drames de l'Amérique du Nord » ; Lécrivain et Toubon, 1863, iv, 322 p. ; Michel Lévy, 1867, 320 p. ; Calmann Lévy, éditeur. Ancienne maison Michel Lévy frères, 1876, 320 p. « Drames de l'Amérique du Nord, collection Michel Lévy » ; Calmann-Lévy, éditeurs, [1901 ?], 320 p. « Drames de l'Amérique du Nord ».

39 hommes pour une femme. Épisode de la colonisation du Canada (roman), Paris, E. Dentu, éditeur, 1862, 279 p. « Légendes de la mer » ; *L'Île de sable,* Calmann Lévy, éditeur. Ancienne maison Michel Lévy frères, 1878, iv, 307 p. « Michel Lévy, Drames de l'Amérique du Nord ». (A d'abord paru dans *La Ruche littéraire,* vol. 3–4, 1854, sous le titre *L'Île de sable*). Traduction anglaise par E.I. Sears : *39 Men for one Woman. An Episode of the Colonization of Canada,* New York, John Bradburn, 1862, x, [i], 312 p. « Légends of the Sea » ; *Adventure by Sea and Land of the Count of de Ganay, or, The Devotion and Fidelity of Woman. An Episode of the Colonization of Canada,* 1863, x, [i], 312 p.

Le Nord et le Sud. L'espion noir, épisode de la guerre civile (roman), Paris, E. Dentu, 1863, 305 p. Collab. F. Pharaon ; *Un drame esclavagiste. Prologue de la sécession américaine, suivi de Notes sur John Brown, son procès et ses derniers moments,* Charlieu et Huillery, libraires-éditeurs, [1864], 60 p. Ill. ; *Le Gibet,* Calmann Lévy, éditeur. Ancienne maison Michel Lévy, frères, 1879, 310 p. « Drames de l'Amérique du Nord, collection Michel Lévy ».

Poignet d'acier ou Les Chippiouais (roman), Paris, Lécrivain et Toubon, libraires, 1863, 276 p. « Drames de l'Amérique du Nord » ; Michel Lévy, 1867, iv, 276 p. « Michel Lévy, Drames de l'Amérique du Nord » ; Michel Lévy frères, éditeurs/ Librairie nouvelle, 1875, iv, 276 p.

Les Requins de l'Atlantique (roman), Paris, E. Denty, 1863, 280 p. « Légendes de la mer » ; *La Capitaine,* Callmann Lévy, [1878 ?], 288 p. « Drames de l'Amérique du Nord »; [Montréal, Déom frères, éditeurs], [s.d.], 192 p. «La Bonne Littérature ».

Le Soleil d'or (essai), Paris, F. Cournol, 1863, 344 p. Collab. L. Clergeot. «Les Auberges de France ».

Le Grand Saint Éloi (essai), Paris, F. Cournol, 1864, 329 p. Collab. L. Clergeot. «Les Auberges de France ».

Peaux-rouges et Peaux-blanches ou Les Douze apôtres et leurs femmes (roman), Paris, [P. Toubon?], 1864, 310 p. «Drames de l'Amérique du Nord »; Lévy frères, 1869; *Peaux-rouges et Peaux blanches,* Calmann Lévy, éditeur. Ancienne maison Michel Lévy frères, 1888. «Drames de l'Amérique du Nord, nouvelle collection Michel Lévy ».

Les Trois Babylones: Paris, Londres, New York. Paris-Babylone (essai), Paris, Lécrivain et Toubon, 1864, 396 p. Collab. Th. Labourière.

L'Hôtel de la Poste (essai), Paris, F. Cournol, 1865, 353 p. Collab. L. Clergeot. «Les Auberges de la France ».

L'Enfer et le Paradis de l'autre monde (roman), Paris, Librairie centrale, [1866], 3, 293 p.

La Fille des Indiens rouges (roman), Paris, Michel Lévy, 1866, 359 p. «Drames de l'Amérique du Nord »; Calmann-Lévy, éditeurs, [1882?], 317 p. «Drames de l'Amérique du Nord, collection Michel Lévy »; Calmann Lévy, éditeur. Ancienne maison Michel Lévy frères, 1888, 317 p. «Drames de l'Amérique du Nord, collection Michel Lévy ».

Notice sur F. Gabriel Saggard Théodat et son œuvre. Servant d'introduction à la nouvelle édition de L'Histoire du Canada par le F. Saggard, Paris, Librairie Toss, 1866, xiv p.

Jacques Cartier (essai), Paris, Lebigre Duquesne, 1868, 314 p. «Les Grands Coureurs d'aventures ».

Le Chasseur noir. (Pour faire suite aux Trappeurs de la Baie d'Hudson) (roman), Paris, Calmann-Lévy éditeur, 1877, 253 p. «Drames de l'Amérique du Nord ».

La Fille du pirate. Légende de la mer, Paris, Calmann-Lévy éditeur, 1878, 293 p.

Vie et Aventures du capitaine de corsaire Tom Souville, ses combats — ses évasions, 1777–1839, Paris, Librairie Plon, E. Plon, Nourrit et cie, imprimeurs-éditeurs, 1895, 376 p. Portrait.

Le Patriote (roman), Montréal, Librairie générale canadienne, 1952, 139 p. Ill. Édition adaptée, refondue et entièrement mise à jour par Eugène Achard.

Un quart d'heure de Rabelais (roman), dans *La Ruche littéraire,* vol. 1, p. 96–105, 159–168, 208–209, 272–278; vol. 2, 1853, p. 391–395, 527–531, 633–639, 674–682.

Origine du journalisme (nouvelle), dans *La Ruche littéraire,* vol. 1, 1853, p. 337–339.

Les Souterrains du Château de Maulnes (roman), dans *Le Moniteur canadien,* vol. 6, n° 43, au vol. 7, n° 11, 21 juillet–9 déc. 1853.

La Vie à New York, ou Histoire de deux familles de proscrits, dans *Le Pays,* (édition hebdomadaire), 4 mai–31 août 1853; (édition quotidienne), 28 avril–21 juillet 1853.

Le Clerc de notaire (roman), dans *La Ruche littéraire,* vol. 2, 1853, p. 406–410, 472–477, 514–520, 586–591, 695–704; vol. 3, 1854, p. 3–13, 67–81, 133–142, 195–206, 262–274, 325–339.

Pauvre Marie (nouvelle), dans *La Ruche littéraire,* vol. 2, 1853, p. 496–501.

Un lion fait au même (nouvelle), dans *La Ruche littéraire,* vol. 2, 1853, p. 592–594.

Amour de prison. Épisode de 1851, dans *La Ruche littéraire,* vol. 2, 1853, p. 615–621.

Horrible ! Extrait des mystères de Montréal, dans *La Ruche littéraire,* vol. 2, 1853, p. 646–649, 709–713.

Légende sur la tour de l'est dans l'ancien Château des Ducs de Bourgogne, à Châtillon-sur-Seine, dans *Le Pays,* vol. 2, n° 8, 10 févr. 1853, p. 1–2.

La Jolie Fille du faubourg Québec (roman), dans *Le Moniteur canadien,* vol. 7, n° 19–46, 2 févr.–10 août 1854.

La Huronne de Lorette (roman), dans *La Ruche littéraire,* vol. 4, 1854, p. 421–425, 491–499, 555–561, 624–626, 679–688; vol. 5, 1859, p. 32–39, 65–75, 116, 152–156.

La Vengeance d'une Iroquoise (nouvelle), P, vol. 1, n° 1, 26 sept. 1854, p. 1.

Épisode de la destruction des Mandanes. Chaginamiz et Lina (nouvelle), P, vol. 1, n° 21, 5 déc. 1854, p. 1–2.

Une première nuit de noces (nouvelle), dans *La Ruche littéraire,* vol. 4, 1854, p. 598–599.

Les Mystères de Montréal (roman), dans *Le Moniteur canadien,* vol. 8, n° 15–46, 4 janv.–20 sept. 1855.

Le Navire (essai), dans *Le Pays,* vil. 4, n° 15–16, 3, 6 mars 1855.

L'Hôtel de Cygne. Roman franco-canadien, P, vol. 2, n° 104–197, 13–20 août 1856.

Alphonse de Lamartine (biographie), P, vol. 3, n° 1–7, 27 oct.–10 nov. 1856.

Histoire d'une famille canadienne 1606–1850 (roman), dans *La Ruche littéraire,* vol. 5, 1859, p. 19–31, 52–63, 87–102, 138–143.

Le Chasseur noir (roman), dans *Le Pays,* vol. 8, n° 99–vol. 9, n° 24, 13 sept. 1859–10 mars 1860.

Petit Roman (nouvelle), dans *La Guêpe,* vol. 13, n° 86, 6 nov. 1860, p. 2.

ÉTUDES

[Anonyme], *Henri-Émile Chevalier,* dans *Grand Dictionnaire universel du XIXᵉ siècle,* Paris, Larousse, [s.d.], supplément I, p. 525.

E.-Z. Massicotte, *Émile Chevalier,* BRH, vol. 20, 1914, p. 157–159.

Béatrice Corrigan, *Henri-Émile Chevalier and His Novels of North America,* dans *Romantic Review,* vol. 35, n° 3, 1944, p. 220–231.

Paul Wyczynski, [Note sur H.-E. Chevalier], dans François-Xavier Garneau, *Voyage en Angleterre et en France dans les années 1831, 1832, 1833,* Ottawa, EUO, 1968, p. 324–329. «Présence ».

Marc La Terreur, *Henri-Émile Chevalier,* DBC, vol. 10, p. 179–182.

CHEVALIER, ROBERT (1686-1731). Mémorialiste, né à la Pointe-aux-Trembles (Portneuf). Dès l'âge de vingt ans, il part à l'aventure et devient flibustier. Au terme de sa carrière mouvementée, il passe en France et séjourne successivement à Brest, à Saint-Malo et à Nantes. Il meurt à Tours au cours d'une bagarre de rue. Alain-René Lesage, romancier, utilise l'ensemble des souvenirs laissés par Chevalier, les remanie sensiblement, y ajoutant plusieurs de ses propres récits, et les publie sous le titre : *Les Aventures de Monsieur Robert Chevalier, dit de Beauchêne, capitaine de flibustiers dans la Nouvelle-France* (Paris, 1732). L'authenticité de ces mémoires a été fort discutée. Il est certain, cependant, que les souvenirs de Chevalier ont servi de point de départ au récit de Lesage. Le flibustier Chevalier appartient à cette grande famille canadienne de coureurs d'aventure et d'esprits indépendants qui préfèrent les dangers de l'inconnu à une vie rangée et stable. Selon René Baudry, « Chevalier fut un aventurier hâbleur et sans scrupule qui eut la bonne fortune de rencontrer un écrivain de talent pour le sortir de l'ombre et le transformer en héros de roman ».

ŒUVRE

Les Aventures de Monsieur Robert Chevalier, dit de Beauchêne, capitaine de flibustiers dans la Nouvelle-France, rédigées par M. Lesage, Paris, Étienne Ganeau, 1732, 2 vol. : vol. 1 [16], 262 p. ; vol. 2, [6], 244 p. ; 1733 ; Amsterdam, Aux Dépens de la Compagnie, 1733 ; Maestricht, Jean-Edme Dufour & Roux, 1780 ; 1783 ; dans Œuvres, vol. 4, Amsterdam, rue et hôtel Serpente, 1783, 476 p. ; Mézières, Trécourt, an II (1794), 3 vol. ; dans Œuvres, vol. 4, Leblanc, 1810, 452 p. ; dans Œuvres, vol. 4, Renouard, 1821, 370 p. ; 1822 ; 1823 ; Veuve Dabo, 1824, 2 vol. ; dans Œuvres, vol. 4, Ledoux, 1828, 370 p. ; Société française de l'imprimerie, [s.d.], 153 p. ; New York, Century, 1926, xxviii, 227 p. ; Éditions Excelsior, 1933, 214 p.

ÉTUDES

Gilbert Chinard, Les Aventures de Chevalier de Beauchêne de Lesage, dans La Revue du XVIIIe siècle, (Paris), vol. 1, 1913, p. 279-293.
Aegidius Fauteux, Les Aventures du chevalier de Beauchêne, CD, vol. 2, 1937, p. 7-33.
Gustave Lanctot, dans Faussaires et Faussetés en histoire canadienne, Montréal, Fides, 1948, p. 130-147.
René Baudry, Robert Chevalier, DBC, t. 2, p. 148-149.
John Hare, L'Authenticité des mémoires de Robert Chevalier, rédigés par Alain-René Lesage (1732), dans Mélanges de civilisation canadienne-française offerts au professeur Paul Wyczynski, Ottawa, EUO, 1977, p. 103-112.

CHEVRIER, RODOLPHE (1868-1949). Poète et essayiste, né à Ottawa. Il fait son cours classique au Collège Bourget et à l'Université d'Ottawa. Ensuite, à Montréal, il collabore au *Monde illustré* et au *Glaneur*, tout en faisant ses études de médecine (1886-1890) qu'il complète à Paris. De France, il continue sa collaboration à quelques périodiques, au *Monde illustré* surtout. Établi à Ottawa en 1891, il publie, l'année suivante, sous le titre *Tendres Choses*, ses poèmes composés depuis 1885. Il est directeur de l'Hôpital Saint-Vincent-de-Paul d'Ottawa de 1932 à sa mort. Son recueil, bien accueilli à l'époque par ses amis de Montréal, est d'une assez grande variété de thèmes et de formes strophiques, mais d'une poésie somme toute bien ordinaire.

ŒUVRE

Tendres Choses (poésie), Montréal, J.-P. Bédard, 1892, 205 p.

Deux suicides (nouvelle), MI, vol. 7, no 330, 30 août 1890, p. 282.
Chronique parisienne, dans Le Glaneur, vol. 1, no 9, juillet 1891, p. 268-273.

ÉTUDES

Germain Beaulieu, Le Dr Rodolphe Chevrier, dans Le Glaneur, vol. 2, 1892, p. 65-67.
Amédée Denault [Jules Saint-Elme], Les Écrivains de toutes les littératures. Le Dr R. Chevrier, littérateur, poète canadien, MI, vol. 9, no 418, 7 mai 1892, p. 3.
[Anonyme], Carnet du Monde illustré, MI, vol. 1, no 424, 18 juin 1892, p. 74-75.
Marcel [?], Causerie. Tendres Choses par le Dr R. Chevrier, P, 4 août 1892, p. 1.
John Hare, Anthologie de la poésie québécoise du XIXe siècle, HJE (APQ), p. 399-402.

CHIASSON, ANSELME (1911-   ). Ethnographe et folkloriste acadien, né à Chéticamp (Nouvelle-Écosse). Après ses études secondaires dans son village natal, il fait ses humanités classiques au Collège Séraphique (Ottawa) en 1931. Il poursuit ses études de philosophie et de théologie à la Chapelle de la Réparation des Pères Capucins (Montréal) de 1932 à 1938. Il est ordonné prêtre en 1938. Il est professeur de théologie à Montréal, prédicateur de retraites, curé de la paroisse Saint-François-d'Assise à Ottawa, fondateur et directeur d'une maison de Capucins à Moncton, fondateur et directeur du Centre d'études acadiennes de l'Université de Moncton, membre fondateur de la Société historique acadienne (1960) et membre de la Société des écrivains acadiens. Il collabore à l'*Évangéline*, au *Courrier,* aux *Cahiers de la Société historique acadienne* et à la *Revue de l'Université de Moncton.* En 1962 il mérite le prix Champlain pour ses travaux sur Chéticamp. Il reçoit deux doctorats honorifiques en histoire, de l'Université de Moncton (1976) et de l'Université de Church Point (Nouvelle-Écosse) (1978). Il est décoré de l'Ordre du Canada (1976), de l'Ordre des francophones d'Amérique (1979), et il reçoit le Grand prix du Conseil de la langue française du Québec (1979). Le père Chiasson a réuni une vaste collection de folklore acadien. De 1942 à 1979, il publie, en collaboration avec le père Daniel Boudreau, cinq recueils des *Chansons d'Acadie.* Il publie aussi des légendes et des contes : ainsi, ses *Légendes des îles* ne sont pas des reconstitutions littéraires, mais la réunion classifiée des diverses versions, aussi fidèles que possible aux récits des conteurs. On y retrouve bien des légendes du folklore universel. Pierre Savard déclare que l'ouvrage sur Chéticamp et les traditions acadiennes « constitue une des meilleures études du genre ».

ŒUVRES

Chansons d'Acadie (folklore), [1942 ?]–1979, 5 t. Collab. Père Daniel Boudreau. Ill. : t. 1, *1re série,* Montréal, La Réparation, [1942 ?], 26 f. Préface de Marius Barbeau ; t. 2, *2e série,* Montréal, La Réparation, [1945], 54 p. ; t. 3, *3e série,* Montréal, La Réparation, [1946 ?], 55 p. Préface de François Brassard ; t. 4, *4e série,* [s.l., s.é.], [1972 ?], 58 p ; t. 5, *5e série,* Moncton, Éditions des Aboiteaux, 1979, 60 p. Présentation des auteurs.
Chéticamp. Histoires et traditions acadiennes (monographie), Moncton, Éditions des Aboiteaux, 1961, 317 p. Ill. Cartes. Préface de Luc Lacourcière ; 1962 ; 1972.
L'Île de Shippagan : anecdotes, tours et légendes (ethnographie), Moncton, Éditions des Aboiteaux, 1967, 95 p. Collab. Francis Savoie. Portrait (de Savoie). Préface du Père Anselme Chiasson. Ill. de Claude Roussel.
Légendes des Îles de la Madeleine (ethnographie), Moncton, Éditions des Aboiteaux, 1969, 126 p. Ill. Cartes. Préface de Carmen Roy ; Éditions d'Acadie, 1976, 131 p. Ill. Cartes. Présentation de l'auteur.
Les Îles de la Madeleine, vie matérielle et sociale de l'en premier, Montréal, Leméac, 1981, 269 p. Ill. Cartes. « Connaissances ».
Tout le long de ces côtes. Chansons folkloriques des Îles de la Madeleine, Mont St-Hilaire (Québec), [s.é.], 1983, 63 p. Ill. Chansons recueillies et présentées par le Père Anselme Chiasson.

ÉTUDES

Pierre Savard, *Sept ans de production historique au Canada français, 1961-1968,* LAC 1968, p. 158-166, surtout p. 165.
Adrien Thério, *Chiasson, Anselme. Les Légendes des Îles-de-la-Madeleine,* LAQ 1969, p. 155.

Ronald Labelle et Lauraine Léger, *En r'montant la tradition. Hommage au père Anselme Chiasson. Recueil d'études préparé sous la direction de Ronald Labelle et Lauraine Léger,* Moncton, Éditions d'Acadie, 1982, 254 p.

CHIASSON, HERMÉNÉGILDE (1946–   ). Poète, dramaturge et peintre, né à Saint-Simon (Nouveau-Brunswick). Il commence ses humanités au Collège Saint-Joseph de Memramcook et termine son baccalauréat à l'Université de Moncton (1967). Pendant l'« Affaire » Acadie, lors des affrontements entre les étudiants et l'autorité municipale pour l'obtention du bilinguisme à Moncton, Chiasson se joint à des organismes militants. En 1969, il étudie les beaux-arts à Mount Allison University (Sackville) et commence à publier ses poèmes dans des revues, dont *Liberté.* Ses études terminées, il devient recherchiste (1971), puis journaliste à Radio-Canada (1973), tout en occupant diverses fonctions à l'Université de Moncton. En 1975, il s'inscrit en arts plastiques à la Sorbonne (Paris). À son retour à Moncton, il présente ses pièces de théâtre : « Becquer Bobo » (1976), « L'Amer à boire » (1976) et « Au plus fort la poche » (1977), et il écrit pour la radio « Sorry I Don't Speak French », pièce diffusée à Radio-Canada en 1978. Durant cette période il fait paraître quelques poèmes dans *Écrits du Canada français, Ellipse* et *Si Que,* ainsi que deux recueils : *Mourir à Scoudouc* (1974) et *Rapport sur l'état de mes illusions* (1977). En 1980, il occupe à Radio-Canada un poste de concepteur en art visuel et de réalisateur radiophonique. « *Mourir à Scoudouc,* écrit Pierre Nepveu, on le devine, par son titre, est un livre hanté par la fin du monde ». Nepveu écrit encore à propos de *Rapport sur l'état de mes illusions :* « Chiasson a un ton, un souffle et un sens de l'image qui en font le poète le plus représentatif et le plus intéressant de l'Acadie actuelle ». Ce n'est pas un recueil de « beaux poèmes », et les imperfections sont nombreuses. « Mais l'ensemble du livre fait oublier ces faiblesses : tout s'écrit ici ‹ entre vivre et mourir ›, dans une atmosphère de ‹ cour à scrap › qui finit par créer un nouveau mythe de l'Acadie, et qui est celui de tout un malvivre contemporain ».

ŒUVRES

Mourir à Scoudouc (poésie), Moncton, Éditions d'Acadie, 1974, 63 p. Portrait. Ill. ; Montréal/Moncton, Hexagone/Éditions d'Acadie, 1979.
Rapport sur l'état de mes illusions (poésie), Moncton, Éditions d'Acadie, [1976], 69 p. Ill.

Les Cent lignes de notre américanité. Actes du colloque tenu à Moncton du 14 au 16 juin 1984, Moncton, Éditions Perce-Neige, 1984, 143 p. Éditeur. Portrait. Ill. Préface de Claude Beausoleil. Post-face de Gérald Leblanc.

Œuvre graphique, dans *La Revue de l'Université de Moncton,* 5e année, nº 1, janv. 1972, p. 119.

Poèmes, dans *Éllipse,* nº 16, printemps 1974, p. 26–36. (Traduction d'Ann Rajan et C.R.P. May).

Blanc, Jaune, Bleu, Rouge et Eugénie Mélanson, Dans ECF, nº 38, 1974, p. 65–71 ; dans Jean-Guy Rens et Raymond LeBlanc, *Acadie/Expérience,* Montréal, Parti Pris, 1977, p. 160–164.

[*Quatre encres*], dans Francine Saillant, *Ruptures,* Montréal, Éditions Dérives, 1981, 38 p.

ÉTUDES

Pierre Nepveu, *Herménégilde Chiasson. Mourir à Scoudouc,* LAQ 1974, p. 139–140.

Id., *Herménégilde Chiasson. Rapport sur l'état de mes illusions,* LAQ 1977, p. 151–152.

François Gallays, *Comme en Florence de Léonard Forest et Mourir à Scoudouc de Herménégilde Chiasson,* LQ, nº 17, printemps 1980, p. 63–67.

Jean Royer, *Herménégilde Chiasson : l'Acadie réelle,* Dev, vol. 72, nº 51, 3 mars 1981, p. 19.

Cedric May, *Les Chances pour la parole acadienne de se faire entendre : étude d'un recueil d'Herménégilde Chiasson,* dans *Études canadiennes/Canadian Studies,* 8e année, nº 13, déc. 1982, p. 209–217.

[Anonyme], *Chiasson-Savoie, de l'Acadie à la francophonie* (entrevue), dans *Nuit blanche,* nº 15, oct.–nov. 1984, p. 18–20.

CHINIQUY, CHARLES (1809–1899). Essayiste, mémorialiste et théologien, né à Kamouraska. Il fait ses études classiques à Sainte-Anne-de-la-Pocatière et au Séminaire de Nicolet (1822–1829) où il continue ses études théologiques ; il est ordonné prêtre en 1833. Vicaire dans plusieurs paroisses dont Notre-Dame de Québec, il est nommé curé de Beauport en 1838 et de Kamouraska en 1842. Ce grand prédicateur de la tempérance fait un séjour chez les oblats à Longueuil (1846–1847). Au sommet de sa carrière, il part soudainement pour Chicago où il s'occupe des Canadiens qui y sont établis. En 1856, son évêque l'interdit ; mais Chiniquy continue toujours à dispenser les sacrements dans son église. En 1859, il devient ministre presbytérien et se marie avec Euphémie Allard. Par la suite, il s'attaque à l'Église catholique dans des ouvrages de propagande, surtout *Le Prêtre, la femme et le confessionnal,* ouvrage traduit en plusieurs langues et répandu partout dans les milieux anti-catholiques. Chiniquy publie aussi son autobiographie sous le titre de *Cinquante ans dans l'Église de Rome.* Il publie une

quantité impressionnante d'articles dans des périodiques, dans *Les Mélanges religieux,* dans *L'Avenir,* ainsi que dans des journaux protestants. Il a repris un grand nombre de ces articles pour les faire paraître sous forme de chapitres dans ses livres. Ce « prêtre apostat » est devenu un personnage controversé qui a soulevé la colère des catholiques du Québec. Le dépit des autorités et des chefs de file s'explique en bonne partie par l'emprise de Chiniquy sur les foules à partir de 1844, l'année de la publication de son *Manuel ou Règlement de la société de tempérance.* Voici comment Marcel Trudel résume les deux périodes de cette « carrière retentissante » : d'abord « la montée vertigineuse vers la gloire, au cours de laquelle on ne manque pas de comparer Chiniquy à saint Louis-de-Gonzague et à saint François-Xavier ; l'autre qui vaudra à Chiniquy le titre de *Luther du Canada* ». À propos de son autobiographie, Nive Voisine écrit : « Tous les faits rapportés sans emphase, servent de prétexte à une description romantique de ses états d'âme et à des appels pathétiques aux catholiques » (DOLQ I, p. 127).

ŒUVRES

Manuel ou Règlement de la Société de Tempérance. Dédié à la Jeunesse canadienne, Québec, Bureau de l'Artisan, Imprimé et publié par Stanislas Drapeau & Cie, 1844, vi, 158 p. ; *Seconde édition revue, corrigée et augmentée d'une foule de nouveaux extraits et de prières de la messe et des vêpres et approuvé par NN. SS. les évêques de Montréal, Kingston, Martyropolis et Walla-Walla,* Montréal, Imprimé par Lovell et Gibson, 1847, 180 p. ; Montréal, J. Bte. Rolland, libraire, 1849, 192 p. Traduction anglaise : *Manual of the Temperance Society, Dedicated to the Youth of Canada,* Montréal, Lovell and Gibson, Printers, 1847, 113 p. ; *Manual of the Temperance Society, Dedicated to the Youth of Canada,* translated from the French by Pierre Octave Démaray, Montréal, J. Bte Rolland, 1849, 192 p.

Le Suisse méthodiste confondu et convaincu d'ignorance et de mensonge, Montréal, [s.é.], 1851, viii, 40 p. Préface de J.-B. Rolland. ; *Le Chiniquy d'autrefois. Le Suisse méthodiste confondu et convaincu d'ignorance et de mensonge par Charles Chiniquy, ptre,* Montréal, [s.é.], 1875, 29 p. Traduction anglaise : *The Two Chiniquys. Father Chiniquy vs. Minister Chiniquy,* Montréal, Office of the True Witness, 1893, 24 p.

Persécutions aux Illinois, de l'abbé Chiniquy, l'apôtre de la tempérance au Canada, Montréal, [s.é., 1857], 36 p.

Persécutions de l'abbé Chiniquy, l'apôtre de la tempérance. Les Français catholiques de Chicago et l'évêque O'Regan, [s.l., s.é., 1857], 6 p. ; *Les Français catholiques de Chicago et l'évêque Oregan. Extra de l'Avenir,* Montréal, l'Avenir, 1857, 6 p. Traduction anglaise : *French Catholics and Bishop O'Regan,* [s.l., s.é., 1857], 8 p.

Lettre du Père Chiniquy à M. Brassard, Montréal, [s.é.], 1857, 23 p. Traduction anglaise : *Father Chiniquy's Letter to Mr. Brassard, Curate of St. Roch L'Achigan,* Montréal, [s.é.], 1857, 24 p.

L'ennemi de la Sainte-Vierge et de Jésus-Christ est l'église de Rome, Chicago, [s.é.], 1863, 42 p. ; Montréal, [s.é.], 1891, 48 p. Traduction anglaise : *The Church of Rome the enemy of the Holy Virgin and of Jesus Christ,* Stratford, Printed by Thomas Maddocks, 1866, x, [11], 60 p.

Discours du Père Chiniquy prononcé à l'Église évangélique de la rue Craig, Montréal, le 31 juillet 1870, Montréal, imprimé par l'Aurore, [1870], 8 p.

Le Prêtre, la Femme et le Confessionnal, Montréal, [s.é.], 1875, iv, 337 p. ; Paris, Grassart, 1880, 368 p. ; Montréal, l'Aurore, 1925, 253 p. Traduction anglaise : *The Priest, the Woman and the Confessional,* Montréal, F.E. Grafton, 1876, x, 184 p. ; Chicago, A. Craig & Co., 1880, 296 p.

Le Vrai Contre-poison pour faire disparaître la confession auriiculaire. Respectueusement présenté à Monseigneur l'Évêque Bourget, par son ancien ami Chiniquy, Montréal, « Witness », 1875, 22 p. ; 1878 ; Montréal, Imprimerie de « L'Aurore », 1884, 27 p.

Cinquante ans dans l'Église de Rome. Par le Père Chiniquy, auteur « Du Prêtre, la Femme et le Confessionnal », « De Chicago à l'Australie », « l'Idôlatrie papale », « Rome et l'Éducation », « Jésus crucifié et le bon Larron », « Rome est l'ennemi de la Ste. Vierge et de Jésus-Christ », « Manuel de Tempérance », « Le Bon Dieu de Rome mangé par les Rats », « Le Vrai Contre-poison », « A Solemn Question », « La Perversion du Dr. Newman à l'Église de Rome », t. 1, Montréal, Librairie de Wm. Drysdale & Cie. et de L. E. Rivard, 1885, 540 p. (Seul tome paru) ; *Cinquante ans dans l'Église romaine par le Père Chiniquy. Ouvrage complet en deux volumes,* Genève, Librairie J.-H. Jeheber, [1902], [vi], 682 p. ; *Mes Combats, autobiographie de Charles Chiniquy, apôtre de la tempérance,* Montréal, L'Aurore pub. co., 1946, 691 p. Traduction anglaise : *Fifty Years in the Church of Rome,* Chicago, Craig & Barlow, 1885, ix, xvi, 832 p. ; New York, Publishers of Evangelical Literature, [1896], xvi, 832 p. ; [s.l.], Protestant Truth Society, 1948, 472 p.

ÉTUDE

Marcel Trudel, *Chiniquy,* Trois-Rivières, Éditions du Bien public, 1955, xxxviii, 339 p. (Bibliographie des sources et des ouvrages de Chiniquy).

CHOISEUL, TRISTAN. Voir **DUGAS, MARCEL.**

CHOLETTE, MARIE (1954–   ). Poète et cinéaste, née à Québec. En 1974, elle obtient un diplôme d'études collégiales au Cégep François-Xavier Gar-

neau, puis en 1979 un baccalauréat spécialisé en lettres françaises à l'Université Laval. Elle fait aussi plusieurs années d'études en cinéma et en musique. Pendant les étés de 1975 à 1979, elle travaille pour le ministère du Revenu, l'Office de la langue française et la Régionale Tardivel, puis, en 1980, elle devient agent de recherche pour la Commission de la représentation électorale, à Sainte-Foy. Plusieurs de ses poèmes paraissent dans la revue *Vertet* ; elle collabore au *Livre d'ici,* et Radio-Canada présente certains de ses textes à « l'Atelier des inédits ». En 1980 son court métrage « La Mer » mérite une « louange spéciale » au Festival canadien international du film amateur, et *Vertet* lui octroie le premier prix (section vers libres) pour « Je te dirai » à son concours Polymnie VI–1982. Le premier recueil de poèmes de Marie Cholette est jugé assez sévèrement par Jean-Noël Pontbriand qui y trouve de beaux passages mais pense que les images ne sont pas soutenues et que le niveau de la langue ne se maintient pas à la hauteur de la poésie. Sur *Les Entourloupettes* (1979), Michel Beaulieu écrit : « Ce qui frappe chez Marie Cholette, c'est son écriture en torrent, son écriture en débâcle qui charrie tout sur son passage, ce qui est incontestablement la marque d'un tempérament d'écrivain, mais aussi son manque à peu près total de discipline de métier et de sens de l'autocritique ».

ŒUVRES

Lis-moi comme tu m'aimes (poésie), Paris, Éditions Saint-Germain-des-prés, 1975, 76 p. Ill. de l'auteur. (Tirage limité).

Les Entourloupettes des entourloupettes (poésie), Québec, Éditions Échouris/ Marie Cholette, 1979, 81 p. Portrait. Ill.

ÉTUDES

Jean-Noël Pontbriand, *Poètes québécois publiés en France,* LAQ 1975, p. 135.

Union des écrivains québécois, *Marie Cholette* (biographie), dans *Petit Dictionnaire des écrivains,* Montréal, Union des écrivains québécois, 1979, p. 45.

Michel Beaulieu, *Les Entourloupettes de Marie Cholette,* dans *Le Livre d'ici,* vol. 5, n⁰ 40, 9 juillet 1980, p. 2.

CHOLETTE-PÉRUSSE, FRANÇOISE (1924–   ). Psychothérapeute, née à Montréal. Elle poursuit à l'Université de Montréal des études de philosophie (B.Ph. et L.Ph., 1951), et elle obtient ensuite une licence en psychologie pour un mémoire intitulé « Recherche sur la psychologie des jumeaux » (1954). Psychothérapeute, elle collabore à *Maintenant* et surtout à *Châtelaine,* et tient des chroniques à la radio et à la télévision de Radio-Canada. On lui doit plusieurs ouvrages sur la psychologie et la sexualité des enfants et des adolescents comme *Psychologie de l'enfant de zéro à dix ans* (1981), qui est une réédition augmentée de son premier livre. « Ce livre bien structuré et conçu pour le grand public, écrit Michel Laurin, se veut rassurant pour les parents souvent portés à se remettre en question quand il s'agit de l'éducation de leurs enfants. Même s'il est marqué au coin du conservatisme, il demeure toujours un excellent ouvrage de référence ».

ŒUVRES

Psychologie de l'enfant (de 0 à 10 ans) (essai), Montréal, Éditions du Jour, 1963, 181 p. ; *Psychologie de l'enfant. De zéro à dix ans,* Éditions de l'Homme, 1981, 185 p.
La Sexualité expliquée aux enfants. Quoi dire... comment le dire... (essai), Montréal, Éditions du Jour, 1965, 159 p. ; 1973.
Psychologie de l'adolescent (de 10 à 25 ans) (essai), Montréal, Éditions du Jour, 1966, 203 p. ; *Psychologie de l'adolescent de 10 à 25 ans,* 1973.

Chronique d'une enfance (nouvelle), ECF, n° 12, 1962, p. 255-275.
La Puberté en tant qu'expérience psychosociale, dans *Sexualité, Fertilité et Planification des naissances,* Sherbrooke, Éditions Prince, 1978, p. 27-36. Recueil publié sous la direction de J.-M. Gourgues, G. Leclerc et T. Tremblay.

ÉTUDES

Céline Lajoie, *Une bataille à gagner contre ou avec les parents,* P, vol. 87, n° 47, 27 nov. 1966, p. 20.
Paule Saint-Onge, *Châtelaine a lu pour vous,* Ch, vol. 8, n° 2, févr. 1967, p. 78.
Michel Laurin, *Cholette-Pérusse (Françoise). Psychologie de l'enfant de zéro à dix ans,* dans *Nos livres,* vol. 13, janv. 1982, n° 9.

CHOPIN, RENÉ (1885-1953). Poète, né au Sault-au-Récollet. Après ses études classiques au Collège Sainte-Marie, il fait son droit à l'Université Laval à Montréal où il rencontre Paul Morin qui l'encourage à envoyer ses poèmes au *Nationaliste.* Reçu notaire en 1910, il va suivre des cours de chant à Paris, puis fait un bref séjour à Rome où il se lie d'amitié avec le compte Charles de Chozelles ; grâce à cet ami il recevra plus tard la croix de Chevalier du Latran. De retour au Canada (1911), il exerce le notariat à Montréal. En 1913, à l'instigation de ses amis Paul Morin et Marcel Dugas, il publie un premier recueil

de poésie, *Le Cœur en exil,* accueilli favorablement par la critique française et canadienne. Après la guerre de 1914, *Le Nigog, La Revue moderne* et *L'Action* lui ouvrent leurs pages. En 1944, il devient critique littéraire au *Devoir.* Sa poésie, deux recueils à vingt ans de distance, est sans équivalent à l'époque. Elle traite surtout de l'incompréhension et du rejet du poète par la société ; elle est dominée par l'inquiétude, marquée par l'angoisse de la solitude, mais elle aboutit à une sorte de paix dans la communion avec la nature. Les critiques ont souligné sa sensibilité, sa recherche des belles formes et des symboles, son culte de l'art. « Par la vigueur de la pensée, dit Louis Dantin, par le sens du mystère, par l'élan chaleureux, par l'éclat des images et la justesse des sons, les poèmes de René Chopin se marquent au cachet de la vraie poésie [...] ».

ŒUVRES

Le Cœur en exil (poésie), Paris, Georges Crès et Cie, 1913, 179 p.
Dominantes (poésie), Montréal, Éditions Albert Lévesque, 1933, 164 p. Ill. d'Adrien Hébert.

ÉTUDES

Marcel Dugas, *René Chopin,* dans *Littérature canadienne. Aperçus,* Paris, Didot, 1929, p. 52, 75-94, 111, 119, 137, 162.
Émile Bégin, *Dominantes,* ESC, vol. 13, n° 4, janv. 1934, p. 204-205.
Albert Dandurand, *René Chopin,* dans *Le Roman au Canada français,* Montréal, Albert Lévesque, 1937, p. 171-174, 185.
André Lapierre, « Le Sentiment de la nature chez René Chopin ». Thèse de maîtrise. Ottawa, Université d'Ottawa, 1968, 167 p.

CHOQUETTE, ADRIENNE (1915-1973). Romancière, nouvelliste, journaliste, née à Shawinigan. Très tôt orpheline de mère, elle fait ses études chez les Ursulines de Trois-Rivières (1924-1931). Dès 1933 elle s'oriente vers le journalisme et fait paraître ses premiers articles dans *Le Bien public,* commençant une longue collaboration plus ou moins régulière à une bonne quinzaine de journaux et revues, dont *Le Nouvelliste, Le Samedi, La Revue populaire, Le Jour, Amérique française, Le Devoir, Les Cahiers de l'Académie canadienne-française,* dans lesquels elle publie des poèmes, des nouvelles, des reportages, des billets, etc. En 1937, elle entre au poste radio-phonique CHLN de Trois-Rivières, et de 1942 à 1948 elle en est annonceur, scripteur, réalisateur... De 1948 à 1970 elle devient corédactrice, puis rédactrice de la revue *Terre et Foyer* au ministère de l'Agriculture du Québec. Son premier livre, *Confidences d'écrivains canadiens-français*, paraît en 1939. Cinq autres se succéderont lentement : un recueil de nouvelles, *La nuit ne dort pas*, lui vaut le prix David en 1954, deux romans dont *Laure Clouet* (1961) mérite le Grand Prix du Jury des lettres, ainsi que deux récits posthumes. Dans le livre de ferveur lucide qu'elle lui consacre, Suzanne Paradis publie quelques poèmes et deux nouvelles inédites d'Adrienne Choquette à qui elle souhaite voir accorder «le rang qu'elle occupe réellement parmi nos romanciers les plus clairvoyants et les plus courageux». En effet, en dépit des récompenses, la critique a été aimable pour elle avant sa mort, sans plus. La simplicité de la composition et la sobriété du style dont Jean Ménard disait qu'il est «extrêmement dense, souvent poétique et rarement recherché», ont empêché trop de lecteurs de rendre justice au bonheur de l'expression ainsi qu'à la finesse et à la profondeur psychologique de ces œuvres centrées sur l'impuissance de l'homme face au destin qui l'écrase. La Société des écrivains canadiens de langue française a créé le prix Adrienne Choquette en 1980, pour la «nouvelle».

ŒUVRES

Confidences d'écrivains canadiens-français (interviews), Trois-Rivières, Éditions du Bien public, 1939, 237 p. ; *Confidences d'écrivains canadiens-français recueillies par Adrienne Choquette,* Notre-Dame-des-Laurentides, Les Presses Laurentiennes, 1976, 237 p.

La Coupe vide (roman), Montréal, Éditions Fernand Pilon, 1948, 204 p. ; 1949 ; Notre-Dame-des-Laurentides, Les Presses Laurentiennes, 1978, 228 p.

La nuit ne dort pas (nouvelles), Québec, Institut littéraire du Québec, 1954, 153 p. ; *La nuit ne dort pas* précédée de *Laure Clouet*, Montréal, Éditions Fides, 1975, 195 p. «N» ; *La nuit ne dort pas augmenté de deux nouvelles inédites,* Notre-Dame-des-Laurentides, Les Presses Laurentiennes, 1979, 189 p.

Laure Clouet (nouvelle), Québec, Institut littéraire du Québec, 1961, 135 p. ; Les Presses Laurentiennes, 1970, 137 p. ; *Laure Clouet* suivie de *La nuit ne dort pas,* Montréal, Éditions Fides, 1975, 195 p. «N». Préface de Romain Légaré ; Québec, Les Presses Laurentiennes, 1980, 135 p.

Je m'appelle Pax (récit), Notre-Dame-des-Laurentides, Les Presses Laurentiennes, 1974, 55 p. Préface de Robert Choquette ; Québec, 1979.

Le Temps des villages (récit), Notre-Dame-des-Laurentides, Les Presses Laurentiennes, 1975, 214 p. Préface de Suzanne Paradis.

Quelqu'un attend quelqu'un (nouvelle), dans *Adrienne Choquette lue par Suzanne Paradis,* Notre-Dame-des-Laurentides, Les Presses Laurentiennes, 1978, p. 159-192.

Mon grand-père en fleurs (nouvelle), dans *Adrienne Choquette lue par Suzanne Paradis,* Notre-Dame-des-Laurentides, Les Presses Laurentiennes, 1978, p. 195-220.

ÉTUDES

Émile Bégin, *La Coupe vide,* ESC, vol. 28, n° 3, janv.-févr. 1949, p. 231-232.

Théophile Bertrand, *Turlupinage à « votre auteur préféré »,* dans *Lectures,* t. 5, n° 8, avril 1949, p. 449-454.

Alfred DesRochers, *Adrienne Choquette : Laure Clouet,* dans *Lectures,* vol. 9, n° 1, sept. 1962, p. 7-8.

Jean Ménard, *Adrienne Choquette : Laure Clouet,* dans *La Vie littéraire au Canada français,* Ottawa, EUO, 1971, p. 220-222.

Alonzo LeBlanc, *Adrienne Choquette. Je m'appelle Pax,* LAQ 1974, p. 88.

Id., *Adrienne Choquette. Le Temps des villages,* LAQ 1975, p. 52-53.

Claude Rochon, « *Laure Clouet* » ou *Le Devoir de vivre,* Dr, 63e année, n° 38, 10 mai 1975, p. 18.

René Dionne, *Laure Clouet ou La Fin d'un tombeau de rois,* LQ, n° 4, nov. 1976, p. 22-25.

Id., *La Coupe vide d'Adrienne Choquette ou La Médiocrité d'une génération,* LQ, n° 11, sept. 1978, p. 60-62.

Suzanne Paradis, *Adrienne Choquette lue par Suzanne Paradis, une analyse de l'œuvre littéraire d'Adrienne Choquette,* Notre-Dame-des-Laurentides, Les Presses Laurentiennes, 1978, 225 p. Ill.

Gabrielle Pascal, *Laure Clouet de Adrienne Choquette,* VIP, vol. 6, n° 3, printemps 1981, p. 495-497.

Id., *La nuit ne dort pas de Adrienne Choquette,* VIP, vol. 6, n° 3, printemps 1981, p. 499-500.

Line Martineau et Gilles Lafontaine, *Adrienne Choquette, nouvelliste de l'émancipation,* Les Presses Laurentiennes, 1985, 71 p.

CHOQUETTE, ERNEST (1862-1941). Romancier, né à Saint-Mathieu de Belœil. Il fait ses études classiques au Collège de Saint-Hyacinthe et sa médecine à l'Université Laval à Montréal. Il s'établit à Saint-Hilaire en 1866 et y passe sa vie. Plusieurs fois maire de cette localité, il entre au Conseil législatif pour la division de Rougemont en 1910, et y siège jusqu'à sa mort. En 1905, il est nommé membre du Bureau des inspecteurs des asiles et prisons. C'est à ce titre qu'il rencontre, en décembre 1909, à l'Asile Saint-Benoît-Joseph-Labre, le poète Émile Nelligan qui y est interné depuis le 9 août 1899. Il collabore à plusieurs journaux, entre autres *La Presse, La Patrie, Les Débats, Le Journal de*

Françoise. Il devient membre de la Société royale en 1911. C'est un des romanciers du terroir. Son premier roman, *Les Ribaud* (1898), se situe à l'époque de la rébellion de 1837. Choquette écrit deux autres romans inspirés de la vie rurale : *Claude Paysan*, de 1899, et *La Terre*, en 1916. Une pièce de théâtre, *Madeleine*, tirée des *Ribaud*, est jouée à Montréal en 1903. En 1900, il évoque les souvenirs de sa vie universitaire dans *Carabinades*. Choquette, avec d'autres romanciers du terroir, à l'opposé du naturalisme amusé et impitoyable d'un Albert Laberge, veut chanter la beauté de la terre, afin, comme il le dit expressément, d'intéresser les jeunes à la vie rurale. Intention louable, mais cette œuvre moralisante à tentation psychologique manque d'art et ne parvient pas à exprimer la vérité humaine du milieu. Elle se situe en ligne directe de la *Terre paternelle* de Patrice Lacombe.

ŒUVRES

Les Ribaud, une idylle de 37 (roman), Montréal, Eusèbe Senécal & Cie, 1898, vii, 355 p. ; *Les Ribaud, roman du Canada-français*, Montréal, Librairie Beauchemin Limitée, 1926, 181 p. « BC, ‹ Dollard › ».

Claude Paysan (roman), Montréal, La Cie d'Imprimerie et de Gravures Bishop, 1899, 228 p. Ill. de Leduc. Gravures hors-texte ; Paris/Tournai, Casterman, [1900 ?], 158 p. Ill. de Legouy. Édition abrégée. « Ma bibliothèque ».

Carabinades (souvenirs et contes), Montréal, Déom Frères, 1900, x, 226 p. Ill. de Leduc. Préface de William Henry Drummond. Postface de Nérée Beauchemin.

La Terre (roman), Montréal, Librairie Beauchemin Limitée, 1916, 289 p.

Théâtre : Madeleine, pièce de 5 actes (épisode de 1837). La Bouée, pièce en 4 actes et un prologue, Montréal, Déom, 1927, 172 p. (*Madeleine* : collab. Charles ab der Halden).

Lettre au rédacteur, dans *La Petite Revue*, vol. 1, nº 17, 1899, p. 226.

Pour les morts, dans *Le Journal de Françoise*, nº 17, nov. 1902, p. 196.

Émile Nelligan, dans *Le Canada*, vol. 7, nº 223, 24 déc. 1909, p. 4.

Au pays natal de Lamartine, MSRC, 3ᵉ série, vol. 10, 1916, p. 129–141.

Une épluchette de blé d'Inde, dans *Nos Canadiens d'autrefois*, Montréal, [s.é.], 1923, p. 30.

ÉTUDES

Hector Fabre, *Revue littéraire*, dans *Paris-Canada*, vol. 16, nº 19, 1ᵉʳ oct. 1898, p. 4–5 ; vol. 17, nº 23, 1ᵉʳ déc. 1899, p. 3–4.

L. R., *Les Ribaud*, dans *Le Courrier du livre*, vol. 3, 1898, p. 214.

Charles ab der Halden, dans *Études de littérature canadienne-française*, Paris, F. R. de Rudeval, 1904, p. 257–275.

Louyse de Bienville [Mme Donat Brodeur], *Les Carabinades par le Docteur Choquette*, dans *Figures et Paysages*, Montréal, Éditions Beauchemin, 1931, p. 104–110.

Louis Dantin, *Deux drames d'Ernest Choquette*, dans *Gloses critiques*, Montréal, Éditions Albert Lévesque, 1ʳᵉ série, 1931, p. 127–138.

Georges Bellerive, *Honorable Ernest Choquette. Conseiller législatif*, dans *Nos auteurs dramatiques*, [s.l., s.é.], 1933, p. 94–97.

Victor Morin, *L'Honorable Ernest Choquette*, MSRC, 3ᵉ série, vol. 35, 1941, p. 95–100.

Lucille Thibault, « Notes bio-bibliographiques sur Monsieur le docteur Ernest Choquette de la Société royale du Canada ». Thèse présentée à l'École des bibliothécaires de l'Université de Montréal, 1948, 10 f.

David M. Hayne et Marcel Tirol, *Ernest Choquette*, dans *Bibliographie critique du roman canadien-français 1837–1900*, Toronto, UTP, 1968, p. 76–78.

CHOQUETTE, GILBERT (1929–   ). Romancier et poète, né à Montréal, petit-fils du romancier Ernest Choquette. Après ses études classiques au Collège Stanislas (B.A., 1947), il obtient une licence en droit de l'Université McGill (1950) et un doctorat en droit de l'Université de Paris (1954). La même année, il renonce à la carrière juridique et entre à l'Office national du film où il est rédacteur, traducteur, réalisateur et producteur. À partir de 1961, et grâce à des bourses d'aide à la création du ministère des Affaires culturelles du Québec, il séjourne à Paris, voyage au Maroc et aux Antilles. Entre temps, il continue à rédiger des textes pour l'ONF où il revient une dernière fois en 1967–1968. En 1968, tout en poursuivant des études de lettres à l'Université de Montréal, il devient professeur de français au Cégep de Saint-Laurent où il enseigne jusqu'en 1977. Gilbert Choquette collabore à plusieurs périodiques dont *Le Devoir, Liberté, Cité libre, L'Actualité* et *Maintenant*. Entre 1958 et 1979, il publie deux recueils de poèmes et cinq romans. « À travers des personnages et des situations choisis dans notre milieu, écrit Guy Boulizon, l'auteur reprend les thèmes de l'inquiétude contemporaine [...], et nous propose des conflits qui sont moins d'ordre psychologique, en dépit des apparences, que métaphysique ». S'applique aussi à l'œuvre ces mots de Jean Éthier-Blais sur *La Mort au verger* : « Ce livre est admirablement écrit. C'est aussi l'œuvre d'un poète dont le sentiment de la nature est vif [...], dont palpite le don d'écrire ».

ŒUVRES

Au loin l'espoir (poésie), Montréal, Chez l'auteur, 1958, 52 p.

L'Interrogation (roman), Montréal, Éditions Beauchemin, 1962, 173 p.

L'Honneur de vivre. Poèmes de l'âge amer (poésie), Montréal, Éditions Beauchemin, 1964, 59 p.

L'Apprentissage. Roman, Montréal, Éditions Beauchemin, 1966, 199 p.

La Défaillance. Roman, Montréal, Éditions Beauchemin Limitée, 1969, 192 p. Préface de Henri Guillemin.

La Mort au verger. Roman, [Montréal], Leméac, 1975, 163 p. « Roman québécois ».

Un tourment extrême (roman), Montréal, La Presse, 1979, 215 p. « Romans d'aujourd'hui ».

[Témoignages...], dans *La Poésie canadienne-française,* Montréal et Paris, Fides, 1969, p. 516-521. « ALC » 4.

ÉTUDES

André Melançon, *L'Honneur de vivre de Gilbert Choquette,* dans *Lectures,* vol. 11, n⁰ 10, juin 1965, p. 282.

Gisèle Tremblay, *L'Apprentissage,* EF, vol. 3, n⁰ 4, nov. 1967, p. 443-446.

Guy Boulizon, *Gilbert Choquette,* dans Pierre de Grandpré (comp.), *Histoire de la littérature française du Québec,* t. 4, Montréal, Librairie Beauchemin Limitée, 1969, p. 106-112.

Réginald Martel, *La pureté qui tue,* Pr, vol. 91, n⁰ 159, 5 juillet 1975, p. D-3.

André Gaulin, *Gilbert Choquette. La Mort au verger,* LAQ 1975, p. 31.

Jean Éthier-Blais, « *La Mort au verger* ». *Gilbert Choquette et le don d'écrire,* Dev, vol. 69, n⁰ 65, 18 mars 1978, p. 35.

Id., *Les Carnets,* Dev, vol. 70, n⁰ 287, 8 déc. 1979, p. 24.

Gabrielle Poulin, *Une ombre blanche. Un tourment extrême de Gilbert Choquette,* LQ, n⁰ 17, printemps 1980, p. 15-17.

CHOQUETTE, PAULINE [Claudette] (1907–   ). Écrivain pour la jeunesse, Pauline Geoffrion est née à Longueuil. Elle commence ses humanités au Collège Villa-Maria (Montréal). Pour apprendre l'anglais elle passe à Malone (New York) chez les Ursulines de l'Académie Saint-Joseph. Revenue au Canada, elle suit des cours de création du père Ernest Gagnon. Elle épouse l'avocat Claude Choquette, fils du romancier Ernest Choquette. Deux de leurs enfants sont associés à la vie sociale et culturelle du Québec : Jérôme, nommé ministre de la justice en 1972, et Gilbert, romancier et professeur de littérature. Pauline Choquette a écrit de nombreux contes pour enfants mais n'en a publié que trois. Les deux premiers paraissent en 1943. En 1950-1951, elle est présidente de la Société d'étude et de confé-

rences. Elle est aussi membre de Communication-Jeunesse et de la Société des écrivains. En 1943, elle publie, sous le pseudonyme de Claudette, *Les Aventures du Prince Romanic* et *Cœur-de-Neige,* dans la collection pour enfants lancée par l'abbé R. Llewellyn pendant la Seconde Guerre mondiale, aux Éditions Variétés. Un autre récit paraîtra en 1969. Jean Le Moyne voit ainsi l'œuvre de Pauline Choquette : « Les contes de Claudette relèvent bien de cette admirable tradition française qui nous a donné tant d'immortelles légendes. C'est la même manière, le même style parlé aux images simples, la même action rapide toujours en mouvement, avec cette dose de délicieux arbitraire qui ne convient que là [...]. Certes nous avons déjà des légendes mais peu de féeries. Le diable prenait d'ailleurs trop de place dans nos contes, avec sa commère la morale. Claudette ouvre une voie nouvelle, celle de la fantaisie pure qui peuplera de royaumes imaginaires, de fées, d'elfes, de lutins, de gnomes et d'animaux parlants, nos montagnes, nos forêts, nos fleuves, nos lacs et nos silencieux hivers ».

ŒUVRES

Les Aventures du Prince Romanic (litt. jeunesse), Montréal, Éditions Variétés, [1943], 31 p. Sous le pseudonyme de Claudette. Ill. « Récits et légendes ».

Cœur-de-Neige ou La Princesse Natya du Royaume des Érablies (litt. jeunesse), Montréal, Éditions Variétés, [1943], 31 p. Sous le pseudonyme de Claudette. Ill. « Récits et légendes ».

La Souris bleue et les Papillons cosmonautes (litt. jeunesse), Montréal, Lidec, 1969, [n.p., 26 p.] Ill. de Marie-Anastasie.

ÉTUDES

Jean Le Moyne, *Contes de fées,* Ca, 41ᵉ année, n⁰ 223, 22 déc. 1943, p. 10.

Louise Lemieux, *Pauline Choquette,* dans *Auteurs canadiens pour la jeunesse ; 20 biographies et bibliographies,* Saint-Lambert, Héritage, 1972, p. 32.

CHOQUETTE, J.-E. RO-BERT (1938–   ). Historien, né à Ottawa (Ontario). Il fait ses études secondaires et collégiales à l'Université d'Ottawa (B.A., 1959). De 1959 à 1962, il fait partie des forces armées canadiennes. Par la suite, il prépare une licence en sciences religieuses à l'Université Saint-Paul (1966), une maîtrise (1970) et un doctorat en histoire (1972) à l'Université de Chicago. Chargé de cours d'histoire religieuse à l'Université d'Ottawa en 1966, il est nommé titulaire en 1986. Robert Choquette s'intéresse particulièrement à l'histoire religieuse des Franco-Ontariens ; il publie successivement *Langue et Religion. Histoire des conflits anglo-français en Ontario* en 1977 (une édition française de sa thèse de doctorat publiée en anglais, en 1975), *L'Ontario français, historique* (1980), *L'Église catholique dans l'Ontario français du dix-neuvième siècle* (1984), et un aperçu historique bilingue de l'Ontario. Ses ouvrages s'appuient sur une riche documentation et proposent des interprétations nouvelles et personnelles.

ŒUVRES

L'Homme, les Religions et la Liberté/ Man, Religions and Freedom, Ottawa, EUO, 1974, 146 p. Avant-propos d'Émilien Lamirande. Éditeur.

Language and Religion. A History of English-French Conflict in Ontario, Ottawa, EUO, 1975, xiv, 264 p. Préface de Mason Wade. « Cahiers d'histoire de l'Université d'Ottawa ». Édition française : *Langue et Religion. Histoire des conflits anglo-français en Ontario,* Ottawa, EUO, 1977, 268 p.

Villages et Visages de l'Ontario français, Montréal/Toronto, Fides/Office de la télécommunication éducative de l'Ontario, 1979, viii, 142 p. Collab. René Brodeur. Ill. Cartes. Introduction de René Brodeur. Préface de l'auteur.

L'Ontario français, historique, Montréal/ Paris, Études vivantes, 1980, 250 p.

Ontario : An Informal History of the Land and its People, Toronto, Ministeries of Education and of Colleges and Universities, [1983], 48 p. Ill. Cartes. Version française : *L'Ontario et son peuple. Un aperçu historique.*

L'Église catholique dans l'Ontario français du dix-neuvième siècle, Ottawa, EUO, 1984, 365 p. Introduction de l'auteur. « Cahiers d'histoire ».

La Foi gardienne de la langue en Ontario (essai), Montréal, Bellarmin, 1987, 282 p.

Facteurs linguistiques et ethniques dans les rapports entre Canadiens, Irlandais et Français en Ontario, dans *Studies in Religion/Sciences religieuses,* vol. 4, 1973, p. 303-314.

Adélard Langevin et l'Érection de l'archidiocèse de Winnipeg, RHAF, vol. 28, n° 2, 1974, p. 187-207.

Olivier Elzéar Mathieu et l'Érection du diocèse de Régina, Saskatchewan, RUO, vol. 45, n° 1, 1975, p. 101-116.

Problèmes de mœurs et de discipline ecclésiastique chez les catholiques des prairies canadiennes : 1900 à 1930, dans *Histoire sociale,* n° 6, mai 1975, p. 102-119.

John Thomas McNally et l'Érection du diocèse de Calgary, RUO, vol. 45, n° 4, 1975, p. 401-416.

Religion et Rapports interculturels au Canada, dans William Westfall et Louis Rousseau, éd., *Religion/ Culture. Études canadiennes comparées,* Toronto, Association des études canadiennes, vol. 7, 1985, p. 198-211.

ÉTUDES

Peter Oliver, *Robert Choquette. Language and Religion,* CHR, vol. 58, n° 3, 1977, p. 324-325.

A. Margaret Evans, *Robert Choquette. Language and Religion. A History of English-French Conflict in Ontario,* dans *The Humanities Association Review,* vol. 28, n° 1, 1977, p. 91-93.

Joseph Levitt, *Robert Choquette. Langue et religion : histoire des conflits anglo-français en Ontario,* dans *American Historical Review,* vol. 84, n° 4, 1979, p. 1204-1205.

Romuald Boucher, *Robert Choquette. L'Église catholique dans l'Ontario français du dix-neuvième siècle,* dans *Église et Théologie,* vol. 16, 1985, p. 253-255.

CHOQUETTE, ROBERT, [Guy de Vaudreuil] (1905–). Romancier, dramaturge et poète, né à Manchester (New Hampshire) de parents canadiens-français émigrés au début du siècle. Il passe son enfance à Lewiston (Maine) et rentre à Montréal avec sa famille en 1913, à la mort de sa mère. Il fait ses études au Collège Notre-Dame (1914-1918), au Collège de Saint-Laurent (1918-1922) et au Loyola College (B.A., 1926) où il écrit son premier recueil de poésie publié en 1925. Il fait du journalisme pendant huit mois à *The Gazette,* Montréal (1927), puis il devient directeur littéraire de *La Revue moderne* où il travaille deux ans et demi. Il est en même temps secrétaire-bibliothécaire à l'École des Beaux-Arts. En 1930, il rédige le texte de « Rêvons, c'est l'heure » pour la radio. Il trouve là un nouveau genre d'écriture qui transforme sa carrière : pendant plus de trente ans il sera le grand fournisseur de textes de théâtre et de romans pour la radio et la télévision, au poste CKAC d'abord puis principalement à Radio-Canada. En 1942-1943, il est écrivain en résidence au Smith College de Northampton (Massachusetts), puis il reprend pièces et séries jusqu'en 1962, alors qu'il fait un séjour d'un an à Paris. Il est nommé commissaire associé de la Commission du centenaire de la Confédération (1963-1964), Consul général du Canada à Bordeaux (1964-1968), puis ambassadeur du Canada pour l'Argentine, l'Uruguay et le Paraguay (1968-1970). De 1971 à 1973, il est directeur régional d'Information Canada pour le Québec. Il n'a jamais complètement interrompu son travail d'écrivain, et il revient à la radio et à la télévision à la fin des années soixante-dix. Son œuvre immense lui a mérité de nombreux prix et récompenses : il obtient trois fois le prix David (1926, 1932, 1956), le prix du Gouverneur général (1930), le prix Duvernay et un prix spécial de l'Académie française (1954), le prix Edgar Poe (1956), le prix international des Amitiés françaises (1962), etc. Il est élu Prince des poètes du Canada français (1961), nommé compagnon de l'Ordre du Canada (1968), fait docteur honoraire de l'Université de Sherbrooke (1972)... Il est membre de plusieurs sociétés, telles l'Académie canadienne-française, la Société des poètes canadiens-français, le Pen Club international, la Société des écrivains catholiques (Paris), l'Académie des arts et belles-lettres de Rouen. Dès 1925, Robert Choquette se fait remarquer par un recueil lyrique d'inspiration romantique, *À travers les vents,* suivi en 1931 de *Metropolitan Museum,* d'une poésie encore lyrique mais plus épique et plus proche du réalisme, et, en 1953, de *Suite marine,* grand poème épique très remarqué, mais dont la forme classique dérouta les jeunes. Parallèlement, il publie un premier roman, *La Pension Leblanc* (1927), accueilli avec réticence par la critique. Dans *Le Curé de village,* publié en 1936, il conserve les principales caractéristiques du radioroman à grand succès qui a débuté en 1935 et par lequel il a créé au Québec un genre qui aura une nombreuse postérité. Il continue avec *La Pension Velder, Métropole,* etc., touchant à presque tous les sujets et tous les personnages qui composent une société. « La personnalité littéraire de Robert Choquette a marqué notre histoire de la littérature radiophonique et télévisuelle, écrit Renée Legris. Et dans les domaines des media électroniques plus encore que dans celui de la publication romanesque, il est un chef de file. Ses préoccupations d'esthète tout autant que de technicien de l'écriture radiophonique lui ont permis de trouver des formules nouvelles et de transformer, par un choix plus élargi des sujets, des personnages et des milieux, le contenu de son œuvre ». La poésie de Robert Choquette est jeune et vigoureuse, aussi largement humaine qu'elle est profondément nationale : essentiellement lyrique, elle se double, surtout dans *Suite marine,* d'un souffle épique rarement atteint dans la poésie canadienne-française. Choquette a su élargir ses horizons au-delà de la géographie pour rejoindre la dimension humaine. Commentant

l'édition des *Œuvres poétiques,* Jean Éthier-Blais admire le romantisme de *À travers les vents* (1925). Pour lui, « *Metropolitan Museum* est l'un des plus beaux, des plus profonds poèmes de notre littérature ». Et à ceux qui trouvent dépassés la technique classique de *Suite marine* (1953), il répond : « Et pourtant non ! Quelle source de poésie, que de patience dans l'élaboration et la méditation de ces pages qui chantent et qui volent comme l'écume de la mer ; on s'incline devant le mystère de cette musique et de ce talent ». « En compagnie d'Alfred DesRochers — et de pair avec lui — il aura, et de loin, dominé son temps » (Pierre de Grandpré).

ŒUVRES

À travers les vents (poésie), Montréal, Éditions Édouard Garand, 1925, 143 p. ; Louis Carrier, Les Éditions du Mercure, 1927, 149 p. Préface d'Henri d'Arles. Édition revue et augmentée.

La Pension Leblanc. Roman, Montréal/New York, Louis Carrier & Cie, Les Éditions du Mercure, 1927, 305 p. Dessins de Paul Lemieux ; Montréal, Stanké, 1976, 344 p. Ill. de Jean-Paul Lemieux. Jugements critiques.

Metropolitan Museum (poésie), [Montréal], [Herald Press], [1931], 20 p. Avec bois de Edwin H. Holgate ; Paris, Bernard Grasset Éditeur, 1963, 71 p. Préface d'André Maurois.

Poésies nouvelles, Montréal, Éditions Albert Lévesque, 1933, 140 p. « Les Poèmes ».

Le Fabuliste La Fontaine à Montréal (théâtre radiophonique), Montréal, Les Éditions du Zodiaque, Librairie Déom frère, 1935, 311 p. « Z ».

Le Curé de village. Scènes de vie canadienne (théâtre radiophonique), Montréal, Granger frères, limitée, 1936, 234 p.

Les Velder. Roman, Montréal, Éditions Bernard Valiquette, 1941, 190 p. Préface d'André Maurois.

La Personnalité du Canadien/The Canadian Personality, Ottawa, Hommage du Conseil du Centenaire de la Confédération, [s.d.], 16 p. (Causerie radiophonique prononcée en 1948).

Suite marine. Poème en douze chants (poésie), Montréal, Les Sociétés d'édition et de librairie Paul Péladeau, 1953, 331 p. Ill. de Lomer Gouin ; *Suite marine. (Extraits),* [Québec], Éditions Michel Nantel, 1976, 349 p. Avec six eaux-fortes de Indira Nair. (Édition de luxe. Tirage limité).

Œuvres poétiques, Montréal/Paris, Fides, 1956, 2 vol. : vol. 1, *À travers les vents, Metropolitan Museum, Poésies nouvelles, Vers inédits ;* vol. 2, *Suite marine,* 285 p. « N » ; 1967, 2 vol. Édition revue et augmentée.

Élise Velder. Roman, Montréal/Paris, Fides, 1958, 334 p. « GD » ; Montréal, 1973, 339 p. Avant-propos de l'auteur. « N ».

Robert Choquette, Montréal/Paris, Fides, 1959, 96 p. Textes choisis et présentés par André Melançon. « CC ».

Poèmes choisis, Montréal, Fides, 1970, 209 p. Précédés d'une chronologie, d'une bibliographie et d'un texte de Jean Éthier-Blais. «BCF».

Sous le règne d'Augusta (théâtre), [Montréal], Leméac, 1974, 139 p. Présentation de Marie Rose Deprez. «TC».

Banque canadienne nationale 1874-1974, [Montréal], [Banque canadienne nationale], 1974, 118 p. (Tirage limité).

Le Sorcier d'Anticosti et Autres Légendes canadiennes, Montréal, Les Éditions Fides, 1975, 125 p. Ill. de Michèle Théorêt. Préface de l'auteur. «Goéland».

Moi, Pétrouchka. Souvenirs d'une chatte de vingt-deux ans (roman), Montréal, Stanké, 1980, 171 p.

Le Choix de Robert Choquette dans l'œuvre de Robert Choquette, [Notre-Dame-des-Laurentides], Les Presses Laurentiennes, 1981, 90 p. «Le Choix de...».

Cycle de l'eau (poème), dans *Regards,* vol. 3, n⁰ 5, févr. 1942, p. 218-219.

[Témoignages...], dans *Le Roman canadien-français,* Montréal, Fides, 1969, p. 389-394. «ALC» 4.

Québec et le «joual» de Troie, dans *Présence francophone,* n⁰ 5, automne 1972, p. 31-34.

Robert Choquette (disque), [1971 ?], N-9264-9265. Poèmes lus par l'auteur.

ÉTUDES

Maurice Hébert, *À travers les vents,* CF, vol. 14, n⁰ 2, oct. 1926, p. 92-104.

Id., *La Pension Leblanc,* CF, vol. 15, n⁰ 9, mai 1928, p. 630-643.

Georges Cotel, *Les Velder, par Robert Choquette,* NR, vol. 1, n⁰ 7, avril 1942, p. 440-442.

Valdombre, *Mousse de velours... ou Poésie «choquettienne»,* PV, 5ᵉ série, 2ᵉ cahier, févr. 1943, p. 98-103.

Élie Goulet, *Suite marine de Robert Choquette,* RUL, vol. 8, n⁰ 5, janv. 1954, p. 464-472.

Réjean Robidoux, *Robert Choquette. Œuvres poétiques,* RUO, vol. 28, n⁰ 2, avril-juin 1958, p. 262-263.

Maurice Lebel, *Histoire de la littérature canadienne-française, Robert Choquette (1905-   ),* dans *Le Journal de l'Instruction publique,* vol. 3, n⁰ 8, avril 1959, p. 715-722.

André Melançon, *Robert Choquette,* Montréal, Fides, 1959, 95 p. «CC».

Jean Éthier-Blais, *Œuvres poétiques de Robert Choquette,* Dev, vol. 59, n⁰ 40, 17 févr. 1968, p. 13.

Carlo Fonda, *Le Privilège de vivre: réflexions sur Robert Choquette,* CaL, n⁰ 37, été 1968, p. 28-39.

Renée Legris, *Robert Choquette,* Montréal, Fides, 1972, 64 p. «DDLC».

Alain Houle, *Robert Choquette sur les ondes et ailleurs,* Pr, 92ᵉ année, n⁰ 206, 28 août 1976, p. D-2.

André Bastien, *Robert Choquette, quinze ans plus tard. Les silences d'un vieil homme rangé,* Pe, vol. 9, n⁰ 9, 27 févr. 1977, p. 6-9.

Jacques Michon, *Robert Choquette et le Roman feuilleton,* LQ, vol. 1, n⁰ 7, août-sept. 1977, p. 28-30.

Renée Legris, *Robert Choquette, romancier et dramaturge de la radio-télévision* (essai), Montréal, Fides, 1977, 287 p. Ill. «Archives québécoises de la radio et de la télévision».

Marie Laurier, *Les Mémoires de Pétrouchka,* Dev, vol. 71, n⁰ 251, 1ᵉʳ nov. 1980, p. 22.

Sylvie Sicotte, *Robert Choquette. Le Choix de Robert Choquette dans l'œuvre de Robert Choquette,* LAQ 1981, p. 123-124.

CHOUINARD, ERNEST (1856-1924). Romancier et nouvelliste, né à Lévis. À la suite de ses études classiques au Séminaire de Québec, il s'inscrit en droit à l'Université Laval. Reçu au Barreau en 1883, il se consacre plutôt au journalisme, d'abord à *La Justice,* ensuite à *L'Électeur* et au *Soleil*; il devient par la suite traducteur à l'Assemblée législative de Québec. À l'âge de 63 ans, Chouinard publie son premier roman, *Sur mer et sur terre,* suivi bientôt de deux autres et d'un recueil de nouvelles. *L'Arriviste* (1919) se présente comme une étude psychologique d'un homme politique qui abandonne les traditions canadiennes pour mieux arriver à son but. Il va même jusqu'à attaquer la langue française en Chambre. Chouinard veut ainsi démontrer les dangers de l'égoïsme et de l'ambition effrénée. Ses autres romans s'inscrivent dans le courant moralisateur. Ses *Croquis et Marines* (1920), évoquent avec sympathie les mœurs de jadis et les types disparus.

ŒUVRES

Sur mer et sur terre, Québec, [s.é.], 1919, 250 p.

L'Arriviste. Étude psychologique, Québec, Imprimerie «Le Soleil», 1919, 251 p.

Croquis et Marines. (Scènes, types et tableaux), Québec, Imprimerie «Le Soleil», 1920, 224 p.

L'Œil du phare, Québec, «Le Soleil» limitée, 1923, 279 p.

ÉTUDES

Gabriel Gasnier, *Les Livres...,* CF, juin 1920, p. 383-384.

Camille Roy, *Chronique des lettres canadiennes,* CF, déc. 1923, p. 288-291.

[Anonyme], *Ernest Chouinard. Écrivain régionaliste et encyclopédiste; critique littéraire,* dans *Le Terroir,* janv. 1925, p. 201-205.

CHOUINARD, MONIQUE. Voir **CORRIVEAU, MONIQUE.**

CHOUINARD, SUZANNE. Voir **MARTEL, SUZANNE.**

CHOUL, JEAN-CLAUDE. Voir **CLARI, JEAN-CLAUDE.**

CHRISTIANE. Voir **LAFORGE, CHRISTIANE**.

CHRONIQUEUR SHERBROOKIEN (UN). Voir **AUCLAIR, JOSEPH ARTHUR ÉLIE**.

CINQ-MARS, ALONZO [Alcibiade, Marc Avril, Cyrano, Zo Marsal, Quatremai] (1881-1969). Poète, journaliste, traducteur, sculpteur, né à Saint-Édouard-de-Lotbinière. Après son école primaire à Cap-Santé, il fait ses études classiques au Séminaire de Québec et obtient son baccalauréat en 1900. Il devient journaliste à *La Gazette de Québec* (1900-1901), puis à *La Presse* et à *La Patrie* (1901-1904). Pendant ces quatre années, il suit les cours de dessin de Joseph Saint-Charles et de Joseph-Charles Franchère au Monument national. En 1905, *La Presse* l'envoie à Québec comme correspondant parlementaire. Il s'inscrit à l'Université Laval au cours de droit, abandonne, mais continue son travail de journaliste. À la fin de la Première Guerre mondiale, il suit les débats au Parlement de Québec où il devient président de la galerie de la presse. En 1920, il est le premier élève de Jean Bailleul, fondateur de l'École des Beaux-Arts de Québec, et suit des cours de modelage pendant près de quatre ans. Il collabore à la revue *Le Terroir* et participe à la fondation de la Société des poètes canadiens-français. En 1925 il devient traducteur à la Chambre des communes, à Ottawa, poste qu'il garde jusqu'à sa retraite, en 1944. Il fait aussi de la sculpture et produit pendant ses loisirs une magnifique série de soixante-cinq médaillons de bronze. Après sa retraite, il collabore à *La Patrie* jusqu'en 1961. Plus que celle de l'écrivain, c'est son œuvre de sculpteur qui assure son renom.

ŒUVRES

En avant ! Chant de guerre (poésie), [Montréal], Édition privée, [1915], 2 p. Musique de Joseph Vezina.
Mise au point (poésie), Québec, Édition privée, 1920, 5 p.
De l'aube au midi (poésie), Québec, Éditions de la Tour de Pierre, 1924, 122 p.
Maria Chapdelaine. Pièce en cinq actes, Québec, Éditions de la Tour de Pierre, [s.d.], n.p. Collab. Damase Potvin.

ÉTUDES

Oswald Mayrand, *L'Apostolat du journalisme*, Montréal, Édition privée, 1960, p. 28.
Édouard Doucet, *Les Médaillons d'Alonzo Cinq-Mars*, Montréal, Lidec, 1968, 34 p.
Guy Robert, *Collection panorama*, LAC 1968, p. 150.

Julia Richer, *Une collection pour amateurs d'art*, dans *Information médicale et paramédicale*, vol. 21, nº 18, 4 mars 1969, p. 26.
[Anonyme], *Les Artistes québécois, quatre nouvelles monographies chez Lidec*, dans *Sept-Jours*, 3ᵉ année, 5 avril 1969, p. 35.

CIRCÉ-CÔTÉ, ÉVA [Paul Bédard, Colombine, Musette, Jean Ney, Julien Saint-Michel] (1871-1949). Auteure de chroniques, conteuse, dramaturge, née à Montréal. Elle fait ses études chez les sœurs de Sainte-Anne, au Pensionnat de Lachine. Elle se lance dans le journalisme en 1901, fonde un journal littéraire en 1902, *L'Étincelle*, avec Charles Gill et Arsène Bessette, publie ses chroniques dans *Le Pionnier, L'Avenir du Nord, Le Nationaliste, Le Pays, Le Monde illustré, L'Avenir* (de Jules Fournier), collabore pendant plus de vingt ans au journal *Le Monde ouvrier/Labour World*. Elle participe à la fondation de la Société des auteurs canadiens dont elle est la première vice-présidente (section française). Avec Hector Garneau (petit-fils de l'historien), elle fonde, en 1903, la Bibliothèque municipale de la Ville de Montréal où elle sera bibliothécaire jusqu'en 1932. Elle s'intéresse aussi au théâtre, compose deux drames : « Hindelang et Delorimier » et « Maisonneuve », et deux comédies : « L'Anglomanie » et « Le Fumeur endiablé » ; ces pièces restées inédites ont toutes été jouées, et trois d'entre elles primées. En 1903, elle publie *Bleu, Blanc, Rouge*, recueil d'une partie de ses chroniques auxquelles s'ajoutent des poèmes et des contes. C'est le fruit de ses enthousiasmes, de ses observations sur le « théâtre de la rue », et de ses remarques de moraliste. Il s'y manifeste un ardent patriotisme, une bonté profonde envers les petits, une forte prise de position en faveur du rôle de la femme dans la société et les lettres, tout cela, malgré une émotion trop facilement emportée, est exprimé avec une magnifique franchise, souvent avec finesse, dans une langue très pure.

ŒUVRES

Bleu, Blanc, Rouge : poésies, paysages, causeries, Montréal, Déom Frères, 1903, 369 p. Sous le pseudonyme de Colombine.
Papineau, son influence sur la pensée canadienne. Essai de psychologie historique, Montréal, R.A. Regnault & Cie imprimeurs, 1924, vii, 252 p.

L'Avenir des Canadiens français. Les femmes de lettres, dans *Le Nationaliste*, 2ᵉ année, nº 38, 10 nov. 1905, p. 1.

ÉTUDES

J.-W. Poitras, *Éva Côté*, MI, nᵒ 468, 1893, p. 601.

Georges Bellerive, *Éva Côté*, dans *Brèves Apologies de nos auteurs féminins*, Québec, Garneau, 1920, p. 77–79.

Raphaël Ouimet, *Éva Circé-Côté*, dans *Biographies canadiennes-françaises*, Montréal, Garden City Press, 1925, p. 510.

Madeleine, *Éva Circé-Côté*, dans *Portraits de femmes*, Montréal, La Patrie, 1938, p. 103.

Raymonde Hébert, «Notes bio-bibliographiques sur Éva Circé, bibliothécaire et chroniqueuse». Mémoire. École de bibliothécaires de l'Université de Montréal, 1952, 12 f.

Bernard Dufebvre, *Un chef-d'œuvre inconnu : le « Papineau » de Mme Éva Circé-Côté*, RUL, vol. 10, nᵒ 9, mai 1956, p. 790–799.

CLAIRE. Voir **COSSETTE, CLAUDE.**

CLAIRON. Voir **GILL, CHARLES.**

CLAMER, ADRIEN. Voir **LABERGE, ALBERT.**

CLAPIN, SYLVA [Claude Sicard] (1853–1928). Essayiste, linguiste, historien et conteur, né à Saint-Hyacinthe. Il fait ses études classiques au Séminaire de Saint-Hyacinthe. Engagé dans la marine de guerre américaine, de 1873 à 1875, il en profite pour visiter le sud des États-Unis. En 1875, il devient libraire et rédacteur du *Courrier de Saint-Hyacinthe*. Il sera libraire-éditeur pendant de longues années, à Paris (1883–1889), à Montréal (1889–1891), à Boston (1892–1896), à Ottawa (1900–1902), et journaliste jusqu'à sa mort, collaborant à plusieurs périodiques : *Le Monde*, *Le Canadien*, *L'Électeur*, *L'Opinion publique* (Worcester), *La Presse*. Il séjourne à Paris plusieurs années, fait la guerre hispano-américaine comme canonnier (1898) et est décoré pour bravoure, puis devient traducteur à la Chambre des communes jusqu'à sa retraite (1902–1921). Il meurt à Ottawa en 1928. En 1885, il publie à Paris *La France transatlantique : le Canada*, livre destiné à faire connaître aux Français le Canada et son histoire. En 1895, à la suite de la visite de Paul Bourget, il publie un pastiche, *Sensations de Nouvelle-France*, qui provoque une ardente querelle. Ces deux ouvrages sont intéressants pour l'histoire des idées et de la société canadienne-française de la fin du XIXᵉ siècle. Il compose une *Histoire des États-Unis* (1903) qui servira longtemps de manuel au Québec. Outre ses chroniques alertes dans les journaux, il a écrit de nombreux contes et nouvelles

dont l'action se déroule surtout au pays du Québec et dont une part importante lui a valu le titre de conteur de Noël ; Gilles Dorion les a recueillis et publiés dans la collection du « Nénuphar », en 1980. On connaît surtout Sylva Clapin pour ses travaux de lexicologue, tout particulièrement pour son *Dictionnaire canadien-français*, paru en 1894. « Il possédait admirablement les nuances et les secrets de la langue française, remarque le père Louis Le Jeune. Il fut à la fois un chercheur, un observateur, un philosophe ». Depuis 1940, l'une des avenues de la ville de Saint-Hyacinthe porte son nom.

ŒUVRES

Souvenirs et Impressions de voyages. Londres et Paris, (conférence), Saint-Hyacinthe, [s.é.], 1880, 45 p.

La France transatlantique : le Canada (essai), Paris, E. Plon, Nourrit & Cie, 1885, 263 p. Gravures de E. Martin-Chablis.

Dictionnaire canadien-français ou Lexique-glossaire des mots, expressions et locutions ne se trouvant pas dans les dictionnaires courants et dont l'usage appartient surtout aux Canadiens français, avec de nombreuses citations ayant pour but d'établir les rapports existant avec le vieux français, l'ancien et le nouveau patois normand et saintongeais, l'anglais et les dialectes des premiers aborigènes, Montréal/Boston, Beauchemin et fils/Sylva Clapin, 1894, xlvi, 389 p. ; Montréal, C.-O. Beauchemin & fils, 1902, xlvi, 389 p. Réimpression de l'édition originale de 1894 ; *Dictionnaire canadien-français. Langue française au Québec, 3ᵉ section : Lexicologie et lexicographie, 2.*, Québec, PUL, 1974, xlvi, 389 p. Reproduction de l'édition originale de 1894.

Paul Bourget. Sensations de Nouvelle-France (Montréal-Trois-Rivières-Québec.) Pour faire suite à Outre-Mer, Boston, Sylva Clapin, éditeur, 1895, 95 p. (Le même ouvrage paraît la même année sous le titre : *Sensations de Nouvelle-France (Montréal-Trois-Rivières-Québec). Fragments imaginaires d'un ouvrage de Paul Bourget recueillis et publiés par l'un de ses disciples d'Amérique. Pour faire suite à Outre-Mer*, Boston, Sylva Clapin, éditeur, 1895.

Le Canada, Paris, Plon, [1897], 32 p. Ill. «Bibliothèque illustrée des voyages autour du monde par terre et par mer ».

A New Dictionary of Americanisms being a Glossary of Words supposed to be Peculiar to the United States and the Dominion of Canada, New York, Louis Weiss & Co., 1902, xvi, 581 p. ; Détroit, Gale Research Company, 1968, 581 p. Reproduction de l'édition originale.

Histoire des États-Unis depuis les premiers établissements jusqu'à nos jours, Montréal, Beauchemin et fils, 1900, vi, 218 p. Ill. Préface des éditeurs ; Beauchemin Limitée, 1913, 141 p. Ill. «BC, Montcalm » ; 1925, 122 p. Ill. «BC, Laval ».

Nouveau Dictionnaire français-anglais et anglais-français... par Thomas Nugent. À l'usage des écoles, Montréal, Librairie Beauchemin (à resp. limitée), 1905, 818 p. Nouvelle édition, revue, corrigée et considérablement augmentée par Sylva Clapin.

Bibliographie canadienne. Catalogue annoté d'ouvrages canadiens-français annoté par Sylva Clapin, Montréal, Granger Frères, [1906], 295 p.

Ne pas dire, mais dire. Inventaire de nos fautes les plus usuelles contre le bon langage, Worcester, Mass., J.A. Jacques, 1913, 182 p. ; Montréal, Librairie Beauchemin Limitée, 1918, 182 p.

Sir George Étienne Cartier, Baronnet, sa vie et son temps. Histoire politique du Canada de 1814 à 1873. Ouvrage de John Boyd : *Sir George Étienne Cartier bart. : his life and times. A political history of Canada from 1814 until 1873*, traduit de l'anglais par Sylva Clapin, Montréal, Librairie Beauchemin Limitée, 1918, xxviii, 485 p. Portraits, lettres, hors-texte. (En commémoration du centième anniversaire de naissance de Sir George Étienne Cartier).

Dictionnaire complet illustré de la langue française par P. Larousse. Nouvelle édition, mise au courant du mouvement contemporain par Sylva Clapin, (5 000 articles concernant le Canada), Montréal, Librairie Beauchemin limitée, 1939, 876 p. (Nouvelle édition spéciale pour le Canada).

Contes et Nouvelles, Montréal, Fides, 1980, 400 p. Édition préparée et présentée par Gilles Dorion avec la collaboration d'Aurélien Boivin. « N ».

Alma Rose (roman), Montréal, Fides, 1982, 199 p. Texte établi d'après celui qui a paru dans *La Presse* de 1925, et présenté par Gilles Dorion. « BQ ».

La Chasse-galerie, BRH, vol. 6, 1900, p. 282–284.

Les Mots d'origine sauvage, BRH, vol. 6, 1900, p. 294–305.

L'Attaque du calvaire (conte), dans *La Croix du chemin ; premier concours littéraire de la société Saint-Jean-Baptiste de Montréal*, Montréal, Société Saint-Jean-Baptiste, 1916, p. 21–31. Préface de Camille Roy ; 1941, p. 25–34.

La Corvée chez Bapaume (conte), dans *La Corvée ; deuxième concours littéraire de la Société Saint-Jean-Baptiste de Montréal*, Montréal, Société Saint-Jean-Baptiste, 1917, p. 205–219.

La Grande Aventure du Sieur de Savoisy (conte), dans *Fleurs de Lys ; troisième concours de la Société Saint-Jean-Baptiste de Montréal*, Montréal, Société Saint-Jean-Baptiste, 1918, p. 59–73.

Les Bœufs, dans *Au pays de l'érable ; quatrième concours de la Société Saint-Jean-Baptiste de Montréal*, Montréal, Société Saint-Jean-Baptiste, 1919, p. 33–48. Ill. de E.-J. Massicotte ; 1946, p. 21–32.

ÉTUDES

Sylva Clapin, dans L. Le Jeune, *Dictionnaire général du Canada*, Ottawa, Université d'Ottawa, 1931, t. 1, p. 391–392.

Gratien Bineau, « Bio-bibliographie de M. Sylva Clapin, 1853-1928 ». Mémoire. École de bibliothécaires de l'Université de Montréal, 1948, 31 f.

Gilles Dorion, *Présence de Paul Bourget au Canada*, Québec, PUL, 1977, xviii, 242 p.

Id., Introduction, dans *Contes et Nouvelles*, Montréal, Fides, 1980, p. 11–20. Édition préparée et présentée par Gilles Dorion avec la collaboration d'Aurélien Boivin. « N ».

Paul Gay, *Sylva Clapin. Contes et Nouvelles*, LAQ 1980, p. 34–36.

Adrien Thério, *Honneur à l'imitateur.* « *Contes et Nouvelles* » *de Sylva Clapin*, LQ, n⁰ 19, automne 1980, p. 56–58.

CLARI, JEAN-CLAUDE [X Jean-Claude Choul] (1943–   ). Romancier et essayiste, né à Athus (Belgique). Arrivé au Canada en 1956, il poursuit ses études secondaires. Après un court séjour en Belgique (1963), il revient à Montréal (1964), enseigne le français langue seconde (1964–1966), devient citoyen canadien (1967), travaille comme traducteur pour des compagnies (1967–1976). Entre temps, à l'Université du Québec à Montréal, il obtient un baccalauréat spécialisé (1975) et une maîtrise en présentant un mémoire sur Paul Morand (1977). Ensuite, inscrit à l'École pratique des Hautes Études de Paris, il prépare un diplôme d'études approfondies en sémiotique (1978) et un doctorat de troisième cycle (1979) : sa thèse est intitulée « Le Sens de la lecture, contribution aux recherches sémantiques et sémiotiques ». De retour au Canada, il devient professeur à l'École des traducteurs et interprètes de l'Université d'Ottawa (1979–1980), puis à l'Université Dalhousie de Halifax, en Nouvelle-Écosse, à partir de 1980. Membre de plusieurs associations scientifiques, il collabore à divers périodiques, tels *Liberté*, *Méta*, *Voix et Images*, *Chroniques*... Son premier roman, *Les Grandes Filles* (1968), signé du pseudonyme Jean-Claude Clari, reçoit un accueil sévère. Si on disait que le romancier débutant écrivait mal, on reproche à *Catherine de I à V* (1969) et à *Le mot chimère a deux sens* (1973) une écriture recherchée et prétentieuse.

ŒUVRES

Les Grandes Filles. Roman, Montréal, Éditions du Jour, 1968, 151 p. « RJ ».

L'Appartenance. Roman, Montréal, CLF, 1968, 206 p.

Catherine de I à V. Roman, Montréal, CLF, 1969, 205 p.

Le mot chimère a deux sens. Roman, Montréal, CLF, 1973, 293 p.

Notes sur deux chansons de Claude Léveillée, L, vol. 8, n⁰ 4, juillet–août 1966, p. 52–62.

Un modèle d'écriture, dans *Chroniques*, vol. 1, nᵒˢ 6–7, juin–juillet 1975, p. 29–39.

Des romans bien tranquilles : les prix du Cercle du livre de France (1960-1965), VI, vol. 6, nᵒ 1, automne 1980, p. 127-145. Collab. Michel de Suet.

ÉTUDES

Yvon Bernier, *Les Grandes Filles de Jean-Claude Clari*, LAQ 1968, p. 45-46.

André Major, *Les Jeunes Filles en fleurs de Jean-Claude Clari*, Dev, vol. 59, nᵒ 28, 3 févr. 1968, p. 12.

Suzanne Paradis, *Une formule amoureuse type*, So, 71ᵉ année, nᵒ 73, 23 mars 1968, p. 34.

Jean-Guy Pilon, *Notes de lecture*, L, nᵒ 57, mai-juin 1968, p. 221.

André Major, *L'Ennui de lire*, Dev, vol. 59, nᵒ 123, 25 mai 1968, p. 13.

Roger Duhamel, *Thériault, Clari, Soucy*, Dr, 56ᵉ année, nᵒ 74, 22 juin 1968, p. 8.

René Dionne, *L'Appartenance*, Rel, nᵒ 335, févr. 1969, p. 62.

[Anonyme], *Clari, Jean-Claude. Catherine de 1 à 5*, dans *Le Livre canadien*, vol. 1, févr. 1970, nᵒ 58.

[Anonyme], *Clari, Jean-Claude. Le mot chimère a deux sens*, dans *Le Livre canadien*, vol. 5, mai 1974, nᵒ 159.

CLAUDE. Voir **COSSETTE, CLAUDE.**

CLAUDE ET MAGDELEINE. Voir **CARBET, MARIE-MAGDELEINE.**

CLAUDETTE. Voir **CHOQUETTE, PAULINE.**

CLAVEAU, JEAN-CHARLES (1925–   ). Essayiste et romancier, né à Chicoutimi. Après son cours classique au Séminaire de Chicoutimi (B.A., 1946), il fait ses études de médecine à l'Université Laval (1946-1951) et poursuit, grâce à des bourses des gouvernements fédéral et provincial, des études spécialisées en pédiatrie à Paris, Londres et Montréal (1951-1954). En 1955, il établit son bureau de consultation dans sa ville natale et, en 1976, il est nommé directeur du département de pédiatrie à l'hôpital de Chicoutimi. Il collabore au *Saguenay médical*, au *Laval médical* et à l'*Union médicale*. Le docteur Claveau est profondément engagé dans les questions linguistiques et nationalistes ; il a présenté un mémoire à la Commission Gendron en 1970, et il a publié une vingtaine d'articles sur des problèmes politiques et culturels. Il fait paraître son premier roman, *Le Secret de tante Hélène* en 1979 : c'est un roman nationaliste dont l'histoire se déroule au Saguenay et où l'auteur décrit avec

humour la vie de grandes familles bourgeoises aux prises avec les problèmes découlant des mariages entre personnes d'ethnies différentes. Ce récit linéaire où la psychologie des personnages est assez simple s'apparente à l'écriture de Damase Potvin. Il y fleure bon le terroir de ce coin de pays haut en couleur où les passions ne connaissent pas les demi-mesures.

ŒUVRE

Le Secret de tante Hélène (roman), Chicoutimi, Éditions Science moderne, 1979, 125 p.

CLÉMENT, BÉATRICE (1905–   ). Biographe et écrivain pour la jeunesse, née à Paris, de parents canadiens. Après ses études en France et en Angleterre, elle enseigne à Paris et à Montréal. Elle signe de nombreux articles dans *Le Devoir*, *La Famille*, *Relations*, *Les Annales de Saint-Joseph*, *Le Front ouvrier*, *L'Œil*... Fondatrice de l'Association des écrivains pour la jeunesse (1948) et cofondatrice de la Coopérative des éditions Jeunesse, Béatrice Clément reçoit en 1956 la médaille de bronze de l'Association canadienne des bibliothécaires pour le meilleur livre pour la jeunesse, *Le Chevalier du roi*, et en 1958 le prix Littérature de jeunesse de l'ACELF pour *Prophète du Très-Haut*. Ses contes et ses biographies sont écrits dans un style simple et volontiers didactique. Dans son étude sur la littérature de jeunesse au Canada français, Louise Lemieux souligne l'importance des réalisations et des œuvres de Béatrice Clément, « de cette femme extraordinairement active et engagée, débordante de dynamisme et en même temps pondérée, courageuse et persévérante ».

ŒUVRES

La plus belle de toutes les histoires (cahier d'exercices religieux), Montréal, Librairie Granger frères limitée, 1944, 32 p. Ill. Avant-propos de Irénée Lussier.

Saint Jean Bosco (litt. jeunesse), Montréal, Granger frères, 1945, 143 p. Ill. de Marie La Mothe ; *Le Père des enfants perdus. Vie de saint Jean Bosco*, Les Éditions de l'Atelier, 1956, 127 p. Dessins de Thérèse Robichon. Édition remaniée.

Sainte Bernadette de Lourdes (litt. jeunesse), Montréal, Granger frères, 1945, 109 p. ; *La Reine et la Bergère. Vie de sainte Bernadette de Lourdes*, Les Éditions de l'Atelier, 1956, 125 p. Dessins de Luc Dussault. Édition entièrement refondue.

Quel Beau Pays ! (récit), Montréal, Le Centre familial, 1948, 215 p. Dessins de Pierre Dorion.

Les Découvertes de Michel (récit), Montréal, Éditions Jeunesse, 1949, 61 p. Ill. de Daniel Lareau. « Clarté ».

Notre histoire. 3e année, Montréal, Éditions le Centre de psychologie et de pédagogie, [1950], 32 p.

Ma religion. 3e année, Montréal, Éditions Le Centre de psychologie et de pédagogie, [1950], 32 p. Ill. de Daniel Lareau.

Parade historique (récit), Montréal, Éditions Jeunesse, 1950, 3 vol. ; vol. 1, 47 p. ; vol. 2, 55 p. ; vol. 3, 53 p. Ill. de Daniel Lareau.

Philippe s'est battu (récit), [s.l., s.é., s.d.], 30 p. Ill. de Paula Kirouac.

Chevalier du roi. Vie de saint Ignace de Loyola, Montréal, Les Éditions de l'Atelier, 1956, 127 p. Dessins de Thérèse Robichon.

Histoire de mes aïeux, Montréal, Librairie Granger frères, limitée, [s.d.], 32 p. Dessins de Léonie Gervais. Avant-propos de l'auteur.

Prophète du Très-Haut. Vie de saint Jean-Baptiste, Montréal, Les Éditions de l'Atelier, 1958, 147 p.

Te souviens-tu ? (conte et coloriage), Berthierville, [s.é., s.d., n.p., 45 p.]. Ill. « Mon beau pays ».

J'ai découvert Montréal (conte et coloriage), Berthierville, [s.é., s.d., n.p., 45 p.]. Ill. d'Hélène Lamontagne. « Mon beau pays ».

Sur les bords du grand fleuve (conte et coloriage), Berthierville, [s.é., s.d., n.p., 45 p.]. Ill. de Paula Kirouac. « Mon beau pays ».

Élection au terrain de jeu et autres contes, Québec, Éditions Jeunesse, 1962, 125 p. Ill. de Camie. « Brin d'herbe ».

Jacques Cartier 1491-1555 (litt. jeunesse), Québec, Éditions Jeunesse, [s.d., n.p., 17 p.]. Ill. de Serge Tousignant. « Panache ».

La Terre est ronde ! (récit), Québec, Éditions Jeunesse, [1962], [n.p., 16 p.]. Ill. de Guy Paralis. « Panache ».

Légende de Notre-Dame de Liesse, Montréal, Les Éditions Bellarmin, [1964], 30 p. « Vivre ». (Paru d'abord en partie dans *Le Messager canadien du Sacré-Cœur* en mai 1946).

Marie de la Ferre (biographie), Montréal, Hospitalières de Saint-Joseph, 1964, 102 p.

Malmenoir, le mauvais. Conte de jadis et de naguère, Québec, Éditions Jeunesse, 1964, 141 p. Ill. d'Étienne Gauthier. « Brin d'herbe ».

Samuel de Champlain (litt. jeunesse), Québec, Éditions Jeunesse, [1964], [n.p., 17 p.]. Ill. de Gabriel Perreault. « Panache ».

Hélène Boullé. Femme de Samuel de Champlain (litt. jeunesse), Québec, Éditions Jeunesse, [1964 ?], [n.p., 17 p.]. Ill. de Cécile Gagnon. « Panache ».

Des livres qui parlent, dans *Pour mieux choisir ce que nos jeunes liront*, Montréal, Les Éditions Bellarmin, 1957, p. 51-57. Préface de Joseph d'Anjou.

Dessiner pour l'enfant, Ibid., p. 58-61. Collab. Jacques Gagnier.

Notre littérature de jeunesse, R, 20e année, n° 273, sept. 1960, p. 234-237.

ÉTUDES

Cécile Lebel, *L'Œuvre enrichissante de Béatrice Clément*, dans *L'École des parents*, vol. 8, févr. 1957, p. 6-9.

Joseph d'Anjou, *Trois écrivains pour la jeunesse*, Rel, vol. 19, n° 217, janv. 1959, p. 15.

Paule Daveluy, *Mon amie Béatrice Clément*, dans *Ma paroisse*, janv. 1959, p. 11-12.

Thérèse Perreault, *Béatrice Clément, écrivain pour la jeunesse*, dans *Lectures*, vol. 11, n° 3, nov. 1964, p. 71, 82.

Louise Lemieux, *Béatrice Clément*, dans *Pleins Feux sur la littérature de jeunesse au Canada français*, Montréal, Leméac, 1972, p. 39-41, 306-309, 311-312, 317-318.

CLERMONT, MARIE-ANDRÉE (1943-   ). Romancière pour les jeunes et traductrice, née à Montréal. Elle fait son cours classique au Collège Marguerite-Bourgeoys (1956-1964), terminé par un baccalauréat ès arts, option lettres. De 1975 à 1978, elle suit un cours d'appoint au Département des communications à l'Université Concordia. De 1978 à 1981, elle étudie au Département de linguistique et de philologie de l'Université de Montréal où elle obtient un baccalauréat spécialisé en traduction. Très active dans des rencontres auteurs-lecteurs dans les bibliothèques et les écoles, elle se fait surtout remarquée dans les colloques organisés au Canada, qui ont pour sujet traduction et littérature-jeunesse. Elle est rédactrice au *Manoir-Écho* (1972-1975), journal mensuel du quartier Notre-Dame-de-Grâce, rédactrice pigiste à la revue *Plein-Air* (1975), traductrice pigiste pour la revue *Tempo*, de *IBM*, ainsi que pour différentes divisions de *Lavalin* (1980-1982). Elle a publié quatre romans et une nouvelle pour les jeunes. Le nombre de ses traductions de l'anglais au français est impressionnant. Elle mérite, en 1988, un certificat d'honneur de l'Union internationale pour les livres de jeunesse (IBBY) pour la traduction du roman *Jasmin* de Jan Truss. La romancière a le don de conter ; l'aventure qu'elle invente contribue à rehausser la trame de l'action au niveau d'une histoire palpitante, pleine de verve et d'imprévu. En commentant *L'Aventurier de la canicule*, Madeleine Préclaire précise la démarche créatrice de Marie-Andrée Clermont : « Dès les premières pages l'intérêt est créé. On lit, avidement, pour suivre les péripéties d'une aventure qui se révèle très vite être un véritable drame ».

ŒUVRES

Alerte au lac des Loups (litt.-jeunesse), Montréal, Fides, 1980, 139 p. « Collection du Goéland » ; 1988, 139 p. « Collection des Mille-Îles ».

Les Aventuriers de la canicule (litt.-jeunesse), Montréal, Fides, 1982, 180 p. «Collection des Mille-Îles».

Destination aventure, chronique de voyage destinée aux jeunes, Montréal, Fides, 1985, 131 p. Collab. Petits chanteurs du Mont-Royal.

Jour blanc (litt.-jeunesse), Montréal, Éditions Pierre Tisseyre, 1986, 183 p. Collab. Frances Morgan. «Conquêtes».

Retrouvailles (nouvelle), parue d'abord dans *Vidéo-Presse*, 1987, p. 50–53, (3ᵉ prix au concours Nouvelle-Jeunesse), publiée ensuite dans *Mauve et autres nouvelles*, Montréal, Éditions Paulines, 1988, p. 23–43. «Collection Lectures-VIP».

Traductions
Livres pour les jeunes:

Bravo, ma grande, Saint-Lambert, Éditions Héritage, 1982, 254 p. «Cœur-à-cœur». Traduction de *That's my Girl* de Jill Ross Klevin, New York, Scholastic Book Services, 1980, 219 p.

Amanda et le Génie, Saint-Lambert, Éditions Héritage, 1984, 125 p. «Alouette». Traduction de *The Toothpaste Genie* de Frances Duncan, Richmond Hill, Scholastic-TAB Publications Ltd., 1981, 134 p.

Les Enquêtes mystérieuses de Sherloque Fin-museau, détective, tome 1, Saint-Lambert, Éditions Héritage, 1984, 61 p. «Détectives-Amateurs». Traduction de *The Sherluck Bones Mystery-Detective Book 1*, de Jim et Mary Razzi, New York, Bantam Books, 1981, 61 p.

Les Enquêtes mystérieuses de Sherloque Fin-museau, détective, tome 2, Saint-Lambert, Éditions Héritage, 1984, 61 p. «Détectives-Amateurs». Traduction de *The Sherluck Bones Mystery-Detective Book 2*, de Jim et Mary Razzi, New York, Bantam Books, 1982, 61 p.

Les Enquêtes mystérieuses de Sherloque Fin-museau, détective, tome 3, Saint-Lambert, Éditions Héritage, 1984, 64 p. «Détectives-Amateurs». Traduction de *The Sherluck Bones Mystery-Detective Book 3*, de Jim et Mary Razzi, New York, Bantam Books, 1983, 63 p.

Le Mystère du caniche bleu, Saint-Lambert, Éditions Héritage, 1984, 126 p. «Pigeon vole». Traduction de *The Bleu Poodle Mystery*, de Laura Lee Hope, New York, Wanderer Books, 1980, 126 p.

Visiteurs extraterrestres, Saint-Lambert, Éditions Héritage, 1984, 142 p. «Galaxie». Traduction de *Beckoning Lights*, de Monica Hughes, Edmonton, J.M. LeBel Enterprises Ltd., 1982, 79 p.

L'Affaire des chocolats volés, Saint-Lambert, Éditions Héritage, 1985, 95 p. «Détective Club». Traduction de *Hawkeye Collins and Amy Adams in the Case of the Chocolate Snacher and Other Mysteries*, de M. Masters, New York, Meadowbrook Creations, 1983, 93 p.

Le Cirque, Saint-Lambert, Éditions Héritage, 1985, 56 p. «Choisis ta propre aventure». Traduction de *The Circus*, de Edward Parckard, New York, Bantam Books, 1981, 56 p.

Le Cousin perdu et retrouvé, Saint-Lambert, Éditions Héritage, 1985, 99 p. «Détective Club». Traduction de *Hawkeye Collins and Amy Adams in the Secret of the Long-Lost Cousin and Other Mysteries*, de M. Masters, New York, Meadowbrook Creations, 1983, 99 p.

Gorga, le monstre de l'espace, Saint-Lambert, Éditions Héritage, 1985, 55 p. «Choisis ta propre aventure». Traduction de *Gorga, the Space Monster*, de Edward Packard, New York, Bantam Books, 1982, 55 p.

La Maison hantée, Saint-Lambert, Éditions Héritage, 1985, 57 p. «Choisis ta propre aventure». Traduction de *The Haunted House*, de R.A. Montgomery, New York, Bantam Books, 1981, 57 p.

Un robot bien à toi, Saint-Lambert, Éditions Héritage, 1985, 56 p. «Choisis ta propre aventure». Traduction de *Your Very Own Robot*, de R.A. Montgomery, New York, Bantam Books, 1981, 56 p.

L'Affaire des biscuits aux brisures de chocolat, Saint-Lambert, Éditions Héritage, 1986, 95 p. «Détective Club». Traduction de *Hawkeye Collins and Amy Adams in the Case of the Chocolate Chip Cookies and Other Mysteries*, de M. Masters, New York, Meadowbrook Creations, 1983, 95 p. Traduit en collab. avec Claudine Azoulay.

Alerte dans l'espace, Saint-Lambert, Éditions Héritage, 1986, 51 p. «Choisis ta propre aventure». Traduction de *Trouble in Space*, de John Woodcock, New York, Bantam Books, 1984, 51 p.

La Chose verte, Saint-Lambert, Éditions Héritage, 1986, 54 p. «Choisis ta propre aventure». Traduction de *The Green Slim*, de Susan Saunders, New York, Bantam Books, 1982, 54 p.

Les Enquêtes mystérieuses de Sherloque Fin-museau, détective, tome 4, Saint-Lambert, Éditions Héritage, 1986, 63 p. «Détective Amateurs»; *tome 4*, 63 p.; *tome 5*, 63 p.; *tome 6*, 63 p. Traduction de *The Sherluck Bones Mystery-Detective Book 4, 5 and 6*, de Jim et Mary Razzi, New York, Bantam Books, 1984, 63, 63, 63 p.

Jasmine, Montréal, Pierre Tisseyre, 1986, 247 p. «Collection deux solitudes, jeunesse». Traduction de *Jasmin*, de Jan Truss, Vancouver, Douglas and McIntyre, 1982, 196 p.

Jeux vidéo en contrebande, Saint-Lambert, Éditions Héritage, 1986, 99 p. «Détective Club». Traduction de *Hawkeye Collins and Amy Adams in the Case of the Video Game Smugglers and Other Mysteries*, de M. Masters, New York, Meadowbrook Creations, 1983, 99 p. Traduit en collab. avec Claudine Azoulay.

Le Mystère de la parade des roses, Saint-Lambert, Éditions Héritage, 1986, 127 p. «Pigeon vole». Traduction de *The Rose Parade Mystery*, de Laura Lee Hope, New York, Wanderer Books, 1981, 111 p.

Le Mystère du poney disparu, Saint-Lambert, Éditions Héritage, 1986, 128 p. «Pigeon vole». Traduction de *The Missing Poney Mystery*, de Laura Lee Hope, New York, Wanderer Books, 1981.

La Mystérieuse Affaire du chien kidnappé, Saint-Lambert, Éditions Héritage, 1986, 99 p. « Détective Club ». Traduction de *Hawkeye Collins and Amy Adams in the Case of the Mysterious Dognapper and Other Mysteries*, de M. Masters, New York, Meadowbrook Creations, 1983, 99 p.

La Ruse des voleurs d'ordinateurs, Saint-Lambert, Éditions Héritage, 1986, 95 p. « Détective Club ». Traduction de *Hawkeye Collins and Amy Adams in the Case of the Clever Computer Crooks and Other Mysteries*, de M. Masters, New York, Meadowbrook Creations, 1983, 95 p. Traduit en collab. avec Claudine Azoulay.

Au pays des chevaux sauvages, Saint-Lambert, Éditions Héritage, 1987, 55 p. « Choisis ta propre aventure ». Traduction de *Wild Horse Country*, de Lynn Sonderg, New York, Bantam Books, 1984, 55 p.

Au secours, je rapetisse !, Saint-Lambert, Éditions Héritage, 1987, 55 p. « Choisis ta propre aventure ». Traduction de *Help ! You're Shrinking*, de Edward Packard, New York, Bantam Books, 1983, 55 p.

Comment les animaux et les plantes croissent, Saint-Lambert, Éditions Héritage, 1987, 10 p. « La Roue magique ». Traduction de *How Things Grow*, de Peter Seymour, Intervisual Communications Inc., 1987, 10 p.

Comment les animaux travaillent, Saint-Lambert, Éditions Héritage, 1987, 10 p. « La Roue magique ». Traduction de *How Things are made*, de Peter Seymour, Intervisual Communications Inc., 1987, 10 p.

En toute liberté, Montréal, Fides, 1987, 288 p. « Collection des Mille-Îles ». Traduction de *Let it go*, de Marilyn Halvorson, Toronto, Irvin Publishing, 1985, 223 p.

Port-au-fantôme, Saint-Lambert, Éditions Héritage, 1987, 55 p. « Choisis ta propre aventure ». Traduction de *Hounted Harbor*, de Shannon Gilligan, New York, Bantam Books, 1986, 55 p.

Le Programme Minerve, Montréal, Pierre Tisseyre, 1987, 195 p. « Collection Deux solitudes, jeunesse ». Traduction de *The Minerv Program*, de Claire Mackay, Toronto, James Lorimer, 1984, 178 p.

Safari dans la jungle, Saint-Lambert, Éditions Héritage, 1987, 53 p. « Choisis ta propre aventure ». Traduction de *Jungle Safari*, de Edward Packard, New York, Bantam Books, 1983, 53 p.

Les Vainqueurs, Montréal, Fides, 1987, 213 p. « Collection des Mille-Îles ». Traduction de *Winners* de Mary Ellen Lang Collura, Saskatoon, Western Producer Prairie Books, 1984, 129 p.

Alerte sur le plateau de tournage, Saint-Lambert, Éditions Héritage, 1988, 83 p. « Détective Club ». Traduction de *Hawkeye Collins and Amy Adams in the Mystery of the Star Ship Movie and Other Mysteries*, de M. Masters, New York, Meadowbrook Creations, 1983, 83 p.

L'Astronef à la dérive, Saint-Lambert, Éditions Héritage, 1988, 55 p. « Choisis ta propre aventure ». Traduction de *Runaway Spaceship*, de Susan Saunders, New York, Bantam Books, 1985, 55 p.

Le Choix de Marguerite, Saint-Lambert, Éditions Héritage, 1988, 156 p. « Alouette ». Traduction de *A Place for Margaret*, de Bernice Thurman Hunter, Richmond Hill, Scholastic-TAB, 1984, 151 p.

La Créature mystérieuse de la Mare-à-Meunier, Saint-Lambert, Éditions Héritage, 1988, 55 p. « Choisis ta propre aventure ». Traduction de *The Creature from Miller's Pond*, de Susan Saunders, New York, Bantam Books, 1983, 55 p.

Jeux de ficelle, Saint-Lambert, Éditions Héritage, 1988, tome 1, 48 p., tome 2, 48 p. Traduction de *Cat's Cradle Owl's Eyes : A Book of String Games*, de Camilla Gryski, Kids Can Press, 1983, tome 1, 48 p., tome 2, 48 p.

Pompéi... enterrée vivante, Saint-Lambert, Éditions Héritage, 1988, 48 p. « Je sais lire ». Traduction de *Pompeii... Buried Alive*, de Edith Kunhardt, New York, Random House, 1987, 48 p.

Le Secret de l'espion international, Saint-Lambert, Éditions Héritage, 1988, 80 p. « Détective Club ». Traduction de *Hawkeye Collins and Amy Adams in the Secret of the Software Spy and Other Mysteries*, New York, Meadowbrook Creations, 1983.

Le Titanic, perdu... et retrouvé, Saint-Lambert, Éditions Héritage, 1988, 48 p. « Je sais lire ». Traduction de *The Titanic Lost... and Found*, de Judy Donnelly Gross, New York, Random House, 1987, 48 p.

Le Décorateur au papier hygiénique, Saint-Lambert, Éditions Héritage, 1989, 96 p. « Détective Club ». Traduction de *Hawkeye Collins and Amy Adams in the Case of the Toilet Paper Decorator and Other Mysteries*, New York, Meadowbrook Creations, 1984, 96 p.

Le Monstre du lac du Plongeon, Saint-Lambert, Éditions Héritage, 1989, 96 p. « Détective Club ». Traduction de *Hawkeye Collins and Amy Adams in Loon Lake Monster and Other Mysteries*, de M. Masters, New York, Meadowbrook Creations, 1984, 96 p.

La Passion de Blaine, Montréal, Pierre Tisseyre, 1989, 247 p. « Collection Deux solitudes, jeunesse ». Traduction de *Blaine's Way*, de Monica Hughes, Toronto, Irwin Publishing, 1986, 215 p.

ÉTUDES

Raymond Tétreault, *Littérature de jeunesse*, LAQ 1980, p. 223.

Madeleine Préclaire, *Cinéastes et Détectives*, dans *Littérature canadienne pour la jeunesse*, n° 34, 1984, p. 68.

Monique Poulin, *Entrevue. Marie-Andrée Clermont auteure*, dans *Lurelu*, vol. 9, n° 3, hiver 1987, p. 20-21.

Monique Prescott, *M'as-tu vu, m'as-tu lu ?*, dans *Lurelu*, vol. 10, n° 1, printemps-été 1987, p. 14.

Léonard Rosmarin, *Le Triomphe de l'échec*, dans *Littérature canadienne par la jeunesse*, n° 51, 1988, p. 95-97.

CLIFTON, DEBORAH JEAN (1948–). Linguiste, ethnologue et folkloriste, née à Toledo (Ohio, É.-U.). Elle étudie à la Ohio State University (B.A., 1969 et maîtrise en linguistique, 1975) ; elle y prépare un doctorat. Professeur de français et de linguistique à la Louisiana State University, elle s'intéresse tout particulièrement au parler créole de la Louisiane, prononce des conférences à l'Université de Montréal et en Europe sur le créole, et participe activement aux groupes de recherches sur le parler créole. Elle publie des études dans le *Farog Forum* et le journal de l'association *Renaissance Cajun, Native Affairs Section*. Barry Ancelet résume ainsi son œuvre : « Noire, francophone et féministe, elle attaque les établissements masculins, blancs et anglos avec la même véhémence ».

ŒUVRE

Cris sur le Bayou (anthologie), La Fayette (La.), Éditions Intermède, 1980, 102 p. Collab. Jean Arceneaux (pseudonyme de Barry Ancelet).

Situer situation et *Plainte : La veuve des clos d'huile* (poèmes), dans Mathe Allain et Barry Ancelet, *Littérature française de la Louisiane*, Manchester (N.H.), N.M.D.C. for French and Creole, 1981, p. 341–342.

CLOUTIER. Voir **DEMERS, JEANNE.**

CLOUTIER, CÉCILE [X Cloutier-Wojciechowska, Cécile ; Cécile de Lantagne] (1930-   ). Poète, dramaturge, conteuse et essayiste, née à Québec. Elle étudie au Collège Jésus-Marie de Sillery (B.A., 1951), puis elle prépare, à l'Université Laval, une licence ès lettres (1953), un diplôme d'études supérieures (1954), et une licence en psychothérapie (1955-1958). Elle obtient ensuite, à l'Université de Paris, un doctorat pour une thèse sur l'esthétique de la vie quotidienne au Canada français (1962). En outre, elle détient une maîtrise en philosophie de l'Université McMaster (1978), et elle a étudié plusieurs langues dont l'espagnol, l'allemand et le polonais. Elle enseigne à Québec, au Collège des Ursulines et au Marymount College (1955-1959), puis elle devient professeur au département de français de l'Université d'Ottawa (1958-1964) et, à partir de 1964, à l'Université de Toronto où elle est nommée professeur titulaire en 1977. Dès 1946, elle publie des poèmes dans *Notre*

Temps. Cécile Cloutier participe activement à la vie culturelle canadienne, publie de nombreux articles, donne des conférences, prend part à des lectures de poèmes, organise des colloques et des expositions de jeunes artistes, etc. Elle publie plusieurs recueils de poésie : *Mains de sable, Cannelles et Craies, Paupières, Chaleuils...* Sa pièce de théâtre *Utinam* est jouée à Paris, à Québec et à Montréal. En 1986 paraît *L'Écouté*, rétrospective de son œuvre poétique poursuivie depuis vingt-cinq ans, poésie au langage dépouillé, réduit à l'essentiel. C'est une « poésie objectale, minérale et lumineuse, écrit Jean Royer, où le sentiment de vivre éclate à même le paysage. [...] On y retrouve, de livre en livre, des images-mots familiers [...]. Cette poésie explore les odeurs, les couleurs et les rondeurs magiques ». « Elle est sans cesse la même et sans cesse renouvelée, dit François Paré ; voilà le miracle de cette rétrospective, parce qu'elle permet de recombiner à l'infini les données limitées et obsédantes de l'imaginaire ». *L'Écouté* mérite à l'auteur le prix de poésie 1986, du Gouverneur général du Canada.

ŒUVRES

Mains de sable (poésie), Québec, Éditions de l'Arc, 1960, 30 p. « L'Escarfel ».

Cuivre et Soies, suivi de Mains de sable (poésie), Montréal, Les Éditions du Jour, 1964, 78 p. « PJ ».

Cannelles et Craies (poésie), Paris, Jean Grassin éditeur, 1969, 25 p. « Poètes présents ».

Paupières (poésie), Montréal, Librairie Déom, 1970, 93 p. « PC ».

Câblogrammes (poésie), [Paris], Chambelland éditeur, 1972, 51 p.

Chaleuils (poésie), Montréal, L'Hexagone, 1979, 78 p.

Springtime of Spoken Words (poésie), Toronto, Hounslow Press, 1979, 93 p. Ill. Poèmes traduits par Alexandre L. Amprimoz.

La Girafe (litt. jeunesse), Montréal, Pierre Tisseyre, 1984, 16 p. Ill. de Mireille Levert. « Cœur de pomme ».

Opuscula Aesthetica Nostra. A Volume of Essays on Aesthetics and the Arts in Canada. Un volume d'essais sur l'esthétique et les arts au Canada, Edmonton, Academic Printing & Publishing, 1984, 206 p. Collab. Calvin Seerveld.

L'Échangeur (poésie), Trois-Rivières, Écrits des Forges, 1985, 79 p. « Radar ».

L'Écouté. Poèmes 1960–1983, Montréal, L'Hexagone, 1986, 371 p.

Propos sur la poésie, RD, vol. 65, n° 1, avril 1959, p. 163–166.

La Machine à poèmes, L, vol. 8, n° 1, janv.-févr. 1966, p. 42–48.

La Nouvelle Poésie, L, vol. 9, n° 4, juillet–août 1967, p. 118–127.

[Témoignages], dans *La Poésie canadienne-française*, Montréal, Fides, 1969, p. 552–556. « ALC » 4.

Poèmes, L, vol. 12, n° 2, mars–avril 1970, p. 31–38.

Panorama de la littérature québécoise d'aujourd'hui, dans *The Canadian Modern Language Review*, vol. 31, n° 1, 1974, p. 8–32.

Utinam (théâtre), NBJ, n°s 56–57, mai–août 1977, p. 92–115.

Poèmes, dans *Estuaire*, n° 8, juin 1978, p. 75–89.

ÉTUDES

Guy Robert et Gatien Lapointe, *Cuivre et Soies*, LAC 1964, p. 58–59.

Jean Marcel, *Cécile Cloutier, alchimiste de l'image*, AN, vol. 54, n° 6, févr. 1965, p. 612–614.

André Melançon, *Cuivre et Soies, suivi de Mains de sable*, dans *Lectures*, vol. 11, n° 8, avril 1965, p. 211.

Bianca Zagolin Blandford, *Cannelles et Craies*, LAQ 1970, p. 130–131.

Gérard-Claude Fournier, *Câblogrammes*, LAQ 1972, p. 165.

Claude Beausoleil, *Cécile Cloutier. Une poésie de l'image*, Dev, vol. 70, n° 221, 22 sept. 1979, p. 19.

Monique Benoit, *Cécile Cloutier. Chaleuils*, LAQ 1979, p. 108–109.

André-G. Bourassa, *Rapprochements*, LQ, n° 18, été 1980, p. 30–32.

François Paré, *L'Écouté, de Cécile Cloutier. Un album de patience*, Dr, 74e année, n° 246, 17 janv. 1987, p. 40.

Jean Royer, *Poésie : trois rétrospectives*, Dev, vol. 78, n° 32, 9 févr. 1987, p. 11.

André Marquis, *26 ans d'écriture, deux trajectoires opposées*, LQ, n° 44, hiver 1986–1987, p. 42–43.

CLOUTIER, EUGÈNE (1921–1975). Romancier, né à Sherbrooke. Il fait ses études au Collège Saint-Charles-Garnier de Québec (B.A., 1943). Plus tard, il suivra quelques cours à la Sorbonne. Il collabore au *Soleil* et à l'*Événement-Journal*, avant d'être nommé, en 1945, chef des nouvelles au poste CHRC, à Québec, puis, en 1947, réalisateur à Radio-Canada. Eugène Cloutier reçoit en 1954, le premier prix au Concours littéraire de la Province de Québec pour son roman *Les Témoins*, et en 1956, le prix du Cercle du livre de France pour *Les Inutiles*. Après avoir assumé la direction de la Maison canadienne à la Cité universitaire de Paris, il entreprend de nombreux voyages à travers le monde dont les souvenirs sont relatés dans plusieurs ouvrages parus depuis 1967. Au

théâtre, il donne *Le Dernier Beatnik* ; ses romans télévisés, *Anne-Marie*, *C'est la vie, c'est la loi*, le font connaître du grand public. Eugène Cloutier tente d'expérimenter, par la technique romanesque, les aspects variés de la personnalité de l'homme. Le comportement de ses héros touche ainsi à la vie qui est à la fois joie et angoisse, recherche et élan vital. Pierre de Grandpré résume ainsi l'apport romanesque de Cloutier : « *Les Témoins*, de même que *Les Inutiles*, sont irrécusablement de leur époque : l'immédiat après-guerre. [...] C'est l'heure des influences existentialistes, d'un roman ‹ de l'homme › et d'une littérature de salut » [*Histoire de la littérature française du Québec*, t. 4]. Passant d'un malaise à l'autre, d'un conflit avec la société au conflit avec eux-mêmes, les personnages de Cloutier — François dans *Les Témoins*, Jean, Antoine et Julien dans *Les Inutiles* — incarnent le désarroi de l'homme d'après-guerre qui est à la fois bâtisseur, témoin et critique d'un ordre communautaire nouveau.

ŒUVRES

Les Témoins (roman), Montréal, CLF, 1953, 226 p. ; 1968, 208 p. « PoC ».

Les Inutiles (roman), Montréal, CLF, 1956, 202 p. ; [Montréal], CLF, [1964], 202 p. ; Fides, 1981, 215 p. « BQ ». Présentation d'André Gaulin. Chronologie, bibliographie et jugements critiques d'Aurélien Boivin.

Croisière (roman), Montréal, CLF, 1963, 189 p.

Le Canada sans passeport ; regard libre sur un pays en quête de sa réalité (essai), Montréal, HMH, 1967, 2 vol. : vol. 1, 345 p., vol. 2, 451 p. Traduction anglaise par Joyce Marshall : *No Passport. A Discovery of Canada*, Toronto, Oxford U.P., 1968, 280 p. Ill. ; Don Mills, General Publishing Co. Limited, 1973, vii, 280 p. Ill. par Bob Hohnstock. « Paper Jacks ».

Journées japonaises (récit), Montréal, Éditions du Jour, 1969, 265 p. « PaJ ».

En Suède (essai), Montréal, Éditions du Jour–Éditions Ici Radio-Canada, 1970, 233 p. Ill. « PaJ ».

En Tunisie (essai), Montréal, Éditions du Jour–Éditions Ici Radio-Canada, 1970, 207 p. Ill. « PaJ ».

À Cuba (essai), Montréal, Éditions du Jour–Éditions Ici Radio-Canada, 1971, 233 p. « PaJ ».

En Californie (essai), Montréal, Hurtubise HMH–Éditions Ici Radio-Canada, 1971, 237 p. Ill. « PaJ ».

En Roumanie (essai), Montréal, Éditions du Jour–Éditions Ici Radio-Canada, 1971, 202 p. « PaJ ».

Au Chili (essai), Montréal, Hurtubise HMH–Éditions Ici Radio-Canada, 1972, 206 p. Ill.

En pays basque (essai), Montréal, Hurtubise HMH–Éditions Ici Radio-Canada, 1972, 196 p. Ill.

En Yougoslavie (essai), Montréal, Hurtubise HMH–Éditions Ici Radio-Canada, 1972, 186 p. Ill.

En Allemagne de l'Ouest (essai), Montréal, Hurtubise HMH–Éditions Ici Radio-Canada, 1973, 240 p. Ill.

Eugène Cloutier au Japon moderne (essai), Montréal, Éditions du Jour, 1974, 255 p. Ill. « PaJ ».

Eugène Cloutier en Turquie (essai), Montréal, Éditions du Jour, 1974, 254 p. « PaJ ».

Blanc-seing, Sainte-Adèle, Benic et Tisari, graveurs, 1974, [n.p., 84 p.]. Avec 14 estampes originales de Claude Vermette. (Tirage limité).

Le Dernier Beatnik (théâtre), Montréal, ECF, n⁰ 14, 1962, p. 11–91.

Au pays des Doukhobors, Pr, (supplément), 82ᵉ année, n⁰ 77, 2 avril 1966, p. 9–15.

Le Grand Coup, dans Guy Sylvestre et H. Gordon Green, *Un siècle de littérature canadienne. A Century of Canadian Literature*, Montréal/Toronto, HMH/Ryerson Press, 1967, p. 444–446.

Hôtel Hilton, Pékin (théâtre), ECF, n⁰ 28, 1969, p. 9–63.

[Témoignages...], dans *Le Roman canadien-français*, Montréal/Paris, Fides, 1971, p. 322–324. « ALC » 3.

ÉTUDES

Bruno Lafleur, *André Langevin, André Giroux, Eugène Cloutier, trois jeunes romanciers canadiens*, RUL, vol. 8, n⁰ 6, févr. 1954, p. 530–541.

Gilles Marcotte, *Trois personnages*, CL, n⁰ 18, nov. 1957, p. 46–50.

Guy Beaulne, *Le Théâtre en 1962. Le Dernier Beatnik*, LAC 1962, p. 34–35.

Roland-M. Charland, *Croisière d'Eugène Cloutier*, dans *Lectures*, vol. 11, n⁰ 8, avril 1965, p. 214–215.

Pierre de Grandpré, *La Désadaptation créatrice : Eugène Cloutier « Les Inutiles »*, dans *Dix ans de vie littéraire au Canada français*, Montréal, Beauchemin, 1966, p. 103–108.

André Major, *Eugène Cloutier. Voyageur sans passeport*, Dev, vol. 58, n⁰ 249, 28 oct. 1967, p. 12.

Jean Lengellé, *Le Canada sans passeport*, LAC 1967, p. 158–159.

Anonyme, *Eugène Cloutier en Turquie d'Eugène Cloutier*, dans *Le Livre canadien*, vol. 5, nov. 1974, n⁰ 301.

Marie-France Richards, *Un passage de l'asile à l'exil*, Dr, 70ᵉ année, n⁰ 71, 19 juin 1982, p. 16.

CLOUTIER, FRANÇOIS (1922–   ). Psychiatre et essayiste, né à Québec. Il fait son cours classique au Collège Saint-Charles-Garnier de Québec (B.A., 1943). Après ses études de médecine à l'Université Laval (M.D., 1948), il poursuit des recherches à Paris en neurologie (diplôme d'assistant, 1949) et en psychiatrie (diplôme d'assistant, 1952). Parallèlement à son travail à la Faculté de médecine de Paris, il étudie l'ethnologie au Musée de l'homme (D.E.S., 1952). Rentré au Canada, il devient « fellow » du Royal College of Medecine of Canada (1954) et de l'American Psychiatric Association (1956), ainsi que de la Royal Society of Medicine de Londres et de l'American Ortho-Psychiatric Association (1962). Sa carrière médicale commencée à Paris à l'Hôpital de la Salpêtrière, continue au Canada à l'Hôpital Saint-Jean-de-Dieu, à l'Institut Albert-Prévost, à l'Hôpital Notre-Dame et au Queen Mary's Veterans Hospital. Il est en même temps professeur adjoint à la Faculté de médecine de l'Université de Montréal, de 1953 à 1962, puis il est nommé directeur général de la Fédération mondiale pour la santé mentale, à Genève (1962–1966). On peut diviser ses publications en trois sections : travaux scientifiques dans sa spécialité, ouvrages de vulgarisation et mémoires de l'homme d'État mêlé aux problèmes de la culture et de l'éducation. Il collabore à des périodiques comme *Laval médical*, *Union médicale du Canada*, *Encéphale*, *World Mental Health*, *Boletin de Salud Mental*, *Psychiatrie et Société*. En 1966, à Radio-Canada, François Cloutier anime une émission fort prisée : « Un homme vous écoute », émission d'où sortiront plusieurs ouvrages, tels *Un psychiatre vous parle*, *Dictionnaire des parents*, *Le Mariage réussi*, qui sont bien accueillis par la critique. François Cloutier est élu député libéral à l'Assemblée nationale, en 1970, puis réélu en 1973, mais il abandonne son siège pour devenir Délégué général du Québec à Paris (1976–1977). Il occupe successivement, dans le cabinet Bourassa, les postes de ministre des Affaires culturelles, de l'Immigration, de l'Éducation et des Affaires intergouvernementales. À compter de 1978, François Cloutier exerce la médecine en France. En 1980, il obtient du Conseil de l'Ordre national des médecins de France la « qualification en psychiatrie », et il est nommé chef de service de médecine psychosomatique de l'Institut psychiatrique La Rochefoucault de Paris.

ŒUVRES

Le Coma post-hypoglycémique dans la crise de Sakel. Revue critique et étude pathogénique, Paris, Éditions Gizard, 1952, 130 p.

Un psychiatre vous parle (essai), Montréal, Beauchemin, 1954, 219 p.

L'Homme et son milieu. Propos d'hygiène mentale (essai), Ottawa, CLF, 1958, 234 p.

La Santé mentale (essai), Paris, PUF, 1966, 128 p. « Que sais-je ? ».

Le Mariage réussi (essai), Montréal, Éditions du Jour, 1968, 160 p.

Dictionnaire des parents (essai), Montréal, Éditions du Jour, 1969, 235 p.

L'Avenir de la langue française au Québec (discours), Montréal, Pierre Desmarais inc., 1971, 16 p.

Où va la jeunesse ? Conférence prononcée à Montréal devant l'Association des hommes d'affaires du Nord, le 15 février 1971, [s.l., s.é., 1971 ?], 13 f.

La Question linguistique au Québec : conférence prononcée devant le Club Richelieu Maisonneuve de Montréal le 9 mars 1971, [s.l., s.é.], 1971, [n.p., 15 f.].

La Réforme scolaire : où en sommes-nous ? (discours), Québec, Ministère de l'Éducation, 1972, 15 p.

L'Avenir de l'éducation au Québec. Discours de la rentrée scolaire. Septembre 1973, Québec, Ministère de l'Éducation, 1973, 20 p. Traduction anglaise : *The Future of Education in Quebec*, Québec, Department of Education, 1974, 18 p.

Vers une politique linguistique (conférence), Québec, Ministère des Communications, 1974, 5 p.

Pour une véritable décentralisation (discours), Québec, Ministère de l'Éducation, 1974, 29 f.

La Décentralisation : un nouveau pacte de gestion. Conférence de presse du ministre de l'Éducation du Québec M. François Cloutier, Québec, L'Éditeur officiel, 1975, 32 p.

L'Enjeu. Mémoires politiques 1970–1976, Montréal, Stanké, 1978, 171 p.

ÉTUDES

Naïm Kattan, *Les Livres*, dans *Bulletin du Cercle juif*, vol. 13, nº 212, mars 1967, p. 3.

Yvon Morin, *Le Mariage réussi* et *Journal d'un jeune marié*, dans *L'Évangéline*, vol. 80, nº 8577-88, 15 avril 1967, p. 4.

Bernard Valiquette, *Le Mariage réussi par le Dr François Cloutier*, dans *Échos-Vedettes*, vol. 5, nº 21, 10 juin 1967, p. 21.

Réjean Séguin, *François Cloutier est bel et bien le châtelain d'Issertieux*, dans *Le Jour*, vol. 1, nº 209, 5 nov. 1974, p. 8.

Michel Beauchamp, André Gaulin, Henri Laberge et Thérèse Villa, *Petit Glossaire des réalités québécoises*, Québec, Mouvement Québec français, [1974], p. 35.

Léo Beaudoin, *Cloutier (François). L'enjeu. Mémoires politiques 1970–1976*, dans *Nos livres*, vol. 9, oct. 1978, nº 330.

[Clément Richard], *Répertoire de parlementaires québécois 1867–1978*, Québec, Assemblée nationale du Québec, 1980, p. 129–130.

CLOUTIER, GUY (1949–   ). Romancier et poète, né à Québec. Il fait ses études à l'Externat classique Saint-Jean-Eudes et au Cégep de Limoilou (D.E.C., 1969). Il obtient une licence ès lettres à l'Université Laval (1973) où il fait aussi la scolarité de maîtrise. À compter de 1971, il est professeur de lettres au Collège de Lévis, animateur des « Lundis du Temporel », spectacles universitaires consacrés à la poésie, et codirecteur des éditions Estérel. Il collabore à *La Nouvelle Barre du jour* et présente une chronique régulière sur la poésie à l'émission « Book Club » de Radio-Canada. Son premier récit, *Les Chasseurs d'eaux*, publié à tirage limité, passe presque inaperçu. Sur le second, *La Main nue* (1979), la critique est partagée : Monique Chartier qualifie le roman de « mauvais érotisme, noyé par des mots et des images inutiles, superflues, répétitives jusqu'à l'obsession ».

Pour sa part, Roger Chamberland y voit « un ensemble de situations et de réflexions dans lesquelles l'auteur conscientise l'hermaphrodisme inhérent à chaque individu ». La critique s'arrête peu au recueil de poèmes *Margelles* (1980), mais son quatrième livre, *Cette profondeur parfois* (1981), fait dire à Pierre Nepveu : « Curieux bestiaire aux confins de la fable, qui dégage un effet de grande maîtrise et d'originalité. Il y a peut-être là un lointain héritage du haïku mais assimilé et dépassé, saisissant, au-delà de la simple description, une espèce de tressaillement profond et innommable de la conscience des êtres et des choses ».

ŒUVRES

Les Chasseurs d'eaux. Récit, Montréal, Éditions Estérel, 1978, 46 p. Ill. de Céline Le May. (Édition de luxe. Dans un portefeuille. Tirage limité).

La Main nue. Récit, Montréal, L'Hexagone, 1979, 119 p.

Margelles. Poèmes, Montréal, Estérel, 1980, 46 p. Collab. Céline Le May. Ill. de Céline Le May. (Édition de luxe. Dans un portefeuille. Tirage limité).

Cette profondeur parfois (poésie), Montréal, L'Hexagone, 1981, 75 p.

La Statue de fer. Théâtre, Montréal, VLB éditeur, 1982, 163 p. Ill.

Voici Québec (récit historique poétique), Québec, Éditions de la Grande-Allée, 1983, [portefeuille, n.p., 15 f.]. Collab. Pierre Morency. Ill. de Luc Archambault. (Édition de luxe. Tirage limité. Publié à l'occasion du 375e anniversaire de la Ville de Québec).

L'Heure exacte (poésie), Saint-Lambert, Éditions du Noroît, 1984, 57 p. Ill. de Jean-Pierre Vignal. « L'Instant d'après ». (Certains textes ont d'abord paru dans la revue *Estuaire*).

Entrée en matière(s) (essais), Montréal, L'Hexagone, 1988, 228 p.

Au sang de l'onglée, dans *Estuaire*, nº 8, juin 1978, p. 99–108.

Hier l'hirondelle, demain la lune (propos amoureux sur un fait divers), NBJ, nº⁰ˢ 68–69, sept. 1978, p. 107–112.

Visage de l'ombre sur la pierre, NBJ, nº 71, nov. 1978, p. 5–10.

Incursions aléatoires, NBJ, nº 76, mars 1979, p. 24–28.

Une relation équivoque, Dev, vol. 70, nº 110, 12 mai 1979, p. 24.

ÉTUDES

Michel Beaulieu, *Guy Cloutier. Le Mouvement et la Métamorphose*, dans *Le Livre d'ici*, vol. 4, 8 août 1979, nº 44.

Roger Chamberland, *Guy Cloutier. La Main nue*, LAQ 1979, p. 37–38.

Michel Beaulieu, *Guy Cloutier. Imageries de Québec*, dans *Le Livre d'ici*, vol. 6, nº 40, 8 juillet 1981, p. 2.

Pierre Nepveu, *Feu la modernité ?*, LQ, nº 23, automne 1981, p. 32.

Hélène de Billy, *Québec, lieu littéraire. On a l'âge de ses livres*, Dev, vol. 73, n° 94, 24 avril 1982, p. 17.

Diana Festa-McCormick, *Cloutier, Guy. Cette profondeur parfois*, dans *French Review*, vol. 55, n° 5, avril 1982, p. 70.

Hélène de Billy, *Guy Cloutier : du poème au théâtre*, Dev, vol. 73, n° 234, 9 oct. 1982, p. 22.

Pierre Nepveu, *Écriture tatouage et Langage raréfié*, Dev, vol. 75, n° 77, 31 mars 1984, p. 22.

CLOUTIER, SYLVIE (1957-   ). Poète et conteuse, née à Garthby (Wolfe). Elle fait ses études à la Polyvalente de Disraëli et au Collège de Sherbrooke (D.E.C., 1977). Elle est aide-infirmière pendant les étés de 1975 et 1976, puis infirmière à l'Hôpital Saint-Vincent-de-Paul et, à compter de 1978, au Centre hospitalier de l'Université de Sherbrooke. Active dans les milieux culturels et littéraires de Sherbrooke, elle est membre de l'Association des auteurs des Cantons de l'Est depuis sa fondation en 1977. Elle publie un premier recueil de poésie, *Sous la chair d'un poème existe un monde*, en 1977, un volume de contes en 1978, *Contes du présent au jeu des féeries*, et un second recueil de poésie en 1981, *L'Au-delà poésie*. Parlant de ce dernier ouvrage, Antonio d'Alfonso reproche à l'auteur (et à son éditeur) de ne pas savoir sacrifier les mots de trop : « Sylvie Cloutier écrit bien. Il lui faut seulement l'aide de quelqu'un pour enlever les images trop évidentes, pour que la poésie atteigne sa luminosité essentielle ». Elle obtient le prix Gaston Gouin en 1982.

ŒUVRES

Sous la chair d'un poème existe un monde (poésie), Sherbrooke, Éditions Cosmos, 1977, 59 p. Portrait. Ill. « Amorces ».

Contes du présent au jeu des féeries... (contes), Sherbrooke, Éditions Cosmos, 1977, 76 p. Portrait. Ill. « Relances ».

L'Au-delà poésie... (poésie), Sherbrooke, Éditions Naaman, 1981, 60 p. Préface de Joseph Bonenfant. « Création ».

———

Le Magicien, dans *Grimoire*, vol. 4, n° 8, nov. 1981, p. 8-10.

ÉTUDE

Antonio D'Alfonso, *Cloutier (Sylvie). L'Au-delà poésie*, dans *Nos livres*, vol. 13, mars 1982, n° 111.

C.M.B. Voir **BOISSONNAULT, CHARLES-MARIE.**

COCKE, EMMANUEL (1945-1973). Romancier, poète, dramaturge et cinéaste, né à Nantes (France).

Il fait ses humanités à Rennes et à Nantes (B.A., 1963). Intéressé au cinéma, il tourne son premier film à 17 ans, « Quitte ou Double? — Quille ! » (1962) ; il en fera ensuite un bon nombre à plusieurs titres (séparés ou conjoints), auteur, adapteur, réalisateur, acteur : « Brokendov », « Musika », « Rodéo et Juliette », « Reflection in a Bull's Eye », etc. Arrivé au Canada en 1965, il écrit plusieurs pièces pour Radio-Canada ou la scène, comme « Madame Sauce-y-était », pièce de cinéma mise en scène à Québec en 1967. Il donne des cours de cinématographie à l'Université de Montréal en 1967, collabore à divers périodiques, tels *Sept-Jours*, *Sexus*, *Le Petit Journal*, *Perspectives*..., fonde et dirige la revue *Cinéjazz* (1968), rédige des textes (nouvelles, récits, poèmes) pour Radio-Canada, ouvre une boîte à chansons (1969), le Bag, où il interprète ses compositions. En 1971, il devient citoyen canadien et publie son premier roman, *Va voir au ciel si j'y suis*, que la critique accueille assez bien : la fantaisie verbale enchante Robert G. Scully ; J.-M. Duciaume trouve le récit original et « bien mené, malgré certaines longueurs ». Le second roman, *L'Emmanuscrit de la mère morte*, paru en 1972, s'est trouvé, en 1970, au sein d'une querelle de jury du Cercle du livre de France que Réginald Martel a quitté avec fracas. Pour Duciaume, l'ouvrage est « nettement supérieur » au premier, « plus convaincant », tandis que pour Martel, une relecture réduit considérablement la complicité du lecteur en dépit des « immenses possibilités » de l'écriture que révèle l'éclat des mots. *Louve storée* et les nouvelles de *Sexe-Fiction* paraissent l'année de la mort accidentelle de Cocke, à Pondichéry, en 1973, à l'âge de 28 ans. Jean-Pierre Vidal est sévère pour le « fatras » des mots, mais dit que les nouvelles montrent un talent de conteur fantastique.

ŒUVRES

Va voir au ciel si j'y suis (uniprose d'univers). Roman, Montréal, Éditions du Jour, 1971, 206 p. « RJ ».

L'Emmanuscrit de la mère morte. Roman, Montréal, Éditions du Jour, 1972, 236 p. Précédé de lettres de Claude Gauvreau, Victor-Lévy Beaulieu et Emmanuel Cocke. « RJ ».

Louve storée (un moi sans toi). Roman, Montréal, Éditions de l'Heure / Éditions Vert Blanc Rouge, [1973 ?], 128 p. Mémorandum par G. Thomas.

Sexe-Fiction. Nouvelles, Montréal, Éditions de l'Heure, 1973, 141 p. Ill. Préface de Luis-Manuel Swedenborgès.

Sexe pour sang (roman), Montréal, Guérin, [1974], 177 p. Préface de l'auteur. « Le Cadavre exquis ».

———

Lettres et Arts, dans *Photo-Journal*, vol. 32, n° 25, 11-18 déc. 1968, p. 60 ; n° 26, 18-25 déc. 1968, p. 50.

Permettez que je me présente : le journaliste Emmanuel interview l'écrivain Cocke, Pe, vol. 13, n° 18, 1er mai 1971, p. 1–4.

La Cité de l'unité humaine, Pe, vol. 15, n° 10, 10 mars 1973, p. 2–4.

ÉTUDES

Jean Garon, *Le Personnage d'Emmanuel Cocke*, So, vol. 69, n° 286, 2 déc. 1966, p. 8.

Id., *L'Intérieur de Madame Sauce-y-était*, dans *L'Événement*, vol. 100, n° 10, 18 janv. 1967, p. 19.

Jean Royer, *Madame Sauce*, dans *L'Action*, vol. 60, n° 17867, 21 janv. 1967, p. 21.

Christiane Brunelle-Garon, *Emmanuel Cocke, auteur à tout faire*, So, vol. 70, n° 22, 27 janv. 1967, p. 21.

Gilles Racine, *Emmanuel Cocke. Au Pavillon de la Jeunesse. La poésie rendue «commerciale» dans un programme audio-visuel*, Pr, vol. 83, n° 107, 13 mai 1967, p. 30.

C.J., *Musika : un film voyant*, dans *Sept-Jours*, 2e année, n° 4, 8–14 oct. 1967, p. 21.

Réginald Martel, *Pour l'amour du ciel «un jeu si simple»*, Pr, vol. 87, n° 113, 15 mai 1971, p. D-2.

J.-M. Duciaume, *Va voir au ciel si j'y suis d'Emmanuel Cocke*, LAQ 1971, p. 56–57.

Michel Beaulieu, *Va voir au ciel si j'y suis*, dans *Point de mire*, vol. 2, n° 23, 3 juillet 1972, p. 40–41.

Réginald Martel, *Eh ben? Hum... ouais !*, Pr, vol. 88, n° 201, 30 sept. 1972, p. C-4.

Jean-Marcel Duciaume, *L'Emmanuscrit de la mère morte d'Emmanuel Cocke*, LAQ 1972, p. 59–60.

Jean-Pierre Vidal, *Emmanuel Cocke. Louve-storée et Sexe-fiction* [*sic*], LAQ 1973, p. 63–64.

CODERRE, ÉMILE. Voir NARRACHE, JEAN.

COLLECTIF CLIO, (LE). Voir LAVIGNE, MARIE.

COLLET, PAULETTE (1926–   ). Essayiste, née à Verviers (Belgique). Elle commence ses humanités au Lycée des Jeunes Filles de Verviers et les continue à Londres pendant la Deuxième Guerre mondiale, au Finchley County Secondary, puis au King's College de l'Université de Londres où elle obtient un baccalauréat en 1950. Elle enseigne dans un lycée de Londres (1950-1952), puis elle est « Education Officer » à l'Île Maurice jusqu'en 1960, année où elle arrive au Canada. Inscrite à l'Université Laval, elle obtient une maîtrise pour un mémoire sur « Les Sensations dans les romans d'André Langevin », en 1961, et l'année suivante un doctorat dont la thèse s'intitule *L'Hiver dans le roman canadien-français*. Elle reprend ensuite l'enseignement au Kansas State Teachers College, au Saint Peter's College de Jersey City, puis au Saint Michael's College de l'Université de Toronto où elle est nommée titulaire en 1970. Son essai, *L'Hiver dans le roman canadien-français*, reçoit le prix Raymond-Casgrain en 1966, mais la critique est sévère, à l'exception près de Jean Éthier-Blais qui écrit que c'est «un beau livre qui nous révèle à nous-même [...]». Adrien Thério lui reconnaît des jugements «nuancés» mais lui reproche de comporter trop de redites et d'être superficiel. Laurent Mailhot et Jean-Claude Falardeau sont plus durs encore : pour eux, ce livre qui veut être une «source documentaire» sur «les effets de cette saison sur les mœurs et les tempéraments», n'est guère qu'un «album de citations» sans «aucun effort d'interprétation» à une époque où «est remise en cause, par la nouvelle critique, l'attitude interprétative du lecteur face à l'œuvre romanesque». En 1976, *Marie Le Franc : deux patries, deux exils* reçoit un meilleur accueil : Maurice Lorent fait quelques réserves mais juge que l'analyse de l'œuvre «y est soutenue, la méthode claire et l'écriture agréable». Et il reconnaît à Paulette Collet «le grand mérite de nous donner la première étude d'ensemble, documentée et pénétrante» sur Marie Le Franc.

ŒUVRES

L'Hiver dans le roman canadien-français (essai), Québec, PUL, 1965, 281 p. «VLC».

Roger-François Thépot (essai), Paris, Presse, 1972, 98 p.

Modern French. A Grammar Review (manuel), New York, Appleton-Century-Croft, Educational Division, Meredith Corporation, 1973, 260 p. Ill. Préface de l'auteur.

Marie Le Franc : deux patries, deux exils (essai), Sherbrooke, Éditions Naaman, 1976, 198 p. Portrait. Préface de Robert Choquette. Ill. «Études».

Les Romanciers français et le Canada (1842-1981). Anthologie, Sherbrooke/Paris, Éditions Naaman/Agence de coopération culturelle et technique, 1984, 166 p. Portrait. Introduction, choix de textes et notes de Paulette Collet. «Anthologie».

Robert de Roquebrune aux yeux du souvenir, LAC 1968, p. 220–227.

Michel Tremblay : les leitmotive de son théâtre, dans *Le Théâtre canadien-français*, Montréal, Fides, 1976, p. 597–615. «ALC» 5.

La Notion du bien et du mal chez Louise Maheux-Forcier, dans *Présence francophone*, n° 12, printemps 1976, p. 113–122.

La Quarantaine : âge de l'abdication ou du renouveau pour la femme dans le théâtre de Marcel Dubé, dans *L'Art dramatique canadien*, vol. 5, n° 2, automne 1979, p. 155–163.

Les Romancières québécoises des années 60 face à la maternité, dans *L'Atlantis*, vol. 5, n° 2, printemps 1980, p. 131–141.

Les Êtres divisés du monde de Monique Bosco, dans *Études canadiennes*, n° 10, 1980, p. 209–221.

ÉTUDES

Adrien Thério, *L'Hiver dans le roman canadien-français de Paulette Collet*, LAC 1965, p. 121.

Jean Éthier-Blais, *L'Hiver dans le roman canadien-français*, Dev, vol. 57, n° 29, 5 févr. 1966, p. 12.

Laurent Mailhot, *Une critique qui se fait*, EF, vol. 2, n° 3, oct. 1966, p. 328–347, surtout p. 340–343.

Jean-Charles Falardeau, *Paulette Collet. L'Hiver dans le roman canadien-français*, RS, vol. 7, n° 3, sept.–déc. 1966, p. 375–376.

Nicole Bourbonnais, *Les Études littéraires. Marie Le Franc ou « Le Ton d'une timide d'un cœur forcené »*, LQ, n° 4, nov. 1976, p. 32–33.

Maurice Lorent, *Paulette Collet. Marie Le Franc, deux patries, deux exils*, LAQ 1976, p. 245–247.

Benoît Lacroix, *Marie Le Franc : deux patries, deux exils*, VI, vol. 2, n° 3, avril 1977, p. 445–447.

COLLETTE, JEAN-YVES (1946–   ). Poète et essayiste, né à Sainte-Agathe-des-Monts (Terrebonne). Il fait ses humanités à l'Académie Michèle-Provost, après quoi il exerce la profession de libraire (1967–1973), celle de photographe (1973–1977) et, en 1977, celle de secrétaire général de l'Union des écrivains québécois. Il publie des critiques, des essais et des poèmes dans plusieurs périodiques comme *Estuaire*, *La Barre du jour* dont il fait partie du comité de rédaction et de direction, de 1967 à 1977, *La Nouvelle Barre du jour* dont il est cofondateur et codirecteur depuis 1977, *Les Herbes rouges*, *Œdipe* (France), *Le Journal des poètes* (Belgique)... En 1980, il devient directeur de la collection « Empreintes » aux Éditions Le Biocreux. Il a été boursier du Conseil des Arts et du ministère des Affaires culturelles du Québec et, en 1981, il reçoit le prix Émile-Nelligan. Ses premières œuvres ne font guère de bruit. *L'État de débauche* (1974) reçoit un accueil partagé. « Cette poésie, écrit Réjean Jacques, aspire à ‹ dépeupler la géométrie ›, l'ordre, la discipline mais ne brise pas une représentation déjà codifiée de l'érotisme en poésie. Alors se consume en lui-même et dans l'écriture le traditionnel dérèglement de tous les sens ». Pour Jean Royer, « Le poète instaure ici un délire du mot qui correspond à une lecture provocante de la vie ». En 1982, comparant *La Mort d'André Breton* aux ouvrages antérieurs de Collette, Richard Giguère note que les textes de ce dernier ouvrage « montrent le passage d'une poésie passablement loquace, plus ou moins

contrôlée à une nouvelle assurance, à une maîtrise certaine de l'écriture poétique ».

ŒUVRES

La Vie passionnée (récit), Montréal, La Barre du jour, 1970, 51 p. Ill. de Hubert Gariépy.

Deux (prose), Montréal, Éditions d'Orphée, 1971, [n.p., 30 p.]. Ill. d'Odette Brosseau.

L'image parle (essai), Montréal, La Barre du jour, 1972, 200 p. Ill. Éditeur.

L'État de débauche (prose), Montréal, L'Hexagone, 1974, 106 p.

Dire quelque chose clairement (prose), Montréal, Estérel, 1977, 30 p. (Tirage limité).

Une certaine volonté de patience (prose), Montréal, Éditions de L'Hexagone, 1978, 77 p.

Une vie prématurée (poésie), Liège (Belgique), Odradek, 1978, [n.p.]. (Paru d'abord dans NBJ, n° 60, nov. 1977, p. 19–29).

Le Carnet de Liliana (poésie), Montréal, Estérel, 1980, [n.p., 20 f.]. Ill. de Louise Anaouïl. (Tirage limité).

Et hop ! (poème), Montréal, Estérel, 1980, [n.p., 3 f.]. Collab. Louise Anaouïl. (Tirage limité).

La Mort d'André Breton (récit), Montréal, Le Biocreux, 1980, 110 p. Ill. de l'auteur. « Empreintes ». (Extraits parus dans NBJ, n° 86, janv. 1980, p. 33–49 ; n° 96, nov. 1980, p. 23–34). Traduction anglaise par Ray Chamberlain : *The Death of André Breton*, Montréal, Guernica Éditions, 1984, 95 p.

Rimes (prose), [Montréal], Estérel, 1982, [n.p., 17 p.] ; NBJ, 1983, [n.p., 17 p.]. Ill.

Une Volvo rose (prose), Saint-Lambert, Éditions du Noroît, 1983, 57 p. Ill. de l'auteur. « L'Instant d'après ». (Extraits parus d'abord dans NBJ, n° 113, avril 1982, p. 47–62).

Préliminaires. Textes 1965–1970, Saint-Lambert, Éditions du Noroît, 1984, 198 p. Présentation de Line McMurray.

La Mort du genre. Exposition (essai), Montréal, NBJ, 1985, 22 p. Collab. Line McMurray. Avant-propos des auteurs.

Titre du texte : textualisation (prose), Montréal, NBJ, 1985, 21 p.

Une certaine volonté de patience, BJ, n° 52, sept.–oct. 1976, p. 22–33.

Des mois d'amour, NBJ, n° 58, sept. 1977, p. 16–23.

L'Idée dévorée ; visage par la main écarté de la vue, dans *Estuaire*, n° 5, sept. 1977, p. 53–64.

Début d'année, NBJ, n°s 100–101, mars 1981, p. 39–42.

ÉTUDES

Gilles Marcotte. *La Poésie. Le poète et ses mots*, EF, vol. 9, n° 1, févr. 1973, p. 89.

Réjean Jacques, *Poésie d'ici. Pour les femmes et tout l'monde*, Pr, 91e année, n° 79, 5 avril 1975, p. E-3.

Laure Hurteau, *Les Éditions canadiennes*, dans *L'Information médicale et paramédicale*, vol. 27, n° 15, 17 juin 1975, p. 20.

Jean Royer, *Autres Poètes de l'Hexagone*, So, vol. 78, n° 172, 19 juillet 1975, p. 23.

Suzanne Paradis, *De Pierre Laberge à Jean Yves Collette. Les poètes disent encore la vérité*, Dev, vol. 69, n° 81, 8 avril 1978, p. 43.

Jean Royer, *Des poètes québécois se rendent à Paris*, Dev, vol. 69, n° 83, 15 juillet 1978, p. 35.

Marie-André Hamel, *Une certaine volonté de vivre et d'aimer*, dans *Le Livre d'ici*, vol. 3, n° 49, 13 sept. 1978, p. 1.

Réginald Martel, *Les Revues en situation : La Nouvelle Barre du jour*, Pr, 94e année, n° 260, 30 sept. 1978, p. D-4.

André Beaudet, *Jean Yves Collette. Une certaine volonté de patience*, LAQ 1978, p. 111–112.

Réginald Martel, *Notre littérature de A à Z*, Pr, 95e année, n° 119, 19 mai 1979, p. E-1.

[Anonyme], *Pour une association d'écrivains. Un devoir d'être apolitique*, Dr, vol. 67, n° 50, 23 mai 1979, p. 48.

Claude Beausoleil, *La Convulsion selon Jean Yves Collette*, Dev, vol. 72, n° 122, 24 janv. 1981, p. 23, 35.

Michel Beaulieu, *Un livre des mots !*, dans *Le Livre d'ici*, vol. 6, n° 24, 18 mars 1981, p. 2.

Id., *Le prix Nelligan à Jean Yves Collette*, dans *Le Livre d'ici*, vol. 7, n° 8, 25 nov. 1981, p. 3.

Richard Giguère, *Les « Nouvelles Écritures » : un rapport d'étape*, LQ, n° 25, printemps 1982, p. 40–43.

COLLIÈRES, MARC. Voir **BOISSONNAULT, CHARLES-MARIE.**

COLOMBINE. Voir **CIRCÉ-CÔTÉ, ÉVA.**

COMEAU, PHIL Eugène (1956–   ). Poète, cinéaste et scénariste acadien, né à Saulnierville (Nouvelle-Écosse). Après l'école secondaire à Meteghan (N.-É.), il poursuit ses études à l'Université de Moncton (1973-1976) et à l'Université Sainte-Anne (Pointe-de-l'Église, N.-É.). En 1976, il obtient un baccalauréat spécialisé en art dramatique et, en 1980, un certificat d'études en animation sociale à l'Université Sainte-Anne. Il mérite en 1973 le prix de la meilleure production théâtrale (mise en scène) à Annapolis Royal (N.-É.). Il publie son scénario, *Les Gossipeuses*, en 1978. Une bourse du Conseil des Arts (1979) lui permet de continuer la préparation d'un autre scénario pour l'Office national du film. Il est membre de plusieurs sociétés et il prend part à des festivals du film. Sa poésie, profondément enracinée dans la terre acadienne, a pour thème principal la survivance du peuple acadien. En dépit de maladresses de style, cette longue plainte sur le quotidien vu comme aliénant pour la jeunesse, garde un accent de vécu authentique.

ŒUVRE

Les Gossipeuses (scénario), Yarmouth (N.-É.), L'Imprimerie Lescarbot ltée, 1978, 40 p. Présentation de l'auteur.

L'Avenir I, dans *Plumes d'icitte, la première Acadie s'exprime*, Yarmouth (N.-É.), Imprimerie Lescarbot ltée, [1979], p. 139.

Le Bel Été, *Ibid.*, p. 29.

La Bouteille indifférente, *Ibid.*, p. 65.

Manifestation, *Ibid.*, p. 123.

COMEAU, YVAN (1927–   ). Essayiste, né à Lachine. Après un brevet d'enseignement en 1947, il poursuit ses études à l'Université de Montréal où il obtient un baccalauréat ès arts (1954), une licence ès lettres et une maîtrise ès arts en littérature anglaise (1956), en soumettant un mémoire sur « Agatha Christie as a Novelist ». En 1960, il se voit décerner un baccalauréat en philosophie à l'Université Laval. Il soutient, en 1969, une thèse de doctorat en littérature sur Georges Duhamel à l'Université de Fribourg. À son retour, il est nommé professeur de lettres françaises au Collège Marie-Victorin. Selon le professeur Ablamowicz, la thèse d'Yvan Comeau apporte un « éclairage nouveau et original à l'œuvre de Georges Duhamel ».

ŒUVRE

Georges Duhamel et la Possession du monde, jusqu'à la Chronique des Pasquier (essai), Montréal, Lidec, 1970, 293 p.

À propos de deux fragments du « Couronnement de Louis », dans *Romania*, vol. 88, n° 352, déc. 1967, p. 537–540.

ÉTUDE

Aleksander Ablamowicz, *Sur la Chronique des Pasquier*, dans *Kwartalnik neofilologiczny*, t. 2, 1970, p. 135–151.

COMEAU-TUFTS, ÉDITH [Tufts, Édith] (1919–   ). Essayiste, conteuse et poète, née à Saulnierville (Nouvelle-Écosse). Après le secondaire à Saulnierville, elle étudie les sciences commerciales au Maritime Business College de Halifax et elle obtient un diplôme de secrétaire à la Business Educators' Association of Canada de London (Ont., 1939). Elle suivra plus tard des cours d'art culinaire au département d'éducation permanente de la Nouvelle-Écosse et des cours de français à l'Université Sainte-Anne (Pointe-de-l'Église, N.-É.). De 1939 à

1942, puis de 1964 à 1983, elle remplit diverses fonctions de secrétariat et d'administration à Pointe-de-l'Église et à Halifax. Elle collabore au *Courrier de la Nouvelle-Écosse* et à *Plumes d'icitte*, elle prépare la section française de l'anthologie de chansons *L'âge d'or chante (N.S. Seniors in Song)*, elle est recherchiste pour l'ouvrage de Melvin Gallant et Marielle Boudreau, *Cuisine traditionnelle en Acadie*, et elle fait des émissions pour Radio-Canada à Moncton. Son *Acadienne de Clare* est à la fois histoire et biographie de quelques femmes de la Baie Sainte-Marie. Édith Comeau-Tufts a été nommée membre de l'Ordre du Canada (1977).

ŒUVRES

Acadienne de Clare (essai), Saulnierville (N.-É), Chez l'auteur, 1977, 93 p. Sous le nom de Édith (Comeau) Tufts. Portrait. Ill.

[*Le Petit Acadien. Son identité en images. Livre à lire et à colorier*, Saulnierville (N.-É.), Chez l'auteur, 1978, [n.p., 80 p.]. Ill. de Valérie Pelletier.]

Esprit de Noël par téléphone (conte), Yarmouth (N.-É.), Lescarbot, 1979, 12 p. Ill. de Valérie Pelletier.

ÉTUDE

Melvin Gallant et Ginette Gould, *Édith Comeau-Tufts*, dans *Portraits d'écrivains*, Moncton, Éditions de l'Acadie, 1982, [n.p., p. 50].

CONAN, LAURE [Félicité Angers] (1845-1924). Romancière, née à la Malbaie. Elle fait ses études au Couvent des Ursulines de Québec (1858-1862). Figure de proue, elle est une des premières femmes canadiennes à écrire des romans et à faire du journalisme. Sous le pseudonyme de Laure Conan, elle publie sa première nouvelle, *Un amour vrai*, en 1878, dans la *Revue de Montréal*. *Angéline de Montbrun,* roman psychologique novateur, paraît en 1882 dans la *Revue canadienne*. Pendant un séjour à Saint-Hyacinthe, de 1893 à 1898, chez les Religieuses du Précieux Sang, Laure Conan dirige pendant quatre ans leur revue, *La Voix du Précieux-Sang*, dans laquelle elle publie beaucoup. Par la suite elle a aussi collaboré à plusieurs revues : *L'Action française, Le Journal de Françoise, Le Monde illustré, Nouvelles Soirées canadiennes, Revue canadienne* et *La Revue de Montréal*. C'est en lisant les *Relations des Jésuites* qu'elle décide d'orienter ses travaux vers le genre historique : elle publie successivement *À l'œuvre et à l'épreuve* (1891), *L'Oublié* (1900) couronné par l'Académie française, *Jeanne Le Ber* (1910), *Louis Hébert, premier colon du Canada* (1912), *Philippe Gaultier de Comporté, premier seigneur de la Malbaie* (1917). En 1920, elle écrit « Aux jours de Maisonneuve », adaptation théâtrale de *L'Oublié* jouée par une troupe d'amateurs, pièce qui ne connaît guère de succès. Trois ans plus tard, elle se retire à la Villa Notre-Dame-des-Bois, à Sillery ; elle meurt le 6 juin 1924 à l'Hôtel-Dieu de Québec. Son œuvre est à la fois un témoignage humain qui revendique implicitement pour la femme un rôle de participation à la vie au sens large du terme, et une méditation sur la société et l'histoire. Elle renouvelle au Canada, dans le goût romantique, la forme romanesque. *Angéline de Montbrun* offre trois formes stylistiques : lettres, narration, journal ; par sa thématique le roman met en relief les âmes qui aiment et souffrent comme Werther, sans pourtant aller jusqu'au suicide. Le récit peut être considéré comme le premier vrai roman psychologique au Canada français. Construit principalement à partir de l'amour éprouvé par Laure Conan pour le député Pierre-Alexis Tremblay, comme l'a démontré Roger Le Moine, le roman est un récit par lettres dans la première partie, et une confidence sous forme de journal dans la seconde.

ŒUVRES

Un amour vrai (nouvelle), Montréal, Leprohon & Leprohon, 1879, 60 p. (Paru d'abord dans *La Revue de Montréal,* sept. 1878-août 1879) ; *Larmes d'amour*, 1886, 60 p. ; Leprohon & Leprohon libraires-éditeurs, [1897].

Angéline de Montbrun (roman), Québec, Imprimerie Léger Brousseau, 1884, 343 p. Avec une étude sur le roman par l'abbé H.-R. Casgrain. (Paru d'abord dans la *Revue canadienne,* juin 1881-août 1882) ; St-Roch, J.-A. Langlais, libraire-éditeur, 1886 ; Marcotte, 1905, 277 p. (Édition revue et corrigée) ; Beauceville, L'« Éclaireur » ltée, éditeur, 1919, 286 p. ; Montréal, Fides, 1950, 191 p. Préface de Bruno Lafleur. « N ». Traduction anglaise par Yves Brunelle. *Angéline de Montbrun,* Toronto/Buffalo, UTP, [c1974], xxxiii, [i], 169 p. Introduction d'Yves Brunelle. « Literature of Canada. Poetry and Prose in Reprint » ; Montréal/Paris, 1963 ; 1967 ; 1968, 187 p. Précédé d'une chronologie, d'une bibliographie et de jugements critiques. « BCF » ; 1973 ; 1980, 175 p. Chronologie, bibliographie et jugements critiques d'Aurélien Boivin. « BQ ».

Si les Canadiennes le voulaient ! Aux Canadiennes françaises (À l'occasion de la nouvelle année) (dialogue), Québec, Typographie de C. Darveau, 1886, 59 p. ; *Si les Canadiennes le voulaient!* suivi de *Aux jours de Maisonneuve* (théâtre), Montréal, Leméac, 1974, 163 p. Préface de Rémi Tourangeau. Analyses d'Étienne F. Duval et de Raymond Pagé. Notes sur *Aux jours de Maisonneuve* par Rémi Tourangeau. «TC».

À l'œuvre et à l'épreuve (roman), Québec, Imprimé par C. Darveau, 1891, 287 p.; *À l'œuvre et à l'épreuve. Un héros de la Nouvelle-France*, Québec/Paris, Pruneau et Kirouac/V. Retaux et Fils, 1893, 271 p. (Édition revue et corrigée); *À l'œuvre et à l'épreuve*, Montréal, Librairie Beauchemin, limitée, 1914, 237 p. «BC, Maisonneuve»; 1924, 202 p.; 1930; 1936, 219 p.; 1943; Librairie Beauchemin Limitée, 1945; 1951; 1953. Traduction anglaise par Edward James Devine: *The Master Motive. A Tale of the Days of Champlain*, St-Louis, B. Herder, 1909, 254 p.

L'Oublié (roman, litt. jeunesse), Montréal, Cie de publication de la Revue canadienne, 1900, 183 p.; C.O. B[f]auchemin & Fils, lib.-imprimeurs, 1902, xx, 242 p. Préface de l'abbé G. Bourassa; Librairie Beauchemin (à responsabilité limitée), 1904, xx, 238 p. Ill. de M. Antigna. (Ouvrage couronné par l'Académie française); 1906; 1910; Librairie Beauchemin, limitée, 1914, 139 p. «BC, Laval»; 1917, xx, 238 p. Ill. de M. Antigna; 1925, 124 p.; 1930; Librairie Beauchemin Limitée, 1936, 123 p. Ill.; 1939; 1944; 1946; 1947; 1951, «BC, Laval»; 1956; 1957; 1958.

Élizabeth Seton (biographie), Montréal, Cie de publication de la Revue canadienne, 1903, 125 p.

L'Apôtre de la tempérance (histoire), Lévis, Librairie d'Action canadienne, 1907, 28 p.

Jeanne Le Ber, l'adoratrice de Jésus-Hostie (biographie), Montréal, Librairie Beauchemin limitée, 1910, 37 p.

Une immortelle (biographie), Montréal, La Publicité, 1910, 32 p. Ill.

Louis Hébert. Premier colon du Canada (histoire), Québec, Imprimerie de «l'Événement», 1912, 39 p.

Aux Canadiennes. Le peuple canadien sera sobre si vous le voulez (essai), Québec, Cie d'Imprimerie commerciale, 1913, 35 p.; Avec *L'Obscure Souffrance*, Québec, Imprimerie de l'Action sociale limitée, 1919, p. 79–115.

Physionomie de saints (biographies et légendes), Librairie Beauchemin, limitée, 1913, 141 p. «BC, Montcalm»; 1926, 124 p.

Philippe Gaultier de Comporté, premier Seigneur de la Malbaie (histoire), Québec, Imprimerie de l'Action sociale, 1917, 13 p.

Silhouettes canadiennes (histoire), Imp. l'Action sociale ltée, 1917, 197 p.; 1922, 165 p. (Certains textes compris dans la première édition ont été enlevés et remplacés par d'autres).

L'Obscure Souffrance (roman), Québec, Imprimerie de L'Action sociale limitée, 1919, 115 p. (Comprend l'essai *Aux Canadiennes*); *L'Obscure Souffrance*, suivi de *La Vaine Foi, La Couronne de larmes, Le Premier Arbre de Noël, Les Missionnaires des Esquimaux*, 1924, xvi, 147 p. Préface de Thomas Chapais.

La Vaine Foi (nouvelle), Montréal, Imprimerie Maisonneuve, 1921, 48 p. Précédé d'une lettre de Mgr Louis-Ad. Pâquet à l'auteur; Avec *L'Obscure Souffrance*, Québec, Imprimerie de l'Action sociale, 1924, p. 63–101.

La Sève immortelle. Roman canadien, Montréal, Bibliothèque de l'Action française, 1925, 231 p. Avant-propos de Thomas Chapais; Éditions Albert Lévesque, 1935, 196 p. «ACF, Romans historiques»; Éditions de L'Action canadienne-française, 1937, 188 p.; Beauchemin, 1943, iv, 221 p.; *La Sève immortelle*, Éditions Beauchemin, 1951; 1956.

Laure Conan (textes choisis), Montréal/Paris, Fides, 1961, 96 p. Portrait. Textes choisis et présentés par Micheline Dumont. «CC».

Œuvres romanesques, Montréal, Fides, 1974–1975, 3 t. «N»: t. 1, *Un amour vrai, Angéline de Montbrun*, 1974, 243 p.; t. 2, *À l'œuvre et à l'épreuve, L'Oublié*, 1975, 317 p.; t. 3, *La Vaine Foy, L'Obscure Souffrance, La Sève immortelle*, 1975, 218 p. Édition préparée et présentée par Roger Le Moine.

***

Comment on voyageait de Québec à la Malbaie il y a cent ans, MI, vol. 12, n° 593, 14 sept. 1895, p. 283.

La Correspondance de Madame Julie Lavergne, dans *Le Journal de Françoise*, vol. 2, n°s 5–6, juin 1903, p. 69–71.

ÉTUDES

H.-R. Casgrain, *Angéline de Montbrun*, NSC, vol. 4, n°s 5–6, mai–juin 1885, p. 224–233.

Mgr Camille Roy, *L'Oublié*, NF, t. 2, n° 3, mars 1903, p. 123–134.

Marie-Claire Daveluy, *En relisant Laure Conan*, AF, vol. 2, n° 3, mars 1918, p. 109–119.

Georges Bellerive, *Laure Conan*, dans *Brèves Apologies de nos auteurs féminins*, Québec, Garneau, 1920, p. 12–23.

Albert Dandurand, *Larmes d'amour*, ESC, vol. 5, n° 8, févr. 1925, p. 109–119.

Henri d'Arles, *Une romancière canadienne et le Chant du cygne*, dans *Estampes*, Montréal, Bibliothèque de l'Action française, 1926, p. 46–86, 109–119.

Jean-Charles Harvey, *La Sève immortelle, roman canadien*, dans *Pages de critique*, Québec, Le Soleil, 1926, p. 59–73.

Marjorie McKenzie, *Canadian History in the French Canadian Novel*, dans *Queen's Quarterly*, vol. 34, n° 1, juillet-août-sept. 1926, p. 63–77; n° 2, oct.-nov.-déc. 1926, p. 203–214, surtout p. 205–210.

Janine Hébert, «Laure Conan, romancière». Thèse de maîtrise. Université de Montréal, 1947, 104 f.

Renée des Ormes, *Laure Conan: un bouquet de souvenirs*, RUL, vol. 6, n° 5, janvier 1952, p. 383–391.

Id., Glanures dans les papiers pâlis de Laure Conan, RUL, vol. 9, n° 2, oct. 1954, p. 120–135.

Micheline Dumont, *Laure Conan. Choix de textes*, Montréal, Fides, 1961, p. 95. «CC».

Suzanne Blais, «Angéline de Montbrun». Thèse de maîtrise. Université d'Ottawa, 1962, 205 f.

Sr Jean de l'Immaculée, *Angéline de Montbrun*, dans *Le Roman canadien-français*, Montréal, Fides, 1964, p. 105–122. «ALC» 3.

André Brochu, *Le Cercle et l'Évasion verticale dans Angéline de Montbrun de Laure Conan*, EF, 1ʳᵉ année, nº 1, févr. 1965, p. 90-100.

Roger Le Moine, *Laure Conan et Pierre-Alexis Tremblay*, RUO, vol. 36, nº 2, avril-juin 1966, p. 258-271 ; nº 3, juillet-sept. 1966, p. 500-528 ; nº 4, oct.-déc. 1966, p. 500-528.

Marie-Louise Wittenberg, *La Porte étroite et Angéline de Montbrun : une comparaison*, dans *Présence francophone*, nº 4, printemps 1972, p. 125-138.

Madeleine Gagnon-Mahony, *Angéline de Montbrun : le mensonge historique et la subversion de la métaphore blanche*, VIP, nº 5, 1972, p. 57-68.

Jacques Cotnam, *Angéline de Montbrun : un cas patent de masochisme moral*, dans *Journal of Canadian Fiction*, vol. 2, nº 3, été 1973, p. 152-160.

André Brochu, *Laure Conan. Œuvres romanesques*, LAQ 1974, p. 101-103.

Réginald Hamel, *Laure Conan. Si les Canadiennes le voulaient*, LAQ 1974, p. 182.

Alexandre Amprimoz, *Polarisation spatiale d'une critique romanesque : une lecture d'«Angéline de Montbrun» de Laure Conan*, dans *Présence francophone*, nº 12, printemps 1976, p. 79-101.

Francine Belle-Isle, *La Voix-séduction : à propos de Laure Conan*, EL, vol. 11, nº 3, déc. 1978, p. 459-472.

François Gallays, *Angéline de Montbrun : reflets et redoublements. L'infra-textuel*, dans *Incidences*, vol. 4, nº 1, janv.-avril 1980, p. 51-66.

Gabrielle Poulin, *Pour célébrer les cent ans d'«Angéline de Montbrun» : des idoles au Dieu de Jésus-Christ*, LQ, nº 24, hiver 1981-1982, p. 14-18.

CONDEMINE, ODETTE. Essayiste, née à Lyon (France). Elle fait ses études à l'Externat Fénelon à Lyon. Émigrée au Canada, elle poursuit ses études à l'Université d'Ottawa où elle présente un mémoire de maîtrise (1963) sur le théâtre de Jean Charbonneau et une thèse de doctorat (1969) sur la poésie d'Octave Crémazie. En 1957, elle devient professeur au Collège Saint-Patrick d'Ottawa puis en 1967, à l'Université Carleton. Elle publie d'abord quelques solides études dans les « Archives des lettres canadiennes », ensuite dans le *Dictionnaire des œuvres littéraires du Québec,* dans *Revue d'histoire littéraire du Québec et du Canada français* et dans *The Canadian Encyclopedia.* Mais l'ouvrage principal d'Odette Condemine est l'édition critique des *Œuvres* de Crémazie qui renouvelle les connaissances sur la vie et l'œuvre du célèbre libraire. Le premier volume, qui commence par une biographie détaillée de Crémazie, est consacrée à la poésie ; le second à la correspon-

dance, au « Journal du siège de Paris » et aux écrits divers. À l'occasion de la publication du second volume, Paul Gay rappelle la réussite du premier et ajoute : « On reste étonné devant tant de recherches, tant de voyages, tant de mises au point, tant de notes explicatives surtout ». En 1980, elle publie dans la collection « Albums » un troisième volume où l'on retrouve, à travers un choix approprié de documents iconographiques, la vie, l'œuvre et l'époque de Crémazie. Au même poète elle consacre, en 1988, une étude dense et bien articulée, accompagnée d'un choix de textes, fort utile à l'étudiant. Par la richesse de sa documentation, par sa méthode scientifique, par ses jugements sûrs et nuancés, l'œuvre d'Odette Condemine apporte une bonne contribution à la connaissance du XIXᵉ siècle canadien-français. Pour ses travaux littéraires et son dévouement à la culture d'expression française, elle reçoit du gouvernement français, en 1988, l'Ordre du Mérite.

ŒUVRES

Octave Crémazie, Œuvres, I– Poésies, Ottawa, EUO, 1972, 613 p. Portrait. Texte établi, annoté et présenté par Odette Condemine. Préface de Paul Wyczynski. « Présence » ; *Œuvres, II– Prose*, 1976, 438 p.

Octave Crémazie 1827-1879. Émile Nelligan 1879-1941 (catalogue d'exposition), Ottawa, Bibliothèque nationale, 1979, [ii], 107 p. Collab. Paul Wyczynski. (Texte en anglais et en français).

Octave Crémazie (album), Montréal, Fides, 1980, 273 p. Liminaire de Paul Wyczynski. « Albums ».

Octave Crémazie, poète et témoin de son siècle. Présentation, chronologie, bibliographie et jugements critiques par Odette Condemine, Montréal, Fides, 1988, 309 p. « BQ ».

« Jean Charbonneau, dramaturge ». Mémoire. Ottawa, Université d'Ottawa, 1963, v, 166 f.

Arthur de Bussières, cet inconnu, dans *L'École littéraire de Montréal*, Montréal et Paris, Fides, 1963, p. 110-130. « ALC » 2 ; Montréal, 1972.

François-Xavier Garneau, poète, dans *François-Xavier Garneau. Aspects littéraires de son œuvre*, Ottawa, EUO, 1966, p. 9-43, (Ouvrage collectif sous la direction de Paul Wyczynski).

Octave Crémazie, dans *La Poésie canadienne-française*, Montréal, Fides, 1969, p. 287-304. « ALC » 4.

Paul Toupin, dans *Le Théâtre canadien-français*, Montréal, Fides, 1976, p. 483-495. « ALC » 5.

La Notion de gloire chez Crémazie, dans *Mélanges de civilisation canadienne-française offerts au professeur Paul Wyczynski*, Ottawa, EUO, 1977, p. 79-91.

Historique d'une édition critique : Œuvres I et II, d'Octave Crémazie, dans *Revue d'histoire littéraire du Québec et du Canada français*, nº 4, 1983, p. 39-45.

Louis Fréchette, un admirateur de F.-X. Garneau, dans *Revue d'histoire du Québec et du Canada français,* n⁰ 7, 1984, p. 21–35.

ÉTUDES

Paul Wyczynski, *Crémazie en édition critique,* dans *Bulletin du Centre de recherche en civilisation canadienne-française,* vol. 2, n⁰ 2, avril 1972, p. 5–8.

Clément Moisan, *Octave Crémazie, Œuvres, vol. 1,* LAQ 1972, p. 192–194.

Jacques Vier, *Octave Crémazie, Œuvres I, poésies,* dans *Revue d'histoire littéraire de la France,* 75ᵉ année, n⁰ 4, juillet-août 1975, p. 659–661.

Paul Gay, *Une édition de première valeur, Odette Condemine présente la prose d'Octave Crémazie,* Dr, 64ᵉ année, n⁰ 263, 5 févr. 1977, p. 18.

Jacques Thériault, *Images d'un poète libraire,* dans *Le Livre d'ici,* vol. 5, 28 mai 1980, n⁰ 34.

Yves Saint-Denis, *La Nouvelle Image d'Octave Crémazie,* Dr, 69ᵉ année, n⁰ 223, 19 déc. 1981, p. 15.

Raymond Vézina, *Odette Condemine. Octave Crémazie. Album,* dans *Revue de l'Université de Moncton,* vol. 15, n⁰ˢ 2–3, avril-déc. 1982, p. 116–120.

CONSTANT, PHILLIPPE. Voir **LEFEBVRE, JEAN-JACQUES.**

Collège universitaire Saint-Boniface

CONSTANTIN-WEYER, MAURICE (1881–1964). Romancier et journaliste, né à Bourbonne-les-Bains (Haute-Marne, France). Il fait ses études au Petit Séminaire de Langres, puis à Coblence (Allemagne) et chez les Jésuites d'Avignon où il obtient son baccalauréat. À la mort de son père, il déménage à Paris avec sa mère et s'inscrit en sciences à la Sorbonne, mais il abandonne ses études en 1901, après la ruine de sa famille. Il fait son service militaire à Toul, puis décide de faire fortune au Canada où il arrive en 1904. Après quelques semaines à Québec, il s'établit à Saint-Claude, au Manitoba, où il exerce successivement ou en même temps, les métiers de fermier, trappeur, marchand de chevaux, éleveur, commis de magasin, journaliste, etc. Il épouse une Métisse en 1910. La guerre le ramène en France en 1914 : il se distingue dans son pays et dans les Balkans, mérite plusieurs décorations et est sérieusement blessé. Vers la fin de la guerre, Maurice Constant se remarie avec Germaine Weyer dont il ajoute le

nom au sien. Un voyage au Canada, en 1920, lui fait découvrir qu'il a perdu sa concession. L'année suivante il devient rédacteur en chef de *Paris-Centre,* à Nevers, puis, en 1924, du *Journal de l'Ouest et du Centre,* à Poitiers. C'est à Nevers qu'il commence à publier des romans sous le titre général *Épopée canadienne.* Dans *Cinq éclats de silex* (1927), il écrit à ce sujet : « Je suis la proie, déjà déchirée, d'une vaste ambition. Celle de peindre le plus de fragments possibles d'une vaste fresque canadienne. Tantôt, c'est un tableau de mœurs sauvages : *Vers l'Ouest ;* tantôt un épisode historique : *La Bourrasque ;* tantôt quelques pages qu'un soir un berger a ramenées comme un troupeau de souvenirs : *Manitoba* ». Une grande partie de son œuvre s'inspire de l'Amérique. La critique fait peu de cas de ses premiers romans, mais *Un homme se penche sur son passé* lui vaut le prix Goncourt en 1928. C'est la gloire, et aussi le début de ses démêlés avec la critique canadienne, surtout avec Donatien Frémont qui, dans un livre vengeur et assez exagéré, l'accuse de mensonge, d'anticléricalisme et de calomnies à l'endroit des colons français, en particulier les Bretons. Constantin-Weyer est l'auteur d'une cinquantaine d'ouvrages, romans, essais et traductions. À la fin de la Deuxième Guerre mondiale, il s'établit à Paris où il poursuit sa carrière d'écrivain jusqu'en 1960, après quoi il réside à Vichy. Il meurt à Paris en 1964. Il est difficile de classer l'œuvre de ce journaliste-romancier dont plusieurs livres sont en partie autobiographiques. « Une comparaison s'impose, écrit Gérard Tougas, entre Hémon, Bugnet et Constantin-Weyer. Sans nul doute, Constantin-Weyer se situe au-dessous des deux premiers. Tous trois, au début de leur vie d'homme, étaient venus chercher au Canada le secret de leurs aspirations profondes. La confrontation du Canada et de Constantin-Weyer ne pouvait être que passagère : une seule facette de sa personnalité était intéressée à ce jeu et, une fois satisfait, il lui fallait, pour l'épanouissement de son moi, des nourritures autres que celles qui, à l'usage, s'étaient vidées de leur substance. De là le manque de profondeur d'une œuvre qui, dans sa dernière partie, se rachète par une réussite incontestable ». Deux de ses romans ont fait le sujet de films : *La Loi du Nord ou Telle qu'elle était de son vivant* (1936) et *Un sourire dans la tempête* (1952).

ŒUVRES

Les Images (poésie), Paris, Léon Vanier, 1902.

Vers l'Ouest. Roman, Paris, Renaissance du livre, 1921, 251 p. ; 1944, 189 p. Traduction anglaise : *Towards*

The West, New York, The Macaulay Company, 1931, 253 p.

Manitoba (essai), Paris, F. Reider et cie éditeurs, 1924, 135 p. « Prosateurs français contemporains » ; Les Éditions Reider, 1928 ; Frenczi et fils éditeur, 1930, 157 p. Bois de Gérard Cochet, gravé par Pierre Arnaud. « Le Livre moderne illustré ».

La Bourrasque (roman), Paris, F. Reider et cie éditeurs, 1925, 249 p. « Prosateurs français contemporains » ; Les Éditions Reider, 1928 ; Frenczi, 1936, 187 p. Traduction anglaise : *A Martyr's Folly,* Toronto, The Macmillan Company, 1930, x, 309 p. Introduction de Edgar Pelham ; *The Half-Breed,* New York, The Macaulay Compagny, 310 p. ; Toronto / Winnipeg, A Harlequin Book, 1954, 192 p. ; New York / Toronto, Russell and Russell / Ryerson, 1954, 351 p.

Cinq éclats de silex (roman), Les Éditions Reider, 1927, 159 p. « Prosateurs français contemporains » ; 1928 ; J. Frenczi et fils, 1932, 170 p. Bois originaux de J. Delatoushe. « Le Livre moderne illustré ».

Cavelier de La Salle. Roman, Les Éditions Reider, 1927, 285 p. « Prosateurs français contemporains » ; Frenczi, 1929, 188 p. Bois de Gérard Cochet. « Le Livre moderne illustré ». Traduction anglaise par Slater Brown : *The French Adventurer, the Life and Exploits of La Salle,* New York, The Macaulay Company, 1931, 255 p.

Un homme se penche sur son passé (roman), Paris, Les Éditions Reider, 1928, 228 p. « Prosateurs français contemporains » ; 1929 ; New York, Henry Holt and Company, 1933, xxxii, 194, lxxx p. Introduction d'Edward B. Ham ; Les Éditions de la Nouvelle France, 1943, 242 p. Ill. de G. Pichard ; Nelson éditeurs, 1948, 282 p. « Nelson » ; Monaco, Imprimerie nationale de Monaco, 1951, 231 p. « Prix Goncourt » ; Paris, Éditions G.P., 1958, 254 p. « Super » ; Saint-Amand, Imprimerie Bussière, 1983, 254 p. Préface d'Yves Berger. « L'Appel de la vie, 10 / 18 » ; Paris, France Loisirs, 1983, 199 p. Préface d'Yves Berger. Traduction anglaise par Slater Brown : *A Man Scans His Past,* Toronto, The Macaulay Company, 1929, vii, 250 p. ; New York, H. Holt and Company, 1933, 194 p. Eliot G. Fay et Edward B. Ham éditeurs.

Clairière. Récits du Canada, Paris, Librairie Stock, 1929, 255 p. Ill. « Les Livres de nature » ; Éditions Mornay, 1929, 212 p. Ill. Bois de Falké ; J. Ferenczi et fils, éditeurs, 1934, 158 p. Ill. de Michel Jacquot. « Le Livre moderne illustré ». Traduction anglaise par Conrad Elphinstone : *Forest Wild,* London, G. Routledge, 1932, 211 p.

Morvan (essai), Paris, Les Éditions Reider, 1929, 223 p. « Prosateurs français contemporains ».

William Shakespeare (essai), Paris, Éditions Reider, 1929, 80 p. Ill. « Maître des littératures ».

P.C. de compagnie (essai), Paris, Les Éditions Reider, 1930, 231 p. « Prosateurs français contemporains ».

La Salamandre (roman), Paris, Les Étincelles, 1930, [6], 91 p. « Témoignages des combattants français ».

La Vie du général Yusuf (essai), Paris, Gallimard, 1930, 237 p. « Vie des hommes illustres » ; N.R.F., 216 p. « In-Octavo ».

Champlain (essai), Paris, Librairie Plon, Les Petits-fils de Plon et Nourrit, 1931, 241 p. Introduction de l'auteur. « Les Grandes Figures coloniales ».

Du sang sur la neige (récit), Paris, À la Cité des livres, 1931, 69 p.

Napoléon (roman), Paris, Les Éditions Reider, 1931, 217 p. « Prosateurs français contemporains ».

L'Âme du vin (essai), Paris, Les Éditions Reider, 1932, 304 p. Ill.

Drapeau rouge (roman), Paris, Éditions des Portiques, 1932, 249 p. ; Arthème, Fayard et cie, éditeurs, 1937, 110 p. Ill. Bois originaux de Ch. J. Hallo. « Le Livre de demain ».

Les Secrets d'une maîtresse de maison (essai), Paris, Rieder, 1932, 678 p. Ill. Collab. Germaine Constantin-Weyer.

Source de joie (roman), Paris, Les Éditions Reider, 1932, 231 p. « Prosateurs français contemporains » ; J. Ferenczi et fils, éditeurs, 1935, 187 p. Ill. de Marcel Mouillot. « Le Livre moderne illustré ».

Mon gai royaume de Provence (essai), Paris, Les Éditions Rieder, 1933, 265 p. « Prosateurs français contemporains ».

Une corde sur l'abîme (roman), Paris, Les Éditions Rieder, 1933, 253 p. « Prosateurs français contemporains » ; A. Fayard, 1935, 125 p. « Le Livre de demain ».

Un sourire dans la tempête (roman), Paris, Les Éditions Rieder, 1934, 243 p. « Prosateurs français contemporains » ; PUF, 1947, 172 p. ; Verviers (Belgique), Éditions Gérard, [s.d.], 203 p. « Marabout » ; Saint-Boniface (Manitoba), Éditions des Plaines, 1982, 243 p. Préface de Roger Motut.

Vignerons (essai), Paris, Massin, 1934, [n.p.].

Le Voyage de Leif L'Heureux, Paris, Le Masque, 1934, 119 p. Ill. « Les Grands Romanciers ».

La Croisière du jour sans fin (roman), Paris, Les Éditions Rieder, 1935, 234 p.

Le Flâneur sous la tente (essai), Paris, Librairie Stock, Delamain et Boutelleau, 1935, 219 p. « Les Livres de nature ».

La Demoiselle de la mort. Roman, Paris, Librairie des Champs-Élysées, 1936, 253 p.

Telle qu'elle était en son vivant (roman), Paris, Librairie des Champs-Élysées, 1936, 254 p. ; *La Loi du Nord ou Telle qu'elle était en son vivant,* 1947, 220 p. ; 1975, 219 p. « Livre de poche ».

Aime une ombre (roman), Paris, Librairie des Champs-Élysées, 1938, 252 p.

La Marchande de mort (roman), Paris, Librairie des Champs-Élysées, 1938, 253 p.

Le moulinet à tambour fixé pêche tous les poissons (essai), Paris, Librairie des Champs-Élysées, 1938, 142 p.

La Nuit de Magdaléna. Roman, Paris, Librairie des Champs-Élysées, [1938], 253 p. « Bibliophile ».

Les Tombes-d'amour. Roman, Paris, Librairie des Champs-Élysées, 1938, 251 p.

Autour de l'épopée canadienne (roman), Paris, Librairie Floury, 1940, 249 p. Avant-propos de l'auteur.

L'Équipe sans nom (roman), Paris, Librairie des Champs-Élysées, 1940, 255 p.

L'Officier de troupe (essai), Paris, Fayard, 1940, 26 p.

La Chasse au brochet (essai), Paris, Librairie des Champs-Élysées, 1941, 134 p.

Le Cheval de prise (nouvelle), Avignon (France), Édouard Aubanel, éditeur, 1941, 123 p. «Les Grands Contemporains».

Le Maître de la route. Roman, Genève, Éditions du Milieu du monde, 1941, 254 p.

La Vérendrye (essai), Toulouse, Marcel Didier, 1941, 142 p. Cartes ; 1943, 133 p.

Canoës et Kayacks, Vichy, C.G.E.G. et S., 1943, [n.p.].

L'Aventure vécue de Dumas père (récit), Genève, Éditions du Milieu du monde, 1944, 331 p. Préface de l'auteur.

L'Âme allemande (essai), Paris, B. Grasset, 1945, 147 p.

Le Grand Will. Drame historique en 3 actes, Paris, Les Éditions de la Nouvelle France, 1945, 245 p. Collab. Longworth Chambrun. Ill. de Rémy Hétreau. «Préférences».

Le Bar de San Miguel (roman), Paris, Éditions R. Simon, 1946, 203 p. «Littéraire».

La Chanson d'Ingrid. Roman, Paris, Éditions Bernard Grasset, 1946, 364 p.

Les Compagnons de la houle (roman), Paris, Éditions R. Simon, 1946, 188 p. Ill. Bois originaux de Roger Grillon. «Littéraire».

La Fille du soleil (roman), Paris, Éditions Arts de France, 1946, 208 p.

Œuvres galantes, Vichy, Librairie Szabo, 1947.

Sous le signe du vampire (roman), Paris, Éditions de l'Élan, 1947, 214 p.

Vichy et son histoire, de ses origines à nos jours, Vichy, Szabo, 1947, 194 p.

Pronunciamiento (roman), Paris, L'Élan, 1948, 191 p.

Dans les pas du naturaliste (essai), Paris, Stock, Delamain et Boutelleau, 1950, 229 p.

Naundorff ou Louis XVII? (récit), Paris, Sfelt, 1950, 230 p. Introduction de l'auteur.

Rodéo (récit), Paris, Fayard, 1952, 110 p.

Tragédie canadienne. Épisode tiré du roman, Un homme se penche sur son passé (manuel de classe), Paderborn, Verlag Ferdinand, Schöningh, 1954, 60 p. Collab. Hélène Richters-Franceshi. Présenté par Georg Ahting.

La Vie privée des poissons (essai), Paris, Stock, Delamain et Boutelleau, 1954, 167 p. Ill. de Gisèle Maugernet. Préface de Léon Bertin. Traduction anglaise par Ray Turrell: *The Private Life of Fishes,* London, R. Bell, 1956, 149 p. Ill. de A. Fraser-Brunner.

Les Tragiques Amours de Bianca, Paris, Librairie Arthème, A. Fayard, 1958, 215 p.

Avec plus ou moins de rire (roman), Saint-Boniface, Éditions des Plaines, 1987, 180 p.

Au pays de Maria Chapdelaine (essai), dans *L'Illustration,* 89e année, no 4631, 5 déc. 1931, [n.p., p. 85–94]. Ill. de Clarence Gagnon.

ÉTUDES

[Anonyme], *Nouvelles maritimes,* So, vol. 8, no 185, 3 août 1904, p. 3.

[Anonyme], *Ce qu'on dit,* AmF, 21e année, no 334, 29 nov. 1928, p. 4.

[Anonyme], *M. Constantin-Weyer,* «Un homme se penche sur son passé», CF, vol. 16, no 5, janv. 1929, p. 365–366.

René Benjamin, *Maurice Constantin-Weyer, curieux homme,* AmF, vol. 32, no 339, 5 déc. 1929, p. 4.

Pierre Chardon, *Clairière,* AmF, 23e année, no 44, 13 févr. 1930, p. 3.

Pierre Wanner, *Une offensive contre Constantin-Weyer,* dans *La Revue populaire,* vol. 24, no 10, oct. 1931, p. 21–22.

Fulgence Charpentier, *Le Canada dans le roman français,* RUO, vol. 1, no 4, oct.–déc. 1931, p. 486–507.

Donatien Frémont, *Sur le ranch de Constantin-Weyer,* Winnipeg, Éditions de la «Liberté», 1932, 159 p.

Florence Émily Bradford, «L'Histoire du Canada dans l'œuvre de Maurice Constantin-Weyer». Mémoire de maîtrise. Montréal, Université McGill, 1946, 123 f.

Ghislaine Gravel, «L'Ouest canadien dans le roman de langue française». Mémoire de maîtrise. Montréal, Université de Montréal, 1949, 122 f.

Zachary Ralston Taylor, «Les Métis dans l'épopée canadienne de Maurice Constantin-Weyer». Mémoire de maîtrise. Québec, Université Laval, 1950, 131 f.

Ivor Luethy, «Quatre écrivains venus de France au début du XXe siècle». Mémoire de maîtrise. Vancouver, Université de Colombie-Britannique, 1960, 68 f.

Simone Paula Farguhar, «Anthée ou L'Ouest canadien dans l'œuvre de Constantin-Weyer et de Georges Bugnet». Mémoire de maîtrise. Edmonton, Université d'Alberta, 1966, 150 f.

Gisèle-Marie Chrichlez, « La Femme dans le roman de Constantin-Weyer et de Georges Bugnet». Mémoire de maîtrise. Edmonton, Université d'Alberta, 1967, 98 f.

Roger Motut, «La Fortune littéraire de Maurice Constantin-Weyer». Thèse de doctorat. Washington, Université de Washington, 1969, iv, 324 f.

Id., *Maurice Constantin-Weyer, écrivain de l'Ouest et du Grand Nord,* Saint-Boniface (Manitoba), Les Éditions des Plaines, 1982, 189 p. Préface de Paul Dubé et Jean-Marcel Duciaume.

CONSTANTINEAU, GILLES (1933–1985). Journaliste et poète, né à Montréal. Il fait ses études classiques aux collèges André-Grasset et Brébeuf, puis, tour à tour, il tâte un peu de sciences, d'agronomie et de psychologie aux collèges Loyola et MacDonald et à l'Université de Montréal. En 1954, il est journaliste au *Canada* pendant six mois, puis, de 1954 à 1958, il est traducteur à La Presse canadienne. Il travaille ensuite au *Devoir* (1958–1959), à *La Presse* (1959–1961) et au *Nouveau Journal* (1961–1962) qu'il fonde avec Jean-Louis Gagnon. Il devient alors animateur et interviewer à Radio-Canada (1962–1973), tout en collaborant au *Magazine Maclean* comme journaliste, puis comme secrétaire de rédaction (1963-1969), au *Devoir* où il fait la chronique radio, télévision et communications (1970-1972) et au *Soleil* où il dirige la section « Arts et Lettres » (1972-1973). Il a de plus mis sur pied un service de publicité et de relations publiques pour le Nouveau Parti démocratique, en 1965-1966. En 1973, il devient conseiller en information auprès des groupes Radio-Inter-Cité et Télé-Inter-Cité, et il continue à faire du journalisme. Son premier recueil de poésie, *La Pêche très verte* (1954), plaît par sa fraîcheur, son humour et ses rythmes. Il publie, écrit Gilles Marcotte, « des poèmes légers, clairs, doucement révoltés, qui ont la démarche même de la jeunesse. [...] La poésie de Gilles Constantineau a déjà trouvé sa voix de sincérité ; nous attendons sa voix de vérité ». Pour le même critique, les *Simples Poèmes et Ballades* (1960) « manifestaient une assez rare alliance de la simplicité et de la rigueur », mais les *Nouveaux Poèmes* (1972) sont d'une complication peu naturelle, même s'ils contiennent de belles pièces : « Le plus souvent la syntaxe, celle de la phrase et celle des images, s'embourbe dans l'à-peu-près, semble fuir (pour quelle raison ?) ce qui faisait le charme très sûr de ses premiers poèmes ».

ŒUVRES

La Pêche très verte (poésie), [Montréal, s.é., 1954], [n.p., 25 p.]. Cinq lavis de Normand Hudon. Préface de Roger Roland.
Simples Poèmes et Ballades, Montréal, Les Éditions de l'Hexagone, 1960, [n.p., 26 p.]. « Les Matinaux ».
Nouveaux Poèmes, Montréal, L'Hexagone, 1972, 35 p.

Les Métamorphoses d'une ville, dans *Montréal 66,* vol. 3, no 3, mars 1966, p. 8-12.
Métro et Culture, Dev, vol. 57, no 250, 27 oct. 1966, p. 18.
La jeunesse québécoise est bruyante, CuV, no 1, 1966, p. 4-6. (Paru aussi dans Laurier La Pierre, *Québec : hier et aujourd'hui,* Montréal, McGill, 1967, p. 103-107).
Derrière l'image la liberté, Dev, vol. 69, no 87, 15 avril 1978, p. 34.
Jacques Ruffié, Dev, vol. 69, no 180, 5 août 1978, p. 13.

ÉTUDES

Marcel Valois, « *La Pêche très verte* », Pr, 70e année, no 207, 19 juin 1954, p. 70.
Gilles Marcotte, *Poèmes de jeunesse.* « *La Pêche très verte* », *par Gilles Constantineau,* Dev, vol. 45, no 123, 29 mai 1954, p. 9.
Cécile Cloutier et Ronald Després, *Simples Poèmes et Ballades,* RUO, vol. 31, no 2, avril-juin 1961, p. 319.
Sliman Henchiri, *Nouveaux Poèmes de Gilles Constantineau,* LAQ 1972, p. 148-149.

Gilles Marcotte, *Le Poète et ses mots,* EF, vol. 9, no 1, févr. 1973, p. 73-89, surtout p. 86.
[Anonyme], *Écrivain et journaliste, Gilles Constantineau est trouvé sans vie,* Pr, 101e année, no 104, 2 févr. 1985, p. A-4.

CONVIVE DISTRAIT (LE). Voir **GRIGNON, CLAUDE-HENRI.**

COPPENS, PATRICK (1943-). Bibliographe et poète, né à Orléans (France). Après ses études secondaires au Collège Saint-François-de-Sales de Gien (Loiret, France), il obtient son baccalauréat de l'Université de Paris (1962), puis des certificats d'études générales (1964) et d'études supérieures de littérature française (1967) de l'Université de Tours. De 1966 à 1968, il enseigne le français au Collège Saint-François-de-Sales. Arrivé au Québec en 1969, en qualité de coopérant et de conseiller linguiste auprès du ministère de l'Éducation, il devient bibliothécaire à la Direction générale de l'enseignement supérieur et, en 1970, il est nommé responsable des littératures et de la linguistique à la Centrale des bibliothèques de la province de Québec. Il collabore à *Choix,* bulletin bibliographique de la Centrale. Les premiers recueils de poésie de Coppens sont peu remarqués, et les derniers provoquent chez les critiques des réactions ambiguës : « Une poésie très ponctuelle que celle de Patrick Coppens dans *Pas de* — écrit Jeanne Demers qui lui reconnaît cependant du ‹ charme › et de l'‹ humour › — ; très ponctuelle en ce sens qu'elle est fugace, extrêmement temporaire, qu'elle passe sans nous laisser dans l'âme autre chose qu'un léger souvenir ».

ŒUVRES

Poèmes névralgiques, Paris, Jean Grassin, 1963, 28 p. Préface de Jean Poilvet le Guenn. « Poésie nouvelle ».
Accès (poésie), Reims, Cahiers du Cytise, Jean-Marie Blondeau, 1965, 46 p. Ill. d'Alain Gili. Préface de Joël Picton.
L'Enfant du niveau élémentaire et la Bibliothèque. Premiers contacts (guide), Montréal, Ministère de l'Éducation, Service des bibliothèques d'enseignement, 1975, 73 p. Collab. Yvon Bellemare et Georges Legendre.
Pas de (poésie), Montréal, Éditions Quinze, 1976, 57 p.

Passe (poésie), Saint-Lambert, Éditions du Noroît, 1981, 125 p.

Littérature québécoise (bibliographie critique), Montréal, Ministère de l'Éducation. La Centrale des bibliothèques, 1981, 60 p. Préface d'Aloïs Gutzwiller. Avant-dire de Gaston Miron. « Bibliothèmes ».

Ludictionnaire (dictionnaire humoristique), Montréal, Moëbius/Triptyque, 1981, 54 p. Ill. de Christian Desrosiers.

Littérature québécoise contemporaine (bibliographie), La Pocatière, La Centrale des bibliothèques, 1982, 77 p. « Bibliothèmes ».

Distance (poésie), Saint-Lambert, Ed. du Noroît, 1986, 96 p. Ill. d'Estelle C.

Roule idéal (poésie), Montréal, Éditions du Noroît/ Table Rase, 1988, 92 p. Ill. de Roland Giguère.

Le Nouveau Roman, dans *Bulletin de bibliographie,* vol. 2, nᵒ 5, févr. 1973, p. 150–156.

L'Enseignement du français langue maternelle dans les Cégeps, dans *Bulletin de bibliographie,* vol. 3, nᵒ 8, mai 1974, p. 1221–1261. Collab. Martine Léonard.

Stylistiques : de la rhétorique à la poétique, dans *Bulletin de bibliographie,* vol. 5, nᵒ 8, mai 1976, p. 1357–1385. Collab. Martine Léonard.

Prose II (pour des Esseintes), dans *Moëbius,* nᵒˢ 10–11, 1980, p. 5–7.

ÉTUDES

Gaëtan Dostie, *Un instrument pédagogique bien fait,* dans *Le Jour,* vol. 1, nᵒ 155, 31 août 1974, p. 8–9.

Claude Beausoleil, *Les livres parlent,* dans *Mainmise,* nᵒ 65, déc. 1976, p. 46.

Philippe Haeck, *Marteau et Plumeau,* Dev, vol. 67, nᵒ 294, 18 déc. 1976, p. 16.

Jeanne Demers, *Patrick Coppens. Pas de,* LAQ 1976, p. 138–139.

Normand de Bellefeuille, *Parutions de l'année en vrac,* Pr, 93ᵉ année, nᵒ 13, 15 janv. 1977, p. D-2.

Bernard Lévy, *Une démarche à coups de plumeau,* Dev, vol. 68, nᵒ 52, 5 mars 1977, p. 23.

Gaëtan Dostie, *Coppens et Marteau,* dans *Le Jour,* vol. 1, nᵒ 7, 18–24 mars 1977, p. 34.

Jacques Nolin, *Patrick Coppens, Pas de,* dans *Nos livres,* vol. 8, oct. 1977, nᵒ 286.

CORMIER, JEAN-MARC (1948–   ). Poète, conteur, dramaturge et chansonnier, né à Saint-René de Beauce. Il fait ses études secondaires à Saint-Joseph de Beauce, après quoi il exerce divers métiers avant de devenir agent d'information à Rimouski, en 1975. Il est lauréat du prix du Salon du livre de Rimouski, en 1981. Il collabore à plusieurs périodiques : *Le Jour, Cahiers du Salon du livre de Rimouski, Nous* et *Urgences.* En 1981, il obtient une bourse d'aide à la création du ministère des Affaires culturelles. Son premier recueil, *Poltergeists* (1972), à tirage limité, passe inaperçu. En 1977, « La Troupe à nous autres » joue sa pièce de théâtre, *On n'a pas grand-chose à dire,* qui obtient un certain succès. *Westernité,* recueil de poèmes et de chansons paraît en 1981. Sa manière s'apparente à celle de Jean Narrache, et dans la thématique du recueil on trouve des courants de révolte contre la misère des villes, le mode de vie américain qui envahit le quotidien, l'injustice du drame de ceux qui vivent et meurent pour rien.

ŒUVRES

Poltergeists (contes et poèmes), Montréal, [s.l.], 1972, 135 p. Portrait.

On n'a pas grand-chose à dire (théâtre), Rivière-du-Loup, Castebriand, 1980, 62 p. Portrait. Ill.

Westernité (poèmes et chansons), Rimouski, Éditions Passage, 1981, 90 p. Portrait.

Poèmes d'amour, Rimouski, Éditeq, 1982, 93 p. (Tirage limité).

La Symphonie déconcertante (poésie), Rimouski, Éditeq, 1984, 125 p.

ÉTUDE

Georgie Sénard, *Un vent d'énergies nouvelles souffle sur l'est du Québec,* LQ, nᵒ 25, printemps 1982, p. 92.

CORNEZ. Voir **HURTEAU,** LAURE.

CORRIVEAU, HUGUES (1948–   ). Essayiste, poète et romancier, né à Sorel. Il fait ses études au Collège classique Mgr Decelles (Sorel), au Séminaire de Saint-Hyacinthe et au Cégep Édouard-Montpetit (D.E.C., 1969). À l'Université de Montréal, il obtient un baccalauréat spécialisé en études françaises (1972), une maîtrise (1977) pour un mémoire sur Gilles Hénault et, boursier du Conseil des Arts du Canada et de la Direction générale de l'enseignement supérieur du Québec, il poursuit des études de doctorat. Il enseigne le français au Collège O'Sullivan de Montréal (1972), puis, à compter de 1973, au Collège de Sherbrooke. Collaborateur à plusieurs périodiques comme *La Nouvelle Barre du jour, Spirale, Le Devoir, Poésie,* il présente aussi des textes à l'« Atelier des inédits », et à « Premières » de Radio-Canada. Sa carrière littéraire se partage entre l'essai, le roman et la poésie. Robert Mélançon, heureux de voir un critique s'occuper enfin de Gilles Hénault, dit de *Lecture de Sémaphore :* « Hugues Corriveau a pris le parti le plus intelligent, le plus stratégique si on peut dire, devant une œuvre en quête de lecteurs comme celle d'Hénault : la lire avec attention, forcer à la lire avec attention ». Au sujet du roman *Rose Marie Berthe,* Raymond Paul écrit que le roman « dessine un monde du silence, du refus et de l'isolement. [...] La relation mère/fille s'établit dans un prolongement qui transmet le double aspect d'une aliénation commune. [...] Ce récit dépasse l'approche sociologique traditionnelle par son questionnement constant de l'acte d'écrire ». Pour Pierre Nepveu le récit *Du masculin singulier* est « un texte d'une belle intensité [...], une curieuse synthèse de sensualité et de classicisme, une façon de désigner le concret sans jamais en remettre avec des fioritures ou des métaphores ».

ŒUVRES

Gilles Hénault : lecture de Sémaphore (essai), Montréal, PUM, 1978, 162 p. Entrevue avec Gilles Hénault. « Lignes québécoises ».

Les Compléments directs (poésie), Montréal, Les Herbes rouges, nᵒ 69, nov. 1978, 35 p.

Rose Marie Berthe. Roman, Montréal, VLB éditeur, 1979, 144 p. Ill. de Danielle Péret.

Le Grégaire inefficace. Roman, Montréal, Les Herbes rouges, nᵒ 74, oct. 1979, 30 p. Ill. de Danielle Péret.

Du masculin singulier (récit), Montréal, Les Herbes rouges, nᵒ 6, janv. 1981. Ill. de Danielle Péret.

Les Taches de naissance (récit), Montréal, Les Herbes rouges, nᵒ 101, mars 1982, 30 p. Ill. de Danielle Péret.

Revoir le rouge. Poésie, Montréal, VLB éditeur, 1983, 153 p. Ill. de Danielle Péret.

Forcément dans la tête. Poésie, Montréal, Les Herbes rouges, 1985, 89 p.

Scènes (poésie), Montréal, Les Herbes rouges, nᵒ 135, 1985, 46 p.

Mobiles (poésie), Montréal, Herbes Rouges, 1987, 104 p.

Défense de toucher, BJ, nᵒˢ 39–41, printemps-été 1975, p. 58–85.

Des « Herbes rouges », NBJ, nᵒ 70, oct. 1978, p. 51–78.

L'Écriture et la Conséquence, dans *Poésie,* vol. 18, hiver 1979, p. 2–8.

Appélation contrôlée, NBJ, nᵒˢ 90–91, mai 1980, p. 119–126.

Des voix diverses, dans *Spirale,* nᵒ 12, oct. 1980, p. 12.

Mots croisés, dans *Spirale,* nᵒ 13, nov. 1980, p. 3.

Fiction du roman, dans *Hobo-Québec,* nᵒˢ 44–45, printemps-été 1981, p. 60–61.

Mishima, dans *Spirale,* nᵒ 20, juin 1981, p. 12–13.

ÉTUDES

Robert Mélançon, *Gilles Hénault enfin lu,* Dev, vol. 69, nᵒ 233, 7 oct. 1978, p. 21.

Jean Fisette, *Hugues Corriveau. Lecture de Sémaphore,* LAQ 1978, p. 188–191.

Joseph Bonenfant, *Trois lectures autrement dites,* LQ, nᵒ 13, févr. 1979, p. 40–42.

Claude Beausoleil, *Un premier roman : exact et touchant,* Dev, vol. 70, nᵒ 245, 20 oct. 1979, p. 27.

Raymond Paul, *Hugues Corriveau. Rose Marie Berthe,* LAQ 1979, p. 38–39.

André Lamarre, *L'Excès de distanciation,* dans *Spirale,* nᵒ 6, févr. 1980, p. 6.

Richard Giguère, *Hugues Corriveau. Les Compléments directs et Le Grégaire inefficace,* LAQ 1979, p. 104–107.

Pierre Nepveu, *Petites Misères du masculin singulier,* LQ, nᵒ 22, été 1981, p. 29–31.

Jean Royer, *Qu'est-ce que la nouvelle « écriture » ?,* Dev, vol. 71, nᵒ 57, 8 mars 1981, p. 17–18.

CORRIVEAU, MONIQUE [née Chouinard] (1925–1976). Romancière, née à Québec. Après ses études chez les Ursulines de Québec, à l'Université de Toronto et à l'Université Laval, elle décide de s'adresser aux jeunes par des récits et romans. De nombreux prix saluent régulièrement la parution de ses ouvrages : à deux reprises (1958 et 1960) le prix Littérature-Jeunesse (ACELF) pour *Le Secret de Vanille* et *Les Jardiniers du hibou* ; à deux reprises également (1964 et 1966), le prix littéraire de la province de Québec (section jeunesse) pour *Le Wapiti* et *Le Maître de Messire* ; en 1966, la médaille du « Livre de l'année pour enfants » (CLA) pour *Le Wapiti* ; en 1967, le prix du Centenaire pour *Cécile* ; en 1971, le prix Michelle-Le Normand pour l'ensemble de son œuvre et, en 1976, le prix Alvine-Bélisle. Monique Corriveau est membre du Conseil de « Communication-Jeunesse ». En 1969, elle publie *Le Témoin,* roman pour adultes : les critiques en louent la sensibilité et parlent d'un talent prometteur. Par son style précis, élégant et attachant, par une thématique qui, à l'occasion, comme dans *Le Wapiti,* explore avec bonheur le passé canadien, Monique Corriveau se situe parmi les meilleurs auteurs contemporains pour les jeunes. « Cette femme de lettres, écrit Louise Lemieux, possède l'art de soutenir l'intérêt, le sens de l'intrigue, en même temps que l'intuition, l'empathie et toutes les autres qualités pour être un grand écrivain pour la jeunesse ». Son roman *Compagnon du soleil,* publié en trois volumes en 1976, révèle une sensibilité extraordinaire et soulève les questions sur le destin de l'homme. À son décès, elle laisse des manuscrits dont un grand roman en deux volumes qu'Aline Lafortune appelle une « fresque historique et romanesque » : *Les Montcorbier* a été publié en 1980.

ŒUVRES

Le Secret de Vanille (roman), Québec, Éditions du Pélican, 1959, 92 p. Ill. de Cécile Gagnon ; Éditions Jeunesse, 1962, 135 p. Ill. de Aline Paré. Texte paru et corrigé. « Brin d'herbe » ; Éditions Jeunesse inc., 1972, 132 p. Ill. de Colette Crespo. Texte revu et corrigé. « Karim » ; Montréal, Les Éditions Fides, 1981, 117 p. Ill. de Philippe Béha. « Du Goéland ».

Les Jardiniers du hibou (roman), Québec, Éditions Jeunesse, 1963, 133 p. Ill. de Guy Paradis. « Brin d'herbe » ; Montréal, Éducation nouvelle, 1969, 140 p. Ill. « Karim ».

Le Wapiti. Roman, Québec, Éditions Jeunesse, 1964, 252 p. « Plein Feu » ; Montréal, Les Éditions Fides, 1978, 177 p. Ill. de Melinda Wilson. « Du Goéland ». Traduction anglaise de J.M. L'Heureux : *The Wapiti,* Toronto, MacMillan of Canada, 1968, 188 p. Ill. de Paul Liberovsky.

Max (roman), Québec, Éditions Jeunesse, 1965, 136 p. « Plein Feu » ; *Max. Roman,* Montréal, Fides, 1985, 143 p.

Le Maître de Messire (roman), Québec, Éditions Jeunesse, 1965, 141 p. Ill. de Guy Paradis. « Brin d'herbe » ; Montréal, Éditions Jeunesse inc., 1971, 133 p. Ill. « Karim ».

La Petite Fille du printemps (roman), Québec, Éditions Jeunesse, 1966, 177 p. Ill. de Aline Goulet. « Brin d'herbe » ; Montréal, Les Éditions Fides, 1978, 125 p. Ill. de Louise Pomminville. « Du Goéland ».

Cécile, Rigobert et Poncho, La Raquette (litt. jeunesse), Québec, Éditions Jeunesse, 1968, [n.p., 33 p.]. Ill. de Marie-Noël Corriveau.

Max au rallye. Roman, Québec, Éditions Jeunesse, 1968, 147 p. « Plein Feu » ; Montréal, Fides, 1985, 144 p.

Le Témoin (roman), Montréal, CLF, 1969, 148 p.

Le Garçon au cerf-volant (récit), Montréal, Les Éditions Fides, 1974, 137 p. Ill. de Louise Méthé. « Du Goéland ». Traduction anglaise de David Hamel : *A Perfect Day for Kites,* Vancouver, Douglas & McIntyre, 1981, 116 p. « Groundwood ».

Patrick et Sophie en fusée (conte), Montréal, Éditions Héritage, 1975, 267 p. « Katimavik » ; 1979. « Galaxie ».

Les Saisons de la mer (récit), Montréal, Les Éditions Fides, 1975, 156 p. Carte. Ill. de Louise Méthé. Préface de George-Alain Frecker. « Du Goéland ».

Compagnon du soleil (roman), Montréal, Fides, 1976, 3 vol. : vol. 1, *L'Oiseau de feu,* 333 p. ; vol. 2, *La Lune noire,* 307 p. ; vol. 3, *Le Temps des chats,* 261 p. « Intermondes ».

Les Montcorbier (roman), Montréal, Fides, 1980, 2 vol. : vol. 1, *Le Guerrier 1914-1915,* 307 p. ; vol. 2, *La Mort des autres 1916-1918,* 333 p.

Max contre Macbeth. Roman, Montréal, Fides, 1985, 147 p.

Max en planeur. Roman, Montréal, Fides, 1985, 173 p.

ÉTUDES

Joseph D'Anjou, *Trois écrivains pour la jeunesse,* Rel, vol. 19, n° 217, janv. 1959, p. 15.

Odette Leroux, *Max,* LAC 1965, p. 157.

Thérèse Dallaire, *Auteur pour enfants,* dans *L'Action,* vol. 61, 22 oct. 1968, p. 8.

Agathe Dicaire, *Monique Corriveau (Profile),* dans *In Review,* vol. 3, n° 2, printemps 1969, p. 23-25.

Louise Lemieux, *Monique Corriveau,* dans *Pleins Feux sur la littérature de jeunesse au Canada français,* Montréal, Leméac, 1972, p. 147-149, 209-210, et passim.

Réginald Martel, *Du droit des jeunes au livre,* Pr, 90ᵉ année, n° 280, 23 nov. 1974, p. D-2.

Id., *Les goélands volent bas parfois,* Pr, 91ᵉ année, n° 171, 19 juillet 1975, p. E-3.

Michèle Hudon, *Monique Corriveau. La Petite Fille du printemps et Le Wapiti,* LAQ 1978, p. 248-249.

Aline Lafortune, *Corriveau (Monique). Les Montcorbier, tome I : Le Guerrier 1914-1915 ; tome II : La Mort des autres 1916-1918,* dans *Nos livres,* vol. 11, nov. 1980, nᵒˢ 334-335.

COSSETTE, CLAUDE [Joëlle, François, Claire et Claude] (1937-   ). Essayiste et poète, né à Québec. Il fait ses études classiques au Collège des Jésuites et au Petit Séminaire de Québec, puis il fréquente l'École des Beaux-Arts de Québec (1958-1962). Il obtient un brevet d'enseignement spécialisé en 1963, et en 1964 un certificat de l'École du livre Estienne de Paris. Spécialisé en art publicitaire il enseigne à divers niveaux à Québec, à Jonquière et à l'École des arts visuels de l'Université Laval où il dirige le Groupe de recherche sur l'image fonctionnelle. Il collabore à des périodiques spécialisés tels *Communication et Information, Schéma Schématisation, Communication et Langage, Marketing social, Antennes,* et il publie des « glossaires », des essais sur la communication de masse, et des recueils de poésie : *Estival* (1970), *À Mie* (1972), *Sud* (1975).

ŒUVRES

Estival (poésie), Ste-Foy, Cossette et Associés, graphistes-conseils limitée, 1970, [n.p., 25 p.]. Sous les pseudonymes de Joëlle, François, Claire et Claude.

À Mie (poésie), Québec, [Édition privée], 1972, [portefeuille, n.p., 19 f.]. Sous le nom de Claude. Collab. Marie Leclerc. Ill. (Édition de luxe. Tirage limité).

Glossaire de termes particuliers à la communication et à la sémiologie, Québec, École des arts visuels de l'Université Laval, 1974, 12 f. (Document broché).

Du mot à l'image. Guide de lecture pour une approche systématique de l'image fonctionnelle, Québec, École des arts visuels, Université Laval, 1974, 50 f. Collab. Groupe de recherche sur l'image fonctionnelle.

Approche scientifique de l'image communicationnelle (étude), Québec, École des arts visuels, Université Laval, 1974, 94 f. Ill. (Document broché).

Sud (nouvelle poétique), Québec, Chez l'auteur, 1975, [portefeuille, n.p., 48 p.] Ill. de Josée Jobin, Sabine Allard et Christiane Chabot.

Méthode K-7, pour la mise au point d'une image fonctionnelle sémantiquement saturée (étude), Québec, École des arts visuels, Université Laval, 1975, ii, 17 f. Ill. (Document broché) ; 1977, 59 f. Ill. (Édition corrigée et augmentée).

Communication de masse et Consommation de masse (étude), Sillery, Éditions du Boréal Express, 1975, 365 p. Éditeur. Collab. Roger Bertrand, J. Cloutier, *et al.*. Portrait. Ill. Avant-propos de Claude Cossette.

Le Québécois se fend en quatre : le comportementalité et la mobilité-versatilité comme facteurs de stratification de la masse québécoise (étude), [Québec], École des arts visuels, Université Laval, 1976, 25 f. Ill. « Cahiers de communication graphique ».

Paroles d'images : éco-sémio-logie de l'image fonctionnelle statique : bibliographie. Édition préliminaire, Québec, École des arts visuels, Université Laval, 1976, 46 f. Collab. Denis Bachand.

Comment travailler avec une agence de publicité ? (essai), Québec, École des arts visuels, Université Laval, 1977, 58 f. « Cahiers de communication graphique ».

Introduction à l'image fonctionnelle statique (sémiologie iconique) (diaporama d'auto-apprentissage), Québec, École des arts visuels, Université Laval, 1977, 91 p. Ill. « Cahiers de communication graphique ». Traduction anglaise par Vincent Ross : *How Pictures Speak : A Brief Introduction to Iconics,* Québec, Éditions Riguil internationales, 1982, 87 p. Ill.

Le Glissement de sens de la photo au dessin. Comparaison entre la valeur et la saturation sémantiques de quatre traitements iconiques d'une image fonctionnelle statique (étude), Québec, École des arts visuels, Université Laval, 1978, 41 f. Collab. Jacques Boisvert. Ill. « Cahiers de communication graphique ».

La Comportementalité et la Segmentation des marchés (étude), Québec, École des arts visuels, Université Laval, 1980, 111 f. ; *La Segmentation des marchés et la Comportementalité,* Québec, Éditions Riguil internationales, 1982, 107 p.

L'Image statique. Bibliographie, Sillery, Éditions Riguil internationales, 1982, 41 f. Portrait.

Les Images démaquillées, ou L'Iconique. Comment lire et écrire des images fonctionnelles pour l'enseignement, le journalisme et la publicité (étude), Québec, Éditions Riguil internationales, 1982, 9, vii, 601 p. Portrait. Ill. ; *Les Images démaquillées : approche scientifique de la communication par l'image,* 1983, 639 p. Ill. Préface de Rudolf Arnheim. Avant-propos de Jacques Bertin. (Édition revue, corrigée et augmentée).

CÔTÉ, DENIS (1954–   ). Romancier pour la jeunesse, né à Québec. Il étudie à l'École Cardinal-Roy et au Cégep François-Xavier-Garneau (D.E.C., 1973), poursuit ses études de lettres à l'Université Laval (B.A., 1977) où il prépare ensuite une maîtrise en création littéraire. Il enseigne au Collège Bart de

Québec et au Cégep Lévis-Lauzon (1977–1979), est conseiller syndical à la C.E.Q. de Sainte-Foy (1981), puis devient libraire chez Garneau (1982) et à la Librairie Pantoute en 1983. Il collabore à *Livres et Auteurs québécois.* En 1983, Denis Côté publie deux romans pour les jeunes, *Les Parallèles célestes* et *Hockeyeurs cybernétiques.* Ce dernier transporte le lecteur dans un univers futuriste où l'action se déroule autour d'un centre sportif : des jeunes affrontent des robots dans une joute de hockey. « Les bons récits de science-fiction pour adolescents ne sont pas légion, écrit Claire Le Brun. *Hockeyeurs cibernétiques* est l'un des meilleurs qu'il m'ait été donné de lire ces derniers temps ». « Narration imagée, écriture excellente et imaginative, nous avons là un roman très vivant, malgré des dialogues un peu trop littéraires. Vivant et visuel » (Alain Lortie).

ŒUVRES

Hockeyeurs cybernétiques (litt. jeunesse), Montréal, Éditions Paulines, 1983, 117 p. « Jeunesse-pop ».

Les Parallèles célestes. Roman, Montréal, Hurtubise HMH, 1983, 168 p. Portrait. « Jeunesse ».

L'Invisible Puissance (litt. jeunesse), Montréal, Éditions Paulines, 1984, 103 p. « Jeunesse-pop ».

Planéria : anthologie de science-fiction, Montréal, Pierre Tisseyre, 1985, 191 p. Collab. Portrait. Ill.

Les Géants du blizzard (litt. jeunesse), Montréal, Éditions La Courte Échelle, 1985, 90 p. Ill.

Les Prisonniers du zoo (litt. jeunesse), Montréal, La Courte Échelle, 1988, 96 p.

ÉTUDES

Alain Lortie, *Hockeyeurs cybernétiques de Denis Côté,* dans *Solaris,* n⁰ 51, juin–juillet 1983, p. 36-38.

Claire Le Brun, *Hockeyeurs cybernétiques de Denis Côté,* dans *Image,* n⁰ 18, avril–sept. 1983, p. 76-77.

Marie-Josée Rinfret, *À retenir pour vos lectures,* LQ, n⁰ 31, automne 1983, p. 80.

CÔTÉ, MICHEL (1940–   ). Poète, né à Montréal. Il fait son cours classique au Collège Stanislas (B.A., 1961). Inscrit à l'Institut des études médiévales de l'Université de Montréal, il obtient une maîtrise en philosophie pour un mémoire intitulé « François Villon lu par Bachelard ». Il poursuit ses études à Paris, à l'École pratique de Hautes Études avec les professeurs Morin, Barthes et LeGoff, et présente un autre mémoire : « Étude sur le phénomène urbain au XIIIᵉ siècle » (Diplôme, 1973). À compter de 1968 il enseigne la philosophie au Cégep du Vieux-Montréal. Il collabore à la revue *Maintenant,* et il fait paraître en 1974 son premier recueil de poèmes :

« En plus d'offrir au lecteur un fort beau livre, écrit Paul-André Bourque, *Dixième Lunaison* révèle au public québécois un nouveau poète dont on peut attendre beaucoup. [...] Un des recueils majeurs de la dernière décennie ». Mais le second recueil, *L'Œil en fou,* ne suscite pas la même ferveur. Ainsi, Pierre Nepveu note que « le problème, c'est non seulement que ce projet [sur les possibilités et le pouvoir de la parole] n'est guère neuf, mais surtout qu'il est toujours remis à plus tard », et Michel Beaulieu classe ce livre parmi « les plus banals que cette maison (Le Noroît) nous ait donnés ». De son côté, Claude Beausoleil cherche plutôt à préciser le sens du recueil : « Dans son livre Michel Côté est à la recherche d'une sorte ‹ d'alphabet mental › à travers l'image des mots et des sens. L'œil, l'insolite, l'introspection, le doute, la tendresse font de *L'Œil en fou* un livre qui parle, s'amuse et souvent nous trouble ».

ŒUVRES

Dixième Lunaison (poésie), Saint-Lambert, Éditions du Noroît, 1974, [n.p., 86 p.]. Ill. de l'auteur.

L'Œil en fou (poésie), Saint-Lambert, Éditions du Noroît, 1981, 147 p. Ill. de l'auteur. Photographies de Claude Décarie.

Blanc / Noir et Blanc, Saint-Lambert, Éditions du Noroît, 1982, [portefeuille, n.p., 6 f]. Ill. de l'auteur. (Édition de luxe. Tirage limité).

Une saison trop courte (poésie), Saint-Lambert, Éditions du Noroît, 1984, 65 p. Ill. de l'auteur. « L'Instant d'après ».

Témoignages d'étudiants, dans *Maintenant,* n° 84, oct. 1969, p. 253.

Nos corps, dans *Maintenant,* n° 97, juin–juillet 1970, p. 192–196.

ÉTUDES

Jacques Lemieux, *Au Noroît, un très beau recueil,* Dev, vol. 65, n° 231, 5 oct. 1974, p. 15.

[Anonyme], *Poésie d'ici, Michel Côté,* Pr, 90ᵉ année, n° 262, 2 nov. 1974, p. E-4.

Paul-André Bourque, *Michel Côté. Dixième Lunaison,* LAQ 1974, p. 131–132.

Claude Beausoleil, *Des mots qui parlent,* Dev, vol. 72, n° 248, 24 oct. 1981, p. 24.

Michel Beaulieu, *Capsules poétiques d'automne,* dans *Le Livre d'ici,* vol. 7, n° 4, 28 oct. 1981, p. 2.

Pierre Nepveu, *La Poésie I. Feu la modernité ?,* LQ, n° 23, automne 1981, p. 31–32.

CÔTÉ, NORMAND. Voir **SUTAL, LOUIS.**

CÔTÉ, PAUL-RAYMOND (1950-   ). Essayiste, né à Boston (Mass, É.-U.). Il fait ses études classiques au College of the Holy Cross (Worcester, Mass.) (B.A., 1972). En 1973, il obtient une maîtrise ès arts à l'Université du Vermont. Après des stages à Paris et à Madrid, il s'inscrit à l'Université McGill où il soutient, en 1979, une thèse sur les romans de Malraux. Cette étude paraît en 1984 sous le titre : *Les Techniques picturales chez Malraux : interrogation et métamorphose.* Il collabore aussi au *French Review.*

ŒUVRE

Les Techniques picturales chez Malraux : interrogation et métamorphose (essai), Sherbrooke, Éditions Naaman, 1984, 162 p. « Études ».

« *Moments* » de Jean-Aubert Loranger : recherche d'une forme poétique, dans *French Review,* vol. 54, n° 5, avril 1981, p. 708–714.

« *Le Deluge blanc* » de Normand Rousseau, dans *French Review,* vol. 55, n° 5, avril 1982, p. 713–714.

COTNAM, JACQUES (1941-   ). Critique, historien de la littérature et bibliographe, né à Québec. Il fait des études au Petit Séminaire de Québec (B.A., 1962), puis à l'Université Laval où il obtient un baccalauréat en philosophie (1962), une licence ès lettres (1964), un diplôme d'études supérieures (1966) et un doctorat (1978). Engagé dans la milice canadienne (1959–1964), il y devient lieutenant. Il enseigne au Petit Séminaire de Québec (1963–1964) et à partir de 1964, au département de français de l'Université York. Professeur agrégé, il est nommé directeur intérimaire en 1974. Jacques Cotnam a donné de nombreuses conférences au Canada, aux États-Unis et en France. Il est membre de plusieurs comités universitaires, collaborateur du *Cabeen Bibliography,* membre fondateur de l'Association des amis d'André Gide. En 1978–1980, il est professeur invité à l'Université de Grenoble III. Ses comptes rendus et articles paraissent dans *Culture, Livres et Auteurs québécois, Présence francophone, Revue d'histoire littéraire de la France, Cahiers d'André Gide, Dictionnaire des œuvres littéraires*

Photo Presto Inc.

du Québec... Jacques Cotnam s'intéresse aux idéologies, à la bibliographie et à la dramaturgie. Pierre Lavoie écrit à propos de son ouvrage sur le théâtre québécois : « Après avoir considéré le théâtre sous l'angle du nationalisme, principale source d'inspiration pour nos dramaturges au XIX⁰ siècle, Cotnam conclut fort justement que notre dramaturgie a trop souvent confondu théâtre *national* et théâtre *nationaliste* », puis il ajoute que Cotnam « démontre avec justesse le thème qui soustend la plupart des pièces depuis 1940 : *la quête de soi* ».

ŒUVRES

Faut-il inventer un nouveau Canada ? (essai), Montréal/ Paris, Fides, 1967, 256 p. « BES ».

Poètes du Québec (1860-1968) (anthologie), Montréal, Fides, 1969, 222 p. « BCF » ; *Poètes du Québec*, 1982, 251 p. « BQ ».

Essai de bibliographie chronologique des écrits d'André Gide, Paris, Imprimerie Durand, 1971, 58 p. (Tirage réservé aux membres de l'Association des amis d'André Gide).

Vivre au Québec, [Toronto], McClelland and Stewart Ltd, [1972], 111 p. Ill. Collab. Jacques Blais et R. Dickson.

Contemporary Quebec : An Analytical Bibliography, [Toronto], McClelland and Stewart, [1973], 112 p.

Bibliographie chronologique de l'œuvre d'André Gide (1889-1973), Boston, G.K. Hall, 1974, x, 604 p.

Inventaire bibliographique et Index analytique de la correspondance d'André Gide (publiée de 1897 à 1971), Boston, G.K. Hall, 1975, [xvi] 737 p.

Le Théâtre québécois, instrument de contestation sociale et politique (essai), Montréal, Fides, 1976, 124 p. « Études littéraires ».

André Gide. Perspectives contemporaines (essai), Paris, Minard, 1979, 288 p. Éditeur avec Andrew Oliver et C.D.E. Tolton. « La Revue des lettres modernes ». (Acte du colloque André Gide, Toronto, 1975).

Écrits de voyage relatifs à la Nouvelle-France (essai), Ottawa, EUO, 1980, 168 p. Collab. Jack Warwick. (Paru d'abord dans un numéro spécial de RUO, vol. 48, nᵒˢ 1-2, janv.-avril 1978).

Pour une démocratie de l'éducation des adultes (essai), Québec, Éditions coopératives Albert Saint-Martin, 1981, 60 p. Collab. Paul Bélanger.

Le Québec à l'heure de sa dernière chance, C, vol. 30, nᵒ 1, mars 1969, p. 1-19.

Le Subjectif ou Les Lectures d'André Walter 1889-1893, Paris, Gallimard, 1969, p. 15-115. « Cahiers d'André Gide ».

Une rencontre symboliste d'André Gide : Edgar Allan Poe, dans *Australian Journal of French Studies,* vol. 7, nᵒˢ 1-2, janv.-août 1970, p. 73-123. (Numéro spécial sur Gide).

André Gide et le Cosmopolitisme littéraire, dans *Revue d'histoire littéraire de la France,* mars-avril 1970, p. 264-285. (Numéro spécial sur Gide).

Nationalisme et Littérature : le cas du Québec, dans *The French Language in the Americas, French VII, Modern Language Association,* nᵒ 4, déc. 1970, p. 35-51.

Le Roman québécois à l'heure de la Révolution tranquille, dans *Le Roman canadien-français,* Montréal/ Paris, Fides, 1971, p. 265-298. « ALC » 3.

Le Refus et l'Acceptation d'André Gide au Québec, dans *Le Centenaire,* Paris, Gallimard, 1972, p. 281-314. « Cahiers d'André Gide ».

Répertoire chronologique des lettres publiées d'André Gide, dans *Présence francophone,* printemps 1974, nᵒ 8, p. 165-171.

Du sentiment national dans le théâtre québécois, dans *Le Théâtre canadien-français,* Montréal/Paris, Fides, 1976, p. 341-368. « ALC » 5.

ÉTUDES

René Dionne, *Poèmes en pot,* Rel, 30⁰ année, nᵒ 353, octobre 1970, p. 279-280.

Paul Gay, *La Contestation dans le théâtre québécois,* Dr, 64⁰ année, nᵒ 88, 10 juillet 1976, p. 17.

Jean-Cléo Godin, *Le Patriote, la Pipe et le Fusil,* dans *Jeu,* nᵒ 3, été-automne 1976, p. 94-96.

Pierre Lavoie, *Jacques Cotnam. Le Théâtre québécois instrument de contestation sociale et politique,* LAQ 1976, p. 234-235.

David Steel, *Bibliographie chronologique de l'œuvre d'André Gide,* dans *The Modern Language Review,* vol. 72, nᵒ 1, janv. 1977, p. 208-209.

Alain Goulet, *Bibliographie chronologique de l'œuvre d'André Gide,* dans *Revue d'histoire littéraire de la France,* 77⁰ année, nᵒ 5, sept.-oct. 1977, p. 878-879.

Antoine Sirois, *Jacques Cotnam, Jack Warwick. Écrits de voyages relatifs à la Nouvelle-France,* LAQ 1980, p. 186-187.

COTNOIR, CLAUDE. Voir **HÉBERT, MAURICE.**

COTTÉ, MARIO (1941-   ). Poète, né à Rimouski. Il fait ses études à l'Institut Raymond de Québec et à l'École propédeutique de Montréal qui, par l'intermédiaire du ministère de l'Éducation, lui décerne un baccalauréat (1965). Il s'initie à l'informatique par les cours C.A.F.E. Il retourne à Rimouski où il devient technicien en informatique, en 1978. Son premier recueil de poèmes, *Fragments d'être* (1970), « surprend, écrit Réginald Martel, par sa relative unité, qualité rare chez un jeune poète. En des contextes différents, ou indifférents, les thèmes poétiques se retrouvent et se répondent. [...] Il faudra suivre ce poète nouveau ». Le livre exprime une vision profondément pessimiste du monde et de la vie. Il forme avec les deux recueils suivants, un cycle qui évolue vers la sérénité : « Si *Espace* *d'ombre*, dit Jean Cossette, constituait en quelque sorte une réflexion [...] au cœur même du pays, véhiculée par un texte plus fluide et plus aéré, *Plénitudes* se veut l'achèvement d'une démarche engagée, au plus profond du moi ».

ŒUVRES

Fragments d'être (poésie), Sherbrooke, Éditions Cosmos, 1970, 62 p. Postface de Reine Malouin. « Amorces ».

Espaces d'ombre. Poèmes, Sherbrooke, Naaman, 1976, 81 p. Portrait. « Création ».

Plénitudes. Poèmes, Sherbrooke, Éditions Naaman, 1981, 60 p. Portrait. Postface de l'auteur. « Création ».

Pinipède le blanchon (litt. jeunesse), Sherbrooke, Éditions Naaman, 1983, 30 p. Ill. de Paul-Henri Dubé. « Lectures brèves ».

Grognette l'ourse (litt. jeunesse), Sherbrooke, Éditions Naaman, 1985, 30 p. Portrait. Ill. de Paul-Henri Dubé. « Jeunesse ».

ÉTUDES

Réginald Martel, *La Saison des poètes II,* Pr, 87e année, n° 89, 17 avril 1971, p. D-3.

Jean Cossette, *Plénitudes de Mario Cotté : la fin d'un cycle ?,* dans *Urgences,* vol. 1, n° 3, déc. 1980, p. 3.

Michel Beaubien, *Yergeau, Cotté, et Walbot. De la relève possible à la stricte banalité,* dans *Le Livre d'ici,* vol. 7, 24 mars 1982, n° 25.

Antonio d'Alfonso, *Cotté (Mario), Plénitudes,* dans *Nos livres,* vol. 12, mars 1982, n° 114.

COULOMBE, MARCEL (1951–   ). Poète, né à Saint-Hyacinthe. Il fait ses études secondaires dans sa ville natale, et ses études collégiales au Cégep du Vieux-Montréal (D.E.C., 1974) où il organise une Nuit de la poésie en 1974. De retour à Saint-Hyacinthe, il fonde une troupe de théâtre, Carcan, qui se spécialise dans le théâtre pour les jeunes ; son siège social se trouve au Centre culturel de Belœil. Tour à tour imprésario et gérant de divers groupes de musiciens et de chansonniers, il fonde une maison d'édition, Chahan-Lutte, qui publie une cinquantaine d'ouvrages de poésie et des livres consacrés aux arts. Il collabore à divers périodiques dont *Transit.* Il donne un récital de ses poèmes au Salon du livre de Québec en avril 1978. De 1979 à 1980, il est secrétaire général de l'Union des écrivains québécois. À partir de 1980, il se consacre entièrement à l'écriture poétique. Sa poésie, répandue en France comme au Québec, est mal connue des critiques. Son écriture, largement surréaliste, cherche à associer dans sa sémantique la peinture, la gravure et le verbe pour y découvrir, selon son propre langage, des voies nouvelles.

ŒUVRES

Un pli sur l'ombre (poésie), Montréal, Chahan-Lutte, 1973, [n.p., 40 p.].

[Trait] (essai), Montréal, Chahan-Lutte, 1973, [n.p., 38 p.]. Ill. de Louise Desjardins.

La Nuit de la poésie du 24 avril, Montréal, Chahan-Lutte, 1974, 28 p.

Poésie suivi de *Du Je au Nous. Quinze nouvelles,* Montréal, Chahan-Lutte, 1975, [n.p., 49 p.].

[*Poèmes*], dans *Étrennes cosmiques,* dans *Poésie-Québec,* n° 6, Paris, Éditions du Castor astral, 1976, p. 27–32.

[*Poèmes*], dans *Échancrures,* Trois-Rivières, Atelier de production littéraire de la Mauricie, 1978, p. 42–45.

ÉTUDE

Gaëtan Dostie, *Nuit de poésie dans l'est de Montréal,* dans *Le Jour,* vol. 1, n° 48, 26 avril 1974, p. 13.

COURTEAU, BERNARD [Pierre Val] (1936–   ). Poète et essayiste, né à Montréal. Il fait ses humanités au Séminaire de Chambly, au Plateau de Montréal et à l'École normale Jacques Cartier (B. Péd., 1956). Il obtient ensuite un baccalauréat ès arts à l'Université de Montréal (1958), puis une licence en théologie à l'Université Laval (1964). Il enseigne à Montréal entre 1956 et 1965, exerce des fonctions syndicales de 1965 à 1967, est en mission de coopération en Afrique, à Bouakè, Côte d'Ivoire, de 1967 à 1970, fait de l'animation avec l'ACDI à Ottawa de 1970 à 1973, et à compter de 1974 travaille en administration hospitalière à Saint-Jean-de-Dieu (Montréal). En 1975, il fonde les Éditions Émile-Nelligan. Bernard Courteau est un poète qui a longuement cultivé son art, « depuis plus de trente ans » dit-il en 1981. Il a fait paraître dans *Amérique française,* en 1955, neuf poèmes « tout empreints encore de Tzara et de l'école automatiste ». Mais ses deux premiers livres sont un recueil de contes africains rattachés à des séries de proverbes ivoiriens, *Quand les dieux dansent, les dieux créent* (1974), et, la même année, un réquisitoire pour une école plus humaine, *L'École aux mains des colonels.* Entre-temps, il a perfectionné son instrument de musique, l'alexandrin enfermé dans la forme fixe du sonnet : de 1975 à 1980 paraissent quatre recueils de poèmes, neuf cents pages de sonnets, à de rares exceptions près. La réaction de la critique est diverse : *Livres et Auteurs* mentionnent sans plus deux recueils ; le chroniqueur de *Dérives* (n° 7, 1977) annonce *Les Vulnéraires* en se contentant de dire qu'il s'agit « d'un inquiétant retour à l'alexandrin qu'il faudra questionner [*sic*] » ; Jacques Ferron appelle Courteau

« l'homme-sonnet », et François Hertel, tout en déplorant des « licences » — car ici l'alexandrin se rappelle les libertés de Victor Hugo et le sonnet celles qui ont suivi Baudelaire — déclare que « la plupart de ces sonnets sont pleins de poésie et de nouveauté ». L'auteur consacre deux livres à Nelligan : *Pour un plaisir de verbe* (1982) et *Nelligan n'était pas fou* (1986). Dans le premier, l'auteur se substitue à Nelligan et à partir des faits connus et inventés, compose, à sa façon, les carnets et les cahiers de Nelligan. Le deuxième livre est une biographie fantaisiste : malgré quelques documents ayant trait à l'époque asilaire du poète, les preuves manquent et les commentaires suivent un libre cours dans l'interprétation des événements et des textes.

ŒUVRES

Quand les dieux dansent, les dieux créent (conte), [Montréal], Leméac, 1974, 278 p. Ill. de Jean-Pierre Karsenty. « Francophonie vivante ».

L'École aux mains des colonels (essai), [Montréal], Éditions Québécoises, 1974, 112 p. Ill. de Bernard Chapleau.

Les Labyrinthes (poésie), [Montréal], Les Éditions Émile-Nelligan, 1975, 224 p.

Les Vulnéraires (poésie), Montréal, Les Éditions Émile-Nelligan, 1976, 224 p. Avec deux encres originales de Jean-Paul Jérôme.

Les Temples de la nuit (poésie), Montréal, Les Éditions Émile-Nelligan, 1978, 224 p. Avec deux encres originales de Jean-Paul Jérôme.

Ur, tabou d'errance (poésie), Montréal, Les Éditions Émile-Nelligan, 1980, 239 p. Préface de l'auteur.

L'Invitation au poème (essai), Montréal, Les Éditions Émile-Nelligan, 1981, iv, 21 p.

Pour un plaisir de verbe. (Carnets et cahiers d'Émile-Nelligan) (pastiche), Montréal, Les Éditions Émile-Nelligan, 1982, 75 p.

Maelströms (poésie), Montréal, Les Éditions Émile-Nelligan, 1984, 195 p. Avec six encres originales du Frère Jérôme.

Les Fables de Lafontaine (Louis-H.), Montréal, Les Éditions Émile-Nelligan, 1986, 134 p. Ill.

Nelligan n'était pas fou (biographie), Montréal, Les Éditions Émile-Nelligan, 1986, 154 p.

———

Banc d'essai : neuf poèmes, AmF, vol. 13, n° 2, juin 1955, p. 211-215. Sous le pseudonyme de Pierre Val.

Poésie québécoise : les recherches d'une identité, dans *Critère*, n° 27, printemps 1980, p. 29-54.

À propos de « Remembrance », dans *Le Berdache*, n° 28, mars 1982, p. 47-51. Sous le pseudonyme de Pierre Val.

ÉTUDES

[Anonyme], *Courteau (Bernard). Quand les dieux dansent les dieux créent*, L, vol. 5, n° 127, avril 1974, p. 127.

[Anonyme], *Courteau (Bernard). Les Labyrinthes*, dans *Le Livre canadien*, vol. 7, févr. 1976, n° 50.

[Anonyme], *Courteau (Bernard). L'École aux mains des colonels*, dans *Le Livre canadien*, vol. 7, oct. 1976, n° 288.

Jacques Renaud, *Qui a peur d'un alexandrin ?*, Dev, vol. 68, n° 129, 4 juin 1977, p. 16.

Jacques Nolin, *Courteau (Bernard). Les Vulnéraires*, dans *Nos livres*, vol. 8, oct. 1977, n° 287.

Yves Bonenfant, *Courteau (Bernard). Les Temples de la nuit*, dans *Nos livres*, vol. 10, févr. 1979, n° 52.

François Hertel, *À propos d'un livre de poèmes*, dans *L'Information médicale*, vol. 31, n° 12, 1er mai 1979, p. 22.

André Jansël, *Courteau (Bernard). Ur, tabou d'errance*, dans *Nos livres*, vol. 12, févr. 1981, n° 66.

Réjean Robidoux, *Nelligan n'était pas fou, il acceptait seulement de passer pour ce fou qui s'appelait Nelligan*, LQ, n° 44, hiver 1986-1987, p. 74-76.

COUSINEAU, ANDRÉ (1926-   ). Théologien, né à Montréal. Après son baccalauréat, il obtient sa licence en théologie à l'Université de Montréal, puis il poursuit ses études à l'Institut biblique pontifical où il se spécialise en Écriture sainte (L.S.S., 1957). De retour à Montréal, il est professeur à la Faculté de théologie de l'Université de Montréal, puis vicaire à la paroisse Saint-Jacques. En 1967, il est nommé de nouveau professeur à l'Université de Montréal. Il collabore à de nombreux périodiques, tels *Séquences, Actualités, New Catholic Encyclopedia, Monde nouveau, Vie communautaire* et *Le Bulletin biblique*.

ŒUVRE

Les Pastorales. Traduction et commentaires (essai), Montréal/ Paris, Éditions Paulines/ Apostolat des Éditions, 1974, 173 p. « Correspondance de Paul ».

———

La Résurrection de Jésus : langage et histoire, dans *Jésus ? de l'histoire à la foi*, Montréal, Fides, 1974, p. 131-143.

Une intervention pastorale originale, dans *Communauté chrétienne*, vol. 11, nos 65-66, sept.-déc. 1972, p. 363-371.

ÉTUDE

[Anonyme], *Jésus ? de l'histoire à la foi*, dans *Le Livre canadien*, vol. 5, nov. 1974, n° 308.

COUSINEAU, JEAN-MICHEL (1949-   ). Économiste et spécialiste en relations industrielles, né à Sainte-Anne-de-Bellevue (Île-de-Montréal). Il fait ses études classiques au Collège de Saint-Laurent (B.A., 1969), puis il obtient à l'Université de Montréal un baccalauréat en sciences économiques (1972) et une maîtrise pour un mémoire sur « La Variabilité cyclique des taux de participation à la main-d'œuvre » (1974). Il travaille à Bell Canada en 1972, puis il entre au Conseil économique du Canada (1973-1977). En 1977, il devient professeur au Département des relations industrielles de l'Université de Montréal. Il est titularisé en 1988. Il est en outre professeur invité à travers le Canada, les États-Unis, et en Europe. Il collabore à divers périodiques, tels *Relations industrielles, L'Économiste, Analyse de politiques, L'Actualité économique.* Jeannine David McNeil écrit au sujet de *Économie du travail* (1981) : « Jean-Michel Cousineau a le souci des démonstrations simples, méthodiques et généralement très claires. [...] Toutefois, il est parfois difficile pour le lecteur qui ne possède pas une connaissance élémentaire de la théorie économique de s'adapter aux niveaux très différents des démonstrations qui se situent tantôt au niveau d'un cours d'introduction et tantôt à celui d'un cours intermédiaire ».

ŒUVRES

Étude sur l'administration des liaisons-Zone Est, Québec, Bell Canada, 1972, 119 p.

Pertes de salaires réels et ententes salariales dans les principales conventions collectives (étude), Ottawa, Conseil économique du Canada, 1976, 17 p. Collab. Robert Lacroix.

Chômage et Programmes d'assurance-chômage (étude), Ottawa, Conseil économique du Canada, 1976, xii, 162 p. Collab. Christopher Green. Ill. Traduction anglaise : *Unemployment in Canada : The Impact of Unemployment Insurance,* ix, 148 p.

L'Impact de la politique canadienne de contrôle des prix et des revenus sur les ententes salariales (étude), Ottawa, Conseil économique du Canada, Approvisionnement et Services Canada, 1977, ii, 21 p. Collab. Robert Lacroix.

La Détermination des salaires dans le monde des grandes conventions collectives. Une analyse des secteurs privé et public, Ottawa, Conseil économique du Canada, 1977, xiv, 150 p. Collab. Robert Lacroix et Paul Robillard. Traduction anglaise : *Wage Determination in Major Collective Agreements in the Private and Public Sectors,* xiv, 142 p.

Wage Determination in the Public and Privage Sectors : the Canadian Case (étude), Montréal, Université de Montréal, Département de science économique, 1977, 30 p. Collab. Robert Lacroix. (Cahier nº 7714).

L'Impact du salaire minimum sur le chômage des jeunes et des femmes au Québec (étude), Montréal, Université de Montréal, Département de science économique, 1978, 25 p. (Paru aussi dans *Relations industrielles,* vol. 34, nº 3, 1979, p. 403-417).

Indexation des salaires et Paix industrielle (étude), Montréal, Université de Montréal, Département de science

économique et Centre de recherche en développement économique, 1979, [ii], 16 p. (Cahier nº 7921). (Paru aussi dans *Relations industrielles,* vol. 34, nº 4, 1979, p. 793-798).

La Mobilité interprovinciale de la main-d'œuvre au Canada : le cas de l'Ontario, de la Nouvelle-Écosse et du Nouveau-Brunswick (étude), Montréal, Université de Montréal, Département de science économique et Centre de recherche en développement économique, 1979, [ii], 22 p. (Cahier nº 7935). (Paru aussi dans *L'Actualité économique,* vol. 55, nº 4, oct.-déc. 1979, p. 501-515).

Le Marché du travail des universitaires du Québec (étude), Québec, Conseil des universités, 1979, 80 p. Ill. « Dossier » ; 1980.

La Théorie néo-classique des marchés du travail, Montréal, La Librairie de l'Université de Montréal, 1980-1981, [ii], 130 p. (Notes de cours).

The Effects of Economic Activity on Strikes : A Search for a Determinate Solution (étude), Montréal, Université de Montréal, Département de science économique et Centre de recherche en développement économique, 1980, [vi], 25 p. Ill. (Cahier nº 8009).

Salaire minimum, chômage, emploi, population active et homme/heures travaillés (étude), Montréal, Université de Montréal, Département de science économique et Centre de recherche en développement économique, 1980, [iv], 28 p. Ill. (Cahier nº 8048).

L'Indexation des salaires (étude), Montréal, Université de Montréal, École de relations industrielles, 1981, 119 p. Collab. Robert Lacroix. Ill. « Monographie ».

Économie du travail (étude), Chicoutimi, Gaëtan Morin éditeur, 1981, xxi, 277 p. Ill.

La Vocation internationale de Montréal : mythes et réalités. Les marchés du travail de Montréal et de Toronto (étude), Montréal, Centre d'études en administration internationale de l'École des Hautes Études commerciales de Montréal, 1982, 275 p. Collab. Robert Lacroix et François Vaillancourt. Ill.

« Effet de structure » et « Effet de marché régional » dans les disparités interrégionales de salaire : une application au cas de Montréal et de Toronto, Montréal, Université de Montréal, Département de science économique et Centre de développement économique, 1982, [iii], 35 p. Collab. Robert Lacroix. Ill. (Cahier nº 8240).

La Détermination des salaires des policiers municipaux au Québec, Montréal, Université de Montréal, Département de science économique et Centre de recherche en développement économique, 1982, [vi], 18 p. (Cahier nº 8235).

Arbitration, Wage Comparisons in a Closed Group and Municipal Police Salaries in Québec (étude), Montréal, Université de Montréal, Département de science économique et Centre de recherche en développement économique, 1983, iv, 26 p. Collab. Daniel Boothby. Ill.

La Détermination des avantages sociaux au Canada (étude), Montréal, Université de Montréal, Département de science économique et Centre de recherche en développement économique, 1983, iv, 32 p. Collab. Robert Lacroix, Ill. (Cahier n⁰ 8309).

La Formation de l'emploi et des salaires dans une économie de marché (étude), Montréal, Librairie de l'Université de Montréal, 1984, iii, 211 p. Ill. (Notes de cours).

Why Does Strike Activity Vary Over Time and Between Industries? (étude), Montréal, Université de Montréal, Département de science économique et Centre de recherche en développement économique, [s.d.], [iv], 26 p. Collab. Robert Lacroix. Ill. (Cahier n⁰ 8302).

The Determination of Escalator Clauses in Collective Agreements, Montréal, Université de Montréal, Département de science économique et Centre de recherche en développement économique, [s.d.], [vi], 28 p. Collab. Robert Lacroix et Danielle Bilodeau. (Cahier n⁰ 8049).

L'indexation des salaires et le Retour à la stabilité des prix, dans *Analyse de politiques,* vol. 3, n⁰ 2, printemps 1977, p. 155–163. Collab. Robert Lacroix. Ill.

Structural Unemployment in Canada : 1971–1974 Did it Worsen?, dans *Relations industrielles,* vol. 33, n⁰ 2, 1978, p. 175–192. Collab. Chris Green. Ill.

L'Évolution des salaires et la Négociation collective, dans *La Gestion des relations du travail au Québec. Le cadre juridique et institutionnel,* Montréal, McGraw Hill, 1980, p. 257–304. Collab. Robert Lacroix.

Le Climat des relations de travail à Montréal et à Toronto, dans *Relations industrielles,* vol. 38, n⁰ 4, 1983, p. 730–743. Collab. Robert Lacroix. Ill.

ÉTUDES

Ronald Bodkin, *Unemployment in Canada,* dans *Revue canadienne d'économie,* vol. 10, n⁰ 3, août 1977, p. 508–510.

Paul-Martel Roy, *La Détermination des salaires dans le monde des grandes conventions collectives,* dans *Relations industrielles,* vol. 33, n⁰ 3, juillet 1978, p. 567–569.

Raymond Carbonneau, *Salaire, Travail et Inflation,* dans *Chercheurs,* vol. 5, n⁰ 1, déc. 1978, p. 17–20.

W.C. Riddel, *Wage Determination in the Private and Public Sectors,* dans *Revue canadienne d'économie,* vol. 12, n⁰ 2, mai 1979, p. 333–335.

Ronald Bodkin, *La Détermination des salaires dans le monde des grandes conventions collectives,* dans *Analyse de politiques,* vol. 5, n⁰ 3, été 1979, p. 457–460.

Jeannine David McNeil, *Économie du travail,* dans *Gestion internationale,* vol. 8, n⁰ 2, avril 1983, p. 47–48.

COUTURE, GILLES (1943–   ). Écologiste et journaliste, né à Val-d'Or (Abitibi). Il fait ses études à l'École Mgr Desmarais de Val-d'Or, puis il débute dans le journalisme, en 1961. En 1963, il poursuit des études en communication à Paris. Il retourne au journalisme à Val-d'Or, en 1965, devient traducteur au Secrétariat d'État à Ottawa, en 1966, revient au journalisme en 1968, et va étudier au University Science Center de Philadelphie en 1974, grâce à une bourse. De 1978 à 1981, il est recherchiste sur

les droits des autochtones auprès de l'Alliance laurentienne des Métis et Indiens du Québec. En 1981 il redevient journaliste comme rédacteur du journal *Alliance.* Il publie *Les Commandos de l'anti-Apocalypse,* en 1979, et *Le Chauffage au bois,* en 1980, ouvrages se rapportant à l'écologie et à l'avenir de l'homme dans la nature.

ŒUVRES

Les Commandos de l'anti-Apocalypse, accès à la planétisation (essai), Montréal, Univers-Aurore, 1979, 156 p. Préface de Jean Roy.

Le Chauffage au bois (guide), Montréal, Éditions Jean Basile, 1980, 124 p.

COUTURE, SÉVÈRE. Voir **DESMARCHAIS, REX.**

COUTURIER, GUY Pierre (1929–   ). Théologien et orientaliste, né à Montréal. Il obtient son baccalauréat ès arts à l'Université de Montréal, en 1952, puis une licence en théologie à l'Angelicum de Rome en 1956 ; l'année suivante, l'Université Johns Hopkins (Baltimore) lui décerne une maîtrise en études orientales et sémitiques. En 1959, on le retrouve à l'École biblique et archéologique de Jérusalem dont il détient un diplôme. Il prépare ensuite une licence en Écriture sainte, à Rome, en 1960. Il poursuit ses travaux et ses recherches à l'École pratique de Hautes Études de Paris, à l'École du Louvre, puis à l'Institut Goethe de Munich. Il enseigne au Scolasticat Notre-Dame-de-Sainte-Croix, à l'Université Saint-Paul (Ottawa), à l'Université Notre-Dame (É.-U.), et, à compter de 1967, à la Faculté de théologie de l'Université de Montréal.

ŒUVRES

Homélie sur le baptême de Théodore de Mopsueste, Paris, A. Hamman, 1963, 75 p. Traduction du syriaque.

La Prédication dans l'Église apostolique (essai), Montréal, Les Cahiers de pastorale, 1963, 31 p.

Essais sur la mort, Montréal, Fides, 1985, 523 p. Sous la direction de Guy Couturier, André Charron et Guy Durand. Présentation de Guy Couturier. « Héritage et Projet ». (Travaux d'un séminaire de recherche sur la mort, Faculté de théologie, Université de Montréal).

Les Recherches archéologiques de Miss Kenyon en Palestine, dans *Sciences ecclésiastiques,* vol. 13, 1961, p. 239–248.

Sagesse babylonienne et Sagesse israélite, dans *Sciences ecclésiastiques,* vol. 14, 1962, p. 293–310.

Le Prêtre et l'Enseignement en Israël, dans *Le Prêtre hier, aujourd'hui, demain,* Montréal, Fides, 1970, p. 44–45.

L'Une des dernières voix : Joël, dans *Aujourd'hui la bible,* n° 89, 1972, p. 6–9.

Qui est Yahvé dans l'Ancien Testament, dans *Jésus ? De l'histoire à la foi,* Montréal, Fides, 1974, p. 177–192.

Prière de Moïse : le chant de la mer, dans *La Bible en prière,* Montréal/Paris, Éditions Paulines/Médiaspaul, 1983, p. 9–25.

ÉTUDES

[Anonyme], *Le Prêtre, hier, aujourd'hui, demain,* dans *Le Livre canadien,* vol. 1, avril 1970, n° 116.

[Anonyme], *Jésus ? De l'histoire à la foi,* dans *Le Livre canadien,* vol. 5, nov. 1974, n° 308.

CRÉMAZIE, Claude Joseph Olivier dit OCTAVE (1827–1879). Libraire, poète, mémorialiste et épistolier, né à Québec, l'un des plus célèbres représentants du romantisme canadien-français. Le premier de la souche, Jacques Crémazie, vint s'installer au Canada en 1759. Aux vrais prénoms du poète fut ajouté celui d'Octave, sa mère voulant ainsi marquer sa vénération envers Mgr Joseph-Octave Plessis, évêque de Québec, mort en 1825. À neuf ans, Octave Crémazie entre au Petit Séminaire de Québec. Doué d'une mémoire prodigieuse, l'élève acquiert une solide culture littéraire grâce surtout à l'enseignement de l'abbé Jean Holmes, humaniste érudit et bon pédagogue. À la fin de 1843, il abandonne le cours de philosophie et fonde avec son frère Joseph (notaire depuis 1837), en janvier 1844, une « librairie ecclésiastique » située 15, rue Saint-Joseph. Dès le mois de mai, la Librairie Crémazie déménage dans la rue Sainte-Famille et, trois ans plus tard, au 12, de la rue de la Fabrique. Octave commence donc sa profession de libraire à l'âge de dix-sept ans. Il importe et vend des livres de littérature, de théologie, d'histoire, de philosophie et de droit, ainsi qu'un nombre considérable de produits variés. En dix ans le renom de l'entreprise est assuré ; la librairie est devenue l'un des foyers de culture de la ville de Québec. Le jeune libraire se nourrit de livres nouvellement arrivés de France et admire les œuvres de Lamartine, Musset, Hugo et Gautier. Fortement influencé par la tradition journalistique de son milieu, Crémazie écrit son premier poème, une « étrenne », *Aux abonnés de l'Ami de la Religion et de la Patrie, premier jour de l'an 1849,* que ce journal dirigé par son frère aîné, Jacques, publie le 3 janvier. Ainsi commence l'œuvre poétique de Crémazie, laborieusement réalisée, centrée sur des thèmes patriotiques, poésie de circonstance ou de méditation. À l'âge de vingt-trois ans, le libraire-poète fait son premier voyage en Europe, visite Paris et Versailles en compagnie d'Adolphe de Puibusque, puis se rend en Belgique, à Marseille et à Rome. Parti le 1er janvier 1851, il rentre à Québec en mai via Liverpool et New York. Il fera deux autres voyages en Europe, en 1854 et en 1856, ce qui lui permet de mieux connaître la vie littéraire de son époque et contribue à la fixer dans le grand courant de la pensée romantique. Au cours de son troisième voyage, il retrouve à Paris Mme Manoël de Grandfort (qui avait donné quelques conférences à Québec en juin 1854) envers laquelle, dira-t-on, il gardera des sentiments tendres, sans qu'on puisse parler d'amour. Grâce à elle il a ses entrées dans les salons littéraires du Second Empire. L'année 1855 marque l'arrivée à Québec de la *Capricieuse,* navire français qui symbolise la reprise des relations normales entre la France et le Canada : à Québec, à Montréal, à Beauharnois, à Trois-Rivières, à Kingston, à Toronto et à Ottawa, Paul-Henry de Belvèze, capitaine de la corvette, reçoit un accueil enthousiaste. Cette atmosphère libère chez Crémazie un intérêt marqué pour l'histoire et l'amour de la patrie. C'est à cette époque qu'il compose quelques poèmes qui le rendront célèbre : « Le Vieux Soldat canadien », « La Guerre d'Orient », « Sur les ruines de Sébastopol », « Les Morts », « Le Drapeau de Carillon ». Une place à part revient à la « Promenade de trois morts », poème publié dans *Les Soirées canadiennes,* en 1862, que certaines rapprochent du « Purgatoire » de Dante, et d'autres de *La Comédie de la mort* de Théophile Gautier. Ce poème inachevé est lié au drame intime de Crémazie, plus précisément à l'idée de la mort qui l'obsède. Vers 1860, l'arrière-boutique de la librairie est un lieu de rencontres littéraires auxquelles participent Henri-Raymond Casgrain, François-Xavier Garneau et son fils Alfred, Jean-Baptiste-Antoine Ferland, Joseph-Charles Taché, Pierre-Joseph-Olivier Chauveau, François-Alexandre-Hubert Larue, Antoine Gérin-Lajoie, Léon-Pamphile Le May, Louis-Honoré Fréchette et quelques autres. Membre de l'Institut canadien, riche d'impressions provenant de ses voyages et de ses lectures, Crémazie est au centre de ce renouveau littéraire. Cependant, en novembre 1862, la librairie est en faillite. Depuis plusieurs années, pour faire face aux difficultés financières, le libraire-poète a fait des emprunts considérables et a même forgé des signatures au bas d'innombrables « billets promissoires » [billets à ordre] qu'il a imprudemment remis aux usuriers. Le 11 novembre, Octave Crémazie s'enfuit clandestinement de Québec et, via New York, gagne Paris où sous le nom de Jules Fontaine il commence une dure vie de seize ans d'exil, marquée par l'angoisse, la solitude, la pauvreté et la maladie. Physiquement épuisé et moralement ébranlé, il vivote tant bien que mal à côté de ses amis Julie et Hector Bossange, en travaillant pour leur agence d'exportation. Dans ses loisirs, il rêve en promeneur solitaire et lit ses auteurs préférés Ozanam, Veuillot, Brizeux, Montalembert, Guizot, Mérimée, Musset, Hugo ; il suivra aussi certains cours de la Sorbonne et du Collège de France. Il est rare qu'il fasse des vers. Il écrit fidèlement à ses parents et amis du Québec, à son frère Jacques, et surtout à l'abbé Casgrain : ses lettres constituent un bel exemple de sa prose remarquable de clarté et d'élégance. Pendant la guerre franco-allemande, il rédige son *Journal du siège de Paris*, document intéressant qui permet de suivre au jour le jour les engagements militaires et les réactions du poète. À la mort de son frère Jacques, survenu en juillet 1872, Octave perd celui qui pendant dix ans lui a assuré un appui moral et financier. En 1875, il va gagner sa vie à Bordeaux où il prend la direction d'une modeste succursale de l'Agence Bossange. Au bout de quelques mois il passe au Havre où on lui confie un poste semblable ; il semble y vivre un autre exil. C'est au Havre qu'il meurt le 16 janvier 1879 ; il est enterré au cimetière d'Ingouville, en présence de quatre amis qui ont toujours cru qu'il s'agissait d'un certain « Jules Fontaine, natif de Richmond, aux États-Unis ». Malgré ses déboires de libraire et ses infortunes de poète, Crémazie a joui d'une grande renommée auprès des Québécois. On a surtout retenu son « Drapeau de Carillon » où vibre puissamment son patriotisme. Les trente-quatre « poèmes très inégaux qu'il composa de 1849 à 1868 et qui constituent son œuvre, dit Réjean Robidoux, correspondent en fait à un apprentissage assez hasardeux du métier poétique. La gaucherie et la lourdeur des meilleures pièces tiennent pour une part à la curieuse méthode que le poète pratiquait : il élaborait tout au long ses poèmes dans sa tête et ne les transcrivait qu'achevés. Mais il est clair aussi que, imbu comme ses contemporains de la rhétorique la plus superficielle du romantisme

français, Crémazie ne pouvait, consciemment ni par instinct, concevoir la poésie avant tout comme une création de langage ». Il était conscient de ses faiblesses, et dans une lettre du 20 octobre 1869 à l'abbé Casgrain, il écrivait à propos des *Trois morts* : « En vieillissant, ma passion pour la poésie, loin de diminuer, semble plutôt augmenter. Seulement, au lieu de composer moi-même des vers médiocres, j'aime bien mieux me nourrir de la lecture des grands poètes ». Odette Condemine, dans sa magistrale édition critique de l'œuvre entière de Crémazie, souligne avec raison que dans l'œuvre de jeunesse du barde québécois « il y a des moments où son inspiration s'élève au niveau de celle de ses maîtres », où le rythme et l'expression sont de qualité. « On connaît les strophes célèbres de *Colonisation* et des *Morts* sur la patrie canadienne et les malheurs de l'exilé. Une composition plus soignée se fait remarquer dans *La Fiancée du marin, La Potowatomis,* et l'*Épigraphe pour les Anciens Canadiens* ». La prose de Crémazie — sa correspondance et son *Journal du siège de Paris* — montre mieux la maîtrise de l'écrivain qui est à la fois témoin et le juge de son temps. Ici, par son style direct, ses observations perspicaces et ses jugements audacieux et nuancés, il se révèle un écrivain authentique et mérite sa place entre F.-X. Garneau et Louis Fréchette ».

ŒUVRES

Le Drapeau de Carillon (poème), [Québec, s.é.], 1858, 8 p. « Le Journal de Québec ».

Un soldat de l'Empire (poème), [Québec, s.é.], 1859, 12 p. « Le Journal de Québec ».

Œuvres complètes de Octave Crémazie, Montréal, Beauchemin et Valois Libraires-Imprimeurs, 1882, 543 p. Notice biographique par l'abbé H.-R. Casgrain, p. 7–94. Édition publiée sous le patronage de l'Institut canadien de Québec ; Beauchemin et fils, 1896 ; 1897.

Lettres et Fragments de lettres, Montréal, Beauchemin et Valois, 1886, 316 p. ; C.O. Beauchemin, 1886.

Poésies d'Octave Crémazie, Montréal, Beauchemin et Valois, 1886, 230 p. Notice biographique par l'abbé H.-R. Casgrain, p. 7–94 ; 1912, 236 p. « Champlain » ; Librairie Beauchemin, 1925, 202 p.

Crémazie, Montréal, Fides, [1956], 95 p. « CC ». Textes choisis et présentés par Michel Dassonville ; 1962, édition revue et corrigée ; 1965 ; 1967 ; 1970 ; 1979. Réimpression.

Œuvres, Ottawa, EUO, 1972, 1976, 2 vol. « Présence ». Édition critique. Texte établi, annoté et présenté par Odette Condemine : vol. 1, *Poésies,* 613 p. Préface de Paul Wyczynski. Introduction p. 19–218. Généalogie et chronologie d'Octave Crémazie, p. 219–241. Bibliographie, p. 513–596. Texte établi de trente-quatre poèmes de Crémazie ; vol. 2, *Prose*, 438 p. Correspondance de Crémazie (cent dix lettres dans l'ordre chronologique), Journal du siège de Paris, Écrits divers. Le Journal du siège de Paris est minutieusement établi d'après le manuscrit original.

ÉTUDES

Norbert Thibault, *Études littéraires. De la poésie — Poètes canadiens : M. Octave Crémazie*, dans *Le Courrier du Canada*, 10ᵉ année, nº 45, 18 mai 1866, p. 1 ; nº 48, 25 mai 1866, p. 1-2 ; nº 54, 8 juin 1866, p. 1 ; nº 60, 22 juin, 1866, p. 1-2.

L[ouis]-M[ichel] Darveau, *Nos hommes de lettres*, Montréal, A.A. Stevenson, 1873, vol. 1, p. 154–177.

Thomas Chapais, *Octave Crémazie*, NSC, Québec, Demers frères, vol. 2, 1883, p. 410–419, 450–463, 521–530 ; vol. 3, 1884, p. 44–48.

N[arcisse] Degagné, *Octave Crémazie, Étude littéraire*, RC, 30ᵉ année, juin 1894, p. 321–336 ; juillet 1894, p. 415–431.

Charles ab der Halden, *Études de littérature canadienne-française*, Paris, Rudeval, 1904, p. 53–125.

Ernest Gagnon, *Quelques Notes sur Octave Crémazie*, RC, 41ᵉ année, 2ᵉ vol., sept. 1905, p. 231–233 ; reproduit dans *Feuilles volantes et pages d'histoire*, Québec, Laflamme et Proulx, 1910, p. 47–66 ; aussi dans *Pages choisies*, Québec, Garneau, 1917, p. 254–270.

Fernand Rinfret, *Octave Crémazie*, dans *Études sur la littérature canadienne-française*, St-Jérôme, J.-E. Prévost, 1ʳᵉ série, 1906, 71 p.

Henri d'Arles [X Henri Beaudé], *Un barde précurseur : Octave Crémazie ; sa correspondance, son journal, ses poésies*, dans *Essais et Conférences*, Québec, Chez l'auteur, 1909, p. 283–320.

Émile Chartier, *Octave Crémazie (16 avril 1827 — 16 janvier 1879) — Le poète national et personnel*, dans *Revue trimestrielle canadienne*, 13ᵉ année, nº 52, déc. 1927, p. 367–388 ; reproduit dans *Au Canada français : la vie de l'esprit*, Montréal, Valiquette, 1941, p. 287–320.

Jules Léger, *Octave Crémazie et le Siège de Paris*, RUO, vol. 9, nº 3, juillet-sept. 1939, p. 335–348.

Pierre-Georges Roy, *À propos de Crémazie*, Québec, Garneau, 1945, 302 p.

Séraphin Marion, *Le Journalisme, berceau des lettres canadiennes. Octave Crémazie. Précurseur du Romantisme canadien-français*, Ottawa/ Hull, EUO/ Éditions l'Éclair, 1947, 215 p. « Les Lettres canadiennes d'autrefois ».

Pierre Fontenailles, *Chronique historique. Un poète canadien en Orléanais, Octave Crémazie*, dans *La République du Centre*, 5ᵉ année, nº 1103, 23 avril 1948, p. 4 ; nº 1110, 3 mai 1948, p. 5 ; nº 1124, 21 mai 1948, p. 4 ; nº 1130, 28 mai 1948, p. 4 ; nº 1136, 4 juin 1948, p. 4.

Michel Dassonville, *Crémazie, le romantisme et nous*, RUL, vol. 9, nº 3, nov. 1954, p. 210–221.

Jeanne-Leber, Sœur, « L'Amitié de Crémazie et Casgrain ». Thèse de maîtrise. Université d'Ottawa, 1960, 176 p.

Odette Condemine, *Octave Crémazie*, dans *La Poésie canadienne-française*, Montréal/ Paris, Fides, 1969, p. 287–304. « ALC » 4.

Id., *Octave Crémazie* (album iconographique), Montréal, Fides, 1980, 273 p. Liminaire de Paul Wyczynski.

Réjean Robidoux et Paul Wyczynski [éditeurs], *Crémazie et Nelligan*, Montréal, Fides, 1981, 188 p.

Odette Condemine, *Octave Crémazie, poète et témoin de son siècle*, Montréal, Fides, 1988, 309 p. « BQ ».

CRÉMAZIE, PAUL. Voir **BOISSONNAULT, CHARLES-MARIE.**

CRÉPEAU, JEAN-FRANÇOIS (1947–   ). Poète et chroniqueur littéraire, né à Joliette. Il fait ses études classiques au Séminaire de Joliette et au Collège de l'Assomption (B.A., 1969), puis il obtient une maîtrise en lettres françaises à l'Université McGill pour un mémoire sur « L'Univers féminin dans l'œuvre de Marcel Dubé » (1974). Il enseigne le français et l'anglais à Saint-Jean-sur-Richelieu à partir de 1972, et il devient chroniqueur littéraire et « billettiste » *au Canada français* en 1978. Outre les présentations de deux pièces de Marcel Dubé, *Le Réformiste* et *Octobre,* une pièce pour enfants jouée à Iberville, « À quoi joue-t-on ? » et un roman pour adolescents, *Adieu je pars, bonjour je reste,* publié hors commerce, Jean-François Crépeau a fait paraître deux recueils de poésie, *Soléitude* (1978) et *Entre toiles* (1982). À propos du premier, Michel Beaulieu se demande s'il s'agit « d'un effort délibéré vers la banalisation », alors que selon André Gaulin le texte « est un long chant intérieur qui cherche à retrouver l'enfant menacé d'anonymat, d'errance et d'exil. C'est un long phrasé soutenu d'un long souffle de mémorial ».

ŒUVRES

Poèmes et Proses. Soléitudes, Saint-Jean-sur-Richelieu, Éditions Mille Roches, 1978, 94 p. « Étoile noire ».

Entre toiles (poésie), Iberville, Chez l'auteur, 1982, [n.p.].

Note sur l'auteur, dans Marcel Dubé, *Le Réformiste ou L'Honneur des hommes,* [Montréal], Leméac, 1977, p. 17–18. « Théâtre ».

Octobre, le présent à la lumière du passé, dans Marcel Dubé, *Octobre,* [Montréal], Leméac, 1977, p. 9–16. « Théâtre ».

ÉTUDES

André Gaulin, *Soléitudes,* dans *Québec français,* nº 32, déc. 1978, p. 7.

André Janoël, *Soléitudes,* dans *Nos livres,* vol. 10, avril 1979, nº 149.

Michel Beaulieu, *Trois poètes mineurs,* dans *Le Livre d'ici,* vol. 4, nº 39, 4 juillet 1979, p. 1.

CRESPEL, EMMANUEL [baptisé Jacques-Philippe] (1703–1775). Mémorialiste, né à Douai (France). Il entre chez les récollets à Avesnes, à seize ans. En 1724, il est envoyé au Canada où il termine sa formation et il est ordonné prêtre le 16 mars 1726.

D'abord curé de Saint-Pierre, au fort Richelieu, il est nommé aumônier militaire en 1728 et accompagne la troupe française en expédition contre les Renards dans la région des Grands Lacs. Il est ensuite aumônier aux forts Niagara (1729-1732), Frontenac (1732-1735) et Frédéric (1735-1736). Rappelé en France, il s'embarque en novembre 1736, mais le navire s'échoue près de l'île d'Anticosti. Après cinq mois de souffrances, il ne reste que six personnes des cinquante-quatre qui s'étaient embarquées. Le père Crespel réussit à retourner à Québec, le 13 juin 1737, est nommé curé de Soulanges, puis se rembarque pour la France en octobre 1738. Une fois complètement rétabli, il redevient aumônier auprès de l'armée du maréchal de Maillebois, en Prusse rhénane. C'est pendant cette période qu'à la demande de son frère il rédige, sous forme de lettres, le récit de ses souvenirs de voyages qui paraissent à Francfort-sur-le-Main, en 1742. Revenu au Canada entre 1750 et 1752, il est nommé commissaire provincial des récollets, poste qu'il occupe jusqu'à sa mort survenue en avril 1775, se trouvant ainsi à diriger les récollets à une période difficile à cause de l'hostilité des autorités anglaises. Son récit a été réédité plusieurs fois et a été traduit en allemand et en anglais. On reconnaît au père Crespel les qualités d'un bon conteur.

ŒUVRE

Voiages du R.P. Emmanuel Crespel, dans le Canada et son naufrage en revenant en France, mis au jour par le Sr. Louis Crespel son frère, A Francfort sur le Meyn, [s.é.], MDCCXLII (1742), xii, 158 p. ; *Voyages (...)*, A Francfort sur le Meyn, Chez Henry Louis Broenner, MDCCLII (1752), viii, 135 p. ; *Voyage au Nouveau-Monde, et Histoire intéressante du naufrage du R.P. Crespel. Avec des notes historiques & géographiques*, A Amsterdam, [s.é.], MDCCLVII (1757), x, 240 p. (Une erreur de pagination indique 140 p.) ; *Voyages en Canada par le R.P. Emmanuel Crespel, Recolet, et son naufrage sur l'isle d'Anticostie en 1736*, [Québec], Imprimé à la Nouvelle Imprimerie, 1808, ii, 28 p. ; Québec, Reproduction — Imprimerie A. Côté et Cie, 1884, [xiii], viii, 135, XL p. (Suivi d'une *Biographie du Rév. père Emmanuel Crespel* par S.J.M. (L.-E. Bois) ; Montréal, Réédition-Québec, 1968, ii, 28 p. (Fac-similé de l'édition de 1808). Traduction anglaise : *Travels in North America, with a Narrative of his Shipwreck, and Extraordinary Hardships and Sufferings on the Island of Anticosti ; and an Account of that Island, and of the Shipwreck of his Majesty's Ship Active, and others*, London, Printed by and for Sampson Low, 1797, xxviii, 188 p. Traduction allemande par Von Karl Esselborn : *Emmanuel Crespels Reisen in Kanada und Schiffbruch bei der Rückkehr nach Frankreich/Ins deutche übersetzt sowie mit. Einleitung und Anmekungen Versehen*, Friedberg, Darmstadt : für den Buchhandel H.J. Schlapp, 1915, 116 p. Ill.

ÉTUDES

Hugolin Lemay, *Le P. Emmanuel Crespel commissaire des récollets au Canada*, BRH, vol. 44, 1938, p. 169-171.
Jean-Guy Pelletier, *Emmanuel Crespel*, DBC, t. 4, p. 196-197.

CRESPEL, JACQUES-PHILIPPE. Voir **CRESPEL, EMMANUEL.**

CREVIER, FRANÇOIS. Voir **DESMARCHAIS, REX.**

CRIC-CRAC. Voir **BERTHELOT, HECTOR.**

CUGNET, FRANÇOIS-JOSEPH (1720-1789). Juriste, né à Québec, fils du directeur général du Domaine d'Occident en Nouvelle-France. On ignore presque tout de sa jeunesse, mais on sait qu'il a suivi des cours de droit. Il séjourne à Saint-Domingue entre 1747 et 1750, à titre de fonctionnaire. Revenu à Québec en 1752, il entre au bureau du Domaine d'Occident. Sa conduite à l'époque de la conquête est ambiguë, et certains l'accusent de trahison lors de la prise de Québec. En décembre 1759, Murray le nomme juge de trois paroisses des environs de Québec ; en 1760, il est procureur général de la côte nord du district de Québec, et en 1765 grand voyer du district. En 1768, il devient le principal fonctionnaire canadien auprès du gouverneur, traducteur officiel et secrétaire français. Le gouverneur Carleton le charge de préparer un résumé des lois et coutumes de la Nouvelle-France, mais son travail, jugé trop concis, est repris par deux prêtres du Séminaire de Québec et publié à Londres en 1772-1773. Piqué, Cugnet reprend et développe son résumé, si bien que Carleton, impressionné, en finance la publication en quatre tomes (1775). Il reçoit sa commission d'avocat en 1777. Soucieux de la survie du droit civil français au pays, Cugnet a fortement appuyé le gouverneur Carleton. Il semble évident que sans ses efforts de codification, le gouvernement britannique aurait pu ignorer les anciennes lois et coutumes, sous prétexte qu'elles n'étaient connues que par tradition orale.

ŒUVRES

Traité de la loi des fiefs. Qui a toujours été suivie en Canada depuis son établissement, tirée de celle contenue en la Coutume de la Prevôté et Vicomté de Paris, à laquelle les fiefs et seigneuries de cette Province sont assujettis, en vertu de leurs titres primitifs de concession, et des édits, règlements, ordonnances et déclarations de Sa Majesté très Chretienne, rendus en conséquence ; et des differents jugements d'Intendants rendus a cet egard, en vertu de la loi des fiefs, et des édits, reglemens, ordonnances et déclarations. Traité utile a tous les seigneurs de cette Province, tant nouveaux qu'anciens sujets, aux juges et au receveur-general des Droits de Sa Majesté. Par François-Joseph Cugnet, Québec, Guillaume Brown, 1775, xiv, 71 p.

Traité de la police. Qui a toujours été suivie en Canada, aujourd'hui Province de Québec, depuis son établissement jusqu'à la Conquête, tiré des différents règlemens, jugemens et ordonnances d'Intendants, à qui par leurs commissions, cette partie du gouvernement était totalement attribuée, à l'exclusion de tous autres juges, qui n'en pouvaient connaître qu'en qualité de leurs subdélégués. Traité qui pourrait être de quelqu'utilité aux Grands Voyers et aux juges de Police de cette Province, Québec, Guillaume Brown, 1775, 25 p.

Traité abrégé des anciennes loix, coutumes et usages de la colonie du Canada (...), tiré de la coutume de la prevôté et vicomté de Paris, à laquelle la dite colonie était assujettie, en conséquence de l'édit de l'établissement du Conseil Souverain du mois d'avril 1663 (...), Québec, Guillaume Brown, 1775, 188 p.

Extraits des édits, déclarations, ordonnances et reglements de Sa Majesté Très Chrétienne. Des règlements et jugements des Gouverneurs Généraux et Intendants concernant la justice ; et des règlements et ordonnances de Police rendues par les Intendants, faisants partie de la législature en force en la colonie du Canada (...). Tirés des registres du Conseil Superieur et de ceux d'Intendance, Québec, Guillaume Brown, 1775, 106 p.

ÉTUDES

Marine Leland, *François-Joseph Cugnet, 1720–1789*, RUL, vol. 16–21, 1961–1967. (Étude biographique publiée en 22 tranches).

Michel Brunet, *Les Canadiens après la conquête, 1759–1775*, Montréal, Fides, 1969, p. 240 et seq.

Pierre Tousignant et Madeleine Dionne-Tousignant, *François-Joseph Cugnet*, DBC, vol. IV, p. 197–202.

C.V. Voir **LAMARCHE, GUSTAVE**.

CYPRIEN. Voir **BEAULIEU, GERMAIN**.

CYPRIEN. Voir **FRÉCHETTE, LOUIS HONORÉ**.

CYPRIEN. Voir **TREMBLAY, LAURENT**.

CYR, GILLES (1940–   ). Poète, né à Saint-Fidèle-de-Restigouche. Après son baccalauréat en pédagogie à l'Université de Sherbrooke (1964), il obtient une licence ès lettres (1970) à l'Université de Montréal et une maîtrise (1971) dont le mémoire porte sur « Julien Gracq et le Surréalisme ». Il fait ensuite la scolarité du doctorat à l'Université de Paris VII et prépare une thèse sur Georges Bataille. Spécialisé en littérature française et québécoise du XXᵉ siècle, il enseigne au Collège de Maisonneuve, puis aux universités Lakehead (Thunder Bay), Western (London), Laval, Concordia, de Montréal et du Québec à Montréal. Grâce à une bourse d'aide à la création du Québec (1980), il se consacre entièrement à l'écriture poétique et fait paraître des poèmes dans *Mœbius, Liberté, Le Devoir*, la *Nouvelle Barre du jour*, l'*Atelier de production littéraire de la Mauricie*... Ses premiers recueils sont très bien accueillis par la critique : *Sol inapparent* (1978) fait dire à Pierre Nepveu : « Le laconisme de Gilles Cyr a une dimension éthique : il cherche à capter le destin en dehors de tout pathos et de toute dérive, sous la forme d'une volonté lucide ». Et Michel Beaulieu écrit du second recueil, *Ce lieu* (1980) : « Gilles Cyr vise le fondamental par annotations fulgurantes tandis que rien dans l'écriture même, dans le vocabulaire utilisé ne semble en soi porter cette foudre ».

ŒUVRES

Sol inapparent (poésie), Montréal, L'Hexagone, 1978, 84 p.

Ce lieu (poésie), Montréal, Espacement, 1980, [n.p., 25 p.].

Diminution d'une pièce (poésie), Montréal, Espacement, 1982, [n.p., 35 p.] ; L'Hexagone, 1983, 69 p.

Littérature et Science, L, vol. 12, nᵒ 67, janv.–févr. 1970, p. 57–67.

Situation de la littérature marocaine d'expression française, L, vol. 15, nᵒ 89, sept.–oct. 1973, p. 129–144.

Pour l'imaginaire, Jour déjeté (poésie), Dev, vol. 70, nᵒ 275, 24 nov. 1979, p. 7.

Dans le vent divisé, L, vol. 22, nᵒ 5, sept.–oct. 1980, p. 25–32.

A Kü et à Poustozersk, NBJ, nᵒˢ 100–101, mars 1981, p. 51–55.

ÉTUDES

Pierre Nepveu, *Sol inapparent de Gilles Cyr*, LAQ 1978, p. 112–113.

Robert Mélançon, *Gilles Cyr, poète de l'essentiel,* Dev, vol. 70, n° 28, 3 févr. 1979, p. 19.

Guy Cloutier, *Cette phrase me surprend,* NBJ, n° 78, mai 1979, p. 89-91.

François Hébert, *Chronique. Gilles Cyr,* L, n° 123, mai-juin 1979, p. 109-111.

Claude Beausoleil, *De textes en textes,* dans *Spirale,* n° 2, oct. 1979, p. 10.

Michel Beaulieu, *Gilles Cyr récidive,* dans *Le Livre d'ici,* vol. 5, n° 39, 2 juillet 1980, p. 1.

Hugues Corriveau, *Gilles Cyr. Ce lieu,* LAQ 1980, p. 103.

Pierre Nepveu, *Écriture-Tatouage et Langage raréfié,* Dev, vol. 75, n° 77, 31 mars 1984, p. 22.

CYRANO. Voir **CINQ-MARS**, ALONZO.

CYR-COULOMBE, BERTHE Lucienne [X Lévesque] (1910–   ). Poète, dramaturge, historiographe, née à Saint-Honoré (Québec). Elle fait ses études à l'Académie Saint-Joseph de Saint-Quentin (N.-B.) et à l'École normale de Frédéricton (diplôme, 1928). Plus tard, elle poursuivra des études de musique et prendra des cours d'extension au Centre universitaire Saint-Louis-Maillet à Edmundston (N.-B.). Elle consacre vingt-deux ans à l'enseignement primaire, à Saint-Quentin. En 1967, elle reçoit la médaille du centenaire de la Confédération du Canada. La même année, elle remporte le deuxième prix au concours provincial de poésie, et le premier prix régional de Saint-Basile pour sa pièce «Le Canada». Elle fait jouer deux pièces de théâtre: «Vie de Adelaïde Hoodless» (1967) et «Pageant historique de Madawaska» (1969). Elle tient une chronique pendant quelques années dans *L'Aviron* de Campbellton (N.-B.), publie des poèmes dans *Éloïze (1980),* la nouvelle revue de l'Association des écrivains acadiens. Elle a aussi fait paraître une monographie de paroisse: *En remuant des souvenirs* (1980).

ŒUVRE

En remuant des souvenirs (monographie), Edmundston, Le Madawaska, 1960, [n.p., 26 p.].

Les Rochers du Cap Hopewell (poésie), dans *Éloïze,* automne 1980, p. 6.

Je suis le vent (poésie), dans *Éloïze,* automne 1980, p. 10.

CZESZMER, PIERRE. Voir **FOUGÈRES**, MICHEL.

D

DAGENAIS, ANDRÉ (1917–   ). Journaliste et philosophe, né à Montréal. Il étudie au Collège Sainte-Marie et à l'Université de Montréal où il obtient une licence en philosophie. En 1938, le Gouvernement français lui accorde une bourse de doctorat, et il part pour la France qu'il doit d'ailleurs quitter peu de temps après à cause de la guerre. Le Gouvernement de Vichy le nomme professeur de philosophie au Collège français de Buenos Aires, en Argentine. À la fin de la guerre, il revient au Québec, enseigne la philosophie et collabore à divers périodiques, dont *Le Devoir, Notre Temps, Maintenant*. Il publie plusieurs ouvrages qui traitent de sujets fort variés, surtout de philosophie et de politique. Ses opinions idéologiques reflètent l'influence de la pensée péroniste. «[André Dagenais], dit Edmond Dumouchel à propos de *Révolution au Québec*, évolue dans la sphère des principes, des valeurs, des idées générales. Il voit les événements de haut». Jean Richard écrit, au sujet du *Dieu nouveau*, que Dagenais «poursuit ici l'ambitieux projet d'une philosophie et d'une théologie nouvelles, construites sur le fondement d'une nouvelle logique, la dialectique de la participation».

ŒUVRES

Vers un nouvel âge. Le glissement moderne. Principes du retour. Conceptions ternaires, Montréal/Sao Paulo/Paris/South Bend, Fides, 1949, 301 p.

Restauration humaine. Politique latine. Démocratie organique. Triadologie, Montréal/Sao Paulo/Paris/Chicago, Fides, 1950, 513 p.

Dieu et Chrétienté. Affirmation de l'Infini. Triadisme social. Maison de Laurentie, Montréal, [s.é.], 1955, 156 p. Préface de Gustave Lamarche.

L'Emmanuel. Essai sur le mystère divin, Montréal, [s.é.], 1956, 99 p. Préface de Thomas Mignault.

Droite et Gauche (conférence), Montréal, Institut Le Royer, [1957], 32 p.

Révolution et Paix. Nous! Où en sommes-nous? (conférence), Montréal, Institut Le Royer, 1959, 48 p.

Vingt-quatre défauts thomistes. Mémoire sur l'éducation, Montréal, Éditions du Lys, 1964, 206 p. «Témoignage pour le Concile».

Absurdité et Novicité du projet de loi sur le Conseil législatif, Outremont, [s.é.], 1965, 8 f.

Du pacte confédéral au Canada unitaire: une mutation brusque, formellement illégitime, Outremont, [s.é.], 1965, 6 f.

Lettre à Élisabeth II: Lettre à Sa Majesté Élisabeth II Reine du Royaume-Uni et Reine du Canada, sur le Conseil législatif de l'État du Québec, sur la formule Fulton-Favreau d'amendement à l'Acte de l'Amérique du Nord britannique et sur l'indépendance de la nation québécoise, Montréal, distribué chez Renaud-Bray, 1966, 28 f. (Texte dactylographié).

Révolution au Québec. Esquisse d'une république nouvelle, Montréal, Renaud-Bray, 1966, 107 p.

Évolution conjugale. Deux niveaux dans le mariage. Documents divers. Note sur la Triadologie, Montréal, Éditions du Québec international, 1967, 140 p.

Le Dieu nouveau (essai), Québec, Garneau, 1974, 546 p.

Libérer/Renverser. Premier tome: Dissolution de la Confédération canadienne. Dialectique des «Nations États». Légitimité du Québec souverain. La non-validité du Référendum du 20 mai 1980. Les confusions, contradictions et inversions de M. Pierre-Elliott Trudeau, premier ministre du Contre-Canada, Montréal, [s.é.], 1981, 127 p.

Une méthode d'initiation à la philosophie, Dev, vol. 69, n° 256, 4 nov. 1978, p. 22.

ÉTUDES

[L.S.], *Vers un nouvel âge,* Sa, 61e année, n° 22, 22 oct. 1949, p. 18.

Gustave Lamarche, *L'accord peut se faire,* Dev, vol. 54, n° 230, 5 oct. 1953, p. 4.

Gaston Saint-Pierre, *André Dagenais publie vingt-quatre défauts thomistes,* Dev, vol. 55, n° 67, 21 mars 1964, p. 12.

Joseph d'Anjou, *Vingt-quatre défauts thomistes,* Rel, n° 291, mars 1965, p. 96.

Jean Marcel, *Les Forces provisoires de l'intelligence,* LAC 1965, p. 23–32.

Jean-Yves Théberge, *Le titre ne dit pas tout,* CF, vol. 107, n° 5, 23 juin 1966, p. 42.

Edmond Dumouchel, *«Révolution au Québec» d'André Dagenais,* LAC 1966, p. 160.

Maurice Roy, *Jouissance totale sans fécondation et... sans pilules,* PJ, vol. 41, n° 30, 21 mai 1967, p. 24.

Claude Tricot, *Un membre du jury du baccalauréat français répond à M. André Dagenais,* Dev, vol. 58, n° 144, 20 juin 1967, p. 4.

Pierre Saint-Germain, *Des liens organiques doivent unir la France et le Québec,* Pr, 84e année, n° 153, 3 juillet 1968, p. 27.

[Anonyme], *Le Dieu nouveau d'André Dagenais,* dans *Le Livre canadien,* vol. 5, nov. 1974, n° 303.

Jean Richard, *André Dagenais. Le Dieu nouveau,* LAQ 1974, p. 329–330.

Edmond Robitaille, *Une femme bien battue,* Dev, vol. 72, n° 228, 5 déc. 1981, p. 26.

DAGENAIS, GÉRARD [Albert Pascal] (1913–1981). Journaliste et linguiste, né à Montréal. Après ses études classiques au Collège Sainte-Marie (B.A., 1933), il fréquente la Faculté de droit. Mais en raison de la crise économique, il abandonne ses études et entre, à titre de journaliste, au *Soleil* en 1934. La même année, il passe à *L'Ordre*, fondé par Olivar Asselin, et au *Droit* en 1935. En 1936–1937, il est traducteur au Parlement fédéral. De retour à Montréal, il est nommé adjoint au rédacteur en chef du *Canada*. En 1939, il collabore à *Illustrations nouvelles* de T. Berthiaume et, durant la guerre, il est secrétaire à la rédaction de la *Revue moderne* (1940–1944). En 1944, il fonde les Éditions Pascal : il y publie *Bonheur d'occasion* et les premiers travaux de Guy Frégault et de Carl Dubuc. Il se défait bientôt de sa maison d'édition et est nommé publiciste au ministère du Bien-Être social et de la Jeunesse du gouvernement du Québec (1947–1950). Il fonde *La Victoire des Deux-Montagnes* (1948–1950), dirige, dans les Cantons de l'Est, une imprimerie qui publie deux périodiques à Waterloo et à Farnham (1950–1957), et est traducteur à la Presse canadienne (1957–1959). Boursier du Conseil des Arts (1960), il étudie en France la linguistique qu'il enseigne à l'Université de Montréal dès l'année suivante. Les nombreuses chroniques de Gérard Dagenais sur la langue française dans *Le Devoir* et à la télévision, publiées dans *Réflexions sur nos façons d'écrire et de parler*, constituent en grande partie la matière de son *Dictionnaire des difficultés de la langue française au Canada*, couronné par l'Académie française (1969). « Ce dictionnaire n'est [...] pas seulement un instrument de travail, déclare Adrien Thério, c'est un cours sur la langue française au Canada ».

ŒUVRES

Pas de victoire sans l'offensive, Montréal, B. Valiquette, [1942], 191 p. Sous le pseudonyme d'Albert Pascal. Traduction du livre de William Fergus Kernan : *Defense Will Not Win the War.*

L'Amérique latine, Montréal, Éditions de l'Arbre, 1943, 551 p. Sous le pseudonyme d'Albert Pascal. Traduction du livre de John Gunther : *Inside Latin America.*

Mon Journal à Berlin. Le journal d'un correspondant étranger 1934–1941, Montréal, Les Éditions de la Revue moderne, 1943, 570 p. Sous le pseudonyme d'Albert Pascal. Traduction du livre de William L. Shirer : *Berlin Diary. Journal of a Foreign Correspondent 1934–1941.*

Mission à Moscou, recueil de dépêches confidentielles au Département d'État, de lettres officielles et personnelles, de notes d'un agenda ordinaire et du journal personnel de l'auteur, comprenant des faits et des commentaires consignés jusqu'en octobre 1941, Montréal, Éditions de l'Arbre, 1944, 569 p. Sous le pseudonyme d'Albert Pascal. Traduction du livre de Joseph E. Davies : *Mission to Moscow.*

[*Réflexions sur nos façons d'écrire et de parler*] (essai), [Montréal, CLF, 1959–1960], 5 vol. : vol. 1, [1959], 63 p. Préface de J.-P. Vinay ; vol. 2, [1959], –125 p. ; vol. 3, [1959], –189 p. ; vol. 4, [1959–1960], –253 p. ; vol. 5, [1960], –317 p.

Des mots et des phrases pour mieux parler (essai), Montréal, Éditions du Jour, 1966, 2 vol. : vol. 1, 127 p. ; vol. 2, –243 p. Préface de Roger Champoux.

Nos écrivains et le français (essai), Montréal, Éditions du Jour, 1967, 111 p. Préface de Roger Duhamel. « IJ ».

Dictionnaire des difficultés de la langue française au Canada, Québec/Montréal, Éditions Pedagogia inc., 1967, xv, 679 p. Préface d'Adolphe V. Thomas ; Boucherville, Les Éditions françaises inc., 1984, xvi, 538 p. Préface d'Adolphe V. Thomas. Préface de Pierre Bourgault. Avant-propos de l'auteur.

Pour un Québec français (essai), Montréal, Éditions du Jour, 1973, 253 p.

Premier Roman d'un jeune écrivain, dans *La Revue moderne,* 23e année, no 9, janv. 1942, p. 11.

Jean Simard ou Les Difficultés de la traduction, Pr, vol. 82, no 157, 9 juillet 1966, p. 6 ; no 163, 16 juillet 1966, p. 5.

Propos sur notre langue, dans *Actualité,* vol. 14, no 10, oct. 1974, p. 51 ; no 12, déc. 1974, p. 42–43 ; vol. 15, no 1, janv. 1975, p. 40 ; no 2, févr. 1975, p. 43.

ÉTUDES

[Anonyme], « *Des mots et des phrases* », une chronique un livre, Pr, 82e année, no 145, 23 juin 1966, p. 26.

Jean Basile, *Dagenais : « Des mots et des phrases »,* Dev, vol. 57, no 146, 23 juin 1966, p. 3.

Jean Desrapes, *Le français tel qu'on devrait le parler,* P, vol. 87, no 26, 3 juillet 1966, p. 45.

André Major, « *Nous glissons vers la langue de la majorité* », PJ, vol. 40, no 37, 19 juillet 1966, p. 36.

Jean Darbelnet, *Défense de la langue française,* So, vol. 69, no 269, 12 nov. 1966, p. 6.

Armande Saint-Jean, *Les 3,000 et une difficultés du français au Canada,* Pe (Pr), vol. 9, no 41, 14 oct. 1967, p. 42, 44–45.

Alain Pontaut, *L'Indispensable Dictionnaire de Gérard Dagenais,* Pr, 84e année, no 105, 4 mai 1968, p. 29.

Jean Éthier-Blais, *Les difficultés de la langue française au Canada,* Dev, vol. 59, no 129, 1er juin 1968, p. 15.

Jean-Yves Théberge, *Notre parler et le dictionnaire de Gérard Dagenais,* CF, vol. 109, no 2, 5 juin 1968, p. 34.

Gaston Miron, *Dictionnaire des difficultés de la langue française au Canada,* MM, vol. 8, no 7, juillet 1968, p. 26.

Adrien Thério, *Les Difficultés de la langue française au Canada,* LAC 1968, p. 2–8.

Brigitte Morissette, *Talent et Travail reconnus. M. Gérard Dagenais est couronné par l'Académie française,* P, 5 oct. 1969, p. 16.

David Wattis, *Language prime,* dans *The Montreal Star,* 16 févr. 1974, p. C-3.

Louis-Paul Béguin, *Hommage à Gérard Dagenais,* Dev, vol. 72, no 110, 19 juillet 1981, p. 8.

DAGENAIS, PIERRE (1909–   ). Géographe, né à Montréal. Après le cours classique au Collège Sainte-Marie (B.A., 1932), il obtient une licence ès sciences commerciales aux Hautes Études commerciales (1935). En 1934, il fonde une revue, *L'Action économique des jeunes.* Il publie quelques vers et compose un roman resté inédit, « Les Vacances d'un potache ». Boursier du gouvernement du Québec, il va étudier la géographie en France, en 1936, prépare une licence (Paris, 1938), puis une thèse de doctorat, *Le Bugey savoyard, étude de géographie régionale* (Grenoble, 1938). Rentré au pays, il donne des cours à l'Université de Montréal, fait un peu de journalisme au *Canada* et participe à la fondation de la Société de géographie de Montréal. En 1940, il devient professeur régulier à l'École normale Jacques-Cartier. De plus, il coopère aux cours publics d'Esdras Minville et donne des cours à l'École des Hautes Études commerciales (1942–1945). Grâce à la Fondation Rockefeller, entre 1944 et 1949, il explore le Nord québécois, et il est nommé « Fellow » de l'Arctic Institute of North America en 1949. Il collabore à plusieurs périodiques, tels *L'Actualité économique, Bulletin des sociétés de géographie de Québec et de Montréal, Revue canadienne de géographie, Didactique-géographie,* etc. Se rendant compte de la pénurie d'instruments pédagogiques, il prépare l'imposante série de la collection Pierre Dagenais qui comprendra les *ABC de la géographie* et les guides du maître, *Géographie générale, L'Amérique, Le Monde,* différentes cartes, etc. En 1949, il prend la direction du nouvel *Institut de géographie* de l'Université de Montréal qu'il organise. Il est élu membre de la Société royale du Canada, en 1961. En 1962, il est doyen de la Faculté des lettres, puis, en 1969, il retourne à la Faculté des sciences de l'éducation jusqu'à sa retraite (1975). Il est professeur émérite de l'Université de Montréal. « L'homme, écrit Ludger Beauregard, a ouvert la voie à la géographie en concevant le programme adopté par le Conseil de l'Instruction publique à l'époque et celui de l'Institut de géographie en plus de former de futurs enseignants et de forger à leur intention des outils modernes ».

ŒUVRES

Le Bugey savoyard, étude de géographie régionale, Grenoble, Université de Grenoble/Allier père et fils, 1938, 178 p.

Mélanges géographiques (essai), Montréal, H.E.C., 1943, 126 p.

Description des occupations des terres de la Couronne à Port Harrison (Nouveau Québec) (essai), Québec, Ministère des Terres et Forêts, 1945, 16 f. Ill.

Rapport préliminaire d'une expédition dans l'Ungava, [s.l., s.é.], 1945, 72 f. Ill.

L'ABC de la géographie (manuel) et (guide du maître), Montréal, Beauchemin, 1947–1948, 3 vol.: vol. 1, *1re Année,* 1947, 32 p.; vol. 2, *Deuxième Année,* 1948, 59 p.; vol. 3, *Troisième Année,* 1948, 52 p. Collab. Jean-Claude Faucher. Ill.

Description des occupations des terres de la Couronne à Fort McKenzie et au lac Hollinger (Nouveau-Québec) (essai), Québec, Ministère des Terres et Forêts, 1948, 9 f. Ill.

Traveller's Guides for Canada, Toronto/Québec, Collins, 1950, 2 vol.: vol. 1, *Québec,* 256 p.; vol. 2, *Ontario,* 246 p. Guides préparés sous la direction de Pierre Dagenais.

Géographie 4e année (manuel), Montréal, Beauchemin, 1953, 72 p. Collab. Benoît Brouillette.

Bibliographie du Nouveau-Québec/ Bibliography of New Quebec, Québec, Ministère de l'Éducation et du Commerce, Service de géographie, 1955, 321 p. Compilation de J. Cousineau sous la direction de Pierre Dagenais.

Géographie générale (physique et humaine), 8e année, I (manuel), Montréal, Centre de pédagogie et de psychologie, 1957, 143 p. Ill. Éditeur. « Pierre Dagenais ».

Le Monde moins l'Amérique, 9e année, II (manuel), Montréal, Centre de pédagogie et de psychologie, 1957, 206 p. Ill. Éditeur. « Pierre Dagenais ».

L'Amérique, 10e et 11e années, III (manuel), Montréal, Centre de pédagogie et de psychologie, 1957, 317 p. Ill. Éditeur. « Pierre Dagenais ».

Le Monde (manuel), Montréal, Centre de pédagogie et de psychologie, 1957, 668 p. (Édition combinée des trois manuels précédents).

Cahiers de travaux pratiques, Montréal, Centre de pédagogie et de psychologie, 1957, 4 vol.: vol. 1, *Géographie générale (physique et humaine), 8e année,* 48 p.; vol. 2, *Le Monde moins l'Amérique, 9e année,* 62 p.; vol. 3, *L'Amérique moins le Canada,* 47 p.; vol. 4, *L'Amérique (Le Canada),* 63 p. Ill. « Pierre Dagenais ». (Édition des maîtres des mêmes cahiers).

Géographie, 4e et 5e années (manuel), Montréal, Centre de pédagogie et de psychologie, 1960, 164 p. Collab. Benoît Brouillette et Jean-Charles Faucher. Ill. « Pierre Dagenais ».

Géographie, 6e et 7e années (manuel), Montréal, Centre de pédagogie et de psychologie, 1960, 167 p. Collab. Benoît Brouillette et Jean-Charles Faucher. Ill. « Pierre Dagenais ».

Géographie : objet et méthode (essai), Montréal, PUM, 1971, 82 p.

Le Marché américain du papier journal, dans *Études économiques,* vol. 5, 1935, p. 201–240.

Le Milieu physique, dans Esdras Minville, *Montréal économique,* Montréal, Fides/ H.E.C., 1943, p. 37–96.

Le Climat de la province de Québec, dans Esdras Minville, *L'Agriculture,* Montréal, Fides/ H.E.C., 1944, p. 127–149.

La Région des Laurentides, dans Esdras Minville, *Notre milieu,* Montréal, Fides/H.E.C., 1946, p. 107–131.

Les Marchés, dans Esdras Minville, *Pêche et Chasse,* Montréal, Fides/H.E.C., 1946, p. 129–152.

Géographie, dans Roland Vinette, *Méthodologie spéciale,* Montréal, C.P.P., 1950, p. 517–553.

Le Problème de la population au Canada, dans V.W. Bladen, *La Population canadienne et la Colonisation,* Toronto, UTP, 1962, p. 14–20.

ÉTUDES

Ludger Beauregard, *Pierre Dagenais. Une bibliographie,* dans *Cahiers de géographie du Québec,* vol. 27, nᵒ 71, sept. 1983, p. 149–163.

[Anonyme], *Hommage à Pierre Dagenais, fondateur du Département de géographie,* dans *Forum,* vol. 18, nᵒ 8, 17 oct. 1983, p. 5.

Ludger Beauregard *et al., Mélanges offerts à Pierre Dagenais,* Québec, Département de géographie de l'Université Laval, 1983, p. [149]–355. Ill.

DAGENAIS, **PIERRE** (1923–). Dramaturge, romancier et pamphlétaire, né à Montréal. Il étudie à l'Institut des Sourds-Muets, puis au Collège Sainte-Marie. À l'âge de neuf ans, il commence ses études d'art dramatique chez Madame J.-L. Audet et fait ses débuts de comédien. Pendant sa rhétorique, il est renvoyé du collège parce qu'il participe à des dramatiques à la radio malgré des interdictions formelles. Dagenais termine son baccalauréat au Collège Stanislas. Il joue avec les Comédiens associés et les Compagnons de Saint-Laurent. En 1943, il est réalisateur à la radio et fonde sa propre troupe, L'Équipe (1943–1948) où il fait jouer, en 1948, sa première pièce, « Le Temps de trêve ». À la disparition de sa troupe dont la vie a été brève mais marquante, Pierre Dagenais se livre activement à l'écriture radiophonique pour Radio-Canada et CKAC. Pendant que les compagnies Dow et Houde et Grothé commanditent son radio-roman, « Faubourg à m'lasse » (3 octobre 1949–23 janvier 1953), il présente à CKAC dix-neuf contes originaux dont neuf sont publiés dans *Les Contes de la pluie et du beau temps.* Par la suite, le Radio-théâtre Ford présente successivement « Avant-première », « L'Arrestation du Père Noël » et « Sacré théâtre, ou, Mais le théâtre ». Son plus célèbre radio-roman reste cependant « L'Ami Pierre ». Il tient aussi un

grand nombre de rôles tant sur scène qu'à la radio et à la télévision. En 1965, Pierre Dagenais s'essaie, sans beaucoup de succès, au style pamphlétaire dans ses *Coups de gueule* qui disparaissent après cinq numéros. Il publie ensuite une pièce, *Isabelle* (jouée au Théâtre de la place Ville-Marie, le 11 janvier 1966), et un roman autobiographique, *Le Feu sacré* (1970). En 1974, il publie ses mémoires, *... Et je suis resté au Québec,* souvenirs qu'il complète en 1975, par une série d'émissions, « Propos et confidences de Pierre Dagenais ». En 1977, il est recherchiste et animateur pour un programme de Radio-Québec portant sur la littérature québécoise. Claude-Henri Grignon a raison d'affirmer, dans la préface des *Contes,* que le silence s'est fait autour de cette œuvre immense. L'auteur lui-même dans l'avant-propos de *Coups de gueule,* résume ainsi sa carrière : « Mon enfance a été un mauvais rêve ; mon adolescence, un cauchemar ; ma jeunesse, un grand drame : mais un drame réussi ».

ŒUVRES

Contes de la pluie et du beau temps, Montréal, CLF, 1953, 209 p. Ill. Préface de Claude-Henri Grignon.

Bordeaux. Soue à cochons (pamphlet), Montréal, Éditions des Coups de gueule, vol. 1, nᵒ 1, oct. 1965, 53 p. Avant-propos de l'auteur.

Nous sommes des couillons (pamphlet), Montréal, Éditions des Coups de gueule, vol. 1, nᵒ 2, nov. 1965, 40 p.

Place aux bordels (pamphlet), Montréal, Éditions des Coups de gueule, vol. 1, nᵒ 3, déc. 1965, 56 p.

Un cigare... mesdames ? (pamphlet), Montréal, Éditions des Coups de gueule, vol. 1, nᵒ 4, janv.-févr. 1966, 37 p.

L'Oratoire Saint-Jewish (pamphlet), Montréal, Éditions des Coups de gueule, vol. 1, nᵒ 5, avril 1966, 40 p. Ill.

Isabelle. Drame en deux actes, Montréal, Publié par les Éditions Pierre Dagenais, 1966, 100 p. ; *Isabelle,* Leméac, 1981, 113 p. « Théâtre/Leméac ».

Le Feu sacré. Roman, Montréal, Librairie Beauchemin limitée, 1970, 374 p.

... Et je suis resté au Québec (mémoires), Montréal, La Presse, 1974, 204 p. Avant-propos de l'auteur. « Chroniqueurs des deux mondes ».

Le Théâtre : bilan de la saison 1964, dans *Le Journal des vedettes,* vol. 11, nᵒ 13, 9 janv. 1965, p. 6.

ÉTUDES

Camille Bertrand, *Les Livres et leurs auteurs,* Dev, vol. 26, nᵒ 300, 28 déc. 1935, p. 8.

Éloi de Grandmont, « *L'Équipe* » *de Pierre Dagenais,* Dev, vol. 35, nᵒ 70, 24 mars 1944, p. 4.

André Langevin, *Actualités artistiques,* Dev, vol. 37, nᵒ 103, 4 mai 1946, p. 7.

Louis-Marcel Raymond, *La Littérature canadienne-française contemporaine,* Dev, vol. 40, nᵒ 276, 26 nov. 1949, p. 26.

Gérard Pelletier, *Un comédien-scripteur: Robert Gadouas*, Dev, vol. 41, nº 232, 7 oct. 1950, p. 7.

Gilles Marcotte, *Pierre Dagenais publie deux contes et a deux romans en préparation*, Dev, vol. 44, nº 78, 4 avril 1953, p. 7.

Id., *Conteurs: Ferron et Dagenais*, Dev, vol. 44, nº 96, 25 avril 1953, p. 7.

Gérard Étienne, *Pierre Dagenais, pamphlétaire*, dans *Métro-Express*, vol. 2, nº 85, 30 oct. 1965, p. 16.

Jean Desraspe, *Le gueulard Pierre Dagenais veut secouer la révolution trop tranquille*, P, vol. 86, nº 44, 7 nov. 1965, p. 8.

Martial Dassylva, « *Isabelle* » une bonne pièce, Pr, vol. 82, nº 9, 12 janv. 1966, p. 6.

Conrad Langlois, *Coups de gueule*, P, vol. 87, nº 11, 20 mars 1966, p. 52.

Rudel-Tessier, *Pierre Dagenais revient à la mise en scène*, dans *Photo-Journal*, vol. 30, nº 28, 26 oct. 1966, p. 73.

Alain Pontaut, *Nouvelle Dramaturgie au Canada français*, dans *Montréal '66*, vol. 3, nº 8, août 1966, p. 26–27.

Bernard Julien, « *Isabelle* » *de Pierre Dagenais*, LAC 1966, p. 62.

Claude Jasmin, *Les Questions chocs*, dans *Télé-radio-monde*, vol. 35, nº 38, 3 août 1974, p. 8–9.

Martial Dassylva, ... *Et Pierre Dagenais est resté au Québec*, Pr, 90ᵉ année, nº 274, 16 nov. 1974, p. D-4.

Jean-Marie Poupart, *Le Triste Livre de Pierre Dagenais, « Resté au Québec »*, Dev, vol. 66, nº 299, 28 déc. 1974, p. 13.

DAIGLE, JEAN (1925–   ). Comédien, peintre, critique et auteur dramatique, né à Saint-Édouard-de-Lotbinière. Il fait ses humanités classiques au Séminaire de Québec (B.A., 1949). De 1950 à 1952, il étudie l'art dramatique chez Sita Riddez, études qu'il continue comme auditeur au Conservatoire, avec Jan Doat. En 1950 il devient membre de la troupe des Compagnons de Saint-Laurent. Il jouera sur plusieurs scènes, telles le Rideau Vert, le Théâtre du Nouveau Monde, le Théâtre Club, le Chanteclerc, Chez Marjolaine, ainsi qu'à la radio et à la télévision, dans des pièces d'auteurs très divers, comme Molière, Feydeau, Agatha Christie, Pirandello, Jean Desprez, Robert Choquette, etc. Après la disparition des Compagnons de Saint-Laurent, la carrière de Jean Daigle se partage entre la scène de Radio-Canada et des fonctions d'annonceur et de réalisateur, à Matane (1953–1956) et à Montréal à partir de 1956. En plus de son travail d'acteur et de sa chronique de critique à Montréal Express, il rédige des sketches pour « Chez Miville », des textes de liaison pour Radio-Canada et Télé-Métropole, des dramatiques et des radioromans: « Margot », « L'Homme d'un seul amour », « Une fille comme toi » pour CKVL, « La Fuite en Égypte », « Les Girouettes », etc. En 1968, il débute dans la peinture, et il expose à travers la province. Il publie, en 1976, sa première pièce de théâtre, *Coup de sang*, écrite dix ans auparavant sous le titre de « Au-delà du respir », et jouée au TNM, puis portée à la télévision en 1978. La critique lui reconnaît un beau talent: ainsi, Martial Dassylva écrit que « *Coup de sang* n'est pas la somme de thèmes et de notations empruntés à d'autres. Elle a un ton: elle porte l'empreinte d'un auteur qui a sa vision du monde québécois ». Et même si elle est de structure traditionnelle, « elle possède sa personnalité propre, surtout en raison du langage à travers lequel elle est véhiculée ». Et Marcel Dubé note qu'en dépit de certains défauts de construction, la pièce est écrite « dans une langue paysanne, soignée, parfois quotidienne, souvent poétique ». Ses trois pièces suivantes, *La Débâcle*, *Le Jugement dernier* et *Le Mal à l'âme*, reçoivent un accueil réservé: on reproche à la première d'être vide de sens ou « un peu fruste », à la seconde de manquer de « théâtralité », à la dernière d'être passéiste ou trop folklorique. « Pourtant, écrit Normand Leroux, Jean Daigle est en train de se tailler une solide place au sein de la dramaturgie québécoise [...]. Il cherche à savoir ce que masquaient les façades blanches de nos villages d'autrefois. Il excelle à créer une couleur locale, sans fioritures inutiles, avec juste ce qu'il faut d'intensité ».

ŒUVRES

Coup de sang (théâtre), Saint-Lambert, Éditions du Noroît, 1976, 94 p. Ill. de Charles Lemay.

La Débâcle (théâtre), Saint-Lambert, Éditions du Noroît, 1979, 84 p. Ill. de Jacques Barbeau.

Le Jugement dernier (théâtre), Saint-Lambert, Éditions du Noroît, 1979, 89 p. Ill. de Charles Lemay.

Le Mal à l'âme (théâtre), Saint-Lambert, Éditions du Noroît, 1980, 95 p. Ill. de l'auteur.

Le Paradis à la fin de vos jours (théâtre), Saint-Lambert, Éditions du Noroît, 1985, 104 p.

Au septième ciel (théâtre), Saint-Lambert, Éditions du Noroît, 1986, 96 p.

Le Théâtre de l'Airel, dans *Culture information*, vol. 1, nº 1, 20 avril–20 mai 1966, p. 14.

ÉTUDES

Martial Dassylva, *Jean Daigle: je suis né avec mes racines* (entrevue), Pr, vol. 92, nº 272, nov. 1976, p. D-10.

Adrien Gruslin, *Coup de sang. Un grand poème, beau et difficile*, Dev, vol. 68, nº 269, 18 nov. 1976, p. 14.

Lorraine Camerlain, *Jean Daigle. Coup de sang*, LAQ 1976, p. 196–198.

Marcel Dubé, *Le Théâtre en papier*, dans *Le Livre d'ici*, vol. 2, nº 16, 26 janv. 1977, p. 1.

Martial Dassylva, *Rachel sur les traces de Phèdre et d'Abbie Putnam*, Pr, 95ᵉ année, nº 71, 24 mars 1979, p. D-8.

Normand Leroux, *Jean Daigle. La Débâcle. Le Jugement dernier*, LAQ 1979, p. 190–192.

Martial Dassylva, *Un cas de schizophrénie victorienne. Jean Daigle et « Le Mal à l'âme »*, Pr, 96ᵉ année, nº 275, 22 nov. 1980, p. C-1, C-6.

Robert Giroux, « Le Jugement dernier » *de Jean Daigle*, VI, vol. 6, n° 1, automne 1980, p. 159–160.

Normand Leroux, *Jean Daigle. Le Mal à l'âme*, LAQ 1980, p. 154–156.

Hélène de Billy, *Jean Daigle. Le théâtre que Louis Fréchette aurait dû écrire*, Dev, vol. 72, n° 32, 7 févr. 1981, p. 25.

Lorraine Camerlain, « *Coup de sang* », « *Le Jugement dernier* », « *La Débâcle* », dans *Jeu*, vol. 1, n° 18, 1981, p. 119–121.

Clément Trudel, *Jean Daigle. Apprendre la télévision*, Dev, vol. 72, n° 157, 12 sept. 1981, p. 19, 36.

DAIGLE, JEAN (1941–   ). Bibliographe et historien acadien, né à Montréal. Il fait ses humanités au Collège des Eudiste (B.A., 1963), puis, à l'Université de Montréal, il obtient une licence ès lettres (1966) et une maîtrise en histoire pour un mémoire sur « Michel le Neuf de la Vallière, Seigneur de Beaubassin et gouverneur d'Acadie, 1678–1684 » (1970). Poursuivant ses études à l'Université du Maine (É.-U.), il termine son doctorat en 1975 ; sa thèse s'intitule : « Nos amis les ennemis : relations commerciales de l'Acadie avec le Massachusetts, 1670–1711 » dont de larges extraits paraissent dans *Les Cahiers de la Société historique acadienne*. À compter de 1966, il est professeur à l'Université de Moncton où il sera directeur du département d'histoire (1975–1976) et directeur du Centre d'études acadiennes (1976–1981). Il collabore aux *Cahiers de la Société historique acadienne* et à la *Revue de l'Université de Moncton*. Ses travaux de pionnier l'ont amené à préparer, comme éditeur et collaborateur, un *Atlas de l'Acadie* (1976), une *Bibliographie acadienne* (1978) et *Les Acadiens des Maritimes : études thématiques* (1980) où l'on trouve des articles sur l'histoire de l'Acadie, la géographie, la démographie, la politique, l'Église catholique, les droits linguistiques et culturels, l'éducation, etc., ouvrage d'ensemble nécessaire à une bonne connaissance de l'Acadie.

ŒUVRES

Atlas de l'Acadie. Petit atlas des francophones des Maritimes (géographie humaine), Moncton, Éditions d'Acadie, 1976, [xi], 34 p. Cartes et planches. Avant-propos de Paul Doucet. Introduction de Jean-Claude Vernex. (Atlas préparé en collaboration).

Bibliographie acadienne. Liste des articles de périodiques concernant l'Acadie et les Acadiens des débuts à 1976 (bibliographie), Moncton, Éditions d'Acadie, 1977, vii, 212 p. Ouvrage préparé au Centre d'études acadiennes, Université de Moncton, sous la direction de Jean Daigle.

Les Acadiens des Maritimes. Études thématiques, Moncton, Centre d'études acadiennes, 1980, 691 p. Éditeur. Préface de Clément Cormier. Introduction de l'éditeur.

Les Relations commerciales de l'Acadie avec le Massachusetts : le cas de Charles-Amador de Saint-Étienne de La Tour, 1695–1697, dans *La Revue de l'Université de Moncton,* 9e année, n°s 1-2-3, oct. 1976, p. 53–61.

De 1670 à 1755, dans [*Petit Manuel d'histoire d'Acadie,* Moncton, Librairie acadienne, Université de Moncton, 1976], [2], 34 p.

Nos amis les ennemis : les marchands acadiens et le Massachusetts à la fin du 17e siècle, dans *Les Cahiers de la Société historique acadienne,* vol. 17, n° 4, déc. 1978, p. 161–170.

The Acadians : A People in Search of a Country, dans R. Breton et P. Savard, *The Québec and Acadian Diaspora in North America,* Toronto, Multicultural Society of Ontario, 1982, p. 1–10.

ÉTUDES

[Anonyme], *Vient de paraître*, Dr, 69e année, n° 181, 30 oct. 1981, p. 16.

Pierre Trépanier, *Clio en Acadie*, dans *Acadiennes*, printemps 1982, p. 95–103.

DAIGLE, JULES OSCAR (1900–   ). Pédagogue et linguiste louisianais, né à Lafayette (La., É.-U.). Il fait ses humanités au Saint Joseph College de Saint Benedict (La.) (B.A., 1918). Il poursuit ses études en théologie au Saint Mary's University à Baltimore, puis à l'Université de la Propagande de la Foi, à Rome, où il obtient une licence (1926). De retour en Louisiane, il exerce son ministère dans le diocèse de Lafayette et de Lake Charles. En 1984, Daigle fait paraître son *Dictionary of the Cajun Language* qui reçoit un accueil favorable.

ŒUVRE

Dictionary of the Cajun Language, Welsh, La., [s.é.], 1984, 640 p.

DAIGNAULT, PIERRE [Pierre Saurel] (1925–   ). Romancier, dramaturge et folkloriste, né à Montréal. Il fait ses études secondaires au Plateau et au Collège Saint-Ignace (1939–1941). Par la suite, il s'engage dans l'Aviation canadienne. Attiré tôt par le théâtre, il suit à partir de 1945 les traces de son père, Eugène Daignault, comédien. Il fonde une troupe de théâtre et effectue des tournées en incluant ses propres pièces dans son répertoire. Il a écrit plus de vingt textes. Sa pièce, « Hold up à poil » remporte, en 1978, un succès étonnant au théâtre d'été. Il est aussi animateur de soirées folkloriques et compilateur de chansons du terroir. À la télévision, il tient le rôle du Père Ovide dans l'émission célèbre « Les Belles Histoires des pays d'en haut » de Claude-Henri Grignon. C'est en 1947 que débute sa carrière de romancier feuilletoniste sous le pseudonyme de Pierre Saurel. Aux éditions Le Bavard, puis aux éditions Police-Journal, il publie plus de 950 aventures de *L'Agent IXE-13* qui connaîtront un grand succès populaire au Québec : plus de vingt-huit millions d'exemplaires sont vendus entre 1947 et 1967. Daigneault écrit aussi plus de 900 aventures d'*Albert Brien,* « détective national des Canadiens français » pendant la même période. De 1978 à 1981, il reprend les aventures de IXE-13 dans *Photo-Police.* Dès 1967, Réginald Hamel à l'Université de Montréal traite des romans de Daignault dans un cours sur le roman populaire. En 1971, Jacques Godbout adapte les histoires de l'agent IXE-13 au cinéma, puis, l'Université Laval met sur pied un groupe de recherche sur la paralittérature dont le premier projet est une étude exhaustive de l'œuvre de Pierre Daignault. En 1981, les éditions Quinze publient une anthologie des meilleures aventures de IXE-13. D'autres feuilletons paraissent dans *Photo-Police* et aux éditions Québec/Amérique. Après les premiers romans de la série *Le Manchot,* des aventures policières, parues à partir de 1980, Jean-Marie Moreau écrit : « On suit la tradition des feuilletonistes du XIXe siècle (emphase naïve, envolées lyriques, clichés prud'hommesques) dans tout l'attirail d'une écriture un peu désuète, mais qui demeure un modèle de ‹ bien écrit › à la portée de tout le monde ». Ce jugement s'applique à l'ensemble de l'œuvre.

ŒUVRES

L'Agent IXE-13 (romans d'espionnage), Montréal, Éditions Police-Journal, 1947-1967, 934 romans de 32 p. (Voir la liste complète des titres dans *Le Phénomène IXE-13,* Québec, Les Presses de l'Université Laval, 1984, p. 339-369).

Albert Brien (romans policiers), Montréal, Éditions Police-Journal, 1947-1967, 934 romans de 32 p.

Vive la compagnie. 50 chansons de chez nous (chansons de folklore), Montréal, Éditions de l'Homme, 1961, 124 p. Préface de Conrad Gauthier. Introduction de l'auteur ; 1979, 331 p.

51 chansons à répondre du répertoire de Pierre Daignault, Montréal, Éditions de l'Homme, 1963, 124 p.

En place pour un set. 30 parties de sets différentes (danses folkloriques), Montréal, Éditions de l'Homme, 1964, 109 p. Ill.

IXE-13, l'espion playboy, Montréal, Éditions Pierre Saurel, 1967, 20 romans de 32 p.

Chantons et Dansons... « à la Canadienne ». 50 chansons à répondre, 3 parties de set. 15 photos, Montréal, Les Éditions Jacmond, 1972, 127 p. Ill. Préface de l'auteur.

À la Québécoise. 100 meilleures chansons de notre folklore, Montréal, La Presse, 1973, [n.p., 207 p.].

Horoscope du peuple 79, prédictions pour les 12 signes. Sérologie — Amour. Jours chanceux plus Almanach, 1 000 informations... 100 pages, 20 chansons canadiennes, Montréal, Les Éditions du XXe siècle, 1978, 271 p. Ill.

Jouez au détective, Montréal, Éditions Pierre Saurel, 1980, 208 p. (Série parue d'abord dans *Photo-police*).

Série de romans policiers « Le Manchot », Montréal, Québec/Amérique, 1980-(1985). Ill. « Roman policier Le Manchot ». *La Chasse à l'héritière,* 1980, 172 p. *La mort frappe deux fois,* 1980, 169 p. *Mademoiselle Pursang,* 1980, 165 p. *L'Abeille amoureuse,* 1981, 173 p. *Allô... Ici, la mort !,* 1981, 171 p. *Tueur à répétition,* 1981, 169 p. *L'assassin ne prend pas de vacances,* 1981, 168 p. *Le cadavre regardait la télé,* 1981, 165 p. *Bain de sang,* 1981, 183 p. *L'Abeille amoureuse,* 1981, 175 p. *Monsieur Jonas,* 1981, 173 p. *Tueur en liberté,* 1981, 175 p. *Corruption,* 1981, 175 p. *Œil pour œil,* 1981, 173 p. *Un doigt en boni,* 1981, 165 p. *La Collection de têtes,* 1982, 156 p. *L'homme qui ne veut pas mourir,* 1982, 158 p. *La Liste maudite,* 1982, 140 p. *Le Manchot de Marseille,* 1982, 157 p. *La morte prend son bain,* 1982, 175 p. *On n'assassine pas un mourant,* 1982, 175 p. *La vieille est folle,* 1982, 159 p. *Absolution,* 1983, 155 p. *Douze suspects pour... un suicide,* 1983, 156 p. *La main qui étrangle,* 1983, 157 p. *Les Murs du silence,* 1983, 159 p. *Le Mystère de la cloche de verre,* 1983, 160 p. *Nuit de terreur,* 1983, 159 p. *Payé pour tuer,* 1983, 160 p. *Vivre pour mourir,* 1983, 160 p. *L'Amnésique,* 1984, 150 p. *Bain tourbillon,* 1984, 142 p. *Carnage,* 1984, 141 p. *Chauffard en liberté,* 1984, 146 p. *Le Cirque de la mort,* 1984, 145 p. *Les Évadés du pen,* 1984, 137 p. *Lettre de l'au-delà ! (ou — Libertas !),* 1984, 141 p. *La Maîtresse du Caïd,* 1984, 143 p. *Meurtre au téléphone,* 1984, 140 p. *Les Morts anonymes,* 1984, 143 p. *Un homme à abattre,* 1984, 147 p. *Les Auto-stoppeuses,* 1985, 139 p. *Cercueil à louer,* 1985, 144 p. *Règlements de comptes,* 1985, 159 p.

IXE-13 ; les plus belles aventures de l'as des espions canadiens, Montréal, Quinze, 1981, 351 p.

DISCOGRAPHIE

Vive la compagnie, Montréal, RCA Victor Gala, [196?], CS-PS-527, 33⅓ tours.

Bal canadien en pleine action !, Lachine, Carnaval, [1970], 3 disques, 33⅓ tours : vol. 1, *Chansons à répondre* CS-525 ; vol. 2, *Paul Jones* CS-526 ; vol. 3, *Gigues et reels* CL-527.

Pierre Daignault. Chantons à la Canadienne, [Montréal], Trans-Canada, [1972], TC-390001, 33⅓ tours.

Le Reel de l'oiseau moqueur, [Montréal], Able, 1973, ABC-8002, 33⅓ tours. Collab. Monsieur Pointu.

ÉTUDES

Denis Saint-Jacques, *IXE-13 is Alive and Well and Living in Photo-Police,* EL, vol. 12, n° 2, août 1979, p. 128-131.

Michel René, *Notice bio-bibliographique,* EL, vol. 12, n° 2, août 1979, p. 133-135.

Marie-José des Rivières et Claude-Marie Gagnon, *Résumé du corpus*, EL, vol. 12, n° 2, août 1979, p. 137–142.

Guy Bouchard, *Qu'arrivera-t-il à notre héros?*, EL, vol. 12, n° 2, août 1979, p. 143–183.

Louise Milot, *Claude Levi-Strauss avait-il tout compris de la transformation?*, EL, vol. 12, n° 2, août 1979, p. 185–202.

Marie-José des Rivières, *Ni Mata-Hari, ni Modesty Blaise : Gisèle*, EL, vol. 12, n° 2, août 1979, p. 202–233.

Caroline Barrett, *IXE-13, un roman sentimental?*, EL, vol. 12, n° 2, août 1979, p. 235–243.

Claude-Marie Gagnon, *IXE-13 et le mystère de l'Œdipe*, EL, vol. 12, n° 2, août 1979, p. 245–267.

Vincent Nadeau et Michel René, *Vingt ans de commerce et d'industrie culturelle : jalons pour situer l'importance du tirage des Aventures étranges de l'agent IXE-13*, EL, vol. 12, n° 2, août 1979, p. 269–284.

François Baby, Louise Milot et Denis Saint-Jacques, *Jacques Godbout rencontre IXE-13 ou du texte au film : quelles transformations?*, EL, vol. 12, n° 2, août 1979, p. 285–302.

Claude-Marie Gagnon, *Littérature populaire québécoise : l'incursion inter-planétaire dans « Les Aventures étranges de l'agent IXE-13, l'as des espions canadiens »*, dans *Présence francophone*, n° 19, 1979, p. 133–142.

Christiane Chaillé, *Pierre Daignault : homme de théâtre et homme de lettres*, dans *Télé-radiomonde*, vol. 42, n° 12, 2–8 déc. 1979, p. 7.

Jacques Michon, *Le Retour d'IXE-13*, LQ, n° 17, 1980, p. 41–43.

Jean-Marie Moreau, *Saurel, Pierre, Le Manchot, La mort frappe deux fois, La chasse à l'héritière*, dans *Nos livres*, vol. 12, n° 105, févr. 1981, p. 105.

Benoit Melançon, *Le Théâtre pour se divertir?*, dans *Le Nouveau Quartier latin*, vol. 1, n° 2, 10 mars 1981, p. 11.

Le Phénomène IXE-13, Québec, PUL, 1984, viii, 375 p. « VLQ ». Collab.

D'ALFONSO, ANTONIO (1953–   ). Poète et chroniqueur littéraire, né à Montréal. Après le secondaire au John F. Kennedy High, il se spécialise en communications au Loyola College (B.A., 1975) puis il obtient une maîtrise en sémiologie des communications à l'Université de Montréal pour un mémoire intitulé « La Pellicule ensorcelée » sur l'œuvre de Bresson. Il a été boursier de la Direction générale de l'enseignement supérieur du Québec. Il commence à enseigner et est technicien en audio-visuel à la Polyvalente Armand-Corbeil de Terrebonne, en 1975, puis il est chargé de cours à l'Université du Québec à Montréal (1976–1979). En 1978, il fonde la maison d'édition Guernica, et il rédige le scénario d'un long métrage, « Le Noyau ». Il a aussi fait des courts métrages tels « Petite Tristesse et Grande Douceur » et « Au bout du doute » qui mérite le prix du court métrage de l'ONF en 1979. En 1980, il est personne ressource à l'Office national du film en Saskatchewan. Il consacre une bonne part de son temps à l'écriture, rédige des scénarios, écrit de la poésie, compose des chroniques pour *La Tribune Italiana, Nos livres* et *Le Devoir*. Il publie de la poésie en anglais, en français et en italien.

ŒUVRES

La Chanson du Shaman à Sedna (poésie), Montréal, Chez l'auteur, 1973, 53 p.

Queror (poésie), Montréal, Guernica Éditions, 1979, 73 p. « Essential Poets ».

Black Tongue (poésie), Montréal, Guernica Éditions, 1983, 77 p. « Essential Poets ».

Quêtes. Textes d'auteurs italo-québécois. Présentés par Antonio D'Alfonso et Fulvio Caccia, Montréal, Éditions Guernica, 1983, 283 p.

Voix-off Québec anglophone, Montréal, Guernica Éditions, 1985.

The Charity of Voices : Selected Poems, 1974–1981, translated and selected by d'Alfonso Antonio, Montréal, Guernica Éditions, 1985.

L'Autre Rivage. Poésie, Montréal, VLB éditeurs, 1987, 184 p.

———————

La Poesia di Filippo Salvatore, dans *La Tribuna Italiana*, nov. 1977, p. 19–21.

Moritz Deflored, dans *Books in Canada*, avril 1980, p. 32–33.

Dalpé (Jean-Marc), Gens d'ici, dans *Nos livres*, vol. 13, mars 1982, n° 118.

ÉTUDES

Bruce Meyer, *Queror*, dans *South Western Ontario Poetry*, n° 20, juillet 1980, p. 12–13.

Claude Beausoleil, *Naissance d'une poésie acadienne*, Dev, vol. 72, n° 68, 21 mars 1981, p. 21.

DALLAIRE, MICHEL (1957–   ). Poète et conteur, né à Hawkesbury (Ontario). Après ses études secondaires à Maintouwadge, il continue ses humanités à l'Université Laurentienne de Sudbury où il obtient un baccalauréat spécialisé en lettres (1981). Par la suite, il dirige le journal *La Réaction* et est cofondateur de la revue littéraire *La Souche*. En 1981, il est boursier du Conseil des Arts du Canada ; la même année, il publie le recueil de poésie *Regards dans l'eau*. Ces poèmes de nature font dire à Paul Gay : « Cette terre, il la contemple avec une douceur d'impressionniste. [...] En bon romantique, Michel Dallaire se met dans les choses, vit avec elles, les transperce pour se les approprier suavement ». En 1985, il publie un roman *L'Œil interrompu* qui « a quelque chose d'un conte. Un conte moral écrit par un poète » souligne Claire de Lamirande.

ŒUVRES

Regards dans l'eau (poésie), Sudbury, Éditions Prise de Parole, 1981, 48 p. « Les Perce-neige ».

L'Œil interrompu (roman), Sudbury, Éditions Prise de Parole, 1985, 110 p.

« Le Lustré » (conte), dans *La Souche,* vol. 1, n⁰ 1, 1981, p. 48–62.

« Chimère » (conte), dans *Voilà,* Sudbury, Ed. Lambda, 1982.

ÉTUDES

Michel Beaulieu, *Capsules poétiques,* dans *Le Livre d'ici,* vol. 7, n⁰ 9, 2 déc. 1981, p. 2.

Stéphane Lépine, *Dallaire (Michel). Regards dans l'eau,* dans *Nos livres,* vol. 12, déc. 1981, n⁰ 481.

Paul-François Sylvestre, *Regards dans l'eau de Michel Dallaire,* dans *Le Temps,* vol. 3, n⁰ 12, 16 déc. 1981, p. 6.

Paul Gay, *La Violence et la Douceur,* Dr, vol. 69, n⁰ 261, 6 févr. 1982, p. 28.

Claire de Lamirande, « *L'Œil interrompu* », *de Michel Dallaire,* Dr, vol. 74, n⁰ 8, 5 avril 1986, p. 26.

D'ALLAIRE, MICHELINE (1938–   ). Historienne et romancière, née à Montréal où elle fait ses études classiques au Collège Marie-Anne (B.A., 1959). Elle obtient un baccalauréat en pédagogie (1961) et une maîtrise en histoire (1963) à l'Université de Montréal, puis un doctorat à l'Université d'Ottawa. Elle enseigne au Collège Marie-Anne, au Collège Sainte-Anne (Lachine) et à l'Institut Cardinal-Léger (Montréal); en 1964 elle devient professeur d'histoire à l'Université d'Ottawa. Spécialiste de la Nouvelle-France, elle publie plusieurs articles dans le *Dictionnaire biographique du Canada.* Son ouvrage *L'Hôpital-Général de Québec 1692-1764* se présente, selon Jean Blain, « comme une suite plus ou moins coordonnée d'analyses sociales touchant l'institution et, d'une façon particulière, les religieuses qui l'administrent ».

ŒUVRES

Talon (textes choisis), Montréal, Fides, 1970, 96 p. Textes choisis et présentés par Micheline D'Allaire. « CC ».

L'Hôpital-Général de Québec 1692-1764 (essai), Montréal, Fides, 1971, xxxiv, 251 p. « FL ».

Sans soleil (roman), Montréal, Les Presses libres, 1976, 213 p.

Montée et Déclin d'une famille noble : les Ruette d'Auteuil (1617-1737) (essai), Montréal, Hurtubise HMH, 1980, 303 p. « Histoire ».

Vingt ans de crise chez les religieuses du Québec 1960-1980 (essai), Montréal, Éditions Bergeron, 1983, 564 p.; 1985.

Les Dots des religieuses au Canada français, 1639-1800 (histoire), Montréal, Hurtubise HMH, 1987, 250 p. « Cahiers du Québec ».

Les Prétentions des religieuses de l'Hôpital-Général de Québec sur le palais épiscopal de Québec, RHAF, vol. 23, n⁰ 1, juin 1969, p. 53–67.

Origine sociale des religieuses de l'Hôpital-Général de Québec, RHAF, vol. 23, n⁰ 4, mars 1970, p. 559–581.

Jeanne-Mance à Montréal en 1642 : une femme d'action qui force les événements, dans *Forces,* n⁰ 23, 1973, p. 39–47.

Marie-Joseph Juchereau Duchesnay, DBC, t. 3, 1974, p. 342–343.

Marie-Thérèse Langlois dite de Saint-Jean-Baptiste, DBC, t. 3, 1974, p. 376–377.

Marie-Charlotte de Ramezay dite de Saint-Claude de la Croix, DBC, vol. 3, 1974, p. 588–589.

Les Inventaires des biens de Denis Joseph Ruette d'Auteuil, dans *Mélanges d'histoire du Canada français offerts au professeur Marcel Trudel,* Ottawa, EUO, 1978, p. 136–146.

ÉTUDES

Jean Blain, *L'Hôpital-Général de Québec, 1692-1764,* LAQ 1971, p. 219–220.

Jean-Guy Lavallée, *L'Hôpital-Général de Québec 1692-1764,* RHAF, vol. 27, n⁰ 4, mars 1974, p. 581–583.

Dale Miquelon, *Montée et Déclin d'une famille noble : les Ruette d'Auteuil (1617-1737) par Micheline D'Allaire,* CHR, vol. 62, n⁰ 4, 1981, p. 541–543.

D'ALLEMAGNE, ANDRÉ (1929–   ). Politicologue, né à Montréal. Après des études classiques au Collège Stanislas (1948), il entreprend des études linguistiques d'abord à l'Université McGill, ensuite à l'Université de Montréal où il obtient une maîtrise ès arts pour sa thèse : « Antagonismes linguistiques chez le bilingue » (1952). Il entre à la fonction publique comme traducteur au Parlement fédéral, section « Division des débats ». Pendant dix ans (1954-1964), il travaille comme traducteur-rédacteur de textes à l'Agence de la presse canadienne et dans diverses agences de publicité tant montréalaises que torontoises. En 1964, il est nommé conseiller technique à l'A.G.E.U.M. Inscrit à la Faculté de sciences politiques de l'Université de Montréal, il soutient une autre thèse, *Le Rassemblement pour l'indépendance nationale de 1960-1963, étude d'un groupe de pression au Québec* (1971) qui sera publiée, en 1974, avec une préface de Marcel Rioux. André d'Allemagne a été pendant plusieurs années dans la vie politique active : il était membre fondateur et premier président du R.I.N. et candidat défait aux élections de 1966 dans la circonscription d'Outremont. Depuis 1969, il est professeur au Cégep de Maisonneuve et chargé de cours de science politique à l'Université du Québec à Montréal. Les essais d'André d'Allemagne sont marqués par la thématique politique et la brûlante actualité. « Quoi qu'il en soit, remarque Marcel Rioux, le choix de ses outils théoriques n'entame aucunement la qualité de l'information ni celle de son analyse ».

ŒUVRES

Le Colonianisme au Québec (essai), Montréal, Les Éditions R.B., 1966, 191 p. Ill. Introduction de l'auteur.

Le Québec, pays colonisé (essai), Montréal, Rassemblement pour l'indépendance nationale, [196?], 26 p.

Le Capitalisme et la Confédération. Aux sources du conflit Canada-Québec (1760-1873) (essai), [Montréal], Éditions Parti Pris, 1972, 549 p. Carte. Préface de l'auteur. Avant-propos de Stanley-Bréhaut Ryerson. « Aspects » ; 1978, 365 p. Ill. (Suivie d'un mémoire sur la charte de la langue française au Québec). Traduction du livre de Stanley-Bréhaut Ryerson : *Unequal Union : Confederation and the Roots of Conflict in the Canadas 1815-1873*. (Version refondue, corrigée et augmentée par l'auteur).

La Capitulation tranquille. Les « multinationales », pouvoir politique parallèle ? (essai), Montréal, Éditions l'Étincelle, 1972, xlvii, 222 p. Préface de Jacques Parizeau. Introduction de l'auteur. Post-scriptum à l'édition québécoise de l'auteur. Traduction du livre de Kari Levitt : *Silent Surrender*.

Le R.I.N. de 1960 à 1963. Étude d'un groupe de pression au Québec, Montréal, Éditions l'Étincelle, 1974, 160 p. Préface de Marcel Rioux. Introduction de l'auteur.

Le bilinguisme qui nous tue (essai), Montréal, Rassemblement pour l'indépendance nationale, [s.d.], 12 p.

ÉTUDES

[Anonyme], *Une nouvelle maison d'édition et un nouvel essayiste,* Pr, 82e année, n° 106, 7 mai 1966, p. 2.

Réal Pelletier, *Le Québec colonisé, vu par D'Allemagne,* Dev, vol. 57, n° 110, 12 mai 1966, p. 3.

André Major, *Nous singeons une sorte de poissons tropicaux,* PJ, vol. 40, n° 30, 22 mai 1966, p. 38-39.

Bernard Valiquette, « *Le Colonialisme au Québec* », dans *Écho-Vedettes,* vol. 4, n° 19, 28 mai 1966, p. 28.

[J.-L.], *Le Colonialisme au Québec,* dans *L'Indépendance,* vol. 4, n° 18, 15 août 1966, p. 4.

Pierre Trudel, *La Colonisation au Québec,* LAC 1966, p. 161-162.

Jean-Claude Trait, *Les Québécois sous toutes leurs couleurs,* Pr, 90e année, n° 130, 1er juin 1974, p. E-22.

Marcel Rioux, *Les Débuts d'un mouvement libérateur,* dans *Le Jour,* vol. 1, n° 79, 1er juin 1974, p. V-2.

Jean-Yves Théberge, *André D'Allemagne et le R.I.N.,* CF, vol. 115, n° 10, 7 août 1974, p. 26.

Richard A. Jones, *André D'Allemagne. Le R.I.N. et les débuts du mouvement indépendantiste québécois,* LAQ 1974, p. 305-306.

DALPÉ, JEAN-MARC (1957-   ). Poète et dramaturge, né à Ottawa. Il fait son cours secondaire au Collège Saint-Alexandre (Limbour, Qué.) et à l'École secondaire De La Salle (Ottawa), puis il étudie le théâtre à l'Université d'Ottawa (B.A., 1976), études qu'il continue pendant trois ans au Conservatoire d'art dramatique de Québec. Il travaille avec le Théâtre-Action dans des villages ontariens, joue, en 1979, avec le Théâtre d'la Vieille 17 de Rockland (Ontario), dans une création collective qui lance la troupe et qui paraîtra en 1983, sous le même titre que son recueil de poésie, *Les Murs de nos villages*. Il joue aussi avec la troupe du Centre national des Arts à Ottawa, publie de la poésie, fait une tournée en Ontario et jusqu'à Vancouver, en présentant un spectacle de poésie, « Quelques mots au bout d'un crayon » (1981-1982), compose avec Brigitte Haentjens une comédie musicale, *Hawkesbury Blues* (1982), et *La Ville du nickel* (1984), drame d'amour sur fond de mines assez réussi. Son premier recueil, *Les Murs de nos villages* (1980), chante la tradition franco-ontarienne avec émotion : ses poèmes, écrit Michel Beaulieu, « sont d'une facture presque classique ; [d'une langue] simple et dépouillée, ils ont pour eux leur énergie teintée de désespoir ». Et Paul Gay appelle *Gens d'ici* (1981) « l'hymne patriotique le plus beau, le plus riche de la littérature franco-ontarienne ».

ŒUVRES

Les Murs de nos villages (poésie), Sudbury, Prise de Parole, 1980, 42 p. « Les Perce-neige » ; 1983.

Gens d'ici (poésie), Sudbury, Prise de Parole, 1981, 94 p. Ill. de François-X. Chamberland ; 1983.

Hawkesbury Blues (théâtre), Sudbury, Prise de Parole, 1982, 76 p. Collab. Brigitte Haentjens.

Et d'ailleurs (poésie), Sudbury, Prise de Parole, 1984, 78 p. Ill.

1932, la ville du nickel. Une histoire d'amour sur fond de mines. Théâtre, Sudbury, Prise de Parole, 1984, 62 p. Collab. Brigitte Haentjens. Ill.

Le Chien (théâtre), Sudbury, Prise de Parole, 1987, 64 p.

ÉTUDES

Paul Gay, *Les Murs de nos villages,* Dr, 68e année, n° 147, 20 sept. 1980, p. 19.

Nadir Legris, *Dalpé (Jean-Marc). Les Murs de nos villages,* dans *Nos livres,* vol. 12, mai 1981, n° 225.

Paul Gay, *Jean-Marc Dalpé et « Gens d'ici ». Écho sonore des Franco-Ontariens,* Dr, 69e année, n° 175, 24 oct. 1981, p. 18.

Murray Maltais, *Un travailleur culturel qui vit sa différence,* Dr, 69e année, n° 179, 29 oct. 1981, p. 26.

Robert Yergeau, *Jean-Marc Dalpé. Gens d'ici,* LAQ 1981, p. 124-125.

Michel Beaulieu, *Capsules poétiques,* dans *Le Livre d'ici,* vol. 7, nº 17, 27 janv. 1982, p. 1.

Antonio D'Alfonso, *Dalpé (Jean-Marc). Gens d'ici,* dans *Nos livres,* vol. 13, mars 1982, nº 118.

Yolande Grisé, *Pour se faire un nom,* Montréal, Fides, 1982, p. 293.

Paul Gay, *Hawkesbury Blues,* Dr, 70e année, nº 290, 12 mars 1983, p. 23.

France Simard, « *Les Murs de nos villages* ». *La Vieille 17 publie son premier livre,* Dr, 71e année, nº 159, 5 oct. 1983, p. 39.

Robert Lévesque, *Le Théâtre du Nouvel-Ontario. Un engagement critique,* Dev, vol. 75, nº 89, 14 avril 1984, p. 19.

Paul Gay, *Jean-Marc Dalpé ne chantera pas Paris,* Dr, 72e année, nº 63, 9 juin 1984, p. 24.

Id., « *Nickel* », *de Brigitte Haentjens et Jean-Marc Dalpé. Une histoire d'amour sur fond de mines...,* Dr, 72e année, nº 121, 18 août 1984, p. 22.

Id., « *Icitte, c'est chez nous !* » — *Jean-Marc Dalpé. La poésie franco-ontarienne,* Dr, 72e année, nº 156, 29 sept. 1984, p. 24.

Jean-Marc Desgent, *Dalpé (Jean-Marc). Et d'ailleurs,* dans *Nos livres,* vol. 15, nov. 1984, nº 5.

DALPHÉ, JEAN. Voir **PARIZEAU, GÉRARD.**

D'AMOUR, FRANCINE (1948–). Romancière, née à Beauharnois. Elle fait son cours classique au Collège Jésus-Marie d'Outremont et au Collège Sainte-Marie (B.A., 1969). Elle poursuit ses études en lettres à l'Université de Nice, en France (licence ès lettres, 1970). De retour au Canada, elle obtient une maîtrise ès arts à l'Université d'Ottawa (1971). Par la suite, elle commence une carrière d'enseignante successivement au Cégep du Vieux Montréal (1971-1975), au Cégep de Saint-Jérôme (1975-1976) et, à partir de 1976, au Cégep Montmorency. Francine D'Amour s'intéresse au théâtre et participe à des créations collectives ainsi qu'à différents ateliers de formation. Elle a aussi publié des articles et des poèmes dans des revues littéraires : *Cul Q, Chroniques, Québec littéraire...* Son premier roman, *Les Dimanches sont mortels* (1987) lui mérite non seulement le Grand prix littéraire Guérin, mais aussi le prix Molson de l'Académie canadienne-française, en octobre 1988. La critique est unanime à l'égard de ce roman. Jean-Éthier Blais le résume de la manière suivante : « Francine D'Amour est un savant écrivain, dont la personnalité s'exprime entière par le langage. Un style descriptif qui obéit à la vision de la romancière. Car tout ici est vu, la nature, les ameublements, les lacets des routes ; mieux encore, les monologues intérieurs, qui forment la trame de ce tapis multicolore, relèvent, non pas de la mémoire, mais du regard ».

ŒUVRE

Les Dimanches sont mortels (roman), Montréal, Guérin Littérature, 1987, 180 p.

Le thé des bois (poème), dans *Cul Q,* nos 4–5, été–automne, 1974, p. 76–77.

Critique du réalisme ou réalisme critique, dans *Chroniques,* nos 20–21, août–sept. 1976, p. 11–31. Collab. Gilbert Maggi.

L'été dernier (récit, dans *Québec littéraire,* nº 1, automne 1988, p. 138–151.

ÉTUDES

Jean Éthier-Blais, *Une famille dévorée par l'ennui et le néant de vies inutiles,* Dev, vol. 7, nº 270, 21 nov. 1987, p. D-12.

France Lafuste, *Francine d'Amour ou le plaisir d'écrire à l'état pur,* Dev, vol. 78, nº 278, 5 déc. 1987, p. D-1.

Réginald Martel, *Une perle dans l'huître bien grasse des premiers romans,* Pr, 103e année, nº 410, 12 déc. 1987, p. K-3.

Anne-Marie Charrette, *Les Dimanches sont mortels. Le jour du seigneur,* dans *Voir,* vol. 2, nº 5, janv. 1988, p. 10.

Gilles Marcotte, *Livres,* dans *L'Actualité,* vol. 13, nº 3, mars 1988, p. 149.

Yolande Grisé, *Parricide en hiver,* LQ, nº 49, printemps 1988, p. 34–35.

Josette Giguère, *Francine D'Amour, l'écriture au laser,* dans *Nuit blanche,* nº 10, juin-juillet 1988, p. 10–12.

DANDURAND, ALBERT (1890–1953). Critique et historien des lettres québécoises, né à Saint-Timothée (Beauharnois). Après des études classiques au Séminaire de Valleyfield et des études théologiques au grand séminaire de Montréal, il est ordonné prêtre en 1915. De 1921 à 1923, il étudie à Rome et à l'Institut catholique de Paris. Toute sa vie est consacrée à l'enseignement d'abord au Collège de Valleyfield (1916-1934) et, à partir de 1935, au Collège de Saint-Laurent. Il collabore à divers périodiques dont *L'Enseignement secondaire au Canada.* Entre 1933 et 1938, il publie quatre ouvrages substantiels sur la littérature québécoise. Comme il écrit dans l'introduction de son étude de *La Poésie canadienne-française* (1933), il se propose de faire « l'histoire de notre poésie de ses origines à nos jours, où, en montrant les causes qui ont influé sur elle, l'évolution qu'elle a parcourue et les caractères qui la marquent, on analyserait avec soin les œuvres mêmes ». Cet ouvrage devient la cible des critiques :

Maurice Hébert, Clément Marchand, Albert Pelletier l'ont mis en pièces. Une polémique s'engage dans les colonnes du *Canada*. Par la suite, Albert Dandurand publie trois autres études. Au sujet du *Roman canadien-français* (1937), D.M. Hayne écrit : « Le sens critique et l'ouverture d'esprit de l'abbé Dandurand lui permirent de formuler sur les auteurs et sur le genre romanesque canadien-français des jugements mieux informés et certainement plus nuancés que ceux qui circulaient au Québec pendant les années 1930 » (DOLQ, t. 2, p. 979). Albert Dandurand demeure un des pionniers des études littéraires au Québec et ses ouvrages fournissent une vue d'ensemble qui reflète les préoccupations de son temps.

ŒUVRES

La Poésie canadienne-française, Montréal, Éditions Albert Lévesque, 1933, 244 p.

Littérature canadienne-française. La prose, Montréal, [s.é.], 1935, 209 p.

Le Roman canadien-français, Montréal, Éditions Albert Lévesque, [1937], 253 p. « Les Jugements ».

Nos Orateurs, Montréal, Éditions de L'A.C.F., [1938], 233 p. « Les Jugements ».

Réponse au R. Père St-Pierre o.p. sur « La Poésie canadienne-française », dans *Le Canada*, 30 mai 1933, p. 2.

Tribune libre. Plaidoyer pro domo, dans *Le Canada*, 6 juillet 1933, p. 2.

ÉTUDES

[Anonyme], *La Poésie canadienne-française*, dans *Revue trimestrielle canadienne*, 19e année, no 73, mars 1933, p. 89–90.

Clément Marchand, *Coups de griffe. Un autre manuel*, dans *Le Bien public*, 23 mars 1933, p. 5.

Albert Pelletier, *La Vie littéraire. La Poésie canadienne-française*, dans *Le Canada*, 1er avril 1933, p. 2.

Arthur Saint-Pierre, *La Poésie canadienne-française*, RD, 39e année, mai 1933, p. 298–303.

Maurice Hébert, *La Poésie canadienne-française*, CF, vol. 20, no 10, juin 1933, p. 965–966.

Id., *Tribune libre. Mise au point*, dans *Le Canada*, 30 juin 1933, p. 2.

Cermel Brouillard, *La Poésie canadienne-française*, dans *Les Cahiers franciscains*, vol. 3, no 1, déc. 1933, p. 95–96.

Émile Bégin, *Le Roman canadien-français*, dans *L'Enseignement secondaire au Canada*, vol. 17, no 5, févr. 1938, p. 402.

Onésime Lamontagne, *Le Pionnier de la critique historique dans les lettres canadiennes-françaises*, dans *Nos Cahiers*, vol. 3, no 2, 1938, p. 176–178.

Albert Pelletier, *Nos Orateurs*, dans *Les Idées*, 5e année, vol. 9, no 4, avril 1939, p. 382–383.

DANDURAND, Mme RAOUL (Joséphine Marchand) [Josette, Josephte, Météor, Marie Vieuxtemps]

(1861–1925). Journaliste et conférencière, née à Saint-Jean-d'Iberville, fille de l'honorable Félix-Gabriel Marchand, premier ministre de la Province de Québec de 1897 à 1900, épouse du sénateur Raoul Dandurand. Elle débute dans le journalisme au *Franco-Canadien*, fondé par son père. En 1893, elle crée la première revue féminine de langue française, *Le Coin du feu*, mensuel qui paraît jusqu'en décembre 1896 ; elle signe ses chroniques des pseudonymes de Météor et de Marie Vieuxtemps ; *Nos travers,* publiés en 1901, contiennent un choix de ces chroniques. Collaboratrice à *L'Opinion publique*, au *Journal de Françoise*, au *Canada artistique* et à *L'Électeur*, elle écrit également quelques saynètes : *Rancune* (jouée à Québec en février 1888), *La Carte postale, Ce que pensent les fleurs* (jouées à Québec, à Saint-Jean et à Montréal, en 1895), et « Victimes de l'idéal » (jouée dans les salons du Sénat en 1907). Femme très active, Mme Dandurand s'occupe de la section féminine de l'Association nationale Saint-Jean-Baptiste de Montréal et de la Fédération nationale Saint-Jean-Baptiste ; elle donne des conférences au Conseil national des femmes du Canada (dont elle est la directrice) et au premier Congrès de la langue française tenu à Québec en 1912. Déléguée par le gouvernement Laurier au Congrès international des femmes, tenu à Paris, pendant l'Exposition universelle de 1900, Mme Dandurand est aussi Officier d'Académie et membre du Club Lyceum de Paris. Son style est simple, sans prétention, comme le remarque son ami Louis Fréchette dans sa préface aux *Contes de Noël* : « En effet, ce qui caractérise plus que toute autre chose le style de ces ‹ Contes ›, c'est une absence de toute recherche, une facilité naturelle, une allure indépendante et primesautière qui donnent l'impression de quelqu'un laissant courir sa plume sur le papier sans le moindre effort, sans aucunement s'inquiéter de bien dire, et, sans s'en douter le moins du monde, racontant merveilleusement des choses charmantes ».

ŒUVRES

Contes de Noël, Montréal, John Lovell & fils, éditeurs, 1889, 159 p. Sous le pseudonyme de Josette. Préface de Louis Fréchette. « Littérature canadienne ».

Ce que pensent les fleurs. Saynète enfantine, [s.l., s.é.], 1895, 14 p.

La Carte postale. Saynète enfantine, Montréal, C.-O. Beauchemin & fils, libraires-imprimeurs, [1896 ?], 31 p.

Rancune. Comédie en un acte et en prose, Montréal, C.-O. Beauchemin & fils, libraires-imprimeurs, 1896, 54 p. ; [*Rancune. Comédie en un acte et en prose suivie*

de La Carte postale et Ce que pensent les fleurs, 1897],
54, [2], 31, [1], 14 p.

Nos travers (chroniques), Montréal, C.-O. Beauchemin
& fils, libraires-imprimeurs, 1901, 232 p. Préface de
l'auteur; Librairie Beauchemin, limitée, 1924, 124 p.
«Bibliothèque canadienne, collection Laval».

ÉTUDES

Mme H.-D. Saint-Jacques, *Les Femmes et les Lettres françaises
au Canada,* BPF, vol. 12, n° 9, mai 1913, p. 345–346.

Georges Bellerive, *Mme Dandurand,* dans *Brèves Apologies de
nos auteurs féminins,* Québec, Garneau, 1920, p. 24–29.

DANET, LOUIS. Voir **DANTIN, LOUIS.**

DANET, LUCIEN. Voir **DANTIN, LOUIS.**

DANIEL, FRANÇOIS (1820–1908). Historien, né à
Cavray, près de Coutances, en Normandie. Après
ses études à Coutances, il entre au Séminaire de
Saint-Sulpice, à Paris, en 1844. Ordonné prêtre le
29 mai 1847, il est envoyé au Canada en octobre de
la même année. Il est catéchiste au Collège de
Montréal et vicaire à l'église Notre-Dame jusqu'à
sa mort. À la fin de sa vie, François Daniel dirige
l'Œuvre de la Propagation de la Foi et celle de la
Sainte-Enfance. Son œuvre historique s'élabore
surtout au cours des années 1860, et elle demeure
anonyme, ce qui engendre certaines difficultés d'attribution. En majeure partie biographiques, ses
ouvrages recèlent des erreurs très nombreuses et ne
dépassent guère la compilation de documents. En
général, l'intérêt de Daniel porte sur les relations
entre les Français d'outre-mer et ceux de la Nouvelle-
France.

ŒUVRES

Le Vrai Canadien ou Notice sur J.-B. Bruyère, Montréal,
Duvernay, 1859, 116 p.

La Famille d'Eschambault, [Montréal], Senécal, [1867],
396 p.

*Histoire des grandes familles françaises du Canada ou
Aperçu sur le Chevalier Benoist et quelques familles
contemporaines,* Montréal, E. Senécal, 1867, xiv, 610 p.
Ill. 48 p. Hors-texte.

*Le Vicomte C. de Lévy, lieutenant-général de l'Empire
français, ingénieur en chef de la Grande Armée et sa
famille,* Montréal, Senécal, 1867, iv, 299 p. Ill. Contient:
« Précis historique de ce qui s'est passé de plus remarquable depuis la découverte du Canada jusqu'à nos
jours » (44 p.); *La Famille C. de Lévy,* p. 1–174; *Aperçu*

sur quelques contemporains, p. 175–206; *Officiers de
l'Acadie,* p. 207–224; *Départ des troupes de la colonie,*
p. 224–239; *Supplément à l'histoire des grandes familles
françaises,* p. 241–280; *Notes relatives aux grandes
familles du Canada,* p. 281–299.

*Précis historique ou Abrégé de l'histoire du Canada —
Avec aperçu sur les principaux personnages du pays,*
Montréal, Eusèbe Senécal, Imprimeur-éditeur, 1867,
iv, [2], 44 p., 73 p. Fr. Daniel, auteur présumé. (Le
Précis historique de 44 p. précède l'histoire de familles,
telles les familles Lévy, Guy et Benoist).

*Nos gloires nationales ou L'Histoire des principales familles
du Canada,* Montréal, Senécal, 1867, 2 vol.: vol. 1, xv,
365 p.; vol. 2, 437 p. Ill.

*Les Français dans l'Amérique du Nord ou Histoire des
principales familles du Canada,* Montréal, Senécal,
1868, 2 vol.: *Supplément,* Montréal, Senécal, 1868,
48 p. Tiré à part du supplément de *Nos gloires nationales
ou Histoire des principales familles du Canada.*

*Album du Séminaire. Aperçu sur quelques contemporains
d'Iberville,* Montréal, Senécal, 1868.

Nos origines, Montréal, Au Séminaire, 1905, 71 p. Ill.

N.B. Ces ouvrages sont attribués à François Daniel sans
qu'ils soient signés par l'auteur.

ÉTUDES

J.-B.-A. Allaire, *Dictionnaire biographique du clergé canadien-
français,* St-Hyacinthe, Imprimerie de la Tribune, 1908, p. 157.

Le Jeune, *Dictionnaire général du Canada,* Ottawa, EUO, 1931,
vol. 1, p. 470-471.

DANIS, Mme GÉRALD. Voir **LUCILLE, TANTE.**

DANSEREAU, LOUIS-MARIE (1955-   ). Dramaturge, né à Montréal. Il fait le cours secondaire
au Séminaire Armand-Corbeil de Terrebonne (1973).
Très jeune, il a étudié la diction, puis, à 14 ans le
chant et l'art dramatique. De 1973 à 1979, il travaille
comme chanteur et comédien, puis, en 1980, alors
qu'il allait partir pour Paris, il accepte par défi
d'écrire une pièce de théâtre, *La Trousse,* qui est
créée au café-théâtre Le Pont-Tournant, à Belœil,
et reprise l'année suivante au café-théâtre Les Fleurs
du mal, à Montréal. L'accueil fait à cette première
pièce est enthousiaste et il « aurait pu donner des
ailes à n'importe qui d'un peu doué », écrit Martial
Dassylva en 1981. À la parution du texte, le ton de
la critique est différent: «Vulgaire à souhait, dit
Adrien Gruslin, son langage cru témoigne d'une
agressivité à revendre, mais aussi d'une froide
lucidité ». Une seconde pièce, *Chez Paul-ette, bière,
vin, liqueur et nouveautés,* qui inaugure le théâtre
Malenfant de Terrebonne et relate les hauts et les

bas de la vie des commerçants « dépanneurs », provoque aussi des réactions différentes selon qu'il s'agit du jeu ou du texte publié : un des spectacles les « plus intéressants de la dernière saison estivale » (1982), pour Dassylva, tandis que pour Normand Desjardins « Dansereau met en scène cette fois un autre sous-produit de notre imaginaire collectif ».

ŒUVRES

La Trousse (théâtre), [Montréal], Leméac, 1981, 117 p. Ill. d'Yves Nantel. Préface de Doris-Michel Montpetit. « Théâtre ».

Chez Paul-ette, bière, vin, liqueur et nouveautés (théâtre), [Montréal], Leméac, 1981, 133 p. « Théâtre ».

Ma maudite main gauche veut pus suivre (théâtre), [Montréal], Leméac, 1982, 89 p. Ill. de Gérald Paquette. Préface de Michel Larouche. « Théâtre ».

ÉTUDES

Martial Dassylva, *La Trousse. Une guidoune pas ordinaire*, Pr, 97ᵉ année, nᵒ 9, 13 janv. 1981, p. C-1.

Adrien Gruslin, *Les Nouveaux-nés Leméac*, dans *Le Livre d'ici*, vol. 6, nᵒ 37, 17 juin 1981, p. 2.

Martial Dassylva, *Tout ça à cause d'une épluchette*, Pr, 97ᵉ année, nᵒ 170, 17 juillet 1981, p. C-1.

Lucie Robert, *Louis-Marie Dansereau. Chez Paul-ette, bière, vin, liqueur et nouveautés. La Trousse*, LAQ 1981, p. 166-168.

Normand Desjardins. *Dansereau (Louis-Marie). Chez Paul-ette, bière, vin, liqueur et nouveautés*, dans *Nos livres*, vol. 12, oct. 1981, nᵒ 379.

Martial Dassylva, *Un lamento sur une vie brisée*, Pr, 98ᵉ année, nᵒ 66, 18 mars 1982, p. C-4.

Chantal Lavoie, *La Trousse de Louis-Marie Dansereau*, dans *Jeu*, nᵒ 22, 1982, p. 135-137.

Robert Guay, *Ma maudite main gauche veut pus suivre de Louis-Marie Dansereau*, dans *Le Berdache*, nᵒ 30, mai 1982, p. 63-64.

André Dionne, *Le théâtre qu'on joue. Ma maudite main gauche veut pus suivre de Louis-Marie Dansereau*, LQ, nᵒ 26, été 1982, p. 50.

DANSEREAU, PIERRE (1911-   ). Botaniste et écologiste, né à Montréal. Il fait ses études classiques au Collège Sainte-Marie (B.A., 1931). Il voyage comme matelot, et il prend part au mouvement politique Jeune-Canada. Il poursuit des études d'agronomie à l'Institut agricole d'Oka (B. Sc. Agr., 1936), ainsi que des recherches en herborisation sous la direction du Frère Marie-Victorin et de Jacques Rousseau à l'Institut botanique de l'Université de Montréal, études qu'il continue en Europe (1936-1939) où il termine un doctorat à l'Université de Genève : sa thèse s'intitule « Monographie du genre Cistus L. ». À son retour, il est nommé directeur adjoint au Jardin botanique de Montréal et professeur à l'Institut botanique. De 1943 à 1950, il

est directeur du Service de biogéographie de Québec. Ensuite, il enseigne successivement et effectue des recherches à l'Université du Michigan, à l'Institut botanique de l'Université de Montréal où il est doyen de la Faculté des sciences, au New York Botanical Garden, à l'Université Columbia, à l'Institut d'urbanisme de l'Université de Montréal et à l'Université du Québec à Montréal où il est nommé professeur émérite en 1976. En outre, à titre de délégué, invité ou consultant, il voyage à travers le monde. Il est membre actif de sociétés savantes et il collabore à de nombreuses revues scientifiques. Institutions et sociétés récompensent sa compétence et ses services par de nombreuses distinctions : doctorats honorifiques, prix David (1959), Ordre du Canada (1969), médaille Massey de la Royal Canadian Geographical Society (1973), prix Molson du Conseil des Arts du Canada (1975), prix Marie-Victorin (1983). Parmi ses publications, il convient de noter un ouvrage de vulgarisation, *La Terre des hommes et le Paysage intérieur* (1973) dont *Le Livre canadien* dit qu'il « marquera notre génération d'hommes à la recherche de solutions globales ». Thérèse Dumesnil a publié sur Pierre Dansereau un beau livre-entretien dans lequel, comme dans l'œuvre de l'écologiste « chaque discours particulier (sur l'enseignement universitaire, l'homme de science, la démocratie, la politique, la culture, les valeurs, l'écologie) s'intègre dans un discours plus large où s'exprime une vision qui cherche à décloisonner, à saisir des corrélations, des interactions, à établir des échanges entre les expériences, les savoirs, les domaines, comme entre le passé, le présent et le futur » (Pierre L'Hérault).

ŒUVRES

Les Chrysanthèmes (étude), Montréal, Jardin botanique de Montréal, 1940, 20 p. Ill.

L'Industrie de l'érable (étude), Montréal, Université de Montréal, Institut de biologie, Service de biogéographie, 1944, 44 p. Ill.

Science in French Canada, [s.l., s.é.], 1944, 19 p. Ill.

Brother Marie-Victorin, F.S.C. 1885-1944 (biographie), Notre-Dame, Indiana, University Press, 1945, [viii], 8 p. Portrait. (Paru d'abord dans *The American Midland Naturalist*, vol. 33, nᵒ 2, mars 1945).

Botanical Excursion in Quebec Province : Montreal, Quebec, Gaspé Peninsula (essai), Montréal, Université de Montréal, Service de biogéographie, 1948, 20 p. Collab. Marcel Raymond. Ill.

Écologie des principaux types de pâturages des environs de Granby (essai), Montréal, Université de Montréal, Service de biogéographie, 1949, 56 p. Collab. Alain Gille. Ill.

Biogeography: An Ecological Perspective (essai), New York, The Ronald Press Co., 1957, xiii, 394 p. Ill.

The Grading of Dispersal Types in Plant Communities and Their Ecological Significance (essai), Montréal, Université de Montréal, Institut botanique, 1957, 52 p. Collab. Kornelius Lems. Ill.

A Universal System for Recording Vegetation (essai), Montréal, Université de Montréal, Institut botanique, 1958, 58 p.

Phytogeographia Laurentiana II. The Principal Plant Associations of the Saint Lawrence Valley (essai), Montréal, Université de Montréal, Institut botanique, 1959, 147 p. Ill.

Essais d'application de la dimension structurale en phytosociologie, Montréal, Université de Montréal, Service de biogéographie, 1959, 52 p. Collab. Jenö Arros. Ill. « Bulletin ».

Guide sommaire pour les excursions aux environs de Montréal pendant le IXᵉ Congrès international de botanique, Montréal, Université de Montréal, Institut botanique, 1959, 22 f. Collab. Marcel Raymond.

An Application of Ecological Laws to Woodlots (essai), New York, New York Botanical Garden, 1962, 14 p.

Contradictions et Biculture. Communications 1955–1961, Montréal, Les Éditions du Jour, 1964, 222 p.

Ecological Impact and Human Ecology. Symposium on « The Future Environments of North America », New York, Conservation Foundation, 1965, 77 p.

A Universal System for Recording Vegetation II: A Methodological Critique and an Experiment (essai), New York, New York Botanical Garden, 1966, 64 p. Collab. Peter F. Buell et Ronald Dason.

Studies on the Vegetation of Puerto Rico. I. Description and Integration of the Plant Communities (essai), New York, Institute of Caribbean Science, 1966, 287 p. Collab. Peter F. Buell. Ill.

Challenge for Survival. Land, Air, and Water for Man in Megalopolis (essai), New York et London, Columbia University Press, 1970, xii, 235 p. Éditeur avec Virginia A. Weadock. Préface de William Campbell Steere.

Reflections on a Task: Housing and Urban Development in Canada (essai), Montréal, Université de Montréal, Institut d'urbanisme, 1970, 42 p. Ill.

Dimensions of Environmental Quality (essai), Montréal, Université de Montréal, Institut d'urbanisme, 1971, 109 p. Ill.

Écologie de la zone de l'aéroport international de Montréal (étude), Montréal, Centre de recherches écologiques de Montréal, projet EZAIM, 1971, vii, 291 p.

La Terre des hommes et le Paysage intérieur (essai), Montréal, Éditions Radio-Canada et Leméac, 1973, 191 p. Ill. Traduction anglaise: *Inscape and Landscape. The Human Perception of Environment,* Toronto, CBC, 1973, 118 p.; New York/London, Columbia University Press, 1975, vi, 118 p.

Atlas EZAIM, Montréal, PUM, 1975, 27 p., 53 f. de planches. Collab. Peter Brooke Clibbon et Gilles Paré.

EZAIM. Écologie de la zone de l'aéroport international de Montréal. Le cadre d'une recherche écologique interdisciplinaire (essai), Montréal, PUM, 1976, xviii, 343 p. Ill.

Prospective du système socio-économique du Québec 1995 (essai), Québec, L'Office de la planification et du développement du Québec, 1976, ix, 159 p. Collab. Kimon Valaskakis.

Ecological Grading and Classification of Land-Occupation and Lans-Use Mosaics (essai), Ottawa, Supply and Services, 1977, 63 p. Collab. Gilles Paré. Ill.

Harmony and Disorder in the Canadian Environment (essai), Ottawa, Canadian Environment Advisory Council, 1977, 146 p. Ill. Version française: *Harmonie et Désordre dans l'environnement canadien,* Ottawa, Conseil consultatif canadien de l'environnement, 1980, vi, 89 p. Ill.

Prospective socio-économique du Québec, 1ʳᵉ étape. Sous-système écologique (1). Dossier technique (1.1) Diagnostics préliminaires, Québec, Éditeur officiel du Québec, 1978, vi, 118 p. « Études et Recherches ».

Prospective socio-économique du Québec, 1ʳᵉ étape. Sous-système écologique (1). Dossier technique (1.2). Aspects du développement, Québec, Éditeur officiel du Québec, 1978, vi, 86 p. Collab. Kimon Valaskakis. « Études et Recherches ».

Prospective socio-économique du Québec, 1ʳᵉ étape. Sous-système écologique (1). Rapport-synthèse, Québec, Éditeur officiel du Québec, 1978, vii, 43 p. Collab. Kimon Valaskakis. « Études et Recherches ».

Un parc urbain dans la forêt de Saraguay (essai), Montréal, Comité d'animation du Jardin et de l'Institut botaniques de Montréal, Société d'horticulture et d'écologie du Nord de Montréal, 1978, 10 f.

L'Habitat humain et l'Écologie du logement dans un quartier urbain (Montréal 1982–83). Rapport présenté en août 1983 à la Société canadienne d'hypothèques et de logements (contrat nº 6585/D18), [s.l., s.é.], 1983, vii, 129 p. Collab. Michel Chamberland et Normand Guilbault. Ill.

Essai de classification et de cartographie écologique des espaces, Québec, Université Laval, Laboratoire d'écologie forestière, 1985, 146 p. Ill. « Études écologiques ».

Le Paysage gaspésien, dans Jules Bélanger, *Histoire de la Gaspésie,* Montréal, Boréal Express, 1981, p. 13–41.

L'Écologie, dans Roland Jouandet-Bernadat *et al., Le Futur du Québec au conditionnel,* Chicoutimi, Gaëtan Morin éditeur, 1982, p. 113–153.

ÉTUDES

Camille Laverdière, *Bibliographie des publications de M. Pierre Dansereau, dressée par l'auteur,* dans *Revue canadienne de géographie,* vol. 11, nᵒˢ 2–3, 1957, p. 115–123.

Jacques Fontaine, *De New York, Pierre Dansereau déclare que ce qui se passe au Québec est unique en Amérique,* Pe, vol. 7, nᵒ 48, 27 nov. 1965, p. 20–24.

Camille Laverdière, *Pierre Dansereau: Mérite 71,* dans *Revue canadienne de géographie,* vol. 26, nᵒ 4, 1972, p. 356–360.

[Anonyme], *Dansereau (Pierre). La Terre des hommes et le Paysage intérieur,* dans *Le Livre canadien,* vol. 5, avril 1974, n⁰ 129.

Hélène Pelletier-Baillargeon, *L'écologie arrive en ville,* Ch, vol. 18, n⁰ 2, févr. 1977, p. 38–39, 62–68.

Pierrot Léger, *Le Grand Manitou de l'écologie,* dans *L'Actualité,* vol. 3, n⁰ 8, août 1978, p. 22–28.

Thérèse Dumesnil, *Pierre Dansereau. L'écologiste aux pieds nus* (essai), Montréal, Éditions Nouvelle Optique, 1981, 215 p. « Traces et Paroles ».

Serge Viau, *Pierre Dansereau, l'homme de l'austérité joyeuse,* Pe, vol. 24, n⁰ 13, 27 mars 1982, p. 2–5.

DANTIN, LOUIS [X Eugène Seers] [Serge Usène, Eugène Voyant, Lucius, Lucien Danet, Louis Danet, Marjiotta] (1865-1945). Critique, poète, romancier, né à Beauharnois. Après ses études au Collège de Montréal et au Séminaire de philosophie, il entreprend un voyage en Europe en 1883. Le 21 juillet, il entre dans la Congrégation des Pères du Très-Saint-Sacrement, à Bruxelles. Le 6 octobre 1884, il part pour Rome où il obtient le grade de docteur en philosophie en 1887, et où il prononce ses vœux perpétuels le 29 septembre de la même année. Il se rend à Paris pour y exercer les fonctions de secrétaire du supérieur général de sa congrégation. Le 22 décembre 1888, Eugène Seers est ordonné prêtre en l'église Saint-Sulpice de Paris. L'année suivante, il est nommé socius du maître des novices de la maison de Bruxelles dont il devient supérieur en octobre 1890. Il est supérieur à Paris (1893), vient à Montréal (1894), repart pour Bruxelles (septembre 1894) en pleine crise religieuse, et revient au Canada (1894) sur les instances du père Estévenon, supérieur de la maison de Montréal. Rentré dans sa communauté, il vit cependant à l'écart de tout exercice religieux et s'occupe surtout de la rédaction et de l'impression de la revue *Le Petit Messager du Très-Saint-Sacrement.* Sans en être membre, il participe aux activités de l'École littéraire de Montréal. Il se lie d'amitié avec le poète Émile Nelligan dont il commencera l'édition des poésies, complétées par madame Nelligan et Charles Gill, et publiée chez Beauchemin en 1904. En 1903, il quitte les ordres et s'exile aux États-Unis. Installé à Boston, il travaille pendant plus de vingt ans à l'imprimerie de l'Université Harvard. Il meurt aveugle en 1945 sans être

revenu au Canada, si ce n'est pour de courtes visites chez des amis. Critique littéraire, il collabore à plusieurs journaux et revues : *Le Très-Saint-Sacrement* (1887), *Le Petit Messager du Très-Saint-Sacrement* (1898), *Les Débats* (1900), *L'Avenir* (1902), *La Revue moderne* (1920-1922, 1928-1933), *L'Avenir du Nord* (1923-1924, 1926-1927, 1929-1935, 1938-1942), *Le Canada,* (1927-1929), *Le Jour* (1938-1942). Poète de tendance philosophique aux prises avec son drame intérieur, romancier à l'occasion, il est attentif à la littérature du Québec pendant plusieurs décennies. Homme d'une vaste culture, Dantin restera comme un critique littéraire marquant. C'est lui qui révèle l'œuvre de Nelligan aux Montréalais en 1902 dans une série d'articles parus dans *Les Débats* : ce texte est devenu la préface de la première édition des poésies de Nelligan. Doué d'un sens critique peu commun, il commente fréquemment les nouvelles publications et encourage de ses conseils un nombre considérable d'auteurs québécois. Louis Dantin se distingue par sa probité intellectuelle, son sens des nuances, sa recherche constante de la vérité. Yves Garon peut écrire au terme d'une étude très poussée qu'il « était sincèrement attaché à la Vérité. [...] Louis Dantin fut considéré de son temps comme un grand écrivain. Ses meilleures œuvres et le rôle qu'il a joué auprès des écrivains canadiens-français devraient lui assurer une place définitive dans notre littérature ».

ŒUVRES

Franges d'autel (recueil de poésie), Montréal, [s.é.], 1900, [n.p., 77 p.]. Ill. de J.-B. Lagacé. Ce recueil comprend des textes de plusieurs poètes : Eugène Seers (sous les pseudonymes de Serge Usène et Louis Dantin), Émile Nelligan, Lucien Renier, Arthur de Bussières, Albert Ferland, J.-B. Lagacé, Amédée Gélinas et Louis Fréchette.

Poètes de l'Amérique française. Études critiques, Montréal/New York/Londres, Louis Carrier et Cie/Éditions du Mercure, [1928], 250 p. ; Librairie d'Action canadienne-française, 1932. « J » ; *Poètes de l'Amérique française. Études critiques (2ᵉ série),* Montréal, ACF/Éditions Albert Lévesque, 1934, 196 p.

Chanson javanaise. Journal d'un canadien errant, Java, Samarang, 1930, 16 p.

La Vie en rêve (récits et nouvelles), Montréal, Librairie d'Action canadienne-française, 1930, 267 p.

Le Mouvement littéraire dans les Cantons de l'Est, suivi d'un Essai de bibliographie sur les écrivains originaires des Cantons de l'Est ou auteurs de travaux se rapportant à notre province, [s.l.], [reproduit de l'édition-souvenir publiée par *La Tribune* en 1930], [s.d.], 39 p. Bibliographie de John Hayes.

Chanson cidadine (poème), [s.l., s.é.], 1931, 14 p.

Gloses critiques. Faits-Œuvres-Théories, Montréal, Éditions Albert Lévesque/Librairie d'Action canadienne-française, 1931, 223 p. ; *Gloses critiques (2e série),* 1935, 173 p.

Chanson intellectuelle (poème), [s.l., s.é.], 1932, 8 p.

Le Coffret de Crusoé (poésie), Montréal, Albert Lévesque, 1932, 174 p.

Contes de Noël, Montréal, Albert Lévesque, 1936, 117 p. « Contes et Récits canadiens ».

L'Invitée (conte), Montréal, Librairie d'Action canadienne-française, 1936, 16 p.

Les Enfances de Fanny (roman), Montréal, Chanteclerc, 1951, 286 p. ; CLF, 1969, 181 p. Avant-propos de R. Dion-Lévesque. « CLF poche canadien ». Traduction anglaise par Raymond Y. Chamberlain : *Fanny,* Montréal, Harvest House, 1974, 187 p. « French Writers of Canada ».

Poèmes d'outre-tombe, Trois-Rivières, Éditions du Bien public, 1962, 166 p. Préface de Gabriel Nadeau. « *Les Cahiers Louis Dantin* ».

Les Sentiments d'un père affectueux. Lettres de Louis Dantin à son fils, Trois-Rivières, Éditions du Bien public, 1963, 59 p. Préface de Gabriel Nadeau. « *Les Cahiers Louis Dantin* ».

Louis Dantin, Montréal/Paris, Fides, 1968, 96 p. Textes choisis et présentés par Yves Garon. « CC ».

Émile Nelligan, Deb, nos 143–149, 17 août au 28 novembre 1902. (Cette étude devient la préface de la première édition des poésies de Nelligan).

Les Débuts de l'École littéraire de Montréal, Ca, vol. 26, no 165, 16 oct. 1928, p. 4.

20 lettres inédites de Louis Dantin à Louvigny de Montigny, Dev, vol. 56, no 82, 8 avril 1965, p. 23–24, 32. Textes présentés et annotés par Réginald Hamel.

ÉTUDES

Camille Roy, *Poètes de l'Amérique française,* ESC, vol. 8, no 4, janv. 1929, p. 269–276.

Gabriel Nadeau, *Louis Dantin, sa vie et son œuvre,* Manchester, Éditions Lafayette, 1948, 253 p.

Alfred DesRochers, *Louis Dantin et la « Génération perdue »,* CV, 17e année, no 4, 1952, p. 120–127.

Yves Garon, « Louis Dantin : sa vie et son œuvre ». Thèse de doctorat. Université Laval, 1960, 641 p.

Paul Beaulieu, *L'Œuvre poétique de Louis Dantin,* EF, vol. 2, no 1, févr. 1966, p. 73–98.

Marie Le Franc, *Lettres à Louis Dantin,* Trois-Rivières, Éditions du Bien public, 1967, 60 p. « Les Cahiers Louis Dantin ».

Hermas Bastien, *Louis Dantin,* dans *Ces écrivains qui nous habitent,* Montréal, Beauchemin, 1969, p. 111–123.

Placide Gaboury, *Louis Dantin et la Critique d'identification,* Montréal, HMH, 1973, 263 p. « R ».

Collab.,[*Études. Témoignages. Correspondance. Louis Dantin*], ECF, nos 44–45, 1982, 322 p. (Numéro spécial des *Écrits du Canada français* consacré à Louis Dantin. Études de Paul Beaulieu, Robert Choquette, Rosaire Dion-Lévesque, René Garneau et Simone Routier. Nombreux extraits des lettres de Louis Dantin).

Patrick Imbert, *Gloses critiques de Louis Dantin. Ou du texte à l'idéologie,* LQ, no 28, hiver 1982–1983, p. 61–63.

Jacques Michon, *La Correspondance de Louis Dantin (Écrits du Canada français 44–45),* LQ, no 28, hiver 1982–1983, p. 58–60.

DAOUST, JEAN-PAUL (1946–   ). Poète, né à Valleyfield. Il fait ses études classiques au Collège de Valleyfield (B.A., 1967). Il obtient ensuite à l'Université de Montréal une licence ès lettres (1970), une maîtrise en création pour un écrit intitulé « Sur-Texte » (1974), et il prépare une thèse de doctorat sur Réjean Ducharme. À partir de 1974, il enseigne les lettres françaises au Cégep Édouard-Montpetit. En outre, il collabore à *Jeu,* à *La Petite Revue de philosophie,* à *Scrap,* à *Jungle* (France), etc. Ses premiers textes de poésie, parus aux Éditions Cul-Q en 1976 et 1977, surprennent la critique par leur outrance. Il publie, en 1977 et 1979, en collaboration avec Claude Beausoleil et Jean-Marc Desgent, deux autres recueils. En 1981 paraît *Portrait d'intérieur* dont Claude Beausoleil dit dans la préface qu'il s'agit « de débordement de tout ordre et en ce sens le travail d'écriture de Jean-Paul Daoust poursuit rigoureusement la voix du désordre. [...] Il faudrait lire ces textes comme des attaques de nerfs », textes qui, pour lui, représentent le siècle qui s'achève. On en a fait une adaptation partielle jouée au café-théâtre L'Ex-tasse, en 1982, et intitulée « City Life », que Jean Roger qualifie de « joyeux spectacle hyperréaliste ».

ŒUVRES

Oui, cher (récit), [Montréal], Les Éditions de l'Enmieux, 1976, 32 p. « Exit ».

Chaises longues (poésie), Montréal, Éditions Cul Q/Mium-Mium, 1977, [n.p., 12 cartes postales dans une enveloppe].

L'Éventail jaune (poésie), Montréal, Éditions Lèvres urbaines, 1977, 23 p. Collab. Claude Beausoleil.

Poèmes d'horreur (poésie), Montréal, Éditions Lèvres urbaines, 1979, [n.p.] Collab. Jean-Marc Desgent.

Portrait d'intérieur (poésie), Trois-Rivières, APLM, 1981, 85 p. Ill. Préfaces de Claude Beausoleil et d'André Roy.

Poèmes de Babylone (poésie), Trois-Rivières, Écrits des Forges, 1982, 51 p. « Les Rouges-gorges ».

Soleils d'acajou (roman), [Montréal], Nouvelle Optique, 1983, 106 p. « Fiction ».

Taxi (poésie), Trois-Rivières, Écrits des Forges, 1984, 56 p. « Les Rivières ».

Dimanche après-midi (poésie), [Trois-Rivières], Écrits des Forges, 1985, 54 p. « Radar ».

Les Garçons magiques. Récits, Montréal, VLB éditeur, 1986, 159 p. Ill.

Du dandysme (poésie), [Montréal], NBJ, 1986, 23 p. Ill. «On voit plus de prodiges merveilleux & de belles choses».

Gélinas et Tremblay ou La Famille All Dressed, dans *La Petite Revue de philosophie,* vol. 1, n° 2, hiver 1980, p. 89–97.
Tableau d'époque, dans *La Petite Revue de philosophie,* vol. 2, n° 2, printemps 1981, p. 75–82.
Le Quotidien comme prise d'otage, dans *La Petite Revue de philosophie,* vol. 3, n° 2, printemps 1982, p. 129–143.

ÉTUDES

Claude Beausoleil, *Lire aujourd'hui,* dans *Hobo-Québec,* n° 33, avril-juin 1977, p. 28.
Lucien Francœur, *Jean-Paul Daoust. Portrait d'intérieur,* LQ, n° 23, automne 1981, p. 77–78.
Jean Royer, *« City Life » à l'Ex-Tasse : un joyeux théâtre hyperréaliste,* Dev, vol. 73, n° 98, 29 avril 1982, p. 13.
Martial Dassylva, *Ou la vie est dite avec trop de complexité,* Pr, 98ᵉ année, n° 105, 6 mai 1982, p. C-1.

DAOUST, JULIEN (1866–1943). Dramaturge et homme de théâtre, né à Saint-Polycarpe (Soulanges). À dix-huit ans, il débute au théâtre Bijou, à Montréal ; il joue à l'Académie de musique (1886–1887), avant de faire des séjours aux États-Unis (1888–1898). En 1900, il fonde le théâtre national et, en 1902, il écrit et dirige « La Passion », pièce à grand déploiement, en collaboration avec Germain Beaulieu. Jusqu'à sa mort, en 1943, il poursuit une fructueuse carrière comme comédien, directeur de troupe et dramaturge. Il joue en province et même aux États-Unis. Auteur d'au moins vingt-sept pièces, il n'en fait publier qu'une seule, *Le Triomphe de la croix* (1928), dont la création remonte à 1903. Outre cette pièce et « La Passion », les deux grands succès du dramaturge sont des adaptations de romans français : « Le Chemin des larmes » (1915) et « La Conscience d'un prêtre » (1920). Il se distingue aussi comme « maître du mélodrame », selon Jean-Cléo Godin, qui analyse longuement « La Belle Montréalaise » (connue aussi sous le titre de « Allo Québécoise »). Il existe un fonds Julien Daoust à la Bibliothèque nationale du Québec où se trouve les manuscrits de quatorze pièces de « ce créateur du théâtre permanent à Montréal » (Jean-Claude Godin), complètement oublié de nos jours.

ŒUVRE

Le Triomphe de la Croix. Pièce en cinq actes, Montréal, Éditions Édouard Garand, [1928], 28 p. (Un extrait est publié dans Jan Doat, *Anthologie du théâtre québécois,*

1606–1970, Québec, Les Éditions Laliberté, 1973, p. 166–168).

ÉTUDES

[Anonyme], *Un artiste canadien, Julien Daoust,* Montréal, Imprimerie Alphonse Pelletier, 1902, 14 p. Ill.
Robert Prevost, *Que sont-ils devenus ?,* Montréal, Éditions Princeps, 1939, p. 51–58.
Jean-Cléo Godin, *Julien Daoust dramaturge 1866-1943,* dans *Theatre History in Canada / Histoire du théâtre au Canada,* vol. 4, n° 2, 1983, p. 113–120.
Id., *Une « Belle Montréalaise » en 1913,* dans *Revue d'histoire littéraire du Québec et du Canada français,* n° 5, 1983, p. 55–62.

D'APOLLONIA, FRANÇOIS (1938–). Poète, romancier, critique de cinéma, né à Sudbury (Ontario). Il fait ses études classiques au Collège Sainte-Marie (B.A., 1959), puis il obtient une licence ès lettres et un C.A.P.E.S. à l'Université de Montréal (1968). Il enseigne l'anglais à l'École Cinq-Mars en 1962, et les lettres à la Polyvalente Gérard-Filion, de 1963 à 1970. À compter de 1970, il est professeur de littérature au Cégep Édouard-Montpetit de Longueuil où il fonde, avec Benoît Patar une maison d'édition, Le Préambule, puis une prestigieuse revue de cinéma, *24 images.* Il collabore en outre à *Trajectoire,* revue de poésie. Dans son premier recueil de poésie, *À contre-nuit,* il note que la poésie est « un concentré de mémoire, un extrait de sommeil, un condensé de rêve, arraché par le jour à la nuit incendiée ». *L'Homme oblique,* roman de 1980, participe à cette écriture qui oscille entre l'onirisme et l'ailleurisme, et où l'auteur se racontant à la première personne, utilise la technique du journal et de la lettre pour définir la passion qu'il éprouve pour quatre femmes qui ont marqué sa vie.

ŒUVRES

À contre-nuit (poésie), Longueuil, Éditions Le Préambule, 1975, 111 p.
Parfums de fulgurance (poésie), Longueuil, Éditions Le Préambule, 1977, 33 p.
Chimères et Monde. Poèmes, Longueuil, Éditions Le Préambule, 1978, 47 p.
L'Homme oblique (roman), Longueuil, Éditions Le Préambule, 1980, 165 p.
Le Cœur au clair (poésie), Longueuil, Éditions Le Préambule, 1981, 53 p.
Réverbérations (poésie), Longueuil, Le Préambule, 1982, 99 p.

Le Cinéma et la Poésie comme circonscription du sens, dans *24 images,* vol. 1, n° 1, févr. 1979, p. 83–88.

Béla Balazs. Le cinéma, nature et évolution d'un art nouveau, dans *24 images,* nº 5, mai 1980, p. 47–48.
Les Plouffe de Gilles Carle, dans *24 images,* nº 9, mai–juin, p. 77–81.

ÉTUDES

Antonio D'Alfonso, *D'Apollonia (François). Le Cœur au clair,* dans *Nos livres,* vol. 13, juin–juillet 1982, nº 253.
Robert Matteau, *D'Apollonia (François). Réverbérations,* dans *Nos livres,* vol. 15, janv. 1984, nº 5548.

DARBELNET, JEAN (1904–). Linguiste, né à Paris. Il fait ses études au Lycée Carnot et à la Sorbonne. Agrégé des lettres, il enseigne à titre de lecteur aux universités du Pays de Galles, d'Édimbourg et de Manchester (1925–1930); il est ensuite professeur aux lycées de Brest et du Havre et au Lycée Condorcet, à Paris (1932–1937). Pendant l'année scolaire 1938–1939, il est chargé de cours à l'Université Harvard (É.-U.). Nommé directeur du Département des langues romanes à l'Université McGill en 1940, il demeure à Montréal jusqu'en 1946. Il passe ensuite au Collège Bowdoin (Maine, É.-U.) comme professeur de langue et littérature françaises. Il revient au Canada en 1962 et enseigne la linguistique à l'Université Laval, à Québec, jusqu'à sa retraite en 1975. Jean Darbelnet a mérité plusieurs distinctions: officier d'Académie (1949), chevalier de l'Ordre national du mérite (1967), membre du Conseil international de la langue française (1968), membre de l'Association canadienne de linguistique (président de 1966 à 1968)... Après une longue expérience de l'enseignement du français aux anglophones, Darbelnet, dans ses livres et articles, se veut partisan de la linguistique différentielle pour laquelle les pays bilingues sont une terre d'élection.

ŒUVRES

Key to Passages for Translation Into French, London, J.M. Dent and Sons, [1937], vol. 1, vi, 42 p. Collab. J. Marks.
Stylistique comparée du français et de l'anglais. Méthode de traduction, London/Toronto/Wellington/Sydney/Paris, George G. Harrap & Co., ltd/Librairie Marcel Didier, 1958, 331 p. Collab. J.-P. Vinay. « Bibliothèque de stylistique comparée »; Paris/Montréal, Didier/Beauchemin, 1960. Nouvelle édition corrigée; 1968.

Nouvelle édition revue et corrigée; 1971; Montréal, Beauchemin, 1977.
Cahiers d'exercices nº 1. Work Book. Pour accompagner la Stylistique comparée du français et de l'anglais, Paris/Montréal, Didier/Beauchemin, 1958, x, 97 p.; Montréal, Librairie Beauchemin, 1960; 1966. Nouvelle édition; 1970. Édition revue et corrigée.
Stylistique comparée du français et de l'anglais. Cahier d'exercices nº 1. Livre du maître, [Montréal], Librairie Beauchemin, 1962, 151 p.; 1966; 1973.
Regards sur le français actuel, Montréal, Beauchemin, 1963, 176 p.; Les Éditions Beauchemin ltée, 1964. Avant-propos de l'auteur.
Le Bilinguisme et les Anglicismes. L'anglicisation de la langue française au Québec, ses causes et les remèdes possibles, Ottawa, Commission royale d'enquête sur le bilinguisme et le biculturalisme, 1965, 93 f. (Texte polycopié).
Pensée et Structure, New York, Charles Scribner's Sons, 1969, x, 260 p. Préface de l'auteur; 1977, 275 p.
Pensée et Structure. Cahier d'exercices, New York, Charles Scribner's Sons, 1969, 133 p.
Le Français en contact avec l'anglais en Amérique du Nord, Québec, PUQ, 1976, 146 p.
Dictionnaire CEC jeunesse, Montréal, Centre éducatif et culturel inc., 1982, 1115 p. Ill. Préface de l'auteur. Version canadienne par Jean Darbelnet.
Dictionnaire des particularités de l'usage, Sillery, PUQ, 1986, 215 p.

The French Language in Canada, C, vol. 27, nº 1, janv. 1966, p. 9–27.
Les Anglicismes de maintien en franco-canadien, dans *Actes du XIIᵉ Congrès international de linguistique romane,* Bucarest, 1971, p. 1169–1173.
Réflexions sur la néologie, Meta, vol. 17, nº 2, juin 1972, p. 87–93.
Dictionnaires bilingues et Lexicologie différentielle, dans *Langages,* nº 19, sept. 1970, p. 72–102.
Lexicologie différentielle: champ de méthode, Meta, vol. 18, nᵒˢ 1–2, juin 1973, p. 171–178.
The Dichotomy of Semantic and Stylistic Values, dans *Proceedings of Conference on Meaning,* University of Northern Iowa, 1973, p. 139–145.
La Langue française au Canada, dans *Canadian Living Webster Encyclopedic Dictionary,* Chicago, The English Language Institute of America, 1974, p. 7–20.

ÉTUDES

Robert Le Bidois, *La Traduction, art ou technique?,* Dev, vol. 50, nº 64, 18 mars 1959, p. 4.
Jean Éthier-Blais, *Regards sur le français actuel,* Dev, vol. 54, nº 92, 20 avril 1963, p. 11.
Walter Staaks, *Pensée et Structure,* dans *The French Review,* vol. 43, nº 2, déc. 1969, p. 384–385.
Normand Beauchemin, *Jean Darbelnet. Le Français en contact avec l'anglais en Amérique du Nord,* LAQ 1976, p. 297.
Le français en contact avec l'anglais. En hommage à Jean Darbelnet, Paris, Didier Érudition, 1988, 173 p. Ouvrage en collab. Travaux réunis par Maurice Pergnier. Préface de Danica Seleskovitch.

DARC, JAYME. Voir **BOISSONNAULT, CHARLES-MARIE.**

DARGIS, DANIEL (1952–   ). Poète, né au Cap-de-la-Madeleine. Il fait ses études au Cap-de-la-Madeleine, au Cégep de Trois-Rivières (D.E.C., 1972), et il poursuit des études de lettres à l'Université du Québec à Trois-Rivières (B.A., 1976). En 1976, il devient professeur de littérature au Cégep de Trois-Rivières et anime un atelier de création. Il publie des poèmes dans *Poésie, Atelier de production littéraire de la Mauricie, Estuaire* et *Osiris*. En 1973, il remporte le deuxième prix du concours provincial (section jeunesse) de la Société des poètes. Il participe à des colloques et à des lectures de poèmes sur scène et à la radio. En 1972, il collabore à la publication d'un recueil collectif, *Un espace d'envol*, puis il fait paraître *Perce-neige* en 1975. La critique trifluvienne est flatteuse, mais Suzanne Paradis se montre plutôt sévère : « L'auteur éprouve de sérieuses difficultés à imposer un style encore informe et une pensée bien fragile. [...] il s'agit en fait (ou en apparence) d'une poésie très simple, manquant d'élan et de précision et peut-être d'une motivation suffisante ».

ŒUVRES

Perce-neige (poésie), Trois-Rivières, Écrits des Forges, 1975, 67 p. « Les Rouges-gorges ».
Scénario grammatical (poésie), Trois-Rivières, Écrits des Forges, 1982, 58 p. « Les Rouges-gorges ».
L'Anecdote (poésie), Trois-Rivières, Écrits des Forges, 1984, 48 p. « Les Rouges-gorges ».

Poèmes, dans *Estuaire*, n° 21, automne 1981, p. 17-26.

ÉTUDES

Suzanne Paradis, *Écrits des Forges*, LAQ 1975, p. 125.
André Dionne, *Dargis (Daniel). Scénario grammatical*, dans *Nos livres*, vol. 14, juillet-août 1983, n° 5310.

DARIA-LUISA. Voir **DARIOS, LOUISE.**

DARIOS, LOUISE [X Pacheco de Céspedes, Daria-Luisa] (1913–1986). Chanteuse, comédienne, folkloriste, journaliste et conteuse d'origine franco-péruvienne, née à Paris. Elle fait ses cours primaire et secondaire au Lycée Victor Duruy et au Cours Maintenon. Elle étudiera ensuite le chant, la musique et l'art dramatique avec Reynaldo Hahn à Paris,

Margarita Xirgù au Chili, Alfred Laliberté à Montréal, et le folklore avec Atahualpa Yupanqui et Marius Barbeau. À vingt-trois ans elle commence une carrière aussi remplie que variée. De 1936 à 1938, tournée européenne de concerts débutant à Paris. De 1938 à 1948, longs séjours au Chili, au Pérou — patrie de son père, le grand musicien Pacheco de Céspedes —, en Argentine et au Brésil : concerts, radio, folklore, théâtre, conférences. De 1946 à 1950, à part un bref séjour à Paris en 1948, tournée d'une centaine de concerts au Québec et en Ontario, puis à Montréal où elle est cofondatrice du Théâtre du Rideau Vert, enseigne à l'École de la Chanson et travaille à Radio-Canada. De 1950 à 1955, tournées sud-américaines et québécoises, enseignement à l'Université du Chili, au Vénézuéla et à Montréal. En 1955, Louise Darios s'installe définitivement à Montréal et devient canadienne. Elle continue son travail artistique à la radio et à la télévision, prend part à de nombreux spectacles, et commence à écrire des textes pour les Services national et international, en français et en espagnol, soit quelque cent cinquante textes de souvenirs, contes, légendes, théâtre... diffusés entre 1958 et 1968. Elle voyage à travers le monde et commence en 1960 une série de reportages écrits, enregistrés ou filmés sur un grand nombre de peuples pour Radio-Canada et quelques journaux. Un long jeu de cette série, *Découvrons les Amériques*, mérite le premier prix du disque, section folklore, en 1963. Elle utilise ses vastes connaissances et ses expériences pour écrire ses contes et légendes dont le premier recueil, *Contes étranges du Canada*, paraît en 1962 : « Les anecdotes sont vivantes, écrit Louise Lasnier, intéressantes, souvent racontées avec humour ». Louise Darios trouve encore du temps pour donner des cours à l'Université de Montréal, au Collège Sainte-Marie, à l'Université de Moncton... durant les années soixante, de fonder une maison de la culture au Honduras, en 1970, et d'y enseigner, puis de reprendre ses voyages et ses reportages autour du monde, tout en écrivant ses livres. Albert Brie dit du *Retable des merveilles* : « Un livre plein de charme, finement dosé de tendresse, de naïveté et d'humour ».

ŒUVRES

La Canción francesa a través de los siglos 1244-1944 (essai), [Lima, Perou, s.é., 1944].
Contes étranges du Canada, Montréal, Éditions Beauchemin, 1962, 157 p. Ill. Traduction anglaise par Philippa C. Gerref : *Strange Tales of Canada*, Toronto, The Ryerson Press, 1965, [ix], 162 p. Préface de l'auteur.

Tous les oiseaux du monde, histoires de chansons, Montréal, Beauchemin, 1975, 193 p. Préface de l'auteur. Ill.

Reportages du chat Alexandre au Brésil, Saint-Lambert, Éditions Héritage, 1976, 220 p. Ill. « Katimavik ».

L'Arbre étranger, sept récits des Amériques, Québec-Pérou-Chili, Sherbrooke, Éditions Naaman, 1977, 62 p. Ill.

Le Retable des merveilles et Deux histoires d'amour. Souvenances Venezuela-Brézil-Honduras, Sherbrooke, Éditions Naaman, 1979, 140 p. Dessins de Carlos Baratto. Présentation de l'auteur. « Création ».

Le Chat Alexandre d'un Canada à l'autre (reportages), Saint-Lambert, Éditions Héritage, 1980, 266 p. Ill. « Katimavik ».

Le Soleil des morts (nouvelles), Sherbrooke, Éditions Naaman, 1982, 179 p. « Création ».

Le Comte bien aimé (biographie), Montréal, Quebecor, 1983, 125 p. Collab. Jean Lorrain. Ill.

L'Île de Pâques 1974 : nombril du monde, dans *Le Jour,* vol. 1, n° 107, 6 juillet 1974, p. V-5.

En Équateur : le festin du pétrole, dans *Le Jour,* vol. 1, n° 190, 12 oct. 1974, p. V-4.

ÉTUDES

Louise Lasnier, *Contes étranges du Canada de Louise Darios,* LAQ, 1962, p. 11.

[Anonyme], *Darios (Louise). Tous les oiseaux du monde,* dans *Le Livre canadien,* vol. 6, juin–juillet 1975, n° 214.

[Anonyme], *Darios (Louise). Reportages du chat Alexandre au Brésil,* dans *Le Livre canadien,* vol. 7, déc. 1976, n° 372.

Albert Brie, *Louise Darios témoigne...,* dans *Le Livre d'ici,* vol. 5, n° 17, 30 janv. 1980, p. 1.

Raymond Laprès, *Darios (Louise). Le Chat Alexandre d'un Canada à l'autre,* dans *Nos livres,* vol. 11, juin–juillet 1980, n° 217.

DARVEAU, LOUIS-MICHEL [Louis Laplume] (1833–1875). Critique littéraire et journaliste de combat, né à Québec où il fait ses études. Notaire en 1856, il fonde, deux ans plus tard *L'Observateur,* journal humoristique et radical dans lequel il satirise plusieurs hommes de son époque. En 1860, ce journal devient bihebdomadaire et continue la défense du parti rouge sous le titre de *La Réforme.* Lorsqu'en mai 1863 John Sandfield MacDonald et Antoine-Aimé Dorion prennent le pouvoir, ils font aussitôt des démarches auprès de Darveau pour qu'il s'engage à diriger un organe entièrement au service des libéraux : c'est ainsi que s'explique la naissance de *La Tribune.* En raison de l'impossibilité d'arriver à une entente, Darveau cède son journal politique à Napoléon Aubin en novembre 1863. Peu de temps après on le retrouve à Montréal où il collabore à plusieurs journaux, surtout au *National*

dans lequel il signe quelques articles sous le pseudonyme de Louis Laplume. Il publie une brochure au sujet de l'affaire Crémazie, participe aux activités de l'Institut canadien et entretient des rapports très étroits avec la Société Saint-Jean-Baptiste. Nationaliste militant, il le proclame partout dans ses articles. Paralysé en 1867, il consacre le reste de ses jours à une critique littéraire sans grand éclat, marquée par ses sentiments politiques. Louis-Michel Darveau, comme le souligne Pierre Landry, est « avant tout, un journaliste radical, partisan des idées démocratiques et de la liberté d'expression ».

ŒUVRES

Histoire de La Tribune, Québec, [s.é.], 1863, 16 p.

Une cause célèbre. Procès de J.-R. Healey, en juillet 1864, sous la présidence de L'Hon. Juge Drummond. Affaire Crémazie, Québec, [Darveau, 1864], 22 p.

Nos hommes de lettres, Montréal, Imprimé par A.-A. Stevenson, 1873, vi, 280 p. Introduction par l'auteur.

ÉTUDE

Pierre Landry, *Louis-Michel Darveau,* DBC, vol. 10, 1972, p. 232–233.

DASILVA, VIVIANE [née Viviane Julien] (1936–   ). Romancière et traductrice, née à Trois-Rivières (Saint-Maurice). Elle fait ses études classiques à Trois-Rivières. Après son baccalauréat ès arts, elle poursuit des études de lettres à l'Université de Montréal et enseigne au Collège du Sacré-Cœur. On la retrouve ensuite à l'Université de Boston, inscrite au cours de littérature américaine. De retour à Montréal en 1968, elle termine une licence en traduction à la Faculté des lettres de l'Université de Montréal (1971). Elle y donne des cours de traduction, puis devient directeur du bureau de traduction pour la Compagnie de la Baie d'Hudson. Elle collabore à diverses revues spécialisées dont *Meta,* et rédige des textes pour l'Office national du film. Selon Gilles Marcotte, son roman, *Visage de fièvre,* a « cette qualité primordiale d'un premier roman : la passion. Une passion confuse, désordonnée, brûlante de sincérité, qui laisse dans la mémoire des traces indélébiles ».

ŒUVRE

Visage de fièvre. Roman, Montréal, CLF, 1960, 217 p. « Nouvelle-France ».

ÉTUDES

Gilles Marcotte, *Le Premier Roman de Viviane Da Silva : Visage de fièvre,* Dev, vol. 51, n° 72, 2 avril 1960, p. 11.

Suzanne Paradis, [*Viviane Dasilva*], dans *Femmes fictives, Femmes réelles,* Québec, Garneau, 1966, p. 222–226.

DASSYLVA, MARTIAL (1936–   ). Critique dramatique, né à La Malbaie. Il fait ses études à l'Externat classique de La Malbaie, au Collège de Lévis où il termine son baccalauréat. Puis, après quatre ans d'études supérieures en philosophie et en théologie chez les Dominicains d'Ottawa, il devient journaliste et critique au *Soleil* de Québec (1962–1965). En 1965, il passe à *La Presse* de Montréal. Il a publié dans ces deux périodiques et ailleurs de très nombreux articles sur la vie des lettres québécoises. En 1975, sous le titre *Un théâtre en effervescence,* il réunit un choix de ses critiques et chroniques de théâtre entre 1965 et 1972. Au moment de sa parution, on en parle assez peu, et l'accueil est partagé : « Ce témoignage critique, écrit Gilbert David, est précieux ; en dépit des nombreuses réticences, il ne fait aucun doute que Martial Dassylva est un critique ‹ éclairé ›, avec assez de prudence et de flair pour résister aux modes, et une désinvolture qui ménage un certain ton et un humour certain. Malgré les contraintes du ‹ au jour le jour ›, ce critique écrit de source ; son écriture ne lasse jamais, même si la structure propre du ‹ genre › est plutôt répétitive, [...] ses chroniques viennent attester la vitalité de notre jeune dramaturgie ».

ŒUVRE
Un théâtre en effervescence. Critiques et chroniques, 1965–1972, Montréal, Éditions La Presse, 1975, 283 p. « Échanges ».

Le Théâtre en 1965, dans *Livres de l'année 1965,* New York, Grolier, 1966, p. 246–250.
Un an de théâtre au Québec, dans *La Scène au Canada,* vol. 3, n⁰ 8A, 1966, p. 14–19.
Le Théâtre en 1966, dans *Livres de l'année 1966,* New York, Grolier, 1967, p. 250–255.
Préface dans Marcel Dubé, *Un matin comme les autres,* [Montréal], Leméac, 1971, p. 7–46.
La Merveilleuse Carrière de la Sagouine, dans Antonine Maillet, *La Sagouine,* [Montréal], Leméac, 1973, p. 37–42.
Un réalisme « fantasmique », dans Serge Sirois, *Aujourd'hui peut-être,* [Montréal], Leméac, 1974, p. 7–11.
La Crise fabriquée, dans André Major, *Une soirée en octobre,* [Montréal], Leméac, 1975, p. 7–13.

ÉTUDES
Pierre Lavoie, *Un théâtre en effervescence,* LAQ 1975, p. 185–186.
Gilbert David, *Une critique en effervescence ?,* dans *Jeu,* vol. 2, printemps 1976, p. 110–112.

DAUNAIS, JEAN (1933–   ). Nouvelliste et humoriste, né à Montréal. Il fait son cours classique au Collège Stanislas, puis il étudie l'architecture à l'École des Beaux-Arts de Montréal. (Dipl. Arch., 1958). Membre de l'Ordre des architectes du Québec, il exerce sa profession jusqu'en 1971, alors qu'il devient administrateur à l'Agence de voyages Viau. Il collabore à *Dimanche-Matin* (1975–1979), en rédigeant une chronique bimensuelle, « Le mini carnet du voyageur » et à l'hebdomadaire *Perspectives.* Jean Daunais aborde la littérature par l'humour policier avec un recueil de nouvelles mettant en vedette Arlène Supin, « détective libérée et latiniste distinguée » : *Les 12 coups de mes nuits* (1979). Il y a là un peu de San Antonio et beaucoup de verve familiale, si on se souvient du « petit chien de laine à la queue de coton » et d'autres chansons du chanteur bien connu Lionel Daunais, père de Jean. « Ton léger, bonne écriture, usage abusif du calembour qui dégénère souvent en calembredaine, histoires extravagantes et invraisemblables, touches discrètes d'érotisme épidermique : tout ce qui convient à une lecture facile non dépourvue d'agrément », écrit André Janoël. Les nouvelles ont des titres aussi fantaisistes que « L'Échanson de Roland », « La Chevrolet de monsieur Séguin », « De fille en aiguille », et Arlène est entourée de personnages aux noms bizarres, tels Sylvie Tagreau, Amédéo Gratias, Cyprien Nadin. On aime ou pas, question de goût, « mais on aurait tort de faire trop la fine bouche, pense Jean-Marie Moreau, c'est une lecture de vacances sans autre prétention que d'amuser ».

ŒUVRES
Information voyage (guide), Montréal, Éd. T.M., 1975, 295 p. Collab. Robert Viau. Ill. Préface de Gilbert Trigano.
Les 12 coups de mes nuits (nouvelles), Saint-Lambert, Éditions Héritage, 1979, 164 p. « À lire en vacances ».
Le Rose et le Noir (nouvelles), Montréal, Éditions Héritage, 1980, 171 p. « À lire en vacances ».
Le Nippon du soupir (nouvelles), Saint-Lambert, Éditions Héritage, 1982, 181 p. « À lire en vacances ».
Gorges chaudes (nouvelles), Montréal, Éditions Quebecor, 1983, 227 p.

ÉTUDES
André Janoël, *Daunais (Jean). Les 12 coups de mes nuits,* dans *Nos livres,* vol. 11, mars 1980, n⁰ 103.
Jean-Léonard Binet, *D'Arlène Supin au rustre Oslovik,* dans *Le Livre d'ici,* vol. 5, n⁰ 26, 2 avril 1980, p. 4.
Huguette Roberge, *Nouvelles aventures d'Arlène Supin,* Pr, 97ᵉ année, n⁰ 44, 21 févr. 1981, p. C-2.
Jean-Marie Moreau, *Daunais (Jean). Le Rose et le Noir,* dans *Nos livres,* vol. 12, avril 1981, n⁰ 183.

DAVELUY, MARIE-CLAIRE (1880–1968). Bibliothécaire, historienne et écrivain pour les jeunes, née à Montréal. Après des études au couvent d'Hochelaga et à l'Université McGill (diplôme en bibliothéconomie, 1920), elle cumule les postes de bibliothécaire adjoint (1920–1943) et de chef de catalogue (1930–1941) à la Bibliothèque municipale de Montréal. En 1937, avec la collaboration d'Aegidius Fauteux, elle fonde l'École de bibliothécaires de l'Université de Montréal (première école française de bibliothéconomie en Amérique), où elle est directrice adjointe et professeur pendant plusieurs années. Elle contribue aussi à la fondation de l'Association canadienne des bibliothécaires de langue française (1943). De 1943 à 1948, Marie-Claire Daveluy présente chaque semaine un sketch historique au poste CBF (Radio-Canada). Elle publie différentes études, littéraires ou historiques, dans *La Bonne Parole, L'Action française, La Revue nationale, L'Oiseau bleu, Revue d'histoire de l'Amérique française*. En 1924, ses *Aventures de Perrine et Charlot* ont mérité le prix David qu'elle reçoit de nouveau, ainsi que le prix de l'Académie française, en 1934, pour *Jeanne Mance, 1606-1673*. L'Université de Montréal lui confère, en 1943, un doctorat « honoris causa » ; en 1958, la Société historique de Montréal lui remet une médaille. Membre de l'Académie canadienne-française, membre d'honneur du bureau de direction de la Fédération nationale de la Saint-Jean-Baptiste, Marie-Claire Daveluy accomplit une œuvre de pionnier en bibliothéconomie ; le monde littéraire la connaît surtout par ses romans pour la jeunesse et ses études historiques. Ses romans pour les jeunes sont d'une valeur exceptionnelle. Marie-Claire Daveluy a su marier dans ses récits l'histoire canadienne à la fiction romanesque. L'année 1923 constitue une date importante : *L'Oiseau bleu*, revue destinée aux enfants et publiée par la Société Saint-Jean-Baptiste, commence la publication des *Aventures de Perrine et de Charlot*, roman historique édité par la suite en six volumes. La vie des deux orphelins s'y projette sur l'époque des origines de la Nouvelle-France. Dans un autre de ses romans historiques, *Le Richelieu héroïque*, l'auteur refait l'époque de Papineau autour des aventures de Michel et de Josephte. Ses contes de fées — *Le Filleul du roi Grolo, Sur les ailes de l'Oiseau bleu,*

Une révolte au pays des fées —, de même que ses jeux historiques sont bien structurés et écrits dans un style élégant et vivant. Elle prodigue, remarque Jeanne-M. Saint-Pierre, « les trésors de son érudition, tout en mettant ses connaissances de l'histoire à la portée des enfants grâce à son imagination inépuisable et à sa verve entraînante ».

ŒUVRES

L'Orphelinat catholique de Montréal (histoire), [Montréal], Imprimé au Devoir, [1919], 101 p. Ill. En appendice : *La Société des Dames de charité de 1827 ; L'Orphelinat catholique de Montréal (1832-1932)*, Éditions Albert Lévesque, 1933, 345 p. Édition du centenaire.

Les Aventures de Perrine et de Charlot (roman), Montréal, Bibliothèque de l'Action française, 1923, 310 p. Ill. de James McIsaac. Préface de Marraine Odille ; Librairie Granger frères limitée, 1938, 189 p. ; 1940, 195 p. ; 1943, 175 p. ; 1945 ; [1956], 165 p. « Bibliothèque de la jeunesse canadienne. Collection Romans historiques ». (Paru d'abord sous le titre *Les Aventures de Perrine et de Charlot dans la Nouvelle-France*, dans *L'Oiseau bleu*, janv. 1921–déc. 1922).

La Captivité de Charlot (roman), Montréal, Granger frères, [1924 ?], 157 p. Ill. de James McIsaac ; [1930 ?], 157 p. ; Librairie Granger frères, 1938, 159 p. Édition revue. « Bibliothèque de la jeunesse canadienne. Collection Romans historiques ».

Dix fondatrices canadiennes : profils mystiques (histoire), Montréal, Éditions Le Devoir, 1925, 58 p. Préface de Louis Lalande. Ill. ; Québec, Imprimerie franciscaine missionnaire, 1947, 91 p.

La Médaille de la Vierge (récit), [s.l., s.é.], [1925 ?], 69 p. Ill. de J. McIsaac.

Le Filleul du roi Grolo suivi de La Médaille de la Vierge (roman), Montréal, Bibliothèque de l'Action française, 1926, 261 p. Ill. de James McIsaac ; Librairie Granger frères limitée, 1946, 215 p. ; Librairie Granger frères, [1950 ?] ; 1961, 256 p.

Aux feux de la rampe (théâtre), Montréal, Bibliothèque de l'Action française, 1927, 287 p. Onze pièces de théâtre écrites de 1920 à 1926 d'inspiration historique ; dix furent publiées d'abord dans les périodiques : *Almanach de la langue française, Almanach Rolland, agricole, commercial et des familles, Almanach de Saint François, Annuaire Granger pour la jeunesse*. Les pièces regroupées dans le volume s'intitulent : « Le Cours improvisé » (1920) ; « La Petite Pensionnaire des Ursulines. Miracle en un acte » (1923) ; « La Preuve par l'histoire » (1923) ; « Thérèse donne et reçoit » (1923) ; « Cheveux longs et esprit court » (1924) ; « Le Cadeau » (1924) ; « Cœur d'enfant » (1925) ; « Le Petit Cancre » (1925) ; « Attisez le feu » (1925) ; « La Répétition » (1926) ; « L'Ange des prisonniers politiques » (1926).

Jeanne Mance suivie d'un Essai généalogique sur les Mance de Mance par M. Jacques Laurent, Montréal, Éditions Albert Lévesque, 1934, 428 p. ; *Jeanne Mance,*

1606–1673 suivie d'un Essai généalogique sur les Mance et les De Mance par M. Jacques Laurent, Montréal/Paris, Fides, 1962, 418 p. Édition revue et mise à jour. « Fleur de Lys ».

Sur les ailes de l'Oiseau bleu. L'envolée féérique (roman), Montréal, Éditions Albert Lévesque, 1936, 206 p. Ill. de James McIsaac ; Granger frères limitée, [1940 ?], 188 p. Édition revue ; Librairie Granger frères limitée, 1944, 188 p. ; 1961, 192 p. (Paru d'abord en 1929 dans *L'Oiseau bleu*).

Histoire de Damien-sans-peur (roman), Québec, Imprimerie franciscaine missionnaire, 1936, 76 p. Ill. de James McIsaac.

Une révolte au pays des fées (récit), Montréal, Éditions Albert Lévesque, 1936, 169 p. Ill. de James McIsaac ; Granger frères limitée, [1944 ?], 157 p. « Bibliothèque de la jeunesse canadienne. Collection Romans historiques ».

L'Idylle de Charlot (roman), Montréal, Librairie Granger frères limitée, 1938, 193 p. Ill. de James McIsaac ; 1944, 160 p. ; 1961, 192 p. « Bibliothèque de la jeunesse canadienne. Collection Romans historiques ».

Le Cœur de Perrine. Fin des aventures de Perrine et de Charlot (roman), Montréal, Librairie Granger frères, 1940, 255 p. Ill. de James McIsaac. « Littérature canadienne » ; 1944, 210 p. « Bibliothèque de la jeunesse canadienne. Collection Romans historiques ».

Les Jours tragiques de 1837. Le Richelieu héroïque (histoire), Montréal, Granger Frères, 1940, 250 p. Ill. de James McIsaac ; Librairie Granger frères, 1945.

Michel et Josephte dans la tourmente (roman), Montréal, Granger frères, 1940, 227 p. Ill. de James McIsaac ; Librairie Granger frères, 1942, 227 p. ; 1944, 240 p. Sur la couverture le titre se lit : *Michel et Josephte dans la tourmente. La Sombre année de 1838*.

Le Mariage de Josephte Précourt. Dix ans plus tard 1848–1849. Suite et fin du Richelieu héroïque et de Michel et Josephte dans la tourmente (1837–1838) (roman), Montréal, Librairie Granger frères limitée, 1940, 241 p.

Mère Marie-Rose (biographie), Montréal, [s.é.], 1942, 31 p. « Ville-Marie ».

Perrine et Charlot à Ville-Marie (roman), Montréal, Librairie Granger frères limitée, 1940, 192 p. Ill. de James McIsaac ; Granger frères limitée, [1944], 189 p. ; 1961, 192 p.

Charlot à la « Mission des martyrs » (roman), Montréal, Granger frères limitée, [1944], 151 p. Ill. de James McIsaac. « Bibliothèque de la jeunesse canadienne. Collection Romans historiques » ; 1961, 192 p.

« Les Jeux dramatiques de l'Histoire ». Que disaient nos aïeules ?, Le « général » Vallières, Une visite inattendue (théâtre), Montréal, Librairie Granger frères limitée, 1944, 87 p.

Essai d'un code de classement en langue française (manuel de bibliothéconomie), Montréal, Éditions Fides, 1949, 51 p. ; 1955.

Instructions pour la rédaction des catalogues de bibliothèque vol. 1, Montréal/Paris, Fides, 1952, lvi, 165 p. (Aucune trace du 2e volume bien que celui-ci soit indiqué à la fin du 1er).

Marie-Bertille de l'Eucharistie, franciscaine missionnaire de Marie, 1877–1902 (biographie), Québec, Imprimerie franciscaine missionnaire, 1953, 232 p. Ill. Préface de son Éminence le Cardinal Paul-Émile Léger ; Les Franciscaines missionnaires de Marie, 1954.

Les Récollets et Montréal. Huit manifestations commémorant le 250e anniversaire de l'établissement des Récollets à Ville-Marie : 1692–1942, Montréal, Éditions franciscaines, 1955. Ouvrage écrit en collaboration sans nom d'auteur sur la page de titre. Dix articles de Marie-Claire Daveluy. Ill. Préface de Marcel Trudel.

La Société de Notre-Dame de Montréal, 1639–1663, son histoire, ses membres, son manifeste, Montréal/Paris, Fides, 1965, 127 p. Préface du Chanoine Lionel Groulx. « FL ».

Le Cœur de Marguerite Bourgeoys. Pièce en un acte, Montréal, Bureau Marguerite Bourgeoys, [s.d.], 14 p.

Associons-nous, dans *La Bonne Parole*, vol. 2, n° 11, janv. 1915, p. 56 ; n° 12, févr. 1915, p. 6–8 ; vol. 3, n° 2, avril 1915, p. 5–7 ; n° 5, juillet 1915, p. 4–6 ; n° 8, oct. 1915, p. 5–7. Cinq sketches.

Choisissez ma nièce. Comédie de salon en deux actes, dans *Almanach Rolland, agricole, commercial et des familles*, 1920, vol. 54, [1918 ?], p. 141–155.

À l'heure des ombres, dans *Almanach de la langue française*, vol. 5, [1920], p. 11–121. Pièce de théâtre avec illustrations de James McIsaac.

La Vie et le Rêve. La Cloche dans le soir. Pièces en trois actes, dans *La Bonne Parole*, vol. 14, n° 10, oct. 1926, p. 7–12 ; n° 11, nov. 1926, p. 6–12 ; 12 déc. 1926, p. 12–14 ; vol. 15, n° 1, janv. 1927, p. 11–14.

Une heure de garde. Comédie en un acte, dans *Almanach de la langue française*, vol. 12, 1927, p. 123–133.

Le Drame de la recrue de 1653, RHAF, vol. 7, n° 2, sept. 1953, p. 157–170.

Un Canadien éminent, Raphaël Bellemare (1821–1906), RHAF, vol. 12, n° 1, juin 1958, p. 35–55 ; n° 3, déc. 1958, p. 335–357 ; n° 4, mars 1959, p. 535–561.

ÉTUDES

Georges Bellerive, *Marie-Claire Daveluy*, dans *Brèves Apologies de nos auteurs féminins*, Québec, Garneau, 1920, p. 100–103.

François Hertel, *Les Aventures de Perrine et de Charlot*, dans *L'Action française*, vol. 11, n° 4, avril 1924, p. 246–249.

Maurice Hébert, *Aux feux de la rampe*, CF, vol. 15, n° 6, févr. 1928, p. 410–415, 421–422.

Albert Pelletier, *Littérature pour les enfants*, dans *Carquois*, Montréal, 1931, p. 163–170.

Émile Bégin, *Jeanne Mance*, ESC, vol. 14, n° 2, nov. 1934, p. 83–86.

Raphaël Ouimet, *Marie-Claire Daveluy, femme de lettres*, dans *Biographies canadiennes-françaises*, Montréal, [s.é.], 1937, p. 93.

Madeleine Gleason-Huguenin, *Marie-Claire Daveluy (écrivain-historienne)*, dans *Portraits de femmes*, août 1938, p. 100–101.

Lucille Collette, « Petit Essai de bio-bibliographie sur la personne et l'œuvre littéraire, historique et bibliographique de Marie-Claire Daveluy, bibliothécaire adjoint et chef du catalogue à la Bibliothèque municipale, membre de la Société historique de Montréal, directrice et professeur à l'École de bibliothécaires de l'Université de Montréal ». Mémoire. École des bibliothécaires de l'Université de Montréal, 1938, 35 f.

Adrienne Choquette, *Marie-Claire Daveluy*, dans *Confidences d'écrivains canadiens-français*, Trois-Rivières, Éditions du Bien public, 1939, p. 57-60.

Lionel Groulx, *Marie-Bertille de l'Eucharistie, franciscaine missionnaire de Marie, 1877-1902*, RHAF, vol. 8, n° 1, juin 1954, p. 134-136.

Jeanne-M. Saint-Pierre, *L'Écrivain pour la jeunesse*, dans *Bulletin [de l'] Association canadienne des bibliothécaires de langue française*, vol. 2, juin 1956, p. 12-13.

Rita Leclerc, *Marie-Claire Daveluy*, dans *Lectures*, vol. 5, n° 3, 1er oct. 1958, p. 35-36.

Léo-Paul Desrosiers, *Jeanne Mance 1606-1673*, RHAF, vol. 16, n° 4, mars 1963, p. 585-587.

Auguste-M. Morisset, *Hommage à Marie-Claire Daveluy*, dans *Bulletin [de l'] Association canadienne des bibliothécaires de langue française*, vol. 10, n° 10, juin 1964, p. 64-66.

Jean Blain, *La Société de Notre-Dame de Montréal*, RHAF, vol. 19, n° 3, déc. 1965, p. 496-497.

Juliette Chabot, *Marie-Claire Daveluy, bibliothécaire et femme de lettres*, dans *Bulletin [de l'] Association canadienne des bibliothécaires de langue française*, vol. 14, n° 1, mars 1968, p. 12-15.

Louise Lemieux, *Marie-Claire Daveluy*, dans *Pleins Feux sur la littérature de jeunesse au Canada français*, Montréal, Leméac, 1972, p. 178, 211-212.

Auguste-M. Morisset, *Marie-Claire Daveluy, bibliothécaire, bibliographe, écrivain*, dans *Livre, bibliothèque et culture québécoise. Mélanges offerts à Edmond Desrochers, s.j.*, Montréal, Asted, 1977, p. 405-423. Ouvrage préparé sous la direction de Georges-A. Chartrand. Préface de Jean-Charles Bonenfant.

Pierre Daveluy

DAVELUY, PAULE (1919-). Romancière et écrivain pour la jeunesse, née à Ville-Marie (Témiscamingue). Elle fait ses études à Montréal à l'École Sainte-Véronique, au Pensionnat Mont-Royal et à l'École des Saints-Anges (1930-1936). Elle suivra des cours de création littéraire et de perfectionnement de l'édition à l'Université de Montréal. Secrétaire au poste CKAC, elle rédige aussi des textes radiophoniques et collabore à un bon nombre de périodiques. En 1949, elle participe au premier concours du Cercle du livre de France et reçoit une mention pour son roman *Chérie Martin*. Entre 1947 et 1956, elle publie des chroniques autobiographiques dans *La Famille, Notre Temps* et *20e siècle*, récits regroupés sous le titre *Les Guinois. Chroniques de la maison heureuse* (1957). Par la suite, elle se consacre à la littérature pour jeunes et à la traduction. Elle reçoit plusieurs récompenses : prix Littérature-Jeunesse de l'ACELF (1958) pour *L'Été enchanté*, médaille du livre de l'année du CLA pour *L'Été enchanté* (1960) et pour *Drôle d'automne* (1963), prix du Québec, section jeunesse, pour *Cet hiver-là* (1968), prix Michelle Le Normand de la Société des écrivains (1972) et prix de l'Association des littératures canadienne et québécoise (1980) pour l'ensemble de son œuvre. Selon Louise Lemieux : « Paule Daveluy manie la plume avec beaucoup de facilité [...]. Elle accorde beaucoup d'importance aux valeurs humaines d'authenticité, d'attention à l'autre et d'amitié de ses héros ».

ŒUVRES

Chérie Martin. Roman, Montréal, Les Éditions de l'Atelier, [1957], 207 p.

Les Guinois. Chroniques de la maison heureuse, Montréal, Les Éditions de l'Atelier, [1957], 127 p.

L'Été enchanté. Roman (litt. jeunesse), Montréal, Les Éditions de l'Atelier, 1958, 146 p. ; *L'Été enchanté*, Québec, Éditions Jeunesse, 1963, 151 p. Texte revu et corrigé. « Vent d'avril ». Traduction anglaise par Monroe Stearns : *Summer in Ville-Marie*, New York/Chicago/San Francisco, Holt/Rinehart and Winston, 1962, 144 p. ; London, R. Hast-Davies, 1963, 135 p.

Drôle d'automne. Roman pour adolescentes, Québec, Éditions du Pélican, 1961, 133 p. ; Éditions Jeunesse, 1963. « Vent d'avril ».

Sylvette et les Adultes. Roman pour adolescentes, Québec, Éditions Jeunesse, 1962, 156 p. « Vent d'avril ».

Sylvette sous la tente bleue. Roman (litt. jeunesse), Québec, Éditions Jeunesse, 1964, 168 p. « Vent d'avril ».

Cinq filles compliquées. Nouvelles (litt. jeunesse), Québec, Éditions Jeunesse, 1965, 149 p. « Vent d'avril » ; Richmond Hill, Scholastic — Tab Publications Ltd., 1980, 126 p.

Cet hiver-là. Roman, Québec, Éditions Jeunesse, 1967, 144 p. « Vent d'avril ».

With Pipe, Paddle, and Song, a Story of the French-Canadian Voyageurs, Circa 1750, New York/Toronto, Dutton/Clark, Irwin, 1968, 256 p. Traduction française : *En avant voyageurs*, Montréal, Éditions Jeunesse, 1972, 256 p. « Plein Feu ».

Création culturelle pour la jeunesse et Identité québécoise. Texte de la rencontre de 1972, Communication — jeunesse, [Montréal], Leméac, 1973, 188 p. Collab. Guy Boulizon. « Dossiers ».

Manuel complet du bricolage de Sélection du Reader's Digest, Montréal, Sélection du Reader's Digest, 1975, 600 p. Ill. Traduction de Paule Daveluy et André Daveluy.

Guide de la couture pratique et créative, Montréal, Sélection du Reader's Digest, 1976, 526 p. Ill. Traduction de Paule Daveluy.

La Maison des vacances. Une année du tonnerre 1. (litt. jeunesse), Montréal, Les Éditions Fides, 1977, 137 p. Ill. de Lise Thérien. « Du goéland ».

Rosanne et la vie. Une année du tonnerre 2. (litt. jeunesse), Montréal, Les Éditions Fides, 1977, 139 p. Ill. de Lise Thérien. « Du goéland ».

Pas encore seize ans... (litt. jeunesse), Montréal, Éditions Paulines, 1982, 127 p. « Vip ».

Un coq, un mur, deux garçons. Roman (litt. jeunesse), Montréal, CLF Pierre Tisseyre, 1983, 104 p. Ill. de Suzanne Duranceau.

... Et la vie par devant (litt. jeunesse), Montréal, Éditions Paulines, 1984, 106 p. « Vip ».

ÉTUDES

Joseph D'Anjou, *Trois écrivains pour la jeunesse,* Rel, vol. 19, n° 217, janv. 1959, p. 15.

Béatrice Clément, *Un roman et son auteur,* dans *Ma paroisse,* févr. 1959, p. 17–18.

Odette Leroux, *Cet hiver-là,* LAC 1967, p. 70.

Marguerite Polnicky, *Paule Daveluy (Profile),* dans *In Review,* vol. 4, n° 4, automne 1970, p. 14–17.

Louise Lemieux, *Paule Daveluy,* dans *Pleins Feux sur la littérature de jeunesse au Canada français,* Montréal, Leméac, 1972, p. 151–153, 212–213.

DAVIAU, DIANE-MONIQUE (1951–   ). Conteuse, née à Montréal. Elle étudie à l'École secondaire Pie-IX, à l'École normale Ignace-Bourget et au Cégep Bois-de-Boulogne (D.E.C., 1970), puis, à l'Université de Montréal, elle se spécialise en études germaniques, obtient un baccalauréat en 1973, une maîtrise en 1977 pour un mémoire sur les contes pour enfants de Peter Bichsel, et elle prépare un doctorat. Elle est boursière du service allemand pour les échanges universitaires, du ministère de l'Éducation du Québec, de l'Institut Gœthe de Munich, de l'Université de Montréal et du Conseil de recherches en sciences humaines. Elle enseigne le français au Cégep Vanier de Montréal (1972–1974), puis elle devient professeur d'allemand à l'Université McGill (1973–1974), à l'Institut Gœthe de Montréal à compter de 1973 et à l'Université de Montréal à compter de 1974. Son premier recueil de contes, *Dessins à la plume* (1973) — auquel on attribue le prix de l'Ambassadeur de Suisse — est « d'une grande originalité sous des dehors anodins, écrit Robert Mélançon [...]. Comment faire sens avec si peu ? Pourtant quelque chose, obscurément, se met à prolonger ce très peu de mots dans le silence qui les suit. Du sens, une émotion informulable, quelque chose ». Parlant du second recueil,

Histoire entre quatre murs (1980), Gilles Cossette dit qu'il y trouve parfois « un rien de pédanterie » qui rappelle la formation linguistique de l'auteur ; mais il note aussi que Diane-Monique Daviau « a de l'imagination, celle qui sait, au bon moment, trouver le détail ‹ qui ne s'invente pas ›, qui ‹ fait vrai ›, tout en donnant à rêver. [...] Elle a de l'humour, aussi, un mélange bien dosé de gaîté rafraîchissante et de franchise abrupte, un peu réfrigérante comme certaines colères d'enfant ».

ŒUVRES

Dessins à la plume. Contes, Montréal, Hurtubise HMH, 1979, 146 p. « A ».

Histoires entre quatre murs. Contes, Montréal, Hurtubise HMH, 1981, 133 p. « A ».

ÉTUDES

Robert Mélançon, *L'écriture féminine n'existe pas,* Dev, vol. 70, n° 110, 12 mai 1979, p. 21.

Monique Chartra, *Daviau (Diane-Monique). Dessins à la plume,* dans *Nos livres,* vol. 10, août–sept. 1979, n° 280.

Paul Raymond, *Diane-Monique Daviau. Histoires entre quatre murs,* LAQ 1981, p. 44–45.

Réginald Martel, *Diane-Monique Daviau. Un art discret qui donne à rêver,* Pr, 98ᵉ année, n° 31, 6 févr. 1982, p. C-3.

Gilles Larocque, *Au-delà du conte,* dans *Le Livre d'ici,* vol. 7, n° 25, 24 mars 1982, p. 2.

Gilles Cossette, *Histoires entre quatre murs de Diane-Monique Daviau,* LQ, n° 26, été 1982, p. 2, 8–9.

DAVIAULT, PIERRE [Pierre Hartex] (1899–1965). Traducteur, essayiste et romancier, né à Saint-Jérôme (Terrebonne). Il étudie les lettres à l'Université de Montréal, puis à la Sorbonne (1926). Tenté par le journalisme, il collabore au *Semeur* en 1918, avant d'entrer à *La Presse.* Il est courriériste parlementaire à Ottawa en 1920 et devient traducteur des *Débats* en 1925. En 1954, il est nommé surintendant du Bureau des traductions du gouvernement du Canada. Il fonde *La Nouvelle Revue canadienne* en 1951. Il a été professeur à l'École de traduction de l'Université d'Ottawa, critique littéraire au journal *Le Droit,* collaborateur régulier du *Harrap's Standard French and English Dictionary.* Membre de la Société royale du Canada (président en 1958–1959), de la Société des écrivains canadiens (président de 1958–1961), Pierre Daviault s'intéresse à des disciplines aussi variées que le droit, l'histoire, l'économie, les sciences, la littérature et les beaux-arts. Ses travaux lui ont mérité plusieurs récompenses : médaille de l'Académie française (1934), de la Société royale (1952), de l'Académie canadienne-française (1962). Il a publié deux romans et des ouvrages d'histoire, mais sa grande préoccupation a été la situation et l'amélioration de la langue française au Canada.

ŒUVRES

Le Mystère des Mille-Îles (roman), Montréal, Garand, 1927, 50 p. Sous le pseudonyme de Pierre Hartex. Ill. d'Albert Fournier. « RoC ».

L'Expression juste en traduction. Notes de traduction, Montréal, Éditions Albert Lévesque, 1re série, 1931, 264 p. « J » ; 2e série, 1936, 247 p. « Documents linguistiques ».

Questions de langage. Notes de traduction, Montréal, Éditions Albert Lévesque, 1933, 183 p.

La Grande Aventure de Le Moyne d'Iberville (histoire), Montréal, Éditions Albert Lévesque, 1934, 214 p. « FC ».

Le Baron de Saint-Castin, chef abénaquis (histoire), Montréal, L'Action canadienne-française, 1939, 219 p. « Documents historiques ».

Traduction. Notes de traduction, Montréal, Éditions de l'Action canadienne-française, 1941, 241 p. « Documents linguistiques ».

Les Carnets d'un liseur. Artistes, aventuriers, grands hommes (biographies), Montréal, Éditions Bernard Valiquette, 1942, 239 p.

Les Carnets d'un liseur. Histoires, légendes, destins, Montréal, Éditions Moderne, [1945], 243 p.

Nora l'énigmatique (roman), Montréal, Éditions Pascal, [1945], 150 p. Sous le pseudonyme de Pierre Hartex. (Paru sous forme de feuilleton, sous le titre *M-25*, dans le *Bulletin des agriculteurs*).

Langage et Traduction, Ottawa, Bureau fédéral de la traduction, Secrétariat d'État, 1961, 397 p. Préface de Robert Le Bidois ; 1963 ; 1972.

Dictionnaire canadien, français-anglais, anglais-français, édition abrégée, [Toronto], McClelland and Stewart, 1962, xxxiv, 862 p. Collab. Jean-Paul Vinay, Harry Alexander ; 1967 ; 1969 ; 1972.

Traducteurs et Traduction au Canada, MSRC, 3e série, vol. 38, section 1, 1944, p. 67–87.

La Grande Pitié de notre français, dans *Liaison*, no 7, sept. 1947, p. 411–414.

Langue et Culture, NRC, vol. 1, no 1, févr.–mars 1951, p. 3–14.

L'Apport anglais à la langue canadienne, CV, no 4, 1952, p. 102–115.

L'Élément canadien-français de l'anglais d'Amérique, MSRC, 3e série, vol. 46, section 1, 1952, p. 5–18.

ÉTUDES

Maurice Hébert, *La Grande Aventure de Le Moyne d'Iberville*, CF, vol. 22, no 8, avril 1935, p. 799–805.

Émile Bégin, *Le Baron de Saint-Castin, chef abénaquis, par Pierre Daviault*, ESC, vol. 20, no 3, nov. 1940, p. 161–162.

Adrienne Crevier, « Bio-bibliographie du major Pierre Daviault [...]». Mémoire. École de bibliothécaires de l'Université de Montréal, 1945, 65 p.

Léopold Lamontagne, *Langage et Traduction*, LAC 1961, p. 67.

Id., Dictionnaire canadien, LAC 1962, p. 65–66.

Jean Darbelnet, René de Chantal, Roger Duhamel, Jean-Marie Laurence, Gilles Lefebvre, Henriot Mayer, Raymond Robichaud et Markland Smith, *Hommage à Pierre Daviault*, dans *Le Journal des traducteurs* (numéro spécial), vol. 10, no 1, janv.–mars 1965, p. 14–21.

Roger Duhamel, *Pierre Daviault (1899–1964)*, MSRC, 4e série, vol. 3, 1965, p. 77–78.

DAVID, GILBERT (1946–   ). Critique littéraire et romancier, né à Montréal. Bachelier ès arts du Collège Sainte-Croix (1967), il obtient une maîtrise ès arts à l'Université de Montréal pour la thèse, *La Théâtralité du texte dramatique* (1974), puis il fait la scolarité de doctorat à l'Institut d'études théâtrales de Paris (1977–1978). Encore étudiant, il s'est montré animateur remarquable au Centre d'essai de l'Université de Montréal (1969–1972), en présentant une création collective, *La Passion d'A.* (1970), *Wouf-Wouf* de Sauvageau (1971) et *On n'est pas sorti du bois* de Dominique de Pasquale (1972). Il enseigne au Cégep de Rosemont (1970–1979) et il devient professeur à l'Université de Montréal en 1980. À partir de 1974, il est membre actif du Centre d'essai des auteurs dramatiques de Montréal. Il est aussi fondateur et membre de l'équipe de rédaction de la revue *Jeu*. Il collabore à de nombreux périodiques, tels *Jeu, Le Jour, Études françaises...* En 1971 paraît son premier roman : *Presqu'Il*. « L'intérêt du livre réside à peu près tout entier dans une nouvelle perception des choses et des événements, écrit Michel Beaulieu, et c'est précisément dans le cadre d'une nouvelle sensibilité qu'il faut le lire, tout en acceptant de déborder ces cadres mêmes ».

ŒUVRES

Presqu'Il. Roman, Montréal, HMH, 1971, 135 p. « A ». (Paru d'abord dans ECF, no 31, 1971, p. 89–138 ; no 32, 1971, p. 107–166).

Centre d'essai des auteurs dramatiques 1965–1975, Montréal, [s.é.], 1975, 85 p. Texte et entrevues de Gilbert David. Collab. Claude et Marie-Francine Des Landes.

Mémoire d(œil) et d(œil) (poésie), BJ, no 25, été 1970, p. 52–56.

Préface, dans Dominique de Pasquale, *On n'est pas sorti du bois*, [Montréal] Leméac, 1972, p. 7–10.

Claude Gauvreau ou L'Expérience concentrationnaire du quotidien, dans *Le Jour*, vol. 1, no 3, 2 mars 1974, p. 20.

Feu de paille d'Italie, dans *Le Jour*, vol. 1, no 6, 6 mars 1974, p. 13.

Guy Comeau : « Les démons passent par vous », dans *Le Jour*, vol. 1, nº 9, 9 mars 1974, p. 20.

« Un prince, mon jour viendra », dans *Le Jour*, vol. 1, nº 13, 14 mars 1974, p. 13.

Le Théâtre par et pour la créativité enfantine, dans *Le Jour*, vol. 1, nº 15, 16 mars 1974, p. 17.

Au T.P.Q., un littéraire « Teresa », dans *Le Jour*, vol. 1, nº 17, 19 mars 1974, p. 13.

Gauvreau au TNM ; une demi-charge, dans *Le Jour*, vol. 1, nº 21, 23 mars 1974, p. V-7.

Notes dures sur un théâtre mou, EF, vol. 11, nº 2, mai 1975, p. 95–109.

Théâtre et préhistoire, dans *Jeu*, nº 2, 1976, p. 5–9.

L'Envers du Nouveau Monde, dans *Jeu*, nº 4, 1977, p. 3–11.

L'Écrivain scénique de Michel Vaïs, dans *Jeu*, nº 9, 1978, p. 128–131.

Jean-Claude Germain (au théâtre d')aujourd'hui. Entretiens, dans *Jeu*, nº 13, 1979, p. 5–81. Collab. Francine Noël.

Ici, maintenant, demain. Entretien, dans *Jeu*, nº 15, 1980, p. 111–122.

ÉTUDES

Michel Beaulieu, *Presqu'Il de Gilbert David*, dans *Point de mire*, vol. 3, nº 6, nov. 1971, p. 40.

Nathalie Verdier, *Presqu'Il de Gilbert David*, LAQ 1971, p. 63.

DAVID, LAURENT-OLIVIER (1840–1926). Journaliste, biographe et historien, né à Sault-au-Récollet. Il fait ses études classiques au Collège de Sainte-Thérèse, puis s'inscrit aux cours de Maximilien Bibaud à l'École de droit du Collège Sainte-Marie. Il fait sa première expérience journalistique avec un groupe de jeunes conservateurs qui fondent *Le Colonisateur*, en 1862 ; un an et demi plus tard, ce journal disparaît, faute de fonds. David est admis au barreau en 1864. Au cours des débats sur la Confédération, il se dissocie du parti conservateur pour se joindre à Médéric Lanctôt, fondateur du journal antifédéraliste *L'Union nationale*. En 1870, il fonde avec G.-E. Desbarats et J.-A. Mousseau *L'Opinion publique*, hebdomadaire d'une qualité au-dessus de la moyenne pour l'époque. Quatre ans plus tard, il le quitte pour créer avec Cléophas Beausoleil *Le Bien public*, affichant ainsi sa manière de penser à la suite du scandale du Pacifique. En désaccord avec le parti libéral sur la question du tarif, de nouveau il quitte son journal. Il devient cofondateur du *Courrier de Montréal* (1874–1876), puis fondateur et propriétaire de *La Tribune* (1880–1884), tout en collaborant à d'autres feuilles. En politique, L.-O. David connaît moins de succès : ce n'est qu'en 1886 qu'il peut se faire élire à l'Assemblée législative, après des tentatives infructueuses lors des élections provinciales de 1867 et de 1875, et des élections fédérales de 1878. En 1892, il devient greffier de la ville de Montréal. En 1903, il est nommé sénateur. Président de la Société Saint-Jean-Baptiste (1887–1888), membre de la Société royale du Canada (1890), Chevalier de la Légion d'honneur (1911), il est un des promoteurs actifs du Monument national. L'importance de L.-O. David dans l'historiographie canadienne-française réside dans la tendance idéologique qu'il représente. Ayant subi l'influence du libéralisme, il préconise une réforme en profondeur de l'enseignement, et opte pour une éducation pratique. Il se préoccupe de l'industrialisation autant que de l'agriculture, de la colonisation et de la formation de sociétés d'épargne. Sur le plan politique, il ajoute à ce programme la diminution de l'influence du clergé dans les élections, car il voit dans cette influence la cause de l'échec des libéraux en 1867 : une brochure publiée en 1896, *Le Clergé, sa mission, son œuvre*, est mise à l'index par Rome. Dans *Au soir de la vie*, le vieux lutteur se fera plus conciliant. Son œuvre est animée d'un grand patriotisme qui reflète le nationalisme de son temps, à savoir que David chante les héros du passé mais travaille en même temps à réconcilier les Canadiens français et les Canadiens anglais. L.-O. David est l'un des grands orateurs et journalistes, ainsi que l'un des meilleurs écrivains de son temps. En revanche, la critique juge plus sévèrement son œuvre historique parce qu'il est trop proche des événements et qu'il y est personnellement engagé. On a associé son nom au prix (prix David) accordé chaque année par la province de Québec à un écrivain de marque, pour l'ensemble de son œuvre, prix fondé par son fils, Athanase David, en 1926.

ŒUVRES

Biographies canadiennes, Montréal, typo, Geo.-E. Desbarats, 1872, comprenant : *Monseigneur Bourget, évêque de Montréal*, 32 p. ; *Le Colonel C.-M. de Salaberry*, 32 p. ; *Sir Ls-H. Lafontaine*, 45 p. ; *L'Honorable A.-N. Morin*, 31 p. ; *L'Honorable Ls-Joseph Papineau*, 35 p. ; *L'Honorable P.-J.-O. Chauveau*, 41 p.

Mgr Bourget, évêque de Montréal, Montréal, Geo.-E. Desbarats, 1872, 32 p.

Le Colonel C.-M. de Salaberry (biographie), Montréal, G.-E. Desbarats, 1872, 32 p. ; *Le Héros de Châteauguay*, Cadieux et Derome, 1883, 107 p. Édition revue, corrigée et considérablement augmentée.

L'Honorable A.-N. Morin, Montréal, typo. Geo.-E. Desbarats, 1872, 31 p.

L'Honorable Louis-Joseph Papineau, Montréal, typo. Geo.-E. Desbarats, 1872, 35 p.

L'Honorable P.-J.-O. Chauveau, Montréal, typo. Geo. E. Desbarats, 1872, 41 p.

Messire I.S. Desaulniers, Montréal, Geo.-E. Desbarats, 1872, 50 p. ; *Monsieur Isaac S. Desaulniers,* Montréal, Cadieux et Derome, [1883], 102 p. Édition revue, corrigée et considérablement augmentée. « Bibliothèque religieuse et nationale ».

Monseigneur Plessis, Montréal, typo. Geo.-E. Desbarats, 1872, 39 p. ; *Monseigneur Plessis, premier archevêque de Québec,* Montréal, Cadieux et Derome, 1883, 112 p. Édition revue, corrigée et augmentée. « Bibliothèque religieuse et nationale ».

Sir Louis-Hippolyte Lafontaine, Montréal, typo. Geo. E. Desbarats, 1872, 45 p.

Esquisse biographique de Sir George-Étienne Cartier, Montréal, typo. de l'Opinion publique, 1873, 21 p.

Biographie avec portrait de M. l'abbé Mercier, curé de Saint-Jacques de Montréal, [s.l.], typo. du journal le Bien public, 1875, 12 p.

Biographies et Portraits, Montréal, Beauchemin et Valois, 1876, 303 p.

Il y a cent ans ; drame historique [tiré] de la guerre de l'Indépendance en 4 actes et 20 tableaux, Montréal, Beauchemin et Valois, 1876, 104 p.

Monseigneur Alexandre-Antonin Taché, archevêque de Saint-Boniface, Montréal, Saint-Joseph, [s.d.], 111 p. ; Montréal, Librairie Saint-Joseph Cadieux et Derome, 1883, 111 p. Édition revue, corrigée et considérablement augmentée.

Les Patriotes de 1837-1838, Montréal, E. Senécal & Fils, 1884, 299 p. ; 1913 ; Librairie Beauchemin Limitée, [1936], 315 p. Réédition de 1884 ; Montréal/Paris, Leméac/Éditions d'aujourd'hui, 1978, 298 p. Réimpression de l'édition de 1884. « Les introuvables québécois ».

Mes contemporains (biographies), Montréal, E. Senécal & Fils, 1894, 289 p.

Le Clergé canadien, sa mission, son œuvre (histoire), Montréal, [E. Senécal & Fils], 1896, 123 p.

Les Deux Papineau (biographie), Montréal, E. Senécal & Fils imprimeurs, 1896, 120 p.

L'Union des deux Canadas, 1841-1867, Montréal, E. Senécal & Fils, 1898, xi, 323 p.

Le Drapeau de Carillon ; drame historique en trois actes et deux tableaux, Montréal, Beauchemin, 1902, 110 p. ; revue et augmentée, 1923, 112 p.

Laurier et son temps, Montréal, La Cie de publication de « La Patrie » Ltd, 1905, 159 p. Préface de A. De Celles.

Discours de l'Honorable M.L.-O. David sur le bill d'autonomie, [s.l.], [1905], [n.p., 14 p.]. Discours prononcé au Sénat au cours des débats provoqués par le bill d'autonomie du Nord-Ouest.

A History of Quebec ; Its Resources and People, Montréal/Toronto, The Canada History Company, 1908, 2 vol., xxv, 908 p. Collab. Benjamin Sulte et C.E. Fryer. Ill.

Histoire du Canada depuis la Confédération, 1867-1887, Montréal, Beauchemin, [1909], 256 p.

Souvenirs et biographies 1870-1910, Montréal, Beauchemin, 1911, 274 p. ; Librairie Beauchemin Limitée, 1926, « BC Montcalm ». 3 vol. : vol. 1, *La Fontaine suivi de Cartier et Dorion, etc.,* 96 p. ; vol. 2, *Mgr Paul Bruchési, suivi de Le Curé Labelle, etc.* 96 p. ; vol. 3, *Adolphe Chapleau, suivi de L.-O. Taillon, etc.* 122 p.

Mgr Ignace Bourget et Mgr Alexandre Taché, Montréal, Librairie Beauchemin Limitée, 1912, 141 p. « BC Montcalm », 1922 ; 1930, 122 p.

Mélanges historiques et littéraires, Montréal, Beauchemin, 1917, 338 p.

Laurier, sa vie et ses œuvres, Beauceville, L'Éclaireur, 1919, 268 p. Préface de A.D. De Celles.

Les Gerbes canadiennes, Montréal, Librairie Beauchemin Limitée, [1921], 328 p. ; *Gerbes canadiennes,* 1927, 122 p. Réimpression partielle.

Au soir de la vie (souvenirs), Montréal, Beauchemin, [1924], 358 p.

Chapleau, etc. Montréal, Beauchemin, 1926, 124 p. « BC Montcalm ».

Croyances et Superstitions (essai), Montréal, Beauchemin, 1926, 124 p. « BC Montréal ».

La Jeunesse et l'Avenir, suivi de *Colonisation* (essai), Montréal, Beauchemin limitée, 1926, 124 p. « BC Montcalm ».

D'Iberville et la Conquête de la Nouvelle-Angleterre..., (essai), Montréal, Beauchemin, 1926, 108 p. « BC Montcalm ».

La Croix et l'Épée au Canada (...), Montréal, Beauchemin limitée, 1926, 123 p. « BC Montcalm ».

Établissement d'un État français, suivi de Le Suffrage féminin et autres articles, Montréal, Librairie Beauchemin limitée, 1926, 125 p. « BC Montcalm ».

[Œuvres choisies], Montréal, Beauchemin, 1926, 123 p. « BC Montcalm ».

Mélanges historiques et autres, Montréal, Librairie Beauchemin limitée, 1926, 123 p. « BC Montcalm ».

La Question des drapeaux, suivi de *Noblesse oblige,* Montréal, Beauchemin, 1926, 113 p. « BC Montcalm ».

Tribuns et Avocats, suivi de *Juge Johnson, etc.* (essais), Montréal, Beauchemin limitée, 1926, 93 p. « BC Montcalm ».

Salut au Canada, suivi de *Première effusion poétique, discours aux élèves de Ste-Thérèse, lettre publiée dans les « Annales thérésiennes », liste des personnes inculpées dans l'insurrection de 1837 au Canada, une lettre de L.-H. Lafontaine, une lettre de Sir G.E. Cartier, documents relatifs aux événements de 1837-38, l'Assemblée de Saint-Laurent, deux lettres de Laurier, la fédération impériale, le parti libéral anglais et l'Irlande, la question irlandaise, la question des écoles bilingues de l'Ontario,* Montréal, Librairie Beauchemin limitée, 1927, 124 p. « BC Montcalm ».

France-Amérique, suivi de Le Vrai mérite, nos qualités et nos défauts, examens de conscience, quelques conseils sur la bonne éducation, la crise universelle et la Province de Québec, la grande œuvre nationale, la situation politique de la Province de Québec, le résultat de la guerre au point de vue national, les voyageurs de commerce, la question ouvrière, les derniers temps, S.E. Mgr Paul Bruchési, Beauchemin limitée, 1927, 124 p. «BC Montcalm».

Feu P.-J.-O. Chauveau, MSRC, 2ᵉ série, 1891–1892, vol. 9, section 1, p. 53–58.

Le Héros de St-Eustache, Jean-Olivier Chénier, Montréal, Émile Demers, [s.d.], 28 p.

ÉTUDES

C.-A. Globensky, *La Rébellion de 1837-1838 ou Réponse de M. C.-A. Globensky à M. L.-O. David,* Québec, Côté, 1884, 100 p.

Louis-Fréchette, Réponse à M. David, MSRC, 2ᵉ série, vol. 9, section 1, 1891, p. 59–66.

P. Bernard, *Un manifeste libéral. M. L.-O. David et le clergé canadien,* Québec, L. Brousseau, 1896, 177 p. En appendice extrait d'une lettre pastorale de Mgr Larocque, évêque de St-Hyacinthe.

Yves-François Boltvany, *Laurent-Olivier David et l'Infériorité économique des Canadiens français,* RS, vol. 10, nᵒˢ 2–3, 1969, p. 426–430.

Thérèse Genest, «La Pensée nationaliste du journaliste L.-O. David au début de sa carrière politique 1864–1873». Thèse de maîtrise, Ottawa, Université d'Ottawa, 1975, (ix), 179 (4) f.

DE BELLEFEUILLE, NORMAND (1949–   ). Critique littéraire, essayiste, romancier et poète, né à Montréal. Il obtient son D.E.C. au Cégep de Maisonneuve (1969), puis un baccalauréat spécialisé en lettres françaises à l'Université de Montréal (1971) où il fait la scolarité de la maîtrise (1971–1972). Il est boursier du Gouvernement du Québec (1971) et du Conseil des Arts (1971, 1980). En 1972, il devient professeur au Cégep de Maisonneuve. Critique littéraire à *La Presse* (1976–1977), il collabore aussi à *Voix et Images du Pays, La Barre du Jour, Hobo-Québec,* la *Revue de l'Université Laurentienne, Livres et Auteurs québécois* et *Spirale* dont il est cofondateur. En 1973, il publie un roman, *Monsieur Isaac,* en collaboration avec Gilles Racette. C'est l'histoire d'un étrange vieillard, vieux fou bossu qui se regarde un peu comme un autre Isaac, figure christologique de l'Ancien Testament, et qui «revit à sa manière la passion du Christ». «Il s'agit en fait d'une quête, d'une sorte d'itinéraire à rebours d'un vieil homme qui marche à la recherche de sa mère, écrit Robert Giroux. Cette marche symbolique s'effectue au cœur d'un univers d'objets fétiches les plus inattendus, mais structuralement valorisés par leur retour obsessionnel». Difficile mais beau roman tant pour la composition et l'écriture que

pour l'intérêt psychologique et la longue allégorie biblique. La poésie de De Bellefeuille fait partie du projet des *Herbes rouges,* «projet qui était, à l'origine, celui d'une avant-garde voulant subvertir l'institution littéraire en tant qu'appareil de l'idéologie bourgeoise». Ces poètes développent chacun à leur manière une écriture qui trouve son lieu dans l'effacement du sujet, qui travaille avant tout la syntaxe et les ruptures. «Dans l'ensemble cependant, et malgré les sérieuses réserves que l'on peut faire, écrivait Pierre Nepveu à la parution de *Le Texte justement,* le recueil de De Bellefeuille reste le plus valable parmi les parutions les plus récentes aux *Herbes rouges*».

ŒUVRES

Monsieur Isaac (roman), Montréal, L'Actuelle, 1973, 134 p. Collab. Gilles Rouette. Ill. de Louisa Nicol.

Ça, suivi de Trois (poésie), Montréal, *Les Herbes rouges,* nᵒ 20, mai 1974, [n.p., 26 p.].

Le Texte justement (poésie), Montréal, *Les Herbes rouges,* nᵒ 34, janv. 1976, [n.p., 28 p.].

Les Grandes Familles (poésie), Montréal, *Les Herbes rouges,* nᵒ 52, juin 1977, vi, 10, 16 p.

La Belle Conduite (poésie), Montréal, *Les Herbes rouges,* nᵒ 63, mai 1978, 20 p. Ill. de Roger Des Roches.

Pourvu que ça ait mon nom (poésie), Montréal, *Les Herbes rouges,* 1979, 73 p. Collab. Roger Des Roches. Ill. «Lecture en vélocipède».

Dans la conversation et la diction des monstres (poésie), Montréal, *Les Herbes rouges,* nᵒ 18, avril 1980, [iv], 27 p.

Le Livre du devoir (poème), Montréal, *Les Herbes rouges,* 1983, 99 p.

Les Matières de ce siècle (poésie), Montréal, *Les Herbes rouges,* nᵒ 130. 1984, 43 p. Collab. Marcel Labine.

Miser (poésie), [Outremont], NBJ, 1984, [n.p., 16 p.]. Ill. de Jean Yves Collette.

Straight Prose ou La Mort de Socrate. Textualisation, Outremont, NBJ, [1984], 18 p.

À propos du texte/textualisation (poésie), Outremont, NBJ, nᵒ 160, 1985, 45 p. Collab. Jean Yves Collette. «Cahiers du CRAIE».

Lascaux (fiction), Montréal, *Les Herbes rouges,* 1985, 161 p.

Cold Cuts un/deux (poésie), Montréal, *Les Herbes rouges,* nᵒ 136, 1985, 51 p.

Les Choses les choses et *Ma bien belle mort,* L, vol. 15, nᵒ 2, 1973, p. 20–25.

«*Saules*» de Saint-Denys Garneau : une esquisse ?, VIP, vol. 2, nᵒ 7, 1973, p. 137–150.

Balzac et le Jeu des mots de François Bilodeau. Trop et trop peu, VIP, vol. 2, nᵒ 7, 1973, p. 185–190.

Tel qu'en lui-même, BJ, nᵒˢ 39–41, printemps 1973, p. 104–123.

Sans titre, BJ, n⁰ 43, hiver 1974, p. 41–50.

Le Caca, Le Lisible, suivi de L'Espèce de texte, dans *L'Appareil, Les Herbes rouges,* n⁰ 38, août 1976, p. 22–44. Collab. Marcel Labine.

Herbes rouges et Presses libres, Pr, vol. 92, n⁰ 38, 14 févr. 1976, p. D-2.

Le Corps mineur, NBJ, n⁰ 58, sept. 1977, p. 82–90.

La Gageure du lisible, sur Glottes de Serge Gauthier, NBJ, n⁰ 60, nov. 1977, p. 70–71.

Réponse « Poésie engagée » de Nicole Brossard, dans *Revue de l'Université Laurentienne,* vol. 10, n⁰ 2, févr. 1978, p. 127–131.

Le Signifiant vorace, NBJ, n⁰ 66, mai 1978, p. 75–76.

Le Stock des obsédés heureux, NBJ, n⁰ 77, avril 1979, p. 57–65.

La Gageure du lisible, NBJ, n⁰ˢ 90–91, mai 1980, p. 145–151.

ÉTUDES

Robert Giroux, *Gilles Racette et Normand De Bellefeuille, Monsieur Isaac,* LAQ 1973, p. 83.

Gaëtan Dostie, *Des Rochers, la poésie et l'histoire,* dans *Le Jour,* 3ᵉ année, n⁰ 53, 30 avril 1976, p. 23.

Pierre Nepveu, *Sens interdit,* LQ, vol. 1, n⁰ 3, sept. 1976, p. 11–13.

Philippe Haeck, *L'Oreille heureuse dans Les Herbes rouges,* Dev, vol. 68, n⁰ 67, 19 mars 1977, p. 18.

Joseph Bonenfant, *Normand De Bellefeuille. Les Grandes Familles,* LAQ 1977, p. 178–180.

Hugues Corriveau, *La Belle Conduite ou Le Feu,* Dev, vol. 69, n⁰ 227, 30 sept. 1978, p. 18.

Claude Beausoleil, *Quelques Confidences et Plaisirs,* Dev, vol. 71, n⁰ 123, 31 mai 1980, p. 19.

Claude Beausoleil, *Normand De Bellefeuille. Dans la conversation et la direction des monstres,* LAQ 1980, p. 119–121.

Claude Beausoleil, *Normand De Bellefeuille : le poète devant la mort,* Dev, vol. 75, n⁰ 65, 17 mars 1984, p. 24.

Gilles Toupin, *Poésie d'ici/De Bellefeuille. Quinze paroles de mort,* Pr, 101ᵉ année, n⁰ 8, 27 oct. 1984, p. E-4.

Gilles Toupin, *Poésie d'ici. Coupes à froid,* Pr, 102ᵉ année, n⁰ 82, 11 janv. 1986, p. E-4.

DEBRAY, RENÉ. Voir **HARPE,** CHARLES **Eugène.**

DEBRAY, RENÉ-STÉPHANE. Voir **HARPE, CHARLES Eugène.**

DEBRUN, GÉRARD. Voir **DROLET,** BRUNO.

DE CELLES, ALFRED-DUCLOS (1843–1925). Historien, journaliste et bibliothécaire, né à Saint-Laurent, près de Montréal. Neveu de l'abbé John Holmes, il fait de brillantes études classiques au Séminaire de Québec où il est rédacteur de *L'Abeille.* En 1867, quand Joseph Cauchon part pour l'Europe, il devient rédacteur adjoint du *Journal de Québec* et occupe ce poste durant cinq ans, tout en étudiant le droit. En 1872 il passe à *La Minerve* où il reste jusqu'en 1880. Il est reçu au barreau en 1873 et collabore à plusieurs autres journaux et revues : *L'Opinion publique, La Presse, La Revue canadienne, La Nouvelle-France, Le Canada français.* Il est nommé bibliothécaire adjoint (1880), puis bibliothécaire en chef du Parlement d'Ottawa (1885). Son œuvre d'historien date de ses quarante dernières années et témoigne d'un souci de clarté et de vulgarisation qui vaut à son *Histoire des États-Unis* un prix de l'Académie des sciences morales et politiques. Thomas Chapais résume ainsi l'opinion commune à son sujet : « [...] il était, dans toute la force du terme, un lettré. C'était une des intelligences les plus cultivées qu'il y eût parmi nous. Son érudition littéraire était remarquable ». Les recherches d'Alfred De Celles portent surtout sur l'époque de Papineau et de Lafontaine. Ses écrits sont nombreux sans marquer pour autant l'historiographie canadienne.

ŒUVRES

Constitution et Règlements du Club Cartier, Montréal, [s.é.], 1874, 32 p. (Discours prononcé par A.-D. De Celles, président du Club Cartier au Banquet du 1ᵉʳ juillet 1874).

L'Abbé John Holmes, dans *John Holmes, Conférences de Notre-Dame de Québec,* Québec, Darveau, 1875, 1–32 p. Préface pour seconde édition. (Tiré à part).

Les Ruines libérales, quelques pages de politique (essai), Montréal, [La Minerve], 1878, 161 p. Collab. Dansereau et Provancher.

La Crise du régime parlementaire (essai), Montréal, Imprimerie générale, 1887, 34 p.

Papineau. Extraits de sa correspondance intime, Montréal, Typo. Gebhardt-Berthiaume, 1891, 25 p.

L'Honorable A.-B. Routhier, Montréal, The Montreal Paper Mills Company, 1891, p. 65–77. Portrait. Édition préparée par Louis-H. Taché, « Men of the Day ». Traduction anglaise par W.O. Farmer.

Sir Alexander Lacoste, Montréal, [Compagnie de moulins à papier de Montréal], 1892, p. 273–281. Portrait. Édition préparée par Louis-H. Taché, « Hommes du jour ». Traduction anglaise par Mrs. Carroll Ryan, Montreal, The Montreal Paper Mills Company, 1892, p. 273–282. « Men of the Day ».

L.R. Masson, Montréal, [Compagnie de moulins à papier de Montréal], 1892, p. 353–366. Portrait. Édition préparée par Louis-H. Taché, « Hommes du jour ».

Les États-Unis : origine, institutions, développement, Ottawa, [s.é.], 1896, xv, 437 p. Ill. ; Montréal, Beauchemin,

1913, 364 p. « BC Jacques Cartier » ; 1925, 287 p. « BC Jacques Cartier ».

À la conquête de la liberté en France et au Canada (essai), [suivi de *Oscar Dunn*], Lévis, Pierre-Georges Roy, 1898, 87 p. Études parues d'abord dans MSRC : *Oscar Dunn*, 1re série, vol. 4, 1886, p. 65–70 ; *À la conquête de la liberté en France et au Canada*, 1re série, vol. 9, 1891, p. 23–39.

Papineau, 1786–1871, Montréal, Librairie Beauchemin à responsabilité limitée / Cie Cadieux et Derome, 1905, ii, 245 p.

Papineau, Cartier, Toronto, Morang, 1906, 203, 136 p. « The Makers of Canada ». Parkman Edition, vol. 10, Ill. ; 1909, London and Toronto, Oxford University Press, 1926, 203, xii, 136 p. ; 1928, MacLean's Magazine Edition, 2 vol., 203, 136 p. Préface de W.L. Grant.

Cartier et son temps, Montréal, Librairie Beauchemin Limitée / Cie Cadieux et Derome, 1907, vi [5], 194 p. Ill. ; 1913, 236 p. « BC Champlain » ; 1925, 202 p.

Lafontaine et son temps, Montréal, Librairie Beauchemin Limitée / Cie Cadieux et Derome, 1907, vi, 208 p. Ill. ; 1912, 237 p. Ill., « BC Champlain » ; 1925, 204 p. Ill., « BC Champlain ».

Sir Wilfrid Laurier, discours à l'étranger et au Canada, Montréal, Librairie Beauchemin Limitée, 1909, xcix, 472 p. Souvenirs de L.-O. David, p. xxvii–xcix.

Sir George Cartier, Toronto, Morang, 1910, 136 p. « The Makers of Canada », University Edition, vol. 9.

Louis-Joseph Papineau, Toronto, Morang, 1910, 203 p. « The Makers of Canada ».

À la conquête de la liberté, les constitutions du Canada, Paris, Comité « France-Amérique », 1914, 13 p.

The Habitant : his Origin and History (essai), Toronto, Glasgow, Brook, 1914, 117 p.

The « Patriotes » of 37 : a Chronicle of the Lower Canadian Rebellion, Toronto, Glasgow, Brook & Co., 1916, xi, 140 p. « Chronicles of Canada Series ». Traduction anglaise de W.S. Wallace. Réimpression 1921 ; 1922.

Les Constitutions du Canada, Montréal, Beauchemin, 1918, 77 p.

Scènes de mœurs électorales, suivies de *Anecdotes politiques et électorales* par Louis Fréchette, *Noël de Pietro* par Marc Gauvalle, *Julien Deschamps et Louis Cyr* par É.-Z. Massicotte, Beauchemin, 1919, 91 p. Illustrations d'Henri Julien. « Contes canadiens ».

Laurier et son temps, Montréal, Librairie Beauchemin Limitée, 1920, x, 229 p. Ill.

Laurier Wilfrid. Discours de 1889 à 1919, Montréal, Librairie Beauchemin Limitée, 1920, 2 vol. : vol. 1, ii, 261 p. ; vol. 2, ii, 219 p. Textes présentés et édités par A.-D. De Celles.

La Crise du régime parlementaire, MSRC, 1re série, vol. 5, 1887, p. 155–173.

Les Constitutions du Canada, Étude politique, MSRC, 2e série, vol. 6, 1900, p. 3–22.

L'Abbé Bourassa, MSRC, 2e série, vol. 11, 1905, p. 3–7.

ÉTUDES

P.-E. Roy, *Papineau. À propos de sa dernière biographie*, dans *La Nouvelle-France*, t. 5, nº 2, févr. 1906, p. 88–92.

Thomas Chapais, *Monsieur Alfred De Celles*, CF, vol. 13, nº 3, nov. 1925, p. 153–158.

Id., *Alfred De Celles*, MSRC, 3e série, vol. 20, 1926, p. x–xiii.

DE CHAMPLAIN, PIERRE (1946–   ).

Criminologue et essayiste, né à Rimouski. Après des études au Collège de Rimouski (D.E.C., 1971), il suit des cours à l'Université d'Ottawa (B.A., 1974). Par la suite, il est nommé greffier de comité à la Chambre des communes à Ottawa. Il s'intéresse particulièrement aux questions criminelles. Les résultats de ses recherches l'amènent à la publication d'une étude sur une bande de criminels connue, la *Cosa nostra* (1979). Elle constitue, selon Luc d'Astous, « un document de base par la précision et la qualité de ses informations. Il a le mérite d'inciter l'intérêt jusqu'à la dernière page tout en soutenant la véracité des faits ».

ŒUVRE

Cosa nostra — Histoire de la mafia nord-américaine, Montréal, Éditions Libre Expression, 1979, 264 p.

ÉTUDE

Luc d'Astous, *Champlain (Pierre de). Cosa nostra — Histoire de la mafia nord-américaine*, dans *Nos livres*, vol. 11, févr. 1980, nº 56.

DECHÊNE, LOUISE [née Louise Saint-Jacques] (1932–   ).

Historienne, née à Montréal. Elle obtient une licence en histoire de l'Université Laval (1964) et un doctorat de l'Université de Paris. Représentante des Archives du Québec à Paris, professeur à l'Université d'Ottawa, Louise Dechêne est attachée au Département d'histoire de l'Université McGill en 1972. Son ouvrage *Habitants et Marchands de Montréal au XVIIe siècle* (1974) a été bien accueilli par la critique. « Le livre de Louise Dechêne, écrivent Jean-Claude Dubé et Pierre Hurtubise, constitue une étape dans l'historiographie du régime français ». L'historien français, Pierre Goubert va dans le même sens : « Synthèse d'un style fascinant, rigoureux, retenu, élégant [...], une souveraine réussite ». Pour ce volume, Louise Dechêne obtient le prix du Gouverneur général en 1975.

DECHÊNE

ŒUVRES

La Correspondance de Vauban relative au Canada, Québec, Ministère des Affaires culturelles, 1968, 61 p. Ill. Documents présentés par Louise Dechêne.

Habitants et Marchands de Montréal au XVIᵉ siècle (histoire), Paris, Plon, 1974, 588 p. « Civilisations et mentalités ».

Les Dossiers canadiens du notaire Pointard, RAPQ, 1966, p. 113–137.

Les Entreprises de William Price 1810–1850, HS, nᵒ 1, 1968, p. 16–52.

Inventaire des documents relatifs à l'histoire du Canada conservés dans les archives de la Compagnie de Saint-Sulpice à Paris, RAPQ, 1969, p. 147–288.

Inventaire sommaire des documents relatifs au domaine d'Occident, Archives du Contrôle Général des Finances, Archives Nationales (France), RAPQ, 1970, p. 97–105.

Les Entreprises de William Price, 1810–1850, dans *Saguenayensia*, vol. 12, nᵒ 3, 1970, p. 202–223.

L'Évolution du Régime seigneurial, RS, vol. 12, 1971, p. 143–183.

Introduction, dans *Fadette. Journal d'Henriette Dessaulles 1874/1880*, Montréal, Hurtubise/HMH, 1971, p. 13–17.

La Croissance de Montréal au XVIIIᵉ siècle, RHAF, vol. 27, nᵒ 2, 1973, p. 163–179.

ÉTUDES

Pierre Goubert, *Montréal au XVIIᵉ siècle*, dans *Le Monde* (Paris), 31ᵉ année, nᵒ 9268, 1974, p. 15.

Jean-Claude Dubé et Pierre Hurtubise, *Habitants et Marchands de Montréal au XVIIᵉ siècle*, LAQ 1974, p. 271–273.

DECŒUR, JEAN. Voir **LAMARCHE**, GUSTAVE.

DEGUIRE-MORRIS, CÉCILE [Gouki, Neptune, Pilou] (1934–   ). Conteuse et journaliste, née à Montréal. Bachelière ès arts du Collège Jésus-Marie (1955), elle poursuit des études en lettres à l'Université de Montréal où elle soutient, en 1957, une thèse de maîtrise intitulée « L'Âme et la Danse ». Pendant ces années, elle collabore également au *Quartier latin*, suit des cours de création sous la direction du père Ernest Gagnon et de Robert Élie et enseigne le français aux immigrants. En 1961, son manuscrit *Tarina*, recueil de huit contes pour enfants, signé du pseudonyme de Neptune remporte le premier prix de l'ACELF. En 1972, elle devient collaboratrice de Mme Paule Tardif (Tante Paule) et fait ainsi partie de la rédaction de l'hebdomadaire, *Coccinelle*, destiné aux jeunes lecteurs de *Dimanche Matin*. « Avec *Tarina, la perle timide*, écrit Françoise Kayler, on quitte le monde du réel pour celui de la fantaisie. [...] Très court, très simple sans tomber dans la mièvrerie, plein de fantaisie sans toutefois perdre totalement le sens de la réalité, chacun de ces récits forme un tout qui enchantera l'enfant un peu rêveur ».

ŒUVRE

Tarina, la perle timide (contes), Montréal, Centre de psychologie et de pédagogie, [1963], 71 p. Ill. de Jean-Paul Ladouceur. « Le Canoë d'argent ».

ÉTUDES

Françoise Kayler, *Dans chaque bas de Noël, un livre*, Pr, 80ᵉ année, nᵒ 51, 12 déc. 1963, p. 21.

[Miss P. Bruns], *Meet Céline Deguire-Morris, Author-Mother-Homemaker ; Staff News*, BP, vol. 2, nᵒ 1, févr. 1964, p. 16–17.

DEGUISE, CHARLES (1827–1884). Nouvelliste, né à Kamouraska. Il fait ses études au Collège Sainte-Anne-de-la-Pocatière, puis il commence des études de médecine à Québec, les interrompt pour faire un peu d'enseignement, les termine et est admis à la pratique en 1851. Il exerce d'abord sa profession à Québec, et il s'établit à Sainte-Anne-de-la-Pocatière, en 1858. En 1870, il retourne à Québec où il devient aussi inspecteur du port de la ville, en 1874. Il collabore à plusieurs périodiques, tels *Le National, L'Opinion publique, Le Journal de Québec*... Sa longue nouvelle, *Le Cap au diable*, premier récit qui utilise l'histoire de la déportation des Acadiens, paraît d'abord dans *La Revue canadienne*, en 1863, et *Hélika*, roman ou plutôt longue nouvelle de mœurs indiennes, est publiée dans la même revue en 1871–1872. Ces ouvrages ont été assez largement répandus, mais les contemporains n'ont pas manqué d'en souligner les défauts. Ainsi, Edmond Lareau écrit : « Ni très bien, ni très mal, restant entre le zist et le zest ». Et Faucher de Saint-Maurice : « À d'autres les grandes renommées littéraires, à M. Charles de Guise les modestes succès du coin du feu ».

ŒUVRES

Le Cap au diable. Légende canadienne, dans *La Gazette des campagnes*, vol. 2, nᵒˢ 1–8, 4 nov. 1862–18 févr. 1863 ; Sainte-Anne-de-la-Pocatière, Firmin Proulx, 1863, 45 p. ; dans *Le Défricheur*, vol. 1, nᵒˢ 41–47, 3 sept.–15 oct. 1863 ; dans *La Revue canadienne*, vol. 8, nᵒˢ 11–12, nov.–déc. 1871, p. 846–870, 881–898 ; Montréal, Eusèbe Senécal, 1873, 44 p.

Un homme mort (nouvelle), [Montréal, Le Défricheur, 1866], 40 p. (Paru aussi dans *Le Défricheur*, vol. 4, nᵒˢ 8–14, du 24 janvier au 7 mars 1866).

Hélika; mémoire d'un vieux maître d'école (nouvelle), dans *La Revue canadienne,* vol. 8, n⁰ 8, vol. 9, n⁰ 5, août 1871–mai 1872 ; Montréal, Eusèbe Senécal, 1872, 139 p. ; dans *Le Recueil littéraire,* vol. 1, n⁰ 12 — vol. 2, n⁰ 23, 1er août 1889–1er oct. 1890.

Une nuit dans une sucrerie (conte), dans *Le National,* vol. 1, n⁰ˢ 4–5, 30 nov. et 4 déc. 1855.
Le Revenant de Toine (conte), dans *La Revue des deux Frances,* vol. 1, nov. 1897, p. 121–131.

ÉTUDES
Narcisse-Henri-Édouard Faucher de Saint-Maurice, [*Charles Deguise*], dans *Choses et Autres. Études et conférences,* Montréal, Devernay frères et Dansereau, éditeurs, 1874, p. 49–54.
Edmond Lareau, [*Charles Deguise*], dans *Histoire de la littérature canadienne,* Montréal, John Lovell, 1874, p. 323–327.
Jules-S. Lesage, [*Charles Deguise*], dans *Propos littéraires (Écrivains d'hier),* 2e série, Québec, L'Action catholique, 1933, p. 27–31.
Aurélien Boivin, [*Charles Deguise*], dans *Le Conte littéraire québécois au XIXe siècle,* Montréal, Fides, 1975, p. 113–115.

DELABIT, RÉGINE [Amzad] (1930–   ). Écrivain pour la jeunesse, née à Marcq-en-Barœul (France). Elle fait ses études dans sa ville natale et à Lille où elle obtient son Brevet d'études primaires supérieures (1947) et travaille comme institutrice de 1949 à 1951. Venue au Canada en 1951, Régine Delabit participe en 1965 au concours littéraire Maxine et obtient une mention spéciale pour son *Drame au pays des Touareg* (1967). Elle collabore à la revue *In Review* et donne plusieurs conférences, entre autres « L'Avenir des Franco-Ontariens » (1976), à l'Institut canadien-français d'Ottawa. En 1977, elle est élue membre du Comité consultatif de langue française du Conseil scolaire d'Ottawa. Régine Delabit s'intéresse surtout au roman pour les jeunes qui, dit-elle, outre les qualités de vocabulaire et de style, doit capter l'esprit des adolescents et constituer un apport historique, géographique et ethnographique à la structure du récit. Selon Louise Lemieux, son *Drame au pays des Touareg* « est palpitant d'aventures et débordant d'exotisme ». En 1987, elle reçoit le premier prix du concours national de la Société d'étude et de conférences pour son essai « Les Seigneurs du désert ».

ŒUVRES
Drame au pays des Touareg (litt. jeunesse), Québec, Éditions Jeunesse, 1967, 129 p. Ill. de Z. Nowak. « Plein Feu ».
« Les Seigneurs du désert », Ottawa, Société d'étude et de conférences, 1987, 20 p. Ill.

ÉTUDES
Louise Lemieux, *Pleins feux sur la littérature de jeunesse au Canada français,* Montréal, Leméac, 1972, p. 53, 153–154.
A[lvine] B[elisle], *Régine Delabit,* dans *Supplement to the Oxford Companion to Canadian History and Literature,* Toronto, London, New York, Oxford University Press, 1973, p. 40.

DELAGE, JOCELYNE (1940–   ). Linguiste et traductrice, née à Montréal. Elle étudie aux Collèges Marguerite-Bourgeois et Brébeuf (D.E.C., 1971) et suit des cours en traduction à l'Université de Montréal (B.A., 1974). La même année, elle obtient une maîtrise en traduction médicale pour un mémoire « Glossaire de l'aphasiologie ». À la suite de ses recherches en collaboration avec d'autres spécialistes, elle publie *Tests de langage Dudley-Delage* (1980), destinés à l'usage pédagogique. Elle collabore à l'*Actualité médicale* et au *Courrier médical.*

ŒUVRE
Tests de langage Dudley-Delage, Montréal, Héritage, 1980, 150 p. Collab. John Dudley, Geneviève Côté, Caton Lachapelle et Joëlle Messier.

O. Leduc 1912

DELAHAYE, GUY [X Guillaume Lahaise] (1888–1969). Poète, né à Saint-Hilaire. Il fait ses humanités au Séminaire de Saint-Hyacinthe et au Collège Sainte-Marie (Montréal) où il obtient son baccalauréat en 1906. Inscrit à la Faculté de médecine de l'Université Laval à Montréal, il est diplômé en 1910, année où il publie son premier recueil de poésie, *Les Phases.* Interniste à l'Hôtel-Dieu de 1910–1912, il fait ensuite un stage d'études en micro-biologie à l'Institut Pasteur de Paris (1912–1913). Rentré à Montréal à l'été de 1913, il enseigne à la Faculté d'art dentaire en 1914. De 1915 à 1924, il exerce sa profession, tout en poursuivant sa formation à La Havane, à Paris et aux États-Unis, principalement à San Francisco et à Los Angeles. En 1924, il est nommé médecin aliéniste à l'Hôpital Saint-Jean-de-Dieu, poste qu'il conserve jusqu'à sa retraite, en 1959. Le poète Émile Nelligan a été son patient. Depuis son deuxième recueil, « *Mignonne, allons voir si la rose...* » *est sans épines* (1912), il semble n'avoir publié qu'un chemin de croix en 1934, *L'Unique*

Voie à l'unique but. Il existe un certain nombre d'inédits dont plusieurs paraissent dans l'édition préparé par son fils, Robert Lahaise. En 1939, une crise religieuse déjà ancienne le conduit à Rome, Jérusalem et Alexandrie. Il retrouvera une certaine sérénité vers 1942. Guy Delahaye s'est beaucoup intéressé à la poésie symboliste. Il écrivait à Marcel Dugas, à propos du tercet qu'il affectionnait et ses fameux triptyques trop intellectuels, dans une formule qui rapproche sa recherche poétique de sa quête symboliste : « Ma forme poétique est basée sur un fait plus ancien que le monde, éternel comme Dieu [...]. Elle repose sur le rapprochement nécessaire de l'un et du trois, de l'unité et de la trinité ». Il avait alors vingt-deux ans. Camille Roy lui reproche de pécher contre la clarté française, mais il reconnaît que « Guy Delahaye est le premier chez nous qui ait tenté de faire de la poésie symbolique [...]. Il y a dans ces poèmes une émotion vraie, des visions intenses, des images neuves, un art soucieux d'être personnel ». De son côté, Marcel Dugas remarque : « Nul esprit ne fut plus fiévreux de savoir et de projeter dans l'inconnu les visions qui s'offrent capricieusement aux regards du rêveur et du poète, acharné à saisir les secrètes vertus de la nature, les jeux variés des correspondances ».

ŒUVRES

Les Phases. Tryptiques (poèmes), Montréal, C. Déom, libraire-éditeur, 1910, 144 p.
« *Mignonne, allons voir si la rose...* » *est sans épines* (poésie), Montréal, C. Déom, libraire-éditeur, 1912, xlii, 63, [4], p. Ill. d'Osias Leduc. Préface d'Olivar Asselin. (La page de titre porte la mention : 10e édition, chose invraisemblable).
L'Unique Voie à l'unique but, (essai mystique), Montréal, Bellarmin, 1934, 14 p.
Guy Delahaye : œuvres parues et inédites (poésie), Montréal, Hurtubise/HMH, 1988, 406 p. « Cahiers du Québec ». Textes et documents littéraires. Présentation par Robert Lahaise.

ÉTUDES

Albert Lozeau, « *Les Phases* » *ou Le Danger des mauvaises fréquentations,* Dev, vol. 1, n° 85, 19 avril 1910, p. 1.
Henri Marcel Dugas, « *Les Phases* » *et M. Lozeau,* Dev, vol. 1, n° 87, 21 avril 1910, p. 3.
Albert Lozeau, *Ce que dit M. Lozeau,* Dev, vol. 1, n° 88, 22 avril 1910, p. 2.
Henri Marcel Dugas, « *Les Phases* » *et M. Lozeau, interview avec M. Guy Delahaye,* dans *Le Nationaliste,* vol. 7, n° 9, 1er mai 1910, p. 2.
Germain Beaulieu, *Un nouveau livre* « *Les Phases* », dans *Le Nationaliste,* vol. 7, n° 7, 8 mai 1910, p. 3.
Camille Roy, *Manuel d'histoire de la littérature canadienne de langue française,* Montréal, Librairie Beauchemin, limitée, 1955, 18e édition, p. 114–115.

Robert Lahaise, *Guy Delahaye et la Modernité littéraire,* Montréal, Hurtubise/HMH, 1987, [xvi], 549 p. « Cahiers du Québec ».

DELANDIÈRE, GILLES. Voir **VIEN, ROSSEL.**

DE LA SEINE. Voir **MORICE, ADRIEN GABRIEL.**

DELISLE, JEAN (1947–   ). Romancier et traducteur, né à Hull. Il étudie au Collège Saint-Alexandre à Limbour, au Séminaire Saint-Augustin à Cap-Rouge et au Cégep de l'Outaouais (B.A., 1968). Par la suite, il obtient une licence (1971) et une maîtrise en traduction (1975) à l'Université de Montréal, ainsi qu'un doctorat de l'Université de Paris (1978). D'abord traducteur au Gouvernement fédéral (1971-1974), il entre à l'Université d'Ottawa comme professeur à l'École de traducteurs et d'interprètes en 1974. Il s'intéresse à l'histoire de la traduction et en publie des articles dans des revues comme *Meta, Le Linguiste,* et *Langue et Société.* En 1980, il publie *L'Analyse du discours comme méthode de traduction,* un essai théorique qu'Edgar André juge « utile ». *Les Obsédés textuels* (1983) est un roman humoristique sur le métier de traducteur. « Un livre généreux, mais non pas génial » (Jean Chapdelaine Gagnon) ; un « remarquable talent pour la satire » (Jacques Poisson).

ŒUVRES

Guide bibliographique du traducteur, rédacteur et terminologue/Bibliographic Guide for Translators, Writers and Terminologists, Ottawa, EUO, 1979, 207 p. Collab. Lorraine Albert. Avant-propos des auteurs. « Cahiers de traductologie ». Traduction anglaise par Patricia Logan et Monica Creery, *Translation : an Interpretive Approach,* University of Ottawa Press, 1988, 160 p. « Translation Studies », n° 8. Traduction chinoise par Sun Huischuang, Beijing (Chine), International Culture Publishing Corporation, 1988.
L'Analyse du discours comme méthode de traduction. Initiation à la traduction française de textes pragmatiques anglais. Théorie et pratique (essai et manuel d'enseignement), Ottawa, EUO, 1980, 282 p. Préface de Danica Seleskovitch. « Cahiers de traductologie ». Traduction anglaise par Patricia Logan et Monica Creery, *Translation : An Interpretive Approach,* University of Ottawa Press, 1988, 160 p. « Translation Studies », n° 8. Traduction chinoise par Sun Huischuang, Beijing (Chine), International Culture Publishing Corporation, 1988.

L'Analyse du discours comme méthode de traduction. Initiation à la traduction française de textes pragmatiques anglais. Livre du maître, Ottawa, EUO, 1980, 113 p. Avant-propos de l'auteur. « Cahiers de traductologie » ; 1984, 121 p. Avant-propos de l'auteur. « Cahiers de traductologie ».

L'Enseignement de l'interprétation et de la traduction : de la théorie à la pédagogie, Ottawa, EUO, 1981, 296 p. Publié sous la direction de Jean Delisle. Collab. Roda P. Roberts, Brian Harris *et al.* « Cahiers de traductologie ». *Prix et Bourses de traduction au Canada,* Ottawa, École de traducteurs et d'interprètes, 1987, 63 p. Ill. « Document de traductologie ».

Les Obsédés textuels. Roman humoristique, Hull, Éditions Asticou, 1983, 197 p.

Au cœur du trialogue canadien. Croissance et évolution du Bureau des traductions du gouvernement canadien, 1943-1984 (histoire), [Ottawa, Bureau des traductions, Secrétariat d'État, 1984], vii, [i], 77 p. Préface d'Alain Landry. Ill. Traduction anglaise par le Bureau des traductions : *Bridging the Language Solitudes. Growth and Development of the Translation Bureau of the Government of Canada, 1934-84,* vii, [i], 75 p. Ill. (Traduction anglaise publiée avec la version française).

La Traduction au Canada / Translation in Canada, 1534-1984, Ottawa, Presses de l'Université d'Ottawa, 1987, 436 p. Ill. Préface de Jean-François Joly.

Les Pionniers de l'interprétation au Canada, dans *Méta,* vol. 22, nᵒ 1, mars 1977, p. 5-14.

Projet d'histoire de la traduction et de l'interprétation au Canada, ibid., p. 66-71.

Les Interprètes français au Brésil au XVIᵉ siècle, dans *Le Linguiste,* nᵒˢ 1-2, 1977, p. 1-4.

Les Origines de la recherche terminologique au Canada, dans *La Revue de l'Université Laurentienne,* vol. 12, nᵒ 2, févr. 1980, p. 25-34.

De la théorie à la pédagogie : réflexions méthodologiques, RUO, vol. 51, nᵒ 3, juillet-sept. 1981, p. 438-454.

Traduire en prison, dans *Circuit,* nᵒ 2, sept. 1983, p. 7-9.

Un demi-siècle au service du bilinguisme officiel, dans *Langue et Société,* nᵒ 15, 1985, p. 4-9.

ÉTUDES

Edgar André, *À propos de traductologie,* dans *Mors,* (Université de l'État de Mors), 1982, p. 133-139.

Peter Newmark, *Jean Delisle's Theory of Translation,* dans *The Incorporated Linguist,* vol. 22, nᵒ 3, 1983, p. 136-138.

Christine Klein-Lataud, [*compte rendu de L'Analyse du discours*], dans *Revue canadienne des langues vivantes,* vol. 38, nᵒ 4, 1983, p. 722-723.

Paul-François Sylvestre, *Humour et Style,* dans *Le Temps,* 19 déc. 1983, p. 13.

Paul Gay, *Une nouvelle Délainée : la langue française, Les Obsédés textuels,* Dr, 14 janv. 1984, p. 28.

Jean Chapdelaine-Gagnon, *Les Obsédés textuels,* LQ, nᵒ 34, été 1984, p. 97.

Jacques Poisson, *Les Obsédés textuels,* Dev, 11 févr. 1984, p. 21.

DEMERS, HECTOR (1878-1923). Poète, né à Montréal où il fait ses études. Encore étudiant en droit, il s'intéresse à la poésie et publie plusieurs poèmes dans *Le Samedi* à partir du 25 juillet 1896 ; le premier, « Voix nocturnes », paraît aussi dans *Le Monde illustré,* et ses cinq quatrains montrent bien l'idéal romantique du poète. Le 17 février 1899, il est admis à l'École littéraire de Montréal et récite quelques-uns de ses poèmes à la séance publique du 24 février au Monument national et à celle du 26 mai au Château de Ramezay. Reçu au barreau en 1901, il continue de publier dans plusieurs revues. G.-A. Dumont classe Demers parmi les membres les plus dévoués de l'École : « Non seulement il était assidu aux réunions, mais, de plus, il réunit ses collègues chez lui pendant tout un hiver. Il était d'une exquise politesse. [...] Il était porté à voir souvent des adversaires chez ceux qui n'avaient pour lui que de l'estime. » Le seul volume qu'il publie, *Les Voix champêtres* (1912) groupe des poèmes presque tous écrits autour de 1910, et fortement marqués par la nouvelle orientation de l'École littéraire, le retour à la terre. Fournier juge sévèrement le recueil dans un article intitulé « Crazy Work », paru dans *L'Action* du 2 mars 1912. La plus grande partie de l'œuvre de Demers est restée manuscrite ou dispersée dans des périodiques. Pendant des années, il s'est plaint d'être incompris et a vécu dans un état dépressif permanent. Dantin écrit que c'était un « jeune homme excellemment doué, d'une sensibilité exquise, d'un style poétique déjà formé, mais qui devait, victime d'une destinée tragique et après une lutte pitoyable, sombrer dans le même abîme qu'Émile Nelligan ».

ŒUVRE

Les Voix champêtres (poésie), Montréal, Librairie Beauchemin limitée, 1912, 101 p.

ÉTUDES

G.-A. Dumont, *L'École littéraire de Montréal,* Montréal, G.-A. Dumont [1917], p. 11.

Englebert Gallèze [Lionel Léveillé], *Hector Demers,* dans *Les Soirées de l'École littéraire de Montréal,* Montréal, [s.é.]. 1925, p. 28-31.

Louis Dantin, *Les Débuts de l'École littéraire de Montréal,* dans *Gloses critiques,* Montréal, Albert Lévesque, 1931, p. 179-199.

Jean Charbonneau, *Hector Demers,* dans *L'École littéraire de Montréal,* Montréal, Albert Lévesque, [1935], p. 179-182.

Paul Wyczynski, *L'École littéraire de Montréal. Origines — évolution — rayonnement,* dans *L'École littéraire de Montréal,* Montréal/Paris, Fides, 1963, p. 11-36. « ALC » 2.

DEMERS, JEANNE [née Cloutier] (1924–   ). Linguiste et essayiste, née à Québec. Elle fait ses études classiques au Collège Jésus-Marie de Sillery (B.A., 1944), tout en faisant du journalisme à la pige au *Soleil*. Elle obtient ensuite une maîtrise à l'Université du Wisconsin (1946), et un doctorat pour une thèse sur Commynes à l'Université de Toulouse-Le Mirail (1971). Elle est professeur de langue et de littérature françaises aux cours d'été de l'Université Laval (1945–1956), chargée de cours au baccalauréat pour adultes à l'Université de Montréal (1956–1961) et, à compter de 1961, professeur au Département d'études françaises dont elle est la directrice en 1977. En 1978, elle est nommée vice-doyen aux études à la Faculté des arts et des sciences. Elle collabore à plusieurs périodiques, tels *Études françaises*, *Voix et Images*, *Livres et Auteurs québécois*, *Stanford French Review*, *Études littéraires*, et au *Dictionnaire des œuvres littéraires du Québec*. Ses premiers ouvrages sur la phonétique lui acquièrent une certaine notoriété dans le domaine de la linguistique appliquée. Sa thèse retouchée et parue en 1975, avec une présentation particulière du titre qui manifeste l'intention de l'auteur, *Commynes méMORialiste*, est accueillie avec grande faveur. Le professeur Jean Dufournet en souligne l'originalité et l'importance : « Au total, un ouvrage intelligent, vif, passionné, qui comporte des analyses perspicaces des différents types de digression et qui manifeste avec éclat une volonté nette de ne pas mutiler l'œuvre ni l'auteur au profit d'a priori, une audace certaine dans ses conclusions sur la découverte d'un Dieu absurde par Commynes qui, du coup, renonce à écrire, sur le devenir constant et la modernité des *Mémoires*, audace qui n'est pas pour nous déplaire et qui est la marque d'un esprit vigoureux ».

ŒUVRES

Phonétique théorique et pratique (essai), Montréal, Éditions Centre de psychologie et de pédagogie, 1962, [2], 133 p. Collab. René Charbonneau. Ill. Avant-propos des auteurs.

Phonétique appliquée (essai), Montréal, Librairie Beauchemin limitée, 1968, xvi, 265 p. Collab. André Clas et René Charbonneau. Ill. Préface et avant-propos des auteurs.

Commynes méMORialiste (essai), Montréal. PUM, 1975, 248 p.

L'Enjeu du Manifeste en jeu (essai), Montréal, Le Préambule, 1986, 157 p. Collab. Line McMurray. « L'Univers des discours ».

Montréal graffiti (essai), Montréal, VLB, 1987, 139 p. Collab. Josée Lambert et Line McMurray.

Montréal graffiti Bis (essai), Montréal, VLB, 1988, 130 p. Collab. Josée Lambert et Line McMurray.

Les Sonorités dans le poème en acte, EF, vol. 5, n⁰ 1, févr. 1969, p. 31–49.

« *Coup de gloire* » *de Juan Garcia ou La Poésie salvatrice*, LAQ, 1971, p. 120–131.

L'Art du conte écrit ou Le Lecteur complice, EF, vol. 9, n⁰ 1, févr. 1973, p. 3–13.

La Sagesse de Montaigne, une poétique, EF, vol. 9, n⁰ 4, déc. 1973, p. 303–321.

Le Conte écrit, une forme savante, EF, vol. 12, n⁰ˢ 1–2, févr.–mai 1976, p. 3–24. Collab. Lise Gauvin.

Vers une définition du conte écrit québécois au 19ᵉ siècle : le récit court de type exemplaire, VI, vol. 2, n⁰ 1, 1976, p. 110–118. Collab. Michelle Desjardins-Konstantinov.

De la sornette à l'Amante anglaise : le récit au degré zéro, EF, vol. 14, n⁰ˢ 1–2, févr. mai 1978, p. 3–20.

Entre l'art poétique et le poème : le manifeste poétique ou la mort du père, EF, vol. 16, n⁰ˢ 3–4, sept.–déc. 1980, p. 3–20.

ÉTUDES

P.R. Léon, *Phonétique appliquée par A. Clas, J. Demers et R. Charbonneau*, dans *Revue canadienne de linguistique*, vol. 14, n⁰ 1, fall/automne 1968, p. 66–68.

[Anonyme], *Demers, Jeanne, Commynes mémorialiste*, dans *Le Livre canadien*, vol. 6, n⁰ 303, oct. 1975, p. 303.

Jean Dufournet, *Notes commyniennes. À propos d'un livre sur Commynes mémorialiste*, dans *Mémoires de la société d'histoire de Comines et de la religion*, t. 5, fasc. 2, 1975, p. 277–288.

Ghislaine Legendre, *Jeanne Demers. Commynes* [*mé*] *Mor* [*i*] *aliste*, LAQ 1975, p. 191–193.

Jean Dufournet, *Commynes mémorialiste. À propos d'un livre récent*, dans *Le Moyen-Âge*, n⁰ˢ 3–4, 1976, p. 563–575.

Patrick Coppens, *Le fil du récit : il court, il court, le récit...*, dans *Chercheurs*, vol. 5, n⁰ 2, 1979, p. 21.

DEMERS, JÉRÔME (1774–1853). Pédagogue, né à Saint-Nicolas (Lévis). Il étudie au Séminaire de Québec et à Montréal, chez les Récollets. Ordonné prêtre en 1798, il se consacre, à partir de 1800, à l'enseignement de la philosophie et des sciences pendant une quarantaine d'années. Directeur du Petit Séminaire, du Grand Séminaire et supérieur à diverses reprises, il est nommé Grand-Vicaire en 1825. Selon Honorius Provost, « il fut remarquable dans les sciences, par ses recherches, par la fabrication d'instruments, par la rédaction de manuels de cours, par la création du Cabinet de Physique, par ses leçons d'architecture, par ses cours de philosophie ». Jérôme Demers fait imprimer son manuel de philosophie en 1835. L'ouvrage repose sur une information solide, résultat d'innombrables lectures. Dès sa publication, ce manuel est utilisé dans tous les collèges et séminaires du Québec ; il ne sera remplacé qu'après 1854, lors du remaniement des programmes. Entre 1815 et 1828, l'abbé Demers rédige un « Précis d'architecture » qui, quoique demeuré à l'état de manuscrit, servit de base à l'œuvre de Thomas Baillargé, élève de Jérôme Demers, et par le fait même au renouveau de l'architecture religieuse au Québec. Selon Claude Galarneau, « Jérôme Demers [...] a été l'une des plus grandes intelligences de son temps et c'est l'une des gloires du Séminaire de Québec et du Canada français ».

ŒUVRE

Institutiones philosophicae ad usum studiosae juventutis (essai), Québec, ex typistho. Cary & Socii, 1835, 395 p. (Avec des notes en français).

Remarques sur le Manuel des difficultés les plus connues de la langue française, dans Narcisse-Eutrope Dionne, *Une dispute grammaticale en 1842*, Québec, Laflamme et Proulx, 1912, p. 95–135. (Paru d'abord dans *La Gazette de Québec*, avril–mai 1842).

ÉTUDES

Étienne-Théodore Paquet, *Fragment de l'histoire de Saint-Nicolas*, Lévis, Mercier & Cie, 1894, xv, 398 p., surtout p. 13–82.

Narcisse-Eutrope Dionne, *Une dispute grammaticale en 1842*, Québec, Laflamme & Proulx, 1912, 229 p.

Olivier Maurault, *Un professeur d'architecture à Québec en 1828*, dans *Marges d'histoire*, vol. 1, Montréal, L'Action canadienne-française, 1929, p. 93–113.

Honorius Provost, *Jérôme Demers*, dans *Le Séminaire de Québec. Documents et biographies,* Québec, Le Séminaire de Québec, 1964, p. 459–460.

Marc Lebel, *L'Époque de Jérôme Demers 1800–1850*, dans *Aspects de l'enseignement au Petit Séminaire de Québec (1765–1945)*, Québec, La Société historique de Québec, 1968, p. 31–60.

Luc Noppen et John Porter, *Les Églises de Charlesbourg et l'Architecture religieuse du Québec*, Québec, Ministère des Affaires culturelles, 1972, 130 p., surtout p. 37–40.

Luc Noppen, *Notre-Dame de Québec (1647–1922)*, Québec, Éditions du Pélican, 1974, 283 p., surtout p. 175–179, 205–218.

Claude Galarneau, *L'Enseignement des sciences au Québec et Jérôme Demers (1765–1835)*, [Québec, Société canadienne d'étude du XVIIIe siècle, 1975], 18 p. (Texte polycopié).

Luc Noppen, *Le Rôle de l'abbé Jérôme Demers dans l'élaboration d'une architecture néo-classique au Québec*, [Québec, Société canadienne d'étude du XVIIIe siècle, 1975], 22 p. (Texte polycopié).

DEMERS, LOUISE. Voir **VOIDY**, JEANNE.

DENISET-BERNIER, MAURICE (1920–   ). Pédagogue, théologien et romancier, né à Saint-Boniface (Manitoba). Il fait ses études classiques au Collège de Saint-Boniface (B.A., 1942) et ses études de théologie au Grand Séminaire de Shrerbrooke. Il est ordonné prêtre en 1946. De retour au Manitoba, il prépare un baccalauréat en pédagogie à l'Université du Manitoba (1948), après quoi il sera successivement visiteur des écoles de l'Association d'Éducation des Canadiens français du Manitoba ; supérieur et fondateur du Collège Notre-Dame à Prince Albert (Sask.) ; aumônier des prisons à Prince Albert. En 1957, il poursuit des études en droit canon à l'Angelicum de Rome (licence 1958). Il est nommé directeur diocésain des religieuses et curé de la cathédrale de Saint-Boniface, en 1958 ; il occupe la cure de la paroisse des Saints-Martyrs canadiens à partir de 1970. Dans le domaine de l'éducation, son rapport, « Situation scolaire des Canadiens français du Manitoba », avait été fort remarqué en 1950. Au sujet de son roman pour jeunes, *Manito* (1978), Monique Chartrer écrit qu'il baigne dans une atmosphère agréable.

ŒUVRE

Manito (roman), Saint-Boniface, Éditions du Blé, 1978, 95 p.

ÉTUDE

Monique Chartrer, *Deniset-Bernier (Maurice). Manito,* dans *Nos livres*, vol. 10, 1979, n° 92.

D'ENTREMONT, CLARENCE-JOSEPH (1909–   ). Généalogiste et historien acadien, né à Pubnico-Ouest (Nouvelle-Écosse). Après son cours classique au Collège Sainte-Anne de Pointe-de-L'Église (B.A., 1931), il entre chez les Eudistes et est ordonné prêtre en 1936. Il obtient ensuite une licence en droit canon à l'Angelicum (Rome, 1938) et fait la scolarité du doctorat à l'Université Laval. De 1938 à 1949, il est professeur de droit canon, d'histoire de l'Église... au scolasticat de Charlesbourg, puis, de 1949 à 1952, il enseigne au Grand Séminaire de Halifax, au Willowbrook Seminary de Washington et à l'Université Sacré-Cœur de Bathurst. En 1952, pour des raisons de santé, il est affecté au diocèse de Fall River, au Massachusetts, où il deviendra aumônier du foyer pour vieillards de Fairhaven. Depuis longtemps intéressé à l'histoire et à la généalogie, il est membre de plusieurs sociétés savantes et culturelles, et il collabore à une vingtaine de périodiques dont *La Société historique acadienne*, *Mémoires de la Société généalogique canadienne-française, French Canadian and Acadian Genealogical Review*... Son œuvre majeure est l'*Histoire du*

Cap-Sable de l'an mil au Traité de Paris (1763), parue en cinq volumes, en 1981. Cap-Sable désigne ici la région qui va de Port-Razoir, dans la baie de Shelburne, jusqu'à Chegoggin, au nord de Yarmouth. « Parce que l'attention des historiens s'était jusque-là concentrée sur les établissements du pourtour de la baie Française [baie de Fundy], écrit Pierre Trépanier, une telle entreprise, menée avec soin, ne pouvait que rendre de précieux services à l'historiographie acadienne. [...] Les solides qualités de ce travail d'érudition rachètent largement ses insuffisances ».

ŒUVRES

Histoire de Wedgeport, Nouvelle-Écosse, 1967, Yarmouth (N.-É.), Chez l'auteur, 1967, 91 p.

Yarmouth, 350 Years Ago (essai), Yarmouth, [s.é.], 1967, 50 p.

Histoire du Cap-Sable de l'an mil au Traité de Paris (1763), Eunice (Louisiana), Hebert Publication, 1981, 5 vol. ; vol. 1, 146 p. ; vol. 2, -784 p. ; vol. 3, -1523 p. ; vol. 4, -2142 p. ; vol. 5, -2385 p. Ill. Préface de Marcel Trudel.

Nicholas Denys, Sa vie et son œuvre (essai), Yarmouth (N.-É.), L'Imprimerie Lescarbot ltée, 1982, 623 p. Ill. Cartes. Présentation et textes commentés par Clarence-Joseph D'Entremont.

350th Anniversary of La Hane, Fort Point (N.-É.), [s.é.], 1982, 36 p. (Tirage limité).

Brève Histoire de Pubnico (essai), Pubnico-Ouest (N.-É.), Chez l'auteur, 1982, 68 p.

Première partie. Des débuts à 1670, dans *Petit Manuel d'histoire d'Acadie des débuts à 1976,* Moncton, Librairie acadienne/Université de Moncton, 1976, p. 2-34. Cartes.

ÉTUDES

Naomi Griffiths, *Histoire du Cap-Sable de l'an mil au Traité de Paris, 1763,* dans *The Canadian Historical Review,* vol. 64, n° 1, mars 1983, p. 68-69.

Pierre Trépanier, *Clarence J. D'Entremont, Histoire du Cap-Sable de l'an mil au Traité de Paris, 1763,* dans *Histoire sociale — Social History,* vol. 16, n° 31, mai 1983, p. 191-192.

DENYS, NICOLAS (1598-1688). Mémorialiste, né à Tours (France). Devenu marchand il est à La Rochelle en 1632 où il recrute des colons pour l'Acadie. La même année, il fait partie de l'expédition de Razilly qui s'établit à la Hève (près de Bridgewater en Nouvelle-Écosse). Il s'occupe des pêcheries et de l'exploitation forestière jusqu'à la fin de la décennie, alors que l'inimitié des autorités lui rend son commerce improfitable. De 1640 à 1645, il se retrouve à La Rochelle puis il retourne en Acadie à Miscou. En 1647, il perd de nouveau son poste de traite. Il établit d'autres postes de traite à Saint-Pierre, à Port-Rossignol (Liverpool, N.-É.), à Nipisguit (Bathurst, N.-B.) et à Chedabouctou (Guysborough, N.-É.). De nombreux démêlés avec les autorités contribuent à son emprisonnement en 1651. En 1653, il organise une nouvelle compagnie de pêche et de traite et, en 1660, il se fixe à Nipisguit où il écrit sa *Description géographique et historique* [...], publiée à Paris en deux volumes (1672). Le premier tome comprend une description de la région côtière de l'Acadie ainsi que le récit de ses aventures. Le second traite de la pêche et des ressources naturelles de la région, ainsi que des Micmacs. « La langue en est médiocre, [...] » selon Georges Mac-Beath, mais « Il fait des Indiens la description la plus satisfaisante que l'époque nous ait laissée ». Christian Morissonneau écrit que « cette œuvre de propagande, faible quand elle décrit le climat, devient intéressante quand elle raconte les événements historiques dont Denys est le seul à parler » (DOLQ, t. 1, p. 179).

ŒUVRE

Description géographique et historique des costes de l'Amérique septentrionale. Avec l'Histoire naturelle du Païs. Par Monsieur Denys, Gouverneur Lieutenant Général pour le Roy, & propriétaire de toutes les Terres & Isles qui sont depuis le Cap de Campseaux, jusques au Cap des Roziers, Paris, Louis Billaine, MDCLXXII (1672), 2 vol. : vol. 1, 267 p. ; vol. 2, *Histoire naturelle des peuples, des animaux, des arbres et plantes de l'Amérique septentrionale, avec une description exacte de la pêche des moruës tant sur le Grand-Banc qu'à la coste, et de tout ce qui s'y pratique de plus particulier,* 480 p. ; Paris, Claude Barbin ; Traduction anglaise : *The Description and Natural History of the Coasts of North America (Acadia),* translated and edited with a memoir of the author, collateral documents and a reprint of the original, by William F. Ganong, Toronto, The Champlain Society, 1908, xvi, 625 p. (Il existe aussi une traduction hollandaise qui date de 1688).

ÉTUDES

Robert Le Blant, *Les Études historiques sur la colonie française d'Acadie, 1603-1713,* dans *Revue d'histoire des colonies,* vol. 35, 1948, p. 94-102.

René Baudry, *Quelques Documents nouveaux sur Nicolas Denys,* RHAF, vol. 9, n° 1, juin 1955, p. 14-30.

Roger Comeau, *Nicolas Denys, pionnier acadien,* RHAF, vol. 9, n° 1, juin 1955, p. 31-54.

George MacBeath, *Nicolas Denys,* DBC, t. 1, 1966, p. 264-267.

DE PAGÈS, André DENIS (1943–   ). Essayiste, né à La Grand Combe (France). Après ses études au Lycée Stanislas de Nîmes, il émigre au Canada en 1961 où il devient technicien spécialisé en aluminium. Il s'intéresse depuis plusieurs années au domaine de l'occultisme et de l'anticipation. *Nos ancêtres les extraterrestres* (1979) est accueilli avec ferveur par ceux qui s'intéressent à la science-fiction ; d'autres, comme Denis Dion, rejettent ses idées. Bref ce que l'on reproche généralement à De Pagès, c'est sa méthode peu scientifique pour expliquer l'apparition de l'homme sur terre.

ŒUVRE

Nos ancêtres les extraterrestres (essai), Montréal, Les Grandes Éditions du Québec, 1979, 277 p. Ill.

ÉTUDES

[Anonyme], *Les Extraterrestres,* dans *Cosmos-Express,* vol. 1, nº 8, mai–juin 1971, p. 8–12.

Denis Dion, *Science. pas une bribe de preuve,* Pr, 96ᵉ année, nº 40, 16 févr. 1980, p. B-3.

Normand Vaughan, *J'ai lu pour mieux me renseigner,* dans *Nouvelles illustrées,* 27 juillet–2 août 1980, p. 10.

DERBRAY, JEAN. Voir **FRÉMONT,** DONATIEN.

DEROME, DANIEL. Voir **LANGEVIN,** GILBERT.

DEROME, GILLES (1928–   ). Dramaturge et poète, né à Sainte-Agathe-des-Monts (Montcalm-Labelle). Il fait ses études chez les Frères du Sacré-Cœur et au Collège Brébeuf, puis à l'École du Meuble (1949–1952). Diplômé en céramique, il se rend à Paris pour perfectionner son art. À son retour au pays, il enseigne à l'Institut des arts appliqués, tout en suivant des cours à la Faculté des lettres de l'Université de Montréal. Il participe à plusieurs expositions. Cependant, il change d'orientation lorsqu'il est invité par André Langevin et Hubert Aquin à l'émission radiophonique, « Revue des arts et des lettres ». Il devient, en 1959, réalisateur à Radio-Canada et prépare les émissions « Arts et Lettres », « Des livres et des hommes », « Présence de l'art », « Les Livres qui nous ont faits » ; à la télévision, il réalise : « Boîte à Surprise », « Femme d'aujourd'hui »... Il collabore à *Cité Libre, Maclean, Liberté, Châtelaine, Amérique française*. En 1959, Charles Dumas présente à la télévision le premier texte de Gilles Derome : *La lune était au rendez-vous* et, en 1962, les *Écrits du Canada français* publient le texte de sa pièce présentée à l'Égrégore en 1961. Guy Beaulne écrit : « *Qui est Dupressin ?* [...] ». Il s'inscrit dans une tradition bien latine de la satire et de la comédie de mœurs dont les illustrations ne sont pas nombreuses au Canada français ». Selon Louis-Michel Noël, « c'est une des premières manifestations d'un théâtre qui se place en dehors de la tradition réaliste » (DOLQ, t. 4, p. 757).

ŒUVRES

Dire pour ne pas être dit (poésie), Montréal, Librairie Déom, 1964, 73 p. « PC ».

Qui est Dupressin ? (théâtre), [Montréal], Leméac, 1972, 85 p. Avant-propos de Jean-Claude Germain. « RQ ». Paru d'abord dans ECF, nº 14, 1962, p. 93–158.

La Maison des oiseaux. Tragédie en deux actes avant et après la conquête, [Montréal], Leméac, 1973, 79 p. « RQ ».

Savoir par cœur (poésie), Montréal, Librairie Déom, 1973, 164 p. Encre de Sindon Gécin. « PC ».

Contant (essai), Longueuil, Éditions Emmanuel, 1977, 31 p. « Peintres d'Ici ». Photos de J.L. Frund, J.P. Lalonde et Gabriel Contant.

Mémoriam pour Johnny (poésie), Dev, vol. 57, nº 194, 20 août 1966, p. 11.

ÉTUDES

Renault Gariépy, *Qui est Dupressin ?,* Pr, 23 sept. 1961, p. 27.

Guy Beaulne, *Le Théâtre en 1962,* LAC 1962, p. 33–34.

Maximilien Laroche, *Dire pour ne pas être dit de Gilles Derome,* LAC 1964, p. 54–55.

Gérard Étienne, *Savoir par cœur de Gilles Derome,* LAQ 1973, p. 102–104.

Lise Gauvin, *La Maison des oiseaux de Gilles Derome,* LAQ 1973, p. 154–156.

DERSEM. Voir **VOIDY,** JEANNE.

DÉRY, FRANCINE (1943–   ). Poète, née à Trois-Rivières. Elle fait ses humanités au Collège Marie de l'Incarnation de Trois-Rivières (1956–1961). Ensuite, en auditrice libre, elle suit un cours d'introduction à la sociologie au Centre des Études universitaires de Trois-Rivières (1963), de perfectionnement en édition à l'Université de Montréal et un cours sur le roman contemporain à l'Université du Québec à Montréal (1973). Elle a en outre fait des études de piano pendant dix ans à Trois-Rivières. À compter de 1972, elle occupe divers postes dans les milieux de l'édition, surtout chez HMH et aux Presses de l'UQAM. Elle collabore à *Estuaire*, *Les Cahiers de la femme*, *Possibles*, *Liberté* et *Actuels*. Elle se crée une réputation assez exceptionnelle avec son premier livre, *En beau fusil* (1978), composé d'un seul poème animé d'un souffle authentique: « C'est un discours coupé, fait du montage de fragments très divers entre lesquels coulent des silences qui offrent au lecteur l'espace d'une réponse, écrit Robert Mélançon. [...] C'est la grande réussite de ce livre qu'un tel assemblage ne verse pas dans l'incohérence. Le poème de Francine Déry est une parole assumée, les inflexions d'une voix caractérisée s'y font entendre ». Sur son deuxième recueil, *Un train bulgare* (1980), la critique ne s'entend pas. Louise Cotnoir écrit: « Ce recueil nous noie sous l'accumulation de sujets (jamais tout à fait cernés), souvent sous des formes incertaines et dont l'ensemble provoque une sorte de malaise, sinon de la confusion ». Par ailleurs, Richard Giguère affirme que « ce qui fait l'unité de la lecture d'*Un train bulgare* une expérience si stimulante, c'est la structure de ce ‹ discours multiforme › qui n'accorde aucun répit ».

ŒUVRES

En beau fusil (poésie), Saint-Lambert, Éditions du Noroît, 1978, 82 p. Collages de Célyne Fortin. Préface de Denise Boucher.

Un train bulgare, suivi de quelques poèmes (poésie), Saint-Lambert, Éditions du Noroît, 1980, 84 p. Ill. de Renée Devirieux.

Le Noyau (poésie), Saint-Lambert, Éditions du Noroît, 1984, 92 p. Ill. de Serge April.

Des poèmes à la lettre, dans *Estuaire*, n⁰ˢ 9–10, déc. 1978, p. 99–102.

J'écris, dans *Les Cahiers de la femme*, vol. 1, n° 3, printemps 1979, p. 119.

La Poésie, les poètes et les possibles, dans *Possibles*, vol. 3, n° 2, hiver 1979, p. 115.

Sur l'écriture d'une femme ou De l'écrevisse écrivant, dans *Possibles*, vol. 4, n° 1, automne 1979, p. 77–82.

Le Traque-muraille, L, vol. 22, n° 3, mai–juin 1980, p. 55–59.

Séquences, dans *Actuels* (France), n⁰ˢ 15–16, hiver 1980, p. 57–63.

ÉTUDES

Robert Mélançon, *Un poète à écouter: Francine Déry*, Dev, vol. 69, n⁰ 99, 29 avril 1978, p. 35.

Jean Fisette, *Sur le front de la poésie: des positions se délimitent*, VI, vol. 4, n⁰ 1, sept. 1978, p. 150–152.

Pierre Nepveu, *L'Antre et la Sorcière: Madeleine Gagnon et Francine Déry*, LQ, n⁰ 12, nov. 1978, p. 16.

Michel Lemaire, *Francine Déry. En beau fusil*, LAQ 1978, p. 113–115.

Michel Beaulieu, *Francine Déry. Une rencontre de paysage transcendée par l'écriture*, dans *Le Livre d'ici*, vol. 5, n⁰ 45, 13 avril 1980, p. 2.

Richard Giguère, *La Poésie II. L'emploi d'écrire*, LQ, n⁰ 19, automne 1980, p. 33–34.

Jean Royer, *La Recherche du pays premier*, Dev, vol. 71, n⁰ 212, 13 sept. 1980, p. 23.

Louise Cotnoir, *Francine Déry. Un train bulgare*, LAQ 1980, p. 105–106.

DÉRY, PIERRE-JUSTIN (1952–   ). Poète, né à Grand-Mère (Saint-Maurice). Il étudie au Cégep de Shawinigan (D.E.C, 1971) et à l'Université du Québec à Trois-Rivières où il obtient un baccalauréat spécialisé en lettres et une maîtrise en littérature québécoise, en 1976, pour un mémoire sur « La Permanence de l'arbre et ses métamorphoses dans *Le Réel absolu* de Paul-Marie Lapointe ». Il poursuit ses études de doctorat à l'Université Laval. D'abord recherchiste au Centre de documentation de l'Université du Québec à Trois-Rivières (1972–1974), il est nommé professeur à la même institution. Il collabore au *Dictionnaire des œuvres littéraires du Québec*, au *Nouvelliste*, à *Livres et Auteurs québécois,* etc. Son recueil de poésie, *Topographies I* (1979), n'est pas sans rappeler les premiers poèmes de Chamberland, selon Philippe Haeck.

ŒUVRE

Topographies I (poésie), Trois-Rivières, Écrits des Forges, 1979, 107 p. « Les Rouges-gorges ».

Sur le trajet poétique de Fernand Ouellette, VI, vol. 5, n⁰ 3, 1980, p. 497–513.

ÉTUDES

Philippe Haeck, *Pierre-Justin Déry. Topographies I*, LAQ 1979, p. 169–170.

Bernard Pozier, *Pierre-Justin Déry offre un texte riche*, No, vol. 61, n⁰ 14, 8 nov. 1980, p. 19.

Benoît Trottier, *Du hasard à la dictature du lecteur: « Les écrits des forges »*, VI, vol. 5, n⁰ 3, 1980, p. 603–605.

DESAULNIERS, GONZALVE (1863–1934). Poète, né à Saint-Guillaume-d'Upton. Après des études au Collège de Sorel, il termine son cours classique au Collège Sainte-Marie à Montréal. De 1883 à 1889, il est journaliste à l'*Étendard* et directeur de *La Revue canadienne* où il publie des études sur la politique canadienne et étrangère. En 1889, il fonde *Le National*, journal radical-libéral qu'il dirige jusqu'en 1895, date de son admission au barreau. Il pratique le droit à Montréal, est nommé conseiller du roi en 1902, puis juge à la cour supérieure en 1923. En 1932, il devient membre de la Société royale du Canada. Gonzalve Desaulniers commence à faire de la poésie vers 1884. L'année suivante, l'un de ses premiers poèmes est publié dans *Les Nouvelles Soirées canadiennes*. À partir de juillet 1897, il en publie régulièrement dans *L'Alliance nationale*. Le 29 avril 1898, il entre à l'École littéraire de Montréal à laquelle il demeure fidèle jusqu'à la fin de ses jours. Il se manifeste comme défenseur de la langue française au Canada. Ce n'est qu'en 1930 qu'il réunit ses poèmes en volume : *Les Bois qui chantent*. Louis Dantin situe cette poésie dans un courant romantique qui a pour sources Vigny et Lamartine, poésie surtout faite d'imagination, de tendresse et de grâce, et dont l'art se revêt d'une mélodie discrète.

ŒUVRES

L'Absolution avant la bataille, dédié aux braves de la Butte-aux-français (poésie), Montréal, Imprimerie de l'Étendard, 1886, 16 p.

Pour la France (poèmes patriotiques), Montréal, [Librairie Beauchemin limitée], 1918, 12 p.

Les Bois qui chantent (poésie), Montréal, Librairie Beauchemin limitée, 1930, 193 p. Préface de Louis Dantin.

L'Absolution avant la bataille, dédié aux braves de la Butte-aux-français (poésie), dans *La Minerve*, 58e année, nº 258, 17 juillet 1886, p. 5.

ÉTUDES

Jean Cris, *Silhouettes de nos illustrations*, dans *L'Écho des Jeunes*, nº 3, janv. 1892, p. 53.

Vieux Rouge [P. Voyer], *Les Contemporains*, 2e livraison, Montréal, A. Filiatreault, 1899, p. 141-149.

Léo Edmond, *La Fille des bois*, Dev, vol. 2, nº 17, 23 janv. 1911, p. 1.

Léon Lorrain, *Imitation et Influences françaises*, Dev, vol. 5, nº 29, 5 févr. 1914, p. 1.

Jean Charbonneau, *Des influences françaises au Canada*, vol. 1, Montréal, Beauchemin, 1916, p. 57-72.

Gustave Lanson, *Une voix du Canada français*, dans *La Revue des deux mondes*, vol. 55, 1920, p. 158-163.

Séraphin Marion, *Les Bois qui chantent*, RUO, vol. 1, 1931, p. 530-542.

Lucien Desbiens, *Poète de l'Amérique française*, Dev, vol. 25, nº 178, 4 août 1934, p. 1-2.

Élie-J. Auclair, *L'Honorable juge Desaulniers*, MSRC, 1934, p. x-xii.

Louis Dantin, *Les Bois qui chantent*, dans *Poètes de l'Amérique française*, Montréal, Albert Lévesque, 2e série, 1934, p. 36-46.

Camille Roy, *Poètes de chez nous*, Montréal, Éditions Beauchemin, 1934, p. 173-181.

Pierre De Grandpré, *Rapatriement d'une poésie*, dans *Québec* 65, vol. 2, nº 3, 1965, p. 13-19.

Paul Wyczynski, *L'Héritage de l'École littéraire de Montréal*, dans *La Poésie canadienne-française*, Montréal, Fides, 1969, p. 75-108 (surtout p. 95-97). « ALC » 4.

DESAUTELS, DENISE (1945–   ). Poète, née à Montréal. Elle fait ses études classiques au Collège de l'Assomption et au Collège Basile-Moreau (B.A., 1966). Elle obtient une licence ès lettres à l'Université de Montréal, en 1969, et une maîtrise, en 1980, pour un mémoire de création littéraire, « La Promeneuse et l'Oiseau ». Elle devient professeur de littérature, en 1977, au Cégep Sorel-Tracy. La poésie de Denise Desautels ne laisse pas indifférent. Ses deux premiers recueils, *Comme miroirs en feuilles* (1975) et *Marie, tout s'éteignait en moi...* (1977), reçoivent des éloges partagés : Pierre Nepveu trouve le lexique du premier « fuyant et flou », et pour Richard Giguère les deux sont « assez quelconques ». On reconnaît cependant du souffle à cette recherche amoureuse (*Comme miroirs* est un seul grand poème) ; Claude Delisle affirme que *Marie* est un très beau poème, « à lire à tout prix », et qu'il « contient en germe et en gerbes toute la sensibilité et tout l'ingéniosité féminine face à l'amour ». À la parution de *La Promeneuse et l'Oiseau*, la louange de la critique s'unifie : Louise Cotnoir dit que l'écrivain « a franchi une distance fabuleuse dans sa démarche », qu'elle exprime « un univers entièrement revu au féminin. [...] Desautels travaille au décapage des frustations et des conditionnements qui font partie de la tragédie quotidienne des petites filles, des femmes. Tentative de connivence et travail de filiation où la mémoire s'installe dans le présent comme une résonnance de moments fragiles et fugitifs »

ŒUVRES

Comme miroirs en feuilles. Poèmes, Saint-Lambert, Éditions du Noroît, 1975, 93 p. Ill. de Léon Bellefleur.

Marie. Tout s'éteignait en moi... (poésie), Saint-Lambert, Éditions du Noroît, 1977, 89 p.

La Promeneuse et l'Oiseau suivi de Journal de la Promeneuse (récit poétique), Saint-Lambert, Éditions du Noroît, 1980, 86 p. Ill. de Lucie Laporte.

En état d'urgence (poème manifeste), Montréal, Estérel, 1982, 10 p. Ill. de Francine Simonin. (Tirage limité).

L'Écran ; précédé de Aires du temps, Saint-Lambert, Éditions du Noroît, 1983, 90 p.

Du cri perçant, NBJ, nº 96, nov. 1980, p. 11–15.

Le Champ de l'inouï, NBJ, nº 112, mars 1982, p. 81–89.

Une lettre de tendresse, Dev, vol. 73, nº 269, 20 nov. 1982, p. 7.

ÉTUDES

Pierre-André Arcand, *Le Noroît*, LAQ 1975, p. 123.

Pierre Nepveu, *Les Vaches maigres*, LQ, vol. 1, nº 2, mai 1976, p. 13–14.

Claude Delisle, *Denise Desautels. Marie. Tout s'éteignait en moi...*, LAQ 1977, p. 156–157.

Suzanne Paradis, *La Poésie du « cercle » : lumière en silence*, Dev, vol. 69, nº 105, 6 mai 1978, p. 35.

Marie-Andrée Hamel, *Poésie. L'Odyssée d'une femme*, dans *Le Livre d'ici*, vol. 3, nº 51, 27 sept. 1978, p. 1.

Jean Royer, *La recherche du pays premier*, Dev, vol. 71, nº 210, 13 sept. 1980, p. 17.

Michel Beaulieu, *Oui... une délivrance*, dans *Le Livre d'ici*, vol. 5, nº 50, 17 sept. 1980, p. 1.

Richard Giguère, *La Poésie II. L'emploi d'écrire*, LQ, nº 19, automne 1980, p. 34–35.

Louise Cotnoir, *Denise Desautels. La Promeneuse et l'Oiseau, suivi de Journal de la Promeneuse*, LAQ 1980, p. 104–105.

Philippe Haeck, *Une voix amie*, NBJ, nº 99, févr. 1981, p. 63–64.

Claude Beausoleil, *Denise Desautels et la mémoire des mots*, Dev, vol. 74, nº 140, 18 juin 1983, p. 20.

DESBIENS, JEAN-PAUL [Frère Untel] (1927–   ). Philosophe, éducateur et essayiste, né à Métabetchouan (Lac-Saint-Jean-Est). Il fait ses études chez les Frères maristes à Lévis et à Saint-Hyacinthe où il prend la soutane (1944) et obtient le brevet complémentaire (1946) et le brevet supérieur d'école normale (1953). Il fait ensuite une licence en philosophie à l'Université Laval (1958) et enseigne à Chicoutimi et Alma (1958–1961). De 1962 à 1964 il prépare un doctorat sur Jean Piaget à l'Université de Fribourg. De retour au pays, il entre au ministère de l'Éducation où il est, de 1964 à 1970, directeur des programmes à la Direction générale de l'enseignement collégial, puis directeur général de l'enseignement secondaire. En 1970, il devient éditorialiste en chef à *La Presse* qu'il quitte en 1972, date à laquelle il prend la direction du Campus Notre-Dame-de-Foy, à Cap-Rouge. En 1978, il est élu provincial des Frères maristes. À la fin de son mandat il est nommé responsable de recherche et développement au Cégep de Sainte-Foy (Québec). Il collabore à de nombreux périodiques, en particulier aux *Cahiers de Cap-Rouge*, au *Devoir* et à *La Presse* où il tient une chronique à partir de 1982. Son livre à l'histoire retentissante, *Les Insolences du frère Untel*, connaît au début des années soixante, un succès sans précédent au Québec (plus de 100 000 exemplaires en un an) et mérite le prix Liberté (1961). *Les Insolences*, par leurs critiques de la langue et des institutions tant sociales que religieuses du Québec, figurent parmi les ouvrages les plus marquants de cette période de la Révolution tranquille. Ce livre, écrivent Pierre de Grandpré et Jean Marcel dans l'*Histoire de la littérature française du Québec*, « qui tenait beaucoup plus du pamphlet que de la littérature, laissait paraître un prosateur fort habile. Les véritables dons littéraires du frère Desbiens éclatent avec plus de certitude encore dans son récit lyrique *Sous le soleil de la pitié*. L'auteur y raconte d'une manière originale et inattendue les principaux moments de son enfance et de son adolescence ».

ŒUVRES

Les Insolences du Frère Untel (essai), Montréal, Les Éditions de l'Homme, 1960, 158 p. Préface d'André Laurendeau. Traduction anglaise par Miriam Chapin : *The Impertinences of Brother Anonymous*, Montreal, Harvest House, 1962, 126 p. « French canadian Renaissance » ; 1988, 253 p. Texte annoté par l'auteur ; préface de Jacques Hébert.

Sous le soleil de la pitié (essai), Montréal, Les Éditions du Jour inc., 1965, 122 p. ; 1973. Préface de l'auteur. Traduction anglaise par Frederic Cote : *For Pity's Sake*, Montreal, Harvest House, 1965, 134 p. Introduction de Maynard Gertler.

Introduction à un examen philosophique de la psychologie de l'intelligence chez Jean Piaget (essai), Québec/Fribourg (Suisse), PUL/Éditions universitaires, 1968, 196 p. Avant-propos de l'auteur.

Dossier Untel (essais, discours et conférences), Montréal, Éditions du Jour, 1973, xxxi, 329 p. Présentation et chronologie de Jean-Pierre Tremblay. Introduction de Rosaire Bergeron. Avant-propos de l'auteur. « Les Cahiers de Cap-Rouge ».

Appartenance et Liberté, Saint-Nazaire (Qué.), Les Éditions JCL inc., 1983, 207 p. Portrait. Ill. Propos recueillis par Louise Bouchard-Accolas. Avant-propos de l'auteur. Préface de Louise Bouchard-Accolas.

Montréalais for ever, CCL, 17e année, nº 2, nov.-déc. 1966, p. 91–94.

Une littérature finit par coïncider avec les frontières du peuple qu'elle exprime, Dev, vol. 69, nº 40, 19 févr. 1978, p. 17.

La Cassure, Dev, vol. 73, nº 229, 4 oct. 1982, p. 13.

Fais du feu..., Dev, vol. 73, nº 272, 24 nov. 1982, p. 9.

ÉTUDES

André Belleau, *Le Frère Untel en Espagne*, L, vol. 2, nº 5, sept.–oct. 1960, p. 299.

Georges Dufresne, *Le Phénomène « Frère Untel »*, CL, vol. 11, nº 31, nov. 1960, p. 24–25.

Jean-Claude Paquet, *Les sorciers qui écrasent*, CL, vol. 12, nº 42, déc. 1961, p. 24–25.

Charles Gagnon, *Les Idées quelconques du Frère Untel*, PP, vol. 3, nᵒˢ 1–2, août–sept. 1965, p. 114–116.

Rita Leclerc, *Lettre au Frère Untel qui s'épanouit. Sous le soleil de la pitié*, dans *Lectures*, vol. 12, nº 1, sept. 1965, p. 26–27.

Jean Marcel, *De Montaigne à La Bruyère. Sous le soleil de la pitié*, AN, vol. 55, nº 2, oct. 1965, p. 217–221.

Jean-Claude Trait, *Jean-Paul Desbiens s'est mis de côté pour mieux penser* (entrevue), Pr, 89ᵉ année, nº 269, 10 nov. 1973, p. B-2.

Pierre Demers, *Le Frère Untel de retour dans son pays*, Pe, vol. 20, nº 36, 9 sept. 1978, p. 14, 16–17.

Pierre Roberge, *« Appartenance et Liberté ». Le Frère Untel en long et en large*, Dr, 71ᵉ année, nº 158, 4 oct. 1983, p. 23.

[Anonyme], *Jean-Paul Desbiens*, dans *Le Journal de Montréal*, vol. 20, nº 152, 13 nov. 1983, p. 6.

Raymond Laprès, *Desbiens (Jean-Paul). Appartenance et Liberté*, dans *Nos livres*, vol. 15, mars 1984, nº 5666.

Yvan Lamonde, *La Ferveur de la liberté*, Dev, vol. 79, nº 294, 17 déc. 1988, p. D-3.

DESBIENS, PATRICE (1948–   ). Poète, conteur et musicien, né à Timmins (Ontario). Il fait ses études secondaires au Collège du Sacré-Cœur de Timmins et travaille un an comme journaliste à l'*Express* de Toronto. Musicien percussionniste, il participe sporadiquement à des récitals donnés à Toronto, Ottawa, Cornwall, Montréal, Sudbury, etc. Son premier recueil de poésies, *Ici* (1974), passe inaperçu. Michel Beaulieu appelle le second, *Les Conséquences de la vie* (1977) « un joyau » dont la poésie, « appuyée sur l'anecdote, [...] sait s'extirper de cette gangue pour atteindre au pur objet poétique ». *L'espace qui reste* (1979) est salué comme sortant de l'ordinaire. Le poète sait jouer avec les mots et leur faire exprimer avec un humour tendre ou grinçant une réalité sans poésie. Desbiens possède « toutes les qualités du bon poète, écrit Richard Giguère : sens de l'image et des associations d'images, sens du rythme et du découpage du vers, style soutenu, chute ou ‹ punch › final qui ne rate à peu près jamais ». En 1981 paraît *L'Homme invisible/The Invisible Man*, récit bilingue dont le texte anglais, écrit aussi par Desbiens, est moins une traduction, selon Michèle Salasse, que la réénonciation d'un texte senti différemment d'une langue à l'autre, de sorte que dans les deux versions apparemment proches passe l'histoire de l'inégalité de deux peuples jamais vraiment réunis.

ŒUVRES

Ici (poésie), Québec, Éditions À Mitaine, 1974, 32 p.

Les Conséquences de la vie (poésie), Sudbury, Éditions Prise de Parole, 1977, 45 p.

L'espace qui reste (poésie), Sudbury, Éditions Prise de Parole, 1979, 94 p. Ill. de Karen Hankanen.

L'Homme invisible/The Invisible Man. Un récit/A story, Sudbury/Moonbeam, Éditions Prise de Parole/Penumbra Press, 1981, 96 p. Préface de Robert Dickson.

Sudbury. Textes 1981–1983 (poésie), Sudbury, Prise de Parole, 1983, 63 p.

Dans l'après-midi cardiaque (poésie), Sudbury, Prise de Parole, 1985, 80 p.

Les Cascadeurs de l'amour (poésie), Sudbury, Prise de Parole, 1987, 73 p.

ÉTUDES

Clément Moisan, *Patrice Desbiens. L'Espace qui reste*, LAQ 1979, p. 92–94.

Richard Giguère, *En d'autres lieux (de poésie)*, LQ, nº 17, printemps 1980, p. 31.

Olivier Asselin, *Le Cancer poétique de Patrice Desbiens*, dans *Liaison*, nº 3, 9 avril 1980, p. 6.

Paul Gay, *La Poésie franco-ontarienne. Patrice Desbiens le surréaliste*, Dr, 68ᵉ année, nº 147, 20 sept. 1980, p. 18.

Michel Beaulieu, *Poète de Timmins. L'Homme invisible de Patrice Desbiens*, dans *Le Livre d'ici*, vol. 7, nº 38, 23 juin 1982, p. 2.

Michèle Salesse, *L'Homme invisible / The Invisible Man*, LQ, nº 26, été 1982, p. 79–80.

Paul Gay, « *Sudbury* », *de Patrice Desbiens. Une grande ville vue par un poète*, Dr, 71ᵉ année, nº 150, 24 sept. 1983, p. 32.

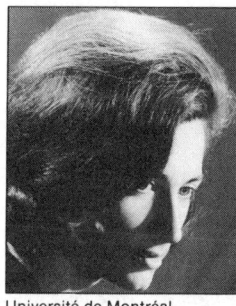
Université de Montréal

DESCHAMPS, NICOLE (1931–   ). Critique littéraire, née à Montréal. À l'Université Laval, elle obtient un baccalauréat ès arts (1951) et une licence ès lettres (1954). Elle poursuit ses études à l'Université de Paris où elle soutient une thèse de doctorat sur Sigrid Undset, auteur norvégien (1961). Elle est successivement professeur de littérature française à Springfield (É.-U., de 1954 à 1956), à l'Université McGill (1959–1963) et, par la suite à l'Université de Montréal. Elle participe à l'émission « Des livres et des hommes » (CBF) de 1965 à 1970 ; elle est également animatrice de « Book Club » et participe aux entretiens hebdomadaires littéraires, « Littérature au pluriel » au poste CBF-FM de Montréal, en 1973. Elle collabore au *Devoir*, à *La Presse*, à la *Revue dominicaine*, aux *Études françaises*... Sa thèse de doctorat, *Sigrid Undset ou la Morale de la passion* lui vaut le prix de la Province de Québec, section essai, en 1966. Dans ce livre, au dire de Madeleine Marmier, Nicole Deschamps « s'est penchée avec tendresse sur les silences, les luttes, le plus souvent solitaires, de ces femmes qui se cherchent et ne s'offriront finalement que dans le don de soi ». En ce qui concerne les lettres québécoises, Nicole Deschamps s'intéresse plus spécialement à Louis Hémon et à Élizabeth Bégon.

Yvon Daigneault, *La Correspondance de Louis Hémon*, So, 71ᵉ année, nᵒ 114, 11 mai 1968, p. 26.

Dominique Lafon, *Nicole Deschamps, Raymonde Héroux, Normande Villeneuve. Le Mythe de Maria Chapdelaine*, LAQ 1980, p. 187–189.

Janine Boynard-Frot, *Le Mythe de Maria Chapdelaine de Deschamps, Héroux, Villeneuve*, LQ, nᵒ 21, printemps 1981, p. 40–43.

Réal Ouellet, *Entre l'Héroïsme et la stérilité. Maria Chapdelaine de Louis Hémon*, (édition préparée par Nicole Deschamps et Ghislaine Legendre), dans LQ, nᵒ 21, printemps 1981, p. 43–46.

ŒUVRES

Sigrid Undset ou la Morale de la passion (essai), Montréal, PUM, 1966, 193 p.

Louis Hémon. Lettres à sa famille, Montréal, PUM, 1968, 219 p. Édition critique. Ill.

Lettres au cher fils. Correspondance d'Élizabeth Bégon avec son gendre (1748-1753), Montréal, HMH, 1972, 314 p. « Reconnaissances ».

Le Mythe de Maria Chapdelaine (essai), Montréal, PUM, 1980, 263 p. Collab. Raymonde Héroux et Normande Villeneuve. Ill. Bibliographie.

Les « Anciens Canadiens » de 1860 : une société de seigneurs et de va-nu-pieds, EF, vol. 1, nᵒ 3, oct. 1965, p. 3–15.

Louis Hémon à son père, EF, vol. 3, nᵒ 1, févr. 1967, p. 53–60.

Lecture de Maria Chapdelaine, EF, vol. 4, nᵒ 2, mai 1968, p. 151–167.

Le Thème de la sœur dans l'œuvre de Nelligan, dans Jean Éthier-Blais, *Nelligan poésie rêvée, poésie vécue*, Montréal, CLF, 1968, p. 87–97.

Borges et l'Oiseau rare, EF, vol. 8, nᵒ 2, mai 1972, p. 167–175.

L'Univers des bestiaires : données bibliographiques et choix de textes, EF, vol. 10, nᵒ 3, août 1974, p. 231–282. Collab. Bruno Roy.

Les Bestiaires retrouvés, EF, vol. 10, nᵒ 3, août 1974, p. 283–307.

ÉTUDES

Jean Éthier-Blais, *Sigrid Undset ou La Morale de la passion*, Dev, vol. 57, nᵒ 88, 16 avril 1966, p. 13.

Naïm Kattan, *Les Essais*, dans *Le Bulletin du Cercle juif*, vol. 12, nᵒ 113, mai 1966, p. 4.

Madeleine Marmier, *La Morale de la passion*, EF, vol. 2, nᵒ 2, juin 1966, p. 221–224.

Joseph d'Anjou, *Sigrid Undset*, Rel. nᵒ 311, déc. 1966, p. 351.

Michel Bideaux, *Sigrid Undset ou La Morale de la passion de Nicole Deschamps*, LAC 1966, p. 114–115.

Hubert Aquin, *Louis Hémon. Lettres à sa famille, texte établi annoté et commenté par Nicole Deschamps*, L, vol. 10, nᵒ 56, mars-avril 1968, p. 69.

André Major, *Une publication importante : des lettres inédites de Louis Hémon*, Dev, vol. 59, nᵒ 87, 13 avril 1968, p. 16.

Alain Pontaut, *Louis Hémon, écrivain pour sa famille*, Pr, 84ᵉ année, nᵒ 88, 13 avril 1968, p. 29.

Roger Duhamel, *Dans l'intimité relative de Louis Hémon*, Dr, vol. 59, nᵒ 105, 4 mai 1968, p. 13.

Ronald Labelle

DESCHAMPS, YVON (1935–   ). Comédien, chansonnier et monologuiste, né à Montréal. Il fait ses études secondaires à l'École supérieure de Saint-Henri. Après sa onzième année, il devient messager à Radio-Canada, puis il étudie le piano et le théâtre. Ses principaux maîtres de la scène sont Georges Groulx, Denise Pelletier, François Rozet et Paul Buissonneau. En 1958, il commence sa carrière de comédien dans *Andromaque* de Racine avec le Théâtre universitaire canadien. Il participe à quelques reprises au Festival d'art dramatique du Canada, fait de la télévision pour les enfants, est membre de la troupe de Paul Buissonneau, La Roulotte, et fonde avec lui le Théâtre de Quat'Sous en 1964. Il joue dans des pièces d'Achard, Dostoïevski, Claude Jasmin, André Obey, Jean Tardieu,... Laissant la comédie pour la boîte à chanson, Yvon Deschamps se trouve une nouvelle voie, celle du monologue. Ses textes, tels *Les unions qu'ossa donne ?*, *Pépère* et *Nigger Black* sont des classiques en leur genre. En 1969 paraît son premier disque, *Les Unions*, qui sera suivi de dix autres microsillons dont la popularité n'a cessé de grandir et qui ont atteint des millions d'exemplaires. Y a-t-il une recette à son extraordinaire succès ? D'après lui, aucune. Son premier but, dit-il, est de faire rire, dans les diverses catégories du rire, en partant d'un événement ou d'une situation d'actualité qui l'« empêche de vivre » au moment où il écrit. Il cherche encore à « étonner les gens », sans craindre d'exprimer ses préoccupations sociales, mais toujours en faisant rire. « Les monologues de Deschamps, écrit Jean-V. Dufresne, mettent bien des choses en cause. Les avatars de la langue ou de la politique, les anecdotes de nos quartiers défavorisés, la misère qui hante le cœur de l'homme depuis des millénaires. Au fond, Yvon Deschamps reprend la tradition de nos grands conteurs du coin du feu capables de meubler les hivers calfeutrés de nos ancêtres de la magie de leurs seules paroles ».

ŒUVRES

Monologues, Montréal, Leméac, 1973, 236 p. « Mon pays, mes chansons ». Préface d'Alain Pontaut.

L'Ouvre-boîte. Victor Lanoux (interprété par Yvon Deschamps et Jean-Louis Roux), Montréal, Leméac, 1976, 117 p. Collection, traduction et adaptation par Leméac.

Six ans d'monologues, 1974-1980 (textes et chansons), Montréal/Ottawa, Inédi/Campo, 1981, 229 p.

DISCOGRAPHIE

Yvon Deschamps. Vol. 1, 1968-69, Montréal, Polydor, [1969], 2679 050, 33⅓ tours. 2 disques.

Les unions, qu'ossa donne, Montréal, Polydor, [1969], POL 542.503, 33⅓ tours.

L'Argent,... ou le Bonheur, Montréal, Polydor, 1969, POL 542.508, 33⅓ tours.

Yvon Deschamps. Vol. 2, 1970-71, Montréal, Polydor, [1971], 2679 051, 33⅓ tours. 2 disques.

Le Petit Jésus, Aimons-nous, la Honte et le Fœtus, Montréal, Polydor, [1970], POL 2424.017, 33⅓ tours. 2 disques.

Câble T.V. Dans ma cour, Montréal, Polydor, 1971, POL 2424.033, 33⅓ tours.

Yvon Deschamps se raconte, Montréal, Polydor/PUQ, 1971, POL 305/PUQ 0040-7, mono 45 tours. (Accompagné d'un livret où l'auteur se raconte).

On va s'en sortir, Montréal, Polydor, 1972, 2424 062, 33⅓ tours.

La Sexualité, Montréal, Polydor, 1972, 2424 072, 33⅓ tours.

Yvon Deschamps. Vol. 3, 1972-73, Montréal, Polydor, [1973], 2679 052, 33⅓ tours. 2 disques.

La Libération de la femme, Montréal, Kébec Disc, [1974], KD 700 (MS-10531-32), 33⅓ tours.

La Deschampsmanie, Montréal, Polydor, 1974, 2669 015, 33⅓ tours. 2 disques.

Yvon Deschamps, Montréal, Kébec Disc, 1974, KD 701, 33⅓ tours.

L'Histoire sainte : la création. Le Positif, Montréal, Kébec Disc, 1975, KD 904, 33⅓ tours.

Le soleil se lève en retard, Montréal, Kébec Disc, 1975, KD 904, 33⅓ tours.

1 fois 5, Montréal, Kébec Disc, 1976, KD 923.924, 33⅓ tours. Collab. Gilles Vigneault, Robert Charlebois, Claude Léveillée et Jean-Pierre Ferland.

Yvon Deschamps (en anglais), Montréal, Les Disques Direction Records, 1977, DPL 10001, 33⅓ tours.

Yvon Deschamps. Complet, Théâtre Maisonneuve, Montréal, Kébec Disc, [1978], KD 956-957, 33⅓ tours. 2 disques.

La Paternité, Montréal, Polydor, 1979, YD 984, 33⅓ tours.

ÉTUDES

Jean-V. Dufresne, *Yvon Deschamps*, Montréal, PUQ, 1971, 95 p. « Studio ».

François Gallays, *Yvon Deschamps de Jean-V. Dufresne*, LAQ 1971, p. 199.

Martine Léonard, *Monologues : de la parole au texte*, LAQ 1973, p. 159-160.

Martial Dassylva, *Yvon Deschamps, un retour qui n'en n'est pas un ?*, Pr, 90ᵉ année, nᵒ 262, 2 nov. 1974, p. E-5.

Marie-Odile Vézina, *De la mort du gars de la shop est né un nouveau Deschamps*, Pe, vol. 17, nᵒ 42, 18 oct. 1975, p. 2-3, 6-8.

[Anonyme], *Les Images d'une grande carrière : Yvon Deschamps*, dans *Télé-radiomonde*, vol. 30, nᵒ 9, 23-29 oct. 1977, p. 18-19.

Pierre Beaulieu, *La recette d'Yvon Deschamps est fort simple*, Pr, 94ᵉ année, nᵒ 169, 23 nov. 1978, p. C-2.

Id., « *Je ne me suis condamné au succès* » : *Deschamps*, Pr, 95ᵉ année, nᵒ 39, 29 sept. 1979, p. C-1.

Marthe Lemery, *Yvon Deschamps ? en scène comme dans la vie*, Dr, 67ᵉ année, nᵒ 208, 1ᵉʳ déc. 1979, p. 22.

[Anonyme], *Les Images d'une grande carrière : Yvon Deschamps de la comédie au monologue*, dans *Télé-radiomonde*, vol. 42, nᵒ 18, 13-19 janv. 1980, p. 26-27.

Nathalie Petrowski, *La Solidaritude d'Yvon Deschamps*, Dev, vol. 72, nᵒ 186, 17 oct. 1981, p. 19, 36.

Pierre Beaulieu, *Yvon Deschamps drôle : de la peur et de nos petites croyances quotidiennes*, Pr, 97ᵉ année, nᵒ 246, 17 oct. 1981, p. C-1, 14.

Id., *Yvon Deschamps, après 4 mois à la Place des Arts*, Pr, 98ᵉ année, nᵒ 37, 13 févr. 1982, p. C-8.

Jean Beaunoyer, *Pas si riche, pas si triste : Yvon Deschamps démystifié par lui-même*, Pr, 98ᵉ année, nᵒ 276, 27 nov. 1982, p. C-4.

DESCHÊNES, DONALD (1952–   ). Chansonnier et ethnomusicologue, né à Saint-Octave-de-l'Avenir (Gaspé-Ouest). Il étudie au Cégep de Matane (D.E.C., 1972), poursuit des études en arts et traditions populaires à l'Université Laval : B.A. (1976) et M.A. pour un mémoire sur « Le Répertoire d'une chanteuse gaspésienne : analyse structurale et musicale » (1979). Il est tour à tour recherchiste, libraire et animateur, donne des spectacles de chansons folkloriques et collabore à plusieurs périodiques : *Revue Gaspésie, Revue d'histoire de la Gaspésie, Canadian Folkmusic Journal*. Il participe à une exposition sur l'illustration musicale au Québec. La publication du corpus de chansons recueillies chez une femme *C'était la plus jolie des filles* (1982) reçoit un accueil favorable. « Un livre, déclare Gilles Laroque, que trouveront utile les amateurs de folklore ».

ŒUVRES

Excusez-la. Recueil de chansons traditionnelles gaspésiennes, Cap Chat, chez l'auteur, 1976, 54 p.

L'Illustration de la chanson folklorique au Québec des origines à la Bonne Chanson (cahier d'exposition), Montréal, Musée des beaux-arts, 1980, 90 p. Ill. Collab.

C'était la plus jolie des filles. Répertoire de chansons d'Angélina Paradis-Fraser, Montréal, Quinze, 1981, 240 p. Ill. de Louis Tremblay. Préface de J.-P. Pichette. « Mémoires d'homme ».

DESCHÊNES

ÉTUDES

Gilles Laroque, *Les Chansons d'Angélina*, dans *Le Livre d'ici*, vol. 7, nº 27, 7 avril 1982, p. 1.

Michel Laurin, *Deschênes, Donald. C'était la plus jolie des filles*, dans *Nos livres*, vol. 13, mai 1982, nº 200.

Robert Bouthillier, *C'était la plus jolie des filles*, dans *Revue Gaspésie*, vol. 20, nº 78, avril–juin 1982, p. 20.

DESCHÊNES, JULES (1923–). Juriste et essayiste, né à Montréal. Il fait ses humanités au Collège André Grasset, au Collège de Montréal et au Séminaire de Philosophie (B.A., 1943), et le droit à l'Université de Montréal (LL.M., 1946). Avocat à Montréal (1946–1972), il enseigne le droit international privé à l'Université de Montréal (1962–1964) où il est également membre du Conseil (1967–1973). Il est nommé juge à la Cour d'appel du Québec en 1972, juge en chef à la Cour supérieure du Québec en 1973, et juge à la même Cour en 1983. Il est membre des Conseils du barreau de Montréal (1962–1964) et du barreau du Québec (1963–1964), premier président du Conseil interprofessionnel du Québec (1965–1967), fiduciaire de la Fondation pour la recherche juridique au Canada (1967–1978) et président du Conseil du Port de Montréal (1969–1970)... À des titres divers, il fait partie d'un bon nombre d'associations nationales et internationales : l'Association mondiale des juges sur l'expansion de la compétence de la Cour internationale de justice (1977–1982), l'Institut canadien d'administration de la justice (1980–1982), l'International Law Association, le Centre des Nations-Unies pour le développement social et les affaires humanitaires, la Commission des droits de l'homme des Nations-Unies... Il devient conseiller de la Reine en 1961, membre de la Société royale du Canada en 1977, chevalier de l'Ordre de Malte et docteur *honoris causa* de l'Université Concordia en 1978. Il préside la Commission d'enquête sur les criminels de guerre au Canada. De 1970 à 1985, il a publié, outre de nombreux articles, huit volumes de nature juridique et sociologique qui portent sur un bon nombre de sujets. *Les Plateaux de la balance*, remarque Robert Décary, constituent « un impressionnant acte de foi en la justice des hommes, par un juge qui vit au diapason de la société ». Edward G. Hudon voit dans *Ainsi parlèrent les tribunaux* le résultat d'un rassemblement de faits et de textes « d'une valeur inestimable des diverses pierres de l'édifice de la langue, question si importante au Canada et touchant aux convictions les plus intimes de chaque citoyen ».

ŒUVRES

L'Université : son rôle, le rôle de ses composantes, les relations entre ses composantes (rapport d'enquête), Montréal, PUM, 1970, 333 p. Collab. Bernard Beugnot, Philippe Garigue, André Lajoie, *et al.*

The Sword and the Scales (essai), Toronto, Butterworth & Co. Canada Limited, 1979, xii, 216 p. Introduction du très hon. Bora Laskin. (Version anglaise).

Les Plateaux de la balance (essai), Montréal, Leméac, 1979, 265 p. Introduction du très hon. Bora Laskin. (Version française).

L'École publique confessionnelle au Québec. Jugement rendu dans l'affaire Notre-Dame-des-Neiges, 17 avril 1980, Montréal, Fides, 1980, 77 p.

Ainsi parlèrent les tribunaux... Conflits linguistiques au Canada, 1968-1980 (recueil de lois et jugements), Montréal, Wilson & Lafleur, 1980, 502 p.

Justice et Pouvoir — A Passion for Justice (essai), Montréal, Wilson & Lafleur Limitée — Sorej, 1984, xvii, 300 p.

Ainsi parlèrent les tribunaux... II. Conflits linguistiques au Canada, 1968-1985 (lois et jugements), Montréal, Wilson & Lafleur Ltd., 1985, 716 p.

Judicial Independence : The Contemporary Debate (essai), La Haye, Martinus Nijhoff Publishers ltd., 1985, 700 p. Collab. Shimon Shetreet.

Sur la ligne de feu. Autobiographie d'un juge en chef, Montréal, Stanké, 1988, 506 p.

La Syndicalisation des professionnels, dans *Bulletin du barreau*, vol. 1, nº 5, 1965, p. 3–7.

La Fusion des professions d'avocat et de notaire, dans *Revue du barreau*, 1967, p. 509–519.

Le Choix des juges, dans *Revue du barreau*, 1978, p. 545.

On Legal Separatism in Canada, dans *The Law Society of Upper Canada Gazette*, 1978, p. 1.

London — Edinburgh and Ottawa — Québec : A Study in Parallels, dans *The Cambridge Lectures*, Toronto, Butterworth & Co. (Canada) Ltd., 1981, p. 41–65.

Étrangers dans leur propre pays, dans *Revue du barreau*, t. 42, 1982, p. 3–21.

ÉTUDES

Robert Décary, *Un juge parle de justice*, Dev, vol. 70, nº 151, 30 juin 1979, p. 5.

Claude-Armand Sheppard, *Activist Judge*, dans *The Montreal Gazette*, 202ᵉ année, 28 juillet 1979, p. 74.

Laurent Laplante, *Notes de lectures : Les Plateaux de la balance*, So, 83ᵉ année, nº 215, 10 sept. 1979, p. A-6.

Edward G. Hudon, *Ainsi parlèrent les tribunaux*, dans *Les Cahiers de droit de l'Université Laval*, vol. 22, 1981, p. 511–513.

DES ÉCORES, JULIEN. Voir **AUCLAIR, Joseph Arthur** ÉLIE.

DESGENT, JEAN-MARC (1951–   ). Poète, né à Montréal. Il commence ses études au Collège Sainte-Marie et les continue au Cégep du Vieux-Montréal (D.E.C., 1972). Il obtient ensuite un baccalauréat spécialisé en lettres à l'Université du Québec à Montréal où il prépare une maîtrise. En 1976, il devient professeur au Cégep Édouard-Montpetit. Jean-Marc Desgent fait partie des poètes avant-gardistes. Ses premiers recueils semblent ignorés de la critique. Dans son compte rendu de *Faillite sauvage* (1981), Michel Beaulieu décrit ainsi l'œuvre de Desgent : « Ses préoccupations sont éminemment banales : vie de couple, rapports entre les gens, inscription tant à l'intérieur qu'à l'extérieur des normes sociales [...]. Le traitement de la matière envisagée ne laisse pourtant pas de surprendre, tour à tour et ensemble humoristique, ironique, sauvage, libertaire et incisif ».

ŒUVRES

[*Scrap-Book*] (poésie), Montréal, Éditions Cul Q, 1974, 33 p. Ill.

[*Frankenstein fracturé*] (poésie), Montréal, Éditions Cul Q, 1975, 20 p. « Mium-Mium ».

Jardin comestible. Récit, Montréal, Éditions Cul Q, 1978, 20 p.

Faillite sauvage (poésie), Montréal, Les Herbes rouges, n⁰ 94, 1981, 39 p. Ill. de l'auteur et de Jean Duval.

Transfigurations (poésie), Montréal, Les Herbes rouges, 1982, 35 p.

O comme agression. Récit, Montréal, Les Herbes rouges, n⁰ 118, 1983, 34 p.

Malgré la mort du monde, Montréal, Les Herbes rouges, n⁰ 132, 1985, 29 p.

A Kick on Francœur, dans *La Revue Cul Q*, nᵒˢ 8-9, juin 1976, p. 9-26.

Lecture de Claude Beausoleil, NBJ, n⁰ 97, déc. 1980, p. 23.

ÉTUDES

Claude Beausoleil, *Lire aujourd'hui*, dans *Hobo-Québec*, nᵒˢ 36-37, janv.-mars 1979, p. 29.

René Viau, *Colloze et Poésie : entretien avec Luc Béland* , Dev, vol. 70, n⁰ 98, 28 avril 1979, p. 28.

Jean-Yves Reuzeau, *Petit Panorama québécois*, dans *Jungle* (Paris), n⁰ 5, 1981, p. 141-142.

Michel Beaulieu, *Poésie/Trois des Herbes rouges*, dans *Le Livre d'ici*, vol. 7, n⁰ 7, 18 nov. 1981, p. 3.

Claude Beausoleil, *Poésie des écritures*, Dev, vol. 72, n⁰ 272, 21 nov. 1981, p. 9.

DESHAIES, JEAN. Voir **FADETTE**.

DÉSILETS, ALPHONSE [Jacquelin] (1888-1956). Poète, né à Victoriaville (Arthabasca). Il fait son cours classique au Séminaire de Nicolet. Il poursuit des études d'agronomie à l'Institut agricole d'Oka, au Collège agricole de Guelph (Ont.) et à l'Université Laval de Montréal (diplôme d'ingénieur agronome, 1913). En 1915, il est nommé agronome du district de Québec-Montmorency ; par la suite, il occupe diverses fonctions au sein de l'administration provinciale : directeur des cercles de fermières, chef du bureau de placement agricole, directeur de la rédaction au *Bulletin de la ferme*. Encore étudiant au Séminaire de Nicolet, Alphonse Désilets fait paraître en 1910, sous le pseudonyme de « Jacquelin », son premier recueil de poésie. On note déjà les thèmes qui vont marquer son œuvre : la glorification du terroir et la vision romantique de la nature. Dans son deuxième recueil, *Mon pays, mes amours* (1913), il chante sa « Laurentie » à la grande joie d'Albert Ferland, son préfacier. En 1921, il présente trente-trois poèmes au concours de l'Action intellectuelle, inclus l'année suivante dans son dernier recueil, *Dans la brise du terroir*. Selon André Gaulin, la meilleure partie de ce recueil « est sans doute ‹ Sous-bois et Marines ›, où des paysages gaspésiens mêlés à la mer donnent de la profondeur et de la fluidité à un horizon trop borné et trop statique » (DOLQ, t. 2, p. 327).

ŒUVRES

Heures poétiques, Victoriaville, Imprimerie « L'Écho des Bois-Francs », 1910, 113 p. Sous le pseudonyme de Jacquelin. Préface d'Adolphe Poisson.

Mon pays, mes amours. Poésies, [s.l.], Chez l'auteur, 1913, v, 148 p. Préface d'Albert Ferland.

Dans la brise du terroir (poésie), Québec, Chez l'auteur, 1922, 149 p.

Préface, dans Éva Ouellet-Doyle, *Le Livre d'une mère*, Québec, Imprimerie Ernest Tremblay, 1939, p. 5-7.

ÉTUDES

Camille Roy, *Courrier littéraire. Heures poétiques par Jacquelin*, dans *L'Action sociale*, 24 nov. 1910, p. 5.

Adjutor Rivard, *Alphonse Désilets. Mon pays, mes amours*, BPF, mai 1913, p. 372-373.

Étienne Gagnon, *Dans la brise du terroir par Alphonse Désilets*, dans *L'Action française*, avril 1923, p. 229-235.

Camille Roy, *Érables en fleurs*, Québec, L'Action sociale, 1923, p. 33-38.

Charles-Marie Boissonnault, *Quarante ans de poésie : la Société des poètes canadiens-français*, MSRC, section 1, 1963, p. 163-175.

DÉSILETS

DÉSILETS, ANDRÉE (1928–). Historienne, née à Sherbrooke. Elle fait ses études classiques au Collège du Sacré-Cœur de Sherbrooke (B.A., 1949). Elle se spécialise en histoire à l'Université Bishop's (Lennoxville, M.A., 1954) et à l'Université Laval où elle obtient une licence ès lettres (1963), un diplôme d'études supérieures dont le mémoire s'intitule : « Une figure politique du XIXᵉ siècle : François-Xavier Lemieux » (1964), et un doctorat (1967) pour une thèse sur « Un père de la Confédération canadienne, Hector-Louis Langevin (1826–1906) » qui paraîtra aux Presses de l'Université Laval, en 1969. À compter de 1953, elle est professeur d'histoire à l'Académie Saint-Urbain, au Collège Marguerite-Bourgeois (Montréal), à l'École normale Notre-Dame de Québec et au Cégep de la Gaspésie ; en 1970 elle devient professeur à l'Université de Sherbrooke où elle est directeur du département d'histoire de 1972 à 1975. Membre actif de plusieurs sociétés d'histoire, elle se fait remarquer particulièrement par de nombreuses biographies publiées dans le grand *Dictionnaire biographique du Canada*. Malgré quelques réticences, André Lavallée reconnaît que Hector-Louis Langevin « est bien documenté et recouvre la réalité d'une époque extrêmement importante ».

ŒUVRES

« *Une figure politique du 19ᵉ siècle, François-Xavier Lemieux* », [Québec], 1964, xvi, 292 f. Ill. Texte dactylographié. (Thèse (D.E.S.) Laval).

Hector-Louis Langevin. Un père de la Confédération canadienne (1826–1906) (essai), Québec, PUL, 1969, [vi], 461 p. « Cahiers de l'Institut ».

Les 25 ans de l'Université de Sherbrooke, 1954/1979, Sherbrooke, Les Éditions de l'Université de Sherbrooke, 1982, x, 148 p. Collab. Jean-Guy Lavallée et Louise Brunelle-Lavoie. Avant-propos et introduction de l'auteur.

Une figure politique du 19ᵉ siècle : François-Xavier Lemieux, RHAF, vol. 20, nᵒ 4, mars 1967, p. 572–592 ; vol. 21, nᵒ 2, sept. 1967, p. 243–267 ; vol. 22, nᵒ 2, sept. 1968, p. 223–256.

La Succession de Cartier, 1873–1891, dans *Rapport de la Société historique du Canada*, 1968, p. 49–64.

Les Relations entre Mgr Taché et Hector-Louis Langevin, dans *Rapport de la Société canadienne d'Histoire de l'Église catholique*, nᵒ 37, 1970, p. 165–171.

Le Développement des idéologies au Québec, des origines à nos jours de Denis Monière, LQ, vol 1, nᵒ 11, sept. 1978, p. 54–55.

ÉTUDE

André Lavallée, *Hector-Louis Langevin, un Père de la Confédération canadienne (1826–1906)*, LAQ 1970, p. 207–208.

DÉSILETS, GUY (1928–). Poète, né à Trois-Rivières. Il fait ses études classiques aux petits séminaires de Nicolet et de Trois-Rivières. De 1948 à 1950, il est à l'École de Marine de Rimouski qui lui décerne un diplôme, puis il voyage dans les mers du Sud en 1950 comme cadet-officier de la marine marchande. Il retournera plus tard aux études à l'Université d'Ottawa (B.A., 1958) et à l'Université Laval pour des cours de perfectionnement des maîtres, formation complétée par beaucoup d'études personnelles. Il est speaker à la radio de 1951 à 1954, enseigne ensuite les langues anciennes et modernes dans des établissements classiques pendant dix ans, puis, en 1964, il est nommé conseiller linguistique au ministère de l'Éducation du Québec où il est rédacteur-réviseur et responsable du français des manuels scolaires. Son premier recueil de poèmes, *La Tension des dieux*, paraît en 1962. On y trouve déjà les principaux thèmes de l'œuvre, l'amour, la nature, le voyage, et quelquefois un ton qu'on réentendra fréquemment dans les autres recueils, celui d'un humour parfois un peu grinçant, souvent rose. Après un long silence paraissent *Poëme pour un homme pygmée* (1970) et *Un violon nu* (1972). L'art du poète s'affine, mais la forme assez traditionnelle et la technique que Michelle Henchiri appelle « une méthode pointilliste » restent les mêmes. Selon Suzanne Paradis, c'est une poésie « peu précisément encadrée » dans laquelle « la masse thématique se déplace sans cesse à l'intérieur de formes à la fois lâches et lourdes », proches de la prose. Elle dira encore à propos de *Ô que la vie est ronde* (1977) que Désilets « se tient en deçà d'une intériorité rayonnante, du secret gardé qui permet de suggérer au lieu d'affirmer ».

ŒUVRES

La Tension des dieux (poésie), [Québec], Éditions de l'Équinoxe, 1962, 86 p.

Poëme pour un homme pygmée (poésie), [Montréal], Leméac, 1970, 94 p.

Un violon nu (poésie), [Montréal], Leméac, 1972, 86 p.

Ô que la vie est ronde. Poèmes, Montréal, Hurtubise HMH, 1977, 86 p. « Sur parole ».

Cap aux Antilles (récit), ECF, nᵒ 13, p. 93–163.

ÉTUDES

Gérald Godin, *La Tension des dieux*, No, vol. 42, nᵒ 252, 1ᵉʳ sept. 1962, p. 4.

Suzanne Paradis, *Un éblouissement de la déchirure*, So, vol. 74, nᵒ 145, 19 juin 1971, p. 12.

Reine Malouin, *Désilets, Guy : Poème pour un homme pygmée*, dans *Poésie*, vol. 6, automne 1971, p. 95.

Régis Tremblay, *La Poésie comme violon d'Ingres*, So, vol. 76, nᵒ 72, 24 mars 1973, p. 6.

Jean-Guy Pilon, *Poésie: Morency et Désilets*, Dev, vol. 64, nᵒ 146, 23 juin 1973, p. 15.

Luc Bouvier, *Guy Désilets. Ô que la vie est ronde*, LAQ 1977, p. 169.

DÉSILETS, MAURICE (1912–1967). Poète, né à Worcester (Massachusetts, É.-U.). Après des études primaires dans sa ville natale, il fait son cours classique au Collège Bourget de Rigaud. En 1934, il entre chez les Clercs de Saint-Viateur à Joliette. Il est ordonné prêtre en mai 1939 et à cette occasion il compose un recueil de poésie, *Mosaïque et Vol de flammes* qui, selon Suzanne Paradis, « démontre le plus exactement le goût du livre bien fait. [...] Cette poésie [...] est le fruit d'une observation sensible très développée et d'un sens de la beauté matérielle du monde ». D'abord professeur à Rigaud et par la suite à l'École normale supérieure de Montréal, Maurice Désilets est contraint, en 1946, de prendre une retraite anticipée à cause d'une santé chancelante. Il s'occupe désormais de poésie et de peinture. En 1947, il publie ses poèmes et des morceaux de prose poétique sous le titre de *Fugues lyriques*.

ŒUVRES

Mosaïque et Vol de flammes. Souvenir d'ordination sacerdotale (poésie), Joliette, Scolasticat Saint-Charles, 1939, 141 p. Préface de Gustave Lamarche.

Fugues lyriques (poésie), Montréal, Librairie des Clercs de Saint-Viateur, 1947, 221 p. Ill. d'Armand Gingras.

Échos bourgettains (poésie), Rigaud, Collège Bourget, 1964, vii, 67 f. Présentation de L. J. Lefebvre.

ÉTUDES

R. Samson, *Désilets (Maurice). Fugues lyriques*, dans *Lectures*, t. 5, nᵒ 6, févr. 1949, p. 365–366.

Hermas Bastien, *Les Livres. Fugues lyriques*, dans *Liaison*, vol. 3, nᵒ 26, juin 1949, p. 348–349.

Élie Goulet, *Fugues lyriques*, RUL, vol. 2, nᵒ 2, oct. 1954, p. 160–163.

DESJARDINS, ANTONIO (1894–1953). Poète, né à Hull, apparenté aux écrivains Henry Desjardins et Antonio Pelletier. À la fin de ses études au Collège Notre-Dame de Hull, il s'installe à Paris où il suit des cours de littérature et de philosophie à la Sorbonne. Il fréquente aussi des cénacles littéraires. Obligé de rentrer au Canada en 1914 à cause de la guerre, il se joint à son frère qui possède une épicerie à Hull. Antonio Desjardins est échevin au Conseil municipal pendant quinze ans. Il consacre ses loisirs à l'écriture et, en 1924, il publie *Crépuscules*, recueil de poésie symboliste, de couleurs et

de musique. Seul Gustave Lanctot a parlé de ce recueil précurseur, peut-être le meilleur de l'époque. Desjardins a aussi traduit en vers français les poèmes d'Edgar Allan Poe et il a préparé une étude critique sur Walt Whitman, demeurée inédite.

ŒUVRE

Crépuscules. Poèmes, Hull, Aux Éditions du « Progrès » de Hull, 1924, 191 p.

ÉTUDES

Gustave Lanctot, *Autour du symbolisme*, dans *Les Annales*, 2ᵉ année, nᵒˢ 8–9, août–sept. 1923, p. 2–4.

Id., Un poète symboliste, dans *Revue trimestrielle canadienne*, 10ᵉ année, nᵒ 38, juin 1924, p. 194–201.

DESJARDINS, HENRY Marie [Jean-GaHu, Paul Phyr] (1874–1907). Poète, né à Pointe-Gatineau, près de Hull. Il entre au Séminaire Sainte-Thérèse-de-Blainville, en 1887, où il étudie aussi le violon et le chant. En 1891, il passe au Collège Sainte-Marie où il s'intéresse beaucoup à la poésie. À l'hiver de 1894, il vit en bohème et s'illustre dans le groupe littéraire des Six Éponges. Il participe aux concours littéraires du *Samedi*, collabore à la fondation de l'École littéraire de Montréal (1895) et poursuit des études de droit à l'Université Laval, à Montréal. Notaire en 1899, Desjardins revient à Hull où il fonde un journal, *La Voix du peuple*. Son œuvre, une cinquantaine de poèmes écrits vers 1895, reflète un romantisme moribond et un décadentisme de teinte verlainienne. Sa poésie est faite surtout du soupir des pleurs et du chant des arbres, de la rêverie amoureuse et de la mélancolie d'une âme meurtrie. Il a été tiré de l'oubli par Paul Wyczynski, et son œuvre a été regroupée par Suzanne Lafrenière qui le juge ainsi : « Inutile d'aborder les poèmes de Desjardins si l'on veut y trouver un art consommé, une pensée profonde. Il a fait de la poésie par goût, bien sûr, avec un certain talent aussi, mais il oublia trop souvent que « le succès est la récompense de l'effort quotidien ».

ŒUVRES

L'Œuvre de Desjardins comprend un journal manuscrit, 157 p., rédigé au Séminaire Sainte-Thérèse-de-Blainville entre le 17 avril et le 12 mai 1891. De plus, Desjardins a écrit soixante-huit poèmes, publiés dans des journaux de Montréal et de la région d'Ottawa-Hull entre 1895 et 1900. On lui doit aussi quelques essais en prose. Le lecteur trouvera tous les écrits en vers de Desjardins réunis dans le supplément de la thèse de maîtrise de Suzanne Lafrenière. Remaniée, cette thèse a été publiée en 1975.

DESJARDINS

Henry Desjardins, l'homme et l'œuvre par Suzanne Lafrenière, Hull, Éditions Asticou, 1975, 145 p. Ill. Préface
de Paul Wyczynski. (La deuxième partie regroupe les
poèmes de Desjardins avec des commentaires appropriés).

ÉTUDES

Amédée Denault, *Enfants de France*, dans *La Revue des deux
Frances*, mars 1899, p. 190.
Jean Charbonneau, *L'École littéraire de Montréal*, Montréal,
Albert Lévesque, 1935, 320 p., surtout p. 183–185.
Paul Wyczynski, *Les Origines de l'École littéraire de Montréal*,
dans *Thought*, Toronto, W.J. Gage, 1960, p. 211–225.
Suzanne Lafrenière, « Henry Desjardins ; sa vie, son œuvre ».
Thèse de maîtrise. Ottawa, Université d'Ottawa, 1962, 2 vol. :
vol. 1, 211 f. ; vol. 2, 122 f. (Le supplément contient tous les
écrits de Desjardins avec des annotations bibliographiques).
Id., *Henry Desjardins, l'homme et l'œuvre*, Hull, Éditions Asticou,
1975, 145 p. Ill. Préface de Paul Wyczynski. (Texte révisé de la
thèse de maîtrise avec la poésie de Desjardins, mais sans son
œuvre en prose).

DES LANDES, CLAUDE (1945–   ). Metteur en
scène, animateur et critique de théâtre, né à Saint-
Hyacinthe. Il fait son cours classique au Séminaire
de Saint-Hyacinthe (B.A., 1966) et continue ses
études à l'École nationale de théâtre du Canada où
il est diplômé dans la section production. Avant et
après ces études spécialisées, il fait de nombreuses
mises en scène d'auteurs de différents genres :
Beckett, Dubé, O'Neill, Languirand, Arrabal, Gurik,
Barbeau, Morales, Hanolke..., en divers endroits
du Canada et de la France. En 1972–1973, grâce à
une bourse du Conseil des Arts, il va faire de la
mise en scène à Buenos Aires (Argentine) ; ainsi, en
mai 1973, il présente une adaptation des *Yagé
Letters* de W. Burroughs et A. Ginsberg. Il donne
des cours d'histoire et de technique de théâtre dans
plusieurs institutions telles que le Cégep du Vieux-
Montréal et l'Université de Sherbrooke. De 1973 à
1978, il est directeur du Centre d'essai des auteurs
dramatiques ; de 1975 à 1978, il est rédacteur de la
revue *Jeu* dont il est cofondateur. En 1978, il
devient directeur associé du Service du théâtre au
Conseil des Arts du Canada et chargé de tout ce qui
touche au théâtre francophone du pays.

ŒUVRES

Centre d'essai des auteurs dramatiques, 1965–1975 (essai
historique), Montréal, Centre d'essai des auteurs dra-
matiques, 1975, 87 p.
Le Théâtre sur commande. [*Entretien n° 1*], Montréal,
Centre d'essai des auteurs dramatiques, 1975, 52 f.
Collab. Michel Garneau et Roland Lepage.
Théâtre et Engagement. [*Entretien n° 2*], Montréal, Centre
d'essai des auteurs dramatiques, 1976, 59 f. Collab.

Robert Gurik, Marie-Francine Hébert et le Théâtre
Parminou.

---

*Le Jeune Théâtre du Québec : Québécois dans ses moindres
fibres*, dans *ATAC-Informations* (France), n° 70, oct.
1975, p. 10–14.
Major-Roussin, face à leur production scénique, dans
Jeu, n° 1, hiver 1976, p. 87–94.
Gauvreau, l'écrivain public, dans *Jeu*, n° 3, été–automne
1976, p. 46–61.
La Marmaille, dans *Jeu*, n° 4, hiver 1977, p. 24–32.
Les Feux de la fête, dans *Jeu*, n° 5, printemps 1977,
p. 4–6.
Remise en cause de l'auteur, dans *Jeu*, n° 8, printemps
1978, p. 3–5.
Quatre dramaturges de la nouvelle génération, dans *Jeu*,
n° 8, printemps 1978, p. 43–60.

DES MARAIS, CLAUDE-ALEXANDRE [Effaime
Stéréo] (1948–   ). Poète, né à Montréal. Après
son cours classique au Collège Saint-Louis (B.A.,
1969), il fréquente l'Institut pédagogique de Westmount et obtient son permis d'enseignement en
1971. Il est professeur au secondaire à la Commission
scolaire de Ville de Laval jusqu'en 1975, puis il
enseigne aux adultes, de 1976 à 1982. Entre-temps,
il étudie le droit à l'Université de Montréal et est
admis au barreau en 1983. À partir de 1972 paraissent plusieurs recueils de poésie, un ou deux par
année, dont le genre et la facture ne varient guère
d'une année à l'autre, sur l'amour, la nature, les
objets. « Pas un grand recueil, lit-on dans *Le Livre
canadien* à propos de *Tirez la chasse d'os* (1974).
Mais pourquoi n'y aurait-il pas dans notre poésie,
espace pour écouter : ‹ Je souffle deux mots / comme
brise d'amants › [...] ». Renée Cimon décrit ainsi les
poèmes de Des Marais de *Au matin d'un rêve* :
« Petits tableaux impressionnistes pour fixer des
gestes, des états d'âme. Des poèmes qui n'atteignent
pas vingt vers, qui comptent rarement plus de six
syllabes » : « La vie / ça vaut bien / trois petits pas ».

ŒUVRES

Les Extrataires (poésie), Montréal, Éditions du Go-Rébec
Enrg., 1972, 42 p. Sous le pseudonyme de Effaime
Stéréo. Ill.
La Ronde ultime (poésie), Montréal, Les Éditions Go-
Rébec Enrg., 1973, 54 p.
La Première Ronde (poésie), Montréal, Les Éditions du
Go-Rébec Enrg., 1974, 50 p.
Tirez la chasse d'os (poésie), Montréal, Les Éditions du
Go-Rébec Enrg., 1974, 54 p.
Cléo et Moi (poésie), Montréal, Les Éditions du Cain,
1975, 52 p.

Au matin d'un rêve (poésie), Montréal, Les Éditions du Cain, 1976, 53 p. Ill. de Julien Santilli. « Poésie ».

Je suis l'enfant de mes rêves (poésie), Talence-Bordeaux, Éditions du Castor astral, 1976, 47 p. « Matin du monde ».

Marie, d'elle. Journal poétique, Montréal, Les Éditions du Cain, 1977, 53 p. « Poésie ».

ÉTUDES

[Anonyme], *Des Marais (Claude-Alexandre). La Ronde ultime*, dans *Le Livre canadien*, vol. 4, déc. 1973, n° 312.

[Anonyme], *Des Marais (Claude-Alexandre). Tirez la chasse d'os*, dans *Le Livre canadien*, vol. 7, févr. 1976, n° 52.

Renée Cimon, *Des Marais (Claude-Alexandre). Au matin d'un rêve*, dans *Nos livres*, vol. 9, janv. 1978, n° 34.

Id., *Des Marais (Claude-Alexandre). Au matin d'un rêve*, dans *Nos livres*, vol. 9, mai 1978, n° 215.

Madeleine Bellemare, *Des Marais (Claude-Alexandre). Marie d'elle*, dans *Nos livres*, vol. 10, oct. 1979, n° 331.

DESMARAIS, ÉMILE. Voir **MARCANTEL, DAVIE ÉMILE.**

DESMARAIS, MARCEL-MARIE (1908–1988). Théologien, psychologue et essayiste, né à Montréal. Il fait ses études classiques au Collège Sainte-Marie (B.A., 1927) et obtient un diplôme de prémédical P.C.B. (physique, chimie et biologie) à l'Université de Montréal. Pendant ses années au collège, il participe à des émissions de CKAC en tant qu'animateur. À la fin de ses études, il entre chez les Dominicains où il est ordonné prêtre en 1932. Envoyé en Europe, il obtient un doctorat en théologie à l'Université Angelicum de Rome (1934) ; sa thèse porte sur saint Albert le Grand. À Paris, il obtient un doctorat en philosophie (1935). De retour à Montréal, il enseigne à la section de l'éducation permanente de l'Université de Montréal. En 1937, sa communauté le renvoie à Paris, faire des études de psychologie à la Sorbonne où il obtient trois certificats : psychologie, littérature française et littérature anglaise (1938). Par la suite, il enseigne au noviciat des Dominicains d'Ottawa. En janvier 1939, il commence la série de prédications pour lesquelles il s'est fait connaître et livre ses premières chroniques radiophoniques à CKCH (Hull). La même année, il est élu prieur du couvent,

poste qu'il remplit jusqu'en 1942. En 1941, il est nommé responsable de la *Revue dominicaine* et, de 1942 à 1944, il anime « l'heure dominicale » à Radio-Canada. C'est à cette époque aussi qu'il publie ses premiers ouvrages de spiritualité et de psychologie populaire : *L'Amour et les Chrétiens* (1940), *Catholiques d'aujourd'hui* (1941), *Dans 300 ans* (1944). En 1944, il est nommé supérieur de la mission dominicaine au Brésil, poste qu'il garde jusqu'en 1948. Là encore, il s'occupe activement de prédication radiophonique. De retour à Montréal, il est animateur à la radio et à la télévision ; son programme « Clinique du cœur » devient très populaire à partir de 1955. En 1950, il fait paraître *L'Amour à l'âge atomique*, ouvrage qui se vend à des milliers d'exemplaires. Il occupe des postes importants au sein de sa communauté : prieur du Monastère Saint-Albert-le-Grand (1960–1963), prieur du Monastère Notre-Dame-de-Grâce (1963–1972). En 1985, il publie ses mémoires, *La Magie du passé* où « l'auteur nous livre avec verve, en toute franchise, humour et orgueil les péripéties de son cheminement de communicateur, de fidélité sacerdotale et d'engagement spirituel », écrit Marie Laurier. Marcel-Marie Desmarais est un des premiers au Québec à se servir des techniques audio-visuelles dans la diffusion d'un enseignement religieux et moral. Ses conseils d'ordre pratique ont guidé toute une génération de Québécois. Ses ouvrages se sont vendus à plus de deux millions et demi d'exemplaires.

ŒUVRES

Saint Albert le Grand, docteur de la médiation mariale (essai), Paris/Ottawa, Librairie philosophique J. Vrin/Institut d'études médiévales, 1935, 172 p. Préface de M.D. Chenu.

L'Amour et les Chrétiens : radio-causeries, Ottawa, Éditions du Lévrier, 1941, 205 p. ; Ottawa et Montréal, 1943.

Catholiques d'aujourd'hui : radio-causeries, [Montréal], L'Œuvre de presse dominicaine, 1941, 231 p. Préface de M.-A. Lachance ; 1941 ; Ottawa/Montréal, Éditions du Lévrier, 1941, 230 p.

Dans 300 ans. Radio-causeries de « L'Heure dominicale », Ottawa/Montréal, Éditions du Lévrier, 1944, 219 p. Préface de Marc-Antonin Lamarche.

Le Bonheur, cet inconnu : moyens pratiques pour vivre heureux (essai), Ottawa/Montréal, Éditions du Lévrier, 1948, 244 p. ; 1948 ; 1949, 248 p. ; Paris, Éditions SPES, 1950, 189 p. Préface de M.-H. Lelong. ; Montréal/Paris, Fides, 1956, 151 p. Traduction en espagnol et en italien.

L'Amour à l'âge atomique (essai), Montréal, Éditions du Lévrier, 1950, 128 p. ; 1953, 237 p. ; Montréal, Fides, 1957, 167 p. Traduction en espagnol et en portugais.

Le Cœur et ses trésors. Causeries prononcées à Radio-Canada, Montréal, Éditions du Lévrier, 1951, 111 p.

La Vie en rose. Causeries prononcées à Radio-Canada, Montréal, Éditions du Lévrier, 1952, 103 p.

Fatima. Causeries prononcées à Radio-Canada, Montréal, Éditions du Lévrier, 1953, 128 p. Ill.

Adam et Ève dans le monde d'aujourd'hui (essai), Montréal/Paris, Fides, 1956, 191 p. Ill. de Jacques Grenier.

La Clinique du cœur (chroniques), Montréal, Éditions du Lévrier, 1957-1959, 10 t. : t. 1, 1957, 192 p. ; t. 2, 1957, 192 p. ; t. 3, 1958, 192 p. ; t. 4, 1958, 191 p. ; t. 5, 1958, 191 p. ; t. 6, 1958, 192 p. ; t. 7, 1958, 192 p. ; t. 8, 1959, 190 p. ; t. 9, 1959, 192 p. ; t. 10, 1959, 192 p.

Capsules d'optimisme (chroniques), Montréal, Éditions du Lévrier, 1965-1966, 3 vol. : Les Dominicains, 1965, 176 p. ; 1967 ; Éditions du Jour, 1975, 190 p.

Le Bonheur à la portée de la main : psychologie cybernétique (causerie télévisée), Montréal, Éditions du Jour, 1970, 223 p. Ill.

L'Avortement, une tragédie (essai), Montréal, Éditions du Jour, 1973, 171 p. Ill.

Au crépuscule de ma vie (souvenirs), Montréal, Stanké, 1977, 252 p. Ill.

Le Cœur en prière, Montréal, Fides, 1978, 413 p.

Marriage Encounter. La technique qui a sauvé des milliers de mariages décrite et expliquée à l'aide des confidences intimes de couples qui ont vécu l'expérience du renouement conjugal (essai), Montréal, Libre Expression, 1980, 174 p.

La Magie du passé (souvenirs), Montréal, Leméac, 1985, 426 p. Préface de Jeanne Sauvé. Coll. « Vie et Mémoires ».

ÉTUDES

[Anonyme], *Le Bonheur à portée de la main du Père Marcel-Marie Desmarais,* dans *Le Livre canadien,* vol. 1, mars 1970, nº 62.

[Anonyme], *Desmarais (Marcel-Marie). L'Avortement, une tragédie,* dans *Le Livre canadien,* vol. 5, janvier 1974, nº 10.

Marie Laurier, *Le Passé magique du père Marcel-Marie Desmarais,* Dev, vol. 76, 6 nov. 1985, nº 257, p. 12.

DES MARCHAIS, GILLES (1935-   ). Poète et linguiste, né à Montréal. Après des études classiques au Collège Sainte-Marie, il suit des cours de linguistique à l'Université de Montréal (M.A., 1958). Il étudie aussi à la Summer School of Linguistics de l'Université d'Alberta et à l'Université d'Edimbourg (Écosse), (1960-1963). En 1980, il entreprend la rédaction d'une thèse de doctorat en linguistique à l'Université de Sherbrooke. Tour à tour professeur de français à l'Université Mount Allison (N.-B.), professeur d'anglais et de linguistique à l'École normale Jacques-Cartier et à l'École des langues de la fonction publique fédérale, il est aussi conseiller linguistique et directeur du service d'édition à l'Institut de recherches psychologiques de Montréal (1969-1973). Par la suite, il enseigne la linguistique à l'Université de Chicoutimi (1975) et le théâtre au Cégep de Sherbrooke (1977-1978). Membre actif de l'Association des auteurs des Cantons de l'Est, il collabore régulièrement à la revue *Grimoire.* À partir de 1972, il publie plusieurs recueils de poésie où il pratique surtout les formes de versification traditionnelle, ce qui fait dire à Ivanhoë Beaulieu que son « univers poétique [est] suranné ».

ŒUVRES

La Grammacritique. Postulats préliminaires pour une théorie de la critique des textes de littérature, Montréal, Leméac, 1965, 125 p. Préface de Claude Vidal.

Mobiles sur des modes soniques ; Vᵉ tranche de rimoir (poésie), Montréal, L'Hexagone, [1972], 116 p.

Ombelles verbombreuses ; quelques proses diatexturales, précédées de Parcellaires, choix de courtes proses de même venue (poésie), [Montréal], L'Hexagone, [1973], 80 p.

Poésisoïdes ; essai, notes et réflexions sur le poème, le poète et la critique, Montréal, L'Hexagone, 1975, 99 p.

Demain d'hier l'antan, poèmes en formes vénérables, plus, en annexe, devant, un choix de quelques pièces, récentes ou presque, en formes moins anciennes, Montréal, Leméac, 1980, 147 p. « Poésie ».

ÉTUDES

Jeanne Demers, *Gilles Des Marchais, Ombelles verbombreuses précédées de Parcellaires,* LAQ 1974, p. 125-126.

Pierre Berthiaume, *Gilles Des Marchais, Poésisoïdes,* LAQ 1976, p. 217-218.

Ivanhoë Beaulieu, *Quatre auteurs réunis par le hasard,* Pr, 97ᵉ année, nº 50, 28 févr. 1981.

DESMARCHAIS, REX [Hugues Bergeret, H.B., Sévère Couture, François Crevier, Michel des Hêtres, Alain Després, Jean Després, Xavier Durant, X.D., Julien Guay, Sévère Lajoie, Charles Lancrais, Pierre Langeais, P.L., Jacques Meilleur, Réal, Louise-Robert Richard, Guy Robert, Louise-Richard Robert, XXX] (1908-1974). Romancier, né à Montréal. Il étudie au Mont-Saint-Louis, puis au Collège Sainte-Marie. Tout en travaillant à la Librairie d'Action canadienne-française, puis à la Commission des Écoles catholiques de Montréal où il est rédacteur de la revue *L'École canadienne* dont il deviendra rédacteur en chef en 1948, il collabore à la *Revue pédagogique* et, épisodiquement, à une douzaine de périodiques, comme *Le Devoir, L'Ordre, Le Canada, Gants du ciel,* etc. sous de nombreux pseudonymes. Dès le collège il a fréquenté un grand nombre d'auteurs contemporains : Bourget,

Barrès, Anatole France, Léon Bloy, André Gide...
Ses premiers romans, *L'Initiatrice* (1932) et *Le Feu intérieur* (1933), ont subi une forte influence de Lacretelle et de Mauriac quant au thème de l'amour malheureux. *La Chesnaie* (1942) est un roman inspiré par les patriotes de 1837, mais son action est greffée sur l'actualité politique des années 1930. « L'œuvre de Desmarchais, écrit Maurice Brière, peut parfois se ressentir de l'incertitude de la jeunesse. On l'a jugée diversement. [... L'auteur] s'est prononcé, au risque de déplaire, en plusieurs occasions ; il a fait surgir des polémiques ; il s'est penché sur nos problèmes proprement nationaux pour en dégager un sens et une orientation ». À l'époque où fleurissait encore au Québec le roman de la terre, il a tenté de donner forme au roman social et de le dégager de sa fonction moralisatrice, s'attachant surtout au roman de l'individu, avec tout ce qu'il comporte de tension et de conflits psychologiques. Il a contribué, avec des auteurs comme Jean-Charles Harvey et Robert Choquette, à renouveler profondément l'art et la thématique du roman canadien.

ŒUVRES

Attitudes (roman), Montréal, Librairie d'Action canadienne-française, [1931], 85 p.

L'Initiatrice (roman), Montréal, Éditions Albert Lévesque, 1932, 175 p. « Les Romans de la jeune génération ».

Le Feu intérieur. Roman, Montréal, Éditions Albert Lévesque, 1933, 197 p.

France immortelle. (Essais), Montréal, Aux Éditions libres, 1941, 309 p. Préface de l'auteur.

La Chesnaie. Roman, Montréal, Éditions de l'Arbre, 1942, 294 p. ; [Montréal], Leméac, 1971, 240 p. « Roman québécois ».

Bête de proie. Conte philosophique, Montréal, Les Éditions d'art, 1942, 47 p.

La Villa aux confins du réel, dans *Vivre*, 3ᵉ cahier, Iʳᵉ série, oct. 1934, p. 11–15.

Tentatives, dans *Les Œuvres d'aujourd'hui*, Montréal, Éd. de l'A.C.F., 1937, p. 49–100.

Pour la vie française en Canada, AN, vol. 12, nᵒ 1, sept. 1938, p. 33–42.

Vitesse, Production et Bonheur, RD, vol. 49, t. 1, mai 1943, p. 272–280.

Le Noyer de la mère Olive (conte), RD, vol. 50, t. 2, juillet–août 1944, p. 38–46.

ÉTUDES

Émile Bégin, *Le Feu intérieur*, ESC, vol. 13, nᵒ 6, mars 1934, p. 353–355.

Maurice Brière, « Bio-bibliographie de Rex Desmarchais ». Mémoire. L'École de bibliothécaires de l'Université de Montréal, Montréal, 1942, 88 f.

Id., Rex Desmarchais, NR, vol. 2, nᵒ 2, déc. 1942, p. 107–112.

Édouard Laurent, *Un roman cornélien : La Chesnaie*, C, vol. 4, nᵒ 1, mars 1943, p. 113–117.

Marcel Raymond, *Le Nouveau Roman de Rex Desmarchais*, AN, vol. 21, juin–juillet 1943, p. 540–546.

Pierre Dansereau, *La Chesnaie par Rex Desmarchais*, NR, vol. 2, nᵒ 6, avril 1945, p. 379–381.

Jean-Charles Falardeau, *L'Évolution du héros dans le roman québécois*, dans *Littérature canadienne-française*, Conférences J.A. de Sève, Montréal, PUM, 1969, p. 246–248.

Réginald Martel, *Un document socio-politique*, Pr, 88ᵉ année, nᵒ 57, 15 avril 1972, p. B-3.

Jean Blouin, *Pour la patrie, La Chesnaie, Le Député : trois romans, une aliénation*, VI, vol. 9, 1975, p. 63–85.

DESMAUREPAT, JEAN. Voir LABBÉ, GUSTAVE.

DESPAROIS, LUCILLE. Voir LUCILLE, TANTE.

DESPRÉS, ALAIN. Voir DESMARCHAIS, REX.

DESPRÉS, JEAN. Voir DESMARCHAIS, REX.

DESPRÉS, RONALD (1935–). Poète, né à Lewisville, banlieue de Moncton (Nouveau-Brunswick). Il fréquente le Collège Saint-Joseph de Memramcook (1949–1952), le Collège l'Assomption (1952–1953) et le Collège Sainte-Anne de la Pointe-de-l'Église (B.A., 1955). Il étudie aussi le piano et donne des récitals à la radio et à la télévision. En 1955, il suit, à Paris, des cours de musique et de philosophie ; en 1956, il obtient une licence en philosophie. Il rédige alors ses *Esquisses parisiennes* qui paraissent dans *L'Évangéline*. De retour au pays, il est d'abord journaliste à Moncton ; ensuite, il part pour Ottawa où il occupe le poste de traducteur des débats à la Chambre des communes (1957–1962). En 1962, il devient « interprète de conférences » au Parlement et travaille, occasionnellement, pour des organisations mondiales. À partir de 1973, il s'applique à améliorer le système de traduction du Bureau fédéral. En 1977, il devient interprète principal au Parlement. Son œuvre littéraire commence en 1958, par la publication d'un recueil de poésie: *Silences à nourrir de sang*. En 1962, paraissent un autre recueil de poésie, *Les Cloisons en vertige*, et un roman-sotie, intitulé *Le Scalpel ininterrompu*, puis en 1968, un troisième recueil de poésie: *Le Balcon des dieux inachevés*. Enfin, les Éditions d'Acadie publient, en 1974, un choix de textes de Ronald Després, *Paysages en contrebande... à la frontière du songe (1956-1972)*, avec une étude substantielle de Laurent Lavoie. La poésie et la prose de Ronald Després se distinguent par un fort pouvoir de l'imaginaire. «C'est une poésie de la démiurgie», remarque Laurent Lavoie. «Elle rend le réel habitable en l'apprivoisant dans le moule de l'irréel. C'est une grande et terrible servitude. Car elle donne sur l'infini par le hublot du rêve».

ŒUVRES

Silences à nourrir de sang (poésie), Montréal, Éditions d'Orphée, 1958, 103 p.

Les Cloisons en vertige (poésie), Montréal, Beauchemin, 1962, 94 p.

Le Scalpel ininterrompu. Journal du docteur Jan von Fries (roman), Montréal, Éditions à la Page, 1962, 137 p.

Le Balcon des dieux inachevés (poèmes), Québec, Éditions Garneau, 1968, 62 p.

Paysages en contrebandes... à la frontière du songe, choix de poèmes (1956-1972). Suivi d'une étude de Laurent Lavoie, Moncton, Éditions d'Acadie, 1974, 140 p. Ill. d'Herménégilde Chiasson.

L'Amérique au chevet des cauchemars et Les Rochers du suicide (poésie), dans *L'Évangéline*, vol. 79, nᵒˢ 8434-48, 26 févr. 1966, p. 4.

[Témoignages...], dans *La Poésie canadienne-française*, Montréal, Fides, 1969, p. 511-515. «ALC» 4.

Poème sans titre. Blanches crispations, dans *La Revue de l'Université de Moncton*, 5ᵉ année, nᵒ 1, janv. 1972, p. 92-93.

ÉTUDES

Adrien Thério, *Le Scalpel ininterrompu de Ronald Després*, LAC 1962, p. 12.

Jean-Louis Major, *Ronald Després: un thème des personnages*, l, nᵒ 2, mars 1963, p. 57-59.

Pierre de Grandpré, *La Littérature canadienne*, L, vol. 6, nᵒ 6, nov.-déc. 1964, p. 469-479.

Edgar Demers, *La dramaturgie canadienne occupe une place de plus en plus importante chez les amateurs de théâtre de la région outaouaise*, Dr, vol. 54, nᵒ 207, 30 nov. 1966, p. 21.

Zénon Roberte, *Livres canadiens*, C, nᵒ 3, sept. 1969, p. 240-243.

Louise Rochon, *Le Balcon des dieux inachevés*, LAQ 1969, p. 101.

Laurent Lavoie, *Le Réel violenté et sanguinolent*, dans *La Revue de l'Université de Moncton*, 5ᵉ année, nᵒ 1, janv. 1972, p. 87-91.

[Anonyme], *Éléments de biographie*, dans *La Revue de l'Université de Moncton*, 5ᵉ année, nᵒ 1, janv. 1972, p. 84-86.

[Anonyme], *Bibliographie*, dans *La Revue de l'Université de Moncton*, 5ᵉ année, nᵒ 1, janv. 1972, p. 94-95.

DESPRÉS, ROSE (1950-   ). Poète acadienne, née à Cocagne (N.-B.). Après ses études secondaires à Bouctouche et à Notre-Dame-d'Acadie, elle poursuit son éducation à l'Université de Moncton (1968-1970, 1972-1973). Engagée dans les mouvements culturels d'Acadie, elle collabore à la revue *Éloizes*. Rose Després publie *Fièvre de nos mains* (1982). «Jamais elle n'oublie qu'elle appartient à la collectivité acadienne, écrit Michel Beaulieu, jamais non plus elle n'oublie qu'elle est une personne investie d'une histoire propre».

ŒUVRE

Fièvre de nos mains (poésie), Moncton, Éditions Perce-Neige, 1982, 60 p. Ill. de Louise Després-Jones.

ÉTUDES

Claude Beausoleil, *La Pulsion de dire*, Dev, vol. 73, nᵒ 108, 8 mai 1982, p. 26.

Michel Beaulieu, *Via Moncton*, dans *Le Livre d'ici*, vol. 7, nᵒ 38, 23 juin 1982, p. 1.

Gérald Le Blanc, *La Chronique littéraire*, dans *Rézo*, vol. 3, nᵒ 3, 10 juin 1982, p. 20.

DESPREZ, JEAN [X Mme Jacques Auger, née Laurette Larocque] (1906-1965). Dramaturge et animatrice de radio-télévision, née à Hull. Elle fait ses études secondaires au Couvent Notre-Dame-de-la-Merci d'Aylmer. De 1923 à 1929, elle travaille à la librairie de son père et fait du théâtre amateur avec Léonard Beaulne. En 1929, elle part pour la France avec son mari, Jacques Auger. Après trois ans d'études théâtrales à Paris et de cours suivis à la Sorbonne en vue de l'enseignement du français, elle revient à Montréal (1933) et devient professeur de diction et scripteur-auteur radiophonique. Avec Henri Letondal, elle fonde l'École du spectacle affiliée au Théâtre Stella. En 1937, sa première pièce, «L'Indienne», remporte le prix de la meilleure pièce régionale. En 1938, elle quitte l'enseignement, se consacre à l'écriture et, en 1939, partage avec Gabrielle Roy le prix de la meilleure nouvelle parue dans la *Revue moderne*. Vers la même époque, elle commence une carrière de comédienne, sous les noms de Suzanne Clairval et de Carole Richard. Elle écrit aussi pour la radio. À partir de 1940, elle rédige surtout des romans-feuilletons tels «C'est la vie » (1940–1943), « Jeunesse dorée » (1942–1965), « Yvan l'intrépide » (1945–1954), « Docteur Claudine » (1952–1964), textes qu'elle signe du nom de Jean Desprez. Elle collabore également à la « Rumba des radio-romans », réalisée par Guy Mauffette. On lui confie, en 1943, le scénario de l'un des premiers films canadiens, « Le Père Chopin ». En 1945, elle retourne à Paris, revient à Montréal en 1949 et présente au Monument national sa pièce, « La Cathédrale », qui s'avère un échec. Elle reprend alors l'écriture radiophonique. Son œuvre comprend quelque soixante-cinq nouvelles, deux cent soixante critiques dramatiques, cent soixante adaptations théâtrales et plus de six mille textes d'émissions radiophoniques. Elle n'a jamais réuni ces travaux en volumes. « Si l'on se plaint parfois, écrit Roger Duhamel, que les écrivains canadiens demeurent les auteurs d'un livre solitaire, personne ne reprochera à Jean Desprez d'avoir boudé sa machine à écrire. Elle fut d'une invention intarissable, nouant les fils d'innombrables intrigues, créant des centaines de personnages, reflétant dans ses cycles romanesques, les mille et une facettes de la vie bourgeoise au Canada français ».

ŒUVRE

Textes choisis, dans Ingrid Saumart, *La Vie extraordinaire de Jean Desprez*, Montréal, Les Éditions du Jour, 1965, 117 p. Préface de Roger Duhamel. (1re partie : *La Vie de Jean Desprez* ; 2e partie : *Textes choisis* ; 3e partie : *Témoignages*).

C'est la vie — La Bergerie (feuilleton), dans *Radiomonde*, vol. 4, 21 févr.-21 nov. 1942.

Jeunesse dorée (feuilleton), dans *Radiomonde*, vol. 4–7, 5 déc. 1942–3 août 1946.

Pochade : le temps des fêtes (poésie), dans *Métro-Express*, vol. 1, no 138, 31 déc. 1964, p. 15.

Pour l'année nouvelle (poésie), P, vol. 85, no 53, 31 déc. 1964, p 5.

Confession au seuil de l'an neuf (poésie), dans *Télé-Radiomonde*, vol. 26, no 6, 2 janv. 1965, p. 19.

Le Joual à Paris et à Londres, dans *Métro-Express*, vol. 1, no 144, 9 janv. 1965, p. 15.

Félix Leclerc et son grand malheur, dans *Métro-Express*, vol. 1, no 145, 11 janv. 1965, p. 15.

Notre dramaturgie, denrée exportable, dans *Métro-Express*, vol. 1, no 147, 13 janv. 1965, p. 15.

Notre dramaturgie, traduite en anglais et exportée, dans *Métro-Express*, vol. 1, no 148, 14 janv. 1965, p. 15.

Lettre ouverte au véritable Chanoine Groulx, dans *Métro-Express*, vol. 1, no 160, 28 janv. 1965, p. 15.

Dire ce que je suis, dans *Échos-Vedettes*, vol. 3, no 3, 6 févr. 1965, p. 28.

Notre théâtre et l'Exportation, dans *Télé-Radiomonde*, vol. 26, no 11, 6 févr. 1965, p. 3.

ÉTUDES

Marie Bourbonnais, *Jean Desprez, l'auteur radiophonique le plus prolifique*, Pr, vol. 81, no 22, 28 janv. 1965, p. 18.

Serge Brousseau, *La Vie intense de Jean Desprez*, Montréal, Éd. des Succès populaires, 1965, 80 p. Préface de Mimi d'Estée.

Jean-Louis Gagnon, *Elle avait à la fois un jugement sûr et de l'audace*, dans *Le Journal de Montréal*, vol. 1, no 174, 28 janv. 1965, p. 2.

Jacques Godbout, *De la dramaturgie à la télévision*, L, vol. 9, no 1, janv.-févr. 1967, p. 71-75.

DESROCHERS, ALFRED [N o ë l R e d j a l] (1901–1978). Poète, né à Saint-Élie d'Orford. En 1904, la famille déménage à Manseau (Nicolet) où le père, Honorius DesRochers, cultivateur, devient contremaître des chantiers forestiers pendant quatre ans. On revient à Saint-Élie en 1908. Après la mort du père, survenue le 27 septembre 1913, la famille séjourne dix mois à Manchester (États-Unis). De retour au Canada, madame Zéphirine DesRochers s'établit à Sherbrooke avec ses enfants. À l'âge de quatorze ans, Alfred doit travailler, d'abord comme garçon livreur d'une épicerie, puis apprenti mouleur à la fonderie Jenkses de Sherbrooke, ouvrier forestier, et commis-quincaillier. En 1918, il commence un cours classique au Collège Séraphique de Trois-Rivières qu'il quitte en 1921. Le 20 mai 1925, il épouse Alma Brault ; le 13 juillet, il entre à *La Tribune* de Sherbrooke où il travaillera, avec quelques interruptions, jusqu'en 1942, d'abord comme correcteur d'épreuves, puis comme chef de service. En 1927, il fonde *L'Étoile de l'Est* de Coaticook et la Société des écrivains de l'Est. Lors d'une rencontre d'écrivains, en 1929, il fait la connaissance de Louis Dantin avec qui il se lie d'amitié et entretient une abondante correspondance, jusqu'à la mort de Dantin, en 1945. Pendant la guerre, DesRochers fait partie des forces canadiennes, du 1er novembre 1942 au 28 août 1944. En 1945, il devient traducteur à Ottawa, puis secrétaire de la Fédération libérale nationale. En 1946, il retourne à *La Tribune* qu'il quittera définitivement en 1952. Après un séjour de deux ans à Claire-Vallée, sur la propriété de Françoise Gaudet-Smet, il s'installe à Montréal en 1953 et travaille pour la Presse canadienne et la télévision. Il vivra dans une semi-retraite après la mort de sa femme (1964), à l'Hôtel du Vieux-Prince, à Laprairie. Les premiers poèmes d'Alfred DesRochers furent publiés en 1922 dans *La Bonne Lecture*, et d'autres parurent sporadiquement dans *La Tribune*. Mais la critique n'a vraiment reconnu le poète qu'à la parution de ses deux recueils, *L'Offrande aux vierges folles* (1928) et *À l'ombre de l'Orford* (1929). Le second recueil lui mérite le prix de l'A.C.J.C. et le prix d'Action intellectuelle en 1930, et le prix David en 1932. Le prix Duvernay couronne l'ensemble de son œuvre en 1964. L'Université de Sherbrooke lui décerne un doctorat honorifique en 1976, et il est fait Compagnon de l'Ordre du Canada en 1978. Alfred DesRochers est le plus authentique des poètes du terroir. La poésie de ce «fils déchu de race surhumaine» est remplie d'une virile nostalgie de ses origines et d'une sensibilité qui témoigne d'une puissante volonté d'enracinement. Le poète met au service d'une thématique où triomphent la force, la nature et l'amour les formes les plus classiques et les plus recherchées : dans ce sens, son poème «Hymne au vent du Nord» est peut-être le plus réussi. Héritier de Pamphile LeMay et de Nérée Beauchemin, DesRochers les dépasse par l'envol de la pensée, la justesse des rythmes et l'originalité des images : poésie rugueuse aux dimensions symétriques, tantôt protestation et violence, tantôt réalisme objectif («J'ai tenté d'évoquer le spectacle et le site»), tantôt chanson, mélancolie et voix nostalgique. Il a bien lu les romantiques, il se réclame des parnassiens, de Paul Morin, de Robert Choquette, de Walt Whitman, etc. Partout chez cet «artisan» se manifeste le culte des belles formes, dans la prosodie du vers comme dans la structure de la strophe, dans le travail du style autant que dans le déploiement du poème. «Il y règne, explique Louis Dantin, une juste balance entre la pensée, l'émotion, l'image, le vocable et le rythme». Cette poésie, dit encore Dantin, DesRochers «la voit, il la sent comme une exaltation intime, comme la surprise de l'âme en présence du monde, comme un effluve de pensées hautes et d'émotions intenses, comme un élan vers la Beauté. [...] Il comprend que [...] le mot logique, expressif, évocateur, c'est la pensée même qu'il projette, qu'il précise, qu'il resserre, qu'il fait resplendir. Il ne sépare donc pas le concept mental de son verbe : il les poursuit ensemble, [...] il cherche à dégager la formule adéquate qui les fusionne dans l'unité».

ŒUVRES

L'Offrande aux vierges folles (poésie), Sherbrooke, Chez l'auteur, [1928], 59 p. «Les Cahiers bleus»; Montréal,

l'Aurore, 1974, 92 p. Avant-propos de Victor-Lévy Beaulieu et de Michel Roy. «Le Goglu».

À l'ombre de l'Orford (poésie), [Sherbrooke], Édition privée, [1929], 63 p. Préface d'Alphonse Désilets. (Tirage limité); *À l'ombre de l'Orford. Poèmes*, Montréal, Librairie d'Action canadienne-française. (Tirage limité), [1930], 157 p. Préface d'Alphonse Désilets. (Tirage limité); *À l'ombre de l'Orford suivi du Cycle du village*, Montréal, Fides, 1948, 116 p. «N»; Montréal/Paris, 1964, 116 p. «N»; Montréal, Fides, 1979, 131 p. Chronologie, bibliographie et jugements critiques par Roger Chamberland. «BQ».

Paragraphes (interviews littéraires), Montréal, Librairie d'Action canadienne-française, 1931, 183 p. Introduction de l'auteur. «J». (Quelques-unes ont d'abord paru dans *La Tribune*).

Le Retour de Titus (poésie), Ottawa, EUO, 1963, 61 p. Avant-propos de l'auteur. Préface de R.S. Marie-Joséfa, s.g.c.

Élégies pour l'épouse en-allée (poésies), Montréal, Éditions Parti Pris, 1967, 94 p. «P»; *Élégies pour l'épouse en-allée. Poèmes*, [Châteauguay], Éditions Michel Nantel, 1973, [portefeuille, n.p., 59 f.]. Gravures originales par Roland Pichet. (Édition de luxe. Tirage limité).

Paysage d'automne. Poème [Châteauguay], Éditions Michel Nantel, 1973, [portefeuille, n.p., 5 f.]. III. (Édition de luxe. Tirage limité).

Œuvres poétiques, Montréal, Fides, 1977, 2 t. Portrait. Préface de Romain Légaré dans chacun des tomes. Texte présenté et annoté par Romain Légaré. «N»: t. 1, *Recueils colligés. L'Offrande aux vierges folles. À l'ombre de l'Orford. Le Retour de Titus. Élégies pour l'épouse en-allée*, 249 p.; t. 2, *Choix de poésies éparses*, 207 p.

Diverses Gens (poésie), [s.l., s.é.], 1979, [portefeuille, n.p., 13 f.]. III. d'Arlette Vittecoq, Hélène Richard *et al.* (Édition de luxe. Tirage limité. Poèmes extraits d'*À l'ombre de l'Orford)*.

Le Choix de Clémence dans l'œuvre d'Alfred DesRochers (textes choisis), [Notre-Dame-des-Laurentides], Presses Laurentiennes, 1981, 79 p. Portrait. Présentation de Clémence Desrochers. Comprend également le choix de Jean-Marc, Jeanne, Pierre-Luc, Simone et Roch-Denis DesRochers. «Le Choix de...».

L'Enseignement du français par la versification, ESC, vol. 21, 1941, p. 106–109.

La Poésie au Canada français, C, vol. 3, n° 2, juin 1942, p. 155–160.

La Communion des saints, dans *Gants du ciel*, mars 1944, p. 5–12.

Nelligan a-t-il subi une influence anglaise?, Dev, vol. 41, n° 277, 30 nov. 1950, p. 2; reproduit dans *Les Carnets victoriens*, 16e année, n° 3, juillet 1951, p. 187–198, n° 4, oct. 1951, p. 300–307.

Ode au soleil d'hiver, CV, n° 4, 1949, p. 273–275; n° 2, 1951, p. 109–110.

Bornoyage (notes de lecture), CV, n° 1, 1952, p. 20–27.

Tentation surréaliste, L, nᵒˢ 15–16, 1961, p. 626–631.

Poèmes, ECF, nᵒ 8, 1961, p. 55–90.

Fragments d'un roman lyrique : le livre de philo, L, vol. 6, nᵒ 6, nov.–déc. 1964, p. 405–412.

[*Témoignages...*], dans *La Poésie canadienne-française*, Montréal, Fides, 1969, p. 395–398. « ALC » 4.

ÉTUDES

Camille Roy, *L'Offrande aux vierges folles*, ESC, vol. 9, nᵒ 4, janv. 1930, p. 241–248.

Séraphin Marion, *Alfred DesRochers, réaliste et poète*, RD, 36ᵉ année, nov. 1930, p. 611–630.

Amédée-K. Laflamme, *Un peu plus d'un quart d'heure avec Alfred DesRochers*, CF, vol. 19, nᵒ 4, déc. 1931, p. 258–261.

Maurice Hébert, *À l'ombre de l'Orford*, CF, vol. 19, nᵒ 8, avril 1932, p. 659–664.

Émile Bégin, *Lecture expliquée : Je suis un fils déchu*, ESC, vol. 19, nᵒ 1, oct. 1939, p. 42–50.

Gustave Lamarche, *Duel avec Alfred DesRochers*, CV, nᵒ 3, 1942, p. 195–202.

Jeannine Bélanger, *Le Retour de Titus de M. Alfred DesRochers*, RD, vol. 52, nᵒ 1, févr. 1946, p. 67–74.

Romain Légaré, *Alfred DesRochers*, dans *Lectures 68*, vol. 6, nᵒ 8, 1960, p. 228–230.

Jack Warwick, *Les Pays d'en haut*, C, vol. 21, nᵒ 3, sept. 1960, p. 246–265, surtout p. 248, 255–259.

Arcade-M. Monette, *Retour à l'ombre de l'Orford*, RUO, vol. 34, nᵒ 2, avril–juin 1964, p. 249–253.

Jack Warwick, *Alfred DesRochers, Reluctant Regionalist*, dans *Queen's Quarterly*, vol. 71, nᵒ 4, hiver 1965, p. 566–582.

Jacques Pelletier, *Alfred DesRochers, critique*, VIP, nᵒ 7, 1973, p. 121–136.

André Girouard, *Les Triomphes de l'ombre : étude d'À l'ombre de l'Orford*, dans *La Revue laurentienne*, vol. 5, nᵒ 1, févr. 1973, p. 87–102.

Conrad Bernier, *DesRochers. Tout le monde est poète*, Pr, 92ᵉ année, nᵒ 254, 23 oct. 1976, p. D-2, D-5.

Richard Giguère, *Alfred DesRochers. Œuvres poétiques I et II*, LAQ 1977, p. 115–118.

Yves Bolduc, *Alfred DesRochers poète québécois*, LQ, nᵒ 10, avril 1978, p. 34–36.

[Anonyme], *Alfred DesRochers n'est plus*, Pr, 94ᵉ année, nᵒ 134, 13 oct. 1978, p. A-1.

DESROCHERS, CLÉMENCE (1933–   ). Chanteuse, monologuiste et poète, née à Sherbrooke. Elle est la fille du poète Alfred DesRochers. Après ses études à l'École normale Marguerite-Bourgeois, elle enseigne au niveau primaire, mais après un an et demi, elle retourne aux études au Conservatoire d'art dramatique. Durant les étés, elle fait partie de la Roulotte dirigée par Paul Buissonneau. En quittant le Conservatoire, elle joue un rôle secondaire dans un spectacle consacré aux enfants ; en 1958, elle est invitée à participer aux spectacles de Jacques Normand (Chouinard) au cabaret Saint-Germain-des-Prés de Montréal. En 1959, elle inaugure sa carrière à la télévision de Radio-Canada avec le monologue : « Ce que toute jeune fille devrait savoir, ou mon entrée à Radio-Canada ». Elle joue dans « La Famille Plouffe » de Roger Lemelin, dans « La Côte de sable », « Le Pain du jour » et « Quelle Famille ». Elle écrit, en collaboration avec Jean Besré, une série de contes pour enfants, « Grujot et Délicat ». En 1964, elle compose le livret de la comédie musicale, « Le Vol rose du flamant », mise en musique par Pierre-F. Brault. Elle fonde de nombreuses boîtes à chanson dont La Barre 500 et La Boîte à Clémence. À la manière de Gélinas, elle organise des revues qui plaisent beaucoup au public dont « La Grosse Tête » (1968), « Les Girls » (1969), « C'est pas une revue, c't' un show » (1971). Elle collabore à divers périodiques et présente de nombreux spectacles de chants et de monologues dont plusieurs ont été publiés. En 1984, elle reçoit la médaille Jacques-Blanchet. Selon Martine Léonard « La satire de Clémence Desrochers se place sous le signe de la tendresse : sa vision est faite d'indulgence, même si elle traque sans pitié chaque travers [...] ; la lucidité chez elle ne conduit pas à la révolte mais à la fraternité ».

ŒUVRES

Le Monde sont drôles (nouvelles) *suivies de La Ville depuis* (lettres d'amour), Montréal, Parti Pris, 1966, 131 p. « P ».

Sur un radeau d'enfant (poésie, chansons, dessins inédits, monologues), Montréal, Leméac, 1969, 199 p. Portrait. Ill., dessins inédits de l'auteur. Présentation de Marcel Dubé. « Mon pays mes chansons ».

Le rêve passe... (théâtre), [Montréal], Leméac, 1972, 59 p. « RQ ».

La Grosse Tête (théâtre, poésie, monologues), [Montréal], Leméac, 1973, 139 p. Portrait. Ill. Introduction d'Alain Pontaut. « Mon pays mes chansons ».

J'ai des p'tites nouvelles pour vous autres (récits), [Montréal], L'Aurore, 1974, 83 p. Ill. de l'auteur. « L'Amélanchier, Album ».

Le Monde aime mieux... (choix d'œuvres), Montréal, Éditions de l'Homme, 1977, 228 p. Portrait. Ill. de Jean Daigle. Préface de Marc Favreau.

Les Trouvailles de Clémence (guide pratique), Montréal, Éditions de l'Homme, 1978, 296 p. Portrait. Ill. Préface de l'auteur.

Le Choix de Clémence dans l'œuvre d'Alfred DesRochers (textes choisis), [Notre-Dame-des-Laurentides], Presses laurentiennes, 1981, 79 p. (Comprend également les choix de Jean-Marc, Jeanne, Pierre-Luc, Simone et Roch-Denis DesRochers).

Veux-tu encore de ce jardin... (poésie), [Québec], Éditions Regard, [1983 ?], [portefeuille, n.p., 25 f.]. Ill., sérigraphies de Benoît Simard. (Édition de luxe. Tirage limité).

L'Enterrement de Blanche-neige, NBJ, n° 87, févr. 1980, p. 73–87.

DISCOGRAPHIE

Clémence... sans pardon (disque), [s.l.], Gamma monorale, [196–?], GM-104, 33⅓ r.p.m.

Clémence Desrochers, v. 1 (disque), [s.l.], Alouette, [1969?], SAD-520, 33⅓ r.p.m.

Il faut longtemps d'une âpre solitude (disque), [s.l.], Polydor, 1973, Stereo 2424 087, 33⅓ r.p.m.

Clémence. Comme un miroir (disque), [s.l.], Disques Franco Inc., [1975?], FR 793, 33⅓ r.p.m. (Monologues enregistrés à la boîte Le Patriote en avril 1975).

Clémence. Comme un miroir (cartouche 8 pistes), [s.l.], Franco, [1975?], 82-793, 3¾ pouces/secondes.

Je t'écris pour te dire (disque), [s.l.], Franco Disque Inc., [1975?], FR 790, 33⅓ r.p.m. (Paroles sur pochette).

Clémence. Mon dernier show (disques), [s.l.], Franco, [1977?], FR 41001, 33⅓ r.p.m. (Album double. Enregistré au Cinéma Outremont le 9 avril 1977).

The Singer-composers of Québec (disque), [s.l.], Gamma Monorale,[date?], GM 502, 33⅓ r.p.m. (Choix de 14 chansons d'interprètes québécois. Comprend *La Robe de soie* de Clémence Desrochers).

ÉTUDES

Alain Pontaut, *Metteur en scène du « Vol rose du flamant », Albert Millaire entend bâtir du neuf*, Dev, vol. 55, n° 287, 5 déc. 1964, p. 13.

Id., *Vitalité de la chanson*, dans *Montréal 66*, vol. 3, n° 1, janv. 1966, p. 8.

Gérald Godin, *Le Monde sont drôles, et Clémence itou !*, MM, vol. 6, n° 3, mars 1966, p. 45.

Adrien Thério, *Le Monde sont drôles de Clémence Desrochers*, LAC 1966, p. 40.

Claude Gingras, *Sois toi-même : mais pourquoi ne l'es-tu pas, Clémence ?*, Pr, 83ᵉ année, n° 266, 16 nov. 1967, p. 18.

Brigitte Morissette, *Clémence en veilleuse*, P, vol. 88, n° 47, 26 nov. 1967, p. 52.

Ingrid Saumart, *Clémence Desrochers : je n'ai plus envie de raconter mes peines*, PJ, 42ᵉ année, n° 22, 24 mars 1968, p. 49.

Jacques Guay, *Clémence dans la rue...*, MM, vol. 8, n° 4, avril 1968, p. 26.

Rudel-Tessier, *Clémence et ses girls : pas méchantes*, Pr, 85ᵉ année, n° 112, 14 mai 1969, p. 11.

Guy Robert, *Sur un radeau d'enfant de Clémence Desrochers*, LAQ 1969, p. 101.

Annie Bergeron, *Clémence Desrochers à cœur ouvert. Il faut rire de nos malheurs pour les dépasser*, dans *Québec-Presse*, vol. 1, n° 10, 21 déc. 1969, p. 19.

Martin Léonard, *Monologues : de la parole au texte*, LAQ 1973, p. 158-160.

Robert Claing, *Clémence Desrochers. J'ai des p'tites nouvelles pour vous autres et des dessins*, LAQ 1975, p. 151-152.

Pierre Beaulieu, *Le Monde aime mieux... Clémence Desrochers*, Pr, 93ᵉ année, n° 76, 2 avril 1977, p. D-5.

Michelle Talbot, *Clémence : la foi des débuts !*, dans *Dimanche Matin*, vol. 26, n° 41, 14 oct. 1979, p. 3.

Nathalie Petrowski, *Clémence enfin retrouvée*, Dev, vol. 71, n° 199, 30 août 1980, p. 15-16.

Pierre Beaulieu, *« Je suis une raconteuse d'histoires ». Clémence revient*, Pr, 96ᵉ année, n° 205, 30 août 1980, p. B-1, B-6.

Jean Beaunoyer, *Clémence Desrochers. Une seule cause : le rire*, Pr, 99ᵉ année, n° 12, 15 janv. 1983, p. C-1, C-2.

Nathalie Petrowski, *Clémence et sa force cachée*, Dev, vol. 74, n° 11, 15 janv. 1983, p. 13, 24.

Clément Trudel, *« Plus folle que jamais ». Clémence a encore fait mouche !*, Dev, vol. 74, n° 21, 27 janv. 1983, p. 18.

[Anonyme], *Clémence Desrochers se lance dans le journalisme*, Dev, vol. 75, n° 36, 13 févr. 1984, p. 8.

Johanne Lenneville, *Clémence Desrochers reçoit la médaille Jacques-Blanchet*, Dr, 72ᵉ année, n° 19, 17 avril 1984, p. 21.

DESROCHES, FRANCIS [Frandero] (1895–1979). Poète et romancier, né à Québec. Il fait ses études au Collège Séraphique (Montréal), au Petit Séminaire de Québec et à l'Institut Duployé-Perrault. Il s'inscrit en droit à l'Université Laval qu'il abandonne pour s'engager dans l'armée, est réformé pour cause de santé, et entre à la fonction publique du Québec où il devient publiciste au ministère de l'Agriculture en 1917. En 1941, il passe au Secrétariat de la province où il est successivement directeur du personnel, pourvoyeur et publiciste. Il prend sa retraite en 1965. Sous le pseudonyme de Frandero, il collabore assidûment au journal *L'Événement* où il est surtout poète et critique, et pour lequel il compose ses « gazettes rimées ». En 1923, avec Alonzo Cinq-Mars, Louis-Joseph Doucet, Avila de Belleval et Alphonse Désilets, il fonde la Société des poètes canadiens-français et son organe officiel *Le Message des poètes*, revue irrégulière devenue *Poésie* en 1965. Il fonde plusieurs revues plus ou moins éphémères : *La Revue des éleveurs* (devenue *La Vie rurale* de 1920 à 1930), *Tout-Sport*, *À travers tout*. Pendant la crise économique, il fonde *La Détente*, puis il est associé au *Bulletin*, périodique de la Mutuelle-Vie des fonctionnaires, et à *Contact*, mensuel de l'Association des employés civils du Québec. À la parution de *Cendres chaudes*, en 1963, il devient Compagnon de l'Académie berrichonne. Sa poésie de facture toute traditionnelle — que Cécile Cloutier appelle « une poésie de cours classique » — et trop abondante en clichés, a beaucoup vieilli. Mais Guy Robert a aimé « La Villa de nos rêves », première partie de *Cendres chaudes*, pour sa « sensualité caressante », sa «rare franchise» et ses sentiments « vibrants ».

ŒUVRES

« *En furetant* » (billets), Québec, Imprimerie de l'Action sociale limitée, 1919, 201 p.

Brumes du soir (poésie), Québec, Imprimerie de l'Action sociale limitée, 1920, 133 p. Préface de Camille Roy.

« *Chiq'naudes* ». *(Gazettes rimées)* 1ʳᵉ série, Québec, Édition de la Tour de Pierre, 1924, 128 p. Sous le pseudonyme de Frandero. Ill. d'Henri Déro.

Pascal Berthiaume. Roman, Québec, Édité par l'Agence Élite inc., 1932, 155 p.

Propos d'un rôdeur. Prose et rimes, Québec, [chez l'auteur], [1942], 159 p. Sous le pseudonyme de Frandero.

Cendres chaudes. Poèmes, Québec, Éditions Garneau, 1963, 82 p. Préface de Pierre Cabiac. « Nos poètes ».

L'Épave (poésie), RUL, vol. 110, nº 6, févr. 1956, p. 565-568.

ÉTUDES

Camille Roy, *Pascal Berthiaume*, ESC, vol. 12, nº 2, nov. 1932, p. 88-89.

Jean-Marie Bédard, *Propos d'un rôdeur*, dans *Regards*, vol. 3, nº 7, avril 1942, p. 323-324.

Charles-Marie Boissonnault, *Quarante ans de poésie : la Société des poètes canadiens-français*, MSRC, juin 1963, p. 163-175.

Guy Robert, *Cendres chaudes de Francis Desroches*, LAC 1963, p. 70.

[Anonyme], *Cendres chaudes*, dans *Vie française*, nov.–déc. 1963, p. 124-125.

Antoine Goulet, *La Société des poètes canadiens-français*, dans *Le Travailleur*, 6 janv. 1966, p. 1.

Reine Malouin, *Il était une fois... des poètes*, dans *Poésie* (numéro spécial), 1973, p. 7-41.

Lucie Ménard

DES ROCHES, ROGER (1950–   ). Poète, né à Trois-Rivières. Après son cours secondaire à Longueuil, il poursuit des études en dessin commercial. Il devient graphiste aux Éditions de l'Aurore, en 1974, puis typographe à la Société Compoplus. Mais sa préoccupation première est la poésie. Il est boursier du Conseil des Arts à quelques reprises, participe à la « Nuit de la poésie » en 1970, et au colloque de Cerisy-la-Salle (France) sur la littérature québécoise, à l'été de 1980. Il collabore aux *Herbes rouges* et à *Stratégie*. À partir de 1970, il publie presque un recueil par année, puis, en 1975 et en 1979, il réunit, revus et corrigés, ses écrits de 1969 à 1971 et de 1969 à 1973 sous les titres curieux de *Autour de Françoise Sagan indélébile* et *Tous, corps accessoires*, ce qui amène les critiques auparavant assez silencieux sur Des Roches à parler de son œuvre. Sous la plume de la plupart d'entre eux reviennent les formules : recherche formelle, traitement des mots comme pures sonorités, éclatement sémantique, usage immodéré de l'allitération, délire des doubles sens, confusion du discours, abolition des conventions...

Cette technique du jeu remet en question les fonctions de la grammaire et des signes, et la signification du poème devient fort complexe. Des Roches est devenu un « maître », et on l'a appelé le « théoricien » le plus important du groupe des *Herbes rouges* qui, en outre, exploite « un langage occulté pour mieux devenir militant », comme le dit Max Roy qui ajoute que « la poésie québécoise aura bénéficié de cette aventure » des *Herbes rouges*. Prenant la défense des avant-gardistes, Claude Beausoleil écrit en 1980 que l'écriture de Roger Des Roches est peut-être ce qu'il y a de « plus stimulant dans la poésie québécoise moderne ». Elle ne peut, en tout cas, laisser personne indifférent.

ŒUVRES

Corps accessoires. Poèmes, Montréal, Éditions du Jour, 1970, 55 p. « PJ ».

L'Enfance d'Yeux suivi de Interstice (poésie), Montréal, Éditions du Jour, 1972, 118 p. Préface de François Charron. « PJ ».

Les Problèmes du cinématographe (poésie), Montréal, Les Herbes rouges, nº 8, mars 1973, [n.p., 29 p.].

Space-Opera (sur-exposition) (poésie), Montréal, Les Herbes rouges, nº 15, déc. 1973, [n.p., 28 p.].

Reliefs de l'arsenal. Récit, Montréal, L'Aurore, 1974, 94 p. Ill. de l'auteur. « Écrire ».

La Publicité discrète (poésie), Montréal, Les Herbes rouges, nº 25, janv. 1975, [n.p., 25 p.].

Autour de Françoise Sagan indélébile. Poèmes et proses, 1969-1971, Montréal, L'Aurore, 1975, 101 p. Postface de François Charron. « Lecture en vélocipède ».

Le Corps certain (poésie), Montréal, Les Herbes rouges, nº 30, sept. 1975, [n.p., 23 p.].

La Vie de couple (poésie), Montréal, Les Herbes rouges, nᵒˢ 50-51, mai 1977, [n.p., 60 p.]. Ill.

La Promenade du spécialiste (poésie), Montréal, Les Herbes rouges, nº 54, août 1977, [n.p., 23 p.].

Les Lèvres de n'importe qui (poésie), Montréal, Les Herbes rouges, nº 70, déc. 1978, 32 p.

Les Marionnettes, Montréal, Les Éditions Le Tamanoir, [1978], [n.p., 29 p.]. Ill. de Michel Fortier. Adaptation d'un conte de Louis Fréchette. « L'Étoile filante ».

« Tous, corps accessoires... » (poèmes et proses, 1969-1973), Montréal, Les Herbes rouges, 1979, 293 p. Ill. Comprend : *Corps accessoires, L'Enfance d'Yeux, Interstice, Autour de Françoise Sagan indélébile, Les Problèmes du cinématographe, Space-Opera (sur-exposition)*. « Enthousiasme ».

L'Observatoire romanesque (prose), Montréal, Les Herbes rouges, nº 77, déc. 1979, 31 p.

Pourvu que ça ait mon nom (confidences), Montréal, Les Herbes rouges, 1979, 73 p. Ill. Collab. Normand de Bellefeuille. « Lecture en vélocipède » (Paru en partie dans NBJ, nᵒˢ 90-91, mai 1980, p. 161).

L'Imagination laïque. Poèmes, Montréal, Les Herbes rouges, 1982, 78 p. « Lecture en vélocipède ». (Paru aussi sous le titre, *L'Imagination laïque (premières pages, première version sûrement)*, dans NBJ, nᵒ 108, déc. 1981, p. 51-59).

Je sors d'une histoire d'amour et je suis épuisé (prose), NBJ, nᵒ 64, mars 1978, p. 5-10.

Les Sacrées Écoles, NBJ, nᵒ 77, avril 1979, p. 23-28.

Les Faits réels (En guise d'introduction). Tous les veilleurs de nuit, Et, après une nuit de veille, Sans titre, NBJ, nᵒˢ 79-80, juin 1979, p. 11-17, 105-109, 111-117, 141-142.

Pour les nouveaux écrivains, Dev, vol. 71, nᵒ 68, 22 mars 1980, p. 24.

Le Métier et les Pièges, NBJ, nᵒˢ 90-91, mai 1980, p. 153-160.

ÉTUDES

[Anonyme], *Corps accessoires*, dans *Le Livre canadien*, vol. 1, mai 1970, nᵒ 202.

André Carrière, *Trois auteurs en quête d'un langage*, LAQ 1973, p. 101.

Jean-Pierre Vidal, *Roger Des Roches. Reliefs de l'arsenal*, LAQ 1974, p. 68-69.

Réjean Jacques, *Changer les mots et la politique*, Pr, 91ᵉ année, nᵒ 159, 5 juillet 1975, p. D-4.

[Anonyme], *Des Roches, Roger. Autour de Françoise Sagan indélébile*, dans *Le Livre canadien*, vol. 6, nov. 1975, nᵒ 335.

Jacques Renaud, *Desroches, Devergnas, Galanskov. L'ennui, la fête et l'immense révolte universelle*, Dev, vol. 69, nᵒ 232, 8 oct. 1977, p. 20.

Max Roy, *Roger Des Roches. La Vie de couple et La Promenade du spécialiste*, LAQ 1977, p. 122-125.

Normand de Bellefeuille, *Ouverture pour une lettre d'amour*, dans *Spirale*, nᵒ 1, sept. 1979, p. 8.

Richard Giguère, *De la poésie à la critique: un discours en ébullition*, LAQ 1979, p. 89-179, surtout p. 105.

Claude Beausoleil, *Roger Des Roches. Tous, corps accessoires*, LAQ 1979, p. 110-114.

Richard Giguère, *Roger Des Roches: un novateur*, Dev, vol. 71, nᵒ 45, 23 févr. 1980, p. 26.

Pierre Nepveu, *Les Années soixante-dix: du commencement à la fin*, LQ, nᵒ 17, printemps 1980, p. 26-29.

Id., *« De l'importance » de la littérature*, LQ, nᵒ 19, automne 1980, p. 28-31.

[Anonyme], *De la page blanche à l'écran noir*, Dev, vol. 76, nᵒ 21, 26 janv. 1985, p. 23.

Réginald Martel, *Roger Des Roches et « l'écrivain public »*. Les puces et la littérature, Pr, 101ᵉ année, nᵒ 104, 2 févr. 1985, p. E-4.

DESROSIERS, LÉO-PAUL (1896-1967). Journaliste et romancier, né à Berthier-en-Haut. Il passe une enfance heureuse auprès d'un père qui lui lègue une imagination féconde et le goût du merveilleux. Il fait ses études classiques au Séminaire de Joliette. C'est pendant un congé de maladie, alors que son père lui raconte sa vie, que naît chez le jeune Desrosiers un intérêt passionné pour l'histoire de son pays, celle des débuts surtout. Entré en 1916 à la faculté de droit de l'Université de Montréal, il subit dès cette époque l'influence très forte de Lionel Groulx. Il obtient une licence en droit en 1919. Après des débuts difficiles dans un bureau d'avocat, il se dirige vers le journalisme, collabore au *Devoir*, puis à *L'Action canadienne-française*, et approfondit ses sentiments nationalistes. Il devient chroniqueur parlementaire à Ottawa pour *Le Devoir*, en 1920. En 1922, il épouse l'écrivain Michelle Le Normand. Il quitte *Le Devoir* pour le poste de rédacteur des procès-verbaux de la Chambre des communes, puis celui de traducteur du journal des *Débats* (1928-1941). Il se nourrit de Marcel Proust et de Thomas Marin dont on retrouve la marque dans *Nord-Sud* (1931), *Les Engagés du Grand Portage* (1938)... De 1941 à 1953, il est conservateur de la Bibliothèque municipale de Montréal, et en même temps, directeur de l'École des bibliothécaires et il collabore à *Notre Temps*. En 1953, il se retire à Saint-Sauveur-des-Monts et se consacre à l'écriture. Membre de la Société des Dix, de la Société royale du Canada, membre fondateur de l'Académie canadienne-française, il reçoit de nombreux prix littéraires: prix d'Action intellectuelle (1922), prix de la province de Québec (1939), prix Duvernay (1951), médaille Lorne Pierce pour l'ensemble de son œuvre (1963). Son œuvre a une double dimension, l'histoire et le roman. Il préconise un genre romanesque où l'histoire et la nature canadiennes marquent en profondeur l'action et la vie des personnages. Jean Ménard lui accorde la première place en ce domaine: « Le plus attachant de ses romans historiques, le plus sûr de durer [...] paraît être *Les Engagés du Grand Portage* à cause de la beauté de la langue et l'exactitude de la reconstitution. » C'est un roman historique où la puissante peinture de l'entreprise épique du commerce des fourrures vers les années 1800 dans les pays d'en haut fait oublier la psychologie un peu sommaire des personnages. Par son art, ce livre appartient aux réussites romanesques québécoises de premier rang. L'œuvre de Desrosiers est un hymne au Canada français, un témoignage de fidélité au sol et à l'histoire que Michelle Gélinas rattache à la thématique de Laure Conan et à celle d'Antoine Gérin-Lajoie : « Globalement, elle témoigne d'une fidélité au passé ; mais au niveau des intentions profondes, inconscientes, s'inscrit le rejet de ce passé. [...] L'œuvre de Desrosiers est une œuvre douloureuse et pitoyable comme l'est une littérature de survivance, dont l'incertitude, la méfiance, le ressentiment sont le pain quotidien. Elle est une œuvre de résistance, qui éclaire notre passé et notre présent collectifs, et qui témoigne de notre volonté de vivre ».

ŒUVRES

Âmes et Paysages (nouvelles), Montréal, Éditions du Devoir, 1922, 187 p.

Nord-Sud (roman), Montréal, Éditions du Devoir/Librairie d'Action canadienne-française, 1931, 199 p. Préface d'Honoré Parent ; Montréal/Paris, Fides, 1943, 216 p. « AB » ; 1980, 220 p. Présentation et jugements critiques de Maurice Lemire. Chronologie et bibliographie d'Aurélien Boivin. « BQ ».

Le Livre des mystères (nouvelles), Montréal, Éditions du « Devoir », 1936, 177 p.

L'Accalmie. Lord Durham au Canada (histoire), [Montréal], Le Devoir, 1937, 149 p.

Les Engagés du Grand Portage (roman), Paris, NRF/Gallimard, 1938, 211 p. ; Montréal, Fides, 1946, 207 p. « N » ; 1957 ; Montréal/Paris, 1958 ; Montréal, 1962 ; 1969 ; 1969, 219 p. Précédé d'une chronologie, d'une bibliographie et de jugements critiques. « BCF » ; 1980, 231 p. Présentation et jugements critiques de Maurice Lemire. Chronologie et bibliographie d'Aurélien Boivin. « BQ ». Traduction anglaise par Christina van Oordt : *The Making of Nicolas Montour*, Toronto, Harvest House, 1978, 200 p. « French Writers of Canada ».

Commencements (histoire), Montréal, L'Action canadienne-française, 1939, 160 p. « Documents historiques ».

Les Opiniâtres. Roman, Montréal, [s.é.], 1941, 222 p. ; Montréal/Paris, Fides, 1954, 198 p. Préface de Jean-Noël Tremblay. « N » ; 1962.

Sources (roman), Montréal, [s.é.], 1942, 227 p. ; [1943].

Iroquoisie (1534-1646) (histoire), Montréal, Éditions Les Études de l'Institut d'histoire de l'Amérique française, 1947, t. 1, 351 p.

L'Ampoule d'or (roman), Paris, Gallimard/NRF, 1951, 255 p. ; Montréal/Paris, Fides, 1967, 212 p. Précédé d'une chronologie, d'une bibliographie et de jugements critiques. « BCF ».

Les Dialogues de Marthe et de Marie (biographie), Montréal/Paris, Fides, 1957, 204 p.

Vous qui passez. Roman, Montréal/Paris, Fides, 1958-1960, 3 tomes. « GD » : t. 1, 1958, 265 p. ; t. 2, *Les Angoisses et les Tourments*, 1959, 316 p. ; t. 3, *Rafales sur les cimes*, 1960, 235 p.

Dans le nid d'aiglons, la colombe : vie de Jeanne Le Ber, la recluse (biographie), Montréal/Paris, Fides, 1963, 141 p. Ill.

Paul de Chomedey, sieur de Maisonneuve (histoire), Montréal/Paris, Fides, 1967, 322 p.

Notre Croix (conte), dans *La Croix du Chemin ; premier concours littéraire de la Société Saint-Jean-Baptiste de Montréal*, Montréal, Société Saint-Jean-Baptiste, 1916, p. 45 à 52. Préface de Camille Roy ; 1941, p. 49-57.

Commencements. L'Alliance contre les Iroquois, CF, vol. 24, n° 5, janv. 1937, p. 434-448 ; n° 6, févr. 1937, p. 549-560.

Dollard des Ormeaux dans les textes, CD, n° 10, 1945, p. 41-85.

Vers notre premier parlement, CD, n° 13, 1948, p. 85-108.

Préliminaires du massacre de Lachine, CD, n° 19, 1954, p. 47-66.

Iroquoisie, terre française, CD, n° 20, 1955, p. 33-59.

Négociations de paix (1693-1696), CD, n° 21, 1956, p. 55-87.

Il y a trois cents ans, CD, n° 25, 1960, p. 85-101.

Frontenac et la Paix (1672-1682), RHAF, vol. 17, n° 2, sept. 1963, p. 159-184.

ÉTUDES

Camille Roy, *Nord-Sud*, ESC, vol. 11, n° 1, oct. 1931, p. 14-22.

Maurice Hébert, *Les Derniers-nés littéraires de Mme Michelle Le Normand et de son mari M. Léo-Paul Desrosiers*, CF, vol. 25, n° 5, janv. 1938, p. 547-560, surtout p. 547, 553-560.

Arthur Laurendeau, *Les Opiniâtres*, AN, vol. 19, n° 5, juin 1942, p. 382-389.

Lionel Groulx, *Iroquoisie*, RHAF, vol. 1, n° 2, sept. 1947, p. 278-287.

Guy Boulizon, *Iroquoisie*, dans *Lectures*, t. 4, n° 2, mars 1948, p. 70-75.

Jean-Paul Pinsonneault, *L'Ampoule d'or*, dans *Lectures*, t. 9, n° 4, déc. 1952, p. 149-154.

Mgr Émile Chartier, *Léo-Paul Desrosiers. Le Roman historique et psychologique*, dans *Lectures*, t. 9, n° 6, févr. 1953, p. 248-251.

Jean Ménard, *En lisant Léo-Paul Desrosiers*, RUL, vol. 13, n° 1, sept. 1958, p. 52-60. Remaniée, cette étude est publiée dans *La Vie littéraire au Canada français*, Ottawa, EUO, 1971, p. 41-51.

Gilles Marcotte, *Deux vétérans : Desrosiers et Giroux*, L, vol. 1, n° 3, mai-juin 1959, p. 181-186.

Julia Richer, *Léo-Paul Desrosiers*, Montréal, Fides, 1966, 190 p. « ECA ».

Réjean Robidoux et André Renaud, *Les Engagés du Grand Portage*, dans *Le Roman canadien-français du vingtième siècle*, Ottawa, EUO, 1966, p. 57-71.

André Major, *Redécouverte de Léo-Paul Desrosiers*, AN, vol. 56, n° 6, févr. 1967, p. 621-623.

Michelle Gélinas, *Léo-Paul Desrosiers ou Le Récit ambigu*, Montréal, PUM, 1973, 149 p. « Lignes québécoises ».

DESROSIERS

Philippe Haeck, *Lire la bible. L'Ampoule d'or par Léo-Paul Desrosiers*, dans *Spirale*, nº 1, sept. 1979, p. 10.

Adrien Thério, *Pourquoi relire Nord-Sud de Léo-Paul Desrosiers*, LQ, nº 27, automne 1982, p. 91–92.

DESROSIERS, Mᵐᵉ LÉO-PAUL. Voir **LENOR-MAND,** MICHELLE.

DESROSIERS, MICHEL (1941–   ). Romancier, né à Crabtree Mills (Joliette). Il fait ses études classiques au Séminaire de Chambly (1954–1960) et il termine son baccalauréat à l'Université de Montréal (1962). Il enseigne le français pendant quelque temps au Cégep de Maisonneuve, puis il prépare un certificat d'études générales en lettres à l'Université de Montréal (1967). Il devient ensuite consultant en communications, à Montréal. Son premier roman, *L'Envol des corneilles* (1975), œuvre franchement autobiographique, est le récit de l'enfance et de l'adolescence d'un fils de cultivateur qui se libère de la mentalité traditionnelle qu'il continue néanmoins de respecter. La critique est louangeuse. Beaucoup de lecteurs, écrit François Ricard, « y trouveront leur propre vie, l'itinéraire qu'ils ont eux-mêmes dû suivre pour se libérer, et aussi leur propre appartenance, le souvenir si proche et si lointain de leurs racines ».

ŒUVRES

L'Envol des corneilles. Récit, Montréal, Éditions La Presse, 1975, 191 p. « Chroniqueurs des deux mondes ».

Le Guide impact, Montréal, Flammarion Ltée, 1979, 383 p.

ÉTUDES

André Vanasse, *Le Silence et la Déchirure. Réflexion sur l'Envol des corneilles*, LQ, vol. 1, nº 1, mars 1975, p. 7–9.

[Anonyme], *Desrosiers (Michel). L'Envol des corneilles*, dans *Le Livre canadien*, vol. 6, nov. 1975, p. 336.

François Ricard, *Des portraits de la révolte*, dans *Le Livre d'ici*, vol. 1, nº 9, 14 déc. 1975, p. 1.

Gilles Dorion, *Michel Desrosiers. L'Envol des corneilles*, LAQ 1975, p. 59–60.

DESROSIERS, SYLVIE [Éva Partout] (1954–   ). Romancière et humoriste, née à Montréal. Elle étudie au Cégep de Maisonneuve (D.E.C, 1973) et s'inscrit à l'Université de Montréal où elle obtient un baccalauréat spécialisé en arts visuels. Par la suite, elle se consacre à l'écriture, collaborant à la revue *Croc* où elle publie, depuis 1980, une chronique mensuelle sous le pseudonyme d'Éva Partout. Son premier roman *T'as rien compris, Jacinthe* (1982) est très bien reçu par la critique. « Le titre est accrocheur, affirme Réginald Martel. Ce petit roman est étonnant par sa fraîcheur ». Madeleine Ouellette-Michalska ajoute : « La jeune romancière se meut avec une belle facilité — trop sans doute, le travail a aussi ses mérites — dans ce court roman où l'artifice est absent ».

ŒUVRE

T'as rien compris, Jacinthe (roman), [Montréal], Leméac, 1982, 137 p. « Roman québécois ».

ÉTUDES

Réginald Martel, *Sylvie Desrosiers. Une bombe de tendresse*, Pr, 98ᵉ année, nº 293, 18 déc. 1982, p. D-4.

Madeleine Ouellette-Michalska, *L'Amour sans âge*, Dev, vol. 74, nº 23, 29 janv. 1983, p. 21.

DESRUISSEAUX, PIERRE (1945–   ). Lexicographe, poète et romancier, né à Sherbrooke. Il obtient un baccalauréat ès arts et un baccalauréat en philosophie à l'Université de Montréal (1968 et 1970), puis il fait la scolarité de la maîtrise en philosophie (1970–1972). Il est reporter-photographe au *Journal de Laval* (1965) et collaborateur au *Petit Journal* (1967), à *Sept Jours* (1967) et à *Opérations forestières et de scieries* (1977), assistant de recherche au département de sociologie de l'Université de Montréal (1970) et au département de philosophie de l'Université du Québec à Montréal (1971). En 1976, il fonde une maison d'édition, Triptyque, puis une revue de création littéraire, *Moebius*. En 1970, il publie ses premiers articles sur les dictons et proverbes québécois dans *L'Action nationale*. En 1974, il prépare avec Marcel Rioux une documentation importante sur les « Proverbes, dictons et croyances populaires au Québec » (documentation consignée à l'ordinateur du Centre de calcul de l'Université de Montréal). Ces recherches lui permettront de publier des lexiques ou dictionnaires signalétiques sur ces sujets. La critique a accueilli ces ouvrages assez diversement. Les linguistes reconnaissent à DesRuisseaux un talent de chercheur, mais lui reprochent en particulier de ne pas fouiller suffisamment ses sujets et de ne pas tenir compte de la diachronie dans ses explications. « Quiconque, écrit François Latraverse, prend un peu au sérieux cette forme d'érudition qu'est le recueil de locutions, ne peut manquer d'être désolé lorsqu'il s'aperçoit que c'est là tout ce qui nous est présenté pour ce qui est québécois ». Le meilleur de son œuvre se trouve peut-être dans son roman, *Noyau*, et son recueil de poésie, *Lettres*. « Cette poésie économe, écrit Jean Royer, donne son chant aux mirages et sa musique à la réalité, celle qui durera dans le poème ».

ŒUVRES

Croyances et Pratiques populaires au Canada français (lexique), Montréal, Éditions du Jour, 1973, 224 p.

Le P'tit Almanach illustré de l'habitant (essai), Montréal, L'Aurore, 1974, 139 p.

Le Livre des proverbes québécois (lexique), Montréal, L'Aurore, 1974, 205 p. ; Hurtubise HMH, 1978, 219 p. « Connaissance des pays québécois » .

Le Noyau (roman), Montréal, L'Aurore, 1975, 109 p. « L'Amélanchier ».

Dictionnaire de la météorologie populaire au Québec (lexique), Montréal, L'Aurore, 1976, 215 p. « Connaissance des pays québécois ».

Magie et Sorcellerie populaires au Québec (lexique), Montréal, Triptyque, 1976, 205 p. Préface de Marcel Rioux.

Le Livre des expressions québécoises (lexique), Montréal, Hurtubise HMH, 1979, 280 p. ; 1980, 291 p. Ill.

Lettres (poésie), Montréal, L'Hexagone, 1979, 60 p.

Ici la parole jusqu'à mes yeux (poésie), Trois-Rivières, Écrits des Forges, 1980, 81 p.

Soliloques (aphorismes), Montréal, Moebius Triptyque, 1981, 82 p.

Le Livre des pronostics, dictons, croyances et conjurations du temps au Québec (essai-glossaire), Montréal, Hurtubise HMH, 1982, 249 p. Ill.

Travaux ralentis (poésie), Montréal, L'Hexagone, 1983, 51 p.

Présence empourprée (poésie), Montréal, Parti Pris, 1984, 51 p. « P ».

Storyboard (poésie), Montréal, L'Hexagone, 1986, 102 p. « P ».

Secret qu'une ville, dans *Estuaire*, n° 16, juin 1980, p. 31–38.

François Tétreau. L'Architecture pressentie, LAQ 1981, p. 102–103.

ÉTUDES

Thomas Lavoie, *Pierre DesRuisseaux. Le Livre des proverbes québécois*, LAQ 1974, p. 248–249.

R[éginald] M[artel], *J'ai avalé le noyau de travers*, Pr, 91ᵉ année, n° 279, 22 nov. 1975, p. D-2.

Louise Proulx, *Pierre DesRuisseaux. Le Noyau*, LAQ 1975, p. 68–69.

Michel Laurin, *Pierre DesRuisseaux. Magies et sorcelleries populaires au Québec*, dans *Nos livres*, vol. 8, mai 1977, n° 165.

Roland Bourneuf, *Pierre DesRuisseaux. Lettres*, LAQ 1979, p. 115.

François Latraverse, *Pierre DesRuisseaux. Le Livre des expressions québécoises*, LAQ 1979, p. 292-293.

André Lamarre, *Le Livre des expressions québécoises de Pierre DesRuisseaux*, dans *Spirale*, n° 5, janv. 1980, p. 1.

Robert Mélançon, *DesRuisseaux, Legris, Néron, des publications récentes à l'Hexagone*, Dev, vol. 71, n° 9, 12 janv. 1980, p. 17.

Madeleine Bellemare, *Pierre DesRuisseaux. Lettres*, dans *Nos livres*, vol. 11, mars 1980, n° 82.

Normand de Bellefeuille, *Lettres de Pierre DesRuisseaux*, dans *Spirale*, n° 9, mai 1980, p. 8.

Jean Royer, *Les Chemins de la tendresse*, Dev, vol. 71, n° 336, 20 déc. 1980, p. 18.

Robert Saint-Amour, *Pierre DesRuisseaux. Soliloques*, LAQ 1981, p. 109–110.

Pierre Nepveu, *Poèmes de silence et de désert*, Dev, vol. 74, n° 298, 24 déc. 1983, p. 13.

DESSAULLES, HENRIETTE. Voir **FADETTE.**

DESSAULLES, LOUIS-ANTOINE [Campagnard] (1819–1895). Essayiste et journaliste, né à Saint-Hyacinthe. Fils de l'honorable Jean Dessaulles, seigneur, et de Rosalie Papineau, sœur du tribun, Louis-Antoine Dessaulles étudie au Collège de Montréal et devient médecin. En 1839, il visite la famille de Louis-Joseph Papineau en exil à Paris. Par la suite, il prendra la défense de son oncle et publiera dans cette veine une brochure intitulée : *Papineau et Nelson, blanc et noir* (1848). À la même époque, Ludger Duvernay accuse Dessaulles d'athéisme ; celui-ci intente au rédacteur de *La Minerve* un procès pour libelle et a gain de cause. Après avoir attaqué le clergé, dans *L'Avenir* (1849), sous le pseudonyme de « Campagnard », il participe, en 1852, à la fondation du *Pays*, journal des « Rouges ». Préoccupé par l'avenir du Québec, il reprend les thèmes du « Manifeste annexioniste de Montréal » (1849) et les développe dans une série de conférences à l'Institut canadien (avril 1850–mai 1851). Il devient populaire à l'instant, bien qu'au moment de la publication de ses *Six lectures sur l'annexion aux États-Unis* (1851), la vogue annexioniste perde beaucoup de son attrait. Peu de temps après, il se retire à Saint-Hyacinthe. Devenu membre de l'Institut canadien en 1855, il prononce en mars de l'année suivante, une conférence à sensation : *Galilée, ses travaux scientifiques et sa condamnation*. À la même époque, il remporte une victoire éclatante aux élections de Rougemont, au Conseil législatif. Par le fait même, il devient chef de file du parti rouge. Rédacteur au *Pays* de mars 1861 à décembre 1863, il préside, à partir de 1862, aux destinées de l'Institut canadien pendant la période de lutte contre l'Église, marquée par une condamnation épiscopale en 1869. En 1863, Dessaulles abandonne la politique active et devient greffier de la Cour des sessions de la paix à Montréal. En 1875, à cause de graves difficultés financières, il s'expatrie et s'installe d'abord à Gand, en Belgique, sous le nom de Domrémont, puis à Paris (1878) où il vit d'une rente que lui verse son gendre Frédéric Beïque. Une correspondance considérable remise aux Archives nationales du Québec vers la fin des années 1975, a révélé un côté nouveau de la vie de Dessaulles. Il s'agit tout particulièrement de l'inventeur malheureux et naïf qui s'est ruiné à Montréal en poursuivant des essais sur les procédés d'éclairage au gaz, et dont les principales occupations sont orientées, jusqu'à la fin de sa vie, vers le développement et le financement de cent autres projets chimériques qui auraient dû rétablir sa fortune. Ces démarches n'eurent pas de succès. Fidèle à sa pensée libérale et à ses vieilles querelles anticléricales, il continue à s'occuper de questions socio-religieuses, fait des recherches sur la vie et les mœurs du clergé, suit des cours sur l'évolution des espèces, envoie des lettres au *Globe* de Toronto et publie, en 1894, un ouvrage sur le mariage et le divorce. « Il fait partie, dit Jean-Paul Bernard, de la minorité obstinée qui demeure fidèle à ses principes même après la désintégration du mouvement rouge ». Il meurt à Paris en 1895.

ŒUVRES

Papineau et Nelson, blanc et noir... et la lumière fut faite (essai), Montréal, Des presses de L'Avenir, 1848, 83 p.

Six lectures sur l'annexion du Canada aux États-Unis (essai), Montréal, P.Gendron, 1851, 199 p. ; New York, Johnson Reprint, 1968.

Galilée, ses travaux scientifiques et sa condamnation. Lecture publique faite devant l'Institut canadien par L.-A. Dessaulles, le 14 mars 1856, Montréal, publié par L'Avenir, 1856, 50 p.

Adresse à messieurs les électeurs de Rougemont (essai), [Montréal, s.é.], 1858, 66 p.

Discours sur l'Institut canadien prononcé par l'Hon. L.-A. Dessaulles, président de l'Institut à la séance du 23 décembre 1862, à l'occasion du dix-huitième anniversaire de sa fondation, Montréal, Des presses du journal Le Pays, 1863, 21 p.

La Guerre américaine, son origine et ses vraies causes (essai), Montréal, Le Pays, 1865, 160 p.

À Sa Grandeur Monseigneur Charles Larocque, évêque de St-Hyacinthe (essai), Montréal, [s.é.], 1868, 8 p.

Dernières Correspondances entre S.E. le cardinal Barnabo et l'Hon. M. L.-A. Dessaulles, Montréal, Imprimerie de Alphonse Doutre et cie, 1871, 39 p.

La Grande Guerre ecclésiastique. La Comédie infernale et les noces d'or. La suprématie ecclésiastique sur l'ordre temporel (essai), Montréal, Typographie Alphonse Doutre, 1873, v, 130 p.

Réponse honnête à une circulaire assez peu chrétienne suite à la grande guerre ecclésiastique (essai), Montréal, Typographie Alphonse Doutre, 1873, 32 p.

Au public éclairé, quelques observations sur une averse d'injures à moi adressées par quelques savants défenseurs des bons principes (essai), Montréal, [s.é., 1873 ?], 3 p.

Ses difficultés avec Mgr Bourget, évêque de Montréal, à propos de « La Grande Guerre ecclésiastique », et le journal « La Minerve » (essai), Montréal, [s.é, 1873 ?], 9 p.

Les Erreurs de l'Église en droit naturel et canonique sur le mariage et le divorce (essai), Paris, Durand et Pedone-Lauriel éditeurs, 1894, xii, 279 p.

L'Index (essai), [Montréal, s.é., s.d.], 136 p.

Polémique entre l'Hon. A.B. Routhier, M.-L. Fréchette et l'Hon. L.-A. Dessaulles (1871-1873), dans A. Laperrière, *Les Guêpes canadiennes*, 2e série, Ottawa, A. Bureau, 1882, p. 146–162.

Contre les détracteurs de l'Institut canadien et *Première lecture sur l'annexion*, EF, vol. 9, no 3, 1973, p. 197–236.

ÉTUDES

Jeune [Maximilien] Bibaud, *L'Honorable L.-A. Dessaulles et le Système judiciaire des États-Pontificaux*, Montréal, P. Cérat imprimeur, 1862, 78 p.

Luigi [abbé Alexis Pelletier], *Le Don Quichotte montréalais sur sa Rossinante ou M. Dessaulles et la Grande Guerre ecclésiastique*, Montréal, publié par la Société des écrivains catholiques, 1873, 101 p.

[Anonyme], *Examen critique de la soi-disant réfutation de la Grande Guerre ecclésiastique de l'Honorable L.-A. Dessaulles sans réhabilitation de celui-ci par un faillible qui n'a point lu l'ouvrage interdit contre une légion d'infaillibles*, Montréal, Société des écrivains de bons sens, 1873, 40 p.

Christine Piette-Samson, *Louis-Antoine Dessaulles, journaliste libéral*, RS, vol. 10, nos 2–3, 1969, p. 373–387.

Philippe Sylvain, *Un disciple canadien de Lamennais : Louis-Antoine Dessaulles*, CD, no 34, 1969, p. 61–83.

Jean-Paul Bernard, *Les Rouges. Libéralisme, nationalisme et anticléricalisme au milieu du XIXe siècle*, Montréal, PUQ, 1971, xx, 394 p.

Gérard Parizeau, *Les Dessaulles, seigneurs de Saint-Hyacinthe — chronique maskoutaine du XIXe*, Montréal, Fides, 1976, 160 p.

Pierre Berthiaume, *Les « Rouges » au XIXe siècle : lecture des pamphlets de Louis-Antoine Dessaulles*, EL, vol. 11, no 2, août 1978, p. 333–349.

Yvan Lamonde et Sylvain Simard, *Inventaire chronologique et analytique d'une correspondance de Louis-Antoine Dessaulles (1817–1895)*, Québec, Archives nationales, 1978, xxiv p.

Adrien Thério, *Louis-Antoine Dessaulles : sous le signe de la liberté et de la justice*, dans *L'Essai et la Prose d'idées au Québec*, Montréal, Fides, 1985, p. 325–334. « ALC » 6.

DEVARRO, JEAN-LOUIS. Voir **PALLASCIO-MORIN**, ERNEST.

DEVEAU, ALPHONSE-J. (1917–   ). Historien, essayiste et romancier acadien, né à Rivière-aux-Saumons (Nouvelle-Écosse). Il fait ses études classiques à l'Université Sainte-Anne de Pointe-de-l'Église (B.A., 1939). À l'Université Laval, il obtient une licence en sciences sociales (1941) et une maîtrise pour des travaux portant sur la Baie Sainte-Marie (1959). Il reçoit aussi un brevet d'enseignement de l'Université Dalhousie (1949) et un diplôme en civilisation française de la Sorbonne (1956). Sa carrière se partage entre l'enseignement et l'administration scolaire à Rivière-aux-Saumons, à Digby, à Pubnico, à Sainte-Anne-du-Ruisseau, à l'Université Saint-François-Xavier, puis à l'Université Sainte-Anne, et les recherches sur la culture acadienne de la Nouvelle-Écosse avec des équipes de l'Université Cornell et de l'Université Laval, du Musée national du Canada et du Centre d'études acadiennes pour la Nouvelle-Écosse dont il est le directeur-fondateur. Il reçoit le prix de l'ACELF en 1961, et le « Diplôme méritoire » de l'Association des instituteurs acadiens de la Nouvelle-Écosse, en 1974. Son roman historique, *Le Chef des Acadiens* (1956), décrit la célèbre dispersion et le refus de soumission de certaines familles. Son deuxième ouvrage tente de reconstituer le journal intime de son aïeule Cécile Murat, fille adoptive de Casimir LeBlanc et parente de Bonaparte. « La lecture de la préface, écrit Huguette Uguay, nous laissait espérer une œuvre passionnante et originale. [... Deveau] se contente de raconter, d'un ton presque neutre, le drame de l'abandon d'une enfant par sa mère ». Il s'agit des propos recueillis « de la bouche même de la petite-fille de Cécile Murat, [du] récit approximatif des écrits de l'aïeule ». *La Ville française* (1968) qui récupère les travaux d'Alain Douat, est consacrée à une étude socio-économique de la région de la Baie Sainte-Marie.

ŒUVRES

Le Chef des Acadiens (roman), Yarmouth (N.-É.), Chez l'auteur, 1956, 154 p. ; Éditions Lescarbot, 1980, 158 p. Ill. de R. de Mathey.

Le Journal de Cécile Murat, Yarmouth (N.-É.), Chez l'auteur, 1959, 60 p. ; Montréal, Centre de psychologie et de pédagogie, 1963, 60 p. Ill. de Jean-Paul Ladouceur. Préface de Clément Cormier. « Le Canoë d'argent » ; Yarmouth, Chez l'auteur, 1974, 60 p. ; Yarmouth, Les Éditions Lescarbot, 1980, 78 p. Illl. de Janice Le Blanc. Préface de Clément Cormier. Traduction anglaise : *Diary of Cecile Murat. A Story of Saint Mary's Bay from 1795 to 1825*, Salmon River (N.S.), [s.é.], 1970, 32 p.

La Ville française (monographie), Québec, Éditions Ferland, 1968, 286 p.

Along the Shores of Saint Mary's Bay. The Story of a Unique Community, Church Point (N.S.), Imprimerie de l'Université Sainte-Anne, 1977, 85 p.

Notre héritage acadien, Pointe-de-l'Église (N.-É.), L'Imprimerie de l'Université, 1979-1983, 2 t. : t. 1, *L'Histoire du groupe ethnique acadien de 1524-1755*, 1979, xi, 207 p. ; t. 2, [*L'Histoire du groupe ethnique acadien de 1755 à nos jours*], 1983, [16], – 442 p.

Two Beginnings. A Brief Acadian History, Yarmouth, Éditions Lescarbot Press, 1980, 76 p.

———————

Les Pétitions des Acadiens déportés au Massachusetts, dans *Le Courrier de la Nouvelle-Écosse*, vol. 40, nº 28, 15 juillet 1976, p. 10.

Les Débuts politiques à la Baie Sainte-Marie, dans *Revue de l'Université Sainte-Anne*, vol. 1, mai 1977, p. 2.

Les Relations France-Acadie après la Conquête, dans *Revue de l'Université Sainte-Anne*, vol. 2, mai 1978, p. 7.

Les Premiers Habitants de la Baie Sainte-Marie, dans *Le Courrier de la Nouvelle-Écosse*, vol. 42, nº 30, 20 juillet 1978, p. 3.

Le Retour de Jehan, Les Fêtes en Acadie et *L'Enterrement d'un Acadien*, dans *Anthologie des textes littéraires acadiens 1606-1975*, Moncton, Éditions d'Acadie, 1979, p. 384–392.

Clare. Cent ans d'histoire socio-économique, dans *Revue de l'Université Sainte-Anne*, vol. 3, mai 1979, p. 7.

Les Conditions socio-économiques des Acadiens et leur influence sur le parler, dans *Revue de l'Université Sainte-Anne*, vol. 4, sept. 1980, p. 3.

Louis à Dick à Tikine Belliveau et sa carrière extraordinaire en Louisiane, dans *Bulletin de la Société historique acadienne de la Baie Sainte-Marie*, vol. 5, nº 1, 2 janv. 1981, p. 10.

ÉTUDES

Huguette Uguay, *Journal de Cécile Murat de J.-Alphonse Deveau*, LAC 1963, p. 141.

Rodolphe Laplante, *La Ville française*, dans *L'Action*, 61e année, nº 18 463, 27 déc. 1968, p. 10.

Camille Richard, *La Ville française d'Alphonse Deveau*, LAQ 1968, p. 182–184.

———————

DEVERGNAS, MEERY [née Marie-Éléonore Jürgenson] [Anne Jalbert] (1912–   ). Essayiste et poète, née à Krindatchevka (U.R.S.S.). Elle fait ses études à Dorpat (Estonie) puis à Genève et à Paris. Elle fait du journalisme et de la traduction à partir de 1936. Son premier recueil de poésie, *Reliquaires*, reçoit un accueil favorable : prix Poésie-découverte (1961), prix du Cercle international d'expression française (1962), mention très honorable au prix international de Vichy (1963). Après divers séjours en France, en Suisse, en Allemagne, elle émigre au Canada en 1963 et devient citoyenne canadienne en

1968. Quelques mois après son arrivée à Montréal, Meery Devergnas livre au *Devoir* une série d'articles très remarqués sur la littérature russe, en particulier sur Cholokhov, Pasternak, Ehrenbourg, Soljenitsyne et Akhematova. Par la suite, elle collabore activement au *Devoir*. Son recueil intitulé *Osmoses* qu'elle considère comme le plus important, reprend en partie des poèmes parus tant dans *Incidences* que dans *Poésies* et *Passe-Partout*. La poésie de Meery Devergnas touche des sujets d'ailleurs et d'ici et baigne dans une sensibilité exacerbée par les souvenirs d'une jeunesse errante.

ŒUVRES

Reliquaires. Poèmes, [Bordeaux], Éditions Jean Germain, 1962, 46 p. Ill.

Les Chants de la pitié (premier fragment). Poèmes, Saint-Constant, Les Éditions Passe-partout, 1972, 15 p.

Osmoses. Poèmes, Québec, Éditions S.P.C.F., 1974, 94 p. « Prisme ».

[*Youri Galanskov. Un poète et un homme*], Possev, [s.é.], 1974, 64 p. Traduit du russe sous le pseudonyme d'Anne Jalbert.

Fuite. Contes et nouvelles, Montréal, La Société des belles-lettres Guy Maheux inc., 1976, 235 p. « Cybèle ».

Fête apocalyptique. Poèmes, Montréal, La Société des belles-lettres Guy Maheux inc., 1976, 72 p. « La Papesse ».

Tec-Tec (contes pour enfants), Montréal, La Société des belles-lettres Guy Maheux inc., 1977, 79 p. Ill. d'Annie Devergnas-Collin. « L'Impératrice ».

Nulle part ailleurs qu'en URSS les écrivains n'ont une telle influence sur l'opinion publique, Dev, vol. 57, n° 41, 19 févr. 1966, p. 9.

Anna Akhematova : poète du siècle, Dev, vol. 57, n° 59, 12 mars 1966, p. 11.

Un monde en mal de héros, Dev, vol. 57, n° 112, 14 mai 1966, p. 11, 13.

Victoire des jeunes Turcs ou Regain du dogmatisme, sens et enjeu du procès des écrivains à Moscou, Dev, vol. 59, n° 10, 13 janv. 1968, p. 14.

Lilas (poésie), dans *Poésie*, vol. 3, n° 3, été 1968, p. 20.

L'Enfance des poètes et Coblence sous la neige (poésie), I, n°s 14–15, avril 1969, p. 20–21.

Les Otages ou L'Incrimination du racisme soviétique, Dev, vol. 67, n° 68, 22 mars 1975, p. 16.

Soljenitsyne face au marxisme, dans *Le Monde moderne*, n° 12, printemps 1976, p. 31–40.

Une histoire du Canada en russe, Dev, vol. 69, n° 58, 12 mars 1977, p. 28.

Hommage à Rina Lasnier. L'itinéraire d'un poète, Dev, vol. 69, n° 121, 28 mai 1977, p. 14.

Commandos de la liberté à Moscou, Dev, vol. 69, n° 87, 15 avril 1978, p. 40.

Un roman de la vie moscovite, Dev, vol. 69, n° 233, 7 oct. 1978, p. 23.

ÉTUDES

Roberte Bourdon-Cormier, *La Femme russe en 1973*, dans *Montréal-Matin*, vol. 43, n° 198, 21 janv. 1973, p. 34.

Jacques Lemieux, *Un vocabulaire purement géographique*, Dev, vol. 65, n° 142, 22 juin 1974, p. 15.

Réginald Martel, *L'Éloge ému de l'innocence*, Pr, 93e année, n° 58, 12 mars 1977, p. D-3.

Jacques Renaud, *Desroches, Devergnas, Galanskov. L'ennui, la fête et l'immense révolte universelle*, Dev, vol. 69, n° 232, 8 oct. 1977, p. 20.

DEVIEUX-DEHOUX. Voir **DEVIEUX, LILIANE**.

DEVIEUX, LILIANE [Devieux-Dehoux] (1942–). Essayiste, poète, conteuse et romancière, née à Port-au-Prince (Haïti). Elle fait ses humanités au Pensionnat Sainte-Rose-de-Lima de Port-au-Prince (B.A., 1961). Elle poursuit des études de lettres à l'Institut catholique de Paris (1961–1962), et passe ensuite trois ans à Boston. Arrivée au Canada en 1965, elle obtient à l'Université de Montréal une licence ès lettres (1970), un diplôme de l'École normale supérieure (1972) et une maîtrise (1981) pour un mémoire sur « Bouki et Malice, origine et métamorphoses ». Elle enseigne à Montréal de 1971 à 1973 et, à compter de 1976, elle fait de la rédaction et des interviews pour Radio-Canada International. En outre, en 1981, elle devient membre de l'équipe du Centre de recherches caraïbes de l'Université de Montréal. Ses premières poésies paraissent en 1972 dans *Poésie Québec*. Plusieurs de ses contes, tels « Complainte pour un voleur » et « Ti-Jean et Compère Cheval », sont lus à l'Atelier des inédits et à Radio-Canada International ou paraissent dans des revues. Elle collabore aussi à *Digeste éclair* et à *Écriture française*. Son premier roman, *L'Amour, oui. La Mort, non* (1976), remporte le prix Caraïbe de l'Association des écrivains de langue française (Paris). « Ce roman témoigne, par ses maladresses mêmes, en faveur de la richesse d'inspiration de son auteur et de la variété de son talent », écrit Maximilien Laroche qui ajoute que ce roman psychologique et social est « intégré à un thème tout nouveau, et ébauché ici : l'évocation de la diaspora haïtienne et de sa condition ».

ŒUVRE

L'Amour, oui. La Mort, non. Roman haïtien, Sherbrooke, Éditions Naaman, 1976, 134 p. « Création ».

Des lieux et des heures (poésie), dans *Poésie Québec*, n° 1, Montréal, Ferron Éditeur, 1972, p. 86–93.

Hiver (poésie), dans *Prométhée* (Paris), nº 10, mai–août 1974, p. 42.

Complainte pour un voleur (conte), dans *Contes et Nouvelles de la langue française* (concours nº 4), Sherbrooke, Éditions Cosmos, 1976, p. 81–84. « Amorces ».

ÉTUDES

Maximilien Laroche, *Liliane Devieux-Dehoux. L'Amour, oui. La Mort, non*, LAQ 1976, p. 66–67.

Henri-Paul Bergeron, *Devieux-Dehoux (Liliane). L'Amour, oui. La Mort, non*, dans *Nos livres*, vol. 8, janv. 1977, nº 7.

Madeleine Gardiner, *Liliane Devieux-Dehoux*, dans *Visages de femmes, portraits d'écrivains*, Port-au-Prince, Deschamps, 1981, p. 183–194.

DEYGLUN, HENRY (1903–1971). Dramaturge et romancier, né à Paris. Après des études écourtées à cause de la guerre, il s'engage à 17 ans, pour gagner sa vie, au Vieux-Colombier dirigé par Jacques Copeau, et à la même époque il présente ses chansons dans une boîte de Montmartre, « Le Lapin à Gilles ». Des divergences de vue sur le théâtre lui auraient fait quitter Copeau. Il décide d'aller en Amérique, voyage comme rat de cale sur un cargo, débarque à Montréal le 3 septembre 1921, travaille au restaurant Kerhulu, s'engage au théâtre Canadien, se lie avec Fred Barry et Albert Duquesne et passe avec eux au théâtre Chanteclerc où il fait jouer avec succès son premier mélo, « Bonne Maman », en 1926. Il « allait alors, écrit Philippe Laframboise, faire preuve d'une technique et d'une imagination peu égalées depuis, en créant des sketches radiophoniques et des pièces de théâtre faits à la taille et au goût du public québécois ». En 1929, année de ses premières publications, il présente six pièces au Théâtre Saint-Denis. En 1930, il participe à la fondation du Théâtre Stella. En 1935 il fait jouer avec succès *Gens de chez nous* (rebaptisée *Vers la terre canadienne*), pièce à sujet canadien avec laquelle il entreprend, à la fin de septembre 1937, une tournée européenne que les déficits abrègent très vite. Mais *Le Roman d'une orpheline*, adapté de son radiothéâtre pour la scène, en 1936, aurait eu, dit-on, plus de deux mille représentations au Canada, en France, en Belgique, en Afrique du Nord et aux États-Unis. Enfin, son premier mélodrame, « Bonne Maman », créé le 6 septembre 1926, retouché et repris le 17 octobre sous le titre de *La Mère abandonnée*, se transforme en radioroman nommé *Cœur de maman* à l'été de 1936, repasse à la scène en octobre, est le sujet d'un film en 1953 et est repris à la télévision en 1976. Il est aussi l'auteur de deux romans et de plusieurs revues, tel « Il fait froid, qu'alors y faire ? » (janvier 1938). La radio devient très vite un débouché à son talent, surtout la station CKAC à laquelle il fournit des textes au début des années trente. Il y fait carrière (CKAC, CBF, CKVL) et produit une œuvre très abondante : il participe à « La Rumba des radioromans » avec cinquante sketches (1939), crée « Vie de famille » (1938–1947), « Les Secrets du docteur Morhanges » (CBF, 1940–1947) et bien d'autres jusqu'après 1960, reprenant souvent de ces textes pour les adapter à la scène. Il achève sa carrière avec des interviews radiophoniques et des « Réminiscences » du spectacle de 1920 à 1960, travaillant aussi à rédiger cette histoire, mais un incendie détruit son manuscrit, et il n'aura pas le temps de le reconstituer. Le bilan de la carrière d'Henry Deyglun est considérable : plus d'une centaine de pièces de théâtre, des milliers de sketches radiophoniques, quelques romans et une dizaine d'essais sur ses camarades forment une matière qu'il reste à exploiter.

ŒUVRES

Les Aventuriers de l'amour. Roman, Montréal, Éditions Édouard Garand, 1929, 68 p. Ill. d'Albert Fournier. « Le Roman canadien ». (Suivi de *La Vie canadienne. Littérature et littérateurs. Supplément au roman canadien. Biographie Henry Deyglun*, p. 65–68).

La Mère abandonnée (théâtre), Montréal, Éditions Édouard Garand, 1929, 37 p.

Les Amours d'un communiste. Roman, Montréal, Éditions Albert Lévesque, 1933, 186 p. « Les Romans ».

Roman d'une orpheline (théâtre), Montréal, La Revue musicale, 1936, 44 p.

Dans les griffes du diable. Pièce en un prologue et cinq actes, Montréal, Éditions Théâtre populaire français, 1937, 57 p. Portrait.

Vers la terre canadienne (théâtre), Montréal, Éditions Édouard Garand, 1937, 32 p.

La France vivra. Tragi-comédie en vers, en trois actes et cinq tableaux dont un prologue et un épilogue, Montréal, Les Éditions de la Revue moderne, [1943], 142 p.

C'est un mauvais garçon. Comédie dramatique en trois actes, Montréal, Éditions Édouard Garand, 1944, 34 p. « Le Théâtre canadien ».

Les Secrets du docteur Morhanges. Pièce en trois actes, Montréal, Éditions Édouard Garand, 1944, 32 f. « Le Théâtre canadien ». Texte polycopié.

Notre maître l'amour (radioroman), Montréal, La Revue musicale, 1957, 60 p.

Cœur de maman (roman), Montréal, La Revue musicale, [s.d.], 34 p.

Mimi ! la petite ouvrière (roman), Montréal, La Revue musicale, [s.d.], 32 p.

Le Théâtre de Stella (essai), dans *Une demi-heure avec*, Montréal, Éditions Radio-Canada, 1965, p. 51–55.

L'université vient chez moi, dans *Photo-Journal*, vol. 34, nº 29, 28 nov. 1970, p. 14.

ÉTUDES

[Anonyme], *M. Henry Deyglun est lauréat du prix Lévesque*, Dev, vol. 24, nº 64, 18 mai 1933, p. 7.

[Anonyme], *Les Amours d'un communiste*, dans *Le Quartier latin*, vol. 16, nº 3, 10 oct. 1933, p.7.

Alban Flamand, *Henry Deyglun*, dans *Le Quartier latin*, vol. 17, nº 24, 11 avril 1935, p. 13.

Lucien Desbiens, *Gens de chez nous*, Dev, vol. 36, nº 264, 14 nov. 1935, p. 10.

[Anonyme], *Gens de chez nous*, dans *Le Quartier latin*, vol. 18, nº 7, 14 nov. 1935, p. 8.

Gérard Pelletier, *Par la faute de M. Hertz*, Dev, vol. 40, nº 1, 3 janv. 1944, p. 7.

Jean-Louis Laporte, *L'Histoire d'Henry Deyglun*, dans *Nouvelles illustrées*, vol. 13, nº 21, 20 nov. 1965, p. 11.

Jean Tessier, *Le romancier Henry Deyglun accorde une entrevue à cinq étudiants*, dans *Photo-Journal*, vol. 34, nº 37, 15 févr. 1971, p. 14.

DEYGLUN, SERGE (1929-1972). Poète, conteur et naturaliste, né à Montréal. Fils du comédien Henry Deyglun, il fait ses débuts sur scène à l'âge de six ans. Après ses études au Collège Stanislas d'Outremont et au Scolasticat des pères du Saint-Esprit d'Ottawa (B.A., 1947), il s'engage dans la marine marchande et parcourt ainsi le monde ; il revient au pays avec un brevet d'officier navigateur. Il devient alors chansonnier au Faisan Doré où il rencontre Monique Leyrac, Gilles Pellerin, Jacques Normand, Raymond Lévesque et spécialement Charles Aznavour avec qui il repartira pour Paris perfectionner son métier. Cependant, rentré à Montréal, il rencontre le docteur Blackburn qui l'initie aux sciences de la nature, surtout à la biologie. Pendant plusieurs années, il se consacre à l'étude de la faune et de la flore québécoises. Entre temps, il collabore à un texte de radiothéâtre de Raymond Lévesque, *Le Guenillou*, présenté aux Nouveautés dramatiques de Radio-Canada en janvier 1957. Il publie, en 1960, chez Atys, un recueil de nouvelles, *Les Filles de nulle part* que Jacques Hébert rééditera en 1971. Ses premiers articles dans *Photo-Journal* portent sur la nature et l'environnement. Il passe ensuite à *La Presse* comme chroniqueur de chasse et de pêche. Il est cofondateur, avec Henri Poupart, de la revue *Chasse et Pêche*. Il anime maintes émissions radiophoniques et télévisuelles au poste CKAC et à Radio-Canada et parcourt la province en tournée de conférences, exhortant son auditoire à préserver la nature. Peu avant sa mort, il tient un rôle au poste CKAC dans la série « Dr Claudine » de Jean Desprez. Cinéaste à ses heures, il dénonce tant

qu'il le peut le massacre de la faune dans le Golfe du Saint-Laurent. En 1973, la Fédération québécoise de la faune institua le prix Serge Deyglun, en hommage posthume à ce naturaliste de marque.

ŒUVRES

Né en trompette (prose), Montréal, les Éditions de Malte, 1950, 62 p. Préface de Éloi de Grandmont.

Ces filles de nulle part. Nouvelles, Montréal, Éditions Atys, 1960, 127 p. ; Éditions du Jour, 1971, 141 p. Préface de Michel Garneau.

La Chasse dans la province de Québec (essai), Montréal, Éditions de l'Homme, 1962, 126 p. Avant-propos de l'auteur. « Pour tous ».

La Chasse au Québec (essai), Montréal, Éditions du Jour, 1972, 331 p. Préface et avant-propos de Henri Poupart.

La Pêche sportive au Québec (essai), Montréal, Éditions du Jour, 1972, 267 p. Préface de Richmond Pelletier.

ÉTUDE

Claude Turcotte, *Le Film à scandale de Deyglun sur les phoques avait été approuvé par un fonctionnaire*, Pr, 85ᵉ année, nº 108, 9 mai 1969, p. 26.

DÉZIEL-HUPÉ, GABRIELLE [Déziel-Hupé, Gaby] (1934-   ). Dramaturge, essayiste et poète, née à Saint-Pierre-de-Wakefield (Val-des-Monts, Québec). Elle fait ses études au Couvent Notre-Dame-de-la-Merci d'Aylmer et à l'École normale Saint-Joseph de Hull (brevet en français et piano, 1952). Elle étudie aussi à l'Université d'Ottawa, au Conservatoire d'art dramatique du Québec et à l'École des Beaux-Arts de Paris. Elle enseigne pendant une trentaine d'années à Hull, Ottawa, Sherbrooke, Cornwall, Québec et Toronto, tout en poursuivant une carrière de dramaturge, de comédienne et de chanteuse. On commence à la connaître en 1957 quand elle remporte le premier prix de l'ACTA avec une pièce pour enfants, « Au royaume des mirages ». En 1970, sa pièce *Les Outardes*, créée l'année précédente, remporte le prix de la meilleure production canadienne du Festival national de théâtre, à Winnipeg. Gaby Déziel-Hupé composera plus de trente pièces, drames tel « Les Zélotes », comédies (« Ça bigote chez Bigot »), pièces pour la jeunesse (« LaSabotière »), pour la radio (« Psychédélie », « Triangle »). Elle a en outre fondé l'Atelier Hupé et le Théâtre des giroflées de Gatineau. En 1977, elle est terrassée par une hémorragie cérébrale qui la laisse sérieusement handicapée. Sans renoncer au théâtre, elle écrit des livres d'un tout autre ordre, inspirés par son « expérience de la mort », comme *Franchir le* *seuil* (1979) et *Épîtres d'une femme aux humains* (1981). Succès de scène, la pièce *Les Outardes* est bien accueillie par la critique : « Un langage dru, direct et concret, écrit Hélène Beauchamp-Rank [...]. En définitive, les rythmes de cette pièce sont vivants, les personnages sont vrais, la situation est traitée entièrement ». *Franchir le seuil* et *Épîtres* sont également bien reçus : « *Franchir le seuil*, dit Évangéline Veilleux, est énigmatique, certains passages sont difficiles à analyser. Cependant, on le lit avec intérêt [...] ». Et elle note sur l'autre ouvrage : « Gaby Déziel-Hupé livre dans ses quatorze vibrantes épitres aux humains un message d'espoir et d'amour ».

ŒUVRES

Les Outardes (théâtre), Hull, [Asticou], 1971, 117 p. Ill.
Délivrez-nous du mâle, Amen ! (théâtre), Hull, Asticou, 1975, 89 p. Ill. d'André Couture et Georges Dutil.
Franchir le seuil (récit), Saint-André-Avellin, Éditions de la Petite Nation, 1979, 92 p. Ill.
Épîtres d'une femme aux humains (récit), Saint-André-Avellin, Éditions de la Petite-Nation, 1981, 99 p.

Gaby Déziel-Hupé, témoignage, dans *Le Théâtre canadien-français*, Montréal, Fides, 1976, p. 808–809. « ALC » 5.

ÉTUDES

Hélène Beauchamp-Rank, *Les Outardes de Gaby Déziel-Hupé*, LAQ 1971, p. 116.
Murray Maltais, *Gaby Déziel-Hupé : un auteur occupé*, Dr, vol. 62, n° 176, 25 oct. 1974, p. 42.
Colette Duhaime, *Gaby Déziel-Hupé. De la race des véritables créateurs*, Dr, 65ᵉ année, n° 105, 30 juillet 1977, p. 19.
[Anonyme], *Pièce de Gaby Déziel-Hupé. « Vous souv'nez-vous d'la Rose Alba? »* présentée au Théâtre des giroflées, Dr, 65ᵉ année, n° 177, 26 oct. 1977, p. 45.
Murray Maltais, *Une production qui semble inachevée, et pour cause*, Dr, 65ᵉ année, n° 190, 11 nov. 1977, p. 18.
Id., *Rentabiliser le théâtre régional : un objectif de l'Université du Québec*, Dr, 65ᵉ année, n° 197, 18 nov. 1977, p. 39.
Marthe Lemery, *Gaby Déziel-Hupé n'a pas renoncé à l'écriture*, Dr, 67ᵉ année, n° 120, 18 août 1979, p. 17.
Paule Laroche, *Gaby Déziel-Hupé. Revenue d'ailleurs...*, Dr, 69ᵉ année, n° 19, 18 avril 1981, p. 20.
Évangéline Veilleux, *Déziel-Hupé (Gaby). Épîtres d'une femme aux humains et Franchir le seuil*, dans *Nos livres*, vol. 12, juin–juillet 1981, nᵒˢ 278–279.
Suzanne Lafrenière, *« Épîtres d'une femme aux humains ». Paul de Tarse en Outaouais*, Dr, 69ᵉ année, n° 176, 15 août 1981, p. 14.
Roger Lapointe, *Franchir le seuil aller-retour*, dans *Bulletin du CRCCF*, n° 23, déc. 1981, p. 26–32.
Murray Maltais, *La vie c'est l'fun à mort, un spectacle pas comme les autres*, Dr, 69ᵉ année, n° 251, 20 janv. 1982, p. 26.
Michel Beauparlant, *La Piéta aura son théâtre d'été. Une première dans le genre*, Dr, 70ᵉ année, n° 7, 23 juin 1982, p. 24.
René Dionne, *Une ou deux littératures ? La littérature outaouaise...*, Dr, 71ᵉ année, n° 5, 2 avril 1983, p. 28.

DÉZIEL-HUPÉ, GABY. Voir **DÉZIEL-HUPÉ, GABRIELLE**.

D'IBERBILLE, BERTHE. Voir **BOISSONNAULT, Mᵐᵉ LUCIEN**.

D'IBERVILLE, SOLANGE. Voir **BOISSONNAULT, Mᵐᵉ LUCIEN**.

DICK, Wenceslas EUGÈNE [Cherche Qui, Stadacona] (1848–1919). Romancier, journaliste, conteur et dramaturge, né dans la paroisse Saint-Jean, à l'Île d'Orléans, fils de Gabriel Dick, notaire établi à Château-Richer. Après des études à l'Académie commerciale de Québec, il collabore à l'hebdomadaire *L'Écho du peuple*, à Québec, puis il décide d'étudier la médecine. À l'Université Laval, avec l'appui de quelques-uns de ses collègues, il fonde un journal éphémère, *Le Charivari canadien* (1868), suivi d'un autre aussi éphémère que le premier, *La Scie de Saint-Roch* (1869). À cause de ses idées libérales et de son attitude d'indépendant frondeur, Dick doit quitter Québec et aller continuer ses études à Montréal. Médecin à vingt-trois ans, il ouvre son bureau à Château-Richer. Il collabore à plusieurs journaux : *L'Opinion publique*, *Le Canadien*, *L'Événement*, *La Minerve*, *Le Monde illustré*, *L'Album des familles*, etc. Il écrit deux romans : *Le Roi des étudiants*, publié en feuilleton en 1876 dans *L'Opinion publique* et dans *La Semaine de Québec*, et *L'Enfant mystérieux* dans *L'Album des familles*, en 1880–1881. Il prépare aussi une vaste étude sur le vin, « À travers les vignes », dont quelques chapitres paraissent dans *Le Monde illustré* en 1892. Dick est l'auteur d'un drame, « Le Dernier Jour des Hurons », joué en 1883 à Québec, à Montréal et à Trois-Rivières. Il écrit aussi un opéra comique en deux actes, « La Comète ». Après avoir habité Château-Richer, Saint-Agapit de Lotbinière et Saint-David de Lévis, il déménage à Sainte-Anne-de-Beaupré. Il continue d'écrire et termine un autre roman en 1895, *Un drame au Labrador*. En 1897, il publie *Les Pirates du golfe Saint-Laurent*, fragment d'un roman en préparation. Pendant des années, il travaille à une longue étude sur les expéditions au Pôle Nord, « La Course au Pôle Nord ». Il rédige des contes, des poèmes, des croquis et de petites pièces de théâtre. Vers la fin du XIXᵉ siècle, Dick est bien connu des littérateurs. É.-Z. Massicotte et

Damase Potvin voyaient en lui l'un des meilleurs représentants du roman populaire au Québec dans la seconde moitié du XIXe siècle. Comme le dit Suzanne Lafrenière, « il sait compliquer une intrigue, multiplier les péripéties jusqu'à essouffler son lecteur, sans l'égarer toutefois, créer des personnages intéressants, évoquer des moeurs, enfin transposer toute cette matière brute et extrêmement vivante non pas jusqu'au niveau de l'art, ce serait trop dire, mais jusqu'à celui d'une honnête composition littéraire ».

ŒUVRES

Le Roi des étudiants (roman), Montréal, Décarie, Hébert et Cie, [188?], 262 p. « La Bibliothèque moderne ». (Paru en feuilleton dans *L'Opinion publique* du 15 juin au 28 décembre 1876 et dans *La Semaine* (Québec) à partir du 15 mars 1895).

L'Enfant mystérieux (roman), Québec, J.A. Langlais, éditeur, 1890, 2 vol.: vol. 1, 228 p.; vol. 2, 303 p. « Littérature canadienne ». (Paru d'abord en feuilleton dans *L'Album des familles* du 2 janvier au 1er décembre 1880).

Un drame au Labrador (roman), Montréal, Leprohon & Leprohon, libraires-éditeurs, 1897, 123 p. Ill. d'Edmond-J. Massicotte. (Paru aussi dans *Le Monde illustré* du 6 mars au 17 juillet 1897).

Pages canadiennes. Légendes et revenants. Première série, Québec, L'Imprimerie nationale, 1918, 143 p.

Chronique. Pierre le Sorcier, dans *L'Écho du peuple*, vol. 1, n°s 4–5, 7, 22, 28 juin et 13 juillet 1867. Signé: Dick.

Les Mille et une petites misères d'un débiteur, dans *L'Opinion publique*, vol. 2, n° 49, 7 déc. 1871, p. 586, vol. 3, n°s 6–7, 8, 15 févr. 1872, p. 63–64, 75–76.

Une reconnaissance ou Le Sermon du Balafré. (Légende du Château-Richer), dans *L'Opinion publique*, vol. 3, n°s 29–31, 18 juillet-1er août 1872, p. 347, 358, 370. Reproduit sous le titre *Légende du Château-Richer*, dans *Le Courrier de Limoilou*, vol. 1, n°s 5–12, oct. 1934–3 avril 1935.

Promenades à travers les illusions d'un jeune homme de lettres, dans *L'Opinion publique*, vol. 4, n°s 8–16, 20 févr. 1873.

Drames de la vie réelle. (Un mariage à la campagne), dans *L'Opinion publique*, vol. 4, n° 50, 11 déc. 1873, p. 593–594.

À propos d'ours, dans *Le Canadien*, vol. 44, n° 134, 24 oct. 1874, p. 1. Reproduit dans *L'Opinion publique*, vol. 10, n° 39, 25 sept. 1879, p. 461.

Une horrible aventure, dans *L'Événement*, vol. 9, n°s 176–190, 13–30 déc. 1875.

Un héritage perdu ou La Main malheureuse, dans *L'Opinion publique*, vol. 7, n° 12, 23 mars 1876, p. 141.

Un épisode de résurrectionistes, dans *L'Opinion publique*, vol. 7, n° 19, 11 mai 1876, p. 224.

Le Fantôme de l'Île Madame, dans *Le Foyer canadien*, vol. 4, n° 1, 1er juillet 1877, p. 15–23.

Une histoire de loup-garou, dans *L'Opinion publique*, vol. 10, n° 35, 28 août 1879, p. 412–413. Reproduit dans MI, vol. 5, n° 212, 26 mai 1888, p. 29–30 ; dans *L'Union libérale*, vol. 5, n° 20, 11 mai 1894, p. 3.

Le Vol au fantôme, dans *L'Opinion publique*, vol. 10, n° 48, 27 nov. 1879, p. 568–569.

La Tête de saint Jean-Baptiste. Légende pour nos arrières-petits-neveux, en 1980, dans *Le Vingt-quatre juin 1880*, publication spéciale à l'occasion de la Saint-Jean-Baptiste, p. 7. Reproduit dans MI, vol. 14, n° 685, 19 juin 1897, p. 116.

La Fée Maimoune, MI, vol. 6, n° 266, 8 juin 1889, p. 45–46.

Les Jolies Filles de Chiquendiable. (Histoire pour le carême qui vient), MI, vol. 7, n° 353, 7 févr. 1891, p. 640–641.

L'Expédition de la « Jeannette » dans les mers glaciales, MI, vol. 7, n°s 360–361, 28 mars-4 avril 1891, p. 752–753, 768.

L'Ours de Barnabé. Drame en trois actes, MI, vol. 8, n° 387, 3 oct. 1891, p. 356–357.

Souvenir de jeunesse. Juiverie, MI, vol. 8, n° 402, 16 janv. 1892, p. 598–599.

Les Pirates du golfe Saint-Laurent (fragment d'un roman), MI, vol. 17, 1900, p. 438.

ÉTUDES

É.-Z. Massicotte, *Les Œuvres de W. Eugène Dick*, MI, 8e année, n° 369, 30 mai 1891, p. 67.

Firmin Picard, *Galerie canadienne. Eugène Dick, romancier*, MI, 14e année, n° 695, 28 août 1897, p. 276–277.

Damase Potvin, *Le Docteur Eugène Dick*, dans *Le Terroir*, vol. 2, n°s 3–4, nov.–déc. 1919, p. 180–187.

Id., *Un romancier oublié : le Dr Eugène Dick (1850–1919)*, RUL, vol. 5, n° 10, juin 1951, p. 948–961.

[Suzanne Lafrenière], *Wenceslas-Eugène Dick, romancier inconnu*, dans *Le Roman canadien-français*, Montréal, Fides, 1971, p. 89–103. « ALC » 3.

Aurélien Boivin, [*Wenceslas Eugène Dick*], dans *Le Conte littéraire québécois au XIXe siècle*, Montréal, Fides, 1975, p. 117–123.

DICKSON, ROBERT Eugène (1944–   ). Poète et chansonnier, né à Toronto. Il fait ses humanités au Erin District High School, au John F. Ross Collegiate (Guelph) et au Saint Michael's College (Toronto) où il obtient un baccalauréat spécialisé en français, en 1965. L'année suivante il fait sa maîtrise à l'Université de Toronto, et prépare ensuite un doctorat à l'Université Laval ; sa thèse porte sur « La Conscience américaine dans la nouvelle poésie québécoise ». Il a été boursier de la province de l'Ontario et du Conseil des Arts du Canada. En 1969, il enseigne le français à l'Université Western Ontario et, en 1972, il devient professeur à l'Université Laurentienne. En 1977, il obtient le Disque d'or pour sa participation au disque CANO, « Au nord de notre vie ». Il collabore à divers périodiques, tels *Presqu'Amérique, Revue de l'Université Laurentienne, Le Soleil.* En outre, il est membre de l'équipe des Éditions Prise de Parole et fondateur de « La Cuisine de la poésie », groupe de poésie et musique qui, depuis 1975, donne des spectacles à travers l'Ontario. Auteur de recueils de poésie, *Or (é) alité* et *Une bonne trentaine* (1978), Robert Dickson est surtout connu comme animateur d'activités culturelles à la radio-télévision, au cinéma, à l'Office national du film de l'Ontario. Sa poésie « appartient au courant international, écrit Michel Beaulieu. Ce qui est dit est beaucoup plus important que la manière de le dire ».

ŒUVRES

Vivre au Québec (manuel), Toronto, McClelland and Stewart Limited, 1972, 111 p. Collab. Jacques Cotnam et Jacques Blais. Ill.
Au bord de notre vie (poème-affiche), [s.l., s.é.], 1975. Collab. Raymond Simon. Ill.
Or (é) alité (poésie), Sudbury, Prise de Parole, 1978, [n.p., 42 p.].
Une bonne trentaine (poésie), Érin, Éditions Porcupine's Quill, 1978, 48 p.
Poèmes et Chansons du Nouvel-Ontario, Sudbury, Prise de Parole, 1983, 108 p. Collab. Gaston Tremblay *et al.*

———

Le Marquis de la littérature, dans *Presqu'Amérique*, vol. 1, n° 2, nov. 1971, p. 19–20.
Gaston Miron et le Bilinguisme : sous le choc permanent d'une dévalorisation culturelle, dans *Revue de l'Université Laurentienne*, vol. 2, n° 2, févr. 1974, p. 11–17.
Lavalléville, ou la folie telle qu'appliquée au théâtre de la vie, dans André Paiement, *Lavalléville*, Sudbury, Éditions Prise de Parole, 1975, p. 86–91.

ÉTUDES

Michel Beaulieu, *Quelques poètes d'outre-frontière*, dans *Le Livre d'ici*, vol. 4, n° 24, 30 mai 1979, p. 1.
Richard Giguère, *En d'autres lieux (de poésie)*, LQ, n° 17, printemps 1980, p. 31.
Murray Maltais, *La Littérature ontarienne, ignorée sinon boudée*, Dr, vol. 68, n° 49, 20 sept. 1980, p. 30.
Denise Truax, *Des poètes se prononcent*, dans *Liaison*, n° 13, déc. 1980, p. 22–23.
Richard Giguère, *La Poésie acadienne et ontarienne de langue française : un pari pour la vie*, LQ, n° 22, été 1981, p. 34.

DIÈREVILLE, [N. de] (1670 ?–1711 ?). Voyageur et mémorialiste, né à Pont-L'Évêque, dans le Calvados (France). Il existe peu de renseignements sur cet auteur. Il semble que Dièreville ait étudié la médecine à l'Hôtel-Dieu de Paris, avant 1699,

après avoir publié quelques poèmes dans le *Mercure galant*. Le 20 août 1699, il quitte La Rochelle à bord du voilier *La Royale-Paix* et débarque à Port-Royal, le 13 octobre. Il séjourne en Acadie pendant un an en observant le paysage, la flore, le climat et le peuple. Il revient à La Rochelle le 9 novembre 1700 et pendant quelques années, il est chirurgien à l'hospice de Pont-L'Évêque. En 1708, il devient imprimeur à Rouen, puis à Paris, et en 1710 à Amsterdam. Il lui est donc facile de publier à Rouen, en 1708, sa *Relation du voyage du Port-Royal de l'Acadie ou de la Nouvelle-France*. Il a d'abord conçu son récit en vers pour l'entremêler de prose par la suite, sur le conseil de ses amis, comme il l'explique lui-même dans une épître liminaire dédiée à Michel Bégon. Sa *Relation* connut un succès sans précédent. L'œuvre décrit les péripéties de la traversée, la vie en Acadie, les coutumes des Indiens. Il est à noter, cependant, que la fidélité du récit à la géographie et à l'ethnologie fait facilement place à l'imagination.

ŒUVRES

Relation du voyage du Port-Royal de l'Acadie, ou de la Nouvelle-France dans laquelle on voit un Détail des divers mouvements de la Mer dans une Traversée de long cours ; la Description du Païs les Occupations des François qui y sont établis, les Manières des différentes Nations Sauvages, leurs Superstitions et leurs Chasses ; avec une Dissertation exacte sur le Castor, Rouen, Jean-Baptiste Besongne, 1708, [x], 236 p. Trois tirages dont les 2e et 3e contiennent en appendice une relation d'un combat livré par les Français et les Acadiens contre les Anglais, Rouen, chez Jean-Baptiste Besongne, 1708, [xiv], 236 p., [2], 7 ; 1710, [xx], 236 p., [7] ; Amsterdam, chez Pierre Humbert, 1710, [ii], 236 p., [7]. Traduction anglaise par Mrs. Clarence Webster : *Relation of the Voyage to Port Royal in Acadia or New France*, Toronto, The Champlain Society, 1933, [vi], xv, 324 p. Ill. Introduction et notes de John Clarence Webster. Contient également la version française, p. 221–320 ; New York, Greenwood Press, 1968, lxxii, 324 p. ; traduction anglaise abrégée : *Extract of an Account of the Country of Accadia, in North America, yielded up in the last Treaty of Peace by the King of France, to the Crown of England, containing a Description thereof, with the Customs, Manners and Religion of the Natives, &c. Written in the Year 1710, by a French Gentleman, and sent to a Missioner of the Society of Jesus*, dans *The Travels of Several Learned Missioners of the Society of Jesus into Divers Parts of the Archipelago, India, China and America. Containing a General Description of the most remarkable Towns ; with a particular Account of the Customs, Manners and Religion of those several Nations, the whole intersper'd with Philosophical Observations and other curious*

Remarks, London, Printed for R. Gosling, 1714, xvi, 337 p., [277–318] ; traduction allemande abrégée : *Reisen nach Peru, Acadien und Egypten* [...] avec sous-titre : *Reise nach Portrayal in Acadien*, Göttingen, A. Vandenbaeks Wwe, 1751, p. 157–306.
Voyage du Sieur de Dièreville en Acadie [extraits], Québec, Imprimerie A. Côté et Cie, 1885, lxxxii, 243 p. Introduction et notes par L.-U. Fontaine.

ÉTUDES
Journal des Savants (Paris), 1re série, 1708, p. 513–521.
Jacques Rousseau, *N. de Dièreville*, DBC, vol. 2, p. 195–197.

ÉTUDES
[Anonyme], *Le Petit Désordre*, dans *Le Maskoutain*, vol. 2, no 45, 17 nov. 1981, p. 12.
[Anonyme], *Saint-Simon et son histoire*, dans *Le Maskoutain*, vol. 2, no 15, 21 avril 1982, p.13.
[Anonyme], « *Moitié-Moitié* » *humour et sketches*, dans *Le Courrier de Saint-Hyacinthe*, 131e année, no 52, 20 avril 1983, p. G-9.
Claire Lachance, *Présentation d'une œuvre biographique et bibliographique*, dans *Le Courrier de Saint-Hyacinthe*, 131e année, no 38, 11 janv. 1984, p.C-3.

DION, JEAN-NOËL (1956–). Essayiste et dramaturge, né à Saint-Denis-de-Bagot (Bagot). Il étudie au Cégep Bourgchemin, (D.E.C., 1976) et à l'Université de Montréal (B.A., 1979). Par la suite, il est enseignant à la Polyvalente de Marieville (1979–1980), commis et animateur à la Bibliothèque de Saint-Hyacinthe (1981–1983), et aide archiviste au Séminaire de Saint-Hyacinthe. Très actif au sein de l'Atelier littéraire de Saint-Hyacinthe, Jean-Noël Dion écrit trois pièces de théâtre : « Le Petit Désordre » (1981), « Moitié-Moitié » (1983) et « Calepin bleu » (1984). Il est aussi critique littéraire au *Maskoutain*. Il fait paraître deux ouvrages sur la petite histoire de sa région : *Histoire de Saint-Simon* (1982) et une étude historique sur Saint-Hyacinthe (1983).

ŒUVRES
Histoire de Saint-Simon, volume souvenir à l'occasion du 150e anniversaire de la paroisse de Saint-Simon de Bagot, Saint-Simon, Municipalité de Saint-Simon, 1982, 251 p. Ill. Préface de Germain Tremblay.
Saint-Hyacinthe : des vies, des siècles, une histoire. 1757 à aujourd'hui, Saint-Hyacinthe, Chapitre 1480 des Femmes Moose, 1984, 715 p. Collab. Ill.

Pour souligner le 25e anniversaire de la mort du peintre Ozias Leduc (1864-1955), dans *Le Courrier de Saint-Hyacinthe*, 128e année, nos 22–27, 24 sept.–29 oct. 1980.
Napoléon Bourassa et ses réalisations à Saint-Hyacinthe, dans *Le Courrier de Saint-Hyacinthe*, 128e année, nos 47–51, 18 mars–15 avril 1981.
Joseph-Thomas Rousseau, peintre-décorateur, dans *Le Courrier de Saint-Hyacinthe*, 129e année, nos 27–34, 21 oct.–3 févr. 1982.
Laure Conan à Saint-Hyacinthe : pour un refuge, dans *Le Courrier de Saint-Hyacinthe*, 130e année, nos 49–51, 30 mars–13 avril 1983.
Louis Cyr : un champion ayant vécu à Saint-Hyacinthe, dans *Le Courrier de Saint-Hyacinthe*, 132e année, nos 22–25, 19 sept.–10 oct. 1984.

DION, LÉON (1922–). Sociologue et politicologue, né à Saint-Arsène (Rivière-du-Loup). Il étudie à l'Université Laval où il reçoit une maîtrise en sociologie (1948) et un doctorat en science politique (1954). Il enseigne au Département de science politique de l'Université Laval dont il est directeur de 1960 à 1967. Il a aussi été professeur invité à plusieurs universités de Haïti, des États-Unis et du Canada. Membre de plusieurs associations dont la Société royale du Canada et l'Académie des sciences morales et politiques, il est président de la Société canadienne de science politique (1963–1965) et conseiller spécial auprès de la Commission d'enquête sur le bilinguisme et le biculturalisme (1964–1971). Léon Dion reçoit en 1971, un doctorat « honoris causa » en droit de l'Université Queen's et, en 1977, le prix Léon-Gérin pour l'ensemble de son œuvre. Il collabore à plusieurs revues, telles *Recherches sociographiques*, *Canadian Forum, Queen's Quarterly, The Canadian Journal of Economics and Political Science*. Doué d'une vaste culture générale, Léon Dion est particulièrement attentif à l'évolution politique du Canada français. Analyste aux larges visions, il fait preuve de ce rare mérite qui consiste à éveiller les différents aspects d'une question et à en susciter les prolongements. C'est ce trait que relève Guy Bourassa dans sa critique sur *Les Groupes et le Pouvoir politique aux États-Unis* : « Bien davantage qu'une seule étude sur les groupes de pression, Léon Dion nous amène à une réflexion aux dimensions multiples. Par le constant passage d'un angle d'approche à un autre, puis à un troisième, il oblige son lecteur à une discussion très large ».

ŒUVRES

The New Regime. Reprinted from the Globe and Mail (recueil d'articles), [Toronto, Globe and Mail, 1962], 14 p. Ill.

Maturité politique des Canadiens français (essai), Québec, Société Saint-Jean-Baptiste, 1963, 34 p.

Le Statut théorique de la science politique ; conférence prononcée à l'occasion de l'inauguration annuelle des cours du Département de science politique, Jean-de-Brébeuf, 2 octobre 1964, Montréal, Centre de documentation et de recherches politiques, 1964, 16 p.

Les Groupes et le Pouvoir politique aux États-Unis (essai), Québec/Paris, PUL/Armand Colin, 1965, (159 p. Traduit en espagnol et en italien).

Le Bill 60 et le Public (essai), Montréal, Institut canadien d'éducation des adultes, 1966, 128 p. « Les Cahiers de l'I.C.E.A. »

Le Bill 60 et la Société québécoise (essai), Montréal, HMH, 1967, 197 p. « Aujourd'hui ».

Information in a System of Participation Politics (essai), Québec, [s.é., 1969 ?], 95, iii f.

Les Responsabilités de l'entreprise dans l'avenir du Québec (essai), Montréal, Carrefour 70, 1970, 29 f.

Télécommunications et Participation politique (essai), Montréal, Université de Montréal, 1970, 19 f.

L'Enseignement supérieur : bilans et perspective. Textes des conférences prononcées p. MM. Léon Dion, Edward F. Sheffield et Paul Ricoeur, sous les auspices de l'Association des professeurs d'éducation des universités du Québec, dans le cadre des « Conférences Perras sur l'éducation », Montréal, PUM, 1971, 79 p.

Société et Politique. La vie des groupes (essai), Québec, PUL, 1971-1972, 2 t. : t. 1, *Fondements de la société libérale*, vi, 444 p. ; t. 2, *Dynamique de la société libérale*, 1972, 616 p. « Droit et Science politique ».

La Prochaine Révolution (essai), Montréal, Leméac, 1973, 358 p. « La Cité de l'homme ».

Le Projet de restructuration scolaire de l'île de Montréal et la Question linguistique au Québec (étude), Québec, Centre international de recherche sur le bilinguisme, 1974, 112 p. Collab. Lise Duval, Jean-Pierre Tremblay et Micheline de Sève.

Nationalisme et Politique au Québec (essai), Montréal, Hurtubise HMH, 1975, 177 p.

Quebec, the Unfinished Revolution (essai), Montréal/ London, McGill/Queen's University Press, 1976, 218 p. Préface de Hugh Thorburn.

Le Québec et le Canada. Les voies de l'avenir (essai), Montréal, Éditions Quebecor, 1980, 236 p.

Pour une véritable politique linguistique (essai), Québec, Gouvernement du Québec, Ministère des Communications, Direction générale des publications gouvernementales, 1981, 52 p.

Québec 1945-2000. Tome 1, *À la recherche du Québec*, Québec, PUL, 1987, 196 p.

Aspects de la condition du professeur d'université dans la société canadienne-française, CL, n° 21, juillet 1958, p. 8-30.

Le Libéralisme du statu quo ; 1. L'idéologie protectrice, RS, vol. 1, n° 4, oct.-déc. 1960, p. 435-465 ; *2. Le droit protecteur*, vol. 2, n° 1, janv.-mars 1961, p. 69-100.

Culture populiste et Culture pluraliste, CL, 14e année, n° 54, févr. 1963, p. 7-15.

La Popularité des idéologies ; conservatisme et progressisme, RS, vol. 7, n°s 1-2, janv.-août 1966, p. 23-35.

L'Intervention des groupes dans le processus législatif aux États-Unis (étude), dans *Cahiers de l'I.C.E.A.*, n° 2, 1966, p. 19-38.

Méthode d'analyse pour l'étude de la dynamique et de l'évolution des sociétés, RS, vol. 10, n° 1, janv.-avril 1969, p. 102-115.

Le Canada et le Québec : la part du nationalisme, dans *Études canadiennes*, n° 5, 1978, p. 5-15.

Le Livre beige et le Rapport Pépin-Robarts, Dev, vol. 71, n°s 46-48, 25-27 févr. 1980, p. 1.

Pourquoi je dirai « oui » au référendum, Dev, vol. 71, n° 87, 17 avril 1980, p. 9.

Le Rendez-vous constitutionnel de septembre, Dev, vol. 71, n°s 145-147, 26-28 juin 1980, p. 1, 13, 17.

Pour sortir de l'impasse constitutionnelle, Dev, vol. 71, n° 219, 24 sept. 1980, p. 1.

Une triste journée pour le Canada et le Québec, Dev, vol. 71, n° 271, 25 nov. 1980, p. 9.

Une œuvre inachevée et perfectible : la nouvelle constitution canadienne, Dev, vol. 73, n° 88, 17 avril 1982, p.33.

ÉTUDES

Roland Lamontagne, *Opinions publiques et Systèmes idéologiques*, LAC 1962, p. 81-82.

Guy Bourassa, *Les Groupes et le Pouvoir politique aux États-Unis*, RS, vol. 6, n° 3, sept.-déc. 1965, p. 327-328.

Jacques-A. Lamarche, *Corps intermédiaire*, CL, 16e année, n° 83, janv. 1966, p. 31.

André Vachet et André Bernard, *Société et Politique*, LAQ 1972, p. 282-287.

André Vachet, *La Prochaine Révolution*, LAQ 1973, p. 294-295.

[Anonyme], *La Prochaine Révolution*, dans *Le Livre canadien*, vol. 5, juin 1974, n° 200.

Yvan Lamonde, *Cité libre et Québec libre*, Pr, 91e année, n° 231, 27 sept. 1975, p. E-2.

André Vanasse, *Du Canada au Québec de Jean-Claude Robert en passant par Nationalisme et Politique au Québec de Léon Dion*, VI, vol. 1, n° 2, déc. 1975, p. 290-295.

Linda Nantel, « *Nationalisme et Politique au Québec* », un commentaire sur l'essai de Léon Dion, P, 99e année, n° 2, 16 janv. 1978, p. 11.

[Anonyme], *Un non au « non »*, dans *Le Livre d'ici*, vol. 5, n° 32, 14 mai 1980, p. 1.

DION, SERGE (1953-   ). Poète, né à Hull. Il fait ses études à la Polyvalente de Hull et au Cégep de l'Outaouais (D.E.C., 1974), et il poursuit ses études en lettres françaises à l'Université du Québec à Hull (B.A., 1978). De 1975 à 1978, il est annonceur à Radio-Canada, puis après ses études, agent culturel au ministère des Affaires culturelles et à la Caisse populaire Saint-Joseph de Hull. En 1981 il est interviewer à Radio-Canada. En 1980, il fonde l'Association des auteurs de l'Outaouais, il participe à la Nuit de la poésie de l'UQAM et, à l'été de 1981, il est boursier de l'aide à la création du Gouvernement du Québec. Il collabore à la revue de poésie *Estuaire*. Son premier recueil de poésie est, selon Yolande Grisé, « une poésie tellurienne qui, sous un canadianisme de bon aloi — *Mon pays a la chaleur et l'hiver faciles* —, identifie son pays à la couleur et à la durée des saisons ». Michel Beaulieu note que « ses thèmes sont fondamentaux, l'amour, la mort, la solitude. Ils ont acquis une densité que leur confère la brièveté des poèmes, petits blocs qui nous heurtent par leur charge d'émotion ».

ŒUVRES

Mon pays a la chaleur et l'hiver faciles (poésie), Hull, Éditions Asticou, 1977, 83 p. Ill. d'André Couture.

Décors d'amour, précédé de Aubes mortes (poésie), Hull, Éditions Asticou, 1978, 117 p. « Poètes de l'Outaouais ».

Océane ou Les Asperges du matin (poésie), Hull, Éditions Asticou, 1980, 62 p. Ill. d'André Couture. « Poètes de l'Outaouais ».

Écarts. Poésie, Montréal, VLB éditeur, 1982, 96 p.

Chaque été sauvage, dans *Estuaire*, nᵒ 13, sept. 1979, p. 13–18.

Nil, dans *Estuaire*, nᵒ 21, automne 1981, p. 45–54.

ÉTUDES

Yolande Grisé, *Littérature outaouaise et franco-ontarienne (14). Où en êtes-vous, poètes de l'Outaouais?*, Dr, vol. 65, nᵒ 23, 23 avril 1977, p. 20.

Pierre Cantin, *Mon pays a la chaleur et l'hiver faciles de Serge Dion. L'éclosion d'un poète*, Dr, vol. 65, nᵒ 93, 16 juillet 1977, p. 17.

Colette Duhaime, *Serge Dion : à la découverte, par les mots, de l'âme collective des hommes. Un geste qui donne le respect des êtres*, Dr, vol. 66, nᵒ 12, 8 avril 1978, p. 19.

Id., *Décors d'amour, 2ᵉ livre de Serge Dion. Un délire de mots d'amour*, Dr, vol. 66, nᵒ 204, 5 nov. 1978, p. 28.

Luc Bouvier, *Serge Dion. Décors d'amour. Mon pays a la chaleur et l'hiver faciles*, LAQ 1979, p. 116–119.

Jacques Michaud, *Deux recueils de Serge Dion. Ce qui est encore vivant, c'est la vie*, Dr, vol. 66, nᵒ 268, 10 févr. 1979, p. 20.

Suzanne Paradis, *Poésie. Pour rejoindre le silence*, Dev, vol. 70, nᵒ 234, 6 oct. 1979, p. 19.

Jacques Michaud, *Océane de Serge Dion. Un mot, un nom, un poème*, Dr, vol. 67, nᵒ 290, 8 mars 1980, p. 16.

Stéphane-Albert Boulais, *Dans la force de la nudité*, Dr, vol. 67, nᵒ 290, 8 mars 1980, p. 16.

Michel Beaulieu, *La Poésie de Hull*, dans *Le Livre d'ici*, vol. 6, nᵒ 46, 19 août 1981, p. 2.

DION-LÉVESQUE, ROSAIRE [Léo-Albert Lévesque] (1900–1974). Journaliste et poète, né à Nashua (New Hampshire, É.-U.). Il fait ses études primaires et secondaires à l'École Saint-Louis-de-Gonzague de Nashua, et il entre au Séminaire de Sherbrooke où il obtient son baccalauréat ès arts. Il s'adonne au journalisme et collabore à divers journaux et revues de la Nouvelle-Angleterre. Il restera toujours, ainsi que son épouse, la poétesse Alice Lemieux, profondément attaché à la société québécoise et intéressé à ses manifestations culturelles. Il est directeur de la revue *Le Phare*, puis éditorialiste au journal de Nashua, *L'Impartial*. Il collabore régulièrement au *Bayou* (Texas), à *La Bohème*, à *La Patrie*, à *L'Information médicale et paramédicale*, et surtout au *Travailleur* de Worcester dont son ami Wilfrid Beaulieu est propriétaire. En 1930, Dion-Lévesque se fait remarquer par son deuxième recueil de poésie, *Les Oasis*, qui lui vaut, l'année suivante, le prix d'Action intellectuelle et le prix de l'Ordre universel du mérite humain (Genève). La Société royale du Canada lui décerne, en 1964, la médaille P.-J.-O. Chauveau. « L'oeuvre de ce poète franco-américain, remarque Gérard Tougas, ne peut pas être ignorée. Son inspiration comme son talent le situent à mi-chemin entre Pamphile Le May et Nelligan. Plus impliqué que Le May, moins artiste que Nelligan, le sonnettiste des *Oasis* ne diffère pas essentiellement des romantiques canadiens du XIXᵉ siècle. L'étonnant c'est que Rosaire Dion-Lévesque, depuis son début en poésie, n'ait cessé de grandir ». Entre 1928 et 1963, Dion-Lévesque a publié sept recueils de poésie auxquels s'ajoutent quelques biographies et une excellente traduction des poésies de Walt Whitman.

ŒUVRES

En égrenant le chapelet des jours. Poésies, Montréal/New York, Louis Carrier & Cie, Les Éditions du Mercure, 1928, 168 p. Frontispice d'Ephraïm Chabot. Préface d'Henri d'Arles.

Les Oasis (poésie), Rome, Desclée & Cie, Éditeurs pontificaux, 1930, 132 p.

Petite Suite marine (poésie), Paris/Worcester (Mass.), Éditions de la Caravelle, [s.d.], 16 p. Ill. de Camille Audette.

Walt Whitman. Ses meilleures pages, Montréal, Les Elzévirs, 1933, 240 p. Traduites de l'anglais par Rosaire Dion-Lévesque. Préface de Louis Dantin ; Québec, PUL, 1965.

Vita. Poèmes, Montréal, Édition Bernard Valiquette/Éditions A.C.F., 1939, 127 p.

Solitudes (poésie), Montréal, Les Éditions Chanteclerc, 1949, 94 p.

Jouets. Poèmes d'inspiration enfantine, [Montréal], [Chanteclerc ltée], 1952, 72 p.

Silhouettes franco-américaines (biographies), Manchester, Publications de l'Association canado-américaine/Ballard Frères, imprimeurs, 1957, 933, 6 p. Préface d'Adolphe Robert.

Quête. Poèmes, Québec, Éditions Garneau, 1963, 50 p. Portrait.

William Cullen Bryant, *Thanatopsis* (poésie), Lowell (É.-U.), L'Étoile, 1971, [n.p., 13 p.]. Ill. de Michelle Lavallée. Traduction de Rosaire Dion-Lévesque.

Avant-propos, dans Louis Dantin, *Les Enfances de Fanny*, Montréal, Les Éditions Chanteclerc ltée, 1951, p. 9–13.

Rosine Caudert (biographie), dans *Le Canado-américain*, vol. 3, n⁰ 11, févr.–mars 1964, p. 36–39.

À la mémoire du regretté papa des Franco-Américains : Adolphe Robert 1886–1966, dans *L'Information médicale et paramédicale*, vol. 19, n⁰ 7, 21 févr. 1967, p. 35.

ÉTUDES

Séraphin Marion, *Les Oasis*, dans *Sur les pas de nos littérateurs*, Montréal, Éditions Albert Lévesque, 1933, p. 157–169.

Paul-P. Chassé, *La Terre et la Mer des exils*, dans *Le Canado-américain*, vol. 3, n⁰ 10, déc.–janv. 1963–1964, p. 28–33.

Guy Sylvestre, *Livres en français : poésie*, dans *University of Toronto Quarterly*, vol. 33, n⁰ 4, juillet 1964, p. 495–505.

Edmond Villeray, *États d'âme poétique de Rosaire Dion-Lévesque*, dans *Le Travailleur*, vol. 35, n⁰ 6, 11 févr. 1965, p. 4.

Étienne Robin, *Walt Whitman*, dans *L'Information médicale et paramédicale*, vol. 18, n⁰ 8, 1ᵉʳ mai 1966, p. 36.

Reine Malouin, *Quête*, dans *Poésie*, vol. 1, n⁰ 1, hiver 1966, p. 23.

Alice Lemieux-Lévesque, *Pour nous, ceux d'avant-hier*, dans *Poésie*, vol. 1, n⁰ 4, automne 1966, p. 6–7.

DIONNE, ANDRÉ (1945–   ). Critique et poète, né à Saint-Wenceslas (Nicolet). Il fait son cours classique au Séminaire de Nicolet et au Séminaire Saint-Joseph de Trois-Rivières, tout en étudiant l'art dramatique pendant un an (B.A., 1968). Puis il obtient un baccalauréat spécialisé en études françaises à l'Université du Québec à Trois-Rivières (1971) et plus tard un certificat en sciences de l'éducation (1978) à l'Université du Québec à Montréal où il fait aussi la scolarité d'une maîtrise en création littéraire. Dès 1970 il donne des cours de littérature à l'Université du Québec à Trois-Rivières, puis l'année suivante à celle de Rouyn, et ensuite au Cégep de Rimouski (1972–1974). En 1975, il est scénariste à Radio-Québec et, en 1976, il retourne à l'enseignement du français aux cégeps de Saint-Laurent et de Joliette. En 1971, il participe avec Gatien Lapointe à la fondation des éditions Écrits des Forges. Il est boursier du ministère des Affaires culturelles du Québec — aide à la création —, en

1976. Il collabore à différentes revues, en particulier à *Lettres québécoises* où il tient la chronique « Le théâtre qu'on joue ». Son premier recueil de poésie, *Dyke*, paraît en 1971. L'art du poète dans *Envers, précédé de Gangue* donne à François Gallays « l'impression d'être fait de mots juxtaposés.[...] Très peu de chose parfois sépare la poésie de Dionne du discours en prose si ce n'est le découpage en vers ». Le découpage et la dislocation s'accentuent beaucoup dans *Demain d'aujourd'hui* (1977) : « On ne lit pas ce texte, on musarde sur les mots » (Joseph Bonenfant). Mais pour Michel Beaulieu, le cheminement de cette poésie qui remet en question le vocabulaire et le rythme de la phrase constitue un « beau voyage ».

ŒUVRES

Dyke (poésie), Trois-Rivières, Éditions des Forges, 1971, 64 p. Ill. de Francine Chaine. « Les Rouges-gorges ».

Envers précédé de Gangue (poésie), Trois-Rivières, Éditions des Forges, 1972, 57 p. « Les Rouges-gorges ».

Demain d'aujourd'hui (poésie), Trois-Rivières, Écrits des Forges, 1977, 65 p. « Les Rouges-gorges ».

Les Activités théâtrales québécoises, LQ, vol. 1, n⁰ 1, mars 1976, p. 16–18.

Théât/alité, LQ, vol. 1, n⁰ 6, avril–mai 1977, p. 16–18.

Le Sot d'Ostie de Jean-Claude Germain. Les Grandes Vacances de Michel Tremblay. Tit-Coq de Gratien Gélinas. Nelligan blanc d'Armand Laroche, LQ, n⁰ 24, hiver 81–82, p. 44–45.

Mon homme de Suzanne Aubry, Elizabeth Bourget et Maryse Pelletier. Tournez la plage. Provincetown Playhouse, juillet 1919, j'avais 19 ans de Normand Chaurette, LQ, n⁰ 28, hiver 82–83, p. 54–56.

Opus contre nature de Robert-Émile Audette. Bienvenue aux dames, ladies welcome de Jean-Raymond Marcoux. Bluff de François Camirand et Claude Poissant. L'Œil rechargeable de Michel Lemieux. Visite libre de Michel Faure, LQ, n⁰ 36, hiver 84–85, p. 41–43.

ÉTUDES

Marcel Cotin, *Fierté de bon aloi*, dans *Le Canada français*, vol. 112, n⁰ 52, 31 mai 1972, p. 82.

Jean-Guy Pilon, *L'Automne poétique*, Dev, vol. 63, n⁰ 243, 21 oct. 1972, p. 19.

François Gallays, *Envers précédé de Gangue d'André Dionne*, LAQ 1972, p. 172.

Joseph Bonenfant, *André Dionne. Demain d'aujourd'hui. Écrits des Forges*, LAQ 1977, p. 179.

Michel Beaulieu, *Le Beau Voyage d'André Dionne*, dans *Le Livre d'ici*, vol. 3, n⁰ 37, 21 juin 1978, p. 1.

René Lord, *André Dionne : Demain d'aujourd'hui*, No, 58ᵉ année, n⁰ 30, 3 déc. 1978, p. 15.

DIONNE, JEAN-CLAUDE (1935–   ). Géographe, bibliographe et poète, né à Luceville (Rimouski). Il fait ses humanités au Séminaire de Rimouski et à l'Université de Moncton (B.A., 1957). Il continue en géographie à l'Université de Montréal où il présente, en 1961, un mémoire de maîtrise sur « La Morphologie littorale de la côte sud de l'estuaire maritime du Saint-Laurent, de Rivière-du-Loup à Matane ». Puis il soutient en Sorbonne, en 1970, une thèse de doctorat en géomorphologie : *Aspects morpho-sédimentologiques du glaciel*. Durant ses études à Paris, il expose de ses tableaux à la Cité universitaire et fait paraître deux recueils de poèmes. En 1964, il est membre du Bureau d'aménagement de l'Est du Québec ; en 1966, il passe au Centre de recherches forestières des Laurentides et à la Direction régionale des terres, Environnement Canada, à Québec ; en 1980, il devient professeur au Département de géographie de l'Université Laval. Il a auparavant donné des cours dans diverses institutions et exécuté des travaux pour des compagnies privées. En outre, il participe à de nombreux colloques et publie plusieurs ouvrages scientifiques et un grand nombre d'articles dans une trentaine de revues d'Amérique et d'Europe, telles la *Revue canadienne de géographie*, *The Canadian Geographer*, *Norois* (France), *Revue de géomorphologie dynamique* (France), *Cahiers de géographie du Québec*, *Maritime Sediments*, *Journal of Sedimentary Geology* (É.-U.). Son premier recueil de poésie se compose de pièces séparées sur des sujets hétéroclites comme « Baigneuse », « Danseur de corde » ou « Jupon d'espoir », dont il tire parfois une leçon de morale, ensemble assez banal où brillent un instant quelques trouvailles. Le second recueil révèle plus de métier et d'originalité.

ŒUVRES

Chansons d'orages (poésie), Paris, Les Paragraphes littéraires de Paris, 1962, 68 p.

Étrange Escarmouche. Poème, Paris, Les Paragraphes littéraires de Paris, [1963], 51 p.

Aspects morpho-sédimentologiques du glaciel des côtes du Saint-Laurent (essai), Québec, Laboratoire de recherches forestières, Service canadien des forêts, 1970, 324 f. Tableaux. Thèse de doctorat. Université de Montréal.

Le Quaternaire de la région de Rivière-du-Loup à Trois-Pistoles (essai), Québec, Centre de recherches forestières des Laurentides, 1972, 95 f. Tableaux et cartes. (Rapport d'information QFX27).

Vocabulaire du glaciel (glossaire), Québec, Centre de recherches forestières des Laurentides, 1972, 47 f. Ill. (Rapport d'information QFX34).

Bibliographie annotée sur les aspects géologiques du glaciel. Annotated bibliography on the geological aspects of drift ice. Rapport d'information LAU-X-9, Ste-Foy, Centre de recherches forestières des Laurentides, Ministère de l'Environnement, Service canadien des forêts, 1974, [2], 122 p.

ÉTUDE

Guy Robert, *Étrange Escarmouche de Jean-Claude Dionne*, LAC 1964, p. 62.

DIONNE, NARCISSE-EUTROPE (1848–1917). Historien et journaliste, né à Saint-Denis-de-la-Bouteillerie (Kamouraska). Il fait ses études classiques au Collège de Sainte-Anne-de-la-Pocatière, au Grand Séminaire de Québec (1866–1868), au Collège de Sainte-Anne (1868–1869) et au Collège de Lévis (1869–1870) (quatre ans de philosophie et de théologie). Il fait ensuite des études de médecine à l'Université Laval (diplôme en 1874). Médecin à Stanford (aujourd'hui Princeville), il devient, en 1880, journaliste au *Courrier du Canada* (à Québec), puis rédacteur adjoint, et enfin, en 1881, rédacteur en chef. Il est en même temps secrétaire de la Société de géographie de la province de Québec. Nommé en 1892 bibliothécaire à la bibliothèque du Parlement de Québec, il est promu secrétaire-archiviste (1897–1912). Il collabore à *L'Album des familles*, au *Bulletin de la Société de géographie de Québec*, aux *Nouvelles Soirées canadiennes*, à *La Revue canadienne*. Son volume, *Le Tombeau de Champlain*, paru en 1880, est couronné au concours du consul d'Espagne, le comte Premio-Real ; puis son *Jacques Cartier* (1889) gagne le concours du Lieutenant-gouverneur de la Province de Québec. L'Université Laval lui décerne, en 1900, un doctorat ès lettres « honoris causa ». Membre de la Société royale du Canada (1893), il est élu président de la section française en 1901. En 1909, il est reçu officier de l'Instruction publique de France. Dans le domaine historique, la contribution de Narcisse-Eutrope Dionne est considérable, et sa réputation est solidement établie. Jules-S. Lesage regarde ce chercheur érudit comme l'un des premiers à avoir ouvert la voie à nos historiens par un travail sans relâche : « M. le Dr Dionne fut un compilateur infatigable, il annotait sans cesse quelque fait historique intéressant, pouvant servir de jalon à des travaux futurs, compilation précieuse, préalable à la grande histoire. Si l'on ne trouve pas dans ses ouvrages de larges vues synthétiques, qui embrassent et résument toute une époque, en revanche il excelle en un style clair et précis à situer chaque fait dans le temps, nous laissant le soin d'en tirer la leçon opportune qui s'en dégage, et remet tout un passé en lumière ».

ŒUVRES

Le Saguenay et le Lac Saint-Jean : ressources et avantages qu'ils offrent aux colons et et aux capitalistes (essai), Ottawa, Imprimé par ordre du Département de l'agriculture, 1879, 54 p.

Le Tombeau de Champlain et Autres Réponses aux questions d'histoire du Canada proposées lors du concours ouvert en juin 1879 par Son Excellence M. le Comte de Premio-Réal (essai), Québec, Des presses à vapeur de Léger Brousseau, 1880, 91 p. « Études historiques ».

Les Cercles agricoles dans la province de Québec (essai), Québec, Des presses à vapeur de Léger Brousseau, 1881, 64 p.

États-Unis, Manitoba et Nord-Ouest. Notes de voyages, Québec, Imprimerie Léger Brousseau, 1882, 184 p. ; 1883, 180 p.

Fête nationale des Canadiens français, célébrée à Windsor, Ontario, le 25 juin 1883 (essai), Québec, Imprimerie Léger Brousseau, 1883, 152 p.

Historique de l'Église de Notre-Dame-des-Victoires, basse ville de Québec, deuxième centenaire, 1688-1888 (essai), Québec, Typographie de Léger Brousseau, 1888, 88 p.

Jacques Cartier (essai), Québec, Imprimerie Léger Brousseau, 1889, xii, 332 p. ; Imprimerie Émile Robitaille, 1933, xv, 157 p. Préface de Thomas Chapais ; 1934.

Le Séminaire de Notre-Dame-des-Anges (essai), Montréal, [s.é.], 1890, 38 p.

Étude archéologique. Le Fort Jacques-Cartier et la Petite-Hermine, Montréal, [s.é.], 1891, 34 p.

M.C.-F. Painchaud, fondateur du Collège de Sainte-Anne. Fêtes à l'occasion de la translation de ses restes mortels de l'Île aux Grues à Sainte-Anne, les 21, 22 et 23 juin 1891 (essai), Québec, Imprimerie Léger Brousseau, 1891, 192 p. Portrait.

La Nouvelle-France de Cartier à Champlain, 1540-1603 (essai), Québec, Typographie de C. Darveau, 1891, 395 p.

Samuel Champlain, fondateur de Québec et père de la Nouvelle-France. Histoire de sa vie et de ses voyages (essai), Québec, A. Côté et Cie Imprimeurs–éditeurs, 1891, 2 t. : t. 1, xviii, 430 p. ; t. 2, [s.é], 1906, vii, 559 p. Portrait.

Chouart et Radisson (essai), Ottawa, J. Hope et fils, 1893, 21 p. ; 1894, 20 p.

Vie de C.-F. Painchaud, prêtre, curé, fondateur du Collège de Sainte-Anne-de-la-Pocatière (essai), Québec, Léger Brousseau imprimeur, 1894, xi, 440 p. Portrait.

Mgr de Forbin-Janson, l'évêque de Nancy et de Toul, primat de Lorraine. Sa vie — son œuvre en Canada (essai), Québec, Léger Brousseau imprimeur-éditeur, 1895, 196 p. Portrait. « Galerie historique » ; Typo. Laflamme et Proulx, 1910, 211 p.

Noces d'argent de M. l'Abbé T. Montminy, curé de Saint-Georges de Beauce, fêtées à Saint-Georges, les 17 et 18 septembre 1895 (essai), Québec, [s.é], 1895, 30 p.

Hennepin, ses voyages et ses œuvres (essai), Québec, R. Renault, 1897, 40 p. ; Montréal, Les Éditions Canadiana, 1970. (Édition en fac-similé).

John and Sebastian Cabot (essai), Québec, Raoul Renault Publisher, 1898, 47 p.

Sainte-Anne-de-la-Pocatière, 1672-1900 (essai), Lévis, Pierre-Georges Roy, 1900, 93 p.

Historique de la bibliothèque du Parlement à Québec 1792-1892 (essai), [s.l.], Mémoires de la Société royale du Canada, 1902, 14 p.

Une grande figure de prêtre : l'abbé Gabriel Richard, curé de Détroit. Conférence donnée à l'Université Laval par M.N.-E. Dionne, Québec, S.-A. Demers, 1902, 54 p.

Quebec Under Two Flags. A Brief History of the City from its Foundation Until the Present Time (essai), Québec, The Quebec News Company, 1903, 500 p. Collab. A.-G. Doughty ; 1903, 424, lvii p. ; 1903, 2 vol. : vol. 1, 226 p. ; vol. 2, -424, lvii p. Ill. ; 1905.

The Siege of Quebec and the Battle of the Plains of Abraham. A Reply to the Editor of Old and New (essai), Québec, Dussault & Proulx Print., 1903, 39 p.

Serviteurs et Servantes de Dieu en Canada. Quarante biographies, Québec, [s.é.], 1904, xv, 318 p. Ill.

Les Ecclésiastiques et les Royalistes français réfugiés au Canada à l'époque de la Révolution 1791-1802 (essai), Québec, [s.é.], 1905, xvi, 447 p. Portrait.

Champlain (biographie), Toronto, Morang & Co. Ltd., 1905, xviii, 299 p. « The Makers of Canada » ; 1910 ; 1912. Ill. ; London and Toronto, Oxford University Press, 1926, [22], 299 p. ; 1928, Toronto, UTP, 1963, 299 p. « Canadian University Paperbacks ».

Le Parler populaire des Canadiens français ou, Lexique des canadianismes, acadianismes, anglicismes, américanismes, mots anglais les plus en usage au sein des familles canadiennes et acadiennes françaises, comprenant environ 15,000 mots ou expressions, avec de nombreux exemples pour mieux faire comprendre la portée de chaque mot ou expression, Québec, Laflamme et Proulx imprimeurs, 1909, xxiv, 617 p. Préface de M. Raoul de la Grasserie ; *Le Parler populaire des Canadiens français*, Québec, PUL, 1974, [10], xxiv, 671 p. Avant-propos de Georges Straka. « Langue française au Québec — Lexicologie et lexicographie ». (Reproduction de l'édition de 1909).

Pierre Bédard et ses fils (biographie), Québec, Typ. Laflamme et Proulx, 1909, xvi, 272 p. « Galerie historique ».

Les Trois comédies du « Statu quo » 1834 (essai), Québec, Typ. Laflamme et Proulx, 1909, 246 p. « Galerie historique ».

1879-1909. Travaux historiques publiés depuis trente ans par le Dr. N.-E. Dionne (bibliographie), Québec, Typ. Laflamme et Proulx, 1909, 27 p. Portrait.

Chouart et Radisson. Odysée de deux Canadiens-français au XVIIe siècle (essai), Québec, Typ. Laflamme et

Proulx, 1910, 212 p. « Galerie historique ». (Édition contenant aussi « Hollandais et Français en Amérique, 1609-1664 »).

Sainte-Anne-de-la-Pocatière, 1672-1910, l'Île-aux-Oies, 1646-1910 (essai), Québec, Typ. Laflamme et Proulx, 1910, 219 p. « Galerie historique ».

Gabriel Richard, sulpicien, curé et second fondateur de la ville de Détroit. La mémoire du P. Rasle vengée (biographie), Québec, Typ. Laflamme et Proulx, 1911, xv, 191 p. « Galerie historique ».

Une dispute grammaticale en 1842 : le G.V. Demers vs le G.V. Maguire, précédé de leur biographie, Québec, Typ. Laflamme et Proulx, 1912, 229 p. « Galerie historique ».

La « Petite Hermine » de Jacques Cartier et Diverses Monographies historiques, Québec, Typ. Laflamme et Proulx, 1913, 205 p. « Galerie historique ».

Les Canadiens français. Origine des familles émigrées de France, d'Espagne, de Suisse, etc., pour venir se fixer au Canada, depuis la fondation de Québec jusqu'à ces derniers temps et signification de leurs noms, Québec/Montréal, Garneau, Laflamme et Proulx/Granger, 1914, xxxiii, 611 p. ; Baltimore, Genealogical Publishing co., 1969. (Édition fac-similé).

Inventaire chronologique. Extraits des mémoires et comptes rendus de la Société royale du Canada, 2e série, vol. 10-12, 14, 1904, 1906, 1908, Ottawa, 5 vol. : vol. 1, *Inventaire chronologique des livres, brochures, journaux et revues publiés dans la province de Québec, depuis l'établissement de l'imprimerie au Canada jusqu'à nos jours, 1764 à 1905*, 175 p. ; vol. 2, *Inventaire chronologique des ouvrages publiés à l'étranger en diverses langues sur Québec et la Nouvelle-France et sur la province de Québec, depuis la découverte du Canada jusqu'à nos jours, 1534-1906*, 155 p ; vol. 3, *Inventaire chronologique des livres, brochures, journaux et revues publiés en langue anglaise dans la province de Québec, de 1764 à 1906*, 228 p. ; vol. 4, *Inventaire chronologique des cartes, plans, atlas, relatifs à la Nouvelle-France et à la province de Québec 1508-1908*, 124, iv, vi p. ; vol. 5, *Inventaire chronologique des livres, brochures, journaux et revues publiés en diverses langues dans et hors la province de Québec. Premier supplément, 1906-1912*, 76 p. ; New York, Burt Franklin, 1969, 5 vol. à pagination multiple.

ÉTUDES

Stanislas Drapeau, *La Question du tombeau de Champlain. Notes et éclaircissements*, Ottawa, Imprimerie du Canada, 1880, 21 p.

Paul de Cazes, *Observations sur l'étude archéologique du Dr Dionne*, Montréal, L'Étendard, 1891, 7 p.

Adjutor Rivard, *Inventaire chronologique..., t. 1*, CF, vol. 4, n° 3, nov. 1905, p. 111-117.

J.-Edmond Roy, *Un historien de Champlain*, dans *Bulletin de la Société de géographie de Québec*, vol. 3, n° 2, juillet 1908, p. 86-91.

Camille Roy, *Les Ecclésiastiques et les Royalistes français réfugiés au Canada à l'époque de la Révolution 1791-1802*, dans *Essais de littérature canadienne*, Montréal, Beauchemin, 1913, p. 231-241.

Pierre-Georges Roy, *Ouvrages publiés par feu M. N.-E. Dionne*, BRH, vol. 23, n° 7, juillet 1917, p. 213-215.

Jules-S. Lesage, *Propos littéraires : écrivains d'hier IIe série*, Québec, L'Action catholique, 1933, p. 205-209.

Serge Gagnon, *Le XVIe siècle de Narcisse-Eutrope Dionne à Marcel Trudel (1891-1963)*, RUO, vol. 47, n°s 1-2, janv.-avril 1977, p. 65-83.

Jac Guy

DIONNE, RENÉ (1929-). Historien de la littérature, bibliographe et critique littéraire, né à Saint-Philippe-de-Néri (Kamouraska). Il fait ses études classiques au Collège Sainte-Anne-de-la-Pocatière (B.A., 1950), puis il obtient une licence en philosophie à l'Immaculée-Conception de Montréal pour une thèse sur Sartre (1958). Il a fait, de plus, à l'Université de Montréal, une maîtrise ès arts en présentant une thèse sur Démosthène (1955) et une licence ès lettres (1960). Entre 1960 et 1974, il suit des cours de perfectionnement dans divers domaines : lettres, linguistique, littérature anglaise, histoire et théologie aux universités de Washington, Cambridge, Edimbourg, Oxford, Strasbourg, Lyon... et, en 1974, il soutient une thèse de doctorat ès lettres à l'Université de Sherbrooke : *Antoine Gérin-Lajoie, homme de lettres*. Boursier du Conseil des Arts du Canada à plusieurs reprises, il mérite en outre plusieurs récompenses : prix de l'Ambassade de Suisse (1960), prix de la Presse (1979), prix Champlain (1980). À compter de 1954 il est tour à tour professeur de latin, de grec, de français, d'histoire du Canada et de littérature québécoise au Collège Saint-Ignace, au Collège Sainte-Marie, à l'Université de Montréal, à l'Université de Sherbrooke et à l'Université d'Ottawa où il a été directeur du Département des lettres françaises (1975-1978) et où il est nommé titulaire en 1981. Il collabore à plusieurs périodiques comme *Relations*, *Revue de l'Université d'Ottawa*, *Lettres québécoises*, *Le Droit*, et il est cofondateur des *Cahiers de Sainte-Marie* et fondateur de la revue *Histoire littéraire du Québec et du Canada français*. Une partie importante de ses travaux porte sur la littérature et la culture des Franco-Ontariens. L'autre partie porte sur la vie et l'œuvre d'Antoine Gérin-Lajoie. Guildo Rousseau écrit à propos du livre consacré à cet écrivain : « L'auteur nous plonge littéralement dans une époque et nous la fait comprendre à travers les rêves et les désillusions des hommes. [...] Ce qui ressort de l'ouvrage de René Dionne [...], c'est le tiraillement qui assaille le Québécois du XIXᵉ siècle, tantôt plongé dans les rêves de reconquête de l'Amérique perdue, tantôt dévoré du désir de vivre une existence rustique ».

ŒUVRES

Propos littéraires : littérature et science, littérature française, littérature québécoise. Actes du 40ᵉ congrès de l'ACFAS, section des littératures de langue française, Ottawa, EUO, 1973, 128 p. Textes recueillis et présentés par René Dionne. « CCRCCF ».

Antoine Gérin-Lajoie, homme de lettres (essai), Sherbrooke, Éditions Naaman, 1978, 455 p. « Études ».

Bibliographie de la littérature outaouaise et franco-ontarienne, Ottawa, CRCCF, 1978, 91 p. « Documents de travail du CRCCF » ; 1981, 204 p. (Édition revue et augmentée).

La Patrie littéraire, 1760–1895 (anthologie), Montréal, La Presse, 1978, xiv, 516 p. (Vol. II de l'*Anthologie de la littérature québécoise* sous la direction de Gilles Marcotte).

Propos sur la littérature outaouaise et franco-ontarienne, Ottawa, CRCCF, 1978–1983, 4 vol. : vol. 1, 1978, 209 p. Introduction de l'auteur ; vol. 2, 1979, 215 p. ; vol. 3, 1981, 237 p. ; vol. 4, 1983, 324 p. Introduction et choix de textes par René Dionne. « Documents de travail du CRCCF ».

Répertoire des professeurs et chercheurs (littérature québécoise ou canadienne-française), Ottawa, Centre de recherche en civilisation canadienne-française, 1978, 120 p. Avant-propos de l'auteur. « Documents de travail du CRCCF » ; Sherbrooke, Éditions Naaman, 1980, 119 p. « Bibliographies ».

Situation de l'édition et de la recherche. Littérature québécoise ou canadienne-française. Travaux du comité de recherche francophone de l'ALCQ, Ottawa, Centre de recherche en civilisation canadienne-française, 1978, 182 p. « Documents de travail du CRCCF ».

Revue d'histoire littéraire du Québec et du Canada français, 14 vol., 1979–1986 : vol. 1, *Histoire littéraire du Québec, 1, 1979. Situation de l'édition et de la recherche*, Montréal, Les Éditions Bellarmin, 1980, 267 p. Avant-propos de René Dionne. Éditeur. « Histoire littéraire du Québec » ; vol. 2, *2 (1980–1981). Aspects et problèmes*, 1982, 311 p. « Histoire littéraire du Québec et du Canada français » ; vol. 3, *3 (Hiver–printemps 1982). La littérature régionale*, 1982, 273 p. ; vol. 4, *4 (Été–automne 1982). L'Édition critique*, 1983, 248 p. ; vol. 5, *5 Le Théâtre. Hiver–printemps 1983*, Ottawa, EUO, 1984, 289 p. ; vol. 6, *6 Revues littéraires du Québec. Été–automne 1983*, 1984, 246 p. ; vol. 7, *7 F.-X. Garneau. Hubert Aquin. Hiver–printemps 1984*, 1984, 234 p. ; vol. 8, *8 Alain Grandbois. Été–automne 1984*, 1985, 252 p. ; vol. 9, *9 La Littérature personnelle.*

Hiver–printemps 1985, 1985, 178 p. ; vol. 10, *10 Éditeur Hubert Aquin. Été–automne 1985*, 1985, 282 p. ; vol. 11, *11 Littérature québécoise et cinéma. Hiver–printemps 1986*, 1986, 228 p. ; vol. 12, *12 Frontières. Été–automne 1986*, 1986, 313 p. ; vol. 13, *13 Histoire de Menaud. Hiver–printemps 1987*, 1987, 270 p. ; vol. 14, *14 La Critique littéraire. Été–automne 1987*, 1987, 353 p.

Quatre siècles d'identité canadienne. Actes d'un colloque tenu au CRCCF de l'Université d'Ottawa, le 23 octobre 1981, Montréal, Éditions Bellarmin, 1983, 176 p. Ill. Présenté et publié sous la direction de René Dionne.

Le Québécois et sa littérature, Sherbrooke/Paris, Éditions Naaman/Agence de coopération culturelle et technique, 1984, 462 p. Sous la direction de René Dionne. Avant-propos de René Dionne. « Littérature ».

―――――――

Bibliographie de la critique de la littérature québécoise et canadienne-française dans les revues canadiennes (1974–1978), Ottawa, PUO, 1988, 484 p. « Histoire littéraire du Québec et du Canada français ». Collab. Pierre Cantin.

La Littérature canadienne de langue française, Ottawa, Secrétariat d'État du Canada, 1988, 35, 31 p. « Guides pédagogiques des études canadiennes ». (Versions française et anglaise).

Les Jésuites dans la première lettre de Frontenac à Colbert (2 novembre 1672), dans *Lettres du Bas-Canada*, vol. 14, nᵒ 4, déc. 1960, p. 201–220.

Notre différenciation nord-américaine, Rel, vol. 23, nᵒ 272, août 1963, p. 234–237.

La Terre dans « Trente Arpents » de Ringuet, dans *Collège et Famille*, vol. 25, nᵒ 4, oct. 1968, p. 133–157.

La Nausée d'Antoine Roquentin, dans *Collège et Famille*, vol. 26, nᵒ 1, févr. 1969, p. 8–27.

Le Nationalisme de notre roman historique, Rel, vol. 31, nᵒ 364, oct. 1971, p. 281–284.

Du nationalisme traditionnel au nationalisme personnaliste : Saint-Denys Garneau, Rel, vol. 31, nᵒ 365, nov. 1971, p. 312–315.

Buies chez lui hier, aujourd'hui ou Le Québec chez Buies, Rel, vol. 38, nᵒ 443, déc. 1978, p. 344–346.

Ce bon vieux dix-neuvième siècle, Rel, vol. 39, nᵒ 444, janv. 1979, p. 28–30.

Le Roman du XIXᵉ siècle (1837–1895), RUO, vol. 49, nᵒˢ 1–2, janv.–avril 1979, p. 38–45.

Bibliographie de la critique, RUO, vol. 49, nᵒˢ 1–2, janv.–avril 1979, p. 130–257. Collab. Pierre Cantin.

De l'humeur à l'humour ou La Métamorphose d'une lettre d'Antoine Gérin-Lajoie à Raphaël Bellemare (11 mars 1845), RUO, vol. 49, nᵒˢ 1–2, janv.–avril 1979, p. 108–116.

Guy Frégault, écrivain de l'âge de l'interrogation, dans Pierro Savard, éditeur, *Guy Frégault (1918–1977)*, Montréal, Bellarmin, 1981, p. 63–82.

ÉTUDES

Paul Gay, *La 17ᵉ édition de Jean Rivard. Un homme carré*, Dr, 65ᵉ année, nᵒ 58, 4 juin 1977, p. 20.

Id., *Antoine Gérin-Lajoie, homme de lettres. Un Canadien errant*, Dr, 66ᵉ année, nᵒ 53, 27 mai 1978, p. 19.

Gilles Marcotte, *Antoine Gérin-Lajoie, homme de lettres*, Dev, vol. 69, nᵒ 209, 9 sept. 1978, p. 23.

Réginald Martel, *À la recherche de nos mœurs littéraires*, Pr, 94ᵉ année, nᵒ 227, 23 sept. 1978, p. D-3.

Paul Gay, *La littérature fonde la gloire des peuples. La Patrie littéraire*, Dr, 66ᵉ année, nᵒ 186, 4 nov. 1978, p. 21.

Jean Éthier-Blais, *Le souverain bonheur de lire nos écrivains du 19ᵉ siècle*, dans *Le Livre d'ici*, vol. 4, nᵒ 9, 6 déc. 1978, p. 1.

Raymond Laprés, *Dionne (René), Anthologie de la littérature québécoise, Vol. II, La Patrie littéraire 1760–1895*, LAQ 1978, p. 192–194.

Guildo Rousseau, *René Dionne, Antoine Gérin-Lajoie, hommes de lettres*, LAQ 1978, p. 194–195.

David M. Hayne, *Un stupide XIXᵉ siècle au Québec?*, Rel, vol. 39, nᵒ 451, août 1979, p. 252–254.

Maurice Lebel, *L'Anthologie de la littérature québécoise. L'âge de l'interrogation*, Dr, 68ᵉ année, nᵒ 139, 13 sept. 1980, p. 18.

Richard Giguère, *René Dionne et Gabrielle Poulin. L'âge de l'interrogation*, LAQ 1980, p. 189–192.

Paul-François Sylvestre, *Collab. Propos sur la littérature outaouaise et franco-ontarienne*, LAQ 1981, p. 210–212.

Manon Raîche-Pincince, *La Poésie: éclater ou vivoter?*, Dr, 72ᵉ année, nᵒ 17, 14 avril 1984, p. 35.

Gérard Gaudet, *Quelles images aurions-nous de nous-mêmes*, Dev, vol. 76, nᵒ 21, 26 janv. 1985, p. 21.

Michel Laurin, *Le Québécois et sa littérature, en collaboration, sous la direction de René Dionne*, dans *Nos livres*, vol. 16, mars 1985, p. 4–6, 29–30.

DIOTTE, LORRAINE [X Arsenault] (1933–   ).

Nouvelliste, chansonnier et poète, née à Balmoral (Nouveau-Brunswick). Elle fait ses études au Couvent de Tracadie, puis à l'École normale de Fredericton (diplôme d'enseignement, 1965). Elle poursuit ses études au Collège universitaire de Bathurst et obtient un baccalauréat en éducation en 1971. À compter de 1965, elle enseigne le français à Dalhousie (Nouvelle-Écosse). Auteure, compositeure et interprète, elle reçoit le prix Dow de la chanson en 1958, puis elle enregistre troix microsillons: *Rappelle-toi, On s'en vient vite, Notre famille*. Engagée dans la lutte pour l'obtention des droits des Acadiens, elle collabore à *L'Évangéline, L'Aviron, Le Voilier, L'Acayen*, l'*Action nationale*. Son recueil de récits, *Polidore* (1979), écrit Yves Bolduc, « c'est la sagesse de tous les jours qui s'exprime avec tout le naturel et la verve qu'on peut souhaiter. [...] La langue utilisée est le langage parlé, celui de tous les jours, avec ses élisions, ses prononciations spéciales que la transcription essaie de suggérer ». Son deuxième livre, *Bout-ci Bout-là* (1981) contient des poèmes d'une grande tendresse qui expriment la longue souffrance des Acadiens.

ŒUVRES

Polidore (récits), [Caraquet], Imprimerie du Nord, 1979, 86 p. Ill. Avant-propos de R. Van.

Bout-ci Bout-là (poésie), Moncton, Éditions d'Acadie, 1981, 51 p.

Florence et Polidore (récit), dans *L'Acayen*, vol. 2, nᵒ 5, févr.–mars 1975, p. 17–18.

Du cauchemar à la réalité (récit), dans *L'Acayen*, vol. 2, nᵒ 7, mai 1975, p. 13–15.

J'ai jamais rien pu avoir (récit), dans *L'Acayen*, vol. 2, nᵒ 9, oct.–nov. 1975, p. 11.

ÉTUDES

Yves Bolduc, *Polidore, c'est l'homme anonyme qui trime dur pour gagner sa vie*, dans *L'Évangéline*, 92ᵉ année, nᵒ 161, 17 août 1979, p. 11.

[Anonyme], *Lorraine Diotte. Bout-ci Bout-là*, dans *Nouvelles* (Association des enseignants du N.-B.), 13ᵉ année, nᵒ 6, 1ᵉʳ nov. 1981, p. 12.

DOAT, JAN (1909–   ).

Homme de théâtre, poète et essayiste, né à Paris. Il fait ses études classiques aux lycées Carnot de Paris et Hoche de Versailles (1921–1929). Il fait une année de droit, exerce divers métiers pour vivre, mais il est attiré par le théâtre qu'il pratique depuis son enfance. Élève de Charles Dullin au théâtre et plus tard d'Abel Gance au cinéma, Jan Doat signera quelque deux cents mises en scène au Grand Opéra et à l'Opéra comique de Paris, au Théâtre des Champs-Élysées et au Vieux-Colombier, à Aix-en-Provence, à Lyon, puis au Canada. Il donne aussi des cours et des conférences sur le théâtre en France et dans plusieurs autres pays d'Europe. Arrivé au Canada en 1953 (citoyenneté en 1971), il est membre fondateur du Conservatoire d'art dramatique de la province de Québec. Il commence alors un enseignement qu'il poursuit à la Faculté des lettres de l'Université Laval où il crée un département d'études théâtrales. Il fonde aussi l'École nationale de théâtre d'Israël à Tel Aviv où il est professeur invité. En 1966, il est nommé officier de l'Ordre des arts et lettres, officier de la Légion d'honneur en 1972, et il est élu à la Société royale du Canada en 1974. Outre de très nombreux articles, Jan Doat est l'auteur d'une quinzaine de livres. Son essai *Feux de camp*, paru à Paris en 1937, révèle les qualités du pédagogue qui s'affirmera dans ses autres ouvrages, tels *L'Expression corporelle du comédien* (1940), *Architectures et Décors de théâtre* (1943) et *Théâtre portes ouvertes* (1970) sur lequel Elaine Nardocchio écrit que « le rappel de certaines évidences nous fait redécouvrir dans le théâtre des facettes passionnantes ». Sur son *Anthologie du théâtre québécois* (1973), la critique est partagée, certains y relevant de sérieuses fautes de méthodologie, d'autres comme Léopold LeBlanc notant que ce choix de textes « tire de l'oubli de nombreuses pièces et laisse deviner l'intérêt du théâtre passé ». Dans *Lorsque* (1981), Jan Doat réunit des propos et des recettes de sagesse pour une vieillesse heureuse.

ŒUVRES

La Récitation chorale. Du chœur eschylien au chœur radiophonique, du plain-chant au chœur parlé (essai), Paris, Éditions Billaudot, [1931], 83 p. ; *La Récitation chorale. Histoire, méthode et système de notation de la déclamation collective*, Paris, Éditions Billaudot, 1945, 90 p.

Feux de camp. Essai sur une forme primitive de l'expression dramatique (essai), Paris, Edvestem intégrale, 1937, 94 p.

L'Expression corporelle du comédien. Manuel d'expression et de plastique théâtrale (essai), Paris, Librairie théâtrale, 1940, 72 p . ; Paris, Éditions de l'amicale, 1966, 70 p . Ill. de René Forest. Traduction portugaise : *Da expression corporel del comediante*, Buenos Aires, [s.é.], 1959, 72 p.

Architecture et Décors de théâtre : propositions d'architecture, de dispositifs scéniques et de décors, pour théâtres libres ou ambulants, couverts ou de plein air, Paris, Librairie théâtrale, 1943, 64 p. Collab. Carlotti, Meunier et Ratigner. Ill. Préface de Raymond Cogniat ; *Architecture et Décors de théâtre*, Lyon, Éditions Marche, 73 p. ; Grenoble, Éditions françaises nouvelles, 1944, 56 p. ; *Architecture et Décors de théâtre. Propositions et maquettes nouvelles, décorations scéniques, décors* (essai), 1945, 80 p.

Entrée du public. La psychologie collective et la contagion mentale dans l'art dramatique (essai), Paris, Éditions de Flore, 1947, 196 p. Lettre-préface de Charles Dullin. Traduction portugaise : *Téatro y publico. Colection téoria y praticen del teatro*, Buenos Aires, Compânia Generale Fabril Editor, 1950, 200 p.

Théâtre portes ouvertes (essai), Montréal, CLF, 1970, 132 p.

Pour solde de tout compte (poésie), Québec, Les Éditions Laliberté, 1971, 117 p. « Le Dévidoir ».

Le Pèse-Bonheur (poésie), Québec, Les Éditions Laliberté, 1972, 105 p.

Anthologie du théâtre québécois 1606-1970, Québec, Les Éditions Laliberté, 1973, 505 p.

Dire. Parler, lire, jouer (essai), Montréal, CLF, 1975, 94 p. « Pleins Feux ».

La Bible. Anthologie littéraire et poétique, Verviers (Belgique), Marabout, 1975, 476 p. Ill. d'Henri Lievens. « Marabout université ».

Les Maximes et les Pensées de Napoléon recueillies et classées par Honoré de Balzac, Montréal, CLF Pierre Tisseyre, 1976, 234 p. Présentation de Jan Doat.

Lorsque (essai), Montréal, CLF, 1981, 63 p.
Le Bouddha aux yeux bleus (essai), Montréal, CLF Pierre Tisseyre, 1983, 80 p.

ÉTUDES

[Anonyme], *Jan Doat, Théâtre portes ouvertes*, dans *Le Livre canadien*, vol. 1, déc. 1970, n° 203.

Elaine F. Nardocchio, *Théâtre portes ouvertes de Jan Doat*, LAQ 1970, p. 173.

Jean-Pierre Nicaise, *Jean Doat, homme de théâtre* (entrevue), Pe, vol. 61, n° 75, 23 juin 1973, p. 18, 20-21.

[Anonyme], *Doat (Jan), Anthologie du théâtre québécois*, dans *Le Livre canadien*, vol. 4, oct. 1973, n° 244.

Léopold LeBlanc, *Jan Doat. Anthologie du théâtre québécois*, LAQ 1973, p. 229-230.

[Anonyme], *Doat (Jan). Dire (Parler-Lire-Jouer)*, dans *Le Livre canadien*, vol. 7, janv. 1976, n° 12.

DOLLIER DE CASSON, FRANÇOIS (1636-1701). Mémorialiste, né au château de Casson-sur-l'Erdre (Bretagne, France). Fils de famille noble, il sert trois ans dans l'armée avant d'entrer chez les Sulpiciens. Ordonné prêtre, il accompagne, en 1666, deux confrères en voyage au Canada. Dès son arrivée, en septembre, il fait partie d'une expédition contre les Agniers en qualité d'aumônier militaire. Après une année à Trois-Rivières (1667-1668), il participe à l'expédition de Robert Cavelier de La Salle vers l'Ouest (1669-1670). Nommé supérieur des Sulpiciens en Nouvelle-France, il passe le reste de sa vie à Montréal, sauf pour un séjour de santé où il voyage en France, de 1674 à 1678. En 1672-1673, il rédige son *Histoire du Montréal, 1640-1672*, au moment où la ville n'avait qu'une trentaine d'années d'existence. Le texte se présente sous forme de lettres adressées annuellement, de 1640 à 1672, aux Sulpiciens de Paris. Le manuscrit découvert à Paris en 1844, est publié par la Société historique de Montréal en 1868. Source indispensable de l'histoire de Montréal, l'œuvre de Dollier a exercé une influence considérable sur l'historiographie canadienne-française.

ŒUVRE

Histoire du Montréal, 1640-1672, Montréal, Des presses à vapeur de « La Minerve », 1868, 272 p. « Mémoires de la Société historique de Montréal » ; Eusèbe Senécal, 1871, 128 p. (Paru aussi dans RC, 1re série, vol. 6, de févr. à juin 1864). Traduction anglaise de Ralph Flenley : *A History of Montreal, 1640-1672*, Toronto, J. M. Dent & Sons Ltd., 1928, 384 p. Ralph Flenley éditeur.

ÉTUDES

Robert de Roquebrune, *Histoire du Canada. Deux historiens de Montréal au XVIIIe siècle*, CF, vol. 21, 1933, p. 19-30.

Roger Duhamel, *Dollier de Casson*, CACF, vol. 8, 1964, p. 131–136.

Jacques Mathieu, *François Dollier de Casson*, DBC, t. 2, 1969, p. 198–204.

DOMARADZKI, THÉODORE Félix (1910–). Essayiste et professeur de lettres slaves, né à Varsovie (Pologne). Après avoir étudié au Gimnazjum de Paderewski à Poznan, il obtient son baccalauréat en 1930, au Lycée de Zakopane, puis il étudie à l'Université de Varsovie et à l'Université de Rome (1938–1941). Sa thèse de doctorat porte sur le problème social dans l'œuvre de Boleslas Prus. Il est professeur adjoint à l'Académie des sciences politiques de l'Université de Rome (1936–1938), lecteur de philologie polonaise (1941–1947), professeur agrégé à l'Institut pontifical d'études orientales. Venu au Canada en 1948, il fonde le Département d'études slaves à l'Université de Montréal, dont il est directeur et professeur pendant seize ans. Il fonde également, à l'Université d'Ottawa, l'Institut des études slaves et est-européennes. Il participe à titres divers à plusieurs associations : Association canadienne des Slavistes, Société canadienne pour l'étude comparée des civilisations, Institut canadien inter-américain de recherche, Institut canadien des affaires internationales, Fondation Paderewski. Il est récipiendaire de plusieurs distinctions : Ordre de Saint-Grégoire-le-Grand, Ordre royal de Saint-Sava, Ordre des combattants de la Résistance, Croix d'or (polonais) de mérites... Pendant de nombreuses années, il est directeur de la revue bilingue *Études slaves et est-européennes/Slavic and East-European Studies* où paraissent, entre 1956 et 1967, ses articles et comptes rendus. Dans ses livres et articles, Domaradzki étudie certains problèmes de la littérature polonaise, surtout la thématique de Boleslas Prus et celle de Cyprian Norwid et aussi la littérature en langue polonaise hors de Pologne. Il aborde également dans des écrits les questions ayant trait au réalisme, au symbolisme et à l'expression moderne dans la poésie.

ŒUVRES

Idea pokoju na przestrzeni wiekow (L'Idée de la paix à travers les siècles) (essai), Varsovie, Kolo Studiow Politycznych, 1939, xvi, 102 p. Préface de Edmund J. Reyman.

Il problema sociale nell'opera di B. Prus (Le Problème social dans l'œuvre de B. Prus) (essai), Roma, A.P.I., Università di Roma, 1941, 122 p. Préface de Leonardo Kocimski.

Le Symbolisme et l'Universalisme de C.K. Norwid (l'homme, le langage et l'art) (essai), Québec, PUL, 1974, 176 p. Préface de Robert Choquette.

La Réalité du mal dans deux manifestes poétiques : celui de C. Baudelaire et celui de C. Norwid, dans *Études slaves et est-européennes*, vol. 11, nᵒˢ 1–2, 1966, p. 49–56 ; nᵒˢ 3–4, 1966, p. 212–231.

Cyprien Norwid dans les traductions et la critique de langue française, ibid., vol. 12, nᵒ 4, 1967, p. 153–187.

Institutions de documentation polonaise à l'étranger et le Centre montréalais de recherche, dans *Acta du Congrès des savants polonais — Académie polonaise des sciences*, Cracovie, 1975, p. 225–230.

W. Gombrowicz — Un «fou révolté» et son antitraditionalisme, dans *Études slaves et est-européennes*, vol. 20–21, 1975–1976, p. 5–19.

ÉTUDES

Mgr Olivier Maurault, *Slavic Studies in the Light of the University's Mission*, dans *Études slaves et est-européennes*, vol. 3, nᵒ 1, 1958, p. 14–24.

Jozef Trypucko, *Collana di Ricerche Slavistiche 1. Studi in onore di Lo Gatto e Maver*, ibid., vol. 7, nᵒˢ 3–4, 1962, p. 244–249.

L. Rabcewicz, M. Cieslak, Z. Libera *et al.*, *40ᵉ anniversaire d'enseignement universitaire du prof. T.F. Domaradzki*, ibid., vol. 20–21, 1975–1976, p. 106–117.

Antoine Désilets

DOR, GEORGES [né Doré] (1931–). Chansonnier, poète, romancier et dramaturge, né à Drummondville (Drummond). Après ses études chez les oblats de Chambly-Bassin, il suit des cours de diction chez Mme Lucie de Vienne-Blanc et des cours d'art dramatique à l'Atelier du Théâtre du Nouveau Monde. Il occupe différents emplois avant de devenir annonceur à la radio (Montréal, Amos, Trois-Rivières et Québec), rédacteur et réalisateur au Service des nouvelles de Radio-Canada pendant dix ans (1954–1964). C'est en 1964, à la Butte-à-Mathieu, qu'il commence sa carrière dans la chanson. Il connaît un certain succès et, en 1967, avec « La Manic », chanson qui jouit d'une immense popularité au Québec, il remporte le troisième prix au Festival de la chanson à Sopot. Il se consacre alors à sa carrière d'écrivain et de chansonnier et il quitte Radio-Canada où on le retrouve cependant, en 1973 ; il sera animateur de l'émission télévisée « D'amour et d'eau fraîche », en 1978. Il a aussi fondé une compagnie de disques et ouvert une galerie d'art à Longueuil. Toujours passionné de théâtre, il fonde, en 1976, à Saint-Germain-de-Grantham, le théâtre des Ancêtres qu'il dirige et où il fait jouer la plupart de ses pièces, en particulier *Les Moineau chez les Pinson*, pièce reprise avec succès en téléroman à Télé-Métropole en 1982. Mais il n'abandonne pas la poésie. Chantre de son pays, il traduit avec simplicité l'homme québécois dans sa vraie quotidienneté. Le passé, l'amour et l'espoir teintent l'œuvre de Dor d'une mélancolie que Gaston Miron qualifie, dans la préface de *Si tu savais*, de «voix simple et par là émouvante ou bouleversante».

ŒUVRES

Éternelles Saisons (poésie), Trois-Rivières, [s.é.], 1954, 48 p.

La Mémoire innocente suivi de Lettres à une malade (poésie), Montréal, L'Aube, 1956, 48 p. «Trouvailles».

Portes closes (poésie), Montréal, L'Aube, 1959, 40 p.

Chante-pleure. Poèmes sépara-tristes, Montréal, Les Éditions Atys, 1961, 51 p.

Poèmes et Chansons!, Montréal, L'Hexagone, 1968, 71 p.

Je chante-pleure encore. Poèmes, [Montréal], Les Éditions Emmanuel, 1969, 63 p.

La Grande Aventure du fer, [Montréal], Leméac, 1970, 127 p. Ill. Collab. «Le Monde de l'avenir».

Poèmes et Chansons 2, Montréal, Hexagone/Leméac, 1971, 71 p.

Poèmes et Chansons 3, [Montréal], Hexagone/Leméac, 1972, 71 p.

D'aussi loin que l'amour nous vienne (roman), [Montréal], Leméac, 1974, 118 p. «Roman québécois».

Après l'enfance. Nouvelle, [Montréal], Leméac, 1975, 103 p. «Roman québécois».

Si tu savais... (essai et chansons), Montréal, Les Éditions de l'Homme, 1977, 159 p. Préface de Gaston Miron. Avant-propos de l'auteur.

Poèmes et Chansons 4, [Montréal], Leméac/L'Hexagone, 1980, 69 p.

Le Québec aux Québécois et le paradis à la fin de vos jours (poésie), [Montréal], Leméac/L'Hexagone, 1980, 71 p. Préface de Pierre Filion. Avant-propos de l'auteur.

Cinq saisons dans la vie d'un peintre. Five Seasons in the Life of a Painter. Claude Le Sauteur, Montréal, Art Global, 1981, 103 p. Ill. Introduction de Jean-Paul Lemieux. Traduction anglaise en regard par Sheila Fischman.

Du sang bleu dans les veines (théâtre), [Montréal], Leméac, 1981, 149 p. «Théâtre/Leméac».

Les Moineau chez les Pinson (théâtre), [Montréal], Leméac, 1982, 188 p. Ill. «Théâtre/Leméac».

Né le 10 mars 1931, L, n° 73, janv.–févr. 1971, p. 34–36.

DISCOGRAPHIE

Poèmes et Chansons, Montréal, Gamma, [1970], GS 142, 33⅓ tours.

Georges Dor au ralenti, Montréal, Les Disques Sillon, 1972, DS-500, 33⅓ tours.

Les Grands Succès de Georges Dor, Montréal, Gamma, 1973, G2-1002 (2 disques), 33⅓ tours.

Amour, Montréal, Les Disques Sillon, 1974, DS-501, 33⅓ tours.

Maudit Pays, [s.l.], Deram/Londor, 1974, XDEF-108, 33⅓ tours.

Fidélité, [Montréal], Les Disques Sillon, 1976, DS-502, 33⅓ tours.

Georges Dor chante encore... et en chœur, Ville St-Laurent, Solo, [1978], SO-25512, 33⅓ tours.

ÉTUDES

Christiane Brunelle, *Georges Dor chante la réalité du Québec*, So, 29 janv. 1966, p. 24.

Brigitte Morisette, *Flash sur Georges Dor, deux ans ont suffi pour créer ce «nouveau Vigneault»*, P, 22 janv. 1967, p. 62–63.

Lysiane Gagnon,«*Chanter, c'est converser avec des gens qu'on aime...* », Pe, 4 mars 1967, p. 3–6.

Joseph Bonenfant, *Poèmes et Chansons 1*, LAC 1968, p. 86–87.

Robert Saint-Amour, *Poèmes et Chansons 2*, LAQ 1971, p. 164.

Bruno Dostie, *L'Ombre du maudit pays ou Un grand poète gêné de l'être*, dans *Le Jour*, vol. 1, n° 176, 26 sept. 1974, p. 13.

Natana Étienne, *Georges Dor. D'aussi loin que l'amour nous vienne*, LAQ 1974, p. 109–110.

Yves Bolduc, *De la poésie en chansons?*, Dr, 65e année, n° 163, 8 oct. 1977, p. A-5.

Réjean Dupuis, *Georges Dor : « Pourquoi j'ai dit non au vedettariat »*, dans *Télé-Radio-monde*, vol. 30, n° 10, 30 oct.–5 nov. 1977, p. 14.

Martial Dassylva, *De l'extrême poétique à l'extrême réalisme*, Pr, 94e année, n° 46, 30 juin 1978, p. C-6.

François Paré, *Retour à Georges Dor*, Dr, 67e année, n° 248, 19 janv. 1980, p. 18.

[Anonyme], *Rentrée de Georges Dor après 5 ans d'absence*, dans *L'Information nationale*, vol. 30, n° 2, févr. 1980, p. 16.

Michel Lebel, *Georges Dor. Du sang bleu dans les veines*, LAQ 1981, p. 168–169.

Edgard Demers, *Un texte de Georges Dor...« Les Moineau et les Pinson »*, Dr, 70e année, n° 71, 19 juin 1982, p. 18.

Léonce Cantin, *Georges Dor. Les Moineau et les Pinson*, LAQ 1982, p. 163–164.

Pierre Roberge, *Georges Dor, l'auteur de « Les Moineau et les Pinson ». « L'essentiel : décrire des êtres humains »*, Dr, 71e année, n° 120, 19 août 1983, p. 23.

André Robert, *Georges Dor, un poète qui doit se jouer lui-même*, dans *Plus, Montréal*, vol. 1, n° 47, 31 déc. 1983, p. 17.

DORÉ, BENJAMIN. Voir **HARVEY**, JEAN-CHARLES.

DORÉ, MARC (1938–   ). Romancier et dramaturge, né à Neuville (Portneuf). Il commence ses humanités aux séminaires de Saint-Victor de Beauce et de Québec (1953-1958), mais après les Belles-Lettres, il étudie le théâtre, à Québec, au Cours Gabriel-Vigneault (1958), puis à Paris au Cours

Charles-Dullin (1959) et à l'École Jacques-Lecoq (1960-1963) où il obtient des diplômes en théâtre et en mime. Il enseigne ensuite le théâtre à Québec au Cégep de Sainte-Foy, au Collège Jésus-Marie, au Centre psycho-pédagogique et, à compter de 1967, au Conservatoire d'art dramatique dont il devient directeur en 1978. En outre, il anime pendant sept ans le Théâtre Euh! qu'il a fondé en 1970. Cet homme de théâtre publie d'abord des romans. *Le Billard sur la neige* (1970) «raconte le passage difficile de l'enfance à l'adolescence [...]. Le récit de la mort rêvée du petit Tony est peut-être le plus beau passage de ce roman assez banal que rachète une grande tendresse» (*Le Livre canadien*). *Le Raton laveur* (1971) est un roman complexe aux nombreux personnages qui semblent à André Renaud trop peu poussés pour être vrais. Et, en 1978, paraît *Kamikwakushit ou Celui qui est rouge*, pièce inspirée d'un conte montagnais et qui veut montrer la dépossession de l'Indien par les Blancs. Pour Adrien Gruslin, la pièce est «attachante», mais la réalité qu'elle dépeint «reste un peu grosse, parfois platement manichéenne»; selon Paul-André Bourque, l'adaptation est «intéressante et efficace», «œuvre importante dans la littérature québécoise de ces dernières années» qui refait le procès de la civilisation occidentale.

ŒUVRES

Le Billard sur la neige. Roman, Montréal, Éditions du Jour, 1970, 176 p. «RJ».

Le Raton laveur. Roman, Montréal, Éditions du Jour, 1971, 160 p. «RJ».

Kamikwakushit (théâtre), [Montréal], Leméac, 1978, 132 p. Introduction de Rémi Savard. Présentation de Jean-Pierre Leroux. «Théâtre».

Autour de Blanche Pelletier (théâtre), [Montréal], Leméac, 1984, 143 p. «Théâtre Leméac».

ÉTUDES

[Anonyme], *Le Billard sur la neige de Marc Doré*, dans *Le Livre canadien*, vol. 1, avril 1970, n° 148.

Cécile Cloutier, *Le Billard sur la neige de Marc Doré*, LAQ 1970, p. 75.

André Renaud, *Le Raton laveur de Marc Doré*, LAQ 1971, p. 71-72.

Adrien Gruslin, *Théâtre. Les Montagnais*, dans *Le Livre d'ici*, vol. 4, n° 37, 20 juin 1979, p. 1.

Paul-André Bourque, *Marc Doré. Kamikwakushit*, LAQ 1979, p. 192-193.

Hélène de Billy, *Marc Doré, entre les mots et le silence*, Dev, vol. 74, n° 244, 22 oct. 1983, p. 25.

Robert Lévesque, *Le bagage tchékovien demeure dans les malles. Autour de Blanche Pelletier de Marc Doré*, Dev, vol. 74, n° 263, 14 nov. 1983, p. 9.

DORÉ-JOYAL, YVETTE [Renée] (1921-   ). Journaliste et romancière, née à Drummondville. Après l'école primaire enrichie par de nombreuses lectures extracurriculaires, elle doit gagner sa vie dès l'âge de quinze ans et elle travaille douze ans comme secrétaire du marchand général de Saint-Germain-de-Grantham (Drummond). Pendant cette période, elle est aussi secrétaire diocésaine de la J.A.C., collabore à *Jeunesse rurale* et à l'almanach annuel du mouvement, écrit et monte des pièces de théâtre à la salle paroissiale et à Drummondville. En 1947, elle entre à la Canadian Celanese de Drummondville comme sténo-dactylo, poste qu'elle quitte après quelque temps pour se marier et aller habiter en Abitibi où elle rédige la page féminine de *La Gazette du Nord* et anime l'émission «Bonjour voisine» de Radio-Nord. Déménagée à Québec en 1960, elle retourne aux études en cours du soir. En 1970, elle s'installe avec sa famille à Ottawa où elle s'occupe d'éducation permanente pour les adultes et s'inscrit à des cours de peinture. Elle publie son premier roman en 1978, *J'avais oublié que l'amour fût si beau*. C'est l'histoire d'un petit groupe de femmes, amies de vieille date qui se rencontrent à nouveau alors qu'elles sont «un peu sur le retour», et se racontent leur vie, leurs espoirs, leurs frustrations. L'une d'elles tente de recommencer sa vie mais retrouve vite sa solitude. Yvette Doré-Joyal «sait assez bien créer une atmosphère, décrire un paysage, traduire un état d'âme», écrit Léo Beaudoin.

ŒUVRES

J'avais oublié que l'amour fût si beau. Roman, Montréal, Éditions du Jour, 1978, 179 p. «RJ».

Tendres amours de l'aube. Roman, Hull, Éditions Asticou, 1984, 190 p.

ÉTUDES

Léo Beaudoin, *Doré-Joyal (Yvette). J'avais oublié que l'amour fût si beau*, dans *Nos livres*, vol. 10, avril 1979, n° 128.

Suzanne Lafrenière, *Yvette Doré-Joyal. J'avais oublié que l'amour fût si beau*, Dr, 69e année, n° 48, 23 mai 1981, p. 20.

Id., *Tendres amours de l'aube, d'Yvette Doré-Joyal. Une série d'aquarelles*, Dr, 72e année, n° 92, 14 juillet 1984, p. 20.

DORGE, CLAUDE (1945-   ). Comédien, dramaturge et conteur, né à Saint-Boniface (Manitoba). Après son cours secondaire à Saint-Norbert, il étudie à l'Institut pédagogique du Manitoba à Saint-Boniface (1953-1964) et il fait une année de cours à l'Université du Manitoba. De 1964 à 1970 il enseigne à Winnipeg et à Saint-Norbert. Mais c'est le théâtre qui l'attire et, à compter de 1970, il est comédien à Winnipeg, Ottawa et Toronto, animateur, publicitaire et comédien au Cercle Molière de Saint-Boniface. Il publie une chronique des arts dans *La Liberté* (1972-1974) et de la critique de théâtre dans le *Winnipeg Free Press* (1974-1975). Il compose et fait jouer plusieurs pièces de théâtre, telles « OK d'abord », avec Jean-Guy Roy, en tournée dans l'Ouest en 1979, « Maria Chapdelaine », adaptation (1980), « Le Noël de Frisson, Flocon et Fricon », avec Janine Tougas (1981) et « Cré Sganarelle », adaptation du *Médecin malgré lui* (1981). Ses premières publications, cahiers pédagogiques pour enfants, *Nico et Niski* (1974, 1975) sont, selon *Le Livre canadien*, « une façon amusante et instructive de connaître le Manitoba ». Il publie une pièce de théâtre sur Louis Riel, en 1980, *Le Roitelet :* quarante et une scènes sur quarante-deux sont un voyage dans l'imaginaire où Riel voit quelques-uns des événements majeurs de sa vie et prend conscience de sa mission de sauveur trahi. « Tout au long de la pièce, écrit Aline Lafortune, l'intérêt est soutenu et on en retire une connaissance assez exhaustive de Riel, personnage pour beaucoup légendaire, énigmatique, religieux et combien attachant ».

ŒUVRES

Salut les amis ! Visitons le Manitoba avec Nico et Niski (cahier), Saint-Boniface, Les Éditions du Blé, 1974, 32 f. Ill. de [Réal] Bérard.

Salut les amis ! Allons au Festival du Voyageur avec Nico et Niski et (cahier), Saint-Boniface, Les Éditions du Blé, 1975, 32 f. Ill. de [Réal] Bérard.

Le Roitelet (théâtre), Saint-Boniface, Les Éditions du Blé, 1980, 127 p. Présentation d'Ingrid Joubert. Ill. de Charles Lavack.

ÉTUDES

[Anonyme], *Nico et Niski visitent le Manitoba et Nico et Niski au Festival du Voyageur*, dans *Vie française*, vol. 29, n°s 7-9, mars-mai 1975, p. 126-127.

Aline Lafortune, *Dorge (Claude). Le Roitelet*, dans *Nos Livres*, vol. 11, déc. 1980, n° 380.

Benoît Harvey, *Claude Dorge. Le Roitelet*, LAQ 1980, p. 157-158.

Louise Filteau, *Le Roitelet de Claude Dorge*, dans *Jeu*, n° 3, 1981, p. 129.

Marthe Lemery, *Nico et Niski et l'étoile de Noël, au CNA. L'Histoire retouchée de la naissance de Jésus*, Dr, 70e année, n° 191, 12 nov. 1982, p. 12.

Edgar Demers, *Cré Sganarelle au CNA. Atteindre par le plus bas dénominateur de langage...*, Dr, vol. 70, n° 193, 15 nov. 1982, p. 8.

DORGE, LIONEL (1937-   ). Historien, né à Sainte-Agathe (Manitoba). Il obtient un baccalauréat spécialisé en histoire à l'Université du Manitoba (1963), puis une maîtrise (1966) et un doctorat pour une thèse sur le rôle de Mgr Taché dans l'Ouest canadien. Il a été boursier des gouvernements du Manitoba et de l'Ontario, ainsi que du Conseil des Arts du Canada. Il est professeur d'histoire à l'Université du Manitoba et au Collège de Saint-Boniface. Il est membre actif de la Manitoba Historical Society, de la Société canadienne d'histoire de l'Église catholique et de la Société historique de Saint-Boniface dans lesquelles il remplit des fonctions importantes. Il collabore au *Populo*, au *Dictionnaire des œuvres littéraires du Québec*, au *Dictionnaire biographique du Canada*, outre un article bien documenté sur Mgr Taché dans les *Transactions of the Historical and Scientific Society of Manitoba*. Son *Introduction à l'étude des Franco-Manitobains* (1973) est un livre important, en particulier par les 2 885 entrées de sa bibliographie. *Le Manitoba, reflets d'un passé* (1976), est le premier manuel français de l'histoire du Manitoba. Il s'adresse d'abord aux jeunes, mais ses très abondantes illustrations annotées lui confèrent une portée beaucoup plus vaste.

ŒUVRES

[*Essai historique de Saint-Norbert village manitobain*, Saint-Norbert, s.é.], 1971, 9 p.

Louis Riel, manitobain, 1844-1885 (biographie), [Winnipeg], The Manitoba Centennial Corporation, 1971, 11 f. (Texte bilingue).

Introduction à l'étude des Franco-Manitobains. Essai historique et bibliographique, Saint-Boniface (Manitoba), La Société historique de Saint-Boniface, 1973, v, 298 p.

Le Manitoba, reflets d'un passé (manuel), Saint-Boniface (Manitoba), Les Éditions du Blé, 1976, 184 p. Cartes. Ill. de Claude Dorge.

ÉTUDES

Renée Cimon, *Dorge (Lionel). Manitoba, reflets d'un passé*, dans *Nos livres*, vol. 9, janv. 1978, n° 12.

G.D. et S.M., *Lionel Dorge* (biographie), dans *Auteurs des prairies*, Saint-Boniface, Centre de ressources françaises du Manitoba, 1981, p. 16-17.

Kèro

DORION, GILLES (1929–
). Critique et historien
des lettres, né à Québec.
Il fait ses humanités à l'Externat classique Saint-
Jean-Eudes (B.A., 1953).
Il obtient ensuite à l'Université Laval une licence
ès lettres (1955), un diplôme d'études supérieures pour un mémoire
sur « Les Discours dans *L'Anabase* et *Les Helléniques* de Xénophon » (1967), un diplôme de l'École
normale supérieure (1968) et un doctorat (1974)
dont la thèse est publiée sous le titre de *Présence de
Paul Bourget au Canada*. Il a reçu plusieurs bourses
et subventions de recherches. Il enseigne le français,
le latin, le grec et l'histoire au Petit Séminaire de
Nicolet (1955-1957), au Collège des Eudistes de
Rosemont (1957), à l'Externat classique Saint-
Jean-Eudes (1958-1967), puis il devient professeur
de lettres à l'Université Laval, en 1967. Il est aussi
professeur invité à Rennes, Saõ Paulo et Freiburg.
Membre de plusieurs sociétés scientifiques ou littéraires, il collabore à une dizaine de périodiques
dont *L'Enseignement secondaire*, *L'Action nationale*, *Livres et Auteurs québécois*. Il est de plus
rédacteur en chef de *Québec français* qu'il a fondé
(1970-1980), de *Dialogues et Cultures* (1980-), et il
est membre de la direction du *Dictionnaire des
œuvres littéraires du Québec*. Il a publié des éditions
critiques d'œuvres de Lionel Groulx et de Silva
Clapin. Son *Paul Bourget* suit pas à pas la visite de
Bourget au Canada en 1895, étudie les réactions
qu'il suscite, analyse sa popularité et son influence.
Le livre, écrit Robert Bessède, « ainsi minutieusement
informé, s'accompagne d'une bibliographie sérieuse
et constitue un bon travail de sociologie littéraire ».

ŒUVRES

Présence de Paul Bourget au Canada (essai), Québec,
PUL, 1977, 242 p.
Sylva Clapin, *Contes et Nouvelles*, Montréal, Fides,
1980, 398 p. Édition préparée et présentée par Gilles
Dorion avec la collaboration d'Aurélien Boivin. « N ».

La Terre de Zola et Trente arpents de Ringuet, dans
Revue canadienne de littérature comparée, vol. 3, n° 2,
févr. 1976, p. 222-223.
*La Littérature prolétaire contemporaine 1960-1977. Le
roman*, EF, vol. 13, n°s 3-4, oct. 1977, p. 301-338.
Françoise Loranger (entrevue), dans *Québec français*,
n° 28, déc. 1977, p. 29-31.

Roch Carrier (entrevue), dans *Québec français*, n° 31,
oct. 1978, p. 29-32.
Félix Leclerc (entrevue), dans *Québec français*, n° 33,
mars 1979, p. 37-40.
Jacques Poulin (entrevue), dans *Québec français*, n° 34,
mai 1979, p. 33-35.
Claire Martin (entrevue), dans Cal, n° 82, automne 1979,
p. 59-77.
Gabrielle Roy (entrevue), dans *Québec français*, n° 36,
déc. 1979, p. 33-35.
Présentation, dans Lionel Groulx, *L'Appel de la race*
(roman), Montréal, Fides, 1980, p. 5-10. « BQ ».
Roman de la fidélité et de l'éclatement, dans *Guide
culturel du Québec*, supplément à *Québec français*,
n° 37, mars 1980, p. 10-11.
Le Roman québécois de 1970 à 1980, dans *Dialogues*,
n° 20, juin 1980, p. 127-135.
Gérard Bessette (entrevue), dans *Québec français*, n° 40,
déc. 1980, p. 33-36.
Présentation, dans Sylva Clapin, *Alma Rose* (roman),
Montréal, Fides, 1982, p. 7-16. « BQ ».
Victor-Lévy Beaulieu (entrevue), dans *Québec français*,
n° 45, mars 1982, p. 43-46.

ÉTUDES

Maurice Lorent, *Gilles Dorion. Présence de Paul Bourget au
Canada*, LAQ 1977, p. 232-234.
Paul Gay, *Paul Bourget, l'opium de l'Occident (Valdombre
1939). Présence de Paul Bourget au Canada*, Dr, 65e année,
n° 298, 18 mars 1978, p. 2.
Raymond Laprés, *Dorion (Gilles). Présence de Paul Bourget au
Canada*, dans *Nos livres*, vol. 9, mars 1978, n° 90.
Brigitte Souheyran, *Présence de Paul Bourget au Canada*, dans
Spicilegio Moderno, n° 10, 1978, p. 184-189.
Kathy Mezei, *Moral Presence*, dans Cal, n° 83, hiver 1979,
p. 194-195.
Robert Bessède, *Gilles Dorion. Présence de Paul Bourget au
Canada*, dans *Revue d'histoire littéraire de la France*, vol. 80,
n° 3, juin 1980, p. 492-493.

DORVAL, JEAN. Voir **BOISSONNAULT,**
CHARLES-MARIE.

DORVAL, L.-P. Voir **BEAULIEU,** GERMAIN.

DOSTALER, YVES (1924–   ). Essayiste, né à
Grand-Mère (Champlain). Il fait ses études classiques
au Séminaire Saint-Joseph de Trois-Rivières, puis
au Grand Séminaire de Trois-Rivières (B.A., 1948).
Ordonné prêtre, il poursuit ses études en lettres à
l'Université Laval (1953-1954) et à l'Institut catholique de Paris où il obtient une licence ès lettres
(1955) et ūne maîtrise (1966) dont le mémoire
paraît sous le titre : *Les Infortunes du roman dans*

le Québec du XIXe siècle (1977). Dès la fin de ses études, il est nommé professeur au Séminaire de Trois-Rivières (1949-1968), ensuite au Centre universitaire (1966-1968) et à l'École normale Duplessis (1968-1969). En 1969, on lui confie une cure. Jacques Michon classe son seul essai parmi les ouvrages de «l'ancienne critique», reconnaissant que le livre met bien en évidence les positions des censeurs et des créateurs. De son côté, Jean Fisette déclare : «un livre utile, fouillé [...] mais qui aurait dû paraître il y a trente ans».

ŒUVRE

Les Infortunes du roman dans le Québec du XIXe siècle, Montréal, Hurtubise HMH, 1977, 175 p. «Cahiers du Québec».

ÉTUDES

Jacques Michon, *Les Infortunes du roman et/ou de la critique*, LQ, no 8, nov. 1977, p. 26-27.

Jean Fisette, *Yves Dostaler. Les Infortunes du roman dans le Québec du XIXe siècle*, LAQ 1977, p. 234-237.

Jacques Nolin, *Dostaler (Yves). Les Infortunes du roman dans le Québec du XIXe siècle*, dans *Nos livres*, vol. 9, févr. 1979, no 47.

DOSTIE, GAËTAN (1946-).

Critique littéraire et poète, né à Sherbrooke. Il fait ses études classiques au Séminaire de Sherbrooke (B.A., 1969), puis il obtient une licence ès lettres à l'Université de Sherbrooke (1971), et il s'inscrit à la maîtrise à l'Université du Québec à Montréal. Très tôt, il prend part à la vie culturelle de l'Estrie : il est rédacteur en chef du *Journal des étudiants du Séminaire de Sherbrooke* (1966), ensuite rédacteur des pages artistiques (1968-1969), et directeur du Campus estrien (1969). Il participe à la nuit de la poésie au Gesù, en mars 1970, et organise une «nuit» semblable à Sherbrooke, le 1er mai suivant. Il participe aux tournées des poètes, plus particulièrement au groupe «Poèmes et Chants de la Résistance». Il enseigne successivement à Magog, à Pierrefonds et au Cégep de Rosemont. Il collabore à *La Tribune*, à *Perspectives*, au *Devoir* et au *Jour*. En 1976, il quitte l'enseignement, travaille aux Éditions La Presse et, en 1977, succède à Gérald Godin comme directeur des Éditions Parti Pris. En 1976, il organise pour le Comité des jeux olympiques l'événement artistique «Solstice de la poésie québécoise». En 1980-1982, il est président du Groupe d'éditeurs littéraires francophones d'Amérique du Nord. Sa poésie se veut rude, parfois violente. La première partie de son recueil, *Poing commun*, évoque, dans un discours revanchard, les contre-coups de la loi des mesures de guerre d'octobre 1970 ; la seconde partie, *Courir la galipote*, est un cri d'appel à la vie et à l'amour ; la troisième partie, *Le Froid de l'os*, rappelle la mémoire fraternelle de Gaston Gouin et Claude Gauvreau.

ŒUVRES

L'Affaire des manuscrits ou La Dilapidation du patrimoine national, Montréal, Éditions du Jour/L'Hexagone, 1973, 95 p. Préface de Jacques Hébert. Introduction de l'auteur.

Poing commun suivi de Courir la galipote. Poème, Montréal, L'Hexagone, 1974, 69 p.

Hubert Aquin : bagnard révolutionnaire, dans *Campus estrien*, vol. 12, no 7, 19 oct. 1966, p. 9.

«Postface», dans Gaston Gouin, *Temps obus*, Sherbrooke, Librairie de la Cité universitaire, 1969, p. 102.

L'Amitié allouée, dans *Campus estrien*, vol. 17, no 3, 5 oct. 1970, p. 16. (Étude sur Gaston Gouin).

«Préface», dans Gaston Gouin, *J'il de noir*, Sherbrooke/Montréal/Cosmos, L'Hexagone/Parti Pris, 1971, 55 p.

Les Rocs armés (poésie), ECF, no 33, 1971, p. 175-186.

Hommage à Patrick Straram (poésie), dans *Hobo-Québec*, nos 9-11, oct.-nov. 1973, p. 15.

Paul-Marie Lapointe : le sismographe du Québec, dans *Présence francophone*, no 7, automne 1973, p. 102-106.

Le Combat des poètes québécois, dans *Le Jour*, vol. 1, no 55, 4 mai 1974, p. 12, 15.

Lettres acadiennes. La nouvelle vigueur d'une poésie menacée, dans *Le Jour*, vol. 1, no 113, 13 juillet 1974, p. V-2.

Rémi-Paul Forgues, poète automatiste, dans *Le Jour*, vol. 1, no 207, 2 nov. 1974, p. 14.

Gaëtan Dostie (poésie), dans *Ellipse*, nos 25-26, 1980, p. 44-47.

ÉTUDES

[Anonyme], *Détenu en vertu de la loi des mesures de guerre, un étudiant sherbrookois raconte ses 11 jours passés derrière les barreaux*, dans *La Tribune*, vol. 61, no 208, 31 oct. 1970, p. 2.

Michel Beaulieu, *Chronique littéraire*, dans *Point de Mire*, vol. 3, no 10, 18 déc. 1971, p. 39.

Gilbert Langevin, *Les Rocs armés de Gaëtan Dostie*, dans *La Tribune*, vol. 62, no 252, 26 févr. 1972, p. 6.

Jacques Lemieux, *Dostie-Forgues à l'Hexagone*, Dev, vol. 66, no 283, 7 déc. 1974, p. 14.

[Anonyme], *Dostie : poésie et liberté*, dans *Le Jour*, vol. 1, no 237, 7 déc. 1974, p. 14.

[Anonyme], *La Poésie québécoise au Musée d'art contemporain*, Pr, 93e année, no 74, 31 mars 1977, p. A-16.

Conrad Bernier, *Parti Pris : un pari énorme et une étonnante réussite*, Pr, 94e année, no 12, 20 mai 1978, p. D-3.

DOUCET, CAROL-JAMES (1936-).

Poète, né à LaFayette, Louisiane (É.-U.). Après ses études

secondaires au Cathedral High School (1951–1955), il fait ses humanités à l'Université du Sud-Ouest de la Louisiane (B.A., 1962); par la suite, il prépare une maîtrise en pédagogie (1971), et un diplôme d'« Education Specialist » (1975). Il enseigne le français au niveau secondaire au Grange Senior High School (Lake Charles, La.) de 1965 à 1968, puis au Acadiana High School de LaFayette. Très actif dans son milieu en ce qui a trait à la culture, il est membre du Conseil pour le développement du français en Louisiane (CODOFIL), des associations professionnelles, en plus d'être responsable du théâtre «Cadien» en 1979–1980. Ses poèmes qui paraissent régulièrement dans *La Revue de Louisiane, Southern Exposure*, et *Louisiane*, lui méritent le prix de poésie Thériot en 1980. Il donne de nombreux récitals de poésie et chansons tant à la Délégation du Québec à LaFayette qu'au CODOFIL et à la télévision communautaire de sa ville natale.

ŒUVRE

La Charrue (poésie), LaFayette, Éditions de la Nouvelle Acadie (C.E.S.L.U.S.L.), 1982, xvi, 25 p. Avant-propos de Mathé Allain. Ill.

ÉTUDES

Mathé Allain et Jean-Barry Ancelet, *Feu de Savane : A Literary Renaissance in French Louisiana*, dans *Southern Exposure*, vol. 9, n° 2, 1982, p. 4, 9–10.
Dorman Sherri, *Vient de paraître*, dans *Louisiane*, n° 59, juillet 1982, p. 12.

DOUCET, ÉDOUARD (1930–   ). Traducteur et essayiste, né à Saint-Boniface (Manitoba). Il fait ses humanités au Collège Sainte-Marie, à Montréal. En 1957, il obtient un diplôme de traducteur à l'Université de Montréal. D'abord traducteur et rédacteur au *Petit Journal* (1958), il devient rédacteur et chroniqueur au magazine *Perspectives* en 1959, poste dans lequel il fait carrière. En 1972, il fonde les *Cahiers de la Société d'histoire de Longueuil* dans lesquels il publie de nombreuses chroniques sur l'histoire et le patrimoine. Selon Guy Robert, ses *Médaillons d'Alonzo Cinq-Mars* (1968) donnent une excellente vision de la carrière de journaliste, poète, sculpteur et médailloniste que fut Cinq-Mars de 1920 à sa retraite, en 1961.

ŒUVRE

Les Médaillons d'Alonzo Cinq-Mars (essai), Montréal, Lidec Inc., 1968, 35 p. Préface d'Alfred DesRochers. Ill. de Paul Doucet. « Panorama ».

Ulric Bourgeois : du Québec à la Nouvelle-Angleterre, Pe, vol. 23, n° 22, 30 mai 1981, p. 1, 8, 11.
Découverte de notre patrimoine, Pe, vol. 23, n° 22, 30 mai 1981, p. 14.

ÉTUDES

Guy Robert, *Collection Panorama*, LAC 1968, p. 150.
Jean Basile, *Chez les éditeurs québécois : un peu de tout*, Dev, vol. 60, n° 30, 1er févr. 1969, p. 12.

DOUCET, LOUIS-JOSEPH (1874–1959). Poète et conteur, né à Lanoraie. À quinze ans, ce fils de cultivateur se fait mousse à bord des caboteurs du Saint-Laurent. En 1894, âgé de vingt ans, il entreprend ses études classiques au Collège de Joliette. Après son baccalauréat (1901), il occupe un poste de surveillant à l'École normale Jacques-Cartier, et il enseigne à l'Académie Saint-Jean-Baptiste en 1902 et 1903. Chroniqueur judiciaire à *La Presse* et au *Canada* (1904–1905), il devient agent à la Metropolitan Life Insurance Company (1906), après avoir été «pointeur» durant quelques mois à la Compagnie du Grand Tronc. En 1902, il est admis au sein de l'École littéraire de Montréal dont il se sépare en 1907. Devenu fonctionnaire au département de l'Instruction publique du Québec (1911), il publie de nombreux recueils de prose et de poésie qui lui valent le titre de prince des poètes du Canada français en 1924. Avec Alonzo Cinq-Mars, Alphonse Désilets, Avila de Belleval..., il fonde en 1923 la Société des poètes canadiens-français. Il a collaboré à plusieurs revues littéraires, *Le Terroir* entre autres. «L'effort de Doucet, écrit Paul Wyczynski, se situe parmi ces innombrables tentatives de créer une poésie intimement liée à la terre». Les cérémonies marquant le centenaire de sa naissance, à Montréal et à Lanoraie, en 1974, ont fait ressortir cet aspect. Mais il y a aussi, et peut-être surtout, parmi ses thèmes préférés, la difficile condition humaine et la hantise de la mort. Son premier recueil, *La Chanson du Passant*, est probablement son meilleur. La critique accueillit très favorablement ses premiers écrits mais devint vite réticente sur cette immense production. Sans doute, il y a beaucoup de fatras, de négligences et de redites dans ces nombreux recueils aux formes classiques, mais Doucet est un poète authentique, d'une sincérité totale et d'un humour bonhomme qui, parfois, trouve le ton, le rythme et l'expression qui émeuvent : « Monde d'un jour, chemin faisant,/ Si tu me lis, laide ou confuse,/ Prends-moi telle, car sans excuse,/ Je suis la chanson du passant ».

ŒUVRES

(Nous respectons ici les fantaisies orthographiques de «l'auteur-éditeur» quant à la page de titre de ses ouvrages).

La Chanson du Passant. Poésies canadiennes, Montréal, Librairie nationale Hébert Ferland (sur la couverture : Albert Ferland) et Cie/J.-G. Yon, éditeur, 1908, 112 p. *Aux lecteurs* par Albert Ferland. Sur la couverture, on lit : Librairie nationale, Albert Ferland ; Québec, [s.é.], 1915, [2], viii, 128 p. Préface d'Albert Ferland ; Montréal, Les Amis de Louis-Joseph Doucet, 1974, 59 p. Préface de Paul Wyczynski.

La Jonchée nouvelle. Poésies canadiennes, Montréal, J.-G. Yon, éditeur, 1910, 96 p. Préface de Charles Gill.

Pro Aris et Focis. Ode au Christ suivie de pièces religieuses et patriotiques, Montréal, J.-G. Yon, éditeur, 1910, 32 p.

Contes du vieux temps. Çà et là, Montréal, J.-G. Yon, éditeur, 1911, 144 p. Avec une lettre de l'auteur à Sir Lomer Gouin.

Sur les remparts (poésie), Québec, [s.é.], 1911, 108 p.

Les Palais chimériques. Poésies, Québec, [s.é.], 1912, 126 p.

Les Grimoires (poésie), Québec, Édition privée, 1913, 72 p.

Pages d'histoire et Légendes canadiennes (récits), Québec, [s.é.], 1914, 80 p.

Près de la source. Poésies, Québec, [s.é.], 1914, 79 p.

Les Sépulcres blanchis. L'Hypocrisie contre la France (poésie), Québec, [s.é.], 1915, 47 p. Notes justificatives par Étienne Lamy. Préface de l'auteur.

Les Palais d'argile (poésie), Québec, L'Auteur éditeur, 1916, 88 p. Portrait. Préface de l'auteur.

Au bord de la clairière. Petits Poèmes en prose et autres, Québec, L'auteur éditeur, 1916, 103 p.

Au vent qui passe. Vers et Proses, Québec, L'auteur Éditeur, 1917, 96 p. Préface de l'auteur.

Les Idylles symboliques (poésie et pensées), Québec, L'auteur-éditeur, 1918, 96 p.

Vers les heures passées (poésie), Québec, L'auteur Éditeur, 1918, 64 p.

Campagnards de la Noraye (d'après nature) (contes et poèmes), Québec, L'auteur Éditeur, 1918, 124 p. Avant-propos de l'auteur.

Moïse Joessin (Les rudes) (contes et poèmes), Québec, L'auteur Éditeur, 1918, 80 p.

À la mémoire de Charles Gill. Élégies, Québec, [s.é.], 1920, 32 p. Notes biographiques par L.-J. Doucet.

Contes rustiques et Poèmes quotidiens, Montréal, J.-G. Yon, Éditeur, 1921, 94 p.

Lettres et Devises fragmentaires. Prose, Montréal, J.-G. Yon, éditeur, 1921, 48 p.

Palais d'écorce. Poésies, Québec, [s.é.], 1921, 47 p.

Au fil de l'heure du gai « Sçavoir » (poésie et prose), Montréal, « Éditions de la Tour de pierre », La Maison J.G. Yon, 1924, 240 p. Préface de l'auteur.

En regardant passer la vie. Vers et prose, Montréal, Éditions de la Tour de pierre, La Maison J.-G. Yon, 1925, 160 p. Préface de l'auteur.

Feuilles de chêne et Nénufars (poésie et prose), Montréal, J.-G. Yon, 1926, 160 p.

Prologues et Pensées, Québec, Imprimerie Ernest Tremblay, 1927, 160 p.

Autant en emporte le vent (poésie), Montréal, Maison J.-G. Yon, éditrice, 1928, 90 p.

Les Jalons du silence (poésie et prose), Montréal, Maison J.-G. Yon, 1933, 196 p.

Les Bonnes Pensées (poésie), Montréal, [s.é.], 1936, 103 p. (De la p. 94 à 103 figurent les poèmes du fils du poète, Georges-Étienne et deux notes biographiques sur ce dernier).

Pensées diverses (prose), Montréal, [s.é.], 1936, ii, 50 p.

Les Bonnes Pensées suivies de Supplément. Pensées diverses, Montréal, [s.é.], 1936, 103 p. Portrait hors texte, [ii], 51, ii p. Deux recueils reliés en un volume.

Les Aubes mortes (poésie), Montréal, L'Auteur-Éditeur, 1955, 200 p.

Arabesques et Fleurs (poésie), Montréal, Édition privée, L'Auteur-Éditeur, 1956, 210 p. (Tirage à cent exemplaires).

Les Intermèdes. Poésies canadiennes, Montréal, Édition privée, 1957, 200 p. Préface de l'auteur. Tirage à cent exemplaires.

Les Cloches de Lanoraie (poésie), [s.l., s.é., s.d.], 8 p.

ÉTUDES

Gérard Malchelosse, *M. Louis-Joseph Doucet*, dans *Le Pays laurentien*, 2e année, no 8, août 1917, p. 136–139.

Albert Ferland, Albert Lozeau, Colette *et al.*, *La Chanson du Passant. Études littéraires*, Montréal, J.-G. Yon, éditeur/Québec, Mlle A.-C. Dugal, Librairie Belvédère, [1918?], 72 p.

Charles Gill, Lionel-E. Léveillé, Madeleine *et al.*, *La Jonchée nouvelle. Études littéraires*, Montréal/Québec, J.-G. Yon/A.-C. Dugal, Librairie Belvédère, [1918], 80 p.

André Bonin, « Biographie et bibliographie des critiques de Louis-Joseph Doucet (1874–1959) ». Thèse de maîtrise. Université de Montréal, 1967, 197 f.

Le Centenaire d'un poète : Louis-Joseph Doucet (1874-1974): programme souvenir [par] Les Amis de Louis-Joseph Doucet, [Montréal], Les Amis, 1974, [n.p., 8 p.]. Ill. Avec un portrait de l'auteur. (Les fêtes du centenaire du poète eurent lieu à Montréal, le 3 mai 1974, et à Lanoraie les 22 et 23 juin 1974).

Jean-Claude Trait, *C'est le centenaire de Louis-Joseph Doucet*, Pr, 90e année, no 93, 22 avril 1974, p. 11.

Gaëtan Dostie, *Louis-Joseph Doucet ou le Chant d'un passant*, dans *Le Jour*, vol. 1, no 131, 3-4 août 1974, p. V-2.

La Chanson du passant [de Louis-Joseph Doucet], dans *Études littéraires*, Montréal/Québec, J.-G. Yon/Mlle A.-C. Dugal, Librairie Belvédère, [s.d.], 72 p. Collab.

DOUTRE, JOSEPH (1825–1886). Romancier et essayiste, né à Beauharnois. Il fait son cours classique au Collège de Montréal, puis il étudie le droit avec Dumas, Morin et Drummond. Il est admis au barreau en 1847. Dès 1844 paraît son premier conte, et à la fin de la même année il publie un roman intitulé *Les Fiancés de 1812*, qu'il a composé pendant ses études de droit et qui est l'un des premiers romans canadiens-français. Doutre collabore à plusieurs journaux comme *L'Aurore des deux Canadas*, *L'Avenir* et *Le Pays* dont il est l'un des fondateurs. Adversaire du régime seigneurial, opposé à l'ingérence du clergé dans la vie politique, il se fait le champion du libéralisme le plus avancé. Président de l'Institut canadien en 1852 et 1853, il joue un rôle important dans l'affaire Guibord au moment où l'Église est en lutte contre l'Institut. Il est nommé conseiller de la Reine en 1863. Ses écrits littéraires n'ont qu'un intérêt historique. Son roman, qu'il termine à l'âge de 19 ans, est mal composé, mal écrit, déploie une intrigue invraisemblable. Mais sa préface apporte un témoignage intéressant sur la pensée littéraire de l'époque : Doutre se plaint du mépris des jeunes à l'endroit du roman canadien et de l'opposition qu'on manifeste à ce genre d'écriture au nom de la morale ; il se propose de participer à l'essor du roman dont il défend les valeurs morale et artistique. Sa carrière de journaliste, œuvre de bon sens et de lucidité, et son activité courageuse ont marqué son époque. « Sa réputation comme publiciste n'est pas surfaite, écrit Edmond Lareau ; il l'a méritée par un travail continu et efficace ».

ŒUVRES

Les Fiancés de 1812. Essai de littérature canadienne, Montréal, Louis Perrault imprimeur, 1844, 493 p. Portrait ; Réédition-Québec, 1969 ; 1973. Préface de Léopold Leblanc.

Acte seigneurial de 1854 avec table analytique et alphabétique. Suivi de : Extraits des procédés de la convention anti-seigneuriale du district de Montréal par un avocat (essai), Montréal, Plinguet, 1855, 60 p.

Le Talion. La justice de Dieu (essai), Montréal, Lanctôt, 1864, 12 p.

Constitution of Canada. The British North America Act, 1867 : Its Interpretation, Gathered from the Decision of Courts, the Dicta of Judges, and the Opinions of Statesmen and Others ; to Which is Added the Quebec Resolutions of 1864, and the Constitution of the United States (essai), Montréal, J. Lovelle & Son, 1880, vi, 414 p.

Les Sauvages du Canada en 1852 (histoire), dans J.-L. Lafontaine, *L'Institut canadien en 1855*, Montréal, Senécal et Daniel, 1855, p. 190–225 ; EF, vol. 9, n° 3, 1973, p. 205–273.

Préface, dans A. Filiatreault, *Ruines cléricales*, Montréal, À compte d'auteur, 1893, 182 p. Ill.

Faut-il dire ! et *Le Frère et la Sœur* (nouvelles), dans John Hare, *Contes et Nouvelles du Canada français 1778–1859*, Ottawa, EUO, 1971, t. 1, p. 168–192.

ÉTUDES

David M. Hayne, *Les Origines du roman canadien-français*, dans *Le Roman canadien-français*, Montréal, Fides, 1969, p. 51–54. « ALC » 3.

John Hare, *Joseph Doutre (1825-1886)*, dans *Contes et Nouvelles du Canada français 1778-1859*, Ottawa, EUO, 1971, p. 165–192.

Philippe Sylvain, *Un adversaire irréductible du clergé canadien-français au dix-neuvième siècle : Joseph Doutre*, CD, vol. 41, 1976, p. 109–125.

Robert Richard, *Le Discours de M. Doutre dans l'affaire Guibord de 1870*, I, vol. 4, n° 1, janv.–avril 1980, p. 37–50.

André Senécal, *L'Autorité du sentiment dans « Les Fiancés de 1812 »*, VI, vol. 7, n° 1, automne 1981, p. 169–175.

DOUTREMONT, HENRI. Voir **BUGNET, GEORGES.**

DOUVILLE, RAYMOND (1905–   ). Journaliste et historien, né à Sainte-Anne-de-la-Pérade. Il fait ses études classiques au Séminaire de Nicolet où il obtient son baccalauréat en 1928, puis des études de journalisme à l'Université de Montréal. Après un bref séjour à la Librairie d'Action française, il est journaliste au *Nouvelliste* de Trois-Rivières, de 1928 à 1931, commence à travailler en même temps au *Bien public* qu'il acquiert avec Clément Marchand, en 1933, et dont il est directeur de 1943 à 1957. En 1959, il devient sous-secrétaire de la province de Québec. De 1975 à 1978, il siège à la Commission des biens culturels du Québec. Président de la Société d'histoire régionale de Trois-Rivières, membre de la Société des Dix (il remplace Édouard-Zotique Massicotte en 1948), de la Société royale du Canada (1957), il collabore à de nombreuses revues, notamment à la *Revue d'histoire de l'Amérique française*, aux *Cahiers des Dix*, aux *Mémoires de la Société généalogique canadienne-française*, à la collection « Notre passé » que publient depuis 1972 les Amis de l'histoire de La Pérade. Dans ses travaux historiques, Raymond Douville s'attache aux questions de la colonisation du Canada et à celles qui ont trait à l'ordre social d'autrefois : c'est dans ce sens que ses écrits contribuent à la connaissance de la Nouvelle-France.

ŒUVRES

La Vie aventureuse d'Arthur Buies (essai), Montréal, Éditions Albert Lévesque, 1933, 185 p. Portrait. « FC ».

Aaron Hart. Récit historique, Les Trois-Rivières, Éditions du Bien public, 1939, 194 p.

Jean Riquart. Premier colon de Sainte-Anne-de-la-Pérade et ancêtre des familles Ricard, 1667-1726, Trois-Rivières, Éditions du Bien public, 1943, 15 p.

Les Premiers Seigneurs et Colons de Sainte-Anne-de-la-Pérade, 1667-1681, Les Trois-Rivières, Éditions du Bien public, 1946, 176 p. Avant-propos de l'auteur. « L'Histoire régionale ».

Visages du vieux Trois-Rivières, Trois-Rivières, Éditions du Bien public, 1955, 203 p. « L'Histoire régionale ».

La Vie quotidienne en Nouvelle-France. Le Canada, de Champlain à Montcalm, [Paris], Hachette, 1964, 268 p. Collab. Jacques Donat Casanova. « La Vie quotidienne » ; 1967 ; Montréal, LRP, 1982. Traduction anglaise par Carola Congreve : *Daily Life in Early Canada*, London, George Allen and Unwin Ltd., 1968, 224 p.

La Vie quotidienne des Indiens du Canada à l'époque de la colonisation française, Paris, Hachette, 1967, 311 p. Collab. Jacques Donat Casanova. Avant-propos des auteurs. « La Vie quotidienne » ; Montréal, LRP, 1982.

Pierre Boucher, Montréal, Fides, 1970, 95 p. Portrait. Textes choisis et présentés par Raymond Douville. « CC ».

Hommes politiques de Sainte-Anne-de-la-Pérade, Sainte-Anne-de-la-Pérade, Éditions du Bien public, 1973, 48 p. Ill. « Notre passé ».

[*Pierre Morgan. Premier ancêtre canadien des familles Grimard, Douville, Rompré, Dusablon et d'une branche des familles Périgny et L'Écuyer*], Trois-Rivières, Éditions du Bien public, 1973, 35 p. Ill. « Nos vieilles familles ».

Les Tribulations d'un guérisseur à Sainte-Anne-de-la-Pérade au 18e siècle. Yves Phlem. Ancêtres des familles Hivon, Trois-Rivières, Éditions du Bien public, 1975, 30 p. « Nos vieilles familles ».

Un canadien errant. Natif de la Pérade. À la recherche de l'or dans l'Ouest américain, Sainte-Anne-de-la-Pérade, Éditions du Bien public, 1975, 32 p. Ill. « Notre passé ».

Les « Filles du Roy » aux origines de Sainte-Anne. Nos premières mères de famille, Sainte-Anne-de-la-Pérade, Éditions du Bien public, 1976, 46 p. Ill. « Notre passé ».

La Vie miséreuse d'un colon des premiers temps. François Frigon coureur des bois et pionnier de Batiscan et de la Seigneurie Sainte-Marie, Sainte-Anne-de-la-Pérade, Éditions du Bien public, 1978, 32 p. Ill. Avant-propos de l'auteur. « Nos vieilles familles ».

La Seigneurie Sainte-Marie. Ses premiers seigneurs. Ses premiers colons (1669-1775), Sainte-Anne-de-la-Pérade, Éditions du Bien public, 1979, 62 p. Ill. « Notre passé. »

La Seigneurie de Bastican. Chronique des premières années, 1636-1681, Sainte-Anne-de-la-Pérade, Éditions du Bien public, 1980, 89 p.

Figures de la première génération. Les enfants du notaire Michel Roy et leur destin, Sainte-Anne-de-la-Pérade, Les Éditions de la Pérade, 1984, 46 p. « Nos vieilles familles ».

Les Trois abbés Harper, CD, no 13, 1948, p. 139-185.

Notes pour servir à la rédaction d'une histoire de seigneurie, RHAF, vol. 3, no 3, déc. 1949, p. 325-332.

Chirurgiens, barbiers — chirurgiens et charlatans de la région trifluvienne sous le régime français, CD, no 15, 1950, p. 81-128.

La Maison de Gannes à Trois-Rivières, dans *Cahier des Dix*, no 21, 1956, 31 p.

François Frigon. Pionnier de Batiscan, MSGCF, juillet-oct. 1958, p. 209-222.

Les Lents Débuts d'une seigneurie des Jésuites, CD, no 25, 1960, p. 249-276.

La Tragédie du Chenal du Moine, CD, no 35, 1970, p. 55-67.

ÉTUDES

Émile Bégin, *La Vie aventureuse d'Arthur Buies*, ESC, vol. 13, no 3, déc. 1933, p. 135-137.

Rex Desmarchais, *La Vie aventureuse d'Arthur Buies*, dans *Vivre*, 5e cahier, 1re série, déc. 1934, p. 16-19 ; 6e cahier, 1re série, janv. 1935, p. 39-40 ; 7e cahier, 1re série, févr. 1935, p. 24-26 ; 2e série, no 1, 8 mars 1935, p. 6.

Adrienne Choquette, *Raymond Douville*, dans *Confidences d'écrivains canadiens-français*, Trois-Rivières, Éditions du Bien public, 1939, p. 91-96.

Mgr Olivier Maurault, *Présentation de M. Raymond Douville*, dans *Présentation*, Société royale du Canada, no 12, 1957-1958, p. 25-27.

DOYON, Marie PAULE [née Savard] (1934-   ). Poète et écrivain pour la jeunesse, née à Taschereau (Abitibi). Elle étudie au couvent de Taschereau (1940-1949) ; plus tard elle suit des cours de stylistique au Séminaire Sainte-Marie de Shawinigan (1967). Elle collabore à *Perspectives*, *Châtelaine*, *Écrits du Canada français*, *Actualité* et au *Nouvelliste*, et, en 1971, elle commence à publier ses contes aux Éditions Paulines. Paule Doyon remporte un prix de la Société d'études et de conférences (1973), le prix du concours de textes dramatiques de l'Université du Québec à Trois-Rivières (1976) et un prix de l'Association France-Canada (1979). Parlant de *Vagabond* (1974), *Le Livre canadien* note que « Paule Doyon raconte avec simplicité et tendresse » l'histoire de ce petit chat recueilli par un garagiste. Renée Cimon relève des négligences de langue dans la série du « Monde de Francis et de Nathalie » de 1976, mais elle dit que les « petites aventures plairont aux 7-10 ans ». Paule Doyon a, en outre, fait jouer deux pièces, « Triste » et « Le Rêve de la souris » par une troupe de théâtre amateur, à La Tuque. En 1984, Paule Doyon publie un recueil de poésie, *Rire fauve* ; « Ce petit livre emporté, écrit Claude Beausoleil, appelle une redéfinition des enjeux de vie [...]. Nous suivons [l'auteur] à travers les petits riens et les éclats qui sont souvent à l'image de nos jours ».

ŒUVRES

Comic et Alain (conte), Sherbrooke, Éditions Paulines, 1971, 15 p. Ill. de Claire Duguay. « Contes du chalet bleu ».

Noirette (conte), Sherbrooke, Éditions Paulines, 1971, 15 p. Ill. de Claire Duguay. « Contes du chalet bleu ».

Roussette (conte), Sherbrooke, Éditions Paulines, 1972, 15 p. Ill. de Claire Duguay. « Contes du chalet bleu ».

Vagabond (conte), Montréal, Éditions Paulines, 1974, 15 p. Ill. de Claire Duguay. « Rêves d'or ».

Aspic et Nectarine (conte), Montréal, Éditions Paulines, 1976, 15 p. Ill. de Gabriel de Beney. « Rêves d'or ».

Francis (conte), Montréal, Éditions Paulines, 1976, 15 p. Ill. de Rachel Roy. « Le Monde de Francis et de Nathalie ».

Francis et Nathalie au supermarché (conte), Montréal, Éditions Paulines, 1976, 15 p. Ill. de Rachel Roy. « Le Monde de Francis et de Nathalie ».

Francis et Nathalie jouent au cow-boy (conte), Montréal, Éditions Paulines, 1976, 15 p. Ill. de Rachel Roy. « Le Monde de Francis et de Nathalie ».

Gris-Gris joue un tour à Francis (conte), Montréal, Éditions Paulines, 1976, 15 p. Ill. de Rachel Roy. « Le Monde de Francis et de Nathalie ».

Gris-Gris le chat de Francis et Nathalie (conte), Montréal, Éditions Paulines, 1976, 15 p. Ill. de Rachel Roy. « Le Monde de Francis et de Nathalie ».

Nathalie (conte), Montréal, Éditions Paulines, 1976, 15 p. Ill. de Rachel Roy. « Le Monde de Francis et de Nathalie ».

Nathalie s'ennuie (conte), Montréal, Éditions Paulines, 1976, 15 p. Ill. de Rachel Roy. « Le Monde de Francis et de Nathalie ».

Vri-Vri et Francis (conte), Montréal, Éditions Paulines, 1976, 15 p. Ill. de Rachel Roy. « Le Monde de Francis et de Nathalie ».

Eugène Vittapattes (conte), Montréal, Éditions Paulines, 1977, 63 p. Ill. de Gabriel de Benney. « Bois joli ».

Francis chez les Indiens (conte), Montréal, Éditions Paulines, 1978, 15 p. Ill. de Rachel Roy. « Le Monde de Francis et de Nathalie ».

Francis et Nathalie à la sucrerie (conte), Montréal, Éditions Paulines, 1978, 15 p. Ill. de Rachel Roy. « Le Monde de Francis et de Nathalie ».

Francis et Nathalie au zoo (conte), Montréal, Éditions Paulines, 1978, 15 p. Ill. de Rachel Roy. « Le Monde de Francis et de Nathalie ».

Le Mauvais Pied (conte), Montréal, Éditions Paulines, 1978, 15 p. Ill. de Rachel Roy. « Le Monde de Francis et de Nathalie ».

Nathalie à la bibliothèque (conte), Montréal, Éditions Paulines, 1978, 15 p. Ill. de Rachel Roy. « Le Monde de Francis et de Nathalie ».

Nathalie aux bleuets (conte), Montréal, Éditions Paulines, 1978, 15 p. Ill. de Rachel Roy. « Le Monde de Francis et de Nathalie ».

Nathalie fait du ski (conte), Montréal, Éditions Paulines, 1978, 15 p. Ill. de Rachel Roy. « Le Monde de Francis et de Nathalie ».

Un choix difficile pour Nathalie (conte), Montréal, Éditions Paulines, 1978, 15 p. Ill. de Rachel Roy. « Le Monde de Francis et de Nathalie ».

Pollu-Ville (conte), Montréal, Les Éditions Projets, 1981, 23 p. Ill. de Philippe Béha.

Le Petit Hiver (conte), Montréal, Les Éditions Projets, 1981, 23 p. Ill. de Jean-Christian Knoff. « Coquelicot ».

La Grand-Mère de Pierre (conte), [s.l., s.é.], 1983, 5, [7] p. Ill.

Rire fauve (poésie), Trois-Rivières, Écrits des Forges, 1983, 48 p. « Les Rivières ».

Windigo. Légende indienne, Sherbrooke, Éditions Naaman, 1984, 54 p.

Éclats de paroles (poésie), Trois-Rivières, Écrits des Forges, 1985, 56 p. « Les Rivières ».

Rue de l'Acacia et Autres Nouvelles. Science fiction, Sherbrooke, Éditions Naaman, 1985, 137 p. Ill. d'André Doyon. « Création ».

Le Règne de Kuper, Ch, vol. 13, n° 7, juillet 1972, p. 24-25, 41-44.

Un procès, ECF, n° 37, 1973, p. 213-218.

La Légende du huard à collier blanc, dans *Écrivains de la Mauricie*, Trois-Rivières, Éditions du Bien public, 1981, p. 88-89.

ÉTUDES

[Anonyme], *Doyon (Paule). Vagabond*, dans *Le Livre canadien*, vol. 7, nov. 1976, n° 360.

Renée Cimon, *Doyon (Paule). Le Monde de Francis et de Nathalie — 8 titres*, dans *Nos livres*, vol. 8, nov. 1977, n° 353.

Françoise Lepage, *Les Albums*, LAQ 1977, p. 291-294.

Claude Beausoleil, *La Vie, l'Amour, la Poésie...*, Dev, vol. 75, n° 94, 21 avril 1984, p. 26.

DROLET, ANTONIO (1904-1970). Historien et bibliographe, né à Québec. Il fait ses études classiques au Petit Séminaire de Québec (B.A., 1925). Nommé secrétaire de Mgr Camille Roy en 1925, il devient aussi bibliothécaire, puis directeur adjoint de la bibliothèque générale de l'Université Laval (1925-1955). Il est de plus, pendant de longues années, professeur à l'École des bibliothécaires de l'Université, et bibliothécaire aux Archives de la Province de Québec, de 1964 à 1970. Collaborateur infatigable de *Concorde*, du *Naturaliste canadien*, de l'*Instruction publique*, du *Canada français*, de la *Revue d'histoire de l'Amérique française*, du *Bulletin des recherches historiques*, etc., Antonio Drolet met à profit ses fonctions de bibliothécaire et d'archiviste pour faire un inventaire critique de la bibliothèque de la Faculté de médecine dont il est le directeur de 1955 à 1961, et pour publier plusieurs travaux de première importance sur le livre de médecine. En 1965 paraît son œuvre maîtresse : *Les Bibliothèques canadiennes, 1604–1960*. Longtemps après Aegidius Fauteux, il comble ainsi le vide qui existait au Québec sur l'étude du livre ; malgré certaines lacunes, l'ouvrage demeure encore l'une des bonnes sources de référence sur le sujet.

ŒUVRES

Liste des incunables, 1471–1500, Université Laval, Bibliothèque générale, [Québec, s.é.], 1939, [n.p., 15 f.].

Bibliographie ; médecine, [Québec], PUL, 1952, 23 p.

Bibliographie du roman canadien-français, 1900–1950, Québec, PUL, 1955, 125 p.

Visages de Québec, [Québec, s.é.], 1956, [9] p.

Les Vedettes-matières du catalogue de la Bibliothèque de l'Université Laval, [Québec, PUL], 1957, 613 p.

La Société canadienne d'histoire de la médecine 1951–1961, [Québec, s.é., s.d.], 11 p.

Manuel de la bibliothèque de la Faculté de médecine, Université Laval, [Québec, PUL], 1959, 57 p. ; 1960, 73 p. ; 1961, 75 p.

Répertoire de la bibliographie canadienne (ouvrages imprimés), [Québec, PUL], 1962, 36 p. Cours de bibliothéconomie.

La Ville de Québec : histoire municipale, Québec, La Société historique de Québec, 1965–1967, vol. 2–3. « Cahier d'histoire » : vol. 2, *La Ville de Québec : histoire municipale. Régime anglais jusqu'à l'incorporation (1759–1833)*, 144 p. ; vol. 3, *La Ville de Québec : histoire municipale. De l'incorporation à la Confédération 1833–1867*, 143 p. (Le premier volume fut écrit par François-Xavier Chouinard, *La Ville de Québec : histoire municipale. Régime français*, 1963, 116 p. Les trois volumes sont préfacés par Honorius Provost).

Les Bibliothèques canadiennes, 1604–1960, [Montréal], CLF, [1965], 234 p.

La Bibliothèque du Séminaire de Québec et son catalogue de 1782, CF, vol. 28, 1940, p. 261–266.

Développement de la bibliothèque de l'Université Laval, Quebec Library Association. Annual Conference, oct. 1945, University Libraries Section, part II, p. 11–26.

La Bibliothèque de l'Université Laval, RUL, vol. 7, 1952, p. 34–41.

L'Imprimerie au Canada français, dans *The Arts in French Canada*, Québec, Archives de la Province, 1952, p. 111–114.

Les Ouvrages scientifiques de la bibliothèque du Collège de Québec, 1635–1799, dans *Le Naturaliste canadien*, vol. 82, 1955, p. 102–107.

Les Ouvrages de médecine à la résidence des Jésuites de Québec, 1632–1799, dans *Laval Médical*, vol. 22, 1957, p. 688–699.

Le Médecin dans le roman canadien-français, dans *L'Union médicale du Canada*, vol. 89, 1960, p. 493–499.

Québec. Cent ans après la conquête, dans *La Vie française*, vol. 14, 1960, p. 278–284.

La Bibliothèque du Collège de Québec, 1632–1799. Essai de reconstitution précédé de notes historiques, RHAF, vol. 14, n° 4, 1961, p. 487–544.

L'Épiscopat canadien et les bibliothèques paroissiales de 1840 à 1900, RSCHE, 1962, p. 21–35.

L'Éloquence politique, dans *Visages de la civilisation au Canada français*, Toronto, UTP, 1970, p. 65–73. « SCR, Studia Varia ».

ÉTUDES

John Hare, *Les Bibliothèques canadiennes, 1604–1960*, LAC 1965, p. 132–133.

Jean-Charles Bonenfant, *Les Études sociales*, dans *The University of Toronto Quarterly*, vol. 35, n° 4, 1965–1966, p. 524–536.

Juliette Chabot, *Les Bibliothèques canadiennes, 1604–1960*, dans *Prospectives*, vol. 2, n° 1, févr. 1966, p. 47.

Émile Bégin, *Les Bibliothèques canadiennes (1604–1960)*, RUL, vol. 20, n° 7, mars 1966, p. 680–682.

Jacques Lamarche, *Une bibliothèque sur les bibliothèques*, CL, 16e année, n° 85, mars 1966, p. 30.

Léopold Leblanc, *Les Bibliothèques canadiennes*, EF, vol. 2, n° 2, juin 1966, p. 232–235.

L'Illettré, *L'Histoire des bibliothèques au Canada*, Dr, vol. 55, n° 78, 26 juin 1967, p. 6.

Antonio Sylvestre, *Clefs pour une jeune littérature*, dans *Le Livre canadien*, 1969, p. 21–24.

Jean-Charles Bonenfant, *Antonio Drolet (1904–1970)*, dans *Bulletin de l'Association canadienne des bibliothécaires de langue française*, vol. 16, n° 3, sept. 1970, p. 95–96.

Charles-Marie Boissonnault, *Antonio Drolet, bibliothécaire et historien*, MSRC, 4e série, vol. 10, 1972, p. 127–134.

DROLET, BRUNO [Gérard Debrun] (1926–   ). Essayiste, poète et romancier, né à Shawinigan (Saint-Maurice). Après ses études classiques au Collège de Joliette (B.A., 1948), il entreprend ses études de doctorat à l'Angelicum de Rome, et présente une thèse intitulée « La Réparation au Sacré-Cœur de Jésus chez Sainte Marguerite-Marie Alacoque » (1957). Il devient maître en philosophie en 1967, en soutenant à l'Université Laval, une thèse publiée en 1971 sous le titre *Le Démoniaque chez S. A. Kierkegaard*. Tout en enseignant la philosophie au Collège de Joliette, il travaille à son essai, *En quête de l'humain*. Depuis 1970, il publie ses poèmes dans plusieurs revues : *Horizon, Critère, Le Travailleur, L'Action populaire, L'Action nationale...* Écrite en vers libres, la poésie de Bruno Drolet a pour thèmes essentiels le sentiment religieux et la méditation philosophique. Selon Raymond Laprés, son roman, *Le Bois de lune* (1980), « est une évocation du passé avec des personnages dont la psychologie est à peine ébauchée ».

ŒUVRES

Le Démoniaque chez S.A. Kierkegaard (essai), Joliette, [s.é.], 1971, 98 p. Préface d'Emmanuel Trépanier.

En quête de l'humain (essai), Montréal, Les Éditions Pleins Bords, 1974, 226 p. Ill. Avant-propos de l'auteur.

Entre dune et aboiteaux... un peuple. Étude critique des œuvres d'Antonine Maillet, Montréal, Les Éditions Pleins Bords, 1975, 181 p. Ill. de Paul Beaupré. Avant-propos de l'auteur.

Le Bois de lune. Roman suivi de quatre nouvelles, Joliette, Les Éditions Pleins Bords, 1980, 230 p. Ill. de Paul Beaupré.

Le Salut de Raskolnikov, dans *Critère*, n° 4, juin 1971, p. 62–73.

Yavhé et Belzébuth, AN, vol. 61, n° 6, févr. 1972, p. 488–495.

Réflexions sur quelques livres d'Alexandre Soljenitsyne, dans *L'Information médicale et paramédicale*, vol. 24, n° 23, 17 oct. 1972, p. 55–56.

Jonathan Livingston, ce drôle de petit goéland, dans *L'Information médicale et paramédicale*, vol. 26, n° 5, 15 janv. 1974, p. 59.

La Ronde des jours. Dimanche : jour du soleil (poésie), dans *L'Information médicale et paramédicale*, vol. 26, n° 13, 21 mai 1974, p. 44. Sous le pseudonyme de Gérard Debrun ; *Lundi : jour de la lune*, n° 21, 17 sept. 1974, p. 67 ; *Mardi : jour du dieu Mars*, n° 23, 15 oct. 1974, p. 61 ; *Mercredi : jour du dieu Mercure*, n° 24, 5 nov. 1974, p. 63 ; *Jeudi : jour de Jupiter*, n° 27, 17 déc. 1974, p. 33.

ÉTUDES

[Anonyme], *Le Démoniaque chez S.A. Kierkegaard par Bruno Drolet*, dans *La Vie française*, n°s 7–8, mars–avril 1972, p. 218.

René Pageau, *Bruno Drolet sur Kierkegaard*, AN, vol. 61, n° 10, juin 1972, p. 838.

J.-P. Brousseau, *Arriver puis s'effacer dans genèse*, Pr, 91ᵉ année, n° 328, 11 nov. 1974, p. C-5.

René Pageau, *En quête de l'humain de Bruno Drolet et Les Faisceaux convergents de Paul Beaupré*, dans *L'Information médicale et paramédicale*, vol. 26, n° 26, 3 déc. 1974, p. 19.

Donald Alarie, *Bruno Drolet. Entre dune et aboiteaux... un peuple*, LAQ 1976, p. 248.

Raymond Laprés, *Drolet (Bruno). Le Bois de lune*, dans *Nos livres*, vol. 11, nov. 1980, n° 341.

DROUILLY, JEAN-FRANÇOIS (1913–   ). Slaviste, essayiste et poète, né à Paris. Il fait ses études classiques au Lycée Condorcet (B.A., 1932), sa licence en droit à la Sorbonne (1937), et il obtient ensuite un diplôme en études supérieures d'économie politique (1938). À l'École des langues orientales, il présente en 1941 un mémoire de maîtrise : « L'Accentuation des thèmes en « A » en balto-slave ». De 1943 à 1947, il est attaché de recherche au Centre national de recherche scientifique, puis il est professeur invité à l'Université de Bratislava de 1947 à 1949. En 1949, il termine son doctorat ; sa thèse principale porte sur *La Pensée politique et religieuse de Dostoïevski* ; sa thèse secondaire s'intitule *Dostoïevski et l'Europe en 1873*. Il enseigne en Argentine de 1952 à 1963, et en 1966 il devient professeur titulaire au département des langues anciennes et modernes de l'Université de Montréal, jusqu'à sa retraite en 1979. *Dostoïevski et l'Europe en 1873* présente la première traduction intégrale des articles du romancier parus dans *Le Citoyen*, revue de Saint-Pétersbourg. Yves Avril juge que la présentation de J.-F. Drouilly est trop brève, mais que « les notes sont abondantes et permettent d'évaluer l'originalité de Dostoïevski par rapport à ses sources d'information occidentales ». Son recueil de poésie, *Des secrets et des signes* (1978), de forme assez classique, exprime avec bonheur les élans de la sensibilité amoureuse.

ŒUVRES

Dostoïevski et l'Europe en 1873, Montréal, Leméac, 1969, 183 p. Portrait. Traduction de textes de F.M. Dostoïevski, avec une introduction et des notes. « Présence du Québec ».

La Pensée politique et religieuse de Dostoïevski (essai), Paris, Librairie des cinq continents, 1971, 501 p. « Études russes ».

Des secrets et des signes. Poèmes, Trois-Rivières, Imprimerie du Bien public, 1978, 65 p. Ill. de Suzanne Lebœuf.

Tchekov et le Sentiment de l'absurde, dans *Canadian Contributions to the Seventh International Congress of Slavists*, Paris/The Hague, 1973, p. 139–161.

L'Image du soleil couchant dans l'œuvre de Dostoïevski, dans *Études slaves et est-européennes*, vol. 19, 1974, p. 3–23.

Freud et Dostoïevski, dans *L'Évolution psychiatrique* (Toulouse), t. 42, fasc. 1, janv. 1977, p. 127–141.

ÉTUDES

Yves Avril, *Dostoïevski et l'Europe en 1873*, LAQ 1969, p. 168–169.

Mariette Ollier, *Jean Drouilly : la pensée politiquement religieuse de Dostoïevski*, dans *Bulletin bibliographique* (Paris), n° 183, avril 1972, p. 60.

DROUIN, MICHÈLE (1933–   ). Peintre et poète, née à Giffard (Québec). Elle fait ses humanités et ses études classiques à l'Institut Roc-Amadour de Québec et au Collège des Ursulines. En 1951, elle s'inscrit à l'École des Beaux-Arts de Québec (diplôme, 1955). Après un séjour en France et en Espagne, elle enseigne les arts plastiques à la C.E.C.M. En 1966, elle obtient un baccalauréat ès arts à l'Université du Québec à Montréal (1966), et, en 1973, une maîtrise à l'Université Concordia. Michèle Drouin collabore à de nombreux périodiques spécialisés dont *Vision, Forces, Atelier, Investigart*. En 1959, elle fait paraître un recueil de poésie *La Duègne accroupie* (réédition en 1978) qui est très bien reçu de la critique qui souligne surtout l'aspect automatiste de son écriture.

ŒUVRE

La Duègne accroupie (poésie), Montréal, Quartz, 1959, 40 p. Ill. de l'auteur; Montréal, Les Herbes rouges, n° 60, 1978, 44 p.

ÉTUDE

Nicole Bédard, *Michèle Drouin. La Duègne accroupie*, LAQ 1978, p. 115.

DUBÉ, JEAN-CLAUDE (1925-   ). Historien, né à Rivière-du-Loup. Il fait ses études classiques au Séminaire oblat à Chambly et à l'Université d'Ottawa (B.A., 1945), prépare une maîtrise en histoire à l'Université d'Ottawa (1961) et un doctorat en histoire à l'Université de Paris (1966). D'abord enseignant à l'École secondaire de l'Université d'Ottawa (1950-1960), il est nommé professeur d'histoire à la Faculté des arts en 1961. Fondateur et directeur du Centre de recherche en histoire religieuse du Canada à l'Université Saint-Paul (1967-1972), il est nommé professeur titulaire à l'Université d'Ottawa en 1976. Sa biographie de Claude-Thomas Dupuy, intendant de la Nouvelle-France, publiée en 1969, mérite le prix littéraire du Québec, section histoire, en 1970. Selon Claude Galarneau, voici « un bon livre d'histoire sociale où les deux France, l'Ancienne et la Nouvelle, sont intimement mêlées ». Le professeur Dubé collabore à de nombreux périodiques dont la *Revue d'histoire d'Amérique française*, la *Revue de l'Université d'Ottawa* et *Histoire sociale*.

ŒUVRES

Claude-Thomas Dupuy, intendant de la Nouvelle-France, 1678-1738, Montréal et Paris, Fides, 1969, xvi, 395 p. Ill. Avant-propos de l'auteur. « Fleur de lys ».
Rencontres de l'historiographie française avec l'histoire sociale, XVIe siècle-1830, Ottawa, EUO, 1978, 108 p. Éditeur avec Hubert Watelet. « Cahiers d'histoire de l'Université d'Ottawa ».

Les Intendants de la Nouvelle-France, Montréal, Fides, 1984, xxx, 328 p. Ill. Avant-propos de l'auteur. « Fleur de lys ».

Origine sociale des intendants de la Nouvelle-France, HS, n° 2, 1968, p. 18-33.
Pierre Charron et ses idées sociales, RUO, vol. 40, n° 3, 1970, p. 386-417. Collab. Roméo Arbour.
Les Intendants de la Nouvelle-France et la République des lettres, RHAF, vol. 29, n° 1, 1975, p. 31-48.
Colbert et l'Intendance de Québec, RUO, vol. 47, n° 3, 1977, p. 293-306.
Les Intendants de la Nouvelle-France et la Religion, dans *Bulletin annuel de la Société canadienne d'histoire de l'Église catholique*, 1978, p. 5-18.
Claude Robin, bourgeois de Tours, 1520(?)-1587, dans *Bulletin trimestriel de la Société archéologique de Touraine*, t. 39, 1981, p. 873-894.
Clients des Colbert et des Pontchartrain à l'intendance de Québec, dans *Hommage à Roland Mousnier. Clientèles et fidélité en Europe à l'Époque moderne*, Paris, PUF, 1981, p. 199-212.
Les Archives notariales françaises et la Nouvelle-France : le cas des intendants de Québec, dans « *Le Gnomon* », *revue internationale d'histoire du notariat* (Paris), bulletin de liaison, n° 44, 1985, p. 4-9.

ÉTUDE

Claude Galarneau, *Claude-Thomas Dupuis [sic], intendant de la Nouvelle-France 1678-1738*, LAQ 1969, p. 185.

DUBÉ, LAURENT (1935-   ). Juriste et romancier, né à Saint-Paul-de-la-Croix (Rivière-du-Loup). Il fait son cours classique au Séminaire de Rimouski (B.A., 1957), puis ses études de droit à l'Université Laval et à l'Université de Sherbrooke. Admis au barreau en 1961, il pratique le droit à Coaticook, puis à Sherbrooke où, en 1978, il est nommé juge de la Cour des sessions de la paix. Son premier roman, *Lu Mariakèche* (1981), ne plaît pas à toute la critique. Réginald Martel qualifie l'auteur de passéiste et trouve son écriture « réactionnaire » par les idées comme par les descriptions : « L'auteur oppose entre autres choses une sorte d'agriculturisme heureux, tout à fait improbable, aux horreurs prétendues ou objectives de la vie urbaine ». Par ailleurs, Pol Chantraine, même si l'auteur lui semble malhabile « dans son commerce avec l'élément humain », trouve certaines qualités à l'ouvrage, et il écrit à propos du retour à la nature : « Si le thème n'est pas neuf dans la littérature, Laurent Dubé a le mérite de l'avoir abordé de façon originale », le proposant comme « un idéal, une obsession lancinante vers laquelle tend tout son roman ».

DUBÉ

ŒUVRES

La Mariakèche (roman), [Montréal], Leméac, 1981, 216 p. « Roman québécois ».

Damnée Aimée. Roman, Montréal, VLB éditeur, 1983, 222 p.

ÉTUDES

Réginald Martel, *Des nouveaux romanciers. Les premiers pas difficiles*, Pr, 97ᵉ année, nº 252, 24 oct. 1981, p. C-2.

Normand Desjardins, *Dubé (Laurent). La Mariakèche*, dans *Nos livres*, vol. 12, nov. 1981, nº 435.

Pol Chantraine, *Laurent Dubé : un retour à la nature via La Mariakèche*, dans *Le livre d'ici*, vol. 7, nº 9, 2 déc. 1981, p. 2.

Noël Audet, *Des romans quasi sympathiques. La Mariakèche de Laurent Dubé*, Dev, vol. 73, nº 48, 27 févr. 1982, p. 21.

François Hébert, *Deux moines sans religion : Laurent Dubé et Alain Poissant*, Dev, vol. 75, nº 23, 28 janv. 1984, p. 17.

DUBÉ, MARCEL (1930-). Dramaturge, né à Montréal. Il fait ses études au Collège Sainte-Marie (1943-1951). Avec des amis (Guy Godin, Robert Rivard, Monique Miller), il fonde, en 1950, une troupe de théâtre, La Jeune Scène, et écrit sa première pièce, « Le Bal triste », jouée à l'Ermitage en 1951, sans attirer une attention spéciale. L'année suivante, il obtient le prix de la meilleure pièce canadienne au festival dramatique avec sa deuxième pièce, *De l'autre côté du mur*. Présentée en circuit fermé par Radio-Canada, elle est la première œuvre dramatique de la télévision canadienne. En 1953, il triomphe encore au festival dramatique avec sa pièce *Zone*. La vie théâtrale québécoise va bientôt connaître son essor le plus spectaculaire à la suite de la création d'un réseau de télévision canadienne et de la fondation de troupes de théâtre comme celle du Théâtre du Nouveau Monde. Marcel Dubé crée dans l'espace d'une vingtaine d'années un répertoire considérable. Son œuvre marque le théâtre québécois. L'auteur est fortement attiré par la télévision ; presque toutes ses pièces ont été soit publiées, soit adaptées pour Radio-Canada. Pendant une dizaine d'années, de 1952 à 1962, Dubé rédige quarante-deux textes dramatiques réalisés par Radio-Canada dont trente pour la télévision. Il est aussi l'auteur de téléromans populaires tels « La Côte de sable » (1960-1962), « De 9 à 5 » (1963-1966), « Le Monde de Marcel Dubé » (1968-1972), « La Vie promise » (1983-1984). Il travaille aussi comme rédacteur aux magazines *Perspectives* et *Dimanche* (1976-1977). De 1977 à 1979, il fait partie du Conseil de la langue française. Bénéficiaire d'une bourse du Gouvernement du Québec et du Conseil des Arts, membre de l'Académie canadienne-française et de la Société royale du Canada, vice-président du Théâtre de l'Égrégore, Marcel Dubé obtient, en 1966, le prix Morin, en 1973, le prix David pour l'ensemble de son œuvre et, en 1984, le prix Molson. Né dans un quartier populaire de l'Est de Montréal, Dubé reproduit dans ses premières pièces (*Zone, Un simple soldat, Le Temps des lilas, Florence*) son milieu et les personnages violents ou pathétiques qu'il a connus. Les auteurs qui l'ont influencé pendant cette période sont Gabrielle Roy, Roger Lemelin et Jean Anouilh ; ce dernier lui fait découvrir le théâtre moderne autant que les dramaturges réalistes américains, Arthur Miller et Irving Shaw. Du réalisme populaire, il passe, à partir de 1960, à un réalisme psychologique et bourgeois (*Bilan, Les Beaux Dimanches, Au retour des oies blanches*). Il y a donc, dans son œuvre, deux périodes distinctes. Ses personnages ont vieilli. Selon Godin et Mailhot, « À la place des rêves, ils ont l'argent ; au lieu des aspirations obscures et des illusions, une volonté terriblement lucide d'arriver à leurs fins ». Mais fondamentalement sa conception du théâtre n'a pas varié depuis le début de sa carrière. « L'important pour moi, écrit Dubé en 1969, c'était d'arriver à émouvoir ». Chaque pièce traduit le même drame collectif, la même fatalité permanente : la défaite de l'homme. Maximilien Laroche définit ainsi l'évolution dramatique de Marcel Dubé : « Par delà les échecs et les amertumes de la démission ou des compromissions, le héros de Marcel Dubé, adolescent puis homme mûr, a pris une conscience de plus en plus claire de son destin, s'en est découvert de plus en plus le maître, a fait de sa révolte une source de libération et de sa tragédie un drame ».

ŒUVRES

Zone. Pièce en trois actes, Montréal, Éditions de la Cascade, Collège Sainte-Marie, 1956, 147 p. ; [Montréal], Leméac, 1969, 187 p. Ill. Introduction de Maximilien Laroche. « TC ». (Paru d'abord dans ECF, nº 2, 1955, p. 197-339).

Florence. Pièce en deux parties et quatre tableaux, Québec, Institut littéraire du Québec ltée, 1960, 172 p. ; [Montréal], Leméac, 1970, 153 p. Introduction de Raymond Turcotte. Jugements critiques. « TC ». (Paru d'abord dans ECF, nº 4, 1958, p. 113-193).

Le Train du Nord. Roman, Montréal, Les Éditions du Jour Inc., 1961, [n.p., 62 p.]. « Le Roman de Francine ».

Un simple soldat. Comédie dramatique en 4 actes, Mont-réal, Les Éditions de l'Homme, 1967, 142 p. Ill. (Version nouvelle). *Un simple soldat. Pièce en quatre actes*, Leméac, 1968, 182 p. «TC»; Quinze, 1980, 150 p. Ill. Postface de Pierre Fillion. «Présence»; *Un simple soldat*, Quinze/Stanké, 1981, 152 p. «Théâtre 10/10». (Paru d'abord dans *Le Théâtre canadien*, Québec, Institut littéraire du Québec, 1958, t.1, p. 185–311).

Les Beaux Dimanches. Pièce en trois actes et deux tableaux, [Montréal], Leméac, 1968, 189 p. Introduction d'Alain Pontaut. Jugements critiques. «TC».

Bilan. Pièce en deux parties, [Montréal], Leméac, 1968, 185 p. Ill. Présentation d'Yves Dubé. «TC».

Textes et Documents. Essai, [Montréal], Leméac, 1968, 80 p. «TC Documents»; 1973, 141 p. «Documents».

Au retour des oies blanches. Pièce en deux parties et quatre tableaux, [Montréal], Leméac, 1969, 189 p. Ill. «TC». Traduction anglaise par Jean Remple: *The White Geese*, Toronto, New Press, 1972, 106 p. «New Drama».

Hold-Up. Photo-roman en dix chapitres, [Montréal], Leméac, 1969, 94 p. Collab. Louis-Georges Carrier. «RQ».

Pauvre Amour. Comédie dramatique en cinq tableaux, [Montréal], Leméac, 1969, 161 p. Ill. «TC».

Le Temps des lilas. Pièce en trois actes et sept tableaux, [Montréal], Leméac, 1969, 179 p. Ill. Présentation de Maximilien Laroche. «TC»; 1973, 167 p. Ill. Édition scolaire pour l'enseignement du français langue seconde préparée et annotée par Kelly Ricard. «Français langue seconde — série théâtre». (Paru d'abord dans *Le Théâtre canadien*, Québec, Institut littéraire du Québec, 1958, t. 1, p. 1–181).

Le Coup de l'étrier et Avant de t'en aller (théâtre), [Montréal], Leméac, 1970, 127 p. Ill. «TC».

Entre midi et soir (théâtre), [Montréal], Leméac, 1971, 253 p. Ill. «Le Monde de Marcel Dubé»; 1977, 259 p. Présentation de Pierre Filion. «Les Classiques Leméac».

Le Naufragé (théâtre), [Montréal], Leméac, 1971, 133 p. Ill. Introduction de Jean-Cléo Godin. «TC».

Un matin comme les autres. Pièce en deux parties, [Montréal], Leméac, 1971, 183 p. Ill. Présentation de Martial Dassylva. Jugements critiques. «TC».

L'Échéance du vendredi, suivi de Paradis perdu (théâtre), [Montréal], Leméac, 1972, 90 p. «RQ».

De l'autre côté du mur suivi de cinq courtes pièces (théâtre), [Montréal], Leméac, 1973, 215 p. Ill. «TC». (Comprend aussi *Le Rendez-vous du lendemain, Le Visiteur, L'Aiguillage, Le Père idéal* et *Les Frères ennemis*). Traduction anglaise de la pièce *De l'autre côté du mur* par Colette Boily: «Marcel Dubé. Étude et traduction». Mémoire de maîtrise. Halifax, Université de Dalhousie, 1980, 251 f.

Médé (théâtre), [Montréal], Leméac, 1973, 124 p. Ill. Préface de Marcel Dubé. Introduction d'André Major. «TC».

La Cellule (théâtre), [Montréal], Leméac, 1973, 117 p. Ill. «Le Monde de Marcel Dubé».

Jérémie. Argument de ballet, [Montréal], Leméac, 1973, 69 p. Ill. «Spectacles». Avec une traduction anglaise par Jean Remple: *Jérémie. A Scenario for a Ballet*, p. 42–69. Ill.

La tragédie est un acte de foi (essai), [Montréal], Leméac, 1973, 120 p. «Documents».

Manuel. Texte dramatique en quatre parties, [Montréal], Leméac, 1973, 149 p. Ill. «Les Beaux Textes».

Virginie (théâtre), [Montréal], Leméac, 1974, 195 p. Ill. «TC». (Paru d'abord dans ECF, n° 24, 1968, p. 8–87).

L'Impromptu de Québec ou Le Testament (théâtre), [Montréal], Leméac, 1974, 195 p. Ill. Préface de Robert Saint-Amour. (D'après *Le Légataire universel* de Jean-François Regnard). «TC».

Poèmes de sable, [Montréal], Leméac, 1974, 207 p. «Poésie/Leméac».

L'été s'appelle Julie (théâtre), [Montréal], Leméac, 1975, 147 p. Présentation d'Alain Pontaut. «Théâtre».

Dites-le avec des fleurs (théâtre), [Montréal], Leméac, 1976, 125 p. Collab. Jean Barbeau. «Théâtre/Leméac».

Le Réformiste ou L'Honneur des hommes (théâtre), [Montréal], Leméac, 1977, 143 p. Présentation de Pierre Filion. «Théâtre».

Octobre (théâtre), [Montréal], Leméac, 1977, 81 p. Ill. Présentation de Jean-François Crépeau. «Théâtre». (Paru d'abord dans ECF, n° 17, 1964, p. 9–37).

L'Amérique à sec (théâtre), [Montréal], Leméac, 1986, 213 p. Portrait. «Théâtre».

Le Québec 1967–1987, du Général de Gaulle au Lac Meech (essai), Montréal, Guérin, 1987, 237 p. Collab. éditeur Yves Michaud.

Dix ans de télévision, CL, 13e année, n° 48, juin–juillet 1962, p. 22–26.

C'était le fil de la vie (théâtre), ECF, n° 40, 1976, p. 9–51.

Le Trou (théâtre), dans *20 ans*, Montréal, VLB éditeur, 1985, p. 67–90.

ÉTUDES

Jean-Paul Vanasse, *Marcel Dubé ou Les Chemins sans issue*, L, vol. 1, n° 6, nov.-déc. 1959, p. 356–369.

Normand Cloutier, *Marcel Dubé broie du noir...*, MM, vol. 6, n° 8, août 1966, p. 10, 24–27.

Georges-Henri D'Auteuil, *Au retour des oies blanches*, Rel, n° 311, déc. 1966, p. 344–346.

Jean-Paul Vanasse, *Le Sort de l'écrivain (autour de la déclaration de Marcel Dubé)*, L, vol. 9, n° 2, mars-avril 1967, p. 52-58.

Maximilien Laroche, *Bilan de Marcel Dubé, huit ans après*, AN, vol. 58, n° 5, janv. 1969, p. 472–494.

Edwin-J. Hamblet, *Marcel Dubé and French Canadian Drama*, New York, Exposition Press, 1970, 112 p.

Id., *The North American Outlook of Marcel Dubé and William Inge*, dans *Queen's Quarterly*, vol. 77, n° 3, automne 1970, p. 374–387.

Maximilien Laroche, *Marcel Dubé*, Montréal, Fides, 1970, 189 p. «ECA».

André Vanasse, *À propos d'une valise ou Esquisse psychocritique de l'œuvre de Marcel Dubé*, LAQ 1971, p. 311–322.

Martial Dassylva, *Ce monde de Dubé qui est aussi le nôtre*, Pr, 89ᵉ année, nᵒ 281, 24 nov. 1973, p. D-4.

André Vanasse, *Marcel Dubé. Médée, Manuel, Jérémie, De l'autre côté du mur, La Cellule*, LAQ 1973, p. 140-143.

Maximilien Laroche, *Marcel Dubé. Textes et Documents. Marcel Dubé et le mythe de l'androgyne*, LAQ 1973, p. 207-209.

Martial Dassylva, *Marcel Dubé : une autre pièce et une nouvelle escale*, Pr, 91ᵉ année, nᵒ 147, 21 juin 1975, p. D-5.

Michael Howell, Joyce Cunningham *et al.*, [Cinq articles sur Marcel Dubé], dans *Canadian Drama/L'Art dramatique canadien*, vol. 2, nᵒ 1, printemps 1976, p. 20-123.

Martial Dassylva, *Dubé et sa contre-réforme*, Pr, 93ᵉ année, nᵒ 33, 9 févr. 1977, p. G-5.

Paul Gay, « *Le Réformiste ou L'Honneur des hommes* » de *Marcel Dubé. Pour humaniser l'enseignement*, Dr, 65ᵉ année, nᵒ 93, 16 juillet 1977, p. 17.

Paulette Collet, *La Quarantaine, âge de l'abdication ou du renouveau pour la femme dans le théâtre de Marcel Dubé*, dans *Canadian Drama/L'Art dramatique canadien*, vol. 5, nᵒ 2, automne 1979, p. 144-163.

Jayne Halsne Abrate, *Le Thème de l'inconscience dans Les Beaux Dimanches et Les Belles-Sœurs*, dans *Présence francophone*, nᵒ 24, printemps 1982, p. 139-145.

Nicole Beauchamp, *Marcel Dubé. Il s'était juré qu'on ne l'y prendrait plus*, Pr, 99ᵉ année, nᵒ 231, 5 oct. 1983, p. A-8.

[Anonyme], *Pour son rôle de premier plan dans l'évolution de la dramaturgie québécoise, Marcel Dubé reçoit le prix Molson*, Dr, 72ᵉ année, nᵒ 200, 21 nov. 1984, p. 35.

Edgar Demers, *Marcel Dubé au 6ᵉ Salon du livre*, Dr, 72ᵉ année, nᵒ 297, 16 mars 1985, p. 23.

France Simard, « *Le Temps des lilas* » au Théâtre de l'Île. Un refuge pour des gens en mal de vivre, Dr, 73ᵉ année, nᵒ 252, 24 janv. 1986, p. 8.

DUBÉ, NORMAND Camille (1932–). Conteur, folkloriste et poète, né à Van Buren (Maine). Il fait ses humanités au Saint Michael's College du Vermont (B.A., 1956), et poursuit ses études en lettres anglaises à la State University of New York (Albany) où il reçoit une maîtrise en 1958. Spécialisé dans l'enseignement des langues, il obtient un doctorat de la Ohio State University (Columbus) pour une thèse intitulée « Guidelines for the Teaching of French to Franco-Americans » (1971). Boursier du Gouvernement français et du National Defense Education Act, il fait des stages d'études à Rennes et à Montpellier. En 1954-1955, il est journaliste à la base de l'aviation militaire de Californie. De 1950 à 1971, il est professeur de langue dans plusieurs écoles du Maine, ainsi qu'à la Ohio State University, au Otterbein College (Westerville) à la University of Maine. De 1971 à 1977, il dirige un programme bilingue de français et d'anglais à Madawaska (Maine) et, de 1977 à 1981, il est directeur d'un important projet de livres pour les Franco-Américains. Auteur de plus de vingt textes pédagogiques destinés à l'enseignement du français aux jeunes Franco-Américains, il consacre ses heures libres à la poésie qui est son genre littéraire préféré. La fuite du temps, l'amour de la nature et la mort sont les thèmes principaux de Normand Dubé.

ŒUVRES

Pour pratiquer (cahier pédagogique), Columbus, Charles G. Merrill Publishing Co., 1970, 126 p.

[*Les Patates* (texte pédagogique), Madawaska (Maine), Project Bilingual Research American Valley Education, 1971], 33 p. Ill. de Paula Michaud et Paul Marin.

[*L'Église* (texte pédagogique), Madawaska (Maine), Project Bilingual Research American Valley Education, 1971], 31 p. Ill. de Paula Michaud et Paul Marin.

La Forêt (texte pédagogique), [Madawaska (Maine), Project Bilingual Research American Valley Education, 1971], 25 p. Ill. de Paula Michaud, Paul Marin et Rosaire Paradis.

Chez-nous : ma famille (texte pédagogique), Madawaska (Maine), St. John Valley Printing, 1972, 28 p.

Chez-nous : mon village (texte pédagogique), Madawaska (Maine), St. John Valley Printing, 1972, 28 p.

Mon pays : Frenchville et Ste-Agathe (texte pédagogique), Madawaska (Maine), St. John Valley Printing, 1972, 42 p.

Mon pays : Van Buren (texte pédagogique), Madawaska (Maine), St. John Valley Printing, 1972, 40 p.

Je voyage en Nouvelle-Angleterre (texte pédagogique), Madawaska (Maine), St. John Valley Printing, 1973, 56 p.

Je voyage au Canada (texte pédagogique), Madawaska (Maine), St. John Valley Printing, 1973, 32 p.

Je voyage en Louisiane (texte pédagogique), Madawaska (Maine), St. John Valley Printing, 1973, 36 p.

L'Amérique du Nord : histoire et géographie (texte pédagogique), Madawaska (Maine), St. John Valley Printing, 1974, 41 p.

L'Amérique du Nord : son économie et ses ressources (texte pédagogique), Madawaska (Maine), St. John Valley Printing, 1974, 41 p.

L'Amérique du Nord : ses villes et sa population (texte pédagogique), Madawaska (Maine), St. John Valley Printing, 1974, 41 p.

Vers un horizon culturel I (texte pédagogique), Madawaska (Maine), St. John Valley Printing, 1975, 64 p.

Vers un horizon culturel II (texte pédagogique), Madawaska (Maine), St. John Valley Printing, 1975, 64 p.

Panorama sur le monde I (texte pédagogique), Madawaska (Maine), St. John Valley Printing, 1975, 56 p.

Panorama sur le monde II (texte pédagogique), Madawaska (Maine), St. John Valley Printing, 1976, 56 p.

Un mot de chez-nous (poésie), Cambridge (Mass.), National Assessment and Dissemination Center for Bilingual/Bicultural Education, 1976, 80 p. Préface de Michel Pipyne.

Au cœur du vent (poésie), Cambridge (Mass.), National Assessment and Dissemination Center for Bilingual/

Bicultural Education, 1978, 96 p. Préface de Richard Santerre. Ill. de Paul Jalbert.

La Broderie inachevée (poésie), Cambridge (Mass.), National Assessment and Dissemination Center for Bilingual/Bicultural Education, 1979, 88 p. Ill. de Paul Jalbert.

Au pays des légendes: les lutins (conte), Cambridge (Mass.), National Assessment and Dissemination Center for Bilingual/Bicultural Education, 1979, 42 p.

Au pays des légendes: Papineau (conte), Cambridge (Mass.), National Assessment and Dissemination Center for Bilingual/Bicultural Education, 1979, 42 p.

Au pays des légendes: Le Bonhomme sept-heures (conte), Cambridge (Mass.), National Assessment and Dissemination Center for Bilingual/Bicultural Education, 1979, 43 p. Ill. de Barbara Ganim.

Le Nuage de ma pensée (poésie), Cambridge (Mass.), National Materials Development Center, 1981, 91 p. Préface d'Armand Chartier. Ill. de Jeff Spring.

In the Name of the American Dream, dans *Forum*, vol. 5, n° 4, janv. 1978, p. 1–2.

Ici et ailleurs, dans *Éducation Québec*, vol. 9, n° 2, nov. 1978, p. 25.

Bilingual Living, dans *A Franco-American Overview*, vol. 1, mai 1979, p. 261–272.

ÉTUDE

Pierre Anctil, *A Franco-American Bibliography — New England*, Cambridge (Mass.), National Materials Development Center, 1979, p. 29–30.

DUBÉ, PAUL-QUINTAL (1895–1926). Poète, né à Paris de parents canadiens. Quintal est le nom de sa mère, d'où son prénom Paul-Quintal. Son père, le docteur Joseph-Edmond Dubé, grand spécialiste de la tuberculose à l'époque, effectuait de fréquents séjours à Paris. Après ses études collégiales à Joliette, Paul-Quintal Dubé s'inscrit en médecine à l'Université Laval de Montréal en 1915 qu'il doit cependant abandonner pour cause de maladie. Un peu plus tard, il part pour l'Europe et obtient une licence en philosophie à la Sorbonne. Par la suite, il vit au Nouveau-Mexique où il meurt en 1926 des suites de la tuberculose. En 1930, on publie ses poèmes à Paris, un très joli recueil intitulé *L'Éducation poétique*. Cependant, ces vers d'inspiration parnassienne passent complètement inaperçus autant au Canada qu'en France. Selon André-G. Bourassa, « malgré des vers maladroits [...] il mérite au moins autant d'attention que Gonzalve Desaulniers ou Englebert Gallèze ».

ŒUVRE

L'Éducation poétique (poésie), Paris/Montréal, Les Ateliers d'art typographique/Librairie Déom frère, 1930, 97 p. Portrait. Ill. de Roger Veillault.

ÉTUDES

Jean Béraud, *Les Lettres et les Arts*, Dr, 18e année, n° 235, 10 oct. 1931, p. 5.

André-G. Bourassa, *Paul-Quintal Dubé*, dans *Bulletin du Centre de recherche en civilisation canadienne-française*, n° 17, déc. 1978, p. 1–5.

DUBÉ, RODOLPHE. Voir **HERTEL**, FRANÇOIS.

DUBOIS, MARIE-FRANCE [X Faulkner, Marie-France] (1947–   ). Romancière, née à Montréal. Elle fait ses études aux écoles normales Cardinal-Léger et Marguerite-de-la-Jammerais, ainsi qu'à l'Institut pédagogique (B. péd., 1968), et fait en même temps des études de musique. Elle obtiendra ensuite un certificat en arts plastiques et un certificat en sociologie à l'Université du Québec à Montréal. Au milieu des années soixante, elle est membre de la troupe de folklore des Cotillons à titres d'auteur, compositeur et interprète. À partir de 1971, elle enseigne au secondaire à la Commission scolaire régionale de Blainville-Deux-Montagnes, et elle est professeur d'enseignement moral à Oka et à Saint-Eustache. En outre, elle prépare des manuels scolaires pour différents programmes et niveaux d'études. Son premier roman, *Le Passage secret*, paraît en 1975. André Vanasse pense qu'il peut plaire aux amateurs d'« écriture schizo » alors en bonne cote, mais il s'inquiète du « divorce constant entre la parole douloureuse et vraie de l'héroïne et le commentaire ‹ théorique › qui la scande ». Marie-France Dubois publie un second roman, en 1978, *Les Animots en fuite*. La critique est sévère. Jean Larose reconnaît « l'incontestable talent poétique » de l'auteur, mais trouve que le livre ne répond pas à la promesse d'un « imaginaire nouveau » de l'éditeur.

ŒUVRES

Le Passage secret (roman), Montréal, Éditions Parti Pris, 1975, 91 p. Ill. de l'auteur. « P ».

Les Animots en fuite. Roman, Montréal, VLB éditeur, 1978, 197 p.

ÉTUDES

Jean Basile, *Encore un roman rébarbatif qu'il aurait fallu lire*, Dev, vol. 67, n° 89, 19 avril 1975, p. 15.

André Vanasse, *Marie-France Dubois. Le Passage secret*, LAQ 1975, p. 85.

Réginald Martel, *Quelques notes sur le pub à la quatre*, Pr, 94ᵉ année, nº 112, 20 mai 1978, p. D-2.

Alexandre L. Amprimoz, *L'Agent double du roman québécois contemporain*, dans *Présence francophone*, nº 16, printemps 1978, p. 85–92.

Jean Larose, *Les Animots en fuite*, LAQ 1978, p. 43–44.

Yvon Bonenfant, *Dubois (Marie-France). Les Animots en fuite*, dans *Nos Livres*, vol. 10, mars 1979, nº 93.

DUBOIS, RENÉ-DANIEL (1955–   ). Dramaturge, né à Montréal. Après son diplôme de l'École nationale de théâtre (1976), il travaille comme comédien à Montréal surtout. En 1978–1979, il étudie l'improvisation et l'écriture dramatique avec Alain Knapp. Par la suite, il écrit plusieurs pièces de théâtre dont *Panique à Longueuil* (1980), *26 bis, impasse du Colonel-Foisy* (1983), et *Ne blâmez jamais les Bédouins* (1984). En 1983, Dubois est choisi « Grand Montréalais de l'avenir dans le monde du théâtre ». Robert Lévesque remarque chez lui le « cri d'amour dramatique terriblement organisé dans son apparent puzzle, à cette vivante et débordante brassée de mots et de phrases qui, de l'auteur à son personnage, se répercutent et vont vers la salle dans un aller-retour [...] magistral ».

ŒUVRES

Panique à Longueuil... (théâtre), [Montréal], Leméac, 1980, 121 p. Ill. « Théâtre Leméac ».

Adieu, docteur Münch... (théâtre), [Montréal], Leméac, 1982, 73 p. Ill. « Théâtre Leméac ».

26 bis, impasse du Colonel-Foisy (théâtre), [Montréal], Leméac, 1983, xxvi, 73 p. Préface de Normand Chaurette. « Théâtre Leméac ».

Ne blâmez jamais les Bédouins (théâtre), [Montréal], Leméac, 1984, 199 p. Préface de Jean-Marie Lelièvre. Ill. « Théâtre Leméac ».

Being at home with Claude (théâtre), [Montréal], Leméac, 1986, 125 p. Ill. « Théâtre Leméac ».

Le Printemps, monsieur Deslauriers (théâtre), Montréal, Guérin littérature, 1987, 127 p.

ÉTUDES

Gilles Pellerin, *René-Daniel Dubois, Panique à Longueuil*, LAQ 1980, p. 158–160.

Robert Lévesque, *Au 26 bis, impasse du Colonel-Foisy*, Dr, 77ᵉ année, nº 170, 25 mars 1986, p. 4.

DUBUC, ALFRED (1929–   ). Économiste et historien, né à Chicoutimi où il fait ses études primaires suivies de ses humanités au Collège Jean-de-Brébœuf. Inscrit à la Faculté de droit de l'Université de Montréal, il obtient sa licence en 1953 et est admis au barreau de la Province de Québec l'année suivante. À l'Université de Louvain, il soutient une thèse de licence en science économique : « L'Industrie drapière de la Flandre au Moyen Âge ». Il étudie à l'École pratique des Hautes Études de Paris de 1957 à 1959 et obtient un doctorat en 1969 intitulé « Thomas Molson entrepreneur canadien, 1791–1863 ». Il enseigne au Département de science économique de l'Université de Montréal (1959–1969), et, à partir de 1969, à l'Université du Québec à Montréal où il est directeur du Département d'histoire de 1970 à 1971. En 1972, il est élu président du Centre interuniversitaire d'études européennes. Alfred Dubuc fait partie du petit groupe de chercheurs québécois qui, dans les années 1960, ont tenté de renouveler les études en histoire économique.

ŒUVRE

Données sur le Québec (essai), Montréal, PUM, 1974, 270 p. Collab. R. Boily, F.-M. Gagnon et M. Rioux.

La Crise économique au Canada au printemps de 1848, RS, vol. 3, nº 3, 1962, p. 317–329.

The Advent of Banking Credit on the Guarantee of Warehouse Receipts, dans *The Canadian Banker*, vol. 70, nº 4, hiver 1963, p. 51–54.

Le Rapport Parent et l'Enseignement de l'histoire, dans *Socialisme 1965*, nº 5, p. 109–118.

Une interprétation économique de la Constitution, dans *Socialisme 1966*, nº 7, p. 3–21.

Commentaires sur chacune des sept communications d'histoire économique, dans C. Galarneau et E. Lavoie, *France et Canada français du 16ᵉ au 20ᵉ siècles*, Québec, PUL, 1966, p. 68–75, 139–142, 177–181.

Les Classes sociales au Canada, dans *Annales : économie, société, civilisation*, vol. 22, juillet–août 1967, p. 829–844.

Montréal et les Débuts de la navigation à vapeur sur le Saint-Laurent, dans *Revue d'histoire économique et sociale*, vol. 45, nº 1, 1967, p. 105–118.

Développement économique et politique : Canada 1900–1940, dans Robert Comeau, *Économie québécoise*, Montréal, PUQ, 1969, p. 175–218. « CUQ ».

L'Histoire au carrefour des sciences humaines, RHAF, vol. 24, nº 3, déc. 1970, p. 331–340.

William Molson (biographie), DBC, vol. 10, 1972, p. 567–576.

DUBUC, CARL (1925–1975). Nouvelliste, dramaturge et humoriste, né a Meudon (Seine et Oise).

C'est dans le *Quartier latin* qu'il publie ses premiers textes d'humour, suivis d'autres textes de même facture pour différentes émissions de télévision («Mot à Mot») et de radio («Omnibus», «Le Champion»). Il collabore également, toujours à titre d'humoriste, aux émissions «Auto-Suggestions», «Au lendemain de la veille», «Métro-Magazine». Ses deux pièces de théâtre sont jouées, à Montréal: «La Fille du soleil» (1946) et «Lorazim, l'an X de l'ère atomique» (1947). Carl Dubuc signe quelques articles dans le *Magazine Maclean*, *Perspectives*, *Le Nouveau Journal* et plusieurs nouvelles dans *Châtelaine*. Il continue sa carrière à la radio et à la télévision, le plus souvent comme narrateur de séries filmées pour Radio-Canada. L'humour, chez Dubuc, cache parfois beaucoup d'amertume, voire même d'irritation et de mépris. Ses observations et sa froide lucidité en ont fait un caricaturiste fort apprécié.

ŒUVRES

Jazz vers l'infini (poésie), Montréal, Société des Éditions Pascal, 1944, 93 p. Ill. de Gabriel Filion.

Brigandages. Un livre pas sérieux (récits humoristiques), Montréal, Le Cavendish, 1950, 101 p. Préface de Roger Baulu.

Les Doléances du notaire Poupart (récits humoristiques), Montréal, Éditions du Jour, 1961, 125 p. (Textes recueillis par Carl Dubuc).

Lettre à un Français qui veut émigrer au Québec (récits humoristiques), Montréal, Éditions du Jour (1968, 151 p.

Les Voisins (nouvelle), Ch, vol. 5, n° 3, mars 1964, p. 27, 58, 60–61, 63.

Les Conformistes (nouvelle), Ch, vol. 5, n° 11, nov. 1964, p. 31, 63–64, 66, 68, 70.

Les Polygames (nouvelle), Ch, vol. 6, n° 3, mars 1965, p. 32, 66–68, 70, 72–73.

L'homme qui choisit sa belle-mère (nouvelle), Ch, vol. 7, n° 2, févr. 1966, p. 28, 52, 55.

Le Médecin, Pe, vol. 8, n° 6, 5 févr. 1966, p. 10–13.

Le Sang des autres (nouvelle), Ch, vol. 7, n° 6, juin 1966, p. 41–42, 56–61.

Les Histoires du Canada revues et corrigées, Pe, vol. 8, n° 26, 25 juin 1966, p. 3–4.

Caïn tua-t-il Abel? (nouvelle), Ch, vol. 8, n° 10, oct. 1967, p. 42–43, 80–82, 85–87.

L'Homme du grand soir (nouvelle), Ch, vol. 10, n° 5, mai 1969, p. 22–23, 48–49, 52–54.

Homme, où es-tu? (nouvelle), Ch, vol. 10, n° 11, nov. 1969, p. 28–29, 55–56, 58–59.

La Revanche des femmes (nouvelle), Ch, vol. 12, n° 2, févr. 1971, p. 22, 46–48, 50, 59.

ÉTUDES

Roger Duhamel, *Jazz vers l'infini*, AN, vol. 24, n° 2, oct. 1944, p. 142–145.

Émile Bégin, *Jazz vers l'infini*, ESC, vol. 24, n° 2, nov. 1944, p. 141.

Charles Bujold, *Les Doléances du notaire Poupart*, LAC 1961, p. 71.

Gilles Cossette, *Lettre à un Français qui veut émigrer au Québec*, LAC 1968, p. 59.

Jean-Claude Trait, *Autopsie d'un auteur qui se croit mort*, Pr, 89ᵉ année, n° 281, 24 nov. 1973, p. D-2.

[Anonyme], *Carl Dubuc est décédé*, Pr, vol. 91, n° 273, 15 nov. 1975, p. B-1.

DUBUC, ROBERT (1930–   ). Lexicologue, né à Domrémy (Saskatchewan). Il fait son cours classique au Séminaire de Saint-Hyacinthe (B.A., 1952) et des études en pédagogie à l'École normale Jacques-Cartier (B. péd., 1954). Il est ensuite traducteur à la fonction publique à Ottawa de 1955 à 1962. En 1962, il devient terminologue à Radio-Canada, et en 1970 il prend la direction de la Banque de terminologie de l'Université de Montréal, puis il reprend son poste à Radio-Canada en 1975. À compter de 1969, il est chargé de cours de traduction et de terminologie à l'Université de Montréal. Son premier ouvrage est un dictionnaire bilingue d'information préparé avec plusieurs collaborateurs et paru en 1971. La même année, il publie *Objectif 200*, sur des fautes de langage à corriger, dont *Le Livre canadien* dit qu'il «constitue une documentation précieuse pour tous ceux qui estiment que la langue parlée est le véhicule des valeurs artistiques, scientifiques et culturelles». On pense aussi beaucoup de bien de son *Vocabulaire de gestion* (1974). Certains critiques reprochent au *Vocabulaire bilingue du théâtre* (1979) d'avoir donné à l'anglais une place initiale et plus importante qu'au français, mais on reconnaît généralement son utilité pour les gens de théâtre.

ŒUVRES

Dictionnaire anglais-français/français-anglais de l'informatique, Québec, Dunod, 1971, 214 p. Collab. Gérard Lambert-Carez, Arthur Shapiro, Lucille Roy et Michel Gratton.

Objectif 200. 200 fautes de langage à corriger, Montréal, Leméac/Radio-Canada, 1971, 133 p. Préface de Marcel Ouimet.

Vocabulaire de gestion, Montréal, Leméac/Radio-Canada, 1974, 135 p.

Lettre à un jeune Québécois, Québec, Office de la langue française, 1978, 13 p. Présentation de Léo Gagné.

Manuel pratique de terminologie, Montréal/Paris, Lingatech/Conseil international de la langue française, 1978, 102 p. Préface de Marcel Paré.

Vocabulaire bilingue au théâtre anglais-français/français-anglais, Montréal, Leméac/Radio-Canada, 1979, 174 p. Préface de Gérard Poirier.

Vocabulaire bilingue de la production télévisée anglais-français/français-anglais, Montréal, Leméac/Radio-Canada, 1982, 402 p. Préface de Jean-Paul Fugère. «Lexiques bilingues».

Régionalismes québécois usuels (lexique), Paris, Conseil international de la langue française, 1983, viii, 227 p. Collab. J.-C. Boulanger.

Vocabulaire du microphone, dans *Le Baroque des mots*, n° 2, 1971, p. 155–161.

Étude terminologique sur certains termes du textile, dans *Le Baroque des mots*, n° 6, 1973, p. 183–193.

Du walkie-talkie et de la difficulté de déraciner les emprunts, dans *Meta*, vol. 22, n° 4, déc. 1977, p. 270–271.

Sémantique et Terminologie, dans *Activité terminologique*, vol. 14, n° 9, nov. 1981, p. 6–7.

Considérations sur la différenciation des synonymes, dans *Actualité terminologique*, vol. 14, n° 10, déc. 1981, p. 1–2.

ÉTUDES

[Anonyme], *Objectif : 200. 200 fautes de langage à corriger*, dans *Le Livre canadien*, vol.3, févr. 1972, n° 45.

[Anonyme], *Dubuc, Robert. Vocabulaire de gestion*, dans *Le Livre canadien*, vol. 5, sept. 1974, n° 255.

Hélène C. Laganière, *Vocabulaire de gestion*, LAQ 1974, p. 250.

Madeleine Bellemare, *Dubuc (Robert). Vocabulaire bilingue du théâtre*, dans *Nos Livres*, vol. 11, avril 1980, n° 118.

Adrien Gruslin, *Vocabulaire bilingue du théâtre. Un curieux outil de travail*, dans *Le Livre d'ici*, vol. 5, n° 27, 9 avril 1980, p. 1.

DU CALVET, PIERRE (1735–1786). Pamphlétaire, né à Caussade (Tarn-et-Garonne) en France. Parti pour le Canada en 1758, il perd dans un naufrage toutes les marchandises qu'il transportait. Il est nommé par le Gouvernement français au poste de garde-magasin à Miramichi et à Restigouche. En 1761, le général britannique Murray lui demande de régulariser la situation des Acadiens encore au pays. Au lendemain de la conquête, il consacre toutes ses énergies à édifier un commerce d'exportation de blé, et il amasse en peu d'années une fortune considérable.

De 1764 à 1766, il retourne en France régler la succession de son père. À son retour, il est nommé juge de paix à Montréal. Conscient des problèmes de l'administration de la justice, il prépare, en 1769 et en 1770, une série de mémoires qui impressionnent le gouverneur Carleton mais qui lui valent l'inimitié de ses confrères de la magistrature. En 1774, il achète la seigneurie de Rivière-David ; l'année suivante, à l'entrée en vigueur de l'Acte de Québec, il perd son poste de juge. Ses activités commerciales sont à l'origine de nombreux procès qu'il sait gagner aussi souvent que perdre. Se considérant comme la cible de procédés malhonnêtes par les juges de Montréal, il publie des brochures et fait paraître une série de lettres contre les juges dans *La Gazette littéraire* de Mesplet, en mars et avril 1779. En octobre 1775, avant l'entrée des Américains, il est accusé d'entente secrète avec l'ennemi et traduit devant un tribunal spécial, puis libéré faute de preuves. À l'arrivée de l'armée américaine dans la province en 1775, Du Calvet devient l'un de ses fournisseurs ; il aurait même accepté, dit-on, une commission d'enseigne. À la fin de septembre 1780 le gouverneur Haldimand le fait arrêter et le garde en prison à Québec jusqu'au mois de mai 1783. Exaspéré par cette détention qu'il considérait arbitraire et oppressive, Du Calvet se rend à Londres plaider sa cause : c'est ainsi qu'il publie en mars 1784 *The Case of Peter Du Calvet* qui détaille tous les faits de sa vie mouvementée ; en juillet 1784, paraît son *Appel à la justice de l'État*, véritable réquisitoire du citoyen brimé dans ses libertés fondamentales. La majeure partie du livre est consacrée à l'exposé d'un «plan détaillé du Gouvernement» du Canada. Parvenu au Québec, ce livre aurait incité des Canadiens à discuter et à envisager des réformes ; il serait donc en partie responsable du mouvement qui aboutit à l'Acte constitutionnel de 1791. À l'automne de 1785, il se rend à New York afin de se faire rembourser les billets à ordre qu'il avait reçus en échange des vivres réquisitionnés par l'armée américaine en 1775 ; il obtient ainsi la moitié de la somme réclamée. En mars 1786, il périt dans le naufrage du vaisseau qui le transporte de New York à Londres. Ce réformateur n'a pas trouvé grâce aux yeux des historiens du XIXe siècle ; pourtant Louis Fréchette lui consacre un poème dans *La Légende d'un peuple* où il le qualifie de «premier champion de nos luttes civiques».

ŒUVRES

Cour des plaidoyers communs. Brook Watson et Robert Rashleigh, négociants de Londres, stipulant pour eux,

Pierre Panet (...) contre Pierre Du Calvet (...) Défenses, fait, Montréal, Fleury Mesplet, [1778], 4 p. ; *Dupliques*, 12 p.

Mémoire en réponse à l'écrit public, de Me Panet, fondé de Procuration de Watson & Rasleigh de Londres, demandeurs. Contre Pierre Ducalvet de Montréal, Ecuyer, Défendeur, Montréal, chez Fleury Mesplet imprimeur & libraire, [1779], 25 p.

Projet d'acte ou d'ordonnance pour la meilleure administration de la justice, et qui règle la pratique de la loi dans la Province de Québec, maintenant sur la table pour la considération de l'Honorable Conseil Législatif (essai), Montréal, Fleury Mesplet, [1779], 25 p.

Appel à la Justice, de l'État ; ou Recueil de Lettres, au Roi, au Prince de Galles, et aux ministres ; avec une lettre à Messieurs les Canadiens, où sont fidèlement exposés les actes horribles de la violence arbitraire qui a régné dans la Colonie, durant les derniers troubles, & les vrais sentiments du Canada sur le Bill de Québec, & sur la forme de Gouvernement la plus propre à y faire renaître la paix & le bonheur public. Une lettre au General Haldimand lui-même. Enfin une dernière lettre à Milord Sidney ; où on lit un précis des nouvellés du 4 & 10 de Mai dernier, sur ce qui s'est passé en Avril dans le Conseil Législatif de Québec, avec les Protêts de six Conseillers, le Lieutenant Gouverneur Henri Hamilton à leur tête, contre la nouvelle Inquisition d'État établie par le Gouverneur & son parti (essai), Imprimé à Londres, 1784, xiv, 320 p. Traduction anglaise : *The Case of Peter Du Calvet, Esg., of Montreal in the province of Québeck*, 1784, xii, 284 p.

_____

Lettres contre les juges, dans *La Gazette littéraire*, Montréal, mars–avril 1779.

ÉTUDES

Pierre du Calvet : Reply by Father de Berey to the Calumnies of Pierre du Calvet against the Recollets of Quebec, dans *Public Archives of Canada, Report*, 1888, p. 53–58.

Benjamin Sulte, *Pierre du Calvet*, MSRC, 3e série, vol. 13, 1919, p. 1–11.

É.-Z. Massicote, *Pierre du Calvet inculpé en 1775*, BRH, vol. 29, no 10, 1923, p. 303–305.

William R. Riddell, *Pierre du Calvet : A Huguenot Refugee in Early Montreal ; His Treason and Fate*, dans *Papers and Records of the Ontario Historical Society*, vol. 22, 1925, p. 239–254.

P.G.R., *Le Père Claude de Berey*, BRH, vol. 50, no 11, 1944, p. 334–338.

Marie Tremaine, *A Bibliography of Canadian Imprints 1751–1800*, Toronto, UTP, 1952, p. 131–132, 144.

_____

DUCHARME, CHARLES-MARIE Prosper (1864–1890).

Nouvelliste, essayiste et poète, né à Trois-Rivières. Il fait son cours classique au Collège Sainte-Marie de Montréal. Reçu notaire, il consacre ses loisirs à la littérature et publie plusieurs textes de prose ou de poésie dans des périodiques, entre autres *La Revue canadienne*, *Le Monde illustré* et *Le National*. Décidé à se consacrer exclusivement à l'écriture, il recueille en 1889 ses meilleurs contes, essais et critiques sous le titre *Ris et Croquis*. Du mois de décembre 1889 au mois d'août 1890, il publie trente-six chroniques sur la littérature au Québec produite entre 1880 et 1890. Il meurt en novembre 1890. Parmi les textes critiques repris dans *Ris et Croquis*, on remarque « Notre indifférentisme littéraire » qui examine avec lucidité le malaise des écrivains dans la société québécoise à la fin du siècle dernier. Rodolphe Brunet, un de ses amis, regrette vivement la disparition de ce jeune homme dont les « écrits spirituels et pleins de verve gauloise resteront ».

ŒUVRE

Ris et Croquis, Montréal, C.-O. Beauchemin & fils, 1889, 464 p. (Ce recueil regroupe les textes publiés dans *La Revue canadienne*, *Le Bazar*, *Le Monde illustré* et *La Lyre d'or*).

_____

Chant des hirondelles (poésie), RC, vol. 21, 1885, p. 220–221.

Au bois (poésie), RC, vol. 22, 1886, p. 641.

À l'hiver (poésie), RC, vol. 23, 1887, p. 193.

Piano vs violon. Débat artistique! (récit), dans *La Lyre d'or* (Ottawa), vol. 2, no 3, mars 1889, p. 120–122.

La Littérature canadienne. Notes et souvenirs, dans *Le National*, vol. 1, no 2–no 36, 21 déc. 1889– 14 août 1890.

L'Album de Népomucène. Monologue en trois temps, MI, vol. 6, no 310, 12 avril 1890, p. 395.

ÉTUDES

P.-J.-O. Chauveau, *Bibliographie*, dans *Le Canada français*, vol. 2, 1889, p. 304–305.

Charles-A. Gauvreau, *Un quart d'heure de littérature*, dans *Le Courrier de Fraserville*, vol. 2, no 19, 11 avril 1889, p. 1–2.

Id., *Ris et Croquis par Chs-M. Ducharme*, dans *Le National*, vol. 1, no 17, 5 avril 1890, p. 3.

Amédée Denault [Jules Saint-Elme], *Notice nécrologique*, MI, vol. 7, no 341, 15 nov. 1890, p. 451.

Rodolphe Brunet, *Nécrologie. M. Charles-M. Ducharme*, MI, vol. 7, no 342, 22 nov. 1890, p. 466.

Id., *M. Charles Ducharme*, dans *Le Recueil littéraire*, vol. 2, 1891, p. 395–347.

Aurélien Boivin, [*Charles-Marie Ducharme*], dans *Le Conte littéraire québécois au XIXe siècle*, Montréal, Fides, 1975, p. 126–130.

John Hare, [*Charles-Marie Ducharme*], dans *Anthologie de la poésie québécoise du XIXe siècle*, Montréal, HMH, 1979, p. 397–398.

DUCHARME, RÉJEAN [Jean Racine] (1941–). Romancier et dramaturge, né à Saint-Félix-de-Valois (Berthier). Son père, Omer Ducharme est un chauffeur de taxi ; sa mère s'appelle Nina Lavallée. Il fait ses études au Juvénat des Clercs de Saint-Viateur de Berthier-ville (1958), puis à l'École polytechnique de Montréal qu'il quitte au cours de la première année. Il passe sept mois dans l'aviation canadienne (1962), puis travaille comme vendeur et commis de bureau, avant de voyager durant trois ans à travers le Canada, les États-Unis et le Mexique. Son premier roman, *L'Avalée des avalés*, remporte, en 1967, le prix du Gouverneur général, et *Le Nez qui voque*, le Prix littéraire de la Province de Québec. En juin 1968, sa pièce de théâtre, « Le Cid Maghané », est jouée au Festival de Sainte-Agathe, puis reprise en tournée ; la même année, le Centre culturel du Vieux-Montréal présente son autre pièce *Ines Pérée et Inat Tendu sur la terre*. Deux autres romans, *L'Océantume* (1968) et *La Fille de Christophe Colomb* (1969), sont révélateurs de la technique originale qui permet au récit un libre déploiement dans le temps et l'espace et lui laisse la possibilité d'accueillir les éléments les plus divers. Ducharme traite des thèmes déjà connus de la littérature québécoise : éloignement du père, désintégration familiale, apprentissage de la vie urbaine, vide de l'existence, etc. Par sa critique acerbe de la notion de famille et de mariage, il provoque une réflexion sur la civilisation adulte qui a perdu son pouvoir d'émerveillement et de renouvellement, une méditation sur la fidélité et la dignité de la personne humaine. Le langage de Ducharme a produit, chez les critiques, un grand remous. Son œuvre est baroque par la multiplicité des façons de dire et des choses dites, c'est-à-dire par l'emploi de plusieurs types de langages, puisés dans différentes disciplines de la connaissance et de l'expérience humaine. Elle est baroque dans son écriture rendue opaque et lourde par le foisonnement excessif de mots et de phrases, par les accumulations des motifs et les retours en arrière. Le nom des personnages a, pour l'auteur, une grande importance, car le nom ne sert pas seulement à désigner mais à écrire. Ainsi, le processus de nomination permet aux mots non de traduire le réel, mais de le constituer. Ducharme en arrive à la conclusion de l'impossibilité de signifier, donc de communiquer ; de là, la tragédie de l'existence. Violente dans les sentiments et dans l'expression, l'œuvre de Ducharme crie son refus du monde des adultes, sclérosé dans ses conformismes et ses vérités, crie sa méfiance envers tout et contre tout, manifeste son refus de s'intégrer à la société, d'être possédé. « L'œuvre de Réjean Ducharme, remarque Yvan-G. Lepage, apparaît en effet moins comme le produit d'un individu que d'un milieu, le Québec des années soixante aux prises avec les problèmes inhérents à la ‹ renaissance › qui a suivi ‹ la grande noirceur › duplessiste : affirmation de soi et recherche d'une nouvelle personnalité pour oublier l'ancienne, trop confuse et écartelée ». L'essentiel, cependant, chez Ducharme, c'est l'écriture qui renouvelle ses formes d'un roman à l'autre grâce à un rythme original du discours et des associations rapides des énoncés et du ton. Sous le couvert d'un réalisme souvent brutal, une poésie se répand lentement dans la narration et fait de l'ensemble une suite romanesque envoûtante marquée par la voix même du romancier.

ŒUVRES

L'Avalée des avalés (roman), [Paris], NRF Gallimard, 1966, 282 p. ; Montréal, [Les Éditions du Bélier], 1967, 341 p. « Ariès ». Traduction anglaise par Barbara Bray : *The Swallower Swallowed*, London, Hamish Hamilton, 1968, 237 p.

Le Nez qui voque (roman), [Paris], NRF Gallimard, 1967, 275 p.

L'Océantume (roman), [Paris], NRF Gallimard, 1968, 190 p.

La Fille de Christophe Colomb (roman en quatrains), [Paris], NRF Gallimard, 1969, 233 p.

L'Hiver de force (roman), [Paris], NRF Gallimard, 1973, 283 p.

Les Enfantômes (roman), [Paris], NRF Gallimard, 1976, 287 p.

Ines Pérée et Inat Tendu (théâtre), [Montréal], Leméac/Parti Pris, 1976, 121 p. « Théâtre ». (Extraits parus d'abord dans Ch, vol. 9, nᵒ 3, mars 1968, p. 23, 56-58, 60-64).

Ha ha !... (théâtre), Québec, Éditions Lacombe, 1982, 108 p. Préface de Jean-Pierre Ronfard.

ÉTUDES

Raoul Duguay, *L'Avalée des avalés ou L'Avaleuse des avaleuses !*, PP, vol. 4, nᵒˢ 3-4, nov.-déc. 1966, p. 114-120.

Jean-Cléo Godin, *L'Avalée des avalés*, EF, vol. 3, nᵒ 1, févr. 1967, p. 94-101.

Robert Barberis, *De l'exil au royaume*, M, nᵒ 64, avril 1967, p. 122-124.

Roger Sylvestre, *L'Avalée des avalés de Réjean Ducharme*, Rel, nᵒ 315, avril 1967, p. 110-112.

Robert Marteau, *Le Nez qui voque de Réjean Ducharme*, dans *Esprit*, nᵒ 362, juillet-août 1967, p. 164-166.

Alain Pontaut, *Le Nez qui voque de Réjean Ducharme*, dans *Québec 67*, vol. 4, nº 4, oct. 1967, p. 140–142.

Odoric Bouffard, *Le Canada français entre deux mondes*, C, vol. 28, nº 4, déc. 1967, p. 343–356.

Georges Bélanger et James de Finney, *Le nez qui voque de Réjean Ducharme œuvre ouverte, sans norme, ou La Quête de la vérité*, dans *La Revue de l'Université Laurentienne*, févr. 1968, p. 34–40.

Robert Barberis, *Réjean Ducharme, l'avalé de Dieu*, M, nº 75, mars–avril 1968, p. 80–83.

Gaston Laurion, *L'Avalée des avalés et le Refus d'être adulte*, RUO, vol. 38, nº 3, juillet-sept. 1968, p. 524–541.

Claude Grenier, *L'Océantume de Réjean Ducharme*, AN, vol. 58, nº 5, janv. 1969, p. 465–471.

Michel van Schendel, *Ducharme l'inquiétant*, dans *Littérature canadienne-française, Conférences J.-A. de Sève*, Montréal, PUM, 1969, p. 217–234.

Marcel Chouinard, *Réjean Ducharme : un langage violenté*, L, vol. 12, nº 1, janv.-févr. 1970, p. 109–130.

Laurent Mailhot, *Le Théâtre de Réjean Ducharme*, EF, vol. 6, nº 2, mai 1970, p. 131–157.

Cécile Cloutier, *La Poétique de Réjean Ducharme*, L, vol. 12, nºs 5–6, sept. 1970, p. 84–89.

Léo-Paul Desaulniers, *Ducharme, Aquin : conséquences de la mort de l'auteur*, EF, vol. 7, nº 4, nov. 1971, p. 398–409.

Yvan-G. Lepage, *Pour une approche sociologique de l'œuvre de Réjean Ducharme*, LAQ 1971, p. 285–293.

Bernard Dupriez, *Ducharme et des ficelles*, VIP, nº 5, 1972, p. 165–188.

Robert Vigneault, *Réjean Ducharme. L'Hiver de force*, LAQ 1973, p. 53–55.

François Ricard, *Ducharme et Giguère revisited*, L, nº 91, janv.-févr. 1974, p. 94–105.

André Gervais, *L'Hiver de force, comme rien*, EF, vol. 10, nº 2, mai 1974, p. 183–191.

Nicole Deschamps, *Le Bestiaire retrouvé*, EF, vol. 10, nº 3, août 1974, p. 283–307.

EF (numéro spécial), vol. 11, nºs 3–4, oct. 1975, p. 193–226, 285–387.

D.J. Bond, *The Search for Identity in the Novels of Réjean Ducharme*, dans *Mosaic*, vol. 9, nº 2, hiver 1975–1976, p. 31–44.

Gabrielle Poulin, *La Féerie de l'écriture. « Les Enfantômes » de Réjean Ducharme*, LQ, vol. 1, nº 3, sept. 1976, p. 3–5.

Adrien Gruslin, *La Quête théâtrale de Réjean Ducharme à la NCT*, Dev, vol. 68, nº 241, 16 oct. 1976, p. 19.

Gilles Marcotte, *Réjean Ducharme. Les Enfantômes*, LAQ 1976, p. 23–26.

Martine Corrivault, *Yvan Canuel et la Folie du Cid « maghané » par Réjean Ducharme*, So, vol. 81, nº 46, 19 févr. 1977, p. D-2.

Denis Saint-Jacques, *Ines Pérée et Inat Tendu de Réjean Ducharme*, LQ, vol. 1, nº 5, févr. 1977, p. 19–21.

Jean-Paul Daoust, *Le fonne c'est plate*, dans *Jeu*, nº 5, printemps 1977, p. 135–136.

Jean-Pierre Boucher, *Voyez-vous Odile dans crocodile ? Le nez qui voque de Réjean Ducharme*, dans *Instantanés de la condition québécoise*, Montréal, HMH, 1977, p. 179–196.

Adrien Gruslin, *« Ah Ah ! » ... ou Le Jeu de la dérision*, Dev, vol. 69, nº 59, 11 mars 1978, p. C-4.

Josiane Bornstein, *Antagonisme ethnique ou Le Complexe de Caïn dans l'œuvre de Réjean Ducharme*, dans *Études canadiennes*, nº 4, 1978, p. 11–17.

Pierre-Louis Vaillancourt, *L'Offensive Ducharme*, VI, vol. 5, nº 1, automne 1979, p. 177–185.

Gilles Marcotte, *La Dialectique de l'ancien et du moderne chez Marie-Claire Blais, Jacques Ferron et Réjean Ducharme*, VI, vol. 6, nº 1, automne 1980, p. 63–73.

Myrianne Pavlovic, *L'Affaire Ducharme*, VI, vol. 6, nº 1, automne 1980, p. 75–95.

Jean Blouin et Jean-Pierre Myette, *À la recherche de Réjean Ducharme*, dans *L'Actualité*, vol. 7, nº 7, juillet 1982, p. 44–49, 55.

Renée Leduc-Park, *Réjean Ducharme, Nietzsche et Dionysos*, Québec, PUL, 1982, 307 p.

André Bourassa, *Une langue pour le lecteur et une pour le spectateur*, LQ, nº 27, automne 1982, p. 46–48.

Id., *Solo et Monologue, Ha ha ! ... Le groupe*, LQ, nº 28, hiver 1982–1983, p. 52–54.

[Anonyme], *Grand Prix littéraire du Journal de Montréal. Un autre honneur pour Ducharme*, Dr, 71e année, nº 182, 2 nov. 1983, p. 63.

Réginald Martel, *Réjean Ducharme 20 ans après*, Pr, 102e année, nº 143, 15 mars 1986, p. E-1-E-2.

DUCHESNE, JACQUES (1926–   ). Dramaturge, né à Québec. Il fait ses études classiques chez les Jésuites, puis au Collège de Lévis ; il obtient, ensuite, un baccalauréat en commerce de l'Université Laval (1951). En 1949, il fonde, avec Denise Demers, la Troupe des treize. Au cours de ses études, il rédige de nombreux textes pour les « Carabinades », puis il passe quelque temps à Paris, auprès de Patrick Antoine. De retour à Québec en 1954, tout en étant comptable et secrétaire d'abord à la maison L.-G. Beaubien, puis à la Bourse, il inaugure, en compagnie de Jean Sarrazin, le premier poste de télévision de Québec, avec les émissions « Auguste et Joseph ». La même année, il monte sa première pièce, « Monsieur Flontin ». Il présente par la suite ses textes dans divers théâtres d'été. Installé à Montréal (1962), il prépare, après un court voyage au Mexique, sa seconde pièce « Parabole 1963 », et présente « R.I.P. » au cours de l'été de 1963. La même année, à Saint-Fabien-sur-mer, avec Bernard Gauthier et Louise Poulin, il monte sa première comédie digne de mention, *Le Quadrillé*, publiée en 1968. Il participe de nouveau au Festival d'art dramatique du Canada, en 1965, avec « Les Nouveaux Dieux » et, en 1966, avec « Le Beau Délire ». Jacques Duchesne obtient une bourse du Conseil des Arts, qui lui permet d'aller présenter, avec succès, ses pièces en Europe. L'année 1966 est une des plus marquantes dans la carrière du dramaturge : à la représentation du « Beau Délire » au Festival, s'ajoute la lecture publique de sa pièce « Ce qu'il faut savoir » (7 mars 1966). Peu prisé de la critique universitaire québécoise, *Le Quadrillé* lui vaut de nombreux éloges de la critique parisienne ; *Le Parisien libéré* donne ainsi le ton, en soulignant « les qualités du texte, les trouvailles de la mise en scène, le jeu subtil des comédiens dans une tragi-comédie qui n'ennuie pas une seconde ».

ŒUVRE

Le Quadrillé. Comédie en deux actes, [Montréal], CLF, 1968, 213 p.

Bon Délire, dans *Le Centre d'art canadien*, Montréal, [s.é.], 1966.

ÉTUDES

Gaston Saint-Pierre, *Le Quadrillé par le théâtre de la Place*, Dev, vol. 56, nº 78, 3 avril 1964, p. 6.

Alain Pontaut, « *Nouveaux Dieux* » *de Jacques Duchesne*, Dev, vol. 56, nº 78, 3 avril 1965, p. 16.

Jean Basile, *Prix de la meilleure production à les « Nouveaux Dieux »*, Dev, vol. 56, nº 79, 5 avril 1965, p. 6.

Jean Béraud, *La Production jugée la meilleure au Festival :* « *Nouveaux Dieux* » *mise en scène d'Yves Gélinas*, Pr, vol. 8, nº 79, 5 avril 1965, p. 23.

Martial Dassylva, *Coup d'œil sur le programme des théâtres d'été*, Pr, vol. 82, nº 118, 21 mai 1966, p. 10.

Id., *Jacques Duchesne et sa séance actée : le beau délire*, Pr, vol. 82, nº 141, 18 juin 1966, p. 7.

Jean Basile, « *Le Beau Délire* » *de Jacques Duchesne*, Dev, vol. 57, nº 151, 30 juin 1966, p. 8.

Alain Pontaut, *Nouvelle Dramaturgie au Canada français*, dans *Montréal 66*, vol. 3, nº 8, août 1966, p. 26-27.

Pierre St-Germain, *La Belle Aventure parisienne du « Quadrillé » de Duchesne*, Pr, 85ᵉ année, nº 90, 19 avril 1969, p. 31.

Claude Beausoleil, *Le Quadrillé*, dans *Jeu : cahiers de théâtre*, Montréal, Quinze, nº 2, printemps 1976, p. 108.

Michelle Talbot, « *Le Quadrillé... Un claudicant tour de piste*, dans *Le Dimanche-Matin*, vol. 25, nº 47, 26 nov. 1978, p. 137.

DUCLOS, JOCELYN-ROBERT (1942–   ). Poète, né à Marieville (Rouville). Après des études dans sa ville natale, aux Séminaires des Saints-Apôtres (Granby), de Joliette et d'Ottawa, il obtient un baccalauréat ès arts et un baccalauréat en philosophie. Il prépare, à l'Université de Moncton, un troisième baccalauréat, en pédagogie cette fois. Il part ensuite pour le Ghana, avec l'équipe du Service universitaire canadien outre-mer (Suco) (1966–1967). De retour au Canada, il devient professeur à l'Université d'Alberta et présente, en vue d'une maîtrise ès arts, un texte de création, « Géthsemani » (théâtre-poétique). Il repart avec Suco pour le Nigéria, et le Libéria. En 1971, il s'inscrit au programme de doctorat ès lettres à l'Université de Sherbrooke, mais on perd ses traces : il est possible qu'il soit retourné en Afrique dès 1978. En 1964, son recueil *Tam-Tams* lui vaut le deuxième prix de poésie du *Quartier latin*. Selon Cécile Cloutier, « *Tam-Tams*, c'est une forêt avec, sous les arbres, des mousses

douces, des fleurs discrètes et des insectes couleur d'adjectif ». Son dernier recueil, au dire de Guy Robert, serait « Une tentative littéraire de révolte, de haine, de dénonciation, de sacrilège ».

ŒUVRES

Volets clos (poésie), Ottawa, Les Éditions Sans le sou, 1964, 46 p.

Poèmes en verts, Montréal, Les Éditions Sans le sou, 1965, 62 p.

Tam-Tams (poésie), Hull, Les Éditions Sans le sou, 1965, 69 p.

Les Idoles de chair (poésie), Montréal, Les Éditions Sans le sou, 1966, 78 p. ; Ghana, Département des Presses africaines. Traduction anglaise : *Idols of Flesh*.

ÉTUDES

A. Bustrin, *Volets clos de J.-R. Duclos*, LAC 1964, p. 71.

André Major, *Trois jeunes poètes*, LAC 1965, p. 97.

Guy Sylvestre, *La Poésie*, dans *University of Toronto Quarterly*, vol. 35, nº 4, 1965–1966, p. 503–509.

Clément Moisan, *Poésie ou Non poésie*, So, vol. 69, nº 275, 19 nov. 1966, p. 25.

Guy Robert, « *Les Idoles de chair* » *de Jocelyn-Robert Duclos*, LAC 1966, p. 92–93.

DUCROCQ-POIRIER, MADELEINE (1927–   ). Essayiste et critique littéraire, née à Paris. Elle fait ses humanités classiques au lycée Edgar Quinet (B.A., 1942). Elle obtient ensuite à la Sorbonne une licence ès lettres (1946), un diplôme d'études supérieures (1947), et un doctorat ès lettres (1974) pour une thèse sur *Le Roman canadien de langue française de 1860 à 1958*. Entre temps elle a été professeur de lycée pendant cinq ans, puis, à partir de 1962, elle est chercheuse et spécialiste en littérature québécoise, ce qui lui vaut plusieurs bourses des gouvernements du Québec et du Canada. En 1978, elle devient professeure à l'Université de Créteil puis à la Sorbonne en 1980, tout en poursuivant ses travaux au Centre national de recherche scientifique. Elle fait de nombreux séjours au Canada, et elle collabore à plusieurs périodiques, tels *Liberté*, *Présence francophone*, *Voix et Images du pays*, *Itinéraires*. Son premier ouvrage, une monographie de *Robert Charbonneau* (1972), est bien accueilli par la critique. Suivent deux éditions de romans anciens : *Le Chevalier de Mornac* de Joseph Marmette et *Le Débutant* d'Arsène Bessette. L'œuvre maîtresse de Madeleine Ducrocq-Poirier est sans doute son livre sur *Le Roman canadien* dans lequel elle analyse cent ans de production romanesque et tente d'en montrer l'orientation. Pour Jacques Michon,

« l'essentiel de ce travail qui repose sur une importante compilation, [est de nous faire] découvrir d'innombrables romans complètement oubliés aujourd'hui et dont certains mériteraient sans doute une relecture. Ce gros travail nous fait constater l'occultation dont ont été l'objet de nombreux textes de notre littérature qui a été réduite par l'histoire officielle à quelques grands noms isolés ». En 1981 paraît *Marie Le Franc*, livre qui fait mieux connaître cette Bretonne qui aimait le Québec autant que la France.

ŒUVRES

Robert Charbonneau (biographie), Montréal, Fides, 1972, 191 p. Ill. « ECA ».

Les Femmes québécoises depuis 1960 (essais), [Paris/Ottawa], 1977-1983, 3 t. : t. 1, *Dans la société*, [CNRS/Conseil des Arts du Canada], 1977, 37 f. ; t. 2, *En littérature*, [CNRS/Conseil de recherches en sciences humaines du Canada], 1979, 43 f. ; t. 3, *Dans la nouvelle société. (Société informatisée et bio-société)*, 1983, 22 f. (Textes polycopiés).

Le Roman canadien de langue française de 1860 à 1958. Recherche d'un esprit romanesque (essai), Paris, A.G. Nizet, 1978, 908 p. Préface de Charles Dedeyan.

Marie le Franc. Au-delà de son personnage (essai), Montréal, La Presse, 1981, 223 p. Ill. « Jadis et Naguère ».

L'Institut canadien a joué un rôle important dans la reprise des relations avec la France au XIXe siècle, L, vol. 12, nos 5-6, sept.-déc. 1970, p. 73-83.

Robert Charbonneau, L, vol. 13, no 2, mai-avril 1971, p. 136-141 ; dans *Présence francophone*, no 4, printemps 1972, p. 112-124.

Introduction à la lecture du Chevalier de Mornac (préface), dans *Joseph Marmette, Le Chevalier de Mornac. Chronique de la Nouvelle-France 1664* (roman), Montréal, Hurtubise HMH/Cahiers du Québec, 1972, p. 9-23. « Textes et documents littéraires ».

Ernest Flamant et Joseph Marmette, dans *Les Cahiers du Centre culturel canadien*, 1974, p. 36-38.

Fin de matriarcat au Québec ?, dans *Itinéraires. Cultures des pays d'expression française (spécial Québec)*, no 1, juin 1976, p. 58-65.

Indiens et Esquimaux dans l'œuvre romanesque d'Yves Thériault, dans *Études canadiennes*, no 4, 1978, p. 5-10.

ÉTUDES

Antoine Sirois, *Robert Charbonneau de Madeleine Ducrocq-Poirier*, LAQ 1972, p. 222.

Jacques Michon, *Les Études littéraires : le roman québécois de 1860 à 1958. À propos d'un livre de Madeleine Ducrocq-Poirier*, LQ, no 12, nov. 1978, p. 47-49.

Andrée Ferretti, *L'Exil blanc de Marie Le Franc*, Dev, vol. 72, no 249, 24 oct. 1981, p. 23.

Michelle Roy-Guérin, *Madeleine Ducrocq-Poirier. Un auteur qui connaît bien le Québec*, No, vol. 62, no 139, 17 avril 1982, p. 13.

DUFRESNE, GUY (1915-   ). Dramaturge, né à Montréal. Il fait ses études à l'Académie Bonsecours, à l'Académie Querbes, au Collège Sainte-Marie et au Collège Jean-de-Brébeuf (B.A. 1935). Atteint d'une affection pulmonaire, il s'installe à Frelighsburg où il exerce le métier de pomiculteur jusqu'en 1958. En avril 1945, il gagne le concours littéraire de Radio-Canada en présentant un texte de fiction, « Le Contrebandier » et un texte d'histoire, « Sacrifice ». Par la suite, il devient responsable de la série radiophonique, « Le Ciel par-dessus les toits » (1947-1955). À partir de 1951, Guy Dufresne écrit beaucoup pour la radio et la télévision où il signe de grands téléromans (« Cap-aux-Sorciers » de 1955 à 1958, « Septième-Nord » de 1963 à 1967 et « Les Forges de Saint-Maurice » de 1972 à 1975). À partir de 1945, Guy Dufresne a su, par ses écrits, dégager de la réalité québécoise des ressources de confiance et d'optimisme, en y posant un regard lucide et pénétrant. Il y réussit, notamment avec deux pièces de théâtre : *Les Traitants* et *Le Cri de l'engoulevent* qui, selon Alonzo LeBlanc, « au plan de la dramaturgie [...] est l'une des pièces les mieux construites de tout le répertoire québécois » (DOLQ, IV).

ŒUVRES

Cap-aux-Sorciers (théâtre), [Montréal], Leméac, 1969, 268 p. « BT ».

Le Cri de l'engoulevent (théâtre), [Montréal], Leméac, 1969, 125 p. Notes préliminaires d'Alain Pontaut. « TC ». Traduction anglaise par Philip London et Laurence Bérard : *The Call of The Whippoorwill*, Toronto, New Press, 1972, xiii, 102 p. Introduction par Alain Pontaut. « New Drama ».

Les Traitants (théâtre), [Montréal], Leméac, 1969, 177 p. « TC ». Mise en scène d'Albert Millaire.

Docile (théâtre), [Montréal], Leméac, 1972, 103 p. « Théâtre ».

Ce maudit Lardier (théâtre), [Montréal], Leméac, 1975, 167 p. Préface de Maurice Filion. « Théâtre ».

Le Ciel par-dessus les toits (série radiophonique), AN, vol. 39 no 3, avril 1952, p. 189-213.

Dialogue sur le théâtre, BJ, vol. 1, nos 3, 4, 5, juillet-déc. 1965, p. 62-64.

ÉTUDES

Gilles Hénault, *Le Cri de l'engoulevent*, Dev, vol. 51, no 16, 28 janv. 1960, p. 7.

Pierre Saucier, *Comment Guy Dufresne est venu au théâtre*, dans *Actualité ma paroisse*, mars 1960, p. 28-29.

Gilles Hénault, *Une remarquable reconstitution historique*, Dev, vol. 52, no 13, 17 janv. 1961, p. 6.

Fernand Doré, *La Liberté sous les pommiers*, MM, vol. 8, no 4, avril 1968, p. 78.

André Major, *Les Traitants de Guy Dufresne*, Dev, vol. 60, no 52, 4 mars 1969, p. 10.

Naïm Kattan, *Le Théâtre et les Dramaturges à Montréal*, CaL, n° 40, printemps 1969, p. 43–48, surtout p. 44–45.

Jean-Cléo Godin, *Les Traitants*, LAQ 1969, p. 76–77.

Id., *Le Cri de l'engoulevent*, LAQ 1969, p. 77.

Guy Dufresne, *Guy Dufresne par lui-même*, dans *Les Cahiers de la Nouvelle Compagnie Théâtrale*, 6e année, n° 1, oct. 1971, p. 4–6.

Id., *À propos du « Cri de l'engoulevent »*, dans *Les Cahiers de la Nouvelle Compagnie Théâtrale*, 6e année, n° 1, oct. 1971, p. 8, 10, 12, 18, 23.

Laurent Mailhot, *Docile*, EF, vol. 8, n° 4, nov. 1972, p. 412–413.

Josette Feral, *« Le Cri de l'engoulevent » de Guy Dufresne ou Le Conflit des grandes puissances*, dans *Le Théâtre canadien-français*, Montréal, Fides, 1976, p. 667–673. « ALC » 5.

[Dossier Guy Dufresne], VI, vol. 9, n° 1, automne 1983, p. 7–81.

DUFRESNE, JEAN-V [ictor] (1930–   ). Journaliste, polémiste et essayiste, né à Montréal. Il fait ses études à l'École Notre-Dame-de-Grâces et à l'École Querbes d'Outremont. Il commence sa carrière de journaliste à *La Patrie*, en 1951. Il est ensuite tour à tour aux relations publiques du Canadien National, à la salle des nouvelles de CKAC et à celle de Radio-Canada. Il passe deux années en France, de 1957 à 1959. À son retour, il est reporter à *La Presse*, puis adjoint de René Lévesque alors ministre des Travaux publics et des Ressources hydroélectriques, sous le gouvernement libéral de Jean Lesage. Il sera ensuite journaliste au *Nouveau Journal*, au *Magazine Maclean*, à la galerie de la presse de la Chambre des communes d'Ottawa, au *Devoir*, à l'Office national du film, au *Montreal Star*, à *Montréal-Matin*, puis rédacteur en chef du magazine *Actualité*. Durant trente ans de journalisme et de polémique, Jean-V. Dufresne a reçu plusieurs récompenses: prix du Grand reportage du Cercle des journalistes de Montréal (1963) et de l'Union canadienne des journalistes de langue française (1965), prix du Grand montréalais (1978) et prix Olivar-Asselin (1978). Dans son livre sur *Yvon Deschamps* (1971), Dufresne dit que l'extraordinaire succès de Deschamps auprès des foules tient au fait que « l'art qu'il a choisi, le monologue, c'est l'art de l'anti-héros ». « Qu'il parle du milieu social de l'ouvrier monologuiste, note *Le Livre canadien*, de la langue dont il se sert, l'auteur ouvre des perspectives plus larges sur la réalité québécoise dont Deschamps est le miroir ».

ŒUVRE

Yvon Deschamps (essai), Montréal, PUQ, 1971, 95 p. Ill. de Ronald Labelle. « Studio ».

Parti Pris lance les « Carnets politiques » de Jean-Marie Nadeau, Dev, vol. 57, n° 85, 13 avril 1966, p. 3.

Pearson: la révolution du congrès sur le bilinguisme n'engage pas le gouvernement, Dev, vol. 57, n° 239, 14 oct. 1966, p. 1.

Bourgault refuse-t-il de payer l'impôt fédéral?, Dev, vol. 58, n° 65, 18 mars 1967, p. 1.

Montréal apprend à vivre, mais devra relire Saint-Exupéry, Dev, vol. 58, n° 115, 17 mai 1967, p. 7.

Les Dernières Heures du président dans le Québec, Dev, vol. 58, n° 171, 27 juillet 1967, p. 1–2.

La France est mon aïeule, ma mère est l'Amérique, dans *L'Information nationale*, vol. 27, n° 5, nov.–déc. 1978, p. 8–9.

ÉTUDES

François Gallays, *Yvon Deschamps de Jean-V. Dufresne*, LAQ 1971, p. 199.

[Anonyme], *Yvon Deschamps de Jean-V. Dufresne*, dans *Le Livre canadien*, vol. 3, n° 46, févr. 1972, p. 46.

DUGAS, JOSEPH EUCLIDE MARCEL Azarie Alphonse Wilfrid Théophile [Turc, Persan, Marcel Henry, Le Rat, Tristan Choiseul, Sixte le Débonnaire] (1883–1947). Critique, essayiste, poète, né à Saint-Jacques-de-l'Achigan (Montcalm). Il fait ses études classiques au Séminaire de Joliette et au Collège de l'Assomption où il obtient son baccalauréat en 1906. Il commence des études de droit à l'Université Laval à Montréal sans y être officiellement inscrit. En 1909, il présente ses « chroniques de théâtre » au *Nationaliste*. À Paris, à la fin d'août 1910, l'Alliance française lui octroie le « diplôme supérieur » d'enseignement du français à l'étranger. Il doit rentrer au Canada en 1914, et il est nommé catalogueur à la Bibliothèque municipale de Montréal en février de l'année suivante. Les années 1915–1920 sont une période de production intense : il publie plusieurs volumes, donne des conférences, est membre actif du club des Casoars, collabore à *L'Action* (depuis 1912), au *Pays*, et, en 1918, au *Nigog*, revue d'avant-garde fondée par Fernand Préfontaine, Léo-Pol Morin et Robert Laroque de Roquebrune, qui lutte contre les abus du régionalisme. En 1920, il retourne à Paris en dépit d'une santé compromise. Il y restera vingt ans, attaché au service des archives de l'Ambassade du Canada. Il se fait de nombreux amis, chante sa patrie d'adoption dans ses essais, s'intéresse beaucoup à Verlaine. En 1930, il reçoit le prix de la fondation Marcellin Guérin de l'Académie française et le prix David pour son livre *Littérature canadienne*. Il revient au pays à la fin de juin 1940 et est affecté aux Archives du Canada à Ottawa, puis est transféré, en 1946, aux archives du Château de Ramezay, à Montréal. Il meurt au début de janvier 1947. On considère Marcel Dugas comme un des pionniers de la critique au Canada français. Ses préférences vont au culte du beau, à la perfection formelle libérée. Jean Éthier-Blais remarque chez lui une indéfinissable soif de rigueur : « Son œuvre est faite d'essais critiques qui sont des poèmes, des poèmes en marge de la littérature critique. Ni romans, ni essais autobiographiques. Dugas se situe d'office au milieu de son silence ». En critique, Dugas prend position partialement pour les modernes contre le régionalisme. « Au contraire des critiques comme Louis Dantin ou Jean Charbonneau qui ont voulu tout réconcilier, écrit Maurice Lemire, Dugas a maintenu les divergences. [...] Le grand mérite de Dugas est d'avoir cru en la poésie universelle, alors que tous la condamnaient, d'avoir entrevu son avenir au moment où le terroirisme reprenait vigueur. [...] Il est le seul à avoir saisi le sens des événements qui s'étaient déroulés sous ses yeux et à juger de leur portée réelle ».

ŒUVRES

Le Théâtre à Montréal : propos d'un huron canadien (essais), Paris, Henri Falgue éditeur, 1911, 250 p. Sous le pseudonyme de Marcel Henry.

Feux de Bengale à Verlaine glorieux (essais), Montréal, Marchand frères limitée, 1915, 43 p. ; *Verlaine : essai*, Paris, Éd. Radot, 1928, 79 p.

Apologies (essai), Montréal, Paradis-Vincent éditeurs, 1916, 115 p.

Psyché au cinéma (essai), Montréal, Paradis-Vincent éditeurs , 1916, 111 p.

Versions (essai), Montréal, Maison Francq., 1917, 93 p.

Confins (essai), Paris, [s.é], 1921, 135 p. Sous le pseudonyme de Tristan Choiseul.

Flacons à la mer (proses), Paris, Les Gémeaux, 1923, 150 p.

Littérature canadienne : aperçus, Paris, Firmin-Didot et cie éditeurs, 1929, 202 p.

Cordes anciennes (proses), Paris, Éd. de l'Armoire de citronnier, 1933, 95 p.

Un romantique canadien, Louis Fréchette 1839-1908, (essai), Paris, Éditions de la Revue mondiale, 1934, 295 p. ; Montréal, Éditions Beauchemin, 1946, 318 p.

Nocturnes (essai), Paris, Jean Flory, 1936, 178 p. Sous le pseudonyme de Sixte le Débonnaire. « Archipel ».

Notre nouvelle épopée (essai), Ottawa, Service de l'information, Ministère des Services nationaux de guerre, 1941, 12 p.

Pots de fer (essai), Québec, Éd. du Chien d'or, 1941, 55 p.

Salve alma parens (poésie), [Québec, Éd. du Chien d'or, 1941], 23 p.

Approches (souvenirs), Québec, Éd. du Chien d'or, 1942, 113 p.

Paroles en liberté (essai), Montréal, Éd. de l'Arbre, 1944, 174 p.

ÉTUDES

Albert Laberge, *Marcel Dugas*, dans *Peintres et Écrivains d'hier et d'aujourd'hui*, Montréal, Édition privée, 1938, p. 157-164.

Louis-Philippe Gagnon, *Approches*, CF, vol. 31, n° 6, févr. 1944, p. 444-447.

Roger Duhamel, *Paroles en liberté*, AN, vol. 24, n° 2, oct. 1944, p. 140-142.

Id., *Louis Fréchette*, AN, vol. 27, n° 4, mai 1946, p. 383-387.

Fulgence Charpentier, *Marcel Dugas*, RUO, vol. 18, n° 1, janv.-mars, 1948, p. 342-355.

Alain Grandbois, *Marcel Dugas*, CACF, n° 7, 1963, p. 153-165.

Marcel Dugas et son temps, EF, vol. 7, n° 3, août 1971. (Numéro spécial dédié à Dugas).

Georges-André Vachon, *Les Années noires*, EF, vol. 7, n° 3, août 1971, p. 239-240.

Jean Éthier-Blais. *Où sont mes racines...*, EF, vol. 7, n° 3, août 1971, p. 249-268.

Bernadette Guilmette, *Marcel Dugas*, dans *Bulletin du Centre de recherche en civilisation canadienne-française*, n° 26, avril 1983, p. 21-28.

Marcel Roussin, *Un souvenir : Marcel Dugas*, Dr, vol. 71, n° 129, 30 août 1983, p. 6.

Bernadette Guilmette, *Marcel Dugas, essayiste*, dans *L'Essai et la Prose d'idées au Québec*, Montréal, Fides, 1985, p. 475-503. « ALC » 6.

DU GRAVE, LUYS. Voir **LABBÉ**, GUSTAVE.

DUGRÉ, ADÉLARD (1881-1970). Romancier et essayiste, né à la Pointe-du-Lac (Saint-Maurice). Il étudie au Séminaire de Trois-Rivières (1892-1899) et entre chez les Jésuites où il prononce ses vœux en 1901. Professeur au Collège de Saint-Boniface (1906-1912), il est ordonné prêtre en 1915. Il étudie la théologie au Scolasticat des Jésuites en France et en Angleterre (1915-1919). De retour au Canada, il enseigne la théologie au Scolasticat de l'Immaculée-Conception dont il est recteur de 1927 à 1932. Par la suite, il occcupe diverses fonctions importantes : supérieur provincial pour le Québec (1932-1936), assistant supérieur pour l'Empire britannique et la Belgique (1936-1946), supérieur de la maison Bellarmin à Montréal (1946-1950) et prend sa retraite peu de temps après. En 1925, il publie un roman apologétique *La Campagne canadienne* qui s'inspire de l'idéologie du terroir. Ce roman à thèse a connu plusieurs éditions ainsi que des reproductions dans des journaux.

DUGRÉ

ŒUVRE

La Campagne canadienne. Croquis et leçons (roman), Montréal, Imprimerie du « Messager », 1925, 235 p. ; 1927, 229 p. ; Saint-Brieuc, Imprimerie Prud'homme, 1927, 239 p. ; Montréal, Imprimerie du « Messager », 1929, 251 p.

ÉTUDES

F. Charbonnier, *La Campagne canadienne,* dans *L'Action française,* vol. 13, n° 4, 1925, p. 241–248.

G.E. Marquis, *La Campagne canadienne ,* dans *Le Terroir,* vol. 5, n° 12, 1925, p. 295–296.

Léon Lortie, *La Campagne canadienne,* dans *Le Semeur,* 21ᵉ année, n° 10, 1925, p. 234–236.

Olivier Maurault, *La Campagne canadienne,* dans *Revue trimestrielle canadienne,* 11ᵉ année, n° 42, 1925, p. 217–218.

Maurice Hébert, *La Campagne canadienne,* CF, vol. 13, n° 1, 1925, p. 28–42.

DUGUAY, RAOUL [Luôar Yaugud] (1939–   ). Poète, chansonnier, dramaturge et essayiste, né à Val d'Or (Abitibi). Lorsqu'il a cinq ans son père meurt, laissant une veuve et onze enfants. À neuf ans, il est envoyé à l'Orphelinat Saint-Joseph-de-la-Délivrance, à Lévis ; par la suite, il passe une année chez ses grands-parents à Dalhousie (N.-B.). Il fait ses études classiques au Petit Séminaire d'Amos ; à dix-huit ans, il publie son premier poème dans le journal du collège. Il fait son année de rhétorique au Séminaire de Chicoutimi et, en 1961, il commence ses études de philosophie à l'Université de Montréal. Il termine une licence dont la thèse porte sur « La Signification gestuelle immanente au poème » (1965) et s'inscrit au doctorat. Il enseigne l'esthétique et la philosophie au Collège de Sainte-Croix et les techniques de l'écriture et de l'animation à l'Université du Québec à Montréal. Mais bientôt il délaisse l'enseignement pour se consacrer entièrement à la poésie et à la musique. Une rencontre avec Gaston Miron influence ses premières créations poétiques. En 1965, il commence à réciter ses textes au *Perchoir* d'Haïti. Ses recherches sur le langage parlé en poésie l'amènent à travailler avec Stockhausen et Jules Beaucarne. Ses poésies paraissent dans *Passe-Partout, Les Écrits du Canada français,* à l'Estérel et aux Éditions du Jour. En même temps, il publie les résultats de ses recherches verbales dans *Parti Pris, Cahiers de Sainte-Marie, Presqu'Amérique,* etc.

Ses spectacles poétiques se multiplient. Il participe à la « Nuit de poésie », aux spectacles organisés en 1970 sous le titre « Poèmes et Chants de la résistance ». Abordant le théâtre, il présente « Bababebeilli » sur la scène du TNM, en 1969 ; « Tout seul ak toulmonde » au Théâtre d'Aujourd'hui, en 1973, etc. Il s'intéresse également au cinéma où il travaille, comme réalisateur avec Jean-Pierre Lefebvre, aux films « Mon amie Pierrette », « L'Infonie », « Ô l'invisible enfant où » (ONF) entre autres. D'activité débordante, Raoul Duguay s'impose surtout par sa poésie qui présente, selon Gilles Marcotte, « tous les traits visibles de l'originalité. L'originalité de Raoul Duguay paraît venir moins de son presque exclusif souci de l'érotisme que d'un langage très volontaire, qui fait de la rupture — syntaxique, sémantique, métrique — du saut, l'instrument de son progrès ». Selon Jean Beaunoyer, « Duguay qui se définit comme un être fondamentalement spirituel ne cesse de vivre, de jouir et d'être tout à la fois. Un homme qui lit, pense, parle et chante ».

ŒUVRES

Ruts (poésie), [Montréal], Éditions Estérel, 1966, 93 p. ; l'Aurore, 1974, 97 p. Dessins de Lysôn Vysôn. « Lecture en vélocipède ».

Or le cycle du sang dure donc (poésie), Montréal, Éditions Estérel, 1967, 97 p. Dessins de Jacques Cleary. « Quoi » ; l'Aurore, 1975, 100 p. Dessins de Lysôn Vysôn. « Lecture en vélocipède ».

Le Manifeste de l'infonie. Le Tout Art Bel (essai), Montréal, Éditions du Jour, 1970, 111 p., 111a à 111h. Ill.

Lapokalipsô (essai), Montréal, Éditions du Jour, 1971, 333 p. Ill.

Musiques du Kébèk, présentée(s) par Raoul Luôar Yaugud Duguay (biographies et essais), Montréal, Éditions du Jour, 1971, 331 p. Collab.

L'Amour (poésie), Montréal, [s.é.], 1975, [portefeuille, n.p., 20 f.]. Ill. de 14 artistes. (Éditions de luxe. Tirage limité).

Quand j'étions p'tit (poésie), [s.l.], Christiane Valcourt, 1976, [portefeuille, n.p., 15 f.]. Six sérigraphies de Christiane Valcourt. (Édition de luxe. Tirage limité).

Raôul Duguay ou Le Poète à la voix d'ô (témoignages), [Montréal], L'Aurore, 1979, 255 p. Collab. Portrait. Ill.

Chansons d'Ô. Poèmes et Chansôns, Montréal, L'Hexagone, 1981, 177 p. Ill.

Les Saisons (litt. jeunesse), Montréal, Éditions La Courte Échelle, 1981, [n.p., 21 p.]. Ill.

Poèmes, ECF, n° 20, 1965, p. 87–110.

Kébek 16–17–18–19–20–21–22–23–24–25–26 octobre. Lettre d'amour à Toulmonde ou et appel de conférence et de personne à personne et ou loi des mesures de paix. Kébek 16–17–18–19–20–21–22–23–24–25–26 October.

Love Letter to Everybody and or Peace Measures Act, dans *Ellipse*, n° 6, hiver 1971, p. 32–47. (Traduction anglaise par Sheila Fischman).

L'Avenir de l'écrivain. L'écrivain du présent. Le pouvoir de l'écrivain, L, vol. 13, n° 74, mars–avril 1971, p. 80–83.

L'écrivain doit manger des zoyeufx pour mettre de la mine dans son crayon, L, vol. 14, n° 84, nov.–déc. 1972, p. 143–146.

Les Porches, VI, vol. 1, n° 2, déc. 1975, p. 171.

DISCOGRAPHIE

Raôul Duguay, *Allô tôulmond*, [Mississauga], Disques Capitol-EMI du Canada limitée, 1975, ST-70036, 33⅓ tours. Paroles à l'intérieur.

Raôul Duguay, *L'Envôl*, [Mississauga], Disques Capitol-EMI du Canada limitée, 1976, SKAO-70042, 33⅓ tours. Paroles à l'intérieur. Également disponible sur cassette et sur cartouches 8 pistes.

Raôul Duguay, *Raôul Duguay vivant avec tôulllmônd*, [Mississauga], Disques Capitol-EMI du Canada limitée, 1978, SWBC-70057, 33⅓ tours. Comprend deux disques. Paroles à l'intérieur. (Enregistré en direct, au Théâtre St-Denis à Montréal).

Raôul Duguay, « Lettre à toulmond ». « Le Passage », [Montréal], Radio-Canada International, [1982 ?], F-772, 33⅓ tours. « Transcription ».

ÉTUDES

Germain Lesage, *Une éruption surréaliste*, RUO, vol. 34, n° 3, juillet–sept. 1964, p. 322–338.

André Major, *Les Écrits du Canada français, tome vingt*, PJ, vol. 40, n° 10, 2 janv. 1966, p. 24.

Robert Barberis, *À la semaine des lettres*, dans *Le Cahier du Quartier latin*, vol. 2, n° 22, 31 mars 1966, p. 10.

André Major, *Œuvres de cinq poètes canadiens*, PJ, vol. 40, n° 34, 19 juin 1966, p. 57–58.

Jean-Guy Pilon, *Ruts, poèmes de Raoul Duguay*, L, vol. 8, n° 4, juillet–août 1966, p. 103–104.

Clément Moisan, *Poésie ou Non-poésie*, So, vol. 69, n° 275, 19 nov. 1966, p. 25.

Guy Robert, *Or le cycle du sang dure donc de Raoul Duguay*, LAC 1967, p. 102.

Gilles Marcotte, *Raoul Duguay*, dans *Le Temps des poètes*, Montréal, HMH, 1969, p. 196–198.

Pierre Lacroix, *Manifeste de l'infonie de Raoul Duguay*, LAQ 1970, p. 139–140.

Joseph Bonenfant, *Lapokalipsô de Raoul Duguay*, LAQ 1971, p. 145–147.

Michel Bélair, *Raoul Luoar Yaugud Duguay : l'homme multidimensionnel*, Pr, vol. 64, n° 71, 24 mars 1973, p. 18.

Richard Giguère, *Poésie et Eiséop. Une entrevue avec Raoul Duguay*, VI, vol. 1, n° 2, déc. 1975, p. 157–170.

André-G. Bourassa, *Duguay ou L'Envers et l'endroit*, LQ, vol. 1, n° 4, nov. 1976, p. 12–13.

Pierre Beaulieu, *Duguay : j'écris dans les oreilles*, Pr, 94ᵉ année, n° 30, 10 juin 1978, p. D-1, D-10.

Robert Saint-Amour, *Raôul Duguay. Ô ou la Fôlie saine*, Dr, 67ᵉ année, n° 46, 19 mai 1979, p. 20.

Robert Giroux, *Raoûl Duguay. Chansôns d'ô*, LAQ 1981, p. 94–96.

Pierre Monette, *Raôul Duguay. Les Saisons*, LAQ 1981, p. 239–241.

Nathalie Petrowski, *Raoul Duguay. Le chanteur de pomme*, Dev, vol. 73, n° 83, 10 avril 1982, p. 17, 32.

Marthe Lemery, *Raoul Duguay : la même quête sous un nouvel emballage*, Dr, 70ᵉ année, n° 145, 18 sept. 1982, p. 13.

Jean Beaunoyer, *Raoûl Duguay en « douceur »*, Pr, 101ᵉ année, n° 309, 31 août 1985, p. D-1.

DUHAIME, ANDRÉ (1948–   ). Poète, né à Montréal. Il fait des études classiques au Collège Mont-La-Mennais d'Oka, et des études en pédagogie au Collège Sacré-Coeur de Laprairie (B.Péd., 1970). En 1971, il devient professeur de français langue seconde dans la région de Hull-Ottawa. Membre de la Haïku Society of Canada et collaborateur de la revue spécialisée dans le haïku, *Cicada*, André Duhaime cultive cette forme poétique rare au Canada français, pratiquée jadis par Jean-Aubert Loranger. Son premier recueil de poésie, *Peau de fleur* (1979) au joli titre né d'une coquille d'orthographe de petite fille, garde la forme assez traditionnelle des poèmes courts et des strophes sans rimes. Il s'agit surtout d'instantanés parfois humoristiques. On lui a reproché du prosaïsme et du maniérisme. Le recueil suivant, *Haïkus d'ici* (1981), reçoit un accueil plus favorable. Pierre Nepveu trouve qu'il manque de résonnance, mais selon Richard Soumis « humour et naïveté se dégagent de ses images brossées avec tendresse. La poésie de Duhaime n'est pas charnue, et elle mérite d'être explorée plus avant malgré son ancrage dans des formes archaïques ou traditionnelles ».

ŒUVRES

Peau de fleur (poésie), Hull, Éditions Asticou, 1979, 75 p. « Poètes de l'Outaouais ».

Haïkus d'ici (poésie), Hull, Éditions Asticou, 1981, 116 p. Ill. de Dorothy Howard. Préface de Jacques Brault. « Poètes de l'Outaouais ».

Visions outaouaises. Ottawax (poésie), Ottawa, Éditions de l'Université d'Ottawa, 1982, 79 p.

Haïkus, dans Cicada, vol. 5, n° 1, 1981, p. 25–28.

Haïkus d'ici, dans Estuaire, vol. 18, 1981, p. 59–68.

ÉTUDES

Luc Bouvier, *André Duhaime. Peau de fleur*, LAQ 1979, p. 116–117.

Richard Giguère, *La Poésie II. En d'autres lieux (de poésie)*, LQ, n° 17, printemps 1980, p. 30.

Marthe Lemery, *Une invitation au haïku*, Dr, 68ᵉ année, n° 23, 23 avril 1980, p. 8.

Richard Soumis, *Duhaime (André). Haïkus d'ici*, dans *Nos livres*, vol. 12, sept. 1981, n° 337.

Pierre Nepveu, *La Poésie I. Feu la modernité*, LQ, n°ˢ 2–3, automne 1981, p. 30.

Joseph Bonenfant, *Revue des revues*, Dev, vol. 72, n° 229, 3 oct. 1981, p. 21.

Claude Beausoleil, *Notes de lectures*, Dev, vol. 72, n° 274, 21 nov. 1981, p. 19.

Pierre-Louis Vaillancourt, *André Duhaime. Le réel fragmenté*, Dr, 69ᵉ année, n° 227, 24 déc. 1981, p. 38.

Marshall Olds, *Haïku d'ici*, dans *Modern Haïku*, vol. 13, n° 1, hiver–printemps 1982, p. 38-40.

DUHAMEL, ROGER (1916-1985). Journaliste et critique, né à Hamilton (Ontario). Au sortir du Collège Sainte-Marie (B.A., 1935), il fréquente l'Université de Montréal où il obtient une licence en droit (1938). Secrétaire du maire Camilien Houde (1938-1940), candidat (défait) du Bloc populaire en 1944, il opte pour le journalisme auquel il consacre une partie importante de sa vie : directeur et rédacteur du *Canada* (1940-1942), rédacteur au *Devoir* (1942-1944) et à *La Patrie* (1944-1947), directeur de *Montréal-Matin* (1947-1953) et enfin rédacteur en chef de *La Patrie* (1953-1959). Il collabore également à *Notre Temps*, à *L'Action nationale*, à *L'Action universitaire* où il signe le « Courrier des lettres » de 1948 à 1954. Il participe ensuite à la page littéraire du *Droit* d'Ottawa de 1963 à 1972. Homme d'action, il œuvre au sein de plusieurs associations : président de la Société Saint-Jean-Baptiste de Montréal (1943-1945), vice-président du Comité permanent de la survivance française en Amérique (1944-1945), président de la Société des écrivains canadiens (1955-1958), directeur de l'Alliance française, vice-président du Bureau des gouverneurs de la radiodiffusion. Il a également enseigné la littérature française et canadienne-française à l'Université de Montréal. Il a été reçu à l'Académie canadienne-française en 1949 et à la Société royale du Canada en 1959. En 1962, il se voit décerner le prix Duvernay pour l'ensemble de son œuvre, et reçoit un doctorat honorifique de l'Université d'Ottawa. De 1960 à 1969, il occupe le poste d'Imprimeur de la Reine, avant d'être nommé conseiller du Secrétaire d'État à Ottawa (1969-1972). Il est aussi président fondateur du Lycée Claudel d'Ottawa (1961-1972). Il est ambassadeur du Canada au Portugal (1972-1977), puis devient directeur des Éditions La Presse (1977-1981) et membre du Conseil des services essentiels du Québec (1983-1985). On a dit de Roger Duhamel qu'il est un bon représentant de la bourgeoisie intellectuelle du vingtième siècle. Homme d'une vaste culture, il a touché à beaucoup de choses avec élégance et facilité, en excellent causeur qu'il était. À cet égard, il faut mentionner son agréable *Lecture de Montaigne* que d'aucuns ont taxé de banale, alors que d'autres ne lui ménagent pas les compliments. Ainsi, Guy Sylvestre le tenait, dès 1948, pour un critique de talent qui, « mieux que la plupart de ses confrères [...] a le talent de réduire un problème à ses lignes essentielles, [...] dans une langue facile, claire et parfois imagée ».

ŒUVRES

Le Canada vu par un Américain, Montréal, Éditions de l'Arbre, 1943, 319 p. Traduction de *Canada Today and Tomorrow* de William Henry Chamberlin.

Les Maîtres militaires du Japon, Montréal, Les Éditions de la Revue moderne, 1944, 267 p. Avant-propos de Joseph C. Grew. Traduction de *Japan's Military Masters* de Hillis Lory.

Un manuel d'histoire unique. Texte du mémoire soumis au Conseil de l'Instruction publique par la Société Saint-Jean-Baptiste de Montréal, Montréal, [Imprimerie populaire, limitée, 1944], 11 p.

L'Énigme russe, Montréal, Éditions de l'Arbre, 1946, 375 p. Traduction de *The Russian Enigma* de William Henry Chamberlin.

Les Moralistes français. Études et choix de textes, Montréal, Les Éditions Lumen, 1947, 195 p. « Hu ».

Les Cinq grands. Essai, Montréal, Éditions Fernand Pilon, 1947, 239 p.

Littérature. Première série (essai), Montréal, [s.é.], 1948, 250 p.

Bilan provisoire (mémoires), Montréal, Beauchemin, 1958, 177 p.

Lettres à une provinciale, Montréal, Beauchemin, 1962, 252 p.

Aux sources du romantisme français (essai), Ottawa, EUO, 1964, 223 p.

Lecture de Montaigne (essai), Ottawa, EUO, 1965, 175 p.

Manuel de littérature canadienne-française, Montréal, Éditions du Renouveau pédagogique inc., 1967, 161 p. Préface de l'auteur.

L'Air du temps (chroniques), [Montréal], CLF, 1968, 203 p.

Le Roman des Bonaparte (histoire), Montréal, Éditions du Jour, 1969, 231 p. Ill.

Histoires galantes des reines de France, Montréal, Presses Sélect ltée, 1978, 199 p.

L'Internationale des rois, Montréal, La Presse, 1979, 259 p. « Jadis et Naguère ».

Témoins de leur temps : Chateaubriand/Barrès/Brassillach, Montréal, La Presse, 1980, 303 p. « Jadis et Naguère ».

Le Choix de Roger Duhamel dans l'œuvre de Roger Duhamel, [Notre-Dame-des-Laurentides], Les Presses laurentiennes, 1981, 79 p. « Le Choix de... ».

La Femme dans les lettres françaises, CF, vol. 29, n° 7, mars 1942, p. 538–624 ; n° 8, avril 1942, p. 624–635.

Coup d'œil sur la littérature franco-canadienne, AU, vol. 14, n° 1, oct. 1947, p. 3–13.

Faguet et la Critique, NR, vol. 6, n° 5, sept. 1948, p. 395–417.

Formation de la société canadienne, AU, vol. 15, n° 1, oct. 1948, p. 35–53.

Vers la fédération, AU, vol. 15, n° 4, juillet 1949, p. 16–30.

La Politique étrangère du Canada (essai), ECF, n° 2, 1955, p. 7–129.

Le Journalisme, CACF, n° 5, *Essais critiques*, 1958, p. 124–161.

Notes sur la poésie contemporaine, MSRC, 3e série, vol. 56, section 1, 1962, p. 23–37.

Jules Fournier, CACF, n° 7, *Profils littéraires*, 1963, p. 87–103.

Réflexions sur la pensée contemporaine, AN, vol. 53, n° 3, nov. 1963, p. 251–259.

Montaigne, CACF, n° 11, *Reconnaissances littéraires*, 1967, p. 29–41.

Benjamin Constant et les Femmes, RUO, vol. 38, n° 3, juillet-sept. 1968, p. 377–392.

De Hugues Capet à sa majesté très fidèle, RUO, vol. 44, n° 4, oct.-déc. 1974, p. 433–442.

Joseph de Maistre : au plaisir de Dieu, RUO, vol. 45, n° 3, juillet-sept. 1975, p. 269–277.

Érasme de Rotterdam, RUO, vol. 46, n° 4, oct.-déc. 1976, p. 500–510.

ÉTUDES

Jean-Charles Bonenfant, *Roger Duhamel. Les Moralistes français*, C, vol. 9, n° 2, juin 1948, p. 206–207.

Guy Sylvestre, *Roger Duhamel*, NR, vol. 6, n° 5, sept. 1948, p. 387–394.

Paule Rolland, *Bio-bibliographie de Roger Duhamel*, Montréal, [s.é.], 1954, 208 p. Préface d'Alain Grandbois.

Rita Leclerc, *Bilan provisoire*, dans *Lectures*, vol. 5, n° 11, 1er févr. 1959, p. 163–164.

Paul Gay, *Lettres à une provinciale*, dans *Lectures*, vol. 9, n° 6, févr. 1963, p. 155–156.

René Dionne, *Cahiers de l'Académie canadienne-française, 7*, Rel, n° 285, sept. 1964, p. 276–277.

Marshall Lundlie, *Aux sources du romantisme français*, LAC 1964, p. 99–101.

Élie Goulet, *Roger Duhamel. Lecture de Montaigne*, C, vol. 27, n° 1, mars 1966, p. 96–97.

Adrien Thério, *Le Roman des Bonaparte*, LAQ 1969, p. 189.

[Anonyme], *Une fois journaliste... toujours journaliste*, Pr, 95e année, n° 17, 19 mai 1979, p. E-1.

Maurice Lorent, *Roger Duhamel. Témoins de leur temps : Chateaubriand, Barrès, Brassilllach*, LAQ 1981, p. 208–210.

Pierre Berthiaume, *Roger Duhamel. Le Choix de Roger Duhamel*, LAQ 1981, p. 207.

Suzanne Lafrenière, *Le Choix de Roger Duhamel*, Dr, 69e année, n° 267, 13 févr. 1982, p. 30.

Jean Éthier-Blais, *En Roger Duhamel, la littérature a perdu un fleuron irremplaçable*, dans *L'Incunable*, 19e année, n° 3, sept. 1985, p. 3–5.

DUMAIS, MARIE. Voir **BOISSONNAULT, Mme LUCIEN.**

DUMAIS, MONIQUE (1939–   ). Théologienne et essayiste, née à Rimouski. Elle fait ses humanités au Pensionnat et au Collège des Ursulines de Rimouski (B.A., 1960). Elle poursuit ensuite des études de philosophie, de théologie et de sociologie à l'Université Laval, au Grand Séminaire de Rimouski, à l'Université du Québec à Rimouski, à l'Université Notre-Dame (Indiana), à la Harvard Divinity School et au Union Theological Seminary de New York : elle obtient des baccalauréats en philosophie (1968) et en théologie (1970), des maîtrises en théologie (1973) et en philosophie (1975), et un doctorat en théologie pour une thèse intitulée « L'Église de Rimouski et un plan de développement (1963-1972) », en 1976, au Union Theological Seminary. De 1962 à 1967, elle enseigne au Collège des Ursulines de Rimouski, et, à compter de 1970, elle est professeur d'éthique sociale à l'Université du Québec à Rimouski. Au printemps de 1980, elle est professeur invité à l'Université Concordia. Très active dans plusieurs associations, elle s'est acquis une réputation internationale par sa collaboration à plusieurs ouvrages, en particulier sur les femmes et l'Église, et par ses articles dans divers périodiques, tels *Communauté chrétienne, Relations, Atlantis, Le Devoir, Studies in Religion, Les Cahiers de la femme, Cahiers éthicologiques de l'UQAR*. En 1973, *Le Livre canadien* note favorablement sa collaboration au collectif *Une Église d'hier à demain*, étude réaliste qui « témoigne d'une inquiétude saine et riche d'espérance ». Sur *L'Église de Rimouski dans un contexte de développement régional*, le père Jean-Paul Labelle écrit : « Il s'agit d'un effort vigoureux et lucide pour incarner la théologie, et plus particulièrement l'éthique sociale, dans notre milieu québécois. [... Ce travail] ouvre des sentiers nouveaux et de fécondes perspectives d'avenir ».

ŒUVRE

L'Église de Rimouski dans un contexte de développement régional (1963-1972) (essai), Montréal, Fides, 1978, x, 395 p. « Essais et recherches. Section religion ».

Une Église au seuil d'un nouvel engagement social, dans *Une Église d'hier à demain*, Montréal, PUQ, 1973, p. 143–180. Collab. Jean Drojean et Rodrigue Bélanger.

L'Éthicologie et les Objectifs du développement en milieu rural, dans *La Problématique du développement en milieu rural*, Rimouski, UQAR/GRIDEQ, 1976, p. 57–74.

Féminisme et Religion au Québec depuis 1960, dans *Religion and Culture in Canada*, Ottawa, Wilfrid Laurier Press, 1978, p. 149–186.

La Théologie peut-elle être du genre féminin au Québec ?, dans *La Femme et la Religion au Canada français. Un fait socio-culturel*, Montréal, Éditions Bellarmin, 1979, p. 111–126. « Femmes et religion ».

Les Femmes et la Religion dans les écrits de la langue française au Québec, dans *Atlantis*, vol. 4, n° 2, printemps 1979, p. 152–162.

Les Défis d'être une femme théologienne, dans *Possibles*, vol. 4, n° 1, automne 1979, p. 149–174.

La Dynamique d'un cri. Une réflexion éthique sur les Opérations Dignité, dans *Les Opérations Dignité. Naissance d'un mouvement social dans l'Est du Québec*, Ottawa, Carleton University, 1981, p. 191–211.

ÉTUDES

Micheline Carrier, *Monique Dumais et l'autre parole dans l'Église*, dans *Le Bulletin du CSF*, vol. 5, n° 4, sept. 1978, p. 24–28.

Jean Martel, *Monique Dumais. Être religieuse et féministe*, So, vol. 82, n° 76, 24 mars 1979, p. 3.

Raymond Laprés, *Dumais (Monique), L'Église de Rimouski dans un contexte de développement régional (1963–1972)*, dans *Nos livres*, vol. 10, mai 1979, n° 174.

Renée Rowan, *Monique Dumais. Religieuse féministe*, Dev, vol. 70, n° 136, 11 juin 1979, p. 7.

Madeleine Bellemare, *En collaboration. La Femme et la Religion au Canada français. Un fait socio-culturel*, dans *Nos livres*, vol. 11, avril 1980, n° 120.

DUMAIS, NELSON (1944–). Romancier et essayiste, né à Québec. Il fait ses études collégiales à Québec et Victoriaville (B.A., 1966), après quoi il obtient une licence en histoire à l'Université Laval (1970) et un baccalauréat en enseignement de l'histoire à l'Université du Québec à Trois-Rivières (1972). Il est militaire (1967), enseignant à Côte-de-Beaupré (1967–1970) et à Victoriaville (1970–1973), travaille pour le Centre régional de l'Est du Québec (1974–1980), puis, à partir de 1980, il est à Radio-Québec de la région du Bas-Saint-Laurent. Il collabore comme pigiste à divers périodiques dont le *Nouvel-Est*, hebdomadaire de Rimouski, jusqu'à sa disparition en 1981. Son premier roman, *L'Embarquement pour Anticosti* (1976) reçoit le prix Jean-Béraud-Molson 1975 et le prix Gibson 1976. Mais la critique est carrément contre le roman, comme Réginald Martel, ou hésitante comme Raymond Plante et Alain Piette. À propos du *Sabbat des dieux*, Réginald Martel déplore « la pauvreté de la construction, faite d'une séquence désordonnée d'anecdotes triviales ».

ŒUVRES

L'Embarquement pour Anticosti (roman), Montréal, CLF Pierre Tisseyre, 1976, 234 p.

Le Sabbat des dieux (roman), Montréal, CLF Pierre Tisseyre, 1976, 183 p.

Autrefois Sainte-Luce... (monographie), Rimouski, Corporation de la Seigneurie Lepage et Thivierge, 1979, 21 p. Ill. Cartes.

Le Septième Jour (essai), Rimouski, Conseil régional de la santé et des services sociaux, 1979, 254 p. Collab. F.-X. Légaré *et al.*

ÉTUDES

Alain Piette, *Nelson Dumais. L'Embarquement pour Anticosti*, LAQ 1976, p. 32–33.

Raymond Plante, *Les Prix du CLF. Amour au féminin et liberté du masculin*, dans *Le Livre d'ici*, vol. 1, n° 25, 10 mai 1976, p. 1.

Réginald Martel, *Sous le signe du phallus. Un triste sabbat*, Pr, 96e année, n°117, 17 mai 1980, p. D-3.

DUMAS, EVELYN (1941–) Essayiste et romancière, née à Saint-Georges-de-Malbaie (Gaspé-Est). De langue maternelle anglaise, elle fait ses études de lettres-sciences au pensionnat des Dames de la Congrégation de Joliette où elle mérite la médaille du lieutenant-gouverneur (1957). Elle obtient un baccalauréat en pédagogie, en 1960, et poursuit des études de maîtrise en sociologie à l'Université Laval. En 1980, l'Université du Québec à Montréal lui décerne une maîtrise en histoire. Très tôt intéressée au journalisme, dès 1956 elle tient une chronique hebdomadaire dans l'*Action populaire* de Joliette, puis écrit dans le *Carabin* (1957–1960). En 1961, elle est à plein temps au service de *La Presse* comme reporter politique et chroniqueuse parlementaire à Québec ; en août 1962, elle devient courriériste parlementaire, puis reporter syndical au *Devoir*. En 1968, elle passe au *Montreal Star* où elle remplit plusieurs fonctions et, en 1974, elle est rédactrice en chef adjoint du *Jour*, puis rédactrice en chef du *Jour* hebdomadaire, en 1977, jusqu'à sa disparition, en janvier 1978. Elle collabore en outre à *Cité libre*, *Our Generation*, *Relations industrielles*, *Le Magazine Maclean*. En 1978 elle est conseillère d'information à la délégation du Québec à Boston et à Chicago ; en 1978–1979, consultante auprès du ministère des Affaires intergouvernementales ; à partir d'avril 1979, conseillère du premier ministre René Lévesque pour les relations culturelles. De plus, entre 1961 et 1979, elle participe à de nombreuses émissions à la radio et la télévision, et donne des conférences au Canada, aux États-Unis, en France, en Allemagne et en Israël. En 1976, le prix Olivar Asselin lui est octroyé pour son œuvre de journaliste. Après deux essais sur les questions ouvrières, elle publie, en 1979, son premier roman : *Un événement de mes octobres*. Il s'agit d'une œuvre à la fois politique, érotique et poétique portant sur ce que Robert Mélançon appelle « le gigantesque psychodrame d'octobre 1970 », ensemble de « fictions » d'une unité assez ténue.

ŒUVRES

Dans le sommeil de nos os. Quelques grèves au Québec de 1934 à 1944 (essai), Montréal, Leméac, 1971, 171 p. « Recherches sur l'homme ». Traduction anglaise par Arnold Bennett : *The Bitter Thirties in Québec*, Montréal, Black Rose Books, 1975, 151 p.
La Crise de la Presse en France (essai), Montréal, Leméac, 1972, 117 p. « Dossiers ».
Un événement de mes octobres. Fictions (roman), Montréal, Le Biocreux, 1979, 103 p. Dessins d'Alain Medam.

Les Instituteurs en grève : les salaires ne sont qu'un aspect secondaire dans le différent, Dev, vol. 57, n° 7, 11 janv. 1966, p. 3.
M. Gérin-Lajoie dit pourquoi il ne peut arrêter les grèves, Dev, vol. 57, n° 12, 17 janv. 1966, p. 1.
Une expérience unique : le collège des travailleurs, dans *Montréal 66*, vol. 3, n° 9, sept. 1966, p. 6-7.
La CSN affirme le droit inaliénable de la nation canadienne française à l'auto-détermination, selon les principes contenus dans la charte de l'ONU, Dev, vol. 57, n° 241, 17 oct. 1966, p. 11.
Un professeur montre jusqu'à quel point l'enseignement peut être adapté au 20ᵉ siècle, Dev, vol. 58, n° 56, 8 mars 1967, p. 3.
Jean Marchand répond à Jean-Noël Tremblay, Dev, vol. 58, n° 61, 14 mars 1967, p. 5.

ÉTUDES

Réginald Martel, *Jusqu'au cœur serein du délire*, Pr, 95ᵉ année, n° 42, 17 févr. 1979, p. E-3.
Léo Beaudoin, *Dumas, Evelyn, Un événement de mes octobres. Fictions*, dans *Nos livres*, vol. 10, mai 1979, n° 175.
Robert Mélançon, *Un nouvel éditeur. Le Biocreux. Des livres de Suzanne Jacob et Evelyn Dumas*, Dev, vol. 70, 17 févr. 1979, p. 21.
Robert Major, *Evelyn Dumas. Un événement de mes octobres. Fictions*, LAQ 1979, p. 39-41.
Hugues Corriveau, *Le Biocreux : où l'écriture se livre*, NBJ, n° 82, oct. 1979, p. 84-95.

DUMAS, JEAN (1930–   ). Romancier, né à Québec. Il étudie au Séminaire de Québec (B.A., 1949), et la philosophie et la théologie au Studium des Dominicains d'Ottawa (licence, 1956). Il reçoit aussi une maîtrise de l'École nationale d'administration publique (1976). Responsable de catéchisme

et de pastorale à Montréal (1957-1968), il est également recherchiste et animateur à Radio-Canada (1962-1968). En 1968, il devient réalisateur à Radio-Canada ; en 1970, il passe aux relations publiques et à la planification. En 1976, il est nommé directeur du Service d'audio-visuel de l'Université du Québec à Montréal. En 1983 paraît son roman *Isola*. C'est le journal intime d'une femme de cinquante ans, roman genre catharsis, qui ne fait aucune distinction entre l'auteur et ses personnages.

ŒUVRE

Isola. L'amour de mes cinquante ans (roman), Saint-Lambert, Les Éditions Héritage, 1983, 178 p. « Vis-à-vis ».

DUMAS, ROGER (1931–   ). Dramaturge, né à Saint-Côme (Beauce). Il fait ses humanités au Collège de Saint-Georges, puis vient à Montréal en 1952, perfectionner son métier de comédien sous la direction de Mia Riddez, Henri Norbert et Raymond Royer. En mars 1965, il réalise un rêve d'enfance lorsque sa pièce, « Les Oiseaux perdus », est montée par Raymond Royer dans le cadre du Festival d'art dramatique. Il jouera ensuite sur les scènes de la Poudrière, du Rideau-Vert, du T.P.Q., en plus d'être régisseur de plusieurs théâtres montréalais. Le 25 août 1967, on fait la lecture publique, à l'Égrégore, de sa pièce « Amourelle ». Il écrit ensuite « Faire du chapeau » et « Poil aux jambes ». En mars 1967, on fait encore une lecture publique, cette fois au Théâtre de Quat'sous, de sa pièce *Les Millionnaires* qui sera présentée au Gesù sous la direction de Jac Pell. En 1968, Réjean Roy met en scène « Les Insolubles » au Théâtre de la Place. Suivent d'autres pièces dont « Et c'est ainsi que Julie Constata de Tourgelle mourut, sans avoir vécu ! pauvre elle ! », « Sortez ce cheval du château, Mathilda, il fait des crottes », « Les Poissons frits de l'Atlantide », et *Les Vicissitudes de Rosa*. Installé à Paris en 1970 et boursier du Conseil des Arts à deux reprises, Roger Dumas poursuit sa carrière de dramaturge. Madeleine Gérôme réalise à Radio-Canada « Amourelle » (1973) et « Mlle Campagne » (1974) et Yvon Thibutot monte *Les Millionnaires* à l'École nationale de théâtre. Enfin, toujours comédien, il obtient un rôle à l'O.R.T.F. dans quelques épisodes télévisés de la « Vie d'Arsène Lupin ». Raymond Royer définit le théâtre de Roger Dumas comme « une action toujours baignée de poésie ».

ŒUVRES

Les Comédiens (théâtre), Montréal/Toronto, Holt, Rinehart et Winston, 1969, 71 p. Présentation de Raymond Royer. «Théâtre vivant»; [Montréal], Leméac, 1974, 91 p. «RQ».

Les Vicissitudes de Rosa (théâtre), [Montréal], Leméac, 1976, xiii, 119 p. Préface d'Alain Pontaut. «Théâtre».

Les Millionnaires (théâtre), *TV 2*, févr. 1967, p. 51–121.

Je n'aime pas avoir l'impression d'écrire des pièces pour moi, PJ, vol. 41, n° 29, 14 mai 1967, p. 57. (Entrevue de Jean-Claude Germain).

ÉTUDES

Jean Basile, *Sept auteurs décidés au Festival d'art dramatique du Canada*, Dev, vol. 56, n° 64, 17 mars 1965, p. 6.

Claude Gingras, *Un festival d'art dramatique bien de chez nous*, Pr, vol. 81, n° 72, 27 mars 1965, p. 1, 5.

Rudel-Tessier, *Quand on s'engage pour l'amour de l'art dramatique y a de l'espoir!*, dans *Photo-Journal*, vol. 30, n° 44, 15 févr. 1967, p. 84.

Denis Saint-Jacques, *Roger Dumas, Les Vicissitudes de Rosa*, LAQ 1976, p. 194–195.

Martial Dassylva, *Raymond Royer et «Les Millionnaires» de Roger Dumas*, Pr, 93ᵉ année, n° 191, 13 août 1977, p. D-3.

DUMONT, ANDRÉ (1929–   ). Essayiste et homme politique, né à Campbellton (Nouveau-Brunswick). Il fait ses humanités à l'Université du Sacré-Cœur de Bathurst et des études de sciences à l'Université de Montréal (1953); il obtient un baccalauréat ès arts à l'Université du Sacré-Cœur en 1961 et un baccalauréat en pédagogie en 1963 à l'Université de Moncton. Entre 1947 et 1960, il remplit différents emplois, puis il enseigne pendant quinze ans (1961 à 1976) dans des écoles publiques du Nouveau-Brunswick et prend sa retraite en 1976. Ses fonctions de pédagogue l'amènent à réfléchir sur la situation de la langue française des Acadiens, à se faire animateur de services régionaux de la défense des consommateurs, à devenir membre fondateur du Parti acadien. André Dumont collabore à plusieurs périodiques, tels *L'Évangéline*, *L'Action nationale*, *Les Enseignants*, et *L'Acayen* dont il est membre fondateur, en 1972, et dans lequel il exprime sa pensée sociale et politique sur l'avenir des Acadiens. Michel Roy, dans *L'Acadie perdue*, juge assez sévèrement l'œuvre d'André Dumont qu'il qualifie de «misérabiliste». Les écrits récents de Dumont — dans *Jeunesse mouvementée* — sont teintés de la grande tristesse d'un homme déçu.

ŒUVRE

Jeunesse mouvementée, suivi de Acadie, Acadie, Acadie. Poésie et Prose, Sherbrooke, Éditions Naaman, 1979, 76 p. Portrait. Ill. «Création».

Redistribution territoriale du Canada, AN, vol. 57, n° 6, févr. 1968, p. 145.

Pot-Pourri, dans *L'Acayen*, vol. 1, n° 1, avril 1972, p. 8.

Rendez-nous notre terre, dans *L'Acayen*, vol. 1, n° 2, juin 1972, p. 21.

Le Chant d'une acadienne, dans *L'Acayen*, vol. 1, n° 4, oct.–nov. 1973, p. 35.

L'Acayen, dans *L'Acayen*, vol. 2, n° 6, avril 1975, p. 3.

L'Avortement des innocents, dans *L'Acayen*, vol. 2, n° 7, mai 1975, p. 10.

Que penser? (Des choses et des idées), dans *Les Enseignants*, nov. 1977, p. 10.

Que penser? (De la liberté), dans *Les Enseignants*, févr. 1978, p. 5.

ÉTUDES

[Anonyme], *André Dumont aurait l'espoir de fonder un parti politique*, dans *L'Évangéline*, 19 févr. 1971, p. 3.

Paul-Eugène Leblanc, *Haro sur le baudet*, dans *L'Acayen*, vol. 2, n° 5, févr.–mars 1975, p. 3–5.

Paul-Arthur Landry, *Confrontation du Parti acadien et de la Commission Allen*, dans *L'Évangéline*, 2 oct. 1975, p. 3.

Michel Roy, *L'Acadie perdue* (essai), Montréal, Québec/Amérique, 1978, 204 p.

[Anonyme], *Candidat sans affiliation, André Dumont ne se sentait pas les mains attachées*, dans *Le Point*, 13 janv. 1980, p. 2.

DUMONT, FERNAND (1927–   ). Sociologue, essayiste et poète, né à Montmorency (Québec). Au sortir du Petit Séminaire de Québec (B.A., 1949), ses études le conduisent à l'Université Laval (maîtrise en sciences sociales, 1953), à la Sorbonne (certificat d'études supérieures en psychologie générale et psychologie sociale et doctorat en sociologie de l'Université de Paris, 1955). La même année, il est nommé professeur à l'Université Laval. Directeur de l'Institut supérieur des sciences humaines jusqu'en 1972, Fernand Dumont y enseigne la psychologie générale, la théorie sociale systématique et les fondements de la sociologie appliquée. Il est codirecteur de la revue *Recherches sociographiques* et codirecteur de la collection «Histoire et Sociologie de la culture», aux Presses de l'Université Laval. Membre du

Conseil de direction des *Cahiers internationaux de sociologie* (Presses universitaires de France), de *Maintenant*, collaborateur de *Communauté chrétienne*, des *Écrits du Canada français*, de *Sociologie et Société*, Fernand Dumont est membre de l'Association internationale des sociologues de langue française. À la suite de la parution de son remarquable essai, *Le Lieu de l'homme*, il reçoit, en 1969, le prix du Gouverneur général du Canada et le prix du Concours littéraire du Québec, puis le Grand Prix du Concours littéraire du Québec, le Grand Prix littéraire de la Ville de Montréal et la médaille Parizeau de l'ACFAS. En 1971, l'Université de Sherbrooke lui confère un doctorat honorifique en théologie. En 1975, il reçoit le prix David pour l'ensemble de son œuvre et, en 1980, le prix Esdras-Minville. En 1977-1978, il est au service du ministère d'État au Développement culturel où on lui confie la direction de la recherche qui a conduit à la préparation du livre blanc sur la langue et sur la culture. En 1979, il est nommé premier président de l'Institut québécois de recherche sur la culture. En 1952, il publie un recueil de poésie, *L'Ange du matin*. Il revient à la poésie en 1970 après avoir consacré l'essentiel de ses recherches à l'examen des problèmes de la société. Sa poésie et ses essais se distinguent par une thématique qui est à la fois québécoise et universelle. Son écriture originale et pénétrante le situe parmi les écrivains de marque du Québec contemporain. « Dumont, écrit René Pageau, est un homme qui a une foi incarnée. Une foi toujours en recherche. [...] Il assume cette foi du chrétien d'aujourd'hui à travers mille et une interrogations qui lui permettent d'approfondir ses relations personnelles avec Dieu, infiniment proche et infiniment loin de l'homme ».

ŒUVRES

L'Ange du matin. Poèmes suivis de Conscience du poème, Montréal, Les Éditions de Malte, 1952, 79 p. Préface de Clément Lockquell. Hors-texte de Louise Carrier.

Situation de la recherche au Canada français (essai), Québec, PUL, 1962, 296 p. Collab. Yves Martin.

L'Analyse des structures sociales régionales. Étude sociologique de la région de Saint-Jérôme, Québec, PUL, 1963, 269 p. Collab. Yves Martin.

Littérature et Société canadiennes-françaises (essai), Québec, PUL, 1964, 272 p. Éditeur avec Jean-Charles Falardeau. Ouvrage collectif.

Pour la conversion de la pensée chrétienne (essai), Montréal, HMH, 1964, 237 p. « Constantes » ; Paris, Mame, 1966, 224 p.

Le Pouvoir dans la société canadienne-française (essai), Québec, PUL, 1966, 252 p. Collab. Jean-Paul Montminy.

Le Lieu de l'homme. La culture comme distance et mémoire (essai), Montréal, Éditions HMH, 1968, 233 p. « Constantes ».

Initiation bibliographique à l'étude de la sociologie de la connaissance (essai), Québec, Université Laval, Institut supérieur des sciences humaines, 1969, 36 f. Collab. Pierre Saint-Arnaud.

La Dialectique de l'objet économique (essai), Paris, Éditions Anthropos, 1970, 385 p. Préface de Lucien Goldmann.

Parler de septembre (poésie), Montréal, Éditions de l'Hexagone, 1970, 77 p.

L'Église du Québec : un héritage, un projet (essai), Montréal, Fides, 1971, 323 p.

Les Idéologies au Canada français (essai), Québec, PUL, 3 vol. : vol. 1, *1850-1900*, 1971, 327 p. Éditeur avec Jean-Paul Montminy et Jean Hamelin ; vol. 2, *1900-1929*, 1974, 377 p. Éditeur avec Jean Hamelin, Jean-Paul Montminy et Fernand Harvey ; vol. 3, *1940-1976*, tome 1, *La Presse — La Littérature*, 1981, 360 p. ; tome 2, *Les Mouvements sociaux — Les Syndicats*, 1981, 390 p. ; tome 3, *Les Partis politiques — L'Église*, 1981, 360 p. « Histoire et Sociologie de la culture ».

La Vigile du Québec : octobre 1970 : l'impasse ? (essai), Montréal, HMH, 1971, 234 p. Traduction anglaise par Sheila Fischman et Richard Howard : *The Vigil of Quebec*, Toronto, UTP, 1974, 131 p.

Chantiers. Essais sur la pratique des sciences de l'homme, Montréal, Hurtibise HMH, 1973, 254 p. « Sciences de l'homme et Humanisme ».

Les Idéologies (essai), Paris, PUF, 1974, 183 p.

L'Anthropologie en l'absence de l'homme (essai), Paris, PUF, 1981, 369 p.

Les Cultures parallèles (essais), Québec/Montréal, Institut québécois de recherche sur la culture/Leméac, 1982, 170 p. Éditeur.

Imaginaire social et Représentations collectives. Mélanges offerts à Jean-Charles Falardeau (essais), Québec, PUL, 1982, 441 p. Éditeur avec Yves Martin.

Situation et Avenir du catholicisme québécois (essais), Outremont, Leméac, 1982, 2 vol. : vol. 1, *Milieux et Témoignages*, 266 p. ; vol. 2, *Entre le temple et l'exil*, 236 p. Éditeur avec Jacques Racine.

Traité d'anthropologie médicale : l'institution de la santé et de la maladie (essais), Sillery, PUQ, 1985, xvii, 1245 p. Éditeur avec Jacques Dufresne et Yves Martin.

Une société des jeunes ? (essais), Québec, Institut québécois de recherche sur la culture, 1986, 397 p. Ill. Éditeur.

Scolarisation et Socialisation : pour un modèle général d'analyse en sociologie de l'éducation (essai), Québec, PUL, [s.d.], 21 f.

L'Institution de la théologie (essai), Montréal, Fides, 1987, 284 p.

Le Sort de la culture (essai), Montréal, l'Hexagone, 1987, 344 p.

La Référence aux valeurs de l'homme, dans *Anthropologica*, vol. 1, nos 1-2, 1959, p. 72-90.

La Sociologie comme critique de la littérature, RS, vol. 5, nᵒˢ 1-2, janv.-août 1964, p. 225-240.

Le Sociologue et le Pouvoir, RS, vol. 7, nᵒˢ 1-2, janv.-août 1966, p. 11-20.

Chrétienté impuissante, défis d'aujourd'hui, M, nᵒ 50, févr. 1966, p. 52-56.

Dictionnaire politique et culturel du Québec : culture, L, vol. 11, nᵒ 69, janv.-févr. 1969, p. 17-19 ; *Dictionnaire politique et culturel du Québec : violence*, p. 61-64.

La Fonction sociale de l'histoire, RS, nᵒ 4, nov. 1969, p. 5-16.

Idéologies au Canada français : 1850-1900 ; quelques réflexions d'ensemble, RS, vol. 10, nᵒˢ 2-3, mai-déc. 1969, p. 145-156.

[Témoignages...], dans *La Poésie canadienne-française*, Montréal, Fides, 1969, p. 454-458, « ALC » 4.

À propos du concept de « religion populaire », dans Benoît Lacroix et Pietro Boglioni, éditeurs, *Les Religions populaires. Colloque international 1970*, Québec, PUL, 1972, p. 25-34. « Histoire et Sociologie de la culture ».

Du merveilleux, dans *Le Merveilleux, deuxième colloque sur les religions populaires 1971*, Québec, PUL, 1973, p. 5-13. « Histoire et Sociologie de la culture ».

Les Âges de la vie, dans *Critère*, nᵒ 16, hiver 1977, p. 93-103.

Nous nous sommes refait une mémoire, dans *L'Information nationale*, oct. 1980, p. 10-11. (Allocution prononcée par Fernand Dumont lors de la remise du prix Esdras-Minville).

Sur la genèse de la notion de culture populaire, dans Gilles Pronovost, éditeur, *Cultures populaires et Sociétés contemporaines*, Québec, PUQ, 1982, p. 27-42.

ÉTUDES

André Patry, *L'Ange du matin*, RUL, vol. 6, nᵒ 10, juin 1952, p. 853-854.

Lionel Groulx, *L'Analyse des structures sociales régionales*, RHAF, vol. 17, nᵒ 1, juin 1963, p. 129-131.

Marcel Rioux, *Pour la conversion de la pensée chrétienne*, dans *Socialisme 1965*, nᵒ 5, printemps 1965, p. 128-129.

Vincent Harvey, *Pour la conversion de la pensée chrétienne*, RS, vol. 6, nᵒ 2, mai-août 1965, p. 197-198.

Guy Robert, *Un ensemble d'approximations*, CAL, nᵒ 25, été 1965, p. 67-69.

Germain Lesage, *Le Livre de Fernand Dumont*, RUO, vol. 35, nᵒ 3, juillet-sept. 1965, p. 306-313.

Jacques Brault, *Une poésie qui risque...*, CuV, nᵒ 1, 1966, p. 41-45.

Jocelyne Dugas, *Chrétienté impuissante, défis d'aujourd'hui*, M, nᵒ 50, févr. 1966, p. 52-55.

Gatien Lapointe, *Parler de septembre*, LAQ 1970, p. 128-130.

René Pageau, *Trois grands poètes. Préfontaine, Marsolais, Dumont*, AN, vol. 60, nᵒ 10, juin 1971, p. 865-871, surtout 869-871.

L'Église du Québec selon le rapport Dumont, Rel, nᵒ 367, janv. 1972, 30 p. (Numéro spécial).

Gilbert Tarrab, *Dumont : sur quelques aspects de la culture*, Pr, 89ᵉ année, nᵒ 155, 30 juin 1973, p. D-2.

Jacques Grand'Maison, *Fernand Dumont à l'horizon du pays à faire*, Pr, 91ᵉ année, nᵒ 273, 15 nov. 1975, p. D-2.

Jean Blouin, *Fernand Dumont, sociologue, philosophe des sciences, théologien, poète. Un théoricien qui ne craint pas de mettre la main à la pâte*, Pe, vol. 20, nᵒ 48, 2 déc. 1978, p. 12-16.

[Anonyme], *Le Prix Esdras-Minville à Fernand Dumont*, dans *L'Information nationale*, vol. 29, nᵒ 14, mai 1980, p. 5.

Gilles Charpentier, *Fernand Dumont. L'Anthropologie en l'absence de l'homme*, LAQ 1981, p. 279-283.

Jean-Paul Audet, *Fernand Dumont ou L'Anthropologie en présence de son ombre*, dans *Dialogue*, vol. 21, nᵒ 2, juin 1982, p. 318-328.

Robert Lebel, *Le Nouveau Rapport Dumont. Du diagnostic sévère aux défis stimulants*, Dev, vol. 73, nᵒ 141, 19 juin 1982, p. 22.

Paul Gay, *Un pays qui se fait et se défait. Idéologies au Canada français*, Dr, 70ᵉ année, nᵒ 157, 2 oct. 1982, p. 18.

DUMONT, GEORGES-A. (1858-1937). Essayiste, journaliste et libraire, né à Montréal. Il est attiré très tôt par le droit et l'histoire régionale, le journalisme, l'édition et le commerce des livres. Il s'improvise libraire-éditeur avec son frère Wilfrid. La librairie G.-A. et W. Dumont est d'abord située au 1826, rue Sainte-Catherine, ensuite au 1212, rue Saint-Denis. À l'occasion, il pratique le récit et le poème en prose. Sa légende, « Le Solitaire », est écrite en février 1877. Il collabore ensuite à l'*Opinion publique*, au *Monde illustré* et au *National* de Plattsburgh. Il s'intéresse à l'histoire des peuples, celle de l'Irlande surtout, ainsi qu'aux œuvres de Milton et de Victor Hugo. En 1888, il réunit ses articles en volume : *Loisirs d'un homme du peuple*. En décembre 1889, il lance son propre hebdomadaire, *Le Courrier canadien*, qui sera de courte durée. Après 1890, Dumont commence à rédiger ses « Études historiques » qui paraissent dans *La Croix* et dans *Le Monde illustré*. En 1894, il publie une biographie de Léandre-Wilfrid Tessier : *Un disparu*. En 1895, il participe à la fondation de l'École littéraire de Montréal à laquelle il sera fidèle jusqu'à sa mort. Sous sa présidence, en 1909, l'École publie la revue *Le Terroir*. Cultivé et affable, Dumont a laissé l'image d'un homme dévoué à la cause de la culture des Canadiens français.

ŒUVRES

Les Loisirs d'un homme du peuple, Montréal, G.-A. et W. Dumont libraires-éditeurs, [1888 ?], 219 p. Préface de Berton-Joly. « Librairie Sainte-Henriette ». (Le livre contient douze textes parus antérieurement dans *L'Opinion publique, Le Monde illustré, Le National* de Plattsburgh, *Le Trait d'union*).

Lettres d'un étudiant, Montréal, G.-A. et W. Dumont, libraires-éditeurs, [1892 ?], 86 p. Introduction de G.-A. Dumont.

Un disparu [biographie de Léandre-Wilfrid Tessier, présentée et publiée par Georges-A. Dumont], Montréal, G.-A. Dumont, libraires-éditeurs, [1894?], 46, ii p. «Librairie Sainte-Henriette».

L'École littéraire de Montréal. Reminiscences, Montréal, Librairie G.-A. Dumont, [1917], 15 p. (Avec une photographie de la Librairie G.-A. Dumont).

———

Études historiques. Le journalisme montréalais, dans *Le Monde illustré*, n° 761, 3 déc. 1898, p. 485; n° 762, 10 déc. 1898, p. 501; n° 763, 17 déc. 1898, p. 522.

Le Vieux Temple. L'Amérique primitive, dans *Les Soirées du Château de Ramezay*, Montréal, Eusèbe Senécal, 1900, p. 327-344.

Le Capitaine J.-D. Chartrand, dans *Les Soirées de l'École littéraire de Montréal*, Montréal, [s.é.], 1925, p. 293-305.

ÉTUDES

Germain Beaulieu, *Nos immortels*, Montréal, Éditions Albert Lévesque, 1931, p. 91-100. (Caricature).

Paul Wyczynski, *L'École littéraire de Montréal. Origines. Évolution. Rayonnement*, dans *L'École littéraire de Montréal*, Montréal/Paris, Fides, 1963, p. 11-36; «ALC» 2, 2ᵉ éd. 1972.

Id., *Georges-Alphonse Dumont (1858-1937)*, dans *Louis-Joseph Béliveau et la Vie littéraire de son temps*, Montréal, Fides, 1984, p. 109-111.

———

DUMONT, MICHELINE [signe aussi Micheline Dumont-Johnson, Micheline D. Johnson, Micheline Johnson] (1935-   ). Historienne, née à Verdun. Elle fait ses humanités au Pensionnat Sainte-Anne de Vaudreuil et au Collège Marie-Anne de Lachine (B.A., 1957). Elle fait ensuite une licence ès lettres à l'Université de Montréal (1959) et une maîtrise en histoire à l'Université Laval dont le mémoire porte sur «Le Rôle politique des missionnaires en Acadie après le Traité d'Utrecht», publié sous le titre *Apôtres ou Agitateurs* (1970). Entre 1959 et 1968, elle enseigne à l'École normale Cardinal-Léger, puis elle devient professeur à l'Université de Sherbrooke, en 1970. Elle est membre de plusieurs sociétés scientifiques ou littéraires, collabore au *Dictionnaire biographique du Canada* et à plusieurs périodiques dont *Cahiers de la Nouvelle Compagnie théâtrale*, *Revue d'histoire de l'Amérique française*, *Recherches sociographiques* et *Québec français*. Son premier livre est une bonne anthologie de Laure Conan dans la collection «Classiques canadiens». Le second, *Apôtres ou Agitateurs*, constitue, selon André Lachance, «un apport original à l'historiographie de la déportation des Acadiens». *L'Histoire apprivoisée* (1979), réflexion sur l'enseignant de l'histoire, s'adresse «plutôt à l'enseignant qu'au

chercheur» (François Lepage). *L'Histoire des femmes au Québec depuis quatre siècles* (1982), ouvrage fait en collaboration, est un succès de librairie. Réal Ouellet et Chantal Théry formulent des remarques critiques assez sérieuses sur cette «nouvelle histoire», mais ils en soulignent aussi l'importance : «On ne peut plus explorer les sources, lieux et pistes de recherche sans conscience féministe, détachée des systèmes traditionnels de pensée [...]».

ŒUVRES

Laure Conan, Montréal/Paris, Fides, 1960, 96 p. Textes choisis et présentés par Micheline Dumont. «CC».

Apôtres ou Agitateurs. La France missionnaire en Acadie (essai), Trois-Rivières, Les Éditions du Boréal Express, 1970, 151 p. Sous le nom de Micheline Dumont Johnson. «17/60».

Tradition culturelle et Histoire politique de la femme au Canada (essai), Ottawa, [Imprimerie de la Reine], 1971, 146 p. Sous le nom de Micheline D.-Johnson. Collab. Margaret Wade Laberge et Margaret E. Mac-Lellan. (Études préparées pour la Commission royale d'enquête sur la situation de la femme au Canada).

La Situation de la femme dans les universités québécoises, Sherbrooke, [s.é.], 1978, 35 p. (Rapport du Comité sur la situation de la femme, préparé à la demande de la Fédération des associations de professeurs d'université du Québec).

L'Histoire apprivoisée (essai), Montréal, Boréal-Express, 1979, 216 p. Sous le nom de Micheline Johnson.

L'Histoire des femmes au Québec depuis quatre siècles (essai), Montréal, Quinze, 1982, 521 p. Collab. Michèle Jean, Marie Lavigne et Jennifer Stoddart. (Sous le nom de Collectif Clio). «Idéelles».

Maîtresses d'école. Maîtresses de maison. Le rapport femmes, familles, éducateurs au Québec (essai), Montréal, Boréal-Express, 1983, 412 p. Collab. Nadia F. Eid. Ill. «Études d'histoire du Québec».

Le Mouvement des femmes, hier et aujourd'hui, Ottawa, Institut de recherches sur les femmes, 1986, 54 p.

———

Laure Conan, dans *Profils littéraires*, Montréal, Cahiers de l'Académie canadienne-française, n° 7, 1962, p. 61-72.

Laure Conan, dans Mary Quayle Innis, éd., *The Clear Spirit. Twenty Canadian Women and Their Times*, Toronto, University of Toronto Press, 1967, p. 91-102.

La Parole de femmes. Les revues féminines. 1938-1968, dans *Les Idéologies au Canada français*, t. 4, Québec, PUL, 1981, vol. 2, p. 5-45.

Découvrir la mémoire des femmes, dans Monique Dumais, éd., *Devenir de femmes*, Montréal, Fides, 1981, p. 51-65.

La Vocation religieuse et la Condition féminine, dans Marie et Yolande Pinard, *Les Femmes dans la société québécoise. Travailleuses et féministes*, Montréal, Boréal-Express, 1982. «Études d'histoire du Québec».

ÉTUDES

Reine Malouin, *Laure Conan de Micheline Dumont*, dans *Vie française*, vol. 15, avril 1961, p. 246.

Marie-Claire Daveluy, *Laure Conan*, dans *Lectures*, vol. 7, juin 1961, p. 297.

Jean Éthier-Blais, *Laure Conan par Micheline Dumont*, Dev, vol. 52, n° 235, 14 oct. 1961, p. 21.

Lucien Campeau, *Apôtres ou Agitateurs. La France missionnaire en Acadie de Micheline Dumont-Johnson*, RHAF, vol. 24, n° 3, déc. 1970, p. 429–430.

Andrée Lachance, *Apôtres ou Agitateurs. La France missionnaire en Acadie*, LAQ 1970, p. 202–203.

Roger Aubert, *Apôtres ou Agitateurs de Micheline Dumont Johnson*, dans *Revue d'histoire ecclésiastique*, vol. 68, n° 2, avril–juin 1973, p. 623.

François Lepage, *Micheline Johnson. L'Histoire apprivoisée*, LAQ 1979, p. 306–308.

Anne Richer, *Regards différents sur les femmes du Québec de la part de quatre femmes d'aujourd'hui*, Pr, 98e année, n° 282, 4 déc. 1982, p. E-1.

Réal Ouellet et Chantal Théry, *Histoire des femmes au Québec depuis quatre siècles, par le Collectif Clio*, LQ, n° 30, été 1983, p. 69–73.

Jean-Jacques Simard, *L'Histoire des femmes au Québec depuis quatre siècles*, RHAF, vol. 38, n° 1, été 1984, p. 101.

trame du texte au féminin, est un livre où se manifeste une remarquable maîtrise de l'écriture, sans épate, mais parfaitement efficace».

ŒUVRES

Le Salon vert (roman), Montréal, CLF Pierre Tisseyre, 1980, 124 p.

Visions d'amour (nouvelles), Québec, Jacques Frenette éditeur inc., 1981, 159 p.

Quatre jours pas plus (roman), Montréal, CLF Pierre Tisseyre, 1982, 126 p.

ÉTUDES

[Anonyme], *Lisez gagnant... à Noël! Le prix Esso de CLF à Françoise Dumoulin-Tessier*, dans *Le Livre d'ici*, vol. 6, n° 8, 26 nov. 1980, p. 1.

Réginald Martel, *À la bourse des prix. Un problème d'offre et de demande*, Pr, 96e année, n° 278, 29 nov. 1980, p. B-3.

Pierre L'Hérault, *Françoise Dumoulin-Tessier. Le Salon vert*, LAQ 1980, p. 36–37.

Madeleine Ouellette-Michalska, *Nous rêvons tous, même en enfer*, Dev, vol. 74, n° 87, 16 avril 1983, p. 23.

Réginald Hamel, *Trois livres, trois femmes. De si aimables petits riens*, Pr, 99e année, n° 112, 14 mai 1983, p. D-3.

DUMONT-JOHNSON, MICHELINE. Voir **DUMONT, MICHELINE.**

DUMOULIN-TESSIER, Marie JeanneFRANÇOISE (1930–   ). Romancière, nouvelliste et dramaturge, née à Québec. Elle fait son cours classique à Québec et au Collège Bruyère d'Ottawa, et elle prépare un brevet d'enseignement à l'Ottawa Teacher's College (1963). Elle enseigne deux ans à Ottawa, retourne à Québec en 1965 et devient professeure de français dans une école anglaise de Sainte-Foy. Elle sera aussi documentaliste pigiste au Centre de documentation de l'Université Laval où, inscrite en lettres, elle fait une licence (1977), une maîtrise pour un mémoire sur «L'Androgynie dans trois romans d'Yves Thériault: *Agaguk, Le Temps du Carcajou* et *Les Commettants de Caridad*» (1981), et prépare une thèse de doctorat sur «L'Écriture dramatique et le mythe». Elle collabore à *Livres et Auteurs québécois* et, à partir de 1976, elle compose des textes pour la radio et la télévision, telle la dramatique «Antoine et Sébastien» présentée aux Beaux Dimanches, en 1981. Son premier roman, *Le Salon vert* (1980), remporte le prix Esso du Cercle du livre de France, mais divise fort la critique. Sévère, Réginald Martel l'appelle «un brave devoir de brave écolière». Tout à l'opposé, Pierre L'Hérault écrit que ce roman qui «s'inscrit d'emblée dans la

DUNLOP, CAROL (1946–1982). Romancière, nouvelliste et traductrice, née à Boston (É.-U.). Elle fait ses humanités à la Woodward School (Quincy, Mass.), au Lake Erie College (Painesville, Ohio) et à l'Université McGill (B.A., 1967). Elle obtient ensuite à l'Université d'Aix-Marseille une licence ès lettres modernes (1968) et une maîtrise pour une thèse de création, «La Neige noire» (1969). À compter de 1973, elle fait de la traduction littéraire à Montréal, Toronto et Paris, et traduit en anglais, par exemple, des œuvres d'Anne Hébert et de Marie-Claire Blais. Le Conseil des Arts du Canada lui octroie à plusieurs reprises des bourses d'aide à la création. Elle publie des nouvelles et des essais dans des périodiques, tels *Écrits du Canada français, Liberté, Châtelaine,* et *La Nouvelle Barre du jour*. Ses premiers romans, *La Solitude inachevée* (1976) et *L'Immortaliste* (1979), peuvent laisser le lecteur perplexe, mais il en va bien autrement de *Mélanie dans le miroir* (1980) dont Réginald Martel dit: «Ce livre marque une rupture par rapport aux proses plus anodines qui l'ont précédé, rupture et nouveau départ qui paraît fulgurant. [... Mélanie] réunit et contient toutes les femmes du monde à la fois et de tous les temps; elle serait leur mémoire, creuset de leur indéchiffrable mystère. [...] Tout l'art de Carol Dunlop consiste à ouvrir un texte pourtant très précis, descriptif même, à toutes les interprétations». Elle meurt à Paris le 2 novembre

1982, après une brève maladie, laissant plusieurs ouvrages en chantier.

ŒUVRES

Exonération (roman), Montréal, Éditions de l'Homme, 1974, 278 p. Ill. Traduction du roman de Richard Rohmer : *Exonération*.

Ultimatum (roman), Montréal, Éditions de l'Homme, 1974, 310 p. Ill. Traduction du roman de Richard Rohmer : *Ultimatum*.

Exodus (roman), Montréal, Éditions de l'Homme, 1975, 313 p. Traduction du roman de Richard Rohmer : *Exodus*.

La Solitude inachevée (roman), Montréal, Éditions La Presse, 1976, 185 p.

Children of the Black Sabbath (roman), Don Mills, Musson Books Co., 1977, 198 p. Traduction du roman d'Anne Hébert : *Les Enfants du Sabbat*.

Beauté tragique (prose), Toronto, James Lorimer & Co., 1978, 240 p. Ill. Traduction du livre de Heather Robertson *et al : A Terrible Beauty*.

L'Immortaliste. Récit, Montréal, Estérel, 1979, 104 p. Ill. Frontispice de Stéphane Hébert. (Tirage limité).

The Struma Incident (roman), Toronto, McClelland & Stewart, 1979, 174 p. Traduction du roman de Michel Solomon : *La Struma*.

Mélanie dans le miroir. Roman, Paris, Éditions Acropole, 1980, 245 p.

Deaf to the City (roman), Toronto, Lester, Orpen & Dennys Publishers, 1981, 220 p. Traduction du roman de Marie-Claire Blais : *Le Sourd dans la ville*.

Los Autonautas de la cosmopista o Un viage atemporal París-Marsella (récit), Barcelone (Espagne), Éditions Muchnik, 1983, 315 p.; Buenos Aires, 1984, 288 p. Collab. Julio Cortázar. Ill. de Stéphane Hébert. Traduction française par Laure Guille-Bataillon et Françoise Campo : *Les Autonautes de la cosmoroute ou Un voyage intemporel Paris-Marseille*, Paris, NRF Gallimard, 1983, 281 p. Collab. Julio Cortázar. Ill.

L'Ambre, Le Survenant, Le Vainqueur (nouvelles), ECF, n° 32, 1971, p. 53–69.

Réflexions sur une pointe, NBJ, n° 63, févr. 1978, p. 43–63.

Dimanche, L, vol. 21, n° 3, mai–juin 1979, p. 45–48.

Fauteuil de famille, L, vol. 22, n° 3, mai–juin 1980, p. 21–29.

Les Enfants du Nicaragua, L, vol. 23, n° 3, mai–juin 1981, p. 43–63.

ÉTUDES

Yvon Rivard, *Une solitude inachevée. Vie d'une plume alerte*, dans *Le Livre d'ici*, vol. 1, n° 26, 17 mai 1976, p. 1.

André Vanasse, *Dites-moi où, en quel país...*, LQ, n° 2, mai 1976, p. 6–8.

[Anonyme], *Dunlop–Hébert (Carol). La Solitude inachevée*, dans *Le Livre canadien*, vol. 7, déc. 1976, n° 392.

Jacques Michon, *Carol Dunlop–Hébert. La Solitude inachevée*, LAQ 1976, p. 48–49.

Réginald Martel, *Mélanie dans le miroir. Une fête de l'écriture signée Carol Dunlop*, Pr, 97ᵉ année, n° 50, 28 févr. 1981, p. C-3.

Jean Royer, *La Vie littéraire*, Dev, vol. 73, n° 275, 27 nov. 1982, p. 2.

Jean Montalbetti, *Cortázar et son double* (entrevue), dans *Magazine littéraire*, n° 203, janv. 1984, p. 80–85.

DUNN, OSCAR (1845–1885). Journaliste et essayiste, né à Côteau-du-Lac (Berthier–Maskinongé). Il perd ses parents en 1851. Il étudie au Séminaire de Saint-Hyacinthe (1856–1864). Journaliste au *Courrier de Saint-Hyacinthe* en 1864, il commence en même temps ses études de droit chez les avocats Leblanc et Cassidy à Montréal. En 1865, il s'inscrit à l'École militaire de Montréal et reçoit son brevet en avril 1869. Dans la controverse qui oppose l'Institut canadien de Montréal à Mgr Bourget, il appuie les ultramontains (1866–1867). En 1868, il part pour Paris où il collabore au *Journal de Paris*. Revenu à Montréal en 1869, il se voit confier la rédaction de *La Minerve*, dirige *La Revue canadienne* et *L'Opinion publique* (1872–1874). Conservateur, il rêve d'une carrière politique, mais échoue deux fois aux élections, en 1872 et en 1875. Nommé secrétaire du Comité de l'Instruction publique, il participe à la fondation de la Société royale du Canada en 1882. Il s'intéresse vivement à la défense de la langue française. Il est officier de l'Instruction publique de France et membre de l'Académie des Muses Santones de Royan en Charente-Inférieure. Son *Glossaire franco-canadien*, paru en 1880, lui assure une certaine renommée. Ses autres écrits portent surtout sur des questions de survivance de la langue et de la culture françaises en Amérique.

ŒUVRES

Pourquoi nous sommes Français, Montréal, Des « Presses » à vapeur de La Minerve, 1870, 40 p.

L'Union des catholiques, Montréal, Imprimerie de l'Opinion publique, 1871, 16 p.

L'Union des partis politiques dans la province de Québec, Montréal, G.-E. Desbarats Imprimeur-éditeur, 1874, 30 p.

L'Amérique avant Christophe Colomb. Résumé des travaux de quelques antiquaires, Montréal, Eusèbe Senécal, imprimeur, 1875, 47 p.

Dix ans de journalisme. Mélanges, Montréal, Duvernay Frères et Dansereau éditeurs, 1876, 279 p.

Lectures pour tous (essais), Québec, Imprimerie de Léger Brousseau, 1877, 215 p.

Manuel de dessin industriel à l'usage des maîtres d'écoles primaires d'après la méthode de Walter Smith. Accompagné de cahiers et de blocs-modèles à l'usage des élèves. Deuxième livre, Montréal, Duvernay Frères & Dansereau, 1878, 283 p. Introduction de l'auteur.

Glossaire franco-canadien et Vocabulaire de locutions vicieuses usitées au Canada, Québec, Imprimerie A. Côté et Cie, 1880, xxv, [iii], 199 p. Introduction de M. Fréchette ; *Glossaire franco-ontarien*, Québec, PUL, 1976, xi, [i], xxv, [iii], 199 p. Avant-propos de Marcel Juneau. Introduction de M. Fréchette. « Langue française au Québec, 3ᵉ section : lexicologie et lexicographie ». (Reproduction photographique de l'édition originale de 1880) ; [Montréal, Éditions Leméac], 1980, 205 p. Préface de Louis-H. Fréchette. « Trésors du patrimoine québécois ». (Réimpression de la première édition. Fac-similé de la page de titre de l'édition originale).

Une disparition mystérieuse (nouvelle), NSC, vol. 3, 1884, p. 157-190.

ÉTUDES

A.D. DeCelles, *Oscar Dunn*, MSRC, 1886, p. 65-70.

F.-J. Audet, *Oscar Dunn*, BRH, vol. 34, 1928, p. 291-294, 406.

Jean Bruchési, *Oscar Dunn et son temps*, Montréal, Imprimerie populaire, 1928, 24 p.

Jules S. Lesage, *Oscar Dunn*, dans *Propos littéraires. Notes biographiques*, Montréal, Garand, 1931, p. 128-136.

Guy Provost, « Oscar Dunn, sa vie, son œuvre ». Thèse de doctorat. Université Laval, 1973, xxxiii, 639 f.

DUPONT, JEAN-CLAUDE (1934-   ). Ethnologue et folkloriste, né à Saint-Antonin (Rivière-du-Loup). Il fait ses humanités au Collège Sainte-Anne, en Nouvelle-Écosse (B.A., 1960). Il obtient ensuite à l'Université Laval une licence ès lettres (1963), une maîtrise (1967) pour un mémoire sur « L'Artisan forgeron et ses traditions », et un doctorat (1975) dont la thèse porte sur « Les Traditions des métiers du fer dans la société québécoise ». En 1973-1974, il étudie au Centre d'ethnologie française de Paris. Il est plusieurs fois boursier du Conseil des Arts, du Musée national du Canada, du ministère des Affaires culturelles et du FCAC du Québec. Il est professeur à l'Université Memorial (Terre-Neuve, 1964), à l'Université de Moncton (N.-B., 1965-1967) et, à compter de 1968, à l'Université Laval où, de 1976 à 1982, il dirige le Centre d'études sur la langue, les arts et les traditions populaires des francophones en Amérique du Nord (CÉLAT). Il est élu membre de la Société royale du Canada en 1981. Après un premier ouvrage ethnographique sur les côtes de Terre-Neuve (1968), il publie plusieurs livres sur la Beauce, *Le Légendaire de la Beauce* (1974), *Le Pain d'habitant* (1974), *Le Sucre du pays* (1975) et *Contes de bûcherons* (1976) : « Grâce à une documentation exceptionnellement riche, écrit Serge

Gagnon, l'ethnologue Jean-Claude Dupont est en train de devenir le Benjamin Sulte des années 1970 ». « Ouvrage de scientifique et d'artisan, dit Lise Gauvin au sujet des *Contes*, dont la modestie égale l'ampleur et la justesse de l'information ». Deux autres livres portent sur l'Acadie, *Héritage d'Acadie* (1977) et *Histoire populaire d'Acadie* (1979) : Yves Bolduc écrit à propos d'*Héritage* : « Pour la première fois, les coutumes folkloriques acadiennes sont soumises à une étude quasi complète ».

ŒUVRES

Contribution à l'ethnographie des côtes de Terre-Neuve (essai), Québec, Centre d'études nordiques/PUL, 1968, 165 p. Préface de Jacques Rousseau. (Texte polycopié).

Le Monde fantastique de la Beauce québécoise (essai), Ottawa, Centre canadien d'études sur la culture traditionnelle/Musée national de l'homme, 1972, ii, 116 p. Ill. « Mercure » ; *Le Légendaire de la Beauce*, Québec, Éditions Garneau, [1974], iv, 149 p. Ill. « Garneau/Histoire » ; *Le Légendaire de la Beauce*, Montréal, Leméac, 1978, 196 p. Ill. « Connaissance ». (Édition revue et corrigée).

Le Pain d'habitant (essai), Montréal, Leméac, 1974, 105 p. Ill. « Tradition du geste et de la parole ».

Le Sucre du pays (essai), Montréal, Leméac, 1975, 117 p. Ill. Préface de Madeleine Ferron. « Tradition du geste et de la parole ».

Contes de bûcherons, Montréal, Quinze, 1976, 215 p. Ill. de V. Labrie. « Mémoire d'homme » ; 1980. (Édition revue et corrigée).

Le Fromage de l'Île d'Orléans (essai), Montréal, Leméac, 1977, 170 p. Collab. Madeleine Béland, Lise Blouin, Julien Dupont, *et al.* Préface de Jean-Charles Bonenfant. « Tradition du geste et de la parole ».

Héritage d'Acadie (essai), Montréal, Leméac, [1977], 376 p. Ill. Préface d'Antonine Maillet. « Connaissance ».

Habitation rurale au Québec (essai), Montréal, Hurtubise HMH, 1978, 268 p. Ill. Sous la direction de Jean-Claude Dupont. « Les Cahiers du Québec. Ethnologie ».

Mélanges en l'honneur de Luc Lacourcière. Folklore français d'Amérique, Montréal, Leméac, 1978, 485 p. Ill. Éditeur.

Histoire populaire de l'Acadie (récits), Montréal, Leméac, 1978, 440 p. Ill. Préface de Clément Cormier.

L'Artisan forgeron (essai), Québec, PUL/Éditeur officiel du Québec, 1979, xxxiii, 355 p. Ill. Préface de Jean Hamelin. « Formart ».

Les Métiers du cuir, Québec, PUL, 1981, x, 432 p. Sous la direction de Jean-Claude Dupont et Jacques Mathieu. « Ethnologie de l'Amérique française ».

Légendes du Saint-Laurent. Récits de voyageurs, Sainte-Foy, Légendes du Saint-Laurent, 1984, [iv], 57 p. Ill. de l'auteur.

Légendes de l'Amérique française, Sainte-Foy, J.-C. Dupont, 1985, 66 p. Ill.

Légendes du cœur du Québec, Sainte-Foy, J.-C. Dupont, 1985, 63 p. Ill.

Légendes des villages, Sainte-Foy, Éd. Légendes des villages, 1987, 66 p.

L'Art populaire au Canada français, dans Robert-Lionel Séguin *et al*, *Ethnologie québécoise I*, Montréal, Hurtubise HMH, 1972, p. 11-20. Ill. «Les Cahiers du Québec. Ethnologie».

Prières et Humour populaires, dans Jean Simard, *Un patrimoine méprisé — La religion populaire des Québécois*, Montréal, Hurtubise HMH, 1979, p. 200-238. Ill. «Les Cahiers du Québec».

ÉTUDES

Serge Gagnon, *Jean-Claude Dupont. Le Légendaire de la Beauce*, LAQ 1974, p. 335.

[Anonyme], *Dupont (Jean-Claude). Le Pain d'habitant*, dans *Le Livre canadien*, vol. 6, avril 1975, n° 130.

[Anonyme], *Dupont (Jean-Claude). Le Sucre du pays*, dans *Le Livre canadien*, vol. 6, oct. 1975, n° 305.

Serge Gagnon, *Jean-Claude Dupont. Le Pain d'habitant, Le Sucre du pays*, LAQ 1975, p. 298.

Lise Gauvin, *Jean-Claude Dupont. Contes de bûcherons*, LAQ 1976, p. 29-31.

Yves Bolduc, *Acadie : un héritage à inventer*, dans *Le Livre d'ici*, vol. 2, n° 24, 23 mars 1977, p. 1.

Michel Laurin, *Dupont (Jean-Claude) et collaborateurs. Le Fromage de l'île d'Orléans*, dans *Nos livres*, vol. 9, mars 1978, n° 92.

Ghislaine Pesant, *Ah, l'Acadie, l'Acadie !*, dans *Le Livre d'ici*, vol. 4, n° 46, 22 sept. 1979, p. 1.

Gérard Lavallée, *Dupont (Jean-Claude). L'Artisan forgeron*, dans *Nos livres*, vol. 11, mars 1980, n° 83.

Michel Laurin, *Dupont (Jean-Claude). Contes de bûcherons*, dans *Nos livres*, vol. 12, avril 1981, n° 187.

autour de la difficile articulation du corps à la théorie» (Stéphane Lépine). «Ce qui surgit de ces subtiles focalisations et défocalisations, [...] est un savoir-faire, un savoir dire d'une grande finesse» (Caroline Bayard).

ŒUVRES

Si Cendrillon pouvait mourir (théâtre), Montréal, Les Éditions du remue-ménage, 1980, 79 p. Collab. Louise Cotnoir. Ill. d'Andrée Brochu.

La Peau familière (poésie), Montréal, Les Éditions du remue-ménage, 1983, 127 p. Photographismes de Danielle Péret.

L'Écriture féminine dans Les Herbes rouges, RUO, vol. 50, n° 1, janv.-mars 1980, p. 89-95.

Des textes qui témoignent, dans *Spirale*, n° 11, sept. 1980, p. 9.

Fragments d'urgences, NBJ, n° 116, sept. 1982, p. 57-64.

De la chair à la langue (dossier), dans *La Vie en rose*, n° 11, mai 1983, p. 54-58.

Quelques réflexions civiles, NBJ, n°s 130-131, oct. 1983, p. 135-149.

Où loge le Noroît ?, dans *Spirale*, n° 37, oct. 1983, p. 8.

ÉTUDES

Claude Beausoleil, *Les Mots familiers*, Dev, vol. 73, n° 217, sept. 1983, p. 19.

Stéphane Lépine, *Dupré (Louise). La Peau familière*, dans *Nos livres*, vol. 14, oct. 1983, n° 5408.

Caroline Bayard, *Poésie I, Peau-savoir cruel. Fin de siècle-longue séduction*, LQ, n° 32, hiver 1983-1984, p. 34.

Anne-Marie Alonzo, *Poésie vibrante*, dans *La Vie en rose*, n° 14, nov.-déc. 1983, p. 60.

Yolande Grisé, *Le Sentiment très vif d'une urgence*, dans *Spirale*, n° 39, déc. 1983, p. 4.

DUPRÉ, LOUISE (1949-   ). Poète et critique littéraire, née à Sherbrooke. Elle fait ses humanités au Collège du Sacré-Cœur et au Collège universitaire de Sherbrooke (B.A., 1969). Elle obtient ensuite à l'Université de Sherbrooke une licence ès lettres (1973) et une maîtrise (1979) pour un mémoire sur «Trois poèmes de Fernand Ouellette : figuration phonique et prosodique», puis elle prépare un doctorat à l'Université de Montréal sur «La Nouvelle Poésie québécoise au féminin (1970-1980) : formes et significations». À partir de 1975, elle enseigne au Collège de la région de l'amiante de Thetford-Mines. Elle collabore à la *Revue de l'Université d'Ottawa*, *Spirale*, *La Nouvelle Barre du jour*... Son premier recueil de poésie, *La Peau familière* (1983), est choisi comme livre du mois par la revue *Nos livres*. C'est un «texte qui (se) joue entre les aires du privé et du politique, texte qui s'élabore

DUPRIEZ, BERNARD (1933-   ). Essayiste, né à Seraing-sur-Meuse (Belgique). Après des études de droit, de philosophie et l'obtention d'une licence en philologie romane (1956) à l'Université de Louvain, il présente à Paris une thèse de maîtrise en histoire de la pensée moderne (1959). En 1969, l'Université de Strasbourg lui décerne un doctorat ès lettres. Professeur de littérature et d'histoire de l'art à Chicoutimi (1957-1958), de littérature française et de latin à Bruxelles et à Binche (1959-1961), Bernard Dupriez enseigne, à partir de 1961, à l'Université de Montréal. Attiré par le théâtre, il avait fondé à Louvain le Cercle du théâtre moderne (1952-1955), puis avait séjourné à Madrid (1955-1956) pour y faire des recherches sur le théâtre espagnol actuel. Humaniste éclectique et curieux, il élargit son champ d'activité de l'ancien français à la littérature religieuse, en passant par la grammaire, la stylistique et la rhétorique. En 1975, il lance, avec Jacques D. Girard, un cours autodidactique de français écrit (C.A.F.É.) individualisé par ordinateur, le premier du genre. En 1980, il publie un dictionnaire des procédés littéraires modernes.

ŒUVRES

Fénélon et la Bible. Les origines du mysticisme fénélonien, [Paris], Bloud et Gay, Centre national de la recherche scientifique, [1961], 231 p. Préface d'Henri Gouhier. « Travaux de l'Institut catholique de Paris ».

Fénélon. Écrits spirituels (anthologie), Paris, Larousse, 1965, 115 p.

Cours autodidactique de français écrit, Montréal, Éditions du Jour, 1966, 2 vol. : vol. 1, *Apprenez seul l'orthographe d'usage*, 255 p. ; vol. 2, *Apprenez seul l'orthographe grammaticale*, 255 p. Avertissement de l'auteur. (Avec un *Cahier d'exercices, fascicule I. L'orthographe d'usage*, Université de Montréal). L'ouvrage a été repris en 1976 sous le titre : *C.A.F.É. Cours autodidactique de français écrit*, Montréal/Ottawa, Université de Montréal, Faculté des arts et des sciences/B. Dupriez, 1976, 3 vol. : vol. 1, 267 p. Introduction de l'auteur ; vol. 2, 277 p. Présentation de l'auteur ; vol. 3, 293 p. Collab. ; Montréal, Université de Montréal, Service de l'éducation continue, Faculté des arts et des sciences, 1983–1984, 4 vol. : vol. 1, 1983, 281 p. ; vol. 2, 292 p. ; vol. 3, 327 p. ; vol. 4, *Index*, 1984, 71 p.

L'Étude des styles ou La Commutation en littérature, Montréal/Paris/Bruxelles, Didier, 1969, 333 p. ; 1970, 366 p. « Bibliothèque de stylistique comparée ». (Édition augmentée d'une étude sur le style de Paul Claudel).

Français, langue écrite. Exercices de syntaxe et de vocabulaire. FRAN TP2000, [Montréal], La Librairie de l'Université de Montréal, 1973, [n.p., 108], 92, 71 p. Collab. (Notes de cours).

Gradus. Les procédés littéraires (dictionnaire), Paris/Montréal, Union générale d'éditions/Presses de la Cité, 1980, 543 p. « 10/18 ».

Ducharme et des ficelles, VIP, n⁰ 5, 1972, p. 165–168.

Du bout de sa baguette, EF, vol. 12, n⁰s 3–4, oct. 1976, p. 237–250.

Où sont les arguments ?, EF, vol. 13, n⁰s 1–2, avril 1977, p. 35–52.

ÉTUDES

P. Larthomas, *Bernard Dupriez. L'Étude des styles*, dans *Le Français moderne*, vol. 41, n⁰ 2, avril 1973, p. 198–200.

Luc Hétu, *Un C.A.F.É. très bien apprécié...*, dans *Forum* (Université de Montréal), vol. 11, n⁰ 21, 28 févr. 1977, p. 3.

Paul Morisset, *Pour un bon recyclage : le TÉLÉ et le CAFÉ*, Dev, vol. 69, n⁰ 289, 9 déc. 1978, p. 33.

DUPRIEZ, FLORE (1935–). Historienne, née à Anvers (Belgique). Après ses études à l'Institut de la Vierge Fidèle (Bruxelles), elle obtient une licence en histoire ancienne à l'Université de Louvain (1957), et plus tard, à l'Université de Montréal, une maîtrise sur « La Situation économique et sociale du temps de Caracalla » (1971), et un doctorat sur la « Condition de la femme romaine sous le Haut-Empire et l'influence du christianisme » (1976). Elle devient professeure d'histoire à l'Université de Sherbrooke, en 1977, puis à l'Université du Québec à Montréal, en 1980. Elle collabore à divers périodiques, tels *Cahiers des études anciennes, Communauté chrétienne, Critère, Femme du Québec, Sciences religieuses*. Dans le travail qu'elle publie en 1982, *La Condition féminine et les Pères de l'Église latine*, Flore Dupriez reprend la troisième partie de sa thèse de doctorat. « En dépit de certaines généralisations hâtives sur la pensée patristique, cet ouvrage mérite notre attention », déclare Henri-Paul Bergeron. « L'auteure, sans vouloir accuser ni excuser les Pères de l'Église, cherche d'abord à montrer comment leurs écrits sur le mariage, la virginité et les secondes noces sont en fait plus tributaires des mentalités païennes de la Rome Antique que de l'esprit du Christ, écrit Pierrette T. Daviau [...]. La lecture de ce volume bien documenté explique non seulement la condition de la femme au début du christianisme mais la difficulté à définir son rôle tout au long de l'histoire de l'Église ».

ŒUVRE

La Condition féminine et les Pères de l'Église latine (essai), Montréal/Paris, Éditions Paulines/Apostolat des Éditions, 1982, 194 p. Portrait. Ill. « Notre temps ».

Images de la femme athénienne, dans *Cahiers des études anciennes*, n⁰ 7, 1977, p. 5–19.

La Mise à l'écart de la femme dans l'Église, dans *Communauté chrétienne*, n⁰ 95, oct. 1977, p. 478–484.

L'Avenir des femmes dans la Rome impériale, dans *Critère*, n⁰ 25, printemps 1979, p. 217–227.

La Vierge-mère : modèle de la femme chrétienne, dans *Sciences religieuses*, n⁰ 4, 1982, p. 400–408. Collab. Anita Carmen et M.-Andrée Roy.

ÉTUDES

Christiane Gosselin, *La Femme romaine*, dans *Chercheurs*, vol. 4, n⁰ 3, mai 1978, p. 8–11.

Andrée Yanacopoulo, *Nostalgie de la pureté*, dans *Spirale*, n⁰ 27, sept. 1982, p. 4.

Henri-Paul Bergeron, *Dupriez (Flore). La Condition féminine et les Pères de l'Église latine*, dans *Nos livres*, vol. 13, oct. 1982, n⁰ 372.

Pierrette T. Daviau, *Flore Dupriez. La Condition féminine et les Pères de l'Église latine*, LAQ 1982, p. 280–282.

Pauline Langlais, *Une « Québécoise » chez les Pères de l'Église*, dans *Le Journal d'Outremont*, vol. 1, n° 3, printemps/été 1983, p. 8.

DUPUIS, GILBERT (1947–   ). Poète et conteur, né à Pabos (Gaspé-Est). Il fait ses études aux écoles Saint-Jean-Eudes (Chandler) et Saint-Viateur (Montréal) et à l'Université de Montréal où il prépare un baccalauréat en sciences appliquées (1971). Il obtient en outre un certificat de deuxième cycle en administration à l'Université du Québec à Rimouski. En 1971, il devient ingénieur des télécommunications à Rimouski. Il est cofondateur du Regroupement des auteurs de l'Est du Québec, premier coordonnateur de la revue *Urgences*, membre fondateur des Éditions coopératives de l'Est du Québec. Il écrit des contes pour enfants, et il fait de l'animation culturelle au poste CKLE-FM de Rimouski. Il publie un premier ouvrage, *La Tête dans le crin*, en 1981. « C'est un livre attachant qu'il propose, écrit Réginald Martel, un livre qui n'appartient pas strictement à la poésie, au roman non plus, mais à l'un et à l'autre selon l'inspiration du moment, disons : à la chanson, en ce sens que les textes chantent ». Ils chantent l'enfance, l'amour, la mort. « Les meilleurs passages sont les simples, qui font l'image ou disent l'émotion sans les forcer ni les travestir ».

ŒUVRES

La Tête dans le crin (poésie), Rimouski, Les Éditions Passages, 1981, 130 p. Ill. de Danielle Bérubé.
La Chamade électrique (poésie), Rimouski, Les Éditions coopératives de l'Est du Québec, 1984, 62 p. Ill.

Lettre ouverte à nous-mêmes à propos de l'espoir et de la poésie, dans *Urgences*, vol. 1, n° 1, avril 1981, p. 6–9.

ÉTUDES

Réginald Martel, *Chroniques du temps passé. Des histoires d'enfance, d'amours et de combats*, Pr, 98ᵉ année, n° 7, 9 janv. 1982, p. C-3.
Lise Lessard, *La Tête dans le crin de Gilbert Dupuis*, dans *Urgences*, vol. 1, n° 4, avril 1982, p. 104.

DUPUIS, JEAN-PIERRE. Voir LEDUC, JEAN.

DUPUIS, LOUIS-RENÉ (1948–   ). Poète, né à Thetford-Mines (Mégantic). Il étudie au Juvénat des Frères des Écoles chrétiennes à Sainte-Foy et au Cégep de Sainte-Foy (D.E.C., 1970). Par la suite, il entreprend des études en traduction à l'Université Laval. Il exerce des métiers fort divers. En 1980, il publie un recueil de poésie *Kamarade Marlène* qui est reçu froidement par la critique. Selon André Janoël, « il y a du juvénat mal digéré [...], il y a la monotonie et l'ennui ». Pour Roger Chamberland : « Ce recueil offre une poésie ‹ sociale › qui met en évidence les contradictions de la bourgeoisie et la misère du peuple ».

ŒUVRE

Kamarade Marlène (poésie), Sherbrooke, Éditions Naaman, 1980, 76 p. « Création ».

ÉTUDES

Roger Chamberland, *Recueil de poésie aux Éditions Naaman*, LAQ 1980, p. 123.
André Janoël, *Dupuis (Louis-René). Kamarade Marlène*, dans *Nos livres*, vol. 12, mars 1981, n° 127.

DUPUY, JACQUELINE (1929–   ). Romancière, mémorialiste et essayiste, née à Paris. Elle est la fille de Pierre Dupuy, ambassadeur du Canada en France. En juin 1940, à la suite de l'envahissement de la France par les Allemands, elle revient au Canada avec ses parents. À Montréal, elle s'intéresse au théâtre et participe aux Compagnons du Saint-Laurent. En 1945, paraît son livre de souvenirs romancés sous le titre *Il est un jardin*. Souvent considéré comme un roman, ce livre raconte les tentatives d'une adolescente sensible qui veut comprendre ses expériences des années 1939–1940, en Europe. À la fin de la guerre, Jacqueline Dupuy retourne en France terminer sa formation. Par la suite, elle s'installe en Italie où elle organise des troupes de théâtre. En 1956, elle publie *Le Sabre d'Arlequin*, roman qui mérite un prix de l'Académie française. L'ouvrage est particulièrement intéressant par l'évocation du milieu théâtral de Montréal dans les années 1940. En 1962, paraît *Dure est ma joie* ; « une histoire émouvante », selon Paule Saint-Onge, qui raconte « avec simplicité », comment un jeune couple retrouve un idéal de vie. L'auteur développe les mêmes idées dans *Dialogue dans l'infini* (1967). Son troisième roman lui a valu le grand prix du Syndicat des journalistes et écrivains de Paris.

ŒUVRES

Il est un jardin... (souvenirs romancés), Montréal, Les Éditions Variétés/Dussault et Péladeau, 1945, 206 p.
Le Sabre d'Arlequin. Roman, Montréal, Les Sociétés d'édition et de librairie Paul Péladeau, 1956, 313 p.

Dure est ma joie. Roman, Paris, Flammarion éditeur, [1962], 187 p.

Dialogue dans l'infini, Paris, Desclée de Brouwer, 1967, 151 p. « Essais pour notre temps ».

Magnificat (essai), Paris, Nouvelle Cité, 1973, 227 p.

ÉTUDES

Rex Desmarchais, *Il est un jardin...*, dans *L'École canadienne*, 21e année, n° 5, janv. 1946, p. 251–252.

Roger Duhamel, « *Il est un jardin...* », AN, vol. 27, n° 2, févr. 1946, p. 144–147.

Rita Leclerc, « *Le Sabre d'Arlequin* », dans *Lectures*, vol. 3, n° 9, janv. 1957, p. 81–82.

Paul Gay, *Dure est ma joie*, dans *Lectures*, vol. 9, n° 3, nov. 1962, p. 61–63.

Paule Saint-Onge, *Dure est ma joie*, LAC 1962, p. 12–13.

Louise Pouliot, *Jacqueline Dupuy*, dans *Idéal féminin*, 17e année, n° 1, janv. 1968, p. 10–11.

DUPUY, RÉGINALD. Voir **LAMARCHE, GUSTAVE.**

DUQUETTE, ANDRÉ. Voir **NOLIN, JEAN.**

DUQUETTE, JEAN-PIERRE (1939–   ). Essayiste, né à Valleyfield. Il fait ses humanités au Collège de Valleyfield (B.A., 1961). Il obtient ensuite à l'Université de Montréal une licence ès lettres (1963) et le C.A.P.E.S. de l'École normale supérieure (1967), puis le doctorat, à l'Université de Paris-Nanterre, en présentant une thèse sur Flaubert (1969). De retour à Montréal, il devient professeur de littérature française et québécoise à l'Université McGill. Ses publications ont reçu un bon accueil de la critique. À la parution de *Flaubert ou L'Architecture du vide*, Charles Bolduc écrit : « Si ce livre n'a pas l'ambition d'apporter une vue nouvelle sur Flaubert, il a le mérite qui n'est pas mince d'étendre à un ouvrage entier l'étude précise des problèmes de la forme ». À propos de l'essai sur Germaine Guèvremont, Françoise de Laborde déclare que l'ouvrage est le meilleur de la collection « Lignes québécoises ». Et Ghislaine Pesant dit que dans son travail sur le peintre Fernand Leduc, le professeur Duquette fait revivre de façon fort intelligente « une époque d'étouffement intellectuel ».

ŒUVRES

Flaubert ou L'Architecture du vide (essai), Montréal, PUM, 1972, 186 p.

Germaine Guèvremont : une route, une maison (essai), Montréal, PUM, 1973, 81 p. « Lignes québécoises ».

Fernand Leduc (essai), Montréal, Hurtubise HMH, 1980, 154 p. Ill. « Arts d'aujourd'hui ».

Simone Aubry Beaulieu, [Montréal], Éditions du Lion ailé, 1982, 155 p. Collab. Annie Molin Vasseur. Ill. de Beaulieu. Avant-propos de René Garneau.

Colette. L'amour de l'amour (essai), Montréal, Hurtubise HMH, 1984, 225 p. « C ».

Structure de L'Éducation sentimentale, EF, vol. 6, n° 2, mai 1970, p. 159–180.

Charles Guérin et la Fiction au XIXe siècle, VI, vol. 1, n° 2, déc. 1975, p. 182–185.

ÉTUDES

Charles Bolduc, *Flaubert ou L'Architecture du vide de Jean-Pierre Duquette*, LAQ 1972, p. 200–201.

Alison Fairlie, *Flaubert ou L'Architecture du vide de Jean-Pierre Duquette*, dans *French Studies*, vol. 29, n° 2, avril 1975, p. 215–216.

Gérard Lavallée, *Duquette, Jean-Pierre. Fernand Leduc*, dans *Nos livres*, vol. 11, n° 246, août-sept. 1980, p. 246–247.

Ghislaine Pesant, *Fernand Leduc en quête de la couleur-lumière*, dans *Le Livre d'ici*, vol. 6, n° 4, 29 sept. 1980, p. 2.

Jean Éthier-Blais, *Fernand Leduc de Jean-Pierre Duquette*, dans *Vie des arts*, n° 100, automne 1980, p. 74–75.

DURAND, GUY (1933–   ). Théologien et essayiste, né à Montréal. Il étudie au Collège Bourget (B.A., 1953) et à l'Université de Montréal (maîtrise en sciences religieuses, 1960, et licence en droit, 1961). En 1964, il s'inscrit à la Faculté catholique de théologie de Lyon où il soutiendra, après sa licence, une thèse de doctorat (1967). Il poursuit également des études supérieures et des recherches à la Faculté de théologie de Münster. À partir de 1967, il enseigne à l'Institut supérieur de sciences religieuses de l'Université de Montréal ; en 1972, il est nommé professeur agrégé à la Faculté de théologie de l'Université de Montréal. Il collabore activement aux périodiques suivants : *Relations*, *Église de Montréal*, *Vida Religiosa*, *Science et Esprit*, *Liturgie et Vie chrétienne*, *Couple et Famille*, *L'Église canadienne*. « La problématique de l'auteur, lit-on dans *Le Livre canadien*, est celle d'un adulte qui s'adresse à d'autres adultes, ou aux adolescents sur le point de franchir le seuil de leur vie adulte ».

ŒUVRES

Éthiques de la rencontre sexuelle (essai), Montréal, Fides, 1971, 192 p. Préface de Jocelyne Durand ; 1981, 193 p. Traduction italienne par Valeria Bajo : *L'Incontro sessuale*, Assisi (Italie), Cittadella, 1974, 178 p.

Sexualité et Foi. Synthèse de théologie morale (essai), Montréal, Fides, 1977, 426 p. « Héritage et Projet » ; Paris/Montréal, Cerf/Fides, 1983, 430 p.

Quel Avenir ? Les enjeux de la manipulation de l'homme, [Montréal], Leméac, 1978, 257 p. Collab. Viateur Boulanger. « Quelle ».

Quelle Vie ? Perspective de bioéthique, [Montréal], Leméac, 1978, 121 p. Collab. Viateur Boulanger. Introduction de l'auteur. « Quelle ».

Choisis ta vie. Lettre d'un père à ses adolescents, Montréal, Libre Expression, 1982, 279 p. Ill. Avant-propos de l'auteur.

Richard Martel. Activités artistiques, 1978–1982, Québec, Les Éditions Intervention, 1983, 93 p. Collab. Andrée Fortin. Ill.

L'Éducation sexuelle. Un livre de référence pour les parents, les enseignants et les autres..., Montréal, Fides, 1985, 280 p. Collab. Michel Lemieux. Ill. de Brigitte Prévost.

Essais sur la mort. Montréal, Fides, 1985, 517 p. Publiés sous la direction de Guy Couturier, André Charron et Guy Durand. « Héritage et Projet ». (Travaux d'un séminaire de recherche sur la mort. Faculté de théologie, Université de Montréal).

L'Euthanasie. Problème de société, Montréal, Fides, 1985, 140 p. Publié sous la direction de Viateur Boulanger et Guy Durand.

———

Le Mariage civil, Rel, n⁰ 326, avril 1968, p. 112–116.

Les Notions de fin intermédiaire et de fin secondaire dans la tradition thomiste, dans *Science et Esprit*, vol. 21, n⁰ 3, oct.-déc. 1969, p. 371–403.

Quand faut-il baptiser les enfants ? À propos d'un article récent, dans *Liturgie et Vie chrétienne*, janv.-mars 1970, p. 83–89.

Divorce et Remariage, dans *L'Église canadienne*, vol. 5, n⁰ 7, sept. 1972, p. 205–208.

La Fidélité conjugale et l'Indissolubilité du mariage et *Le Divorce : essai de synthèse*, dans *Entre le rêve et la réalité*, Montréal, PUM, 1973, p. 76–90, 175–190.

ÉTUDE
[Anonyme], *Éthique de la rencontre sexuelle de Guy Durand*, dans *Le Livre canadien*, vol. 2, déc. 1971, n⁰ 252.

DURAND, LUCIE. Voir **BERSIANIK, LOUKY.**

DURAND, MARIELLE (1933–   ). Essayiste, née à Montréal. En 1950, elle reçoit un diplôme en lettres-sciences du Pensionnat Mont-Royal et elle est lauréate en musique de l'École Vincent-d'Indy. En 1952, elle obtient un diplôme supérieur d'enseignement à l'Institut pédagogique, puis, à l'Université de Montréal, un diplôme en bibliothéconomie (1953), un baccalauréat ès arts (1960), une maîtrise portant sur « Lancelot à la quête du Saint-Graal : les cheminements de la grâce par les charismes de la femme » (1965), et un doctorat pour une thèse sur la notion d'autorité dans la littérature enfantine (1975). Durant ses études supérieures, elle a été successivement professeure à la Commission des écoles catholiques de Montréal, employée au secrétariat national de l'Action catholique, bibliothécaire de la ville de Montréal, directrice de la bibliothèque des Sciences de l'éducation. En 1971, elle est nommée directrice de la bibliothèque de l'éducation, psychologie et communications de l'Université de Montréal. En outre, elle occupe des postes de commande dans plusieurs organismes reliés à l'éducation et au livre, et elle collabore à divers périodiques spécialisés tels que *Documentation et Bibliothèques, Revue des sciences de l'éducation, Argus*. En 1976, elle publie un important ouvrage : *L'Enfant-personnage et l'Autorité dans la littérature enfantine*, dans lequel elle soutient que la littérature écrite pour les enfants est « unilatérale, arbitraire, relative, subjective, limitative, conventionnelle et négative ». À son avis, cette littérature est mal adaptée à l'univers socio-culturel d'aujourd'hui et, au lieu d'être prophétique comme dans certains autres pays, elle marque le pas. Fondé sur des enquêtes minutieuses, l'ouvrage a reçu un accueil favorable de la critique.

ŒUVRE
L'Enfant-personnage et l'Autorité dans la littérature enfantine (essai), Montréal, Leméac, 1976, 350 p.

———

Une littérature de jeunesse écrite par des jeunes, LAQ 1971, p. 82–84.

La Femme, espèce humaine ?, dans *Documentation et Bibliothèques*, vol. 21, n⁰ 1, mars 1975, p. 5–8.

Quand un revenant frappe à votre porte, dans *Argus*, vol. 4, n⁰ 1, mai 1975, p. 12–15.

Relation de travail et Développement professionnel, dans *Documentation et Bibliothèques*, vol. 21, n⁰ 3, sept. 1975, p. 86.

Quelle est la relation adulte-enfant dans la littérature enfantine ?, dans *Documentation et Bibliothèques*, vol. 21, n⁰ 4, déc. 1975, p. 221–225.

La Relation adulte-enfant dans la littérature enfantine, dans *Revue des sciences de l'éducation*, vol. 2, n⁰ 3, automne 1976, p. 223–248.

ÉTUDES
Monique Khouzam, *Marielle Durand. L'Enfant-personnage et l'Autorité dans la littérature enfantine*, LAQ 1976, p. 262–264.
Michel Laurin, *Durant [sic], Marielle, L'Enfant personnage et l'Autorité dans la littérature enfantine*, dans *Nos livres*, vol. 8, mars 1977, n⁰ 87.

DURAND, PAUL. Voir **BÉDARD, PIERRE JOSEPH.**

DURANT, XAVIER. Voir **DESMARCHAIS**, REX.

DUROCHER, RENÉ (1938–
). Bibliographe et historien, né à Montréal. Il fait ses humanités à l'École supérieure Saint-Stanislas, à l'École normale Jacques-Cartier et à l'Université de Montréal (B. péd., B.A., 1960). Poursuivant ses études à l'Université de Montréal, il obtient une licence en histoire (1965) et un diplôme d'études supérieures pour un mémoire intitulé « Québec-Ontario-Ottawa 1934-1939 ». Pendant ses études supérieures, il enseigne l'histoire au Collège Mont Saint-Louis de Montréal et à la Régionale de Chambly. En 1965, il devient professeur à l'Université de Montréal où on lui confie la tâche de créer le premier cours d'histoire du Québec contemporain, travail qui va orienter toutes ses recherches vers une grande synthèse de l'histoire du Québec depuis la Confédération. Il est professeur invité aux universités de York (1971-1973), de Calgary (été 1972), de Bordeaux (France, 1975) et d'Israël (été 1980). En 1980, il est nommé professeur titulaire de l'Université de Montréal. Outre les importants ouvrages dont il est coauteur, René Durocher contribue à plusieurs collectifs et il collabore à des périodiques comme la *Revue d'histoire de l'Amérique française*, *Études canadiennes/Canadian Studies*, *Canadian Annual Review*, *Le Devoir*. Membre actif de plusieurs comités de publication et de sociétés d'histoire, il est élu à la Société royale du Canada en 1981. Le premier tome de l'*Histoire du Québec contemporain* qu'il publie avec Paul-André Linteau et Jean-Claude Robert est salué comme un événement par Yvan Lamonde et comme un livre admirable par Ramsay Cook, tant pour sa valeur scientifique que pour l'équilibre de la construction et des analyses. Et Susan Mann Trofimenkoff résume un peu la louange générale en disant que « cet ouvrage nous invite à la recherche autant qu'à l'admiration et la reconnaissance. Chaque lecteur y trouvera une piste prometteuse : la culture populaire, les Indiens, les colons, les liens entre les élites, les liens entre les idéologies [...], le monde des affaires, l'Église comme bureau de placement, tant de domaines à exploiter ».

ŒUVRES

Histoire du Québec : bibliographie sélective (1867-1970), Trois-Rivières, Éditions du Boréal Express, 1970, 189 p. Collab. P.-A. Linteau.

Le « Retard » du Québec et l'Infériorité économique des Canadiens français (essai), Trois-Rivières, Les Éditions Boréal Express, 1971, 129 p. « Études d'histoire du Québec ».

Histoire du Québec contemporain (essai), Montréal, Boréal Express, 1979-1986 ; 2 t. : t. 1, *De la Confédération à la crise (1867-1929)*, 1979, 658 p. Collab. P.-A. Linteau et J.-C. Robert ; t. 2, *Le Québec depuis 1930*, 1986, 739 p. Collab. P.-A. Linteau, J.-C. Robert et François Ricard.

Maurice Duplessis et sa conception de l'autonomie provinciale au début de sa carrière politique, RHAF, vol. 23, n° 1, juin 1969, p. 13-24.

Taschereau, Hepburn et les relations Québec-Ontario 1934-1936, RHAF, vol. 24, n° 3, déc. 1970, p. 341-355.

Un journaliste catholique au XXe siècle : Henri Bourassa, dans *Le Laïc dans l'Église canadienne-française de 1830 à nos jours*, Montréal, Fides, 1972, p. 185-213.

De la Nouvelle-France au Québec contemporain, dans *La Modernisation politique du Québec*, Québec, Boréal Express, 1976, p. 229-249.

Le Faciste canadien, 1935-1938, dans *Idéologies au Canada français, 1930-1939*, Québec, PUL, 1978, p. 257-272.

Réflexions sur l'enseignement de l'histoire nationale au secondaire, dans *Bulletin de la Société des professeurs d'histoire du Québec*, vol. 17, n° 1, janv. 1979, p. 21-26.

Une histoire monolithique, Rel, n° 455, janv. 1980, p. 4-5.

Mouvements migratoires au Bas-Canada/Québec, dans *Les Migrations internationales de la fin du XVIIIe siècle à nos jours*, Paris, CNRS, 1980, p. 90-93.

ÉTUDES

Gérard Bélanger, *René Durocher et Paul-André Linteau (éd.). Le « Retard » du Québec et l'Infériorité économique des Canadiens français*, RS, vol. 13, n° 1, janv.–avril 1972, p. 154-155.

Jean-Guy Genest, *Durocher René et Paul-André Linteau. Histoire du Québec. Bibliographie relative (1867-1970)*, RHAF, vol. 26, n° 1, juin 1972, p. 110-111.

Michel Duquette, *Une grande synthèse sur le Québec*, Dev, vol. 70, n° 251, 27 oct. 1979, p. 21.

Yvan Lamonde, *Une histoire exceptionnelle du Québec*, Dev, vol. 70, n° 251, 27 oct. 1979, p. 21.

Pierre Gingras, *L'Histoire du Québec contemporain. Pour faire le lien entre la Nouvelle-France et la révolution tranquille*, dans *Forum*, vol. 14, n° 9, 29 oct. 1979, p. 5.

Clément Trudel, *Durocher, Linteau, Robert. Opérer une mise à jour de l'histoire*, Dev, vol. 70, n° 275, 1er déc. 1979, p. 34, 39.

Susan Mann Trofimenkoff, *Paul-André Linteau, René Durocher, Jean-Claude Robert, Histoire du Québec contemporain. De la Confédération à la crise (1867-1929)*, RS, vol. 21, nos 1-2, janv.–avril 1980, p. 190-193.

Ramsay Cook, *Paul-André Linteau et al. Histoire du Québec contemporain*, dans *American Historical Review*, vol. 86, n° 1, févr. 1981, p. 227.

DUSSAULT, GABRIEL (1943–   ). Historien et sociologue, né à Montréal. Après des études classiques au Collège Sainte-Marie, il suit des cours de philosophie et de sciences religieuses. En 1971, il s'inscrit à l'École pratique des Hautes Études de Paris où il obtient son doctorat en sociologie, en 1975, pour une thèse sur l'œuvre du curé Labelle, thèse publiée en 1983 sous le titre : *Le Curé Labelle. Messianisme, utopie et colonisation au Québec 1850-1900*. D'abord associé de recherche à la faculté de théologie de l'Université de Sherbrooke (1975–1976), il passe par la suite au Département de sociologie de l'Université Laval. Il s'intéresse particulièrement à la sociologie de la culture.

ŒUVRES

Panthéisme, action, omega chez Teilhard de Chardin, Paris, Desclée de Brouwer, 1967, 215 p. Collab. Louis Gendron et André Haguette. « Essais pour notre temps ».

Charisme et Économie. Les cinq premières communautés masculines établies au Québec sous le régime anglais (1837-1870), [Québec], Laboratoire de recherches sociologiques, Département de sociologie, Université Laval, 1981, [n.p.].

Le Curé Labelle. Messianisme, utopie et colonisation au Québec 1850-1900, Montréal, Hurtubise HMH, 1983, 382 p.

———

Un réseau utopique franco-québécois et son projet de reconquête du Canada (1860-1891), dans *Les Cahiers du Centre culturel canadien* (Paris), no 3, 26 avril 1974, p. 59-68.

L'Utopie colonisatrice contre l'ordre économique, RS, vol. 19, no 1, 1978, p. 55-78.

La Notion de culture en contexte d'intervention étatique et ses correlats structurels, RS, vol. 21, no 3, 1980, p. 317-327.

Michel Gravel

DUSSAULT, JEAN-CLAUDE (1930–   ). Essayiste et poète, né à La Minerve (Labelle). Il fait ses études au Collège des Frères des Écoles chrétiennes de Laprairie et à l'École supérieure Richard de Verdun, puis à l'École normale Jacques-Cartier de Montréal (1943-1950). En 1981, il obtient une maîtrise en sciences religieuses à l'Université du Québec à Montréal dont le mémoire s'intitule « Carlos Castaneda : thèmes orientaux et spiritualités nouvelles ». Il a été boursier du Conseil des Arts du Canada et de l'éditeur de *La Presse*. À compter de 1959, il est journaliste à *La Presse* où il deviendra directeur du Service des arts et des lettres en 1967. On peut diviser sa carrière d'écrivain en deux temps. Le premier, plus bref, est marqué par le groupe du *Refus global* et la révélation automatiste-surréaliste, comme le montre le début de son recueil poétique de 1955, *Proses*; mais le vers devient vite plus clair, et il sera presque régulier dans les beaux quatrains des *Sentences d'amour et d'ivresse* (1956) dans lesquels perce la pensée qui domine l'œuvre subséquente de Dussault. Lors d'un séjour à Paris (1952-1953), l'*Introduction à l'étude des doctrines hindoues* de René Guénon lui ouvre la compréhension de la pensée orientale. Un voyage au Moyen-Orient et en Asie, avec un séjour de six mois en Inde (1958-1959), sera décisif et fondera une œuvre : « J'ai vécu de cette nourriture spirituelle pendant des années », dit-il à Réginald Martel. Il trouve une unité dans l'hindouisme, le soufisme et le bouddhisme. L'homme veut être heureux mais les systèmes philosophiques ou religieux et les sociétés traditionnelles de l'Occident aboutissent à la frustration et à l'angoisse, pense Dussault qui propose comme remède de « remonter la chaîne des signifiants, jusqu'au non-sens originel [...] de la jouissance où le nœud individuel se défait dans l'universel » *(Le Corps vêtu de mots)*. « Ces deux axes de sa pensée : jouissance et universalité, fondent tout son essai », écrit Joseph Melançon sur cet ouvrage. À l'appui de sa pensée, Dussault réunit dans une étrange et un peu facile harmonie, Marx, Freud et la psychanalyse, la science et la sociologie, la linguistique et l'art ; mais selon Melançon le collage des textes est trop orienté pour former une démonstration convaincante.

ŒUVRES

Proses. Suites lyriques (poésie), [Montréal], Éditions d'Orphée, [1955], 123 p.

Le Jeu des brises (théâtre), Montréal, Éditions d'Orphée, 1956, 56 p.

Dialogues platoniques (essai), Montréal, Éditions d'Orphée, 1956, 130 p.

Sentences d'amour et d'ivresse (poésie), Montréal, Éditions d'Orphée, 1956, 52 p. ; 1958, [n.p., 57 p.].

Essai sur l'hindouisme, suivi d'un appendice sur le bouddhisme, Montréal, Éditions d'Orphée, 1965, 99 p. ; *500 millions de Yogis ? Un essai sur l'hindouisme*, Montréal, Éditions du Jour, 1970, 126 p. Portrait. Suivi d'un appendice sur le bouddhisme ; Montréal, Quinze, 1980, 133 p. Présentation critique de Jean Tétreau. Portrait. « Présence ».

Pour une civilisation du plaisir (essai), Montréal, Éditions du Jour, 1968, 134 p. « Cahiers de Cité Libre » ; Montréal, Quinze, 1980, 134 p. Préface d'Alain Pontaut. « Présence ».

Le Corps vêtu de mots (essai), [Montréal], Messageries du Jour, 1972, 160 p. ; Montréal, Éditions Quinze, 1980, 162 p. Présentation critique de Jean Tétreau. « Présence ».

L'Orbe du désir. Essai, Montréal, Éditions Quinze, 1976, 161 p.

Éloge et Procès de l'art moderne (essai), Montréal, VLB éditeur, 1979, 136 p. Collab. Gilles Toupin.

Le « I » Ching (essai), Montréal, Libre Expression, 1982, 174 p. Collab. Jean Maillé. Ill. de Jean Maillé.

Poésie et Langage, Dev, vol. 47, n° 275, 22 nov. 1956, p. 25.

Entre magie et langage, dans *Placedart*, vol. 5, n° 4, avril-mai 1970, p. 13, 15, 17.

Fonction du plaisir, dans *Éducation et société*, vol. 1, n° 3, avril 1970, p. 8-9.

Nominingue et les Quatres saisons. Petite géographie littéraire, Dev, vol. 63, n° 252, 28 oct. 1972, p. 25.

L'Appel de l'Orient. Mirage ou vérité ?, dans *Critère*, n° 30, printemps 1981, p. 59-67.

René Girard : la révélation évangélique et le bouddhisme, dans *Sciences religieuses*, vol. 10, n° 1, hiver 1981, p. 59-66.

ÉTUDES

Rodolphe de Repentigny, *Peinture et « Dialogues platoniques »*, Pr, 75e année, n° 161, 14 juillet 1956, p. 63.

Jean-Paul Robillard, *Interview-éclair de Jean-Claude Dussault*, PJ, 30e année, n° 42, 16 sept. 1956, p. 58.

[Gilles Marcotte], *Jean-Claude Dussault : de l'automatisme à l'hindouisme*, Pr, 81e année, n° 105, 8 mai 1965, p. 3.

André Bertrand, *Essai sur l'hindouisme de Jean-Claude Dussault*, LAC 1965, p. 146-147.

Alain Pontaut, *Défense et Illustration du plaisir*, Pr, 84e année, n° 132, 8 juin 1968, p. 29.

André Major, *Jean-Claude Dussault. Pour une civilisation du plaisir*, Dev, vol. 59, n° 135, 8 juin 1968, p. 12.

Jean-Paul Brousseau, *Du bonheur, des Yogis et des hommes*, Pr, 86e année, n° 237, 14 oct. 1970, p. D-2.

Réginald Martel, *Jouir ! Jouir !*, Pr, 88e année, n° 48, 25 févr. 1972, p. C-3.

Julia Richer, *Le Corps vêtu de mots de Jean-Claude Dussault*, dans *L'Information médicale et paramédicale*, vol. 24, n° 10, 21 mars 1972, p. 6.

Jean Éthier-Blais, *Entre l'âme et le sage*, Dev, vol. 63, n° 72, 25 mars 1972, p. 15.

Joseph Melançon, *Le Corps vêtu de mots de Jean-Claude Dussault*, LAQ 1972, p. 225-226.

Gilles Toupin, *L'Orbe du désir de Jean-Claude Dussault*, LAQ 1976, p. 218-221.

Léo Rosshandler, *Une réévaluation radicale de l'art moderne*, Pr, 95e année, n° 77, 31 mars 1979, p. D-20.

Gilbert Tarrab, *Éloge et Proies de l'art moderne de Jean-Claude Dussault*, LQ, n° 15, août-sept. 1979, p. 68.

Lise Parent, *Entrevue avec Jean-Claude Dussault et Gilles Toupin*, dans *Trajectoires*, n° 5, sept-déc. 1979, p. 22-26.

Réginald Martel, *Jean-Claude Dussault, L'inspiration orientale*, Pr, 98e année, n° 67, 20 mars 1982, p. C-3.

Charles Meunier

DUSSAULT, LOUISETTE (1940-). Comédienne, monologuiste et dramaturge, née à Theford-les-Mines (Mégantic). Elle fait ses études au Mont-Notre-Dame et à l'Université de Sherbrooke, mais elle interrompt ses « lettres et sciences » pour l'Atelier du Proscenium de Lucie de Vienne-Blanc (1958-1961), et elle étudie parallèlement à l'École normale de Musique de Montréal (B.Mus., 1960), puis elle suit le cours de l'École nationale de Théâtre du Canada (1961-1964). Pendant ses études, elle gagne sa vie comme téléphoniste-réceptionniste, professeure de piano, professeure de diction... À la sortie de l'École, elle fait deux ans de tournée avec le Manitoba Theater Center (1964) et avec la Canadian Players Foundation of Toronto (1965). À son retour à Montréal, elle fonde avec ses camarades la troupe l'Amorce. Devenue pigiste, elle travaille avec Jean-Claude Germain dans la troupe des Enfants de Chénier pendant deux ans et demi, avec André Brassard et Michel Tremblay *(Les Belles-Sœurs)*, avec la Ligue nationale d'improvisation ; elle fait partie de nombreux spectacles, tels *La Nef des sorcières* et *Les fées ont soif*. En outre, elle tient des rôles à la télévision où elle est pendant plusieurs années la Souris verte pour les enfants, la rousse Thérèse dans « Chez Denise ». Pendant ses études, et par la suite, elle a cultivé son talent d'improvisatrice et, quand Luce Guilbault lui demande de participer au spectacle « Paroles d'en-dedans et d'en-dehors » pour les prisonniers, elle propose de « raconter » une aventure personnelle. C'est l'origine de *Moman*, spectacle à un personnage qui en incarne vingt et que Louisette Dussault écrit et joue en mars 1979 à la Salle Fred-Barry, puis au festival de Nancy en 1980 et de nouveau en France, en Belgique et au Canada plus de deux cents fois, jusqu'en 1982, avec un très vif succès. Un journaliste parisien l'appelle « cette femme-orchestre [qui] incarne, avec une chaleur incroyable chacun de ceux qui la bousculent ». De même, Martial Dassylva écrit que la comédienne « s'y donne tout entière avec une verve, un humour, une énergie, et une souplesse qui ne se démentent pas ». Il s'agit d'une maman qui fait en autocar le trajet de Montréal à Nicolet au cours d'une tempête de neige, avec ses deux fillettes endiablées : gare, guichet, départ, caprices des enfants, réactions des voyageurs, sursauts de la mère, retours en arrière... « L'originalité de *Moman*, écrivent Andrès et Lacroix, réside dans cette alternance savamment rythmée de séquences racontées et mimées qui, s'imbriquant les unes dans les autres, révèlent trois temporalités : celle du voyage à Nicolet, celle du passé de la mère [...] et celle de la représentation qui enchâsse les deux autres ». Histoire d'une femme qui reprend possession de sa vie et dont la libération débouche sur une libération collective.

ŒUVRES

Moman, précédé de Itinéraire pour une moman (essai-théâtre), Montréal, Boréal Express, 1981, 156 p. Ill.

Crapauds et autres animaux (poèmes), Montréal, Editions La Courte Échelle, 1981, [n.p., 23 p.]. Collab. Yvan Adam *et al*. Ill.

La Grossesse, Le Cordon, L'Autre « moman » (monologues), dans *Monologues québécois 1890-1980*. Montréal, Leméac, 1980, p. 332-335.

ÉTUDES

André Béliveau, *La Télévision et l'Enfance : un défi constant*, Pr, 88e année, n° 249, 25 nov. 1972, p. D-7.

Martial Dassylva, « *Moman* » *est né dans un autobus Voyageur*, Pr, 95e année, n° 230, 17 mars 1979, p. D-4.

Adrien Gruslin, *Louisette Dussault. Rompre avec la moman-police*, Dev, vol. 70, n° 64, 17 mars 1979, p. 19-20.

Martial Dassylva, *Un spectacle-orchestre pour une femme-orchestre*, Pr, 95e année, n° 234, 21 mars 1979, p. D-4.

André Dionne, *Le théâtre qu'on joue*, LQ, n° 15, août-sept. 1979, p. 132.

Denis Lavoie, « *Moman* » *bien accueillie en France*, Pr, 96e année, n° 135, 4 juin 1980, p. D-5.

Martine R. Corrivault, *Louisette Dussault et sa « Moman »*, So, vol. 83, n° 186, 9 août 1980, p. C-1.

Julie Stanton, *Louisette Dussault. « Me voici repartie dans la création »*, Dev, vol. 71, n° 269, 22 nov. 1980, p. 21.

Bernard Andrès et Yves Lacroix, *Une performance de conteuse et de comédienne*, dans *Jeu*, n° 17, déc. 1980, p. 97-104.

DUTAUD, PIERRE. Voir GRANDPRÉ, PIERRE DE.

DUVAL, ANDRÉ (1921-   ). Romancier et essayiste, né à Québec. Après ses études primaires chez les Frères des Écoles chrétiennes à Saint-Roch, ses études secondaires au Petit Séminaire de Québec, il obtient un baccalauréat en 1939, et une licence en droit à l'Université Laval, en 1945, puis il fait un séjour à Toronto où il fréquente, à titre d'auditeur libre, la Faculté de droit. Il retourne à Québec, ouvre un bureau de notaire et travaille 20 ans à son propre compte, et ensuite, pendant 10 ans, pour le ministère des Affaires intergouvernementales. Son œuvre littéraire commence par la publication d'un roman, *Le Mercenaire*, en 1961 dont le sujet se situe dans le domaine des affaires. Dix ans après, il publie un deuxième roman *Les Confidences*, un récit bien ordinaire. L'auteur se fait connaître surtout par ses études historiques et géographiques : *Le Québec romantique* (1978), *La Capitale* (1979), *Mon lac se raconte* (1983). Du premier, Maurice Lebel dit qu'il est « riche d'observations et de réflexions de toutes sortes sur les mœurs et la religion, l'architecture et les paysages » de la vieille capitale. Le deuxième essai fait suite à *Québec romantique* et présente la ville de Québec dans sa vocation politique et civilisatrice. Enfin, *Mon lac se raconte* est une monographie du lac Beauport. Grand voyageur, juriste, chercheur, Duval vise dans ses essais à rapporter les faits vrais, vérifiés dont il aime reconstituer le détail géographique et la véracité historique.

ŒUVRES

Le Mercenaire. Roman, Québec, La Librairie Garneau ltée, 1961, 220 p.

Les Condisciples. Roman, Québec, L'Action, 1971, 163 p.

Québec romantique (essai), Montréal, Boréal Express, 1978, 287 p. Ill. Avant-propos de l'auteur.

La Capitale (essai), Montréal, Boréal Express, 1979, 317 p. Ill. Avant-propos de l'auteur.

Québec-Boston (essai), Boston, Délégation du Québec en Nouvelle-Angleterre, 1980, 120 p. Collab. Mason Wade. Ill.

Mon lac se raconte... (histoire), Lac Beauport, Municipalité de Saint-Dunstan du Lac Beauport, 1983, 239 p. Ill.

Place Jacques-Cartier ou Quarante ans de théâtre français à Québec, 1871-1911 (chronique), Québec, Les Éditions La Liberté, 1984, 318 p. Ill.

Des sacrements au Concile de Trente, Paris, Les Éditions du Cerf, 1985, 406 p. « Rites et Symboles ».

ÉTUDES

Jean-Pierre Bonhomme, *La Première Cellule sociale québécoise*, Pr, 94e année, n° 153, 4 nov. 1978, p. D-4.

Maurice Filion, *Québec romantique : mais à travers les yeux des étrangers*, Dev, vol. 69, n° 286, 9 déc. 1978, p. 38.

Maurice Lebel, *Québec romantique*, 67e année, n° 160, 16 oct. 1979, p. 18.

Paul Gay, *La Capitale*, Dr, 67e année, n° 254, 26 janv. 1980, p. 18.

Ghislaine Pesant, *Jadis à Québec*, dans *Le Livre d'ici*, vol. 5, n° 30, 30 avril 1980, p. 1.

Maurice Lebel, *D'André Duval et Mason Wade. Québec-Boston*, Dr, 68e année, n° 288, 7 mars 1981, p. 18.

DUVAL, ÉTIENNE (1921–   ). Critique et historien de la littérature québécoise, né à Montréal. Il fait ses études au Collège de l'Assomption et à l'Université d'Ottawa (B.A., 1946), puis, en 1951, il obtient un baccalauréat en droit à l'Université de Montréal (1951). De 1951 à 1956, il est administrateur à Montréal. De 1956 à 1963, il enseigne dans des collèges américains, prépare une maîtrise à l'Université Northwestern de Chicago (1963), et œuvre comme professeur à l'Université Dalhousie (Halifax), de 1963 à 1969. En 1967, il soutient une thèse de doctorat à la Sorbonne sur « Le Nationalisme dans le théâtre québécois, 1760-1930 ». Il devient professeur à l'Université du Québec à Trois-Rivières en 1969 où ses travaux portent particulièrement sur l'histoire du théâtre. Dans son *Anthologie thématique du théâtre au XIXᵉ siècle*, André Janoël voit « une importante contribution à la connaissance de notre passé littéraire ». Par ailleurs, pour Jean Du Berger, outre le peu de talent de la plupart des auteurs, une anthologie de cette sorte peut agacer, « car les points de vue peuvent être à ce point personnels que la classification qui en découle est arbitraire. C'est le cas de cet ouvrage ».

ŒUVRES

Anthologie thématique du théâtre québécois au XIXᵉ siècle Montréal, Leméac, 1978, 458 p. Collab. Jean Laflamme. « Théâtre ».

Aspects du théâtre québécois (essais), Trois-Rivières, UQTR, 1978, iv, 142 p. Éditeur. « Théâtre d'hier et d'aujourd'hui ».

Le Jeu de l'histoire et de la société dans le théâtre québécois 1900-1950 (anthologie), Trois-Rivières, UQTR, 1981, 247 p. « Théâtre d'hier et d'aujourd'hui ».

ÉTUDES

Jean Du Berger, *Étienne-F. Duval. Anthologie thématique du théâtre québécois au XIXᵉ siècle,* LAQ 1978, p. 163-164.

André Janoël, *Duval (Étienne-F.) avec la collaboration de Jean La Flamme. Anthologie thématique du théâtre québécois au XIXᵉ siècle,* dans *Nos livres,* vol. 10, mars 1979, nº 94.

Louise Forsyth, *Anthologie thématique* [...]. *Le Jeu de l'histoire et de la société dans le théâtre québécois 1900-1950,* dans *Histoire du théâtre au Canada,* vol. 3, nº 2, 1982, p. 201-205.

DUVAL, LÉON. Voir **GILL, CHARLES.**

DUVAL, THÉRÈSE (1927–   ). Journaliste et essayiste, née à Québec. Elle fait le secondaire chez les Dames de la Congrégation, puis des études d'espagnol et de sociologie à l'Université Laval où elle est secrétaire du doyen de la Faculté des sciences sociales, le Père Georges-Henri Lévesque (1952-1955). De 1955 à 1960, elle travaille au Service culturel de l'Ambassade de France, à Ottawa. En 1962, elle entre à l'Hydro-Québec où elle sera secrétaire, rédactrice, collaboratrice du journal de l'Hydro (1968-1970) et, à compter de 1968, documentaliste. Son « Dossier de la femme à l'Hydro-Québec » mérite un prix spécial, en 1970. Elle collabore à plusieurs périodiques, tels *Entre-Nous*, le *Magazine Maclean*, et *La Presse*. En 1981, elle représente les femmes écrivains du Québec au Festival artistique québécois, à Paris. Directement ou indirectement, l'œuvre de Thérèse Duval porte sur la situation de la femme au travail. Son premier livre, *Madame ou Mademoiselle?* (1978), traite des problèmes d'autonomie et d'intégration de la célibataire dans la société. Concret, d'une écriture alerte et teintée d'humour, l'ouvrage connaît un vif succès. Continuant à s'informer auprès des intéressées comme dans son premier travail et parlant d'un milieu qu'elle connaît bien, Thérèse Duval analyse surtout l'état et le comportement de la secrétaire dans *O.K. Boss* (1978), étude qui l'amène à « se demander si l'autonomie, chez les femmes, n'est pas un mythe ». Dans *La Marche nuptiale* (1980), l'auteur « se laisse aller à un peu de fantaisie », c'est son mot, en s'amusant des déboires du chef de famille dont le règne s'arrête à la porte, des misères de l'homme faible qui vit avec une maîtresse femme. Et avec *Sacré Boss!* (1981), elle montre à quels patrons sont livrées trop de femmes : l'arriviste, le comédien, le mufle, le snob, l'imbécile heureux, le radin, le peureux... « Avec un art habile du raccourci et dans une phrase allègre, Thérèse Duval multiplie les exemples, les mises en situations ; en deux paragraphes, elle découvre l'homme ordinaire, faillible derrière le masque de la fonction » (Madeleine Bellemare).

ŒUVRES

Madame ou Mademoiselle? Vivre seule dans une société pour couples (essai), Montréal, Éditions Libre Expression, 1978, 156 p.

99,9% des femmes au travail finissent toujours par dire O.K. Boss (essai), Montréal, Éditions Libre Expression, 1978, 294 p. Préface de Roger Chartier.

La Marche nuptiale (essai-satire), Montréal, Libre Expression, 1980, 154 p.

Sacré-Boss! (essai), Montréal, Libre Expression, 1981, 147 p.

ÉTUDES

Gilles Gemme, *Madame ou Mademoiselle?, un livre un peu mêlé,* CF, 12 avril 1978, p. 58.

Madeleine Bellemare, *Duval (Thérèse). 99,9% des femmes au travail finissent toujours par dire O.K. Boss*, dans *Nos livres*, vol. 10, avril 1979, n° 129.

Patrick Dagenais, *Une écriture qui trahit une volonté*, Dev, vol. 71, n° 99, 3 mai 1980, p. 25.

Renée Cimon, *Duval (Thérèse). Madame ou Mademoiselle? Vivre seule dans une société pour couples*, dans *Nos livres*, vol. 9, août-sept. 1980, n° 298.

Gilles Archambault, *La Marche nuptiale de Thérèse Duval*, dans *Le Livre d'ici*, vol. 5, 20 sept. 1980, n° 46.

Jeanne Maranda, *Thérèse Duval. Sacré Boss!*, LAQ 1981, p. 283-284.

Gaétane Payeur-Minot, *Duval (Thérèse). La Marche nuptiale*, dans *Nos livres*, vol. 12, mai 1981, n° 228.

Madeleine Bellemare, *Duval (Thérèse). Sacré Boss!*, dans *Nos livres*, vol. 13, janv. 1982, n° 12.

E

EAU SAUVAGE. Voir **BERTRAND, CLAUDINE.**

E.B. Voir **BILODEAU, ERNEST.**

E.B. (Mᵉ). Voir **CASGRAIN, HENRI-RAYMOND.**

ÉCORES, JULIEN DES. Voir **AUCLAIR, Joseph Arthur ÉLIE.**

EFFAIME STÉRÉO. Voir **DESMARAIS, CHARLES-ALEXANDRE.**

EID, NADIA F. Voir **EID, NADIA FAHMY.**

EID, NADIA FAHMY [Nadia Famy-Eid] (1936   ). Historienne, née à Port-Saïd (Égypte). Elle fait le cours classique au Couvent du Bon-Pasteur de Port-Saïd (B.A., 1953). Arrivée au Canada en 1960, elle fait des études en sciences infirmières puis en pédagogie, à l'Université Laval (B.Péd., 1963) où elle prépare une licence en histoire (1965), tout en enseignant chez les Ursulines. En 1967, elle présente un mémoire de maîtrise, « Les Mélanges religieux et la Révolution romaine de 1848 », à l'Université McGill, et elle soutient à l'Université de Montréal, en 1974, une thèse de doctorat sur « L'Idéologie ultramontaine au Québec (1848–1871) : composantes, manifestations et significations au niveau de l'histoire sociale de la période ». De 1966 à 1969, elle est professeure d'histoire au Cégep Édouard-Montpetit et, à partir de 1969, à l'Université du Québec à Montréal. Elle collabore à la *Revue d'histoire de l'Amérique française*, à *Recherches sociographiques...*, et elle fait partie du Groupe interdisciplinaire pour l'enseignement et la recherche sur les femmes. Sa thèse, publiée en 1974, reçoit un accueil partagé. « Dans son ouvrage, écrit Denis Dion, Nadia Eid analyse en profondeur les origines, les implications et les conséquences de la présence de l'idéologie ultramontaine en terre québécoise, les armes dont elle s'est dotée et les adversaires qu'elle devait combattre ». Par ailleurs, Philippe Sylvain, spécialiste de la question, loue l'auteur pour son patient, courageux et difficile travail, mais il fait de sérieuses critiques, lui reprochant de mal définir les groupes, en particulier de présenter le clergé ou « les ultramontains » comme un groupe monolithique et de donner une importance disproportionnée à quelques extrémistes. « Aussi au lieu d'un tableau tendant à gommer les différences, une analyse des positions idéologiques des principaux leaders ultramontains eût-elle davantage éclairé notre lanterne ».

ŒUVRES

Le Clergé et le Pouvoir politique au Québec : une analyse de l'idéologie ultramontaine au milieu du XIXᵉ siècle (essai), Montréal, Hurtubise HMH, 1978, viii, 320 p. Ill. « Cahiers du Québec. Histoire ».

Maîtresses de maison, maîtresses d'école. Femmes, famille et éducation dans l'histoire du Québec (essai), Montréal, Boréal Express, 1983, 415 p. Éditrice avec Micheline Dumont.

Les Couventines (essai), Montréal, Boréal Express, 1986, 320 p. Collab. Micheline Dumont.

Les « *Mélanges religieux* » *et la Révolution romaine de 1848*, RS, vol. 10, nᵒˢ 2–3, mai–déc. 1969, p. 237–260.

L'Etude des idéologies au Québec : bilan et perspectives de la recherche, RHAF, vol. 25, nᵒ 4, mars 1972, p. 558–564.

Ultramontanisme, Idéologie et Classes sociales, RHAF, vol. 29, nᵒ 1, juin 1975, p. 49–68.

Théorie de la famille et rapport famille/pouvoirs dans le secteur éducatif au Québec et en France (1850–1960), RHAF, vol. 34, nᵒ 2, sept. 1980, p. 197–221. Collab. Nicole Laurin-Frenette.

ÉTUDES

Jacques Grand'Maison, *Notre clergé*, dans *Le Livre d'ici*, vol. 4, nᵒ 19, 14 févr. 1979, p. 1.

Yvan Lamonde, *La Crosse et le Marteau*, Dev, vol. 70, nᵒ 98, 28 avril 1979, p. 24.

Denis Dion, *L'Ultramontanisme au Québec*, Pr, 95ᵉ année, nᵒ 173, 19 mai 1979, p. D-4.

Robert Perin, *N.F. Eid, Le Clergé et le Pouvoir politique au Québec*, dans *Histoire sociale/Social History*, vol. 13, nᵒ 25, mai 1980, p. 275–277.

Philippe Sylvain, *Eid, Nadia F. Le Clergé et le Pouvoir politique au Québec*. [...], RHAF, vol. 34, nᵒ 1, juin 1980, p. 105–110.

Lynda Cloutier, *La Recherche. Maîtresses de maison et maîtresses d'école*, dans *La Gazette des femmes*, vol. 5, nº 3, sept.-oct. 1983, p. 29.

ÉLIAS. Voir **AUCLAIR**, JOSEPH ARTHUR ÉLIE.

ÉLIE, DANIEL (1939–   ). Criminologue, né à Port-au-Prince (Haïti). Il étudie au Centre d'études secondaires de Port-au-Prince (B.A., 1958) et à l'Université de Montréal où il obtient une maîtrise pour un mémoire intitulé « L'Influence de la courte peine de prison » (1967), et un doctorat dont la thèse s'intitule : « Agressivité et Délinquance » (1974). À partir de 1972, il est professeur à l'Université de Montréal. Il collabore à *Crime et/and Justice* et *Criminologie*. En 1981, il fait paraître les premiers résultats de ses recherches sur *L'Homicide à Montréal*, entre les années 1945 et 1975.

ŒUVRE

L'Homicide à Montréal (essai), Montréal, Hurtubise HMH, 1981, 103 p. « Problèmes sociaux ».

Réflexions sur la recherche évaluative en criminologie au Québec, dans *Crime et/and Justice*, vol. 4, nº 3, nov. 1976, p. 154-158.

Les Performances du « test d'information familiale » de P.-S. Vénizia, dans *Crime et/and Justice*, vol. 6, nº 2, août 1978, p. 124-128.

La Criminalité au Québec, dans *Criminologie*, vol. 14, nº 1, janv. 1981, p. 85-104.

ÉLIE, NORMANDE [Normande Élie-Mercier] (1942–   ). Romancière, née à La Tuque (Champlain). Elle fait ses études à l'École centrale de La Tuque et à l'École normale Christ-Roi de Trois-Rivières, puis elle suit des cours libres au Cégep et à l'Université de Sherbrooke. Elle publie son premier roman, *Sanmaur*, en 1975. Pour René Lord, cette histoire d'amour sans prétention est « entachée de clichés et de morale ancienne [...]. Ce qui nous est présenté comme une expérience vécue a malheureusement la saveur d'un téléroman à l'eau de rose ». Madeleine Ouellette-Michalska dit du second roman, *Vertige*, paru en 1980 : « Tout se passe dans la magie d'une parole descriptive qui oscille constamment entre le manque et l'excès de transposition. [...] Normande Élie a cependant du talent. À certains moments, le ton est parfaitement tenu, et l'action convaincante ».

ŒUVRES

Sanmaur (roman), Montréal, Éditions de Lagrave, 1975, 118 p. « Tendresse ».

Vertige (roman), Jonquière, Éditions de Lagrave, 1980, 112 p. « Tendresse ».

L'ordinateur est amoureux (roman), Jonquière, Éditions de Lagrave, 1982, 108 p.

ÉTUDES

Pierre Francœur, *Le Roman de Mme Élie-Mercier. Sanmaur : l'histoire d'un grand amour !*, dans *La Tribune*, vol. 66, nº 184, 4 oct. 1975, p. 11.

René Lord, *Le Premier Livre de Normande Élie originaire de La Tuque. Une véritable libération*, No, vol. 56, nº 37, 15 déc. 1975, p. 21.

[PSJ], « *Vertige* » : *une quête personnelle intense mais qui ne conduit qu'à la destruction*, dans *La Tribune*, vol. 71, nº 82, 3 mai 1980, p. E-8.

Madeleine Ouellette-Michalska, *Normande Élie. Vertige*, Dev, vol. 71, nº 176, 2 août 1980, p. 21.

ÉLIE, ROBERT (1915-1973). Romancier, dramaturge et essayiste, né à Montréal. Ses études se poursuivent successivement au Collège Sainte-Marie (B.A., 1935), à la Faculté des lettres de l'Université de Montréal et à l'Université McGill où il suit les cours de littérature anglaise et d'histoire générale. Robert Élie collabore à la revue *La Relève*, dès 1935 ; il y resserre des liens d'amitié avec Saint-Denys Garneau, Jean Le Moyne, Claude Hurtubise, Robert Charbonneau et Paul Beaulieu. Il connaît par la suite une carrière brillante autant que variée : tour à tour reporter à *La Presse*, fondateur de la revue *Architecture, Bâtiment, Construction* (1947), directeur adjoint des services de presse et d'information à Radio-Canada (1948), directeur de l'École des Beaux-Arts de la Province de Québec (1958), conseiller culturel auprès de la Délégation générale du gouvernement du Québec à Paris (1961), directeur associé du Secrétariat du bilinguisme au Conseil privé et directeur associé du Conseil des Arts du Canada (1970). Robert Élie reçoit le Prix de la province de Québec en 1950 et, en 1955, il est élu à la Société royale du Canada. Son œuvre entière véhicule cette intuition fondamentale à savoir que l'homme est placé sur une voie menant vers l'Absolu et l'Espérance, après avoir passé par le dépouillement de la solitude. L'homme devra tout pénétrer de son regard — son être, les événements, les personnes — pour y trouver le vrai chemin vers la plénitude. Chez Élie, le chemin de l'espérance mène constamment à la même clairière qui est la quête de l'amitié et du dialogue. Chez lui, écrit Marc Gagnon, « l'homme est avant tout pèlerin en quête d'une voie. Cette voie passe par le dialogue qui nous ouvre les portes de la fraternité humaine. Toutefois, ce dialogue, par son absence dans les romans, provoque un vacuum qui conduit au cul-de-sac de la violence ». À la parution de ses *Œuvres* (1979), Robert Mélançon écrit : « on ne soupçonnait pas que l'œuvre de Robert Élie était si abondante [...]. Son œuvre est celle d'un humaniste qui ne considère pas la littérature comme une fin en soi mais comme un exercice subordonné au développement de la vie intérieure ».

ŒUVRES

Borduas (essai), Montréal, L'Arbre, 1943, 24 p. Ill. de Paul-Émile Borduas. « AV » ; Les Éditions Art global, 1983.

La Fin des songes. Roman, [Montréal], Éditions Beauchemin, 1950, 256 p. ; Montréal/Paris, Fides, 1968, 213 p. Précédé d'une chronologie, d'une bibliographie et de jugements critiques. « BCF ». Traduction anglaise par Irene Coffin : *Farewell my Dreams*, Toronto, The Ryerson Press, 1954, 213 p. ; New York, Bowregy & Curl, 1955.

Il suffit d'un jour. Roman, [Montréal], Beauchemin, 1957, 230 p.

Œuvres, LaSalle, Hurtubise HMH, 1979, 867 p. Présentation de Paul Beaulieu. (Comprend des articles parus dans *La Relève* et *La Nouvelle Relève*, des romans, nouvelles, pièces dramatiques et comédies, scénarios, études et essais, conférences et allocutions, chroniques de l'âge mûr, œuvre poétique, etc.).

L'Art dans la cité, Rel, vol. 2, nov. 1925, p. 84–88.

Préliminaires à un manifeste pour la patrie, Re, vol. 3, sept.–oct. 1936, p. 8–31. Collab.

Poèmes, NR, vol. 1, n° 3, 1941, p. 157–159.

Voies nouvelles de la poésie, NR, vol. 1, n° 9, 1942, p. 513–522.

In Memoriam (poème), NR, déc. 1944, p. 513.

« *Préface* », dans Saint-Denys Garneau, *Poésies complètes*, Montréal, Fides, 1949, p. 11–28.

L'Étrangère. Pièce en trois actes, ECF, n° 1, 1954, p. 137–181.

Poèmes, ECF, n° 10, 1961, p. 119–141.

Le Silence de la ville, La Place publique (théâtre), ECF, n° 18, 1964, p. 9–75.

Borduas à la recherche du présent, ECF, n° 24, 1968, p. 89–103.

Saint-Denys Garneau à dix-huit ans, ECF, n° 25, 1969, p. 161–171.

1 — Inédits. 2 — Dialogues, ECF, n° 37, 1973, p. 11–48.

ÉTUDES

J.-P. Beausoleil, *La Fin des songes*, dans *Lectures*, t. 7, n° 5, janv. 1951, p. 253–257.

Rita Leclerc, *Il suffit d'un jour*, dans *Lectures*, vol. 4, n° 10, 15 janv. 1958, p. 149–150.

Samuel Baillargeon, *Robert Élie*, dans *Littérature canadienne-française*, Montréal/Paris, Fides, 1962, p. 460–466.

Paul Gay, *Le Séparatisme de la littérature*, Dr, vol. 50, n° 83, 7 avril 1962, p. 12.

Jean Éthier-Blais, *Rencontre avec Robert Élie*, Dev, vol. 53, n° 127, 20 juin 1962, p. 8.

Marc Gagnon, *Robert Élie*, Montréal/Paris, Fides, 1968, 188 p. « ECA ».

Robert Mélançon, *L'Œuvre de Robert Élie. Un itinéraire intérieur*, Dev, vol. 70, n° 263, 10 nov. 1979, p. 23.

Robert Saletti, *Robert Élie. Œuvres*, LAQ 1979, p. 41–44.

André Gaulin, *Re-découvrir Robert Élie*, LQ, n° 16, hiver 1979–1980, p. 49–50.

EMMANUEL-PERSILLIER, MADAME. Voir **BENOÎT.**

ÉMOND, Joseph-MAURICE (1941–   ). Essayiste, né à Saint-Boniface (Manitoba). Il étudie au Collège Saint-Boniface (B.A., 1961), à l'Université d'Aix-Marseille (licence ès lettres, 1965) et à l'Université Laval où il obtient une maîtrise pour un mémoire intitulé « Refus et Acceptation de la femme dans l'œuvre d'Yves Thériault » (1971), puis un doctorat dont la thèse s'intitule : « Le Monde imaginaire d'Anne Hébert dans *Les Chambres de bois, Kamouraska* et *Les Enfants du sabbat* » (1981). Il enseigne à l'Institut collégial de Lorette (Man.), au Collège universitaire Garneau et à l'Université Laval, à partir de 1966. Il collabore à plusieurs revues : *Québec français, Études littéraires, Voix et Images du pays*, etc. Gérald Gaudet écrit au sujet de *La Femme à la fenêtre* (1984) : « Ce livre étonne dans le champ littéraire actuel tant on a perdu de vue ce travail qui s'efforce de repérer les lignes directrices d'un univers imaginaire en mettant à jour les symboles qui révèlent la spécificité d'une invention ».

ŒUVRES

Yves Thériault et le Combat de l'homme (essai), Montréal, Hurtubise HMH, 1973, 176 p. « Cahiers du Québec ».

Romanciers du Québec, Québec, Éditions Québec français, 1980, 224 p. Collab. l'équipe de la revue *Québec français*.

La Femme à la fenêtre. L'univers symbolique d'Anne Hébert dans Les Chambres de bois, Kamouraska et Les Enfants du sabbat (essai), Québec, PUL, 1984, 390 p. « VLQ ».

Ashini ou La Nostalgie du paradis perdu, VIP, n° 9, 1975, p. 35–62.

ÉTUDES

Renald Bérubé, *Maurice Émond. Yves Thériault et le Combat de l'homme*, LAQ 1973, p. 215–217.

Laurent Mailhot, *Maurice Émond. Yves Thériault et le Combat de l'homme*, EL, vol. 7, n° 2, août 1974, p. 317–318.

Gérald Gaudet, *Une histoire de neige et de fureur*, Dev, vol. 76, n° 51, 2 mars 1985, p. 23.

ERBRAY, JEAN D'. Voir **FRÉMONT, DONATION.**

ESCLER, LIONEL. Voir **SARRASIN, CLAUDE-GÉRARD.**

ESPINE, DOMINIQUE DE L'. Voir **LÉVY-CHÈDE-VILLE, DOMINIQUE.**

ESSARTEUR, L'. Voir **LAMARCHE, GUSTAVE.**

ESSAINTES (DES). Voir **GRIGNON, CLAUDE HENRI.**

ESTOC (L'). Voir **ROBERT, GUY.**

ESTRIE, ROBERT D'. Voir **MATTEAU, ROBERT.**

ÉTHIER-BLAIS, JEAN (1925-   ). Critique littéraire, essayiste et romancier, né à Sturgeon Falls (Ontario). Il est le fils de Jean-Joseph-Arcade Blais et d'Antoinette-Marie Éthier. Jean Éthier-Blais fait son cours classique au Collège de Sudbury (B.A., 1946) ; par la suite, il obtient une licence ès lettres de l'Université de Montréal (1948). Il est particulièrement marqué par les idées de Lionel Groulx et de Guy Frégault. De 1948 à 1950, il suit des cours à l'École normale supérieure et à l'École pratique des Hautes Études, à Paris. Ce contact intensif aux sources mêmes de la culture française, au moment de l'effervescence intellectuelle d'après-guerre, aura sur lui une influence déterminante. Après une année passée à l'Université de Munich comme bénéficiaire de la bourse Adenauer (1952–1953), il commence une carrière de diplomate au ministère des Affaires extérieures du Canada : il est d'abord secrétaire de l'Ambassade canadienne à Paris, ensuite à Varsovie et, enfin, il assume le poste de représentant permanent auprès de la Commission de contrôle à Hanoï. En 1960, il devient professeur de littérature française à l'Université Carleton, à Ottawa ; à partir de 1962, il enseigne à l'Université McGill où il est directeur du Département de français de 1971 à 1973. En 1971, il défend à l'Université Laval sa thèse de doctorat ès lettres, intitulée «La Formation des idées esthétiques et littéraires de Borduas». La même année, il devient membre de l'Académie canadienne-française. Il mérite le prix France-Canada (1967), le prix de la province de Québec (1968) et le prix Ludger Duvernay (1982). Jean Éthier-Blais publie dans *Le Devoir* des chroniques littéraires consacrées aux ouvrages français et québécois. Plusieurs de ces articles seront retouchés et regroupés dans les trois volumes de *Signets* : ils témoignent d'un esprit critique averti et d'une fidélité à la grande tradition française. Un grand nombre de ses articles portent sur l'évolution de la critique littéraire au Québec. Critique de la production littéraire courante, Jean Éthier-Blais s'adonne aussi à la création : il publie des romans, des nouvelles, de la poésie et plusieurs essais critiques. L'auteur possède le don de l'observation et de l'ironie ; il aborde le destin de l'homme avec cette passion de le voir attaché à ses origines lointaines autant qu'à la vie qui chemine au carrefour des générations vers un avenir incertain. François Ricard y détecte — dans *Le Manteau de Rubén Dario* surtout — une sorte de double polarisation qui est aussi la caractéristique essentielle du style de l'écrivain, ou « plutôt des deux styles, des deux tons qui s'y entrecroisent constamment, l'un ironique, l'autre passionné, l'un sec et acéré, l'autre plus sensuel, plus emporté, presque romantique, et qui s'y font écho comme les deux discours contraires — et néanmoins conjugués — de la vieillesse toujours un peu impitoyable et de la jeunesse qui réclame et qui fonde ». Michel Gaulin insiste beaucoup sur le rôle original que le critique montréalais joue à fond, « alliant avec une rare maîtrise la pose du mondain, qui agace et charme tout à la fois, aux réflexions de moraliste, criantes de vérité. [... Il] se rattache à la meilleure tradition des moralistes parce qu'il sait, en allant au-delà des livres dont il parle, au-delà du langage, nous parler en définitive de nous ».

ŒUVRES

Exils (essai), Montréal, PUM, 1965, 32 p. «Conférences J.-A. de Sève».

Signets (essais), [Montréal], CLF, 1967–1973, 3 vol. : vol. 1, *Signets I*, 1967, 192 p. ; vol. 2, *Signets II*, 1967, 247 p. ; vol. 3, *Signets III, la condition québécoise*, 1973, 269 p.

Mater Europa (roman), Paris, Éditions Bernard Grasset, 1968, 171 p. ; CLF.

Asies (poésie), Paris, Éditions Bernard Grasset, 1969, 93 p.

Émile Nelligan. Poésie rêvée et poésie vécue, [Montréal], CLF, 1969, 191 p. Textes présentés par Jean Éthier-Blais. Éditeur.

Robert Choquette. Poèmes choisis, Montréal, Fides, 1970, 209 p. «BCF». Textes présentés par Jean Éthier-Blais.

Littératures. Mélanges littéraires publiés à l'occasion du 150ᵉ anniversaire de l'Université McGill de Montréal, Montréal, Hurtubise HMH, 1971, 263 p. Textes présentés par Jean Éthier-Blais.

Discours de réception à l'Académie canadienne-française suivi de L'Œuvre de l'abbé Groulx par Olivar Asselin, Montréal, Hurtubise HMH, 1973, 157 p. Avant-propos de l'auteur. «R».

Ozias Leduc et Paul-Émile Borduas, Montréal, PUM, 1973, 153 p. Ill. Collab. François Gagnon, Georges-André Vachon et François Le Gris. «Conférences J.-A. de Sève».

Le Manteau de Rubén Dario. Nouvelles, Montréal, HMH, 1974, 159 p. «A».

Dictionnaire de moi-même. Essai, Montréal, La Presse, 1976, 199 p. «Échanges».

Petits Poèmes presque en prose, Montréal, Hurtubise HMH, 1978, 101 p. «Sur parole».

Autour de Borduas. Essai d'histoire intellectuelle, Montréal, PUM, 1979, 200 p. Avant-propos de l'auteur.

Les Pays étrangers (roman), [Montréal], Leméac, 1982, 464 p. «Roman québécois».

Le Prince dieu (poésie), Montréal, Leméac, 1984, 99 p. «P».

Le Désert blanc (nouvelle), Montréal, Leméac, 1986, 105 p.

Voyage d'hiver (essai), Montréal, Leméac, 1986, 156 p.

Entre toutes les femmes. Roman, Montréal, Leméac, 1988, 299 p. «R».

Borduas ; épilogue et méditation, L, nᵒ 22, avril 1962, p. 252–263.

Louis Fréchette, CACF, vol. 7, 1963, p. 73–85.

Une nouvelle littérature, EF, vol. 1, nᵒ 1, 1965, p. 106–110.

L'Hexagone, EF, vol. 1, nᵒ 2, 1965, p. 115–121.

L'École littéraire de Montréal, EF, vol. 1, nᵒ 3, 1965, p. 106–112.

Paul-Émile Borduas, dans *Our living Tradition*, Toronto, UTP, 1965, p. 41–59. (Cinquième série éditée par Robert L. McDougall).

Le Vol des oies sauvages, EF, vol. 2, nᵒ 1, 1966, p. 99–105.

L'Enfance de Jacob, dans *Revue des Deux-Mondes* (Paris), vol. 6, nᵒ 23, déc. 1967, p. 401–423.

Hommage à l'abbé Lionel Groulx, AN, vol. 57, nᵒ 10, juin 1968, p. 985–987.

Borduas et Breton, EF, vol. 4, nᵒ 3, 1968, p. 369–382.

Pionniers de la critique, dans *Revue d'histoire littéraire de la France*, vol. 69, nᵒ 5, sept.–oct. 1969, p. 795–807. (Aussi dans *Signets III*, p. 95–119).

Explosion créatrice, Rel, nᵒ 344, déc. 1969, p. 342–346.

Mimesis ; réalisme et transcendance, EF, vol. 6, nᵒ 1, 1970, p. 7–24.

Marcel Dugas... où sont mes racines, EF, vol. 7, nᵒ 3, 1971, p. 249–272.

Olivier Maurault, CACF, nᵒ 14, 1972, p. 98–107. «Profils littéraires, 2ᵉ série».

Préface, dans Paul Toupin, *Au commencement était le souvenir*, Montréal, Fides, 1973, 204 p. «N».

James Wilson Morrice, dans *Vie des arts*, vol. 18, automne–hiver 1973–1974, p. 40–45.

La Profonde Humanité de Monsieur André Langevin, Dev, vol. 65, nᵒ 235, 12 oct. 1974, p. 17.

Le «Papineau» de Robert Rumilly, Dev, vol. 69, nᵒ 47, 25 févr. 1978, p. 37 ; nᵒ 53, 4 mars 1978, p. 37.

Jean Éthier-Blais et «L'Être français minoritaire» (1). *Les Immigrés de l'intérieur*, Dr, 65ᵉ année, nᵒ 288, 7 mars 1978, p. 7 ; «*Nous devrons toujours lutter*», nᵒ 289, 8 mars 1978, p. 7.

Les Adieux de Jean Éthier-Blais, Dev, vol. 74, nᵒ 117, 21 mai 1983, p. 20.

ÉTUDES

André Brochu, *Éthier-Blais par lui-même*, LAC 1967, p. 122–124.

André Renaud, *Mater Europa*, LAC 1968, p. 28.

Id., *Asies*, LAQ 1969, p. 107.

Réginald Martel, *Le Charme voyant de la bourgeoisie*, Pr, 89ᵉ année, nᵒ 131, 2 juin 1973, p. E-3.

Michel Gaulin, *Éthier-Blais tel qu'en lui-même*, Dr, 61ᵉ année, nᵒ 178, 3 nov. 1973, p. 31 ; nᵒ 185, 10 nov. 1973, p. 35.

David M. Hayne, *Signets III*, LAQ 1973, p. 226–227.

François Ricard, *Sur des nouvelles de Jean Éthier-Blais. Entre le jeune homme et le vieillard*, dans *Le Jour*, vol. 1, nᵒ 213, 9 nov. 1974, p. 14.

Gilles Thérien, *Les Vingt-six figures d'une rhétorique de soi*, VI, vol. 2, nᵒ 3, avril 1977, p. 321–333.

Jean-Pierre Duquette, *Jean Éthier-Blais. Écrire ici*, VI, vol. 2, nᵒ 3, avril 1977, p. 307–319.

Id., *Jean Éthier-Blais, poète et romancier*, Dr, 65ᵉ année, nᵒ 298, 18 mars 1978, p. 21.

Paul Gay, *Jean Éthier-Blais, le doux poète franco-ontarien. Petits Poèmes presque en prose*, Dr, 66ᵉ année, nᵒ 168, 14 oct. 1978, p. 21.

Id., *Jean Éthier-Blais, un grand humaniste franco-ontarien*, Dr, 66ᵉ année, nᵒ 210, 2 déc. 1978, p. 21.

Robert Major, *Jean Éthier-Blais. Petits Poèmes presque en prose*, LAQ 1978, p. 116–117.

Lise Lamarche, *Jean Éthier-Blais. Autour de Borduas. Essai d'histoire intellectuelle*, LAQ 1979, p. 293–295.

Roger Duhamel, *Les Pays étrangers. Un grand prosateur et une grande fresque*, Dev, vol. 73, nᵒ 269, 20 nov. 1982, p. 17, 32.

Suzanne Lafrenière, *Les Pays étrangers. Un grand ouvrage pour des initiés*, Dr, 70ᵉ année, nº 292, 12 mars 1983, p. 22.

Michel Gaulin, *Jean Éthier-Blais: la littérature et le moi*, dans *L'Essai et la Prose d'idées au Québec*, Montréal, Fides, 1985, p. 609-620. « ALC » 6.

Réginald Martel, « *Entre toutes les femmes* » d'Éthier-Blais: on ne serait pas en meilleure compagnie parmi les grands romanciers du 19ᵉ siècle, Pr, 105ᵉ année, nº 59, 17 déc. 1988, p. K-1-2.

ÉTIENNE, GÉRARD (1936–   ). Romancier, poète, essayiste et linguiste, né au Cap-Haïtien (Haïti). Après son baccalauréat (1956), il commence sa carrière d'enseignant au Collège Fernand-Prosper et au Lycée de Pétion-Ville et d'Arcahaie (1957-1964), puis, pour des raisons politiques, il émigre au Canada où il enseigne au Lycée Da Sylva (1965-1966), puis au Collège de Matane (1968-1970). Il continue ses études à l'Université de Montréal (L. ès L., 1968) et à l'Université de Strasbourg où il obtient un doctorat pour une thèse sur « Le Créole du nord d'Haïti: étude des niveaux de structure » dont les conclusions sont reprises dans les milieux spécialisés sur la phonologie créole dans le monde. En 1974, il devient professeur agrégé à l'Université de Moncton où on lui confie la direction de la *Revue de l'Université de Moncton*. En plus de sa réputation de linguiste, Gérard Étienne est aussi connu pour son œuvre romanesque et poétique. À vingt-six ans il publie son premier recueil de poèmes, *Au milieu des larmes* (1960) dont les accents romantiques révèlent un profond engagement politique et social, engagement encore très vif dans *Un ambassadeur macoute à Montréal* (1979), roman où l'on trouve des pages d'un lyrisme admirable sur la liberté et la défense des miséreux. « L'écriture d'Étienne, selon Michel Beaulieu, est enlevante, haletante, elliptique, digne des crues qui renversent tout sur leur passage. [...] Cette œuvre est celle d'un humaniste qui croit à la fraternité possible entre les hommes, quelle que soit par ailleurs leur couleur, axée sur le respect mutuel des mœurs et des traditions ».

ŒUVRES

Au milieu des larmes (poésie), Port-au-Prince, Togiram presse, 1960, 40 p.

Plus large qu'un rêve (poésie), Port-au-Prince, Imprimerie Dorsainville, 1960, 37 p.

La Raison et mon amour (poésie), Port-au-Prince, Éditions Port-aux-princiennes, 1961, 30 p.

Essai sur la négritude, Port-au-Prince, Éditions Panorama, 1962, 32 p.

Gladys (poésie), Port-au-Prince, Éditions Panorama, 1963, 44 p. Ill.

Le Nationalisme dans la littérature haïtienne (essai), Pétion-Ville, Éditions Lycée Pétion, 1964, 20 p.

Lettre à Montréal (poésie), Montréal, Éditions de l'Estérel, 1966, 32 p.

Dialogue avec mon ombre (chant littéraire), Montréal, Éditions francophones du Canada, 1972, 135 p.

Le Nègre crucifié (récit), Montréal, Éditions francophones et Nouvelle Optique, 1974, 150 p.

Cahiers d'exercices grammaticaux (essai), Moncton, Université de Moncton, Faculté des arts, 1975, 100 p.

L'Emploi des temps verbaux de l'indicatif en français moderne (essai), Moncton, Université de Moncton, Faculté des arts, 1976, 50 p.

Un ambassadeur macoute à Montréal (roman), Montréal, Nouvelle Optique, 1979, 233 p.

Cri pour ne pas crever de honte (poésie), Montréal, Nouvelle Optique, 1982, 65 p. « Poésie ».

Une femme muette (roman), Montréal, Nouvelle Optique, 1983, 229 p. « Fiction ».

La Reine Soleil Levée (récit), Montréal, Guérin, 1987, 195 p.

Simple commentaire, dans *Lettres et Écritures*, vol. 2, nº 1, nov. 1964, p. 46.

Éditorial, dans *Lettres et Écritures*, vol. 4, nº 1, janv. 1967, p. 3-4.

La Conscience française au XIXᵉ siècle, dans *Lettres et Écritures*, vol. 5, nº 1, févr. 1968, p. 12-16.

Coup d'œil sur la culture littéraire du Québec au 19ᵉ siècle, dans *Lettres et Écritures*, vol. 5, nº 1, févr. 1968, p. 5.

À propos du certificat de grammaire et de philosophie françaises, dans *Lettres et Écritures*, vol. 5, nº 2, avril 1968, p. 3-4.

Vous n'êtes pas seul, dans *Lettres et Écritures*, vol. 6, nº 1, janv. 1969, p. 6-12.

L'Utilisation des parlers régionaux dans l'apprentissage du français standard, dans *Actes du colloque sur l'enseignement du français au Nouveau-Brunswick*, Moncton, Éditions d'Acadie, 1972, p. 19-25.

Littérature: objet d'enseignement, dans *Revue de l'Université de Moncton*, vol. 7, nº 1, janv. 1974, p. 31-35.

Pour une grammaire historique du créole des Caraïbes, dans *(Actes) XIV Congresso Internationale di linguistica e filologia romana*, Napoli, Gaetano Macchiaroli, 1974, p. 593-600.

Lettres haïtiennes: un nouveau visage de la critique, dans *Haïti-Observateur* (New York), 19-26 sept. 1975, p. 14.

Notes de recherches sur la phonologie du franco-acadien, dans *Revue de l'Université de Moncton*, vol. 10, nº 3, déc. 1977, p. 71-108.

Le Franco-acadien: problèmes ou valeurs dans les sociétés gallo-romanes, dans *Revue de l'Université de Moncton*, vol. 11, nº 2, mai 1978, p. 27-35.

La Vie et l'Œuvre de Frank Fondé, dans *Présence francophone*, nº 16, printemps 1978, p. 191-199.

La Femme noire dans le discours littéraire haïtien, dans *Présence francophone*, nº 18, printemps 1979, p. 109-120.

ÉTIENNE

L'Acadien reprend son pays, dans *Si Que 4*, automne 1979, p. 199–202.

ÉTUDES

Ghislain Gouraige, [*Gérard Étienne*], dans *Les Meilleurs Poètes et Romanciers haïtiens*, Port-au-Prince, Éditions Henri Deschamps, 1963, p. 358.

Jean Royer, *Lettre à Montréal*, dans *L'Action*, vol. 59, nº 17 716, 22 juil. 1966, p. 21.

Paule Saint-Onge, *Trois quêtes d'absolu et de liberté*, Ch, vol. 13, nº 8, août 1972, p. 14.

Dieudonné Fardin, *Vision et Volupté ininterrompue dans l'œuvre du poète G. Étienne*, dans *Le Petit Samedi Soir*, nº 21, juillet 1973, p. 6–15.

Michel Rivard, *Dialogue avec mon ombre*, dans *Présence francophone*, nº 8, printemps 1974, p. 161.

Antoine Dodard, *Le Nègre crucifié en procès*, dans *Présence haïtienne*, vol. 1, nº 4, déc. 1975, p. 31.

Frank Laroque, *Gérard Étienne ou Le Nègre crucifié*, dans *Revue de l'Université de Moncton*, vol. 10, nº 3, sept. 1977, p. 139.

Michel Beaulieu, *Anthony Phelps et Gérard Étienne*, NBJ, nº 60, nov. 1977, p. 72.

Pradel Pompilus, [*Gérard Étienne*], dans *Histoire de la littérature haïtienne*, Port-au-Prince, Éditions Caraïbes, t. 3, 1977, p. 304–310.

Michel Beaulieu, *En noir et en blanc*, dans *Le Livre d'ici*, vol. 5, nº 29, 23 avril 1980, p. 1.

Henri-Dominique Parette, *Un ambassadeur macoute à Montréal*, dans *Présence francophone*, nº 20, printemps 1980, p. 188.

Ghislaine R. Charlier, *Un ambassadeur macoute à Montréal*, dans *Collectif-paroles*, nº 6, juin 1980, p. 33.

EUTROPE. Voir **BILODEAU, ERNEST.**

ÉVANTUREL, Joseph EUDORE Alphonse (1852–1919). Poète, né à Québec. Il fait ses études classiques au Séminaire de Québec. En mars 1878, il publie ses *Premières Poésies*, recueil préfacé par Joseph Marmette. L'œuvre déclenche une controverse. Éphrem Chouinard, J.-O. Fontaine et Tardivel mènent une campagne de dénigrement qui vise surtout Joseph Marmette. Sensible aux attaques, Évanturel ne publie presque plus rien, mais dans une réédition de 1888, il tiendra compte des critiques. Entre 1879 et 1883, il se trouve à Boston comme secrétaire de l'historien Francis Parkman ; il est ensuite chargé par la province de la transcription de documents historiques. En 1884, il rédige *Le Journal de commerce* de Lowell (Mass., É.-U.). À partir de 1887, il est archiviste du gouvernement de Québec. Il meurt à Boston en 1919. Musset est son auteur favori. Il chante surtout la nature dans le goût du romantisme. « Par sa tristesse conventionnelle, remarque Gérard Tougas, Évanturel est un poète canadien bien caractéristique pour cette époque. Il existe toutefois chez lui une note plus personnelle, une certaine fraîcheur de l'imagination, tout un côté espiègle qui le distingue de ses contemporains les plus connus ».

ŒUVRE

Premières Poésies 1876–1878, Québec, A. Côté & Cie, 1878, xxi, 203 p. Préface de Joseph Marmette ; 1878 ; Québec, Imprimé par J. Dussault, 1888, 109 p. Préface de l'auteur. Édition expurgée ; Montréal/Paris, Éditions Leméac/Éditions d'aujourd'hui, 1979, 203 p. « Introuvables québécois ». Réimpression photographique de l'édition de 1878 ; *L'Œuvre poétique d'Eudore Évanturel*, Québec, PUL, 1988, xxxv, 351 p. Édition critique établie par Guy Champagne.

J.-O. Fontaine, *À propos d'un nouveau livre*, RC, vol. 15, 1878, p. 415–419.

Ernest Myrand, *Sir William Phips devant Québec, 1690*, Québec, L.-J. Demers & Frère, 1893, p. 165–168.

Jules Lesage, *Pages oubliées — « Premières poésies » par Eudore Évanturel*, RC, vol. 53, 1907, p. 531–541 ; (aussi) dans Jules-S. Lesage, *Propos littéraires, Notes biographiques*, Montréal, Garand, 1931, 2e série, p. 72–83.

Id., *Un poète romantique : Eudore Évanturel*, dans *Vie française*, vol. 4, nº 9, 1950, p. 470–480.

Gérard Tougas, *Eudore Évanturel*, dans *Histoire de la littérature canadienne-française*, Paris, PUF, 1967, p. 64–66.

Roger Le Moine, *Joseph Marmette sa vie, son œuvre*, Québec, PUL, 1968, p. 57–63.

F

FABRE, HECTOR (1834–1910). Journaliste et essayiste, né à Montréal, frère de Mgr Édouard-Charles Fabre, archevêque de Montréal. Il fait ses études classiques au Collège de l'Assomption, au Séminaire de Saint-Hyacinthe et au Petit Séminaire de Montréal. Il choisit le droit qu'il étudie sous la direction de son beau-frère, George-Étienne Cartier. Admis au barreau en 1856, il ne pratique qu'épisodiquement. Il voyage aux États-Unis en 1852, et en France en 1857, puis en 1860. Il commence en 1861 une brillante carrière de journaliste : il devient rédacteur de *L'Ordre* de Montréal, puis du *Canadien*, et de *L'Événement* qu'il fonde en 1867 (disparu en 1967) à Québec où il publie, en 1877, ses *Chroniques* que Jean Éthier-Blais qualifie de « chef-d'œuvre d'écriture, de bonhomie et de connaissance du cœur des hommes ». Hector Fabre est battu aux élections fédérales de 1873, mais il est nommé sénateur peu après (1875). En 1882, il abandonne cette charge, et il est envoyé à Paris à titre de Commissaire général, poste qu'il conserve jusqu'à sa mort. Il y fonde, en 1884, un bulletin mensuel sur les Canadiens à Paris, *Paris-Canada*. Membre fondateur de la Société royale (1882), membre du Order of Saint Michael and Saint George (1886), chevalier de la Légion d'honneur (1887), Hector Fabre est, avec Arthur Buies, un des plus éminents journalistes canadiens du XIXᵉ siècle. Jean Éthier-Blais dit encore de lui que c'est un « brillant styliste et l'un des esprits les plus originaux que notre race ait produits ». Sa *Causerie sur la littérature canadienne*, donnée à la Société littéraire et historique de Québec, le 21 mars 1866, et publiée ensuite dans *Le Canadien*, constitue un essai important. On y trouve cette phrase qui, à l'époque des origines littéraires, exprime, par une vision d'une étonnante justesse : « Le rôle de notre littérature, c'est de fixer et de rendre ce que nous avons de particulier, ce qui nous distingue à la fois de la race dont nous sortons et de celle au milieu de laquelle nous vivons, ce qui nous fait ressembler à un vieux peuple exilé dans un paysage nouveau et rajeunissant peu à peu ».

ŒUVRES

Esquisse biographique du Chevalier de Lorimier, Montréal, Les Presses du « Pays », 1856, 15 p.

La St. Jean Baptiste à Québec (conférence), Québec, J.N. Duquet, 1865, 86 p.

Confédération. Indépendance. Annexion. Conférence faite à l'Institut canadien de Québec, le 15 mars 1871, Québec, Imprimé au bureau de « l'Événement », 1871, 34 p.

L'Élection du comté de Québec. Pourquoi j'ai été battu, [Québec, L'Événement, 1873], 16 p.

Chroniques, Québec, Imprimerie de « l'Événement », 1877, 265 p.

Le Canada (conférence), Paris, L. Cerf, 1884, 16 p. Précédé d'un discours du vice-amiral Thomasset.

Le Canada. Conférence faite à Roubaix en avril 1886, Lille, Imprimerie de L. Danel, 1886, 23 p.

Le Cœur et l'Esprit (nouvelle), RC, vol. 2, nᵒˢ 9–12, 1865.

On Canadian Literature (conférence), dans *Transactions of the Literary and Historical Society of Quebec. Session of 1865-6,* Quebec, Printed by Middleton & Dawson, 1866, part 4, p. 85–102. Version française : *Causerie sur la littérature canadienne,* dans *Le Canadien,* 35ᵉ année, nᵒ 151, 31 mars 1866, p. 1 ; 36ᵉ année, nᵒ 1, 2 avril 1866, p. 1.

La Fin de la domination française et l'Historien Parkman, MSRC, 1ʳᵉ série, vol. 6, sect. 1, 1888, p. 3–12.

ÉTUDES

Jean Piquefort [A.-B. Routhier], *Portraits et Pastels littéraires. Troisième livraison. L.-H. Fréchette et H. Fabre,* Québec, Léger Brousseau, 1873, 60 p.

Edmond Lareau, [*Hector Fabre*], dans *Histoire de la littérature canadienne,* Montréal, John Lovell, 1874, p. 461-463.

Léon Gérin, *Notre mouvement intellectuel,* MSRC, 2ᵉ série, vol. 7, sect. 1, 1901, p. 145-172.

Louis Landry, *Hector Fabre, le premier humoriste canadien,* dans *Dimensions,* vol. 1, nᵒ 3, avril 1971, p. 55-63.

Gérard Parizeau, *La Chronique des Fabre,* Montréal, Fides, 1978, p. 113-194.

Sylvain Simard, *Hector Fabre : essayiste et homme de lettres,* dans *L'Essai et la Prose d'idées au Québec,* Montréal, Fides, 1985, p. 281-293. « ALC » 6.

FABRICIUS. Voir BEAULIEU, GERMAIN.

FADETTE [X Henriette Dessaules, Mme Maurice Saint-Jacques] [Danielle Aubry, Jean Deshaies, Marc le Franc, Mécréant, Hélène Rollin] (1860–1946). Journaliste et conteuse, née à Saint-Hyacinthe, fille du sénateur Georges-Casimir Dessaulles, maire de cette ville pendant vingt-cinq ans. Au couvent des Sœurs de la Présentation-de-Marie de Saint-Hyacinthe, elle obtient deux diplômes en anglais et en français, et mène concurremment des études musicales qu'elle poursuivra longtemps après. En 1881, elle épouse Maurice Saint-Jacques qui meurt subitement en 1897. Elle s'occupe de l'éducation de ses cinq enfants, puis se consacre au journalisme qu'elle pratiquera pendant plus de quarante ans. Elle a collaboré à une douzaine de périodiques sous différents pseudonymes, surtout celui de Fadette qu'elle immortalisera dans ses « lettres » au *Devoir*. Elle débute à *La Patrie* en 1904 avec un courrier de graphologie. Bientôt, d'autres périodiques recherchent sa collaboration : le *Journal de Françoise* (1906–1909), *Le Nationaliste* (1914–1922), *L'Action française* (1920–1927), etc. En 1909, elle se présente au concours littéraire de Françoise (Robertine Barry) et remporte le deuxième prix. En 1911, son cousin Henri Bourassa, qui lui dira dans une lettre combien il admire son talent, sa culture et sa pensée, retient ses services pour la page féminine du *Devoir* : commence alors à paraître la « lettre de Fadette » (réflexions, récits, contes, critiques littéraires, réponses à son volumineux courrier) qu'elle écrira ponctuellement, chaque semaine, jusqu'à quatre mois de sa mort survenue le 18 novembre 1946. Ses activités ne s'arrêtent pas là : très charitable, elle s'occupe personnellement des pauvres, et elle est pendant quinze ans présidente de l'Association des Dames de charité de Saint-Hyacinthe, et membre du Club Lyceum de Paris ; elle donne de nombreuses conférences, entre autres sur la mission de la femme dans la littérature au Congrès de la langue française au Canada, en 1912. Devenue pensionnaire à l'Hôtel-Dieu, en 1929, elle y demeure jusqu'à la fin, tout en poursuivant ses travaux et ses bonnes œuvres. On a publié en 1971 un volume d'extraits de son journal (1874–1881) qui révèle le talent littéraire de l'auteur. De 1914 à 1922 paraît en cinq volumes, un choix important de ses chroniques sous le titre *Lettres de Fadette*. On y lit l'intérêt que leur auteur porte aux femmes canadiennes à qui elle présente non seulement des conseils de psychologie et de pédagogie, mais un art de vivre propre à l'épanouissement de la personne humaine. Témoin de son milieu et de son temps, elle traite de multiples questions avec un enthousiasme communicatif, avec bon sens et simplicité, élégance et esprit.

ŒUVRES

Lettres de Fadette. Première Série, Montréal, L'Imprimerie Populaire Limitée, 1914, ix, 152 p. Portrait. Préface de Le Photographe [M.-A. Lamarche] ; *Deuxième Édition*, Imprimé au « Devoir », 1915 (Réimpression) ; Paris/Tournai, Éditions Casterman, [s.d.], [4], 9–156 p. Sous le nom de H. D. Saint-Jacques. Dessins d'Henry de Renaucourt. « Ma bibliothèque ». (Sans la préface de « Mes Noëls » de l'édition canadienne) ; *Deuxième Série*, Montréal, L'Imprimerie Populaire, Limitée, 1915, 136 p. ; *Deuxième Édition*, Imprimé au « Devoir », 1915 (Réimpression) ; Éditions Casterman, [s.d.], 156 p. (Sans « Le Phénomène ») ; *Troisième Série*, Imprimé au « Devoir », 1916, ii, 166 p. ; *Quatrième Série*, Imprimé au Devoir, 1918, 178 p. ; Éditions Casterman, [s.d.], 156 p. (Moins deux chroniques ; ce livre est une réimpression de la troisième série canadienne) ; *Cinquième Série*, Imprimé au Devoir, 1922, 180 p.

[*La Mission de la mère*], Montréal, Bibliothèque de l'Action française, 1921, 16 p.

Contes de la lune, Montréal, Thérien frères, 1932, 149 p. Ill. de Suzanne Morin.

Il était une fois... (contes), Montréal, Imprimerie Populaire ltée, 1933, 154 p. Ill. de Suzanne Morin.

Journal d'Henriette Dessaules, 1874–1880, Montréal, HMH, 1971, 327 p. Ill. Préface de Pierre Dansereau. Introduction de Louise Saint-Jacques Dechêne.

Journal, Montréal, PUM, 1989, 671 p. Édition critique établie par Jean-Louis Major. « Bibliothèque du Nouveau Monde ».

J'oserai le dire, dans *Le Nationaliste*, 6e année, nº 10, 2 mai 1910, p. 3. Sous le pseudonyme de Mécréant.

Les Femmes et les Lettres françaises au Canada, dans *Premier congrès de la langue française au Canada, 1912, Mémoires*, Québec, L'Action sociale, 1914, p. 457–466.

Simple Bon Sens, dans *La Bonne Parole*, vol. 2, nº 7, sept. 1914, p. 6–7. Sous le pseudonyme de Danielle Aubry.

L'Éducation familiale, dans *Semaines sociales du Canada, 4e session, 1923, La Famille*, Montréal, Bibliothèque de l'Action française, 1924, p. 289–308.

L'Éducation nationale dans la famille, AN, 2e année, nov. 1934, p. 155–170.

L'Influence des femmes dans le monde, Dev, vol. 29, nº 18, 24 janv. 1938, p. 5 ; nº 19, 25 janv. 1938, p. 5.

ÉTUDES

M.-A. Lamarche, *Lettres de Fadette*, RD, 25ᵉ année, nov. 1919, p. 336–343.

Albert Pelletier, *Contes de la lune*, dans *Égrappages*, Montréal, Albert Lévesque, 1933, p. 226–230.

Sœur Agnès-de-Dieu, «Bibliographie de Fadette». Mémoire. Montréal, École de bibliothécaires, Université de Montréal, 1938, 88 f.

Omer Héroux, *Fadette*, Dev, vol. 37, nº 264, 18 nov. 1946, p. 1.

Jeannine Couture, «Fadette : vie et œuvre de Madame H.-D. Saint-Jacques (1860–1946)». Thèse de maîtrise. Ottawa, Université d'Ottawa, 1966, x, 168 f.

Roger Le Moine, *Le «Journal d'Henriette Dessaules»*, LAQ 1971, p. 175–177.

Louise Lemieux, *Mme Maurice Saint-Jacques*, dans *Pleins Feux sur la littérature de jeunesse au Canada français*, Montréal, Leméac, 1972, p. 29, 185, 218, 244.

Patrick Imbert, *Fadette. Journal d'Henriette Dessaules (1874–1880) ou L'Ambivalence vécue*, LQ, nº 24, hiver 1981–1982, p. 70–72.

FAILLON, ÉTIENNE-MICHEL (1800–1870). Historien et biographe, né à Tarascon (France). Après des études au Collège d'Avignon, aux Séminaires d'Aix-en-Provence et de Paris, il est ordonné prêtre en 1824. Il entre chez les Sulpiciens où il est professeur, puis directeur du Séminaire de Paris. À trois reprises, il visite les missions sulpiciennes au Canada, en 1849, 1854 et 1857. À sa troisième visite, il séjourne cinq ans à Montréal. En 1862, il retourne à Paris. Étienne-Michel Faillon écrit plusieurs ouvrages sur l'histoire religieuse de la colonie française du Canada : biographies de Mère D'Youville (1852), de Marguerite Bourgeoys (1853), de Jeanne Mance (1854), et de Jeanne Le Ber (1860). Il est connu surtout comme l'auteur de l'*Histoire de la colonie française en Canada* en trois volumes parus en 1865 et 1866. L'ouvrage devait en contenir dix, mais son état de santé l'oblige d'arrêter son étude à l'année 1675. «Le style est clair, souple, sans recherches ni affectation», écrit Edmond Lareau. Il ajoute cependant «il y a comme une teinte, je ne dirai pas de partialité car les faits qu'il raconte sont vrais, mais il y a comme une tendance à montrer les faits que sur un certain côté». Si les interprétations de l'abbé Faillon ont été contestées, son *Histoire* comme synthèse, servait de modèle pour les historiens, ceux qui étaient «en voie de prendre la relève des historiens étrangers dans l'élaboration d'une mémoire nationale» (Serge Gagnon, DOLQ, t. 1, p. 315).

ŒUVRES

Vie de M. Olier, fondateur du séminaire de St-Sulpice, accompagnée de notices sur un grand nombre de personnages contemporains, Paris, Pousseilgue-Rusand,1841, 2 t. : t. 1, lxvi, 643 p. ; t. 2, xiv, 602 p.

Vie de Mme D'Youville, fondatrice des Sœurs de la Charité de Ville-Marie dans l'île de Montréal en Canada, Ville-Marie, chez les Sœurs de la Charité, 1852, xix, 493 p. Ill.

Vie de la Sœur Bourgeoys, fondatrice de la Congrégation de Notre-Dame de Ville-Marie en Canada, suivie de l'histoire de cet institut jusqu'à ce jour, Ville-Marie, chez les Sœurs de la Congrégation de Notre-Dame, 1853, 2 t. : t. 1, cxvii, 406 p. ; t. 2, xii, 519 p. Ill.

Vie de Mlle Mance et Histoire de l'Hôtel-Dieu de Ville-Marie dans l'île de Montréal en Canada, Ville-Marie, chez les Sœurs de l'Hôtel-Dieu de Ville-Marie, 1854, 2 t. : t. 1, lxxxiv, 271 p. ; t. 2, vi, 354 p. Ill. ; *Mémoires particuliers pour servir à l'histoire de l'Église de l'Amérique du Nord,* Paris, Pousseilgue-Rusand et Perisse frères, 1854.

L'Héroïne chrétienne du Canada ou Vie de Mlle Leber, Ville-Marie, chez les Sœurs de la Congrégation de Notre-Dame, 1860, xxviii, 404 p. Traduction anglaise : *The Christian Heroine of Canada or Life of Miss Le Ber,* Montreal, Printed by John Lovell, 1861, 186 p.

Histoire de la colonie française en Canada, Ville-Marie, Bibliothèque paroissiale, 1865–1866, 3 t. : t. 1, 1865, xiii, xxiii, 551 p. ; t. 2, 1865, xxiv, 568 p. ; t. 3, 1866, xxiii, 548 p. Ill.

ÉTUDES

Joseph Royal, *Histoire de la colonie française en Canada,* RC, vol. 1, oct. 1865, p. 627–631 ; vol. 2, mars 1866, p. 181–185 ; vol. 3, mai 1866, p. 312–313.

Adam-Charles-Gustave Desmazures, *Vie de M. Faillon, prêtre de Saint-Sulpice,* Paris, [s.é.], 1872, xii, 480 p.

Edmond Lareau, [*Étienne-Michel Faillon*], dans *Histoire de la littérature canadienne,* Montréal, Imprimé par John Lovell, 1874, p. 183–186.

Olivier Maurault, *M. Étienne-Michel Faillon,* CD, vol. 24, 1959, p. 151–167.

Serge Gagnon, *Faillon, Étienne-Michel,* DBC, *1861–1870,* vol. 9, p. 271–274.

FALARDEAU, JEAN-CHARLES (1914–   ). Sociologue, né à Québec. Il fait ses études classiques aux collèges Sainte-Marie et Jean-de-Brébeuf à Montréal, et au Petit Séminaire de Québec (B.A., 1934), puis il obtient une licence en sociologie et une licence en philosophie à l'Université Laval (1941), et fait ensuite deux ans d'études de doctorat à l'Université de Chicago. Professeur de sociologie à l'Université Laval, de

1943 à 1980, il est également professeur invité des universités de Toronto, Bordeaux, Caen, Paris XIII... Il est cofondateur de la revue *Recherches sociographiques* (1960), et il collabore à d'autres revues, telles la *Revue d'histoire de l'Amérique française, The American Journal of Sociology, Cité libre, Liberté, La Revue de l'Université Laval, Europe...* Docteur de l'Université Laval (1972), il est membre de la Société royale du Canada (1953), membre fondateur de l'Académie des sciences morales et politiques (1961), membre de l'Académie canadienne-française, officier de l'Ordre du Canada. Il a mérité plusieurs prix pour son œuvre de pionnier sur la société et les lettres québécoises : prix Innis-Gérin de la Société royale (1973), prix Esdras-Minville (1981), prix Léon-Gérin (1984). Le père Georges-Henri Lévesque, fondateur de la Faculté des sciences sociales de l'Université Laval, écrit : « Léon Gérin fut le premier à écrire la sociologie ; Jean-Charles Falardeau, le premier à l'enseigner ». Selon Simon Langlois, « il a été un maître exigeant qui a éveillé chez ses étudiants le goût de la rigueur intellectuelle, le sens de la critique, l'exigence de l'expression correcte. [...] L'étude empirique des transformations sociales du Québec qu'il a amorcée avec ses collègues, [...] a contribué à l'élaboration d'une nouvelle définition de la société globale canadienne-française et québécoise ». Sous l'angle des rapports entre la sociologie et la littérature Falardeau est, selon John Hare, « un des premiers à tenter l'exploration de la mythologie de notre inconscient à travers le roman ».

ŒUVRES

French Canada Past and Present (essai), Montréal, [s.é.], 1951, 25 p.

Essais sur le Québec contemporain/Essays on Contemporary Québec. Symposium du centenaire de l'Université Laval, Québec, PUL, 1953, 260 p. Éditeur.

Études sur les problèmes des immigrants (essai), Québec, Faculté des sciences sociales, Université Laval, 1954, 77 p. Collab. James Hodgson et Robert Comtois.

Roots and Values in Canadian Lines (essai), Ottawa/Toronto, Carleton University/UTP, 1961, 62 p.

L'Essor des sciences sociales au Canada français (essai), Québec, Ministère des Affaires culturelles, 1964, 65 p. Ill. Avant-propos de l'auteur. « AVS ». Traduction anglaise : *The Rise of Social Sciences in French Canada*, 1967, 67 p. « Arts, Humanities and Sciences in French Canada ».

Littérature et Société canadiennes-françaises (essai), Québec, PUL, 1964, 272 p. Sous la direction de Fernand Dumont et Jean-Charles Falardeau. Avant-propos des auteurs. (Deuxième colloque de la revue *Recherches sociographiques* du Département de sociologie et d'anthropologie de l'Université Laval).

Notre société et son roman (essai), Montréal, Éditions HMH, 1967, 234 p. Avant-propos de l'auteur. « Sciences de l'homme et Humanisme ».

Léon Gérin et l'Habitant de Saint-Justin (étude), Montréal, PUM, 1968, 181 p. Collab. Philippe Garigue. Ill. Préface des auteurs.

L'Évolution du héros dans le roman québécois (étude), Montréal, PUM, 1968, 36 p. « Conférences J.-A. de Sève ».

L'Imaginaire social et Littérature (essai), Hurtubise HMH, 1974, 142 p. Préface de Gilles Marcotte. « R ».

Étienne Parent 1802–1874, Montréal, La Presse, 1975, 344 p. Biographie, textes et bibliographie présentés par Jean-Claude Falardeau. « Échanges ».

ÉTUDES

Pierre Elliott Trudeau, *Essais sur le Québec contemporain*, CL, vol. 1, n° 2, févr. 1951, p. 60–61.

Michel Brunet, *Essais sur le Québec contemporain*, RHAF, vol. 7, n° 3, déc. 1953, p. 440–449.

Bruno Lafleur, *Essais sur le Québec contemporain*, RUL, vol. 8, n° 7, mars 1954, p. 639–652.

S.E. Read, *Thickness of Silence*, CaL, n° 11, hiver 1962, p. 61–64.

Mason Wade, *Roots and Values in Canadian Lines by Jean-C. Falardeau*, dans *Queen's Quarterly*, vol. 68, n° 4, hiver 1962, p. 673.

Gilles Marcotte, *Notre société et son roman*, RS, vol. 8, n° 2, mai-août 1967, p. 227–230.

André Belleau, *Jean-Charles Falardeau*, L, vol. 10, nᵒˢ 5–6, sept.–déc. 1968, p. 85–86.

John Hare, *Notre société et son roman*, HS, n° 3, 3 avril 1969, p. 132–135.

Réjean Robidoux, *Imaginaire social et Littérature par J.-Charles Falardeau*, LAQ 1974, p. 200–201.

Fernand Dumont et Yves Martin, *Imaginaire social et Représentations collectives. Mélanges offerts à Jean-Charles Falardeau*, Québec, PUL, 1982, 441 p. Portrait.

Simon Langlois, *Le Professeur Jean-Charles Falardeau. Critique social et critique littéraire*, Dev, vol. 73, n° 258, 8 nov. 1982, p. 13.

Jean Royer, *Au carrefour de la sociologie et des lettres*, Dev, vol. 74, n° 53, 5 mars 1983, p. 19, 29.

Julie Stanton, *Les Prix du Québec 84, Jean-Charles Falardeau. Un botaniste de la littérature québécoise*, Dev, vol. 75, n° 250, 27 oct. 1984, p. 27.

Pierre Gravel, *Jean-Charles Falardeau. Même sur sa propre vie, son regard reste lucide, sans aucune passion*, Pr, 101ᵉ année, n° 8, 27 oct. 1984, p. B-1.

FALMAGNE, JACQUES (1927–   ). Médiéviste, né à Namur (Belgique). Après le baccalauréat, il s'enrôle comme officier de la marine belge. Revenu à la vie civile, il entreprend à Lausanne, en Suisse, des études spécialisées en mathématiques appliquées aux ordinateurs et à l'administration, études qu'il poursuivra à l'Université de Toronto, à son arrivée au Canada en 1953. Il devient directeur de la mécanographie au bureau du registraire de l'Université de Montréal, et en même temps, s'oriente vers des études en lettres et en histoire. Il obtient successivement une licence ès lettres (1958), un diplôme d'études supérieures (1960) et un doctorat (1961). De 1959 à 1961, il enseigne l'histoire à l'Université d'Ottawa. De retour à l'Université de Montréal en 1961, il est promu au rang de professeur titulaire. Il participe à plusieurs congrès en Europe, entre 1961 et 1974, et prend part aux fouilles de Qualath-El-Mondick, en Syrie (1968). De 1966 à 1970, il présente trois séries de cours radiophoniques en histoire à Radio-Canada. Il est surtout intéressé à l'histoire médiévale. Son second livre est moins bien accueilli que le premier par la critique. Selon André Ségal, il demeure un bon ouvrage : « Le récit de Jacques Falmagne, écrit-il, conduit si bien le lecteur dans les tours et détours, les intrigues et les violences de la diplomatie féodale dans le nord-ouest européen qu'il en demeure certes une forte impression et, peut-être, un regard moins pessimiste ou plus patient sur les feux de la diplomatie contemporaine dans l'Europe des Six ».

ŒUVRES

Baudouin V. Comte de Hainaut 1150–1195 (histoire), Montréal, PUM, 1966, 301 p. Préface de Marcel Pobé. Avant-propos de l'auteur.
Participation populaire et Naissance des libertés au Moyen Âge (histoire), Montréal, Beauchemin, 1971, viii, 389 p. Introduction de l'auteur.
Historiographie médiévale du XXᵉ siècle, Montréal, Librairie de l'Université de Montréal, Faculté des arts et des sciences, 1974, 2 vol. : vol. 1, 172 p. ; vol. 2, 619 p. (Notes de cours. Textes polycopiés).

Les Derniers Arrivés, PJ, vol. 40, nᵒ 20, 13 mars 1966, p. 36.

ÉTUDES

[Anonyme], *Un nouveau Jacques Falmagne,* dans *Le Cahier du Quartier latin,* vol. 2, nᵒ 17, 24 févr. 1966, p. 2.
Marcel Valois, *Dans la Belgique du XIIᵉ siècle,* Pr, vol. 82, nᵒ 89, 16 avril 1966, p. 5.
André Ségal, *Baudouin V. Comte de Hainaut 1150–1195 de Jacques Falmagne,* LAC 1966, p. 136–137.
Jean-Claude Poulin, *Participation populaire et Naissance des libertés au Moyen Âge de Jacques Falmagne,* LAQ 1971, p. 230.

FAMME DU POSTILLON (LA). Voir **GUÈVREMONT,** GERMAINE.

FAMY-EID, NADIA. Voir **EID,** NADIA FAHMY.

FANTASIO. Voir **FRÉMONT,** DONATIEN.

FARIBAULT, GEORGES-BARTHÉLEMI (1789–1866). Bibliographe, né à Québec. Il est admis au barreau en 1810. Pendant la guerre de 1812, il fait partie de la milice canadienne. En 1822, il entre au service de la Chambre d'assemblée et, en 1832, il est nommé greffier adjoint, poste qu'il conserve après l'Acte de l'Union de 1840. Il consacre une partie considérable de son temps à l'organisation d'une collection d'ouvrages et de documents relatifs à l'histoire du Canada. En 1837, il publie son *Catalogue d'ouvrages sur l'histoire de l'Amérique,* première bibliographie d'importance au Canada. Malheureusement, cette riche collection sera complètement détruite lors de l'incendie du Parlement à Montréal, en 1849. Une deuxième collection subit le même sort en 1854. L'année suivante, Faribault prend sa retraite. Il fait partie du groupe d'antiquaires qui s'occupent activement de l'histoire du Québec pendant la première moitié du XIXᵉ siècle. Comme Jacques Viger à Montréal, il fait naître le goût de l'histoire chez les Québécois de sa génération.

ŒUVRES

[*Petite Comédie politique*], Québec, [s.é.], 1834, 2, 8 p. Collab. David Roy.
Catalogue d'ouvrages sur l'histoire de l'Amérique, et en particulier sur celle du Canada, de la Louisiane, de l'Acadie et autres lieux, ci-devant connus sous le nom de Nouvelle-France ; avec des notes bibliographiques, critiques et littéraires, Québec, Des presses de W. Cowan, 1837, iv, 207 p. ; New York, Johnson Reprint Corp., 1966.
Collection de mémoires et de relations sur l'histoire ancienne du Canada d'après des manuscrits récemment obtenus des Archives et Bureaux publics en France, Québec, Société littéraire et historique de Québec/ Imprimerie de William Cowan et fils, 1840, pagination multiple.
Library of the Legislative Assembly of Canada. Books Added to the Collection on the History of America, Montréal, Lovell and Gibson, 1846, [xxi], 21 p.
Excursion à la Côte Nord au-dessous de Québec, nouvel établissement aux Escoumins — Anciens vestiges sur l'Île aux Basques, Québec, Ateliers du Canadien, 1849, 15 p.
Notice sur la destruction des archives et bibliothèque des deux chambres législatives du Canada lors de l'émeute qui a eu lieu à Montréal, le 25 avril 1849, Québec,

Imprimerie du Canadien, 1849, 11 p.; [Montréal], Réédition-Québec, 1968. (Réimpression en fac-similé de l'édition de 1849).

Canada, dessins historiques, Québec, [s.é.], 1863, 4 p.

Les Trois comédies du « Statut quo » 1834 (essai), Québec, typ. Laflamme & Proulx, 1909, 246 p. Préface de Narcisse-Eutrope Dionne.

———————

Journal des troubles de 1837–38, BRH, vol. 68, n⁰ 2, 1966, p. 112–115.

ÉTUDES

Henri-Raymond Casgrain, *Un contemporain: G.B. Faribault,* Québec, L. Brousseau, 1867, 123 p.

La Famille Faribault, BRH, vol. 19, n⁰ 2, 1913, p. 10–16.

Élisabeth Revai, *Alexandre Vattemare, trait d'union entre deux mondes,* Montréal, Bellarmin, 1975, 221 p., surtout p. 59–151.

Yvan Lamonde, *Faribault, Georges-Barthélemi,* DBC, *1861 à 1870,* vol. 9, p. 274–276.

FARIBAULT, MARCEL (1908–1972). Essayiste, né à Montréal. Après ses études classiques au Collège de l'Assomption (B.A., 1927), il s'inscrit en droit à l'Université de Montréal, y fait sa licence et obtient son doctorat en 1936. Il pratique le notariat de 1930 à 1950, puis devient secrétaire général de l'Université de Montréal (1950–1955), président du Sherbrooke Trust (1960–1968), membre du Conseil législatif de Québec en 1967. Il est membre de plusieurs conseils d'administration de compagnies nationales et internationales. Plusieurs universités canadiennes lui décernent des doctorats honorifiques : l'Université Laval (1956), l'Université de Montréal (1963), l'Université de Toronto (1965), l'Université d'Ottawa (1966), l'Université McMaster (1967). Membre de la Société royale du Canada, de l'Académie des sciences morales et politiques, président de la Chambre des notaires, gouverneur de l'Université de Montréal, président de l'Institut scientifique franco-canadien et compagnon de l'Ordre du Canada, Marcel Faribault s'intéresse plus particulièrement aux questions constitutionnelles et économiques du Canada où se situe le centre de la thématique de son œuvre. Ses analyses s'imposent par leur pertinence, mais leur prospective, personnelle et originale, souffre parfois de la fragilité de leurs fondements. Tout en rendant hommage à sa production, Richard Arès ne s'y trompe pas lorsqu'il émet quelques réserves justifiées : « Depuis quelques années, M. Marcel Faribault s'est imposé à l'attention des Québécois comme l'un des auteurs les plus prolifiques sur les questions constitutionnelles. [...] Maintenant, sous le titre général, *La Révision constitutionnelle,* il réunit divers textes et travaux préparés en différentes circonstances, mais tous se rapportant au droit constitutionnel. Tous sont intéressants, mais pas d'une égale valeur ».

ŒUVRES

Traité théorique et pratique de la fiducie ou trust du droit civil dans la province de Québec, Montréal, Wilson et Lafleur limitée, 1936, v, 459 p.

Le Capital et l'Impôt, Québec, Chambre de commerce, 1957, 12 f.

Le Canada français d'aujourd'hui, traduction de *French Canada Today,* Montréal, Trust général du Canada, [1962], 31 p. (Allocution lors de la Deuxième Conférence d'étude du Commonwealth de S.A.R. le Duc d'Édimbourg).

L'Ordre économique canadien-français (conférence), Montréal, Trust général du Canada, 1964, 19 p. (Prononcée lors du banquet annuel de la Société Saint-Jean-Baptiste de Montréal, le 25 juin 1964).

Dix pour un ou Le Pari confédératif (essai), Montréal, PUM, 1965, 165 p. Traduction anglaise : *Ten to One, the Confederation Wager,* Toronto, McLelland and Stewart, 1965, 150 p. Collab. Robert W. Fowler.

Vers une nouvelle constitution (essai), Montréal/Paris, Fides, 1967, 251 p. « BES ».

Unfinished Business, Toronto/Montréal, McLelland and Stewart Limited, 1967, 186 p. Préface de l'auteur.

La Révision constitutionnelle, premiers fondements (essai), Montréal, Fides, 1970, 224 p. « BES ».

———————

From French Canada, dans *Queen's Quarterly,* vol. 62, n⁰ 3, automne 1955, p. 401–410.

L'Éducation au Canada français, AN, vol. 45, n⁰ 9, mai 1956, p. 798–814.

La Civilisation technologique et le Rôle de l'homme de loi, MSRC, 4ᵉ série, vol. 7, sect. 1, 1969, p. 121–132.

ÉTUDES

Richard Arès, *La Révision constitutionnelle, premiers fondements,* RHAF, vol. 25, n⁰ 1, juin 1971, p. 117–119.

Jean-Jacques Lefebvre, *In memoriam. Mᵉ Marcel Faribault, notaire, président de la Chambre des notaires,* dans la *Revue du notariat,* vol. 75, n⁰ 3, octobre 1972, p. 73–90.

FAUCHER, ALBERT (1915–   ). Économiste et historien, né à Saints-Anges (Beauce). Après le cours classique au Petit Séminaire de Québec et au Collège Sainte-Croix de Montréal (B.A., 1938), il fait une licence en sciences sociales à l'Université Laval (1941) et une maîtrise en histoire économique à l'Université de Toronto (1945). De 1945 à sa retraite (1981), il est professeur d'histoire économique à l'Université Laval. Membre de la Société historique du Canada, de la Société canadienne de sciences économiques, de la Société royale du Canada, de l'Académie des sciences morales et politiques, Albert Faucher a aussi été professeur invité à l'Université de Toronto (1950), à l'Université Queen's (1956-1957) et délégué de l'Université Laval au Congrès international de l'AUPELF tenu à Genève en 1965. Il collabore aux revues *The Annals of the American Academy of Political and Social Science, Canadian Historical Review, The Canadian Journal of Economics and Political Science, Relations industrielles, Recherches sociographiques.* Il est lauréat du prix du Gouverneur général, en 1973, et du prix Léon-Gérin, en 1985. On le regarde comme l'un des plus importants historiens de l'économie canadienne. « Albert Faucher s'est efforcé de démontrer l'impact des événements dans les chocs démographiques, écrit Gilles Normand. Il a essayé de montrer comment s'est développé, au Canada, un système financier qui a aidé mais aussi stoppé la nature du développement. Il a aussi démontré que les grandes forces qui ont amené la Confédération canadienne se situaient dans les finances publiques ».

ŒUVRES

L'Entreprise coopérative ; sa genèse, son rôle économique (essai), Québec, Éditions du Cap Diamant, 1944, 30 p.

Alphonse Desjardins, 1854-1920 (biographie), Québec, Comité de la survivance française en Amérique, 1948, 58 p. « Pour survivre ».

Alphonse Desjardins, pionnier de la coopération d'épargne et de crédit en Amérique (biographie), Lévis, Le Quotidien, 1950, 232 p. Collab. Cyrille Vaillancourt. Ill.

Canada (essai), Berne, Kümmerley & Frey, Éditions géographiques de Berne, 1951, 120 p. Collab. Margot C. Munzer et M.E. Winkler. Ill. (Édité sous les auspices de l'Office fédéral de l'industrie, des arts et métiers et du travail, section de la main-d'œuvre et de l'immigration. (Paru d'abord en allemand, *Kanada*, 1949, 118 p.).

Les Sciences sociales au Canada, deux études / The Social Sciences in Canada, Two Studies, Ottawa, Social Science Research Council of Canada, 1968, xvii, 136 p. Collab. Mabel F. Timlin.

Histoire économique et Unité canadienne (étude), Montréal, Fides, 1970, xxix, 296 p. Préface de Pierre Harvey. « Histoire économique et sociale du Canada français ».

Québec en Amérique au XIXᵉ siècle. Essai sur les caractères économiques de la Laurentie, Montréal, Fides, 1973, xviii, 247 p. Ill. « Histoire économique et sociale du Canada français ».

Syndicalisme et Coopération dans l'agriculture québécoise (essai), Québec, Université Laval, Département d'économique, Faculté des sciences sociales, [s.d.], 27 p.

Le Fonds d'emprunt municipal dans le Haut-Canada, 1852-1867, RS, vol. 1, nᵒ 1, janv.-mars 1960, p. 7-31.

Le Problème financier de la province du Canada (1841-1867), RS, vol. 1, nᵒ 3, juillet-sept. 1960, p. 343-362.

L'Émigration des Canadiens français au 19ᵉ siècle : position du problème et perspectives, RS, vol. 5, nᵒ 3, sept.-déc. 1964, p. 277-317.

Le Caractère continental de l'industrialisation au Québec, RS, vol. 6, nᵒ 3, sept.-déc. 1965, p. 219-236.

Pouvoir politique et Pouvoir économique dans l'évolution du Canada français, RS, vol. 7, nᵒˢ 1-2, janv.-août 1966, p. 61-79.

La Condition nord-américaine des provinces britanniques et l'Impérialisme économique du régime Durham-Sydenham, 1839-1841, RS, vol. 8, nᵒ 2, mai-août 1967, p. 177-209.

Pseudo-marxisme et Révolution au Québec. Réflexions sur la propagande de Léandre Bergeron, dans *Travaux et Communications de l'Académie des sciences morales et politiques 2,* Montréal, Bellarmin, 1974, p. 117-130.

ÉTUDES

Jean-Pierre Wallot, *L'Émigration des Canadiens français au XIXᵉ siècle,* RHAF, vol. 20, nᵒ 2, sept. 1966, p. 293-302, surtout p. 293-298.

Fernand Ouellet, *Histoire économique et Unité canadienne,* LAQ 1971, p. 220-221.

Gilles Paquet, *Albert Faucher, économiste-historien, et Bio-bibliographie d'Albert Faucher,* dans *L'Actualité économique,* vol. 59, nᵒ 3, sept. 1983, p. 395-400.

Gilles Normand, *Albert Faucher, prix Léon-Gérin. L'histoire, comme un laboratoire,* Pr, 101ᵉ année, nᵒ 336, 28 sept. 1985, p. E-10.

Angèle Dagenais, *Albert Faucher, prix Léon-Gérin. Plaidoirie contre l'incuriosité,* Dev, vol. 76, nᵒ 233, 8 oct. 1985, p. 8.

FAUCHER, MADAME ROLAND. Voir **MARTIN, CLAIRE.**

FAUCHER DE SAINT-MAURICE, NARCISSE Henri Édouard [Un carabinier] (1844-1897). Essayiste et conteur, né à Beaumont. [Il changera en « de Saint-Maurice » le nom « Faucher dit Saint-Maurice » de son ancêtre]. Après ses études classiques au Séminaire de Québec, il est clerc chez les avocats Tachereau et Tessier. C'est alors qu'il s'enrôle dans un régiment de chasseurs à pied au service de Maximilien (1864-1866). Au Mexique, il est blessé deux fois, fait prisonnier, condamné à mort, puis échangé contre un général mexicain. Des souvenirs de ce séjour, il tire une série de chroniques qu'il publie dans *La Revue canadienne* (1866 et 1867) et reprend en volume (1874) plusieurs fois réédité sous une forme abrégée. Il voue un culte particulier à Maximilien et à la mission colonisatrice de la France. À son retour au Canada il est nommé greffier du Conseil législatif (1867-1881). Il se présente alors aux élections provinciales et est élu député de Bellechasse (1881-1890). À cette date il revient à son poste de greffier qu'il occupe jusqu'à sa mort. En même temps, Faucher de Saint-Maurice se lance dans le journalisme et devient rédacteur du *Journal de Québec*, puis, en 1885, du *Canadien*. Décoré de la croix de la Légion d'honneur (1881), membre fondateur de la Société royale du Canada (1882), il consacre ses loisirs à écrire ses souvenirs de voyages dans divers coins du pays ainsi qu'à recueillir des contes et des légendes du terroir. Ses relations de voyages intéressent le lecteur par l'originalité de l'écriture et par la description imagée des mœurs du pays. De ses trois recueils de contes, Louis-H. Taché dit que «son style se prête à sa fantaisie avec une souplesse étonnante. Il ne reste toujours qu'une impression bien définie, c'est que M. Faucher est un charmant conteur ».

ŒUVRES

L'Ennemi ! L'Ennemi ! Organisation militaire des Canadas, Québec, Typographie Léger Brousseau, 1862, 38 p. Sous le pseudonyme de Un Carabinier.

Cours de tactique, Québec, Typographie Léger Brousseau, 1863, 110 p.

Québec and Montréal Travellers Free Guide Containing General Information for Tourists, Montréal, Eusèbe Senécal, 1872, 128 p.

À la brunante. Contes et récits, Montréal, Duvernay frères et Dansereau éditeurs, 1874, vi, 349 p. Préface de l'auteur ; *Contes et Récits (À la brunante — À la veillée),* Montréal/Tours, Granger frères ltée/Maison Alfred Mame et fils, 1930, 3 vol. : vol. 1, 168 p. ; vol. 2, 163 p. ; vol. 3, 168 p. Ill. de Y. Farcy. Préface de l'auteur. «Canadienne». (*À la veillée* paru aussi séparément) ; 1936 ; *Contes et Récits,* Montréal, VLB éditeur, 1977, 327 p. Portrait. Avant-propos de l'auteur. Présentation de Serge Provencher.

Choses et Autres. Études et Conférences, Montréal, Duvernay frères et Dansereau éditeurs, 1874, 294 p.

De Québec à Mexico. Souvenirs de voyage, de garnison, de combat et de bivouac, Montréal, Duvernay frères et Dansereau éditeurs, 1874, 2 vol. : vol. 1, 236 p. ; vol. 2, 271 p. (Récit paru d'abord dans la *Revue canadienne*).

Deux ans au Mexique, Montréal, Librairie Saint-Joseph, [1875], 191 p. Québec, C. Darveau, imprimeur, 1878, x, 222 p. ; 1880 ; Québec, Darveau imprimeur, 1881, 222 p.

À la veillée. Contes et récits, Québec, Typographie de C. Darveau, 1877, iii, 199 p. Préface de l'auteur ; 1879 ; 1880 ; 1881 ; 1882 ; 1883 ; Montréal, Cadieux et Derome, [s.d.], 199 p. ; *À la veillée suivi de Dodo ! L'Enfant !,* Granger frères limitée, [s.d.], 95 p. Ill. de Y. Farcy ; *À la veillée* (litt. jeunesse), Granger frères Ltée, [1960], 96 p. Ill. de Y. Farcy. «Saint-Maurice». (Paru aussi avec *À la brunante*).

De tribord à babord. Trois croisières dans le Golfe Saint-Laurent, nord et sud. Une partie de la côte Nord. — Naufrage de l'amiral Walker. — Anticosti. — Archipel de la Madeleine. — Nouvelle-Écosse. — Nouveau-Brunswick. — Île du Prince-Edward [sic]. — La Gaspésie, Montréal, Duvernay frères & Dansereau, éditeurs, 1877, vi, 7, 458 p. ; L'Aurore, 1975, viii, 1282 p. Présentation de Jacques Ferron. Notes de Ghislaine Beaulieu. « Le Goglu ».

Le Canada et les Basques. Trois écrits de M. Faucher de Saint-Maurice, M. Marmette et M. Le Vasseur, Québec, Imprimerie A. Côté et cie, 1879, 29 p. Avant-propos du comte de Premio-Real.

Le Canada et les Canadiens-français [sic] pendant la guerre franco-prussienne, Québec, Imprimerie générale A. Côté et cie, 1879, 56 p. ; 1888.

Promenades dans le golfe Saint-Laurent. Une partie de la côte nord. L'Île aux Œufs. L'Anticosti. L'Île Saint-Paul. L'Archipel de la Madeleine, Québec, Typographie de C. Darveau, 1879, 208 p. ; 1881, xviii, 209 p. Précédé d'une étude de Xavier Marmier ; *Les Îles. Promenade dans le golfe Saint-Laurent. Une partie de la Côte Nord. L'Île aux Œufs. L'Anticosti. L'Île Saint-Paul. L'Archipel de la Madeleine,* Montréal, Librairie Saint-Joseph Cadieux & Derome, [1886], 187 p.

Relation de ce qui s'est passé lors des fouilles faites par ordre du gouvernement dans une partie des fondations du collège des Jésuites de Québec. Précédé de certaines observations par l'auteur, Québec, Typographie de C. Darveau, 1879, 48 p. Accompagnée d'un plan par le capitaine de Deville et d'une photo-lithographie.

Promenades dans le golfe Saint-Laurent. Les Provinces maritimes. La Gaspésie. [Nouvelle-Écosse. Île du Prince-Édouard. Nouveau-Brunswick. La Baie des Chaleurs. La Gaspésie], Québec, Typographie de C. Darveau, 1880, 239 p. ; 1881 ; *La Gaspésie. Promenades dans le golfe Saint-Laurent. Les Provinces maritimes. [Nouvelle-Écosse. Île du Prince-Édouard. Nouveau-Brunswick. La Baie des Chaleurs. La Gaspésie],* Montréal, Librairie Saint-Joseph Cadieux & Derome, [s.d.], 241 p.

La Province de Québec et le Canada au troisième congrès international de géographie à Venise, septembre 1881, Lévis, Typographie de Mercier & Cie, 1882, 43 p. Traduction anglaise : *The Province of Quebec and Canada at the Third International Geographical Congress at Venice, September 1881,* 42 p.

Notice sur Jean Vauquelain de Dieppe, Lieutenant de Vaisseau (1727-1764), d'après M. Faucher de Saint Maurice par Gabriel Gravier, Rouen, Imprimerie des Espérance Gagniard, 1885, 30 p. «J. Ganier». (Extrait du Bulletin de la Société libre d'émulation du commerce et de l'industrie de la Seine-Inférieure (deuxième partie, 1874-1885).

Procédures parlementaires. Décisions des orateurs, protêts, règles et règlements du Conseil législatif de la province de Québec avec index. Décisions des orateurs, jugements, règles et règlements de l'assemblée législative de la province de Québec 1868-1885 / Parliamentary Procedure. Decisions of the Speakers, Protests, Rules and Regulations of the Legislative Council of the Province of Quebec with an Index. Decisions of the Speakers, Judgments Rules and Regulations of the Legislative Assembly of the Province of Quebec with an Index 1868-1885, Montréal, Imprimerie générale, 1885, [7], 785 p. Collationnés sur le texte officiel, mis en ordre et résumés dans un index analytique par Faucher de Saint-Maurice.

Assemblée législative. Le chemin de fer projeté des comtés du sud, Dorchester, Bellechasse, Montmagny, L'Islet, Kamouraska. Discours de MM. Faucher de Saint-Maurice, Marcotte et autres députés faits à ce propos à l'Assemblée législative, le 19 mai 1886, Québec, De l'Imprimerie de L.J. Demers & frères, 1886, p. 1-28. Suivi de *Discours de M. Faucher de Saint-Maurice sur la question Riel,* p. 29-32.

L'Abbé C.-H. Laverdière, [s.l., s.é., 1887], [4], 9 p.

Excursion annuelle de la presse de la province de Québec. St-Pierre et Miquelon, Québec, [s.é.], 1887, 8 p.

En route. Sept jours dans les provinces maritimes, Québec, Imprimerie générale A. Côté et cie, 1888, 280 p.

Joies et Tristesse de la mer, Montréal, Imprimerie Saint-Joseph Cadieux & Derome, 1888, 199 p.

Loin du pays. Souvenirs d'Europe, d'Afrique et d'Amérique, Québec, Imprimerie générale de A. Côté et cie, 1889, 2 vol.: vol. 1, v, 411 p.; vol. 2, 655 p.

Notes pour servir à l'histoire de l'empereur Maximilien d'après ses œuvres, les récits du capitaine d'artillerie Albert Hans, du médecin particulier de S.M. le docteur Basch et des témoins oculaires de l'exécution recueillies par Faucher de Saint-Maurice, Québec, Imprimerie Générale de A. Côté et cie, 1889, [8], 228 p.; *Notes pour servir à l'histoire de l'empereur Maximilien.*

La Question du jour. Resterons-nous français. Suppression de la langue française au Canada. Le Canada et les Canadiens-français [sic] pendant la guerre franco-prussienne. De l'élément étranger aux États-Unis, Québec, Imprimerie Belleau & cie, 1890, 140 p.

Honni soit qui mal y pense. Notes sur la formation du franco-normand et de l'anglo-saxon, Montréal, Eusèbe Senécal & fils, imprimeurs, 1892, 85 p.

Les États de Jersey et la langue française. Exemple offert au Manitoba et au Nord-Ouest, Montréal, Eusèbe Senécal & fils, imprimeur, 1893, ix, 79 p.

Notes pour servir à l'histoire du général Richard Montgomery, Montréal, Eusèbe Senécal & fils, imprimeurs, 1893, 94 p.

Notes pour servir à l'histoire des officiers de la marine et de l'armée française qui ont fait la Guerre de l'indépen-

dance américaine, Québec, Imprimerie de L.-J. Demers & fils, 1896, 283 p.

Le Fantôme de la roche suivi de Le Baiser d'une morte, Montréal, Granger frères ltée, [1900], 95 p. Ill. de Y. Farcy; (litt. jeunesse), 1960, 96 p. « Saint-Maurice ».

Le Sagamo de Kapskouk suivi du Géant de Méchins (contes), Montréal, Fides, 1956, 75 p. Ill. « La Grande Aventure ».

L'Admiral du brouillard suivi de Madeleine Bouvart (litt. jeunesse), Montréal, Granger frères ltd., [1957], 95 p. Ill. de Y. Farcy. « Saint-Maurice ».

Le Feu des Roussi suivi de Le Père Michel (litt. jeunesse), Montréal, Granger frères ltd., [1957], 94 p. Ill. de Y. Farcy. « Saint-Maurice ».

Mexico, Mexico suivi de Mon ami Jean (litt. jeunesse), Montréal, Granger frères ltd., [1960], 96 p. Ill. de Y. Farcy. « Saint-Maurice ».

Belle aux cheveux d'or suivi de La Femme à l'aiguille et Les Larmes du Christ (litt. jeunesse), Montréal, Grangers frères ltd., [1960], 96 p. Ill. de Y. Farcy. « Saint-Maurice ».

La Femme à l'aiguille. Une histoire à ma grand'mère, RC, vol. 5, 1868, p. 383-388.

L'Homme de lettres. Sa mission dans la société moderne, RC, vol. 5, 1868, p. 437-451.

Les Larmes du Christ. Légende catholique, RC, vol. 5, 1869, p. 216-220.

Les Blessures de la vie. Histoire de tous les jours, RC, vol. 6, 1869, p. 56-65, 148-160, 286-299.

Les Pages oubliées de notre histoire, RC, vol. 6, 1869, p. 401-412.

Le Crucifix outragé. Un procès de sorcellerie à Montréal, RC, vol. 7, 1870, p. 92-100.

Le Canada en Europe, RC, vol. 7, 1870, p. 276-282.

Discours d'inauguration, MSRC, vol. 1, 1883, p. 13-19.

Louis Turcotte, MSRC, vol. 1, 1883, p. 111-118.

Un des oubliés de notre histoire. Le capitaine de vaisseau Jean Vauquelin, MSRC, vol. 3, 1885, p. 35-47.

L'Élément étranger aux États-Unis, MSRC, vol. 3, 1885, p. 105-109.

Quelques Notes sur le général Richard Montgomery, MSRC, vol. 9, 1891, p. 3-22.

Le Contre-amiral Byng, MSRC, vol. 11, 1893, p. 65-107.

ÉTUDES

L.-H. Taché, *Faucher de Saint-Maurice,* Montréal, Senécal, 1886, 142 p.

Raoul Renault, *Faucher de Saint-Maurice. Son œuvre,* dans *Le Courrier du livre,* n° 12, avril 1897, p. 200-209 ; Québec, Léger Brousseau, 1897, 16 p.

Gérard Parizeau, *Faucher de Saint-Maurice : écrivain, journaliste, député, président de la section française de la Société royale du Canada,* MSRC, 4ᵉ série, t. 7, section 1, 1969, p. 207-230.

FAUTEUX

FAUTEUX, AEGIDIUS [Lucien Balte, Baruch, M. France, Justice, H. Lambert, Godfroi Latour, Robert Lefort, Ludovic Morel, Nemo, Raoul Sanche, Solitaire, Vindex, Virgile] (1876–1941). Journaliste, bibliothécaire, essayiste et historien, né à Montréal. Il fait son cours secondaire à l'école de la paroisse Sainte-Cunégonde de Montréal, et ses études classiques chez les Sulpiciens où il obtient son baccalauréat. Il étudie ensuite la théologie au Séminaire de philosophie, puis fait son droit à l'Université Laval à Montréal. Encore étudiant, il fonde *Le Rappel* en 1902, grâce aux fonds de quelques conservateurs du Québec. Reçu au barreau en 1903, il devient correspondant parlementaire à *La Patrie*. En 1908, il publie son célèbre pamphlet, *Dix ans de régime libéral*, et il passe à *La Presse* où il travaille dix ans et dont il est rédacteur en chef de 1909 à 1912. En 1912, il devient conservateur de la Bibliothèque Saint-Sulpice (aujourd'hui Bibliothèque nationale du Québec), poste qu'il conserve jusqu'en mars 1931, date où les Messieurs de Saint-Sulpice doivent fermer la bibliothèque, faute d'aide financière. Fauteux devient alors conservateur de la Bibliothèque municipale de Montréal où il restera jusqu'à sa mort. Il continue de collaborer à divers périodiques, dont *La Revue canadienne*, *La Revue trimestrielle des amis du vieux Dieppe*, *La Revue de droit*, *Canadiana*, le *Bulletin des recherches historiques*. Il publie régulièrement dans *La Patrie* ses *Carnets d'un curieux* (1933–1934) et sa chronique, le *Courrier historique et littéraire* (1935–1936). Avec ses amis É.-Z. Massicotte, Olivier Maurault, Gérard Malchelosse et Victor Morin, il fonde en 1935 la Société des Dix qui publie des *Cahiers* dont il est le rédacteur-éditeur jusqu'à sa mort. Il a été également président de la section française de la Société royale du Canada et de la Société historique de Montréal. Pierre Savard écrit que Fauteux « s'est imposé à sa génération comme le chercheur le mieux informé sur la grande et la petite histoire ».

ŒUVRES

Dix ans de régime libéral, le gouvernement Gouin, ses faiblesses, ses abus, ses scandales, [s.l., s.é.], 1908, 80 p.
Les Bibliothèques canadiennes, Montréal, Arbour et Dupont, 1916, 45 p.
La Famille d'Aillebout. Étude généalogique et historique, Montréal, G. Ducharme libraire-éditeur, 1917, 196 p.
Annales de l'Hôtel-Dieu de Montréal, rédigées par la Sœur Morin, Montréal, L'Imprimerie des Éditeurs limitée, 1921, xi, 252 p. Collationnées et annotées par A. Fauteux, É.-Z. Massicotte et C. Bertrand. Introduction de Victor Morin.

Bibliographie de la question universitaire Laval-Montréal (1852–1921), Montréal Arbour et Dupont, 1922, 62 p.
Journal du Siège de Québec du 10 mai au 18 septembre 1759, Québec, [s.é.], 1922, 115 p. (Publié et annoté par Aegidius Fauteux. Attribué à François Joseph de Vienne).
Les Privilèges parlementaires au Canada. Étude historique d'actualité, Montréal, [s.é.], 1922, 16 f.
Bibliographie de l'histoire canadienne, Montréal, [s.é.], 1926, 21 p.
Monsieur Lecoq : souvenir d'un ancien séminariste, Montréal, Éditions Édouard Garand, 1927, 93 p. (Paru d'abord dans *Bulletin des anciens élèves du Collège de Montréal*).
Mémoire sur les postes du Canada par le chevalier de Raymond, Québec, Chez l'auteur, 1929, 40 p.
The Introduction of Printing into Canada. A Brief History, Montréal, Rolland Paper Company limited, 1930, xii, 178 p. Ill. Préface de l'auteur ; 1957, 6 chapitres reliés séparément et réunis, 34, 18, 21, 20, 24, 28 p. Ill. Traduction française : *L'Introduction de l'imprimerie au Canada. Une brève histoire*, Montréal, Compagnie de papier Rolland limitée, 1957, chapitre 1, *Les Pionniers de l'imprimerie sur le continent Nord-Américain*, 34 p. ; chapitre 2, *Les Premiers Imprimeurs dans les provinces maritimes*, 19 p. ; chapitre 3, *Les Premiers Imprimeurs dans la Province de Québec*, 20 p. ; chapitre 4, *Les Premiers Imprimeurs dans le district de Montréal*, 19 p. ; chapitre 5, *Les Premiers Imprimeurs dans la province d'Ontario*, 23 p. ; chapitre 6, *Les Premiers Imprimeurs dans les provinces de l'Ouest*, 27 p.
Les Carnets d'un curieux, Montréal, La Patrie, 1934, 134 p.
Le Duel au Canada, Montréal, Les Éditions du Zodiaque, 1934, 317 p. « 35 ».
Les Chevaliers de Saint-Louis en Canada, Montréal, Les Éditions des Dix, 1940, 252 p.
Honoré Gervais. 1864–1915, Montréal, Atelier du Devoir, 1942, 30 p.
Patriotes de 1837–1838, Montréal, Les Éditions des Dix, 1950, 433 p. (Ouvrage posthume édité et augmenté d'une introduction historique par Félix Leclerc).
Classification des livres. Plan systématique en usage à la Bibliothèque de Montréal, Montréal, 1952, 158 p. Édition préliminaire par Juliette Chabot. Préface de Léo-Paul Desrosiers. (Texte polycopié).
Synopsis des travaux bibliographiques préparés à l'intention des élèves de l'École des bibliothécaires de l'Université de Montréal, Montréal, [s.é., s.d.], 53 p. Avant-propos de l'auteur. Suivi de *Bibliographie canadienne (cours complémentaire)*, 37 p. (Texte polycopié).

Journal de MM. Baby, Taschereau et Williams, 1776, Québec, Publié par l'auteur, 1929, p. 431–499. (Extrait du *Rapport de l'archiviste de la province de Québec pour 1927–1928*).

Jean Vauquelin, MSRC, 3e série, vol. 24, no 23, mai 1930, p. 1–30.

Bataille de vers autour d'une tombe, MSRC, 3e série, vol. 25, 1931, p. 47–61.

Fleury Mesplet. Une étude sur les commencements de l'imprimerie dans la ville de Montréal, dans *The Papers of the Bibliographical Society of America,* vol. 28, 2e partie, 1934, p. 164–193.

Jean Vauquelin, lieutenant de vaisseau, dans *Bulletin trimestriel des amis du vieux Dieppe,* Imprimerie diéppoise, 1936, 24 p.

ÉTUDES

Victor Morin, *Trois docteurs : É.-Z. Massicotte, Aegidius Fauteux, J.-B. Légaré,* Montréal, Édition privée, 1936, 70 p.

Olivier Maurault, *Aegidius Fauteux,* CD, no 6, 1941, p. 9–18.

Pierre Savard, *L'Histoire de 1900 à 1930,* dans Pierre de Grandpré, *Histoire de la littérature française du Québec,* Montréal, 1968, vol. 2, p. 136–137.

FAVREAU, MARC [Sol] (1929-   ). Comédien, dramaturge et monologuiste, né à Montréal. Il fait ses études au Collège du Sacré-Cœur de Victoriaville, à l'Académie Querbes d'Outremont et à l'Université Sir George Williams (Concordia) où il fait, ainsi qu'il le dit, « une année d'anglais, de chiffres, de peines et de misères... ». Devenu dessinateur commercial (1949), il se dirige vers le théâtre pour faire des décors, mais en 1950 il s'inscrit à l'école du Théâtre du Nouveau Monde et y passe deux ans, remportant le premier prix de comédie en 1952. Sa carrière de comédien commence en 1951 dans « 13, rue de la Friponne » de Fernand Doré. Il joue aussi au théâtre dans des pièces de Molière et de Pierre-A. Bréal et à la télévision dans « 14, rue de Galais », dans « Le Survenant » et « Au Chenal-du-Moine » où il tient le rôle de Beau Blanc. De 1955 à 1957, il étudie le théâtre à Paris chez Jean Valcour. En 1958, il crée le personnage de Sol pour les enfants dans « La Boîte à surprise », série qui dure quatorze ans. Il joue encore à la télévision dans « Les Enquêtes Jobidon » (1962), dans des téléthéâtres (*La Cagnotte* de Labiche, 1960), des téléromans (« Symphorien », 1968), à la radio (« Jeunesse dorée »), au théâtre dans des pièces de Racine, Marivaux, Musset, Ionesco, Dubé... Le comédien Marc Favreau c'est surtout Sol, personnage né d'un duo de clowns, « Sol et Gobelet », créé pour les enfants d'abord, puis pour tout le monde, à la télévision et à la scène, en Europe comme au Québec, devenu diseur de monologues qu'il présente avec un éclatant succès aux festivals de Nancy (1976) et d'Avignon (1977), à Paris (fin 1978), puis en tournée de France, de Belgique... « Marc Favreau, le clown québécois qui

‹ débarbouille › la langue », écrit Caroline Alexander. Et Martine Léonard : « Le langage de Sol éclate de fantaisie, tout bourgeonnant de suffixes qui ne détruisent pas la compréhension mais la multiplient en note délirante [...]. Le travail sur le langage demeure l'aspect primordial de Favreau ». Comme dit Gilles Archambault, il « se joue du langage avec un éblouissant bonheur ». Il touche à tous les genres et tous les sujets d'une manière personnelle mais qui rejoint l'universel.

ŒUVRES

Esstradinairement vautre. Délire et graffiti (monologues), Montréal, L'Aurore, 1974, 149 p. « L'Amélanchier/Album ».

Rien détonnant avec Sol ! (monologues), Montréal, Stanké, 1978, 173 p. Ill. de Marie-Claude Favreau.

Les Œufs limpides (monologues), Montréal, Stanké, 1979, 149 p. Ill. Préface de Marcel Godin.

Parlez-moi. Adapted from the TV Ontario series starring Marc Favreau, Toronto, Published by Copp Clark Pitman/The Ontario Educational Communications Authority, 1979, 57 p. Ill. de Michael Reinhart.

Je m'égalomane à moi-même... Sol (monologues), Montréal/Paris, Stanké, 1982, 159 p. Ill. de Marie-Claude Favreau.

L'univers est dans la pomme (récits), Montréal, Stanké, 1987, 205 p.

DISCOGRAPHIE

Sol. Interdit aux adultes, R.C.A., FA 49401, 33⅓ tours.

Sol. Rien détonnant, Kébec Disc, 1979, KDL962, 33⅓ tours.

Sol. Je m'égalomane à moi-même, Kébec Disc, 1977, Sol 933-934, 33⅓ tours.

Je grandis, je grandis, j'ose grandiose, je m'égalomane à moi-même, Universol, Sol-933-934 ; 1977, 33⅓ tours, 2 disques.

ÉTUDES

Martine Léonard, *Sol (Marc Favreau). Esstradinairement vautre,* LAQ 1974, p. 171–172.

Lise Gauvin, *Le Déficient manteau,* dans *Jeu,* no 5, printemps 1977, p. 141-142.

Colette Duhaime, *Marc Favreau et Sol. Douceur et poésie,* Dr, 65e année, no 298, 18 mars 1978, p. 19.

Louis-Bernard Robitaille, *Sol conquiert Paris,* Pr, 94e année, no 183, 9 déc. 1978, p. D-1-D-2.

[Anonyme], *Marc Favreau un ancien dessinateur commercial qui ne jongle plus avec les lettres mais avec les mots,* dans *Télé-radiomonde,* vol. 42, no 16, 30 déc. 1979, p. 26-27.

Bertrand Bergeron, *Marc Favreau. Les Œufs limpides,* LAQ 1979, p. 166-167.

Gilles Archambault, *Papa Sol,* dans *Le Livre d'ici,* vol. 5, no 14, 9 janv. 1980, p. 1.

Yves Thériault, *Marc Favreau. Si je reviens au théâtre, c'est pour me nettoyer le cerveau,* dans *Télé-radiomonde,* vol. 42, no 21, 3 au 9 févr. 1980, p. 6-7.

Murray Maltais, *Pendant que Sol repose sur les tablettes, Marc Favreau monte sur les planches,* Dr, 67e année, no 276, 15 mars 1980, p. 18.

Manon Péclet, *Marc Favreau,* dans *Dimanche-Matin,* vol. 28, no 32, 9 août 1981, p. B-2.

Laure Hesbois, *Les Monologues de Sol: une invitation à la langue-moi*, VI, vol. 7, n° 1, automne 1981, p. 119-129.

Pierre Beaulieu, *La Crise, la Ruine, l'Inflation, etc. Sol plus près du sol*, Pr, 98ᵉ année, n° 49, 27 févr. 1982, p. C-1, C-4.

Michel Talbot, *Pour Sol, un jeu de maux... économiques !,* dans *Dimanche-Matin*, vol. 29, n° 8, 28 févr. 1982, p. B-2.

[Anonyme], *Sol diplômé humoris causa,* dans *Forum*, vol. 18, n° 5, 11 oct. 1983, p. 1.

FAYE, ROGER. Voir **MELANÇON, JOSEPH-MARIE.**

FÉLIX. Voir **TANGUAY, CYPRIEN.**

FELTEAU, CYRILLE (1917-   ). Journaliste et essayiste, né à Saint-Anselme (Dorchester). Il étudie à l'Académie commerciale de Québec, et il obtient ensuite une licence en sciences sociales, politiques et économiques à l'Université Laval (1941) dont le mémoire porte sur l'assurance-chômage au Canada. Entre 1941 et 1943, il collabore aux revues *Regards* et *Culture*, puis il commence, en 1945, une longue carrière de journaliste, d'abord à *L'Action catholique* (1945-1946), puis au *Soleil* (1947-1954). En 1954, une bourse du gouvernement du Canada lui permet d'aller étudier l'organisation de la presse en France. Au retour, il est relationniste auprès de l'administration de la voie maritime du Saint-Laurent, de 1955 à 1958. Il entre alors à *La Presse* où il travaille jusqu'à sa retraite, en 1982, à l'exception de deux ans au *Nouveau Journal* (1961-1962) et au *Petit Journal* (1962-1963). Il est de plus correspondant à Québec des magazines *Time* (1952-1954) et *Life* (1956-1957) et correspondant du *Monde* (Paris) au Canada (1956-1957). Il collabore aussi à *Perspectives* (1970-1981). En 1976, Héritage-Canada lui décerne le prix d'excellence en information. Cyrille Felteau se fait connaître aussi par ses livres. Ainsi, dans *Les Moulins à eau* (1978), il retrace avec Francine Adam-Villeneuve l'histoire de chaque moulin encore subsistant, de Trois-Rivières à Rivière-du-Loup. « Leur ouvrage est bien documenté et admirablement étayé par de nombreuses photographies anciennes ou récentes » (Gérard Lavallée). Quand paraît le premier volume de l'*Histoire de « La Presse »* (1983), Roger Duhamel en admire la « copieuse iconographie », et il dit du rédacteur : « Sur un ton simple et familier, il fait revivre des personnalités du passé qui ont fortement marqué leur époque. L'historio-

graphe ne répugne pas à la bonhomie du raconteur et nous devons l'en louer ».

ŒUVRES

[*L'Inflation voilà l'ennemi*] (essai), [Québec], La Société d'éducation des adultes du Québec, 1945, 19 p. Collab. C.H. Herbert. Ill.

Les Moulins à eau de la vallée du Saint-Laurent (essai), Montréal, Les Éditions de l'Homme, 1978, 478 p. Collab. Francine Adam-Villeneuve. Préface de Serge Joyal.

Umberto Bruni (monographie), La Prairie, Éditions Marcel Broquet inc., 1980, 102 p. Ill. Préface d'Ernest Pallascio-Morin. « Signatures ».

Histoire de La Presse, [Montréal], La Presse, 1983-1984, 2 t. : t. 1, *Le Livre du peuple : 1884-1916*, 1983, 404 p. ; t. 2, *Le Plus Grand Quotidien français d'Amérique : 1916-1984*, 1984, 283 p. Ill.

Les Minorités françaises dans l'Ouest canadien, C, vol. 14, 1953, p. 235-239.

Le Prélude du 22 juin 1960, dans *Une certaine révolution tranquille : 22 juin 60-75* (essai), Montréal, La Presse, 1975, p. 7-26.

ÉTUDES

Gérard Lavallée, *Adam-Villeneuve (Francine) et Felteau (Cyrille). Les Moulins à eau de la vallée du Saint-Laurent*, dans *Nos livres*, vol. 9, oct. 1978, n° 328.

Guy Boulizon, *Témoins de notre histoire*, dans *Vie des arts*, vol. 23, n° 93, hiver 1978-1979, p. 90-91.

Willie Chevalier, *La Presse a un siècle. Un quotidien dans la vie du Québec*, dans *Bulletin de la Bibliothèque nationale du Québec*, 17ᵉ année, nᵒˢ 3-4, sept.-déc. 1983, p. 3-7.

Jacques Benoît, *Cyrille Felteau et l'histoire de La Presse.* « *Un travail de chien qui m'a fasciné* », Pr, 99ᵉ année, n° 263, 12 nov. 1983, p. D-1.

Roger Duhamel, *Aux origines de « La Presse »*, Pr, 99ᵉ année, n° 287, 10 déc. 1983, p. A-6.

Willie Chevalier, *Histoire de La Presse. Le IIᵉ tome risque de décevoir*, dans *L'Incunable*, 18ᵉ année, n° 4, déc. 1984, p. 40-43.

Jean-Pierre Bonhomme, *Histoire de La Presse, tome II*, Pr, 101ᵉ année, n° 153, 23 mai 1985, p. A-6.

FELX, JOCELYNE (1949-   ). Romancière et poète, née à Saint-Ignace de Vaudreuil. Après le secondaire à Dorion et à Vaudreuil, elle étudie au Collège Bourget de Rigaud (D.E.C., 1968), puis elle poursuit des études littéraires à l'Université de Montréal et à l'Université du Québec à Chicoutimi (L. ès L., 1972). Son premier roman, *Les Vierges folles* (1975) est une sorte de revendication de la femme à la liberté et à l'autodétermination. Réginald Martel y trouve un ton neuf, personnel ; « mais le défaut du récit domine toutes les qualités : c'est l'obscurité ».

Pour Claude Janelle, l'écriture du roman « rappelle la recherche formaliste de Nicole Brossard ». Il semble que la poésie convienne davantage à Jocelyne Felx. Ainsi, parlant des *Feuillets embryonnaires,* parus en 1981, Pierre Nepveu écrit que malgré des flottements et trop d'abondance, « le texte de Felx ne cesse de nous reprendre d'une page à l'autre ». En 1982, son recueil au beau titre d'*Orpailleuse* remporte ex aequo le prix Nelligan. Richard Giguère écrit que « par un très efficace travail du langage, qui sonde les profondeurs du subconscient, Jocelyne Felx révèle des images qui brillent de tous leurs feux. [...] *Orpailleuse* exhibe une écriture qui déborde de vitalité ».

ŒUVRES

Les Vierges folles. Roman, Montréal, Éditions du Jour, 1975, 77 p. « RJ ».

Les Petits Camions rouges. Roman, Montréal, Éditions du Jour, 1975, 140 p. « RJ ».

Feuillets embryonnaires (textes poétiques), Trois-Rivières, Écrits des Forges, 1980, 65 p. « Les Rivières ».

Orpailleuse (textes poétiques), Saint-Lambert, Éditions du Noroît, 1982, 68 p. Avec un dessin de Céline Fortin. « L'Instant d'après ».

ÉTUDES

Réginald Martel, *Une chronique en forme de fourre-tout,* Pr, 91ᵉ année, nº 27, 1ᵉʳ févr. 1975, p. E-3.

Claude Janelle, *Jocelyne Felx. Les Vierges folles,* LAQ 1975, p. 69-70.

Jacques B. Bouchard, *Jocelyne Felx. Les Petits Camions rouges,* LAQ 1975, p. 70-72.

[Anonyme], *Felx (Jocelyne). Les Petits Camions rouges,* dans *Le Livre canadien,* vol. 17, avril 1976, nº 137.

Normand de Bellefeuille, *Poésie. Feuillets embryonnaires de Jocelyne Felx,* dans *Spirale,* nº 16, févr. 1981, p. 7.

Joseph Bonenfant, *Jocelyne Felx. Feuillets embryonnaires,* VI, vol. 6, nº 3, printemps 1981, p. 483.

Pierre Nepveu, *Feu la modernité,* LQ, nº 23, automne 1981, p. 31.

Richard Giguère, *Orpailleuse de Jocelyne Felx,* LQ, nº 27, automne 1982, p. 37.

FERLAND, ALBERT (1872–1943). Poète et dessinateur, né à Montréal. À l'âge de douze ans, il part avec ses parents dans une forêt du Nord, à Hertwell, où l'on veut réaliser un grand projet de colonisation. Mais on revient à Montréal au bout de quatre ans d'efforts. Albert Ferland comble les lacunes de son instruction par des lectures. Il s'intéresse surtout à la poésie. Dès 1890, il publie des poèmes dans *Le Samedi,* et en 1893 paraissent ses *Mélodies poétiques,* œuvre d'un poète qui aime la nature dans l'esprit des Romantiques. Entre temps, il exerce divers métiers : commissionnaire d'un grossiste-épicier, saute-ruisseau au service d'une étude légale, employé à l'Imprimerie Beauchemin où il s'initie à l'art graphique. Il aurait étudié le dessin à l'École Saint-Jacques de Montréal avant de l'enseigner aux cours gratuits du soir au Monument national. En 1894, il participe à la fondation de la *Galerie des contemporains du Canada* qui deviendra en 1898, la *Galerie historique* ou *Galerie canadienne.* Il fonde, en 1895, *La Revue de l'art* qui ne connaît qu'une seule livraison. À la même date, enthousiaste, il s'associe à la fondation de l'École littéraire de Montréal. Son deuxième recueil, *Femmes rêvées* (1899), traduit ses hésitations entre Romantisme, Parnasse et Symbolisme. Puis le vrai Ferland éclate au grand jour vers 1908, alors que l'École littéraire de Montréal se tourne décisivement vers le terroir pour y découvrir, comme disait Charles Gill, « l'âme du peuple ». C'est ainsi qu'il rédige son *Canada chanté* où il veut peindre le vrai paysage de son pays, empreint d'une mystique que peu de gens comprennent. En 1909, il est fonctionnaire au Bureau des postes où il dessine des cartes géographiques. Après 1910, aigri, malade, se croyant incompris, Ferland écrira désormais pour lui seul. Élu membre de la Société royale du Canada, il publiera, de 1923 jusqu'à sa mort survenue en 1943, la plupart de ses poèmes dans les *Mémoires* de cette société. Jusqu'à la fin il est demeuré fidèle à son idéal patriotique et religieux. Rêveur, perdu dans la grande ville, il chante presque toujours la campagne, l'âme des primitifs, les exploits des ancêtres. Sous l'influence du Frère Marie-Victorin, il commence à scruter les secrets de la nature canadienne, pour bien en saisir et décrire les menus détails. *Le Canada chanté* a pour thèmes la patrie, la nature et la foi. Le poète se révèle un rêveur lyrique qui paie en chansons ce qu'il a reçu de son pays. La toile de fond est nettement régionaliste. Le style ne s'impose ni par la force, ni par les images. « L'œuvre de Ferland, explique Jeanne Le Ber, présente bien des inégalités, il est vrai, mais il s'y rencontre de nombreux, de beaux vers ‹ classiques ›, inoubliables. Honnêteté foncière, idéalisme instinctif, patriotisme fervent, âme profondément religieuse, il n'a manqué à cet artiste délicat qu'un pinceau plus nuancé pour traduire sa vision personnelle ». Et pour Louis Dantin, cette œuvre fait croire à la beauté de «l'art simple croissant comme l'herbe des prés, coulant à la façon des sources».

ŒUVRES

Mélodies poétiques (poésie), Montréal, Pierre-J. Bédard, 1893, 141 p. Préface de Rémi Tremblay.

Revue de l'art, vol. 1, n⁰ 1, déc. 1895, 8 p.

Femmes rêvées (poésie), Montréal, Chez l'auteur, 1899, 49 p. Ill. de Georges Delfosse. Préface de Louis Fréchette.

Le Canada chanté, poèmes en cinq volumes : vol. 1, *Les Horizons,* Montréal, Déom Frères, 1908, 32 p. ; vol. 2, *Le Terroir,* Montréal, L'auteur, éditeur, 1909, 35 p. ; vol. 3, *L'Âme des bois,* Montréal, Chez l'auteur, 1909, 32 p. ; vol. 4, *La Fête du Christ à Ville-Marie,* Montréal, L'auteur, éditeur, 1910, 24 p. ; vol. 5, *Montréal, ma ville natale,* Montréal, Jules Ferland éditeur, 1946, 122 p. Ill. de l'auteur.

Portraits historiques (dessins), Montréal, Cadieux & Delorme, [1910 ?], 27 f.

(Le poème *La Consolatrice,* signé B. de Flandre, Montréal, Typographie Poirier, Bessette & Cie, 1898, 14 p., que certains critiques attribuent à Albert Ferland, n'est pas de celui-ci, mais de Beaudouin de Flandre, baron Beaudouin Kervin de Volkaersbeke, un Belge qui vint au Canada en 1895, se fixa avec ses frères sur une ferme au Témiscamingue, publia plusieurs textes en prose et en vers dans les journaux et revues de l'époque et retourna en Belgique en 1900).

Consécration des Associés de Montréal à la Vierge Marie, dans *Le Canada héroïque, Tableaux de la cathédrale de Montréal,* [s.l., s.é., s.d.], p. 19.

ÉTUDES

Jean Cris [É.-Z. Massicotte], *Silhouettes de nos illustrations,* dans *L'Écho des jeunes,* vol. 1, n⁰ 5, mars 1892, p. 87.

Germain Beaulieu, *M. Albert Ferland,* MI, 10ᵉ année, n⁰ 474, 3 juin 1893, p. 53.

Édouard Cabrette [É.-Z. Massicotte], *Albert Ferland,* dans *L'Écho des jeunes,* vol. 2, n⁰ 16, mars 1895, p. 49–50.

A. Book, *Femmes rêvées,* dans *Le Réveil,* vol. 10, n⁰ 229, 12 août 1899, p. 313.

Firmin Picard, *Femmes rêvées,* MI, 16ᵉ année, n⁰ 797, 12 août 1899, p. 226–227.

Gustave Comte, *Silhouette littéraire. M. Albert Ferland,* dans *Le Passe-Temps,* vol. 5, n⁰ 123, 9 déc. 1899, p. 465.

Casimir Hébert, *Le Canada chanté,* dans *Le Semeur,* 4ᵉ année, n⁰ 5, déc. 1907, p. 119–120.

Germain Beaulieu, *Le Canada chanté,* dans *Le Nationaliste,* 4ᵉ année, n⁰ 50, févr. 1908, p. 3.

Adjutor Rivard, *Les Livres. Albert Ferland : Le Canada chanté,* BPF, vol. 8, n⁰ 2, 1909, p. 74–77.

Gérard Malchelosse, *Albert Ferland,* dans *Le Pays laurentien,* 1ʳᵉ année, n⁰ 9, sept. 1916, p. 213–215.

Louis Dantin, *Gloses critiques,* Montréal, Albert Lévesque, 1931, 222 p., surtout p. 188–189.

Maurice Hébert, *La Vie et l'Œuvre d'Albert Ferland,* dans *Et d'un livre à l'autre,* Montréal, Albert Lévesque, 1932, p. 134–177.

Jean Charbonneau, *Albert Ferland,* dans *L'École littéraire de Montréal,* Montréal, Éditions Albert Lévesque, 1935, p. 127–133.

Roger Duhamel, *Albert Ferland, Montréal, ma ville natale,* AN, vol. 13, n⁰ 4, déc. 1946, p. 26–27.

J.-M. Delage, *Montréal, ma ville natale,* dans *Lectures,* t. 3, n⁰ 5, janv. 1948, p. 299.

Albertine Ferland-Angers, *Albert Ferland, poète fier,* dans *Qui,* vol. 3, n⁰ 4, juin 1952, p. 65–80.

Sœur Jeanne LeBer, s.g.c. [X Irène Branchaud], *L'Esthétique de Ferland,* dans *L'École littéraire de Montréal,* Montréal, Fides, 1963, p. 150–177. «ALC» 2.

Id., «Albert Ferland : l'homme et l'œuvre». Thèse de doctorat, Ottawa, Université d'Ottawa, 1965, ix, 373 f. Bibliographie : p. 329–367. Cette thèse est la meilleure source de renseignements sur la vie et l'œuvre de Ferland.

FERLAND, JEAN-BAPTISTE **Antoine** (1805–1865). Historien, né à Montréal. Orphelin de père en bas âge, il va habiter avec sa mère à Kingston, en 1813. Grâce à l'aide de l'abbé Rémi Gaulin, curé de Saint-Raphaël de Kingston, il peut commencer ses études classiques au Collège de Nicolet. Il est ordonné prêtre en 1828, après avoir servi de secrétaire à Mgr Plessis et avoir enseigné au Collège de Nicolet dans les classes de belles-lettres, de rhétorique et de philosophie. Pendant plusieurs années, il exerce le ministère en différents endroits : vicaire à Rivière-du-Loup (1828), à Fraserville (1829), à Saint-Roch de Québec (1830–1834) ; chapelain à l'Hôpital de la Marine et des Émigrés, à Québec (1834) ; curé à Saint-Isidore (1834–1836), à Sainte-Foy (1836), à Sainte-Anne de Beaupré avec la desserte de Saint-Ferréol (1837–1841). De 1841 à 1850, on le trouve de nouveau au Séminaire de Nicolet où il œuvre successivement comme préfet des études (1841–1843), directeur et préfet (1843–1848) et supérieur (1848–1850). En 1850, il est à Québec, membre de la chancellerie épiscopale et aumônier des hôpitaux militaires. C'est à partir de cette date que l'abbé Ferland consacre ses loisirs à la recherche historique. Il importe de réfuter les allégations de l'abbé Brasseur de Bourbourg qui a publié à Paris, en 1852, une *Histoire du Canada* farcie d'inexactitudes et de jugements erronés. En même temps, l'abbé Ferland étudie les registres de Notre-Dame de Québec et les documents ayant trait aux origines de la Nouvelle-France. Peu à peu, il se fait historien et commence, en 1855, une série de conférences sur l'histoire du Canada à l'Université Laval. Après un voyage de recherche à Paris (1856–1857), il professe avec succès son cours public d'histoire du Canada à l'Université Laval (1858–1862): ces leçons sont à l'origine de son *Cours d'histoire du Canada* dont le premier tome paraît en 1861; le second voit le jour en 1865, après la mort subite de l'historien en janvier de la même année. Contemporain de Garneau et de Faillon, l'abbé Ferland conçoit l'histoire comme un héritage national dans l'éclairage d'une inébranlable adhésion aux principes catholiques. La documentation de Ferland est plus complète que celle de Garneau qui, cependant, lui est supérieur par le jugement et l'esprit de synthèse. D'après Thomas-M. Charland, Ferland « semble avoir fait porter tout son effort sur l'agencement du récit. Il déroule sans arrêt le fil des événements, sans s'occuper d'en articuler la marche, d'en dégager la trame. Aussi a-t-il donné l'impression d'être un annaliste plutôt qu'un historien. On a pu comparer l'*Histoire du Canada* de Garneau à un colossal et magnifique palais qui frappe le visiteur d'étonnement et d'admiration, et le *Cours d'histoire du Canada* de Ferland à un immense parc aux mille cercles où le promeneur s'égare comme dans un labyrinthe enchanteur. [...] Il s'est appliqué à polir plutôt qu'à orner, il a sacrifié la couleur au dessin. Son style est châtié, mais sobre, dépouillé à l'excès, parfois un peu voisin du style archaïque des sources historiques qu'il utilise ».

ŒUVRES

Observations sur un ouvrage intitulé Histoire du Canada etc., par M. l'Abbé Brasseur de Bourgourg, Québec, Imprimerie Augustin Côté et cie, 1853, 79 p.; Paris, Charles Douniol, libraire, 1854, 94 p.

Notes sur les registres de Notre-Dame de Québec, Québec, Imprimerie d'A. Côté et cie, 1854, 75 p.; Québec, G. et G.-E. Desbarats, 1863, 100 p.

Notes sur Sillery, Québec, Augustin Côté, 1855, [5 p.]. (Précédé de « *Études et Recherches biographiques sur le chevalier Noël Brulard de Sillery* » par l'abbé L.E. Bois).

Le Labrador, notes et récits de voyage, Montréal, Beauchemin et Valois, libraires-imprimeurs, [1858], 115 p.; 1917.

Mgr Joseph-Octave Plessis, Évêque de Québec (biographie), Québec, Imprimerie Léger Brousseau, 1878, 288 p. Traduction anglaise de T.B. French: *Mgr Joseph-Octave Plessis Bishop of Quebec,* Québec, G. et G.E. Desbarats, 1864, xiv, 177 p. Portrait.

Cours d'histoire du Canada (Première partie, 1534–1663), Québec, Augustin Côté, éditeur-imprimeur, 1861, xii, 522 p. Ill.; *Seconde partie 1663–1759,* 1865, ii, 620 p.;

Québec, N.S. Hardy, Libraire-éditeur, 1882, 2 vol.: vol. 1, xii, 522 p.; vol. 2, vi, 620 p.; *La France de l'Amérique du Nord,* Tours, Mame, 1929, 2 vol. Illustrations et index compilé par Gérard Malchelosse; *Cours d'histoire du Canada,* S.R. Publishers Limited, Johnson Reprint Corporation, Monton & Co., N.V., 1969. (Fac-similé de l'édition de 1861–1865).

Journal d'un voyage sur les côtes de la Gaspésie, [s.l., s.é.], 1861, [175 p.].

Louis Gamache, Le Labrador, Opuscules, Québec, Imprimerie générale A. Côté et cie, 1876, 181 p.; 1877; *Opuscules, Louis-Olivier Gamache et Le Labrador,* Montréal, Librairie Beauchemin limitée, 1912, 140 p.; 1925.

La Gaspésie (essai), Québec, Imprimerie A. Côté et cie, 1877, 300 p.; 1879.

J.-B.-A. Ferland, Montréal/Paris, Fides, 1959, 95 p. Textes choisis et présentés par Thomas-M. Charland. « CC ».

Études et Recherches biographiques sur le chevalier Noël Brulard de Sillery, prêtre, commandeur, etc. de l'ordre de Saint-Jean de Jérusalem, fondateur de la mission de Saint-Joseph à Sillery, près de Québec, etc., etc., [s.l., s.é., s.d.], 28 p.

Notes historiques sur les missions du Saguenay et des postes du Roi de 1616 jusqu'à 1852, dans *Courrier du Canada,* 30 nov. 1857.

Journal d'un voyage sur les côtes de la Gaspésie, dans *Soirées canadiennes,* vol. 1, 1861, p. 301–476.

Notice biographique sur monseigneur Joseph-Octave Plessis, évêque de Québec, dans *Le Foyer canadien,* vol. 1, 1863, p. 70–312.

Louis-Olivier Gamache, dans *La Littérature canadienne de 1850 à 1860,* Québec, Desbarats et Derbishire, 1863, p. 259–274.

Fragment de l'histoire du Canada, dans *La Littérature canadienne de 1850 à 1860,* Québec, Desbarats et Derbishire, 1863, p. 275–288.

Le Labrador, dans *La Littérature canadienne de 1850 à 1860,* Québec, Desbarats et Derbishire, 1863, p. 289–365.

Le Sorcier de l'île d'Anticosti, dans *Bibliothèque canadienne vol. 2,* Montréal, Imprimerie Bilodeau éditeurs, 1914, p. 5–19.

ÉTUDES

Antoine Gérin-Lajoie, *Biographie de l'abbé Ferland,* FC, vol. 3, 1865, p. i–lxxii.

J.-A.-F. Douville, *Histoire du Collège — Séminaire de Nicolet, 1808-1860,* Montréal, Beauchemin, 1903, p. 287-385.

Serge Gagnon, *Ferland, Jean-Baptiste-Antoine,* DBC, vol. 9, 1977, p. 279-282.

FERLAND, JEAN-PIERRE (1934–   ). Auteur, compositeur et interprète, né à Montréal. Il étudie au Collège Stanislas, puis aux Hautes Études commerciales qu'il quitte en 1954 pour entrer au service de Radio-Canada comme commis. Encouragé par Jean-Paul Nolet, il se lance dans la chanson et suit des cours de guitare. En 1959, avec Hervé Brousseau, Raymond Lévesque, Claude Léveillée, Clémence Desrochers et Jacques Blanchet, il fonde les Bozos. Il chante à l'émission « Music-Hall », puis anime « Du côté de la lune ». En 1962, il remporte le concours de « chansons sur mesure » de Radio-Canada et le grand prix du Gala international de Bruxelles. L'année suivante, il représente le Canada à Sopot et est proclamé le meilleur interprète à Cracovie ; il anime aussi la série d'émissions « Jeunesse oblige ». Gagnant du grand prix du Festival du disque de Montréal, en 1965, il fait en 1967 une tournée au Québec, dans l'Est du Canada, et chante un mois à Paris. En 1968, outre un second grand prix du disque de Montréal, il reçoit un grand prix du disque de l'Académie Charles-Cros de Paris. En 1976, il est comédien, scripteur et musicien dans le film *Chanson pour Julie.* Il donne de nombreux spectacles au Québec et à l'étranger. À partir de 1980, il anime l'émission « Station Soleil » de Radio-Québec. Auteur de chansons à succès, telles « Feuille de gui », « Les Fleurs de macadam », « Je reviens chez nous »..., il enregistre une trentaine de disques, et il publie, en 1969, son recueil *Chansons.* Il chante l'amour, les femmes, les souvenirs, raconte de petits incidents, aime les jeux de mots... Jean-Guy Pilon trouve sa poésie « palotte », mais déclare aussi : « les chansons de Jean-Pierre Ferland sont pour moi parmi les meilleures du Québec ».

ŒUVRE

Chansons, [Montréal], Leméac, 1969, 218 p. Introduction de Pierre Duceppe. « Mes chansons, mon pays ».

DISCOGRAPHIE

Jean-Pierre chante ses compositions, [s.l.], MH Music Hall, 1959, 33-106, 33⅓ tours.
Jean-Pierre Ferland, vol. 1, Rendez-vous à la Coda, Montréal, Select, [1962], SSP-24-085, 33⅓ tours.
Jean-Pierre Ferland, vol. 2, J'estime, j'aime, j'amoure, Montréal, Select, [1962], SSP-24-090, 33⅓ tours.
Jean-Pierre Ferland à Bobino, Paris, MH/Select, 1963, M-298-053, 33⅓ tours.
Jean-Pierre Ferland, vol. 3, M'aimeras-tu ou ne m'aimeras-tu pas, Montréal, Select, [1964], SSP-24-106, 33⅓ tours.
Jean-Pierre Ferland, vol. 4, Montréal, Select, [1965], SSP-24-132.
Jean-Pierre Ferland, vol. 5, Montréal, Select, 1967, SSP-24-149, 33⅓ tours.
Le Disque d'or, Montréal, Select, [1967], S-398-149, 33⅓ tours.
Jean-Pierre Ferland, Paris/MH, Barclay, 1968, B-800006. 33⅓ tours.
Un peu plus loin, Montréal, Barclay, 1969, Barclay 80050, 33⅓ tours.

Jean-Pierre Ferland, vol. 6, [Montréal], Sélect, [1969], SSP-24-149, 33⅓ tours.
Jaune, Montréal, Barclay, 1970, Barclay 80090, 33⅓ tours.
Jean-Pierre Ferland, Montréal, Barclay, 1971, Barclay 80114-80115, 2 disques, 33⅓ tours.
Les Grands Succès Barclay, vol. 5, Montréal, Barclay, [1972], Barclay 75005, 33⅓ tours.
Le Disque d'or, Montréal, Sélect, [1973], S-398149, 33⅓ tours.
Jean-Pierre Ferland. Vedette, Montréal, Barclay, [1973], B-80006, 33⅓ tours.
Les Vierges du Québec, [Montréal], Jaune/Trans Word, [1973], JF 7300, 33⅓ tours.
Jean-Pierre Ferland. Le Showbusiness, Montréal, Barclay, 1974, Barclay 80208, 33⅓ tours.
Chansons d'amour 1, Barclay, 1974, Barclay, 85012, 2 disques, 33⅓ tours. Collab.
Quand on aime on a toujours 20 ans, Montréal, Barclay, 1975, Barclay, 80228, 33⅓ tours.
1 fois 5, [Montréal], Kébec-Disk, 1976, Disc KD-923-24, 2 disques, 33⅓ tours. Collab. Robert Charlebois, Gilles Vigneault, Claude Léveillée et Yvon Deschamps.
Jean-Pierre Ferland. La Pleine Lune, Montréal, Telson, 1977, AE1510, 33⅓ tours.
Noces d'or, [s.l.], Polydor, [1977], Polydor 2424, 153.
Jean-Pierre Ferland, [Montréal], Les Productions J.P.F. Inc./ Telson, 1980, AE-1524.
Dix ans trop tôt. Jean-Pierre Ferland, [Montréal], Production J.P.F. Inc., 1981, PPC-6001.
Androgyne. Jean-Pierre Ferland, [Montréal], Les Éditions Jaune, [s.d.], PJ-1001, 33⅓ tours.
Les 20 premiers succès de Jean-Pierre Ferland, Montréal, Sélect, [s.d.], SQ-20-001, 33⅓ tours.

ÉTUDES

[Anonyme], *Dix chansonniers à « Music-Hall » le 7,* dans *Le Nouveau Journal,* vol. 1, n° 101, 3 janv. 1962, p. 24.
Jacques Dallaire, *Ferland est un chansonnier qui sait se renouveler,* No, vol. 45, n° 152, 18 avril 1966, p. 15.
Nicole Charest, *Jean-Pierre Ferland. La gloire est dans la ligne de la main,* Pe, vol. 8, n° 45, 5 nov. 1966, p. 52-56.
J. Rudel-Tessier, *Jean-Pierre Ferland un Canadien qui a réussi,* dans *Le Compositeur canadien,* n° 13, déc. 1966, p. 5-43.
Pierre Saint-Germain, *Entre Paris et Montréal. Jean-Pierre Ferland,* Pr, vol. 83, n° 57, 11 mars 1967, p. 3.
Armande Saint-Jean, *Un gars de chez nous à Paris,* dans *Sept-Jours,* n° 26, 11 mars 1967, p. 39.
Jean Royer, *La Peine d'être bourgeois et l'Amour de vivre,* dans *L'Action,* vol. 60, n° 17826, 1er avril 1967, p. 17.
Gordon Sheppard, *Rien n'arrête l'engin en marche. Jean-Pierre Ferland vers le sommet,* dans *Le Compositeur canadien,* juillet-août 1968, p. 9.
Jacques Guay, *Jean-Pierre Ferland a fait mentir les sceptiques,* MM, juillet 1968, p. 42.
Jean-Guy Pilon, *Il y a souvent loin de la chanson à la poésie,* Dev, vol. 60, n° 283, 8 nov. 1969, p. 15.
Raymond Bergeron, *Pour mieux chanter l'amour, Jean-Pierre Ferland ferme les yeux sur le reste,* Pe, 24 juin 1976, p. 1-2.
Nathalie Petrowski, *Jean-Pierre Ferland : « La relève, c'est moi ! »,* Dev, vol. 69, n° 5, 18 févr. 1978, p. 48.
Denis Lavoie, *Jean-Pierre Ferland, boursier,* Pr, vol. 98, n° 206, 25 sept. 1982, p. C-12.
Jean Beaunoyer, *Être vedette, ça ne m'excite plus,* Pr, 99e année, n° 304, 31 déc. 1983, PC-2, C-13.
Pierre Roberge, *Tapis rouge pour Ferland aux Beaux Dimanches,* Pr, 101e année, n° 198, 9 mai 1985, p. B-1.

FERLAND, MARCIEN Luc (1938–). Musicologue et ethnologue, né à Saint-Boniface (Manitoba). Il fait ses humanités au Collège de Saint-Boniface et il obtient un baccalauréat spécialisé, en 1964, de l'Université du Manitoba où il présente, l'année suivante, un mémoire de maîtrise : « La Métaphore musicale dans *À la recherche du temps perdu* ». Boursier de la province du Manitoba et du Conseil des Arts du Canada, il fait des études de doctorat à Aix-en-Provence, en 1966, puis il termine un baccalauréat en sciences à l'Université du Manitoba, en 1967. Il poursuit une carrière de compositeur, de chef de chœur et d'orchestre. Ainsi, il est maître de chapelle à Sainte-Famille, à La Broquerie, à Saint-Norbert, à la cathédrale de Saint-Boniface, au pénitencier de Stony Mountain et au Collège Saint-Paul. En 1970, il fonde la société musicale Mélo-Mani, et en 1973 sa chanson « Oui, je me souviens » mérite le grand prix de Radio-Canada. Ses pièces de musique, « La Basilique de Saint-Boniface » et « Rhapsodie espagnole », ont été diffusées à Radio-Canada. Passionné d'ethnomusicologie, il recueille des chansons folkloriques interprétées par des personnes âgées et publie, en 1979, un premier volume de *Chansons à répondre du Manitoba français*. « À travers les chansons dont la presque totalité viennent du Québec, écrit Georges Madore, l'auteur a eu la bonne idée de nous transcrire le témoignage de ses chanteurs. Témoignages qui nous livrent des aspects de la vie de ces colons français dans une langue pittoresque. À la fin, l'auteur nous présente sept chansons d'origine Métis. C'est là un apport unique, car le peuple Métis s'est formé une langue à lui et un rythme à lui pour composer ses chansons à répondre ».

ŒUVRES
Chansons à répondre du Manitoba, Saint-Boniface, Les Éditions du Blé, 1979, xviii, 218 p. Ill. de Réal Bérand. Avant-propos de l'auteur.
Les Batteux. Comédie lyrique, Saint-Boniface, Les Éditions du Blé, 1983, xvi, 131 p. Ill.

DISCOGRAPHIE
Les Intrépides au Festival du Voyageur, Production Jolly, 1975, 7797, 33⅓ tours.

ÉTUDES
Rossel Vien, *Le Manitoba chante encore*, Dr, 66ᵉ année, nº 304, 24 mars 1979, p. 21.
Georges Madore, *Ferland (Marcien). Chansons à répondre du Manitoba,* dans *Nos livres*, vol. 11, août–sept. 1980, nº 251.

FERLAND, LÉONIDA DITE LÉONISE. Voir **ORMES, RENÉE DES.**

FERLAND-ANGERS, ALBERTINE (1898–1968). Journaliste et historienne, née à Montréal. Après ses études chez les Sœurs de la Congrégation Notre-Dame à Pointe-aux-Trembles et au Collège Marguerite-Bourgeoys, elle obtient un diplôme en littérature de l'Université Laval à Montréal, en 1918. Elle collabore ensuite au *Devoir*, à *La Presse*, à *La Liberté*, mais surtout à *La Bonne Parole*, organe de la Fédération nationale Saint-Jean-Baptiste, à titre de rédactrice en chef, puis de directrice, de 1919 à 1924. Elle aborde l'enseignement en donnant des cours d'éthique professionnelle à l'École des infirmières de l'Hôpital Dupont et à l'École ménagère régionale des Sœurs Grises, des cours d'archivistique à l'Institut Marguerite-d'Youville, des conférences à l'Institut de botanique de Montréal. Elle est la première femme à être élue au conseil de la Société historique de Montréal (1944), et elle assume la présidence du troisième congrès de la Société canadienne d'histoire de l'Église catholique, en 1947. Elle est en outre membre de plusieurs sociétés canadiennes. Ses recherches portent principalement sur l'histoire religieuse du Canada et témoignent d'une prédilection marquée pour mère d'Youville et son époque.

ŒUVRES
Essai sur la poésie religieuse canadienne, Montréal, Chez l'auteur, 1923, 77 p.
[*Les Premières Canadiennes missionnaires*] (essai), Montréal, Hôpital général des Sœurs Grises, 1938, 27 p. Ill.
Mère d'Youville, la grande réalisatrice (biographie), Montréal, Hôpital général des Sœurs Grises, 1940, 12 p.
[*Pierre You et son fils François d'Youville*] (biographie), Montréal, Thérien frères limitée, 1941, 24 p. Portrait.
Le Premier Hospice à Montréal, 1693–1943 (histoire), Montréal, Beauchemin, 1943, 13 p.
Mère d'Youville, vénérable Marie-Marguerite du Frost de Lajemmerais, veuve d'Youville, 1701–1771, fondatrice des Sœurs de la Charité de l'Hôpital général de Montréal, dites Sœurs Grises (biographie), Montréal, Librairie Beauchemin limitée, 1945, 389 p. Portrait ; Centre Marguerite d'Youville, 1977.
L'École d'infirmières de l'Hôpital Notre-Dame, Montréal, 1898–1948 (essai), Montréal, Les Éditions Contre-cœur, 1948, 127 p. Ill.
[*Une femme a passé*] (conférence), Montréal, Société canadienne d'histoire de l'Église catholique, 1961, 16 p.

———

La Citadelle de Montréal (1658–1820), RHAF, vol. 3, nº 4, mars 1950, p. 493–517.

Bienheureuse Marguerite d'Youville, dans *Le Journal de l'Instruction publique,* vol. 3, n° 9, mai 1959, p. 827-830.

ÉTUDE

Sœurs de Sainte-Anne, *Albertine Ferland-Angers,* dans *Précis d'histoire littéraire, littérature canadienne-française,* Lachine, Procure des missions, 1928, p. 329.

FÉRON, JEAN [X Lebel, Joseph-Marc Octave Antoine] (1881-1955). Romancier et dramaturge, né à Brunswick (Maine, É.-U.). Il y a plusieurs versions de sa carrière avant son établissement dans l'Ouest ; il faut choisir la plus vraisemblable. À l'âge d'un an, il est confié à son grand-père à Saint-Louis-de-Kamouraska. À dix ans, il commence le cours commercial au Collège de Sainte-Anne-de-la-Pocatière. Par la suite, il fait le cours classique au Petit Séminaire de Sainte-Marie-de-Monnoir et au Séminaire de Saint-Sulpice de Montréal (B.A., 1900). Il étudie ensuite la pharmacie, puis le notariat et la médecine. Dans une note biographique rédigée à l'intention d'Édouard Garand, en 1925, il précise qu'il a abandonné la médecine « pour les affaires et le commerce ». En 1906-1907, il aurait étudié le droit à l'Université McGill, et ensuite les sciences à l'Université Columbia, à New York. De retour au Canada, il aurait travaillé au bureau du Premier ministre de la province de Québec. D'après le témoignage d'Édouard Garand, des difficultés financières l'auraient obligé de quitter le Québec, mais Joseph-Marc Lebel écrit qu'il n'était pas intéressé à une carrière de fonctionnaire : « Il aspirait à une carrière indépendante qui lui laissât toute liberté de pensée et d'action ». C'est ainsi que vers 1908 il quitte le Québec pour la Saskatchewan où il achète une ferme en 1910, à Arborfield. Son premier roman, *La Revanche d'une race,* paraît dans *L'Action catholique* en 1918. Au début des années 1920, lorsque la maison d'édition Édouard Garand de Montréal entreprend la publication de romans canadiens en fascicules, Joseph-Marc Lebel en devient un collaborateur assidu. De 1923 à 1931, il écrit plus de 30 romans, utilisant surtout le pseudonyme Jean Féron : il en publie cependant d'autres sous le nom de Joseph-Marc Lebel. Son dernier roman date de 1944. Il est aussi l'auteur d'une pièce de théâtre, *La Secousse* (1924). Il meurt en Saskatchewan, en 1955. La plupart de ses romans se rattachent à des événements marquants de l'histoire du Canada, comme *L'Aveugle de Saint-Eustache* (1924) dont l'action se situe à l'époque de la Rébellion de 1837-1838. D'autres romans traitent de sujets plus contemporains, par exemple des mariages mixtes dans *La Petite Canadienne* (1931). Surnommé l'Alexandre Dumas du Canada, « Féron trouve dans l'histoire des réponses aux problèmes de son temps, écrit Claude Filteau, problèmes linguistiques des Franco-Manitobains, exode des Québécois vers les États-Unis, guerres de l'Empire, urbanisation et industrialisation du pays ».

ŒUVRES

Même sang. Roman canadien inédit, [Arborfield, Sask., Chez l'auteur, 1919], 28 p.

La Métisse. Roman canadien inédit, Montréal, Éditions Édouard Garand, 1923, 59 p. Ill. de A. Fournier, S. Lefebvre et A.S. Brodeur. « Le Roman canadien » ; *La Métisse. Roman canadien,* 1926, 214 p. ; Saint-Boniface, Man., Les Éditions des Plaines, 1983, 214 p. Présentation d'Annette Saint-Pierre.

L'Aveugle de Saint-Eustache. Grand roman historique canadien inédit, Montréal, Éditions Édouard Garand, [1924], 61 p. Ill. d'Albert Fournier. Préface de l'auteur. « Le Roman canadien ».

Fierté de race. Grand roman canadien inédit, Montréal, Éditions Édouard Garand, 1924, 68 p. Ill. d'Albert Fournier. « Le Roman canadien ». (*Fierté de race,* p. 1-56 ; *La Femme d'or. Roman canadien inédit,* p. 57-68).

Le Philtre bleu. Grand récit canadien, Montréal, Éditions Édouard Garand, 1924, 29 p. Ill. d'Albert Fournier. « Le Roman canadien ».

La Revanche d'une race. Grand roman canadien inédit, Montréal, Éditions Édouard Garand, 1924, 111 p. Ill. d'Albert Fournier. « Le Roman canadien » ; 1928.

La Secousse. Roman canadien inédit, Montréal, Éditions Édouard Garand, 1924, 15 p. « Le Roman canadien ».

La Secousse. Comédie dramatique en trois actes, Montréal, Éditions Édouard Garand, 1924, 15 p. « Le Théâtre canadien ».

La Besace d'amour. Grand roman historique canadien inédit, Montréal, Éditions Édouard Garand, 1925, 88 p. Ill. d'Albert Fournier. « Le Roman canadien ». (*La Besace d'amour,* p. 1-79 ; *La Vie canadienne,* p. 80-88).

Les Cachots d'Haldimand. Grand roman historique canadien inédit, Montréal, Éditions Édouard Garand, 1925, 80 p. Ill. d'Albert Fournier. « Le Roman canadien ». (*Les Cachots d'Haldimand,* p. 1-74 ; *La Vie canadienne,* p. 75-80.

La Femme d'or. Grand récit canadien, Montréal, Éditions Édouard Garand, 1925, 36 p. Ill. d'Albert Fournier. « Le Roman canadien ». (Publié d'abord à la suite de *Fierté de race,* 1924).

Le Manchot de Frontenac. Roman canadien inédit, Montréal, Éditions Édouard Garand, 1926, 128 p. Ill. d'Albert Fournier. « Le Roman canadien ». (*Le Manchot de Frontenac,* p. 1-79 ; *La Vie canadienne,* p. 81-128).

Le Patriote 1837–38. Grand roman historique canadien inédit, Montréal, Éditions Édouard Garand, 1926, 68 p. Ill. d'Albert Fournier. « Le Roman canadien ». (*Le Patriote 1837–38*, p. 1-64 ; *La Vie canadienne*, p. 65-72).

La Taverne du diable. Grand roman historique canadien inédit, Montréal, Éditions Édouard Garand, 1926, 80 p. Ill. d'Albert Fournier. « Le Roman canadien ». (*La Taverne du diable*, p. 1-76 ; *La Vie canadienne*, p. 77-80).

La Besace de haine. Roman historique canadien inédit, Montréal, Éditions Édouard Garand, 1927, 108 p. Ill. d'Albert Fournier. « Le Roman canadien ». (*La Besace de haine*, p. 1-100 ; *La Vie canadienne*, p. 101-108).

Le Drapeau blanc. Roman historique inédit, Montréal, Éditions Édouard Garand, 1927, 88 p. Ill. d'Albert Fournier. « Le Roman canadien ». (*Le Drapeau blanc*, p. 1-82 ; *La Vie canadienne*, p. 83-88).

Le Roman des quatre. La Digue dorée. Roman canadien inédit, Montréal, Éditions Édouard Garand, 1927, 80 p. Collab. Ubald Paquin, Alexandre Huot et Jules Larivière. Ill. d'Albert Fournier. « Le Roman canadien ».

Le Siège de Québec. Roman historique canadien inédit, Montréal, Éditions Édouard Garand, 1927, 96 p. Ill. d'Albert Fournier. « Le Roman canadien ». (*Le Siège de Québec*, p. 1-86 ; *La Vie canadienne*, p. 87-96).

Le Spectre du ravin. Roman canadien inédit, Montréal, Éditions Édouard Garand, 1927, 86 p. « Le Roman canadien ».

Les Trois grenadiers (1759). Roman historique inédit, Montréal, Éditions Édouard Garand, 1927, 83 p. Ill. d'Albert Fournier. « Le Roman canadien ». (*Les Trois Grenadiers (1759)*, p. 1-74 ; *La Vie canadienne*, p. 75-83).

Le Capitaine Aramèle. Roman canadien inédit, Montréal, Éditions Édouard Garand, 1928, 72 p. Ill. d'Albert Fournier. « Le Roman canadien ». (*Le Capitaine Aramèle*, p. 1-64 ; *La Vie canadienne*, p. 65-72) ; Berthierville, L'Imprimerie Bernard limitée, 1949, 122 p.

L'Espion des Habits rouges. Roman canadien inédit, Montréal, Éditions Édouard Garand, 1928, 80 p. Ill. d'Albert Fournier. « Le Roman canadien ». (*L'Espion des Habits rouges*, p. 1-62 ; *La Vie canadienne*, p. 63-80).

Jean de Brébeuf. Roman canadien inédit, Montréal, Éditions Édouard Garand, 1928, 76 p. Ill. d'Albert Fournier. « Le Roman canadien ». (*Jean de Brébeuf*, p. 1-69 ; *La Vie canadienne*, p. 70-76).

Le Mendiant noir. Roman canadien inédit, Montréal, Éditions Édouard Garand, 1928, 80 p. Ill. d'Albert Fournier. « Le Roman canadien ». (*Le Mendiant noir*, p. 1-72 ; *La Vie canadienne*, p. 73-80) ; Berthierville, L'Imprimerie Bernard limitée, 1949, 22 p.

La Prise de Montréal. Roman canadien inédit, Montréal, Éditions Édouard Garand, 1928, 76 p. Ill. d'Albert Fournier. « Le Roman canadien ». (*La Prise de Montréal*, p. 1-68 ; *La Vie canadienne*, p. 69-76).

La Belle de Carillon. Roman canadien inédit, Montréal, Éditions Édouard Garand, 1929, 72 p. Ill. d'Albert Fournier. « Le Roman canadien ». (*La Belle de Carillon*, p. 1-70 ; *La Vie canadienne*, p. 71-72).

Bœufs roux. Roman canadien inédit, Montréal, Éditions Édouard Garand, 1929, 80 p. Ill. d'Albert Fournier. « Le Roman canadien ». (Signé Joseph-Marc Lebel, *Bœufs roux*, p. 1-72 ; *La Vie canadienne*, p. 73-80).

La Corvée. Roman canadien inédit, Montréal, Éditions Édouard Garand, 1929, 72 p. Ill. d'Albert Fournier. « Le Roman canadien ». (*La Corvée*, p. 1-68 ; *La Vie canadienne*, p. 69-72).

L'Échafaud sanglant. Grand roman historique canadien inédit, Montréal, Éditions Édouard Garand, 1929, 64 p. Ill. d'Albert Fournier. « Le Roman canadien ». (*L'Échafaud sanglant*, p. 1-46 ; *La Vie canadienne*, p. 47-64) ; *L'Échafaud sanglant*, Berthierville, L'Imprimerie Bernard limitée, 104 p.

L'Étrange Musicien. Roman canadien inédit, Montréal, Éditions Édouard Garand, 1930, 64 p. Ill. d'Albert Fournier. « Le Roman canadien ». (*L'Étrange Musicien*, p. 1-50 ; *La Vie canadienne*, p. 51-64) ; *L'Étrange Musicien*, Berthierville, L'Imprimerie Bernard limitée, 1948, 113 p.

La Fin d'un traître. Roman canadien inédit, Montréal, Éditions Édouard Garand, 1930, 72 p. « Le Roman canadien ». (*La Fin d'un traître*, p. 1-44 ; *La Vie canadienne*, p. 45-72) ; *La Fin d'un traître*, Berthierville, L'Imprimerie Bernard limitée, 1948, 99 p.

L'Homme aux deux visages. Grand roman historique canadien inédit. Période Frontenac 1674, Montréal, Éditions Édouard Garand, 1930, 72 p. Ill. d'Albert Fournier. « Le Roman canadien ». (*L'Homme aux deux visages*, p. 1-54 ; *La Vie canadienne*, p. 55-72) ; *L'Homme aux deux visages*, Berthierville, L'Imprimerie Bernard limitée, 1948, 119 p.

La Valise mystérieuse. Roman canadien inédit, Montréal, Éditions Édouard Garand, 1930, 64 p. Ill. d'Albert Fournier. « Le Roman canadien ». (*La Valise mystérieuse*, p. 1-52 ; *La Vie canadienne*, p. 53-64) ; 1935, 42 p.

La Vierge d'ivoire. Grand récit canadien inédit, Montréal, Éditions Édouard Garand, 1930, 42 p. Ill. d'Albert Fournier. « Le Roman canadien ».

Les Amours de W. Benjamin. Roman canadien inédit, Montréal, Éditions Édouard Garand, 1931, 63 p. Ill. d'Albert Fournier. « Le Roman canadien ». (Signé J. M. Lebel. *Les Amours de W. Benjamin*, p. 1-52 ; *La Vie canadienne*, p. 53-63).

La Petite Canadienne. Roman canadien inédit, Montréal, Éditions Édouard Garand, 1931, 75 p. Ill. d'Albert Fournier. « Le Roman canadien ». (Suite du roman *Les Amours de W. Benjamin*. Signé J. M. Lebel. *La Petite Canadienne*, p. 1-56 ; *La Vie canadienne*, p. 57-75).

Le Courrier de l'Islet. Roman canadien inédit, Montréal, Éditions Édouard Garand, 1932, 50 p. « Le Roman canadien » ; Berthierville, L'Imprimerie Bernard limitée, 1948, 103 p.

Le Dernier Geste (roman), Montréal, Éditions Édouard Garand, 1944, 86 p.

Dans la terre promise (roman), Saint-Boniface, Les Éditions des Plaines, 1986, xix, 168 p. Collab. Jules Lamy. Ill. Introduction de Paul Genuist.

ÉTUDES

Louis Claude, *Même sang,* dans *La Revue moderne*, 1re année, n° 3, 15 janv. 1920, p. 27.

Gérard Malchelosse, *La Revanche d'une race,* dans *Le Passe-Temps*, vol. 31, n° 767, juillet 1925, p. 119.

[Anonyme], *La Besace d'amour,* dans *L'École canadienne*, 1re année, n° 4, nov. 1925, p. 136.

[Anonyme], *Les Cachots d'Haldimand,* dans *L'École canadienne*, 1re année, n° 10, mai 1926, p. 423.

Albert Lalonde, *Le Roman des quatre,* dans *Le Passe-Temps*, vol. 33, n° 790, juin 1927, p. 82.

Claude Filteau, *Les Romans historiques de Jean Féron et le Messianisme canadien-français*, VI, vol. 5, n° 3, 1980, p. 545-556.

[Anonyme], *Joseph-Marc Lebel,* dans *Répertoire littéraire de l'Ouest canadien,* Saint-Boniface, Centre d'études franco-canadiennes de l'Ouest, 1984, p. 215-219.

FERRI-PISANI, CLAUDE. Voir **LAWRENCE, CLAUDETTE.**

FERRON, Joseph Jean JACQUES (1921-1985). Dramaturge, conteur, romancier et essayiste, né à Louiseville (Maskinongé), fils aîné du notaire Joseph-Alphonse Ferron et d'Adrienne Caron. Il fait ses études à l'Académie Saint-Louis-de-Gonzague de Louiseville (1926-1931) puis au Collège Jean-de-Brébeuf (1933-1941), avec une année au Collège Saint-Laurent (1936-1937). Renvoyé du Collège Brébeuf en février 1941, il termine son cours classique au Collège de l'Assomption. Il fait ensuite sa médecine à l'Université Laval (1941-1945). Dès cette époque il se distingue dans des concours de composition française et d'art oratoire ; il est secrétaire du Cercle Laënnec et collabore au *Carabin*. Marié avec Madeleine Therrien, étudiante en droit, en juillet 1943, il s'enrôle dans le Corps médical canadien avec le grade de lieutenant de l'armée de terre, le 8 novembre. Démobilisé à l'été de 1946, il pratique la médecine à Petite-Madeleine, en Gaspésie. Au printemps de 1948, il déménage à Montréal, ouvre un bureau, rue Fleurimont, se lie d'amitié avec Pierre Baillargeon et Gilles Hénault, écrit son premier roman, « La Gorge de Minerve » que refuse l'éditeur Serge Brousseau. Il dénonce dans *Le Devoir* la loi du cadenas votée par le gouvernement Duplessis. Au printemps de 1949, il fait une cure de quelques semaines au Royal Edward Hospital de Sainte-Agathe des Laurentides. La même année, il emménage à Ville Jacques-Cartier où il installe son cabinet de consultation. La pratique de la médecine lui fournira souvent matière à fabulation dans ses œuvres. *L'Ogre,* sa première pièce de théâtre, paraît en 1949. Avec le numéro du 2 janvier 1951 commence sa longue collaboration à *L'Information médicale et paramédicale* dans laquelle il tient la rubrique « Historiette ». À partir de 1952, il collabore à *Amérique française* et, en avril 1954, il mérite un prix au concours du conte drôlatique avec un récit intitulé « Secret ». Il écrit aussi dans de nombreux périodiques, surtout *Cité libre, Liberté, Parti Pris, La Barre du jour, L'Action nationale,* le *Magazine Maclean.* Son talent d'auteur dramatique s'affirme avec ses deuxième et troisième pièces parues en un volume en 1951 : *La Barbe de François Hertel, suivi de Le Licou.* Il se remarie avec Madeleine Lavallée, en juin 1952. En 1956 paraît sa pièce, *Le Dodu ou Le Prix du bonheur,* à laquelle succèdent *Tante Élise ou Le Prix de l'amour* (1956), *Le Cheval de Don Juan* (1957) et *Les Grands Soleils* (1958). Le théâtre de Ferron commence à connaître le succès vers 1960 : *Le Licou,* monté par la Troupe de l'Errant, *Le Dodu* au Studio du Théâtre-Club de Montréal, *Le Cheval de Don Juan* créé par la Troupe des Audacieux de Longueuil ; *Les Grands Soleils* sont remarqués au premier concours du Théâtre du Nouveau Monde, et Marcel Sabourin monte *Le Licou* à la Maison canadienne, à Paris, les 25 et 26 mars 1960. Ce théâtre auquel s'ajoutent, en 1963, *Cazou ou Le Prix de la virginité* et *La Tête du roi,* demeure neuf et vivant, centré sur les problèmes de l'amour et de la société québécoise. En 1963, après avoir milité pendant quelques années avec Michel Chartrand dans les rangs sociaux démocrates, Ferron crée son propre « parti » politique, le Parti Rhinocéros, parti de la dérision dans lequel il s'attribue le titre d'« Éminence de la Grande Corne ». L'année 1962 a marqué une nouvelle orientation dans sa création littéraire : sans renoncer au théâtre, il se tourne vers le conte et le roman, et il publie dans l'espace de quelques mois *Contes du pays incertain* et *Cotnoir.* En 1964, ses *Contes anglais et Autres* suscitent un grand intérêt un peu partout au Canada. Il en est de même des romans qui suivent : *La Nuit* (1965), *Papa Boss* (1966), *Le Ciel de Québec* (1969), *L'Amélanchier* (1970), *Les Confitures de coings* (1972)... Plusieurs contes et romans ont été adaptés à la scène, traduits en anglais et en tchèque. Ses essais, *Du fond de mon arrière-cuisine* (1973) et *Escarmouches, la longue passe* (1975) se distinguent par leur engagement et une langue à la fois mordante et drôle. Le 7 novembre 1972, on projette à la Bibliothèque nationale un film d'Yves Taschereau, «Jacques Ferron, qui êtes-vous ? ». Il reçoit le prix du Gouverneur général en 1963, le prix France-Amérique et le prix Duvernay en 1973, et le prix David en 1977. En 1978, il s'établit à Saint-Lambert où il continue son œuvre. Il meurt à Longueuil le 22 avril 1985. Dans son théâtre, Ferron donne un nouvel élan à la thématique nationaliste et secoue l'homme d'autrefois dans des scènes parfois provoquantes. Il faut souligner avec Jean-Pierre Boucher «la place centrale du recueil [des *Contes*] dans l'œuvre de Ferron. Non seulement contient-il tous les thèmes que les romans postérieurs développeront (fonction sociale de l'artiste, amour du pays, dépossession individuelle et nationale, évasion, quête du salut), mais encore annonce-t-il directement plusieurs de ces romans ». Son art de la narration joue sur les tons graves autant que sur les comiques ; l'écrivain introduit dans la trame de ses récits le malheur, la révolte et l'humour. Face à l'homme qui lutte et souffre, affronté à une réalité qui le dépasse, à son « pays incertain », l'écrivain-médecin se transforme en observateur méticuleux, scrute les destins, invente un langage bien à lui. Jean-Louis Major (*Histoire de la littérature française du Québec*, t. 4, p. 140–141) écrit : « Une émouvante complicité, partout sous-jacente à la verve humoristique, éclaire la grande détresse humaine dans les actes les plus humbles, chez des êtres en butte au destin et à la société mais qui, parfois, se redressent magnifiquement. Du cycle d'une vie, d'une légende ou d'un fait divers, Ferron crée un univers qu'anime tout un folklore personnel et qui rejoint, sans qu'il y paraisse, l'âme d'un peuple en ce qu'elle a de plus authentique ». Jacques Ferron est l'un des plus grands écrivains québécois d'après-guerre.

ŒUVRES

L'Ogre (théâtre), [Montréal], Les Cahiers de la file indienne, [1949 ?], 83 p. (Tirage limité).

La Barbe de François Hertel (conte), suivi de *Le Licou* (théâtre), [Montréal], Éditions d'Orphée, [s.d.], 110 p. ; *La Barbe de François Hertel* (roman), *suivi de Le Licou* (théâtre), [1951 ?], 40 p. ; Éditions du Jour, 1970, 127 p. « RJ ». Avec (Cotnoir) ; *La Barbe de François Hertel. Conte,* VLB éditeur, 1981, 57 p.

Le Dodu ou Le Prix du bonheur (théâtre), Montréal, Les Cahiers de la file indienne, 1953, 91 p. ; Éditions d'Orphée, 1956, 92 p.

Tante Élise ou Le Prix de l'amour (théâtre), Montréal, Éditions d'Orphée, 1956, 103 p.

Le Licou (théâtre), Montréal, André Goulet, 1956, 110 p. ; Éditions d'Orphée, 1958, 104 p. (Paru aussi avec *La Barbe de François Hertel*).

Le Cheval de Don Juan. Pièce en 3 actes, [Montréal], Éditions d'Orphée, 1957, 224 p. (Version remaniée sous le titre *Le Don Juan chrétien* dans *Théâtre 1*).

Les Grands Soleils (théâtre), Montréal, Éditions d'Orphée, 1958, 181 p. (Paru aussi dans *Théâtre 1*).

Contes du pays incertain, Montréal, Éditions d'Orphée, 1962, 203 p. (Dix-sept contes dont sept ont antérieurement paru dans *Amérique française*, huit dans *L'Information médicale et paramédicale,* un dans *Situations* et un conte inédit).

Cotnoir (conte), Montréal, Éditions d'Orphée, 1962, 99 p. ; *Suivi de La Barbe de François Hertel,* Éditions du Jour, 1970, 127 p. « RJ » ; *Cotnoir. Conte,* VLB éditeur, 1981, 111 p. Traduction anglaise par Pierre Cloutier : *Dr. Cotnoir,* Montréal, Harvest House, 1973, 86 p. « French Writers of Canada ».

Cazou ou Le Prix de la virginité. Pièce en un acte, [Montréal], Éditions d'Orphée, 1963, 87 p.

La Fête du roi. Pièce en quatre actes, [Montréal], Cahiers AGEUM, no 10, 1964], 93 p. ; 1967. (Repris dans *Théâtre II*).

Contes anglais et Autres, [Montréal], Éditions d'Orphée, 1964, 155 p. (Recueil de 23 contes antérieurement parus dans *L'Information médicale et paramédicale* et *Amérique française*). Traduction anglaise par Larry Schouldice : « English Stories and Other Tales » dans sa thèse de maîtrise « Contes anglais et Autres de Jacques Ferron ». Sherbrooke, Université de Sherbrooke, 1971, [3], 151 f., surtout f. 24–146.

La Nuit (roman), Montréal, Éditions Parti Pris, 1965, 134 p. « P ». (Textes légèrement remaniés parus antérieurement dans *L'Information médicale et paramédicale*) ; 1971 ; *La Nuit de Jacques Ferron,* Montréal/ [Paris], Éditions France-Québec/Fernand Nathan, 1979, 109 p. Présentation de Diane Potvin. « Classique du monde ».

Papa Boss (roman), Montréal, Éditions Parti Paris, 1966, 142 p. « P ». (Reprise de trois textes : *La Jeune Nonne,* dans *Liaison,* sept. 1950 ; *La Grande Jupe,* dans *Liberté,* mars–avril 1960 ; *La Bataille d'Harmagedôn,* dans *Cité libre,* févr. 1964).

La Charrette. Roman, Montréal, Éditions HMH, 1968, 207 p. « A ». (Reprend des textes déjà parus dans *L'Information médicale et paramédicale*) ; 1976. Traduction anglaise par Ray Ellenwood : *The Cart. A Novel by Jacques Ferron,* Toronto, Exile Editions, 1981, 144 p.

Contes, édition intégrale : Contes anglais/Contes du pays incertain/Contes inédits, Montréal, Éditions HMH,

1968, 210 p. « A ». (Reprise intégrale avec quelques variantes des recueils parus en 1962 et 1964 à quoi s'ajoutent quelques contes inédits publiés antérieurement dans *L'Information médicale et paramédicale,* dans *Amérique française* et dans *Châtelaine*) ; 1979 ; LaSalle, L'Arbre/HMH, 1985, 236 p. Préface de Victor Lévy-Beaulieu. Traduction anglaise par Betty Bednarski : *Tales from the Uncertain Country,* Toronto, Anansi, 103 p. (Une sélection de contes de Ferron) ; *Selected Tales of Jacques Ferron,* Toronto/Buffalo/London/Sydney, 1984, 245 p. Introduction de Betty Bednarski.

Théâtre I, Montréal, Librairie Déom, 1968, 229 p. Portrait de l'auteur. Postface d'André Major. (Comprend *Les Grands Soleils,* nouvelle version, *Tante Élise, Le Don Juan chrétien,* version remaniée de *Le Cheval de Don Juan*) ; 1973.

Le Ciel de Québec. Roman, Montréal, Éditions du Jour, 1969, 404 p. Portrait. « RJ ». (Une partie de cette œuvre a paru en tranches dans *L'Information médicale et paramédicale, Historiette,* en 1968–1969) ; VLB éditeur, 1979, 408 p. Avec table des principaux personnages historiques préparée par Jean Marcel). Traduction anglaise par Ray Ellenwood : *The Penniless Redeemer,* Toronto, Exile Editions, 1984, 342 p.

Historiettes, Montréal, Éditions du Jour, 1969, 182 p. « RH ». (Le recueil regroupe trente-cinq textes antérieurement parus dans *Liberté, L'Information médicale et paramédicale, L'Action nationale, Situations* et *Parti Pris*).

L'Amélanchier. Récit, Montréal, Éditions du Jour, 1970, 163 p. Portrait de l'auteur. « RJ » ; Paris, Robert Laffont, 1973, 162 p. ; Montréal, VLB éditeur, 1977, 149 p. ; 1986. Édition préparée par Pierre Cantin, Marie Ferron et Paul Lewis. Traduction anglaise par Raymond Y. Chamberlain : *The Juneberry Tree,* Montreal, Harvest House, 1975, 157 p. « French Writers of Canada ».

Le Salut de l'Irlande. Roman, Montréal, Éditions du Jour, 1970, 222 p. Portrait. « RJ ». (Paru d'abord en feuilleton dans *L'Information médicale et paramédicale* du 15 févr. 1966 au 4 avril 1967).

Les Roses sauvages, petit roman suivi d'une lettre d'amour soigneusement présentée, Montréal, Éditions du Jour, 1971, 177 p. Portrait. « RJ ». (Le roman utilise largement *Le Contentieux de l'Acadie,* quatorze textes parus dans *L'Information médicale et paramédicale* entre le 1er nov. 1966 et le 15 août 1967) ; 1974. Traduction anglaise par Betty Bednarski : *Wild Roses, a Story Followed by a Love Letter,* [Toronto], McClelland and Stewart, 1976, 123 p.

La Chaise du maréchal Ferrant. Roman, Montréal, Éditions du Jour, 1972, 224 p. Portrait par James Gauthier. « RJ ». (La première partie de ce roman a paru dans *Châtelaine*).

Les Confitures de coings et Autres Textes (récits), Montréal, Éditions Parti Pris, 1972, 326 p. (Version corrigée et refondue de *Papa Boss* ; *Les Confitures de coings,* version entièrement nouvelle de *La Nuit* ; *La Créance* ; appendice aux *Confitures de coings ou Le Congédiement*

de *Frank Archibald Campbell*) ; *Suivi de Le Journal des confitures de coings,* 1977, 296 p. Portrait. « Projections libérantes ». Traduction anglaise par Ray Ellenwood : *Quince Jam,* Toronto, Coach House Press, 1977, 262 p.

Le Saint-Élias. Roman, Montréal, Éditions du Jour, 1972, 186 p. « RJ ». Traduction anglaise par Pierre Cloutier : *The Saint-Elias,* Harvest House, 1975, 145 p. « French Writers of Canada ».

Du fond de mon arrière-cuisine (essais), Montréal, Éditions du Jour, 1973, 290 p. Portrait. « RJ ». (Tous les textes ont déjà paru dans des périodiques).

Escarmouches. La longue passe (essais), Montréal, Leméac, 1975, 2 vol. : vol. 1, 391 p. ; vol. 2, 227 p. « Indépendances ».

Théâtre II, Montréal, Librairie Déom, 1975, 195 p. Postface d'André Major. (Comprend *Le Dodu ou Le Prix du bonheur, La Mort de Monsieur Borduas, Le Permis de dramaturge, La Fête du roi,* et *L'Impromptu des deux chiens*).

Gaspé-Mattempa (nouvelles), Trois-Rivières, Éditions du Bien public, 1980, 52 p. Avant-dire et lettre à Clément Marchand. « Choses et Gens du Québec ». (Reprise en partie d'une nouvelle parue dans la revue *SEM* en mai–juin 1975).

Rosaire (nouvelle), *précédé de L'Exécution de Maski* (roman), Montréal, VLB éditeur, 1981, 197 p.

Le Choix de Jacques Ferron dans l'œuvre de Jacques Ferron, Charlesbourg, Les Presses laurentiennes, 1985, 79 p. Portrait. Présentation de Madeleine Ferron.

Les Lettres aux journaux, Montréal, VLB éditeur, 1985, 592 p. Colligées et annotées par Pierre Cantin, Marie Ferron et Paul Lewis. Préface de Robert Lynch Millet dit Bagnolet.

La Conférence inachevée. Le Pas de Gamelin et autres récits, Montréal, VLB éditeur, 1987, 240 p. Préface de Pierre Vadeboncœur.

Le Carnet d'un belletrien, dans *Brébeuf,* vol. 5, nos 7-8-9, 12 févr. 1936.

Récit, AmF, 1re année, no 3, févr. 1942, p. 18–21.

Trois tableaux en forme de cœur, dans *Le Carabin,* vol. 3, no 1, 2 oct. 1943, p. 5.

La Jeune Nonne, dans *Liaison,* vol. 4, no 36, sept. 1950, p. 333–334.

L'Amour médecin, dans *L'Information médicale et paramédicale,* vol. 3, no 11, 17 avril 1951, p. 9.

Le Secret, AmF, vol. 11, no 5, nov. 1953, p. 4–9. Traduction anglaise par Betty Bednarski : *The Parrot,* dans *Exile,* vol. 3, no 2, 1976, p. 11–19.

L'Américaine (théâtre), dans *Situations,* vol. 1, no 7, 1959, p. 15–28.

Le Paysagiste, dans *Situations,* vol. 1, no 10, déc. 1959, p. 5–10.

Refus global, dans *L'Information médicale et paramédicale,* vol. 11, no 11, 1959, p. 20.

Le Bouddhiste (historiette), dans *L'Information médicale et paramédicale,* vol. 12, no 7, 16 févr. 1960, p. 19.

Les Joyeux Croque-morts (historiette), dans *L'Information médicale et paramédicale,* vol. 13, n° 16, 4 juillet 1961, p. 10–11.

Théâtre, dans *L'Information médicale et paramédicale,* vol. 13, n° 9, 1961, p. 10–11.

L'Écrivain et la Poésie, AmF, vol. 10, n° 4, janv.–févr. 1962, p. 21–29.

Ulysse (historiette), dans *L'Information médicale et paramédicale,* vol. 15, n° 13, 21 mai 1963, p. 14–15.

La Musique (historiette), dans *L'Information médicale et paramédicale,* vol. 15, n° 22, 1er oct. 1963, p. 16–17.

Ce bordel de pays, PP, n° 3, déc. 1963, p. 58–59; n° 4, janv. 1964, p. 60–62; n° 5, févr. 1964, p. 52–53; n° 6, mars 1964, p. 60–61.

Le Permis de dramaturge, BJ, vol. 1, nos 3–5, juillet–déc. 1965, p. 65–70.

La Sortie (théâtre), ECF, n° 19, 1965, p. 11–147.

Le Langage présomptueux, Dev, vol. 56, n° 254, 30 oct. 1965, p. 17.

Le Contentieux de l'Acadie, dans *L'Information médicale et paramédicale,* 18 oct. 1966–15 août 1967. Série de 21 articles.

L'Art des nuances (historiette), dans *L'Information médicale et paramédicale,* vol. 21, n° 2, 3 déc. 1968, p. 68–69.

La Mort de Monsieur Borduas (théâtre), dans *Herbes rouges,* n° 1, 1968, p. 3–8.

Le Cœur d'une mère (théâtre), ECF, n° 25, 1969, p. 57–94.

Messire Poirier (historiette), dans *L'Information médicale et paramédicale,* vol. 27, n° 2, 3 déc. 1974, p. 13.

L'Eros ontarien (historiette), dans *L'Information médicale et paramédicale,* vol. 28, n° 13, 18 mai 1976, p. 17.

Henry Miller. De sang-froid et de soleil!, dans *Le Livre d'ici,* vol. 3, 19 avril 1978, p. 1.

Deux historiettes de Jacques Ferron. L'Écart de cinq. Ces enfants qui agrandissaient le monde, dans *La Petite Presse,* vol. 1, n° 3, déc. 1979, p. 1.

L'Écrivain et le Politique. L'Alias du non et du néant, Dev, vol. 71, n° 89, 19 avril 1980, p. 21.

De Clovis à Charlemagne (historiette), dans *L'Information médicale et paramédicale,* vol. 32, n° 13, 20 mai 1980, p. 9.

ÉTUDES

Réjean Robidoux, *Contes anglais et Autres,* LAC 1964, p. 17.

Pierre de Grandpré, *Le Pays incertain du fantastique et de l'humour; Style et fantaisie. Jacques Ferron: Le Licou, Tante Élise, Le Cheval de Don Juan,* dans *Dix ans de vie littéraire au Canada français,* Montréal, Beauchemin, 1966, p. 172–180, 209–213.

André Renaud, *Papa Boss de Jacques Ferron,* LAC 1966, p. 37–38.

Réjean Robidoux et André Renaud, *Cotnoir,* dans *Le Roman canadien-français du vingtième siècle,* Ottawa, EUO, 1966, p. 185–196.

R. Robert, *Un diagnostic du réel, les contes de Jacques Ferron,* dans *Lettres et Écritures,* vol. 5, n° 1, janv.–mars 1967, p. 16–19.

Michelle Lavoie, *Jacques Ferron de l'amour du pays à la définition de la patrie,* VIP, n° 4, avril 1967, p. 87–101.

André Major, *Jacques Ferron romancier,* dans *Europe,* vol. 47, nos 478–479, févr.–mars 1969, p. 56–60.

Michelle Lavoie, *Jacques Ferron ou Le Prestige du verbe,* EF, vol. 5, n° 2, mai 1969, p. 185–192.

Jean-Louis Major, *Jacques Ferron,* dans Pierre de Grandpré, *Histoire de la littérature française du Québec,* Montréal, Éditions Beauchemin, 1969, vol. 4, p. 140–145.

André Vanasse, *Le Théâtre de Jacques Ferron: à la recherche d'une identité,* LAQ 1969, p. 219–230.

Jean Marcel, *Jacques Ferron malgré lui,* Montréal, Éditions du Jour, 1970, 221 p. «Littérateurs du Jour».

Jacques de Roussan, *Jacques Ferron,* Montréal, PUQ, 1971, 95 p. «Studio».

Pierre Vallières, *Ferron et la Fabulation politique,* Dev, vol. 64, n° 104, 5 mai 1973, p. 14–15.

Jean-Pierre Boucher, *Jacques Ferron au pays des amélanchiers,* Montréal, PUM, 1973, 112 p. «Lignes québécoises».

Maximilien Laroche, *Nouvelles notes sur Le Petit Chaperon rouge de Jacques Ferron,* VIP, n° 6, 1973, p. 102–110.

Danielle Dubois, *Enquête de Ferron,* VIP, n° 6, 1973, p. 111–122.

André Cloutier, *Du fond de mon arrière-cuisine,* LAQ 1973, p. 211.

Dossier littéraire: Jacques Ferron, dans *Québec français,* n° 15, juin 1974, p. 19–26. Articles de Yves Taschereau, Léo-Paul Desaulniers, Jean-Pierre Boucher, André Cloutier et Nicole Bérubé.

Jean-Pierre Boucher, *Une analyse de La Barbe de François Hertel de Jacques Ferron,* VIP, vol. 9, 1975, p. 163–180.

Jacques Ferron, EF, numéro spécial, vol. 12, nos 3–4, octobre 1976, p. 181–383.

Jean-Marcel Paquette, *Jacques Ferron ou Le Drame de la théâtralité,* dans *Le Théâtre canadien-français,* Montréal, Fides, 1976, p. 581–596. «ALC» 5.

Donald Smith, *Jacques Ferron ou La Folie d'écrire,* LQ, vol. 1, n° 6, avril–mai 1977, p. 34–41. Entrevue.

Robert Mélançon, *Pour saluer Jacques Ferron,* Dev, vol. 69, n° 301, 31 déc. 1977, p. 15.

Jean-Pierre Boucher, *Mourez maintenant, payez plus tard! Papa Boss de Jacques Ferron,* dans *Instantanés de la condition québécoise,* Montréal, Cahiers du Québec/Hurtubise HMH, 1977, p. 139–157. «Littérature».

R.M., *Jacques Ferron en phrases détachées,* Pr, 94e année, n° 153, 4 nov. 1978, p. D-2.

Philippe Haeck, *Perdre son corps, une méthodologie pour l'étude du «corps romanesque»: une lecture de l'Amélanchier,* dans *Présence francophone,* n° 18, printemps 1979, p. 127–133.

Élaine F. Nardocchio, *Dimensions socio-politiques dans Les Grands Soleils de Jacques Ferron,* dans *Présence francophone,* n° 22, printemps 1980, p. 131–140.

Stéphane-Albert Boulais, *Gaspé-Mattempa: Ferron retrouvé,* Dr, 68e année, n° 107, 2 août 1980, p. 18.

Gilles Marcotte, *La Dialectique de l'ancien et du moderne chez Marie-Claire Blais, Jacques Ferron et Réjean Ducharme,* VIP, vol. 6, n° 1, automne 1980, p. 63–73.

Pierre L'Hérault, *Jacques Ferron cartographe de l'imaginaire,* Montréal, PUM, 1980, 272 p. «Lignes québécoises».

Ginette Michaud, «*Gaspé-Mattempa*»: tout Ferron, Dev, vol. 72, n° 31, 7 févr. 1981, p. 21.

Alexander L. Amprimoz, *Sémiotique de l'organisation textuelle d'un conte: «Les Méchins» de Jacques Ferron,* dans *Présence francophone,* n° 23, automne 1981, p. 131–141.

Jacques Pelletier, *Jacques Ferron. Rosaire,* LAQ 1981, p. 45–48. [*Dossier Jacques Ferron*], VI, vol. 8, n° 3, printemps 1983, p. 397–473. Collab.

Pierre Cantin, *Jacques Ferron polygraphe : bibliographie suivie d'une chronologie,* Montréal, Les Éditions Bellarmin, 1984, 548 p. Préface de René Dionne.

Robert Lévesque, *Jacques Ferron n'est plus,* Dev, vol. 76, n° 93, 23 avril 1985, p. 1.

Clément Trudel, *Jacques Ferron. Une place privilégiée dans la littérature québécoise,* Dev, vol. 76, n° 93, 23 avril 1985, p. 7.

Victor-Lévy Beaulieu, *Jacques Ferron. Notre énorme solitude,* Dev, vol. 76, n° 97, 27 avril 1985, p. 19.

Mia et Klaus

FERRON, MADELEINE (1922–   ). Conteuse, nouvelliste et romancière, née à Trois-Rivières. Après des études secondaires chez les Sœurs de Sainte-Anne, à Lachine, elle suit des cours de lettres à l'Université de Montréal (1944), et, plus tard, des cours d'ethnographie à l'Université Laval (1960). Mariée avec le juge Robert Cliche, elle réside dans la Beauce d'où beaucoup de ses écrits tirent leur affabulation. Madeleine Ferron écrit d'abord plusieurs contes et nouvelles dans *L'Information médicale et paramédicale* et dans *Châtelaine.* Elle crée également des radio-théâtres et des billets humoristiques (1968) pour CBF à Montréal et pour CBV à Chicoutimi. Citée en finale pour le prix France-Québec (1966), avec *La Fin des loups-garous,* et pour le Grand Prix littéraire de Montréal (1971), avec *Le Baron écarlate,* elle remporte, en 1967, le premier prix du concours des nouvelles historiques, organisé par la revue *Châtelaine.* Les contes et nouvelles de Madeleine Ferron s'imprègnent d'un sens aigu de l'observation, grâce à un style précis et vif qui soulève l'acuité des images et des personnages. La poésie de ses contes, aux yeux de Jean Éthier-Blais, « se situe dans une prise de contact direct avec la réalité. [...] Madeleine Ferron a compris que l'art de la nouvelle, c'était de faire vite en sorte que le sujet s'épuise de lui-même ». À propos de ses *Histoires édifiantes* (1981), Réginald Martel note que « le pays physique est extrêmement présent ». Elle est marquée par la Beauce québécoise où elle a vécu plus de trente ans. *Sur le chemin Craig* (1983), roman historique, l'épopée des Irlandais établis dans ce coin du Québec est l'aboutissement de cette recherche sur ses racines. « La richesse du roman est surtout documentaire », remarque Réginald Martel.

ŒUVRES

La Fin des loups-garous (roman), Montréal, Éditions HMH, 1966, 187 p. « A » ; Fides, 1982, 203 p. Présentation, chronologie, bibliographie et jugements critiques d'Aurélien Boivin. « BQ ».

Cœur de sucre. Contes, Montréal, Éditions HMH, 1966, 221 p. « A » ; 1971.

Le Baron écarlate. Roman, Montréal, HMH, 1971, 175 p. « A ».

Quand le peuple fait la loi. La loi populaire à Saint-Joseph de Beauce (essai), Montréal, Hurtubise HMH, 1972, 157 p. Collab. Robert Cliche ; avec *Les Beaucerons, ces insoumis,* 1982, 370 p.

Les Beaucerons, ces insoumis. Petite histoire de la Beauce 1735-1867, Montréal, Hurtubise HMH, 1974, 174 p. Collab. Robert Cliche ; *Les Beaucerons, ces insoumis suivi de Quand le peule fait la loi,* 1982, 370 p.

Le Chemin des dames. Nouvelles, Montréal, La Presse, 1977, 166 p. Ill.

Histoires édifiantes. Nouvelles, Montréal, La Presse, 1981, 157 p.

Sur le chemin Craig (roman), Montréal/Paris, Stanké, 1983, 191 p. Carte.

Un singulier amour (nouvelles), Montréal, Boréal, 1987, 200 p.

Napika (nouvelle), Ch, vol. 8, n° 1, janv. 1967, p. 26–27, 40–44.

Fada (nouvelle), dans *L'Information médicale et paramédicale,* vol. 19, n° 19, 21 mars 1967, p. 42–44.

La Tricheuse (nouvelle), Ch, vol. 8, n° 10, juillet 1967, p. 50–71.

La Rentrée (nouvelle), dans *L'Information médicale et paramédicale,* vol. 19, n° 22, oct. 1967, p. 39.

La Chasse, dans *L'Information médicale et paramédicale,* vol. 19, n° 23, oct. 1967, p. 28.

À fleur de peau (micro-théâtre), ECF, n° 38, 1974, p. 169–192.

La Ville vue de la campagne, dans *Critère,* n° 17, printemps 1977, p. 229–233.

L'Écharde, L, vol. 21, n° 3, mai–juin 1979, p. 27–35.

L'Œuvre collective, Dev, vol. 71, n° 89, 19 avril 1980, p. 21.

ÉTUDES

Jean Éthier-Blais, « *Nouvelles montréalaises* » *d'Andrée Maillet,* « *Cœur de sucre* » *de Madeleine Ferron,* Dev, vol. 57, n° 53, mars 1966, p. 12.

Jean-Yves Théberge, *L'Excellente Érablière de Madame Ferron,* CF, vol. 106, n° 45, mars 1966, p. 42.

Roger Duhamel, *Les Beaucerons de Mme Ferron,* dans *Photo-Journal,* vol. 3, n° 2, avril 1966, p. 77.

J.-G. Pilon, *Notes de lecture. Cœur de sucre, contes par Madeleine Ferron,* L, vol. 8, n°s 2–3, mars–juin 1966, p. 186–187.

Roger Duhamel, *Il n'y a pas assez d'un prix Médicis,* dans *Photo-Journal,* vol. 30, n° 37, 28 déc. 1967, p. 59.

Gilles Cossette, *Le Baron écarlate,* LAQ 1971, p. 49.

Réginald Martel, *Des portraits mais vivants,* Pr, 93ᵉ année, nᵒ 228, 24 sept. 1977, p. D-3.

Gilles Marcotte, *Madeleine Ferron, Jean-Paul Filion. Histoires de nous-mêmes,* Dev, vol. 69, nᵒ 249, 29 oct. 1977, p. 29.

Réjean Beaudoin, *Madeleine Ferron. Histoires édifiantes,* LAQ 1981, p. 48–50.

Réginald Martel, *La Beauce de Madeleine Ferron. Le Pays des amours et l'amour du pays,* Pr, 97ᵉ année, nᵒ 38, 14 févr. 1981, p. C-3.

Madeleine Ouellette-Michalska, *Madeleine Ferron. Qui prend pays prend parole,* Dev, vol. 72, nᵒ 61, 14 mars 1981, p. 23.

Jean Royer, *Madeleine Ferron. Remplir les blancs de l'histoire le long du chemin Craig,* Dev, vol. 74, nᵒ 140, 18 juin 1983, p. 19.

Réginald Martel, *Madeleine Ferron. L'épopée occultée des Irlandais,* Pr, 99ᵉ année, nᵒ 157, 9 juillet 1983, p. B-3.

FILIATRAULT, JEAN (1919–1982). Journaliste et romancier, né à Montréal. Il exerce divers métiers à la sortie de ses études secondaires : cinq ans à la Banque canadienne nationale, un an et demi dans l'armée canadienne, quatre ans à l'emploi d'une maison d'exportation. Après la guerre, il se joint à l'équipe de rédaction du journal *Notre Temps* dans lequel il publie, en 1947, un roman-feuilleton, *Terres stériles.* Membre du comité de rédaction de *Liberté,* il est également directeur des services français de l'agence de publicité Vickers et Benson, à Montréal, directeur de la Corporation des traducteurs professionnels du Québec et secrétaire de la Commission d'enquête sur l'enseignement des arts au Québec (Commission Rioux). Le prix David lui est décerné en 1954, pour *Terres stériles* ; la même année, sa pièce en vers, « Le Roi David », obtient le trophée du meilleur spectacle au Festival d'art dramatique national. En 1955, le prix du Cercle du livre de France lui est accordé pour son roman *Chaînes.* Il est boursier de la Canada Foundation en 1959, président général de la Société des écrivains canadiens en 1960 et, l'année suivante, il devient membre de la Société royale du Canada. Jean Filiatrault écrit pour Radio-Canada plusieurs pièces de théâtre radiophonique dont « La Réussite » (10 mars 1967), « La Succession Dupont-Durand » (2 mars 1958) ; de 1962 à 1963, il signe les textes du téléroman « La Balsamine » et, durant plusieurs années, ceux du « Paradis terrestre » (présenté à la télévision de Radio-Canada). Orientés vers l'analyse psychologique, ses romans décrivent pour la plupart un milieu de solitude et de désespoir. Ses quatre récits — *Terres stériles* (1953), *Chaînes* (1955), *Le Refuge impossible* (1957), *L'argent est odeur de nuit* (1961) — sont révélateurs d'une recherche opiniâtre de la matière romanesque qui devrait — comme chez Mauriac — présenter l'homme dans son conflit d'exister. Misère, haine, rêves avortés, amours incestueuses, « chaînes de feu », « chaînes de sang », voilà les aspects d'un univers dans lequel le père, la mère, la fille, le fils et ceux qui les entourent vivent dans un état de crise. Les conflits psychologiques suscitent un style où l'expression de la conscience fait grand usage de soupirs, exclamations, cris et silences significatifs. La structure du récit chez Filiatrault s'articule sur la succession des moments de crise et de brisure.

ŒUVRES

Terres stériles. Roman, Québec, Institut littéraire du Québec, 1953, 206 p.

Les Mains vides, Montréal, Fides, 1954, 109 p. (Adaptation du film de Vincente *Les Mains vides* par Jean Filiatrault avec la collaboration de Ciné-France).

Chaînes (roman), Montréal, CLF, 1955, 246 p.

Le Refuge impossible. Roman, Montréal, CLF, 1957, 198 p. Ill. de Clément. « NF » ; 1969, 173 p. « PoC ».

L'argent est odeur de nuit (roman), Montréal, CLF, 1961, 187 p. ; *L'argent est odeur de nuit. Roman,* 1967, 162 p. « PoC ».

Henry Miller et notre faculté de libération, L, vol. 2, nᵒ 2, mars–avril 1960, p. 78–83.

Le Bonheur dans le roman canadien-français, L, vol. 3, nᵒ 6, déc. 1961, p. 750–755.

La Grande Foire, L, vol. 3, nᵒ 3, mai–juin 1963, p. 239–241.

Quelques Manifestations de la révolte dans notre littérature romanesque récente, RS, vol. 5, nᵒˢ 1–2, janv.–août 1964, p. 177–190.

L'Infinitésimal, L, vol. 6, nᵒ 5, sept.–oct. 1964, p. 361–366.

ÉTUDES

Jean Blain, *Chaînes de Jean Filiatrault,* AN, vol. 45, nᵒ 3, nov. 1955, p. 230–233.

Andrée Maillet, *Terres stériles,* ANF, vol. 11, nᵒ 5, nov. 1955, p. 72.

Raymond Robichaud, *Deux œuvres romanesques du Canada,* dans *Nouvelle Revue canadienne,* vol. 3, nᵒ 4, mars–avril 1956, p. 225–226.

Guy Robert, *Jean Filiatrault,* RD, vol. 62, nᵒ 1, mai 1956, p. 215–217.

Guy Sylvestre, *Le Refuge impossible,* C, vol. 18, nᵒ 2, juin 1957, p. 213–214.

Pierre Daviault, *Présentation de M. Jean Filiatrault à la Société royale du Canada,* MSRC, nᵒ 16, 18 nov. 1961, p. 21–39.

Yves Préfontaine, *Engagement vs Enracinement*, L, vol. 3, n° 5, nov. 1961, p. 720–722.
Gérard Bessette, *L'argent est odeur de nuit*, LAC 1961, p. 7–8, 27.

FILION, JEAN-PAUL (1927–   ). Chansonnier, poète, dramaturge et romancier, né à Notre-Dame-de-la-Paix (Papineau). Après la neuvième année à Saint-André-Avellin, il fait deux ans de commerce au Outremont Business College, puis trois ans à l'École des Beaux-Arts de Montréal. Par la suite, il prendra des leçons privées de guitare pendant trois ans. Il devient décorateur à la Société Radio-Canada à Montréal et à Québec. En outre, il donne de nombreux récitals de chansons et de poésie. En 1959, il est boursier du Conseil des Arts du Canada, puis des Affaires culturelles du Québec, en 1976. « Peinture, poésie, décor, chanson, musique, théâtre, roman... » : cette énumération de Filion dans *Cap Tourmente* résume bien la carrière de l'auteur. Et les récompenses qu'il reçoit signalent ses succès dans divers genres : Grand Prix de la chanson canadienne (1958) pour *La Folle*, prix de la Province de Québec (1963) pour *Un homme en laisse*, prix du Choix du libraire (1978) pour *Les Murs de Montréal*. Au sujet des chansons, on lit dans *Le Livre canadien* : « Pour n'avoir pas le panache de Vigneault, Filion n'en est pas moins un illustre pionnier de la chanson québécoise. Sa poésie, comme celle de tous nos chanteurs, a des résonances sociales et constitue une exceptionnelle prise de conscience sur notre réalité ». Sa trilogie romanesque, *Saint-André Avellin...*, *Les Murs de Montréal* et *Cap Tourmente*, est de l'autobiographie à peine transposée, sur le ton de la conversation, franche et réaliste, sans ornementation et presque sans commentaires dans les deux premiers volumes dont l'écriture est souvent « joualisante », spontanée, rapide, heurtée, naturelle. « Jean-Paul Filion n'a pas l'écriture introspective, écrit Gilles Marcotte. Ici [*Les Murs*] comme dans *Le Premier Côté du monde*, il passe rapidement d'un événement à l'autre, et le mot qui définit le mieux sa démarche est le verbe, qu'il emploie souvent, ‹ djomper › ». Le ton change du tout au tout dans le troisième volume qui est une longue lettre d'amour où « l'action a presque complètement disparu au profit de la réflexion [... et devient], dit Michel Lord, une réflexion sur l'essence même de l'existence ». Le poète épris de lumière et de transcendance a retrouvé son moi.

ŒUVRES

Du centre de l'eau (poésie), Montréal, Les Éditions de l'Hexagone, 1955, [n.p., 28 p.]. « Les Matinaux ».
12 chansons de Jean-Paul Filion, Montréal, Éditions Archambault, 1958, 28 p.
Demain les herbes rouges (poésie), Montréal, Les Éditions de l'Hexagone, 1962, 31 p.
Un homme en laisse. Roman, Montréal, Les Éditions du Jour, 1962, 124 p. « RJ ».
Chansons, Poèmes et La Grondeuse, [Montréal], Leméac/L'Hexagone, 1973, 87 p. Portrait.
Saint-André Avellin... le premier côté du monde. Roman, [Montréal], Leméac, 1975, 282 p. Avant-propos de l'auteur. « Roman québécois » ; *Le Premier Côté du monde. Roman*, Paris, Éditions Robert Laffont, 1976 ; *Le Premier Côté du monde*, [Montréal], Leméac, 1986. « Poche Québec ».
Mon ancien temps, [Montréal], Leméac, 1976, 190 p. Ill. « Les Classiques Leméac ». (Comprend *Un homme en laisse* (roman), *La Maison de Jean-Bel*. Pièce en un acte et *La Pitro* (nouvelle)) ; Paris, Éditions Robert Laffont.
Les Murs de Montréal (roman), [Montréal], Leméac, 1977, 431 p. « Roman québécois ».
Cap Tourmente (roman), [Montréal], Leméac, 1980, 163 p. « Roman québécois ».
[*À mes ordres, mon colonel !*] (roman), [Montréal], Leméac, 1982, 216 p. « Roman québécois ».

DISCOGRAPHIE

C'est mon œil et *Où c'est qu'*t*'as mis ma blonde*, Montréal, Pathé, [1952], PAM 52191, 78 tours ; PAM 77191, 45 tours.
La Parenté et *La Pitro*, Montréal, Pathé, [1952], PAM 52165, 78 tours ; PAM 77165, 45 tours.
La R'nouche et *Ma mère me l'a toujours dit*, Montréal, Pathé, [1952], PAM 52210, 78 tours ; PAM 77210, 45 tours.
Su'l chemin des habitants et *Tu m'as souvent dit*, Montréal, Pathé, [1952], PAM 52166, 78 tours ; PAM 77166, 45 tours.
La Folle, Montréal, Pathé, [1958], PAM 201, 45 tours.
Jean-Paul Filion et sa guitare, Montréal, Pathé, [s.d.], PAM 67004, 33⅓ tours.
Jean-Paul Filion, Montréal, Gamma, [s.d.], CM 105, 33⅓ tours.

ÉTUDES

Adrien Thério, *Un homme en laisse de Jean-Paul Filion*, LAC 1962, p. 15.
Roger Duhamel, *Demain les herbes rouges de Jean-Paul Filion*, LAC 1962, p. 42.
Michelle Le Normand, *Encore un téléthéâtre pernicieux*, dans *Monde nouveau*, vol. 25, n° 6, 28 févr. 1964, p. 107–108.
Richard Quevillon, *Un homme en laisse, roman symbolique et psychologique*, dans *Jeunesses littéraires du Canada français*, vol. 2, n° 2, janv. 1965, p. 3.
Cécile Cloutier, *La Jeune Poésie au Canada français*, I, n° 7, janv. 1965, p. 4–11.
Pierre de Grandpré, *Rapatriement d'une poésie*, dans *Québec '65*, vol. 2, n° 3, févr. 1965, p. 13–19.
Tharsyle Gélinas, *Le poète touche-à-tout s'est remis au violon*, Pe, vol. 8, n° 14, 2 avril 1966, p. 46–50.
Michelle Gélinas, *Jean-Paul Filion*, PJ, vol. 40, n° 33, 12 juin 1966, p. M-6–M-7.

Martine Corriveault, *Jean-Paul Filion se libère...*, So, 76ᵉ année, nº 141, 23 juin 1973, p. 36.

[Anonyme], *Filion (Jean-Paul). Chansons, Poèmes et La Grondeuse*, dans *Le Livre canadien*, vol. 4, nov. 1973, nº 281.

[Anonyme], *Filion (Jean-Paul). Saint-André Avellin... le premier côté du monde*, dans *Nos livres*, vol. 7, mars 1976, nº 99.

Jean Royer, *Jean-Paul Filion. Personne n'est à l'abri de son enfance*, dans *Pays intimes. Entretiens 1966-1976*, Montréal, Leméac, 1976, p. 173-178.

Renée Maheu, *France-Québec et France-Canada*, Dev, vol. 68, nº 300, 24 déc. 1976, p. 18.

Léo Beaudoin, *Filion (Jean-Paul). Mon ancien temps*, dans *Nos livres*, vol. 8, avril 1977, nº 128.

François Paré, *Jean-Paul Filion, « Mon ancien temps »*, Dr, 65ᵉ année, nº 192, 12 nov. 1977, p. 20.

Gilles Marcotte, *Montréal, une autre facette du monde de Jean-Paul Filion*, dans *Le Livre d'ici*, vol. 3, nº 6, 16 nov. 1977, p. 1.

André Berthiaume, *Jean-Paul Filion. Les Murs de Montréal*, LAQ 1977, p. 55-58.

Léo Beaudoin, *Filion (Jean-Paul). Les Murs de Montréal*, dans *Nos livres*, vol. 9, févr. 1978, nº 51.

Jean Royer, *Pour la suite d'un amour*, Dev, vol. 71, nº 234, 11 oct. 1980, p. 13.

Alain Pontaut, *Jean-Paul Filion. Un écrivain « pourri » de tendresse*, dans *Le Livre d'ici*, vol. 6, nº 6, 12 nov. 1980, p. 2.

Michel Laurin, *Filion (Jean-Paul). Cap Tourmente*, dans *Nos livres*, vol. 11, déc. 1980, nº 388.

Michel Lord, *La Longue Quête de soi : la trilogie de Jean-Paul Filion*, LQ, nº 22, été 1981, p. 26-28.

Christian Bouchard, *À mes ordres, mon colonel ! de Jean-Paul Filion*, LQ, nº 31, automne 1983, p. 74.

FILION, MAURICE (1921-   ). Historien, né à Montréal. Il fait ses études classiques au Séminaire de Sainte-Thérèse (B.A., 1940). Plus tard, il obtiendra, à l'Université de Montréal, une licence en histoire (1964), une maîtrise (1966) pour un mémoire sur *Maurepas, ministre de Louis XV (1715-1749)*, et un doctorat (1970) sur le même sujet, *La Pensée et l'Action coloniales de Maurepas vis-à-vis du Canada (1723-1749)*. En 1955, il est nommé professeur de français et d'histoire au Séminaire de Sainte-Thérèse qui devient le Cégep Lionel-Groulx en 1967, et dont Filion est le secrétaire général de 1967 à 1974. En 1976, il est secrétaire d'un groupe de travail présidé par Guy Frégault, directeur du Conseil supérieur du livre en 1977, de nouveau professeur à Lionel-Groulx en 1978, et chercheur à l'Institut québécois de recherche sur la culture à compter de 1980. Il collabore au *Cornell Library Journal*, à la *Revue d'histoire de l'Amérique française* et au *Dictionnaire biographique d'Outre-Mer*. Ses travaux sur Maurepas méritent le prix de l'Académie de Marine (France, 1970) et le prix du Centenaire du maréchal Lyautey (1973). Micheline D'Allaire exprime certaines réserves sur *La Pensée et l'Action coloniales de Maurepas*, mais elle en loue l'ensemble :

« M. Filion a le mérite d'avoir présenté une étude minutieuse, consciencieuse et prudente sur une période encore si peu connue. Il a aussi le mérite d'avoir constamment placé son étude dans la perspective à la fois coloniale et métropolitaine, n'oubliant jamais de rappeler les structures et les conjonctures, maniant sans cesse l'idéologie courante, les réalisations et les limites de l'action coloniale ».

ŒUVRES

Maurepas ministre de Louis XV (1715-1749) (essai), Montréal, Les Éditions Leméac, 1967, 178 p. Préface de Frédéric Mauro.

La Pensée et l'Action coloniales de Maurepas vis-à-vis du Canada (1723-1749). L'âge d'or de la colonie (essai), [Montréal], Leméac, 1972, 459 p. Ill. Préface de Frédéric Mauro. Avant-propos de l'auteur.

Hommage à Lionel Groulx (essai) [Montréal], Leméac, 1978, 224 p. Portrait. Ill. Sous la direction de Maurice Filion.

ÉTUDES

[Anonyme], *Un livre à lire avec plaisir et intérêt*, dans *Le Progrès de Terrebonne*, vol. 1, nº 17, 26 avril 1967, p. 13.

[Anonyme], *M. Maurice Filion le premier professeur du séminaire à publier*, dans *Le Progrès de Terrebonne*, vol. 1, nº 17, 26 avril 1967, p. 19.

Micheline D'Allaire, *La Pensée et l'Action coloniales de Maurepas vis-à-vis le Canada (1723-1749)*, LAQ 1972, p. 262-264.

Nive Voisine, *Main basse sur le pavé. Hommage à Lionel Groulx, sous la direction de Maurice Filion*, LQ, nº 10, avril 1978, p. 48-50.

FILION, PIERRE (1951-   ). Poète, dramaturge et romancier, né à Frelighsburg (Missisquoi). Il fait ses études classiques au Séminaire de Sainte-Thérèse de Blainville devenu Collège Lionel-Groulx (D.E.C., 1970). Inscrit à l'Université de Montréal, il obtient un baccalauréat spécialisé en études françaises (1973), une maîtrise pour un mémoire intitulé « L'Ébranlement des structures romanesques dans *Madame Bovary*, valeurs et emplois du pronom » (1975) et il prépare une thèse de doctorat sur André Langevin. Entré aux Éditions Leméac, il est directeur de production, puis directeur littéraire (1972-1978) et, en 1978, il devient chef du Service de la production aux Presses de l'Université de Montréal. Il collabore à diverses émissions de Radio-Canada, par exemple aux micro-théâtres d'André Major avec « Monsieur Beausoleil » (1973) et « Craquelures » (1974), à « Escales » de J.-P. Saulnier avec « L'Entracte de la mal entendue » (1980), il compose des chansons et il collabore à des périodiques tels *Le Devoir*, *Le Livre d'ici* et *Livres et Auteurs québécois*. Il a fondé les Éditions du Silence. *Le Livre canadien* aime son premier roman, *Le Personnage* (1973), ouvrage «poétique et aussi typiquement québécois». Le roman déconcerte d'abord «par l'absence totale d'intrigue, de décor et même de personnage», écrit François Ricard, mais cet éclatement de la forme traditionnelle est nécessaire parce que «tout se déroule sous le signe exclusif de la décadence et de la fragilité». On pourrait peut-être en dire autant de sa pièce, *Impromptu pour deux virus*, publiée la même année. Cependant, ce genre de technique peut ne pas plaire à tout le monde, et si François Ricard trouve que *La Brunante* et *Sainte-bénite* sont à lire, *Le Livre canadien* signale que dans le premier, l'auteur «omet toutes les coordonnées spatio-temporelles qui auraient pu donner chair et situation à son récit». L'un voit *Sainte-bénite* «comme un cri de souffrance et de révolte, comme un témoignage sur la sensibilité québécoise actuelle» (Ricard), et un autre pense que ce n'est pas un roman mais une «sorte de pamphlet politique d'un indépendantiste désabusé qui cherche des consolations dans les juges de sa ‹grand-mère patrie›» (Gilles Dorion). Et Noël Audet dit de *Juré craché*, roman dans lequel l'auteur donne à une anecdote «une dimension proprement tragique et qu'il traite sur le mode de l'épopée», que «ce qui rend le livre intéressant, c'est l'écriture, comme chaque fois qu'un auteur impose un univers particulier. Ici, la langue convient tout à fait au personnage».

ŒUVRES

Le Personnage (roman), [Montréal], Leméac, 1972, 99 p. «Roman québécois».

La Brunante (roman), [Montréal], Leméac, 1973, 104 p. «Roman québécois».

Impromptu pour deux virus (théâtre), [Montréal], Leméac, 1973, 64 p. Ill. «Répertoire québécois».

Sainte-bénite de sainte-bénite de mémère (roman), [Montréal], Leméac, 1975, 134 p. «Roman québécois».

Un/Une : Marie-Laure (poème), Montréal, Éditions du Silence, 1980, 12 p.

Juré craché. Roman, Montréal, VLB éditeur, 1981, 193 p. Ill.

Axes intérieurs (textes poétiques), [s.l.], Éditions du Silence, 1982, 33 p. Avec trois dessins de Jacqueline Birade. (Tirage limité).

Écrire... acte I. Les jeunes livres, dans *Le Livre d'ici,* vol. 1, n⁰ 7, 30 nov. 1975, p. 1.

Pour l'imaginaire. Pour que l'écriture ait lieu, Dev, vol. 70, n⁰ 275, 24 nov. 1979, p. 8.

Le « Rendez-vous » de François Hébert avec les Zgumniates, dans *Le Livre d'ici,* vol. 6, n⁰ 16, 21 oct. 1981, p. 2.

ÉTUDES

[Anonyme], *Le Personnage de Pierre Filion,* dans *Le Livre canadien,* vol. 4, mai 1973, n⁰ 186.

François Ricard, *Pierre Filion. La Brunante,* LAQ 1973, p. 43.

Hélène Beauchamp-Rank, *Pierre Filion. Impromptu pour deux virus,* LAQ 1973, p. 165-166.

[Anonyme], *Filion (Pierre). La Brunante,* dans *Le Livre canadien,* vol. 5, sept. 1974, n⁰ 236.

François Ricard, *Une «mémère» raconte l'enfance et le pays,* dans *Le Livre d'ici,* vol. 1, n⁰ 4, 9 nov. 1975, p. 1.

[Anonyme], *Filion (Pierre). Sainte-bénite de sainte-bénite de mémère,* dans *Le Livre canadien,* vol. 7, févr. 1976, n⁰ 59.

Gilles Dorion, *Sainte-bénite de sainte-bénite de mémère de Pierre Filion,* dans *Québec français,* n⁰ 22, mai 1976, p. 5-6.

Noël Audet, *Petite Épopée du Nord,* Dev, vol. 73, n⁰ 24, 30 janv. 1982, p. 17.

FILTEAU, GÉRARD (1906–   ). Historien, né à Saint-Michel-de-Bellechasse. Après le primaire à l'Île d'Orléans, il fréquente l'École Saint-Édouard de Beauport, puis entre à l'École normale Laval et reçoit un diplôme d'enseignement en 1924. En 1926, il obtient un baccalauréat ès arts et, en 1928, une maîtrise en philosophie à l'Université Laval. En 1926, il enseigne à la Commission scolaire de Québec. Il est ensuite inspecteur d'écoles, de 1930 à 1960, puis directeur de l'extension de l'enseignement au département de l'Instruction publique jusqu'en 1964, date à laquelle il se retire à Shawinigan. Filteau s'est particulièrement fait remarquer par *La Naissance d'une nation* (1937) qui remporte le prix Montmorency-Laval, et par son *Histoire des patriotes* (1938). Marie-Aimée Cliche note qu'il doit beaucoup au Père Charlevoix et à Lionel Groulx dans *La Naissance d'une nation*, et que «la critique littéraire fait, dans son ensemble, un accueil favorable au livre [...]. Le mode de présentation est clair et logique, le style agréable, et l'auteur a réussi à faire ressortir les traits originaux de la société canadienne à la veille de la conquête», bien que le portrait soit idéalisé. Et Jean-Pierre Gagnon dit de l'*Histoire des patriotes* que c'est «une œuvre plus fouillée que les essais parus jusque-là», mais que Filteau «s'est identifié de trop près aux patriotes» et qu'il passera à l'histoire «plutôt pour son nationalisme que pour la valeur historique de son œuvre».

ŒUVRES

La Naissance d'une nation. Tableau du Canada en 1755 (essai), Montréal, Éditions de l'Action canadienne-française, 1937, 2 t. : t. 1, *Géographie et Institutions,* 203 p. ; t. 2, *Vie culturelle et Vie économique,* 233 p. ; Montréal, L'Aurore, 1978, 286 p. Ill. «Exploration/Histoire». (Édition augmentée).

Histoire des patriotes (essai), Montréal, Éditions de l'Action canadienne-française, 1938, 3 t. : t. 1, *L'Explosion du nationalisme,* 227 p. ; t. 2, *Le Nationalisme contre le colonialisme,* 255 p. ; t. 3, *La Prise d'armes et la Victoire du nationalisme,* 286 p. ; Montréal, L'Aurore, 1975, 493 p. Ill. « Connaissance des pays québécois » ; L'Aurore/ Univers, 1980.

L'Épopée de Shawinigan (essai), Shawinigan, Guertin et Giguac, 1944, 415, [15] p. Ill.

Historique de la Surintendance de l'Instruction publique dans la province de Québec, Département de l'Instruction publique, [1949 ?], 20 p.

Un siècle au service de l'éducation 1851–1951. L'inspection des écoles dans la province de Québec (essai), [s.l., s.é., 1951 ?], 2 t. : t. 1, [4], ii, 152, [2] p. ; t. 2, [2], ii, 145, [6] p. Collab. Lionel Allard. Présentation de Michel Savard.

L'Organisation scolaire de la province de Québec ; historique, législation et règlement, Montréal, Centre de pédagogie et de psychologie, 1954, 246 p.

Histoire générale (essai), Montréal, Centre de psychologie et de pédagogie, 1956–1960, 3 t. : t. 1, *L'Héritage du vieux monde,* 1956, 441 p. Ill. ; 1965 ; t. 2, *Le Monde moderne, les Amériques et le Canada,* 1957, 523 p. Ill. ; t. 3, *La Civilisation catholique et française au Canada,* 1960, 507 p. Ill.

Les Constantes historiques de notre système scolaire (essai), [s.l.], À compte d'auteur, [1956 ?], 59 p.

Le Québec, le Canada et la Guerre 1914–1918 (essai), Québec, L'Action sociale, [s.d.], 231 p. ; Montréal, Éditions de l'Aurore, 1977, 231 p. Ill. « Exploration/ Histoire ».

ÉTUDES

[Anonyme], *Filteau (Gérard). Histoire des patriotes,* dans *Le Livre canadien,* vol. 6, nov. 1975, nº 340.

Denis Dion, *Tableaux de la Nouvelle-France,* Pr, 94e année, 1977, 2 déc. 1978, p. D-3.

FISET, Louis-Joseph-CYPRIEN (1825–1898). Poète, né à Québec. Après ses études au Séminaire de Québec, il est admis au barreau en 1848. Il est membre fondateur puis président de l'Institut canadien de Québec. Pendant une quinzaine d'années, il publie des poèmes teintés de romantisme dans *La Ruche littéraire, Le Journal de l'Instruction publique, Les Soirées canadiennes* et *Le Foyer canadien.* Au concours de poésie de l'Université Laval, en 1867, Fiset mérite la médaille d'argent et sa poésie connaît pendant quelque temps, une certaine notoriété. En 1861, il est nommé protonotaire de Québec, poste qu'il conserve jusqu'à sa mort. Inspiré par l'immensité de la nature canadienne, il compose des vers marqués parfois d'une touche parnassienne. Ses vers lui attirèrent les critiques de Crémazie.

ŒUVRES

Les Voix du passé, vers dédiés à L. J. Baillargé, [s.l., s.é.], 1855, 4 p.

La Cité de Québec à Son Altesse Royale le Prince de Galles, ode, Québec, [s.é.], 1860, 1 f. (Publiée sous les auspices de la Cité par l'entremise de la Société typographique de Québec. Imprimée en or sur soie bleu foncé).

Jude et Grazia ou Les Malheurs de l'émigration canadienne (poèmes), Québec, L. Brousseau, 1861, 41 p. (Paru aussi dans *Les Soirées canadiennes,* vol. 1, 1861, p. 175–204).

———————————

[Poèmes], dans *La Littérature canadienne de 1850 à 1860,* t. 2, Québec, G. & G. E. Desbarats, 1864, p. 254–277.

[Poèmes], dans Antonin Nantel, *Les Fleurs de la poésie canadienne,* Montréal, Beauchemin, 1911, p. 83–97.

ÉTUDES

Henry Morgan, *Bibliotheca canadiensis,* Ottawa, Desbarats, 1867, p. 124.

G. M. Rose, *A Cyclopedia of Canadian Biography,* Toronto, Rose Pub. Co., 1886–1888, vol. 2, p. 275-278.

FISETTE, JEAN (1945–   ). Linguiste et sémioticien, né à Sherbrooke. Il fait ses études classiques au Séminaire de Sherbrooke (B.A., 1967). Il obtient ensuite à l'Université de Sherbrooke une licence ès lettres (1969) et une maîtrise pour un mémoire sur « La Quête du réel dans l'œuvre de Robert Élie » (1971). Il s'inscrit au doctorat à l'Université de Montréal, reçoit des bourses du Conseil des Arts du Canada, fait un séjour d'études à Paris, et soutient sa thèse à Montréal en 1975, publiée en 1977 : *Le Texte automatiste. Essai de théorie pratique de sémiotique textuelle.* À compter de 1969, il enseigne la linguistique et la littérature au Cégep de Granby, puis il devient professeur à l'Université du Québec à Montréal en 1975, enseignant la sémiotique en plus des disciplines déjà mentionnées. Il est membre de plusieurs sociétés savantes et il collabore à *Voix et Images,* à *Spirale,* à RSSI (revue de recherches sémiotiques), à *Livres et Auteurs québécois,* etc. Il a collaboré à l'édition des *Œuvres* de Robert Élie, parues en 1979. La critique est unanime à reconnaître que dans *Le Texte automatiste* il utilise magistralement les méthodes de Greimas et de Benveniste. « L'essai de Jean Fisette, écrit Jacques Michon [...] ne manque pas d'indigner les partisans de ‹ l'éclectisme sauvage › et de la lecture subjective. [...] L'auteur refuse de définir a priori une ‹ théorie du texte ›, préférant suivre une démarche inductive qui respecte la particularité des œuvres étudiées ».

Et Joseph Melançon : « Le livre fournit toutes les pièces nécessaires à une juste appréciation : les objectifs, la méthode, la démarche, les outils, les résultats, les synthèses, les conclusions, le glossaire, où les termes sont souvent ‹ couplés ›, et deux des [trois] textes étudiés. C'est dire qu'il est bien fait et que sa lecture en est d'autant facilitée ».

ŒUVRES

Le Texte automatiste. Essai de théorie pratique de sémiotique textuelle, Montréal, PUQ, 1977, xiv, 183 p. Préface de Paul Zumthor.

Paul-Émile Borduas, *Écrits I*, Montréal, PUM, 1987, 700 p. Ill. Édition critique par André-G. Bourassa, Jean Fisette et Gilles Lapointe. « Bibliothèque du Nouveau Monde ».

La Question de l'énonciation en poésie : Saint-Denys Garneau, VI, vol. 2, n° 3, avril 1977, p. 375–389.

Le Statut de l'énonciateur dans le discours pamphlétaire : le cas Gauvreau, EF, vol. 11, n° 2, avril 1978, p. 373–388.

Qu'est-ce que lire ? Sinon, l'entreprise illusoire de colmater des brèches, VI, vol. 4, n° 3, avril 1979, p. 506–530.

ÉTUDES

Joseph Melançon, *Jean Fisette. Le Texte automatiste,* LAQ 1977, p. 211–214.

Patrick Imbert, *Le Texte automatiste de Jean Fisette. La sémiotique du surréalisme québécois,* Dr, 65ᵉ année, n° 256, 28 janv. 1978, p. 16.

Jacques Michon, *Histoire et Rhétorique du surréalisme québécois,* LQ, n° 9, févr. 1978, p. 24–25.

Pierre Hébert, *Jean Fisette. Le Texte automatiste,* VI, vol. 4, n° 3, avril 1979, p. 551–553.

FLAMAND, JACQUES (1935–   ). Théologien, sexologue, traducteur, critique et poète, né au Puy-en-Velay (Haute-Loire, France). Il fait ses humanités au Lycée Claude Fauriel de Saint-Étienne (Loire), puis il obtient des baccalauréats en philosophie (Lyon, 1956), en philosophie scolastique (Paris, 1957) et en théologie (Strasbourg, 1958), grades suivis de licences en philosophie, théologie et psychologie. En 1969, il termine un doctorat d'État en théologie à l'Université de Strasbourg par une thèse sur *L'Idée de médiation chez Maurice Blondel.* Il obtiendra en outre une licence d'anglais (1977) et une licence de lettres modernes (1980) à l'Université de Caen. À compter de 1961, il enseigne au Collège Saint-Jean-de-Passy (Paris), au Lycée Kléber (Strasbourg), au Collège de Matzenheim (Bas-Rhin) et à l'Université de Strasbourg. Arrivé au Canada en 1966, il devient professeur au Département des sciences religieuses de l'Université d'Ottawa (1966–1970). Il donne aussi des cours à l'Institut et à l'École de sexologie de Montréal (1967–1970). Devenu membre de l'Association des traducteurs et interprètes de l'Ontario, il travaille comme traducteur-réviseur au Bureau fédéral des traductions du Secrétariat d'État (1970–1975), donne des cours à l'École des traducteurs et interprètes de l'Université d'Ottawa (1973–1980) et, en 1975, il est nommé chef-traducteur et rédacteur-réviseur au Conseil des Arts du Canada. Il est membre actif d'une quinzaine d'associations savantes et culturelles, et il collabore à une trentaine de périodiques canadiens et français, tels *Relations, Revue de l'Université d'Ottawa, Science et Esprit, La Revue canadienne des langues vivantes, Économie et Humanisme, Cahiers de sexologie clinique, Le Monde, Le Devoir...* Les écrits de Jacques Flamand sur la théologie et la vie de l'Église lui ont valu une certaine réputation. Mais la critique est plutôt sévère pour sa poésie : Roger Chamberland trouve que dans ces poèmes où se manifestent la ferveur humaniste, l'attachement au quotidien et à la nature, « l'auteur rimaille sans grande recherche, sans craindre de tomber dans le cliché et le lieu commun ».

ŒUVRES

L'Idée de médiation chez Maurice Blondel (essai), Louvain/Paris, Nanwelaerts, 1969, viii, 595 p. « Philosophes contemporains. Textes et études ».

Monde et Réalités terrestres. Essais théologiques, Paris/Bruges/Montréal, Desclée de Brouwer/Les Éditions Bellarmin, 1969, 342 p. « Essais pour notre temps. Section de théologie ».

Saint Pierre interroge le pape (essai), Paris, Les Éditions du Cerf, 1970, 179 p. « Avenir ». Traduction espagnole de D. Eloy Reguena : *San Pedro interroga el papa,* Madrid, Studium Edicones, 1973, 138 p. Traduction portugaise de Manuel A. da Costa Pinto, *San Pedro interroga o papa,* Porto, Editorial Papetuo Socorro, 1974, 192 p.

La Fonction pastorale. Ministère et « sacerdoce » au-delà de l'ecclésiologie de Vatican II (essai), Paris, Épi éditeurs, 1970, 78 p.

Le Sexe et la Personne. Approche personnaliste (essai), Toulouse, Privat, 1972, 111 p. « Sentiers ».

Ailante, chants et cris. Poèmes, Sherbrooke, Éditions Naaman, 1979, 60 p. Ill. de Camille Claus. « Création ».

Été d'aube. Poème. Suite sensuelle de Camille Claus, Sherbrooke, Édition Naaman, 1980, 111 p. Ill. « Création ».

Nasse et Feu. Poèmes, Ottawa, Les Éditions du Vermillon, 1983, 124 p. Ill. de Maurice Vittoz.

Écrire et Traduire. Sur la voie de la création, Ottawa, Les Éditions du Vermillon, 1983, 147 p. « Langue et Communication ».

La Traduction : l'universitaire et le praticien. Congrès, Université du Québec à Montréal 28–31 mai 1980, Ottawa, Éditions de l'Université d'Ottawa, 1984, 427 p. Collab. Arlette Thomas. « Cahiers de traductologie ».

Pape et Pasteur dans quelle église ? Plaidoyer théologique (essai), Ottawa, Les Éditions du Vermillon, 1984, 222 p. Préface de Roger Lapointe. « Essais et Recherches ».

L'Inévitable Révolution en Amérique latine, M, n° 72, mai–juin 1968, p. 140-142.

Le Biafra nous accuse, M, n° 80, oct.-nov. 1968, p. 249-252.

Noël ou La Célébration de la consommation, Dr, vol. 56, n° 230, 24 déc. 1968, p. 6.

Les Relations sexuelles pré-maritales. Réflexions anthropologiques, Rel, n° 358, mai 1969, p. 155.

Le Cardinal Damélon et l'Autorité dans l'Église, Dev, vol. 60, n° 157, 14 juillet 1969, p. 4.

Maurice Blanchard et le Problème de la médiation, RUO, vol. 40, n° 4, oct.-déc. 1970, p. 645-652.

Canada, terre de liberté ?, dans *Lettre,* n° 148, déc. 1970, p. 8-9.

Réflexions pour une intelligence renouvelée du caractère sacerdotal, dans *Le Prêtre. Hier, aujourd'hui, demain,* Montréal/Paris, Fides/Cerf, 1970, p. 380-389. « Cozitalio fidéi ».

Massacre du français par les candidats, Pr, 88ᵉ année, n° 249, 27 oct. 1972, p. A-4.

La Femme. Notion et sexualité : l'héritage d'Aristote, dans *Science et Esprit,* vol. 27, janv.-avril 1975, p. 107-120.

Langage de la personne, la sexualité humaine et historique, dans *Psychologie et Sexualité,* Toulouse, Privat, 1976, p. 209-212.

La Sexualité et ses expressions culturelles. Quelques données de l'ethnologie, dans *Cahiers de sexologie clinique,* vol. 4, n° 24, 1978, p. 583-588.

Traduction et Rédaction : leurs rapports dans la situation canadienne actuelle, dans *The Canadian Modern Language Review/La Revue canadienne des langues vivantes,* vol. 37, n° 2, janv. 1981, p. 297-304.

Traducteur, philosophe, poète, qui est-il ?, dans *Méta,* vol. 26, n° 4, déc. 1981, p. 350-358.

Donatina et la Reine-des-belles, dans *Parli Parlo Parlons. Anthologie de textes littéraires franco-ontariens,* vol. 1, Montréal, Fides, 1982, p. 94-97 ; *Est-il une différence,* vol. 4, p. 230-231.

ÉTUDES

Roger Chamberland, *Recueils de poésie aux Éditions Naaman,* LAQ 1980, p. 121.

André Jansel, *Flamand (Jacques). Été d'aube. Illustré par la Suite sensuelle de Camille Claus,* dans *Nos livres,* vol. 12, mars 1981, n° 133.

Paul Gay, *Nasse et Feu. La transcendance de l'amour,* Dr, 71ᵉ année, n° 121, 20 août 1983, p. 26.

FLEUR D'OMBRE. Voir **LANCTÔT,** CLARA.

FOGLIA, RÉGINE. Voir **LEDUC,** JEAN.

FOLCH-RIBAS, JACQUES (1928-   ). Critique d'art et romancier, né à Barcelone (Espagne). En 1939, il suit en France ses parents, réfugiés politiques sous le régime de Franco. Il fait ses humanités à Orléans où il obtient un baccalauréat en mathématiques et en philosophie (1947). Puis il reçoit un diplôme d'urbaniste à l'Université de Paris en 1949, remporte le prix de dessin André Thierry en 1950, se joint à l'équipe du grand Le Corbusier, continue ses études grâce à des bourses de l'Unesco et obtient, en 1956, un diplôme d'études supérieures en architecture. Émigré au Québec la même année, il devient citoyen canadien en 1961. Il est professeur de théorie architecturale, d'histoire de l'architecture et d'histoire de l'art à l'École d'architecture de Montréal (1959-1965, 1977), à l'Université de Montréal (1963-1967) et à l'Université du Québec à Montréal (1969-1970). Il est membre de l'Ordre des architectes du Québec et de l'Association internationale des critiques d'art... Membre du comité de direction de *Liberté,* il y publie de nombreux articles, ainsi que dans *Vie des arts, La Presse, Le Devoir, Les Nouvelles littéraires, Combat, Urbanisme, Europe,* etc. En outre, il collabore à Radio-Canada à des émissions de chroniques et de fictions, telles « Littérature au pluriel », « Book Club », « Grands Musées du monde », « Le Jeu et le Sport ». Critique d'art, il publie deux ouvrages sur Jordi Bonet et Jacques de Tonnancour, essais qualifiés d'excellentes analyses de la psychologie et de la stylistique de ces artistes par Jean-Paul Morisset et Sylvia Giroux. De son côté, Donald Smith admire l'écriture du romancier du *Démolisseur* (1970) et du *Greffon* (1971), et ajoute que « nous avons ici un écrivain qui oblige ou plutôt invite son auditoire à accepter le jeu d'un discours qui, abordant le monde personnel et objectif indirectement, de l'extérieur, structure avec finesse les systèmes thématiques et les rapports entre les personnages ». *Une aurore boréale* (1974) mérite le prix France-Canada. Ce roman, dit Claude Janelle, « nous réconcilie avec la nature et le plaisir de lire et nous fait retrouver en nous-mêmes une paix qu'on ne croyait plus possible ». À propos de *Dehors les chiens* (1986), Gilles Marcotte remarque qu'« en plus d'être une machine à suspense, est une belle médiation sur l'histoire

521

[...], aussi celle qui vient, dont les démarches sont peut-être déjà esquissées par le grand ordinateur de la CIA, gentiment appelé Miss Machine ».

ŒUVRES

Jordi Bonet : le signe et la terre. Jordi Bonet. The Sign and the Earth. Jordi Bonet, el signe i la terra. Jordi Bonet, el signo y la tierra (monographie), Montréal, Éditions du Centre de psychologie et de pédagogie, 1964, 79 p. Ill. « Artistes canadiens ». (Édition en quatre langues).

Le Démolisseur. Roman, Paris, Robert Laffont, 1970, 226 p.

Le Greffon. Roman, Montréal/ Paris, Éditions du Jour/ Éditions Robert Laffont, 1971, 310 p. Postface de l'auteur.

Jacques de Tonnancour. Le signe et le temps (essai), Montréal, PUQ, 1971, 96 p. Ill. « Studio ».

Une aurore boréale. Roman, Paris, Éditions Robert Laffont, 1974, 227 p. ; [Seuil], 1982. Traduction anglaise par Jeremy J. Leggatt : *Northlight, Lovelight,* New York, Reader's Digest distributed by Thomas Crowell Company, 1976, 155 p. ; Toronto/ Montréal/ Winnipeg/ Vancouver, Fitzhenry & Whiteside.

Hommage à Jordi Bonet : exposition, Musée du Québec, Québec, Ministère des Affaires culturelles, 1980, 20 p. Ill.

Le Vieux-Montréal à pied (brochure), Montréal, Ministère des Affaires culturelles du Québec, 1982, 28 p. Texte, recherches et illustrations de Jacques Folch-Ribas *et al.*

Le Valet de plume. Roman, Paris, Acropole, 1983, 247 p.

Dehors les chiens (roman), Paris, Acropole, 1986, 220 p.

Opinions II, L, vol. 8, n° 4, juillet–août 1966, p. 74–76.

L'Accélération, L, vol. 8, n°s 5–6, sept.–déc. 1966, p. 28–35.

Un ministère de la Culture, L, vol. 9, n° 2, mars–avril 1967, p. 30–36. Collab. Roger Fournier.

L'Affaire des deux langues, L, vol. 10, n° 2, mars–avril 1968, p. 7–11.

Au plaisir de lire... Et de relire, Pr, 96e année, n° 64, 15 mars 1980, p. D-4.

Au plaisir de lire : Roger Peyrefitte, Pr, 96e année, n° 70, 22 mars 1980, p. D-22.

Au plaisir de lire : Mauriac, avec Jean Lacouture, Pr, 96e année, n° 76, 29 mars 1980, p. D-5.

ÉTUDES

Jean-Paul Morisset, *Jordi Bonet de Jacques Folch-Ribas,* LAC 1964, p. 113.

Donald W. Smith, *Le Démolisseur de Jacques Folch-Ribas,* LAQ 1970, p. 22–23.

[Anonyme], *Le Greffon, roman de Jacques Folch-Ribas,* dans *Le Livre canadien,* vol. 3, janv. 1971, n° 14.

[Anonyme], *Jacques de Tonnancour de Jacques Folch-Ribas,* dans *Le Livre canadien,* vol. 2, mars 1971, n° 102.

Sylvia Giroux, *Les Arts en 1971,* LAQ 1971, p. 211–212.

Donald W. Smith, *Le Greffon de Jacques Folch-Ribas,* LAQ 1971, p. 41–43.

Claude Janelle, *Jacques Folch-Ribas, Une aurore boréale,* LAQ 1974, p. 49–51.

Jean-Paul Soulié, *Folch-Ribas, prix Molson,* Pr, 99e année, n° 251, 29 oct. 1983, p. D-1–D-2.

Gilles Marcotte, *Les Machines à suspense,* dans *L'Actualité,* vol. 11, n° 7, juillet 1986, p. 100.

FOREST, JEAN (1942–   ). Essayiste et poète, né à Montréal. Il fait ses études classiques à l'École Chomedey de Maisonneuve (Montréal) et à l'Université Laurentienne (Sudbury) (B.A., 1962). Il obtient ensuite à l'Université Laval une maîtrise ès arts avec un mémoire sur « La Passion des contrastes dans *Madame Bovary* » (1966) et un doctorat dont le sujet est *L'Aristocratie balzacienne* (1971). Il a été boursier du Conseil des Arts du Canada. Il devient professeur de littérature à l'Université de Sherbrooke, en 1970. Louis Morice écrit, à propos de *L'Aristocratie balzacienne* parue en 1973 : « Dans ce monde balzacien, Jean Forest se meut comme dans le sien. C'est pourquoi cet ouvrage vit, bousculant, par cette vie même, toutes les catégories. Un grand souffle la traverse, celui du style ». Et Jean Éthier-Blais dit que cette étude originale « sera fort utile aux chercheurs et aux balzaciens chevronnés. Mais elle plaira aussi aux lecteurs occasionnels ». Forest publie encore un recueil de poèmes, *Tessons* (1975), une étude sur les problèmes du français au Québec, *Le Mur de Berlin P.Q.* (1983), et un second ouvrage sur Balzac, *Des femmes de Balzac* (1984).

ŒUVRES

L'Aristocratie balzacienne (essai), Paris, Librairie José Corti, 1973, 319 p. Avant-propos de l'auteur.

Tessons. Miroir oblique (poésie), Paris, Éditions Saint-Germain-des-Prés, 1975, 62 p.

Le Mur de Berlin P.Q. (essai), Montréal, Quinze, 1983, 239 p. « Prose exacte ».

Des femmes de Balzac (essai), Montréal/ Sherbrooke, PUM/ Presses de l'Université de Sherbrooke, 1984, 232 p. Préambule au lecteur.

Nourrice !... Nourrice !... Roman, Montréal, Quinze, 1984, 185 p. (Tome 1er de *La Mère, le Fils et le Saint-Esprit*).

ÉTUDES

Jean Éthier-Blais, *L'Aristocratie balzacienne pour chercheurs, lecteurs chevronnés ou occasionnels,* Dev, vol. 64, n° 229, 22 déc. 1973, p. 15.

Louis Morice, *Jean Forest. L'Aristocratie balzacienne,* LAQ 1973, p. 188.

Pierrette Roy, *Jean Forest ou La Difficile Recherche d'une identité et d'un langage,* dans *La Tribune de Sherbrooke,* vol. 74, n° 195, 15 oct. 1983, p. 3.

Claire de Lamirande, « *Le Mur de Berlin* » de Jean Forest. Une affaire de langue, Dr, 71ᵉ année, nᵒ 249, 21 janv. 1984, p. 30.

Lise Gauvin, *Comment parler sans la langue ?*, Dev, vol. 75, nᵒ 47, 25 févr. 1984, p. 19.

Réjane Bouge, « *Nourrice !... Nourrice !...* » de Jean Forest. Jocaste, toujours Jocaste !..., Dr, 72ᵉ année, nᵒ 209, 1ᵉʳ déc. 1984, p. 38.

François Hébert, *Un journal intime et un récit exhibitionniste*, Dev, vol. 75, nᵒ 292, 15 déc. 1984, p. 27.

FORGUES, RÉMI-PAUL (1926–). Poète, né à

Montréal. Il étudie au Séminaire de Sainte-Croix et au Collège de Saint-Laurent et prendra des leçons particulières chez Lucien Jaillard et François Hertel. En 1949, il suit des cours à l'École des Beaux-Arts pour passer à l'atelier de Paul-Émile Borduas, à Saint-Hilaire. Il s'intéresse également à la photographie. Mais ce sont surtout les arts plastiques qui le passionnent ; la céramique l'attire en particulier. Rémi-Paul Forgues collabore à plusieurs journaux et revues : *Le Jour* (fondé par Jean-Charles Harvey le 16 septembre 1937), *Le Quartier latin*, *Place publique*, *La Barre du jour*, *La Revue dominicaine*... Poèmes et essais critiques, l'œuvre de cet auteur est encore dispersée dans la presse périodique. Son seul recueil de poésie publié est celui qui paraît aux Éditions de l'Hexagone en 1974 : *Poèmes du vent et des ombres* où l'artiste s'adonne à l'art automatiste. Forgues participait en effet au groupe des automatistes canadiens-français et fut parmi les premiers, avec Robert Élie, à promouvoir ce mouvement et à l'expliquer au public québécois.

ŒUVRES

Poèmes du vent et des ombres : poèmes 1942-1954. Témoignages (poésie), Montréal, L'Hexagone, 1974, 81 p. Présentation de Gaëtan Dostie.

Stravinsky, Tristesse, dans *Le Jour*, vol. 7, nᵒ 15, 25 déc. 1943, p. 3.

Le Jazz, dans *Le Jour*, vol. 7, nᵒ 17, 8 janv. 1944, p. 3.

Petit Poème en prose Borduas, dans *Le Quartier latin*, vol. 27, nᵒ 19, 9 févr. 1945, p. 5.

Tu es là Douce Yole-Iris de ma foi (poésie), dans *Les Ateliers d'arts graphiques*, nᵒ 2, 1947, p. 7.

À propos des peintres de l'École de Saint-Hilaire, dans *Place publique*, nᵒ 2, août 1951, p. 23-27.

Petit Poème super naturaliste, dans *Place publique*, nᵒ 3, mars 1952, p. 10.

Rêve éveillé, Ombres, La Rose aux rayons d'or et Nocturne (poésie), BJ, nᵒˢ 17-20, janv.-août 1969, p. 277-281.

ÉTUDES

Marcel Barbeau, *Réponse à Rémi-Paul Forgues*, dans *Place publique*, nᵒ 3, mars 1952, p. 40-41.

André-G. Bourassa, *Rémi-Paul Forgues, éléments de biographie*, BJ, nᵒˢ 17-20, janv.-août 1969, p. 274-276.

Réginald Martel, *Poésie d'ici : Rémi-Paul Forgues*, Pr, 90ᵉ année, nᵒ 232, 28 sept. 1974, p. E-3.

Gaëtan Dostie, *Rémi-Paul Forgues, poète automatiste*, dans *Le Jour*, vol. 1, nᵒ 207, 2 nov. 1974, p. 14.

Jacques Lemieux, *Dostie / Forgues à l'Hexagone*, Dev, vol. 66, nᵒ 283, 7 déc. 1974, p. 14.

André-G. Bourassa, *Prolongements du surréalisme*, LAQ 1974, p. 361-375, surtout p. 361-362.

Gabrielle Poulin, *Une « ombre enchanteresse », la poésie de Rémi-Paul Forgues*, Rel, vol. 35, nᵒ 400, janv. 1975, p. 26-28.

FORTIER, ANDRÉ (1924–). Essayiste, né à

Montréal. Il fait ses études classiques à Montréal aux collèges Marie-Médiatrice et Sainte-Croix (B.A., 1952), et il obtient une licence ès lettres à l'Université de Montréal en 1954. Deux fois boursier du Conseil des Arts du Canada, il termine son doctorat à Paris, en 1972, dont la thèse porte sur « La Dramaturgie de Henri-René Lenormand ». À compter de 1954, il enseigne successivement au Collège Sainte-Anne-de-la-Pocatière, au Collège Saint-Denis, au Collège Sainte-Marie, puis, en 1964, il devient professeur de lettres françaises à l'Université d'Ottawa où, pendant des années, il s'occupe de l'organisation des soirées du cinéma français. Il est membre de plusieurs sociétés littéraires et savantes. Ses articles paraissent dans *Le Droit*, *Séquences*, *Archives des lettres canadiennes*... En 1979, il publie *Le Texte et la Scène*, études sur la saison théâtrale 1977-1978 à Montréal. Selon Paul Gay, « André Fortier manifeste toujours une grande bonté dans ses jugements, ne serait-ce qu'en soulignant le jeu des acteurs », bien qu'il soit « loin d'être un bénisseur ». « Généralement intéressantes, écrit Adrien Gruslin, les analyses sont variées aussi bien en longueur qu'en contenu ». Cependant il reproche au livre « son manque d'unité » et l'absence de tentative « de circonscrire l'ensemble de la saison ».

ŒUVRE

Le Texte et la Scène. Études de pièces québécoises et autres dans le cadre de la saison théâtrale 1977-1978 à Montréal (essai), Ottawa, EUO, 1979, 256 p. Ill. « CCRCCF ».

« *Demain matin Montréal m'attend* » de Michel Tremblay, dans *Le Théâtre canadien-français*, Montréal, Fides, 1976, p. 655-666.

Marie Lou sur la plage, Dr, 65ᵉ année, nᵒ 180, 29 oct. 1977, p. 21.

Rires et Souvenirs, le comique et l'humour à la radio québécoise, 1930-1970 de Pierre Pagé, Dr, 66ᵉ année, nᵒ 87, 8 juillet 1978.

Maria Chapdelaine à l'écran, dans *Séquences,* n° 104, avril 1981, p. 17–30.

Possession, dans *Séquences,* n° 106, oct. 1981, p. 39–42.

ÉTUDES

Paul Gay, *Le Texte et la Scène. André Fortier. Critique au cœur d'or,* Dr, 68ᵉ année, n° 38, 10 mai 1980, p. 17.

Adrien Gruslin, *Une étude à cloche-pied sur le théâtre,* dans *Le Livre d'ici,* vol. 5, n° 43, 30 juillet 1980, p. 1.

Paul Lefebvre, *Le Texte et la Scène,* dans *Jeu,* n° 17, 1980, p. 132–133.

Edgard Demers, *Une initiative du professeur André Fortier. Le cinéma sert la littérature,* Dr, 70ᵉ année, n° 244, 15 janv. 1983, p. 25.

FORTIN, CÉLYNE (1943–   ). Peintre et poète, née à La Sarre (Abitibi). Elle étudie au Collège de l'Assomption de La Sarre et au Collège Basile-Moreau de Montréal, et fait ensuite le cours d'infirmière à l'Hôpital Sainte-Justine (1961–1964). Elle exerce sa profession jusqu'en 1967, puis elle se consacre à sa carrière d'artiste commencée en 1965, et à la poésie. En 1971, elle fonde avec René Bonenfant les Éditions du Noroît qui publieront en 1981 une *Petite Anthologie du Noroît* pour marquer leur dixième anniversaire. Elle fait paraître, en 1982, *L'Envers de la marche,* livre d'artiste composé d'un poème et de pastels, et *Femme fragmentée,* recueil de poésie abondamment illustré par l'auteur. « Fortin procède par légères touches, écrit Michel Beaulieu, avec à la fois beaucoup de vivacité et d'intensité. Son livre gagne à être relu lentement. Mais le moins qu'on puisse en dire, c'est qu'il s'agit là d'une entrée remarquable en écriture ».

ŒUVRES

L'Envers de la marche. Suite poétique, Saint-Lambert, Éditions du Noroît, 1982, [n.p., 23 p.]. Avec sept dessins au pastel de l'auteur. (Tirage limité).

Femme fragmentée (poésie), Saint-Lambert, Éditions du Noroît, 1982, [n.p., 113 p.]. Avec 24 dessins de l'auteur.

[*Livre des momies*] (livre objet), [s.l., s.é.], 1983, 4 feuillets accordéon, carton rose et ficelle. (Un seul exemplaire).

L'Ombre des cibles (histoire de mots), Saint-Lambert, Éditions du Noroît, 1984, 77 p. Avec quatre dessins de l'auteur. « L'Instant d'après ».

ÉTUDES

Jean Royer, *La Vie littéraire,* Dev, vol. 73, n° 54, 6 mars 1982, p. 16.

Claude Beausoleil, *Le Temps des femmes,* Dev, vol. 73, n° 54, 6 mars 1982, p. 19.

Michel Beaulieu, *Fortin et Pesant. Des voix au féminin,* dans *Le Livre d'ici,* vol. 7, n° 29, 21 avril 1982, p. 2.

Claude Beausoleil, *Poésie : le corps humain, avenue privilégiée,* Dev, vol. 75, n° 227, 29 sept. 1984, p. 25.

FORTIN, LIONEL (1950–   ). Biographe et historien, né à Lacolle (Saint-Jean). Il fait ses études à l'École Saint-Joseph de Lacolle, à l'École secondaire Beaulieu et au Cégep de Saint-Jean-sur-Richelieu (D.E.C., 1974). Il obtient ensuite à l'Université d'Ottawa une licence en droit (1977) et un diplôme en droit notarial (1978), puis il ouvre un bureau de notaire à Longueuil en 1979. Intéressé tôt à la généalogie et à l'histoire régionale, il collabore au *Canada français,* aux *Mémoires de la Société généalogique canadienne-française,* aux *Cahiers de la Société historique du Marigot de Longueuil* et au *Dictionnaire biographique du Canada.* De ses livres, c'est *Félix-Gabriel Marchand* (1979) qui retient le plus l'attention. Pour Gilles Archambault, ce travail d'histoire politique « arrive à point », bien qu'il ne soit « pas exempt de naïvetés ». Et, selon Jean-Louis Roy, « si la qualité documentaire de ce livre est faible, [...] sa lecture n'en est pas moins d'un véritable intérêt. Cette biographie qui se veut aussi une percée dans l'histoire régionale du Haut-Richelieu porte en effet un pouvoir de suggestion remarquable ».

ŒUVRES

Répertoire des mariages du comté de Saint-Jean (1828–1950), Saint-Jean, Chez l'auteur, 1974, 490 p. Collab. Benoît Pontbriand.

Le Maire Nelson Mott et l'Histoire de Saint-Jean (essai), Saint-Jean-sur-Richelieu, Éditions Mille Roches, 1976, 109 p. Ill.

Félix-Gabriel Marchand (biographie), Saint-Jean-sur-Richelieu, Éditions Mille Roches, 1979, 232 p. Ill.

Histoire d'une paroisse : Saint-Pierre-Apôtre de Longueuil, 1950–1980 (monographie), [Longueuil, Fabrique St-Pierre-Apôtre de Longueuil], 1980, 120 p. Ill. Introduction de l'auteur.

Répertoire des mariages de Saint-Pierre-Apôtre de Longueuil (1950–1980), Longueuil, La Fabrique St-Pierre-Apôtre de Longueuil, 1982, 100 p.

Alexis Bouthillier, médecin des pauvres, CF, 116ᵉ année, n° 27, 3 déc. 1975, p. 30–31.

Le Notaire Pierre-Paul Demaray (1798–1854), CF, 115ᵉ année, n° 34, 23 déc. 1975, p. 28–32 ; 31 oct. 1979, p. 68–69 ; 17 juin 1980, p. 12–16.

Louis Molleur (1828–1904), député d'Iberville et financier de Saint-Jean, CF, 117ᵉ année, n° 42, 26 janv. 1977, p. 58–63.

La Mémoire des événements et des hommes 1860–1977, CF, 118ᵉ année, n° 23, 30 nov. 1977, 40 p.

ÉTUDES

Richard Lafontaine, *Lionel Fortin, l'auteur de Nelson Mott. Un chercheur passionné et un mordu de l'histoire* (entrevue), CF, 117ᵉ année, n° 28, 8 déc. 1976, p. 50.

Renée Cimon, *Fortin (Lionel)*. *Félix Gabriel Marchand,* dans *Nos livres,* vol. 10, nov. 1979, nº 350.

Julien Déziel, *Mᵉ Lionel Fortin. Félix-Gabriel Marchand,* dans *Mémoires de la Société généalogique canadienne-française,* vol. 30, nº 4, oct.–déc. 1979, p. 306.

Gilles Archambault, *À l'étalage,* dans *Le Livre d'ici,* vol. 5, nº 11, 19 déc. 1979, p. 1.

Jean-Louis Roy, *Lionel Fortin. Félix-Gabriel Marchand,* LAQ 1979, p. 296.

Marthe F. Beauregard, *Histoire d'une paroisse, Saint-Pierre-Apôtre de Longueuil, 1950–1980, par Mᵉ Lionel Fortin, notaire,* dans *Mémoires de la Société généalogique canadienne-française,* vol. 31, nº 4, oct.–déc. 1980, p. 294.

FORTIN, RÉAL (1945–   ). Historien et romancier, né à Saint-Jean-sur-Richelieu. Il fait ses études à l'École normale Jacques-Cartier de Montréal, (B.Péd., 1968), après quoi il enseigne à Saint-Jean. Intéressé à l'histoire de sa région, il devient membre de la Commission du patrimoine de Saint-Luc (1977), il est membre fondateur du Musée régional du Haut-Richelieu (1977) et président de la corporation des musées de Saint-Jean (1980). Son premier ouvrage, *Les Constructions militaires du Haut-Richelieu,* remporte le premier prix Percy-W.-Foy, en 1977. André Janoël dit que *Petite Histoire de Saint-Luc* (1978) est un livre « bien documenté, abondamment illustré de cartes, dessins et photos [et] d'une lecture agréable ». En fouillant les recoins de sa région, Fortin en arrive à imaginer l'intrigue romanesque du *Diable à quatre* (1980) qui se passe entre 1756 et 1780, à l'époque de la conquête, et se déroule entre Chambly et l'Île-aux-Noix. André Janoël trouve que le roman est bien documenté et que « les sources sont fidèlement suivies mais guère exploitées autrement que par une mise en scène souvent sommaire. Pour tout dire, il y a ici lacune d'imagination et de souffle épique. [...] L'intérêt qui en découle est davantage du domaine de l'histoire que de celui du roman ».

ŒUVRES

Les Constructions militaires du Haut-Richelieu (guide touristique), Saint-Jean-sur-Richelieu, Éditions Mille Roches, 1977, 123 p. Collab. Pierre B. Cadieux. Ill. « Le Haut-Richelieu historique ».

Bateaux et Épaves du Richelieu (monographie), Saint-Jean-sur-Richelieu, Éditions Mille Roches, 1978, 172 p. Collab. André Lépine. Ill. Avant-propos d'Alain Duhamel.

Petite Histoire de Saint-Luc (monographie), Saint-Jean-sur-Richelieu, Éditions Mille Roches, 1978, 159 p. Ill. Introduction de l'auteur.

Le Haut-Richelieu. Album de jeux de 7 à 12 ans, Saint-Jean-sur-Richelieu, Éditions Mille Roches, 1979, [n.p., 23 p.]. Ill.

L'Architecture. Encyclopédie du Haut-Richelieu (monographie), [Saint-Jean-sur-Richelieu], Musée régional du Haut-Richelieu, 1980, [n.p., 24 p.]. Ill.

Le Diable à quatre (roman), Saint-Jean-sur-Richelieu, Éditions Mille Roches, 1980, 171 p.

Potiers et Faïenciers de Saint-Jean (monographie), [Saint-Jean-sur-Richelieu], Musée régional du Haut-Richelieu, 1981, [n.p., 24 p.]. Ill. « Publication ».

Une Journée éducative à Saint-Jean-sur-Richelieu (guide historique et circuit pédestre), Saint-Jean-sur-Richelieu, Éditions du Musée régional du Haut-Richelieu, 1982, 32 p. Ill.

Poterie et Vaisselle. Saint-Jean et Iberville, Saint-Jean-sur-Richelieu, Éditions Mille Roches, 1982, 137 p. Ill. Introduction de l'auteur.

La MRC du Haut-Richelieu. D'hier à aujourd'hui, Saint-Jean-sur-Richelieu, Éditions Mille Roches, 1984, 47 p. Collab. Jean-Yves Théberge. Ill. Présentation des auteurs.

Un chemin plein d'histoire, dans *Cahiers de la Société d'histoire de la vallée du Richelieu,* nº 9, 1977, 28 p.

Saint-Luc 1799–1979, CF, 119ᵉ année, nº 52, 16 mai 1979, p. 1–8.

Dossier, CF, 120ᵉ année, nº 27, 31 oct. 1979, p. 65–69.

Contes de ma rivière, dans *Musée régional du Haut-Richelieu,* nº 8, 1984, p. 5–21.

ÉTUDES

Gilles Gemme, *À la chaleur accueillante de notre région,* CF, 118ᵉ année, nº 3, 15 juin 1977, p. 53.

Richard Bousquet, *Notre potentiel historique doit être mieux développé,* CF, 118ᵉ année, nº 7, 13 juillet 1977, p. 26–27.

André Janoël, *Fortin (Réal). Petite Histoire de Saint-Luc,* dans *Nos livres,* vol. 10, févr. 1979, nº 73.

Pierre Vincent, *Pourquoi ne pas faire de la vallée des forts du Richelieu, un genre de vallée de la Loire,* Pr, 120ᵉ année, nº 3, 18 juin 1979, p. C-1.

André Janoël, *Fortin (Réal). Le Diable à quatre,* dans *Nos livres,* vol. 12, janv. 1981, nº 75.

Michel Phaneuf, *Le Musée publie une brochure sur la poterie,* CF, 122ᵉ année, nº 24, 4 nov. 1981, p. 57.

Jean-François Crépeau, *Le Goût du travail bien fait,* CF, 122ᵉ année, nº 25, 11 nov. 1981, p. A-51.

FORTIN-LECLAIR, MANON (1938–   ). Essayiste, née à Saint-Jean-sur-Richelieu (Saint-Jean). Elle étudie au Collège de Saint-Jean-sur-Richelieu (D.E.C., 1976). Manon Leclair étudie et pratique le tissage depuis 1962, spécialité qu'elle enseigne à la Régionale Honoré-Mercier à partir de 1969. Ses travaux artistiques lui méritent plusieurs prix : au Salon de la Femme et à l'Exposition de Québec en

1976. C'est dans *La Revue des fermières,* à partir de 1979, qu'elle publie de nombreux articles afin de populariser cet art et cette technique. Elle réunit ses articles en deux ouvrages illustrés.

ŒUVRES

Les Jeux du tissage, Saint-Jean-sur-Richelieu, Éditions Mille Roches, 1977, 193 p. Ill.

Le Métier haute-lisse. Cours de tissage et tapisserie, Saint-Jean-sur-Richelieu, Éditions Mille Roches, 1980, 125 p. Ill.

ÉTUDES

Gilles Gemme, *Hors des sentiers battus,* CF, 118ᵉ année, nᵒ 19, 5 oct. 1977, p. 26.

Jacqueline Lafrenière, *Leclair (Manon). Le Métier haute-lisse,* dans *Nos livres,* vol. 11, 1980, nᵒ 259.

FOUCHÉ, FRANCK (1915-1978). Dramaturge, né à Saint-Marc (Haïti). Il fait ses études classiques aux lycées de Saint-Marc et de Port-au-Prince (B.A., 1934). Il obtiendra plus tard une licence en droit à l'Université d'Haïti (1945) et une maîtrise ès arts à l'Université du Québec à Montréal pour un mémoire intitulé « Le vaudou est-il un pré-théâtre ou un théâtre ? » (1977). Il fait partie de troupes de théâtre haïtiennes, adapte en créole *Œdipe Roi* et *Yerma* (Lorca) et fait jouer une quinzaine de ses pièces, telles « L'Étoile des maris », « L'École des politiciens », « Bouki nan paradi ». Il exerce divers métiers, puis il enseigne la littérature haïtienne au Collège Fernand-Prosper (1958-1962), le français au Centre d'études secondaires (1963-1965) et au Collège Saint-Pierre (1964-1965). Arrivé au Canada en 1966, il est professeur à la Commission scolaire de Chambly jusqu'à son décès (1967-1978). Sa pièce *Trou de Dieu* (1968) a été présentée avec succès au Centre d'essai des auteurs dramatiques (Expo théâtre). C'est une pièce-fable à portée politique qui utilise contre le pouvoir tyrannique le mythe grec du dieu Kronos et des géants emprisonnés par Zeus au fond de la terre, en y mêlant des danses, des rythmes musicaux et des contes haïtiens, explique Maximilien Laroche. En 1974, sous le nom sinistre du gardien des cimetières du panthéon vaudou, *Général Baron La-Croix,* l'auteur traite encore de la tyrannie du pouvoir. « Les courts tableaux qui se succèdent à un rythme trépidant, sont d'un excellent effet théâtral », lit-on dans *Le Livre canadien.* Présentée au Festival d'Avignon, en 1981, la pièce impressionne fortement : « Franck Fouché pleure superbement le destin de ces pays

éperdus de beauté, comme le sien, que la grimace d'un homme dévoyé a changé en leur hideuse caricature » (François Chalais, *France-Soir*).

ŒUVRES

Message. Poèmes, Port-au-Prince, Imprimerie Telhomme, 1946, 23 p.

Symphonie en noir majeur. Poème, Port-au-Prince, [s.é.], 1961, 13 p. Ill.

Guide de l'étudiant de la littérature haïtienne, Port-au-Prince, Éditions Panorama, 1964, 134 p. Préface de Pradel Pompilus, 158 p.

Général Baron La-Croix ou Le Silence masqué ; tragédie moderne en 2 calvaires, 28 stations et une messe en noire et rouge (théâtre), [Montréal], Leméac, 1974, 125 p. Avant-Dire de Pierre L'Ouverture. « Francophonie vivante ».

Vaudou et Théâtre. Pour un nouveau théâtre populaire (essai), Montréal, Éditions Nouvelle Optique, 1976, 123 p. « Pratiques culturelles ».

Trou de Dieu (théâtre), dans *Théâtre vivant,* nᵒ 4, févr. 1968, p. 45-80.

Bouqui au paradis (théâtre), dans *L'Haïtien,* Montréal, Les Éditions de Sainte-Marie, 1968, p. 99-137.

ÉTUDES

Alain Pontaut, *On devrait être heureux en Haïti,* Pr, 84ᵉ année, nᵒ 128, 1ᵉʳ juin 1968, p. 29.

Maximilien Laroche, *Trou de Dieu de Franck Fouché,* LAC 1968, p. 77-78.

Robert Cornevin, *Franck Fouché,* dans *Le Théâtre haïtien des origines à nos jours,* Montréal, Leméac, 1973, p. 212-213, 267.

[Anonyme], *Fouché, Franck. Général Baron La-Croix ou Le Silence masqué,* dans *Le Livre canadien,* vol. 5, nov. 1974, nᵒ 310.

Claude Beausoleil, *Vaudou et Théâtre,* dans *Jeu,* nᵒ 5, printemps 1977, p. 145-146.

FOUGÈRES, MICHEL [X Michel Szeszmer] [Patrick P. Michael, Pierre Czeszmer] (1924-   ). Romancier, nouvelliste et essayiste, né à Paris. Il fait ses humanités au Lycée Condorcet de Paris et à l'Université Paul-Pasteur de Charleroi (Belgique). Il est en Indochine de 1946 à 1948, s'engage en 1949 dans l'armée d'Israël où il vit pendant quelques années. Installé aux États-Unis en 1961, il reprend ses études au Hunter College de New York, termine son baccalauréat (1964) et fait une maîtrise (1965) sur Albert Chamisso, poète hispano-allemand. Il obtient ensuite un doctorat en littérature comparée à l'Université de New York (1972), en présentant une thèse intitulée *La Liebestod dans le roman français, anglais et allemand au XVIIIᵉ siècle.* De 1965 à 1969, il est chargé de cours au Hunter

College, puis, en 1969, il devient professeur au département des langues modernes de l'Université Carnegie-Mellon de Pittsburgh. Il reçoit plusieurs bourses de travail, participe à de nombreuses activités culturelles et collabore à des périodiques tels *Les Temps modernes, Le Journal de Jérusalem, Commentary, Présence francophone...* De son expérience de l'Orient, Fougères a tiré un roman, *Les Ruines d'Angkor* (1967), «livre doux, tendu de poésie, écrit Jacques Travers, et dur aussi [...], fait d'un très savant désordre», et *Cho'Qua'n* (1971), nouvelle qui, selon Pierre Brodin, fait songer à Rimbaud, Artaud, et plus encore à Henri Michaud. Brodin écrit aussi que l'étude sur *La Liebestod* s'achève par une réfutation très convaincante de la thèse de Denis de Rougemont d'après laquelle le mythe qui aurait régné en maître à l'Âge des Lumières aurait été celui de Don Juan.

ŒUVRES

Les Ruines d'Angkor (roman), Paris, Promotion et Édition, 1967, 124 p.

Cho'Qua'n (nouvelle), Éditions Cosmos, 1971, 81 p. Ill. «Relances».

La Liebestod dans le roman français, anglais et allemand au 18ᵉ siècle (essai), Sherbrooke, Naaman, 1974, 224 p. Préface de J.-P. Monnier. «Études».

Deux ans d'Indochine, dans *Les Temps modernes,* vol. 4, nᵒ 41, mars 1949, p. 503–524.

Les Ruines Khméras dans la littérature française, dans *Présence francophone,* vol. 1, nᵒ 1, automne 1970, p. 69–84.

Héloïse et Abélard (poésie), dans *Oakland Review,* nᵒ 2, printemps 1974, p. 19.

Marcel Ophals Views. Nudity in the Cinema, dans *The Bulletin,* vol. 27, nᵒ 7, août 1978, p. 3.

ÉTUDES

Robert J. Clements, *European Literary Scene,* dans *Saturday Review* (N.Y.), 2 mars 1968, p. 23.

Pierre Brodin, *Michel Fougères: «Cho'Qua'n»,* dans *France-Amérique,* 2 mars 1972, p. 5.

Id., La Liebestod dans le roman au XVIIIᵉ siècle, dans *France-Amérique,* 25-31 juillet 1974, p. 16.

FOURNIER, CLAUDE (1931–   ). Cinéaste, scénariste, poète et romancier, né à Waterloo (Shefford). Après ses études aux collèges de Chambly et de Saint-Hyacinthe, il est journaliste à *La Tribune* de Sherbrooke (1948–1953), puis à Radio-Canada (1953–1958) où il fait ses premiers films documentaires, tels « Biographie d'Einstein » et « Knob Lake ». De 1956 à 1963 il rédige de nombreux textes pour la télévision, une centaine pour le clown Sol, une adaptation des *Noces de sang* de Lorca et un téléthéâtre original, « Bonne nuit Mademoiselle Julie ». Il entre à l'Office national du film, en 1958, comme scénariste, réalisateur, monteur et caméraman. L'année suivante, « Télésphore Légaré, garde-pêche » remporte le prix du meilleur court métrage canadien, et « La Lutte » (1961) reçoit, en 1962, le Flaherty Award et le Blue Ribbon de l'American Society of Cinematographers. Il travaille aussi quelques années avec les Filmmakers Associates de New York, est pigiste en 1965, puis fonde à Montréal Les Films Claude-Fournier qui fusionneront avec Onyx Films en 1969. En 1966, il est nommé conseiller en audio-visuel pour l'Expo 67. Son œuvre cinématographique est considérable. En 1969, il écrit avec Marie-José Raymond le scénario de son premier long métrage, « Deux femmes en or », qui, avec « Les Chats bottés » (1971) et quelques autres films, lui crée une réputation de gaillardise. En 1969, son « Dossier Nelligan » provoque une vive controverse. En 1982, il tourne « Bonheur d'occasion », adaptation du roman de Gabrielle Roy. Il a publié deux recueils de poésie, *Les Armes à faim* (1955) et *Le Ciel fermé* (1956) dont les grands thèmes sont le malaise urbain et la misère des travailleurs. « Le premier recueil [...], écrit Gilles Marcotte, est tout entier revendication, la plus rageuse, la plus décidée. [...] Elle sera plus violente encore dans *Le Ciel fermé,* mais aussi elle définira plus crûment les raisons, disons métaphysiques, de sa révolte ». Son roman à succès, *Les Tisserands du pouvoir,* a fourni matière à deux films qui portent le même titre.

ŒUVRES

Les Armes à faim (poésie), Montréal, Le Clairon, 1955, 44 p.

Le Ciel fermé (poésie), Montréal, Les Éditions de l'Hexagone, 1956, [n.p., 48 p.]. «Les Matinaux».

Deux femmes en or (scénario), Montréal, [s.é.], 1969, 216 p. Collab. Marie-José Raymond (pour la transcription des dialogues); 1970, 81 p.

Les Maîtres des chats (scénario), Montréal, Onyx-Fournier, 1970, 190 p. Collab. Marie-José Raymond; [s.é.], 380 p.

Les Chats bottés (scénario), Montréal, [s.é.], 1971, 157 p.

Les Tisserands du pouvoir (roman), Montréal, Québec/ Amérique, 1988, 560 p.

ÉTUDES

[Anonyme], *Soirée Claude Fournier,* Montréal, Cinémathèque canadienne, 1966, 19 p.

Léo Bonneville, *À propos du film de Claude Fournier: procès à Nelligan,* Dev, vol. 60, nᵒ 91, 19 avril 1969, p. 4.

Gilles Marcotte, [*Claude Fournier*], dans *Le Temps des poètes. Description critique de la poésie actuelle au Canada français,* Montréal, HMH, 1969, p. 163-165.

Madeleine Fournier-Renaud et Pierre Veronneau, [*Claude Fournier*], dans *Écrit sur le cinéma (Bibliographie québécoise 1911-1981),* Montréal, La Cinémathèque québécoise, Musée du cinéma, 1982, p. 287, 492-493, 998-999. « Les Dossiers de la cinémathèque ».

Jean-Roch Boivin, *L'un fait un grand roman de la petite histoire, l'autre fait toute une histoire d'écrire un roman,* LQ, n° 52, hiver 1988-1989, p. 32-33.

FOURNIER, GEORGES-V. Voir **VINCENTHIER, GEORGES.**

FOURNIER, GÉRARD-CLAUDE (1946–). Poète et essayiste, né à Verdun (Île-de-Montréal). Il étudie au Séminaire Saint-Joseph de Trois-Rivières (B.A., 1968) et à l'Université du Québec à Trois-Rivières où il obtient une maîtrise pour un mémoire sur « Le Paysage de l'amoureuse dans la poésie d'Alain Grandbois ». En 1978, il reçoit un doctorat de l'Université d'Ottawa dont la thèse s'intitule « La Structure mythique dans la poésie d'Alain Grandbois ». À partir de 1977, il est professeur à l'Université du Québec à Trois-Rivières. Il collabore aux périodiques, tels *Livres et Auteurs québécois, Co-incidences, Journal of Canadian Fiction.* Au sujet de son recueil de poésie, *Présages de la mer* (1972), François Gallays écrit qu'il est « aux antipodes de la poésie heurtée, exacerbée et, parfois, tonitruante des poètes rock. [...] La poésie de Gérard-Claude Fournier poursuit, étale, une rêverie née, semble-t-il, d'un accord profond entre l'homme et la nature ».

ŒUVRE

Présages de la mer (poésie), Trois-Rivières, Écrits des forges, 1972, 58 p. Ill. « Les Rouges-gorges ».

L'Opposition des espaces dans l'œuvre d'Alain Grandbois, CoI, vol. 5, n° 1, 1975, p. 51-74.

Une catharsis partielle, dans *Journal of Canadian Fiction,* n°s 25-26, 1980, p. 305-307.

ÉTUDES

René Lord, *Présages de la mer de Gérard-Claude Fournier,* No, vol. 53, n° 56, 20 oct. 1972, p. 12.

François Gallays, *Présages de la mer de Gérard-Claude Fournier,* LAQ 1972, p. 171.

FOURNIER, GUY-MARC (1939–). Journaliste et romancier, né à Roberval (Lac-Saint-Jean-Ouest).

Après ses études au Collège Notre-Dame de Roberval, il voyage beaucoup à travers le Canada et exerce divers métiers dont celui de forestier. En 1964, il commence à faire un peu de journalisme, travail qui devient une profession en 1969. Il collabore à plusieurs journaux, tels *Le Droit, Le Franco-Albertain* (Edmonton), *The Montreal Star, Le Nouvelliste, Le Progrès du Saguenay, Le Quotidien* et *Progrès-Dimanche de Chicoutimi.* Il travaille aussi aux postes radiophoniques CBOT d'Ottawa, CKCH de Hull, CJMT de Chicoutimi et CHVD de Dolbeau. En 1971, il mérite le prix du meilleur reportage de l'année dans les hebdos du Canada français, et son roman *L'Aube* remporte le prix Jean-Béraud-Molson, en 1974. Ses romans, œuvre de contre-culture, racontent principalement l'histoire d'un ancien journaliste, Jos Fournier, en quête d'absolu par la recherche d'une vie plus naturelle, plus vraie et plus juste. Le premier, *Ma nuit* (1973), montre l'existence de bohème du héros avec une grande verdeur de langage et des scènes d'une « vulgarité appuyée » (*Le Livre canadien*). Le second, *L'Aube* (1974), expose la tentative ratée de vie primitive du héros avec Canak l'Iroquois. Pour Dominique Gagnon, ce roman, « sans révéler un écrivain accompli, est tout de même une œuvre réussie ». Dans *Les Ouvriers* (1975), Jos Fournier reprend son ancien métier pour lutter avec la classe laborieuse. Jacques Larue-Langlois y trouve des « incongruités qui témoignent hélas d'une certaine ignorance de l'auteur », tandis que Zénon Chiasson pense que le livre « consacre un écrivain de grand talent ».

ŒUVRES

Ma nuit. Roman, Montréal, CLF, 1973, 200 p.

L'Aube (Canak l'Iroquois). Roman, Montréal, CLF, 1974, 136 p.

Les Ouvriers. Roman, Montréal, CLF Pierre Tisseyre, 1975, 216 p.

L'Autre Pays. Roman, Montréal, CLF Pierre Tisseyre, 1978, 244 p.

ÉTUDES

[Anonyme], *Fournier (Guy Marc). Ma nuit,* dans *Le Livre canadien,* vol. 5, févr. 1974, n° 52.

Jean Basile, *Un prix Jean Béraud bien mérité,* Dev, vol. 67, n° 21, 25 janv. 1975, p. 15.

[Anonyme], *Fournier (Guy-Marc), L'Aube (Canak l'Iroquois),* dans *Le Livre canadien,* vol. 6, oct. 1975, n° 310.

Dominique Gagnon, *Guy-Marc Fournier. L'Aube,* LAQ 1975, p. 73-74.

Jacques Larue-Langlois, *Un homme...,* dans *Le Livre d'ici,* vol. 1, n° 50, 25 oct. 1976, p. 1.

Zénon Chiasson, *Guy-Marc Fournier. Les Ouvriers,* LAQ 1976, p. 67-68.

FOURNIER, JULES [Pierre Beaudry] (1884-1918). Journaliste et critique, né à Coteau-du-Lac (Soulanges). En 1897, il commence ses études classiques au Séminaire de Valleyfield qu'il quitte en décembre 1902. Engagé par *La Presse* comme reporter (1903), il est nommé courriériste parlementaire à Ottawa par *Le Canada* (1904), puis rédacteur politique (1908-1910). En même temps, il collabore au *Nationaliste* d'Olivar Asselin (1906-1910) et en assume la direction en 1908. En 1909, pour un article intitulé « La Prostitution de la justice », Sir Lomer Gouin lui intente un procès retentissant pour libelle. Condamné à trois mois de prison, Fournier porte sa cause en appel et n'en fait que dix-sept jours qu'il raconte dans ses *Souvenirs de prison*. Rédacteur au *Devoir* de janvier à mars 1910, il passe à *La Patrie* dont il est le correspondant en Europe en 1910 et 1911. En avril 1911, il fonde *L'Action*, journal hebdomadaire qui cesse de paraître en 1916. Fatigué de ses combats perpétuels et de l'insuccès de son journal, il accepte, à l'été de 1917, un poste de traducteur au Sénat, à Ottawa. Il meurt le 16 avril suivant, à trente-trois ans. « Avec Olivar Asselin, Jules Fournier a été l'un des plus ardents défenseurs de la pensée française au Canada » (Adrien Thério). Il a bataillé de dix côtés à la fois pour ses compatriotes et la langue française, contre l'injustice, la petitesse et l'imbécillité, avec esprit, souvent avec violence, toujours avec désintéressement et dans une langue superbe, et il pouvait se rendre ce franc témoignage : « Malgré les excès où nous sommes quelquefois parfois tombés, malgré la tentation à laquelle nous avons succombé quelquefois de balafrer trop avant certains visages impudiques, nous n'avons jamais poursuivi d'autre but que l'assainissement de la vie publique et le relèvement de l'opinion ». On a créé, en 1980, le prix Jules Fournier, pour couronner un journaliste de la presse quotidienne qui se distingue par la qualité exemplaire de sa langue.

ŒUVRES

Souvenirs de prison, Montréal, [s.é.], 1910, 64 p. Préface d'Olivar Asselin ; précédé de *Trois Jours en prison* de Jacques Hébert, Montréal, Le Club du livre du Québec, [1965], p. 63-121. Préface d'Olivar Asselin. Avant-propos de Jean-Louis Gagnon.

La Cité des livres (liste), [s.l., s.é., s.d.], 46 p. Opuscule préparé par Fournier et contenant la liste des livres de sa bibliothèque.

Anthologie des poètes canadiens, Montréal, [s.é.], 1920, 309 p. Édition mise au point et préfacée par Olivar Asselin ; Montréal, Granger Frères Limitée Éditeurs, 1920, 309 p. ; 1933, 299 p. Édition mise à jour et préfacée par Olivar Asselin (remaniée par Thérèse Fournier) ; 1934.

Mon encrier, Montréal, Madame Jules Fournier, 1922, 2 vol. : 212 p. ; 200 p. Préface d'Olivar Asselin. Recueil posthume d'études et d'articles ; Fides, 1965, 350 p. Introduction d'Adrien Thério. « N ».

Jules Fournier, Montréal/Paris, Fides, 1957, 93 p. Textes choisis et présentés par Adrien Thério. « CC ».

Jules Fournier, biographie et textes choisis, [Québec], [Éditeur officiel du Québec], 1980, 68 p. Biographie et textes choisis par Alonzo Le Blanc. Préface de Michel Plourde. Bibliographie. « Documentation du Conseil de la langue française ».

Le Crime de Lachine (roman), 1ʳᵉ partie : *Amour*, Ca, 23-30 déc. 1905 ; 2ᵉ partie : *Les Pas sur la neige*, Ca, 2-11 janv. 1906 ; 3ᵉ partie : *La Veuve*, Ca, 12-18 janv. 1906.

Comme préface, RC, vol. 2, t. 51, juillet 1906, p. 23-33.

ÉTUDES

Charles ab der Halden, *Réponse à M. Jules Fournier*, RC, vol. 2, t. 51, 1906, p. 315-323.

Robert de Roquebrune, *Jules Fournier*, dans *Le Nigog*, vol. 1, nº 5, mai 1918, p. 168.

Marcel Dugas, *Jules Fournier*, dans *Littérature canadienne. Aperçus*, Paris, Firmin Didot, 1929, p. 70-71.

Claude-Henri Grignon, *Jules Fournier*, dans *Ombres et Clameurs*, Montréal, Albert Lévesque, 1933, p. 67-94.

Henriette Fortier, « Bio-bibliographie de Jules Fournier ». Thèse présentée à l'École de bibliothécaires de l'Université de Montréal, 1942, 138 f.

Albert Laberge, *Jules Fournier*, dans *Peintres et Écritures d'hier et d'aujourd'hui*, Montréal, Édition privée, 1945, p. 111-112.

Adrien Thério, *Souvenons-nous de Jules Fournier*, AN, vol. 41, nº 5, mai 1953, p. 310-320.

Id., Les Grands Procès de Fournier, AN, vol. 41, nº 7, juillet-août 1953, p. 474-493.

Id., Jules Fournier, journaliste de combat, Montréal, Fides, 1954, 244 p.

Roger Duhamel, *Jules Fournier*, CACF, nº 7, *Profils littéraires*, 1963, p. 251-259.

Bernard-M. Mathieu, *Jules Fournier : Mon encrier*, dans *Lectures*, vol. 12, nº 1, sept. 1965, p. 8-9.

Patrick Imbert, *Mon encrier, de Jules Fournier ou L'Ironie au service de la patrie*, LQ, vol. 1, nº 2, mai 1976, p. 24-25.

FOURNIER, MARCEL (1945-   ). Sociologue, né à Plessisville (Mégantic). Il fait une bonne partie du cours classique aux collèges de Plessisville et de Lévis, puis il s'inscrit en sociologie à l'Université de

Montréal et obtient un baccalauréat (B. Sc., 1965) et une maîtrise (1969) pour un mémoire qu'il complétera et publiera en 1979 : *Communisme et Anticommunisme au Québec 1920-1950.* « L'ouvrage, écrit Georges Leroux, ne prétend pas constituer une histoire complète de la période, mais il apporte une contribution indéniablement nouvelle à l'histoire sociale et politique du socialisme au Québec ». Fournier prépare ensuite un doctorat à l'École pratique des Hautes Études de Paris dont la thèse s'intitule « Institutionnalisation de disciplines scientifiques et Dépendance » (1974). Il devient professeur de sociologie à l'Université de Montréal, en 1974, et il est également chercheur associé à l'Institut québécois de recherche sur la culture, à partir de 1981. Il collabore à un bon nombre de périodiques, tels *Sociologie et Sociétés, Recherches sociographiques, Questions de socialisme, American Journal of Sociology, Possibles, Revue française de sociologie.* Fournier se fait remarquer, en 1980, par son ouvrage *Entre l'école et l'usine* qui étudie et critique l'enseignement professionnel au Québec dans l'optique de la lutte des classes.

ŒUVRES

Communisme et Anticommunisme au Québec 1920-1950 (essai), Laval, Éditions coopératives Albert Saint-Martin, 1979, 167 p. Portrait. Introduction de l'auteur. « Luttes ouvrières ».

Animation sociale, entreprises communautaires et coopératives (essai), Laval, Éditions coopératives Albert Saint-Martin, 1979, [n.p.].

Nous étions des révolutionnaires (essai), Laval, Éditions coopératives Albert Saint-Martin, 1979, [n.p.].

Conditions de la vie de la population étudiante universitaire (essai), Québec, Ministère de l'Éducation, 1979, 263 p. Collab. P. Dandurand et C. Hétu. « Études et Recherches ».

Entre l'école et l'usine. La formation professionnelle des jeunes travailleurs (essai), Laval, Éditions coopératives Albert Saint-Martin/C.E.Q., 1980, 128 p. Préface de la C.E.Q. « L'Éducation en mutation ».

ÉTUDES

Georges Leroux, *Marcel Fournier. Communisme et Anticommunisme au Québec 1920-1950,* LAQ 1979, p. 296-299.

[Anonyme], *Marcel Fournier. Entre l'école et l'usine,* LAQ 1980, p. 290-292.

FOURNIER, MARCEL (1946–   ). Historiographe et généalogiste, né à Sherbrooke. Il fait ses études à Montréal chez les Clercs de Saint-Viateur. Il suivra aussi des cours d'histoire à l'Université du Québec à Montréal. Il est fonctionnaire au ministère de la Justice (1969-1972), au ministère des Affaires sociales (1972-1974), et au ministère du Loisir, Chasse et Pêche à partir de 1974. Membre de plusieurs sociétés d'histoire et de généalogie, il collabore à divers périodiques, tels les *Cahiers de la Société d'histoire de Longueuil,* les *Mémoires de la Société généalogique canadienne-française,* la *Revue Neuve-France.* En outre, il fait paraître plusieurs ouvrages comme *Rawdon : 175 ans d'histoire* (1974), *La Représentation parlementaire de la région de Joliette, 1791-1976* (1977) et le *Dictionnaire biographique des Bretons en Nouvelle-France, 1600-1760* (1981) qui mérite la médaille de la ville de Saint-Malo, le prix Percy Foyd de la Société généalogique et l'Ordre du mérite de Longueuil.

ŒUVRES

Historique de la région de Chertsey et du lac Paré 1790-1970. En hommage aux fondateurs, Chertsey, Chez l'auteur, 1972, 189 p. Ill. Avant-propos de l'auteur. (Texte polycopié) ; Presse Bergeron inc., 1979, 178 p. Présentation de l'auteur.

Guide des monographies de paroisses de la région Joliette-Lanaudière, Chertsey, Chez l'auteur, 1974, 30 p. Préface de l'auteur. (Texte polycopié).

Rawdon : 175 ans d'histoire, Joliette, Fournier, 1974, 316 p. Préface de l'auteur. Avec une traduction anglaise par Bob Daly : *Rawdon : 175 Years of History,* p. 243-306 ; 1979.

Guide bibliographique Joliette — Lanaudière, Joliette, Chez l'auteur, 1976, 96 p. (Texte polycopié).

De Nicolas Fournier à Marcel Fournier, étude généalogique, Longueuil, Chez l'auteur, 1978, 27 p.

Dictionnaire biographique des Bretons en Nouvelle-France 1600-1765, Québec, Éditeur officiel, Ministère des Affaires culturelles, 1981, 213 p. Préface de Roland J. Auger. « Études et Recherches archivistiques ».

Histoire du Parc du Mont-Tremblant, Montréal, Ministère du Loisir, Chasse et Pêche, 1981, 90 p.

ÉTUDES

Louise Gignac, *Vivre son loisir : historien* (entrevue), dans *L'Aperçu,* vol. 3, n° 2, mars 1980, p. 2.

Guy Podevin, *Le Dictionnaire biographique des Bretons en Nouvelle-France,* dans *Armor Magazine,* n°s 138-139, juillet-août 1981, p. 24.

Réjean Olivier, *Marcel Fournier,* dans *Répertoire des auteurs contemporains de la région de Lanaudière,* Joliette, Société nationale des Québécois, 1981, p. 134-135.

Jean-Pierre Le Carron, *Du nouveau sur l'immigration des Bretons au Québec,* dans *Revue Neuve-France,* vol. 7, n° 2, hiver 1982, p. 8-9.

Paul Legrand, *Le Dictionnaire biographique des Bretons en Nouvelle-France,* dans *Bulletin de liaison du Cercle généalogique de l'Ouest* (Nantes), 7e série, n° 29, oct.-déc. 1981, p. 234-236.

FOURNIER, René J[oseph] [Ener Reinruof] (1907–). Mémorialiste acadien, né à Edmundston. Après ses études à l'École supérieure Cormier d'Edmundston et à l'École normale de Frédéricton, il obtient un baccalauréat en traduction à l'Université Notre Dame (Indiana, 1936) puis un brevet supérieur d'enseignement à l'Université Sacré-Cœur de Bathurst (1942). Il commence, en 1927, une longue carrière d'enseignement à l'École supérieure Cormier. À la fin des années vingt, il a de plus été pianiste de cinéma, avant la venue du cinéma parlant. De 1954 à 1967, il est surintendant des écoles du comté de Madawaska, et de 1967 à sa retraite, en 1970, surintendant des écoles du district scolaire 33. Ses compatriotes ont reconnu ses mérites d'éducateur des jeunes : médaille du Mérite acadien (1948) ; doctorat honorifique de l'Université Sacré-Cœur (1950) ; médaille de l'Association des instituteurs francophones, plaque « Honneur au mérite » (1970) ; médaille Mgr Conway (1980)... Il a publié un bon nombre d'articles dans la *Revue pédagogique/Educational Review* du Nouveau-Brunswick et la revue *Réflexion*. Dans ses *Mémoires d'un pédagogue malgré lui* (1981), René Fournier relate avec humour sa vie d'instituteur chez les Acadiens. Cet ouvrage rempli d'anecdotes enrichit notre connaissance du peuple acadien.

ŒUVRES

Mémoires d'un pédagogue malgré lui, [s.l., s.é.], 1981, 200 p. Ill. Avant-propos de l'auteur.
Mission à Capri. Roman d'aventure, [s.l., s.é.], 1982, 100 p. Ill. Avant-propos de l'auteur.
Destination : Majorque (roman), [s.l., s.é.], 1984, 172 p. Ill. Avant-propos de l'auteur.

FOURNIER, Roger (1929–). Romancier, né à Saint-Anaclet (Rimouski). Il fait ses études au Séminaire de Rimouski et à l'Université Laval où il obtient une licence ès lettres (1954). Il débute sa carrière à Radio-Canada comme réalisateur et scénariste. En 1957, il est boursier du gouvernement du Québec, et va étudier la mise en scène en Europe. Il collabore par la suite à de nombreux journaux et revues : *Liberté, Le Petit Journal, Châtelaine...* Les romans de Roger Fournier manifestent une complaisance assez prononcée pour ce qui est plus ou moins égrillard. La structure du récit repose fréquemment sur un jeu d'émotions qui ne sont au fond que de simples constructions ludiques qui engagent peu l'esprit. À ses romans,

on préfère ses nouvelles — *Les Filles à Mounne*, par exemple — où le style se révèle plus naturel et la narration plus intéressante, appuyée sur une psychologie plus vraie et plus nuancée. François Hébert trouve « assez grossier l'univers de Fournier dans *Le Cercle des arènes* » (1982), mais il reconnaît que « dans *Les Sirènes du Saint-Laurent* (1984), sa sincérité emporte le plus souvent l'adhésion [...]. Il investit toute son énergie dans le rappel de cet âge d'or (son enfance) ». Le livre mérite, en 1982, le prix du gouverneur général et le prix France-Canada.

ŒUVRES

Inutile et Adorable. Roman, [Montréal], CLF, 1963, 204 p. ; Montréal, 1968, 218 p. « PoC ».
À nous deux ! Roman, [Montréal], CLF, 1965, 210 p. Préface d'Henri Guillemin.
Les Filles à Mounne (nouvelles), [Montréal], CLF, 1966, 164 p.
Journal d'un jeune marié. Roman, [Montréal], CLF, 1967, 198 p.
La Voix. Roman, [Montréal], CLF, 1968, 230 p.
L'Innocence d'Isabelle. (Une histoire), Montréal, CLF, 1969, 238 p.
L'Amour humain. Une histoire de Roger Fournier pour un film de Denis Héroux, Montréal, Les Presses libres, 1970, 141 p.
Gilles Vigneault mon ami (essai), Montréal, La Presse, 1972, 205 p.
La Marche des grands cocus (roman), Montréal, L'Actuelle, 1972, 256 p. ; Paris, Éditions Albin Michel, 1973, 250 p.
Moi mon corps mon âme Montréal etc. Roman, Montréal, La Presse, 1974, 252 p. ; Paris, Albin Michel, 1974.
Les Cornes sacrées. Roman, Paris, Albin Michel, 1977, 318 p.
Le Cercle des arènes. Roman, Paris, Albin Michel, 1982, 275 p.
Pour l'amour de Sawinne, Montréal, Sand/Libre Expression, 1984, 250 p.
Les Sirènes du Saint-Laurent. Récits en forme de cercle, Montréal, Primeur, 1984, 246 p. « L'Échiquier ».

Trois contes, ECF, n⁰ 8, 1961, p. 165–231.
Gilles Vigneault, L, vol. 8, n⁰ 4, juillet–août 1966, p. 50–57.
Une semaine avec ma femme, L, vol. 8, n⁰ˢ 5–6, sept.–déc. 1966, p. 35–45.
Besoin vital, L, vol. 9, n⁰ 6, nov.–déc. 1967, p. 69–73.
Roger Fournier, le sexe, la mort, Dieu, le tout, Pe, vol. 19, n⁰ 37, 10 sept. 1977, p. 6, 8, 11.

ÉTUDES

Pierre de Grandpré, *Notre génération « beat »,* L, n⁰ 33, mai–juin 1964, p. 258–268.

André Vachon, *Inutile et Adorable,* Rel, n° 281, mai 1964, p. 148–149.

Roch Carrier, *À nous deux !,* LAC 1965, p. 58–59.

Hervé Biron, *À nous deux de R. Fournier,* dans *Lectures,* vol. 12, n°s 9–10, mai–juin 1966, p. 235–236.

André Major, *La Vie paysanne de Roger Fournier,* PJ, vol. 40, n° 33, 12 juin 1966, p. 54.

Yvon Morin, *Les Filles à Mounne,* LAC 1966, p. 48–49.

André Major, *Journal d'un jeune marié,* Dev, vol. 58, n° 88, 15 avril 1967, p. 15.

Jean-Guy Pilon, *Journal d'un jeune marié, roman par Roger Fournier,* L, vol. 9, n° 3, mai–juin 1967, p. 90–91.

Agathe M. Thériault, *La Marche des grands cocus,* LAQ 1972, p. 93–94.

Dominique Fernandez, *Rires et Larmes à Montréal,* dans *L'Express,* n° 1213, 7–13 oct. 1974, p. 15.

Jean Basile, *L'Échec accepté à l'avance ou Le Chauvinisme mâle,* Dev, vol. 66, n° 271, 23 nov. 1974, p. 17.

Jean-Pierre Tadros, « Pas de problèmes » nous dit Roger Fournier, dans *Le Jour,* vol. 1, n° 249, 21 déc. 1974, p. 11.

Pierre L'Hérault, *Roger Fournier. Moi mon corps mon âme,* LAQ 1974, p. 58.

Robert Saint-Amour, *Roger Fournier. Les Cornes sacrées,* LAQ 1977, p. 99–101.

Jean Basile, *Roger Fournier et la Racine du monde,* Dev, vol. 69, n° 116, 21 mai 1977, p. 15.

Gilles Marcotte, *Les Cornes sacrées de Roger Fournier. Moi, mon taureau, mon âme, la Grèce, etc.,* Dev, vol. 69, n° 116, 21 mai 1977, p. 28.

André Vanasse, « *Les Cornes sacrées* », de Roger Fournier. *Pour la plus grande gloire... du dieu Pan !,* Dr, vol. 65, n° 268, 11 févr. 1978, p. 16.

Madeleine Ouellette-Michalska, *Les Raccourcis de Roger Fournier,* Dev, vol. 73, n° 88, 17 avril 1982, p. 25.

Réginald Martel, *Le Dernier Roger Fournier. Sawinne : La beauté sans le je,* Pr, 101e année, n° 118, 16 févr. 1985, p. C-3.

FOURNIER-BOUTIN, MIREILLE. Voir **MAURICE, MIREILLE.**

FRANC (LE), MARC. Voir **FADETTE.**

FRANÇAIS DE L'OUEST (UN). Voir **FRÉMONT, DONATIEN.**

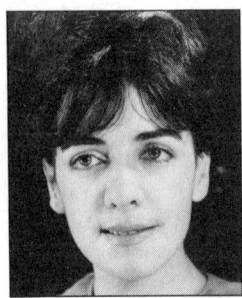

FRANCE, CLAIRE [X Claire Morin] (1927–1976). Romancière et poète, née à Roberval (Lac-Saint-Jean-Ouest). Elle commence son cours classique au Couvent des Ursulines de Québec, mais presque aussitôt elle part pour Paris où elle obtient son baccalauréat en 1955. Pendant son séjour en France, elle écrit des poèmes publiés dans *Le Soleil* de Québec et rédige un roman. *Les enfants qui s'aiment* (1956) obtient un succès certain qui lui vaut d'être traduit en anglais et en allemand. Dans ce roman ainsi que dans le second, *Et le septième jour* (1958), tous les thèmes convergent vers le monde de l'adolescence. L'auteur fait agir garçons et filles avec cette allure de paon, cette maladresse agréable qui caractérisent l'âge des découvertes. Son troisième roman, *Autour de toi, Tristan,* qui mérite le Grand Prix du Maine est une longue histoire de la famille Tremblay, située dans la région du Lac Saint-Jean. Tout un cortège de paysans y défile parmi lesquels un Français, Raoul Vernet, se comporte comme s'il était le fils naturel du Survenant. À sa façon, Claire France a repris l'histoire de Maria Chapdelaine. Aux yeux des Québécois, ce roman paraît stéréotypé, factice et farci de clichés ; il plaît cependant en France où, par son exotisme et ses couleurs champêtres, il rappelle les bocages de la Sologne et du Berry d'où est sorti *Le Grand Meaulnes* d'Alain Fournier.

ŒUVRES

Les enfants qui s'aiment. Roman, Montréal, Éditions Beauchemin, 1956, 254 p. ; Paris, Flammarion éditeur, 1957, 233 p. ; Éditions J'ai lu, 185 p. ; Montréal, Éditions Beauchemin, 1959, 252 p. Traduction anglaise par Antonia White : *Children in Love,* London, Eyre & Spottiswoode, 1959, 167 p. Traduit aussi en allemand.

Et le septième jour. Roman, Montréal, Éditions Beauchemin, 1958, 301 p. ; Paris, Flammarion éditeur, 1958, 316 p.

Autour de toi Tristan. Roman, Paris, Flammarion éditeur, 1962, 572 p.

L'oiseau mon fils a chanté (poème), Québec, Éditions Garneau, 1975, 139 p. « Garneau poésie ».

―――――――

Poèmes, ECF, n° 31, 1971, p. 55–72.

ÉTUDES

Rita Leclerc, « *Les enfants qui s'aiment* », dans *Lectures,* vol. 3, n°s 3–4, oct. 1956, p. 20.

Jean Ménard, *Que faut-il penser des « Enfants qui s'aiment »*, RD, vol. 65, n° 1, 1959, p. 30-39.

Gilles Archambault, *Autour de toi, Tristan de Claire France*, LAC 1962, p. 13-14.

Monique Bosco, *De « Maria Chapdelaine » à « Tristan », les bleuets sucrés*, MM, vol. 3, n° 2, févr. 1963, p. 46.

Paul Gay, *Autour de toi, Tristan*, dans *Lectures*, vol. 9, n° 6, févr. 1963, p. 151-152.

FRANCE, M. Voir FAUTEUX, AEGIDIUS.

FRANCESCA. Voir GAUDET-SMET, FRANÇOISE.

FRANCHÈRE, GABRIEL (1786-1863). Mémorialiste, né à Montréal. Il travaille dans le commerce de son père, marchand de fourrures, jusqu'en 1810. Commis pour The Pacific Fur Company, il quitte Montréal pour se rendre à New York où il prend part à une expédition patronnée par John Jacob Astor. À bord du bateau « Le Tonquin », il contourne le continent et se rend à l'entrée du fleuve Columbia pour participer à la fondation du fort Astoria. Il est de retour à Montréal en 1814. On le retrouve par la suite, agent de la American Fur Compagny à Sault-Sainte-Marie de 1834 à 1842, et à New York, en 1842, où il est agent pour Pierre Chouteau. Son journal de voyage au Nord-Ouest, édité par Michel Bibaud, paraît à Montréal en 1820. Ce livre, devenu rare et recherché, a inspiré à l'Américain Washington Irving de décrire les activités commerciales de John Astor dans *Astoria : or Anecdotes of an Enterprise beyond the Rocky Mountains* (1836). Franchère participera à la préparation d'une édition anglaise de son récit de voyage, parue à New York en 1854.

ŒUVRE

Relation d'un voyage à la côte du Nord-Ouest de l'Amérique septentrionale, dans les années 1810, 11, 12, 13 et 14, Montréal, Imprimerie de C.-B. Pasteur, 1820, 284 p. par Gabriel Franchère, fils. Texte remanié et édité par M. Bibaud. Traduit et édité par J.V. Huntington : *Narrative of a Voyage of the Northwest Coast of America in the years 1811, 1812, 1813 and 1814 or the First American Settlement on the Pacific*, New York, Redfield, 1854, 376 p. Ill. ; réimprimé par Reuben Thwaites dans *Early Western Travels 1748-1846*, vol. VI, Cleveland, The Arthur H. Clark Company, 1904, [p. 167-410] ; New York, AMS Press Inc., 1966, [p. 167-410] ; *A Voyage to the Northwest Coast of America*, Chicago, The Lakeside Press, R.R. Donelly & Sons Company, 1954, liii, 318 p. « Lakeside Classic Series » 52. Édition

et introduction de Milo Milton Quaife ; New York, The Citadel Press Inc., 1968, simultanément au Canada, à Toronto, par George J. McLeod Limited, liii, 318 p. Traduction de la première édition par Hayt C. Franchère : *Adventure at Astoria 1810-1814*, Norman, University of Oklahoma Press, 1967, xxxix, [1], 190 p., [1-170]. « American Exploration and Travel Series ». Traduction et reproduction du manuscrit original par Wessie Tipping Lamb, *Journal of a Voyage on the Northwest Coast of North America during the years 1811, 1812, 1813 and 1814*, Toronto, The Champlain Society, 1969, ix, 330 p. Introduction et annotation de W. Kaye Lamb. Texte français établi à partir du manuscrit de Gabriel Franchère : « *Journal d'un voyage sur la côte du Nord-Ouest de l'Amérique septentrionale, pendant les années 1811-12, 13 et 1814* » (p. 203-322).

ÉTUDES

Hayt C. Franchère, « Introduction », dans *Gabriel Franchère, Adventure at Astoria 1810-1814*, Norman, University of Oklahoma Press, 1967, xiv-xxiv.

W. Kaye Lamb, « Introduction », dans *Gabriel Franchère, Journal of a Voyage on the North West Coast of North America during the years 1811, 1812, 1813 and 1814*, Toronto, The Champlain Society, 1969, p. 1-37. Traduction anglaise de Wessie Tipping Lamb.

FRANCHEVILLE, GENEVIÈVE DE [X Berthe Potvin] [Myrtha, Claire d'Orval, Madeleine Powell, Sylvine] (1890-1978). Journaliste et romancière, née à Roberval (Lac-Saint-Jean-Ouest). À la suite de ses études chez les Ursulines, elle obtient un diplôme d'enseignement, en 1906, et suit à l'Université de Montréal des cours de philosophie et de journalisme. De 1906 à 1916, elle enseigne à Pointe-Bleue, à Honfleur, à Papineauville et à Chicoutimi. En 1916, elle entre chez les Petites Sœurs franciscaines de Marie pour un séjour de deux ans. Elle collabore ensuite à divers périodiques, *Le Soleil, Le Phare, La Famille, Vivre avec l'Église, L'Ami du foyer*, signant ses articles et chroniques de différents pseudonymes. Ses romans, aux teintes moralisatrices et religieuses, traitent en particulier des problèmes de la vie féminine.

ŒUVRES

La Pénible Ascension. Roman, Montréal, Le Devoir, 1944, 106 p. Préface de l'auteur ; Les Éditions de l'Atelier, [1957], 95 p.

Trahison. Roman, Montréal, Berthe Potvin, 1946, 205 p. Préface de l'auteur.

Le Calvaire de Monique. Roman, Montréal/Paris, Fides, 1953, 150 p. « RV ».

À la recherche du bonheur (essai), Montréal/Paris, Fides, 1958, 182 p.

La Sacrifiée. Roman, Sherbrooke/Montréal, Apostolat de la Presse, 1959, 261 p. « Prends et Lis ».

Sous l'avalanche (roman), Sherbrooke/Montréal, Apostolat de la Presse, 1959, 223 p. « Prends et Lis ».

Le Mirage. Roman, Montréal, Éditions Beauchemin, 1961, 243 p. « Marie-Françoise ».

La Vie des Canadiens français au début du siècle (essai), Montréal, L'Agence de distribution populaire enrg., 1966, 128 p.

ÉTUDES

Paule Saint-Onge, *Le Mirage,* LAC 1961, p. 88.

Benoît Bernier, *La Vie des Canadiens français au début du siècle,* LAC 1966, p. 163.

FRANCŒUR, Charles Demitrius LOUIS **de Gonzalgue** (1895–1941). Journaliste, né à Montréal. Il fait ses études au Collège de Saint-Laurent. À l'âge de dix-huit ans, il part pour l'Europe où il entre chez les Bénédictins. Interné par les Allemands en 1914, il rentre au pays en 1919, passe quelques mois à Saint-Benoît-du-Lac, puis retourne en France où il est bibliothécaire adjoint à l'Abbaye de Saint-Wandrille. Il quitte les Bénédictins en 1920, mais demeure à Paris où il est successivement directeur des services de publicité des Éditions Beauchesne, secrétaire à la rédaction de la revue d'enseignement supérieur féminin, *Lumen,* et administrateur de la revue *Les Lettres.* Revenu au Canada en 1922, il collabore aux *Débats* et à *La Patrie* (1922–1927) à titre de correspondant parlementaire à Québec et à Ottawa, puis passe au *Star* de Montréal. En 1929, il fonde à Québec un hebdomadaire politique, *Le Journal,* qu'il quitte en 1934 pour passer à *L'Illustration,* puis à l'édition dominicale de *La Patrie* (1935). Entre-temps il s'est présenté aux élections de 1931 et de 1935, mais sans succès. Membre de l'Office d'initiative économique de Montréal (1937), il devient, en 1938, directeur des services de recherches et d'urbanisme de la Commission métropolitaine de Montréal. En 1939, il fait de la traduction-éclair des nouvelles pour Radio-Canada et anime une émission consacrée à la guerre, « La Situation ce soir », tout en collaborant à *La Revue moderne* et au *Bulletin des agriculteurs.* Il meurt le 1er juin 1941 à la suite d'un accident d'automobile, au faîte de sa popularité. « L'homme ressemblait à sa littérature, écrit Jean-Louis Gagnon. Il avait conservé quelque chose de monacal, non seulement dans son goût pour l'érudition et les mots sonores, mais jusque dans ses vêtements mal coupés qu'il remontait comme une soutane. [...] Son humour bien nourri atténuait suffisamment son amertume

pour qu'on lui ait fait, au lendemain de sa mort, la réputation d'un bon vivant ».

ŒUVRES

Littérature... à la manière de... Henri Bourassa, René Chopin, Valdombre, Henri Letondal, Paul Morin, L'abbé Camille Roy, La Presse, L'abbé Groulx, Madeleine, Victor Morin, Marcel Dugas, Blanche Lamontagne, Gustave Comte, Édouard Montpetit, L'abbé Blanchard, Montréal, Éditions des Essais/Édouard Garand éditeur, 1924, 132 p. Collab. Philippe Panneton. Préface des auteurs ; Les Éditions Variétés, [1942], 120 p.

Vieux Visages. Noms nouveaux (essai), Montréal, Union nationale, 1935, 15 p.

La Situation ce soir. Causeries présentées par Radio-Canada, Montréal, Revue moderne, 1941, 12 fascicules.

Ô Canada (essai), Ottawa, Le Directeur de l'information, Ministère des Services nationaux, 1941, 35 p. Collab.

ÉTUDES

Adrienne Choquette, *Louis Francœur,* dans *Confidences d'écrivains canadiens-français,* Trois-Rivières, Éditions du Bien public, 1939, p. 105.

Valdombre, *Louis Francœur toujours vivant,* PV, 4e série, nos 11–12, avril-mai 1941, p. 347–414.

[*Louis Francœur*], R, vol. 2, no 5, juillet-août 1941, p. 193–223. Collab.

Harry Bernard, *Souvenirs sur Louis Francœur,* CF, vol. 29, no 2, oct. 1941, p. 81–89.

Blaise Orlier, *Louis Francœur, journaliste,* Ottawa, Le Droit, 1941, 31 p.

FRANCŒUR, LUCIEN (1948–   ). Poète et chansonnier, né à Montréal. Dès les études secondaires commencées à Repentigny, il lit beaucoup et commence à écrire des poèmes. Âgé de 15 ans, il fait une première fugue dans les Cantons de l'Est ; l'année suivante (1964), on le retrouve à New York où il connaît l'expérience de la drogue. Après d'autres essais d'école buissonnière à Montréal, à Toronto et à New York, il rejoint sa famille à la Nouvelle-Orléans (1968) où il termine le cours secondaire au John McDonough High School et commence des études techniques au Delgado Institute. Rentré à Montréal en 1969, il étudie un an les lettres au Cégep de Maisonneuve, découvre les poètes de l'Hexagone, le groupe des Herbes rouges, le psychédélisme, la poésie rock et le L.S.D., participe à des récitals de poésie, écrit en 1970 *Minibrixes réactés* que Gaston Miron publiera deux ans plus tard. Francœur dira de ce recueil, en 1981 : « En publiant mon premier livre, [...] je posais les prémices de ce qu'allait constituer par la suite l'essentiel de mon territoire imaginaire : *art rock,* modernité, urbanité, transgression, perversion, subversion et, récemment, ‹ sanctification › ». Il exerce différents métiers et il voyage beaucoup : Vancouver, Los Angeles, Paris..., retournant plusieurs fois à Los Angeles et Paris ; il présente des tournées de spectacles de poésie et de chansons, revenant toujours à Montréal, publiant régulièrement recueils de poésie et disques. Il fonde le groupe rock Aut'chose, en 1974, et il dirige une collection à l'Hexagone. Il collabore à des périodiques comme *Les Herbes rouges, Hobo-Québec, La Barre du jour, Le Devoir...* En 1979, il commence une maîtrise de création littéraire à l'Université du Québec à Trois-Rivières. Il publie, en 1982, *Les Rockeurs sanctifiés*, œuvre mythique d'une curieuse fantaisie et d'un érotisme exacerbé, entièrement calligraphiée par l'auteur à qui on octroie le prix Émile-Nelligan. Après quelques essais d'enseignement, il devient, en 1983, professeur régulier au Cégep de Rosemont : « J'ai voulu enseigner la littérature [...] pour me prouver que je pouvais m'astreindre à une discipline, à une rigueur de pensée et de travail, et transmettre l'essentiel de mon œuvre d'écrivain ». Parlant de *Exit pour nomades* (1985) qui remporte le grand prix de poésie du *Journal de Montréal*, Michel Beaulieu écrit que c'est « l'un de ses meilleurs, et certainement le meilleur [recueil] depuis *Les Néons las* » (1978), et que « c'est un livre de poèmes aussi attendrissant qu'agaçant, qui ne risque guère de laisser indifférent, et dans lequel l'auteur maîtrise mieux l'expression de son cheminement si particulier ».

ŒUVRES

Minibrixes réactés (poésie), [Montréal], Les Éditions de l'Hexagone, 1972, 58 p.

5-10-15 (poésie), Montréal, Les Éditions Danielle Laliberté, 1972, [n.p., 59 p.]. Ill. Préface de Isabelle Lavalière et Jojo Mendez.

Snack Bar (poésie), Montréal, Les Herbes rouges, n° 10, juillet 1973, [n.p., 27 p.].

Les Grands Spectacles. Été '70/Été '71 (a power house book designed to keep any party swinging) (poésie), Montréal, L'Aurore, 1974, 121 p. Ill. Préface d'Aldous Huxley. Introduction de Rémy de Gourmont et William Burroughs. « Lecture en vélocipède ».

Roman d'amour (prose), Montréal, Les Éditions Danielle Laliberté, 1974, 77 p. Ill.

Suzanne le cha-cha-cha et moi (lettres), Montréal, L'Hexagone, 1975, 85 p.

Drive-In (poésie), Montréal, L'Hexagone, 1976, 59 p. ; Paris, Seghers. « Poésie 76 ».

Le Calepin d'un menteur (notes), Montréal, Les Éditions Cul-Q, 1977, [n.p., 57 p.]. Ill.

Les Néons las (poésie), Montréal, L'Hexagone, 1978, 107 p. Traduction anglaise par Suzanne de Lotbinière-

Horwood : *Neons in the Night,* Vehicule Press, 1980, 119 p.

À propos de l'été du serpent (poésie), Talence, Éditions du Castor astral, 1980, 97 p. Ill. « Matin du monde ».

Des images pour une gitane (poésie), Montréal, Éditions d'Orphée, 1981, [n.p.].

Les Rockeurs sanctifiés (reptation impériale et pyramidale manie) — écritures reptiléennes — (poésie), Montréal, L'Hexagone, 1982, 351 p. Calligraphie de l'auteur.

Une prière rock (poésie), Montréal, L'Hexagone, 1985, 19 p.

Exit pour nomades (poésie), Trois-Rivières, Écrits des Forges, 1985, 116 p.

Si Rimbaud pouvait me lire... (poésie), Saint-Lambert, Éditions du Noroît, 1987, 121 p. Ill. de Benoît Desjardins.

ÉTUDES

Yrénée Bélanger, *Minibrixes réactés et 5-10-15,* LAQ 1972, p. 162.

Lili Lemaître-Auger, *5-10-15,* dans *Mainmise,* 19 janv. 1973, p. 42.

Robert Montplaisir, *Chez les Minibrixistes,* dans *Hobo-Québec,* vol. 1, n° 1, janv. 1973, p. 12.

[Anonyme], *Un poète sur le taxi* (interview), dans *Hobo-Québec,* vol. 1, n°ˢ 5-6, mars-avril 1973, p. 12.

Réginald Martel, *Poésie d'ici, Lucien Francœur,* Pr, 89ᵉ année, n° 233, 29 sept. 1973, p. E-3.

André-G. Bourassa, *Prolongements du surréalisme,* LAQ 1974, p. 361-375, surtout p. 372-374.

Gilles Lamontagne, *Lucien Francœur, Suzanne, le cha-cha-cha et moi,* LAQ 1976, p. 31-32.

Richard Giguère, *Trois tendances de la poésie québécoise,* LAQ 1976, p. 114-116.

Gaétan Chabot, *Aut'chose pour une musique qui a droit de parole !,* dans *Dimanche-matin,* vol. 23, n° 42, 24 oct. 1976, p. B-3.

Jean Royer, *Lucien Francœur dans sa peau de poète,* Dev, 69ᵉ année, n° 168, 22 juillet 1978, p. 11.

Spécial Francœur, dans *Hobo-Québec,* n°ˢ 46-47, automne-hiver 1981, 24 p.

Lire Francœur, poète et chanteur, dans *Arcade,* n° 3, hiver 1983, 74 p. Collab. (Numéro spécial).

Michel Beaulieu, *Exit pour nomades,* dans *Le Livre d'ici,* vol. 10, n° 10, juillet-août 1985, p. 11.

FRANCŒUR, SYLVIE (1933–   ). Poète, née à Éverell (près de Québec). Après ses études primaires et secondaires à Québec, elle exerce le métier de journaliste. Elle collabore à divers périodiques : *L'Action, La Bohème, L'Opinion, Contact, Destin.* Elle est agent de relations extérieures de la Société Samuel de Champlain, ce qui l'amène à effectuer en France des travaux de recherche historique, portant sur les origines du Canada. Elle se livre aussi à la création poétique. René Hardy écrit au sujet des recueils de Sylvie Francœur : « Les thèmes et choix de sujets et objets de vue, d'entendement, de méditation se démultiplient en sorte de recréer, de détendre le lecteur et de lui ménager variétés et surprises ». Sylvie Francœur reste assez mal connue et parfois contestée par la critique, comme d'ailleurs plusieurs poètes de l'Union canadienne des écrivains qui publient aux éditions Nocturne.

ŒUVRES

Nuage au vent. Poèmes, [Montréal, Les Éditions Nocturne, 1962], 77 p.

Arc-Boréal (poésie), Montréal, Les Éditions Nocturne, 1964, 101 p.

Étoile du destin (poésie), [Montréal], Les Éditions Nocturne, [1969], 104 p. Introduction de René Hardy.

En me penchant sur Nelligan, dans *Mosaïque* (poésie), [Montréal], Les Éditions Nocturne, 1963, p. 35–42.

Nuage (poésie), suivi de *Nos génies... et le plus sympathique Musset* (essai), dans *À bâtons rompus* (poésie), Montréal, Les Éditions Nocturne, 1963, p. 21–27.

Devenir ce qu'on est, dans *L'Opinion,* vol. 11, n° 1, déc. 1964, p. 2.

Notre belle langue française, dans *L'Opinion,* vol. 11, n° 2, janv. 1965, p. 2–3.

Insouciance (poésie), dans *L'Opinion,* vol. 11, n° 3, févr. 1965, p. 2.

Ombre et Lumière, dans *L'Action,* vol. 58, n° 17 299, 26 févr. 1965, p. 21.

Les Chiens (poésie), dans *L'Opinion,* vol. 11, n° 5, avril 1965, p. 3.

ÉTUDES

A. Bastien, *À bâtons rompus en collaboration,* LAC 1964, p. 69.

[Anonyme], *Sylvie Francœur publie son troisième volume aux Éditions Nocturne,* dans *L'Opinion,* vol. 12, n° 4, 21 sept. 1966, p. 3.

Antoine Goulet, *La Poésie ?... toujours vivante...,* dans *Le Travailleur,* vol. 36, n° 49, 8 déc. 1966, p. 1, 5.

FRANÇOIS. Voir **COSSETTE,** CLAUDE.

FRANÇOISE [X Robertine Barry] (1863–1910). Journaliste et conteuse, née à L'Isle-Verte (Rivière-du-Loup). Elle fait ses études à Trois-Pistoles, puis à Québec, chez les Ursulines. En 1891, elle est la première femme à faire partie du personnel de la rédaction de *La Patrie* et à diriger une page féminine hebdomadaire, « Le Coin de Fanchette », marquée à la fois par son érudition et sa verve amusée. Au cours d'un voyage à Halifax, en 1896, Françoise découvre la cloche de l'église de Louisbourg, relique historique du temps du siège de la forteresse (1758), recueille l'argent nécessaire, l'achète et l'offre à la Société numismatique et d'archéologie de Montréal lors d'une cérémonie imposante au Château de Ramezay, le 9 avril 1896. L'événement patriotique inspire au poète Nérée Beauchemin ces vers mémorables : « C'est une pieuse relique : / On peut la baiser à genoux ; / Elle est française et catholique / Comme les cloches de chez nous ». Sa santé chancelante l'oblige, à partir de 1895, à restreindre son activité de journaliste, ce qui ne l'empêche pas de collaborer à l'occasion au *Samedi,* à la *Revue nationale,* à la *Feuille d'Érable,* au *Coin du feu,* à l'*Album universel...* En 1898, le ministre de l'Instruction publique de la France la nomme Officier d'Académie. En 1900, elle est déléguée ainsi que Madame Raoul Dandurand, à l'Exposition universelle de Paris où elle assiste en même temps au Congrès international des femmes. Elle est admise au Club Lyceum, le cercle féminin le plus distingué de Paris, et fréquente le salon littéraire de la baronne Grellet de La Deyte. De retour au pays, elle entretient des relations épistolaires avec plusieurs femmes célèbres : Carmen Sylva (reine de Roumanie), Juliette Adam, Duclos de Méru, Thérèse Vianzone et Hélène Vacaresco. Conquise au féminisme montant, elle propage les idées nouvelles dans ses écrits et conférences. Son nom est bien connu, surtout après la publication de ses *Fleurs champêtres* (1895) et de ses *Chroniques du lundi* (1900), ce dernier recueil regroupant ses causeries parues dans *La Patrie* entre 1891 et 1895. Plusieurs écrivains et journalistes montréalais — Louis Fréchette, Louis Perron, Léon Ledieu — lui sont particulièrement favorables. Le baron Beaudouin Kervyn de Volkaersbeke, qui écrit sous le nom de Beaudouin de Flandre, compose à Témiscamingue *La Consolatrice,* poème-dialogue qu'il dédie à Françoise. Elle encourage à sa façon les poètes de l'École littéraire de Montréal, surtout Émile Nelligan à qui elle inspire plusieurs poèmes dont « Rêve d'artiste », « À une femme détestée » et « Beauté cruelle ». En 1902, elle fonde son propre journal, *Le Journal de Françoise,* dans lequel elle propage ses idées féministes. En 1905, sa saynète, « Méprise », est jouée à la salle Karn, à Montréal. À la même date, un article de la *Revue d'Europe* lui rend un vibrant hommage. En 1906, elle est déléguée à l'Exposition de Milan. En 1907, elle est nommée inspecteur du travail féminin de la province du

Québec par Sir Lomer Gouin. En 1909, elle doit suspendre la publication de son *Journal* pour des raisons de santé. Elle meurt subitement le 7 janvier 1910. Il importe de souligner ses idées féministes qu'elle développe surtout dans trois conférences : « Le Rôle de la page féminine » (1907), « L'Âme féminine » (1908), « L'Influence du journalisme » (1909). Le romancier Léon de Tinseau loue le style de Françoise dans l'éloge qu'il publie à sa mort dans *L'Écho de Paris*. Fadette (Henriette Dessaules) voit dans les nouvelles de Françoise des petits tableaux rustiques finement observés, pleins de poésie agreste, naïve et charmante : « C'était bien l'âme du pays que l'on retrouvait là, c'était notre campagne, nos habitants [...], c'était le Canada aux mœurs simples et douces, aimé par Françoise, et rendu vivant sous sa plume d'artiste ».

ŒUVRES

Fleurs champêtres (nouvelles), Montréal, La Cie d'imprimerie Desaulniers, 1895, 207 p. Ill. Préface de l'auteur ; Librairie Beauchemin limitée, 1924, 205 p. ; *Fleurs champêtres suivies d'autres nouvelles et récits et Méprise, comédie inédite en un acte,* Fides, 1984, 318 p. Édition préparée et présentée par Gilles Lamontagne. « N ».
Chroniques du lundi, Montréal, [s.é., 1900 ?], 325 p.

ÉTUDES

Mme H.-D. Saint-Jacques, *Les Femmes et les Lettres françaises au Canada,* BPF, vol. 12, nᵒ 9, mai 1913, p. 341-348, surtout p. 344-345.
Gertrude Chassé, « Bio-bibliographie de Françoise (Robertine Barry) ». Mémoire. Montréal, École de bibliothécaires de l'Université de Montréal, 1945, 75 f.
Renée Des Ormes, *Robertine Barry, en littérature : Françoise,* Québec, [l'Action sociale], 1949, 159 p.
Aurélien Boivin, *Le Conte littéraire québécois au XIXᵉ siècle,* Montréal, Fides, 1975, p. 43-51.
Suzanne Lafrenière, *Françoise, pionnière du journalisme féminin,* Dr, 72ᵉ année, nᵒ 243, 12 janv. 1985, p. 32.

FRANDERO. Voir DESROCHES, FRANCIS.

FRANQUET, LOUIS (1697-1768). Mémorialiste,
né à Condé-sur-l'Escaut (France). Militaire à douze ans, il reçoit une commission de lieutenant en 1712 et sert dans les régiments d'infanterie jusqu'en 1720, année où il est admis dans le corps de génie. De 1733 à 1736, il participe aux campagnes d'Italie ; en 1738, il est nommé ingénieur chef à Condé ; de 1742 à 1748, il prend part aux campagnes de la guerre de succession d'Autriche et est blessé au siège de Bergen. Ingénieur en chef à Saint-Omer, il

est envoyé, en 1750, en mission à Louisbourg pour l'inspection des fortifications. En 1751, il visite l'île Royale (Cap-Breton) et l'île Saint-Jean (Île-du-Prince-Édouard), dressant bon nombre de cartes et rédigeant un journal de voyage (publié en 1924). Promu au grade de colonel, il se rend à Québec en 1752, chargé de l'inspection des fortifications. Son journal de voyage a été publié par l'Institut canadien en 1889. En 1754, il est nommé directeur des fortifications de la Nouvelle-France. Il s'occupe particulièrement de mettre Louisbourg en état de résister à une attaque venant des colonies américaines. Malgré ses efforts, Louisbourg tombe en juillet 1758 et Franquet rentre en France. Pendant ses dernières années il doit se défendre contre des accusations sur sa conduite avant et pendant le siège de Louisbourg. « Franquet était un observateur perspicace, écrit Fred J. Thorpe. Ses écrits sont une utile introduction à l'étude de la société canadienne des années 1750 ».

ŒUVRE

Voyages et Mémoires sur le Canada, Québec, Imprimerie générale Augustin Côté et Cie, 1889, 212 p. ; Toronto, Canadian House, 1968, (Réimpression en fac-similé) ; Montréal, Éditions Élysée, 1974, ix, 212 p. Préface par Jacques Lacoursière. (Réimpression en fac-similé de l'édition de 1889). (Paru d'abord dans l'*Annuaire de l'Institut canadien de Québec,* vol. 13, 1889, p. 31-240).

─────────

Le Voyage de Franquet aux îles Royale et Saint-Jean, dans *Rapport de l'Archiviste de la province de Québec,* 1923-1924, p. 111-140.

ÉTUDES

Francis-J. Audet, *Louis Franquet,* MSRC, 3ᵉ série, vol. 25, 1932, p. 69-80.
Pierre Mayrand, *La Culture et les Souvenirs de voyage de l'ingénieur Louis Franquet,* RHAF, vol. 25, nᵒ 1, 1971, p. 91-94.
Fred. J. Thorpe, *Louis Franquet,* DBC, vol. 3, 1972, p. 245-248.
Michel Wyczynski, « *Le Second Siège de Louisbourg : Mémoire de François-Claude-Victor Gillot de Poilly* ». Thèse de maîtrise. Ottawa, Université d'Ottawa, 1977, xviii, 242 f.

FRÉCHETTE, JEAN-MARC (1943-   ). Poète, né
à Sainte-Brigitte-des-Saults (Nicolet). Il fait ses études classiques au Séminaire de Nicolet et au Collège Saint-Denis de Montréal (B.A., 1966), puis il obtient une maîtrise en lettres françaises à l'Université McGill, en 1968, pour un mémoire intitulé « Thème et Style dans l'œuvre de Marie-Claire Blais ». Il est boursier du Conseil des Arts du Canada de 1976 à 1978. Son premier recueil, *Le*

Retour (1975), est accueilli avec de grandes louanges : « Poésie de l'essentiel, du fondamental, écrit François Ricard. Chaque vers a la simplicité, la rectitude, et en même temps l'aspect énigmatique de ce qui a été longuement préparé et médité ». « On croirait, comme commente Suzanne Paradis, que Jean-Marc Fréchette n'a choisi, pour publication, que les parcelles de sa poésie dignes d'admiration, sans trop se soucier de l'effet bizarre produit par ces bribes éclatantes ». Ces poèmes courts où l'image est « toujours séduisante [...] s'imposent comme l'étoile à la nuit, dit René Pageau au sujet de *L'Altra riva* (1976). Ils sont comme des énigmes qui portent une vérité dense et plurielle ». Et selon Pierre Nepveu, l'écriture de Fréchette « se déploie à l'écart de toutes les modes, sous le signe d'une spiritualité étonnante chez un jeune poète ».

ŒUVRES

Le Retour (poésie), Trois-Rivières, Écrits des Forges, 1975, 72 p. « Les Rouges-gorges ».

L'Altra riva (poésie), Trois-Rivières, Écrits des Forges, 1976, 61 p. « Les Rouges-gorges ».

Poèmes, L, nᵒ 117, vol. 20, nᵒ 3, mai–juin 1978, p. 46–50. Présentation de Fernand Ouellette.

Poèmes, L, nᵒ 131, vol. 22, nᵒ 5, sept.–oct. 1980, p. 47–53.

ÉTUDES

Suzanne Paradis, *Écrits des Forges*, LAQ 1975, p. 125.

Yvon Rivard, *Entre ciel et terre*, dans *Le Livre d'ici*, vol. 1, nᵒ 42, 6 sept. 1976, p. 1.

René Pageau, *Jean-Marc Fréchette. L'Altra riva*, LAQ 1976, p. 154–155.

François Hébert, *Robert Marteau, Guy Lafond, Jean-Marc Fréchette et Paul Chamberland*, L, nᵒ 110, mars–avril 1977, p. 70–76.

Pierre Nepveu, *La poésie qui se fait et celle qui ne se fait pas*, LQ, nᵒ 9, févr. 1978, p. 15.

FRÉCHETTE, LOUIS-HONORÉ [Cyprien] (1839–1908). Poète, conteur, dramaturge et journaliste, né à Lévis. Il fait ses études classiques au Séminaire de Québec (1854–1857) et au Collège de Sainte-Anne-de-la-Pocatière (1857–1859). L'hiver 1859, il fait un séjour d'un mois aux États-Unis ; à son retour, il termine son cours classique au Séminaire de Nicolet (1859–1860). Le 9 avril 1859, *L'Abeille* imprime « À un jeune poète »,

vraisemblablement son premier poème publié. À l'automne de 1860, il commence sa cléricature à l'étude de Lemieux et Rémillard, tout en suivant des cours de droit à l'Université Laval (1860–1861). Attaché un moment au *Journal de Québec* (1861–1862), Fréchette devient traducteur au Parlement, en 1862. La même année il écrit deux pièces de théâtre : « Les Notaires du village », montée le 30 janvier, et *Félix Poutré* jouée le 22 novembre. Il participe aussi aux *Soirées canadiennes*, revue littéraire publiée à partir de 1861. Son premier recueil de poèmes, *Mes loisirs*, paraît en février 1863. Au cours de cette période, il mène une vie de bohème dans sa « mansarde du palais ». Gagné depuis 1863 à la cause libérale, il participe aux campagnes contre le projet de Confédération. Reçu avocat en 1864, il ouvre un bureau à Lévis et fonde *Le Drapeau de Lévis*, suivi de *La Tribune de Lévis*, deux journaux éphémères. Découragé par son insuccès de journaliste autant que par le peu d'intérêt que ses concitoyens témoignent à sa poésie, Fréchette quitte Lévis en juillet 1866, à destination des États-Unis où il occupe le poste de secrétaire correspondant du département des terres de l'Illinois Central Rail Road Co. Fait paradoxal, ses cinq années d'« exil » à Chicago font connaître Fréchette au Québec, grâce surtout à un long poème résolument opposé à la Confédération : *La Voix d'un exilé*. De retour à Québec en 1871, il commence une carrière politique : il est élu député du Comté de Lévis au Parlement fédéral, en 1874. En 1876, il épouse Emma Beaudry, fille d'un homme riche de Montréal. Son deuxième recueil, *Pêle-Mêle*, est publié en 1877. Il est défait aux élections de 1878 et s'installe à Montréal, se consacrant à la littérature et au journalisme. L'année 1880 demeure pour lui à jamais mémorable : le 1ᵉʳ juin, on joue son *Retour de l'exilé* ; le 7 juin les Montréalais acclament son *Papineau* ; le 5 août, il reçoit le prix Montyon de l'Académie française qui couronne aussi son recueil de poésie, *Les Fleurs boréales*. Les journaux du Québec font écho à cet événement, et Fréchette reçoit des hommages de plusieurs institutions et organismes (banquets où Fréchette est conférencier d'honneur). Il devient membre fondateur de la Société royale en 1882. En 1887, lors de son deuxième voyage, il fait paraître à Paris *La Légende d'un peuple*, influencée par Victor Hugo qu'il admirait profondément. À la suite de cette épopée, le Premier ministre Mercier le nomme greffier du Conseil législatif du Québec en 1889. Il continue à faire des vers romantiques (pendant sa vie mouvementée il écrit plus de quatre cents poèmes dont certains sont assez longs), mais il s'essaie maintenant à la prose, et avec succès : ses contes et ses portraits, surtout *Originaux et Détraqués* (1892), ainsi que ses *Mémoires intimes* (1900), demeurent la partie la plus intéressante de son œuvre. Polémiste né, Fréchette suscite bien des jalousies dans le petit monde des lettres du Québec. William Chapman publie deux ouvrages, en 1894, pour démontrer les plagiats de Fréchette, attaques démesurées qui nuisent peu à son prestige. Président de la Société royale (1900-1901), il participe aussi à l'École littéraire de Montréal comme président d'honneur. À la fin de sa vie, il prépare l'édition définitive de son œuvre mais seulement trois tomes ont paru avant sa mort survenue le 31 mai 1908. Pendant le dernier quart du XIXᵉ siècle, Fréchette a été l'homme de lettres le plus en vue du Québec selon Paul Wyczynski : « Il résume en quelque sorte l'effort littéraire de la deuxième moitié du XIXᵉ siècle. Il était comme un volcan en constante éruption, tant ses activités furent diverses et sa poésie abondante. Homme engagé, libéral de pure race, il servit avec la même ardeur l'État et les lettres ».

ŒUVRES

Mes loisirs (poésie), Québec, Typographie de Léger Brousseau, 1863, 203 p. (Paru aussi avec *La Voix d'un exilé*, Montréal/Paris, Éditions Leméac/Éditions d'Aujourd'hui, 1979).

La Voix d'un exilé. Poésie, Chicago, [s.é.], 1866, 8 p. ; 1868, 18 p. ; *La Voix d'un exilé. Poésies canadiennes*, Chicago, Imprimerie de l'Amérique, 1869, 46 p. Portrait. (Paru aussi avec *Pêle-Mêle*, Montréal, Lovell, 1877, p. 277-327) ; Montréal/Paris, Éditions Leméac/Éditions d'Aujourd'hui, 1979. Édition en fac-similé accompagnée de celle de *Mes Loisirs. Poésies*).

Félix Poutré. Drame historique, Montréal, [s.é.], 1871, 59 p. ; Beauchemin, 1871, 47 p. ; *Félix Poutré*, [Montréal], Leméac, 1974, 135 p. Introduction de Pierre Filion. « Théâtre canadien ».

Lettres à Basile à propos des causeries du dimanche de A.-B. Routhier, Québec, Imprimé au bureau de l'Événement, 1872, 81 p. (Paru aussi dans A. Laperrière (éd.), *Les Guêpes canadiennes*, 2ᵉ série, Ottawa, A. Bureau, 1882, p. 19-46).

Pensées d'hiver. Hommage au premier de l'an 1873 aux abonnés de l'Opinion publique (poème), Québec, [s.é.], 1872, 1 p.

La Découverte du Mississipi. Poème récité par l'auteur à l'Université Laval de Québec, le 17 juin 1873, à l'occasion du Deux Centième Anniversaire de la découverte du Mississipi par Louis Joliette, [s.l., s.é., 1873 ?], 7 p.

Pêle-Mêle. Fantaisies et souvenirs poétiques, Montréal, Compagnie d'impression et de publication Lovell, 1877, 332 p. (Tirage spécial contenant *La Voix d'un exilé*).

Les Fleurs boréales. Les Oiseaux de neige (poésies canadiennes), Québec, C. Darveau imprimeur, 1879, 268 p. ; Paris, E. Rouveyre, Em. Terqueur, 1881, 264 p. Portrait ; Montréal, C.-O. Beauchemin et fils libraires-imprimeurs, 1886, 278 p.

Les Oiseaux de neige. Sonnets, Québec, C. Darveau imprimeur, 1879, 120 p.

Poésies choisies, Québec, C. Darveau, 1879, 182 p.

Les Renégats du 29 octobre, Paquet, Chauveau, Flynn, Racicot et Fortin (pamphlet), [s.l., s.é.], 1879, 31 p.

Papineau, drame historique canadien en quatre actes et neuf tableaux, Montréal, Chapleau et Lavigne imprimeurs, 1880, 100 p. ; *Papineau*, Leméac, 1974, 155 p. « Théâtre canadien ». Traduction anglaise par Eugène Benson et Renate Benson : *Papineau : A Canadian Historical Drama*, dans *Canadian Drama/L'Art dramatique canadien*, vol. 7, nᵒ 1, printemps 1981, p. 51-110.

Le Retour de l'exilé, drame en cinq actes et huit tableaux, Montréal, Chapleau et Lavigne imprimeurs, 1880, 72 p. ; *Le Retour de l'exilé*, Leméac, 1974, 115 p. « Théâtre canadien ».

Petite Histoire des rois de France, Montréal, Typographie de La Patrie, 1881, 125 p. Sous le pseudonyme de Cyprien.

Notre histoire. À la mémoire de F.-X. Garneau (poème), Montréal, Beauchemin & Valois, 1883, 10 p. (Paru aussi en liminaire à François-Xavier Garneau, *Histoire du Canada depuis sa découverte jusqu'à nos jours*, Montréal, C.O. Beauchemin & Fils Libraires-Imprimeurs, 1883, vol. 4, p. 7-14).

Le Drapeau fantôme, épisode historique (poème), Montréal, Typographie de la Patrie, 1884, 12 p.

In Memoriam, 8 septembre 1760 (poème), Montréal, Montreal Gazette, 1884, 10 p.

Chénier. Épisode de l'Insurrection canadienne de 1837 (poème), Montréal, La Presse, 1885, 8 p.

Le Dernier des martyrs (poème), [s.l., s.é.], 1885, 8 p.

La Légende d'un peuple (poème), Paris, À la librairie illustrée, 1887, vii, 347 p. Préface de Jules Claretie ; Québec, C. Darveau, 1890, vii, 365 p. (Édition corrigée, revue et augmentée) ; [1897] ; Montréal, Librairie Beauchemin, 1908, 370 p. Ill. d'Henri Julien. ; 1941, 234 p.

Jean-Baptiste de la Salle, fondateur des écoles chrétiennes (poème lyrique), Montréal, [s.é.], 1889, 53 p. ; 59 p.

Les Excommuniés/The Excommunicated an Episode of the History of Canada, and Le Drapeau anglais, the British Flag (poèmes), [s.l., s.d., s.é., n.p. 11 p.] Édition bilingue. Traduction anglaise par G.W. Wicksteed. (Paru aussi dans G.W. Wicksteed (éd.), *Waifs in Prose & c.*, Ottawa, [s.é., 1890 ?], p. 9-21).

Feuilles volantes (poèmes), Québec, C. Darveau, 1890, 228 p. « Poésie canadienne » ; Montréal, Granger Frères éditeurs, 1891, 208 p. ; 221 p.

Stances. À ma petite amie Soledad Johanet, de Paris, et à ma fille Jeanne. Le matin de leur première communion (poèmes), [s.l., s.é., 1890], 8 p.

Originaux et Détraqués. Douze types québécois. Oreille, Grelot, Drapeau, Chouinard, Cotton, Dupil, Grosperrin, Cardinal, Marcel Aubin, Dominique, Burns, George

Lévesque (contes), Montréal, Louis Patenaude éditeur, 1892, 361 p. ; Librairie Beauchemin Limitée, 1943, 351 p. ; 1949 ; Éditions du Jour, 1972, 287 p. Présentation de Jean-Claude Germain. Portrait ; Hull, Les Éditions large vision de l'Outaouais, 1984, 2 vol. : vol. 1, 153 p. ; vol. 2, 149 p.

À propos d'éducation. Lettres à M. l'abbé Baillargé du collège de Joliette, Montréal, Desaulniers, 1893, 91 p.

Lourdes. Conférence par Louis Fréchette le 12 décembre 1895 à l'Institut canadien de Québec, Québec, C. Darveau imprimeur et photograveur, 1896, 46 p.

Une rencontre. Roman de deux touristes sur le Saint-Laurent et le Saguenay, Montréal, Société des Publications françaises, 1896, 132 p. Traduction de *A Chance Acquaintance*, de W.D. Howells.

Christmas in French Canada (contes), Toronto, G.N. Morang & Cie, 1899, xv, 262 p. ; London/Toronto, Murry/Morang, 1900, 288 p. Ill. de Frederick Simpson Coburn ; New York, C. Scribner, 1899.

La Noël au Canada (contes et récits), Toronto, George N. Morang & cie éditeur, 1900, xix, 288 p. ; Montréal, Fides, 1980, 178 p. Chronologie, bibliographie et jugements critiques d'Aurélien Boivin. « BQ » ; *La Noël au Canada français*, Éditions A. Stanké, 1986. (Paru aussi comme vol. 1 des *Contes*, Montréal, Fides, 1974, 184 p. Préface de Maurice Lemire et Jacques Roy).

Bienvenue à Son Altesse Royale le Duc d'York et de Cornwall (poème), Montréal, Granger Frères, 1901, [n.p., 15 p.].

Ode à l'occasion des Fêtes jubilaires de l'Université Laval (poème), [s.l., s.é.], 1902, 6 p.

Poésies choisies, Montréal, Librairie Beauchemin Limitée, 1908, 3 séries : *Première série I La Légende d'un peuple*, 370 p. Préface de Jules Claretie. Ill. d'Henri Julien. (Édition définitive, revue, corrigée et augmentée) ; *Deuxième série I Feuilles volantes II Oiseaux de neiges (cent et un sonnets)*, 462 p. (Édition définitive, revue, corrigée et augmentée) ; *Troisième série I Épaves poétiques II Véronica. Drame en cinq actes*, 327 p.

Histoire de chantiers (contes), Montréal, Beauchemin, [1919], 90 p.

Cent morceaux choisis, recueillis par sa fille Pauline Fréchette et dédiés aux petits-enfants du poète, Montréal, [s.é.], 1924, 240 p.

L'Abonneux. Drame social en trois actes, Trois-Rivières, [s.é., 1935], 108 p. Sous le pseudonyme de Cyprien.

Voix de Noël, San Francisco, Grabhorn Press, 1936, 8 p. Ill.

Contes d'autrefois, Montréal, Éditions Beauchemin, 1946, 275 p. Ill. d'Henri Julien. Contes d'Honoré Beaugrand et de Paul Stevens.

Fréchette, Montréal/Paris, Fides, 1959, 95 p. Textes choisis et présentés par Michel Dassonville. « CC » ; 1973.

Mémoires intimes, Montréal, Fides, 1961, 200 p. Texte établi et annoté par George A. Klinck. Préface de Michel Dassonville. « N » ; 1977, 206 p. (Édition augmentée de l'avant-propos original de Fréchette).

Contes, Montréal, Fides, 2 vol. : vol. 1, *La Noël au Canada*, 1974, 184 p. Préface de Maurice Lemire et Jacques Roy. « N » ; vol. 2, *Masques et Fantômes et autres contes épars*, 1976, 372 p. Préface d'Aurélien Boivin et Maurice Lemire. Bibliographie d'Aurélien Boivin. « N ».

Contes de Jos Violon, Montréal, L'Aurore, 1974, 143 p. Présentation de Victor-Lévy Beaulieu. Notes de Jacques Roy. Ill. d'Henri Julien. « Le Goglu ».

Véronica (théâtre), Montréal, Leméac, 1974, 133 p. Présentation d'Étienne F. Duval.

Noël d'autrefois. Une présentation du Village du Père Noël. Val David, Montréal, Communications Match Inc., 1982, 124 p. Ill. d'André Séguin. (Contes de Fréchette et de Robertine Barry (Françoise)).

Margot, drame social en trois actes, Trois-Rivières, L'Association catholique des voyageurs de commerce, [s.d.], 174 p.

[*Les Marionnettes. Un conte de Louis Fréchette adapté par Roger des Roches et illustré par Michel Fortier*], Montréal, Les Éditions Le Tamanoir, [s.d., n.p., 28 p.]. Ill.

Spes Ultima (poème), [s.l., s.é., s.d., n.p. 4 p.].

Note : Louis Fréchette a publié, à tirage limité, un grand nombre de petits discours politiques et polémiques, de notes biographiques, de récits de circonstance, de préfaces. Plusieurs de ses poèmes ont été mis en musique.

Les Calomniateurs confondus (essai), [s.l., s.é., s.d.], 20 p. (Extrait de *L'Événement* du 28 mai 1872 ?).

Introduction, dans Oscar Dunn, *Glossaire franco-canadien et vocabulaire de locutions vicieuses usitées au Canada*, Québec, Imprimerie A. Côté et cie, 1880, p. v-xii.

Lettre, dans Alphonse Lusignan, *Fautes à corriger, une chaque jour*, Québec, Imprimé par C. Darveau, 1890, p. xi-xvii.

Préface, dans Honoré Beaugrand, *Six mois dans les Montagnes-rocheuses. Colorado — Utah — Nouveau-Mexique*, Montréal, Granger Frères, 1890, p. 8-15.

Préface, dans J.W. Poitras, *Refrains de jeunesse*, Montréal, La Maison de la Bonne Presse, 1894, p. 5-7. « Poésies canadiennes ».

Introduction, dans William Henry Drummond, *The Habitant and Other French-Canadian Poems*, Toronto/London, the Musson Book Co. Limited, 1897, p. v.-x. Ill. de F. Simpson Coburn.

Préface, dans Wilfrid Larose, *Variétés canadiennes*, Montréal, Imprimerie de l'Institution des sourds-muets, 1898, p. v-xii.

Préface, dans Albert Ferland, *Femmes rêvées*, Montréal, Chez l'auteur, 1899, p. i-vii.

Chénier. Le héros de Saint-Eustache, dans *Le Héros de Saint-Eustache. Jean-Olivier Chénier*, Montréal, Émile Demers Libraire-Éditeur, [18xx ?], p. 13-18.

Préface, dans [Anonyme], *Jehin-Prume. Une vie d'artiste*, Montréal, Imprimerie R. Constantineau, [19xx ?], p. ii-vii.

Un Murillo, dans *Contes canadiens illustrés par Henri Julien*, Montréal, Librairie Beauchemin Limitée, 1919, p. 5–39.

Les Lutins, dans *Contes canadiens n⁰ 152*, Montréal, Librairie Beauchemin, 1919, 90 p. Ill.

Sonnet et *Ma petite chaise (souvenir)* (poèmes), dans *Parler dans l'espace*, A.P.L.M., n⁰ 17, Trois-Rivières, 1982, p. 4–5.

Pour les nombreux articles de revue de Fréchette, voir George A. Klinck, *Louis Fréchette prosateur*, Lévis, Le Quotidien, 1955, p. 217–223.

ÉTUDES

On peut consulter : Ian F. Fraser, *Bibliography of French Canadian Poetry, Part I : From the Beginnings of the Literature Through the École littéraire de Montréal*, New York, Institute of French Studies, Columbia University, 1935, p. 63–68 ; George A. Klinck, *Louis Fréchette prosateur*, Lévis, Le Quotidien, 1955, p. 214–231.

L.-M. Darveau, [*Louis-Honoré Fréchette*], dans *Nos hommes de lettres*, Montréal, A.A. Stevenson, 1873, p. 178–210.

Banquet offert par les Canadiens-français de la ville de Holyoke, à Louis H. Fréchette, poète lauréat de l'Académie française, au Windsor, mardi soir le 31 janvier, 1881, Holyoke, Mass., [s.é.], 1882, 3 p.

Indépendance ou Fédéralisme britannique. Incident Fréchette-Gascon (articles), Wilfrid Gascon, Saint-Jérôme, 1900, 11 p.

Charles ab der Halden, [*Louis-Honoré Fréchette*], dans *Études de littérature canadienne-française*, Paris, de Rudeval, 1904, p. 227–256.

Fernand Rinfret, *Études sur la littérature canadienne, Louis Fréchette*, Saint-Jérôme, N.-E. Prévost, 1906, ii, 137 p.

L.-O. David, *Souvenirs et Biographies*, Montréal, Beauchemin, 1911, p. 153–178.

Camille Roy, *Louis Fréchette*, dans *Nouveaux Essais de littérature canadienne*, Québec, L'Action sociale, 1914, p. 135–215. (Aussi dans *Poètes de chez nous*, Montréal, Beauchemin, 1934, p. 11–74).

Henri d'Arles, *Louis Fréchette*, Toronto, Ryerson Press, 1923, 127 p.

Lucien Serre, *Louis Fréchette. Notes pour servir à la biographie du poète*, Montréal, Frères des écoles chrétiennes, 1928, 294 p.

Laurence A. Bisson, *Le Romantisme littéraire au Canada français*, Paris, Droz, 1932, p. 179–215.

Marcel Dugas, *Un romantique canadien : Louis Fréchette (1839–1908)*, Paris, Éditions de la Revue mondiale, 1934, 295 p. ; Montréal, Beauchemin, 1946, 318 p.

Daniel T. Skinner, « The Poetic Influence of Victor Hugo on Louis Fréchette ». Thèse de doctorat. Cambridge, Harvard University, 1952, 243 f.

George A. Klinck, *Louis Fréchette, prosateur*, Lévis, Le Quotidien, 1955, xv, 236 p.

Séraphin Marion, *La Critique littéraire dans le Canada français d'autrefois*, Ottawa/Hull, EUO/Éditions de l'Éclair, 1958, 195 p.

Paul Wyczynski, *Dans les coulisses du théâtre de Fréchette*, dans *Le Mouvement littéraire de Québec, 1860*, Ottawa, EUO, 1961, p. 100–128. « ALC » 1.

Jean Éthier-Blais, *Louis Fréchette*, CACF, vol. 7, 1963, p. 73–85.

Joseph Costesella, *L'Esprit révolutionnaire dans la littérature canadienne-française*, Montréal, Beauchemin, 1968, p. 243–260.

Séraphin Marion, *Louis Fréchette et le Canada français d'autrefois*, CD, n⁰ 37, 1972, p. 123–157.

Guy Monette, *La Polémique autour de La Voix d'un exilé ou Le Chant du cygne de l'immanentisme au Québec*, VIP, vol. 2, n⁰ 3, avril 1974, p. 334–357.

Martial Dassylva, *Réhabiliter Fréchette comme dramaturge*, Pr, 90ᵉ année, n⁰ 110, 11 mai 1974, p. E-5.

François Ricard, *Notre contemporain Louis Fréchette*, L, vol. 16, n⁰ 94, juillet–août 1974, p. 125–137.

Aurélien Boivin, [*Louis Fréchette*], dans *Le Conte littéraire québécois au XIXᵉ siècle*, Montréal, Fides, 1975, p. 162–194.

Paul Wyczynski, *Louis Fréchette et le Théâtre*, dans *Le Théâtre canadien-français*, Montréal, Fides, 1976, p. 137–165. « ALC » 5.

Adrien Gruslin, « *Pauvres originaux, beaux fous détraqués* ». *Fréchette n'a pas sa place sur scène*, Dev, vol. 69, n⁰ 18, 25 janv. 1977, p. 10.

Paul Gay, « *Un folkloriste amateur* ». *Louis Fréchette*, Dr, 65ᵉ année, n⁰ 52, 28 mai 1977, p. 20.

Pierre Berthiaume, *Les Mémoires intimes de Louis Fréchette ou Actualisation du passé*, LQ, n⁰ 9, févr. 1978, p. 42–44.

Françoise Lepage, *Louis Fréchette. Les Marionnettes*, LAQ 1978, p. 252.

Charlotte Guérette, *Louis Fréchette. Les Marionnettes*, LAQ 1978, p. 253.

Pierre Gobin, *Le Papineau de Fréchette : absence de chef, absence de pays*, dans *Canadian Drama/L'Art dramatique canadien*, vol. 7, n⁰ 1, printemps 1981, p. 12–18.

Suzanne Lafrenière, *Contes de Louis Fréchette. La Noël au Canada*, Dr, 69ᵉ année, n⁰ 176, 15 août 1981, p. 14.

[Anonyme], *Adressé à une amie. Découverte d'un sonnet de Fréchette*, Dr, 70ᵉ année, n⁰ 167, 15 oct. 1982, p. 9.

FRÉCHETTE, LOUISE (1946–   ). Essayiste et poète, née à Montréal. Elle étudie à l'École Saint-Thomas Apôtre, à l'École secondaire Saint-Alphonse d'Youville et à l'École normale Ignace-Bourget (B. Péd., 1967), puis à l'Université de Montréal où elle obtient un baccalauréat en orientation (1971) et une maîtrise en psychologie (1976) pour un mémoire sur « Le Counseling de groupe : revue de la littérature et essai sur le phénomène des polarités dans un groupe à partir d'une enquête ». Elle étudie aussi à l'Institut canadien de psychosynthèse et à l'Institut québécois d'analyse bioénergétique (1973–1982). Elle enseigne au secondaire en 1967–1968, puis elle devient conseillère d'orientation (1971) et psychologue (1976) au Collège Ahuntsic. De plus, elle ouvre en 1981 un bureau de pratique privée en analyse bioénergétique. Elle est membre actif de plusieurs associations, elle collabore aux revues *L'Orientation*, *Prospectives* et la *Revue de la Société canadienne d'orientation et de consultation*, et elle publie en collaboration avec Josée Lafleur un *Guide d'orientation professionnelle* (1980). En 1981 Louise Fréchette éprouve un impérieux besoin d'écrire, d'exorciser un passé et d'exprimer la femme mythique qui vit en elle, la « guerrière » à laquelle elle dédie la première partie (cycle du printemps) de son essai-poésie, *L'Insurgée* (1982). Il s'agit d'un texte féministe, « dans un parler-femme », selon un mot de Luce Irigaray cité en épigraphe, texte influencé par des écrivaines comme Jovette Marchessault, Louky Bersianik... et en particulier par Nicole Brossard. La seconde partie (cycle de l'automne), s'adresse justement aux « femmes parlantes » que l'auteur admire. Pour René Lapierre un peu déçu par l'outrance ou la naïveté du langage, l'insurrection de Louise Fréchette « se manifeste surtout là [...], c'est-à-dire dans le projet de ‹ trouver un autre langage, démailler le tissu trop su ›. La forme même du texte semble se modifier, recevoir alors de sa fragmentation progressive un style plus net, plus défini ».

ŒUVRES

Guide d'orientation professionnelle, Montréal, Agence d'Arc inc., 1980, 3 vol. : vol. 1, [*Cahier 1*], 44 p. ; vol. 2, [*Cahier 2*], 75 p. ; vol. 3, [*Dossier du consultant*], 21 p. Collab. Josée Lafleur. Préface de Denis Pelletier. Avertissement des auteurs.

L'Insurgée (prose poétique), [Montréal], Leméac, 1982, 135 p. « Voix plurielles ».

Le Counseling de groupe au secondaire : les étudiants y sont-ils réellement disposés ?, dans *L'Orientation*, vol. 8, nº 1, printemps 1972, p. 77–82.

Les Consultants et la Dimension socio-politique ou Les Réflexions d'un conseiller d'orientation en « vacances », dans *L'Orientation*, vol. 12, nº 3, automne 1976, p. 112–118.

Quand permettra-t-on à l'étudiant de se prendre en mains ?, dans *Prospectives*, vol. 15, nº 1, févr. 1979, p. 25–29.

La Pratique de l'orientation en milieu collégial au Québec, dans *Revue de la Société canadienne d'orientation et de consultation*, vol. 13, nº 1, sept. 1981, p. 8–11.

La Traversée de la rue Notre-Dame, NBJ, nº 120, déc. 1982, p. 31–37.

ÉTUDES

René Lapierre, *L'Insurgée, la Louve : portraits de femmes*, Dev, vol. 73, nº 129, 5 juin 1982, p. 21–22.

Claire de Lamirande, *Louise Fréchette : L'Insurgée*, Dr, 70e année, nº 99, 24 juillet 1982, p. 14.

Hugues Corriveau, *L'Insurgée de Louise Fréchette*, LQ, nº 27, automne 1982, p. 40–41.

FRÉGAULT, GUY (1918–1977). Historien, né à Montréal. Il fait ses études au Collège de Saint-Laurent, au Collège Jean-de-Brébeuf (B.A. 1938), puis à l'Université de Montréal (L. ès L., 1940) et à l'Université Loyola de Chicago (doctorat en histoire, 1949). Professeur d'histoire à l'Université de Montréal (1942), directeur de l'Institut d'histoire (1946), directeur du Département d'histoire de l'Université d'Ottawa (1959), il est le premier à occuper le poste de sous-ministre des Affaires culturelles du Québec, de 1961 à 1966, et encore de 1970 à 1975. Entre-temps, il est, pendant deux ans, commissaire général à la Coopération avec l'extérieur au ministère des Affaires intergouvernementales québécois. Il est également président de l'Institut d'histoire de l'Amérique française (1968), conseiller spécial auprès du Premier ministre en matière de politique linguistique (1969), puis en matière culturelle (1975–1977). Docteur ès lettres « honoris causa » des Universités d'Ottawa et de Waterloo, docteur « honoris causa » en sciences sociales de l'Université Sainte-Anne, professeur émérite de l'Université de Montréal (1970), Guy Frégault est membre fondateur de l'Académie canadienne-française, membre de l'Académie des sciences d'outre-mer (1969)... Ses travaux d'histoire lui valent de nombreuses distinctions : prix Duvernay (1944), prix David (1947, 1959), médaille Tyrrell de la Société royale (1961), prix France-Québec (1969), prix de l'Académie française, fondation Thérouanne (1969)... Il collabore à différentes revues, telles *L'Action nationale, L'Amérique française, L'Action universitaire, Bulletin des recherches historiques, Revue d'histoire de l'Amérique française*, etc. Son œuvre s'appuie sur une riche documentation exploitée d'après une méthode rigoureusement scientifique. Spécialiste du régime français, particulièrement du XVIIIe siècle, Guy Frégault est un auteur aux idées pénétrantes et nuancées, un écrivain dont le nom figure au premier rang des historiens du Québec contemporain. Ainsi, pour Jean-Charles Falardeau, *La Guerre de la Conquête* « n'est pas loin d'être un chef-d'œuvre ». Il avait d'abord été formé et orienté par une conception exagérément documentaire et pointilleuse de l'historiographie. Néanmoins, il a su, petit à petit, se dégager de cette méthode outrancièrement positiviste. Grâce, sans doute, à l'influence primordiale de l'abbé Groulx, il a vu dans la connaissance de notre histoire, la condition essentielle de notre devenir ».

ŒUVRES

Iberville, le Conquérant (essai), Montréal, Société des Éditions Pascal, 1944, 418 p. ; *Pierre Le Moyne d'Iberville*, Montréal/Paris, Fides, 1968, 300 p. « FL ».

La Civilisation de la Nouvelle-France (1713–1744) (histoire), Montréal, Société des Éditions Pascal, 1944, 287 p. ; Fides, 1969, 243 p. « N ».

François Bigot, administrateur français (histoire), Montréal, Les Études de l'Institut d'histoire de l'Amérique française, 1948, 2 vol. : vol. 1, 442 p. ; vol. 2, 415 p. Ill.

Histoire du Canada par les textes, Montréal/Paris, Fides, 1952, 297 p. Collab. Marcel Trudel et Michel Brunet ; 1956 ; 1963, 2 t. : t. 1, *(1534–1854)*, 262 p. (Édition revue et augmentée). Collab. Marcel Trudel. (t. 2, *(1855–1960)*, 281 p. ; 1979.

Le Grand Marquis, Pierre de Rigaud de Vaudreuil et la Louisiane (histoire), Montréal/Paris, Fides, 1952, 483 p. Ill. ; 1962. « FL ».

La Société canadienne sous le régime français (histoire), Ottawa, Société historique du Canada, 1954, 16 p. « Brochure de la Société historique du Canada » ; 1969 ; 1981. Version anglaise : *Canadian Society in the French Regime*, Ottawa, Canadian Historical Association, 1954, 16 p. ; 1981.

La Guerre de la Conquête (histoire), Montréal/Paris, Fides, 1955, 517 p. Cartes. « FL ». Traduction anglaise par Margaret-M. Cameron : *Canada : The War of the Conquest*, Toronto, Oxford University Press, 1969, 427 p. Cartes.

Frontenac, Montréal, Fides, 1956, 97 p. Textes choisis et annotés par Guy Frégault. Collab. Liliane Frégault. « CC ».

Le XVIIIe siècle canadien (études), Montréal, HMH, 1968, 387 p. « C » ; 1970. « H ».

Chronique des années perdues (mémoires), Montréal, Leméac, 1976, 253 p. Ill. « Vies et Mémoires ».

Lionel Groulx tel qu'en lui-même (essai), Montréal, Leméac, 1978, 239 p.

Histoire, Traditions et Méthodes, AU, vol. 14, no 1, oct. 1947, p. 35–42.

La Guerre de Sept ans et la Civilisation canadienne, RHAF, vol. 7, no 2, sept. 1953, p. 183–206.

La Déportation des Acadiens, RHAF, vol. 8, no 3, déc. 1954, p. 309–358.

Essai sur les finances canadiennes, RHAF, vol. 12, no 3, déc. 1958, p. 307–322 ; no 4, mars 1959, p. 459–484 ; vol. 13, no 1, juin 1959, p. 30–44 ; no 2, sept. 1959, p. 157–182.

Les Finances de l'Église sous le régime français, ECF, no 5, 1959, p. 147–171.

La Compagnie de la colonie, RUO, vol. 30, no 1, janv.–mars 1960, p. 5–29 ; vol. 30, no 2, avril–juin 1960, p. 127–149.

L'Église et la Société canadienne au début du 18e siècle, RUO, vol. 31, 1961, p. 351–379, 517–542.

Politiques et Politiciens au début du 18e siècle, ECF, no 11, 1961, p. 91–209.

ÉTUDES

Roger Duhamel, *La Civilisation de la Nouvelle-France*, AN, vol. 25, no 2, févr. 1945, p. 146–151.

Lionel Groulx, *François Bigot*, AN, vol. 33, no 2, févr. 1949, p. 50–61.

Lionel Groulx, *La Guerre de la Conquête*, RHAF, vol. 9, no 4, mars 1956, p. 579–588.

René Latourelle, *Le Grand Marquis, Pierre de Rigaud de Vaudreuil et la Louisiane*, RHAF, vol. 6, no 3, déc. 1959, p. 443–447.

Mathieu Girard, *Conquête, Confédération et Nationalisme*, AN, vol. 53, no 8, avril 1964, p. 708–715.

Serge Gagnon, *Pour une conscience historique de la révolution québécoise*, CL, 16e année, no 83, janv. 1966, p. 4–19, surtout p. 6–8.

Jean Blain, *Le 18e siècle canadien. Études*, RHAF, vol. 23, no 1, juin 1969, p. 122–126.

Angèle Dagenais, *Guy Frégault. Des années perdues... de vue*, Dev, vol. 68, no 28, 10 déc. 1976, p. 13.

Martial Dassylva, *Guy Frégault. Du Grand Siècle à l'intendance*, Pr, 92e année, no 312, 31 déc. 1976, p. C-4.

Adrien Thério, *Deux livres à lire et deux affaires à dénoncer*, LQ, vol. 1, no 8, nov. 1977, p. 52–55.

Claude Ryan, *Guy Frégault : un pionnier de classe*, Dev, vol. 69, no 291, 17 déc. 1977, p. 4.

Raymond-Marie Léger, *Guy Frégault ou D'un inconnu mal aimé*, Dev, vol. 69, no 17, 21 janv. 1978, p. 48.

Jacques Gouin, *Le Testament d'un grand esprit*, Dr, 65e année, no 256, 28 janv. 1978, p. 16.

Denis Dion, *Lionel Groulx et le nationalisme*, Pr, 66e année, no 151, 23 avril 1978, p. D-2.

Robert Nadeau, *Guy Frégault. Lionel Groulx tel qu'en lui-même*, LAQ 1978, p. 275–276.

Pierre Savard (éd.), *Guy Frégault (1918–1977). Actes du colloque tenu au Centre de recherche en civilisation canadienne-française de l'Université d'Ottawa le 7 novembre 1980*, Montréal, Éditions Bellarmin, 1981, 91 p. Ill.

Maurice Lebel, *Un colloque du CRCCF. Guy Frégault (1918–1977)*, Dr, 69e année, no 273, 20 févr. 1982, p. 28.

FRÉMONT, DONATIEN [Un Français de l'Ouest, Jean d'Erbray, Jean Derbray, Le Vieux Fermier, Fantasio, Le Liseur, Le Grincheux] (1881–1967). Journaliste et essayiste, né à Erbray (Loire-Atlantique). Il fait ses études classiques au Collège de Chauvé et au petit Séminaire de Notre-Dame-des-Couëts à Nantes, et collabore occasionnellement à *L'Express de l'Ouest*. Émigré au Canada en 1904, il passe plus d'un an à Montréal, suit des amis en Saskatchewan en 1906, s'engage d'abord comme aide-fermier, et obtient ensuite son « homestead », à une trentaine de kilomètres de Saint-Albert. Il n'a guère de goût et de talent pour le métier de fermier et songe à retourner à Montréal après quelques années. C'est le journalisme qui le retient.

Il collabore de façon irrégulière, à partir de 1909 au *Courrier de l'Ouest* (Edmonton) et au *Patriote de l'Ouest* où il travaille jusqu'en 1923. Il entre alors à *La Liberté* de Winnipeg dont il est le directeur de 1923 à 1941. Sous son intelligente direction, cet hebdomadaire devient l'un des meilleurs du pays et l'organe de toutes les luttes et de toutes les activités franco-manitobaines. Frémont est en même temps membre de l'exécutif de l'Association d'éducation des Canadiens français du Manitoba. De 1941 à 1947, il est rédacteur à la Commission d'information en temps de guerre à Ottawa. Sous les auspices de ce service il fonde et rédige le *Bulletin des nouvelles catholiques* (1943-1945) qui provoque une violente controverse. Il devient ensuite rédacteur en chef de *France-Canada* et participe aux émissions sur ondes courtes pour la France. Membre de la Société historique de Saint-Boniface, de la Société royale du Canada (1942), de la Société des écrivains canadiens et d'associations franco-canadiennes de l'Ouest, Donatien Frémont mérite le prix Lévesque (1934) pour *Pierre Radisson*, et il est décoré plusieurs fois pour son dévouement à la cause de la langue française et de la France : officier d'Académie (1926), officier de l'Instruction publique (1936), chevalier de la Légion d'honneur (1939), médaille de la Reconnaissance française (1946). Fervent d'histoire, il est l'un des premiers à étudier les origines françaises de l'Ouest canadien. Il meurt à Montréal, en 1967.

ŒUVRES

Mgr Taché et la Naissance du Manitoba (essai), Winnipeg, La Liberté, 1930, 47 p.

Sur le ranch de Constantin-Weyer (essai), Winnipeg, Éditions de La Liberté, 1932, 156 p.

Pierre Radisson, roi des coureurs de bois (biographie), Montréal, Albert Lévesque, 1933, 265 p. ; Winnipeg, La Liberté, 1937, 266 p.

Mgr Provencher et son temps (biographie), Winnipeg, Éditions de La Liberté, 1935, 295 p. Lettre-préface de Mgr Yelle. Ill.

L'Histoire de l'Ouest canadien à l'école primaire : causerie faite à l'Institut collégial Saint-Joseph de Saint-Boniface, le 16 avril 1936, devant le personnel enseignant de langue française du Manitoba, Winnipeg, La Liberté, 1936, 30 p.

La Presse de langue française au Canada. Les arts, lettres et sciences au Canada, 1949-1951 : tirage à part d'un recueil d'études spéciales préparées pour la Commission royale d'enquête sur l'avancement des arts, lettres et sciences au Canada, Ottawa, E. Cloutier imprimeur de Sa Majesté le Roi, 1951.

Les Secrétaires de Riel ; Louis Schmidt, Henry Jackson, Philippe Garnot (essais), Montréal, Les Éditions Chanteclerc Ltée, 1953, 205 p. Traduction anglaise par Solange Lavigne : *The Secretaries of Riel, Louis Schmidt, Philippe Garnot, William Henry Jackson*, Prince-Albert, La Société canadienne française, 1985, [11], 160 p. Ill. Préface de John A. Archer.

Les Français dans l'Ouest canadien (essai), Winnipeg, Les Éditions de la Liberté, 1959, 162 p. Préface de Serge de Fleury. Ill. ; Saint-Boniface, Les Éditions du Blé, 1980, 198 p. Présentation d'Hélène Chaput.

Les Métis tels qu'ils ne sont pas, CF, vol. 19, nº 1, sept. 1931, p. 46-56.

L'Enfance de la Vérendrye, CF, vol. 25, nº 1, sept. 1937, p. 5-21.

Les Français dans l'Ouest canadien, MSRC, 3e série, vol. 41, section 1, 1947, p. 15-36.

Les Établissements français à l'ouest du lac Supérieur : esquisse de géographie humaine, dans *Royal Society of Canada. Proceedings and Transactions*, 3e série, vol. 48, 1953-1954, p. 7-12.

ÉTUDES

Émile Bégin, *Pierre Radisson*, ESC, vol. 14, nº 1, oct. 1934, p. 41-43.

Id., *Monseigneur Provencher et son temps*, ESC, vol. 15, nº 7, avril 1936, p. 544-546.

Gabriel Nadeau, *Les Secrétaires de Riel ; Louis Schmidt, Henry Jackson, Philippe Garnot*, RHAF, vol. 7, nº 1, juin 1953, p. 130-131.

Hélène Chaput, *Donatien Frémont, journaliste de l'Ouest canadien*, Saint-Boniface (Man.), Les Éditions du Blé, 1977, 227 p.

François Gallays, *Les Français dans l'Ouest canadien de Donatien Frémont*, LQ, nº 21, printemps 1981, p. 60-61.

FRIGON, JEAN (1952-   ). Dramaturge et romancier, né à Montréal. Très tôt il suit sa famille à Drummondville où il étudie au Cégep de Drummondville (D.E.C., 1972). Il obtient ensuite à l'Université d'Ottawa un baccalauréat (1981) et une maîtrise en création littéraire pour « Les Noces de Marie Caïro » (1983). Il enseigne à Ottawa et il fait de la mise en scène à Hull. Très intéressé au théâtre, il a déjà, en 1980, écrit une vingtaine de pièces. « W.C. » et *Ti-Jésus, bonjour* ont été lues au Centre d'essai des auteurs dramatiques. *Ti-Jésus*, présenté au Théâtre du Nouveau Monde en octobre 1977, remporte un certain succès, mais l'ensemble de la critique est sévère. André Dionne écrit : « Jean Frigon, malgré son sens certain du dialogue, ne parvient pas à donner un rythme intéressant à l'ensemble de sa parodie. Entre autres choses, on reproche au théâtre et au roman *La Cour des miracles* un réalisme cru trop souvent scatologique. Selon Claude Lavoie, « le texte de Frigon est plein de saveur mais se complaît parfois dans un misérabilisme qui risque de devenir agaçant à la longue ».

Pourtant on joue son théâtre au TNM, à l'Université McGill, à l'Université d'Ottawa, au Théâtre de l'Île de Hull.

ŒUVRES

Ti-Jésus, bonjour (théâtre), Montréal, Éditions Intrinsèque, 1977, p. 61-132. Avec *Après* de Serge Mercier et *As-tu peur des voleurs* de Louis-Dominique Lavigne. « Théâtre public ».

La Cour des miracles. Roman, Montréal, CLF Pierre Tisseyre, 1979, 260 p.

ÉTUDES

Claude Lavoie, *Jean Frigon. Ti-Jésus, bonjour*, LAQ 1977, p. 195-196.

André Dionne, *Le théâtre qu'on joue*, LQ, n° 9, févr. 1978, p. 19.

Lucie Robert, *Théâtre public, des textes de Serge Mercier, Jean Frigon et Louis-Dominique Lavigne*, LQ, n° 10, avril 1978, p. 21-23.

Donald Smith, *Le réalisme n'est pas mort, Jean Frigon nous le prouve avec « La Cour des miracles »* (entrevue), LQ, n° 18, été 1980, p. 72-75.

Murray Maltais, *Frigon, réaliste et controversé*, Dr, 68ᵉ année, n° 253, 26 janv. 1981, p. 8.

France Simard, *Avec « Opus 49, la ballerine océanique », Frigon reste fidèle à ses habitudes*, Dr, 71ᵉ année, n° 194, 16 nov. 1983, p. 53.

Id., *Frigon : des explorations inachevées*, Dr, 73ᵉ année, n° 146, 19 sept. 1985, p. 16.

FRONDE (LA), DAVID. Voir GROULX, LIONEL.

FUGÈRE, JEAN-PAUL (1921–). Romancier, né à Montréal. Après ses humanités, il s'oriente vers des études en génie d'abord et en sciences sociales ensuite à l'Université de Montréal, mais très tôt il opte pour la vie artistique : il devient comédien amateur chez les Compagnons de Saint-Laurent. Il collabore aussi à la revue *Amérique française*, dirigée à l'époque par François Hertel. En 1952, il entre au service de Radio-Canada. Au cours des trois années qui suivent, il prépare une série d'images pour la présentation des *Plouffe* de Roger Lemelin à la télévision. Il signe aussi la réalisation de quelques téléthéâtres ayant pour sources les pièces d'auteurs étrangers : Racine, Claudel, Musset, Ibsen, Tchekov, Pirandello. Il réalise aussi plusieurs téléthéâtres d'auteurs québécois, notamment inspirés par des textes signés Marcel Dubé, André Laurendeau, Jacques Brault, Guy Dufresne, Paul Chamberland, Guy Fournier, Madeleine Gagnon, Marc-F. Gélinas, Françoise Loranger, Germaine Guèvremont. Il publie, en 1965, *Les Terres noires* au sujet duquel Michel Gaulin note : « Ce qui fait le charme indéniable du roman de M. Jean-Paul Fugère ce sont précisément ces raccords constants entre les grands thèmes de la littérature initiatique universelle et les graves problèmes d'aliénation culturelle et sociale de l'homme d'ici ». À la suite de la publication de son quatrième roman, *Popa Moman et le Saint Homme* (1985), Gabrielle Poulin formule cette remarque : « Chacun des romans de cet écrivain, aussi tenace que discret, constitue une sorte de précipité de la vie humaine. Ce qui intéresse Jean-Paul Fugère, dont les romans présentent tous un aspect initiatique, ce sont les passages, c'est-à-dire des paliers sur lesquels se tient, seul et désemparé, l'homme arrivé à un tournant de sa vie ».

ŒUVRES

Les Terres noires (roman), Montréal, Éditions HMH, 1965, 199 p. « A ».

L'Orientation (roman), Montréal, HMH, 1970, 211 p. « A ».

En quatre journées (roman), [Montréal], Leméac, 1982, 164 p. « Roman québécois ».

Popa Moman et le Saint Homme (roman), Montréal, HMH, 1985, 152 p. « A ».

Aux réalisateurs de provoquer la venue de textes de valeur, Dev, vol. 57, n° 75, 31 mars 1966, p. 24.

ÉTUDES

Gilles Marcotte, *Les Terres noires*, dans *Québec*, 2ᵉ année, oct. 1965, p. 84-86.

Pierre Gobin, *Les Terres noires de Jean-Paul Fugère*, LAC 1965, p. 34.

Jean Bouthillette, *Le Long Cheminement de Jean-Paul Fugère*, Pe, vol. 9, n° 50, 16 déc. 1967, p. 12-17.

Michel Gaulin, *L'Orientation de Jean-Paul Fugère*, LAQ 1970, p. 76.

Réginald Martel, *Jean-Paul Fugère. Une histoire simple comme la vie*, Pr, 98ᵉ année, n° 142, 19 juin 1982, p. C-3.

Claire de Lamirande, *Un roman de Jean-Paul Fugère. « En quatre journées »*, Dr, 70ᵉ année, n° 128, 28 août 1982, p. 14.

Gabrielle Poulin, « *Popa Moman et le Saint Homme ». Émouvant et drôle...*, Dr, 73ᵉ année, n° 271, 15 févr. 1986, p. 28.

G

GABOURY, PLACIDE (1928–   ). Essayiste, né à Bruxelles (Manitoba). Il fait son cours classique au Collège de Saint-Boniface (B.A., 1949). Il entre chez les Jésuites, puis il obtient une maîtrise en littérature à l'Université de Montréal (1953) dont le sujet porte sur « Le Symbole de l'eau dans les grandes odes de Claudel ». Entre 1955 et 1969, il est professeur de lettres aux collèges de Saint-Boniface, Sainte-Marie et Brébeuf, et il étudie en même temps la direction chorale à l'Université Harvard, le contrepoint et l'harmonie à l'Université de Montréal (1959-1963). En 1970, il termine un doctorat à l'Université de Montréal dont la thèse est publiée sous le titre : *Louis Dantin et la Critique d'identification.* Il devient professeur de français à l'Université du Manitoba (1970-1971), puis professeur de philosophie à l'Université de Sudbury à partir de 1971. À propos de la thèse sur Dantin, Yvon Morin écrit que Gaboury « a clairement démêlé et intégré les divers aspects de l'œuvre et du critique ». L'auteur a publié une série d'essais sur l'homme moderne à la recherche d'un sens. Pour Raymond Lemieux, Gaboury apporte aux différents aspects d'un *Monde ambigu* (1968) « un regard franchement neuf ». Selon Jean-Louis Major qui compare *L'Homme inchangé* à sa propre idée de l'essai, Gaboury « parle trop des autres et n'écoute pas assez en soi ». *Le Livre canadien* émet un jugement sévère sur *Les Voies du possible* (1975) : « Pour respectable qu'il soit, parce qu'il est de bonne foi, le cheminement que nous expose Placide Gaboury est d'un philosophe qui renonce à choisir parce qu'il a résolu de tout admettre ».

ŒUVRES

Matière et Structure. Réflexions sur l'œuvre d'art (essai), Bruges/Paris, Desclée de Brouwer, 1967, 184 p. Préface de Jacques Brault. « Essais pour notre temps ».

Devenir religieux (essai), Bruges/Paris, Desclée de Brouwer, 1967, 117 p.

L'Art et les Hommes (essai), Montréal, CAP, 1967, 143 p. Collab. Paul-M. Lemaire. Ill.

Un monde ambigu. Pluralisme et vie religieuse (essai), Montréal, Éditions Bellarmin, 1968, 211 p.

L'Homme inchangé. Une vision du monde et de l'homme (essai), Montréal, Éditions Hurtubise HMH, 1972, 209 p. « Constantes » ; *L'Homme inchangé. Une version* [*sic*] *du monde et de l'homme* (essai), Boucherville, Éditions de Mortagne, 1986, 156 p.

Faith and Creativity (essai), New York, Vantage Press, 1972, 155 p.

Louis Dantin et la Critique d'identification (essai), Montréal, Éditions Hurtubise HMH, 1973, 263 p. « R ».

Les Voies du possible (essai), Montréal, René Ferron éditeur, 1975, 156 p. Ill. « Magie et Communication » ; Boucherville, Éditions de Mortagne, 1981, 190 p. Ill.

Le Voyage intérieur (essai), Boucherville, Éditions de Mortagne, 1979, 252 p. Ill. Présentation de Jacques Languirand.

L'homme qui commence. Croissance spirituelle et liens cosmiques (essai), Boucherville, Éditions de Mortagne, 1981, 309 p.

Réincarnation et Karma (essai), Montréal, Les Productions Minos ltée, 1984, 233 p. Collab. Jacques Languirand. Ill.

Un torrent de silence (essai), Boucherville, Éditions de Mortagne, 1985, 368 p. Ill.

Pensées pour les jours ordinaires (essai), Boucherville, Les Éditions de Mortagne, 1986, 158 p. Ill.

Critique et Sens de l'œuvre, Rel, nᵒ 311, déc. 1966, p. 342-343.

La Structure romanesque dans l'œuvre de Louis Hémon, dans *L'Enseignement secondaire,* t. 45, nᵒˢ 4 et 5, sept.-déc. 1968, p. 185-201, 216-242.

L'Homme « distancié » prototype de l'homme libre ?, Dev, vol. 59, nᵒ 291, 11 déc. 1968, p. 5.

La Mentalité urbaine et le Québécois, Dev, vol. 60, nᵒˢ 64, 65, 66 et 67, 18, 19, 20 et 21 mars 1969, p. 4.

Robert Charlebois : chantre de la ville, Dev, vol. 60, nᵒ 74, 29 mars 1969, p. 22.

L'Art : une expérience plutôt qu'un objet ?, Dev, vol. 60, nᵒ 80, 7 avril 1969, p. 4 ; nᵒ 81, 8 avril 1969, p. 5.

Le pluralisme serait-il le fait d'hommes qui se retrouvent comme citoyens plutôt que comme frères ?, Dev, vol. 60, nᵒ 93, 22 avril 1969, p. 5.

Le Jazz : une expression du pluralisme, Dev, vol. 60, nᵒ 127, 2 juin 1969, p. 5.

ÉTUDES

Guy Robert, *Matière et Structure de Placide Gaboury,* LAC 1967, p. 166.

Yvon Daigneault, *Inventer une spiritualité d'ici,* So, 71ᵉ année, nᵒ 150, 22 juin 1968, p. 40.

Raymond Lemieux, *Pluralisme et Vie religieuse*, LAC 1968, p. 201.

[Anonyme], *L'Homme inchangé de Placide Gaboury*, dans *Le Livre canadien*, vol. 3, févr. 1972, n° 47.

Jean-Louis Major, *Essai et Contre-essai*, LAQ 1972, p. 316–326.

Yvan Morin, *Placide Gaboury. Louis Dantin et la Critique d'identification*, LAQ 1973, p. 181–182.

[Anonyme], *Gaboury, Placide. Louis Dantin et la Critique d'identification*, dans *Le Livre canadien*, vol. 5, mars 1974, n° 84.

[Anonyme], *Gaboury, Placide. Les Voies du possible*, dans *Le Livre canadien*, vol. 7, avril 1976, n° 138.

Madeleine Dubuc, *Placide Gaboury. Vers l'être humain de l'ère nouvelle*, Pr, 98ᵉ année, n° 55, 6 mars 1982, p. C-2.

S.W.A.A., *L'homme qui commence*, dans *Le Temps fou*, n° 23, nov.–déc. 1982, p. 65.

GABRIEL, FRÈRE. Voir **BEAUDET, GILLES J.-A.**

GADBOIS, CHARLES-ÉMILE (1906–1981). Musicologue, né à Saint-Barnabé-Sud (Saint-Hyacinthe). Pendant ses études classiques au Séminaire de Saint-Hyacinthe, il apprend le piano, le violon, la clarinette, la harpe, et s'intéresse à la musique vocale. Après son baccalauréat (1926), il entre au Grand Séminaire de Montréal où il s'initie au chant grégorien, et est nommé maître de chapelle et lauréat de la Schola Cantorum. Ordonné prêtre en 1930, il devient professeur de français et de chant au Séminaire de Saint-Hyacinthe où il dirige aussi l'orchestre. Il continue à travailler le violon avec Maurice Odoret et l'harmonie avec Conrad Letendre. À l'automne de 1937, répondant à un appel lancé par Mgr Camille Roy lors du deuxième congrès de la langue française, l'abbé Gadbois fonde, au Séminaire, l'œuvre de *La Bonne Chanson* à laquelle il travaille inlassablement pendant dix-huit ans. Née pour faire obstacle à l'invasion de la chansonnette française et américaine, *La Bonne Chanson* voulait faire revivre le folklore et exalter les valeurs traditionnelles patriotiques, religieuses, familiales et terriennes. En peu d'années, l'œuvre distribue au Canada et à travers le monde des dizaines de millions d'exemplaires des cinq cents chansons des dix volumes de *La Bonne Chanson*. L'ouvrage est composé en réalité d'un mélange assez hétéroclite de chansons de folklore, des grands maîtres européens, et de chansonniers canadiens et français. Suivront un recueil de cantiques, des recueils pour les écoles... En outre, dans les années quarante, la société RCA Victor enregistre cinquante disques de ces chansons interprétées par Albert Viau et François Brunet. L'abbé Gadbois organise et dirige de nombreux festivals, à Lewiston (Maine), à Montréal, Québec, Sherbrooke, etc. Il crée en 1953 la belle revue *Musique et Musiciens* qui ne dure qu'un an. Il fonde, en 1954, le poste radiophonique CJMS pour « l'élite soucieuse de culture » et la diffusion de la chanson. Mais en 1955 les difficultés financières entraînent la vente de la maison d'édition et du poste radiophonique. L'abbé Gadbois est ensuite vicaire pendant quelques années à Sorel et à Sherbrooke, passe deux ans chez les Cisterciens de Rougemont (1960–1962), puis prend sa retraite à Montréal où il meurt en 1981. Son œuvre, que Jean Blouin appelle « une épopée musicale », arrivait à temps dans une époque qu'elle reflète bien. Son principal mérite est « d'avoir fait entrer la bonne chanson dans tous les foyers, de lui avoir donné ses lettres de noblesse », écrit Raymond Dionne qui souhaite qu'on accorde une bonne place au célèbre abbé Gadbois dans l'histoire de la musique québécoise.

ŒUVRES

La Bonne Chanson, Saint-Hyacinthe, Éditions de la Bonne Chanson, 1938–1951, 10 albums ill., 502 p. : 1, *Ô Canada* ; 2, *L'Angélus de la mer* ; 3, *Lève-toi jeunesse* ; 4, *Prends ma jeunesse* ; 5, *Berceuse aux étoiles* ; 6, *L'Anneau d'argent* ; 7, *Le Soir sur l'eau* ; 8, *La Jardinière du roi* ; 9, *Le Rosaire* ; 10, *Tant qu'il y aura des étoiles* ; La Prairie, Les Entreprises culturelles Enr., 1980.

Le Jeu de piano, Saint-Hyacinthe, Éditions de la Bonne Chanson, 1944, [n.p.].

[*La Bonne Chanson. Album des chants populaires*], Saint-Hyacinthe, Chez l'auteur, 1945, 72 p.

La Bonne Chanson : accompagnements de la Série des jeunes par Conrad Letendre, Saint-Hyacinthe, Éditions de la Bonne Chanson, 1945, 36 p.

22 Chœurs à trois voix égales, Saint-Hyacinthe, Éditions de la Bonne Chanson, 1947, 44 p.

20 Chœurs à trois voix égales, Saint-Hyacinthe, Éditions de la Bonne Chanson, 1947, 51 p.

La Bonne Chanson à l'école. Première, deuxième et sixième années, Saint-Hyacinthe, Éditions de la Bonne Chanson, 1948, 25 p. Ill. de Julien Déziel.

Dans mes loisirs je chante, Saint-Hyacinthe, La Bonne Chanson, 1948, 26 p. Ill.

La Bonne Chanson à l'école. Quatrième, cinquième, sixième et septième années, Saint-Hyacinthe, Éditions de la Bonne Chanson, 1948, 29 p. Ill. de Julien Déziel.

Les 100 plus belles chansons, Saint-Hyacinthe, La Bonne Chanson, 1948, 103 p.

Cantiques choisis. 400 Cantiques. Chantons avec l'Église, Saint-Hyacinthe, Éditions de la Bonne Chanson, [s.d.], [25], 552 p. Préface d'Eugène Lapierre.

Chantons Noël (8 cantiques), La Prairie, Éditions de la Bonne Chanson, 1964, 26 p. Préface de Raymond Daveluy.

Chantons Noël (8 cantiques), La Prairie, Éditions de la Bonne Chanson, 1964, 24 p. Préface de Raymond Daveluy.

Chantons Noël (10 cantiques), La Prairie, Éditions de la Bonne Chanson, 1964, 35 p. Préface de Raymond Daveluy.

La Bonne Chanson. Série de jeu, La Prairie, Les Entreprises culturelles Enr., 1980, 26 p.

[*La Bonne Chanson. Le Club des jeunes aventuriers Madeleine et Pierre*], [Saint-Hyacinthe, La Bonne Chanson, s.d.], 5 vol. : vol. 1, p. 1–15 ; vol. 2, p. 16–32 ; vol. 3, p. 33–48 ; vol. 4, p. 49–64 ; vol. 5, p. 65–80. Ill. Introduction de l'auteur. «Chansonnier».

DISCOGRAPHIE

La Bonne Chanson (40 disques), Montréal, RCA Victor, «Bluebird», n° B-1200 à B-1240, 78 tours.

La Bonne Chanson (10 disques), Montréal, RCA Victor, «Bluebird», n° 55-5232 à 55-5242, 78 tours.

ÉTUDES

Frédéric Pelletier, *La Vie musicale*, Dev, vol. 29, n° 144, 18 juin 1938, p. 4.

Jean Blouin, *Une épopée musicale aujourd'hui oubliée : La Bonne Chanson*, dans *Perspective-dimanche*, vol. 8, n° 50, 12 déc. 1976, p. 8, 10–16, 18.

Marcelle Ouellette, *Les Précieux Souvenirs de l'abbé Gadbois, pionnier de la Bonne Chanson*, dans *Le Lundi*, vol. 3, n° 13, 12 mai 1979, p. 59–61.

Raymond Dionne, *La Bonne Chanson de l'abbé Gadbois, une œuvre colossale qui prit l'allure d'une croisade*, So, 83ᵉ année, n° 292, 8 déc. 1980, p. B-6.

Georges-Émile Giguère, *La Bonne Chanson*, dans *Vidéo-Presse*, vol. 10, n° 6, février 1981, p. 40-41.

GADOU. Voir **LAFORTUNE, AMBROISE.**

GAGNÉ, LISE. Voir **GAUVIN, LISE.**

GAGNON, ALAIN (1943–   ). Poète, conteur et romancier, né à Saint-Félicien (Lac-Saint-Jean-Ouest). Il fait ses humanités au Séminaire des Pères Maristes de Roberval et au Collège de Jonquière (B.A., 1966). Il obtient ensuite une licence en histoire à l'Université Laval (1971) et une maîtrise en études régionales à l'Université du Québec à Chicoutimi pour un mémoire intitulé « Chibougamau-Chapais ; approche systématique » (1983). Il enseigne, à compter de 1968, à Charny, Saint-Félicien, Kingston et Arvida, puis, en 1982, il devient responsable du service de documentation en études régionales à l'Université du Québec à Chicoutimi. Il collabore à *Actualité*, à *Perspectives* et au *Bulletin des agriculteurs*. Ses premiers ouvrages, nouvelles, contes, romans, sont accueillis assez froidement, bien que dans *Le Livre canadien* on trouve «un véritable souffle épique» dans *Triptyque de l'homme en queste* (1971). Jean Éthier-Blais a vu dans *Ilse* (1972) «un roman fort mauvais» mais dans *La Grenouille et le Bulldozer* (1973), malgré son titre et l'illogisme psychologique du personnage principal, «un livre réussi où abondent les notations justes, où les personnages vibrent, où se retrouvent la saveur du temps». Et on lit dans *Le Livre canadien* sur *Poèmes de l'homme non-né* (1975) : «Poésie simple et attachante que celle d'Alain Gagnon, même s'il nous semble que quelques poèmes marquent une certaine faiblesse». Dans l'œuvre romantique de Gagnon, selon Réginald Martel, «ce qui échappe à l'auteur, [...] c'est le talent de créer un univers cohérent et nécessaire».

ŒUVRES

Le Pour et le Contre. Nouvelles, Montréal, CLF, 1970, 123 p.

Triptyque de l'homme en queste. Contes, Montréal, CLF, 1971, 109 p.

Ilse ou Salmacis avortée. Roman, Montréal, CLF, 1972, 119 p.

La Grenouille et le Bulldozer. Roman, Montréal, CLF, 1973, 135 p.

Poèmes de l'homme non-né, Montréal, CLF, 1975, 71 p.

Le Jourdain inverse (poésie), Montréal, CLF Pierre Tisseyre, 1977, 109 p.

La Damnation au quotidien : romances verbeuses à bâtons rompus sur un mode mineur (roman), Montréal, CLF Pierre Tisseyre, 1978, 133 p.

Il n'y a pas d'hiver à Kingston. Roman, Montréal, CLF Pierre Tisseyre, 1982, 210 p.

Le Gardien de glaces. Roman, Montréal, CLF Pierre Tisseyre, 1984, 169 p.

Café rose et Chien écrasé (nouvelle), dans *Actualité*, vol. 12, n° 8, avril 1972, p. 38–41.

L'Ours, la Bière et l'Hôpital (récit), Pe, vol. 15, n° 42, oct. 1973, p. 8–12.

Cajetan et son chien (nouvelle), dans *Le Bulletin des agriculteurs*, 60ᵉ année, n° 10, oct. 1977, p. 44–45.

Du Sakini au Piekovagami (prose poétique), dans Gilles Boileau, *Le Saguenay-Lac-St-Jean*, Québec, Éditeur officiel du Québec, 1977, p. 159–176.

ÉTUDES

Cécile Cloutier, *Le Pour et le Contre d'Alain Gagnon*, LAQ 1970, p. 63.

Réginald Martel, *En attendant un grand livre*, Pr, 87ᵉ année, n° 61, 13 mars 1971, p. D-3.

Gérald Charbonneau, *Triptyque de l'homme en queste d'Alain Gagnon*, LAQ 1971, p. 72.

Jean Éthier-Blais, *Le Drame des hommes de quarante ans*, Dev, vol. 45, n° 50, 2 mars 1974, p. 17.

Robert Harvey, *Alain Gagnon. La Grenouille et le Bulldozer*, LAQ 1974, p. 62.

[Anonyme], *Gagnon (Alain). Poèmes de l'homme non-né*, dans *Le Livre canadien*, vol. 7, déc. 1976, n° 396.

Réginald Martel, *Le Fantastique selon Carpentier*, Pr, 95e année, n° 11, 13 janv. 1979, p. D-3.

Id., *Alain Gagnon romancier. Rien, toujours rien*, Pr, 99e année, n° 12, 15 janv. 1983, p. C-3.

Paul Gay, « *Il n'y a pas d'hiver à Kingston* » *d'Alain Gagnon. La volupté de l'écriture*, Dr, 71e année, n° 98, 23 juillet 1983, p. 24.

GAGNON, CÉCILE (1936-   ). Conteuse et graphiste-illustratrice pour la jeunesse, née à Québec. Elle fait ses humanités classiques au Collège Jésus-Marie de Sillery et à l'Université Laval (B.A., 1956), étudie ensuite les arts graphiques à l'Université de Boston et à l'École nationale supérieure des Arts décoratifs de Paris (1956-1959). Puis, boursière du ministère de l'Éducation du Québec [1964-1966], elle poursuit des études à l'Institut de psychologie de l'Université de Paris, à l'École du Louvre, à l'Université Sir George Williams... À compter de 1961, elle fait plusieurs choses : elle publie une trentaine de livres pour enfants, en illustre une vingtaine, collabore à divers périodiques, tels *Les Cahiers de la femme*, *Lurelu*, *Éclats de lire*, *Jeunes années*... ; elle est hôtesse-interprète à l'Exposition de Turin (1961), graphiste et illustratrice à Boston et à New York, responsable des ateliers de création pour les enfants au Centre d'art de Boucherville, directrice de collection aux Éditions Héritage, rédactrice en chef des *Cahiers Passe-Partout*, fondatrice et directrice de la collection Brindille, consultante pour le Bureau du Commissaire aux langues officielles... Elle a mérité le prix du Grand Jury des lettres (1962), le prix de la Province de Québec (1970) et le prix de l'ACELF (1980). Cécile Gagnon pratique dans ses contes la forme traditionnelle. Elle n'explore pas les modes nouvelles de langage, « non pas parce qu'elle les méprise, écrit Anne Richer, mais parce qu'elle n'y croit pas. Elle préfère rejoindre les enfants dans leur vie de tous les jours, dans une langue claire, avec leurs mots à eux ». Elle obtient aussi habituellement la faveur de la critique. Ainsi, Monique Larue dit qu'*Alfred dans le métro* est écrit dans « un style simple, concret, vivant et efficace », et que le conte est imaginé « par un auteur qui possède bien la technique du dialogue qui fait avancer l'action, sait utiliser les éléments du décor (les portes du métro, par exemple) pour dramatiser l'intrigue, et jouer habilement sur les sentiments de peur, de crainte, pour créer une atmosphère de suspense ».

ŒUVRES

La Pêche à l'horizon (litt. jeunesse), Québec, Éditions du Pélican, 1961, 36 p. Ill. de l'auteur.

Martine-aux-oiseaux (litt. jeunesse), Québec, Éditions du Pélican, 1964, 36 p. Ill. de l'auteur ; 1966.

La Bergère et l'Orange (litt. jeunesse), Saint-Lambert, Éditions Héritage inc., 1976, 16 p. Ill. « Brindille ».

La Journée d'un chapeau de paille (litt. jeunesse), Saint-Lambert, Éditions Héritage, 1976, 16 p. Ill. « Brindille ».

La Marmotte endormie (litt. jeunesse), Saint-Lambert, Éditions Héritage, 1976, [n.p. 16 p.]. Ill. « Brindille ».

Plumeneige (litt. jeunesse), Montréal, Édition Héritage, 1976, 127 p. Ill. « Pour lire avec toi » ; 1980, [n.p., 16 p.]. « Albums Héritage ». Traduction anglaise : *Snowfeather*, Toronto, James Lorimer & Company Publishers, 1983.

Trèfle et Tournesol (litt. jeunesse), Saint-Lambert, Éditions Héritage, 1976, 16 p. Ill. « Brindille ».

Le Voilier et la Lune (litt. jeunesse), Saint-Lambert, Éditions Héritage, 1976, 16 p. Ill. de l'auteur.

Le Voyage d'un cerf-volant (litt. jeunesse), Saint-Lambert, Éditions Héritage, 1976, [n.p., 16 p.]. Ill. de l'auteur.

L'Épouvantail et le Champignon (litt. jeunesse), Montréal, Éditions Héritage, 1978, 127 p. Ill. de l'auteur.

Les Boutons perdus (litt. jeunesse), Saint-Lambert, Éditions Héritage, 1979, 16 p. Ill. de l'auteur.

La Chemise qui s'ennuyait (litt. jeunesse), Saint-Lambert, Éditions Héritage, 1979, 16 p. Ill. de l'auteur.

Le Parapluie rouge (litt. jeunesse), Saint-Lambert, Éditions Héritage, 1979, 16 p. Ill. de l'auteur.

Alfred dans le métro (litt. jeunesse), Saint-Lambert, Éditions Héritage, 1980, 125 p. Ill. de l'auteur. « Pour lire avec toi ».

L'Édredon de minuit (litt. jeunesse), Saint-Lambert, Éditions Héritage, 1980, [n.p., 16 p.]. Ill. de l'auteur. « Brindille ».

Lucienne (litt. jeunesse), Saint-Lambert, Éditions Héritage, 1980, 16 p. Ill. de Fernande Lefebvre. « Brindille ».

Une nuit chez le lièvre (litt. jeunesse), Saint-Lambert, Éditions Héritage, 1980, 16 p. Ill. de Jean-Christian Knaff. « Brindille ».

Blé d'Inde le lutin (litt. jeunesse), Montréal, Éditions Héritage, 1981, [n.p., 16 p.]. Ill. de Robert Bigras. « Brindille ».

Les Lunettes de Sophie (litt. jeunesse), Montréal, Les Éditions Projets, 1981, 15 p. Ill. de Josée La Perrière.

Les Malurons. Cahier-album 1, Montréal, Centre éducatif et culturel inc., 1981, 32 p. Ill. de Cécile Gagnon. Texte de Cécile Gagnon et Marie Rose Desprez, sous la direction de Monique Turcotte-Delisle. « Aventure au pays des mots » ; *Cahier-album 2*, 1, 80 p. Textes et ill.

de Cécile Gagnon ; *Cahier-album 3*, 64 p. ; *Les Malurons. Livre 1*, 1983, 39 p. Texte de Cécile Gagnon et Danièle Simpson. Ill. de Cécile Gagnon ; *Livre 2*, 53 p. ; *Cahier-album 1*, 1983, 91 p. Texte et ill. de Cécile Gagnon ; *Cahier-album 2*, 71 p.

Opération marmotte (litt. jeunesse), Montréal, Éditions Héritage, 1981, [n.p., 127 p.]. Ill. de l'auteur. « Pour lire avec toi ».

Le Roi de Novilande (litt. jeunesse), Montréal, CLF Pierre Tisseyre, 1981, 23 p. Ill. de Darcia Labrosse. « Le Marchand de sable ».

Le Roi sans royaume (litt. jeunesse), Montréal, Les Éditions Projets, 1981, 23 p. Ill. de Jean-Christian Knaff. « Coquelicot ».

Toudou est malade (litt. jeunesse), Montréal, Les Éditions Projets, 1981, 15 p. Ill. de Jean-Christian Knaff. « Capucines ».

Zorim et le Monstre (litt. jeunesse), Montréal, Les Éditions Projets, 1981, 23 p. Ill. de Josée Lapierre. « Coquelicot ».

La Boule verte (litt. jeunesse), [Paris], Flammarion, 1982, 16 p. Ill. de Martine Bourre.

Les Exploramis (litt. jeunesse), Montréal, Centre éducatif et culturel inc., 1982, 2 livres : *Livre 1*, 48 p. ; *Livre 2*, 64 p. Ill. Texte de Cécile Gagnon et Danièle Simpson. Sous la direction de Monique Turcotte-Delisle. « Aventure au pays des mots ».

Histoire d'Adèle Viau et de Fabien Petit. Conte (litt. jeunesse), Montréal, CLF Pierre Tisseyre, [1982], 23 p. Ill. de Darcia Labrosse.

Pourquoi les moutons frisent (litt. jeunesse), Montréal, CLF Pierre Tisseyre, 1982, 19 p. Ill. de Suzanne Duquet. « Le Marchand de sable ».

[*Alfred dans le métro*] (litt. jeunesse), Saint-Lambert, Les Éditions Héritage, 1983, [n.p., 16 p.]. Ill. de Louise Blanchard. « Album Héritage ».

J'invente une histoire (litt. jeunesse), Saint-Lambert, Les Éditions Héritage inc., 1983, 47 p. Ill. de l'auteur. « Des jeunes créateurs ».

Johanne du Québec (litt. jeunesse), Paris, Flammarion, 1983, 32 p. Ill. de François Davot. « Album du Père Castor ».

La Maison Miousse ou Les Bienfaits d'une tempête (litt. jeunesse), Paris, Éditions de l'Amitié G.T. Rageot, 1983, 57 p. Ill. de Susanna Campielo. « Ma première amitié ».

Surprises et Sortilèges (litt. jeunesse), Montréal, CLF Pierre Tisseyre, 1983, 23 p. Ill. de Christiane Beauregard. « Le Marchand de sable ».

Une grosse pierre (litt. jeunesse), Montréal, Éditions Héritage, 1983, 16 p. Ill. de Robert Bigras. « Brindille ».

[*Dans le ciel*] (litt. jeunesse), Saint-Lambert, Les Éditions Héritage inc., 1984, 16 p. Ill. de l'auteur. « Papillote ».

[*Dans l'eau*] (litt. jeunesse), Saint-Lambert, Les Éditions Héritage inc., 1984, 16 p. Ill. de l'auteur. « Papillote ».

[*Dans la maison*] (litt. jeunesse), Saint-Lambert, Les Éditions Héritage inc., 1984, 16 p. Ill. de l'auteur. « Papillote ».

[*Dans la neige*] (litt. jeunesse), Saint-Lambert, Les Éditions Héritage inc., 1984, 16 p. Ill. de l'auteur. « Papillote ».

[*Dans la terre*] (litt. jeunesse), Saint-Lambert, Les Éditions Héritage inc., 1984, 16 p. Ill. de l'auteur. « Papillote ».

[*Sur le sol*] (litt. jeunesse), Saint-Lambert, Les Éditions Héritage inc., 1984, 16 p. Ill. de l'auteur. « Papillote ».

Bonjour l'arbre Léon (litt. jeunesse), Longueuil, Les Éditions Raton Laveur, 1985, [n.p., 23 p.]. Ill. de Darcia Labrosse.

L'hiver à l'envers (conte), dans *Municipalité*, 11e année, no 8 bis, oct. 1979, p. 6–9.

Moi aussi j'écris un livre, dans *Lurelu*, vol. 3, no 2, été 1980, p. 3–7.

ÉTUDES

Lucie Dorion, *Cécile Gagnon. L'Épouvantail et le Champignon*, LAQ 1978, p. 253–254.

Marc Sévigny, *Profil d'un auteur*, dans *Éducateur Québec*, vol. 9, no 6, avril 1979, p. 16–17.

Marie-Jeanne Robin, *Rencontre avec Cécile Gagnon* (entrevue), dans *Lurelu*, vol. 2, no 2, été 1979, p. 12–14.

Louise Guillemette-Labory, *L'Épouvantail et le Champignon de Cécile Gagnon*, dans *Lurelu*, vol. 2, no 2, été 1979, p. 7.

Hélène Biron, *Plumeneige de Cécile Gagnon*, dans *Des livres et des jeunes*, vol. 2, no 6, juin 1980, p. 40.

Michèle Gélinas, *Alfred dans le métro de Cécile Gagnon*, dans *Lurelu*, vol. 3, no 4, hiver 1980, p. 9.

Id., *Plumeneige de Cécile Gagnon*, dans *Lurelu*, vol. 3, no 4, hiver 1980, p. 13.

Alvine Bélisle, *Alfred dans le métro*, dans *Des livres et des jeunes*, vol. 3, no 7, automne 1980, p. 36–37.

Monique La Rue, *Cécile Gagnon, Alfred dans le métro*, LAQ 1980, p. 223–224.

André Lamarre, *Henriette Major et Cécile Gagnon, « Brindille »*, LAQ 1980, p. 230.

Anne Richer, *Écrire pour les enfants*, Pr, 98e année, no 73, 27 mars 1982, p. C-2.

GAGNON, CLAUDE (1944–   ). Chansonnier et philosophe, né à Montréal. Il fait ses études classiques au Collège Mont-Saint-Louis (B.A., 1965). Ensuite, à la Faculté de philosophie et au Département d'études médiévales de l'Université de Montréal, il obtient un baccalauréat en philosophie (1967), une maîtrise pour un mémoire intitulé « Une transcription d'un commentaire sur l'Isagogè de Porphyre » (1968), et un doctorat dont la thèse est publiée sous le titre : *Description du Livre des figures hiéroglyphiques attribué à Nicolas Flamel* (1977). Boursier du ministère de l'Éducation du Québec, il poursuit des recherches post-doctorales à la Sorbonne. À partir de 1969, il est professeur de philosophie au Collège Édouard-Montpetit. Membre fondateur de la Société de philosophie du Québec, en 1974, il est nommé, en 1976, archiviste de cette société dont les manuscrits et mémoires sont déposés à l'Université du Québec à Trois-Rivières. Il collabore à *Critère*, au *Bulletin de la Société de philosophie du Québec*, et il fonde, en 1979, *La Petite Revue de philosophie*. Il s'intéresse à la chanson québécoise, et il publie lui-même des chansons.

ŒUVRES

Robert Charlebois déchiffré (essai), Montréal, Leméac, 1974, 233 p. Ill. « Mon pays mes chansons »; Paris, Albin Michel, 1976, 190 p. Ill. « Rock & Folk ».

Description du Livre des figures hiéroglyphiques attribué à Nicolas Flamel, suivie d'une réimpression de l'édition originale et d'une reproduction des sept talismans du Livre d'Abraham, auxquels on a joint le testament authentique du dit Flamel (essai), Montréal, Éditions de l'Aurore, 1977, 193 p. Ill. « Exploration/Études médiévales ».

Alchimie et Philosophie au Moyen Âge, perspectives et problèmes (essai), Montréal, L'Aurore/Univers, 1980, 83 p. Collab. Chiara Crisciani. « Exploration/Études médiévales ».

Chansons de la sourde fontaine (chansons), Longueuil, Le Préambule, 1980, 126 p. Ill.

Monstres des lacs du Québec, mythes et troublantes réalités (essai), Montréal/Paris, Stanké, 1982, 320 p. Collab. Michel Meurger. Ill.

Enquête au Proche-Orient (Philosophie de la culture) (essai), Longueuil, Le Préambule, 1983, 251 p.

Drogues et Environnement culturel, dans *Critère*, nᵒ 5, janv. 1972, p. 262-283.

Médecine, alchimie et pélerinage, dans *Critère*, nᵒ 13, juin 1976, p. 157-172.

Une ville philosophique du Québec : Fermont, dans *Critère*, nᵒ 18, printemps 1977, p. 211-224.

Note philosophique sur le principe de subsidiarité, dans *Critère*, nᵒ 23, automne 1978, p. 191-200.

Répertoire des thèses de doctorat soutenues en philosophie au Québec depuis l'origine jusqu'à 1979, dans *Bulletin de la Société de philosophie du Québec*, vol. 5, nᵒ 3, sept. 1979, 66 p.

ÉTUDE

Bruno Roy, *Claude Gagnon de la cabale des philosophes à la littérature des cabalistes*, dans *Revue philosophique*, vol. 7, nᵒ 1, avril 1980, p. 77-84.

GAGNON, DANIEL (1946-   ). Poète et romancier, né à Giffard (Québec). Il fait ses humanités à l'Externat classique de Magog et au Petit Séminaire de Sherbrooke (B.A., 1966), et il obtient une licence ès lettres à l'Université de Montréal (1970). Il est ensuite agent culturel à l'Office de la langue française à Sherbrooke (1970-1976). Il collabore au magazine

régional *L'Estrie* et il s'occupe de peinture autant que de littérature. Il publie une première nouvelle dans les *Écrits du Canada français*, en 1969. Son premier roman, *Surtout à cause des viandes* (1972), sous le thème de la mère détestée et sacrifiée, introduit le lecteur dans « un univers imaginaire outrancier, hanté par la consommation, où chaque action dégénère en orgie, ou prend des dimensions franchement scatologiques » (Jacques Michon). Le second roman, *Loulou* (1976), va plus loin, si possible. Plusieurs critiques réagissent durement : « torchon » « magma scatologique », écrivent Louis Lasnier, Réginald Martel, etc., ce qui étonne un peu Jacques Michon pour qui « l'auteur ne fait que nous renvoyer ici l'image à peine déformée de la bêtise qui nous assaille quotidiennement [... dans] cette société dévoreuse et pourvoyeuse de tous les biens ». Pour Yvon Boucher, on n'a pas compris que « Gagnon refuse de signer le contrat social de l'art domestique ». Le troisième roman, *King Wellington* (1978), présente un groupe de jeunes chômeurs de Sherbrooke qui, au cours d'une tempête de neige, dérivent dans la nuit, mangeant, buvant, parlant toujours d'amour. Cette fois, R. Martel trouve que l'histoire est « lisible », que les personnages sont « criants de vérité, de verdeur, de fraîcheur ».

ŒUVRES

Surtout à cause des viandes. Recettes de bonheur (roman), Montréal, CLF, 1972, 111 p. « De l'ange et de la bouteille de ketchup ».

Loulou (roman), Montréal, CLF Pierre Tisseyre, 1976, 160 p. « De l'ange ».

King Wellington. Roman, Montréal, CLF Pierre Tisseyre, 1978, 171 p.

Au jour la nuit (poésie), [Arvida, Distribué par l'auteur], 1979, 110 p.

Le Lapin voleur de cocos (litt. jeunesse), Granby, [Magies enfantines inc.], 1984, [n.p., 11 f.]. Ill. de A. Béchard *et al.* « Fleurs enfantines ».

La Fille à marier (roman), [Montréal], Leméac, 1985, 111 p. « Roman québécois ».

La Fée calcinée. Récit, Montréal, VLB éditeur, 1987, 116 p.

Riopelle grandeur nature (essai), Montréal, Fides, 1988, 278 p.

Les Aventures de Lurik (nouvelle), ECF, nᵒ 28, 1969, p. 83-98.

Sherbrooke (poésie), dans *Les Cahiers du hibou* (Sherbrooke), 1980, p. 30-40.

ÉTUDES

Jean-Claude Trait, *Surtout à cause du style*, Pr, 89ᵉ année, nᵒ 15, 20 janv. 1973, p. E-2.

Jean-Yves Théberge, *Surtout à cause de la charogne*, CF, 113ᵉ année, nᵒ 42, 14 mars 1973, p. 64.

Réginald Martel, *Des nouvelles, un roman et des riens*, Pr, 92ᵉ année, nᵒ 281, 4 déc. 1976, p. C-3.

Jacques Michon, *Daniel Gagnon. Loulou*, LAQ 1976, p. 96–97.

Réginald Martel, *À propos de Loulou*, Pr, 93ᵉ année, nᵒ 9, 8 janv. 1977, p. C-3.

Louis Lasnier, *Gagnon (Daniel). Loulou*, dans *Nos livres*, vol. 8, mars 1977, nᵒ 91.

Gilbert La Rocque, *Deux exécutions et un non-lieu!*, dans *Le Livre d'ici*, vol. 2, nᵒ 33, 25 mai 1977, p. 1.

Yvon Boucher, *Daniel Gagnon ou Le Refus culturel*, Dev, vol. 68, nᵒ 214, 10 sept. 1977, p. 16.

Réginald Martel, *C'est la nuit des paumés à Sherbrooke sous la neige*, Pr, 93ᵉ année, nᵒ 78, 7 avril 1979, p. D-3.

Louis Gauthier, *King Wellington de Daniel Gagnon. La grande marche des jeunes chômeurs*, dans *Le Livre d'ici*, vol. 4, nᵒ 33, 25 mai 1979, p. 1.

Maurice Arguin, *King Wellington de Daniel Gagnon*, dans *Québec français*, nᵒ 35, oct. 1979, p. 10.

Réginald Martel, *Daniel Gagnon. Ô dear Phyllis...*, Pr, 101ᵉ année, nᵒ 329, 19 oct. 1985, p. D-3.

Ivanhoé Beaulieu, *Du voyage, imaginaire ou réel*, Dev, vol. 76, nᵒ 248, 26 oct. 1985, p. 23.

Réjane Bougé, *« La Fille à marier », de Daniel Gagnon. L'univers de Jeanne Després*, Dr, 73ᵉ année, nᵒ 219, 14 déc. 1985, p. 30.

GAGNON, DENYS (1954–   ).

Conteur, né à Québec. Il fait ses études à l'Externat classique Saint-Jean-Eudes et au Petit Séminaire de Québec (D.E.C., 1973), puis il poursuit des études en littérature québécoise et en théâtre à l'Université Laval où, sous la direction de Jan Doat, il fait aussi de la mise en scène et de l'interprétation (*Hamlet, Le Dindon...*) (B.A. spéc., 1977). Il s'inscrira aux études littéraires de deuxième cycle, en 1979. Il collabore à la revue *Deuxième Mouvement* et aux *Cahiers de la Nouvelle Compagnie théâtrale*. Pendant l'été de 1977, il est guide à la maison de Victor Hugo, Hauteville House, à Guernesey. Lecteur, puis réalisateur à CKRL-MF, en 1976, il fait de la mise en scène au Petit Séminaire de Québec à compter de 1977, et il donne des cours au Collège de Sainte-Foy, au Collège de Limoilou, à l'Université Laval et à l'Université du Québec à Chicoutimi. À partir de 1982, il est attaché de presse à la collection Balises de Montréal. Son premier recueil de contes, *Le Village et la Ville* (1981) reçoit un accueil favorable : « Fond et forme frappent par leur originalité [...], écrit Léonce Cantin. Le souci de précision lexicale et quelques heureuses originalités stylistiques font oublier la lourdeur de quelques inversions ». Et Madeleine Ouellette-Michalska dit du second recueil, *Haute et Profonde la Nuit* (1982) : « L'écriture de Gagnon [est] à la fois fiévreuse et ciselée, baroque jusqu'à une certaine préciosité ».

ŒUVRES

Le Village et la Ville. Sorcelleries lyriques (contes), Québec, Serge Fleury, 1981, 107 p. ; Verdun, E.I.P., 1982, 134 p. Ill. de Renée Devirieux. « Recueils ».

Haute et Profonde la Nuit (contes), Verdun, E.I.P., 1982, 139 p. Ill. de Renée Devirieux. « Recueils ».

Goldoni, amoureux de deux scènes, dans *Cahiers de la Nouvelle Compagnie théâtrale*, vol. 11, nᵒ 3, 1977, p. 24–25.

ÉTUDES

Léonce Cantin, *Le Village et la Ville de Denys Gagnon*, dans *Québec français*, oct. 1981, p. 13.

Madeleine Ouellette-Michalska, *Histoires simples et sorcelleries*, Dev, vol. 73, nᵒ 78, 3 avril 1982, p. 19.

Id., *Dépoussiérer les mythes*, Dev, vol. 74, nᵒ 53, 5 mars 1983, p. 19.

GAGNON, ERNEST (1905–1978).

Essayiste et critique, né à Saint-Hyacinthe. Après ses études classiques au Séminaire de Saint-Hyacinthe, il entre chez les Jésuites en 1926 et est ordonné prêtre en 1940. Il obtient une licence ès lettres à l'Université de Montréal en 1941. Il est professeur au Collège Garnier (1933–1936) pendant sa formation, et ensuite au Collège Sainte-Marie et au Sault-au-Récollet, puis, de 1948 à 1967, à la Faculté des lettres de l'Université de Montréal où il inaugure le cours de création littéraire. Il est en outre commentateur d'art et de lettres à la radio pendant une douzaine d'années, et il collabore à divers périodiques, tels *Relations, Esprit, Le Devoir, Collège et Famille, Cahiers de Sainte-Marie*. Dans les années quarante, il commence une collection d'objets d'art dont il fait, en 1967, un Musée d'art sacré, des arts africains et océaniens qu'il lègue en 1975 (plus de 500 pièces) au Musée des beaux-arts de Montréal où il a aussi enseigné. Son livre, *L'Homme d'ici*, paru en 1952, connaît un grand retentissement et est considéré comme un des meilleurs livres de la décennie 1950–1960. Guy Robert regarde ce « très beau livre » comme une invitation à un art de vivre. C'est en partie une réflexion sur l'immobilisme des Canadiens français trop passivement attachés au passé : « Mais mûrir, c'est passer du global au différencié, mûrir c'est s'adapter » (Gagnon). « On lui saura gré d'avoir, sans aigreur, fait le point sur nos principales tares spirituelles, écrit Jean Marcel. C'est de l'intérieur qu'il considère notre histoire spirituelle, qu'il l'explique sans l'accuser ».

ŒUVRE

L'Homme d'ici (essai), Québec, Institut littéraire du Québec, 1952, 139 p. Préface de Robert Élie; *L'Homme d'ici, suivi de Visage de l'intelligence* (essai), Montréal, HMH, 1963, 191 p. « Constantes ».

L'Exposition de la montagne, Rel, 1re année, no 7, juillet 1941, p. 190–191.

La Simplicité charmante de Clarence Gagnon, Rel, 2e année, no 24, déc. 1942, p. 334.

Refus global, Rel, 8e année, no 94, oct. 1948, p. 292–294.

Ti-Coq, Rel, 8e année, no 95, nov. 1948, p. 338–339.

Séraphin à l'écran, Rel, 9e année, no 99, mars 1949, p. 83–84.

Regard en arrière, Rel, 16e année, no 198, oct. 1956, p. 296–298.

L'Art africain. Étude, ECF, no 18, 1964, p. 77–85.

Cet art précolombien, dans *Étude*, no 2, Montréal, Le Musée d'art primitif, 1967, p. 3–7.

ÉTUDES

Guy Robert, *Un homme d'ici*, M, nos 19–20, juillet–avril 1963, p. 247–248.

André Brochu, *Un homme d'ici*, LAC 1963, p. 78–79.

Jean Marcel, *Les Forces provisoires de l'intelligence*, LAC 1965, p. 26.

Maximilien Laroche, *La Conscience américaine de la nouvelle poésie québécoise*, CSM, vol. 1, no 1, mai 1966, p. 71–76.

Joseph Bonenfant, *Les Essayistes québécois*, dans *Campus estrien*, no spécial (Arts et lettres au Québec), avril 1968, p. 21–22.

Patrick Imbert, « *L'Homme d'ici* d'Ernest Gagnon ou Le Sacré, greffé sur la nature », LQ, vol. 1, no 6, avril–mai 1977, p. 32–33.

André Brochu, *Ernest Gagnon, penseur de la vie intérieure*, dans *L'Essai et la Prose d'idées au Québec*, Montréal, Fides, 1985, p. 653–661. « ALC » 6.

GAGNON, FRANÇOIS-MARC (1935–   ). Critique d'art, né à Montréal. Après son baccalauréat à l'Université de Montréal, il suit des cours à l'Institut d'études médiévales, puis il étude la théologie chez les Dominicains et à l'Université d'Ottawa (L.Th., 1962). Il est professeur au Grand Séminaire d'Ottawa (1961), à l'École des beaux-arts de Montréal (1961–1965), à l'Institut de catéchèse de l'Université Laval (1964), à la Régionale de Duvernay (1966) et, à compter de 1967, au Département d'histoire de l'art de l'Université de Montréal. Il est aussi professeur invité à l'Université Laval, à l'Université d'Ottawa et à l'Université de Tel Aviv. Il participe à plusieurs colloques et il collabore à divers périodiques, tels la *Revue d'esthétique, Études françaises, Vie des arts, Journal of Canadian Art History, Arts Canada*. Ses travaux ne se limitent pas à la période moderne de la peinture canadienne mais explorent également l'œuvre des premiers artistes de la colonie. *Premiers Peintres de la Nouvelle-France*, ouvrage en collaboration avec Nicole Cloutier, « est une étude historique qui réévalue de manière systématique l'ensemble des connaissances que nous avions sur le chapitre controversé des origines de l'art pictural au Québec », écrit Louise Letocha qui regarde ce travail comme essentiel. L'œuvre majeure de Gagnon est sans doute sa biographie critique de Paul-Émile Borduas qui mérite le prix du Gouverneur général en 1978 et est saluée par la critique comme exceptionnelle. Il ne s'agit pas d'une biographie traditionnelle, réduite ici à l'essentiel, « mais d'une articulation biographique ou plus simplement chronologique de l'œuvre de Borduas, explique Georges Leroux. [...] C'est d'abord un travail gigantesque d'identification et de description. [...] On peut n'être pas d'accord d'emblée avec certaines systématisations importées de l'analyse structurale, mais on devra reconnaître la justesse et la rigueur de l'ensemble du projet ».

ŒUVRES

L'Homme du commun : Jean Dubuffet (essai), Montréal, Musée des beaux-arts de Montréal, 1969, 62 p.

Peinture canadienne-française (essai), Montréal, PUM, 1970, 69 p. Collab. André Jasmin. Ill.

Peinture canadienne-française (débats), Montréal, PUM, 1971, viii, 113 p. Collab. Guido Molinari, André Jasmin et C. Tousignant.

André Fournelle, sculpteur (essai), Montréal, Association des sculpteurs du Québec, [1971], 89 p. Ill.

Les Chroniques du Québec d'Arthur Villeneuve (essai), Montréal, Musée des beaux-arts de Montréal, 1972, 116 p. Collab. Léo Rossandler et P. Tremblay.

Jean Dubuffet. Aux sources de la figuration humaine (essai), Montréal, PUM, 1972, 134 p. Ill.

Collection Maurice et Andrée Corbeil. Peintres du Québec (essai), Ottawa, Galerie nationale du Canada, 1973, 154 p. Collab. R.-H. Hubbard et Jean Trudel.

Ozias Leduc et Paul-Émile Borduas (essai), Montréal, PUM, 1973, 153 p. Collab. Jean Éthier-Blais et F. Legris.

Données sur le Québec (essai), Montréal, PUM, 1974, 270 p. Collab. M. Rioux, A. Dubuc, R. Boily et J.-L. Trudeau.

La Conversion par l'image : un aspect de la mission des Jésuites auprès des Indiens du Canada au XVIIe siècle (essai), Montréal, Les Éditions Bellarmin, 1975, 141, [33] p. Ill.

Paul-Émile Borduas (essai), Ottawa, Galerie nationale du Canada, 1976, 95 p. « Artistes canadiens ».

Premiers Peintres de la Nouvelle-France (essai), Québec, Ministère des Affaires culturelles du Québec, 1976, 2 vol. : 164 p. ; 152 p. Collab. Nicole Cloutier. « Civilisation du Québec, série Arts et Métiers ».

Borduas and America/Borduas et l'Amérique (essai), Vancouver, Vancouver Art Gallery, 1977–1978, 56 p.

Paul-Émile Borduas. Biographie critique et analyse de l'œuvre, Montréal, Fides, 1978, 500 p. Ill.

Paul-Émile Borduas. Écrits/Writings (essai), Halifax, The Press of Nova Scotia College of Art and Design, [1978], 161 p.

Conférences, Montréal, Musée d'art contemporain, 1979, 127 p.

The Presence of Paul-Émile Borduas (essai), Toronto, Arts Canada, [1979], 72 p. Collab. Lucie Dorais et Pierre S. Doyon.

Les Animaux magiques (litt. jeunesse), Montréal, Les Éditions du Trèfle Ltée, 1983, 95 p. Collab. Myriam Avon, André Séguin et Nicole Aubin. Ill.

Ces hommes dits Sauvages. L'histoire fascinante d'un préjugé qui remonte aux premiers découvreurs du Canada (essai), [Montréal], Libre Expression, 1984, 191 p. Ill.

Jacques Cartier et la Découverte du Nouveau Monde (essai), Québec, Musée du Québec, 1984, 105 p. Ill.

Hommes effairables et Bestes sauvages. Images du Nouveau Monde d'après les voyages de Jacques Cartier (essai), Montréal, Boréal, 1986, 237 p. Collab. Denise Petel. Ill. « Histoire ».

Le Soleil noir, le Piège et l'Oiseau de malheur. Notes sur la symbolique graphique de Roland Giguère, BJ, nᵒˢ 11-14, mai 1968, p. 111-122.

Contribution à l'étude de la génèse de l'automatisme pictural chez Borduas, BJ, nᵒˢ 17-20, janv.-août 1969, p. 206-223.

Situation de : Projections libérantes de Borduas ; édition annotée, EF, vol. 8, août 1972, p. 231-338. Collab. N. Boily.

L'Enracinement de l'art au Québec. Problématique des années 1920 à 1945, dans *Critère*, nᵒ 10, janv. 1974, p. 121-143. Collab. N. Boily.

« Les Objets familiers de nos ancêtres » de Nicole Genêt, Luce Vermette et Louise Décarie-Audet, LQ, vol. 1, nᵒ 1, mars 1976, p. 35-36.

Théophile Hamel, peintre national, LQ, vol. 1, nᵒ 2, mai 1976, p. 31-33.

De la bonne manière de faire la guerre. Analyse de quatre gravures dans les œuvres de Champlain, EL, vol. 10, nᵒˢ 1-2, avril-août 1977, p. 125-144.

« Panorama de la gravure québécoise des années 1958-1965, dans *Vie des arts*, vol. 20, nᵒ 90, 1978, p. 24-28.

L'Emprise de l'œuvre/The Work and its Grips, dans *Jackson Pollock : Questions*, Québec, Ministère des Affaires culturelles, Musée d'art contemporain, 1979, p. 15-43. Collab. N. Dubreuil-Blondin, R. Payant et L. Lamarche.

ÉTUDES

Jean-René Ostiguy, *Les Arts en 1970*, LAQ 1970, p. 238.

Normand Thériault, *New York a-t-il copié Montréal*, Pr, 89ᵉ année, nᵒ 260, 3 oct. 1970, p. C-14.

C.F., *Borduas*, dans *Forum*, vol. 6, nᵒ 8, 20 nov. 1971, p. 4.

Germain Lefebvre, *Les Arts en 1972*, LAQ 1972, p. 242-243.

Anne-Marie Lavoie, *Borduas blanc et noir*, dans *Forum*, vol. 10, nᵒ 12, mars 1974, p. 6.

Yvan Lamonde, *Histoire d'ici et Ethnologie*, Pr, 95ᵉ année, nᵒ 163, 27 juin 1976, p. E-2, E-3.

Gilles Toupin, *Être peintre et pionnier en Nouvelle-France*, Pr, 95ᵉ année, nᵒ 170, 7 août 1976, p. C-14.

Jacques Gomila, *Les Images et la Conversion des Amérindiens*, dans *Vie des arts*, vol. 21, nᵒ 84, automne 1976, p. 76-77.

[Gilles Toupin], *Ce bon « Borduas » concis et précis*, Pr, 95ᵉ année, nᵒ 290, 4 déc. 1976, p. E-24.

Louise Letocha, *François-Marc Gagnon et Nicole Cloutier. Premiers Peintres de la Nouvelle-France — 2 tomes*, LAQ 1976, p. 314-316.

Françoise Cloutier-Cournoyer, *François-Marc Gagnon. Paul-Émile Borduas*, LAQ 1976, p. 317-319.

René Viau, *Borduas, l'homme et l'œuvre*, Dev, vol. 69, nᵒ 268, 18 nov. 1978, p. 19.

Gilles Toupin, *François-Marc Gagnon et l'Aventure Borduas* (interview), Pr, 97ᵉ année, nᵒ 276, 18 nov. 1978, p. D-20.

Georges Leroux, *François-Marc Gagnon. Paul-Émile Borduas (1905-1960)*, LAQ 1978, p. 276-278.

GAGNON, Frédéric ERNEST Amédée [Un du pays] (1834-1915). Historien, essayiste et musicien, né à Louiseville. Il fait son cours classique au Collège de Joliette, et des études musicales à Joliette et à Montréal. À 19 ans, en 1853, il est organiste à l'église Saint-Jean-Baptiste, à Québec. Après des études musicales à Paris (1857-1858), il enseigne à l'École normale Laval. Il fonde par la suite l'Académie de musique et l'Union musicale. Il obtient en 1876, au ministère des Travaux publics de Québec, un poste de secrétaire qu'il occupe pendant trente ans. Il consacre ses loisirs à la musique et à la littérature. Organiste à la basilique de Québec de 1864 à 1909, il publie plusieurs de ses compositions et compile un recueil de chansons folkloriques, *Chansons populaires du Canada* (1865). L'ouvrage le fait connaître partout au Québec ainsi qu'en Europe. L'Université Laval le nomme docteur ès lettres et la France le fait officier de l'Instruction publique. Moins connue, son œuvre historique témoigne d'un réel souci d'exactitude : *Le Fort et le Château Saint-Louis* (1895), *Le Palais législatif à Québec* (1897) et *Louis Jolliet* (1902). Dans la préface de *Choses d'autrefois* (1905), il exprime son goût des petites choses : « C'est l'amour qui me fait donner une vie nouvelle à des articles voués à l'oubli ». Selon Jules-S. Lesage, « son recueil de *Chansons populaires* reste encore le plus beau monument élevé à sa mémoire d'artiste musicien et d'homme de lettres : deux titres qu'il honora toute sa vie et qui lui font une place enviable dans notre histoire littéraire ».

ŒUVRES

Stadaconé, danse sauvage pour piano (musique), Montréal, Lovell, 1858, 8 p.

Souvenir de Venise : grand nocturne pour piano (musique), Montréal, Des presses à vapeur de J. Lovell, 1860, 11 p.

Chansons populaires du Canada, recueillies et publiées avec annotations, etc., Québec, Bureau du « Foyer canadien », 1865, viii, 375 p. ; Robert Morgan, 1880, xvii, 350 p. ; C. Darveau, 1894 ; 1900 ; Montréal, Librairie Beauchemin, 1908 ; 1913 ; Beauchemin, 1918. Portrait ; 1925 ; 1935 ; 1941 ; Beauchemin limitée, 1947 ; Beauchemin, 1952 ; 1955.

Lettres de voyage (chroniques), Québec, P.-G. Delisle, 1876, 123 p.

Les Soirées de Québec : chœur à trois voix sur des chants populaires du Canada français (musique), Québec, J.-A. Langlais : typographie de C. Darveau, 1887, 12 p.

Chants canadiens : quatuor pour voix égales avec accompagnement de piano ad libitum (musique), Québec, A. Lavigne, [1889 ?], 23 p.

Le Comte de Paris à Québec. (Récit), Québec, C. Darveau, 1891, lxvii, 157 p. Introduction du juge A.-B. Routhier.

Le Fort et le Château Saint-Louis. Étude archéologique et historique, Québec, Typographie Léger Brousseau, 1895, 376 p. ; Montréal, Librairie Beauchemin Limitée, 1908, 265 p. Ill. ; 1912, 236 p. ; 1925, 204 p.

Cantiques populaires du Canada français, harmonisés pour quatre voix mixtes et orgue ou piano (musique), Québec, Stéréotype Léger Brousseau, 1897, 71 p.

Le Palais législatif de Québec / The Government Buildings in Quebec (essai), Québec, C. Darveau Imprimeur & Photograveur, 1897, 137 p. Ill. (Édition critique).

Notes historiques, etc., sur les principaux édifices publics de la province de Québec : extraits des rapports des travaux publics, [Québec, s.é.], 1897–1913, 487 p. Ill.

Famille Charles-Édouard Gagnon. Petites notices biographiques et généalogiques (édition intime), Québec, C. Darveau, 1898, 38 p. ; [s.é.], 1914, 45 p.

Réponse à la brochure de Monsieur l'abbé H. R. Casgrain intitulée « Notes relatives aux inscriptions du monument de Champlain », Québec, Dussault & Proulx Imprimeurs, 1899, 8 p.

La Résidence officielle des lieutenants-gouverneurs de la province de Québec : Chatellerie de Coulonge (essai), [Québec, s.é., 1899], 12 p. Traduction anglaise : *The Official Residence of the Lieutenant-Governors of the Province of Quebec*, Québec, [s.é.], 1899, 12 p.

Canadiens, méfiez-vous : une expérience de vingt ans (essai), Montréal, La Cie de publication de la Revue canadienne, 1900, 91 p. Sous le pseudonyme de « Un du pays ».

Louis Jolliet, découvreur du Mississipi et du pays des Illinois, premier seigneur de l'île d'Anticosti. Étude biographique et historiographique, Québec, Grande Allée, 1902, xv, 284 p. ; Montréal, Librairie Beauchemin Limitée, 1913, 364 p. Portrait ; Librairie Beauchemin, 1926, 301 p. Ill. ; Beauchemin, 1946, 358 p. Ill.

Choses d'autrefois, feuilles éparses (essai), Québec, Dussault & Proulx, 1905, viii, 320 p.

Cantiques populaires du Canada français : répertoire des collèges, cantiques des retraites et missions, harmonisés à quatre voix avec accompagnement d'orgue (musique), Québec, [E. Gagnon], 1906, 44 p.

Petite maîtrise des collèges. Chant grégorien, plain-chant musical, musique moderne, Québec, À compte d'auteur, 1907, 2 vol. : vol. 1, *Morceaux à trois et quatre voix pour les offices du soir* ; vol. 2, *Morceaux à trois et quatre voix pour les offices du matin et du soir*.

Les Sauvages de l'Amérique et l'Art musical : petite étude présentée aux membres du quinzième congrès des américanistes à Québec, le 12 septembre 1906, Québec, Dussault & Proulx imprimeurs, 1907, 16 p.

Feuilles volantes et Pages d'histoire (essai), Québec, Laflamme & Proulx, 1910, viii, 361 p.

Pages choisies, précédées d'une notice biographique par l'hon. Thomas Chapais, de la Société royale du Canada et d'une étude sur l'auteur par l'abbé Élie-J. Auclair de la Revue canadienne (essai), Québec, J.-P. Garneau libraire-éditeur, 1917, 338 p. Portrait.

Cantiques populaires pour la Fête de Noël, harmonisés à quatre voix mixtes (musique), Montréal, Boucher, 1922, 9 p. ; 1938, 23 p.

Nouvelles Pages choisies (essais), Québec, J.-P. Garneau libraire-éditeur, 1925, 200 p.

Louis d'Ailleboust (biographie), Montréal, Librairie Beauchemin, [s.d.], 189 p. ; 1931. Portrait ; 1940. Ill. (Édition revue) ; 1942 ; 1945 ; 1956.

Pour les nombreux articles d'Ernest Gagnon, il faut consulter Roger Bonin, « Bibliographie de Monsieur Ernest Gagnon ». Mémoire. École des bibliothécaires de l'Université de Montréal, 1945, 77 f. Nous n'en retenons que quelques-uns.

De retour à Québec, réflexions et commentaires, RC, vol. 15, 1878, p. 350–360.

Petite Causerie, RC, vol. 17, 1881, p. 35–41.

Au pays des ouananiches, RC, vol. 24, 1888, p. 552–560.

Boisvert (nouvelle), dans *La Kermesse*, vol. 1, nᵒˢ 9–10, 1892, p. 149–155.

Introduction, dans Pierre-Joseph-Olivier Chauveau, *Charles Guérin : roman de mœurs canadiennes*, Montréal, Revue canadienne, 1900, 384 p. Ill.

Les Plaines d'Abraham, RC (nouvelle série), vol. 2, 1908, p. 97–108.

Les Premières Années de l'École normale Laval : souvenirs intimes, dans *Les Noces d'or de l'École normale Laval, 1857-1907, par un comité d'anciens élèves*, Québec, [s.é.], 1908, p. 49–75.

Pages d'histoire, RC (nouvelle série), vol. 3, 1909, p. 432–436, 485–499 ; vol. 4, 1909, p. 118–125, 316–330 ; vol. 5, 1910, p. 161–168, 329–337, 508–514 ; vol. 6, 1910, p. 235–242, 343–349.

Ô Canada ! mon pays, mes amours ! Paroles de George-Étienne Cartier. Transcription et accompagnement par Ernest Gagnon, Québec, [s.é.], 1912, 5 p.

ÉTUDES

Ouvrages publiés par Ernest Gagnon, BRH, vol. 22, n° 11, 1916, p. 53-55.

Thomas Chapais, *Ernest Gagnon*, MSRC, 3ᵉ série, vol. 10, 1916, p. iv-vii.

Id., *Notice bibliographique*, dans Ernest Gagnon, *Pages choisies, précédées d'une notice biographique par l'hon. Thomas Chapais, de la Société royale du Canada et d'une étude sur l'auteur par l'abbé Élie-J. Auclair de la Revue canadienne*, Québec, J.-P. Garneau libraire-éditeur, 1917, 338 p. Portrait.

Jules-S. Lesage, *Ernest Gagnon*, dans *Propos littéraires, Notes biographiques*, Montréal, Garand, 1931, p. 136-141.

Arthur Letondal, *Ernest Gagnon ; organiste et historien 1834-1915*, dans *Le Passe-Temps*, 51ᵉ année, n° 890, sept. 1945, p. 4, 12.

Id., *Ernest Gagnon, écrivain et folkloriste (1834-1915)*, dans *Qui ?*, vol. 2, n° 4, mars 1951, p. 65-80.

Conrad Laforte, *La Chanson folklorique et les Écrivains du XIXᵉ siècle (en France et au Québec)*, Montréal, Éditions Hurtubise HMH, 1973, 154 p.

GAGNON, Joseph Albert HENRI (1913-   ). Syndicaliste et essayiste, né à Montréal. De famille nombreuse et modeste, il quitte l'école après ses études primaires, devient apprenti électricien et obtient son brevet « C » en 1930. Par la suite, il fera des études personnelles de philosophie, d'histoire, d'économie et de science politique. En 1935, il participe au programme du retour à la terre du ministre Irénée Vautrin (gouvernement Taschereau), rentre à Montréal en 1936 et se joint au Parti communiste dans lequel il est l'organisateur des sections et responsable des organes *L'Éclaireur* et *L'Anti-conspirationiste*. Enrôlé dans l'armée canadienne en 1941, il est démobilisé à la fin de la guerre, promu au grade de sergent. En 1946, il devient organisateur du Parti ouvrier populaire, mais il le quitte en 1947 à cause de désaccords sur les questions nationales et reprend son métier d'électricien. Il s'occupe d'organismes populaires, telle la Ligue des vétérans sans logis, fait du militantisme syndical et est délégué, en 1953, au Conseil du travail de Montréal. En 1967 il est élu président de son syndicat (Local 568-JBEW), puis il est nommé vice-président du Conseil du travail de Montréal, et il est rédacteur d'un journal syndical, *L'Électricien 568*. Quittant ses fonctions de président, il fonde un journal clandestin, *L'Électricien au courant*, qui n'aura que six numéros. Son action a pour effet la création d'un autre syndicat d'électriciens, la (FIPOE), affilié à la (CTC-FTQ), mais indépendant des grandes centrales américaines. Les années soixante-dix sont pour lui une période intense de publications sur les questions ouvrières et syndicales. Les essais de Gagnon sont d'abord des travaux de combat pour l'indépendance des ouvriers face aux grands monopoles. Il veut que l'ouvrier retrouve sa dignité d'homme libre devant le capital et le travail.

ŒUVRES

Le Travailleur face au séparatisme (essai), Montréal, Nouveau Parti démocratique, 1963, 31 p. Préface de Louis Laberge.

« Négociation sectorielle » ; libération ou domestication. Mémoire présenté aux travailleurs en général et aux salariés du bâtiment en particulier, Montréal, Comité de bien-être et d'action sociale de la section locale 568 de la Fraternité internationale des ouvriers en électricité, 1971, 64 p. Ill.

C'est quoi l'État ? (essai), Montréal, Gaëtan Piché du Caucus ouvrier, 1972, 125 p. Ill.

Crise syndicale (essai), Montréal, Gaëtan Piché pour le Caucus ouvrier, 1973, 189 p. Introduction de Pamphile Piché.

Sauver le peuple non le régime économique (essai), Montréal, Conseil du travail de Montréal, [1973 ?], 31 p. Ill.

[*Le Racket des fonds de pension*] (essai), Montréal, Gaëtan Piché, 1974, 157 p. Ill.

Au boutte contre la perversion du syndicalisme. Mémoire des travailleurs libres de la construction (TLC) à la Commission Cliche, Montréal, Gaëtan Piché des TLC, 1975, 56 p. Ill.

[*L'Enjeu : le contrôle des syndicats*] (essai), Montréal, Gaëtan Piché, 1975, 128 p. Ill.

L'Entre deux révolutions. La crise des pays industrialisés est marquée par l'élimination graduelle de l'emploi (essai), Montréal, Gaëtan Piché, 1976, 207 p. Ill.

La Confédération, y a rien là (essai), Montréal, Parti Pris, 1977, 233 p. Ill. « Aspect ».

Fermetures d'usine ou bien Libération nationale (essai), Saint-Lambert, Éditions Héritage, 1979, 288 p.

Crise de l'État (essai), Saint-Lambert, Éditions Héritage, 1980, 191 p. Ill.

Les P. M. E., les petites et moyennes entreprises, à l'agonie (essai), Saint-Lambert, Éditions Héritage, 1982, 271 p. Ill.

Les Militants socialistes du Québec : d'une époque à l'autre (essai), Saint-Lambert, Éditions Héritage, 1985, 343 p. Ill.

ÉTUDES

Louis Fournier, *L'Indépendance vis-à-vis des syndicats américains. « La bataille du siècle pour le syndicalisme canadien »*, dans *Québec-Presse*, vol. 5, n° 18, 13-19 mai 1973, p. 17.

Id., *Un livre d'Henri Gagnon. « Le Racket des fonds de pension »*, dans *Québec Presse*, vol. 6, n° 9, 10-16 mars 1974, p. 32.

Léo Beaudoin, *Gagnon Henri. La Confédération y a rien là*, dans *Nos livres*, vol. 9, févr. 1978, n° 77.

Michel Bedford

GAGNON, JEAN-LOUIS (1913–). Journaliste et romancier, né à Québec. Il fait ses études au Collège Sainte-Marie et au Collège Brébeuf à Montréal et obtient son baccalauréat à l'Université d'Ottawa en 1935. Il prend une part active à la fondation d'une revue nationaliste, *Vivre*. En 1935, il dirige *La Voix de l'Est*. En 1940, il est nommé rédacteur en chef du quotidien de Québec, *L'Événement-journal*. Un an plus tard, il part pour l'Afrique, à Accra, en Côte d'Or (Ghana), comme directeur de l'unité de radio-diffusion de l'Afrique occidentale. De 1943 à 1945, il fait partie de l'agence internationale de nouvelles France-Presse comme chef de bureau à Montréal, puis à Washington. En 1946, il est nommé directeur des services de publicité de la Brazilian Traction, Light and Power Company, à Rio-de-Janeiro. À son retour au pays, il fonde *La Réforme* et les *Écrits du Canada français*. Il devient successivement rédacteur en chef des quotidiens *Le Canada* et *La Presse* (1958). Le 5 septembre 1961, il fonde *Le Nouveau Journal* dont il est aussi rédacteur en chef et directeur général jusqu'à sa disparition, le 21 juin 1962. Il apparaît fréquemment à la télévision et à la radio à titre de commentateur. Il se fait connaître par ses sorties contre l'Union nationale. Il est membre de l'Académie canadienne-française, du Conseil des Arts, de la Société royale du Canada... En 1962, il remporte le Grand Prix du journalisme. Commissaire de la Commission royale d'enquête sur le bilinguisme et le biculturalisme, il en devient co-président en 1968, à la mort d'André Laurendeau. En 1969, il est nommé directeur d'Information-Canada et, trois ans plus tard, ambassadeur du Canada auprès de l'UNESCO, à Paris. Journaliste prolifique, Jean-Louis Gagnon a d'abord publié deux ouvrages : *Vent du large* (1944), *La Mort d'un nègre* (1961). Ses mémoires paraissent sous le titre commun d'*Apostasies* (tome 1 en 1985, tome 2 en 1987) dont Cyrille Felteau déclare la lecture « indispensable à quiconque veut connaître et comprendre de l'intérieur une époque tourmentée »... Son style, il l'a appris chez les journalistes de combat et il l'explique lui-même dans son essai, « Le Journalisme, de 1945 à nos jours », publié dans le quatrième volume de l'*Histoire de la littérature française du Québec* : « Jos Barnard et Edmond Chassé devaient m'enseigner patiemment comment faire un ‹ papier › destiné à la une et, plus tard, un journal. C'est au contact d'Olivar Asselin et dans les livres de Victor Barbeau que, pour toutes fins pratiques, j'ai refait mes classes de grammaire, que j'ai appris le français ou du moins à le respecter. Et enfin c'est Valdombre qui m'initia au combat en m'apprenant qu'une plume bien taillée vaut un stylet ».

ŒUVRES

Le Vent du large (essai), Montréal, Lucien Parizeau et Compagnie, 1944, 303 p. ; 1945, 319 p.

La Mort d'un nègre, suivi de La Fin des haricots. (Nouvelles), Montréal, Les Éditions du Jour, 1961, 125 p. « RJ » ; 1974, 127 p. (Extraits de *La Fin des haricots* parus d'abord dans ECF, no 1, 1954, p. 71–72).

A Century of Reporting / Un siècle de reportage (anthologie), Toronto, Clarke, Irwin & Company limited, 1967, 301 p. Ill. Collab.

L'Autonomie et l'Unité : causerie de M. Jean-Louis Gagnon, samedi 18 mars au Club de Réforme de Montréal, Montréal, [s.é.], 1967, 7 p.

La Politique culturelle et les Mass media (essai), Montmorency, [s.é.], 1967, 20 f.

Le Canada au seuil du siècle de l'abondance (essai), Montréal, Éditions HMH ltée, 1969, 376 p. Collab.

Le Français, langue des affaires (essai), Ottawa, [s.é.], 1973, 14 f.

Le Canada — ouvrage illustré (essai), Paris, Édition Vilo, 1976, 214 p. Collab.

Kanada. Bilder aus einem grossen Land (essai), Frankfurt am Main, Umschau Verlag, 1982, 214 p. Collab. Ill.

Les Apostasies. Tome 1, Les Coqs de village (mémoires), Montréal, La Presse, 1985, 294 p.

Les Apostasies. Tome 2, Les Dangers de la vertu, Montréal, La Presse, 1987, 529 p.

Les Presses françaises de Montréal des origines à la belle époque, CACF, no 10, 1966, p. 7–18.

ÉTUDES

Roger Duhamel, *Vent du large*, AN, vol. 23, no 4, avril 1944, p. 320–324.

Joyce Marshall, *La Mort d'un nègre*, dans *The Tamarack Review*, no 22, hiver 1962, p. 96–101, surtout p. 99–100.

Gérard Filion, *Présentation de M. Jean-Louis Gagnon*, Ottawa, Société royale du Canada, no 27, 1971–1972, p. 27–34.

Pierre Vennat, *Jean-Louis Gagnon se raconte*, Pr, 101e année, no 200, 11 mai 1985, p. A-6.

Gilles Normand, *Les Apostasies. Les mémoires d'un septuagénaire. Jean-Louis Gagnon, journaliste jusque dans la retraite*, Pr, 101e année, no 201, 12 mai 1985, p. A-68.

Clément Trudel, *Les Croyances d'un apostat*, Dev, vol. 76, no 120, 25 mai 1985, p. 21.

Cyrille Felteau, *Les Mémoires de Jean-Louis Gagnon — Le témoignage passionnant d'un grand du journalisme canadien*, dans *L'Incunable*, 19e année, no 3, sept. 1985, p. 45–47.

GAGNON, JEANNE (1935–   ). Poète, née à Bagotville (Chicoutimi). Elle étudie au Collège Commercial Garon de Chicoutimi, puis elle obtient un certificat en gestion hospitalière de l'Université de Montréal (1971). Jeanne Gagnon est attachée au Conservateur en chef du Musée des beaux-arts de Montréal où elle siège au comité des acquisitions d'œuvres d'art. Elle est aussi membre du conseil d'administration du Regroupement des auteurs et éditeurs autonomes. Son premier recueil de poésie, *Clair-obscur* (1981) est fort bien accueilli de la critique. « La nature, la musique, [...] sont inventorié(e)s dans un langage qui n'évite pas toujours les redites mais qui souvent ne laisse pas indifférent, note Claude Beausoleil. Cette poésie souvent en marge, souvent à l'écart, poursuit discrètement son cheminement ».

ŒUVRES

Clair-obscur (poésie), Montréal, Éditions Émile-Nelligan, 1981, 71 p.
Manifeste sur l'écriture, nº 1, chez l'auteur, 1981, 20 p.
Mouvances (poésie), Montréal, Éditions Force et Renouveau, 1984, 75 p. Ill.

L'Écriture : cette sonde ultra-sensible, dans *L'Écrilu*, vol. 1, nº 3, [s.d.], p. 5.

ÉTUDES

Claude Beausoleil, *La Langue de Jeanne*, dans *Le Livre d'ici*, vol. 6, 16 sept. 1981, nº 50.
Antonio D'Alfonso, *Gagnon (Jeanne). Clair-obscur*, dans *Nos livres*, vol. 13, janv. 1982, nº 18.

GAGNON, MADELEINE [signe aussi Madeleine Gagnon-Mahoney] (1938–   ). Essayiste, poète, dramaturge, romancière, née à Amqui (Matapédia). Elle fait ses études classiques chez les Ursulines de Québec et au Collège Notre-Dame de Moncton (B.A. et B.Mus., 1959). En 1961, elle obtient une maîtrise en philosophie à l'Université de Montréal pour un mémoire sur l'« Imagination transcendantale de Kant ». Elle poursuit ensuite des études de lettres à la Sorbonne et à l'Université d'Aix-en-Provence de 1961 à 1963, et elle obtient son doctorat à l'Université de Nice pour une thèse intitulée « Analyse structurale des *Cinq grandes odes* de Paul Claudel ». Après avoir enseigné au Collège Notre-Dame d'Acadie (Moncton, 1960-1961), à l'Université Sir George Williams (1966-1968) et à l'Université de Montréal (1968), elle est nommée professeure au Collège Sainte-Marie (1969) devenu Université du Québec à Montréal, poste qu'elle quitte en 1982.

Ses premiers textes, tels *Le Feu* (*Liberté*, 1968) et *Le Symbolisme littéraire* (*Cahiers de Sainte-Marie*, 1969) sont remarqués par les critiques qui, à l'exception de Jacques Ferron, accueillent moins bien *Les Morts-Vivants* (1968), recueil de nouvelles dont certaines avaient déjà paru dans les *Écrits du Canada français*. La critique y trouve des réminiscences de plusieurs écrivains : Kafka, Sartre, Claire Martin, etc. Madeleine Gagnon se tourne alors vers la poésie et l'essai. En outre, elle milite dans les premiers groupes féministes des années soixante-dix. En écrivant *Pour les femmes et tous les autres* (1974), elle utilise divers langages : joualisant, publicitaire, soigné ou savant. Elle manifeste une solidarité sans faille dans la lutte pour les droits des femmes de toutes les classes. De 1974 à 1976, elle fait partie de la rédaction de la revue *Chroniques* qu'elle a fondée avec Jean-Marc Piotte, Patrick Straram et d'autres, et elle publie *Poélitique* et *Portraits du voyage*. En 1977, *Retailles*, livre écrit en collaboration avec Denise Boucher, produit un grand retentissement. C'est un ouvrage faisant suite à l'expérience ratée d'un « groupe de moi-je » sur le modèle américain des « consciousness raising groups ». « *Retailles*, écrit Monique Roy, n'appartient pas à un genre littéraire précis, il s'inscrit dans une nouvelle parole féministe-ine extrêmement dynamique. » « Ça n'a rien à voir avec l'institution littéraire, dit Madeleine Gagnon. L'écriture commence où l'institution finit. La nouvelle écriture des femmes n'a rien à voir avec leurs lois ». Suivent rapidement trois autres livres, *Antre, Lueur, Au cœur de la lettre*, d'une écriture « exigeante comme tout appel crié avec l'enthousiasme de la conviction » (Hugues Corriveau), d'une écriture engagée qui se tourne vers l'intimité, se remet en question, explore les voies vers l'origine (*Lueur*). Madeleine Gagnon occupe une place importante parmi les écrivains de sa génération, « l'une des premières, écrit Robert Mélançon, pour cette fidélité à soi, cette attention constante aux inflexions de sa propre voix, cette recherche de mieux en mieux affirmée d'une écriture authentique ».

ŒUVRES

Les Morts-Vivants (nouvelles), Montréal, HMH, 1969, 175 p. « A ». (Sous le nom de Gagnon-Mahoney).
Pour les femmes et tous les autres (poésie), Montréal, L'Aurore, 1974, 53 p. Ill. de l'auteur. « Lecture en vélocipède ».
Poélitique (poésie), Montréal, Les Herbes rouges, nº 26, 1975, [n.p., 31 p.].
Portraits du voyage, Montréal, L'Aurore, 1975, 99 p. Collab. Jean-Marc Piotte et Patrick Straram. « Écrire ».

Retailles, complaintes politiques (poésie), Montréal, Éditions l'Étincelle, 1977, 163 p. Collab. Denise Boucher. Préface de Marguerite Duras.

La Venue à l'écriture (essais), Paris, Union générale d'éditions, 1977, 155 p. Collab. Hélène Cixous et Annie Leclerc. « 10/18 », série « Féminin futur ».

Antre (poésie), Montréal, Les Herbes rouges, nᵒˢ 65–66, 1978, 51 p.

Lueur. Roman archéologique, Montréal, VLB éditeur, 1979, 171 p. Ill. de Gilles Tassé.

Au cœur de la lettre. Poésie, Montréal, VLB éditeur, 1981, 101 p. Ill. de l'auteur.

Autographie 1. Fictions, Montréal, VLB éditeur, 1982, 301 p.

Pensées du poème (poésie), Montréal, VLB éditeur, 1983, 63 p.

La Lettre infinie (essai), Montréal, VLB éditeur, 1984, 108 p.

Les Fleurs du catalpa. Poèmes, Montréal, VLB éditeur, 1986, 129 p.

L'Infante immémoriale (poésie), Trois-Rivières, Écrits des forges, 1986, 68 p. Ill.

Au pays des gouttes (contes), Montréal, Éditions Pauliennes, 1987, 24 p.

La Laide et Wilfrid le quêteux (nouvelle), ECF, nᵒ 25, 1969, p. 29–56.

L'Autre Bord de l'hiver (poésie), ECF, nᵒ 29, 1970, p. 165–187.

Suite pour un Québec libre (poésie), L, vol. 12, nᵒ 2, mars–avril 1970, p. 76–78.

Angéline de Montbrun: le mensonge historique et la subversion de la métaphore blanche, VIP, nᵒ 5, 1972, p. 57–68.

La Femme et le Langage, NBJ, nᵒ 50, hiver 1975, p. 45–57.

Des mots plein la bouche, NBJ, nᵒˢ 56–57, mai–août 1977, p. 139–147.

Écriture, sorcellerie, féminité, EL, vol. 12, nᵒ 3, déc. 1979, p. 357–361.

À peine une heure, NBJ, nᵒ 106, oct. 1981, p. 69–76.

ÉTUDES

J.-M. Duciaume, *Les Morts-Vivants*, LAQ 1969, p. 52–53.

Philippe Haeck, *D'André Roy à Madeleine Gagnon*, Dev, vol. 66, nᵒ 68, 22 mars 1975, p. 15.

Réjean Jacques, *Pour les femmes et tout le monde*, Pr, 91ᵉ année, nᵒ 81, 5 avril 1975, p. D-6.

Philippe Haeck, *Être au service d'une cause: honorable mais difficile*, Dev, vol. 67, nᵒ 107, 10 mai 1975, p. 24.

Jean Fisette, *Poélitique de Madeleine Gagnon*, VI, vol. 1, nᵒ 3, avril 1976, p. 454–455.

Monique Roy, *Retailles*, Dev, vol. 69, nᵒ 133, 11 juin 1977, p. 16.

Agathe Morin, *Denise Boucher et Madeleine Gagnon. Retailles*, LAQ 1977, p. 75–78.

Pierre Nepveu, *L'Antre et la Sorcière: Madeleine Gagnon et Françoise Déry*, LQ, nᵒ 12, nov. 1978, p. 15–16.

Monique Roy, *Comment dire Madeleine Gagnon* (entrevue), dans *Les Cahiers de la femme*, vol. 1, nᵒ 1, automne 1978, p. 50.

Hugues Corriveau, *Le Plaisir efficace jusqu'à l'Antre de Madeleine Gagnon*, Dev, vol. 69, nᵒ 302, 30 déc. 1978, p. 11–12.

Nicole Bédard, *Madeleine Gagnon. Antre*, LAQ 1978, p. 118–120.

Jean Royer, *Madeleine Gagnon. Explorer les premières traces de langage*, Dev, vol. 70, nᵒ 122, 26 mai 1979, p. 17–18.

Robert Mélançon, *Madeleine Gagnon. Pour réinventer le monde*, Dev, vol. 70, nᵒ 122, 26 mai 1979, p. 19.

André Vanasse, *Le Roman II. Nouveaux romans? Jacques Garneau, Madeleine Gagnon, Louis-Philippe Hébert, François Hébert*, LQ, nᵒ 15, août–sept. 1979, p. 14–16.

René Lapierre, *Du meilleur et du pire: autour de Lueur de Madeleine Gagnon*, L, vol. 21, nᵒ 6, nov.–déc. 1979, p. 128–134.

Roger Chamberland, *Madeleine Gagnon. Lueur. Roman archéologique*, LAQ 1979, p. 44–46.

Philippe Haeck, *Madeleine Gagnon. Au cœur de la lettre*, LAQ 1981, p. 129–131.

Ivanhoë Beaulieu, *Madeleine Gagnon et le Mystère de l'écriture*, Pr, 98ᵉ année, nᵒ 49, 27 févr. 1982, p. C-2.

Caroline Bayard, *La Lettre et l'Ô, vertige et utopie. Au cœur de la lettre de Madeleine Gagnon et Chansons d'Ô de Raoul Duguay*, LQ, nᵒ 26, été 1982, p. 37–40.

Dossier Madeleine Gagnon, VI, vol. 8, nᵒ 1, automne 1982, p. 5–58. Collab. Bibliographie.

Richard Giguère, *Écrire le corps, Autographie I. Fictions de Madeleine Gagnon*, LQ, nᵒ 29, printemps 1983, p. 38–40.

Claire de Lamirande, « *Fictions* » de *Madeleine Gagnon. Une écriture initiatique*, Dr, 71ᵉ année, nᵒ 29, 30 avril 1983, p. 18.

GAGNON, MAURICE (1912–   ). Romancier, né à Winnipeg. Il étudie au Collège de Rimouski (B.A.) et à la Faculté de droit de l'Université McGill. Pendant la crise des années trente, il est journaliste, décorateur, chauffeur de camion; après son service dans la marine durant la Seconde Guerre mondiale, il passe onze ans dans l'industrie. À partir de 1956, il se consacre à l'écriture, surtout au roman policier et à la science-fiction. Son œuvre est considérable: on lui doit plus de vingt romans, outre des contes et nouvelles dans *La Revue populaire, La Revue moderne*..., un bon nombre de romans et de pièces de théâtre pour la radio et la télévision, ainsi qu'une douzaine d'ouvrages traduits de l'anglais, romans, biographies... En 1956, il reçoit le prix du Cercle du livre de France pour son roman *L'Échéance* et, en 1972, le prix de l'Actuelle pour son premier roman d'anticipation, *Les Tours de Babylone*. L'œuvre de Maurice Gagnon vise à décrire avec réalisme la vie de l'homme simple dans le contexte du présent; une partie de ses textes s'adresse surtout aux jeunes, à qui il présente des aventures vivifiantes au ton parfois moralisateur.

ŒUVRES

L'Échéance. Roman, Montréal, CLF, [1955], 283 p.

Rideau de neige. Roman, Montréal, CLF, 1957, 235 p.

L'Anse aux brumes. Roman, Montréal, CLF, 1958, 218 p. ; Paris, Robert Laffont, 1959, 227 p.

Les Chasseurs d'ombres. Roman, Montréal, CLF, 1959, 279 p.

Entre tes mains. Roman, Montréal, CLF, 1960, 229 p. ; l'édition française a pour titre *Les Chirurgiennes. Roman*, Paris, Robert Laffont, 1960, 235 p.

La Porte close (théâtre), [s.l., s.é.], 1961, 67 p.

L'Inspecteur Tanguay. Meurtre sous la pluie. Roman policier canadien, Montréal, Éditions du Jour, 1963, 110 p.

Les Savants réfractaires (aventure), Montréal, Lidec, 1965, 119 p. « Lidec-aventures ».

Unipax intervient (aventure), Montréal, Lidec, 1965, 118 p. « Lidec-aventures ».

Le Trésor de la Santissima Trinidad (aventure), Montréal, Lidec, 1966, 143 p. « Lidec-aventures ».

Opération Tanga (aventure), Montréal, Lidec, 1966, 147 p. « Lidec-aventures ».

Une aventure d'Ajax, Montréal, Lidec, 1966, 142 p. « Lidec-aventures ».

Alerte dans le Pacifique (aventure), Montréal, Lidec, 1967, 156 p. « Lidec-aventures ».

Servax à la rescousse (aventure), Montréal, Lidec, [1968], 151 p. « Lidec-aventures ».

Un complot à Washington (aventure), Montréal, Lidec, 1968, 151 p. « Lidec-aventures ».

Cent ans d'histoire d'un régiment canadien-français : les Fusiliers Mont-Royal (1869-1969) (essai), Montréal, Éditions du Jour, 1971, 416 p.

Les Tours de Babylone (roman), Montréal, L'Actuelle, 1972, 191 p.

Le Fils du grand Jim (récit), Montréal, Éditions Héritage inc., 1974, 253 p. « Katimavik ».

Hank Aaron (biographie), Montréal, Éditions Héritage inc., 1974, 206 p. Traduction du livre de Stan Baldwin et Jerry Jenkins : *Hank Aaron*.

Marie Tellier. L'Ange noir (roman), Montréal, Éditions Héritage inc., [1974], 143 p. « Montréal-Mystère ».

Marie Tellier. Le Corps dans la piscine (roman), Montréal, Éditions Héritage inc., [1974], 143 p. « Montréal-Mystère ».

Marie Tellier. Les Motards (roman), Montréal, Éditions Héritage inc., 1974, 138 p. « Montréal-Mystère ».

Remède ou Suicide (essai), Montréal, Éditions Héritage inc., 1974, 200 p. Traduction du livre de Leland et Lee Cooley : *Premedicated Murder*.

L'Empire des marchands de muscles (essai), Montréal, Éditions Héritage inc., 1975. Traduction du livre de Glenn Dickey : *The Jock Empire*.

Le Journal de bord du film Jaws (reportage), Montréal, Éditions Héritage inc., 1975, 207 p. Traduction du livre de Carl Gottlied : *The Jaws Log*.

Simon (roman jeunesse), Montréal, Éditions Héritage, 1975, 222 p. « Katimavik » ; 1979.

Le Tournage du film Jaws, « Les Dents de la mer » (reportage), Montréal, Éditions Héritage, 1975, 185 p.

Ill. Traduction du livre d'Édith Blake : *The Movie Jaws*.

Le Cœur d'un champion, Montréal, Éditions Héritage, 1975, 136 p. Traduction du livre de Bob Richards : *The Heart of a Champion*.

Le Jardin potager (manuel), Montréal, Éditions Héritage, 1977, 166 p. Traduction du livre de J. Rodel : *Vegetable Gardening*

Tretyak (biographie), Montréal, Éditions Héritage, 1977, 124 p. Traduction du livre de Vladislav Tretyak : *Tretyak*.

Sculpture sur bois (manuel), Montréal, Éditions Héritage, 1977, 123 p. Traduction du livre de Percy Blandford : *Wood Carving*.

Erreur de pilotage (roman), Montréal, Éditions Héritage, 1978, 167 p. Traduction du livre de Jay Barbree : *Pilot Error : Six Million Dollar Man*.

Au secours d'Athéna Un (roman), Montréal, Éditions Héritage, 1979, 163 p. Traduction du livre de Michael John : *The Rescue of Athena One : Six Million Dollar Man*.

La Mort aux yeux bleus (roman), Montréal, VLB éditeur, 1985, 173 p.

The Inner Ring. A Deirdre O'Hara File (roman), London, Collins, 1985, 172 p. « The Crime Club ».

––––––––––––

[Témoignages...], dans *Le Roman canadien-français*, Montréal, Fides, 1969, p. 369-373. « ALC ».

ÉTUDES

Gilles Marcotte, *Trois personnages*, CL, n° 18, nov. 1957, p. 46-50.

Monique Bosco, *L'Inspecteur Tanguay de Gagnon, c'est Maigret sans Simenon*, MM, vol. 3, n° 9, sept. 1963, p. 70.

Odette Leroux, *Une aventure d'Ajax et Le Trésor de la Santissima Trinidad*, LAC 1966, p. 185.

Réginald Martel, *L'Ascension des chefs*, Pr, 88ᵉ année, n° 45, 1ᵉʳ avril 1972, p. E-3.

Sylvaine Rochon, *Vivre sur la glace et sur la lune*, dans *Le Livre d'ici*, vol. 5, n° 32, 14 mai 1980, p. 1.

GAGNON, PHILÉAS [Bibelot] (1854-1915). Bibliographe et historien, né à Québec. Après son cours secondaire à l'Académie commerciale Saint-Jean-Baptiste, il devient apprenti tailleur à la maison Morgan de Québec. En 1875, il ouvre son propre magasin comme marchand tailleur, gérant son commerce avec succès jusqu'en 1898. Bibliophile averti, il accumule une des meilleures collections de canadiana, comme l'atteste son *Essai de bibliographie canadienne*, publié en 1895. À partir de 1888, il collabore à *L'Union libérale*, journal de Québec, sous le pseudonyme de Bibelot. Il est en outre l'auteur d'une série de chroniques sur l'histoire et la bibliophilie. En 1898, le gouvernement provincial le nomme conservateur des archives judiciaires. En

1907, il devient conservateur du musée de la *Quebec Literary and Historical Society*, et en 1909 la ville de Montréal achète sa collection au prix de 31 000 $ et crée la salle Gagnon à la Bibliothèque municipale. Selon Daniel Olivier, « c'est à cause du zèle et de l'ardeur de collectionneurs comme Gagnon si des livres, qui auraient peut-être été perdus à jamais, ont été découverts, conservés et protégés ». Le deuxième volume de son *Essai de bibliographie* paraît en 1913.

ŒUVRES

Essai de bibliographie canadienne, 2 vol. : vol. 1, *Inventaire d'une bibliothèque comprenant imprimés, manuscrits, estampes, etc. relatifs à l'histoire du Canada et des pays adjacents avec des notes bibliographiques*, Québec, Imprimé pour l'auteur, 1895, [4], x, 711 p. ; vol. 2, *Inventaire d'une bibliothèque comprenant imprimés, manuscrits, estampes, etc. relatifs à l'histoire du Canada et des pays adjacents, ajoutés à la collection Gagnon, depuis 1895 à 1909 inclusivement, d'après les notes bibliographiques et le catalogue de l'auteur*, Montréal, Publié par la Cité de Montréal, 1913, [4], xiii, 462 p. Ill. Préface de Victor Morin. Avant-propos de l'auteur ; Dubuque (Iowa, É.-U.), W.C. Brown Reprint Library, [1962]. Ill.

Québec il y a cent ans, [Québec, La Chambre de commerce, 1909, n.p., 62 p.]. Ill. (Paru aussi sous le titre : *Les Hommes et les Choses de Québec, en 1809*, Québec, Chambre de commerce, 1909).

N.B. De 1885 à 1909, Philéas Gagnon a annoncé dans ses catalogues de vente l'acquisition surtout d'ouvrages « canadiens, rares, anciens et modernes » sur le Canada et les États-Unis. Certains livres offerts avaient été imprimés en Europe par des maisons célèbres ou illustrés par des artistes de renom : choix varié de littérature, voyages, vues, cartes géographiques, portraits, études portant sur l'histoire du pays, etc., 304 p. (Série incomplète de 1 à 39 à la Bibliothèque nationale à Ottawa sous le titre : *Catalogue of Rare Old Books / Catalogue d'ouvrages rares*).

Buste en bronze de Louis XIV, élevé à Québec en 1686, dans *Le Glaneur*, vol. 1, 1890, p. 97–102.

Francis Mazères, MI, vol. 8, 14 nov. 1891, p. 45–55.

Frédéric Rolette, BRH, vol. 1, 1895, p. 20–27.

Le Sieur de Vitré, BRH, vol. 3, 1897, p. 178–186.

Le Premier Pont sur la rivière Saint-Charles, BRH, vol. 4, 1898, p. 54–57.

Le Club des douze apôtres, BRH, vol. 4, 1898, p. 88–90.

Le Premier Livre imprimé au Canada, dans *Le Courrier du livre*, vol. 3, n° 30, 1898, p. 187–191.

François Bissot, BRH, vol. 6, 1900, p. 111–114.

Le Curé Lefebvre et l'Héroïne de Verchères, BRH, vol. 6, 1900, p. 340–345.

Le Premier Roman canadien de sujet par un auteur canadien et imprimé au Canada, MSRC, 2e série, vol. 6, 1901, p. 121–132.

Une œuvre peu connue du Père Hennepin, BRH, vol. 3, 1907, p. 184–185.

Quelques Vieilles Formes de notre langue glanée dans les actes des anciens notaires et les papiers de justice, BPF, vol. 5, n° 7, 1907, p. 241–247.

La Langue parlée au nord-ouest canadien, BPF, vol. 6, n° 4, 1907, p. 132–137.

Notes bibliographiques sur les écrits de Champlain, dans *Le Bulletin de la Société géographique de Québec*, vol. 1, 1908, p. 55–77.

Noms propres au Canada, BRH, vol. 15, 1909, p. 17–30, 49–61, 80–94, 112–124, 143–157, 177–186.

Une vieille famille canadienne, BRH, vol. 17, 1911, p. 268–286, 324–331.

Nos anciennes cours d'appel, BRH, vol. 26, 1919, p. 342–356, 364–375.

ÉTUDES

Nécrologie, dans *The Canadian Antiquarian and Numismatic Journal*, n° 2, 1915, p. 112–113.

Ouvrages publiés par P. Gagnon, BRH, vol. 21, 1915, p. 152.

Gagnon : Essai de bibliographie, dans *Review of Historical Publications Relating to Canada*, Toronto, Glasgow, Brook & Company, 1915, p. 231–232.

Roland G. Gagné, *La Collection Gagnon*, Montréal, McGill University, 1971, 27 p.

Danielle C. Boulais et Louise Lallier, *La Collection Gagnon et son avenir*, Montréal, École de bibliothéconomie de l'Université de Montréal, 1975, 66 p.

Marie Babayant, *Philéas Gagnon et la Collection Gagnon de la Bibliothèque de la Ville de Montréal*, dans *Livre, bibliothèque et culture québécoise*, Montréal, ASTED, 1977, vol. 1, p. 311–336.

Daniel Olivier, « Philias Gagnon, bibliophile ». Mémoire de maîtrise. Montréal, Université de Montréal, 1978, 96 f.

Id., *Vie et Œuvre d'un grand bibliophile québécois : Philéas Gagnon (1854–1915)*, dans *Les Cahiers du livre ancien du Canada français*, vol. 1, n° 1, 1984, p. 3–29.

GAGNON, PIERRE-OZIAS (1947–   ). Romancier, né à Jonquière (Chicoutimi). Il étudie au Collège Notre-Dame et au Séminaire des Pères Maristes de Roberval (B.A., 1967). Il obtient une licence ès lettres de l'Université de Montréal (1970), puis une maîtrise en bibliothéconomie (1971) et une maîtrise en traduction (1973). Il pratique divers métiers avant de fonder, en 1980, un hebdomadaire *Brossard-Éclair* ; en 1981, il est nommé négociateur de programmes de francisation à l'Office de la langue française du Québec. Son roman, *À la mort de mes vingt ans* (1968), s'inspire largement des techniques d'écriture propres aux surréalistes. Adrien Thério écrit : « Malgré le style décousu, les répétitions voulues et obligatoires, les banalités d'une vie quotidienne détachée d'un espace de temps, des passages poétiques s'insèrent parfaitement dans le texte ».

ŒUVRE

À la mort de mes vingt ans (roman), Montréal, Éditions du Jour, 1968, 134 p. « RJ ».

ÉTUDES

André Major, *Entrevue : un jeune homme et la mort de ses 20 ans*, Dev, vol. 59, nᵒ 282, 4 nov. 1968, p. 15.

Adrien Thério, *À la mort de mes vingt ans de Pierre-O. Gagnon*, LAC 1968, p. 47.

André Major, *D'un professeur scribomatique à un étudiant assassin*, Dev, vol. 60, nᵒ 8, 11 janv. 1969, p. 15.

GAGNON, SERGE (1939–). Historien, né à Sainte-Agnès (Charlevoix-Est). Il fait ses études classiques au Collège Sainte-Anne-de-la-Pocatière (B.A., 1960). Il obtient ensuite à l'Université Laval une licence en histoire (1963), une maîtrise (1968) dont le mémoire porte sur « Le Collège de Sainte-Anne au temps de l'abbé François Pilote : les conflits du personnel enseignant ». Sa thèse de doctorat s'intitule « Idéologie et Savoir historique : l'historiographie de la Nouvelle-France de Garneau à Groulx, 1845–1915 » (1975). Gagnon est professeur d'histoire au Collège Sainte-Anne (1963–1967), à l'Université d'Ottawa (1967–1976) et à l'Université du Québec à Trois-Rivières à partir de 1976. Il collabore à la *Revue d'histoire de l'Amérique française*, à *Histoire sociale*, au *Dictionnaire des œuvres littéraires du Québec*... et à plusieurs ouvrages collectifs comme *Le Régionalisme au Canada 1867–1967* (M. Wade et al.) et *Les Idéologies au Canada français 1940–1976* (F. Dumont et al.). Sa thèse, publiée en 1978 sous le titre *Le Québec et ses historiens de 1840 à 1920*, reçoit dans l'ensemble un bon accueil. « À plus d'un titre, l'ouvrage de Serge Gagnon peut être considéré comme l'un des événements historiographiques majeurs de l'année », déclare Robert Nadeau qui note cependant : « S'il manque de systématicité, l'ouvrage me paraît manquer également de rigueur ». De son côté, Fernand Ouellet fait de l'ouvrage un compte rendu sévère. « L'originalité de cette recherche, et ce n'est pas là son moindre mérite, nous paraît se situer dans l'explication nuancée qu'elle fournit des phénomènes sociologiques comme le providentialisme et le messianisme qui marquent notre historiographie de façon si particulière » (Léo Beaudoin). *L'Église et le Village au Québec* (1979) « est une contribution intéressante à la compréhension du monde religieux québécois du XIXᵉ siècle » (Nive Voisine). Il s'agit de recherches d'étudiants éditées et présentées par Serge Gagnon et René Hardy. À compter de 1980, Gagnon oriente ses recherches vers l'histoire des mœurs.

ŒUVRES

Le Québec et ses historiens. De 1840 à 1920. La Nouvelle-France de Garneau à Groulx (essai), Québec, PUL, 1978, [iv], 474 p. « Les Cahiers d'histoire de l'Université Laval ». Traduction anglaise par Yves Brunelle : *Quebec and its Historians, vol. 1 : 1840-1920*, Montréal, Harvest House, 1982, [xii], 161 p. Traduction anglaise par Jane Brierley, *Quebec and its Historians, vol. 2 : The Twentieth Century,* Montréal, Harvest House, 1985, [xii], 205 p.

L'Église et le Village au Québec, 1850–1930. L'enseignement des cahiers de prônes (essai), Montréal, Leméac, 1979, 174 p. Collab. René Hardy, André Audet, Guy Trépanier et Carmen Rousseau.

Man and His Past. The Nature and Role of Historiography (essai), Montréal, Harvest House, 1982, 79 p. Traduit par Margaret Heap.

Pour une conscience historique de la révolution québécoise, CL, vol. 16, nᵒ 83, janv. 1966, p. 4–19.

Le Régionalisme au Canada : le cas du Québec, une société pas comme les autres, dans Mason Wade et al., *Le Régionalisme au Canada 1867-1967,* Toronto, UTP, 1969, p. 62–82.

Historiographie canadienne ou Les Fondements de la conscience nationale, dans Jean Hamelin et André Beaulieu, *Guide d'histoire du Canada,* Québec, PUL, 1969, p. 1–61.

Le Clergé, les Notables et l'Enseignement privé au Québec : le cas du Collège de Sainte-Anne 1840–1870, HS, nᵒ 5, avril 1970, p. 45–65.

Le Diocèse de Montréal durant les années 1860, dans Pierre Hurtubise et al., *Le Laïc dans l'Église canadienne-française de 1830 à nos jours,* Montréal, Fides, 1972, p. 113–127.

La Nature et le Rôle de l'historiographie — postulats pour une sociologie de la connaissance historique, RHAF, vol. 26, nᵒ 4, mars 1973, p. 479–531.

Les Représentations mythiques de la Nouvelle-France au XIXᵉ siècle, dans *Le Merveilleux,* Québec, PUL, 1973, p. 51–54. (2ᵉ colloque sur les religions populaires).

Un exemple d'histoire clérico-nationaliste : Les Sulpiciens et les Prêtres des Missions étrangères en Acadie (1892) de l'abbé Henri-Raymond Casgrain, HS, vol. 9, nᵒ 17, mai 1976, p. 17–20.

The Historiography of New France : Jean Hamelin to Louise Dechêne, dans *Journal of Canadian Studies,* vol. 13, nº 1, printemps 1978, p. 80–99.

Le XVIᵉ siècle canadien de Narcisse-Eutrope Dionne à Marcel Trudel, dans Pierre Savard *et al., Mélanges d'histoire du Canada français offerts au professeur Marcel Trudel,* Ottawa, EUO, 1978, p. 65–83.

L'Idéologie d'aujourd'hui. Québec (fév.–déc. 1965), dans Fernand Dumont *et al., Les Idéologies au Canada français 1940–1976,* tome I, Québec, PUL, 1981, p. 287–313.

Le Milieu d'origine du clergé québécois, 1775–1840, RHAF, vol. 37, nº 3, déc. 1983, p. 373–397.

ÉTUDES

Yvan Lamonde, *Où sont les nouveaux monuments ?,* Dev, vol. 70, nº 52, 3 mars 1979, p. 21.

Robert Nadeau, *Serge Gagnon. Le Québec et ses historiens de 1840 à 1920,* LAQ 1979, p. 301–303.

Guy Massicotte, *Serge Gagnon. Le Québec et ses historiens de 1840 à 1920 — La Nouvelle-France de Garneau à Groulx,* RS, vol. 20, nº 3, sept.–déc. 1979, p. 279–280.

Guy Trépanier, *Notre historiographie vue par Serge Gagnon,* AN, vol. 69, nº 2, oct. 1979, p. 146–152.

Fernand Ouellet, *Le Québec et ses historiens,* HS, vol. 13, nº 25, mai 1980, p. 268–274.

Michel Laurin, *Gagnon (Serge) et Hardy (René). L'Église et le Village au Québec 1850–1930. L'enseignement des cahiers de prônes,* dans *Nos livres,* vol. 11, avril 1980, nº 122.

Sylvain Simard, *Gagnon, Serge. Le Québec et ses historiens de 1840 à 1920 — La Nouvelle-France de Garneau à Groulx,* RHAF, vol. 35, nº 1, juin 1981, p. 105–106.

Nive Voisine, *L'Église et le Village au Québec de Serge Gagnon et René Hardy,* RS, vol. 22, nº 1, janv.–avril 1981, p. 140.

Hubert Watelet, *Gagnon Serge et Hardy René. L'Église et le Village au Québec 1850–1930. L'Enseignement des cahiers de prônes,* RHAF, vol. 35, nº 4, mars 1982, p. 594–596.

GAGNON-MAHONEY, MADELEINE. Voir **GA-GNON,** MADELEINE.

GALARNEAU, CLAUDE (1925–   ). Historien, né à Donnacona (Portneuf). Il fait ses études classiques au Séminaire de Québec et ses études de lettres à l'Université Laval où il obtient un baccalauréat ès arts (1947), une licence ès lettres (1950) et un diplôme d'études supérieures en histoire (1957). De 1950 à 1953, il étudie à Lyon et à Paris pour obtenir, en 1969, à la Sorbonne, un doctorat en histoire dont la thèse

étudie les relations franco-québécoises ; la publication de cet ouvrage, *La France devant l'opinion canadienne,* lui vaut le prix Maurice-Travers de l'Académie des sciences morales et politiques (1971). Après son retour de France, en 1953, il est attaché à l'Université Laval. Entre plusieurs séjours de recherche en France, à l'École pratique des Hautes Études, Claude Galarneau présente, au Canada et aux États-Unis, de nombreuses communications devant les sociétés savantes. Professeur invité à l'Université du Québec à Trois-Rivières (1970–1971), collaborateur de diverses revues historiques et littéraires d'Europe et d'Amérique, il exerce également une féconde et efficace activité d'administrateur dans le domaine de l'éducation. Membre fondateur du Collège universitaire Garneau (1956), vice-président de l'Association des professeurs de l'Université Laval (1959–1960), il est secrétaire (1955–1963), puis directeur (1964–1967) de l'Institut d'histoire de l'Université Laval ; membre du Conseil de la Faculté des lettres (1955–1971), il participe activement aux Commissions Lafrenière et Parent sur la réforme de l'éducation. Il est membre de la Société d'histoire moderne de Paris, de la Société historique du Canada, de l'Institut d'histoire de l'Amérique française, de la Société canadienne d'étude du XVIIIᵉ siècle. En 1977, il publie une étude bien documentée sur *Les Collèges classiques au Canada français (1620–1970),* fruit de plusieurs années de recherches. Il poursuit toujours ses recherches sur les relations France-Québec, ainsi que sur le livre et les bibliothèques au Canada français. « Ce qui fait du reste la force de son analyse, c'est qu'elle s'appuie sur un inventaire total, au sens large du terme, des sources pertinentes à son sujet. [...] Ceux qui ont déjà lu M. Galarneau savent qu'il a des dons d'écrivain exceptionnels. Les spécialistes et l'honnête homme ne manqueront pas de remarquer qu'il demeure ici fidèle à lui-même » (Serge Gagnon).

ŒUVRES

Robert de Roquebrune. Testament de mon enfance. Récit, Montréal/Paris, Fides, 1958, 182 p. Préface de l'auteur. « N ».

Edmond de Nevers essayiste, Québec, PUL, 1960, 100 p. Textes choisis et présentés par Claude Galarneau. Avant-propos de l'auteur. « CIH ».

Edmond de Nevers. L'avenir du peuple canadien-français, Montréal/Paris, Fides, 1964, 333 p. Préface de l'auteur. « N ».

France et Canada français du XVIᵉ au XXᵉ siècle. Colloque de Québec, 10–12 octobre 1963, Québec, PUL, 1966, 322 p. Éditeur avec Elzéar Lavoie. « CIH ».

La France devant l'opinion canadienne (1760–1815), Québec/Paris, PUL/Librairie Armand Colin, 1970, xii, 401 p. Préface d'André Latreille. Introduction de l'auteur. «CIH».

Les Collèges classiques au Canada français (1620–1970), Montréal, Fides, 1978, 287 p. Avant-propos de l'auteur. «Bibliothèque canadienne-française. Histoire et documents».

Jeunesse de Clio ou La Recherche en histoire, RHAF, vol. 9, n⁰ 1, juin 1955, p. 3–13.

Histoire de l'Europe et Histoire du Canada. Esquisse pour une histoire de la mentalité religieuse au Canada français, dans *Rapport de la Société historique du Canada,* 1956, p. 26–37.

Aperçus sur la vie économique en France au XVIIIᵉ siècle, CACF, *Histoire,* n⁰ 2, 1957, p. 115–134.

Une lettre de l'abbé Linsolas, dans *Cahiers d'histoire,* vol. 4, n⁰ 3, 1959, p. 265–267. (Publication des Universités Clermont-Lyon-Grenoble).

La Mentalité paysanne en France sous l'ancien régime (XVI–XVIIIᵉ siècles), RHAF, vol. 14, n⁰ 1, juin 1960, p. 16–24.

Le Deuxième Centenaire du siège de Québec et le Journal d'un curé. Notes de recherches, RS, vol. 1, n⁰ 4, 1960, p. 497–499.

Les Échanges culturels franco-canadiens depuis 1763, dans *Recherches et Débats* (Paris), cahier n⁰ 34, mars 1961, p. 68–78.

Évolution historique de l'Université dans notre milieu québécois, dans *Mémoire de l'Université Laval à la Commission royale d'enquête sur l'enseignement,* Québec, 1962, p. 63–91.

Les Conditions de la vie politique en Angleterre au XVIIIᵉ siècle, RS, vol. 3, n⁰ 3, 1962, p. 349–360.

L'Abbé Joseph-Sabin Raymond et les Grands Romantiques français (1834–1837), dans *Rapport de la Société historique du Canada,* 1963, p. 81–88.

Le Philanthrope Vattemare, le rapprochement des «races» et des classes au Canada; 1840–1855, dans W.L. Morton, *Le Bouclier d'Achille. Regards sur le Canada de l'ère victorienne,* Toronto, McClelland and Stewart, 1968, p. 94–100.

Les Communautés religieuses au Québec (1837–1914), dans *Rapport de la société canadienne de l'histoire de l'église catholique,* 1969, p. 13–19.

Le Canada et la France (1760–1815), dans *Mélanges offerts à M. le Doyen André Latreille,* Lyon, Audin, 1972, p. 131–141. Université de Lyon II, «Centre d'histoire du catholicisme».

France and Canada at the End of the Eighteenth Century, 1764–1815, dans Mathé Allain et Glenn R. Conrad, *France and North America Over Three Hundred Years of Dialogue,* Lafayette, University of South Western Louisiana, The USL History Series, 1973, vol. 1, p. 131–142.

L'Enseignement des sciences au Québec et Jérôme Demers (1765–1835), RUO, vol. 47, n⁰ˢ 1–2, janv.–avril 1977, p. 84–93. Reproduit dans *Mélanges d'histoire du Canada français offerts au professeur Marcel Trudel,* Ottawa, EUO, 1978, p. 84–94.

ÉTUDES

Lionel Groulx, *Edmond de Nevers, essayiste,* RHAF, vol. 14, n⁰ 2, sept. 1960, p. 293–297.

Yves Roby, *France et Canada du XVIᵉ au XXᵉ siècle,* LAC 1966, p. 149–150.

Claude Sutto, *France et Canada français au XXᵉ siècle,* RHAF, vol. 21, n⁰ 1, juin 1967, p. 135–137.

Mason Wade, *France et Canada français du XVIᵉ au XXᵉ siècle,* CHR, vol. 48, n⁰ 4, déc. 1967, p. 375–376.

Yvan Lamonde, *La France devant l'opinion canadienne,* RHAF, vol. 24, n⁰ 4, mars 1971, p. 600–602.

Serge Gagnon, *La France devant l'opinion canadienne,* RUO, vol. 41, n⁰ 2, avril–juin 1971, p. 341–344.

Michel Brunet, *La France devant l'opinion canadienne,* CHR, vol. 52, déc. 1971, p. 430–431.

F. Weymuller, *La France devant l'opinion canadienne,* dans *Historiens et Géographes,* 61ᵉ année, n⁰ 235, févr. 1972, p. 611–612.

Cornelius Jaenen, *La France devant l'opinion canadienne,* dans *American Historical Review,* vol. 77, n⁰ 2, avril 1972, p. 596–597.

Émile Poulat, *La France devant l'opinion canadienne,* dans *Archives de sociologie des religions,* 17ᵉ année, n⁰ 34, juillet–déc. 1972, p. 197–198.

Pierre Savard, «*Les Collèges classiques au Canada français (1620–1970)*», de Claude Galarneau. *Un édifice impressionnant d'érudition,* Dr, 66ᵉ année, n⁰ 174, 21 oct. 1978, p. 21.

Maurice Lebel, *Une histoire socio-culturelle de notre enseignement secondaire,* Dr, 67ᵉ année, n⁰ 34, 5 mai 1979, p. 29.

GALLANT, MELVIN (1932–). Critique et conteur acadien, né à Urbainville (Île-du-Prince-Édouard). Il fait ses études à Memramcook (Nouveau-Brunswick) au Collège et à l'Université Saint-Joseph où il obtient un baccalauréat en sciences commerciales (1956). Il enseigne l'économie et la comptabilité au Collège du Sacré-Cœur de Bathurst (1957–1960), après quoi, il obtient un diplôme en sciences politiques à l'Université de Paris (1960), puis une maîtrise ès arts à l'Institut catholique de Paris (1964). Il devient alors professeur de littératures française et acadienne à l'Université de Moncton, tout en préparant une thèse de doctorat, *Le Thème de la mort chez Roger Martin du Gard,* qu'il soutient à l'Université de Neuchâtel (Suisse), en 1970. Il a été boursier du Gouvernement français, du Conseil des Arts du Canada et du Gouvernement helvétique. Très actif dans son milieu universitaire et au sein de la société acadienne, il est membre fondateur de l'Association des professeurs de son université, président fondateur des Éditions de l'Acadie, et de l'Association des écrivains acadiens, président de la revue *Égalité,* revue acadienne d'analyse politique, etc. Son livre sur Martin du Gard reçoit un accueil flatteur. Ainsi, Réjean Robidoux loue « la pertinence », le « caractère synthétique » et même « exhaustif » de cette analyse, « la solidité et la justesse de la thèse ». Dans ses publications ultérieures, adaptation des contes acadiens, *Guide de la cuisine traditionnelle* et le beau livre abondamment illustré, *Le Pays d'Acadie,* Gallant s'attache principalement à l'âme et à la vie de son pays.

ŒUVRES

Initiation à la dissertation (essai), Moncton, Librairie acadienne, 1966, 49 p.

Le Thème de la mort chez Roger Martin du Gard (essai), Paris, Klincksieck, 1971, 298 p. « Études littéraires ».

Ti-Jean, contes acadiens, Moncton, Éditions d'Acadie, 1973, 168 p. ; 1984, 166 p.

La Cuisine traditionnelle en Acadie (essai-ethnologie-recettes), Moncton, Éditions d'Acadie, 1975, 181 p. Collab. Marielle Boudreau. Ill. ; *Le Guide de la cuisine traditionnelle en Acadie,* Montréal, Stanké, 1980, 224 p.

Le Pays d'Acadie (essai), Moncton, Éditions d'Acadie, 1980, 207 p. Ill. Traduction anglaise par Elliot Shek : *The Country of Acadia,* Toronto, Simon & Pierre, 1985, 175 p.

[*Caprice à la campagne*] (litt. jeunesse), [Moncton, Les Éditions d'Acadie, 1982], [n.p., 16 p.]. « Marée basse ».

Le Chant des grenouilles (roman), Moncton, Éditions d'Acadie, 1982, 157 p. Ill.

L'Été insulaire (chant littéraire), Moncton, Éditions d'Acadie, 1982, 39 p. Ill.

Portraits d'écrivains. Dictionnaire des écrivains acadiens, Moncton, Éditions d'Acadie/Les Éditions Perce-neige, 1982, [n.p., 178 p.]. Collab. Ginette Gould. Ill.

[*Caprice en hiver*] (litt. jeunesse), [Moncton, Les Éditions d'Acadie, 1984], [n.p., 16 p.]. « Marée basse ».

Le Nouveau Roman, position et perspectives, dans *La Revue de l'Université de Moncton,* vol. 6, n⁰ 2, mai 1973, p. 8.-18.

« *La Sagouine* » *et la Société acadienne,* ACELF, mai 1973, p. 41-50. Collab. Pierre-André Arcand.

Le Discours obsessionnel dans « *La Conversation entre hommes* » *d'Huguette Légaré,* dans *La Revue de l'Université de Moncton,* vol. 7, n⁰ 2, mai 1974, p. 203-208.

Bonnet rouge, ECF, n⁰ 38, Montréal, HMH, 1974, p. 124-134.

Saint-Denys Garneau et l'Éblouissement de la mort, dans *Le Lien et la Formule. Hommage à Marc Eigeldinger,* Neuchâtel, La Baconnière/Payot, 1978, p. 203-215.

« *Adieu p'tit Chipagan* » *de Louis Haché,* dans *Si que 4,* automne 1979, p. 193-199.

ÉTUDES

Robert Thierry, *Melvin Gallant. Le Thème de la mort chez Roger Martin du Gard,* dans *L'École,* 8 avril 1972, p. 50.

Réjean Robidoux, *Melvin Gallant, Le Thème de la mort chez Roger Martin du Gard,* EL, vol. 5, n⁰ 2, août 1972, p. 307.

Grand E. Kaiser, *Melvin Gallant. Le Thème de la mort chez Roger Martin du Gard,* dans *French Review,* vol. 46, n⁰ 5, avril 1973, p. 1021-1022.

J.-Cl. Couturier, « *Ti-Jean* » *de Melvin Gallant, des contes populaires acadiens pas très différents de ceux d'ailleurs,* dans *L'Évangéline,* 86ᵉ année, n⁰ 177, 27 juillet 1973, p. 8.

Jeanne Demers, *Melvin Gallant. Ti-Jean,* LAQ 1973, p. 84-86.

Alain Masson, *Écrire des contes,* dans *La Revue de l'Université de Moncton,* vol. 7, n⁰ 2, mai 1974, p. 197-202.

Martin Lagardière, *Melvin Gallant : l'un des artisans du* « *printemps intellectuel* », dans *L'Évangéline,* 92ᵉ année, n⁰ 23, 1ᵉʳ février 1979, p. 2.

Natania Étienne, « *Le Pays d'Acadie* » *de Melvin Gallant, un livre couvert de bleu... une fenêtre ouverte sur deux drapeaux,* dans *L'Évangéline,* 93ᵉ année, n⁰ 237, 10 oct. 1980, p. 18.

Manon Raîche-Pincince, *L'Acadie tournée vers le présent...,* Dr, vol. 72, n⁰ 17, 14 avril 1984, p. 35.

GALLÈZE, ENGLEBERT. Voir **LÉVEILLÉ, LIONEL-ENGLEBERT.**

GAMACHE, MARCEL (1913-   ). Comédien, dramaturge et humoriste, né à Montréal. Il fait ses études au Collège Sainte-Marie. Il exerce divers métiers : tailleur, marchand de chapeaux, mais en faisant en même temps du théâtre, carrière qu'il commence au poste CHLM de Trois-Rivières avant la Seconde Guerre mondiale. De retour à Montréal, il écrit pour Radio-Canada et CKAC des sketches humoristiques : « La Veillée du samedi soir », « La Baie Quille », « Le Vieux Poulailler », le « Ralliement du rire »..., puis, pour Télémétropole, « Pique atout », « Pauvre Basile » devenu « Cré Basile » immortalisé par Olivier Guimond et qui tient l'affiche cinq ans. Dans les années soixante-dix s'ajoutent « Symphorien » (7 ans), « Les Brillants » (3 ans), et « Drôle de monde » écrit en collaboration avec Janine Sutto... En 1977, Gamache publie *Les Histoires de Symphorien et d'Éphrem,* un best-seller ; à l'été de 1979, sa pièce « Ça s'peut pas », montée par Georges Carrère au Théâtre des Marguerites, connaît un beau succès de scène. « Plutôt qu'une étude de mœurs, écrit Martial Dassylva, ‹ Ça s'peut pas › se présente comme une accumulation de situations et de personnages-types autour d'un scénario-prétexte. Ce n'est pas du cousu main ou du cousu fin, mais du cousu machine, un peu mécanique et souverainement efficace ». Ces propos s'appliquent à toute l'œuvre de Marcel Gamache.

ŒUVRE

Les Histoires de Symphorien et d'Éphrem (textes radiophoniques), Montréal, Éditions Héritage, 1977, [n.p., 119 p.]. Ill.

ÉTUDES

Christine Gautrin, *Il y a déjà une nouvelle série télévisée en chantier. Marcel Gamache est l'auteur le plus drôle au Québec*, P, 96e année, no 14, 16-22 avril 1977, p. 10.

Martial Dassylva, *Marcel Gamache touché par le virus du théâtre*, Pr, 95e année, no 147, 23 juin 1979, p. 19.

Id., *Bonne Comédie de Gamache au Théâtre des Marguerites*, Pr, 95e année, no 152, 30 juin 1979, p. B-3.

Denis Lavoie, *Marcel Gamache. « Je sais rire de mes problèmes »* (entrevue), Pr, 98e année, no 89, 17 avril 1982, p. D-10.

GARCIA, JUAN (1945-   ). Poète, né à Casablanca (Maroc), de parents espagnols. Après ses études primaires, il émigre au Québec avec ses parents, en 1957. Installé à Montréal, il étudie au Westmount High School. Au début des années soixante, il fréquente les jeunes écrivains des Éditions Atys dirigées par Gilbert Langevin. Il publie des poèmes dans diverses revues, *Liberté, L'Action nationale, Quoi, La Barre du jour...* Son premier recueil de poésie, *Alchimie du corps*, est publié aux Éditions de l'Hexagone, en 1967, par Gaston Miron rencontré aux « soirées littéraires » de Langevin. En 1968, Garcia part pour la France, puis l'Espagne. En 1971, il remporte le prix des *Études françaises* pour *Corps de gloire*, recueil où sont réunis *Alchimie* et ses poèmes épars. « Garcia est un héritier de la tradition mystique, écrivent Laurent Mailhot et Pierre Nepveu : en marge des courants actuels, son langage presque classique, sans cassures apparentes, dit paradoxalement une expérience tourmentée de l'absolu et de la mort ».

ŒUVRES

Alchimie du corps (poésie), Montréal, Éditions de l'Hexagone, 1967, 29 p. « M ». Traduction anglaise par Marc Plourde : *The Alchemy of the Body*, Fredericton, Fiddlehead Poetry Books, 1974, 33 p. Édition bilingue ; *The Alchemy of the Body and Other Poems*, Montréal, Guernica Editions, 1983, 47 p.

Corps de gloire (poésie), Montréal, PUM, 1971, 98 p. « Prix de la revue Études françaises ». (Reprend le texte de *Alchimie du corps*).

Impression, le trou, les ambres (poésie), dans *Vox Ducum*, Montréal, Mortémir Ltd., 1963, p. 128-129, 131.

La Transmutation. Comme on meurt en décembre (poésie), dans *Quoi ?*, vol. 1, no 2, printemps-été 1967, p. 55-56, 62.

[Poème], dans *Ellipse*, no 2, 1973, p. 10-11.

Deux poèmes, L, vol. 20, no 3, mai-juin 1978, p. 59-60.

Poèmes (1973-1979), L, vol. 22, no 1, janv.-fév. 1980, p. 57-70.

Sortilège marin, L, vol. 23, no 1, janv.-fév. 1981, p. 59-62.

ÉTUDES

Yves-Gabriel Brunet, *Jean [sic] Garcia, poète, et Robert Gauthier, dramaturge*, Dev, vol. 56, no 131, 5 juin 1965, p. 11.

François Piazza, *Le Canada français à l'avant-garde de la poésie francophone*, dans *Miroir du Québec*, vol. 1, no 6, 26 sept. 1965, p. 28.

Jacques Brault, *Une poésie du risque...*, CuV, no 1, 1966, p. 41-45.

André Major, *Des poèmes de Juan Garcia dans les Matinaux*, Dev, vol. 58, no 27, 2 févr. 1967, p. 8.

Suzanne Paradis, *Naissance de l'homme, naissance du poème*, So, vol. 70, no 63, 11 mars 1967, p. 28.

Patrick Straram, *Préface à livres des comptes*, PP, vol. 4, nos 7-8, mars-avril 1967, p. 96-104.

Gilles Marcotte, *La Poésie*, L, vol. 9, no 3, mai-juin 1967, p. 78-83, surtout p. 81-82.

André Major, *Alchimie du corps de Juan Garcia*, LAC 1967, p. 94-95.

Georges-André Vachon, *De Juan Garcia et de la poésie*, EF, vol. 7, no 2, mai 1971, p. 171-179.

Jacques Brault, *Juan Garcia, voyageur de la nuit*, dans Juan Garcia, *Corps de gloire*, Montréal, PUM, 1971, p. 81-93.

Jeanne Demers, *Corps de gloire de Juan Garcia ou La Poésie salvatrice*, LAQ 1971, p. 126-131.

GAREAU, MARIE-REINE. Voir **MARGERIE**.

GAREAU-DESBOIS, LOUISE (1934-   ). Traductrice, nouvelliste et poète, née à Montréal. Elle fait ses humanités au Couvent du Sacré-Cœur et au Collège Marie-de-France (B.A., 1953). De 1953 à 1959, à l'Université de Montréal, elle suit des cours de philosophie, de critique littéraire, d'espagnol et de traduction, et elle obtient des diplômes dans ces deux dernières disciplines. En 1958, elle remporte le premier prix du Concours de poésie de l'Université de Montréal et celui de la Société des poètes canadiens-français, puis, en 1968, le deuxième prix du Grand Concours international de la nouvelle féminine. En 1963, elle fait paraître la traduction du célèbre roman de Hugh MacLennan, *Deux solitudes*. Elle publie plusieurs nouvelles dans *Châtelaine*, de 1960 à 1967, et des poèmes dans l'anthologie *Poésie Québec I* (1972). En 1975, elle collabore à des travaux collectifs, *For Neruda, for Chile* et *The*

Female Eye — Coup d'œil féminin (ONF, 1975). Membre de PEN international, elle en est présidente de 1975 à 1978 et déléguée dans plusieurs pays (1974-1982). Elle collabore en outre à divers périodiques, tels *Le Devoir, SEM* et *Regards sur Israël*, et elle présente ses œuvres aux émissions « Inédits » et « Premières » de Radio-Canada. Le père Edmond Robillard dit de *Paroles d'eau et de sang* : « Onze poèmes à peine, écrits d'une même envolée [...]. Mais vraiment, cette fois, un grand cri. Pour moi, qui devrais être spécialiste du sacré, j'admire ici l'éclatement de la verve ‹ religieuse ›, au plus profond de ce qui voulait être l'expression de sentiments humains, — j'oserais presque dire : païens ».

ŒUVRES

Deux solitudes (roman), Paris, Éditions Spes, 1963, 648 p. Avant-propos de Hugh MacLennan ; *Deux solitudes. Roman,* Montréal, L'Arbre/HMH, 1978. Traduction du roman de Hugh MacLennan : *Two Solitudes.*
Brèches (poésie), Québec, Éditions Garneau, 1976, 81 p. Préface de Robert Choquette.
Paroles d'eau et de sang (poésie), Paris, Éditions Saint-Germain-des-Prés, 1976, 29 p. « Miroir oblique ».
Shadows of Love. Les Ombres de l'amour, Montréal, Éditions Bonsecours, 1979, 86 p. Ill. de Sandy Feldman. Préface de Robert Choquette. Traduction d'une sélection de poèmes du poète turc Talat Halman.
Pulsion/Pulse. Suite poétique inédite, Montréal, Éditions Glyph, 1983, [n.p., 12 f.]. Eaux-fortes originales de Ghitta Caiserman-Roth. (Texte français et anglais. Édition de luxe. Tirage limité).

[Poèmes], dans *Poésie Québec I,* Montréal, Ferron éditeur, 1972, p. 11-17.
J'ai touché du doigt l'angoisse d'Israël, dans *Perspectives-dimanche,* vol. 7, nᵒ 10, 9 mars 1975, p. 18-23.
Les Patriotes de 1838 aux Bermudes, dans *SEM,* vol. 1, nᵒ 2, mars-avril 1975, p. 51-56.
Le Rôle de la femme en Israël, Pr, 92ᵉ année, nᵘ 13, 16 janv. 1976, p. 26.
Hommage à Fernand Ouellette, dans *Regards sur Israël,* vol. 4, nᵒ 4, janv.-févr. 1976, p. 2-13.
L'Écrivain face à la liberté, dans *Regards sur Israël,* vol. 6, nᵒˢ 5-6, janv.-févr. 1978, p. 13.
Yves Thériault et Lorraine Boisvenue nous parlent, dans *Regards sur Israël,* vol. 7, nᵒ 1, sept.-oct. 1978, p. 4-14.
L'Attentat de la rue Copernic, dans *Regards sur Israël,* vol. 9, nᵒˢ 5-6, janv.-févr. 1981, p. 16-19.
Impressions de Pologne, Dev, vol. 72, nᵒ 64, 16 mars 1981, p. 17.

ÉTUDES

Alphonse Ouellet, *Louise Gareau-Des Bois : auteur du mois,* dans *Vertet,* vol. 1, nᵒ 2, juin 1976, p. 1.
Edmond Robillard, *Louise Gareau-Des Bois : Paroles d'eau et de sang,* Dev, vol. 69, nᵒ 237, 15 oct. 1977, p. 32.

GARIÉPY, MARC (1952–   ). Poète, né à Trois-Rivières. Il étudie au Séminaire Saint-Joseph et au Collège Laflèche (DEC, 1971). Il poursuit des études en lettres à l'Université de Sherbrooke (1971-1972) ; par la suite, il exerce divers métiers et participe aux récitals de poésie. Au sujet de son premier recueil, *L'Inlassable Errance* (1979), Roger Chamberland écrit : « le thème de l'errance est au centre d'une poétique par laquelle Gariépy tente d'apaiser son mal de vivre et sa détresse existentielle [...]. Toute sa poésie exprime cette soif de retrouver un temps idyllique, celui de l'enfance, dans lequel l'amour et la liberté pourraient survivre ».

ŒUVRE

L'Inlassable Errance (poésie et prose), Sherbrooke, Éditions Naaman, 1979, 75 p. « Création ».

ÉTUDE

Roger Chamberland, *Recueils de poésie aux Éditions Naaman,* LAQ 1980, p. 121-122.

GARIGUE, PHILIPPE (1917–   ). Économiste, anthropologue et politicologue, né à Manchester. Après ses études secondaires en France, il entre à la London School of Economics où il obtient un baccalauréat en science économique (1951) et un doctorat (anthropologie, 1953). Arrivé au Canada en 1954, Philippe Garigue enseigne au Département de sociologie de l'Université McGill (1954-1957), puis à la Faculté des sciences sociales de l'Université de Montréal. Il prend une part active à la vie universitaire et sociale : doyen-directeur des études à la Faculté des sciences sociales (1957-1972) et président du Comité du statut académique (1965-1972) de l'Université de Montréal, membre du Conseil des gouverneurs de l'Université de Moncton (1967-1970), directeur fondateur de l'Institut Vanier de la famille (1965)... Philippe Garigue est conseiller de divers corps privés ou gouvernementaux sur les questions de la famille et de la main-d'œuvre. Membre de nombreuses sociétés savantes (Société royale du Canada en 1963, Académie des sciences morales et politiques de Montréal en 1973...), il collabore à plusieurs revues, dont *The Canadian Journal of Economics and Political Science, American Anthropologist, Revue française de sociologie, Revue d'études canadiennes, La Recherche au Canada français.* Son étude, *Analyse du comportement familial* (1968), est primée au Concours littéraire du Québec (section sciences humaines). Garigue est également le poète du *Temps vivant* et de

L'Humaine Demeure. Sa remarquable contribution à l'avancement des sciences sociales est soulignée par Jacques Lazure qui lui rend l'hommage d'avoir « tracé dans cette forêt encore vierge de nos institutions et valeurs culturelles, une avenue de lumière dans laquelle plusieurs autres chercheurs voudront bien s'engager derrière lui ».

ŒUVRES

A Bibliographical Introduction to the Study of French Canada, Montreal, McGill University, 1956, 136 p. ; Westport, Greenwood Press, 1977.

Études sur le Canada français, Montréal, Université de Montréal, 1958, 110 p.

La Vie familiale des Canadiens français (essai), Paris/Montréal, PUF/PUM, 1962, 165 p. ; Montréal, PUM, 1970, xxvi, 148 p.

L'Option politique du Canada français (essai), Montréal, Éditions du Lévrier, 1963, 180 p.

Analyse du comportement familial (essai), Montréal, PUM, 1967, 190 p.

Bibliographie du Québec (1955-1965), Montréal, PUM, 1967, 247 p. ; 1970, xxxvi, 148 p.

Sociologie de la science, Montréal, Université de Montréal, 1967, 188 p. (Notes de cours. Texte polycopié).

Sociologie politique, Montréal, Université de Montréal, 1968, 2 vol. : vol. 1, 201 p. ; vol. 2, 57 p. (Notes de cours. Texte polycopié).

The National Goals of Canadian Science Policy, Montreal, University of Montreal, 1971, xi, 78 p. Ill. (Notes de cours. Texte polycopié).

Science et Politique au Canada, Montréal, Université de Montréal, 1972, 214 p. (Notes de cours. Texte polycopié).

Science Policy in Canada (essai), Montréal, Private Planning Association, 1972, 42 p.

Famille, Science et Politique (essai), Montréal, Leméac, 1973, 183 p.

Famille et Humanisme (essai), Montréal, Leméac, 1973, 333 p.

Le Temps vivant (poésie), Montréal, Leméac, 1973, 97 p.

L'Humaine Demeure (poésie), Montréal, Leméac, 1974, 85 p. « Poésie/Leméac ».

La Socio-politique de la science, Montréal, Université de Montréal, 1977, 417 p. (Notes de cours. Texte polycopié).

La Pensée stratégique contemporaine, Montréal, Université de Montréal, 1977, 305 p. (Notes de cours. Texte polycopié).

Mythes et Réalités dans l'étude du Canada français, dans *Contributions à l'étude des sciences de l'homme,* III, 1956, p. 123-132.

Les Changements sociaux et les Valeurs culturelles, dans *L'Actualité économique,* vol. 33, nº 3, 1958, p. 426-435.

La Recherche et le Progrès économique des Canadiens français, dans *L'Actualité économique,* vol. 3, nº 4, 1960, p. 557-565.

The French Canadian Family, dans *La Dualité canadienne,* Toronto, UTP, 1960, p. 180-200.

Force et Faiblesse du Québec face à la société de 1967, dans *Revue d'études canadiennes,* vol. 1, nº 2, 1966, p. 23-30.

La Recherche scientifique et la Société canadienne-française, dans *La Recherche au Canada français,* Montréal, PUM, 1968, p. 15-18.

St-Justin, une réévaluation de l'organisation communautaire, dans *Léon Gérin et l'Habitant de St-Justin,* PUM, 1968, p. 131-146.

French Canadian Kinship and Urban Life, dans *The Canadian Family,* Montréal, HRW, 1971, p. 137-148.

La Politique scientifique : nécessité d'une practicologie des sciences, dans *Science Forum,* vol. 6, nº 2, avril 1973, p. 22-24.

Mon itinéraire sociologique, RS, vol. 15, nos 2-3, 1974, p. 249-253.

Le Permanent et le Changement en stratégie, dans *Canadian Defence Quarterly/La Revue canadienne de défense,* vol. 9, nº 1, 1979, p. 6-10.

ÉTUDES

Jacques Lazure, *La Vie familiale des Canadiens français,* LAC 1972, p. 88-89.

Nicole Gagnon, *Famille, Science et Politique. Famille et Humanisme,* LAQ 1973, p. 297-298.

Paul Wyczynski, *Le Temps vivant,* LAQ 1973, p. 99-100.

Gilbert Tarrab, *Profil de la famille contemporaine,* Pr, 90ᵉ année, nº 64, 16 mars 1974, p. D-4.

Clément Moisan, *Philippe Garigue. L'Humaine Demeure,* LAQ 1974, p. 143-144.

GARNEAU, FRANÇOIS-XAVIER (1809-1866). Poète, historien, mémorialiste, épistolier, né à Québec. Son ancêtre, Louis Garnault, débarqua à Québec vers 1659. Originaire du Poitou, cette famille a un nom qui a connu en France et au Canada plusieurs épellations : Garnaud, Garnault, Garneault, Guernault, Guernaux et Garneau. Le père de François-Xavier venu à Québec de Saint-Augustin, marié avec Gertrude Amiot-Villeneuve, tour à tour sellier, passeur et charretier, pouvait à peine subvenir aux besoins de sa famille. L'instruction du jeune François-Xavier fut assez irrégulière : il aurait commencé à l'école du faubourg chez un certain « bonhomme Parent », au coin des rues Saint-Réal et Sainte-Geneviève ; en 1821, il se trouve à l'école mutuelle dirigée par Joseph-François Perrault où il termine ses études primaires. En juillet 1821, il s'inscrit au Séminaire de Québec, mais, faute d'argent, il doit renoncer au cours classique et travailler pendant deux ans au greffe du protonotaire Perrault. C'est à ce moment que le jeune Garneau décide de devenir notaire. Il entre à l'étude prestigieuse d'Archibald Campbell, un Écossais, mécène des beaux-arts et des lettres, membre de la Literary and Historical Society of Quebec, humaniste et propriétaire d'une imposante bibliothèque. Tout en étudiant le notariat, Garneau complète son instruction à force de lectures personnelles. Aux mois d'août et de septembre 1828, il fait un voyage aux États-Unis. Après cinq ans de cléricature qu'il passe en compagnie d'un futur écrivain, Pierre Petitclair, il reçoit sa « commission » de notaire le 21 juin 1830. C'est aussi à cette époque qu'il commence à écrire des poèmes : son premier, d'inspiration napoléonienne, *La Coupe*, date de juillet 1830 ; le deuxième, *Dithyrambe,* est rédigé au printemps de 1831, à l'occasion du départ de Denis-Benjamin Viger pour l'Angleterre. Ainsi s'achève la première étape de la vie de Garneau. La deuxième, son séjour en Europe, va du 20 juin 1831 au 30 juin 1833. Il travaille à Londres comme secrétaire de Denis-B. Viger. Il fait deux voyages de quinze jours à Paris. C'est des impressions recueillies dans « L'Ancien Monde » qu'il tire la substance de son *Voyage en Angleterre et en France dans les années 1831, 1832 et 1833,* publié d'abord en feuilleton dans *Le Courrier de Québec* (1854–1855), puis en volume, à l'automne de 1855, chez Augustin Côté. La connaissance du système parlementaire britannique, les rencontres avec des hommes célèbres et influents, tels Arthur Rœbuck, John MacGregor, David O'Connell, Thomas Campbell et les Polonais Adam Czartoryski et Krystyn Lach-Szyrma (avec qui il s'associe au sein de la Société littéraire des Amis de la Pologne), et aussi la visite des bibliothèques, musées et monuments, permettent à Garneau de mûrir davantage et d'approfondir ses vues sur l'art et l'histoire. Son retour au pays marque le début de la troisième étape de sa vie. Il travaille d'abord pour Louis Théodore Besserer, en 1833, puis devient son associé l'année suivante ; il est aussi traducteur à temps partiel à la Législature. Le 25 août 1835 il épouse Esther Bilodeau, fille d'un propriétaire terrien de La Canardière. En mai 1836, il ouvre sa propre étude, Côte de la Montagne. Les affaires ne sont guère prospères, car en mai 1837 il gagne sa vie comme caissier à la

Banque de l'Amérique Britannique du Nord, puis à la Banque de Québec. Il s'intéresse beaucoup à la vie politique et culturelle de sa province ; lors des événements de 1837, il semble être du côté de Papineau. Il fonde aussi deux journaux éphémères : *L'Abeille canadienne* (7 déc. 1833–8 févr. 1834), et *L'Institut ou Journal des étudiants* (7 mars 1841–22 mai 1841). La poésie l'attire toujours : dans la décennie qui va de 1831 à 1841, Garneau compose une trentaine de poèmes dans lesquels vibre son sentiment national à la façon du romantisme. Mais l'époque des patriotes et les événements politiques et militaires qui la caractérisent font réfléchir Garneau sur le passé et l'avenir des Canadiens français. Peu à peu il prend conscience de sa vocation d'historien. *L'Histoire de la Nouvelle-France* de François-Xavier Charlevoix n'est évidemment plus à jour dans le contexte des institutions des années 1840 ; l'*Abrégé d'histoire du Canada* (1833) de Joseph-François Perrault n'est qu'un simple manuel d'école ; le *Tableau historique et statistique du Bas-Canada* (1833) de François-Isidore Lebrun manque de précision et de nuances ; les tableaux historiques de Robert Christie, de William Smith et de John MacGregor proposent une interprétation des faits qui convient plutôt à l'esprit anglo-saxon. Depuis le 15 février 1837, Garneau publie occasionnellement dans *Le Canadien* quelques notes historiques. Autour de 1840, il décide d'écrire une vraie histoire de son pays. En dépit de sa santé chancelante et de ses faibles ressources, il se met à l'œuvre. Il devient traducteur à l'Assemblée législative en septembre 1842. En 1843, il est frappé d'une maladie qu'on croit être de l'épilepsie. En août 1844, il est nommé greffier de la ville de Québec, ce qui améliore sensiblement sa situation : il gagne 300 livres par an (environ 1 200 $). Ici commence la quatrième et dernière étape de sa vie. Au mois d'août 1845 paraît le premier volume de son *Histoire du Canada* : il relate les événements depuis les origines de la Nouvelle-France jusqu'en 1701. La « Préface » traduit la modernité des idées de Garneau. Deux autres volumes de l'*Histoire* permettent de conduire l'examen du passé canadien jusqu'à l'année 1792. La critique se montre d'abord méfiante à l'égard de l'historiographie de Garneau. Mais peu à peu des voix autorisées reconnaissent ses mérites. Membre fondateur de la Société Saint-Jean-Baptiste de Québec (1842), il participe à la création de l'Institut canadien en 1847. Le 29 mars 1849, la Chambre vote une somme de 250 livres pour la deuxième édition de l'*Histoire du Canada* qui paraîtra en 1852. Cette *Histoire*, œuvre de sa vie, Garneau la cisèle, la corrige et la complète pendant de longues années et conduit son récit jusqu'en 1840. Il explore la documentation à Albany, chez son ami le docteur O'Callaghan; il profite de riches copies et dossiers que Louis-Joseph Papineau a apportés au pays en 1845; il puise dans les archives de l'Archevêché de Québec et dans la correspondance officielle des gouverneurs anglais que Lord Elgin met à sa disposition. En 1859 paraît la troisième édition de l'*Histoire du Canada*, la plus complète et la plus minutieusement corrigée. La santé de Garneau devient très précaire. En 1864, il prend sa retraite comme greffier de la ville de Québec. Il meurt dans la nuit du 2 au 3 janvier 1866, au faîte de sa renommée, ayant joui déjà de la gloire que lui confère le titre d'« historien national ». Les œuvres de Garneau témoignent de deux époques et de deux mentalités, celles des encyclopédistes et celles des romantiques. Ses idées, son style, sa façon de voir l'existence viennent de ses propres lectures, voyages et rencontres. Chez Perrault, Archibald Campbell, Denis-Benjamin Viger, Faribault, Papineau et O'Callaghan, il a puisé des connaissances pratiques et théoriques. Il lisait beaucoup: poètes, historiens, journaux et dictionnaires. Son assiduité au travail est sans pareille. Il savait mener plusieurs choses de front, tout en élevant une famille au sein de laquelle les mortalités furent fréquentes. D'abord poète, il adhère par sa manière d'écrire à la plupart de ses contemporains, joignant au résidu pseudo-classique la nouveauté de l'art romantique. Son poème *Louise* est une ballade dans le style de Bürger et de Mickiewicz, tandis que *Le Dernier Huron* et *Le Vieux Chêne* marient à merveille l'art narratif au pouvoir visionnaire de l'historien. Sans être un chef-d'œuvre, son *Voyage* est l'un des meilleurs récits du genre au Canada français du siècle dernier: Paris et Londres revivent sous la plume de l'auteur québécois dans la fraîcheur d'impressions soutenues par une sensibilité délicate et une pensée éveillée par les deux grandes cultures séculaires. Mais l'œuvre la plus importante de Garneau — la plus importante aussi parmi les écrits du XIXe siècle québécois — est sans conteste son *Histoire du Canada*. Par sa documentation et sa pensée, elle s'avère la meilleure synthèse du passé canadien jusqu'à l'époque des Groulx, des Frégault et des Trudel. Six fois rééditée par ses descendants et amis, elle offre au lecteur non seulement une synthèse magistrale du passé canadien, mais aussi, en définitive, une vision de la vie canadienne-française. Par ses structures originales, par son style épique, ferme et précis, ses interprétations

justes et nuancées, par son équilibre entre les détails et les vues d'ensemble, l'*Histoire du Canada* est une œuvre de valeur au plan de l'histoire autant qu'au niveau strictement littéraire. Par la qualité de son écriture et le rayonnement de son œuvre, Garneau demeure l'homme clef des lettres canadiennes-françaises du XIXe siècle.

ŒUVRES

[Poésies éparses]

La Coupe, dans *Le Canadien*, vol. 3, no 371, 18 oct. 1883, p. 2. (Ce poème date de juillet 1830).

Le Voltigeur, dans *Le Canadien*, vol. 1, no 10, 8 juin 1831, p. 1.

Dithyrambe sur la mission de M. Viger, envoyé des Canadiens en Angleterre, dans *Le Canadien*, vol. 1, no 34, 31 août 1831, p. 1.

La Liberté prophétisant sur l'avenir de la Pologne, dans *Polonia* (Londres), no 3, oct. 1832, p. 185–187.

[*Voyageur*]. *Élégie. Par un jeune Canadien maintenant à Londres*, dans *Le Magasin du Bas-Canada*, vol. 2, no 6, déc. 1832, p. 225–229.

[*La Pologne*]. *Ode. Souvenirs d'un Polonais*, dans *Le Canadien*, vol. 3, no 32, 19 juillet 1833, p. 1.

La Harpe, dans *Le Canadien*, vol. 3, no 35, 26 juillet 1833, p. 1.

Le Canadien en France, dans *Le Canadien*, vol. 3, no 42, 12 août 1833, p. 2.

L'Étranger, dans *Le Canadien*, vol. 3, no 50, 30 août 1833, p. 1.

Châteauguay, dans *Le Canadien*, vol. 3, no 53, 6 sept. 1833, p. 1.

[*L'An 1834*]. *Le Premier Jour de l'An 1834*, dans *Le Canadien*, vol. 3, no 103, 2 janv. 1834, p. 1.

[*Pourquoi désespérer?*]. *Chanson*, dans *Le Canadien*, vol. 4, no 23, 30 juin 1834, p. 2.

Le Marin canadien, dans *Le Canadien*, vol. 6, no 7, 23 mai 1836, p. 1.

Le Tombeau d'Émilie, dans *Le Canadien*, vol. 6, no 31, 20 juillet 1836, p. 1.

Au Canada, dans *Le Canadien*, vol. 6, no 118, 10 févr. 1837, p. 1.

À Lord Durham, dans *Le Canadien*, vol. 8, no 15, 8 juin 1838, p. 1.

À mon fils, dans *Le Canadien*, vol. 8, no 49, 27 août 1838, p. 1.

Le Rêve du soldat, dans *Le Canadien*, vol. 8, no 80, 17 nov. 1838, p. 1.

[*La Presse*]. *Poésie du jour de l'An*, dans *Le Canadien*, vol. 8, no 102, 4 janv. 1839, p. 1.

Les Oiseaux blancs, dans *Le Canadien*, vol. 8, no 137, 27 mars 1839, p. 1.

Louise. Une légende canadienne, dans *Le Canadien*, vol. 9, no 110, 17 févr. 1840, p. 1.

L'Hiver, dans *Le Canadien*, vol. 11, no 29, 29 mai 1840, p. 2.

Le Dernier Huron, dans *Le Canadien*, vol. 11, no 39, 12 août 1840, p. 1.

Les Exilés, dans *L'Institut ou Journal des étudiants,* vol. 1, n° 1, 7 mars 1841, p. 1.

La Papillon, dans *Le Canadien,* vol. 11, n° 56, 17 sept. 1841, p. 1.

Le Vieux Chêne, dans *Le Canadien,* vol. 11, n° 61, 29 sept. 1841, p. 1.

« Le Jeune Exilé », (poème, copie), daté de 1841. (Fonds F.-X. G.).

« Vous voulez un son de ma lyre » (poème autographe), dans l'Album de Jacques Viger, signé FXG, découvert et publié ainsi que les deux pièces suivantes, par Mare Lebel.

« Premier rêve de l'homme » (poème autographe), dans l'album de Joseph-Ulric Tessier (collection privée), signé S.X. Garneau, daté du 7 mai 1849.

« Vers infâmes contre la tempérance ! » (poème autographe), dans l'album de Narcisse-Fortunat Belleau, ANC. Suivi d'une petite lettre datée du 23 oct. 1854.

Histoire du Canada depuis sa découverte jusqu'à nos jours, 4 t.: t. 1, Québec, Imprimerie N. Aubin, 1845, 558 p.; t. 2, 1846, 578 p.; t. 3, Imprimerie de Fréchette et frère, 1848, 566 p.; t. 4, Montréal, Imprimé par John Lovell, 1852, 326 p.; Québec, Imprimé par John Lovell, 1852, 3 t.: t. 1, xxii, 377 p.; t. 2, 454 p.; t. 3, 412 p.; Imprimé par P. Lamoureux, 1859, 3. t.: t. 1, xxii, 371 p.; t. 2, 457 p.; t. 3, 373 p.; Montréal, C.O. Beauchemin & Fils, 1882, 3 t.: t. 1, xxii, 397 p.; t. 2, 467 p.; t. 3, 407 p. (Un quatrième tome s'ajoute à cette édition: Notice biographique par P.-J.-O. Chauveau, 1883, 14, cccxcviii p. (étude sur la vie et l'œuvre de l'auteur)); *Histoire du Canada,* Paris, Librairie Félix Alcan, 1913-1920, 2 t.: t. 1, 1913, lvi, 610 p.; t. 2, 1920, xii, 748 p. Préface de Gabriel Hanotaux. (Édition revue, annotée et publiée avec une introduction par Hector Garneau); 1920, 2 t.: t. 1, lviii, 608 p.; t. 2, xii, 748 p. (Édition revue et corrigée); 1928, 2 t.: t. 1, lviii, 609 p.; t. 2, xii, 748 p. Portrait; Montréal, Éditions de l'Arbre, 1944-1946, 9 vol.: vol. 1, 285 p. Nouvelle introduction par Hector Garneau; vol. 2, 301 p.; vol. 3, 305 p.; vol. 4, 299 p.; vol. 5, 317 p.; vol. 6, 319 p.; vol. 7, 231 p.; vol. 8, 195 p.; vol. 9, 295 p. (Index alphabétique à partir de la p. 157. (Édition du centenaire de l'*Histoire du Canada*); *Histoire du Canada français* [sic], Montréal/Paris, Les Amis de l'histoire/François de Beauval, 1969, 6 t.: t. 1, 402 p.; t. 2, 344 p.; t. 3, 297 p.; t. 4, 305 p.; t. 5, 296 p.; t. 6, 351 p. Ill. (L'ouvrage reproduit la quatrième édition de l'*Histoire du Canada*). Traduction anglaise par Andrew Bell: *History of Canada From the Time of Its Discovery Till the Union Year (1840-41),* Montreal, John Lovell, 1860, 3 vol.: vol. 1, xxii, 404 p.; vol. 2, 382 p.; vol. 3, 442 p.; 1862, 2 vol.: vol. 1, 556 p.; vol. 2, 499 p. (Édition corrigée); Richard Worthington, 1866; Toronto, Rose Publishing Co., 1870, 2 vol.: vol. 1, xxxiii, 556 p.; vol. 2, 499 p.; Montreal, John Lovell, 1874; Toronto, Belford Brothers.

Abrégés de l'*Histoire du Canada : Abrégé de l'Histoire du Canada, depuis sa découverte jusqu'à 1840, à l'usage des maisons d'éducation,* Québec, A. Côté, 1856, iv, 248 p.; 1858, iv, 197, iii p. (Nouvelle édition); Montréal, Librairie canadienne de Fabre et Gravel, 1858. (Édition revue et corrigée par l'auteur); *Abrégé de l'Histoire du Canada, depuis sa découverte jusqu'à 1840,* Québec, A. Côté, 1865, iv, 197, iii p.; Québec, A. Côté, 1865. (Avec une note sur la page de titre: « Approuvé par le Conseil de l'Instruction publique du Bas-Canada »); Montréal, Beauchemin et Valois, 1875, iv, 210, iv p. (Nouvelle édition); Beauchemin et fils, 1881, iv, 214, iv p. (Approuvé par le Conseil de l'Instruction publique. Contient aussi la relation historique jusqu'en février 1881 grâce aux efforts conjoints d'Alfred Garneau et de P.-J.-O. Chauveau).

Voyage en Angleterre et en France dans les années 1831, 1832 et 1833, Québec, Augustin Côté et Cie, 1855, 252 p. Ce récit parut d'abord dans le *Journal de Québec* du 18 novembre 1854 au 29 mai 1855. Reproduit aussi sous forme abrégée et sous le titre : *Voyage de Garneau,* dans *La Littérature canadienne de 1850-1860,* Québec, Desbarats et Derbishire, 1863, p. 179-257; *Voyages* [sic], Québec, Léger Brousseau, 1878, 168 p. Cette édition reproduit le texte paru dans *La Littérature canadienne de 1850-1860*; 1881; Ottawa, EUO, 1968, 377 p. Édition critique. Texte établi, annoté et présenté par Paul Wyczynski. « Présence ». (Avec une généalogie, une chronologie et une bibliographie).

Additions à l'Histoire du Canada de F.-X. Garneau, Québec, C. Darveau, 1864, 77 p.

L'Abolition de la langue française par l'acte de réunion des deux Canadas, dans *Le Canadien,* vol. 10, n° 119, 22 févr. 1841, p. 2.

Une page de l'Histoire du Canada, dans *Le Canadien,* vol. 13, n° 20, 21 juin 1843, p. 3.

History of New Netherland, dans *Le Journal de Québec,* 5e année, 10 déc. 1846, p. 2-3.

Une conclusion d'histoire, RC, Montréal, E. Senécal, t. 1, 1864, p. 413-434.

ÉTUDES

Isidore Lebrun, *Histoire du Canada,* dans *Le Canadien,* vol. 17, n° 40, 6 août 1847; n° 41, 9 août 1847. (Reproduction de l'article de Lebrun, publié dans la *Revue encyclopédique de Paris*).

Théodore Pavie, *Les Français du Canada. Histoire du Canada depuis sa découverte jusqu'à nos jours, par M. F.-X. Garneau,* dans la *Revue des Deux Mondes,* 2e série, 23e année, t. 3, 15 juillet 1853, p. 278-304.

Henri-Raymond Casgrain, *F.-X. Garneau,* dans *Le Foyer canadien,* t. 4, 1866, p. 181-243. Étude reprise par Casgrain dans ses *Œuvres complètes,* Québec, Typographie de C. Darveau, 1875, t. 2, surtout : *F.-X. Garneau,* p. 26-44 ; aussi *Œuvres complètes,* Montréal, Beauchemin, 1897, t. 2, p. 84-156.

Louis-Michel Darveau, [*F.-X. Garneau*], dans *Nos hommes de lettres,* Montréal, A.A. Stevenson, 1873, iv-vi, 280 p. ; surtout p. 75-101.

[Pierre-Joseph-Olivier] Chauveau, *François-Xavier Garneau, sa vie et ses œuvres,* Montréal, Beauchemin et Valois, 1883, cclxxxii p.

Id., Étude sur les commencements de la poésie française au Canada et en particulier sur les poésies de M. François-Xavier Garneau, MSRC pour les années 1882 et 1883, Montréal, Dawson frères, 1883, section 1, p. 65-84.

Georges Robitaille, *Études sur Garneau, critique historique,* Montréal, Librairie d'Action canadienne-française, 1929, 253 p.

Guy Frégault, *Actualité de Garneau,* AU, t. 11, n° 1, mars 1945, p. 8-16.

Centenaire de l'Histoire du Canada de François-Xavier Garneau. Deuxième semaine d'histoire à l'Université de Montréal, 23-27 avril 1945, Montréal, Société historique de Montréal, 1945, 460 p.

Gustave Lanctot, *F.-X. Garneau, historien national,* Montréal, Fides, 1946, 207 p.

Louis-Philippe Saint-Martin, *L'Histoire du Canada de F.-X. Garneau et la Critique,* RHAF, vol. 8, n° 1, juin 1954, p. 380-394.

Arsène Lauzière, *François-Xavier Garneau,* Montréal-Paris, Fides, 1965, 96 p. « CC ».

Pierre Savard, *François-Xavier Garneau,* dans *French-Canadian Thinkers of the Nineteenth and Twentieth Centuries,* Montréal, McGill University Press, 1966, p. 33-40. Ouvrage dirigé par Laurier L. Lapierre.

François-Xavier Garneau. Aspects littéraires de son œuvre, Ottawa, EUO, 1966, 207 p. « VLC ». Ouvrage collectif sous la direction de Paul Wyczynski.

Ramon J. Hathorn, *Garneau, disciple de Thierry,* dans *Mosaïc,* vol. 1, n° 1, oct. 1967, p. 66-78.

James S. Pritchard, *Some Aspects of the Thought of F.-X. Garneau,* CHR, vol. 51, n° 3, sept. 1970, p. 276-291.

Marc Lebel, *Garneau disciple de Michelet,* dans *Bulletin du Centre de recherche en civilisation canadienne-française,* n° 9, déc. 1974, p. 1-4.

Jeanne d'Arc Lortie, [*F.-X. Garneau*], dans *La Poésie nationaliste au Canada français (1606-1867),* Québec, PUL, 1975, surtout p. 250-271. « VLQ ».

Marc Lebel, *La Correspondance de François-Xavier Garneau,* dans Bulletin du Centre de recherche en civilisation canadienne-française, n° 16, avril 1978, p. 18-20.

Paul Wyczynski, *François-Xavier Garneau, aspects bibliographiques,* dans *Papers of the Bibliographical Society of Canada/ Cahiers de la Société bibliographique du Canada,* vol. 17, 1979, p. 55-77.

Marc Lebel, *Trois poèmes inédits de François-Xavier Garneau,* dans *Revue d'histoire littéraire du Québec et du Canada français,* 7. F.-X. Garneau, Hubert Aquin, EUO, hiver-printemps 1984, p. 49-55.

Note : Pierre Savard et Paul Wyczynski préparent l'édition critique en douze volumes des *Œuvres complètes* de F.-X. Garneau.

GARNEAU, HECTOR DE SAINT-DENYS (1912-1943). Poète, né à Montréal, arrière-petit-fils de François-Xavier Garneau. Son nom a été écrit de deux manières : « Saint-Denys Garneau » et « Saint-Denys-Garneau », mais cette dernière façon est à proscrire ; il ne faut qu'un trait d'union. « Le patronyme, précise Jacques Blais, ne peut être que Garneau. [...] » Il reçoit les prénoms de son parrain, Hector Prévost, et du frère unique de sa mère, De Saint-Denys Prévost. Prénom insolite aujourd'hui, De Saint-Denys est à l'origine un nom de noblesse, donné à l'un des ancêtres maternels, Nicolas Juchereau de Saint-Denys. Selon Jacques Brault et Benoît Lacroix, il signe surtout « de Saint-Denys » pour les parents et les amis, mais sa signature la plus connue reste « Saint-Denys Garneau ». Il passe son enfance au manoir familial Juchereau-Duchesnay, à Sainte-Catherine-de-Fossambault (Portneuf). En 1922, sa famille s'établit à Québec, puis à Montréal en 1923. Saint-Denys Garneau commence son cours classique au Collège Sainte-Marie en 1923, le continue au Collège Loyola en 1924, étudie aussi la peinture au Collège des beaux-arts de Montréal, puis au Collège Brébeuf, et de nouveau à Sainte-Marie. En 1926, il remporte le premier prix du concours littéraire de la maison Henry Morgan, en 1928 celui du concours de poésie de l'Association des auteurs canadiens et, en 1929, celui du Poetry Group de la Canadian Authors Association. Dès 1927, il commence à publier des articles sur l'art et des poèmes dans *La Revue scientifique et artistique.* Pour des raisons de santé il doit abandonner ses études en 1934. Cette année-là il expose ses peintures à la Galerie des arts de Montréal et fait partie du groupe d'amis (Robert Charbonneau, Paul Beaulieu, Robert Élie) qui fondent *La Relève,* revue mensuelle consacrée à la littérature, la philosophie et la religion. Entre 1934 et 1937, il y publie plusieurs articles et poèmes, et il collabore aux périodiques *Idées, Le Canada, L'Action nationale...* En mars 1937 paraît son recueil de poésie, *Regards et Jeux dans l'espace.* En juillet de la même année, il passe trois semaines en France, après quoi il se retire peu à peu dans la solitude et le silence. Le 24 octobre 1943, il meurt d'une crise cardiaque à Sainte-Catherine-de-Fossambault. Suivant l'exemple de Jean-Aubert Loranger, Saint-Denys Garneau pratique avec succès le vers libre, et son œuvre marque un pas en avant dans l'évolution de cette métrique à laquelle il imprime le rythme de son moi inquiet et la couleur perçue par son regard de peintre. Expression lyrique de son drame spirituel, sa poésie exprime le message d'une conscience meurtrie cherchant une réponse à l'angoisse de l'existence. Son journal et sa correspondance sont aussi des documents importants qui aident à comprendre le cheminement de son rêve et de son « mal de vivre ». Paul Wyczynski dit de la vision symbolique du monde chez Saint-Denys

Garneau : « [Il] tend, et de toutes ses forces, à la possession non pas des simples apparences, mais bien plus à celle de la plénitude, de la vérité absolue, à ce que Baudelaire appelle dans *Fusées*, l'expression infaillible de l'âme. Avec une rare intuition, le poète inquiet découvre dans la sensation reçue un miroitement qui fait entrevoir un paradis d'enfance perdu et les signes des réalités profondes ». De son côté, Éva Kushner résume ainsi le message du poète inquiet : « Dans sa retraite, il espérait, ‹ par l'ascétisme religieux › concilier enfin son besoin de sincérité et son besoin d'amour. La poésie alors ne serait plus ce qu'elle avait été : une suite de cris assoiffés autant de sincérité que d'amour, et aussi incertains de l'un que de l'autre ; elle deviendrait l'expression unifiée d'un moi enfin réel qui, loin de toutes les modes littéraires, se connaîtrait lucidement et s'offrirait à autrui dépouillé de ses masques ». Gilles Marcotte élargit la notion des rapports que cette poésie entretient avec son milieu « à l'âge du courage ». Saint-Denys Garneau « a assumé jusqu'à ses dernières limites un poids de solitude que laissait entendre toute la littérature précédente [...]. Solitude, isolement : ce sont des réalités inséparables de toute vocation d'écrivain, mais elles définissent de façon bien spéciale la condition de l'écrivain, et de tout le peuple canadien ».

ŒUVRES

Regards et Jeux dans l'espace. Jeux. — Enfant. — Esquisses en plein air. — Deux paysages. — De gris en plus noir. — Sans titre. — Accompagnement, Montréal, [s.é.], 1937, 83 p.

Poésies complètes. Regards et Jeux dans l'espace. Les Solitudes, Montréal/Sao Paulo/Paris/Chicago, Fides, 1949, 227 p. Portrait. Avertissement de Jean Le Moyne et Robert Élie. Introduction de Robert Élie. « N » ; Montréal/Paris, 1965, 226 p. ; *Poésies. Regards et Jeux dans l'espace. Les Solitudes*, Montréal, 1972, 238 p. Traduction anglaise par Jean Beaupré et Gael Turnbull : *Nine Poems*, Iroquois Falls, [s.é.], 1955, [n.p., 45 p.]. (Édition bilingue et distribution privée). Traduction anglaise par John Glassco : *Complete Poems of Saint-Denys Garneau*, [s.l.], Oberon Press, 1975, 176 p. Introduction de John Glassco.

Journal, Montréal, Beauchemin, 1954, 270 p. Préface de Gilles Marcotte. Avertissement de Robert Élie et Jean Le Moyne ; 1962. Traduction anglaise par John Glassco : *The Journal of Saint-Denys Garneau*, [s.l.], McClelland and Stewart limited, 1962, 139 p. Introduction de Gilles Marcotte.

Saint-Denys Garneau (textes choisis), Montréal/Paris, Fides, 1956, 96 p. Textes annotés par Benoît Lacroix. Introduction de Benoît Lacroix. Ill. « CC » ; Paris, Éditions Pierre Seghers, 1967, 192 p. Portrait. Ill. Textes choisis par Éva Kushner. Présentation d'Éva Kushner.

St-Denys Garneau and Anne Hébert (poésie), Vancouver, Klanack Press, 1962, 49 p. Traduction anglaise par F. R. Scott. Préface de Gilles Marcotte. (Édition bilingue).

Lettres à ses amis, Montréal, Éditions HMH, 1967, 489 p. Avertissement de Robert Élie, Claude Hurtubise et Jean Le Moyne. « C ».

Poèmes choisis, Montréal, Fides, 1970, 141 p. « BQ ». Précédés d'une chronologie, d'une bibliographie et de jugements critiques ; 1979, 153 p. Jugements critiques, chronologie et bibliographie de Roger Chamberland.

Œuvres, Montréal, PUM, 1971, xxviii, 1320 p. Texte établi, annoté et présenté par Jacques Brault et Benoît Lacroix. Introduction de Jacques Brault et Benoît Lacroix.

Le Choix de Jacques Blais dans l'œuvre de Saint-Denys Garneau, Charlesbourg, Presses laurentiennes, 1987, 80 p.

L'Art spiritualiste, Re, vol. 1, 1934, p. 39-43.

Alphonse de Châteaubriand, Re, vol. 2, nov. 1935, p. 74-77 ; févr. 1936, p. 166-171 ; mars 1936, p. 206-214 ; mai 1936, p. 253-260.

Monologue fantaisiste sur le mot, Re, vol. 2, janv. 1937, p. 71-73.

ÉTUDES

Maurice Hébert, *Regards et Jeux dans l'espace*, CF, vol. 26, n° 5, janv. 1939, p. 464-477.

Rex Desmarchais, *Le plus pur de nous tous*, RD, vol. 50, n° 1, févr. 1944, p. 90-101.

Marie-Blanche Ellis, *De Saint-Denys Garneau : art et réalisme*, Montréal, Chanteclerc, 1949, 197 p.

Lévis Fortier, *Le Drame spirituel de Saint-Denys Garneau*, Ottawa, EUO, 1952, 247 p.

Id., *Le Message poétique de Saint-Denys Garneau*, Ottawa, EUO, 1954, 230 p. Préface de Guy Sylvestre.

Romain Légaré, *L'Aventure poétique et spirituelle de Saint-Denys Garneau*, Montréal/Paris, Fides, 1957, 190 p.

Jean Ménard, *De Corneille à Saint-Denys Garneau*, Montréal, Beauchemin, 1957, 217 p., surtout p. 203-214.

Paul Wyczynski, *Saint-Denys Garneau ou Les Métamorphoses du regard*, dans *Poésie et Symbole*, Montréal, Déom, 1965, p. 109-146.

Éva Kushner, *Saint-Denys Garneau*, Paris/Montréal, Seghers/Fides, 1967, 191 p. « PA ».

Roland Bourneuf, *Saint-Denys Garneau et ses lectures européennes*, Québec, PUL, 1969, 332 p.

André Turcotte, *Aspects du langage poétique de Saint-Denys Garneau*, VIP, n° 2, 1969, p. 43-62. « CSM ».

Hommage à Saint-Denys Garneau, EF (numéro spécial), vol. 5, n° 4, nov. 1969, p. 455-488.

Jacques Blais, *Saint-Denys Garneau*, Montréal, Fides, [1971], 65 p. « DDLC ».

Jean-Louis Major, *Saint-Denys Garneau et la Poésie*, EF, vol. 8, n° 2, mai 1972, p. 176-194.

Robert Vigneault, *Saint-Denys Garneau à travers Regards et Jeux dans l'espace*, Montréal, PUM, 1973, 70 p.

Jacques Blais, *Saint-Denys Garneau et le Mythe d'Icare*, Sherbrooke, Éditions Cosmos, 1973, 141 p. Préface de Marc Eigeldinger.

GARNEAU

Ivor Arnold, *Saint-Denys Garneau et la Quête de la foi*, RUO, vol. 44, n° 3, 1974, p. 346-353.

François Ricard, *Relire... Saint-Denys Garneau*, dans *Le Livre d'ici*, vol. 2, 5 janv. 1977, n° 3.

Georges Riser, *Le Paysage métaphysique de Saint-Denys Garneau. « Paysage en deux couleurs sur fond de ciel »*, I, vol. 2-3, n° 1, janv.-avril 1979, p. 5-22.

P. Perron, *Essai d'analyse sémiotique d'un poème de Saint-Denys Garneau*, VI, vol. 4, n° 3, avril 1979, p. 479-491.

Philippe Haeck, *Pour Saint-Denys Garneau*, NBJ, n° 83, 1979, p. 60-69.

René Dionne, *Une nouvelle collection. Bibliothèque québécoise. Poèmes choisis par Saint-Denys Garneau*, Dr, 68e année, n° 118, 16 avril 1980, p. 16.

George Riser, *Saint-Denys Garneau, la parole et le poète*, VI, vol. 5, n° 2, hiver 1980, p. 291-306.

C. May, *Danse empêchée et Plexus solaire*, dans *Études canadiennes*, n° 8, 1980, p. 9-20.

Nicole Durand-Lutzy, *Saint-Denys Garneau, la couleur de Dieu*, Montréal, Fides, 1981, 156 p. Ill. Présentation d'Edmond Robillard.

Roger Duhamel, *Quand les Québécois mettent leur cœur à nu*, Dev, vol. 74, n° 204, 3 sept. 1983, p. 17.

Georges Riser, *Conjonction et Disjonction dans la poésie de Saint-Denys Garneau. Étude du fonctionnement des phénomènes de cohésion et de rupture dans des textes poétiques*, Ottawa, EUO, 1984, 241 p.

Michel Laurin, *Relire Saint-Denys Garneau*, dans *Nos livres*, vol. 16, juin-juillet 1985, n° 6248.

GARNEAU, JACQUES (1939-   ). Romancier, poète et essayiste, né à Québec. Il fait ses humanités au Séminaire Saint-François de Cap-Rouge et au Collège de Sainte-Anne-de-la-Pocatière (B.A., 1962), et il poursuit des études en pédagogie à l'École normale Laval (B. Péd. et brevet « A », 1963). Ensuite, à l'Université Laval, il obtient une licence ès lettres (1965) et une maîtrise en didactique (1981) pour un mémoire intitulé « Les Trois sommeils de Jonas ». Il enseigne à l'Académie de Québec (1965), à la Commission scolaire régionale de Tilly (1966-1972), devient directeur adjoint à la pédagogie (1972), puis conseiller pédagogique en français (1973-1976). En 1976, il est chargé d'enseignement au programme de perfectionnement des maîtres, à l'Université Laval où, en 1981, il est professeur à la Faculté des lettres et aux Sciences de l'éducation. Il collabore à plusieurs périodiques, tels *La Tourmente* qu'il fonde en 1963 avec des collègues de l'Université Laval, *Inédits, Le Soleil* et *Québec français,* et il donne des cours d'animation, des conférences, etc., à la ville de Québec et à Radio-Canada. Dans les années soixante et soixante-dix, il participe à des récitals et à des nuits de poésie, et il fait, en 1969, une exposition de poèmes-tableaux avec Pierre Mourey. Ces activités aboutissent à la publication de deux recueils en 1973, *Poèmes à ne plus dormir dans votre sang* et *Les Espaces de vivre à vif* dans lesquels on retrouve les grands thèmes de son œuvre : la femme principalement, et le pays vu surtout à travers la ville, comme il le dit lui-même. Le cheminement de Jacques Garneau s'est accompli à travers la poésie, mais c'est surtout vers l'écriture romanesque qu'il se dirige. *Mémoire de l'œil* (1972), son premier roman, reçoit un accueil généralement chaleureux. C'est un roman-dialogue — genre important pour Garneau — dans lequel un malade se raconte. Les romans suivants se déroulent aussi dans une atmosphère de folie et de rêve, « fantastiques embardées dans les souterrains de l'âme » (Réginald Martel), mais ils n'obtiennent pas le même succès que le premier en dépit du talent de l'auteur.

ŒUVRES

Inventaire pour Saint-Denys. Roman, Montréal, CLF, 1972, 138 p.

Mémoire de l'œil. Roman, Montréal, CLF, 1972, 161 p.

Les Espaces de vivre à vif (poésie), Montréal, Nouvelles Éditions de l'Arc, 1973, 95 p. « De l'escarfel ».

Poèmes à ne plus dormir dans votre sang (poésie), Montréal, Nouvelles Éditions de l'Arc, 1973, 95 p. « De l'escarfel ».

La Mornifle. Roman, Montréal, CLF Pierre Tisseyre, 1976, 207 p.

Les Difficiles Lettres d'amour (roman), Montréal, Quinze, 1979, 144 p. « Roman ».

Lire, écrire un récit (essai), Montréal, Éditions Ville-Marie, 1983, 57 p. Collab. Martine Patry, Jean-Claude Gagnon et Huguette Santerre.

L'Embrassement ou Les Petits Poèmes du corps, [Montréal], Nouvelles Éditions de l'Arc, 1984, 43 p. Ill. « De l'escarfel ».

Écrire en prison, Montréal, Nouvelle Optique, 1985, 113 p.

ÉTUDES

Jean-Louis Major, *Mémoire de l'œil de Jacques Garneau*, LAQ 1972, p. 90.

Réginald Martel, *C'est pour mieux te voir, mon enfant*, Pr, 88e année, n° 128, 8 juillet 1972, p. C-3.

Id., *Deux folies*, Pr, 89e année, 10 mars 1973, p. C-3.

Hélène Vachon, *Jacques Garneau. Inventaire pour Saint-Denys,* LAQ 1973, p. 49-50.

Monique Benoît, *Jacques Garneau. Les Espaces de vivre à vif. Poèmes à ne plus dormir dans votre sang,* LAQ 1973, p. 121-123.

Réginald Martel, *Les Dits du désir déchaîné*, Pr, 92e année, n° 284, 27 nov. 1976, p. E-3.

Jacques Pelletier, *Jacques Garneau. La Mornifle*, LAQ 1976, p. 39-42.

François Ricard, *L'Imagination et le Pittoresque*, Dev, vol. 69, n° 34, 12 févr. 1977, p. 15.

Gabrielle Poulin, *« La Mornifle » de Jacques Garneau. Un beau roman manqué*, Dr, 64e année, n° 269, 12 févr. 1979, p. 19.

Réginald Martel, *Le Long Voyage d'un enfant au pays de la parole*, Pr, 95ᵉ année, nᵒ 93, 21 avril 1979, p. D-3.

Robert Mélançon, *Les Décevantes Lettres d'amour*, Dev, vol. 70, nᵒ 116, 19 mai 1979, p. 21.

André Vanasse, *Nouveaux Romans ?*, LQ, nᵒ 15, août–sept. 1979, p. 16–17.

Monique Chartier, *Garneau (Jacques). Les Difficiles Lettres d'amour*, dans *Nos livres*, vol. 10, nov. 1979, nᵒ 375.

Raymond Paul, *Jacques Garneau. Les Difficiles Lettres d'amour*, LAQ 1979, p. 46–47.

GARNEAU, Jean François ALFRED (1836–1904). Poète et traducteur, fils aîné de l'historien national François-Xavier Garneau, né à La Canardière, près de Québec. Élève au Petit Séminaire de Québec (1847–1853), il s'essaie occasionnellement à la poésie et publie dans *L'Abeille* (journal des étudiants) du 14 juillet 1852 son premier poème : *Mon songe*. En 1856, il s'inscrit à la Faculté de droit de l'Université Laval. Encore étudiant, il assiste son père dans la préparation de la troisième édition de son *Histoire du Canada*. Il est admis au barreau le 5 décembre 1860. Traducteur surnuméraire pour la session du Parlement, en mars 1861, il devient traducteur adjoint un an après. Il épouse Élodie Globensky, et de ce fait est apparenté à quelques familles célèbres de Montréal et de Terrebonne : Chauvin, Masson, Langevin... Après la mort de son père (1866) et le déménagement du Parlement à Ottawa, il habite la capitale fédérale où il devient chef des traducteurs au Sénat. Ami de Louis-Joseph Papineau, d'Henri-R. Casgrain, de P.-J.-O. Chauveau, d'Antoine Gérin-Lajoie et de Louis Fréchette, beau-frère de l'écrivain Joseph Marmette, Garneau se trouve au centre des activités culturelles. C'est lui aussi qui veille sur la fortune de l'œuvre de son père et prépare, pendant une quinzaine d'années, la quatrième édition de l'*Histoire du Canada*, parue en 1882. À l'été de 1883, il fait un voyage de deux mois en Europe. Il est membre de la Société des Dix d'Ottawa. Il meurt d'une crise cardiaque le 3 mars 1904 à Montréal. Une bonne partie de sa poésie a été recueillie par son fils Hector et publiée en recueil, en 1906. Suzanne Prince écrit au sujet de cette œuvre : « La poésie d'Alfred Garneau a ceci d'important qu'elle s'épanouit en toute liberté. Sortie de l'École patriotique de Québec, elle se rapproche d'abord des romantiques français. Mais presque en même temps, Garneau dépasse ses aînés. Son écriture personnelle se fait vibrante et chaude dès le début, quels que soient les reflets qui l'apparentent pour la forme à tel ou tel mouvement poétique. [...] Par sa « modernité » qui consiste dans la recherche d'une forme poétique nouvelle, par sa voix qui est à la fois aveu et communion, Alfred Garneau mérite une place à part parmi les poètes canadiens-français du XIXᵉ siècle ».

ŒUVRE

Poésies, Montréal, Librairie Beauchemin limitée, 1906, 220 p. Portrait. Publiées par Hector Garneau, fils de l'auteur. Avertissement d'Hector Garneau.

ÉTUDES

A.-D. DeCelles, *Garneau*, dans *L'Opinion publique*, vol. 14, nᵒ 28, 12 juillet 1883, p. 325.

Albert Lozeau, *Note sur Garneau*, dans *L'Avenir du Nord*, vol. 10, nᵒ 50, 14 déc. 1906, p. 1.

Id., Les Poésies d'Alfred Garneau, RC, 53ᵉ année, nᵒ 1, févr. 1907, p. 169–180.

Thomas Chapais, *Les Poésies de M. Alfred Garneau*, dans *L'Événement*, vol. 41, nᵒ 66, 31 juillet 1907, p. 2.

Louis Arnould, *Les Deux Garneau*, dans *Le Canada*, vol. 12, nᵒ 280, 4 mars 1910, p. 4.

Suzanne Prince, « Alfred Garneau, édition critique de son œuvre poétique ». Thèse de doctorat. Ottawa, Université d'Ottawa, 1974, 730 f. (Synthèse de tous les renseignements sur la vie et l'œuvre d'Alfred Garneau).

Suzanne Lafrenière, *Littérature outaouaise et franco-ontarienne (6). Quatre poètes du temps passé*, Dr, 64ᵉ année, nᵒ 275, 19 févr. 1977, p. 16.

Id., Littérature outaouaise et franco-ontarienne (3). L'Amour du passé, Dr, 65ᵉ année, nᵒ 274, 18 févr. 1978, p. 17.

GARNEAU, Joseph René SYLVAIN (1930–1953). Poète et conteur, né à Montréal. Son enfance se passe à Sainte-Dorothée où la Rivière-des-Prairies et la grande nature forestière inspirent au poète la passion du paysage, de la chasse et de la pêche. Il entre au Collège Stanislas de Montréal à l'âge de seize ans et commence à publier ses poèmes dans *Le Jour, Notre Temps* et dans l'*Amérique française*. Après son baccalauréat, il devient officier cadet de la marine (1948) et visite à ce titre une partie de l'Europe. À son retour, il travaille à Montréal comme journalier, ensuite comme reporter à *La Presse*, collabore à quelques journaux, devient annonceur à CKVM et à Radio-Canada. Il meurt accidentellement le 7 octobre 1953. Sa poésie est marquée d'une angoisse que les vers coulants, réguliers, savent à peine masquer. Il publie son premier recueil à l'âge de vingt ans. Alain Grandbois l'honore d'une préface et semble être ravi : « Ses poèmes ont la fraîcheur du mimosa, l'odeur des érables au printemps. Il y a aussi qu'il écrit sa poésie avec points, virgules, rimes, et tout le tremblement classique. [...] Les poèmes de Sylvain Garneau sont tendres, légers, rieurs, désinvoltes, et pleins d'un amour, d'une admiration, d'une compréhension des choses de la nature, qui bouleversent. Il chante le soleil, les arbres, la rivière, les lacs, les crépuscules, et sa jeunesse, avec la fougue et l'ardeur de son bel âge ». Un an après (1952), le deuxième recueil, *Les Trouble-fête,* maintient en général le même ton et la même écriture sans que la joie soit aussi omniprésente que la jugeait son préfacier. Quand on lit aujourd'hui l'ensemble de ses poésies et de ses proses consignées dans les *Objets retrouvés,* on entrevoit, par-delà ses sourires et ses gaies exclamations, les larmes et les taches noires au soleil. Son langage poétique se fixe étrangement autour du thème du départ, départ vers le lointain énigmatique. D'après Guy Robert, cette géographie curieuse de Sylvain Garneau « pourrait s'appuyer sur le théorème surréaliste ». Son univers poétique est un univers brisé par le destin tragique ; le rêve qui l'a marqué est celui d'un adolescent qui, tout en chantant le jour et le soleil, s'enfonce sans cesse dans sa nuit intérieure.

ŒUVRES

Objets trouvés (poésie), Montréal, Les Éditions de Malte André Roche, 1951, 93 p. Préface d'Alain Grandbois.
Les Trouble-fête (poésie), Montréal, Les Éditions de Malte, 1952, 77 p. Ill. de Pierre Garneau.
Objets retrouvés. Poèmes et proses, Montréal, Librairie Déom, 1965, 333 p. Portrait. Ill. Introduction de Guy Robert. « PC ». (Comprend *Objets trouvés* et *Les Trouble-fête*).

ÉTUDES

André Melançon, « *Objets retrouvés de Sylvain Garneau* », dans *Lectures,* vol. 12, n° 4, déc. 1965, p. 95–96.
Maximilien Laroche, *Objets retrouvés de Sylvain Garneau,* LAC 1965, p. 73–76.
Jean-Cléo Godin, *La Voix retrouvée de Sylvain Garneau,* VIP, n° 2, 1969, p. 77–90.
Pierre Châtillon, *Le « Château d'eau » de Sylvain Garneau,* dans *Cahiers de l'Université du Québec,* n°s 22–23, 1970, p. 63–102.

GARNEAU, Julie Paule RENÉE (1925–). Romancière, née à Québec. Elle fait ses études secondaires à l'École des Saints-Martyrs et à l'Institut familial Saint-Joseph-de-Saint-Vallier (1940–1945), puis elle étudie la musique au couvent de Sillery et à l'École de musique de l'Université Laval (B. mus.,

1949). Plus tard, elle poursuivra ses études au Cégep Édouard Montpetit et à l'Université Concordia (Certificat général en arts et science). Elle s'intéresse activement aux problèmes de la condition féminine, traduit avec Colette Picker le livre de Robert Powell, *The Free Mind,* pour les Éditions Quinze (1977), donne des conférences, collabore aux *Cahiers de la femme* et au *Bulletin* de l'Institut Simone de Beauvoir de l'Université Concordia. En 1975, elle publie *L'Œuf de coq,* recueil d'historiettes se déroulant à Portneuf et à Québec. Le livre est choisi par le Club du livre du Québec.

ŒUVRES

L'Œuf de coq. Chronique d'une enfance à Québec, Montréal, Éditions du Jour, 1975, 117 p.
L'Esprit libre (essai), Montréal, Les Éditions Quinze, 1977, 215 p. Collab. Collette Picker. Préface de Robert Powell. Traduction du livre de Robert Powell : *The Free Mind.*

Le Cheval de nacre (conte), dans *Les Cahiers de la femme,* vol. 1, n° 2, hiver 1978–1979, p. 47.
Retour en classe, dans *Le Bulletin/News Letter de l'Institut Simone de Beauvoir,* vol. 1, n° 2, juin 1979, p. 2.

ÉTUDE

Marie-Josèphe [Rita Dézy], *Les Arts,* dans *L'Écho de Val d'Or,* 30 juillet 1975, p. 10.

GARNEAU, MICHEL (1939–). Poète et dramaturge, né à Montréal. Il étudie à l'Académie Saint-Germain des Clercs de Saint-Viateur, au Collège Brébeuf et au Collège Sainte-Marie. Il quitte très tôt l'école. À partir de 1954, il devient tour à tour annonceur aux postes de radio CHLM et CKTR de Trois-Rivières, CJBR de Rimouski, CBOF d'Ottawa, CKVL de Montréal. Entre la fin prématurée de ses études et le début de sa carrière radiophonique, Garneau avait étudié la diction et le théâtre à l'École nationale de théâtre ainsi qu'au Conservatoire de Montréal. Déjà, il était profondément fasciné par l'art d'écrire. Il livrait ses récits sur les ondes radiophoniques. Il publie, en 1962, un recueil de poésie, *Langage,* dont André Brochu signale les qualités : « Profondément sensuelle, d'un érotisme puissant et sain, elle (la poésie) exprime de l'intérieur et d'une façon accomplie l'univers de l'adolescence. [...] C'est cette qualité de fond de l'écriture, cette maturité poétique de base qui fait de *Langage* une œuvre forte et neuve ». Deux de ses pièces de théâtre, « Ravi » et « Strauss et Pesant », sont lues successivement au Centre d'essai des auteurs dramatiques. D'autres recueils de poésie sont publiés sous le titre commun de *Langage*, numérotés seulement dans l'ordre de leur parution. Au sujet de *Moments*, sans doute le meilleur recueil de poèmes de l'année 1973, François Ricard écrit : « Cette franchise, cet amour fou et surtout ce pari extrême sur la possibilité du salut impriment à la poésie de Garneau un accent à la fois de violence, d'ivresse et de couleur. [...] Une poésie éminemment espérante, à la fois grave et douce, un peu comme les enfants. Nulle mièvrerie, nul triomphalisme : une parole directe, humaine et combative ». Michel Garneau est extrêmement prolifique ; il écrit plusieurs pièces destinées aux étudiants de l'École nationale de théâtre. « Ce qui l'intéresse, écrit Jacqueline Blouin, c'est la tradition, le rythme, la métaphore, le langage ».

ŒUVRES

Langage (poésie), Montréal, Éditions à la page, 1962, [n.p. 118 p.].

Le Pays (poésie), Montréal, Déom, 1963, 76 p. Collab. Chamberland, Côté, Drassel et Major.

Poésie — Poetry (anthologie), Montréal, Éditions du Jour, 1964, 74 p.

[*Langage 1. Vous pouvez m'acheter pour 69¢*] (poésie), [Montréal, Chez l'auteur], 1972, [n.p., 32 p.].

[*Langage 2. Blues des élections*] (poésie), [Montréal, Chez l'auteur], 1972, [n.p., 24 p.].

[*Langage 3. Animalhumain*] (poésie), [Montréal, Chez l'auteur], 1972, [n.p., 3 p.].

Moments (poésie), Montréal, Les Éditions Danielle Laliberté, 1973, 66 p.

[*Langage 4 : J'aime la littérature, elle est utile*] (poésie), Montréal, L'Aurore, 1974, [n.p., 29 p.].

[*Langage 5 : Politique*] (poésie), Montréal, L'Aurore, 1974, [n.p., 40 p.].

La Chanson d'amour du cul (théâtre), Montréal, L'Aurore, 1974, 42 p. Ill. « Entre le parvis et le boxon ».

Élégie au génocide des nasopodes (poésie), Montréal, L'Aurore, 1974, [n.p., 55 p.]. Ill. de Maureen Maxwell ; VLB éditeur, 1979, portefeuille, 63 p. (Tirage limité).

Quatre à quatre (théâtre), Montréal, L'Aurore, 1974, 62 p. Ill. « Entre le parvis et le boxon » ; *Quatre à quatre. Théâtre,* VLB éditeur, 1979, 113 p. Traduction anglaise par Christian Bédard et Keith Turnbull : *Four to Four. Quatre à quatre,* Toronto, The Hunter Rose Company Limited, 47 p. Ill. « Canadian Plays ».

Strauss et Pesant (et Rosa) (théâtre), Montréal, L'Aurore, 1974, 75 p. Ill. Préface d'André Pravé. « Entre le parvis et le boxon ».

Sur le matelas (théâtre), Montréal, L'Aurore, 1974, 92 p. Ill. « Entre le parvis et le boxon » ; *Sur le matelas. Théâtre,* VLB éditeur, 1981, 97 p.

La Plus Belle Île (poésie), Montréal, Éditions Parti Pris, 1975, 63 p.

Gilgamesh. Théâtre, Montréal, VLB éditeur, 1976, 120 p. Ill.

Les Voyagements, suivi de Rien que la mémoire. Théâtre, Montréal, VLB éditeur, 1976, 144 p. ; 1977, 119 p. Ill.

Les Célébrations, suivi de Adidou Adidouce. Théâtre, Montréal, VLB éditeur, 1977, 141 p. Ill.

Les Petits Chevals amoureux. Poésie, Montréal, VLB éditeur, 1977, [n.p., 75 p.]. Traduction anglaise par Robert McGee : *Small Horses Intimate Beast,* [s.l.], Signal Editions, 1985, 93 p. Portrait.

Macbeth de William Shakespeare traduit en québécois, Montréal, VLB éditeur, 1978, 152 p. Ill. de Maureen Maxwell.

Pour travailler ensemble (poésie), Montréal, La Fondation de théâtre public, 1978, [n.p., 45 p.]. Ill. de l'auteur. Collab. Pierre Curzi, Anne de Guise, Claude Des Landes *et al.*

Abriés désabriées, suivi de L'Usage du cœur dans le domaine réel. Théâtre, Montréal, VLB éditeur, 1979, 101 p. Ill.

Émilie ne sera plus jamais cueillie par l'anémone. Théâtre, Montréal, VLB éditeur, 1981, 111 p. Ill. de Maureen Maxwell.

Petitpetant et le Monde, suivi de Le Groupe. Théâtre, Montréal, VLB, 1982, 143 p. Ill.

Les Neiges suivi de Le Bonhomme Sept-Heures. Théâtre, Montréal, VLB éditeur, 1984, 123 p. Ill.

L'École. The School, Montréal, Stanké, 1985, 204, 16 p. Ill. Collab. Tom Hendry. Avant-propos de Jean-Louis Roux.

Poésies complètes, 1955–1987, Montréal, Guérin Littérature/L'Âge d'homme, 1988, 770 p.

En guise de présentation, dans *Dimensions,* mars 1969, p. 12-14.

ÉTUDES

Guy Robert, *Plus ou moins quatre,* Dev, vol. 53, nº 234, 6 oct. 1962, p. 10.

André Brochu, *Langage de Michel Garneau,* LAC 1962, p. 41-42.

Maximilien Laroche, *Le Pays,* LAC 1963, p. 63.

Guy Sylvestre, *Livres français : poésie,* dans *University of Toronto Quarterly,* vol. 33, nº 4, juillet 1964, p. 495-505.

[Anonyme], *Lecture publique d'une pièce de Michel Garneau,* Pr, 85e année, nº 89, 18 avril 1969, p. 10.

Claude-Lyse Gagnon, *Michèle Rossignol et Michel Garneau enseignent le théâtre et vivent de poésie,* P, 90e année, nº 16, 20 avril 1969, p. 64.

[Anonyme], *Parlures, Paroles, Poèmes,* CF, 109e année, nº 48, 23 avril 1969, p. 44.

[Anonyme], *Lecture publique de la dernière pièce de Michel Garneau « Ravi »,* Dr, 57e année, nº 25, 25 avril 1969, p. 11.

[Anonyme], *Un spectacle sur la poésie des sonorités,* So, 72e année, nº 110, 8 mai 1969, p. 25.

Jules Sibec, *Récital de poésie,* CuV, nº 14, août 1969, p. 60, 62.

François Ricard, *Moments de Michel Garneau,* dans *Le Jour,* vol. 1, nº 5, 16 mars 1974, p. 19, 22.

André Smith, *Michel Garneau. Sur le matelas, La Chanson d'amour du cul, Quatre à quatre, Strauss et Pesant (et Rosa),* LAQ 1974, p. 156–158.

Rolande Lepage, *Le Théâtre sur commande (entretien avec Michel Garneau),* [s.l.], Centre d'essai des auteurs dramatiques inc., 1975, 52 p.

Claude Beausoleil, *Gilgamesh,* dans *Jeu,* été–automne 1976, n° 3, p. 93–94.

[Anonyme], *« Quatre à quatre » à Paris,* Pr, 92ᵉ année, n° 243, 11 oct. 1976, p. D-5.

Rudel-Tessier, *Au théâtre ; 1976-1977 aura été l'année de Michel Garneau,* Pr, 92ᵉ année, n° 260, 30 oct. 1976, p. C-6.

Adrien Gruslin, *Une plume dépareillée tant au Québec qu'à Paris, Michel Garneau,* Dev, vol. 68, n° 259, 6 nov. 1976, p. 15.

Id., *Adidou Adidouce. Un amusant voyagement par le rire,* Dev, vol. 69, n° 30, 8 févr. 1977, p. 12.

Heinz Weinmann, *Adidou Adidouce,* dans *Jeu,* printemps 1977, n° 5, p. 112–113.

Adrien Gruslin, *« Abriés désabriées » montée par La Manufacture. Un spectacle original mais hésitant,* Dev, vol. 69, n° 238, 17 oct. 1977, p. 14.

Fernand Villemure, *Les Célébrations,* dans *Jeu,* n° 4, hiver 1977, p. 85–86.

Jean Royer, *Michel Garneau et le Plaisir du langage,* Dev, vol. 69, n° 11, 18 févr. 1978, p. 33, 46.

Joseph Bonenfant, *« Les Petits Chevals amoureux » de Michel Garneau. Les mots couleurs joualvert,* Dr, 66ᵉ année, n° 48, 20 mai 1978, p. 22.

André Dionne, *Michel Garneau et le Lieu de la culture,* LQ, n° 11, sept. 1978, p. 50–54.

Denis St-Jacques, *Michel Garneau, un prix mérité,* LQ, n° 11, sept. 1978, p. 48–50.

André Fortier, *L'Œuvre de Michel Garneau. Voyage théâtral,* Dr, 66ᵉ année, n° 151, 23 sept. 1978, p. 21.

Robert Mélançon, *Gilgamesh. La plus ancienne histoire, la plus jeune,* Dev, vol. 70, n° 251, 27 oct. 1979, p. 21–22.

Pierre Rousseau, *Pour travailler ensemble,* dans *Jeu,* n° 10, hiver 1979, p. 127–130.

Michel Savard, *Michel Garneau. Élégie au génocide des nasopodes,* LAQ 1979, p. 121.

Jacques Larue-Langlois, *Michel Garneau au Conservatoire. Un fleuve de langage,* Dev, vol. 71, n° 63, 15 mars 1980, p. 24.

[Anonyme], *Écrire et Jouer de la flûte...,* Pr, 96ᵉ année, n° 99, 26 avril 1980, p. D-1, D-6.

Id., *Théâtre, neige et poésie, un accord de circonstance,* Dev, vol. 72, n° 7, 10 janv. 1981, p. 18.

Hélène de Billy, *Michel Garneau : aurore au passé flou,* Dev, vol. 73, n° 251, 30 oct. 1982, p. 28, 32.

Jean-François Chassay, *Émilie ne sera plus jamais cueillie par l'anémone, Michel Garneau,* dans *Jeu,* n° 22, 1982, p. 120–122.

André Bourassa, *Solo et Monologue Ha ha !... Le Groupe,* LQ, n° 28, hiver 1982-1983, p. 52–54.

Paul Lefebvre, *Michel Garneau conjugue avec bonheur et poésie et théâtre,* Dev, vol. 75, n° 141, 18 juin 1984, p. 13.

Claude Deslandes, *Michel Garneau, écrivain public,* Montréal, Guérin, 1987, 191 p. « Carrefour ».

GASCOGNE, JEAN DE. Voir **LAMARCHE, GUSTAVE.**

GAUDET-SMET, FRANÇOISE [Francesca, Louise Richard] (1902-1986). Journaliste, conteuse et poète, née à Sainte-Eulalie (Nicolet). Elle fait son cours primaire à Sainte-Eulalie, le secondaire au couvent des Sœurs de l'Assomption à Wotton où elle étudie aussi la musique, puis elle fait deux années à l'École normale de Nicolet (1916-1918). Elle travaille ensuite comme secrétaire au magasin général de son père, est organiste de sa paroisse et organise en outre des soirées dramatiques et artistiques. Dès 1922, elle envoie à *La Tribune* de Sherbrooke des articles signés Francesca, mais c'est en 1926 que commence vraiment sa longue carrière de journaliste avec son billet hebdomadaire à la page féminine de *La Parole* de Drummondville où elle continue d'écrire jusqu'en 1938. Elle publie une partie de ses billets dans *Derrière la scène* (1930), son premier livre. En 1930, Françoise Gaudet commence une collaboration suivie à *La Tribune* sous le pseudonyme de Louise Richard. Bientôt s'allonge la liste des périodiques auxquels elle collabore, comme *La Patrie* (Montréal) et *Le Nouvelliste* (Trois-Rivières). En 1932, elle passe au *Journal d'agriculture* où elle travaille jusqu'à la disparition du journal (1936) et dont le directeur, Armand Létourneau, lui confie la rédaction de quatre pages en 1934. Cette année-là, elle se marie avec un Français, Paul Smet, et elle entre à *L'Ordre* comme secrétaire d'Olivar Asselin pour qui elle travaille un an, et qui aura sur elle une influence considérable, en lui faisant prendre conscience de la presse d'opinion et en l'inclinant à se spécialiser dans les questions rurales et artisanales. En 1938, elle fonde la revue *Paysana* pour les femmes. C'est un mensuel qui prêche le retour à la terre, exalte le culte des traditions mais adaptées et modernisées, aide au développement de l'artisanat, chante la grandeur et la beauté des tâches féminines. *Paysana* cesse de paraître en octobre 1949 après avoir connu des tirages de vingt mille exemplaires en 1941 et jusqu'à cinquante mille en 1947. Françoise Gaudet-Smet y a accompli un travail énorme, rédigeant plus de la moitié des articles, répondant au courrier, veillant à tout. Pendant ce temps, elle réussit à animer des émissions radiophoniques, à donner une série de dix cours sur l'artisanat à l'Université d'Ottawa (1946), à voyager en Suède (1948), etc. Son mari meurt en 1950. Elle se remariera en 1965 avec Samuel Brisson. En 1951, elle retourne au journalisme et collabore au *Canada*, au *Foyer rural*, au *Devoir*... À la radio et à la télévision, elle anime une dizaine de programmes, tels « Le Réveil rural » (1939-1968), « V'là l'bon vent » (1940-1942), « Voie de femme » et « Bonheur du jour » (1967-

1970). En 1982, l'octogénaire fait encore cinq émissions télévisées par semaine, « Sans détour », commencées en 1972, à Sherbrooke. Vers la fin des années soixante, un incendie rase la maison et les dépendances de Claire-Vallée, emportant du même coup notes, dates, souvenirs, collections, ne laissant qu'une grange dans laquelle elle s'installe. C'est à Claire-Vallée qu'au début des années quarante elle avait fondé, avec son mari, le Centre social consacré surtout à l'artisanat et à l'alimentation. À quelques kilomètres de là, elle ouvre, en 1974, un centre d'artisanat pour les femmes, Gaudetbourg. Au cours de son étonnante carrière, elle visite une trentaine de pays, donne un millier de conférences, publie des milliers d'articles, une douzaine de volumes, une quinzaine d'albums et, à compter de 1961, l'*Agenda aujourd'hui* qui tire à vingt mille exemplaires en 1980. Elle mérite de nombreuses récompenses parmi lesquelles la médaille papale Bene Merenti (1960), le trophée CHLT-TV (1965), le prix Méritas (1969), la médaille d'or de l'Académie internationale de Lutèce (1979), l'Ordre du Canada. Elle est, au dire de Renée Rowan, une « femme de la trempe des bâtisseurs devenue, dans la communauté rurale surtout, une figure folklorique et légendaire. [...] Certains la trouvent ‹ dérangeante ›, mais nul ne peut nier son incroyable puissance de travail [...], son impétueux besoin de partager avec les autres ce qu'elle sait, son originalité parfois déroutante, sa grande chaleur humaine et sa générosité ». On comprend pourquoi, comme l'écrit Louise Delisle, « des dizaines de milliers de Québécoises, de la campagne comme de la ville, lui vouent une véritable adoration ».

ŒUVRES

Derrière la scène (billets), Drummondville, La Parole limitée, 1929, 156 p. Ill. de Simone Routier ; 1930, 156 p. ; Montréal, Librairie d'Action canadienne-française, 1931. Préface du R.P.M.A. Lamarche. Sous le nom de Françoise Gaudet.

Discours d'enfants, Montréal, Albert Lévesque, Librairie d'Action canadienne-française ltée, 1932, 156 p. Ill. Sous le nom de Françoise Gaudet.

Modèles de tapis à crocheter (artisanat), Drummondville, La Parole, 1937, 48 p. Ill. de Maurice Raymond. Préface de Georges Bouchard.

Couvre-pieds (artisanat), Montréal, Paysana, 1940, 24 p.

Avec des retailles (artisanat), Montréal, Éditions Paysana, 1940, 23 p. Ill.

Préparation à la vie de famille (essai), Montréal, L'Œuvre des tracts, 1940, 16 p.

Heures d'amour (poésie), Montréal, Fides, 1943, 168 p. Ill.

Album de modèles de points de croix (artisanat), Montréal, Paysana, 1944, 32 p.

Claire Fontaine (artisanat), Montréal, Paysana, 1947, 32 p. Ill. de Patricia Ling.

De fil en aiguille (artisanat), Montréal, Paysana, 1947, 32 p. Ill.

Femmes d'habitants (causerie), Montréal, École sociale populaire, 1947, 28 p.

Affaires de familles (cours), Saint-Sylvère (Québec), Éditions Claire-Vallée, 1950, 94 p.

Racines (contes canadiens), Montréal/Sao Paulo/Paris/Chicago, Fides, 1950, 175 p. Dessins de Rodolphe Duguay.

M'en allant promener (voyage), [Montréal], Beauchemin, 1953, 162 p. Ill.

Anne-Marie Vaillancourt (journal et extraits des notes de causerie), [s.l., s.é.], [1953 ?], 157 p. Ill. Éditrice.

Points de croix (artisanat), [s.l.], Procter and Gamble pour Tide, [1953 ?, n.p., 33 p.]. Ill.

Aujourd'hui 66 (agenda), Ville d'Anjou (Québec), Imprimerie Richelieu, [1961, n.p., 138 p.]. Ill. (Paru chaque année de 1961 à 1982).

Courtes pointes (artisanat), Saint-Sylvère, Créations Claire-Vallée, [1966], 31 p. Ill.

Pointes folles (artisanat), Saint-Sylvère, Créations Claire-Vallée, 1967, 31 p. Ill. de Samuel Brisson.

Tenir maison, Montréal, Éditions de l'Homme, 1968, 124 p.

Célébration de l'érable (nouvelle), Paris/Montréal, Robert Morel, 1970, [n.p., 72 p.]. « Célébration ».

Ramasse-miettes (artisanat), Saint-Sylvère, Créations Claire-Vallée, 1972, 30 p. Ill. de Samuel Brisson.

Chauffe-cœur (artisanat), Saint-Sylvère, Créations Claire-Vallée, 1975, [n.p.]. Ill. de Samuel Brisson et Lyne Côté.

Clartés (artisanat), Saint-Sylvère, Créations Claire-Vallée, 1978, 34 p. Ill. de Samuel Brisson.

Les Cahiers Paysana, Saint-Sylvère, Créations Claire-Vallée, 1978, 50 p. Ill. de Samuel Brisson ; 1979 ; 1980 ; 1981.

Jouets-maison, Saint-Sylvère, Créations Claire-Vallée, 1979, 32 p. Ill. de Pierre Wibaut, Jean-Marie Doizy et Lyne Côté.

Bonheur du jour (dictionnaire sur les plantes et la santé), [Montréal], Leméac, 1982, 303 p. Ill. de Samuel Brisson.

Pointes courtes (artisanat), Saint-Sylvère, Créations Claire-Vallée, 1982, 32 p. Ill. de Samuel Brisson et Lyne Côté.

Par oreille (mémoires), [Montréal], Leméac, 1985, 231 p. Ill.

Par cœur (mémoires), [Montréal], Leméac, 1986, 175 p. « Vie et Mémoires ».

Recettes du Vieux Québec, Montréal, Brodie & Harvie, ltée, [s.d.], 24 p.

Préface, dans Louis-Philippe Audet, *Le Chant de la forêt,* Québec, Éditions de l'Érable, 1949, p. 9.

« *Le Retour de Titus* », No, vol. 45, n° 88, 13 févr. 1965,
p. 10.

ÉTUDES

Maurice Hébert, *Derrière la scène*, CF, vol. 18, n° 1, oct. 1930,
p. 121-125.

Camille Roy, *Derrière la scène*, ESC, vol. 10, n° 3, déc. 1930,
p. 200-203.

Romain Légaré, *Heures d'amour*, C, vol. 4, n° 2, juin 1943,
p. 303-305.

J.-P. Beausoleil, *Racines,* dans *Lectures,* t. 6, n° 10, juin 1950,
p. 599-601.

Damase Potvin, *Racines,* C, vol. 11, n° 2, juin 1950, p. 217-218.

Geneviève de La Tour Fondue, [Françoise Gaudet-Smet], dans
Interviews canadiennes, Montréal, Les Éditions Chanteclerc
Ltée, 1952, p. 66-82.

[Anonyme], *Mme Gaudet-Smet, conférencière à la réunion des
anciennes de la Présentation de Marie,* dans *Voix de l'Est,*
vol. 32, n° 274, 4 nov. 1967, p. 3.

Jean-Marc Beaudoin, *Exposition des œuvres de Françoise Gaudet-
Smet,* No, vol. 48, n° 178, 29 mai 1968, p. 16.

Colette Chabot, *Françoise Gaudet-Smet : « Je ne suis pas jolie,
mais je sens l'humain »,* PJ, 43e année, n° 17, 16 févr. 1969,
p. 66-69.

François-Albert Angers, *La Célébration de l'érable,* AN, vol. 59,
n° 10, juin 1970, p. 991-992.

Benoît Paré, *Dans son refuge de Claire-Vallée, Françoise Gaudet-
Smet vit avec et dans la nature,* dans *La Parole,* vol. 49, n° 37,
11 sept. 1974, p. 1-5.

Renée Rowan, *Françoise Gaudet-Smet, jubilaire,* Dev, vol. 69,
n° 243, 22 oct. 1977, p. 13.

Germain Monté, *Françoise Gaudet-Smet : une fille de député qui
a bien tourné,* dans *Télé-Radiomonde,* vol. 30, n° 13, 20-26 nov.
1977, p. 16.

Louise Delisle, *Françoise Gaudet-Smet. Une riche carrière de
femme au foyer,* Pe, vol. 24, n° 33, 14 août 1982, p. 2-4.

Anne Meilleur, « *Paysana* (1938-1949), son origine, son évolution
et son influence sur la culture québécoise ». Thèse de maîtrise.
Montréal, Université de Montréal, 1982, iv, 163 f.

Jeanne Desrochers, « *Passez un été tranquille* » lui avait dit le
chirurgien, Pr, 99e année, n° 251, 29 oct. 1983, p. F-1.

Marie Laurier, *Une « force de la nature ». Françoise Gaudet-Smet
s'éteint à 83 ans,* Dev, vol. 77, n° 205, 5 sept. 1986, p. 3.

Rollande Allard-Lacerte, *Françoise Gaudet-Smet,* Dev, vol. 77,
n° 206, 6 sept. 1986, p. A-6.

Marie Laurier, *Un dernier Gaudet-Smet,* Dev, vol. 77, n° 228,
15 oct. 1986, p. 9.

GAUDETTE, PIERRE André Joseph (1952-   ).
Critique de cinéma, cinéaste et romancier, né à
Saint-Hyacinthe. Après ses études à Saint-Hyacinthe, Verdun, et au Cégep du Vieux-Montréal
(D.E.C. en sciences de la santé, 1971), il obtient un
baccalauréat spécialisé en relations humaines et en
communication à l'Université du Québec à Montréal (1974), puis il prépare une maîtrise en études
cinématographiques à l'Université de Montréal dont
le mémoire s'intitule « De Yojimbo à Per un pugno
di dollari ». De 1972 à 1975, il fait de la suppléance
à la Commission des écoles catholiques de Verdun,

puis, à compter de 1976, il se consacre au cinéma : il
est cinéaste artisan de courts métrages, tels *Le
Spécialiste* (1977), *La Professionnelle* (1977), *Duel
et Fumée* (1977), *Châteaux* (1978), etc., dans lesquels,
selon Pierre Jutras, l'auteur fait un excellent usage
de la satire et des techniques du cinéma d'animation.
De plus, il est recherchiste et critique à la Direction
générale d'études cinématographiques, assistant-
monteur aux Productions du Verseau, projection-
niste à la Baie James. Si Pierre Gaudette est peu
connu par son roman fantastique, *Les Problèmes
du diable,* il l'est mieux par ses courts métrages
originaux qu'ont distribués Radio-Canada, Cinéma
libre, les Films du Crépuscule et Faroun Films.

ŒUVRE

Les Problèmes du diable. Récit fantastique, Sherbrooke,
Éditions Naaman, 1978, 101 p. Collab. Alkaly Kaba.
Ill. « Création ».

Le Cinéaste indépendant, dans *Le Débobinons,* section 6,
n° 1, mai 1978, p. 3.

Le Tambour, dans *24 images,* vol. 2, n° 6, sept. 1980,
p. 73-75.

ÉTUDES

Yves Lever, *Renaissance du direct chez les artisans,* dans *Cinéma
Québec,* vol. 6, n° 5, févr. 1977, p. 9-12.

Jean-Pierre Tadros, *La Semaine du cinéma québécois en ballade,*
Dev, vol. 69, n° 64, 1er avril 1978, p. 55.

Pierre Jutras et Pierre Véronneau, *Québec courts métrages 1978,*
dans *Copie Zéro,* n° 3, juillet-sept. 1979, p. 20-21.

GAUDREAULT-LABRECQUE, MADELEINE (1925-
). Romancière pour la jeunesse, née à La
Malbaie (Charlevoix-Est). Après ses études secondaires chez les Sœurs de la Charité de La Malbaie
(1943-1948), elle étudie à l'École des infirmières de
l'Université Laval (1949-1952). En 1979, elle obtient
un baccalauréat de l'Université Laval, puis elle fait
un stage au Centre de formation des journalistes à
Paris, en 1980, et prépare une maîtrise en création
littéraire à l'Université Laval. Entre temps, à compter
de 1968, elle est professeure de ballet classique à
Québec et à partir de 1980, journaliste à la pige. En
littérature, elle remporte le prix littéraire de Radio-
Canada, en 1946. L'accueil fait à son premier
roman pour la jeunesse, *Vol à bord du Concordia*
(1968, 1979), varie selon la date : en 1968, pour
Odette Leroux, ce début est prometteur, car « en
plus d'avoir le sens de l'intrigue, elle a celui du
dialogue vivant, toujours en accord avec la psychologie des personnages ». Mais à la réédition de

1979, Renée Cimon écrit que les personnages « agissent plus qu'ils n'existent ». La même critique trouve le second roman, *Alerte ce soir à 22 heures* (1980), « un peu trop chargé de péripéties ».

ŒUVRES

Vol à bord du Concordia (litt. jeunesse), Québec, Éditions Jeunesse, 1968, 154 p. « Plein feu » ; *Les Aventures de Michel Labre... vol... à bord... du Concordia...*, Ville LaSalle, Éditions Hurtubise HMH limitée, 1979, 103 p. « Jeunesse ».

Les Aventures de Michel Labre. Alerte ce soir à 22 heures (litt. jeunesse), Ville LaSalle, Éditions Hurtubise HMH limitée, 1979, 75 p. « Jeunesse ».

La Girafe (litt. jeunesse), Montréal, Éditions Projets, 1981, 15 p. « Capucine ».

Dents-de-lion (litt. jeunesse), Montréal, Éditions Projets, 1981, 15 p. « Capucine ».

Le Mystère du grenier. Roman (litt. jeunesse), Ville LaSalle, Hurtubise HMH, 1982, 143 p. « Jeunesse ».

Le Merle odieux (litt. jeunesse), Sillery, Ovale, 1983, [n.p., 25 p.]. Ill. de Richard Parent.

Les Aventures de Michel Labre. Gueule-de-loup (litt. jeunesse), Ville LaSalle, HMH, 1985, 164 p. « Jeunesse ».

ÉTUDES

Odette Leroux, *Vol à bord du Concordia de Madeleine G.-Labrecque*, LAC 1968, p. 62.

Renée Cimon, *Gaudreault-Labrecque (Madeleine). Alerte ce soir à 22 heures*, dans *Nos livres*, vol. 11, août-sept. 1980, nº 252.

Id., *Gaudreault-Labrecque (Madeleine). Vol... à bord... du Concordia...*, dans *Nos livres*, vol. 11, août-sept. 1980, nº 253.

Pierre Monette, *Madeleine Gaudreault-Labrecque... Vol à bord... du Concordia... Alerte ce soir à 22 heures*, LAQ 1980, p. 225-226.

Réginald Martel, *Pour les enfants et les vieux. Des romans sur mesure ?*, Pr, 98e année, nº 130, 5 juin 1982, p. C-3.

Roger Chamberland

GAULIN, ANDRÉ (1936–). Critique et historien des lettres, né à Québec. Il fait ses études à l'École normale Notre-Dame-de-Foy, à Sainte-Foy (B.péd., 1958). Il obtient ensuite à l'Université Laval un baccalauréat en catéchèse (1964), un baccalauréat en lettres et une licence en histoire (1965), et une maîtrise en lettres québécoises (1971) pour un mémoire sur « Le Thème de l'échec dans l'univers romanesque d'André Langevin », puis, à l'Université de Sherbrooke, un doctorat dont la thèse s'intitule « Pierre Baillargeon, l'homme et l'œuvre » (1975). À compter de 1956, il enseigne à Sainte-Marie-de-Beauce, à l'Islet-sur-Mer, à l'Académie de Québec, à la Régionale de Bonaventure, à l'École normale Laval, puis il devient professeur à l'Université Laval, en 1970. Il est coprésident fondateur du Mouvement Québec français en 1971, rédacteur en chef de la revue *Québec français* (1980), responsable de la section poésie au *Dictionnaire des œuvres littéraires du Québec*. Il collabore à des périodiques comme *Québec français*, *L'Action nationale*, *Voix et Images*, ainsi qu'à plusieurs revues d'autres pays. Sa thèse remaniée paraît en 1980 sous le titre *Entre la neige et le feu. Pierre Baillargeon, écrivain montréalais*. Le travail paraît sérieux et intéressant à André Boivin ; Raymond Laprés reproche des redites et des « potinages inutiles », et René Dionne, qui aime cependant le portrait de Baillargeon qu'on y trouve, dit avoir eu « parfois l'impression que, en voulant constituer en doctrine les idées, surtout politiques et religieuses, de l'écrivain, Gaulin systématisait un peu trop ». L'ouvrage demeure solide par sa riche documentation et par le vaste tableau d'une époque qui est celle de Pierre Baillargeon.

ŒUVRES

Entre la neige et le feu. Pierre Baillargeon, écrivain montréalais (essai), Québec, PUL, 1980, xii, 323 p. Avant-propos de l'auteur. « VLQ ».

Fête des familles Gaulin, [Île d'Orléans, s.é., 1980], 119 p. Collab. Avant-propos de Louis-Marie Gaulin. Présentation de l'auteur.

Frère Marie-Victorin. Croquis laurentiens, Montréal, Fides, 1982, 262 p. Édition présentée et préparée par André Gaulin avec la collaboration d'Aurélien Boivin. « N ».

L'Île d'Orléans, microcosme du Québec (essai), Québec, Association québécoise des professeurs de français, 1984, xi, 137 p. Ill.

La Vision du monde d'André Langevin, EL, vol. 6, nº 2, août 1973, p. 153-167.

Claude Perrin, un prophète mal-aimé sous « la grande noirceur », LAQ 1973, p. 325-334.

Pierre Baillargeon, intime, VI, vol. 1, nº 1, sept. 1975, p. 57-76.

« La Neige et le Feu » ou L'Image critique d'un intellectuel sous la société duplessiste, AN, janv. 1976, p. 339-351.

Le Romancier et l'Essayiste d'un peuple orphelin (André Langevin), dans *Québec français*, nº 22, mai 1976, p. 14-28.

Introduction historique (au Québec), dans *Littératures de langue française hors de France* (anthologie), Paris, FIPF/Duculot, 1976, p. 427-436.

Une longue naissance : abrégé historico-littéraire du Québec, dans *The French Review,* vol. 53, n° 6, mai 1980, p. 787–793.

ÉTUDES

Réginald Martel, *Pierre Baillargeon. Pour la fin du purgatoire,* Pr, 96ᵉ année, n° 205, 30 avril 1980, p. B-3.

Jean Éthier-Blais, *Les Carnets de Jean Éthier-Blais,* Dev, vol. 71, n° 220, 20 sept. 1980, p. 21.

Aurélien Boivin, *Entre la neige et le feu. Pierre Baillargeon, écrivain montréalais d'André Gaulin,* dans *Québec français,* n° 39, oct. 1980, p. 12.

Raymond Laprés, *Gaulin, André, Entre la neige et le feu. Pierre Baillargeon, écrivain montréalais,* dans *Nos livres,* vol. 11, déc. 1980, n° 390.

René Dionne, *Le Feu sous la neige ou Pierre Baillargeon revu par André Gaulin,* LQ, n° 21, printemps 1981, p. 56–57.

GAULIN, HUGUETTE [Huguette Gaulin-Bergeron] (1944-1972). Poète, née à Montréal. Elle fait ses études secondaires au Collège Notre-Dame de l'Espérance. Elle exerce ensuite divers métiers, dans une pharmacie, à l'Hydro-Québec... (1960-1968), puis elle se consacre principalement à l'écriture, jusqu'à sa mort tragique, le 6 juin 1972. Membre du groupe des Herbes rouges depuis 1970, elle en pratique l'écriture occultée, déstructurée, et le titre de son recueil de poésies, *Lecture en vélocipède* (1972), deviendra celui d'une collection des Éditions de l'Aurore, puis des Herbes rouges. Une partie du recueil posthume avait déjà paru dans *La Barre du jour,* à l'automne de 1971. Cette poésie est d'abord assez mal accueillie, car on n'y voit qu'une « incohérence totalisante », un « hermétisme glacial » (Guy Pressault), ou on dit avec Gilles Marcotte que l'auteur met en œuvre « une véritable poétique de la disjonction ». Mais l'apport des Herbes rouges a fini par s'imposer et, en 1980, Pierre Nepveu et Laurent Mailhot disent du recueil d'Huguette Gaulin qu'il « reste une date dans la nouvelle poétique québécoise, par la nouveauté et l'intensité de son langage, convulsif, physique, qui n'aura pas eu le temps d'explorer ses premières découvertes ».

ŒUVRE

Lecture en vélocipède (poésie), Montréal, Éditions du Jour, 1972, 168 p. « PJ ». (Extraits parus d'abord dans BJ, n° 30, automne 1971, p. 2–39) ; Les Herbes rouges, 1983, 177 p.

Nous avions le choix, dans *Les Herbes rouges,* n° 4, déc. 1971, p. 16–17.

ÉTUDES

Jacques Gagnon, *Huguette Gaulin-Bergeron succombe aux brûlures qu'elle s'est infligées dimanche,* Pr, 88ᵉ année, n° 102, 7 juin 1972, p. A-3.

Guy Pressault, *Lecture en vélocipède de Huguette Gaulin,* LAQ 1972, p. 164.

Gilles Marcotte, *Les Mots comme des choses : poésie,* EF, vol. 10, n° 2, mai 1974, p. 129.

GAULIN-BERGERON. Voir **GAULIN, HUGUETTE.**

GAUTHIER, JACQUES (1951–   ). Poète, né à Grand-Mère. Il fait ses études à l'École secondaire Lionel-Groulx, au Cégep de Shawinigan et au Séminaire Saint-Augustin de Cap-Rouge (D.E.C., 1976). En outre, il fera deux ans et demi de sciences religieuses à l'Université du Québec à Trois-Rivières (1978-1981). Entre temps, il a passé six mois à l'Arche de Jean-Vanier, en France, et quatre ans à l'abbaye cistercienne d'Oka. Il est ensuite chargé d'animation pastorale à Saint-Thérèse-de-Blainville et à Shawinigan. Son expérience religieuse s'exprime, à partir de *L'Oraison des saisons* (1978), dans des recueils de poésie qui suivent son cheminement mystique à travers la liturgie, la nature et l'amour humain de *À la rencontre de mai* (1979). « La foi et l'espérance sont partout présentes, note Jacques Flamand à propos du premier recueil, mais sans mièvrerie, car Jacques Gauthier sait s'associer à la nature et à l'homme pour les affirmer et les chanter ». La forme est généralement assez classique. Sur l'ensemble de l'œuvre, Roger Chamberland écrit : « On entre dans la poésie de Jacques Gauthier et l'on demeure stupéfait devant une si grande effusion religieuse. Tout ce que voit et touche le poète se colore d'une pigmentation divine qui illumine son ciel et lui donne les clés d'un savoir fondé sur l'expérience mystique et l'apprentissage des ‹ règles d'or › inscrites dans les textes sacrés ».

ŒUVRES

L'Oraison des saisons. Poèmes, Trois-Rivières, Éditions du Bien public, 1978, 62 p.

Dégel en noir et blanc. Poèmes, Trois-Rivières, Éditions du Bien public, 1978, 52 p.

À la rencontre de mai. Poèmes, Trois-Rivières, Éditions du Bien public, 1979, 68 p.

Les Heures en feu (poésie), Montréal/Paris, Éditions Paulines & Apostolat des Éditions, 1981, 135 p. Ill. Préface de Dom Fidèle Sauvageau. « Contemplation ».

Au clair de l'œil (poésie), dans *Estuaire,* nº 22, hiver 1982, p. 18–23.

ÉTUDES

René Lord, *Jacques Gauthier associe la poésie à la vie spirituelle,* No, vol. 59, nº 67, 20 janv. 1979, p. 6.

Marc Gariépy, *Jacques Gauthier. Silence et prière,* No, vol. 59, nº 241, 15 août 1979, p. 15.

Raymond Laprés, *Gauthier (Jacques), À la rencontre de mai,* dans *Nos livres,* vol. 10, août–sept. 1979, nº 258.

Roger Chamberland, *Jacques Gauthier. L'Oraison des saisons. Dégel en noir et blanc. À la rencontre de mai,* LAQ 1979, p. 122–123.

Jacques Flamand, *Avec Jacques Gauthier. À la rencontre de mai,* Dr, 67e année, nº 252, 12 janv. 1980, p. 16.

Denis Pronovost, *Gauthier présente: Les Heures de feu,* No, vol. 62, nº 77, 2 févr. 1982, p. 8.

GAUTHIER, LOUIS (1944–   ). Romancier, né à Montréal. Il fait le cours classique au Collège des Eudistes (B.A., 1964) et des études de philosophie à l'Université de Montréal (B.Ph., 1966). Il se consacre à l'écriture, et il est de plus, de façon intermittente, rédacteur-concepteur pigiste à Radio-Canada (1972–1976), et agent d'information... Son premier roman, *Anna* (1967), est accueilli comme une réussite, même si on lui reproche des extravagances et des calembours trop faciles: « Nous sommes en face d'un roman-poème qui se construit sous nos yeux, suivant les caprices du cœur et de la fantaisie [...]. L'amour, l'ennui, l'angoisse du héros sont si vifs que la réalité quotidienne se métamorphose en monde fantastique qui surprend d'abord le lecteur, mais qui finit par l'intéresser tant la vision de ce romancier est neuve » (Robert Vigneault). En 1970, Gilles Cossette appelle *Les Aventures de Sivis Pacem et de Para Bellum* « un petit roman exécrable », jugement qui agace fort Claude Beausoleil selon qui ce livre amusant qui pousse « encore plus loin le sourire et l'ironie [...], est un roman majeur au niveau de la respiration et de la variation, nécessaire à une littérature moderne ». La critique est favorable pour *Souvenir du San Chiquita* (1978).

ŒUVRES

Anna (récit), Montréal, CLF, 1967, 170 p.; 1981.

Les Aventures de Sivis Pacem et Para Bellum. Tome 1 (roman), Montréal, CLF, 1970, 209 p.

Les grands légumes célestes vous parlent précédé de Le Monstre-mari (récits), Montréal, CLF, 1973, 153 p.

Souvenir du San Chiquita. Roman, Montréal-Nord, VLB éditeur, 1978, 148 p.

Voyage en Irlande avec un parapluie. Récit, Montréal, VLB éditeur, 1984, 77 p. Cartes.

Le Pont de Londres (récit), Montréal, VLB éditeur, 1988, 135 p.

ÉTUDES

Michel Tétu et Robert Vigneault, *Prix du Cercle du livre de France. Deux appréciations sur les quatre romans retenus en finale,* LAC 1967, p. 65–66, 69.

Gilles Cossette, *Les Aventures de Sivis Pacem et Para Bellum,* LAQ 1970, p. 72.

Jacques B. Bouchard, *Rolla vit toujours. Louis Gauthier. Les grands légumes célestes vous parlent,* LAQ 1974, p. 95–96.

Claude Beausoleil, *La Douce Ironie de Louis Gauthier,* Dev, vol. 69, nº 280, 2 déc. 1978, p. 23.

Réjean Beaudoin, *Louis Gauthier. Souvenir du San Chiquita,* LAQ 1978, p. 46–47.

Michel Beaulieu, *Un roman éblouissant. Souvenir du San Chiquita,* dans *Le Livre d'ici,* vol. 4, nº 14, 10 janv. 1979, p. 1.

Réginald Martel, *Louis Gauthier. Pluie pour spleen en Irlande,* Pr, 101e année, nº 50, 8 déc. 1984, p. E-5.

Jean-Paul Soulié, *Louis Gauthier; le désir d'écrire,* Pr, 101e année, nº 132, 2 mars 1985, p. E-1, E-4.

Réginald Martel, *La fausse indifférence d'un regard très habité. Louis Gauthier et l'art maîtrisé du récit,* Pr, 105e année, nº 90, 21 janv. 1989, p. K-1–K-2.

GAUTHIER-CHASSÉ, HÉLÈNE (1938–   ). Essayiste, née à Lorrainville (Témiscamingue). Elle étudie au Collège Notre-Dame-de-l'Assomption de Nicolet et au Collège Saint-Maurice de Saint-Hyacinthe (B.A., 1959), obtient une licence ès lettres à l'Université de Montréal (1961) et une maîtrise ès arts à l'Université McGill (1975). Elle enseigne au Collège de Rimouski (1969–1975) et à l'Université du Québec à Rimouski (1975–1978). Elle est tour à tour libraire, animatrice à la radio et critique littéraire au poste de Radio-Canada à Rimouski. En 1981, paraît son étude sur le légendaire du Bas Saint-Laurent. Selon Clément Trudel, l'auteur « identifie les traits dominants d'un imaginaire propre aux villages et aux petites villes: crédulité, besoin du merveilleux, appétit chez les notables d'un encadrement moral, fidélité chez tous à cet art de narrer des faits réels et de les marier au magique ou à certains pouvoirs maléfiques ».

ŒUVRE

À diable-vent. Légendaire du Bas Saint-Laurent et de la vallée de la Matapédia (essai), Montréal, Quinze, 1981, 142 p. Ill. Préface de Jean-Pierre Pichette. « Mémoires d'homme ».

ÉTUDES

Clément Trudel, *Pour chanter un pays,* dans *Le Livre d'ici,* vol. 6, nº 39, juillet 1981, p. 2.

Gaëtan Lévesque, *À diable-vent de Hélène Gauthier-Chassé,* LQ, nº 24, hiver 1981, p. 95.

GAUVIN, LISE [née Lise Gagné] (1940–). Critique littéraire, née à Québec. Elle fait son cours classique au Collège de Sillery (B.A., 1959), puis une maîtrise et une licence ès lettres (1962) à l'Université Laval. Ensuite elle fait des études de littérature allemande à l'Université de Vienne et un doctorat à la Sorbonne sur *Giraudoux et le thème d'Électre* (1967). Elle enseigne quelque temps au Collège de Saint-Laurent, puis elle devient professeure de lettres françaises à l'Université de Montréal en 1969. Elle collabore à divers périodiques dont *Études françaises, Livres et Auteurs québécois, Langue française, Liberté* et *Le Jour*, en plus d'animer le « Book Club » à Radio-Canada. « *Parti Pris* » *littéraire* (1975), savant ouvrage sur la revue *Parti Pris*, reçoit de grands éloges : « Ce volume, écrit François Ricard, renferme la première étude vraiment rigoureuse d'un mouvement auquel nous devons constamment nous reporter pour comprendre non seulement le climat littéraire et idéologique des années soixante, mais aussi la situation actuelle de la littérature québécoise ». « Le principal mérite de l'étude de Lise Gauvin est d'offrir une synthèse qui suggère l'orientation de faits dont la complexité n'est jamais sacrifiée » (Robert Mélançon). Le *Guide culturel du Québec* (1982) dont elle a dirigé la préparation avec Laurent Mailhot, est le premier du genre chez nous par son interdisciplinarité, son ampleur et sa dimension critique.

ŒUVRES

Giraudoux et le thème d'Électre (essai), Paris, Lettres modernes, 1969, 40 p. « Archives des lettres modernes ».

« *Parti Pris* » *littéraire* (essai), Montréal, PUM, 1975, 219 p. « Lignes québécoises ».

Guide culturel du Québec, Montréal, Boréal Express, 1982, 535 p. Sous la direction de Lise Gauvin et Laurent Mailhot.

Lettres d'une autre. Essai/fiction, Montréal/Pantin, L'Hexagone/Le Castor astral, 1984, 125 p.

Les Romans de Parti Pris ou Le Difficile Accès à la parole, VIP, n° 8, déc. 1973, p. 91–111.

Littérature et Langue parlée au Québec, EF, vol. 10, n° 1, févr. 1974, p. 80–119.

Les Revues littéraires québécoises de l'université à la contre-culture, EF, vol. 11, n° 2, mai 1975, p. 161–183.

Le Conte écrit, une forme savante, EF, vol. 12, n°s 1–2, avril 1976, p. 3–24. Collab. Jeanne Demers.

Le Théâtre canadien-français, dans *Jeu*, n° 4, hiver 1977, p. 116–118.

Sous le signe de la mémoire : fantastique et autobiographie, L, vol. 19, n° 111, mai–juin 1977, p. 33–60.

Suzanne Paradis, un monde d'une inquiétante étrangeté, Dev, vol. 71, n° 45, 23 févr. 1980, p. 23–24.

ÉTUDES

Paul Gay, « *Notre langue comme une blessure* », Dr, 63ᵉ année, n° 33, 3 mai 1975, p. 16.

Robert Mélançon, *Relire « Parti Pris » aujourd'hui*, L, vol. 17, n° 3, mai–juin 1975, p. 110–117.

François Ricard, *Lise Gauvin « Parti Pris » littéraire*, LAQ 1975, p. 186–187.

Robert Major, *Parti Pris : idéologies et littérature*, Montréal, Hurtubise HMH, 1979, 341 p. « Littérature ».

Madeleine Ouellette-Michalska, *Suivez le guide et vous saurez où il habite*, Dev, vol. 73, n° 135, 12 juin 1982, p. 19.

GAUVREAU, CLAUDE (1925–1971). Poète, dramaturge, polémiste, né à Montréal. À l'issue de ses études secondaires au Collège Sainte-Marie, il étudie la philosophie à l'Université de Montréal. Lors d'une exposition, « Peinture surréaliste », en 1942, Claude Gauvreau se lie d'amitié avec le peintre Borduas. Par la suite, se forme peu à peu un groupe de peintres dont il se fait le défenseur et l'interprète. Il organise seul, en 1954, la dernière exposition collective automatiste : « La matière chante ». Avec d'autres artistes, Gauvreau signe en 1948 le manifeste *Refus global*. Dès 1943, il se porte à la défense de l'art moderne, dans de constantes polémiques : dans *Le Quartier latin*, en 1943 ; dans *Notre Temps*, en 1946, contre le dominicain Robillard ; dans *Le Canada*, avant, pendant et après le manifeste ; dans *Le Petit Journal*, à propos d'un opéra écrit par Pierre Mercure ; dans *L'Autorité du peuple* (1952–1954), contre le « peintre réactionnaire » Claude Piché. Claude Gauvreau participe à plusieurs émissions radiophoniques et signe de nombreux textes pour la radio. Mais, à la suite du suicide de la comédienne Muriel Guilbault, il doit fréquenter les hôpitaux psychiatriques et meurt tragiquement en juillet 1971. La création pour Gauvreau, qu'il s'agisse de la poésie, du théâtre ou de l'essai, est un engagement total, intransigeant, dépassement de la matière et de la perception usuelle, du rêve même et des fantasmes, du mot et de l'image conceptuelle. L'acte créateur est une lutte, une dépossession, une réduction progressive de la vision et de l'expression, ce qui conduit inévitablement à la saisie tragique de l'existence : le poème devient alors « l'objet poétique », la pièce de théâtre, « l'objet dramatique ». Essentiellement, Gauvreau est poète, poète mal connu de son vivant car seulement quelques-uns de ses « objets », créés entre 1944 et 1946, ont été regroupés en deux volumes : *Sur fil métamorphose* (1956) et *Brochuges* (1957). La parole est ici celle de la noirceur, de la frénésie, d'une aventure radicale et délibérée. « Poésie voilée, précise Michel van Schendel, onirisme qui organise le langage comme une contre-épreuve métaphorique, et à proprement parler nocturne, de la conscience. Poésie aussi de la cruauté et de la destruction par laquelle, comme un envers inéluctable, doit être saisie la totalité du sens vivant. Poésie mise en pièces, comme une mécanique dont on a extirpé quelque ressort ou que l'on a démontée — systématiquement. [...] Organisme vivant, le langage est mis en charpie ; il s'agit de le faire crier, de lui faire révéler ce qu'il cache, de le faire être au-delà de ce qu'il est ». Pour réduire le cri à son message fondamental, le poète le dépare de son ordre verbal ; celui-ci devient une note, un son, une suite de révélations sonores : l'automatisme s'apparente ici à « l'infonie » de Raoul Luoar Yaugud Duguay. Dans la même ligne de préoccupations se situe la démarche du dramaturge. Gauvreau a rédigé au-delà de vingt « objets dramatiques », auxquels il aurait voulu donner le titre de « Les Entrailles ». À neuf ans, participant avec son frère Pierre à la troupe de Thérèse Bouthillier, il a écrit son premier tableau dramatique : « Ma vocation ». En 1947, il a créé, dans un cercle d'amis, sa propre pièce, « Bien-être », au jeu de laquelle s'associe Muriel Guilbault. En 1959, Janou Saint-Denis a monté, à l'École des beaux-arts, ses deux pièces auxquelles manquait pourtant la dernière touche : « La Jeune Fille et la Lune » et « Les Grappes lucides ». La création de la « Charge de l'orignal épormyable » par le groupe Zéro, s'est soldée par un abandon du projet, mais aussi par une interrogation collective sur le sens même du « nouveau théâtre ». Le théâtre radiophonique de Gauvreau, créé entre 1952 et 1969, comprend plusieurs pièces de valeur inégale parmi lesquelles il faut remarquer « Le Coureur de marathon », primé en 1952 par le « Canadian Radio Award », et « L'Oreille de Van Gogh » où la tragédie du célèbre peintre hollandais sert à traduire, à l'aide des symboles (oreille, miroir, couteau, tableau, chauve-souris), l'angoisse de l'auteur lui-même. Parmi d'autres « objets dramatiques », « Le Faisceau d'épingles de verre », « Au cœur des quenouilles », « Apolnixède entre le ciel et la terre » et « Les Reflets de la nuit ». Ses deux dernières pièces ont été mises en scène en 1972 par le groupe Zéro, en hommage à l'auteur disparu. Mais la pièce maîtresse de Gauvreau est « Les oranges sont vertes », jouée au Théâtre du Nouveau Monde, en 1971, dont le personnage principal, Mougnan, incarne de maintes façons le blanc et le noir de la condition humaine. « Le spectateur, explique Jean-Marcel Duciaume, se voit forcé de regarder et de voir, à travers l'écran qu'est la pièce, un effeuillage progressif du verbe. Dépouillé de son épaisseur, de son costume, de tout ce qui est accessoire, livré à lui-même, le mot nu se voit charnel, sexué. Le théâtre de Gauvreau — de même que sa poésie — témoigne d'une recherche opiniâtre du sens de la vie et de la forme nouvelle ; comme chez Ionesco, Beckett et Mrozek, le théâtre de Gauvreau devient le théâtre de l'absurde ou, si l'on préfère l'euphémisme d'Antonin Artaud, « un théâtre de l'Impossible ». L'œuvre abondante et personnelle du poète-dramaturge, automatiste montréalais, a été publiée dans une grande édition, en 1977, dont l'hermétisme empêche cependant d'atteindre le grand public.

ŒUVRES

Sur fil métamorphose (poésie), Montréal, Éditions Erta, 1956, 55 p. Ill. de Jean-Paul Mousseau.

Brochuges (poésie), Montréal, Éditions de Feu Antonin, 1957, 63 p.

Étal mixte, poèmes, avec six dessins de l'auteur, [s.l.], Éditions d'Orphée, 1968, 68, [3] p. Ill.

Œuvres créatrices complètes, Montréal, Parti Pris, 1977, 1498, [5] p. « Chien d'or ». (Édition établie par l'auteur).

Entrailles (poésie), [s.l.], Coach House Quebec Translations, 1981, 175 p. Traduction de Roy Ellenwood.

Bien-être (poésie), [s.l., s.é., s.d., pagination multiple]. Ill.

La Charge de l'orignal épormyable ; fiction dramatique en quatre actes, [s.l., s.é., s.d., n.p.].

Le Coureur de marathon (radio-théâtre), ECF, n° 4, 1958, p. 195–219. Collab. Muriel Guilbault.

Dimensions de Borduas, L, vol. 4, n° 22, avril 1962, p. 225–230.

Ma conception du théâtre, BJ, vol. 1, nos 3-4-5, juillet-déc. 1965, p. 71–73.

Beauté baroque (fragments d'un roman moniste), PP, vol. 3, n° 9, avril 1966, p. 20–35.

15 février 1969, L, vol. 10, n° 1, janv.-févr. 1969, p. 95–97.

L'Épopée automatiste vue par un cyclope, BJ, nos 17-18-19-20, janv.-août 1969, p. 48–96.

[*Prose, Poèmes, Théâtre*], BJ, nos 17-20, janv.-août 1969, p. 344–389.

[*Témoignages...*], dans *La Poésie canadienne-française*, Montréal, Fides, 1969, p. 445-448. « ALC » 4.

GAUVREAU

ÉTUDES

Jean Dépocas, *De l'amour fou à Vénus 3. Entretien avec Claude Gauvreau,* PP, vol. 3, n° 9, avril 1966, p. 14–19.

Jacques Brault, *Une poésie de risque,* CuV, n° 1, 1966, p. 41–45.

André-G. Bourassa, *Claude Gauvreau, éléments de biographie,* BJ, n°ˢ 17–20, janv.–août 1969, p. 336–341.

Robert-Guy Scully, *Claude Gauvreau — faut-il rendre hommage à l'homme ou à l'œuvre,* Dev, vol. 62, n° 162, 17 juillet 1971, p. 11. (Dans ce même numéro 4 autres articles sur Gauvreau).

Jean-Marcel Duciaume, *Le Théâtre de Gauvreau : une approche,* LAQ 1972, p. 327–340.

Alain Pontaut, *Claude Gauvreau,* dans *Dictionnaire critique du théâtre québécois,* Montréal, Leméac, 1972, p. 63–66. « Documents ».

Yves Lever, *Cinéma : l'étrange et l'étranger,* Rel, vol. 35, n° 406, juillet–août 1975, p. 222–223.

Rudel Tessier, *Trois textes de Gauvreau sous le signe de l'eau,* Pr, 92ᵉ année, n° 230, 25 sept. 1976, p. C-4.

Jean-Paul Daoust, *Métamorphose,* dans *Jeu,* n° 4, hiver 1977, p. 84.

André Gervais, *Eaux retenues d'une lecture : « Sentinelle-onde » de Claude Gauvreau,* VI, vol. 2, n° 3, avril 1977, p. 390–406.

Réginald Martel, *Comme un dieu qui pleurait,* Pr, 93ᵉ année, n° 156, 2 juillet 1977, p. D-3.

Lise Gauvin, *À la recherche de Gauvreau,* dans *Le Jour,* vol. 1, n° 28, 12 au 18 août 1977, p. 24–25.

André-G. Bourassa, *Le Projet poétique de Claude Gauvreau,* LQ, vol. 1, n° 7, août–sept. 1977, p. 12–17.

Pierre Nepveu, *Note provisoire sur les « Œuvres créatrices complètes »,* LQ, vol. 1, n° 7, août–sept. 1977, p. 17–18.

Denis Saint-Jacques, *Claude Gauvreau, « Œuvres créatrices complètes »,* LQ, vol. 1, n° 7, août–sept. 1977, p. 22–23.

André-G. Bourassa, *Enfin Claude Gauvreau...* Dr, vol. 65, n° 233, 31 déc. 1977, p. 10.

Gaston Durbeau, *Bibliographie des écrits déjà publiés de Claude Gauvreau,* Montréal, Gouvernement du Québec, Ministère des Affaires culturelles, Bibliothèque nationale du Québec, 1977, 23 p.

Jean Fisette, *Le Statut de l'énonciateur dans le discours pamphlétaire. Le cas Gauvreau,* EL, vol. 11, n° 2, août 1978, p. 373–390.

Janou Saint-Denis, *Claude Gauvreau. Le Cygne,* Montréal, PUQ / Éditions du Noroît, 1978, 289 p. Ill.

Jacques Marchand, *Claude Gauvreau, poète et mythocrate* (essai), Montréal, VLB éditeur, 1979, 443 p. Ill.

Jacques Michon, *Gauvreau le dernier poète maudit,* LQ, n° 15, août–sept. 1979, p. 44–46.

France Théoret, *La Loi comme nœud dans « Les oranges sont vertes » de Claude Gauvreau,* NBJ, n° 94, sept. 1980, p. 57–79.

Roger Chamberland, *Claude Gauvreau : La libération du regard,* Québec, Université Laval, Centre de recherche en littérature québécoise, 1986, 147 p. Ill. « Essais ».

GAY, MICHEL (1949–   ). Poète, né à Montréal. Il fait ses humanités au Collège Sainte-Marie (B.A., 1969), puis il obtient un baccalauréat en information culturelle à l'Université du Québec à Montréal (1971). Il enseigne ensuite le français à Ottawa (1971–1975) et à Montréal (1975–1977). En 1977, il devient cosecrétaire général de l'Union des écrivains québécois. Il collabore, par des poèmes surtout, au *Devoir,* à *Co-Incidences,* à *Liberté,* à *Odradek* (Belgique), à *La Nouvelle Barre du jour* dont il est cofondateur et codirecteur, etc., et il fait quelques émissions à Radio-Canada. Ses premiers recueils de poésie ne font pas grand bruit, mais à compter de *L'Implicite / Le Filigrane* (1978) la critique s'intéresse à sa recherche formelle. Pierre Monette écrit en 1979 que ce recueil est « une belle performance de poésie textuelle. [...] Un bel équilibre. Les pages sont très bien utilisées, les jeux de mots sont de bons producteurs de sens ». Mais le critique pense aussi que ce livre « apparaît comme l'un des nombreux bis du chant du cygne de l'écriture textuelle ». Et Bernard Andrès remarque au sujet de *Métal mental :* « Il reste que la recherche formelle dont témoigne ce texte échappe à tout dogmatisme ; elle puise à même le quotidien son matériau de base ».

ŒUVRES

Cette courbure du cerveau (poésie), Montréal, Éditions du Pli, 1973, [n.p., 10 p.].

Au fur et à mesure (poésie), [Montréal], Les Éditions du Pli, 1974, [n.p., 31 p.]. (Tirage limité).

Coq à l'âme (poésie), [Montréal], Les Éditions du Pli, 1974, [n.p., 3 p.].

L'Implicite / Le Filigrane (poésie), Montréal, Éditions de la Nouvelle Barre du jour, 1978, 48 p. Ill. de Michèle Deraiche.

Oxygène / Récit, Montréal, Estérel, 1978, 37 p. Ill. de Michèle Deraiche.

Métal mental (poésie), [Montréal], Éditions Et cetera, 1981, 44 p.

Plaque tournante (récit), Montréal, L'Hexagone, 1981, 29 p.

Éclaboussures. Poésie, Montréal, VLB éditeur, 1982, 91 p. Ill.

Écrivains, Intellectuels (essai), Montréal, NBJ, 1984, 21 p.

Écrire, la nuit (poésie), [s.l.], NBJ, 1985, 21 p. « On voit plus de prodiges merveilleux & de belles choses ».

Trois lettres, [Montréal], NBJ, 1985, [n.p., 18 p.]. Ill. « Zèbre / Licorne ».

Mentalité, Détail (poésie), [Montréal], NBJ, n° 174, printemps 1986, [n.p., 61 p.].

Images, BJ, n° 45, été 1974, p. 23–24.

Courant d'air / Coups d'aile, BJ, n° 55, mars–avril 1977, p. 30–43.

Septembre ensemble, NBJ, n° 58, sept. 1977, p. 24–25.

Un nerf d'aller, NBJ, n° 62, janv. 1978, p. 41–50.

Saccades, Saccages, Enfermement, NBJ, n° 62, janv. 1978, p. 111–116.

Peu à peu / Enrayure, NBJ, n° 66, mai 1978, p. 5–18.

Lambeaux, dans *Estuaire,* n° 8, juin 1978, p. 39–41.

Le Code vocal / Matières, NBJ, n°ˢ 68–69, 1978, p. 140–143.

Paysage et Pensée, Dev, vol. 70, n⁰ 275, 24 nov. 1979, p. xii.

Une activité, NBJ, n⁰ 83, 1979, p. 31–41.

Métal mental (extraits), NBJ, n⁰ˢ 100–101, mars 1981, p. 85–90.

De tout. Douter, NBJ, n⁰ 117, oct. 1982, p. 73–86.

Dépêchage, NBJ, n⁰ 163, nov. 1985, p. 45–50. Collab. André Gervais.

ÉTUDES

Hugues Corriveau, *La Possible Parole à la NBJ*, Dev, vol. 70, n⁰ 22, 27 janv. 1979, p. 23.

Pierre Monette, *D'une pierre trois coups. La Nouvelle Barre du jour édite*, LQ, n⁰ 13, févr. 1979, p. 25–27.

Claude Beausoleil, *Le Territoire de la forme*, Dev, vol. 72, n⁰ 225, 26 sept. 1981, p. 26.

Michel Beaulieu, *Michel Gay. Un fascinant voyage en terre étrangère*, dans *Le Livre d'ici*, vol. 7, n⁰ 2, 14 oct. 1981, p. 2.

Pierre Nepveu, *Feu la modernité*, LQ, n⁰ 23, automne 1981, p. 30–33.

André Gervais, *S'y notent au «lieu dit de la pensée»: sur deux recueils de Michel Gay*, LQ, n⁰ 24, hiver 1981–1982, p. 39–40.

Bernard Andrès, *Michel Gay, Métal mental et Plaque tournante*, LAQ 1981, p. 144–145.

Mireille Simard, *La Grogne des éditeurs et des auteurs*, Dev, vol. 74, n⁰ 262, 12 nov. 1983, p. 18.

GAY, PAUL (1911–   ). Essayiste et critique littéraire, né en France, à Bourg-en-Bresse (Ain). Après ses études secondaires en France, il étudie à l'Université grégorienne de Rome (1933–1937) où il obtient une licence en théologie (1937). Prêtre de la Congrégation des Pères du Saint-Esprit, il est alors envoyé par ses supérieurs au Collège Saint-Alexandre de Limbour, près de Hull. Successivement professeur de versification, de belles-lettres et de rhétorique, il est nommé supérieur (1951–1961). À partir de cette date, Paul Gay reprend l'enseignement de la littérature canadienne-française au Collège Saint-Alexandre puis, à partir de 1970, à l'Université d'Ottawa, dont il détient une maîtrise en littérature française. Pendant une bonne quarantaine d'années, il poursuit une riche carrière de critique: sa collaboration régulière au *Droit* comprend près de 1 300 articles. De 1945 à 1966, il collabore également à la revue *Lectures* dont il est membre du comité consultatif. Membre du Jury du Cercle du livre de France durant 23 ans, membre de la Société des écrivains canadiens, Paul Gay est décoré de la Légion d'honneur en 1960 pour services rendus à l'éducation et à la langue française. Il est l'auteur d'ouvrages consacrés à l'histoire, au roman, et à la poésie du Canada français, et particulièrement à la vie littéraire franco-ontarienne.

ŒUVRES

Notre littérature; guide littéraire du Canada français à l'usage des niveaux secondaire et collégial, Montréal, HMH, 1969, 214 p.

Notre roman. Panorama littéraire du Canada français 1, Montréal, HMH, 1973, 192 p.

Notre poésie. Panorama littéraire du Canada français 2, Montréal, HMH, 1974, 200 p.

La Vitalité littéraire de l'Ontario français: premier panorama, Ottawa, Les Éditions du Vermillon, 1986, 239 p. Ill. Avant-propos de l'auteur. «Paedagogus».

Séraphin Marion, Ottawa, Les Éditions du Vermillon, 1989 (à paraître).

La Comédie au XVIIIᵉ siècle et les Deux genres sérieux issus de la comédie, la comédie larmoyante et le drame, RUO, vol. 13, n⁰ 2, avril–juin 1943, p. 195–236.

Le Message de Jean Giono, RUO, vol. 19, n⁰ 1, avril–juin 1949, p. 187–207.

Le Vénérable François-Marie-Paul Liberman, RUO, vol. 22, n⁰ 2, avril–juin 1952, p. 210–223.

L'Amour dans le roman canadien-français, ES: Introduction, vol. 44, n⁰ 5, nov.–déc. 1965, p. 223–238; Chapitre 1, p. 239–249; Chapitre 2, vol. 45, n⁰ 1, janv.–févr. 1966, p. 5–24; Chapitre 3, n⁰ 2, mars–avril 1966, p. 51–66; Chapitre 4, n⁰ 3, mai–juin 1966, p. 103–120; Chapitre 5, n⁰ 4, sept.–oct. 1966, p. 151–173.

Survol de la littérature canadienne-française, ES, vol. 46, n⁰ 4, sept.–oct. 1967, 98 p.

Going my Way ou L'Aventure. Louis Hémon, RUO, vol. 45, n⁰ 1, janv.–mars 1975, p. 42–53.

L'Itinéraire de Languirand ou La Réponse à l'angoisse humaine, dans *Le Théâtre canadien-français*, Montréal, Fides, 1976, p. 513–550. «ALC» 4.

ÉTUDES

Raymond M. Turcotte, *Littérature canadienne-française*, Pe, vol. 3, n⁰ 6, déc. 1967, p. 412–413.

André Renaud, *Rencontre avec Paul Gay*, Dr, 57ᵉ année, n⁰ 235, 3 janv. 1970, p. 7.

Murray Maltais, *Paul Gay ou Le Portrait d'un chercheur*, Dr, 61ᵉ année, n⁰ 279, 23 févr. 1974, p. 31.

Maurice Arguin, *Paul Gay. Notre roman. Panorama littéraire du Canada français, 1*, EL, vol. 7, n⁰ 2, août 1974, p. 318–319.

GÉLINAS, GRATIEN (1909-). Comédien, auteur dramatique et metteur en scène, né à Saint-Tite (Champlain). Il fait six ans de cours classique au Collège de Montréal. En 1929, il est teneur de livres, puis publicitaire dans une compagnie d'assurance, et il suit des cours du soir à l'École des Hautes Études commerciales. Épris de théâtre depuis sa jeunesse, il fonde avec des amis la Troupe des Anciens du Collège de Montréal, en 1929. En 1934, il se joint au Montreal Repertory Theatre, participe l'année suivante à quelques émissions radiophoniques à CKAC, et à la revue «Télévise-moi ça» de Jean Béraud et Louis Francœur, au Théâtre Saint-Denis. En 1937, il crée à la radio le personnage de Fridolin, dont le succès l'amène à se consacrer au théâtre et au cinéma; en 1938, il présente sa revue au Monument national sous le titre «Fridolinons», et en 1940 il quitte la radio pour se donner entièrement à sa revue d'actualité qui dure jusqu'en 1946; il présentera une fois encore «Fridolinades» en 1956. La revue se compose de monologues, de sketches, de numéros de chant et de danse. Fridolin est un antihéros en culottes courtes, gavroche-type du «petit Canadien»: il est d'abord presque uniquement drôle, mais le ton changera avec la guerre de quarante. L'ensemble est structuré, l'écriture soignée. En 1948, Gélinas crée Tit-Coq, sorte de Fridolin devenu soldat. La pièce connaît un succès extraordinaire: jouée en français et en anglais au Canada et aux États-Unis, elle atteint un total de 542 représentations en 1951. Elle est portée au cinéma en 1953. L'auteur reçoit le Grand Prix de la Société des auteurs dramatiques de Montréal et un doctorat honorifique de l'Université de Montréal (1949). Plusieurs autres universités, Toronto, McGill, Trent..., l'honoreront de même. Il est élu membre de la Société royale du Canada (1958) et de l'Ordre du Canada (1967). La seconde pièce de Gélinas, Bousille et les Justes, créée en 1959 à la Comédie canadienne, connaît plusieurs adaptations en Finlande, en Tchécoslovaquie, en Allemagne et en Pologne, et elle est présentée à la télévision en Angleterre, en Écosse et en Irlande. Le nombre des représentations monte au chiffre record de 567, en 1976. La pièce Hier les enfants dansaient, mise en scène en 1966, est présentée en anglais, l'année suivante, au Festival de Charlottetown, mais cette fois la critique est assez sévère. Gratien Gélinas fonde la Comédie canadienne en 1957. Il est président de la Société de développement de l'industrie cinématographique canadienne (1969-1978). Le théâtre de Gélinas se veut populaire et présente dans une langue savoureuse et pittoresque des gens du Québec, avec leurs joies, leurs peines, prêts à accomplir rudement leur destinée. Malgré des lacunes dans la création des caractères des personnages, l'œuvre de Gratien Gélinas est capitale dans le renouveau du théâtre canadien-français. «On a l'impression, écrit Jean Hamelin, que le théâtre canadien n'existait pas avant Tit-Coq [...]. On imagine facilement que le succès explosif de Tit-Coq laissa rêveurs maints écrivains de talent. [...] Un auteur canadien pouvait donc compter sur un public, sur des comédiens pour l'interpréter, sans courir nécessairement au fiasco? Et même tourner les choses en une entreprise financière florissante? Il n'y a pas de doute qu'à ce point de vue Tit-Coq dut être un stimulant pour plusieurs désireux en outre de démontrer que le théâtre canadien-français pouvait également être tout autre chose».

ŒUVRES

Tit-Coq. Pièce en trois actes, Montréal, Beauchemin, 1950, 197 p. Ill.; Les Éditions de l'Homme ltée, 1968; Quinze, 1980, 225 p. Présentation critique et bibliographie de Laurent Mailhot. «Présence»; Tit-Coq, 1981, 197 p. «Théâtre 10/10». Traduction anglaise par Kenneth Johnstone: Tit-Coq. A Play in 2 Parts, [s.l., s.é.], 1950, [2], 44, [1], 48 p. (Texte polycopié); Tit-Coq, Toronto/Vancouver, Clarke, Irwin & Company limited, 1967, 84 p.

Bousille et les Justes (théâtre), Montréal, Les Éditions de l'Homme, 1960, 111 p. Ill.; 1967; Quinze, 1981, 116 p. «Théâtre 10/10»; Bousille et les Justes. Pièce en quatre actes, 111 p. «Présence». Traduction anglaise par Kenneth Johnson: Bousille and the Just, Toronto/Vancouver, Clarke, Irwin & Company limited, 1961, 104 p.; 1966, 90 p. Collab. Joffre Miville-Dechêne.

Hier, les enfants dansaient. Pièce en deux parties, [Montréal], Leméac, 1968, 159 p. «TC»; 1972. Ill. Édition scolaire pour l'enseignement du français langue seconde préparée et annotée par G.A. Klinck. Traduction anglaise par Mavor Moore: Yesterday the Children Were Dancing, Toronto/Vancouver, Clarke, Irwin & Company Limited, 1967, 76 p.

Les Fridolinades (théâtre), Montréal, Quinze, 1980-1981, 3 vol.: vol. 1, 1945 et 1946, 1980, 271 p. Présentation de Laurent Mailhot; vol. 2, 1943 et 1944, 1981, 351 p. Présentation de Laurent Mailhot; vol. 3, 1941 et 1942, 367 p.

La Passion de Narcisse Mondoux (théâtre), Montréal, Leméac, 1987, 135 p. «Théâtre».

Theater in Canada, Credo of the Comédie-canadienne, dans *Queen's Quarterly,* vol. 66, n⁰ 1, printemps 1959, p. 18–25.

Jeune auteur, mon camarade, RD, vol. 65, n⁰ 2, nov. 1960, p. 216–225.

Le Crédit professionnel d'un homme de théâtre, dans *University of Toronto Quarterly,* vol. 50, n⁰ 1, automne 1980, p. 81–89.

ÉTUDES

Roger Baulu, *Idiosyncrasies de nos auteurs radiophoniques,* RD, vol. 47, n⁰ 2, sept. 1941, p. 80–86.

Édouard Laurent, *Réflexions sur le théâtre,* C, vol. 6, n⁰ 1, mars 1945, p. 39–54, surtout p. 43–46, 48–50, 53–54.

Théophile Bertrand, *Tit-Coq et Séraphin,* dans *Lectures,* t. 5, n⁰ 7, mars 1949, p. 385–388.

Arthur Laurendeau, *Tit-Coq,* An, vol. 33, n⁰ 3, mars–avril 1949, p. 173–182.

Id., « Tit-Coq » devenu libre..., AN, vol. 36, n⁰ 1, sept. 1950, p. 77–83.

Pierre de Grandpré, *Nos sentiments envers la France (ou Gratien Gélinas commenté par Edmond de Nevers),* AN, vol. 45, n⁰ 9, mai 1956, p. 785–797.

Jacques Bobet, *Bousille et les Justes,* L, vol. 1, n⁰ 6, nov.-déc. 1959, p. 422–426.

Marguerite-A. Primeau, *Gratien Gélinas et le Théâtre populaire au Canada français,* CaL, n⁰ 4, printemps 1960, p. 31–39.

Jean Hamelin, *Vers une dramaturgie canadienne : de Tit-Coq à Brutus,* dans *Le Renouveau du théâtre au Canada français,* Montréal, Éditions du Jour, 1961, p. 42–51.

Bernard Julien, *Gratien Gélinas — Bousille et les Justes,* dans *Le Mouvement littéraire de Québec 1860,* Ottawa, EUO, 1961, p. 238–239. « ALC » 1.

Jean-Paul Gélinas, « *Bousille et les Justes* » *(1959–1969) de Gratien Gélinas,* C, vol. 30, n⁰ 3, sept. 1969, p. 217–226.

Alain Pontaut, *Gratien Gélinas,* dans *Dictionnaire critique du théâtre québécois,* Montréal, Leméac, 1972, p. 66–69.

Albert Brie, *Tit-Coq. Un entretien avec Gratien Gélinas,* Dev, vol. 64, n⁰ 110, 12 mai 1973, p. 15.

Lise Gauvin, *Le Droit à la réplique,* dans *Les Cahiers de la NCT,* vol. 10, n⁰ 1, oct. 1975, p. 22–23.

Gilles Marsolais, *Gratien Gélinas,* dans *Les Cahiers de la NCT,* vol. 10, n⁰ 1, oct. 1975, p. 2–10.

André-G. Bourassa, *Tit-Coq, voyageur solitaire,* Dr, 64ᵉ année, n⁰ 187, 6 nov. 1976, p. 18.

Murray Maltais, *Gratien Gélinas abandonnera la présidence de la SCICC en févr.,* Dr, 65ᵉ année, n⁰ 170, 18 oct. 1977, p. 32.

C. Renate Usmiant, *Gratien Gélinas,* [s.l.], Gage Educational Publishing limited, 1977, 88 p. « Profiles in Canadian Drama ».

Louise Blanchard, *35 ans plus tard, Fridolin retrouve sa bande,* dans *Le Journal de Montréal,* vol. 17, n⁰ 130, 22 oct. 1980, p. 76.

Clément Trudel, *Neuf saisons dans la vie de Fridolin,* Dev, vol. 71, n⁰ 243, 23 oct. 1980, p. 16.

Alonzo LeBlanc, *Gratien Gélinas. Les Fridolinades, 1945 et 1946,* LAQ 1980, p. 160–162.

Martial Dassylva, *Tit-Coq 33 ans après,* Pr, 97ᵉ année, n⁰ 223, 19 sept. 1981, p. C-1, C-4.

Normand Leroux, *Gratien Gélinas. Les Fridolinades 1941 et 1942, 1943 et 1944,* LAQ 1981, p. 173–175.

[Anonyme], [Gratien Gélinas. Dossiers de presse 1940–1980], Sherbrooke, Bibliothèque du séminaire de Sherbrooke, 1981, [n.p., 94 p.].

[Anonyme], *Tit-Coq de Gratien Gélinas au théâtre Denise-Pelletier,* LQ, n⁰ 24, hiver 1981-1982, p. 45.

Chantal Lavoie, *Tit-Coq,* dans *Jeu,* n⁰ 22, 1982, p. 117–119.

Edgard Demers, *Gratien Gélinas chez les étudiants,* Dr, 90ᵉ année, n⁰ 249, 21 janv. 1983, p. 18.

Carmen Montessuit, *Gratien Gélinas et Huguette Oligny : complices dans la vie comme sur la scène,* dans *Le Journal de Montréal,* vol. 25, n⁰ 130, 22 oct. 1988, p. We 16–We 17. Photos de Gilles Lafrance.

Edgard Demers, *Dans « Les Tisserands du pouvoir » Gratien Gélinas campe un patriarche révolté,* Dr, 96ᵉ année, n⁰ 142, 29 oct. 1988, p. 47.

GÉLINAS, MARC-F. (1937–). Poète, dramaturge et critique, né à Montréal. Il fait ses études primaires et secondaires à l'Académie Querbes, puis ses études classiques au Collège Stanislas d'Outremont. Il fréquente la Faculté des sciences de l'Université de Montréal puis s'inscrit à l'École polytechnique où il obtient le titre d'ingénieur en mécanique (1961) ; il est alors engagé par la compagnie Canadian Allis Chalmers, ensuite par Hysol of Canada Limited. Sa carrière d'écrivain commence lors de son passage à l'Université de Montréal où il publie quelques poèmes dans le *Quartier latin.* En 1963 paraît son recueil *Ineffables Saisons.* Sa première pièce, *Qu'on l'écoute,* est montée en avril 1964, prélude à sa réorientation littéraire : il participe au Centre d'essai des auteurs dramatiques et fait lire au Théâtre de Quat'Sous sa trilogie : « Qu'on l'écoute », « On recommence », « Il fallait y penser », sous le titre général d'« Eux Seuls » (10 octobre 1966). Pigiste à Radio-Canada, il est scripteur et coscripteur pour les textes de « Picolo », « Flip et Co » ; à Studio d'essai, il présente « Partie de dames », « Pierrot », « Lettres à Jœ » et la triologie « Dimi », « Mortier » et « Margo » (cette dernière est présentée aux Beaux Dimanches sous la direction de Jean-Paul Fugère). Durant trois ans, il est également critique à la revue *Maclean.* Pour élargir son auditoire, il traduit en anglais ses propres textes, joués au Factory Lab Theater de Toronto, puis ceux de Robert Gurik, publiés par Talon Books de Vancouver. En 1971 et en 1972, le Théâtre d'Aujourd'hui, sous la direction de Monique Rioux, présente ses pièces « Berceuse » et « Papineau rides again ». À partir de 1980, il enseigne la scénarisation cinématographique à l'Université de Montréal. À propos de sa trilogie dramatique dont fait partie *Qu'on l'écoute,* publié en 1967, Lucie Robert remarque qu'elle « reprend les thèmes contradictoires de la consommation et de l'écologie ».

589

GÉLINAS

ŒUVRES

Ineffables Saisons. Poèmes, Montréal, [s.é.], 1963, [n.p., 26 p.].

Salut ! (théâtre), Longueuil, [s.é., 1967], 42 p. (Texte polycopié).

Mortier (théâtre), Montréal, Roland Laroche, 1968, 17 p. (Pièce en un acte traduite en anglais par l'auteur. Texte polycopié).

Hey Tremblay ! (théâtre), Montréal, Centre d'essai des auteurs dramatiques, 1969, 25 p. (Texte polycopié).

La Barrière (théâtre), Montréal, L'Aurore, 1975, 125 p. Ill. « Entre le parvis et le boxon ».

Qu'on l'écoute (théâtre), TV, vol. 1, n° 3, juin 1967, p. 23–46.

Les Arts et les Autres, MM, mai 1970, p. 56.

DISCOGRAPHIE

Ça c'est du Gélinas. Grand prix du disque 1965, [1965], Jupiter, JDY, 7003, 33⅓ tours.

La Ronde, [1967], Harmonie Columbia, Columbia Records of Canada Ltd. Sharepak Can., HF 90140, 33⅓ tours.

Mes premières chansons, [1969 ?], Montréal, Gala RCA Victor co. Canada ltée, CG PS 300, 33⅓ tours.

Les Grands Succès de Marc Gélinas, [1973], Columbia Records of Canada Limited, FS 90013, 33⅓ tours.

Lorsque le rideau tombe, [s.d.], Jupiter, YDS 8013, 33⅓ tours.

ÉTUDES

Pierre Schneider, *... de la plume de Pierre,* dans *Le Nouveau Samedi,* vol. 78, n° 15, 10 sept. 1966, p. 27.

François Piazza, *Présence du théâtre québécois,* TV, vol. 1, n° 3, juin 1967, p. 3–8.

Roger Duhamel, *Théâtre en folle liberté,* Dr, vol. 55, n° 95, 15 juillet 1967, p. 12.

Armand Leroux, *Théâtre vivant,* LAC 1967, p. 79.

Martial Dassylva, *J'écris pour le théâtre quand ça bouillonne en moi,* Pr, 84ᵉ année, n° 256, 2 nov. 1968, p. 26.

[Anonyme], *Pierrot de Marc-F. Gélinas,* dans *Ici Radio-Canada,* vol. 3, n° 6, 1–7 févr. 1969, p. 11.

[Anonyme], *Lettre sur le Dominion Drama Festival au Québec,* Dev, vol. 60, n° 72, 27 mars 1969, p. 11.

Denis Saint-Jacques, *Marc-F. Gélinas. La Barrière,* LAQ 1975, p. 153.

GÉLINAS, SYLVIE. Voir **SICOTTE, SYLVIE.**

GEMME, GILLES (1941–   ). Romancier et critique, né à Saint-Paul-de-l'Île-aux-Noix (Saint-Jean). Il étudie à l'École normale Jacques-Cartier (B.Péd., 1963) et à l'Université du Québec à Montréal (B.A., 1967). À partir de 1963, il enseigne au secondaire, et, en 1969, il devient conseiller pédagogique à la Régionale Honoré-Mercier. Il tient une chronique littéraire dans *Le Canada français* (1977–1979) et collabore à *Québec français*. Son roman *En plein hiver* (1981) est jugé sévèrement par Normand Desjardins, jugement atténué quelque peu par Jean-François Crépeau qui salue justement « l'importance de ce roman dans l'ensemble littéraire de la région ».

ŒUVRE

En plein hiver, des mannes à plein ciel (roman), Saint-Jean-sur-Richelieu, Éditions Mille Roches, 1981, 247 p. Ill.

La Mémoire des événements et des hommes 1860–1877, dans *Le Canada français,* 118ᵉ année, n° 25, 30 nov. 1977, 40 p. Collab. Lionel Fortin.

La Classe de français et les Valeurs socio-culturelles, dans *Québec français,* n° 38, mai 1980, p. 56–60.

ÉTUDES

Jean-François Crépeau, *Roman hors saison, à double perspective,* dans *Le Canada français,* 122ᵉ année, n° 21, 14 oct. 1981, p. 70.

Normand Desjardins, *Gemme (Gilles). En plein hiver, des mannes à plein ciel,* dans *Nos livres,* vol. 13, janv. 1982, n° 21.

GENDRON, MARC (1948–   ). Philosophe et romancier, né à Beauharnois. Il fait son cours classique au Collège de Valleyfield (B.A., 1969). Il étudie la philosophie à l'Université McGill où il présente un mémoire de maîtrise sur « L'Action morale dans l'analyse hégélienne des trois postulats kantiens » (1972), et il prépare ensuite un doctorat à l'Université de Fribourg sur « Nietzsche critique de Kant ». Il enseigne la philosophie, l'allemand et le français à Montréal, Fribourg et Paris, puis il devient professeur d'allemand au Cégep Ahuntsic en 1981. La critique salue la forte originalité du premier roman de Gendron, *Louise ou La Nouvelle Julie* (1981). « Mettre en relation des personnages, écrit Réginald Martel, par des dialogues occasionnels et une narration, c'est le minimum de l'art. Inventer une correspondance, c'est autre chose. [...] Ce défi, Marc Gendron le relève très bien. Il a su faire communiquer des personnages qui n'écrivent pas de la même façon, qui serait celle de l'auteur. Cette correspondance, on n'a pas de peine à y croire. [...] Pour l'ensemble c'est une approche exceptionnellement riche et variée de la question féminine, de la question masculine ». Mais les jeux de mots finissent par lasser. Le premier livre a étonné ; le suivant, *Les Espaces glissants,* « étonnera davantage », dit Claire de Lamirande : cinq parties dont le mouvement procède par bonds dans un savant usage des pronoms tu, il, on et nous, ainsi que des techniques d'écriture variant selon les moments de la vie. « C'est une jouissance du texte plus qu'un plaisir de lecture ».

ŒUVRES

Louise et La Nouvelle Julie. Roman, Montréal, Québec/Amérique, 1981, 292 p. Ill.

Les Espaces glissants. Roman, Montréal, Québec/Amérique, 1982, 213 p. Ill. « Littérature d'Amérique ».

Minimal minibomme. Roman, Montréal, Québec/Amérique, 1984, 271 p. Ill. « Littérature d'Amérique ».

ÉTUDES

Réginald Martel, *Marc Gendron romancier. Des histoires de femmes et quelles histoires !*, Pr, 97e année, no 116, 16 mai 1981, p. C-3.

Michel Beaulieu, *Marc Gendron. Une histoire d'amour par correspondance,* dans *Le Livre d'ici,* vol. 6, no 47, 26 août 1981, p. 2.

Roger Chamberland, *Louise ou La Nouvelle Julie de Marc Gendron,* dans *Québec français,* no 43, oct. 1981. p. 10.

Claire de Lamirande, *Les Espaces glissants, par Marc Gendron. Des mots où évoluer,* Dr, 70e année, no 250, 22 janv. 1983, p. 26.

GENEST, OLIVETTE [Marie Bernard] (1931–   ). Théologienne, bibliste et conteuse, née à Québec. Elle fait son cours classique à l'Institut Maria et au Collège Jésus-Marie de Sillery (B.A., 1951). À l'Université Laval, elle obtient un baccalauréat en théologie (1968) et présente à la licence un mémoire intitulé « Commentaire exégétique du psaume 5 ». Boursière du Conseil des Arts, elle apprend l'allemand en Europe, fait des études de sémiotique à l'École pratique des Hautes Études de Paris, soutient à l'Université Grégorienne (Rome, 1974) une thèse de doctorat sur « Le Christ aux outrages (Mc 14, 65 : 15, 16–20a ; 15, 29–32a : parallèles bibliques et extrabibliques). Essai d'analyse structurale ». Elle fait en outre des études d'hébreu à l'Université de Montréal et un stage au Centre d'analyse du discours religieux (CADIR) de Lyon (1977). En 1975, elle devient professeure à la Faculté de théologie de l'Université de Montréal. Elle collabore à diverses revues telles *Relations, Laval théologique et philosophique, Science et Esprit,* ainsi qu'à plusieurs ouvrages collectifs : *Dieu, parole et silence* (1978), *Découvrir la Bible* (1980), *Jésus aujourd'hui* (1980), *La Bible, livre pour aujourd'hui* (1982). En 1963, elle publie sous un pseudonyme un roman pour les jeunes, *Les Morceaux de soleil de Memnoukia,* dans lequel, au dire de Huguette Uguay, elle « a exploité, avec de magnifiques dons de conteur, une tranche de notre folklore national ». Benoît Lacroix

écrit, à propos du *Christ de la Passion,* que l'auteur n'a pas trahi ses sources scripturaires, bien au contraire. « Voici une méthode qui, à l'instar de l'édition critique, arrête le texte, le scrute, analyse sa structure, le relie à la tradition orale qui l'entoure et finalement nous invite à un nouveau respect des mots et à une gratuité d'esprit dont nous aurions tous un peu besoin ».

ŒUVRES

Les Morceaux de soleil de Memnoukia (litt. jeunesse), Montréal, Éditions Jeunesse, 1963, 141 p. Sous le pseudonyme de Marie Bernard. Ill. de Kakwitha. « Brin d'herbe » ; 1969, 139 p. « Karim ».

Le Christ de la Passion. Perspective structurale. Analyse de Marc, 14,53–15,47, des parallèles bibliques et extrabibliques, Montréal/Tournai, Bellarmin/Desclée et cie, 1978, 220 p. Ill. « Recherches 21 Théologie ».

La Femme dans Saint Paul, Rel, vol. 39, no 448, mai 1979, p. 147–148.

Analyse sémiotique et Bible. Situation et questions disputées, dans *Laval théologique et philosophique,* vol. 36, 1980, p. 115–128.

Analyse sémiotique du « Sacrifice d'Isaac » (Genèse 22, 1–19), dans *Science et Esprit,* vol. 33, 1981, p. 157–177.

ÉTUDES

Huguette Uguay, *Les Morceaux de soleil de Memnoukia de Marie Bernard,* LAC 1964, p. 139–140.

Ginette Guindon-Dumais, *Olivette Genest,* dans *Communication-Jeunesse,* vol. 2, 1975, p. 1.

Benoît Lacroix, *La Passion de Jésus « structurée »,* Dev, vol. 70, no 87, 14 avril 1979, p. 21.

Gérard Rochais, *Le Christ de la Passion,* dans *Sciences religieuses/ Studies in Religion,* vol. 8, 1979, p. 457–460.

Ben F. Meyer, *Le Christ de la Passion,* dans *The Catholic Biblical Quarterly,* vol. 42, 1980, p. 268–269.

L.-M. Antonietti, *Bulletin d'Écriture sainte,* dans *Revue thomiste,* vol. 80, no 2, 1980, p. 239–332.

GENEST, YOLANDE. Voir CHÉNÉ, YOLANDE.

GEOFFRION, LOUIS-PHILIPPE (1875–1942). Linguiste et juriste, né à Varennes (Verchères). Après des études classiques au Collège de l'Assomption, il étudie le droit à l'Université Laval de Montréal. Reçu au barreau en 1897, il pratique à Montréal jusqu'en 1903, alors qu'il devient secrétaire particulier du Premier ministre du Québec, Lomer Gouin. En 1912, il est nommé greffier du Conseil législatif du Québec. Préoccupé par les problèmes du lexique juridique et parlementaire au Québec à cause de la grande influence de la terminologie anglaise, Geoffrion publie l'édition de base des *Règlements de l'Assemblée législative,* en 1915 ; il collabore activement avec Adjutor Rivard à la Société du parler français au Canada. Il publie plusieurs études linguistiques ainsi que les trois volumes des *Zigzags autour de nos parlers* (1924-1927), et il est coauteur avec Rivard du *Glossaire du parler français au Canada* (1930). En 1927, il est élu membre de la Société royale du Canada. Geoffrion et Rivard ont donné à l'étude du parler des francophones du Québec des bases scientifiques.

ŒUVRES

Les Bills privés à l'Assemblée législative de la province de Québec (étude), Québec, Imprimerie Le Soleil, 1914, 44 p. ; *Les Bills privés à l'Assemblée législative de la province de Québec : manuel contenant le texte annoté des règles qui régissent les bills privés et les pétitions,* Québec, Assemblée législative, 1920, 55 p. ; 1936 ; 1941, 52 p.

Règlement annoté de l'Assemblée législative de Québec contenant les textes français et anglais du Règlement, avec annotations et renvois aux ouvrages de droit parlementaire, ainsi que des formules, une table alphabétique du Règlement et le texte des lois constitutionnelles de la province de Québec (étude), Québec, Dussault et Proulx, 1915, xvi, 229, xii, 169 p. ; *Règlement annoté de l'Assemblée législative contenant les textes français et anglais du Règlement adopté le 8 mai 1941, le texte de la Constitution de 1867 et du Statut de Westminster ainsi que des annotations et des formules, une table alphabétique du Règlement, une traduction de la Constitution de 1867 et du Statut de Westminster* (étude), Québec, Assemblée législative, 1941, xvi, 272, 31, xii, 202, 31 p. Bernard Bissonnette éditeur.

[*Notre vocabulaire parlementaire. Son origine — son caractère, ses conditions d'existence, son perfectionnement. Conférence faite à la séance publique de la Société du parler français, le 14 mars 1918*], [Québec, Imprimerie de l'Action sociale ltée], 1918, 16 p.

Zigzags autour de nos parlers, simples notes (essai), Québec, [s.é.], 1924-[1927], 3 t. : t. 1, 1924, xxii, 222 p. Préface d'Adjutor Rivard et Louis-Philippe Geoffrion ; t. 2, [1925], 230 p. ; t. 3, [1927], 230 p.

Glossaire du parler français au Canada, Québec, L'Action catholique, 1930, xix, 709 p. Préface d'Adjutor Rivard et Louis-Philippe Geoffrion.

Notre vocabulaire parlementaire, dans *Bulletin du parler français au Canada,* vol. 16, 1918, p. 440-445.

Le Glossaire du parler français au Canada, CF, vol. 14, 1927, p. 622-632.

Le Parler des habitants de Québec, MSRC, série 3, vol. 22, 1928, p. 63-80.

La Diphtongue « oi » dans le franco-canadien, CF, vol. 22, 1934, p. 384-390.

« *Poudrer* » *et* « *Poudrerie* » *dans le franco-canadien,* CF, vol. 22, 1935, p. 1021-1027.

ÉTUDES

Olivar Asselin, *L'Esprit des livres, Louis-Philippe Geoffrion : Zigzags autour de nos parlers,* RD, janv. 1925, p. 62-64.

Damase Potvin, *Zig-Zags autour de nos parlers,* dans *Le Terroir,* janv. 1925, p. 217-220.

Jean-Charles Bonenfant, *Zigzags autour des Zigzags,* CD, n° 41, 1926, p. 13-41.

GEOFFROY, LOUIS (1947-1977). Poète et nouvelliste, né à Montréal. Après des études classiques aux Collèges de Joliette, Terrebonne et Rigaud (1958-1962), il voyage et se consacre à l'écriture. En 1966, Louis Geoffroy remporte le premier prix du Concours des jeunes auteurs de Radio-Canada, section poésie, pour un texte intitulé « Portrait d'une ville ». Il rencontre Gaston Miron, Claude Gauvreau et Michel Beaulieu alors qu'il travaille dans diverses maisons d'éditions comme correcteur d'épreuves et comme lecteur de manuscrits. Il fonde les Éditions de l'Obscène Nyctalope en 1968 où il publie ses deux premiers recueils de poésie : *Les Nymphes cabrées* et *Graffiti.* Louis Geoffroy est tour à tour comptable, scripteur et directeur de production pour une compagnie cinématographique, concepteur de publicité, directeur de collection aux Éditions Guérin et directeur de la production chez Parti Pris et Hurtubise HMH. Il collabore à plusieurs périodiques : *Hobo-Québec, Liberté, Les Écrits du Canada français, La Barre du jour, Cul-Q, Ovo.* Il meurt tragiquement dans un incendie en octobre 1977, laissant plusieurs manuscrits. Ses recueils, notamment *Le Saint rouge et la Pécheresse* (1970), *Empire State Coca Blues* (1971) et *Totem poing fermé* (1973) témoignent de l'influence de la génération « beat » et de la contre-culture américaine. Le jazz, l'alcool et la ville ont souvent été des thèmes moteurs à l'intérieur de la poésie de Louis Geoffroy. Comme écrit André Bourassa « pour lui, l'écriture est toujours un travail de subversion ».

ŒUVRES

Les Nymphes cabrées (poésie), [Montréal], Chez l'Obscène Nyctalope, 1968, [n.p., 42 p.]. Frontispice de Lucus Pégol.

Graffiti (poésie), [Montréal], Chez l'Obscène Nyctalope, [1968, n.p., 45 p.].

Le Saint rouge et la Pécheresse (notes sur une chorégraphie), Montréal, Éditions du Jour, 1970, 96 p.

Empire State Coca Blues : triptyque lyrique 1963-1966 (poésie), Montréal, Éditions du Jour, 1971, 75 p. « PJ ».

Max-Walter Swanberg. Conte érotique, Montréal, Chez l'Obscène Nyctalope, 1973, 41 p.

Totem poing fermé. Poèmes, Montréal, L'Hexagone, 1973, 59 p.

Un verre de bière mon minou: (let's go get stoned) LMNOGH — tome zéro. Chronique, Montréal, Éditions du Jour, 1973, 178 p. Ill. «Prose du Jour».

Être ange étrange, érostase (roman), Montréal, Éditions Laliberté, 1974, 139 p. Ill. d'Emmanuelle Septembre.

LSD. Voyage (poésie), Montréal, Éditions québécoises, 1974, 58 p. Ill. de Jean Lepage. «Poésie O».

Press Club. Érostase (nouvelle), Montréal, Macbec, 1980, 82 p. Ill. de Jean Lepage.

Poker. Cartes à jouer, Montréal, Imprimé par les Éditions d'Orphée, 1981, 54 p. Ill.

Femme objet... (poésie), Montréal, Parti Pris, 1983, 90 p. «P». (Comprend *Les Nymphes cabrées*).

_____

A-A-B-A, BJ, n° 44, printemps 1974, p. 36–55.

ÉTUDES

Guy Robert, *Graffiti de Louis Geoffroy,* LAC 1968, p. 100.

Laurent Mailhot, *Comptes rendus. Louis Geoffroy, Graffiti,* EF, vol. 5, n° 4, nov. 1969, p. 497–498.

Gérard-Claude Fournier, *Le Saint rouge et la Pécheresse,* LAQ 1970, p. 147.

Gilles Marcotte, *La Poésie,* EF, vol. 7, n° 1, févr. 1971, p. 111–112.

Michel Beaulieu, *Empire State Coca Blues,* dans *Point de mire,* vol. 3, n° 10, 18 déc. 1971, p. 39.

Jean-Louis Major, *Empire State Coca Blues,* dans *University of Toronto Quarterly,* vol. 61, n° 4, 1972, p. 350.

Michel Beaulieu, *À bout portant,* dans *Hobo-Québec,* n° 8, sept. 1973, p. 3.

Entretien avec Louis Geoffroy, dans *Hobo-Québec,* n° 8, sept. 1973, p. 10–15.

Claude Beausoleil, «*Max-Walter Swanberg*» conte érotique de *Louis Geoffroy,* dans *Cul Q,* n° 1, automne 1973, p. 49.

Denis Saint-Jacques, *Un verre de bière mon minou,* LAQ 1973, p. 72–73.

André-G. Bourassa, *Prolongements du surréalisme,* LAQ 1974, p. 370–372.

Paul-André Bourque, *Louis Geoffroy, LSD. Voyage,* LAQ 1974, p. 147.

Donald Smith, *Louis Geoffroy. Être ange étrange, érostase,* LAQ 1974, p. 40–42.

Claude Beausoleil, *Louis Geoffroy. Femme objet,* Dev, vol. 75, n° 94, 21 avril 1984, p. 26.

GEORGES. Voir **BOISSEAU, LIONEL.**

GÉRIN, ELZÉAR Édouard (1843–1887). Journaliste, né à Yamachiche (Saint-Maurice). Il fait ses études classiques au Collège de Nicolet (1857–1863) et est admis au barreau en 1873. Quatre ans plus tard, il est nommé conseiller de la Reine. Rédacteur de la *Gazette de Québec* (1865), du *Canada* (1866) et du *Constitutionnel* (1868), il collabore également au *Journal de Paris,* à la suite d'un séjour en France comme correspondant de *La Minerve* (1867–1868). Il est défait aux élections fédérales en 1868, puis élu député de Saint-Maurice aux élections provinciales en 1871 et défait en 1875. Le comparant à son frère aîné, Antoine Gérin-Lajoie, Philippe Sylvain remarque chez Elzéar Gérin «l'alacrité de l'esprit, les ressources d'une sensibilité vibrante et le mordant de l'expression écrite ou parlée». Par ses écrits consacrés à l'histoire du journalisme, Elzéar Gérin contribue à la connaissance du XIXᵉ siècle canadien-français.

ŒUVRES

La Presse canadienne. La Gazette de Québec, Québec, J.-N. Duquet et cie, 1864, 67 p.

Le Saint-Maurice (notes de voyage), Montréal, Eusèbe Senécal, 1878, 25 p. (Repris sous le titre: *Notes de voyage d'un avocat trifluvien,* dans P. Dupin, *Anciens Chantiers du Saint-Maurice,* Trois-Rivières, Éditions du Bien public, 1953, p. 178–212).

George-Étienne Cartier. Études, Montréal, Librairie Beauchemin limitée, [s.d.], 124 p. Collab. Arthur Dansereau, Benjamin Sulte et Mgr Antoine Racine.

ÉTUDES

Léon Ledieu, *Entre nous,* MI, 4ᵉ année, n° 174, 3 sept. 1887, p. 138.

F.-L. Desaulniers, *Généalogie de Gérin-Lajoie,* BRH, vol. 30, n° 10, oct. 1924, p. 311–314, surtout p. 313.

Philippe Sylvain, *Un frère méconnu d'Antoine Gérin-Lajoie. Elzéar Gérin,* RUO, vol. 47, n° 1-2, janv.-avril 1977, p. 214–225.

GÉRIN, LÉON (1863–1951). Sociologue et historien, né à Québec, fils d'Antoine Gérin-Lajoie. Il commence ses études au Collège d'Ottawa. En 1877, il entre au Collège de Nicolet. En 1880, il remporte le prix du Prince-de-Galles au concours intercollégial de rhétorique. Il s'inscrit en droit à l'Université de Montréal en 1882 et est admis au barreau en 1885, mais il ne pratique pas. À l'automne, il part pour Paris où il s'inscrit à l'École de science sociale et suit les cours de l'abbé de Tourville, successeur de Le Play et d'Edmond Demolins. À son retour au Canada, en 1886, il décide de s'établir sur une terre, à l'exemple de « Jean Rivard », et achète, l'année suivante, un terrain de deux cents acres, près de Coaticook. Mais la vie de colon ne peut lui suffire, et il devient sténographe judiciaire à Montréal. De 1892 à 1903 il est secrétaire au ministère fédéral de l'Agriculture à Ottawa, puis à la Milice, et de nouveau à l'Agriculture, tout en poursuivant des recherches sociographiques. En 1903 il passe au bureau de la traduction des débats de la Chambre des communes. Promu chef de ce bureau en 1917, il occupe ce poste jusqu'à sa retraite, en 1935. Encouragé par ses maîtres français à préparer des monographies sur le Canada selon les méthodes de l'École de science sociale, Gérin rédige sur la colonisation une douzaine d'articles qui paraissent entre 1891 et 1894 dans *La Science sociale* de Paris. Reçu à la Société royale en 1898, il publie cette même année son étude magistrale, *L'Habitant de Saint-Justin*. L'un des auteurs les plus féconds de son temps, il publie plus de quatre-vingt-dix études dont les plus importantes paraissent dans *La Science sociale* de Paris, dans les *Mémoires de la Société royale du Canada* et dans la *Revue trimestrielle canadienne*. En 1937, il réunit ses principales monographies en volume sous le titre *Le Type économique et social des Canadiens*. Le second chapitre (l'étude sur l'habitant de Saint-Justin) est considéré par Philippe Garigue comme « la meilleure monographie qui ait été écrite sur une communauté rurale du Québec ». En 1941, la Société royale lui décerne la médaille Lorne-Pierce et, en 1946, elle publie en un volume ses principales études d'histoire sociale : l'ouvrage intitulé *Aux sources de notre histoire* connaît un grand succès. À sa mort, en 1951, Édouard Montpetit écrit : « Il fut un pionnier, un animateur, et un esprit singulièrement épris de recherche et de discipline scientifique ».

ŒUVRES

Antoine Gérin-Lajoie : la résurrection d'un patriote canadien, Montréal, Éditions du Devoir, 1925, 325 p. Introduction de l'auteur. « Édition du centenaire ».

Vocabulaire pratique de l'anglais au français à l'usage des Canadiens engagés dans l'agriculture, le commerce, l'industrie, les professions libérales, les emplois publics, les affaires et la politique, Montréal, Éditions Albert Lévesque, 1937, 302 p.

Le Type économique et social des Canadiens. Milieux agricoles de tradition française, Montréal, Édition de l'Action canadienne-française, 1938, 221 p. ; Fides, 1948, 223 p. « Bibliothèque économique et sociale ».

Aux sources de notre histoire. Les conditions économiques et sociales de la colonisation française en Nouvelle-France, Montréal, Fides, 1946, 277 p.

L'Habitant de Saint-Justin (essai), Montréal, PUM, 1968, 128 p. (Paru d'abord dans MSRC, 2ᵉ série, vol. 4, 1898, p. 139–216).

Monographies du Canada (I à X), dans *La Science sociale* (Paris) ; vol. 11, avril et juin 1891, p. 320–344, 526–550 ; vol. 12, août et déc. 1891, p. 161–192, 544–568 ; vol. 13, juin 1892, p. 519–546 ; vol. 14, nov. 1892, p. 374–392 ; vol. 15, juin 1893, p. 426–446 ; vol. 16, oct. 1893, p. 296–320 ; vol. 17, avril 1894, p. 318–347 ; vol. 18, nov. 1894, p. 417–444.

Le Gentilhomme français et la Colonisation du Canada, MSRC, 2ᵉ série, vol. 2, 1896, p. 65–94.

La Loi naturelle du développement de l'instruction populaire. Les causes sociales de la répartition des illettrés au Canada, dans *La Science sociale* (Paris), vol. 23, juin 1897, p. 441–479 ; vol. 24, nov. 1897, p. 356–390 ; vol. 25, juin 1898, p. 488–522.

La Seigneurie de Sillery et les Hurons de Lorette, MSRC, 2ᵉ série, vol. 6, 1900, p. 73–115.

Notre mouvement intellectuel, MSRC, 2ᵉ série, vol. 7, 1901, p. 145–172.

Le Huron de Lorette, dans *La Science sociale* (Paris), vol. 32, oct. 1901, p. 334–360 ; vol. 33, avril 1902, p. 319–342.

M. Demolins et la Science sociale : réponse aux critiques, RC, vol. 46, avril 1904, p. 339–358.

Deux familles rurales de la rive sud du Saint-Laurent : les débuts de la complication sociale dans un milieu canadien-français, MSRC, 3ᵉ série, vol. 2, 1908, p. 25–65.

La Science sociale. Aperçu d'une méthode simple d'observation, d'étude, d'enseignement, MSRC, 3ᵉ série, vol. 3, 1909, p. 129–166.

Aperçu d'un enseignement de la science sociale : 1. L'objet, dans *La Science sociale*, vol. 53, avril 1912, p. 1–64.

La Sociologie : le mot et la chose, MSRC, 3ᵉ série, vol. 8, 1914, p. 321–356.

Pays normand et Pays canadien. Aperçu social comparatif, MSRC, 3ᵉ série, vol. 11, 1917, p. 175–191.

Le Pays et la Famille de Gérin-Lajoie ; impressions d'enfance d'un de ses fils, BRH, vol. 30, 1924, p. 291–299.

La Science sociale en histoire, dans *La Revue trimestrielle canadienne*, vol. 11, 1925, p. 352–380.

La Famille canadienne-française, sa force, ses faiblesses. Le paysan de Saint-Irénée, hier et aujourd'hui, dans *La Revue trimestrielle canadienne*, vol. 18, 1932, p. 35–63.

Cataracoui, Fort-Frontenac, Kingston : trois stades de notre évolution sociale, MSRC, 3ᵉ série, vol. 27, 1933, p. 193–214.

La Famille canadienne-française sur la rive nord du lac Saint-Pierre, dans *La Revue trimestrielle canadienne*, vol. 20, 1934, p. 113–130, 225–243.

La Paroisse rurale, AN, vol. 14, 1939, p. 226–231.

Commencements, AN, vol. 15, 1940, p. 176–181.

ÉTUDES

André Laurendeau, *La Vocation de Léon Gérin*, dans *Vacances '39*, Montréal, L'Action nationale, 1939, p. 16, 39.

Charles-J. Magnan, *Les Études sociales de Léon Gérin*, CF, vol. 29, 1942, p. 454–458.

Édouard Montpetit, *Léon Gérin (1863-1951)*, MSRC, 3e série, vol. 45, 1951, p. 93–94.

P. Périer, *Léon Gérin*, dans *Les Études sociales*, déc. 1951, p. 1–7, 31–32.

Arthur Saint-Pierre, *Léon Gérin : un disciple canadien de Frédéric Le Play*, dans *La Revue trimestrielle canadienne*, vol. 39, 1953, p. 127–143.

Philippe Garigue, *Mythes et Réalités dans l'étude du Canada français*, dans *Contributions à l'étude des Sciences de l'homme*, vol. 3, 1956, p. 123–136.

Id., *Saint-Justin : A Case Study in Rural French Canadian Social Organization*, dans *Canadian Journal of Economics and Political Science*, vol. 22, 1956, p. 301–318.

Hervé Carrier, *Le Sociologue canadien Léon Gérin, 1863-1951. Sa vie, son œuvre, ses méthodes de recherche*, Montréal, Éditions Bellarmin, 1960, 153 p.

Jean-Charles Falardeau, *Léon Gérin : une introduction à la lecture de son œuvre*, RS, no 2, 1960, p. 123–160.

GÉRIN, PIERRE Marie Louis Gabriel (1919–   ). Nouvelliste et dramaturge, né à Lyon (France). Il fait ses humanités aux lycées Ampère et Du Parc (B.A., 1938). De 1950 à 1967, il enseigne à Tamatave et Tananarive (Madagascar). En même temps, il poursuit ses études de lettres à l'Université de Tananarive et obtient une licence ès lettres (1962), un diplôme d'études supérieures (1964) et un doctorat (1970). Émigré au Canada en 1967, il devient professeur à l'Université Mount-Saint-Vincent de Halifax. Il collabore à des revues comme *SiQue*, *Revue de l'Université de Moncton*, *Les Cahiers de la Société historique acadienne* où il publie en particulier plusieurs articles sur le parler acadien. Il fait aussi jouer deux pièces à Radio-Canada, « Polutor » (1972) et « Porcius » (1981). Parlant du recueil de nouvelles *De boue et de sang*, Yvan Lepage écrit : « P. Gérin, en véritable conteur, possède l'art de retourner une situation, en introduisant brusquement dans son récit une dimension inattendue ou inexpliquée. Les personnages, semblables à ceux de Maupassant, y sont la proie du destin ou le jouet du hasard ».

ŒUVRES

Dans les antichambres de Hadès (contes), Québec, Éditions Garneau, 1970, 228 p.

De boue et de sang (nouvelles), Québec, Éditions Garneau, 1975, 205 p. « Garneau nouvelles ».

Autour de Babel. Fantaisie grammaticale, Sherbrooke, Éditions Naaman, 1977, 68 p. « Études ».

L'Opération Méduse. Farce grand-guignolesque en cinq tableaux, Sherbrooke, Éditions Naaman, 1979, 116 p. « Création ».

Marichette. Lettres acadiennes 1895-1898, Sherbrooke, Éditions Naaman, 1982, 302 p. Ill. Édition commentée par Pierre Gérin et Pierre M. Gérin. « Études ».

Qui êtes-vous, Marichette ? Une épistolière acadienne à la fin du XIXe siècle, dans *Les Cahiers de la Société historique acadienne*, vol. 8, no 4, déc. 1977, p. 165–172. Collab. Pierre-L. Gérin.

Une femme à la recherche et à la défense de l'identité acadienne à la fin du XIXe siècle, Marichette, dans *La Revue de l'Université de Moncton*, vol. 11, no 2, mai 1978, p. 17–26. Collab. Pierre-L. Gérin.

Les Trois Français de Pointe-aux-Coques, dans *SiQue*, no 3, automne 1978, p. 133–149.

Éléments de la morphologie d'un parler franco-acadien, dans *SiQue*, no 4, automne 1979, p. 79–110. Collab. Pierre-L. Gérin.

ÉTUDES

[R.G.], *Pierre Gérin. Dans les antichambres de Hadès*, dans *Culture française*, vol. 2, no 2, été 1972, p. 35.

Marcel Ducharme, *De boue et de sang par Pierre Gérin*, dans *L'Information médicale et paramédicale*, vol. 28, no 1, 18 nov. 1975, p. 53.

Yvan G. Lepage, *Pierre Gérin. De boue et de sang*, LAQ 1975, p. 75–76.

[Anonyme], *Autour de Babel. Fantaisie grammaticale*, dans *Africa*, no 92, juin–juillet 1977, p. 89.

Jacques Renaud, *Des ouvrages courts mais remarquables*, Dev, vol. 68, no 257, 5 nov. 1977, p. 21.

GÉRIN-LAJOIE, ANTOINE (1824–1882). Romancier, essayiste, historien et dramaturge, né à Yamachiche. Son nom est associé à cette localité par l'histoire de ses ancêtres : par sa mère, Amable Gélinas, on remonte aux premiers colons de Trois-Rivières (1646) ; son bisaïeul paternel, Jean Jarin (dit par la suite « Gérin ») est venu au Canada vers 1750 comme sergent des troupes de la marine ; son grand-père, André, désigné sous le nom de « Lajoie » dans l'armée, lègue à son fils Antoine, père de l'écrivain, une maison et une terre à Yamachiche. En 1837, il s'inscrit au Collège de Nicolet où il étudie jusqu'en 1844. À l'âge de quinze ans, le jeune collégien rime quelques poésies fugitives en imitant Jacques Delille. En 1842, il compose une chanson devenue vite célèbre : « Un Canadien errant », publiée et signée d'initiales de l'auteur dans *Le Charivari canadien* du 11 juin

1844. Son intérêt va vers la littérature et l'histoire du Canada. Il profite largement des conseils clair-voyants de l'abbé J.-B.-A. Ferland, futur auteur du *Cours d'histoire du Canada*. En juillet 1844, à la veille de quitter le collège, Gérin-Lajoie compose *Le Jeune Latour*, tragédie en vers en trois actes dont le sujet, une lutte dramatique entre un père et son fils au Cap-de-Sable, en 1629, est emprunté à l'*Histoire du Canada* de Michel Bibaud. Après avoir fait un voyage aux États-Unis, Gérin-Lajoie passe par Montréal où il rencontre J.-G. Barthe, rédacteur du journal *L'Aurore des Canadas*; il y publie, le 7 septembre 1844, le premier acte du *Jeune Latour*. Le 24 septembre, cette « tragédie canadienne » paraît sous forme de brochure ; Gérin-Lajoie devient ainsi l'auteur de la première tragédie canadienne en langue française. « Efforts méritoires, remarque Séraphin Marion, qui assurent au dramaturge improvisé une petite niche dans le panthéon des lettres canadiennes ». À Montréal, le jeune auteur étudie le droit (1844–1848), et participe à la fondation de l'Institut canadien dont il est nommé secrétaire-archiviste, avant d'en être élu président en 1845. Avec l'appui de Ludger Duvernay, il entre à *La Minerve* où il est correcteur, traducteur, puis rédacteur. Devenu avocat en 1848, il s'intéresse à la fois à la politique et à la littérature. Grand admirateur de Papineau, il se range pourtant du côté de La Fontaine et de Morin. Sous le couvert de l'anony-mat, il rédige une brochure politique intitulée *Résumé impartial de la discussion Papineau-Nelson* (1848). En janvier 1849, Gérin-Lajoie est nommé copiste au Bureau des travaux publics, puis, quelques mois plus tard, agent et payeur. En 1851 paraît son *Catéchisme politique*, manuel pratique sur les ins-titutions politiques du Canada, ouvrage souvent réédité et remanié. En septembre de la même année, Gérin-Lajoie fait un deuxième voyage aux États-Unis. Il ne revient à Montréal que le 15 mars 1852, avec un dossier sur les institutions américaines, surtout celles du Massachusetts. En novembre 1852, Gérin-Lajoie devient surnuméraire au bureau de la traduction de l'Assemblée législative. Le 24 sep-tembre 1854, il est nommé traducteur à la place de James Huston, décédé. Pendant ses loisirs, il lit beaucoup : Chateaubriand, Balzac, Scott, Richard-son... En février 1856, il doit suivre le gouvernement à Toronto où, presque aussitôt, il est nommé bi-bliothécaire adjoint du Parlement et travaille avec Alpheus Todd. C'est à ce titre qu'il devient le principal artisan du *Catalogue de la Bibliothèque du Parlement* (1857–1858). Il a pour tâche, d'abord à Toronto, puis à Québec et à Ottawa, de veiller à la

section de livres français au Parlement. Le 26 octobre 1858, il épouse Joséphine Parent, fille d'Étienne Parent. Revenu à Québec, il participe activement à la vie littéraire des années 1860 : fondation des *Soirées canadiennes* et du *Foyer canadien*, prépa-ration d'un ouvrage collectif de prime intitulé *La Littérature canadienne-française de 1850 à 1860*, publication des *Notes sur les registres de Notre-Dame de Québec* de l'abbé Ferland et des *Anciens Canadiens* de Philippe Aubert de Gaspé. À cette époque, il travaille, d'après sa propre expression, à un « petit récit » dont la première partie, *Jean Rivard, le défricheur*, est publiée dans *Les Soirées canadiennes* (1862) ; la seconde, *Jean Rivard, éco-nomiste*, paraît dans *Le Foyer canadien* (1864). Il envisage aussi la composition d'un « Dictionnaire des défricheurs célèbres ». En 1865, le Parlement s'établit définitivement à Ottawa. En novembre, avec sa femme et ses quatre enfants, Gérin-Lajoie déménage dans la capitale fédérale où il continue son travail de bibliothécaire. Il meurt des suites d'une paralysie le 7 août 1882. Après sa mort, l'abbé Casgrain publie ses *Mémoires* (1885) dont le début de rédaction remonte à 1849. Dans *Le Canada français* paraîtra, entre 1888 et 1899, son ouvrage : *Dix ans au Canada, de 1840 à 1850*, sorte d'histoire constitutionnelle du pays qui, d'après René Dionne, constitue « le sommet de l'œuvre » de Gérin-Lajoie. Par cet ouvrage d'histoire politique, par sa tragédie d'inspiration historique et cornélienne, par son roman terrien, *Jean Rivard* (auquel il tenta sans succès de donner un pendant urbain dont le titre aurait dû être « Gustave Charmenil »), Gérin-Lajoie s'associe à l'épanouissement culturel et social de son époque. Il a toujours prêché la fidélité à la terre de ses ancêtres. Cette thèse, partout présente dans *Jean Rivard*, au point qu'elle gâche la structure du roman, Gérin-Lajoie l'explique en ces termes : « Avec la santé, la force, le travail, la bonne conduite et la persévérance, le jeune homme intelligent peut, en cultivant le sol, acquérir plus promptement et surtout plus sûrement l'aisance et la considération qu'en se lançant dans les carrières déjà si encombrées du négoce et des professions libérales ».

ŒUVRES

Le Jeune Latour. Tragédie en trois actes, Montréal, Cinq-Mars, 1844, 49 p. Publié d'abord dans *L'Aurore des Canadas* du 7 sept. 1844, p. 1–2, 12–19 et dans *Le Canadien* du 16 sept. 1844, p. 1–2, du 18 sept., p. 1–2 et du 20 sept., p. 1–2 ; reproduit ensuite dans James Huston, *Le Répertoire national*, Montréal, Lovell et Gibson, 1848–1850, vol. 3, p. 5–49 ; J.-M. Valois et Cie, 1893, vol. 3, p. 3–55 ; dans Séraphin Marion, *Les*

Lettres canadiennes d'autrefois, vol. 4 : *La Phase pré-romantique,* Ottawa/Hull, EUO/Éditions de l'Éclair, 1944, p. 145-192 ; Montréal, Réédition Québec, 1969, [8], 55 p. Introduction de Baudoin Burger. (Réimpression).

Résumé impartial de la discussion Papineau-Nelson sur les événements de Saint-Denis en 1837, Montréal, [s.é.], nov. 1848, 16 p. ; Réédition-Québec, 1968.

Catéchisme politique ; ou élément du droit public et constitutionnel du Canada, mis à la portée du peuple. Avec un appendice contenant les dispositions encore en force des capitulations, du traité de paix, et des actes constitutionnels du Canada ; le texte de l'acte d'union des deux provinces et les amendements qu'il a subis depuis sa passation ; ainsi que divers autres renseignements d'utilité générale. Aussi plusieurs tableaux présentant une liste complète des membres de l'assemblée législative, du conseil législatif, et du conseil exécutif du Bas-Canada, depuis l'établissement du gouvernement représentatif en ce pays jusqu'à nos jours, Montréal, Imprimerie de Louis Perrault, 1851, iv-144, iii p. Préface de l'auteur ; *Catéchisme politique ou Éléments du droit public et constitutionnel du Canada,* Wakefield (England)/New York/The Hague (Netherlands), S.R. Publishers Limited/Johnson Reprint Corporation/Mouton et Co. N.V., 1967. « Canadiana avant 1867 » ; *Le Catéchisme des électeurs,* J.-B. Thivierge & Fils Éditeurs, 1935, 122 p. Préface de l'auteur ; 1936, 159 p. (Tiré du *Catéchisme politique*).

Catalogue de la Bibliothèque du Parlement, Toronto, John Lovell, 1857-1858, 2 vol. (Imprimé par ordre de la Législature) : vol. 1, *Bibliothèque générale,* 1074 p. ; vol. 2, *Ouvrages relatifs à l'Amérique. Brochures et Manuscrits. Index des auteurs et des matières,* viii, 1895 p.

Jean Rivard, le défricheur canadien (roman), dans *Les Soirées canadiennes,* Québec, Brousseau Frères, 1862, vol. 2, p. 65-319. Sous forme de livre, version revue et corrigée, *Jean Rivard, le défricheur. Récit de la vie réelle,* Montréal, J.-B. Rolland et Fils Libraires-Éditeurs, 1874, vii, 207 p. Préface de l'auteur. Publié dans *Le Progrès de Sherbrooke,* vol. 1, nos 1-24, 26 sept. 1874-6 mars 1875. Aussi dans *Le Monde de Paris,* 18e année, nos 186-262, du 6 août au 6 nov. 1877, avec une note de Paul de Cazes. Sous forme de livre, Montréal, Librairie Beauchemin Limitée, 1913, 141 p. (Édition revue et corrigée) ; 1922, 141 p. « BC Montcalm » ; 1925, 124 p. « BC Laval ».

Jean Rivard, économiste (roman), dans *Le Foyer canadien,* Québec, Bureau du Foyer canadien, 1864, vol. 2, p. 65-319 ; *Jean Rivard, économiste, pour faire suite à Jean Rivard, le défricheur,* Montréal, J.-B. Rolland et Fils libraires-éditeurs, 1876, 229 p. (Édition revue et corrigée) ; Librairie Beauchemin, 1913, 157 p. « BC Montcalm » ; 1922, 157 p. « BC Montcalm » ; 1925, 123 p. « BC Laval ».

Jean Rivard, scènes de la vie réelle (roman) (les deux volumes ensemble), Montréal, J.-B. Rolland et Fils

Libraires-Éditeurs, 1877, 2 vol. : vol. 1, *Jean Rivard défricheur,* viii, 207 p. Préface de l'auteur ; vol. 2, *Jean Rivard économiste,* 229 p. ; Beauchemin, 1932, 294 p. « BC Lévis » ; 1935, 294 p. « BC Lévis » ; 1945, « BC Lévis » ; 1948, « BC Lévis » ; 1953, « BC Lévis » ; 1958, « BC Lévis » ; *Jean Rivard, le défricheur (récit de la vie réelle) suivi de Jean Rivard, économiste,* Cahiers du Québec/HMH, 1977, 400 p. Postface de René Dionne. « Textes et documents littéraires ». Traduction anglaise par Vida Bruce : *Jean Rivard,* Toronto, McClelland and Stewart, 1977, 278 p. Introduction de Vida Bruce. « New Canadian Library ». En feuilleton dans *L'Action catholique,* 20 nov. 1935-13 avril 1936. En bandes dessinées par James McIsaac, édité par l'Association catholique des voyageurs de commerce, section Trois-Rivières, dans *L'Action catholique de Québec,* 5 oct.-11 nov. 1935.

Les Mémoires, dans H.-R. Casgrain, *Œuvres complètes,* Montréal, Beauchemin et Valois, 1885, vol. 2, p. 431-542 ; *A. Gérin-Lajoie d'après ses mémoires,* Montréal, Librairie Beauchemin limitée, 1886, 178 p. ; 1912, 141 p. « BC Montcalm » ; 1926, 125 p.

Dix ans au Canada, de 1840 à 1850 ; histoire de l'établissement du gouvernement responsable, CF, vol. 1, 1888, Typographie de L.-J. Demers, p. 501-532 ; vol. 2, 1889, p. 5-45, 161-202, 348-379, 465-503 ; vol. 3, 1890, p. 7-33, 121-137, 241-256, 369-380, 480-505, 609-621 ; vol. 4, 1889, p. 26-251. Sous forme de livre : Québec, Typographie de L.-J. Demers et Frères, 1888, 619 p. (On met « 1888 » sur la page frontispice, ce qui indique la date de publication de la première tranche de l'ouvrage dans *Le Canada français*). Avertissement de H.-R. Casgrain. Préface de l'auteur.

Un Canadien errant (poème de Antoine Gérin-Lajoie mis en musique par Jean-François Sénart), Montréal, Alliance des Chorales du Québec, [1975], 3 p. « Chansons folkloriques ».

Les écrits d'Antoine Gérin-Lajoie publiés dans des revues et journaux sont consignés dans la thèse de René Dionne, *Antoine Gérin-Lajoie, homme de lettres,* vol. 2, p. 553-554 ; cf. section « *Études* ».

ÉTUDES

Henry H. Morgan, *Gérin-Lajoie,* dans *Bibliotheca Canadensis or a Manual of Canadian Literature,* Ottawa, G.-E. Desbarats, 1867, p. 137-138.

Edmond Lareau, *Histoire de la littérature canadienne,* Montréal, John Lovell, 1874, p. 72-75, 303-306, 333-335.

Hubert La Rue, « *Jean Rivard, économiste* », dans *Mélanges historiques littéraires et d'économies politiques,* Québec, P.-G. Delisle, 1881, t. 2, p. 87-98.

Placide Lépine (X Henri R. Casgrain et Joseph Marmette), *A. Gérin-Lajoie,* dans Aug. Lapierre, *Les Guêpes canadiennes,* Ottawa, Bureau, 1881, 1re série, p. 226-235. « Silhouette littéraire ».

J.-G. Barthe, *Souvenirs d'un demi-siècle, ou Mémoires pour servir à l'histoire contemporaine,* Montréal, J. Chapleau et Fils, 1885, surtout p. 198-207.

H.-R. Casgrain, *Biographie de Gérin-Lajoie* (fragment), dans *Mémoires et Comptes rendus à la Société royale du Canada,*

Montréal, Dawson Frères, 1re série, t. 3, section 1, 1885, p. 55–60.

C.-M. Ducharme, *Antoine Gérin-Lajoie et Jean Rivard*, RC, vol. 22, 1886, p. 204–211, 286–293. (Aussi dans C.M. Ducharme, *Ris et Croquis*, Montréal, C.-O. Beauchemin et Fils, 1899, p. 98–137).

Hector Fabre, *On Canadian Literature*, dans *Transactions of the Literary and Historical Society of Quebec*, Quebec, printed by Middleton and Dawson at the Gazette General Printing Establishment, 1886, p. 85–102, surtout p. 95–96.

Maximilien Bibaud, *Gérin-Lajoie (Antoine)*, dans *Le Panthéon canadien*, Montréal, J. et M. Valois, 1891, p. 109.

Charles ab der Halden, *Gérin-Lajoie*, dans *Études de littérature canadienne-française*, Paris, F.R. Rudeval, 1903, p. 127–226.

Id., *Jean Rivard, le roman du colon*, dans *Bulletin du parler français au Canada*, vol. 6, no 9, mai 1908, p. 320–329 ; no 10, juin-juillet-août 1908, p. 361–367.

Camille Roy, *Les Mœurs canadiennes dans Jean Rivard*, dans *Bulletin du parler français au Canada*, vol. 7, no 8, 1909, p. 281–290. (Aussi dans Camille Roy, *Études et Croquis*, Montréal, Louis Carrier, 1928, p. 123–144 ; Québec, Émile Robitaille, 1936, p. 123–144).

Édouard Montpetit, *Le Centenaire de Gérin-Lajoie*, AC, vol. 19, no 19, 1924, p. 3–6.

Léon Gérin, *Antoine Gérin-Lajoie. La résurrection d'un patriote canadien*, Montréal, Éditions du Devoir, 1925, 325 p. Portrait. « Éditions du Centenaire ».

Louvigny de Montigny, *Antoine Gérin-Lajoie*, Toronto, The Ryerson Press, 1925, 130 p. « Makers of Canadian Literature ».

Frederick Mason Jones, [*Antoine Gérin-Lajoie*], dans *Le Roman canadien-français : ses origines, son développement*, Montpellier, Imprimerie de la Charité (Pierre Rouge), 1931, surtout p. 112–116, 135–136, 145–146.

Élie-F. Auclair, [*Antoine Gérin-Lajoie*], dans *Figures canadiennes*, Montréal, Albert Lévesque, 1933, 2e série, p. 68–77.

Albert Dandurand, [*Antoine Gérin-Lajoie*], dans *Le Roman canadien-français*, Montréal, Albert Lévesque, 1937, p. 118–127.

Séraphin Marion, *Le Journalisme, berceau des lettres canadiennes*, Ottawa, EUO, 1944, 195 p. « Les Lettres canadiennes d'autrefois ».

Maurice Lemire, « Jean Rivard d'Antoine Gérin-Lajoie, un plan de conquête économique ». Thèse de maîtrise. Québec, Université Laval, 1962, viii, 117 f.

Bernard Andrès, *Antoine Gérin-Lajoie. Jean Rivard, le défricheur, suivi de Jean Rivard, économiste*, LAQ 1977, p. 64–66.

René Dionne, *Antoine Gérin-Lajoie, homme de lettres*, Sherbrooke, Éditions Naaman, 1978, 437 p.

Martin Dubé, *Jean Rivard le défricheur, récit de la vie réelle ?*, I, vol. 4, no 1, janv.-avril 1980, p. 19–36.

GÉRIN-LAJOIE, FRANÇOIS-MARIE. Voir **PAPARTCHU DROPAÔTT**.

GERMAIN, DORIC (1946–   ). Romancier, né au Lac Sainte-Thérèse, près de Hearst (Ontario). Il fait le cours classique au Collège de Hearst (B.A., 1967) et il obtient une maîtrise à l'Université d'Ottawa pour un mémoire sur « Le Vocabulaire militaire dans *La Chanson de Roland* » (1971). En 1970, il devient professeur de lettres et de linguistique au Collège universitaire de Hearst. Son premier roman, *La Vengeance de l'orignal* (1980), est le récit d'une histoire de braconnage et d'une chasse à l'or qui tournent mal parce que la nature se venge de qui ne la respecte pas. Ce court roman a connu un succès immédiat auprès des étudiants surtout, et a reçu un bon accueil de la critique. Normand Desjardins y trouve un « ton moralisateur », mais André Vanasse avoue avoir lu d'une traite ce livre qu'il classe dans la littérature de jeunesse : « Vous découvrirez un auteur qui vise à l'efficacité et à la simplicité : une écriture directe et correcte qui s'adresse à tous. Aucune fioriture mais une justesse de ton et d'expression ».

ŒUVRES

La Vengeance de l'orignal (roman), Sudbury, Prise de Parole, 1980, 90 p. Ill. ; 1983.

Le Trappeur du Kabi (roman), Sudbury, Prise de Parole, 1981, 134 p.

Poison (roman), Sudbury, Prise de Parole, 1985, 172 p.

Le Vocabulaire français des travailleurs en forêt du Nord-est ontarien, dans *Boréal*, no 6, 1976, p. 13–49.

L'Évolution de la langue des travailleurs de la forêt, dans *Bulletin du Centre de recherche en civilisation canadienne-française*, no 14, avril 1977, p. 22–26.

ÉTUDES

André Cloutier, *La Vengeance de l'orignal. Contre une exploitation inconsidérée de la nature*, dans *Le Nord*, 15 oct. 1980, p. H-13, H-18.

Paul Gay, « *La Vengeance de l'orignal* » de Doric Germain. *Au pays des Cris*, Dr, 69e année, no 54, 30 mai 1981, p. 18.

Normand Desjardins, *Germain (Doric). La Vengeance de l'orignal*, dans *Nos livres*, vol. 12, mai 1981, no 234.

André Vanasse, *La Vengeance de l'orignal de Doric Germain ou Les Nouveaux Chercheurs de trésors*, LQ, no 22, été 1981, p. 41.

Claire Lamirande, « *Poison* » de Doric Germain. *Le pain de la misère*, Dr, 74e année, no 38, 10 mai 1986, p. 42.

Daniel Kieffer

GERMAIN, JEAN-CLAUDE [Claude-Jean Magnier] (1939–   ). Dramaturge, né à Montréal. Bachelier en 1957 du Collège Sainte-Marie, il poursuit ses études en histoire à l'Université de Montréal (1957–1959), et il y fonde le Théâtre Antonin Artaud qu'il abandonne finalement, faute de fonds. Il s'oriente ensuite vers le journalisme et travaille comme chroniqueur dramatique au *Petit Journal* (1965-1969). Il collabore aussi à la revue *Dimensions*, fondée par Victor-Lévy Beaulieu, qui remplace *Digest-Éclair* en 1968. Il met sur pied, avec Victor-Lévy Beaulieu, Pierre Turgeon et Michel Beaulieu, la revue *L'Illustré* (1970-1971). De 1972 à 1973, il écrit des chroniques pour le magazine *Maclean*. En 1969, il fonde le Théâtre du Même Nom (T.M.N.) où il anime deux groupes : Les Enfants de Chénier (1969-1971) et P'tits Enfants de la liberté (à partir de 1971). Les spectacles de Germain présentés au T.M.N. sont fort nombreux : *Diguidi! diguidi! ha! ha! ha!*, « Si Aurore m'était contée deux fois », « Rodéo et Juliette », *Les Tourtereaux (ou La vieillesse frappe à l'aube), Si les Sansoucis s'en soucient, ces Sansoucis-ci s'en soucieront-ils? Bien parler c'est se respecter!, Le Roi des mises à bas prix*, « Les jeunes s'toute des fous! », *Les Hauts et les Bas d' la vie d'une diva: Sarah Ménard par eux-mêmes...* Les pièces de Germain ont été jouées sur plusieurs scènes au Québec. Ses activités théâtrales débordent sur le domaine du cinéma et de l'enseignement. Ainsi, l'Ontario Educational Communication Authority filme sous la direction de Harry Fishback, six épisodes du texte « Les jeunes s'toute des fous! » et sept épisodes de « Canadiens, Canailles, Canayens ». Germain en écrit les scénarios. Martial Dassylva juge ainsi l'œuvre de cet auteur prolifique : « Le credo théâtral de Jean-Claude Germain comporte au moins deux articles fondamentaux : tout d'abord, une confiance sans restriction aucune à l'intelligence des comédiens et, en second lieu, la conviction profonde qu'au théâtre l'esthétique est conditionnée par l'économique ». Auteur anagrammique, Germain se définit lui-même comme « peintre calembourgeois du dimanche » ; il s'essaie à écrire le non-drame, en tournant en ridicule le mythe de l'homme d'hier et d'aujourd'hui. L'humour de ce dramaturge tient de la situation théâtrale, mais aussi du style du geste et du costume. Son personnage, la diva Sarah Ménard, témoigne de cette démarche dramatique qui réduit le grand souvenir de l'art scénique à une existence simple à plusieurs dimensions. Adrien Gruslin tente une réflexion sur l'ensemble de cet univers allégorique : « Le monde de Jean-Claude Germain constitue une démarche précise de dérision humoristique dans ce qui ne saurait devenir que large exorcisme. À sa façon, bien distincte de celle des Tremblay, Barbeau et Garneau, il assume [...] notre contexte québécois. Il inventorie autant le passé que le présent et le plus souvent les deux à la fois, à travers personnages et situations ».

ŒUVRES

Diguidi, diguidi, ha! ha! ha! suivi de *Si les Sansoucis s'en soucient, ces Sansoucis-ci s'en soucieront-ils? Bien parler c'est se respecter!* (théâtre), [Montréal], Leméac, 1972, 195 p. Introduction de Robert Spickler. « TC ».

Le Roi des mises à bas prix (théâtre), [Montréal], Leméac, 1972, 97 p. « RQ ».

Les Tourtereaux (ou La vieillesse frappe à l'aube) (théâtre), Montréal, L'Aurore, 1974, 90 p. Préface de Robert Spickler. « Entre le parvis et le boxon ».

Les Hauts et les Bas d'la vie d'une diva : Sarah Ménard par eux-mêmes une monologuerie bouffe (théâtre), Montréal, VLB éditeur, 1976, 150 p. Ill.

Un pays dont la devise est je m'oublie. Théâtre, Montréal, VLB éditeur, 1976, 138, [5] p. Ill.

Les Faux Brillants de Félix-Gabriel Marchand. Paraphrase (théâtre), Montréal, VLB éditeur, 1977, 295, [4] p. Ill.

L'École des rêves. Théâtre, Montréal, VLB éditeur, 1979, 129, [2] p. Ill.

Mamours et Conjugat. Scènes de la vie amoureuse québécoise. Théâtre, Montréal, VLB éditeur, 1979, 139, [2] p. Ill.

A Canadian Play/Une plaie canadienne. Théâtre, Montréal, VLB éditeur, 1983, 222 p. Ill.

Les Nuits de l'Indiva. Une mascapade (théâtre), Montréal, VLB éditeur, 1983, 155 p.

Ce sont les poètes qui font les ingénieurs, PJ, vol. 40, nº 10, 2 janv. 1966, p. 51.

Qui décide de l'obscénité d'une revue?, PJ, vol. 40, nº 18, 27 févr. 1966, p. 12.

Sept poèmes, AN, vol. 56, nº 1, sept. 1966, p. 61-65.

Expert en singeries, Clément Rosset se moque de Nelligan, PJ, vol. 41, nº 5, 27 nov. 1966, p. 51.

Préface, dans Michel Tremblay, *Les Belles-Sœurs*, Montréal, Éditions Holt, Rinehart and Winston, 1968, p. 3-5.

Le Centre d'essai des auteurs dramatiques, dans *La Scène au Canada*, nº 4, août 1969, p. 8-12.

Préface, dans Yves-Hébert Sauvageau, *Wouf-Wouf*, Montréal, Leméac, 1970, p. 7-9.

Préface, dans Michel Tremblay, *En pièces détachées et La Duchesse de Langeais*, Montréal, Leméac, 1970, p. 7-9.

Préface, dans Gilles Derome, *Qui est Dupressin?*, Montréal, Leméac, 1972, p. 5-8.

Préface, dans Victor-Lévy Beaulieu, *En attendant Trudot*, Montréal, Éditions de l'Aurore, 1974, p. 21-23. « Entre le parvis et le boxon ».

Parce que le Canada n'a jamais été une idée, un projet et encore moins un rêve le Québec a toujours été indépendant, dans *L'Information nationale*, vol. 26, nº 4, oct. 1977, p. 12-14.

C'est pas Mozart, c'est le Shakespeare québécois qu'on assassine, dans *Jeu*, nº 7, hiver 1978, p. 9-20.

Est-ce qu'on dit la mémoire ou le mémoire?, dans *Le Pays théâtral*, vol. 5, nº 1, saison 1981-1982, 3 p.

ÉTUDES

Michel Bélair, *Les Tourtereaux : un TMN nouveau style !,* Dev, vol. 61, n° 281, 3 déc. 1970, p. 14.

Martial Dassylva, *Quelques Articles de credo théâtral de Jean-Claude Germain,* Pr, 88ᵉ année, n° 75, 6 mai 1972, p. D-5, D-7.

Alain Pontaut, *Jean-Claude Germain,* dans *Dictionnaire critique du théâtre québécois,* Montréal, Éditions Leméac, 1972, p. 72-74.

Michel Bélair, *Jean-Claude Germain : Sarah Ménard, c'est tout ce que nous sommes,* dans *Le Jour,* vol. 1, n° 213, 9 nov. 1974, p. 17.

Roseline Vaillancourt, *Jean-Claude Germain. Les Tourtereaux,* LAQ 1974, p. 163.

Adrien Gruslin, *Jean-Claude Germain...dérision, exorcisme, humour,* Dev, vol. 67, n° 164, 19 juillet 1975, p. 9.

Robert Claing, *Le Visage à deux faces du théâtre de Jean-Claude Germain,* VIP, n° 9, 1975, p. 201-208.

Bernard Andrès, *Les Malheurs de Fernand ou Comment s'en sortir,* VIP, vol. 1, n° 3, avril 1976, p. 451-453.

Pierre B. Gobin, « *Le Roi des mises à bas prix* » *de Jean-Claude Germain,* dans *Le Théâtre canadien-français,* Montréal, Fides, 1976, p. 685-695. « ALC » 5.

Jean-Cléo Godin, *Un pays dont la devise est je m'oublie,* LAQ 1976, p. 180-182.

Pierre Lavoie, *Jean-Claude Germain. Les Hauts et les Bas de la vie d'une diva : Sarah Ménard par eux-mêmes,* LAQ 1976, p. 182-184.

Michel Doray, *Les Faux Brillants de Félix-Gabriel Marchand,* dans *Jeu,* n° 5, printemps 1977, p. 131-133.

André Dionne, *À l'occasion de la présentation des « Faux Brillants »... (*entrevue*)* LQ, vol. 1, n° 7, août-sept. 1977, p. 24-28.

Id., *Jean-Claude Germain. Dans le contexte politique actuel, le théâtre québécois doit-il repenser sa fonction critique ? (*entrevue*),* LQ, vol. 1, n° 8, nov. 1977, p. 17-19.

Michèle Doray, *Jean-Claude Germain. Les Faux Brillants de Félix-Gabriel Marchand,* LAQ 1977, p. 198-199.

Denis St-Jacques, *Les Faux Brillants de Félix-Gabriel Marchand et Jean-Claude Germain,* LQ, n° 9, févr. 1978, p. 21-23.

Adrien Gruslin, *Jean-Claude Germain : le rire contre la bêtise,* Dev, vol. 69, n° 81, 8 avril 1978, p. 49.

Id., *La Courtepointe de Jean-Claude Germain,* Dev, vol. 69, n° 250, 28 oct. 1978, p. 23.

Id., *La Filière canadienne selon Germain,* Dev, vol. 70, n° 98, 28 avril 1979, p. 29.

Alonzo Leblanc, *Jean-Claude Germain. L'École des rêves,* LAQ 1979, p. 195-196.

Id., *Jean-Claude Germain. Mamours et Conjugat,* LAQ 1979, p. 196-197.

[*Jean-Claude Germain*], dans *Jeu,* n° 13, automne 1979, p. 5-141. (Numéro spécial).

André G. Bourassa, « *L'École des rêves* », dans *Jeu,* vol. 14, n° 1, 1980, p. 175-176.

Jacques Larue-Langlois, *Jean-Claude Germain, homme de théâtre. On est les fous du roi,* vol. 22, n° 13, 29 mars 1980, p. 10-13.

[*Jean-Claude Germain*], dans *VI,* vol. 6, n° 2, hiver 1981, p. 169-233. (Numéro spécial).

André Dionne, *Le Sot d'Ostie de Jean-Claude Germain,* LQ, n° 24, hiver 1981-1982, p. 44.

Martial Dassylva, *Jean-Pierre Chartrand. L'indépendance selon Jean-Claude Germain... 1976,* Pr, 99ᵉ année, n° 6, 8 janv. 1983, p. C-4.

Robert Lévesque, *Chapeau de paille et Théâtre d'été,* Dev, vol. 74, n° 140, 18 juin 1983, p. 17.

GERMAIN, JULES-MAURICE. Voir **CABIAC, PIERRE.**

GERVAIS, ANDRÉ (1947–   ). Poète, né à Montréal. Il fait son cours classique au Collège Jean-de-Brébeuf (B.A., 1966). Ensuite, il obtient une licence ès lettres à l'Université de Montréal (1970), une maîtrise à l'Université d'Aix-Marseille (1973), et un doctorat à l'Université de Sherbrooke (1979) pour sa thèse « Marcel Duchamp : La Raie alitée d'effets sign ED sign MD ». De 1971 à 1973, il enseigne la littérature et la linguistique au Collège de Thetford Mines, puis aux collèges de Maisonneuve, de Joliette, de Saint-Jérôme, Jean-de-Brébeuf, et de nouveau à Thetford Mines à compter de 1977. Il est aussi professeur invité à l'Université Lakehead et à l'Université de Sherbrooke. Il collabore à divers périodiques, tels *Études françaises, Voix et Images, Spirale, La Nouvelle Barre du jour.* En 1976, Philippe Haeck écrit, à propos du second recueil de Gervais, *Hom storm grom* (1975) que c'est « un des livres les plus originaux de la nouvelle poésie [...]. Ce livre est le meilleur que je connaisse pour introduire au courant formaliste qui s'est développé ici depuis cinq ans ». Laurent Mailhot et Pierre Nepveu voient dans la poésie de Gervais « un grand jeu à faire vibrer le langage : calembours, contrepèteries, anagrammes s'accumulent dans un carnaval subversif, qui doit beaucoup à Duchamp et à Joyce ».

ŒUVRES

Trop plein pollen. Fragments lucides (poésie), Montréal, Les Herbes rouges, n° 23, 1974, [n.p., 24 p.].

Hom strom grom suivi de Pré prisme aire urgence (poésie), Montréal, L'Aurore, 1975, 90 p. « Lecture en vélocipède ».

L'Instance de l'ire (poésie), Montréal, Les Herbes rouges, n° 56, 1977, 36 p.

La Raie alitée d'effets. A propos of Marcel Duchamp, Ville LaSalle, Hurtubise HMH, 1984, 438 p. « Brèches ».

Morceaux du littoral détruit. Vue sur « L'Océantume », EF, vol. 11, n°ˢ 3-4, oct. 1975, p. 285-309.

Eaux retenues d'une lecture. « Sentinelle-onde » de Claude Gauvreau, VI, vol. 2, n° 3, avril 1977, p. 390-406.

Lecture/Écriture de Roland Giguère : « Les Moto-plats », VI, vol. 3, n° 2, déc. 1977, p. 302-319.

SignED signMD, dans *Duchamp. Colloque de Cerisy,* Paris, U.G.E., 1979, p. 297-339. « 10/18 ».

R-hasoire de l'ire, NBJ, n° 86, janv. 1980, p. 60-71.

Et si les anges avaient un sexe !, dans *Spirale,* avril 1980, p. 1, 4.

Du W. flagramment, dans *Hobo-Québec,* nᵒˢ 41–42, été 1980, p. 24–26.

D'eu-R-et elle à l'ink, NBJ, nᵒˢ 100–101, mars 1981, p. 91–94.

De l'angrais Duchamp de l'infratexte, NBJ, nᵒ 103, mai 1981, p. 57–80.

De l'agacetronomie, NBJ, nᵒ 115, juin 1982, p. 61–69.

J'écris un texte, c'est objectif. Entrevue avec Jean-Yves Collette et Michel Gay, VI, vol. 10, nᵒ 2, hiver 1985, p. 93–102.

ÉTUDES

Philippe Haeck, *Deux livres petits et denses,* Dev, vol. 66, nᵒ 94, 19 avril 1975, p. 14.

Richard Giguère, *Les Herbes rouges : une grande «petite revue»,* LAQ 1975, p. 120.

Philippe Haeck, *Les Mots et les Masses,* Dev, vol. 66, nᵒ 262, 8 nov. 1975, p. 14.

Id., *De Garneau à Gervais,* Dev, vol. 67, nᵒ 1, 3 janv. 1976, p. 9.

Id., *La Poésie en 1975,* dans *Chroniques,* nᵒ 15, mars 1976, p. 46–48.

Hugues Corriveau, *André Gervais. L'Instance de l'ire,* LAQ 1977, p. 152–153.

Pierre Nepveu, *Les Herbes rouges...jusqu'à François Charron,* LQ, nᵒ 11, sept. 1978, p. 39.

Philippe Haeck, *Naissances. De l'écriture québécoise,* Montréal, VLB éditeur, 1979, p. 171–179.

GERVAIS, DENISE (1943–   ). Poète, née à Montréal. Elle fait ses études au Pensionnat des Sœurs de Jésus-Marie et à l'École normale Cardinal-Léger (Brevet B, 1961). Elle termine ensuite un baccalauréat ès arts (1966) à l'Université de Montréal où elle suit en outre des cours de sociologie. Elle enseigne pendant huit ans au Québec, fait du journalisme à l'*Écho du Nord* de Saint-Jérôme (1969–1972), puis devient courtière en immeubles en 1979. Ses premiers poèmes paraissent dans les *Écrits du Canada français,* en 1968. Il en paraît également dans l'*Anthologie américaine* de Bauer et Barton (1971) et dans *Poésie Québec 2* (1973) : «Les poèmes de ce [dernier] numéro n'échappent pas à la banalité. Mais ils ont la qualité de ne pas être sophistiqués. Ils sont sereins, et leur engagement dans la réalité n'affiche aucune prétention sociale et politique» (*Le Livre canadien*). Le même jugement convient aux quatre recueils de poésie publiés entre 1976 et 1978.

ŒUVRES

Livre rose [*Avec tout mon amour*] (poésie), Montréal, Les Éditions Manuelles, 1975, 101 p. (Sur papier rose).

Livre jaune [« *Cré société* »] (poésie), Montréal, Les Éditions Manuelles, 1976, 104 p. (Sur papier jaune).

Livre bleu [« *Oh ! Sagesse* »] (poésie), Montréal, Les Éditions Manuelles, 1977, 103 p. (Sur papier bleu).

Livre noir [« *Doucement* »] (poésie), Montréal, Les Éditions Manuelles, 1978, 104 p. (Sur papier noir).

Écumes (poésie), ECF, nᵒ 24, 1968, p. 261–265.

Domaine de l'ermitage (nouvelle), dans *L'Actualité,* vol. 13, nᵒ 11, nov. 1973, p. 80.

[*Poèmes*], dans *Poésie Québec 2,* Montréal, Ferron éditeur, 1973, p. 84–95. Portrait.

ÉTUDE

[Anonyme], *En collaboration, Poésie Québec 2,* dans *Le Livre canadien,* vol. 4, déc. 1973, nᵒ 315.

GERVAIS, GUY (1937–   ). Poète et essayiste, né à Montréal. Il fait ses humanités au Collège Sainte-Marie, fréquente l'École des beaux-arts en 1957–1958, et obtient un baccalauréat ès arts de l'Université de Montréal en 1967. Il remplit les fonctions de rédacteur-recherchiste à Radio-Canada (1969–1972), d'agent d'information puis d'agent littéraire au ministère des Affaires extérieures d'Ottawa. Il a préparé de nombreux textes pour la radio et la télévision, comme les séries « Du monde comme tout le monde » pour l'émission « Rencontre » (1971), « Raymond Abellio » (1973) et le poème radiophonique « Millions d'oiseaux d'or » (1974). Il mérite le Prix du Québec (1970) et il est boursier du Conseil des Arts et des ministères des Affaires culturelles et des Affaires intergouvernementales du Québec. Il collabore à *Parti Pris, Liberté, Culture vivante* et aux *Cahiers de l'Herne.* En 1982, l'Université d'Ottawa lui décerne une maîtrise ès arts pour un essai intitulé « Création : poèmes ». Ses premières poésies, publiées aux Éditions de la Cascade du Collège Sainte-Marie, en 1956 et 1957, ont été reprises dans *Poésies I* (1969), de même que *Thermidor* (1958) et *Chant I–II* (1965), parus en éditions artistiques. Le grand thème de l'œuvre de Gervais est celui de la nature. Il est mêlé à un autre thème important, celui de l'amour : « Souvent, précise Guy Robert, nous assistons à une sorte de prospection du corps et de l'âme, à une sorte d'exploration d'un univers à la fois intérieur et extérieur, qui se livre en superimposition, et la métamorphose que réussit le poète place son chant dans un monde privilégié, celui de l'inépuisable renaissance du monde ». Car Gervais voudrait parvenir à une sorte de suraréalisme — déréalisme — où matière et sens ne font qu'un, explique-t-il dans la préface de *Gravité* (1982). À cette recherche se joint celle du langage, riche, peuplé de mots rares, empruntés à des domaines spécialisés, inventés au besoin.

ŒUVRES

Veilloches (poésie), Montréal, Éditions de la Cascade/ Collège Sainte-Marie, 1956, 92 p. Collab. J.-André Contant et Pierre Desjardins. Préface de Roger Duhamel.

Le Froid et le Fer (poésie), Montréal, Éditions de la Cascade/Collège Sainte-Marie, [1957, n.p., 28 p.]. Avant-dire de Jean-Guy Pilon.

Thermidor (poésie), Montréal, Éditions de l'Alicante, 1958, [portefeuille, n.p., 54 p.].

Chant I–II (poésie), [Montréal], Éditions d'Orphée, 1965, [n.p., 66 p.]. Dessins de Suzanne L'Heureux.

Poésie I, Montréal, Éditions Parti Pris, 1969, 129 p. « P ». (Comprend : *Le Froid et le Fer, Thermidor* et *Chant I–II*).

Gravité, Poèmes 1967–1973, Montréal, l'Hexagone, 1982, 101 p.

Verbe retenu (poésie), Montréal, l'Hexagone, 1987, 62 p.

Un poème. Marly-le-Roy (reportage), dans *Culture vivante*, nº 26, sept. 1972, p. 22–25.

Poèmes, ECF, nº 49, nov. 1983, p. 163–173.

ÉTUDES

Guy Robert, *Chant I et II de Guy Gervais*, LAC 1966, p. 78.

André Renaud, *Poésie I de Guy Gervais*, LAQ 1969, p. 93.

[Anonyme], *Poésie I de Guy Gervais*, dans *Le Livre canadien*, vol. 1, mai 1970, nº 206.

Michel Beaulieu, *Les Noces d'argent de Gervais*, dans *Le Livre d'ici*, vol. 7, nº 39, 30 juin 1982, p. 1.

Antonio D'Alfonso, *Gervais (Guy). Gravité*, dans *Nos livres*, vol. 13, sept. 1982, nº 335.

Claude Beausoleil, *Poésie/Images de rêve*, Dev, vol. 78, nº 239, 16 oct. 1982, p. 21.

GÉVRY, GÉRARD (1946–). Romancier né à Sainte-Cécile-de-Milton (Shefford). Il fait ses études classiques au Séminaire de Saint-Hyacinthe (B.A., 1967), puis il obtient une licence ès lettres (1970) à l'Université de Montréal et un C.A.P.E.S. (1973) à l'Université de Sherbrooke. À partir de 1970, il est professeur de français à la Régionale Meilleur de Granby. Il obtient un troisième prix en 1968 au Concours provincial de contes de Noël, et il est deux fois second pour le prix Robert-Cliche, en 1980 et 1981. Devant le premier roman, *L'Été sans retour* (1980), les critiques réagissent assez diversement. Benoît Routhier trouve que le style de Gévry « étonne par sa hardiesse. Chez lui, nulle trace de lieux communs, mais une originalité dans le ton, l'intrigue et le rythme ». À l'opposé, Réginald Martel y voit « une bonne histoire mais bien mal ficelée », et Madeleine Ouellette-Michalska écrit : « Le début du roman augurait bien. Et Gévry est crédible dans sa description de la Gaspésie, de ses paysages, de ses odeurs de varech. Tout se gâte lorsqu'il parle à leur (personnages) place ».

ŒUVRES

L'Été sans retour (roman), Montréal, Quinze, 1981, 172 p. « Prose entière ».

L'Homme sous vos pieds (roman), Montréal, Quinze, 1982, 192 p. « Prose entière ».

Le Bilinguisme, une leçon de politesse froide, dans *La Voix de l'Est*, vol. 42, nº 52, 13 févr. 1976, p. 4.

Meilleur, une régionale pourrie..., dans *La Voix de l'Est*, vol. 42, nº 267, 23 nov. 1976, p. 4–5.

ÉTUDES

Gérard Tremblay, *Concours littéraire Robert Cliche. Ste-Cécile fournit deux des trois finalistes*, dans *La Voix de l'Est*, vol. 47, nº 28, 25 avril 1981, p. 7.

Réginald Martel, *Le Pêcheur pêché*, Pr, 97ᵉ année, nº 194, 15 août 1981, p. C-3.

Madeleine Ouellette-Michalska, *Entrer par la grande porte ou la petite ?*, Dev, vol. 72, nº 157, 12 sept. 1981, p. 21.

Réginald Martel, *Les Récits d'André Carpentier. Une lumière assombrit la vision de la réalité*, Pr, 98ᵉ année, nº 107, 8 mai 1982, p. C-3.

GIGUÈRE, DIANE (1937–). Romancière, née à Montréal. Elle est la petite-fille de Jean-Charles Harvey. Diplômée du Conservatoire d'art dramatique de Montréal (1956), Diane Giguère a été comédienne à la radio, à la télévision et au Théâtre du Nouveau Monde.

Jac Guy

En 1960, elle devient speakerine à la radio et à la télévision de Radio-Canada à Montréal. À vingt et un ans, elle obtient le prix du Cercle du livre de France (1961) pour son premier roman, *Le Temps des jeux*. Peinture du drame des mal aimés, son œuvre est un réflexe de libération devant les normes morales jugées par trop rigides de notre société. Ainsi, *Le Temps des jeux* tend à détruire l'image idyllique de la mère québécoise et conduit le personnage central à la recherche du père, jusque-là quasi inexistant dans la littérature québécoise. Avec *L'eau est profonde*, l'univers romanesque de Diane Giguère s'enrichit d'une tonalité éminemment poétique. À la parution de son troisième roman, *Dans les ailes du vent* (1976), François Ricard remarque : « À la fois grave et doux, très bien écrit, un tel livre se range tout naturellement dans cette lignée d'œuvres qui, depuis un siècle, de Laure Conan à Anne Hébert, de Germaine Guèvremont à Hélène Ouvrard, ont approfondi sans cesse l'intériorité féminine ».

ŒUVRES

Le Temps des jeux (roman), Montréal, Le Cercle du livre de France, 1961, 202 p. ; Paris, Robert Laffont, 209 p. « Les Jeunes Romanciers canadiens » ; [Montréal], Éditions du Renouveau pédagogique, 1969, 157 p. Présenté et annoté par André V. Langevin. « LQ ». Traduction anglaise par Peter Green : *Innocence*, Toronto, McClelland and Stewart Limited, 1962, 191 p. ; London, Victor Gollancz Ltd.

L'eau est profonde (récit), [Montréal], Le Cercle du livre de France, 1965, 141 p. ; Pierre Tisseyre, 1977, 115 p. « PoC ». (Édition revue et corrigée). Traduction anglaise par Charles Fullman : *Whirlpool*, Toronto/Montréal, McClelland & Stewart Limited, 1966, 78 p.

Dans les ailes du vent (roman), Montréal, Pierre Tisseyre, 1976, 148 p. Traduction anglaise par Alan Brown : *Wings in the Wind,* Toronto, McClelland and Stewart, 1979, 108 p.

ÉTUDES

E.B. Gose, *A Problem of Love,* CaL, nº 15, hiver 1963, p. 78-79.

Gilles Marcotte, *L'Expérience du vertige dans le roman canadien-français,* ECF, nº 16, 1963, p. 229-246, surtout p. 235-237.

Michel Beaulieu, *L'eau est profonde,* LAC 1965, p. 59-60.

Benoît Lacroix, *Diane Giguère. L'eau est profonde,* dans *Lectures,* vol. 11, nº 8, avril 1965, p. 215.

Paul Gay, *Le Temps des jeux,* dans *Les Voies de l'amour dans le roman canadien-français,* Québec, Éd. de l'Enseignement secondaire, 1965-1966, p. 54-55, 60-62.

Jean-Pierre Allard, *Diane Giguère. L'eau est profonde,* C, vol. 27, nº 1, mars 1966, p. 98.

Suzanne Paradis, *Diane Giguère,* dans *Femme fictive, femme réelle : le personnage féminin dans le roman féminin canadien-français,* [Québec], Garneau, 1966, p. 206-220.

E.B. Gose, *Whirlpool,* CaL, vol. 33, été 1967, p. 79-80.

François Hertel, *Whirlpool by Diane Giguère,* dans *Queen's Quarterly,* vol. 74, nº 2, été 1967, p. 342-343.

Gabrielle Poulin, *Diane Giguère. Dans les ailes du vent,* LAQ 1976, p. 28-29.

François Ricard, *Un roman grave et doux de Diane Giguère,* Dev, vol. 68, nº 271, 20 nov. 1976, p. 19.

Gabrielle Poulin, « *Dans les ailes du vent* » *de Diane Giguère. Du* « *temps des jeux* » *au temps des soupirs,* Dr, 64ᵉ année, nº 251, 22 janv. 1977, p. 18.

GIGUÈRE, **GEORGES-ÉMILE** [Émile Poitras] (1917–   ). Généalogiste et historien, né à Québec. Il fait le cours classique au Collège Sainte-Anne-de-la-Pocatière (B.A., 1940). Entré chez les Jésuites en 1940, il étudie les lettres, la philosophie et la théologie au scolasticat de l'Immaculée Conception

(1942-1951) et enseigne le français, le latin et le grec au Collège Sainte-Marie, de 1945 à 1948. En 1953, il présente un mémoire de maîtrise en histoire à l'Université de Montréal : « Une édition à Québec en 1858. Les Relations des Jésuites », puis il fait la scolarité du doctorat (1953-1955) qu'il termine en 1965 et dont la thèse s'intitule « La Restauration de la Compagnie de Jésus au Canada, 1839-1867 ». Professeur d'histoire au Collège Sainte-Marie (1956-1961), il donnera également des cours d'histoire du Canada à l'École Lafond, au Gesù et à l'École normale de Trois-Rivières. Il donne en outre des conférences et il collabore au *Dictionnaire biographique du Canada,* au *Dictionnaire des œuvres littéraires du Québec,* ainsi qu'à plusieurs périodiques, tels les *Lettres du Bas-Canada* dont il a été le directeur (1948-1952), la *Revue d'histoire de l'Amérique française, Relations, Documents de la Société historique du Nouvel-Ontario, Collection* « *Nouvelle-France* », *Le Devoir.* En 1978, il publie une biographie de Lionel Groulx, conçue comme ouvrage populaire mais solidement documentée. Il s'intéresse également à la généalogie et à l'histoire des Giguère.

ŒUVRES

Lionel Groulx (biographie), Montréal, Les Éditions Bellarmin, 1978, 159 p. Ill.

La Première Famille Giguère : Robert Giguère et Aymée Miville et leurs 13 enfants. 1652-1760 (biographie), Montréal, La Fondation Robert Giguère, 1982, 108 p. Ill.

Un Giguère à la guerre avec d'Iberville, Schenectady, 1690. La Relation de Monseignat (essai d'interprétation), Montréal, La Fondation Robert Giguère, 1984, 110 p. Ill.

Les Biens de Saint-Sulpice et « *The Attorney General's Opinion Respecting the Seminary of Montreal* », RHAF, vol. 24, nº 1, juin 1970, p. 45-77.

Marcelle Gauvreau et Marie-Victorin, dans *Bibliothèque des jeunes naturalistes,* nº 136, août 1972, p. 1-8.

Présentation, dans Camille Laverdière, *Œuvres de Champlain,* Montréal, Éditions du Jour, 1973, vol. 1, p. i-xxi. (Fac-similé de l'édition de 1870).

Présentation, dans *Relations inédites de la Nouvelle-France (1672-1679) pour faire suite aux anciennes Relations (1615-1672),* Montréal, Éditions Élysées, 1974, vol. 1, p. 1-28.

Robert Giguère, Le Tourouvrain 1616-1711, dans *Mémoires de la Société généalogique canadienne-française,* vol. 30, nº 2, avril-juin 1979, p. 83-108.

Ouverture religieuse en Chine, dans *Univers,* 56ᵉ année, nº 3, mai-juin 1980, p. 17-27.

La Collection Birks, dans *Vidéo-Presse,* vol. 10, nº 1, sept. 1980, p. 40–41.

La Date du décès de Robert Giguère enfin trouvée, dans *L'Ancêtre,* vol. 7, nº 6, févr. 1981, p. 185–189.

Les Giguères, dans *L'Outaouais généalogique,* vol. 4, nº 1, janv. 1982, p. 5.

Généalogie : la descendance de Robert Giguère et d'Aymée Miville, dans *Neuve-France,* vol. 7, nº 2, hiver 1982, p. 18.

Office du film du Québec

GIGUÈRE, ROLAND (1929–). Poète, éditeur, artiste graphique et peintre, né à Montréal. Après le secondaire à l'École supérieure Saint-Viateur (1944–1947), il étudie la gravure et la lithographie à l'École des arts graphiques de Montréal (1947–1950), à l'École Estienne, à Paris (1954–1955) et à l'atelier Frielander. En 1949, il fonde les Éditions Erta où paraissent plusieurs recueils de poèmes et quelques albums d'œuvres graphiques ; jusqu'en 1959, il se consacre presque exclusivement à l'édition de luxe de la poésie canadienne en même temps qu'à des recherches graphiques. Au cours d'un second séjour en France (1957–1963), il fait des recherches en lithographie, se lie d'amitié avec André Breton et collabore aux gravures littéraires et plastiques du groupe Phases et du Mouvement surréaliste. Il expose régulièrement ses œuvres, à partir de 1955, au Canada et à l'étranger. Il collabore à de nombreux périodiques, tels *Phantomas* et *Edda* (Bruxelles), *Phases* et *La Brèche* (Paris), *Documento sud* (Milan), *Boa* (Buenos Aires), *Liberté, La Barre du jour, Possibles*... Lauréat des Concours littéraires du Québec, section poésie, en 1966, il obtient, la même année, le prix France-Canada et le Grand Prix littéraire de la Ville de Montréal, puis en 1974, le prix du Gouverneur général qu'il refuse et, en 1982, le prix Paul-Émile-Borduas. De 1970 à 1975, il enseigne les arts graphiques à la Faculté des sciences de l'éducation de l'Université Laval, et il est écrivain résident à l'Université d'Ottawa, de janvier à avril 1981. Artiste graphique, Giguère est également peintre de l'âme ; marqué par le surréalisme, sa vérité est celle d'un volcan souterrain. Il est, écrit Claude Gauvreau, « l'un des premiers poètes au Canada à avoir mis l'accent sur le monde intérieur de l'homme. Les éléments de la nature qui se retrouvent dans son œuvre se situent entre eux suivant les relations recréées et bizarres du rêve. Giguère n'est pas un artiste figuratif d'après modèle, il est un figuratif d'imagination ».

ŒUVRES

Faire naître (poésie), Montréal, Éditions Erta, 1949, [n.p., 38 p.]. Ill. d'Albert Dumouchel. (Tirage limité).

Les Nuits abat-jour. Poème, Montréal, Éditions Erta, 1950, [portefeuille, n.p., 45 p.]. Ill. d'Albert Dumouchel.

Trois pas (poésie), Montréal, Éditions Erta, 1950, [n.p., 13 p.]. Trois linoléum de Gérard Tremblay.

Midi perdu (poésie), Montréal, Éditions Erta, 1951, [n.p., 48 p.]. Dessins de Gérard Tremblay.

Yeux fixes ou L'Ébullition de l'intérieur (prose), Montréal, Éditions Erta, 1951, [6], 48 p.

Images apprivoisées (poésie), Montréal, Éditions Erta, 1953, [n.p., 35 p.]. Ill. (Tirage limité).

Les Armes blanches (poésie), Montréal, Éditions Erta, 1954, [n.p., 25 p.]. Ill. de l'auteur. « Tête armée ». (Tirage limité). Traduction anglaise par Jean Beaupré et Gael Turnbull : *Eight Poems,* Iroquois Falls, [s.é.], 1955, [n.p., 25 p.].

Le défaut des ruines est d'avoir des habitants (prose), Montréal, Éditions Erta, 1957, 109 p. Ill. de l'auteur. (Tirage limité).

Adorable Femme des neiges. Poèmes, [Montréal], Éditions Erta, 1959, [portefeuille, n.p., 26 p.]. Ill. de l'auteur. (Paru aussi dans ECF, nº 16, 1963, p. 109–122).

L'Âge de la parole. Poèmes 1949–1960, Montréal, Éditions de l'Hexagone, 1965, 170 p.

12 Dessins-Drawings (cartes postales), Montréal, Graph, 1966. Ill. de l'auteur.

Pouvoir du noir (poésie), Montréal, Ministère des Affaires culturelles, Musée d'art contemporain, 1966, [n.p., 22 p.]. Préface de Gilles Hénault. (Poèmes accompagnant des œuvres exposées sous le titre « Pouvoir du noir »).

Naturellement (poésie), Montréal, Éditions Erta, 1968, [n.p., 8 p.]. Avec huit sérigraphies de l'auteur.

La Main au feu 1949–1968 (poésie), Montréal, Éditions de l'Hexagone, 1973, 145 p. « Rétrospectives ».

Abécédaire. Poème, Montréal, Éditions Erta, 1975. (Rouleau).

J'imagine. Poème, Montréal, Éditions Erta, 1976, [portefeuille, n.p., 47 p.]. Avec 10 lithographies de Gérard Tremblay. (Édition de luxe. Tirage limité).

Mirror and Letters to an Escapee (poésie), Erin (Ont.), Press Porcépic, 1977, [n.p., 63 p.]. Traduction de Sheila Fischman.

Forêt vierge folle (poésie), Montréal, Éditions de l'Hexagone, 1978, 217 p. Ill. « Parcours ».

Le Cœur dans l'aile (poésie), Montréal, Éditions du Noroît, 1980, [portefeuille, n.p., 49 p.]. Ill. de Gérard Tremblay.

Paroles visibles (poésie), [Montréal], Édition Erta, [1983, portefeuille, n.p., 29 p.]. Ill. de l'auteur.

10 cartes postales (poésie), [s.l.], Éditions Aubes 3935, [1984, n.p., 20 p.].

La Main au feu (poésie), Montréal, L'Hexagone, 1987, 148 p.

Lieux exemplaires (poésie), ECF, n⁰ 3, 1957, p. 119–135.

Dialogue entre l'immobile et l'éphémère (poème-théâtre), ECF, n⁰ 16, 1963, p. 123–128.

Notes sur la poésie, dans Guy Robert, *Littérature du Québec,* Montréal, Déom, 1970, p. 101–113.

Notes vives sur la peinture, NBJ, n⁰ 64, mars 1978, p. 42–55.

Le Chevalet de Redon, NBJ, n⁰ 95, oct. 1980, p. 7–16.

ÉTUDES

Jacques Brault, *Roland Giguère, poète de l'ébullition intérieure,* AmF, vol. 13, n⁰ 2, juin 1955, p. 132–139.

Gilles Marcotte, *Connaissez-vous Roland Giguère ?,* CL, 13ᵉ année, n⁰ 45, mars 1962, p. 26–28.

Paul Chamberland, *Nous ne sommes pas au monde : Giguère, Péloquin,* PP, vol. 3, n⁰ 7, févr. 1966, p. 59–61.

Gilles Marcotte, *Roland Giguère,* dans *Une littérature qui se fait,* Montréal, HMH, 1966, p. 298–307.

Maximilien Laroche, *Sur un poème de Roland Giguère,* AN, vol. 56, n⁰ 9, mai 1967, p. 920–925.

Connaissance de Giguère, BJ, n⁰s 11–13, déc. 1967–mai 1968, 196 p. (Numéro spécial).

Gérald Godin, *À Roland Giguère,* PP, vol. 5, n⁰s 8–9, été 1968, p. 75.

Renée Cimon, *Bibliographie de Roland Giguère,* BJ, vol. 2, n⁰s 17–20, janv.–août 1969, p. 173–196.

Yvan Lajoie, *Roland Giguère, à la recherche de l'essentiel,* EL, vol. 5, n⁰ 3, déc. 1972, p. 417–428.

Gabrielle Poulin, *La Main au feu, de Roland Giguère,* Rel, vol. 34, n⁰ 396, 1974, p. 251–253.

François Ricard, *Ducharme et Giguère revisited,* L, vol. 16, n⁰ 91, janv.–févr. 1974, p. 94–105.

Anthony Purdy, *Roland Giguère et l'espace de l'autre : commentaire de deux poèmes,* VI, vol. 14, n⁰ 2, déc. 1978, p. 217–232.

Réginald Martel, *Roland Giguère, artisan de la simple splendeur,* Pr, 95ᵉ année, n⁰ 47, 24 févr. 1979, p. D-1, D-3.

Guy Cloutier, *Pour nourrir les oiseaux il faut faire son propre pain,* NBJ, n⁰ 18, sept. 1979, p. 82–86.

M.L., *Roland Giguère, poète et peintre,* dans *Gazette* de l'Université d'Ottawa, vol. 16, n⁰ 2, févr. 1981, p. 3, 7.

Gilles Daigneault, *Roland Giguère, Prix Paul-Émile-Borduas (arts visuels). « Il faut voir au-delà, prendre tout pour une fenêtre »,* Dev, vol. 73, n⁰ 275, 27 nov. 1982, p. 21, 40.

[Dossier R. Giguère], VI, vol. 9, hiver 1984, p. 6–89. (4 articles et bibliographie).

GILBERT, D.W. Voir SARRAZIN, CLAUDE-GÉRARD.

GILL, CHARLES [Léon Duval, Clairon] (1871–1918). Peintre, poète et conteur, né à Sorel. Il commence ses études classiques au Collège Sainte-Marie (1882), les poursuit au Collège de Nicolet (1885), puis au Collège de Saint-Laurent (1886) d'où il est chassé en mars 1888. Il fréquente pendant quelques mois les cours de Leblond de Brumath. George Forest de Brush, peintre américain rencontré pendant les vacances, l'initie à la peinture. C'est un tournant dans la vie du jeune homme qui s'inscrit, en septembre 1888, à l'école de l'« Art Association » où il étudie avec William Raphaël, puis avec William Brymner jusqu'en 1890. Ensuite, lors de deux séjours à Paris (1890–1892, 1892–1894), il travaille avec le peintre-sculpteur Jean-Léon Gérôme. De retour à Montréal (1894), il ouvre un atelier. En mai 1896, il commence à fréquenter l'École littéraire de Montréal dont il sera une figure marquante ; en septembre, il devient professeur de dessin à l'École normale Jacques-Cartier. Ses premiers poèmes paraissent dans *La Presse* (1898), et il publie trois contes dans *Les Soirées du Château de Ramezay* (1900). À titre de poète et de critique des lettres et des arts, il collabore à des périodiques comme *Les Débats, La Presse, Le Canada, Le Nationaliste, Le Terroir.* Lié d'amitié avec Louis-Joseph Doucet, il entretient avec lui une correspondance importante. Dès 1901 il conçoit le projet d'une vaste épopée, *Le Saint-Laurent,* dont il ébauche le plan en quatre parties ou saisons et huit livres, en 1904. Mais il travaille irrégulièrement et, en 1911, il décide de faire porter ses efforts sur *Le Cap Éternité* (été, livre six), finalement demeuré inachevé. Il cesse de travailler en 1913. À sa mort, sa sœur Marie recueille ses manuscrits, en détruit, en recopie une partie qu'elle « épure » et « corrige ». Par ses soins, ceux d'Albert Lozeau et de monseigneur Olivier Maurault, paraissent en recueil posthume (1919) *Le Cap Éternité* suivi des *Étoiles filantes.* Réginald Hamel a démêlé cette histoire compliquée et il a publié sa correspondance qui jette une lumière nouvelle sur la vie, l'œuvre et l'époque du poète. « Charles Gill, écrit Paul Wyczynski, est le premier parmi les poètes montréalais à avoir lu avec autant de bonheur la force et la beauté de son pays ». « C'est un peintre en poésie et un poète en peinture » (Réginald Hamel).

ŒUVRES

Le Cap Éternité. Poème suivi des Étoiles filantes, Montréal, Édition du Devoir, 1919, viii, 161 p. Portrait. Préface d'Albert Lozeau.

Correspondance, Montréal, Éditions Parti Pris, 1969, 247 p. Réunie, classée et annotée d'après les originaux par Réginald Hamel.

Un mot au lecteur, [poèmes], dans *Les Soirées du Château de Ramezay,* par l'École littéraire de Montréal, Montréal, Eusèbe Senécal & Cie, 1900, p. v–ix, 117–158.

Préface dans Louis-Joseph Doucet, *La Jonchée nouvelle. Poésies canadiennes,* Montréal, J.-G. Yon, éditeur, 1910, p. 1–12 ; *Préface à la Jonchée nouvelle de L.-J. Doucet,* dans *La Jonchée nouvelle. Études littéraires,* Montréal/Québec, J.-G. Yon/A.-C. Dugal, [1918]. Paru aussi dans *Le Devoir* du 11 juin 1910.

Un « Canayen » à Paris, Dev, vol. 56, nᵒ 254, 30 oct. 1965, p. 23–24. Présenté et annoté par Réginald Hamel.

ÉTUDES

Edmond de Nevers, *Charles Gill,* P, 24ᵉ année, nᵒ 59, 3 mai 1902, p. 18.

Lionel Léveillé, *Charles Gill,* dans *Le Petit Canadien* (Société Saint-Jean-Baptiste), vol. 15, nᵒ 11, nov. 1918, p. 322–324.

Olivier Maurault, *Charles Gill, peintre et poète,* RC (nouvelle série), vol. 24, nᵒˢ 1, 3, juillet et sept. 1919, p. 18–31, 180–197.

Id., *Charles Gill,* AF, vol. 3, nᵒ 8, août 1919, p. 366–371.

Lucien Gagné, *L'École littéraire de Montréal et Charles Gill,* AN, vol. 29, 15ᵉ année, févr. 1947, p. 107–123.

Henri-Paul Senécal, *L'École littéraire de Montréal et Charles Gill,* dans *Lectures,* vol. 9, nᵒ 3, nov. 1952, p. 97–105.

Paul Wyczynski, *Charles Gill intime,* RUO, vol. 29, nᵒ 4, oct.–déc. 1959, p. 447–472.

Réginald Hamel, *Pierreville, l'une des sources inspiratrices de Charles Gill,* dans *Album du centenaire de Pierreville,* [s.é.], 1960, p. 238–240.

Id., « Le Saint-Laurent de Charles Gill. Genèse, établissement du texte, valeur littéraire ». Thèse de maîtrise. Ottawa, Université d'Ottawa, 1961, 194 f.

Id., *Charles Gill prosateur,* dans *L'École littéraire de Montréal,* Montréal, Fides, 1963, p. 178–200. « ALC » 2.

André Major, *Le Cri d'un poète écorché,* Dev, vol. 60, nᵒ 132, 7 juin 1969, p. 14.

André Renaud, *Charles Gill,* Dr, 57ᵉ année, nᵒ 73, 21 juin 1969, p. 7.

Jean-Yves Théberge, *La Correspondance de Charles Gill,* CF, 110ᵉ année, nᵒ 5, 24 juin 1969, p. 28.

Jean Éthier-Blais, *Quand on écrit l'étroitesse d'une vie,* Dev, vol. 60, nᵒ 207, 6 sept. 1969, p. 12.

Louis Dussault, *Charles Gill; correspondance,* LAQ 1969, p. 159–161.

Paul Wyczynski, *Albert Laberge et Charles Gill,* Ottawa, Bibliothèque nationale du Canada, 1971, 42 p. Catalogue de l'exposition présentée à l'occasion du centenaire de leur naissance.

GILL, Mᵐᵉ CHARLES. Voir **MONTREUIL, GAËTANE DE.**

GILLIOT, GENEVIÈVE (1913–1979). Mémorialiste et essayiste, née à Paris. Pendant la Seconde Guerre mondiale, elle est arrêtée et passe plusieurs mois en prison en attendant un procès qui n'aura jamais lieu. Elle relate ses souvenirs dans *C'est si peu de chose... 4924 heures de détention* (1972). Selon le préfacier, Jacques Hébert, « le journal de Geneviève Gilliot est particulièrement prenant parce qu'il raconte l'histoire kafkaienne d'une femme, d'une mère et, par surcroît, d'une innocente ». Elle vient au Canada en 1953, à la demande de son frère, Pierre Tisseyre, pour lui succéder comme représentante de la Société des gens de lettres et de la Société des auteurs dramatiques de France. Par la suite, elle travaille au Cercle du livre de France, devenant la principale correctrice des ouvrages publiés par cette maison. En plus de ses souvenirs de guerre, elle publie aussi un essai, *Ce que parler veut dire* (1974). Ce petit livre regroupe quelque quatre-vingts expressions fautives qu'auraient commises les hauts dignitaires auxquelles s'ajoutent environ deux cents mots qui sont des régionalismes, gallicismes et barbarismes. « Ce livre sera sûrement apprécié, remarque Pierre Martel, par tous ceux qui consultent déjà les Dagenais, Colpron, etc. ».

ŒUVRES

C'est si peu de chose... 4924 heures de détention. Récit, Montmagny/St-Lambert, Édité par l'auteur/Les Éditions Marquis ltée/Volumex, 1972, 211 p. Préface de Jacques Hébert.

Ce que parler veut dire (essai), [Montréal], Leméac, 1974, 137 p.

ÉTUDES

Pierre Martel, *Ce que parler veut dire,* LAQ 1974, p. 250.

Alice Parizeau, *En hommage à Geneviève Gilliot,* Dr, vol. 70, nᵒ 245, 20 oct. 1979, p. 24.

Jacques Lamarche, *Geneviève Gilliot vit dans nos livres,* LQ, nᵒ 16, hiver 1979–1980, p. 9.

GINGRAS, APOLLINAIRE (1847–1935). Poète et essayiste, né à Saint-Antoine-de-Tilly (Lotbinière). Après des études au Séminaire de Québec, il est ordonné prêtre en 1873. Pendant vingt-huit ans, il exerce le ministère comme curé à Chicoutimi, à Lotbinière, à Dorchester et à Château-Richer. En 1902, il prend sa retraite accablé par la maladie et la fatigue. Peu à peu, il refait sa santé et passe ses trente dernières années à errer solitaire tantôt à Bagotville, tantôt à Hébertville, en publiant des poèmes et en prêchant des retraites. D'après des témoignages, c'était un bon orateur. En 1881, il publie *Au foyer de mon presbytère*, recueil de poésies « fugitives », ainsi appelées par l'auteur lui-même. Par la suite il fait paraître, dans des revues et journaux, plusieurs poèmes marqués surtout par cette bonhomie qui n'a d'autre privilège que d'évoquer les choses simples par leur propre nom. Selon Reine Malouin, l'inspiration de l'abbé Gingras est « chaleureuse, abondante et lyrique. L'auteur est un romantique qui sait badiner et qui a un agréable sens de l'humour ». Il convient cependant d'ajouter à cet aspect un peu bucolique le thème patriotique volontiers ironique qu'on retrouve dans ses chansons adressées aux jeunes et dont le ton devient même violent dans « Le Chant des Patriotes », thème qui prend de l'ampleur dans « L'Emballement », poème anti-impérialiste qu'un jeune ami du poète, Pierre Gravel, déclamait sur le perron des églises de la côte de Beaupré.

ŒUVRES

Monseigneur de Laval (poème), [Québec, s. é., 1878], 8 p.

Le Bas-Canada entre le Moyen-Age et l'âge moderne (essai), Québec, J.A. Langlais, Imprimerie du « Canadien », 1880, 47, ix p. Publié sous les auspices du Cercle catholique de Québec.

Au foyer de mon presbytère. Poèmes et chansons, Québec, Imprimerie A. Côté, 1881, xiv, 258 p. ; *Au foyer de mon presbytère et L'Emballement. Poèmes et chansons*, Thetford-les-Mines, Imprimerie Le Mégantic, [1935], 296 p. Note de l'éditeur Pierre Gravel.

Le Chant populaire dans nos églises. Douze cantiques nouveaux, Embellissons nos cimetières, Québec, N.S. Hardy, 1885, 72 p.

[*La Fête des cloches à Sainte-Claire*] (essai), Québec, Des presses à vapeur de La Justice, 1888, 8 p.

L'Écho des cœurs, poème déclamé aux noces d'or du cardinal Taschereau, Québec, [L. Brousseau, 1892 ?], 8 p.

L'Emballement, petit poème anti-impérialiste, Port-Albert, [s.é.], 1919, 16 p. ; *L'Emballement. Poème anti-impérialiste. Restons Canadiens*, [Bagotville], 1920, 23 p.

Sermons, Thetford-les-Mines, Le Mégantic, 1935, 140 p. Portrait ; Québec, [s.é.], 1942, 181 p.

Jours de parole (essais), Beauceville (Québec), Imprimé aux ateliers de L'Éclaireur Limitée pour l'abbé Pierre Gravel, 1942, 183 p. Textes choisis par l'abbé Pierre Gravel. Préface de Pierre Gravel.

À travers mes livres, RC, vol. 2, 1882, p. 257-266, 321-328.

Translation du cœur de Monseigneur D. Racine, premier évêque de Chicoutimi, à la chapelle du Séminaire de Chicoutimi, dans *Le Fascicule souvenir*, Chicoutimi, 1900, p. 15-37.

Pour les nombreux poèmes de J.-A. Gingras publiés dans les revues, voir Bernadette Jetté, « L'Abbé Apollinaire Gingras, l'homme et l'œuvre ». Thèse de maîtrise. Ottawa, Université d'Ottawa, 1971, p. 171-173.

ÉTUDES

Thomas Chapais, *Au foyer de mon presbytère*, dans *Le Courrier du Canada*, 25e année, 29 juillet 1881, p. 2 ; 30 juillet 1881, p. 22.

William Chapman, *Lettre à M. l'abbé Apollinaire Gingras...*, dans *L'Électeur*, 2e année, 27 juillet 1881, p. 1 ; 28 juillet 1881, p. 1.

P. McLeod, *Au foyer de mon presbytère*, dans *Le Monde* (Montréal), 15e année, no 297, 29 juillet 1881, p. 1.

[Anonyme], *Poésie canadienne*, dans *La Minerve*, 54e année, no 12, 22 sept. 1881, p. 2.

Narcisse Degagné, *L'Abbé Apollinaire Gingras*, RC, 33e année, août 1897, p. 470-494.

Élie-J. Auclair, *Poème anti-impérialiste. L'Emballement*, RC, nouvelle série, vol. 25, mars 1920, p. 235-236.

Arthur Lacasse, *L'Abbé Apollinaire Gingras et son œuvre*, MSRC, 3e série, vol. 30, 1936, p. 127-131.

Damase Potvin, *L'Abbé Apollinaire Gingras, le poète du « patriotisme canadien »*, RUL, vol. 4, no 5, 1950, p. 420-434.

Bernadette Jetté, « L'Abbé Apollinaire Gingras, l'homme et l'œuvre ». Thèse de maîtrise. Ottawa, Université d'Ottawa, 1971, vii, 221 f.

GINGRAS, RENÉ (1953–   ). Comédien et dramaturge, né à Cap-Rouge (Québec). Il fait ses études au Séminaire Saint-François de Cap-Rouge et au Cégep de Sainte-Foy (D.E.C., 1971), suit des cours de littérature à l'Université de Montréal (1972-1973), puis s'inscrit à l'École nationale de Théâtre et obtient son diplôme en 1978. Il joue dans des pièces de Victor-Lévy Beaulieu, Michel Garneau, Roland Lepage, Molière, Brecht..., dans des séries télévisées et dans quelques films. Il collabore à la revue *Jeu* et adapte à la scène des textes de Michael Cristofer, Ruth Wolf, Steve J. Spears, Albert Innamato. Sa pièce *Syncope* est jouée le 7 janvier 1983 à la Salle Fred Barry, et est publiée la même année. « Sur un fond d'homosexualité latente, nous passons du viol d'intimité et de conscience à la découverte de l'affection et de la tendresse. [...] Étonnant et envoûtant par le ton et la problématique, ce texte nous révèle un nouvel auteur rempli de talent » (Jean-Pierre Bonhomme).

ŒUVRE

Syncope (théâtre), Montréal, Le Centre d'essai des auteurs dramatiques, 1983, 92 p. « Dramaturgies nouvelles » ; [Montréal], Leméac, 129 p. Ill. Préface de Jean-Cléo Godin. Introduction de l'auteur. « Théâtre Leméac ».

Carrefour-festival du théâtre d'amateur ou le vrai théâtre vs la vraie vie, dans *Jeu*, 3e trimestre, no 24, 1982, p. 37-41. Collab. Hélène Dumas.

Le Théâtre pour enfants au Québec : quelques questions, dans *Jeu*, 1er trimestre, n° 26, 1983, p. 50-52.

ÉTUDES

Martial Dassylva, *L'Étoffe d'un auteur*, Pr, 99e année, n° 11, 13 janv. 1983, p. A-12.

André Dionne, *Le Théâtre qu'on joue*, Syncope, LQ, n° 29, printemps 1983, p. 46.

Diane Pavloic, *Syncope*, dans *Jeu*, 2e trimestre, n° 27, été 1983, p. 143-145.

Jean-Pierre Bonhomme, *Une belle tragédie enveloppée d'humour*, Pr, 100e année, n° 11, 14 janv. 1984, p. C-6.

France Simard, *Trois prix, trois réalités*, Dr, 72e année, n° 156, 29 sept. 1984, p. 23

GINGRAS, ULRIC-LOUIS (1894-1954). Poète, né à Saint-David-de-l'Auberivière (Lévis). Il fait ses études classiques au Collège de Lévis. Après avoir exercé le métier d'agent d'assurances pendant quelques années, il entre au gouvernement fédéral comme inspecteur des aliments et drogues. Il travaille d'abord à Montréal et, à partir de 1920, à Trois-Rivières. Après sa retraite en 1940, il revient dans la région de Québec. Il collabore au *Bien public* et au *Nouvelliste* de Trois-Rivières. Il publie trois recueils de poésie, tous sous le signe du terroir et dans une forme traditionnelle. En 1934, l'Académie française lui décerne le prix Archon-Desperousses.

ŒUVRES

La Chanson du paysan. Poésies canadiennes, Québec, [L'Action française], 1917, xv, 173 p. Préface de Louis-Joseph Doucet.

Les Guérets en fleurs. Poèmes du terroir, Montréal, Éditions Édouard Garand, 1925, 192 p.

Du soleil sur l'étang noir (poésie), Montréal, Éditions Albert Lévesque, 1933, 180 p. ; Paris, Éditions de la Jeune Académie, 1936, 180 p. Ill. de Rodolphe Duguay. Préface de Raoul Follereau.

ÉTUDES

Alphonse Désilets, *Les poètes du terroir laurentien : Ulric Gingras*, dans *Le Pays laurentien*, 3e année, n° 6, juin 1918, p. 106-108.

Henri D'Arles, *La Chanson du paysan*, dans *La Revue nationale* (nouvelle série), vol. 1, n° 9, sept. 1920, p. 12.

Jules Jolicœur, *Les Guérets en fleurs*, dans *La Revue populaire*, vol. 18, n° 11, nov. 1925, p. 10-20.

Alphonse Désilets, *Du soleil sur l'étang noir*, dans *L'Enseignement secondaire au Canada*, vol. 13, n° 4, janv. 1934, p. 202-203.

Maurice Hébert, *Du soleil sur l'étang noir*, CF, vol. 24, n° 6, févr. 1937, p. 581-594.

GIRARD, RODOLPHE (1879-1956). Romancier, dramaturge et journaliste, né à Trois-Rivières. En 1891, sa famille déménage à Montréal et Rodolphe est inscrit à l'Académie commerciale du Plateau. En 1894, il entre au Collège de Montréal (B.A., 1898). Dès cette époque il envoie des contes au *Trifluvien*. Il devient journaliste à *La Patrie* en 1899, passe à *La Presse* en 1900, publie son premier roman, *Florence*, la même année, puis, en 1902, un recueil de contes et de pièces de théâtre, *Mosaïque*. En 1904 paraît *Marie Calumet*, roman condamné à sa sortie par l'archevêque de Montréal. Congédié de *La Presse*, l'auteur ne trouve plus d'emploi à Montréal, mais il est engagé comme rédacteur en chef du *Temps*, à Ottawa ; il n'y demeure que quelque mois, devient commis au Secrétariat d'État en 1905, puis il entre au service de la Chambre des communes à titre de traducteur des *Débats*. Il continue d'écrire et participe activement à la vie culturelle. L'affaire *Marie Calumet* rebondit, en 1908, à cause d'un article de *La Vérité* (Québec) que Girard poursuit pour libelle diffamatoire, procès qu'il gagne en 1911. Pendant la guerre de 1914, il sert comme officier de liaison attaché à la troisième armée française et est décoré, en 1919, de la Légion d'honneur et de la Croix de guerre de France. De 1924 à 1931, il est commandant du Régiment de Hull. Il prend sa retraite en 1941 et s'établit à Richelieu. De 1902 à 1926, il publie deux autres romans et compose une dizaine de pièces de théâtre dont la moitié est jouée ; un mélodrame, *Les Ailes cassées*, est repris à Radio-Canada, en 1953. Il a écrit 335 contes et 129 articles de souvenirs, en bonne partie après sa retraite. Son célèbre roman, *Marie Calumet*, inspiré d'une chanson folklorique, raconte l'histoire d'une servante de presbytère de campagne de 1880. La critique a beaucoup varié sur ce roman : vu par les uns comme « immoral », « subversif », « bassement naturaliste », « mal écrit », « médiocre » ou « fade », il est regardé par les autres comme fort innocent, et par Albert Laberge comme un « chef-d'œuvre », « le meilleur roman jamais imprimé au Canada ». En 1946, Girard publie une deuxième version comportant de nombreuses corrections de style et des modifications des passages les plus critiqués. Luc Lacourcière écrit calmement, en 1973 : « Mais ce livre, soixante-dix ans après sa publication, nous apparaît sous un jour assez différent, comme un document joyeux sur les mœurs campagnardes des temps révolus. En tout cas, c'est un des rares romans de cette époque à conserver une certaine fraîcheur dans sa désinvolture ».

ŒUVRES

Florence. Légende historique, patriotique et nationale, Montréal, [s.é.], [1900], [xvi], 128 p. Portrait. Ill. par Geo. Delfosse. Préface de Firmin Picard ; 1900.

Mosaïque (contes et textes dramatiques), Montréal, Déom frères, éditeurs, 1902, 221 p.

Marie Calumet (roman), Montréal, [s.é.], 1904, 396 p. Portrait. Ill. Lettre de Jean Richepin en guise de préface ; Éditions Serge Brousseau, [1946], 283 p. Préface d'Albert Laberge. Version légèrement remaniée par Albert Laberge ; Réédition-Québec, 1969, 400 p. (Réimpression en fac-similé de l'édition de 1904) ; Fides, 1973, 158 p. Préface de Luc Lacourcière. « N » ; 1979, 162 p. Chronologie, bibliographie et jugements critiques d'Aurélien Boivin. « BQ ». Traduction anglaise par Irène Currie : *Marie Calumet*, Montréal, Harvest House, 1976, 167 p. « French Writers of Canada ».

Rédemption. Roman, Montréal, Imprimerie Guertin, 1906, 187 p. Portrait. Ill. par Georges Delfosse.

L'Algonquine. Roman des jours héroïques du Canada sous la domination française, Montréal, Compagnie de publication de « La Patrie », 1910, 65 p.

Contes de chez nous, Montréal, [s.é.], 1912, 243 p.

Les Ailes cassées. Comédie en quatre actes, [Ottawa, Courrier fédéral ltée, 1921], 23 p. Portrait.

Rodolphe Girard (1879-1956), sa vie, son œuvre (textes choisis), Montréal, Fides, 1986, 159 p. Ill. Présentation par Madeleine Charlebois-Dirschauer.

Souvenir de Florence, P, 21e année, no 131, 29 juillet 1899, p. 14.

Nuit de Noël accidentée, Dr, 19e année, no 296, 23 déc. 1932, p. 8, 11.

Un drame dans la forêt, P, 15e année, no 21, 22 mai 1949, p. 28, 30.

Mal écrits, bien des romans du passé ont gardé leur intérêt, PJ, vol. 24, no 25, 16 avril 1950, p. 15.

Maria Chapdelaine n'est pas une vraie image du Québec, PJ, vol. 24, no 30, 21 mai 1950, p. 15.

Rédacteur sportif, Albert Laberge est un écrivain profond, PJ, vol. 24, no 33, 11 juin 1950, p. 15.

L'Amnésique, P, 18e année, no 53, 4 janv. 1953, p. 13, 35.

Mariage d'intérêt, P, 21e année, no 11, 13 mars 1955, p. 25, 46.

La Belle-mère d'Odette, P, 21e année, no 27, 3 juillet 1955, p. 25, 46, 47.

Héroïsme et Générosité, P, 22e année, no 7, 12 févr. 1956, p. 25, 41.

ÉTUDES

Bernard Muddiman, *The Soirées of the Château de Ramezay*, dans *Queen's Quarterly*, vol. 20, no 1, juillet-août-sept. 1912, p. 73-91, surtout p. 85-91.

Georges Bellerive, *Major Rodolphe Girard*, dans *Nos auteurs dramatiques, anciens et contemporains*, Québec, Garneau, 1933, p. 70-72.

Albert Laberge, *Rodolphe Girard*, dans *Peintres et Écrivains d'hier et d'aujourd'hui*, Montréal, Éd. privée, 1938, p. 143-147.

Rodolphe Laplante, *Marie Calumet*, dans *Lectures*, t. 2, no 2, avril 1947, p. 121-122.

Rodolphe Légaré, *Marie Calumet*, C, vol. 8, no 3, sept. 1947, p. 363.

Gérard Tougas, *Rodolphe Girard*, dans *Histoire de la littérature canadienne-française*, Paris, PUF, 1967, p. 145.

David M. Hayne et Marcel Tirol, *Rodolphe Girard*, dans *Bibliographie critique du roman canadien-français 1837-1900*, [Toronto], UTP, [1968], p. 92-93.

Jacques Ferron, *Marie Calumet*, PJ, vol. 45, no 22, 22 mars 1970, p. 75.

GIRARDIN, ROBERT-G. (1938-   ). Poète, né à Saint-Pierre-et-Miquelon. Il fait ses humanités au collège Saint-Christophe (Saint-Pierre-et-Miquelon), à l'Institut Saint-Gabriel (Vendée) et au Lycée Saint-Jean-de-Passy (Paris), puis il étudie les lettres à l'Université de Paris (1956-1959). Après avoir fait un peu de journalisme en France, il continue ce métier au *Réveil* de Jonquière et à *L'Événement* de Québec, en 1961. De 1961 a 1966, il enseigne le français au Collège Maisonneuve de Montréal, à l'École Gérard-Filion et à l'Externat classique de Longueuil. En 1967, il est nommé directeur du service d'information du Conseil scolaire régional de Chambly, prépare des émissions de radio et de télévision, fonde la revue *Info-Information*. En 1971-1972, il dirige le service d'enseignement du français à la Globe School de Montréal et rédige un manuel d'enseignement oral, et à partir de 1975, il est chargé de cours au Collège Dawson. Il a été boursier du Conseil des Arts du Canada et du ministère des Affaires culturelles du Québec. Il collabore à des périodiques comme *Le Devoir* et *Liberté*. Son premier recueil de poésie est bien accueilli par la critique : « Dans son recueil, écrit Christiane Engel, Girardin aborde plusieurs types d'écritures poétiques. Les poèmes en prose racontent généralement des histoires bouleversantes sur la condition de l'individu dans notre société actuelle ; les poèmes en vers dévoilent une sensibilité inquiète, une douceur et une violence qui créent une atmosphère lourde par son insistance, légère dans son expression [...] ».

ŒUVRES

Peinture sur verbe (poésie), Montréal, L'Hexagone, 1976, 126 p. Ill. de Cornellier et Barbeau.

L'Œil de palomar. Choses vues, aphorismes contemporains, Montréal, L'Hexagone, 1984, 105 p.

Lettre à Miron, L, n° 120, nov.–déc. 1979, p. 64–65.
Saint-Pierre-et-Miquelon. Toute une mer à partager, Dev, vol. 73, n° 96, 27 avril 1982, p. 7.

ÉTUDES

Jean Fisette, *Poésie récente*, VI, vol. 2, n° 2, déc. 1976, p. 443.
Christiane Engel, *Robert-G. Girardin. Peinture sur verbe*, LAQ 1976, p. 161–163.

François Hertel, *Les Lettres canadiennes vues de Paris*, dans *Photo-Journal*, vol. 28, n° 38, 6 janv. 1965, p. 19.
Gilles Marcotte, *Réflexion sur une année littéraire de qualité*, Pr, vol. 81, n° 6, 9 janv. 1965, p. 6.
Normand Cloutier, *Le Scandale du joual*, MM, vol. 6, n° 2, févr. 1966, p. 10–11, 26–28, 30.
Lise Gauvin, *Les Romans de Parti Pris ou Le Difficile Accès à la parole*, VIP, n° 7, 1973, p. 97–110.

GIROUARD, LAURENT (1939–   ). Romancier, né à Saint-Antoine-sur-Richelieu (Verchères). Après ses études classiques au Séminaire de Saint-Hyacinthe (B.A., 1961), il obtient un baccauaréat en pédagogie à l'École normale Jacques-Cartier (1962), une licence ès lettres (1970) puis une maîtrise ès arts en archéologie et anthropologie (1973) à l'Université de Montréal. Sa thèse sur « Une station de pêche iroquoise à Pointe-aux-Buissons » paraît en 1974 sous le titre *Station 2. Pointe-aux buissons* dans la collection « Les Cahiers du patrimoine » du ministère des Affaires culturelles. Il enseigne à la CECM et à la Commission scolaire de Chambly. Ancien collaborateur de la revue Parti Pris, il dirige durant quelques années la maison d'édition du même nom. Il fonde la Société d'archéologie préhistorique du Québec (1968), puis le Centre de recherche sur les cultures amérindiennes (1972). Jean-Louis Major écrit au sujet de son roman : « On a parlé de psychanalyse à propos de *La Ville inhumaine*. En un sens, le livre a une fonction thérapeutique, non pour l'auteur, comme on l'a insinué, mais pour la collectivité qui se reconnaît dans le portrait de l'homme écrasé ».

ŒUVRES

La Ville inhumaine (roman), Montréal, Éditions Parti Pris, 1964, 188 p.
Station 2. Pointe-aux-Buissons, Québec, Ministère des Affaires culturelles, Direction générale du patrimoine, Service d'archéologie et d'ethnologie, 1975, 157, [127] p. Ill. Présentation de Charles A. Martin. « Les Cahiers du patrimoine ».

Pour ton anniversaire, Ch, vol. 7, n° 4, avril 1966, p. 45–46, 141–144.
La Guédille au nez, BJ, vol. 2, n° 4, 1967, p. 42–45.
Pourquoi des recherches à Pointe-aux-Buissons?, dans *Le Quartier latin*, vol. 50, n° 30, 6 févr. 1968, p. 16.

ÉTUDES

Jean-Louis Major, *La Ville inhumaine de Laurent Girouard*, LAC 1964, p. 36–37.
André Brochu, *La Nouvelle Relation écrivain-critique*, PP, vol. 2, n° 5, janv. 1965, p. 52–62.

GIROUX, ANDRÉ (1916–1977). Romancier, né à Québec. Dès la fin de ses études, il entre à la fonction publique du Québec (1936). Il publie ses premiers textes dans *Le Travailleur* de Worcester (Mass., É.-U.) et collabore au *Jeudi* (1940–1942). En 1940, il fonde la revue littéraire *Regards* qu'il dirige, avec Réal Benoît, jusqu'en 1942. On le trouve, par la suite, rédacteur publicitaire au ministère de l'Industrie et du Commerce (1945), ainsi qu'à la Délégation du Québec à Paris (1963), au ministère de l'Éducation et à celui des Affaires culturelles où il est directeur général de la diffusion de la culture. En 1966, il est nommé sous-ministre adjoint. Membre de la Société royale du Canada en 1960, il reçoit le prix Montyon de l'Académie française (1949), le prix de la province de Québec (1950) et le prix du Gouverneur général (1959). André Giroux s'est fait connaître du grand public par son roman télévisé *14, rue de Galais*. Mais sa renommée d'écriture est fondée essentiellement sur ses deux romans : *Au-delà des visages* (1948) et *Le gouffre a toujours soif* (1953). Le premier récit, caractérisé par un style impeccable et une composition solide, présente l'histoire d'un monstre : dans la conscience de Jacques Langlet, la pureté est aux prises avec la violence et la rêverie sensuelle avec la pensée puritaine. Dans le deuxième roman évolue Jean Sirois, héros meurtri par un train-train quotidien, assoiffé de vérité mais écrasé par la solitude, ce qui justifie la résonance baude-lairienne du titre. Dans son ensemble, l'œuvre d'André Giroux correspond à une recherche constante de vérité ; dans ses pages significatives, elle devient tantôt une satire cinglante de la société québécoise, tantôt une méditation sur l'homme déchiré entre le bien et le mal.

ŒUVRES

Au-delà des visages (roman), Montréal, Les Éditions
Variétés, 1948, 173 p. ; 1949 ; Montréal/Paris, Fides,
1966, 155 p. Chronologie, bibliographie et jugements
critiques. « BCF » ; Montréal, 1979, 156 p. Jugements
critiques, chronologie et bibliographie d'Aurélien Boivin.
« BQ ».

Le gouffre a toujours soif (roman), Québec, Institut
littéraire du Québec, 1953, 176 p. ; Montréal/Paris,
Fides, 1968, 189 p. Chronologie, bibliographie et jugements critiques. « BCF ».

Malgré tout, la joie (nouvelles), [Québec], Institut littéraire
du Québec, 1959, 229 p. ; Montréal, CLF, 1968, 191 p.
« PoC ».

En service militaire, dans *Regards*, vol. 2, n⁰ 1, mars
1941, p. 1–9.

Moisson de Paris, dans *Columbia*, vol. 47, n⁰ 5, mai 1967,
p. 38–39.

Regards, dans Guy Sylvestre et H. Gordon Green, *Un
siècle de littérature canadienne / A Century of Canadian
Literature*, Montréal/Toronto, Éditions Hurtubise
HMH/Ryerson Press, 1967, p. 364.

ÉTUDES

Clément Lockquell, *André Giroux, romancier spiritualiste*, RD,
vol. 54, n⁰ 2, 1948, p. 151–161.

Roger Duhamel, *Au-delà des visages*, AU, 15ᵉ année, n⁰ 2, janv.
1949, p. 87–88.

Bruno Lafleur, *André Langevin, André Giroux, Eugène Cloutier*,
RUL, vol. 8, n⁰ 6, févr. 1954, p. 530–541.

Geneviève de la Tour Fondue, *André Giroux*, dans *Lectures*,
vol. 10, n⁰ 8, avril 1954, p. 337–344.

Gilles Marcotte, *Deux vétérans : Desrosiers et Giroux*, L, vol. 1,
n⁰ 3, mai–juin 1959, p. 181–186.

Jean-Marie Gauvreau, *Présentation de M. André Giroux*, SRC,
n⁰ 15, 1960–1961, p. 29–34.

Jacques Blais, *Fraternel André Giroux*, RUS, vol. 2, n⁰ 1, oct.
1961, p. 7–14.

Jean-Paul Plante, *Le Thème de la mesquinerie dans l'œuvre
d'André Giroux, suivi de Entretien avec André Giroux*, RUO,
vol. 32, n⁰ 4, oct.–déc. 1962, p. 411–430.

Romain Légaré, *André Giroux*, dans *Lectures*, vol. 9, n⁰ 6, févr.
1963, p. 143–146.

Alain Pontaut, *Au-delà du visage d'André Giroux*, dans *Le Jour*,
vol. 1, n⁰ 27, 5–11 août 1977, p. 22.

Réginald Martel, *Relire, avec plaisir, André Giroux*, Pr, 95ᵉ année,
n⁰ 216, 15 sept. 1979, p. C-2.

Raymond Paul, *André Giroux. Au delà des visages*, LAQ 1979,
p. 47.

René Dionne, *Au-delà des visages d'André Giroux. Un drame
d'hier à la lumière d'aujourd'hui*, Dr, 68ᵉ année, n⁰ 112, 9 août
1980, p. 14.

GIROUX, JEAN-FRANCOIS [Virgul', Jean du Perche]
(1955–   ). Poète, né à Marieville (Rouville). Il
étudie au Collège Roussin et au Cégep du Vieux-
Montréal (D.E.C., 1974), fait aussi des études en
arts plastiques, puis exerce divers métiers : voyageur

de commerce, journalier, garçon de table, professeur
de yoga... À partir de 1978, il se consacre à l'écriture,
collabore à *Hobo/Québec*, au *Berdache*, et donne
avec Janou Saint-Denis des lectures publiques de
poésie. Son premier recueil, *Bas d'Nœige* (1982), à
tirage limité, passe presque inaperçu. Le second,
Clinique de sang (1983), a « le mérite de faire rire et
aussi de toucher », écrit Serge Trudel. « Derrière le
bruit, la violence, le plastique et le chrome du texte
qui représente une certaine vision (effarouchée) du
monde moderne, se cachent beaucoup de délicatesse
et une sensibilité originale. [...] Le vocabulaire est
passionné et les vers incisifs ».

ŒUVRES

Bas d'Nœige (poésie), Montréal, Les Éditions Émile
Nelligan, 1982, [n.p., 58 p.]. Sous le pseudonyme de
Virgul'. Ill. Introduction de Bernard Courteau.

Clinique de sang (poésie), Montréal, Soudeyns-Donzé
éditeurs, 1983, 45 p. Préface de Janou Saint-Denis.
« Phrases détachées ».

Poésies, dans *Hobo/Québec*, n⁰ˢ 41–42, été 1980, p. 11.
Sous le pseudonyme de Virgul'.

Incarcération (poésie), dans *Le Berdache*, n⁰ 27, déc.
1981, p. 61. Sous le pseudonyme de Jean du Perche.

ÉTUDE

Serge Trudel, *Giroux (Jean-François). Clinique de sang*, dans
Nos livres, vol. 14, juillet–août 1983, n⁰ 5317.

GIROUX, ROBERT (1944–   ). Essayiste et poète,
né à Montréal. Il fait ses études à l'Externat classique
Sainte-Croix (B.A., 1965), puis il obtient une maîtrise
à l'Université McGill dont le mémoire porte sur
« La Notion de synthèse chez Huysmans et chez
Mallarmé » (1967), et un doctorat à l'Université de
Paris-Vincennes (1971) pour une thèse intitulée
Désir de synthèse chez Mallarmé. Il a été boursier
du ministère de l'Éducation du Québec, du Conseil
des Arts du Canada et du Gouvernement français.
D'abord chargé de cours à temps partiel à l'Université de Montréal en 1970, au Collège Loyola en
1971 et à l'Université de Sherbrooke comme professeur de littérature québécoise à partir de 1972. Il
fait des stages de recherche ou d'enseignement en
Haïti, France et Haute-Volta. Il collabore à des
périodiques comme *Présence francophone, Voix et
Images* et *Études littéraires*. En 1975, il publie une
édition annotée des *Bengalis* d'Arthur de Bussières
et, en 1978, il fait paraître sa thèse remaniée sur
Mallarmé, *Sémiotique de la poésie québécoise*
(1980), publiée avec Hélène Dame. François Gallays

remarque que « ce livre tombe à point » et qu'il possède une « haute valeur pédagogique ». Giroux est aussi poète, et pour Michèle Salesse son second recueil, *L'Œuf sans jaune* (1982), dont les trois parties correspondent à des étapes de la recherche de l'écriture, « est un long poème d'amour, un poème d'amour de l'écriture ».

ŒUVRES

Arthur de Bussières, *Les Bengalis*, Sherbrooke, Cosmos, 1975, 126 p. Textes inédits, présentation, chronologie, bibliographie sommaire, notes et variantes de Robert Giroux. « Profils ».

Désir de synthèse chez Stéphane Mallarmé (essai), Sherbrooke, Éditions Naaman, 1978, 291 p. « Études ».

L'Appel d'air (poésie), Paris, Éditions St-Germain-des-Prés, 1980, 63 p. « Chemins profonds ».

Littérature, histoire, idéologie : Québec-Haïti (essai), Sherbrooke, Université de Sherbrooke, 1980, 267 p. Éditeur avec G. Breton, M. Genest, B. Sicard, G. Pépin et M. Chartier.

Sémiotique de la poésie québécoise (essai), Sherbrooke, Université de Sherbrooke, Département d'études françaises, 1981, 206 p. Collab. Hélène Dame. « Cahiers d'études littéraires et culturelles ».

L'Arbitraire culturel (essai), Sherbrooke, Université de Sherbrooke, Département d'études françaises, Faculté des arts, 1982, 161 p. Sous la direction de Robert Giroux. « Cahiers d'études littéraires et culturelles ».

L'Œuf sans jaune (poésie), Montréal, Moebius Triptyque, 1982, 74 p.

Quand la poésie flirte avec l'idéologie (essais), Montréal, Les Éditions Triptyque, 1983, 318 p. Collab. Hélène Dame, Patrick Daganaud et Ginette Masson. Sous la direction de Robert Giroux.

Les Aires de la chanson québécoise (essais), Montréal, Triptyque, 1984, 213 p. Sous la direction de Robert Giroux.

Le Spectacle de la littérature, les aléas et les avatars de l'institution (essais), Montréal, Triptyque, 1984, 251 p. Collab. Dominique Garand, Liette Gaudreau, Jean-Marc Lemelin et André Marquis.

La Chanson en question(s) (essais), Montréal, Triptyque, 1985, 198 p. Sous la direction de Robert Giroux.

Lecture de « La Fille maigre » d'Anne Hébert, dans *Présence francophone*, n° 10, printemps 1975, p. 73–90.

Va-et-vient, horizontal à la circularité de la rêverie chez J.-A. Loranger, VI, vol. 2, n° 1, sept. 1976, p. 71–91.

Notion et/ou Fonctions de la littérature (nationale québécoise) au XXᵉ siècle, VI, vol. 5, n° 1, automne 1979, p. 87–116. (Paru aussi dans *Littérature, histoire, idéologie : Québec-Haïti. Les Critères de poéticité dans l'histoire de la poésie québécoise (sémiotique littéraire)*, EL, vol. 14, n° 1, avril 1981, p. 123–162).

ÉTUDES

Philippe Haeck, *Robert Giroux. Désir de synthèse chez Mallarmé*, LAQ 1978, p. 202–203.

François Gallays, *Hélène Dame, Robert Giroux. Sémiotique de la poésie québécoise*, LAQ 1981, p. 204–205.

Michèle Salesse, « *L'Œuf sans jaune*... *Une longue recherche de Robert Giroux* », LQ, n° 29, printemps 1983, p. 74.

GLATIGNY, CAROLUS. Voir **MONTIGNY, LOUVIGNY DE.**

GLEASON, ANNE-MARIE. Voir **MADELEINE.**

GODBOUT, JACQUES (1933–). Poète, romancier et cinéaste, né à Montréal. Après ses études secondaires chez les Jésuites, il obtient, en 1954, une maîtrise ès arts à l'Université de Montréal. De 1954 à 1957, Jacques Godbout enseigne le français au University College of Addis-Abeba (Éthiopie). La Grèce, l'Égypte, les Antilles jalonnent le chemin de son retour, en 1957, vers Montréal où, engagé à l'Office national du film, il devient scénariste et réalisateur. Il fonde la revue *Liberté* et en assume quelque temps la direction, avant de fonder le Mouvement laïque de langue française. Il est à la fois peintre et homme de théâtre, poète et romancier, journaliste et cinéaste. En 1962, Jacques Godbout obtient le prix France-Canada pour son roman *L'Aquarium*, en 1967, le prix du Gouverneur général pour *Salut Galarneau*, en 1973 le prix Dupau de l'Académie française pour *D'Amour P.Q.* et le prix Duvernay pour l'ensemble de son œuvre, en 1978, le prix Belgique-Canada, et en 1985, le prix David. Poésie, romans, essais, articles, son œuvre littéraire tend vers une expression originale où se manifeste une volonté d'identification et de libération. Michel Têtu remarque chez Godbout la volonté de sortir de l'« introspection maladive » traditionnelle , si bien que ses romans « marquent une étape dans la littérature québécoise, par la rupture qu'ils consacrent avec une certaine littérature, et par l'ouverture naturelle qu'ils trouvent dans le monde nord-américain. L'humour noir, parfois masochiste, n'est plus le seul exutoire à l'écœurement national ».

L'actualité de la thématique chez Jacques Godbout est incontestable. Mais le grand mérite de cet écrivain — dont le style prend plusieurs voix et une multitude de tons — réside surtout dans la recherche de l'écriture. *L'Aquarium* (1962) témoigne d'une démarche symbolique car la Casa Occidantale, écrasée par la pluie et l'ennui qui en résulte, n'est qu'une triste aventure de l'homme-escargot. *Le Couteau sur la table* (1965), qui développe simultanément deux récits, l'un dans le passé et l'autre dans le présent, est une sorte de long voyage où la liaison entre le narrateur et Patricia aboutit à la rupture, au meurtre. Dans *Salut Galarneau* (1967), la réalité « s'étale comme en tombant sur la glace » et devient un mélange de goujaterie rabelaisienne et de fantaisie. C'est, écrit Jean-Louis Major, « un récit piaffant, verveux, truculent par endroits, d'une écriture rapide et toujours pleine d'éclat, de fermeté, d'invention ; un style qui rappellera que Godbout est d'abord poète. Est-ce du reste un abus que de rapprocher non seulement les romans fantasmagoriques de Godbout, mais aussi les allégories de Réal Benoît, d'Anne Hébert, de Marie-Claire Blais et de quelques autres — plutôt peut-être que du ‹ nouveau roman › de stricte obédience, ou de ce que l'on est généralement convenu de réunir sous cette étiquette — des grandes paraboles et des fabulations tragiques de Kafka, de Gracq, de Cayrol ou de Beckett, voire du Camus de la *Chute* et du Gide de *Paludes ?* » (*Histoire de la littérature française du Québec*, t. 4, p. 153-161). L'auteur : « semble doué comme nul autre pour rendre compte du monde, remarque Gilles Marcotte. Le personnage de Godbout n'accepte pas facilement de n'être qu'un titre, un événement, un fait divers, une image furtive » (*Le Roman à l'imparfait*). L'essayiste qu'est Godbout s'est déployé dans des livres, des films et des pages de revue. On lui doit *Le Réformiste : textes tranquilles* (1975), *Le Murmure marchand* (1984), des films sur Borduas et Hubert Aquin, de même que des documentaires réalisés pour l'ONF : « Distorsions », « Un monologue Nord-Sud », « Comme en Californie ». Écrivain engagé, Jacques Godbout demeure optimiste quant à l'avenir du fait français au Québec et au destin de l'homme en général.

ŒUVRES

Carton-pâte (poésie), Paris, Pierre Seghers éditeur, 1956, 38 p. Ill. « Poésie Seghers ».

Les Pavés secs (poésie), Montréal, Éditions Beauchemin, 1958, 93 p.

C'est la chaude loi des hommes (poésie), [Montréal], Éditions de l'Hexagone, 1960, 69 p.

L'Aquarium. Roman, Paris, Éditions du Seuil, 1962, 157 p.

Poésie-Poetry 64 (anthologie), Montréal/Toronto, Éditions du Jour/Ryerson Press, 1963, 157 p. Collab. John-Robert Colombo. Préface et présentation des auteurs. (Textes anglais et français).

Le Couteau sur la table. Roman, Paris, Éditions du Seuil, 1965, 158 p. Traduction anglaise par Penny Williams : *Knife on the Table*, Toronto/Montréal, McClelland and Stewart, 1968, xvi, 128 p. ; McClelland and Stewart Limited, 1976. Introduction de Gillian Davies. « New Canadian Library ».

Le Mouvement du 8 avril (pamphlet), Montréal, Mouvement laïque de langue française, 1966, 26 p. « Mouvement laïque de langue française ».

Salut Galarneau ! Roman, Paris, Éditions du Seuil, 1967, 155 p. ; Lausanne, Guide du livre, 1968, 205 p. (Édition hors-commerce) ; Montréal, Éditions Art global, 1976, 127 p. Ill. Sérigraphie d'Arthur Villeneuve. (Édition de luxe. Tirage limité. Relief en argent sur la page couverture par André Prud'homme) ; Paris, Éditions du Seuil, 1980, 158 p. « Points ». Traduction anglaise par Alan Brown : *Hail Galarneau !*, Don Mills, Longmans Canada, 1970, 131 p.

La Grande Muraille de Chine (poésie), Montréal, Éditions du Jour, 1969, [115 p., paginé en chinois]. Collab. John-Robert Colombo. Ill.

D'Amour P.Q. Roman, [Montréal/Paris], Hurtubise HMH/Éditions du Seuil, 1972, 157 p. Portrait ; Montréal, Hurtubise HMH, 1983.

L'Interview. Texte radiophonique, [Montréal], Éditions Leméac, 1973, 59 p. Collab. Pierre Turgeon. « Roman québécois ».

Le Réformiste. Textes tranquilles, Montréal, AS/Quinze, 1975, 200 p. Préface d'André Major.

L'Isle au dragon. Roman, Paris, Éditions du Seuil, 1976, 158 p. Traduction anglaise par David Ellis : *Dragon Island*, Don Mills, Musson Book Company, 1978, 118 p.

Les Têtes à Papineau. Roman, Paris, Éditions du Seuil, 1981, 156 p. Portrait.

Le Murmure marchand 1976-1984, Montréal, Boréal Express, 1984, 153 p. Avant-propos de l'auteur. « Papiers collés ».

Souvenirs shop. Poèmes et proses 1956-1980, Montréal, L'Hexagone, 1984, 209 p. Préface de l'auteur. « Rétrospectives ».

Une histoire américaine (roman), Paris, Éditions du Seuil, 1986, 192 p.

La chair est un commencement (poésie), ECF, n° 5, 1959, p. 193-204.

L'Année zéro, PP, vol. 1, n° 7, avril 1964, p. 6-10.

La Télévision. De la dramaturgie à la télévision, L, vol. 9, n° 1, janv.-févr. 1967, p. 71-75.

Pour un ministère de la culture, L, vol. 9, n° 2, mars-avril 1967, p. 3-24.

Kid Sentiment (scénario), L, vol. 10, nᵒˢ 5–6, sept.-déc. 1968, p. 49–55.

Le Temps : la poésie au cinéma, CaL, nᵒ 46, automne 1970, p. 84–89.

Écrire, L, nᵒˢ 76–77, juillet-août 1971, p. 135–147.

There is a Bomb in the Mailbox, VIP, nᵒ 7, 1973, p. 205–270.

Le Roman journal (petite conférence), L, vol. 20, nᵒ 1, janv.-févr. 1978, p. 106–113.

Le Murmure marchand (quelques notes prises devant le petit écran), L, vol. 20, nᵒ 3, mai-juin 1978, p. 9–45.

Des dieux pour nous régir, L, vol. 22, nᵒ 1, janv.-févr. 1980, p. 107–114.

L'Écrivain-d'affaires : la littérature mise à prix, L, vol. 23, nᵒ 5, sept.-oct. 1981, p. 57–61.

Un effet de langage, Dev, vol. 73, nᵒ 88, 17 avril 1982, p. 1.

ÉTUDES

Gilles Marcotte, *Les Pavés secs*, L, vol. 1, nᵒ 1, janv.-févr. 1959, p. 48–49.

André Belleau, *Jacques Godbout ou Le Libre Exercice*, L, vol. 4, nᵒ 24, juin-juillet 1962, p. 474–475.

Germain Lesage, *Une éruption surréaliste*, RUO, vol. 34, nᵒ 3, juillet-août 1964, p. 322–338.

Cécile Cloutier, *La Jeune Poésie*, I, nᵒ 7, janv. 1965, p. 4–11.

Maurice Blain, *Le Couteau sur la table de Jacques Godbout. Conscience de l'étrangeté*, CL, 15ᵉ année, nᵒ 76, avril 1965, p. 29–32.

Réjean Robidoux et André Renaud, *L'Aquarium*, dans *Le Roman canadien-français du vingtième siècle*, Ottawa, EUO, 1966, p. 196–205.

Jacques Folch, *Nous parlions de Salut Galarneau*, L, vol. 9, nᵒ 5, sept.-oct. 1967, p. 68–70.

Michel Têtu, *Jacques Godbout ou L'Expression québécoise de l'américanité*, LAQ 1970, p. 270–279.

Jack Warwick, *Vécrire*, CaL, nᵒ 49, été 1971, p. 87–88.

Jacques Allard, *D'Amour P.Q.*, LAQ 1972, p. 73–74.

Alexandre Lazaridis, *Du roman au mythe : essai sur l'imaginaire dans Salut Galarneau ! de Jacques Godbout*, VIP, nᵒ 6, 1973, p. 65–87.

Raymond Plante, *La Marche aux amours heureuses (notes sur l'œuvre romanesque de Jacques Godbout)*, VIP, nᵒ 8, 1974, p. 163–172.

Robert Vigneault, *Jacques Godbout. Le Réformiste. Textes tranquilles*, LAQ 1975, p. 173–174.

André Belleau, *Jacques Godbout. L'Isle au dragon*, LAQ 1976, p. 77–79.

André Smith, *L'Univers romanesque de Jacques Godbout*, Montréal, Éditions Aquila, 1976, 95 p. « Figures du Québec ».

Jacques Lazure, *À propos du « Réformiste » de Godbout*, LQ, vol. 1, nᵒ 8, mars 1976, p. 28–29.

Jean Basile, *Jacques Godbout lance l'aventure intérieure de L'Isle au dragon*, Dev, vol. 68, nᵒ 218, 18 sept. 1976, p. 13.

Gordon Lefebvre, *Hubert Aquin : dernier épisode. Deux épisodes dans la vie d'Hubert Aquin, un film de Jacques Godbout et François Ricard*, dans *Spirale*, nᵒ 4, déc. 1979, p. 8–9.

Jacques Pelletier, *La Problématique nationaliste dans l'œuvre romanesque de Jacques Godbout*, VI, vol. 6, nᵒ 3, printemps 1981, p. 435–451.

Jean Royer, *Jacques Godbout. Le Québécois et son double*, Dev, vol. 72, nᵒ 216, 21 nov. 1981, p. 21, 29.

Jacques Pelletier, *Jacques Godbout. Les Têtes à Papineau*, LAQ 1981, p. 52–53.

Donald Smith, *Jacques Godbout et la Transformation de la réalité*, LQ, nᵒ 25, printemps 1982, p. 53–61.

Richard Gay, *Des semeurs de doute : Jacques Godbout et Florian Sauvageau*, Dev, vol. 73, nᵒ 100, 1ᵉʳ mai 1982, p. 33.

Pierre Quesnel, *Godbout réformiste*, Dev, vol. 75, nᵒ 209, 8 sept. 1984, p. 15.

Michel Pilon, *Godbout (Jacques). Le Murmure marchand 1976-1984*, dans *Nos livres*, vol. 15, oct. 1984, nᵒ 5893.

Yvon Bellemare, *Jacques Godbout romancier*, Montréal, Parti Pris, 1984, 244 p. Avant-propos de l'auteur. « Frères chasseurs ».

Réginald Martel, *Jacques Godbout, poète*, Pr, 101ᵉ année, nᵒ 132, 2 mars 1985, p. E-3.

Suzanne Lafrenière, « *Le Murmure marchand* ». *Regards sur notre temps*, Dr, 73ᵉ année, nᵒ 15, 13 avril 1985, p. 26.

Réginald Martel, *Jacques Godbout, prix David. Corriger le brouillon de l'histoire*, Pr, 101ᵉ année, nᵒ 336, 28 sept. 1985, p. E-3.

Jacques Lefebvre, « *Une histoire américaine* », *de Jacques Godbout. À la conquête du bonheur en pays excessif*, Dr, 74ᵉ année, nᵒ 199, 21 nov. 1986, p. 22.

GODIN, GÉRALD (1938–). Poète, né à Trois-Rivières. Il étudie au Séminaire Saint-Joseph. Très tôt, il s'intéresse au journalisme et collabore au *Nouvelliste* (1959–1961, 1962–1963) et au *Nouveau Journal* (1961–1962). Après avoir été éditeur et chef des nouvelles à Radio-Canada (1963–1969), il fait partie de l'équipe du journal *Québec-Presse* (1969–1974). Il fonde en 1963, avec de jeunes écrivains, Jean-Marc Pilotte, Pierre Maheu, André Brochu et Paul Chamberland, la revue *Parti Pris*. À la disparition de cette dernière (1968), il devient directeur général de la coopérative d'édition du même nom. Chargé de cours à l'Université de Montréal (1975), à l'Université du Québec à Montréal (1975–1976), écrivain en résidence à l'Université d'Ottawa (1976), Gérald Godin semble s'orienter vers une carrière dans l'enseignement, lorsqu'il est élu député du Parti québécois aux élections de 1976. En 1979, il est nommé adjoint parlementaire au ministère des Affaires culturelles. Réélu en 1980, il occupe successivement les postes de ministre d'État au Développement culturel et scientifique et de ministre des Communautés culturelles et de l'Immigration. À la suite des élections de 1985, il siège dans l'opposition. Gérald Godin publie ses poèmes dans *Parti Pris* et participe à plusieurs récitals dont « Poèmes et Chansons de la Résistance ». Dans ses premiers recueils :

Chansons très naïves (1960), *Poèmes et Cantos* (1962) et *Nouveaux Poèmes* (1963), Godin utilise «le joual comme langue de communication poétique». C'est après la publication de *Cantouques*, en 1967, que Godin atteint une certaine notoriété. Son langage poétique, émaillé de régionalismes et d'anglicismes, devient un français destructuré; sa poésie demeure typique d'une certaine tendance littéraire qui privilégie le joual comme moyen d'expression écrite et orale. La poésie est un cri de liberté et l'expression de son appartenance à son pays, à sa quotidienneté. À la fois simple et à sa façon ironique, l'auteur rejoint parfois le registre de la tendresse. Si à la publication de *Sarzènes* (1983) Claude Beausoleil constate que la poésie y recèle «une force langagière brute», son recueil *Soirs sans atout* (1986) est l'expression d'une personnalité beaucoup plus intime marquée d'inquiétude devant le vécu. Au cours d'une interview avec Jean Royer, Godin s'identifie ainsi: «En poésie, il faut oser être simple, modeste, familier. Je ne suis pas un poète de laboratoire. Je suis dans la ruelle derrière. Là où passent les piétons. Je fais une poésie de piéton. Et ce qui me plaît le plus dans la poésie des autres, c'est qu'ils me parlent de choses quotidiennes».

ŒUVRES

Chansons très naïves (poésie), Trois-Rivières, Éditions du Bien public, [1960], 51 p.
Poèmes et Cantos, Trois-Rivières, Éditions du Bien public, 1962, 43 p.
Nouveaux Poèmes, Trois-Rivières, Éditions du Bien public, 1963, 53 p.
Les Cantouques. Poèmes en langue verte, populaire et quelquefois en français, Montréal, Éditions Parti Pris, 1967, 55 p. «P».
Libertés surveillées (poésie), Montréal, Éditions Parti Pris, 1975, 52 p. «P».
Sarzènes (poésie), Trois-Rivières, Écrits des Forges, 1983, 55 p. «Radar».
Soirs sans atout (poésie), Trois-Rivières/Paris, Écrits des Forges/La Table rase, 1986, 49 p.
Ils ne demandaient qu'à brûler. Poèmes 1960-1986, Montréal, L'Hexagone, 1987, 340 p. Préface de Réjean Ducharme. «Rétrospectives». Prix Duvernay; Grand Prix du livre de la ville de Montréal.

Défense de l'Iroquois, CL, 15e année, n° 65, mars 1964, p. 10-11.
Un chien blanchi, PP, vol. 2, n° 3, nov. 1964, p. 34-37.
Les Joies de l'arène, PP, vol. 2, n° 4, déc. 1964, p. 64-66.
Télesse (récit), ECF, n° 17, 1964, p. 171-209.
Le Joual et Nous, PP, vol. 2, n° 5, janv. 1965, p. 18-19.
Le Joual politique, PP, vol. 2, n° 7, mars 1965, p. 57-59.

L'Enseignement de la littérature en rapport avec l'état de la langue, L, vol. 10, n° 3, mai-juin 1968, p. 92-94.
Dictionnaire politique et culturel du Québec. Joual, L, vol. 11, n° 61, janv.-févr. 1969, p. 32-33.
Vœux d'impuissance et prise du pouvoir, L, vol. 13, n° 74, mars-avril 1971, p. 47-49.
Le Grand «Bargain» du Oui, dans *L'Information nationale*, vol. 28, n° 4, mai-juin 1979, p. 14.
Les Mots citoyens, Dev, vol. 71, n° 89, 19 avril 1980, p. 21.

ÉTUDES

Maurice Champagne, *Poèmes et Cantos*, C, vol. 24, n° 3, sept. 1963, p. 306-307.
Guy Robert, *Nouveaux Poèmes*, LAC 1963, p. 67.
Id., *Les Cantouques*, LAC 1966, p. 68-69.
Raoul Duguay, *Gérald Godin ou Du langage aliéné bourgeois au langage aliéné prolétaire*, PP, vol. 4, n°s 5-6, janv.-févr. 1967, p. 95-99.
Gilles Marcotte, *La Poésie. Godin, Garcia, Saint-Denys Garneau*, L, vol. 9, n° 3, mai-juin 1967, p. 79-83.
[*Gérald Godin*], dans Gilles Marcotte, *Le Temps des poètes*, Montréal, HMH, 1969, p. 114-117.
Axel Maugey, *Gérald Godin*, dans *Poésie et Société au Québec*, Québec, PUL, 1972, p. 226-231.
Cécile Pélosse, *La Recherche du pays chez Paul-Marie Lapointe et Gérald Godin — concerto pour arbres*, VI, vol. 1, n° 1, sept. 1975, p. 80-88.
Donald Smith, *Gérald Godin, poète, éditeur, journaliste*, LQ, vol. 1, n° 1, mars 1976, p. 30-32.
Claude Beausoleil, *Gérald Godin: les mots vécus*, Dev, vol. 74, n° 268, 19 nov. 1983, p. 20.
Clément Marchand, *De Gérald Godin. Sarzènes*, dans *Le Ralliement* (Bulletin des anciens du Séminaire Saint-Joseph de Trois-Rivières), vol. 10, n° 14, févr. 1984, p. 4-7.
Jean Royer, *Gérald Godin. Le bel octobre du poète*, Dev, vol. 77, n° 236, 11 oct. 1986, p. C-1, C-4.

GODIN, GUY (1945-   ). Poète, né à Trois-Rivières. Il étudie au Séminaire Saint-Joseph de Trois-Rivières (B.A., 1966), à l'Université McGill et à l'Université du Québec à Trois-Rivières (licence ès lettres, 1970). Il est recherchiste à l'Université du Québec à Trois-Rivières. Son recueil *Iom*, paru en 1971, a reçu un accueil plutôt froid. André Renaud écrit: «Rien n'est plus facile que de composer une pièce littéraire de ce genre: il suffit de se complaire dans le mode de l'époque [...]».

ŒUVRE

Iom (poésie), Trois-Rivières, Éditions des Forges, 1971, 69 p. «Les Rivières».

ÉTUDES

André Renaud, *Iom de Guy Godin*, LAQ 1971, p. 73.
Jean Éthier-Blais, *À Trois-Rivières, une petite parodie paraît*, Dev, vol. 63, n° 42, 19 févr. 1972, p. 15.

GODIN, JEAN-CLÉO (1936–). Essayiste et critique littéraire, né au Petit-Rocher-de Gloucester (Nouveau-Brunswick). Il fait ses études classiques au Collège Sainte-Marie et au Boston College (B.A., 1961). Licencié ès lettres de l'Université de Montréal (1964), il obtient son doctorat à l'Université d'Aix-Marseille, en 1966, pour une thèse sur Henri Bosco, publiée en 1968 et qui lui vaut le prix de la province de Québec (1969). À partir de 1966, il est professeur au Département d'études françaises de l'Université de Montréal, dont il assume la direction de 1974 à 1977. Boursier du Conseil des Arts (1973-1974), il poursuit en France des recherches sur Henri Bosco. Avec Laurent Mailhot, il prépare deux volumes d'études sur la dramaturgie contemporaine parus successivement en 1970 et en 1980. Godin est aussi président fondateur de la Société d'histoire du théâtre du Québec. Il continue à collaborer à titre de critique littéraire à *Études françaises* et à plusieurs périodiques de Montréal. « La clarté de la pensée et du style, écrit Paulette Smith-Roy, est, chez Jean-Cléo Godin, sa qualité dominante ». On peut également souligner l'originalité de ses analyses littéraires dont Guy Beaulne remarque la lucidité et l'exactitude.

ŒUVRES

Henri Bosco : une poétique du mystère (essai), Montréal, PUM, 1968, xii, 402 p. Lettre-préface d'Henri Bosco.

Le Théâtre québécois, 2 vol. : vol. 1, *Introduction à dix dramaturges contemporains*, Montréal, Hurtubise HMH, 1970, 254 p. ; vol. 2, *Nouveaux Auteurs, Autres Spectacles*, Ville LaSalle, 1980, 248 p. Collab. Laurent Mailhot.

Une maison... un jour (théâtre de Françoise Loranger), [Montréal], Éditions du Renouveau pédagogiqe, 1970, 215 p. Présentation et annotation de Jean-Cléo Godin. « LQ ».

L'Avalée des avalés, EF, vol. 3, nº 1, févr. 1967, p. 94–101.

Henri Bosco et les Prestiges de la nuit, EF, vol. 3, nº 4, nov. 1967, p. 371–388.

Le Soleil sur la façade d'Anne Bernard, EF, vol. 4, nº 1, févr. 1968, p. 108–109.

Les Soleils des indépendances, EF, vol. 4, nº 2, mai 1968, p. 208–215.

L'Océantume, EF, vol. 5, nº 1, févr. 1969, p. 100–102.

Gilles Marsolais, La Caravelle incendiée, EF, vol. 5, nº 2, mai 1969, p. 238–240.

Henri Bosco : à l'affût du rêve, Pr, 92e année, nº 272, 13 nov. 1976, p. D-12.

Un pays dont la devise est je m'oublie, dans *Jeu*, hiver 1977, nº 4, p. 79–81.

Le Réformiste, dans *Jeu*, printemps 1977, nº 5, p. 136–137.

ÉTUDES

André Major, *Jean-Cléo Godin raconte son voyage dans la Provence idéale d'Henri Bosco*, Dev, vol. 59, nº 270, 16 nov. 1968, p. 15.

Manuel Maître, *Le professeur Jean-Cléo Godin de Montréal rencontre le neveu du grand saint Jean Bosco*, P, 89e année, nº 50, 15 déc. 1968, p. 8.

[Jean-Yves Théberge], *Jean-Cléo Godin*, CF, vol. 109, nº 31, 25 déc. 1968, p. 14.

Paulette Smith-Roy, *Henri Bosco, une poétique du mystère de Jean-Cléo Godin*, LAC 1968, p. 136–137.

Nicole Bothorel, *Henri Bosco, une poétique du mystère*, EL, vol. 2, nº 2, août 1969, p. 264–267.

Hélène Beauchamp-Rank, *Le Théâtre québécois, introduction à dix dramaturges contemporains de Jean-Cléo Godin et Laurent Mailhot*, LAQ 1970, p. 160–161.

Jean Garon, *Le Théâtre québécois comme genre littéraire*, So, 72e année, nº 13, 16 janv. 1971, p. 39.

F. W. Saunders, *Henri Bosco*, dans *French Studies*, vol. 25, nº 1, janv. 1971, p. 108–109.

D. W. Russel, *Jean-Cléo Godin et Laurent Mailhot, Théâtre québécois II*, dans *Canadian Drama/L'Art dramatique canadien*, vol. 6, nº 2, automne 1980, p. 324–326.

Lucie Robert, *Jean-Cléo Godin et Laurent Mailhot. Théâtre québécois II*, LAQ 1980, p. 194–197.

Pierre Gobin, *Théâtre québécois II*, dans *Jeu*, vol. 4, nº 17, 1980, p. 122–124.

Guy Beaulne, *Jean-Cléo Godin et Laurent Mailhot. Théâtre québécois II. Nouveaux Auteurs, Autres Spectacles*, dans *Histoire du théâtre au Canada*, vol. 2, nº 1, 1981, p. 59–63.

GODIN, MARCEL (1932–). Romancier et dramaturge, né à Trois-Rivières. Après ses études secondaires à l'École Dupuis, il fréquente le Collège de l'Assomption, celui de Saint-Alexandre, celui de Montréal et enfin le Lycée Valéry. Ayant choisi, comme il se plaît à l'écrire, d'être avant tout un autodidacte, à dix-sept ans il part pour la Baie James où il travaille comme comptable au service de la Canadian International Paper Company. Il quitte rapidement cet emploi et devient fonctionnaire au ministère des Travaux publics du Québec. Il travaille ensuite au Service des messageries du Parlement, tout en poursuivant quelques études à l'École des beaux-arts de Québec. Il continue à chercher sa voie dans la comptabilité d'une compagnie de voitures automobiles, au secrétariat de l'école du Mont-Saint-Antoine, en passant par les caisses populaires. En 1959, il aborde le journalisme à *La Presse* qu'il quitte en 1961 pour le *Nouveau Journal*. À la disparition de ce quotidien éphémère, Marcel Godin entre comme pigiste et recherchiste à Radio-Canada. C'est à cette époque que paraît son premier recueil de nouvelles, *La Cruauté des faibles* (1961), éreinté par la critique. Après une période de maturation, il publie son premier roman, *Ce maudit soleil*, accueilli favorablement cette fois par la critique européenne et canadienne. Il poursuit sa carrière de journaliste à Radio-Canada où sont jouées plusieurs de ses pièces radiophoniques : « La Solitude », « Je vous embrasse tendrement », « Le Dernier Dîner », « L'Hectagone », « Thanatos », « Après temps d'automne », et un téléthéâtre, « Partie remise », salué par la critique et le public. En 1973, le Théâtre du Nouveau Monde présente sa pièce « Julien-Julien ». Tout en portant un regard juste sur son roman *Danka* (1971), René Dionne considère que « le périple de Marcel Godin, c'est, de son premier livre à son dernier, autour de soi qu'il s'accomplit, [...] joies provisoires d'un désir qui n'a de cesse ». À la parution de son troisième roman, *Maude et les fantômes* (1985), Stéphane Lépine y voit : « une attentive et touchante recherche de soi, menée sur le mode de la discrétion et de l'intériorité ».

ŒUVRES

La Cruauté des faibles (nouvelles), Montréal, Les Éditions du Jour, 1961, 127 p. « RJ ».

Ce maudit soleil. Roman, Paris, Robert Laffont, 1965, 190 p.

Une dent contre Dieu. Roman, Paris, Robert Laffont, 1969, 211 p.

Danka (roman radiophonique), Montréal, L'Actuelle, 1971, 174 p.

Confettis (prose), Montréal, Alain Stanké, 1976, 179 p. Ill. de Louisa Nicol ; Éditions Hurtubise HMH, 1980.

Manuscrit (prose), Montréal, Stanké, 1978, [n.p. 126 p.].

Maude et les Fantômes (roman), Montréal, L'Hexagone, 1985, 155 p. « Fictions ».

Le Vertige (prose), L, vol. 2, n°s 9–10, mai–août 1960, p. 189–191.

Coït (nouvelle), dans *Situation*, 3e année, n° 2, mars–avril 1961, p. 82–83.

Memory of my Youth (nouvelle), dans *Exchange*, n° 2, déc. 1961, p. 13.

La Foire aux images (essai), L, n°s 44–45, mars–juin 1966, p. 121–124.

Pour une culture au-delà des navets (essai), L, n° 50, mars–avril 1967, p. 48–51.

Maboule ou L'homme qui ne pensait pas (nouvelle), dans *Revue de poche* (Paris), n° 16, déc. 1967, p. 139–152.

Une dent contre Dieu (nouvelles), EF, vol. 5, n° 2, mai 1969, p. 163–183.

Le Voyeur (nouvelle), dans *Nous*, vol. 1, n° 1, juin 1973, p. 27.

Les Cuisses de grenouilles (nouvelle), dans *Nous*, vol. 1, n° 6, nov. 1973, p. 30.

C'était la naissance du printemps... Ma première école buissonnière, Pe, vol. 21, n° 12, 24 mars 1979, p. 12–13.

L'Affaire des Herbes rouges, Dev, vol. 73, n° 257, 6 nov. 1982, p. 20.

ÉTUDES

Jean-Michel Cléroux, *La Cruauté des faibles de Marcel Godin*, LAC 1961, p. 25–26.

Gérard Bessette, *Ce maudit soleil de Marcel Godin*, LAC 1965, p. 46–48.

Yves Berger, *La Grande Misère de l'écrivain québécois*, Dev, vol. 57, n° 250, 27 oct. 1966, p. 9.

Jean Bouthillette, *Écrire, c'est mon métier*, So (Perspectives), vol. 9, n° 36, 9 sept. 1967, p. 14–16.

Louis Lafleur, *Une dent contre Dieu de Marcel Godin*, LAQ 1969, p. 44–45.

René Dionne, *Le Périple romanesque de Marcel Godin*, LAQ 1971, p. 51–53.

Léonce Cantin, *Marcel Godin. Confettis*, LAQ 1980, p. 37–39.

Patrick Imbert, *De Marcel Godin... « Confettis »*, Dr, 68e année, n° 282, 28 févr. 1981, p. 18.

Stéphane Lépine, *Marcel Godin. Maude et les Fantômes*, Dev, vol. 76, n° 290, 14 déc. 1985, p. 13.

GOLDIN, JEANNE [née Jeanne Vincent] (1935–   ). Essayiste, née à Paris. Après son baccalauréat, elle poursuit des études de lettres à l'Université de Montréal (L. ès L. et M.A., 1964), et elle obtient un doctorat en 1970 pour une thèse intitulée *Cyrano de Bergerac et l'Art de la pointe*. Professeure de littérature française à l'Université de Montréal, elle se spécialise dans la littérature baroque du XVIIe siècle, surtout dans le roman. En 1970, elle établit au Centre de calcul de l'Université de Montréal un index littéraire du vocabulaire des lettres de Cyrano de Bergerac. Elle collabore à divers périodiques, tels *Études françaises*, *Revue d'esthétique*, *La Quinzaine*. La critique accueille très favorablement son ouvrage sur Cyrano de Bergerac : « L'auteur, écrit Maurice Laugaa, contre les tenants d'une incohérence, ou les partisans d'une définition réductrice (utopie, libertinage...), plaide pour une unité du discours ‹ cyranesque › ». Et C. Chantalat : « Fruit d'une enquête minutieuse et méthodique, ces vues sont d'un grand intérêt. Elles ont le mérite de nous révéler un aspect du célèbre polygraphe qui jusque-là n'avait pas fait l'objet d'une étude systématique ».

ŒUVRES

Cyrano de Bergerac et l'Art de la pointe (essai), Montréal, PUM, 1973, 274 p.

Le Fil du récit, Montréal, PUM, 1978, 210 p. Ill. de Sonsla. Sous la direction de Jeanne Goldin, Jeanne Demers et Martine Léonard.

1981 Année internationale des personnes handicapées. Pleine participation et égalité. Dossier nº 3, Adaptation, réadaptation fonctionnelle et services de soutien, Drummondville-sud, Office des personnes handicapées du Québec, 1981, 60 p. Introduction de l'auteur. Traduction anglaise : *International Year of Disabled Persons 1981, Book 3. Functional Rehabilitation and Support Services*, 71 p.

Les Comices agricoles de Gustave Flaubert. Transcription intégrale et genèse dans le manuscrit g 223, Genève, Librairie Droz S.A., 1984, 2 vol. : vol. 1, *Étude génétique*, 215 p. ; vol. 2, *Transcription*, xxii, 383 p. Avant-propos de l'auteur.

Topos et Fonctionnement narratif, EF, vol. 13, nos 1–2, avril 1977, p. 89–117.

Fils et Textures : Flaubert et l'avant texte des Comices, EF, vol. 14, nos 1–2, avril 1978, p. 123–154.

Do it Yourself, dans *Revue d'Esthétique* (Paris), nos 3–4, 1978, p. 142–166.

Maximes et Fonctionnement narratif dans « La Princesse de Clèves », dans *Papers on French XVIIth Century Literature*, nº 10-2, 1978-1979, p. 155–176.

L'Éthique des brouillons, dans *La Quinzaine*, nº 324, 1–15 mai 1980.

ÉTUDES

Caspar Von Shoenberg, *Jeanne Goldin Cyrano de Bergerac et l'Art de la pointe*, LAQ 1973, p. 180–181.

C. Chantalat, *Jeanne Goldin. Cyrano de Bergerac et l'Art de la pointe*, dans *Information littéraire*, 26e année, nº 3, mai–juin 1974, p. 124–125.

Virginia Crosby, *Jeanne Goldin. Cyrano de Bergerac et l'Art de la pointe*, dans *French Review*, vol. 48, nº 1, oct. 1974, p. 204–205.

Maurice Laugaa, *Jeanne Goldin, Cyrano de Bergerac et l'Art de la pointe*, dans *Revue d'histoire littéraire de la France*, 75e année, nº 4, juillet-août 1975, p. 629–630.

GONNEVILLE, ELEDA. Voir **BIBAUD, ADÈLE.**

GONZAGUE-PELLETIER, LOUISE DE (1939–   ). Poète, née à Montmagny. Elle fait ses études secondaires à l'Institut familial de Québec. Par la suite, elle s'inscrit à l'Université de Montréal puis à l'Université Laval où elle obtient un baccalauréat en pédagogie et un Brevet d'enseignant (1965). De retour à Montréal, elle poursuit ses études à l'Université de Montréal à la faculté des sciences de l'éducation (licence en orientation, 1968). De 1968 à 1972, elle est conseillère en orientation au Cégep de Rosemont ; ensuite elle occupe un poste à temps partiel à la CECM, puis au ministère de la Main-d'œuvre et de l'Immigration. À partir de 1976, elle se consacre surtout à l'écriture et aux voyages. Au quatrième Salon du livre de Montréal (1975), elle reçoit le deuxième prix pour des contes et fables destinés aux enfants. En 1976, Louise de Gonzague-Pelletier fait paraître à Paris un recueil de poésie, *Saison québécoise*. En 1982, elle publie un essai sur les Palestiniens auxquels elle dédie en 1984 un recueil de poésie intitulé *D'ombres*. « Les regards de Louise Pelletier sautillent d'un objet à l'autre, écrit Paul Gay. Ils se traduisent par des vers qui sont des juxtapositions d'impressions métalliques ».

ŒUVRES

Saison québécoise. Poèmes, Paris, Pierre-Jean Oswald, 1976, 105 p.

La Palestine fleurira. Récit-Témoignage, Sherbrooke, Éditions Naaman, 1982, 107 p. Ill.

Aquarelles au désert (poésie), Montréal, Soudeyns-Donzé éditeurs, 1983, 48 p. « Phrases détachées ».

D'ombres (poésie), Ottawa, Les Éditions du Vermillon, 1984, 59 p. Ill. de Jean Bernèche.

ÉTUDE

Paul Gay, « *La Cruelle Misère des champs palestiniens* ». *D'ombres*, Dr, 72e année, nº 127, 25 août 1984, p. 24.

GOSSELIN, AMÉDÉE-EDMOND (1863–1941). Historien et archiviste, né à Saint-Charles-de-Bellechasse. Il fait ses études classiques et théologiques au Séminaire de Québec et est ordonné prêtre en 1890. Il passe sa vie au Séminaire. Nommé professeur en 1890, il enseigne les langues classiques en belles-lettres et en rhétorique, de 1890 à 1893. Puis il est professeur d'histoire du Canada en rhétorique de 1893 à 1918, et, en 1915, il enseigne l'histoire de l'Église canadienne au Grand Séminaire, poste qu'il garde jusqu'en 1936. Éducateur et administrateur, il est successivement surveillant, préfet des études (1894–1904), supérieur (1909–1915, 1927–1929) au Petit Séminaire, recteur de l'Université Laval (1927–1928). Sa grande œuvre a été principalement celle d'archiviste au Séminaire de Québec, tâche interrompue de 1924 à 1926 par neuf mois de repos forcé et un voyage d'études en Europe pour la cause de Monseigneur de Laval. Patiemment, pendant trente-cinq ans (1904–1938), il classe, complète, élargit le fonds d'archives déjà très riche de la vieille institution. Collaborateur du *Bulletin des recherches historiques*, membre de la Société royale du Canada, Mgr Gosselin est l'auteur d'un grand ouvrage sur l'instruction au Canada, dans lequel il réfute la réputation d'analphabétisme faite à la Nouvelle-France et établit un dossier minutieux de l'enseignement dans la colonie. Aujourd'hui encore, cette étude reste essentielle. Son livre, ses nombreux articles et ses travaux manuscrits font de lui un historien et un archiviste auquel les chercheurs actuels sont redevables de multiples et précieuses informations.

ŒUVRES

Notes sur la famille de Coulon de Villiers, Lévis, Bulletin des recherches historiques, 1906, 111 p.

L'Instruction au Canada sous le régime français 1635-1760, Québec, typ. Laflamme et Proulx, 1911, 501 p.

Louis Labadie ou Le Maître d'école patriotique, MSRC, 3ᵉ série, vol. 7, sect. 1, 1913, p. 97-123.

Le Rituel de Mgr de Saint-Vallier, MSRC, 3ᵉ série, vol. 8, sect. 1, 1914, p. 245-258.

À Chicoutimi et au Lac Saint-Jean à la fin du XVIIᵉ siècle, MSRC, 3ᵉ série, vol. 11, sect. 1, 1917, p. 114-135.

Jean Jolliet et ses enfants, MSRC, 3ᵉ série, vol. 14, sect. 1, 1920, p. 65-81.

François-Joseph de Vienne et le Journal du siège de Québec en 1759, RAPQ, 1922-1923, p. 407-416.

Album-souvenir de la Basilique de Notre-Dame de Québec, Québec, Laflamme, 1923, 87 p. Ill. (Historique par Mgr Gosselin).

1623-1923. Hommages à Mgr Laval, Québec, [s.é.], 1923, [vi], 54 p. Préface de Mgr A. Gosselin.

Olivier Letardif juge-prévôt de Beaupré, MSRC, 3ᵉ série, vol. 17, sect. 1, 1923, p. 1-16.

Le Recensement du gouvernement de Québec en 1762, RAPQ, 1925-1926, p. 1-143.

Page d'histoire contemporaine : Montmagny il y a un demi-siècle, MSRC, 3ᵉ série, vol. 19, sect. 1, 1925, p. 117-125.

Notes et Documents concernant les gouverneurs d'Ailleboust, de Lauzon et de Lauzon-Charny, MSRC, 3ᵉ série, vol. 26, sect. 1, 1932, p. 83-96.

Boissons douces et Boissons enivrantes chez les colons, 1632-1760, MSRC, 3ᵉ série, vol. 26, sect. 1, 1932, p. 99-108.

Essai de biographie de l'abbé Joseph de La Colombière, MSRC, 3ᵉ série, vol. 29, sect. 1, 1935, p. 87-108.

La Petite Histoire du Canada, MSRC, 3ᵉ série, vol. 32, sect. 1, 1939, p. 97-107.

ÉTUDES

Joseph-Edmond Roy, *L'Instruction au Canada sous le régime français*, BPF, mars 1911, p. 274-282.

Louis Courval, *L'Instruction au Canada sous le régime français (1635-1760) par Monseigneur Amédée-E. Gosselin*, ESC, vol. 2, nᵒ 3, 1ᵉʳ févr. 1918, p. 131-133.

Arthur Maheux, *Monseigneur Amédée Gosselin (1863-1941)*, MSRC, 3ᵉ série, vol. 36, Appendice B, 1942, p. 93-94.

Alphida Robitaille, « Bio-bibliographie de Monseigneur Amédée Gosselin ». Mémoire. École de bibliothécaires de l'Université de Montréal, 1946, 218 f.

Honorius Provost, *Amédée-Edmond Gosselin*, dans *Le Séminaire de Québec. Documents et biographies*, Québec, Le Séminaire de Québec, 1964, p. 501-503.

GOSSELIN, AUGUSTE-HONORÉ (1843-1918). Historien, né à Saint-Charles-de-Bellechasse. Après ses études classiques au Séminaire de Québec, où il collabore activement à *L'Abeille*, il est ordonné prêtre en 1866. Il est successivement secrétaire de l'Archevêque de Québec (1866-1868), vicaire à la Cathédrale de Québec (1868), curé de Sainte-Jeanne-de-Neuville (1869-1886) et curé de Saint-Ferréol (1886-1893). En 1893, il se retire à Saint-Charles où, entre deux voyages en Europe, il se consacre entièrement à ses travaux d'historien. Membre de la Société royale du Canada (1892), Auguste Gosselin collabore à de nombreux journaux et revues comme *L'Événement*, *L'Électeur*, *La Revue canadienne*, *Le Canada français*, *Le Propagateur*, *La Revue du clergé français*, *La Revue catholique de Normandie*. Il laisse une œuvre abondante. « Son style, écrit L.-A. Paquet, se distingue par la facilité, le naturel, et l'élégance. [...] Clarté dans l'ordonnance des matières, abondance dans la documentation, narration vivante, jugements ordinairement sûrs, aperçus judicieux sur notre existence religieuse et nationale, voilà des qualités [...] qui ont fait à l'auteur une réputation très enviable et très méritée ».

ŒUVRES

Colonisation. Rapport d'une visite du comté de Portneuf, août 1871, Québec, L. Brousseau, 1871, 24 p.

Colonisation dans le comté de Portneuf, S. Ubald — Notre-Dame de la Rivière Batiscan, août 1872, Québec, Atelier typographique de L. Brousseau, 1872, 24 p.

Noces d'or de M. l'abbé W. Fréchette, le 23 octobre 1886, [s.l., s.é.], 1886, 20 p.

Le Vénérable François de Laval. Premier évêque de Québec et apôtre du Canada. Sa vie et ses vertus, Québec, Imprimerie de J.-L. Demers & frère, 1890, 85 p. Portrait. Avant-propos d'Aloisi Masella et Vincent Nussi.

Vie de Mgr de Laval. Premier évêque et apôtre du Canada, 1622-1708, Québec, Imprimerie de J.-L. Demers & frère, 1890, 2 vol. : vol. 1, xl, 671 p. Préface de l'auteur ; vol. 2, 704 p.

Jubilé sacerdotal de S.E. le Cardinal E.-A. Taschereau. Noces d'or de la société Saint-Jean-Baptiste, 1842-1892,

Québec, Imprimé par Léger Brousseau, 1892, 291 p. Portrait.

Les Normands au Canada. Jean Bourdon 1634-1668, Évreux, Imprimerie de l'Eure, 1892, 31 p. (Extrait de la *Revue catholique de Normandie*).

Les Normands au Canada. Jean Nicolet 1618-1642, Évreux, Imprimerie de L'Eure, 1893, 56 p. ; *Les Normands au Canada. Jean Nicolet et le Canada de son temps (1618-1642)*, Québec, J.-A. K. Laflamme imprimeurs, 1905, viii, 282 p. Préface de l'auteur.

Les Normands au Canada. M. Jean Le Sueur ancien curé de Saint-Sauveur-de-Thury. Premier prêtre séculier du Canada 1634-1668, Évreux, Imprimerie de l'Eure, 1894, 52 p.

L'Église du Canada. Extrait de la revue du clergé français, Paris, Letouzey et Ané, éditeurs, 1895, 41 p.

Les Normands au Canada. Juridiction exercée par l'Archevêque de Rouen, Évreux, Imprimerie de l'Eure, 1895, 40 p.

Mgr De Saint-Vallier et son temps, Évreux, Imprimerie de l'Eure, 1898, 159 p.

Un bon patriote d'autrefois. Le Docteur Labrie, Lévis, P.-G. Roy, 1898, 112 p. Préface de l'auteur ; *Un bon patriote d'autrefois. Le Docteur Jacques Labrie, 1784-1831*, Dussault & Proulx, imprimeurs, 1903, viii, 198 p. ; *Un bon patriote d'autrefois. Le Docteur Labrie*, Québec, Laflamme et Proulx, Imprimeurs, 1907, xvi, 274 p. (Nouvelle édition revue et augmentée).

Les Normands au Canada. Journal d'une expédition de d'Iberville, Évreux, Imprimerie de l'Eure, 1900, 86 p. Introduction et notes.

Conférences publiques 1900-1901, Québec, J.-L. Demers, 1901, 385 p.

Le Vénérable François de Montmorency-Laval. Premier évêque de Québec, Québec, Dussault & Proulx, Imprimeurs, 1901, xii, 456 p. Préface de l'auteur ; 1906, xii, 452 p. ; Imprimerie Charrier & Dugal ltée, 1923, xii, 430 p. ; *Mgr de Laval*, Québec, Imprimerie franciscaine missionnaire, 1944, 177 p. Portrait.

Le XIXᵉ siècle. Tableau des premières années. Bonaparte et Pie VII ; le Concordat de 1801. Conférences données à l'Université Laval le 5 et le 12 février 1901, Québec, Imprimerie de J.-L. Demers & frère, 1901, 67 p.

La France au XIXᵉ siècle. Deuxième tableau. La Restauration. Conférences données à l'Université Laval les 17, 24 et 31 janvier 1902, Québec, Imprimerie de S.-A. Demers, 1902, 104 p.

Les Normands au Canada. Henri de Bernières premier curé de Québec, Québec, Dussault & Proulx imprimeurs, 1902, viii, 392 p. Préface de L'auteur.

Les Normands au Canada. Jean Bourdon et son ami l'abbé de Saint-Sauveur. Épisodes des temps héroïques de notre histoire, Québec, Dussault & Proulx imprimeurs, 1904, 248 p. Préface de l'auteur.

La Mission du Canada avant Mgr de Laval (1615-1659), Évreux, Imprimerie de l'Eure, 1909, 176 p. Avant-propos de l'auteur.

Au pays de Mgr de Laval. Lettres de voyage, Paris. — Chartres. — Montigny. — Sur-Avre. — Évreux. — Caen. — Bayeux. — Tourouvre. — Saint-Malo. — Bellefontaine. — Rouen. — Dijon. — Cannes. — Rome. — Interlaken, Québec, Typographie Laflamme & Proulx, 1910, viii, 360 p. Avant-propos de l'auteur.

L'Église du Canada depuis Mgr de Laval jusqu'à la conquête, Québec, Typographie Laflamme & Proulx, 1911-1914, 3 vol. : vol. 1, *Première partie. Mgr De Saint-Vallier*, 1911, viii, 503 p. Avant-propos de l'auteur. ; vol. 2, *Deuxième partie. Mgr de Mornay, Mgr Dosquet, Mgr De Lauberivière*, 1912, viii, 472 p. ; vol. 3, *Troisième partie. Mgr de Pontbriand*, 1914, xii, 606 p. Avant-propos de l'auteur.

Les Normands au Canada. France et Canada, Dieppe-Québec (1639) ; Québec-Dieppe (1912), [Évreux, Imprimerie de l'Eure, 1915], 16 p.

Carnet bibliographique des publications de M. l'abbé Auguste Gosselin, suivi de Petit souvenir à l'occasion de ses noces d'or sacerdotales. 30 septembre 1866-1916, Québec, Imprimerie Laflamme, 1916, 24 p.

L'Église du Canada après la Conquête, Québec, Imprimerie Laflamme, 1916-1917, 2 vol. : vol. 1, *Première partie, 1760-1775*, 1916, xii, 432 p. Avant-propos de l'auteur ; vol. 2, *Deuxième partie, 1775-1789*, 1917, 365 p.

L'Église et l'État du Canada après la Conquête du pays par les Anglais, Mgr Briand et les gouverneurs de son temps, Évreux, Imprimerie de l'Eure, 1916, 20 p.

Ce mouvement catholique en Canada, dans *Revue catholique de Normandie*, 1ʳᵉ année, 1892, p. 568-584.

Les Normands au Canada ; Jean Bourdon, dans *Revue catholique de Normandie*, vol. 2, 1892, p. 241-272.

Les Normands au Canada ; Jean Nicolet, dans *Revue catholique de Normandie*, vol. 2, 1893, p. 641-669, vol. 3, p. 49-76.

Un historien canadien oublié : le Docteur Labrie, MSRC, 1ʳᵉ série, vol. 11, 1893, p. 33-64.

Les Normands au Canada : Jean Le Sueur de Saint-Sauveur, dans *Revue catholique de Normandie*, vol. 3, 1894, p. 601-627, vol. 4, p. 72-97.

Le Fondateur de la Présentation (Ogdensburg), l'abbé Riquet, 1734-1760, MSRC, 1ʳᵉ série, vol. 12, 1894, p. 3-28.

L'Église du Canada, dans *Revue du clergé français*, 1ʳᵉ année, 1895, p. 112-207.

Un épisode de l'histoire du théâtre au Canada, MSRC, 2ᵉ série, vol. 4, 1898, p. 53-72.

Québec en 1730. Relation de ce qui s'est passé à Québec en Canada ville de la Nouvelle France à l'occasion de la naissance de Mgr le Dauphin, MSRC, 2ᵉ série, vol. 5, sect. 1, 1899-1900, p. 3-62.

L'Abbé Holmes et l'Instruction publique, MSRC, 3ᵉ série, vol. 2, 1907, p. 127-172.

France et Canada ; Dieppe-Québec (1639) ; Québec-Dieppe (1912), MSRC, vol. 8, 1914, p. 231-244. (Aussi dans *Revue catholique de Normandie*, vol. 24, 1915, p. 140-155).

L'Église et l'État au Canada après la conquête du pays par les Anglais ; Mgr Briand et les gouverneurs de son temps, dans *Revue catholique de Normandie,* vol. 25, 1916, p. 252-270.

ÉTUDES

P. Camille De Rochemonteix, *Réponse à un mémoire intitulé : Observations à propos du P. LeJeune et de M. De Queylus par M. L'Abbé Gosselin,* Versailles, Henry Lebon imprimeur-éditeur de l'évêque, 1897, 27 p.

Carnet bibliographique des publications de M. l'abbé Auguste Gosselin..., Québec, Laflamme, 1916, 24 p.

[L.-A. Paquet], *L'abbé Auguste Gosselin,* MSRC, 3ᵉ série, vol. 13, sect. 1, 1919, p. xii-xiii.

Marie-de-Saint-Jean D'Ars, « Bio-bibliographie de l'abbé A.-H. Gosselin ». Mémoire de maîtrise. Montréal, École de bibliothécaires de l'Université de Montréal, 1945, ix, 73 f.

GOUANVIC, JEAN-MARC (1944-   ). Nouvelliste et essayiste, né à Pont-Aven (Bretagne, France). Il étudie au Collège Saint-Ivy de Pontivey (B.A., 1964), à la Sorbonne, à l'Institut d'interprétation de Paris (diplôme de traducteur, 1967), et à l'Université de Brest (licence, 1970). Venu au Canada en 1971, il s'inscrit à l'Université McGill où il présente un mémoire de maîtrise ès arts sur « Boris Vian et la Science-fiction » (1975) et une thèse de doctorat : « La Science-fiction française (1918-1968) » (1982). Traducteur pigiste, il collabore à *Méta, Change, Québec français,* etc. En septembre 1979, il fonde la revue *Imagine,* consacrée à la science-fiction et dirige une collection d'ouvrages sur la science-fiction chez VLB. En 1983, il publie un recueil de dix nouvelles. Grâce à Gouanvic et ses collaborateurs, la science-fiction a maintenant droit de cité dans la littérature québécoise.

ŒUVRE

Les Années-lumières (nouvelles), Montréal, VLB éditeur, 1983, 233 p.

L'Univers de Boris Vian dans ses relations avec la science-fiction, dans *Fiction,* Paris, Éditions OPTA, nᵒ 290, mai 1978, p. 175-184.

Enquête sur l'irruption de la science-fiction américaine en Europe dans les années cinquante, dans *Imagine,* vol. 1, nᵒ 1, sept.-oct. 1979, p. 95-110.

Travelling sur la science-fiction = Cinéma / SF, dans *Imagine,* vol. 1, nᵒ 4, juin 1980, p. 44-67.

Positions de l'histoire dans la science-fiction, dans *Change* (Paris), nᵒ 40, mai 1981, p. 85-103.

ÉTUDES

Claude Janelle, *La SF au Québec,* dans *Québec français,* nᵒ 42, mai 1981, p. 66-69.

Pierre Djada Lacroix, *Entrevue avec Jean-Marc Gouanvic, directeur de la revue Imagine,* dans *Info,* nᵒ 3, printemps 1981, p. 7-10.

GOUIN, GASTON (1944-1970). Poète, né à Saint-Camille (Wolfe). Après des études primaires et secondaires à Saint-Camille et à Sherbrooke, il entre à l'École normale de Sherbrooke. Il enseigne ensuite à Saint-Hilaire, puis à Sherbrooke. Il continue en même temps ses études en lettres françaises à l'Université de Sherbrooke (licence ès lettres, 1969). Alors qu'il est rédacteur en chef du *Campus estrien,* il participe, avec Antoine Naaman, à la fondation des Éditions Cosmos et du *Campus libre.* Il meurt le 10 juin 1970 à la suite d'un accident. Bien que sa poésie ait suscité diverses opinions de la part de la critique, il n'en demeure pas moins un animateur qui a profondément marqué la région estrienne. « Il incarnait singulièrement, écrit Gaëtan Dostie, le Québécois quotidien : tributaire à la fois de la mentalité urbaine et rurale, continuellement mobile et d'une haute capacité de conscience de soi, mais aussi spontané, direct, engagé, profond. Un pur produit de cette décade bouleversante ».

ŒUVRES

Temps obus, 1963-1968 (poésie), Sherbrooke, Librairie de la Cité universitaire, 1969, 102 p. Ill. Postface de Gaëtan Dostie. « Amorces » ; Sherbrooke, Éditions Cosmos, 1975.

Le Double-roi (poème-affiche), Sherbrooke, Édition privée, 1970. (Hors commerce).

Poème-affiche, Sherbrooke, Éditions Cosmos, 1970. (Hors commerce).

J'il de noir. Poésie, [Sherbrooke/Montréal], Cosmos/Hexagone/Parti Pris, 1971, 55 p. Portrait. Ill. de l'auteur. Préface de Gaëtan Dostie. « Relances ».

Une place à Gaston Miron, poème de la rébellion : Raoul Duguay, Pierre Vallières, un gars de chez nous écrit avec son sang, dans *Le Campus estrien,* vol. 14, nᵒ 6, oct. 1969, p. 10-11.

1948 : Refus global — 1968 Contestation globale, Borduas et le Québec, ce que j'en pourrais dire... de la contestation, dans *Le Campus estrien,* vol. 14, nᵒ 13, nov. 1969, p. 10-11, 15, 17.

La Révolution indépendantiste ou Le Nationalisme d'une classe opprimée, dans *Le Campus estrien,* vol. 14, nᵒ 23, déc. 1969, p. 9-11.

Voyage aux antipodes (poésie), L, vol. 12, nᵒ 2, mars-avril 1970, p. 72-75.

Le Petit Serin blond, dans *Contes et Nouvelles du Québec. Concours I,* Montréal, Éditions Cosmos, 1970, p. 7-10. « Amorces ».

Le Très Haut Dire et Pierre Vallières, l'outre-mot, l'outre-mort, dans *La Littérature selon Maurice Blanchot*, EF, 1971, p. 16–22, 150–155.

Gaston Gouin, dans *Ellipse*, nᵒˢ 25–26, 1980, p. 48–51. (Poèmes français traduits en anglais.)

ÉTUDES

[Anonyme], *Lancement demain à Sherbrooke d'un recueil poétique*, dans *La Tribune*, 59ᵉ année, nᵒ 268, 11 janv. 1969, p. 12.

[Anonyme], *Effervescence nouvelle dans le domaine de la création littéraire à Sherbrooke*, dans *La Tribune*, 59ᵉ année, nᵒ 279, 14 janv. 1969, p. 10.

Jean-Guy Pilon, *Des poètes, un peu partout dans le Québec*, Dev, vol. 60, nᵒ 37, 15 févr. 1969, p. 17.

André Couture, *Poèmes de l'un, poèmes de l'autre*, Dr, 57ᵉ année, nᵒ 38, 10 mai 1969, p. 7.

Michel Beaulieu, *Temps obus de Gaston Gouin*, LAQ 1969, p. 111.

Réginald Martel, *Cosmos des éditions bien nées*, Pr, 86ᵉ année, nᵒ 73, 28 mars 1970, p. 32.

Pierre Coulombe, *À propos de Gaston Gouin : tout de noir vêtu, un poète de la terre*, Dev, vol. 61, nᵒ 144, 20 juin 1970, p. 2.

Gaston Gouin 1944–1970, Sherbrooke/Windsor, Société Gaston Gouin/Carnets des auteurs réunis, 1970, [n.p., 29 p.]. Ill. de Gaston Gouin. (Hommages à Gaston Gouin).

Réginald Martel, *Ainsi laisser parler*, Pr, 87ᵉ année, nᵒ 246, 23 oct. 1971, p. C-3.

Marielle Gervais, *J'il de noir de Gaston Gouin*, LAQ 1971, p. 160.

GOUIN, JACQUES (1919–1987). Historien et essayiste, né à Montréal. Il fait ses études secondaires au Collège du Mont-Saint-Louis, et obtient, en 1941, un baccalauréat ès arts de l'Université McGill. De 1946 à 1952, il poursuit des études de science politique et d'histoire, à l'Université d'Ottawa. Volontaire dans l'armée canadienne, en 1942, il sert outre-mer, attaché au 4ᵉ Régiment d'artillerie, jusqu'en 1945, avant d'entrer dans la fonction publique fédérale, à titre de traducteur. En 1970, il devient chef du bureau de traduction à la Défense nationale et, en 1972, il est chargé de cours à l'École de traducteurs et d'interprètes de l'Université d'Ottawa. Il prend sa retraite en 1974 et s'établit à Saint-Sauveur-des-Monts. Fondateur de la revue historique *Asticou*, en 1966, Jacques Gouin collabore à *Québec-Histoire*, à *Revue d'histoire de l'Amérique française*, à *Revue d'histoire de la Deuxième Guerre mondiale* et à plusieurs quotidiens canadiens-français. Membre fondateur de la Société des traducteurs et interprètes du Canada, membre de la Société historique du Canada, de la Société des écrivains canadiens, Jacques Gouin apporte, par ses livres et ses articles, une contribution précieuse à l'histoire militaire du Canada de même qu'à l'histoire régionale. En 1980, il reçoit le prix David M. Stewart décerné par la Fédération des sociétés d'histoire du Québec.

ŒUVRES

Les Opérations du Canada dans les eaux coréennes (1950-1955), Ottawa, Ministère de la Défense nationale, 1965, 179 p. Traduction de l'anglais.

Singulier Champ de bataille : les opérations en Corée et leurs effets sur la politique de défense du Canada, Ottawa, Ministère de la Défense nationale, 1966, 354 p. Traduction de l'anglais.

La Participation du Canada à la Première Guerre mondiale, Ottawa, Musée de la Guerre, 1968, 68 p. Traduction de l'anglais.

Le Jour-J, Ottawa, Musée de la Guerre, 1969, 30 p. Traduction de l'anglais.

Armes, hommes et gouvernement ; les politiques de guerre du Canada (1934-1945), Ottawa, Ministère de la Défense nationale, 1970, 747 p. Traduction de l'anglais.

Par la bouche de nos canons. Histoire du 4ᵉ Régiment d'artillerie moyenne. 4ᵗʰ Cdn Medium Regt RCA 1941-1945 (essai), [Hull], Imprimerie Gasparo, 1970, 248 p., [n.p., 51 p.]. Préface de J.H. Réal Gagnon. Introduction de l'auteur.

William-Henry Scott ou Le Destin romanesque et tragique d'un rebelle de 1837, Hull, Société historique de l'Ouest du Québec, 1972, 40 p. Ill. Carte ; *William-Henry Scott et sa descendance ou Le Destin romanesque et tragique d'une famille de rebelles (1799-1944)*, 1980, 69 p.

Bethune, Montréal, Éditions du Jour, 1973, 221 p. Traduction de l'anglais.

Témoins silencieux, Toronto, Hakkert, 1974, vi, 249 p. Ill. Carte. Adaptation française du livre de Herbert Fairlie Wood et John Swettenham : *Silent Witnesses*.

30ᵉ Anniversaire des débarquements en Normandie au jour J 1944 — 6 juin — 1974, Ottawa, Ministère des Affaires des anciens combattants, 1974, 27 p. Traduction de l'anglais.

Antonio Pelletier. La vie et l'œuvre d'un médecin et poète méconnu (1876-1917), Montréal, Éditions du Jour, 1975, 202 p. Ill. Préface de Paul Wyczynski.

Lettres de guerre d'un Québécois (1942-1945), Montréal, Éditions du Jour, 1975, 343 p. Préface du général J.A. Dextraze.

Trentième Anniversaire : les Canadiens en Italie, du 22 avril au 3 mai 1975, Ottawa, Ministère des Affaires des anciens combattants, 1975, 31 p. Traduction de l'anglais.

Les Opérations aériennes du Canada dans le Sud-Est asiatique (1941-1945), Ottawa, Ministère des Approvisionnements et Services, 1976, 202 p. Traduction de l'anglais.

La Famille Gouin en Amérique. Leur destin, Sainte-Anne-de-la-Pérade, Éditions du Bien public, 1979, 43 p. Ill. Introduction de l'auteur. « Nos vieilles familles ».

Lettres d'amour (1909-1924), du Dr J.-A.-E. Gouin, réunies, classées, annotées, présentées et précédées d'un essai sur la littérature épistolaire en France et en Angleterre (1614-1914), Saint-Sauveur-des-Monts, [s.é.], 1979, 211 p. Édition hors commerce.

Bon Cœur et Bon Bras : histoire du Régiment de Maisonneuve (1880-1980), Montréal, Éditions Médiabec Inc., 1980, 303 p.

Coutumes et Traditions des Forces armées canadiennes, Québec, Éditions du Pélican / Ministère de la Défense nationale / Centre d'édition du Gouvernement du Canada, 1980, 340 p. Traduction de l'anglais.

Sir Lomer Gouin, Montréal-Nord, Les Éditions Marie-France ltée, 1981, 45 p. Ill. Introduction de l'auteur.

Les Panet de Québec. Histoire d'une lignée militaire, Montréal, Bergeron, 1984, 238 p. Collab. Lucien Brault. Ill. Avant-propos du major Antoine de Lotbinière Panet II. Traduction anglaise : *Legacy of Honour. The Panets, Canada's Foremost Military Family*, Toronto / New York / London / Sydney / Auckland, Methuen, 1985, 240 p.

Littérature et Histoire, Dr, 57e année, no 154, 27 sept. 1969, p. 7.

ÉTUDES

Jacques Gouin, dans *Répertoire bio-bibliographique de la Société des écrivains canadiens*, Montréal, Société des écrivains canadiens, 1954, p. 97.

André Couture, *Lancement d'un ouvrage historique d'un auteur*, Dr, vol. 58, no 35, 9 mai 1970, p. 7.

GOUKI. Voir **DEGUIRE-MORRIS, CÉLINE.**

GOULET, MARIE. Voir **LABERGE, MARIE.**

GOULET, PIERRE (1948–   ). Dramaturge et romancier, né à Québec. Il fait ses humanités à l'Externat classique Saint-Jean-Eudes et à l'Académie de Québec (B.A., 1968), et il prépare ensuite un baccalauréat en journalisme à l'Université Laval (1974). Il travaille un moment à Radio-Canada comme journaliste, puis il passe aux relations publiques du syndicat des enseignants du Québec (1974-1976). Mais Goulet rêve d'une carrière d'écrivain. En 1978, on joue « Puzzle » dans la série « Scénario » de Radio-Canada. En juillet de cette année, le théâtre Beaumont-Saint-Michel présente

Les Lois de la pesanteur, comédie de mœurs sur les travers des Français et des Québécois qui remporte un vif succès. Le spectacle, écrit Martial Dassylva, « révèle un auteur comique doué qui, d'instinct, a imaginé un argument plein de possibilités, et trouvé le mot qui porte et qui fait rire, la blague qui surprend et réjouit à la fois ». Goulet reçoit une bourse d'aide à la création du ministère des Affaires culturelles. Il collabore à la revue *Réseau* de l'Université du Québec. Au théâtre d'été encore, en 1979, on monte « Allo ! Allo ! », autre succès qui fait dire à Jacques Larue-Langlois que le sens du comique de l'auteur réside d'abord « dans son habileté à concocter des situations époustouflantes et à ridiculiser par le seul usage qu'il en fait, les modes que sont le jogging [...] ». Un premier roman, *Le Temple de Vénus* (1980), passe inaperçu. En 1982 paraît et est jouée *Pontiac*, pièce qui se veut reconstitution épique du soulèvement du chef indien contre les Anglais entre 1766 et 1769. La représentation de cette pièce a soulevé un certain intérêt, mais la critique du texte est dure : « Récupérée sous les traits d'une idéologie nationaliste assez primaire, cette lamentable histoire [...] n'a pas le souffle d'un drame historique simplement efficace et se bute à des difficultés stylistiques fondamentales » (Stéphane Lépine).

ŒUVRES

Les Lois de la pesanteur (théâtre), [Montréal], Leméac, 1978, 181 p. Introduction par Hélène Loiselle. « Théâtre Leméac ».

Le Temple de Vénus (roman), Montréal, René Ferron éditeur, 1980, 181 p.

Pontiac (théâtre), Montréal, Québec / Amérique, 1982, 183 p. Portrait. Illustrations provenant de documents historiques. Préface de Gilles Pelletier.

ÉTUDES

Adrien Gruslin, *Un nouvel auteur qui sait divertir*, Dev, vol. 69, no 74, 25 juillet 1978, p. 10.

Martial Dassylva, *Une pièce directe et drôle*, Pr, 94e année, no 70, 29 juillet 1978, p. C-5.

Martine Corriveau, *Pierre Goulet : comment on devient auteur dramatique*, So, vol. 81, no 180, 29 juillet 1978, p. F-4.

Madeleine Bellemare, *Goulet (Pierre). Les Lois de la pesanteur*, dans *Nos livres*, vol. 10, févr. 1979, no 55.

Jacques Larue-Langlois, *Allô ! Allô ! Le théâtre Beaumont-Saint-Michel*, Dev, vol. 70, no 160, 10 juillet 1979, p. 8.

Martial Dassylva, *Pontiac : la Conquête et les Amérindiens*, Pr, 98e année, no 79, 3 août 1982, p. C-1.

Stéphane Lépine, *Goulet (Pierre). Pontiac*, dans *Nos livres*, vol. 13, oct. 1982, no 385.

GOULET-COURCHAINE, MARIE-THÉRÈSE. Voir **MANIE-TOBIE.**

GOUTTES D'EAU. Voir **GRISÉ-ALLARD,** JEANNE.

GRAINDESEL. Voir **POTVIN,** DAMASE.

GRAMMONT, JOSEPH-ÉLOI-AUGUSTIN DIT **GRANDMONT.** Voir **GRANDMONT, ÉLOI DE**.

GRANDBOIS, ALAIN (1900-1975). Poète, nouvelliste, mémorialiste, essayiste, né à Saint-Casimir (Portneuf). Il appartient à une lignée d'explorateurs dont les premiers, nommés Guilbeault, arrivèrent en Nouvelle-France vers 1635. L'un d'eux fut surnommé Guilbeault dit Grandbois, surnom qu'on trouve à Sainte-Anne-de-la-Pérade au milieu du dix-huitième siècle et qui est devenu le nom de la branche familiale du poète. Alain Grandbois étudie chez les Sœurs de la Providence, puis chez les Frères de l'Instruction chrétienne, sans assiduité, à cause d'une santé fragile et, déjà, de son goût pour « l'école buissonnière ». Inscrit au Collège de Montréal en 1912, il n'y passe que quelques mois. De 1913 à 1919, il fait son cours classique jusqu'à la fin de la rhétorique, au Petit Séminaire de Québec, s'intéresse à la peinture et à la poésie. Après six mois de voyage au Canada et aux États-Unis, il commence sa philosophie à Saint Dunstan University (Charlottetown, Î.-P.-É.) et la continue à la Faculté des arts de l'Université Laval où il obtient son baccalauréat (1919-1922). Après un premier voyage en Europe, il revient à Québec où il fait ses études de droit et est admis au barreau en 1925. Il ne pratiquera jamais. Grâce à un héritage considérable, il peut enfin réaliser un rêve d'enfance, éveillé en lui par son grand-père, voyager. Mais d'abord, de 1925 à 1928, il est surtout à Paris où il fait des études en droit et en sciences politiques, puis en art et en littérature. Il fréquente les artistes, les poètes et les gens du théâtre, se lie avec Alfred Pellan, Blaise Cendrars, Marcel Dugas, etc. Il fait même sérieusement du sport de compétition (natation, course automobile,...). Mais le goût de l'inconnu et « l'ivresse d'être libre » l'emportant, Grandbois repart — à des dates souvent difficiles à

préciser —, voit la Russie (1928), l'Afrique (1929), l'Inde (1930, probablement), l'Espagne et l'Allemagne (1931). Il travaille aussi, fait paraître *Né à Québec* en 1933, à Paris, reprend la route et visite l'Extrême-Orient, la Chine surtout (1933-1934), fait des conférences, compose des articles pour des périodiques et publie ses *Poèmes* d'Hankéou (1934), grâce à un certain Vernet, colonel français à la retraite. De 1935 à 1938, il voyage en Italie, en Espagne et en Allemagne. Entre temps et à plusieurs reprises, on le trouve à Port-Cros, île méditerranéenne qu'il a prise en affection en 1930 et où, quand il est fatigué des villes et des voyages, il se réfugie « afin de tenter de [se] retrouver ». Il rentre au Canada à la veille de la guerre, en 1939, ruiné. Il ne retournera en Europe qu'en 1955, puis en 1960. Après huit mois à Montréal, il se retire à Québec, puis s'installe dans un petit village, Deschambault semble-t-il, pour écrire *Les Voyages de Marco Polo*, livre qui lui vaut le prix David, en 1941. Établi ensuite à Montréal, bibliographe à la Bibliothèque Saint-Sulpice, il vit, jusqu'en 1960, une période d'intense activité littéraire. La parution des *Îles de la nuit* (1944) est un événement dans l'histoire de la poésie canadienne-française. Grandbois publie deux autres recueils, *Rivages de l'homme* (1948) et *L'Étoile pourpre* (1957) qui achèvent de faire de lui le poète canadien-français capital. En outre, il collabore à plusieurs revues (*Amérique française, Poésie 46, Liaison, Les Carnets viatoriens, La Nouvelle Revue canadienne, Liberté*...), présente plus de cent émissions hebdomadaires à Radio-Canada sur la littérature canadienne (1950-1952), et fait une tournée de conférences (1953). En 1961, il devient fonctionnaire au Musée provincial, à Québec. Entre 1963 et 1966, il publie dans *Le Petit Journal*, quelque quarante-cinq profils littéraires intitulés « Prosateurs et Poètes du Canada ». Il mérite de nombreuses récompenses : trois fois le prix David (1941, 1947, 1970), le prix Duvernay (1950), la médaille Lorne Pierce (1954), le prix France-Canada et le prix Molson (1963), la médaille d'or du Prix de la langue française (1968) ; l'Université Laval lui confère un doctorat honorifique en 1967 et l'Université d'Ottawa en 1972. Après sa mort survenue le 18 mars 1975, ses manuscrits, qui comprennent un grand nombre d'inédits, ont été déposés à la Bibliothèque nationale du Québec. La poésie d'Alain Grandbois, essentiellement lyrique, a une portée cosmique. C'est la première fois que la poésie canadienne-française atteint à une telle force et une telle souplesse. Ces vers libres, riches d'images et de rythmes savants, traversés d'accents surréalistes, étonnent par leur puissance de signification. Les grands thèmes de la mort, de la vie et de l'amour s'entrecroisent dans une vision presque toujours ouverte sur l'univers. Grandbois marque une date importante, et la plupart des poètes québécois contemporains avouent avoir trouvé chez lui l'orientation nécessaire à leur propre cheminement. « Mort et naissance, écrit Jacques Brault, nos deux limites par quoi nous devenons illimitables, tels sont les pôles naturels entre lesquels séjourne la poésie de Grandbois. Elle s'installe en ce lieu d'ici et de maintenant pour recueillir ce peu d'être que nous sommes et pour le graver dans une possible libération, dans le pari d'une renaissance incertaine mais croyable. Le poète Alain Grandbois, sous des apparences parfois trompeuses, monte bien la garde du monde ». De son côté, Jacques Blais insiste sur les « beaux délires » sanctionnés par une écriture de délivrance et sur la densité et la profondeur de cette œuvre remarquable : « L'une des caractéristiques de l'œuvre de Grandbois, de sa poésie grave, harcelante, austère, autant que de sa prose, c'est la concentration et partant, la profondeur, la densité. On croit survoler les planètes, voyager en dilettante sur les routes terrestres ou fluviales du monde entier, on est en réalité au cœur de l'être, impliqué dans un réseau de conflits essentiels, acculé aux questions insolubles de l'énigme de vivre ». Les mots du poète ne s'insèrent dans les vers que par leur incantation magique, et ils continuent d'y vivre, au dire de Grandbois, par leur « substance évocatrice », mots qui, chez lui, s'incarnent dans une forme précise et dense aux résonances symboliques. Sa parole, intensément personnelle, entourée d'un halo d'absolu, pose sur le monde, à travers les mêmes grands thèmes, un regard qui se renouvelle, partiellement du moins, d'un recueil à l'autre, passant du « Soleil noir » d'Hankéou et de la désillusion des *Îles de la nuit* à des moments d'ingénuité et d'attention aux « humbles choses » dans *Les Rivages*, jusqu'à la véhémence du goût de vivre des « Étoiles pourpres ».

ŒUVRES

Né à Québec... Louis Jolliet. Récit, Paris, Albert Messein, éditeur, 1933, 256 p. ; *Né à Québec. Louis Jolliet. Récit*, Montréal, Fides, 1948, 207 p. Avertissement de Luc Lacourcière. « N » ; Montréal/Paris, 1962 ; 1969. Traduction anglaise par Evelyn M. Brown : *Born in Quebec. A Tale of Louis Jolliet*, Montreal, Palm Publishers, 1964, 198 p. Préface de Luc Lacourcière.

Poèmes, Hankéou (Chine), [Vernet], 1934, [n.p., 32 p., paginé d'un seul côté]. (Édition de cent cinquante exemplaires dont seulement dix ont échappé au naufrage

en pleine mer, cahier de grand format, avec une couverture recouverte de soie bleue, sur des pages de papier de riz ; ce recueil comprend sept poèmes qui seront reproduits en 1944 dans *Les Îles de la nuit*, mais dans un ordre différent. Ce sont : « Ce feu est gris... », « Les Mains coupées... », « Que le soir... », « C'est à vous tous... », « Ces murs protecteurs... », « Parmi les heures... », « Ô tourments... »).

Les Voyages de Marco Polo (récit), Montréal, Éditions Bernard Valiquette, [1941], 230 p. Avant-propos de l'auteur ; Fides, 1969, 174 p. Préface de Jacques Blais. « N » ; 1979, 180 p. Chronologie et bibliographie d'Aurélien Boivin. « BQ ».

Les Îles de la nuit (poésie), Montréal, Lucien Parizeau & Compagnie, 1944, 134 p. Ill. d'Alfred Pellan ; *Les Îles de la nuit. Recueil de poèmes*, Fides, 1963, 100 p. Chronologie, bibliographie et jugements critiques ; 1980, 110 p. Chronologie d'Aurélien Boivin. Bibliographie et jugements critiques de Roger Chamberland. « BQ ». Traduction anglaise par Peter Miller : *Selected Poems*, Toronto, Contact Press, 1964, xii, 101 p. Préface du traducteur. (Paru aussi avec *Rivages de l'homme* et *L'Étoile pourpre*, Montréal, Éditions de l'Hexagone, 1963, 251 p. ; 1979).

Avant le chaos (nouvelles), Montréal, Les Éditions Modernes limitée, 1945, 203 p. Avant-propos de l'auteur ; *Avant le chaos suivi de quatre nouvelles inédites*, Éditions HMH, 1964, 277 p. Traduction anglaise par Larry Shouldice : *Champagne & Opium*, Dunvegan, Quadrant Editions, 1984, 116 p.

Rivages de l'homme (poésie), Québec, [s.é.], 1948, 96 p. (Paru aussi avec *Les Îles de la nuit* et *L'Étoile pourpre*, Montréal, Éditions de l'Hexagone, 1963, 251 p. ; 1979).

L'Étoile pourpre (poésie), Montréal, Les Éditions de l'Hexagone, 1957, 77 p. (Paru aussi avec *Les Îles de la nuit*, et *Rivages de l'homme*, Montréal, Éditions de l'Hexagone, 1963, 251 p. ; 1979).

Alain Grandbois, Montréal/Paris, Fides, 1958, 96 p. Portrait. Textes choisis et présentés par Jacques Brault. « CC » ; 1967 ; L'Hexagone/Seghers, 1968, 200 p. « PA ».

Poèmes. Les Îles de la nuit. Rivages de l'homme. L'Étoile pourpre, Montréal, Éditions de l'Hexagone, 1963, 251 p. ; *Poèmes. Les Îles de la nuit. Rivages de l'homme. L'Étoile pourpre. Poèmes épars*, 1979, 358 p. Préface de Jacques Brault. « Rétrospectives ».

Poèmes, Montréal, Fides, 1963, portefeuille, 259 p. Ill. de Richard Lacroix ; 1970.

Poèmes choisis, Montréal, Fides, 1970, 141 p. « BCF ».

Visages du monde. Images et souvenirs de l'entre-deux-guerres, Montréal, Hurtubise HMH, 1971, 318 p. Présentation de Léopold Leblanc. « R ».

Délivrance du jour et Autres Inédits (prose), Montréal, Éditions du Sentier, 1980, 77 p. Ill. de l'auteur.

Poèmes inédits, Montréal, PUM, 1985, 82 p. Poèmes établis, réunis et présentés par Ghislaine Legendre, Marielle Saint-Amour et Jo-Ann Stanton. « Lectures ».

Alain Grandbois. Lettres à Lucienne, Montréal, l'Hexagone, 1987, 202 p. Avant-propos, introduction et notes de Lucienne.

Poésie I, Poésie II, Montréal, PUM, 1989, 2 vol. Édition critique établie par Marielle Saint-Amour, Marie Jo Stanton et Ghislaine Legendre. « Bibliothèque du Nouveau Monde ».

Visages du monde (prose), Montréal, PUM, 1989, 1 vol. Édition critique établie par Jean-Cléo Godin. « Bibliothèque du Nouveau Monde ».

Illusions, dans *La Revue moderne* (conte), vol. 27, nº 1, mai 1945, p. 12–13, 65–69.

Les Faux Malentendus (essai), dans *Liaison*, nº 4, avril 1947, p. 227–229.

Saint-Denys Garneau (essai), dans *Notre Temps*, vol. 2, nº 31, 17 mai 1947, p. 3.

Le Poète enchaîné (poème), CV, nº 3, 1949, p. 191–193.

À propos de la poésie (essai), AmF, vol. 10, nº 2, mars–avril 1952, p. 32–36.

La Poésie (essai), L, vol. 2, nᵒˢ 3–4, mai–août 1960, p. 146.

L'Écrivain (essai), CACF, nº 3, *Présence de Victor Barbeau*, Montréal, [s.é.], 1963, p. 3–8.

Marcel Dugas (essai), CACF, t. 7 : *Profils littéraires*, Montréal, [s.é.], 1963, p. 153–165.

Introduction aux lettres de la religieuse portugaise, L, vol. 9, nº 3, mai–juin 1967, p. 6–11.

Poems by Alain Grandbois, dans *Ellipse*, nᵒˢ 14–15, 1974, p. 8–59. Traduction de C.R.P. May, A. Poulin, Jr., D.G. Jones et Peter Miller.

ÉTUDES

Maurice Hébert, *Né à Québec...*, CF, vol. 21, nº 6, févr. 1934, p. 543–554.

Marcel Dugas, *Né à Saint-Casimir, M. Alain Grandbois*, dans *Approches*, Québec, Éditions du Chien d'or, 1942, p. 41–64.

Albert Pelletier, *Les Voyages de Marco Polo*, dans *Regards*, vol. 3, nº 1, janv. 1949, p. 38–46.

Jean-Pierre Houle, *Les Poèmes d'Alain Grandbois*, An, vol. 33, nº 1, janv. 1949, p. 26–33, Dev, vol. 40, nº 273, 26 nov. 1949, p. 22.

Willie Chevalier, *Alain Grandbois*, dans *Le Digest français*, nº 136, 1951, p. 66–71.

Roland Gendreau, *Alain Grandbois, ensorcelé des Îles*, dans *Reflets*, nº 1, 1951, p. 23–31.

Gaston Miron et Jean-Guy Pilon, *Alain Grandbois et les Jeunes Poètes*, AmF, vol. 12, 1954, p. 473–476.

Léopold Leblanc, « Alain Grandbois ou La Tentation de l'absurde ». Thèse de maîtrise. Université de Montréal, 1957, 108 f.

Maurice Lebel, *Alain Grandbois (1900-   )*, dans *Le Journal de l'Instruction publique*, vol. 4, nº 1, sept. 1959, p. 56–64.

Liberté 60, nᵒˢ 9–10, 1960, p. 145–228. (Numéro spécial consacré à Grandbois).

Alfred Desrochers, Wilfrid Lemoine, Yves Préfontaine, Michèle Lalonde, Pierre Trottier, Jacques Godbout, *Témoignages*, L, vol. 2, nᵒˢ 3–4, mai–août 1960, p. 179–188.

Maurice Lebel, *D'Octave Crémazie à Alain Grandbois*, Québec, Éditions de l'Action, 1963, 285 p., surtout p. 272–285.

Jean-A. Beaudet, *Dictionnaire du vocabulaire d'Alain Grandbois*, Montréal, Centre de calcul de l'Université de Montréal, 1966, 903 p.

Pierre de Grandpré, *L'Étoile pourpre*, dans *Dix ans de vie littéraire au Canada français*, Montréal, Beauchemin, 1966, p. 32–38.

Jacques Brault, *Alain Grandbois*, Montréal/Paris, Hexagone/Seghers, 1968, 188 p. « PA ».

François Gallays, *Alain Grandbois*, PoCF, 1969, p. 333–344. « ALC » 4.

Normand Beauchemin, *Recherches sur l'accent d'après les poèmes d'Alain Grandbois* (étude acoustique et statique), Québec, PUL, 1970, 192 p. « Langue et Littérature française au Canada ».

Sylvie Dollard, « L'Univers poétique d'Alain Grandbois : symbolique et signification ou l'itinéraire spirituel d'un poète ». Thèse de maîtrise. Québec, Université Laval, 1970, xii, 154 p.

François Gallays, « Les Mots et les Images dans la poésie d'Alain Grandbois ». Thèse de doctorat. Ottawa, Université d'Ottawa, 1971, xvi, 270 p.

Léopold Leblanc, « *Poésie et Thématique d'Alain Grandbois* ». Thèse de doctorat d'Université. Caen, Université de Caen, 1971, 430 p.

Claude Fournier, « Le Paysage de l'amoureuse dans la poésie d'Alain Grandbois ». Thèse de maîtrise. Trois-Rivières, Université du Québec à Trois-Rivières, 1972, iv, 97 p.

Jacques Blais, *Présence d'Alain Grandbois*, Québec, PUL, 1974, viii, 261 p. « VLC ».

Gaëtan Dostie, *Alain Grandbois aux « Rivages de l'homme »* suivi de *L'Hommage des poètes : Hénault, Lalonde, Brault, Pilon*, dans *Le Jour*, vol. 2, nº 20, 22–23 mars 1975, p. 13.

Jean-Claude Dussault, *Alain Grandbois pour la suite du monde*, Pr, vol. 91, nº 69, 22 mars 1975, p. D-2.

Jacques Thériault, *Alain Grandbois incarnait au Québec « la santé de la parole »*, Dev, vol. 67, nº 64, 22 mars 1975, p. 9.

Victor Barbeau, *L'admiration que je lui garde*, Dev, vol. 67, nº 73, 29 mars 1975.

Gilles Marcotte, *Encore et Toujours*, Dev, vol. 67, nº 73, 29 mars 1975, p. 15.

Madeleine Greffard, *Alain Grandbois*, Montréal, Fides, 1975, 191 p. Ill. Introduction de Madeleine Greffard. « ECA ».

Sylvie Dallard, *L'Univers poétique d'Alain Grandbois*, Sherbrooke, Éditions Cosmos, 1975, 135 p. Avant-propos et introduction de Sylvie Dollard.

Noël Audet, *Alain Grandbois ou Le Procès métaphorique*, VI, vol. 2, nº 1, sept. 1976, p. 60–70.

Danielle Rompre, *Fonds Alain Grandbois*, Montréal, Bibliothèque Nationale du Québec, 1977, 109 p. Préface de Jean-Guy Pilon.

René Pageau, *Rencontre avec Simone Routier suivie des Lettres d'Alain Grandbois*, Joliette, Les Éditions de la Parabole, 1978, 217 p. Ill.

François Gallays, *Louis Jolliet vu par Alain Grandbois ou l'Histoire au service du mythe*, VI, vol. 5, nº 1, automne 1979, p. 65–86.

Maurice Lebel, *Simone Routhier et Alain Grandbois*, Dr, 67ᵉ année, nº 172, 2 oct. 1979, p. 18.

Michel Lemaire, *Alain Grandbois. Poèmes*, LAQ 1979, p. 123–125.

Yves Bolduc, *Alain Grandbois, le douloureux destin*, Montréal, PUM, 1982, 189 p. Introduction de Yves Bolduc. « Lignes québécoises ».

GRANDBOIS, MADELEINE [X Madame de Varennes] (1903–).Conteuse, née à Saint-Casimir-de-Portneuf, sœur d'Alain Grandbois. Après ses études secondaires, elle étudie chez les Ursulines et à l'École normale Laval (diplôme d'enseignement, 1921). Par la suite, elle voyage en Europe et s'inscrit au Rosary College près de Chicago (1923). De retour à Québec, elle suit des cours de littérature à l'Université Laval (1927), avant de s'embarquer sur l'*Empress of Scotland* pour une longue croisière. De 1928 à 1937, elle voyage à travers l'Europe. En 1942, elle rédige quelques scénarios pour une troupe montréalaise. Favorisée par son milieu social, aussi par les notes de voyage de son grand-père qui était allé faire fortune en Australie, elle commence à rédiger ses premiers contes qu'elle publie sous le couvert de l'anonymat dans des revues. En 1945 paraît, chez Parizeau, son premier recueil de récits, intitulé *Maria de l'hospice*. Entre 1947 et 1949, elle publie quelques nouvelles dans *Liaison*. Elle y traduit en anglais ses contes antérieurement écrits en français, en écrit d'autres et les publie dans des revues américaines. Les nouvelles de Madeleine Grandbois constituent un dossier sur la mentalité des paysans de Saint-Pancrace. Leur vie est racontée avec détails et une pointe d'attendrissement. « Madeleine Grandbois a prouvé qu'il peut exister une littérature féminine non-alambiquée, constate Guy Sylvestre. Avec le *Survenant* de Germaine Guèvremont, et *Bonheur d'occasion* de Gabrielle Roy, *Maria de l'hospice* est l'œuvre féminine la plus importante parue au Canada français au cours de la saison [1945] ».

ŒUVRE

Maria de l'hospice (récits), Montréal, Lucien Parizeau & compagnie, 1945, 171 p. ; Éditions Les Presses libres, 1970 ; Fides, 1980, 197 p. Présentation, chronologie, bibliographie et jugements critiques d'Aurélien Boivin. « BQ ».

Le Père Couleuvre (conte), dans Adrien Thério, *Conteurs canadiens-français*, Montréal, Librairie Déom, 1965, p. 81–90.

ÉTUDES

Guy Sylvestre, *De St-Pancrace à Djibouti*, Dr, 23ᵉ année, nᵒ 127, 2 juin 1945, p. 2.

Roger Duhamel, *Maria de l'hospice*, AN, vol. 26, nᵒ 1, sept. 1945, p. 68–71.

Émile Bégin, *Maria de l'hospice*, ESC, vol. 25, nᵒ 1, oct. 1945, p. 65–66.

Patrick Imbert, « *Maria de l'hospice* » de Madeleine Grandbois, LQ, nᵒ 19, automne 1980, p. 67–68.

Suzanne Lafrenière, *Madeleine Grandbois. Des histoires de ma grand-mère*, Dr, 68ᵉ année, nᵒ 229, 27 déc. 1980, p. 14.

GRAND'MAISON, JACQUES (1931–). Théologien et essayiste, né à Saint-Jérôme (Terrebonne). Il fait ses études primaires et secondaires dans sa ville natale, puis ses études classiques au Collège de Sainte-Thérèse (B.A., 1952). En 1956, il obtient sa licence en théologie au Grand Séminaire de Montréal et il est ordonné prêtre l'année suivante. Par la suite, il travaille auprès des jeunes chômeurs de Saint-Jérôme. À compter de 1960, il poursuit des études universitaires à l'Université grégorienne (licence en sociologie, 1960), à Chicago et à l'Université de Montréal (doctorat en théologie, 1961). Suivent alors de nombreuses recherches en Italie, en Belgique et en France jusqu'en 1963. Il se déclare un théologien engagé et convaincu : « Ma conviction de chrétien a constamment gardé vive, chez moi, écrit-il, la foi en l'avenir de l'homme, la foi en sa capacité d'orienter le cours des sociétés » (entrevue dans *Perspectives*, le 27 janv. 1979). Directeur du Centre socio-pastoral du diocèse de Saint-Jérôme et professeur de théologie à l'Université de Montréal à partir de 1964, il participe tour à tour aux projets de développement des Laurentides, à la Commission Dumont, à la Commission Castonguay, à la Conférence canadienne de l'Épiscopat. Il milite dans des organismes syndicaux et ouvriers. De plus, il collabore régulièrement à divers périodiques dont *Le Devoir* et *Maintenant*, tout en publiant de nombreux ouvrages sur les questions de l'heure. En 1969, il reçoit le prix des Sciences humaines du Québec et, en 1982, le prix Esdras-Minville de la Société Saint-Jean-Baptiste de Montréal. En 1973, Raymond Lemieux remarque chez Jacques Grand'Maison, « les qualités habituelles de l'auteur : subtilité de l'analyse, maîtrise des méthodes, rigueur logique et sensibilité épistémologique. [...] La contribution de Jacques Grand'Maison, auteur de *Nouveaux Modèles sociaux et Développement*, est majeure dans la pensée sociale et l'analyse sociologique du Québec parce qu'à sa rigueur scientifique se greffe la capacité de rejoindre le lecteur en situation, de fournir à celui-ci des instruments de travail et finalement de donner fondement à ses interventions ». En 1983, à la publication de son 27ᵉ essai, Suzanne Lafrenière écrit : « Chacun de ses ouvrages est toujours étonnant de nouveauté, appelé par le besoin de l'heure, comme une eau vive pour la soif renouvelée ». Jacques Grand'Maison demeure foncièrement un homme d'action, constamment attentif à l'évolution de la société qui l'entoure.

ŒUVRES

Le Sacré dans la consécration du monde (essai), Montréal, Université de Montréal, 1965, 89 p.

Crise de prophétisme (essai), Montréal, L'Action catholique canadienne, 1965, 317 p. « Spiritualité du laïcat ».

La Paroisse en concile. Coordonnées sociologiques et théologiques (essai), Montréal/Paris, Fides, 1966, 300 p. « Foi et Liberté ».

Le Monde et le Sacré (essai), Paris, Éditions Ouvrières, 1966-1968, 2 vol. : vol. 1, *Le Sacré*, 1966, 221 p. ; vol. 2, *Consécration et Sécularisation*, 1968, 238 p. Préface de Paul Barrau. « Points d'appui ».

L'Église en dehors de l'église (essai), Montréal, [s.é.], 1966, 209 p. « Cahiers de communauté chrétienne ».

Vers un nouveau pouvoir (essai), Montréal, HMH, 1969, 257 p. « Sciences de l'homme et Humanisme ».

Nationalisme et Religion (essai), Montréal, Beauchemin Limitée, 1970, 2 vol. : vol. 1, *Nationalisme et Révolution culturelle*, 221 p. ; vol. 2, *Religion et Idéologies politiques*, 206 p.

Stratégies sociales et Nouvelles Idéologies (essai), Montréal, HMH, 1971, 266 p.

Nouveaux Modèles sociaux et Développement (essai), Montréal, Hurtubise HMH, 1972, 491 p. Ill.

La Seconde Évangélisation (essai), Montréal, Fides, 1973, 3 vol. : vol. 1, *Les Témoins*, 241 p. ; vol. 2, *Outils majeurs*, 331 p. ; vol. 3, *Outils d'appoint*, 325 p. « Héritage et Projet ».

Symboliques d'hier et d'aujourd'hui : un essai sociothéologique sur le symbolisme dans l'Église et la Société contemporaines, [Montréal], Hurtubise HMH, 1974, 318 p. « Sciences de l'homme et Humanisme ».

Le Privé et le Public (essai), Montréal, Leméac, 1974, 2 vol. : vol. 1, 219 p. ; vol. 2, 515 p. « La Cité de l'homme ».

Des milieux de travail à réinventer (essai), Montréal, PUM, 1975, 254 p.

Une tentative d'autogestion (essai), Montréal, PUM, 1975, 228 p.

Les Milieux défavorisés, [Montréal], Conseil scolaire de l'Île de Montréal, 1976, 45 p. (Rapport synthèse du colloque du 13 novembre 1975. Texte polycopié).

Au mitan de la vie (essai poétique), Montréal, Leméac, 1976, 210 p. « À hauteur d'homme ».

Pour une pédagogie sociale d'autodéveloppement en éducation (essai), Montréal, Stanké, 1976, 191 p. « Tel ».

Une société en quête d'éthique (essai), Montréal, Fides, 1977, 207 p. « Cahiers de recherche éthique ».

Une philosophie de la vie, [Montréal], Leméac, 1977, 290 p. « À hauteur d'homme ».

Au seuil critique d'un nouvel âge, [Montréal], Leméac, 1978, 182 p. « À hauteur d'homme ». (Sous ce titre, six articles ont paru dans *Le Devoir*, vol. 70, nos 23-28, 29 janv. au 3 févr. 1979).

Quelle Société?, [Montréal], Leméac, 1978, 162 p. « Quelle ».

Quel Homme?, [Montréal], Leméac, 1978, 147 p. « Quelle ».

L'École enfirouapée. Je suis las de ces tataouinages idéologiques bureaucratiques, audio-visuels et quoi encore. Savons-nous vraiment ce que nous voulons? (essai), [Montréal], Stanké, 1978, 156 p.

La Nouvelle Classe et l'Avenir du Québec (essai), [Montréal], Stanké, 1979, 272 p.

Une foi ensouchée dans ce pays (essai), Montréal, Leméac, 1979, 139 p. « À hauteur d'homme ».

Un nouveau contrat social (essai), [Montréal], Leméac, 1980, 138 p. Collab. Marc Brière. « À hauteur d'homme ».

De quel droit? (essais), [Montréal], Leméac, 1980, 2 vol. : vol. 1, *Les Fondements critiques*, 257 p. ; vol. 2, *La Pratique sociale*, 303 p. « Quelle ».

Le Roc et la Source. Entretiens avec Gilbert Tarrab, [Montréal], les Éditions Nouvelle Optique, 1980, 179 p. Ill.

Certitude (poème affiche), Montréal, Éditions du Grainier, 1981. Ill. de Marie-Anastasie. (Édition de luxe).

La Révolution affective et l'Homme d'ici (essai), [Montréal], Leméac, 1982, 196 p. « À hauteur d'homme ».

Tel un coup d'archet (récit), [Montréal], Leméac, 1983, 249 p. « À hauteur d'homme ».

Les Tiers (essai), [Montréal], Fides, 1987, 3 vol. : vol. 1, *Analyse de situation*, 240 p. ; vol. 2, *Le manichéisme et son dépassement*, 248 p. ; vol. 3, *Pratiques sociales*, 244 p.

Il est plus important de vivre l'Évangile que de se limiter à défendre la confessionalité, dans *L'Écho du Nord*, vol. 30, no 47, 25 mai 1966, p. 7.

Vers un consentement collectif au Québec, Rel, 29e année, no 337, avril 1969, p. 113-118.

Le Nationalisme et la Révolution culturelle, Rel, 29e année, no 339, juin 1969, p. 169-172.

Quand le fossé s'agrandit entre le vécu et les « modèles », Rel, 30e année, no 351, juillet-août 1970, p. 201-204.

Une société en procès : les six tribunaux de notre démocratie, Rel, vol. 35, no 404, mai 1975, p. 134-137.

Une Église tranquille dans une société volcanique, Rel, vol. 36, no 415, mai 1976, p. 131-135 ; no 416, juin 1976, p. 169-173 ; no 417, juillet-août 1976, p. 195-201.

La Société et la Troisième Révolution, Rel, vol. 36, no 419, octobre 1976, p. 259-263.

Une éthique enracinée et prophétique, dans *Le Supplément*, no 128, mars 1979, p. 13-30.

Les Religieux et les Classes moyennes (approche sociologique), dans *Classes moyennes. Les pauvres. Dieu*, Ottawa, Conférence religieuse canadienne, 1979, p. 23-72.

ÉTUDES

Clément-M. Marchand, *La Paroisse en concile de Jacques Grand'Maison*, LAC 1966, p. 180.

[Anonyme], *Traduction des œuvres du chanoine Grand'Maison en allemand, en espagnol et en anglais*, dans *L'Écho du Nord*, vol. 31, n° 50, 28 juin 1967, p. 34.

Raymond Lemieux, *Vers un nouveau pouvoir de Jacques Grand' Maison*, LAQ 1969, p. 192-193.

Id., *Stratégies sociales et Nouvelles Idéologies, nationalisme et religion de Jacques Grand'Maison*, LAQ 1970, p. 225-228.

Pierre Saint-Martin, *Jacques Grand'Maison pour une praxis*, Dev, vol. 62, n° 18, 23 janv. 1971, p. 12.

Gilbert Tarrab, *Pour l'édification d'un «nous» collectif*, Pr, 87ᵉ année, n° 31, 6 févr. 1971, p. C-13.

Raymond Lemieux, *Nouveaux Modèles sociaux et Développement de Jacques Grand'Maison*, LAQ 1972, p. 296-297.

Jean-Claude Petit, *La Seconde Évangélisation*, dans *Communauté chrétienne*, vol. 13, n° 74, 1973, p. 81-86.

Hervé Gagné, *La Seconde Évangélisation, tome I, Les Témoins de Jacques Grand'Maison*, LAQ 1973, p. 307-308.

Jacques Grand'Maison. Une éthique moderne marquée par le goût de vivre, dans *Le Jour*, vol. 1, n° 178, 28 sept. 1974, p. 20. (Supplément littéraire).

Claude Lagadie, *Comment réinventer des rapports humains?*, dans *Le Jour*, 2ᵉ année, n° 35, 12 avril 1975, p. 12.

Alain Pontaut, *Table ronde chez Leméac, Jacques Grand'Maison: une parole à hauteur d'homme*, dans *Le Jour*, vol. 2, n° 38, 16 avril 1975, p. 13.

Denis Monière, *Jacques Grand'Maison, Des milieux de travail à réinventer et Une tentative d'autogestion*, LAQ 1975, p. 258-261.

Régis Michaud, *Jacques Grand'Maison. Le Privé et le Public*, LAQ 1975, p. 286-287.

Pierre M. Gérin, *Jacques Grand'Maison. Au mitan de la vie*, LAQ 1976, p. 83-84.

René Simon, *L'Éthique selon Jacques Grand'Maison*, Dev, vol. 69, n° 65, 18 mars 1978, p. 35.

Paule des Rivières, *Jacques Grand'Maison. L'École enfirouapée*, Dev, vol. 69, n° 105, 6 mai 1978, p. 45.

Normand Wener, *Jacques Grand'Maison. L'École enfirouapée. Quel homme? Quelle société?*, LAQ 1978, p. 281-283.

Alfred Dumais, *Jacques Grand'Maison. Au seuil d'un âge critique*, LAQ 1979, p. 303-304.

Gilbert Tarrab, *Vers un nouvel âge*, Pr, 95ᵉ année, n° 123, 26 mai 1979, p. D-16.

Alfred Dumais, *Marc Brière et Jacques Grand'Maison. Un nouveau contrat social*, LAQ 1980, p. 264-265.

Henri-Paul Bergeron, *Jacques Grand'Maison. La Nouvelle Classe et l'Avenir du Québec*, dans *Nos livres*, vol. 11, déc. 1980, n° 39.

Marie Laurier, *Jacques Grand'Maison au Devoir, Une société en quête de maturité* (entrevue), Dev, vol. 73, n° 94, 24 avril 1982, p. 1, 15.

Pierre Quesnel, *La Nouvelle Religion d'un clerc*, Dev, vol. 73, n° 112, 15 mai 1982.

Raymond Laprés, *Grand'Maison (Jacques). Tel un coup d'archet*, dans *Nos livres*, vol. 14, nov. 1983, n° 5465.

Hélène Pelletier-Baillargeon, *Jacques Grand'Maison, l'itinéraire personnel et l'écriture*, dans *L'Essai et la Prose d'idées au Québec*, Montréal, Fides, 1985, p. 669-688. «ALC» 6.

GRANDMONT, ÉLOI DE [X Joseph-Éloi-Augustin Grammont, dit de Grandmont] (1921-1970). Poète, dramaturge et critique d'art, né à la Baie-du-Febvre (Yamaska). Après des études classiques au Séminaire de Nicolet, il fréquente pendant trois ans l'École des beaux-arts de Montréal. En 1944, il quitte l'école et devient critique d'art au *Devoir*. Boursier du gouvernement français, il étudie à Paris, à la Sorbonne et à l'École du Louvre (1946-1948). De retour au pays en 1948, il est dialoguiste à Renaissance Films, et il débute à la radio en 1950. En 1954, il fonde le *Journal des vedettes*. Il collabore aussi à plusieurs périodiques, tels *Le Devoir*, *Le Canada*, *Le Petit Journal*, *La Presse*, *Notre Temps*, *Actualité*, *Orphrys*, *Perspectives*, *Vie musicale*. On y publie volontiers ses reportages et ses récits inspirés par une série de voyages à travers le monde, récits et contes qui le font connaître au grand public dès 1950, grâce aux réalisations faites à Radio-Canada par Guy Beaulne, Jean-Yves Constant, Roger Rolland, etc. En 1954, il réalise au poste privé CKAC une série d'émissions, connue sous le titre *Les Beaux Jours*. À la télévision, il explore bien des domaines, allant des émissions du genre de «Tous pour un», en passant par les variétés telles que «Les Couche-tard», «Bonsoir, chérie», jusqu'aux émissions éducatives du ministère de l'Éducation du Québec. Lorsqu'il n'écrit pas de comédies musicales, comme *Le Doux Temps des amours* pour le Théâtre de la Marjolaine, ou des comédies comme *La Fontaine de Paris*, il se livre à la traduction et à l'adaptation : celle de *Pygmalion* de Bernard Shaw, pièce présentée à la télévision et au Théâtre du Nouveau Monde, est la plus célèbre. Cofondateur et secrétaire général du Théâtre du Nouveau Monde qui doit son nom à une suggestion d'Éloi de Grandmont, il est également membre fondateur des *Écrits du Canada français*. Quelques mois avant son décès, il avait été nommé professeur à l'École de traduction de l'Université de Montréal. «Plusieurs de nos artistes lui doivent un peu la vie, écrit André Langevin. On se souviendra longtemps des batailles presque héroïques que le jeune Éloi de Grandmont engageait de bon cœur contre toutes les formes d'art qui s'inspiraient de la sécheresse des moules !» En 1968, Adrien Thério écrit : «Il était difficile d'imaginer que cette pièce (*Pygmalion*) puisse être traduite en français sans perdre une partie de sa saveur, de sa beauté. [...] Grandmont a interprété plutôt que traduit». Sur ce talent de dramaturge vient se greffer celui de poète dont les textes furent mis en musique à diverses reprises. «Éloi de Grandmont, écrit Guy Robert, nous offre sans prétention et bien gentiment *Une saison en chansons*: la légèreté des refrains et la rapidité des strophes ne cachent pas entièrement la gravité fréquente de certains propos, et parfois l'ombre d'une amertume se décèle au détour d'une phrase... quelques arabesques à la Prévert... ».

ŒUVRES

Le Prince Marc (conte), Montréal, Fides, 1945, 32 p. Ill. de Mascarille. « Contes et Aventures ».

Fernand Léger (critique), Montréal, L'Arbre, 1945, 53 p. Traduction d'un chapitre du livre de S. Gredion : *L'art se prépare à la vie politique.*

Le Voyage d'Arlequin (poésie), Montréal, Les Cahiers de la file indienne, 1946, 37 p. Ill. d'Alfred Pellan.

Cinquante dessins d'Alfred Pellan, Montréal, Éditions Lucien Parizeau, 1946, [n.p.]. Présentation des œuvres de l'artiste en français, en anglais et en espagnol.

La Jeune Fille constellée (poésie), Nantes, Éditions Le Cheval d'écume, 1948, 22 p.

Propos intimes (poésie), Montréal, Musica Enrg., 1948, 10 p. Mis en musique par Jean-Paul Jeannotte.

Un fils à tuer. Drame en trois actes et cinq tableaux, Montréal, Éditions de Malte, 1950, 101 p.

Premiers Secrets. Poèmes, Montréal, Les Éditions de Malte, 1951, 91 p. Traduction anglaise par Daniel Sloate : *First Secrets and Other Poems*, Montréal, Guernica Editions, 1983, 111 p. Préface de Daniel Sloate.

Plaisirs (poésie), Montréal, Chanteclerc, 1953, 30 p. Avec une chanson de Maurice Blackburn.

Dimanches naïfs (poésie), Paris, Librairie des Lettres, 1954, [n.p.].

La Fontaine de Paris. Comédie farce en un acte, suivi de Le Temps des fêtes. Drame en un acte, Montréal, Éditions de Malte, 1955, 85 p. Ill. de Normand Hudon.

Dix ans de théâtre au Nouveau Monde. Histoire d'une compagnie canadienne (essai), Montréal, Éditions Leméac, 1961, [n.p., 146 p.]. Collab. Normand Hudon et Jean-Louis Roux. Ill.

Une saison en chansons, précédée de Chardons à foulon et d'un premier poème, Montréal, Éditions Leméac, 1963, 121 p.

Un bill 60 du tonnerre (essai), Montréal, Éditions Leméac, 1964, [n.p., 124 p.]. Collab. Louis-Martin Tard et Normand Hudon. Ill.

Montréal-guide, Montréal, Éditions du Jour, 1967, 128 p. Ill. Préface de Jean Drapeau. Collab. Louis-Martin Tard.

Théâtre 1. (Un fils à tuer. La Fontaine de Paris. Le Temps des fêtes), Montréal, Maisonneuve, 1968, 173 p. Préface de Jean-Louis Roux.

Émile Nelligan. Poèmes choisis, Montréal, Fides, 1969, 166 p. « BCF ». Présentés par Éloi de Grandmont. Précédés d'une chronologie, d'une bibliographie et de jugements critiques.

Voyageurs ou Touristes (récit de voyage), Montréal, Maisonneuve, 1970, 162 p. Préface d'André Boily.

Je n'aurais jamais cru ! (récit de voyage), Montréal, Les Éditions Maisonneuve, 1971, 162 p. Préface du barman Angelo. Postface de l'auteur.

Vermousser (récit de voyage), Montréal, Les Éditions Maisonneuve, 1971, 156 p. Préface de Jacques Trahan. Avant-propos de l'auteur.

Chacun sa drôle de vie (nouvelles), ECF, nº 6, 1960, p. 101-123.

Poèmes, ECF, nº 17, 1964, p. 137-157.

Cœur de pierre précieuse (nouvelle), ECF, nº 22, 1966, p. 217-242.

DISCOGRAPHIE

Les Contes de Perrault (3 disques), Montréal, Disques Renaissance, 1948. Adaptation d'Éloi de Grandmont.

Aux Carnavals d'autrefois (poésie), Disques Rusticana, RM-302.

Le Bateau de minuit (poésie), Disques Jupiter, JP 1068.

Doux temps des amours (comédie musicale), Disque du théâtre de la Marjolaine, CT 33106.

Claude Dauphin retrouve Éloi de Grandmont (poésie), Disques Zodiaque.

Revenez-moi chez moi (poésie), Disques Pathé, PAM-52.205 et PAM-77.205.

ÉTUDES

Jean-Paul Pinsonneault, *Un fils à tuer*, dans *Lectures*, vol. 7, nº 7, mars 1951, p. 345-352.

Gilles Blain, *Premiers Secrets*, dans *Lectures*, vol. 8, nº 1, 1951, p. 9-14.

Roger Duhamel, *Premiers Secrets*, AU, juin 1951, p. 99-102.

Guy Robert, *De quelques poèmes*, LAC 1963, p. 63-64.

Guy Sylvestre, *Livres en français, poésie*, dans *University of Toronto Quarterly*, vol. 34, nº 4, juillet 1964, p. 495-525.

Yerri Kempf, *Que reste-t-il de mes amours ?*, CL, 15e année, nº 69, août-sept. 1964, p. 32.

Pierre Schnuder, *...de la plume de Pierre*, dans *Le Nouveau Samedi*, vol. 78, nº 15, 10 sept. 1966, p. 27.

[Anonyme], *Le Voyage : un beau cadeau des Fêtes*, Pr, vol. 83, nº 298, 23 déc. 1967, p. 41.

André Major, *Un « Pygmalion » québécois : une victoire*, Dev, vol. 59, nº 11, 15 janv. 1968, p. 8.

Gail Scott, *« J'écris surtout pour amuser les gens »*, dans *La Tribune*, 59e année, nº 114, 9 juillet 1968, p. 9.

Roger Champoux, *La Quête de tendresse d'Éloi de Grandmont*, Pr, 86e année, nº 283, 5 déc. 1970, p. E-3.

Martial Dassylva, *Quand on fait une duchesse d'une souillon*, Pr, 92e année, nº 305, 22 déc. 1976, p. B-6.

GRAND-PÈRE CAILLOUX. Voir CAILLOUX, ANDRÉ.

GRANDPRÉ, PIERRE DE [Pierre Dutaud] (1920–   ). Journaliste, critique littéraire et romancier, né à Montréal. Il fait des études classiques aux Collèges Brébeuf et Sainte-Marie (B.A., 1940). Il s'inscrit aux sciences sociales à l'Université de Montréal et poursuit ses études à la

Office du film du Québec

Faculté des lettres de la Sorbonne où il obtient successivement une licence et un diplôme de l'École des professeurs de français (1950). Il sera tour à tour journaliste au *Canada*, à *La Presse* et au *Devoir* dont il est le correspondant à Paris de 1946 à 1955 et de 1957 à 1965. C'est dans la page littéraire du *Devoir*, entre 1955 et 1958, que débute son œuvre de critique littéraire : la majeure partie de ces articles paraîtront en volume, en 1966, sous le titre *Dix ans de vie littéraire au Canada français*. « De livre en livre, dit Gilles Marcotte, nous retrouvons Pierre de Grandpré toujours engagé dans la même recherche — une recherche qui passe par la littérature pour tenter de découvrir les formes de l'aventure spirituelle du Canada français ». Cette œuvre critique mérite à son auteur le prix littéraire du Québec en 1966. Après avoir animé à Radio-Canada de nombreuses émissions consacrées aux écrivains tant français que québécois, Pierre de Grandpré est ensuite nommé directeur général des arts et des lettres au ministère des Affaires culturelles du Québec (1965-1970) pour devenir, par la suite, conseiller culturel à la Délégation du Québec à Paris (1973-1976) et conseiller d'éditions à la Bibliothèque nationale du Québec (1976-1980). En 1967, Pierre de Grandpré entreprend le vaste projet de rédiger en collaboration une *Histoire de la littérature française du Québec*. Conçu d'abord en trois volumes, l'ouvrage en compte quatre, le troisième étant entièrement consacré à la poésie. Comme romancier, Pierre de Grandpré s'essaie d'abord à un roman d'amour, *Marie-Louise des champs* (1948). Mais il se fait remarquer surtout en 1966 comme auteur de *La Patience des justes* qui appartient, d'après Alain Pontaut et Roger Duhamel, à la pure tradition classique : « Cette tranche de vie bourgeoise canadienne-française n'est pas du tout un roman bourgeois. Sous l'écriture lisse gronde une sourde révolte contre des schèmes révolus et des attitudes figées. C'est même plus que le conflit naturel des générations, c'est l'opposition violente de l'acceptation et du refus, c'est l'effort impatient

d'une nouvelle race d'hommes pour briser son cocon ».

ŒUVRES

Marie-Louise des champs. Roman, Montréal, Fides, 1948, 173 p. ; Montréal/Paris, Fides, 1961, 214 p. « AB ». (Paru d'abord dans la *Revue moderne*, mai 1947).
La Patience des justes. Roman, Montréal, CLF, 1966, 374 p. ; [Montréal], Éditions du Renouveau pédagogique Inc., 1969, xxiv, 247 p. Présentation et annotation de Jean-Pierre Lapointe. « LQ ». (Édition scolaire abrégée).
Dix ans de vie littéraire au Canada français (essais), Montréal, Beauchemin, 1966, 293 p.
Histoire de la littérature française du Québec, Montréal, Librairie Beauchemin limitée, 1967-1969, 4 t. : t. 1, *1534-1900*, 1967, 368 p. ; t. 2, *1900-1945*, 1968, 390 p. ; t. 3, *1945 à nos jours — La poésie*, 1969, 407 p. ; t. 4, *Roman, Théâtre, Histoire, Journalisme, Essai, Critique de 1945 à nos jours*, 1969, 428 p. Collab. Ill.

Notre génération « beat », L, vol. 6, nº 33, mai-juin 1964, p. 258-268.
Le Rapatriement de la poésie, L, vol. 6, nº 34, juillet-août 1964, p. 306-314.
William Stryron (essai), ECF, nº 19, 1965, p. 197-218.
[Quatre essais], dans Gilles Marcotte, *Présence de la critique*, Montréal, Éditions Hurtubise HMH, 1966, p. 131-150.
L'homme se découvre lorsqu'il se mesure avec l'obstacle, CuV, nº 5, 1967, p. 10-16.
Société rébarbatrice, MM, nᵒˢ 68-69, 15 sept. 1967, p. 240.

ÉTUDES

Théophile Bertrand, *Marie-Louise des champs*, dans *Lectures*, t. 5, nº 5, janv. 1949, p. 271-274.
Jean O'Neil, *Pierre de Grandpré ou La Patience d'un haut fonctionnaire, romancier, critique et historien*, Pr, 82ᵉ année, nº 36, 12 févr. 1966, p. 5.
Gilles Marcotte, *Ouvrages de critique*, Pr, 82ᵉ année, nº 95, 23 avril 1966, p. 4.
Yolande Chéné, *Dix ans de vie littéraire au Canada français*, PJ, vol. 40, nº 31, 29 mai 1966, p. 38.
Clément Lockquell, *La Patience des justes*, So, vol. 69, nº 228, 24 sept. 1966, p. 13.
Jean Éthier-Blais, *La Patience des justes*, Dev, vol. 57, nº 252, 29 oct. 1966, p. 13.
Laurent Mailhot, *Une critique qui se fait*, EF, vol. 2, nº 3, oct. 1966, p. 328-347, surtout p. 330-336.
Adrien Thério, *La Patience des justes*, LAC 1966, p. 36.
Gilles Marcotte, *Dix ans de vie littéraire au Canada français*, dans *Québec 67*, vol. 4, févr. 1967, p. 103-104.
André Major, *Grandpré et la Littérature québécoise, un bilan unique*, Dev, vol. 58, nº 279, 2 déc. 1967, p. 11.
Alain Pontaut, *Peuple sans littérature... C'est à voir*, Pr, 83ᵉ année, nº 280, 2 déc. 1967, p. 22.
Réjean Robidoux, *L'Autonomie d'une petite littérature*, dans *Mosaïc*, vol. 1, nº 3, avril 1968, p. 97-109.

Jean Ménard, Ivanhoé Beaulieu, David M. Hayne, *Histoire de la littérature française du Québec sous la direction de Pierre de Grandpré*, LAQ 1969, p. 163-167.

GRAVEL, MARC UNTEL DE. Voir **MARCANTEL, DAVID ÉMILE.**

GRÉCO, MICHEL (1930–   ). Dramaturge, né à Montréal. À sa sortie du collège classique (B.A., 1955), il poursuit des études à l'École des beaux-arts, sous la direction d'Alfred Pellan, puis il fait un stage à l'Atelier du Théâtre du Nouveau Monde. Après des études en lettres et en histoire de l'art à la Sorbonne (1956-1957), il revient à Montréal où il est engagé par CKAC à titre de réalisateur-scripteur (1957-1960) ; par la suite il travaille à Radio-Canada comme réalisateur d'émissions d'information et d'affaires publiques. En 1953, Michel Gréco présente « Nicodème » (radio-théâtre), aux Nouveautés dramatiques, réalisé par Guy Beaulne ; il signe coup sur coup « La Liberté des crapauds » (5 juin 1953), « Spatiale » (4 sept. 1953), « Si les parapluies pouvaient parler » (29 janv. 1954). En 1960, il revient au théâtre et un de ses textes obtient une mention très honorable au concours du Théâtre du Nouveau Monde. À Radio-Canada il réalise plusieurs émissions : « Aujourd'hui », « Champ libre », « Format 60 », « Présence ». « Sa pièce publiée, écrit Bernard Julien, est un texte peuplé d'images poétiques, mais trop recherchées et étirées [...], les personnages parlent trop le même langage ».

ŒUVRE

Les Pigeons d'Arlequin (théâtre), ECF, n° 22, 1966, p. 99-161.

ÉTUDE

Bernard Julien, *Les Pigeons d'Arlequin de Michel Gréco*, LAC 1966, p. 63.

GRÉCOURT, WILLY DE. Voir **ROY, RÉGIS.**

GREFFARD, MADELEINE (1937–   ). Dramaturge et essayiste, née à Montréal. Elle fait le cours classique au Collège Jésus-Marie d'Outremont (B.A., 1958), puis elle obtient à l'Université de Montréal une maîtrise pour un mémoire sur « Ionesco, auteur comique » (1963) et une licence ès lettres (1966).

Elle étudiera ensuite la psychanalyse à l'Institut de psychothérapie du Québec. Elle enseigne au Collège Jésus-Marie (1958-1966), au Collège Sainte-Marie (1966-1969) et, à partir de 1969, à l'Université du Québec à Montréal où elle est directrice du regroupement théâtre et danse (1974-1976) et directrice des études de deuxième cycle en art dramatique (1979-1983). En outre, elle fait partie de la troupe des Apprentis-Sorciers (1958-1966) et de la troupe de La Grande Réplique (1977-) où elle fait jouer certains de ses textes. Elle collabore aux revues *Littérature canadienne* et *La Grande Réplique*. Son essai sur *Alain Grandbois* (1976) est considéré par André Bourassa comme « un ouvrage important », tandis que pour Yves Laliberté c'est « une présentation populaire » mais non un stimulant pour le chercheur. Au théâtre, elle a préparé des collages de textes comme « Ballades d'aujourd'hui » et « Lettres d'amour », et elle publie, en 1980, *Passé dû*, qui est « un violent réquisitoire sur la condition féminine » (André Bourassa). En 1981, La Grande Réplique joue *Pour toi je changerai le monde*, fiction historique « utilisant le théâtre comme outil didactique », écrit Jacques Larue-Langlois, vingt-quatre tableaux en six séquences allant de 1890 à 1940 et décrivant la condition des femmes de paysans et d'ouvriers en contraste avec les salons d'Outremont : « De l'excellent théâtre ».

ŒUVRE

Alain Grandbois (essai), Montréal, Fides, 1975, 191 p. Ill. « ECA ».

_____

Complaintes et Frénésie (poésie), dans *Nord*, n°s 4-5, 1974, p. 138.

Lectures de décors, dans *La Grande Réplique*, vol. 1, n° 3, et vol. 2, n° 1, 1978-1979, p. 10-11. Collab. Claude Sabourin.

L'Aventure du Théâtre-Club, dans *La Grande Réplique*, vol. 2, n° 2, 1980, p. 7.

Tant de recommandations et si peu de linge : reconstitution d'un propos et de sa mise en scène, dans *La Grande Réplique*, vol. 2, n° 3, 1980, p. 14.

Passé dû (théâtre), Montréal, *La Grande Réplique*, vol. 3, n° 8, 1980, 80 p. Préface de Jean-Guy Sabourin.

Pour toi je changerai le monde (théâtre), Montréal, *La Grande Réplique*, vol. 4, n° 1, 1981, 79 p.

ÉTUDES

Yves Laliberté, *Madeleine Greffard. Alain Grandbois*, LAQ 1976, p. 241-243.

André-G. Bourassa, *Le théâtre qu'on publie. Le lourd passif des hommes. Passé dû de Madeleine Greffard*, LQ, n° 19, automne 1980, p. 36-38.

Jacques Larue-Langlois, « *Pour toi, je changerai le monde* » *à la Grande Réplique. De l'excellent théâtre didactique*, Dev, vol. 72, n° 77, 2 avril 1981, p. 23.

Martial Dassylva, *Changer le monde ou le garder tel quel*, Pr, 99ᵉ année, n° 78, 3 avril 1981, p. D-3.

GRÉGOIRE, HENRIETTE [Louise-Marie] (1908–). Chroniqueuse et romancière, née à Napierville. Elle fait ses études chez les Sœurs de Sainte-Anne, à Napierville. En 1939, Robert Reynauld fonde le magazine rural *La Ferme*, mensuel dont le tirage atteint 180 000 entre 1955 et 1965, et qui devient *Actualité agricole* à la mort du fondateur, en 1970. Pendant toutes ces années, sous le pseudonyme de Louise-Marie, Henriette Grégoire est rédactrice, courriériste et directrice de la section féminine de la revue. Elle cesse son travail en 1970, voyage, fait partie de plusieurs sociétés historiques et culturelles, puis se fait romancière à l'occasion du concours littéraire du mensuel *Le Troisième Âge* et remporte le premier prix pour *L'Homme du Pire-Vire* (1982). « Le roman, écrit Réginald Martel, vaut plus par les images de la vie quotidienne d'hier que par la psychologie des personnages ou la rigueur de la narration. Malgré des longueurs et un bon nombre de clichés, le texte réussit souvent à recréer ce qui devait être l'atmosphère de l'époque dans une région rurale à la périphérie de Montréal ».

ŒUVRE

L'Homme du Pire-Vire (roman), [Montréal], Libre Expression, 1982, 140 p.

ÉTUDES

Réginald Martel, *Pour les enfants et les vieux. Des romans sur mesure ?*, Pr, 98ᵉ année, n° 130, 5 juin 1982, p. C-3.

François Morin, *L'Homme du Pire-Vire de Henriette Grégoire*, dans *Le Troisième âge*, vol. 12, n° 10, juin 1982, p. 1.

Gaétan Lévesque, *L'Homme du Pire-Vire*, LQ, n° 27, automne 1982, p. 98.

GRÉGOIRE-COUPAL, MARIE-ANTOINETTE (1905– 1984). Écrivain pour la jeunesse, née à Napierville. Après ses études chez les Sœurs de Sainte-Anne, elle débute très jeune dans le journalisme au *Bulletin des agriculteurs* (1922) dont elle rédige la page féminine jusqu'en 1942. Elle collabore à d'autres journaux, *Le Devoir*, *Le Droit*, *L'Action catholique* et aussi à des revues comme *L'Oratoire*, *Le Messager de Saint-Antoine*, *Notre-Dame du Cap* où elle publie plus de deux cents contes. En 1932, elle remporte le prix d'Action intellectuelle pour *Le Sanglot sous les rires*, recueil de nouvelles, puis la médaille d'or de l'Académie française pour *La Sorcière de l'îlot noir* (1933). Arrêtée par la maladie pendant quelque temps, elle écrit ensuite pour la jeunesse. Son œuvre est abondante et variée : études de mœurs et de mœurs exotiques, œuvres mariales, souvenirs, biographies, romans et récits pour enfants et adolescents.

ŒUVRES

Le Sanglot sous les rires (litt. jeunesse), Montréal, ACF/ Éditions Albert Lévesque, 1932, 175 p. Avant-propos de l'auteur ; Fides, 1948, 127 p. (Édition définitive, revue et transformée).

La Sorcière de l'îlot noir (litt. jeunesse), Montréal, ACF/ Éditions Albert Lévesque, 1933, 139 p. Ill. ; 1935. « Romans historiques » ; Librairie de l'Action canadienne-française, 1937, 140 p. ; Montréal/Sao Paulo/ Paris/Chicago, Fides, 1950, 111 p. ; 1955, 92 p. ; 1960. « La Grande Aventure ».

Franceline (litt. jeunesse), Montréal, Éditions Fides, [s.d.], 95 p. Ill. de Léonie Gervais ; Fides, 1945, 114 p. ; Montréal/Paris, 1950, 121 p. ; 1954 ; 1958, 111 p. « La Grande Aventure ».

La Fiancée du charpentier. Biographie de la Vierge Marie présentée sous forme de contes, Montréal/Paris, Fides, 1951, 143 p. Ill. de Léonie Gervais. « La Grande Aventure » ; 1958, 111 p.

Le Batelier du Gange (litt. jeunesse), Montréal/Paris, Fides, 1953, 173 p. Ill. Carte. Témoignage de Albert-F. Cousineau. Avant-propos de l'auteur ; Centre de psychologie et de pédagogie, 1961, 207 p.

Les Jumelles du castel doré (litt. jeunesse), Montréal, Éditions Beauchemin, 1953, 141 p. Ill. de Jean-Claude Caron. « Romans-jeunesse » ; 1955.

Le Sifflet d'argent (conte), Montréal, Éditions Beauchemin, 1954, 143 p. Ill. ; 1958.

La Charmeuse noire (conte), Montréal, Beauchemin, 1955, 136 p.

Les Cousins du petit prince (conte), Montréal/Paris, Fides, 1956, 91 p. Ill. « La Grande Aventure ».

Les Révoltés du paradis (conte), Montréal, Éditions Beauchemin, 1956, 123 p. Ill. de Chantepie.

Les Trois Marie. Roman, Montréal/Sherbrooke/Paris, Apostolat de la Presse, 1957, 135 p. « Jeunesse de tous les pays ».

Le Carillon d'espérance (conte), Montréal/Paris, Fides, 1957, 213 p. Ill. Préface d'Henri Barabé.

L'amour frappe au manoir (litt. jeunesse), Montréal, Éditions Beauchemin, 1958, 117 p. Ill. « Rose des vents » ; 1961.

Le Beau Rameau de Jessé. Conte palestinien, Montréal/ Paris, Fides, 1958, 123 p. « RV ».

Un filleul en chocolat (conte), Montréal/Paris, Fides, 1959, 96 p. Ill. de Rosych. « La Grande Aventure ».

Une histoire fantastique (conte), Montréal, Éditions Beauchemin, 1959, 86 p. Ill. de Georges Lauda. « RV ».

Des yeux noirs, des yeux bleus... (conte), Montréal,
Éditions Beauchemin, 1960, 95 p. Ill. de Georges Lauda.
« RV ».

Pourquoi pleures-tu, Madonnina ? (biographie), Montréal/
Paris, Fides, 1960, 123 p. « RV ».

Des pins, des tuiles et du soleil. Aventures méditerra-
néennes, Montréal, Centre de psychologie et de pédagogie, 1961, 171 p. Ill.

Tout cœur a son destin (litt. jeunesse), Montréal, Éditions
Beauchemin, 1961, 125 p. « Marie-Françoise ».

Les Yeux immortels (biographie), Montréal, L'Atelier,
1964, 107 p. Ill. de Thérèse Robichon. Préface de
l'auteur. Adaptation française du livre de Rena Ray :
Janis of City View.

Les Belles Madones du monde, Montréal, Rayonnement,
[s.d.], 1966, 2 vol. : vol. 1, [s.d.], 156 p. ; vol. 2, 1966,
131 p. Ill. Avant-propos de l'auteur.

Voyage au cœur du monde, Notre Dame du Cap, Les
Éditions Désilets, 1969, 237 p. Ill.

ÉTUDES

Cécile Cloutier, *Le Batelier du Gange*, C, vol. 15, n° 1, mars 1954,
p. 99-100.

Huguette Verty, *Mes deux premiers articles ont fait ma vie ; l'un*
ma carrière, l'autre mon mariage, No, vol. 48, n° 125, 27 mars
1968, p. 9.

Louise Lemieux, *Marie-Antoinette Grégoire-Coupal*, dans *Pleins*
Feux sur la littérature de jeunesse au Canada français, Montréal,
Leméac, 1972, p. 159-160, 223-224, 306-307.

[Anonyme], *Marie-Antoinette Grégoire-Coupal*, Dev, vol. 75,
n° 89, 14 avril 1984, p. 32.

GRENIER, LAURENT
(1957–   ). Poète, né à
Paris de parents québé-
cois. Sa famille revient à
Québec vers la fin de 1957
et s'installe à Ottawa en
1972. Ses études sont in-
terrompues en 1974 : un
grave accident de plon-
geon le rend infirme. Dès
lors, il se tourne vers la
lecture et l'écriture avec une énergie étonnante. Il
termine ses études secondaires à l'école De La Salle
d'Ottawa en 1978. Pendant deux ans il suit plusieurs
cours de littérature à l'Université d'Ottawa, ainsi
qu'un cours d'histoire générale de l'art. Il travaille
occasionnellement pour Radio-Canada, enseigne
le français et sert de critique d'art à la galerie
Calligrammes d'Ottawa. Mais la poésie l'attire.
Avec le soutien financier du Conseil des Arts de
l'Ontario, il s'adonne à la création littéraire. Ses
écrits — poésie et prose — paraissent dans *Liberté*,
Estuaire et *Vie des arts*. En même temps, il donne

des causeries sur l'art et organise des récitals de
poésie à Ottawa et à Hull. En l'espace de sept ans, il
publie trois recueils de poèmes : *Aussi longtemps*
que je vivrai, amour, je t'amourerai (1976), *Vertige*
du sourire (1977) et *La Page tournée* (1983). Avec
persévérance, Grenier poursuit sa recherche des
formes poétiques autour des thèmes de la souffrance,
de l'amour et de la mort. Sa riche sensibilité exploite
avec bonheur les limites de l'espoir et du vertige.
En lisant le troisième recueil, Paul-François Sylvestre
remarque : « Sous la plume de Laurent Grenier, les
mots sont à la fois une caresse et un glaive, un
baiser et une trahison. [...] On tourne la page et la
vie nous frappe ; un peu plus loin la mort nous
salue. La vie et la mort ; l'auteur se demande
laquelle des deux a peur de l'autre ». « Textes beaux,
saisissants, écrit Marguerite Andersen. Accents
baudelairiens spleen revécu, réécrit. [...] La voix de
Laurent Grenier est une voix importante ».

ŒUVRES

Aussi longtemps que je vivrai, amour je t'amourerai
(poésie), Gatineau, Les Éditions Claire Dumais-
Sabourin, 1976, 39 p. Présentation de l'éditeur.
« Providence ».

Vertige du sourire, Hull, Presses du Centre linguistique
Cartier, 1977, 103 p. Ill. de l'auteur. Présentation de
Paul Wyczynski. (Édition de luxe publiée à dix exem-
plaires).

La Page tournée. Poèmes 1979-1980, Ottawa, EUO,
1983, 119 p. Ill. de David Blackwood. « Astrolabe ».

Entre-deux (poème), dans Yolande Grisé, *Pour se faire*
un nom, Montréal, Fides, 1982, p. 290-291.

Alechinsky, un grand de notre temps, dans *Vie des arts*,
vol. 28, n° 111, juin-août 1983, p. 53.

Le Dépassement de Jean-Paul Jérôme, dans *Vie des arts*,
vol. 28, n° 112, sept.-nov. 1983, p. 77.

ÉTUDES

Paul-François Sylvestre, *Douce Parole troublante*, dans *Le Temps*,
23 août 1983, p. 15.

[Anonyme], *La Page tournée*, dans *L'Apropos*, vol. 1, n° 2, 1983,
p. 71.

Dominique Robert, *L'Avant-geste d'une poésie*, dans *Liaison*,
n° 28, sept. 1983, p. 3.

Claude Rochon, *Une poésie où la douleur vide son cri*, dans *Le*
Médiateur, vol. 2, n° 2, 1983, p. 10.

Marguerite Andersen, *Chronique Marguerite Andersen. La Page*
tournée..., dans *Poetry Canada Review*, vol. 6, n° 1, automne
1984, p. 8.

[Anonyme], *Franco-ontarienne/manitobaine*, dans *Canadian*
Literature/Littérature canadienne, n° 105, été 1985, p. 154-155.

GRIGNON, CLAUDE-HENRI [Claude Bâcle, Le Convive distrait, Des Esseintes, Les frères Zemganno, Le Masque de velours, Stello, Trois Ixes, Valdombre] (1894-1976). Journaliste et romancier, né à Sainte-Adèle. Après deux années d'études au Collège de Saint-Laurent, il n'a pour maîtres que des professeurs particuliers. En raison de son esprit d'indépendance, il s'en tient surtout à des études personnelles : passionné de lecture, il acquiert une grande culture, grâce à la bibliothèque de son père. À la mort de ce dernier (1915), il devient agent des douanes à Montréal, puis il est fonctionnaire pendant quelques années. Il débute dans le journalisme en 1916, à *L'Avenir du Nord* de Saint-Jérôme. Il collabore par la suite à différents journaux et revues : *Le Nationaliste* (1921-1922), *La Minerve* (1922), *Le Mâtin* (1923), *Le Canada* (1931), *Le Petit Journal* (1931), *La Revue populaire* (1931-1934), *La Renaissance* (1935), *Bataille* (1935), *En Avant* dont il dirige la page littéraire de 1937 à 1939, *Le Bulletin des agriculteurs* (1941). Il est membre de l'École littéraire de Montréal à partir de 1920 et obtient le prix David en 1935 pour *Un homme et son péché*. Il est nommé directeur-adjoint de la publicité au ministère de la Colonisation (1935). Il s'établit définitivement à Sainte-Adèle en 1936 et fonde, la même année, une revue, *Les Pamphlets de Valdombre*, qui, célèbre dès sa création, paraît régulièrement pendant quelques années, puis s'étire jusqu'à sa disparition en 1943. Au nom de la « Vérité », il y publie sur la politique et surtout sur la littérature des jugements qui louangent ou vitupèrent avec une semblable intempérance de langage ; c'est un polémiste redoutable qu'on surnomme « le lion du Nord ». « Sa prose est la plus verte et la plus pittoresque que l'on écrive au Canada », déclare Jean-Charles Harvey. Paru en 1933, *Un homme et son péché* demeure son œuvre majeure. Inspiré de la vie paysanne québécoise, le récit se déroule autour des fortunes et infortunes d'un avare, Séraphin Poudrier. Ce roman a connu un succès sans précédent au Québec. Repris dans des textes dramatiques, il est joué à plusieurs reprises sur les scènes de la province entre 1942 et 1953, et on en fait deux longs métrages, « Un homme et son péché » (1948) et « Séraphin » (1950). Mais ce sont surtout la radio et la télévision qui l'ont rendu populaire. De 1939 à 1962, plusieurs fois par semaine, la station radiophonique CBF et ses postes affiliés diffusent « Un homme et son péché », avec le sous-titre : « Une autre des belles histoires des pays d'en haut ». Le poste CKAC émet pendant cinq ans le « Journal parlé » de Grignon, ce qui contribue à l'orchestration du roman, et CKVL repasse des épisodes du radioroman. De 1956 à 1970, puis en 1972 et en 1977-1978, un téléroman du même titre, à une demi-heure, puis à une heure par semaine, reprend « Les Belles Histoires ». L'histoire de Séraphin a joui d'une écoute extraordinaire, et le nom du héros est devenu synonyme d'avare chez les Canadiens français. Maire de Sainte-Adèle de 1941 à 1951, Claude-Henri Grignon est reçu à la Société royale du Canada en 1962. Il a consacré ses derniers loisirs à la rédaction de ses mémoires.

ŒUVRES

[*Les Vivants et les Autres. M. Turc-Barbeau. Nérée Beauchemin, poète de chez-nous. Épigraphe pour un bagne*] (essais), Montréal, Librairie Ducharme, [1922], 15 p. Sous le pseudonyme de Valdombre.

Le Secret de Lindbergh (biographie romancée), Montréal, Éditions de la Porte d'or, [1928], iv, 211 p. Préface en anglais par M.J.A. Wilson.

Ombres et Clameurs. Regards sur la littérature canadienne (essai), Montréal, Éditions Albert Lévesque, 1933, 205 p.

Un homme et son péché. Roman, Montréal, Éditions du Totem, 1933, 212 p. ; Éditions du Vieux-Chêne, [1935], 249 p. Ill. Avec neuf bois de Maurice Gaudreau. (Édition définitive) ; [1941], 198 p. Ill. de Simone Aubry. Préface de l'auteur ; [1942]. Préface de l'auteur ; 1945, 207 p. Préface de l'auteur ; Sainte-Adèle, Éditions du Grenier, 1950, 198 p. Avec 2 préfaces de l'auteur ; Centre éducatif et culturel, éditeur, 1960, 206 p. Avec 3 préfaces de l'auteur ; 1965, Sainte-Adèle, Éditions du Grenier, 1969, 206 p. Avec 3 préfaces de l'auteur et dix compositions originales de Simone Aubry ; 1972 ; Alain Stanké, 1976, 211 p. ; *Un homme et son péché. Les belles histoires des pays d'en haut*, Éditions internationales Alain Stanké, 1977, [xxx], 207 p. Préfaces par l'auteur des éditions antérieures. « Québec 10/10 » ; 1979, 281 p. Ill. de Jean-P. Ladouceur. (Édition de luxe. Tirage limité). *Un homme et son péché*, Montréal, PUM, 1986, 257 p. Édition critique établie par Antoine Sirois et Yvette Francoli. « Bibliothèque du Nouveau Monde ». Traduction anglaise par Yves Brunelle : *The Woman and the Miser*, Montréal, Harvest House, 1978, xii, 99 p. « French Writers of Canada ».

Le Déserteur et Autres Récits de la terre, Montréal, Éditions du Vieux Chêne, [1934], 221 p. ; Stanké, 1978.

Précisions sur « Un homme et son péché », Montréal, Éditions du Vieux Chêne, 1936, 109 p.

Le Cycle des damnés, Flaubert, dans *Vivre*, 5e cahier, 1re série, déc. 1934, p. 8–10.

Les Pamphlets de Valdombre (revue), publiés de 1936 à 1943.

Étoffe des pays d'en-haut, PV, série 4, 1941, p. 282–307.

Arthur Buies ou L'Homme qui cherchait son malheur, CACF, no 7, 1963, p. 29–42.

ÉTUDES

Louis Dantin, *Le Secret de Lindbergh*, dans *Gloses critiques*, Montréal, Éditions Albert Lévesque, 1re série, 1931, p. 87–98.

André Pelletier, *Le Secret de Lindbergh*, dans *Carquois*, Montréal, Librairie d'Action canadienne-française, 1931, p. 57–73.

Émile Bégin, *Un homme et son péché*, ESC, vol. 13, no 7, avril 1934, p. 402–406.

Claude Berre, *Le Secret de Valdombre*, dans *Vivre*, 2e cahier, 1re série, 15 juin 1934, [p. 5–8].

Louis Dantin, *Un homme et son péché*, dans *Gloses critiques*, Montréal, Éditions Albert Lévesque, 2e série, 1934, p. 125–170.

Saint-Denys Garneau, *Le Déserteur... de Claude-Henri Grignon*, Re, 5e cahier, 1re série, 1934, p. 112–117.

Maurice Hébert, *Les Prix David 1935. Un homme et son péché*, CF, vol. 22, no 3, nov. 1935, p. 235, 244–250.

Id., *Un homme et son péché*, dans *Les Lettres au Canada français*, Montréal, Éditions Albert Lévesque, 1936, p. 73–84.

Albert Laberge, *Claude-Henri Grignon*, dans *Peintres et Écrivains d'hier et d'aujourd'hui*, Montréal, Édition privée, 1938, p. 173–181.

Adrienne Choquette, *Claude-Henri Grignon*, dans *Confidences d'écrivains canadiens-français*, Trois-Rivières, Éditions du Bien public, 1939, p. 227–236.

Rex Desmarchais, *Chez Valdombre*, NR, vol. 1, no 7, avril 1942, p. 404–408.

Id., *La Vie et la Mort de Séraphin Poudrier*, NR, vol. 1, no 8, mai 1942, p. 491–496.

Suzanne-D. Pelletier, « Bio-bibliographie de Claude-Henri Grignon ». Mémoire. Montréal, École des bibliothécaires de l'Université de Montréal, [1946], v, 33 f.

Théophile Bertrand, *Tit-Coq et Séraphin*, dans *Lectures*, t. 5, no 7, mars 1949, p. 383–388.

Manuel Maitre, *Claude-Henri Grignon rugit... et c'est Séraphin qu'on entend*, P, semaine du 9 au 15 août 1962, p. 1–5.

Gérald Godin, *Le Péché de Grignon ; dire sa vérité huit heures par jour*, MM, vol. 4, no 8, août 1964, p. 45–46.

Pierre Desrosiers, *Séraphin ou La Dépossession*, PP, vol. 4, nos 5–6, janv.–févr. 1967, p. 52–62.

Gérard Bessette, *Autour de Séraphin*, dans *Une littérature en ébullition*, Montréal, Éditions du Jour, 1968, p. 91–107.

Mireille Gervais-Maquoi, *Le Roman de la terre au Québec*, Québec, PUL, 1974, p. 127–147.

René Dionne, *Séraphin Poudrier, péché fait homme et bouc émissaire*, LQ, vol. 1, no 3, sept. 1976, p. 19–21.

Bernard Andrès, *Pour une grammaire de l'énonciation pamphlétaire*, EL, vol. 11, no 2, août 1978, p. 351–372.

Alain Piette, *Un homme et son péché : l'innocence avarice ou le masque idéologique*, VI, vol. 14, no 1, sept. 1978, p. 107–126.

René Dionne, *Claude-Henri Grignon. Le Déserteur et Autres Récits de la terre*, LAQ 1978, p. 47–48.

GRIGNON, EDMOND [Vieux Doc, Paschal] (1861–1939). Médecin et conteur, né à Saint-Jérôme.

Après son cours classique au Séminaire de Sainte-Thérèse, il s'inscrit en médecine au Victoria College (Montréal) et est admis au Collège des médecins en 1885. Il exerce sa profession à Sainte-Julienne, Saint-Jérôme et Montréal, puis à Sainte-Agathe où il demeure jusqu'à la fin de sa vie. En 1886, il fonde un cercle agricole dont il restera le secrétaire durant vingt-cinq ans. Sous le pseudonyme de Paschal, il signe des chroniques dans *Le Nord* et *L'Avenir du Nord*. En 1930, à la suggestion de son neveu Claude-Henri Grignon, il publie *En guettant les ours*, recueil de récits pittoresques sur la colonisation et de souvenirs de l'école de médecine. Suivis, deux ans après, de *Quarante ans sur le bout du banc*, amusantes comédies du tribunal du juge de paix, ces mémoires sont un témoignage sociologique et ils ont fait la joie d'une génération.

ŒUVRES

Album historique publié a l'occasion des Fêtes du Cinquantenaire de la paroisse Sainte-Agathe-des-Monts, 1861–1911, Montréal, Compagnie de publications commerciales, 1912, 232 p.

En guettant les ours, mémoires d'un médecin des Laurentides, Montréal, Éditions Édouard Garand, 1930, 239 p. « L'action canadienne pour la race » ; Librairie Beauchemin Limitée, 1930, 253 p. Édition révisée, corrigée, augmentée et illustrée par A. Bourgeois ; *En guettant les ours, mémoires joyeux d'un médecin des Laurentides*, [1932], 261 p. Édition révisée, corrigée, augmentée et illustrée par A. Bourgeois, A.A. Labelle et Mat ; [1945] ; Montréal, Éditions Fides, 1981, 199 p.

Quarante ans sur le bout du banc. Souvenirs joyeux d'un juge de paix des Laurentides, Montréal, Librairie Beauchemin Limitée, 1932, 243 p. Ill. de Labelle, Paquette et Mat.

ÉTUDES

Albert Pelletier, *En guettant les ours*, dans *Carquois*, Montréal, LACF, 1931, p. 199–217.

Camille Roy, *Quarante ans sur le bout du banc. En guettant les ours*, ESC, vol. 12, no 2, nov. 1932, p. 86–87.

Valdombre, *Hommage au Vieux Doc*, dans *L'Avenir du Nord*, 43e année, no 45, 10 nov. 1939, p. 1–2.

Albert Brie, *Vieux Doc, médecin des Laurentides*, dans *Le Livre d'ici*, vol. 7, 12 mai 1982, no 32.

Suzanne Lafrenière, *En guettant les ours*, Dr, 71e année, no 23, 23 avril 1983, p. 30.

GRIGNON, MANON. Voir **GRIGNON-LAPIERRE, MONIQUE.**

GRIGNON-LAPIERRE, MONIQUE [Manon Grignon, Laurent Naud, Anne Pierre, Mimi Verdi]

(1931–). Poète et nouvelliste, née à Saint-Jovite. Petite-fille de l'écrivain Vieux Doc, elle fait ses études secondaires au Pensionnat des Saints-Anges, à Saint-Jérôme (1945-1949). Elle s'inscrit à un cours d'infirmière, l'abandonne et suit plus tard des cours « humanistes » à l'Institut culturel de Montréal et des cours en littérature. En 1955-1956, elle remporte un premier prix de la Société des poètes canadiens-français et, en 1969, une mention honorable. En 1962, 1966 et 1969, elle est finaliste au concours du Cercle du livre de France, qui publie son recueil de nouvelles, *Bonjour Twiggy*. Ces nouvelles reçoivent un accueil mitigé. Sa poésie est originale, nerveuse et variée dans le choix des sujets.

ŒUVRES

Bonjour Twiggy. Nouvelles, Montréal, CLF, 1971, 85 p. Sous le pseudonyme de Mimi Verdi.
L'Artère en feu (poésie), Ville de Laval, Les Éditions l'Étape, 1980, 117 p. Ill. d'Ève Lapierre. (Ce recueil parut sous le titre *L'Œil vertical* , Montréal, Cercle littéraire ésotérique, enr., en 1979, mais il fut retiré du commerce).

« *Les Animaux malades de la peste* » (version canadienne), Dev, vol. 51, nº 40, 17 févr. 1961, p. 8.
Entends-tu sonner Shofar? (poème), dans *Regards sur Israël*, vol. 6, nº 2, nov. 1977, p. 15.
Babylone (poème), dans *Regards sur Israël*, vol. 7, nº 7, avril 1979, p. 15.
Toi, le Dieu debout (poème), dans *Regards sur Israël*, vol. 8, nºs 7-8, mars-avril 1980, p. 25.
Quand j'écrirai... (poème), dans *Regards sur Israël*, vol. 9, nº 1, sept. 1980, p. 15.
Juif de ma ville (poème), dans *Regards sur Israël*, vol. 9, nº 4, déc. 1980, p. 15.

ÉTUDES

Jean Éthier-Blais, *Des romanciers de l'enfance*, Dev, vol. 61, nº 124, 22 mai 1971, p. 13.
[Anonyme], *Bonjour Twiggy de Mimi Verdi*, dans *Le Livre canadien*, vol. 2, nov. 1971, nº 192.
Gabrielle Poulin, *Le Bal des petits souliers au Cercle du livre de France*, LAQ 1971, p. 69.

GRINCHEUX (LE). Voir FRÉMONT, DONATIEN.

GRISÉ, YOLANDE (1944–). Historienne de la littérature et latiniste, née à Montréal. Elle fait ses études au Pensionnat de l'Ange-Gardien, à l'École normale Cardinal-Léger et au Collège Marie-Anne (B.A., 1964). Elle obtient ensuite un baccalauréat en pédagogie à l'Université de Montréal (1965), une licence ès lettres à l'Université Laval (1971), puis, à la Sorbonne, une maîtrise pour un mémoire intitulé « Recherches sur la notion de sacrifice : la ‹ devotio › romaine » (1972), et un doctorat (1977) dont la thèse porte sur « Les Romains et le Suicide ». Elle enseigne à la Commission des écoles catholiques de Montréal de 1965 à 1968, à temps partiel à l'Université d'Ottawa, à l'Université Laval de 1976 à 1979, et elle devient professeure régulier à l'Université d'Ottawa en 1980. Elle collabore à la *Revue des études latines*, aux *Cahiers des études anciennes,* aux *Lettres québécoises*, à la *Revue du Nouvel-Ontario*, aux *Cahiers de la femme*, etc. Elle s'intéresse particulièrement aux écrits de l'Ontario ; en 1982 paraissent les quatre volumes de son anthologie de textes « ontarois », destinée principalement aux élèves du primaire et du secondaire. Première du genre, agréablement présentée et richement illustrée, l'anthologie est bien accueillie. Murray Maltais admire « l'étonnante diversité des réalités qu'elle englobe ». Jean Éthier-Blais déclare que c'est là « une très grande œuvre d'espoir », et pas seulement pour les Franco-Ontariens, mais pour tous les Canadiens français. En 1984, Yolande Grisé est nommée directrice du Centre de recherche en civilisation canadienne-française de l'Université d'Ottawa. En 1986, elle dirige une vaste entreprise de recherche, « Les Textes poétiques du Canada français, 1608-1867 », mise sur pied par Sœur Jeanne d'Arc Lortie, à laquelle sont associés Pierre Savard et Paul Wyczynski.

ŒUVRES

Anthologie de textes littéraires franco-ontariens, Montréal, Fides, 1982, 4 vol. : vol. 1, *Parli, parlo, parlons*, 143 p. Préface de Jacqueline Martin ; vol. 2, *Des mots pour se connaître*, 220 p. Préface de Séraphin Marion ; vol. 3, *Les Yeux en fête*, 201 p. Préface de Germain Lemieux ; vol. 4, *Pour se faire un nom*, 322 p. Préface de Gisèle Lalonde.

Le Suicide dans la Rome antique (essai), Montréal/
Paris, Bellarmin/Les Belles Lettres, 1982, 325 p. Préface
de Pierre Grimal. « Noêsis/Études anciennes ».

*Le Monde des dieux. Initiation à la mythologie gréco-
romaine par les textes*, Montréal, Hurtubise HMH,
1985, [15], vi, 334 p. Préface de Maurice Lebel.

Les Textes poétiques du Canada français, 1606–1867,
vol. 2, *1806–1826*, Montréal, Fides, 1989, lxxiii, 739 p.
Collab. Jeanne d'Arc Lortie, s.c.o., Pierre Savard et
Paul Wyczynski. Édition intégrale annotée.

Les Modes de suicide à Rome, dans *Cahiers des études
anciennes*, vol. 8, 1er trimestre 1978, p. 27–48 ; vol. 11,
1er trimestre 1980, p. 45–79.

La Tranquille Révolution culturelle de l'Ontario français,
Pe, 24 nov. 1979, p. 8, 10–11.

De la fréquence du suicide chez les Romains, dans *Latomus*,
t. 39, fascicule 1, janv.–mars 1980, p. 17–46.

Du sort des suicidés aux enfers, dans *Bulletin de l'Association Guillaume Budé*, oct. 1980, p. 295–304.

*Pourquoi « retuer » un mort ? Un cas de suicide dans la
Rome royale*, dans *Mélanges d'études anciennes offerts
à Maurice Lebel*, Saint-Jean-Chrysostome, les Éditions
du Sphinx, 1980, p. 267–281.

L'Illustre Mort de Pline le naturaliste, dans *Revue des
études latines*, 58e année, 1981, p. 338–343.

« Ontarois » : une prise de parole, dans *Revue du Nouvel-
Ontario*, no 4, 1982, p. 81–88.

La Saga du Nouvel Ontario, dans *Revue d'histoire littéraire
du Québec et du Canada français*, no 3 : *La Littérature
régionale 1981–1982*, 1982, p. 17–23.

*En causant avec Séraphin Marion, gentilhomme et homme
de lettres*, LQ, no 30, été 1983, p. 37–45.

La Métamorphose dans les contes ontarois, dans *Actes
du colloque — La Culture franco-ontarienne : traditions
et réalités nouvelles/Franco-Ontarian Culture : Traditions and New Perspectives*, Toronto, York University,
[1984], p. 53–71.

Séraphin Marion (1896–1983) : une vie bien remplie, LQ,
no 34, été 1984, p. 14–17.

Voyage au cœur de la parole nouée, dans *Liaison*, no 32,
automne 1984, p. 42.

L'Éthique romaine et le Suicide, dans *Les Suicides, Cahiers
de recherche éthique*, no 11, 1985, p. 93–114.

*François Hertel, l'enfant terrible des lettres canadiennes,
n'est plus*, LQ, no 40, hiver 1985–1986, p. 8–9.

*Le Premier Symposium pour la femme francophone en
Ontario*, dans *Canadian Woman Studies/Les Cahiers
de la femme*, vol. 7, nos 1–2, printemps/été 1986,
p. 196–198.

*La Belle Perdrix verte. Un cas de métamorphose dans les
contes ontarois. Essai d'interprétation*, RUO, vol. 56,
no 3 : *Les « Autres » Littératures d'expression française
en Amérique du Nord*, juillet–sept. 1986, p. 35–45.

*Un œil ouvert sur le monde, l'autre fermé sur soi. Hertel,
l'homme et l'œuvre, de Jean Tétreau*, LQ, no 40, hiver
1986–1987, p. 60–61.

ÉTUDES

Michel Beaulieu, *Une odyssée franco-ontarienne*, dans *Le Livre
d'ici*, 16 juin 1982, p. 4.

Daniel Marchildon, *L'Anthologie de textes littéraires franco-
ontariens. Pour mieux se connaître*, dans *Liaison*, no 23,
août–sept. 1982, p. 44.

Pierre Boissonneault, *Anthologie : pour se faire un nom*, dans
Québec français, no 47, oct. 1982, p. 12.

Gaétan Lévesque, *Anthologie de textes littéraires franco-ontariens*,
LQ, printemps 1983, no 29, p. 69.

Michel Dussault, *Le Suicide dans la Rome antique*, dans *Nos
livres*, vol. 14, nov. 1983, no 5479.

André Daviault, *Le Suicide dans la Rome antique*, dans *Cahiers
des études anciennes*, vol. 15, 1983, p. 252–253.

Michel Hano, *Yolande Grisé, Le Suicide dans la Rome antique*,
dans *Bulletin de l'Association des professeurs de lettres* (Paris),
no 31, déc. 1984, p. 33–34.

Adrien Thério, *De l'origine des êtres et des choses*, LQ, no 39,
automne 1985, p. 16–17.

Paul Gay, *L'Éblouissante Poésie de la mythologie*, dans *L'Apropos*,
vol. 3, no 2, 1985, p. 30–34.

René Payant, *Le Monde des dieux*, dans *Spirale*, févr. 1986,
no 58, p. 12.

Laurent Laplante, *Les Suicides*, RS, vol. 27, no 1, 1986,
p. 167–171.

GRISÉ-ALLARD, JEANNE [Alice Ber, Gouttes
d'eau, Jeanne, Marraine, Ninon, Régis] (1902-   ).
Courriériste, nouvelliste et poète, née à Saint-Césaire
(Rouville). Elle fait ses études au pensionnat des
sœurs de la Présentation de Marie. Plus tard, elle
suit des cours de sciences sociales à l'Université de
Montréal. En 1928, elle commence au *Canada
français* une carrière de plus de cinquante ans de
journalisme. Elle passe à *La Patrie* en 1935, rem-
plaçant Jeanne Saint-Denis et Louise Gilbert, collaborant au quotidien et dirigeant la section « Le
Royaume des femmes » de *La Patrie du dimanche*.
En 1938, elle prend la direction du *Bulletin des
agriculteurs* auquel elle collabore jusqu'en 1979,
alors qu'elle passe à la *Revue des fermières*. Son
courrier, ses poèmes et ses nouvelles paraissent
sous divers pseudonymes dont les plus fréquents
sont Alice Ber et Régis. Elle collabore à d'autres
périodiques dont *Le Devoir*, *Relations* et *Amérique
française*. En même temps, elle fonde le « Courrier
de Jeanne » à CHLP (1935–1950), elle anime des
émissions comme « Chez moi chez Jean Lalonde »
à CKAC (1940–1944), elle travaille à Télé-Métropole
et à Radio-Canada dans les années soixante-dix.
Jeanne Grisé-Allard est bien connue par ses conférences et par ses guides pratiques, mais elle l'est
moins par ses poèmes dont plusieurs ont été mis en
musique par Oscar O'Brien. Elle reçoit la médaille
de vermeil de l'Académie française, en 1937, pour
Médailles de cire. « Rien de ce qui se passe dans la

nature n'échappe à son observation », écrit Jeanne Saint-Denis.

ŒUVRES

[*Gouttes d'eau. Prose et poésie*], [s.l.], Des ateliers du Canada français, [1924], 130 p. Préface de Georges M. Bilodeau. Ill. de l'auteur.

Médailles de cire (poésie), Saint-Jean, Le Canada français, 1929, 130 p. Préface d'Alfred DesRochers ; Montréal, Librairie Granger frères limitée, 1933, 159 p. ; St-Césaire, Henri Grisé et fils imprimeurs, libraires, éditeurs, 1936, 158 p. Portrait ; *Médailles de cire. Poèmes*, Éditions de la Marquise, 1984, 160 p.

Mystères... Mystères joyeux, mystères douloureux, mystères glorieux de la maternité (essai), Montréal, [s.é.], 1947, 172 p.

Chagrin d'enfant (essai), Montréal, École des parents du Québec, [1948], 40 p. Introduction de l'auteur.

Un billet pour l'Espagne (récit), Montréal, Beauchemin, 1960, 122 p. Ill. de Pierre et Michel Allard.

Mille trucs, madame. Abécédaire de la femme du jour, Montréal, Éditions du Jour, 1971, 157 p. ; *1200 nouveaux trucs*, 1972, 193 p. ; *Encore des trucs, tome III*, 229 p. ; *Toujours des trucs*, 1975, 204 p. Sous le pseudonyme d'Alice Ber.

222 recettes pour 2, Montréal, Éditions du Jour, 1973, 175 p.

1500 prénoms et leur signification, Montréal, Éditions du Jour, 1973, 236 p.

Le Tissage (guide), Montréal, Éditions du Jour, 1975, 107 p. Collab. Germaine Galarneau. Ill. ; Les Éditions de l'Homme, 1981, 146 p. Ill. « Artisanat ».

J'apprends l'anglais... (méthode), Éditions du Jour, 1976-1979, 2 vol. : vol. 1, 1976, 157 p. ; vol. 2, 1979, 159 p. ; Collab. Gino Silicani. Ill. ; Les Éditions de l'Homme, 1982, 309 p. Ill. Introduction des auteurs.

Le Saphir bleu (poème), dans *La Revue moderne*, 14e année, n° 2, déc. 1932, p. 6.

Carnaval (poésie), Dev, vol. 25, n° 34, 10 févr. 1934, p. 5.

La Vie sociale d'Émilie Tarvernier, Rel, 3e année, n° 30, juin 1943, p. 160-161.

Les Maternelles, Rel, 5e année, n° 56, août 1945, p. 209.

Mon ami Charles E. Harpe (1909-1952), AmF, vol. 11, n° 4, déc. 1953, p. 22-31.

ÉTUDES

Jeanne [Saint-Denis], *Médailles de cire de Jeanne Grisé*, Dev, vol. 25, n° 27, 2 févr. 1934, p. 5.

Cécile Fabien, « Jeanne Grisé-Allard, bio-bibliographie ». Mémoire. Montréal, École de bibliothécaires de l'Université de Montréal, 1945, 81 f.

Françoise Gaudet-Smet, *Le Retour de Titus*, No, vol. 45, n° 88, 13 févr. 1965, p. 10.

Denise Courtois, *Jeanne Grisé-Allard*, dans *Vingt-cinq à la Une, Biographies* (Cercle des femmes journalistes), Montréal, La Presse, 1976, p. 86-92.

Maurice Côté, *Jeanne Grisé, journaliste et écrivaine depuis 57 ans*, dans *Le Journal de Montréal*, vol. 20, n° 316, 29 avril 1984, p. 38.

Pierrette Moisan, « Jeanne Grisé-Allard, bio-bibliographie ». Mémoire. Montréal, École des Bibliothécaires de l'Université de Montréal, [s.d.], 36 f.

GROULX, LIONEL [Aymérillot II, Jacques Brassier, David la Fronde, Alonié de Lestres, André Marois, Lionel Montal] (1878-1967). Historien, romancier et essayiste, né à Vaudreuil. Au terme de ses études classiques au Séminaire de Sainte-Thérèse-de-Blainville, en 1899, il obtient la médaille du Gouverneur général. La même année, il commence au Grand Séminaire de Montréal ses études théologiques qu'il poursuit au Grand Séminaire de Valleyfield. Ordonné prêtre en 1903, il devient professeur de belles lettres et de rhétorique à Valleyfield, commence à collaborer à la *Revue ecclésiastique*, au *Semeur*, et publie une première brochure, *L'Éducation de la volonté en vue du devoir social* (1906). Il continue ses études à Rome et obtient un doctorat en philosophie (1907) et en théologie (1908) à l'Université de la Minerve. Il entreprend des études de lettres à Fribourg, mais sa santé le force à rentrer au Canada (1909) où il reprend son enseignement au Collège de Valleyfield (1909-1915). En 1915 il est nommé professeur d'histoire du Canada à l'Université Laval à Montréal où il occupe la première chaire d'histoire du Canada, fonction qu'il conserve jusqu'en 1949, l'interrompant à quelques reprises pour des voyages de recherches ou de cours et conférences : ainsi, il travaille aux archives de Londres et de Paris (1921-1922), est délégué de l'Université de Montréal, en 1931, pour donner des conférences sur l'histoire du Canada aux universités de Paris, de Lille et de Lyon. Il est d'une activité débordante. Outre ses conférences et son enseignement universitaire, il donnera des cours au Collège Basile-Moreau (1927-1950), à l'École normale d'enseignement secondaire et à la radio (1949). Il publie en 1912 un premier volume, *Une croisade d'adolescents*, qui relate une expérience religieuse et nationaliste assez symptomatique de sa carrière, livre bientôt suivi d'autres ouvrages qui se succèdent avec régularité jusqu'à sa mort. Il milite activement dans des mouvements patriotiques, en fonde d'autres, vit intensément sa conception de l'histoire. Ainsi, Lionel Groulx est directeur de la revue *L'Action française* (1920-1928) ; il fonde, en 1946, l'Institut d'histoire de l'Amérique française et assume pendant vingt ans la direction de la *Revue d'histoire de l'Amérique française* (1947-1967). Il a créé cet organisme dans le but de promouvoir l'histoire scientifique, de permettre des échanges entre les chercheurs et d'aider à la publication de travaux historiques. Il collabore à de nombreux journaux et revues : *Le Devoir, Le Quartier latin, La Vie nouvelle, La Revue canadienne, La Revue trimestrielle, Liaison, L'Action nationale*, etc. Sa carrière est jalonnée de prix et de récompenses. Mentionnons seulement le prix de l'Académie française (1931), la médaille de la Société historique de Montréal (1933), la médaille gravée à son effigie lors du tricentenaire de Trois-Rivières (1934), la médaille Tyrrel (1948), le prix Duvernay (1952), l'insigne de l'Ordre de la fidélité française (1953), le prix du Grand Jury des lettres (1963), la médaille Léo Parizeau (1963). Quatre universités : Ottawa (1934), Laval (1937), Montréal (1942), Saint John's (Terre-Neuve, 1962), lui décernent un doctorat honorifique, et l'Université de Montréal le nomme professeur émérite en 1949. Membre de nombreuses sociétés, élu à la Société royale du Canada (1918 ; il démissionne en 1952), il est fait membre à vie de la Société historique du Canada, de la Société généalogique canadienne-française et de la Société Saint-Jean-Baptiste de Sherbrooke. À sa mort, survenue le 23 mai 1967, le Québec observe un jour de deuil officiel et on lui fait des obsèques d'État. Montréal et sept autres villes donnent son nom à une rue, Montréal dédie à sa mémoire une station de métro, le Séminaire de Sainte-Thérèse devenu Cégep porte le nom de Lionel Groulx... Il a marqué deux générations de Canadiens français. Son œuvre abondante est celle d'un historien, d'un éducateur, d'un homme d'action et d'un grand écrivain. Il a convié ses compatriotes à résister à l'assimilation, les a invités à la fidélité non « à un passé, mais à une permanence », comme dit Guy Frégault. La conservation de la foi catholique et de la culture française jointes à une politique et une économie nationales demeurent sa préoccupation majeure. Tout au long de sa vie, il s'est appliqué à définir les composantes de cet idéal. « L'abbé Groulx a dû s'improviser historien », remarque Pierre Savard ; et il a poursuivi ses objectifs avec une inlassable énergie, tour à tour professeur, conférencier, essayiste, et même romancier en vogue, ainsi que le montrent des ouvrages comme *Les*

Rapaillages (1916), *Chez nos ancêtres* (1920), *L'Appel de la race* (1922) et *Au cap Blomidon* (1932). L'historien s'est imposé par une série de synthèses magistrales qui portent sur le destin d'un peuple (*La Naissance d'une race*, 1919), sur les moments décisifs du pays (*Lendemains de conquête*, 1920), sur l'enseignement du français au Canada. Son message se précise dans *Notre maître le passé* (1936, 1937, 1944). Sa vision se synthétise dans son *Histoire du Canada français depuis la découverte* (1950-1952), l'œuvre maîtresse de sa vie. Dans une conférence au Gesù, le 9 novembre 1941 et publiée sous le titre de *Notre mission française*, l'abbé Groulx insiste sur la fidélité au génie français, ajoutant que le peuple auquel il appartient doit se croire autonome et voué à la pratique des vertus qui lui sont propres dans les formes originales de sa vie. Pour lui — et sa pensée d'historien est manifeste — « le génie d'un peuple n'est pas quelque chose de statique, de figé, d'achevé. C'est quelque chose d'essentiellement dynamique, une puissance indéfinie de s'enrichir ou de se modifier ». Son insistance se fait parfois douloureusement pressante : « Est-il dans l'ordre, demande-t-il en 1934 en recevant un doctorat honorifique de l'Université d'Ottawa, qu'après trois cents ans d'histoire et soixante ans de confédération, les jeunes gens de notre sang soient encore occupés à se définir nationalement ? Est-il normal qu'au drame sans fin de notre vie collective s'ajoute pour eux cet autre drame d'hésiter sur la nature ou le caractère de l'État canadien, sur la définition de leur patrie, sur la somme et l'étendue de leurs droits, sur la vocation historique et culturelle de leur nationalité ? » L'homme est la cheville ouvrière de ce qu'on appelle un « peuple » fort de sa culture et de sa civilisation. Groulx fait sienne cette pensée de Georges Duhamel : « La Civilisation [...] si elle n'est pas dans le cœur de l'homme, eh bien ! elle n'est nulle part ». Et il précise : « La culture, c'est le fonds spirituel d'une nation, porté, si l'on veut, à un certain point d'exellence. À proprement parler, c'est l'essence même de la nation ». À partir de cette idée centrée sur le dynamisme populaire s'élabore sa conception de l'histoire. Ainsi, la mission du peuple canadien-français sera résolument française, de lignée française. « Française, notre culture le sera pourtant avec une couleur, une originalité définies. Quoi que nous fassions, nous ne pouvons pas être par l'esprit des Français de France, ni le Canada français ne peut être par la culture, une province de France. [...] Notre culture sera de nous et elle sera canadienne-française ou elle ne sera pas ». Créer une civilisation, c'est donc pour un peuple accomplir virtuellement une synthèse vivante de ses origines et de ses modes de vivre. La seule ressource, le vrai moyen de défense est d'avoir une âme. « Un Canada français, cramponné magnifiquement à son passé, donnant l'exemple de la plus haute fidélité morale, laissant déborder par-dessus ses frontières la plénitude de sa vie française, pourrait être l'étonnement et le joyau de l'Amérique ». L'histoire constitue pour Lionel Groulx une source de « directives » qu'il a su formuler dans un style à la fois passionné et savamment mesuré. Comme l'écrit Jean Éthier-Blais, « l'abbé Groulx et son œuvre ont suscité notre temps, comme Garneau avait suscité le sien. Avant lui triomphait la tête haute, la démagogie, les délices et les jeux de la politique traditionnelle. L'œuvre de l'abbé Groulx aura été d'introduire dans ces cavernes, le remords et parfois (chez les plus intelligents) le doute ».

ŒUVRES

L'Éducation de la volonté en vue du devoir social. Conférence donnée à l'Académie Émard, collège de Valleyfield, le 22 février 1906, Montréal, [s.é.], 1906, 24 p.

Une croisade d'adolescents (essai), Québec, Imprimerie de l'Action sociale limitée, 1912, xvii, 265 p.; Montréal, Granger frères, 1938, 259 p.

Petite Histoire de Salaberry de Valleyfield (essai), Montréal, Beauchemin, 1913, 31 p.

Nos luttes constitutionnelles (conférences), Montréal, Imprimé au Devoir, 1915-1916, 5 fascicules: I, *La Contitution de l'Angleterre — Le Canada politique de 1791. Conférence de l'abbé Lionel Groulx le mercredi 3 novembre 1915*, 19 p.; II, *La Question des subsides. Conférence de l'abbé Lionel Groulx le mercredi 1er décembre 1915*, 17 p.; III, *La Responsabilité ministérielle. Conférence de l'abbé Lionel Groulx, le mercredi 19 janvier 1916*, 23 p.; IV, *La Liberté scolaire. Conférence de l'abbé Lionel Groulx le mercredi 23 février 1916*, 23 p.; V, *Les Droits du français. Conférence de l'abbé Lionel Groulx, le mercredi 12 avril 1916*, 21 p.

Les Rapaillages (vieilles choses, vieilles gens) (souvenirs), Montréal, Bibliothèque de l'Action française, 1916, 141 p. Ill. de J.-C. Franchère; Imprimé au Devoir, 161 p.; [1919], 141 p.; Granger frères, 1934, 124 p.; Éditions Albert Lévesque, 1935, 141 p.; Librairie d'Action canadienne-française, 1937, 139 p.; 1942; 1945, 137 p. (Édition revue et augmentée); Éditions Granger, [1950], 139 p.; [Montréal], Leméac, 1978, 149 p. Ill. de J.-C. Franchère. Préface de Jean Éthier-Blais. « Les Classiques Leméac ». (Réimpression de l'édition de 1916).

La Confédération canadienne, ses origines. Conférences prononcées à l'Université Laval (Montréal 1917-1918), Montréal, Imprimé au Devoir, 1918, 265 p.; *La Confédération canadienne*, Montréal, Éditions internationales A. Stanké, 1978, 264, [8] p. « Québec 10/10 ».

L'Histoire acadienne (conférence), Montréal, Éditions de la Société Saint-Jean-Baptiste de Montréal, 1917, 32 p. Carte.

[*Pour l'Action française. Conférence prononcée au Monument national, à Montréal, le 10 avril 1918*, Montréal, Bibliothèque de l'Action française, 1918], 23 p.

La Naissance d'une race (conférences prononcées à l'Université Laval, Montréal, 1918-1919), Montréal, Bibliothèque de l'Action française, 1919, 299 p.; Librairie d'Action canadienne-française, 1930, 285 p.; Librairie Granger frères, 1938, 287 p.

[*Si Dollard revenait... Conférence prononcée sous les auspices du Cercle catholique des voyageurs de commerce de Montréal*, Montréal, Bibliothèque de l'Action française, 1919], 24 p.

Chez nos ancêtres (étude), Montréal, Bibliothèque de l'Action française, [1920], 105 p. Dessins de James McIsaac; Éditions Albert Lévesque, 1933, 93 p.; 1936; Granger frères, 1943, 95 p.; 1946; 1949.

Lendemains de conquête. Cours d'histoire du Canada à l'Université de Montréal, 1919-1920, Montréal, Bibliothèque de l'Action française, 1920, 237 p.; Montréal, Éditions internationales Alain Stanké, 1977, 299 p. Préface de Jean-Pierre Wallot. « Québec 10/10 ».

Méditation patriotique (essai), Montréal, Bibliothèque de l'Action française, 1920, 16 p. « Collection à 5 sous ».

Consignes de demain: doctrines et origines de l'Action française (essais), Montréal, Bibliothèque de l'Action française, 1921, 23 p. Collab. Antonio Perrault et Pierre Homier. (Repris dans *Les Soirées de l'Action française*, Montréal, Éditions de l'A.C.F., 1939, pagination multiple).

Vers l'émancipation (première période), (cours d'histoire du Canada à l'Université de Montréal, 1920-1921), Montréal, Bibliothèque de l'Action française, 1921, 311 p.

L'Amitié française d'Amérique. Conférence prononcée à Lowell, É.-U., le 17 septembre 1922, au Congrès de la fédération catholique des sociétés franco-américaines, Montréal, Bibliothèque de l'Action française, 1922, 31 p. (Repris dans *Les Soirées de l'Action française*, Montréal, Éditions de l'A.C.F., 1939, pagination multiple).

L'Appel de la race (roman), Montréal, Bibliothèque de l'Action française, 1922, 281 p. Sous le pseudonyme de Alonié de Lestres; 1923; Librairie Granger frères, limitée, [1943], 251 p.; Montréal/Paris, Fides, 1956, 252 p. Introduction de Bruno Lafleur. « N »; 1970; 1980, 199 p. Présentation, chronologie, bibliographie et jugements critiques de Gilles Dorion. Traduction anglaise de J.S. Wood: *The Iron Wedge*, Ottawa, Carleton University Press, 1986, 177 p. Présentation de Michel Gaulin. « Carleton University ».

La France d'outre-mer (essai), Paris, Librairie de l'Action française, 1922, 34 p. Préface de l'éditeur.

Notre avenir politique ; enquête de l'Action française, 1922 (essai), Montréal, Bibliothèque de l'Action française, 1923, 269 p.

Notre maître le passé (essais, discours, conférences), Montréal, 3 vol. : vol. 1, 1re série, Bibliothèque de l'Action française, 1924, 271 p. ; Granger frères, [1937], 298 p. ; 1946, [9], 208 p. ; vol. 2, 2e série, 1936, 307 p. ; vol. 3, 3e série, 1944, 319 p. ; 1941 ; Éditions internationales Stanké, 1977, 3 vol. : vol. 1, 321 p. ; vol. 2, 305 p. ; vol. 3, 318 p. « Québec 10/10 ».

Dix ans d'Action française (conférences et articles), Montréal, Bibliothèque de l'Action française, 1926, 275 p.

Les Canadiens français et la Confédération canadienne (essai), Montréal, Bibliothèque de l'Action française, 1927, 144 p.

Nos responsabilités intellectuelles (conférence), Montréal, Secrétariat général de l'A.C.J.C. (Association catholique de la jeunesse canadienne-française), 1928, 40 p.

Thérèse de Lisieux. Une grande femme. Une grande vie (conférence), Montréal, Imprimerie du Messager, 1929, 42 p. Ill.

Quelques Causes de nos insuffisances. Causerie au Cercle universitaire de Montréal le vingt-six avril 1930, [Montréal, s.é., 1930], 15 p.

[*Marguerite Bourgeoys*, Montréal, Bureau Marguerite-Bourgeoys, 1930], 16 p.

La Déchéance incessante de notre classe moyenne (articles), Montréal, L'Imprimerie populaire, 1931, 16 p. « Le Document ».

L'Enseignement français au Canada (étude), 2 vol. : vol. 1, *Dans le Québec*, Montréal, Librairie d'Action canadienne-française, 1931, 327 p. ; Granger frères, 1934, 327 p. ; vol. 2, *Les Écoles des minorités*, Librairie Granger frères, 1933, 271 p. ; Montréal/Paris, Éditions Leméac/Éditions d'Aujourd'hui, 1979, 2 t. : t. 1, 327 p. ; t. 2, 271 p. « Les Introuvables québécois ». (Réimpression).

Au cap Blomidon (roman), Montréal, [Librairie Granger frères], 1932, 239 p. Sous le pseudonyme d'Alonié de Lestres ; [s.é.], 1943 ; Librairie Granger frères, 1950 ; 1953, 176 p. « Bibliothèque de la jeunesse canadienne » ; Fides, 1980, 181 p. Présentation de Guy Boulizon. « Intermondes ».

Le Dossier de Dollard, valeur des sources, la grandeur du dessein, la grandeur des résultats. Examen critique (essai), Montréal, L'Imprimerie populaire, 1932, 18 p. « Le Document ».

Le Français au Canada (cours d'histoire), Paris, Librairie Delagrave, 1932, [2], 235 p. Épilogue de M. Georges Goyau. « Bibliothèque américaine de l'Institut des études américaines. Section du Canada ».

La Découverte du Canada : Jacques Cartier (histoire), Montréal, Librairie Granger frères, 1934, 290 p. ; Montréal/Paris, Fides, 1966, xx, 194 p. « FL, études historiques canadiennes ».

Pour qu'on vive ; conférence prononcée le 30 octobre 1934, à la Palestre nationale (Montréal), devant l'Asso-

ciation catholique des voyageurs de commerce, Montréal, [AN], 1934. (Tract de l'Action nationale).

Nos positions : causerie donnée par Lionel Groulx. Professeur d'histoire du Canada à l'Université de Montréal, sous les auspices du Jeune Barreau de Québec, Québec, L'Action catholique, 1935, 36 p.

L'Éducation nationale, [Montréal], A. Lévesque, [1935], 209 p. Avant-propos de l'abbé Lionel Groulx. (Enquête de l'Action nationale, dirigée par l'abbé Lionel Groulx).

L'Éducation nationale à l'école primaire, conférence prononcée au Congrès des instituteurs tenu à Trois-Rivières, le 4 juillet 1934, Québec, [s.é.], 1935, 16 p.

Orientations (conférences, articles), Montréal, Éditions du Zodiaque, 1935, 311 p. Présentation de l'auteur. « Z ».

L'Économique et le National, conférence prononcée à Montréal et à Québec, Montréal, L'Imprimerie populaire, 1936, 20 p. « Le Document ».

Directives (essais), Montréal, Éditions du Zodiaque, 1937, 271 p. Présentation de l'auteur. « Z » ; Saint-Hyacinthe, Éditions Alerte, 1959, 253 p. Avertissement de l'éditeur.

Une heure avec l'abbé Groulx à propos des patriotes de '37, Montréal, Éditions des Jeunesses patriotes, 1937, 26 p. « Tracts des jeunesses patriotes ».

Faites-nous des hommes. Préparations des jeunes à leurs tâches prochaines, Québec, Les Éditions de la J.I.C., 1938, 32 p. (Extraits d'un cours).

Le Dîner à l'Hôtel-Windsor, Ottawa, [s.é.], 1939, [n.p.].

Notre mystique nationale (discours), [s.l., s.é. 1939 ?], 18 p.

Nos problèmes de vie. Conférence prononcée à l'occasion de la fête nationale organisée par La Société Saint-Jean-Baptiste de Rouyn-Noranda le 24 juin 1940, Montréal, Société Saint-Jean-Baptiste de Montréal, 1940, 16 p.

Ville-Marie, joyau de l'histoire coloniale (conférence), Montréal, Éditions du Devoir, 1940, 24 p. « Collection du troisième centenaire ». (Publié sous les auspices du Cercle Saint-Viateur).

Paroles à des étudiants (conférence), Montréal, AN 1941, 80 p.

[*Notre mission française. Conférence prononcée à la salle académique du Gesù, à Montréal, le dimanche 9 novembre*, Montréal, Éditions du Devoir, 1941], 47 p.

Vers l'indépendance politique ; un centenaire de liberté (conférence), Montréal, Les Éditions de l'Action nationale, 1942, 35 p. « Témoignages ».

Ville-Marie, 1642-1942, Montréal, L'École sociale populaire, 1942, 16 p. Collab. Mgr Maurault. « L'Œuvre des tracts ».

[*Pourquoi nous sommes divisés ; une réponse du chanoine Lionel Groulx* (discours), Montréal, AN, 1943], 42 p. Traduction anglaise par Gordon O. Rothney : *Why We Are Divided : A Reply from Canon Lionel Groulx*, Montréal, L'Action nationale, 1943, 26 p.

Le Drapeau canadien-français : ce qu'il est et pourquoi ?, Montréal, AN, 1944, 8 p. (Édité par Le Comité de propagande du drapeau, avec un poème d'Octave Crémazie : *Le Drapeau*).

Louis Riel et les Événements de la Rivière-Rouge en 1869-1870 (conférence), Montréal, AN, 1944, 23 p.

Confiance et Espoir (conférence), Sudbury, Les Éditions de la Société historique du Nouvel-Ontario, 1945, 22 p.

Message aux Jeunesses laurentiennes (conférence), Montréal, Les Jeunesses laurentiennes, 1946, 11 p.

[*Monseigneur Philippe Perrier*], Montréal, L'École sociale populaire, [1947], 16 p. Collab. Omer Héroux et L. Athanase Fréchette. « L'Œuvre des tracts ».

Expérience d'historien. Conférence donnée sous les auspices du comité « Votre auteur préféré » de la Bibliothèque municipale de la ville de Montréal, le 30 janvier 1948, [s.l., s.é., 1948 ?], 12 p.

Professionnels et Culture classique. Causerie prononcée au Séminaire de Sainte-Thérèse à la réunion des Anciens le deux mai mille neuf cent quarante huit, [s.l., s.é.], 1948, 15 p. ; Montréal, L'École sociale populaire, 1949. « L'Œuvre des tracts ».

L'Indépendance du Canada (conférence, articles, études), Montréal, AN, 1949, 177 p. Avant-propos de l'éditeur.

Le Nationalisme canadien-français : sa notion, ses origines, les droits qu'il confère, les devoirs qu'il impose, Ottawa, [s.é.], 1949, 23 p.

Histoire du Canada depuis la découverte, Montréal, AN, 4 t. : t. 1, 1950, 221 p. Avertissement de l'auteur ; 1951 ; t. 2, 1951, 302 p. ; t. 3, 1952, 326 p. ; t. 4, 1952, 273 p. ; Montréal/Paris, Fides, 1962, 2 t. : t. 1, *Le Régime français*, 394 p. Avertissement de l'auteur ; t. 2, *Le Régime britannique au Canada*, 442 p. « FL » ; 1965 ; 1968 ; 1969 ; 1976. « Bibliothèque canadienne-française — Histoire et documents ». (Reproduit par offset à partir de l'édition de 1962).

La Canadienne française. Conférence prononcée à la Maison Mère des Sœurs de l'Assomption de la S.V. à l'occasion de la collation des baccalauréats le dimanche, 23 octobre 1949, Nicolet, [s.é.], 1950, 27 p.

Crise de fidélité française ? (conférence), Montréal, Éditions Bellarmin, [1952], 16 p. « L'Œuvre des tracts ».

Une petite québécoise devant l'histoire, mère Catherine de Saint-Augustin, Montréal, Comité des fondateurs de l'Église canadienne, 1952, 31 p. ; 1955 ; Québec, Société historique du Québec, Université Laval, 1953, 27 p. « Cahiers d'histoire ».

L'Agriculteur canadien-français : son histoire — ses problèmes (conférence), Chicoutimi, La Fédération de l'U.C.C., 1953, 24 p.

[*Où allons-nous ? Texte d'une conférence prononcée à l'auditorium du Plateau le 26 mars 1953*, Montréal, Le Devoir ?, 1953 ?], 23 p. « Les Conférences du Devoir ».

Pour bâtir (discours), Montréal, L'Action nationale, 1953, 217 p. Discours-préface de son Éminence le Cardinal Paul-Émile Léger.

Rencontres avec Dieu, retraite prêchée aux professeurs de l'Université de Montréal, pendant le Carême de 1955, Montréal/Paris, Fides, 1955, 112 p.

Jeanne Mance (biographie), Montréal, Comité des Fondateurs, 1957, 30 p. Ill. « Textes ».

Une femme de génie au Canada. La Bienheureuse Mère d'Youville, Montréal, Comité des Fondateurs de l'Église canadienne, 1957, 30 p. Ill. « Textes ».

Notre grande aventure ; l'empire français en Amérique du nord (1535-1760) (histoire), Montréal/Paris, Fides, 1958, 303 p. « FL, Études historiques canadiennes » ; 1976, 302 p. « BCF — Histoire et documents ».

Rôle d'une société nationale en l'an 1958 (conférence), Saint-Hyacinthe (Québec), Éditions Alerte, [1958], 12 p.

Dollard est-il un mythe ? (conférence), Montréal/Paris, Fides, 1960, 59 p.

L'Histoire du Canada français ; son enseignement (conférence), Montréal, Fondation Lionel Groulx, 1961, 8 p.

Le Canada français missionnaire ; une autre grande aventure (essai), Montréal/Paris, Fides, 1962, 533 p. « FL ». Ill.

Chemins de l'avenir (étude), Montréal/Paris, Fides, 1964, 163 p.

Au seuil d'une ère nouvelle... une nouvelle génération est venue (conférence), Saint-Hyacinthe, Éditions Alerte, [1964], 14 p.

La Grande Dame de notre histoire : esquisse pour un portrait (biographie), Montréal, Fides, 1966, 61 p. Ill.

Constantes de vie (conférences), Montréal/Paris, Fides, 1967, 173 p. Préface de Jean Éthier-Blais. « BES ».

Lionel Groulx, Montréal/Paris, Fides, [1967], 96 p. « CC ». Textes choisis et présentés par Benoît Lacroix.

Roland-Michel Barrin de la Galissonnière 1693-1756 (biographie), Québec, PUL, 1970, 102 p. Préface d'André Vachon. « Études biographiques canadiennes ». Traduction anglaise, Toronto, UTP, 1970, 104 p. « Canadian Biographical Studies ».

Abbé Groulx. Variations on a Nationalist Theme (essais), Vancouver/Calgary/Toronto/Montréal, Copp Clark Publishing, [1973], 256 p. Traduction anglaise par Joanne L'Heureux et Susan Mann Trofimenkoff, éditrices. « Issues in Canadian History ».

Mes mémoires, Montréal, Fides, 4 t. : t. 1, 1970, 437 p. Note de l'éditeur ; t. 2, 1971, 418 p. ; t. 3, 1972, 412 p. ; t. 4, 1974, 464 p. Notes de Juliette Lalonde-Rémillard. Ill.

Journal 1895-1911, Montréal, PUM, 1984, 2 vol. : vol. 1, xiv, 514 p. ; vol. 2, -1108 p. Ill. Édition critique par Gilles Huot et Réjean Bergeron sous la direction de Benoît Lacroix, Serge Lusignan et Jean-Pierre Wallot. Biochronologie, notices biographiques et index thématique de Juliette Lalonde-Rémillard. Préface de Benoît Lacroix.

La Nécessité de la formation sociale, dans *Le Semeur*, 2ᵉ année, nº 6, févr. 1906, p. 109-114.

Soulèvement de 1837-1838. Les Responsabilités de l'Angleterre, RC, vol. 19, mai 1917, p. 321-335.

Nos forces nationales. Notre histoire, AmF, vol. 2, nº 7, juillet 1918, p. 338-356.

Louis-Joseph Papineau, AmF, vol. 6, n° 4, oct. 1921, p. 589–608.

Le Bilinguisme avant 1867, AmF, vol. 13, janv. 1925, p. 4–23.

L'Éducation nationale, AN, vol. 4, sept. 1934, p. 5–26.

Une politesse nationale. Notre destin français, AN, vol. 9, mars 1937, p. 130–142.

La Bourgeoisie et le National, dans *L'Avenir de notre bourgeoisie*, Montréal, publié sous les auspices de la Jeunesse indépendante catholique, Éditions Bernard Valiquette, 1939, p. 91–125.

La Situation religieuse au Canada français vers 1840, dans *Rapport de la Société canadienne d'histoire de l'Église*, 1941–1942, p. 51–75.

D'où nous sommes partis, Rel, 5ᵉ année, n° 40, avril 1944, p. 93–95.

M. Thomas Chapais, dans *Liaison*, vol. 1, janv. 1947, p. 12–17.

La Vie intellectuelle dans le Canada d'autrefois, dans *Liaison*, vol. 4, déc. 1950, p. 523–528.

Le Britannisme des patriotes, RHAF, vol. 5, n° 3, déc. 1951, p. 416–425.

La France a-t-elle perdu ou abandonné le Canada, CACF, n° 2, *Histoire*, 1957, p. 7–22.

Ma conception de l'histoire, AN, vol. 49, n° 8, avril 1960, p. 603–617.

Religion et Humanisme, CACF, n° 6, *Humanisme*, 1961, p. 23–33.

Notre avenir politique, AN, vol. 54, n° 5, janv. 1965, p. 427–435.

ÉTUDES

Camille Roy, *Une croisade d'adolescents*, dans *Nouveaux Essais sur la littérature canadienne*, L'Action sociale, 1914, p. 308–327.

J.-M. Rodrigue Villeneuve, *Les Rapaillages. Vieilles choses, vieilles gens par l'abbé Lionel Groulx*, NF, t. 15, n° 11, nov. 1916, p. 489–499.

Henri d'Arles, *L'Abbé Lionel Groulx et M. Thomas Chapais*, dans *Nos historiens*, Montréal, Bibliothèque de l'Action française, 1922, p. 61–78.

Émile Dubois, *M. l'Abbé Lionel Groulx*, dans *Autour du métier*, Montréal, Bibliothèque de l'Action française, 1922, p. 61–78.

Camille Roy, *L'Appel de la race. Un roman canadien*, CF, vol. 9, n° 4, déc. 1922, p. 300–315.

Olivar Asselin, *L'Œuvre de l'abbé Groulx*, Montréal, Bibliothèque de l'Action française, 1923, 96 p.

Jean-Charles Harvey, *L'Appel de la race et Les Rapaillages*, dans *Pages de critique*, Québec, Le Soleil, 1926, p. 79–86, 96–101.

Claude-Henri Grignon, *L'Abbé Lionel Groulx*, dans *Ombres et Clameurs*, Montréal, Albert Lévesque, 1933, p. 95–108.

Robert Rumilly, *L'Abbé Lionel Groulx*, dans *Chefs de file*, Montréal, Éditions du Zodiaque, 1934, p. 122–128.

Donatien Frémont, *Sur une critique de « L'Enseignement français au Canada »*, AN, vol. 5, févr. 1935, p. 91–100.

Camille Roy, *L'Abbé Lionel Groulx, L'Enseignement français au Canada*, dans *Historiens de chez nous*, Montréal, Beauchemin, 1935, p. 167–175.

Arthur Laurendeau, *Une heure avec l'abbé Groulx, à propos de 37*, AN, vol. 7, juin 1936, p. 325–348.

Maurice Hébert, *Orientations*, dans *Les Lettres au Canada français*, Montréal, Albert Lévesque, 1936, p. 219–229.

Claude-Henri Grignon, *Notre maître, l'abbé Groulx*, PV, 1ʳᵉ année, n° 3, 1ᵉʳ févr. 1937, p. 93–103.

Maurice Hébert, *Notre maître le passé*, CF, vol. 24, n° 7, mars 1937, p. 679–696.

Dostaler O'Leary, *Directives*, AN, vol. 11, janv. 1938, p. 70–78.

Mgr Olivier Maurault, *La Carrière de l'abbé Groulx*, CHAR, 1938, p. 97–102.

Guy Frégault, *Le Mythe de M. le chanoine Groulx*, AN, vol. 24, nov. 1944, p. 163–173.

Esdras Minville, *Le Chanoine Groulx couronne son œuvre*, AN, vol. 36, n° 1, sept. 1950, p. 8–18.

Marcel Trudel, *Histoire du Canada depuis la découverte, t. 1*, C, vol. 11, n° 4, déc. 1950, p. 461–463.

Antonio Perrault, *Le Chanoine Groulx et son œuvre historique*, AN, vol. 38, n° 2, nov. 1951, p. 170–179.

Évariste Dumas, *L'Histoire du Canada français du chanoine Groulx*, RUO, vol. 23, n° 3, juillet–sept. 1953, p. 356–359.

Mudroch Vaclav, *The Abbe Groulx*, dans *Queen's Quarterly*, vol. 63, n° 2, été 1956, p. 179–187.

Maurice Lebel, *Histoire de la littérature canadienne-française, Chanoine Lionel Groulx (né en 1878)*, dans *Le Journal de l'Instruction publique*, vol. 3, n° 3, nov. 1958, p. 249–255.

Victor Barbeau, *L'Œuvre du Chanoine Lionel Groulx. Témoignages. Bio-bibliographie*, Montréal, l'Académie canadienne-française, 1964, 197 p.

Lionel Groulx, Montréal, Fides, 1967, 96 p. « CC ». Textes choisis et présentés par Benoît Lacroix.

Guy Frégault, *Lionel Groulx*, RHAF, vol. 22, n° 1, juin 1968, p. 3–16.

Jean-Pierre Gaboury, *Le Nationalisme de Lionel Groulx. Aspects idéologiques*, Ottawa, EUO, 1970, 226 p.

Fernand Harvey, *Bibliographie de six historiens québécois, (Michel Bibaud, Garneau, Chapais, Groulx, Ouellet, Brunet)*, Québec, Institut supérieur des sciences humaines, oct. 1970, 43 p.

Réginald Martel, *Faut-il pendre Lionel Groulx?*, Pr, 86ᵉ année, n° 277, 28 nov. 1970, p. D-3.

Benoît Lacroix, *Note critique pour lire les Mémoires de Lionel Groulx (1878-1967)*, RHAF, vol. 24, n° 3, déc. 1970, p. 413–419.

Jean Éthier-Blais, *Discours de réception à l'Académie canadienne-française suivi de l'Œuvre de l'abbé Groulx [par] Olivar Asselin*, Montréal, HMH, 1973, 157 p.

Denis Vaugeois, *Lionel Groulx, premier ministre...*, dans *Le Jour*, 1ʳᵉ année, n° 3, 2 mars 1974, p. 19.

Laurent Mailhot, *Lionel Groulx. Mes mémoires (tome IV), 1940-1967*, LAQ 1974, p. 302–304.

François Ricard, *Lionel Groulx/Action française/État français*, VIP, vol. 9, 1975, p. 11–33.

Id., *Relire Lionel Groulx*, Dev, vol. 68, n° 259, 6 nov. 1976, p. 16.

Alain Pontaut, *Un État français auquel Londres et l'histoire nous donnent droit depuis deux cents ans*, dans *Le Jour*, vol. 1, n° 13, 29 avril 1977, p. 11.

Angèle Dagenais, *Lionel Groulx cet « éveilleur national »*, Dev, vol. 69, n° 144, 25 juin 1977, p. 3.

Pierre Savard, *Lionel Groulx, actuel et inactuel*, Dr, 65ᵉ année, n° 256, 28 janv. 1978, p. 5.

Paul Gay, *Hommage à Lionel Groulx*, Dr, 66ᵉ année, n° 12, 8 avril 1978, p. 21.

Nive Voisine, *Main basse sur le passé — Hommage à Lionel Groulx sous la direction de Maurice Filion*, LQ, n° 10, avril 1978, p. 48–50.

Jean Blouin, *1878-1967, Un homme seul contre l'establishment de son temps : Lionel Groulx*, Pe, vol. 20, n° 23, 10 juin 1978, p. 16–18, 20–21.

Yves Tachereau, *Des miroirs de Lionel Groulx*, dans *Le Livre d'ici*, vol. 3, n° 37, 21 juin 1978, p. 1.

Lise Gauvin, *« Les Rapaillages » de Groulx. Une vision idyllique*, Dev, 69e année, n° 56, 8 juillet 1978, p. 17.

Paul Gay, *Ottawa vue par Jules-Paul Tardivel et Lionel Groulx*, Dr, 66e année, n° 145, 16 sept. 1978, p. 21.

Denis Dion, *Lionel Groulx et le Nationalisme*, Pr, 94e année, n° 151, 23 sept. 1978, p. D-2.

Paul Gay, *Lionel Groulx et Hugh MacLennan. Deux témoins du conflit des races au Canada*, Dr, 66e année, n° 228, 23 déc. 1978, p. 18.

Paul Gay, *Le Retrait français ou l'assimilation anglaise*, Dr, 66e année, n° 228, 23 déc. 1978, p. 18.

Maurice Filion, *Hommage à Lionel Groulx*, Montréal, Leméac, 1978, 224 p. Sous la direction de Maurice Filion.

Robert Nadeau, *En collaboration. Hommage à Lionel Groulx*, LAQ 1978, p. 272-274.

Id., *Guy Frégault. Lionel Groulx tel qu'en lui-même*, LAQ 1978, p. 275-276.

François Ricard, *Lionel Groulx. Les Rapaillages*, LAQ 1978, p. 49-51.

Denis Dion, *Qui voulait la Confédération ?*, Pr, 95e année, n° 42, 17 févr. 1979, p. E-3.

André Beaudet, *Borduas visité par Groulx*, dans *Spirale*, n° 5, janv. 1980, p. 16.

Rodolphe Morissette, *Les historiens perfectionnent leurs outils* et *Le Chanoine Groulx au crible de l'histoire*, Dev, vol. 71, n° 235, 14 oct. 1980, p. 4.

François Ricard, *Lionel Groulx. Au cap Blomidon*, LAQ 1980, p. 39.

Gilles Rhéaume, *Il y a 44 ans, l'abbé Groulx parlait de « notre État français »*, Dev, vol. 72, n° 118, 28 juillet 1981, p. 13.

Pierre-Yves Mocquais, *« L'Appel de la race ». Masques narratifs et contre-masques idéologiques*, VI, vol. 6, n° 2, hiver 1981, p. 245-260.

Réginald Martel, *Une exposition sur Lionel Groulx*, Pr, 99e année, n° 246, 24 octobre 1983, p. B-1.

Lucia Ferretti, *Lionel Groulx. La voix d'une époque*, Montréal, L'Agence du livre, 1983, 47 p. Ill. (Brochure d'une exposition).

Paul-Émile Roy, *Groulx (Lionel). Journal 1895-1911*, dans *Nos livres*, vol. 16, mai 1985, n° 6212.

GRUSLIN, ADRIEN (1944–   ).

Critique littéraire et essayiste, né à Ouffet (Belgique). Arrivé au Canada en 1949, il fait le cours classique au Séminaire de Saint-Jean (B.A., 1966), puis il obtient une licence ès lettres à l'Université de Montréal (1970) et une maîtrise à l'Université du Québec à Montréal (1980) pour un mémoire sur *Le Théâtre et l'État au Québec*. À partir de 1969, il enseigne au Collège de Maisonneuve. Il est critique et chroniqueur de théâtre au *Devoir* de 1974 à 1979, et il collabore à *Lettres québécoises, Canada on Stage, Jeu...* Gruslin est boursier du Conseil des Arts du Canada pour préparer la publication de son essai *Le Théâtre et l'État au Québec* (1981). L'ouvrage rassemble en tableaux les données sur les subventions reçues par les compagnies de théâtre entre 1957 et 1981, fait l'histoire des organismes donateurs, tente de définir les catégories de théâtre au Québec, montre la grande différence entre les subventions accordées aux théâtres institutionnels et celles que reçoivent les théâtres de création qui ont nettement la faveur de l'auteur. François Colbert reproche à l'auteur des inexactitudes et des contradictions, alors que pour Martial Dassylva cet ouvrage devrait figurer dans la bibliothèque de tous les connaisseurs de théâtre.

ŒUVRE

Le Théâtre et l'État au Québec (essai), Montréal, VLB éditeur, 1981, 413 p. Avant-propos et introduction de l'auteur.

––––––––––

Et un choix de treize pièces : Leméac — *L'Aurore*, Dev, vol. 66, n° 283, 7 déc. 1974, p. 17.

Jean-Claude Germain : dérision, exorcisme, humour, Dev, vol. 67, n° 164, 19 juillet 1975, p. 9.

Le Théâtre et le Pouvoir public, LQ, n° 5, févr. 1977, p. 16-19.

Le Théâtre québécois : le témoin vivant de l'affirmation d'un peuple, dans *Regards sur Israël*, vol. 6, n° 4, déc. 1977, p. 6-7, 13.

La Politique culturelle et le Théâtre, Dev, vol. 72, n° 252, 31 oct. 1981, p. 28.

La Littérature dramatique, une décennie d'abondance dans la diversité, Dev, vol. 72, n° 273, 21 nov. 1981, p. 8.

ÉTUDES

Jean-François Crépeau, *Adrien Gruslin, chez VLB éditeur. Le Théâtre et l'État : le prix de la culture*, CF, vol. 122, n° 25, 18 nov. 1981, p. A-76.

Martial Dassylva, *Le Théâtre et l'État. Une bonne tentative de description*, Pr, 98e année, n° 25, 30 janv. 1982, p. C-10.

François Colbert, *Le Théâtre et l'État au Québec*, dans *Jeu*, n° 22, 1982, 1, p. 152-154.

Josette Féral, *Les Coulisses de l'État. Le Théâtre et l'État au Québec d'Adrien Gruslin*, LQ, n° 26, été 1982, p. 51-52.

GUAY, JEAN-PIERRE (1946–   ).

Journaliste, essayiste, scénariste, poète et romancier, né à Québec. Il fait ses études aux collèges de Limoilou et de Sainte-Foy (D.E.C., 1968). Il débute dans le journalisme à *L'Action* (Québec, 1969-1971), et il est aussi, en 1970, correspondant de *Québec-Presse* (Montréal). En 1971, une bourse du Gouvernement français lui permet un stage de perfectionnement en journalisme au *Figaro* de Paris. À son retour, il est pigiste à Radio-Canada, contractuel pour différents ministères du Québec : Communications, Affaires culturelles, Éducation ; il est cofondateur de la revue *Estuaire*, collabore au *Soleil*, à *La Nouvelle Barre du jour*, à *Québec-Inter*, etc. Membre actif de plusieurs associations, il est élu président de l'Union des écrivains québécois en 1982. Écrivain, il reçoit en 1972 le prix international La Licorne pour un recueil inédit de poèmes, en 1974 le prix du Cercle du livre de France pour *Mise en liberté*, et il est boursier du Gouvernement du Québec en 1980 pour préparer un roman. Il compose des textes pour plusieurs films et un bon nombre de chansons que Marc Lepage met en musique. Jean-Pierre Guay publie de la poésie, des romans, des essais. Au sujet de *Porteur d'os*, et *Oh l'homme !*, parus à Paris, Jean-Noël Pontbriand écrit : « Au fil des pages défilent des images qui ramassent le lecteur parce qu'elles unifient le monde au creux d'une conscience [...]. Il y a dans ces textes une foi en la parole qui est une facette de la foi en l'homme par et pour qui arrive le monde ». Le roman *Mise en liberté* provoque des réactions diverses : Jacques Pelletier en trouve la structure « assez ingénieuse » mais la « qualité moyenne ». Pour Jean Basile, « l'écrivain, après avoir reconstitué son vocabulaire et ses personnages [autour de 1960], n'a pas su découvrir l'équation qui eût fait de ce livre quelque chose de plus probant [... bien qu'il possède] tout ce qu'il faut pour écrire ». *Voir les mots* n'impressionne pas. Jean Royer est sévère pour les *Entretiens avec Pierre Tisseyre* qu'il trouve trop anecdotiques et narcissiques. Déjà en 1975, Jean-Noël Pontbriand détecte chez Jean-Pierre Guay « une foi en la parole qui est une facette de la foi en l'homme ». Et c'est dans ce sens que se fait chez lui la recherche d'une écriture appropriée.

ŒUVRES

Mise en liberté. Roman, Montréal, CLF, 1974, 134 p.

Porteur d'os (poésie), [Paris], Librairie Chambelland, 1974, 60 p.

Oh l'homme ! (poésie), [Paris], Éditions Chambelland, 1975, 69 p.

Voir les mots (essai), Montréal, CLF Pierre Tisseyre, 1975, 109 p. Préface de Pierre Tisseyre. « Écritudes ».

Le Bonheur de Christian Dagenais (roman), Montréal, CLF Pierre Tisseyre, 1980, 111 p.

Lorsque notre littérature était jeune. Entretiens avec Pierre Tisseyre, Montréal, CLF Pierre Tisseyre, 1983, 264 p. Ill.

Le Texte de plusieurs textes, Montréal, Union des écrivains québécois, 1984, 22 p. Avant-propos de l'auteur. « Les Cahiers de l'union ». (Synthèse faite par l'auteur).

Tom (poésie), Outremont, NBJ, 1985, 31 p.

Journal 1. janv.-août 1985, Montréal, CLF Pierre Tisseyre, 1986, 356 p.

De l'autre côté de la clôture, Dev, vol. 73, n° 269, 20 nov. 1982, p. 8, 14.

ÉTUDES

Jacques Pelletier, *Jean-Pierre Guay. Mise en liberté*, LAQ 1974, p. 33–35.

Jean Basile, *Le Roman intéressant, mais incomplet de J.-P. Guay*, Dev, vol. 67, n° 2, 4 janv. 1975, p. 15.

Claude Lagader, *La Prise de parole*, dans *Le Jour*, vol. 2, n° 8, 8 mars 1975, p. 18.

[Anonyme], *Guay (Jean-Pierre). Mise en liberté*, dans *Le Livre canadien*, vol. 6, avril 1975, n° 136.

Jean-Noël Pontbriand, *Poètes québécois publiés en France*, LAQ 1975, p. 136–137.

[Anonyme], *Guay (Jean-Pierre). Voir les mots*, dans *Le Livre canadien*, vol. 7, sept. 1976, n° 283.

Pierre Berthiaume, *Jean-Pierre Guay. Voir les mots*, LAQ 1976, p. 216–217.

Réginald Martel, *La Terreur, Dieu et le Néant*, Pr, 97e année, n° 258, 10 janv. 1981, p. C-3.

Noël Audet, *Jean-Pierre Guay. De l'amitié et de la quête spirituelle*, Dev, vol. 72, n° 55, 7 mars 1981, p. 21.

Jean Royer, *Anecdotes pour la petite histoire*, Dev, vol. 74, n° 123, 28 mai 1983, p. 19.

Paul Gay, *Lorsque notre littérature était jeune*, Dr, 70e année, n° 70, 18 juin 1983, p. 32.

GUAY, JEAN-RENÉ (1939–   ). Poète, né à Robertsonville (Mégantic). Il fait le cours classique au Collège de Lévis (1954–1960), étudie la bibliothéconomie à l'Université Laval (1960), est commis de bureau de 1960 à 1964, reprend ses études au Cégep de Thetford Mines et obtient un diplôme d'études collégiales en sciences humaines (1975), puis suit des cours de cathéchèse (1977–1978). Atteint de l'ataxie de Friedreich, il s'adonne surtout à la poésie. Suzanne Paradis écrit sur ses premiers courts recueils de 1968, *Évanescents* et *Le Pont des jours* : « Sa petite source fragile a parfois, très fugitivement, les éclats d'un soleil qui préparerait une aurore ». D'un recueil à l'autre, il est en progrès, comme le remarque Pierre Cabiac. Musicien qui a longuement répété ses gammes, il reste fidèle aux formes premières auxquelles il parvient souvent à donner un souffle vivant. Il rime presque toujours, cultive de préférence le vers court, le poème à forme fixe, rondel et rondeau réguliers ou non, et surtout la ballade qu'il pratique depuis ses débuts et dont il remplit *Derrière l'univers* (1971) ainsi qu'une grande partie de *Silence floral* (1974) et *Contrevers* (1976). À l'intérieur des thèmes de la recherche du moi et de l'esseulement qu'impose la vie, ce qui n'exclut ni l'amour ni l'optimisme, « les éléments simples de la vie : la pluie, la mer, les nuages, les fleurs et les fruits sont chez lui la source des meilleures inspirations », précise François Hertel.

ŒUVRES

Évanescents (poèmes), Thetford Mines, Chez l'auteur, 1968, 14 p.

Le Pont des jours (poèmes), Thetford Mines, Chez l'auteur, 1968, 15 p.

Anérisme (poèmes), Thetford Mines, Chez l'auteur, 1968, 15 p.

Le Revenir des eaux troubles (poèmes), Thetford Mines, Chez l'auteur, 1969, 18 p.

Derrière l'univers. Poèmes à forme fixe : ballades (tierce rime), Thetford Mines, Chez l'auteur, 1971, 17 p.

Silence floral (poèmes), Thetford Mines, Chez l'auteur, 1974, 20 p.

Contrevers (poèmes), Sherbrooke, Éditions Cosmos, 1976, 74 p. « Amors ».

Transparence terne du temps. Poèmes, Sherbrooke, Éditions Naaman, 1981, 103 p. Postface de Pierre Cabiac. «Créations». (Comprend les six premiers volumes, revus et augmentés).

Poèmes, dans Pierre Cabiac, *Feuilles d'érable et Fleurs de lys*, Paris, Editions de la Diaspora française, 1966, p. 213-216.

Poèmes, dans Pierre Cabiac, *Étoiles et Feuilles d'érables, glanes littéraires (Québec, France, États-Unis)*, Sherbrooke, Éditions Naaman, 1980, p. 146-149, 150-152. Ill. « Création ».

ÉTUDES

Suzanne Paradis, *Le Pont des jours. Évanescents de Jean-René Guay*, LAC 1968, p. 113-114.

René Pageau, *La Parole silencieuse de Jean-René Guay*, dans *L'Information médicale et paramédicale*, vol. 26, n° 21, 17 sept. 1974, p. 28.

François Hertel, *Sur trois poètes. Guy Lafond, François Tétreau, Jean-René Guay*, dans *L'Information médicale et paramédicale*, vol. 30, n° 7, 21 févr. 1978, p. 22.

Pierre Cabiac de Banne, *Un poète de l'Estrie : Jean-René Guay*, dans *Le Travailleur*, vol. 49, n°s 16-17, 27 avril 1979, p. 1.

Antonio D'Alfonso, *Guay (Jean-René). Transparence terne du temps*, dans *Nos livres*, vol. 13, mars 1982, n° 134.

GUAY, JULIEN. Voir DESMARCHAIS, REX.

GUÉRIN, MICHELLE (1936-   ). Romancière, nouvelliste et poète, née à Louiseville (Maskinongé). Elle fait ses études classiques chez les Ursulines de Trois-Rivières (B.A., 1956) et à l'Institut pédagogique Notre-Dame de Montréal (Brevet spécialisé en enseignement pré-scolaire, 1957) ; elle suit aussi des cours de musique et de peinture. D'abord membre de la troupe de théâtre Les Compagnons de Notre-Dame, Michelle Guérin entreprend une carrière de journaliste au *Nouvelliste*, en 1958. Elle étudie à l'École supérieure de journalisme à Paris (1960-1961) et, après un séjour aux États-Unis, elle est responsable d'une chronique de l'hebdomadaire *La Terre de chez nous* (1962-1965). Elle remporte, en 1962, le premier prix de poésie de la Société du bon parler français et, en 1972, le second prix du Concours international de la francophonie à Tours, ainsi que le prix Jean Béraud. De retour à Trois-Rivières, à partir de 1971, Michelle Guérin poursuit sa carrière de journaliste au *Nouvelliste* et écrit plusieurs nouvelles pour la revue *Châtelaine*. Dans ses romans, elle explore à sa façon le triangle amoureux avec tout ce qu'il peut avoir d'incisif et de factice. Ses personnages romanesques évoluent dans un monde de crises et de vices, ayant pour arrière-plan le climat lourd du Québec contemporain. À la publication du *Sentier de la louve* (1973), Hélène Chassé note avec plaisir, « un heureux changement dans le style » depuis son premier roman. Pourtant, en 1979, Réginald Martel juge très sévèrement l'écriture de Michelle Guérin ; « le talent est toujours cruellement absent », écrit-il. Clément Trudel ne partage pas cette opinion : « Cette sixième œuvre, *En importunant la dame*, offre de touchants aperçus sur l'amour-passion, dans une langue riche en symboles ».

ŒUVRES

Les Oranges d'Israël (roman), Montréal, CLF, 1972, 164 p.

Le Sentier de la louve (roman), Montréal, CLF, 1973, 182 p.

Le Ruban de Moebius (contes et nouvelles), Montréal, CLF, 1974, 155 p.

Onyx (roman), Montréal, CLF/Pierre Tisseyre, 1975, 186 p.

Temple oral (poèmes), Trois-Rivières, Éditions du Bien public, 1977, 54 p.

En importunant la dame (roman), Montréal, CLF / Pierre Tisseyre, 1978, 209 p.

ÉTUDES

Adrien Thério, *Les Oranges d'Israël*, LAQ 1972, p. 64-65.

Réginald Martel, *Oranges au goût de citrons*, Pr, 89e année, n° 23, 27 janv. 1973, p. D-3.

François Hébert, *Les Oranges d'Israël*, EF, vol. 9, n° 4, nov. 1973, p. 355-356.

Hélène Chassé, *Le Sentier de la louve*, LAQ 1974, p. 64-65.

Raoul Boudreau, *Michèle Guérin, Onyx*, LAQ 1976, p. 49-50.

Réginald Martel, *Plus de sang que de talent*, Pr, 95e année, n° 157, 7 juillet 1979, p. B-3.

GUÈVREMONT, GER-MAINE [La Passante, La Femme du Postillon] (1893-1968). Romancière, conteuse et journaliste, née à Saint-Jérôme (Terrebonne), de l'écrivain Joseph-Jérôme Grignon (frère de Claude-Henri et d'Edmond, « Vieux Doc ») et de Valentine Labelle (parente du célèbre curé Labelle). Elle fait ses études chez les Sœurs de Sainte-Croix à Sainte-Scholastique, et chez les Sœurs de Sainte-Anne à Saint-Jérôme et à Lachine. Pendant une année de séjour à Toronto, elle étudie l'anglais et le piano au Loretto Abbey. Mariée à Hyacinthe Guèvremont en 1916, elle habite Ottawa pendant quatre ans, puis demeure à Sorel jusqu'en 1935. Elle commence, en 1926, une carrière de journaliste comme correspondante du quotidien montréalais *The Gazette*, puis collabore au *Courrier de Sorel*, métier qu'elle abandonne en 1935, alors qu'elle se fixe à Montréal et travaille aux Assises criminelles. Elle retourne au journalisme en 1938 et publie dans la revue de Françoise Gaudet-Smet, *Paysana* (1938-1945), des interviews, des articles sur la culture et l'histoire, des contes et un roman-feuilleton, *Tu seras journaliste*. Elle collabore aussi à *L'Œil, La Revue moderne, La Revue populaire, Le Nouveau Journal*. En 1942 paraît *En pleine terre*, recueil de contes régionalistes dont la plupart se déroulent déjà dans le décor des îles de Sorel si important dans l'œuvre de G. Guèvremont. C'est un demi-succès, et Alfred DesRochers lui suggère de s'essayer au roman. Elle publie *Le Survenant* en 1945 chez Beauchemin et chez Plon, à Paris. Cette fois, c'est la fête : elle reçoit le prix Duvernay en 1945, le prix David et le prix Sully-Olivier de Serres, de l'Académie française, en 1946 ; la critique est très louangeuse. « Écrivant dans un genre usé jusqu'à la corde, elle a réussi cette gageure de le renouveler entièrement », écrit Rita Leclerc. *Marie Didace* (1947) est un prolongement du *Survenant*. La traduction des deux livres reçoit le prix du Gouverneur général (1950), et répand la réputation de la romancière au Canada anglais, aux États-Unis et en Angleterre. Germaine Guèvremont est élue à l'Académie canadienne-française en 1949 et à la Société royale du Canada en 1961, et elle reçoit des doctorats honorifiques des universités Laval et d'Ottawa. En outre, elle a écrit des pièces, des contes et des adaptations pour la radio et la télévision, en particulier celle du *Survenant* qui passe à CKVL et CBF de 1952 à 1955, et est repris à CBFT de 1954 à 1957, et en 1959-1960. La romancière a commencé à écrire ses souvenirs, *Le Premier Miel*, dont deux chapitres ont paru dans *Châtelaine* et *Le Devoir*. Germaine Guèvremont reste un des meilleurs auteurs régionalistes du Canada français.

ŒUVRES

Tu seras journaliste (roman-feuilleton), dans *Paysana*, vol. 2 et 3, avril 1939 à octobre 1940 (18 épisodes).

En pleine terre. Paysannerie. Trois contes, Montréal, Les Éditions Paysana ltée, 1942, 159 p. ; *En pleine terre. Paysana*, 1946, 157 p. Ill. de Cécile Chabot; Montréal/Paris, Fides, 1955, 127 p. Gravures sur linoléum de Maurice Petitdidier. « RV »; 1957 ; Montréal, Les Éditions Fides, 1976, 140 p. Ill. de André Bergeron. « Goéland ».

Le Survenant. Roman, Montréal, Éditions Beauchemin, 1945, 262 p. ; Paris, Librairie Plon Les petits-fils de Plon et Nourrit, 1946, 246 p. « L'Épi »; 1948 ; 1954 ; 1955 ; Montréal/Paris, Fides, 1959, 198 p. Ill. « N »; 1962, 286 p. « AB »; *Le Survenant*, 1966, 248 p. « BCF »; Montréal, 198 p. Chronologie, bibliographie et jugements critiques. « N »; 1968 ; *Le Survenant. Roman*, Toronto, Copp Clark Publishing Company, 1969, xvi, 283 p. Préface et introduction d'Anthony S. Mollico et Gilles P. Deslauriers. Édition scolaire préparée par Anthony S. Mollico et Gilles P. Deslauriers ; *Le Survenant*, Montréal, Fides, 1970, 248 p. Précédé d'une chronologie, d'une bibliographie et de jugements critiques. « BCF »; *Le Survenant. Roman*, 1974, 213 p. Version définitive. « N »; 223 p. Version définitive. Roman précédé d'une chronologie, d'une bibliographie et de jugements critiques. « BCF »; *Le Survenant*, 1977, [n.p., 93 p.] Lithographie d'André Bergeron. (Tirage limité dans un portefeuille en bois recouvert de velours) ; 1982, 233 p. Chronologie, bibliographie et jugements critiques d'Aurélien Boivin. « BQ »; Montréal, PUM, 1989, 369 p. Édition critique établie par G. Yvan Lepage. « Bibliothèque du Nouveau Monde ». Traduction anglaise de *Le Survenant* et de *Marie Didace*, par Eric Sutton : *Monk's Reach*, London, Evans Brothers Limited, 1950, 320 p. ; *The Outlander*, Toronto, McGraw-Hill Company of Canada Limited, 1950, 290 p. « New Canadian Library »; New York/London/Toronto, McGraw-Hill Book Company, Whittlesey House ; Toronto, McClelland and Stewart, 1978, xvii, 290 p. Introduction d'Anthony Mollico.

Marie Didace. Roman, Montréal, Éditions Beauchemin, 1947, 282 p. ; Montréal/Paris, Fides, 1947, 210 p. « N »; Paris, Plon, 1949, 241 p. ; 1953, 282 p. ; 1956, 210 p. Ill. « N »; 1958 ; 1965 ; 1969 ; 1971 ; *Marie Didace. Roman*, Montréal, 1980, 229 p. Chronologie, bibliographie et jugements critiques d'Aurélien Boivin. « BQ ». Traduit en anglais avec *Le Survenant*.

Du plomb dans l'aile, CACF, n° 5, 1959, p. 69–75.

ÉTUDES

Roger Duhamel, *Le Survenant*, AN, vol. 26, sept. 1945, p. 64–68.

André Langevin, *Nos écrivains. Madame Germaine Guèvremont*, dans *Notre Temps*, vol. 2, n° 39, 12 juillet 1947, p. 1–3.

Marc-André Perron, *Marie Didace*, AN, vol. 30, n° 4, déc. 1947, p. 313–317.

Bruno Lafleur, *Le Survenant et Marie Didace*, RD, vol. 54, n° 1, janv. 1948, p. 5–19.

Jean-Marie Gaboury, *Triomphe féminin ; deux romans de Germaine Guèvremont : Le Survenant, Marie Didace*, dans *Lectures*, t. 4, n° 2, mars 1948, p. 65–69.

Jean-Paul Pinsonneault, *Germaine Guèvremont, peintre de l'âme paysanne et poète terrien*, dans *Lectures*, t. 10, n° 3, nov. 1953, p. 97–107.

Rita Leclerc, *Germaine Guèvremont*, Montréal/Paris, Fides, 1963, 189 p. Ill. « ECA ».

Victor Barbeau, *Germaine Guèvremont*, dans *La Face et l'Envers*, Montréal, les Publications de l'Académie canadienne-française, 1966, p. 76–79.

Réjean Robidoux et André Renaud, *Le Survenant et Marie Didace*, dans *Le Roman canadien-français du vingtième siècle*, Ottawa, EUO, 1966, p. 49–57.

Louis Pelletier-Dlamini, *Germaine Guèvremont, rencontre avec l'auteur du « Survenant »*, Ch, vol. 8, n° 4, avril 1967, p. 32–33, 84, 86, 88.

Jean-Paul Lamy, « L'Univers romanesque de Germaine Guèvremont ». Mémoire de maîtrise. Ottawa, Université d'Ottawa, 1968, 142 f.

Gabrielle Roy, *Germaine Guèvremont (1900-1968)*, MSRC, 4ᵉ série, vol. 7, section 2, 1968, p. 75–77.

Renée Cimon, *Germaine Guèvremont*, Montréal, Fides, [1969], 56 p. « DDLC ».

Benoît Renaud, « Les Techniques littéraires de Germaine Guèvremont ». Mémoire de maîtrise. Ottawa, Université d'Ottawa, 1971, 126 p.

Jean-Pierre Duquette, *Germaine Guèvremont, une route, une maison*, Montréal, PUM, 1973, 81 p.

Id., *Germaine Guèvremont. En pleine terre*, LAQ 1976, p. 34–38.

Guy Robert, *Chez Fides, un somptueux « Survenant »*, Dev, vol. 69, n° 17, 21 janv. 1978, p. 35.

E. Vaucheret, *Deux conceptions du « Survenant » chez Jean Giono et Germaine Guèvremont*, dans *Études canadiennes*, n° 8, 1980, p. 47–60.

Adrien Thério, *Le Survenant de Germaine Guèvremont*, LQ, n° 28, hiver 1982–1983, p. 25–28.

Pierre Girouard, *Germaine Guèvremont et son œuvre cachée*, Saint-Ours (Québec), Les Éditions De Neveurmagne, 1985, 64 p. Carte.

Harvey Rivard

GUILMETTE, ARMAND (1925–). Critique et historien de la littérature, originaire de Normandin (Lac-Saint-Jean). Il détient une licence en pédagogie de l'Université de Montréal (1952) et un baccalauréat en philosophie de l'Université Laval (1958). Après un diplôme d'études françaises, préparé à Paris en 1965, et un diplôme d'études supérieures, préparé à l'Université Laval (1965), il présente à cette dernière institution une volumineuse thèse sur Nérée Beauchemin, une édition critique, qui lui vaut le titre de docteur ès lettres en 1969. Professeur de carrière, il enseigne d'abord dans sa région natale, puis à Québec, dans les classes de lettres du cours classique, à Trois-Rivières, en 1962, comme professeur de rhétorique et de philosophie, au Séminaire Saint-Joseph et, ensuite, comme professeur de littérature française à l'École normale Maurice-L. Duplessis. À la fondation de l'Université du Québec à Trois-Rivières, il est nommé directeur du Département des lettres, poste qu'il occupera jusqu'en 1973 ; il est chargé aussi d'autres fonctions administratives : direction des études avancées, participation au Comité d'évaluation de la Conférence des recteurs. Il est membre des écrivains de langue française Mer et Outre-Mer et fondateur des Éditions du Zéphyr. Il publie plusieurs articles dans des revues, mais l'ouvrage qui le fait connaître est l'édition critique des *Œuvres complètes* de Nérée Beauchemin, en trois volumes, que Clément Marchand qualifie de « monumentale et définitive ». Cet ouvrage vaut à l'auteur le prix littéraire Benjamin-Sulte décerné par la Société Saint-Jean-Baptiste de la Mauricie en 1973. En 1984 paraît son ouvrage *Gilles Deleuze et la Modernité* qu'André Dionne considère comme une ouverture de voies nouvelles. « Cette œuvre, dit-il, est écrite en toute simplicité et c'est ce qui lui donne toute sa force, son intensité, sa grandeur et surtout son important devenir ».

ŒUVRES

Nérée Beauchemin, son œuvre, Montréal, PUQ, 1973-1974, 3 vol. : vol. 1, 1973, xxix, 665 p. ; vol. 2, 1973, xv, 808 p. ; vol. 3, 1974, xv, 248 p. Édition critique préparée par Armand Guilmette. Portrait. Introduction d'Armand Guilmette.

Gilles Deleuze et la Modernité (essai), Trois-Rivières, Les Éditions du Zéphyr, 1984, 146 p. Introduction de l'auteur. « Les Berges ».

Nérée Beauchemin ou Le Médecin malgré lui, dans *Le Mauricien médical*, vol. 6, n⁰ 4, oct.-déc. 1966, p. 48–57.

Étude critique et Poèmes inédits, BJ, nov. 1966, p. 36–42.

Contes et Nouvelles du Canada français de 1830–1859 de John Hare, LAQ 1972, p. 182–183.

La Fille aux mains coupées d'Hélène Bernier, LAQ 1972, p. 187–188.

Rabelais et les Traditions populaires en Acadie par Antonine Maillet, LAQ 1972, p. 188–189.

Une poésie du geste, « *Arbre-radar* » *de Gatien Lapointe*, dans *Vie des arts*, n⁰ 104, hiver 1981–1982, p. 86–87.

Éloge de l'homme. Inutile hommage à Alexis Klimov. La philosophie comme passion de la liberté, LQ, n⁰ 36, hiver 1984, p. 84.

Gatien Lapointe, dans *Québec français*, n⁰ 58, mai 1985, p. 34–35.

De Paris à Montréal, dans *Le Nigog*, Montréal, Fides, 1987, p. 11–82. « ALC » 7.

ÉTUDES

Clément Marchand, *Bientôt la grande étude de Guilmette sur Beauchemin*, dans *Le Bien public*, 62ᵉ année, n⁰ 27, 1ᵉʳ juillet 1973, p. 3.

[Anonyme], *Nérée Beauchemin*, C, n⁰ 3, automne 1974, p. 36.

Gaëtan Dostie, *Nérée Beauchemin retrouvé*, dans *Le Jour*, 2ᵉ année, n⁰ 8, 8 mars 1975, p. 18.

[Anonyme], *Gilles Deleuze et la Modernité*, dans *En tête*, n⁰ 28, mars 1985, p. 3.

Michelle Roy-Guérin, *Philosophie et Créateurs du XXᵉ siècle*, No, 65ᵉ année, n⁰ 169, 28 mai 1985, p. 5–12.

Gilles Chamberland, *Gilles Deleuze et la Modernité*, dans *Québec français*, n⁰ 58, mai 1985, p. 15.

André Dionne, *Rhizome d'une performance. Gilles Deleuze et la Modernité d'Armand Guilmette*, LQ, n⁰ 38, été 1985, p. 57.

Jacques Gauthier, *L'Expérience de la modernité*, dans *L'Informateur*, vol. 4, n⁰ 23, nov. 1985, p. 14.

Photo A.G.

GUILMETTE, BERNADETTE (signe aussi : Bernadette Laperrière-Guilmette) (1934–   ). Historienne des lettres, née au Cap-de-la-Madeleine. Après son baccalauréat ès arts à l'Université Laval (1968), elle obtient, à l'Université du Québec à Trois-Rivières, un baccalauréat spécialisé en français (1971) et une maîtrise ès arts (1972). Un doctorat lui est décerné par l'Université d'Ottawa (1981) pour une thèse qui est l'édition critique des poésies de Jean-Aubert Loranger dont elle publiera aussi les contes et les récits. Elle enseigne, à temps partiel, à l'Université du Québec à Trois-Rivières depuis 1982 et participe à la fondation et à l'administration des Écrits des Forges. À partir de 1984, elle est secrétaire des Éditions du Zéphyr. Elle fait de vastes recherches au Québec et en France sur le surréalisme et le théâtre, aussi sur l'École littéraire de Montréal et *Le Nigog*, ainsi que sur les auteurs tels Marcel Dugas, Léo-Pol Morin, Jean-Aubert Loranger, Gatien Lapointe... Elle signe un substantiel historique du haïku en France et au Québec, et collabore à de nombreuses revues : *Livres et Auteurs québécois*, *Bulletin du Centre de recherche en civilisation canadienne-française*, *Revue d'histoire littéraire du Québec et du Canada*, *En tête*, *Norraison*... Ses études font aussi partie de plusieurs collectifs : « Archives des lettres canadiennes », *Dictionnaire des œuvres littéraires du Québec*, *The Oxford Companion to Canadian Literature*, *New Canadian Encyclopedia*. En 1986–1987, elle est attachée de recherche au CRELIQ (Centre de recherche en littérature québécoise), à l'Université Laval. Son apport essentiel à la littérature québécoise est la découverte et l'étude approfondie de Jean-Aubert Loranger, ce que souligne fort bien René Lord : « C'est grâce au travail de Mme Bernadette Guilmette, de Trois-Rivières, si Jean-Aubert Loranger, le premier poète québécois à écrire en vers libres a pu connaître, enfin, une éclatante consécration, avec l'attribution à titre posthume du prix France-Québec — Jean-Hamelin ».

ŒUVRES

Jean-Aubert Loranger, *Contes*, Montréal, Fides, 1978, 2 t. : t. 1, *Du passeur à Joë Folcu*, 324 p. ; t. 2, *Le Marchand de tabac en feuilles*, 331 p. Édition préparée et présentée par Bernadette Guilmette. « N ».

Jean-Aubert Loranger, *Récits*, Montréal, Fides, 1984, 250 p. Édition préparée par Bernadette Guilmette. Présentation, chronologie, bibliographie et jugements critiques.

Jean-Aubert Loranger, du Nigog à l'École littéraire de Montréal, dans *L'École littéraire de Montréal*, Montréal, Fides, 1972, 3ᵉ éd., p. 280–297. « ALC » 2.

Récits de Jean-Aubert Loranger, LAQ 1972, p. 51–53.

« *Les Champs magnétiques* » *par André Breton et Philippe Soupault : images telluriques et cosmiques, leur classification et leur signification symbolique*, CoI, vol. 4, n⁰ 2, mars–avril 1974, p. 32–57.

Les Textes retrouvés de Jean-Aubert Loranger, dans *Bulletin du Centre de recherche en civilisation canadienne-française*, n⁰ 15, déc. 1977, p. 4–10. (Textes reproduits dans *Aspects de la civilisation canadienne-française*, Ottawa, EUO, 1983, p. 23–29. « CCRCCF »).

Marcel Dugas, dans *Bulletin du Centre de recherche en civilisation canadienne-française*, n° 15, déc. 1977, p. 30–37.

L'Œuvre poétique de Jean-Aubert Loranger : sur les chemins d'une édition, dans *Revue d'histoire littéraire du Québec et du Canada français*, n° 4, été–automne 1982, p. 54–65.

Marcel Dugas, essayiste, dans *L'Essai et la Prose d'idées au Québec*, Montréal, Fides, 1985, p. 475–503. « ALC » 6.

L'École littéraire de Montréal, dans *Les Littératures de langues européennes au tournant du siècle : lectures d'aujourd'hui*, série C, *L'Optique nord-américaine*, Cahier I, *La Perspective critique québécoise*, Ottawa, Le Groupe de recherches international « 1900 », 1985, p. 19–58.

[Trois études], dans *Le Nigog*, Montréal, Fides, 1987, « ALC » 7 : *Léo-Pol Morin*, p. 121–148 ; *Fernand Préfontaine*, p. 149–171 ; *Bibliographie du Nigog*, p. 343–367.

ÉTUDES

Jean Fisette, *Le Quotidien ironisé : les Contes de Jean-Aubert Loranger*, VI, vol. 4, n° 3, avril 1979, p. 550–551.

Aurélien Boivin, *Relecture. Contes de Jean-Aubert Loranger*, dans *Québec français*, n° 34, mai 1979, p. 54–55.

René Lord, *Consacrée par le prix France-Québec, l'œuvre de Jean-Aubert Loranger nous est connue grâce aux travaux d'une Trifluvienne*, dans *Le Nouvelliste*, 59e année, n° 188, 9 juin 1979, p. 18.

Réal Ouellet, *Joë Folcu de Jean-Aubert Loranger (présentation de Bernadette Guilmette)*, LQ, n° 40, hiver 1985–1986, p. 60–61.

GUIMONT, JACQUES (1949–   ). Poète et essayiste, né à Lévis. Il fait le cours classique au Collège de Lévis et au Petit Séminaire de Québec (B.A., 1969), et poursuit des études d'histoire à l'Université Laval (1969–1972). Il entre alors au service du ministère des Terres et Forêts du Québec, puis il passe aux Archives de la province en tant qu'historien, et ensuite à la Ville de Sainte-Foy à partir de 1977. Il publie son premier recueil de poésie aux Éditions de la Basoche, en 1977, *L'En-Nuit*, suivi d'une collaboration à un recueil collectif, *Quintefeuille*, en 1979. Puis il fait paraître un essai : *Une introduction à la communication manuelle* (1980). Sa poésie est une recherche de l'amour et de la compatibilité de l'homme avec la nature... Il s'en dégage une impression de spleen incurable.

ŒUVRES

L'En-Nuit (poésie), Québec, Les Éditions de la Basoche, 1977, 55 p.

Quintefeuille (poésie), Québec, Maison Le Palier inc., 1979, 87 p. Collab. Zigornel Aura, Réal Guimont, Claude La Ferrière et Bruno Zaccordelli.

Une introduction à la communication manuelle, National Association of the Deaf, Maryland, É.-U., compilée et adaptée par Jacques Guimond (sic) et les enseignants francophones du Centre de ressources des Provinces atlantiques pour les handicapés de l'ouïe, Canada, Longueuil, Éd. Prolingua, 1980, 106 p. Ill.

Répertoire des marchés de construction et des actes de société des Archives nationales du Québec à Trois-Rivières, de 1760 à 1825, Ottawa, Direction des lieux et des parcs historiques nationaux, Parcs Canada, Environnement Canada, 1980, 258 p. Collab. Christine Chartré et Pierre Rancour. « Histoire et Archéologie ».

Répertoire des inventaires et des inventaires après décès des Archives nationales du Québec à Trois-Rivières, de 1760 à 1825, Ottawa, Direction des lieux et des parcs historiques nationaux, Parcs Canada, 1980, 450 p. Collab. Christine Chartré et Pierre Rancour. « Histoire et Archéologie ».

Étude sur l'évolution historique du secteur du Château Saint-Louis et de sa zone limitrophe de 1760 à 1838, Québec, Ethnotech Inc. et Parcs Canada, 1983, 371 p. Ill. (Édition préliminaire).

GUIMONT, MADELEINE (1930–   ). Poète, née à Québec. Elle obtient son brevet supérieur à l'École normale de l'Islet (1951), puis devient institutrice à l'École Saint-Sauveur de Québec (1951–1982). Membre de la Société des poètes canadiens-français, des Jeunesses littéraires du Québec..., elle collabore à diverses revues canadiennes ou de l'étranger, telles *Poésie*, *La Revue moderne*, *Rythmes et Couleurs*... En 1970, elle remporte le prix Marie-Lemelin pour son recueil *Le Manège apprivoisé*. La poésie de Madeleine Guimont, par ses jeux syntaxiques et grammaticaux, tente sans cesse de voiler l'identification des sexes, en vue de créer et développer un climat de doute et d'interrogation propre à l'anonymat des sujets décrits. Poète des arbres et des lacs, elle chante particulièrement le « désamour » dans une langue musicale où abondent les néologismes qui ont agacé certains critiques. « Pour Madeleine Guimont, écrit Reine Malouin, la poésie est l'ombre pudique qui voile la chair nue de son cœur trop blessé ». De son côté, en lisant les *Chemins neufs*, Guy Robert remarque : « Son langage est un peu humide des brouillards de la mer, et aussi pétri à la glèbe du jardinier. Un goût de l'immédiat, ‹ fureur de vivre › ». Entre hier et demain, sa poésie suit son chemin que le poète définit ainsi : « espace d'éternité entre l'écorce du rêve et la pulpe du désir ».

ŒUVRES

Chemins neufs (poésie), Québec, Éditions Garneau, 1966, 85 p.

Les Temps miscibles (poésie), Québec, Éditions Garneau, 1968, 155 p.

Le Manège apprivoisé (poésie), Québec, Éditions Garneau, 1970, 117 p. « Garneau/poésie ».

Entre sève et mirages (poésie), Québec, Éditions Garneau, 1973, 117 p. « Garneau/poésie ».

Les Roses bleues de la malombre (poésie), Québec, Éditions Garneau, 1975, 109 p. « Garneau/poésie ».

Dans l'aura de l'absence (poésie), Québec, Éditions Garneau, 1977, 100 p. « Garneau/poésie ».

Fileuses d'embruns (poésie), Québec, Les Éditions La Liberté, 1979, 114 p. « Le Dévidoir ».

Poèmes, ECF, n° 25, 1969, p. 95-104.

ÉTUDES

Reine Malouin, *Les Temps miscibles*, dans *Poésie*, vol. 3, n° 2, printemps 1968, p. 23-24.

Id., *Le Manège apprivoisé*, dans *Poésie*, vol. 6, printemps 1971, p. 47.

Sliman Henchiri, *Le Manège apprivoisé*, LAQ 1971, p. 170-171.

Reine Malouin, *Entre sève et mirages*, dans *Poésie*, vol. 8, été 1973, p. 47.

Alix Renaud, *Des poèmes au nom de la lumière*, So, vol. 77, n° 208, 11 sept. 1973.

Françoise Siguret, *Madeleine Guimond* [sic], *Les Roses bleues de la malombre*, LAQ 1975, p. 127.

Luc Bouvier, *Madeleine Guimond* [sic], *Dans l'aura de l'absence*, LAQ 1977, p. 168-170, surtout p. 169.

GURIK, ROBERT (1932–   ). Auteur dramatique, scénariste et romancier, né à Paris où il obtient un baccalauréat au Collège Turgot (1950). Arrivé au Canada en 1951, il prépare un diplôme d'ingénieur à l'École polytechnique de l'Université de Montréal (1957), et il exerce sa profession de 1957 à 1972. Très intéressé au théâtre, il remporte le premier prix du concours de l'ACTA (Association canadienne du théâtre amateur) pour *Le Chant du poète* (1963). En 1965, il participe à la fondation du Centre d'essai des auteurs dramatiques qui, l'année suivante, crée la collection « Théâtre vivant » pour la publication des pièces de jeunes auteurs. En 1965, on joue *Les Portes* et, en 1966, *Api or not Api*. Gurik remporte deux fois la médaille Massey pour la meilleure pièce du Festival d'art dramatique de l'Ouest du Québec, avec *Le Pendu*, en 1967, et *Les Louis d'or*, en 1969. Il obtient des succès considérables et publie régulièrement des pièces de théâtre. À la fin des années soixante-dix, il s'éloigne du théâtre et devient scénariste. En 1980 paraît son second roman, *Jeune Délinquant*. L'un des chefs de file du nouveau théâtre québécois, Robert Gurik présente des situations étranges et inusitées où il emploie volontiers la satire : dans *Hamlet, prince du Québec*, Hamlet symbolise le Québec avec sa soif d'action et de liberté ; la satire agit alors comme aiguillon de la conscience collective. Selon Hélène Beauchamp-Rank, chez Robert Gurik « la démarche est double, la recherche concerne à la fois, mais pas nécessairement simultanément, les thèmes et les structures qui doivent pouvoir faire jaillir ces thèmes ». Ainsi, *Le Procès de Jean-Baptiste M.* se présente comme synthèse des démarches et une réponse logique à la question — proposition de Gurik lui-même : « Le théâtre ne peut être que politique », mais « quelle forme doit-il prendre ? ».

ŒUVRES

Spirales (roman), Montréal, Holt, Rinehart et Winston ltée, 1966, 73 p. Ill. d'André Linglet.

Hamlet, prince du Québec. Pièce en deux actes, Montréal, Éditions de l'Homme, 1968, 95 p. Ill. ; *Hamlet prince du Québec*, [Montréal], Leméac, 1977, 145 p. Portrait. Ill. Préface de Laurent Mailhot. « Théâtre/Leméac ». Traduction anglaise par Marc F. Gélinas : *Hamlet Prince of Quebec*, Toronto, Playwrights Canada, 1981, [vi], 53 f. (Texte polycopié).

À cœur ouvert. Tragédie-bouffe, [Montréal], Leméac, 1969, 82 p. Portrait. « RQ ».

Le Pendu. Pièce en deux actes, [Montréal], Leméac, 1970, 109 p. Ill. Introduction d'Hélène Bernier. « TC » ; 1974, 117 p. Portrait. Traduction anglaise par Philip W. London et Laurence R. Bédard : *The Hanged Man*, Toronto, New Press, 1972, xv, [i], 98 p. Introduction de Philip London. « New Drama ».

A PI 2967 et La Palissade (théâtre), [Montréal], Leméac, 1971, 149 p. Ill. Préface de Réginald Hamel. « TC ». Traduction anglaise par Marc F. Gélinas : [*A PI 2967*], Toronto, Playwrights Co-op, 1973, [iii], 17, 17, v f. (Texte polycopié) ; *A PI 2967*, Vancouver, Talonbooks, 1974, 77 p.

Les Tas de sièges (théâtre), [Montréal], Leméac, 1971, 52 p. Portrait.

Le Tabernacle à trois étages (théâtre), [Montréal], Leméac, 1972, 71 p. Portrait. « RQ ».

Le Procès de Jean-Baptiste M. (théâtre), [Montréal], Leméac, 1972, 93 p. Portrait. « RQ ». Traduction anglaise par Allan Van Meer : *The Trial of Jean-Baptiste M.*, Vancouver, Talonbooks, 1974, 126 p. Introduction de Peter Hay.

Allo... police ! (théâtre), [Montréal], Leméac, 1974, 83 p. Collab. Jean Morin. Portrait. « RQ ».

Sept courtes pièces (théâtre), [Montréal], Leméac, 1974, 115 p. Portrait. Préface de Pierre Filion. « RQ ».

Lénine (théâtre), Montréal, Leméac, 1975, xix, 114 p. Portrait. Ill. Présentation de Marie-Rose Deprez. « Théâtre/Leméac ».

Le Champion (théâtre), Montréal, Leméac, 1977, xviii, 76 p. Portrait. Présentation d'Yves Dubé. «Théâtre/ Leméac».

La Baie des Jacques (théâtre), Montréal, Leméac, 1978, 157 p. Portrait. Ill. «Théâtre/ Leméac».

Jeune Délinquant (roman), [Montréal], Leméac, 1980, 249 p.

Le Chant du poète. Satire en un acte, dans *Les Cahiers de l'Acta*, 1963, p. 13-27.

Les Louis d'or (théâtre), dans *TV I*, Montréal, Holt, Rinehart and Winston, 1966, p. 11-60.

ÉTUDES

Jean Basile, *Le Festival d'art dramatique au Gesù: «Api or not Api de Robert Gurik»*, Dev, vol. 57, n° 76, 1er avril 1966, p. 10.

André Major, *Spirales*, L, vol. 19, n° 1, janv.-févr. 1967, p. 83-84.

Jacques Merle, *Robert Gurik à cœur ouvert*, dans *Sept-Jours*, vol. 1, n° 30, 8 avril 1967, p. 44-45.

Jean-Claude Germain, *Robert Gurik: «J'ai pas envie de gueuler mais d'écrire»*, PJ, vol. 41, n° 24, 9 avril 1967, p. 46-47.

Georges-Henri d'Auteuil, *Le Théâtre-API 2967*, Rel, n° 316, mai 1967, p. 144-145.

Normand Leroux, *Hamlet, prince du Québec*, LAC 1968, p. 69.

Laurent Mailhot, *Le Pendu*, LAQ 1970, p. 92-94.

Hélène Beauchamp-Rank, *Le Procès de Jean-Baptiste M.*, LAQ 1972, p. 108-111.

Id., *Pour un théâtre objectif — le théâtre de Robert Gurik*, VIP, n° 8, 1974, p. 173-192.

Pierre Berthiaume, *Robert Gurik. Lénine*, LAQ 1975, p. 154.

Entretien avec Robert Gurik, Marie-Francine Hébert et le théâtre Parminou: théâtre et engagement, [Montréal], Centre d'essai des auteurs dramatiques, 1976, 59 f.

Adrien Gruslin, *Robert Gurik: «Mon théâtre pose des questions»*, Dev, vol. 69, n° 111, 13 mai 1978, p. 25.

Pierre Lavoie, *La Baie des Jacques, Le Champion, Hamlet prince du Québec*, LAQ 1978, p. 164-166.

Danièle Blain, *À l'écoute de Robert Gurik*, dans *Le Livre d'ici*, vol. 6, n° 3, 22 oct. 1980, p. 1.

Jacques Larue-Langlois, *Gurik au Quartier-Latin: un parti pris d'absurde*, Dev, vol. 71, n° 259, 11 nov. 1980, p. 18.

Murray Maltais, *Robert Gurik, scénariste: «On fait ce qu'on est»*, Dr, 70e année, n° 76, 26 juin 1982, p. 13.

GURY, PAUL. Voir **LE GOURIADEC, LOUIS-MARIE DIT LAÏC.**

GUYARD, MARIE. Voir **MARIE DE L'INCARNATION.**

GUYON, LOUIS (1853-1933). Dramaturge, né à Sandy Hill (New York). Il fait ses études à Mont-

réal chez les Frères des Écoles chrétiennes. En 1880, il est mécanicien, agent d'assurances en 1885. Nommé inspecteur par le gouvernement du Québec en 1888, il devient inspecteur en chef en 1905, puis sous-ministre du Travail en 1919. Il est membre de la Société des auteurs français et de l'Association des inspecteurs du travail d'Amérique. Il est décoré des palmes académiques en 1910. Guyon a écrit quatorze pièces dramatiques dont onze furent créées à Montréal, et il a traduit une pièce anglaise et une pièce espagnole. Il a produit en outre plusieurs ouvrages techniques et la généalogie de sa famille. Ses drames sont du genre populaire à grand spectacle et comportent les éléments comiques obligatoires du drame romantique. On trouve dans *Denis le patriote* un prologue, quatre actes, huit tableaux, soixante-dix scènes, vingt-trois personnages sans compter les figurants, et plusieurs décors. La critique de l'époque insistait sur les résonances patriotiques des pièces. Victor Leroy disait de *Montcalm* en 1907: «Il y a, dans cette œuvre, des accents de pur patriotisme qui vont droit au cœur, accents exprimés en un langage élevé, fier et noble». Et en 1980, Lucie Robert écrit que «le drame de Louis Guyon est fort bien construit».

ŒUVRES

Denis, le patriote. Drame canadien: les patriotes de 37 (théâtre), Montréal, [s.é.], 1902, 29 p. «Répertoire du Théâtre national». Extrait dans *L'Anthologie du théâtre québécois 1606-1970*, Québec, Éditions La Liberté, 1973, p. 188-192.

Montcalm. Drame historique en 1 prologue, 6 actes et 8 tableaux (théâtre), Montréal, Imprimerie Mercantile, [1902], 28 p. Ill. «Répertoire du Théâtre national».

Montferrand. Drame canadien en 4 actes et 9 tableaux (théâtre), Montréal, Imprimerie Mercantile, 1923, 23 p. Ill.

Étude généalogique sur Jean Guyon et ses descendants, Montréal, Mercantile Printing, 1927, 132 p. Ill.

ÉTUDES

H. A., *Montcalm. Impressions sur la pièce de M. Louis Guyon qui est jouée au Théâtre national cette semaine*, P, 29e année, n° 234, 28 nov. 1907, p. 11.

Victor Leroy, *Montcalm. Grand drame historique*, Pr, 24e année, n° 23, 28 nov. 1907, p. 16.

Raphaël Ouimet, *Louis Guyon*, dans *Biographies canadiennes-françaises*, Montréal, Atelier des Sourds-Muets, 1922, p. 558.

Georges Bellerive, *Nos auteurs dramatiques anciens et contemporains. Répertoire analytique*, Québec, [s.é.], 1933, p. 45-47.

Édouard G. Rinfret, *Le Théâtre canadien d'expression française. Répertoire analytique des origines à nos jours*, Montréal, Leméac, t. 2, 1976, p. 176-179.

H

HACHÉ, LOUIS Joseph (1924–   ). Romancier et traducteur, né à Saint-Isidore (Nouveau-Brunswick). À la fin de ses études classiques à l'Université Saint-Joseph (N.-B.) où il obtient son baccalauréat (1949), il s'inscrit en pédagogie à l'Université Laval (B. Péd., 1951, et M.A., 1959), après quoi il poursuit à l'École normale de l'Université de Moncton sa carrière d'enseignement commencée dans les écoles publiques. Nommé traducteur au bureau provincial de Frédéricton (1975), il devient réviseur de textes. Ses écrits gravitent surtout autour de l'histoire des pêcheurs de l'Île de Miscou sur laquelle il brosse, depuis 1974, des tableaux intéressants et originaux qui lui valent le prix France-Acadie en 1979. Les récits de Louis Haché sont d'une écriture simple et vivante. On lit dans *Le Livre canadien* à propos de *Charmante Miscou* : « L'auteur sait voir et sait raconter. La langue du récit est pure, émaillée çà et là de quelques formules de bonne frappe qui sont peut-être des ‹ acadianismes › [...]. L'auteur s'exprime dans cette langue qui est la sienne, mais il laisse parler ses personnages dans celle qui est la leur ».

ŒUVRES

Charmante Miscou (récit), Moncton, Éditions d'Acadie, 1974, 115 p. Ill. d'Herménégilde Chiasson.
Adieu, p'tit Chipagan (roman), Moncton, Éditions d'Acadie, 1978, 141 p. ; 1979, 115 p. Avant-propos de l'auteur.
Toubes jersiaises (nouvelles), Moncton, Éditions d'Acadie, 1980, 181 p. Ill.
Un cortège d'anguilles. Roman, Moncton, Éditions d'Acadie, 1985, 223 p.

Le Phare de l'île de Miscou, dans *Revue d'histoire de la Société historique Nicolas-Denys*, vol. 3, n° 4, oct.–déc. 1975, p. 11–20.
La Pêche au homard, dans *Revue d'histoire de la Société historique Nicolas-Denys*, vol. 4, n° 3, sept.–déc. 1976, p. 22–44.

ÉTUDES

Gérald Bellefleur, *Charmante Miscou*, dans *La Revue de l'Université de Moncton*, 8ᵉ année, n° 2, mai 1975, p. 166–167.
[Anonyme], *Charmante Miscou*, dans *Le Livre canadien*, vol. 6, juin–juillet 1975, n° 226.
Adrien Thério, *Adieu p'tit Chipagan de Louis Haché*, dans *Spirale*, n° 7, mars 1980, p. 12.

Id., *À la recherche des ancêtres Emery Leblanc. Les Entretiens du village. Louis Haché : Adieu p'tit Chipagan*, LQ, n° 17, printemps 1980, p. 60–62.

Kèro

HAECK, PHILIPPE (1946–   ). Essayiste et poète, né à Montréal. Après ses humanités à l'École normale Ville-Marie (Brevet A, 1966), il poursuit ses études de lettres à l'Université de Sherbrooke (L. ès L., 1969) et à l'Université de Montréal où il présente une thèse de maîtrise sur Paul-Marie Lapointe (1972). En 1979, il soutient une thèse de doctorat à l'Université de Sherbrooke : *Naissances. De l'écriture québécoise. Essai* qui paraît la même année chez VLB éditeur. À partir de 1968, il enseigne la littérature et la critique au Collège de Maisonneuve, et il collabore à *Hobo Québec*, *Chroniques*, *Le Devoir*, *Spirale*, *Dérives*, *Voix et Images*, etc. Son œuvre se partage entre la poésie et l'essai. Bien qu'ils soient d'un poète engagé politiquement « ces textes néanmoins, écrit Robert Mélançon à propos de *Polyphonie. Roman d'apprentissage. Poèmes* (1978), ne sont pas de simples slogans ni des mots d'ordre. [...] Changer la vie, transformer le monde, et pour cela commencer par se transformer soi-même. Si la poésie de Philippe Haeck peut sembler parfois simpliste, naïve, malhabile, c'est qu'elle accepte tous les risques et qu'elle se fixe les objectifs les plus généreux. Elle n'est ni rusée, ni calculatrice : authentique poésie ». Et Madeleine Gagnon décrit ainsi la démarche de l'essayiste de *Naissances* : « L'essai de Haeck, rédigé aussi pour la sanction universitaire, ne craint pas l'antithèse. Ne craint pas la mise en rapport constante de deux discours qui souvent se perdent, le théorique et le poétique, pour graviter chacun sur son orbite feignant d'ignorer leur même provenance [...]. Le texte de Philippe Haeck les convie à ce retour aux sources, les confronte, anime la rencontre. C'est une naissance ».

ŒUVRES

Nattes (poésie), Montréal, Les Herbes rouges, n⁰ 18, 1974, [n.p., 33 p.]. Préfaces de Paul-Marie Lapointe et de Gaston Miron.

L'Action restreinte de la littérature (essai), Montréal, L'Aurore, 1975, 111 p. «Écrire».

Tout va bien (poésie), Montréal, L'Aurore, 1975, 93 p. «Lecture en vélocipède».

Les dents volent (poésie), Montréal, Les Herbes rouges, nᵒˢ 39–40, 1976, 51 p. Ill.

Adéquation des services de la bibliothèque aux pratiques pédagogiques du Cégep, Montréal, Collège de Maisonneuve, 1977, 99 f. Collab. Louise Beauregard, Luce Goulet-Côté et Yves Dupont. Introduction des auteurs. (Texte polycopié).

Polyphonie. Roman d'apprentissage. Poèmes, Montréal, VLB éditeur, 1978, 312 p. Ill.; 1979.

Naissance. De l'écriture québécoise. Essai, Montréal-Nord, VLB éditeur, 1979, 410 p. Ill.

La Parole verte. Poèmes, Montréal, VLB éditeur, 1981, 155 p. Préface de Joseph-Henri Létourneaux.

La Table d'écriture. Poétique et modernité. Essai, Montréal, VLB éditeur, 1984, 386 p. Ill.

The Clarity of Voices (Selected Poems: 1974–1981), Montréal, Guernica Editions, 1985, 116 p. Préface d'Antonio D'Alfonso. Traduction par Antonio D'Alfonso de poèmes tirés des livres de *Nattes* à *La Parole verte*.

L'Atelier du matin (poésie), Montréal, VLB éditeur, 1987, 136 p.

«*Le Vierge incendié*» *de Paul-Marie Lapointe*, BJ, nᵒˢ 17–20, janv.–avril, 1969, p. 285–297.

La Question du style, dans *Chroniques*, nᵒˢ 6–7, juin–juillet 1975, p. 127–130.

L'Urgence de la critique, dans *Chroniques*, n⁰ 14, févr. 1976, p. 62–67.

La Poésie en 1975, dans *Chroniques*, n⁰ 15, mars 1976, p. 39–52.

Une veillée du corps, dans *Chroniques*, n⁰ 16, avril 1976, p. 38–49.

La Poésie québécoise aujourd'hui, dans *Magazine littéraire*, n⁰ 134, mars 1978, p. 79–83.

Perdre son corps. Une méthodologie pour l'étude du «*corps romanesque*»: *une lecture de* «*L'Amélanchier*», dans *Présence francophone*, n⁰ 18, printemps 1979, p. 127–133.

Poétiques des Herbes rouges, dans *Dérives*, n⁰ 19, juillet–sept. 1979, p. 39–53.

Pour Saint-Denys Garneau, NBJ, n⁰ 83, nov. 1979, p. 60–70.

De la curiosité, NBJ, nᵒˢ 90–91, mai 1980, p. 71–98.

ÉTUDES

François Charron, *Comment ça s'écrit*, dans *Chroniques*, n⁰ 2, févr. 1975, p. 8–11.

Jean Basile, *Réflexion salutaire/Dialectique à démontrer*, Dev, vol. 65, n⁰ 186, 26 avril 1975, p. 15.

Max Roy, *Tout va bien de Philippe Haeck*, LAQ 1975, p. 114–115.

François Hébert, *Philippe Haeck. L'Action restreinte de la littérature*, LAQ 1975, p. 177–178.

Jacques Pelletier, *L'Enseignement de la littérature aujourd'hui*, L, vol. 18, n⁰ 103, janv.–févr. 1976, p. 79–80.

Robert Mélançon, *Philippe Haeck, poète révolutionnaire*, Dev, vol. 69, n⁰ 128, 3 juin 1978, p. 27.

Jean Fisette, *L'Écriture moderne. Encore. Enfin*, VI, vol. 4, n⁰ 1, sept. 1978, p. 148–150.

Joseph Bonenfant, *Polyphonie. D'une écriture ouvrière*, NBJ, n⁰ 71, nov. 1978, p. 79–83.

Pierre Nepveu, *Philippe Haeck*: «*Une poétique de la naïveté*», LQ, n⁰ 13, févr. 1979, p. 22–24.

Robert Mélançon, *Haeck: des essais discutables*, Dev, vol. 70, n⁰ 134, 9 juin 1979, p. 17.

Vladimir Krysinski, *Polyphonie. Roman d'apprentissage de Philippe Haeck*, LAQ 1979, p. 123–126.

André Gervais, *Pour l'apprentissage éthique. De la juxtaposition*, NBJ, n⁰ 96, nov. 1980, p. 69–76.

Noël Audet et Jean Fisette, *Philippe Haeck: les mots du vécu (entretien)*, VI, vol. 6, n⁰ 3, printemps 1981, p. 353–371.

Max Roy, *Une esthétique de la lutte d'écriture de Philippe Haeck*, VI, vol. 6, n⁰ 3, printemps 1981, p. 381–392.

Madeleine Gagnon, *Lecture de Naissances. De l'écriture québécoise*, VI, vol. 6, n⁰ 3, printemps 1981, p. 393–396.

Pierre Nepveu, *Haeck et Charron. Travailler à ne pas s'appartenir*, LQ, n⁰ 25, printemps 1982, p. 36–39.

Claude Beausoleil, *Philippe Haeck: partir du plus simple*, Dev, vol. 73, n⁰ 100, 1ᵉʳ mai 1982, p. 26.

Hélène Dorion, *La Parole verte de Philippe Haeck*, dans *Estuaire*, n⁰ 25, hiver 1982, p. 84–86.

Gérald Gaudet, *Beausoleil, Haeck, de la suite dans les passions*, Dev, vol. 75, n⁰ 286, 8 déc. 1984, p. 28.

HAEFFELY, CLAUDE (1927–   ). Poète, né à Tourcoing (Nord, France). Il fait ses humanités classiques à Tourcoing et à Paris (B.A., 1948), puis il fréquente l'École de librairie et d'édition, fonde les Éditions Rouge Maille, publie *Notre joie* (1948) et lance une collection de poésie, «La Pointe du vent» (1950), tout en faisant une année de droit. À l'été de 1951, il est reporter en Turquie pour le journal *Réforme* et travaille aux Éditions Payot (1951–1952). En 1953, il arrive au Canada comme rédacteur publicitaire des laboratoires Welcher et Cie, rencontre Roland Giguère qui vient de fonder les Éditions Erta et s'associe avec lui. Il rentre en France, étudie à l'École nationale d'horticulture de Versailles (1955–1956), achète une propriété de plantations fruitières dans le Sud-Ouest (1956–1961) et fonde un cahier de poésie francophone, *Le Périscope*. Il travaille à Boston (É.-U.) chez Gillette, à l'hiver 1960–1961, vend sa propriété et devient directeur d'un service à la Librairie technique et documentation (1961–1962). De retour au Québec en 1962, il ouvre la Galerie Claude Haeffely, organise des « soirées de poésie » avec Pierre Mercure, Françoise Riopelle..., des « mini expos » à l'extérieur de la galerie, etc. En octobre 1965, il entre au ministère des Affaires culturelles où il occupera divers postes : responsable de la revue *Culture vivante*, directeur du Service d'animation de la Bibliothèque nationale (Semaine de la poésie 1968, spectacles, expositions, Nuit de la poésie 1970, projet Griffes-O-Graphes, etc.). Puis il devient directeur de la section d'audio-visuel au Musée d'art contemporain. Haeffely publie deux recueils de poésie à tirage limité, chez Erta, en 1954 et 1956, *La Vie reculée* et *Le Sommeil et la Neige*. Après un silence de quinze ans, il fait paraître, en 1971, *Le temps s'effrite rose* qui ouvre une série assez régulière de recueils. Jean Royer l'appelle un « bon défenseur de l'art brut » et un « surréaliste fidèle à la révolution du langage ». « Le surréalisme de Haeffely est tantôt figuratif, tantôt abstrait, écrit André-G. Bourassa. [...] Mais c'est vraiment dans *Rouge de nuit* que le surréalisme de Claude Haeffely atteint à une certaine pureté. [... Il] y révèle explicitement le caractère instinctif, automatiste de sa poésie ».

ŒUVRES

Notre joie (poésie), Paris, Éditions Rouge Maille, 1948, x p.

La Vie reculée (poésie), Montréal, Éditions Erta, 1954, 23 p. Ill. d'Anne Kahane. (Tirage limité).

Le Sommeil et la Neige (poésie), Montréal, Éditions Erta, 1956, [n.p., 42 p.]. Ill. de Gérard Tremblay, sérigraphie originale. « Mandragore ». (Tirage limité).

Le temps s'effrite rose (poésie), Montréal, Éditions du Chiendent, 1971, [portefeuille, n.p., 40 f.]. Ill. de Michèle Cournoyer. (Tirage limité).

Des nus et des pierres. Poésie, Montréal, Librairie Déom, 1973, 80 p. Ill. de l'auteur. « PC ».

Rouge de nuit. Poèmes 1970–1973, Montréal, L'Hexagone, 1973, 53 p. Ill. de Gilles Boivert.

Glück (prose poétique), Montréal, L'Hexagone, 1975, 45 p. Ill. de Francine Alaechea.

Jusqu'au plomb (prose), Montréal, Éditions du Chiendent, 1975, [portefeuille, n.p., 24 f.]. Ill. de Kittie Bruneau. (Tirage limité).

Le Sang du réel (poésie), Montréal, Éditions Rouge Maille, 1976, [portefeuille, n.p., x f.]. Ill. d'Angèle Beaudry, 11 eaux-fortes gravées. (Tirage limité).

Le Périscope (poésie), Montréal, Les Éditions de l'Hexagone, 1978, 132 p. Ill.

La Pointe du vent (poésie), Montréal, Éditions de l'Hexagone, 1982, 228 p. Ill. de l'auteur. « Parcours ».

Espace blanc pour une main (poésie), Montréal, Les Éditions du Pôle, 1985, [portefeuille, n.p., 58 f.]. Huit gravures originales de Monique Dussault.

Rouge de nuit avec dessins d'André Montpetit, dans *Estuaire*, no 11, févr. 1979, p. 39–49.

Fou rire au bord des larmes avec dessins de Louis-Pierre Bougie, dans *Estuaire*, no 13, sept. 1979, p. 28–40.

ÉTUDES

[Anonyme], *Haeffely (Claude). Des nus et des pierres*, dans *Le Livre canadien*, vol. 5, oct. 1974, no 283.

[Anonyme], *Haeffely (Claude). Rouge de nuit*, dans *Le Livre canadien*, vol. 5, déc. 1974, no 348.

André-G. Bourassa, *Prolongement du surréalisme*, LAQ 1974, p. 363–364.

Id., *Poésie automatiste. Poésie surréaliste*, LAQ 1975, p. 106.

[Anonyme], *Haeffely (Claude). Glück*, dans *Le Livre canadien*, vol. 7, sept. 1976, no 270.

Jacques Renaud, *Glück et Autres Poèmes du bonheur*, Dev, vol. 69, no 35, 11 févr. 1978, p. 37.

Jean Royer, *Haeffely à la conquête de « l'ivresse »*, Dev, vol. 74, no 11, 15 janv. 1983, p. 13.

HAIE (LA), CLAUDE. Voir **HOGUE**, MARTHE B.

HALDEN, CHARLES ab der (1873– ?). Critique littéraire, né en Belgique. Il enseigne dans les institutions françaises et s'occupe d'éditions. En 1906, il est nommé professeur d'histoire à l'École normale de Lyon. Vers la fin du XIXe siècle, il commence à s'intéresser à la littérature canadienne-française à laquelle il consacre quelques articles et deux volumes d'études publiés respectivement en 1904 et en 1907. Il collabore à la *Revue d'Europe et des Colonies* et prononce des conférences à l'Alliance française, à l'Hôtel des Sociétés savantes de Paris et à la Société des gens de lettres. Au début de la guerre, en 1914, il enseigne en Algérie. Il s'engage par la suite dans le corps des Zouaves, et c'est alors qu'on perd ses traces. À la parution, en mai 1904, de son volume *Études de littérature canadienne-française*, certains lui reprochent les louanges excessives : « Qu'on nous critique donc sincèrement, écrit Albert Lozeau. Nous connaissons quelques-uns de nos défauts, qu'on nous aide à les corriger ». Dans ses *Nouvelles Études de littérature canadienne-française* (1907), ab der Halden fait preuve de plus d'objectivité et son jugement y paraît plus nuancé.

ŒUVRES

Études de littérature canadienne-française, Paris, F.R. de Rudeval, éditeur, 1904, civ, 352 p. Introduction par Louis Herbette ; 1907.

Un poète maudit : Émile Nelligan, Paris, F.R. de Rudeval, 1904, 18 p.

Nouvelles Études de littérature canadienne française, Paris, F.R. de Rudeval, éditeur, 1907, xvi, 379 p. «Bibliothèque canadienne». (À remarquer que Charles ab der Halden écrit «canadienne française», sans trait d'union).

Lettre de Paris, Pr, vol. 16, n° 132, 7 avril 1900, p. 13.
La Littérature canadienne-française, RC, vol. 38, oct. 1900, p. 243–260.
À Monsieur Jules Fournier, RC, vol. 42, 1906, p. 315–323.
Poésie et Gros Sous, dans *Le Nationaliste*, vol. 4, n° 34, 13 oct. 1907, p. 3.

ÉTUDES

Alphonse Leclair, *Études de littérature canadienne-française*, RC, vol. 41, avril 1905, p. 443–445.
Albert Lozeau, *De la critique, s.v.p.*, dans *Le Nationaliste*, 10 déc. 1905, p. 1.
Adjutor Rivard, *Nouvelles Études de littérature canadienne-française*, BPFC, vol. 6, n° 1, sept. 1907, p. 27–29.
Françoise, *Le Livre de M. ab der Halden*, dans *Le Journal de Françoise*, 6e année, n° 16, 16 nov. 1907, p. 246–247.

Le Temps-nous (poésie), Montréal, L'Hexagone, 1977, [n.p., 45 p.].
Le Temps-nous. 1. Le Songe de l'enfant-satyre, 2. La Tranche sidérale, 3. Le Temps-nous (poésie), Montréal, L'Hexagone, 1977, 143 p. (Parus aussi séparément).
Le Décalage (poésie), Montréal, L'Hexagone, 1980, 51 p.
Les Concevables interdits (poésie), Montréal, l'Hexagone, 1987, 90 p.

ÉTUDES

Paul-André Bourque, *Le Songe de l'enfant-satyre de Jean Hallal*, LAQ 1973, p. 113–114.
Gertrude Sanderson, *Le Songe de l'enfant-satyre*, dans *Antigonish Review*, vol. 4, n° 15, automne 1973, p. 100–103.
Jacques Blais, *La Poésie*, dans *University of Toronto Quarterly*, vol. 43, n° 4, 1974, p. 367–369.
Paul-André Bourque, *Jean Hallal. La Tranche sidérale*, LAQ 1974, p. 127–128.
Max Roy, *Jean Hallal. Le Temps-nous*, LAQ 1977, p. 146–149.
Jacques Renaud, *Alex Lefrançois et Jean Hallal. Le souffle védique, le joual-argot et la grande épopée du temps-matière*, Dev, vol. 69, n° 249, 29 oct. 1977, p. 33, 37.
Claude Beausoleil, *Tout va mal...*, Dev, vol. 72, n° 49, 28 févr. 1981, p. 19, 32.

HALLAL, JEAN (1942–   ). Poète, né à Alexandrie (Égypte). Il arrive à Montréal en 1959 et devient citoyen canadien en 1964. Il étudie à l'École polytechnique de l'Université McGill, se spécialise en dessin industriel et travaille pour la compagnie Domtar. En 1975, il fonde sa propre compagnie de design industriel et de construction. Il invente un système de connexion pour la construction modulaire. Ses deux premiers recueils de poésie paraissent aux Éditions de l'Hexagone: *Le Songe de l'enfant-satyre* en 1973, et *La Tranche sidérale. Hyperbole* en 1974. La critique a favorablement accueilli cette poésie encore jeune mais déjà fort prometteuse. «Superbe recueil que celui-ci, s'écrie Paul-André Bourque, en lisant *Le Songe de l'enfant-satyre*, superbe voyage dans l'intemporel sidéral et terrestre, dans l'histoire de l'homme depuis la naissance de l'homo sapiens. À la parution de la réédition de ses trois premiers recueils en 1977, Jacques Renaud écrit que voici le «seul ouvrage qui d'emblée nous plonge au cœur de la dimension occulte et sacrée de la science moderne. [...] Il s'agit ici très certainement de quelque chose de très nouveau dans notre littérature».

ŒUVRES

Le Songe de l'enfant-satyre (aventure verbale), Montréal, L'Hexagone, 1973, [n.p., 41 p.].
La Tranche sidérale. Hyperbole (poésie), Montréal, L'Hexagone, 1974, 51 p.

HALLÉE, ANDRÉ (1940–   ). Poète et romancier, né à Saint-Romain (Frontenac). Il fait ses études classiques au Séminaire de Sherbrooke (B.A., 1962), puis il obtient à l'Université de Sherbrooke un baccalauréat en pédagogie (1963), une licence d'enseignement secondaire (1964) et une licence ès lettres (1966). Il est tour à tour ou conjointement gérant comptable à Lennoxville (1964–1979), professeur de français à l'Université Bishop's (1964–1966) et à Sherbrooke (1966–1970), agent de développement de la pédagogie du français en Estrie (1970–1972), de nouveau professeur à Sherbrooke (1972), éditeur à Sherbrooke (1975–1981) et à Deauville (1981-1982), commerçant d'autos (1979–1980). Il est membre fondateur de l'Association des auteurs des Cantons de l'Est (1977). Hallée publie de la poésie et des romans. Son premier roman, *Sauver la face* (1974), raconte les mésaventures d'un jeune professeur de français dans une université anglophone. Louis Pelletier en parle en termes élogieux. La critique est sévère pour *À la taille des hommes* (1976), histoire de la pénible réintégration d'un défroqué à la vie laïque, «potpourri des éternels clichés charriés par tous ceux qui ne savent pas écrire», dit Gilbert La Rocque.

ŒUVRES

Sauver la face (roman), Sherbrooke, Éditions Cosmos, 1974, 155 p. «Amorces».

657

Salut quotidien (poésie), Sherbrooke, Éditions Sherbrooke, 1975, 114 p. Ill. de Roger Courchesne. « De la muse ».

À la taille des hommes (roman), Sherbrooke, Éditions Sherbrooke, 1976, 255 p. « Amplitudes » ; Éditions Estriennes, 1979. « Vivre ».

Le Temps à la fuite (poésie), Sherbrooke, Éditions Sherbrooke, 1977, 84 p. Ill. de Stéphane Caron. « Chez la muse ».

Entre l'hiver et l'été. Roman, Sherbrooke, Éditions Estriennes, 1979, 153 p. « Vivre ».

ÉTUDES

Pierre Francœur, *La difficulté d'être un vrai Québécois quand on est professeur dans une université québécoise*, dans *La Tribune*, 65e année, no 51, 20 avril 1974, p. 15.

Id., *Naissance d'une maison d'édition Sherbrookoise*, dans *La Tribune*, 66e année, no 202, 16 oct. 1975, p. 2.

Id., *André Hallée : écrire et rendre la littérature accueillante à tous*, dans *La Tribune*, 66e année, no 216, 1er nov. 1975, p. 7.

Louis Pelletier, *André Hallée. Sauver la face*, LAQ 1975, p. 86.

Pierre Francœur, *À la taille des hommes ou Le Drame d'un dépravé*, dans *La Tribune*, 77e année, no 239, 27 nov. 1976, p. 15.

Yvon Girard, *À la taille des hommes. Un vrai roman*, dans *Option globale*, vol. 1, nos 1-2, 17 déc. 1976, p. 5.

Gabrielle Poulin, *Mieux vaut en rire...*, Dr, 64e année, no 223, 18 déc. 1976, p. 17.

Robert Giroux, *André Hallée. À la taille des hommes*, LAQ 1976, p. 81-83.

Gilbert LaRocque, *Deux exécutions et un non-lieu !*, dans *Le Livre d'ici*, vol. 2, no 33, 25 mai 1977, p. 1.

HAMEL, LOUIS-PAUL (1925–   ). Poète et critique, né à l'Ancienne-Lorette (Québec). Il étudie au Séminaire de Québec et au Séminaire de Saint-Victor de Beauce. Il a très tôt accès aux divers cercles littéraires, en particulier à la Société des poètes. Il collabore activement aux pages littéraires du *Soleil* et de *L'Action*. Il est aussi publicitaire au Théâtre des Apprentis à Québec (1948-1956) et directeur du Centre d'art de Val-Ménaud (1961-1962). Louis-Paul Hamel publie des poèmes dans de nombreux périodiques dont *Amérique française*, et *Gants du ciel*. Lors de la publication de son premier recueil de poèmes, la critique reconnaît dans ses vers un rythme original. En 1966, Reine Malouin fait appel à sa collaboration pour le premier numéro de sa revue, *Poésie*. Encouragé, Louis-Paul Hamel fait paraître un autre recueil de vers dont Jean Royer souligne le passage rapide du mot aux cris, « cri de révolte et d'amour. Cri de tendresse folle à chercher des gestes d'hommes, à trouver le sens d'une civilisation, d'une société qui doit se refaire. Nous en retenons la force de cette foi en l'homme ».

ŒUVRES

Poèmes I, premier recueil 1948-1952, Ancienne Lorette, [Chez l'auteur], 1958, 49 p.

Poèmes, [Charlesbourg, Chez l'auteur], 1966, [n.p., 91 p.]. (Cette édition comprend les poèmes de 1950 à 1958 revus et corrigés, publiés en 1958 ainsi que Poèmes II, groupant les poèmes des années 1958 à 1963).

ÉTUDES

Claude Daigneault, *Dans les coulisses*, So, vol. 69, no 93, 16 avril 1966, p. 24 ; no 98, 23 avril 1966, p. 28.

Naïm Kattan, *La Poésie*, dans *Bulletin du Cercle juif*, vol. 12, no 112, avril 1966, p. 4.

Jean-Yves Théberge, *Les Nouveaux Livres*, CF, vol. 106, no 50, 5 mai 1966, p. 42.

André Major, *Œuvres de cinq poètes canadiens*, PJ, vol. 40, no 34, 19 juin 1966, p. 57-58.

Jean Royer, *Poèmes*, dans *Poésie*, vol. 1, no 3, été 1966, p. 23.

Id., *Poèmes de Louis-Paul Hamel*, LAC 1966, p. 72.

HAMEL, MARCEL-PIERRE (1913-1974). Essayiste et journaliste, né à Québec. Après avoir fait son baccalauréat au Séminaire de Québec en 1928, il devient journaliste à *L'Action catholique*. Engagé en compagnie de Philippe Hamel, Pierre Chalout et Paul Gouin dans la lutte politique contre le régime Taschereau, il fonde, le 15 février 1936, avec Paul Bouchard, Roger Vézina et Jean-Louis Gagnon, *La Nation*. Nationaliste et réformiste, cet hebdomadaire vivra jusqu'au 1er août 1939 ; il en est le rédacteur en chef en 1938. Après 1939, il rédige l'*Almanach* de la maison Beauchemin. Il passe ensuite au *Canada ecclésiastique*. Il est journaliste à *La Patrie* pendant la guerre et jusqu'en 1948, année où il assume la direction de l'*Étoile du Nord*. En 1949, il s'établit à l'Assomption où il fonde l'hebdomadaire *Le Portage* qui devient, un peu plus tard, *La Rumeur du Portage*. Membre de la Société historique de Montréal, il consacre le reste de sa vie aux recherches historiques sur sa région. Journaliste avant tout, promoteur de l'histoire régionale, Marcel-Pierre Hamel publie, en 1948, à compte d'auteur, une traduction française, soigneusement annotée du *Rapport Durham*.

ŒUVRE

Le Rapport Durham, [Montréal], Éditions du Québec, 1948, 376 p. Présenté, traduit et annoté par Marcel-Pierre Hamel. Préface d'Étienne Parent.

ÉTUDES

L.-P. Desrosiers, *Hamel, Marcel-Pierre, le Rapport Durham*, RHAF, vol. 2, no 2, sept. 1948, p. 291-296.

Réjean Olivier, *Bio-bibliographie de Marcel-Pierre Hamel*, L'Assomption, Collège de l'Assomption, [1974-1975], 17 p.

Id., *Hommage posthume à un fervent nationaliste québécois : Marcel Hamel, journaliste et écrivain de l'Assomption (1913-1974)*, dans *La Rumeur du Portage*, vol. 2, n⁰ 55, 22 janv. 1975, p. 2-26.

Id., *Marcel Hamel, un journaliste de la région qui a participé à l'évolution du Québec*, dans *Joliette Journal*, vol. 27, n⁰ 7, 22 janv. 1975, p. A-5.

Cyrille Felteau, *Marcel Hamel, 40 ans de journalisme et d'histoire*, Pr, 91ᵉ année, n⁰ 18, 27 janv. 1975, p. D-15.

HAMEL, RÉGINALD (1931–   ). Bibliographe et historien de la littérature québécoise, né à Frampton (Beauce Nord). Il fait ses études primaires au Collège Sainte-Marie-de-Beauce (1935-1943), ses études en commerce au Collège de Lévis (1943-1946), ses études classiques au Collège de Saint-Laurent (1946-1951) où, en 1950, il mérite une bourse de la Société du Bon Parler français. Il s'enrôle alors dans l'armée canadienne et devient officier d'artillerie. Il reprend ses études à l'Université d'Ottawa où il obtient son baccalauréat ès arts en 1956. Il participe à une expédition d'exploration dans l'Arctique canadien, le Nord québécois et au Grœnland. Il se spécialise par la suite en anthropologie et en archéologie à l'Université du Michigan. Il entreprend une autre expédition dans l'Arctique, au Yukon et en Alaska pour devenir conseiller technique au Musée national du Canada et, peu de temps après, en 1958, conservateur du Musée historique des Archives nationales. En 1961, il commence à enseigner à la Faculté des sciences sociales de l'Université d'Ottawa, tout en suivant des cours à la Faculté des arts où il prépare, sous la direction de Paul Wyczynski, une thèse de maîtrise sur le poète Charles Gill. En 1962, il est nommé secrétaire du ministre des Transports, à Ottawa. Sa thèse sur Gaëtane de Montreuil lui vaut un doctorat en littérature à l'Université de Montréal, en 1971. Nommé professeur à l'Université de Montréal, il fonde et dirige un Centre de documentation des lettres canadiennes-françaises du 1ᵉʳ mai 1964 au 14 juillet 1969. Après la disparition du Centre, il poursuit son enseignement au Département des études françaises. Spécialiste en histoire littéraire du Québec, il donne des cours dans plusieurs universités : Université du Maine, Université Lakehead, Université de Birmingham, la Sorbonne, et l'Université de Tel Aviv. On lui doit plusieurs éditions critiques. Il fonde et dirige les *Cahiers bibliographiques des lettres québécoises* (1966-1969). Ses recherches sur Alexandre Dumas ont abouti à une bibliographie et à une chronologie ainsi qu'à l'imposant dictionnaire analytique des personnages et des situations dans l'œuvre entière

de cet auteur. Réginald Hamel a aussi réalisé plusieurs œuvres audiovisuelles : « La Nouvelle Corvée des Hamel (1656-1981) », « Musicians on the Road », « Le Mont Saint-Michel, douze siècles d'histoire »... En 1977, il anime la chronique télévisuelle des livres à l'émission « L'Heure de pointe » de Radio-Canada. Depuis 1986, il effectue des interviews d'universitaires à la télévision universitaire de l'Université de Montréal dans le cadre du « Tour à tour ». Par ses travaux de bibliographe, par le fichier documentaire qu'il a préparé au Centre de documentation, par sa collaboration aux revues, journaux et projets de recherche qui le mène en France et aux États-Unis, par sa participation à l'avancement des connaissances sur la littérature québécoise au pays et à l'étranger, celle de la Louisiane surtout, Réginald Hamel se révèle chercheur persévérant, attentif au passé et au présent de la vie littéraire francophone.

ŒUVRES

Le Préromantisme au Canada français (1764-1844), Montréal, PUM, 1965, 127 p.

Bibliographie des lettres canadiennes-françaises, dans *Études françaises*, Montréal, PUM, juin 1966, 111 p. (Numéro spécial).

[*Cahiers bibliographiques des lettres québécoises*, Montréal, Centre de documentation des lettres canadiennes-françaises (Université de Montréal), 1966-1969, 4 vol. : vol. 1, 1966, 3 t. : t. 1, *Du 1ᵉʳ janvier au 15 mars 1966*, 247 p. ; t. 2, *Du 15 mars au 7 juillet 1966*, [3], -611 p. ; t. 3, *Du 7 juillet au 31 déc. 1966. Index de l'année 1966*, -1176 p. Collab. Madeleine Corbeil et Nicole Vigeant. Texte polycopié ; vol. 2, 1967, 4 t. : t. 1, *Du 1ᵉʳ janvier au 31 mars 1967*, 471 p. ; t. 2, *Du 1ᵉʳ avril au 30 juin 1967*, [3], -903 p. Collab. Françoise Bray, Robert Malo et Nicole Vigeant. t. 3, *Du 1ᵉʳ juillet au 30 septembre 1967*, [2], -1829 p. Collab. Francine Éthier, Nicole Nadeau et Nicole Vigeant-Langlois ; t. 4, *Du 1ᵉʳ octobre au 31 décembre 1967*, [2], -1829 p. Collab. Renée Beauchemin, Louise Rolland et Claire Trempe] ; vol. 3, 1968, 4 t. : t. 1, *Janvier, février, mars 1968*, [4], 236 p. ; t. 2, *Avril, mai, juin 1968*, [6], 213 p. ; t. 3, *Juillet, août, septembre 1968*, [6], 159 p. ; t. 4, *Octobre, novembre, décembre 1968*, [8], 234 p. Collab. Renée Beauchemin, Christiane Giguère et Louise Rolland ; vol. 4, 1969, n⁰ˢ 1-2, 346 p.

La Littérature et l'Érotisme (essai), Montréal, I.S.E.F., 1967, 162 p.

La Correspondance de Charles Gill 1885-1918, Montréal, Parti Pris, 1969, 247 p. (Édition critique).

Introduction à la littérature québécoise des origines à l'École littéraire de Montréal, Montréal, PUM, 1970, 257 p.

Une de perdue, deux de trouvées de Boucher de Boucherville, Montréal, HMH, 1972, 473 p. (Édition critique).

Procès-verbaux, correspondance et autres documents inédits sur l'École littéraire de Montréal, Montréal, PUM, 1974, 933 p. (Réunis, classés et annotés par Réginald Hamel).

Bibliographie sommaire sur l'histoire de l'écriture féminine au Canada (1769-1961), Montréal, PUM, 1974, 134 p. (Texte polycopié).

Analyse de la documentation canadienne dans les universités françaises, Montréal/Ottawa, Ministère des Affaires extérieures, 1975, 94 p.

Gaétane de Montreuil (essai), Montréal, L'Aurore, 1976, 213 p. « Littérature ».

Dictionnaire pratique des auteurs québécois, Montréal, Fides, 1976, xxv, [1], 725 p. Collab. John E. Hare et Paul Wyczynski. Ill.

Analyse de la documentation canadienne dans les universités belges, Montréal/Bruxelles, Ministère des Affaires inter et extérieures, 1977, 115 p.

Analyse de la documentation canadienne dans les universités israéliennes, Montréal/Jérusalem/Tel-Aviv, Ministère des Affaires intergouvernementales, 1978, 71 p. (Suivi de *Mission en Israël*, Montréal/Ottawa, Canada-Israel Foundation for Academic Exchange, 16 p.).

La Louisiane (créole) (1762-1900). Littéraire, politique et sociale, Montréal, PUM, 1978, 678 p. (Texte polycopié) ; [Montréal], Leméac, 1984, 2 vol. : vol. 1, 361 p. Introduction de l'auteur ; vol. 2, –679 p.

Alfred Mercier, L'Habitation Saint-Ybars ou Maîtres et Esclaves en Louisiane, Nouvelle-Orléans, Imprimerie franco-américaine, 1981, 340 p. ; Montréal, Pierre Clément de Laussat, 1982 ; [Montréal], Guérin littérature, 1988. (Préface et notes en anglais).

Répertoire pratique de littérature et culture québécoises, Montréal, Fédération internationale des professeurs de français, 1982, 64 p. Collab. Émile Bessette et Laurent Mailhot.

Alexandre Dumas (père), bibliographie, chronologie et index des personnages, Montréal, Librairie des Presses de l'Université de Montréal, [s.d.], 511 p.

Index analytique des personnages et des situations dans l'œuvre d'Alexandre Dumas (père), Montréal, Librairie des Presses de l'Université de Montréal, [s.d.], lxi, 1864 p. Collab. Pierrette Méthé.

Dumas... insolite, Montréal, Guérin littérature, 1988, 125 p. « Carrefour ». (Texte établi d'après « Les Belles Heures » de Radio-Canada).

Dictionnaire Dumas, Montréal, Guérin éditeur, 1989, 1325 p. Collab. Pierrette Méthé.

Charles Gill prosateur, dans *L'École littéraire de Montréal*, Montréal, Fides, 1963, p. 178-200. « ALC » 2.

L'Érotisme dans les romans, contes et nouvelles entre 1900 et 1940, PP, nos 9-10-11, été 1964, p. 98-140.

20 lettres inédites de Louis Dantin à Louvigny de Montigny, Dev, vol. 56, no 82, 8 avril 1965, p. 23-24, 32.

Un « Canayen » à Paris (Charles Gill), Dev, vol. 56, no 254, 30 oct. 1965, p. 23-24.

Le Monde des lettres au Canada français, dans *Choix*, vol. 4, 1967, p. 18-21.

La Littérature canadienne-française à l'Université de Montréal, dans *Recherche et Littérature canadienne-française*, Ottawa, EUO, 1968, p. 84-110.

Un choix bibliographique des lettres québécoises, dans *Revue d'histoire littéraire de la France*, 69e année, no 5, sept.–oct. 1969, p. 808-821.

Bibliographie des instruments de travail en littérature canadienne-française, dans Pierre de Grandpré, *Histoire de la littérature française du Québec*, Montréal, Librairie Beauchemin Limitée, 1969, vol. 4. Collab. Pierre de Grandpré.

La Dramaturgie et l'Histoire, LAQ 1974, p. 181-185.

Une littérature nationale — chronologie, dans *Magazine littéraire*, no 134, mars 1978, p. 62-66.

Petit Dictionnaire des auteurs québécois, dans *Magazine littéraire*, no 134, mars 1978, p. 113-117.

Fragonard, M.-M. Précis d'histoire de la littérature française, dans *Bulletin de l'ACLA*, vol. 4, no 1, printemps 1982, p. 100.

The Last Five Works (15 novembre 1976), dans *Le Québec 1967-1987, du Général de Gaulle au Lac Meech*, Montréal, Guérin littérature, 1987, p. 95-101.

Entre « La condition humaine » et « L'espoir », le « Denier du rêve » dans *Les adieux du Québec à Marguerite Yourcenar*, Québec, Les Presses laurentiennes, 1988, p. 71-78.

Le lion du nord anthume et posthume (entretien avec Claude-Henri Grignon), dans *Le Québec littéraire*, no 1, automne 1988, p. 192-204.

ÉTUDES

Roland Simard, *Nos collèges au micro*, dans *Le Laurentien*, vol. 22, no 10, 21 mai 1954, p. 12.

Marc Poulin, *Nouvelle Initiative de la faculté : Centre de documentation des lettres canadiennes-françaises et biographie de Réginald Hamel*, dans *Contact*, vol. 2, no 2, déc. 1964, p. 1-4.

Jacques de Roussan, *La Tour de garde de nos lettres*, Pe, vol. 10, no 13, 30 avril 1966, p. 19-20.

Louis-Martin Tard, *Au sommet de la tour, la mémoire du Canada français*, P, 88e année, no 7, 19 févr. 1967, p. 8.

Léopold Leblanc, *Réginald Hamel, Cahiers bibliographiques des lettres québécoises*, EF, vol. 3, no 4, nov. 1967, p. 433-434.

Jean Dosmond, *Cahiers bibliographiques des lettres québécoises de Réginald Hamel*, LAC 1967, p. 168.

Alain Pontaut, *La Culture québécoise en fiches, en capsules et en bobines*, Pr, 84e année, no 162, 13 juillet 1968, p. 19-20.

André Major, *Le Cri d'un poète écorché (Charles Gill)*, Dev, vol. 60, no 132, 7 juin 1969, p. 14.

André Renaud, *Charles Gill*, Dr, 57e année, no 73, 21 juin 1969, p. 7.

André Major, *Le Centre de documentation des lettres canadiennes-françaises : l'Université de Montréal est-elle devant une « Affaire »?*, Dev, vol. 60, no 204, 3 sept. 1969, p. 10.

Jean Éthier-Blais, *Quand on écrit l'étroitesse d'une vie*, Dev, vol. 60, no 207, 6 sept. 1969, p. 12.

Dominique de Pasquale, *Centre de documentation sur le Québec à l'Université de Paris*, Pe, vol. 27, no 12, 21 avril 1973, p. 19-20.

Micheline Lachance, « *Si ça continue dans dix ans le Québec ne sera plus francophone*», dans *Québec-Presse*, 5e année, no 24, 24 juin 1973, p. 4–5.

Jean-Pierre Duquette, *Boucher de Boucherville. Une de perdue, deux de trouvées*, LAQ 1973, p. 79.

Yvon Boucher, *Réginald Hamel et Gaëtane de Montreuil*, Dev, vol. 68, no 271, 20 nov. 1976, p. 17.

Paul Gay, « *Pour vous mesdames* » *Gaëtane de Montreuil*, Dr, 64e année, no 281, 26 févr. 1977, p. 20.

Bellemonte, *Le Voyage du prof. Hamel autour de la terre*, dans *Moto-Journal*, vol. 7, no 10, oct. 1977, p. 20–22.

Michel M. Solomon, *Entrevue avec monsieur le professeur Réginald Hamel*, dans *Regards sur Israël*, janv.-févr. 1979, p. 4–5, 14.

Bernard-Hugues Beauchesne, *Réginald Hamel à la poursuite d'Alexandre Dumas*, Pe, 12 avril 1980, p. 18–20.

Madeleine Ouellette-Michalska, *La Nouvelle École buissonnière des profs*, Dev, vol. 73, no 251, 30 oct. 1982, p. 19.

Victor-Lévy Beaulieu, *La Louisiane créole, pour quoi faire?*, Dev, vol. 75, no 162, 14 juillet 1984, p. 19.

Robert Lahaise, « *Réginald Hamel. La Louisiane créole*», dans *Voix et images*, vol. 10, no 3, printemps 1985, p. 204–206.

Pierre-Philippe Gingras, *Sur les pas d'Alexandre Dumas père*, dans *Forum*, vol. 21, no 2, 15 sept. 1986, p. 1, 4–5.

Suzanne Lafrenière, « *La Louisiane créole littéraire, politique et sociale*». *Tout sur la Louisiane créole*, Dr, 73e année, no 33, 4 mai 1985, p. 24.

[Anonyme], *À ne pas manquer*, dans *Forum*, vol. 20, no 11, 18 nov. 1985, p. 6.

Jean Éthier-Blais, *Yourcenar: le chant de la prêtresse et de l'oracle*, Dev, vol. 79, no 135, 21 mai 1988, p. D-8.

Rudy Le Cours, *Dumas insolite*, Pr, 104e année, no 304, 27 août 1988, p. K-6.

John Hare, *Amusing travels in footsteps of Alexandre Dumas*, The Atlama Citizen, 23 juillet 1988, p. C-2.

Jean Éthier-Blais, *Notre littérature n'a plus de secrets pour Réginald Hamel*, Dev, vol. 79, no 223, 24 sept. 1988, p. D-6.

Adrien Thério, *Lectures*, LQ, no 51, automne 1988, p. 53–54.

HAMELIN, JEAN (1920–1970). Romancier, essayiste et critique, né à Montréal. Intéressé à la traduction, il entreprend des études de langue et de littérature espagnoles. D'abord traducteur à la Ligue de sécurité de la Province de Québec à partir de 1943, il entre, en 1946, à *La Presse*, à titre de traducteur de dépêches, puis comme rédacteur ; il y dirige la page littéraire de 1951 à 1953. Directeur des pages littéraires et artistiques du *Petit Journal* (1953-1958), puis du *Devoir* (1958-1959), Jean Hamelin obtient, l'année suivante, une bourse du Conseil des Arts du Canada, qui lui permet de séjourner à Paris et en Espagne. À son retour, il reprend ses fonctions au *Devoir* jusqu'en 1963. Il est alors nommé, en 1964, conseiller culturel adjoint à la Délégation générale du Québec à Paris, puis, en 1968, directeur de la Coopération avec l'extérieur au ministère des Affaires culturelles du Québec. En 1964, il publie un recueil de douze nouvelles qui s'inspirent essentiellement de faits divers dans le style des nouveaux romanciers. Son roman, *Un dos de pluie* (1967), par contre, est écrit dans le style des romans du terroir quoique le ton « narquois » et l'emploi du style indirect permettent à l'auteur de «varier son angle de vision par rapport aux personnages» (Armand B. Chartier, DOLQ, t. 4, p. 904). Émile Bessette, pour sa part, considère que le style monotone affaiblit «un récit qui connaît des moments d'efficacité ».

ŒUVRES

Le Renouveau du théâtre au Canada français (essai), Montréal, Éditions du Jour, 1962, 160 p. Ill.

Le Théâtre au Canada français (essai), Québec, Ministère des Affaires culturelles, 1964, 83 p. Portrait. Ill. «AVS». Traduction anglaise: *The Theatre in French Canada (1936-1966)*, Québec, Department of Cultural Affairs, 1968, 86 p. «AVS».

Nouvelles singulières, Montréal, Éditions HMH, 1964, 190 p. «A».

Un dos pour la pluie... Roman, Montréal, Librairie Déom, 1967, 211 p. «NP».

Les Rumeurs d'Hochelaga. Récits, Montréal, Hurtubise HMH, 1971, 209 p.

Les Occasions profitables (roman), ECF, no 10, 1961, p. 9–117.

Le Théâtre du Nouveau Monde: dix ans, quarante spectacles, Dev, vol. 52, no 264, 11 nov. 1961, p. 9.

Une influence plus apparente que réelle (essai), vol. 7, no 2, nov.–déc. 1965, p. 471–474.

ÉTUDES

Paul Gay, *Le Renouveau du théâtre au Canada français*, dans *Lectures*, vol. 9, no 4, déc. 1962, p. 94.

Normand Leroux, *Nouvelles singulières*, LAC 1964, p. 25–26.

Adrien Thério, *Le Théâtre au Canada français*, LAC 1964, p. 92.

Monique Bosco, *Quand les critiques sautent la clôture*, MM, vol. 5, no 3, mars 1965, p. 60.

Émile Bessette, *Jean Hamelin. Un dos pour la pluie*, EF, vol. 3, no 4, nov. 1967, p. 446–447.

Adrien Thério, *Un dos pour la pluie*, LAC 1967, p. 46–47.

Jean-Pierre Boucher, *Les Rumeurs d'Hochelaga de Jean Hamelin*, LAQ 1971, p. 70–71.

HAMELIN, JEAN (1931–). Historien, né à Saint-Narcisse (Champlain). Il fait ses études classiques à Trois-Rivières et s'inscrit, en 1952, à l'Université Laval où il obtient une licence en histoire (1954); de 1954 à 1957 il séjourne en France où il obtient son doctorat à l'École pratique des Hautes Études pour un mémoire publié sous le titre : *Économie et Société en Nouvelle-France*. À son retour au pays, il est chargé de cours à l'Université Laval (1957), puis il est nommé vice-doyen à la recherche de la Faculté des lettres (1969–1974) et directeur du Département d'histoire (1971–1974). Jean Hamelin est également conseiller du Centre de recherche en histoire économique du Canada français (HEC, 1965), et directeur adjoint du Centre d'étude du Québec à l'Université Sir George Williams (1967). Sa thèse de doctorat *Économie et Société en Nouvelle-France*, et ses ouvrages sur la condition des travailleurs sont regardés comme des ouvrages de base. Bibliographe, il est l'auteur, avec André Beaulieu, d'utiles répertoires de référence sur les publications gouvernementales et surtout sur la presse périodique des origines à nos jours. En 1972, il reçoit la médaille Tyrrell de la Société royale du Canada et le prix du Gouverneur général. Il est admis à la Société royale l'année suivante. En 1985, il reçoit une autre fois le prix du Gouverneur général conjointement avec Nicole Gagnon pour l'*Histoire du catholicisme québécois. Le XXe siècle.*

ŒUVRES

Économie et Société en Nouvelle-France, Québec, PUL, 1960, 137 p. Avant-propos de l'auteur. «Cahiers de l'Institut d'histoire, Université Laval»; 1968; 1970.

Les Élections provinciales dans le Québec, Québec, Université Laval, Institut de géographie, 1960, 207 p. Collab. Jacques Letarte et Marcel Hamelin. «Cahiers de géographie de Québec».

Les Mœurs électorales dans le Québec, de 1791 à nos jours, Montréal, Les Éditions du Jour, 1962, 125 p. Collab. Marcel Hamelin. «HV».

Aperçu de la politique canadienne au XIXe siècle, Québec, PUL, 1965, 154 p. Collab. John Huot et Marcel Hamelin.

Guide de l'étudiant en histoire du Canada, [Québec, PUL, 1965], v, 274 p. Collab. André Beaulieu. Préface de Marcel Trudel. Avant-propos des auteurs.

Les Journaux du Québec de 1764 à 1964, Québec, PUL, 1965, xxvi, 329 p. Collab. André Beaulieu. Préface de Jean-Charles Bonenfant. «Cahiers de l'Institut d'histoire, Université Laval».

Les Premières années de la Confédération, Ottawa, Commission du Centenaire, 1967, 27 p. «Brochure historique du Centenaire». Traduction anglaise par John Levitt : *The First Years of Confederation*, Ottawa, The Centennial Commission, 1967, 25 p. «Centennial Historical Booklets».

Le Canada français; son évolution historique, Trois-Rivières, Le Boréal Express, [1968], 64 p.

Canada : unité et diversité (essai), Montréal, Holt, Rinehart et Winston, [1968], [xi], 578 p. Collab. Paul Cornell, Fernand Ouellet et Marcel Trudel. Ill. ; 1971. Traduction anglaise : *Canada : Unity in Diversity*, Toronto/Montréal, Holt, Rinehart and Winston, [1967], xiii, 529 p. Introduction par William Kilbourn. Ill. ; 1971.

Répertoire des publications gouvernementales du Québec, 1867 à 1964, Québec, Roch Lefebvre, Imprimeur de la Reine, 1968, 554 p. Collab. André Beaulieu et Jean-Charles Bonenfant ; *Répertoire des publications gouvernementales du Québec, supplément, 1965-1968*, Québec, Éditeur officiel du Québec, 1970, 388 p. Collab. André Beaulieu et Gaston Bernier.

Guide d'histoire du Canada, Québec, PUL, 1969, xvi, 540 p. Collab. André Beaulieu, Benoît Bernier *et al.* «Cahiers d'Institut d'histoire».

Répertoire des grèves dans la province de Québec au XIXe siècle, Montréal, Presses de l'École des Hautes Études commerciales, 1970, 168 p. Collab. Paul Larocque et Jean Couillard. Avant-propos des auteurs.

Histoire économique du Québec, 1851-1896, Montréal, Fides, 1971, xxxvii, 436 p. Collab. Yves Roby, Hector Bibeau *et al.* Préface d'Albert Faucher. Avant-propos de Jean Hamelin. «Histoire économique et sociale du Canada français».

Histoire de l'Église catholique au Québec, 1608-1970, Montréal, Éditions Fides, 1971, 112 p. Collab. Nive Voisine et André Beaulieu. (Commission d'étude sur les laïcs et l'Église).

Les Idéologies au Canada français (essai), Québec, PUL, 3 vol. : vol. 1, *1850-1900*, 1971, 327 p. Éditeur avec Jean-Paul Montminy et Fernand Dumont ; vol. 2, *1900-1929*, 1974, 377 p. Éditeur avec Fernand Dumont, Jean-Paul Montminy et Fernand Harvey ; vol. 3, *1940-1976*, 3 t. : t. 1, *La Presse — La Littérature*, 1981, 360 p. ; t. 2, *Les Mouvements sociaux — Les Syndicats*, 1981, 390 p. ; t. 3, *Les Partis politiques — L'Église*, 1981, 360 p. «Histoire et Sociologie de la culture».

La Presse québécoise, des origines à nos jours (essai), Québec, PUL, 7 t. : t. 1, *1764-1859*, 1973, xii, 268 p. Collab. André Beaulieu ; t. 2, *1860-1879*, 1975, xv, 350 p. ; t. 3, *1880-1895*, 1977, xvi, 421 p. Collab. Jocelyn Saint-Pierre et Jean Boucher ; t. 4, *1896-1910*, 1979, xvi, 417 p. ; t. 5, *1911-1919*, 1982, xvi, 348 p. ; t. 6, *1920-1935*, Sainte-Foy, 1984, xvi, 379 p. Collab. Denise Caron, Gérald Laurence, Jocelyn Saint-Pierre et Jean Boucher ; t. 7, *1935-1944*, Sainte-Foy, 1985, xviii, 374 p.

Les Travailleurs québécois, 1851-1896, Montréal, PUQ, 1973, xvi, 221 p. Sous la direction de Jean Hamelin. Avant-propos de Jean Hamelin. «Histoire des travailleurs québécois» ; 1975.

Analyse du contenu des mémoires présentés à la Commission Gendron, Québec, Éditeur officiel du Québec, 1974, 162 p. Collab. André Côté.

Histoire du Québec (essai), Saint-Hyacinthe/Toulouse, Édisem/Édouard Privat, 1976, 538 p. Ill. Sous la direction de Jean Hamelin. Introduction de l'auteur. «Univers de la France et des pays francophones: histoire des provinces françaises»; Montréal/Toulouse, Éditions France-Amérique/Édouard Privat, 1977; 1981.

Les Travailleurs québécois, 1941–1971, Québec, Institut supérieur des sciences humaines, 1976, xv, 547 p. Sous la direction de Jean Hamelin et Fernand Harvey. Introduction de Jean Hamelin et Fernand Harvey. «Cahiers de l'Institut supérieur des sciences humaines. Instruments de travail».

Dictionnaire biographique du Canada de 1861 à 1870, Québec, PUL, 1977, vol. IX, 1057 p. Sous la direction de Frances G. Halpenny et Jean Hamelin.

L'Homme historien: introduction à la méthodologie de l'histoire, Saint-Hyacinthe/Paris, Edisem inc./Maloine, 1979, 127 p. Éditeur avec Nicole Gagnon. Avant-propos de Jean Hamelin. Postface de Nicole Gagnon. «Méthodes des sciences humaines».

Brochures québécoises, 1764–1972, Québec, Ministère des Communications, Direction générale des publications gouvernementales, 1981, viii, 598 p. Collab. André Beaulieu et Gilles Gallichan.

Brève Histoire du Québec (essai), Montréal, Boréal Express, 1981, 173 p. Ill. Collab. Jean Provencher; 1983, 159 p. (Édition revue et corrigée).

Histoire du catholicisme québécois (essai), Montréal, Boréal Express, Sous la direction de Jean Hamelin et Nive Voisine, vol. 3, *Le XXᵉ siècle*, 1984, 2 t.; t. 1, *1898–1940*, 507 p.; t. 2, *De 1940 à nos jours*, 425 p. Par Jean Hamelin et Nicole Gagnon. Ill.

Les Ultramontains canadiens-français (essai), Montréal, Boréal Express, 1985, 349 p. Sous la direction de Jean Hamelin et Nive Voisine. (Études d'histoire religieuse présentées en hommage au professeur Philippe Sylvain).

À la recherche d'un cours monétaire canadien, 1760–1777, RHAF, vol. 15, nᵒ 1, juin 1961, p. 24–34.

La Crise agricole dans le Bas-Canada, 1802–1837, dans *Études rurales*, nᵒ 7, oct.–déc. 1962, p. 36–57; CHA, 1962, p. 17–33. Collab. Fernand Ouellet.

Aperçu du journalisme québécois d'expression française, RS, vol. 7, nᵒ 3, sept.–déc. 1966, p. 305–348. Collab. André Beaulieu.

Les Cabinets provinciaux, 1867–1967, RS, vol. 8, nᵒ 3, sept.–déc. 1967, p. 299–317. Collab. Louise Beaudoin.

La Vie des relations sur le Saint-Laurent, entre Québec et Montréal, au milieu du XVIIIᵉ siècle, dans *Cahiers de géographie de Québec*, vol. 11, nᵒ 3, sept. 1967, p. 243–252. Collab. Jean Provencher.

Rôles assumés par l'Église au Canada français, aspects historiques, dans *Le Chrétien à la barre des témoins. Colloque des responsables sociaux du Canada français*, Montréal, Fides, 1969, p. 53–69.

L'Évolution économique et sociale du Québec, 1851–1896, RS, vol. 10, nᵒˢ 2–3, mai–déc. 1969, p. 157–171. Collab. Yves Roby.

ÉTUDES

Lionel Groulx, *Économie et Société en Nouvelle-France*, RHAF, vol. 15, nᵒ 2, sept. 1961, p. 304–306.

Charles-Marie Boissonnault, *La Politique canadienne au XIXᵉ siècle*, LAC 1965, p. 135–136.

Serge Gagnon, *Pour une conscience historique de la révolution québécoise*, CL, 16ᵉᵐᵉ année, nᵒ 83, janv. 1966, p. 4–19, surtout p. 13–15.

Naïm Kattan, *Les Journaux du Québec de 1764 à 1964*, dans *Bulletin du Cercle juif*, vol. 12, nᵒ 111, mars 1966, p. 3.

Bernard Valiquette, *Les Journaux du Québec de 1764 à 1964*, dans *Échos-Vedettes*, vol. 4, nᵒ 10, 26 mars 1966, p. 24.

Joan Ir, *Variety of Themes in French Books*, dans *Montreal Star*, vol. 98, nᵒ 119, 21 mai 1966, p. 7.

Richard Arès, *Aperçu de la politique canadienne au XIXᵉ siècle*, Rel, nᵒ 36, juin 1966, p. 194.

Léon Pouliot, *Les Journaux du Québec de 1764 à 1964*, Rel, nᵒ 310, nov. 1966, p. 320.

Ramsay Cook, *Les Journaux du Québec de 1764 à 1964*, CHR, vol. 48, nᵒ 4, déc. 1967, p. 379.

[Anonyme], *Une histoire du Canada à la mesure des faits. Unité et diversité*, So, 71ᵉ année, nᵒ 257, 30 oct. 1968, p. 18.

Fernand Ouellet, *Économie et Société en Nouvelle-France*, RHAF, vol. 22, nᵒ 3, déc. 1968, p. 466–470.

Id., *Histoire économique du Québec, 1850–1896*, LAQ 1972, p. 248–255.

Yvan Lamonde, *Une histoire du Québec synthétique*, Pr, 92ᵉ année, nᵒ 188, 7 août 1976, p. D-3.

Denis Monière, *André Beaulieu et Jean Hamelin, La Presse québécoise des origines à nos jours, tome II, 1860–1879*, LAQ 1976, p. 403–404.

Claude Savary, *Fernand Dumont, Jean Hamelin, Jean-Paul Montminy. Idéologies du Canada français, 1930–1939*, LAQ 1978, p. 270–272.

Paul Gay, *Un pays qui se fait et se défait. Idéologies au Canada français*, Dr, 70ᵉ année, nᵒ 157, 2 oct. 1982, p. 18.

Marie Laurier, *Le Catholicisme québécois. Histoire d'un empire qui fut tout-puissant*, Dev, vol. 75, nᵒ 198, 25 août 1984, p. 17.

Daniel Anctil, *Hamelin, Jean et Gagnon, Nicole, Histoire du catholicisme québécois*, dans *Nos livres*, vol. 16, févr. 1985, nᵒ 6094.

HAMELIN, LÉONCE (1920–   ). Théologien, né à Québec. Il obtient son baccalauréat à l'Université Laval en 1945, puis son doctorat en théologie à l'Université Antonianum de Rome en 1954. Tout en poursuivant sa carrière d'enseignant à l'Université de Montréal et au Studium franciscain, il continue ses recherches à l'Université de Louvain et fait partie du comité de rédaction de la revue *Concilium*. En 1973, il est membre de la Commission internationale pour l'étude scientifique de la famille. Sa réputation de théologien est solidement établie tant en Amérique qu'en Europe.

ŒUVRES

Le Tractatus de usuris de Maître Alexandre d'Alexandrie (essai), Rome, Université Antonianum, 1955, 60 p.

L'École franciscaine de ses débuts jusqu'à l'Occamisme (essai), Louvain, Nauwelaerts, 1961, 78 p.

Un traité de morale économique au XIVᵉ siècle (essai), Louvain, Nauwelaerts, 1962, 230 p.

Mariage, rêve, réalité (essai théologique), Montréal, Fides, 1975, 205 p. Collab. Viateur Boulanger, Guy Bourgeault et Guy Durand. « Héritage et Projet ».

La Réconciliation en Église. Essai théologique et pastoral sur le sacrement de pénitence, Montréal, Fides, 1977, 131 p. « Liturgie vivante ». Traduction anglaise par Matthew J. O'Connell : *Reconciliation in the Church : A Theological and Pastoral Essay on the Sacrament of Penance*, Collegeville (Minn.), Liturgical Press, 1980, 111 p.

Aveu et Satisfaction dans la démarche pénitentielle, dans *Liturgie et Vie chrétienne*, nᵒ 68, juillet–sept. 1969, p. 38–47.

Le Mariage, hier-aujourd'hui-demain (essai), dans *S. Bonaventura 1274-1974*, Rome, C.S.B.G., 1974, t. 4, p. 461–502.

HAMELIN, LOUIS-EDMOND (1923–). Géographe, né à Saint-Didace (Maskinongé). Après ses études secondaires au Séminaire de Joliette (B.A., 1945) il fréquente l'Université Laval et l'Université de Grenoble où il obtient un doctorat en géographie (1951). Professeur à l'Université Laval depuis 1951, il fonde, en 1961, un Centre d'études nordiques et en devient le directeur. En 1978, il est nommé recteur de l'Université du Québec à Trois-Rivières, poste qu'il occupe jusqu'en 1983. De 1971 à 1975, il siège à l'Assemblée législative des Territoires-du-Nord-Ouest. Membre de la Commission internationale du périglaciaire (1956) et de la Société royale du Canada (1962), il a prononcé, depuis un quart de siècle, de nombreuses conférences au pays et à l'étranger à titre de professeur invité ou de délégué du Canada. Ses articles et essais ont paru dans une quinzaine de revues canadiennes et étrangères, surtout dans les *Cahiers de géographie du Québec*. Il est reconnu comme un grand spécialiste de la morphologie périglaciaire et, à la suite de son maître, Raoul Blanchard, contribue à faire avancer les recherches géographiques au Québec. Son étude, *Nordicité canadienne*, mérite, en 1976, le prix scientifique du Québec ainsi que le prix littéraire du Gouverneur général, catégorie essai. Ce livre, issu de l'expérience personnelle de ce grand chercheur et de ses réflexions, discute des principaux caractères et problèmes du Nord.

ŒUVRES

Quelques matériaux de sociologie religieuse canadienne, Montréal, Les Éditions du Lévrier, 1956, 156 p. Collab. Colette L. Hamelin. Préface de Georges-Henri Lévesque. « Sociologie et Pastorale ».

Sables et Mer aux Îles-de-la-Madeleine, [Québec], Ministère de l'Industrie et du Commerce, 1959, 66 p. Ill. Préface de Louis Coderre.

Mélanges géographiques canadiens offerts à Raoul Blanchard, Québec, PUL, 1959, 494 p. Sous la direction de L.-E. Hamelin. Préface de L.-E. Hamelin. (Paru aussi dans *Cahiers de géographie de Québec*, 3ᵉ année, nᵒ 6, avril–sept. 1959).

La Colline blanche au nord est de Mistassini. Géomorphologie et sciences humaines, Québec, Université Laval, Institut de géographie, 1964, 28 p. Collab. Benoît Dumont. Ill. « Centre d'études nordiques. Travaux divers ». (Texte polycopié) ; 1966.

Rapport annuel du Centre d'études nordiques de l'Université Laval, nᵒ 3, 1963, Québec, Université Laval. Institut de géographie, 1964, 21 p. « Centre d'études nordiques. Travaux divers ». (Texte polycopié)

Île Melville (Canada arctique), Québec, Université Laval, Institut de géographie, 1964, 24 p. Collab. George Jacobsen. Ill. « Centre d'études nordiques. Travaux divers ». (Texte polycopié) ; 1966.

Répertoire de travaux sur le Nord, publiés par le Centre d'études nordiques et l'Institut de géographie de l'Université Laval, 1953-1964, Québec, Université Laval, 1965, 42 p. Collab. Aline Bussières. (Texte polycopié).

Réflexions méthodologiques sur le langage géographique, Québec, Université Laval, 1966, 57 p. Collab. Henri Dorion. « Groupe d'étude de choronymie et de terminologie géographique » ; 1971.

Le Périglaciaire par l'image. Illustrated Glossary of Periglacial Phenomena, Québec, PUL, 1967, 237 p. Collab. Frank A. Cook.

Atlas du monde contemporain, Montréal, Éditions du Renouveau pédagogique, 1967, iv, 88, [19] p. Collab. Pierre Gaurou et Fernand Grenier. « Géographie contemporaine » ; 1973, iv, 107 p. ; 1974.

Problèmes nordiques des façades de la Baie de James. Recueil de documents, Québec, Université Laval, 1967, 179 p. Éditeur avec Hugues Morrissette. « Centre d'études nordiques. Travaux divers » ; 1972, 118 p. (Édition abrégée).

Le Québec nordique. Cours secondaire, Montréal, Éditions du Renouveau pédagogique, 1968, 33 p. Ill. « Géographie contemporaine ».

Commentaires géographiques, Montréal, Éditions du Renouveau pédagogique, 1968, Diapositives en couleurs accompagnées des deux livrets de 31 p. chacun. (Cours secondaire et collégial).

L'Asie et l'Océanie. Cours secondaire, Montréal, Éditions du Renouveau pédagogique, 1969, 129 p. Collab. L. Pernet et son équipe. « Géographie contemporaine ».

Le Canada, Paris, PUF, 1969, 300 p. « Magellan. La géographie et ses problèmes ». Traduction anglaise par C. Storrie et C. Ian Jackson : *Canada : A Geographical Perspective*, Toronto, Wiley, 1973, xv, 234 p.

Pour la documentation géographique : une classification autonome, polyvalente et intégrée, Québec, PUL, 1969, 81 p. « Groupe d'étude de choronymie et de terminologie géographique ».

Le Canada. Cours secondaire et collégial, Montréal, Éditions du renouveau pédagogique, 1970, iii, 130 p. Collab. Colette Lafay-Hamelin. « Géographie contemporaine » ; 1971 ; Éditions du Renouveau pédagogique inc., 1978.

Le Canada. Cours secondaire et collégial (exercices — guide du maître), [Montréal], Éditions du Renouveau pédagogique inc., 1970, 130 p. Collab. Colette Lafay-Hamelin ; 1972, 132 p. Collab. Colette Lafay-Hamelin et des étudiants.

Bilan décennal du Centre d'études nordiques de l'Université Laval au Québec, Québec, [Université Laval], 1971, 52 p. (Textes polycopiés).

Une décennie de recherches au Centre d'études nordiques 1961-1970, Québec, PUL, 1971, 113 p.

Third Canadian Northern Conference/Troisième conférence nordique canadienne, Poste de la Baleine, Nouveau Québec, 26-29 mai 1970, Québec, Université Laval, 1971, xv, 159 p. Sous la direction de L.-E. Hamelin et André Cailleux. « Centre d'études nordiques. Nordicana ».

Le Québec. Cours secondaire et collégial, Montréal, Éditions du Renouveau pédagogique inc., 1971, iii, 81 p. Collab. Paul Buissières, Peter B. Clibbon, Henri Dorion et André Hufty. « Géographie contemporaine ».

Le Mushuau Nipi à l'âge du caribou, Québec, PUL, 1973, xii, 109 p. Ill. « Centre d'études nordiques. Nordicana ».

Nordicité canadienne, Montréal, Hurtubise HMH, Ltée, 1975, 458 p. Ill. « Les Cahiers du Québec. Géographie » ; Ville La Salle, Hurtubise HMH limitée, 1980. « Cahiers du Québec ». (Édition revue). Traduction anglaise par William Barr : *Canadian Nordicity : It's Your North, Too*, Montreal, Harvest House, 1979, xv, 373 p.

Le Nord et son langage (dictionnaire), Québec, Éditeur officiel du Québec, 1977-1979, 2 t. : t. 1, 1979, 159 p. ; t. 2, 1977, 343 p. « Néologie en marche ».

Nouvel Atlas du monde contemporain, Montréal, Éditions du Renouveau pédagogique inc., 1978, iv, 97, [18] p. Collab. P. Gourou et F. Grenier. « Géographie contemporaine ».

Rétrospective 1951-1976, [Montréal], Association canadienne des géographes, 1979, vi, 129 p. Collab. Ludger Beauregard.

Nymie géographique. Contribution aux études de terminologie, Québec, Institut de géographie, Université Laval, 1979, 60 p. Collab. Eckhard Blaschke, France Drolet *et al.* « Notes et Documents de recherches ». (Texte polycopié).

Nouvel Atlas Québec-Canada, Montréal, Éditions du Renouveau pédagogique, 1980, 35, [5] p. Collab. Fernand Grenier. « Géographie contemporaine ».

Le Rang à Saint-Didace de Maskinongé, dans *Notes de géographie*, nº 3, mai 1953, p. 1-7.

La Colline Lesueur. Étude de morphologie glaciaire, dans *Notes de géographie*, nº 7, mai 1954, p. 1-11. Collab. Benoît Dumont.

Les Monuments de cailloux dans le paysage arctique, dans *Les Cahiers de géographie de Québec*, nº 1, 1956, p. 5-19. (Nouvelle série).

Les Tourbières réticulées du Québec-Labrador subarctique : interprétation morpho-climatique, dans *Cahiers de géographie de Québec*, nº 3, oct. 1957, p. 87-107.

Bibliographie annotée concernant la pénétration de la géographie dans le Québec. I- Manuels, dans *Cahiers de géographie de Québec*, 4e année, nº 8, avril-sept. 1960, p. 345-358 ; *II-* Notes et documents, dans *T.I.G.U.L.*, nº 8, 1959-1960, 60 f.

La Géographie mondiale, le Congrès de Stockholm et le Canada, dans *Cahiers de géographie de Québec*, 5e année, nº 9, oct. 1960-mars 1961, p. 52-62.

Classification générale des glaces flottantes, dans *Le Naturaliste canadien*, vol. 87, nº 10, 1960, p. 209-227.

Évolution numérique séculaire du clergé catholique dans le Québec, RS, vol. 2, nº 2, avril-juin 1961, p. 189-241.

Périglaciaire du Canada. Idées nouvelles et perspectives globales, dans *Cahiers de géographie de Québec*, vol. 5, nº 10, avril-sept. 1961, 67 p.

Petite Histoire de la géographie dans le Québec et à l'Université Laval, dans *Cahiers de géographie de Québec*, nº 13, 1963, p. 137-153.

Aspects d'une histoire du peuplement par les choronymes d'habitat, Saint-Didace, Québec, HS, nº 2, 1968, p. 115-121.

Évolution rurale et Choronymie à Saint-Didace de Maskinongé, Québec, Canada, dans *Cahiers de géographie de Québec*, vol. 13, nº 28, 1969, p. 55-76.

Régiologie du Saint-Laurent, dans *Cahiers de géographie de Québec*, vol. 19, nº 37, 1972, p. 7-29.

De la néologie, dans *Cahiers de géographie de Québec*, vol. 14, nº 48, 1975, p. 429-459.

Contribution à l'histoire du mot « nord », RUO, vol. 47, nºs 1-2, janv.-avril 1977, p. 132-144.

NWT Population 1961-1985, dans *Research Paper No. 1*, vol. 1, nº 1, 1979, 54 p.

ÉTUDES

Maurice Lebel, *Présentation de M. Louis-Edmond Hamelin*, dans *Présentation*, Société royale du Canada, nº 17, 1963, p. 7-15.

Denis Saint-Onge, *Le Périglaciaire par l'image*, LAC 1968, p. 184.

Hugues Morrissette, *Le Canada*, LAQ 1969, p. 191.

Richard Lapierre, *Le Canada*, RHAF, vol. 24, nº 1, 1970, p. 95.

Claire Larouche, *Louis-Edmond Hamelin, un homme du nord*, dans *Québec-Science*, oct. 1975, p. 30-33.

Conrad Bernier, *Un géographe au tempérament de coureur de bois* (entrevue), Pr, n° 122, 92ᵉ année, 22 mai 1976, p. D-3, D-7.

[Anonyme], *Louis-Edmond Hamelin*, dans *Le Livre d'ici*, vol. 5, n° 32, 14 mai 1980, p. 1.

HAMELIN, MARCEL (1937-   ). Historien, né à Saint-Narcisse (Champlain). Après son baccalauréat au Séminaire Sainte-Marie de Shawinigan (1958), il s'inscrit à la Faculté des lettres de l'Université Laval où il obtient une licence ès lettres en histoire (1961), un diplôme d'études supérieures (1965) pour un mémoire sur l'honorable Raoul Dandurand et la participation du Canada à la Société des nations dans les années 1920, de même qu'un doctorat ès lettres en histoire (1972) pour une thèse intitulée « L'Assemblée législative de la province de Québec : 1867-1878 ». Il enseigne à l'Université d'Ottawa à partir de 1966 ; il y devient successivement directeur du Département d'histoire (1968-1970), vice-doyen de l'École des études supérieures (1972-1974) et doyen de la Faculté des arts en 1974. Marcel Hamelin collabore à diverses revues, *Recherches sociographiques*, *Livres et Auteurs québécois*, *Culture*... et signe plusieurs articles dans le *Dictionnaire biographique du Canada* (t. 1 et 10) et dans le *Dictionnaire des œuvres littéraires du Québec*. L'essentiel de ses efforts porte sur l'histoire politique du Canada français après la Confédération. La critique souligne plus particulièrement l'importance de son ouvrage consacré à une décennie du parlementarisme québécois (1867-1878). Paul André Linteau le considère comme un « ouvrage remarquable » ; pour Andrée Désilet, il s'agit d'une « analyse systématique » ; enfin, Jean-Louis Roy souligne que « Hamelin renouvelle les connaissances fragmentaires dont nous disposions déjà sur les dix premières années de la vie parlementaire québécoise ».

ŒUVRES

Les Élections provinciales dans le Québec, Québec, PUL, 1960, 207 p. Collab. Jean Hamelin et Jacques Letarte. « Cahiers de géographie de Québec ».

Les Mœurs électorales dans le Québec, de 1791 à nos jours, Montréal, Les Éditions du Jour, 1962, 125 p. Ill. Collab. Jean Hamelin. « L'Histoire vivante ».

Aperçu de la politique canadienne au XIXᵉ siècle, Québec, Université Laval, 1965, 154 p. Collab. Jean Hamelin et Jean Huot. (Paru d'abord dans *Culture*).

Confédération : 1867, Vancouver/Toronto/Montréal, The Copp Clark Publishing Company, 1966, iv, 100 p. Collab. J.T. Copp. Version anglaise : *Confederation : 1867*, Vancouver/Toronto/Montreal, [1966], iv, 98 p.

Les Mémoires de l'honorable Raoul Dandurand (1861-1942), Québec, PUL, 1967, xiv, 374 p. Éditeur.

Les Idées politiques des premiers ministres du Canada/The Political Ideas of the Prime Ministers of Canada, Ottawa, EUO, 1969, 153 p. Éditeur. « Cahiers d'histoire ». (Les Conférences Georges-P. Vanier/The Georges P. Vanier Memorial Lectures).

Les Premières Années du parlementarisme québécois (1867-1878), Québec, PUL, 1974, xii, 387 p. « Les Cahiers d'histoire de l'Université Laval ».

Assemblée nationale du Québec. Débats de l'Assemblée législative, Québec, Journal des Débats [Éditeur officiel du Québec], 1974-1979, 3 vol. : vol. 1, 1974, 4 séries : *1ʳᵉ Législature, 1ʳᵉ Session, 1867-1868*, xvi, 251 p., *1ʳᵉ Législature, 2ᵉ Session, 1869*, v, 294 p., *1ʳᵉ Législature, 3ᵉ Session, 1869-1870*, v, 243 p., *1ʳᵉ Législature, 4ᵉ Session, 1870*, v, 220 p. ; vol. 2, 1976, 4 séries : *2ᵉ Législature, 1ʳᵉ Session, 1871*, v, viii, 272 p., *2ᵉ Législature, 2ᵉ Session, 1872*, viii, 325 p., *2ᵉ Législature, 3ᵉ Session, 1873-1874*, viii, 289 p., *2ᵉ Législature, 4ᵉ Session, 1874-1875*, ix, 412 p. ; vol. 3, 1979, 3 séries : *3ᵉ Législature, 1ʳᵉ Session, 1875*, v, ix, 338 p., *3ᵉ Législature, 2ᵉ Session, 1876*, ix, 251 p., *3ᵉ Législature, 3ᵉ Session, 1877-1878*, ix, 330 p. Texte établi par Marcel Hamelin.

ÉTUDES

Fernand Dumont, *Les Mœurs électorales dans Le Québec de 1791 de Jean et Marcel Hamelin*, LAQ 1962, p. 87-88.

Jean-Louis Roy, *Les Premières Années du parlementarisme québécois*, LAQ 1974, p. 276-278.

Yvan Lamonde, *Les Premières Années du « Salon de la race »*, Pr, 90ᵉ année, n° 148, 22 juin 1974, p. C-4.

Laurent Laplante, *Cent ans avant Boutin, le même triste Québec*, Dev, vol. 65, n° 213, 14 sept. 1974, p. 16.

HARE, JOHN ELLIS (1933-   ). Bibliographe, historien et critique littéraire, né à Toronto (Ontario). Il fait ses études secondaires à l'University of Toronto Schools, ses études de lettres et de philosophie à l'Université Laval où il obtient une maîtrise en philosophie (1956), une maîtrise en linguistique (1962) et un doctorat en linguistique en 1971. Chargé de cours au Séminaire de Québec et à l'Université Laval à partir de 1959, il devient professeur au Département de lettres françaises de l'Université d'Ottawa en 1966. Intéressé aux problèmes de l'histoire socio-culturelle du Québec, il participe à la fondation du GRISCAF (Groupe de recherches sur l'histoire du Canada) en 1967. La même année, il publie, en collaboration avec Jean-Pierre Wallot, le premier tome d'une bibliographie descriptive et analytique des imprimés du Bas-Canada de 1801 à 1820. En 1973, la Société bibliographique du Canada décerne à John E. Hare de même qu'à Jean-Pierre Wallot, la médaille Marie-Tremaine pour l'œuvre en question. Depuis 1970, John Hare tient la chronique des activités théâtrales françaises dans *The Ottawa Citizen* et à partir de 1985, il y est chargé d'une chronique mensuelle des livres français. Avec Réginald Hamel et Paul Wyczynski, il est coauteur du *Dictionnaire pratique des auteurs québécois* devenu depuis *Dictionnaire des auteurs de langue française en Amérique du Nord*. Ses ouvrages et articles constituent un apport incontestable à la pensée socio-politique du Québec. « C'est une excellente contribution à la connaissance du passé, précise J.-Pierre Jousselin, en analysant *La Pensée socio-politique au Québec* de John Hare, un passé qui éclaire sans nul doute certains traits de la mentalité québécoise actuelle ».

ŒUVRES

Saint Albert the Great. The Nature of Logic (essai), Québec, Éditions Michel Doyon, 1957, 24 p. Traduction et notes par John Hare.

Les Canadiens français aux quatre coins du monde, une bibliographie commentée des récits de voyage de 1670 à 1914, Québec, Société historique de Québec, 1964, 212 p.

Voirie et Peuplement au Canada français. La Nouvelle-Beauce, Québec, Société historique de la Chaudière, 1965, 34 p. Collab. Honorius Provost.

Les Imprimés dans le Bas-Canada, 1801-1810, Montréal, PUM, 1967, xxiv, 384 p. Collab. Jean-Pierre Wallot.

François-Réal Angers, *Les Révélations du crime ou Cambray et ses complices* (récit), Montréal, Rééditions-Québec, 1969, xvii, 108 p. Éditeur.

Contes et Nouvelles du Canada français, 1778-1859, t. 1, Ottawa, EUO, 1971, 200 p. ; 1973 ; 1977. Éditeur.

Confrontations — Ideas in Conflict, 1806-1810 (anthologie), Montréal, Boréal Express, 1971, 400 p. Collab. Jean-Pierre Wallot.

Les Patriotes, 1830-1839 (anthologie), Montréal, Éditions Libération, 1971, 220 p. Ill.

Jules-Paul Tardivel, *Pour la Patrie*, Montréal, Hurtubise HMH, 1976, 307 p. « Cahiers du Québec ». Éditeur.

Dictionnaire pratique des auteurs québécois, Montréal, Fides, 1976, xxv, 725 p. Collab. Réginald Hamel et Paul Wyczynski.

La Pensée socio-politique au Québec, 1784-1812 : analyse sémantique, Ottawa, EUO, 1977, 103 p.

Joseph Bouchette. Description topographique du Bas-Canada [...], *Londres, 1815*, Montréal, Éditions Élysée, 1978, 22, xv, 669, lxxxviii p. Éditeur.

Anthologie de la poésie québécoise du XIXe siècle, Montréal, Hurtubise HMH, 1979, 410 p. « Cahiers du Québec ».

Histoire de la ville de Québec, 1608-1871, Montréal, Boréal, 1987, 399 p. Ill. Collab. Marc Lafrance et David Thierry Ruddel.

Joseph Lenoir, *Œuvres*, Montréal, PUM, 1988, 331 p. Édition critique. Collab. Jeanne d'Arc Lortie, s.c.o. « Bibliothèque du Nouveau Monde ».

A Bibliography of the Works of Léon-Pamphile Le May, 1837-1918, dans *Papers of the Bibliographical Society of America*, vol. 57, nº 1, 1963, p. 50-60.

L'Histoire et la Critique littéraire au Canada français au XIXe siècle, dans *L'Enseignement secondaire*, vol. 43, nº 1, 1963, p. 17-35.

Introduction à la sociologie de la littérature canadienne-française au XIXe siècle, dans *L'Enseignement secondaire*, vol. 43, nº 2, 1963, p. 67-92.

Bibliographie du roman canadien-français, 1837-1962, dans *Le Roman canadien-français*, Montréal, Fides, 1964, p. 375-456. « ALC » 3.

Bibliographie de la poésie canadienne-française des origines à nos jours, dans *La Poésie canadienne-française*, Montréal, Fides, 1969, p. 601-698. « ALC » 4.

Les Imprimés et la Diffusion des idées au Canada français, dans *Annales historiques de la Révolution française*, nº 213, 1973, p. 407-421.

La Députation et la Polarisation politique à la Chambre d'Assemblée du Bas-Canada, 1793-1812, RHAF, vol. 27, nº 3, 1973, p. 361-395.

La Population de la ville de Québec au tournant du XIXe siècle, HS, nº 17, 1974, p. 23-47.

Le Développement d'une pensée constitutionnelle au Québec, 1791-1814, RUO, vol. 45, nº 1, 1975, p. 5-25.

La Formation de la terminologie parlementaire et électorale au Québec, 1792-1810, RUO, vol. 46, nº 4, 1976, p. 460-475.

Joseph Quesnel et l'Anglomanie de la classe seigneuriale au tournant du XIXe siècle, CoI, vol. 6, nº 1, 1976, p. 23-31.

Panorama des spectacles au Québec, 1765-1898, dans *Le Théâtre canadien-français*, Montréal, Fides, 1976, p. 59-107. « ALC » 5.

Le Théâtre professionnel à Montréal, 1898-1937, *Ib.*, p. 239-248.

Bibliographie du théâtre canadien-français des origines à 1973, *Ib.*, p. 951-999.

L'Authenticité des Mémoires de Robert Chevalier, rédigés par Alain-René Lesage (1732), dans *Mélanges de civilisation canadienne-française offerts au professeur Paul Wyczynski*, Ottawa, EUO, 1977, p. 103-112. « CCRCCF ».

Pays, Patrie, Nation. Les liens d'appartenance dans le monde moderne, dans *Critère*, nº 22, 1978, p. 211-234.

Sarah Bernhardt's Visits to Canada : Dates and Repertory, dans *Histoire du théâtre au Canada*, vol. 2, nº 2, 1981, p. 136-161. Collab. Raymond Hathorn.

Journal du voyage de M. Saint-Luc de la Corne dans le navire l'Auguste en 1761 : édition critique, dans *Revue d'histoire littéraire du Québec et du Canada français*, nº 2, 1980-1981, p. 136-162.

Octave Crémazie et la Poésie dans une société de consommation, dans *Crémazie et Nelligan*, Montréal, Fides, 1981, p. 155-161.

Les Imprimés au Québec (1760-1820), dans *L'Imprimé au Québec, Aspects historiques (18e-20e siècles)*, Québec, Institut québécois de recherche sur la culture, 1983, p. 77-125. Collab. Jean-Pierre Wallot.

Le Théâtre comme loisir au Québec : panorama historique avant 1920, dans *Loisir et Société/Society and Leisure*, vol. 6, nº 1, 1983, p. 43-70.

A Bibliographical Guide to Québécois Literature and Culture, dans *Yale French Studies*, nº 65, 1983, p. 283-295.

Les Œuvres littéraires et musicales de Joseph Quesnel (1746-1809) : étude critique, dans *Revue d'histoire littéraire du Québec et du Canada français*, nº 4, 1983, p. 22-38.

Les Origines canadiennes (1760-1830), dans *Le Québécois et sa littérature*, Sherbrooke/Paris, Éditions Naaman/Agence de coopération culturelle et technique, 1984, p. 62-73.

Le Théâtre québécois des origines à 1930, *Ib.*, p. 216-241.

Arthur Buies, essayiste : une introduction à la lecture de son œuvre, dans *L'Essai et la Prose d'idées au Québec*, Montréal, Fides, 1985, p. 295-311. « ALC » 6.

Bibliographie représentative de la prose d'idées au Québec des origines à 1980, *Ib.*, p. 783-921. Collab. Robert Vigneault.

Le Développement du théâtre en langue française au Québec : le tournant du siècle, dans *La Perspective critique québécoise*, Ottawa, Le Groupe de recherches international « 1900 », 1986, p. 5-17. « Les Littératures de langues européennes au tournant du siècle : lectures d'aujourd'hui », série C : *L'Optique nord-américaine*. Cahier 1.

« La Voix d'un exilé » de Louis-H. Fréchette : étude mythocritique, dans *Solitude rompue*, Ottawa, EUO, 1986, p. 139-149. « CCRCCF ».

Index du Nigog, dans *Le Nigog*, Montréal, Fides, 1987, p. 370-388. « ALC » 7.

Le Livre au Québec et la Librairie Neilson au tournant du XIXe siècle, dans *Livre et Lecture au Québec (1800-1850)*, Québec, Institut québécois de recherche sur la culture, 1988, p. 93-112. Collab. Jean-Pierre Wallot.

ÉTUDES

Jean-Pierre Wallot, *Les Canadiens français aux quatre coins du monde*, RHAF, vol. 19, nº 1, 1965, p. 146-148.

Helen Taft Manning, *Les Imprimés dans le Bas-Canada*, CHR, vol. 49, nº 4, déc. 1968, p. 419.

Pierre Savard, *Contes et Nouvelles du Canada français, 1778-1859*, t. 1, RHAF, vol. 27, nº 2, 1973, p. 282-285.

Laurent Mailhot, *Réginald Hamel, John Hare, Paul Wyczynski. Dictionnaire pratique des auteurs québécois*, LAQ 1976, p. 267-272.

J.-Pierre Jousselin, *John E. Hare, « La Pensée socio-politique au Québec (1784-1812). Un apport incontestable*, Dr, 67e année, nº 16, 14 avril 1979, p. 21.

Paul Gay, *Ô Canada, terre de nos aïeux ! Anthologie de la poésie québécoise du XIXe siècle (1790-1890)*, Dr, 67e année, nº 16, 14 avril 1979, p. 21.

Michel Beaulieu, *Écoutez nos poètes du siècle dernier !*, dans *Le Livre d'ici*, vol. 4, nº 28, 18 avril 1979, p. 1.

HARPE, CHARLES Eugène [René Debray, René-Stéphane Debray, Laurentien] (1909-1952). Dramaturge, poète et conteur, né à Lévis. Après ses études classiques au Collège de Lévis (B.A. en 1927), il s'inscrit en lettres à l'Université Laval. Dès 1926 il publie des poèmes, des nouvelles et des chroniques dans *Le Soleil*. Attiré par le théâtre, il se joint à la troupe de Julien Daoust en 1930, et l'année suivante, il fonde sa propre troupe, « Les artistes du terroir », qui parcourt le Québec, les Maritimes et le Maine. Entre 1930 et 1941, il écrit vingt-cinq pièces de théâtre — des drames et quelques comédies — dans le goût de l'époque : amours malheureuses, appel du terroir, abandon de la religion, maladie, conversion, guérison, retour au foyer. Voici quelques titres : « Sœur Blanche », « L'Angélus de la mer », « Vieillir c'est souffrir », « La Femme fatale ». Ses activités minent sa santé, et en 1940 il est condamné au repos complet à l'Hôpital Laval de Québec. Durant ses trois années d'hospitalisation, il organise pour les malades des soirées de famille et dirige *Le Sourire*, revue du sanatorium dans laquelle il publie une quarantaine d'articles. À sa sortie de l'hôpital, il fait sa convalescence à Saint-Aubert-de-l'Islet. En 1945, il publie son recueil de chroniques, *Les Croix de chair*, choix de textes parus dans *Le Sourire*. En 1947 paraît *Le Jongleur aux étoiles*, contes suivis d'un recueil de poésie, *Les Oiseaux dans la brume*, en 1948. Malgré une santé précaire, il collabore à quelque vingt-cinq journaux et revues, tels *Le Samedi*, *La Revue populaire*, *Les Annales de Notre-Dame-du-Cap*, *Amérique française*, *Le Soleil*, *L'Action catholique*, sur les sujets les plus variés allant de la peinture, la musique et la religion au retour à la terre. De plus, de 1949 à sa mort, il anime plusieurs émissions radiophoniques à CKCV (Québec), émissions reprises à travers le Canada et à la radio du Vatican. En 1951, il visite quelques grands centres d'Europe, surtout les principaux sanctuaires marials. Après son retour, il présente de nouveaux jeux scéniques pour des fêtes commémoratives de paroisses: «Terre de nos aïeux», «Les Anciens Canadiens», «Mon pays, mes amours», «Moisson du souvenir». C'est pendant la représentation de cette dernière pièce, à Saint-Alexandre de Kamouraska qu'il est terrassé par une crise cardiaque, le 30 juillet 1952. Il laisse une œuvre inédite considérable: quarante-deux pièces de théâtre, un roman inachevé: «Chantier des rafales»... Bien qu'il n'existe pas encore d'étude exhaustive de l'œuvre de Charles Eugène Harpe, on peut souscrire à ce jugement de Roger Brien sur sa poésie: «En lui, aucun narcissisme, aucun hermétisme, [...] mais le message simple et vrai, le cri d'une âme brûlante et sincère».

ŒUVRES

Les Croix de chair (chroniques sanatoriales), Montmagny, Les Éditions Marquis Ltée, 1945, 195 p.; 1946. Lettre du Cardinal Villeneuve.

Le Jongleur aux étoiles (contes et poésie), Montmagny, Les Éditions Marquis Ltée, 187 p. Préface de Roger Brien; 1947.

Les Oiseaux dans la brume. Poèmes, Montmagny, Les Éditions Marquis Ltée, 1948, 169 p. Préface d'Arthur Lacasse.

Les Anciens Canadiens; pageant à la gloire de Saint-Jean-Port-Joly, Montmagny, Bernier, 1949, 36 p.

Le Brigand devenu moine, et quatre autres légendes, Cap-de-la-Madeleine, Éditions de Notre-Dame-du-Cap, 1951, 48 p. Ill. «Légendes mariales».

La Course de l'Archange, et quatre autres légendes, Cap-de-la-Madeleine, Éditions de Notre-Dame-du-Cap, 1951, 48 p. Ill. «Légendes mariales».

La Vision de Barberousse, et quatre autres légendes, Cap-de-la-Madeleine, Éditions de Notre-Dame-du-Cap, 1951, 48 p. Ill. «Légendes mariales».

Le Vol de la Madone, et quatre autres légendes, Cap-de-la-Madeleine, Éditions de Notre-Dame-du-Cap, 1951, 48 p. Ill. «Légendes mariales».

ÉTUDES

Bertrand Lombard, Les Oiseaux dans la brume, RUL, vol. 3, nº 3, nov. 1948, p. 279-281.

Jeanne Grisé-Allard, Mon ami Charles-E. Harpe (1909-1952), AmF, vol. 11, nº 4, juillet-août 1953, p. 22-31.

Marie-Paule Lord, « Bio-bibliographie de Charles-Eugène Harpe (1909-1952)». Thèse de maîtrise. Québec, Université Laval, 1961, [iv]-xxiv, 170 f.

HARTEX, PIERRE. Voir DAVIAULT, PIERRE.

HARVEY, FERNAND (1943–   ). Historien et sociologue, né à Montréal. Il fait le cours classique au Collège Sainte-Croix de Montréal (B.A., 1964), puis il obtient une licence en histoire à l'Université de Montréal (1968), une maîtrise (1972) et un doctorat en sociologie (1977) à l'Université Laval. De 1973 à 1980, il est professeur de sociologie à l'Université du Québec à Rimouski, et il est nommé directeur de projet et chercheur à l'Institut québécois de recherche sur la culture, en 1980. Il collabore à Revue d'histoire de l'Amérique française, Recherches sociographiques, Critère... Son mémoire de maîtrise sur les Chevaliers du travail paraît dans Aspects historiques du mouvement ouvrier au Québec: « La synthèse d'Harvey a l'avantage de bien résumer des éléments qu'on pouvait trouver épars dans différents travaux. Il en a même profité pour développer une hypothèse sur les différences idéologiques qui opposaient les Chevaliers à l'Église catholique et aux syndicats de métier » (Jacques Rouillard). Sa thèse de doctorat, « Les Travailleurs québécois et la Commission du travail 1886-1889 », paraît sous le titre Révolution industrielle et Travailleurs (1978) et reçoit un bon accueil: « Une analyse vivante et détaillée », dit Marie-France Moore. Et Hector Bibeau écrit à propos du Mouvement ouvrier au Québec, ouvrage dirigé par Harvey: « Comme instrument de travail, ce volume est [...] un acquis très valable. L'historien, le sociologue, le politico-logue, l'économiste y trouveront bon profit. Même le profane ».

ŒUVRES

Bibliographie de six historiens québécois. Michel Bibaud, François-Xavier Garneau, Thomas Chapais, Lionel Groulx, Fernand Ouellet et Michel Brunet, Québec, Université Laval, Institut supérieur des sciences humaines, 1970, 43 p.

Chronologie du Québec 1940-1971, Québec, Université Laval, Cahiers de l'Institut supérieur des sciences humaines, 1972, 184 p. Collab. Peter Southam. «Instruments de travail».

Inventaire des cartes socio-économiques sur le Québec 1940-1971, Québec, Université Laval, Institut supérieur des sciences humaines, 1972, 44 p.

Matériel pour une sociologie des maladies mentales au Québec (essai), Québec, Université Laval, Institut supérieur des sciences humaines, 1974, xiii, 143, 3 p. Collab. Rodrigue Samuel. Préface de Pierre Lefebvre.

Les Travailleurs québécois 1951-1971 (essai), Québec, Université Laval, Institut supérieur des sciences humaines, 1976, 547 p. Éditeur avec Jean Hamelin.

Mission d'exploration en France sur les questions rurales et régionales: rapport d'activités, [Rimouski], Université du Québec à Rimouski, 1977, viii, 94 f. Collab. Pierre Bruneau et Yves Dion.

Révolution industrielle et Travailleurs. Une enquête sur les rapports entre le capital et le travail au Québec à la fin du 19e siècle (essai), Montréal, Boréal Express, 1978, 350 p. « Histoire et Sociétés ».

Les Classes sociales au Canada et au Québec. Bibliographie annotée, Québec, Université Laval, Institut supérieur des sciences humaines, 1979, 282 p. Collab. Gilles Houle. « Études sur le Québec ».

Le Mouvement ouvrier au Québec (essai), Montréal, Boréal Express, 1980, 332 p. Éditeur. « Études d'histoire du Québec ».

L'Évolution de l'historiographie dans la RHAF, 1947–1972, RHAF, vol. 26, n° 2, sept. 1972, p. 163–183. Collab. Paul-André Linteau.

Considérations sociologiques sur l'histoire des travailleurs québécois, dans Jean Hamelin *et al.*, *Les Travailleurs québécois 1851–1896*, Montréal, PUQ, 1973, p. 1–30.

Une enquête ouvrière au XIXe siècle. La Commission du travail, 1886–1889, RHAF, vol. 30, n° 1, juin 1976, p. 35–53.

Technologie et Organisation du travail à la fin du 19e siècle : le cas du Québec, RS, vol. 18, n° 3, 1977, p. 397–414.

L'Est du Québec : une région périphérique à la recherche de son développement, dans *Possibles*, vol. 2, n° 2, hiver 1978, p. 17–30.

Les Enfants de la révolution industrielle au Québec, dans *Critère*, n° 25, printemps 1979, p. 257–270.

La Question régionale au Québec, dans *Revue des études canadiennes*, vol. 15, n° 2, été 1980, p. 74–87.

ÉTUDES

Jacques Rouillard, *Fernand Harvey. Aspects historiques du mouvement ouvrier au Québec*, LAQ 1974, p. 323–324.

Benoît Lévesque, *Aspects historiques du mouvement ouvrier au Québec de Fernand Harvey*, dans *Archives des sciences sociales des religions*, n° 38, juillet–déc. 1975, p. 198–200.

Clément Trudel, *La pauvreté était-elle incurable ?*, Dev, vol. 69, n° 280, 2 déc. 1978, p. 25.

Marie-France Moore, *Un lourd dossier sur le travailleur*, dans *Le Livre d'ici*, vol. 4, n° 27, 11 avril 1979, p. 1.

Yvan Lamonde, *La Crosse et le Marteau*, Dev, vol. 70, n° 98, 28 avril 1979, p. 24.

Jacques Rouillard, *Révolution industrielle et Travailleurs de Fernand Harvey*, RHAF, vol. 33, n° 2, sept. 1979, p. 267–268.

Hector Bibeau, *Harvey (Fernand) et al. Le Mouvement ouvrier au Québec. Aspects historiques*, dans *Nos livres*, vol. 9, nov. 1980, n° 350.

André Vidricaire, *Fernand Harvey. Le Mouvement ouvrier au Québec*, LAQ 1980, p. 292–294.

Paul-André Linteau, *La Nouvelle Histoire du Québec vue de l'intérieur*, dans *Liberté*, n° 147, juin 1983, p. 34–47.

HARVEY, FRANCINE (1935-   ). Conteuse et poète, née à Montmorency (Québec). Elle fait ses études à Québec chez les sœurs Saint-Joseph de Saint-Vallier où elle mérite la médaille d'or du Lieutenant-gouverneur. Elle entre, en 1955, au service d'une société d'assurances santé, puis elle passe à la fonction publique, en 1969, à titre d'agent d'information de la Régie de l'assurance maladie du Québec. Elle collabore à *L'Événement*, au *Soleil* et au *Droit*. En outre, elle rédige de nombreux textes publicitaires pour la radio et la télévision, et présente des récitals de chansons à Québec et à travers la province. Elle est copropriétaire des Productions du Palier. Ses premiers livres sont destinés aux enfants et sont publiés par le Centre pédagogique dans la collection « Le Petit Jaseur ». Louise Lemieux les trouve « fort intéressants ». Pour Sylvain Parenteau *Jeannot fait le tour du monde* (1961) constitue une belle leçon de géographie, et *Mes amies, les bêtes* (1961) « est un petit recueil de fables fort bien tournées ». Francine Harvey publie en 1976 *La Tombe d'un rêve* qui obtient le grand prix des Éditions de la Basoche. C'est un recueil de poèmes où l'auteure mêle les souvenirs de voyages aux souvenirs intimes et exprime son appartenance à ses ancêtres marins de l'Île aux Coudres.

ŒUVRES

Jeannot fait le tour du monde (conte), Québec, Éditions du Centre pédagogique, 1961, 95 p. Ill. « Le Petit Jaseur ».

Mes amies, les bêtes (contes), Québec, Éditions du Centre pédagogique, 1961, 90 p. Ill. « Le Petit Jaseur ».

Bruno des Îles (conte), Québec, Éditions du Centre pédagogique, 1962, 96 p. Ill. « Le Petit Jaseur ».

La Tombe d'un rêve (poésie), Québec, Les Éditions de la Basoche, 1977, 60 p.

ÉTUDES

Sylvain Parenteau, *Pour ceux de 10 et 12 ans*, LAC 1961, p. 90.

Adrien Thério, *Collection « Le Petit Jaseur »*, LAC 1962, p. 94.

HARVEY, JEAN-CHARLES [Benjamin Doré, Sapho, Un Sauvage, Un ami d'Alceste] (1891–1967). Journaliste, romancier, conteur, né à La Malbaie. Il commence ses études classiques au Séminaire de Chicoutimi en 1905, laisse cette institution en 1908 pour entrer chez les Jésuites qu'il quitte en 1913, fait quelques mois de droit à l'Université Laval à Montréal, est engagé en 1914 au *Canada* comme reporter, passe à *La Patrie* en 1915, puis à *La Presse* (1916–1918). Sa carrière de journaliste se prolongera plus d'un demi-siècle. En 1918, la compagnie La Machine agricole nationale de Montmagny l'engage en qualité de rédacteur publicitaire ; il y reste jusqu'à la faillite de la compagnie en 1922, aventure qui est à l'origine de son premier roman, *Marcel Faure*. En février de cette année, il entre au *Soleil* dont il sera courriériste parlementaire en 1925, puis rédacteur en chef de 1927 à 1934. Il reçoit le titre d'Officier d'Académie du ministère de l'Instruction publique de France en 1928, et le prix David pour *L'homme qui va*, en 1929. Destitué de ses fonctions à la parution des *Demi-civilisés*, il est nommé directeur du Bureau de la statistique du gouvernement du Québec. Il collabore au *Canada* (1935). Limogé par l'Union nationale, en 1937, il fonde *Le Jour* qui dure jusqu'au 25 juin 1946. Il devient alors journaliste à la pige à Radio-Canada (1947), puis commentateur à CKAC (1951). Il est enfin directeur des publications du *Petit Journal* et de *Photo-Journal* (1953-1966). Il a de plus collaboré à plusieurs autres périodiques : *La Revue moderne, Le Cri de Québec, Vivre, Jeunesse, L'Ordre...* À partir de 1937, il donne de nombreuses conférences à travers le Canada. Il meurt le 3 janvier 1967. Jean-Charles Harvey, selon le mot de Guildo Rousseau, « demeure, parmi les hommes et les écrivains de sa génération, celui qu'on a le plus interpellé et le moins applaudi ». Dès ses premiers ouvrages, il s'engage dans une « littérature de rupture » qui condamne le système scolaire et industriel du Québec, et prône la liberté de penser et d'aimer. La critique se montre hargneuse. La parution des *Demi-civilisés*, en 1934, provoque un véritable scandale social et religieux. Harvey y reprend les mêmes thèmes, mais avec plus de force, et s'attaque violemment à la pauvreté intellectuelle et humaine de l'élite canadienne-française toute soumise à la puissance cléricale. « *Les Demi-civilisés*, écrit Marcel-Aimé Gagnon, était certes l'ouvrage le plus virulent jamais écrit contre l'abrutissement d'une société qui continuait de sommeiller ». Le roman est condamné par l'archevêque de Québec, le 25 avril, moins de trois semaines après sa sortie. Son originalité consiste dans la saisie des métamorphoses d'une société en pleine évolution ; les personnages de l'auteur témoignent tous de cette tendance « si constante qu'elle révèle la mission pour laquelle Harvey s'est voulu romancier » (Guildo Rousseau). Pierre Chalout l'a appelé le « grand-père de la révolution tranquille ».

ŒUVRES

La Chasse aux millions. L'avenir industriel du Canada français, Québec, Crédit industriel limitée, [1920], 40 p. Préface de l'auteur.

Marcel Faure. Roman, Montmagny, Imprimerie de Montmagny, 1922, 214 p.

Pages de critiques ; sur quelques aspects de la littérature française au Canada (essai), Québec, Compagnie d'imprimerie Le Soleil limitée, 1926, 189 p.

L'homme qui va. Contes et nouvelles, Québec, Imprimerie du Soleil, 1929, 215 p. Ill. de Simone Routier ; Montréal/New York, Louis Carrier et compagnie/Les Éditions du Mercure ; Montréal, Les Éditions de l'Homme, 1967, 158 p.

Henri Pouliot, légionnaire ; histoire véridique et vécue d'un québécois simple soldat à la Légion étrangère, [Québec], Imprimerie Le Soleil, 1931, 303 p. Préface de l'auteur.

Les Demi-civilisés. Roman, Montréal, Les Éditions du Totem, 1934, 223 p. ; Les Éditions de l'Homme, 1962, 158 p. Introduction de l'auteur ; 1966 ; L'Actuelle, 1970, 197 p. ; *Les Demi-civilisés*, Quinze, 1982, 202 p. « Québec 10/10 » ; PUM, 1988, 301 p. Édition critique par Guildo Rousseau. « Bibliothèque du Nouveau Monde ». Traduction anglaise par Lukin Barette : *Sackcloth for Banner (Les Demi-civilisés)*, Toronto, The Macmillan Company of Canada Limited, 1938, x, 262 p. Introduction de B.K. Sandwell. Préface de Lukin Barette. Seconde traduction anglaise par John Glassco : *Fear's Folly (Les Demi-civilisés)*, Ottawa, Carleton University Press, 1982, 178 p. Introduction par John O'Connor. « Carleton Library Series ».

Sébastien Pierre. Nouvelles, Lévis, Les Éditions du Quotidien, 1935, 227 p. Gravures sur linoléum de Maurice Gaudreau ; *Sébastien Pierre*, Montréal, Stanké, 1985, 242 p. « Nouvelle 10/10 ».

Jeunesse (essai), Lévis, Éditions de Vivre, 1935, 59 p. « Les Cahiers noirs ».

Art et Combat (essai), Montréal, Éditions de l'Action canadienne française, 1937, 231 p. Préface de l'auteur.

French Canada at War (essai), Toronto, The Macmillan Company of Canada, 1941, 26 p.

Les grenouilles demandent un roi (essai), Montréal, Les Éditions du Jour, 1943, 156 p. Introduction de l'auteur. Traduction anglaise : *The Eternal Struggle : The Truceless Conflict Between the Rights of the Individual and the Forces of Despotism*, Toronto, Forward Publishing Company, 1943, 98 p. Introduction de l'éditeur.

[*Les Armes du mensonge*] (essai), Montréal, Imprimé à La Patrie, [1945], 31 p. Traduction anglaise : [*The Weapons of Falsehood*], 32 p.

L'Épidémie des grèves, [s.l., s.é.], 1946, 27 p.

Les Paradis de sable. Roman, Québec, Institut littéraire du Québec, 1953, 242 p.

La Fille du silence (poésie), Montréal, Éditions d'Orphée, 1958, 130 p. Préface de l'auteur.

Pourquoi je suis anti-séparatiste (essai), Montréal, Les Éditions de l'Homme, 1962, 125 p.

Visages du Québec (essai), Montréal, CLF, 1964, 207 p. Texte de Jean-Charles Harvey. Photographies de Marcel Cognac. Traduction anglaise par Alta Lind Cook : *The*

Many Faces of Québec, Toronto/New York, Macmillan of Canada/St-Martin's Press, 1966, 207 p. ; 1973.
Des bois... des champs... des bêtes... (nouvelles), Montréal, Les Éditions de l'Homme, 1965, 130 p. Ill. d'André L'Archevêque.

La Littérature Jeanbaptistarde, PV, 6e cahier, 1re série, janv. 1935, p. 28–30.
Nous sommes encore des coloniaux de l'esprit, Dev, vol. 41, no 95, 30 avril 1960, p. 9.
Opinion canadienne sur le roman, L, vol. 6, no 6, nov.–déc. 1964, p. 445–451.
[*Témoignages...*], dans *Le Roman canadien-français*, Montréal/Paris, Fides, 1964, p. 305–315. « ALC » 4.
2 langues, 2 armes, PJ, vol. 39, no 20, 14 mars 1965, p. 10.

ÉTUDES

Camille Roy, *Marcel Faure, roman canadien*, CF, vol. 10, no 2, mars 1923, p. 109–120.
Maurice Hébert, *Les Prix David 1923, L'homme qui va*, CF, vol. 17, no 5, janv. 1930, p. 328–335.
Valdombre, *Jean-Charles Harvey sous son vrai «jour»*, PV, 2e année, no 8, juillet 1938, p. 331–358.
André Laurendeau, *À propos de « Ton histoire est une épopée », un historien selon le cœur de Jean-Charles Harvey*, AN, vol. 18, no 3, nov. 1941, p. 190–218.
Paul Chamberland, *M. Jean-Charles Harvey, une «mystique de la race»*, PP, vol. 1, no 6, mars 1964, p. 55–58.
Luc Dufresne, *Québec chez Harvey et Lemelin*, PP, vol. 2, no 9, mai 1965, p. 31–36, surtout p. 32–34, 36.
Guildo Rousseau, *Jean-Charles Harvey et son œuvre romanesque*, Montréal, Centre éducatif et culturel, 1968, 198 p.
Marcel-Aimé Gagnon, *Jean-Charles Harvey précurseur de la révolution tranquille*, Montréal, Beauchemin, 1970, 378 p.
Sylvianne Savard Boulanger, *La Correspondance étrangère de Jean-Charles Harvey édition critique 1932-1966*, Sherbrooke, Éditions Naaman, 1984, 165 p. Ill. Préface de Jean Houpert. Introduction de l'auteur. « Mémoires et Rapports ».

HARVEY, JULIEN (1923–   ). Théologien et orientaliste, né à Québec. Après l'obtention de son baccalauréat à l'Université Laval (1944), il fait des études en philosophie et en théologie à la Faculté des Jésuites (L. Ph. en 1950, L. Th. en 1959). Inscrit à l'Université Johns Hopkins (Baltimore), il obtient une maîtrise spécialisée en histoire du Moyen-Orient (1960). Il poursuit ses études sur l'Écriture sainte à l'Institut biblique de Rome où il obtient son doctorat en 1967. Ensuite, il enseigne à la Faculté des Jésuites, à l'Université McGill, à l'Université Grégorienne de Rome, à l'Université de Sudbury, puis à l'Université de Montréal. De 1965 à 1973, il est doyen de la Faculté des Jésuites. Il collabore à de nombreux périodiques où il communique régulièrement les résultats de ses recherches : *Science et Esprit, Laval théologique, Communauté*

chrétienne, Sciences religieuses, Le Souffle, Aujourd'hui la Bible, Appoint, The Way, Relations, L'Église canadienne, Christus, etc. « Le langage de Julien Harvey, écrit-on dans *Le Livre canadien*, abonde d'expressions heureuses, de trouvailles qui paraissent faciles, mais qui ne peuvent néanmoins qu'être l'aboutissement de la recherche exégétique d'aujourd'hui ».

ŒUVRES

La Prière dans la Bible (essais), [s.l., s.é., 1960?] , 161 f. Collab. J.-L. d'Aragon. (Textes polycopiés).
Le Plaidoyer prophétique contre Israël après la rupture de l'alliance. Étude d'une formule littéraire de l'Ancien Testament, Paris-Bruges/Montréal, Desclée de Brouwer/Bellarmin, 1967, 186 p. «Studia, travaux de recherche».
Le temps s'ouvre sur la Bible (entretiens), Montréal, Fides, 1971, 56 p. Collab. René Beaugrand, Louis R. Dumas, Émile Legault *et al.*
Essai d'une théologie biblique de l'Ancien Testament, [Montréal], Librairie de l'Université de Montréal, 1972–1973, 85 p.
Les Psaumes : introduction, exégèse, théologie biblique, [Montréal], La Librairie de l'Université de Montréal, 1974–1975, 155 f. (Textes polycopiés).

Symbolique et Théologie biblique, dans *Science et Esprit*, vol. 9, 1957, p. 147–157.
La Typologie de l'Exode dans les Psaumes, dans *Science et Esprit*, vol. 15, 1963, p. 383–405.
Le Peuple de Dieu, sacrement du dessein de Dieu, dans *Laval théologique et philosophique*, vol. 22, no 7, 1966, p. 89–108.
Théologie politique et Révolution, dans *Communauté chrétienne*, vol. 9, no 54, nov.–déc. 1970, p. 448–462.
Philosophie de l'histoire et apocalyptique, dans *Science et Esprit*, vol. 25, no 1, janv.–avril 1973, p. 5–15.
L'Annonce intégrale de la parole de Dieu, dans *Souffle*, vol. 9, no 45, août 1973, p. 130–143.
Défi, dans *Classes moyennes. Les Pauvres. Dieu*, Ottawa, Éditions de la Conférence religieuse, 1979, p. 15–17. «Donum Dei». Traduction anglaise : *The Challenge*, dans *Middle Classes. The Poor. God*, Ottawa, The Publications of the Canadian Religious Conference, 1979, p. 17–19. «Donum Dei».

ÉTUDES

[Anonyme], *Le temps s'ouvre sur la Bible de Julien Harvey*, dans *Le Livre canadien*, vol. 2, avril 1974, no 137.
[Anonyme], *Jésus? de l'histoire à la foi*, dans *Le Livre canadien*, vol. 5, nov. 1974, no 308.

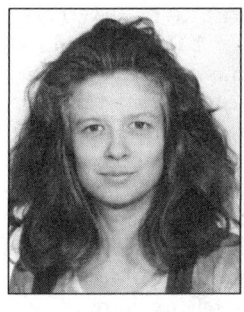

HARVEY, PAULINE (1950–). Chansonnier, poète et romancière, née à Chicoutimi. Elle fait ses études au Cégep d'Alma (D.E.C., 1969), puis elle étudie la philosophie à l'Université Laval et à Paris-Vincennes. Elle fait des reportages pour Radio-Canada en 1971 et 1972, mais se consacre surtout à l'écriture et donne de nombreux spectacles de poésie à la Casanous, au Centre d'essai du Conventum, au Théâtre du Nouveau Monde. Elle collabore à *La Barre du jour*, à *Mainmise*, à *Hobo-Québec*, et elle fait paraître en 1978 un recueil de poésie, *Ta dac tylo va taper*, puis un roman, *Le Deuxième Monopoly des précieux*, en 1981, sur lequel Monique Roy écrit : « Au jeu de monopoly l'imagination est roi ou reine [...]. Tout y passe en distanciation, au ralenti du plaisir du texte à un personnage de Passe-Partout. Déconcertant, ce jeu où l'on bouscule les conventions littéraires, les prétentions, les modes, les snobismes, la psychanalyse, la philosophie, où l'on cherche à fixer la mémoire, à arpenter le souvenir du temps présent ».

ŒUVRES

Ta dac tylo va taper (poésie), Montréal, Cul-Q, 1978, [n.p., 29 p.].
Le Deuxième Monopoly des précieux. Roman, Montréal, Les Éditions de la Pleine Lune, 1981, 223 p.
La Ville aux gueux. Roman, Montréal, Les Éditions de la Pleine Lune, 1982, 256 p.
Encore une partie pour Berry, Montréal, La Pleine Lune, 1985, 166 p.

Six o'clock (poèmes), BJ, n° 53, nov.-déc. 1976, p. 49-61.
Montréal-New York-Londres-Paris par Laker Airways, NBJ, n° 102, avril 1981, p. 55-58.
Le Reel du pendu, Dev, vol. 73, n° 269, 20 nov. 1982, p. 9, 14.
La Danse des atomes et des nébuleuses, dans *Dix nouvelles humoristiques par dix auteurs québécois*, Montréal, Quinze, 1984, p. 143-159.

ÉTUDES

Jean-Paul Daoust, *Spermutext*, dans *Jeu*, n° 8, printemps 1978, p. 158.
Monique Roy, *Pauline Harvey. Une partie de monopoly déroutante*, dans *Le Livre d'ici*, vol. 7, n° 30, 9 juin 1982, p. 2.
Réginald Martel, *Très savoureux éloge de l'anarchie*, Pr, 98ᵉ année, n° 223, 25 sept. 1982, p. C-2.
Madeleine Ouellette-Michalska, *Pauline Harvey : du côté des funambules*, Dev, vol. 73, n° 228, 2 oct. 1982, p. 28.

Ivanhoé Beaulieu, *La Difficulté d'être en 1985*, Dev, vol. 76, n° 132, 8 juin 1985, p. 23.
Gabrielle Poulin, « *Encore une partie pour Berry* » de Pauline Harvey. Un roman « punk », Dr, vol. 73, n° 154, 28 sept. 1985, p. 26.
Jean Royer, *Le Prix Molson à Pauline Harvey*, Dev, vol. 76, n° 239, 16 oct. 1985, p. 7.
Réginald Martel, *Pauline Havey : donner à rêver*, Pr, 101ᵉ année, n° 329, 19 oct. 1985, p. D-1, D-3.

HAYNE, DAVID MACKNESS (1921–). Bibliographe, historien de la littérature et critique littéraire, né à Toronto. Bachelier ès arts de l'Université de Toronto (1942), il poursuit ses études à l'Université d'Ottawa où il prépare d'abord sa maîtrise (1944) et ensuite son doctorat (1945). Sa thèse de doctorat — « The Historical Novel and French Canada » apporte sur la question du roman une documentation intéressante. En 1945, il est nommé professeur de français à University College de l'Université de Toronto. En 1961, il devient professeur titulaire. À titre de professeur invité, il enseigne dans plusieurs universités canadiennes. En 1967, il se voit accorder la médaille du centenaire de la Confédération. En 1970, la Société royale du Canada l'accueille dans ses rangs. En 1985, l'Université d'Ottawa lui décerne un doctorat honorifique. Il est directeur adjoint de la revue *University of Toronto Quarterly* (1965-1976) et rédacteur des *Cahiers de la Société bibliographique du Canada* (onze volumes parus entre 1962 et 1972), de même que du *Dictionnaire biographique du Canada* (1965-1969). Il a mené à bon terme la recherche commencée par Marcel Tirol (professeur de français pendant dix-neuf ans à Queen's University, décédé en 1949), en publiant, en 1968, une *Bibliographie critique du roman canadien-français 1837-1900*. Ses études, bien documentées, ont apporté un éclairage nouveau sur la littérature québécoise, surtout sur celle du XIXᵉ siècle.

ŒUVRE

Bibliographie critique du roman canadien-français 1837-1900, [Toronto], UTP, 1968, 144 p. Collab. Marcel Tirol ; [Québec], PUL, [1969], viii, 144 p.

Lettres canadiennes en France, RUL, vol. 15, n° 3, nov. 1960, p. 222-230 ; n° 4, déc. 1960, p. 328-333 ; n° 5, janv. 1961, p. 420–426; nº 6, févr. 1961, p. 507–514; nº 8, avril 1961, p. 716–725; vol. 16, nº 2, oct. 1961, p. 140–148.

Sur les traces du préromantisme canadien, RUO, avril–juin 1961, p. 137–157. (Publié aussi dans *Mouvement littéraire de Québec de 1860*, Ottawa, EUO, 1961, p. 7–27. «ALC» 1).

Les Origines du roman canadien-français, dans *Le Roman canadien-français*, Montréal, Fides, 1964, p. 37–67. «ALC» 3.

Les Grandes Options de la littérature canadienne-française, EF, vol. 1, févr. 1965, p. 68–89.

La Poésie romantique au Canada français (1860–1890), dans *La Poésie canadienne-française*, Montréal, Fides, 1969, p. 51–73. «ALC» 4.

Louis-Armand de Lom d'Arce de Lahontan, DBC, t. 2, 1969, p. 458–464.

Pierre-François-Xavier de Charlevoix, DBC, t. 3, 1972, p. 111–118.

Comparative Canadian Literature. Past History, Present State, Future Needs, dans *Canadian Review of Comparative Literature*, vol. 3, nº 2, printemps 1976, p. 113–123.

Le Théâtre de Joseph Quesnel, dans *Le Théâtre canadien-français*, Montréal, Fides, 1976, p. 109–117. «ALC» 5.

Literary Movements in Canada, dans *Canadian Review of Comparative Literature*, vol. 6, nº 2, printemps 1979, p. 121–123. (Numéro spécial).

Preliminary Bibliography of the Literary Relations Between Quebec and the Francophone World, dans *Canadian Review of Comparative Literature*, vol. 6, nº 2, printemps 1979, p. 206–218.

Frédéric Houde, DBC, t. 11, 1982, p. 467–468.

ÉTUDES

L'Illettré, *Le Roman canadien-français*, Dev, vol. 54, nº 11, 9 août 1966, p. 6.

Adrien Thério, *Bibliographie critique du roman canadien-français 1837–1900 de David Hayne et Marcel Tirol*, LAC 1968, p. 135.

Jack Warwick, *Bibliographie du roman canadien-français 1837–1900*, EL, vol. 3, nº 3, déc. 1970, p. 429–431.

La Littérature québécoise dans les universités canadiennes-anglaises (entrevue), LQ, nº 25, printemps 1982, p. 70–71.

H. B. Voir **DESMARCHAIS,** REX.

HÉBARDAUT, NÉPORNUCÈNE. Voir **BEAULIEU,** GERMAIN.

HÉBERT, ANNE (1916–). Poète, romancière, dramaturge et nouvelliste, née à Sainte-Catherine-de-Fossambault (Portneuf). Elle étudie pendant un certain temps à Québec, au Collège Notre-Dame-de-Bellevue, puis au Collège Mérici. Mais sa solide culture littéraire est surtout le fruit de ses efforts personnels, alors que son père, Maurice Hébert, critique averti des années 1930, lui sert de guide. C'est l'époque où elle s'associe, sans en faire pourtant partie, à un mouvement littéraire, celui de la revue *La Relève* (1934). Jean Le Moyne, Robert Élie, Claude Hurtubise, Robert Charbonneau, André Laurendeau participent, de près ou de loin, à ces tentatives de comprendre la pensée, la littérature et l'art de leur époque. Au cœur de cette effervescence intellectuelle se trouve Saint-Denys Garneau, le cousin d'Anne Hébert, auquel elle doit plusieurs conseils et encouragements. Progressivement, elle s'intéresse au théâtre, à la poésie, découvre Maritain et Claudel, ainsi que Baudelaire, Verlaine et Rimbaud et certains poètes modernes, notamment Supervielle, René Char et Paul Éluard. Elle fait de la poésie et s'intéresse au théâtre depuis plusieurs années, mais ce n'est qu'en 1939 qu'on trouve de ses poèmes dans des périodiques. Elle écrira par la suite des romans et des pièces de théâtre. De 1950 à 1954, elle collabore à des émissions radiophoniques de Radio-Canada et entre à l'Office national du film à titre de scénariste et de rédactrice de commentaires (1953–1954). Boursière de la Société royale du Canada en 1954, Anne Hébert part pour Paris et se consacre presque entièrement à sa carrière littéraire. Elle mérite le prix David en 1942, pour son premier recueil de poésie, *Les Songes en équilibre* en 1958, le prix France-Canada et le prix Duvernay pour *Les Chambres de bois*, puis, en 1959, le Prix littéraire de la Province de Québec lui sont décernés. Accueillie par la Société royale du Canada en 1960, elle reçoit, la même année, le prix du Gouverneur général pour son recueil *Poèmes*. Bénéficiaire d'une bourse du Conseil des Arts (1961–1962), Anne Hébert repart pour la France où elle prépare, entre autres, la trame de quelques pièces de théâtre. En 1967, elle reçoit le prix Molson, puis, en 1971, le prix des Libraires de France couronne son roman, *Kamouraska* (1970) que le cinéaste Claude Jutra portera à l'écran, et enfin, en 1982, le prix Fémina pour *Les Fous de Bassan*. L'œuvre d'Anne Hébert appartient à plusieurs genres littéraires : poésie, drame, conte, roman. Ses premiers poèmes, de 1939 à 1942, ce qu'elle appelle ses « impressions », sont une recherche de sa propre personnalité. Son premier recueil, *Les Songes en équilibre* (poèmes parus d'abord dans *Le Canada français*, *La Relève* et ailleurs), est accueilli par la critique comme une voix nouvelle. Impressionnisme verlainien, a-t-on dit ; cependant, déjà elle possède une maîtrise du rythme, des sons et de la langue, ce que confirme encore plus le poème « Éveil au seuil d'une fontaine », paru dans *Amérique française*, en octobre 1942, qui deviendra, en 1952, le premier poème du deuxième recueil de poésie d'Anne Hébert, *Le Tombeau des rois*, d'un symbolisme raffiné. Entre 1942 et 1952, Anne Hébert publie plusieurs poèmes dans *Amérique française*, *La Nouvelle Relève* et surtout dans *Gants du ciel*. *La Nouvelle Relève* de décembre 1944 publie « De Saint-Denys Garneau et le Paysage », hommage d'Anne Hébert à l'auteur de *Regards et Jeux dans l'espace*, mort subitement le 24 octobre 1943. Le moment est décisif pour Anne Hébert : c'est l'époque de la libération de la parole et de la recherche intensive de l'écriture. « La Maison de l'esplanade », publiée dans *Amérique française*, en septembre 1943, est un conte qui présage déjà une nouvelle orientation artistique. En effet, deux autres contes voient le jour : « L'Ange de Dominique » (*Gants du ciel*, automne 1945) et « Au bord du *Torrent* » (*Amérique française*, octobre 1947). Ce genre de création aboutit, en 1950, à la publication du *Torrent*, qui regroupe en plus des deux nouvelles déjà publiées, « La Robe corail », « Le Printemps de Catherine » et « La Maison de l'esplanade ». À la même époque, c'est-à-dire entre 1945 et 1950, Anne Hébert s'intéresse particulièrement au théâtre : dans la *Revue dominicaine* de janvier 1945 paraît sa critique intitulée « L'Annonce faite à Marie » ; Claudel semble exercer une grande influence sur Anne Hébert car « L'Arche de midi », écrite en 1946, le confirme, et par sa conception théâtrale et par son style. En 1958, sera télévisée « La Mercière assassinée », que publieront la même année *Les Écrits du Canada français*. Cette pièce, avec deux autres — « Le Temps sauvage », créée par le Théâtre du Nouveau Monde au Palais Montcalm, à Québec, le 8 octobre 1966, et *Les Invités au procès* — fait partie d'un volume publié en 1967. Les années soixante s'avèrent marquantes pour l'auteur : en 1958, elle publie son premier roman, *Les Chambres de bois* ; en 1960, son recueil *Poèmes*, paru aux Éditions du Seuil, réunit *Le Tombeau des rois* de 1953 et une nouvelle suite poétique, intitulée « Mystère de la parole ». En 1963 paraît aussi chez HMH la deuxième édition du *Torrent*, augmentée de deux contes : « Le mariage d'Augustin » et « La Mort de Stella ». Ce recueil sera republié en 1965, aux Éditions du Seuil. Entre temps, Anne Hébert crée une série de commentaires à l'Office national du film : « Les Indes parmi nous » (1954), « La Canne à pêche » (1959), « Saint-Denys Garneau » (1960). Elle collabore à différentes revues dont *Châtelaine*, les *Écrits du Canada français*, *Esprit* et *Mercure de France*. En 1970 paraît son deuxième roman, *Kamouraska*, dans lequel la critique reconnaît d'incontestables qualités de construction et de style. L'œuvre d'Anne Hébert se révèle donc comme une suite de cheminements parallèles. L'écrivain est avant tout poète, poète du songe. Sa poésie d'appartenance, en constant approfondissement, est soumise à la recherche persévérante des formes, afin de se révéler toujours plus authentique dans une remarquable continuité face à « la parole confuse qui s'ébauche dans la nuit ». Dans des rythmes et des images, l'âme du poète palpite au diapason du paysage de son pays ; mais sa voix s'élève aussi au-delà des ravins, des rivières, des forêts, des montagnes, au-delà du château et de la ville : elle s'allonge incommensurablement dans l'univers. La sensibilité féminine est prodigieusement présente dans les poèmes d'Anne Hébert : « une expérience située aux limites de la sensibilité », écrit Jeanne Lapointe ; « une résonance à l'étage du cœur et de la conscience », remarque Paul Wyczynski ; « poèmes tracés dans l'os par la pointe d'un poignard », souligne Pierre Emmanuel. D'une poésie impressionniste, nostalgique et chantante (*Les Songes en équilibre*), Anne Hébert passe, dans *Le Tombeau des rois*, aux réalités violentes de l'amour, de la solitude et de la mort : « elle nomme ce qui habite la caverne de l'âme », précise fort justement Pierre Pagé. *Mystère de la parole* est une suite logique du *Tombeau des rois* : l'épanouissement du moi féminin dans la dimension d'une vie nouvelle, à la périphérie de la mort vaincue. Le style participe de cette renaissance : le vers libre devient verset, la métaphore et la comparaison s'amplifient en des réseaux d'images symboliques, le rythme épouse la force d'une voix libérée. Les images évocatrices et les articulations thématiques profitent de fréquentes références aux valeurs mythiques et de l'illumination de la religion : une Ève éternelle cherche le sens de sa vocation dans une immensité d'espaces et de temps. Le message et la forme vont ensemble. « Le langage d'Anne Hébert, remarque Pierre Emmanuel, veut être absolument concret, et traverse, de l'apparence à l'être des choses, toute l'épaisseur des sens. Aussi peu de mots sont-ils employés, mais tous nécessaires et pris dans leur signification exhaustive : si loin que vous les sondiez, vous ne les épuiserez pas ». S'il est vrai que les symboles et les rythmes conjuguent remarquablement les thèmes de la vie et de la mort dans *Le Tombeau des rois* et *Mystère de la parole*, il est tout aussi évident, dans *Le Torrent, Les Chambres de bois, Kamouraska, Les Enfants du sabbat* et *Les Fous de Bassan* que l'auteur sait marier son art poétique à l'art romanesque. La poésie se greffe alors sur un réalisme souvent brutal, jeu des passions et violence des instincts. René Lacôte a bien saisi cette symbiose de styles, en étudiant les *Chambres de bois*. « La structure romanesque est comme une projection dans la durée continue de l'unité établie entre les instants absolus des poèmes du *Tombeau des rois* par le silence d'un univers mortellement clos sur lui-même. Tout le livre, dont l'action n'en est pas moins d'une rigoureuse unité, est composé de séquences brèves comme autant de moments parfaits, de récits simples et précis qui pourraient isolément se suffire mais dont le contenu est indispensable à l'enchaînement romanesque ; l'écriture nette, qui est propre à Anne Hébert, est plus forte encore et plus assurée ; les mots et les images qui sont choisis pour épouser strictement le réel, ont au-delà de leurs significations premières des liens si immédiats avec un monde vivant au-delà du livre, ils ont une telle charge symbolique et une telle portée d'élucidation, que le texte est d'une rare et admirable intensité poétique ». La même remarque pourrait s'appliquer au *Torrent*, à *Kamouraska*, aux *Enfants du sabbat*, ainsi qu'aux pièces de théâtre. C'est en employant avec doigté plusieurs écritures qu'Anne Hébert intensifie les moments forts de ses expériences d'artiste. Il semble que l'œuvre entière d'Anne Hébert soit traversée d'un rythme binaire, dans son langage à la fois concret et symbolique, dans sa thématique du moi et de l'univers, autant que dans sa tonalité des couleurs et des sons. Albert Le Grand définit globalement l'œuvre d'Anne Hébert par cette large gamme de thèmes qui d'un point à l'autre, embrassent constamment la complexité de l'âme humaine et la large étendue de l'univers : « De la solitude à la solidarité, de la nuit au jour, de la tentation du silence à la parole nombreuse, de la tentation de la mort à l'affirmation de la vie, de l'exil au royaume, tel nous apparaît le sens profond d'une œuvre enracinée dans le salut du vivant et l'honneur du poète ».

ŒUVRES

Les Songes en équilibre. Poèmes, Montréal, Éditions de l'Arbre, 1942, 158 p.

L'Arche de midi (théâtre), Montréal, Librairie des PUM, 1944-1945, 32 p. (Texte polycopié pour les étudiants).

Le Torrent (nouvelles), Montréal, Éditions Beauchemin, 1950, 173 p. ; *Le Torrent suivi de deux nouvelles inédites*, Éditions HMH, 1963, 249 p. « A ». (Édition augmentée de *Le Mariage d'Augustin* et *La Mort de Stella*) ; *Le Torrent*, Paris, Éditions du Seuil, 1965, 207 p. Portrait. (*Le Mariage d'Augustin* devient *Un grand mariage*) ; *Le Torrent. Nouvelles*, HMH, 1976, 175 p. « A ». Traduction anglaise par Gwendolyn Moore : *The Torrent*, Montréal, Harvest House, 1973, 141 p.

Le Tombeau des rois. Poèmes, Québec, [s.é.], 1953, 76 p. Présentation par Pierre Emmanuel. Traduction anglaise par Peter Miller : *The Tomb of the Kings*, Toronto, Contact Press, 1967, 91 p. (Texte français en regard).

Les Chambres de bois. Roman, Paris, Éditions du Seuil, 1958, 190 p. Préface de Samuel S. de Sacy ; 1979. Portrait ; 1985. « Point ». Traduction anglaise par Kathy Mezei : *The Silent Rooms*, Don Mills, Musson Book Company, 1974, 167 p. ; Paper Jacks, 1975.

Poèmes, Paris, Éditions du Seuil, 1960, 110 p. Portrait. Présentation de Pierre Emmanuel. (*Le Tombeau des rois* et *Mystère de la parole*). Traduction anglaise par Alan Brown : *Poems*, Don Mills, Musson Book Company, 1975, 76 p.

St-Denys Garneau and Anne Hébert (textes choisis), Vancouver, Klanak Press, 1962, 49 p. Préface de Gilles Marcotte. (Traduction anglaise en regard par F.R. Scott) ; 1978.

Le Temps sauvage. La Mercière assassinée. Les Invités au procès. Théâtre, Montréal, Éditions HMH, 1967, 189 p. « A » ; 1977.

Dialogue sur la traduction à propos du Tombeau des rois, Montréal, HMH, 1970, 109 p. Collab. Frank Scott. Présentation de Jeanne Lapointe. Préface de Northrop Frye. « Sur parole ». (Paru d'abord dans ECF, n° 7, 1960. Texte en anglais et en français).

Kamouraska. Roman, Paris, Éditions du Seuil, 1970, 250 p. ; Montréal, Art global, 1977, 271 p. Ill. Estampes originales d'Antoine Dumas, bois sculpté de Serge Bourdon. (Édition de luxe. Tirage limité. Adaptation cinématographique réalisée par Claude Jutra en 1973). Traduction anglaise par Norman Shapiro : *Kamouraska*, Toronto, Musson Book Company, 1973, [4], 250 p. ; Don Mills, Paper Jacks, 1974 ; Toronto, Newpress, General Publishing Co. Limited, 1982. « Canadian Classics » ; 1977, 229 p.

Les Enfants du sabbat. Roman, Paris, Éditions du Seuil, 1975, 187 p. Traduction anglaise par Carol Dunlop-Hébert : *Children of the Black Sabbath*, Don Mills, Musson Book Company, 1977, 198 p. ; Markland, Paper Jacks Ltd., 1978.

Héloïse. Roman, Paris, Éditions du Seuil, 1980, 124 p. Portrait. Traduction anglaise par Sheila Fischman : *Héloïse. A Novel*, Toronto, Stoddart, 1982, 101 p. ;

Héloise, General Publishing Co. Limited, 1983. « New Press Canadian Classics ».

Les Fous de Bassan. *Roman*, Paris, Éditions du Seuil, 1982, 253 p. Portrait ; Paris, Édition du Club Québec Loisirs ; Montréal, Édition du Seuil, 1984, 251 p. « Points ». Traduction anglaise par Sheila Fischman : *In the Shadow of the Wind*, Toronto, Stoddart, a Member of General Publishing Group, 1983, 184 p. ; London/Melbourne, J.M. Dent & Sons Ltd., 1984.

Le Premier Jardin. *Roman*, Paris, Éditions du Seuil, 1988, 189 p.

Trois petits garçons (conte), CF, vol. 25, n⁰ 4, déc. 1937, p. 395-397.

Enfants à la fenêtre (dialogue), CF, vol. 25, avril 1938, p. 822-825.

Éveil au seuil d'une fontaine (poésie), AmF, vol. 2, oct. 1942, p. 35.

L'Esclave noire (poésie), AmF, vol. 2, mars 1943, p. 41-42.

Paradis perdu (poésie), AmF, vol. 3, févr. 1944, p. 31-32.

Prélude à la nuit (poésie), NR, vol. 3, n⁰ 4, mai 1944, p. 209.

Les Petites Villes (poésie), dans *Gants du ciel*, n⁰ 4, juin 1944, p. 78. (Avec d'autres poèmes : *Aube, Sous-bois d'hiver, Chats, Présence, Je voudrais un havre de grâce, Le Château noir, Ballade d'un enfant qui va mourir, Les Petites Villes*. Parus aussi dans *Galerie*, n⁰ 99, déc. 1970, p. 74-76).

Plénitude (poème en prose), AmF, vol. 4, oct. 1944, p. 33.

De Saint-Denys Garneau et le Paysage (essai), NR, vol. 3, n⁰ 9, déc. 1944, p. 523.

Résurrection de Lazare (poésie), RD, vol. 51, mai 1945, p. 257-258.

Offrande (poésie), RD, vol. 52, juin 1946, p. 321.

Beauté (poésie), RD, vol. 53, janv. 1947, p. 3.

La Voix de l'oiseau (poésie), RD, vol. 55, janv. 1949, p. 3.

La Fille maigre (poésie), CL, vol. 1, n⁰ 3, 1951, p. 26.

La Vie de château, Les Pêcheurs d'eau, dans *Nouvelle Revue canadienne*, vol. 1, n⁰ 5, nov.-déc. 1951, p. 11-12.

Le Tombeau des rois (poésie), CL, vol. 1, n⁰ 4, déc. 1951, p. 27-28. (Paru aussi dans *Esprit*, t. 20, n⁰ 10, oct. 1952, p. 443-446).

Shannon (conte), Ch, vol. 1, n⁰ 1, oct. 1960, p. 34, 77, 85.

La Traduction. Dialogue entre le traducteur et l'auteur, ECF, n⁰ 7, 1960, p. 193-236. Collab. Frank Scott.

Et le jour fut (poésie), dans E. Mandel et J.-G. Pilon, *Poetry '62*, Toronto, Ryerson Press, 1961, p. 8-9.

Un dimanche à la campagne (conte), Ch, vol. 7, sept. 1966, p. 38, 125-151.

Le Silence (conte), dans *Le Figaro littéraire* (Paris), n⁰ 1285, 10 janv. 1971, p. 23-25.

ÉTUDES

Guy Sylvestre, *Les Songes en équilibre*, Dr, 30ᵉ année, n⁰ 61, 14 mars 1942, p. 6.

Roger Duhamel, *Voies de la poésie*, Rel, 11ᵉ année, n⁰ 22, oct. 1942, p. 279.

Pierre Baillargeon, *Les Songes en équilibre*, AmF, t. 3, n⁰ 16, sept. 1943, p. 53-56.

Jacques-Thomas Racette, *Le Torrent d'Anne Hébert*, RD, vol. 56, n⁰ 1, mai 1950, p. 294-297.

Gilles Marcotte, *Le Tombeau des rois*, Dev, vol. 44, n⁰ 108, 9 mai 1953, p. 7.

Albert Béguin, *Anne Hébert et la Solitude*, Dev, vol. 44, n⁰ 230, 3 oct. 1953, p. 6.

René Chicoine, *La Mercière assassinée*, Dev, vol. 49, n⁰ 168, 22 juillet 1958, p. 7 ; n⁰ 174, 29 juillet 1958, p. 8 ; n⁰ 180, 5 août 1958, p. 7 ; n⁰ 186, 12 août 1958, p. 7.

Pierre de Grandpré, *Un roman d'Anne Hébert, Les Chambres de bois*, Dev, vol. 49, n⁰ 225, 27 sept. 1958, p. 11.

Saint-Aubin, *Les Chambres de bois d'Anne Hébert*, dans *Les Cahiers de la Nouvelle-France*, n⁰ 8, oct.-déc. 1958, p. 266-269.

Jean Le Moyne, *Hors les chambres d'enfance*, dans *Le Journal musical canadien*, vol. 5, n⁰ 1, nov. 1958, p. 3, 5.

Pierre-Henri Simon, *Les Chambres de bois*, dans *La Revue de Paris*, 65ᵉ année, déc. 1958, p. 178.

Maurice Blain, *Anne Hébert ou Le Risque de vivre*, L, vol. 1, n⁰ 5, sept.-oct. 1959, p. 322-330.

Clément Lockquell, *L'Art poétique d'Anne Hébert, la solitude rompue comme du pain*, Dev, vol. 51, n⁰ 137, 18 juin 1960, p. 11.

Jeanne Lapointe, *Mystère de la parole par Anne Hébert*, CL, 72ᵉ année, n⁰ 36, avril 1961, p. 21-22.

Paul Chamberland, *Poèmes d'Anne Hébert*, dans *Lectures*, vol. 8, n⁰ 2, oct. 1961, p. 29-41.

Patricia Purcell, *The Agonizing Solitude : The Poetry of Anne Hébert*, CaL, n⁰ 10, automne 1961, p. 51-61.

Guy Robert, *La Poétique du songe. Introduction à l'œuvre d'Anne Hébert*, Montréal, [A.G.E.U.M.], 1962, 125 p. « Cahiers ».

Paul Wyczynski, *L'Univers poétique d'Anne Hébert*, ES, vol. 42, n⁰ 2, mars-avril 1963, p. 5-20. (Aussi dans *Poésie et Symbole*, Montréal, Librairie Déom, 1965, p. 147-185).

Guy Robert, *Anne Hébert*, dans *Littérature du Québec*, Montréal, Librairie Déom, 1964, p. 56-67. (Reproduit *Poésie, Solitude rompue*, de même que quatre poèmes inédits : *Amour, Pluie, Noël, Fin du monde*).

Clément Lockquell, *Le Torrent d'Anne Hébert*, So, 83ᵉ année, n⁰ 30, 1ᵉʳ févr. 1964, p. 46.

Georges Amyot, *Anne Hébert et la Renaissance*, ECF, n⁰ 20, 1965, p. 233-253.

Pierre Pagé, *Anne Hébert*, Montréal/Paris, Éditions Fides, 1965, 189 p. « ECA ».

Gérard Bessette, *La Dislocation dans la poésie d'Anne Hébert*, RUO, vol. 36, n⁰ 1, janv.-mars 1966, p. 51-60.

Ulric Aylwin, *Vers une lecture de l'œuvre d'Anne Hébert*, BJ, vol. 2, n⁰ 1, été 1966, p. 2-11.

Id., *Au pays de la fille maigre, Les Chambres de bois*, VIP, n⁰ 1, 1967, p. 37-50.

Albert Le Grand, *Anne Hébert de l'exil au royaume*, EF, vol. 4, n⁰ 1, févr. 1968, p. 3-29.

Gustave Sincennes, « *Le Tombeau des rois* d'Anne Hébert et l'Introspection ». Thèse de maîtrise. Ottawa, Université d'Ottawa, 1968, 97 f.

Gilles Houde, *Les Symboles et la Structure mythique du Torrent*, BJ, n⁰ 16, oct.-déc. 1968, p. 22-46 ; n⁰ 21, sept.-oct. 1969, p. 26-68.

Sthème de Jubécourt, « *L'Univers poétique d'Anne Hébert*, dans *Le Tombeau des rois* ». Thèse de maîtrise. Edmonton, Université d'Alberta, 1969, 178 f.

René Lacôte, *Anne Hébert*, Paris, Éditions Pierre Seghers, 1969, 189 p. Ill. « Poètes d'aujourd'hui ».

Gilles Marcotte, *Le Tombeau des rois d'Anne Hébert*, dans *Une littérature qui se fait*, Montréal, Éditions Hurtubise HMH, 1969, p. 286-297.

Réjean Robidoux, *Kamouraska*, LAQ 1970, p. 24-26.

Jacques Ferron, *Kamouraska ou l'Invention du pays*, MM, vol. 11, nᵒ 1, janv. 1971, p. 44-46.

Albert Le Grand, *Kamouraska ou l'Ange et la Bête*, vol. 7, nᵒ 2, mai 1971, p. 119-143.

Fernand Dorais, *Kamouraska d'Anne Hébert*, dans *Revue de l'Université laurentienne*, vol. 4, nᵒ 1, nov. 1971, p. 76-82.

Grazia Merler, *La Réalité dans la prose d'Anne Hébert*, ECF, nᵒ 33, 1971, p. 45-83.

Adrien Thério, *La Maison de la belle et du prince ou L'Enfer dans l'œuvre romanesque d'Anne Hébert*, LAQ 1971, p. 274-284.

Sylvio Leblond, *Le Drame de Kamouraska d'après les documents de l'époque*, CD, nᵒ 37, 1972, p. 239-273.

Pierre Lemieux, *La Symbolique du Torrent d'Anne Hébert*, RUO, vol. 43, nᵒ 1, janv.-mars 1973, p. 114-127.

Jean-Pierre Tadros, *Anne Hébert en entrevue. L'Œuvre écrite*, Dev, vol. 64, nᵒ 82, 7 avril 1973, p. 23.

Jean Marmier, *Du Tombeau des rois à Kamouraska : vouloir vivre et instinct de mort chez Anne Hébert*, dans *Mission et Démarches de la critique*, *Mélanges Jacques Vier*, Paris, Éditions Klincksieck, 1973, p. 807-814.

Yvon Rivard, *Anne Hébert. Les Enfants du sabbat*, LAQ 1975, p. 24-26.

Jean-Louis Major, *Anne Hébert et le Miracle de la parole*, Montréal, PUM, 1976, 115 p. « Lignes québécoises ».

Denis Bouchard, *Une lecture d'Anne Hébert. La recherche d'une mythologie*, Hurtubise HMH, 1977, [vi], 242 p. « Cahiers du Québec, littérature ».

Pierre-Hervé Lemieux, *Entre songe et parole : structure du Tombeau des rois d'Anne Hébert*, Ottawa, EUO, 1978, 249 p. « CCRCCF ».

Henri-Paul Jacques, *À propos d'une lecture d'Anne Hébert*, VI, vol. 3, nᵒ 3, avril 1978, p. 448-458.

Pierre Monette, *À propos du prix David 1978, Anne Hébert : Poésie rompue*, LQ, nᵒ 12, nov. 1978, p. 49-51.

Janet M. Paterson, *Bibliographie critique des études consacrées aux romans d'Anne Hébert*, VI, vol. 5, nᵒ 1, automne 1979, p. 187-192.

Marie Couillard, *Les Enfants du sabbat d'Anne Hébert : un récit de subversion fantastique*, I, vol. 4, nᵒˢ 2-3, mai-déc. 1980, p. 77-83.

G.-P. Ouellette, *Anne Hébert, Héloïse*, LAQ 1980, p. 40-42.

Serge A. Thériault, *La Quête d'équilibre dans l'œuvre d'Anne Hébert*, Hull, Éditions Asticou, 1980, 223 p.

Jacqueline Ferry, *Héloïse dans le métro : propos sur Héloïse d'Anne Hébert*, LQ, nᵒ 21, printemps 1981, p. 24-25.

Madeleine Ouellette-Michalska, *Anne Hébert. L'attrait du double*, Dev, vol. 73, nᵒ 210, 11 sept. 1982, p. 32.

Gilles Marcotte, *Les Fous de Bassan : le grand roman de la rentrée*, dans *L'Actualité*, vol. 7, nᵒ 10, oct. 1982, p. 129.

Gabrielle Poulin, *L'Écriture enchantée : Les Fous de Bassan d'Anne Hébert*, LQ, nᵒ 28, hiver 1982-1983, p. 15-18.

Robert Harvey, *Kamouraska d'Anne Hébert : une écriture de la passion ; suivi de Pour un nouveau Torrent*, Montréal, Hurtubise HMH, 1982, 211 p. « Littérature ».

Françoise Faucher, *Anne Hébert : « J'aurais aimé être avocate, peintre, comédienne... Mais écrire résume tout cela. »* (entrevue), dans *L'Actualité*, vol. 8, nᵒ 2, févr. 1983, p. 11-14.

René Dionne, *Anne Hébert, prix Fémina 1982. La plus haute fidélité*, LQ, nᵒ 29, printemps 1983, p. 16.

Lucille Roy, *Entre la lumière et l'ombre. L'univers poétique d'Anne Hébert* (essai), Sherbrooke, Naaman, 1984, 201 p. « Thèses ou Recherches ».

Paul Cauchon, *Simoneau et Les Fous de Bassan. « On a fait un mur contre les vagues... »*, Dev, vol. 77, nᵒ 171, 26 juillet 1986, p. C-1, C-4.

Michel Laurin, *L'authentique plaisir de lire*, dans *Nos livres*, vol. 19, nᵒ 5, juin 1988, p. 26-27.

HÉBERT, CAROLE. Voir **MASSÉ, CAROLE.**

HÉBERT, CHANTAL (1950–   ). Essayiste, née à Beloeil. Elle fait ses études au Cégep Ahuntsic (D.E.C., 1969), puis elle étudie la diction française au Conservatoire Lasalle (1969-1971), et devient professeure de communication orale au Cégep de Jonquière (1971-1976). Elle est ensuite conseillère en communication orale à Radio-Canada et chargée de cours sur le théâtre à l'Université Laval (1979), et à l'Université du Québec à Chicoutimi (été 1980). À l'Université Laval elle obtient un baccalauréat, en 1978, et une maîtrise, en 1979, pour un mémoire qui paraît sous le titre : *Le Burlesque au Québec. Un divertissement populaire* (1981). Boursière du Conseil de recherches en sciences humaines et de la Direction générale de l'enseignement supérieur, elle poursuit ses études de doctorat à l'Université Laval. « Un vaste champ de notre culture, écrit Régis Tremblay, avait complètement échappé jusqu'ici aux chercheurs, experts et universitaires en tous genres. Il s'agit du burlesque, genre extrêmement populaire au Québec, mais qu'aucune personne ‹ sérieuse › n'avait songé à étudier ». L'ouvrage va de 1920 à 1980, de l'ancien Théâtre National au nouveau Théâtre des Variétés. C'est un travail de défricheur sur l'histoire littéraire et paralittéraire.

ŒUVRE

Le Burlesque au Québec, un divertissement populaire (essai), Montréal, Hurtubise HMH, 1981, 302 p. Préface d'Yvon Deschamps. « Cahiers du Québec — Ethnologie ».

Rare au féminin, dans *Jeu*, nᵒ 16 (3), automne-hiver 1980, p. 115-126. Collab. Marie-Josée des Rivières et Pauline Beaudin.

Des femmes en coulisses, *Ibid.*, p. 126-143. Collab. Marie-Josée des Rivières.

Sur le burlesque. Un théâtre fait dans notre langue, dans *Jeu*, nᵒ 18 (1), printemps 1981, p. 19-47.

ÉTUDES

Yvan Lamonde, *Le Théâtre du monde*, Dev, vol. 72, n° 260, 7 nov. 1981, p. 23.

Régis Tremblay, *Drôle d'aide à l'édition au Conseil des Arts*, So, 85ᵉ année, n° 273, 18 nov. 1981, p. H-2.

Ginette Michaud, *Chantal Hébert. Le Burlesque au Québec, un divertissement populaire*, LAQ 1981, p. 290-292.

André Bourassa, *Le Burlesque au Québec, un divertissement populaire de Chantal Hébert*, LQ, n° 26, été 1982, p. 90.

HÉBERT, CHANTAL F. (1946–   ). Poète, née à La Tuque (Champlain). Elle étudie aux collèges Régina Assumpta, Marie-Victorin et Ahuntsic de Montréal (D.E.C., 1979), puis elle poursuit des études littéraires à l'Université de Montréal. Elle participe à des collages de textes et à des nuits de la parole, et donne deux récitals de poésie (1983). En 1982 paraît son premier recueil de poésie, *Nitescence*, puis *Liaisons intimes*, en 1984. «Poésie simple, écrit Michel Beaulieu, qui dénote une oreille musicale assez juste. Il y a là une certaine fraîcheur qui ne gêne en rien la lecture plutôt agréable que l'on peut en faire».

ŒUVRES

Nitescence (poésie), Montréal, Les Éditions L.I.C., 1982, 37 p.

Liaisons intimes (poésie), Montréal, Les Éditions L.I.C., 1984, 35 p. Ill. de Cathy Lamborelle.

ÉTUDES

Yves Desmarais, *Tout le quartier en parle*, dans *Le Journal d'Ahuntsic*, 20 juin 1984, p. 4.

Michel Beaulieu, *Tout nouveau, tout beau*, dans *Le Livre d'ici*, vol. 10, n° 2, oct. 1984, p. 14.

Réginald Martel, *Vient de paraître*, Pr, 101ᵉ année, n° 8, 27 oct. 1984, p. E-2.

HÉBERT, FRANÇOIS (1949–   ). Poète, romancier et critique, né à Montréal. Il fait son cours classique au Collège Stanislas et obtient son baccalauréat en 1965. Boursier du Gouvernement français, du Gouvernement du Québec et du Conseil des Arts du Canada, il poursuit ses études en lettres françaises à l'Université d'Aix-Marseille de 1965 à 1972 : licence ès lettres (1968), maîtrise (1969) et doctorat (1972) pour une thèse sur André Malraux. De retour à Montréal, il est nommé professeur à la Faculté des sciences et des arts, et il collabore à divers périodiques dont *Le Jour*, *Liberté* où il fait partie du comité de rédaction, *Le Devoir*, *Écrits du Canada français*, *Études françaises*... En 1979, il devient directeur littéraire des éditions Quinze. Ses premiers textes de création paraissent en 1972, dans *Les Écrits du Canada français* : *Le Guide* et *Errance* sont des nouvelles qui laissent présager le romancier de la parodie savante qu'est *Holyoke* (1979). Dans *Barbarie* (1978), Hébert présente une poésie apparentée à Prévert par le mot et la couleur, et à Boris Vian par la subtilité du ton. C'est ce qu'on retrouve dans *Holyoke*, roman extrêmement complexe : «C'est le grand jeu des mots, écrit Réginald Martel, avec ici et là et ailleurs encore des jeux de mots, des tropes, des déformations, des usages rares, des constructions baroques». Noël Audet pense que *Le Rendez-vous* (1980) s'inscrit dans «la lignée du nouveau roman français». En critique, «ses intuitions vont loin non seulement dans la connaissance de l'homme total mais dans la façon dont la fiction révèle les profondeurs de la conscience» (Albert Léonard).

ŒUVRES

Fenêtre sur le monde, Montréal, Pavillon du Canada, Expo 67, 1967, 31 p. Ill. Traduction anglaise : *Widening Horizons*.

Barbarie (poésie), Montréal, Estérel, 1978, [portefeuille, 27 p.]. Frontispice de Roland Giguère.

Holyoke (roman), Montréal, Quinze, 1978, 300 p. «Prose entière».

Triptyque de la mort. Une lecture des romans de Malraux, Montréal, PUM, 1978, 247 p. «Lectures».

Anthologie de la littérature québécoise (volume 3). Vaisseau d'or et Croix du chemin, Montréal, La Presse, 1979, 498 p. Éditeur avec Gilles Marcotte.

Le Rendez-vous. Roman, Montréal, Quinze, 1980, 235 p. «Prose entière».

Histoire de l'impossible pays nommé Kzergptatl, de son roi kztatk premier et dernier et de l'ennemi de celui-ci, le sinistre Heccope 13, empereur du Hiccopiland (roman), Montréal, Primeur, 1984, 187 p. «L'Échiquier».

Monsieur Itzago Plouffe (roman), Québec, Éditions du Beffroi, 1985, 96 p.

Le Dernier Chant de l'avant-dernier dodo (fables), Montréal, Du Roseau, 1986, 149 p. «Garamond».

L'Homme aux maringouins (récit), Québec, Éditions du Beffroi, 1986, 132 p.

Les Anglais (théâtre), Québec, Éditions du Beffroi, 1987, 166 p.

L'Homo plasticus (récit), Québec, Éditions du Beffroi, 1987, 130 p.

Notre conscience mythique, LAQ 1972, p. 118-120.

Le Guide, Errance (nouvelles), ECF, n° 35, 1972, p. 99-111.

Le Roman. De quelques avatars de Dieu, EF, vol. 9, n° 4, nov. 1973, p. 409.

Michel Tremblay, C't'à ton tour Laura Cadieux, LAQ 1973, p. 30-31.

Écrits fêtes, époque cassante (notes sur le roman de 1973), EF, vol. 10, n° 2, mai 1974, p. 125–138.

Le Noir et Blanc, le Bleu et le Rouge (bilan de l'année littéraire 1974, le roman), EF, vol. 11, n° 2, mai 1975, p. 111–119.

Ange gîte, dans *Liberté 109*, vol. 19, n° 1, janv.–févr. 1977, p. 42–49.

L'Enfant terrible, L, vol. 20, n° 2, mars–avril 1978, p. 3–6.

L'homme que la neige rendait fou, L, vol. 21, n° 3, mai–juin 1979, p. 75–80.

On est capable(s), L, vol. 22, n° 6, nov.–déc. 1980, p. 9–22.

De la critique littéraire journalistique, Dev, vol. 75, n° 298, 22 déc. 1984, p. 19.

ÉTUDES

André-G. Bourassa, *François Hébert, Barbarie*, LAQ 1978, p. 130.

Claude Lagadec, *Philosophie / La Mort en ce jardin*, Dev, vol. 70, n° 16, 20 janv. 1979, p. 20.

Réginald Martel, *Quand François Hébert joue des tours de mots*, Pr, 95ᵉ année, n° 77, 31 mars 1979, p. D-3.

Paul Gay, *Une autre anthologie de Gilles Marcotte. « Vaisseau d'or et Croix de chemin »*, Dr, 67ᵉ année, n° 109, 4 août 1979, p. 22.

Réjean Beaudoin, *François Hébert. Holyoke*, LAQ 1979, p. 48–49.

Robert Giroux, *Gilles Marcotte et François Hébert. Anthologie de la littérature québécoise tome III : Vaisseau d'or et Croix de chemin*, LAQ 1979, p. 237–241.

Réjean Beaudoin, *François Hébert. Le Rendez-vous*, LAQ 1980, p. 42–44.

André Brochu, *Le Rendez-vous de François Hébert*, VI, vol. 6, n° 3, printemps 1981, p. 487–489.

Gilles Cossette, *II. Fuites et Poursuites*, LQ, n° 28, hiver 1982–1983, p. 32–33.

Noël Audet, *Un pays pour rire*, Dev, vol. 75, n° 71, 24 mars 1984, p. 21.

Jean-Paul Soulié, *François Hébert. Écrire, c'est faire le point*, Pr, 100ᵉ année, n° 94, 14 avril 1984, p. D-4.

Serge Trudel, *Hébert (François) Histoire de l'impossible pays*, dans *Nos livres*, vol. 16, févr. 1985, p. 37–38.

HÉBERT, JACQUES (1923–). Journaliste, essayiste, romancier, né à Montréal. Après son cours classique au Collège Sainte-Marie, il entreprend des études en sciences commerciales à l'Université Saint Dunstan (Î.-P.-É.) et les termine à André Larose l'École des Hautes Études commerciales où il obtient une licence (1945). Il commence alors une carrière dans le journalisme, à *La Patrie* et au *Devoir*. Les chroniques qui relatent son voyage à travers les trois Amériques, l'Afrique et l'Asie le rendent célèbre. Elles paraissent d'abord dans *Le Devoir* et ensuite en volume. En août 1954, il fonde l'hebdomadaire *Vrai*, dégagé de toute allégeance politique. En 1959, il devient secrétaire et administrateur de la revue *Cité libre*. En 1959, il fonde les Éditions de l'Homme ; en 1961, il met sur pied les Éditions du Jour. En 1974, des difficultés qui surgissent entre lui et la Fédération des caisses d'économie du Québec, principal bailleur de fonds, ainsi que des difficultés ayant trait à son travail de commissaire du CRTC et à Jeunesse Canada-Monde dont il est fondateur, l'obligent à quitter la direction de sa maison d'édition. Les Éditions du Jour ont joué un rôle essentiel dans le développement de la culture québécoise comme « foyer intellectuel de la Révolution tranquille », selon Claude Janelle. Le mouvement Jeunesse Canada-Monde a débouché sur le programme Katimavik mis au profit de jeunes du Canada. Nommé sénateur en 1983, comme membre de la commission Applebaum-Hébert sur la culture et comme défenseur du programme Katimavik, Jacques Hébert s'occupe activement de promouvoir l'identité canadienne. Au Canada et à l'étranger, Jacques Hébert est avantageusement connu comme éditeur.

ŒUVRES

Autour des trois Amériques. Quatorze mois sur la route panaméricaine, en auto. Carnets de route, Montréal, Éditions Beauchemin, 1948, 258 p. Ill. Cartes de Jacques Gagnier ; Montréal / Paris, Fides, 1952, 253 p. ; Genève, S.A.R.I., 1954, 256 p.

Aicha l'Africaine, petits contes d'Afrique (esquisse), Montréal / Paris, Fides, 1950, 151 p. Ill. « RV ».

Autour de l'Afrique (récit de voyage), Montréal / Paris / Sao Paulo / Chicago, Fides, 1950, 2 vol. : vol. 1, *La Route du désert*, 171 p. Ill. Carte ; vol. 2, *La Route noire*, 195 p. Ill. de Jacques Gagnier. Carte.

Aventure autour du monde (récit de voyage), Montréal, Fides, 1952, 3 vol. : vol. 1, *L'Extrême-Orient en feu*, 229 p. ; vol. 2, *L'Inde aux mystères*, 227 p. Ill. ; vol. 3, *L'Asie musulmane*, 247 p. Ill. de Jacques Gagnier, Jean Phaneuf et l'auteur.

Nouvelle Aventure en Afrique (récit de voyage), Montréal / Paris, Fides, 1953, 2 vol. : vol. 1, *Au pays de la soif et de la peur*, 251 p. ; vol. 2, *Hommes noirs et Bêtes sauvages*, 253 p. Ill. de Jacques Gagnier et Thérèse D. Hébert.

Coffin était innocent (pamphlet), Belœil, Éditions de l'Homme, 1958, 191 p.

Scandale à Bordeaux (pamphlet), Montréal, Éditions de l'Homme, 1959, 159 p.

Deux innocents en Chine rouge (récit de voyage), Montréal, Éditions de l'Homme, 1961, 159 p. Collab. Pierre

Elliott Trudeau. Ill.; 1972. Traduction anglaise par I.M. Owen: *Two Innocents in Red China*, Toronto, Oxford University Press, 1968, 152 p. Ill.

J'accuse les assassins de Coffin (pamphlet), Montréal, Les Éditions du Jour, 1963, 180 p.; *L'Affaire Coffin. J'accuse les assassins de Coffin précédé de Une petite autopsie de l'affaire et suivi de Trois jours en prison*, Montréal, Domino, 1980, 264 p. Traduction anglaise: *The Coffin Affair*, Toronto, General Paperbacks, 1982, 267 p.

Trois jours en prison, suivi des Souvenirs de prison de Jules Fournier, Montréal, Club du livre du Québec, 1965, 121 p. Préfaces de Gérard Pelletier et d'Olivar Asselin.

Les Écœurants. Une manière de roman, Montréal, Les Éditions du Jour, 1966, 116 p. Traduction anglaise par Gérald Taaffe: *The Temple on the River*, Montréal, Harvest House, 1967, 175 p. Ill.

Ah! Mes aïeux! Chronique de la vie sociale et politique des Canadiens français en 1867, tirée des journaux de l'époque, Montréal, Éditions Ici Radio-Canada/Éditions du Jour, 1968, 365 p.

Obscénité et Liberté. Plaidoyer contre la censure des livres, suivi d'extraits de plaidoiries et de jugements dans quelques causes célèbres: Lady Chatterley's Lover, Histoire d'O et cinq œuvres du Marquis de Sade, Montréal, Éditions du Jour, 1970, 192 p. Préface de Claude-Armand Sheppard.

Bla bla bla du bout du monde. Vieux souvenirs retrouvés, corrigés, garantis comme neufs, Montréal, Éditions du Jour, 1971, 277 p. Ill.

À propos d'un «vulgaire commerce» (causerie), Montréal, Conseil supérieur du livre, 1972, 35 f.

La terre est ronde. Longue, interminable lettre, où il est question de la jeunesse, du Canada et du monde, Montréal, Fides, 1976, 187 p. Ill. Introduction de Michael Oliver. Traduction anglaise par Sheila Fischman: *The World is Round. A Long and Winding Letter on Canada, The World and Youth*, Toronto, McClelland and Stewart, 1976, 148 p.

Faites-leur bâtir une tour ensemble, où il est question de Katimavik, lieu de rencontre, et de la jeunesse, et de l'espérance (essai-entrevues), Montréal, Éditions Héritage, 1979, 309 p. Collab. Michel Tanguay. Introduction par Roland Michener. Ill. Traduction anglaise par Sheila Fischman: *Have Them Build a Tower Together. About Katimavik, a Meeting Place, About Youth, About Hope*, 1979, McClelland and Stewart, 1979, 334 p. Ill.

Le Grand Branle-bas. Le Canada, espoir du Tiers Monde (essai), Montréal, Quinze, 1980, 188 p. Collab. Maurice F. Strong. Préface de Jules Léger. Ill. Traduction anglaise: *The Great Building Bee, Canada, A Hope for the Third World*, Don Mills, General Publishing Co. Limited, 1980, 189 p.

La Jeunesse des années 80: état d'urgence. Un grand dessein, un plan d'action (essai), Montréal, Éditions Héritage, 1982, 93 p.

Voyager en pays tropical. Guide pour l'Afrique, l'Océanie, l'Amérique latine, l'Asie et les Antilles, Montréal, Boréal Express, 1984, 302 p. Ill. Traduction anglaise: *Travelling in Tropical Countries*, Edmonton, Curtis, 1986, 316 p.

Trois semaines dans le Hall du Sénat (chronique), Montréal, Les Éditions de l'Homme, 1986, 239 p. Ill. Traduction anglaise: *21 Days. Senator Jacques Hébert*, Montréal/Toronto, Optimum Publishing International, 1986, 235 p. Ill.

Un vrai métier de fou, VP, vol. 2, n⁰ 3, mai 1966, p. 11.

Présence du Canada à Francfort, VP, vol. 2, n⁰ 5, nov. 1966, p. 11.

À nos amis français, VP, vol. 3, n⁰ 5, déc. 1967, p. 15-16.

De l'Amérique française et des livres, dans *Le Livre canadien*, Montréal, F.I.M., 1969, p. 4-7.

Problèmes de diffusion, L, vol. 12, n⁰ 69, mai–juin 1970, p. 93-107.

ÉTUDES

André Vachon, *Deux innocents en Chine rouge de Pierre Elliott Trudeau et de Jacques Hébert*, LAC 1961, p. 65-66.

Id., *J'accuse les assassins de Coffin de Jacques Hébert*, LAC 1963, p. 116.

Pierre Savard, *Trois jours en prison de Jacques Hébert*, LAC 1965, p. 150.

[Anonyme], *Jacques Hébert a gain de cause en cour d'appel*, Dev, vol. 57, n⁰ 25, 1er févr. 1966, p. 1, 13.

[Anonyme], *Jacques Hébert élu président de l'Association des éditeurs*, Dev, vol. 57, n⁰ 27, 3 févr. 1966, p. 6.

Jean Basile, *Jacques Hébert publie un roman: «Les Écœurants»*, Dev, vol. 57, n⁰ 69, 24 mars 1966, p. 3.

André Major, *«Les Écœurants» de Jacques Hébert*, PJ, vol. 40, n⁰ 23, 2 avril 1966, p. 36.

Gilles Marcotte, *Jacques Ferron, grand-prêtre du vaudou québécois — Jacques Hébert et «Les Écœurants»*, Pr, vol. 82, n⁰ 101, 30 avril 1966, p. 4.

André Major, *L'Ancien et le Nouveau*, Dev, vol. 59, n⁰ 111, 11 mai 1968, p. 15.

Roger Duhamel, *Humour inconscient, humour délibéré*, Dr, 50ᵉ année, n⁰ 45, 18 mai 1968, p. 7.

Jean Basile, *Hébert et Brossard, au Pavillon de la jeunesse*, Dev, vol. 59, n⁰ 173, 25 juillet 1968, p. 10.

Jean Royer, *François Sigouin ou La Révolte de la Grande-Allée*, dans *L'Action*, 61ᵉ année, n⁰ 18 391, 8 oct. 1968, p. 15.

[Anonyme], *Hébert: «Pour moi publier un livre c'est une fête»*, Pr, 85ᵉ année, n⁰ 109, 10 mai 1969, p. 35.

Patrick Imbert, *La terre est ronde, de Jacques Hébert, ou... Le Rejet des frontières*, Dr, 64ᵉ année, n⁰ 239, 8 janv. 1977, p. 8.

Albert Brie, *Katimavik*, dans *Le Livre d'ici*, vol. 5, n⁰ 16, 23 janv. 1980, p. 1.

Murray Maltais, *Jacques Hébert et la Culture. C'est l'affaire de tous...*, Dr, 70ᵉ année, n⁰ 42, 15 mai 1982, p. 29.

Jean Royer, *Les Éditions du Jour. La drôle d'histoire d'une génération littéraire*, Dev, vol. 74, n⁰ 76, 2 avril 1983, p. 16.

Réginald Martel, *Une histoire du Jour. Pour la vérité et la nostalgie*, Pr, 99ᵉ année, n⁰ 88, 16 avril 1983, p. D-3.

HÉBERT, LOUIS-PHILIPPE (1946–   ). Poète et nouvelliste, né à Montréal. Il fait des études classiques au Collège Sainte-Marie (B.A., 1967), effectue un stage à l'Office national du film, enseigne le français dans une école secondaire et prépare pour le ministère de l'Éducation de l'Ontario des jeux pédagogiques en relation avec l'enseignement du français. Après avoir fait de la radio à Toronto, il devient fonctionnaire aux Archives publiques du Canada, puis, en tant que rédacteur, il passe successivement au ministère des Postes et à l'agence Information Canada. Ses travaux littéraires touchent à divers domaines de l'écriture. Après avoir fondé une revue éphémère *Le Nouvel Obsédé*, il collabore tour à tour aux *Écrits du Canada français*, à *La Barre du jour*, à *Passe-Partout*, à *Liberté*, et à *Hobo-Québec*. Tout en s'occupant de la collection « Proses du Jour » aux Éditions du Jour, il trouve le moyen de publier plusieurs recueils de poésie, de nouvelles et écrit plusieurs textes pour Radio-Canada. Ayant fait l'acquisition d'un ordinateur en 1978, il se passionne pour ce genre de travail et fonde une maison de production de logiciels. De 1967 à 1979, il publie une dizaine de livres de fiction. Au sujet des *Récits des temps ordinaires* (1972), Réal Ouellet écrit : « C'est ce voyage au cœur des choses, entrepris innocemment par l'homme, qui révèle en son parcours une véritable hantise de l'accessoire, du meuble, de l'objet saisi comme une menace permanente ». Hébert construit ses nouvelles avec la minutie d'un horloger. Son dernier roman, *Manuscrit trouvé dans une valise* (1979), est selon Réginald Martel, d'une « entreprise originelle, gratuite dans le meilleur sens du mot ».

ŒUVRES

Les Épisodes de l'œil (poésie), [Montréal], Éditions Estérel, 1967, 97 p. Ill. de Louis McComber.
Les Mangeurs de terre (et autres textes) (poésie), Montréal, Éditions du Jour, 1970, 235 p. Portrait. « PJ ».
Le Roi jaune. Récits, Montréal, Éditions du Jour, 1971, 321 p. Ill. de Micheline Lanctôt. « Proses du Jour ».
Le Petit Catéchisme. La vie publique de W et On (poésie), Montréal, Éditions de l'Hexagone, 1972, 95 p. Ill. de Micheline Lanctôt.
Récits des temps ordinaires, Montréal, Éditions du Jour, 1972, 157 p. « RJ ».
Le Cinéma de Petite-Rivière (récits), Montréal, Éditions du Jour, 1974, 112 p. Ill. de Micheline Lanctôt. « Proses du Jour ».
Textes extraits de vanille (récits), Montréal, l'Aurore, 1974, 90 p. Ill. de Micheline Lanctôt. « Écrire ».
Textes d'accompagnement (nouvelle), Montréal, l'Aurore, 1975, 86 p. Ill. de Micheline Lanctôt. « Écrire ».
La Manufacture de machines (récits), Montréal, Quinze, 1976, 144 p.

Manuscrit trouvé dans une valise. Cinéma (nouvelles), Montréal, Quinze, 1979, 175 p. Ill. de Martin Vaughn-James. « Prose entière ».

Firmin (nouvelle), L, vol. 12, n° 2, mars–avril 1970, p. 47–52.
Comment Antonio perdit la raison (nouvelle), ECF, n° 31, 1971, p. 11–25.
Ce que je suis devenu (essais lyriques), BJ, n° 45, été 1974, p. 35–48.
Les Cônes (récit), NBJ, n° 58, sept. 1977, p. 47–80.
Le Négateur (récit), NBJ, n° 61, déc. 1977, p. 31–59.
La Conscience (récit), NBJ, n° 62, janv. 1978, p. 51–70.
La Fiction-science (essai), NBJ, n°s 79–80, juin 1979, p. 5–10.
Répondre aux questions D-C 9 à D-C 13 (récit), NBJ, n°s 79–80, juin 1979, p. 35–44.
Trois exercices dans le but de renouveler le genre « lettres d'amour » (récit), L, vol. 22, n° 3, mai–juin 1980, p. 36–40.
La Mécanisation de l'écriture, titre et sujet (essai), NBJ, n° 104, juin 1981, p. 67–87.
Exercice 82-85, Dev, vol. 72, n° 222, 28 nov. 1981, p. 28.

ÉTUDES

Yrénée Bélanger, *Les Mangeurs de terre*, LAQ 1970, p. 140–141.
Gilles Cossette, *Le Roi jaune*, LAQ 1971, p. 58.
Réal Ouellet et Hélène Vachon, *Récits des temps ordinaires*, LAQ 1972, p. 80–82.
Jean-Pierre Vidal, *Louis-Philippe Hébert. Le Cinéma de Petite-Rivière*, LAQ 1974, p. 38–39.
Id., *Louis-Philippe Hébert. Textes extraits de vanille*, LAQ 1974, p. 45–46.
Id., *Louis-Philippe Hébert. Textes d'accompagnement*, LAQ 1975, p. 46–49.
François Hébert, *Louis-Philippe Hébert. La Manufacture de machines*, LAQ 1976, p. 53–56.
François Ricard, *Les Machines à vertige de Louis-Philippe Hébert*, Dev, vol. 69, n° 10, 15 janv. 1977, p. 16.
Conrad Bernier, « *Tout est à réinventer, même la littérature* », Pr, 93e année, n° 24, 29 janv. 1977, p. D-2.
G. Bourque, « *La Manufacture de machines* » de L.-P. Hébert : *une machination du texte dans ses effets*, VI, vol. 4, n° 3, avril 1979, p. 407–435.
Robert Morency, *Entrevue avec Louis-Philippe Hébert. La fiction illimitée*, VI, vol. 4, n° 3, avril 1979, p. 357–371.
J.-P. Vidal, « *Le Roi jaune* » ou *Le Rat des livres et la folle du logis*, VI, vol. 4, n° 3, avril 1979, p. 395–406.
Roger Chamberland, *Louis-Philippe Hébert. Manuscrit trouvé dans une valise*, LAQ 1979, p. 49–50.
Réginald Martel, *Un certain cinéma et la nostalgie*, Pr, 95e année, n° 147, 23 juin 1979, p. B-3.

HÉBERT, MARCEL (1945–   ). Poète, né à Montréal. Après ses études secondaires à Montréal, il travaille à l'Hôpital Maisonneuve (1964–1966). En 1968, il fonde avec son frère François et Maryse Grandbois, la revue *Les Herbes rouges* qui devient le porte-parole d'un mouvement poétique dynamique. En 1972, paraît *Sauterelle dans jouet*, repris en 1979, avec un autre texte, que Gilles Marcotte qualifie de « mots objets ». « Ces textes, écrit Richard Giguère, d'un surréalisme volontairement dérisoire, poussé à l'extrême, détonnent par rapport à la production des *Herbes rouges* ». Il reste que l'essentiel de son influence sur la vie culturelle se joue dans les domaines de l'édition et de l'animation.

ŒUVRE

Sauterelle dans jouet (poésie), Montréal, Les Herbes Rouges, n° 5, 1972, 26 p. Ill.; *Sauterelle dans jouet suivi de Pour une sauterelle il est capable*, 1979, 32 p. « Hors rêve ».

ÉTUDES

Jean-Guy Pilon, *Cette jeune poésie : gags et inventions*, Dev, vol. 63, n° 123, 27 mai 1972, p. 17.

Gilles Marcotte, *Les Mots comme des choses*, EF, vol. 10, n° 2, mai 1974, p. 21.

Claude Beausoleil, *Vers l'insolite du langage*, Dev, vol. 70, n° 275, 24 nov. 1979, p. 21.

Roland Giguère, *Charron, Des Roches, etc.*, LAQ 1979, p. 106.

Patrick Coppens, *La Poésie*, dans *Bibliothèmes*, Québec, Ministère de l'Éducation, 1982, p. 19.

HÉBERT, MARIE-FRANCINE (1943–   ). Poète et scénariste, née à Montréal. Elle fait ses études au Collège d'Outremont (B.A., 1963), puis elle s'inscrit en lettres, à l'Université de Montréal (licence, 1971). Après quelques années comme journaliste à la pige, elle s'adonne à l'écriture de textes dramatiques pour enfants. Elle publie trois recueils de poèmes, dont *Miscible* (1971) illustré et à tirage limité (50 exemplaires). Elle collabore à divers périodiques : *Châtelaine* en 1968–1969, *Digest Éclair* en 1972, *La Barre du jour, Hobo-Québec*, etc. Son œuvre poétique permet déjà de reconnaître dans ses écrits de scènes enfantines une belle originalité. En 1973, *Le Tour du chapeau*, joué par La Marmaille de Longueuil, est choisi pour le festival de l'A.Q.J.T. À propos de *Cé tellement « cute » des enfants* (1980), Lucie Robert remarque que la pièce « met en scène les conflits quotidiens qui sont vécus par les enfants et qui reproduisent à leur échelle les situations de domination/résistance ponctuant la vie sociale ».

ŒUVRES

Slurch (poésie), Montréal, La Barre du jour/Un livre § font, 1970, [n.p., 116 p.]. Ill. de Bernard Nobert.

Miscible. Livre-poème, Montréal, Éditions du Songe, 1971, 42 f. Ill. Sérigraphie de Roland Pichet. (Édition de luxe. Tirage limité).

Une ligne blanche au jambon (théâtre), [Montréal], Leméac, 1974, 90 p. Collab. Bernard Tanguay. Ill. de Marcel Lemyre. « Théâtre pour enfants ».

Cé tellement « cute » des enfants (théâtre), Montréal, Éditions Quinze, 1975, 93 p. Portrait. Ill. de Tibo; Québec/Amérique, 1980, 137 p. Suivi de *Cahier d'exploration* (entrevue).

Abécédaire (litt. jeunesse), Montréal, Éditions de la Courte Échelle, [1979?], [n.p., 31 p.]. Ill. de Gilles Tibo.

Klimbo. Le lion et la souris (litt. jeunesse), Montréal, Québec/Amérique, 1981, [n.p., 29 p.]. Ill. de Klément Denchev. (*Klimbo* est également une série télévisée produite par la Société Radio-Canada).

Klimbo. L'œil gauche du roi (litt. jeunesse), Montréal, Québec/Amérique, 1981, [n.p., 31 p.]. Ill. de Klément Denchev. (*Klimbo* est également une série télévisée produite par la Société Radio-Canada).

ÉTUDES

Jean-Guy Pilon, *Vers une nouvelle poésie*, Dev, vol. 61, n° 193, 15 août 1970, p. 9.

Yrénée Bélanger, *Slurch de Marie-Francine Hébert*, LAQ 1970, p. 148.

Germaine Beauchamp, *Une grande rigueur*, Dev, vol. 62, n° 61, 13 mars 1971, p. 21.

Gilbert David, *La Marmaille de Longueuil ; le théâtre par et pour la créativité enfantine*, dans *Le Jour*, vol. 1, n° 15, 16 mars 1974, p. 17.

Marielle Durand, *Littérature de jeunesse — 1975*, LAQ 1975, p. 228–232, surtout p. 231.

Claude des Landes, *Entretien avec Robert Gurik, Marie-Francine Hébert et le théâtre Parminou : théâtre et engagement*, [Montréal], Centre d'essai des auteurs dramatiques, 1976, 59 f. « Entretien ».

Claude Beausoleil, *Cé tellement « cute » des enfants*, dans *Jeu*, n° 2, printemps 1976, p. 106–107.

Loisette Bergeron-Choquette, *Marie-Francine Hébert et Gilles Tibo. Abécédaire*, LAQ 1979, p. 257–258.

Lucie Robert, *Marie-Francine Hébert. Cé tellement « cute » des enfants...*, LAQ 1980, p. 163.

HÉBERT, MAURICE [Claude Cotnoir] (1888–1960). Poète et critique, né à Québec. Il fait son cours classique au Collège de Sainte-Anne-de-la-Pocatière et au Petit Séminaire de Québec. Il étudie ensuite le droit à l'Université Laval, mais n'exerce son métier que de 1910 à 1913. Il devient alors fonctionnaire et occupe successivement les postes de secrétaire au Bureau des statistiques de la province de Québec, secrétaire au ministère des Travaux publics et du Travail, publicitaire du gouvernement, puis il est nommé, en 1940, directeur général du Tourisme et de la Publicité. En outre, il donne des cours de rhétorique française et anglaise au Collège de Sillery et à l'Université Laval, écrit de la poésie et du théâtre, collabore au *Canada français* (1925–1939), à *L'Enseignement secondaire*, aux *Mémoires de la*

Société royale du Canada, au *Terroir* de Québec, à *L'Événement*. Membre de la Société royale (1935), de la Société des poètes canadiens-français, il est officier de l'Instruction publique de France, reçoit le grade honorifique de docteur ès lettres de l'Université Laval et la médaille de vermeil de l'Académie française. Maurice Hébert n'a pas réuni en recueil son œuvre poétique qui est considérable. À eux seuls, les extraits du «Cycle de Don Juan» parus dans les *Mémoires de la Société royale* et ailleurs fournissent matière à un bon volume. C'est de la poésie souvent directe, dialoguée, soignée jusqu'à la recherche et la préciosité. De source romantique, ces vers habituellement bien faits et aux rythmes variés expriment une âme chrétienne réfléchie et sentimentale à la fois. Mais Hébert est surtout connu comme chroniqueur et critique littéraire. Très cultivé, il pratique surtout, à l'exemple de son maître Camille Roy, la critique «constructive». En effet, comme l'écrit Romain Légaré, «il a fondé sa propre conception sur deux principes fondamentaux : charité et justice ; charité qui exige la pénétration sympathique d'une œuvre pour en comprendre l'angle de vision, charité qui, pour M. Hébert, comprend gentilhommerie et sens chrétien ; justice qui exige le respect des auteurs et des ouvrages étudiés, la franchise du verdict concernant la valeur de l'œuvre». Il est le père d'Anne Hébert.

ŒUVRES

De livres en livres. Essais de critique littéraire, Montréal/ New York, Louis Carrier & Cie/Les Éditions du Mercure, 1929, 251 p. Préface de Camille Roy.
...Et d'un livre à l'autre. Nouveaux essais de critique littéraire canadienne, Montréal, Éditions Albert Lévesque, 1932, 271 p. «J».
Les Lettres au Canada français (1re série), Montréal, Éditions Albert Lévesque, 1936, 250 p. «J».
L'Immigration, problème angoissant (essai), Québec, Commission de la Survivance française en Amérique, 1947, 23 p.

Le Cycle de Don Juan (poème), CF, vol. 8, no 5, juin 1922, p. 362–369.
Séraphin Marion. Sur les pas de nos littérateurs, RUO, vol. 3, no 4, oct.–déc. 1933, p. 514–525.
La Littérature de langue française au Canada, CF, vol. 22, no 1, sept. 1934, p. 69–77.
Critique et Régionalisme, CF, vol. 24, no 3, nov. 1936, p. 253–265.

ÉTUDES

Camille Roy, *De livres en livres*, ESC, vol. 9, no 3, déc. 1929, p. 168–172.

Séraphin Marion, *De critique en critique*, dans *En feuilletant nos écrivains*, Montréal, LACF, 1931, p. 23–32.
[Anonyme], *Un nouveau regard sur la critique littéraire et artistique au Canada français*, CF, vol. 25, no 4, déc. 1937, p. 433–444.
Charles-Marie Boissonneault, *Maurice Hébert 1888–1960*, MSRC, 3e série, vol. 54, appendice B, 1960, p. 117–121.
Romain Légaré, *Maurice Hébert*, dans *Lectures*, vol. 8, no 5, janv. 1962, p. 132–134.

HÉBERT, YVES. Voir **SAUVAGEAU.**

HÉLAL, GEORGES Joseph (1934–   ). Philosophe, né à Montréal. Après son baccalauréat à l'Université McGill (1955), il obtient à l'Université de Montréal une maîtrise en philosophie pour un mémoire sur «La Certitude dans l'œuvre de saint Thomas d'Aquin» (1957), un doctorat dont la thèse s'intitule «La Structure et l'Intentionnalité de la philosophie de la nature de A.N. Whitehead» (1965), et un baccalauréat en théologie (1974). Des bourses du Conseil des Arts lui permettent d'entreprendre des recherches à Harvard et à Munich. Il enseigne au Collège Saint-Denis de 1958 à 1961, et il devient professeur de philosophie à l'Université de Montréal en 1961. Il collabore à des périodiques comme *Dialogue, Revue de l'Université d'Ottawa* et *Critère*. Dans son premier livre, *L'Homme, l'Inconscient, le Réel vital* (1978), «c'est à partir de la prise de conscience de la double nature objective et subjective de l'expérience qu'il est amené à l'affirmation de la vitalité universelle», écrit Henri-Paul Bergeron qui pense que «le lecteur restera sur son appétit avec l'impression que l'auteur manque de clarté, de nuance et de précision parce qu'il a voulu sans doute synthétiser un sujet trop vaste». Le même critique dit à propos de *La Philosophie comme panphysique* (1979), que c'est un «exposé magistral» qui fait mieux connaître le cheminement de Whitehead par rapport à l'atomiste logique Bertrand Russell.

ŒUVRES

L'Homme, l'Inconscient, le Réel vital (essai), Montréal, La Société des belles-lettres Guy Maheux inc., 1977, 63 p.
La Philosophie comme panphysique. La philosophie des sciences de A.N. Whitehead (essai), Montréal, Les Éditions Bellarmin, 1979, 270 p.

Le Sens du développement philosophique de A.N. Whitehead, dans *Dialogue*, no 4, 1964, p. 398–432.

La Dimension religieuse et l'Aliénation de l'humain, RUO, n° 3, 1969, p. 363–377.

La Cosmologie : un nouvel examen de sa nature et de sa raison d'être, dans *Dialogue*, n° 2, 1969, p. 215–227.

L'Herméneutique de la science et son rapport au fondement de la connaissance, dans *Dialogue*, n° 1, 1971, p. 60–81.

À la source du débat sur l'avortement, dans *La Polémique québécoise autour de la question de l'avortement et l'affaire Morgentaler*, Montréal, Éditions Aquila, 1975, p. 129–132.

L'Idée de Dieu en regard de la philosophie de la religion et la science, dans *Critère*, n° 30, 1981, p. 147–168.

ÉTUDES

Yvon Paré, *Le Livre de la semaine. L'Homme, l'Inconscient, le Réel vital*, dans *Le Quotidien* (Chicoutimi), 28 mai 1977, p. 15.

Henri-Paul Bergeron, *Hélal (Georges). L'Homme, l'Inconscient, le Réel vital*, dans *Nos livres*, vol. 9, nov. 1978, n° 377.

Id., *Hélal (Georges). La Philosophie comme panphysique. La philosophie des sciences de A.N. Whitehead*, dans *Dialogue*, n° 3, sept. 1981, p. 596–599.

HÉLIOTROPE. Voir **PALLASCIO-MORIN, ERNEST.**

HELVET. Voir **LÉGARÉ, OVILA.**

HÉMON, LOUIS (1880–1913). Romancier, né à Brest (Bretagne). Il fait ses études au Lycée Montaigne et au Lycée Louis-le-Grand (1887–1897), puis il obtient une licence en droit à la Sorbonne et un diplôme en langue annamite à l'École des langues orientales, en 1901. Il fait son service militaire (1901–1902), vit à Paris en 1902 et, en 1903, s'expatrie en Angleterre, travaille comme secrétaire de courtiers maritimes, vit avec une Irlandaise, Lydia O'Kelley dont il aura une fille, Lydia-Kathleen, en 1909. Il collabore à des périodiques français et remporte, en 1904, le premier prix du concours du journal sportif *Le Vélo* pour une nouvelle intitulée *La Rivière* ; il gagne encore le concours de *L'Auto* (successeur du *Vélo*), en 1906, avec *La Conquête*. Il rédige d'autres nouvelles ainsi que des romans, *Colin-Maillard* (1908), *Battling Malone* (1909) et *Monsieur Ripois* (1910) qui ne paraîtront que beaucoup plus tard, sans doute à cause du succès de *Maria Chapdelaine*. Le 12 octobre 1911, il s'embarque pour le Canada sur le *Virginian*, et il arrive à Québec le 18 ; une semaine plus tard il est à Montréal et trouve un emploi de secrétaire bilingue dans une compagnie d'assurance-vie, la Sécurité du Canada. Il fait paraître des articles dans le journal *Le Temps*, de Paris. Le 15 juin 1912, il prend le train pour La Tuque, puis Roberval, d'où il se rend à pied à Péribonka et travaille comme garçon de ferme pour Samuel Bédard. C'est là qu'il puise le sujet de son célèbre roman. À la fin d'août il devient «chaîneur» pour des ingénieurs de chemin de fer ; à la fin de décembre, il s'installe à Saint-Gédéon, à l'Hôtel Tremblay, où il rédige *Maria Chapdelaine*. De février à la fin de mars 1913 il travaille à Kénogami pour la Price Brothers, puis, au début d'avril, il est de nouveau à Montréal, à l'emploi de la quincaillerie Lewis Brothers où il dactylographie son roman qu'il expédie au *Temps* et à sa sœur, Marie, le 26 juin. En partant de Londres, il voulait aller «faire la moisson», et la hantise de l'Ouest ne l'a pas quitté ; c'est d'ailleurs en causant avec un missionnaire, sur le *Virginian*, qu'il a désiré voir le Lac Saint-Jean. Il reprend la route, mais il meurt près de Chapleau (Ontario), frappé par un train, le 8 juillet. *Maria Chapdelaine* paraît sous forme de feuilleton dans *Le Temps*, de janvier à février 1914. Deux ans plus tard, grâce à Louvigny de Montigny, le roman est édité à Montréal aux éditions Lefebvre. Il est publié chez Grasset en 1921 et, grâce surtout à une adroite publicité de l'éditeur, connaît un immense succès qui ne s'arrêtera plus : le livre le plus vendu de son époque, il a depuis été traduit en une vingtaine de langues et repris dans plus de deux cents éditions, adapté au théâtre, au cinéma, à la radio et à la télévision, et même en bandes dessinées. La fortune posthume de l'auteur et de son œuvre constitue une longue suite de manifestations. Dès 1919, on dévoile à Péribonka un monument que des villageois jettent à la rivière, croyant que le «petit Français» s'est moqué d'eux. En 1920, on lui élève une pierre tombale au cimetière de Chapleau et, en 1925, on pose une plaque sur sa maison natale, à Brest. On fonde à Montréal, en 1935, la Société des Amis de Maria Chapdelaine. En 1938, au vingt-cinquième anniversaire de sa mort, en présence de sa sœur, Marie, et de sa fille, Lydia, on inaugure le musée Louis Hémon à Péribonka, on dévoile un monument à Chapleau, et l'écrivain est fait «docteur honoris causa post mortem» par l'Université de Montréal. L'année suivante, l'érection d'une plaque à pivot a lieu à Péribonka. En 1963, au cinquantième anniversaire de sa mort, dévoilement d'un monument et frappe d'une médaille par les Amis de Maria Chapdelaine et la Société historique du Saguenay, à Péribonka. À l'occasion des fêtes du centenaire de la naissance de l'écrivain auxquelles assiste sa fille, on dévoile un buste de Louis Hémon et on place devant le musée le monument de 1919, dans un Péribonka réconcilié. En 1980 aussi, l'édition préparée par G. Legendre révèle enfin le texte authentique de *Maria Chapdelaine* que les éditions du *Temps*, de Louvigny de Montigny et de Grasset avaient « corrigé ». Ce roman, seule œuvre de Louis Hémon à parler du Canada, a eu une influence considérable sur nos lettres et le mouvement du terroir. Il a été très diversement apprécié par la critique au cours des années. Dès la parution de l'édition Grasset, la critique française parle de chef-d'œuvre et, en dépit d'avis plus modérés comme celui de Jean Schlumberger et de voix canadiennes discordantes, on porte aux nues les mérites de l'œuvre et sa valeur de représentativité. Il se crée un vrai mythe de Maria Chapdelaine, et Normand Villeneuve écrit justement que « pendant plus de trente ans, le roman de Louis Hémon sert en pratique de petit catéchisme de la survivance nationale ». Ce n'est que dans les années cinquante que s'amorce la réaction, et Nicole Deschamps peut écrire en 1980 : « La réputation de *Maria Chapdelaine* vit en partie des sens usurpés qu'on prête au texte de Hémon ». C'est cependant un beau roman qui suggère une « mélopée » et dont « l'esthétique », écrit encore Nicole Deschamps, « est faite d'une harmonie subtile entre réalisme et symbolisme, harmonie qui reflète un conflit sous-jacent entre rêve et réalité, entre l'individu et la société ».

ŒUVRES

Maria Chapdelaine (roman), dans *Le Temps* (Paris), 27 janv.–19 févr. 1914 ; dans *Le Nationaliste*, 25 févr.–25 mars 1917. Après la parution dans *Le Temps* de Paris, *Maria Chapdelaine* a connu un succès d'édition sans précédent. Nous présentons ici les éditions que nous avons pu retracer dans l'ordre chronologique, en les groupant selon les maisons d'édition au Canada et dans d'autres pays. Les traductions anglaises figurent dans une section à part ; Montréal, J.-A. Lefebvre éditeur, 1916, xix, 244 p. Préfaces d'Émile Boutroux et de Louvigny de Montigny. Ill. de Suzor-Côté ; même éd., Paris, Librairie Ch. Delagrave. Paris, Bernard Grasset éditeur, 1921, 205 p. « Les Cahiers verts » ; 255 p. ; 1922 ; 1923 ; 1924 ; 1927 ; 1954. Ill. de Sylvain Hairy. « Super » ; 1960. Paris, Fayard, [1921], 190 p. « Le Livre de demain » ; 1924 ; 1950 ; 1951. Bois originaux

de Gérard Cochet. [Paris], La Renaissance du livre, 1922, 239 p. Ill. Dans le *Journal de Genève*, juin–16 juillet 1921 ; dans *L'Action française*, 16 janv.–17 févr. 1922 ; dans *La Presse*, 15 avril–22 juillet 1922. Paris, à la Cité des livres, [mcmxxiv], 221 p. Aquarelles d'André des Gachons. (Édition de luxe). Paris, Hachette, 1924, 190 p. Ill. de Henri Faivre ; 1951 ; 1954 ; 1960 ; 1963. Paris, Éditions du Polygone, 1927, 208 p. Avec 25 lithographies originales de A. Alexeieff. New York, the Macmillan Company, 1927, xxviii, 262 p. Edited with Introduction, Notes, Questionnaire, Exercices, and Vocabulary by Hugo P. Thieme. Ill. ; 1937 (le nom de Thieme disparaît) ; 1944, vi, 262 p. Paris, Arthème Fayard & Cie éditeurs, 1928, 126 p. Avec 29 bois originaux de Jean Lébédeff. « Le Livre de demain » ; 1931 ; 1933 ; 1934 ; 1935 ; 1936 ; 1938 ; 1939 ; 1947 ; 1948. Paris, L'Édition d'Art H. Piazza, mcmxxxii, xii, 248 p. Introduction d'Edmond Pilon. Ill. de Jean Droil. Paris, Éditions Mornay, 1933, 206 p. Ill. de Clarence Gagnon. (Édition de luxe) ; Montréal, Art Global/ Libre Expression, 1980. Paris, Nelson Éditeurs, 1934, 199 p. Ill. de Jean Routhier ; 1935 ; 1939 ; 1950 ; 1951 ; 1959 ; 1963, 203 p. Amsterdam, J.M. Meulenhoff, [1938], 211 p. Portrait. Annoté par J. Fransen. « Les Meilleurs Auteurs français ». Paris, Londres, Edimbourg et New York, Nelson éditeurs, 1938, 284 p. ; 1940 ; 1941 ; 1942 ; 1944 ; 1950 ; 1955 ; 1956 ; 1962. Paris/Toronto, Nelson éditeurs, 1959, 284 p. ; 1962. Paris, Rombaldi, [1939], 201 p. Ill. Compositions originales en couleurs de Eugène Corneau. Bruxelles, Éditions du Houblon, [1942], 239 p. Ill. de Timar. Genève, La Palatine, [1944], 247 p. « Maîtres du roman ». Paris, Éditions Athéna, mcmxlvi, 269 p. Avec 10 hors-textes de Derambure. « Athéna-Luxe ». Montréal, Fides, 1946, 189 p. Préface de Félix-Antoine Savard. « N » ; 1953 ; 1957 ; 1958 ; 1959 ; 1980, 169 p. Milano-Roma-Napoli-Città di Castello, Società Editrice Dante Alighieri p.a., 1949, xiv, 125 p. Édition réduite et annotée à l'usage des écoles italiennes par Alceste Bisi ; 1967. Dans *Promesse*, janv.–sept. 1951. Bielefeldld, Berlin, Hannover, Velhagen & Klasing, 1952, viii, 68 p. Avec un lexique et un guide de prononciation. Lausanne, Marguerat, 1955, 284 p. « L'Éventail ». Paris, Le Club du meilleur livre, 1956, 241, [3] p. ; [1960]. Lausanne, La Guilde du Livre, [1958], 207 p. Ill. de Michel Ciry. Paris, Éditions G.P., 1960, 255 p. Ill. de Sylvain Harry. Montréal/Paris, Fides, 1960, 213 p. Ill. de G. de Beney ; [1961] ; [1964] ; 1966 ; [1967] ; [1968], 215 p. Édition scolaire. Introduction de Clément Saint-Germain ; 1967 ; 1968 ; 1970 ; [1971] ; [1973]. Strasbourg, Sélection des amis du livre de Strasbourg, 1960. Paris, Bernard Grasset, [1961], 245 p. ; [1965] ; [1966] ; [1967] ; [1968] ; [1971] ; [1972]. Paris, Le Livre de poche/Bernard Grasset, 1961, 245 p. ; 1965 ; 1966 ; 1967 ; 1968 ; 1971 ; 1972. Montréal, Éditions La Frégate, [mcmlxix], 1969, 143 p. Édition de luxe. Ill. de Suzor-Côté. Montréal, Fides, 1970, 215 p. Préface, chronologie et bibliographie de Pierre Pagé. « BCF » ; 1971 ; 1974 ; 1975 ; 1976 ; 1978. Montréal, La Presse,

1973, 158 p. «Nos classiques»; 1983. Ill. [s.l., s.é.], 1978, 243 f. Bibliographie, présentation, notes, photos et annexes de Raynald Talbot. Montréal, Fides, 1980, [n.p., 50 p.]. Lithographies d'André Bergeron. Montréal, Fides, 1980, 225 p. Préface de Pierre Pagé, chronologie, bibliographie et jugements critiques d'Aurélien Boivin. «BQ». Caen, L.-O. Four, [1982?], 241 p. Montréal, Boréal Express, 1980, xiii, 217 p. Avant-propos de Nicole Deschamps. Notes et variantes, index des personnages et des lieux par Ghislaine Legendre; 1983. [s.l.], Éditions de Mortagne, 1983, 222 p. Paris, Éditions G.P., 1983, 218 p. «Super bibliothèque». Montréal, Presses de la Cité, 1983, 185 p. Genève, Éditions de l'Agora/Éditions de l'Éventail, 1983, 129 p. Ill. Adaptation pour enfants de Brigitte Tabet. Tournai, L'Ami de poche/Casterman, 1983, 214 p. Ill. de Nicole Baron (litt. jeunesse).

Traductions anglaises:

Traduction par Sir Andrew MacPhail: *Maria Chapdelaine. A Romance of French Canada*, Montréal/Toronto/London-New York, A.T. Chapman/Oxford University Press/John Lane, 1921, 215 p. Ill. de M.A. Suzor-Côté.

Traduction par W.H. Blake: *Maria Chapdelaine. A Tale of the Lake St John Country*, Toronto, the Macmillan Company of Canada Limited, 1921, 263 p.; 1923; 1924; 1924, 288 p.; 1928; 1929; 1930; 1931; [1932], xx, 263 p.; [1934]; 1936; 1937; 1939, xx, 263 p. Préface de Hugh Eayrs; 1940; 1941; 1942; 1947. New York, Grosset & Dunlap, 1921, 288 p.; 1924, 291 p. Ill. de Wilfred Jones; 1927. New York, the Macmillan Company, 1921, 288 p.; 1924; 1928; 1929. Introduction et notes de Carl Y. Conner, 294 p.; 1967. New York, Macmillan, 1924, 288 p. Ill. de Wilfred Jones. New York, the Modern Library, 1934, xvii, 288 p. Introduction de Hugh Eayrs. [s.l.], Cambridge University Press, 1936, 205 p. Édité par E.A. Phillips. Toronto, the Macmillan Company of Canada Limited, 1938, 174 p. Introduction de Hugh Eayrs. Ill. de Thoreau MacDonald; 1948; 1958; 1965, 162 p. (Sans l'introduction de Eayrs); 1973, xiv, 162 p.; 1986, xiii, 161 p. «Macmillan Paperbacks». *Edited with New Type Exercises, Passages for Prose Translation, Vocabulary, and Notes by H.L. Humphreys*, Toronto, Copp Clark, 1948, 269 p. Ill. Garden City, New York, Image Books, [1956], 198 p. Toronto, the Macmillan Company of Canada Limited, 1958, [vi], 302 p. With notes and exercises by A. Thibault et Morgan S. Kenny. Toronto, Macmillan Company of Canada, [1972], 175 p. Ill. de Thoreau MacDonald. Édition scolaire préparée par N.F. McTeague. *Maria Chapdelaine* est traduit aussi en norvégien (1922), en espagnol (1923), en néerlandais (1923), en polonais (1923), en suédois (1923), en tchécoslovaque (1923), en italien (1945) et en russe (1977).

Note: Dans les éditions de langue française, autant que dans celles de langue anglaise, le titre est parfois accompagné d'un sous-titre: *Maria Chapdelaine. Récit du Canada français*; *Maria Chapdelaine. A Tale of the Lake St John Country*.

La Belle que voilà (nouvelles), Paris, Bernard Grasset éditeur, 1923, 241 p.; 211 p. «Les Cahiers verts»; Paris, Nelson, 285 p.; *La Belle que voilà...*, Montréal, Presses Sélect Ltée, 1980, 167 p. Traduction anglaise par William Aspenwall Bradley: *My Fair Lady*, New York, The Macmillan Company, 1923, 226 p.; Freeport, N.Y. Books for Libraries Press, 1973, 226 p.

Itinéraire, Paris, Bernard Grasset, 1927, 91 p. (Paru aussi sous le titre: *Au pays de Québec* (récit de voyage), dans *À la recherche de Maria Chapdelaine*, Paris, Bernard Grasset, 1924, p. 133-170; L.J. Dalbis, dans *Le Bouclier canadien-français*, Paris, Éditions SPES, 1928, p. 223-280. Ill. de Jean Gay, C. Maillard et Adrien Hébert. Traduction anglaise par William Aspenwall Bradley: *The Journal of Louis Hémon*, New York, The Macmillan Company, 1924, vii, 67 p. Ill.

Colin-Maillard (roman), Paris, Bernard Grasset, 1924, 278 p.; Montréal, Éditions du Jour, 1972, 190 p. Préface de Jacques Ferron; Presses Sélect, 1982, 166 p. Traduction anglaise par Arthur Richmond, *Blind Man's Buff*, New York, The Macmillan Company, 1925, 244 p.

Battling Malone, pugiliste (roman), Paris, Bernard Grasset éditeur, 1925, xvi, 268 p. «Les Cahiers verts»; Le Livre moderne illustré, mcmxxvi, 158 p. Ill. de Clément Serveau.

Monsieur Ripois et la Némésis (roman), Paris, Grasset, 1926, 315 p.; 1950; 1962; Le Livre de Poche/Grasset, 1967, 242 p.; B. Grasset, 1986, 315 p. «Les Cahiers rouges». Traduction anglaise par William Aspenwall Bradley: *Monsieur Ripois and Nemesis*, New York, The Macmillan Company, 1925, 359 p.; London, Allen & Unwin, 1925.

Louis Hémon: lettres à sa famille, Montréal, PUM, 1968, 219 p. Éditées et présentées par Nicole Deschamps; Boréal Express, 1980, 269 p. Ill.

Récits sportifs, Alma, Les Éditions du Royaume, 1982, 252 p. Édition préparée et présentée par Aurélien Boivin et Jean-Marc Bourgeois. Ill.

ÉTUDES

A. de Grandpré, *Maria Chapdelaine*, BPF, vol. 15, n° 10, juin-juillet-août 1917, p. 433-449.

Alonzo Cinq-Mars et Damase Potvin, *Maria Chapdelaine, pièce en cinq actes*, dans *Le Terroir*, mai-sept. 1919.

Louis de Mondadon, *Le Canada peint par un Français, Maria Chapdelaine*, dans *Les Études* (France), t. 168, n° 1, 5 juillet 1921, p. 66-78.

Maurice Hébert, *À propos de Maria Chapdelaine*, CF, vol. 9, n° 2, oct. 1922, p. 152-155.

Loïc Le Gouriadec, *Maria Chapdelaine. Drame en trois actes*, manuscrit à la Bibliothèque nationale du Québec. Pièce créée le 26 févr. 1923 au Théâtre national de Montréal, reprise en 1947 au Ottawa Little Theatre.

M.-A. Lamarche, *Retour sur Maria Chapdelaine*, dans *Ébauches critiques*, Montréal, Adj. Ménard, 1930, p. 77-87.

Thibaudeau Rinfret, *«Maria Chapdelaine» et «The Clash»*, RUO, vol. 1, 1931, p. 43-66.

Maurice Constantin-Weyer, *Au pays de Maria Chapdelaine*, [s.l., s.é.], 1932, 10 p. Ill. de Clarence Gagnon.

Allan McAndrew, *Louis Hémon, sa vie et son œuvre*, Paris, Jouve, 1936, 253 p.

Louvigny de Montigny, *La Revanche de Maria Chapdelaine, essai d'initiation à un chef-d'œuvre inspiré du pays du Québec*, Montréal, LACF, 1937, 210 p. «J».

W.F. Osborne, *The Qualities of Maria Chapdelaine*, dans *Queen's Quarterly*, vol. 46, n⁰ 4, hiver 1939-1940, p. 461-467.

Jean-François Pelletier, *La Voix du Québec*, AN, vol. 24, août-sept. 1944, p. 3-18.

Allan McAndrew, *Maria Chapdelaine chez elle*, dans *University of Toronto Quarterly*, vol. 15, n⁰ 1, oct. 1945, p. 76-85.

Damase Potvin, *Le Roman d'un roman : Louis Hémon à Péribonka*, Québec, Éd. du Quartier latin, 1950, 191 p.

Jacques Tremblay, *Maria Chapdelaine*, ES, vol. 38, n⁰ 5, mai 1959, p. 19-22.

Clément Saint-Germain, *Louis Hémon*, dans *Lectures*, vol. 8, n⁰ 6, févr. 1961, p. 163-164.

Margaret K. Lieman, *Origins of Maria Chapdelaine*, CaL, n⁰ 20, printemps 1964, p. 41-53.

Jan Depocas, *Le Complexe à Maria Chapdelaine*, PP, vol. 1, n⁰s 9-10-11, été 1964, p. 37-42.

André Vanasse, *Le Fait historique et les étapes littéraires*, AN, vol. 55, n⁰ 2, oct. 1965, p. 230-236 ; n⁰ 3, nov. 1965, p. 350-358.

Placide Gaboury, *La Structure romanesque dans l'œuvre de Louis Hémon*, ES, vol. 45, n⁰ 4, sept.-oct. 1966, p. 185-201 ; n⁰ 5, nov.-déc. 1966, p. 216-242.

Nicole Deschamps, *Louis Hémon à son père*, EF, vol. 3, n⁰ 1, févr. 1967, p. 53-60.

Id., Lecture de Maria Chapdelaine, EF, vol. 4, n⁰ 2, mai 1968, p. 151-167.

Pierre Pagé, *Un problème d'histoire littéraire : la signification de Maria Chapdelaine*, dans *L'Œuvre littéraire et ses significations*, Montréal, PUQ, 1970, p. 147-166.

Paul Raymond, «Établissement du texte de *Maria Chapdelaine*». Thèse de maîtrise. Études françaises, Université de Montréal, 1973, 205 f.

Alfred Ayotte et Victor Tremblay, *L'Aventure Louis Hémon*, Montréal, Fides, 1974, 389 p. «Vies canadiennes». Avec une bibliographie complète.

Gabriel Boinat, *Comment on fabrique un succès : Maria Chapdelaine*, dans *Revue d'histoire littéraire de la France*, vol. 74, n⁰ 2, 1974, p. 223-253.

Mireille Servais-Maquoi, «Louis Hémon», dans *Le Roman de la terre au Québec*, Québec, PUL, 1974, p. 47-68.

Denis Vaugeois, *L'Étrange Destin de Louis Hémon*, dans *Le Jour*, vol. 2, n⁰ 21, 21 mars 1974, p. V-1.

Paul Gay, *Going My Way ou L'Aventure Louis Hémon*, RUO, vol. 45, n⁰ 1, janv.-mars 1975, p. 42-53.

Gabrielle Poulin, *Louis Hémon*, Rel, vol. 35, n⁰ 401, févr. 1975, p. 61.

Anne-Marie De Laumière-Dufresne, *Le «Fou à Bédard». C'est ainsi qu'on appelait Louis Hémon à Péribonka, il y a 60 ans, au moment où paraissait la première édition canadienne de Maria Chapdelaine*, Pe, vol. 18, n⁰ 45, 6 nov. 1976, p. 11-14.

François Paré, *Maria Chapdelaine au Canada anglais : réflexions sur notre extravagance*, VI, vol. 2, n⁰ 2, déc. 1976, p. 265-278.

Bernard Dupriez, *Où sont les arguments?*, EF, vol. 13, n⁰s 1-2, avril 1977, p. 35-52.

René Labonté et Adnan Moussally, *Essai d'analyse sémiologique de «Maria Chapdelaine»*, dans *Présence francophone*, n⁰ 18, printemps 1979, p. 135-158.

Paul Gay, *La Tombe de Louis Hémon*, Dr, 67ᵉ année, n⁰ 143, 15 sept. 1979, p. 21.

[Anonyme], *Maria Chapdelaine. Évolution de l'édition 1913-1980*, Montréal, Ministère des Affaires culturelles, Bibliothèque nationale du Québec, 1980, 82 p. Ill. Catalogue de l'exposition organisée par la BNQ à l'occasion du centenaire de la naissance de Louis Hémon.

Aurélien Boivin et Jean-Marc Bourgeois, *Le Saguenay-Lac-Saint-Jean célèbre Louis Hémon. Introduction à l'écrivain et à son œuvre à l'occasion du centenaire de sa naissance*, Alma, Éditions du Royaume, 1980, 53 p. Portrait.

Nicole Deschamps, Raymonde Héroux et Normand Villeneuve, *Le Mythe de Maria Chapdelaine*, Montréal, PUM, 1980, 263 p.

Gilbert Lévesque, *Louis Hémon, aventurier ou philosophe?*, Montréal, Fides, 1980, 64 p. Préface de Marcel Cadotte.

Émile Talbot, *Les Incarnations d'un texte nationaliste : Hémon, Savard, Carrier*, dans *Présence francophone*, n⁰ 20, printemps 1980, p. 137-145.

Paul Austin, *Maria Chapdelaine chez les Russes*, Dev, vol. 71, n⁰ 141, 21 juin 1980, p. 24.

Clément Trudel, *Centenaire de Louis Hémon*, Dev, vol. 71, n⁰ 169, 26 juillet 1980, p. 11.

Renée Rowan, *Lydia Louis-Hémon se raconte*, Dev, vol. 71, n⁰ 181, 9 août 1980, p. 12.

Pierre Gingras, *Le Manuscrit de Louis Hémon retrouvé. Maria Chapdelaine censurée par ses premiers éditeurs*, dans *Forum*, vol. 15, n⁰ 6, 6 oct. 1980, p. 5.

Jean Royer, *Contre le mythe de Maria Chapdelaine*, Dev, vol. 71, n⁰ 239, 18 oct. 1980, p. 21.

Jean-Paul Brousseau, *Du mythe au mystère, Maria Chapdelaine*, Pr, 96ᵉ année, n⁰ 245, 18 oct. 1980, p. C-1 et C-4.

Lettre ouverte de Lydia Hémon, Dev, vol. 71, n⁰ 275, 29 nov. 1980, p. 24, 40.

Raymond Paul, *Louis Hémon, Maria Chapdelaine*, LAQ 1980, p. 44-45.

Janine Boynard-Frot, *Le Mythe de Maria Chapdelaine de Deschamps, Héroux, Villeneuve*, LQ, n⁰ 21, printemps 1981, p. 40-43.

Réal Ouellet, *Entre l'héroïsme et la stérilité : Maria Chapdelaine de Louis Hémon*, LQ, n⁰ 21, printemps 1981, p. 43-46.

[Anonyme], *Louis Hémon. L'homme et l'œuvre. Catalogue d'exposition*, Alma, Éditions du Royaume, 1981, 69 p. Ill.

[Collectif], *Études canadiennes*, n⁰ 10, 1981, numéro consacré à Louis Hémon.

George-J. Joyaux, *Hémon et Carrier : deux visions de «l'épopée silencieuse» du Québec*, dans *The French Review*, vol. 55, n⁰ 3, févr. 1982, p. 372-381.

Paul Gay, *Louis Hémon, apôtre du corps humain*, Dr, 70ᵉ année, n⁰ 10, 7 août 1982, p. 14.

Madeleine Ouellette-Michalska, *La Nouvelle École buissonnière des profs.*, Dev, vol. 73, n⁰ 251, 30 oct. 1982, p. 19.

Adrien Thério, *Récits sportifs, un inédit de Louis Hémon*, LQ, n⁰ 27, automne 1982, p. 94.

Itinéraire de Liverpool à Québec, Quimper, Calligrammes, Cercle culturel quimperois, 1985, 93 p. Collab. Avant-propos de Lydia-Kathleen Hémon. Introductions de Gilbert Lévesque et d'Alain Le Grand-Vélin. Ill. de Sayed Darwiche. Contient aussi *Au pays de Québec*, de Hémon.

HÉNAULT, GILLES [G. Rêvai] (1920-   ). Poète et journaliste, né à Saint-Majorique (Drummond). La crise économique l'oblige à abandonner ses études et à trouver du travail dans les salles de rédaction des journaux : *Le Jour, Le Canada, La Presse*. Son apprentissage littéraire se fait à la fin des années 1937 : il publie alors dans *Horizons*, revue dirigée par Clément Marchand, quelques poèmes signés de son pseudonyme G. Rêvai. Chez Jean-Charles Harvey, rédacteur du *Jour*, considéré à l'époque comme le représentant des idées modernes en marche, Gilles Hénault apprend son métier de journaliste. Il lit avidement les auteurs français et rédige à l'occasion de la mort de Francis Jammes, un poème de circonstance, fort apprécié. Journaliste, il devient critique d'art. Il s'intéresse aussi à l'action syndicale qu'il exerce parmi les mineurs de Sudbury. Critique et commentateur de l'actualité artistique, il dirige, en 1959, les pages littéraires et artistiques du *Devoir*, participe à la fondation de la revue *Liberté*, puis il entre au *Nouveau Journal* de Jean-Louis Gagnon, comme chroniqueur de politique étrangère. Pendant deux ans, il travaille en qualité de recherchiste à la Commission royale d'enquête sur le bilinguisme et le biculturalisme. En 1966, Gilles Hénault est nommé directeur du Musée d'art contemporain à Montréal. Il est écrivain résident à l'Université d'Ottawa au cours de l'année scolaire 1974-1975. Sa création strictement littéraire consiste en des poèmes et des écrits en prose poétique, publiés dans plusieurs revues et journaux québécois. Il se fait connaître comme poète de tendance surréaliste par son recueil *Sémaphore*, suivi de *Voyage au pays de mémoire*, pour lequel il obtient, en 1962, le deuxième prix au Concours littéraire du Québec. Les poèmes de Gilles Hénault, écrits entre 1941-1962, seront par la suite regroupés dans le recueil *Signaux pour les voyants*, pour lequel il reçoit le prix du Gouverneur général en 1972. Sa poésie se distingue par la profusion et la force des images, ce qui apporte au réalisme de sa thématique — l'homme dans sa hantise de lutter et d'aimer — une projection visionnaire originale. Roger Duhamel souligne l'inspiration de l'auteur qui ne cède jamais au maniérisme ou à la préciosité. Le poème « Sémaphore » qui donne son titre au recueil, constitue, en effet, un effort lucide pour s'accorder aux conditions difficiles de l'existence. « Malgré la toundra dénudée, dit Roger Duhamel, malgré le hurlement des loups, la douceur de vivre surgit pourtant invaincue. [...] Le dépouillement est plus triste que la luxuriance, mais il est aussi prise de conscience ». Gilles Hénault profite de tous les héritages littéraires pour forger son propre langage : il invente ses signes à la mesure de l'homme. Sa prosodie, ses images n'ont rien de sentimental ; elles sont, au contraire, « les signes qui vont au silence, les signes qui vont au sable du songe ». « L'aventure de la parole, précise Éva Kushner, est chez lui la plus humaine de toutes les aventures, plutôt qu'une surcompensation fallacieuse. Elle est humaine vis-à-vis de lui-même dans la mesure où le vécu tend à s'alléger du poids de la dénotation en s'imprimant dans un tissu verbal ; humaine vis-à-vis du lecteur parce qu'elle lui propose, au lieu d'un vague courant de sympathie émotive, la forme de communication la plus honnête, celle des signes ».

ŒUVRES

Théâtre en plein air (poésie et prose), Montréal, Les Cahiers de la file indienne, 1946, 41 p.

Totems (poésie), Montréal, Éditions Erta, 1953, [n.p., 25 p.]. Ill. d'Albert Dumouchel. « Tête armée ».

Seven Poems, Toronto, Contact Press, 1955, [n.p., 20 p.]. Traduction anglaise par Jean Beaupré et Gael Turnbull.

La Poésie et Nous, Montréal, Hexagone, 1958, 93 p. Collab. Michel Van Schendel.

Voyage au pays de mémoire (prose), Montréal, Éditions Erta, 1960, [portefeuille, 36 p.]. Six eaux fortes de Marcelle Ferron ; *Sémaphore suivi de Voyage au pays de mémoire* (poésie), Montréal, Les Éditions de l'Hexagone, 1962, 71 p.

Signaux pour les voyants. Poèmes 1941-1962, Montréal, Éditions de l'Hexagone, 1972, 211 p. ; 1984, 173 p. Préface de Jacques Brault.

David Fennario. Sans parachute, Montréal, Parti Pris, 1977, 239 p. Traduction du journal de David Fennario : *Without a Parachute* ; Paris, Bernard Grasset, 1979, 239 p.

À l'orée de l'œil (poésie), Montréal, Éditions du Noroît, 1981, 116 p. Ill. de Roland Giguère.

À l'inconnue nue (poésie), Montréal, Parti Pris, 1984, [n.p., 49 p.]. Ill. de Léo Bellefleur.

L'Invention de la roue (poème), NR, vol. 1, n° 2, oct. 1941, p. 74-81.

Dubé nous montre l'envers du décor, Dev, vol. 51, n° 276, 3 déc. 1960, p. 10.

Le Droit de rêver, dans *Quai*, vol. 1, n° 1, 1967, p. 53-62.

Tu m'exorcises, dans Guy Sylvestre et H. Gordon Green, *Un siècle de littérature canadienne. A Century of*

Canadian Literature, Montréal/Toronto, HMH/Ryerson Press, 1967, p. 540–541.

La poésie est mot de passe, dans Guy Robert, *Littérature au Québec*, Montréal, Déom, 1970, p. 71–75.

La Mort de Don Quichotte (poème), dans *Ellipse*, nᵒˢ 14–15, 1974, p. 92–97. Traduction du poème de John Glassco : *The Death of Don Quichotte*.

ÉTUDES

Michel Van Schendel, *Voyages au pays de mémoire*, L, vol. 3, n⁰ 13, janv.-févr. 1961, p. 446–447.

Roger Duhamel, *Sémaphore*, LAC 1962, p. 40–41.

Suzanne Paradis, « *Quai* » et « *La Barre du jour* », deux revues, seize auteurs, So, vol. 70, n⁰ 116, 13 mai 1967, p. 15.

Louis Martin, *Et dans cent ans*, MM, vol. 7, n⁰ 7, juillet 1967, p. 13–17.

André-G. Bourassa, *Gilles Hénault. Éléments de biographie*, BJ, nᵒˢ 17–20, janv.-août 1969, p. 310–314.

Éva Kushner, *Signaux pour les voyants*, LAQ 1972, p. 136–140.

Gabrielle Poulin, *La Poésie québécoise en 1972 (II) : Gilles Hénault à l'Hexagone*, Rel, 33ᵉ année, n⁰ 383, juin 1973, p. 188–189.

Laurent Mailhot, *La Poésie de Gilles Hénault*, VIP, n⁰ 8, 1974, p. 149–162.

Jean Fisette, *Gilles Hénault. Between Simplification and Analogy*, dans *Ellipse*, n⁰ 18, 1976, p. 62–71.

Hugues Corriveau, *Gilles Hénault. Lecture de Sémaphore*, Montréal, PUM, 1978, 168 p. « Lignes québécoises ».

HENNEPIN, LOUIS (1626–1705). Explorateur et mémorialiste, né à Ath en Hainaut (Belgique) (probablement en 1626 et non en 1640, d'après les recherches de Armand Louant). Il entre chez les Récollets de Béthune à l'âge de 17 ans. Ordonné prêtre vers 1666, il voyage en Italie et en Allemagne, puis il exerce son ministère en Belgique. En 1675, il est envoyé en Nouvelle-France avec les Récollets Chrestien Le Clercq, Luc Buisset et Zénobe Membré. En 1679 et 1680, Hennepin accompagne Cavelier de La Salle dans son exploration du haut Mississippi. L'année suivante, il rentre en France et prépare une relation de son aventure. Publiée à Paris en 1683, la *Description de la Louisiane* remporte un grand succès et ne connaît pas moins de quarante-six éditions dans les décennies qui suivent. Elle est traduite en allemand, en italien et en néerlandais. S'il n'avait écrit que ce récit de voyage, Hennepin aurait laissé un nom sans tache. Mais, en 1697, s'étant mis au service de Guillaume III, roi d'Angleterre, il publie sa *Nouvelle Découverte d'un très grand pays*. À cette réédition amplifiée de son premier livre, le Récollet ajoute le récit de sa descente du Mississippi jusqu'au golfe du Mexique, en 1680, deux ans avant Cavelier de la Salle, en août 1682. Or, cette prétendue descente est une pure invention faite à l'aide des descriptions des pères Marquette et Le Clercq. Il reprend encore son récit en 1698 dans le *Nouveau Voyage d'un pais plus grand que l'Europe*. À la même époque, il s'engage dans des polémiques religieuses et attaque le vicaire apostolique dans *La Morale pratique du jansénisme* (1698). Les six dernières années de la vie de ce moine turbulent demeurent assez obscures ; on le retrouve en Angleterre, dans les Pays-Bas et en Italie. Sa prétendue « découverte » a fait couler beaucoup d'encre. Gustave Lanctot le place parmi les faussaires de l'histoire du Canada. Jean-Roch Rioux le présente avec plus de nuances : « Belge de naissance mais d'éducation française, il a vécu dans un milieu d'intrigues et de cabales. *La Description de la Louisiane* lui procura la gloire et la célébrité qu'une retentissante disgrâce vint vite éclipser [...]. C'est alors qu'il se réfugia auprès de Guillaume III, allié de sa patrie. Dans cette démarche, faut-il voir Hennepin sous les traits d'un aventurier peu scrupuleux dans le choix des moyens à prendre pour la réalisation de ses projets ? [...] L'écrivain n'a sans doute pas le charme et la saveur d'un Gabriel Sagard par exemple ; il ne soigne pas toujours le détail et son style manque souvent d'élégance. Néanmoins, il écrit avec spontanéité, donne parfois des couleurs chatoyantes à ses tableaux, peint avec enthousiasme la flore et la faune du pays, décrit avec finesse les tribus indiennes, leur genre de vie, leurs coutumes, leurs croyances ».

ŒUVRES

A Discovery of a Large, Rich and Plentiful Country, in the North America ; Extending Above 4 000 Leagues, by a Very Short Passage, Lately Found Out, Thro' the « Mer-Barmego » Into the South Sea ; by Which a Considerable Trade Might Be Carry'ed on, as Well in the « Northern » as the « Southern » Parts of America (récit de voyage), London, Printed for W. Boreham, 1680, 30 p.

Description de la Louisiane, Nouvellement découverte au Sud-Ouest de la Nouvelle-France, par ordre du Roy. Avec la Carte du pays : les mœurs et la manière de vivre des sauvages. Dédiée à sa Majesté, par le R.P. Louis Hennepin, Missionnaire, Récollet et Notaire Apostolique (récit de voyage), Paris, chez la veuve Sébastien Hurs, mdclxxxiii, x, 107 p. Ill. Cartes ; chez Amable Auroy, mdclxxxviii, xii, 107 p. Ill. Cartes. Traduction anglaise par John Gilmary Shea : *A Description of Louisiana, by Father Louis Hennepin Recollect Missionnary. Translated from the edition of 1683, and compared with the Nouvelle Découverte, the La Salle Documents and others contaporaneous papers*, New York, J.G. Shea, 1880, 407 p. Carte ; Ann Arbor University Microfilms, Inc., 1966. (Fac-similé de l'édition précédente). Autre traduction par Marion E. Cross, *Father Louis Hennepin's Description of Louisiana, newly discovered to the southwest of New France by order of the King*, Minneapolis, Pub. for the Minnesota Society of the Colonial Dames of America, the University of Minnesota Press, 1938, xvii, 21, 190 p. Introduction par Grace Lee Nute. Ill. (Fac-similé).

Nouvelle Découverte d'un très grand Pays situé dans l'Amérique entre le Nouveau Mexique, et la Mer Glaciale, avec les Cartes, & les Figures nécessaires, & de plus l'Histoire Naturelle & Morale, & les avantages, qu'on en peut tirer par l'établissement des Colonies. Le tout dédié à Sa Majesté Britannique Guillaume III par le R.P. Louis Hennepin, Missionaire [sic] Récollet et Notaire Apostolique, à Utrecht, chez Guillaume Brœdelet, mdcxcvii, [70], 506 p. Ill. Cartes; Amsterdam, A. van Someren, 1698, 2 vol., 506 p.

La Morale pratique du jansénisme ou Appel comme d'abus. À notre Souverain Seigneur le pape Innocent XII, Interjetté par le R.P. Louis Hennepin, Utrecht, Renswou, 1698, [14], 207 p.

Nouveau Voyage d'un Pais plus grand que l'Europe, avec les réflections des entreprises du Sieur de la Salle. Sur les Mines de St-Barbe, &c., Enrichi de la carte, de figures expressives, des mœurs & manières de vivre des Sauvages du Nord et du Sud, de la prise de Québec Ville Capitale de la Nouvelle France par les Anglais & des avantages qu'on peut retirer du chemin racourci de la Chine et du Japon, par le moien de tant de vastes contrées, & de Nouvelles Colonies. Avec approbation et dédié à sa Majesté Guillaume III, Roy de la Grande Bretagne par le R.P. Hennepin, Missionaire [sic] & Notaire Apostolique (récit de voyage), à Utrecht, chez Antoine Schouten, 1698, [70], 389 p. Ill. Cartes.

A New Discovery of a Vast Country in America, Extending above Four Thousand Miles, Between New France & New Mexico; with a description of the Great Lakes, Cataracts, Rivers, Plants, and Animals. Also, the Manners, Customs, and Languages of the Several Native Indians; and the Advantage of Commerce with those different Nations. With a Continuation Giving an Account of the Attempts of the Sieur de la Salle upon the Mines of St Barbe, &c. The taking of Québec by the English; with the Advantages of a Shorter Cut to China and Japan. Both Illustrated With Maps, and Figures; and Dedicated to His Majesty King William By L. Hennepin now Resident in Holland, to which are added, Several New Discovery in North-America, not Publish'd In the French Edition (récit de voyage), London, M. Bentley, J. Tonson, H. Bonwicke, T. Goodwin, and S. Manship, 1698, 2 vol.: vol. 1, [22], 299 p.; vol. 2, [33], 355 p. Ill. Cartes; 1698, 2 vol.: vol. 1, [22], 243 p.; vol. 2, [33], 228 p. Ill. Cartes. Henry Bonwicke, 1699, 2 vol.: vol. 1, [20], 240 p.; vol. 2, [24], 216 p. Ill. Cartes. Repris sous le titre *A New Discovery of a Vast Country in America*, Chicago, A.C. McClurg & Co., 1903, 2 vol.: vol. 1, lxiv, 353 p.; vol. 2, p. 355-711. Édité et présenté par Reuben Gald

Thwaites. Ill. (Fac-similé de l'édition de 1698); Toronto, Canadiana House, 1969, 2 vol.: vol. 1, xx, 240 p.; vol. 2, xxiv, 216 p. Ill. (Fac-similé de l'édition de 1699); New York, Kraus Reprint Co., 1972. (Fac-similé de l'édition de 1903 en un volume); Toronto, Cole Publishing Company of Canada Limited, 1974.

Voyage curieux de R.P. Louis Hennepin, Missionaire Recollect, & Notaire Apostolique, qui contient une nouvelle Découverte d'un très-Grand Pays, situé dans l'Amérique, Entre le Nouveau Mexique, & la Mer Glaciale, avec toutes les Particularités de ce Pays, & les avantages qu'on en peut tirer par l'établissement des colonies, enrichi de cartes & augmenté de quelques figures en taille douce nécessaires. Outre cela on a aussi ajouté ici un voyage qui contient une Relation exacte de l'Origine, Mœurs, Coûtumes, Religion, Guerre & Voyages des Caraïbes Sauvages des Isles Antilles de l'Amérique, faite par le Sieur De La Borde, Employé à la conversion des Caraïbes, et tirée du Cabinet de Monsr. Blondet, Leide (Hollande), Chez Pierre Vander, 1704, [34], 604, [32] p.; *Voyage ou Nouvelle Découverte d'un très-Grand Pays, dans l'Amérique entre le Nouveau Mexique et la Mer Glaciale, par le R.P. Louis Hennepin, avec toutes les particularitez de ce Païs & de celui connu sous le nom de La Louisiane; les avantages qu'on peut tirer par l'établissement des colonies enrichie de Cartes Géographiques. Augmenté de quelques figures en taille douce. Avec un voyage qui contient une Relation exacte de l'Origine, Mœurs, Coûtumes, Religion, Guerre & Voyages des Caraïbes, sauvages des Isles Antilles de l'Amérique, faite par le Sieur De La Borde, tirée du Cabinet de Monsr. Blondel*, Amsterdam, chez Adriaan Braakman, mdcciv, [34], 604, [30] p. Ill. Carte; *Voyages curieux et nouveaux de Messieurs Hennepin & De La Borde, ou l'on voit une description très particulière, d'un Grand Pays dans l'Amérique, entre le Nouveau Mexique, & la Mer Glaciale, avec une Relation Curieuse des Caraïbes Sauvages des Isles Antilles de l'Amérique, leurs Mœurs, Coutumes, Religion, &c. Le tout accompagné des Cartes & Figures nécessaires*, À Amsterdam, Aux dépens de la Compagnie, mdccxi, [35], 604, [32] p. Ill. Cartes; [mdccxl].

Nouvelle Découverte d'un Pays plus Grand que l'Europe situé dans l'Amérique, dans *Histoire des Yncas Rois du Perou, Depuis le premier Ynca Manco Capac, Fils du Soleil, jusqu'à Atahualpa dernier Inca: où l'on voit leur Établissement, leur Religion, leurs Loix, leurs conquêtes; les merveilles du temple du Soleil; & tout l'État de ce grand Empire, avant que les Espagnols s'en rendissent maîtres*, À Amsterdam, chez Jean Frederic Bernard, mdccxxxvii, t. 2, p. 223-376. [Traduite de l'Espagnol de l'Ynca Garciilasso de la Vega. On a joint à cette Édition L'Histoire de la conquête de la Floride. Par le même Auteur &c. Avec des Figures dessinées par feu B. Picart, le Romain].

HENNEPIN

ÉTUDES

J.A. Van Fleet, *Old and new Mackinac: with copious extracts from Marquette, Hennepin, Le Houtan[sic], Cadillac, Alexander Henry, and others...*, Ann Arbor(Mich.), Courier, 1870, 176 p. Ill.; Cincinnati, Western Methodist Book Concern, 1874, 173 p. Ill.; Grand Rapids, The Lever, 1880.

John Gilmary Shea, *Bibliography of Hennepin's Works*, New York, Chez l'auteur, 1880, 13 p.

Cyrus Kinssbury Remington, *The Ship-Yard of the Griffon: A Brigantine Built by René Robert Cavelier, sieur de La Salle, in the year 1679, above the falls of Niagara... together with the most complete bibliography of Hennepin that has ever been made in any one list...*, Buffalo, Press of J.W. Clement, 1891, 78 p. Ill.

N.-E. Dionne, *Hennepin, ses voyages et ses œuvres*, Québec, Raoul Renault, 1897, 40 p.; Montréal, Éditions Canadiana, [1970], 40 p.

Peter Augustus Porter, *A Legend of Goat Island: ascribed to Father Louis Hennepin who visited Niagara in 1678*, Niagara Falls, Gazette, [1900], 13 f. Ill. 6 feuilles hors-texte.

Jérôme Goyens, *Le P. Louis Hennepin, missionnaire au Canada au XVIIᵉ siècle. Quelques jalons pour sa biographie*, dans *Archivum Franciscanum Historicum*(Florence, Italie), vol. 18, 1925, p. 318–345, 473–510; aussi Quaracchi, Tipo del Collegio S. Bonaventura, 1925, 65 p.

H.-A. Scott, *Un coup d'épée dans l'eau, ou une Nouvelle Apologie du P. Louis Hennepin*, MSRC, 3ᵉ série, vol. 21, 1927, p. 113–160.

Hugolin Lemay, *Le Père Louis Hennepin: son allégeance politique et religieuse*, dans *Nos cahiers*, vol. 1, 1936, p. 316–346.

Id., *Une obédience pour l'Amérique en 1696*, dans *Nos cahiers*, vol. 2, 1937, p. 149–179.

Id., *Bibliographie du Père Louis Hennepin, récollet*, Montréal, Imprimerie des Franciscains, 1937, t. 1, *Les Pièces documentaires*.

Id., *Devant l'histoire, III*, dans *Nos cahiers*, vol. 3, 1938, p. 245–276, 341–374.

Jean Delanglez, *Hennepin's Voyage to the Gulf of Mexico, 1680*, dans *Mid-America*, vol. 21, n° 1, 1939, p. 32–96.

Id., *Hennepin's Description of Louisiana*, dans *Mid-America*, vol. 23, nᵒˢ 1–2, 1941, p. 4–44, 99–137.

Id., *Hennepin's Description of Louisiana. A Critical Essay*, Chicago, Institute of Jesuit History, 1941, vii, 164 p.

Conrad-M. Morin, *Du nouveau sur Hennepin*, RHAF, vol. 1, n° 1, 1947–1948, p. 112–117.

Gustave Lanctot, *Faussaires et Faussetés en histoire canadienne*, Montréal, Éd. Variétés, 1948, p. 71–95.

Armand Louant, *Le P. Louis Hennepin. Nouveaux jalons pour sa biographie*, dans *Revue d'histoire ecclésiastique*, vol. 45, 1950, p. 186–211; vol. 52, 1957, p. 871–876.

Augustus C. Wand, *Some New Lights on Louis Hennepin, Récollet*, dans *History Bulletin*, vol. 32, n° 4, 1952–1953, p. 195–197.

J. Stengers, *Le Père Hennepin et la découverte du Mississippi; à propos de quelques publications récentes*, dans *Revue belge de philosophie et d'histoire*, vol. 32, n° 1, 1954, p. 246–256.

Armand Louant, *Précisions nouvelles sur le père Hennepin, missionnaire et explorateur*, dans *Bulletin de la classe des lettres et des sciences morales de l'Académie royale de Belgique*, vol. 42, 1956, p. 215–216.

A.H. Greenly, *Father Louis Hennepin: His Travels and His Books*, dans *Papers of the Bibliographical Society of America*, vol. 51, n° 1, 1957, p. 38–60.

Jean-Roch Rioux, *Louis Hennepin*, DBC, vol. 2, 1969, p. 288–292.

Hélène Vachon, *L'Implicite comme langage publicitaire*, EL, vol. 10, nᵒˢ 1–2, avril–août 1977, p. 175–194.

HENRI, GERTRUDE. Voir LAMARCHE, GUSTAVE.

Daniel Lessard

HENRIPIN, JACQUES (1926–). Démographe, né à Lachine (Île-de-Montréal). Après des études primaires et secondaires dans sa ville natale et à Chambly Bassin, il s'inscrit en sciences économiques à l'Université de Montréal (licence, 1951); il poursuit ses études à l'Université de Paris et obtient, en 1953, un doctorat pour une thèse dont le sujet est: *La Population canadienne au début du XVIIIᵉ siècle*. Il fait également des études postdoctorales au London School of Economics, à l'Institut national d'études démographiques de Paris, puis à l'Université de Chicago. Il enseigne tour à tour à Paris, aux Hautes Études commerciales de Montréal et dans de nombreuses universités canadiennes et américaines. À partir de 1954, il est professeur à l'Université de Montréal; en 1967, il est nommé directeur du Département de démographie de la Faculté des sciences sociales. Il participe aussi à diverses commissions royales d'enquête, telles la Commission sur la situation de la femme au Canada, et la Commission d'enquête sur le bilinguisme et le biculturalisme. Il reçoit le prix Léon-Gérin en 1982 pour l'ensemble de ses travaux.

ŒUVRES

La Population canadienne au début du XVIIIᵉ siècle. Nuptialité, fécondité, mortalité infantile, [Paris], PUF, Institut national d'études démographiques, 1954, xx, 129 p. Présentation d'Alfred Sauvy. Préface de Paul Gemaehling. Introduction de Louis Henry.

Les Divisions de recensement au Canada de 1851 à 1871: méthode permettant d'en uniformiser les territoires, Montréal, Hautes Études commerciales, 1956, 60 p.

Les Collets blancs, Montréal, Service d'éducation. Confédération des travailleurs catholiques du Canada, 1958, 14 p. (Texte polycopié).

Situation et Perspective de l'enseignement en Haute-Volta (mémoire), Paris, UNESCO, 1961, 153 p. Collab. M. Boulard et A. Raynauld.

L'Université dit non aux Jésuites, Montréal, Éditions de l'Homme, 1961, 158 p. Collab. Michel Brunet et Pierre Dansereau. Préface de Léon Lortie.

Perspectives d'accroissement de la population de la Province de Québec et de ses régions et Prévision des effectifs scolaires 1961–1981, Québec, Commission royale d'enquête sur l'enseignement, 1962, 194 p. Collab. Yves Martin.

Projet de réforme des structures administratives, Montréal, [s.é.], 1963, 50 p. Collab. Guy Bourassa. (Mémoire préparé pour la Commission des écoles catholiques de Montréal).

Conferences on Statistics 1962 and 1963, McMaster University, Hamilton & Laval University, Québec, Toronto, UTP, [1964], vii, 260 p. Ill. Éditeur avec A. Asimakopulos.

La Population du Québec et de ses régions (1961–1981), Québec, PUL, 1964, 85 p., [n.p., 84 p.]. Collab. Yves Martin.

Étude des aspects démographiques des problèmes ethniques et linguistiques au Canada, [Montréal?], [s.é.], 1966, vol. 1, pagination multiple. Collab. H. Charbonneau et W. Mertons. (Rapport préparé pour la Commission d'enquête sur le bilinguisme et le biculturalisme. Texte polycopié).

Tendances et Facteurs de la fécondité au Canada, Ottawa, Bureau fédéral de la statistique, 1968, xxxi, 425 p. Ill. Traduction anglaise : *Trends and Factors of Fertility in Canada*, 1972, xxx, 421 p.

Le Coût de la croissance démographique, Montréal, PUM, 1968, 43 p.

Évolution démographique du Québec et de ses régions 1966–1986, Québec, PUM, 1969, viii, 132 p. Collab. Jacques Légaré.

Éléments de démographie, Montréal, PUM, 1969, 200 p. ; *Éléments de démographie, DEM — 1 000*, [Montréal], Librairie de l'Université de Montréal, 1973–1974, 199 p. (Notes de cours. Texte polycopié) ; [1978], 2 vol. : vol. 1, iv, 184 p. ; vol. 2, –360 p. Collab. Évelyne Lapierre-Adamcyk. Ill.

Rapport de la Commission royale d'enquête sur la situation de la femme au Canada, Ottawa, Imprimerie de la Reine, 1970, 540 p. Collab. Florence Bird, John P. Humphrey *et al.*

La Population du Québec : études rétrospectives, Montréal, Éditions du Boréal Express, 1973, 111 p. Collab. Hubert Charbonneau *et al.* Ill. « Études d'histoire du Québec ».

L'Immigration et le Déséquilibre linguistique, Ottawa, Ministère de la Main-d'œuvre et de l'Immigration, 1974, 44 p. Ill.

Étude sur l'immigration et les objectifs démographiques du Canada/Immigration and Language Imbalance, Ottawa, Department of Manpower and Immigration, 1974, 41 p. Ill.

Éléments d'un nouveau contrat social à propos des enfants d'aujourd'hui, Montréal, Département de démographie, Université de Montréal, [1974], 14 p. (Texte polycopié).

La Fin de la revanche des berceaux : qu'en pensent les Québécoises ?, Montréal, PUM, 1974, iii, 164 p. Collab. Évelyne Lapierre-Adamcyk et Patrick Festy. Ill. « Démographie canadienne ».

Examen des perspectives de population pour les villes du Québec. (Annexes du rapport sur l'urbanisation), [Québec, Éditeur officiel du Québec], 1975, 24 p. Collab. Evelyne Lapierre-Adamcyk.

Fécondité et Conditions de vie des familles au Québec : rapport des travaux faits entre le 1er avril 1974 et le 31 mars 1975, Montréal, Université de Montréal, 1975, vii, 335 p. Collab. Évelyne Lapierre-Adamcyk.

La Mortalité infantile au Canada de 1956 à 1972, Ottawa, Conseil économique du Canada, 1975, 68 p. Ill. « Document ».

Démolinguistique au Canada : évolution passée et prospective, Montréal, Institut de recherche politique, 1980, xxxii, 391 p. Collab. Réjean Lachapelle. Ill.

Natalité, Migrations et Croissance démographique, [s.l., s.é.], 1980, 38 p.

Les enfants qu'on n'a plus au Québec, Montréal, PUM, 1981, 410 p. Collab. Paul-Marie Huot, Évelyne Lapierre-Adamcyk et Nicole Marcil-Gratton. Ill.

Aspects démographiques, dans Mason Wade et J.-C. Falardeau, *La Dualité canadienne*, Toronto/Québec, UTP/PUL, 1960, p. 149–180.

Le Problème démographique du Tiers-Monde, dans *L'Occident et le Défi du Tiers-Monde*, Montréal, I.C.A.P., 1960, p. 8.

Population et Main-d'œuvre, dans A. Raynauld, *Croissance et Structure économique de la province de Québec*, Québec, Ministère de l'Industrie et du Commerce, 1961, p. 159–188.

Évolution de la composition ethnique et linguistique de la population canadienne, dans *La Population canadienne et la Colonisation du Grand Nord*, Toronto, UTP, 1962, p. 27–32.

Les Études démographiques, dans *Situation de la recherche sur le Canada français*, Québec, PUL, 1962, p. 133–144.

L'Exubérance démographique de l'Amérique latine, dans *Socialisme 64*, nos 3 et 4, 1964, p. 89–95.

Ébauche d'un système de prestations familiales, dans *Socialisme 65*, no 6, 1965, p. 33–48.

Justice dans l'impôt pour les chargés de famille : élément d'un système d'impôt sur le revenu personnel, dans *Socialisme 66*, mai 1966, p. 49–58.

Le problème appelle une étude approfondie et pressante mais ne justifie pas l'affolement, Dev, vol. 58, no 50, 1er mars 1967, p. 5.

Évolution démographique récente du Québec, dans *Annuaire du Québec*, 1972, Québec, Imprimerie de la Reine, [1973], p. 201–208. Collab. Y. Péron.

Avantages et Inconvénients de la croissance démographique au Québec, dans *Annuaire du Québec, 1974*, Québec, Imprimerie de la Reine, [1974], [n.p., 20 p.].

ÉTUDES

Fernand Grenier, *Vues prospectives sur la population du Québec et ses régions de Jacques Henripin et d'Yves Martin*, LAC 1965, p. 139.

Robert Garon, *Évolution démographique du Québec et de ses régions 1966-1986 de Jacques Henripin et de Jacques Légaré*, LAQ 1970, p. 234.

L'Avenir des francophones au Canada, MSRC, Académie I, t. 13, 1975, p. 133–139.

Richard Arès, *Jacques Henripin et Évelyne Lapierre-Adamcyk. La fin de la revanche des berceaux: qu'en pensent les Québécoises?*, LAQ 1975, p. 247–249.

[Anonyme], *Un démographe passionné*, Dev, vol. 73, n° 275, 26 nov. 1982, p. 30.

HENRY, MARCEL. Voir **DUGAS, MARCEL.**

HERBIET, JEAN (1930-   ). Homme de théâtre, né à Namur (Belgique). Dès la fin de ses études à l'Institut belge de théâtre, en 1951, il fonde, à Bruxelles, la troupe du Théâtre de la Tulipe. Professeur de diction à l'Université d'Ottawa à partir de 1957, il s'occupe activement de théâtre, et dirige durant dix ans La Société dramatique de l'Université d'Ottawa; il y monte une trentaine de spectacles entre 1958 et 1968. Jean Herbiet a été tour à tour comédien, metteur en scène, décorateur, directeur de troupe, animateur, professeur, documentaliste, auteur dramatique. Mais, depuis 1960, il se consacre uniquement à la mise en scène. En 1970, il est nommé directeur associé du Département de théâtre au Centre national des Arts à Ottawa. Jean Herbiet est l'auteur de quatre pièces, dont deux — «Elkerlouille» (inédite, 1969) et *La Rose rôtie* — sont jouées au Studio du CNA, en avril 1970 et en 1972, l'une et l'autre dans une mise en scène de l'auteur. En 1980, Herbiet est nommé directeur du Centre culturel canadien à Paris.

ŒUVRE

La Rose rôtie (théâtre), [Montréal], Leméac, 1979, 129 p. Présentation de Jean-Pierre Leroux. «Théâtre».

Découverte d'Eugène Ionesco, I, n° 4, 1964, p. 8–18.
Job's Kit (théâtre), TV, n° 3, juin 1967, p. 51–95.
Terre des hommes (théâtre), I, n° 12, 1967, p. 4–15.

ÉTUDE

André Renaud, *Jean Herbiet auteur dramatique*, dans *Les Cahiers des Deux rives*, 1970, p. 19–21.

HERTEL, FRANÇOIS [X Rodolphe Dubé] (1905–1985). Poète, philosophe, essayiste et mémorialiste, né à Rivière-Ouelle. Il fait ses études classiques au Collège de Sainte-Anne-de-la-Pocatière et au Séminaire de Trois-Rivières. À vingt ans il entre chez les Jésuites et est ordonné prêtre en 1939. Il enseigne la littérature, l'histoire et la philosophie aux collèges Jean-de-Brébeuf et Sainte-Marie, et au Collège de Sudbury. Sécularisé en 1943, il enseigne au Collège André-Grasset et collabore à plusieurs périodiques. Laïcisé en 1946, il travaille à l'Encyclopédie Grolier, et dirige la revue *Amérique française* (1946-1947). Il s'établit en France en 1949 et ne revient que très rarement au Canada, quelques fois comme voyageur, et une fois, comme professeur invité à l'Université Queen's, en 1966. Il rentre à Montréal quelques mois avant sa mort survenue en octobre 1985. À Paris, il fonde *Rythmes et Couleurs*, revue d'art et de philosophie qui deviendra *Fer de lance*, puis une revue consacrée aux sciences occultes, *Radiesthésie Magazine*. Il fonde et anime une maison d'édition, La Diaspora française, assure la chronique philosophique de la revue *Temps des hommes*, fonde aussi, avec Gilbert Langevin, en 1960, *Les Cahiers fraternalistes*. Il a été membre de la Société des écrivains canadiens, de l'Académie canadienne-française, de l'American Catholic Philosophical Association. Son œuvre est considérable: quelque trente-cinq ouvrages, poésie, romans, nouvelles, théâtre, essais philosophiques, sociologiques et culturels, mémoires, etc., témoignent de l'activité infatigable d'un esprit toujours en éveil et d'une pensée indépendante en évolution, à travers *Leur inquiétude, Pour un ordre personnaliste, Vers une sagesse, Mystère cosmique et Condition humaine*. Se disant optimiste invétéré, il passe graduellement d'une attitude de croyant sincère à une incroyance totale, et sa recherche d'un accord optimal avec lui-même et l'univers semble aboutir à une sorte de «nihilisme souriant» teinté d'érotisme. Dans ses romans, Hertel affectionne la méditation et le dialogue plus que les constructions romanesques raffinées. Il se rapproche davantage des moralistes. Philosophe esthéticien, il se dresse contre toute entrave à sa liberté et à son idéal de beauté, contre les gauchismes et les religions, en particulier contre ce qu'il voit d'inculture et d'appauvrissement linguistique dans son ancienne patrie, toute atteinte à la beauté détruisant la poésie qui seule peut « proférer » l'univers inconnaissable.

ŒUVRES

Les Voix de mon rêve (poésie), Montréal, Albert Lévesque, 1934, 157 p. « Po ».

Leur inquiétude (essai), [Montréal], A. Lévesque/Éditions « Jeunesse A.C.J.C. », 1936, 245 p. ; Fides, 1944, 227 p. (Édition définitive).

Le Beau Risque (roman), Montréal, B. Valiquette/Éditions d'Action canadienne-française, 1939, 136 p. ; Fides, [1942], 155 p. (Édition définitive) ; 1945, 150 p. ; Montréal/Paris, 1956, 115 p. « RV » ; 1961, 142 p. « AJ ».

Mondes chimériques (roman), Montréal, B. Valiquette, 1940, 153 p. ; Éditions Pascal, 1944, 149 p. (Édition définitive).

Axes et Parallaxes (poésie), [Montréal], Éditions Variétés, 1941, 172 p. ; Éditions du Lévrier, 1946, 189 p.

Pour un ordre personnaliste (essai), Montréal, Éditions de l'Arbre, 1942, 333 p.

Strophes et Catastrophes (poésie), Montréal, Éditions de l'Arbre, 1943, 111 p.

Anatole Laplante, curieux homme (roman), Montréal, Éditions de l'Arbre, 1944, 165 p.

Nous ferons l'avenir (essai), Montréal, Fides, 1945, 137 p.

Cosmos (poésie), Montréal, Serge Brousseau, 1945, 115 p.

Journal d'Anatole Laplante (roman), Montréal, Serge Brousseau, 1947, 150 p.

Quatorze (poésie), [Paris], Éditions Debresse, 1948, 29 p.

Six femmes, un homme (roman), Paris, Éditions de l'Ermite, 1949, 188 p.

Mes naufrages (poésie), Paris, Éditions de l'Ermite, 1951, [n.p., 19 p.].

Jeux de mer et de soleil. Poèmes, Éditions de l'Ermite, 1951, [portefeuille, n.p., 29 f.].

Le Canada, pays de curiosité, pays de contrastes (essai), Paris, [Éditions de l'Ermite], 1953, 15 p.

Un Canadien errant : récits, mémoires imaginaires, [Paris], Éditions de l'Ermite, [1953], 204 p.

Claudine et les Écueils (théâtre), suivi de *La Folle* (poésie), Paris, Éditions de l'Ermite, [1954], 63 p. (Tirage limité).

Afrique (reportage), Paris, Nouvelles Éditions de l'Ermite, 1955, 61 p. Ill. de Marcel Baril.

Jérémie et Barabbas : mémoires (nouvelles), Paris, Éditions de la Diaspora française, 1959, 209 p. « F » ; Montréal, Éditions du Jour, 1966, 197 p. « RJ ».

Ô Canada, mon pays, mes amours (essai), Paris, Éditions de la Diaspora française, 1959, 179 p. « E ».

Journal philosophique et littéraire (essai), Paris, Éditions de la Diaspora française, 1961, 77 p. « E ».

Méditations philosophiques 1952-1962 (essais), Paris, Éditions de la Diaspora française, [1962 ?], 53 p. « E ».

Du séparatisme québécois (essai), Paris, Éditions de la Diaspora française, [1963 ?], 27 p.

Anthologie (1934-1964) (poésie), Paris, Éditions de la Diaspora française, [1964], 138 p. « Po » ; Paris/Montréal, Éditions de la Diaspora française/Parti Pris, 1967, 180 p. (Réédition revue et augmentée d'*Anthologie (1934-1964)*).

Méditation théologique (essai), Paris, Éditions de la Diaspora française, 1964, 24 p. « E ».

Poèmes européens, [Paris], Éditions de la Diaspora française, [1964], 56 p. « Po ».

La Morte. Comédie en trois actes et deux tableaux, Paris, Éditions de la Diaspora française, [1965], 26 p.

Poèmes, Paris, Éditions de la Diaspora française, 1966, 24 p.

Vers une sagesse (essai), Paris, Éditions de la Diaspora française, 1966, 136 p. « E ».

Poèmes perdus et retrouvés, anciens et nouveaux, revus et corrigés, Paris, Éditions de la Diaspora française, 1966, 23 p. « Po ».

Cent ans d'injustice ? Un beau rêve : le Canada (essai), Montréal, Éditions du Jour, 1967, 95 p.

Louis Préfontaine, apostat. Autobiographie approximative, Montréal, Éditions du Jour, 1967, 153 p.

Du métalangage (essai), Paris, Éditions de la Diaspora française, 1968, 127 p. Postface de Camille Souyris.

Divagations sur le langage, suivies de quelques conseils aux sourds (essai), Paris, Éditions de la Diaspora française, 1969, 141 p. (En appendice *L'Assassin* (théâtre)).

Tout en faisant le tour du monde (essai), Paris, Éditions de la Diaspora française, 1971, 131 p. « Alerte ».

Souvenirs, Historiettes, Réflexions, Paris, Éditions de la Diaspora française, 1972, 159 p. « Alerte ».

Nouveaux Souvenirs. Nouvelles réflexions, Paris, Éditions de la Diaspora française, 1973, 101 p. « Alerte ».

Mystère cosmique et Condition humaine (essai), Montréal, La Presse, 1975, 259 p. « Écrivains des deux mondes ».

Souvenirs et Impressions du premier âge, du deuxième âge, du troisième âge. Mémoires humoristiques et littéraires, Montréal, Stanké, 1977, 168 p.

La Littérature canadienne-française (son rôle dans une éducation nationale), AN, 3e année, t. 5, mai 1935, p. 277-289.

L'Avenir de notre littérature, AN, vol. 10, no 2, oct. 1937, p. 128-143.

Les Évolutions de la mentalité au Canada français, CL, vol. 1, no 2, févr. 1951, p. 40-52.

De Villon à St-John Perse, CACF, no 11, 1967, p. 16-28.

[*Témoignages...*], dans *La Poésie canadienne-française*, Montréal/Paris, Fides, 1969, p. 412-416. « ALC » 4.

Quand les écrivains québécois jouent le jeu ! 63 réponses au questionnaire Marcel Proust, Montréal, Éditions du Jour, 1970, p. 133-142. Collab. Présentation par Victor-Lévy Beaulieu.

ÉTUDES

Jean-Charles Falardeau, *Sur deux livres de François Hertel*, dans *Regards*, vol. 2, no 2, avril 1941, p. 85-91.

Gabriel-M. Lussier, *Axes et Parallaxes de François Hertel*, RD, vol. 47, no 2, oct. 1941, p. 166-169.

Marie-Joseph D'Anjou, *Pour un ordre personnaliste*, AN, vol. 21, n° 4, avril 1943, p. 337–343.

Alfred DesRochers, *Strophes et Catastrophes*, AN, vol. 22, n° 1, août–sept. 1943, p. 69–75.

André David, *Notes sur la poésie de François Hertel*, dans *Gants du ciel*, n° 2, déc. 1943, p. 91–93.

Émile Bégin, *Hertel*, ESC, vol. 25, n° 3, déc. 1945, p. 201–202.

Jean Éthier-Blais, *Introduction à la poésie de François Hertel*, AN, vol. 29, n° 5, mai 1947, p. 332–347.

Jean-Guy Blain, *Un Canadien errant*, CL, vol. 9, n° 2, mars 1954, p. 46–48.

Jean Tétreau, *François Hertel. Une pensée, un style, un art de vivre*, LAC 1967, p. 204–208.

Robert Vigneault, *Du métalangage*, LAC 1968, p. 142–143.

Robert Giroux, *François Hertel, le surhomme noyé*, dans *Présence francophone*, n° 6, printemps 1973, p. 29–43.

Kathleen O'Donnell, *François Hertel*, dans *Canadian Literature*, n° 66, automne 1975, p. 80–86.

Jean-Pierre Boucher, *Une analyse de La Barbe de François Hertel de Jacques Ferron*, VI, n° 9, 1975, p. 163–180.

Gilles Thérien, *François Hertel, curieux homme*, VI, vol. 2, n° 1, sept. 1976, p. 47–59.

Réginald Martel, *Autoportrait d'un artiste très flatteur*, Pr, 93ᵉ année, n° 36, 12 févr. 1977, p. E-3.

Paul Gay, *La « Confession générale » de François Hertel*, Dr, 64ᵉ année, n° 305, 26 mars 1977, p. 25.

J[ean] É[thier]-B[lais], *Le Rire de François Hertel*, Dev, vol. 69, n° 250, 28 oct. 1978, p. 18.

Jean Royer, *Pour un portrait de François Hertel*, Dev, vol. 76, n° 237, 12 oct. 1985, p. 21, 32.

Lucien Campeau, *François Hertel*, Dev, vol. 76, n° 252, 31 oct. 1985, p. 11.

[*François Hertel*], dans *L'Incunable*, 20ᵉ année, n° 1, mars 1986, p. 3–25.

HERVÉ, P. H. Voir **BILODEAU, ERNEST**.

HÊTRES, MICHELLE DES. Voir **DESMARCHAIS, REX**.

HÉTU, JEAN-LUC (1944–   ). Théologien et psychologue, né à Montréal. Il fait le cours classique au Collège Saint-Laurent (B.A., 1963), puis il obtient une licence en théologie à l'Université de Montréal (1968), une maîtrise en éducation, option counseling, à l'Université de Syracuse (É.-U., 1972) et une maîtrise en psychologie des relations humaines à l'Université de Sherbrooke (1975) pour un mémoire intitulé « Une recherche-action en milieu organisé ». Il devient animateur de pastorale, puis psychologue consultant au Cégep de Maisonneuve (1968–1975), et il est chargé de cours, à partir de 1975, aux universités de Montréal, de Sherbrooke, Saint-Paul (Ottawa) et du Québec à Rimouski. Il est aussi dispensateur de perfectionnement professionnel en catéchèse, pastorale, psychologie... Il collabore à des périodiques comme *Prospectives, Courrier communautaire international, Communauté chrétienne, Critère*... De 1978 à 1982, il est président de la section canadienne francophone d'Amnistie internationale. Ses livres portent sur la religion et la psychologie. *Les Options de Jésus, commentaire sur l'Évangile du dimanche* constituent, selon Georges Madore « un éclairage neuf et valable pour toute personne intéressée à mieux connaître Jésus de Nazareth ». Raymond Laprés fait quelques réserves sur *Quelle Foi ?* mais croit que « voilà un ouvrage [...] enrichissant par les multiples perspectives qu'il présente ». Et à propos de *Croissance humaine et Instinct spirituel*, Brian Melanson dit que l'ouvrage est « accessible à un vaste public [...]. Jean-Luc Hétu est un homme en cheminement et il est agréable de l'accompagner dans sa recherche ».

ŒUVRES

Les Effets du perfectionnement en animation des éducateurs d'adultes et leurs conditions de viabilité (Prise en charge) (essai), Montréal, Ministère de l'Éducation, Direction générale de l'éducation des adultes, Services de l'organisation des enseignements, 1974, v, 70 f. Collab. Alice Perreaux et Roger Blanchette. (Texte polycopié).

Les Options de Jésus, commentaire de l'Évangile du dimanche, aspects psychologiques et politiques (essai), Montréal, Fides, 1978, 351 p.

Quelle Foi ? Une rencontre entre l'Évangile et la psychologie (essai), Montréal, Leméac, 1978, 310 p. « Quelle ? ».

Croissance humaine et Instinct spirituel. Une réflexion sur la croissance humaine à partir de la psychologie existentialiste et de la tradition judéo-chrétienne (essai), Montréal, Leméac, 1980, 211 p. Préface de Jacques Grand'Maison. « À Hauteur d'homme ».

Le Hibou évangélique. L'influence de Jésus sur ses disciples d'aujourd'hui (essai), Montréal, Fides, 1980, 199 p. Préface d'Armand Veilleux.

La Relation d'aide. Guide d'initiation et de perfectionnement, Montréal, Éditions du Méridien, 1982, vii, 149 p. ; 1986. (Édition revue et augmentée).

Psychologie de l'expérience intérieure (essai), Montréal, Éditions du Méridien, 1983, 199 p.

Réincarnation et Foi chrétienne. Une réflexion sur le sérieux de l'aventure humaine, Montréal, Éditions du Méridien, 1984, 213 p.

Et les disciples se mirent debout. 200 commentaires de l'Évangile du dimanche, aspects psychologiques et politiques (essai), Montréal, Fides, 1985, 343 p. Avant-propos d'André Myre.

Rapport de la commission d'enquête sur la communication au Cégep Maisonneuve, dans *Prospectives*, nov. 1970, p. 328–340.

Congruence, Fonctionnement optimal et Démarche d'intégration, dans *Prospectives*, févr. 1976, p. 45–49.

Rituels, Implication émotive et Vie communautaire, dans *Courrier communautaire international*, mai–juin 1976, p. 12–18.

S'agit-il d'être habile?, dans *Communauté chrétienne*, n° 89, sept.–oct. 1976, p. 476–478.

Analyste ou praticien, éthicien ou éthicologue, dans *Les Cahiers éthicologiques de l'UQAR*, n° 2, déc. 1980, p. 117–124.

L'Approche scientifique de l'expérience mystique, dans *Critères*, n° 30, printemps 1981, p. 187–194.

Peut-on être religieux et scientifique en même temps?, dans *Critères*, n° 32, automne 1981, p. 177–179.

ÉTUDES

Raymond Laprés, *Hétu (Jean-Luc). Quelle Foi? Une rencontre entre l'Évangile et la psychologie*, dans *Nos livres*, vol. 10, mars 1979, n° 100.

Georges Madore, *Hétu (Jean-Luc). Les Options de Jésus*, dans *Nos livres*, vol. 10, juin–juillet 1979, n° 219.

Brian Melanson, *Hétu (Jean-Luc). Croissance humaine et Instinct spirituel*, dans *Nos livres*, vol. 11, nov. 1980, n° 351.

André Janoël, *Hétu (Jean-Luc). La Relation d'aide*, dans *Nos livres*, vol. 14, nov. 1983, n° 5445.

HIBOU TACITURNE. Voir **LAFORTUNE, AMBROISE.**

HICK, POLYTE. Voir **BILODEAU, ERNEST.**

HIM, TRISTAN MAX. Voir **JONES, HENRI Charles.**

HISSE, PAUL. Voir **BERTHELOT, HECTOR.**

HODGE, GERTRUDE. Voir **LE MOYNE, GERTRUDE.**

HOGUE, JACQUELINE (1925–   ). Romancière, née à Montréal. Elle étudie au Collège Basile-Moreau et à l'Institut de diététique de l'Université de Montréal (baccalauréat ès sciences, 1948). Après quelques années à l'Hôpital Sainte-Justine, elle change d'orientation, prépare une maîtrise en littérature française à l'Université McGill (1969) et enseigne dans des collèges de la région de Montréal. En 1982, elle devient professeure à l'Université Concordia. Jacqueline Hogue collabore régulière-

ment à *Nos livres*, aux *Cahiers de la femme*, au *Devoir*. Jean Royer remarque que son roman *Aube* contient « beaucoup de sentiments mais son écriture reste sobre ».

ŒUVRE

Aube (roman), Montréal, Quinze, 1982, 114 p. « Réelles ».

———————

Les Yvettes à demi-temps, Dev, vol. 71, n° 85, 10 avril 1980, p. B-11.

Désir (poésie), dans *Canadian Woman Studies/Les Cahiers de la femme*, vol. 3, n°s 1-2, 1981, p. 45, 77.

ÉTUDE

Jean Royer, *Écrire pour se rendre à l'aube*, Dev, vol. 74, n° 41, 19 févr. 1983, p. 21.

HOGUE, MARTHE B. [X Marthe Bergeron-Hogue] [Claude La Haie] (1902–1980). Chroniqueuse, essayiste, nouvelliste et romancière, née à Chambord (Lac Saint-Jean-Ouest). Elle fait ses études au Collège de Jésus-Marie de Sillery (1916-1919) et elle suit des cours de littérature à l'Université Laval (1932-1934, 1949). Sa carrière se partage entre l'écriture journalistique, le reportage radiophonique, la création littéraire et les activités socio-culturelles (cofondatrice de l'École Cardinal-Villeneuve pour les enfants handicapés, directrice de l'Institut national canadien pour les aveugles, animatrice au niveau paroissial pour des rencontres et des conférences, etc.). Ses nouvelles, ses textes folkloriques et ses reportages paraissent dans la *Revue populaire*, *Terre et Foyer*, *Contact*, *L'Action catholique*, *Le Soleil*, *Montréal-Matin*, *La Patrie*... Membre de la Société généalogique, elle s'intéresse à la petite histoire et publie des textes sur *La Famille Bouchard*, *Les Familles Gagné* et *Belle-Avance* et diverses monographies. Son travail social l'amène à écrire des nouvelles sur des milieux québécois, comme *Le Suicidé* et *Ma tante Philomène*; et ses voyages lui inspirent *Où l'on rigole à la corrida* et *Escale à Casablanca*. En 1972, *Le Défi des dieux*, roman d'anticipation, mérite le prix de la francophonie américaine à Port-au-Prince et est publié en Haïti. Deux autres romans suivront: *Destination? Québec* et *C'était dimanche*. On lit dans *Le Livre d'ici* au sujet de *Destination? Québec*: « Une écriture simple, qui saura s'attacher les lecteurs ordinaires [...]. L'auteur nous fournit un tableau complet de toutes les causes sociales, économiques, familiales qui expliquent le personnage. La maladie physique et morale, omniprésente chez les personnages, témoigne de l'empreinte néfaste du milieu qui finit par créer une sorte de complaisance masochiste entravant les issues possibles ». Avant tout, selon Monique Duval, Marthe Bergeron-Hogue est une femme au grand cœur qui a travaillé pour les autres et cherché à éveiller la conscience de ses concitoyens.

ŒUVRES

Un trésor dans la montagne, Québec, Éditions Caritos/ Librairie universelle, 1954, 279 p. Ill. Avant-propos de l'auteur. Préface de Pierre Deffontaines.

Le Défi des dieux (roman), Port-au-Prince, Éditions de l'An 2000, 1972, xii, 95 p. Introduction de Berthony Vieux. Message de Jean-Marc Léger. Postface de l'auteur ; Sherbrooke, Éditions Naaman, 1977, 94 p. Ill. de Louise Hogue. Préface d'Antoine Bervin. « Création ».

Destination ? Québec (roman), Sherbrooke, Éditions Cosmos, 1974, 125 p. « Relances ».

Maintenant qu'ils ont le temps : propos sur le troisième âge (essai), Sherbrooke, Éditions Naaman, 1977, 98 p. Ill. « Pour tous ».

C'était dimanche (roman), Sherbrooke, Éditions Naaman, 1979, 109 p. « Création ».

ÉTUDES

[Anonyme], *Hogue (Marthe B.), Destination ? Québec* dans *Le Livre canadien*, vol. 7, déc. 1976, n° 379.

Monique Duval, *Le Monde littéraire en deuil*, So, 4 avril 1980.

HOLLOIS. Voir BEAULIEU, GERMAIN.

HOLMES, JOHN (1798-1852). Conférencier et pédagogue, né à Windsor (Vermont) de parents protestants. Au Collège de Dartmouth, il se passionne pour les études et veut devenir ministre. Cependant, son père ayant besoin d'aide sur la ferme, le retire du collège. Bientôt le jeune homme quitte le foyer familial et, à l'âge de 16 ans, émigre au Canada. Il fait la connaissance du curé d'Yamachiche qui le convertit au catholicisme et l'envoie terminer ses études au Collège de Montréal. Ordonné prêtre en 1823, il devient vicaire à Berthier-en-Haut, puis missionnaire des Cantons de l'Est et devient membre du Séminaire de Québec en 1828. D'abord professeur de philosophie, de sciences et de mathématiques, il est nommé directeur et préfet d'études en 1831 ; il conserve ce dernier poste jusqu'en 1836. Très dynamique, il introduit plusieurs réformes dans l'enseignement collégial, dont l'étude du grec et de la physique. En 1836, il fait un voyage en France pour réclamer la restitution des propriétés du Séminaire confisquées lors de la Révolution. Si sa mission officielle n'a pas de succès, il rapporte une riche collection de livres et d'instruments de physique pour le Séminaire et pour d'autres collèges du Québec. À son retour, l'abbé Holmes occupe encore le poste de préfet jusqu'en 1849. C'est un penseur dont les conférences à la cathédrale, surtout celles prononcées en 1848-1849, sont très remarquées. Selon L.-M. Darveau, « il dominait son auditoire de toutes manières et semblait le tenir comme dans sa main ou comme suspendu, enchaîné à sa parole merveilleuse ». Miné par la maladie, il se retire à l'Ancienne-Lorette. Il participe, comme membre du Conseil du Séminaire, à la fondation de l'Université Laval en 1852. Il meurt subitement, le 18 juin 1852. Un des premiers anglophones à s'intégrer pleinement à la culture de sa patrie d'adoption, John Holmes demeure une des figures dominantes de la pédagogie québécoise au XIXe siècle.

ŒUVRES

Histoire ancienne des Égyptiens, des Assyriens, des Mèdes, des Perses, des Grecs et des Carthaginois, à l'usage de la jeunesse, Québec, Cary, 1831, 249 p. ; 1837.

Nouvel Abrégé de géographie moderne suivi d'un appendice et d'un abrégé de géographie sacrée ; à l'usage de la jeunesse, Québec, Neilson et Cowan, 2 t. : t. 1, 1832, xii, 159 p. ; t. 2, 1833, -277 p. ; 1833, xii, 277, xxxiii, 16 p. ; Québec, chez William Neilson, 1839, xii, 299, xxxii, 14 p. ; 1846, xiv, 322, xxxii, 15 p. ; Québec, J. & O. Crémazie ; Montréal, Fabre et Gravel, 1854, xiii, 390 p. ; Québec, J. & O. Crémazie, 1862, xiv, 394 p. ; G. et G.-E. Desbarats, 1864. (Sixième édition revue, corrigée et augmentée d'après les derniers rapports officiels) ; 1867 ; Montréal, J.-B. Rolland, 1870, vi, xii, 328 p. ; 1877, xii, 330 p. (Revu, corrigé, considérablement augmenté par l'abbé L.-O. Gauthier. Mise au courant des connaissances géographiques actuelles) ; 1884. (Réimpression de 1877).

Conférences de Notre-Dame de Québec. Avent et Carême de 1848-49, Québec, A. Côté & Cie, 1850, 137, xxiii p. ; C. Darveau, 1875, 212 p. (Texte précédé d'une biographie de John Holmes par A. De Celles).

ÉTUDES

L.-M. Darveau, [*John Holmes*], dans *Nos hommes de lettres*, Montréal, A.A. Stevenson, 1873, p. 265-274.

A. De Celles, *L'Abbé John Holmes*, dans *John Holmes, Conférences de Notre-Dame de Québec*, Québec, Darveau, 1875, p. 1-32.

Pierre-J. Chauveau, *L'Abbé Jean Holmes et ses conférences de Notre-Dame. Étude littéraire et biographique*, Québec, A. Côté & Cie, 1876, 33 p.

Auguste Gosselin, *L'Abbé Holmes et l'Instruction publique*, MSRC, 3e série, vol. 1, 1907, p. 127-172.

Antonio Drolet, *Les Éditions de l'Abrégé de géographie de l'abbé Holmes*, BRH, vol. 52, 1947, p. 160.

Mason Wade, *The Contribution of Abbé John Holmes to Education in the Province of Quebec*, C, vol. 15, 1954, p. 3-16.

Pierre Savard, *L'Abbé Holmes et son impulsion à l'enseignement de l'histoire et de la géographie. L'apparition de l'histoire nationale 1830–1845*, dans *Aspects de l'enseignement au Petit Séminaire de Québec 1765–1945*, Québec, La Société historique du Québec, 1968, p. 103–122. Collab. Marc Lebel et Raymond Vézina. « Cahiers d'histoire ».

HOMIER, PIERRE. Voir **ARCHAMBAULT, JOSEPH-PAQUIN.**

HORIC, ALAIN (1929–   ). Poète, né à Kulen Vakuf, Bosnie, en Croatie. Après des études classiques à Bihac et Banja-Luka (1937–1945) et un séjour à la Sorbonne, Horic visite l'Afrique et l'Asie. Il se rend au Canada en 1952 où il étudie l'électronique à l'institut Teccart de Montréal (1953) et les lettres à l'Université de Montréal (maîtrise en littératures slaves, 1957). Par la suite, il fait un stage à l'Université LaSalle de Chicago (1959). Alain Horic fait partie de l'équipe des Éditions de l'Hexagone et exerce parallèlement différents métiers. Sa poésie tente d'exprimer en une langue directe et dépouillée une expérience humaine, marquée par les bouleversements de notre époque. « Je suis, précise Alain Horic, pour une parole habitable, ouverte comme un vaste pays, parole humaine tendue comme une main chaleureuse. [...] Parole vivante, vécue, sentie, qui signifie d'une façon plus perceptible. [...] Naît alors un poème qui nous touche, nous blesse, nous bouleverse, nous ravage et nous enrage, nous séduit et nous marque à jamais. Entre la vie et la poésie aucune cloison étanche ». Dans le sens de cet aveu, les poètes sont les éclaireurs de la conscience collective. Le recueil *Blessure au flanc du ciel*, qu'Alain Horic a publié en 1962, pourrait servir de commentaire poétique à sa propre pensée concernant l'acte poétique.

ŒUVRES

L'Aube assassinée (poésie), Montréal, Éditions Erta, 1957, [n.p., 44 p.]. Avec deux sérigraphies originales de Jean-Pierre Beaudin. « De la tête armée ».
Nemir duse (Maletre) (poésie), Madrid, Éditions Osvit, 1959, 52 p.
Blessure au flanc du ciel (poésie), Montréal, Les Éditions de l'Hexagone, 1962, 49 p. « M ».
Seeds of the Spacefields. Cela commença par un rêve et ce fut la création (poésie et photos), [Ottawa], L'Office national du film du Canada, 1969, 107 p. Collab. Penelope Sharon Van Raalte, Lorraine Monk et Norman Hallendy. (D'après une exposition réalisée par l'Office national du film du Canada. Textes anglais et français).
Les Coqs égorgés (poésie), Montréal, L'Hexagone, 1972, 31 p.

Atomises (poésie), ECF, nº 19, 1965, p. 149–170.
Écrit dans la neige (poème), I, nº 12, printemps 1967, p. 36–40.
[Témoignages...], dans *La Poésie canadienne-française*, Montréal/Paris, Fides, 1969, p. 494–500. « ALC » 4.
Quelques Repères sur ma poésie, dans Guy Robert, *Littérature au Québec*, Montréal, Déom, 1970, p. 173–190.

ÉTUDES

Wilfrid Lemoine, *L'Aube assassinée*, dans *Vie des arts*, nº 9, Noël 1957, p. 41.
Solange Chaput-Rolland, *Les Livres. L'Aube assassinée*, dans *Points de vue*, nov. 1957, p. 25.
Guy Robert, *Blessure au flanc du ciel*, LAC 1962, p. 49–50.
Zénon Roberge, *Blessure au flanc du ciel*, C, vol. 26, nº 4, déc. 1965, p. 490.
Cécile Cloutier, *Alain Horic, le poète croate du Québec*, dans *Études ethniques du Canada*, The University of Calgary, 1972, vol. 4, nºs 1–2, p. 25–33.
François Gallays, *Les Coqs égorgés*, LAQ 1972, p. 167–168.

HOTTE, PROCULE. Voir **BEAULIEU, GERMAIN.**

HOUDE, FRÉDÉRIC (1847–1884). Journaliste et romancier, né à Rivière-du-Loup. Après des études au Séminaire de Nicolet, il part pour les États-Unis. Dès son arrivée à Saint Albans (Vermont), en 1870, il fait partie de la rédaction du *Protecteur canadien* et, plus tard, de celle de *L'Avenir national*. En 1873, il s'associe à Ferdinand Gagnon et fonde avec lui *Le Foyer canadien* de Worcester. L'année suivante, il retourne à Saint Albans où il continue seul à publier *Le Foyer canadien*. Durant les cinq années passées aux États-Unis, Frédéric Houde participe aux activités des sociétés franco-américaines. Selon Alexandre Bélisle, « c'était un écrivain vigoureux, honnête ». Il retourne à Montréal en 1875 pour s'associer au *Nouveau Monde* dont il devient le propriétaire en 1879. Ce journal est alors l'un des principaux du Québec et assure à son rédacteur-propriétaire une certaine renommée qui n'est pas sans importance à cette époque où il travaille à la cause publique comme député de la Chambre des communes pour la circonscription de Maskinongé (1878–1880). Il vend son journal en 1882, à la suite d'un différend avec Mgr Édouard

Fabre. En 1880, il fait paraître en feuilleton *Le Manoir mystérieux*, roman publié en volume par Casimir Hébert en 1913. Lionel Léveillé a montré, dès 1914, que ce « roman historique canadien » n'est qu'une adaptation libre de *Kenilworth* de Walter Scott.

ŒUVRE

Le Manoir mystérieux ou Les Victimes de l'ambition, roman inédit, extrait du Nouveau Monde et précédé d'une courte notice biographique sur l'auteur par Casimir Hébert, Montréal, Imprimerie Bilaudeau, 1913, 250 p. (Paru d'abord sous le titre *Le Manoir mystérieux* dans *Le Nouveau Monde*, vol. 14, nos 67–112, 20 oct. au 14 déc. 1880 et dans *La Lyre d'or*, vol. 2, nos 4–6, avril–juin 1889).

ÉTUDES

Alexandre Bélisle, *Histoire de la presse franco-américaine*, Worcester, Mass., L'Opinion publique, 1911, 434 p., surtout p. 91–92.

Lionel Léveillé, *Curiosités littéraires. Roman canadien inédit par Walter Scott*, dans *Le Nationaliste*, 10 mai 1914, p. 1.

Albert Dandurand, [*Frédéric Houde*], dans *Le Roman canadien-français*, Montréal, Albert Lévesque, 1937, p. 100–101.

David M. Hayne [et] Marcel Tirol, *Frédéric Houde*, dans *Bibliographie critique du roman canadien-français 1837–1900*, Toronto, UTP, 1968, p. 94.

HOUDE, ROLAND [R. Lefranc, Albert] (1926–). Philosophe et essayiste, né à Shawinigan. Il fait ses études classiques au Collège de Joliette, et des études de philosophie à l'Université de Montréal (B.Ph., 1948). Il poursuit ses études de philosophie à l'Université de Washington (M.A., 1949, Ph.D., 1956), et des études post-doctorales à l'Université de Pennsylvanie (1958–1959). Il est successivement professeur de philosophie à l'Université Villanova (Penna, 1950–1959), à l'Université Saint John's (N.Y., 1959–1963) et à l'Université de Montréal (1963–1977). En 1977, il est professeur invité, puis, en 1980, professeur de philosophie et d'études québécoises à l'Université du Québec à Trois-Rivières. Il publie plusieurs essais et collabore à *Dialogue, Relations, Meta, Philosophiques, Phi Zéro*. Dans *Histoire et Philosophie au Québec* (1979), « l'auteur juxtapose histoire et critique afin de faire le procès des déformations historiques qui prennent racine ici ». Cet ouvrage touffu dans lequel Roland Houde cite plus de quatre cents noms, constitue, selon Louise Marcil-Lacoste, « un plaidoyer efficace à l'encontre de l'exclusivisme thomiste qui a si bien rétréci les grilles d'analyse de la pensée québécoise ».

ŒUVRES

Handbook of Logic (anthologie), Dubuque (Iowa), William C. Brown Co., 1954, 156 p. Ill. Collab. J.J. Fischer. Ill.

Readings in Logic (anthologie), Dubuque (Iowa), William C. Brown Co., 1958, x, 316 p. Ill.

Philosophy of Knowledge. Selected Readings (anthologie), Chicago/Philadelphia/New York, J.B. Lippincott Co., 1960, 427 p. Collab. J.P. Mullally.

Tractatus Syncategorematum (essai), Milwaukee (Wisconsin), Marquette University Press, 1964, 156 p. Collab. J.P. Mullally.

Histoire et Philosophie au Québec. Anarchéologie du savoir historique (essai), Trois-Rivières, Le Bien public, 1979, 183 p. Ill. (Paru d'abord sous le titre *Pour l'histoire de la philosophie au Québec ou Anarchéologie du savoir philosophique ou réflexions méthodologiques pour une histoire de la philosophie québécoise*, Montréal, Pour la Société de philosophie de Montréal, 1976, 71 f.).

Blanchot et Lautréamont (essai), Trois-Rivières, Le Bien public, 1980, 70 p.

Essai de bibliographie méthodique, dans *Dialogue*, vol. 3, no 4, déc. 1965, p. 368–381.

L'Œuvre philosophique de Charles de Koninck, dans *Dialogue*, vol. 4, no 1, janv. 1966, p. 99–101.

Jacques et Raissa Maritain au Québec, Rel, vol. 33, no 383, juin 1973, p. 166–169; no 384, juillet 1973, p. 214–218.

Maria Chapdelaine. Biopsie d'un succès littéraire, dans *SEM*, vol. 1, no 2, mars–avril 1975, p. 3–6, 34.

Breton-Borduas. Le Château étoilé (Minotaure), dans *SEM*, vol. 1, no 3, mai–juin 1975, p. 57–59.

Biblio-tableau Borduas, dans *Philosophie au Québec*, Montréal, Les Éditions Bellarmin, 1976, p. 179–197. Collab. « L'Univers de la philosophie ».

Méfiance et Défiance, dans *Phi Zéro*, vol. 7, no 2, janv. 1979, p. 45–57.

La référence n'est pas à l'index, dans *Philosophiques*, vol. 6, no 2, mai 1979, p. 341–346.

ÉTUDES

J.-P. Brodeur, « *Se taire* », dit-il, dans *Philosophiques*, vol. 6, no 1, avril 1979, p. 201–207.

Clément Marchand, *Roland Houde*, dans *Bulletin du Cercle Gabriel Marcel*, vol. 1, no 4, sept. 1979, p. 16–20.

Louise Marcil-Lacoste, *Roland Houde. Histoire et Philosophie au Québec*, LAQ 1979, p. 304–306.

HOULE, DENISE (1935–). Romancière, conteuse et dramaturge, née à Montréal. Elle fait ses études à l'École secondaire Marie-Reine au début des années cinquante. Plus tard, elle obtient un D.E.C. au Collège de Maisonneuve (1975) et prépare une licence en traduction à l'Université de Montréal. Elle travaille une dizaine d'années aux Éditions

Fides comme secrétaire de rédaction et comme rédactrice, deux ans à *Notre Temps* à titre de correctrice d'épreuves, puis elle devient technicienne en information à l'Office de la langue française. Elle collabore à plusieurs périodiques, tels *Hérauts, L'Abeille, Stella Maris, Vivre, Christiane, Échanges spirituels*. Elle remporte, en 1977, le prix Littérature de jeunesse du Conseil des Arts pour *Lune de neige*. « Dans les contes, il n'y a pas lieu de s'étonner si le quotidien côtoie le merveilleux, écrit Louise Lemieux. Des écrivains attentifs et observateurs se saisissent des faits les plus ordinaires pour camper des récits intéressants. *La maison qui chante* de Denise Houle en est une preuve ».

ŒUVRES

Les Confidences de Lucie. Journal (litt. jeunesse), Montréal/Paris, Fides, 1959, 118 p. Ill. de Monique Duguay. « Rêve et Vie ».

La Famille Trapp. D'après le scénario du film Die Trapp Familie, Montréal/Paris, Fides, 1959, 52 p. Ill. Adaptation de Denise Houle.

La maison qui chante (litt. jeunesse), Montréal, Centre de psychologie et de pédagogie, 1964, 59 p. Ill. de Louis Chambefort. « Canoë d'argent ».

Lune de neige (litt. jeunesse), Montréal, Société de belles-lettres Guy Maheux inc., 1977, 64 p. Ill. de Frédéric Castel. « Le Bateleur ».

Contes québécois. La Chasse-Galerie ou Le Tapis magique du Québec. Le Vaisseau-fantôme ou La Légende du Rocher Percé, Montréal, Éditions Ville-Marie, 1980, 33 p. Ill. de Katherine Sapon. (D'après Honoré Beaugrand et Louis Fréchette).

ÉTUDE

Louise Lemieux, [*Denise Houle*], dans *Pleins feux sur la littérature de jeunesse au Canada français*, [Montréal], Leméac, 1972, p. 49, 226, 306, 308.

HOULÉ, LÉOPOLD (1888–1963). Dramaturge, essayiste et journaliste, né à Montréal. Il fait ses études au Collège de Montréal, à la Faculté des lettres de l'Université de Montréal et à l'Université Saint-Joseph de Memramcook (Nouveau-Brunswick) où il obtient une maîtrise et un doctorat en littérature. Entré dans le journalisme, il est rédacteur en chef adjoint à *La Presse* et surtout à *La Patrie* (1913–1933) où il s'occupe de critique dramatique, devient secrétaire, puis éditorialiste. Nommé publicitaire de la Commission canadienne de la radio (1933–1936), il passe ensuite au poste de directeur des relations publiques de Radio-Canada (1936–1948). Collaborateur de *Radio-Monde, Culture, Revue dominicaine*, il compose aussi pour le

théâtre une dizaine de pièces qui ont du succès, en particulier *Le Presbytère en fleurs* (1929) qui a été joué plus de deux cents fois. Il obtient de nombreuses récompenses : les Palmes académiques (1925), la rosette d'officier d'Académie (1929), la médaille de Vermeil (1936) et le prix David (1945). Membre de la Société royale du Canada dont il est président en 1948, de la Société historique de Montréal, de l'Association des auteurs dramatiques de France, il est membre fondateur de la Société du bon parler français et du Club des journalistes. Parlant du théâtre de la fin des années vingt, Jean Béraud écrit que Léopold Houlé appartient à une génération d'auteurs « mondains » dont l'observation est « extérieure » et « artificielle », mais les pièces bien fabriquées et bien écrites.

ŒUVRES

Le Presbytère en fleurs. Deux actes et un prologue (théâtre), Montréal, Éditions Albert Lévesque, 1929, 154 p. ; Atelier des Sourds-muets, 1933, 154 p. Ill. de J.-Arthur Lemay. (Extrait paru dans *Mon magazine*, août 1929, p. 6–7, 37).

Clinique des mots (théâtre), Montréal, Éditions Radio-Canada, 1937, 137 p.

Matines et Laudes (du bal au cloître) (théâtre), [Montréal], Éditions Bernard Valiquette, [1940?], 97 p. Ill. de Simone Aubry.

La Radio, un sujet d'actualité constante. Texte d'une causerie prononcée au Cercle universitaire, à Montréal, en novembre 1941 et dans d'autres institutions en janv. 1942, [s.l., s.é., 1942], 15 p.

L'Histoire du théâtre au Canada. Pour un retour aux classiques, Montréal, Fides, 1945, 173 p.

Notre théâtre et la critique, MSRC, 3e série, vol. 35, 1941, p. 77–90.

ÉTUDES

Victor Barbeau, *Le Spectacle des trois*, dans *Les Cahiers de Turc*, série 2, no 2, 1er juin 1927, p. 239–244.

Maurice Hébert, *Le Presbytère en fleurs*, CF, vol. 22, no 9, mai 1935, p. 903–904.

Jean Béraud, *Léopold Houlé*, dans *350 ans de théâtre au Canada français*, Montréal, CLF, 1958, p. 199.

HOULE, RICHARD (1951–). Poète, né à Saint-Cyrille de Wendover (Drummond). Il étudie à l'Université Laval (B.A., 1974 et certificat pour l'enseignement collégial en psycho-pédagogie, 1979). Il prépare une maîtrise en littérature française à l'Université du Québec à Trois-Rivières. En 1974, il devient assistant de recherche au *Dictionnaire des œuvres littéraires du Québec* et, en 1979, professeur au Collège Bourgchemin. Il fait paraître un recueil de poésie *Matins* (1979). Au sujet de l'auteur, André Gaulin écrit : « Un poète qui cherche la difficile harmonie avec ce monde et qui explore surtout la force lumineuse de la terre ».

ŒUVRE

Matins (poésie), St-Cyrille de Wendover, Les Éditions Fenêtres ouvertes, 1979, 63 p. Ill.

ÉTUDE

André Gaulin, *Matins de Richard Houle*, dans *Québec français*, nº 35, oct. 1979, p. 14.

HOULE-DACCACHE, RUTH-AIMÉE (1946–   ). Poète, née à Montréal. Elle étudie à l'École Iberville (1964) après quoi elle travaille à la Société de Fiducie de Québec (1965-1970), à Air-Canada (1970-1974) et dans une boutique à Ottawa par la suite. Son recueil de poésie, *Mon cœur à nu* (1979), se lit « avec plaisir [et] avec charme, » selon Jacques Flamand ; il est teinté pourtant de beaucoup d'élitisme.

ŒUVRE

Mon cœur à nu (poésie), Sherbrooke, Éditions Naaman, 1979, 74 p. « Créations ».

ÉTUDE

Jacques Flamand, « *Mon cœur à nu* ». *Poèmes?*, Dr, 65ᵉ année, nº 97, 21 juillet 1979, p. 19.

HUGUNIN, Mᵐᵉ WILFRID A. Voir **MADELEINE**.

HUOT, ALEXANDRE [Paul Verchères] (1897–1953). Romancier et dramaturge, né à Lévis. À la suite de ses études classiques au Collège de Lévis (1908–1916), il s'inscrit à l'Université Laval, d'abord à la Faculté des arts (1916–1917), ensuite à la Faculté de droit (1917–1919). Cependant, il ne termine pas son cours. En 1920, il fonde un hebdomadaire, *Le Réveil de Lévis*, qui ne dure que quelques mois. La même année, il devient correspondant à Lévis du journal *L'Événement* de Québec et, par la suite, rédacteur. Au cours des années 1920, il s'établit à Montréal où il collabore aux Éditions Garand, comme auteur des romans populaires. Il est rédacteur de la chronique intitulée « La Vie canadienne » publiée chaque mois. Dans les années 1930 et 1940, il s'occupe de journaux populaires dont *Le Canard*,

Le Bavard et *Photo-Journal*. Vers 1947, Huot doit céder son journal aux frères Lespérance, à cause des dettes accumulées dans l'édition de ses romans policiers. Par la suite, il est rédacteur, écrivain et « rabatteur » d'écrivains pour les Éditions Photo-Journal. C'est lui qui engage Pierre Daigneault, auteur prolifique des *Aventures de IXE-13*. Sa carrière littéraire commence en 1918, par une saynète sur la crise de la conscription, *Le Songe du conscrit*, publiée sous le pseudonyme de Paul Verchères. En 1923, paraît une très courte comédie, *La Pipe de plâtre*, aux dernières pages d'un roman, *Le Massacre de Lachine*, publié par la maison Édouard Garand. Certains ont attribué ce roman à Huot ; cependant, Maurice Lemire met en doute cette attribution (DOLQ, t. 2, p. 1223). Alexandre Huot est l'auteur de trois romans publiés par Garand : *Le Trésor de Bigot* (1926), *La Ceinture fléchée* (1926) et *L'Impératrice de l'Ungava* (1927) ; il collabore également au *Roman des quatre. La Digue dorée* (1927). Amateur du roman policier, il crée le personnage du premier détective québécois, Jules Laroche. Il publie aussi deux pièces de théâtre chez Garand : *Les Pâmoisons du notaire* (1926) et *Le Reporter* (1930). En mars 1941, commence à paraître dans *Le Bavard*, un « grand roman policier d'Alexandre Huot », *Le Corps sans âme*, mettant en vedette le détective Albert Brien. Celui-ci est le héros d'une série de romans en fascicules sous le titre *Albert Brien, détective national des Canadiens français*. Il semble en effet que Huot soit à l'origine du roman à 5 sous. Il aurait écrit aussi d'autres romans dans les séries *Domino noir* et *Guy Verchères*.

ŒUVRES

Le Songe du conscrit. Saynète féerique en vers. Écrite un soir de juin..., [Lévis, s.é., 1918], 21 p. (Sous le pseudonyme de Paul Verchères).

La Ceinture fléchée. Grand roman canadien inédit, Montréal, Éditions Édouard Garand, [1926], 48 p. Ill. d'Albert Fournier. « Le Roman canadien ».

Les Pâmoisons du notaire. Comédie-vaudeville en un acte et trois tableaux, Montréal, Éditions Édouard Garand, [1926], 16 p. « Le Théâtre canadien ».

Le Trésor de Bigot. Roman canadien inédit, Montréal, Éditions Édouard Garand, [1926], 68 p. Ill. d'Albert Fournier. « Le Roman canadien ».

L'Impératrice de l'Ungava. Roman canadien inédit, Montréal, Éditions Édouard Garand, [1927], 65 p. Ill. d'Albert Fournier. « Le Roman canadien ».

Le Roman des quatre. La Digue dorée. Roman canadien inédit, Montréal, Éditions Édouard Garand, [1927], 80 p. Collab. Ubald Paquin, Jean Féron et Jules Larivière.

Le Reporter. Comédie héroïque. Quatre actes en vers, Montréal, Éditions Édouard Garand, [1930], 36 p. « Le Théâtre canadien ».

ÉTUDES

Albert Lalonde, *La Ceinture fléchée*, dans *Le Passe-Temps*, vol. 33, n° 785, janv. 1927, p. 15.

Albert Lalonde, *Le Roman des quatre*, dans *Le Passe-Temps*, vol. 33, n° 790, juin 1927, p. 82.

Vincent Nadeau et Michel René, *Histoire d'une littérature industrielle*, dans *Le Phénomène IXE-13*, Québec, PUL, 1984, p. 15-26.

HUOT, MAURICE (1911-   ). Journaliste, critique et poète, né à Montréal. Il fait ses humanités au Collège Sainte-Marie et au Collège Brébeuf (1925-1933). En 1935, il obtient un diplôme en journalisme à l'École des sciences économiques et politiques de l'Université de Montréal. Il entre à *La Voix populaire* de Timmins en 1936, passe ensuite au *Devoir*, au *Canada*, à *La Patrie*, au *Droit*, et termine quarante ans de carrière journalistique à *Montréal-Matin*, en 1975. Il a de plus collaboré à plusieurs autres périodiques comme *La Liberté, Le Patriote, Le Travailleur, Le Bien public*. En 1942, il remportait le second prix au concours des textes dramatiques de Radio-Canada avec « L'homme qui s'écrivait des lettres », puis en 1944, un autre prix à CKAC *La Presse* avec « Un duel sous Richelieu ». Outre deux volumes de souvenirs, Maurice Huot a publié un recueil de *Poèmes et Satires* (1946) dans lequel on retrouve une versification très classique de facture et des poèmes à forme fixe tels le sonnet, l'épitaphe, la ballade et le chant royal. Maurice Huot excelle particulièrement dans la satire.

ŒUVRES

L'Art de sûrement s'enrichir (essai), Montréal, Les Éditions de l'Étoile, 1946, 45 p.

Poèmes et Satires, Montréal, Éditions Fernand Pilon, 1946, 76 p.

Journalistes canadiens (mémoires), Trois-Rivières, Éditions du Bien public, 1959, xi, 93 p. Ill.

Confidences d'un amateur de violon (mémoires), Trois-Rivières, Éditions du Bien public, 1979, 91 p.

La plupart des articles publiés (critiques d'art, billets, éditoriaux) sont consignés à la Fondation Lionel-Groulx.

HURTEAU, LAURE [née Laure Cornez] (1895-1983). Chroniqueuse et journaliste, née à Charleroi (Belgique). Après le secondaire à Verviers, elle poursuit des études en pédagogie, puis elle émigre au Canada avec sa famille, en 1912. Secrétaire dans un bureau d'avocat, elle épouse maître Adolphe Hurteau, cousin du directeur de *La Presse*, Oswald Mayrand. Elle entre à *La Presse* en 1922 et apprend son métier auprès de Mme Letellier de Saint-Just et de Colette (Édouardine Lesage). D'abord chargée de la chronique mondaine, elle devient directrice des pages féminines, en 1930. De 1922 à 1960, elle signe plus de 7 000 articles, surtout sous la rubrique « Entretiens avec Laure Hurteau », sur la femme, la vie à deux, les droits des femmes, l'enfant, l'art de vivre, etc. Elle collabore en outre à *L'Actualité* et *L'Information médicale et paramédicale*, fonde le Cercle des femmes journalistes, donne des conférences... Elle réunit un certain nombre de ses articles remaniés dans *L'École de la vie* et *La Vie à deux*. Une collègue du métier, Renaude Lapointe, lui rend cet hommage : « Laure Hurteau était à la fois combative, autoritaire et chaleureuse. Elle a beaucoup fait pour permettre aux femmes d'élargir le champ de leurs activités, leur ouvrir des chemins d'avenir ».

ŒUVRES

L'École de la vie. Amour, rêve, réalité, déception (essai), Montréal/Paris, Fides, 1961, 170 p.

La Vie à deux. Adaptation, psychologie conjugale, défauts majeurs, vie de famille, écueils à éviter, au jour le jour, l'âge d'or a ses problèmes (essai), Montréal/Paris, Fides, 1962, 269 p.

Jeanne Mance la première dame de Ville-Marie (1606-1673) (biographie), Montréal, Le Comité des fondateurs de l'Église du Canada, 1963, 31 p. Ill. « Textes ».

ÉTUDES

Anne Ballestrazzi, *Laure Hurteau*, dans *Vingt ans à la une (biographies)*, Montréal, La Presse, 1976, p. 94-100.

Lily Tasso, *Une première du journalisme féminin*, Pr, 99e année, n° 36, 12 févr. 1983, A-6.

Id., *Laure Hurteau, doyenne des journalistes, n'est plus*, Pr, 99e année, n° 36, 12 févr. 1983, p. A-10.

HUSTON, JAMES (1820-1854). Essayiste et historien de la littérature, né à Québec. Il apprend très jeune le métier de typographe. En octobre 1842, avec l'aide de son ami, Charles Bertrand, il fonde à Québec *L'Artisan*, journal politique, littéraire, industriel et commercial, qui cesse de paraître en juillet 1843. Il est en même temps secrétaire de la Société Saint-Jean-Baptiste de Québec. Par la suite, il est nommé assistant traducteur à l'Assemblée législative du Canada. Membre de l'Institut canadien de Montréal, il en devient président en 1847. Son essai de 1847, « De la position et des besoins de la jeunesse », présente une analyse lucide de la situation des Canadiens français au moment de l'Union. Il réalise le projet d'un recueil de la littérature canadienne-française. L'idée avait été lancée par Napoléon Aubin en 1838. Huston publie, entre 1848 et 1850, les quatre volumes de son *Répertoire national*. En 1853, on imprime à Paris les *Légendes canadiennes*, textes tirés du *Répertoire* et mis en volume par Huston. Il meurt encore en pleine activité en septembre 1854. On lit dans *Le Pays* du 21 septembre 1854 : « c'est à lui que nous devons la réunion dans un seul cadre de toutes les productions littéraires sorties de la plume des Canadiens, depuis plus d'un demi-siècle. [...] Il a laissé une œuvre nationale, une œuvre patriotique qui fera que son nom ne périra pas ».

ŒUVRES

Le Répertoire national ou Recueil de littérature canadienne, Montréal, Imprimerie de Lovell et Gibson, 1848–1850, 4 t. : t. 1, 1848, viii, 376 p. ; t. 2, 1848, 384 p. ; t. 3, 1848, 387 p. ; t. 4, 1850, 411 p. Compilé et publié par J. Huston ; J.M. Valois & cie, libraires-éditeurs, 1893, 4 t. : t. 1, xliv, 407 p. Portrait ; t. 2, 396 p. ; t. 3, 399 p. ; t. 4, 427 p. Ill. Introduction d'A.B. Routhier ; VLB éditeur, 1982. Édité par Robert Mélançon.

Légendes canadiennes, Paris, P. Jannet, éditeur, 1853, 303 p. (Ces légendes sont extraites du recueil *Le Répertoire national ou Recueil de littérature canadienne*).

De la position et des besoins de la jeunesse canadienne-française. Essai lu devant l'Institut canadien de Montréal, dans *L'Avenir*, vol. 1, n° 7, 21 août 1847, p. 33–41 ; RN, 1893, vol. 4, p. 122–156.

Visite à un village français (1842), RN, 1893, vol. 2, p. 318–328.

ÉTUDES

P.-G. Roy, *Fils de Québec*, 4e série, Lévis, [s.é.], 1933, p. 43–45.

D.M. Hayne, *Le Répertoire national de Huston*, BRH, vol. 56, n° 1, 1950, p. 49–51.

Jean Royer, *Le Répertoire national : une réédition-événement*, Dev, vol. 73, n° 281, 4 déc. 1982, p. 21.

François Gallays, « *Lire le Répertoire national* » de James Huston, LQ, n° 29, printemps 1983, p. 61-62.

I

IGNOTUS. Voir **CHAPAIS, THOMAS**.

IMBERT, PATRICK (1945–   ). Essayiste et critique littéraire, né à Paris. Après ses humanités à l'École Saint-Michel (Paris ; B.A., 1966), il poursuit des études de lettres à l'Institut catholique de Paris (L. ès. L., 1969). Il émigre au Canada et poursuit ses études à l'Université d'Ottawa où il présente un mémoire de maîtrise, « Étude du *Roman des dames* » (1970). Il est boursier du Conseil des Arts (1972–1974). Sa thèse de doctorat (1974) paraît sous le titre : *Sémiotique et Description balzacienne* (1978). Il enseigne à temps partiel à l'Université d'Ottawa, puis à l'Université McMaster. En 1975, il devient professeur régulier à l'Université d'Ottawa. Il collabore à plusieurs périodiques comme *Le Journal canadien de recherche sémiotique, Lettres québécoises, Le Droit, Voix et Images,* et *Journal of Canadian Fiction.* Il s'intéresse plus particulièrement à l'évolution des méthodes critiques et à la sémiotique. Imbert mérite en 1980 le prix de l'Association des professeurs de français des universités canadiennes pour un article sur *La Nuit* de Jacques Ferron. « L'étude approfondie et rigoureuse de Patrick Imbert, écrit Elaine F. Nardocchio, à propos de son ouvrage sur Balzac, ouvre indubitablement une perspective neuve et élargie sur la sémiotique ainsi que sur la description balzacienne ».

ŒUVRES
Ignace Bourget. Écrivain, Montréal, Éditions Jumonville, 1975, 195 p. Collab. Adrien Thério et Donald Smith.

Sémiotique et Description balzacienne (essai), Ottawa, EUO, 1978, 203 p.

Roman québécois contemporain et Clichés, Ottawa, EUO, 1983, 186 p. Introduction de l'auteur. « CCRCCF ».

————

La Structure du « Roman des dames », dans *Baroque*, nº 6, 1973, p. 105–114.

Un code à signifiant zéro : les dialogues dans Han d'Island, dans *Le Journal canadien de recherche sémiotique*, vol. 2, nº 2, hiver 1974, p. 29–39. (Paru aussi dans RUO, vol. 45, nº 2, avril–juin 1975, p. 238–243).

The Codes of the Description in Balzac's La Comédie humaine, dans *Le Journal canadien de recherche sémiotique*, vol. 3, nº 2, hiver 1976, p. 5–13.

Le Rejet de frontières, Dr, 64e année, nº 239, 8 janv. 1977, p. 8.

Style, Invariant, Culture, dans *Le Journal canadien de recherche sémiotique*, vol. 5, nº 3, printemps 1978, p. 87–116.

Antithèse et Bouleversement culturel dans « La Nuit » de Ferron, dans *Revue du Pacifique*, vol. 4, nº 1, janv. 1978, p. 68–81.

L'Amer de Nicole Brossard ou L'Art de la demi-page blanche, Dr, 65e année, nº 298, 18 mars 1978, p. 22.

Un livre d'une qualité vraiment extraordinaire, Dr, 66e année, nº 6, 1er avril 1978, p. 21.

Carrefour, Dr, 67e année, nº 208, 1er déc. 1979, p. 19.

Révolution culturelle et Clichés chez Ducharme, dans *Journal of Canadian Fiction*, nᵒˢ 25–26, 1979, p. 227–236.

Sémiostyle : la description chez Balzac, Flaubert, Zola, dans *Littérature*, nº 38, 1980, p. 106–128.

Réception des surréalistes québécois, dans *Mélusine* [Lausanne], nº 4, 1982, p. 55–75.

Les Médias imprimés et le Règne de la contradiction, dans *Communication Information*, vol. 5, nº 1, automne 1982, p. 9–32.

La Structure de la description réaliste dans la littérature européenne, dans *Semiotica*, vol. 44, nᵒˢ 1–2, 1983, p. 95–122.

L'Individuel en question dans le littéraire : de l'avant-garde (?) au juste milieu (?), dans *Revue de réflexion philosophique et interdisciplinaire : Carrefour*, vol. 6, nº 1, mai 1984, p. 36–54.

Le Dialogue ambigu Montréal-Paris, dans *Paris et le phénomène des capitales littéraires : recherches actuelles en littérature comparée III*, Paris, Université de Paris-Sorbonne, 1986, p. 383–391.

Le Père Goriot au Canada : feuilleton et censure, dans *L'Année balzacienne*, 1986, p. 237–246.

ÉTUDES
Élaine F. Nardocchio, *Sémiotique et Description balzacienne, de Patrick Imbert. Une perspective nouvelle*, Dr, 66e année, nº 286, 3 mars 1979, p. 22. (Paru aussi dans *Le Journal canadien de recherche sémiotique*, vol. 7, nº 2, hiver 1979, p. 115–116).

Jean-Claude Gagnon, *Sémiotique et Description balzacienne de Patrick Imbert*, dans *Québec français*, nº 34, mai 1979, p. 9.

Jean-Marcel Leard, *Patrick Imbert. Sémiotique et Description balzacienne*, LAQ 1979, p. 216–217.

INGNE, BILL. Voir **BILODEAU, ERNEST**.

INTERIM. Voir **LAMARCHE**, GUSTAVE.

IOVHANNE, JOANNES. Voir **PROULX**, JEAN-BAPTISTE.

IQBAL, FRANÇOISE. Voir **MACCABÉE IQBAL**, FRANÇOISE.

ISAL. Voir **CATTA**, RENÉ-SALVATOR.

ISOCRATE. Voir **BERGERON**, GÉRARD.

ISSENHUTH, JEAN-PIERRE (1947–   ). Poète, né à Troyes (France). Il étudie à Troyes (B.A., 1964) et à l'Université de Nancy (licence ès lettres, 1967 et M.A., 1968). Par la suite, il s'établit à Montréal où il entre dans l'enseignement. En 1979, il devient conseiller pédagogique à Fabreville et chargé de cours à la Faculté des sciences de l'éducation de l'Université de Montréal. Jean-Pierre Issenhuth publie ses poésies dans *Poésie Windsor Poetry, Moebius, Liberté* et *Osiris*. Son recueil *Entretien d'un autre temps* (1981) est un choix de ses œuvres effectué par Gilles Cyr. « Issenhuth, déclare Andrew Moorhead, est un artisan exceptionnel ; et sa poésie est structurée avec élégance... ».

ŒUVRE

Entretien d'un autre temps, poèmes 1970–1980, Montréal, Éditions de l'Hexagone, 1981, 75 p. « Hors collection ».

ÉTUDES

Pierre Des Ruisseaux, *Jean-Pierre Issenhuth. Entretien d'un autre temps*, LAQ 1981, p. 96–97.

Andrew Moorhead, *Entretien d'un autre temps de Jean-Pierre Issenhuth*, dans *French Review*, vol. 55, n° 4, mars 1982, p. 569–570.

Robert Mélançon, *Michel Beaulieu et Jean-Pierre Issenhuth*, L, n° 141, mai–juin 1982, p. 120.

J

JABRY. Voir **BRILLANT, JACQUES.**

JACOB, LOUIS (1954–   ). Poète, né à Trois-Rivières. Il fait ses humanités au Séminaire Saint-Joseph, au Collège Laflèche, puis il poursuit ses études à l'Université du Québec à Trois-Rivières où il obtient un baccalauréat (1977) et une maîtrise en littérature pour un mémoire de création, « Essai sur un polygone ». Il exerce les métiers d'aide-arpenteur et d'opérateur de chemins de fer, puis il devient professeur en 1980. Codirecteur de l'Atelier de production littéraire de la Mauricie (APLM), il collabore à la revue *Atelier*, à *Hobo-Québec*, et participe à des nuits de poésie, à des émissions littéraires du poste CFCQ-FM... « L'aventure verbale de Louis Jacob procède de l'éclatement, dit Max Roy. Son *Avant-serrure* est une ‹ avant-poésie › et la matière brute offerte à l'œil situe le recueil à la limite du lisible ». « La problématique de l'écriture, écrit Max Roy, abordée à tous les détours signale un parti pris pour l'association libre ; la spontanéité l'emporte sur toute logique [...]. Le poème [...] courtise l'anarchie ». Mais pour Michel Beaulieu, « il ne s'agit pas là d'un vain jeu comme on a parfois tendance à le croire ».

ŒUVRES

Avant-serrure (poésie), Trois-Rivières, Les Écrits des forges, 1977, 62 p. Préface de Bernard Pozier. « Les Rouges-gorges ».

Manifeste : Jet / Usage / Résidu (poésie), Trois-Rivières, Les Écrits des forges, 1977, 76 p. Collab. Yves Boivert et Bernard Pozier. Ill. « Les Rouges-gorges ».

Double Tram (récit poétique), Trois-Rivières, Les Écrits des forges, 1979, 77 p. Collab. Bernard Pozier. Ill. d'André Jacob. « Les Rivières ».

L'Image titre (poésie), Trois-Rivières, Sextant, 1982, 99 p. Collab. Serge Mongrain et André Jacob.

Sur le fond de l'air (poésie), Trois-Rivières, Les Écrits des forges, 1984, 59 p. « Les Rouges-gorges ».

Des noirceurs du corps (poésie), Trois-Rivières, Écrits des Forges, 1987, 82 p.

ÉTUDES

Max Roy, *Louis Jacob. Avant-serrure*, LAQ 1977, p. 130-131.

Michel Beaulieu, *Une nouvelle cuvée aux Écrits des forges*, dans *Le Livre d'ici*, vol. 3, n° 20, 22 févr. 1978, p. 1.

Pierre Nepveu, *La poésie qui se fait et celle qui ne se fait pas*, LQ, n° 9, févr. 1978, p. 15-17.

Philippe Haeck, *Bernard Pozier, Louis Jacob. Double Tram*, LAQ 1979, p. 169.

Marie-Andrée Hamel, *Le Sextant voit le jour sur les bords de la St-Maurice*, dans *Le Livre d'ici*, vol. 6, n° 47, 26 août 1981, p. 1.

Claude Beausoleil, *Images de rêve*, Dev, vol. 73, n° 239, 16 oct. 1982, p. 21.

JACOB, SUZANNE (1943–   ). Romancière, poète et chansonnier, née à Amos (Abitibi). Elle fait ses humanités au Collège Notre-Dame de l'Assomption de Nicolet (B.A., 1964), puis elle fait un an d'études à l'Université de Montréal. Ayant pris goût au théâtre à Nicolet, elle travaille une saison avec les Apprentis-Sorciers, et devient ensuite professeure de français à Montréal (1969-1974). En même temps, à partir de 1970, elle donne des spectacles de poésie, de monologues et de chansons, et remporte en 1970 le trophée du meilleur auteur-compositeur-interprète au Patriote de Montréal. Écrire, dit-elle, la fait vivre plus intensément, et elle produit, en deux ans (1978-1980), roman, disque, nouvelles, dramatiques pour la télévision, recueil de poésie. De plus, elle fonde avec Paul Paré les éditions Le Biocreux. En 1981, elle part pour Paris afin de se retrouver, dit-elle, et travailler. Son premier roman, *Flore Cocon* (1978), dont l'héroïne éclate de vie et de tendresse, est accueilli avec chaleur : « Le roman le plus étonnant paru au Québec ces derniers mois », écrit Madeleine Bellemare pour qui « la densité du récit, la maîtrise du verbe révèlent un métier sûr, même s'il s'agit d'une première œuvre ». Même accueil à *La Survie* (1979) : « Il y a dans les nouvelles de Suzanne Jacob une attention au détail et une précision qui sont d'un véritable écrivain », dit Robert Mélançon. On trouve la poésie narrative de *Gémellaires* (1980) trop pleine d'images peut-être, mais d'une incontestable maîtrise du langage, ce que révèle aussi son roman *Laura Laur*. Elle détient, en 1984, le prix du Gouverneur général.

ŒUVRES

Flore Cocon (roman), Montréal, Parti Pris, 1978, 124 p. « Sic » ; 1981. « P ».

La Survie (nouvelles), Montréal, Le Biocreux, 1979, 141 p.

Poèmes I: Gémellaires. Le Chemin de Damas (poésie), Montréal, Le Biocreux, 1980, 70 p. «Poésie».

Laura Laur. Roman, Paris, Éditions du Seuil, 1983, 183 p.

La Passion selon Galatée. Roman, Paris, Éditions du Seuil, 1987, 241 p.

Exergue suivi d'Elle, NBJ, n⁰ 82, oct. 1979, p. 7–11.

La Chaise hantée, NBJ, n⁰ 87, févr. 1980, p. 49–61.

Wille, L, vol. 22, n⁰ 3, mai–juin 1980, p. 41–49.

La Femme assise, NBJ, n⁰ 112, mars 1982, p. 63–72.

ÉTUDES

Conrad Bernier, *Suzanne Jacob: «J'écris pour en finir avec les interdits et les cloisons»* (entrevue), Pr, 94ᵉ année, n⁰ 18, 27 mai 1978, p. D-2.

Madeleine Bellemare, *Jacob (Suzanne). Flore Cocon*, dans *Nos livres*, vol. 9, août–sept. 1978, n⁰ 285.

Pierre Beaulieu, *Un moment dans la vie de Suzanne Jacob* (interview), Pr, 94ᵉ année, n⁰ 104, 16 déc. 1978, p. D-8.

Gabriel-Pierre Ouellette, *Suzanne Jacob. Flore Cocon*, LAQ 1978, p. 52–53.

Robert Mélançon, *Un nouvel éditeur: le Biocreux*, Dev, vol. 70, n⁰ 40, 17 févr. 1979, p. 21.

Réginald Martel, *Sur le fil très ténu d'une humeur simple*, Pr, 95ᵉ année, n⁰ 53, 3 mars 1979, p. D-3.

Louise Vigeant, *Jacob (Suzanne). La Survie*, dans *Nos livres*, vol. 10, juin–juillet 1979, n⁰ 220.

Michèle Thibault, *Suzanne Jacob, écrivain et chansonnier. «Il faut démolir les murs»* (entrevue), Pe, vol. 21, n⁰ 41, 30 oct. 1979, p. 8–10.

Benoît Beaulieu, *Suzanne Jacob. La Survie*, LAQ 1979, p. 50–51.

Louise Dupré, *Suzanne Jacob. Gémellaires. Le Chemin de Damas*, LAQ 1980, p. 109–110.

Antonio D'Alfonso, *Jacob (Suzanne). Poème I — Gémellaires — Le Chemin de Damas*, dans *Nos Livres*, vol. 12, juin–juillet 1981, n⁰ 290.

Gabrielle Poulin, *«Laura Laur» de Suzanne Jacob. La fille-miroir*, Dr, 71ᵉ année, n⁰ 156, 1ᵉʳ oct. 1983, p. 36.

Gilles Marcotte, *Madame Jacob a pondu une oasis «médinnequébec»*, dans *L'Actualité*, vol. 8, n⁰ 10, oct. 1983, p. 150.

Louise Milot, *Laura Laur de Suzanne Jacob ou «Comment nommer sans dire»*, LQ, n⁰ 32, hiver 1983–1984, p. 23–25.

Jean-François Lisée, *Le Prix Québec-Paris à Suzanne Jacob. «Laura Laur» fait la quasi-unanimité*, Dr, 71ᵉ année, n⁰ 257, 31 janv. 1984, p. 14.

Réginald Martel, *Suzanne Jacob. La passion et la distance*, Pr, 100ᵉ année, n⁰ 257, 29 sept. 1984, p. E-1, E-3.

JACQUELIN. Voir **DÉSILETS, ALPHONSE.**

JACQUES, FRÈRE. Voir **BILODEAU, ERNEST.**

JACQUES, MAURICE (1939–   ). Poète et conteur, né à Verrettes (Haïti). Il fait ses humanités au Lycée Firmin de Port-au-Prince (B.A., 1964) où il obtient une licence en droit, en 1968. Arrivé au Québec en 1969, il commence une carrière d'enseignant à la Commission des écoles catholiques de Québec dans la section des métiers. En 1976, il obtient un baccalauréat en psychopédagogie à l'Université Laval où il prépare une maîtrise dans cette discipline. Maurice Jacques débute en littérature avec des pièces de théâtre montées en atelier à Haïti entre 1965 et 1968 : « Fils bâtard » et « Les Ancêtres du Messie ». Au Québec, il publie, en 1977, son premier recueil de poésie au sujet duquel Marcel Dubé écrit : *Le Miroir* «n'est pas toujours facile à lire mais le contenu est loin d'être négligeable». Dans la même veine, André Janoël dit du second recueil, *Les Voix closes* (1980) : «Une poésie délibérément hermétique», et «une espèce d'art de la fugue». Entre temps, paraît *L'Ange du diable* (1979), conte haïtien qui emprunte au vaudou ses personnages, et dont les «incessantes répétitions créent une atmosphère d'incantation» (Raymond Laprés).

ŒUVRES

Le Miroir. Poésie, Sherbrooke, Éditions Naaman, 1977, 77 p. Ill. de Michel Bonaparte. Postface de Jean Cau Parisien. «Création».

L'Ange du diable. Conte haïtien, Sherbrooke, Éditions Naaman, 1979, 58 p. Ill. de Michel Bonaparte. «Création».

Les Voix closes. Florilège (poésie), Sherbrooke, Éditions Naaman, 1980, 77 p. Ill. de Germain Talbot. «Création».

ÉTUDES

Marcel Dubé, *Entre vous et moi...*, dans *Le Livre d'ici*, vol. 2, n⁰ 50, 21 sept. 1977, p. 1.

Michel Girard, *Jacques (Maurice). Le Miroir*, dans *Nos livres*, vol. 7, janv. 1978, n⁰ 17.

Raymond Laprés, *Jacques (Maurice). L'Ange du diable*, dans *Nos livres*, vol. 10, nov. 1979, n⁰ 378.

André Janoël, *Jacques (Maurice). Les Voix closes*, dans *Nos livres*, vol. 12, mars 1981, n⁰ 141.

JAMES, JESSE. Voir **LÉVEILLÉ, J. ROGER L.**

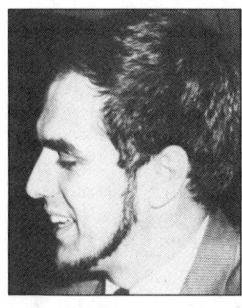

JASMIN, CLAUDE (1930–   ). Romancier, dramaturge, essayiste et cinéaste, né à Montréal. Il étudie au Collège André-Grasset (1943–1947) et à l'École du meuble où il obtient un diplôme avec spécialisation en céramique (1951). En 1953, il entre au Service des parcs de la Ville de Montréal et, en 1956, à Radio-Canada à titre de scénographe. Claude Jasmin écrit quelques pièces pour la télévision, « Rue de la liberté » (1960), *La Mort dans l'âme* (1962) ; une comédie tragique en dix tableaux, *Le veau dort*, est montée à Montréal par une troupe de jeunes acteurs. Successivement collaborateur de plusieurs revues et journaux, critique d'art à *La Presse*, directeur des pages littéraires et artistiques du *Journal de Montréal*, Claude Jasmin tient une chronique dans quelques journaux de Montréal. Il publie son premier roman, *Et puis tout est silence*, dans les *Écrits du Canada français* en 1960. La même année, il reçoit le prix du Cercle du livre de France pour son roman *La Corde au cou*. Les personnages des romans de Claude Jasmin tentent désespérément de retrouver leur enfance heureuse tout en la rejetant, mais ils ne peuvent accomplir leur destin que par la fuite et la violence. En plus de l'élément politique souvent dominant, François Gallays relève quelques thèmes, dans l'œuvre de Jasmin, qui permettent de mieux cerner l'univers romanesque : « Le retour à l'innocence m'a semblé le thème fondamental de l'œuvre de l'auteur et c'est autour de ce thème que viennent s'orchestrer d'autres thèmes, en particulier ceux de la révolte et du voyage ». Le roman autobiographique de *La Petite Patrie*, porté à la télévision par Radio-Canada en 1973, est devenu une émission très populaire. En 1981, il reçoit le prix Duvernay et le prix France-Canada. Dans les années 1980, Jasmin se lance dans la création du roman policier québécois. Comme écrit Ivanhoë Beaulieu, « À l'instar d'Yves Thériault, mais en adoptant des registres qui lui sont propres, Claude Jasmin a la conviction inébranlable qu'on peut amener les gens d'ici à lire les livres d'ici. Il suffit de croire à une littérature qui soit populaire au sens noble de ce mot ».

ŒUVRES

La Corde au cou (roman), Montréal, CLF, 1960, 233 p. ; *La Corde au cou. Roman*, Paris, Robert Laffont, 1961, 254 p. « Les Jeunes Romanciers canadiens » ; Montréal, CLF, 1970, 163 p. « PoC ».

Délivrez-nous du mal (roman), Montréal, Les Éditions à la page, 1961, 187 p. ; [Montréal], [Éditions internationales Alain Stanké], 1980, 197 p. Suivi de critiques. « Québec 10/10 ».

Blues pour un homme averti (théâtre), [Montréal], Éditions Parti Pris, 1964, 94 p.

Éthel et le Terroriste. Roman, Montréal, Librairie Déom, 1964, 145 p. « NP » ; Montréal/Paris, Stanké, 1982, 156 p. Suivi de critiques. « Roman 10/10 ». Traduction anglaise par David S. Walker : *Ethel and the Terrorist*, Montréal, Harvest House, 1965, 112 p. ; 1974. « French Writers of Canada ».

Et puis tout est silence (roman), Montréal, Les Éditions de l'Homme, 1965, 159 p. ; L'Actuelle, 1970, 190 p. ; *Et puis tout est silence. Roman*, Quinze, 1980, 201 p. Présentation critique de Gilles Marcotte. « Présence ». Traduction anglaise par David Lobdell : *The Rest is Silence*, Toronto, Oberon Press, 1981, 152 p. Paru d'abord dans ECF, n° 7, 1960, p. 35–192.

Roussil. Manifeste, Montréal, Les Éditions du Jour, 1965, 91 p. Commentaires et notes de Claude Jasmin. « IJ ».

Pleure pas, Germaine (roman), Montréal, Éditions Parti Pris, 1965, 169 p. « P » ; Centre éducatif et culturel inc., 1974, xiv, 159 p. Présenté par Sinclair Robinson et Donald Smith. « Aspects du Québec ».

Les Artisans créateurs (essai), Montréal, Lidec inc., 1967, 118 p. Ill. « Cep ».

Les Cœurs empaillés. Nouvelles, Montréal, Éditions Parti Pris, 1967, 136 p. « Paroles » ; Montréal, Guérin littéraire, 1988, 173 p. « Le hibou blanc », préface de Réginald Hamel.

Rimbaud, mon beau salaud ! (roman), Montréal, Éditions du Jour, 1969, 142 p.

Jasmin, [Montréal], Claude Langevin éditeur, 1970, 139 p.

Tuez le veau gras (théâtre), [Montréal], Leméac, 1970, 79 p. « RQ ».

L'Outaragasipi (roman), Montréal, L'Actuelle, 1971, 208 p.

C'est toujours la même histoire (théâtre), [Montréal], Leméac, 1972, 55 p. « RQ ».

La Petite Patrie. Récit, Montréal, La Presse, 1972, 141 p. Ill. hors texte ; Les Éditions La Presse, 1982, 155 p. Dossier. « Roman 10/10 ».

Pointe-Calumet Boogie-Woogie. Récit, Montréal, La Presse, 1973, 131 p. Ill. « Chroniqueurs des deux mondes ».

Sainte-Adèle-la-vaisselle. Récit, Montréal, La Presse, 1974, 132 p. Ill. hors texte. « Chroniqueurs des deux mondes ».

Danielle ! ça va marcher !, Montréal, Alain Stanké, 1976, 175 p. Ill. Propos recueillis par Claude Jasmin.

Revoir Éthel. Roman, Montréal, Stanké, 1976, 169 p.

Le Loup de Brunswick City (roman), [Montréal], Leméac, 1976, 119 p. « Roman québécois ».

Feu à volonté (chroniques), [Montréal], Leméac, 1976, 289 p. « Documents ».

Feu sur la télévision (essai), Montréal, Leméac, 1977, 174 p. « Documents ».

La Sablière. Roman, Montréal/Paris, Leméac/Robert Laffont, 1979, 212 p. ; *La Sablière. Mario*, [Montréal], Leméac, 1985. « Roman québécois ». Traduction anglaise par David Lobdell : *Mario. A Novel*, [s.l.], Oberon Press, 1985, 175 p.

Le veau dort (théâtre), [Montréal], Leméac, 1979, 121 p. Présentation par Yves Dubé. « Théâtre ».

Les Contes du Sommet-Bleu, Montréal, Éditions Quebecor, 1980, 106 p. Ill. de l'auteur. « Jeunesse ».

L'Armoire de Pantagruel (roman), [Montréal], Leméac, 1982, 138 p. « Roman québécois ».

Maman-Paris, Maman-la-France. Roman, [Montréal], Leméac, 1982, 344 p. « Roman québécois » ; *Maman-Paris, Maman-la-France*, 1986. « Poche ».

Deux mâts, une galère (mémoires), [Montréal], Leméac, 1983, 236 p. Collab. Édouard Jasmin. Ill. « Vie et Mémoires ».

Le Crucifié du Sommet-Bleu (roman), [Montréal], Leméac, 1984, 170 p. « Roman québécois ».

L'État-maquereau, l'État-maffia. Pamphlet, [Montréal], Leméac, 1984, 95 p. Préface d'Yves Dubé.

Des cons qui s'adorent (roman), [Montréal], Leméac, 1985, 190 p. « Roman québécois ».

Pleure pas Germaine. Roman, Montréal, L'Hexagone, 1985, 201 p. « Ty-po roman ».

Une duchesse à Ogunquit (roman), [Montréal], Leméac, 1985, 226 p. « Roman québécois ».

Une saison en studio (essais), Montréal, Guérin, 1987, 208 p.

Pour tout vous dire (journal), Montréal, Guérin littérature, 1988, 466 p. « Carrefour ».

L'Intellectuel contre le peuple, L, nᵒˢ 15-16, mars–avril 1961, p. 698-710.

[*Témoignages...*], dans *Le Roman canadien-français*, Montréal/Paris, Fides, 1964, p. 354-358. « ALC » 3.

Le Cosmonaute romantique (nouvelle), Ch, vol. 6, nᵒ 4, avril 1965, p. 29, 92-96.

« *Faire parler les autres* », un métier difficile !, BJ, vol. 1, nᵒˢ 3-4-5, juillet-déc. 1965, p. 80-84.

L'Art nouveau des jeunes peintres de Montréal, dans *Vie des arts*, nᵒ 24, automne 1966, p. 52-55.

Mes souhaits ? Un musée d'art mobile !, dans *Sept-Jours*, vol. 1, nᵒ 18, 14 janv. 1967, p. 44-45.

La Part de l'enseignement de la littérature dans l'acquisition d'une culture littéraire, L, vol. 10, nᵒ 3, mai-juin 1968, p. 66-72.

Bilan très personnel, L, nᵒ 73, janv.-fév. 1971, p. 19-23.

La Mort dans l'âme (téléthéâtre), VIP, nᵒ 4, 1971, p. 135-174.

Le Ludique Paul Buissonneau pour la SSJB, Dev, vol. 68, nᵒ 259, 6 nov. 1976, p. 28.

L'Irrésistible Ascension..., NBJ, nᵒˢ 68-69, sept. 1978, p. 19-24.

Polémique/Éthier-Blais ou la nostalgie amère, Dev, vol. 71, nᵒ 275, 29 nov. 1980, p. 24.

Claude Jasmin par lui-même, Dev, vol. 72, nᵒ 55, 7 mars 1981, p. 22.

ÉTUDES

François Soumande, *La Corde au cou*, RUL, vol. 15, nᵒ 8, avril 1961, p. 745-747.

Pierre de Grandpré, *Notre génération « beat »*, L, vol. 6, nᵒ 3, mai-juin 1964, p. 258-268.

Paul-Émile Roy, *L'Univers romanesque de Claude Jasmin*, dans *Lectures*, vol. 11, nᵒ 4, déc. 1964, p. 87-89.

Adrien Thério, *Éthel et le Terroriste*, LAC 1964, p. 17-19.

Jean Marcel, *Pleure pas, Jasmin !*, AN, vol. 55, nᵒ 1, sept. 1965, p. 93-97.

Gilles Marcotte, *L'Aventure romanesque de Claude Jasmin*, Montréal, PUM, 1965, 24 p. « Conférences J.-A. de Sève ».

René Dionne, *Et puis tout est silence*, Rel, nᵒ 318, juillet-août 1967, p. 220-221.

François Gallays, *Claude Jasmin et le Retour à l'innocence*, LAC 1967, p. 191-197.

André Renaud, *Les Cœurs empaillés*, LAC 1967, p. 46.

Laurent Mailhot, *Tuez le veau gras*, LAQ 1970, p. 89-90.

André Renaud, *Jasmin*, LAQ 1970, p. 161-162.

Ronald Sutherland, *The Fourth Separatism*, CaL, nᵒ 45, été 1970, p. 22-23.

Suzanne Lamy, *Claude Jasmin : de la ferveur à l'inquiétude*, VIP, nᵒ 4, 1971, p. 115-134.

Adrien Thério, *Lettre ouverte à Claude Jasmin*, LAQ 1972, p. 62-64.

Mireille Trudeau, *Claude Jasmin*, Montréal, Fides, 1973, 42 p. « DDLC ».

Lise Gauvin, *Les Romans de Parti Pris ou Le Difficile Accès à la parole*, VIP, nᵒ 7, 1973, p. 91-110.

Claude Janelle, *Claude Jasmin, Sainte-Adèle-la-vaisselle*, LAQ 1974, p. 97.

Robert Major, *Espace et Mouvement dans L'Œuvre de Claude Jasmin*, RUO, vol. 46, nᵒ 2, avril-juin 1976, p. 153-168.

Gilles Lamontagne, *Claude Jasmin. Le Loup de Brunswick City*, LAQ 1976, p. 79-81.

François Ricard, *Deux livres de Jasmin*, Dev, vol. 69, nᵒ 16, 22 janv. 1977, p. 18.

Jean Royer, *Claude Jasmin. Écrivain populaire*, Dev, vol. 70, nᵒ 215, 15 sept. 1979, p. 19.

Robert Mélançon, *La Sablière. Un roman de l'enfance*, Dev, vol. 70, nᵒ 215, 15 sept. 1979, p. 21.

Pierre L'Hérault, *Claude Jasmin. La Sablière*, LAQ 1979, p. 52-54.

Edgard Demers, *La Littérature canadienne et la Télévision. Du livre au petit écran*, Dr, 67ᵉ année, nᵒ 296, 15 mars 1980, p. 20.

André Lamarre, *Claude Jasmin. Les Contes du Sommet-Bleu*, LAQ 1980, p. 235-236.

Michel Le Bel, *Claude Jasmin. Le veau dort*, LAQ 1980, p. 165-167.

Réginald Martel, *Claude Jasmin, prix Duvernay. Un enfant de cinquante ans*, Pr, 97ᵉ année, nᵒ 32, 7 fév. 1981, p. C-1, C-3.

Anne Richer, *Un dragon à Ste-Adèle ?*, Pr, 97ᵉ année, nᵒ 44, 21 févr. 1981, p. C-4.

Réginald Martel, *Un suspense de Claude Jasmin. La terrible explosion d'un trop long silence*, Pr, 98ᵉ année, nᵒ 113, 15 mai 1982, p. C-4.

Claire de Lamirande, *Claude Jasmin. Caliban, ou la nostalgie de la parole*, Dr, 70ᵉ année, nᵒ 93, 17 juillet 1982, p. 14.

Michel Lord, *L'Armoire de Pantagruel de Claude Jasmin*, LQ, n° 27, automne 1982, p. 33–34.
Madeleine Ouellette-Michalska, *Jasmin et le Pays-mère*, Dev, vol. 74, n° 11, 15 janv. 1983, p. 15.
Suzanne Lafrenière, « *Maman-Paris Maman-la-France* », de Claude Jasmin. *Un tour de France dans ses pantoufles*, Dr, 71ᵉ année, n° 11, 9 avril 1983, p. 30.
Jean Francœur, *Jasmin, père et fils*, Dev, vol. 74, n° 186, 13 août 1983, p. 8.
François Hébert, *Racontages et Placotages*, Dev, vol. 74, n° 250, 29 oct. 1983, p. 19.
Réginald Martel, *Claude Jasmin I. Une enquête policière, Claude Jasmin II. Contre les vices de l'État*, Pr, 101ᵉ année, n° 22, 10 nov. 1984, p. E-2.
Id., *Charles Asselin enquête. Un triste été pour la duchesse*, Pr, 101ᵉ année, n° 277, 8 juin 1985, p. E-3.
Ivanhoë Beaulieu, *Un polar mitonné par Jasmin*, Dev, vol. 76, n° 154, 6 juillet 1985, p. 18.
Réginald Martel, *Trois romans. Deux meurtres et des rires*, Pr, 102ᵉ année, n° 63, 21 déc. 1985, p. E-3.

JAUTARD, VALENTIN [Spectateur tranquille] (1738-1787). Journaliste et critique littéraire. Français d'origine, venu au Canada en 1767, il s'établit à Montréal. À l'arrivée de l'armée américaine en novembre 1775, il rédige la « Lettre des habitants des faubourgs au général américain Montgomery ». Nommé notaire par le général américain Wooster, en janvier 1776, il occupe le poste de secrétaire français de ce dernier. Partisan ardent de la cause américaine, il n'a toutefois pas souffert après que les Anglais eurent repoussé l'armée américaine à l'été de 1776. Il est rédacteur de la *Gazette du commerce et littéraire* de l'imprimeur Fleury Mesplet, du 3 juin 1778 au 2 juin 1779 ; ses opinions « immodérées » lui valent plusieurs réprimandes. Le 4 juin 1779, il est arrêté avec Mesplet pour des « pratiques traîtresses ». Il serait l'auteur d'une fausse proclamation de Louis XVI contresignée par Washington, défendant aux Canadiens de prendre les armes contre les Américains. Il languit en prison jusqu'en septembre 1782. Libéré, il s'installe de nouveau à Montréal, où il pratique le droit. Imbu de l'esprit des Encyclopédistes, Jautard vante la philosophie de Voltaire et s'attaque à la religion. Critique littéraire, il se montre disciple de Boileau, tout en se disant progressiste face à la religion et à la morale. Selon Claude Galarneau, il « a surtout été l'animateur de l'intelligentsia montréalaise, l'homme des Lumières qui mène le combat de la philosophie ».

ŒUVRE

Gazette du commerce et littéraire, pour la ville et district de Montréal, Montréal, du 3 juin 1778 au 2 juin 1779.

(Principal rédacteur, Jautard signe ses articles du pseudonyme « Le Spectateur tranquille ». Il est cependant possible que tous les textes canadiens de ce journal soient l'œuvre de Jautard et que les correspondants de Québec et d'ailleurs n'aient été que des personnages fictifs).

Lettre des habitants des faubourgs au général Montgomery, dans Gustave Lanctot, *Le Canada et la Révolution américaine, 1774-1783*, Montréal, Beauchemin, 1965, p. 294–295.

ÉTUDES

R.W. McLachlan, *Fleury Mesplet the First Printer at Montreal*, MSRC, 2ᵉ série, vol. 12, 1906, p. 196–310.
Séraphin Marion, *Le Voltairianisme de la Gazette de Montréal*, dans *Les Lettres canadiennes d'autrefois*, Ottawa/Hull, EUO/Éditions de l'Éclair, 1940, p. 29–88.
John Hare, [*Valentin Jautard*], dans *Contes et Nouvelles du Canada français 1778-1859*, Ottawa, EUO, 1971, t. 1, p. 31–47.
Jean-Paul de Lagrave, *Fleury Mesplet (1734-1799). Imprimeur, éditeur, libraire, journaliste*, Montréal, Patenaude éditeur, 1986, p. 91–160.

J. D. Voir **PARIZEAU, GÉRARD.**

JEAN. Voir **BONENFANT, JEAN-CHARLES.**

JEAN, ABBÉ. Voir **LAMARCHE, GUSTAVE.**

JEAN, MICHÈLE (1937-   ). Historienne et essayiste, née à Québec. Elle fait ses études classiques au Collège Notre-Dame de Bellevue (B.A., 1957), est journaliste au *Soleil* (1957-1959), puis occupe les fonctions de secrétaire et de rédactrice publicitaire à *La Voix des femmes* (1960-1962). Retournée aux études en 1966, elle obtient un baccalauréat spécialisé en histoire (1971) à l'Université de Montréal, suivi d'une maîtrise en éducation (spécialisation en andragogie, 1974), et d'une maîtrise en histoire (1975). De 1971 à 1973, elle est chargée du *Bulletin* de l'Association des femmes diplômées des universités. De 1972 à 1979, elle donne divers cours à la Faculté d'éducation permanente de l'Université de Montréal, et elle est aussi conseillère andragogique au Cégep Bois-de-Boulogne, de 1975 à 1980. En 1980 et 1981, elle est présidente de la Commission d'étude sur la formation professionnelle et socio-culturelle des adultes. Depuis la fin de ses études collégiales, elle devient une porte-parole autorisée sur les questions féministes au Québec. Outre ses nombreux articles dans divers périodiques et sa participation à des colloques et conférences sur la femme, elle a publié, en 1974, une anthologie des principaux écrits par des femmes sur les femmes depuis 1900. Ce choix de textes porte sur les différents aspects de la vie féminine au Québec. Selon Yvan Lamonde, « De toutes [les] publications [sur les femmes], l'ouvrage de Michèle Jean sera le plus fonctionnel, le plus pédagogique en raison de l'épaisseur historique qu'il donne à un problème que l'on situe habituellement dans le temps en fonction de son âge, de sa génération ». En mars 1976, elle fonde avec Nicole Brossard un périodique consacré entièrement à la cause des femmes, *Les Têtes de pioche*, qui disparaît en juin 1979, mais que les Éditions du remueménage reprennent en un volume en 1980. Comme il n'existe presque rien sur « l'analyse féministe radicale », *Les Têtes de pioche* devient, écrit Renée Rowan, un ouvrage essentiel à « l'intérieur des cours sur le féminisme au Québec ».

ŒUVRES

Québécoises du 20e siècle (anthologie), Montréal, Éditions du Jour, 1974, 303 p. Avant-propos de l'auteur. Textes choisis et présentés par Michèle Jean ; *Québécoises du 20e siècle ; les étapes de la libération féminine au Québec 1900–1974*, Montréal, Quinze, 1977.

L'Éducation des adultes au Québec. Hypothèses de solutions, Québec, Direction de l'édition du ministère des Communications, 1981, 389 p. Ill. (Commission d'étude sur la formation des adultes, Michèle Jean, présidente).

Apprendre : une action volontaire et responsable. Énoncé d'une politique globale de l'éducation des adultes dans une perspective d'éducation permanente, Montréal, Direction de l'édition du ministère des Communications, 1982, 869 p. (Commission d'étude sur la formation des adultes, Michèle Jean, présidente). Traduction anglaise : *Learning : A Voluntary and Responsible Action. Statement of a Comprehensive Policy for Adult Education. Summary Report*, Québec, Direction de la traduction, ministère des Communications, 71 p.

Histoire des femmes au Québec depuis quatre siècles, Montréal, Quinze, 1982, 526 p. « Collectif Clio » : collab. Micheline Dumont, Marie Lavigne et Jennifer Stoddart. Ill. « Idéelle » ; Éditions du Club Québec Loisir Inc., 1983.

Les Femmes et le Bill 60, dans *Cité libre*, vol. 14, n° 59, août–sept. 1963, p. 13–15.

Liberté, Égalité... Féminité, Rel, n° 297, sept. 1965, p. 262–265.

Faut-il interdire l'université aux femmes ?, Ch, vol. 9, n° 12, déc. 1968, p. 36–37, 59–60, 62. Collab. Christiane Bacave.

Duplessis et la Commission royale d'enquête sur les problèmes constitutionnels, 1953–1956, RHAF, vol. 25, n° 3, déc. 1971, p. 337–363. Collab. René Durocher.

La femme a passé, dans *Forum*, vol. 7, n° 22, 22 févr. 1973, p. 4–5.

Condition féminine et Féminisme au Québec, où en sommes-nous ?, dans *Communauté chrétienne*, vol. 16, n° 95, sept.–oct. 1977, p. 441–449.

L'Expérience Repartir du Cégep Bois-de-Boulogne de Montréal. Quand maman reprend son sac d'école, dans *Les Cahiers de la femme*, vol. 1, n° 1, févr. 1978, p. 152–156.

Histoire des luttes féministes au Québec, dans *Possibles*, vol. 4, n° 1, automne 1979, p. 17–33.

Féminisme et Religion au Québec, dans Elisabeth-J. Lacelle, *La Femme et la Religion au Canada français*, Montréal, Bellarmin, 1979, p. 33–42.

ÉTUDES

Susan Mann Trofimenkoff, *Vers une histoire de la Québécoise*, LAQ 1974, p. 312–314.

Louise Picard, *La « Guerre de 100 ans » des féministes au Québec*, So, vol. 78, n° 7, 8 janv. 1975, p. 4.

Yvan Lamonde, *Pour faire le tour de la femme québécoise*, Pr, 91e année, n° 21, 25 janv. 1975, p. D-2.

Lily Tasso, *L'historienne Michèle Jean présente les pionnières du féminisme au Québec*, Pr, 91e année, n° 72, avril 1975, p. D-8.

[Anonyme], *Jean (Michèle). Québécoises du 20e siècle*, dans *Le Livre canadien*, vol. 6, juin 1975, n° 227.

Renée Rowan, *Les Têtes de pioche*, Dev, vol. 70, n° 146, 23 juin 1979, p. 15–16.

JEAN, VÉRONIQUE. Voir LEDUC, JEAN.

JEAN DU CANADA. Voir BEAUPRÉ, JEAN-BAPTISTE.

JEAN DU LAC. Voir BEAUPRÉ, JEAN-BAPTISTE.

JEANNE. Voir GRISÉ-ALLARD, JEANNE.

JETOCHA. Voir CHAMBERLAND, JEAN-LOUIS.

J. H. Voir PARIZEAU, GÉRARD.

J. J. Voir TREMBLAY, VICTOR.

JOBIN, EDGAR [X Marc-Louis Whissel, Edgar Malines] (1949–   ). Poète, né à Québec. Il étudie au Collège des Jésuites de Québec, au Cégep de Jonquière (D.E.C., 1968) et à l'Université Laval, d'abord en sciences, ensuite en lettres. Il pratique plusieurs métiers : guide de voyage, commis-libraire, et il collabore à la revue *Vertet*, sous le pseudonyme d'Edgar Malines. Son recueil de poésie *Stratosphère suivi de Magnétoscope* (1979), se divise en deux parties. La première est consacrée à sa poésie et la seconde est une sorte de « cours sur la poésie à des êtres immatériels ». Selon Roger Chamberland, « cette poésie s'en tient à un jeu de l'écriture qui ne transcende pas l'ordre des préoccupations d'Edgar Jobin ».

ŒUVRE

Stratosphère suivi de Magnétoscope (poésie et prose), Sherbrooke, Éditions Naaman, 1979, 60 p. « Création ».

ÉTUDE

Roger Chamberland, *Recueils de poésie aux Éditions Naaman*, LAQ 1980, p. 122.

JOËLLE. Voir **COSSETTE,** CLAUDE.

JOHNSON, MICHELINE. Voir **DUMONT,** MICHE-LINE.

JOHNSON, MICHELINE D. Voir **DUMONT,** MI-CHELINE.

JOLICŒUR, CATHERINE (1915–   ). Ethnologue, folkloriste et essayiste acadienne, née à Nouvelle (Gaspésie). Elle fait ses études à l'Université du Sacré-Cœur de Bathurst (B.A., 1950), à l'Université Saint-Louis d'Edmundston (B. Sc. soc., 1954 ; M. Sc. soc., 1955 ; B. Péd., 1956). Puis elle poursuit des études d'ethnologie et de folklore à l'Université Laval, sous la direction de Luc Lacourcière, et obtient une maîtrise (1959) et un doctorat (1963) dont la thèse est publiée en 1970 : *Le Vaisseau-fantôme, légende étiologique*. Avant et pendant ses études supérieures elle est tour à tour professeure à Nouvelle, à New Richmond, à Butte Amirault, à Bathurst, à Edmundston..., et elle est coordonnatrice d'un projet Killam sur le folklore à l'Université Laval (1971-1974). À compter de 1978, elle est professeure de folklore au Centre universitaire Saint-Louis-Maillet d'Edmundston. Elle collabore à des périodiques comme *The Potomac Herb Journal*, *Folklore*, *Le Bouclier*, *Revue d'histoire de la Gaspésie*, et elle est membre de plusieurs sociétés d'histoire et de folklore. À partir de 1975, elle consacre ses recherches à l'établissement d'un premier catalogue des légendes acadiennes. C'est à travers diverses légendes, des naufrages et des disparitions mystérieuses de navires dans le Saint-Laurent et l'Atlantique que Catherine Jolicœur a mené son enquête sur le Vaisseau-fantôme. « L'intérêt de cet ouvrage érudit, écrit Benoît Lacroix, tient non seulement à son aspect documentaire mais aussi au fait que Catherine Jolicœur connaît son sujet dans toutes ses ramifications. D'un coup nous voyons s'ouvrir le champ immense des études de littérature et de folklore comparés, celui de la psychologie historique, des religions populaires, des mentalités du littoral, et des théologies orales ».

ŒUVRES

Face à la vie/Facing True Life (biographie), Yarmouth, Chez l'auteur, 1963, 35 p.
Le Vaisseau-fantôme, légende étiologique (essai), Québec, PUL, 1970, 337 p. Préface de Luc Lacourcière. Introduction de l'auteur. « Les Archives de folklore ».
Les Plus Belles Légendes acadiennes (anthologie), Montréal/Paris, Stanké, 1981, 280 p. Ill. de Nérée De Grâce.

Traditional Use of Herbs in Quebec, dans *The Potomac Herb Journal*, vol. 7, n° 4, hiver 1971, p. 3–5.
Légendes acadiennes, dans *Revue de l'Université Laurentienne*, vol. 8, n° 2, févr. 1976, p. 21–30.
Retour aux légendes anciennes, dans *Parallèle 48* (Paris), n° 32, mars-avril 1977, p. 2.
Fille poétique de l'histoire, dans *Nord*, n° 7, automne 1977, p. 155–164.
Une recherche légendaire, dans *Mélanges en l'honneur de Luc Lacourcière. Folklore français d'Amérique*, sous la direction de Jean-Claude Dupont, Montréal, Leméac, 1978, p. 239–241.
La Charrette fantôme, dans *Folklore*, vol. 2, n°s 2-3, sept.-nov. 1978, 39 p.

ÉTUDES

Daniel Haillot, *Le Vaisseau-fantôme, légende étiologique de Catherine Jolicœur*, LAQ 1970, p. 180–181.
[Anonyme], *Le Vaisseau-fantôme de Catherine Jolicœur*, dans *Le Livre canadien*, vol. 2, mars 1971, n° 108.
Benoît Lacroix, *Jolicœur, Catherine. Le Vaisseau fantôme. Légende étiologique*, RHAF, vol. 24, n° 4, mars 1971, p. 606–607.
Lauraine Léger, *Catherine Jolicœur. Les Plus Belles Légendes acadiennes*, LAQ 1981, p. 291–293.
Thérèse Lemieux et Gemma Caron, *Catherine Jolicœur, Sœur Marie Sainte-Hélène*, dans *Silhouettes acadiennes*, [s.l., s.é.], 1981, p. 220–224.

JOLLIET, LOUIS (1645–1700). Explorateur, né à Québec. À la suite de ses études classiques au Collège des Jésuites, il reçoit les ordres mineurs en 1662. Pendant ses études philosophiques, il est premier organiste de la cathédrale de Québec. Ne se sentant plus d'attrait pour la vocation sacerdotale, Jolliet quitte le Séminaire de Québec en 1667 et s'embarque pour la France. À son retour, l'année suivante, il commence à s'occuper de traite. Il accomplira plusieurs expéditions importantes : en 1673, avec le père Jacques Marquette, il découvre et descend le Mississippi pour le compte de Frontenac ; en 1679, il entreprend un voyage à la Baie d'Hudson et, en 1689 et 1694, au Labrador. Il exploite aussi des pêcheries des îles Mingan et d'Anticosti et il enseigne l'hydrographie à Québec. Malheureusement, les papiers personnels de Louis Jolliet ont presque tous disparu. Il reste cependant son journal de voyage au Labrador, manuscrit publié dans le *Rapport de l'Archiviste de la province de Québec* en 1944. Ce document considérable comporte une description des côtes du Labrador et de leurs habitants, ainsi que 16 croquis cartographiques. Voici comment André Vachon juge cette carrière prodigieuse : « Jolliet connut, de son vivant, une renommée internationale : [...] des ouvrages célébrèrent son nom et la découverte du Mississippi. Sans conteste, le Canadien Louis Jolliet est l'une des plus authentiques et des plus parfaites réussites de cette bâtisseuse d'hommes que fut la Nouvelle-France ».

ŒUVRE

Journal de Louis Jolliet allant à la découverte du Labrador, 1694, RAPQ, 1944, p. 147–206.

ÉTUDES

Alain Grandbois, *Né à Québec. Louis Jolliet. Récit*, Montréal, Fides, 1948, 207 p.
Jean Delanglez, *Louis Jolliet, vie et voyages (1645–1700)*, [Montréal], Les Études de l'Institut d'histoire de l'Amérique française, 1950, 435 p.
André Vachon, *Louis Jolliet*, DBC, t. 1, 1966, p. 404–410.

JOMPHE, ROLAND B. (1917–   ). Poète, né au Havre Saint-Pierre (Saguenay). Après des études primaires dans son village, il devient pêcheur de morue comme son père. Sacristain pendant plusieurs années, il est nommé secrétaire-trésorier de la municipalité en 1967. Pendant plus de 30 ans, il recueille des légendes et des anecdotes sur son coin de pays. Toute cette documentation est déposée aux Archives nationales du Québec. Il écrit aussi des poèmes qui traduisent la nature et les gens de sa région. En 1978 paraît *De l'eau salée dans les veines*. Ce recueil lui vaut le titre du chantre des îles Mingan. Normand Desjardins constate que « ce grand naïf au sens noble du terme [...] écrivait, tout simplement, pour ses enfants, pour meubler leurs instants lorsqu'il ne serait plus là ». En 1981, il devient officier de l'Ordre du Canada.

ŒUVRE

De l'eau salée dans les veines (poésie), Montréal, Leméac, 1978, 134 p. « Second regard ».

ÉTUDE

Normand Desjardins, *Roland Jomphe, secrétaire de municipalité et poète. Chantre des îles Mingan*, dans *Perspectives*, vol. 10, n° 40, 8 oct. 1978, p. 16–18.

JONES, HENRI Charles [Tristan MaxHim] (1921–   ). Essayiste, né à Neuville-sur-Oise (France). Il fait ses humanités au Lycée Molière de Hardricourt. En 1954, il obtient un doctorat d'université pour un travail intitulé « De l'esthétique classique » à l'Université de Toulouse, où il fait de plus un doctorat de troisième cycle, en 1973, et soutient une thèse sur « Mallarmé chez Gabriel Séailles ». En 1958–1959, il est boursier Fulbright et attaché au musée d'art de Cleveland. Il est journaliste à Paris, de 1946 à 1951, enseigne la philosophie à l'École Pascal et au Cours Saint-Louis de 1951 à 1958, arrive au Canada en 1958 et devient professeur à l'Université McGill en 1959. Il collabore à la *Revue d'esthétique, Dialogue, Vie des arts, Études françaises, Revue des sciences humaines...* Stéphane Sarkany exprime certaines réserves sur *Le Surréalisme ignoré* (1969). Il ajoute que les réflexions de Jones « montrent combien le livre [...] peut susciter de controverses... mais par là même combien il est stimulant ». Et Roger Mercier écrit sur *De l'esthétique classique tirée de portrait et de nu* (1971) : « Aux frontières de la critique esthétique et de la critique littéraire, l'ouvrage d'Henri Jones soulève [...] de nombreux problèmes concernant la vie de l'art, et y apporte souvent d'intéressants éléments de réponse ».

ŒUVRES

Récit pudique ou Tragédie en cinq actes. Une caricature littéraire, Paris, Éditions Scorpion, 1964, 251 p. Ill. Sous le pseudonyme de Tristan MaxHim.
Le Surréalisme ignoré avec un témoignage inédit de Henri Pastoureau : le surréalisme d'après-guerre (1946–1950), Montréal, Centre éducatif et culturel inc.,

1969, 164 p. Collab. Jean Leduc et Paule Leduc. Ill. Préface d'Horace de Saint-Aubin. Avant-propos de l'auteur. Avant-propos de Jean Leduc. Avant-propos de Paule Leduc ; Sherbrooke, Éditions Naaman, 1978, 164 p. « Naaman Dilif ».

De l'esthétique classique tirée de portrait et de nu (essai), Montréal, Centre éducatif et culturel inc., 1971, 239 p. Ill. Préface de Marcel Bion ; Montréal/Sherbrooke, Centre éducatif et culturel inc./Éditions Naaman, 1978, 239 p. « Naaman Dilif ».

Mallarmé chez Gabriel Séailles (essai), Toulouse, Association des publications de l'Université de Toulouse — Le Mirail, 1975, 152 p.

La Folie dans les poèmes d'Émile Nelligan, dans *Nelligan, poésie rêvée, poésie vécue, colloque Nelligan, Université McGill*, Montréal, CLF, 1969, p. 161–175.

Surréalisme et Mauvaise Conscience, EF, vol. 2, no 3, juillet-sept. 1966, p. 295–313.

Évocation — Désir (Désir — évocation) (poésie), dans *Babelian Illustration, Illustration Babélienne*, Montréal, Université McGill/Centre d'études canadiennes-françaises, no 1, 1969, p. 27.

Kidé Varo Exka ? si t'é (poésie), dans *Babelian Illustration, Illustration Babélienne*, Montréal, Université McGill/ Centre d'études canadiennes-françaises, no 2, 1970, p. 19. Collab. N. Hurtubise.

Exode, Mardu (poésie), dans *Babelian Illustration, Illustration Babélienne*, Montréal, Université McGill/Centre d'études canadiennes-françaises, no 3, 1970, p. 31, 32.

ÉTUDES

Stéphane Sarkany, *Le Surréalisme ignoré de Henri Jones, Paule et Jean Leduc*, LAQ 1969, p. 141–142.

Roger Mercier, *Le Surréalisme ignoré*, dans *Revue des sciences humaines*, vol. 35, no 140, oct.–déc. 1970, p. 665–666.

Id., *De l'esthétique classique, tirée de portrait et de nu*, dans *Revues des sciences humaines*, vol. 37, no 146, avril–juin 1972, p. 309–310.

JOSÉ. Voir **BOUCHER DE BOUCHERVILLE, PIERRE-GEORGES PRÉVOST.**

JOSEPHTE. Voir **CHAUVEAU, PIERRE-JOSEPH-OLIVIER.**

JOSEPHTE. Voir **DANDURAND, Mme RAOUL.**

JOSETTE. Voir **DANDURAND, Mme RAOUL.**

JUHEL, DENIS-NOËL (1945–   ). Linguiste, traducteur et poète, né à Paris. Il fait ses humanités au Lycée du Raincy (Seine-et-Oise), puis il obtient à la Sorbonne une licence ès lettres (1966), et un doctorat (1980) pour une thèse intitulée *Bilinguisme et Traduction au Canada ; rôle sociolinguistique du traducteur*, étude publiée à l'Université Laval en 1982. Il est professeur de français à Oxford (Angleterre) en 1966, à l'Université Memorial de Terre-Neuve en 1967, à l'Université du Nouveau-Brunswick (Fredericton) de 1968 à 1980, puis il est nommé professeur agrégé de traduction à l'Université Laval en 1980. Il collabore à *Degrés* (Bruxelles), à *Meta*, et il publie des poèmes dans *Poets of Canada* et dans *Poésie-USA*. Il réunit dans un recueil, *Paysages intérieurs* (1977), des poésies écrites entre 1960 et 1977.

ŒUVRES

Paysages intérieurs. Poèmes, Sherbrooke, Éditions Naaman, 1977, 109 p. « Création ».

Bilinguisme et Traduction au Canada : rôle sociolinguistique du traducteur (essai), Québec, Centre international de recherche sur le bilinguisme, Université Laval, 1982, [10], 116 p. Préface de Danica Seleskovitch. « Publication B ».

Linguistic Codes and Recent Literatures, dans *Degrés* (Bruxelles), 1974, p. 1–6.

JULIEN, PAULINE (1928–   ). Chanteuse , compositeur et actrice, née à Trois-Rivières, dans une famille nombreuse. Elle déménage toute jeune au Cap-de-la-Madeleine où elle étudie chez les Filles de Jésus. Passionnée de théâtre, elle joue d'abord à Québec avec les Comédiens de la Nef (1946), puis à Montréal avec la Compagnie du Masque, fondée par Fernand Doré et Charlotte Boisjoli. Grâce à une bourse du gouvernement du Québec, elle se rend à Paris en 1951 pour étudier le théâtre, le mime et la danse chez Bernard Bimont, Marcel Marceau... Le hasard la fait passer du théâtre à la chanson. Elle chante Vian, Brecht, Ferré... dans les boîtes de Paris, au Café des Anglais, Chez Moineau... Rentrée au Canada à l'automne de 1957, elle chante au Café Saint-Germain-des-Prés de Jacques Normand, à Montréal. Les débuts sont difficiles mais le succès vient, et en septembre 1958, *La Semaine à Radio-Canada* l'appelle une « diseuse de grand talent ». Ainsi, peu à peu, elle « redécouvre », c'est son mot, son pays natal, en interprétant les chansons de Gilles Vigneault, Raymond Lévesque, Georges

D'Or... Elle devient vite une chanteuse populaire et recherchée. Elle joue dans *L'Opéra de Quat'sous*, en 1961, et publie son premier disque en 1962. Elle représente le Canada en 1964 à Sopot et elle chante par la suite dans une quinzaine de pays des Amériques, d'Europe et d'Afrique. En 1972, *Les Nouvelles littéraires* l'appellent la «pasionara du Québec». Les métallos créeront un prix Pauline-Julien en 1985. La même année, elle déclare à Jean Royer: «Je suis une chanteuse comme les autres [...]. Rentrée ici, j'ai été ancrée dans la réalité du Québec [...]. J'étais aussi portée par le public qui voulait qu'on exprime le Québec. Moi je n'ai jamais été une porte-drapeau». Elle met fin à sa carrière de chanteuse solo à l'automne de 1985, après plusieurs tournées triomphales en Europe, mais elle garde d'autres projets en tête. D'abord interprète, elle écrit ses premiers textes à partir de 1968, par exemple, «L'Âme à la tendresse», «Au milieu de ma vie», «As-tu deux minutes»... Elle en a écrit une quarantaine dans lesquels il est surtout question de l'amour, de l'amitié, et de son pays. Elle a enregistré vingt-trois disques et plusieurs autres en collaboration, a joué dans quelques films et spectacles. Son œuvre a mérité plusieurs récompenses : le second prix de Sopot (1964), le prix Calixa-Lavallée (1975), deux fois un Grand Prix du disque Charles Cros (1970, 1985). Jean-Louis Gauthier remarque que Pauline Julien, à sa manière, a marqué tout un peuple de ses refrains.

ŒUVRE

Pauline Julien, Paris, Éditions Seghers, 1974, 176 p. Ill. Choix de textes, discographie et présentation par Louis-Jean Calvet.

DISCOGRAPHIE

Pauline Julien. Trio François Cousineau, Montréal, Radio-Canada Service international, 1967, MG-6726-27-2, 33⅓ tours.
Pauline Julien. Chante, [Montréal], CBC/Radio-Canada Service international, [1967], EXPO-18, 33⅓ tours.
Pauline Julien. Comme je crie... Comme je chante, Montréal, Gamma, [1969], GS-125, 33⅓ tours.
Pauline Julien. Collection poésie et chanson, [Montréal], Harmonie Columbia, [1970], HFS-9063, 33⅓ tours.
Les Plus Grands Succès de Pauline Julien, Montréal, Gamma, [1971], G2-1001, 2 disques, 33⅓ tours.
Au milieu de ma vie, peut-être à la veille de..., [s.l.], Zodiaque/Trans-World, [1972], ZOX-6002, 33⅓ tours.
Fragile, [s.l.], Les disques Zodiaque/Trans World, [1974], ZOX-6900, 33⅓ tours.
Pauline Julien. Licence complète, [s.l.], Zodiaque/Trans World, 1974, ZOX-6018, 33⅓ tours.
Pour mon plaisir... Gilles Vigneault, [s.l.], Les disques Zodiaque/Trans World, [1974], ZOX-6014, 33⅓ tours.
Pauline Julien en scène, [s.l.], Deram, 1975, XDEF-124, 33⅓ tours.

Allez voir, vous avez des ailes, [s.l.], Les disques Zodiaque, [1976], ZOX-6007, 33⅓ tours.
Pauline Julien chante Raymond Lévesque, Montréal, Gamma, [s.d.], GS-103, 33⅓ tours.
Pauline Julien chante Boris Vian, Montréal, Gamma, [s.d.], GM-107, 33⅓ tours.
Suite québécoise. Pauline Julien, Montréal, Gamma, [s.d.], GS-112, 33⅓ tours.
Pauline Julien. Tout ou rien. Récital Brecht enregistré en public, France, Uniteledis/Le Chant du monde distributeur, 1976, UNI-21276, 33⅓ tours.
Les Sept péchés capitaux (ballet chanté), Montréal, Kébec-disc, [1978], KD-977, 33⅓ tours.
Les Grands Succès de Pauline Julien volume 2, [s.l.], Gamma, [1979], G2-10114, 33⅓ tours.
Mes amies d'filles, Montréal, Kébec-disc, [1979], KD-949, 33⅓ tours.
Fleurs de peau. Pauline Julien, Montréal, Kébec-Disque, [s.d.], KD-995, 33⅓ tours.
Pauline Julien. Charade, Montréal, Kébec-Disque, 1982, KD-535, 33⅓ tours.

ÉTUDES

Nicole Charest, *Pour Pauline Julien: un chassé-croisé entre le théâtre et la chanson*, dans *Radiomonde*, 1er oct. 1960, p. 16.
Louise Côté, *Pauline Julien, la grande aventure de la chanson*, MM, janv. 1963, p. 17–21, 33–34.
Gilles Courtemanche, *La Vraie Nature de Pauline Julien*, dans *Nous*, vol. 5, nᵒ 1, oct. 1973, p. 14–17.
Raymonde Bergeron, *Agressive, moi? La belle, sensible, prompte, impatiente, coléreuse Pauline Julien. Grrr... jamais!*, Pe, vol. 18, nᵒ 30, 24 juillet 1976, p. 6–8.
Lise Moreau, *Pauline Julien a conquis les Français*, Dev, vol. 69, nᵒ 4, 6 janv. 1978, p. 12.
Colette Duhaime, *Pauline Julien, femme de parole et d'amour*, Dr, 65ᵉ année, nᵒ 262, 4 févr. 1978, p. 15.
Eloundou Abui-Mama, *Pauline Julien: une carrière au zénith*, Dev, vol. 69, nᵒ 140, 17 juin 1978, p. 18.
Raymonde Bergeron, *Le Nouveau Virage de Pauline Julien*, Pe, vol. 22, nᵒ 2, 12 janv. 1980, p. 7.
[Anonyme], *Julien, Pauline*, dans Helmut Kallmann, Gilles Potvin, Kenneth Winters, *Encyclopédie de la musique au Canada*, Montréal, Fides, 1983, p. 520.
Jean Beaunoyer, *La Vraie Nature de Pauline Julien*, Pr, 99ᵉ année, nᵒ 77, 24 avril 1983, p. B-4.
Jean Royer, *Pauline Julien: se défaire du pays*, Dev, vol. 76, nᵒ 39, 15 févr. 1985, p. 16.
Jean-Louis Gauthier, *Pauline Julien, attention, fragile!*, Ch, vol. 26, nᵒ 11, nov. 1985, p. 48–51, 57.

JULIEN, VIVIANE. Voir DASILVA, VIVIANE.

JUSTICE. Voir FAUTEUX, AEGIDIUS.

JUTRAS, JEANNE D'ARC (1927–   ). Romancière et journaliste, née à Sainte-Brigitte-des-Saults (Nicolet). Après le secondaire, elle continue ses études au Collège commercial Fortin, puis elle exerce divers métiers dont ceux de femme de chambre, d'ouvrière dans la menuiserie et le meuble, de vendeuse, etc., tout en complétant son instruction par elle-même. À compter de 1970, elle milite pour la reconnaissance des droits et des libertés civiques, et elle collabore à divers périodiques dont *La Presse, Le Devoir, Montréal-Matin, Journal de Montréal, Madame*, et régulièrement à la revue *Le Berdache* où elle tient une « Chronique en zig zag » pour la défense des droits des lesbiennes. Elle participe à plusieurs émissions télévisuelles et radiophoniques sur l'homosexualité, et elle publie en 1978 *Georgie* qui, écrit Janou Saint-Denis, « est un roman ‹ d'un vécu › où le corps et le texte sont Unité. Les mots pas plus que la chair ne sont ‹ objets ›. Plutôt une parole éclatée, un vigilant appel à la tendresse où l'émotion se révèle dans une poésie rude et forte qui éclabousse le sujet ».

ŒUVRES

Georgie (roman), Montréal, Les Éditions de la Pleine Lune, 1978, 187 p.

Délira Cannelle. Roman, [Montréal], Éditions Québec/ Amérique, 1983, 128 p. Ill. Préface de Micheline La France. « Littérature d'Amérique ».

Mise au point sur l'homosexualité féminine, dans *Madame*, vol. 3, n° 12, avril 1977, p. 19-20, 70.

Les missions : c'est pas toujours gai, dans *Le Berdache*, n° 3, sept. 1979, p. 15.

Chronique en zig zag, dans *Le Berdache*, n° 25, nov. 1981, p. 24.

ÉTUDES

Réginald Martel, *Choix de la critique*, Pr, 94ᵉ année, n° 137, 10 juin 1978, p. D-12.

Gilles Cossette, *Georgie de Jeanne D'Arc Jutras*, LQ, n° 11, sept. 1978, p. 14-15.

Janou Saint-Denis, *Georgie, Jeanne D'Arc Jutras*, dans *Canadian Women's Studies/Les Cahiers de la femme*, vol. 1, n° 1, automne 1978, p. 112-113.

Michèle Thibault, « *Je ne pouvais être aussi mauvaise qu'on le disait* » (entrevue), Pe, vol. 10, n° 50, 17 déc. 1978, p. 11-13.

François Hébert, *De bourgeoises et d'épicières*, Dev, vol. 74, n° 286, 10 déc. 1983, p. 21.

Claire de Lamirande, « *Délira Cannelle* » *de Jeanne D'Arc Jutras. Être normale ou non*, Dr, 71ᵉ année, n° 261, 4 févr. 1984, p. 30.

K

KARAMÉ, ANTOINE (1912–   ). Poète et éditeur d'indicateurs et d'annuaires, né au Caire (Égypte). Il y fait ses humanités au Collège des Jésuites (B.A., 1929) et il obtient une licence en droit à la Faculté française de droit du Caire (1933). De 1933-1946, il est fonctionnaire, puis greffier au tribunal mixte du Caire, après quoi il pratique le droit jusqu'en 1961. En 1962, il s'installe à Beyrouth (Liban) où il est fondateur, copropriétaire et directeur des maisons d'édition Publitec et Mecico. Émigré au Canada en 1974, il en devient citoyen en 1978. Actif dans plusieurs sociétés culturelles et littéraires comme Arts et Lettres au Québec et la Société des écrivains canadiens, il collabore à divers périodiques, tels que *Écriture française*, *Le Devoir*, *Trait-d'union*, *Le Réveil*, *Vertet*..., et il donne plusieurs conférences sur la poésie et sur des poètes canadiens. Il reçoit des prix de poésie en Belgique, en France et au Québec, et il est fait chevalier de l'Ordre de la Croix du Sud et de l'Ordre international des arts et lettres (France). Il a d'abord publié des indicateurs touristiques, des « who's who » et des annuaires. Son premier recueil de poèmes, *La Voix de l'immigrant*, paru en 1980, provoque des réactions variées. Pour Roger Chamberland, il « nous ramène à l'époque de la versification classique, des ‹ beaux sentiments › et de la grandeur d'âme ». Aline Lafortune y trouve une « poésie pleine de souffle », un livre à la discipline rigoureuse qui « sera goûté à la condition qu'on se donne le temps de réfléchir ».

ŒUVRES

L'Indicateur touristique d'Égypte (guide), Caire, Éditions Karamé, 1954, 188 p.

L'Indicateur touristique du Liban (guide), Beirut, Éditions Publitec, 1963, 176 p.

Who's Who in Lebanon (biographies), Beirut, Éditions Publitec, 1968, 880 p.

Who's Who in the Arab World (biographies), Beirut, Éditions Publitec, 1969, 1150 p.

Annuaire des sociétés (index), Beirut, Éditions Publitec, 1969, 1425 p.

Annuaire des professions (index), Beirut, Éditions Publitec, 1969, 635 p.

La Voix de l'immigrant. Poésies, Sherbrooke, Éditions Naaman, 1980, 108 p. « Création ».

Les Chants intérieurs. Poèmes d'autrefois et d'aujourd'hui, Sherbrooke, Éditions Naaman, 1984, 93 p.

Légendes pharaoniques, Sherbrooke, Éditions Naaman, 1985, 76 p. Collab. Antoine Naaman et Léo A. Brodeur. Ill. « Création ».

Le Raspoutine égyptien et Autres Nouvelles — Le Poète misérable — L'Exorcisation — Le Cercueil — L'Homme-tronc — Une incroyable escroquerie — L'École des pickpockets — L'Homme à la mandoline — La Vendetta — Le Peintre et le Modèle — Une étrange partie de poker — Ivardé, la fille à l'œil maudit, Sherbrooke, Éditions Naaman, 1985, 116 p. Préface d'Henri Tranquille. « Création ».

ÉTUDES

Roger Chamberland, *Recueils de poésie aux Éditions Naaman*, LAQ 1980, p. 122.

Aline Lafortune, *Karamé (Antoine). La Voix de l'immigrant*, dans *Nos livres*, vol. 12, juin-juillet 1981, n⁰ 291.

KARCH, PIERRE Paul (1941–   ). Essayiste, romancier et conteur, né à Saint-Jérôme (Terrebonne). Il fait ses humanités à l'Université d'Ottawa où il obtient un baccalauréat (1961) et une maîtrise ès arts pour une « Étude des thèmes et des influences dans les œuvres poétiques de François Mauriac » (1963). Boursier du gouvernement ontarien, il poursuit ses études à l'Université de Toronto (1964-1969) et prépare sur Maurice de Guérin un ouvrage qui paraît en grande partie dans les cahiers de *L'Amitié guérinienne* (France). Il est professeur de français au Collège universitaire de Rouyn (1963-1965), à l'Université Mount Allison (été 1967) et, à partir de 1967 à l'Université York (campus Glendon). Il publie des poèmes, des nouvelles et des articles de critique dans une quinzaine de périodiques, tels que *La Frontière*, *Liberté*, *Le Droit*, *Courrier Sud* et *The Canadian Modern Language Review*. En 1971, il est lauréat du concours *Contes et Nouvelles du monde francophone*, paru chez Naaman. En 1974, en collaboration avec Mariel O'Neill Karch, il publie une anthologie littéraire canadienne, *Options*. Son recueil de contes, *Nuits blanches* (1981), présente des personnages envoûtés, maudits : « La fatalité semble vouloir faire d'eux des victimes exemplaires et leur destin est tragiquement spectaculaire » (Gilles Cossette). « Le style, sans être recherché, reste juste, varié, parfois pittoresque », écrit Paul Gay. Ce dernier critique appelle *Baptême*

(1982) « un conte étiré à la longueur d'un roman » qui se déroule dans un village franco-ontarien des années trente.

ŒUVRES

Options. Textes canadiens-français choisis et annotés (anthologie), Toronto, Oxford University Press, 1974, 180 p. Collab. Mariel O'Neill Karch. Ill.

Nuits blanches (contes), Sudbury, Prise de Parole, 1981, 97 p.

Baptême (roman), Sudbury, Prise de Parole, 1982, 125 p.

Noëlle à Cuba (roman), Sudbury, Prise de Parole, 1988, 392 p.

La Croix (poésie), dans *Le Chaînon*, vol. 7, n° 6, avril 1960, p. 16.

Excelsiva (poème), dans *Le Chaînon*, vol. 7, n° 7, mai–juin 1960, p. 21.

La Bague (conte), dans *Contes et Nouvelles du monde francophone*, Sherbrooke, Édition Cosmos, 1971, p. 32–43.

Silence de mort, L, vol. 3, n° 2, févr. 1972, p. 115–127.

Rigor mortis, Tombeau, Épitaphe (poésie), dans *Amaranth*, printemps 1981, p. 13, 14, 37.

L'Amour dans la vie et dans l'œuvre de Maurice de Guérin (essai), dans *L'Amitié guérinienne*, vol. 36, n° 3, juillet–sept. 1971, p. 83–105 ; n° 4, oct.–déc. 1971, p. 134–149 ; vol. 40, n° 1, janv.–mars 1972, p. 18–47 ; n° 2, p. 58–96 ; n° 3, juillet–sept. 1972, p. 111–136 ; n° 4, oct.–déc. 1972, p. 156–167.

[*Poèmes*], dans *Points de vue* (poésie), Toronto, Éditions de la Maison de la culture / Collège universitaire Glendon, 1985, p. 5–9. Ill.

ÉTUDES

Gilles Cossette, *Nuits blanches de Pierre-Paul Karch*, LQ, n° 25, printemps 1982, p. 32.

Paul Gay, *Nuits blanches. Au pays de la peur*, Dr, 70e année, n° 42, 15 mai 1982, p. 28.

Id., *Un conte étiré à la longueur d'un roman... Baptême*, Dr, 71e année, n° 35, 7 mai 1983, p. 22.

KATTAN, NAÏM (1928–). Essayiste, critique littéraire, romancier et nouvelliste, né à Bagdad (Irak). Il fait ses études à la Faculté de droit de Bagdad (1945–1947), puis à la Sorbonne (1947–1951) où il étudie aussi la littérature à titre de boursier du Gouvernement français. Il émigre au Canada en 1954 et commence à s'intéresser aux multiples aspects de la vie intellectuelle du pays. Il collabore à un grand nombre de journaux et de revues : *Le Devoir*, *La Presse*, *Écrits du Canada français*, *Liberté*, *Voix et Images*, *Tamarack Review*, *Canadian Literature*, *Les Lettres Nouvelles* et *La Quinzaine littéraire (Paris)*. De 1961 à 1962 il est rédacteur de politique internationale au *Nouveau Journal*, et il est chargé de cours, en 1963, à la Faculté des sciences sociales de l'Université Laval, puis il travaille comme recherchiste, durant deux ans, à la Commission royale d'enquête sur le bilinguisme et le biculturalisme. Pendant plusieurs années il est secrétaire, puis rédacteur du *Bulletin du Cercle juif de langue française* de Montréal. Il écrit de nombreuses pièces radiodiffusées par Radio-Canada et par la Radio-diffusion belge. À partir de 1967, il dirige le Service des lettres et de l'édition du Conseil des arts du Canada. Pour son premier essai, *Le Réel et le Théâtral*, il reçoit, en 1971, le prix France-Canada. Il est membre de la Société royale du Canada, de l'Académie canadienne-française (1983), et officier de l'Ordre du Canada (1983). Dans ses trois romans, *Adieu Babylone* (1975), *Les Fruits arrachés* (1977) et *La Fiancée promise* (1983), Naïm Kattan projette sa propre pensée dans les personnages et dans les paysages qui les entourent. La fabulation est alerte, la thématique diversifiée. « La pensée prend de la densité, de l'ampleur », remarque Claire de Lamirande, en présentant *La Fiancée promise*. Ses nombreux essais permettent à l'auteur d'aborder les problèmes de la vie individuelle et collective. Témoin de trois civilisations (juive, arabe, chrétienne), remarque France Simard, Naïm Kattan soutient que « notre civilisation entre désormais dans une période où les règles entre les gens ne suivent plus leur cours normal et où tout est remis en question. La réflexion traditionnelle doit se renouveler et se recréer grâce à l'apport de chacun de nous ». Il insiste sur l'amour de la vie même si son écriture doit passer par les mots qui véhiculent souvent le tragique et le noir. Dans ses essais, romans et nouvelles, Naïm Kattan scrute le destin de l'homme. Il s'intéresse à la rencontre des cultures du Moyen-Orient, de l'Europe et des Amériques.

ŒUVRES

Les Juifs et la Communauté française (essai), Montréal, Éditions du Jour, 1965, 136 p. Sous la direction de Naïm Kattan. « Cahier du Cercle juif de langue française ».

L'Immigrant de langue française et son intégration à la vie canadienne (essai), [Montréal], [s.é.], 1965, 117 p. (Texte polycopié).

Juifs et Canadiens (essai), Montréal, Éditions du Jour, 1967, 132 p. Sous la direction de Naïm Kattan. « Cahier du Cercle juif de langue française ».

Le Réel et le Théâtral. Essai, Montréal, Éditions HMH, 1970, 183 p. Préface de Jean Grosjean. « Constantes »; Éditions Denoël, 1971, « Les Lettres nouvelles ». Traduction anglaise par Alan Brown : *Reality and Theatre*, Toronto, Anansi, 1972, 142 p.

Écrivains des Amériques (essai), Montréal, Hurtubise HMH, 1972-1980, 3 vol. : vol. 1, *Les États-Unis*, 271 p. Préface de l'auteur. « Reconnaissances »; vol. 2, *Le Canada anglais*, 1976, 207 p. « Constantes »; vol. 3, *L'Amérique latine*, 1980, 165 p. Introduction de l'auteur.

Dans le désert. Nouvelles, [Montréal], Leméac, 1974, 155 p. « RQ ». Traduction anglaise par Judith Madley et Patricia Claxton : *The Neighbour and Other Stories*, Toronto, McClelland and Stewart, 1982, 183 p. « New Canadian Library ». (Traduction de *Dans le désert* et *La Traversée*).

La Discrétion, La Neige, Le Trajet, Les Protagonistes (théâtre), [Montréal], Leméac, 1974, 137 p. « TC ».

Adieu Babylone. Roman, Montréal, La Presse, 1975, 238 p.; Paris, Julliard, 1976, 238 p. Préface de Michel Tournier. « Atelier Anne Philippe ; Montréal, Leméac, 1986, 238 p. « Poche Québec ». Traduction anglaise par Sheila Fischman : *Farewell, Babylon*, Toronto, McClelland and Stewart, 1976, 191 p.; New York, Taplinger Publishing Company, 1980.

La Traversée. Nouvelles, Montréal, L'Arbre HMH, 1976, 153 p. Ill. de Louise Dancoste. (Traduit avec *Dans le désert*).

Les Fruits arrachés. Roman, Montréal, L'Arbre HMH, 1977, 230 p. Traduction anglaise par Sheila Fischman : *Paris Interlude*, Toronto, McClelland and Stewart, 1979, 208 p.

La Mémoire et la Promesse (essai), Montréal, Éditions HMH, 1978, 160 p.; Paris, Éditions Denoël, 1979.

Le Rivage. Nouvelles, Ville LaSalle, L'Arbre HMH, 1979, 181 p.; Paris, Gallimard, « nf ».

Le Sable de l'île. Nouvelles, Ville LaSalle, L'Arbre HMH, 1981, 223 p.; Paris, Gallimard, 179 p. « nf ».

Le Désir et le Pouvoir (essai), Montréal, Hurtubise HMH, 1983, 209 p.

La Fiancée promise. Roman, Montréal, L'Arbre HMH, 1983, 231 p.

La Reprise. Nouvelles, Ville LaSalle, L'Arbre HMH, 1985, 235 p.

Le Repos et l'Oubli. Essais, Montréal, Hurtubise/HMH, 1987, 198 p. « Constantes ».

Le Choix de Naïm Kattan dans l'œuvre de Naïm Kattan (anthologie), Charlesbourg, Les Presses Laurentiennes, 1987, 79 p. « Le choix de... ».

Le Brésil : terre de toutes les races, CL, 13ᵉ année, nº 45, mars 1962, p. 6-12.

Deux écrivains américains (essai), ECF, nº 17, 1964, p. 85-139.

Écrivain et Religion établie, M, nº 37, janv. 1965, p. 27.

La Jeunesse américaine : la génération tendue, CL, 15ᵉ année, nº 75, mars 1965, p. 21-23.

Le Crime et la Société américaine, CL, 15ᵉ année, nº 77, mai–juin 1965, p. 24-27, 33.

L'Arrivée (récit), ECF, nº 19, 1965, p. 219-247.

Le Cas McLuhan, vu par Naïm Kattan, Fernande Saint-Martin et André Belleau, L, vol. 9, nº 5, sept.–oct. 1967, 73 p.

Éducation artistique et Prise de conscience du droit à la culture, C, vol. 31, nº 3, sept. 1970, p. 193-204.

Les Protagonistes (théâtre), ECF, nº 34, 1972, p. 65-98.

Argentine : la quête d'un pays évanescent, Dev, vol. 68, nº 253, 30 oct. 1976, p. 19.

Le Substitut, Les Bagages (nouvelles), ECF, nº 40, 1976, p. 135-150.

Michel Tournier. Les mystères du quotidien, Dev, vol. 69, nº 168, 22 juillet 1978, p. 12.

Les Yeux fermés, L, vol. 31, nº 3, mai–juin 1979, p. 63-70.

Famille/ Le plus populaire roman de Pa Kin, Dev, vol. 70, nº 209, 8 sept. 1979, p. 16.

Écrivains sud-américains, Dev, vol. 71, nº 74, 29 mars 1980, p. 21.

Garnisons du Canada : entre la mémoire et la promesse, VI, vol. 6, nº 2, hiver 1981, p. 235-244.

La Bible selon Northrop Frye, Dev, vol. 73, nº 135, 12 juin 1982, p. 17, 32.

ÉTUDES

Monique Bosco, *Un grand cahier du Cercle juif*, MM, vol. 5, nº 12, déc. 1965, p. 75.

Robert Vigneault, *L'Essai*, EF, vol. 7, nº 1, févr. 1971, p. 87-102, surtout p. 92-96.

[Anonyme], *Le Prix France-Canada*, dans *Présence francophone*, nº 4, printemps 1972, p. 153.

Denis Chassé, *Naïm Kattan. Dans le désert et Adieu Babylone*, LAQ 1975, p. 53-56.

François Ricard, *D'Andrée Maillet à Naïm Kattan*, Dev, vol. 68, nº 295, 18 déc. 1976, p. 16.

Alain Piette, *Naïm Kattan. La Traversée*, LAQ 1976, p. 83.

Robert Mélançon, *Naïm Kattan. Écrivains des Amériques II. Le Canada anglais*, LAQ 1976, p. 233-234.

André Vanasse, *Naïm Kattan : La Traversée... de Babylone*, LQ, vol. 1, nº 5, févr. 1977, p. 8-10.

Raymond Arès, *Naïm Kattan, Les Fruits arrachés*, LAQ 1977, p. 78-79.

Pierre Gobin, *Diction, vision, figuration [...], Naïm Kattan, La Discrétion, la Neige, Le Trajet, Les Protagonistes*, LAQ 1977, p. 165-168.

François Paré, *L'Amérique n'a pas tenu promesse*, Dr, 66ᵉ année, nº 168, 14 oct. 1978, p. 21.

Réginald Martel, *D'hommes, de femmes et d'aliénation*, Pr, 95ᵉ année, nº 141, 16 juin 1979, p. C-3.

Robert Mélançon, *Les Bonnes Nouvelles de Naïm Kattan*, Dev, vol. 70, nº 186, 11 août 1979, p. 14.

Benoît Beaulieu, *Naïm Kattan. Le Rivage*, LAQ 1979, p. 54-55.

Madeleine Ouellette-Michalska, *Naïm Kattan. Voix des littératures d'Amérique*, Dev, vol. 71, nº 157, 12 juillet 1980, p. 15.

Murray Maltais, *Entrevue avec Naïm Kattan. Les lettres et l'édition*, Dr, 68ᵉ année, nº 218, 13 déc. 1980, p. 19.

André Jacques, *Naïm Kattan. Écrivains des Amériques, tome 3, l'Amérique latine*, LAQ 1980, p. 197-199.

Aurélien Boivin, *Naïm Kattan, Le Sable de l'île*, LAQ 1981, p. 54–55.

Heinz Weinmann, *Pour arracher le désir au chaos et à la Mort*, Dev, vol. 74, n° 128, 1983, p. 23.

France Simard, *Naïm Kattan à l'Académie canadienne-française. Couronnement de 30 ans de travail*, Dr, 71ᵉ année, n° 83, 2 juillet 1983, p. 29.

Claire de Lamirande, «*La Fiancée promise*» *de Naïm Kattan. Personne ne m'attend*, Dr, 71ᵉ année, n° 215, 10 déc. 1983, p. 38.

François Hébert, *L'Irréel, assumé ou combattu*, Dev, vol. 75, n° 5, 7 janv. 1984, p. 14.

Sylvain Simard, *Naïm Kattan romancier*, VI, vol. 11, n° 1, automne 1985, p. 33–45.

KEARNEY, HORACE J. (1858–1940). Dramaturge,

né à Longueuil (Chambly). Après son cours classique, il entreprend, à l'Université Laval de Montréal, des études en pharmacie qu'il ne termine pas. Vers 1883, il est nommé chef de gare à Papineauville où il fonde le Cercle dramatique et littéraire de Papineauville. En 1901, il devient protonotaire adjoint du district judiciaire de Hull, poste qu'il occupe jusqu'en 1937. Il meurt à Aylmer en 1940. Kearney participe activement aux associations culturelles de l'Outaouais, et il écrit cinq pièces de théâtre pour des troupes de la région. La plus connue, *La Revanche de Frésimus*, créée à Papineauville en 1898, est jouée plus de trente fois; elle est reprise en 1984 lors du centenaire du théâtre à Hull. *Amour, Guerre et Patrie*, créée en 1919, à l'Odéon de Hull, est reprise, en 1943, sous le titre «L'Espion nazi». Le texte de sa troisième pièce, «Un héritage à l'horizon ou Louison et son garçon vont à l'exposition», créée en 1909, existe à l'état de manuscrit à la Bibliothèque nationale du Québec. Les textes de deux autres pièces, «Les Bévues de Nicolas» (1919) et «L'Amour n'a pas d'âge» (1919) ont disparu.

ŒUVRES

La Revanche de Frésimus. Drame en quatre actes représenté pour la première fois au théâtre Notre-Dame de Hull en 1904, [Hull, Imprimerie Provost], 1924, 33 p. Ill.

Amour, Guerre et Patrie. Mélodrame en six actes, Hull, [Imprimerie Provost], 1925, 38 p.

ÉTUDES

[Anonyme], «*La Revanche de Frésimus*», Dr, 6ᵉ année, n° 36, 12 févr. 1918, p. 6.

[Anonyme], «*La Revanche de Frésimus*», Dr, 22ᵉ année, n° 77, 1ᵉʳ avril 1936, p. 4.

KEMPF, GEORGES-MARCEL DIT YERRI (1916–).

Dramaturge, romancier et essayiste, né à Saint-Avold, en Moselle (France). Titulaire d'un brevet supérieur (1935), il est nommé instituteur dans la région du Bas-Rhin; réformé, en 1939, il est alors détaché à la direction des services de l'enseignement de la Seine. Mis en disponibilité de 1957 à 1968, il séjourne à Montréal et poursuit sa carrière d'écrivain en rédigeant des textes pour Radio-Canada et l'O.N.F. En 1958, il présente son premier radio-théâtre, «Sentiments divers», aux Nouveautés dramatiques de Radio-Canada, puis un second, «La Princesse Rosecœur et le Perroquet», le 16 avril 1961. De 1957 à 1962, comme documentaliste et rédacteur de textes, Yerri Kempf participe tour à tour aux émissions: «L'Homme devant la science», «Élément 3» (film de l'UNESCO) et «Présence de l'art». Il collabore activement à *Cité libre* et à divers périodiques: il livre au public montréalais de solides pages de critique. Entre 1962 et 1967, il publie deux romans, deux ouvrages de critique et une pièce de théâtre. À partir de septembre 1968, il est réintégré au ministère de l'Éducation nationale, à Paris, mais il continue à s'intéresser de près à la culture québécoise d'expression française. Si ses romans et ses pièces ne rencontrent pas la faveur du public, il reste que sa critique ne saurait être ignorée. Comme le souligne James Tassie, cette œuvre critique se distingue par «son sérieux et son objectivité», fondée sur une compétence indiscutable.

ŒUVRES

Conventions graphologiques (essai), Paris, Vigot, 1957, [n.p.].

Mémoires d'Occident. Du Nil au noir soleil d'Hiroshima, Montréal, Beauchemin, 1962, 183 p. Préface de l'auteur.

Pan Paon. Roman-caricature, Montréal, Éditions À la page, 1964, 114 p.

Les Trois coups à Montréal. Chroniques dramatiques 1959-64, Montréal, Librairie Déom, 1965, 383 p. Préface de l'auteur.

Loreley. Chronique noire et rose, Montréal, Librairie Déom, 1966, 123 p. «Du Québec».

Petit Mode d'emploi, TV, n° 1, nov. 1966, p. 3–8.

Une simple mécanique ou Les Tricoteuses (théâtre), CCL, vol. 17, n° 4, 15 avril 1967, 94 p.

Les Pieds dans le plat... culturel, CCL, vol. 17, n° 5, juin 1967, p. 77–83.

Le Québec: un théâtre libre, mais une véritable démission culturelle, dans *Tréteaux 67*, n° 6, nov. 1967, p. 16–19.

Mort et Transfiguration du verbe, TV, n° 4, févr. 1968, p. 3–6.

KEMPF

ÉTUDES

Roch Carrier, *Pan Paon de Yerri Kempf*, LAC 1964, p. 28.

James Tassie, *Les Trois coups à Montréal*, LAC 1965, p. 122.

Julia Richer, *Trois coups à Montréal*, dans *Lectures 66*, vol. 12, n° 5, janv. 1966, p. 131.

Georges Henri d'Auteuil, *Les Trois coups à Montréal*, Rel, n° 306, juin 1966, p. 195.

Alain Pontaut, « *Loreley* » roman de « *cœur-fiction* » de Y. Kempf, Pr, vol. 82, n° 282, 5 déc. 1966, p. 53.

Luc Perrault, *Yerri Kempf; artisans de tous les pays, unissez-vous*, Pr, vol. 82, n° 286, 10 déc. 1966, p. 7.

François Beaulieu, *Un nouveau dramaturge*, dans *Sept-Jours*, vol. 1, n° 15, 24 déc. 1966, p. 9.

Jean Éthier-Blais, « *Loreley* » de Yerri Kempf, Dev, vol. 57, n° 29, 24 déc. 1966, p. 9.

Jacques Ferron, *Le Mythe d'antée*, BJ, vol. 2, n° 4, 1967, p. 26-29.

KEREDERN, PHILIPPE-RÉGIS-DENIS, BARON DE TROBRIAND. Voir **TROBRIAND,** RÉGIS DE.

KIROUAC, CONRAD. Voir **MARIE-VICTORIN,** FRÈRE.

KLIMOV, ALEXIS (1937–   ). Philosophe et poète, né à Liège. Il fait ses humanités gréco-latines à l'Athénée royal (B.A., 1956) et il obtient un doctorat en philosophie-lettres à l'Université de Liège (1960) pour une thèse sur « Nicolas Berdiaeff, l'homme et l'œuvre », parue à Paris en 1967. « Excellent ouvrage sinon un des meilleurs sur la pensée de Nicolas Berdiaeff », écrit L.-J. Delpech. De 1961 à 1963, Klimov enseigne le grec et le latin en Belgique. À son arrivée au Canada, il est agrégé de philosophie et devient professeur au Centre des études universitaires de Trois-Rivières (1964–1969) où il fonde le Centre de philosophie de Trois-Rivières et où il est directeur de l'Institut d'histoire des religions (1967–1969). En 1969, il est nommé titulaire de philosophie à l'Université du Québec à Trois-Rivières et directeur du Centre de recherches en histoire des religions et de la pensée (1969–1977). En 1974, il fonde le Comité trifluvien pour la défense de Soljénitsyne. À diverses reprises, il est professeur invité, notamment aux universités Laval, de Montréal et de Liège, ainsi qu'à Paris. Il collabore à plusieurs périodiques, tels que la *Revue de l'Université Laval*, *Synthèses* (Bruxelles), le *Bulletin du Cercle Gabriel Marcel*, *Dialogue*... Ses travaux méritent le prix Benjamin Sulte (1972), le prix aux « Travailleurs de la culture » du Cégep de Trois-Rivières et la médaille « Gratitude aux pionniers » de l'Université du Québec à Trois-Rivières (1980). Il est élu à la Société royale du Canada en 1981. Ses travaux sur Dostoïevski et Boehme lui ont acquis une autorité internationale. En 1976, il publie *Des arcanes et des jeux*, livre d'une « poésie érudite et mystérieuse » dont Jean-Paul Maurange admire la somptueuse virtuosité, la suite de « figures » qui rejoint les grands auteurs baroques, et « la structure du recueil, où rien n'est laissé au hasard, sinon précisément la forme libre des strophes et du vers ». Mais dans « cette forme de poésie déconcertante », Maurange regrette que « chez Klimov le masque du baroque ait finalement pris la place d'un visage », que ce masque soit souvent indéchiffrable. Et le critique reconnaît « l'insigne originalité de ce style qui, malgré tout, fait plus que nous éblouir et nous irriter », car son baroque au mirage fécond rencontre « l'insolite de notre temps ».

ŒUVRES

Nicolas Berdiaeff ou La Révolte contre l'objectivation (essai), Paris, Seghers, 1967, 192 p. Ill. Avant-propos de l'auteur. « Philosophes de tous les temps ». Traduction espagnole : *Introduccion a la vida y la obra de Nicolas Berdiaeff*, Buenos Aires, Lohlé, 1979, 203 p.

Dostoïevski ou La Connaissance périlleuse (essai), Paris, Éditions Seghers, 1971, 185 p. Présentation, choix de textes d'Alexis Klimov. « Philosophes de tous les temps ».

Le « Philosophe Teutonique » ou L'Esprit d'aventure, suivi des Confessions de Jacob Boehme (essai), Paris, Fayard, 1973, xxvi, 304 p. « Documents spirituels ».

Archéologie de la Mauricie. Reconnaissance archéologique dans la région du Lac Nemiskachi, Trois-Rivières, Édité par le Musée d'archéologie préhistorique de Trois-Rivières, 1974, 347 p. Collab. René Ribes. Ill. « Paleo Québec ».

Dostoïevski : miroir. Anthologie de textes critiques, Montréal, PUQ, 1975, xvi, 149 p. Ill. Introduction de l'auteur. « Textes et Études slaves ».

Des arcanes et des jeux. XXII ordonnances pour une fête baroque (poésie), Trois-Rivières, Éditions du Bien public, 1976, 202 p. Ill.

Soljenitsyne, la science et la dignité de l'homme suivi de Culture et Anticulture chez Nicolas Berdiaeff, et de Sans tarder (essai), Montréal, La Société de belles-lettres Guy Maheux inc., 1978, 79 p.

Diversions. Huit opérations poétiques pour une stratégie métaphysique (essai), Québec, Éditions du Beffroi, 1983, 189 p.

Éloge de l'homme inutile (essai), Québec, Éditions du Beffroi, 1983, 95 p. ; 1984. Présentation de Clément Marchand.

Veilleurs de nuit. Esquisse pour un essai, Québec, Éditions du Beffroi, 1984, 85 p. Avant-propos de l'éditeur.

De l'abîme, petit traité à l'usage des chercheurs d'absolu (essai), Québec, Éditions du Beffroi, 1985, 149 p.

Leibniz et l'abbé de Saint-Pierre, RUL, vol. 20, n° 3, nov. 1965, p. 199–210.

Des fondements de la psychologie, RUL, vol. 20, n° 5, janv. 1966, p. 486–488.

À la recherche d'Héraclite, RUL, vol. 20, n° 8, avril 1966, p. 775–778.

Une initiation à la philosophie de Bergson, RUL, vol. 21, n° 1, sept. 1966, p. 71–74.

Philosophie et Politique, dans *Le Mauricien médical*, vol. 10, n° 3, juillet–sept. 1970, p. 46–52.

ÉTUDES

L.J. Delpech, *Nicolas Berdiaeff ou La Révolte contre l'objectivation d'Alexis Klimov*, dans *Les Études philosophiques*, n° 3, 1967, p. 341.

Maurice de Gandillac, *Le « Mysterium magnum » ou La Révélation du néant*, dans *La Quinzaine littéraire*, n° 75, 16–30 juin 1969, p. 35.

Jean Drouilly, *A. Klimov. Dostoïevski miroir. Anthologie de textes critiques*, dans *Slavic and East-European Studies*, vol. 20–21, 1975–1976, p. 91.

Jean-Paul Maurange, *Alexis Klimov. Des arcanes et des jeux, XXII ordonnances pour une fête baroque*, LAQ 1976, p. 163–165.

Léo Beaudoin, *Klimov (Alexis). Soljenitsyne, la science et la dignité de l'homme suivi de Culture et Anticulture chez Nicolas Berdiaeff et de Sans tarder*, dans *Nos livres*, vol. 9, avril–sept. 1978, n° 286.

Négovan Rajic, *Soljenitsyne, la science et la dignité de l'homme de Alexis Klimov*, dans *Bulletin du Cercle Gabriel-Marcel*, vol. 1, n° 2, mai 1979, p. 16–18.

Clément Marchand, *Présentation de M. Alexis Klimov*, dans *Présentation*, Ottawa, Société royale du Canada, 1982–1983, p. 89–99.

François Hébert, *À quoi bon l'homme?*, Dev, vol. 94, n° 280, 3 déc. 1983, p. 21.

[Anonyme], *De la philosophie, comme passion. Hommage à Alexis Klimov*, Québec, Éditions du Beffroi, 1984, 557 p. Présentation de Jacques R. Parent.

KONINCK, CHARLES DE (1906–1965). Philosophe, né à Thourout, en Belgique. Après ses études secondaires au Collège Notre-Dame d'Ostende, il obtient un doctorat en philosophie de l'Université de Louvain (1934). Au Canada depuis 1934, il est professeur titulaire de philosophie de la nature à l'Université Laval (1934–1965), professeur auxiliaire à la Faculté de théologie (1937–1965), doyen de la Faculté de philosophie (1939–1956 et 1964–1965), professeur invité à l'Université de Madrid, à l'Université Notre-Dame (Indiana), et à l'Université McMaster. Membre de l'Académie romaine de Saint-Thomas-d'Aquin, de la Société royale du Canada, de l'American Institute of Philosophical Studies, d'une sous-commission du Concile Vatican II, membre fondateur de la Société canadienne d'histoire et de philosophie des sciences, commandeur de l'Ordre de Saint-Grégoire-le-Grand, récipiendaire de la médaille Aquinas de l'American Catholic Philosophical Association, Charles de Koninck exerce jusqu'à ses derniers jours les fonctions de conseiller théologique du Cardinal Maurice Roy, et de conseiller de l'épiscopat canadien sur les questions matrimoniales. « Esprit personnel qui s'appuie avec discernement, avec une vigueur approfondissante et équilibrée sur les principes fondamentaux de la philosophie d'Aristote et de saint Thomas, M. de Koninck exprime sa pensée dans une langue dépouillée de toute rhétorique et qui reçoit de la force concise et de la clarté des raisonnements ses meilleures qualités » (Camille Roy).

ŒUVRES

Le Recrutement du personnel de l'État, [Bruxelles, « L'Avenir », s.d.], 79 p.

Le Cosmos (essai), Québec, [s.é.], 1936, 200 p.

De la primauté du bien commun contre les personnalistes. Le principe de l'ordre nouveau (essai), Québec/Montréal, PUL/Fides, 1943, xxiii, 195 p. Préface du Cardinal J.-M. R. Villeneuve. Traduction espagnole par Jose Artigas : *De la primecia del bien comun contra las personalistas ; el principio del orden nuevo*, Madrid, Ediciones cultura hispanica, 1952, 288 p. Liminaire de Leopoldo Palacios.

Ego sapientia. La sagesse qui est Marie, Québec/Montréal, PUL/Fides, 1943, 176 p.

Notre critique du communisme est-elle bien fondée? (conférence), Québec, PUL, [1951?], 35 p. (Congrès des relations industrielles de Laval, 25 avril 1950).

Quelques Précisions de doctrine sur la sobriété, Québec, PUL, 1951, 63 p. Traduction anglaise par Aurèle Kolnai : *Abstention and Sobriety*, Québec, PUL, 1953, 71 p.

Réflexions sur le problème de l'interdéterminisme, Québec, PUL, 1952, 45 p.

La Confédération, rempart contre le grand État, [Québec], Commission royale d'enquête sur les problèmes constitutionnels, [s.d.], 36 f. (Annexe I du Rapport Tremblay 1953–1956).

La Piété des fils. Études sur l'Assomption (essai), Québec, PUL, 1954, xii, 232 p. (Publié sous les auspices du centre marial canadien de Nicolet).

Abstraction from Matter (essai), Québec, PUL, 1957–1960, 2 vol. : vol. 1, 1957, 63 p. ; vol. 2, 1960, 40 p.

Natural Science as Philosophy (conférence), Québec, [s.é.], 1959, 23 p.

The Hollow Universe (essai), London/New York/Toronto, Oxford University Press, 1960, xii, 127 p. Préface de G.P. Gilmour. « The Whidden Lectures ». Traduction en espagnol par Helena Estelles : *El universio vacio*, Madrid, Rialp, 1963, 148 p.

The Unity and Diversity of Natural Science (essai), Québec, PUL, 1961, 193 p.

Le Scandale de la médiation (essai), Paris, Nouvelles éditions latines, 1962, 221 p. « Itinéraires ». (Paru d'abord dans *Laval théologique et philosophique*, Québec, PUL, 1958, vol. 14, nᵒ 2, p. 157-185 ; 1959, vol. 15, nᵒ 1, p. 64-86).

Tout homme est mon prochain (essai), Québec, PUL, 1964, 148 p.

Le Problème de l'interdéterminisme, dans *L'Académie canadienne Saint-Thomas d'Aquin*, Québec, Typ. « L'Action catholique », 1937, vol. 6, p. 65-159. (Sixième session des 9-10 octobre 1935).

Thomae de Cio Cajetani, tractatus de subjecto naturalis philosophiae, etc., dans *Laval théologique et philosophique*, vol. 1, nᵒ 1, 1939, 20 p. Collab. E. Gaudron.

In defense of Saint Thomas. A Reply to Father Eschmann's Attack on the Primacy of the Common Good, dans *Laval théologique et philosophique*, vol. 1, nᵒ 2, 1945, p. 9-109.

Introduction à l'étude de l'âme, dans *Laval théologique et philosophique*, vol. 3, nᵒ 1, 1947, p. 9-65.

La Philosophie au Canada de langue française, dans *Laval théologique et philosophique*, vol. 8, nᵒ 1, 1952, p. 103-111.

Un paradoxe du devenir par contradiction, dans *Doctor communis*, vol. 7, t. 3, 1954, p. 133-189.

Notion et Rôle de l'identité chez Meyerson, dans *Sciences ecclésiastiques*, vol. 16, nᵒ 3, 1964, p. 419-453.

ÉTUDES

Gérard Chaput, *De la primauté du bien commun. Le principe de l'ordre nouveau*, dans *Le Séminaire*, vol. 8, nᵒ 3, sept. 1943, p. 242-243.

Yvon Charron, *Ego Sapientia. La sagesse qui est Marie*, dans *Le Séminaire*, vol. 8, nᵒ 4, déc. 1943, p. 325.

Son Ém. le Cardinal J.-M. R. Villeneuve, *Présentation de M. C. de Koninck*, Ottawa, Société royale du Canada, 1945-1946, p. 13-26.

Camille Roy, *Charles de Koninck*, dans *Manuel d'histoire de la littérature canadienne-française*, Montréal, Beauchemin, 1949, p. 143.

Gérard Dion, *Tout homme est mon prochain*, LAC 1964, p. 135.

Mélanges à la mémoire de Charles de Koninck, Québec, PUL, 1968, 521 p. Collab. (Textes en français, en anglais et en espagnol. Bibliographie).

KOS RABCEWICZ ZUBKOWSKI, LUDWIK JAN (1914–). Juriste, né à Pavlosk (près de Saint-Petersbourg, Russie). Il étudie à Varsovie, à l'École de Milanowek, au Collège Jan Zamoyski et à la Faculté de droit. Sa thèse de doctorat, préparée à la Sorbonne en 1948, a pour sujet « Le Règlement des différends relatifs à la navigation aérienne civile ». Il fait des stages à l'Académie de droit international de La Haye en 1947, 1964 et 1965. Engagé dans la résistance en Pologne (1941-1944), officier de liaison à Braunschweig (Allemagne) (1945-1946), il est démobilisé en France en 1947 et vient au Canada à la fin de 1948. Il est professeur au Département d'études slaves de l'Université de Montréal (1948-1965), à l'Institut est et sud-européen de l'Université d'Ottawa (1949-1954) où il enseigne aussi au Département de criminologie de 1970 à 1980. Admis au barreau du Québec le 1ᵉʳ août 1954, professeur associé de recherche de l'Université Harvard et de l'Université de Manchester, il fait partie, à différents titres, de nombreuses associations juridiques : Académie interaméricaine de droit international et comparé, Institut pan-américain du droit de procédure, Commission interaméricaine d'arbitrage commercial, Association internationale de droit pénal, Association canadienne des slavistes... Il est détenteur de plusieurs distinctions et prix : croix de l'armée polonaise de l'intérieur, croix des combattants volontaires d'Europe, médaille militaire polonaise de la campagne de 1939, médaille des Forces armées polonaises. Il est l'auteur de plusieurs livres et articles, écrits en français, en anglais, en espagnol et en polonais. Il s'intéresse particulièrement au droit international commercial, aux notions du droit pénal et spatial, aux pays slaves et à l'histoire du groupe polonais au Canada.

ŒUVRES

Sir Casimir Stanislaus Gzowski (biographie), Montréal, Burns & MacEachern, 1959, 213 p. Ill.

The Poles in Canada/Les Polonais au Canada (histoire), Montréal, Chez l'auteur, 1968, 202, xvi p.

Lois récentes du Québec. 3ᵉ session de la 29ᵉ législature de l'Assemblée nationale du Québec (commentaires juridiques), Montréal, Les Éditions de l'Iris, 1973, 114 p. Éditeur.

Lois récentes au Canada, 4ᵉ session du 28ᵉ parlement (commentaires juridiques), Montréal, Les Éditions de l'Iris, 1973, 90 p. Éditeur.

International Cooperation in Civil and Commercial Procedure (commentaires juridiques), Ottawa, EUO, 1975, xxxiii, 582 p., surtout « Québec », p. 69, 83-125. Éditeur.

Cooperacion interamericana en los procedimientos civiles y mercantiles (commentaires juridiques), Mexico, Universidad Nacional Autonoma de Mexico, 1982, 575 p., surtout « Québec », p. 161, 187-236. Éditeur.

Cooperacion interamericana en los procedimientos penales (commentaires juridiques), Mexico, Universidad Nacional Autonoma de Mexico, 1983, 722 p., surtout « Le Canada », p. 205-286. Éditeur.

Traits caractéristiques des constitutions des démocraties, RUO, vol. 22, nº 3, 1952, p. 339-353.

Jean de Kolno, Polonais, découvreur précolombien, dans *L'Action universitaire*, vol. 18, nº 3, 1952, p. 62-66.

Alexandre-Edouard Kierzkowski (1816-1870), patriote polonais et enthousiaste du Canada, BRH, vol. 60, nº 4, oct.-déc. 1954, p. 175-180.

Régime matrimonial en Pologne, dans *Études slaves et est-européennes*, vol. 2, nᵒˢ 2-3, 1957, p. 94-100, 180-183.

Notes sur la famille Globenski, dans *The Polish Past in Canada*, Toronto, Institut polonais de recherche à Toronto, 1960, p. 101-122.

Notion soviétique du droit international spatial, dans *Revue française de droit aérien*, t. 19, nº 2, 1965, p. 190-200.

Droit international commercial dans les rapports Est-Ouest, dans *Annuaire canadien de droit international*, vol. 5, 1967, p. 159-192.

Les Mesures prévues en remplacement des courtes et moyennes peines privatives de liberté au Canada, dans *Thémis*, vol. 8, nº 2, 1973, p. 305-322.

Arbitrage commercial international dans les rapports Est-Ouest, dans *La Revue du Barreau*, t. 35, nº 3, 1975, p. 348-363.

La Formation des criminologues, dans *Revue internationale de droit pénal*, 48ᵉ année, nᵒˢ 1-2, 1977, p. 287-296.

Les Conventions interaméricaines sur l'arbitrage commercial et la Commission interaméricaine d'arbitrage commercial, dans *Revue de l'arbitrage*, nº 4, 1983, p. 411-422.

ÉTUDES

Kazimierz Grzybowski, *East European Rules on the Validity of International Commercial Arbitration Agreements*, dans *The American Journal of Comparative Law*, vol. 19, 1971, p. 399-400.

Jacek Przygoda, *The Poles in Canada — Les Polonais au Canada*, dans *Polish American Studies*, vol. 29, 1972, p. 117-118.

W. Paul Gormley, *Polish Law Throughout the Ages*, dans *California Western International Law Journal*, vol. 3, nº 2, 1973, p. 430-431.

Nicolas Mateesco Matte, *International Cooperation in Civil and Commercial — Procedure American Continent*, dans *Annuaire canadien de droit international*, vol. 13, 1975, p. 442-444.

André Tunc, *International Cooperation in Civil and Commercial Procedure*, dans *Revue internationale de droit comparé*, nº 4, 1976, p. 866-867.

Julian D.M. Lew, *Commercial and Civil Law Arbitration in Canada*, dans *International and Comparative Law Quarterly*, vol. 30, janv. 1981, p. 275.

KOVAR, ÉMILE. Voir **NELLIGAN, ÉMILE.**

KRYSINSKI, WLADIMIR ROMUALD (1935-   ). Poète et essayiste, né à Varsovie (Pologne). Il fait ses humanités classiques au Lycée Tadeusz Kosciuszko (B.A., 1953), puis il obtient une licence et une maîtrise à l'Université de Lodz pour un mémoire sur l'œuvre poétique de Jaroslaw Iwaszkiewicz (1957). En 1958-1959, il est assistant de littérature polonaise à l'Université de Lodz et, de 1959 à 1966, il est lecteur de polonais à l'Université de Strasbourg, tout en préparant sa thèse de doctorat en littérature comparée : « Essai d'analyse des structures thématiques chez L. Pirandello et chez A. Gide, H. Lenormand, M. de Ghelderode, J.-P. Sartre et J. Genêt » (1966). Arrivé au Canada en 1966, il devient professeur de littérature française et de littérature comparée à l'Université Carleton (1966-1976), puis professeur de littérature comparée et de littératures slaves à l'Université de Montréal, en 1976. Il est élu à la Société royale du Canada en 1981. Il collabore à la *Revue d'esthétique*, à *Études françaises* et à *Parachute*. Après deux recueils de poésie écrits en polonais, paraît en français *Formotropie* (1978), recueil de trente liasses qui commentent trente dessins de Raili Mikkanen, « comme si, paradoxalement, les poèmes venaient *illustrer* les dessins », écrit Robert Mélançon. Et Heinz Weinmann dit au sujet de son essai *Carrefours de signes* (1981) : « Livre complexe, livre-carrefour, il mène de front l'analyse du roman moderne en même temps qu'il renouvelle la théorie du roman sur bien des points ».

ŒUVRES

Powroty Sezonów (poésie), Lodz, Wydawnictwo Lodzkie (W.L.), 1960, 22 p. (Retour des saisons).

Ex Occidente (poésie), Lodz, W.L., 1966, 25 p.

[*Formotropie*] (poésie), Montréal, Galerie Carzi, 1977, 31 p. Ill. de Raili Mikkanen.

Carrefours de signes. Essais sur le roman moderne, La Haye, Mouton, 1981, 452 p.

Trois arts poétiques modernes: Francis Ponge, Wallace Stevens et Octavio Paz, dans *Actes du VIIe congrès de l'Association internationale de littérature comparée*, 1979, p. 521–532.

Une automobile, une mitraillette, une gifle et un singe crevé. « *Marinetti et ses avatars slaves* », EF, vol. 16, n°s 3–4, sept.–déc. 1980, p. 79–103.

Ponge et les Idiolectes de la poésie moderne, EF, vol. 17, n° 2, janv.–juin 1981, p. 51–71.

Signes et Sons du corps dans la littérature moderne, dans *Parachute*, n° 27, été 1982, p. 28–35.

ÉTUDES

Robert Mélançon, *Les Langages de Wladimir Krysinski*, Dev, vol. 69, n° 280, 2 déc. 1978, p. 23.

André Beaudet, *Wladimir Krysinski. Formotropie*, LAQ 1978, p. 130–133.

Jacqueline Piatier, *Le Roman à la fin du XXe siècle*, dans *Le Monde*, 38e année, n° 11431, 30 oct. 1981, p. 1, 21.

Heinz Weinmann, *Carrefours du roman moderne*, Dev, vol. 74, n° 99, 30 avril 1983, p. 22.

KUSHNER, ÉVA (1929–). Critique littéraire et poète, née à Prague, en Tchécoslovaquie où elle fait ses études primaires. Elle étudie au Collège de jeunes filles de Cognac en France (1939–1945). Après un bref séjour dans son pays natal, en 1945, elle part pour Montréal. Elle obtient son baccalauréat à l'Université McGill (1949) et sa maîtrise en philosophie, à la même université, pour une thèse intitulée « A Discussion of Benedetto Croce's Philosophy of History » (1950) et son doctorat (1956) ; sa thèse s'intitule « Le Mythe d'Orphée dans la littérature française contemporaine ». De 1961 à 1976, elle enseigne à l'Université Carleton où elle organise aussi des cours de littérature comparée et, à partir de 1976, à l'Université McGill. Elle participe activement aux associations qui servent à promouvoir les intérêts des études littéraires : vice-présidente (1969–1971) de l'Association canadienne de littérature comparée, vice-présidente (1969–1976) et organisatrice du VIIe Congrès mondial de l'Association internationale de littérature comparée. De 1970–1972, elle assume la présidence au Conseil canadien de recherches sur les humanités. Membre de la Société royale du Canada, elle participe à de nombreux colloques et conférences. Éva Kushner obtient le prix du Grand Jury des lettres pour la critique littéraire (Montréal, 1963) et le 3e prix de littérature (langue française) de la Province de Québec, en 1964. Son œuvre est vaste autant que variée : ouvrages de critique littéraire, traductions, un recueil de poésie, de nombreuses études publiées dans des revues, un nombre considérable de comptes rendus. Son nom est bien connu depuis 1961, moment de la publication de son *Patrice de la Tour du Pin* chez Seghers, et de son *Mythe d'Orphée dans la littérature française contemporaine*, chez Nizet. Travail d'érudition, assorti de considérations philosophiques et linguistiques, révélateur par son style et son articulation générale, il a mérité ce commentaire que Pierre Emmanuel avait formulé dans une lettre adressée à l'auteur le 8 avril 1962 : « Livre bien dense et beau. C'est un modèle de critique analytique et de synthèse du mythe. La substance en est inépuisable ». On remarque très tôt dans les études littéraires d'Éva Kushner une envergure temporelle et une variété méthodologique étonnantes. Avec la même facilité, elle aborde la philosophie de Sartre et la poésie de Ronsard, la thématique de Claudel et le théâtre de Vigny, l'art du dialogue au XVIe siècle et l'œuvre récente de Pierre Emmanuel, les symboles de Platon et ceux de Pontus de Tyard, la méthode critique de Bachelard et l'angoisse dans la vocation poétique, les images de René Char et le système critique de Northrop Frye. Paul Wyczynski résume ainsi l'intérêt qu'Éva Kushner porte à la littérature : « Questions de critique littéraire, problèmes de littérature française moderne, littérature française du XVIe siècle, enfin, la littérature comparée au sens large du mot, voilà les quatre champs où s'effectue le gros de ses recherches. Et il en existe un cinquième, celui de la littérature canadienne-française. Avec une rare perspicacité elle a étudié Rina Lasnier et Saint-Denys Garneau ». Partout dans ses études, Éva Kushner insiste sur la perfectibilité de l'esprit et sur un comportement de réajustement.

ŒUVRES

Le Catéchisme de l'Église Unie du Canada, Toronto, Ryerson Press, 1957, 26 p. Traduit de l'anglais par Éva Kushner.

Le Mythe d'Orphée dans la littérature française contemporaine (essai), Paris, A.G. Nizet, 1961, 362 p. Avant-propos de l'auteur.

Patrice de la Tour du Pin, Paris, Seghers, 1961, 224 p. « Poètes d'aujourd'hui ».

L'Évolution des symboles dans la poésie de Pierre Emmanuel (essai), Montréal, [s.é.], 1962, 70 p.

Chants de Bohême (poésie), Montréal, Éditions Beauchemin, 1963, 64 p. « Poétique ».

The Condition of the Christian Philosopher, London, James Clarke & co Limited, 1963, 22 p. Traduction du livre de Roger Mehl.

Rina Lasnier (essai), Montréal/Paris, Fides, 1964, 191 p. Ill. « ECÁ ».

Saint-Denys Garneau, Montréal/Paris, Éditions Fides/ Éditions Seghers, 1967, 192 p. Ill. Présentation, choix de textes inédits, bibliographie, portraits, fac-similé par Éva Kushner. « Poètes d'aujourd'hui ».

Rina Lasnier, Paris, Éditions Pierre Seghers, 1969, 189 p. Ill. Choix de poèmes et chronologie bibliographique. « PA ».

Mauriac (biographie), Paris, Desclée de Brouwer, 1972, 165 p. Ill. Traduction japonaise par Jordien, Presses de Tokyo.

Óda a szent lörinc — Polyőhoz. Québec moi francia költészete, Terjedelemben, Europa könyvkiadó, 1978, 315 p. « Modern Könyvtar ».

Evolution of the Novel. L'Évolution du roman. Die Entwicklung des romans, Innsbruck, AMOE, 1982, 501 p. Collab. Zoran Konstantínovíc et Béla Köpeczi.

Actes du Colloque international. Renouvellements dans la théorie de l'histoire littéraire/Proceedings of the International Colloquium. Renewals in the Theory of Literary History, 18–20 août 1982, Montréal, Université McGill, Ottawa, La Société royale du Canada/L'Association internationale de littérature comparée, [1984], 285 p. Avant-propos d'Éva Kushner. Éditrice.

Modern French Poetry and Arts. A Critical Inquiry, RUO, vol. 32, nº 3, juillet-août 1962, p. 280–299. (Texte d'une communication faite en 1960, au congrès de la Modern Languages Association, à Philadelphie).

L'Évolution des symboles dans la poésie de Pierre Emmanuel, ECF, nº 13, juin 1962, p. 9–70.

Exotisme et Morale chez Victor Segalen, RUL, vol. 17, nº 8, avril 1963, p. 701–711.

The Critical Method of Gaston Bachelard, dans *Myth and Symbol*, Lincoln (Nebraska), Presses de l'Université du Nebraska, 1963, p. 39–50. (Texte d'une communication faite au congrès de la Midwestern Modern Language Association, à Lincoln, Nebraska, en avril 1962).

Yvan Goll; deux langues, une âme, dans *Actes du IVe Congrès de l'Association internationale de littérature comparée*, La Haye, Mouton, vol. 1, été 1964, p. 576–587. (Texte d'une communication faite au 4e Congrès international de littérature comparée à Fribourg, Suisse).

Alfred de Vigny's Visional History, dans *Bulletin of the New York Public Library*, vol. 69, nov. 1965, p. 603–617.

L'Amérique; une solitude?, dans *Claudel et l'Amérique*, Ottawa, EUO, 1965, p. 221–254.

Théâtre et Histoire chez Vigny, dans *L'Esprit créateur*, 1965, p. 147–161.

Le Personnage d'Orphée chez Ronsard, dans *Lumières de la Pléiade*, Paris, Vrin, 1966, p. 271–302.

Sartre et Baudelaire, dans *Actes du Colloque de Nice sur Baudelaire, Annales de la Faculté des lettres et sciences humaines de Nice*, nº 4, 2e semestre 1968, p. 113–124.

René Char, poète (de l'ordre insurgé), L, vol. 11, nº 66, nov.-déc. 1969, p. 63–72.

Réflexions sur le dialogue en France au XVIe siècle, dans *Revue des sciences humaines* (Lille), fascicule 148, oct.-déc. 1972, p. 485–501.

« Le Solitaire Premier » de Pontus de Tyard; prolégomènes à une interprétation, dans *Revue belge de philologie et d'histoire*, t. 50, nº 3, 1972, p. 760–767.

Le Système symbolique dans la poétique de Pontus de Tyard, dans *Saggi e Ricerche di Letteratura Francese*, vol. 12, 1973, p. 9–45.

La Poétique de l'espace chez Saint-Denys Garneau, RUO, vol. 43, nº 4, oct.-déc. 1973, p. 540–556.

La Salle des rêves, dans *Les Pharaons*, automne 1974, p. 14–21.

Science et Confiance, dans *Literature, the Visual Arts and Music in the Renaissance*, University of Cincinnati Press, 1974, p. 35–43.

Jacob de Pierre Emmanuel, L, vol. 16, nº 1, 1974, p. 129–135.

La Vierge, le Vivace et le Bel Aujourd'hui, dans *La Poésie québécoise depuis 1975. Essais, témoignages inédits*, dans *Dalhousie French Studies*, [1985], p. 3–4. Collab. Michael Bishop; *La Seconde Jeunesse de Gatien Lapointe*, p. 108–114.

ÉTUDES

Guy Sylvestre, *Rina Lasnier d'Éva Kushner*, Dev, vol. 55, nº 114, 16 mai 1964, p. 11.

André Renaud, *Éva Kushner, « Rina Lasnier »*, Dr, 52e année, nº 127, 30 mai 1964, p. 11.

Léon Somville, *Rina Lasnier d'Éva Kushner*, LAQ 1969, p. 148.

Melvin Gallant, *Mauriac d'Éva Kushner*, LAQ 1972, p. 236–237.

Paul Wyczynski, *Allocution*, dans *Présentation*, Ottawa, Société royale du Canada, 1972, p. 61–69.

Jean Éthier-Blais, *Éva Kushner et le Dieu de François Mauriac*, Dev, vol. 63, nº 232, 7 oct. 1972, p. 20.

Axel Maugey, *Le Rayonnement de la poésie québécoise... en Hongrie*, Dr, 68e année, nº 55, 31 mai 1980, p. 16.

L

LABBÉ, GUSTAVE [Luys Du Grave, Vitrey, Jean Desmaurepat] (1918–). Essayiste et poète, né à East-Angus (Compton). Il fait le cours classique au Séminaire Saint-Charles-Borromée de Sherbrooke (B.A., 1942), puis, à l'Université de Montréal, il obtient une licence ès lettres (1946) et un baccalauréat en pédagogie (1947). Boursier des gouvernements de France et du Québec et du Conseil des Arts du Canada, il prépare un travail de doctorat sur le régionalisme dans les lettres canadiennes-françaises, mais il perd sa documentation et sa thèse dans un incendie, à Rimouski, en 1950. Il recommence et écrit « L'Importance de la littérature dramatique de l'Antiquité dans l'enseignement de culture de France, des débuts au XVIIᵉ siècle », thèse qu'il soutient à Paris en 1958. De 1946 à 1957, il enseigne à Worcester et au Michigan (É.-U.), à Rimouski, à Rouen et à Paris, puis il devient professeur de français au Royal Military College de Kingston (1957–1961), au Collège militaire royal de Saint-Jean (1961–1965) où il est directeur de département, puis au Collège Loyola de Montréal (devenu Université Concordia) à partir de 1965, où il est aussi directeur du Département de français et remplit diverses fonctions administratives. Il est membre de plusieurs sociétés, prend part à des récitals de poésie, fait de l'animation culturelle, prépare des ouvrages sur Marcel Dugas et collabore à une dizaine de périodiques dont *Le Travailleur, La Revue dominicaine, Culture, Manoir-Écho* et *Le Devoir*. En 1978 paraît *Fleurs de sang, précédé de Litanie des sources, diptyque poétique*. « Dans les deux volets qui le [recueil] composent, le poète lyrique nous offre des chants variés, mi-modernes mi-traditionnels par le style et l'inspiration », lit-on dans *Le Travailleur* qui souligne aussi l'originalité de l'un des thèmes, l'amour : « Au lieu du dépit de n'être pas aimé et de l'éternelle plainte de la souffrance du mal aimé, il nous fait entendre celle du mal aimant ».

ŒUVRE

Fleurs de sang précédé de Litanie des sources, diptyque poétique, Sherbrooke, Éditions Naaman, 1978, 93 p. « Création ».

ÉTUDES

Jacques Larue-Langlois, *Naaman... au carrefour de la francophonie*, dans *Le Livre d'ici*, vol. 3, nᵒ 47, 30 août 1978, p. 1.

Adrien Thério, *À retenir pour vos lectures*, LQ, nᵒ 16, hiver 1979–1980, p. 74.

[Anonyme], *Une poésie de chair et d'âme*, dans *Le Travailleur*, vol. 48, nᵒ 10, oct. 1978, p. 1, 4.

LABBÉ, JOSETTE (1945–). Romancière, née à Saint-Benoît-Lâbre de Beauce. Elle étudie à l'École normale de Beauceville (brevet d'enseignement, 1964) et aux Cégeps de Jonquière et de Sainte-Thérèse-de-Blainville (D.E.C., 1976). Elle travaille comme bibliotechnicienne à la Régionale de la Chaudière. Josette Labbé fait paraître des contes dans *L'Actualité* et dans *Châtelaine*. En 1975, un de ses textes dramatiques, « Chiffre de nuit », mérite le prix des œuvres dramatiques-radiophoniques à Radio-Canada ; en 1982, son roman, *Jean-Pierre, mon homme, ma mère*, reçoit le prix « Esso » du Cercle du livre de France. Réginald Martel juge très sévèrement ce premier roman : « Parce qu'il couronne encore une fois un auteur qui n'a manifestement aucun talent, le prix Esso s'enfonce plus que jamais dans la médiocrité ». Madeleine Ouellette-Michalska, par contre, écrit que des négligences « savent se faire pardonner tant les situations présentées réussissent à s'insérer dans un rythme, un élan, une émotion qui ne se dément pas ».

ŒUVRES

Jean-Pierre, mon homme, ma mère (roman), Montréal, CLF, 1982, 176 p.

Les Vingt-quatre heures du clan (roman), Montréal, Pierre Tisseyre, 1987, 216 p.

Un beau p'tit char (nouvelle), dans *Actualité*, vol. 1, nᵒ 7, juillet 1974, p. 18.

Mamme chose (nouvelle), Ch, vol. 15, nᵒ 11, nov. 1974, p. 54, 74–75.

La Sainte Paix (nouvelle), Ch, vol. 19, nᵒ 7, juillet 1978, p. 48, 67–68.

ÉTUDES

Réginald Martel, *Le Prix « Esso » à Josette Labbé*, Pr, 98ᵉ année, nᵒ 262, 11 nov. 1982, p. 25.

Madeleine Ouellette-Michalska, *Le Grand Réel de la vie*, Dev, vol. 74, nᵒ 74, 26 févr. 1983, p. 19.

LABELLE, François-Xavier ANTOINE (1833–1891). Essayiste, né à Sainte-Rose-de-Laval. Il fait ses études au Collège de Sainte-Thérèse et est ordonné prêtre en 1856. Curé de Lacolle (1863–1868) et de Saint-Jérôme (1868–1891), il travaille activement à la promotion économique de la vaste région du nord-ouest de Montréal, participe à la fondation de la Société de colonisation du diocèse de Montréal, et incite Arthur Buies à consacrer ses talents à cette cause. Nommé sous-ministre de l'Agriculture et de la Colonisation par Honoré Mercier en 1888, il voyage partout dans le Québec et en France. Connu comme le « roi du nord », il meurt le 4 janvier 1891 des suites d'une intervention chirurgicale. Ses articles et discours ont paru surtout dans *Le Nord* (Saint-Jérôme). Arthur Buies résume son œuvre ainsi : « Jamais il n'a existé un homme en qui s'est davantage incarnée une idée, une idée absorbante, dévorante [...]. Le curé avait constamment devant les yeux le nord transformé, le nord de l'avenir ».

ŒUVRES

Projet d'une société de colonisation du diocèse de Montréal pour coloniser la Vallée de l'Ottawa et le Nord de ce diocèse, Montréal, Cie d'imprimerie canadienne, 1879, 25 p. ; *Pamphlet sur la colonisation dans la vallée d'Ottawa, au nord de Montréal, et règlements et avantages de la Société de colonisation du diocèse de Montréal,* Montréal, John Lovell & fils, 1880, 25 p.
Discours prononcé, le 25 juin 1883, par M. le curé Labelle sur la mission de la race canadienne-française en Canada, Montréal, Eusèbe Senécal, 1883, 15 p.
Au nord, Saint-Jérôme, [s.é.], 1883, 32 p. Carte. Publié sous les auspices des Sociétés de colonisation des Diocèses de Montréal et d'Ottawa.
Société de colonisation. Rapport du Rév. M.-A. [sic] *Labelle, curé de Saint-Jérôme, à Sa Grandeur Mgr E.-C. Fabre, Archevêque de Montréal : 11 mai 1887,* Saint-Jérôme, J. Chapleau et fils, 1887, 8 p.
Considérations générales sur l'agriculture, la colonisation, le rapatriement et l'immigration, Québec, Département de l'Agriculture et de la Colonisation, Province de Québec, 1888, 21 p.
Rapport général du commissaire de l'Agriculture et de la Colonisation de la Province de Québec, 1888, Québec, Charles-François Langlois, [1889], 199 p.

Discours (...) au banquet offert en son honneur par l'Alliance française de Paris, en juillet 1890, dans G[eorges] Bellerive, *Conférences et Discours de nos hommes politiques en France,* Québec, Léger Brousseau, 1902, p. 1–4.

ÉTUDES

[Jean-Baptiste Proulx], *Le Canada. Le curé Labelle et la colonisation,* Paris, Imprimerie de l'Œuvre de Saint-Paul, 1885, 64 p.
Id., Cinq mois en Europe ou Voyage du curé Labelle en France en faveur de la colonisation, Montréal, C.O. Beauchemin et fils, 1888, 259 p.
Arthur Buies, *Au portique des Laurentides. Une paroisse moderne. Le curé Labelle,* Québec, C. Darveau, 1891, 96 p.
Élie-J. Auclair, *Le Curé Labelle. Sa vie et son œuvre,* Montréal, Librairie Beauchemin, 1930, 271 p.
Christian Morissonneau, *La Terre promise : le mythe du Nord québécois,* Montréal, Hurtubise HMH, [1978], 212 p.
Gabriel Dussault, *Le Curé Labelle. Messianisme, utopie et colonisation au Québec 1850–1900,* Montréal, Hurtubise HMH, 1983, 392 p.

LABERGE, ALBERT [Adrien Clamer] (1871–1960). Romancier, conteur, journaliste, né à Beauharnois. Après quelques années d'études secondaires au Collège Saint-Clément de Beauharnois, il va poursuivre son cours classique à Montréal, au Collège Sainte-Marie, en 1888, mais il en est chassé en novembre 1892, pendant l'année des belles-lettres. Il continue ses études en cours du soir à l'Institut Leblond de Brumath et travaille le jour chez les avocats Maréchal et Mackay (1892–1896). Il découvre Maupassant, Zola, Huysmans dans la bibliothèque de son oncle, le docteur Jules Laberge, pendant son séjour au Collège Sainte-Marie. Il se lie d'amitié avec Jean Charbonneau et Louvigny de Montigny avec qui il participe à la première réunion de l'École littéraire de Montréal, en novembre 1895, mais il quitte le groupe peu après. Ses premiers récits paraissent dans *Le Samedi,* en avril 1895. En février 1896, il entre à *La Presse* comme rédacteur sportif, poste qu'il occupera jusqu'en 1932. En 1907, il devient aussi critique d'art. Il a des amis dans le monde des arts et des lettres et, en 1909, présenté par Charles Gill, il devient officiellement membre de l'École littéraire de Montréal et collaborateur du *Terroir.* À la fin de sa carrière, il fait quelques voyages : au Yukon et en Alaska (1930), en Angleterre en juin 1931 et en Europe au lendemain de sa retraite en octobre 1932. En 1937, il entreprend une croisière de 14 jours aux Antilles. Retraité à 61 ans, il habite sa maison de la rue Hutchinson, passe ses étés à Châteauguay et consacre ses trente dernières années à son œuvre littéraire. Longtemps à peu près ignoré, Laberge assiste cependant à la montée de sa renommée avant sa mort. Outre les articles de circonstance, son œuvre — toute publiée à tirage limité — comprend quatre ouvrages sur des artistes et des écrivains, un roman et neuf recueils de contes, ces derniers bien présentés par Gérard Bessette dans son *Anthologie d'Albert Laberge*. Il commence son célèbre roman de mœurs, *La Scouine*, vers la fin du XIXe siècle. Il en publie un épisode intitulé *La Scouine, roman de mœurs de la campagne canadienne, chapitre XIII*, dans *Le Menu du banquet des journalistes*, en décembre 1903. D'autres épisodes paraissent sous forme de contes dans *La Presse* et *Le Terroir*. Le conte *Les Foins*, paru dans *La Semaine*, en juillet 1909, provoque la condamnation par l'archevêque de Montréal. Laberge ne reprendra la publication d'autres extraits de *La Scouine* qu'en 1916, dans *L'Autorité*. Le roman n'est édité en entier qu'en 1918, à soixante exemplaires. Vers 1914, Laberge commence un roman d'amour, « Lamento », resté inachevé, connu pour quelques extraits publiés dans des périodiques. *La Scouine* pourrait à la rigueur être considéré comme un recueil de contes unis assez librement par l'histoire d'une famille et les paysages des environs de Beauharnois. Le roman se compose de trente-quatre chapitres ou tableaux dans lesquels évolue la famille d'Urgèle Deschamps. Paulina, personnage principal qui a reçu de ses camarades d'école le sobriquet la Scouine, à cause de la forte odeur qu'elle dégage, n'est guère plus importante que Caroline, Bagot, Charlot ou Mâço. C'est un roman triste et noir, caractérisé par une sorte de refrain maintes fois répété dans une formule à peine variée : « le pain sur et amer, marqué d'une croix ». Laberge est avant tout un conteur. Ses contes et nouvelles sont tantôt des biographies condensées, tantôt des faits divers librement ordonnés. Laberge aime le déroulement d'une petite histoire autant qu'il se complaît à enrichir la trame du récit d'épisodes ou d'allusions qui traduisent souvent sa vision pessimiste du monde. Dans *Le Destin des hommes*, il définit lui-même son art : « Le conte doit être l'image, l'expression, la représentation de la vie. Il ne doit pas toutefois en être une copie servile ». Sous cet angle, *La Veillée au mort* et *Madame Pauliche* sont des pièces d'anthologie. Sans être un grand styliste, Laberge a le mérite d'avoir utilisé la langue populaire et d'avoir introduit le petit monde dans ses contes et nouvelles. Certains, comme Gérard Bessette et Paul Wyczynski, voient dans les descriptions crues de *La Scouine* le

premier roman naturaliste des lettres québécoises. Sans vouloir égaler ses modèles français, remarque ce dernier, Laberge cherchait à rendre vraie « la grisaille de la vie paysanne, monotone et infiniment triste, qui ressort de l'incongruité d'un milieu singulier et de la fatalité de la condition humaine ». Dans ce sens *La Scouine* se situe dans la lignée de *Marie Calumet* de Rodolphe Girard et constitue une étape importante dans l'évolution du roman de la terre au Québec.

ŒUVRES

La Scouine (roman), Montréal, Édition privée, Imprimerie Modèle, 1918, xii, 134 p. (Édition tirée à 60 exemplaires, avec deux portraits de Laberge : dessin par Robert J. Wickenden (p. vi) ; huile par Henri Beau (p. viii). L'auteur signe : « Albert Laberge, fils de Pierre ») ; Réédition-Québec, 1968, [ix], 134 p. ; L'Actuelle, 1972, [viii], 134 p. ; [s.l., s.é., 1972], 110 p. (Édition pirate) ; Quinze, 1980, 142 p. « Présence » ; Quinze, 1981, 142, [v] p. « Québec 10/10 » ; PUM, 1986, 300 p. Ill. Édition critique préparée par Paul Wyczynski. « Bibliothèque du Nouveau Monde ». Traduction anglaise par Conrad Dion : *Bitter Bread,* [Toronto], Harvest House, 1977, 128 p. « The French Writers of Canada Series ». Ill. de Louisa Nicol.

Le Traditionnel Gâteau des Rois (conte), [Montréal], Granger, [1927], 4 p.

Quand chantait la cigale (contes et réflexions), Montréal, Édition privée, 1936, 110 p.

Visage de la vie et de la mort (contes et nouvelles), Montréal, Édition privée, [Imprimerie Modèle limitée], 1936, 287 p.

Peintres et Écrivains d'hier et d'aujourd'hui (notes biographiques), Montréal, Édition privée, [Imprimerie Modèle limitée], 1938, 248 p. Ill.

La Fin du voyage (contes), Montréal, Édition privée, [Imprimerie de Lamirande], 1942, 413 p.

Scènes de chaque jour (contes), Montréal, Édition privée, [Imprimerie de Lamirande], 1942, 270 p.

Journalistes, Écrivains et Artistes (notes biographiques), Montréal, Édition privée, [Imprimerie de Lamirande], 1945, [xii], 235 p. Ill.

Charles de Belle, peintre-poète (biographie), Montréal, Édition privée, 1949, [2], 64 p.

Le Destin des hommes (contes), Montréal, Édition privée, 1950, 273 p.

Fin de roman (contes), Montréal, Édition privée, 1951, [iv], 269 p.

Images de la vie (contes), Montréal, Édition privée, 1952, 117 p.

Le Dernier Souper (contes), Montréal, Édition privée, 1953, 163 p.

Propos sur nos écrivains (esquisses biographiques), Montréal, Édition privée, 1954, viii, 109 p. Ill.

Hymnes à la terre (contes et réflexions), Montréal, Édition privée, 1955, [ii], 93 p.

Anthologie d'Albert Laberge, [Montréal], CLF, 1962, xxx, 310 p. Biographie sommaire, témoignages, avertissement au lecteur, préface et liste des corrections par Gérard Bessette ; 1972, xl, 259 p. « PoC ».

Silhouette macabre, Sa, vol. 6, n⁰ 44, 6 avril 1895, p. 3. (Texte reproduit dans *Les Scènes de chaque jour,* p. 11–12).

Silhouettes du plein air. Silhouette virgilienne, Sa, vol. 6, n⁰ 47, 27 avril 1895, p. 3. (Texte reproduit sous le titre *Silhouette virgilienne,* dans *Les Scènes de chaque jour,* p. 9–10).

Idylle mélancolique, Sa, vol. 7, n⁰ 41, 14 mars 1896, p. 12. (Texte reproduit dans *Les Débats,* 1ʳᵉ année, n⁰ 40, 2 sept. 1900, p. 6 ; aussi dans *Visages de la vie et de la mort,* p. 67–70).

Émile Nelligan et son œuvre, Pr, 20ᵉ année, n⁰ 98, 27 févr. 1904, p. 2.

Pour l'art, Pr, 20ᵉ année, n⁰ 262, 10 sept. 1904, p. 4.

Maintenant travaillons !, RC, 42ᵉ année, t. 50, 1906, p. 525–533.

Les Deux roses, dans *Le Terroir,* n⁰ 7, juillet 1909, p. 274. (Texte reproduit dans *Les Scènes de chaque jour,* p. 184).

Nos écrivains, dans *L'Autorité,* vol. 3, n⁰ 105, 25 déc. 1915, p. 1.

Types canadiens, dans *L'Autorité,* vol. 3, n⁰ 120, 8 avril 1916, p. 2.

L'Art et les Artistes, Pr, 39ᵉ année, n⁰ 16, 20 nov. 1922, p. 2.

M. Delfosse, peintre du vieux Montréal, Pr, 39ᵉ année, n⁰ 35, 13 déc. 1922, p. 11.

Le Poète, Pr, 39ᵉ année, n⁰ 55, 9 janv. 1923, p. 2.

Carpe diem, Tourbillon de vie, Sunt Lacrymae Rerum, Nocturne, Marche funèbre, Une feuille qui tombe, Quand on est vieux, Dans le soir, La Vie grise, Les Départs, dans *Les Soirées de l'École littéraire de Montréal. Prose et vers,* Montréal, [s.é.], 1925, p. 113–138. (La même année *Carpe diem* et *La Vie grise,* sont publiés dans le *Journal de Pékin* : 17ᵉ année, n⁰ 5223, 7 janv. 1927, p. 5 ; n⁰ 5274, 10 mars 1927, p. 5).

Laliberté, sculpteur du terroir canadien, dans *La Revue moderne,* 19ᵉ année, n⁰ 4, févr. 1938, p. 12–15.

Nelligan vu par Albert Laberge, P, 63ᵉ année, n⁰ 225, 19 nov. 1941, p. 26.

Préface, dans Rodolphe Girard, *Marie Calumet,* Montréal, Éditions Serge Brousseau, 1946, p. 9–13.

Souvenirs sur Marcel Dugas, P, 68ᵉ année, n⁰ 267, 12 janv. 1947, p. 42.

Note : Entre 1900 et 1960, Albert Laberge a publié un nombre considérable d'écrits — poèmes en prose, contes, nouvelles, critiques, notices biographiques, billets de circonstance, chroniques sportives — dans *Les Débats, Le Terroir, L'Autorité, La Presse, La Patrie, Liaison...* Une bibliographie exhaustive des écrits d'Albert Laberge n'a pas encore été faite. Le lecteur trouvera cependant beaucoup de renseignements sur l'œuvre de Laberge dans la bibliographie dressée par Paul Wyczynski dans son édition critique de *La Scouine* (1986), ainsi que dans celle établie par Jacques Brunet, à la fin de son ouvrage *Albert Laberge, sa vie et son œuvre* (1969).

ÉTUDES

W.-A. Baker, *La Scouine,* dans *Le Terroir,* vol. 2, n⁰ˢ 8–9, avril–mai 1920, p. 409–412.

Germain Beaulieu, [*Albert Laberge*], dans *Nos immortels,* Montréal, Lévesque, 1931, p. 113–121.

Jean Charbonneau, *Albert Laberge,* dans *L'École littéraire de Montréal. Ses origines, ses animateurs, ses influences,* Montréal, Éditions Albert Lévesque, 1935, p. 223–229.

Marcel Dugas, *Parmi ceux que j'ai connus,* dans *Liaison,* vol. 1, n⁰ 3, mars 1947, p. 141–148, n⁰ 4, avril 1947, p. 212–219.

Claude-Henri Grignon, *Nos romans, notre théâtre. Ni blancs ni noirs,* Dev, vol. 49, n⁰ 267, 15 nov. 1958, p. 19.

Henri Tuchmaïer, « Évolution de la technique du roman canadien-français ». Thèse de doctorat. Université Laval, 1958, xlviii, 370 f., surtout f. 100–101, 180–181, 289–290.

Gérard Bessette, « Préface », dans *Anthologie d'Albert Laberge,* Montréal, CLF, 1962, p. i–xxv.

Jacques Brunet, *Un naturaliste canadien, Albert Laberge,* LAC 1962, p. 104–106.

Id., *La Scouine d'Albert Laberge,* dans *L'École littéraire de Montréal,* Montréal/Paris, Fides, 1963, p. 201–211. « ALC » 2.

Monique Bosco, *Laberge, un grand nouvelliste qui sort de l'ombre après 60 ans,* MM, vol. 3, n⁰ 5, mai 1963, p. 79.

Adrien Thério, *Anthologie d'Albert Laberge préparée par Gérard Bessette,* LAC 1963, p. 13–14.

Gérard Bessette, *De l'art au sport : une carrière de journaliste-homme de lettres,* Dev, vol. 55, n⁰ 78, 4 avril 1964, p. 20.

Jacques Brunet, *Albert Laberge, sa vie et son œuvre,* Ottawa, EUO, 1969, 176 p.

Paul Wyczynski, *Albert Laberge, 1871–1960,* dans *Albert Laberge-Charles Gill,* Ottawa, Bibliothèque nationale du Canada, 1971, p. 23–42. (Texte introductif à une exposition « Laberge-Gill » à la Bibliothèque nationale à Ottawa).

[Numéro spécial sur Albert Laberge], CoI, vol. 3, n⁰ 3, 1973, 54 p.

Mireille Servais-Maquoi, *Albert Laberge,* dans *Le Roman de la terre au Québec,* Québec, PUL, 1974, p. 99–125.

Gabrielle Pascal, *Le Défi d'Albert Laberge,* Montréal, Éditions Aquila Limitée, 1976, 93 p. « Figures du Québec ».

Réjean Robidoux, *Le Roman depuis 1895 jusqu'à la Seconde Guerre mondiale,* dans *Le Québécois et sa littérature,* Sherbrooke/Paris, Éditions Naaman/Agence de Coopération culturelle et technique, 1984, p. 87–98, surtout p. 91–92.

Paul Wyczynski, *Introduction,* dans Albert Laberge, *La Scouine* (édition critique), Montréal, PUM, 1986, p. 7–53. Aussi *Chronologie* (p. 57–76), *Notes linguistiques et Glossaire* (p. 251–257), *Bibliographie d'Albert Laberge* (p. 259–297).

LABERGE, FERNAND (1935–). Conteur, né à Montréal. Il fait son cours classique au Séminaire Saint-Charles-Borromée (B.A., 1955) et ses études en théologie au Grand Séminaire des Saints-Apôtres, à Sherbrooke (B.A., théologie, 1962). Ordonné prêtre à vingt-trois ans, il exerce son ministère en qualité d'aumônier à l'Université de Sherbrooke (1960–1965), puis il devient professeur de littérature française à l'Externat classique de Magog (1965–1968) et animateur de pastorale à Magog (1968–1979). « Écrivain du dimanche », comme il aime à se qualifier lui-même, il collabore à la *Revue de l'Université de Sherbrooke*, au *Messager Saint-Michel*, au *Campus estrien* et à *La Tribune*. En 1970, son conte, *Le Fou de la batture*, mérite le prix du concours de contes et nouvelles des Éditions Naaman. Il publie ensuite *Deux jours en hiver, suivi de Le Cri* (1980). « Ces deux récits, écrit André Janoël, valent davantage par les idées qu'ils véhiculent que par la narration elle-même. Un style un peu chargé, qui a souvent du panache, des descriptions réussies qui créent une atmosphère, le tout, dosé avec goût, procure une lecture intéressante et tonifiante par certains aspects ».

ŒUVRE

Deux jours en hiver suivi de Le Cri. Courts récits, Sherbrooke, Éditions Naaman, 1980, 77 p. Ill. « Création ».

Le Fou de la batture (conte), dans *Contes et Nouvelles du Québec*, Sherbrooke, Éditions Cosmos, 1970, p. 11–28. « Amorces ».

ÉTUDE

André Janoël, *Laberge (Fernand). Deux jours en hiver suivi de Le Cri*, dans *Nos livres*, vol. 12, mars 1981, nº 142.

LABERGE, MARIE [née Goulet] (1929–   ). Poète et peintre, née à Québec. Après ses études secondaires à l'Académie Sainte-Marie à Beauport, elle travaille comme secrétaire (1950–1952), puis s'inscrit en sciences infirmières à l'Université Laval (licence, 1955), et ensuite à l'École des Beaux-Arts de Québec. Elle dirige un centre d'arts visuels à Beauport, et se fait connaître par de nombreuses expositions à Québec, Montréal et Ottawa. Également poète, membre de la Société des écrivains québécois, elle mérite le prix Du Maurier, en 1965, pour *Halte*. En outre, elle a écrit quelques textes dramatiques pour la radio. Chez Marie Laberge, l'œuvre montre un auteur dont la pensée et la technique sont en évolution continue. Sa poésie exprime le refus de la facilité dans son chant comme dans son être, elle dit le goût du printemps, la ferveur entêtée de vivre, l'amour, l'indignation devant la souffrance du monde. « Elle a conquis son propre style, écrit Suzanne Paradis, mis au point les principales ficelles de son métier [...] c'est une femme assumée, avec

ses blessures et sa beauté, son amertume et ses songes qui cristallise cette poésie d'acheminement vers la grâce ».

ŒUVRES

Les Passerelles du matin (poésie), Québec, Éditions de l'Arc, 1961, 67 p. « L'Escarfel ».

Halte (poésie), Québec, Éditions de l'Arc, 1965, 58 p. Ill. « L'Escarfel ».

D'un cri à l'autre. Poèmes, Québec, Éditions-de-l'aile, 1966, 64 p. Dessins de l'auteur.

L'Hiver à brûler (poésie), Québec, Éditions Garneau, 1968, 88 p. Ill. de l'auteur.

Soleil d'otage (poésie), Québec, Éditions Garneau, 1970, 77 p. Ill. d'Yves Goulet.

Reprendre souffle. Poèmes, Québec, Éditions Garneau, 1971, 77 p. Ill. de l'auteur. « Garneau poésie ».

Les Chants de l'épervière (poésie), [Montréal], Leméac, 1979, 141 p. Ill. « Poésie Leméac ».

Aux mouvances du temps. Poésie 1961–1971, [Montréal], Leméac, 1982, 339 p. « Poésie Leméac ».

[*Témoignages...*], dans *La Poésie canadienne-française*, Montréal, Fides, 1969, p. 572–576. « ALC » 4.

ÉTUDES

Gilles Hénault, *Fragiles Passerelles*, LAC 1961, p. 35.

Suzanne Paradis, *L'Hiver à brûler*, LAC 1968, p. 105–106.

Bianca Zagolin Brandford, *Soleil d'otage*, LAQ 1970, p. 146.

Suzanne Paradis, *Marie Laberge. Les chants d'une renaissance*, Dev, vol. 70, nº 263, 10 nov. 1979, p. 25.

Jean-Noël Pontbriand, *Marie Laberge. Les Chants de l'épervière*, LAQ 1979, p. 129–130.

Hélène de Billy, *Marie Laberge : vingt ans d'écriture*, Dev, vol. 73, nº 129, 5 juin 1982, p. 22.

Luc Bouvier, *Marie Laberge. Aux mouvances du temps*, LAQ 1982, p. 117–119.

LABERGE, MARIE (1950–   ). Comédienne, metteur en scène et dramaturge, née à Québec. Elle étudie aux collèges Notre-Dame de Bellevue et Saint-Charles-Garnier de Québec (D.E.C., 1970). De 1970 à 1972, elle est inscrite à l'Université Laval en journalisme et en information, mais elle suit des cours dans sept facultés, dit-elle, et commence à faire du théâtre avec le groupe des Treize. De 1972 à 1975 elle est étudiante au Conservatoire d'art dramatique de Québec, puis elle commence sa carrière de comédienne et de metteur en scène. Elle donne des cours de théâtre à l'Université du Québec à Chicoutimi (1980) et à Danse-Partout (Québec, 1981). Depuis l'âge de onze ans elle a écrit beaucoup de contes, romans, poésies, et elle a contribué aux créations collectives du théâtre amateur. Sa première pièce, *Ils étaient venus pour...*, est créée en 1976 par des étudiants, reprise au Conservatoire en 1979, lue au Centre d'essai des auteurs dramatiques en 1980 et reprise par le Théâtre du Bois de Boulogne en 1981. Puis elle écrit *Profession : je l'aime*, créée en 1978. À la fin de 1981, elle aura écrit onze pièces dont « On a ben failli se comprendre », « T'sais veux dire », « Le Bourreau », « Jocelyne Trudelle, trouvée morte dans ses larmes ». En janvier 1982, elle fait une tournée européenne avec le Centre d'essai des auteurs dramatiques, à titre d'auteure et de metteur en scène. Sa première pièce publiée, *C'était avant la guerre à l'Anse à Gilles* (prix du Gouverneur général, 1982), reprend, d'un point de vue féministe, le problème de l'attache au passé dans la vie du village de l'Islet des années trente : Marianna, l'héroïne, refuse d'être une Maria Chapdelaine. « La pièce de Marie Laberge, dit Adrien Gruslin, est beaucoup plus qu'une chronique d'autrefois ; elle réinvente l'histoire, l'assume pour aujourd'hui ». André Dionne écrit que d'aucuns pourraient considérer la dramaturge « comme l'auteur de la conscience d'un peuple qui continue à s'enfanter ». Dans ces douze pièces écrites dans l'espace de neuf ans se fait une longue recherche de la vérité. L'auteure ne craint pas d'aborder les durs aspects de l'existence humaine non exempts d'angoisse et de souffrance. Selon Raymond Bernatchez, Marie Laberge « doit être considérée comme l'une des meilleurs auteurs de théâtre de la nouvelle génération ». Sa pièce *Homme gris*, créée à Montréal en 1984, est présentée avec succès à Paris, à la Maison de la culture de Bobigny.

ŒUVRES

Avec l'hiver qui s'en vient. Théâtre, Montréal, VLB éditeur, 1981, 104 p. Ill.

C'était avant la guerre à l'Anse à Gilles. Théâtre, Montréal, VLB éditeur, 1981, 119 p. Ill.

Ils étaient venus pour. Théâtre, Montréal, VLB éditeur, 1981, 139 p. Ill. Préface de Rodrigue Villeneuve.

Deux tangos pour toute une vie. Théâtre, Montréal, VLB éditeur, 1985, 161 p. Ill.

L'Homme gris suivi de Éva et Évelyne. Théâtre, Montréal, VLB éditeur, 1986, 78 p. Ill.

Jocelyne Trudelle trouvée morte dans ses larmes. Théâtre, Montréal, VLB éditeur, 1986, 127 p. Ill.

Le Night Cap Bar (théâtre), Montréal, VLB éditeur, 1987, 180 p.

Oublier (théâtre), Montréal, VLB éditeur, 1987, 142 p.

L'Enfant derrière la porte (autoportrait), dans *Québec français*, n° 44, déc. 1981, p. 32-33.

ÉTUDES

Francine Noël, *Plaidoyer pour mon image*, dans *Jeu*, n° 16, 1980, p. 52-54.

Pauline Beaudoin, *Marie Laberge*, dans *Jeu*, n° 16, 1980, p. 116-118.

Martial Dassylva, *Marie Laberge. Auteur dramatique*, Pr, 97ᵉ année, n° 7, 10 janv. 1981, p. C-1, C-4.

André-G. Bourassa, *Le Temps d'un reel*, LQ, n° 22, été 1981, p. 37-38.

Adrien Gruslin, *Marie Laberge. La Belle Marianna*, dans *Le Livre d'ici*, vol. 6, n° 52, 30 sept. 1981, p. 2.

Deirdre King, *Domination and Resistance : Women Playwrights in Quebec*, dans *The Canadian Forum*, vol. 61, n° 712, sept.-oct. 1981, p. 44-46.

Raymond Laprés, *Laberge (Marie). C'était avant la guerre à l'Anse à Gilles*, dans *Nos livres*, vol. 12, oct. 1981, n° 384.

Hélène de Billy, *Tout un métier que dramatiser !*, Ch, vol. 22, n° 10, oct. 1981, p. 180-186.

Gilbert David et Pierre Lavoie, *Marie Laberge*, dans *Jeu*, n° 21, 1981-4, p. 51-63.

Léonce Cantin, *Repères biographiques*, dans *Québec français*, n° 44, déc. 1981, p. 33.

André Dionne, *Marie Laberge, dramaturge* (entrevue), LQ, n° 25, printemps 1982, p. 62-66.

Adrien Gruslin, *Marie Laberge. Le Grand Mal d'amour*, dans *Le Livre d'ici*, vol. 7, n° 34, 26 mai 1982, p. 2.

André Bourassa, *Une langue pour le lecteur et une pour le spectateur*, LQ, n° 27, automne 1982, p. 46-48.

Marthe Lemery, « *Ils étaient venus pour...* ». *Long et lourd*, Dr, 70ᵉ année, n° 268, 12 févr. 1983, p. 36.

France Simard, « *Le Banc* », *de Marie Laberge. Une journée de mai dans notre hiver*, Dr, 71ᵉ année, n° 237, 7 janv. 1984, p. 29.

Pierre Gingras, « *Ils étaient venus pour...* ». *Le village fantôme de Val Jalbert renaît sur une scène de théâtre*, dans *Forum*, vol. 18, n° 18, 30 janv. 1984, p. 7.

Robert Lévesque, *La Voix pessimiste et courageuse de Marie Laberge*, Dev, vol. 75, n° 218, 19 sept. 1984, p. 8.

[Anonyme], *Serge Hamelin et « Jocelyne Trudelle... ». Le bonheur d'avoir l'âge idéal...*, Dr, 72ᵉ année, n° 285, 2 mars 1985, p. 25.

Raymond Bernatchez, *Marie Laberge : une affaire de questions*, Pr, 102ᵉ année, n° 108, 8 févr. 1986, p. E-4.

LABERGE, PIERRE (1948–   ). Poète, né à l'Ange-Gardien. Après ses études à l'École secondaire Saint-Joseph, à l'Académie de Québec et au Cégep de Sainte-Foy, il se livre entièrement à l'écriture. Son premier recueil de poésie, *La Fête*, paru en 1972, « rejette, écrit Joseph Bonenfant, l'effusion lyrique, l'abondance verbale [...] ne donne pas d'imagination ; il rend les mots paresseux, il donne une fausse substance aux vers, une forme indécise au poème ». Les premiers textes laissent à Pierre Nepveu « une impression de pauvreté et de monotonie » en dépit de certains vers qui « se tiennent » ; mais pour d'autres, comme André Gaulin, cette poésie est « émouvante » et « belle », même s'il s'agit souvent d'une « poésie qui vise au radical dépouillement des os et des mots ». Les lignes suivantes de

Gaulin, écrites sur *Dedans dehors*, s'appliquent assez bien à l'ensemble de l'œuvre : « Nu lui-même, en marge du monde social, en marge du texte de la vie, le poète utilise une poésie fragmentée, dans la rareté des mots et leur pauvreté quotidienne. [...] C'est la nudité jusqu'à l'os, l'écorchement d'un cœur rendu à la corde. Corps en décombre dit le poète. Cette décomposition du corps entraîne aussi la dé/composition de l'écriture car l'angoisse vient raturer la lecture du monde et éteindre les signaux ».

ŒUVRES

La Fête. Poésie, Montréal, Éditions du Jour, 1972, 58 p.
L'Œil de nuit (poésie), Saint-Lambert, Éditions du Noroît, 1973, 49 p.
Le Vif du rejet, précédé de La Guerre promise (poésie), Saint-Lambert, Éditions du Noroît, 1975, 81 p. Ill. de Josée Jobin.
Dedans Dehors, suivi de Point de repère (poésie), Saint-Lambert, Éditions du Noroît, 1977, 92 p.
Vue du corps, précédé de Au lieu de mourir (poésie), Saint-Lambert, Éditions du Noroît, 1979, 135 p. Ill. de Céline Fortin.
Vivre (poésie), Saint-Lambert, Éditions du Noroît, 1981, 81 p. Ill. de Le Brun Doré.
Euphorismes (poésie), Saint-Lambert, Éditions du Noroît, 1984, 56 p. Ill. de Carl Daoust. « L'Instant d'après ».

Issues, L, vol. 22, nº 3, mai–juin 1982, p. 50–54.
Malifestes, dans *Estuaire*, nº 23, printemps 1982, p. 47–64.

ÉTUDES

Joseph Bonenfant, *Pierre Laberge. La Fête, L'Œil de nuit*, LAQ 1973, p. 109–111.
Jacques Lemieux, *Originalité et Ferveur de deux recueils du Noroît*, Dev, vol. 65, nº 103, 11 mai 1974, p. 17.
[Anonyme], *Laberge (Pierre). Le Vif du sujet, précédé de La Guerre promise*, dans *Le Livre canadien*, vol. 7, avril 1976, nº 143.
Pierre Nepveu, *Les Nouvelles Voix en poésie. Les vaches maigres*, LQ, nº 2, mai 1976, p. 12–14.
André Gaulin, *Pierre Laberge. Dedans Dehors, suivi de Point de repère*, LAQ 1977, p. 153–155.
Marie-André Hamel, *Angoisse !*, dans *Le Livre d'ici*, vol. 3, nº 51, 27 sept. 1978, p. 1.
Pierre Nepveu, *Du corps et quelques poètes*, LQ, nº 16, hiver 1979–1980, p. 22.
André Gaulin, *Pierre Laberge. Vue du corps, précédé de Au lieu de mourir*, LAQ 1979, p. 131–132.
Claude Beausoleil, *Vivre*, LAQ 1981, p. 115–116.
Michel Beaubien, *Pierre Laberge. L'art de tendre l'autre joue*, dans *Le Livre d'ici*, vol. 7, nº 15, 13 janv. 1982, p. 2.

LABERGE, RAYMOND (1928–   ). Poète, né à Québec. Il fait ses études à Québec et à Montréal. Il devient professeur adjoint de diction et de phonétique pour la Société de réhabilitation de Sherbrooke. Après avoir été bibliothécaire à l'Institut canadien de Québec, il passe à la Commission scolaire de Sillery et ensuite aux éditions des Presses de l'Université Laval. Il collabore à plusieurs revues dont *L'Emourie* et *Poésie*. « Raymond Laberge, écrit Gilles Marcotte, nous offre une poésie qui est déjà d'un autre âge, [...] qui consacre le choix d'une sorte de délire morphologique. S'y laisse entraîner qui peut et non qui veut ».

ŒUVRES

Zénith amer (poésie), Québec, Éditions de l'Arc, 1960, 66 p. « De l'escarfel ».
Élégie de hauts volts (poésie), Québec, Éditions-de-l'Aile, 1966, 57 p. Ill. de Jean-Guy Allard.
Quatuor pour un sphinx (poésie), Québec, Éditions de la Flamberge, 1972, [n.p., 37 p.].

Tombeau de Mallarmé (poésie), dans *Quarry 14*, 1964–1965, p. 30–31.
Le Rêve du totem (poésie), dans *Poésie*, vol. 3, nº 4, automne 1968, p. 16.
Jeune Poésie, dans *Poésie*, vol. 4, nº 2, printemps 1969, p. 2.
(Témoignages...), dans *La Poésie canadienne-française*, Montréal/Paris, Fides, 1969, p. 548–551. « ALC » 4.

ÉTUDES

Yvon Morin, *Élégie de hauts volts*, LAC 1966, p. 98.
Naïm Kattan, *La Poésie*, dans *Le Bulletin du cercle juif*, vol. 12, nº 112, avril 1966, p. 4.
Reine Malouin, *Les Livres*, dans *Poésie*, vol. 1, nº 2, printemps 1966, p. 24.
Ernest Pallascio-Morin, « *Élégie de hauts volts* », dans *L'Action*, vol. 59, nº 17 647, 29 avril 1966, p. 20.
Jean-Yves Théberge, *Une nouvelle porte, trois poètes*, CF, vol. 106, nº 50, 5 mai 1966, p. 42.
Yolande Chéné, « *Élégie de hauts volts* », So, vol. 69, nº 111, 7 mai 1966, p. 32.
Gilles Marcotte, *Une nouvelle romancière, quelques poètes et de jeunes auteurs*, Pr, vol. 82, nº 123, 28 mai 1966, p. 4.

LABINE, MARCEL (1948–   ). Poète et prosateur, né à Montréal. Il fait ses études classiques au Collège Saint-Ignace (B.A., 1968), puis il obtient une licence ès lettres à l'Université de Montréal (1971), et il devient professeur au Collège de Maisonneuve en 1972. Il collabore à *Livres et Auteurs québécois* et à *Spirale*. Il publie ses recueils de poésie aux *Herbes rouges* dont il partage la pensée d'avant-garde. Son premier recueil, *Lisse* (1975), passe inaperçu, et Richard Giguère lui suggère, à propos des *Lieux domestiques* (1977), de renouveler sa thématique du corps/texte. Mais Giguère déclare que *Les Allures de ma mort* (1979) «révèle une prose vigoureuse, énergique». Labine paraît évoluer avec le groupe des *Herbes rouges* où l'on cherche de plus en plus à «écrire la vie dans toutes ses dimensions», selon Pierre Nepveu qui trouve cependant, dans *Des trous dans l'anecdote* (1981), «un problème de prose : comment raconter, comment décrire ; la hantise du feuilleton, du fait divers, de l'anecdote, l'ombre de l'Histoire. [...] Voici un écrivain qui se cherche un lieu, qui ne parvient pas à se résoudre à écrire un reportage ni à noter dans son petit calepin noir les conversations entendues aux terrasses de cafés de la rue Saint-Denis».

ŒUVRES

Lisse (poésie), *Les Herbes rouges,* n° 31, oct. 1975, [n.p., 28 p.].

Le Moindre Change suivi de La Trace d'autrepli (poésie), dans *L'Appareil* (poésie), Montréal, *Les Herbes rouges,* n° 38, août 1976, [n.p., 44 p.]. Collab. Normand de Bellefeuille.

Les Lieux domestiques (poésie), Montréal, *Les Herbes rouges,* n° 49, avril 1977, [n.p., 26 p.].

Les Allures de ma mort (poésie), Montréal, *Les Herbes rouges,* n° 73, mai 1979, 36 p. Ill. de l'auteur.

La Marche de la dictée (poésie), Montréal, *Les Herbes rouges,* n° 83, 1980, 26 p. Ill. de Jacques Samson.

Des trous dans l'anecdote (poésie), Montréal, *Les Herbes rouges,* n° 87, 1981, 25 p. Ill. de Jacques Samson.

Les Proses graduelles (poésie), Montréal, *Les Herbes rouges,* n° 96, 1981, 22 p. Ill. de Jacques Samson.

C'est pas donné à tout le monde d'avoir une belle mort, LAQ 1974, p. 78–79.

Les Passions rigoureuses, dans *Spirale,* 1re année, n° 2, oct. 1979, p. 7.

L'Effet réaliste, dans *Spirale,* 1re année, n° 10, juin 1980, p. 13.

L'écriture ment toujours, dans *Spirale,* 2e année, n° 15, janv. 1981, p. 13.

Quand il y a moderne et moderne, dans *Spirale,* 2e année, n° 18, avril 1981, p. 7.

Les Nous du désastre (extraits), NBJ, n° 109, janv. 1982, p. 33–38.

ÉTUDES

Normand de Bellefeuille, *Herbes rouges et Libre Expression,* Pr, 92e année, n° 238, 14 févr. 1976, p. D-2.

Lucie Robert, *À la recherche d'une poésie «cruelle»,* LAQ 1976, p. 117–119.

Richard Giguère, *Marcel Labine. Les Lieux domestiques,* LAQ 1977, p. 150–151.

André Lamarre, *Videz la classe,* dans *Spirale,* n° 14, déc. 1979, p. 10.

Richard Giguère, *Marcel Labine. Les Allures de ma mort,* LAQ 1979, p. 106.

Roger DesRoches, *La Parole et la Résistance,* dans *Spirale,* n° 21, juin 1980, p. 4–5.

André Lamarre, *Marcel Labine. La Marche de la dictée,* LAQ 1980, p. 136–137.

Michel Beaulieu, *Marcel Labine. Le jeu de l'autruche,* dans *Le Livre d'ici,* vol. 6, n° 29, 22 avril 1981, p. 2.

Pierre Nepveu, *La Poésie I. Petites misères du masculin singulier,* LQ, n° 22, été 1981, p. 30.

André Dionne, *Marcel Labine. Les Proses graduelles,* LAQ 1981, p. 55–56.

Liette Gaudreau, *Marcelle Labine. Des trous dans l'anecdote,* LAQ 1981, p. 91–99.

LABRADOR. Voir **PETITCLAIR**, PIERRE.

LABRIE, JACQUES (1784–1831). Historien et journaliste, né à Saint-Charles (Bellechasse). Il fait son cours classique au Séminaire de Québec et participe à la fondation du *Courier [sic] de Québec,* en janvier 1807. Ce journal, qui dura jusqu'en décembre 1808, appuya les modérés contre le parti canadien de Pierre Bédard dont la voix autorisée se faisait entendre dans *Le Canadien.* En réalité, *Le Courier de Québec,* sous la direction de Pierre-Amable De Bonne, de Joseph-François Perreault et de Jacques Labrie, s'avère plutôt un journal littéraire et philosophique, un petit carrefour de la pensée internationale. Après un court séjour à Édimbourg (Écosse) où il achève ses études médicales, Labrie rédige une série de 47 articles sur l'histoire du Canada dont 34, sur le régime français et les guerres, qui paraissent de février à juin 1808 dans *Le Courier de Québec.* Plus tard, Labrie appuiera le parti patriote, sans se ranger pourtant parmi les extrémistes. Élu député en 1827, il publie, la même année, *Les Premiers Rudiments de la constitution anglaise.* Établi à Saint-Eustache, il continue de s'intéresser à l'histoire de son pays. De 1825 à 1830, son esquisse historique paraît par tranches dans les revues de Michel Bibaud : *La Bibliothèque canadienne* et *L'Observateur.* Il existe aussi, aux Archives du Séminaire de Québec, un manuscrit de 90 pages intitulé «Notes sur l'Histoire du Canada». Après la mort de Labrie, sa veuve demande à l'Assemblée législative de faire publier l'ouvrage. A.-N. Morin s'occupe de l'affaire pendant la session de 1831–1832. Très considérable, l'œuvre aurait formé trois ou quatre volumes de format in-octavo, d'après le rapport du comité spécial. Malheureusement, le Conseil législatif amende le projet de loi, et le manuscrit de Labrie ne voit jamais le jour ; il est finalement disparu dans un incendie à Saint-Benoît, en 1837. Il faut regretter la perte de cette histoire que Louis-Joseph Papineau déclare avoir été « rédigée avec soin et exactitude d'après les matériaux les plus rares ».

ŒUVRE

Les Premiers Rudiments de la constitution britannique ; traduits de l'anglais de M. Brooke ; Précédés d'un Précis Historique, et suivis d'observations sur la constitution du Bas-Canada. Pour en donner l'histoire et en indiquer les principaux vices, avec un aperçu de quelques-uns des moyens probables d'y remédier. Ouvrage utile à toutes sortes de personnes et principalement destiné à l'instruction politique de la jeunesse canadienne, Montréal, chez James Lane, 1827, ix, 89 p.

Sur l'histoire du Canada, dans *Le Courier* [sic] *de Québec,* févr.–juin 1808.

Matériaux pour l'histoire du Canada, nº 3. Du règne militaire pendant les quatre années qui ont suivi la Conquête (1760–1764) ; et quelques Documents Inédits qui ont particulièrement rapport au « Gouvernement de Montréal » durant partie de ce cours période de l'Histoire du Canada (1761–1764), dans *La Bibliothèque canadienne,* t. 4, nº 4, mars 1827, p. 145–152. (Signé « L »).

Matériaux pour l'histoire du Canada, nº 6. Du règne militaire, dans *La Bibliothèque canadienne,* t. 5, nº 1, juin 1827, p. 22–26 ; t. 5, nº 2, juillet 1827, p. 46–53. (Signé « L »).

ÉTUDES

Maximilien Bibaud, *Tableau historique des progrès matériels et intellectuels du Canada,* Montréal, Cérat et Bourguignon, 1858, p. 37–38.

Auguste Gosselin, *Un bon patriote d'autrefois. Le docteur Labrie,* Québec, Dussault & Proulx, 1903, viii, 198 p. ; 1907, xvi, 274 p.

Centenaire de l'histoire du Canada de François-Xavier Garneau. Deuxième semaine d'histoire à l'Université de Montréal, Montréal, La Société historique de Montréal, 1945, p. 337.

Dossier Jacques Labrie, RHAF, vol. 1, nº 3, 1947, p. 408–418.

John Hare et Jean-Pierre Wallot, *Les Imprimés dans le Bas-Canada, 1801–1810,* Montréal, PUM, 1967, p. 123–124, 332–344.

LACASSE, GUSTAVE (1890–1953). Poète et journaliste, né à Sainte-Élisabeth-de-Joliette (Joliette). À la suite de ses études de médecine à Montréal, il s'établit dans la région de Windsor, au sud de l'Ontario. Il s'implique dans les mouvements scolaires, sociaux, religieux et politiques de cette région. Il est élu maire de Técumseh et vice-président de l'Association canadienne-française d'éducation de l'Ontario (1928) ; la même année, il est nommé au Sénat du Canada où il se montre défenseur des droits des minorités francophones. Il fonde trois hebdomadaires : *La Défense* (1918), *La Presse-Frontière* (1921–1922), et *La Feuille d'Érable* (1931–1952). Il y écrit presque tous les articles de fond, utilisant au moins 13 pseudonymes différents. Poète à ses heures, Gustave Lacasse a laissé de nombreux poèmes qu'il se proposait de réunir dans un recueil intitulé « Une ombre sur un livre ». En 1979, son fils Maurice publie les poèmes et une biographie de son père sous le titre : *Le Lion de la Péninsule.* Comme écrit Paul Gay « ce n'est pas diminuer Gustave Lacasse que de dire que sa vie l'emporte sur ses vers ».

ŒUVRES

Soixante-et-quinze ans de vie catholique et française en Ontario. Vicissitudes et transformations d'un diocèse d'origine et de traditions françaises. Conférence au Huitième Congrès de la Société canadienne d'histoire de l'Église catholique, tenu à London, Ont. les 8 et 9 octobre 1941, [s.l., s.é., 1941], 10 p.

Le Lion de la Péninsule (1890–1953) (biographie et poèmes du Sénateur Gustave Lacasse), [Hull, 340 Riel, 1979], 177 p. (Recueil préparé par Maurice Lacasse). Avant-propos de Maurice Lacasse.

ÉTUDE

Paul Gay, *Le Sénateur Gustave Lacasse (1890–1953),* Dr, 67ᵉ année, nº 103, 28 juillet 1979, p. 18.

LACASSE, LISE (1938–   ). Romancière, nouvelliste et dramaturge, née à Lachine. Elle fait ses études à l'Institut pédagogique de Westmount (B.Péd., 1962), puis elle enseigne successivement à Lachine, Pointe-Claire, Ottawa, et à la Régionale Maisonneuve. À compter de 1973, elle s'adonne à temps plein à l'écriture. Trois de ses textes dramatiques ont été présentés à Radio-Canada, de 1975 à 1978. Elle fait paraître, en 1977, son premier recueil de nouvelles, *Au défaut de la cuirasse,* et elle mérite le prix Benson and Hedge's, l'année suivante, pour sa nouvelle « Sunshine State », puis elle publie un roman en 1981, *La Facilité du jour.* « Par son premier recueil, écrit Gabrielle Poulin, Lise Lacasse s'impose d'emblée à l'attention des lecteurs, non seulement par la profondeur et la qualité du regard qu'elle pose sur le monde, mais également par ses dons de récréation. Sa langue est sûre, élégante, directe ». Selon Paule Lebrun, « Lise Lacasse se situe sur le versant noir du féminisme avec ce qu'il contient de désespoir et de sentiments d'impasse. Ses héroïnes sont encore des victimes d'une situation sur laquelle elles n'ont pas de prise ».

ŒUVRES

Au défaut de la cuirasse (nouvelles), Montréal, Quinze, 1977, 179 p.

La Facilité du jour (roman), Montréal, Les Éditions Bellarmin, 1981, 286 p.

ÉTUDES

Réginald Martel, *Peut-on tuer sa mère?*, Pr, 93ᵉ année, nᵒ 138, 11 juin 1977, p. D-3.

Gabrielle Poulin, «*Au défaut de la cuirasse*», *de Lise Lacasse. Impitoyables et tendres, le regard et la voix d'une nouvelle romancière*, Dr, 65ᵉ année, nᵒ 64, 11 juin 1977, p. 18.

André Vanasse, *Connaissez-vous l'ogresse qui avait l'air d'un cheval déguisé en gorille*, LQ, nᵒ 7, août-sept. 1977, p. 9-11.

Noël Audet, *Lise Lacasse. La difficulté de vivre*, Dev, vol. 73, nᵒ 12, 16 janv. 1982, p. 15.

Michèle Mailhot, *Lise Lacasse. « La Facilité du jour »*, Dr, 70ᵉ année, nᵒ 12, 10 avril 1982, p. 14.

Gabrielle Poulin, *Fragile et Invincible Julia : « La Facilité du jour », de Lise Lacasse*, LQ, nᵒ 25, printemps 1982, p. 18-20.

Réginald Martel, *Lise Lacasse enfin. Un été dans la vie d'une vieille dame*, Pr, 98ᵉ année, nᵒ 147, 26 juin 1982, p. B-3.

LACASSE, ZACHARIE (1845-1921). Missionnaire, polémiste, conteur, né à Saint-Jacques-de-l'Achigan (Saint-Jacques-de-Montcalm). Il fait ses études aux collèges de l'Assomption et de Varennes, et entre au noviciat des Oblats à Lachine en 1869. Il fait ses études théologiques à l'Université d'Ottawa et est ordonné prêtre en 1873. D'abord missionnaire dans le Nord québécois, à Betsiamites, il est employé à la colonisation par le cardinal Taschereau, archevêque de Québec, et amène les premiers colons aux paroisses de Normandin au Lac-Saint-Jean et de Saint-Zacharie de Beauce qui porte son nom (1881-1883). Il est ensuite prédicateur de retraites au Canada et aux États-Unis (1883-1895), puis est nommé curé à Ville-Marie (1895-1897). Il passe le reste de sa vie au Manitoba et à Duluth dans le Minnesota, et sa dernière année à Gravelbourg (Saskatchewan) où il meurt en 1921. Son travail auprès des colons lui inspire ses premières œuvres polémiques : *Une mine produisant l'or et l'argent* (1880) et *Une mine de pierres détachées à l'usage des cultivateurs* (1881), ouvrages suivis de plusieurs autres «mines». Il fut l'un des inspirateurs de la fondation de *La Vérité*, et il collabore au *Patriote* et à *L'Action sociale*. Il fut un temps où on trouvait ses livres dans toutes les familles. Au cours des deux dernières décennies du XIXᵉ siècle, Zacharie Lacasse, par ses nombreux articles dans les périodiques et par le succès exceptionnel de ses «mines», apparaît comme l'un des défenseurs les plus ardents de l'ultramontanisme. «Ces écrits ont pu influencer le comportement d'un très grand nombre de familles canadiennes-françaises. Zacharie Lacasse n'a rien inventé ; c'est surtout son travail de vulgarisation qui prend de l'importance à nos yeux» (Magella Quinn). Et, peut-on ajouter, l'humour du conteur paysan.

ŒUVRES

Une mine produisant l'or et l'argent découverte et mise en réserve pour les cultivateurs seuls, Québec, D. Darveau, 1880, 272 p.

Une mine de pierres détachées à l'usage des cultivateurs, Québec, de l'imprimerie de L.-J. Demers et frères, 1881, 152 p.

Trois contes sauvages, Québec, La Vérité, 1882, 55 p.

Une nouvelle mine. Le prêtre et ses détracteurs, Montréal, Cadieux & Derome, [1892], 277 p. ; Imprimerie de l'Étendard, 1892, 278 p.

Une quatrième mine. Dans le camp ennemi, Montréal, Librairie St-Joseph, Cadieux & Derome, [1893], 221 p.

Une cinquième mine. Autour du drapeau, Montréal, Chs. B. Coutu, imprimeur, [1895], 199 p.

Difficulté scolaire du Manitoba par questions et réponses à la portée de tous, Québec, Brousseau, 1897, 64 p.

Une visite dans les écoles du Manitoba, Montréal, Cadieux et Derome, 1897, 87 p. Sous le pseudonyme de Jean Des Prairies.

Une mine de souvenirs, pour être exploitée par mes chers compatriotes sous la protection de Marie Immaculée, Saint-Boniface, [s.é., 1920], 180 p.

ÉTUDES

Ernest Cyr, *Le Révérend Père Zacharie Lacasse, o.m.i.*, Lyon, Œuvre apostolique de Marie Immaculée, 1925, 38 p.

Magella Quinn, *Un prêtre bien de son temps : Zacharie Lacasse, o.m.i.*, dans *Idéologies au Canada français 1850-1900*, Québec, PUL, 1971, p. 275-281.

LACELLE-BOURDON, ANDRÉE (1947–   ). Poète, née à Hawkesbury (Ontario). Elle étudie au Collège Bruyère d'Ottawa et à l'Université d'Ottawa (B.A., 1969 et baccalauréat en pédagogie, 1971). Après ses études, elle enseigne au secondaire et fait de la traduction. À partir de 1979, elle prépare du matériel didactique. La même année, elle fait paraître un recueil de poèmes *Au soleil du souffle*. «Univers étrange, paysages d'apocalypse déroutants et fantastiques, selon Paul Gay. Images dures et métalliques, violentes, parfois opposées entre elles [...]. En un mot, *Au soleil du souffle* est produit de lucidité dans l'invasion du subconscient, produit au demeurant plein de nostalgie, même s'il essaye de demeurer neutre».

LACELLE-BOURDON

ŒUVRE

Au soleil du souffle (poésie), Sudbury, Éditions Prise de Parole, 1979, 45 p. « Perce-neige ».

ÉTUDES

Paul Gay, *Poésie franco-ontarienne. Les Perce-neige*, Dr, vol. 67, n° 129, 25 août 1979, p. 21.

Roger Chamberland, *Danielle Martin. À perce-poche. Andrée Lacelle-Bourdon. Au soleil du souffle*, LAQ 1979, p. 144-145.

LACERTE, EMMA-ADÈLE [X Adèle Bourgeois, Madame Alcide Lacerte] (1870-1935). Romancière, conteuse et dramaturge, née à Saint-Hyacinthe. Elle fait ses études chez les Sœurs Grises, puis chez les Ursulines de Trois-Rivières et au Couvent d'Hochelaga (Montréal). Après son mariage, elle s'établit à Ottawa, en 1891, et y demeure jusqu'à sa mort. Elle collabore à *La Revue nationale, La Presse, La Patrie, Le Pays laurentien, Le Passe-Temps (Journal musical, littéraire et fantaisiste)*. Douée d'une imagination débordante et originale, elle a produit une œuvre considérable : romans, contes, pièces de théâtre, opérettes. Ses contes sont des récits d'aventures merveilleux, souvent édifiants, qui lui méritent de figurer parmi les pionniers de la littérature de jeunesse du Québec. Le schéma ordinaire de ses romans aux intrigues complexes et pleines de mystères est celui du mélodrame où les beaux et bons jeunes héros finissent par triompher des méchants et trouver le bonheur parfait. Les romans et les contes de madame Lacerte ont joui d'une grande vogue. Ils sont écrits dans la langue simple et sans apprêts de la littérature populaire.

ŒUVRES

Contes et Légendes (dédiés aux enfants), Ottawa, Imprimerie Beauregard, 1915, 199 p. Ill. Préface de l'auteur. Avant-propos de l'auteur.

Comment on s'instruit en se récréant (conférence), Ottawa, Imprimerie Beauregard, 1916, 166 p.

Gaétane de Montreuil et ses œuvres (conférence), Ottawa, Imprimerie Beauregard, 1916, 23 p.

Némoville (roman), Ottawa, Imprimerie Beauregard, 1917, 146 p. Ill. Préface de l'auteur.

La Belge aux gants noirs. Drame en trois actes, Ottawa, Imprimerie Beauregard, 1920, 40 p.

Mes trois castels. Castel-isolé. Castel-joli. Castel-hanté (théâtre), Ottawa, Imprimerie Beauregard, 1920, 92 p.

La Gardienne du phare (roman), Ottawa, Le Courrier fédéral ltée, 1921, 88 p.

L'Ange de la caverne (roman), Ottawa, Le Courrier fédéral ltée, 1922, 236 p. Préface de l'auteur.

Roxane. Grand roman canadien inédit, Montréal, Éditions Édouard Garand, 1924, 75 p. Ill. d'Albert Fournier. « RoC ».

Le Spectre du ravin. Roman canadien inédit, Montréal, Éditions Édouard Garand, 1924, 86 p. Ill. d'Albert Fournier. « RoC ».

L'Ombre du Beffroi. Grand roman canadien inédit, Montréal, Éditions Édouard Garand, 1925, 96 p. Ill. d'Albert Fournier. « RoC ». (Suivi de *La Vie canadienne*, p. 97-100).

Le Bracelet de fer. Grand roman canadien inédit, Montréal, Éditions Édouard Garand, 1926, 128 p. Ill. d'Albert Fournier. « RoC ».

Le Mystérieux Monsieur de l'aigle. Roman canadien inédit, Montréal, Éditions Édouard Garand, 1928, 134 p. Ill. d'Albert Fournier. « RoC ». (Suivi de *La Vie canadienne*, p. 135-140).

Bois-sinistre. Roman canadien inédit, Montréal, Éditions Édouard Garand, 1929, 92 p. Ill. d'Albert Fournier. « RoC ». (Suivi de *La Vie canadienne*, p. 92-96).

La Reine de Nainville suivi de Grinette (roman), Montréal, Beauchemin, 1931, 91 p. ; *La Reine de Nainville suivi de Grinette. L'Avare. Le Nid au pied du rocher. Le Parapluie de famille*, 1953.

À la poursuite d'un chapeau suivi d'autres contes (litt. jeunesse), Montréal, Éditions Beauchemin, 1932, 91 p. Ill. « BC. Dollard » ; 1936, 93 p. ; 1947 ; 1949 ; 1953.

Aux douze coups de minuit suivi d'autres contes (litt. jeunesse), Montréal, Éditions Beauchemin, 1932, 95 p. Ill. « BC. Dollard » ; 1936 ; 1942 ; 1949 ; 1954.

Perdue dans la jungle (contes), Montréal, Beauchemin, 1932, 94 p. ; *Perdue dans la jungle suivi d'autres contes*, Librairie Beauchemin limitée, 1935, 95 p. Ill.

L'Homme de la maison grise. Roman, Rivière-du-Loup, L'Imprimerie du Saint-Laurent, [1933], 191 p.

Causons. Cinq causeries (conférence), Rivière-du-Loup, Imprimerie le Saint-Laurent, 1935, 137 p.

Le Vieux Lion Rex suivi de Fées et Lutins. Les Lys aux blanches corolles. Le Moribond (litt. jeunesse), Montréal, Éditions Beauchemin, 1935, 81 p. « BC. Dollard ».

ÉTUDES

Georges Bellerive, *Adèle Lacerte*, dans *Nos auteurs dramatiques anciens et contemporains*, Québec, Garneau, 1933, p. 129-130, 143.

Louise Lemieux, *Adèle Lacerte*, dans *Pleins Feux sur la littérature de jeunesse au Canada français*, Montréal, Leméac, 1972, p. 29, 127, 181.

LACERTE, MADAME ALCIDE. Voir **LACERTE, EMMA-ADÈLE**.

LA CHEVROTIÈRE, NICOLE DE [Bérith] (1927-   ). Nouvelliste, romancière et auteure de chroniques, née à Rivière-du-Loup. Après son cours secondaire chez les Sœurs de l'Enfant-Jésus-de-Chauffailles, elle suit le cours d'infirmière à l'Hôpital Saint-Joseph du Précieux-Sang (1946-1949). Elle exerce ensuite sa profession pendant une quinzaine d'années, principalement dans des postes de colonisation de l'Abitibi, et pendant cinq ans dans le milieu scolaire de Blainville Deux-Montagnes. Elle collabore à titre de critique à plusieurs journaux régionaux, tels *La Frontière, Le Québécois* et *Le Phare* (Rouyn), *Le Concorde* (Deux-Montagnes) et à la revue *L'Infirmière canadienne*. Son premier roman, « Née libre » paraît à New York en traduction : *Wild & Free* (1967). Puis elle publie, sous le pseudonyme de Bérith, un récit qui révèle un bon conteur, *Rocabérant* (1974). Léo Beaudoin, qui lui reproche de commettre parfois des négligences de langue, dit de *Mousse et Paille en touffe* (1977), recueil de nouvelles : « L'écriture est aisée, sans prétention, avec une touche de pittoresque qui lui donne couleur et originalité. Nicole de la Chevrotière sait regarder avec sensibilité et son coup d'œil embrasse avec acuité aussi bien le décor extérieur que les replis d'un état d'âme ».

ŒUVRES

Rocabérant ou Les Tribulations d'une jeune infirmière chez les pionniers d'Abitibi (récit), Montréal, Éditions Sondec, 1974, 208 p. Sous le pseudonyme de Bérith.
Mousse et Paille en touffe. Huit nouvelles du Québec, Sherbrooke, Éditions Naaman, 1977, 127 p. « Création ».
[*Gaspar Alain Chartier de Lotbinière. Correspondance*], [s.l.], La Société historique de Lotbinière, 1981, [2], 77 p.

Avant de partir (nouvelle), dans *Contes et nouvelles de langue française,* Sherbrooke, Éditions Naaman, 1976, 22 p. « Amorces ».

ÉTUDE

Léo Beaudoin, *De la Chevrotière (Nicole). Mousse et Paille en touffe,* dans *Nos livres,* vol. 9, nov. 1978, n° 370.

LACOMBE, Joseph PATRICE Truillier (1807–1863).

Romancier, né à Oka (Deux-Montagnes). Il fait ses études classiques au Collège de Montréal. Il est admis à la Chambre des notaires le 31 décembre 1830. En 1833, il entre au service des Sulpiciens comme agent des finances et conseiller juridique ; il y travaille trente ans, jusqu'à sa mort. En février 1846, sous l'anonymat, paraît simultanément dans *La Minerve* et dans *L'Album littéraire et musical de la Revue canadienne*, son seul roman, *La Terre paternelle*, qui, avec des variantes, sera réédité un bon nombre de fois et qui fait partie des premiers romans québécois. Ce roman (ou longue nouvelle)

dont l'auteur refuse d'accepter le goût romantique à la mode, est parfois maladroit ; mais Lacombe est un bon observateur de la vie rurale. L'intérêt principal du livre est d'inaugurer au Québec le roman paysan dont il « met en place [...] les lois essentielles », comme le note André Vanasse. C'est un roman moralisateur où l'on trouve un père attaché à la terre, une mère fidèle à ses devoirs familiaux et religieux, un fils qui se laisse tenter par le goût du luxe, un autre à l'esprit aventurier..., dans une histoire qui finit bien et qui vise à montrer que seul le cultivateur trouve le bonheur. Le genre allait connaître cent ans de postérité littéraire.

ŒUVRE

La Terre paternelle (roman), Montréal, Beauchemin & Valois Libraires-Imprimeurs, [1871], [2], 81 p. ; (Plusieurs réimpressions) ; Québec, Imprimerie A. Côté & cie, 1877, 187 p. (Le roman de Lacombe, p. 5–126, fait partie d'un volume qui comprend en plus *Le Chien d'or* d'A. Soulard, *Petites Corrections et Addenda à un article du Canadien du 20 novembre 1839* de Jacques Viger et *L'Île Saint-Barnabé* de J.C. Taché) ; Montréal, Librairie Beauchemin limitée, 1912, 140 p. « BC. Collection Dollard ». (Ce volume comprend *La Terre paternelle*, p. 11–103, *Le Chien d'or* d'A. Soulard et *L'Île Saint-Barnabé* de J.C. Taché) ; 1924, 122 p. (*La Terre paternelle*, p. 11–91) ; Hurtubise HMH, 1972, 119 p. Ill. Présentation par André Vanasse. « Cahiers du Québec. Textes et documents littéraires » ; Fides, 1981, 105 p. Chronologie et bibliographie de Michel Lord. Préface et jugements critiques de Maurice Lemire. « BQ ». (Paru aussi dans *L'Album littéraire et musical de la Revue canadienne*, vol. 1, févr. 1846, p. 14–25 ; sans nom d'auteur dans James Huston, *Le Répertoire national*, Montréal, Lovell & Gibson, 1848, vol. 3, p. 342–382 ; dans James Huston, *Légendes canadiennes*, Paris, P. Jamet, 1853, p. 258–303 ; dans *La Gazette de Sorel*, 22 nov.–13 déc. 1859 ; dans *Le Franc-Parleur*, 9 févr.–10 mars 1871 ; en feuilleton dans *Le Foyer domestique*, 3e année, vol. 5, n°s 18–22, 2–30 mai 1878 ; dans *Le Monde illustré* (canadien), 9e année, n°s 428–435, 16 juillet–3 sept. 1892 ; dans la 2e éd. du *Répertoire national*, Montréal, J.-M. Valois, 1893, t. 3, p. 357–397 ; dans *Le Nationaliste*, 26 sept., 3 oct. 1915 ; dans *La Presse*, 21 avril–30 juin 1923).

ÉTUDES

[Anonyme], [Nécrologie de Patrice Lacombe], dans *La Minerve*, 25e année, n° 119, 7 juillet 1863, p. 1.
[Anonyme], [Nécrologie de Patrice Lacombe], dans *Le Journal de Québec*, 21e année, n° 70, 9 juillet 1863, p. 2.
[Anonyme], *Petite Revue mensuelle* [*Nécrologie de Patrice Lacombe*], dans *Journal de l'instruction publique*, vol. 7, n° 8, juillet 1863, p. 121–122.
G.-A. Dumont, *Études historiques*, [Jean-Baptiste Trullier-Lacombe], MI, 9e année, n° 436, 10 sept. 1892, p. 222.

Joseph-Edmond Roy, *Histoire du notariat au Canada depuis la fondation de la colonie jusqu'à nos jours*, dans *La Revue du notariat* (Lévis), 1899-1902, t. 3, p. 85-87.

Id., « *La Terre paternelle* » *de Patrice Lacombe*, BRH, n° 32, 1926, p. 116-118.

Richard Lessard, *Patrice Lacombe, auteur de la Terre paternelle*, BRH, vol. 46, n° 6, juin 1940, p. 180.

Réjean Robidoux, *Fortunes et Infortunes de l'abbé Casgrain*, dans *Le Mouvement littéraire de Québec, 1860*, Ottawa, EUO, 1961, p. 79-99. « ALC » 1.

Léopold Lamontagne, *Les Courants idéologiques dans la littérature canadienne-française*, dans *Littérature et Société canadienne-française*, RS, vol. 5, n°s 1-2, janv.-août 1964, p. 101-119.

Réginald Hamel, *Introduction à l'histoire de la littérature canadienne-française des origines à 1925*, Montréal, Librairie universitaire, 1964, p. 99-104.

David M. Hayne et Marcel Tirol, [*Joseph Patrice Lacombe*], dans *Bibliographie critique du roman canadien-français 1837-1900*, Toronto, UTP, 1968, p. 95-97.

Albert Le Grand, *La Littérature canadienne-française*, dans *Histoire de la littérature française, XVIIIᵉ - XXᵉ siècles*, t. 2, Paris, Armand Colin, 1970, p. 1019.

John Hare, [*Joseph Patrice Lacombe*], dans *Contes et Nouvelles du Canada français 1778-1859*, Ottawa, EUO, 1971, p. 17.

David M. Hayne, *Les Origines du roman canadien-français*, dans *Le Roman canadien-français*, Montréal, Fides, 1971, p. 37-67. « ALC » 3.

André Vanasse, « Préface », dans *La Terre paternelle*, Montréal, HMH, 1972, p. 11-35.

Adrien Thério, *La Terre paternelle de Patrice Lacombe*, LAQ 1972, p. 86-87.

Antoine Sirois, *Espace et Temps dans La Terre paternelle*, dans *Journal of Canadian Fiction*, été 1973, p. 62-64.

Bernard Andrès, *Le Trou dans La Terre paternelle*, VI, vol. 2, n° 3, avril 1977, p. 365-374.

LA CORNE, ʟᴜᴄ ᴅᴇ [dit Lacorne Saint-Luc] (1711-1784). Mémorialiste, né à Contrecœur (Verchères). Entré tout jeune dans les troupes de la Marine en Nouvelle-France, il remplit diverses fonctions dans les postes de l'Ouest où il s'adonne aussi à de fructueuses activités commerciales et amasse une fortune considérable dans la traite des fourrures. Il participe activement à la guerre de la Conquête, surtout dans la région du lac Champlain où on lui confie le commandement des Indiens. Il est décoré de la croix de Saint-Louis en janvier 1759. À la bataille de Sainte-Foy, en avril 1760, il est blessé, et après la défaite finale, il décide de quitter le Canada, en octobre 1761, à bord de l'*Auguste*. Le navire fait naufrage à l'île du Cap-Breton ; La Corne est l'un des sept survivants. Après trois mois et demi de trajet épouvantable, en plein hiver, il parvient à Québec, le 23 février 1762. Par la suite, il s'établit à Montréal, et il est nommé au Conseil législatif, en 1775. Pendant la Révolution américaine, il participe à la campagne du général Burgoyne. Après l'échec de Saratoga (1777), Bur-

goyne accuse La Corne d'avoir causé la désertion des Indiens, mais La Corne démontre, dans une lettre ouverte aux journaux britanniques, que c'est le général qui en porte la responsabilité. La même année, en 1778, il publie son *Journal de voyage*, récit de l'aventure de 1761-1762 à laquelle Philippe Aubert de Gaspé consacre un chapitre de son roman, *Les Anciens Canadiens*. Pour plus d'un auteur, ce naufrage est devenu une sorte de symbole de la chute de l'ancien régime.

ŒUVRE

Journal du voyage de M. Saint-Luc de La Corne Écuyer, dans le navire L'Auguste, en l'an 1761, Montréal, chez Fleury Mesplet, imprimeur et libraire, mdcclxxviii, ii, 38 p. ; Québec, Des Presses mécaniques d'Augustin Côté et Cie, 1863, 28 p. (Paru aussi dans *Revue d'histoire littéraire du Québec et du Canada français*, t. 2, 1980-1981, p. 143-157. Texte établi et annoté par John Hare).

ÉTUDES

Pierre Tousignant et Madeleine Dionne-Tousignant, *Luc de La Corne*, DBC, vol. 4, 1980, p. 460-464.

John E. Hare, « *Journal de voyage de M. Saint-Luc de la Corne dans le navire l'Auguste en l'an 1761* », dans *Revue d'histoire littéraire du Québec et du Canada français*, t. 2, 1980-1981, p. 136-161.

LACORNE SAINT-LUC. Voir **LA CORNE, ʟᴜᴄ ᴅᴇ.**

LACOURCIÈRE, ʟᴜᴄ (1910-1989). Ethnographe, folkloriste, littérateur, né à Saint-Victor (Beauce). Il fait ses études primaires à Saint-Victor et au pensionnat Saint-Louis-de-Gonzague à Québec, ses études secondaires au Collège de Sainte-Anne-de-la-Pocatière et au Séminaire de Québec. En 1936-1937, il est en Europe : études en France et stage d'enseignement au Collège Saint-Charles à Porrentruy (Suisse). Revenu au pays, il enseigne le latin au Collège Bourget à Rigaud (1938-1939) et devient directeur adjoint des cours d'été de français à l'Université Laval (1938-1948). Grâce à une bourse de la Société royale du Canada, il séjourne au Musée national d'Ottawa où il rencontre Marius Barbeau et s'initie aux sciences anthropologiques et au folklore. Après avoir enseigné la littérature française à l'Université Laval, il devient conférencier au programme de Radio-Collège à Radio-Canada (1941-1942). Une bourse de la Fondation Guggenheim permet à Luc Lacourcière de faire des recherches à la Bibliothèque du Congrès à Washington, et à celle de l'Université Harvard (1943-1944). En 1944, il est nommé professeur titulaire de folklore canadien et comparé à l'Université Laval; il fonde aussitôt les Archives de folklore, à la fois centre de documentation sur les traditions populaires en Amérique et prestigieuse collection qui, à partir de 1946, présentera au public une quinzaine de volumes uniques dans leur genre. Boursier de la Fondation Rockefeller (1956-1957), il commence la compilation d'une « Bibliographie raisonnée des traditions populaires françaises d'Amérique ». Luc Lacourcière organise à l'Université Laval, le Quatorzième Congrès annuel de la Société internationale de musique folklorique : du 28 août au 3 septembre 1961. À la même date l'American Association for State and Local History l'honore « for outstanding work in gathering and disseminating much of the folklore and music of French Canada ». En 1962, il est élu membre de la Société royale du Canada. En 1965, il donne une série de cours à Paris, à Poitiers et à Rennes. Membre de la Société des dix (1966), docteur honoris causa de l'Université McGill en 1966, récipiendaire du prix Duvernay de la Société Saint-Jean-Baptiste de Montréal (1969), Compagnon de l'Ordre du Canada, honoré de la médaille Lorne-Pierce en 1972, Luc Lacourcière poursuit ses recherches en compagnie de Mgr Félix-Antoine Savard, de Marius Barbeau et d'autres folkloristes pour préserver les vestiges oraux et mélodiques de la tradition populaire de langue française en Amérique. Il s'intéresse aussi à la littérature. Il dirige, à partir de 1944, la collection du Nénuphar, destinée, d'après la maison Fides, à la publication des meilleurs textes canadiens-français. Y paraît en 1952, son édition critique des *Poésies complètes 1896-1899* de Nelligan, la première du genre au Québec. Voici comment Léopold Lamontagne résume la carrière de Lacourcière au moment de la présentation de la médaille Lorne-Pierce au folkloriste québécois : « Son amour du passé, son flair de chercheur, son goût sûr de collectionneur, sa patience au travail, une quête insatiable de vérité, le raffinement de sa pensée lui ont permis de donner des règles précises et des archives aux études d'ethnographie populaire commencées par É.-Z. Massicotte et Marius Barbeau ».

ŒUVRES

Le Folklore et l'Histoire, Montréal, Société historique de Montréal, 1945, 17 p. Collab. F.-X. Savard. (Tiré à part du *Centenaire de l'Histoire du Canada de F.-X. Garneau,* Montréal, 1945, p. 423-437 ; reproduit par la suite dans le premier volume des « Archives de folklore »).

« Les Archives de folklore », collection sous la direction de Luc Lacourcière. Font partie de cette collection les quatre premiers numéros publiés chez Fides, les autres aux Presses de l'Université Laval : n° 1, *Cahier collectif,* 1946, 202 p. ; n° 2, *Cahier collectif, Hommage à Marius Barbeau,* 1947, 203 p. ; n° 3, *Cahier collectif,* 1948, 213 p. ; n° 4, *Cahier collectif,* 1949, 168 p. ; n°s 5-6, *Civilisation traditionnelle des Lavalois de Nouvelle-France* par Russell Scott Young, 1956, 129 p. ; n° 7, *Vieilles Chansons de Nouvelle-France* par William Cudahy, 1956, 129 p. ; n° 8, *La Vie traditionnelle à Saint-Pierre (île d'Orléans)* par Nora Dawson, 1960, 190 p. ; n° 9, *Étude linguistique de quatre contes folkloriques du Canada français* par James E. La Follette, 1969, 163 p. ; n° 10, *Placide-Eustache, sources et parallèles du conte-type 938* par Germain Lemieux, 1970, viii, 216 p. ; n° 11, *Le Vaisseau Fantôme, légende étiologique* par Catherine Jolicœur, 1970, x, 340 p. Ces volumes contiennent plusieurs études de Luc Lacourcière : « La Vieille Magicienne », vol. 1, 1946, p. 86-96 ; « Les Écoliers de Pontoise », vol. 1, 1946, p. 176-199 ; « Hommage à Marius Barbeau », vol. 2, 1947, p. 7-8 ; « É.-Z. Massicotte, son œuvre folklorique », vol. 3, 1948, p. 7-12 ; « Comptines canadiennes », vol. 3, 1948, p. 109-157 ; « Chansons de travestis », vol. 4, 1949, p. 87-93 ; « Il est pourtant temps », vol. 4, 1949, p. 95-104.

Mémoire présenté par les Archives de folklore de l'Université Laval à la Commission d'enquête sur l'avancement des arts, des lettres et des sciences, [Québec, Université Laval, 1949], 6 p.

Noël des animaux, Québec, Archives de folklore, 1950, [4] p. Ill.

Le Folklore, patrimoine traditionnel, Boston, Société historique franco-américaine, 1951, 12 p. (Tiré à part du *Bulletin de la Société historique franco-américaine,* 1948-1949).

Émile Nelligan, Poésies complètes, 1896-1899, Montréal/Paris, Fides, [1952], 331 p. « N ». Texte établi et annoté par Luc Lacourcière ; 1958 ; 1966.

La Chanson du pays, Paris, Imprimerie nationale, 1953, 358 p.

Mémoire présenté par les Archives de folklore de l'Université Laval à la Commission d'enquête sur les problèmes constitutionnels, [Québec, Université Laval, 1954], 27 p.

Toponymie canadienne, Québec, PUL, 1956, 24 p.

Textes d'auteurs canadiens I. Philippe Aubert de Gaspé, fils. L'Influence d'un livre. (Extraits) et *Réponse à la critique de Pierre-André,* Québec, PUL, 1964, 44 p. (Textes polycopiés. Notes de cours.)

Actualisation de l'histoire du Canada pour la période 1840-1967, Montréal, Le Boréal express, 1966, [n.p.]. Ill.

Anthologie politique de la Nouvelle-France (XVIIᵉ siècle), Québec, PUL, 1966, 124 p. « Textes d'auteurs canadiens ». (Texte polycopié. Notes de cours).

Cinquante comptines québécoises, Montréal, Corbeil, 1971, [n.p., 27 p.]. Recueillies par Luc Lacourcière. Dessins de Claude Dulude. (Tirage limité).

Oceano nox, CF, vol. 22, nº 5, janv. 1935, p. 443-453.

C.-F. Ramuz et le Pays roman, RD, févr.–mars 1939, p. 74-90, 127-135.

Fragments d'un Valéry, dans *Regards,* vol. 1, nº 2, 1940, p. 13-21.

Les Études de folklore français au Canada, C, vol. 6, nº 1, mars 1945, p. 3-9.

La Langue et le Folklore, CF, vol. 33, nº 7, mars 1946, p. 489-500.

Le Folklore forestier, dans *La Forêt québécoise,* vol. 13, 1948, p. 12-13, 96-98, 254-256, 334-336, 586-588, 652-653, 739-740 ; vol. 14, 1949, p. 228-230, 287-289 ; et dans *Forêt et Conservation,* vol. 1, 1949, p. 16-17, 270-271 ; vol. 2, 1950, p. 400-403.

Nos richesses folkloriques et linguistiques, RUL, vol. 3, 1949, p. 812-815.

Canadian Folktales Recorded During the Summer of 1948 in Charlevoix and Beauce Counties, dans *Bulletin national,* Museum Canada, nº 118, 1950, p. 63-65.

Canadian Folk Songs, Collected at Baie-des-Rochers (Charlevoix), dans *Annual Report of the National Museum of Canada for the Fiscal Year 1949-1950,* Ottawa, The Minister of Resources and Development, 1951, Bulletin 123, p. 84-87. Collab. F.-A. Savard.

Le Folklore acadien, dans *Annual Report of the National Museum of Canada for the Fiscal Year 1950-1951,* Ottawa, The Minister of Resources and Development, 1952, Bulletin 126, p. 99-104. Collab. F.-A. Savard.

L'Œuvre d'Émile Nelligan dans une édition critique, dans *Notre Temps,* vol. 7, nº 24, 12 avril 1952, p. 1.

Folklore, dans *Encyclopédie Grolier,* Montréal/Québec, La Société Grolier Ltée, 1952, vol. 5, p. 40-43.

Nos cousins chantent, dans *La Chanson du pays,* Paris, Imprimerie nationale, 1953, p. 299-300.

Les Archives de folklore, dans *Bulletin de l'Université Laval,* Québec, PUL, nº 7, juin 1954, p. 5-15.

La Toponymie canadienne, dans *Études sur le parler français au Canada,* Québec, PUL, 1955, p. 199-200.

Rabelais au Canada, dans *Médecine de France,* Paris, 1957, vol. 85, p. 33-36.

Bibliographie raisonnée de l'anthroponymie canadienne, dans *Mémoires de la Société généalogique canadienne-française,* vol. 9, nᵒˢ 3-4, juillet-oct. 1958, p. 153-173.

Les Transformations d'une chanson folklorique : du Moine tremblant au Rapide-Blanc, RC, vol. 1, nº 4, 1960, p. 401-434.

Le Conte populaire français en Amérique du Nord, dans *Internationales Kongress der Volkserzählungsforseher,* Berlin, Gruyter, 1961, p. 142-151.

The Present State of French-Canadian Folklore Studies, dans *Journal of American Folklore,* vol. 74, nº 294, oct.–déc. 1961, p. 373-382.

L'Étude de la culture : le folklore, dans *Situation de la recherche sur le Canada français,* Québec, PUL, 1962, p. 253-262.

Réponse de M. Luc Lacourcière de la Société royale du Canada, dans *Présentations,* Société royale du Canada, 1962-1963, p. 39-48.

Supplément au catalogue concernant le conte français d'Amérique du Nord, dans P. Delame et M.-L. Ténèse, *Le Conte populaire français,* Paris, Maisonneuve et Larose, [1964], p. 711-727.

Philippe Aubert de Gaspé (fils), LAC 1964, p. 150-157.

Notes sur les Noëls anciens, So, vol. 67, nº 309, 24 déc. 1964, p. 8.

Anthologie de la Nouvelle-France (XVIᵉ siècle), dans *Poésie,* vol. 1 : nº 3, 1966, p. 14, nº 4, 1966, p. 34-36 ; vol. 2 : nº 1, 1967, p. 12-14, nº 3, 1967, p. 12-13, nº 4, 1967, p. 19-22 ; vol. 3 : nº 1, 1968, p. 13, nº 2, 1968, p. 11-13, nº 3, 1968, p. 12, nº 4, 1968, p. 19-22 ; vol. 4 : nº 1, 1969, p. 20, nº 2, 1969, p. 20-23, nº 3, 1969, p. 20.

La Tradition orale au Canada, dans *France et Canada français du XVIᵉ au XXᵉ siècle,* Québec, PUL, 1966, p. 223-231, 236-243. « CIH ».

L'Enjeu des anciens Canadiens, CD, nº 32, 1967, p. 223-252.

Le Triple destin de Marie-Josephte Corriveau (1723-1763), CD, nº 33, 1968, p. 213-242. Ill.

Conte acadien, CuV, nº 9, 1968, p. 39.

Le Destin posthume de la Corriveau, CD, nº 34, 1969, p. 239-271.

À la recherche de Nelligan, dans *Nelligan, poésie rêvée, poésie vécue,* Montréal, CLF, 1969, p. 23-54.

La Littérature canadienne à l'Université Laval, dans *Recherche et Littérature canadienne-française,* Ottawa, EUO, 1969, p. 71-83.

Les Échanges avantageux (conte-type), CD, nº 35, 1970, p. 227-250.

Le ruban qui rend fort (conte-type), CD, nº 36, 1971, p. 235-297.

Un pacte avec le diable (conte-type), CD, nº 37, 1972, p. 275-294.

Oral Tradition : New England and French Canada, Québec, Archives de folklore, U. L., 1972, 20 p.

Présence de la Corriveau, CD, nº 38, 1973, p. 229-264.

Aubert de Gaspé, fils 1814-1841, CD, nº 40, 1975, p. 275-302.

Philippe Aubert de Gaspé (1786-1871), CD, nº 41, 1976, p. 191-204.

ÉTUDES

[Anonyme], *Un événement littéraire,* Dev, vol. 39, nº 284, 4 déc. 1948, p. 8-9.

Louis-Marcel Raymond, *La Littérature canadienne-française contemporaine*, Dev, vol. 40, n° 276, 26 nov. 1949, p. 20.

Gilles Marcotte, *Émile Nelligan*, Dev, vol. 44, n° 25, 31 janv. 1953, p. 6.

Paul Wyczynski, *Émile Nelligan : Poésies complètes*, RUO, vol. 28, n° 4, oct.–déc. 1958, p. 539-540.

Léopold Lamontagne, *Présentation de M. Luc Lacourcière*, dans *Présentations*, Société royale du Canada, 1962-1963, p. 27-37.

[Anonyme], *Luc Lacourcière sera le conférencier à la SUA le 5 mai*, dans *L'Évangéline*, vol. 78, n° [8182]-99, 27 avril 1965, p. 9.

Roger Duhamel, *La Résurrection de Nelligan*, Dr, 56ᵉ année, n° 290, 8 mars 1969, p. 7.

André Major, *Prix Duvernay à Luc Lacourcière*, Dev, vol. 60, n° 295, 19 déc. 1969, p. 12.

Mélanges en l'honneur de Luc Lacourcière — folklore français d'Amérique, [Montréal], Leméac, 1978, 485 p. Ill. Sous la direction de Jean-Claude Dupont.

Hommages en l'honneur de Luc Lacourcière, LAQ 1978, p. 195-197.

René Dionne, *Hommage à Luc Lacourcière*, LQ, n° 13, févr. 1979, p. 53-54.

Adrien Thério, *Luc Lacourcière, professeur de lettres canadiennes-françaises*, LQ, n° 13, févr. 1979, p. 55-59.

LACROIX, BENOÎT [Michel de Ladurantaye] (1915-   ). Théologien, philosophe, historien et essayiste, né à Saint-Michel-de-Bellechasse. Il fait ses études classiques au Collège de Sainte-Anne-de-la-Pocatière (B.A., 1936), puis il obtient les grades de lecteur en théologie au Collège dominicain d'Ottawa (1941), licence (1946) et docteur ès sciences médiévales (1951) au Pontifical Institute of Mediaeval Studies de Toronto. En outre, il étudie à l'École des Chartes (Paris) et à l'École pratique des Hautes Études de Paris. À partir de 1946, il est professeur à l'Institut d'études médiévales de l'Université de Montréal dont il est le directeur pendant plusieurs années. Il enseigne également à l'École de bibliothécaires, au Département de philosophie, et au Département d'études françaises. Il est professeur invité, en 1961, à l'Université nationale de Kyoto, et, en 1966, à l'Université nationale du Rwanda. Fellow de la John Simon Guggenheim Foundation et plusieurs fois boursier du Conseil des Arts, membre de la Société royale du Canada et de l'Académie des sciences morales et politiques, il est récipiendaire du deuxième prix scientifique de la Province de Québec en 1954 et du prix Léon-Gérin en 1981. Benoît Lacroix est également codirecteur de la collection « Vie des lettres canadiennes » (1956), secrétaire du comité de publication des « Classiques canadiens » (1956), directeur coordonnateur du Centre d'études des religions populaires (1967) dont il dirige les *Cahiers*. Il collabore à un bon nombre de périodiques, tels *Mediaeval Studies, Culture, Revue d'histoire de l'Amérique française, Sciences ecclésiastiques, Communauté chrétienne, Études de civilisation médiévale*. Ses écrits se distinguent par la richesse de leurs vues sur l'homme. C'est aussi dans la perspective des valeurs intégrales que Benoît Lacroix examine le fait littéraire de son pays dans son opuscule *Vie des lettres et Histoire canadienne*. Ses recherches sur Saint-Denys Garneau, poursuivies avec Jacques Brault, ont abouti à une imposante édition critique. Il dirige aussi un groupe de recherche dont le travail vise à une édition critique des œuvres de Lionel Groulx. À compter des années soixante-dix, il est le principal animateur de recherches importantes sur la religion populaire à l'Institut québécois de recherche sur la culture, « attiré, dit-il, par les phénomènes de longue durée » dont fait partie la religion. « Homme sage et compréhensif, écrit Marie Laurier à propos de *La Religion de mon Père*, le Père Lacroix vient de nous faire un cadeau d'historien [...]. Nos jeunes à qui on a cru bon de ne pas enseigner l'histoire [...] trouveront dans ce livre une riche information sur ce qu'ont vécu leurs aïeux ».

ŒUVRES

Sainte Thérèse de Lisieux et l'Histoire de son âme (essai), Montréal, Les Éditions du Lévrier, 1947, 155 p. Sous le pseudonyme de Michel de Ladurantaye.

Pourquoi aimer le Moyen Âge ? (essai), Montréal, L'Œuvre des tracts, 1950, 15 p.

L'Histoire dans l'Antiquité, florilège suivi d'une étude, Paris/Montréal, J. Vrin/Institut d'études médiévales, 1951, 252 p. Préface d'Henri Marrou.

Vie des lettres et Histoire canadienne, suivi d'un lexique pour servir à l'étude de notre histoire littéraire, Montréal, Les Éditions du Lévrier, 1954, 77 p. Préface d'Antonin Lamarche.

Saint-Denys Garneau, Montréal/Paris, Fides, 1956, 96 p. Textes choisis et présentés par Benoît Lacroix. « CC » ; 1967.

Compagnons de Dieu (essai), Montréal, Les Éditions du Lévrier, 1961, 365 p.

Le P'tit Train (litt. jeunesse), Montréal, Éditions Beauchemin, 1964, 74 p. Ill. de François Gagnon ; Saint-Lambert, Éditions du Noroît, 1980, 79 p.

Le Japon entrevu (récit de voyage), Montréal/Paris, Fides, 1965, 115 p.

Orose et ses idées (essai), Paris/Montréal, Librairie J. Vrin/Institut d'études médiévales, 1965, 235 p. « Publications de l'Institut d'études médiévales ».

Le Rwanda : mille heures au pays des mille collines (récit de voyage), Montréal, Éditions du Lévrier, 1966, 100 p.

Lionel Groulx, Montréal/Paris, Fides, 1967, 96 p. Textes choisis et présentés par Benoît Lacroix. « CC ».

L'Historien au Moyen Âge (essai), Montréal/Paris, Institut d'études médiévales/Librairie J. Vrin, 1971, 301 p. « Conférence Albert-le-Grand ».

Saint-Denys Garneau. Œuvres, Montréal, PUM, 1971, 1320 p. Texte établi et présenté par Jacques Brault et Benoît Lacroix. « Bibliothèque des lettres québécoises ».

Les Religions populaires : colloque international 1970, Québec, PUL, 1972, viii, 154 p. Éditeur avec Pietro Boglioni. « Histoire et Sociologie de la culture ».

Les Cloches (poésie-conte), Saint-Lambert, Les Éditions du Noroît, 1974, 70 p. Ill. d'Anne-Marie Samson Decelles.

Folklore de la mer et Religion (essai), [Montréal], Leméac, 1980, 117 p. Ill. « Connaissance ».

Célébration des saisons (chants et poèmes), [Lac Beauport], Éditions Anne Sigier, [1981], 140 p. Ill. Préface de Michelle Arcand. « Centre ALPEC ».

Les Pèlerinages au Québec (essai), Québec, PUL, 1981, vi, 161 p. Éditeur avec Pietro Boglioni. Ill. « Travaux du Laboratoire d'histoire religieuse de l'Université Laval ».

Quelque part en Bellechasse (conte), Saint-Lambert, Éditions du Noroît, 1981, 81 p. Ill. d'Anne-Marie Samson ; *Quelque part en Québec*, [Paris], Éditions du Cerf, 1982.

Journal 1895-1911. Lionel Groulx, Montréal, PUM, 1984, 2 vol. : vol. 1, xiv, 514 p. Préface de Benoît Lacroix ; vol. 2, -1108 p. Édition critique par Giselle Huot et Réjean Bergeron. Sous la direction de Benoît Lacroix, Serge Lusignan et Jean-Pierre Wallot.

Religion populaire, religion de clercs ?, Québec, Institut québécois de recherche sur la culture, 1984, 444 p. Ill. Sous la direction de Benoît Lacroix et Jean Simard.

Paroles à des religieuses (1950-1985) (conférences), Montréal, Fides, 1985, 254 p. Introduction de Madeleine Grammond.

Religion populaire au Québec. Typologie des sources. Bibliographie sélective (1900-1980), Québec, Institut québécois de recherche sur la culture, 1985, 175 p. Collab. Madeleine Grammond et Lucille Côté. Préface de Jean Simard. « Instrument de travail ».

La Religion de mon père (essai), Montréal, Les Éditions Bellarmin, 1986, 306 p. Préface de Lucille Côté.

Trilogie en Bellechasse (litt. jeunesse), Saint-Lambert, Éditions du Noroît, 1986, 222 p. Ill. d'Anne-Marie Samson.

De la connaissance historique, RHAF, vol. 8, n⁰ 3, décembre 1954, p. 435-441.

Guillaume de Tyr : unité et diversité dans la tradition latine, dans *Études d'histoire littéraire et doctrinale*, 4e série, Paris/Montréal, J. Vrin/Institut d'études médiévales de l'Université de Montréal, 1968, p. 202-215.

Les Origines ou la Naissance des sciences humaines de la religion au Québec (1940-1969), dans *L'Enseignement et la Recherche dans le secteur des sciences humaines de la religion*, Québec, Ministère de l'Éducation, 1969, p. 17-31.

Dieu dans la religion populaire franco-québécoise. Sondages et perspectives, dans *Communauté chrétienne*, n⁰ 10, 1971, p. 236-247.

Lionel Groulx cet inconnu, RHAF, vol. 32, n⁰ 3, déc. 1978, p. 325-346.

Lionel Groulx et ses croyances, dans *Hommage à Lionel Groulx*, Montréal, Leméac, [1978], p. 95-118. Sous la direction de Maurice Filion.

Introduction, dans *Jean-Paul II au Canada. Tous les discours*, Montréal, Les Éditions Paulines, 1984, p. 5-19.

Pierre Angers, dans *L'Essai et la Prose d'idées au Québec*, Montréal, Fides, 1985, p. 427-454. « ALC » 6.

ÉTUDES

Lionel Groulx, *L'Histoire dans l'Antiquité,* RHAF, vol. 5, n⁰ 2, sept. 1951, p. 287-288.

François Parmentier, *Le Japon entrevu,* LAC 1965, p. 152.

Paule Sainte-Onge, *Châtelaine a lu pour vous,* Ch, vol. 7, n⁰ 5, mai 1966, p. 14.

Lionel Groulx, *Le Japon entrevu,* RHAF, vol. 20, n⁰ 1, juin 1966, p. 132-134.

Jean-Yves Théberge, *Au pays d'Imana,* CF, vol. 107, n⁰ 13, 18 août 1966, p. 26.

Naïm Kattan, *Lionel Groulx,* dans *Bulletin du Cercle juif,* vol. 13, n⁰ 123, mai-juin 1967, p. 3.

Roger Duhamel, *Fin de partie ou Les Repentirs retardés,* Dr, vol. 55, n⁰ 71, 17 juin 1967, p. 12.

Lucien Campeau, *Lionel Groulx,* RHAF, vol. 21, n⁰ 2, sept. 1967, p. 316-317.

Serge Gagnon, *Lionel Groulx,* LAC 1967, p. 159.

Jean-Claude Poulin, *L'Historien au Moyen Âge,* RHAF, vol. 25, n⁰ 3, déc. 1971, p. 421-422.

Denise Daudelin, « Essai de bibliographie du R.P. Benoît Lacroix, o.p. (1937-1960) » Mémoire. Montréal, École de bibliothécaires, Université de Montréal, 1961, 123 f. Préface de Jean Ménard.

Jean Ménard, « *Benoît Lacroix : vie des lettres... »*, dans *La Vie littéraire au Canada français*, Ottawa, EUO, 1971, p. 252-255.

Luc Lacourcière, *Présentation et Réception de Benoît Lacroix à la Société royale du Canada*, Société royale du Canada, vol. 27, 1971-1972, p. 45-58.

Michel Laurin, *Lacroix (Benoît). Folklore de la mer et Religion*, dans *Nos livres*, vol. 11, déc. 1980, n⁰ 396.

Renée Cimon, *Lacroix (Benoît). Quelque part en Bellechasse,* dans *Nos livres*, vol. 12, déc. 1981, n⁰ 502.

Lucia Ferretti, *Benoît Lacroix et Madeleine Grammond. Religion populaire au Québec [...]*, Dev, vol. 76, n⁰ 146, 26 juin 1985, p. 9.

Marie Laurier, *Benoît Lacroix, sociologue de la religion populaire au Québec*, Dev, vol. 77, n⁰ 23, 29 janv. 1986, p. 6.

Madeleine Bellemare, *La Religion de mon père de Benoît Lacroix*, dans *Nos livres*, vol. 17, mars 1986, p. 4-5.

Suzanne Lafrenière, «*Trilogie en Bellechasse* », de Benoît Lacroix. *Souvenirs et béatitudes*, Dr, 74ᵉ année, nº 153, 27 sept. 1986, p. 20.

LACROIX, GEORGETTE (1921–   ). Poète, née à Québec. Après le primaire et le secondaire au Couvent Saint-Malo des Dames-de-la-Congrégation, elle fait des études de secrétariat à l'Institut Jean-Thomas (1937-1939). Elle enseigne à Sainte-Agathe (Lotbinière), est ensuite commis au Service de la marine de la Défense nationale (1944-1947), puis devient journaliste-commentatrice à la radio du poste CHRC de Québec (1947-1971). Un moment journaliste à la section Arts et Lettres de *L'Action-Québec* (1971-1972), elle passe au ministère des Affaires culturelles du Québec comme attachée de presse (1972-1973), agent culturel au Service des lettres (1973-1974), documentaliste au Service de la recherche (1975-1977). En 1978, elle devient rédactrice du bulletin *Archives en tête* des Archives nationales du Québec, et archiviste en 1981. Elle voyage en Europe et dans les Amériques, devient membre de la Société des poètes canadiens-français et de la Société des écrivains canadiens. Elle rédige des textes radiophoniques et les paroles d'une quinzaine de chansons, publie un bon nombre de recueils de poésie et collabore à plusieurs périodiques dont *L'Action-Québec, Poésie, Écho-Vedettes, Le Soleil, Le Devoir, Le Bien public, Pierres vivantes...* Ses œuvres lui ont mérité le prix du Concours de poésie de la Société du bon parler français (1963, 1969), et le prix France-Québec (1971) pour *Entre nous... ce pays*. Georgette Lacroix chante avec une grande sincérité l'amour, la vie, la mer, le pays, dans des vers le plus souvent réguliers et une langue simple et claire. Raymond Laprés dit de *L'Acadie... avec les yeux du cœur* que c'est « un ouvrage chaleureux, émouvant [...]. Une ferveur sourde de partout. Une langue belle et ferme et bien maîtrisée procure une lecture souvent savoureuse ».

ŒUVRES

Mortes Saisons. Poèmes, Québec, Éditions Garneau, 1967, 74 p. Portrait.

Entre nous... ce pays (poésie), Québec, Éditions Garneau, 1970, 103 p.

Le Creux de la vague. Poèmes, Québec, Éditions Garneau, 1972, 84 p. « Garneau / Poésie ».

Aussi loin que demain. Poèmes, Québec, Éditions Garneau, 1973, 78 p. « Garneau / Poésie ».

Dans l'instant de ton âge. « Non-poèmes », Québec, Éditions Garneau, 1974, 93 p. « Garneau / Poésie ». Ill. de Francine Thibault.

Au large d'éros (poésie), Québec, Éditions La Minerve, 1975, 76 p. Linogravures d'Irénée Lemieux. (Tirage limité) ; 1979, [n.p., 52 f.]. (Édition de luxe. Tirage limité).

Vivre l'automne (poésie), Québec, Éditions Garneau, 1976, 86 p. Ill. « Garneau / Poésie ».

Irénée Lemieux, fils des muses (poésie), Québec, Éditions La Minerve, [1976 ?], 98 p. Ill. de Lemieux. (Tirage limité. Tiré également en édition de luxe à tirage limité).

Québec 1608-1978 (poésie), Québec, Éditions La Minerve, 1978, 122 p. Ill. d'Irénée Lemieux. (Tirage limité).

Québec (poésie), Notre-Dame-des-Laurentides, Les Presses Laurentiennes, 1979, 140 p. Ill. de Jean-Guy Desrosiers.

Québec, capitale de la neige, Québec, Carnaval de Québec, 1979, 64 p. Ill.

Faire un enfant... (poésie), Sainte-Foy, Éditions La Liberté, 1980, 70 p. Ill. de R. Lefebvre-Fillion. « Le Dévidoir ».

L'Homme, le peintre : Germain Larochelle, Québec, Presses de la basilique de Sainte-Anne-de-Beaupré, 1980, 76 p. Collab. René Audy. Ill. de Germain Larochelle.

Astrorama ou La Magie des astres (poésie), Québec, Éditions Aries, [1982 ?], [portefeuille, n.p., 27 f.]. Ill. de P. Bourassa. (Édition de luxe. Tirage limité).

Sports en fête (poésie), Ville de Vanier, Éditions des Blés d'or, [1982 ?], 75 p. Ill. d'Irénée Lemieux. (Édition de luxe. Tirage limité).

L'Acadie... avec les yeux du cœur (poésie), Charlesbourg, Les Presses Laurentiennes, 1984, 94 p. Ill.

Le Carnaval de Québec. Une histoire d'amour, Montréal, Quebecor, 1984, 199 p. Ill.

La Route (poésie), dans *Poésie*, vol. 1, nº 1, hiver 1966, p. 4.

Jets d'eau (poésie), dans *Poésie*, vol. 1, nº 3, été 1966, p. 18-19.

Tempus fugit (poésie), dans *Poésie*, vol. 2, nº 1, hiver 1967, p. 2.

Poèmes, dans *Poésie*, vol. 2, nº 3, été 1967, p. 14-16.

Vieillir (poésie), So, 70ᵉ année, nº 260, 2 nov. 1967, p. 36.

Ces enfants-là (poésie), dans *L'Action*, 61ᵉ année, nº 18, 6 sept. 1968, p. 4.

Ton pays (poésie), dans *Poésie*, vol. 4, nº 1, hiver 1969, p. 18.

ÉTUDES

Reine Malouin, *Mortes Saisons*, dans *Poésie*, vol. 2, nº 4, automne 1967, p. 23-24.

Roch Poisson, *Les Écrivains du Québec : M pour Mécontentement*, dans *Photo-Journal*, vol. 31, nº 31, 15-22 nov. 1967, p. 84-87.

Bernard Lévy, *On demande des poètes*, dans *Sept-Jours*, vol. 2, nº 12, 3-9 déc. 1967, p. 48.

Gilles Racette, *Trois femmes poètes aux Éditions Garneau*, Pr, 88ᵉ année, nº 119, 24 juin 1972, p. C-4.

Raymond Bédard, *Lacroix (Georgette). Vivre l'automne*, dans *Nos livres*, vol. 8, avril 1977, nº 133.

LACROIX

[Anonyme], *Le Prix Adrienne-Choquette 1983*, Dr, 71e année, no 185, 5 nov. 1983, p. 34.

Raymond Laprés, *Lacroix (Georgette). L'Acadie... avec les yeux du cœur*, dans *Nos livres*, vol. 15, nov. 1984, no 5941.

LA CROIX DE CHEVRIÈRES DE SAINT-VALLIER, JEAN-BAPTISTE DE (1653–1727).

Mémorialiste, né à Grenoble (France). Fils d'une famille de grands propriétaires terriens, il étudie au Collège des Jésuites de Grenoble et au Séminaire de Saint-Sulpice à Paris (licence en théologie, 1672). En 1676, il est nommé aumônier ordinaire de Louis XIV et ordonné prêtre en 1681. En 1683, il fonde un hôpital dans son village natal. En janvier 1685, à la suite de la démission de Mgr de Laval, l'abbé de Saint-Vallier est nommé évêque de Québec. En 1685 et 1686, à titre de grand vicaire, il visite toutes les paroisses de la Nouvelle-France incluant celles de l'Acadie. De retour à Paris, il est sacré évêque en janvier 1688 et il publie son *Estat présent de l'Église et de la colonie française dans la Nouvelle-France*. Écrit dans une langue savoureuse et claire, ce récit de voyage offre une description saisissante de la colonie. De 1688 à 1704, son épiscopat est marqué par des querelles avec les prêtres du Séminaire, le gouverneur Frontenac qui voulait faire jouer *Tartuffe* en 1693–1694, les autorités civiles, les Jésuites, etc. Mgr de Saint-Vallier voyage souvent en France afin de plaider sa cause. Il en profite aussi pour faire imprimer trois ouvrages qui marqueront l'Église canadienne pendant plus d'un siècle : un *Catéchisme* (1702), un *Rituel* (1703) et les *Statuts, Ordonnances et Lettres pastorales* (1703). Envoyés au Québec pendant son absence, le *Catéchisme* et le *Rituel* seront mis en accusation par le supérieur des Jésuites. L'évêque se défend bien mais il s'empresse de publier une seconde édition de son *Rituel* en 1704 afin de répondre partiellement aux critiques. Après un séjour de quatre ans en Europe, il s'embarque pour le Canada en juillet 1704. Capturé par les Anglais alors en guerre avec la France, il est emmené en Angleterre où il passe cinq ans comme prisonnier. Libéré en 1709, il a hâte de retourner au Canada qui est sans évêque depuis la mort de Mgr de Laval en 1708. Cependant, le roi, craignant une reprise des querelles, le retient à Versailles jusqu'en 1713. Malgré son mauvais état de santé à la suite des privations, il continue à servir la colonie jusqu'en 1727.

ŒUVRES

Estat présent de l'Église et de la colonie française dans la Nouvelle-France, Paris, Chez Robert Pepie, 1688, 267 p. ; Québec, réimprimé par Augustin Côté & cie, 1856, ix, 102 p. ; New York, S. R. Publishers Limited, Johnson Reprint Corporation, [1965], 267 p. (Réimpression en fac-similé de l'édition de 1688).

Catéchisme du diocèse de Québec, Paris, Urbain Coustellier, 1702, 522 p. ; Montréal, Éditions Franciscaines, [1957], xvii, 555 p. Présentation et notes par Fernand Porter.

Rituel du diocèse de Québec publié par l'ordre de Monseigneur l'évêque de Québec, Paris, Chez Simon Langlois, rue Saint-Étienne des Grès, au Bon Pasteur, M.DCCC.III (1703), 604 p. (Relié avec les *Statuts, Ordonnances et Lettres pastorales*) ; (1704), 671 p.

Statuts, Ordonnances et Lettres pastorales, Paris, Chez Simon Langlois, 1703, 146 p. ; Henri Têtu et C.-O. Gagnon éditeurs, *Mandements, Lettres pastorales et Circulaires des Évêques de Québec*, Québec, Imprimerie générale Augustin Côté & cie, 1887, vol. 1, p. 165-524. (D'abord publié sous la même reliure que le *Rituel du diocèse de Québec* en 1703).

ÉTUDES

Joachim Fournel, *Éloge funèbre de Mgr de Saint-Vallier*, BRH, vol. 14, 1908, p. 80-87, 110-121.

Amédée Gosselin, *Le Rituel de Mgr de Saint-Vallier*, MSRC, 1914, section 1, p. 245-258.

Alfred Rambaud, *La Vie orageuse et douloureuse de Mgr de Saint-Vallier deuxième évêque de Québec (1653-1727)*, RUL, vol. 9, 1954, p. 90-108.

Alfred Rambaud, *La Croix de Chevrières de Saint-Vallier, Jean-Baptiste de*, DBC, t. 2, 1969, p. 342-349.

Guy Plante, *Le Rigorisme au XVIIe siècle. Mgr de Saint-Vallier et le sacrement de pénitence (1658-1727)*, Gembloux, Éditions J. Duculot, S.A., [1971], 189 p.

LADÉBAUCHE. Voir **BERTELOT, HECTOR.**

LADURANTAYE, MICHEL DE. Voir **LACROIX, BENOÎT.**

LA FERRIÈRE, CLAUDE (1955–   ). Poète, né à Trois-Rivières. Il étudie au Cégep François-Xavier Garneau et à l'Université Laval (B.A., 1978). Encore étudiant, il écrit des textes chantés par le groupe Godendard. Lauréat du concours de la Basoche en 1976, il publie l'année suivante un premier recueil de poésie. En 1978, paraît un deuxième recueil préparé en collaboration.

ŒUVRES

Poésies, Québec, Les Éditions de la Basoche, 1977, 55 p.

Quintefeuille (poésie), Québec, Éditions le Pallier, 1978, 87 p. Collab.

LAFITAU, JOSEPH-FRANÇOIS (1681-1746). Missionnaire et anthropologue, né à Bordeaux. Il entre chez les Jésuites en 1696. Envoyé en Nouvelle-France, il exerce son ministère auprès des Iroquois du Sault-Saint-Louis (Caughnawaga), près de Montréal, de 1712 à 1717. Pendant cinq ans, il étudie minutieusement leur génie et leurs usages. C'est chez eux aussi qu'en étudiant des planches de botanique, il découvre le « ginseng de Tartarie » au Canada ; à son retour en France, il publie un *Mémoire concernant la précieuse plante ginseng de Tartarie* (1718). Il séjourne à Rome de 1718 à 1720 pour régler certaines difficultés au sujet des missions du Canada. En 1722, il est nommé procureur à Paris des missions de la Nouvelle-France. Il retourne au Canada en 1727 et 1729 comme supérieur de la mission de Sault-Saint-Louis, puis rentre à Paris où il reprend son poste de procureur. Son ouvrage sur les *Mœurs des sauvages américains* paraît en 1724. Grâce à ce livre longtemps ignoré, Lafitau est reconnu de nos jours comme le précurseur de l'ethnologie comparée. Il voit les indigènes d'Amérique comme les derniers dépositaires de la religion naturelle donnée directement par Dieu aux hommes, et parvenue à la perfection dans le christianisme. Il compare ainsi les « sauvages » avec les Grecs anciens. Selon Gilbert Chinard, « nul n'aurait songé, peut-être, à faire l'épopée de l'homme de la nature ; jamais, sans doute, *Les Natchez* n'auraient été écrits, si Lafitau n'avait ennobli les indigènes du Nouveau Monde et n'avait uni dans son admiration les héros d'Homère et les stoïques et fiers Américains ». Selon Michel Duchet « il jette les bases d'une science de l'homme universel ; à une perspective historique et géographique, il substitue une perspective anthropologique ».

ŒUVRES

Mémoire présenté à Son Altesse Royale Monseigneur Le Duc D'Orléans, Régent du Royaume de France, concernant la Précieuse Plante Gin-Seng de Tartarie, découverte en Canada par le P. Joseph-François Lafitau, de la Compagnie de Jésus, Missionnaire des Iroquois du Sault Saint-Louis, Paris, Chez Joseph Monge, mdccxviii, 88, [4] p. Ill. ; Montréal, Typographie de Senécal, Daniel et Compagnie, 1855, 44 p. Notice biographique par Hospice Verreau.

Mœurs des Sauvages amériquains comparées aux mœurs des premiers temps (essai d'anthropologie comparée), Paris, Chez Saugrain l'aînée / Charles-Estienne Hochereau, mdccxxiv, 4 vol. : vol. 1, [24], 256 p. ; vol. 2, [8], 296 p. ; vol. 3, [12], 248 p. ; vol. 4, [8], 196, [65] p. Ill. ; Lyon et Paris, Périsse frères, 1845, 2 vol. ; Paris, François Maspéro, 1983, 2 vol. : vol. 1, 287 p. ; vol. 2, 185 p. Introduction, choix de textes et notes d'Edna Hindie Lemay. Traduction anglaise par William N. Fenton et Elizabeth L. Moore : *The Customs of the American Indians Compared With the Customs of Primitive Times*, Toronto, The Champlain Society, 1974, 2 vol. : vol. 1, cxix, 365 p. ; vol. 2, viii, 374 p. Ill. ; 1977.

Histoire de Jean de Brienne, roy de Jérusalem et empereur de Constantinople, Paris, C. Moette et P. Simon, 1727, 506, xxxiv p.

Histoire des découvertes et conquestes des Portugais dans le Nouveau Monde, à Paris, Saugrain Père / Jean-Baptiste Coignard Fils, mdccxxxiii, 2 vol. : vol. 1, xxiv, 616, [47] p. ; vol. 2, 693, [89] p. Ill. ; Wetstein, 1736 ; Genève, Slatkine Reprints, 1974. (Édition en fac-similé).

Entretiens d'Anselme et d'Isidore sur les affaires du temps, [s.l., s.é., mdcclvi], 227 p.

Mœurs, Coutumes et Religions des Sauvages américains. Extraits du P. Lafitau, Paris / Lyon, Librairie Classique de Périsse frères, 1839, 2 vol. : vol. 1, ii, 272 p. ; vol. 2, ii, 194, [2] p. Ill. Édité par A.S. [Lyon].

Mémoire de P. Lafitau : sur la boisson (vendue) aux sauvages, dans R.O. Thwaites, *The Jesuit Relations and Allied Documents...*, Cleveland, Barrow Bros., 1896-1901, vol. 67, p. 38-46.

ÉTUDES

Arnold Van Gennep, *Contributions à l'histoire de la méthode ethnographique*, dans *Revue de l'histoire des religions* (Paris), vol. 67, 1913, p. 321-338.

Gilbert Chinard, [Joseph-François Lafitau], dans *L'Amérique et le Rêve exotique dans la littérature française au XVIIe et au XVIIIe siècle*, Paris, Droz, 1934, p. 315-326.

Alfred Métraux, *Les Précurseurs de l'ethnologie en France du XVIe au XVIIIe siècle*, dans *Cahiers d'histoire mondiale* (Neuchâtel), vol. 7, 1962-1963, p. 721-738.

Léon Pouliot, *Les Procureurs parisiens de la mission de la Nouvelle-France*, dans *Lettres du Bas-Canada*, vol. 22, 1968, p. 38-52.

W.N. Fenton, *J.-F. Lafitau (1681-1746). Precursor of Scientific Anthropology*, dans *Southwestern Journal of Anthropology*, vol. 25, 1969, p. 173-387.

Michèle Duchet, *Anthropologie et Histoire au siècle des lumières*, Paris, François Maspéro, 1971, 562 p., surtout p. 14-16, 71-72.

William N. Fenton, *Joseph-François Lafitau*, DBC, vol. 3, 1974, p. 360-365.

William N. Fenton, et Elizabeth L. Moore, *Lafitau et la Pensée ethnologique de son temps*, EL, vol. 10, nos 1-2, avril-août 1977, p. 19-48.

LAFLAMME, JEAN (1932–   ). Historien et essayiste, né à Saint-Damien (Bellechasse). Il fait le cours classique au Séminaire d'Amos (B.A., 1953), commence des études de théologie à l'Université d'Ottawa et les poursuit au scolasticat Saint-Charles des Clercs de Saint-Viateur, est ordonné prêtre en 1960, et fait la scolarité de maîtrise en sciences religieuses (1960–1961) à Ottawa. Inscrit en histoire à l'Université de Montréal en 1967, il obtient une licence en 1970 et une maîtrise en 1971, pour un mémoire sur «La Traite des fourrures dans l'Outaouais supérieur, 1718–1760», puis il fait la scolarité du doctorat (1975–1977). Il enseigne à Lorrainville (1959–1960), Amos (1961–1963), LaSarre (1963–1967), Rigaud (1971–1973) et à temps partiel à l'Université du Québec à Trois-Rivières (1979–1980). En même temps, dans ces villes ainsi qu'à Montréal et à Charlemagne, il s'occupe de pastorale scolaire ou paroissiale et de scoutisme, dirige une manécanterie à LaSarre, fonde deux journaux d'étudiants, *L'Antenne*, à Amos, et *Amitié*, à La-Sarre, collabore aux *Feuillets querbésiens*, aux *Cahiers du département d'histoire et de géographie* du Collège du Nord-Ouest québécois... Outre ses travaux d'histoire sur le Père Louis Querbes, sur la région de la Baie d'Hudson, sur les camps de détention au Québec, Jean Laflamme publie en collaboration une *Anthologie thématique du théâtre québécois au XIXᵉ siècle* et *L'Église et le Théâtre au Québec* (1978), ouvrage qui vise «à donner la pensée et l'attitude des autorités religieuses à partir des textes officiels du clergé» (Marcel Lajeunesse).

ŒUVRES

Un apôtre du chant sacré: le Père Louis Querbes (essai), Ottawa, EUO, 1965, 110 p.

En canots sur les traces des pionniers (récits de voyage), LaSarre, Éditions des Scouts de LaSarre, 1966, 53 p. Ill.

Aperçu géographique et historique de la Baie d'Hudson (essai), LaSarre, Chez l'auteur, 1967, 12 p.

En route vers la Baie James (récit de voyage), LaSarre, Éditions des Scouts de LaSarre, 1967, 18 p.

LaSarre cinquantenaire (monographie), LaSarre, Éditions de l'École d'Abitibi-Ouest, 1967, 148 p. Ill. de l'auteur.

Vingt-cinquième anniversaire du scoutisme (essai), Charlemagne, Le comité des Amis des scouts, 1968, 28 p. Ill. de l'auteur.

En remontant la rivière L'Assomption (récit de voyage), Charlemagne, Éditions des Scouts de Charlemagne, 1971, 50 p. Préface de Léo Quintal. Ill. de l'auteur.

Les Camps de détention au Québec durant la Première Guerre mondiale (essai), Montréal, Chez l'auteur, 1973, 51 f. Ill. de l'auteur. (Texte polycopié).

[*Frère Denis Blais, clerc de Saint-Viateur (1918–1973)*] (biographie), Amos, Les Clercs de Saint-Viateur de l'Abitibi, 1974, 23 p. Ill.

De Montréal à Vancouver. Journal de voyage, Charlemagne, Chez l'auteur, 1974, 90 p.

Au pays des ancêtres. Journal de voyage, Montréal, Chez l'auteur, 1976, 3 vol.: vol. 1, 44 p.; vol. 2, 48 p.; vol. 3, 28 p.

[*Père Loyola Carrier, c.s.v. Clerc de Saint-Viateur (1912–1976)*] (biographie), La Ferme, Les Clercs de Saint-Viateur de l'Abitibi, 1977, 32 p. Collab. Louise Laurin-Fortier. Ill.

Anthologie du théâtre québécois au XIXᵉ siècle, Trois-Rivières, [s.é.], 1978, [n.p.]. Collab. Étienne-F. Duval; *Anthologie thématique du théâtre québécois au XIXᵉ siècle*, Montréal, Leméac, 1978, 458 p. Collab. Étienne-F. Duval. «Théâtre-Leméac».

L'Église et le Théâtre au Québec (essai), Montréal, Fides, 1979, 356 p. Collab. Rémi Tourangeau.

Connaissance du Père Querbes. Un apôtre du chant sacré. Des cantiques rajeunis, dans *Feuillets querbésiens* (nouvelle série), nᵒ 1, oct. 1963, p. 9–12; nᵒ 2, nov. 1963, p. 5–9.

Un camp de concentration en Abitibi durant la Grande Guerre, dans *Cahiers du Département d'histoire et de géographie* (collège du N.-O. québécois), nᵒ 2, 1975, p. 51–91.

Naissance de la traite des fourrures en Abitibi et au Témiscamingue, 1673–1708, dans *De l'Abbittibbi-Témiskaming, Cahiers du Département d'histoire et de géographie* (collège du N.-O. québécois), nᵒ 3, 1976, p. 1–24.

Théâtre québécois au XIXᵉ siècle, dans *Les Cahiers de Cap-Rouge*, vol. 5, nᵒ 3, 1977, p. 72–75.

Le Marquis de Vaudreuil et l'Abitibi-Témiscamingue, dans *De l'Abbittibbi-Témiskaming, Cahiers du Département d'histoire et de géographie* (collège du N.-O. québécois), nᵒ 4, déc. 1977, p. 1–25; nᵒ 5, janv. 1978, p. 1–20.

ÉTUDES

Jean-Yves Gravel, *Laflamme, Jean. Les Camps de détention au Québec durant la Première Guerre mondiale*, RHAF, vol. 26, nᵒ 1, juin 1972, p. 106–107.

Adrien Gruslin, *Anthologie du théâtre québécois au XIXᵉ siècle*, Dev, vol. 69, nᵒ 279, 2 déc. 1978, p. 34.

Jean Du Berger, *Étienne F.-Duval. Anthologie thématique du théâtre québécois au XIXᵉ siècle*, LAQ 1978, p. 163–164.

Alonzo Le Blanc, *Chroniques. Publications «Anthologie thématique du théâtre québécois au XIXᵉ siècle»*, dans *Jeu*, nᵒ 11, printemps 1979, p. 100–101.

André Janoël, *Duval (Étienne-F.) et (Jean Laflamme). Anthologie thématique du théâtre québécois au XIXᵉ siècle*, dans *Nos livres*, vol. 10, mars 1979, nᵒ 94.

Lorraine Camerlain, *J. Laflamme et R. Tourangeau. L'Église et le Théâtre au Québec*, LAQ 1979, p. 217–219.

Michel Lord, *Études dramatiques. L'Église et le Théâtre au Québec de Jean Laflamme et Rémi Tourangeau*, LQ, nᵒ 20, hiver 1980–1981, p. 39–40.

Marcel Lajeunesse, *Laflamme, Jean et Rémi Tourangeau. L'Église et le Théâtre au Québec*, RHAF, vol. 35, n° 1, juin 1981, p. 108-111.

LAFLÈCHE, GUY (1945–). Essayiste, né à Montréal. Après ses humanités au Collège Bois-de-Boulogne, il fait une licence ès lettres à l'Université de Montréal (1967-1970), une maîtrise à Strasbourg (1971) et un doctorat à l'Université de Paris VIII pour une thèse sur Mallarmé (1973). En 1973, il devient professeur au département des études françaises de l'Université de Montréal. Il collabore à de nombreux périodiques : *Voix et Images, Livres et Auteurs québécois, Lettres québécoises, Études françaises, Revue de l'Université d'Ottawa, Revue des langues romanes*, etc. Ses deux éditions critiques d'ouvrages anciens (ceux de Paul Lejeune et de Jacques Bigot) ont suscité l'admiration de la critique québécoise : « la *Relation* de 1634, écrit André Berthiaume, méritait le travail remarquable de M. Guy Laflèche », et « l'étude de Guy Laflèche [sur Jacques Bigot est] magistrale et permet de renouveler notre vision des textes originaux de la littérature québécoise » (Pierre Berthiaume). Mais son *Petit Manuel des études littéraires* (1977) souleva une polémique. « Guy Laflèche, écrit Patrick Imbert, n'a pas fini de nous étonner avec son ouvrage au titre d'apparence contradictoire [...]. On assiste au déploiement d'une révolution en marche qui joue sur l'ironie, la polémique et sur le terrorisme qui est certes générateur de nombreuses questions ». « L'humeur, l'humour ne contribuent guère au progrès scientifique, disent de leur côté Jean-Marcel Léard et Jacques Michon, même en littérature. Nous souhaitons que ce petit manuel ne détourne pas le lecteur de cette science de la littérature à laquelle nous croyons ». La pensée de Guy Laflèche s'explique par l'influence de Hjelmslev qui est très marquée dans son étude sur Mallarmé et Mary Summer (1975). Il reste à voir si, à l'usure du temps, ce *Petit Manuel* détrônera les travaux des humanistes qu'il répudie au nom de sa méthode dite « objective ».

ŒUVRES

Relations de 1634 de Paul Lejeune, le missionnaire, l'apostat, le sorcier, Montréal, PUM, 1973, xliv, 263 p. Édition critique préparée par Guy Laflèche.

Mallarmé, grammaire générative des Contes indiens (essai), Montréal, PUM, 1975, 300 p.

(Prolégomènes à une) Histoire des formes du roman québécois, Montréal, Université de Montréal, Faculté des arts et des sciences, 1976-1977, 173 p. (Notes de cours).

Petit Manuel des études littéraires, pour une science générale de la littérature (essai), Montréal, VLB éditeur, 1977, 117 p.

La Vie du Père Paul Ragueneau de Jacques Bigot, Montréal, VLB éditeur, 1979, 267 p. Ill. Édition critique préparée par Guy Laflèche.

Dix ans de recherche québécoise sur la littérature française (1970-1979) (essai), Montréal, Association canadienne française pour l'avancement des sciences, 1980, 145 p. Éditeur.

Vues d'Argentine. Entre Tikal et Brasilia l'été, de septembre à mai (récit de voyage), Laval, Singulier, 1984, 135 p.

Les Saints Martyrs Canadiens, histoire du mythe (essai), Montréal, Singulier, 1988, vol. 1, 364 p. Collaboration de François-Marc Gagnon.

Écart, Violence et Révolte chez Paul-Marie Lapointe, EF, vol. 6, n° 4, nov. 1970, p. 395-417.

Yvon Bonenfant. Transes-mutations, LAQ 1973, p. 117.

Céline, d'une langue l'autre, EF, vol. 10, n° 1, févr. 1974, p. 13-40.

L'Année du recueil(ment), LAQ 1974, p. 188-189.

Patrick Straram. Questionnement socra/cri/tique, LAQ 1974, p. 221-222.

Albert Camus ou L'Imagination du désert de Laurent Mailhot : de l'œuvre au texte, du texte à l'œuvre, VIP, vol. 9, 1975, p. 285-293.

Le Conte(nu) mallarméen, EF, vol. 12, n° 1-2, avril 1976, p. 135-155.

Céline, de Voyage à sa Préface, dans *Actes du colloque international de Paris, 27-30 juillet 1976,* Paris, Société d'études céliniennes, 1976, p. 197-213.

Du vieux et du flambant neuf, LAQ 1976, p. 207-208.

Les Bonheurs d'occasion du roman québécois, VI, vol. 3, n° 1, sept. 1977, p. 95-115.

Sémiotique et Poétique. Les Chats d'Émile Nelligan, VI, vol. 4, n° 1, sept. 1978. p. 50-76.

ÉTUDES

André Berthiaume, *Guy Laflèche. Relation de 1634 de Paul Lejeune. Le missionnaire, l'apostat, le sorcier,* LAQ 1973, p. 171-174.

Fernand Dumont, *Le Missionnaire, l'apostat, le sorcier de P. Lejeune,* M, n° 133, févr. 1974, p. 22.

Joseph Melançon, *Guy Laflèche, Mallarmé, grammaire générative des Contes indiens,* LAQ 1975, p. 195-198.

Nicole Guilbault, *Mallarmé. (Grammaire générative des Contes indiens),* dans *Québec français,* n° 22, mai 1976, p. 7.

Victor-Lévy Beaulieu, *Charlevoix et l'Histoire de la Nouvelle-France,* Dev, vol. 69, n° 76, 2 avril 1977, p. 17.

Jean Fisette, *Le Petit Manuel des études littéraires de G. Laflèche,* VI, vol. 3, n° 1, sept. 1977, p. 151-153.

Patrick Imbert, *Petit Manuel des études littéraires de Guy Laflèche,* LQ, n° 7, août-sept. 1977, p. 40-41.

Jacques Michon, *L'Âge de la méthode,* LAQ 1977, p. 205.

Jean-Marcel Léard et Jacques Michon, *Guy Laflèche. Petit Manuel des études littéraires,* LAQ 1977, p. 214-217.

Roland A. Champagne, *Guy Laflèche/Petit Manuel des études littéraires : pour une science générale de la littérature,* dans *The French Review,* vol. 52, n° 3, févr. 1979, p. 479.

LAFLÈCHE

Haskell M. Block, *Guy Laflèche/Petit Manuel des études littéraires : pour une science générale de la littérature*, dans *Revue canadienne de littérature comparée*, vol. 6, n° 1, hiver 1979, p. 82–84.

Pierre Berthiaume, *Guy Laflèche. La Vie du Père Paul Ragueneau de Jacques Bigot*, LAQ 1979, p. 219–221.

LAFLÈCHE, LOUIS-FRANÇOIS (1818–1898). Orateur et essayiste, né à Sainte-Anne-de-la-Pérade (Champlain). Il fait ses études classiques au Collège de Nicolet. Il est ordonné prêtre à Québec en 1844. Nommé vicaire à Saint-Grégoire, il décide soudain, après trois mois, de suivre Mgr Provencher à la Rivière-Rouge comme missionnaire. Malade, il revient à Montréal en 1856, puis devient professeur et directeur au Collège de Nicolet (1856–1860). En 1861, Mgr Cooke le nomme curé de la cathédrale de Trois-Rivières. Sacré évêque en 1867, il est coadjuteur de Mgr Cooke à qui il succède comme deuxième évêque de Trois-Rivières, en 1870. Il fonde le Séminaire Saint-Joseph. Résolument ultramontain, il combat le libéralisme avec intransigeance jusqu'à sa mort. Il combat avec la même énergie les gouvernements et les lois qui briment les Canadiens français. Il publie plusieurs textes de doctrine et de polémique dont *Quelques Considérations sur les rapports de la société civile avec la religion et la famille* (1866) dans lesquelles il définit la mission religieuse providentielle du peuple canadien-français. Il est sans doute allé parfois trop loin, mais nul n'a jamais mis en doute la droiture de ses intentions et son dévouement entier à l'Église et à sa patrie. Sa réputation d'orateur le fait appeler un peu partout, de Québec à Ottawa et à Saint-Boniface. On loue l'élévation, la clarté et la chaleur communicative de son éloquence.

ŒUVRES

Cérémonies funèbres dans les églises cathédrales du Bas-Canada, en l'honneur des glorieux défenseurs du St-Siège tombés en résistant à l'invasion Piémontaise, en septembre 1860, avec les discours prononcés par M. Louis Laflèche, v.g., Supérieur du Séminaire de Nicolet et par M. Isaac Desaulniers ptre membre du collège de St-Hyacinthe, Professeur de philosophie au même collège et ancien supérieur, Trois-Rivières, Calixte Levasseur typographe, 1861, 80 p.

Quelques Considérations sur les rapports de la société civile avec la religion et la famille (essai), Montréal, Eusèbe Senécal, Imprimeur-éditeur, 1866, 268 p.

Lettres de Rome, [s.l., s.é.], 1870, 8 p.

Supplique à Notre Très-Saint-Seigneur et Père le Pape Pie IX, [Montréal ?, s.é., 1876], 3 f.

L'Influence spirituelle indue devant la liberté religieuse et civile (essai), Trois-Rivières, Typ. du « Journal des Trois-Rivières », 1881, 114 p. ; 100 p.

Lettre de l'Honorable Juge Mathieu à Monseigneur Laflèche, évêque des Trois-Rivières, Joliette, [s.é.], 1881.

Mémoire appuyant la demande d'une école normale dans la ville des Trois-Rivières, [s.l., s.é., 1881], 5 p.

Réponse aux remarques de M. L'abbé Verreau, sur le « Mémoire appuyant la demande d'une école normale dans la ville des Trois-Rivières » (essai), Trois-Rivières, Carufel & Ayotte Libraires-éditeurs, 1881, 38 p.

Appendice au mémoire de l'évêque des Trois-Rivières sur les difficultés religieuses en Canada, Rome, Imprimerie éditrice Romana, 1881, 28 p.

Les Biens des Jésuites au Canada, Québec, [s.é., 1882], 7 p.

Lettre de Mgr Laflèche (du 8 septembre 1882) à son éminence le cardinal N.N. établissant la nécessité d'une enquête sur les affaires religieuses du Canada, Trois-Rivières, [s.é.], 1882, 38 p. ; [s.l., s.é.], 1882, 26 f.

Mémoire de l'évêque des Trois-Rivières sur les difficultés religieuses en Canada aux éminentissimes cardinaux de la Sacrée congrégation de la propagande, Rome, Impr. de Rome, 1882, 63, 47 p.

Observations de l'Évêque des Trois-Rivières sur l'inexécution du décret du 1er février 1876 concernant la succursale Laval de Montréal, À son Éminence Jean Cardinal Simeoni, Préfet, et aux éminentissimes cardinaux de la S. Congrégation de la propagande, [s.l., s.é., 1882 ?], 23 p.

Réponse aux sommations de l'archevêque de Québec concernant le Mémoire de l'évêque des Trois-Rivières sur les difficultés religieuses en Canada, Trois-Rivières, [s.é., 1882 ?], 17 p.

Mémoire de l'évêque des Trois-Rivières contre la division de son diocèse, Rome, Imprimerie éditrice Romana, 1883, xv, 54 p.

Supplique de l'Évêque des Trois-Rivières à son excellence Dom Henri Smeulders commissaire apostolique au Canada, [s.l., s.é.], 1883, 2 p.

Remarques de l'Archevêque de Québec sur le mémoire de 1883 concernant la Division du Diocèse des Trois-Rivières et Réponse de l'évêque des Trois-Rivières à ces remarques, [s.l., s.é.], 1884, 16 p.

Conférences sur l'Encyclique Humanum Genus. Précédées : 1° de l'Encyclique Humanum Genus, 2° de l'Instruction du Saint-Office : De Secta Massonum, 3° d'une Réponse à une consultation faite à Rome au sujet de certaines sociétés formées dans la classe ouvrière, 4° du Mandement et de la Circulation de l'Évêque des Trois-Rivières sur la Franc-Maçonnerie, Trois-Rivières, P.V. Ayotte & cie, Libraires-éditeurs, 1885, lxv, 208 p.

À Son Éminence le Cardinal Simeoni, préfet de la S. Congrégation de la propagande, [Trois-Rivières, s.é., 1886 ?], 10 p. ; 1887, 2 p.

La Question Riel, Opinions de leurs grandeurs Mgr Taché et Mgr Laflèche, [s.l., s.é., 1887 ?], 1 p.

Des biens temporels de l'Église et de l'immunité de ces biens devant les pouvoirs civils (conférences), Trois-Rivières, [s.é.], 1889, 66 p.

Mandements, lettres pastorales, circulaires de Mgr L.-F. Laflèche, Trois-Rivières, Ayotte, 1898, 5 vol.

Le Patriotisme, Montréal, L'École sociale populaire, 1923, 32 p.

Louis-François Laflèche, Montréal, Fides, 1970, 96 p. « CC ». Textes choisis et présentés par André Labarrère-Paulé.

Œuvres oratoires de Mgr Louis-François Laflèche évêque des Trois-Rivières, dans *Voix canadiennes vers l'abîme, tome XI,* Paris, Arthur Savaète éditeur, [s.d.], 440 p. Publiées et présentées par Arthur Savaète.

———

Lettre de M. Richer Laflèche, missionnaire, à un de ses amis, dans *Rapport sur les missions du Diocèse de Québec,* Québec, Presses à vapeur D'A. Côté, 1853, p. 44-70.

ÉTUDES

[Vieux Rouge], [Louis-François Laflèche], dans *Les Contemporains,* Montréal, Filiatreault, 1898, p. 105-111.

Arthur Savaète, *Voix canadiennes vers l'abîme, t. 4, Mgr L.-F. Laflèche et la division du Diocèse des Trois-Rivières,* Paris, Arthur Savaète, [1913], 569 p.

Id., *Voix canadiennes vers l'abîme, t. 10, Vie de Mgr L.-F. Laflèche, ses contrariétés et ses œuvres,* Paris, Librairie générale catholique, [1913], 624 p.

Apothéose de Monseigneur Louis-François R.-Laflèche, Trois-Rivières, Imprimerie Saint-Joseph, 1926, 228 p. Collab. Portrait.

Robert Rumilly, *Monseigneur Laflèche et son temps,* Montréal, Éditions du Zodiaque, 1938, 424 p. ; Montréal, Simpson, 1945, 491 p.

William F. Ryan, *The Clergy and Economic Growth in Quebec, 1896-1914,* Québec, PUL, 1966, p. 91-96.

Jacques Lacoursière, *Mgr Laflèche et la Confédération,* dans *Revue de la société canadienne d'histoire de l'Église,* 1967, p. 63-67.

René Hardy, *L'Ultramontanisme de Laflèche : genèse et postulats d'une idéologie,* dans *Idéologies au Canada français 1850-1900,* Québec, PUL, 1971, p. 53-62.

Pierre Berthiaume, *La Ville et la Campagne au XIXe siècle, lieux d'une rhétorique,* dans *Critères,* no 17, printemps 1977, p. 203-217.

LAFLEUR, MARIE (1940-   ). Romancière et poète, née à Richelieu (Rouville). Elle fait ses études en lettres-sciences au Collège Mont-Notre-Dame de Sherbrooke et au Pensionnat de Saint-Jean d'Iberville. Elle effectue ensuite quelques voyages en France, en Angleterre et en Espagne,

puis elle se consacre principalement à des recherches sur l'écriture romanesque et poétique. En 1975 et 1977, l'Atelier des inédits de Radio-Canada présente « Inédits I », récits poétiques, et « Inédits II », suite poétique. En 1979, Marie Lafleur publie *Mélano,* premier roman très remarqué. Il raconte « l'amour impossible et déchirant vécu par deux femmes [...], écrit Madeleine Ouellette-Michalska. Dans ce roman, aucun homme. Seulement des femmes qui se blessent entre elles et gardent la hantise de la mère morte ou disparue ». « Mélano est un roman baroque qui choisit ses propres règles ; c'est un texte vivant, vibrant, brouillon et souvent confus [...]. Toute la gamme du sentiment amoureux y passe » (Réginald Martel).

ŒUVRE

Mélano. Roman, Montréal, Le Biocreux, 1979, 94 p. Ill. de Célo Tan Des.

———

L'Amibe (nouvelle), NBJ, no 102, avril 1981, p. 59.

ÉTUDES

Réginald Martel, *Des femmes en quête d'elles-mêmes,* Pr, 95e année, no 238, 6 oct. 1979, p. B-4.

Madeleine Ouellette-Michalska, *Neuf et Vibrant,* Ch, vol. 20, no 12, déc. 1979, p. 26.

André Dionne, *Marie Lafleur. Mélano,* LAQ 1979, p. 55-56.

Odette Bourdon, *L'Orgasme des mots,* dans *Le Livre d'ici,* vol. 5, no 29, 23 avril 1980, p. 2.

Hugues Corriveau, *Qu'à cela ne tienne (Le Biocreux-2),* NBJ, nos 90-91, mai 1980, p. 197-203.

LAFLEUR, NORMAND (1937-   ). Historien, ethnographe et essayiste, né à Saint-Tite (Laviolette). Il fait ses études classiques au Séminaire Montfort de Papineauville et à l'Université d'Ottawa (B.A., 1962). Inscrit à l'Université Laval, il obtient une licence ès lettres (1966), une maîtrise ès arts pour un mémoire intitulé « La Drave en Mauricie, histoire et tradition, des origines à nos jours » (1968), et un doctorat (1973) dont la thèse s'intitule *La Vie traditionnelle du coureur de bois aux XIXe et XXe siècles.* À partir de 1960, il est tour à tour professeur au Séminaire Sainte-Marie de Shawinigan, à l'École Lionel-Groulx de Grand'Mère, à l'Académie La Salle, au Séminaire et au Cégep de Trois-Rivières, puis coordonnateur de l'enseignement et de la recherche à l'Université du Québec au Nord-Ouest, et enfin chargé de cours à l'Université du Québec à Trois-Rivières et professeur titulaire au Cégep de Shawinigan. Lafleur est au Québec l'un des pionniers de l'histoire orale. Yvan Lamonde écrit à propos de *La Vie quotidienne des premiers colons en Abitibi-Témiscamingue* (1976) : « Cet ouvrage largement inspiré des albums souvenirs locaux n'est pas allé beaucoup plus loin que la reproduction d'un grand album régional ». [... L'auteur] « a conjugué avec succès des techniques de recours à l'oral et au visuel pour sortir du silence des vieux et des bois une tradition en voie de se perdre ».

ŒUVRES

La Drave en Mauricie des origines à nos jours. Histoire et traditions (essai), Trois-Rivières, Éditions du Bien public, 1970, 178 p. Ill. Préface de Félix-Antoine Savard.

La Vie traditionnelle du coureur de bois aux XIXᵉ et XXᵉ siècles (essai), Montréal, Leméac, 1973, 305 p. Ill. « Ni-t'Chawama mon ami mon frère ».

La Vie quotidienne des premiers colons en Abitibi-Témiscamingue (essai), Montréal, Leméac, 1976, 197 p. Collab. Donat Martineau et Alice Descôteaux. Ill. « Connaissance ».

Écriture et Créativité (essai), Montréal, Leméac, 1980, 118 p. « Documents ».

Les « Chinois de l'Est » ou La Vie quotidienne des Québécois émigrés aux États-Unis de 1840 à nos jours (essai), Montréal, Leméac, 1981, 108 p. Ill. « Ouvrages historiques ».

ÉTUDES

Yvan Lamonde, *La Vie quotidienne du coureur de bois*, Pr, 90ᵉ année, nᵒ 34, 9 févr. 1974, p. D-2.

Réjean Genesse, *Normand Lafleur. La Vie quotidienne des premiers colons en Abitibi-Témiscamingue*, LAQ 1976, p. 391-392.

Thérèse Désy-Beaulieu, *Très attendu... Un document qui chante l'Abitibi-Témiscamingue*, dans *Le Livre d'ici*, vol. 2, nᵒ 3, 22 nov. 1976, p. 1.

Roger Greiss, *Normand Lafleur et le Plaisir de l'écriture*, No, 11 oct. 1980, p. 23.

Pierre Anctil, *Regard sur la Franco-Américanie*, Dev, vol. 72, nᵒ 234, 12 déc. 1981, p. 34.

LAFOND, Joseph Roger GUY (1925–   ). Poète et pianiste, né à New Liskeard (Ontario). Il fait ses études classiques au Collège du Sacré-Cœur de Sudbury (B.A., 1945), puis il étudie le piano au Conservatoire de musique de la province de Québec où il obtient son diplôme et un premier prix en 1952. Il est aussi lauréat de l'Académie de musique de Québec (1949). Il fera en outre des études de yoga à Los Angeles (1955), à Vancouver (1958) et en Inde (1956, 1968, 1979). Il a été plusieurs fois boursier du Conseil des Arts du Canada. Il est répétiteur au Conservatoire de musique (1950–1954), pianiste et accompagnateur dans des concerts, à la radio et la télévision (1950–1975), professeur de yoga à partir de 1970, et professeur de création littéraire à l'Université de Montréal à compter de 1978, à l'Université McGill (1980, 1981) et à l'Université du Québec (1982). Il a remporté plusieurs prix dont celui des Amis de l'art (1954), le prix de la Jeune Poésie (1957) et le prix de la Société des poètes et artistes de France (1963). Il est membre de plusieurs sociétés et il collabore à divers périodiques, tels *Amérique française, Diapason, Scherzo, Moebius* et *Liberté*. Il écrit son premier poème à l'âge de quinze ans, « Animus et Anima », d'après le titre de Claudel, poème qui, dit-il est « révélateur de thèmes et de structures [qu'il n'aura] de cesse de développer plus tard », surtout le sens de la vie et ses relations avec la mort et l'amour. Il publie quatre recueils entre 1958 et 1978, « mais il n'occupe pas, écrit Noël Audet, la place que la qualité de ses poèmes devrait lui mériter. [...] Chez ce poète remarquable, on ne relève aucune facilité, aucun vers qui ne soit longuement mûri et ce, dès son entrée en poésie » dans laquelle, selon Jean-Guy Desrochers, « on ne finit jamais de s'émerveiller et de puiser ».

ŒUVRES

J'ai choisi la mort. Poèmes, Montréal, Éditions d'essai, 1958, [n.p., 66 p.].

Poèmes de l'un (poésie), Montréal, Éditions Voltaire, 1968, 89 p.

Vaudreuil 1973. La deuxième naissance, Montréal, Payette Radio Ltée, 1973, [n.p., 24 p.]. Introduction de l'auteur.

L'Eau ronde. Poème, Montréal, Les Éditions Gueules d'Azur, 1977, 75 p.

Les Cloches d'autres mondes. Poèmes, Montréal, Hurtubise HMH, 1977, 72 p. Ill. de Gilles L'Heureux. « Sur parole ».

ÉTUDES

Jean-Guy Desrochers, *Guy Lafond. Poème de l'un*, LAC 1968, p. 90–91.

André Couture, *Poèmes de l'un, poèmes de l'autre*, Dr, 57ᵉ année, nᵒ 38, 10 mai 1969, p. 7.

Yvon Rivard, *La Poésie de Guy Lafond*, L, vol. 19, nᵒˢ 112–113, juillet-oct. 1977, p. 343–351.

Christian Engel, *Guy Lafond. L'Eau ronde, Les Cloches d'autres mondes*, LAQ 1977, p. 119–122.

Michel Beaubien, *Lire Guy Lafond*, dans *Le Livre d'ici*, vol. 3, nᵒ 25, 5 avril 1978, p. 1.

Suzanne Paradis, *Lafond, Désilets, Desautels. La poésie du « cercle » : lumière ou silence*, Dev, vol. 69, nᵒ 105, 6 mai 1978, p. 35.

Noël Audet, *Guy Lafond ou Le Recours à l'être*, VI, vol. 4, nᵒ 2, déc. 1978, p. 193–203.

Thérèse Renaud, *La poésie est mon athanor* (entrevue), VI, vol. 4, nᵒ 2, déc. 1978, p. 179–186.

Id., *Guy Lafond et Les Cloches d'autres mondes, Ibid.*, p. 205–215.

LA FONTAINE, GILLES E. DE (1922–   ). Critique littéraire, né à Sherbrooke. Il fait le cours classique au Séminaire Saint-Joseph de Trois-Rivières (B.A., 1943). Ensuite, il obtient à l'Université de Montréal une licence en pédagogie pour un mémoire sur « La Psychologie de l'adolescence » (1953) et une maîtrise ès arts pour un mémoire sur « Bernanos et l'Équilibre » (1954) ; puis il termine un doctorat (1965) à Ohio State University (É.-U.) dont la thèse s'intitule « Interventions personnelles de La Fontaine dans ses fables ». Il est professeur au Séminaire Saint-Joseph (1953-1958), à Scarborough C.D. School (New York, 1959-1961), à l'Université Ohio Wesleyan (1961-1965), à l'Université du Massachusetts (1965-1969) et à l'Université du Québec à Trois-Rivières à partir de 1969. Il collabore à plusieurs périodiques, tels *L'Enseignement secondaire au Canada*, *Présence francophone*, *Écriture française*, ainsi qu'au *Dictionnaire des œuvres littéraires du Québec*. Sa thèse paraît sous le titre *La Fontaine dans ses fables* (1966) : « Elle nous invite, écrit Roger Duhamel, à une promenade nouvelle dans un jardin pittoresque, elle nous plonge dans un bain de simplicité et d'équilibre. Ce n'est pas un mince avantage ». *La Fontaine et ses contes* (1978) est moins bien accueilli. Ainsi, Pierre Berthiaume lui reproche de ne pas distinguer assez clairement entre l'hymne à la sensualité du conteur et celui du critique, et de mal dégager l'originalité de La Fontaine conteur. À propos de *Hubert Aquin et le Québec*, Pierre Hébert pense que « l'auteur aurait eu avantage soit à ne pas dévier de l'orientation linguistique qu'il s'était donnée, soit à utiliser analogiquement le modèle de Jakobson ». Par contre, il signale aussi les mérites du livre : « vision synthétique des récits d'Aquin, mise à jour de coordonnées essentielles à la lecture, riche bibliographie ».

ŒUVRES

Psychologie de l'adolescence, à l'usage des éducateurs, Montréal, Éditions de l'École normale secondaire, 1954, 128 f. « Travaux et Documents ». (Texte polycopié).

La Fontaine dans ses fables. Comment l'homme perce à travers l'œuvre (essai), Montréal, CLF, 1966, 252 p. Introduction de l'auteur.

Livre blanc sur les responsabilités des différents organismes de l'U.Q.T.R., Trois-Rivières, U.Q.T.R., 1973, x p. Collab.

Hubert Aquin et le Québec (essai), Montréal, Parti Pris, 1978, 156 p. Ill. « Frères chasseurs ».

La Fontaine dans ses contes. Profil de l'homme, d'après ses confidences (essai), Sherbrooke, Naaman, 1978, 279 p. Ill. « Études ».

Contes et Récits de la Mauricie. Anthologie, Trois-Rivières, Éditions CEDOLEQ, 1982, 158 p. Collab. Guildo Rousseau.

Adrienne Choquette. Nouvelliste de l'émancipation. Essai critique, Charlesbourg, Les Presses Laurentiennes, 1984, 71 p. Collab. Line Marineau. Ill.

———————

Entre l'art et la vie : Hubert Aquin, dans *Écriture*, nº 1, avril 1979, p. 7-9.

Le Mal de vivre chez Hubert Aquin, dans *Présence francophone*, nº 22, printemps 1981, p. 111-130.

Le Mythe de l'Iroquoise dans le conte écrit de la Mauricie, dans *Revue d'histoire littéraire du Québec*, nº 3, hiver/printemps 1982, p. 63-75.

ÉTUDES

Roger Duhamel, *La Fontaine dans ses fables, de Gilles E. de La Fontaine*, LAC 1966, p. 118.

L'Illettré, *La Fontaine vu à travers ses fables*, BP, vol. 56, nº 15, 14 avril 1967, p. 4.

Jacques Ferron, *Si Aquin nous était conté*, dans *Le Livre d'ici*, vol. 3, nº 34, 31 mai 1978, p. 1.

Yves Thériault, *Si Aquin nous était conté*, *Ibid.*, p. 1.

Louis Lasnier, *De La Fontaine (Gilles). Hubert Aquin et le Québec*, dans *Nos livres*, vol. 9, oct. 1978, nº 331.

Pierre Hébert, *Gilles de La Fontaine. Hubert Aquin et le Québec*, LAQ 1978, p. 211-212.

Pierre Berthiaume, *Gilles E. de La Fontaine. La Fontaine dans ses contes. Profil de l'homme d'après ses confidences*, LAQ 1978, p. 212-213.

LA FONTAINE, LOUIS HIPPOLYTE (1807-1864). Homme politique, essayiste et pamphlétaire, né à Boucherville (Chambly). Il fait ses études au Collège de Montréal. En 1828, il reçoit une commission d'avocat et pratique le droit à Montréal. Élu député à l'Assemblée législative du Bas-Canada en 1830, il soutient le parti réformiste de Papineau. En 1837, il s'oppose à la prise d'armes et quitte le Canada. Revenu au pays, il est arrêté en novembre 1838 et relâché après quelques semaines de détention. Chef du parti réformiste à l'époque de l'Union, il est député à l'Assemblée législative de 1841 à 1851. La Fontaine consacre ces années à faire accepter l'Union par ses compatriotes québécois. Il est Premier ministre de 1842 à 1843 et de nouveau de 1848 à 1851. Voulant redonner au français une reconnaissance officielle, il demande au Gouverneur général Elgin de lire le discours d'ouverture de la législature dans les deux langues, le 18 janvier 1849. En 1853, il est nommé juge en chef, poste qu'il occupe jusqu'à sa mort. La reine Victoria le crée baronnet en 1854. La Fontaine est l'auteur de plusieurs essais dont deux sur des questions de droit. Il publie aussi un pamphlet sur les agissements des frères Mondelet sous le titre *Les Deux girouettes, ou L'Hypocrisie démasquée* (1837). Il s'intéresse particulièrement à l'histoire de la féodalité et du droit civil au Canada ; il caresse l'espoir de préparer une étude scientifique sur les coutumes du Canada français. En 1859, il publie une étude sur l'esclavage en collaboration avec Jacques Viger et, entre 1860 et 1864, plusieurs articles sur la généalogie. La Fontaine collabore régulièrement à *La Minerve* et aux *Annales* de la Société historique de Montréal. Son histoire du droit civil demeure cependant inachevée. Jacques Monet résume ainsi cette carrière bien remplie : « Le Canada tout entier lui est redevable d'une tradition qui subsiste encore : la démocratie parlementaire dont il est le père ».

ŒUVRES

Les Deux girouettes, ou L'Hypocrisie démasquée (essai), Montréal, Imprimé par Ludger Duvernay, Imprimerie de la Minerve, 1834, 75 p.

Notes sur l'inamovibilité des curés dans le Bas-Canada (essai), Montréal, Ludger Duvernay, à l'imprimerie de la Minerve, 1837, viii, 56 p.

Analyse de l'ordonnance du Conseil spécial sur les bureaux d'hypothèques, suivie du texte anglais et français de l'ordonnance ; des lois relatives à la création des ci-devant bureaux de comtés ; et de la loi des lettres de ratification (essai), Montréal, Imprimé par Louis Perrault, [1842], 243 p.

Correspondance entre l'Hon. W.H. Draper & l'Hon. R.E. Draper et entre l'Hon. R.E. Caron et les Honbles. L.H. Lafontaine & A.N. Morin, dont il a été question dans un débat récent dans l'Assemblée législative : contenant plusieurs lettres supprimées, Montréal, Imprimé par Desbarats & Derbishire, 1846, iv, 35 p.

De la famille des Lauson, Vice-rois et lieutenant généraux des rois de France en Amérique, Montréal, Duvernay, 1859, 60 p. (Tiré à part, paginé p. 62 à 122).

De l'esclavage en Canada (essai), Montréal, [s.é.], 1859. Collab. Jacques Viger.

My Dear Friend. Letters of Louis Hippolyte Lafontaine & Robert Baldwin, Whitby, Plum Hollow Books, 1978, 292 p. Édité par Yolande Stewart.

ÉTUDES

Jean-Jacques Lartigue, *Mémoire sur l'amovibilité des curés en Canada : suivi de Remarques sur les Notes de Mr. Lafontaine, avocat, relativement à l'inamovibilité des curés dans le Bas-Canada, 25 mars 1837*, Montréal, Impr. de L. Perrault, 1837, 54, 41 p. ; *Remarques...*, [s.é., 1842], 42 p.

Catalogue de la bibliothèque de feu Sir L.H. Lafontaine, Montréal, Typ. E. Senécal, 1864, 31 p.

L.-O. David, *Sir Louis Hippolyte Lafontaine*, Montréal, Géo-E. Desbarats, 1872, 31 p.

A.-D. De Celles, *Lafontaine et son temps*, Montréal, Beauchemin, 1907, 208 p. ; 1912, 237 p.

Réjane Soucy, « Bio-bibliographie de sir Louis-Hippolyte Lafontaine, bart. ». Mémoire de bibliothéconomie, Montréal, Université de Montréal, 1947.

Olivier Maurault, *Louis-Hippolyte La Fontaine à travers ses lettres à Amable Berthelot*, CD, n° 19, 1954, p. 129-160.

Jacques Monet, *Louis Hippolyte La Fontaine*, DBC, vol. 10, 1972, p. 486-497.

LAFORGE, CHRISTIANE [Christiane] (1948-   ). Poète, romancière et auteur de chroniques, née à Vielsalm (Belgique). Arrivée au Canada en 1957, elle fait ses humanités classiques au Pensionnat Saint-Dominique de Jonquière et au Collège du Bon-Pasteur de Chicoutimi (1961-1968). Elle publie un recueil de poèmes de jeunesse, *Écoute*, en 1968, et retourne en Belgique pour y faire un stage en critique de l'art. En 1970-1971, elle est journaliste au *Progrès-Dimanche* de Chicoutimi. Elle commence à donner des conférences sur l'écriture et l'art, donne des récitals de poésie, organise de nombreuses expositions de peinture et fonde à Chicoutimi les Éditions du Gaymont (1971). À partir de 1973, elle est journaliste au *Quotidien* de Chicoutimi, section arts et affaires sociales. Elle anime les émissions « À vrai dire » de Télésag sur la condition féminine (1977), et elle collabore à «Femmes du Québec »... En 1971 paraît *Me taire... pour parler*, recueil d'une poésie souvent linéaire et qui, à part quelques pièces frémissantes du goût de vivre, «respire la désillusion d'un printemps trop court» (Marcel Collard). En 1972, la biographie romancée du peintre Jean Laforge, illustrée de superbes reproductions, mérite le prix Mgr-Victor-Tremblay. Le roman de Christiane Laforge, *Au-delà du paraître* (1978) est, pour Yvon Paré, « une quête de la vie, de soi, de la nature », mais Denise Pelletier lui reproche d'être «trop souvent l'illustration d'une thèse personnelle et chère à l'auteur ».

ŒUVRES

Écoute 1960-1967 (poésie), Montréal, Éditions La Frégate, 1968, 47 p. Sous le pseudonyme de Christiane. Préface de l'auteur.

Me taire... pour parler (poésie), Chicoutimi, Les Éditions du Gaymont, 1971, 67 p. Sous le pseudonyme de Christiane.

Jean Laforge (biographie romancée), Chicoutimi, Les Éditions du Gaymont, 1972, 196 p. Sous le pseudonyme de Christiane. Ill. de Jean Laforge. (Édition de luxe. Tirage limité).

Au-delà du paraître. Roman, Chicoutimi, Les Éditions du Gaymont, 1978, 126 p. Sous le pseudonyme de Christiane.

ÉTUDES

Andrée Rainville, *La Poésie à son état le plus réaliste dans un recueil de Christiane Laforge*, dans *Progrès-Dimanche*, 17 mars 1968, p. 18.

Marcel Collard, « *Me taire... pour parler* », *recueil de poèmes de Christiane d'un cachet personnel, presque intime*, So, 75e année, n° 54, 6 févr. 1971, p. 32.

Andrée Barrette, *Avec* « *Me taire... pour parler* », *on pressent une troisième œuvre capitale pour son auteur : Christiane*, dans *Progrès-Dimanche*, 7 févr. 1971, p. 42.

Martha Gagnon, *Christiane Laforge, un jeune écrivain qui promet*, dans *Le Réveil*, vol. 25, 10 févr. 1971, p. 20.

Marcel Collard, *Lumière sur Jean Laforge*, So, 76e année, n° 214, 9 sept. 1972, p. 25–26.

Marcelle St-Laurent, *L'Auteur de* « *Me taire... pour parler* » *présente Jean Laforge*, dans *Le Réveil*, vol. 26, 24 oct. 1972, p. 1.

Id., *Une lauréate : le prix Mgr-Victor-Tremblay décerné à Christiane Laforge*, dans *Le Réveil*, vol. 27, 3 avril 1973, p. 36.

Yvon Paré, « *Au-delà du paraître* ». *Un livre de bonne source, comme le Saguenay*, dans *Le Quotidien*, 10 juin 1978, p. C-10.

Denise Pelletier, *Un livre sur le sens de la vie*, dans *Progrès-Dimanche*, 18 juin 1978, p. 54.

Micheline Fortin, *La Poésie, la Liberté et la Nature dans toute sa beauté*, dans *Le Réveil*, vol. 32, 20 juin 1978, p. 12.

LAFORTE, CONRAD (1921–   ). Folkloriste et essayiste, né à Kénogami (Chicoutimi). Il fait ses études classiques au Séminaire de Chicoutimi (B.A., 1946), puis il obtient, à l'Université de Montréal, un baccalauréat en bibliothéconomie (1949) pour un « Essai de bio-bibliographie de Monseigneur Joseph-Victor-Alphonse Huard P.G. (1835–1929) », et ensuite, à l'Université Laval, une licence ès lettres (1968) pour un travail sur « La Chanson traditionnelle et la Littérature québécoise aux environs de 1860 (1830–1900) », paru sous le titre *La Chanson folklorique et les Écrivains du XIXe siècle en France et au Québec,* un diplôme d'études supérieures (1970) pour un mémoire sur « La Classification de la chanson française d'après les poétiques de tradition orale », et un doctorat (1977) pour « Survivance de la laisse dans la chanson de tradition orale », thèse parue sous le titre *Survivances médiévales de la chanson folklorique. Poétique de la chanson en laisse* (1981). Il est bibliothécaire-archiviste aux Archives de folklore de l'Université Laval de 1951 à 1975, et secrétaire des Archives de 1973–1975. De plus, il est professeur au département d'études canadiennes de 1965 à 1973, puis au Département d'histoire à partir de 1973. Il est membre d'une douzaine d'associations scientifiques et culturelles, et il collabore aux *Archives de folklore*, à la *Revue de l'Université Laurentienne*, à *Gigue* (Paris), au *Dictionnaire des œuvres littéraires du Québec...* Il a mérité le prix Raymond-Casgrain, la médaille Luc-Lacourcière, la subvention Killam, et il est membre de la Société royale du Canada. Conrad Laforte s'est acquis une solide réputation internationale par ses enquêtes ethnographiques, ses études, et particulièrement par son *Catalogue de la chanson folklorique française* qu'il prépare à partir de 1953 et qui comprendra six volumes (plus de 86 000 fiches en 1980). Sa classification a été adoptée dans des institutions canadiennes, en Louisiane et à la Phonothèque nationale de Paris ; on la regarde comme une nomenclature indispensable aux chercheurs.

ŒUVRES

Le Catalogue de la chanson folklorique française, Québec, PUL, 1958, xxix, 397 p. Préface de Luc Lacourcière. Introduction de l'auteur. « Les Archives de folklore » ; *Le Catalogue de la chanson folklorique française. Supplément*, 1964, 274 p. ; *Catalogue de la chanson folklorique française, 1977–1983*, 5 vol. : vol. 1, *Chansons en laisse*, 1977, cxi, 561 p. Avant-propos de l'auteur. Préface de Luc Lacourcière ; vol. 2, *Chansons strophiques*, 1981, xvi, 841 p. Collab. Édith Champagne ; vol. 3, *Chansons en forme de dialogue*, 1982, xvi, 144 p. ; vol. 4, *Chansons énumératives*, 1979, xvi, 295 p. ; vol. 5, *Chansons sur des timbres*, 1983, xxii, 649 p.

La Chanson folklorique et les Écrivains du XIXe siècle en France et au Québec (essai), Montréal, Éditions Hurtubise HMH, 1973, 154 p. Ill. « Les Cahiers du Québec. Ethnologie québécoise ».

Essai de bibliographie analytique de la chanson folklorique française du Canada, classée d'après les poétiques de tradition orale, Québec, PUL, 1973, vii, 69 p. « Dossiers de documentation des Archives de folklore de l'Université Laval ».

Poétiques de la chanson traditionnelle française, Québec, PUL, 1976, ix, 161 p. « Archives de folklore ».

Menteries drôles et merveilleuses. Contes traditionnels du Saguenay, Montréal, Quinze, 1978, 287 p. Ill. de Claude Poirier. Préface de Jean-Pierre Pichette. Recueillis et présentés par Conrad Laforte. « Mémoire d'homme » ; 1980.

Survivances médiévales dans la chanson folklorique. Poétique de la chanson en laisse (essai), Québec, PUL, 1981, x, 300 p. Avant-propos de l'auteur. « Ethnologie de l'Amérique française ».

ÉTUDES

Lionel Groulx, *Le Catalogue de la chanson folklorique française de Conrad Laforte*, RHAF, vol. 12, n° 3, déc. 1958, p. 435–436.

Françoise de Labsade, *Conrad Laforte. La Chanson folklorique et les Écrivains du XIXe siècle (en France et au Québec)*, LAQ 1973, p. 220.

Fernand Dumont, *La Chanson folklorique et les Écrivains du XIXe siècle de Conrad Laforte*, RS, vol. 16, n° 1, 1975, p. 132.

Benoît Lacroix, *Poétiques de la chanson traditionnelle française*, Dev, vol. 67, n° 138, 16 juin 1976, p. 4.

Jeanne Demers, *Poétiques de la chanson de Conrad Laforte*, LAQ 1976, p. 236–238.

Mieczyslaw Kolinski, *Poétiques de la chanson de Conrad Laforte*, dans *University of Toronto Quarterly*, vol. 46, nº 4, juillet 1977, p. 435.

Madeleine Béland, *Poétiques de la chanson de Conrad Laforte*, dans *Québec français,* nº 27, oct. 1977, p. 34–35.

Benoît Lacroix, *Catalogue de la chanson folklorique française de Conrad Laforte*, RHAF, vol. 31, nº 3, déc. 1977, p. 424.

Jacques Beauchamp-Forget, *Laforte (Conrad). Menteries drôles et merveilleuses*, dans *Nos livres*, vol. 9, juin–juillet 1978, nº 237.

Lise Gauvin, *Menteries drôles et merveilleuses*, Dev, vol. 69, nº 213, 16 sept. 1978, p. 19.

Aurélien Boivin, *Menteries drôles et merveilleuses de Conrad Laforte*, dans *Québec français,* nº 31, oct. 1978, p. 8–10.

Jean Drouillet, *Les Chansons énumératives*, dans *Folklore de France*, 31ᵉ année, nº 171, juin-juillet-août 1980, p. 30.

Michel Laurin, *Laforte (Conrad). Survivances médiévales dans la chanson folklorique*, dans *Nos livres*, vol. 13, juin–juillet 1982, nº 278.

Luc Lacourcière, *Présentation de M. Conrad Laforte*, dans *Présentation 1982-1983*, Société royale du Canada, 1984, p. 139-143.

LAFORTUNE, AMBROISE [Henri Tellier, Hibou Taciturne, Gadou, Père Ambroise] (1917-   ).

Essayiste et romancier pour jeunes, né à Montréal. Il fait ses études primaires et secondaires à l'École Saint-François-Xavier, ses études classiques au Collège Saint-Ignace, au Collège Brébeuf et au Séminaire de philosophie à Montréal. Il poursuit ensuite ses études théologiques au Scolasticat des Jésuites et ses études pédagogiques à l'École normale Jacques-Cartier. En décembre 1944, il part pour Fort de France, en Martinique, où il sera ordonné prêtre en mai 1945. Son talent d'animateur s'affirme dans le scoutisme. À l'été de 1952, il participe à l'émission d'André Laurendeau, à Radio-Canada. Son goût pour le journalisme, il l'a hérité de son père, Napoléon Lafortune, journaliste au *Devoir* et à l'*Action française*. Le Cardinal Léger, tout en lui assignant un vicariat dans la paroisse Saint-Vincent-de-Paul, permet à Ambroise Lafortune de poursuivre sa carrière tant à la radio qu'à la télévision. Ses propos à l'émission « Chez Miville » paraîtront en volumes aux Éditions du Jour : *Le Mot du Père Ambroise* (1961-1962), *Le Mot du Père Ambroise II* (1962-1963). En 1968, il retourne à la Martinique. En 1974, il devient animateur chrétien à la télévision de Radio-Canada et à Radio-Québec. Il participe aussi à une émission internationale, *Francophonissime*, ce qui l'amène à parcourir divers pays francophones. À partir de ses souvenirs racontés au cours d'une série d'émissions à Radio-Canada, en 1983, il en tire un volume, *Par les chemins d'Ambroise* (1984). L'ouvrage « jette un regard perçant ; de côté, par derrière et par devant sur le milieu des mouvements de jeunesse au Canada français de 1930 à 1950 » (Yvan Lamonde). Le Père Ambroise est remarquable dans ses écrits par son don de rejoindre les personnes de toute condition sociale et par sa capacité de saisir les causes et les complexités des situations actuelles. Jean-Paul Montminy commente ainsi le message des recueils du Père Ambroise : « Il semble même que certaines ‹ méditations › ont acquis un droit à l'intemporalité qui fait davantage apparaître la signification profonde du message du Père Ambroise. L'auteur nous fournit également un bel exemple d'un christianisme capable de s'incarner dans l'événement le plus banal vécu par l'homme de notre époque ».

ŒUVRES

Le Calumet de paix (poésie), Montréal, Éditions Variétés, 1943, 31 p. Ill. de P. Roux. « Récits et Légendes ».

L'Enlèvement du professeur Colibri (litt. jeunesse), Montréal, Les Éditions Variétés, 1943, 30 p. Ill. de Pierre Roux. « Récits et Légendes ». Sous le pseudonyme de Hibou Taciturne.

La Retraite de dix milles (litt. jeunesse), Montréal, Les Éditions Variétés, 1943, 31 p. Ill. de Paul Hamelin. « Récits et Légendes ».

Le Dieu de Turketil (litt. jeunesse), Montréal, Les Éditions Variétés, 1944, 29 p. Ill. de Jean Rochon. « Récits et Légendes ». Avant-propos de l'auteur.

Le Fils d'Akouessan. Le premier exploit de d'Iberville 1666 à 1676 (litt. jeunesse), Montréal, Les Éditions Variétés, 1944, 31 p. Ill. de Pierre Roux. « Récits et Légendes ».

La Nef abandonnée. Découverte et fondations normandes du Canada 986 à 1012 (litt. jeunesse), Montréal, Les Éditions Variétés, [s.d.], 31 p. Ill. de Pierre Roux. « Récits et Légendes ».

La Vieille Wisipagong, suivie d'autres légendes indiennes et canadiennes (légende), Montréal, Les Éditions Variétés, 1944, 28 p. Ill. de Pierre Roux. « Récits et Légendes ». Sous le pseudonyme de Hibou Taciturne.

Le Secret de la rivière perdue (litt. jeunesse), Montréal, Fides, 1946, 144 p. Ill. ; 1953, 121 p. ; 1958, 103 p. « Le Pélican » ; Montréal/Paris, [1960], 64 p. ; [Montréal], Leméac, 1984, 150 p. « Jours de fête ».

Le Prisonnier du vieux manoir (litt. jeunesse), Montréal/Paris, Fides, 1952, 95 p. Ill. « La Grande Aventure ».

Le Verbe s'est fait chair. Récits de réalisations liturgiques vécues de par le monde, Montréal/Paris, Fides, 1956, 167 p. ; 1962, 152 p.

Je suis un peu fou..., mémoires et confidences, [Montréal], Beauchemin limitée, 1958, 139 p. « Mémoires et Confidences ».

Trois pouces en coup de vent... L'Europe pouce par pouce (récit de voyage), [Québec], Institut littéraire du

Québec, [1959], 331 p. Ill. de Normand Hudon ; [Québec], 1960. Signé Ambroise, ptre.

Le Mot du Père Ambroise. I. Prêchez par-dessus les toits. Méditations quotidiennes de « Chez Miville ». Année 1961-1962, Montréal, Les Éditions du Jour, 1963, 125 p.

Le Mot du Père Ambroise. II. Liturgie et pain quotidien. Méditations quotidiennes de « Chez Miville ». Année 1962-1963, Montréal, Les Éditions du Jour, 1966, 144 p.

Madinina, l'île des fleurs (souvenirs), [Montréal], Librairie Beauchemin Limitée, 1974, 257 p.

Le Pays d'où je viens (contes et récits), Montréal, Éditions Héritage, 1977, 123 p. Ill. de Michèle Parson.

Si le Québec m'était conté (récits), Montréal, Les Éditions Scriptomédia Inc., 1977, 84 p. Ill. « Explo-mundo ».

Martinique de mon cœur. Chroniques d'un prêtre québécois aux Îles, [Montréal], Éditions Scriptomédia, 1980, iv, 171 p. Ill. Signé Ambroise, ptre.

Heureux qui comme Ambroise (souvenirs), [Montréal], Leméac, 1981, 255 p. Ill. « Vies et Mémoires ».

Que ta volonté soit fête (méditations), Montréal, Éditions Scriptomédia, 1981, 159 p. Ill. de Marie-Josée Lafortune.

Dieu écrit droit... (essai), [Montréal], Leméac, 1982, 358 p. Ill. « Vies et Mémoires ».

Par les chemins d'Ambroise (souvenirs), [Montréal], Leméac, 1983, 368 p. Ill. « Vies et Mémoires ».

Un exploit de jeunesse de Pierre LeMoyne d'Iberville (litt. jeunesse), [Montréal], Leméac, 1985, 109 p. Ill. de Normand Hudon. « Jours de fête ».

La Paix de Callières : histoire romancée de la paix de Montréal de 1701 (litt. jeunesse), [Montréal], Leméac, 1986, 139 p. Ill.

Si la route te manque, fais-la ! (essai), [Montréal], Leméac, 1986, 255 p. Ill.

ÉTUDES

[Anonyme], *Un ami des enfants,* Dev, vol. 45, n° 204, 3 sept. 1954, p. 3.

[Anonyme], *Trois livres pour enfants chez Fides,* Dev, vol. 44, n° 43, 21 févr. 1955, p. 7.

[Anonyme], *Pouces en coup de vent, récits de voyage par R. P. Ambroise Lafortune,* Dev, vol. 51, n° 72, 2 avril 1960, p. 11.

Jean-Paul Montminy, *Le Mot du Père Ambroise,* LAC 1963, p. 134.

Jacques de Roussan, *Le Mot du Père Ambroise,* P, vol. 87, n° 10, 13 mars 1966, p. 52.

Jean-Yves Théberge, *Les Nouveaux Livres,* CF, vol. 106, n° 43, 17 mars 1966, p. 26.

André Major, *« Chez Miville, je suis comme Mgr Sheen chez Bob Hope »,* PJ, vol. 40, n° 21, 20 mars 1966, p. 36.

Roch Poisson, *Du Père Ambroise et d'autre chose,* dans *Photo-Journal,* vol. 29, n° 51, 6 avril 1966, p. 73.

[Anonyme], *Le Père Ambroise et la Morale chez nos artistes,* dans *Écho-Vedettes,* vol. 5, n° 28, 27 juillet 1968, p. 25.

Clément Trudel, *Ambroise Lafortune. Coups durs ? Connais pas...,* Dev, vol. 73, n° 175, 31 juillet 1982, p. 9, 14.

Françoise Gaudet-Smet, *La Mémoire d'Ambroise,* Dev, vol. 73, n° 180, 6 août 1982, p. 10.

Réginald Martel, *Ambroise et Leclerc. Le Temps des souvenirs,* Pr, 98ᵉ année, n° 200, 28 août 1982, p. C-3.

Yvan Lamonde, *Des chemins qui mènent loin,* Dev, vol. 75, n° 11, 14 janv. 1984, p. 14.

André Janoël, *Lafortune (Ambroise). Par les chemins d'Ambroise,* dans *Nos livres,* vol. 15, avril 1984, n° 5714.

Claude Lavergne, *Le Père Ambroise ou L'Optimisme de la foi,* dans *La Revue Sainte-Anne-de-Beaupré,* vol. 113, n° 10, nov. 1985, p. 450–451.

LA FRANCE, ANDRÉ-A. (1927-   ). Essayiste, né à Montréal. Il fait son cours classique au Collège André-Grasset (B.A., 1964), puis il obtient une licence ès lettres à l'Université de Montréal (1968), un brevet d'enseignement à l'Université du Québec à Montréal (1972), une maîtrise à l'Université de Montréal, un D.E.A. en animation culturelle à l'Université de Paris VIII (1978) où il termine un doctorat (1981), en présentant une thèse sur « Les Possibilités du Super 8 en situation d'animation ». Il est professeur au Collège des Eudistes de 1970 à 1974, et il donne en même temps des cours à l'Université de Montréal (1972) et au Cégep Ahuntsic (1973). Chargé de cours à l'Université du Québec à Montréal (1974–1976), il est nommé professeur d'histoire de l'art à l'Université de Montréal en 1974 où il devient directeur du Centre audiovisuel. Il s'occupe activement d'organismes de cinéma, et il collabore à divers périodiques, tels *Ciné-Journal-Huitiste, Point de mire, Jeune Cinéma, Cinéma international, Ciné Caméra...* Seul ou en collaboration, il fait paraître plusieurs ouvrages sur le cinéma. On note dans *Le Livre canadien,* à propos de *Cinéma d'ici* (1973), publié en collaboration avec Gilles Marsolais : « Ce livre contient la transcription des textes et des interviews des onze émissions de la série ‹ Cinéma d'ici › présentée à la télévision de Radio-Canada à l'été de 1972 [...]. La lecture du bouquin est quelquefois pénible si on s'attache aux aspérités de la langue parlée... L'intérêt est ailleurs. Ne serait-ce que de réaliser la vitalité, l'énergie, l'originalité de la petite équipe issue de l'O.N.F. »

ŒUVRES

Cinéma d'ici (essai), [Montréal], Leméac/Éditions Ici Radio-Canada, 1973, 215 p. Collab. Gilles Marsolais. Ill. Avant-propos d'André La France.

8/Super 8/16 (essai), Montréal, Les Éditions de l'Homme, 1973, 242 p. Ill. Traduction anglaise : *8/Super 8/16,* Cambridge, Habitex Books, 1974, 237 p. Traduction espagnole : *8/Super 8/16*, Mexico/Barcelone, Daimon, 1975.

Ciné Guide Super 8, Montréal, Les Éditions de l'Homme, 1975, 55 p. Collab. Yves Desjardins-Siciliano. Ill. ; Habitex, 1976, 64 p.

Initiation à l'équipe de tournage (essai), Montréal, PUM, 1978, 139 p. Ill.

Vidéo et Super 8 (essai), Montréal, Les Éditions de l'Homme, 1979, 199 p. Collab. Serge Sanks. Ill. Avant-propos des auteurs. Introduction des auteurs.

Bien s'assurer (essai), Montréal, Le Jour éditeur, 1982, 217 p. Collab. Carole Boudreault.

Les Clefs de la réussite pour les cadres et les gens d'affaires (essai), Montréal, Primeur, 1984, 102 p. Ill. de Pierre Szwolinski. Préface de Louis Marie Tremblay. « Affaires ».

Planifier vos communications d'affaires (essai), Montréal/New York/Paris, Inter, 1985, 140 p. Collab. Gilles Roberge. Préface de Léon Courville. Introduction des auteurs. Postface de Michel Langouette.

Les Concours internationaux sans douleur, dans *Jeune Cinéma,* vol. 1, nº 3, juillet–sept. 1966, p. 5.

ÉTUDES

[Anonyme], *La France (André). Cinéma d'ici,* dans *Le Livre canadien,* vol. 4, sept. 1973, nº 216.

Renée Cimon, *Boudreault (Carole) et La France (André). Bien s'assurer,* dans *Nos livres,* vol. 13, nov. 1982, nº 410.

Pierre Gingras, *Passe-partout pour les cadres et gens d'affaires. Les Clefs de la réussite,* dans *Forum,* vol. 18, nº 27, 2 août 1984, p. 4.

LA FRANCE, HENRI [Pinel] (1914–   ). Romancier de science-fiction et journaliste, né à Montréal. Après ses études chez les Frères des Écoles chrétiennes, il s'intéresse aux sciences sociales, politiques et économiques et suit des cours d'Édouard Montpetit à l'Université de Montréal. Il fait aussi des études en technologie de l'avionnerie, puis, de 1943 à 1974, il travaille comme chargé de planning à la société Canadair de Montréal. Il fait du journalisme et collabore au *Progrès de Rosemont,* au *Journal de Rosemont...* De plus, il donne des conférences sur ses recherches « initiatiques », recherches qui l'amènent à écrire des œuvres de science-fiction, *À l'aube du Verseau* (1980) et *Les Capsules du temps* (1982). Selon Jocelyne Moisan-Blanchet, « il semble avoir percé le secret de l'évolution cosmique, de l'ésotérisme et de la cabale. [...] Henri La France, par son œuvre, ouvre la porte à une théorie fascinante de l'histoire de l'humanité ».

ŒUVRES

À l'aube du Verseau (science-fiction), Montréal, Presse Sélect Ltée, 1980, 261 p.

Les Capsules du temps (science-fiction), Montréal, Éditions Bergeron, 1982, 233 p.

ÉTUDES

Jocelyne Moisan-Blanchet, « *Les Capsules du temps* » *de Henri La France,* dans *Le Progrès d'Ahuntsic,* nº 50, 14 déc. 1982, p. 5.

Jocelyn Bourbonnais, « *Henri La France* » (entrevue), dans *Courrier d'Ahuntsic,* vol. 39, nº 6, 2 mars 1985, p. 21.

LA FRANCE, MICHELINE (1944–   ). Biographe, poète et dramaturge, née à Montréal. Elle fait ses humanités à l'École Marie-Médiatrice et au Collège Basile-Moreau, puis elle étudie à l'École nationale de théâtre (1966–1968). En 1975–1976, elle travaille au Bureau des langues, à Ottawa. Elle collabore aux *Cahiers de la Nouvelle Compagnie théâtrale* et à la revue *Point,* elle écrit plusieurs dramatiques radiophoniques pour Radio-Canada, et elle prépare pour Radio-Québec la série télévisée « Voyons donc » (1980) sur les stéréotypes sexistes. En 1979, sa biographie de Denise Pelletier raconte en détail la vie de la grande comédienne, mais la critique la juge trop hagiographique et trouve que « le témoignage et l'anecdote l'emportent sur l'analyse » (Adrien Gruslin). Elle publie, en 1980, *Le Soleil des hommes,* recueil de poésie qui fait, selon Michel Beaulieu, « dans une langue dépouillée à l'extrême, le procès de la civilisation qui nous a tous, tant que nous sommes, déshumanisés ».

ŒUVRES

Sur les routes du monde en cercueil roulant (biographie), Montréal, Les Éditions Scriptomédia, 1977, 110 p. Ill.

Denise Pelletier ou La Folie du théâtre (biographie), Montréal, Les Éditions Scriptomédia, 1979, 230 p. Ill.

Le Soleil des hommes (poésie), Hull, Éditions Asticou, 1980, 62 p. Ill. de Marie-Claire Marcil. Préface de Claire Tourigny.

Bleue. Roman, Montréal, Libre Expression, 1985, 154 p.

ÉTUDES

Martial Dassylva, *De la belle typographie à la gênante hagiographie,* Pr, 93ᵉ année, nº 83, 14 avril 1979, p. C-6.

Adrien Gruslin, *La Grande Denise Pelletier,* dans *Le Livre d'ici,* vol. 4, nº 32, 16 mai 1979, p. 1.

Michel Beaulieu, *La Poésie de Hull,* dans *Le Livre d'ici,* vol. 6, nº 46, 19 août 1981, p. 2.

Jean Royer, *Micheline La France. Monologue entre Bleue et Josse,* Dev, vol. 76, nº 91, 20 avril 1985, p. 21, 30.

Ivanhoé Beaulieu, *Bleue ou L'Art de ne pas laisser vivre ses personnages,* Dev, vol. 76, nº 136, 15 juin 1985, p. 23.

LAFRENIÈRE, JOSEPH (1947–   ). Romancier, né à Saint-Lin (L'Assomption). Il étudie au Séminaire Sainte-Croix de Saint-Laurent jusqu'en versification (1965). Il travaille au Service des parcs de Montréal de 1966 à 1974, puis il devient agent de bureau à la Régie des installations olympiques de Montréal, en 1976. À partir de 1977, il collabore au magazine *Vidéo-Presse*. Il écrit pour les adultes et pour les jeunes. La critique n'est pas unanime. Dans les romans pour adultes, François Ricard regarde *L'Après-guerre de l'amour* (1976) comme rempli de choses touchantes : « mais hélas, la naïveté ne se distingue guère ici de la mièvrerie ». Par ailleurs, Réginald Martel y trouve densité et rigueur de composition, et Léo Beaudoin déclare que la fraîcheur et l'irréalisme de cette « histoire d'amour toute simple » repose « du sexisme outrancier et du cynisme blasé » des lettres de ce temps. *La Roulotte aux trèfles* (1977), selon Carole Badger, est « un mauvais roman d'aventures », plein de clichés et d'invraisemblances. Mais Renée Cimon dit du *Bibliotrain* (1978) : « Le roman se lit d'une traite. Joseph Lafrenière mène habilement une histoire simple où le merveilleux s'intègre au quotidien ».

ŒUVRES

De septembre à Québec (roman), Paris, La Pensée universelle, 1974, 126 p.
L'Après-guerre de l'amour (roman), Montréal, Quinze, 1976, 133 p. ; Québec, Éditions du Club Québec Loisirs Inc., 1980, 133 p.
La Roulotte aux trèfles (litt. jeunesse), Montréal, Éditions Paulines, 1977, 89 p. Ill. de Gabriel de Beney. « Jeunesse-Pop ».
Le Bibliotrain (litt. jeunesse), Montréal, Éditions Paulines, 1978, 85 p. Ill. de Gabriel de Beney. « Jeunesse-Pop ».
Carolie Printemps (roman), Montréal, Quinze, 1978, 181 p. « Roman ».
Chantale (litt. jeunesse), Montréal, Éditions Paulines, 1979, 83 p. Ill. de Gabriel de Beney. « Jeunesse-Pop ».
Par-delà le mur (litt. jeunesse), Montréal, Fides, 1986, 121 p. « Mille Îles ».

Les Caprices de l'écureuil, dans *Vidéo-Presse*, vol. 7, n° 1, sept. 1977, p. 54–55.
Mazo de la Roche, Pe, vol. 23, n° 14, 4 avril 1981, p. 7.

ÉTUDES

François Ricard, *Quatre livres, un seul bon roman*, Dev, vol. 68, n° 283, 4 déc. 1976, p. 30.
Claude Filteau, *J. Lafrenière. L'Après-guerre de l'amour*, LAQ 1976, p. 97–98.
Réginald Martel, *Simples Mots de lectures évanescentes*, Pr, 93e année, n° 13, 15 janv. 1977, p. D-3.
Léo Beaudoin, *Lafrenière (J.). L'Après-guerre de l'amour*, dans *Nos livres*, vol. 8, mai 1977, n° 173.

Carole Badger, *Romans québécois*, LAQ 1977, p. 288.
Réginald Martel, *La guerre d'amour qui n'a pas lieu*, Pr, 94e année, n° 135, 14 oct. 1978, p. D-3.
Léo Beaudoin, *Lafrenière (Joseph). Carolie Printemps*, dans *Nos livres*, vol. 10, févr. 1979, n° 57.
Renée Cimon, *Lafrenière (Joseph). Le Bibliotrain*, dans *Nos livres*, vol. 10, avril 1979, n° 160.

LAFRENIÈRE, SUZANNE [Berthe Lefebvre] (1919–   ). Critique littéraire, née à Shawinigan. Après avoir préparé le brevet supérieur à l'École normale Saint-Joseph de Hull et le brevet A en pédagogie, elle obtient les baccalauréats ès arts et en pédagogie de l'Université Laval et une licence en espagnol et, à l'Université d'Ottawa, une maîtrise pour une thèse sur Henry-Marie Desjardins. Deux fois boursière du Conseil des Arts du Canada et du Gouvernement français, elle fait des recherches au Centre Charles Péguy, à Orléans, puis passe trois ans à l'Université de Nice et obtient le doctorat du troisième cycle ; sa thèse s'intitule « Charles Péguy, étude de caractères » (1969). Revenue au Canada, elle est professeur au Cégep de l'Outaouais, puis à l'Université d'Ottawa, enseignant la langue et les littératures française et canadienne-française jusqu'en 1979. Elle collabore au *Droit*, aux « Archives des lettres canadiennes », au *Bulletin du Centre de recherche en civilisation canadienne-française,* au *Dictionnaire des œuvres littéraires du Québec*. Elle s'intéresse aux grands courants d'idéologies et de lettres, et aussi à la littérature régionale comme le montrent son livre sur Henry Desjardins, poète de l'École littéraire de Montréal, originaire de Hull, et celui sur la vie et l'œuvre de Moïsette Olier (Corinne Beauchemin-Garceau), femme de lettres de la Mauricie. Les écrits de Suzanne Lafrenière témoignent d'une grande culture littéraire, d'une documentation abondante et d'une écriture soignée.

ŒUVRES

Henry-Marie Desjardins, l'homme et l'œuvre (essai), Hull, Éditions Asticou, 1975, 145 p. Ill. Préface de Paul Wyczynski.
Moïsette Olier, femme de lettres de la Mauricie, Hull, Éditions Asticou, 1980, 224 p. Ill.

Henry-Marie Desjardins, dans *L'École littéraire de Montréal,* Montréal, Fides, 1963, p. 37–66. « ALC » 2.
Claudel et les premières rencontres américaines, dans *Cahiers canadiens Claudel,* n° 2, 1964, p. 27–71.
La Composition des « Nourritures terrestres », dans *Incidences,* vol. 1, n° 2, 1964, p. 24–44.

Wenceslas-Eugène Dick, romancier inconnu, dans *Le Roman canadien-français*, Montréal, Fides, 1965, p. 89-105. « ALC » 3.

Un contemporain inquiet, dans *Colloque international tenu à l'Université McGill, Montréal, 1973*, Québec, PUL, 1976, p. 66-91.

ÉTUDES

Paul Gay, *Poète ou Notaire ?*, Dr, 63e année, no 90, 12 juillet 1975, p. 16.

Id., Moïsette Olier (1885-1972). « Une dame racée », Dr, 68e année, no 44, 17 mai 1980, p. 18.

LAGASSÉ, ROGER Joseph Marc (1956–). Dramaturge et conteur, né à Sainte-Anne-des-Chênes (Manitoba). Il étudie au Collège universitaire de Saint-Boniface (B.A., 1980) et à l'Université de Calgary (baccalauréat en éducation, 1982). Il est professeur dans les écoles de Calgary. Il collabore à *La Liberté*, hebdomadaire franco-manitobain, et présente au Cercle Molière plusieurs pièces pour enfants. En 1981, il publie, en collaboration avec Yvonne Lagassé, un livre de contes.

ŒUVRE

La Petite Jument blanche (contes), Saint-Boniface, Éditions des Plaines, 1981, 55 p. Collab. Yvonne Lagassé. Ill. Préface d'Yvonne Dusablon.

LAGASSÉ, YVONNE (1919–). Conteuse, née à Fairlawn (Sask.). Elle étudie à l'Institut collégial de Sainte-Anne-des-Chênes (Man.) et à l'École normale de Winnipeg ; elle enseigne à Sainte-Anne-des-Chênes jusqu'en 1955. En 1981, elle publie *La Petite Jument blanche*, recueil de contes inspiré par des récits racontés par son père, originaire de Saint-Casimir de Portneuf au Québec. Ainsi veut-elle « ressusciter les légendes et les contes de ses ancêtres ».

ŒUVRE

La Petite Jument blanche (contes), Saint-Boniface, Éditions des Plaines, 1981, 55 p. Collab. Roger Lagassé. Ill. Préface d'Yvonne Dusablon.

ÉTUDE

Ingrid Joubert, *La Petite Jument blanche de Roger et Yvonne Lagassé*, dans *CEFCO*, no 9, oct. 1981, p. 20, 22.

LAGRAVE, JEAN-PAUL DE (1936–). Historien et romancier, né à Trois-Rivières. Il fait ses études classiques au Séminaire de Trois-Rivières (1947-1954). Par la suite, il est journaliste au *Nouvelliste* de Trois-Rivières, chef de l'information au *Progrès du Saguenay* (1957-1959) et directeur de l'information provinciale à *La Presse* (1959-1969). Il poursuit des études à Paris où il obtient un doctorat en sciences de l'information pour une thèse intitulée « Exercice du droit de l'information au Québec, des origines à 1840 », soutenue à l'Université de Paris II, en 1972. Il continue ses études en histoire à l'Université Laval (1973-1974) et à l'Université de Montréal où il présente une thèse de doctorat, *Fleury Mesplet (1734-1794), diffuseur des Lumières au Québec* (1985). Il est chargé de cours à l'Institut de communications sociales de l'Université d'Ottawa (1972-1973, 1976-1978), et devient, en 1982, professeur au Département d'art et de technologie des médias du Cégep de Jonquière. En plus de trois romans publiés en 1975 qui n'ont guère attiré l'attention de la critique, Jean-Paul de Lagrave est l'auteur de plusieurs volumes d'essais sur l'information au Québec et l'histoire de la presse. Si ses volumes offrent des renseignements utiles et des mises à jour intéressantes, ils ne manquent pas de mettre mal à l'aise les historiens par leur parti pris trop évident ; Lagrave impose, en effet, une vision manichéenne à l'histoire intellectuelle et idéologique du Québec. Il aura cependant le mérite d'étudier à fond la carrière de Fleury Mesplet, imprimeur, éditeur, libraire et journaliste ; au sujet de son ouvrage volumineux, publié en 1985 à l'occasion du bicentenaire de la presse d'information à Montréal, Jacques-G. Ruelland écrit, « un livre intéressant et bien fait, une production québécoise de grande valeur, tant dans sa forme que dans son fond ».

ŒUVRES

Une encyclique à débattre (essai), Montréal, Le Jour, 1968, 127 p.

Le Signe et la Tendresse (roman), Montréal, Éditions de Lagrave, 1975, 124 p. « Tendresse ».

Le Bruissement des cœurs (roman), Montréal, Éditions de Lagrave, 1975, 225 p. « Tendresse ».

Celui qui t'aime (roman), Montréal, Éditions de Lagrave, 1975, 158 p. « Tendresse ».

La Liberté d'expression en Nouvelle-France, 1608-1760, Montréal, Éditions de Lagrave, 1975, 130 p. « Liberté ».

Les Origines de la presse au Québec (1760-1791), Montréal, Éditions de Lagrave, 1975, 157 p. « Liberté ».

Les Journalistes démocrates au Bas-Canada, 1791-1840, Montréal, Éditions de Lagrave, 1975, 248 p. « Liberté ».

Le Combat des idées au Québec, 1840-1867, Montréal, Éditions de Lagrave, 1976, 150 p. « Liberté ».

Liberté et Servitude de l'information au Québec (1867-1967), Montréal, Éditions de Lagrave, 1978, 371 p. « Liberté ».

Histoire de l'information au Québec, Montréal, La Presse, 1980, 245 p. « Jadis et Naguère ».

Fleury Mesplet (1734-1794), diffuseur des Lumières au Québec, Montréal, Patenaude éditeur, 1985, xxii, 505 p. Ill.

ÉTUDES

[Anonyme], *Jean-Paul de Lagrave. Le Signe de la tendresse*, dans *Le Livre canadien*, vol. 6, sept. 1975, n° 262.

[Anonyme], *Jean-Paul de Lagrave. Celui qui t'aime*, dans *Le Livre canadien*, vol. 7, févr. 1976, n° 51.

[Anonyme], *Jean-Paul de Lagrave. La Liberté d'expression en Nouvelle-France*, dans *Le Livre canadien*, vol. 7, oct. 1976, n° 289.

[Anonyme], *Jean-Paul de Lagrave. Les Journalistes-démocrates au Bas-Canada*, dans *Le Livre canadien*, vol. 7, oct. 1976, n° 290.

[Anonyme], *Jean-Paul de Lagrave. Les Origines de la presse au Québec*, dans *Le Livre canadien*, vol. 7, nov. 1976, n° 337.

Murray Maltais, « *L'Histoire de l'information au Québec, des origines à nos jours* ». *Une recherche de la liberté d'expression chez nous*, Dr, 66e année, n° 228, 23 déc. 1978, p. 17.

Gérard Leblanc, *Un pamphlétaire déguisé en historien*, dans *Le Livre d'ici*, vol. 6, n° 3, 22 nov. 1980, p. 1.

Jacques-G. Ruelland, *Fleury Mesplet : l'idéal des « Lumières » à Montréal*, Dev, vol. 76, n° 282, 5 déc. 1985, p. 11.

Gilles Normand, *Jean-Paul de Lagrave. Pour nos libertés*, Pr, 102e année, n° 82, 11 janv. 1986, p. E-4.

LAHAISE, GUILLAUME. Voir **DELAHAYE, GUY.**

LAHAISE, ROBERT (1935–). Historien, né à Montréal. Après ses études classiques au Collège Sainte-Marie (B.A., 1956), il obtient à l'Université Laval une licence en histoire (1960) pour un mémoire sur « La Création de la Cour suprême et le Québec », un diplôme d'études supérieures (1968) pour une thèse sur « Le Baillage montréalais et ses officiers de justice », et un doctorat en ethnologie (1977). Il obtient ensuite un doctorat en littérature pour une étude sur son père, le poète Guy Delahaye (1983). De 1961 à 1969, il enseigne l'histoire aux collèges Mont-Saint-Louis, de Saint-Laurent et Sainte-Marie. À la même époque, il est directeur fondateur des Éditions Sainte-Marie (1965-1969). En 1969, il devient professeur d'histoire et d'ethnologie à l'Université du

Québec à Montréal. Il fonde alors les Cahiers de l'Université du Québec (1969-1970) puis fonde et dirige l'importante collection des Cahiers du Québec aux Éditions Hurtubise/HMH. Alain Boisvert dit de l'adaptation en français moderne des *Voyages en Nouvelle-France de Jacques Cartier* (1977) : « L'édition [...] vise un autre public que celui des érudits. Aussi les textes sont-ils adaptés en français moderne avec beaucoup de succès. En effet, en plus de suivre de près le texte de Cartier, Robert Lahaise et Marie Couturier ont su lui conserver son cachet de la renaissance tout en le rendant de lecture facile ».

ŒUVRES

La Nouvelle France, Montréal, Centre de psychologie et de pédagogie, 1967, 249 p. Collab. Denis Héroux et Noël Vallerand.

L'Amérique du Nord britannique. La colonisation britannique et la formation du Canada continental, Montréal, Centre de psychologie et de pédagogie, 1969, livres 1 et 2, 130 p. Collab. Noël Vallerand. Ill. ; *L'Amérique du Nord britannique 1815-1867. Les Canadiens français, la colonisation britannique et la formation du Dominion du Canada*, livres 3, 4 et 5, –370 p. Collab. Noël Vallerand ; *L'Amérique du Nord britannique, 1760-1867. Les Canadiens français, la colonisation britannique et la formation du Canada continental*, 1971, 370 p. Collab. Noël Vallerand. « Histoire du Canada ».

Civilisation et Vie quotidienne en Nouvelle-France en 1 000 diapositives. Commentaires et bibliographie, Montréal, Guérin, 1973, x, 207 p. et 4 cartables de diapositives ; 1978. Collab. Jean Sauvageau, photographe.

Jacques Cartier. Voyages en Nouvelle-France, [Montréal], Éditions Hurtubise HMH, 1977, 158 p. Ill. Textes remis en français moderne avec introduction et notes. Collab. Marie Couturier. « Documents d'histoire ».

Édifices conventuels du Vieux Montréal. Aspects ethnohistoriques, Ville La Salle, Cahiers du Québec/Hurtubise HMH, 1980, 599 p. « Ethnologie ».

Guy Delahaye et la Modernité littéraire (essai), Montréal, Hurtubise/HMH, 1987, xvi, 549 p. « Cahiers du Québec ».

Guy Delahaye, œuvres, Montréal, HMH, 1988, 406 p. Présentation de Robert Lahaise. « Cahiers du Québec ».

De Ville-Marie à Montréal, CSM, n° 5, 1967, p. 19-37.

Les Principales Phases de l'évolution économique en Nouvelle-France, dans *Cahiers de l'Université du Québec*, n°s 1-2, 1969, p. 11-38.

Rabelais et la Médecine populaire au Québec, dans *Cahiers du Québec*, n° 7, Montréal, HMH, 1972, p. 45-69.

L'Hôtel-Dieu du « Vieux-Montréal », 1642-1861, dans *Cahiers du Québec, Histoire 13*, Montréal, HMH, 1973, p. 11-56.

LAHAISE

ÉTUDES

Vincent Brousseau, *L'Éducation du mouvement*, dans *Le Magister*, vol. 3, n° 3, nov. 1967, p. 8–9.

Alain Pontaut, *Images de notre destin*, Pr, 83e année, n° 286, 9 déc. 1967, p. 21.

Brigitte Morissette, *Le Grand Nettoyage de trois jeunes historiens*, P, vol. 88, n° 49, 10 déc. 1967, p. 57.

Paul Gay, *La Nouvelle-France*, Dr, vol. 55, n° 229, 23 déc. 1967, p. 7.

André Lachance, *La Nouvelle-France de D. Héroux, R. Lahaise et N. Vallerand*, LAC 1967, p. 148–149.

L.Y. Théberge, *Du nouveau en histoire*, CF, vol. 108, n° 33, 11 janv. 1968, p. 26.

[Anonyme], *La Nouvelle Histoire*, dans *Sept Jours*, 2e année, n° 20, 28 janv.–3 févr. 1968, p. 35.

Georges-Émile Giguère, *Héroux, Denis, Lahaise, Robert, Vallerand, Noël, La Nouvelle-France*, RHAF, vol. 22, n° 1, juin 1968, p. 108–112.

Réginald Martel, *Rendre « tentants » les manuels scolaires*, Pr, 85e année, n° 57, 8 mars 1969, p. 23.

Micheline Lachance, *Une histoire bien vulgarisée*, dans *Québec-Presse*, vol. 3, n° 46, 14–20 nov. 1971, p. 22.

Alain Boisvert, *Voyages en Nouvelle-France. Adaptation et notes. Robert Lahaise et Marie Couturier*, dans *Recherches amérindiennes au Québec*, vol. 8, n° 2, 1978, p. 171.

Clément Trudel, *Les Cahiers du Québec — HMH ont dix ans*, Dev, vol. 72, n° 186, 16 octobre 1981, p. 17.

Jean Éthier-Blais, *Guy Delahaye, un gamin mélancolique, sourire aux lèvres*, Dev, 12 septembre 1987, p. D-8.

Jean-Noël Dion, *Guy Delahaye, un poète qui fut près d'être maudit*, Courrier de St-Hyacinthe, 16 septembre 1987, p 4.

Marcel Fournier, *Le « médecin de Nelligan »*, Dev, 29 août 1987, p. C-4.

Agnès Whitfield, *Guy Delahaye : ère de la modernité poétique ?*, Lettres québécoises, hiver 1987–1988, p. 45–46.

Jean-Guy Pilon, *Relire Guy Delahaye, poète*, Dev, 11 février 1989, p. D-3.

Annette Haymard, *Guy Delahaye, Voix et Images*, n° 38, hiver 1988–1989, p. 326–328.

Hélène Rioux, *Plaisir de l'esprit, Journal d'Outremont*, février 1989, p. 24.

LAHONTAN, LOUIS-ARMAND DE LOM D'ARCE, baron de (1666–1715 ?). Explorateur, philosophe, mémorialiste, historien (signe son nom de plusieurs façons : Darce, La Hontan, Lahontan, LaHontan), né à Lahontan (département des Basses-Alpes). On connaît peu de choses sur sa jeunesse. Son père meurt en 1674 et le procès qui s'ensuit le prive de son héritage familial. À l'âge de dix-sept ans, ce fils d'une famille illustre s'embarque pour le Canada où il arrive en novembre 1683. Il visite le pays, l'île d'Orléans, Québec et Montréal ; il fait partie de l'avant-garde du capitaine Dutast, passe quelque temps au Fort Frontenac (Kingston), trouve le moyen de chasser avec les indigènes et apprend l'algonquin avec facilité. En 1687, il part en guerre contre les Tsonnontouans sous le commandement du gouverneur Brisay de Denonville, visite les bords du lac Ontario, dirige pendant près d'un an la défense du fort Saint-Joseph au sud du fort Niagara, et explore la région de Michillimakinac. Tout porte à croire que dans ces expéditions audacieuses, il a traversé le lac Michigan, sondé les abords de la Rivière-aux-Renards et de la rivière Wisconsin, et s'est aventuré dans le fleuve Mississippi jusqu'à l'embouchure de la rivière Ouabache. C'est à cette époque qu'il aurait découvert « la Rivière Longue » (prétendue source du Mississippi) sur laquelle aucune autre documentation n'existe. Cette découverte constitue l'épisode le plus controversé de sa carrière. Il revient à Montréal en juin 1689, puis il se rend à Québec en octobre pour saluer l'arrivée de Louis de Buade de Frontenac, gouverneur de la Nouvelle-France. Il accompagne le gouverneur dans quelques voyages, et il combat contre la flotte anglaise de Sir William Phipps. Il retourne en France à l'automne de 1690 afin de régler sa succession, mais il est reçu assez froidement par le ministre Pontchartrain et doit revenir à Québec. Il retourne encore en France à l'automne de 1692, porteur d'un projet de plan de défense des Grands Lacs. Faisant escale à Terre-Neuve, il joue un rôle important dans la défense du port de Plaisance. En récompense de ses exploits, il est nommé lieutenant du roi à Plaisance, choix qui ne plaît guère au commandant Brouillan qui au retour de Lahontan à Terre-Neuve en juin 1693, commence à accumuler un dossier contre son adjoint. Craignant l'arrestation, Lahontan déserte son poste et s'enfuit au Portugal où il débarque en janvier 1694. À l'âge de vingt-sept ans, dénué de tout bien et exilé de sa patrie, il se résigne à errer à travers l'Europe. Les dernières années de sa vie sont mal connues ; il semble qu'avant sa mort il ait passé quelque temps en Allemagne et en Angleterre. Aventurier, militaire, Lahontan est aussi écrivain. À bout de ressources, il remet à un libraire de La Haye, un manuscrit tiré d'un journal tenu au cours de ses séjours au Canada. C'est ainsi que paraissent, en 1703, *Les Nouveaux Voyages dans l'Amérique septentrionale* et les *Mémoires de l'Amérique septentrionale*, deux volumes qui sont publiés presque aussitôt à Londres en traduction anglaise, celle-ci contenant cependant deux additions importantes : « Les Dialogues avec un sauvage américain » et sept lettres écrites entre avril 1694 et octobre 1695 dans diverses villes d'Europe. C'est alors que les frères L'Honoré, éditeurs hollandais de Lahontan, font paraître en français le tome trois de leur édition publiée en 1703 : *Supplément aux voyages du Baron de Lahontan*. Le grand succès des *Voyages* n'étouffe cependant pas de nombreuses critiques. Les éditeurs hollandais demandent alors à l'ancien bénédictin Nicolas Gueudeville de réviser entièrement le texte. Il remanie les vingt-cinq lettres des *Nouveaux Voyages*, fait disparaître certains mots crus et précise davantage les tableaux ; par contre, les *Mémoires* ne subissent presque pas de modifications, mais on retranche deux des cinq dialogues antérieurement imprimés dans le *Supplément*. Cette édition révisée paraît en 1705 et servira de texte de base à toutes les éditions ultérieures, sauf celle de 1728. En 1931, Gilbert Chinard réédite le texte primitif des *Dialogues* et des *Mémoires*. Gustave Lanctot souligne avec raison la contribution de Lahontan à la philosophie du « bon sauvage » et à l'image grandiose de la nature qui reviendra plus tard chez Swift, Diderot, Rousseau et Chateaubriand. Les récits de Lahontan sont connus partout en Europe, autant que les *Relations des Jésuites*. Ses notes prises au jour le jour, ses observations pertinentes sur tous les aspects de la vie en Amérique font des œuvres de Lahontan un témoignage unique. Mais il a aussi enregistré, comme le souligne Chinard, « toutes les critiques contre la religion et l'ordre social qu'il avait pu recueillir, non pas seulement chez les sauvages américains, mais plus encore parmi les irréguliers et les francs libertins qui s'étaient réfugiés en Hollande. Il a été un écho plutôt qu'un écrivain original ». En 1703, le *Journal de Trévoux* qualifie Lahontan d'« auteur dangereux » et de « déiste ». Charlevoix se montre sévère à son égard, soulignant que ses récits sont « dictés par l'esprit d'irréligion ». Influencés par certaines inexactitudes et des exagérations, les historiens modernes hésitent à accepter l'œuvre de Lahontan comme une source digne de foi. David M. Hayne pour sa part fait bien ressortir l'importance de cet écrivain : « Effectivement, la vie de Lahontan, comme un pendule, a oscillé constamment entre la solitude et la société, entre l'Europe et l'Amérique. Jeune sujet de Louis XIV, il avait quitté l'ancien monde pour le nouveau et, comme écrivain du début du siècle des Lumières, il amena le Nouveau Monde à l'Ancien ». Son œuvre présente donc un double intérêt : elle fournit une description vivante de la Nouvelle-France à la fin du 17e siècle ainsi qu'une intéressante perspective idéologique, puisqu'elle utilise l'image idéalisée d'un peuple primitif pour mieux critiquer la civilisation européenne.

ŒUVRE

Édition dite « de l'ange » (1703) en 3 tomes : t. 1, *Nouveaux Voyages de Mr. le baron de Lahontan, dans l'Amérique septentrionale qui contiennent une relation des différens Peuples qui y habitent, la nature de leur Gouvernement : leur Commerce, leurs Coutumes, leur Religion, & leur manière de faire la Guerre, L'Intérêt des François & des Anglois dans le Commerce qu'ils font avec ces Nations ; l'avantage que l'Angleterre peut retirer de ce Païs, étant en Guerre avec la France, le tout enrichi de cartes & de Figures*, À La Haye, Chez les fréres l'Honoré, marchands libraires, 1703, [22], 279 p. Ill. Cartes. Préface de l'auteur ; t. 2, *Mémoires de l'Amérique septentrionale, ou La suite des voyages de Mr. le baron de Lahontan qui contiennent la Description d'une grande étendüe de païs de ce Continent, l'intérêt des François & des Anglois, leurs Commerces, leurs Navigations, les Mœurs & les Coûtumes des Sauvages &c., avec un petit Dictionnaire de la Langue du Païs : le tout enrichi de Cartes & de Figures*, 237 p. ; t. 3, *Supplément aux Voyages du Baron de Lahontan, Ou l'on trouve des Dialogues curieux entre l'Auteur et Un Sauvage De bon sens qui a voyagé. L'on y voit aussi plusieurs Observations faites par le même Auteur, dans ses Voyages en Portugal, en Espagne, en Hollande & en Dannemarck, &c*, 222 p. (Il y eut deux tirages des tomes 1 et 2 en 1703, dites éditions à l'ornement et à la sphère qu'on considère des contrefaçons) ; 1704, 3 t. : t. 1, [18], 240 p. ; t. 2, 222 p. ; t. 3, *Suite du voyage, de l'Amérique ou Dialogues de Monsieur le baron de Lahontan et d'un sauvage dans l'Amérique. Contenant une description exacte des mœurs & des coutumes de ces Peuples Sauvages : avec les Voyages du même en Portugal et en Danemarc, dans lesquels on trouve des particularitez trés curieuses, et qu'on n'avoit point encore remarquées, le tout enrichi de Cartes & de Figures*, Amsterdam, Chez la veuve de Bœteman, et se vend à Londres, chez David Mortier, Libraire, 1704, [15], 222 p. Ill. Cartes. Préface de l'auteur ; La Haye, Jonas L'Honoré, 1705, 2 vol. : vol. 1, [16], 376 p. ; vol. 2, 336 p. ; Amsterdam, François L'Honoré ; À La Haye, Chez Charles Delo, 1706, 2 t. : t. 1, *Voyages du baron de La Hontan dans l'Amérique Septentrionale, qui contiennent une Rélation des differens Peuples qui y habitent ; la nature de leur Gouvernement ; leur Commerce, leurs Coûtumes, leur Religion ; & leur manière de faire la Guerre : l'Interêt des François & des Anglois dans le Commerce qu'ils font avec ces Nations ; l'avantage que l'Angleterre peut retirer de ce Païs, étant en guerre avec la France. Le tout enrichi de cartes & de figures*, [21], 376 p. Ill. Cartes. Préface de l'auteur. (Édition revue, corrigée et augmentée) ; t. 2, 338 p. (Édition augmentée des *Conversations de l'auteur avec un sauvage distingué*) ; À La Haye, Chez Isaac Delorme, libraire, 3 t. : t. 1, 1707, 366 p. ; t. 2, 1708, 239 p. ; t. 3, 374 p. ; À Amsterdam, Chez François L'Honoré, 1721 ; 1728 ; 3 t. : t. 1, [19], 408 p. ; t. 2, 238 p. ; t. 3, 257 p. ; 1731 ; 1741 ; *Un Outre-Mer au XVIIe Siècle. Voyages au Canada du Baron de La Hontan*, Paris, Librairie Plon, Plon-Nourrit & cie, imprimeurs-éditeurs, 1900, xx, 338 p. Introduction et notes par François de

Nion ; *Baron de La Hontan. Dialogues curieux entre l'Auteur et un Sauvage de bon sens qui a voyagé et Mémoires de l'Amerique septentrionale*, Baltimore/ Paris/London, The Johns Hopkins Press/A. Margraff/ Oxford University Press/Humphrey Nilford, 1931, 271 p. Ill. Édités par Gilbert Chinard. Introduction de Gilbert Chinard ; *Collection Oakes. Nouveaux documents de Lahontan sur le Canada et Terre-Neuve*, Ottawa, Imprimeur du Roi, 1940, 71 p. Édités avec introduction par Gustave Lanctot. (Documents offerts par Lady Oakes aux Archives publiques du Canada) ; *Dialogues avec un sauvage*, Paris, Éditions sociales, 1973, 179 p. Introduction et notes de Maurice Rœlens. « Les Classiques du peuple » ; Montréal, Éditions Élysée, 1974, 2 vol. : vol. 1, *Nouveaux Voyages*, 196, [26] p. ; vol. 2, *Mémoires*, [22], 376 p. Ill. « Mémoires pittoresques de la Nouvelle-France » ; *Nouveaux voyages en Amérique septentrionale*, Montréal, L'Hexagone/Minerve, 1983, 346 p. Ill. Présentation, chronologie et notes de Jacques Collin. « Balises ». Traduction anglaise : London, Printed for H. Bonwicke, T. Goodwin, M. Wotton, B. Tooke et S. Manship, 1703, 2 vol. : vol. 1, *New Voyages to North-America. Containing An Account of the Several Nations of that vast Continent ; their Customs, Commerce, and Way of Navigation upon the Lakes and Rivers ; the several Attempts of the English and French to dispossess one another ; with the Reasons of the Miscarriage of the former ; and the various adventures between the French, and the Iroquese Confederates of England, from 1683 to 1694. A Geographical Description of Canada, and a Natural History of the Country, with Remarks upon their Government, and the Interest of the English and French in their Commerce. Also a Dialogue between the Author and a General of the Savages, giving a full View of the Religion and strange Opinions of those People : With an account of the Authors Retreat to Portugal and Denmark and his Remarks of those Courts. To which is added A Dictionary of the Algonkine Language, which is generally spoke in North-America*, [12], 280 p. ; vol. 2, *New Voyages to North-America. Giving a full Account of the Customs, Commerce, Religion, and strange Opinions of the Savages of that Country. With Political Remarks upon the Courts of Portugal and Denmark, and the Present State of the Commerce of those Countries*, 302 p. ; London, 1735, 2 vol. : vol. 1, Printed for John Brindley, Bookfeller, [29], 280 p. ; vol. 2, Printed for J. Walthose, R. Wilkin, J. and J. Bonwicke, J. Osborn, S. Birt, T. Ward et E. Wicksteed, 304 p. ; *New Voyages to North-America*, Chicago, A. C. McClurg & Co., 1905, 2 vol. : vol. 1, xciii, 400 p. ; vol. 2, -797 p. Introduction, notes et index de Reuben Gold Thwaites. (Édition en fac-similé de l'édition anglaise de 1703) ; *Lahontan's Voyages*, Ottawa, Graphic Publishers limited, 1932, 348 p. Édités avec introduction et notes par Stephen Leacock ; *New Voyages to North-America*, New York, Burt Franklin, 1970, 2 vol. : vol. 1, xcvi, 407 p. ; vol. 2, vi, -797 p. (Édition en fac-

similé de l'édition de Reuben Gold Thwaites). (Traduit aussi en allemand et en italien).

ÉTUDES

Joseph-Edmond Roy, *Le Baron de Lahontan*, MSRC, 1re série, vol. 12, 1894, p. 63-192.

Henri Froideveaux, *Un document inédit sur Lahontan*, dans *Journal de la Société des Américanistes* (Paris), vol. 4, 1903, p. 196-203.

Joseph-Edmond Roy, *Le Baron de Lahontan*, Lévis, Imprimé à La Revue du notariat, 1903, 257 p.

F.C.B. Crompton, *Glimpses of Early Canadians : Lahontan*, Toronto, T. Nelson & Sons, 1925, xii, 101 p.

Gilbert Chinard, « Introduction », dans *Dialogues Curieux entre l'auteur et un sauvage de bon sens* [...], Baltimore, the Johns Hopkins Press, 1931, p. 5-72.

Stephen Leacock, *Baron de Lahontan, explorer*, dans *Canadian Geographical Journal*, vol. 4, 1932, p. 281-294.

Paul Courteault, *Un aventurier gascon au Canada*, dans *Revue philomathique de Bordeaux et du Sud-Ouest*, 36e année, 1933, p. 1-17.

Roger Picard, *Les Aventures et les Idées du baron de Lahontan*, RUO, vol. 16, 1946, p. 38-70.

Gustave Lanctot, [*Le Baron de Lahontan*], dans *Faussaires et Faussetés en histoire canadienne*, Montréal, Les Éditions Variétés, 1948, p. 96-129.

Viateur Ravary, *Lahontan et la Rivière Longue*, RHAF, vol. 5, 1952, p. 471-492.

A.-H. Greenly, *Lahontan : An Essay and Bibliography*, dans *Papers of the Bibliographical Society of America*, vol. 48, 1954, p. 334-389 ; New York, Bibliographical Society of America, 1954, 59 p.

D.M. Hayne, *Lom d'Arc de La Hontan*, DBC, vol. 2, 1969, p. 458-464.

Maurice Rœlens, *Introduction*, dans *Dialogues avec un sauvage*, Paris, Éditions sociales, 1973, p. 7-81.

Joseph-Edmond Roy, *Le Baron de Lahontan, Conversations de l'auteur de ses voyages avec Adario sauvage Distingué*, Montréal, 1974, 257, 310 p.

Patrick Imbert, *Comment peut-on être lecteur de La Hontan et de ses dialogues ?*, LQ, vol. 1, no 1, mars 1976, p. 22-24.

Aline Côté-Lachapelle, *Le Discours du récit de voyage et ses effets chez Lahontan*, EL, vol. 10, nos 1-2, avril-août 1977, p. 195-219.

Judith Chamberlin Neave, *Lahontan and the Long River Controversy*, RUO, vol. 48, nos 1-2, janv.-avril 1978, p. 124-147.

Réal Ouellette, *Sur Lahontan. Comptes rendus et critiques (1709-1711)*, Québec, L'Hêtrière, 1983, 118 p.

LAJOIE, SÉVÈRE. Voir **DESMARCHAIS, REX.**

LALANDE, GILLES (1927-1988). Politicologue, né à Montréal. Licencié des Hautes Études commerciales de Paris (1949), il poursuit des études supérieures à l'Institut de géographie alpine à Grenoble et obtient un doctorat en 1953. D'abord chargé de cours à l'École des Hautes Études commerciales à Montréal (1953-1954), il est ensuite agent du Service extérieur du Canada au ministère des Affaires extérieures (1954-1962), puis il devient professeur au Département de science politique de l'Université de Montréal à partir de 1962. Parmi les nombreux postes qu'il occupe, il convient de mentionner ceux de secrétaire de la Faculté des sciences sociales (1967-1969), directeur du Département de science politique (1969-1973), secrétaire conjoint de la Commission royale d'enquête sur le bilinguisme et le biculturalisme (1966-1970). Il collabore activement à l'ACFAS, à l'Association canadienne de science politique, à l'Agence de coopération culturelle et technique, à l'Institut de recherches politiques... Ses articles paraissent dans *Le Devoir, Maintenant, Études internationales, Revue canadienne de géographie, International Journal*, etc. Ses écrits se distinguent par une documentation abondante et un style soigné. Il s'intéresse à l'histoire et à l'état actuel de la politique canadienne. À ce sujet, nous lisons dans *Le Livre canadien* cette remarque relative à l'ouvrage *Pourquoi le fédéralisme ?* : « Le professeur Gilles Lalande n'exige pas l'adhésion de ses lecteurs. Il souhaite seulement que des critiques reconnaissent que le débat mérite de se poursuivre, car, pour lui, le fédéralisme n'est rien d'autre qu'un instrument d'avenir ».

ŒUVRES

L'Étude des relations internationales et de certaines civilisations étrangères au Canada. Rapport d'une enquête sur l'étude des relations internationales et des civilisations afro-asiatiques, ibero-américaines et slaves, Ottawa, Fondation des universités canadiennes, 1964, xx, 100 p. Avant-propos de Normand A.M. Mackenzie.

Le Ministère des Affaires extérieures et de la Dualité culturelle. Personnel diplomatique 1945-1965. Emploi du français 1964-1965, Ottawa, Imprimerie de la Reine, 1969, xv, 217 p. Avant-propos de l'auteur. « Études de la Commission royale d'enquête sur le bilinguisme et le biculturalisme ». Traduction anglaise : *The Department of External Affairs and Biculturalism. Diplomatic Personnel (1945-1965) and Language Use (1964-1965),* xv, 210 p. « Studies of the Royal Commission on Bilingualism and Biculturalism ».

Pourquoi le fédéralisme ? Contribution d'un Québécois à l'intelligence du fédéralisme canadien (essai), Montréal, Hurtubise HMH, 1972, 205 p. Avant-propos de l'auteur. « Constantes ». Traduction anglaise par Jo LaPierre : *In Defence of Federalism. A View from Quebec,* Toronto, McClelland and Stewart, 1978, 128 p. Préface de l'auteur.

La Place du Canada dans le monde, dans *Un siècle 1867-1967,* Toronto, Southam Press Ltd., 1967, p. 6-7.

Une vue souhaitable de l'avenir : la nationalisation du français : Héritage 1867-1967, dans *Journal de l'Association dentaire canadienne,* vol. 33, n° 11, 1967, p. 12-14.

An Independant Foreign Policy for Canada ?, dans *A Reply to Diplomatic Biculturalism,* Toronto, McClelland and Stewart, 1968, p. 93-95.

Le Canada au seuil du siècle de l'abondance, dans *Le Canada et les U.S.A.,* Montréal, HMH, 1969, p. 132-147.

Foreign Policy for Canadians : Comments on the White Paper, dans *Behind the Headlines,* vol. 29, n°s 7-8, août 1970, p. 12-14.

Les Relations du Canada avec les pays du Pacifique : constantes et perspectives, dans *International Journal,* vol. 26, n° 1, hiver 1970-1971, p. 151-177.

Quebec Society and Politics : Views from the Inside, dans *The Federal Option and Quebec and International Relations,* Toronto, McClelland and Stewart, 1973, 286 p. Collab. Dale Thompson.

ÉTUDES

Jean-Charles Bonenfant, *Les Études de la Commission royale d'enquête sur le bilinguisme et le biculturalisme,* dans *Canadian Journal of Political Science,* vol. 4, n° 3, sept. 1971, p. 408.

[Anonyme], *Pourquoi le fédéralisme, essai de Gilles Lalande,* dans *Le Livre canadien,* vol. 3, oct. 1972, n° 219.

Claude Corbo, *Pourquoi le fédéralisme de Gilles Lalande,* LAQ 1972, p. 298-299.

Jean-Charles Bonenfant, *Pourquoi le fédéralisme de Gilles Lalande,* dans *Canadian Journal of Political Science,* vol. 6, n° 1, mars 1973, p. 153-154.

LALANNE-CASSOU, JEAN-CLAUDE (1938-). Romancier, poète et critique d'art, né à Pau (Basses-Pyrénées, France). Après l'obtention d'un baccalauréat (1959), il poursuit des études de philosophie et de théologie au Séminaire de Bayonne (1959-1962). Il fait en outre des études musicales, puis il devient critique d'art à la *Dépêche de Toulouse* (1964-1967). Installé à Montréal en 1967, il enseigne l'histoire de l'art au Collège de Longueuil et fait de la critique musicale à Radio-Canada sous le nom de Jean-Claude Cassou. Bien que ses ouvrages aient été écrits et publiés au Canada, à l'exception de son premier recueil de récits, *Trois images d'Hertelle,* ils ne sont guère connus qu'en France où Lalanne-Cassou mérite le « Grand Prix des lettres pyrénéennes », en 1979, pour *On a tué Charles Perrault,* et le prix des « Trois couronnes », en 1980, pour *Le Caillou bleu.* « [Son] style, écrit Paul Marot, critique à *La Nouvelle République des Pyrénées,* est très personnel pour exprimer certains sentiments d'une troublante intimité, touchant les domaines du rêve, des mythes, et d'une sorte de fantasmagorie spirituelle, qui tranche nettement sur la littérature traditionnelle ».

ŒUVRES

Trois images d'Hertelle (nouvelle), Pau (France), Éditions Marrimpouey, 1976, 115 p.

Il naît d'ormes qu'Anny (poésie), Longueuil, Le Préambule, 1977, 39 p.

Le Jardin du belvédère (récits), Longueuil, Le Préambule, 1978, 77 p.

On a tué Charles Perrault (roman), Longueuil, Éditions Le Préambule, 1978, 206 p.

Le Caillou bleu (poésie), Longueuil, Le Préambule, 1980, 43 p. Ill.

Bella ou L'Odalisque à l'esclave. Roman, Longueuil, Le Préambule, 1983, 147 p.

Un jardin dans le Béarn (journal), Longueuil, Le Préambule, 1983, 60 p.

Gaston Fébus (théâtre), Longueuil, Le Préambule, 1984, 124 p.

ÉTUDE

François Hébert, *L'Irréel, assumé ou combattu,* Dev, vol. 75, n° 5, 7 janv. 1984, p. 14.

LALIBERTÉ, ALFRED (1878–1953). Sculpteur, peintre et mémorialiste, né à Sainte-Élisabeth de Warwick (Arthabaska). Après ses études primaires, il travaille à la ferme, puis au moulin de son père, à Sainte-Sophie de Mégantic. Très tôt il s'intéresse à la sculpture et, en 1896, il exécute un buste en bois de Wilfrid Laurier. On lui conseille de s'inscrire à l'école d'art du Monument national de Montréal, puis en 1902, grâce à une souscription publique, il s'inscrit à l'École des Beaux-Arts de Paris où il rencontre son compatriote Suzor-Côté. En 1905, il obtient une mention honorable pour ses « Jeunes Indiens chassant ». Il participe à plusieurs salons d'art. Rentré à Montréal en 1907, il est nommé professeur au « Conseil des Arts » du Monument national. Il connaît une carrière féconde d'enseignant et d'artiste ; à son décès, il laisse quelque 925 sculptures et 500 tableaux. Il est moins connu comme écrivain. En 1925, il note ses « Pensées et Réflexions » (qui deviendront « Réflexions sur l'art et les artistes ») suivies, vers 1928, des « Artistes de mon temps », à quoi s'ajouteront « Mes mémoires ». En 1940, son épouse recopie ses écrits, et change le titre des mémoires en « Mes souvenirs ». À l'occasion du centenaire de la naissance de Laliberté, sa nièce Odette Legendre publie les écrits de l'artiste avec une présentation qui en explique l'évolution, sous le titre *Mes souvenirs,* suivis de *Réflexions sur l'art et les artistes* et *Les Hommes et les Choses.* « Celui que Suzor-Côté, pour le taquiner, appelait familièrement ‹ l'habitant de Sainte-Sophie ›, écrit Léo Beaudoin, laisse percevoir, dans ses écrits, une personnalité attachante. Sa phrase n'a certes pas de contours aussi gracieux que les formes féminines qu'il se plaisait à modeler, elle n'en exprime pas moins une pensée vigoureuse, plein de gros bon sens ». Grâce à ces textes retrouvés, l'auteur des monuments dédiés à Dollard des Ormeaux et à Wilfrid Laurier est également par ses écrits un témoin de son temps.

ŒUVRES

Alfred Laliberté. Mes souvenirs, Montréal, Les Éditions du Boréal-Express, 1978, 271 p. Texte présenté par Odette Legendre. Ill. « Témoins et Témoignages ».

Les Artistes de mon temps (essai), Montréal, Le Boréal, 1986, 308 p. Ill. Texte établi, présenté et annoté par Odette Legendre.

ÉTUDES

[*Légendes, coutumes, métiers de la Nouvelle-France. Bronzes d'Alfred Laliberté*], Montréal, Librairie Beauchemin Limitée, 1934, [n.p.]. Préface de Charles Maillard. Texte d'Édouard-Z. Massicotte. Ill.

Charles Gill, [Alfred Laliberté], dans *Correspondance*, Montréal, Parti Paris, 1969, p. 50, 90. Textes réunis, classés et annotés par Réginald Hamel.

[Anonyme], *Légendes : Alfred Laliberté : collection du Musée du Québec,* Victoria, Art Gallery of Greater Victoria, [1976, 55 p.]. Ill.

[Anonyme], *Alfred Laliberté, 1878–1953,* Montréal, Galerie L'Art français, 1978, [n.p., 32 p.]. Ill.

[Anonyme], *Les Bronzes d'Alfred Laliberté : collection du Musée du Québec, légendes, coutumes et métiers*, Québec, Ministère des Affaires culturelles, Musée du Québec, 1978, 216 p. Ill.

R.V., *Les Violons d'Ingres d'Alfred Laliberté*, Pr, vol. 194, n° 64, 24 juillet 1978, p. 16.

Jean-Léonard Binet, *Alfred Laliberté, sculpteur,* dans *Le Livre d'ici*, vol. 3, n° 44, 9 août 1978, p. 1.

Léon Beaudoin, *Laliberté (Alfred). Mes souvenirs,* dans *Nos livres,* vol. 9, oct. 1978, n° 342.

LALONDE, MICHÈLE (1937–). Poète et dramaturge, née à Montréal. Licenciée en philosophie de l'Université de Montréal, elle fait, grâce à une bourse du Conseil des Arts du Canada, un stage spécial d'études à l'Université Harvard en 1960 ; puis elle séjourne successivement à Baltimore (Maryland) et à Londres.

Michèle Lalonde est l'auteur d'une série d'émissions, consacrées à des philosophes et à des penseurs et présentées à Radio-Canada. Sa carrière d'écrivain commence en 1957, par une pièce de théâtre, « Ankrania ou Celui qui crie ». En 1958, elle publie son premier recueil de poésie, *Songe de la fiancée détruite* ; l'année suivante, paraît *Geôles*. En 1967, elle écrit le poème « Terre des hommes » (le premier titre était « Le Sang de la terre »), qu'André Provost met en musique. Elle conçoit également un poème de grande force émotive, profondément replongé dans la condition de l'homme d'expression française en Amérique du Nord, le célèbre « Speak White ». C'était en réalité une œuvre sur le paradoxe moderne, pour orchestre avec chœurs et deux récitants, qui fut créée le 29 avril 1967 à la Place des Arts de Montréal. La poésie de Michèle Lalonde est engagée, fortement opposée à toute forme de colonialisme politique et culturel ; elle prône une fraternité authentique avec le monde. Collaboratrice de la revue *Liberté*, elle participe régulièrement à de nombreux récitals, notamment à la rencontre « Poèmes et Chansons de la Résistance ». En 1979, la société Saint-Jean-Baptiste lui décerne le prix Duvernay pour l'ensemble de son œuvre ; en 1982, elle est élue présidente de la Fédération internationale des écrivains de langue française. Sous la forme d'une métaphore évocatrice, Gaëtan Dostie souligne la richesse de cette poésie : « Michèle Lalonde, c'est le paisible des champs de blé, l'impétueux des ruisseaux de printemps, la tendresse de la première neige, l'acharnement d'une race qui ne veut pas mourir, une volonté de castor, une exploration à ras d'homme, une passion à hauteur de foudre. Michèle Lalonde est une femme fatale jusqu'à la lucidité, la loyauté, la luxuriance ».

ŒUVRES

Songe de la fiancée détruite (poésie), Montréal, Éditions d'Orphée, 1958, 46 p.

Geôles (poésie), Montréal, Orphée, 1959, [n.p., 41 p.].

Terre des hommes. Poème pour deux récitants, Montréal, Éditions du Jour, 1967, 57 p. Avant-propos de l'auteur.

Speak White (poème-affiche), Montréal, Éditions de l'Hexagone, 1974. « Les murs ont la parole ».

Dernier Recours de Baptiste à Catherine (théâtre), [Montréal], Leméac/L'Hexagone, 1977, 137 p. Portrait. Ill. Avant-propos de l'auteur. « Théâtre Leméac ».

Défense et Illustrations de la langue québécoise suivi de Prose & Poèmes, Paris, Éditions Seghers/Laffont, 1979, 239 p. Préface de Jean-Pierre Faye. « Change ».

Portée disparue (poésie), Outremont, Les Compagnons du lion d'or, 1979, [n.p., 12 f.]. Linogravures de Christine Dufour. (Tirage limité).

Métaphore pour un nouveau monde (poésie), [Montréal/Paris], L'Hexagone/Change errant, 1980, 44 p. Images de Francis Bernard.

Cause commune. Manifeste pour une internationale des petites cultures (essai), Montréal, L'Hexagone, 1981, 41 p. Collab. Denis Monière. Avant-propos des auteurs.

Petit Testament (prose), [Outremont], Les Compagnons du Lion d'or éditeur, 1981, 27 p. Ill. d'Anne-Marie Champagne. (Tirage limité).

La Liberté de penser et les Exigences de l'inquiétude, L, no 13, nov.–déc. 1960, p. 419–424.

Le Bonheur ou La Vocation de vivre, L, no 18, déc. 1961, p. 756–763.

La Femme de 1837–1838 : complice ou contre-révolutionnaire, L, no 37, janv.–avril 1965, p. 146–173.

Chanter, ou La Simple Expression, L, no 46, juillet–août 1966, p. 13–16.

Parole donnée, L, no 54, nov.–déc. 1967, p. 44–49.

[*Témoignages...*], dans *Le Roman canadien-français*, Montréal/Paris, Fides, 1969, p. 506–510. « ALC » 4.

Les Écrivains et la Révolution, L, no 74, mars–avril 1971, p. 13–24.

Foi de Canayenne errante, L, no 84, nov.–déc. 1972, p. 41–49.

Pierre Vadeboncœur, prix David. « *Le simple honneur de parler franc* », Dev, vol. 68, no 289, 11 déc. 1976, p. 32.

Impressions d'Isolde, NBJ, no 63, févr. 1978, p. 5–13.

La lauréate Michèle Lalonde parle de la créativité québécoise, dans *L'Information nationale*, vol. 29, no 5, juin–juillet 1980, p. 8–9.

Petit Testament, dans *University of Toronto Quarterly*, vol. 50, no 1, automne 1980, p. 66–68.

Pour un anniversaire (poésie), dans *L'Île*, Île de Montréal, Icona, 1983, 1 f. (Pour l'eau-forte de Jocelyne Aird-Bélanger).

ÉTUDES

Pierre Emmanuel, *Songe de la fiancée détruite, Geôles*, L, vol. 1, no 3, mai–juin 1959, p. 186–188.

Guy Robert, *Terre des hommes*, LAC 1967, p. 103.

D.-G. Jones, *An Interview with Michèle Lalonde*, dans *Ellipse*, no 3, printemps 1970, p. 33–41.

Gaëtan Dostie, *Speak White à l'Hexagone. Michèle Lalonde :* « *Le français c'est notre couleur noire...* », dans *Le Jour*, vol. 1, no 79, 1er juin 1974, p. V-3.

Martial Dassylva, *Michèle Lalonde et le Rôle ambivalent de l'Église au Québec*, Pr, 93e année, no 228, 24 sept. 1977, p. D-6, D-7.

André Fortier, *Une poétesse passe au théâtre*, Dr, 65e année, no 168, 15 oct. 1977, p. 21.

Paul Lefebvre, *Dernier Recours de Baptiste à Catherine*, dans *Jeu*, no 7, hiver 1978, p. 104–105.

Jean Royer, *Michèle Lalonde, écrivain*, Dev, vol. 70, no 269, 17 nov. 1979, p. 19–20.

Joseph Bonenfant, *Michèle Lalonde. Défense et Illustration de la langue québécoise suivi de Prose et Poèmes*, LAQ 1979, p. 132–135.

François Hébert, *Des dazibaos à Outremont?*, L, vol. 22, n° 1, janv.-févr. 1980, p. 95-99.

Pierre Vadeboncœur, *Défense de Michèle Lalonde*, Dev, vol. 71, n° 63, 15 mars 1980, p. 21.

Guy Cloutier, *Revenir à Michèle Lalonde*, NBJ, n°s 90-91, mai 1980, p. 207-209.

Jean-Pierre Faye, *La Défense de Michèle Lalonde et le Goût de POT-LAID-MICKEY*, L, vol. 22, n° 3, mai-juin 1980, p. 91-97.

François Hébert, *Michèle Lalonde en-faye-rouapée*, L, vol. 22, n° 3, mai-juin 1980, p. 98-100.

Andrée Ferretti, *Cause commune*, Dev, vol. 72, n° 234, 12 déc. 1981, p. 29.

Gilbert Tarrab, *Une internationale des petites cultures est-elle possible?*, Dr, 98e année, n° 37, 13 févr. 1982, p. C-4.

Jean Royer, *La Vie littéraire*, Dev, vol. 75, n° 244, 26 oct. 1984, p. 26.

Id., Les Politiques de l'UNEQ, Dev, vol. 75, n° 298, 22 déc. 1984, p. 17, 21, 24.

LALONDE, ROBERT (1947–   ). Romancier et dramaturge, né à Oka (Deux-Montagnes). Il fait le cours classique au Collège de Montréal et au Séminaire de Sainte-Thérèse (B.A., 1968), puis il étudie trois ans au Conservatoire national d'art dramatique où il remporte le premier prix d'interprétation en 1971. À compter de 1970, il est comédien, et en 1980, il aura joué dans quelque vingt-cinq pièces. En outre, il enseigne l'art dramatique aux collèges de Saint-Jérôme et de Longueuil (1973-1975), rédige des textes de chanson, fait une adaptation des *Trois sœurs* de Tchekhov, jouée au Centaure en 1975, écrit « Le Bâtiment » et « Je t'aime mais c'est pas grave » qu'on monte au théâtre de la Manufacture en 1977 et 1982, ainsi que des scénarios et des adaptations pour Radio-Canada. En 1981, son premier roman, *La Belle Épouvante*, gagne le prix Robert-Cliche. André Vanasse y remarque le «je» de cette sorte de journal, et il en admire la sincérité, l'humour et l'écriture. Et Réginald Martel écrit : « Par sa naïveté et sa générosité, ce roman-essai éclate en ce printemps comme un cri sauvage, longtemps attendu et auquel on ose croire à peine ». Un second roman, *Le Dernier Été des Indiens* (1982), mérite en France le prix Jean-Macé et est loué par la presse française, mais au Canada Réginald Martel dit que c'est « la perfection de l'échec » et que cette fausse ferveur amérindienne « fait regretter l'originalité et la fraîcheur du premier ». Le troisième roman de l'auteur, *Une belle journée d'avance*, mérite le prix Paris-Québec.

ŒUVRES

La Belle Épouvante (roman), Montréal, Quinze, 1981, 155 p. « Prose entière » ; Paris, France Loisir. Traduction anglaise par David Hamel : *Sweet Madness*, Toronto, Stoddart Publishing, 1982, 140 p.

Le Dernier Été des Indiens. Roman, Paris, Éditions du Seuil, 1982, 158 p.

Une belle journée d'avance. Roman, Paris, Éditions du Seuil, 1986, 187 p.

Le Fou du père (roman), Montréal, Boréal, 1988, 152 p.

ÉTUDES

Normand Desjardins, *Lalonde (Robert). La Belle Épouvante,* dans *Nos livres,* vol. 12, avril-sept. 1981, n° 365.

Réginald Martel, *Pour l'amour de l'amour,* Pr, 97e année, n° 122, 23 mai 1981, p. C-4.

Pol Chantraine, *Prix Robert-Cliche. La Belle de Robert Lalonde,* dans *Le Livre d'ici,* vol. 6, n° 52, 30 sept. 1981, p. 1.

Réginald Martel, *Le 2e roman de Robert Lalonde. La perfection de l'échec,* Pr, 98e année, n° 217, 18 sept. 1982, p. C-3.

Claire de Lamirande, « *Le Dernier Été des Indiens* » de Robert Lalonde. *Nature au poing,* Dr, 70e année, n° 174, 23 oct. 1982, p. 32.

Réginald Martel, *Robert Lalonde.* « *La vie, cet émouvant désordre* », Pr, 102e année, n° 232, 8 févr. 1986, p. E-3.

Jean-Paul Bury, *Robert Lalonde a reçu le prix Québec-Paris,* Dev, vol. 77, n° 71, 26 mars 1986, p. 6.

LALONDE, ROBERT Maurice (1936–   ). Conteur et poète, né à Sudbury (Ontario). Il commence le cours classique au Collège du Sacré-Cœur de Sudbury et complète ses études au Collège du Vieux-Montréal (D.E.C., 1969). Il a fait de plus trois ans de peinture à l'École des Beaux-Arts de Montréal. Il commence sa carrière d'artiste-peintre en 1960, est professeur d'arts plastiques et d'histoire de l'art au Séminaire de Mont-Laurier (1960-1962), est décorateur de théâtre et scénographe au Théâtre du Nouveau Monde et aux Grands Ballets canadiens (1963-1966), fait une bonne dizaine d'expositions de peintures, participe à des nuits de poésie et à des ateliers de contes et d'écriture. Il publie en 1965 son premier recueil de poésie, *Rafales de braise,* que Guy Robert trouve « très beau », d'une « poésie grouillante de sentiments multiples » et d'une grande maîtrise de la forme. En 1966, *Ailleurs est en ce monde* est pour Hermas Bastien un conte charmant qui lui rappelle *Le Petit Prince,* alors que pour Georges-André Vachon le symbolisme du livre est trop facile et l'auteur a mal compris qu'une histoire doit avoir « *une* intention ». En 1970, *Charivari des rues* fait dire à Francis Parmentier que cette poésie est une « salade », tandis que l'année suivante Réginald Martel trouve que les incantations de Kir-Kouba sont celles d'un naïf et délicieux poète des rues qui lui fait penser à Villon et à Verlaine. Les deux livres suivants, d'un intérêt surtout folklorique, contiennent des contes québécois et amérindiens du Nord de l'Ontario et du Québec, qu'il reproduit le plus fidèlement possible afin d'en conserver l'authenticité.

ŒUVRES

Rafales de braise. Poèmes, Montréal, Éditions Atys, 1965, [n.p., 54 p.].

Ailleurs est en ce monde (Conte à l'ère nucléaire), Québec, Éditions de l'Arc, 1966, 147 p. Ill. « L'Escarfel ».

Charivari des rues. Poèmes, Montréal/Paris/Bruxelles, Atys/Fraternalisme, 1970, 82 p. Ill.

Kir-Kouba. Rivière aux mille détours. Poèmes, Montréal, Atys, 1971, 24 p.

Les Contes du portage, [Montréal], Leméac, 1973, 120 p. Recueillis par Robert Lalonde. Préface de l'auteur. « Ni-t'chawama/mon ami mon frère ».

Les Contes de La Lièvre, Montréal, L'Aurore, 1974, 210 p. Ill. de Michel Catudal. « Le Goglu ».

Les Complaintes du vent (poésie), St-Félix de Valois, Les Éditions du Saule, 1984, 47 p.

ÉTUDES

Guy Robert, *Rafales de braise de Robert Lalonde,* LAC 1965, p. 81.

Jacques Brault, *Une poésie de risque...,* dans *Culture vivante,* vol. 1, nº 1, 1966, p. 41–45.

Hermas Bastien, *Ailleurs est en ce monde de Robert Lalonde,* LAC 1966, p. 38–39.

Suzanne Paradis, *Un livre de contes pour enfants,* So, vol. 70, nº 92, 15 avril 1967, p. 37.

Georges-André Vachon, *Comptes rendus,* EF, vol. 3, nº 4, nov. 1967, p. 433–449.

Francis Parmentier, *Charivari des rues de Robert Lalonde,* LAQ 1970, p. 149.

Georges Raby, *Les Poètes de la rue,* dans *Perspective-Dimanche,* vol. 3, nº 50, 12 déc. 1971, p. 34–38.

Jean-Guy Pilon, *Arts. Robert Lalonde,* Dev, vol. 63, nº 148, 17 juillet 1972, p. 7.

Réginald Martel, *Poésie d'ici,* Pr, 88ᵉ année, nº 227, 30 sept. 1972, p. C-3.

Pierre Julien, *Il était une fois un homme appelé Corne-en-cul,* dans *Québec Presse,* 6ᵉ année, nº 26, 30 juin–6 juillet 1974, p. 26.

[Anonyme], *Lalonde (Robert). Les Contes du portage,* dans *Le Livre canadien,* vol. 5, sept. 1974, nº 259.

Jeanne Demers, *Du conte à la nouvelle : qu'est-ce que la littérature ?,* LAQ 1974, p. 100.

LAMARCHE, CLAUDE [Marie-Claude Lamarche] (1950–   ). Romancière et essayiste, née à Saint-Eustache-sur-le-Lac (Deux-Montagnes). Elle fait ses humanités à Lévis et à Ville Saint-Laurent, puis au Collège Basile-Moreau, à l'École normale Jacques-Cartier et à l'Université du Québec à Montréal (Brevet A et B.péd., 1970). Elle enseigne au secondaire à Saint-André-Avellin, puis à Chénéville de 1970 à 1975, prend deux années sabbatiques, et

se consacre ensuite à l'écriture et à l'animation radiophonique (CBOFT, Ottawa). Son premier livre, *Le Mystère de la femme en noir* (1975), roman pour les jeunes, est accueilli assez froidement : « Une longue histoire filandreuse, au demeurant peu plausible » (*Le Livre canadien*). Même accueil à *Je me veux* (1976), roman-journal qui ne sait pas « éviter la banalité ou le forçage du style » (Renée Cimon). Un second roman pour jeunes, *Poursuite sur la Petite-Nation* (1977), est mieux réussi : « Le meilleur texte de la collection cette saison », écrit Carole Badger qui en trouve « le texte vivant, les dialogues nombreux, les personnages sympathiques ». *De rien autour à rien en dedans* (1978) est un roman dont les personnages restent abstraits : « Il y a une pensée philosophique originale et cohérente chez Claude Lamarche », dit François Paré ; mais elle semble incapable de « basculer enfin dans le simple plaisir de la fiction ». D'autres livres de C. Lamarche, comme *Appliqués, Patchwork et Couvre-lits* et *Le Manoir Louis-Joseph-Papineau,* sont des travaux minutieux et soignés.

ŒUVRES

Le Mystère de la femme en noir (litt. jeunesse), Montréal, Éditions Paulines, 1975, 93 p. « Jeunesse-Pop ».

Je me veux (roman), Montréal, Quinze, 1976, 99 p.

Relais (manuel), Montréal, Beauchemin, 1976, 4 vol. : vol. 1, *Économie familiale et Logement,* [n.p., 56 p.] ; vol. 2, *Économie familiale et Habillement,* [n.p., 56 p.] ; vol. 3, *Planification alimentaire et Consommation,* [n.p., 56 p.] ; vol. 4, *Vie familiale et Consommation,* [n.p., 56 p.]. Sous le nom de Marie-Claude Lamarche. Ill.

Poursuite sur la Petite-Nation (litt. jeunesse), Montréal, Éditions Paulines, 1977, 71 p. « Jeunesse-Pop ».

De rien autour à rien en dedans (roman), Montréal, Quinze, 1978, 175 p.

Le Manoir Louis-Joseph-Papineau (essai), Saint-André-Avellin, Éditions de la Petite-Nation, 1978, 93 p. Éditrice avec Jacques Lamarche. Ill. « La Collection Patrimoine ».

Appliqués, Patchwork et Couvre-lits (artisanat), Montréal, Domino, 1979, 131 p. Ill.

Pourquoi nous avons cessé d'enseigner (essai), Saint-André-Avellin, Éditions de la Petite-Nation, 1979, 159 p. Collab. Louise Falstrault.

[*Les Aventures de Tina*] (litt. jeunesse), Saint-André-Avellin, Les Éditions de la Petite-Nation, 1983, 19 p. Collab. Jacques Lamarche et Louise Falstrault. Ill.

ÉTUDES

[Anonyme], *Lamarche (Claude). Le Mystère de la femme en noir,* dans *Le Livre canadien,* vol. 7, oct. 1976, nº 316.

Jacques B. Bouchard, *Claude Lamarche. Je me veux,* LAQ 1976, p. 38–39.

Renée Cimon, *Lamarche (Claude). Je me veux*, dans *Nos livres*, vol. 8, janv. 1977, n° 16.

Carole Badger, *Romans québécois 1977*, LAQ 1977, p. 289.

François Paré, « *De rien autour à rien en dedans* ». *Les amours abstraits de Claude Lamarche*, Dr, 66ᵉ année, n° 139, 9 sept. 1978, p. 14.

Renée Cimon, *Lamarche (Claude). Appliqués, Patchwork et Couvre-lits*, dans *Nos livres*, vol. 10, déc. 1979, n° 413.

Jean-Marie Moreau, *Lamarche (Claude) et Falstrault (Louise). Pourquoi nous avons cessé d'enseigner*, dans *Nos livres*, vol. 11, mai 1980, n° 165.

Madeleine Bellemare, *Lamarche (Claude et Jacques). Le Manoir Louis-Joseph-Papineau*, dans *Nos livres*, vol. 11, mai 1980, n° 166.

LAMARCHE, GUSTAVE [A.B., Ancien VI–XIII, Bellator, Auguste-Benoît, Jean Decœur, C.V., Réginald Dupuy, L'Essarteur, Jean de Gascogne, Gertrude Henri, Abbé Jean, Interim, Musicien, Parabolier, Henri Rapidieu, Scrutateurs, Les scholastiques, Jacques Tremblay, Un ancien de Joliette, Charles Valois, Tardif] (1895–1987). Poète et dramaturge, né à Montréal. Il fait ses études classiques au Collège Bourget (B.A., 1913), et entre chez les Clercs de Saint-Viateur, à Joliette. Ordonné prêtre en 1920, il enseigne au scolasticat d'Outremont, puis il va continuer ses études en Europe : licence ès lettres à Paris (1924–1926), licence ès sciences politiques, sociales et économiques à Louvain (1927). Rentré au Canada, il devient professeur d'histoire et de littérature au Collège Bourget (1927–1931), au Séminaire de Joliette (1931–1934), et professeur d'humanités, de prédication et de pédagogie, au scolasticat de Joliette (1934–1947). À partir de 1931, et surtout après 1947, année de sa retraite, il écrit de nombreuses pièces de théâtre dont plusieurs comportent de la musique de Gabriel Cusson (*Jonathas, Tobie*) et de Jean Valleraux (*Notre-Dame-de-la-Couronne*). Il est de plus fondateur et directeur des *Carnets viatoriens* (1936–1958) et de *Nation nouvelle* (1959). Il est membre fondateur de l'Académie canadienne-française, en 1944. Dans de nombreux écrits, le Père Lamarche a exprimé sa pensée sur les problèmes nationaux des Canadiens français. Dans ce sens, son *Histoire du Canada*, écrite en collaboration avec le Père Farley, est un manuel où deux générations de Québécois se sont nourris de leur histoire. Historien, animateur de mouvements culturels, dramaturge, il est aussi poète. Il fait paraître de nombreux poèmes dans les *Carnets*, puis il publie *Palinods*, recueil de poèmes à la Vierge, en 1944. Il faudra attendre jusqu'en 1972 la publication des *Œuvres poétiques*. Suzanne Paradis aura des réticences pour le reste de l'œuvre, mais elle admire à peu près sans réserve le vaste *Conte des sept jours* où l'écrivain « trouve d'emblée le joint forme-fond qui élève sa parole à la poésie. [...] L'œuvre poétique de Gustave Lamarche est émaillée de vers vertigineux, animée par l'incroyable agressivité de l'homme échappé, par la magie du verbe, à ses limites terrestres et cosmiques ». Cependant, par sa production comme par son succès, Gustave Lamarche s'impose surtout comme dramaturge, animateur infatigable de théâtre de collège à partir de 1931, fondateur de la troupe Les Paraboliers du Roi (1939), créateur d'une cinquantaine de pièces, tragédies, drames, mystères, jeux choraux, théâtre biblique, mystique, patriotique, qui renouvelait le répertoire canadien-français, utilisait la musique, introduisait les chœurs et la danse dans le spectacle. C'est un théâtre qui présente une vision du monde où Dieu occupe la première place, théâtre ardent dont la critique a été unanime à louer le style et que Léopold Leblanc, voit comme « le plus prestigieux de sa génération », mais qui lui « semble dépassé de nos jours ». Son homologue Alonzo LeBlanc, après s'être demandé si cette œuvre n'est pas « l'héritage plus ou moins acceptable d'un moyen âge québécois », écrit qu'elle mérite, tant pour la beauté de l'écriture que la puissance du contenu, « une place qui, à long terme, ne sera pas forcément la dernière ».

ŒUVRES

La Décoration de l'Église Saint-Viateur d'Outremont (essai), Outremont, [édition privée], 1923, 48 p. Ill.

Histoire du Canada. Cours supérieur (texte pédagogique), Montréal, Les Clercs de Saint-Viateur, [1933], 493 p. Collab. Paul-Émile Farley. Ill. ; 1935, 546 p. ; 1937, 551 p. ; Librairie des Clercs de St-Viateur, 1945, 551 p. ; Éditions du Renouveau pédagogique inc., 1967.

Jonathas, drame biblique en quatre actes et cinq tableaux. Avec chœurs, musique de scène et danse, [s.l., 1933 ?], 76 f. ; *Jonathas. Tragédie tirée des livres saints avec musique et danse, suivie de Tobie. Mystère lyrique* (théâtre), Montréal, Librairie des Clercs de St-Viateur, 1935, xvi–191 p.

Le Grand Jeu eucharistique (théâtre), Joliette, Éditions de la Maison Querbes, 1936, 26 p.

Le Drapeau de Carillon. Drame choral en un acte, Montréal, Librairie des Clercs de St-Viateur, 1937, x, 50 p.

La Défaite de l'enfer. Jeu choral évangélique de 700 figurants (théâtre), Rigaud, [Collège Bourget ?, 1938 ?], 50 p. (Texte photocopié).

Celle-qui-voit ou La Chevalière de la Loire. Parabole héroïque canadienne en trois parties et onze tableaux en vers, avec musique, Joliette, Éditions des Paraboliers du Roi, 1939, 195 p.

Argonautes — 1940. Divertissement scénique et mime, [s.l., 1940?], 90 f. (Texte dactylographié et photocopié).

Notre-Dame-des-Neiges. Féerie épique en deux journées et treize tableaux en vers modernes avec cinéma, musique et danse, Montréal/Joliette, Éditions Bernard Valiquette/Éditions des Paraboliers du roi, 1942, [viii], 233 p.

Palinods. Poèmes à la Vierge, Ottawa/Montréal, Éditions du Lévrier, 1944, 236 p. Ill.

Les Gracques. Tragédie romaine, Joliette, Éditions des Paraboliers du Roi, 1945, xii, 129 p.

Il croissait en science (théâtre), Joliette, Éditions L'Évêché de Joliette, 1945, 24 p.

Notre-Dame-de-la-Couronne. Grands Jeux scéniques pour le Congrès marial d'Ottawa, Joliette, Éditions des Paraboliers du Roi, 1947, p. 1-50. Ill. Avec *Notre-Dame-du-Pain* de Rina Lasnier, p. 51-93. Traduction anglaise par Rev. L. Deslauriers: *Our Lady of the Crown. Great Scenic Plays for the Marial Congress of Ottawa,* Joliette, Éditions des Paraboliers du Roi, 1947, p. 1-50. Avec *Our Lady of the Bread.*

La Maison d'ombre (essai), Nicolet, Centre marial canadien, [1950?], 30 p.

Le Collège sur la colline. Petit historique du Collège Bourget de Rigaud, Rigaud, Édition de l'Écho de Bourget, 1951, 198 p. Ill.

Le Conte des sept jours, suivi de cinq élévations, Montréal, Éditions de la Parabole, 1968, 294 p

Textes et Discussions, Montréal, Éditions de L'Action nationale, [1969]-1979, 4 t.: t. 1, *Sujets nationaux,* [1969?], xii, 320 p. Préface de François-Albert Angers; t. 2, *Sujets littéraires,* 1975, 460 p.; t. 3, *Sujets spirituels,* 1975, 223 p.; t. 4, *Pêle-Mêle,* 1979, 272 p.

Poèmes, [Montréal], Éditions Passe-partout, 1970, 15 p.

Œuvres théâtrales, Québec, PUL, 1972-1977, 6 t.: t. 1, *Théâtre varié. Prélude pour la Nuit de Noël. Abraham, l'ami de Dieu. L'Aréopage. Les Gracques. Le Petit Juif laid. La Loi du feu,* 1971, 572 p. «VLC»; t. 2, *Théâtre biblique (Ancien Testament). Jonas le Prophète. Joseph ou Le Songeur. La Fosse aux lions. Judas Macchabée. Jonathas. Tobie,* 1972, x, 538 p. «VLC»; t. 3, *Théâtre biblique (Nouveau Testament). La Passion de Jean le Baptiste. André apôtre. Les Trois apôtres. L'Aveugle-né. Magdalena. Lazarre ou Le Mort exemplaire,* 1972, xvi, 428 p. «VLC»; t. 4, *Mystères et Miracles. La Petite Fille en rouge. Jehanne, fille de Dieu. Notre-Dame-de-la-Couronne. Notre-Dame-des-Neiges,* 1973, xvii, 487 p. «VLC»; t. 5, *Théâtre spirituel et profane. La Défaite de l'enfer. Argonautes XXᵉ. Celle qui voit. Le Cercle rouge. Suite de Britannicus,* 1974, xviii, 472 p. «VLQ»; t. 6, *Théâtre varié II. La Piccolo Donzella. Le Drapeau de Carillon. Il est temps d'apporter Rome. Le Cercle rouge (version 1973). Mademoiselle*

Musique. Les Mains sales. Madeleine de Verchères, 1975, 403 p. Préface d'Alonzo LeBlanc. «VLQ».

Œuvres poétiques, Québec, PUL, 1972-1975, 3 t.: t. 1, *Poèmes du Nombre et de la Vie. Impropères,* 1972, xxvi, 315 p. Préface de Jean Marcel. «VLC»; t. 2, *Odes et Poèmes. Énumération des étoiles. Palinods,* 1972, 412 p. «VLC»; t. 3, *Chansons sans cause,* 1975, 161 p. «VLQ».

Le Théâtre québécois dans notre littérature (conférence), Trois-Rivières, Université du Québec/Centre de théâtre québécois, 1973, 35 p. Portrait. «Théâtre d'hier et d'aujourd'hui».

Le Beau Dieu ou Trente-trois clameurs de l'âme (essai), [Montréal], Éditions Pleins Bords, 1975, 292 p.

Psaumes. Ode à Catherine de Sienne. Ô neuf, Montréal, Éditions de la Parabole, 1977, 119 p.

Titres de nuit. Poèmes, Montréal, Éditions de la Parabole, 1979, 109 p.

La Parole me réveille... Poèmes, Montréal, Éditions de la Parabole, 1979, 106 p.

Le Choix de Gustave Lamarche dans l'œuvre de Gustave Lamarche, [Charlesbourg], Presses Laurentiennes, 1982, 78 p. Portrait. Ill. «Le Choix de...».

Impropères (poème), L, vol. 6, nº 6, nov.-déc. 1964, p. 452-467.

ÉTUDES

Marcel Raymond, *Notre-Dame-des-Neiges,* NR, vol. 2, nº 1, oct. 1942, p. 48-50.

Roger Duhamel, *Palinods,* AN, vol. 24, nº 3, 1944, p. 224-232.

René Deschamps, *Rencontre avec Gustave Lamarche,* AN, vol. 58, nº 5, janv. 1969, p. 495-498.

Réginald Martel, *Le Vieillard solitaire de Joliette,* Pr, 85ᵉ année, nº 33, 8 févr. 1969, p. 31.

René Pageau, *Le Conte des sept jours de Gustave Lamarche,* AN, vol. 59, nº 5, janv. 1970, p. 491-503.

Alonzo LeBlanc, *Préface,* dans *Œuvres théâtrales de Gustave Lamarche,* Québec, PUL, 1971, p. 9-21.

Léopold Leblanc, *Le Théâtre de Gustave Lamarche,* LAQ 1972, p. 121-124.

Suzanne Paradis, *Gustave Lamarche: Œuvres poétiques,* LAQ 1972, p. 145-147.

René Pageau, *Gustave Lamarche, poète dramatique,* [Québec], Éditions Garneau, 1976, 239 p. Ill.

Jacques Renaud, *À l'émission «Sous le chêne de Membré»,* un sage à la répartie savoureuse, Dev, vol. 69, nº 261, 12 nov. 1977, p. 44.

LAMARCHE, JACQUES A. (1922-   ). Essayiste et romancier, né à Montréal. Il fait ses études classiques au Collège de Saint-Laurent (B.A., 1944), puis il obtient un baccalauréat en pédagogie à l'Université de Montréal (1948). Il enseigne jusqu'en 1958 avant de diriger un institut qui a pour objectif la formation professionnelle à Lévis (1959-1962). Une bourse lui permet alors de poursuivre des études et des recherches en gestion d'entreprise à

New York et à Paris (1959–1961) où il obtient son doctorat. De 1963 à 1966, il dirige les recherches au Conseil d'expansion économique. À la suite de ses nombreuses publications sur les questions financières et économiques, Jacques Lamarche est désigné comme délégué des écrivains québécois à Paris, Londres, Nice et Abidjan (1968–1970). Il quitte l'enseignement en 1970, pour se consacrer à sa carrière d'écrivain. Jacques Lamarche fournit de nombreux textes à Radio-Canada et aux revues ou journaux (*Tradition et Progrès, Maintenant, Le Devoir, Le Jour*). La télévision de la région outaouaise lui commande, pour la saison 1974–1975, un téléroman, *Les Étoiles vertes*. Son œuvre romanesque a profondément évolué et, avec la parution du premier tome de *La Dynastie des Lanthier*, on peut dire, avec Réginald Martel, que « le pari est gagné ». « À première vue, écrit-il, le projet de Jacques Lamarche paraît périlleux : rares sont nos romanciers qui ont assez de souffle pour se lancer dans les grandes fresques sans épointer leur stylo. Je pense pourtant que *La Dynastie des Lanthier* connaît un bon départ ». Il reçoit le prix Jean-Béraud-Molson en 1979 et, l'année suivante, le prix Henry-Desjardins pour l'ensemble de son œuvre.

ŒUVRES

Mémoire à la Commission royale d'enquête sur l'enseignement, Lévis, La Fierté française, 1961, 41 f. (Texte polycopié).

Le Mouvement Desjardins, [Lévis, s.é., 1962], xv, 130 p. Présentation de l'auteur.

Le Scandale des frais funéraires (essai), Montréal, Éditions du Jour, 1965, 128 p.

Les Requins de la finance, Montréal, Éditions du Jour, 1966, 114 p.

L'ABC de la finance, Montréal, Lidec, [1967], 143 p.

Le Budget familial (essai), Montréal, Lidec inc., 1967, 143 p. Avant-propos de l'auteur.

Les Caisses populaires, Montréal, Lidec, [1967], 146 p.

La Pelouse des Lions (roman), Montréal, Les Éditions du Bélier, 1967, 165 p. « Aries ».

Le Royaume détraqué. Roman, Montréal, CLF, 1970, 182 p.

Co-op et Cooprix. Revanche économique des Québécois, Montréal, Éditions du Jour, [1971], 191 p.

Eurydice. Roman, Montréal, CLF, 1971, 192 p.

Le Classement (essai), Montréal, Beauchemin, 1972, 187 p. « Le Traitement de l'information ».

La Monographie du classement (essai), Montréal, Beauchemin, 1972, [s.p.].

La Clé de correction. Le Classement, Montréal, Beauchemin, 1973, 33 p. « Le Traitement de l'information ». (Texte polycopié).

La Dynastie des Lanthier, Montréal, CLF, 1973–1982, 4 vol. : vol. 1, *Saison des aurores boréales. Roman*, 173 p. ; vol. 2, *La Saison des arcs-en-ciel. Roman*, CLF Pierre Tisseyre, 1976, 204 p. ; vol. 3, *La Saison des feuilles mortes*, 229 p. ; vol. 4, *La Saison des glaïeuls en fleurs. Roman*, 1982, 189 p.

Les Machines à calculer, Montréal, Beauchemin, 1973, 191 p. Ill. « Le Traitement de l'information ».

Les Machines de bureau (essai), Montréal, Beauchemin, 1973, 140 p.

Les Ordinateurs (essai), Montréal, Beauchemin, 1973, 222 p. Ill. Présentation de l'auteur. « Le Traitement de l'information ».

Les Situations. La tenue de bureau (essai), Montréal, Beauchemin, 1973, [8], 269 p. Présentation de l'auteur. « Le Traitement de l'information ».

Les Toqués du firmament. Chronique romancée, Montréal, Beauchemin, 1973, 173 p.

La Crise du pétrole au Canada (essai), Montréal, Éditions du Jour, 1974, 128 p. Préface de l'auteur.

Les Objectifs du calcul rapide (essai), Montréal, Beauchemin, 1974, 140 p.

Les Empaillages au jour le jour (essai), Montréal, Quinze, 1976, 154 p.

Alphonse Desjardins, un homme au service des autres, [Montréal], La Fédération de Québec des Caisses populaires Desjardins/Éditions du Jour, 1977, 173 p. Ill.

Confessions d'un enfant d'un demi-siècle, Montréal, Quinze, 1977, 187 p.

Guide de correspondance commerciale française et anglaise au Québec, Montréal, Quinze, 1977, 164 p. Présentation de l'auteur. « Quinze/Éducation ».

Les 100 ans d'une Coopvie, Montréal, Éditions du Jour, 1977, 244 p. Ill.

Cyrille Vaillancourt. Homme d'action. Homme d'unité. Coopérateur émérite (1892-1969), Montréal, La Fédération de Québec des caisses populaires Desjardins/ Les Éditions du Jour/Les Éditions de la Petite-Nation, 1979, 187 p. Ill.

Histoire De Montebello, Saint-André-Avellin, Les Éditions de la Petite-Nation, 1980–1982, 3 vol. : vol. 1, *Fascicule A–1801–1831*, 22 p. ; vol. 2, *Fascicule B–1832–1849*, 23 p. ; vol. 3, *Fascicule CE 1850–1872*, 23 p. Ill. Présentation de l'auteur. « Le Mémorial de la Petite-Nation ».

Le Mémorial du Québec (histoire), Montréal, Société des Éditions du Mémorial (Québec), 1980, vol. 1, *1534–1760*, [6], 375 p. (Il y a 8 volumes en tout. Jacques Lamarche collabore au premier).

Les Montagnes noires. Roman, Montréal, CLF Pierre Tisseyre, 1982–1984, 2 vol. : vol. 1, *Les Feudataires*, 1982, 223 p. ; vol. 2, *Les Cristalliers*, 1984, 219 p.

Claude Lamarche et Louise Falstrault, *Les Aventures de Tina* (litt. jeunesse), Saint-André-Avellin, Les Éditions de la Petite-Nation, 1983, 19 p. Éditeur. Ill. de Claude Lamarche et Louise Falstrault.

Émile Girardin. Éminent éducateur. Clairvoyant coopérateur (1895-1982), Montréal, La Confédération des caisses populaires et d'économie Desjardins du Québec, 1983, 186 p. Ill. Présentation de l'auteur.

Au cœur de la Petite-Nation. Le Château Montebello, [Saint-André-Avellin], Les Éditions de la Petite-Nation, 1984, 150 p. Ill. Avant-propos de l'auteur.

Demain sera bientôt hier (autobiographie), Montréal, CLF Pierre Tisseyre, 1985, 214 p.

La Saga des caisses populaires, Montréal, Les Éditions La Presse ltée, 1985, 271 p.

« *Cœur de sucre* », CL, vol. 16, n° 86, avril–mai 1966, p. 30–31.

La Thématique de l'aliénation chez Marie-Claire Blais, CL, vol. 16, n°s 88–89, juillet–août 1966, p. 27–32.

Réflexions d'un adulte sur sa jeunesse nationaliste, CCL, vol. 17, n° 2, nov.–déc. 1966, p. 51–58.

Les « Grands Brûlés » en visite à Paris, dans *Le Jour,* vol. 1, n° 237, 7 déc. 1974, p. 19.

ÉTUDES

Roch Poisson, *Vie littéraire,* dans *Photo-Journal,* vol. 29, n° 38, 5 janv. 1966, p. 59.

Bernard Valiquette, « *Les Requins de la finance* », dans *Écho-Vedettes,* vol. 4, n° 10, 26 mars 1966, p. 24.

Conrad Langlois, « *Les Requins de la finance* », P, vol. 87, n° 12, 27 mars 1966, p. 63.

Roch Poisson, *La Saison littéraire déclarée ouverte !,* dans *Photo-Journal,* vol. 32, n° 27, 18–25 oct. 1967, p. 68.

[Anonyme], « *La Pelouse des lions* », Dev, vol. 58, n° 258, 8 nov. 1967, p. 11.

Alain Pontaut, *Les Lions « Lyreux* », Pr, 83e année, n° 274, 25 nov. 1967, p. 21.

Jean-Yves Théberge, *Le Premier Roman de J.-A. Lamarche,* CF, vol. 108, n° 30, 21 déc. 1967, p. 32.

Raymond Turcotte, *La Pelouse des lions de Jacques-A. Lamarche,* LAC 1967, p. 32–43.

[Anonyme], *Jacques Lamarche ne fait que débuter,* PJ, 43e année, n° 4, 17 nov. 1968, p. 2.

Claude Savoie, *Le Royaume détraqué de Jacques Lamarche,* LAQ 1970, p. 67.

Jean-Yves Théberge, *Le Romantisme nous revient,* CF, vol. 112, n° 50, 5 mai 1971, p. 40.

Françoise de Labsade, *Eurydice de Jacques Lamarche,* LAQ 1972, p. 66.

Jean-Yves Théberge, *Un toqué d'un certain style,* CF, vol. 115, n° 21, 20 oct. 1973, p. 40.

Réginald Martel, *Notre identité pour un revolver,* Pr, 90e année, n° 82, 6 avril 1974, p. E-3.

R[éginald] M[artel], *L'Humour plutôt que l'audace,* Pr, 93e année, n° 36, 12 févr. 1977, p. E-3.

Pierre Cantin, *Des « Confessions » bien sympathiques...,* Dr, 65e année, n° 134, 3 sept. 1977, p. 19.

R[éginald] M[artel], *Prix Jean-Béraud-Molson au romancier Jacques Lamarche,* Pr, 95e année, n° 271, 20 nov. 1979, p. C-11.

Colette Duhaime, *Jacques Lamarche, prix Jean-Béraud-Molson. Vers de nouvelles aventures d'écritures,* Dr, 67e année, n° 208, 1er déc. 1979, p. 21.

Madeleine Bellemare, *Le Manoir Louis-Joseph Papineau,* dans *Nos livres,* vol. 11, mai 1980, n° 166.

Claude Baribeau, *L'Histoire de Montebello. Un bel exemple de bafouage historique,* Dr, 68e année, n° 300, 21 mars 1981, p. 18.

Murray Maltais, *Jacques Lamarche... écrivain malgré lui,* Dr, 69e année, n° 181, 31 oct. 1981, p. 17.

Réginald Martel, « *Les Montagnes noires* ». *Les vrais héros d'un vrai pays,* Pr, 98e année, n° 282, 4 déc. 1982, p. C-4.

Madeleine Ouellette-Michalska, *De l'Outaouais à la Gaspésie,* Dev, vol. 74, n° 35, 12 févr. 1983, p. 19.

Paul Gay, *Un livre « bonententiste » et un livre remuant,* Dr, 71e année, n° 209, 3 déc. 1983, p. 34.

Réginald Martel, *Les Montagnes noires II. Quand le pays grandit,* Pr, 100e année, n° 106, 28 avril 1984, p. C-3.

Edgard Demers, « *Le Château Montebello* ». *Un 50e ouvrage de Jacques Lamarche,* Dr, 73e année, n° 232, 29 déc. 1984, p. 27.

LAMARCHE, MARC-ANTONIN (1876–1950). Essayiste, né à Saint-Henri-de-Mascouche (L'Assomption). Il fait ses études classiques au Collège de L'Assomption (1889–1897). Il entre chez les Dominicains et est ordonné prêtre en 1902. Il obtient un doctorat en philosophie en 1904 et commence une carrière dans l'enseignement. Après un an à Fall River aux États-Unis, il revient, en 1907, à Saint-Hyacinthe. En 1922, il entre à l'Université de Montréal. Directeur de la *Revue dominicaine* de 1920 à 1940, il collabore à des périodiques : *L'Action française, Le Devoir*... En 1929, il publie un recueil de sermons et de discours prononcés depuis 1923. *Notre vie canadienne* s'avère un document de grande importance pour ceux qui veulent connaître les préoccupations du clergé québécois dans les premières décennies du siècle. L'année suivante, le Père Lamarche publie plusieurs de ses articles sous le titre *Ébauches critiques,* suivies en 1936 par des *Nouvelles Ébauches critiques.* Albert Pelletier s'émerveille devant la simplicité et le bon sens du religieux, qui s'appuie « sur les valeurs les plus stables de la culture ».

ŒUVRES

Notre vie canadienne. Études et discours, Montréal, Adj. Ménard, imprimeur-éditeur, 1929, xi, 247 p.

Ébauches critiques, Montréal, Adj. Ménard, imprimeur-éditeur, 1930, 170 p.

Les Laïcs dans l'Église. Carême 1933. Prêché à St-Dominique de Québec, Montréal, L'Œuvre de presse dominicaine, 1933, 136 p.

Nouvelles Ébauches critiques. Extrait de la Revue dominicaine, Montréal, Granger frères limitée, 1936, 162 p.

ÉTUDES

Albert Pelletier, *Nouvelles Ébauches critiques,* dans *Les Idées,* 2e année, vol. 4, n° 5, nov. 1936, p. 314–315.

Arthur Laurendeau, *Nouvelles Ébauches critiques,* AN, vol. 10, n° 3, nov. 1937, p. 238–239.

Émile Bégin, *Nouvelles Ébauches critiques,* ES, vol. 17, n° 5, févr. 1938, p. 397–398.

LAMARCHE

Raymonde Mayer, « Bio-bibliographie du R.P. M.-A. Lamarche ». Thèse. École de bibliothécaires, Montréal, Université de Montréal, 1940, 117 f.

LAMARCHE, MARIE-CLAUDE. Voir **LAMARCHE, CLAUDE.**

LAMARRE, ANDRÉ. Voir **CHARRON, FRANÇOIS.**

LAMBERT, CLOSE. Voir **BEAUPRÉ, JEAN-BAPTISTE.**

LAMBERT, H. Voir **FAUTEUX, AEGIDIUS.**

LAMBERT, HUGUES. Voir **BEAULIEU, GERMAIN.**

LANCRAIS, CHARLES. Voir **DESMARCHAIS, REX.**

LAMIRANDE, CLAIRE DE [née Claire Bourget] (1929–   ). Romancière, née à Sherbrooke. Dessinatrice commerciale en 1946, elle étudiera plus tard la peinture et le modelage à l'École des beaux-arts de Montréal. Elle étudie aussi au Collège du Sacré-Coeur de Sherbrooke (B.A., 1950), puis elle fait une maîtrise ès arts à l'Université de Montréal (1951), et elle opte pour la carrière d'écrivain, tout en continuant à pratiquer la peinture et le modelage. Elle collabore à des périodiques tels *Le Devoir, La Nouvelle Barre du jour, Le Droit.* Après un premier roman, *Aldébaran ou La Fleur,* aux personnages peu consistants et d'une écriture qu'on a appelée « pointilliste », le second, *Le Grand Élixir,* est regardé par Françoise Labsade comme un ouvrage dense et d'un progrès marqué. Entre 1968 et 1982, Claire de Lamirande publie une dizaine de romans où elle ne cesse de chercher « la face mouvante de la vérité, toujours couverte de masques ou cachée derrière les fausses portes » (Gabrielle Poulin). Son roman n'est pas seulement psychologique : *Signé de biais,* comme dit un titre, il amorce fréquemment sa recherche dans le genre policier, mais le plus souvent « ce policier qui n'en est pas un, oscille entre le récit fantastique et le roman initiatique » (Madeleine Ouellette-Michalska), devenu une *Opération fabuleuse,* selon un autre titre. Avec *Papineau* (1980), l'auteur s'essaie au roman historique et surmonte les périls de ce genre, écrit Gilles Marcotte, « en faisant de Papineau le miroir de nos ambiguïtés présentes ». Ses œuvres sont aussi recherche d'écriture. Elle aime le roman composite ; mais on lui reproche parfois de mal distinguer le secondaire de l'essentiel, de mêler à plaisir les fils du récit, de manquer de simplicité. Gabrielle Poulin trouve que s'il fallait beaucoup d'audace pour faire de *L'Occulteur* (1982) un roman au conditionnel, l'emploi abusif de ce mode finit par lasser malgré l'originalité du livre.

ŒUVRES

Aldébaran ou La Fleur (roman), Montréal, Éditions du Jour, 1968, 126 p. « RJ ».

Le Grand Élixir. Roman, Montréal, Éditions du Jour, 1969, 265 p. « RJ » ; Quinze, 1980, 270 p. Postface d'André Vanasse. « Présence ».

La Baguette magique. Roman, Montréal, Éditions du Jour, 1971, 198 p. « RJ ».

Jeu de clefs. Roman, Montréal, Éditions du Jour, 1974, 140 p. « RJ ».

La Pièce montée. Roman, Montréal, Éditions du Jour, 1975, 149 p. « RJ ».

Signé de biais. Roman, Montréal, Quinze, 1976, 133 p.

L'Opération fabuleuse (roman), Montréal, Quinze, 1978, 191 p.

Papineau ou L'Épée à double tranchant (roman), Montréal, Quinze, 1980, 189 p. « Roman ».

L'Occulteur. Roman, Montréal, Québec/Amérique, 1982, 259 p. « Littérature d'Amérique ».

La Rose des temps. Roman, Montréal, Québec/Amérique, 1984, 320 p. « Littérature d'Amérique ».

***

L'Œuvre-portrait d'une romancière en ventriloque, Dev, vol. 66, n° 116, 17 mai 1975, p. 22.

Un auteur reconnaît son œuvre, NBJ, n°s 68–69, sept. 1978, p. 28.

Les écrivains d'ici ont-ils des droits ?, dans *Journal of Canadian Fiction,* n°s 25–26, printemps 1979, p. 79.

« Les Compagnons de l'horloge pointeuse » de Marilu Mallet. Une suite pour candide, Dr, 70e année, n° 71, 19 juin 1982, p. 16.

Paul Loyonnet. « *Paradoxes sur le pianiste* », Dr, 70e année, n° 76, 26 juin 1982, p. 14.

ÉTUDES

Claude Daigneault, *Aldébaran ou La Fleur, premier roman de Claire de Lamirande,* So, 71e année, n° 150, 22 juin 1968, p. 40.

Françoise de Labsade, *Aldébaran ou La Fleur de Claire de Lamirande,* LAC 1968, p. 37.

Réginald Martel, *Le Grand Élixir,* Pr, 85ᵉ année, nᵒ 242, 18 oct. 1969, p. 18.

Françoise de Labsade, *Le Grand Élixir de Claire de Lamirande,* LAC 1969, p. 29–31.

Jean-Yves Théberge, *La Baguette magique,* CF, 112ᵉ année, nᵒ 9, 7 juillet 1971, p. 30.

Claude Racine, *La Baguette magique de Claire de Lamirande,* LAQ 1971, p. 64.

Réginald Martel, *Jeu de clefs,* Pr, 90ᵉ année, nᵒ 73, 23 mars 1974, p. 25.

James de Finney, *Claire de Lamirande. Jeu de clefs,* LAQ 1974, p. 65–66.

Réginald Martel, *La Pièce montée,* Pr, 91ᵉ année, nᵒ 154, 28 juin 1975, p. 25.

Raymond Plante, *Crime à la québécoise !,* dans *Le Livre d'ici,* vol. 1, nᵒ 29, 7 juin 1976, p. 1.

Yves Thériault, *Chirurgienne, une femme abolit la mort à l'aide d'une machine,* dans *Le Livre d'ici,* vol. 4, nᵒ 10, 31 déc. 1978, p. 1.

André Vanasse, *Claire de Lamirande. L'Opération fabuleuse,* LAC 1978, p. 53–54.

Réginald Martel, *Quand le doute vient aux héros,* Pr, 96ᵉ année, nᵒ 79, 29 mars 1980, p. D-3.

Jacques Ferron, *Papineau, le Sauveur sauvé,* dans *Le Livre d'ici,* vol. 5, nᵒ 37, 18 juin 1980, p. 2.

Raymond Laprés, *Notre choix. Papineau ou L'Épée à double tranchant de Claire de Lamirande,* dans *Nos livres,* vol. 11, mai 1980, nᵒ 167.

Gilles Marcotte, *Papineau, de Gaulle et le vieil espion,* dans *L'Actualité,* vol. 5, nᵒ 7, juillet 1980, p. 58.

Madeleine Ouellette-Michalska, *Claire de Lamirande. Du roman policier aux métamorphoses,* Dev, vol. 73, nᵒ 146, 26 juin 1982, p. 15.

Gabrielle Poulin, *Un roman hypothétique. L'Occulteur, de Claire de Lamirande,* LQ, nᵒ 27, automne 1982, p. 24–26.

Id., Des journaux intimes... pour la radio, Dr, 72ᵉ année, nᵒ 81, 30 juin 1984, p. 22.

Réginald Martel, *L'Effet Lamirande. Jeux de mots, jeux de mort,* Pr, 101ᵉ année, nᵒ 83, 12 janv. 1985, p. E-3.

Réjane Bougé, « *La Rose des temps »*, de Claire de Lamirande. « *Les Femmes et le roman policier »*, d'Anne Lemonde. *Deux femmes sous le signe du mystère,* Dr, 72ᵉ année, nᵒ 273, 16 févr. 1985, p. 24.

Jacques Grenier

LAMONDE, YVAN (1944–). Historien, né à Saint-Tite (Laviolette). Il commence ses humanités à l'Externat classique de Sorel (1956–1960) et termine son baccalauréat au Séminaire de Joliette en 1964. Il obtient une maîtrise en philosophie à l'Université de Montréal (1967) et une maîtrise en lettres-histoire à l'Université Laval (1969) où il obtient son doctorat en histoire (1978) pour une thèse sur *L'Enseignement de la philosophie au Québec (1665–1920).* Il a été boursier du Conseil des Arts du Canada, de l'Université McGill et du ministère des Communications du Québec. Chargé de cours à l'Université de Montréal (1968), à l'Université du Québec à Montréal (1969–1971), et à l'Université du Québec à Trois-Rivières (1975), il est devenu professeur régulier à l'Université McGill (1972) où il est nommé directeur du Centre d'études canadiennes-françaises en 1980. Il collabore à diverses revues dont *Recherches sociographiques, Revue d'histoire de l'Amérique française, Histoire sociale, Philosophiques,* est critique des publications en histoire et en sciences sociales pour *La Presse* et *Le Devoir,* et présente des travaux à de nombreux colloques sur la culture de masse, l'histoire de la philosophie et l'histoire des institutions au Québec, etc. Ses travaux lui ont mérité une réputation internationale, et ses « guides » sont très utiles aux chercheurs. Renée Cimon dit justement : « Pour qui entreprend une recherche historique, le plan de travail proposé par Yvan Lamonde fournira repères, informations, lieux d'investigation, bibliographie qui permettront une économie de temps précieux dans l'établissement des sources primaires et secondaires ». Sur *La Philosophie et son enseignement,* Henri-Paul Bergeron écrit : « Retracer l'histoire de l'enseignement de la philosophie au Québec de 1665 à 1920 a nécessité une enquête patiente et minutieuse que le professeur Yvan Lamonde a menée avec succès ».

ŒUVRES

Historiographie de la philosophie au Québec, 1853–1970 (essai), Montréal, Hurtubise HMH Ltée, 1972, 241 p. « Cahiers du Québec-Philosophie ».

Louis-Adolphe Paquet, Montréal, Fides, 1972, 87 p. Textes choisis et présentés par Yvan Lamonde. « CC ».

Guide des sources d'archives sur le Canada français au Canada (bibliographie), Ottawa, Archives publiques du Canada, 1975, v, 195 p. Collab. Garon et Poirier.

Guide d'histoire du Québec (bibliographie), Québec, Les Éditions du Boréal Express, 1976, 94 p. « Mékinac ».

La Radiodiffusion au Canada et au Québec. Guide préliminaire de recherche (bibliographie), Montréal, Université McGill, Centre d'études canadiennes-françaises, 1976, 8 p. (Texte polycopié).

Inventaire chronologique et analytique d'une correspondance de Louis-Antoine Dessaulles (1817–1895) (bibliographie), Québec, Ministère des Affaires culturelles, Archives nationales du Québec, 1978, xxiv p. Collab. Sylvain Simard.

Les Bibliothèques de collectivités à Montréal (17ᵉ–19ᵉ siècles). Sources et problèmes (bibliographie), Montréal, Ministère des Affaires culturelles, Bibliothèque nationale du Québec, 1979, 139 p. Ill.

La Philosophie et son enseignement au Québec (1665-1920) (essai), Montréal, Hurtubise HMH, 1980, 312 p. Ill. «Cahiers du Québec-Philosophie».

Le Cinéma au Québec: essai de statistique historique, 1896 à nos jours, Québec, Institut québécois de recherche sur la culture, 1981, 478 p. Collab. Pierre-François Hébert. Ill.

La Culture ouvrière à Montréal (1880-1920): bilan historiographique (essai), Québec, Institut québécois de recherche sur la culture, 1982, 176 p. Collab. Lucia Ferretti et Daniel LeBlanc. Ill.

Un aller-simple: l'influence culturelle américaine au Québec (essai), Montréal, Chez l'auteur, 1982, 26 f.

Les Bibliothèques personnelles au Québec: inventaire analytique et préliminaire des sources, Montréal, Ministère des Affaires culturelles, Bibliothèque nationale du Québec, 1983, 131 p. Collab. Daniel Olivier. Ill.

L'Imprimé au Québec: aspects historiques, 18e-20e siècles (essai), Québec, Institut québécois de recherche sur la culture, 1983, 368 p. Ill. Sous la direction d'Yvan Lamonde.

Je me souviens: la littérature personnelle au Québec 1860-1980 (essai), Québec, Institut québécois de recherche sur la culture, 1983, 275 p.

Loisir et Culture populaire au Québec, 19e et 20e siècles (essai), Trois-Rivières, Université du Québec à Trois-Rivières, Département des sciences du loisir, 1983, 269 p. Ill. Sous la direction d'Yvan Lamonde.

L'Avènement de la modernité culturelle au Québec (essai), Québec, Institut québécois de recherche sur la culture, 1986, 319 p. Ill. Sous la direction d'Yvan Lamonde et d'Esther Trépanier.

L'Enseignement de la philosophie au Collège de Montréal (1790-1876), C, vol. 23, no 2, juin 1970, p. 109-123; no 3, sept. 1970, p. 213-224; no 4, déc. 1970, p. 312-326.

Philosophies et Philosophes européens au Québec (XVIIe-XXe siècles), dans *Actes du XVe congrès de l'Association internationale des Sociétés de philosophie de langue française,* Montréal, Éditions Montmorency, vol. 1, 1971, p. 212-213.

Bibliographie des bibliographies des historiens canadiens-français du Québec, RS, vol. 22, no 2, mai-août 1971, p. 237-248.

Histoire, sciences humaines et culture au Québec (1955-1970), RHAF, vol. 25, no 1, juin 1971, p. 106-113.

Pour une tradition critique, dans *Critères,* no 10, janv. 1974, p. 147-150.

Histoire et Inventaire des archives de l'Institut canadien de Montréal (1855-1900), RHAF, vol. 28, no 1, juin 1975, p. 77-93.

La Recherche sur l'histoire de l'imprimerie et du livre québécois, RHAF, vol. 28, no 3, déc. 1974, p. 405-414.

Le Membership d'une association au 19e siècle: le cas de l'Institut canadien de Longueuil (1857-1860), RS, vol. 16, no 2, mai-août 1975, p. 219-240.

Inventaire des études et des sources pour l'étude des associations littéraires québécoises francophones (1840-1900), RS, vol. 16, no 2, mai-août 1975, p. 261-275.

L'Histoire de la philosophie au Canada français (1920-à nos jours). Sources et thèmes de recherche, dans *Philosophiques,* vol. 4, no 2, oct. 1979, p. 327-329.

ÉTUDES

Jean-Claude Trait, *Renouveau de l'histoire québécoise,* Pr, 89e année, no 107, 5 mai 1973, p. D-2.

[Anonyme], *Historiographie de la philosophie au Québec (1853-1970),* dans *Le Livre canadien,* vol. 4, août 1973, no 190.

Renée Cimon, *Lamonde, Yvan. Guide d'histoire du Québec,* dans *Nos livres,* vol. 8, sept. 1977, no 279.

Maryse Parent Hébert, *Quelle philosophie!,* dans *Le Livre d'ici,* vol. 5, no 47, 27 août 1980, p. 1.

Henri-Paul Bergeron, *Lamonde, Yvan. La Philosophie et son enseignement au Québec (1665-1920),* dans *Nos livres,* vol. 11, oct. 1980, no 306.

Luc Perreault, *L'Édition cinématographique en 1981. Une avalanche de beaux livres,* Pr, 97e année, no 300, 19 déc. 1981, p. E-1.

LAMONTAGNE, LÉOPOLD (1910-   ). Historien et essayiste, né à Mont-Joli (Rimouski). Il obtient son baccalauréat en 1931, puis sa licence ès lettres à l'École normale supérieure de l'Université Laval. Après un doctorat en philosophie (mention littéraire canadienne), à l'Université d'Ottawa, il reçoit un doctorat d'Université à la Sorbonne, en 1955. Plusieurs fois boursier, il fait partie de nombreux comités et associations culturelles, entre autres: Modern Language Association of America, Comité des manifestations historiques du Conseil du Centenaire de la Confédération, Commission de l'enseignement supérieur du Québec, Conseil consultatif des districts bilingues et membre de la Société royale du Canada (1959). Sa carrière de professeur commence au Séminaire de Rimouski, en 1934. Il devient par la suite capitaine adjoint au Centre d'instruction militaire à Rimouski (1940-1942) et traducteur-réviseur au Bureau de traduction de l'armée, à Ottawa (1942-1948). En septembre 1948, il est nommé professeur agrégé de littérature française au Collège militaire de Kingston. Après un séjour à Paris (1954-1955), il revient au Collège militaire de Kingston comme professeur et directeur de la Section de langues vivantes. En 1961, il passe à l'Université Laval où il devient doyen de la Faculté des lettres en 1963. En 1967, il quitte l'Université Laval pour devenir directeur du Service d'admission à l'Association des universités et collèges du Canada, poste qu'il occupe jusqu'à sa retraite, en 1974. Léopold Lamontagne s'intéresse vivement à l'histoire militaire, aux questions ethniques et à l'écrivain Arthur Buies. Il a aussi effectué plusieurs traductions importantes, notamment : *Histoire de la peinture au Canada* de J. Russel Harper (1965), *Le Financement des universités* de Vincent-W. Bladen (1966), *Les Structures universitaires* de James Duff et de Robert O. Bradal (1966). Il a également réalisé la traduction française des biographies anglaises parues dans le premier volume du *Dictionnaire biographique du Canada*.

ŒUVRES

La Gaspésie (esquisse géographique), Rimouski, Isidore Blais, 1938, 53 p. ; Rimouski, Association des hôteliers de la Gaspésie, 1939, 63 p. Ill. (Texte bilingue).

Les Archives régimentaires des Fusilliers du Saint-Laurent, [Rimouski, Imprimerie Blais], 1943, 246 p. Ill.

The Ninth Crusade (histoire), Toronto, UTP, 1951, 15 p.

Kingston French Heritage, Kingston, Kingston Press, 1953, 13 p.

Arthur Buies, homme de lettres, Québec, PUL, 1957, 258 p.

Royal Fort Frontenac, Toronto, The Champlain Society, 1958, xxx, 503 p. Éditeur. Textes choisis et traduits du français par Richard A. Preston. Introduction et notes de Léopold Lamontagne.

Arthur Buies (1840-1901), Montréal/Paris, Fides, 1959, 93 p. Textes choisis et présentés par Léopold Lamontagne. « CC ».

Histoire du Royal 22e Régiment, Québec, Les Éditions du Pélican, 1964, 414 p. Publiée par la Régie du Royal 22e Régiment, La Citadelle, Québec, 1964. (Préparée par un Comité d'officiers du Régiment d'après les recherches de Charles-Marie Boissonnault de la Société royale du Canada, avec la collaboration du lieutenant-colonel L. Lamontagne, C.D.).

Le Canada français d'aujourd'hui, Toronto/Québec, UTP/ PUL, 1970, viii, 161 p. Études rassemblées par la Société royale du Canada et éditées par Léopold Lamontagne. « Studia Varia ».

Visages de la civilisation au Canada français, Toronto/ Québec, UTP/PUL, 1970, x, 131 p. Études rassemblées par la Société royale du Canada et éditées par Léopold Lamontagne. « Studia Varia ».

« Arthur Buies. Chroniqueur, voyageur spasmodique... et bohême incurable ». Thèse de doctorat. Ottawa, Université d'Ottawa, 1944, 203 f.

Habit gris et Chemise rouge, CHAR, juin 1950, p. 20-29.

Les Poètes franco-canadiens devant les invasions américaines, dans *Bulletin de la Société historique franco-américaine,* Manchester, Imprimerie Ballard, 1953, p. 52-63.

Le Roi du Nord et sa suite française à Winnipeg, CHAR, juin 1954, p. 36-44.

Arthur Buies, journaliste, dans *Encyclopedia Canadiana,* 1957-1962, p. 137.

Ontario. The Two Races, dans *Canadian Dualism-Dualité canadienne,* Toronto, UTP, 1960, p. 351-373.

Petticoats and Coifs in Old Kingston, dans *Kingston Historical Society,* no 9, nov. 1960, p. 21-30.

Les Courants idéologiques dans la littérature canadienne-française du XIXe siècle, dans *Littérature et Société,* Québec, PUL, 1964, p. 101-119.

ÉTUDES

Jean-Charles Falardeau, *Arthur Buies, l'anti-zouave,* CL, 11e année, no 27, nouvelle série, mai 1960, p. 25.

Albert Lévesque, *La Dualité canadienne,* RHAF, vol. 14, no 4, 1961, p. 607-620.

Reina-L. Roy, « Léopold Lamontagne : bibliographie analytique ». Thèse de bibliothéconomie. Québec, Université Laval, 1964, 145 p.

Jean Ménard, *Visages de la civilisation au Canada français,* LAQ 1970, p. 174-175.

LAMONTAGNE, MAURICE (1917-1983). Économiste et essayiste, né à Mont-Joli (Rimouski). Il fait ses études au Séminaire de Rimouski, au Collège dominicain de philosophie à Ottawa et acquiert à l'Université Laval une formation d'économiste qu'il perfectionne à Harvard. Il est tour à tour professeur puis directeur du Département des sciences sociales à l'Université Laval. Il quitte l'enseignement pour entrer au service du gouvernement fédéral à Ottawa où il est successivement attaché au service des recherches économiques du ministère du Commerce, membre d'une commission chargée d'étudier la loi sur les coalitions commerciales et industrielles, sous-ministre adjoint au ministère du Nord canadien et des Ressources nationales, conseiller économique du Premier ministre du Canada. Élu député en 1963, il est nommé secrétaire d'État au Cabinet Pearson en 1965. Sénateur (1967), il préside deux commissions sénatoriales : sur la politique scientifique et sur la constitution. Membre de la Société royale du Canada (1957), Maurice Lamontagne s'attache surtout à l'étude du fédéralisme canadien dans une optique économique et prospective.

ŒUVRES

[*Les Problèmes économiques de la ville de Québec : le passé, le présent, l'avenir ?*], Québec, Publication officielle de la Chambre de commerce de Québec, 1946, 23 p. Avant-propos de J.E. Émilien Lebœuf.

Analyse sommaire des zones de la ville de Québec, [Québec, PUL, 1946], 2 vol. Collab. Jean-Charles Falardeau.

Le Fédéralisme canadien. Évolution et problèmes (essai), Québec, PUL, 1954, x, 299 p. Avant-propos de l'auteur.

A Science Policy for Canada. Report of the Senate Special Committee on Science Policy, Ottawa,

1970-1977, 4 vol. : vol. 1, *A Critical Review : past and present*, Queen's Printer, 1970, viii, 327 p. ; vol. 2, *Targets and Strategies for the Seventies*, Information Canada, 1972, viii, -608 p. ; vol. 3, *A Government Organization for the Seventies*, Information Canada, 1973, vi, -902 p. ; vol. 4, *Progress and Unfinished Business*, Supply and Services, 1977, 87 p. Ill. Traduction française : *Une politique scientifique canadienne. Rapport du Comité sénatorial de la politique scientifique*, 1971-1977, 4 vol. : vol. 1, *Une analyse critique : le passé et le présent*, Information Canada, 1971, vi, 350 p. ; vol. 2, *Objectifs et stratégies pour les années 1970*, Information Canada, 1972, vi, -666 p. Avant-propos des auteurs ; vol. 3, *Les Structures gouvernementales pour les années 1970*, 1973, iv, -981 p. Avant-propos des auteurs; vol. 4, *Progrès et Œuvre inachevée*, Ministère des Approvisionnements et Services Canada, 1977, [8], 95 p. Avant-propos des auteurs.

Fédéralisme ou Association d'États indépendants. Conférence prononcée à l'Université de Montréal sous les auspices de la Fondation des études canadiennes le 6 avril 1977, Montréal, [s.é.], 1977, 26 f. (Texte polycopié).

Carrefour canadien (manuel scolaire), Gage Publishing Limited, 1978-1979, 2 vol. : vol. 1, [Toronto/Vancouver/Calgary/Montréal], 1978, 198 p. ; vol. 2, Toronto/Vancouver/Calgary/Montréal, 1979, 216 p. Collab. Samson Pierre. Ill.

Carrefour canadien. Teacher's Guide, Toronto/Vancouver/Calgary/Montréal, Gage Publishing Limited, 1979, 2 vol. : vol. 1, 79 p. ; vol. 2, 135 p. Collab. Samson Pierre.

La Réponse au livre blanc du PQ, [Montréal], Stanké, 1980, 113 p. Traduction anglaise : *The Double Deal : A Response to the Parti Québécois White Paper and Referendum Question*, Montréal/Toronto, Optimum Publishing Company Limited, 1980, 110 p.

Monetary Policy on Trial. A Statement, Ottawa, Canadian Institute for Economic Policy, 1981, 24 p.

Business Cycles in Canada. The Postwar Experience and Policy Directions, Toronto, James Lorimer & Company Publishers/Canadian Institute for Economic Policy, 1984, xxxvi, 194 p. Avant-propos de Walter L. Gordon. Préface de l'auteur. « The Canadian Institute for Economic Policy Series ».

Le Chômage dans l'après-guerre, dans *Cahiers de la Faculté des sciences sociales de l'Université Laval*, Éditions du « Cap Diamant », 1944, vol. 3, n° 1, 37 p.

ÉTUDES

Michel Brunet, *M. Maurice Lamontagne et sa conception du fédéralisme canadien*, RHAF, vol. 8, n° 2, sept. 1954, p. 262–278.

Pierre Daviault, *Présentation de Maurice Lamontagne*, Société royale du Canada, n° 12, 1957-1958, p. 37–44.

[Anonyme], *Entrevue avec le sénateur Maurice Lamontagne*, dans *Critère*, n° 11, déc. 1974, p. 63–68.

Peter Stursberg, [*Interview of the Hon. Maurice Lamontagne Conducted August 24, 1976*, Ottawa, Bibliothèque du Parlement, 1976], 106 f. (Texte polycopié).

[Anonyme], *Le Livre blanc au pilori*, dans *Le Livre d'ici*, vol. 5, 14 mai 1980, n° 32.

[Anonyme], *Le pays perd un « guide éclairé »*, Dr, 71e année, n° 66, 14 juin 1983, p. 1.

Jean-Louis Roy, *Le Sénateur Lamontagne*, Dev, 74e année, n° 138, 16 juin 1983, p. 10.

LAMONTAGNE, ROLAND (1921-). Historien, né à Montréal. Après des études scientifiques (B.A., 1943, au Collège Sainte-Marie), il exerce la profession de chimiste durant quelques années, avant de se convertir à l'histoire. Il obtient en 1951 une maîtrise, puis, en 1954, un doctorat en histoire à l'Université de Montréal. Chargé de cours dès 1953, il gravit les divers échelons des rangs universitaires, et il est nommé directeur du Département d'histoire, en 1968. Il effectue plusieurs voyages de recherche en France et aux États-Unis, et il participe à plusieurs projets de recherche : programme sur le ministère de la Marine et la Nouvelle-France, Commission Gendron, etc. Il collabore à divers périodiques, tels *Revue d'histoire de l'Amérique française, Revue d'histoire des sciences et de leurs applications...* Roland Lamontagne reçoit le prix Binoux de l'Académie des Sciences de l'Institut de France (1967) pour l'ensemble de ses publications historiques qui sont nombreuses. À propos de son *La Galissonière et le Canada*, et tout en souhaitant à l'auteur « un peu moins de sobriété dans l'exposition des faits, une plus large envergure du panorama historique », Lionel Groulx écrit : « M. Lamontagne analyse judicieusement les projets de ‹ consolidation territoriale › du gouverneur intérimaire ; il nous expose, avec autant de soin, la politique de ce grand administrateur pour un relèvement complet, ordonné de la colonie ».

ŒUVRES

« L'eau-de-vie en Nouvelle-France, 1629-1672 ». Thèse de maîtrise ès arts, Montréal, Université de Montréal, 1951, iv, 101 f.

« Le Contexte socio-culturel où s'inscrivent les partis politiques du Ghana ». Thèse de maîtrise en science politique, Québec, Université Laval, 1958-1959, iv, 80 f.

« Formation et fonction des partis politiques en Afrique de l'Ouest. Leur ajustement aux conditions de l'Afrique de l'Ouest par référence au Ghana », [s.l., s.d.], 62, [7] f.

La Galissonière et le Canada, Paris/Montréal, PUF/PUM, 1962, xx, 104 p. Préface de Louis de Braglie.

Aperçu structural du Canada au XVIIᵉ siècle, Montréal, Les Éditions Leméac, 1964, 143 p. Préface de Fernand Braudel.

Chabert de Cogolin et l'Expédition de Louisbourg, Montréal, Leméac, 1964, 67 p.

Succès d'intendance de Talon, Montréal, Leméac, 1964, 78 p. Également publié sous le titre : *Jean Talon, agent de Colbert, premier intendant du Canada au temps de Louis XIV*, Paris, Centre de documentation universitaire, 1964, 78 p.

La Vie et l'Œuvre de Pierre Bouguer, Paris/Montréal, PUF/PUM, 1964, viii, 99 p. Préface de René Taton.

L'Atlantique jusqu'au temps de Maurepas. Aspect de géohistoire du Canada, Montréal, PUM, 1965, 193 f. (Texte polycopié).

L'Administration du Canada. Manuel de tableaux thématiques, Montréal, Les Éditions Leméac, 1965, 153 p.

Ministère de la Marine. Amérique et Canada d'après les documents Maurepas, Montréal, Leméac, 1966, 124 p. Préface de George H. Healey.

Civilisation : concepts et faits (essai), Montréal, Leméac, [1966], 179 p. Préface de Gilberto de Mello Freyre.

Travaux pratiques sur les inédits, documents Maurepas, présentés par R.L., [s.l., s.é.], 1966, 872 f.

Problématique des civilisations : leçon inaugurale, Montréal, PUM, 1968, 43 p.

Textiles et Documents Maurepas, [Montréal], Leméac, 1970, 141 p.

Pellerin, adjoint de Maurepas, Montréal, Librairie PUM, 1971, 123 f. (Texte polycopié).

Ministère de la Marine : Maurepas et Pellerin d'après les sources manuscrites, Montréal, Librairie de l'Université de Montréal, Faculté des Arts et Sciences, 1972–1973, 127 f. (Texte polycopié).

Une thématique d'enseignement. Histoire urbaine : méthode d'approche des civilisations. Histoire atlantique, Ministère de la Marine, Nouvelle-France, Montréal, Librairie de l'Université de Montréal, 1973, 71 f. (Texte polycopié).

La Baie James dans l'histoire du Canada, Montréal, Librairie Beauchemin Limitée, 1974, 115 p.

Aspects d'histoire urbaine, [Montréal], Librairie de l'Université de Montréal, 1976–1977. 242 f. Ensemble de documents servant à l'enseignement et publiés en fascicules séparés : *Histoire urbaine, méthode d'approche des civilisations*, 27 f., *Une grille de typologie urbaine*. *Notes sur les écrits de Mies Van der Rohe*, 20 f., *Sources non écrites de l'histoire. Présentation de textes d'une problématique*, 46 f., *Histoire urbaine, Méthode d'approche des civilisations*, 149 f.

Précis d'histoire urbaine, Montréal, Librairie de l'Université de Montréal, 1979–1980, 38 f.

Documents de travail sur la Nouvelle-France, [Montréal], Librairie de l'Université de Montréal, 1980–1981, 85 f. Ill.

Le Temps, matériau de l'histoire (essai-voyage), [Montréal], Librairie de l'Université de Montréal, 1980–1981. 2 vol. : 58, 90 f. Pour cours 1981-1982.

Mémoire des sources. Vers la mer (récit), [s.l.], [s.é.], [1981], en 2 folios, 218, 136 f.

La science expérimentale : origine et développement, Longueuil, Frère Albert, [s.d.], 124 f. Ill.

Histoire et actualité. Réflexions sur la Ville et l'Université précédées de *Voyages*, inédits de Fernand Brandel, (essai), Montréal, Éditions de l'Alternative, 1987, 176 p. Coll. « Histoire ».

L'influence de Colbert sur l'œuvre de Jean Talon, RHAF, vol. 6, nᵒ 1, juin 1952, p. 42–61.

Les Dépenses du roi au Canada à l'époque de Jean Talon, 1665–72, RHAF, vol. 13, nᵒ 3, déc. 1959, p. 335–344.

La Contribution scientifique de La Galissonière au Canada, RHAF, nᵒ 4, mars 1960, p. 509–524.

La Galissonière et ses conceptions coloniales d'après le « Mémoire sur les colonies de la France dans l'Amérique septentrionale », RHAF, vol. 15, nᵒ 2, sept. 1961, p. 163–170.

La Politique indigène de La Galissonière, dans *Revue historique* (Paris), vol. 226, 1961, p. 411–416.

L'Exploration de l'Amérique du Nord à l'époque de Jean Talon, dans *Revue d'histoire des sciences et de leurs applications*, t. 15, nᵒ 1, 1962, p. 27–30.

Note sur Pierre Bouguer, RHAF, vol. 16, nᵒ 1, juin 1962, p. 63–65.

La Contribution de Pierre Bouguer à la marine, RHAF, vol. 17, nᵒ 1, juin 1963, p. 87–92.

Lettre de Bouguer à Lotbinière, RUO, 1963, p. 342–344.

Jean Prat. Correspondant de Bernard de Jussieu, dans *Rapport des Archives du Québec*, vol. 41, 1963, p. 123–149.

Note sur Maurepas, RHAF, vol. 18, nᵒ 1, juin 1964, p. 27–29.

Histoire documentaire du Canada au milieu du 18ᵉ siècle, RHAF, vol. 18, nᵒ 2, sept. 1964, p. 176–195.

Civilisation : terminologie et structure, RHAF, vol. 18, nᵒ 3, déc. 1964, p. 357–362.

Géohistoire du Canada, RHAF, vol. 18, nᵒ 4, mars 1965, p. 534–540.

Le Ministère de la Marine dans ses rapports avec Mgr Pontbriand, RHAF, vol. 19, nᵒ 1, juin 1965, p. 53–55.

René Taton. Enseignement et diffusion des sciences en France au XVIIIᵉ siècle, RHAF, vol. 19, nᵒ 1, juin 1965, p. 133–135.

Aspect historique de la baie James : une tradition de recherche scientifique et technique de l'époque de la Nouvelle-France jusqu'au XXᵉ siècle, dans *Forces/Spécial Baie James*, nᵒ 48, 1979, p. 40–57.

ÉTUDES

Jean-Noël Tremblay, *La Galissonière et le Canada de Roland Lamontagne*, LAC 1962, p. 70–71.

Lionel Groulx, *La Galissonière et le Canada*, RHAF, vol. 16, nº 4, mars 1963, p. 594–596.

Id., *Succès d'intendance de Talon*, RHAF, vol. 18, nº 1, juin 1964, p. 151–153.

Id., *La Vie et l'œuvre de Pierre Bouguer* et *Chabert de Cogolin et l'expédition de Louisbourg*, RHAF, vol. 18, nº 3, déc. 1964, p. 445–447.

Jean Hamelin, *Aperçu structural du Canada au XVIIIᵉ siècle de Roland Lamontagne*, LAC 1965, p. 130.

Lionel Groulx, *Aperçu structural du Canada au XVIIIᵉ siècle*, RHAF, vol. 19, nº 1, juin 1965, p. 136–139.

Id., *L'Administration du Canada*, RHAF, vol. 19, nº 4, mars 1966, p. 641–642.

Id., *L'Atlantique jusqu'au temps de Maurepas*, RHAF, vol. 19, nº 4, mars 1966, p. 642–643.

Id., *Ministère de la Marine, Amérique et Canada*, RHAF, vol. 20, nº 2, sept. 1966, p. 320–321.

Louis-Edmond Hamelin, *Lamontagne, Roland, La Baie James dans l'histoire du Canada*, RHAF, vol. 28, nº 3, déc. 1974, p. 434–436.

LAMONTAGNE-BEAUREGARD, BLANCHE (1889–1958). Poète et romancière, née aux Escoumains (Saguenay). Après avoir été pensionnaire dans différents couvents, elle s'inscrit à un cours de littérature à l'Université de Montréal. Elle collabore à plusieurs revues, où elle publie contes et poèmes: *L'Action française*, *Le Bulletin des agriculteurs*, *Le Canada français*, *La Terre de chez nous*, *Paysana*. En 1912, la Société du parler français au Canada lui décerne un prix de poésie. Son premier recueil de poèmes, *Visions gaspésiennes* (1913), dans la veine du terroir alors à la mode, est favorablement accueilli par la critique. Inspirés par la vie simple des foyers rustiques et par le passé, ses poèmes glorifient la femme et la mère canadienne. Poète régionaliste, Blanche Lamontagne-Beauregard chante, dans toute son œuvre, la campagne et les hommes de sa petite patrie avec optimisme et spontanéité. « Malgré une certaine imprécision de style et quelques inexactitudes dans les paysages, remarque Albert Dandurand, la peinture que, dans ses poèmes, Blanche Lamontagne fait de sa patrie, forme un tableau charmant par son réalisme, son lyrisme chaud et sa poésie. Son œuvre, en somme, a l'air d'une fleur du terroir gaspésien, un peu fruste, mais saine et vive ».

ŒUVRES

Visions gaspésiennes (poésie), [s.l., s.é., 1913 ?], 84 p. Préface d'Adjutor Rivard.

Par nos champs et nos rives... (poésie), Montréal, Imprimé au « Devoir », 1917, x, 189 p. Préface de Lionel Groulx.

La Vieille Maison (poésie), Montréal, Bibliothèque de l'Action française, 1920, 219 p.

Récits et Légendes, Montréal, Librairie Beauchemin limitée, 1922, 136 p. ; 1924, 125 p. « BC, Montcalm » ; 1930.

Les Trois Lyres (poésie), Montréal, Bibliothèque de l'Action française, 1923, 132 p. Ill. de Berthe Le Moyne.

Un cœur fidèle. Roman canadien, Montréal, Bibliothèque de l'Action française, [1924], 197 p. Ill.

La Moisson nouvelle (poésie), Montréal, Bibliothèque de l'Action française, [1926], 192 p.

Légendes gaspésiennes. Récits en prose, Montréal, Librairie Beauchemin limitée, 1927, 125 p. Ill. de l'auteur. « BC, Dollard ».

Ma Gaspésie (poésie), Montréal, [s.é.], 1928, 160 p. Ill. de l'auteur.

Au fond des bois. Récits en prose, Montréal, Imp. au « Devoir », [1931 ?], 167 p. Ill. de l'auteur.

Dans la brousse. Poèmes, Montréal, Éditions du « Devoir », 1935, 215 p. ; Librairie Granger Frères limitée, 1935.

Le Rêve d'André (roman), Montréal, Librairie Granger Frères limitée, 1943, 111 p. Ill.

ÉTUDES

Camille Roy, *Un poète régionaliste, Mlle Blanche Lamontagne*, BPF, vol. 16, nº 5, janv. 1918, p. 194–212.

Louis Dantin, *Blanche Lamontagne*, dans *Poètes de l'Amérique française*, Montréal, Albert Lévesque, 1928, p. 66–84.

Bernard Harvey, *Blanche Lamontagne*, dans *Essais critiques*, Montréal, Librairie d'Action canadienne-française, 1929, p. 95–112.

Harry Bernard, *Ma Gaspésie*, CF, vol. 16, nº 7, mars 1929, p. 454–464.

Maurice Hébert, *La Moisson nouvelle*, dans *De livres en livres*, Montréal, Carrier, 1929, p. 134–144.

Albert Dandurand, *Blanche Lamontagne-Beauregard*, dans *La Poésie au Canada français*, Montréal, Albert Lévesque, 1933, p. 149–158.

Jeanne-Paul Crouzet, *Blanche Lamontagne-Beauregard*, dans *Poésie au Canada*, Paris/Toulouse/Bruxelles, Didier, 1946, p. 263–284.

Émile Chartier, *Blanche Lamontagne-Beauregard*, dans *Lectures*, vol. 7, nº 7, mars 1961, p. 195–196.

LAMOUREUX, GEORGETTE. Essayiste et journaliste, née à Ottawa. Elle étudie chez les Sœurs grises de la Croix à Ottawa et suit ensuite pendant six ans des cours d'espagnol, d'allemand et d'italien à l'Université d'Ottawa. Au service du ministère des Affaires extérieures du Canada à compter de 1945, elle est employée aux ambassades canadiennes à la Havane (Cuba) et à Santiago (Chili), puis travaille trois ans à Vienne et quatre ans à Paris. Elle se retire du fonctionnarisme en 1964, voyage, écrit, s'occupe activement de sociétés canadiennes-françaises à but non lucratif. Elle est membre actif de plusieurs sociétés culturelles : Société d'étude et de conférences, Alliance française, Société de généalogie, Société d'histoire de l'Ouest du Québec, Association française des écrivains d'outre-mer... Elle publie deux ouvrages sur ses voyages, *Visage de La Havane* (1962) et *Visage du Japon* (1969). L'intérêt qu'elle manifeste aux lettres et à l'histoire l'amène au journalisme : au début des années soixante-dix, elle commence dans *Le Droit* une chronique qui veut faire connaître le monde franco-canadien présent et passé d'Ottawa. À cette chronique devenue hebdomadaire en 1985 s'ajoute, à partir de septembre de la même année, l'émission régulière du mercredi matin à Radio-Canada sur la capitale et sa population canadienne-française. Le nom de Georgette Lamoureux restera surtout attaché à l'histoire des Canadiens français d'Ottawa, histoire en cinq volumes dont les quatre premiers ont paru entre 1978 et 1984.

ŒUVRES

Visage de la Havane, Montréal, Éditions Beauchemin, 1962, 164 p. Préface de l'auteur.
Visage du Japon, Sherbrooke, Éditions Paulines, 1969, 297 p. Ill. Préface de l'auteur.
Bytown et ses pionniers canadiens-français 1826-1855, [s.l.], Chez l'auteur, 1978-1984, 4 vol. Introduction de l'auteur : vol. 1, 1978, 364 p. ; 1984, 378 p. (Édition corrigée et augmentée) ; vol. 2, *Ottawa 1855-1876 et sa population canadienne-française*, 1980, 294 p. ; vol. 3, *Ottawa 1876-1899 et sa population canadienne-française*, 1982, 268 p. ; vol. 4, *Ottawa 1900-1926 et sa population canadienne-française*, 1984, 321 p. Ill.

Entretien avec Paul Wyczynski, Dr, 58ᵉ année, nᵒ 234, 2 janv. 1971, p. 7.
Entretien avec Adrien Thério, Dr, 58ᵉ année, nᵒ 252, 23 janv. 1971, p. 7.
Entretien avec Séraphin Marion, Dr, 58ᵉ année, nᵒ 276, 20 févr. 1971, p. 7.
Entretien avec Jean Ménard, Dr, 58ᵉ année, nᵒ 288, 6 mars 1971, p. 9.
Entretien avec Claude Aubry, Dr, 58ᵉ année, nᵒ 300, 20 mars 1971, p. 7.
Entretien avec Ronald Després, Dr, 59ᵉ année, nᵒ 12, 10 avril 1971, p. 7.
Entretien avec Roger Duhamel, Dr, 60ᵉ année, nᵒ 81, 30 juin 1972, p. 15.
Entretien avec Claire Martin, Dr, 60ᵉ année, nᵒ 168, 14 oct. 1972, p. 13.
La Petite Histoire régionale. Les portages de la Chaudière, Dr, 71ᵉ année, nᵒ 119, 18 août 1983, p. 8.

ÉTUDES

André Renaud, *Visage de La Havane*, Dr, 50ᵉ année, nᵒ 170, 21 juillet 1962, p. 7.
Jean Dosmond, *Visage de La Havane de Georgette Lamoureux*, LAC 1962, p. 87-88.

Maurice Huot, *Visages de La Havane*, dans *Le Bien public*, 51ᵉ année, nᵒ 48, 30 nov. 1962, p. 4.
Roger Duhamel, *Visage du Japon*, dans *Bulletin de la Société des écrivains*, printemps 1970, p. 7.
Jean Éthier-Blais, *De La Havane au monde entier : Lamoureux et Hébert*, Dev, vol. 62, nᵒ 233, 9 oct. 1971, p. 15.
Marthe Lemery, *Bytown et ses pionniers canadiens-français.* « *Redonner aux jeunes la fierté de leurs ancêtres* » *Georgette Lamoureux*, Dr, 68ᵉ année, nᵒ 169, 16 oct. 1978, p. 8.
Paul Gay, « *Bytown et ses pionniers canadiens-français 1826-1855* ». « *L'Enfer de Bytown* », Dr, 66ᵉ année, nᵒ 204, 25 nov. 1978, p. 21.
Id., *Ottawa 1855-1876 : la naissance d'une capitale*, Dr, 68ᵉ année, nᵒ 182, 1ᵉʳ nov. 1980, p. 10.
Darquise Timmerman, *Georgette Lamoureux et les Origines d'Ottawa. L'œuvre littéraire est reconnue*, Dr, 69ᵉ année, nᵒ 63, 10 juin 1981, p. 36.
Philippe Landry, *En compagnie de Georgette Lamoureux. À la découverte de la cathédrale*, Dr, 69ᵉ année, nᵒ 212, 7 déc. 1981, p. 3.
Paul Gay, *Ottawa et sa population canadienne-française (1876-1899). Une chronologie vivante*, Dr, 70ᵉ année, nᵒ 198, 20 nov. 1982, p. 18.
France Simard, *Georgette Lamoureux. Tracer l'histoire du visage français d'Ottawa*, Dr, 70ᵉ année, nᵒ 222, 18 déc. 1982, p. 9.
René Dionne, *Une ou deux littératures ? La littérature outaouaise...*, Dr, 71ᵉ année, nᵒ 5, 2 avril 1983, p. 28.
Paul Gay, « *Ottawa et sa population canadienne-française 1900-1926* ». *Le bouillonnement du passé*, Dr, 72ᵉ année, nᵒ 261, 2 févr. 1985, p. 24.
Edgard Demers, « *Contour* », à *CBOFT. Un archéologue et une historienne*, Dr, 73ᵉ année, nᵒ 233, 2 janv. 1986, p. 12.

LAMOUREUX, HENRI (1942-   ). Romancier et poète, né à Montréal. Après le secondaire à l'École du Plateau (1957-1961), il étudie la sociologie au Collège Sainte-Marie (1966-1968) et à l'Université du Québec à Rimouski (1982-1983). Il travaille à la Régie des rentes du Québec (1964-1967), puis il est directeur du Projet d'organisation, d'information et de regroupement, au sud-ouest de Montréal (1968-1971). En 1971-1972, il va en Yougoslavie et en Israël pour étudier des organismes autogérés. De 1972 à 1978, il est successivement conseiller de l'Association pour la défense des droits sociaux, recherchiste auprès du Conseil des affaires sociales, animateur en éducation populaire, responsable de quartier auprès de l'Association coopérative d'économie familiale. À partir de 1979, il se consacre entièrement à l'écriture. Il a été boursier du ministère des Affaires culturelles (1980) et du Conseil des Arts du Canada (1981). Son premier roman, *L'Affrontement* (1979), est le récit d'une grève ouvrière dans une perspective de lutte des classes. André Vanasse étudie l'idéologie du roman et pense que le héros cadre mal dans le portrait marxiste-léniniste, bien que le livre vaille la peine de la lecture. *Les Meilleurs d'entre nous* (1980) est la peinture d'une famille ouvrière dans les milieux prolétariens de Montréal. « L'art de l'écrivain, écrit Réginald Martel, s'est affermi, sa prose est plus fluide, les dialogues moins fabriqués ». En 1981, Henri Lamoureux commence à publier des choses fort différentes : des contes pour enfants et de la poésie. Michel Laurin aime les trois histoires des *Contes de la forêt* : « La richesse du vocabulaire de ces textes et le souci du détail sauront sûrement fasciner le jeune lecteur. L'imagination fertile de l'auteur réussit admirablement à transformer ce qui ne serait que métaphores poétiques pour l'adulte en réalités quotidiennes dans lesquelles l'enfant entrera de plain-pied ».

ŒUVRES

L'Affrontement. Roman, Montréal, Les Éditions du Jour, 1979, 231 p. « Le Petit Jour ».

Les Meilleurs d'entre nous. Roman, Montréal, Éditions du Jour, 1980, 182 p.

Contes de la forêt, Montréal, Éditions Paulines, 1981, 44 p. Ill. d'Anne Brissette. « Boisjoli ».

Au cœur de la tempête (poésie), Glen Sutton, Chez l'auteur, 1982, 68 p. Ill. de Nicole Côté.

Le Fils du sorcier (litt. jeunesse), Montréal, Éditions Paulines, 1982, 139 p. Ill. de Charles Vinh. « Jeunesse-Pop ».

L'Intervention communautaire (essai), Montréal, Éditions Saint-Martin, 1984, 237 p. Collab. Robert Mayer et Jean Panet-Raymond.

À propos des groupes populaires, dans *Offensive*, vol. 1, n° 2, avril 1981, p. 14–17.

Ceux qui renient par leurs paroles..., Dev, vol. 73, n° 97, 27 avril 1982, p. 7.

ÉTUDES

Réginald Martel, *Mort d'un ouvrier*, Pr, 96e année, n° 3, 5 janv. 1980, p. B-3.

André Vanasse, *Du politique*, LQ, n° 17, printemps 1980, p. 18–20.

Réginald Martel, *La Littérature populaire. Un p'tit ministre, des prolétaires et plus de mille jurons*, Pr, 97e année, n° 28, 31 janv. 1981, p. C-3.

Johanne Lessard, *Écrire, pourquoi ?*, dans *Unité prolétarienne*, vol. 24, avril–mai 1981, p. 39.

Michel Laurin, *Lamoureux (Henri). Contes de la forêt*, dans *Nos livres*, vol. 13, janv. 1982, n° 30.

LAMY, JEAN-PAUL (1937–   ). Essayiste, né à Saint-Paulin (Maskinongé). Il fait le cours classique au Séminaire Saint-Joseph de Trois-Rivières (B.A., 1956), puis il obtient un baccalauréat en pédagogie à l'École normale Jacques-Cartier (1958), une licence en pédagogie et lettres à l'Université de Montréal (1962), une maîtrise dont le mémoire s'intitule « L'Univers romanesque de Germaine Guèvremont » (1969) et un doctorat pour une thèse sur « La Fidélité dans les récits du terroir canadien-français » (1972), à l'Université d'Ottawa. Il commence à enseigner à Shawinigan en 1959, devient professeur de lettres à l'École normale Duplessis de Trois-Rivières en 1962, puis à l'Université du Québec à Trois-Rivières en 1969. Intéressé au roman québécois, il collabore à *Études littéraires*, *Études Permafra...* et fournit un bon nombre d'articles au *Dictionnaire des œuvres littéraires du Québec*. Il a publié des ouvrages pédagogiques et une monographie en collaboration sur le peintre mauricien Raymond Lasnier. Gilles Toupin juge excellente la présentation de la biographie « poético-lyrique », mais il trouve que le texte éclaire peu la situation de ce peintre régionaliste dans l'art québécois.

ŒUVRES

Formation professionnelle et civique ; programme de 11e année (manuel), Montréal, CPP, 1964, 287 p. ; 1966.

Normes de la présentation des travaux (essai), Trois-Rivières, Marineau, 1965, 18 p. ; 1966 ; 1967 ; 1968.

Raymond Lasnier, peintre (essai), Montréal, Les Éditions du Boréal Express, 1976, 91 p. Collab. Louise Panneton. Ill.

John Hare, Contes et Nouvelles du Canada français, 1778–1859, EL, vol. 4, n° 3, déc. 1973, p. 387–389.

Le Roman et le Théâtre ou Le Lien de leur originalité respective, dans *Études Permafra*, 1978, p. 1040–1047.

Les Étrennes du Jour de l'An et les Cartes de souhait, dans *Image de la Mauricie*, déc. 1979, p. 165.

Le Nigog et le roman, dans *Le Nigog*, Montréal, Fides, 1987, p. 201–216. « ALC » 7.

ÉTUDE

Gilles Toupin, *Louise Panneton et Jean-Paul Lamy. Raymond Lasnier*, LAQ 1976, p. 322.

LAMY, MARIO-GABRIEL (1949–   ). Poète, né à Trois-Rivières. Il fait ses études au Séminaire de Joliette et au Collège de Joliette (D.E.C., 1971). Il poursuit ensuite des études en théologie (1971–1972) et en histoire de l'art (1973–1974) à l'Université de Montréal. Il est boursier du Conseil des Arts du Canada et du ministère des Affaires culturelles du Québec. Il est animateur de radio à CJLM de Joliette (1970–1974), critique dans la section « Arts et lettres » de *Joliette-Journal* (1976), et il participe à des nuits de poésie. *L'Amitié de ma hanche* (1977) est le premier recueil remarqué par la critique. À propos de *La Chauve-souris* (1981), Claude Beausoleil écrit : « Lamy appartient à cette veine trop rare de compte d'auteur qui réussit à nous surprendre, à nous emporter dans ses pages et ses signes ». Les propos suivants de Pierre Nepveu s'appliquent aux autres recueils comme à ce dernier : « C'est touffu, ça sent parfois son Paul-Marie Lapointe ou son Gauvreau à plein nez, ça charrie tout un bric-à-brac surréaliste à la Max Ernst, Tzara et cie [...], mais le livre crépite de trouvailles et d'énergie, entre le burlesque et le merveilleux, et par-delà une certaine complaisance, le jeu laisse affleurer une voix plus maîtrisée qu'on ne l'aurait cru au départ ».

ŒUVRES

Après : mur des libérations (thrène automatiste), Joliette, Chez l'auteur, 1974, [n.p.].

La Planète des neiges (nouvelle), Joliette, Chez l'auteur, 1974, 17 p.

L'Amitié de ma hanche ou Cardes mo sliasta (poésie), Joliette, Chez les auteurs, 1977, 110 p. Ill. (Suivi de *Saphir liquide*, de Céline Labelle).

La Chauve-souris, l'Albinos : vilaine race d'ambigus (poésie), Joliette, Chez l'auteur, 1981, 127 p. Ill. de Renée Audet.

ÉTUDES

Réginald Martel, *La Poésie, art obscur*, Pr, 94ᵉ année, nᵒ 250, 28 oct. 1978, p. D-3.

Bernard Pozier, *Deux voix dans l'ombre*, No, vol. 61, nᵒ 101, 2 mars 1981, p. 19.

Claude Beausoleil, *Sur la route des mots*, Dev. vol. 72, nᵒ 150, 27 juin 1981, p. 19.

Pierre Nepveu, *Feu de modernité ?*, LQ, nᵒ 23, automne 1981, p. 31.

LAMY, SUZANNE (1929–1987). Essayiste, née à Lombez (France). Après son baccalauréat à Toulouse, en 1948, elle émigre au Canada et devient citoyenne canadienne en 1954. Elle poursuit ses études de lettres à l'Université de Montréal, obtient une licence ès lettres en 1968, une maîtrise ès arts en 1970, pour un mémoire intitulé « Théorie de l'écart métaphorique de Jean Cohen », et, en 1976, un doctorat dont la thèse porte sur André Breton. À Montréal elle a été recherchiste à l'O.N.F., lectrice aux Éditions La Presse, chroniqueur à *Châtelaine*. En 1968, elle devient professeure au Cégep du Vieux-Montréal, et elle est chargée de cours à l'Université de Montréal en 1974. Elle collabore à divers périodiques dont *Forces, Livres et Auteurs*

québécois, *Le Devoir*, *La Conférence canadienne des arts*. Son ouvrage sur *André Breton. Hermétisme et poésie dans Arcane 17*, est accueilli assez favorablement par la critique. Henri Jones écrit que le livre « se lit facilement », que l'œuvre de Breton « présente un intérêt pour l'histoire de la littérature et de l'art au Québec [...], et que l'étude de Suzanne Lamy contribue honnêtement à la situer dans cette optique ». Dans un second ouvrage, *D'elles*, Suzanne Lamy « examine avec science et prescience quelques-uns des traits marqués et démarqués du discours au féminin [...] ». Cela aboutit, selon Yolande Grisé, pour le plus grand intérêt de la lecture, à une sorte d'essai-collage didactique et poétique tout à la fois, qui instruit, étonne, enchante et, ma foi, convainc de l'existence de la spécificité de l'écriture au féminin ».

ŒUVRES

La Renaissance des métiers d'art au Canada français (essai), Québec, Ministère des Affaires culturelles, 1967, 84 p. Collab. Laurent Lamy.

André Breton. Hermétisme et poésie dans « Arcane 17 » (essai), Montréal, PUM, 1977, 265 p.

D'elles (essai), Montréal, L'Hexagone, 1979, 111 p.

Marguerite Duras à Montréal (essai et entrevue), Montréal, Éditions Spirale, 1981, 175 p. Collab. André Roy. Ill. Textes réunis et présentés par Suzanne Lamy ; Spirale Solin, 1984, 179 p.

Féminité, Subversion, Écriture, Ville Saint-Laurent, Les Éditions du Remue-ménage, 1983, 288 p. Ill. Textes réunis et présentés par Suzanne Lamy et Irène Pagès. « Itinéraire féministe ».

Quand je lis je m'invente. Essai, Montréal, L'Hexagone, 1984, 113 p.

La Convention. Récit, Montréal, VLB éditeur, 1985, 83 p. Ill. « Le Castor astral ».

___

Claude Jasmin : de la ferveur à l'inquiétude, VIP, vol. 4, 1971, p. 115–132.

Messe en si, NBJ, nᵒ 106, oct. 1981, p. 77–81.

Sanguine d'amour, NBJ, nᵒ 116, sept. 1982, p. 69–74.

ÉTUDES

Jacques Renaud, *Breton, le surréalisme et le Québec*, Dev, vol. 69, nᵒ 291, 17 déc. 1977, p. 40.

Henri Jones, *Suzanne Lamy. André Breton — Hermétisme et poésie dans « Arcane 17 »*, LAQ 1977, p. 249–251.

Madeleine Ouellette-Michalska, *Suzanne Lamy, du discours de maîtrise à la cadence des lunes*, Dev, vol. 71, nᵒ 27, 2 févr. 1980, p. 21.

Yolande Grisé, *Écrire au féminin*, Dr, 68ᵉ année, nᵒ 49, 24 mai 1980, p. 18.

Lise Gauvin, *La Conscience des pièges de l'écriture féminine*, Dev, vol. 75, nᵒ 204, 1ᵉʳ sept. 1984, p. 15.

Stéphane Lépine, *La Maladie de la mort*, Dev, vol. 76, nᵒ 300, 28 déc. 1985, p. 19.

Réginald Martel, *Suzanne Lamy. La beauté d'un texte parfait*, Pr, 102ᵉ année, nᵒ 101, 1ᵉʳ févr. 1986, p. E-3.

LANCTÔT, CLARA [Fleur d'ombre] (1886-1958).

Musicienne et poète, née à Hull. Ayant perdu la vue à huit ans des suites de la rougeole, elle fait ses études à l'Institut Nazareth pour les aveugles (Montréal) et obtient son diplôme supérieur en 1906. Elle étudie la musique — piano, orgue, chant, harmonie — et se voit décerner un baccalauréat en musique, en 1910. Elle enseigne le piano à Hull jusqu'en 1925, retourne à l'Institut Nazareth en 1926 et donne des cours jusqu'en 1940, année où elle se retire au foyer Rousselot pour aveugles à Pointe-aux-Trembles et continue à donner des leçons de piano à domicile jusqu'en 1954. «Intégralement artiste», selon un mot de Jeannine Bélanger, elle s'adonne à la poésie, publie un premier recueil en 1912, *Visions d'aveugle*, envoie des poèmes au *Devoir*, et fait paraître un second recueil, *Visions encloses*, en 1930. Sa poésie révèle une sensibilité vive et délicate qui s'exprime dans un chant très dépouillé. «Une grande partie des poèmes est résolument tournée vers la perception du monde extérieur, écrit Corine Bolla. La nature, les saisons sont perçues par les odeurs, par les sons, par l'intensité du soleil» (DOLQ, t. 2, p. 1164). Rien cependant, ni l'art, ni la résignation puisée dans une foi profonde ne parvient à effacer totalement l'angoisse de la nuit.

ŒUVRES

Visions d'aveugle (poésie), Québec, Langlais/Garneau, 1912, 31 p.

Visions encloses. Recueil de poésie, Victoriaville, Édité par La Voix des Bois-Francs, 1930, 144 p. Préface de Marthe Lemaire-Duguay.

Les Larmes (poésie), Dev, vol. 24, nᵒ 50, 2 mars 1933, p. 5.

Le Printemps (poésie), Dev, vol. 24, nᵒ 81, 7 avril 1933, p. 5.

ÉTUDES

Madeleine, *Visions d'aveugle de Clara Lanctôt*, P, 30ᵉ année, nᵒ 143, 10 août 1912, p. 22.

Élie-J. Auclair, *Éclairs dans la nuit*, Dev, vol. 22, nᵒ 24, 27 janv. 1931, p. 5.

Jeannine Bélanger, *En relisant Clara Lanctôt*, RD, 46ᵉ année, sept. 1940, p. 90-94.

LANCTOT, GUSTAVE

(1883-1975). Archiviste et historien, né à Saint-Constant (Laprairie). Après ses études classiques au Collège de Montréal, il fait son droit à l'Université de Montréal et est admis au barreau en 1907. Il est journaliste pendant deux ans au *Canada* et à *La Patrie*, puis, grâce à une bourse de Lord Strathcona, il va étudier les sciences politiques et l'histoire à l'Université d'Oxford (1909-1911), et la littérature à la Sorbonne (1911). Revenu au Canada, il travaille aux Archives publiques du Canada (1912). En 1915, il s'enrôle dans l'armée jusqu'en 1918. En 1919, il obtient un doctorat de l'Université de Paris pour une thèse sur *L'Administration de la Nouvelle-France*. Rentré au pays, il retourne aux Archives en qualité de directeur de la section française, et, en 1937, il est nommé archiviste du Dominion, poste qu'il occupe jusqu'à sa retraite, en 1948. Il donne aussi des cours à l'Université d'Ottawa. Auteur d'une quinzaine d'ouvrages et d'un grand nombre d'articles, il prend part à divers congrès d'histoire et est membre actif de plusieurs sociétés : Société historique du Canada, Société royale, Société canadienne d'histoire de l'Église catholique, Académie canadienne-française. Il est en outre chevalier de la Légion d'honneur, professeur émérite de l'Université d'Ottawa, et il reçoit pour ses travaux le prix Champlain, le prix Montcalm, le prix du Gouverneur général (1963) et la médaille du Conseil des Arts du Canada (1965). Son *Histoire du Canada* a connu plusieurs éditions. Ses ouvrages sont d'une écriture précise, imagée, agréable à lire. Ils sont d'abord fondés sur le document : Arthur Maheu note que Lanctot mit à profit l'abondante documentation dont il disposait, et il ajoute : «Il put constater jusqu'à quel point certains aspects de notre histoire ont été faussés, et combien de déblayage il lui fallait. M. Lanctot entreprit sa part de nettoyage du terrain historique et il le fit avec verve». (Il a toujours insisté pour qu'on écrive son nom sans accent circonflexe).

ŒUVRES

Les Archives du Canada, Lévis, La Compagnie de publication de Lévis, 1926, 20 p.

François Xavier Garneau (histoire), Toronto, The Ryerson Press, [1926?], [12], 197 p. Portrait.

L'Administration de la Nouvelle-France. L'administration générale. Thèse pour le doctorat d'université, Paris,

Librairie ancienne Honoré Champion, 1929, 169 p. ;
Montréal, Éditions du Jour, 1971, 177 p.

Cheadle's Journal of A Trip Across Canada 1862-1863
(récit de voyage), Ottawa, Graphic Publishers Limited,
1931, 311 p. Collab. A.G. Doughty. Ill.

[*Rétrospective d'économie sociale au Canada français*]
(essai), Toronto, UTP, 1932, 8 p.

*Documents Relating to Currency, Exchange and Finance
in Nova Scotia With Prefatory Documents, 1675-1758*,
Ottawa, J.-O. Patenaude, 1933, li, 495 p. Collab. Adam
Shortt. Introduction par V.K. Johnston.

Le Canada d'hier et d'aujourd'hui (essai), Montréal,
Éditions Albert Lévesque, 1934, 300 p.

*Collection Oakes. Nouveaux documents de Lahontan
sur le Canada et Terre-Neuve*, Ottawa, J.-O. Patenaude,
o.s.i., Imprimeur de sa Très Excellente Majesté le Roi,
1940, 69, [9] p. Planches. Éditeur ; *The Oakes Collection.
New Documents by Lahontan Concerning Canada
and Newfoundland*, Ottawa, King's Printer, 1940, 71,
[9] p. Planches.

Les Canadiens français et leurs voisins du sud (essais),
Montréal/Toronto/New Haven/London, Éditions Bernard Valiquette/The Ryerson Press/Yale University
Press/Humphrey Milford, Oxford University Press,
1941, xi, 322 p. Éditeur. (Pour la Dotation Carnegie
pour la paix internationale).

[*Les Histoires d'hier et l'Histoire d'aujourd'hui*] (conférence), Toronto, [s.é.], 1941, 14 p. (Paru aussi dans
CHAR, 1941, p. 5-14).

Montréal au temps de la Nouvelle-France, 1642-1760
(essai), Montréal, G. Ducharme éditeur, 1942, 25 p.

*Siuation politique de l'Église canadienne. I Servitudes de
l'Église sous le régime français* (essai), Montréal,
G. Ducharme, 1942, 26 p. Préface de Georges Simard.

Trois ans de guerre 1939-1942 (essai), Montréal,
G. Ducharme éditeur, 1943, 32 p. (Paru aussi dans
RUO, vol. 13, n° 1, janv.-mars 1943, p. 5-34).

Un abbé part en guerre contre un sulpicien (essai), Montréal, G. Ducharme, 1943, 23 p.

Cartier visite la rivière Nicolet en 1535 (essai), Montréal,
G. Ducharme, 1945, 9 p.

L'Œuvre historique de Garneau (essai), Montréal, Imprimerie populaire, 1945, 22 p.

Une accusation contre Mgr de Laval (causerie), Hull,
Imprimerie Leclerc Enrg., 1945, 17 p.

Garneau, historien national (essai), Montréal, Fides, 1946,
207 p. Portrait.

Bref Historique de Saint-Jean du Richelieu (causerie),
Montréal, Ducharme Limitée, 1947, 22 p.

*Jacques Cartier devant l'histoire, avec appendices et
portraits* (essai), Montréal, Éditions Lumen, 1947, 159 p.
Ill.

Faussaires et Faussetés en histoire canadienne (essai),
Montréal, Les Éditions Variétés, 1948, 225 p. Préface
de Robert de Roquebrune.

L'Œuvre de la France en Amérique du Nord (bibliographie
sélective et critique), Montréal, Fides, 1951, 187 p.

Réalisations françaises de Cartier à Montcalm (essai),
Montréal, Les Éditions Chanteclerc ltée, 1951, 212 p.

*Filles de joie ou Filles du roi. Étude sur l'émigration
féminine en Nouvelle-France*, Montréal, Les Éditions
Chanteclerc ltée, 1952, 230 p. ; Les Éditions du Jour,
1964, 156 p.

[*Rétrospective de l'historiographie canadienne*], Mexico,
Éditorial Cultura, 1953, 19 p.

Une Nouvelle-France inconnue (essai), Montréal, Librairie
Ducharme ltée, 1955, 205 p.

Histoire du Canada, Montréal, Librairie Beauchemin
Limitée, 3 vol. : vol. 1, *Des origines au régime royal*,
1959, 460 p. Ill. Cartes ; 1962 (Édition revue et corrigée) ;
1967 ; vol. 2, *Du régime royal au Traité d'Utrecht
1663-1713*, 1963, 370 p. Ill. Carte ; vol. 3, *Du Traité
d'Utrecht au Traité de Paris 1713-1763*, 1964, 405 p.
Ill. ; *A History of Canada*, Toronto/Vancouver, Clarke,
Irwin & Company Limited, 3 vol. : vol. 1, traduction
par Josephine Hambleton : *From its Origins to the
Royal Regime, 1663*, 1963, xv, 393 p. ; vol. 2, traduction
par Margaret M. Cameron : *From the Royal Regime
to the Treaty of Utrecht, 1663-1713*, 1964, xiii, 289 p. ;
vol. 3, traduction par Margaret M. Cameron : *From
the Treaty of Utrecht to the Treaty of Paris, 1713-1763*,
1965, xiv, 304 p.

*The Royal Tour of King George VI and Queen Elizabeth
in Canada and the United States of America 1939*
(chronique), Toronto, E.P. Taylor Foundation, 1964,
xv, 148 p. Ill.

Le Canada et la Révolution américaine (essai), Montréal,
Librairie Beauchemin limitée, 1965, 330 p. Ill. Traduction
anglaise par Margaret M. Cameron : *Canada and the
American Revolution, 1774-1783*, Toronto/Vancouver,
Clarke, Irwin & Company Limited, 1967, xiv, 321 p. ;
Cambridge Harvard University Press ; London/To-
ronto/Wellington/Sidney, George G. Harrap & Co.
Ltd. Ill.

Montréal sous Maisonneuve 1642-1665 (essai), Montréal,
Librairie Beauchemin limitée, 1966, 333 p. Ill. Traduc-
tion anglaise par Alta Lind Cook : *Montreal Under
Maisonneuve 1642-1665*, Toronto/Vancouver, Clarke,
Irwin & Company Limited, 1969, xii, 268 p.

*From the Canoe to the Railway : Early Days and Early
Ways of Travel in Quebec*, [Montréal, Molson's Brew-
eries of Canada Ltd., s.d.], 46 p. Ill.

Les Débuts du christianisme en Louisiane, CHAR, 1924,
p. 54-65.

La Nouvelle-France et sa survivance, MSRC, 3e série,
vol. 23, section 1, 1929, p. 71-83.

Influences américaines dans le Québec, MSRC, 3e série,
vol. 31, section 1, 1937, p. 119-125.

L'Acadie et la Nouvelle-France, 1603-1763, RUO, vol. 11,
n° 2, avril-juin 1941, p. 182-205.

L'Acadie et la Nouvelle-Angleterre, 1603-1763, RUO,
vol. 11, n° 3, juillet-sept. 1941, p. 349-370.

L'Histoire française de Villemarie, RUO, vol. 12, n° 3,
juillet-sept. 1942, p. 279-301.

[*Images et Figures de Montréal sous la France*], MSRC, section 1, 1943, p. 53–78.

[*Psychologie de la guerre mondiale*], C, vol. 4, 1943, p. 461–469.

Cartier's First Voyage to Canada in 1524, CHR, sept. 1944, p. 233–245.

De l'influence sociale du bilinguisme, MSRC, 3e série, vol. 46, section 1, 1952, p. 49–60.

ÉTUDES

Guy Frégault, *Garneau, historien national, par Gustave Lanctot*, AN, vol. 28, sept. 1946, p. 61–65.

Lionel Groulx, *Jacques Cartier devant l'histoire*, RHAF, vol. 1, no 2, sept. 1947, p. 291–298.

Damase Potvin, *Faussaires et Faussetés en histoire canadienne*, C, vol. 10, no 2, juin 1949, p. 202–205.

Gérard Malchelosse, *Filles de joie ou Filles du roi. Étude sur l'émigration féminine en Nouvelle-France*, RHAF, vol. 6, no 3, déc. 1952, p. 447–450.

Fernand Grenier, *Une Nouvelle-France inconnue*, C, vol. 17, no 1, mars 1956, p. 97–99.

Arthur Maheux, *L'Œuvre historique de Gustave Lanctot sur le Canada*, RUL, vol. 10, no 8, avril 1956, p. 761–762.

Dominique Beaudin, *L'Histoire du Canada de M. Gustave Lanctot*, AN, vol. 50, no 9, mai 1961, p. 882–888.

LANCTÔT, JACQUES (1945–   ). Poète, né à Montréal. Il étudie au Collège Saint-Ignace de Rosemont, et il fait des études de science politique à l'Université du Québec à Montréal. Il sera professeur de français au secondaire à Saint-Hyacinthe pendant deux ans, traducteur deux ans à La Havane et, à partir de 1979, secrétaire de rédaction chez VLB éditeur. Lié à la Crise d'octobre de 1970, il est exilé à Cuba, puis en France. Après son retour au Canada, en 1979, il collabore à des périodiques tels *La Nouvelle Barre du jour*, *Possibles* et *Perspectives*. En 1979, il publie *Rupture de ban*, recueil de courts textes de prose poétique qui semble bien être la première manifestation littéraire d'un membre du F.L.Q. «Ce texte, écrit Hugues Corriveau, joue directement dans l'ordre du poétique. Riche de sens, il s'inscrit également dans le plaisir de l'écriture». Et selon Michel Beaulieu, «l'anecdote ne sert ici que de toile de fond. [Il s'agit] d'une transcription in vivo des émotions ressenties par l'exilé qui ne cesse jamais de se languir de sa terre natale». Dans le second recueil de Lanctôt, *Affaires courantes* (1982), l'expérience carcérale constitue le point de départ, avec la femme, le corps, le sexe. L'écriture va de la forme épistolaire au journal poétique et au poème en vers.

ŒUVRES

Rupture de ban. Paroles d'exil et d'amour (poésie), Montréal, VLB éditeur, 1979, 133 p.

Affaires courantes. Poésie, Montréal, VLB éditeur, 1982, 129 p. Ill.

——————

Lettres à Carole D., NBJ, no 81, sept. 1979, p. 43–45.

Courir avec la prison sur le dos, dans *Sports et Loisirs*, no 99, nov. 1980, p. 8–11.

Moi, le naïf, dans *Possibles*, vol. 4, no 2, hiver 1980, p. 73–75.

Handicapés et Prisonniers dans la main, Pe, vol. 23, no 1, 3 janv. 1981, p. 2–5.

Du temps libre à bricoler, Pe, vol. 23, no 15, 18 avril 1981, p. 2–4.

Du bucolique à la rentabilité, Pe, vol. 23, no 41, 10 oct. 1981, p. 3–5.

Pris/Prise/Prison, dans *Possibles*, vol. 5, no 1, nov. 1981, p. 113–115.

ÉTUDES

René Beaudoin et Claude Marcil, *Il y a 10 ans le F.L.Q.*, Pe, vol. 15, no 24, 16 juin 1973, p. 2–4, 6–9.

Gilles Cossette, *Porte ouverte. Rupture de ban de Jacques Lanctôt*, LQ, no 15, août-sept. 1979, p. 27–28.

Michel Beaulieu, *En marge du F.L.Q. Lanctôt véhicule des paroles d'exil et d'amour*, dans *Le Livre d'ici*, vol. 4, no 51, 26 sept. 1979, p. 1.

Hugues Corriveau, *Jacques Lanctôt. Rupture de ban. Paroles d'exil et d'amour*, LAQ 1979, p. 135–137.

Adrien Thério, *Affaires courantes de Jacques Lanctôt*, LQ, no 27, automne 1982, p. 96.

Ivanhoé Beaulieu, *Jacques Lanctôt: une météorologie des sens*, Pr, 98e année, no 119, 22 mai 1982, p. C-5.

Claude Beausoleil, *Jacques Lanctôt: le réel amoureux*, Dev, vol. 73, no 210, 11 sept. 1982, p. 21.

LANCTÔT, LOUISE (1947–   ). Essayiste, née à Montréal. Elle étudie au Collège Cardinal-Léger, au Collège Sophie-Barat, au Collège Saint-Denis et au Collège Ahuntsic (D.E.C., 1969). Ses études en sociologie à l'Université de Montréal sont interrompues par l'enlèvement de James Cross, en octobre 1970. La cellule Libération dont fait partie Louise Lanctôt se voit exilée à Cuba (1970–1974), puis en France (1974–1978). Louise Lanctôt fait du journalisme en France, puis elle retourne au Québec en 1978 et subit son procès. Après sa sortie de prison, elle s'inscrit en communications à l'Université du Québec à Montréal où elle exerce des fonctions de bibliotechnicienne et de documentaliste. La parution de son essai autobiographique, *Une sorcière comme les autres* (1981), éclaire certains événements entourant la période de 1970 et constitue un témoignage émouvant sur la vie d'exilée de l'auteur. «Le récit de Louise Lanctôt, écrit Marc Laurendeau, fait ressortir avec éloquence le menu détail de la douleur ressentie pendant huit années d'exil. Il braque une lumière crue sur les felquistes de la cellule Libération qui, malgré leur idéologie égalitaire, semblaient peu sensibilisés au rôle et aux droits de la femme [...]. Son récit reste vivant, alerte et s'inscrit dans une belle continuité ».

ŒUVRE

Une sorcière comme les autres (essai-témoignage), Montréal, Québec/Amérique, 1981, 182 p. Ill. d'Alexis et de Marie-Ange Lanctôt. « 2 Continents ».

ÉTUDES

Gilbert La Rocque, *Après octobre 70 et l'exil : un témoignage troublant de Louise Lanctôt*, dans *Québec/Amérique, magazine d'information*, vol. 3, n° 7, nov. 1981, p. 6.
Marc Laurendeau, *Louise Lanctôt. Le récit émotif et vibrant de l'exil*, Pr, 97ᵉ année, n° 258, 31 oct. 1981, p. D-3.
Jacques Pelletier, *Louise Lanctôt. Une sorcière comme les autres*, LAQ 1981, p. 299-300.
Laurent Laplante, *Une sorcière comme les autres*, So, 86ᵉ année, n° 47, 22 févr. 1982, p. A-4.

LANDRY, SIMONE [Simone Landry-Guillet] (1938–). Psychologue et romancière, née à Chicoutimi. Elle fait son cours classique au Collège du Bon-Pasteur de Chicoutimi et au Collège Jésus-Marie de Sillery (B.A., 1958). En 1959, elle obtient un baccalauréat en bibliothéconomie de l'Université de Montréal, puis en 1961-1962, elle suit des cours de lettres à la Sorbonne. Avant et après ce voyage, elle est bibliothécaire à Arvida et à l'Université de Montréal. Elle retourne aux études, en psychologie cette fois, et prépare un baccalauréat (1970) et une maîtrise (1971) dont le mémoire s'intitule « Pouvoir, leadership et relations préférencielles dans un groupe de formation », travail qui mérite le prix de la Corporation des psychologues de la province de Québec. Sa scolarité de doctorat terminée, elle enseigne à l'Université du Québec à Montréal. À partir de 1967, elle remplit aussi diverses fonctions : animatrice à l'émission « Capital et Travail » à Radio-Canada (1967-1970), recherchiste au Département des relations industrielles de l'Université de Montréal, archiviste-bibliothécaire à la Commission des transports de Montréal, consultante à l'Institut Pinel... Son premier roman, retenu en finale au concours du Cercle du livre de France, rencontre la faveur de la critique. Roch Carrier déclare que « ce petit roman qui a une voix discrète, mesurée, chaude et presque toujours juste », a dû être mené « avec beaucoup de maîtrise pour éviter une ripopée d'éléments arbitrairement rassemblés. Or, *L'Itinéraire* a l'unité d'une œuvre bien construite. Il a fallu aussi une grande douceur. Manipuler tant d'explosifs [alcool, mariage, féminisme, aliénation,

nationalisme, terrorisme, etc.] était dangereux. Tout aurait pu exploser dans un lyrisme de folliculaire. La voix de Simone Landry est douce, mais chargée de révolution contenue ».

ŒUVRE

L'Itinéraire. Roman, Montréal, CLF, 1966, 160 p. Sous le nom de Simone Landry-Guillet.

ÉTUDES

Alain Pontaut, *Simone Landry-Guillet : journal interne et social d'une prise de conscience*, Pr, vol. 82, n° 228, 1ᵉʳ oct. 1966, p. 3.
Jean-Yves Théberge, *En présence d'un écrivain*, CF, vol. 107, n° 21, 13 oct. 1966, p. 34.
Roch Carrier, *L'Itinéraire de Simone Landry-Guillet*, LAQ 1966, p. 46-47.
Jean-Guy Pilon, *L'Itinéraire, roman de Simone Landry-Guillet*, L, vol. 9, n° 49, janv.–févr. 1969, p. 82.

LANDRY-GUILLET, SIMONE. Voir **LANDRY, SIMONE.**

LANDRY-THÉRIAULT, JEANNINE (1937–). Romancière, née à Saint-Paul de Grande-Anse (Nouveau-Brunswick). Elle fait des études de pédagogie par correspondance (Brevet, 1956), puis en relations humaines et en psychologie au Collège communautaire de Shippagan. Elle enseigne au Village Saint-Paul, fait de l'animation sociale à Bertrand et, à partir de 1977, elle est guide interprète au Village historique acadien de Rivière du Nord. Ses contes publiés dans *Éloizes* narrent simplement la vie quotidienne des gens de son pays dans un langage dru, toujours proche de la réalité. Son premier roman, *Un soleil mauve sur la baie* (1981), relate la vie d'une jeune fille qui s'éveille à l'amour et se souvient de son enfance dans un coin d'Acadie. Selon Raymond Robichaud, dans cet ouvrage au « style concis et saccadé, l'auteur relate avec véhémence et ironie une série de petits potins qui feraient grimacer les tenants de notre passé glorieux aux heures de la grande misère ». De son second roman, *Le Moustiquaire* (1983), René LeBlanc écrit : « Peu de romans acadiens, autant que celui-ci, nous donnent le sens d'une vérité humaine... »

ŒUVRES

Un soleil mauve sur la baie. Roman, Moncton, Éditions d'Acadie, 1981, 117 p.
Le Moustiquaire. Roman, Moncton, Éditions d'Acadie, 1983, 188 p.

Miscou, mon amour (conte), dans *Éloizes*, nº 1, printemps 1980, p. 63-67.

François Goëland (nouvelle), dans *Éloizes*, nº 2, automne 1980, p. 17-25.

Nérée (nouvelle), dans *Éloizes*, nº 3, printemps 1981, p. 69-78.

Vacances 1950 (poésie), dans *Le Voilier*, 12 août 1981, p. 25-B.

ÉTUDES

[Anonyme], *Soleil mauve sur la baie. Un premier livre par Jeannine Thériault*, dans *Le Voilier*, 5 août 1981, p. 5-6.

Marie-Paule Le Blanc et Irène Le Blanc, *Les Livres. Nouveau roman lancé à Caraquet*, dans *L'Évangéline*, vol. 94, nº 12954-182, 7 août 1981, p. 34.

René LeBlanc, « *Le Moustiquaire* », Dr, 72ᵉ année, nº 120, 22 sept. 1984, p. 26.

LANE, GILLES (1929–   ). Philosophe, né à Saint-Boniface (Manitoba). Après son cours classique au Collège de Saint-Boniface (B.A., 1950), il entre chez les Jésuites, en 1950. Il obtient ensuite un baccalauréat en mathématiques à l'Université de Montréal (1957), une maîtrise en physique à l'Université Columbia (New York, 1959), une licence en théologie à l'Université Léopold-Franzen d'Innsbruck (Autriche, 1963), et un doctorat d'État en philosophie à l'Université de Paris (1969) pour sa thèse *Être et Langage*. Il est professeur de philosophie à l'Université du Québec à Trois-Rivières (1968–1974), à l'Université de Sherbrooke (1976), à l'Université Laval (1978-1979) et à l'Université de Montréal à partir de 1980. Outre sa thèse, il a publié plusieurs ouvrages philosophiques, et il collabore à des périodiques comme *Dialogue, Prospectives, Critère*. Parlant de *L'Avenir d'une prédiction* (1971), Yvon Gauthier souligne que dans les trois premiers ouvrages de l'auteur s'élabore une métaphysique personnaliste de la physique. Gauthier fait des réserves sur les hypothèses scientifiques de Lane, mais il ajoute qu'il faut lui reconnaître « une originalité certaine et une profondeur de vues que les anathèmes scientifiques ne sauraient ébranler ». *L'Urgence du présent* (1973) semble un livre à la fois intéressant et irritant à Claude Lagadec : irritant parce qu'il en juge la technique de recherche incomplète et fautive ; intéressant parce que « c'est un livre de moraliste, mais qui ne se croit pas obligé d'évoquer de grandes visions ».

ŒUVRES

Notre monde apparent. Notes pour une philosophie de la nature (essai), Paris/Bruxelles/Montréal, Desclée de Brouwer/Les Éditions Bellarmin, 1969, 109 p. « Essais pour notre temps » ; 1974.

Être et Langage. Essai sur la recherche de l'objectivité, Paris, Aubier-Montaigne, 1970, 334 p. « Présence et Pensée ».

Quand dire, c'est faire (essai), Paris, Éditions du Seuil, 1970, 187 p. Introduction par Gilles Lane. Traduction du livre de J.-L. Austin. : *How To Do Things With Words*.

L'Avenir d'une prédiction. Notes pour une philosophie des sciences (essai), Montréal, PUQ, 1971, ix, 164 p.

L'Urgence du présent. Essai sur la culture et la contre-culture, Montréal, PUQ, 1973, ii, 212 p.

À quoi bon la philosophie ? (essai), Longueuil, Le Préambule, 1982, 118 p. ; 1983. (Édition revue et corrigée).

Si les marionnettes pouvaient choisir. Recherches sur les droits, l'obligation morale et les valeurs (essai), Montréal, L'Hexagone, 1983, 215 p. « Positions philosophiques ».

Qu'est-ce que parler ?, dans *Dialogue*, nº 2, 1974, p. 327-345.

Besoins des étudiants en formation fondamentale, dans *Prospectives*, vol. 2, nº 4, oct. 1975, p. 203-207.

La Position des entités théoriques, dans *Dialogue*, nº 2, 1977, p. 213-227.

Il est impossible d'intervenir dans le cours des événements, dans *Dialogue*, nº 1, 1979, p. 1-13.

Le Problème des « vraies » valeurs, dans *Critère*, nº 35, printemps 1983, p. 85-101.

ÉTUDES

Yvon Gauthier, *L'Avenir d'une prédiction. Notes pour une philosophie des sciences*, dans *Dialogue*, vol. 10, nº 2, juin 1971, p. 420-424.

Marie-Claire Delvaux, *Être et Langage*, dans *Dialogue*, vol. 10, nº 3, 1971, p. 631.

Claude Lagadec, *L'Urgence du présent : Essai sur la culture et la contre-culture*, dans *Dialogue*, vol. 13, nº 2, juin 1974, p. 428-430.

Jean Royer, *Sortir la philosophie des « boules à mites »*, Dev, vol. 75, nº 221, 22 sept. 1984, p. 23.

Robert Vigneault, *Dans le labyrinthe de l'acte libre*, LQ, nº 35, automne 1984, p. 73-74.

LANGEAIS, PIERRE. Voir **DESMARCHAIS, REX.**

LANGEVIN, ANDRÉ (1927–). Romancier et dramaturge, né à Montréal. Orphelin très jeune, il est élevé dans une institution dont l'éducation, dosage de « prison et d'asile », le marque profondément. D'abord messager, il devient journaliste au *Devoir* (responsable de la section littéraire) ; il signe des articles d'actualité politique et sociale dans *Liberté*, *Le Nouveau Journal* et *Magazine Maclean*. À partir de 1948, il travaille à Radio-Canada, d'abord comme rédacteur, ensuite comme réalisateur. Le prix du Cercle du livre de France lui est successivement accordé, en 1951, pour *Évadé de la nuit*, puis, en 1953, pour *Poussière sur la ville*, considéré par la critique comme l'un des meilleurs romans des années 50. L'année suivante, André Langevin aborde le théâtre et présente sa première pièce, « Une nuit d'amour », jouée par le Théâtre du Nouveau Monde, avec la pièce « L'Œil du peuple », reprise le 15 avril 1967, à Sherbrooke. Radio-Canada, dans le cadre des Beaux Dimanches, présente « La Neige en octobre », le 19 octobre 1968, puis « Les Semelles de vent », le 5 novembre 1972. André Langevin se voit décerner le Grand Prix de la Ville de Montréal (1973) pour son roman *L'Élan d'Amérique*. Son œuvre traduit les principales préoccupations de l'homme continuellement aux prises avec les problèmes éternels de la souffrance, de la justice et de la mort. Dès la parution de son premier roman, *Évadé de la nuit*, Gilles Marcotte reconnaît en Langevin les qualités d'un grand écrivain qui fournit matière à réflexion dans un style de qualité : « C'est une œuvre, en tout cas, que je ne suis pas enclin à traiter à la légère. Elle est remarquablement écrite, dans une langue ferme et variée qui a peu d'égales dans nos lettres ; et elle se nourrit d'une pensée active et originale qui avait donné son fruit, auparavant, dans de brillants articles de critique littéraire ». Dans ses trois premiers romans — *Évadé de la nuit*, *Poussière sur la ville*, *Le Temps des hommes* — André Langevin se penche sur la solitude de l'homme. « Son œuvre romanesque, écrit Jean-Louis Major, mérite qu'on en scrute de très près le développement, afin d'y retrouver l'une des plus authentiques manifestations du thème social et, en arrière-plan, les idées de l'auteur sur la vie de notre époque ». Fidèle à sa vocation, Langevin poursuit sa recherche de l'homme dans ses deux derniers romans : *L'Élan d'Amérique* et *Une chaîne dans le parc*. À ce propos, Jean Éthier-Blais remarque : « En deux ans, M. André Langevin a fait paraître deux romans d'une haute qualité. Son écriture s'affirme avec aisance ». Jacques Brault précise davantage cet énoncé : « La parole traverse la langue, mais sans la violenter inutilement, et c'est pourquoi ce livre de violence (*Une chaîne dans le parc*) ne tombe pas dans les ornières archiconnues, rhétorique du paroxysme, distorsions forcénées du lexique, ornières où grouillent, dans une eau maigre, la vermine de l'enflure verbale et des coups de gueule dans le vide ».

ŒUVRES

Évadé de la nuit (roman), [Montréal], CLF, 1951, 245 p.

Poussière sur la ville (roman), Montréal, CLF, 1953, 213 p. ; Paris, Laffont, 1955, 212 p. ; Ottawa, Éditions du Renouveau pédagogique, 1969, 187 p. Présentation et annotation par Renald Bérubé. « LQ » ; Montréal, CLF, 1972, 213 p. ; CLF Pierre Tisseyre, 1975. Traduction anglaise par John Latrobe et Robert Gottlieb : *Dust Over the City*, Toronto, McClelland and Stewart, 1955, 215 p. ; 1974. Introduction de Ronald Sutherland.

Le Temps des hommes (roman), Montréal, CLF, 1956, 233 p. ; Paris, Robert Laffont, 1958 ; *Le Temps des hommes. Roman*, Montréal, CLF, 1976, 189 p.

L'Œil du peuple. Pièce en trois actes, [Montréal], CLF, 1958, 127 p.

L'Élan d'Amérique. Roman, Montréal, CLF, 1972, 239 p. ; Paris, Denoël.

Une chaîne dans le parc (roman), Montréal, CLF, 1974, 316 p. ; Paris, Julliard. Traduction anglaise par Alan Brown : *Orphan Street*, Toronto, McClelland and Stewart, 1976, 287 p. ; Philadelphie/New York, J.B. Lippincott Company. (Traduit aussi en russe).

L'homme qui ne savait plus jouer (conte), ECF, n° 1, 1954, p. 85‑93.

Un homme aux cheveux blancs, L, vol. 3, n°s 15–16, mai–août 1961, p. 596–597.

Quelques Réflexions sur le MLF, L, vol. 3, n° 3, mai–juin 1963, p. 184–188.

Une langue humiliée, L, n°s 31–32, 1964, p. 119–123.

Le Sage Créon, L, vol. 7, n° 39, mai–juin 1965, p. 254–257.

Un parfum de rose bleue (nouvelle), L, vol. 11, n° 2, mars–avril 1969, p. 63–75.

ÉTUDES

Jean-Paul Pinsonneault, *Évadé de la nuit*, dans *Lectures*, t. 8, n° 4, déc. 1951, p. 173–176.

Lucille Isabelle, « Essai de bibliographie sur André Langevin ». Mémoire. Montréal, École de Bibliothécaires, Université de Montréal, 1952, 57 f.

Bruno Lafleur, *André Langevin, Eugène Giroux, Eugène Cloutier : trois jeunes romanciers canadiens*, RUL, vol. 8, n⁰ 6, févr. 1954, p. 530-541.

Guy Robert, *Prix du Cercle du livre de France*, RD, vol. 62, n⁰ 4, mai 1956, p. 207-217.

Gérard Bessette, *French Canadian Society as Seen by Contemporary Novelists*, dans *Queen's Quarterly*, vol. 69, n⁰ 2, été 1962, p. 177-197, surtout p. 193-196.

Id. et Mary Jane Edwards, *Le Thème de la solitude dans les romans de Langevin*, RUO, vol. 32, n⁰ 3, 1962, p. 268-279.

Gustave Lamarche, *Le Roman d'André Langevin*, AN, vol. 52, n⁰ 10, juin 1963, p. 1037-1045.

Jean-Louis Major, *André Langevin*, dans *Le Roman canadien-français*, Montréal/Paris, Fides, 1964, p. 207-229. «ALC» 3.

Renald Bérubé, *L'Hiver dans Le Temps des hommes d'André Langevin*, CSM, n⁰ 1, *Littérature canadienne*, mai 1966, p. 9-15.

Roger Godbout, *Le Milieu, personnage symbolique dans l'œuvre d'André Langevin*, LAC 1966, p. 198-203.

Pierre de Grandpré, *La Pureté au fond de l'abjection. André Langevin, Le Temps des hommes*, dans *Dix ans de vie littéraire au Canada français*, Montréal, Beauchemin, 1966, p. 108-111.

Gilles Marcotte, *L'Œuvre romanesque d'André Langevin*, dans *Une littérature qui se fait*, Montréal, Hurtubise HMH, 1968, p. 51-61.

Denis Saint-Jacques, *André Langevin aux prises avec le temps*, EL, vol. 2, n⁰ 2, août 1969, p. 157-176.

Gérard Bessette, *L'Élan d'Amérique dans l'œuvre d'André Langevin*, LAQ 1972, p. 12-33.

André Gaulin, *André Langevin, essayiste (1946-1969)*, VIP, n⁰ 7, 1973, p. 151-165.

Études littéraires, vol. 6, n⁰ 2, août 1973. (Numéro spécial sur Langevin).

Jean Éthier-Blais, *La Profonde Humanité de Monsieur André Langevin*, Dev, vol. 65, n⁰ 235, 12 oct. 1974, p. 17.

Jacques Brault, *Transgression des transgressions*, Dev, vol. 65, n⁰ 235, 12 oct. 1974, p. 17.

André Gaulin, *André Langevin. Une chaîne dans un parc*, LAC 1974, p. 26-29.

François Gallays, *Le Temps des hommes d'André Langevin. Une relecture*, VI, vol. 1, n⁰ 3, avril 1976, p. 406-416.

Pierre Hébert, *Forme et Signification du temps et du discours immédiat dans Poussière sur la ville : le récit d'une victoire*, VI, vol. 2, n⁰ 2, déc. 1976, p. 209-230.

Gabrielle Pascal, *La Quête de l'identité chez André Langevin*, Montréal, Éditions Aquila ltée, 1976, 93 p. «Figures du Québec».

Alexandre Amprimoz, *Poussière sur la ville : vers une sémiotique des gestes*, dans *Présence francophone*, n⁰ 14, printemps 1977, p. 97-104.

Pierre Hébert, *Le Discours immédiat : essai et modèle de lecture de Poussière sur la ville d'André Langevin*, dans *Présence francophone*, n⁰ 14, printemps 1977, p. 105-119.

Jean-Pierre Boucher, *En voiture. Poussière sur la ville d'André Langevin*, dans *Instantanés de la condition québécoise*, Montréal, HMH, 1977, p. 91-105.

Marie-Lyne Piccione, *Le Symbolisme de la machine chez André Langevin*, dans *Études canadiennes*, n⁰ 8, 1980, p. 65-75.

André Brochu, *L'Évasion tragique*, Montréal, Hurtubise HMH, 1985, 358 p.

LANGEVIN, GILBERT [Régis Auger, Carmen Avril, Gyl Bergevin, Daniel Derome, Alexandre Jarrault, Zéro Legel, Carl Steinberg] (1938-   ). Poète, né à La Doré (Lac-Saint-Jean). Après ses études primaires dans son village natal, il fait des études classiques chez les Rédemptoristes de Sainte-Anne-de-Beaupré (1950-1955), chez les Oblats de Jonquière et au Collège Saint-Sulpice de Montréal. Il obtient son baccalauréat en liste externe, à l'Institut Leguerrier (1959). En 1960, il est chargé de cours et d'animation à l'«Université ouvrière» de Montréal, fondée par Jean Fortin, met sur pied et dirige les Éditions Atys. À la même époque, il rencontre Gaston Miron et Gilles Leclerc et fonde le Mouvement fraternaliste, alliage de marxisme et d'existentialisme. Avec François Hertel, il lance les *Cahiers fraternalistes* (1960-1961), collabore à quelques revues et organise des récitals de poésie au Bar des arts, ce qui permet de présenter au public, au printemps de 1964, 44 poètes. L'année suivante, le groupe poétique de Langevin se retrouve à la boîte la Batêche-Batouk du Perchoir d'Haïti, à Montréal. En 1966, il remporte le prix Du Maurier pour son recueil *Un peu plus d'ombre au dos de la falaise*. En 1969, Pauline Julien utilise ses poèmes pour enregistrer un long jeu et les présente à l'occasion de ses récitals. Langevin travaille tour à tour à la Bibliothèque Saint-Sulpice, aux Presses de l'Université de Montréal, à Radio-Canada. Une bourse du Conseil des Arts du Canada lui permet de se consacrer davantage à la création littéraire. Il collabore à plusieurs revues : *Liberté*, *La Barre du jour*, *Quoi*, *Photo-Québec* et *Passe-Partout*. En 1972, il participe aux spectacles de l'Atelier d'expression multidisciplinaire qui regroupe un certain nombre d'artistes. Dans les recueils de Gilbert Langevin — *À la gueule du jour*, *Le Vertige du sourire*, *Poèmes-effigies*, *Symptômes* — la poésie se cherche dans le quotidien, dans la pénombre, dans la blessure. Le rêve, au dire du poète lui-même, «bute sur l'asphalte». C'est une poésie d'appartenance chantée en gammes tragiques. «Gilbert Langevin se plaît à jouer avec les mots pour leur donner une logique nouvelle, précise André Major. [...] Langevin écrit des poèmes brefs, incisifs, éclairs secs d'une autobiographie». «Vers et prose, incantation et narration, récits de rêves et discours, ajoute François

Ricard, tout ici se complète et concourt à l'élaboration d'une parole qu'on dirait brute et délirante ».

ŒUVRES

À la gueule du jour (poésie), Montréal, Éditions Atys, 1959, [n.p., 28 p.].

Poèmes-effigies, Montréal, Atys, 1960, [n.p.]. (Hors commerce).

Le Vertige de sourire (poésie), Montréal, Atys, 1960, [n.p.]. (Hors commerce).

Symptômes. Poèmes 1959-1960, Montréal/Paris/Bruxelles, Les Éditions Atys, 1963, [n.p., 55 p.].

Un peu plus d'ombre au dos de la falaise 1961-1962 (poésie), Montréal, Les Éditions Estérel, 1966, 81 p.

Noctuaire (poésie), Montréal, Les Éditions Estérel, 1967, 36 p.

Pour une aube (poésie), Montréal, Les Éditions Estérel, 1967, 75 p.

Ouvrir le feu (poésie), Montréal, Les Éditions du Jour, 1971, 60 p. « PJ ».

Stress (poésie), Montréal, Éditions du Jour, 1971, 47 p. « PJ ».

Origines 1959-1967 (poésie), Montréal, Éditions du Jour, 1971, 275 p.

Les Écrits de Zéro Legel. Première série (prose), Montréal, Éditions du Jour, 1972, 156 p.

Novembre suivi de La Vue du sang (poésie), Montréal, Éditions du Jour, 1973, 84 p. « PJ ».

Chansons et Poèmes, [Montréal], Éditions Québécoises/Éditions Vert Blanc Rouge, 1973, 78 p. « Poésie ».

La Douche ou la Seringue (prose), Montréal, Éditions du Jour, 1973, 115 p. Postface de Lucien Francœur. (Deuxième série des Écrits de Zéro Legel).

Chansons et Poèmes 2, [Montréal], Éditions Vert Blanc Rouge/Éditions Québécoises, 1974, 76 p.

Griefs. Poégrammes, Montréal, L'Hexagone, 1975, 67 p.

L'Avion rose. Écrits de Zéro Legel. Troisième série (prose), Montréal, La Presse, 1976, 102 p.

Les Imagiers, Montréal, Éditions Sagitta, 1977, [portefeuille, n.p., 18 f.]. 12 gravures et un poème de Gilbert Langevin. Préface de Françoise Bujold. (Édition de luxe. Tirage limité.

Mon refuge est un volcan (poésie), [Montréal], L'Hexagone, 1978, 91 p. Ill. de Carl Daoust. (Paru en partie dans Hobo-Québec et la revue Focus).

Le Fou solidaire (poésie), Montréal, L'Hexagone, 1980, 69 p. Ill. de Jocelyne Messier.

Issue de secours (poésie), [Montréal], L'Hexagone, 1981, 73 p. Ill. de l'auteur.

Fables du temps rauque (pour l'enfant d'autrefois) (poésie), [s.l.], Éditions du Pôle, 1981, [portefeuille, n.p., 56 f.]. Gravures de Monique Dussault. (Édition de luxe. Tirage limité. Paru aussi dans Estuaire, no 23, printemps 1982, p. 65-75).

Les Mains libres (poésie), Montréal, Parti Pris, 1983, 84 p. « P ».

Entre l'inerte et les clameurs (poésie), Trois-Rivières, Écrits des Forges, 1985, 51 p. « Radar ».

Comme un lexique des abîmes (poésie), Trois-Rivières, Écrits des Forges, 1986, 70 p. « Radar ».

Au plaisir (poésie), Trois-Rivières, Écrits des Forges, 1987, 60 p.

———

Poème, dans Passe-Partout, vol. 1, no 1, janv. 1965, p. 13-15.

Témoignages d'écrivains, EF, vol. 3, no 3, août 1967, p. 302-307.

Que finisse le temps des victimes (poésie), dans Le Voyage, vol. 1, no 2, juin 1968, p. 4.

Parole de cible : ici la vie (poésie), BJ, no 14, juin–juillet 1968, p. 29-30.

Déclaration de Gilbert Langevin, Dev, vol. 70, no 92, 21 avril 1979, p. 23.

ÉTUDES

André-F. Vachon, Symptômes, LAC 1963, p. 56.

François Piazza, Le Canada français à l'avant-garde de la poésie, dans Journaux littéraires du Canada français, vol. 3, no 3, févr. 1966, p. 3.

André Major, Œuvres de cinq poètes canadiens, PJ, vol. 40, no 34, 19 juin 1966, p. 57-58.

Raoul Duguay, Littérature québécoise, PP, vol. 4, no 1, sept.–oct. 1966, p. 94-101, surtout p. 97-100.

Jean-Guy Pilon, Pierre Morency et Gilbert Langevin, Dev, vol. 59, no 52, 2 mars 1968, p. 12.

Jean-Yves Théberge, Les Deux derniers Gilbert Langevin, CF, vol. 108, no 41, 7 mars 1968, p. 26.

Laurent Mailhot, Origines 1959-1967, Stress et Ouvrir le feu de Gilbert Langevin, LAQ 1971, p. 137-139.

Pierre Nepveu, La Poétique de Gilbert Langevin, LAQ 1973, p. 312-324.

François Ricard, La Douche ou la Seringue de Gilbert Langevin : de zéro à la totalité, dans Le Jour, vol. 1, no 33, 6 avril 1974, p. V-3.

André Brochu, Gilbert Langevin. La Douche ou la Seringue, Chansons et Poèmes 2, LAC 1974, p. 129-130.

André-G. Bourassa, L'ange noir qu'est Langevin, LQ, vol. 1, no 3, sept. 1976, p. 8-10.

Jean-Noël Pontbriand, Gilbert Langevin. Griefs et L'Avion rose, LAQ 1976, p. 129-130.

Jean Royer, Gilbert Langevin : la vie d'un autre, Dev, vol. 69, no 186, 12 août 1978, p. 13.

Suzanne Paradis, Langevin : le volcan n'est pas éteint, Dev, vol. 69, no 204, 2 sept. 1978, p. 16.

Pierre Nepveu, Gilbert Langevin. Mon refuge est un volcan, LAQ 1978, p. 134-136.

Gaétan Breton, Gilbert Langevin. Issue de secours, LAQ 1981, p. 97-99.

Michel Clément, Gilbert Langevin. Le Fou solidaire, LAQ 1981, p. 99-100.

Michel Lemaire, Gilbert Langevin : la tête du poète, LQ, no 24, hiver 1981-1982, p. 36-38.

Jean Royer, Gilbert Langevin : cette voix que j'ai, Dev, vol. 73, no 228, 2 oct. 1982, p. 35.

LANGLAIS, JACQUES (1921-   ). Historien et ethnologue, né à Québec. Il fait le cours classique au Collège de Saint-Laurent et au Séminaire de philosophie de Montréal (B.A., 1941). Entré chez les pères de Sainte-Croix, il est ordonné prêtre en 1946. Il enseigne en Haïti en 1946-1947. Retourné aux études, il fréquente l'Institut d'ethnologie et de sociologie religieuse de Paris en 1955-1956, puis l'Institute of Islamic Studies de l'Université McGill en 1957-1958. Il enseigne ensuite au Collège Sainte-Croix et au Séminaire Sainte-Croix, de 1959 à 1963. Il est alors nommé directeur du Centre interculturel Monchanin (1963-1970). De nouveau aux études (1970-1972), il présente un mémoire de maîtrise intitulé « Early New-Confucian Criticism of Chinese Buddhism » à l'Université McMaster (Hamilton, Ontario) où il obtiendra aussi un doctorat pour sa thèse, « Les Jésuites du Québec en Chine (1918-1955) : leur perception des traditions chinoises » (1976). Il est professeur au Champlain Regional College de Saint-Lambert à partir de 1972 ; il donne aussi des cours à l'Université du Québec à Montréal et à l'Université de Montréal (1973-1974). Il collabore à plusieurs revues, telles *Orient, Monchanin, Interculture, Studies in Religion / Sciences religieuses* et *Medium*. Il publie son premier livre, *Le Bouddha et les Deux bouddhismes*, en 1975, puis, en 1979, *Les Jésuites du Québec en Chine (1918-1955)* qui reçoit un accueil favorable : « Ce volume captivant, fort bien documenté, écrit Clément Trudel, peut servir à conjurer la formation d'autres ‹ ghettos chrétiens › dans les civilisations non-occidentales. Il éclaire intelligemment une tranche d'histoire ».

ŒUVRES

Le Bouddha et les Deux bouddhismes (essai), Montréal, Fides, 1975, 204 p. Préface de Raimundo Panikkar. Ill. de Frederick Franck. « Regards scientifiques sur les religions ».

Les Jésuites du Québec en Chine (1918-1955) (essai), Québec, PUL, 1979, xvi, 374 p. Ill. « Travaux du laboratoire d'histoire religieuse de l'Université Laval ».

Juifs et Québécois français, 200 ans d'histoire commune (essai), Montréal, Fides, 1986, 286 p. Collab. David Rome. « Rencontre des cultures ».

ÉTUDES

A. Désilets, *Le Bouddha et les Deux bouddhismes de Jacques Langlais*, dans *Sciences religieuses / Studies in Religion*, 1976/1977, p. 204-205.

A. Couture, *Le Bouddha et les Deux bouddhismes*, dans *Laval théologique et philosophique*, vol. 33, n° 2, 1977, p. 320-321.

Jacques Grisé, *Les Jésuites du Québec en Chine (1918-1955)*, dans *Nouvelles et Documents*, n° 21, 19 févr. 1980, p. 29-31.

Clément Trudel, « *Nos* » Jésuites en Chine, Dev, vol. 71, n° 117, 24 mai 1980, p. 20.

André Janoël, *Langlais (Jacques). Les Jésuites du Québec en Chine (1918-1955)*, dans *Nos livres*, vol. 11, août-sept. 1980, n° 257.

Guy Lapierre, *Langlais, Jacques, Les Jésuites du Québec en Chine (1918-1955)*, RHAF, vol. 34, n° 4, mars 1981, p. 635-636.

LANGLOIS, GILBERT (1946-   ). Romancier et dramaturge, né à Sainte-Anne-des-Monts (Gaspé-Ouest). Après des études à l'École normale, il enseigne un an. Il étudie aussi au Cégep de Matane et à l'Université du Québec à Montréal (bacc. en information, 1972). D'abord scénariste et recherchiste à la télévision de Radio-Québec (1972-1974), il devient par la suite réalisateur à la télévision de Radio-Canada à Matane. Gilbert Langlois publie un premier roman, *Le Domaine Cassaubon* (1971), et reçoit le prix du roman de L'Actuelle. Son deuxième roman, *L'Allocutaire* (1973), fait dire à Réginald Martel que « Gilbert Langlois a un extraordinaire tempérament d'écrivain. Il ne force jamais l'expression, au contraire : sa prose est remarquablement sobre, presque froide. Il ne cherche jamais l'image qui fera choc ». En 1974, il publie un troisième roman *C't'à cause qu'y vont su'a lune*, qui raconte la vie des Gaspésiens, vie remplie de misères et de consolations.

ŒUVRES

Le Domaine Cassaubon (roman), Montréal, L'Actuelle, 1971, 234 p.

L'Allocutaire (roman), Montréal, L'Actuelle, 1973, 117 p.

C't'à cause qu'y vont su'a lune (roman), Montréal, L'Actuelle, 1974, 163 p.

ÉTUDES

Réginald Martel, *Bienvenue Josephte*, Pr, 87e année, n° 79, 3 avril 1971, p. D-3.

Gilbert Forest, *Des vacances avec Josette au « Domaine Cassaubon »*, L, vol. 13, n° 73, 1971, p. 97-99.

Réginald Martel, *Du roman comme art plastique*, Pr, 89e année, n° 71, 24 mars 1973, p. E-3.

Id., *Pourquoi vivre? Comment vivre?*, Pr, 90e année, n° 76, 30 mars 1974, p. D-3.

Gilles Lamontagne, *Gilbert Langlois, C't'à cause qu'y vont su'a lune*, LAQ 1974, p. 79-80.

LANGLOIS, YVON (1928-   ). Dramaturge, né à Amqui (Matapédia). Après son cours classique à Montréal (B.A., 1948), il poursuit des études en philosophie à Rome (B.Ph., 1949), puis en pédagogie et en formation sociale à l'Université de Sherbrooke (B.Péd., 1950). Il voyage beaucoup et fait de l'enseignement au Cameroun, à l'Université d'Alger, au Centre d'enseignement supérieur d'Ouagadougou (Haute-Volta). Rentré au pays, il obtient, à l'Université Laval, une maîtrise ès arts pour un mémoire, « Littérature blanche en Afrique noire » (1958), puis un doctorat en présentant une thèse sur « L'Humour ou le Comique, catharsis de l'angoisse dans le théâtre d'Ionesco » (1969). Entré au service des Affaires extérieures du Canada, il parcourt plusieurs pays en qualité de diplomate. Il collabore à *Présence francophone* et à *L'Accueil*, et il publie à Paris deux de ses pièces de théâtre, *Les Plantons* et *Les Pâquerettes pourpres*. En 1976, une troupe d'Ottawa monte sa tragédie, « Les Goélands rouges ».

ŒUVRES

Les Plantons (théâtre), Paris, La Pensée universelle, 1973, 61 p.
Les Pâquerettes pourpres: féerie-tragédie préraphaélite et surréaliste en dix tableaux, Istamboul, avril 1973 (théâtre), Paris, La Pensée universelle, 1975, 60 p.

Conflits jeunes-adultes, dans *L'Accueil*, nᵒ 1, juin 1966, p. 27.
La Liberté, dans *L'Accueil*, nᵒ 2, nov. 1968, p. 24.
Interview avec Schehade, dans *Présence francophone*, nᵒ 7, automne 1973, p. 77–81.

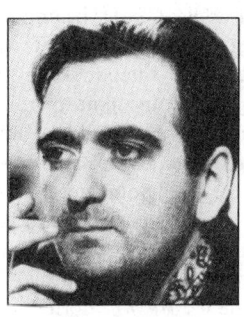

LANGUIRAND, JAC-QUES (1930–   ). Journaliste, dramaturge, metteur en scène et animateur, né à Montréal. À l'issue de ses études au Collège de Saint-Laurent et à Paris, il commence sa carrière de dramaturge par une pièce qui connaît un immense succès, *Les Insolites*. Créée le 9 mars 1956, au Gesù, par la Compagnie de Montréal, la pièce fait moisson de prix à l'occasion du Festival d'art dramatique de l'Ouest du Québec. En 1957, Jacques Languirand crée sa pièce « Le Roi ivre » puis, à la télévision, présente *Les Grands Départs* (pièce réalisée par Louis-Georges Carrier). La Comédie canadienne, le 10 novembre 1958, présente *Le Gibet*, dans une mise en scène de l'auteur ; la pièce *Les Violons de l'automne* est jouée en mai 1961 au Théâtre Club de Montréal puis reprise, la même année, au Théâtre de Paris, sous la direction de Jan Doat. *Klondyke*, spectacle de caractère épique, est présenté à Montréal, en 1965, et repris, par le Théâtre du Nouveau Monde, dans le cadre du Festival du Common-wealth, à Londres. Après l'expérience malheureuse et la faillite du Centre culturel du Vieux-Montréal, en 1966, Jacques Languirand est redevenu animateur à la radio et à la télévision de Radio-Canada, tout en poursuivant des recherches en communications et la rédaction d'une « Grammaire ésotérique de la communication ». Sous le couvert d'une intrigue souvent loufoque, il présente le drame des ratés (qu'un lourd passé écrase), évoluant dans un monde absurde. Languirand fait ainsi le procès d'une société bâillonnée par la peur, repliée sur elle-même, chez qui il n'y a pas de compensation à la souffrance. Les équivoques et les quiproquos abondent, tout comme les situations cocasses ; l'habileté de Languirand à créer des moments de forte tension dramatique au cœur même d'une action drolatique et bouffonne montre bien son goût fantaisiste et son humour souvent noir. Lucille Roy Hewitson écrit : « Jacques Languirand n'échappe guère à l'emprise du cycle. Sa pensée se mue en d'éternelles révolutions allant tour à tour de la nostalgie à l'impuissance et de l'impuissance à la nostalgie, dans un enchaînement qui prend toute la rigueur d'une fatalité ». Son émission à Radio-Canada, « Vivre ici maintenant » fait dire à Jean Basile que Jacques Languirand est avant tout communicateur : « Il connaît le milieu, l'observe et va où son cœur et sa sensibilité lui dictent d'aller ».

ŒUVRES

Les Grands Départs (théâtre), [Montréal], CLF, [1958], 119 p. Présentation de Louis-Georges Carrier ; Éditions du Renouveau pédagogique, 1970, 140 p. Présentation et annotation par Renald Bérubé. « LQ » ; Pierre Tisseyre, 1978, 117 p.
Le Gibet (théâtre), [Montréal], CLF, [1960], 147 p. Préface de Jan Doat.
J'ai découvert Tahiti et les îles du « bonheur » (reportage), Montréal, Éditions de l'Homme, 1961, 127 p. Ill. de Serge Arnoux.
Le Dictionnaire insolite (propos et pensées), Montréal, Éditions du Jour, 1962, 155 p.
Les Insolites et Les Violons de l'automne (théâtre), [Montréal], CLF, 1962, 211 p. ; 1974. « CLF poche ».
Tout compte fait ou L'Eugène (roman), [Paris], Éditions Denoël, 1963, 193 p. ; Montréal, Stanké, 1985, 203 p. « Roman 10/10 ».
Klondyke. Action dramatique suivi d'une étude : Le Québec et l'Américanité, Montréal, CLF, 1971, 237 p. Musique de Gabriel Charpentier.
De McLuhan à Pythagore (essai), Montréal, René Ferron éditeur, 1972, 256 p. Ill. de Jean Gladu. « Communication » ; Boucherville, Éditions de Mortagne, 1982, 255 p.

La Voie initiatique. Le Sens caché de la vie (essai), Montréal, René Ferron éditeur, 1978, 153 p. ; Minos, 1981.

Vivre sa vie. Adaptation des textes de la série télévisée (essai), Montréal, Éditions de Mortagne / Minos, 1979, 245 p.

Mater Materia. Hommage à la déesse-mère, le principe féminin, la nature, la matière (essai), Montréal, Minos, 1980, 249 p. Ill. de Liliane Fortier.

Vivre ici maintenant. Adaptation de la nouvelle série télévisée (essai), Montréal, Minos / Société Radio-Canada, 1981, 247 p.

Réincarnation et Karma (essai), Montréal, Minos, 1984, 237 p. Collab. Placide Gaboury. Ill. Avant-propos des auteurs.

Prévenir le burn-out, Montréal, Éditions Héritage, 1987, 199 p.

Le Veuf (nouvelle), MM, vol. 2, n° 11, nov. 1962, p. 24, 62–63.

« L'Amour, toujours l'amour ». Épouse la fille du voisin (nouvelle), MM, vol. 4, n° 7, juillet 1964, p. 24, 35–36.

Diogène (théâtre), BJ, vol. 1, n°s 3-4-5, juillet–déc. 1965, p. 33–59.

Les Cloisons (théâtre), ECF, n° 22, 1966, p. 69–98.

Le Roi ivre (théâtre), VIP, n° 3, 1970, p. 254–279.

Drogue et Communication (poème), ECF, n° 31, 1971, p. 75–88.

ÉTUDES

Jacques Godbout, *Le Gibier et Les Grands Départs*, L, vol. 1, n° 1, janv.–fév. 1959, p. 49–52.

Guy Beaulne, *Les Jeux de l'insolite et de l'absurde*, LAC 1962, p. 35–37.

Normand Leroux, *Tout compte fait*, LAC 1963, p. 20–21.

Réjean Robidoux, *Lettres à Jacques Languirand*, I, n° 4, janv. 1964, p. 46–51.

Jean Basile, « *Klondyke* » *de Jacques Languirand et G. Charpentier*, Dev, vol. 56, n° 38, 16 févr. 1965, p. 6.

Georges-Henri d'Auteuil, « *Klondyke* », Rel, n° 292, avril 1965, p. 118–119.

Victor Barbeau, *Les Violons de l'automne*, dans *La Face et l'Envers*, Montréal, Les Publications de l'Académie canadienne-française, 1966, p. 91–93.

Pierre de Grandpré, *La Comédie d'avant-garde. Jacques Languirand*, dans *Dix ans de vie littéraire au Canada français*, Montréal, Beauchemin, 1966, p. 214–215.

Bernard Julien, *Les Cloisons*, LAC 1966, p. 214–215.

Lucille Roy Hewitson, *Jacques Languirand : de la nostalgie à l'impuissance*, EF, vol. 5, n° 2, mai 1969, p. 206–216.

Renald Bérubé, *Les Grands Départs de Jacques Languirand ou La Mise à l'épreuve de la parole*, VIP, n° 2, 1969, p. 63–76.

Id., *Jacques Languirand, Le Klondyke et l'américanité*, LAQ 1971, p. 86–96.

Monique Genuist, « *Les Grands Départs* » *de Jacques Languirand et le Théâtre de l'absurde*, dans *Présence francophone*, n° 12, printemps 1976, p. 123–130.

Paul Gay, *L'Itinéraire de Languirand ou La Réponse à l'angoisse humaine*, dans *Le Théâtre canadien-français*, Montréal / Paris, Fides, 1976, p. 513–550. « ALC » 5.

Danièle Blain, *Jacques Languirand : « Je suis un communicateur »*, dans *Journal de Montréal*, vol. 14, n° 22, 16 janv. 1978, p. 35.

Jacques Renaud, *Le Chemin de Jacques Languirand*, Dev, vol. 69, n° 227, 30 sept. 1978, p. 19.

Micheline La France, *Le Monde de Jacques Languirand*, dans *Point*, vol. 2, n° 6, nov. 1978, p. 41–43.

François Gallays, *Mater Materia de Jacques Languirand*, LQ, n° 19, automne 1980, p. 72.

Edgard Demers, *Une deuxième série en 15 ans... Languirand à la télévision*, Dr, 69e année, n° 152, 26 sept. 1981, p. 20.

Jean Basile, *Jacques Languirand : flou mais sympathique*, Dev, vol. 72, n° 180, 9 oct. 1981, p. 14.

Monique Genuist, *Languirand et l'Absurde*, Montréal, CLF Pierre Tisseyre, 1982, 223 p.

Pierre Beaulé, *Se réconcilier... avec soi-même, Nos livres*, vol. 19, n° 4, mai 1988, p. 14.

LAPALME, GEORGES-ÉMILE (1907–1985). Essayiste et homme politique, né à Montréal. À l'issue de ses études au Séminaire de Joliette, il entre à l'Université de Montréal ; il y obtient une licence en droit en 1928 et est admis au barreau, l'année suivante. En 1945, il est élu député de Joliette à la Chambre des communes, et réélu en 1949. Nommé chef du Parti libéral du Québec en 1950, il est élu, en 1953, député de Montréal-Outremont à l'Assemblée législative du Québec où il devient chef de l'opposition. Il est de nouveau député en 1956, 1960, 1962. Accédant au pouvoir avec le gouvernement Lesage, Georges-Émile Lapalme est nommé Procureur général (1960) et ministre des Affaires culturelles (1961) ; il cumule ces deux fonctions jusqu'à la défaite du Parti libéral en 1966. Fondateur de l'hebdomadaire *Joliette-Journal* (1947), il y publie une remarquable série d'articles, dont une partie est réunie en brochure sous le titre *La Politique canadienne*. Georges-Émile Lapalme est choisi, en 1962, pour succéder à Paul Claudel à l'Académie septentrionale de France. Il rompt avec le gouvernement Lesage en 1964. Par la suite, délaissant le journalisme et la politique, il se consacre à la rédaction de ses *Mémoires*, riche et dense ouvrage qui éclaire les dessous et les à-côtés de la vie politique québécoise de plusieurs décennies. À sa mort, en février 1985, René Lévesque dit de lui qu'il a « mérité [...] le titre de père de cette révolution tranquille dont nous sommes les héritiers ».

ŒUVRES

La Politique canadienne (recueil d'articles de journaux), Joliette, Imprimerie nationale, [1949], ii, 54 p. Préface de l'auteur.

Analyse de la situation financière et économique de la province de Québec, Québec, [s.é.], 1956, 63 p. (Discours prononcé à l'Assemblée législative de Québec, le 7 février 1956). Traduction anglaise : *Analysis of the Financial and Economical Situation of the Province of Quebec*, Québec, [s.é.], 1956, 62 p.

Mémoires, [Montréal], Leméac, 1969–1973, 3 vol. : vol. 1, *Le Bruit des choses réveillées*, 1969, 356 p. ; vol. 2, *Le Vent de l'oubli*, 1970, 295 p. ; vol. 3, *Le Paradis du pouvoir*, 1973, 263 p.

Rapport concernant la disparition de certains biens culturels, [Québec], Gouvernement du Québec, Ministère des Affaires culturelles, [1980], 525 p. Collab. Jacques Mathieu et Jean-Elzéar Côté. Ill.

ÉTUDES

J.-A. Fortin, [Georges-Émile Lapalme], dans *Biographies canadiennes-françaises*, Montréal, Éditions biographies canadiennes-françaises, 1963, 19ᵉ éd., p. 15.

Marie-Paule R. La Brèque, *Le Bruit des choses réveillées de Georges-Émile Lapalme*, LAQ 1969, p. 183.

Marc La Terreur, *Le Paradis du pouvoir de Georges-Émile Lapalme*, LAQ 1973, p. 273-274.

Pierre Vennat, *Georges-Émile Lapalme... aujourd'hui. Le père de la Révolution tranquille se contente de regarder fleurir les idées qu'il a semées*, Pr, 100ᵉ année, nᵒ 29, 4 févr. 1984, p. D-17.

Pierre O'Neill, *La Mort de G.-E. Lapalme. Il était un réformiste mais pas un politicien*, Dev, vol. 76, nᵒ 31, 7 févr. 1985, p. 1, 12.

[Anonyme], *Lévesque salue en lui le «père de la révolution tranquille»*, Dev, vol. 76, nᵒ 31, 7 févr. 1985, p. 1, 12.

LAPALME, MARGUERITE (1954–   ). Poète, née à Sudbury (Ontario). Elle fait ses humanités au Collège Notre-Dame et à l'Université laurentienne de Subury (B.A., 1977). Elle poursuit des études en pédagogie à l'Université d'Ottawa (B.Péd., 1978). Marguerite Lapalme exerce divers métiers : elle est traductrice, enseignante suppléante, etc. À la parution de son recueil de poésie *Éperdument* (1980), Michel Beaulieu écrit « Il s'agit certainement d'une voix authentique, d'une puissance peu commune... ». Paul Gay pour sa part est frappé par « le paroxysme des phantasmes (qui) se marie à l'audace du langage ».

ŒUVRE

Éperdument (poésie), Sudbury, Éditions Prise de Parole, 1980, 48 p.

ÉTUDES

Michel Beaulieu, *Au nord de l'Ontario. Marguerite Lapalme prend la parole*, dans *Le Livre d'ici*, vol. 6, nᵒ 25, 28 mars 1981, p. 2.

Roland Giguère, *La Poésie II. La poésie acadienne et ontarienne de langue française : un pari pour la vie*, LQ, nᵒ 22, été 1981, p. 34-35.

Paul Gay, *Deux poètes franco-ontariens : Marguerite Lapalme et Michel Dallaire. La violence et la douceur*, Dr, 69ᵉ année, nᵒ 266, 6 févr. 1982, p. 28.

LAPERRIÈRE-GUILMETTE, BERNADETTE. Voir **GUILMETTE, BERNADETTE.**

LAPIERRE, ANDRÉ (1942–   ). Linguiste, né à Buckingham (Papineau). Il obtient à l'Université d'Ottawa son B.A. en 1964 et, en 1968, sa maîtrise pour une thèse sur René Chopin. Une bourse du Conseil des Arts du Canada lui permet de préparer, à l'Université de Strasbourg, une thèse de doctorat en linguistique : « Fréquence et Distribution des temps simples et des personnes verbales en français moderne » (1972). Professeur à l'Université d'Ottawa depuis 1966, il est nommé directeur du Département de linguistique en 1984. Il est membre de plusieurs associations : Société canadienne de linguistique, Association québécoise de linguistique, American Name Society et Assocation canadienne d'onomastique dont il est le président pour la période 1982-1985. Il a pris part à de nombreux congrès scientifiques, prononcé des conférences au Canada et à l'étranger et a collaboré à plusieurs revues dont *Incidences, Onomastica Canadiana, Le Français moderne, Revue d'histoire de l'Amérique française, Canoma*. Il est coauteur, avec Charles Dufresne, Jacques Grimard, Pierre Savard et Gaetan Vallières, du *Dictionnaire de l'Amérique française*. André Lapierre s'intéresse au domaine général de la langue française au Canada — caractéristiques linguistiques, onomastiques et texicologiques — et surtout au français oral et écrit de l'Ontario.

ŒUVRES

Toponymie française en Ontario (étude), Montréal/Paris, Éditions Études vivantes, 1981, vi, 120 p. « L'Ontario français ».

L'Ontario français du sud-ouest : témoignages oraux (textes et commentaires), Ottawa, EUO, 1982, xxix, 627 p. « CCRCCF ».

Dictionnaire de l'Amérique française. Francophonie nord-américaine hors Québec, Ottawa, PUO, 1988, [iv], 386 p. Ill. Préface de Jeanne Sauvé. Collab. Charles Dufresne, Jacques Grimard, Pierre Savard et Gaetan Vallières.

———

Quelques Problèmes de contact des langues en toponymie ontarienne, dans *Onomastica*, nᵒ 58, déc. 1980, p. 18-27.

Le Manuel de l'abbé Thomas Maguire et la Langue québécoise au XIXᵉ siècle, dans *Revue d'histoire de l'Amérique française*, vol. 35, nᵒ 3, 1981, p. 337-354.

Quelques Vestiges toponymiques du régime français dans la région du Lac Supérieur, dans *Canoma*, vol. 7, 1981, p. 5-9.

Bilan d'une survivance : le parler français du sud-ouest ontarien, dans *Zeitshrift der Gesellschaft für Kanada-Studien*, 4ᵉ année, nᵒ 1, 1984, p. 97-107.

Bibliographie linguistique de l'Ontario français, dans *Cahiers linguistiques d'Ottawa*, n° 12, févr. 1984, p. 1–38.

ÉTUDES

Hanz Joseph Niederehe, *Toponymie française en Ontario*, dans *Beiträge zur Namenforschung* (Heidelberg), vol. 17, 1982, p. 351–352.

René Coulet du Gard, *Toponymie française en Ontario*, dans *Names* (New York), vol. 31, n° 3, 1983, p. 215–216.

Alain Thomas, *L'Ontario français du sud-ouest : témoignages oraux*, dans *La Revue canadienne de linguistique*, vol. 28, n° 2, 1983, p. 202–204.

Leonard R.N. Ashley, *Toponymie française en Ontario*, dans *Names* (New York), vol. 32, n° 1, 1984, p. 96–97.

Charyl A. Demharter, *L'Ontario français du sud-ouest : témoignages oraux*, dans *French Review*, vol. 57, 1984, p. 727–728.

Jean-Yves Dugas, *L'Ontario français du sud-ouest : témoignages oraux*, dans *Bulletin de l'Association canadienne de linguistique appliquée*, vol. 6, n° 1, 1984, p. 101–103.

Pierre Léon, *L'Ontario français du sud-ouest : témoignages oraux*, dans *La Revue canadienne des langues vivantes / The Canadian Modern Language Review*, vol. 42, n° 4, mars 1986, p. 880–881.

LAPIERRE, LAURIER-L. (1929–   ). Historien et politicologue, né au Lac Mégantic (Frontenac). Après ses études primaires à Sherbrooke, à Saint-Patrick's Academy et à l'Institut bilingue Lallier, il termine ses études secondaires au Saint Charles College, à Baltimore (Maryland, É.-U.). Il revient au Canada, à l'Université de Toronto (Saint Michael's College), et devient bachelier ès arts en 1955. À la même université, il obtient sa maîtrise pour une thèse intitulée « Joseph Israel Tarte : A Dilemma in Canadian Politics, 1874-1896 » (1957). Élargi, le même sujet devient celui de sa thèse de doctorat en 1962 : « Politics, Race and Religion in French Canada : Joseph Israel Tarte ». Plusieurs bourses d'étude, accordées par le Maurice Cody Research Fellowship, et le Conseil des Arts du Canada, permettent à Laurier-L. Lapierre d'approfondir ses connaissances en politique canadienne. Il commence à enseigner à l'Université Western Ontario (1959-1961), passe au Collège Loyola (1961-1963), puis à l'Université McGill, en 1963, où il assume pendant deux ans le poste de secrétaire général du Centre d'études canadiennes-françaises, devient professeur agrégé en 1965 et directeur du Centre. Il collabore aux revues *Canadian Forum* et *Maclean Magazine*. Il prépare une étude pour la Commission royale d'enquête sur le bilinguisme et le biculturalisme : « Federal Intervention under Section 93 of the British North America Act » (1966). En collaboration avec Blair Fraser, il écrit des textes pour le Train de la Confédération et la

« Caravane du Centenaire ». Il se fait connaître à Radio-Canada par son émission « This Hour Has Seven Days ». Lors de l'Exposition 1967, il est historien conseiller au Pavillon canadien. À partir de 1970, il dirige simultanément la collection « Saberdache québécoise » aux Éditions McClelland et Stewart de même que la planification et la programmation de Bushnell Communications à Ottawa. Il est également secrétaire général de la Compagnie Immedia à Ottawa et vice-président de Thomas et Associés Limitée de Sherbrooke. Dans ses livres — *Genesis of a Nation, British North America : 1776-1867, The Apprenticeship : Canada from the Eve of the First World War* — ou encore dans le livre publié sous sa direction, *Québec hier et aujourd'hui*, Laurier Lapierre se penche sur les origines socio-politiques du Canada. Il est à la fois théoricien et homme d'action. « Il est partagé, remarque Roger Duhamel, entre l'action politique et la définition théorique de la nation ».

ŒUVRES

French Canadian Thinkers of the Nineteenth and Twentieth Centuries, Montréal, McGill University Press, 1966, 177 p. « Four O'Clock Lectures ».

Genesis of a Nation. British North America : 1776-1867, Montréal, The CBC International Service, 1966, x, 146 p. (Deuxième partie d'une histoire du Canada en quatre sections).

Federal Intervention Under Section 93 of the BNA Act : Report Presented to the Royal Commission on Bilingualism and Biculturalism, Ottawa, [s.é.], 1966, 140 f. Collab. Richard Wilson, Elisabeth Nish et Ann Stalker. (Texte polycopié).

La Guerre lointaine, Montréal, Chateau Books, 1966, 48 p. Entrevues et commentaires de Patrick Watson et Laurier Lapierre. (Extrait du film *Une question d'attitudes*).

The Apprenticeship : Canada from the Eve of the First World War, Montréal, The CBC International Service, 1967, x, 152 p. (Troisième partie d'une histoire du Canada en quatre sections).

Québec : hier et aujourd'hui (anthologie), Toronto, MacMillan Company of Canada Limited, 1967, xvi, 306 p. Ill. Éditeur. Préface de Jean Lesage.

Essays on the Left. Essays in Honour of T.C. Douglas, Montréal/Toronto, McClelland and Stewart Limited, 1971, 281 p. Éditeur avec Jack McLeod, Charles Taylor et Walter Young.

To Herald A Child. Report of the Commission of Inquiry into the Education of the Young Child, Toronto, Ontario Public School Men Teachers' Federation, [1981], vi, 116 p. Version française : *Nos enfants. Rapport de la Commission d'enquête sur l'éducation des jeunes enfants*, Toronto, L'Association des enseignants franco-ontariens/Public-Hull (Trads) Ltée, vi, 125 p. Introduction de Laurier Lapierre. (Édition bilingue).

Joseph Israël Tarte and the McGreevy-Langevin Scandal, CHAR, 1961, p. 47–57.

« *Le Séparatisme* » *and French Canadians*, dans *Canadian Forum*, vol. 41, janv. 1962, p. 217–219.

Caouette and All That : an Election Report from Quebec, dans *Canadian Forum*, vol. 43, avril 1963, p. 1–3.

Abolish the Provinces and Create One Central Power, dans *Maclean's*, vol. 77, févr. 1964, p. 24–25.

Quebec Education, a not too Quiet Revolution, dans *Canadian Forum*, vol. 45, 1965, p. 97–100.

The 1960's, dans *The Canadians 1867–1967*, Toronto, MacMillan of Canada, 1967, p. 344–382.

Les Voies de l'indépendance véritable, Dev, vol. 59, n⁰ 65, 18 mars 1968, p. 4.

McGill et la Société québécoise : être du Québec et non plus seulement au Québec, Dev, vol. 50, n⁰ 69, 24 mars 1969, p. 4.

Platform : Nationalisme ? Forget it ! Our Future is in the Cities, dans *Maclean's*, vol. 82, sept. 1969, p. 13.

ÉTUDES

Roger Duhamel, *Livres et Revues*, RHAF, vol. 20, n⁰ 3, déc. 1966, p. 471–473.

[Anonyme], *Laurier Lapierre*, dans *Atlantic Advocate*, vol. 57, mai 1967, p. 67.

P.C., *M. Lapierre : le grand héros des universitaires de Victoria*, Dr, vol. 55, n⁰ 195, 14 nov. 1967, p. 1.

Id., *Pour l'establishment, le Québec séparé plutôt que le Canada socialiste*, Pr, 83ᵉ année, n⁰ 278, 30 nov. 1967, p. 16.

Nick Auf der Maur, *En français*, dans *The Gazette*, 190ᵉ année, 9 déc. 1967, p. 21.

Jean-Charles Bonenfant, *Québec, hier et aujourd'hui*, RHAF, vol. 22, 3 déc. 1968, p. 481.

P.C., *Les Écoles : institutions du 19ᵉ siècle — Laurier Lapierre*, Pr, 85ᵉ année, n⁰ 86, 14 avril 1969, p. 8.

LAPIERRE, RENÉ (1953–   ). Essayiste, romancier et poète, né à Saint-Hyacinthe. Il fait ses humanités au Séminaire de Saint-Hyacinthe, au Cégep Bourgchemin (D.E.C., 1973) et à l'Université de Montréal où il obtient un baccalauréat spécialisé (1976), une maîtrise pour un mémoire sur Hubert Aquin, « Miroirs hantés » (1977), publié sous le titre *Les Masques du récit. Lecture de « Prochain Épisode » de Hubert Aquin*, et un doctorat (1980) dont la thèse s'intitule *L'Imaginaire captif. Hubert Aquin*. Il devient professeur à l'Université du Québec à Montréal, en 1981. Collaborateur à divers périodiques, tels *Le Devoir*, *Estuaire*, et surtout *Liberté*, il est en outre directeur adjoint du projet d'édition critique de l'œuvre d'Hubert Aquin, et il prépare de nombreuses émissions culturelles pour Radio-Canada. En 1977, il édite *Blocs erratiques*, livre qui

réunit une trentaine de textes importants d'Hubert Aquin. François Gallays écrit à propos de *L'Imaginaire captif* : « Par sa densité, autant que par sa finesse et sa cohérence, l'analyse qui s'y déploie constitue un apport des plus significatifs à la connaissance de l'œuvre complexe d'Hubert Aquin ». En 1983, Lapierre publie un roman, *Comme des mannequins*, que Réginald Martel appelle « une exploration de l'inconfort. [...] Un premier roman extrêmement prometteur ».

ŒUVRES

Hubert Aquin, *Blocs erratiques*, Montréal, Quinze, 1977, 284 p. « Prose entière ». (Textes (1948–1977) rassemblés et présentés par René Lapierre) ; 1982. « Textes 10/10 ».

Les Masques du récit. Lecture de « Prochain Épisode » de Hubert Aquin (essai), Montréal, Hurtubise HMH, 1980, 138 p. « Cahiers du Québec. Littérature ».

L'Imaginaire captif. Hubert Aquin (essai), Montréal, Quinze, 1981, 185 p. Préface de l'auteur. « Prose exacte ».

Comme des mannequins (roman), Montréal, Primeur, 1983, 176 p. « L'Échiquier ».

Profil de l'ombre (poésie), Trois-Rivières, Écrits des Forges, 1983, 80 p. « Les Rouges-gorges ».

L'Été Rebecca. Roman, Paris, Éditions du Seuil, 1985, 223 p.

Archipels, L, n⁰ 116, vol. 20, n⁰ 2, 1978, p. 18–27.

Le Complexe d'Adam, L, n⁰ 121, vol. 21, n⁰ 2, 1979, p. 68–74.

Les Éditions de l'Hexagone : les poètes québécois par eux-mêmes, dans *La Revue d'esthétique* (Paris), 1979, p. 390–395.

Écrivain, funambule, L, n⁰ 127, vol. 22, n⁰ 1, 1980, p. 47–56.

Poèmes trop tragiques, dans *Estuaire*, n⁰ 117, 1980, p. 67–78.

La Politique des bas prix, L, n⁰ 134, vol. 23, n⁰ 2, 1981, p. 39–41.

Canard à l'orage, L, n⁰ 137, vol. 23, n⁰ 5, 1981, p. 75–79.

Les Brillants, L, n⁰ 141, vol. 24, n⁰ 3, 1982, p. 25–35.

Syphilis ?, L, n⁰ 142, vol. 24, n⁰ 4, 1982, p. 69–72.

Le XVIIIᵉ : plaisirs perdus, pages capiteuses, L, n⁰ 143, vol. 24, n⁰ 5, 1982, p. 141–145.

Qui se désâme castre bien, L, n⁰ 147, vol. 25, n⁰ 3, 1983, p. 141–146.

L'Indifférente lumière de l'insignifiance, L, n⁰ 148, vol. 25, n⁰ 4, 1983, p. 89–93.

ÉTUDES

Réginald Martel, *La Voix en écho d'un homme libre*, Pr, 93ᵉ année, n⁰ 132, 4 juin 1977, p. D-3.

Jean Basile, *Les Silences d'un écrivain*, Dev, vol. 69, n⁰ 133, 11 juin 1977, p. 15.

Lise Gauvin, *Le Dernier Aquin*, dans *Le Jour*, 21 oct. 1977, p. 26–27.

Patricia Smart, *Blocs erratiques d'Hubert Aquin*, LAQ 1977, p. 207-210.

Patrick Imbert, *Les Masques du récit ou L'Aléatoire du texte*, LQ, nº 18, été 1980, p. 58-59.

Noël Audet, *Hubert Aquin, agent double de l'écriture*, Dev, vol. 71, nº 117, 24 mai 1980, p. 19.

Françoise Iqbal, *Les Formes chez Aquin*, dans *Canadian Literature*, nº 88, printemps 1981, p. 105-106.

Jacques Folch-Ribas, *L'Imaginaire captif : Hubert Aquin*, Pr, 97e année, nº 50, 28 févr. 1981, p. C-3.

Marcel Labine, *Une captive d'Aquin*, dans *Spirale*, juin 1981, p. 5.

Louis Lasnier, *Lapierre (René). L'Imaginaire captif : Hubert Aquin*, dans *Nos livres*, vol. 12, mai 1981, nº 238.

Claude Beausoleil, *À l'écoute d'Hubert Aquin*, dans *Le Livre d'ici*, vol. 6, nº 40, 8 juillet 1981, p. 2.

François Gallays, *L'Imaginaire captif. Hubert Aquin de René Lapierre*, LAQ 1981, p. 215-218.

Jacques Michon, *Hubert Aquin et le Théâtre au XIXe*, VI, vol. 7, nº 2, 1982, p. 405-406.

B. Boyer, *L'Imaginaire captif de René Lapierre*, dans *Québec français*, nº 44, printemps 1982, p. 16-17.

Réginald Martel, *René Lapierre. Un premier roman comme du vrai cinéma*, Pr, 99e année, nº 233, 8 oct. 1983, p. D-3.

Madeleine Ouellette-Michalska, *René Lapierre : le choc du présent*, Dev, vol. 74, nº 244, 22 oct. 1983, p. 19.

LAPLUME, LOUIS. Voir **DARVEAU**, LOUIS-MICHEL.

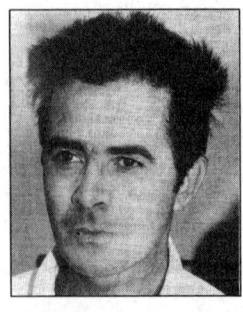

LAPOINTE, GATIEN (1931-1983). Poète, né à Sainte-Justine (Dorchester). Il fait ses études au Petit Séminaire de Québec (1944-1950), à l'École des Arts graphiques de Montréal, et à la Faculté des lettres de l'Université de Montréal où il obtient un baccalauréat (1955) et une maîtrise ès arts (1956). Boursier de la Société royale du Canada de 1956 à 1958, Gatien Lapointe inscrit, à la Sorbonne, une thèse de doctorat sur Paul Éluard et séjourne dans plusieurs pays d'Europe, jusqu'à son retour en 1962. Il collabore à divers journaux et revues du Québec et de l'étranger, tels *Liberté, Mercure de France, Estuaire, Cité libre, Europe, Les Lettres nouvelles, Le Devoir...*, ainsi qu'à certaines émissions culturelles de Radio-Canada. Il enseigne au Collège militaire royal de Saint-Jean (1962-1969), avant de devenir professeur à l'Université du Québec à Trois-Rivières (1969-1983) où il anime un atelier de création en poésie. Il est aussi directeur fondateur de la maison d'édition Écrits des Forges à Trois-Rivières (1971). Gatien Lapointe reçoit le prix du Club des poètes en 1962, le prix de la province de Québec, le prix Du Maurier et le prix du Gouverneur général en 1963 pour *Ode au Saint-Laurent*, et le prix de la province de Québec pour *Le Premier Mot* en 1967. Son long poème, *Ode au Saint-Laurent*, a connu un très grand succès. Il fait suite à beaucoup d'autres sur le même thème qu'il reprend et élargit à des proportions épiques ; l'œuvre répond superbement à l'effervescence de la révolution tranquille. La poésie de Gatien Lapointe exprime une appartenance profonde à la terre d'Amérique où l'homme assume tous les risques dans l'accomplissement de son destin. En tête de son recueil, *Le Premier Mot précédé de Le Pari de ne pas mourir*, il définit ainsi sa vocation de poète : « La poésie, c'est d'abord pour moi un homme condamné à mourir et qui dit NON [...]. La poésie, comme toute expression artistique, j'imagine, est la manifestation de cette revendication, de cette révolte fondamentale. Elle est la flamme et le sang de cette plaie centrale dans l'homme ». Certains, comme André Berthiaume, insistent sur l'engagement politique du poète. Après *Le Premier Mot* (1967) et ses beaux chants d'espoir, Lapointe ne publie aucun recueil pendant une douzaine d'années ; il réfléchit et travaille sur le langage poétique. *Arbre-Radar* (1980) manifeste une transformation importante. Tout en émettant des réserves sur le côté répétitif de certains procédés, Noël Audet écrit : « Voilà sans doute un recueil qui fera date dans l'histoire de notre poésie, par la qualité poétique qui s'en dégage et du fait que cette langue fait la synthèse des préoccupations personnelles du poète et de l'écriture la plus actuelle ». Gatien Lapointe est un des poètes les plus importants de sa génération.

ŒUVRES

Jour malaisé (poésie), [s.l., s.é., 1953], 93 p.

Otages de la joie. Poèmes, Montréal, Éditions de Muy, 1955, 44 p.

Le Temps premier suivi de *Lumière du monde* (poésie), Paris, Jean Grassin Éditeur, 1962, 47 p. « Poètes présents ».

Ode au Saint-Laurent précédée de *J'appartiens à la terre* (poésie), Montréal, Éditions du Jour, 1963, 94 p. Portrait. « PJ ». (Certains de ces poèmes ont paru dans *Cité libre, Liberté, Maintenant, Le Mercure de France, Le Devoir* et *La Presse*) ; 1966. (Édition revue et corrigée) ; 1969. (Édition qui reprend celle de 1963 et ignore celle de 1966) ; Trois-Rivières, Les Éditions du Zéphyr, 1985, 96 p. Portrait. « Poètes de l'aube ». Préface de Clément Richard. (Édition de luxe).

Le Premier Mot précédé de Le Pari de ne pas mourir (poésie), Montréal, Éditions du Jour, 1967, 107 p. « PJ ». Traduction anglaise par Fred Cogswell : *Confrontation (Face à face)*, [Fredericton], Fiddlehead Poetry Books, 1973, 26 p.

Arbre-Radar (poésie), Montréal, L'Hexagone, 1980, 149 p. Portrait.

Chorégraphie d'un pays, in Québec, Montréal, Éditions Libre Expression, 1981, xxxii p. (Album de photographies de Mia et Klaus, texte de G. Lapointe).

Corps et Graphies (poésie), [Trois-Rivières], Sextant, 1981, [n.p., 25 f.]. Ill., eau-forte de Christiane Lemire. (Édition de luxe. Tirage limité).

Barbare inouï (poésie), Trois-Rivières, Écrits des Forges, 1981, [n.p., 15 f.]. Ill., dessin de Louis Desaulniers. (Édition de luxe. Tirage limité).

Corps-Transistor (poésie), Trois-Rivières, APLM [Atelier de production littéraire de la Mauricie], 1981.

Le Premier Paysage : 15 pièces/15 dessins, Trois-Rivières, Écrits des Forges, 1983, [n.p., 407 p.]. Planches de Christiane Lemire. « Radar ».

Poèmes inédits, Dev, vol. 57, nº 250, 27 oct. 1966, p. 29.

Émile Nelligan : une œuvre exemplaire, So, vol. 69, nº 281, 26 nov. 1966, p. 27.

Ton pays (poème), dans *L'Action*, vol. 59, nº 17, 30 déc. 1966, p. 9.

Les Poètes québécois dans l'optique de Bosquet, So, vol. 70, nº 4, 31 déc. 1966, p. 24.

[Témoignages...], dans *La Poésie canadienne-française*, Montréal/Paris, Fides, 1969, p. 459-465. « ALC » 4.

À ras de souvenir et à ras d'avenir, L, nº 73, janv.-févr. 1971, p. 43-48.

Au cœur du Québec, dans *Estuaire*, nᵒˢ 9-10, déc. 1978, p. 112-122.

DISCOGRAPHIE

Corps de l'instant. Anthologie 1956-1982 (disque ou cassette avec livret), Trois-Rivières, Écrits des Forges/Studio Vert, 1983.

ÉTUDES

Guy Robert, *Le Temps premier*, LAC 1962, p. 40.

Guy Sylvestre, *Ode au Saint-Laurent*, dans *University of Toronto Quarterly*, vol. 33, nº 4, juillet 1964, p. 498-499.

André Berthiaume, *Gatien Lapointe ou L'Âpre Merveille de vivre*, ECF, nº 20, 1965, p. 255-272.

Jean Éthier-Blais, *Le Premier Mot*, Dev, vol. 58, nº 106, 6 mai 1967, p. 54-56.

Maximilien Laroche, *Le Pays : un thème et une forme*, VIP, 1967, p. 103-124. « Les Cahiers Sainte-Marie ».

Jean-Cléo Godin, *Le Premier Mot, précédé du Pari de ne pas mourir*, EF, vol. 3, nº 4, nov. 1967, p. 439-441.

Joseph Bonenfant, *La Passion des mots chez Gatien Lapointe*, LAQ 1970, p. 248-254.

Axel Maugey, *Gatien Lapointe*, dans *Poésie et Société au Québec (1937-1970)*, Québec, PUL, 1972, p. 191-200.

Michel Beaulieu, *Gatien Lapointe. L'éditeur-poète de Trois-Rivières*, dans *Le Livre d'ici*, vol. 5, nº 28, 16 avril 1980.

Stéphane-Albert Boulais, *Gatien Lapointe. Une messe des mots*, Dr, 68ᵉ année, nº 118, 16 août 1980, p. 16.

Michel Lemaire, *Du pays à l'écriture (Gatien Lapointe)*, LQ, nº 18, été 1980, p. 24-26.

André Dionne, *Arbre-Radar de Gatien Lapointe*, dans *Nos livres*, vol. 11, juin-juillet 1980, nº 201.

Pierre-Justin Déry, *Barbare inouï*, LAQ 1981, p. 141-142.

Donald Smith, *« Le corps est aussi un absolu » avec Gatien Lapointe*, LQ, nº 24, hiver 1981-1982, p. 53-63.

Caroline Bayard, *Le Sens, le Paradoxe pragmatique et le Visiteur du soir*, LQ, nº 27, automne 1982, p. 44-45.

Hélène Dorion, *Corps et Graphies de Gatien Lapointe*, dans *Estuaire*, nº 22, hiver 1982, p. 89-91.

Claude Beausoleil, *Hommage à Gatien Lapointe*, Dev, vol. 74, nº 221, 24 sept. 1983, p. 17.

Gatien Lapointe, l'élan qui se brise, dans *En tête. Supplément*, vol. 1, nov. 1983, 16 p.

Cahier spécial du *Devoir*, intitulé *Odes au Saint-Laurent*, Dev, 28 avril 1984, cahier 5, p. 49-64. Ill.

Jean Royer, *La Vie littéraire*, Dev, vol. 76, nº 207, 7 sept. 1985, p. 24.

LAPOINTE, GUY (1935-). Théologien, né à Québec. Après son baccalauréat obtenu à l'Université Laval (1956), il fait une licence en théologie aux Facultés dominicaines d'Ottawa (1963), puis une maîtrise en liturgie à l'Institut catholique de Paris (1968) où, la même année, il termine un doctorat en théologie. Il sera tour à tour professeur aux Facultés dominicaines d'Ottawa (1965), à l'Institut supérieur des sciences religieuses et à la Faculté de théologie de l'Université de Montréal dont il devient responsable de la section des études pastorales en 1970. Consultant de l'Office national de liturgie, membre de la Société canadienne de théologie, il collabore à *Liturgie et Vie chrétienne, Catéchisme d'aujourd'hui, Communauté chrétienne...* Georges Madore dit de *Célébrer là où vivent les hommes :* « Ce livre est un ensemble de réflexions sur les heurs et malheurs de la réforme liturgique. [...] Les remarques de l'auteur sont pertinentes. Le problème est bien posé ».

ŒUVRES

La Célébration des martyrs en Afrique d'après les sermons de saint Augustin (essai), Montréal, [s.é.], 1972, 246 p. « Cahiers de la communauté chrétienne ».

Célébrer là où vivent les hommes. Créativité et continuité en liturgie, Montréal, Fides, 1978, 169 p. « Liturgie vivante ».

Relations clercs-laïcs. Analyse d'une crise, Montréal, Fides, 1985, 350 p. Sous la direction de Michel Campbell et Guy Lapointe. « Cahiers d'études pastorales ».

Vers un nouveau style de célébration eucharistique et *Les Chants rythmés à la messe*, dans *Liturgie et Vie chrétienne*, nº 64, avril-juin 1968, p. 75-84, 85-99.

Les Nouvelles Prières eucharistiques, dans *Liturgie et Vie chrétienne*, nº 65, juillet-sept. 1968, p. 169-179.

Le Langage des sacrements exprime-t-il notre expérience chrétienne?, dans *Communauté chrétienne*, vol. 8, nᵒˢ 45–46, mai–août 1969, p. 181–194.

À la recherche d'expressions liturgiques vraies, dans *Liturgie et Vie chrétienne*, nᵒ 68, avril–juin 1969, p. 110–134.

Quand faut-il baptiser les enfants, dans *Liturgie et Vie chrétienne*, nᵒ 69, juillet-sept. 1969, p. 241–255.

La Conjoncture présente de la liturgie et *Une liturgie qui se diversifie*, dans *Liturgie et Vie chrétienne*, nᵒ 73, juillet-sept. 1970, p. 195–196, 211–220.

La Liturgie, lieu privilégié d'intégration de la foi, dans *Liturgie et Vie chrétienne*, nᵒ 82, nov.-déc. 1972, p. 229–239.

Une liturgie qui rejoint les lieux de l'homme, dans *Communauté chrétienne*, vol. 13, nᵒ 73, janv.-févr. 1974, p. 32–39.

ÉTUDE

Georges Madore, *Lapointe (Guy). Célébrer là où vivent les hommes*, dans *Nos livres*, vol. 11, août-sept. 1980, nᵒ 258.

LAPOINTE, MARCEL [Marcel Portal] (1920–1980). Poète, romancier, essayiste, né à Chicoutimi. Il fait ses études au Juvénat des Capucins à Ottawa et au Scolasticat des Capucins à Pointe-aux-Trembles (1941–1944). Par la suite, il suit des cours à la Faculté de médecine de l'Université Laval; après l'obtention de son diplôme (1949), il pratique durant deux ans à Arvida. Il se rend alors à l'Université Columbia où il obtient une maîtrise ès sciences en administration hospitalière (1953). Au retour d'un voyage en Europe et de stages dans divers hôpitaux de France, d'Angleterre, de Belgique, de Hollande et d'Italie, Marcel Lapointe dirige, entre 1954 et 1974, plusieurs hôpitaux de la région du Lac-Saint-Jean. Il enseigne l'administration hospitalière à Montréal (1955–1965). Parallèlement à sa carrière administrative, il collabore à de nombreuses revues médico-administratives; en 1955–1956, il est rédacteur en chef du *Saguenay médical*. Il cultive aussi les Muses. Il obtient, en 1960, le premier prix de vers classiques et la médaille d'or du Lieutenant gouverneur pour son poème *L'Épave*. Il se fait connaître comme président dynamique de la Société des écrivains canadiens-français de la section Saguenay-Lac-Saint-Jean, écrit des romans et s'adonne surtout à la poésie. Sa devise d'écrivain est de chanter la beauté de son pays dans la langue de ses ancêtres. Il le dit lui-même dans une note de son recueil *Guipure et Courtepointes*. «J'ai livré une parcelle de ce qui me brûle au cœur et à l'âme depuis mon enfance et, pour le faire, j'ai voulu parler un langage correct, comme notre langue sait dire, mais j'ai voulu aussi le dire avec les mots de chez nous».

ŒUVRES

Au cœur de la Chênaie (roman), Montréal/Paris, Fides, 1960, 155 p.

L'Épave (poésie), Chicoutimi, Librairie régionale, 1960, 9 p.

Guipure et Courtepointes (poèmes), Sherbrooke, Éditions Cosmos, 1970, 176 p. Ill. «Relances».

Le Spectre aux antiquailles (poésie), Chicoutimi, Éditions Science moderne, 1973, 205 p.

Saisons des vignes rouges. Récit québécois, Sherbrooke, Naaman, 1976, 182 p. Sous le pseudonyme de Marcel Portal. Ill.

Hilaire Rompré de la Pérade, Trois-Rivières, Éditions du Bien public/Éditions de l'Écho, 1980, 147 p. Sous le pseudonyme de Marcel Portal. Ill. «Notre passé».

Le Docteur Edmond Potvin, dans *Le Saguenay médical*, vol. 5, nᵒ 1, mai 1955, p. 3.

Les Courbejeaux, dans *La Page européenne*, 1962, p. 52–53.

Le Docteur Roland Saucier, dans *Le Saguenay médical*, vol. 20, nᵒ 1, mars 1973, p. 4.

ÉTUDES

Émile Chartier, *Au cœur de la Chênaie*, dans *Lectures*, vol. 7, nᵒ 8, avril 1961, p. 240.

Jean Ménard, *Au cœur de la Chênaie*, RUO, vol. 31, avril–juin 1961, p. 314–315.

Reine Malouin, *Guipure et Courtepointes*, dans *Poésie*, vol. 6, printemps 1971, p. 48.

LAPOINTE, PAUL-MARIE (1929–   ). Poète, né à Saint-Félicien (Lac-Saint-Jean-Ouest). Après ses études classiques au Collège de Chicoutimi et au Collège de Saint-Laurent, il entre, en 1947, à l'École des beaux-arts. En moins de trois mois, il écrit *Le Vierge incendié*, sans connaître le *Refus global* et le mouvement des automatistes. Ce recueil fait l'objet d'une analyse très poussée de la part de Jean-Louis Major (*Paul-Marie Lapointe: La Nuit incendiée*, 1979). En 1948, il rencontre Claude Gauvreau qui l'aide à concevoir la mise en forme de ses poèmes. Journaliste à *L'Événement-Journal* de Québec (1950–1954), à *La Presse* (1954–1960), Paul-Marie Lapointe participe, avec Jean-Louis Gagnon, à la création du

Nouveau Journal, à titre de directeur de l'information. Il est rédacteur en chef du *Magazine Maclean* (1964), avant d'entrer au service de Radio-Canada. Il reçoit, en 1972, le prix David, et est considéré comme un poète de tout premier plan, un des plus grands de sa génération. En 1980, il obtient le Grand Prix littéraire de *La Presse*. Sa poésie est imprégnée de lyrisme : les thèmes du pays et de l'univers se greffent originalement sur des mots et des rythmes pour devenir des formes expressives. Pour cerner le paradoxe poétique chez Paul-Marie Lapointe, il faut, écrit Georges-André Vachon, «partir même de l'idée que la poésie serait une espèce de discours ; mais un discours qui contraint à l'attention, qui interdit à l'auditeur les sentiers battus de son imagination, de sa sensibilité. Mais surtout, relire cette poésie, parce qu'elle ne trompe jamais, parce qu'elle est à coup sûr poétique, et parce qu'elle est, de bout en bout, une poétique». Pierre Nepveu n'hésite pas à soutenir qu'il n'y a « guère d'œuvre poétique au Québec ou ailleurs qui procure autant que celle de Paul-Marie Lapointe, un pur plaisir de lecture ». (*Les Mots à l'écoute*, p. 201).

ŒUVRES

Le Vierge incendié (poésie), Montréal, Mithra-Mythe, 1948, 179 p.

Six Poems. A Mimeograph Collection, Toronto, Contact Press, [1955], [n.p., 14 p.]. Traduit par Jean Beaupré et Gael Turnbull. (Édition bilingue).

Choix de poèmes — Arbres, Montréal, Éditions de l'Hexagone, 1960, 35 p. «M».

Pour les âmes. Poèmes, Montréal, Les Éditions de l'Hexagone, 1964, 72 p. ; 1966.

Le Réel absolu. Poèmes 1948-1965, Montréal, Éditions de l'Hexagone, 1971, 270 p.

Tableaux de l'amoureuse suivi de Une, Unique Art égyptien, Voyages & Autres Poèmes, Montréal, Éditions de l'Hexagone, 1974, 99 p.

Bouche rouge (poésie), Montréal, L'Obsidienne, 1976, [n.p., 55 p.]. Lithographies de Gisèle Verreault. (Édition de luxe. Tirage limité).

Terror of the Snows. Selected Poems, Pittsburgh, University of Pittsburgh Press, 1976, xv, 76 p. Traduction par D.G. Jones. Introduction de D.G. Jones. «Pitt Poetry Series».

Arbres (poésie), Montréal, Éditions Erta, 1978, [n.p., 29 p.]. Sérigraphie de Roland Giguère. (Édition de luxe. Tirage limité).

Tombeau de René Crevel (poésie), Montréal, L'Obsidienne, 1979, [portefeuille, 93 p.]. Ill. de Betty Goodwin. (Tirage limité).

Écritures, [Outremont], L'Obsidienne, 1980, 2 vol. : vol. 1, 400, [6] p. ; vol. 2, [4]-836, [61] p.

The 5th Season (poésie), Toronto, Exile Editions, 1985, xiv, 97 p. Traduction par D.G. Jones.

Notes pour une poétique contemporaine, L, vol. 4, n° 21, mars 1962, p. 183-186.

Psaume pour une révolte de terre, PP, vol. 1, n° 2, nov. 1963, p. 47-54.

Poèmes, VIP, n° 2, 1969, p. 133-142.

Notes pour une poétique contemporaine, Poésie sociale et morale, Foi en l'homme, ICBM, Fragile Journée de mica où allons-nous ? Espèce satisfaisante, dans Guy Robert, *Littérature du Québec*, Montréal, Déom, 1970, p. 85-94.

[*Témoignages...*], dans *La Poésie canadienne-française*, Montréal, Fides, 1972, p. 440-444. « ALC » 4.

ÉTUDES

Michel Van Schendel, *La poésie cherche à bercer l'âme alors qu'elle devrait pétrir les choses*, L, vol. 3, n° 1, janv.-févr. 1961, p. 445-451, surtout p. 447-449.

André Major, *Pour les âmes*, L, vol. 7, n° 3, mai-juin 1965, p. 301-302.

Guy Sylvestre, *La Poésie*, dans *University of Toronto Quarterly*, vol. 35, n° 4, juillet 1966, p. 503-509.

Jean Éthier-Blais, *L'Hexagone*, dans *Signets II*, Montréal, CLF, 1967, p. 175-184.

G.-André Vachon, *Fragments de journal pour servir d'introduction à la lecture de Paul-Marie Lapointe*, LAC 1968, p. 235-240.

Noël Audet, *La Terre étrangère appropriée*, VIP, n° 2, 1969, p. 31-42.

Philippe Haeck, *Chronologie de la vie de P.-M. Lapointe*, BJ, n°ˢ 17-20, janv.-août 1969, p. 282-284.

Id., *Le Vierge incendié, Ibid.*, p. 285-297.

Guy Laflèche, *Écart, violence et révolte chez Paul-Marie Lapointe*, EF, vol. 6, n° 4, nov. 1970, p. 395-417.

Suzanne Paradis, *Le Réel absolu*, LAQ 1971, p. 122-125.

Axel Maugey, *Paul-Marie Lapointe*, dans *Poésie et Société au Québec (1937-1970)*, Québec, PUL, 1972, p. 133-145.

Pierre-André Arcand, *Le Vierge incendié de Paul-Marie Lapointe*, VIP, n° 8, 1974, p. 11-38.

Marcel Bélanger, *Paul-Marie Lapointe. Tableaux de l'amoureuse suivi de Une, Unique Art égyptien, Voyage et Autres Poèmes*, LAQ 1975, p. 102-104.

Gaëtan Dostie, *Tableaux de l'amoureuse*, dans *Le Jour*, 2ᵉ année, n° 30, 7 avril 1975, p. 13.

Cécile Pélosse, *La Recherche du pays chez Paul-Marie Lapointe et Gérald Godin, concerto pour arbres*, VI, vol. 1, n° 1, sept. 1975, p. 80-88.

G.-André Vachon, *Note sur Ducharme et Lapointe (Fragment d'un traité de vide)*, EF, vol. 11, n°ˢ 3-4, oct. 1975, p. 355-387.

Jean Fisette, *Le Texte automatiste*, Montréal, PUO, 1977, p. 27-75, 143-145.

Jean-Louis Major, *Paul-Marie Lapointe. La Nuit incendiée*, Montréal, PUM, 1978, 136 p. « Lignes québécoises ».

Robert Richard, *J'écris arbre : système fractal*, I, vol. 2-3, n° 1, janv.-avril 1979, p. 59-75.

Pierre Nepveu, *Les Mots à l'écoute : poésie et silence chez Fernand Ouellette, Gaston Miron et Paul-Marie Lapointe*, Québec, PUL, 1979, 292 p. « VLQ ».

Paul-Marie Lapointe, EF, vol. 16, n° 2, avril 1980, 102 p. (Numéro spécial).

Jean Royer, *L'Art de la liberté totale*, Dev, vol. 71, n° 117, 24 mai 1980, p. 17.

Luc Bouvier, *Paul-Marie Lapointe. Écritures*, LAQ 1980, p. 113-115.

François Hébert, *Le Pyromane du vierge*, L, vol. 23, nº 1, janv.-févr. 1981, p. 86.

Robert Major, *Paul-Marie Lapointe, le combinateur et le jazzman*, VI, vol. 6, nº 3, printemps 1981, p. 397-408.

Robert Mélançon, *Paul-Marie Lapointe*, Paris, Seghers, 1987, 201 p. « Poètes d'aujourd'hui », nº 254.

LAPOINTE, PIERRE-LOUIS (1942-   ). Historien, né à Rouyn (Témiscamingue). Il obtient à l'Université d'Ottawa un baccalauréat ès art (1964) et une maîtrise en histoire pour un mémoire sur « L'Opinion de la presse québécoise d'expression française, face au problème franco-prussien, 1866-1877 » (1974). Il obtient de plus un baccalauréat en pédagogie à l'École normale de Hull (1965), et il fait des études en restauration des lieux historiques et en archivistique. Il enseigne l'histoire et la géographie au Québec et en Ontario (1966-1969, 1971-1973), est chargé de recherches au Service des lieux historiques (1969-1971), à la Société d'aménagement de l'Outaouais (1973-1976), au Centre de recherche en civilisation canadienne-française de l'Université d'Ottawa (1976-1977)... À partir de 1977, il est à l'emploi des Archives nationales du Québec. Il travaille en outre à la réalisation d'émissions d'histoire régionale à la télévision. Il collabore à des périodiques tels *Ouest-Kébec*, *Asticou*, *APT Bulletin*... Membre de plusieurs sociétés culturelles, il participe activement aux fêtes du centenaire de Hull (1975) et il est président fondateur de l'Institut d'histoire et de recherche sur l'Outaouais (1981). Il a publié une étude sur un conflit ouvrier, *Buckingham, 1906* (1973) et une monographie sur l'histoire de la ville de Hull (1975).

ŒUVRES

Buckingham, 1906. Étude d'un conflit ouvrier, Hull, Société d'histoire de l'ouest du Québec/Asticou, 1973, 40 p. Ill.

[*Hull 1800-1975. Histoire illustrée/Illustrated History*], Hull, Ville de Hull, 1975, 150 p. Ill.

[*L'Outaouais. Actes du colloque sur l'identité régionale de l'Outaouais tenu à Hull les 13, 14 et 15 novembre 1981*], Hull, Institut d'histoire et de recherche sur l'Outaouais, 1981, 344 p. Éditeur.

Buckingham, ville occupée (essai), Hull, Éditions Asticou, 1983, 160 p. Préface de Pierre Savard. Ill.

Symmes Landing : recherche historique et évaluation patrimoniale du site de Symmes Landing situé dans la ville d'Aylmer, comté de Hull, Hull, Institut d'histoire et de recherche sur l'Outaouais, 1983, iii, 298 p. Ill. Éditeur.

Outaouais. Le Hull industriel/Industrial Hull 1901-1960 (essai), Hull, Institut d'histoire et de recherche sur l'Outaouais, 1986, 104 p. Ill. Éditeur.

Du Sacré-Cœur au C.H.R.O. : 75 ans de lutte pour la santé des gens de l'Outaouais (essai), Hull, C.H.R.O., 1986, 70 p.

Hull et la Colonisation au Témiscamingue (1931-1936), dans *Asticou*, nº 9, sept. 1972, p. 13-33.

La Presse québécoise d'expression française à l'heure de la Confédération, dans *Asticou*, nºs 10-11, mars 1973, p. 4-44.

Éboulements dans la vallée de la Lièvre, dans *Asticou*, nº 13, automne 1974, p. 23-33.

La Nouvelle européenne et la Presse québécoise d'expression française (1866-1871), RHAF, vol. 28, nº 4, mars 1975, p. 517-537.

The Garneau House, dans *APT Bulletin*, vol. 8, nº 1, mars 1976, p. 28-42.

Le Vieux Fort William, dans *APT Bulletin*, vol. 8, nº 1, mars 1976, p. 43-60.

LA POTHERIE, CLAUDE-CHARLES LE ROY, dit Bacqueville de (1663-1736). Historien, né à Paris. En 1691, on le trouve à Brest où il est secrétaire principal de la Marine. En 1697, il participe à l'expédition de Le Moyne d'Iberville qui le conduit à la Baie d'Hudson. L'année suivante, il est nommé contrôleur de la Marine et des fortifications de Québec où il arrive le 28 novembre. Se croyant mésestimé, il se plaint au ministre, et il quitte la Nouvelle-France en 1701 à cause, paraît-il, de ses démêlés avec certaines autorités de la colonie. Il poursuit sa carrière à la Guadeloupe où il meurt en 1736. Déjà en 1702, il aurait terminé son *Histoire de l'Amérique septentrionale*, comme l'atteste l'approbation du censeur, mais il lui aurait fallu attendre jusqu'en 1716 pour obtenir un permis d'imprimer. Certains biographes prétendent qu'il existe une édition de 1716, mais on n'en connaît aucun exemplaire. L'ouvrage que nous connaissons est daté de 1722. Le premier volume de l'*Histoire de l'Amérique septentrionale* présente un tableau géographique du Canada, la description des villes et des habitants. Le second volume examine les principales nations amérindiennes. Enfin, les volumes trois et quatre évoquent les guerres franco-iroquoises et les pourparlers de paix d'avant 1701. Selon Robert Le Blant, cette *Histoire* « constitue en grande partie une source originale devant être mise en œuvre pour la rédaction d'une histoire aussi exacte que possible de la Nouvelle-France ».

ŒUVRE

Histoire de l'Amérique septentrionale, Paris, Chez Jean-Luc Nion/ François Didot, 1722, 4 vol. Ill.: vol. 1, *Contenant le voyage du Fort de Nelson, dans la Baie d'Hudson à l'extrémité de l'Amérique, Le premier établissement des français dans ce vaste pays, la prise dudit Fort de Nelson, la description du fleuve de Saint-Laurent, le gouvernement de Québec, des Trois-Rivières & de Montréal, depuis 1534 jusqu'à 1701*, [13], 374 p. Avertissement de l'auteur; vol. 2, *Contenant l'histoire des peuples alliez de la Nouvelle-France, leurs mœurs & leurs Maximes, leur Religion & leur Intérêts avec toutes les Nations des Lacs Superieurs, tels que sont les Hurons et les Illinois, l'alliance faite avec les Français & ces peuples, la possession de tous ces pays au nom du Roi & tout ce qui s'est passé de plus remarquable sous Messieurs de Traci, de Frontenac, de la Barre & de Denonville*, [2], 363 p.; vol. 3, *Contenant l'histoire des Iroquois, leur mœurs, leurs Maximes, leurs Coûtumes, leur Gouvernement, leur Intérêts avec les Anglais, leurs Alliez, tous les mouvements de guerre depuis 1689 jusqu'en 1707, leurs Négociations, leurs Ambassades pour la Paix générale avec les Français & les peuples Alliez de la Nouvelle-France*, [12], 316 p.; vol. 4, *Contenant l'histoire des Abenaquis, la Paix générale dans toute l'Amérique Septentrionale, sous le gouvernement de Monsieur le Comte de Frontenac & Monsieur le Chevalier de Callieres, pendant laquelle des nations éloignées de six cens lieues de Québec s'assemblèrent à Montréal*, [2], 276 p.; *Voyage de l'Amérique contenant ce qui s'est passé de plus remarquable dans l'Amérique septentrionale depuis 1534 jusqu'à présent*, Amsterdam, Chez Henry des Bordes, 1723; (Même titre que 1re édition), Chez Brocas, 1753. Traduction anglaise: *The Indian Tribes of the Upper Mississippi Valley and Region of the Great Lakes as Described by Nicolas Perrot, French Commandant in the Northwest; Bacqueville de la Potherie, French Royal Commissioner to Canada; Morrell Marston, American Army Officer; and Thomas Forsyth, United States Agents at Fort-Armstrong*, Cleveland, The Arthur H. Clark Company, 1911, 2 vol.: vol. 1, 372 p. Préface d'Emma Helen Blair; vol. 2, 1912, 412 p. Ill. Cartes.

ÉTUDES

J.-E. Roy, *Claude-Charles de la Potherie*, MSRC, 2e série, vol. 3, 1897, p. 3-44.

Robert Le Blant, *Histoire de la Nouvelle-France*, Dax, Éditions P. Pradeu, 1940, p. 65-83.

L.-P. Desrosiers, *La Potherie*, dans *Le Centenaire de l'Histoire du Canada de François-Xavier Garneau*, Montréal, Société historique de Montréal, 1945, p. 291-308.

D.M. Hayne, *Le Roy dit Bacqueville de la Potherie*, DBC, t. 2, 1969, p. 439-441.

LAQUERRE, RAYMOND LOUIS (1949–   ). Essayiste et bibliographe, né à Chicoutimi. Il fait ses humanités au Séminaire de Chicoutimi et au Collège Jean-de-Brébeuf (D.E.C., 1969; B.A., 1970). Il obtient ensuite à l'Université de Montréal un baccalauréat spécialisé en études françaises (1973), des certificats d'enseignement collégial (1976) et secondaire (1978), et une maîtrise dont le mémoire s'intitule « Activités théâtrales en Estrie et à Montréal à travers Yves-Hébert Sauvageau, comédien et écrivain » (1980). Il enseigne au Collège Bourgchemin de Saint-Hyacinthe et à l'École Terre-des-Jeunes des Mille-Îles, et il est nommé assistant-responsable de la Théâtrothèque de l'Université de Montréal en 1978. Laquerre a rédigé plusieurs ouvrages pédagogiques restés inédits. On le connaît surtout pour le monumental *Répertoire analytique de l'activité théâtrale au Québec 1978-1979* préparé avec Pierre Lavoie. « Si la recherche de la documentation ne remplace jamais les analyses, dans les recherches historiques sur la culture, elle constitue un préalable important et une économie de temps considérable » (Lucie Robert).

ŒUVRE

Répertoire analytique de l'activité théâtrale au Québec, 1978-79, Montréal, Théâtrothèque de l'Université de Montréal/ Leméac, 1981, 3 t.: t. 1, xviii, 120 p.; t. 2, -706 p.; t. 3, -1665 p. Collab. Pierre Lavoie. Préface de Jean-Cléo Godin.

André Bernier « Les Iconoclastes », LAQ 1979, p. 160-161.

ÉTUDES

Anton Wagner, *From Art to Theory: Canada's Critical Tools*, dans *Canadian Theatre Review*, no 34, printemps 1982, p. 61-62.

André Bourassa, *Répertoire analytique de l'activité théâtrale au Québec, 1978-79*, LQ, no 26, été 1982, p. 91.

Pierre Macduff, *Répertoire analytique de l'activité théâtrale au Québec 1978-79*, dans *Jeu*, no 23, 1982, p. 162-163.

Lucie Robert, *Répertoire analytique de l'activité théâtrale au Québec*, LAQ 1982, p. 171-172.

LARCHE, RENÉE (1946–   ). Romancière, née à Montréal. Elle fait le cours classique au Pensionnat Mont-Royal et au Collège Marguerite-Bourgeois de Montréal (B.A., 1968), puis elle obtient un baccalauréat spécialisé en lettres françaises à l'Université de Montréal (1972). Elle est ensuite, entre 1972 et 1976, recherchiste à Radio-Canada, assistante de recherche en anthropologie à l'Université de Montréal, rédactrice à la revue *Sélection du Reader's Digest*, puis correctrice d'épreuves au Centre de calcul de l'Université de Montréal (1977-1978). Elle a été boursière du Conseil des Arts du Canada

(1973) et du ministère des Affaires culturelles du Québec (1977). En 1979, Radio-Canada présente son adaptation télévisée d'un conte japonais. Son premier roman, *Les Naissances de larves*, paraît en 1975. Gilbert LaRocque lui reproche de n'être ni de la poésie ni tout à fait un roman : « Il est regrettable que le propos de Renée Larche disparaisse constamment derrière les jeux d'un langage inapproprié », alors que pour Chanel Malenfant « l'authenticité rare des images, les qualités sensuelles de l'atmosphère, en font une première naissance littéraire très accomplie ». En 1981, Réginald Martel vante « la prose très sûre » de la romancière d'*Éthel, souris-moi...*, récit d'une femme de trente-huit ans qui revit son grand amour féminin de collégienne. Stéphane Lépine met à côté de Proust ce texte « porteur d'une lumière, d'une révélation troublante et éblouissante », mais Madeleine Ouellette-Michalska y voit « une prose démesurément poétique et inégale [... où] le sentiment paraît s'étouffer dans un excès de préciosité et de surcharge métaphorique ».

ŒUVRES

Les Naissances de larves. Roman, Montréal, La Presse, 1975, 136 p. « Écrivains des deux mondes ».
Éthel, souris-moi... Roman, Montréal, VLB éditeur, 1981, 135 p.

ÉTUDES

Réginald Martel, *Donner sa langue au chant*, Pr, 91e année, no 275, 18 nov. 1975, p. 36.
Chanel Malenfant, *Renée Larche. Les Naissances de larves*, LAQ 1975, p. 77–79.
Gilbert LaRocque, *Petite comtesse votre préciosité est inquiétante*, dans *Le Livre d'ici*, vol. 1, no 15, 25 janv. 1976, p. 1.
André Vanasse, *Les Nouvelles Voix romanesques. « Dites-moi où, en quel païs... »*, LQ, no 2, mai 1976, p. 6–7.
[Anonyme], *Larche (Renée). Les Naissances de larves*, dans *Le Livre canadien*, vol. 7, nov. 1976, no 347.
Réginald Martel, *Les Violences de l'amour fou*, Pr, 97e année, no 276, 21 nov. 1981, p. D-8.
Léonce Cantin, *Renée Larche. Éthel, souris-moi...*, LAQ 1981, p. 57–59.
Stéphane Lépine, *Notre choix. Éthel, souris-moi de Renée Larche*, dans *Nos livres*, vol. 13, févr. 1982, no 67.
Madeleine Ouellette-Michalska, *L'Effet Léonard de Vinci*, Dev, vol. 73, no 54, 6 mars 1982, p. 21.
Pol Chantraine, *Renée Larche. Deux jeunes filles en fleur*, dans *Le Livre d'ici*, vol. 7, no 24, 17 mars 1982, p. 2.

L'ARCHEVÊQUE-DUGUAY, JEANNE (1901–). Poète, essayiste et journaliste, née à Montréal. Elle fait ses études à l'Académie Saint-Denis des Dames-de-la-Congrégation et à l'Institut pédagogique de l'Université de Montréal où elle suit des cours de musique et obtient un diplôme de lettres-sciences. Elle travaille à la Bibliothèque municipale de Montréal. En 1929, elle épouse le peintre-graveur Rodolphe Duguay et s'établit à Nicolet. L'année suivante, elle commence sa carrière de journaliste au *Bien public* de Trois-Rivières. Par la suite elle tient une chronique au *Droit*, puis au *Canada français* (Saint-Jean-d'Iberville). En 1940, elle rédige la page féminine de *La Terre de chez nous*. Elle collabore aussi à d'autres périodiques comme *Le Foyer rural, Collège et Famille, Paysana*, etc. Son œuvre est considérable et comprend surtout des recueils de prose poétique et de poésie. On peut lui appliquer ce que Jacques Blais écrit de *Cantilènes* : « On n'y trouve pas de formules toutes faites, de grandiloquentes suppliques, de périodes nombreuses, mais une parole mesurée, définie, qui se maintient la plupart du temps dans le ton juste, chaque mot mis à sa place. [...] Un poète parle tout bonnement, émonde au lieu d'amplifier, vise à ce que fond et forme coïncident ». On y trouve des « défaillances », mais il s'agit d'une écriture simple et vraie « qui a pris le parti de la clarté ». Les *Cantilènes* ont plu à Saint-Denys Garneau qui en appréciait le sens du rythme, la construction et « le goût des présences à la mesure de l'homme ». L'œuvre semble se fermer, en 1978, avec *Reflets des saisons. Au fil de notre âge*, ce beau recueil de sagesse d'une âme toute pacifiée.

ŒUVRES

Écrin (poésie), Trois-Rivières, Éditions du Bien public, 1934, 96 p.
Cantilènes (poésie), Montréal, Éditions Beauchemin, 1936, 187 p. Bois gravés de Rodolphe Duguay.
Comme nous sommes heureux ! (essai), Trois-Rivières, Éditions du Bien public, 1940, 127 p. Ill. ; 1941, 119 p.
[*Cinq petits enfants...*] (litt. jeunesse), Montréal, Les Éditions Fides, 1942, 31 p. Ill. de Rodolphe Duguay.
Offrande (poésie), Montréal, Fides, 1942, 29 p. Ill. de Rodolphe Duguay.
Sur la route avec Jésus (essai), Montréal, Fides, 1944, 31 p. Ill. de Rodolphe Duguay.
Fleurs vivantes (essai), Montréal, Fides, 1945, 48 p. Collab. Albert Tessier. Ill.
Mater (poésie), Montréal, La Famille, 1946, 112 p. Ill. de Rodolphe Duguay.
Épouse et Mère avec Marie (essai), Nicolet/Montréal, Centre Marial Canada/Centre familial, 1947, 95 p. ; 1952, 88 p.
Jeune Fille, la Vierge te dit (essai), Montréal/Paris, Fides, 1950, 105 p. Lettrines de Rodolphe Duguay.
Dans mon jardin (poésie), Montréal/Paris, Fides, 1951, 254 p. Ill. de Monique Duguay.

Comment j'éduque Paul et Marie (essai), Montréal, Fides, 1952, 86 p.

La Vierge et l'Hostie dans la famille (essai), Montréal, Fides, 1954, 142 p. Ill.

Ton père (essai), Québec, Éditions du Pélican, 1964, 127 p.

Lettres d'une paysanne à son fils, [Montréal], Leméac, 1977, 213 p. Ill. Préface de Maurice Carrier. Présentation de l'auteur. «Vie et Mémoires».

Reflet des saisons. Au fil de notre âge (poésie), Montréal/ Paris, Éditions Paulines/Apostolat des Éditions, 1978, 117 p. Ill.

La Porte entr'ouverte (lettres), Montréal/Paris, Éditions Paulines/Médiaspaul, 1982, 151 p. Ill. «Regards».

ÉTUDES

Gabriel-M. Lussier, *Deux poètes de chez nous*, RD, 43e année, mai 1937, p. 244–251.

Adrienne Choquette, *Jeanne L'Archevêque-Duguay*, dans *Confidences d'écrivains canadiens-français*, Trois-Rivières, Éditions du Bien public, 1939, p. 99–102.

Arthur Laurendeau, *Comme nous sommes heureux*, AN, vol. 17, mars 1941, p. 242–244.

L. St-Amour, *Mater*, dans *Lectures*, t. 1, no 4, déc. 1946, p. 249–250.

Agnès Johnson, *Mater*, ESC, vol. 26, nos 4–5, janv.–févr. 1947, p. 217.

Michelle LeNormand, *Dans mon jardin*, dans *Lectures*, t. 7, no 10, juin 1951, p. 484–485.

Magdeleine Ouellet, *Interview avec Madame Jeanne L'Archevêque-Duguay; femme de lettres et mère de famille*, dans *Idéal féminin*, 4e année, no 5, sept.–oct. 1955, p. 4.

Jacques Blais, *De l'ordre et de l'aventure : la poésie au Québec de 1934 à 1944*, Québec, PUL, 1975, p. 138–140.

LAREAU, EDMOND [Jean Canada] (1848–1890). Essayiste, journaliste et historien, né à Saint-Grégoire (D'Iberville). Il reçoit au baptême les noms de Pierre-Bénoni-Evremond dont il fera Edmond. Il fait ses études classiques au collège de Sainte-Marie-de-Monnoir, à Mariceville. Bachelier en droit du Victoria College, succursale de Victoria University (Cobourg, Ontario, 1870), il continue ses études légales à l'Université McGill où il devient professeur de droit civil et d'histoire du droit canadien en 1876. Rédacteur du journal *Le Pays* en 1870 et du *National* en 1872, il fait partie de la direction du *Lower Canada Jurist*. Il publie la première histoire de la littérature canadienne (anglaise et française) en 1874. Par la suite, il groupe en recueil des études parues dans les revues et les fait paraître, en 1877, sous le titre de *Mélanges historiques et littéraires*. À retenir en particulier son panorama des « Revues et journaux », ainsi qu'une pièce de théâtre, « Guillaume Tell », parus dans les *Mélanges historiques et littéraires*. Il prépare une *Histoire du droit canadien* publiée en 1888 et 1889 en deux volumes. De 1886 à sa mort, il représente le comté de Rouville à l'Assemblée législative du Québec, sous la bannière libérale. Lareau fut un chercheur érudit : c'est le premier historien du droit, et il a du mérite à avoir fait connaître un nombre imposant d'écrivains de la littérature canadienne à ses débuts.

ŒUVRES

Tableau des délais fixes contenus dans le Code civil, le Code de procédure civile, les Règles de pratique et l'Acte de faillite, Montréal, Eusèbe Senécal, imprimeur, relieur et éditeur, 1870, 45 p. Préface de l'auteur.

Le Droit civil canadien suivant l'ordre établi par les codes précédé d'une histoire générale du droit canadien, Montréal, Alphonse Doutre et cie, libraires-éditeurs, 1871–1872, xvii, 784 p. Collab. Gonzalve Doutre. Avant-propos des auteurs. Préface de F. Laurent. (Tome premier, mai 1871–août 1872).

Histoire de la littérature canadienne, Montréal, Imprimé par John Lovell, 1874, viii, 496 p. Préface de l'auteur.

Mélanges historiques et littéraires (essais), Montréal, Eusèbe Senécal, imprimeur-éditeur, 1877, [4], 352 p.

Libéraux et Conservateurs (conférence), Montréal, [s.é.], 1879, 44 p.

Réformes judiciaires. Examen du rapport de la Commission de codification des statuts. I Le Droit d'évocation. II Appel des jugements interlocutoires. III Réorganisation des tribunaux. IV Discipline des tribunaux. V La Procédure civile. VI Les Tribunaux d'appel. VII La Profession d'avocat. VIII Conclusion, Montréal, Imprimerie de Louis Perreault & cie, 1882, 42 p.

Histoire abrégée de la littérature, Montréal, John Lovell & fils, éditeurs, 1884, x, 562 p. Préface de l'auteur.

Le Code civil du Bas-Canada. Contenant sous chaque article, les amendements et autres dispositions législatives qui affectent le texte ; l'indication des autorités citées par les codificateurs et d'autres plus récentes ; la citation des arrêts des tribunaux de la province de Québec, et suivi d'une table des matières et d'une table de concordance avec le code Napoléon et le code de commerce français, Montréal, Librairie de droit et de jurisprudence/ A. Périard, libraire-éditeur, 1885, xviii, 666 p. Préface de l'auteur ; *Code civil du Bas-Canada. Contenant sous chaque article les amendements et autres dispositions législatives qui affectent le texte jusqu'au 1er janvier 1888 ; l'indication des autorités citées par les codifications et d'autres plus récents; la citation des arrêts des tribunaux de la province de Québec*, 1888, xviii, 656 p. Préface de l'auteur. (Nouvelle édition).

Histoire du droit canadien depuis les origines de la colonie jusqu'à nos jours, Montréal, Librairie générale de droit et de jurisprudence/ A. Périard, libraire-éditeur, 1888–1889, 2 vol. : vol. 1, *I Domination française*, 1888, x, 518 p. Préface de l'auteur ; vol. 2, *II Domination anglaise*, 1889, 544 p.

La Bigolante (conte), dans *L'Écho du cabinet de lecture paroissial*, vol. 1, nᵒˢ 2–3, 1867, p. 107–120, 183–197.
L'Abbé Faillon, RC, vol. 17, 1882, p. 202–216.
Huit jours en Hollande, RC, vol. 17, 1882, p. 531–541.
Washington, RC, vol. 23, 1887, p. 485–492, 521–530.

ÉTUDES

Benjamin Sulte, *Histoire de la littérature canadienne*, RC, vol. 11, 1874, p. 386–391.
Faucher de St-Maurice, *Choses et Autres*, Montréal, Duvernay frères et Dansereau, 1874, p. 161, 177.
Le Père Louison, *Chansonnier politique du Canard*, Montréal, Des Presses du Canard, 1879, p. 9–16.
T.H., *Histoire du droit canadien*, CF, vol. 1, nᵒ 4, 1888, p. 673–679 ; vol. 2, nᵒ 2, 1889, p. 305.
R. Brunet, *Edmond Lareau*, MI, nᵒ 314, 10 mai 1890, p. 21.
Jules-S. Lesage, *Edmond Lareau*, dans *Écrivains d'hier*, Québec, L'Action catholique, 2ᵉ série, 1933, p. 32–36.
Marguerite Gauthier, « Bibliographie d'Edmond Lareau ». Mémoire. Montréal, École de bibliothécaires, Université de Montréal, 1943, xv, 36 f.

LAREAU, JOANE (1955–   ). Poète et chansonnier, née à Sherbrooke. Après le cégep à Sherbrooke, elle poursuit des études de lettres françaises, section théâtre, à l'Université de Sherbrooke. Partageant son temps entre ses études et ses chansons, elle est en outre à la source du rassemblement d'un groupe de musiciens sous le nom de « Pleine Lune ». Elle réunit dans deux recueils ses poèmes et chansons. Commentant le second, *Écho*, Pierre Francœur écrit : « La quête de l'autonomie et le désir de devenir adulte sont les préoccupations de l'auteur [...]. Le thème de l'enfance est aussi très présent ». Cette poésie connaît de bons moments d'« état de grâce » et une certaine fraîcheur romantique malheureusement gâtée ici et là par l'usage d'un « joual » sans justification.

ŒUVRES

Trottoir du rêve (poésie), Sherbrooke, Les Éditions de la Virgule, 1975, 51 p. Ill. de Luce Champoux.
Écho (poésie), Sherbrooke, Les Éditions de la Virgule, 1976, 70 p. Ill. de Luce Champoux

ÉTUDES

Pierre Francœur, « *Trottoir du rêve* » une vie simple racontée, dans *La Tribune*, 66ᵉ année, nᵒ 135, 29 juillet 1975, p. 11.
[Pierre Francœur], *Pour Joane Lareau, un 2ᵉ recueil*, dans *La Tribune*, 67ᵉ année, nᵒ 226, 12 nov. 1976, p. 14.
G.J.S., *Joane Lareau fréquente...*, dans *Liaison*, vol. 22, nᵒ 13, 2 déc. 1976, p. 6.

LARIVIÈRE, CLAUDE (1948–   ). Essayiste, né à Verdun (Île-de-Montréal). Il obtient à l'Université

de Montréal un baccalauréat en service social (1974), un certificat d'animation (1974), une maîtrise en service social (1976) pour son mémoire *Crise économique et Contrôle social : le cas de Montréal (1929–1937)*, et il prépare une thèse de doctorat sur le mouvement coopératif québécois. De 1968 à 1975, il est agent d'information et de relations publiques pour plusieurs organismes, puis il est travailleur social en 1975–1976. Il enseigne à l'Université du Québec à Hull de 1977 à 1980, puis à l'Université de Montréal à compter de 1980. Il collabore à plusieurs périodiques, tels *Le Magazine Maclean, Possibles, Économie et Humanisme, Le Devoir, Recherches sociographiques*, etc. Claude Larivière s'intéresse à l'histoire populaire et à l'analyse économico-sociale des milieux urbains défavorisés, particulièrement du quartier Saint-Henri de Montréal. En outre, il a écrit la biographie d'un pionnier du socialisme, *Albert Saint-Martin militant d'avant-garde (1865–1947)*.

ŒUVRES

Petite Bourgogne (essai), Montréal, Éditions québécoises, 1973, 76 p. Collab. Marcel Simard. Ill. « Les Gens du Québec ».
[*Histoire des travailleurs de Beauharnois et Valleyfield*], Montréal, Les Éditions Albert Saint-Martin, 1974, 44 p. Ill.
[*St-Henri : l'identification du milieu*] (essai), Montréal, Éditions Albert Saint-Martin, 1974, 102 p.
[*St-Henri : l'univers des travailleurs*] (essai), Montréal, Éditions Albert Saint-Martin, 1974, 117 p.
[*Le 1ᵉʳ Mai, fête internationale des travailleurs*] (essai), Montréal, Les Éditions Albert Saint-Martin, 1975, 45 p. Ill.
Crise économique et Contrôle social (1929–1937). Le cas de Montréal (essai), Montréal, Éditions coopératives Albert Saint-Martin, 1977, 265 p.
Le Chili d'Allende. Témoignages de la vie quotidienne (essai), Montréal, Éditions Albert Saint-Martin, 1978, 295 p. Collab. Raymond Boyer et Marguerite Taillefer.
Albert Saint-Martin militant d'avant-garde (1865–1947) (biographie), Laval, Éditions coopératives Albert Saint-Martin, 1979, 291 p.

[*St-Henri*] (essai), Montréal, Éditions québécoises, 1972, p. 41–46. Ill. « Les Gens du Québec ».
Collectif de production et autogestion, dans *Possibles*, vol. 4, nᵒˢ 3–4, printemps-été 1980, p. 151–167.
Les Mouvements d'assistés sociaux au Québec, dans *Économie et Humanisme*, nᵒ 244, juillet–août 1980, p. 41–94.
La Santé de l'édition au Québec, Dev, vol. 71, nᵒ 222, 27 sept. 1980, p. 19.
Pour une production culturelle différente, dans *Possibles*, vol. 5, nᵒˢ 3–4, été 1981, p. 129–136.

L'Amérique en crise, dans *Contradictions*, nᵒ 32, printemps 1982, p. 3–24.

LARIVIÈRE, JEAN (1951–   ). Poète et dramaturge, né à Trois-Rivières. Il fait ses études au Séminaire Saint-Joseph et au Cégep de Trois-Rivières (D.E.C., 1968). Il obtient ensuite à L'UQTR un baccalauréat (1973), des certificats en éducation (1976) et en enfance inadaptée (1978) et il prépare une maîtrise en éducation. À partir de 1974, il enseigne au secondaire à Trois-Rivières. Il suit aussi des cours de roman de Victor-Lévy Beaulieu et d'Adrien Thério. Il publie son premier recueil de poésie, *Sauvage*, en 1972 : Adrien Thério trouve « au milieu de ces images une fraîcheur et un élan de jeunesse » qui l'enthousiasment. Guy Laflèche écrit au sujet du second recueil : « Rien de plus prosaïque que la poésie de Jean Larivière, rien de plus ciselé que les trente-deux petits poèmes d'*Innocence* [...] ». Et il conclut : « Une aimable et délicieuse mythologie de la rêverie animale ».

ŒUVRES

Sauvage (poésie), Trois-Rivières, Éditions des Forges, 1972, 52 p. Ill. de l'auteur. « Les Rouges-gorges ».
Innocence (poésie), Trois-Rivières, Éditions des Forges, 1973, 54 p. Ill. de l'auteur. « Les Rouges-gorges ».

Poèmes, dans *Co-Incidences*, vol. 2, nᵒ 3, nov. 1972, p. 75–77.
L'Éclipse (théâtre), dans *Œuvres*, Trois-Rivières, Centre de théâtre québécois, U.Q.T.R., 1973, 68 p. Collab. Claude Bonenfant, René Pépin et Marcel Piette. « Théâtre d'hier et d'aujourd'hui ».

ÉTUDES

Adrien Thério, *Sauvage de Jean Larivière*, LAQ 1972, p. 173.
Guy Laflèche, *Jean Larivière. Innocence*, LAQ 1973, p. 118.

LA ROCHE, JACQUES. Voir **BÉDARD, JEAN.**

LAROCHE, MADELEINE [née Pennarun] (1925–   ). Romancière, née près du village de Kerguenan (Manitoba). Elle étudie au couvent et à l'école publique de Sainte-Rose-du-Lac, puis elle obtient un certificat d'enseignement à l'École normale de Winnipeg (1943). Elle suit aussi des cours de littérature, d'histoire et d'anthropologie à l'Université du Manitoba et enseigne pendant une dizaine d'années dans des écoles de campagne, avant de s'établir

sur une ferme d'Otterburne. Son premier roman, *Les Va-nu-pieds* (1980), décrit une tranche de vie bretonne au Manitoba. « Le roman plaira, écrit Kenneth Meadwell, aux lecteurs qui s'intéressent à pénétrer le microcosme breton établi dans les prairies ».

ŒUVRES

Les Va-nu-pieds (roman), Saint-Boniface, Éditions des Plaines, 1980, 165 p. Préface d'André-Yves Rompré. (Paru d'abord en feuilleton dans *La Liberté* en 1979).
Le Château du soleil (Kastell ar Héol) (roman), Saint-Boniface, Les Éditions du Blé, 1984, 168 p. Ill. de Suzanne Gauthier.

ÉTUDES

Kenneth W. Meadwell, *Laroche, Madeleine...*, dans *Bulletin du Centre d'études franco-canadiennes de l'Ouest*, nᵒ 6, oct. 1980, p. 22–23.
Madeleine Laroche (née Pennarun), dans *Auteurs francophones des Prairies*, Saint-Boniface, Centre de ressources éducatives françaises du Manitoba, 1981, p. 20–21.

LAROCHE, MAXIMILIEN (1937–   ). Essayiste, né à Cap-Haïtien (Haïti). Il fait ses humanités au Collège Notre-Dame de Cap-Haïtien (B.A., 1955), puis une licence en droit à l'Université d'Haïti (1958). Il obtient ensuite une licence ès lettres (1962), une maîtrise ès arts (1962) et un diplôme d'études supérieures (1968) à l'Université de Montréal, et un doctorat à l'Université de Toulouse (1971). Il a été plusieurs fois boursier du Conseil des Arts du Canada et du Gouvernement français. Il enseigne le français à Cap-Haïtien de 1955 à 1960, à Gaspé, à Saint-Hyacinthe et à Montréal (Collège Sainte-Marie) de 1962 à 1970, et il devient professeur de littérature à l'Université Laval en 1971. Il collabore à divers périodiques, tels que *L'Action nationale*, *Les Cahiers de Sainte-Marie*, *Voix et Images du pays*, *Modern Language Studies*, *Espace créole*. Ses premiers travaux sur la culture et la littérature d'Haïti sont une révélation pour le monde littéraire québécois auquel il est le premier à présenter une synthèse accessible. Jean Ménard écrit que le *Portrait de l'Haïtien* « vient à son heure, au moment où nous nous découvrons une solidarité avec tout ce qui est français ». On a moins de louanges pour *Marcel Dubé* (1970) que Louis Francœur trouve insuffisamment critique, et pour *Le Miracle et la Métamorphose* (1971) que Max Dorsinville déclare « mal conçu » et « structuré par une irrésolution fondamentale », en dépit de deux excellents chapitres. Puis, en 1978 et 1981, paraissent deux essais, *L'Image comme écho* et *La Littérature haïtienne*, qui constituent un approfondissement de la réflexion de Laroche sur l'originalité et l'histoire des lettres de son pays natal. « Aucun essayiste haïtien, écrit Gérard Étienne à propos de *L'Image comme écho*, n'a poussé si loin la question tant controversée du créole dans nos productions littéraires ». D'autre part, malgré les réserves qu'elle exprime sur le second essai, Marie-Josée Glémaud pense que l'auteur « ouvre la voie pour une nouvelle approche de l'histoire et de la critique littéraires haïtiennes ».

ŒUVRES

Haïti et sa littérature (essai), Montréal, AGEUM, 1963, 93 p.

Marcel Dubé (essai), Montréal, Fides, 1970, 189 p. Ill. « ECA ».

Le Miracle et la Métamorphose (littérature du Québec et d'Haïti) (essai), Montréal, Éditions du Jour, 1971, 239 p.

Deux étapes sur la poésie et l'idéologie québécoise (essai), Québec, Institut supérieur des sciences humaines, Université Laval, 1975, 40 p. « Sciences de la culture. Cahiers de l'ISSH ».

L'Image comme écho : essais sur la littérature et la culture haïtiennes, Montréal, Éditions Nouvelle Optique, 1978, 241 p. Introduction de l'auteur. « Matériaux ».

La Littérature haïtienne, identité, langue, réalité (essai), [Montréal], Leméac, 1981, 127 p. Introduction de l'auteur. « Les Classiques de la francophonie ».

Trois études sur Folie de Marie Chauvet (essai), Québec, GRELCA (Université Laval), 1984.

Contribution à l'étude du Réalisme merveilleux (essai), Québec, GRELCA (Université Laval), 1987, coll. essais nᵒ 2.

L'Avènement de la littérature haïtienne (essai), Québec, GRELCA (Université Laval), 1987, coll. essais nᵒ 3.

Le Patriarche, le Marron et la Dossa (essai), Québec, GRELCA (Université Laval), 1988, coll. essais nᵒ 4.

Tradition et Modernité dans les littératures panafricaines d'Afrique et d'Amérique (éditeur), Québec, GRELCA, (Université Laval), 1988, coll. essais nᵒ 5.

Dire pour ne pas être dit, LAQ 1965, p. 54–55.

Littérature du Québec, LAQ 1965, p. 56–57.

Littératures du Québec et d'Haïti : la femme dans la poésie, AN, vol. 55, nᵒ 5, janv. 1966, p. 612–621.

La Conscience américaine de la nouvelle poésie québécoise, CSM, nᵒ 1, mai 1966, p. 71–76.

Les Thèmes du roman, AN, vol. 55, nᵒˢ 9–10, mai–juin 1966, p. 1142–1154.

D'un bilinguisme antillais, AN, vol. 56, nᵒ 1, sept. 1966, p. 75–80.

Le Pays : un thème et une forme, CSM, nᵒ 4, avril 1967, p. 103–124.

Portrait de l'Haïtien, CSM, nᵒ 10, mai 1968, p. 13–97.

Pierre Perrault et la Découverte d'un langage, CSM, nᵒ 12, juillet 1968, p. 25–47.

Notes sur le style de trois poètes : Roland Giguère, Gatien Lapointe et Paul Chamberland, VIP, nᵒ 15, 1969, p. 91–106.

Sentiments de l'espace et Image du temps chez quelques écrivains québécois, VIP, nᵒ 7, 1973, p. 162–182.

Esquisse d'une sémantique du créole haïtien et du joual québécois, VIP, vol. 9, 1975, p. 239–260.

Les Techniques théâtrales des dramaturges québécois, dans *Le Théâtre canadien-français*, Montréal, Fides, 1976, p. 369–398. « ALC » 5.

La Poésie québécoise et le Mythe, dans *Modern Language Studies*, vol. 7, nᵒ 2, automne 1976, p. 13–21.

Poétique du créole : « Dézafi » de Frankétienne, dans *Espace créole*, nᵒ 2, 1977, p. 93–100.

Des lecteurs à venir, Dev, vol. 73, nᵒ 88, 17 avril 1982, p. 8.

ÉTUDES

François Gallays, *Haïti et sa littérature de Maximilien Laroche*, LAC 1963, p. 79–80.

Jean-Yves Théberge, *Aurait-on perdu le courage ?*, CF, vol. 106, nᵒ 40, 24 févr. 1966, p. 22.

André Major, *Les Fruits et la Passion*, AN, vol. 56, nᵒ 4, déc. 1966, p. 369–371.

Jean Ménard, *Portrait de l'Haïtien de Maximilien Laroche*, LAC 1968, p. 146–147.

Michel Lemieux, *Haïti : un peu de chez nous*, CF, vol. 109, nᵒ 3, 13 juin 1968, p. 34.

Alain Pontaut, *On devrait être heureux en Haïti*, Pr, 84ᵉ année, nᵒ 128, 1ᵉʳ juin 1968, p. 29.

Louis Francœur, *Marcel Dubé de Maximilien Laroche*, LAQ 1970, p. 186–187.

Max Dorsinville, *Le Miracle et la Métamorphose : essai sur les littératures du Québec et d'Haïti de Maximilien Laroche*, LAQ 1971, p. 197–198.

Gérard Étienne, *Maximilien Laroche. L'Image comme écho*, LAQ 1978, p. 213–215.

Andrée Ferretti, *Maximilien Laroche. La réalité haïtienne*, Dev, vol. 72, nᵒ 163, 19 sept. 1981, p. 23.

Marie-Josée Glémaud, *Maximilien Laroche. La Littérature haïtienne, identité, langue, réalité*, LAQ 1981, p. 300–304.

LA ROCQUE, GILBERT (1943–1984). Romancier et dramaturge, né à Rosemont (Montréal). Il fait ses études classiques au Collège des Eudistes, au Collège Laval et au Collège Sainte-Croix jusqu'en belles-lettres, après quoi il exerce divers métiers, ferblantier, ouvrier en construction, commis de banque et huit ans commis à l'Hôtel-de-ville de Montréal-Nord où il rédige ses premiers romans. Il se met ensuite au métier d'éditeur, d'abord chef de rédaction aux Éditions de l'Homme, en 1972, puis directeur littéraire aux Éditions de l'Aurore et, à partir de 1978, directeur littéraire aux Éditions Québec/Amérique où il fonde le magazine *Québec/*

Amérique. Adonné tôt à l'écriture, il présente des poèmes à Jacques Hébert alors directeur des Éditions du Jour. Le refus de l'éditeur et sans doute ses conseils amènent La Rocque au conte et au roman. De 1970 à 1980, il publie huit volumes. Le premier roman, *Le Nombril*, paraît en 1970 au Jour. « Tout dans ce roman va du très bon à l'excellent, écrit Claude Savoie. Un vrai délire de sens, de profondeur, de réflexion ». La critique tombe vite d'accord sur le talent certain du romancier. Dans *Le Livre canadien*, on souligne cependant avec humeur, à propos de *Après la boue* (1972) « l'étrange fascination que semblent exercer sur [l'auteur] les diverses formes de déjection et de putréfaction ». Et André Vanasse dit des *Masques* (1980) : « Chose certaine, il y a chez La Rocque une magie du verbe. Sinon je ne vois pas comment le lecteur pourrait se sentir à l'aise dans cette écriture fondée sur l'esthétique de la répulsion ». Gérard Bessette voit dans *Serge d'entre les morts* un livre si important qu'il consacre l'un de ses romans, *Le Semestre*, à l'analyser. Dans ces œuvres habilement composées de La Rocque, le style est haché, télégraphique, les phrases souvent inachevées, la ponctuation fantaisiste, le vocabulaire riche, varié, imagé. Enfin, pour Madeleine Ouellette-Michalska, encore à propos de « l'esthétique de répulsion » dans *Les Masques*, « c'est le procès même de la culture occidentale qu'intente La Rocque [...] ».

ŒUVRES

Le Nombril. Roman, Montréal, Éditions du Jour, 1970, 209 p. « RJ » ; Québec/Amérique, 1982, 174 p. « Littérature d'Amérique ».

Corridors. Roman, Montréal, Éditions du Jour, 1971, 214 p. « RJ » ; Québec/Amérique, 1985, 214 p. « Littérature d'Amérique ».

Après la boue. Roman, Montréal, Éditions du Jour, 1972, 208 p. « RJ » ; Québec/Amérique, 1981, 199 p. « Littérature d'Amérique ».

Provencher, le dernier des coureurs des bois (biographie), Montréal/Bruxelles, Éditions de l'Homme, 1974, 287 p. Collab. Paul Provencher. Ill.

Le Voleur (biographie), Montréal, Éditions de l'Homme, 1976, 295 p. Collab. Claude Jodoin.

Serge d'entre les morts. Roman, Montréal, VLB éditeur, 1976, 148 p.

La Petite Barbe, Montréal, Les Éditions de l'Homme, 1977, 317 p. Ill. Collab. André Steinmann.

Le Refuge. Théâtre, Montréal, VLB éditeur, 1979, 140 p. Ill.

Se comprendre soi-même par des tests, Montréal, Les Éditions de l'Homme, 1979, 275 p. Traduit de l'américain par Gilbert La Rocque.

Les Masques. Roman, Montréal, Québec/Amérique, 1980, 191 p. « Littérature d'Amérique ».

Le Passager. Roman, Montréal, Québec/Amérique, 1984, 212 p. « Littérature d'Amérique ».

ÉTUDES

[Anonyme], *Le Nombril de Gilbert La Rocque*, dans *Le Livre canadien*, vol. 1, mars 1970, n° 90.

Claude Savoie, *Le Nombril de Gilbert La Rocque*, LAQ 1970, p. 65–66.

[Anonyme], *Corridors de Gilbert La Rocque*, dans *Le Livre canadien*, vol. 2, avril 1971, n° 141.

[Anonyme], *Après la boue de Gilbert La Rocque*, dans *Le Livre canadien*, vol. 3, août-sept. 1972, n° 265.

Jean Fisette, *Gilbert La Rocque. Serge d'entre les morts*, LAQ 1976, p. 71–74.

Léo Beaudoin, *La Rocque Gilbert. Serge d'entre les morts*, dans *Nos livres*, vol. 8, févr. 1977, n° 55.

Donald Smith, *Gilbert La Rocque ou Comment le romancier se fait l'interprète de son subconscient*, LQ, vol. 1, n° 8, nov. 1977, p. 42–46.

André Vanasse, *Gilbert La Rocque... sachant déjà que le sexe est cousin de la mort*, LQ, vol. 1, n° 8, nov. 1977, p. 47–49.

Martial Dassylva, *De la belle typographie à de la gênante hagiographie*, Pr, 95e année, n° 88, 14 avril 1979, p. C-6.

Madeleine Bellemare, *La Rocque Gilbert. Le Refuge*, dans *Nos livres*, vol. 10, juin-juillet 1979, n° 221.

Françoise Tétu de Labsade, *Gilbert La Rocque. Le Refuge*, LAQ 1979, p. 199–201.

Madeleine Ouellette-Michalska, *Gilbert La Rocque, un livre qui envoûte et dérange*, Dev, vol. 72, n° 17, 17 janv. 1981, p. 19.

Gérard Bessette, *« Les Masques » de Gilbert La Rocque*, VI, vol. 6, n° 2, hiver 1981, p. 319–321.

Louis Lasnier, *La Rocque (Gilbert). Les Masques*, dans *Nos livres*, vol. 12, févr. 1981, n° 84.

Jean Fisette, *Quand l'analytique et le fonctionnel s'emmêlent*, dans *Québec/Amérique*, vol. 3, n°s 5–6, printemps 1981, p. 6–7.

André Vanasse, *La Femme à la bouche rouge, à propos des Masques de Gilbert La Rocque*, LQ, n° 22, été 1981, p. 23–24.

Gabrielle Poulin, *« Le Passager » de Gilbert La Rocque. Une écriture implacable*, Dr, 72e année, n° 197, 17 nov. 1984, p. 26.

[Anonyme], *Hommage à un grand écrivain*, Dev, vol. 75, n° 280, 1er déc. 1984, p. 25.

Jean Royer, *Gilbert La Rocque. Le héros blessé de la page III*, Dev, vol. 75, n° 280, 1er déc. 1984, p. 21, 32.

Gabrielle Poulin, *« Le Passager », de Gilbert La Rocque. Le testament d'un grand romancier*, Dr, 72e année, n° 215, 8 déc. 1984, p. 28.

Jean Royer, *La Vie littéraire*, Dev, vol. 76, n° 45, 28 févr. 1985, p. 22.

Donald Smith, *Gilbert La Rocque, l'écriture du rêve*, Montréal, Québec/Amérique, 1985, 142 p. Collab. Guy Dorion, Réjean Robidoux et André Vanasse. Portrait. Ill.

LAROCQUE, LAURETTE. Voir **DESPREZ, JEAN.**

LAROQUE DE ROQUEBRUNE, ROBERT. Voir **ROQUEBRUNE, ROBERT DE.**

LAROSE, CÉLINE [née Céline Beauregard] (1940–   ). Conteuse pour enfants, née à Montréal. Après le secondaire à l'École Saint-Alphonse, elle étudie à l'Institut pédagogique de Montréal (B.Péd., 1960). Plus tard, elle obtient un certificat en lettres (1980) et fait ses études de maîtrise à l'Université de Montréal (1981). Elle enseigne au primaire et au secondaire à Saint-Laurent et Montréal (1960–1964), puis à Saint-Lambert à partir de 1971. Ses premiers contes paraissent dans des albums illustrés par Pierre Larose. Son premier livre paru en 1979 est « remarquable par sa simplicité. C'est un petit bijou » écrit Renée Rowan qui déclare que *Petit Soulier* (1979) « présente les mêmes qualités alliant, dans un bon dosage, réel et imaginaire ». Écriture et illustrations, tout est soigné, tout est excellent pour les jeunes lecteurs.

ŒUVRES

Petit Soulier (litt. jeunesse), [Montréal], Leméac, 1979, [n.p., 39 p.]. Ill. de Pierre Larose.
Une tomate inquiète (litt. jeunesse), [Montréal], Leméac, 1979, [n.p., 27 p.]. Ill. de Pierre Larose.
Macail (litt. jeunesse), [Montréal], Leméac, 1982, [n.p., 25 p.]. Collab. Pierre Larose. Ill. « Littérature jeunesse ».
Un enfant à Bethléem (litt. jeunesse), Longueuil, Les Éditions du Raton Laveur, 1984, [n.p., 23 p.]. Collab. Pierre Larose. Ill.

Des images de l'enfance à l'univers des mots, dans *Des livres et des jeunes*, vol. 2, n° 6, juin 1980, p. 18.

ÉTUDES

Andrée Archambault-Boissonneault, *Il était une fois...*, dans *Liaisons*, vol. 4, n° 1, oct. 1979, p. 10.
Renée Rowan, *Au temps des étrennes. On offre à nos jeunes des albums chouettes*, dans *Le Livre d'ici*, vol. 5, n° 10, 12 déc. 1979, p. 1.
Évelyne Tran, *Céline Larose. Petit Soulier*, LAQ 1979, p. 259.
Marie-Josée Trudel, *Céline Larose. Une tomate inquiète*, LAQ 1979, p. 259.
Jean-Guy Martel, *Céline Larose*, dans *Des livres et des jeunes*, vol. 2, n° 5, févr. 1980, p. 6.
Diane L'Écuyer, *M'as-tu-lu?*, dans *Lurelu*, vol. 3, n° 1, printemps 1980, p. 3.

LAROSE, LOUISE (1951–   ). Poète, née à Sherbrooke. Elle étudie au Cégep de Sherbrooke (D.E.C., 1971), à l'Université de Sherbrooke (B.A., 1974) et à l'Université du Québec à Montréal où elle obtient une maîtrise ès arts pour un mémoire sur les « Éléments de censure dans une revue de consommation » (1980). Après un stage à l'Université de Paris VIII, elle enseigne dans les institutions de sa région natale. Par la suite, elle se consacre au journalisme. Son premier recueil de poésie *Ouvrages* (1982), est riche en images exotiques et sensuelles.

ŒUVRE

Ouvrages (poésie), Saint-Lambert, Éditions du Noroît, 1982, 63 p. Ill. de Francine Beauvais. « L'Instant d'après ».

LAROUCHE, JEAN-CLAUDE (1944–   ). Essayiste et chroniqueur sportif, né à Roberval (Lac-Saint-Jean-Ouest). Il fait le cours classique à Roberval au Collège Notre-Dame et au Séminaire des Pères Maristes (B.A., 1965), puis il obtient un baccalauréat en éducation physique (1967) à l'Université d'Ottawa pour un mémoire sur Alexis le trotteur. Il est ensuite directeur des loisirs à Kénogami (1967–1969) et à Alma (1969–1976), directeur général du Championnat du monde de canoë-kayak de Jonquière (1976–1979), directeur de la Société des Jeux du Canada pour le Saguenay-Lac-Saint-Jean (1980–1983). Il collabore aux périodiques *Le Quotidien*, *Saguenayensia*, *Spéridon* (Suisse) et *Progrès-Dimanche*. Sa biographie du héros légendaire du Saguenay, Alexis Lapointe, dit « le Trotteur », parue en 1970, est bien accueillie. L'auteur, lit-on dans *Le Livre canadien*, « a reconstitué la biographie d'Alexis, réuni une foule de témoignages auprès des contemporains, procédé à de patients recoupements et étudié les restes du squelette de son héros. Le livre dont la lecture est captivante, est également un sérieux travail de recherche ».

ŒUVRES

Alexis le Trotteur (essai), Montréal, Éditions du Jour, 1971, 297 p. Ill. Préface de Victor Tremblay ; *Alexis le Trotteur. Athlète ou centaure ?*, Saint-Nazaire de Chicoutimi, Les Éditions JCL enr., 1977, 358 p. Ill. Préface de Noël Tamini.
La Grande Aventure. Rapport officiel des championnats du monde de canoë-kayak 1979 Inc., Saint-Nazaire de Chicoutimi, Les Éditions JCL enr., 1980, 256 p. Ill.
Rapport officiel des Ve Jeux d'hiver du Canada, Chicoutimi, La Société des Jeux d'hiver du Canada 1983 Saguenay-Lac-Saint-Jean Inc., 1983, 475 f.

L'Édition à compte d'auteur : une douce folie, dans *Le Quotidien*, 9 juin 1979, p. A-5.
Les Demi-dieux du Saguenay, dans *Saguenayensia*, vol. 23, n° 2, avril–juin 1981, p. 32.
La Course : le plus antique des jeux, dans *Spéridon*, 10e année, n° 59, déc. 1981–janv. 1982, p. 10.

ÉTUDE
[Anonyme], *Alexis le Trotteur de Jean-Claude Larouche*, dans *Le Livre canadien*, vol. 2, févr. 1971, nᵒ 65.

LARSEN, CHRISTIAN (1936–   ). Chansonnier, poète, conteur et essayiste, né à Beaupré (Montmorency). Il fait ses études au Séminaire Saint-Alphonse de Sainte-Anne-de-Beaupré. De 1958 à 1960, il est chansonnier à Québec et à Montréal : ses textes les plus connus, « Les Oies blanches », « Toi le printemps », « Notre jeunesse en auto-sport » sont chantés par Claude Gauthier, Pauline Julien, Marc Gélinas, etc., et ses textes humoristiques sont enregistrés par Jean-Guy Moreau et par les Gérolas. Par la suite, il sera tour à tour ou conjointement journaliste à *Sept-Jours*, scripteur à Radio-Canada (1963-1970), directeur artistique des Disques Gamma et des Films Von de Water, réalisateur à Radio-Canada, rédacteur publicitaire à Chicoutimi et à Hull à partir de 1970 et rédacteur-réviseur au Gouvernement fédéral à partir de 1973. Il fait paraître des poèmes dans des collectifs des Éditions Atys en 1960, et il publie, en 1963, un recueil de nouvelles, *Échourie*, que la critique accueille assez froidement : «[La mer] ne suffit pas à faire un beau livre », écrit Cécile Cloutier qui n'aime ni les dialogues ni les descriptions. Le second ouvrage de Larsen, *Chansonniers du Québec*, arrive à point : agréable à lire, rempli de renseignements, artistiquement et abondamment illustré, le livre est un succès de librairie.

ŒUVRES
Échourie (nouvelles), Montréal, Librairie Beauchemin limitée, 1963, 127 p. Ill. de Gilles Mathieu.
Chansonniers du Québec (reportages), Montréal, Beauchemin, 1964, 118 p. Ill.

Lessive de notre horizon... (poésie), dans *Poèmes à l'effigie de*, Montréal, Éditions Atys, 1960, p. 4.
Mer et Monde (poésie), dans *Nouveautés poétiques*, Montréal, Éditions Atys, 1960, [n.p.]. « Silex ».
Chant du cygne de Claude Léveillée, dans *Sept-Jours*, vol. 1, nᵒ 17, 7 janv. 1967, p. 42-43.
Claude Léveillée, dans *Sept-Jours*, vol. 1, nᵒ 21, 4 févr. 1967, p. 40.

ÉTUDES
Cécile Cloutier, *Échourie de Christian Larsen*, LAC 1963, p. 21.
Jean Basile, *Des chansons en images et en textes*, Dev, vol. 55, nᵒ 286, 4 déc. 1964, p. 3.
Guy Lessard, *Christian Larsen parle de « Chansonniers du Québec »*, dans *Journal des vedettes*, vol. 11, nᵒ 10, 19 déc. 1964, p. 4.
Guy Lessonini, *Croyez-vous bien connaître la chanson ?*, dans *La Boulée*, vol. 1, nᵒ 2, janv. 1966, p. 2.

LARUE, François Alexis HUBERT [Isidore de Méplats] (1833-1881). Nouvelliste et romancier, né à Saint-Jean, Île d'Orléans. Il fait ses études classiques au Petit Séminaire de Québec, puis, à l'Université Laval, ses études médicales qu'il complète à Louvain et à Paris où il fréquente les milieux littéraires. À son retour au Canada, il est nommé professeur de médecine à l'Université Laval (dont il devient, en 1859, le premier docteur en médecine), poste qu'il occupe de 1858 jusqu'à sa mort. Animateur, avec Gérin-Lajoie, Taché et Crémazie, du mouvement littéraire de Québec, il est un des fondateurs des *Soirées canadiennes* et du *Foyer canadien*, après avoir collaboré à *La Ruche littéraire* d'Henri-Émile Chevalier. En 1859, en collaboration avec Joseph-Charles Taché, il publie, sous le pseudonyme d'Isidore de Méplats, *Le Défricheur de langue*, pièce satirique dirigée ostensiblement contre l'attitude de Chevalier à l'égard de la langue et des mœurs des Canadiens. En 1863 et 1865, il fait paraître dans *Le Foyer canadien* des articles intitulés *Les Chansons populaires et historiques du Canada*, qui sont à l'origine du volume bien connu d'Ernest Gagnon. En 1873, il écrit avec son ami Henri-Raymond Casgrain une série de biographies littéraires sous le titre *Profils et Grimaces*, parodiant ainsi les études d'Adolphe-Basile Routhier. LaRue publie également de nombreux textes sur l'histoire et l'économie politique, consignés en partie dans ses *Mélanges historiques, littéraires et d'économie politique* parus en deux volumes en 1870 et 1881. Auteur prolifique, il publie des brochures sur des sujets fort divers et prépare même plusieurs manuels de chimie et d'agriculture, ainsi qu'une *Histoire populaire du Canada* pour les jeunes.

ŒUVRES
Le Défricheur de langue (tragédie-bouffe), [Québec, s.é.], 1859, 8 p. Sous le pseudonyme d'Isidore de Méplats.
Réponse au mémoire de MM. Brousseau frères, imprimeurs des Soirées canadiennes, Québec, [s.é.], 1862, 16 p.
Éloge funèbre de M. l'abbé L.-J. Casault, premier recteur de l'Université Laval, Québec, Atelier typographique du Canadien, 1863, 29 p.
Éléments de chimie et de physique agricole, Québec, Imprimerie de l'Événement, 1868, 38 p.
Les Corporations religieuses et catholiques de Québec, Québec, Augustin Côté, 1870, 24 p. ; 1876, 28 p. Traduction anglaise : *The Catholic Religious Corporations of the City of Quebec*, Quebec, George Thomas Cary, 1870, 25 p.

Étude sur les industries de Québec, Québec, Atelier typographique de L. Brousseau, 1870, 47 p.

Mélanges historiques, littéraires et d'économie politique, Québec, 2 vol. : vol. 1, Garant et Trudel, 1870, 299 p. ; vol. 2, P.G. Delisle, 1881, 175 p.

Petit Manuel d'agriculture à l'usage des écoles élémentaires, Québec, Atelier de typographie de L. Brousseau, 1870, 52 p. ; 1872 ; 1877.

Petit Manuel d'agriculture à l'usage des écoles, Québec, Imprimé par C. Darveau, 1872, 72 p. ; Langlais, 1877.

Petit Manuel d'agriculture à l'usage des cultivateurs, Québec, Atelier typographique de C. Darveau, 1873, 69 p. Préface de l'auteur.

Histoire populaire du Canada : ou, Entretiens de Madame Genest à ses petits-enfants (litt. jeunesse), Québec, Blumhart & Cie, 1875, vii, 216 p. ; J.A. Langlais, libraire-éditeur, 1886 ; Montréal, Librairie Beauchemin, 1924, 125 p. Édition révisée et mise à jour par l'abbé Adélard Desrosiers. « BC. Laval ».

De la manière d'élever les jeunes enfants au Canada, ou Entretiens de Madame Genest à ses filles, Québec, C. Darveau, 1876, 128 p.

Les Corporations religieuses catholiques de Québec et les Nouvelles Taxes qu'on veut leur imposer, Québec, Augustin Côté, 1876, 28 p. Traduction anglaise : *The Catholic Religious Corporations of the City of Quebec and the Proposed New Taxations*, Quebec, George Thomas Cary, 1877, vi, 26 p.

Petit Manuel d'agriculture, d'horticulture et d'arboriculture, Québec, C. Darveau, 1878, 108 p. ; Montréal, Cadieux & Derome, 1886 ; C.O. Beauchemin, 1890 ; N.S. Hardy, [s.d.], 116 p. Traduction anglaise : *Manual of Agriculture, Horticulture, and Arboriculture*, 1879, 106 p.

Concours d'éloquence sur l'agriculture. Éloge de l'agriculture. Ce qu'est l'art agricole au Canada. Des moyens de l'y faire progresser, Québec, A. Côté, 1879, 106 p.

Rapport sur le concours d'agriculture, [Québec, A. Côté], 1879, 21 p.

Voyage sentimental sur la rue Saint-Jean : départ en 1860, retour en 1880. Causeries et fantaisies aux 21, Québec, Typographie de C. Darveau, 1879, 168 p.

Petite Arithmétique très élémentaire à l'usage des jeunes enfants, Québec, C. Darveau, 1880, iv, 13 p. Livre du maître et de l'élève.

Petite Grammaire française très élémentaire à l'usage des jeunes enfants, Québec, C. Darveau, 1880, 36 p. Livre du maître et de l'élève.

Petite Histoire des États-Unis très élémentaire, ou Entretiens de Madame Genest avec ses petits-enfants, Québec, Augustin Côté, 1880, iv, 21 p. Introduction de l'auteur.

Voyage autour de l'île d'Orléans, dans *Soirées canadiennes*, vol. 1, 1861, p. 113–173.

Les Chansons populaires et historiques du Canada, dans *Foyer canadien*, vol. 1, 1863, p. 231–386.

Les Chansons historiques du Canada, dans *Foyer canadien*, vol. 3, 1865, p. 5–72.

Éloge de l'agriculture, dans *Annuaire de l'Institut canadien*, Québec, n⁰ 5, 1878, p. 83–101.

ÉTUDES

Prosper Bender, *Professor Hubert La Rue*, dans *Literary Sheaves or La Littérature au Canada français*, Montréal, Dawson Brothers, 1881, p. 51–62.

Faucher de Saint-Maurice, *Hubert La Rue*, dans *Nouvelles Soirées canadiennes*, vol. 1, 1882, p. 12–34.

[Anonyme], *Les Ouvrages d'Hubert La Rue*, BRH, vol. 12, n⁰ 2, févr. 1906, p. 48–50.

[Charles Angers], *Le Docteur Hubert La Rue et l'Idée canadienne-française*, Québec, Le Soleil, 1912, ix, 232 p. Sous le pseudonyme de Jean du Sol.

Marie-Claire Daveluy, *Un pionnier du théâtre canadien : le docteur Hubert La Rue*, dans *La Revue moderne*, 14ᵉ année, n⁰ 6, avril 1933, p. 6.

Alice Talbot, « Dr Hubert LaRue, 1833–1881, médecin et écrivain ». Mémoire. Montréal, École de bibliothécaires, Université de Montréal, 1943, 15 f.

Yolande Bonenfant, *Le Docteur Hubert LaRue (1833–1881)*, dans *Laval médical*, vol. 39, n⁰ 2, févr. 1968, p. 133–141 ; dans *Trois siècles de médecine québécoise*, Québec, Société historique du Québec, 1970, p. 83–97.

LA RUE, MONIQUE (1948–   ). Romancière, née à Longueuil (Chambly). Elle fait ses humanités à Montréal aux collèges Jésus-Marie et Marie-de-France (B.A., 1967). Elle obtient ensuite une licence en philosophie à l'Université de Montréal (1970), une maîtrise pour un mémoire sur « Le Langage chez Heidegger » à l'Université de Paris (1971) et un doctorat dont la thèse s'intitule « Problèmes d'analyse du discours : littérature pour enfants et récit pédagogique » (1976), à l'École pratique des Hautes Études de Paris. À partir de 1974, elle est professeur de littérature française au Cégep Édouard-Montpetit de Longueuil. Elle collabore à divers périodiques, tels *Spirale*, *Le Devoir*, *La Nouvelle Barre du jour*... Quand paraît son premier roman *La Cohorte fictive* (1979), la critique le juge réussi et même fascinant. Parlant d'écriture féminine, Jean Royer écrit que « si l'on doit parler d'une ‹ écriture du corps ›, c'est bien en parlant de ce roman de Monique La Rue ». « Elle nous a fait don d'un livre généreux qui réconcilie la langue, l'intelligence et le corps » (Madeleine Ouellette-Michalska). Le second roman, *Les Faux Fuyants* (1982), fait grande impression. C'est le roman des fuites qui conduisent chacun des personnages au réel, le sien. La narration est faite, par deux personnages principaux, avec des niveaux de langage différents. C'est « un livre dur, dit Réginald Martel, arraché aux mots qui ne se disent pas et rendu en mots qui se bousculent, qui charrient avec eux des

images qui elles-mêmes se disposent de toutes manières, sauf harmonieusement ». Pour Madeleine
Ouellette-Michalska, c'est « un roman de fin de
siècle ».

ŒUVRES

La Cohorte fictive (roman), Montréal, L'Étincelle, 1979,
121 p. « Littérature ».
Les Faux Fuyants. *Roman*, Montréal, Québec/Amérique,
1982, 201 p. « Littérature d'Amérique ».
Plages (nouvelles), Montréal, Québec/Amérique, 1986,
130 p. Collaboration : Gaëtan Brulotte, Madeleine Monette, Sylvie Weil, coll. « Littérature d'Amérique ».

Il faut écrire 1981, Dev, vol. 72, n° 277, 28 nov. 1981,
p. 26.

ÉTUDES

Madeleine Ouellette-Michalska, *Monique La Rue. La Cohorte
fictive*, LAQ 1979, p. 57-58.
Claude Beausoleil, *Entre maternité et écriture*, dans *Spirale*, n° 8,
janv. 1980, p. 6.
Jean Royer, *Monique La Rue. Un premier roman réussi*, Dev,
vol. 71, n° 21, 26 janv. 1980, p. 19.
Raymond Laprés, *La Rue (Monique). La Cohorte fictive*, dans
Nos livres, vol. 11, févr. 1980, n° 41.
Michel Beaulieu, *Une course folle, folle, folle*, dans *Le Livre d'ici*,
vol. 7, n° 39, 6 mars 1982, p. 1.
Réginald Martel, *« Les Faux Fuyants ». Un regard de glace sur la
prison humaine*, Pr, 98e année, n° 119, 22 mai 1982, p. D-3.
Madeleine Ouellette-Michalska, *Monique La Rue : où se trouve
le réel*, Dev, vol. 73, n° 123, 29 mai 1982, p. 19.
Jean Royer, *Monique La Rue. Le corps des mots* (entrevue), Dev,
vol. 73, n° 146, 26 juin 1982, p. 13.
Michèle Mailhot, *Monique La Rue. Les Faux Fuyants de Monique
La Rue*, LQ, n° 27, automne 1982, p. 20-22.
Jaqueline Hague, *Plages, Nos Livres*, vol. 18, n° 6959, avril 1987,
p. 26.

de Gaspé fils. Au sujet de son livre, Jacques Blais
écrit : « Tout enchevêtrée qu'elle soit d'explications
qui s'entrecoupent, d'hypothèses laissées en plan
et de répétitions, l'étude que Louis Lasnier consacre
au premier en date de nos romans, *L'Influence d'un
livre*, du jeune Philippe Aubert de Gaspé, marque à
son tour une date dans l'histoire de notre critique ».

ŒUVRE

La Magie de Charles Amand. Essai. Imaginaire & alchimie
dans « Le Chercheur de trésors » de Philippe Aubert de
Gaspé, Montréal, Québec/Amérique, 1980, 224 p. Ill.
« Littérature d'Amérique ».

---

*Gérard Bessette, professeur-écrivain ou La Littérature
enseignante-enseigné-e*, dans *Le Québec littéraire*, vol. 1,
n° 1, 1974, p. 23-26.
*L'ouroboros est un serpent qui se mord la queue. Étude
sur le « Cycle »*, Ibid., p. 92-116.
Bessette, professeur, Ibid., p. 119-120.
Spatio-analyse de « Prochain Épisode » d'Hubert Aquin,
Ibid., p. 33-53.
Un livre influent. « L'Influence d'un livre », dans *Cahiers
du Cercle de psychologie analytique de Montréal*,
vol. 1, printemps 1978, p. 17-20.

ÉTUDES

Claude Janelle, *Le Premier Numéro du « Québec littéraire »*, dans
Le Jour, vol. 1, n° 102, 29-30 juin 1974, p. 23.
Jeanne Letellier-Dutrisac, *« Saint-Aquin, comédien et martyre »*,
Dev, vol. 67, n° 246, 23 oct. 1976, p. 16.
Jacques Blais, *Louis Lasnier, La Magie de Charles Amand.
Imaginaire & alchimie dans « Le Chercheur de trésors » de
Philippe Aubert de Gaspé*, LAQ 1980, p. 199-201.
[Gilbert LaRocque], *La Magie de Charles Amand*, dans *Québec/
Amérique*, vol. 3, n°s 5-6, printemps 1981, p. 33.

LASNIER, LOUIS (1943–   ). Essayiste, né à
New Carlisle (Bonaventure). Il fait ses études classiques au Séminaire de Gaspé, au Séminaire Saint-
Joseph de Trois-Rivières et au Collège Brébeuf de
Montréal (B.A., 1963). Il obtient ensuite à l'Université Laval une licence ès lettres (1967) et un
diplôme de l'École normale supérieure (1968), puis
il fait un an d'études à l'Université Queen's de
Kingston (1968-1969) et obtient une maîtrise pour
une étude sur *Le Chercheur de trésors* de Philippe
Aubert de Gaspé fils. Il enseigne à Québec en 1967,
puis au Cégep de Saint-Laurent à partir de 1972. Il
collabore au *Livre canadien*, au *Québec littéraire*,
aux *Cahiers du Cercle de psychologie analytique
de Montréal* et à l'*Oxford Companion to Canadian
History and Literature*, avec des articles qui portent
surtout sur Gérard Bessette, Hubert Aquin et Aubert

LASNIER, RINA (1915–
). Poète et drama-
turge, née à Saint-Gré-
goire (Iberville). Après le
primaire à Saint-Jean, elle
étudie au Palace Gate
(Exeter, Angleterre), au
Collège Marguerite-Bour-
geoys (Montréal), et à
l'Université de Montréal
où elle obtient un diplôme
de littérature française (1931), de littérature anglaise
(1932) et de bibliothéconomie (1940). Pendant un
certain temps secrétaire, publiciste, et bibliothécaire, elle a été également journaliste, directrice du
journal *Le Richelieu*, hebdomadaire de Saint-Jean ;
elle a aussi collaboré au *Carnets viatoriens* et à

beaucoup d'autres périodiques. Membre fondateur de l'Académie canadienne-française et du Conseil des arts de la Province de Québec, membre de la Société royale du Canada..., elle publie une œuvre importante qui lui vaut de nombreuses récompenses : prix David (1943, 1974), prix Duvernay (1957), prix Molson (1971), prix A.-J. -Smith de l'Université du Michigan (1972), prix Lorne-Pierce de la Société royale du Canada (1974), prix France-Canada (1973-1974), prix Edgar-Poe de la Maison de poésie (France, 1979), doctorats honoris causa de l'Université de Montréal et de l'Institut Gracian, académie internationale (1977). Son œuvre publiée, commencée par une pièce de théâtre, *Féerie indienne* (1939), bientôt suivie d'un recueil de poésie lyrique spirituelle, *Images et Proses* (1941), se compose de plus de trente ouvrages comportant des pièces de théâtre, des biographies, des essais, des contes, et surtout de la poésie qui imprègne d'ailleurs tous ses écrits. Avec Rina Lasnier, la poésie du Québec trouve l'une de ses manifestations les plus accomplies : sa voix est expressive, neuve, convaincante. Son œuvre atteint à l'ampleur des chants bibliques comme à une haute symbolique, et possède un beau pouvoir d'incantation. Déjà dans les années quarante, et particulièrement dans *Le Chant de la Montée*, se révèle un grand poète. Alfred DesRochers voit dans cette suite d'efforts de fortes affinités claudéliennes. *Le Chant de la Montée* déplace son sujet dans la perspective de la poésie hébraïque, annonciatrice du Verbe incarné. Le sujet lui-même, explique Éva Kushner, c'est l'amour de Rachel et de Jacob. Mais l'influence de la Bible y moule également l'expression poétique qui devient, jusque dans ses envolées les plus spirituelles, proche de la terre. Comme dans le « Cantique des cantiques », ainsi que dans les « Psaumes », la poésie s'y nourrit d'images charnelles, qui lui donnent son poids de vérité. Le recueil *Escales* (1950) marque une nouvelle étape dans la recherche d'une poésie de plus en plus incarnée dans les limites de laquelle se fera désormais la grande confrontation entre la vie et la mort, entre l'amour et le jaillissement répété du désespoir. C'est dans ce mouvement constant que réside la force de la poésie de Rina Lasnier. L'auteur séjourne en France en 1953-1954 et approfondit au jour le jour le sens même de sa propre vocation poétique. Une certaine nostalgie teint ses nouveaux recueils qui s'inscrivent en ligne droite de l'approfondissement du mystère féminin : *Présence de l'absence* (1956), *Miroirs* (1960), *Mémoires sans jours*, *Les Gisants* (1963), *L'Arbre blanc* (1966). Sa métaphore s'ouvre de plus en plus sur le symbole : celui-ci s'organise volontiers entre l'angoisse et l'espérance au profit d'un lyrisme à la fois sensuel et profondément religieux. Le Christ est d'ailleurs au centre de ses solitudes et de son inépuisable imagerie. Elle appréhende le réel, mais elle ne l'évite pas. L'eau hallucinante a pour contre-partie l'arbre fortement enraciné dans le sol. Ces deux symboles témoignent d'une lutte intérieure — explosions de joie, bouleversements affectifs, envolées mystiques — qui, en définitive, n'est qu'une recherche de la paix et de l'unité. Son célèbre poème, « La Malemer », incarne, en partie, l'histoire de son moi violemment engagé dans la recherche de la vraie poésie : à sa manière Rina Lasnier rédige ici un autre « Bateau ivre », une autre « Invitation au voyage ». Avec violence, le poète imprime aux mots son vouloir aller « jusque sous la malemer où la nuit jouxte la nuit », où naît le poème comme un enfant dans la joie et la souffrance. C'est ainsi que l'âme du poète cherche son unité entre le temporel et l'éternel, face au ciel et à la terre, face à la forêt en feu et à la mer en fuite. À cette union entre l'homme, la nature et Dieu, Rina Lasnier revient constamment : son conte symbolique *Le Rêve du quart jour* le confirme fort bien. Éva Kushner met en valeur la présence de la nature dans l'œuvre de Rina Lasnier, cette nature qui participe activement à l'organisation de sa parole : « Poète de la nature, Rina Lasnier l'est comme elle est poète de Dieu et poète de l'amour ; avec le même don de sympathie totale pour tout ce qui vit et souffre. Son intuition de la nature ne se situe ni dans une perspective romantique, ni dans une perspective symboliste. Plutôt que de projeter violemment ses états d'âmes vers la nature, elle interroge celle-ci... Son paysage intérieur est très fidèle à la terre québécoise, si souvent recouverte de neige et battue des vents. La neige voudrait tout fixer dans une perfection immobile et mortelle. Mais sous la neige, la terre garde tout son pouvoir de résurgence et de création, et l'arbre sa fière résistance. C'est au rythme de ce paysage qu'une femme-poète chante l'angoisse et l'espoir qui sont partout ». Symbolique, cette poésie transcende à chaque pas le simple contexte des tropes. Le message s'y double d'une forme qui frappe et suggère. C'est que la démarche créatrice de Rina Lasnier — dans sa poésie, sa prose et ses pièces dramatiques — reconnaît au même degré l'importance du lyrisme et de la forme. Sa poésie prend naissance, remarque Jean Marcel, « dans l'image ; tout à fait comme un diamant que l'on fait pivoter chaudement sous la lumière, jusqu'à l'instant de l'éclair. Image, abîme de l'objet impossédé malgré l'affût et le cernement.

Pas ou peu d'allégories, mais une course perpétuelle à la quête d'une face sacrée du réel. [...] Toute la musique de la poésie de Rina Lasnier s'entend du rythme des images. Du souple vers classique d'*Escales* à l'ample verset du *Chant de la Montée*, la prosodie de Rina Lasnier se borne à épouser le souffle créateur ; aucun asservissement à telle ou telle formule : [...] la conception prosodique correspondrait plutôt à une disposition liturgique, virtuelle et sacrée du poème ».

ŒUVRES

Féerie indienne. Kateri Tekakwitha (théâtre), St-Jean, [Les Éditions du Richelieu ltée], 1939, x, 71 p. Ill.

Images et Proses (poésie), Saint-Jean, Les Éditions du Richelieu ltée, 1941, 121 p. [24 photos dont 23 de Tavi] ; 1970, 120 p. Présentation de l'éditeur.

Le Jeu de la voyagère (théâtre), Montréal, Éditions de la Société des écrivains canadiens, [1941], 137 p. ; Éditions de la Congrégation de Notre-Dame, [1950], 120 p. (Nouvelle édition entièrement refondue).

La Modestie chrétienne (essai), Montréal, Ligue missionnaire étudiante, 1942. « Vivre ».

La Mère de nos mères (prose), Montréal, Le Messager canadien, 1943, 31 p. Ill. « Nos fondateurs ».

Madones canadiennes (poésie), Montréal, Éditions Beauchemin, 1944, 289 p. Collab. Marius Barbeau. Ill.

Le Chant de la Montée (poésie), Montréal, Beauchemin, 1947, 122 p. Avant-dire de l'auteur.

Notre-Dame-du-pain. Grands jeux scéniques pour le Congrès marial d'Ottawa, Joliette, Éditions des Paraboliers du Roi, 1947, p. 51-93. Ill. Avec *Notre-Dame-de-la-Couronne* de Gustave Lamarche. Traduction anglaise par Rev. L. Deslauriers : *Our Lady of the Bread. Great Scenic Plays for the Marial Congress of Ottawa*, Joliette, Éditions des Paraboliers du Roi, 1947, p. 51-93. Avec *Our Lady of the Crown*.

Votre frère le poète (essai), [s.l., s.é.], [1950 ?], 11 p.

Escales (poésie), [Trois-Rivières, s.é.], 1950, 152 p.

Présence de l'absence (poésie), Montréal, Les Éditions de l'Hexagone, 1956, 69 p.

La Grande Dame des pauvres. La bienheureuse Marguerite d'Youville fondatrice et première Supérieure des Sœurs de la Charité, Sœurs Grises. Béatifiée par Sa Sainteté le Pape Jean XXIII, le 3 mai 1959, [s.l., s.é.], 1959, 15 p.

Mémoire sans jours. Poèmes, Montréal, Les Éditions L'Atelier, 1960, 138 p.

Miroirs. Proses, Montréal, Les Éditions de l'Atelier, 1960, 129 p.

Les Fiançailles d'Anne de Noüe (théâtre), Montréal, Secrétariat de la L.M.E., 1961, 62 p. Préface de Gustave Lamarche. « Tracts de la L.M.E. ».

Les Gisants suivi des Quatrains quotidiens. Poèmes, Montréal, Les Éditions de l'Atelier, 1963, 109 p.

Rina Lasnier, Montréal/Paris, Fides, 1965, 96 p. Textes choisis et présentés par Jean Marcel. « CC ».

L'Arbre blanc. Poèmes, Montréal, Éditions de l'Hexagone, 1966, 91 p.

Ces visages qui sont un pays (légendes et photographies), Ottawa, Roger Duhamel, Imprimeur de la Reine, 1968, 239 p. Légendes de Rina Lasnier. Production de l'Office national du film du Canada.

L'Invisible (poésie), Montréal, Éditions du Grainier, 1969, [portefeuille, n.p., 39 f.]. Eaux-fortes originales de Marie-Anastasie. (Seuls les 15 exemplaires sur vélin d'Auvergne contiennent les burins originaux de Janine Leroux Guillaume et l'aquarelle de Denyse Gadbois. Tirage limité).

La Part du feu (poésie), Montréal, Éditions du Songe, 1970, 93 p. « PQ ».

La Salle des rêves. Poèmes, Montréal, HMH, 1971, 110 p. « Sur parole ».

Poèmes, Montréal, Fides, 1972, 2 vol. : vol. 1, *Images et Proses, Madones canadiennes, Le Chant de la Montée, Escale, Présence de l'absence,* 322 p. Avant-dire de l'auteur ; vol. 2, *Mémoire sans jours, Les Gisants, L'Arbre blanc, Poèmes anglais,* 322 p. « N ».

Le Rêve du quart jour (essai), Saint-Jean, Les Éditions du Richelieu ltée, 1973, 71 p. Ill. de Gilles Tibo. Avant-dire de l'auteur.

L'Échelle des anges (essai), Montréal, Fides, 1975, 119 p. Avant-dire de l'auteur.

Amour (poésie), Montréal, Éditions Michel Nantel, 1975, [portefeuille, n.p., 10 f.]. Gravure de Lyne Rivard. (Tirage limité).

Les Singes. Poèmes, Montréal, Hurtubise HMH, 1976, 130 p. « Sur parole ».

Matin d'oiseaux. Volume I. Poèmes, Montréal, Hurtubise HMH, 1978, 108 p. « Sur parole ».

Paliers de paroles. Volume II. Poèmes, Montréal, Hurtubise HMH, 1978, 107 p. « Sur parole ».

Entendre l'ombre. Volume I. Poèmes, Montréal, Hurtubise HMH, 1981, 84 p. « Sur parole ».

Voir la nuit. Volume II. Proses, Montréal, Hurtubise HMH, 1981, 165 p. « Sur parole ».

Le Choix de Rina Lasnier dans l'œuvre de Rina Lasnier (poésie), [Notre-Dame-des-Laurentides], Les Presses Laurentiennes, 1981, 78 p. Avant-dire de l'auteur. « Le Choix de... ».

Chant perdu (poésie), Trois-Rivières, Écrits des Forges, 1983, 97 p.

Le Soleil noir ; le Soleil dans la muraille ; Nocturne de la Sainte Tête de Jean le Baptiste (poésie), Charlesbourg, Les Presses Laurentiennes, 1987, 92 p.

L'Ombre jetée I (poésie), Trois-Rivières, Écrits des Forges, 1987, 246 p. coll. « Radar, 28 ».

La maison qui vit (récit), Rel, vol. 1, n° 3, mars 1941, p. 62-63.

À la crèche du bon secours (récit), Rel, vol. 2, n° 13, janv. 1942, p. 10-11.

La Première Idylle au Labrador (nouvelle), CV, n° 3, 1943, p. 168-176.

L'homme qui pleura sept fois (nouvelle), CV, n⁰ 4, 1955, p. 254-263.

[*Témoignages...*], dans *La Poésie canadienne-française*, Montréal/Paris, Fides, 1969, p. 422-425. « ALC » 4.

La Poésie, mémoire du sacré, L, n⁰ˢ 87-88, mai-août 1973, p. 172-174.

Poèmes, dans *Estuaire*, n⁰ 24, été 1982, p. 37-50.

DISCOGRAPHIE

L'auteur lit des extraits de son œuvre, Fides, 1970, M-8433-8434, 33⅓ t.p.m. « Écrivains du Québec ».

ÉTUDES

Charles Valois, *Escales*, CV, n⁰ 1, 1951, p. 37-48.

Jean Meunier, *Rina Lasnier et le Tribut de l'expérience*, RD, vol. 65, n⁰ 2, nov. 1959, p. 217-228.

Gustave Lamarche, *Mémoire sans jours*, AN, vol. 50, n⁰ 6, févr. 1961, p. 546-557.

Éva Kushner, *Rina Lasnier*, Montréal/Paris, Fides, 1964, 191 p. Ill. « ECA ».

Jean Ménard, « Les Gisants » de Rina Lasnier, AN, vol. 53, n⁰ 7, mars 1964, p. 678-683.

N..., *Un chef-d'œuvre méconnu... sinon méprisé !*, AN, vol. 54, n⁰ 7, mars 1965, p. 682-698.

Noël Audet, *L'Arbre, la Mer et la Neige : instruments de poésie et de transcendance chez Rina Lasnier*, VIP, n⁰ 1, 1967, p. 65-74. « CMS ».

Charles Valois, « L'Arbre blanc » de Rina Lasnier, AN, vol. 56, n⁰ 5, janv. 1967, p. 489-502.

Éva Kushner, *Rina Lasnier. Une étude de Éva Kushner avec un choix de poèmes, soixante illustrations, une chronologie bibliographique : Rina Lasnier en son temps*, Paris, Éditions Pierre Seghers, 1969, 189 p. « PA ».

Émile Lizé, *Les motifs qui soutiennent les thèmes de « Présence de l'absence » de Rina Lasnier*, Col, vol. 1, n⁰ 3, avril 1971, p. 26-39.

Pierre Nepveu, *Rina Lasnier, poète de l'informel*, LAQ 1972, p. 141-144.

Chanel Malenfant, « Le Figuier maudit », Escales : l'arbre dans le paysage thématique de Rina Lasnier, VIP, vol. 9, 1975, p. 113-138.

André Brochu, *Absence de Rina Lasnier*, VI, vol. 1, n⁰ 2, déc. 1975, p. 173-181.

[*Rina Lasnier*], L, n⁰ 108, nov.-déc. 1976, p. 34-113, 143-154.

Conrad Bernier, *Rina Lasnier : 40 ans consacrés à la poésie*, Pr, 92ᵉ année, n⁰ 302, 18 déc. 1976, p. C-2.

Meery Devergnas, *Hommage à Rina Lasnier. L'itinéraire d'un poète*, Dev, vol. 69, n⁰ 121, 28 mai 1977, p. 14.

Sylvie Sicotte, *L'Arbre dans la poésie de Rina Lasnier*, Sherbrooke, Éditions Cosmos, 1977, 111 p. « Études ».

Joseph Bonenfant et Richard Giguère, *Entrevue : Est-il plus belle chose qu'une orange ? Rencontre avec Rina Lasnier*, VI, vol. 4, n⁰ 1, sept. 1978, p. 3-32.

Joseph Bonenfant, *Rina Lasnier. Matin d'oiseaux. Paliers de parole*, LAQ 1978, p. 136-138.

Pierre-Louis Vaillancourt, *La poésie est un temple... Le thème des oiseaux chez Rina Lasnier*, 1, vol. 2-3, n⁰ 1, janv.-avril 1979, p. 37-53.

Suzanne Lafrenière, *Féerie indienne*, Dr, 68ᵉ année, n⁰ 73, 21 juin 1980, p. 16.

Sylvie Sicotte, *Rina Lasnier. Voir la nuit*, LAQ 1981, p. 103-104.

Id., *Rina Lasnier. Entendre l'ombre*, LAQ 1981, p. 104-105.

Ivanhoé Beaulieu, *Lasnier et Chamberland*, Pr, 97ᵉ année, n⁰ 229, 26 sept. 1981, p. C-4.

Claude Beausoleil, *Rigueur et Fidélité*, Dev, vol. 74, n⁰ 238, 15 oct. 1983, p. 19, 21.

Francine Bordeleau, *Chant perdu*, dans *Nuit blanche*, n⁰ 14, juin-août 1984, p. 5.

Jacques Gauthier, *Le travail sur la lumière*, dans *Nos livres*, vol. 19, n⁰ 5, juin 1988, p. 17-18.

LATERRIÈRE, PIERRE DE SALES. Voir **SALES LATERRIÈRE, PIERRE DE.**

LATOUCHE, DANIEL (1945-   ). Politicologue, né à Montréal. Il fait ses humanités au Collège Saint-Viateur d'Outremont (B.A., 1964), puis il obtient une licence en science politique à l'Université de Montréal (1966), études qu'il poursuit à l'Université de la Colombie-Britannique (1966-1969) et à l'Université de Chicago (1969-1970), et il soutient une thèse de doctorat intitulée « The Process and Level of Military Intervention in Tropical Africa » (U.B.C., 1973). Il a été boursier du gouvernement du Québec, du Conseil des Arts du Canada et de l'Université de Chicago. En 1970, il devient professeur à l'Université McGill. Il collabore à divers périodiques dont *Le Devoir, Canadian Journal of Political Science, Sociologie et Sociétés, Études internationales, Revue canadienne de science politique, Communication Information*. De 1976 à 1981, seul ou en collaboration, Latouche publie dix ouvrages en dix-neuf volumes, outre un bon nombre d'articles. Son premier livre, *Le Processus électoral au Québec* (1976), écrit en collaboration, contient des articles « d'une valeur inégale », selon Philip Resnick qui juge qu'on s'y laisse trop prendre « dans le filet d'un faux scientisme », bien qu'on trouve quelques bons chapitres. *Le Manuel de la parole*, anthologie documentaire de l'histoire du Québec, faite surtout de manifestes politiques de 1760 à 1976, constitue pour Jacques Larue-Langlois « un survol de l'histoire des Québécois à travers leurs revendications ». Daniel Latouche est un auteur prolifique diversement apprécié mais important, l'un des politicologues les plus actifs du Québec.

ŒUVRES

La Violence politique au Québec : l'entreprise de théorisation/Political Violence in Quebec : Can We Theorize About It (essai), [s.l., s.é., 1971 ?], 32 f.

La Méthode des scénarios : une réflexion sur la démarche et la théorie de la prospective (essai), Paris, La Documentation française, 1975, 131 p. Collab. Pierre-André Julien et Pierre Lamonde. Ill. Préface de Jacques Durand. « Travaux de recherches de prospective ».

*Les Professions juridiques dans un Québec post-industriel :
un premier paradigme de réflexion* (essai), Montréal,
I.N.R.S-Urbanisation, 1975, x, 204 f. Collab. Pierre-
André Julien et Pierre Lamonde.

*Le Traitement de l'information par la presse écrite lors de
l'élection provinciale de 1973 : un rapport préliminaire
soumis à la Fédération professionnelle des journalistes
du Québec,* Montréal, Centre d'études canadiennes-
françaises, Université McGill, 1975, 109 f.

*L'Avenir des métiers d'art au Québec, recherche effectuée
pour l'Association des métiers d'arts du Québec,* [Mont-
réal], I.N.R.S.-Urbanisation, 1976, x, 284 f. Collab.
Pierre-André Julien et Pierre Lamonde. Ill.

*Le Processus électoral au Québec : les élections provinciales
de 1970 et 1973* (essai), Montréal, Hurtubise HMH,
1976, 288 p. Éditeur avec Guy Lord et Jean-Guy Vaillancourt. « Cahiers du Québec — Science politique ».

Québec 2001 : une société refroidie (essai), Québec, Boréal
Express, 1976, 213 p. Collab. Pierre-André Julien et
Pierre Lamonde.

Le Manuel de la parole : manifeste québécois (anthologie),
Montréal, Boréal Express, 3 vol. : vol. 1, *De 1760 à
1899,* 1977, 216 p. ; vol. 2, *De 1900 à 1959,* 1978,
356 p. ; vol. 3, *De 1960 à 1976,* 1979, 289 p. Collab.
Diane Poliquin-Bourassa. Préface de Gérard Bergeron.

*Un premier mandat : une prospective à court terme du
gouvernement péquiste* (essai), Montréal, Éditions de
l'Aurore, 1977, 2 vol. : vol. 1, *L'Économique et le
social,* 274 p. ; vol. 2, *Le Culturel et le Politique,*
230 p. Éditeur.

Sous-système des valeurs/I.N.R.S.-Urbanisation (essai),
Québec, Office de planification et de développement
du Québec, Éditeur officiel du Québec, Service de la
reprographie, 1977, 3 vol. Éditeur.

Atlas électoral du Québec : 1970-1973-1976 (étude), Québec, Éditeur officiel du Québec, 1979, 6 vol. : vol. 1,
257 p. ; vol. 2, 317 p. ; vol. 3, 233 p. ; vol. 4, 365 p. ;
vol. 5, 285 p. ; vol. 6, 259 p. Collab. Michel Beaudry
et Édouard Cloutier. Ill. Cartes.

*Une société de l'ambiguïté : libération et récupération
dans le Québec actuel* (essai), Montréal, Boréal Express,
1979, 263 p.

À la remorque des transports (essai), Québec, Québec-
Science éditeur, 1980, 282 p.

*The Quebec Referendum : What Happened and What
Next ? A Dialogue the Day After with Claude Forget
and Daniel Latouche, Mai 21, 1980,* Cambridge, Uni-
versity Consortium for Research on North America,
Harvard University, 1980, 54 p. Introduction par Elliot
J. Feldman.

*Le Métier d'écrivain. Guide pratique pour ceux et celles
qui veulent vivre de leur plume au Québec,* Montréal,
Livre d'ici/ Boréal Express, 1981, 137 p.

*Introduction au programme CHES. Album de découpures,
exercices,* Québec, Télé-Université, 1982, [n.p.].

Le Canada et le Québec : un essai rétrospectif et prospectif,
Ottawa, Commission royale sur l'union économique et
les perspectives de développement du Canada, 1986,

xviii, 168 p. Version anglaise : Canada and Quebec,
Past and Future : An Essay, Toronto/ Buffalo/ London,
UTP, 1986, xviii, 157 p.

Politique et Société : manuel, Québec, Télé-Université,
1986, 443 p. Collab. Huguette Dussault et Jean-François
Thuot. Ill.

———————

Anti-séparatisme et Messianisme au Québec depuis 1960,
dans *Revue canadienne de science politique,* vol. 3,
n° 4, déc. 1970, p. 559-578.

Critique d'un schéma d'analyse de sociologie électorale,
dans *Sociologie et Société,* vol. 3, n° 1, mai 1971,
p. 85-102. Collab. Serge Carlos.

La Fin d'un Empire ? Une hypothèse sur les États-Unis,
dans *Études internationales,* vol. 3, n° 1, mars 1972,
p. 51-64.

La Vrai [sic] nature de... la révolution tranquille, dans
Revue canadienne de science politique, vol. 7, n° 3,
sept. 1974, p. 525-536.

Le Livre beige, une impossible négociation, Dev, vol. 71,
n° 62, 14 mars 1980, p. 9.

Ce qui pousse le politique, Dev, vol. 71, n° 169, 26 juillet
1980, p. 9.

L'Alinéation économique canadienne, Dev, vol. 71, n° 181,
9 août 1980, p. 9.

*Autopsie d'une crise 1) La désinvolture chronique du
Parti Québécois,* Dev, vol. 72, n° 227, 4 déc. 1981,
p. 11.

Autopsie d'une crise 2) Si Pierre Trudeau avait raison,
Dev, vol. 72, n° 228, 5 déc. 1981, p. 19.

Le nationalisme ratatiné nous menace-t-il ?, Dev, vol. 72,
n° 28, 4 févr. 1982, p. 16. (Cahier spécial sur le
Québec).

Ce n'est qu'un début, Dev, vol. 74, n° 26, 2 févr. 1983,
p. 9.

Faut-il rétrécir au lavage ?, Dev, vol. 74, n° 54, 7 mars
1983, p. 11.

Les Points-virgules de l'histoire, Dev, vol. 76, n° 8, 11 janv.
1985, p. 7.

La Première Ronde de la course à la direction du PQ,
Dev, vol. 76, n° 191, 19 août 1985, p. 7.

ÉTUDES

[Anonyme], *Le Processus électoral au Québec,* dans *Le Livre
canadien,* vol. 7, nov. 1976, n° 340.

Philip Resnick, *Daniel Latouche, Guy Lord et Jean-Guy Vaillancourt. Le Processus électoral au Québec : les élections provinciales de 1970 et 1973,* LAQ 1976, p. 350-352.

Réjean Beaudoin, *Québec 2001... en rose et noir,* dans *Le Livre
d'ici,* vol. 2, n° 13, 5 janv. 1977, p. 1.

Jacques Larue-Langlois, *Paroles d'ancêtres,* dans *Le Livre d'ici,*
vol. 3, n° 17, 1 févr. 1977, p. 1.

Gérald LeBlanc, *Manifeste,* dans *Le Livre d'ici,* vol. 5, n° 1,
10 oct. 1979, p. 1.

Robert Comeau, *Daniel Latouche. Une société de l'ambiguïté,*
LAQ 1979, p. 310-312.

Gérald LeBlanc, *Latouche le prolifique,* dans *Le Livre d'ici,*
vol. 6, n° 21, 25 févr. 1981, p. 1.

Benoît Godin, *Une société de l'ambiguïté : libération et récupération dans le Québec actuel,* dans *Revue canadienne de science politique,* vol. 14, n° 4, déc. 1981, p. 833-836.

LATOUR, GODFROI. Voir **FAUTEUX, AEGIDIUS.**

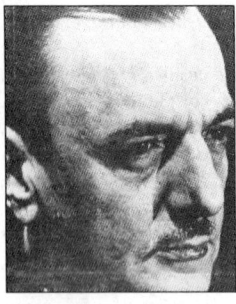

LAURENDEAU, ANDRÉ (1912-1968). Journaliste, romancier, dramaturge et essayiste, né à Montréal. Il étudie au Collège Sainte-Marie et à la Faculté des lettres de l'Université de Montréal. En 1933, il fonde avec quelques amis le mouvement « *Jeune-Canada* » ; il collabore aussi à *L'Action nationale* que dirige son père. En 1935, il part pour Paris où il étudie la littérature et la philosophie. De 1937 à 1943, et de 1949 à 1953 il est directeur de la revue *L'Action nationale,* dans laquelle il publie un nombre considérable d'articles et de comptes rendus. En 1942, il fonde le Bloc populaire pour combattre la conscription. Chef de ce parti politique qui préconise de vastes réformes sociales et économiques, André Laurendeau siège comme député à l'Assemblée législative de Québec de 1944 à 1948. À partir de 1937, il collabore à plusieurs journaux, participe au renouveau littéraire des années 1940 avec Robert Élie, Robert Charbonneau, Jean Le Moyne et Saint-Denys Garneau. Il est rédacteur en chef adjoint du quotidien montréalais *Le Devoir* en 1947 ; en 1957, il devient rédacteur en chef au moment de la nomination de Gérard Filion (son prédécesseur) à la Société générale de financement de la Province de Québec. En 1962, il est nommé par le Premier ministre du Canada, Lester B. Pearson, coprésident de la Commission d'enquête sur le bilinguisme et le biculturalisme qui entreprend une vaste enquête sur la situation linguistique et culturelle au Canada. Il est membre de l'Académie canadienne-française, de la Société royale du Canada et de plusieurs associations socio-culturelles. André Laurendeau meurt en juin 1968, après avoir assisté à la préparation et à la publication du Rapport préliminaire et du premier tome du Rapport de la commission, traitant des langues officielles au Canada. Les écrits de Laurendeau ont paru dans un grand nombre de revues, en français et en anglais. À plusieurs reprises, il se fait remarquer à la radio et à la télévision ; de 1953 à 1961, il était l'animateur de « Pays et Merveilles », présenté au réseau français de télévision de Radio-Canada : ces textes ont été publiés en volume sous le titre *Voyages au pays de l'enfance.* En 1965, il publie son premier et unique roman : *Une vie d'enfer.* C'est l'histoire d'un échec : Alain, le personnage principal, l'incarne en tant qu'écrivain, époux, citoyen. Marquée par un puritanisme austère, la vie quotidienne se situe aux antipodes de la paix et du bonheur. Le sujet est mince comme psychologie, mais il se rachète par une démarche artistique de qualité. Le théâtre de Laurendeau, *Deux femmes terribles,* pièce jouée au Théâtre du Nouveau Monde, en 1961, *La Vertu des chattes* et *Marie-Emma,* deux téléthéâtres fort appréciés à l'époque, sont des pièces réalistes, ponctuées de quelques ornements précieux, d'un marivaudage discret. « Théâtre littéraire, dit Lise Gauvin, celui de Laurendeau l'est par ses thèmes, son style, [...]. Le piège de l'irresponsabilité est rendu d'autant plus attirant que la mesquinerie de la vie apparaît en toute évidence : ni le conformisme bourgeois, ni la raideur morale, ni l'ambition bassement servile ne sont des raisons valables pour ceux qu'attirent les prestiges du rêve et de l'irréel ». Mais le vrai Laurendeau écrivain n'est ni dans ses récits, ni dans ses comédies : c'est le journaliste qui observe le monde en marche avec une froide et pénétrante lucidité : ses éditoriaux (1961-1966), publiés en volume en 1970, en constituent un exemple. D'habitude, pour cerner un fait, il va du particulier au général. Paul Wyczynski remarque : « Sa prose, nourrie d'histoire et d'idées, vivante, étincelante même, fera certainement son chemin dans la vie des lettres québécoises ».

ŒUVRES

Notre nationalisme (essai), Montréal, Tracts Jeune-Canada, [1935], 52 p.

L'Actualité de Saint-François (conférence), Montréal, Éditions des Amis de Saint-François, 1938, 39 p. Introduction de Romain Légaré. Ill.

[*L'Abbé Lionel Groulx*] (essai), Montréal, Éditions de l'A.C.F., 1939, 66 p. Préface d'Émile Baumann. « Nos maîtres de l'heure ».

[*Alerte aux Canadiens français*] (essai), Montréal, Les Éditions de l'Action nationale, 1940, 28 p. « Actualités ». (Paru d'abord dans *L'Action nationale,* vol. 16, nov. 1940, p. 177-203).

Le Bloc à Québec. Session provinciale 1945 (essai), Montréal, Le Bloc populaire canadien, [1945 ?], vi, 24 p.

[*Ce que nous sommes*] (conférence), Ottawa, Éditions outaouaises, 1945, 32 p.

[*Nous avons déjà perdu la guerre...*], Montréal, Le Bloc populaire canadien, [1945 ?], 10 p.

[*La Centralisation et la Guerre, par André Laurendeau, député de Laurier, chef provincial du Bloc populaire canadien*] (conférence), Montréal, Le Bloc populaire canadien, [1946?], 26, [2] p.

Le Diable est-il à gauche? Conférence prononcée à Montréal, le 2 février 1957, lors du dîner des Amis du Devoir, Montréal, Éditions des Amis du Devoir, [1957], 23 p.

Voyage au pays de l'enfance (causeries radiophoniques), Montréal, Éditions Beauchemin, 1960, 218 p.

Deux nations, [Ottawa, s.é.], 1961, 16 f. (Texte polycopié d'une conférence prononcée au Congrès des affaires canadiennes, à Ottawa, le 16 nov. 1961).

La Crise de la conscription, 1942 (essai), Montréal, Éditions du Jour, 1962, 158 p.

Rapport préliminaire. Commission royale d'enquête sur le bilinguisme et le biculturalisme, Ottawa, Imprimeur de la Reine et contrôleur de la papeterie, 1965, 211, 217 p. Collab. (Édition bilingue, pagination double).

Une vie d'enfer (roman), Montréal, Éditions HMH, 1965, 197 p. « A ».

Rapport de la Commission royale d'enquête sur le bilinguisme et le biculturalisme, Ottawa, Imprimeur de la Reine et contrôleur de la papeterie, 2 vol. : vol. I, *Introduction générale. Les langues officielles*, 1967, xliii, 231 p. ; vol. II, *L'Éducation*, 1968, 379 p. Collab.

Note : *Le Rapport préliminaire* ainsi que les deux premiers volumes du rapport proprement dit ont été préparés en collaboration avec neuf autres membres de la Commission dont Laurendeau, jusqu'à sa mort, fut coprésident. Ce sont : A. Davidson Dunton, Clément Cormier, c.s.c., Jean Marchand, Royce Frith, Joraslav Bohdan Rudnyckyj, Jean-Louis Gagnon, F.R. Scott, Mme Gertrude M. Laing, Paul Wyczynski. Le volume sur l'éducation fut préparé sous la direction d'André Laurendeau, mais celui-ci ne l'a pas signé car le livre a paru après son décès. Parmi les signataires du deuxième volume se trouve Paul Lacoste.

Ces choses qui nous arrivent : chroniques des années 1961-1966 (éditoriaux), Montréal, HMH, 1970, xxi, 343 p. « Aujourd'hui ». Préface de Fernand Dumont. Traduction anglaise par Philip Stratford : *André Laurendeau : Witness for Quebec*, Toronto, Macmillan of Canada, [1973], 290, [6] p. Préface de Claude Ryan. (Contient aussi *La Crise de la conscription 1942*, et des éditoriaux parus dans *Le Devoir*).

Théâtre. Deux femmes terribles. Marie-Emma. La Vertu des chattes, Montréal, Éditions HMH, 1970, 211 p. « A ». (Paru d'abord dans ECF : *La Vertu des chattes*, n° 5, 1959, p. 115-146 ; *Deux femmes terribles*, n° 11, 1961, p. 11-89 ; *Marie-Emma*, n° 15, 1963, p. 9-102).

Nos écoles enseignent-elles la haine de l'Anglais? (essai), Montréal, Les Éditions de l'Action nationale, [s.d.], 22 p. « Actualités ».

Humanisme intégral, AN, vol. 9, mars 1937, p. 175-176.
À propos de la langue française, AN, vol. 9, avril 1937, p. 227-231.

Olivar Asselin, AN, vol. 10, sept. 1937, p. 55-60.
Vers l'accomplissement de notre destin américain, AN, vol. 18, oct. 1941, p. 151-154.
Déclaration au sujet du Bloc populaire canadien, AN, vol. 20, nov. 1942, p. 165-174.
Les Russes ont-ils toujours tort, AN, vol. 33, n° 4, mai 1949, p. 311-371.
Y-a-t-il une crise du nationalisme?, AN, vol. 40, déc. 1952, p. 207-225 ; vol. 41, janv. 1953, p. 6-28.
La Télévision et la Culture au Canada français (causerie), dans *Institut social populaire*, juillet-août 1956, n° 485, p. 1-14. (Paru aussi dans Dev, 13, 14, 15 juin 1956).
Nous sommes un peuple pénétré par l'hiver, MM, vol. 6, n° 2, févr. 1966, p. 44.
Les Deux valses (théâtre), ECF, n° 33, 1971, p. 9-41.
Réponse de M. André Laurendeau de la Société royale du Canada, ECF, n° 34, 1972, p. 57-64.

ÉTUDES

Jacques Bobet, *À propos de Deux femmes terribles*, L, vol. 3, n°s 15-16, mars-avril 1961, p. 729-731.

Jean Ménard, *Une vie d'enfer d'André Laurendeau*, LAC 1965, p. 43-44.

[Anonyme], *Une vie d'enfer d'André Laurendeau*, dans *L'Argenteuil*, vol. 15, n° 3, janv. 1966, p. 6.

Maurice Blain, *L'Enfer, c'est soi-même*, CL, vol. 16, n° 84, févr. 1966, p. 30-31.

Jean Éthier-Blais, *André Laurendeau à la recherche du moi perdu*, dans *Signets*, Montréal, CLF, 1967, p. 213-217.

Alice Parizeau, *Un des seuls qui n'ait pas déçu : André Laurendeau*, L, vol. 10, n° 57, mai-juin 1968, p. 163-168.

Réginald Martel, *Deux témoins, deux acteurs*, Pr, 86e année, n° 96, 25 avril 1970, p. 39.

Lise Gauvin, *Théâtre d'André Laurendeau*, LAQ 1970, p. 95-97.

Paul Wyczynski, *Pour ceux qui connaissent ou qui ne connaissent pas André Laurendeau*, LAQ 1970, p. 222-225.

Ramsey Cook et Michael Behiels, *The Essential Laurendeau*, Vancouver/Calgary/Toronto/Montréal, Copp Clark Publishing, 1976, 256 p. « Issues in Canadian History ».

Clément Trudel, *Visage d'un humaniste nationaliste*, Dev, vol. 70, n° 269, 17 nov. 1979, p. 24.

Paul-André Comeau, *Le Bloc populaire 1942-1948*, Montréal, Québec-Amérique, 1982, 478 p. Ill.

Yvan Lamonde, *Le Bloc populaire nous interpelle encore*, Dev, vol. 73, n° 281, 4 déc. 1982, p. 26.

Jean-Guy Martin, *Le Bloc populaire, l'ancêtre des partis nationalistes modernes*, dans *Le Journal de Montréal*, vol. 19, n° 240, 13 févr. 1983, p. 26.

Denis Monière, *André Laurendeau et le Destin d'un peuple*, Montréal, Québec-Amérique, 1983, 347 p.

Roger Duhamel, *Quand les Québécois mettent leur cœur à nu*, Dev, vol. 74, n° 292, 17 déc. 1983, p. 17.

Pierre Gingras, *André Laurendeau, journaliste et écrivain : « Ouvrir la route du possible »*, dans *Forum*, vol. 18, n° 18, 30 janv. 1984, p. 4.

Claire de Lamirande, *Entre penser et faire, il y a un monde*, Dr, 71e année, n° 273, 18 févr. 1984, p. 30.

Albert Beaudry, *André Laurendeau*, Rel, vol. 44, n° 498, mars 1984, p. 65.

Louis Chantigny, *André Laurendeau, journaliste ou L'Incandescence sous le givre*, dans *L'Incunable*, 18e année, n° 1, mars 1984, p. 7-10.

Francine Laurendeau, *Mon père, ce héros au sourire si doux*, *Ibid.*, p. 11-14.

Gérard Pelletier, *Comment j'ai connu André Laurendeau ?*, *Ibid.*, p. 18-21.

Louis Chantigny, *André Laurendeau à Paris, ou L'Effervescence intellectuelle*, *Ibid.*, n° 3, sept. 1984, p. 6-13.

Id., *André Laurendeau à Paris, ou L'Histoire de l'intellectuel*, *Ibid.*, 19e année, n° 3, sept. 1985, p. 14-22.

Id., *Laurendeau à Paris, ou Un intellectuel à la recherche de sa définition*, *Ibid.*, 20e année, n° 1, mars 1986, p. 26-37.

Denis Chouinard, *Des contestataires pragmatiques : les Jeune-Canada, 1932-1933*, RHAF, vol. 40, n° 1, 1986, p. 5-28.

LAURENT. Voir **BOISSEAU, LIONEL.**

LAURENTIEN. Voir **HARPE, CHARLES Eugène.**

LAURIER, JOHANNE (1956–   ). Poète, née à Verdun (Île-de-Montréal). Après ses études au Collège de secrétariat moderne (1974), elle est secrétaire légale dans divers cabinets d'avocats ; à compter de 1982, elle s'occupe d'administration dans une maison d'édition. Son premier recueil de poésie *Une île sans racines* paraît en 1982, suivi, deux ans plus tard, de *Fantasmes*. Il s'agit d'une poésie assez conventionnelle.

ŒUVRES

Une île sans racines (poésie), Montréal, Éditions Guy Maheux, Société des Belles lettres, 1982, 72 p.

Fantasmes (poésie), Montréal, Éditions de la Marquise, 1984, 64 p.

ÉTUDE

Carole Beaulieu, *Fantasmes de Johanne Laurier*, dans *Le Messager de Verdun*, 10 janv. 1984, p. 6.

LAURIER, WILFRID (1841-1919). Homme politique et orateur, né à Saint-Lin (L'Assomption). Il fait ses études au Collège de l'Assomption et à l'Université McGill (B.A. en droit, 1864) ; il fait partie de l'Institut canadien de Montréal et du Parti libéral pendant ces années. Reçu au barreau en 1864, il pratique le droit à Montréal pendant deux ans. Par la suite, il est rédacteur du journal *Le Défricheur* d'Arthabaska. À la disparition de celui-ci en 1867, il pratique de nouveau le droit. En 1871, il est élu député à l'Assemblée législative du Québec et, en 1874, député à la Chambre des communes à Ottawa. Il est ministre du revenu en 1877. La même année, il prononce sa célèbre conférence sur le libéralisme.

L'année suivante son parti est défait mais il est réélu. En 1887, il est choisi chef du Parti libéral ; en 1896, il est élu Premier ministre du Canada, poste qu'il occupe jusqu'en 1911. En 1897, la reine Victoria le crée membre du Conseil privé impérial et, la même année, la France lui accorde la Légion d'honneur. En 1911, il redevient chef de l'opposition et à ce titre il siège au parlement jusqu'à sa mort. Orateur de grande réputation, politicien habile, connu pour ses prises d'armes avec Henri Bourassa, Laurier prononce de nombreux discours réunis en volume en 1890, en 1909 et en 1920. En 1935, Gaspard Pacaud publie une édition des lettres de Laurier reçues par ses parents. La prose de ses discours et de ses lettres est jugée remarquable au tournant du siècle. Un long métrage est tourné par Radio-Canada en 1985 sur la vie et l'époque de Laurier où le personnage principal est incarné par Albert Millaire.

ŒUVRES

Discours sur le libéralisme politique prononcé par M. W. Laurier, Député fédéral, le 26 juin 1877, à la Salle de Musique, sous les auspices du Club canadien, Québec, Imprimerie de l'Événement, 1877, iv, 32 p. ; *Le Libéralisme politique : conférence prononcée à Québec, le 26 juin 1877*, [Montréal], Éditions Beauchemin, 1941, 34 p. Édition anglaise : *Lecture on Political Liberalism, delivered by Wilfrid Laurier, Esq., M.P., on the 26th of June, 1877, in the Music Hall, Quebec, Under the auspices of « Le Club canadien »*, Québec, Printed at the « Morning Chronicle » Office, 1877, 44 p.

Wilfrid Laurier à la tribune, 1871-1890. Recueil des principaux discours prononcés au Parlement ou devant le peuple, Québec, des Presses à vapeur de Turcotte & Ménard, 1890, xxxii, 617, x p. Compilé par Ulric Barthe. Édition anglaise : *Wilfrid Laurier on the Platform, 1871-1890. Collection of the Principal Speeches made in Parliament or Before the People*, Quebec, Turcotte & Menard, 1890.

Discours à l'étranger et au Canada, Montréal, Librairie Beauchemin, [1909], xcix, 472 p.

Discours de Sir Wilfrid Laurier, premier ministre du Canada au Monument national, Montréal, le 10 octobre 1910, Québec, Presses de la Compagnie-Vigie, [1910], 52 p.

Discours de Sir Wilfrid Laurier de 1889 à 1911, Montréal, Librairie Beauchemin limitée, 1920, 261 p. Compilés par Alfred Duclos Decelles.

Discours de Sir Wilfrid Laurier de 1911 à 1919, Montréal, Librairie Beauchemin limitée, 1920, 221 p. Compilés par Alfred Duclos Decelles.

Sir Wilfrid Laurier : Lettres à mon père et à ma mère, 1867-1919, [Arthabaska, Imprimerie d'Arthabaska, 1935], 349 p. Compilés par Lucien Pacaud. Édition anglaise : *Sir Wilfrid Laurier : letters to my father and mother, selected and edited by Lucien Pacaud,* Toronto, Ryerson Press, [1935], viii, 148 p. Ill.

ÉTUDES

Laurent-Olivier David, *Laurier. (Sa vie, ses œuvres),* Beauceville, « L'Éclaireur », 1919, 268 p.

Oscar D. Skelton, *Life and Letters of Sir Wilfrid Laurier,* Toronto, Oxford University Press, 1921, 2 t. : t. 1, 485 p. ; t. 2, 576 p.

Réal Bélanger, *Wilfrid Laurier. Quand la politique devient passion,* Québec, PUL/ Les Entreprises Radio-Canada, 1986, 496 p. Ill.

LAURIN, JACQUES (1931–). Linguiste, né à Montréal. Il étudie au Mont-Saint-Louis, au Conservatoire Lasalle et à l'École normale Jacques-Cartier (B.A., 1950, P.Péd., 1953). Il obtient ensuite une maîtrise à l'Université de Montréal pour un mémoire sur le théâtre de Jean Cocteau (1962), et un doctorat en linguistique à l'Université de Strasbourg pour une thèse intitulée « Rythme dans les discours du Général de Gaulle » (1964). Il est professeur à la Commission des écoles catholiques de Montréal, au Conservatoire Lasalle, à l'Université de Montréal et à la Polyvalente Jeanne-Mance à compter de 1971. Il anime en outre plusieurs émissions sur la langue française à CKAC (1961–1969), à Radio-Canada où il est conseiller en communication, à Télé-Métro aux émissions « Pour vous mesdames » et « Parlons mieux ». Entre 1970 et 1980, il publie six ouvrages sur des questions de langage et d'expression orale. Albert Brie dit du quatrième, *Notre français et ses pièges,* que l'ouvrage « plaira pour les mêmes raisons qui ont fait l'unanimité des lecteurs des trois autres. [...] Jacques Laurin ne moralise pas. Il donne plutôt l'impression de s'amuser, de vouloir que l'on joue à ‹ travailler › notre langue ».

ŒUVRES

Améliorez votre français (essai), Montréal, Les Éditions de l'Homme, 1970, 157 p. Préface de Jean-Claude Corbeil. Avant-propos de l'auteur.

Les Verbes et La Conjugaison rendue facile (essai), Montréal, Les Éditions de l'Homme, 1971, 207 p. Préface de Charbonneau.

Corrigeons nos anglicismes (essai), Montréal, Les Éditions de l'Homme, 1975, 181 p. Préface de Jean-Marie Laurence. Avant-propos de l'auteur.

Notre français et ses pièges (essai), Montréal, Les Éditions de l'Homme, 1978, 217 p. Préface de Gilles Bibeau. Avant-propos de l'auteur.

L'Expression orale, l'improvisation, la lecture, la création collective, le débat (essai), Montréal, Éditions Études vivantes, 1979, x, 159 p. Ill.

L'Expression orale (guide pédagogique), Montréal, Éditions Études vivantes, 1979, 115 p.

Remarques sur la pose dans l'alexandrin classique, dans *Bulletin des jeunes romanistes,* n° 7, 1963, p. 3–13.

Le Rythme dans les discours du Général de Gaulle, dans *Les Cahiers de l'Erne,* n° 21, févr. 1973, p. 214–225.

ÉTUDES

[Anonyme], *Canadian Abroad. The Talk of Strasbourg,* dans *Times,* vol. 84, n° 3, 17 juillet 1964, p. 9–10.

[Anonyme], *Le rythme dans les discours du Général de Gaulle a fait l'objet d'une thèse de doctorat, d'un jeune professeur canadien,* dans *Nouvel Alsacien,* 27 juin 1964, p. 15.

Albert Brie, *Les Pièges du français !,* dans *Le Livre d'ici,* vol. 4, n° 26, 4 avril 1979, p. 1.

LAUZON, DOMINIQUE (1951–). Poète, né à Montréal. Après le secondaire, il étudie aux cégeps de Saint-Laurent et de Bois-de-Boulogne (D.E.C., 1972), puis il s'inscrit à l'Université McGill (1972–1976) où il obtient son baccalauréat en 1975. Il est correcteur d'épreuves à partir de 1979. Son premier recueil de poésie *La Vie simple* (1975), reçoit un accueil favorable : « L'auteur, écrit Raymond Bédard, manie avec bonheur, justesse et discrétion les archaïsmes, les néologismes et les dérivés [...]. *La Vie simple* nous offre une poésie brûlante et vibrante avec des mots bien apprêtés qui se consomment avec plaisir ». Un second recueil, *Artères,* paraît en 1976, et Gabrielle Poulin regrette la disparition de la « vie immédiate », des je, tu et nous : « Que s'est-il passé entre la parution du premier recueil de poèmes de Dominique Lauzon et celle du second ? [...] Si le lecteur a parcouru *La Vie simple* assez allègrement en s'accrochant aux images [...], il est maintenu à l'extérieur de la ville interdite dont *Artères,* dans sa structure même, semble témoigner ».

ŒUVRES

La Vie simple (poésie), Montréal, Nouvelles Éditions de l'Arc, 1975, 93 p. « L'Escarfel ».

Artères (poésie), Nouvelles Éditions de l'Arc, 1976, 61 p. « L'Escarfel ».

Autrement l'équilibre (poésie), Trois-Rivières, Écrits des Forges, 1986, 51 p.

J'écris ; parole pourfendeuse, L, vol. 22, n° 5, sept.–oct. 1980, p. 42–46.

ÉTUDES

Gabrielle Poulin, *Dominique Lauzon. La Vie simple, Artères,* LAQ 1976, p. 127–129.

Raymond Bédard, *Lauzon (Dominique). La Vie simple,* dans *Nos livres,* vol. 8, août-sept. 1977, n° 281.

LAVALLÉE, JEANNINE (1891–   ). Poète et romancière, née à Hemmingford (Huntingdon). Elle étudie chez les religieuses de Sainte-Croix, à Montréal, et au Conservatoire Lassalle. En 1921, elle suit des cours à l'Institut catholique de Paris et à l'Alliance française où elle obtient un brevet en littérature, en géographie et en histoire. Elle séjourne de nouveau en Europe de 1925 à 1928. À son retour au Québec, elle enseigne la diction dans des couvents pour jeunes filles dans la région montréalaise. Jeannine Lavallée œuvre au sein de cercles littéraires et musicaux. Son premier ouvrage, *Mea Culpa* (1935), est le fruit de sa déception à la suite de l'échec d'une tournée de concerts sous les auspices des « Horizons-Français ». La première partie raconte des souvenirs de jeunesse ; la deuxième est un plaidoyer en faveur de l'épanouissement des arts au Québec. *Koshawika* (1936), récit plutôt pathétique, sert de prétexte à l'exposition des vues de l'auteur sur le nationalisme et l'avenir du Québec. En 1938, elle publie un recueil de poésie, *Vice Versa*, où elle chante l'amour, la patrie, la nature.

ŒUVRES

Mea Culpa (récit), [Montréal], Rénovation, Éditions littéraires et musicales, [1935], 139, xxxii p.
Koshawika (roman), Montréal, Rénovation, Éditions littéraires et musicales, 1936, 193 p.
Vice Versa (poésie), [Montréal], Rénovation, Éditions littéraires et musicales, [1938], 105 p.

ÉTUDES

G.-E. Marquis, *Mea Culpa,* dans *Le Terroir,* vol. 6, nᵒˢ 10–11, mars–avril 1935, p. 12.
Valdombre, *Un pas bleu qui n'en est pas un,* dans *Les Pamphlets de Valdombre,* 1ʳᵉ année, nᵒ 1, déc. 1936, p. 22–27.
Alphonse Désilets, *Koshawika,* dans *Le Terroir,* vol. 18, nᵒ 7, déc. 1936, p. 6–7.
Roger Duhamel, *Mea Culpa/Koshawika,* AN, vol. 11, nᵒ 3, mars 1938, p. 264.

LAVALLÉE, MADELEINE (1926–   ). Essayiste, née à Montréal. Après ses études secondaires à Saint-Jean d'Iberville, elle entre chez les religieuses de la Congrégation de Notre-Dame et commence une carrière dans l'enseignement. Elle poursuit ses études au Collège Marguerite-Bourgeoys (B.A., 1960), et elle obtient ensuite à l'Université de Montréal une licence en pédagogie (1963), une licence ès lettres (1968), un certificat d'études théologiques (1973) et un certificat d'animation de la vie étudiante (1978). De 1947 à 1964, elle est enseignante à Montréal, Québec, Sainte-Anne-de-Bellevue, Ottawa et Verdun. Puis elle est directrice d'une école se-

condaire (1964–1966), professeur au Collège Marguerite-Bourgeoys (1968–1972), responsable des activités parascolaires (1975–1979). Son premier ouvrage, *Marie-Victorin, un itinéraire exceptionnel* (1984), est fondé sur une riche documentation inédite (correspondance et manuscrits divers) et contient une iconographie intéressante. Ce livre renouvelle les travaux antérieurs effectués par Dantin, Audet, Rousseau et Rumilly sur le célèbre botaniste.

ŒUVRE

Marie-Victorin, un itinéraire exceptionnel (biographie), St-Lambert, Héritage, 1984, 272 p. Ill. Préface de Jules Brunel. « Vis-à-vies ».

ÉTUDES

André Renaud, *Deux ouvrages étranges,* LQ, nᵒ 34, été 1984, p. 53.
Sylvie Chaput, *Essais québécois,* dans *Nuit blanche,* nᵒ 14, juin–juillet 1984, p. 24.

LAVERDIÈRE, CAMILLE (1927–   ). Géographe et poète, né à Waterville (Compton). Après ses études primaires et secondaires à Québec, il obtient son baccalauréat en sciences agronomiques de l'Université Laval (1950), et sa maîtrise en géographie de l'Université de Montréal (1954) ; il y présente une thèse sur « La Région des Sept-Îles, Côte-Nord du Saint-Laurent ; études morphologiques ». Il poursuit des études de doctorat aux universités de Montréal, Laval et à la Sorbonne. Il occupe des postes au ministère des Mines et des Relevés techniques à Ottawa (1952–1954) et au ministère de l'Industrie et du Commerce du Québec (1954–1960). Il est professeur au Département de géographie de l'Université de Montréal depuis 1954, et fait partie du Centre de recherches écologiques de Montréal. Il est secrétaire (1954–1960), puis directeur (1968...) de la *Revue canadienne de géographie,* devenue *Revue de géographie de Montréal* (1964) et *Géographie physique et Quaternaire* (1977). Il est directeur fondateur, avec Marcel Bélanger et Benoît Robitaille, de l'Association des géographes du Québec (1962), responsable du 2ᵉ colloque sur le Quaternaire du Québec (1973) et fondateur de l'Association québécoise pour l'étude du Quaternaire (1974). Il effectue chaque année des levées de terrain géographiques et écologiques à travers l'Arctique canadien et tout le Québec. On lui doit la fondation des Éditions du Nouveau-Québec. La parution de son premier recueil de poèmes, *Québec nord-américain*, est salué par Jean-Guy Pilon comme une «réussite exceptionnelle». «Camille Laverdière a le sens de la langue, de la poésie, de l'image. Il puise dans ses connaissances scientifiques tout un vocabulaire précis et sonore, éclatant». Dans le deuxième recueil de l'auteur, *Glaciel*, Gaëtan Dostie remarque une «poésie surtout de la mémoire, de l'essentiel, de la jouissance que procure ce qui est vraiment et totalement senti. Laverdière est un continuateur, un ramificateur: rares sont les poètes aux yeux si fertiles». Tandis que Paul Wyczynski a écrit, que la pensée de l'auteur «a su trouver son chemin dans une écriture neuve et expressive. Le mot scientifique se plie sous des charges lyriques de belle venue. Le cœur entier y est pour chanter la présence de la Terre Québec».

ŒUVRES

Québec nord-américain (poésie), Montréal, Les Éditions du Nouveau-Québec, 1971, 83 p.

Glaciel. Poèmes, Montréal, Fides, 1974, 99 p. «Voix québécoises».

De pierre des champs. Poèmes, Montréal, Fides, 1976, 103 p. Ill. «Voix québécoises».

Autres Fleurs de gel. Poèmes, Montréal, Fides, 1978, 107 p. Aquarelles de Nicole Carette. «Voix québécoises».

Ce cri laurentique (poésie), Saint-Lambert, Éditions du Noroît, 1983, 101 p. Eaux-fortes de Richard Lacroix.

Les Collines de Kamouraska, dans *Bulletin de la Société d'histoire naturelle de La Pocatière,* vol. 1, n° 13, 1948, p. 3.

Additions à la faune Champlain et Post-pléistocène du Lac-Saint-Jean, dans *Les Annales de l'ACFAS,* vol. 17, 1951, p. 94–95.

Sur l'emploi de la nomenclature taxonémique latine par le géographe: le nom scientifique de la ouananiche, dans *Revue canadienne de géographie,* vol. 9, n° 1, 1955, p. 29–31.

Du mot canot et de l'adjectif composé nord-américain, dans *Revue canadienne de géographie,* vol. 11, n° 1, 1957, p. 81–84.

Vocabulaire et Premiers Matériaux pour la classification des ruptures de pente des cours d'eau du nord-ouest du Québec, dans *Revue canadienne de géographie,* vol. 11, n°s 2–3, 1957, p. 109–114.

Le Vocabulaire de la géomorphologie glaciaire, I et II, dans *Revue de géographie de Montréal,* vol. 19–20, n°s 1–2, 1965–1966, p. 129–131, 104–107.

Le Vocabulaire de la géomorphologie glaciaire, III–IV, dans *Cahiers de géographie de Québec,* 11e année, n° 22, 1967, p. 102–107; 12e année, n° 26, 1968, p. 295–302.

Québec nord-américain (poésie), L, vol. 10, n° 2, 1968, p. 17–24.

Le Vocabulaire de la géomorphologie glaciaire, V, dans *Revue de géographie de Montréal,* vol. 23, n° 3, 1969, p. 351–358.

Jacques Rousseau (1906–1970) n'est plus... (chronique), dans *La Revue de géographie de Montréal,* vol. 25, n° 1, 1971, p. 3–4.

En hommage à Pierre Dansereau, biogéographe et humaniste (chronique), dans *La Revue de géographie de Montréal,* vol. 26, n° 4, 1972, p. 355–356.

Le Vocabulaire de la géomorphologie glaciaire, VI, dans *La Revue de géographie de Montréal,* vol. 27, n° 2, 1973, p. 210–213. Collab. Pierre Guimont.

Marie la terre (poésie), dans *Poésie québécoise, 2 : tout au long du fleuve,* Montréal, Éditions du Renouveau pédagogique, 1973, p. 58.

Été magdalénien (poésie), L, vol. 16, n° 2, 1974, p. 21–28.

ÉTUDES

Réginald Martel, *La Saison des poètes I,* Pr, 87e année, n° 84, 10 avril 1971, p. D-3.

Jean-Guy Pilon, *Les Lieux, ses mouvements, ses appels,* Dev, vol. 62, n° 109, 8 mai 1971, p. 12.

Jean-Yves Théberge, *Géographe et Poète,* CF, vol. 112, n° 55, 26 mai 1971, p. 12.

Gérard-Claude Fournier, *Québec nord-américain de Camille Laverdière,* LAQ 1972, p. 173.

Jacques Lemieux, *Un vocabulaire purement géographique,* Dev, vol. 66, n° 145, 22 juin 1974, p. 12.

Gaëtan Dostie, *Des poètes mis à jour,* dans *Le Jour,* vol. 1, n° 184, 5 oct. 1974, p. 15.

Louis-Edmond Hamelin, *Vent soutenu chez un poète engagé,* L, vol. 16, n° 3, 1974, p. 92–93.

Reine Malouin, *Laverdière, Camille,* dans *Poésie,* vol. 9, automne 1974, p. 22.

Paul Wyczynski, *Camille Laverdière. Glaciel,* LAQ 1974, p. 136–138.

LAVERDIÈRE, CHARLES-HONORÉ (1826–1873). Historien, né à Château-Richer. Il fait ses études au Petit Séminaire de Québec (1840–1848) auquel il reste attaché toute sa vie. Ordonné prêtre en 1851, il est nommé professeur agrégé (1855) puis directeur du Séminaire (1860). Il y est successivement professeur de physique et de chimie (1848–1850), de musique vocale (1848–1849), de mathématiques (1851–1858), d'histoire (1854–1855). Par la suite, il occupe le poste de bibliothécaire (1858–1872) et est nommé titulaire de la chaire d'histoire à l'Université Laval. Chargé par le gouvernement, en 1858, de surveiller l'impression des *Relations des Jésuites,*

LAVERDIÈRE

Charles-Honoré Laverdière édite, au moment du décès de l'abbé Ferland, la seconde partie du cours d'histoire du Canada de l'éminent historien. Son œuvre maîtresse reste les *Œuvres de Champlain* pour laquelle il mène, durant de longues années, de patientes et minutieuses recherches. Ses travaux historiques, s'ils révèlent encore trop l'archiviste et le bibliothécaire, restent une utile documentation qui se distingue par la clarté, la précision et le soin que l'auteur y apporte.

ŒUVRES

Découverte du tombeau de Champlain (essai), Québec, C. Darveau imprimeur-éditeur, 1866, 19 p. Collab. L'Abbé Casgrain.

Histoire du Canada à l'usage des maisons d'éducation, Montréal, Beauchemin & Valois, [1868], iv, 230, vi p. Préface de l'auteur ; Québec, Des Presses d'Augustin Côté éditeur, 1869 ; 1874.

Œuvres de Champlain, Québec, Imprimé au Séminaire par Géo. E. Desbarats, 1870, 6 vol. : vol. 1, lxxvi, iv, 48, [124] p. Ill. Préface de l'auteur ; vol. 2, viii, 63 p. Préface de l'auteur ; vol. 3, xvi, 326 p. ; vol. 4, viii, 143 p. ; vol. 5, viii, 328 p. ; vol. 6, 343 p. Suivi du *Traité de la marine et du devoir d'un bon marinier par le sieur de Champlain,* 55 p. Suivi d'*une Carte de table pour cognoistre les lieux remarquables en cette carte,* 8 p. Suivi de *Doctrine chrestienne du R.P. Ledesme de la compagnie de iesus,* 20 p. Suivi de *Pièces justificatives,* 36 p. Suivi de *Table des matières contenues dans les œuvres de Champlain,* 30 p. ; Montréal, Éditions du Jour, 1973, 6 vol. : vol. 1, xxi, lxxvi, iv, 48, [124] p. Présentation de Georges-Émile Giguère. (Édition en fac-similé de l'édition de 1870).

Le Journal des Jésuites publié d'après le manuscrit original conservé aux archives du Séminaire de Québec, Québec, Chez Léger Brousseau, imprimeur-éditeur, 1871, x, [26], 403 p. Collab. M. L'Abbé Casgrain. Préface des auteurs ; Montréal, Chez J.M. Valois, Libraire-éditeur, 1892.

Abrégé de l'histoire du Canada, Québec, [s.é.], 1875.

Samuel de Champlain, Québec, Imprimerie A. Côté et Cie, 1877, 195 p.

[*Noms de lieux et de choses en langues amérindiennes*], Québec, [s.é., s.d., n.p., 14 p.].

Notre-Dame de Recouvrance de Québec, [s.l., s.é., s.d.], 11 p. Ill.

ÉTUDES

Faucher de Saint-Maurice, *L'Abbé C.-H. Laverdière,* [Québec, 1873], 9 p.

Auguste Gosselin, « *Le Vrai Monument de Champlain* » : ses *œuvres éditées par Laverdière,* MSRC, série 3, vol. 2, section 1, 1908, p. 1, 3–23.

LAVERDIÈRE, MICHEL (1949–   ). Romancier et poète, né à Saint-Eustache (Deux-Montagnes). Il étudie pendant trois ans à l'École des beaux-arts de Montréal et publie, en 1968, son premier roman, *R.I.P.* ; en 1974, paraît son recueil de poésie, *D'aube et de nuit.* La poésie de Michel Laverdière reflète une vision purifiée de la nature humaine où l'absolu trouve son essence à travers les méditations et les confessions du moi intérieur. *D'aube et de nuit* témoigne du cycle de la vie qui s'ouvre et se ferme sur la naissance, la mort, la joie et la douleur.

ŒUVRES

R.I.P. (poésie), Montréal, Éditions Ariès inc., 1968, 121 p.

D'aube et de nuit, Montréal, Fides, 1974, 65 p. « Voix québécoise ».

ÉTUDE

Gaëtan Dostie, *Des poètes mis à jour,* dans *Le Jour,* vol. 1, nº 184, 5 oct. 1974, p. 15.

LAVIGNE, MARIE [Le Collectif Clio] (1949–   ). Historienne, née à Lachute (Argenteuil). Elle commence ses humanités au Collège Marie-Anne de Montréal (1960–1964) et continue à l'Institut pédagogique de Westmount (B. Péd., 1969). Elle obtient ensuite à l'Université du Québec à Montréal, un baccalauréat spécialisé (1971) et une maîtrise en histoire (1973) pour son mémoire : « Analyse du travail féminin à Montréal entre les deux guerres », et elle commence la scolarité du doctorat à l'Université de Toronto (1981–1982). Professeur d'histoire à l'Université du Québec à Montréal (1973–1976), elle devient directrice de la recherche au Conseil du statut de la femme (1978–1981), directrice du Bureau de la condition des femmes au travail pour le ministère de la Main-d'œuvre (1982–1983), puis elle est nommée à la direction régionale des Affaires culturelles de l'Outaouais, en 1983. Engagée dans le mouvement féministe, elle publie, en 1977, avec Yolande Pinard, un recueil d'articles sous le titre *Les Femmes dans la société québécoise,* portant principalement sur le travail domestique, l'éducation des filles et la famille. Un autre livre collectif de 1983, *Travailleuses et Féministes,* complète le premier et porte essentiellement sur l'évolution du travail salarié féminin hors du foyer au dix-neuvième siècle. Cet ensemble, écrit Andrée Yanacopoulo, « souligne la nécessité de porter un regard neuf sur les sources historiques existantes et aussi de chercher des sources autres ». Entre temps, Marie Lavigne collabore à d'autres ouvrages collectifs sur les femmes et elle fait partie des quatre auteurs du « Collectif Clio » qui publie en 1982 *L'Histoire des femmes au Québec depuis quatre siècles*, succès de librairie et livre dont la critique a signalé l'importance.

ŒUVRES

Les Femmes dans la société québécoise. Aspects historiques, Montréal, Boréal Express, 1977, 215 p. Collab. Yvonne Pinard *et al*. « Études d'histoire du Québec ».

Les Travailleuses face à la maternité (essai), Québec, Gouvernement du Québec, Conseil du statut de la femme, 1979, 42 p. (Texte polycopié).

Histoire des femmes au Québec depuis quatre siècles, Montréal, Quinze, 1982, 526 p. « Collectif Clio » : Micheline Dumont, Michèle Jean et Jennifer Stoddart. Ill. « Idéelle » ; Éditions du Club Québec Loisir Inc., 1983.

Travailleuses et Féministes. Les femmes dans la société québécoise (essai), Montréal, Boréal Express, 1983, 432 p. Collab. Yolande Pinard *et al*. « Études d'histoire du Québec ».

Les Femmes au Québec : dix ans de lutte, dans Jean Sarrazin et Claude Gaywan, *Dossier Québec*, Paris, Stock, 1979, p. 99–110.

Le Phénomène des Yvettes. Analyse externe, dans *Atlantis. Journal d'études sur la femme*, vol. 6, nº 2, printemps 1981, p. 17–24.

ÉTUDES

Renée Rowan, *La véritable histoire des femmes reste à faire*, Dev, vol. 69, nº 279, déc. 1977, p. 37.

Jacques Nolin, *Lavigne (Marie) et Pinard (Yolande). Les femmes dans la société québécoise*, dans *Nos livres*, vol. 9, août-sept. 1978, nº 308.

Andrée Yanacopoulo, *Lavigne (Marie) et Pinard (Yolande) et al. Travailleuses et Féministes. Les femmes dans la société québécoise*, dans *Nos livres*, vol. 14, nov.1983, nº 5480.

LAVOIE, PIERRE (1950–). Bibliographe et critique de théâtre, né à Causapscal (Matapédia). Il fait le cours classique au Séminaire Montfort de Papineauville, aux collèges Saint-Jean-Vianney de Rivière-des-Prairies et André-Grasset de Montréal (B.A., 1970). Il obtient ensuite à l'Université de Montréal une licence ès lettres (1973), une maîtrise pour un mémoire en collaboration avec Jacques-C. Plante : « Le Théâtre québécois (1965-1973). Recensement des créations et des représentations théâtrales sous diverses rubriques ». Il termine la scolarité du doctorat en 1977. De 1974 à 1978, il est directeur adjoint du Centre d'études québécoises de l'Université de Montréal où, en 1978, il est nommé

responsable de la théâtrothèque du Département d'études françaises. En outre, en 1979, il fait partie de la direction de la revue *Jeu*. Il collabore à divers autres périodiques, tels *Études françaises, Voix et Images, Livres et Auteurs québécois*, ainsi qu'au *Dictionnaire des œuvres littéraires du Québec* et à la *New Canadian Encyclopedia*. Pierre Lavoie est coauteur d'un ouvrage considérable en trois volumes, *Répertoire analytique de l'activité théâtrale au Québec 1978-1979*, salué comme essentiel : « À première vue, écrit Pierre Macduff, l'ouvrage peut sembler rébarbatif ; mais il suffit de le feuilleter pour découvrir un intérêt croissant au fur et à mesure que les titres, les noms et les descriptions apparaissent ; en quelques minutes, on comprend la cohérence interne des trois tomes ».

ŒUVRES

Répertoire analytique de l'activité théâtrale au Québec, 1978-1979, [Montréal], Théâtrothèque de l'Université de Montréal/Leméac, 1981, 3 vol. : vol. 1, xviii, 120 p. Préface de Jean-Cléo Godin. Introduction de Pierre Lavoie ; vol. 2, –706 p. ; vol. 3, –1665 p. Collab. Raymond Laquerre.

Pour suivre le théâtre au Québec. Les ressources documentaires, Québec, Institut québécois de recherche sur la culture, 1985, 521 p. « Documents de recherche ».

ÉTUDES

Anton Wagner, *From Art to Theory : Canada's Cultural Tools*, dans *Canadian Theatre Review*, nº 34, printemps 1982, p. 61–62.

Pierre Macduff, *Répertoire analytique de l'activité théâtrale au Québec, 1978-79*, dans *Jeu*, nº 23, 1982, p. 162–163.

André Bourassa, *Pour consultation. Une nouvelle collection en théâtre : Guides bibliographiques du théâtre québécois*, LQ, nº 26, été 1982, p. 91.

Adrien Gruslin, *Pour suivre le théâtre au Québec*, dans *Le Livre d'ici*, vol. 10, nº 10, juin-août 1985, p. 15.

[Anonyme], *Pour suivre le théâtre au Québec*, dans *Nuit blanche*, nº 20, oct.-nov. 1985, p. 17.

LAWRENCE, CLAUDETTE [née Claude Ferri-Pisani] (1933–). Romancière et poète, née à Paddington (Australie). Elle fait ses humanités au Lycée des Jeunes Filles de Pau (France, B.A., 1950), et devient ensuite hôtesse de l'air à Air-France, puis hôtesse d'accueil à Salisbury (Rhodésie) où elle épouse le professeur D.W. Lawrence. Ils déménagent à Halifax où il enseigne pendant sept ans la littérature française à l'Université Dalhousie et où elle est traductrice pour le gouvernement de la Nouvelle-Écosse. Ils émigrent en Angleterre en 1970. Elle a publié trois romans au Canada, *Les*

Solitudes d'automne (1969) dont Jean-Yves Théberge dit que c'est « une histoire admirable, presque un conte de fées », et *La Cage* (1977) qui est indubitablement, écrit André Vanasse, « la verbalisation d'un phantasme que les féministes vont s'empresser de dénoncer : celui de la femme prise par le mâle comme simple objet d'assouvissement sexuel ».

ŒUVRES

Carrefours d'été (poésie), Paris, Nef de Paris, 1957. Sous le nom de Claude Ferri-Pisani.
Les Solitudes d'automne (roman), Québec, Éditions Garneau, 1969, 136 p.
La Cage. Roman, Montréal, CLF Pierre Tisseyre, 1977, 238 p.
Faut se marier pour... (théâtre), [Montréal], Leméac, 1985, 139 p. « Théâtre / Leméac ».
La Révolte des jupons (roman), [Montréal], Leméac, 1985, 188 p. « Roman québécois ».

ÉTUDES

Jean-Yves Théberge, *Deux ouvrages chez Garneau,* CF, 110ᵉ année, n° 15, 3 sept. 1969, p. 30.
Id., Les Solitudes d'automne de Claudette Lawrence, LAQ 1969, p. 54.
André Vanasse, *Jeunes Romanciers. Autour de six romans,* LQ, n° 11, sept. 1978, p. 8–9.

LEBEL, CÉCILE [née Cécile Benoît] [Étienne Benoît] (1915–   ). Dramaturge et journaliste, née à Montréal. Après ses études chez les Sœurs des Saints-Noms-de-Jésus-et-de-Marie, elle suit des cours privés en histoire de l'art chez les Dames-de-la-Congrégation-Notre-Dame. Journaliste, elle est chroniqueuse à *Notre Temps* (1951–1957), et collabore au *Devoir* (1957–1962), à *La Presse* (1962–1968), à *L'Avenir de l'Est* (1962–1971), aux *Galeries d'Anjou,* à *Votre Foyer, Modes féminines...* En outre, elle est rédactrice publicitaire à l'Association mondiale des femmes chefs d'entreprise (1958–1968), membre actif de plusieurs associations comme la Société historique de Montréal, le Cercle des femmes journalistes, la Société des écrivains canadiens-français... ; elle fonde les Publications Sem et la revue *Sem* (1976), ainsi que les *Cahiers de la Société historique de Montréal* (1980), et elle est présidente du jury du prix Judith-Jasmin (1979–1980). Elle collabore à des publications à caractère historique : *Vingt-cinq à la une* (1976), biographies de femmes journalistes, *Montréal...* La critique est assez partagée sur sa pièce de théâtre *Géraldine est une perle* (1964).

ŒUVRE

Géraldine est une perle. Comédie en trois actes, Montréal, Librairie Déom, 1964, 112 p.

Odette Oligny, dans *Vingt-cinq à la une* (biographie), Montréal, Éditions La Presse, 1976, p. 148–155.
À la découverte de la Côte-Nord et de la Basse Côte-Nord, dans *Montréal : artisans, histoire, patrimoine* (histoire), Montréal, Fides, 1979, p. 169–185. Notes liminaires de Marcel Cadott.

ÉTUDES

Hermine Beauregard, *Géraldine est une perle,* PJ, vol. 39, n° 6, 6 déc. 1964, p. 78.
Sylvie Claude, *Qui est Géraldine ?,* dans *Le Messager,* 16 déc. 1964, p. 8.
Marcel Valois, *Géraldine est une perle de Cécile Lebel,* LAC 1964, p. 42.

LEBEL, JOSEPH-MARC Octave Antoine. Voir **FÉRON,** JEAN.

LEBEL, MAURICE (1909–   ). Pédagogue, critique et essayiste, né à Saint-Lin (L'Assomption). Dans son pays comme à l'étranger, Maurice Lebel mène d'imposantes et de brillantes études : licencié ès lettres classiques et maître ès arts de l'Université Laval (1930), diplômé d'études supérieures de langue et de littérature classiques de la Sorbonne (1931), « diploma in English » et B.A. « honours » de l'Université de Londres (1932 et 1935), docteur ès lettres de l'Université d'Athènes (1950). Professeur de langue et de littérature grecques à l'Université Laval de 1937 à 1975, il occupe le poste de doyen de la Faculté des lettres de 1957 à 1963. Membre de la Société royale du Canada (1947), il est récipiendaire de nombreux doctorats honorifiques : Université Saint-Joseph du Nouveau-Brunswick (1952), Memorial University de Terre-Neuve (1961), Dalhousie University de Halifax (1964), McMaster University (1965), University of Birmingham, Angleterre (1965), University of Saskatchewan (1967), Université de Rennes (1973). Sa vaste culture générale, sa connaissance de la civilisation gréco-latine, ses préoccupations constantes face aux problèmes de l'homme contemporain et l'intérêt qu'il porte depuis toujours à la littérature et à la langue canadiennes-françaises méritent à Maurice Lebel une place éminente parmi les humanistes du Québec. Il publie plus d'une trentaine de volumes et quelque 500 articles dans des dictionnaires, encyclopédies et revues. De plus, il rédige quelque 700 articles de journaux. En 1967, il est nommé officier de l'Ordre du Canada. Bien qu'il soit d'abord spécialiste en civilisation grecque, il s'adonne à l'examen des lettres canadiennes-françaises. Rendant compte de l'ouvrage *D'Octave Crémazie à Alain Grandbois*, Paul-Émile Racicot souligne l'érudition et la compétence de Maurice Lebel, quel que soit le domaine qu'il touche : « Un professeur de qualité se penche avec respect sur notre littérature canadienne. Ce geste mérite une attention particulière. [...] En maître, qui entraîne ses étudiants, il choisit les pages les plus caractéristiques de nos auteurs. Ces extraits forment une anthologie, utile à tous les professeurs de l'enseignement secondaire. Bref, un beau livre, bien écrit et très appréciable ».

ŒUVRES

Pourquoi apprend-on le grec? (essai), Québec, PUL, 1932, 32 p. ; *Pourquoi apprend-on le grec. La Grèce et nous*, Imprimerie franciscaine missionnaire, 1969, 64 p. Introduction de l'auteur.

Suggestions pratiques sur notre enseignement (essai), Ottawa, Les Éditions du Lévrier, 1939, 227 p. Avant-propos de l'auteur.

L'Étude et l'Enseignement de l'anglais, Québec, Éditions du « Cap Diamant », 1942, 27 p.

Bibliographie pratique de l'enseignement et l'étude du grec, Montréal, Fides, 1944, 22 p.

L'Enseignement et l'Étude du grec, Montréal, Fides, 1944, 261 p.

Les Humanités classiques dans la société contemporaine (étude), Trois-Rivières, Le Nouvelliste, 1944, 33 p. ; Québec, PUL, 1949, 27 p. ; *Les Humanités classiques dans la société contemporaine. Société de conférences reflets*, Québec, Imprimerie franciscaine missionnaire, 1964, 31 p.

Canadian Graduate Theses in the Humanities and Social Sciences, 1921-1946 | Thèses des gradués canadiens dans les humanités et les sciences sociales, 1921-1946, Ottawa, Gouvernement du Canada, 1951, 194 p.

Explications de textes français et anglais, Québec, PUL, 1953, 232 p.

Le Conseil canadien de recherches sur les humanités : rapport 1944-1954 | The Humanities Research Council of Canada, Québec, PUL, 1954, 41 p.

Entretien national sur l'humanisme | National Conference on the Humanities : the Humanities and Government, Québec, Culture, 1954, 27 p.

L'Explication des textes littéraires : méthode d'explication et choix des textes, Québec, PUL, 1957, 344 p.

Images de Turquie, Québec, Librairie de l'Action canadienne-française, 1957, 65 p.

Le Rôle de la bibliothèque de recherches dans la civilisation contemporaine, Québec, [s.é.], 1957, 13 p.

Recherches sur les images dans la poésie de Sophocle, Athènes, Les Presses de l'Université, 1958, 159 p.

Recent Reforms in Education in Quebec (essai), Toronto, Canadian Education, 1958, [n.p., 13 p.].

Enracinement des Néo-Canadiens dans notre sol (étude), Ottawa, Conseil canadien du civisme, 1959, 22 p.

Humanisme et Technique. Science et recherche, Québec, [s.é.], 1959, 19 p.

Trois cultures et Sagesse (essai), Québec, Imprimerie franciscaine missionnaire, 1960, 19 p.

La Tradition du nouveau, Québec, Imprimerie franciscaine missionnaire, 1962, 60 p.

D'Octave Crémazie à Alain Grandbois (études littéraires), Québec, Éditions de l'Action, 1963, 285 p.

Propos inédits et interdits sur l'éducation, Québec, Imprimerie franciscaine missionnaire, 1963, 49 p.

De René Bazin à Antoine de Saint-Exupéry (étude), Montréal, Centre de psychologie et de pédagogie, 1964, 351 p.

De Saint François de Sales à Alphonse Daudet (étude), Montréal, Centre de psychologie et de pédagogie, 1964, 263 p.

La Langue parlée (conférence), Québec, Imprimerie franciscaine missionnaire, 1964, 31 p. ; Sherbrooke, Éditions Paulines, 1970.

Le Rapport Parent, réflexions sur les 2e and 3e volumes, Québec, Imprimerie franciscaine missionnaire, 1965, 32 p.

Rôle du maître de l'enseignement secondaire public au lendemain de la loi 60 (essai), Québec, Imprimerie franciscaine missionnaire, 1965, 22 p.

Un plaidoyer pour la poésie, Québec, PUL, 1965, 266 p. Présentation et traduction de l'œuvre de Sir Philip Sidney : *An Apologie for Poetry*.

L'Éducation et l'Humanisme. Essai, Sherbrooke, Éditions Paulines, 1966, 479 p. Avant-propos de l'auteur.

Les Humanités classiques au Québec, Québec, aux Éditions de l'Acropole et du Forum, 1967, 152 p. Éditeur. Préface de Mgr L.A. Vachon.

Le Voyage de Grèce (bibliographie), Sherbrooke, Éditions Paulines, 1969, 64 p.

Pages choisies d'Eugenio Maria de Hostos, Montréal, Éditions du Jour, 1969, 270 p. Préface et traduction.

Histoire littéraire du Canada. Littérature canadienne de langue anglaise, Québec, PUL, 1970, 1106 p. Traduction du livre publié sous la direction de Carl F. Klinck.

Index du vocabulaire latin du De transitu hellenismi ad christianismum (1535), de Guillaume Budé, Sherbrooke, Éditions Paulines, 1971, 36 p.

Bibliographie des ouvrages publiés avec le concours du Conseil canadien de recherche sur les humanités et du Conseil des Arts du Canada 1947-1972, Ottawa, Humanities Research Council of Canada, 1972, 45 p.

Images de Chypre (récit de voyage), Sherbrooke, Éditions Paulines, 1972, 56 p.

L'Académie des sciences morales et politiques, Montréal, Éditions Paulines, 1973, 51 p.

De Transitu Hellenismi ad christianismum de Guillaume Budé. Le Passage de l'hellénisme au christianisme, Sherbrooke, Éditions Paulines, 1973, 307 p. Avant-propos de l'auteur. (Texte traduit, accompagné d'index et présenté pour la première fois en français).

Le Passage de l'hellénisme au christianisme, Montréal, Éditions Paulines, 1973, 668 p.

État présent des travaux sur Platon en Amérique, Saint-Romuald, Les Éditions Etchemin, 1975, 44 p. « Bibliographie ».

Iacurto. Souvenirs, Montréal, Stanké, 1976, 256 p. Collab. Francesco Iacurto. Ill. (Édition de luxe).

Mythes anciens et Drame moderne (essai), Montréal/Paris, Éditions Paulines/A.D.É., 1977, 188 p. Introduction de l'auteur.

Regards sur la Grèce d'hier et d'aujourd'hui (essai), Montréal/Paris, Éditions Paulines/A.D.É., 1977, [6], 308 p. Avant-propos de l'auteur.

Mutation de la culture, de l'éducation et de l'enseignement, Montréal/Paris, Éditions Paulines/A.D.É., 1978, 579 p. Introduction de l'auteur.

Évolution de l'enseignement au Québec pendant l'entre-deux-guerres (1920-1940) (essai), Montréal, Éditions Paulines, 1982, 37 p. Avant-propos de l'auteur.

Jean Clavet, *Bossuet témoin classique de la foi*, Montréal/Paris, Éditions Paulines, Apostolat des Éditions, 1983, 170 p. Éditeur.

Association canadienne d'éducation de langue française 35e anniversaire 1947-1982. Souvenirs historiques, Sillery, Les Éditions Le Livre du pays, 1984, 273 p. Préface d'Adélard Savoie.

Émile Pacault, *La Fin du chômage par le partage du travail*, Montréal, Éditions Paulines, 1985, 117 p. Édition établie avec introduction, notes, et index de Maurice Lebel.

Entretien national sur l'humanisme, C, vol. 16, no 1, mars 1955, p. 3-27.

The Centenary of Confederation, C, vol. 28, no 3, sept. 1967, p. 229-235.

L'Enseignement universitaire de la littérature canadienne-française au Canada et à l'étranger, C, vol. 31, no 3, sept. 1970, p. 238-244.

Signification de la contre-culture des jeunes, RUO, vol. 45, no 2, avril-juin 1975, p. 181-194.

La Culture et l'Humanisme de notre âge de transition, RUO, vol. 46, no 4, oct.-déc. 1976, p. 422-451.

Deux voyageurs dans le temps: Barbeau et Parizeau, Dev, vol. 69, no 209, 9 sept. 1978, p. 24.

Vive l'Acadie... et le colloque, Dr, 66e année, no 286, 3 mars 1979, p. 22.

Une histoire socio-culturelle de notre enseignement secondaire, Dr, 67e année, no 34, 5 mai 1979, p. 29.

L'UNESCO et les Problèmes du jour, Dr, 67e année, no 57, 2 juin 1979, p. 22.

Le Nègre des Amériques et d'Afrique, Dr, 67e année, no 69, 16 juin 1979, p. 20.

Le Québec par ses textes littéraires (1534-1976). Une bonne initiation à la littérature québécoise, Dr, 57e année, no 236, 5 janv. 1980, p. 16.

ÉTUDES

Abbé Arthur Maheux, *Présentation de M. Maurice Lebel*, Société royale du Canada, no 5, 1947-1948, p. 69-76.

Paul-Émile Racicot, *D'Octave Crémazie à Alain Grandbois*, RHAF, vol. 17, no 4, mars 1964, p. 595.

Jacques Cotnam, *Éducation et Humanisme*, LAC 1966, p. 165.

Axel Maugey, *Un regard amoureux sur la Grèce*, Dr, 66e année, no 204, 25 nov. 1978, p. 22.

Mélanges d'études anciennes offerts à Maurice Lebel, St-Jean-Chrysostôme, Les Éditions du Sphinx, 1980, 429 p. Portrait. Publiés sous la direction de Jean-Benoît Caron, Michel Fortin, et Gilles Maloney. Préface des auteurs.

LE BER, PHILIPPE. Voir BEAULIEU, GERMAIN.

LEBLANC, BERTRAND B. (1929-   ). Romancier et dramaturge, né à Lac-au-Saumon (Matapédia). Il fait le cours classique au Séminaire de Rimouski (B.A., 1948). Ensuite, il obtient une licence en sciences sociales à l'Université Laval (1950) et un diplôme aux Hautes Études commerciales de Montréal (1953). De 1954 à 1975, il est à l'emploi de la Société d'industrie forestière et d'industrie de la construction d'Amqui, puis il devient, en 1976, directeur général du Conseil économique d'Alma et du Lac-Saint-Jean. Il est membre de plusieurs associations culturelles et économiques, et il remporte le prix Arthur-Buies en 1979. Après la publication de deux guides pratiques, il commence une série imposante de romans, récits et pièces de théâtre. *Horace ou L'Art de porter la redingote* (1974), récit composé de souvenirs de collège, est qualifié de « réussite » par Jean-Marie Levasseur. Dans *Moi, Ovide Leblanc, j'ai pour mon dire* (1976), un mourant raconte ses souvenirs: c'est une histoire qu'on a comparée à *Moi, Pierre Huneau*, défavorablement, surtout parce qu'il lui manque l'unité ordonnée que Thériault a donné au sien. Le livre reste divertissant par sa langue, ses nombreux mots heureux et l'humour particulier et une peu facile de l'auteur. Leblanc a écrit des romans et des pièces de théâtre qui, selon Réginald Martel, « sont un peu des documents sociologiques sur le Québec d'hier et de naguère, qui sont beaucoup des œuvres d'humour ».

ŒUVRES

Base-Ball-Montréal (guide), Montréal, Éditions du Jour, 1968, 192 p.

Le Guide du chasseur, Montréal, Éditions du Jour, 1970, 268 p.

Horace ou L'Art de porter la redingote (roman), Montréal, Éditions du Jour, 1974, 217 p. Avant-propos de l'auteur ; [Montréal], Leméac, 1980, 226 p. « Roman québécois ».

Moi, Ovide Leblanc, j'ai pour mon dire (roman), [Montréal], Leméac, 1976, 239 p. « Roman québécois » ; 1986. « Poche Québec ».

Joseph-Philémon Sanschagrin, ministre (théâtre), [Montréal], Leméac, 1977, 105 p. Portrait. Avant-propos de Jean-Marie Poupart. « Théâtre/Leméac ».

Les Trottoirs de bois (roman), [Montréal], Leméac, 1978, 265 p. « Roman québécois ».

Y sont fous le grand monde ! (récit), [Montréal], Leméac, 1979, 230 p. « Roman québécois ».

Faut divorcer ! (théâtre), [Montréal], Leméac, 1981, 105 p. « Théâtre/Leméac ».

La Butte-aux-anges (roman), [Montréal], Leméac, 1982, 192 p. « Roman québécois ».

Tit-cul Lavoie (théâtre), [Montréal], Leméac, 1982, 89 p. Préface d'Yves Dubé. « Théâtre/Leméac ».

Variations sur un thème anathème (roman), [Montréal], Leméac, 1983, 221 p. « Roman québécois ».

Faut placer pépère (théâtre), [Montréal], Leméac, 1986, 141 p. « Théâtre/Leméac ».

Au dernier vivant les biens (théâtre), [Montréal], Guérin, 1987, 147 p.

ÉTUDES

Joseph-Marie Levasseur, *Bertrand B. Leblanc, Horace ou L'Art de porter la redingote*, LAQ 1974, p. 61.

Gilles Dorion, *Bertrand B. Leblanc, Moi, Ovide Leblanc, j'ai pour mon dire*, LAQ 1976, p. 101-102.

Réginald Martel, *Le Forestier, le Démagogue et le Réacto*, Pr, 93ᵉ année, nº 6, 8 janv. 1977, p. D-3.

Michel Beaulieu, *Dans la tradition de la Sagouine, un «portrait» d'Ovide Leblanc qui se révèle un chef-d'œuvre*, dans *Le Livre d'ici*, vol. 2, nº 18, 9 fév. 1977.

François Ricard, *L'Imagination et le Pittoresque*, Dev, vol. 69, nº 34, 12 févr. 1977, p. 15.

Marcel Dubé, *J'ai même rencontré un écrivain heureux*, dans *Le Livre d'ici*, vol. 2, nº 47, 31 août 1977, p. 1.

Adrien Thério, *Deux livres à lire et deux affaires à dénoncer*, LQ, vol. 1, nº 8, nov. 1977, p. 52-55.

Jean-Cléo Godin, *Bertrand B. Leblanc, Joseph-Philémon Sanschagrin, ministre*, LAQ 1977, p. 196-197.

Paul Lefebvre, *Joseph-Philémon Sanschagrin, ministre*, dans *Jeu : cahiers de théâtre*, nº 8, printemps 1978, p. 170-171.

André Carpentier, *Une caricature de Leblanc sur la campagne de jadis*, dans *Le Livre d'ici*, vol. 4, nº 10, 13 déc. 1978, p. 1.

Robert Mélançon, *Les Trottoirs inégaux*, Dev, vol. 69, nº 298, 23 déc. 1978, p. 15.

Réjean Beaudoin, *Bertrand B. Leblanc, Les Trottoirs de bois*, LAQ 1978, p. 55-56.

Pierre L'Hérault, *Bertrand B. Leblanc, Y sont fous le grand monde*, LAQ 1979, p. 58-59.

Réginald Martel, *Quelques Sourires d'un enfant d'hier*, Pr, 96ᵉ année, nº 16, 19 janv. 1980, p. B-3.

Hélène Lazar, *Bertrand B. Leblanc, Faut divorcer !*, LAQ 1981, p. 181-183.

Normand Desjardins, *Leblanc (Bertrand B.), Variations sur un thème anathème*, dans *Nos livres*, vol. 14, nov. 1983, nº 5471.

François Hébert, *Des variations sur très peu*, Dev, vol. 71, nº 53, 3 mars 1984, p. 19.

LE BLANC, HUGUETTE (1943–   ). Romancière et poète, née à Dugal (Bonaventure). Après le secondaire au Couvent Saint-Louis-de-France de Québec, elle obtient un diplôme en pédagogie à l'École normale Notre-Dame-de-Québec (1962) et, plus tard, un diplôme en théologie pastorale à l'Université de Montréal (1969) et un certificat en gérontologie à l'Université Laval (1982). D'abord enseignante à Québec (1962-1964), elle s'engage comme professeur au Togo où elle s'occupe aussi de soins aux enfants et aux lépreux (1964-1966), revient enseigner à Montréal (1967-1971), puis séjourne en Algérie (1971-1973). À partir de 1978, elle se consacre principalement à l'écriture. Deux fois lauréate du Salon international du livre de Québec pour « La Goule » (1979) et pour « L'Entre-solitude » (1980), elle publie ce deuxième roman sous le titre *Bernadette Dupuis ou La Mort apprivoisée*. En outre, elle collabore à *Châtelaine* et au *Bulletin Pantoute*, écrit des contes et de la poésie, prépare une étude sur le poète chilien Alberto Kurapel et publie un second roman, en 1983, *La Nuit des immensités*. Monique Chartier écrit à propos de *Bernadette Dupuis* : « Huguette Le Blanc a réussi un roman poétique, avec quelques tableaux d'un réalisme saisissant [...]. Les personnages et les paysages sont si vivants qu'ils nous apparaissent réels, tangibles ».

ŒUVRES

Bernadette Dupuis ou La Mort apprivoisée. Roman, Montréal, Le Biocreux, 1980, 137 p.

Alberto Kurapel. Chant et poésie d'exil (essai), Montréal, Éditions coopératives de la Mélée, 1983, 108 p. Ill. « Essai ».

La Nuit des immensités (roman), Montréal, Hurtubise HMH, 1983, 118 p.

Les Mémoires dupées, dans *Bulletin Pantoute*, nº 4, déc. 1980-févr. 1981, p. 16.

À travers une nuit de coma, Dev, vol. 74, nº 298, 24 déc. 1983, p. 12.

ÉTUDES

Madeleine Ouellette-Michalska, *Un premier roman prometteur*, Dev, vol. 72, nº 22, 31 janv. 1981, p. 21.

Monique Chartier, *Le Blanc (Huguette). Bernadette Dupuis ou La Mort apprivoisée*, dans *Nos livres*, vol. 12, févr. 1981, nº 86.

Jacques Ferron, *Un grand requiem*, dans *Le Livre d'ici*, vol. 6, nº 23, 11 mars 1981, p. 1.

Roger Chamberland, *Bernadette Dupuis ou La Mort apprivoisée de Huguette Le Blanc*, dans *Québec français*, nº 41, mars 1981, p. 12.

Hélène de Billy, *Québec : on a l'âge de ses livres*, Dev, vol. 73, nº 94, 24 avril 1982, p. 17

Lise Gauvin, *Questions de frontières*, Dev, vol. 74, nº 286, 10 déc. 1983, p. 22.

Claire de Lamirande, « *La Nuit des immensités* » *de Huguette Le Blanc. Enfin le jour*, Dr, 71ᵉ année, nº 227, 24 déc. 1983, p. 34.

LEBLANC, MADELEINE (1928–). Romancière et poète, née à Montréal où elle fait ses études primaires et secondaires et où elle suit également des cours à l'École des beaux-arts. Elle fréquente par la suite l'École normale et l'Université du Québec à Hull et suit une série de cours à l'Université d'Ottawa. De 1957 à 1969, elle dirige une école de dessin et de peinture à Hull, tout en étant guide-conférencière à la Galerie nationale du Canada (1960-1970). À partir de 1970, elle enseigne les arts plastiques à la Commission scolaire régionale de l'Outaouais, visite la France et étudie à l'Université d'Aix-en-Provence (1971) ; elle séjourne à Madrid (1972) et en Italie (1973), puis voyage en Grèce, en Tunisie, en Haïti et en Martinique. Membre de la Société des écrivains canadiens-français, du Cercle des femmes journalistes de l'Outaouais, elle collabore au *Droit* de 1960 à 1968. Sa carrière d'écrivain débute sous le signe de la poésie (*Ombre et Lumière*, 1960 et *Visage nu*, 1963), continue sous forme de romans (*La Muraille de brume*, 1963 et *Le Dernier Coup de fil*, 1965), et se manifeste en formes poétiques dans *Les Terres gercées* (1965). *Les Arts plastiques à l'élémentaire* de Madeleine Leblanc ont été approuvés par le ministère de l'Éducation comme manuel scolaire pour les enfants du Québec. Partout dans ses poèmes et ses romans, l'auteur accentue l'importance du conflit psychologique à quoi s'ajoute une mélancolie qui devient, d'un livre à l'autre, toujours plus prononcée. « C'est la souffrance qui est à l'origine de la création littéraire ». Ce sens se précise par le dernier vers-maxime de son *Visage nu* : « La plus grande tragédie de l'homme n'est pas de mourir mais de naître ».

ŒUVRES

Ombre et Lumière (poésie), Hull, Éditions de Brume, 1960, 63 p. Portrait. Préface de Jean-Marc Poliquin.

La Muraille de brume. Roman, Montréal, Éditions Beauchemin, 1963, 160 p.

Visage nu. Poèmes, Montréal, Éditions Beauchemin, 1963, 61 p.

[*Le Dernier Coup de fil. Roman*], Montréal, Les Éditions La Québécoise, 1965, 88 p.

Les Terres gercées (poésie), Montréal, Les Éditions La Québécoise, 1965, 37 p.

Les Arts plastiques à l'élémentaire (manuel), Montréal, Librairie Beauchemin limitée, 1969, 48 p. Ill. Introduction de l'auteur.

J'habite une planète (poésie), Hull, Éditions Asticou, 1976, 45 p. Ill. « Poètes de l'Outaouais ».

La Peinture soviétique, Dr, vol. 48, nº 101, 30 avril 1960, p. 11.

La Femme canadienne et les Lettres, Dr, vol. 48, nº 299, 23 déc. 1960, p. 5.

Regard sur l'art mexicain, Dr, vol. 49, nº 11, 4 janv. 1961, p. 17.

Une sombre effigie incarnera notre siècle dans l'histoire de l'art, Dr, vol. 49, nº 234, 7 oct. 1961, p. 12.

Teilhard de Chardin vu par Nicolas Corte, I, nº 9, janv. 1966, p. 30.

La Grèce moderne, Dr, vol. 56, nº 205, 27 nov. 1968, p. 23.

ÉTUDES

Émile Chartier, *Ombre et Lumière*, L, vol. 7, nº 3, nov. 1960, p. 78.

Darquise Timmerman, *Pourquoi faire apprendre la peinture aux enfants ?*, Dr, vol. 49, nº 57, 9 mars 1961, p. 4.

André Renaud, *Un auteur, deux livres*, Dr, vol. 51, nº 93, 20 avril 1963, p. 8.

Jean-Louis Major, *La Muraille de brume*, LAC 1963, p. 21-22.

André-G. Vachon, *Visage nu*, LAC 1963, p. 55.

Adrien Thério, *Le Dernier Coup de fil*, LAC 1966, p. 40.

Yolande Grisé, *Où en êtes-vous, poètes de l'Outaouais*, Dr, vol. 65, nº 23, 23 avril 1972, p. 20.

LE BLANC, MARC (1943–). Criminologiste, né à Arthabaska. Après le secondaire à l'École Mgr-Georges-Gauthier, il poursuit, à l'Université de Montréal, des études en sociologie (B.Sc., 1965) et en criminologie, obtenant une maîtrise pour un mémoire sur « Les Attitudes morales des adolescents » (1967) et un doctorat dont la thèse s'intitule « Délinquance juvénile : perspectives épidémiologiques et stigmatiques » (1969). Il devient alors professeur à l'École de criminologie de l'Université de Montréal où il est directeur du Groupe de recherche sur l'inadaptation juvénile (1973-1981) et directeur adjoint du Centre international de criminologie comparée (1981-1983). Outre une dizaine de volumes publiés, seul ou en collaboration, entre 1975 et 1983, Marc Le Blanc a rédigé de nombreux ouvrages polycopiés, souvent volumineux : rapports de recherche, notes de cours, etc. ; il a fait paraître une bonne cinquantaine d'articles dans des ouvrages collectifs ou des revues professionnelles, telles *Acta Criminologica, Bulletin de la Société de criminologie du Québec, Revue canadienne de criminologie, Annales de Vaucresson* (France), *Revue canadienne de psycho-éducation*..., et il a présenté des communications dans de nombreux congrès nationaux et internationaux. Il est de plus consultant auprès des commissions Le Dain (drogue) et Betshaw (institutions), des commissions de ministères fédéraux et provinciaux... Le professeur Le Blanc s'est acquis une notoriété internationale en criminologie des adolescents.

ŒUVRES

[*Les Bandes de jeunes : ampleur et nature des phénomènes à Montréal*] (étude), Montréal, Université de Montréal, École de criminologie, Groupe de recherche sur l'inadaptation juvénile, 1973, 104 f. Collab. Ghislaine Legendre et Robert Ménard. (Texte polycopié).

[*Étude prévisionnelle de la délinquance juvénile à Montréal*], Montréal, Université de Montréal, Groupe de recherche sur l'inadaptation juvénile, 1974, 81 f. Collab. Pierre Chevrier et Claude Montmarquette. (Texte polycopié).

[*La Population de Boscoville : 1954–1974*] (étude), Montréal, Université de Montréal, Groupe de recherche sur l'inadaptation juvénile, 1974, 16 f. Collab. Robert Ménard. (Texte polycopié).

L'Adolescent montréalais de 12 à 16 ans : sa vie quotidienne (étude), Montréal, Université de Montréal, Groupe de recherche sur l'inadaptation juvénile, 1976, 284 p.

La Délinquance juvénile au Québec (essai), Québec, Éditeur officiel du Québec, 1977, vii, 99 p.

Structure et Dynamique du comportement délinquant : rapport d'étape, Montréal, Université de Montréal, Groupe de recherche sur l'inadaptation juvénile, 1977, 61 p.

Boscoville : effort, efficience, efficacité. Quelques résultats sur le milieu, la clientèle, l'évolution et les changements chez les clients (essai), Boscoville, Éditions Boscoville, 1978, 76 p. Collab. Michel Bossé, Robert Ménard et Maurice Cusson.

La Délinquance cachée à l'adolescence (étude), Montréal, Université de Montréal, Groupe de recherche sur l'inadaptation juvénile, 1979, iii, 239 p. Collab. Marc Fréchette. (Dans le cadre de la recherche *Structure et Dynamique du comportement délinquant*).

La Délinquance des filles (étude), Montréal, Université de Montréal, Groupe de recherche sur l'inadaptation juvénile, 1980, 208 p. Collab. Louise Biron et Rosette Gagnon.

L'Efficacité de l'internat : un cas type, Boscoville (étude), Montréal, Université de Montréal, Groupe de recherche sur l'inadaptation juvénile, 1980, 289 p. Collab. Michel Bossé.

Pour une pratique de la criminologie : configurations de conduites délinquantes et portraits de délinquants (essai),

Montréal, Université de Montréal, Groupe de recherche sur l'inadaptation juvénile, 1980, vi, 168 p. Collab. Marcel Fréchette. (Dans le cadre de la recherche *Structure et Dynamique du comportement délinquant*).

Boscoville : la rééducation évaluée (essai), Montréal, Hurtubise HMH, 1983, 413 p. Préface de Gilles Gendreau. « Droit et Criminologie des cahiers du Québec ».

L'Efficacité de l'internat pour la rééducation des jeunes délinquants, Boscoville, modèle hétérogène (essai), Sherbrooke, Solliciteur général, 1983, 155 p.

Current Issues in Juvenile Justice (essais), Toronto, Butterworths, 1983, x, 386 p. Collab. Raymond R. Corrado et Jean Trépanier.

La Criminologie empirique au Québec. Phénomènes criminels et justice pénale (essais), Montréal, PUM, 1985, 451 p. Éditeur avec Denis Szabo.

Le Vol à main armée dans les systèmes de justice (étude), Montréal, Centre international de criminologie comparée, 1985, xviii, 348 p. Collab. Rosette Gagnon. « Les Cahiers de recherches criminologiques ».

Introduction bibliographique à la criminologie québécoise, dans *Bulletin de la Société de criminologie du Québec*, vol. 5, nos 1–2, 1966, p. 25–115.

Vie urbaine et Criminalité, RS, vol. 3, nos 1–2, 1968, p. 67–81. Collab. Denis Szabo.

Quelques Aspects du phénomène drogue à Montréal, dans *Revue canadienne de criminologie*, vol. 13, no 4, 1971, p. 352–363.

Théorie, Recherche et Pratique, une interaction à développer, dans *Revue canadienne de criminologie*, vol. 15, no 1, 1972, p. 50–90.

La Délinquance en milieu aisé, dans *Acta Criminologica*, PUM, vol. 5, janv. 1972, p. 107–182.

Analyse économique du système de la justice criminelle, dans *La Criminalité urbaine*, Montréal, PUM, 1973, p. 183–203. Collab. A. Blumstein.

La Délinquance d'hier et de demain au Québec, dans *Criminologie*, PUM, vol. 8, nos 1–2, 1975, p. 145–158.

Le Climat social dans les institutions pour les jeunes délinquants, dans *Criminologie*, PUM, vol. 11, no 1, 1978, p. 7–23. Collab. Robert Ménard.

Peut-on changer le jeune délinquant au cours de son séjour en internat ?, dans *Revue canadienne de psycho-éducation*, PUM, vol. 9, no 2, 1980, p. 95–115. Collab. Michel Bossé.

Le Système de justice pour mineurs au Québec : quelques données statistiques, dans *Crime et Société*, 1980, p. 170–186.

LEBLANC DE MARCONNAY, HYACINTHE-POIRIER (1794–1868). Dramaturge, essayiste et journaliste, né à Paris. Dès 1820 il est apprenti à la loge maçonnique Clémente Amitié dans laquelle il monte rapidement au rang de maître. Émigré au Canada en 1834, il devient rédacteur à *La Minerve* en septembre. Il y fait à l'automne le récit de l'élection de la circonscription des Deux-Montagnes qui opposa le parti patriote aux pro-britanniques, récit qu'il complète et publie en brochure l'année suivante. Il se sépare bientôt de Ludger Duvernay, propriétaire du journal, qui refuse de lui payer son salaire, de sorte qu'on le retrouve, en 1836, dans le camp opposé, à *L'Ami du peuple, de l'ordre et des lois.* Cette même année, il fait paraître *La Petite Clique dévoilée,* violente diatribe contre La Fontaine, O'Callaghan et Louis Perreault ; dans cette brochure il défend Charles-Clément Sabrevois de Bleury, un modéré qui s'est séparé de Papineau en 1835, et est propriétaire du *Populaire* auquel se rallie de Marconnay. En avril 1837, il lance un appel en faveur de la littérature canadienne et ouvre les pages du journal à des jeunes comme Joseph-Guillaume Barthe et Romuald Cherrier. En août 1839, on le retrouve à *L'Ami du peuple,* et en février 1840 à *L'Aurore des Canadas.* Il retourne en France au cours de cette année. En octobre 1841, il écrit au gouverneur Bagot, sollicitant un poste dans l'administration et annonçant la préparation d'un travail sur la « Véritable situation des Canadas », ouvrage qui n'a pas paru. Il meurt à Paris en 1868. Claude Galarneau voit en lui un transfuge et un arriviste. En 1835, il fonde avec Napoléon Aubin la « Société française en Canada ». La même année, on joue *Le Soldat, intermède en deux parties,* texte probablement écrit en collaboration avec Aubin. En 1836, Leblanc de Marconnay publie une comédie en un acte, *Valentine ou La Nina canadienne,* pièce inspirée de l'opéra-comique de Marsollier de Vivetières, *Nina ou La Folle par amour.* La pièce est peut-être la plus intéressante et la plus jouable de la période d'avant 1860. Leblanc de Marconnay fait partie d'un groupe d'émigrés français comme Napoléon Aubin, Amury Girod et Firmin Prud'homme qui participent activement à la vie québécoise des années 1830.

ŒUVRES

Morceau d'archit. prononcé à la R. Chap. de la Clémente Amitié dans sa séance du 21ᵉ j. du 7ᵉ m. de l'an V.L. 5824, ère vulgaire, 21 septembre 1824, Paris, Impr. de Marchand Du Breuil, 5824 [1824], 15 p.

De l'incompétence du G.O. dans l'affaire de la Clémente Amitié, Paris, Impr. de Sétier, [1826], 23 p.

Paroles funèbres sur la mort du F.C. de Caullière prononcées par le T. Ed. F. Leblanc de Marconnay, lors de la pompe funèbre célébrée le 16 mai 1826, Paris, Impr. de Sétier, 5826 [1826], 8 p.

Les Maçons écossais sous l'obédience du Sup. Conseil cantique du F. Leblanc de Marconnay, chanté aux fêtes d'ordre de la St-Jean d'hiver 5827, Paris, Impr. de Sétier, [1827], 3 p.

Paroles funèbres sur la mort du T. Ill. F. baron de Maransior par le T. Ed. F. Leblanc de Marconnay, Paris, Impr. de Sétier, 1828, 12 p.

Paroles funèbres prononcées, le 15 juin 1829, sur la tombe du F. Anne-François Monier, docteur en médecine, par le T. Ed. F. Leblanc de Marconnay, Paris, Impr. de Sétier, 1829, 12 p.

Projet d'une compagnie d'assurance sur le sort du tirage pour le recrutement de l'armée, fait en 1821 par M. Leblanc de Marconnay, [Paris], Impr. de J.-L. Bellemain, 1830, 35 p.

L'Hôtel des Princes : opéra-comique en un acte, paroles de MM. de Ferrier et de Marconnay, musique de M. Eugène Prévost, Paris, Chez tous les marchands de nouveautés, et chez Martinet, 1831, 39 p.

Relation historique des événements de l'élection du comté du Lac des Deux-Montagnes en 1834 ; Épisode propre à faire connaître l'esprit public dans le Bas-Canada, [Montréal, 1835], 36 p.

La Petite Clique dévoilée, ou Quelques Explications sur les manœuvres dirigées contre la minorité patriote, qui prit part au vote sur les subsides dans la session de 1835 à 1836 ; et, plus particulièrement contre C.C. Sabrevois de Bleury, Ecuyer, avocat du barreau de Montréal, membre de la Chambre d'Assemblée du Bas-Canada, Rome (N.Y.), 1836, 50 p.

Valentine ou La Nina canadienne, Comédie en un acte, Montréal, De l'Imprimerie de « l'Ami du peuple », 1836, 52 p. ; Réédition-Québec, 1968.

Le Soldat, intermède en deux parties mêlé de chants. Exécuté sur le Théâtre Royal de Montréal, (Bas-Canada) en 1835 et 1836, Montréal, De l'Imprimerie d'Ariel Bowman, 1836, 8 p. (Arrangé par Mr. Leblanc de Marconnay).

Rapport sur les différends élevés entre la Gr. Loge du rite d'York pour l'État de la Louisiane et le suprême conseil du rite écossais pour le même État, ainsi que sur les prétentions des divers suprêmes conseils existants en Amérique, et preuves irrécusables que le rite écossais ancien et accepté en 33 degrés appartenait originairement au G.O. de France, Paris, Impr. de Saintain, Dentan, Pinard, 1852, 31 p.

Resp. loge française et écossaise sous le titre distinctif de la Clémente Amitié, O. de Paris, Argenteuil, Impr. de Worms, [1857], 3 p.

Le Vén. de la resp. loge française et écossaise, chapitrale et aréopagétique, sous le titre distinctif de la Clémente Amitié, constituée sous les auspices du G.O. de France, Argenteuil, Impr. de Worms, [1857], 4 p.

ÉTUDES

Benjamin Sulte, *Leblanc de Marconnay,* BRH, vol. 18, 1912, p. 353-354.

É-Z. Massicotte, *Leblanc de Marconnay,* BRH, vol. 26, 1920, p. 177-179.

Claude Galarneau, *Hyacinthe-Poirier Leblanc de Marconnay,* DBC, vol. 9, 1977, p. 504-505.

Étienne-F. Duval, [Leblanc de Marconnay], dans *Anthologie thématique du théâtre québécois au XIXᵉ siècle*, Montréal, Leméac, 1978, p. 341-346.

LE BOUTHILLIER, CLAUDE (1946–   ). Romancier et psychologue, né à Tracadie (Nouveau-Brunswick). Il fait ses études classiques au Collège de Bathurst (B.A., 1967), puis des études en psychologie à l'Université de Moncton (M.A., 1969). Établi à Québec, il exerce sa profession pendant huit ans dans des institutions scolaires et dans une clinique. De retour au Nouveau-Brunswick, il poursuit sa carrière durant deux ans dans l'enseignement collégial, puis il opte pour la pratique privée. Son premier roman, *L'Acadien reprend son pays*, passe presque inaperçu, mais *Isabelle-sur-mer* attire l'attention de la critique par son originalité. C'est un roman d'anticipation dont l'action se déroule dans un monde aliéné du XXIᵉ siècle. Les Acadiens ont pour mission de sauver l'humanité, et les deux héros — l'un né en Louisiane et l'autre en Acadie — discutent des remèdes-miracles qui guériraient cette humanité décadente et suicidaire. Le livre se termine par une sorte de psychodrame folklorique. « Avec *Isabelle-sur-mer*, écrit Gilles Cossette, Claude Le Bouthillier accomplit [...] le tour de force d'écrire non seulement un roman d'amour et d'aventure dans la tradition du XIXᵉ siècle, mais aussi une amusante satire de l'esprit de notre temps, ou, en tout cas, d'une certaine mentalité nord-américaine contemporaine ».

ŒUVRES

L'Acadien reprend son pays. Roman d'anticipation, Moncton, Éditions d'Acadie ltée, 1977, 129 p.
Isabelle-sur-mer. Roman d'anticipation, Moncton, Éditions d'Acadie, 1979, 156 p. Ill.
C'est pour quand le paradis... Roman, Moncton, Éditions d'Acadie, 1984, 246 p.

ÉTUDES

Gérard Étienne, *L'Acadien reprend son pays de Claude Le Bouthillier*, dans *Si Que 4*, automne 1979, p. 199-202.
Michel Beaulieu, *On nous écrit de l'Acadie*, dans *Le Livre d'ici*, vol. 5, nº 30, 30 avril 1980, p. 3.
Gilles Cossette, *Isabelle-sur-mer de Claude Le Bouthillier*, LQ, vol. 9, automne 1980, p. 69-70.
Jean-Claude Dubé, *Claude Le Bouthillier*, Pr, 101ᵉ année, nº 125, 23 févr. 1985, p. C-2.
Michel Laurin, *Le Bouthillier (Claude). C'est pour quand le paradis...*, dans *Nos livres*, avril 1985, nº 6168.

LEBRUN, DENIS (1944-1966). Poète et conteur, né à Albanel (Roberval). Il fait ses études classiques au Séminaire de Chicoutimi (B.A., 1965). En 1965, il s'inscrit à la Faculté des lettres de l'Université Laval. Mais, l'année suivante, le 8 septembre 1966, à l'âge de 22 ans, il meurt d'un cancer à l'hôpital de Dolbeau. Denis Lebrun publie ses premières œuvres en 1961. Il remporte alors le premier prix au concours de « Contes de Noël » de Radio-Canada et aussi à CJMT (Chicoutimi), avec « Le Noël de Renard » et « Le Noël de Poucet ». En 1962, il reçoit également le premier prix, section « Contes et Nouvelles » au concours des jeunes auteurs de Radio-Canada, puis au concours de Noël du poste de CJMT, avec « Le Premier Jardin zoologique » et « Les diables ne vont pas tous en enfer ». Il collabore aux journaux étudiants, ainsi qu'au *Soleil* et au *Progrès du Saguenay*. Deux recueils de poésie de Denis Lebrun ont été publiés : le premier, quelques mois avant sa mort, *Du sable et des cendres* (1966), et l'autre, posthume, en 1968, *Le Temps d'entre deux pas*. Plusieurs de ses poèmes ont été mis en musique par Armand Meunier-Lagacé, Canadien français résidant en Californie. « Il n'a pas eu le temps, écrit Jean-Yves Théberge, et ses poèmes en témoignent, d'ajuster son cri à sa souffrance, de dire notre drame ou ‹ de briser quelque chose › [...] malgré ses tâtonnements, au-delà de son écriture parfois maladroite, il marchait vers l'essentiel ».

ŒUVRES

Du sable et des cendres (poésie), Montréal, Les Éditions Sans le sou, 1966, 93 p.
Le Temps d'entre deux pas. Poèmes, Montréal, Les Éditions Sans le sou, 1968, 99 p.

Poèmes, dans *La Tourmente*, nº 2, 1966, p. 45-47.
Le Timbre-poste (nouvelle), ECF, nº 21, 1966, p. 41-47.

ÉTUDES

Guy Robert, *Du sable et des cendres*, LAC 1966, p. 98-99.
Jean-Yves Théberge, *Temps d'entre deux pas*, LAC 1968, p. 87-88.

LECLAIRE, PHILIPPE L. Voir BEAULIEU, GERMAIN.

LECLERC, FÉLIX (1914–1988). Poète et chansonnier, né à La Tuque (Champlain). Après une enfance heureuse, il fait ses études classiques à Ottawa. Annonceur à la radio de Québec, puis de Trois-Rivières, de 1934 à 1937, Félix Leclerc interprète sa première chanson en 1939, sur les ondes de Radio-Canada. Il participe à plusieurs émissions à titre de comédien, puis adhère à la troupe de théâtre du Père Émile Legault, « Les Compagnons ». Dès 1941, Félix Leclerc acquiert une solide réputation d'auteur dramatique, au cours de la série d'émissions « Je me souviens ». Il s'intéresse désormais surtout à la chanson. Consacré vedette française lors de son premier tour de chant à l'ABC de Paris, en 1950, Félix Leclerc reçoit, en 1951, en 1958, puis en 1973, le Grand Prix du Disque de l'Académie Charles Cros. Après plusieurs années passées en France, il revient au Québec et vit à l'Île d'Orléans. À la fois auteur radiophonique, conteur, dramaturge et chansonnier, Félix Leclerc témoigne d'un authentique don d'écrivain populaire qui tire, de la tradition et du paysage de son pays natal, la beauté simple de sa poésie et de sa prose, de même que l'émerveillement de ses chansons. Toute l'œuvre de Leclerc s'identifie aux gens simples et laborieux. Son langage, ses images, la nostalgie de ses chansons, le monde populaire, qu'il chante avec l'art d'un troubadour, autant de points qui sont à l'origine de sa popularité. « Dans ses contes et dans ses fables, souligne Jean-Claude Le Pennec, Félix Leclerc est tenté de prêcher quelque peu. Rien de tel dans ses chansons » où se révèle « la pudeur avant toute chose ». Artiste resté près des sources et de la nature, ouvrier digne des Compagnons, Leclerc est resté artisan et, comme le remarque son ami, le poète Luc Bérimont, « à la source de l'effort, un producteur. Pas un intermédiaire ». Sa mort à sa demeure, à l'Île d'Orléans, survenue le 8 août 1988, est suivie d'un deuil général. On reconnaît en lui le père des artistes québécois. Félix Leclerc a donné une nouvelle dimension au récit et à la chanson d'ici. Dans son hommage (*Spécial Album Souvenir Félix Leclerc*), Gratien Gélinas précise : « Nous avions jusque-là le folklore, les chansons de Paris, et puis les chansons américaines, mais soudainement arrivait quelque chose qui était dès le départ très populaire, très chaleureux, très collé à notre personnalité collective ».

ŒUVRES

Adagio (Contes), Montréal, Fides, 1943, 205 p. ; 1944, 197 p. ; 1952, 201 p. « RV » ; 1956, 151 p. ; Montréal/Paris, 1969, 152 p. « RV » ; *Adagio. Contes* (litt. jeunesse), Les Éditions Fides, 1976, 157 p. Ill. de Marcellin Dufour. « Goéland » ; *Adagio. Contes*, Hull, Éditions E.L.V.O. Ltée, 1984, 2 vol. : vol. 1, 160 p. ; vol. 2, 164 p. « Livres en gros caractères ».

Allegro (Fables), Montréal, Fides, 1944, 197 p. ; 1952. « RV » ; Montréal/Paris, 1959, 153 p. « RV » ; *Allegro. Fables* (litt. jeunesse), Les Éditions Fides, 1976, 157 p. Ill. d'Albert Rousseau. « Goéland » ; *Allegro. Fables*, Hull, Éditions E.L.V.O. Ltée, 1984, 2 vol. : vol. 1, 153 p. ; vol. 2, 158 p. « Livres en gros caractères ». Traduction anglaise par Linda Hutcheon : *Allegro*, Toronto, McClelland and Stewart Limited, 1974, 125 p. Introduction d'Elizabeth Ross.

Andante (Poèmes), Montréal, Fides, 1944, 159 p. ; 1949, 156 p. ; Montréal/Paris, 1952, 167 p. « RV » ; 1958, 127 p. ; *Andante. Poèmes* (litt. jeunesse), Les Éditions Fides, 1976, 133 p. Ill. de Nicole Benoît ; *Andante. Poèmes*, Hull, Éditions E.L.V.O. Ltée, 1984, 2 vol. : vol. 1, 139 p. ; vol. 2, 174 p. « Livres en gros caractères ».

Pieds nus dans l'aube (roman), Montréal, Fides, 1946, 242 p. ; *Pieds nus dans l'aube. Roman*, Montréal, Paris, Fides, 1950, 242 p. « RV » ; Montréal/Paris, 1960, 213 p. « AB » ; Montréal/Paris, 1962, 189 p. « RV » ; *Pieds nus dans l'aube*, 1967, 216 p. Chronologie, bibliographie et jugements critiques. « BCF » ; *Pieds nus dans l'aube*, 1982, 223 p. Chronologie, bibliographie et jugements critiques d'Aurélien Boivin. « BQ » ; *Pieds nus dans l'aube*, Hull, Éditions E.L.V.O. Ltée, 1983, 2 vol. : vol. 1, 196 p. ; vol. 2, 174 p. « Livres en gros caractères ».

Dialogues d'hommes et de bêtes (théâtre), Montréal/Sao Paulo/Paris/South Bend, Fides, 1949, 219 p. ; Montréal/Paris, 1951. « RV » ; Montréal/Paris, 1967, 224 p. Chronologie, bibliographie et jugements critiques. « BCF » ; Montréal, 1979, 235 p. Jugements critiques, chronologie et bibliographie d'Aurélien Boivin. « BQ ».

Les Chansons de Félix Leclerc. Le Canadien, Paris, Éditions Raoul Breton, 1950, 28 p.

Théâtre du village, Montréal/Paris, Fides, 1951, 191 p. « RV ».

Le Hamac dans les voiles. Contes, Montréal/Paris, Éditions Fides, 1952, 141 p. (Extraits de *Adagio, Allegro, Andante*) ; Fides, 1959. « RV » ; Montréal, Fides 1965, 211 p. « AB » ; 1968, 214 p. Chronologie et bibliographie. « BCF » ; 1974, 215 p. « BCF » ; Montréal, 1984, 212 p. Chronologie et bibliographie d'Aurélien Boivin. « BQ ».

Moi, mes souliers... Journal d'un lièvre à deux pattes, Paris, Amiot-Dumont, 1955, 226 p. « Toute la ville en parle/Les Feux de la scène » ; *Moi, mes souliers...*, 1960, Montréal, Fides, 214 p. « AB » ; *Moi, mes souliers...*, Montréal, Fides, 1967. Chronologie, bibliographie et jugements critiques. « BCF » ; Montréal, Fides,

1983, 218 p. Chronologie, bibliographie et jugements critiques d'Aurélien Boivin. « BQ ».

Le Fou de l'île. Roman, Paris, Éditions Denoel, 1958, 222 p. ; Montréal/ Paris, 1962, 286 p. « AB » ; Montréal, Fides, 1974, 215 p. « BCF » ; Montréal, Fides, 1980, 217 p. Chronologie, bibliographie et jugements critiques d'Aurélien Boivin. « BQ ». Traduction anglaise par Philip Stratford : *The Madman, the Kite & the Island*, [s.l.], Published by Oberon Press, 1976, 153 p. Introduction de Philip Stratford ; Toronto, General Publishing Co. Limited, 1983.

12 Chansons, Montréal, Éditions Archambault, 1958, 58 p.

Le P'tit Bonheur. Sonnez les matines (théâtre), Montréal, Éditions Beauchemin, 1959, 155 p. ; *Sonnez les matines, Comédie en sept tableaux*, 1963, 127 p. « Théâtre de Félix Leclerc » ; *Le P'tit Bonheur. Douze Saynètes*, 1964, 281 p. « Théâtre de Félix Leclerc ».

Le Calepin d'un flâneur (maximes), Montréal/ Paris, Fides, 1961, 170 p. ; Montréal, 1968, 180 p. Chronologie, bibliographie et jugements critiques. « BCF ».

L'Auberge des morts subites. Comédie en deux actes, Montréal, Éditions Beauchemin, 1964, 203 p. Ill. d'Yves Massicotte. « Théâtre de Félix Leclerc ».

Chansons pour tes yeux (poésie), Paris, Robert Laffont, 1968, 120 p. Présentation de Gilbert Salachas ; Montréal, Fides, 1976. « BCF » ; Montréal, Fides, 1980, 125 p. Chronologie, bibliographie et jugements critiques d'Aurélien Boivin et de Roger Chamberland. « BQ ».

Félix Leclerc, album nº 2, La Varenne-St-Maur (France), Les Productions Francis Lemarque, 1969, 32 p. Ill.

Cent chansons, Montréal, Fides, 1970, 255 p. « BCF ». (Textes de chansons précédés d'une interview par Jean Dufour et suivi d'une étude par Marie-José Chauvin).

Carcajou ou Le Diable des bois. Roman, Montréal/ Paris, Éditions du Jour/ Éditions Robert Laffont, 1973, 268 p.

L'Ancêtre (poésie), Saint-Joseph de la Rive, Éditions Michel Nantel, 1974, [Portefeuille, n.p., 15 p.]. Sérigraphie de René Drouin. (Tirage limité).

Bonjour de l'île... (poésie), Saint-Joseph de la Rive, Éditions Michel Nantel, 1975, portefeuille, 163 p. Lithographie de Lorme H. Bouchard. (Édition de luxe. Tirage limité).

Qui est le père ? (théâtre), [Montréal], Leméac, 1977, 122 p. Ill. « Théâtre/ Leméac ».

Un matin... (poésie), Saint-Joseph de la Rive, Éditions de Michel Nantel, 1977, [portefeuille, n.p. 4 p.]. (Tirage limité).

Le Petit Livre bleu de Félix ou Nouveau Calepin du même flâneur (maximes), Montréal, Nouvelles Éditions de l'Arc, 1978, 302 p.

Félix Leclerc raconte. L'Avare (litt. jeunesse), Saint-Lambert, Les Éditions Héritage inc., 1979, [n.p., 16 p.]. « Contes et Légendes du Québec ».

Félix Leclerc raconte. Le Violon magique (litt. jeunesse), Saint-Lambert, Les Éditions Héritage inc., 1979, [n.p. 16 p.]. « Contes et Légendes du Québec ».

Le Tour de l'île (litt. jeunesse), Paris, Études vivantes, [1980], [n.p., 24 p.]. Ill. de Gilles Tibo ; Montréal, Éditions La Courte échelle, [n.p. 20 p.].

Chansons dans la mémoire longtemps (poésie), Montréal, Art Global, 1981, [portefeuille, n.p., 22 p.]. Estampes d'Antoine Dumas. (Édition de luxe. Tirage limité. Avec 3 disques).

Mon fils (chansons), Mont-Saint-Hilaire, Chant de mon pays, 1981, 56 p. Ill.

Le Choix de Félix Leclerc dans l'œuvre de Félix Leclerc, [Notre-Dame-des-Laurentides], Les Presses Laurentiennes, 1983, 79 p. « Le Choix de... ».

Rêve à vendre ou Troisième Calepin du même flâneur, Montréal, Nouvelles Éditions de l'Arc, 1984, 250 p. Ill.

DISCOGRAPHIE

Moi, mes souliers, [Montréal], Polydor, 1950, Polydor 2424-148, 33⅓ tours ; 1953 ; [1977].

La Drave, [Montréal], Polydor, 1959, Polydor 2424-149, 33⅓ tours ; [1969], Philips 844-722.

L'Héritage, [Montréal], Polydor, 1959, Polydor 2424-150, 33⅓ tours ; [1969], Philips 844-713.

Le Roi heureux, [Montréal], Polydor, 1959, Polydor 2425-151, 33⅓ tours ; [1969] ; Philips 844-714.

Fête nationale du Canada ; concert de musique symphonique, Service international, 1961, MG-328, 33⅓ tours.

Le jour qui s'appelle aujourd'hui, [Montréal], Polydor, 1964, Polydor 2424-152, 33⅓ tours ; 1974 ; 1977.

Mes longs voyages, [Montréal], Polydor, 1966, Polydor 2424-153, 33⅓ tours ; [1969], Philips 844-716.

La Vie, [Montréal], Polydor, 1967, Polydor 2424-154, 33⅓ tours ; 1969 ; 1977 ; Philips 844-717.

Félix Leclerc, [Montréal], Philips 840-552, [1969], 33⅓ tours.

J'inviterai l'enfance, [Montréal], Polydor, 1969, Polydor 2424-155, 33⅓ tours ; 1974 ; 1977.

Pieds nus dans l'aube, [Montréal], Polydor, 1969, Polydor 2675-134, 33⅓ tours ; [1977].

Pleins feux sur Félix Leclerc, Philips 6499, 061-62, 1971 ; [1977 ?], Philips 9286, 396-397, 2 disques, 33⅓ tours.

Le Tour de l'île, [Montréal], Polydor, [1975], Polydor 2424-146, 33⅓ tours ; 1977 ; Philips 6325-242.

Merci la France, [Montréal], Polydor, [1976], Polydor 2675, 1331-1332, 2 disques, 33⅓ tours.

L'Alouette en colère, [Montréal], Philips 6325-022, [1973] ; Polydor, [1977], Polydor 2424-145, 33⅓ tours.

Le Temps d'une saison, [Montréal], Polydor, [1977], Polydor 2675-144, 33⅓ tours. Collab. Claude Léveillée.

Concert sous les étoiles, Franco FR-799, [1978], 33⅓ tours.

Mon fils, [Montréal], Polydor, 1978, Polydor 2424-187, 33⅓ tours ; Anjou, Kébec-Disc, 1985.

J'ai vu le loup, le renard, le lion, 1979, Les Productions du 13 août, VLC-13, 33⅓ tours. Collab.

La Prière bohémienne, Québec, 1979, Polydor, 33⅓ tours.

Le Bal, Québec, 1979, Polydor, 33⅓ tours.

La Légende du petit ours gris. Le journal d'un chien, [Montréal], Polygram, 1979, Polygram 2424 196, 33⅓ tours.

Mouillure, [Québec], 1979, Polygram, 33⅓ tours.

Profil, [Québec], 1984, Kébec-Disque, 33⅓ tours.

ÉTUDES

Marcel Raymond, *Un recueil de contes*, AN, vol. 23, nº 2, févr. 1944, p. 161-165.

Victor Barbeau, *Pieds nus dans l'aube*, dans *Liaison*, nº 1, janv. 1947, p. 31-33.

Émile Legault, *Félix Leclerc*, dans *Confidences*, Montréal, Fides, 1955, p. 132-140.

Guy Robert, *Félix Leclerc, ses livres et ses chansons*, RD, vol. 62, nº 1, avril 1956, p. 146-153.

Julia Richer, *Être canadien-français et être catholique : deux vêtements chauds, bien à moi... interview avec Félix Leclerc*, dans *L'Actualité*, janv. 1963, p. 16-17.

Luc Bérimont, *Félix Leclerc*, Paris/Montréal, Seghers/Fides, 1964, 191 p. « PA ».

Benoît Renaud, *Félix Leclerc et ses chansons*, I, nº 6, 1964, p. 31-40.

Jean Royer, *Le Théâtre de Félix Leclerc vu par son metteur en scène — Yves Massicotte*, dans *L'Action*, 20 août 1966, p. 13.

Jean-Claude Le Pennec, *L'Univers poétique de Félix Leclerc*, Montréal, Fides, 1967, 262 p. « EL ».

Jean-Noël Samson, *Félix Leclerc*, Montréal, Fides, 1967, 88 p. « DDLC ».

Jacques Guay, *« Le Canadien » à Paris*, MM, vol. 7, juillet 1967, p. 16-17, 40-42, 44-45.

Benoît Lacroix, *Cent chansons*, LAQ 1970, p. 125-126.

Jane Champagne, *Leclerc, un portrait d'homme indépendant*, dans *Compositeurs canadiens/Canadian Composers*, nº 86, déc. 1973, p. 19, 21, 23, 46.

R[éginald] M[artel], *La Sagesse bonhomme de Félix*, Pr, 91ᵉ année, nº 297, 13 déc. 1975, p. D-3.

D-3.Pierre Beaulieu, *Félix Leclerc ou L'Éloge du rêve*, Pr, 93ᵉ année, nº 162, 9 juillet 1977, p. D-2.

Michel Vais, *Félix Leclerc. Qui est le père?*, LAQ 1977, p. 197-198.

Robert Dionne, *Félix Leclerc justifie et prophétise l'indépendance*, Dr, 66ᵉ année, nº 134, 2 sept. 1978, p. 20.

Nathalie Petrowski, *Félix Leclerc, père et fils*, Dev, vol. 69, nº 298, 23 déc. 1978, p. 13.

[Anonyme], *Félix Leclerc. Le refus de vieillir* (entrevue), dans *L'Actualité*, vol. 4, nº 2, févr. 1979, p. 7, 11-12.

Andrée Bergens, *Le Petit Livre du poète*, Dr, 67ᵉ année, nº 103, 28 juillet 1979, p. 18.

[Anonyme], *Salut, Félix!*, dans *L'Information nationale*, vol. 39, nº 2, janv. 1980, p. 3.

Cécile Dubé, *Félix Leclerc. Le Tour de l'Île*, LAQ 1980, p. 228.

Gilles Boulet, *Hommage à Félix Leclerc*, Dev, vol. 73, nº 135, 12 juin 1982, p. 22.

Mireille Simard, *Félix Leclerc ; « Je me sens aimé partout où on parle français »*, Dev, vol. 74, nº 210, 12 sept. 1983, p. 8.

Suzanne Lafrenière, *Le Choix de Félix Leclerc*, Dr, 71ᵉ année, nº 261, 4 févr. 1984, p. 30.

Rudy Le Cours, *Vigneault édite Leclerc*, Dr, 72ᵉ année, nº 34, 5 mai 1984, p. 35.

[Anonyme], *Félix. Curriculum vitæ de la super-vedette*, Dev, vol. 76, nº 15, 19 janv. 1985, p. 19.

Jacques Bertin, *Félix Leclerc, le roi heureux*, Paris, Éditions Arléa, 1986, 315 p. Ill. *Biographie*, Montréal/Paris, Les Éditions Boréal/Artéa, 1988, 315 p.

Jean Royer, *Le Québec de Félix Leclerc*, Dev, vol. 78, nº 19, 24 janv. 1987, p. B-3.

André Cornellier, *Le Roi heureux. La première biographie autorisée de Félix Leclerc*, dans *L'Actualité*, vol. 12, nº 1, janv. 1987, p. 25-30, 32, 34, 36-37.

[*Le Devoir*], *Le Cahier du samedi*, vol. 79, nº 188, 13 août 1988, p. C-1-C-4, C-7. (Cinq pages dédiées à Félix Leclerc. Articles et hommages de Grégoire Leclerc, Jean Royer, Jean-Guy

Pilon, Claude Fléouter, Claude Jasmin, Les Éditions Fides. Ill.).

[*La Presse*], *Plus*, 104ᵉ année, nº 290, 13 août 1988, p. B-1, 3-5. (Quatre pages dédiées à Félix Leclerc. Articles et hommages de Pierre Gravel, Bruno Roy, Yvan Piché, Yves Alavo, Jean-François Boucher, Paul Jetté, Claude Jasmin, Camille Laurin, Jean-Paul Desbiens. Poèmes de Robert Deseve Bureau, Louise Haley Minou, Jean-Claude Bordes, Tharsyle Gélinas, Brigitte Migneault, Anne-Marie Giguère. Ill.).

Spécial Album Souvenir Félix Leclerc, [s.l.], Les Éditions 158452 Canada inc., [août 1988], 32 p. (Publication spéciale illustrée sur la vie et la carrière artistique de Leclerc. Nombreux témoignages : souvenirs et condoléances. Quelques extraits d'œuvres de l'artiste défunt.)

LECLERC, GILLES (1928–   ). Essayiste, poète et dramaturge, né à Saint-Rosaire (Arthabaska). Il fait le cours classique au Petit Séminaire de Nicolet (B.A., 1949), travaille à Drummondville comme comptable et comme aide chimiste (1949-1952), puis enseigne le français et l'histoire pendant un an au Collège de Drummondville. Il s'installe à Montréal en 1953 et enseigne trois mois au Collège Sainte-Marie, tout en suivant des cours de droit et de science politique à l'Université de Montréal qu'il quitte pour un travail de contrôleur à Ports Canada (1954-1955). Il passe trois mois au *Devoir* en qualité de critique, en 1955, puis devient journaliste à Radio-Canada (1955-1962). Après un séjour d'un an en Europe, il entre au service de l'Office de la langue française (1963) où, grâce à lui, est créé, en 1973, un Service de néologie qu'imiteront plusieurs pays. De la dizaine d'ouvrages qu'il a écrits, trois ont parus. *La Chair abolie* (1957), est un recueil de poèmes qui fait dire à André Gaulin que « sous l'avalanche des idées, on sent déjà l'auteur davantage destiné à l'essai » (DOLQ, t. 3, p. 172). Selon Marie-José des Rivières, la pièce de théâtre « *L'Invisible Occident* » (1958) « se trouve à inscrire dans la littérature québécoise la quête d'absolu de l'aventurier contemporain » (DOLQ, t. 3, p. 523). Le *Journal d'un inquisiteur* (1960), essai dont la critique prendra mieux conscience à sa réédition de 1974, est une « autopsie impitoyable, excessive et flamboyante de la société québécoise », écrit André Major. Et pour Jean Marcel, « aux hommes de bonne volonté à la recherche d'une authenticité véritable, Gilles Leclerc offre ce témoignage certes virulent, mais près de nous par sa recherche avide d'une vérité libératrice ».

ŒUVRES

La Chair abolie (poésie), Montréal, Éditions de l'Aube, 1957, 61 p. Préface de l'auteur. « Trouvailles ».

L'Invisible Occident (dialogue de proscrits) (théâtre), Montréal, Éditions de l'Aube, 1958, 163 p. Préface de l'auteur.

Journal d'un inquisiteur (essai), Montréal, Éditions de l'Aube, 1960, 313 p. « Fatum » ; Éditions du Jour, 1974, 333 p. Préface de Jean Marcel.

Néologie en marche (lexicographie), Montréal, Office de la langue française. Service des publications, 1978-1980, 4 vol. : vol. 1, *Cahier n° 8*, 1978, 118 p. ; vol. 2, *Cahier n° 9*, 1979, 76 p. ; vol. 3, *Cahier n° 10*, 1979, 62 p. ; vol. 4, *Cahier n° 16*, 1980, 170 p.

The Sale of Control and Ontario Follow Up Offer, [s.l., s.é.], 1981, 174 f. (Texte polycopié).

ÉTUDES

Pierre de Grandpré, *Notre jeune théâtre « littéraire ». Maigre bilan — Jacques Ferron — Gilles Leclerc*, Dev, vol. 49, n° 139, 16 juin 1958, p. 7.

Jean Marcel, *La Réflexion humaniste*, dans *Histoire de la littérature française du Québec*, tome 4, Montréal, Beauchemin, 1969, p. 282.

André Major, *Gilles Leclerc. Journal d'un inquisiteur*, LAQ 1974, p. 224-225.

André Gaulin, *Journal d'un inquisiteur de Gilles Leclerc*, dans *Québec français*, n° 17, févr. 1975, p. 6.

LECLERC, JUSTA. Voir **MARJOLAINE**.

LECLERC, MICHEL (1952-). Politicologue, essayiste et poète, né à Ville La Salle (Île-de-Montréal). Après l'École secondaire Richard et le Cégep du Vieux-Montréal (D.E.C. 1972), il obtient un baccalauréat spécialisé en science politique à l'Université du Québec à Montréal (1978), études qu'il continue à l'Institut d'études politiques de l'Université de Bordeaux I où il prépare un mémoire de maîtrise intitulé « Le Développement institutionnel de la science politique au Québec, 1920-1980 », qu'il présente à l'UQAM en 1982. Au service de l'UQAM à titre de chercheur, il collabore en outre au *Jour*, à *Liberté*, *Perspectives*, *Estuaire*... François Gallays disait du poète des *Odes pour un matin public* (1972) : « L'assurance de son verbe, la justesse et la force de ses images présagent un avenir brillant à Michel Leclerc », mais il trouvait dans le recueil des influences trop marquées, celle de Miron surtout. Claude Delisle écrit à propos de *La Traversée du réel, précédé de Dorénavant la poésie* (1977) : « Le thème de l'errance, tant dans l'espace que dans le langage, constitue certainement le pivot autour duquel s'organise et évolue l'univers poétique de Leclerc », l'écriture étant constamment remise en question, comme la vision chaotique

qu'elle révèle. André Bourassa y retrouve Breton, Éluard et Rimbaud... « bien que peut-être un peu trop », et il ajoute : « Leclerc appartient bien à cette troisième génération née avec *La Barre du jour*, *Quoi* et l'Estérel dont Miron condidère qu'elle est la nôtre ».

ŒUVRES

Odes pour un matin public, Trois-Rivières, Éditions des Forges, 1972, 69 p. Ill. de Roland Giguère. « Les Rouges-gorges ». (Traduit en partie par D.G. Jones : *Ode for a Civil Morning — I*, dans *Ellipse*, n° 12, 1973, p. 48-57).

La Traversée du réel précédé de Dorénavant la poésie (poésie), Montréal, L'Hexagone, 1977, 85 p.

Introduction à l'étude socio-politique des sciences (essai), Montréal, UQAM, Département de science politique, 1980, 61 p. « Note de recherche ».

La Science politique au Québec. Essai sur le développement institutionnel 1920-1980, Montréal, L'Hexagone, 1982, 295 p.

Écrire ou La Disparition (textes et poèmes), Montréal, L'Hexagone, 1984, 52 p.

ÉTUDES

Réginald Martel, *Design, cuisine, poésie et caetera*, Pr, 88e année, n° 75, 6 mai 1972, p. D-3.

Jean-Guy Pilon, *L'Impressionnant Début de Michel Leclerc*, Dev, vol. 64, n° 238, 14 oct. 1972, p. 18.

François Gallays, *Odes pour un matin public de Michel Leclerc*, LAQ 1972, p. 174.

Pierre Nepveu, *La Jeune Poésie, la critique peut-être...*, LQ, n° 6, avril-mai 1977, p. 15.

Conrad Bernier, *Michel Leclerc, poète*, Pr, 93e année, n° 138, 11 juin 1977, p. D-2.

Jacques Larue-Langlois, *Voyage poétique*, dans *Le Livre d'ici*, vol. 2, n° 44, 10 août 1977, p. 1.

Claude Delisle, *Michel Leclerc. La Traversée du réel précédé de Dorénavant la poésie*, LAQ 1977, p. 164-166.

André-G. Bourassa, *La Poésie. L'Hexagone au quart de tour*, LQ, n° 9, févr. 1978, p. 14.

Raymond Roy, *Leclerc (Michel). La Traversée du réel précédé de Dorénavant la poésie*, dans *Nos livres*, vol. 9, mars 1978, n° 97.

LECLERC, PHILIPPE. Voir **BEAULIEU, GERMAIN**.

LE CLERCQ, CHRESTIEN (1641-après 1700). Historien et missionnaire, né vraisemblablement à Bapaume (Pas-de-Calais, France). Entré chez les Récollets en 1668, à Saint-Antoine-de-Padoue, en Artois, il est ordonné prêtre peu de temps avant son départ pour la Nouvelle-France. Envoyé en mission au Canada en 1675, il voyage avec Mgr de Laval et le Père Hennepin. Il passe une dizaine

d'années en Gaspésie, apprend la langue des Micmacs et invente un système d'écriture hiéroglyphique qui servira de base à l'écriture actuelle et compose un dictionnaire pour les futurs missionnaires. Pendant cette période, il fait plusieurs séjours dans la région de Québec où il peut se renseigner sur les événements qui marquent l'histoire de la colonie. En 1680, il est envoyé en France pour obtenir la permission de fonder un hospice à Québec et d'ouvrir une maison de son ordre à Montréal. De retour en 1681, il accompagne Frontenac à titre d'aumônier, retourne à Québec, puis à Percé, remplace le curé de Sorel pendant un hiver et rentre en France en 1686, après avoir présidé à la bénédiction de l'église de Percé. En 1690, il est gardien du couvent de Lens, dans le Pas-de-Calais. L'année suivante, il publie sa *Nouvelle Relation de la Gaspésie*, où il décrit la vie et les mœurs des Micmacs. Critiqué par des historiens tant anciens que modernes, comme le Père Charlevoix, l'ouvrage reçoit néanmoins cet éloge mérité de la part de son traducteur Ganong : « Nulle part notre littérature n'offre une peinture plus belle de la vie familiale des Indiens ». La même année (1691) le Père Le Clercq publie le *Premier Établissement de la Foy dans la Nouvelle-France*. Divisé en trois parties, l'ouvrage raconte l'histoire des missions : de 1615 à 1629, premier établissement des Récollets au Canada ; de 1632 à 1663, tentatives des Récollets de s'y établir de nouveau ; de 1663 à 1691, retour des Récollets au Canada. Cette apologie du rôle des Récollets n'a pas plu à tous les historiens de la Nouvelle-France, notamment aux Jésuites que Le Clercq attaque souvent. Certains lui ont refusé la paternité de ce deuxième ouvrage, même si la langue et le style sont ceux de la *Nouvelle Relation*. Les deux ouvrages demeurent de précieuses sources de renseignements sur l'histoire de la Nouvelle-France et la vie des indigènes au XVIIe siècle.

ŒUVRES

Nouvelle Relation de la Gaspésie qui contient les Mœurs & la Religion des Sauvages Gaspésiens Porte-Croix, adorateurs du Soleil, & d'autres Peuples de l'Amérique septentrionale, dite le Canada : dédiée à Madame la Princesse d'Épinoy, À Paris, Chez Amable Auroy, 1691, xxviii, 572 p. ; Lyon, Chez T. Amoubry, 1692 ; 1758 ; Montréal, Bibliophile du Canadiana/Osiris, 1973, 572 p. Traduction anglaise par William F. Ganong : *New Relation of Gaspesia with the Customs and Religion of the Gaspesian Indians*, Toronto, The Champlain Society, 1910, xvi, 452 p. Ill. Préface du traducteur (Avec la version française) ; New York, Greenwood Press, Publishers, 1968.

Établissement de la foy dans la Nouvelle France contenant l'Histoire des Colonies Françaises & des découvertes qui s'y sont faites jusqu'à présent : avec une relation exacte des expéditions & voyages entrepris pour la découverte du fleuve Mississippi, par ordre du roy, sous la conduite du sieur de la Salle, & de ses diverses aventures jusques à sa mort : ensembles les victoires remportées en Canada sur les Anglois & Iroquois en 1690 par les armées de Sa Majesté sous le commandement de Monsieur le comte de Frontenac..., Paris, Amable Auroy, mdcxci, 2 vol. Carte.

Premier Établissement de la Foy dans la Nouvelle France contenant la publication de l'Évangile, l'Histoire des Colonies Françaises, & les fameuses découvertes depuis le Fleuve de Saint-Laurent, la Louisiane & le Fleuve Colbert jusqu'au Golfe Mexique, achevés sous la conduite de feu Monsieur de la Salle par ordre du roi avec les victoires remportées en Canada par les armes de Sa Majesté sur les Anglais & les Iroquois en 1690. Dédié à Monsieur le Comte de Frontenac, Gouverneur & Lieutenant Général de la Nouvelle France, Paris, Chez Amable Auroy, mdcxci, 2 vol. : vol. 1, [20], 559 p. Carte. Préface de l'auteur ; vol. 2, [10], 458, [19] p. ; Lyon, Chez T. Amoubry, 1692, 2 vol. Traduction anglaise : *First Establishment of the Faith in New France. Containing the Publication of the Gospel, the History of the French Colonies, and the Famous Discoveries from the River St. Lawrence, Louisiana, and the River Colbert, to the Gulf of Mexico, Accomplished under the Direction of the Late Mr. De La Salle. By Order of the King. With the Victories gained in Canada by his Majesty's Arms over the English and Iroquois in 1690*, Paris, Amable Auroy, 1691, 2 vol. Traduction par John Gilmary Shea : *First Establishment of the Faith in New France*, New York, John G. Shea, 1881, 2 vol. : vol. 1, 411 p. ; vol. 2, 354 p. ; First AMS Edition 1973. (Fac-similé de l'édition de 1881).

ÉTUDES

H.-A. Scott, [*Chrestien Leclercq*], dans *Nos anciens historiographes et Autres Études d'histoire canadienne*, Lévis, La Cie de publication de Lévis, 1930, p. 23-43.

A. Godbout, [*Chrestien Leclercq*], dans *Centenaire de l'histoire du Canada de F.-X. Garneau*, Montréal, Société historique de Montréal, 1945, p. 269-290.

G.M. Dumas, *Chrestien Leclercq*, DBC, vol. 1, 1966, p. 449-452.

LECLÈRE, CHARLES ALFRED NAPOLÉON (1825-1870). Nouvelliste, né à Montréal. Il fait ses études classiques au Séminaire de Saint-Hyacinthe. Reçu avocat, il exerce sa profession tour à tour à Saint-Hyacinthe, à Arthabaska et à Saint-Paul-de-Chester, dans les Cantons de l'Est. Encore étudiant, il écrit deux descriptions de paysages dans le style romantique qui sont publiées dans *La Revue canadienne*. Par la suite, il collabore à plusieurs journaux et

revues, notamment au *Courrier de Saint-Hyacinthe*, et au *Défricheur*. « Leclère était vif, enjoué, spirituel et maniait une fine plume, écrit Faucher de Saint-Maurice. Il a éparpillé un peu partout nombre de jolies nouvelles... » Et Faucher d'en énumérer 15 ainsi qu'un « roman » intitulé « Amour et Vengeance ». Aurélien Boivin a retrouvé 14 textes signés par Leclère ; il n'a pas pu localiser quatre autres cités par Faucher : « La Nuit du 31 décembre », « Le Capot de l'orignal », « Le Grand Diable d'enfer » et « Un jour de l'an ». Quant au roman dont il est question, Boivin suggère qu'il s'agit de la longue nouvelle, « Amour et Tourment » signée « Un Canadien », parue dans *Le Fantasque* en 1840 (DOLQ, t. 1, p. 146–147).

ŒUVRES

Description de la chute de Niagara, RC, vol. 3, n⁰ 1, 9 janv. 1846, p. 6.

Littérature canadienne. Description du lac Maskinongé, RC, vol. 3, n⁰ 103, 26 janv. 1847, p. 406.

La Fenêtre de l'usurier, dans *L'Avenir*, 2ᵉ année, n⁰ 33, 25 nov. 1848, p. 1.

Le Premier Coup de scalpel, dans *L'Album littéraire et musical de la Minerve*, vol. 4, 1849, p. 352–353.

L'Hermite de la caverne aux fées, dans *Le Courrier de Saint-Hyacinthe*, vol. 1, n⁰ˢ 47–51, 9–23 août 1853.

Mon village, dans *Le Défricheur*, vol. 3, n⁰ 31, 28 juin 1865, p. 1–2.

Un cœur brisé, dans *Le Défricheur*, vol. 4, n⁰ 6, 10 janv. 1866, p. 1.

Tic-Toc ou Le Doigt de Dieu, dans *Le Courrier de Saint-Hyacinthe*, vol. 14, n⁰ˢ 59–61, 21–26 juillet 1866.

La Fille d'Isaac ou Une simple histoire d'amour, dans *Le Défricheur*, vol. 4, n⁰ˢ 34–36, 1–15 août 1866, p. 1.

Une restitution. Épisode du choléra de 1831, dans *Le Défricheur*, vol. 5, n⁰ 10, 14 févr. 1867, p. 1–2.

Souvenirs de jeunesse, RC, vol. 5, 1868, p. 371–382.

Épisodes de 1837, dans *L'Union des Cantons de l'Est*, vol. 3, n⁰ 12, 25 févr. 1869, p. 2.

Le Vieux Berlot bleu, dans *Le Courrier de Saint-Hyacinthe*, vol. 7, n⁰ 16, 8 avril 1869, p. 2–3.

Pas une goutte de plus, Bruno !, dans *L'Union des Cantons de l'Est*, vol. 3, n⁰ˢ 22–24. 5–19, mai 1869.

ÉTUDES

Faucher de Saint-Maurice, *Choses et Autres. Études et Conférences*, Montréal, Duvernay frères et Dansereau, 1874, p. 208.

Francis-J. Audet, « *Pierre-Édouard Leclère (1798-1866)* », CD, vol. 8, 1943, p. 137.

Aurélien Boivin, [Charles Leclère], dans *Le Conte littéraire québécois au XIXᵉ siècle*, Montréal, Fides, 1975, p. 224–227.

LE CLÈRE, RENÉ [Jean-François Battelier, René de Nauroy] (1940-   ). Terminologue, héraldiste, biographe, né dans le département de l'Oise (France). Au Québec depuis 1963, diplômé en psycho-pédagogie de l'Université du Québec à Montréal, il œuvre au sein d'un grand nombre de sociétés culturelles : Centre social d'aide aux immigrants, Association Belgique-Canada, Mission catholique polonaise de Montréal, Amical des Amérindiens du Canada, Amitiés culturelles Canada français-Israël, P.E.N. Club international, Service universitaire canadien outre-mer, Centre francophone canadien... Il est membre de plusieurs sociétés : Société généalogique canadienne-française, Société héraldique du Canada, Société des écrivains canadiens, Association France-Canada, Cercle généalogique de Picardie... Il obtient de nombreuses distinctions : plaque-souvenir de la Jeune Chambre de commerce de Montréal, certificat honorifique du Centre social d'aide aux immigrants décerné par le Gouvernement du Québec, prix littéraire Air-Canada (1977), médaille commémorative d'Afrique du Nord (agrafe « Algérie »), croix de combattant français (1983), croix de combattant de l'Europe (1988). En 1977, il a été fait chevalier de la Noble Compagnie de la Rose par le prince Ernest Auguste Zur Lippe, chef de la Maison de Lippe (Allemagne). À partir de 1969, ses articles paraissent dans de nombreux périodiques : *La Presse, Le Devoir, SEM, Initiatives, Le Technicien, L'Actualité, Historama...* Auteur prolifique, René Le Clère est attentif aux aspects du français parlé et écrit autant qu'à la généalogie et à l'héraldique des familles, et aussi à la vie socio-culturelle du Québec.

ŒUVRES

Jean-François Battellier (1744-1812), feudiste du marquis de Gaudechart, et notable de Bailleul-sur-Thérain, Oise, France (biographie), Montréal, Éditions de l'Institut Étumos, 1974, 64 p. Préface de Jean Vinot Préfontaine.

Henry Aux Cousteaux de Conty : lettres d'intérêt généalogique, Montréal, Éditions de l'Institut Étumos, 1976, xiii, 66 p.

Lexique technique anglais-français (Usine d'eau lourde La Prade), Montréal, Canatom inc., 1978, 365 p.

Lexique anglais-français et français-anglais de la natation/ English-French and French-English Lexicon of Swimming, Montréal, Société canadienne de la Croix-Rouge, 1985, 83 p.

Lexique anglais-français et français-anglais du secourisme/ English-French and French-English Lexicon of First Aid, Montréal, Société canadienne de la Croix-Rouge, 1985, 137 p.

Lexique anglais-français et français-anglais de la sécurité en embarcation/ English-French Lexicon of Small Craft

Safety, Montréal, Société canadienne de la Croix-Rouge, 1986, 100 p.

Lexique anglais-français et français-anglais des appellations d'emplois, fonctions et titres honorifiques/ English-French and French-English Lexicon of Job Designations, Offices and Honorary Titles, Montréal, Société canadienne de la Croix-Rouge, 1986, 66 p.

La Grande et la Petite Histoire de la Société des écrivains canadiens, Montréal, Montréal, Éditions de la Société des écrivains canadiens, 1986, 57 p.

Les Revêtements intérieurs des murs et des plafonds, Québec, Ministère de l'Éducation du Québec, 1987, 110 p.

Origines des armoiries, dans *Heraldry in Canada/ L'Héraldique au Canada*, vol. 3, n° 4, déc. 1969, p. 8–9, 30 ; suite : *Des armoiries parlantes et de quelques exemples*, *ibid.*, vol. 7, n° 2, p. 18–21. (Articles signés René de Nauroy).

Un œillet rouge, dans *Québec médical*, vol. 1, n° 6, oct. 1970, p. 3. (Article signé René de Nauroy).

Et si nous parlions un meilleur français..., dans *Initiatives*, vol. 26, n° 10, 21 janv. 1971, p. 12 ; n° 11, 4 févr. 1971, p. 10 ; n° 13, 4 mars 1971, p. 8 ; n° 14, 18 mars 1971, p. 4.

Technologiste ou technologue ?, dans *Le Technicien*, vol. 3, n° 3, 30 oct. 1971, p. 7.

Qui fonda vraiment Montréal ?, dans *Historama* (Paris), n° 248, juillet 1972, p. 122–123.

Profil et œuvre d'un grand romantique musical : Chopin, dans *Initiatives*, vol. 28, n° 1, oct. 1972, p. 10–11.

Joual ou français international ?, dans *Initiatives*, vol. 18, n° 3, févr. 1973, p. 5.

Des signes emblématiques personnels..., dans *Le Bulletin de la Société des écrivains*, vol. 4, n° 3, sept. 1973, p. 24–25.

La noblesse existe-t-elle encore à Montréal ?, dans *L'Actualité*, vol. 13, n° 10, oct. 1973, p. 22–24, 62.

La Famille Leprince, d'Acadie, dans *Les Mémoires de la Société généalogique canadienne-française*, vol. 25, n° 1, janv.–mars 1974, p. 29–31.

Il y a cent-soixante-cinq ans..., dans *SEM*, vol. 1, n° 2, mars–avril 1975, p. 20–21.

Pensons-y en rédigeant une adresse !, dans *Le Technicien*, vol. 16, n° 4, août 1979, p. 9.

Les Beauharnois, duc de Leuchtenberg, de l'Europe à l'Amérique du Nord, dans *Cahiers de la Société d'histoire des pays d'en haut*, n° 5, printemps 1980, p. 24–38.

L'ÉCUYER, François Pascal EUGÈNE [Pietro] (1822–1898). Journaliste, conteur, romancier, né à Québec. Devenu notaire en 1846, il passe quelques années à Montréal, puis il exerce sa profession successivement à Saint-Romuald, à Saint-Christophe de Bellechasse, à Saint-Thomas de Montmagny et à Québec, avant de se fixer à Saint-Raphaël. Le journalisme l'attire : à Montréal, il est rédacteur au *Moniteur canadien* pendant trois ans ; à Trois-Rivières, il est rédacteur à *L'Ère nouvelle* ; à Québec, il est rédacteur adjoint du *Canadien*. Il collabore aussi à *La Ruche littéraire* d'Émile Chevalier, au *Foyer domestique* et à *L'Album des familles*. De plus, L'Écuyer publie quelque vingt-cinq romans et nouvelles entre 1844 et 1892. Parmi ces «esquisses de mœurs», on note surtout *La Fille du brigand*, roman d'aventures inspiré par les exploits de Chambers et sa bande de voleurs. D'un autre roman, «Peine de mort», il ne reste que le titre (voir *Le Moniteur canadien* du 10 mai 1850). «Un épisode de la vie d'un faux dévot» paru dans *La Ruche littéraire* en 1853 attire les foudres de milieux cléricaux et provoque une controverse qui dure près de deux mois ; il y a même un duel dans lequel Louis-Joseph Racine se bat contre Georges-H. Cherrier, administrateur de *La Ruche*. L'Écuyer a fait paraître plus de cinquante textes dont un seul a paru en volume ; c'est que, malheureusement pour lui, il a écrit à une époque où l'édition littéraire québécoise n'était encore qu'à ses débuts. L'art de conter réside chez lui dans l'accumulation des événements imprévus, et l'aventure l'emporte sur la psychologie des personnages selon la technique alors célèbre d'Eugène Sue. Il a été, comme l'écrit Jean-Guy Hudon, «un écrivain dont les premiers textes s'insèrent dans le cadre préromantique propre aux origines littéraires québécoises, et dont les autres répondent ensuite aux préoccupations religieuses et patriotiques de son temps».

ŒUVRE

La Fille du brigand (récit), Montréal, Imprimerie Bilaudeau, 1914, 135 p. Portrait. Notice biographique par Casimir Hébert. (D'après le texte paru dans *Le Répertoire national*). (Paru d'abord en feuilleton dans *Le Ménestrel*, vol. 1, nos 11–14, 29 août–19 sept. 1844, sous le pseudonyme de Pietro ; dans James Huston, *Le Répertoire national*, vol. 3, 1848, p. 84–197 ; en feuilleton dans *Le Foyer domestique*, 3e année, vol. 5, nos 8–10, août–oct. 1878).

Esquisse de mœurs, RC, vol. 2, nos 6–9, 11–31 oct. 1845.

Esquisse de mœurs, dans *Le Journal de Québec*, vol. 4, nos 93–100, 16 juillet–1er août 1846.

Mon oncle Brioche, dans *Le Fantasque*, vol. 7, nos 4–7, 8–29 juillet 1848 ; nos 22–23, 9–16 déc. 1848.

Christophe Bardinet (roman), dans *Le Moniteur canadien*, vol. 1, nos 1–12, 1er sept.–16 nov. 1849.

Un épisode de la vie d'un faux dévot, dans *La Ruche littéraire*, vol. 1, n° 1, 1er févr. 1853, p. 1–42.

Simple histoire. Ce que Dieu fait est bien fait, dans *L'Ère nouvelle*, vol. 2, n°s 24–30, 17 mai–24 juin 1854.

Souvenirs d'un colporteur. Esquisse de mœurs, dans *Le Foyer domestique*, vol. 4, n°s 2–16, 1er août 1877–18 avril 1878.

Florida. Esquisse de mœurs, dans *L'Album des familles*, 7e année, n°s 3–5, 1er mars–1er mai 1882.

ÉTUDES

Edmond Lareau, [*François-Pascal-Eugène L'Écuyer*], dans *Histoire de la littérature canadienne*, Montréal, John Lovell, 1874, viii, 496 p., surtout « Romanciers et Nouvellistes », p. 270–335.

Joseph-Edmond Roy, [*François-Pascal-Eugène L'Écuyer*], dans *Histoire du notariat au Canada depuis la fondation de la colonie jusqu'à nos jours*, Lévis, La Revue du Notariat, 1899–1902, t. 3, p. 87–89.

R., *Eugène L'Écuyer*, BRH, vol. 9, 1903, p. 122.

Albert Dandurand, *Le Roman canadien-français*, Montréal, Albert Lévesque, 1937, p. 26–27.

David M. Hayne, *Notes bibliographiques: Eugène L'Écuyer*, dans *Bibliographical Society of Canada Newsletter*, vol. 4, n° 2, déc. 1960, p. 3–4. (Liste des récits publiés par L'Écuyer dans la presse périodique).

Jean-Guy Hudon, « Eugène L'Écuyer ». Thèse de doctorat. Québec, Université Laval, 1972, xvii, 150 f.

Aurélien Boivin, [*François-Pascal-Eugène L'Écuyer*], dans *Le Conte littéraire québécois au XIXe siècle*, Montréal, Fides, 1975, p. 228–235.

Patrick Imbert, « *La Fille du brigand* » *d'Eugène L'Écuyer ou Le Romantisme trahi*, LQ, n° 26, été 1982, p. 63–65.

LEDUC, JEAN [Pierre Parent, Lucie Bégin, Gilles Plourde, Véronique Jean, Jean-Pierre Dupuis, Paule Verdy, René Salida, Régine Foglia, Aline Vaillancourt] (1933–   ). Poète, romancier, critique de cinéma et musicien, né à Saint-Eustache (Deux-Montagnes). Il fait le cours classique au Collège de Montréal et au Collège Sainte-Marie (B.A., 1950). Il étudie ensuite au Conservatoire de la province de Québec et en cours privés. Prix d'Europe en 1957, il poursuit des études d'orgue et de clavecin à Paris avec Jean Langlais et Pauline Aubert (1957–1959). En 1962, il obtient une licence ès lettres à l'Université de Montréal et, en 1965, un doctorat à l'Université de Paris pour une thèse sur « Les Sources de l'athéisme et de l'immoralisme de Sade », parue dans *Studies on Voltaire and the Eighteenth Century* (1969). Pendant ce séjour à Paris (1962–1965), il donne plusieurs concerts de clavecin et d'orgue dont l'intégrale de l'œuvre pour orgue de Bach en douze concerts. De plus, il obtient une maîtrise en bibliothéconomie à l'Université de Montréal (1980) et en prépare une autre en histoire de l'art. Professeur de littérature à l'Université McGill de 1965 à 1969, puis à l'Université du Québec à Montréal à partir de 1969, il collabore à la *Revue d'histoire littéraire*

de la France, à *Hobo-Québec, Cinéma-Québec, Galerie-Jolliet*, etc.; il fonde la maison d'édition Cul-Q et dirige la revue du même nom; il organise des colloques littéraires et participe à des récitals de poésie... De 1973 à 1983, il publie sous son nom quatorze recueils de poésie, un récit, et neuf autres recueils sous différents pseudonymes. D'une manière générale son œuvre est boudée par la critique. Renée Cimon note, en 1977, à propos des *Fleurs érotiques* (1973): « Érotiques, ces fleurs poèmes? À peine. Chargées toutefois de réminiscences culturelles nombreuses, avec [...] des assemblages d'où le surréalisme n'est pas absent ».

ŒUVRES

Fleurs érotiques (poésie), Montréal, Déom, 1973, 85 p. « PC ».

Les Banalités obscènes de la famille Ventadour (poésie), Paris, La Pensée universelle, 1974, 55 p.

Q (poésie), Montréal, Éditions Cul-Q, 1974, [n.p., 63 p.]. (Tirage limité. Dans un portefeuille en forme de paquet de cigarettes).

Chiures. Poèmes pour plaire, [Montréal], Éditions Cul-Q, 1975, [n.p., 52 p.]. Ill. de José Dupuis.

Sour Virgadamov (poésie), Montréal, Les Éditions Cul-Q, 1975, [n.p., 26 p.]. « Mium/mium ».

Clavicule slingshot : mani-fesse, Montréal, Éditions Cul-Q, 1977, [n.p., 23 p.]. « Mium/mium ».

Naïm Kattan : essai de poésie rough and tough aléatoire flanqué de parti pour le trou (poésie), Montréal, Éditions Cul-Q, 1977, [n.p.].

Cerne clair. Récit anti-sénégalo-québécois (roman), Montréal, Éditions Cul-Q, 1978, [n.p., 37 p.]. « Exit ».

Au triangle des pirouettes (poésie), Montréal, Éditions Cul-Q, 1979, [n.p.]. Sous le pseudonyme d'Aline Vaillancourt.

Cruiser des plis d'acide (poésie), Montréal, Éditions Cul-Q, 1979, [n.p.]. Sous le pseudonyme de René Salida.

L'Électrolux à l'Hexagone (poésie), Montréal, Éditions Cul-Q, 1979, [n.p.]. Sous le pseudonyme de Régine Foglia.

L'Exit à Ti-Guy (poésie), Montréal, Éditions Cul-Q, 1979, [n.p.]. Sous le pseudonyme de Jean-Pierre Dupuis.

Immatriculations chromées (poésie), Montréal, Éditions Cul-Q, 1979, [n.p.]. Sous le pseudonyme de Paule Verdy.

Mam'Szpa s'en va-t-en-guerre (poésie), Montréal, Éditions Cul-Q, 1979, [n.p.].

L'ordinatrice en goguette (poésie), [Montréal], Éditions Cul-Q, 1979, [n.p., 29 p.]. Sous le pseudonyme de Pierre Parent.

« *Out* » *dit l'opératrice* (poésie), Montréal, Éditions Cul-Q, 1979, [n.p.]. Sous le pseudonyme de Gilles Plourde.

Le Scandale des pissenlits one way (poésie), Montréal, Éditions Cul-Q, 1979, [n.p.]. Sous le pseudonyme de Lucie Bégin.

Tas d'coton perdez (poésie), [Montréal], Éditions Cul-Q, 1979, [n.p., 26 p.]. Sous le pseudonyme de Véronique Jean.

L'Alphabet de l'art / The Alphabet of Arts (poésie), Montréal, 1983, [n.p.]. Collab. Denyse Gérin.

Une autre anthologie de la poésie québécoise (poésie), Montréal, Éditions Cul-Q, 1983, [n.p.]. (Livre-objet).

Les Aventures croustillantes de l'omme jaune au Liechtenstein (poésie), Montréal, Éditions Cul-Q, 1983, [n.p.]. (Livre-objet).

France Gascon (poésie), Montréal, Éditions Cul-Q, 1983, [n.p.]. (Livre-objet).

L'U.Q.A.M. (poésie), Montréal, Éditions Cul-Q, 1983, [n.p.]. (Livre-objet).

[*Les Beaux Discours ou L'Honnêteté intellectuelle*, s.l., s.é., s.d.], 129 f. (Texte polycopié).

ÉTUDE

Renée Cimon, *Leduc (Jean). Fleurs érotiques*, dans *Nos livres*, vol. 8, déc. 1977, nᵒ 413.

LEFEBVRE, ANDRÉ (1926–   ). Historien et pédagogue, né à Montréal. Après ses études secondaires au Collège Sainte-Marie de Montréal, il entre à l'Université de Montréal, où il fréquente l'Institut pédagogique Saint-Georges, l'Institut de géographie et l'Institut d'histoire. Titulaire d'une licence en pédagogie et d'une licence ès lettres (histoire), André Lefebvre se consacre à sa carrière d'éducateur à Montréal et dans la région. Il enseigne successivement au Lycée Pierre-Corneille de Montréal, au Collège Bourget de Rigaud, puis revient à Montréal, à l'École normale Jacques-Cartier, à l'École normale Marguerite-de-Lajemmerais, à l'École normale Ville-Marie et à la Faculté des sciences de l'éducation de l'Université de Montréal, où il est professeur titulaire. Collaborateur régulier de *L'Instruction publique* (1955–1959) et du *Courrier pédagogique québécois* (1969–1974), André Lefebvre s'occupe également de l'organisation administrative de l'enseignement ; ainsi, il est, de 1966 à 1967, président du Comité consultatif d'histoire du ministère de l'Éducation du Québec, puis, à partir de 1968, directeur du groupe de recherche en didactique de l'histoire et, depuis 1969, historien consultant auprès du groupe de recherches Montréal-Toronto dans l'enseignement de l'histoire et des sciences humaines. Directeur de collections aux éditions Guérin, il témoigne d'un riche esprit créateur qui s'épanouit dans ses articles du *Courrier pédagogique québécois*, qu'il dirige à partir de 1969, ainsi que des *Cahiers* du groupe de recherche en didactique de l'histoire.

ŒUVRES

Histoire et Mythologie : essai sur l'enseignement de l'histoire à l'école primaire, Montréal, Beauchemin, 1964, 86 p. Collab. Jacques Tremblay. « Initiation à la pensée actuelle ».

Montréal : aujourd'hui, autrefois (essai), Montréal, Guérin, 1967, 64 p.

Les Véhicules : aujourd'hui, autrefois (essai), Montréal, Guérin, 1967, 24 p.

La Formation de l'enseignant d'histoire. Recherche d'une pédagogie, Trois-Rivières, BP, 1968, 66 p. Collab. M. Allard, J. Archambaud, G. Lachance *et al.* « Cahiers du groupe de recherche en didactique de l'histoire ».

Sur l'histoire : contribution à l'élaboration de préliminaires pour l'enseignement, [Trois-Rivières], BE, [1969], 84 p. Préface de Jacques Tremblay. « Cahiers du groupe de recherche en didactique de l'histoire ».

Initiation aux sciences humaines à l'élémentaire par la méthode du Jeu de la vie, Montréal, Guérin, 1969, 104 p.

Collection « Le Jeu de la vie » (Connaissance du milieu — initiation aux sciences humaines) :

Les Maisons (album scolaire), Montréal, Guérin, 1969, [n.p., 49 p.] Ill. (Pour élémentaire III groupe de huit ans) ; livret pédagogique, 119 p.

Les Véhicules (album scolaire), Montréal, Guérin, 1969, [n.p., 49 p.] Ill. (Pour élémentaire IV groupe de neuf ans) ; livret pédagogique, 120 p.

Les Animaux (album scolaire), Montréal, Guérin, 1969, [n.p., 52 p.] Ill. (Pour élémentaire V groupe de dix ans) ; livret pédagogique, 119 p.

De la localité à Montréal (album scolaire), Montréal, Guérin, 1969, [n.p., 52 p.] Ill. (Pour élémentaire VI groupe de onze ans) ; livret pédagogique, 103 p.

Ce monde où je vis (album scolaire), Montréal, Guérin, 1972, [n.p., 62 p.] Ill. (Pour élémentaire I groupe de six ans) ; livret pédagogique, 131 p. Collab. Yvonne Bellerose et Marc-Aimé Guérin.

La Vie des hommes (album scolaire), Montréal, Guérin, 1973, [n.p., 50 p.]. Ill. (Pour élémentaire VI groupe de onze ans). Collab. Yvonne Bellerose et Marc-André Guérin ; livret pédagogique, 111 p. (Par Yvonne Bellerose).

L'Histoire et son enseignement [Montréal], PUQ, 1970, 176 p. Collab. Michel Allard. « Cahiers de l'Université du Québec ».

La Montreal Gazette et le Nationalisme canadien (1835–1842) (essai), Montréal, Guérin, 1970, xii, 207 p. « Études et Documents. Sciences humaines » ; 1982.

À propos de l'histoire et des sciences humaines dans l'enseignement élémentaire et secondaire (essais), Montréal, Guérin, 1971, 214 p. « Études et Documents. Éducation ».

L'Histoire au secondaire à partir du monde actuel (manuels), Montréal, Guérin, 1971–1975, 4 vol. : vol. 1, *Initiation à l'histoire à partir du monde actuel*, 1971, xv, 91 p. ; livret pédagogique, viii, 195 p. Collab. Michel Allard, Gilbert Vaillancourt et Bernard Lefebvre ;

vol. 2, *Histoire de la civilisation à partir du monde actuel*, 1972, 280 p., livret pédagogique, 286 p. Collab. Michel Allard, Gilbert Vaillancourt, Bernard Lefebvre et Geneviève Racette; vol. 3, *Histoire du Canada à partir du Québec actuel*, 1973, 301 p., livret pédagogique, 252 p. Collab. Michel Allard; vol. 4, *Histoire du monde actuel*, 1974-1975, 261 p., livret pédagogique, 181 p. Collab. Michel Allard.

Du réel et de l'imaginaire dans l'éducation (essai), Montréal, Guérin, 1972, 145 p. «Études et Documents. Éducation».

Une histoire nationale pour l'élève du secondaire, Montréal, Guérin limitée, 1978, 146 p. «Cahiers du Groupe de recherche en didactique de l'histoire».

Pédagogie de l'histoire. Pédagogie. Essais, Montréal, Guérin limitée, 1978, 176 p. «Cahiers du Groupe de recherche en didactique de l'histoire».

L'Équivoque du patriotisme canadien-français, dans *Bulletin de la Société de pédagogie de Montréal*, 8e série, no 4, 1956, p. 13.

Histoire et Vie, histoire et histoire, dans *Le Courrier pédagogique québécois*, vol. 3, no 1, sept. 1971, p. 26-45.

L'Orientation nouvelle des sciences humaines à l'élémentaire au Québec : commentaire, dans *Le Courrier pédagogique québécois*, vol. 5, no 2, nov. 1973, p. 29-58.

Nos élèves et l'histoire du présent, dans *Le Courrier pédagogique québécois*, vol. 6, no 1, sept. 1974, p. 44-63.

Enseignement de l'histoire qui est histoire, enseignement qui est science, dans *Le Courrier pédagogique québécois*, vol. 7, no 1, automne 1975, p. 74-89.

Autour de l'idée de programme, dans *Le Courrier pédagogique québécois*, vol. 7, nos 2-3, hiver 1976, p. 99-123.

L'Élève du secondaire et l'histoire, dans *La Presse pédagogique*, vol. 1, no 3, mars 1979, p. 5-7; no 4, avril 1979, p. 6.

ÉTUDES

Pierre Savoie, *La Formation de l'enseignant d'histoire*, RHAF, vol. 22, no 3, déc. 1968, p. 474-476.

Michel Allard, *Le Jeu de la vie : connaissance du milieu, initiation aux sciences humaines*, RHAF, vol. 24, no 1, juin 1970, p. 99-101.

Micheline Johnson, *L'Histoire au cours secondaire à partir du monde actuel, (I et II)*, RHAF, vol. 27, no 1, juin 1973, p. 107-109.

Jean-Paul Bernard, *La Montreal Gazette et le nationalisme canadien, 1835-1842*, RHAF, vol. 27, no 4, mars 1974, p. 596-598.

Micheline Johnson, *L'Histoire au cours secondaire à partir du monde actuel (III et IV)*, dans *Revue des sciences de l'éducation*, vol. 3, no 2, printemps 1977, p. 253-255.

LEFEBVRE, BERTHE. Voir **LAFRENIÈRE, SUZANNE**.

LEFEBVRE, EUGÈNE (1911-1984). Historien et essayiste, né à Rock-Forest (Sherbrooke). Il fait ses études classiques au Séminaire Saint-Alphonse, entre chez les Rédemptoristes, puis fait ses études de philosophie et de théologie aux grands séminaires d'Ottawa et de Woodstock. Ordonné prêtre en 1937, il est professeur de philosophie au Grand Séminaire rédemptoriste (1938), professeur de rhétorique (latin et français) au Petit Séminaire Saint-Alphonse (1939-1945), puis directeur spirituel au Grand Séminaire d'Aylmer (1946-1947). En 1947, il est nommé directeur adjoint des pèlerinages de Sainte-Anne-de-Beaupré. En 1951-1952, il suit des cours de théologie mystique à Rome, puis voyage dans l'est de l'Europe et en Terre-Sainte pour étudier l'organisation des pèlerinages. À son retour, en 1952, il est nommé directeur des pèlerinages de Sainte-Anne, poste qu'il occupe encore au début de 1984. Il est aussi directeur des *Annales de la bonne sainte Anne* (devenues la *Revue Sainte-Anne* en 1974) et de la revue parallèle, *The Annals*. On lui doit plus de deux cents articles (la plupart doublés en anglais) parus surtout dans les *Annales*, mais aussi dans *La Semaine religieuse, L'Action catholique* et *Le Devoir*. Il a publié en outre une bonne trentaine de livres et de brochures dont un grand nombre est traduit. *La Morale amie de l'art* (1948), ouvrage contemporain de la querelle du *Refus global* de Borduas, est fort intéressant pour la connaissance de la mentalité de l'époque. Il convient de signaler aussi deux beaux livres de spiritualité, *Notre-Dame dans ma vie* (1975) et *Sainte Anne, conduis-moi vers mon Dieu* (1978).

ŒUVRES

Profils d'apôtres : rédemptoristes tombés en Annan (biographie), Sainte-Anne-de-Beaupré, Librairie Alphonsienne, 1947, 272 p.

La Morale amie de l'art (essai), Sainte-Anne-de-Beaupré, Librairie Alphonsienne, 1948, 295 p. Préface de Léo-Paul Desrosiers.

Terre de miracles. Sainte-Anne-de-Beaupré 1927-1947, Sainte-Anne-de-Beaupré, Librairie Alphonsienne, 1949, 210 p. Ill. Préface de Maurice Roy. Avant-propos de l'auteur; [1974], 75 p. Traduction anglaise : *Land of Miracles Sainte-Anne-de-Beaupré (1927-1947)*.

Le Bon Père Alfred Pampalon, sa vie, ses œuvres, ses vertus, sa survie, Sainte-Anne-de-Beaupré, Librairie Alphonsienne, 1950, 37 p.

La Bonne Sainte Anne (biographie), Sainte-Anne-de-Beaupré, Librairie Alphonsienne, 1950, 152 p. Ill.

Neuvaine à sainte Anne, Sainte-Anne-de-Beaupré, Librairie Alphonsienne, 1950, 48 p.

Mon pèlerinage à Ste-Anne-de-Beaupré (guide), Sainte-Anne-de-Beaupré, Librairie Alphonsienne, 1951, 102 p. ; 1980, 130 p.

Cantiques à sainte Anne, Sainte-Anne-de-Beaupré, 1957, 49 p.

Recueil de prières à sainte Anne, Sainte-Anne-de-Beaupré, Librairie Alphonsienne, 1957, 141 p. ; 1973, 130 p. Introduction de l'auteur. Traduction anglaise : *St-Anne's Prayer Book*, 1972, 131 p. ; 1975.

Vie de sainte Anne, Sainte-Anne-de-Beaupré, Librairie Alphonsienne, 1957, 49 p. ; [Librairie Alphonsienne], 1975, 81 p. Préface de l'auteur. Traduction anglaise : *The Life of Saint Anne*, 80 p.

A Land of Miracles for Three Hundred Years (1658–1958), Sainte-Anne-de-Beaupré, St-Anne's Bookshop, 1958, 185 p. Ill.

Le Chemin de la croix, Sainte-Anne-de-Beaupré, Librairie de la Bonne-Sainte-Anne, 1958, 32 p. ; 1973, 16 p.

Le Guide du pèlerin, Sainte-Anne-de-Beaupré, Librairie Alphonsienne, 1958, 53 p. ; [Librairie Alphonsienne], 1974, 111 p. Ill. ; 1974, 112 p. Traduction anglaise : *Guide-Book for Pilgrims and Visitors of St-Anne*, 1970, 111 p. Ill.

[*Cantiques et Prières à sainte Anne*], Sainte-Anne-de-Beaupré, Imprimerie G.E. Grandbois, 1959, [n.p., 6 p.].

Sainte-Anne-de-Beaupré, les lieux, l'ambiance, Sainte-Anne-de-Beaupré, Librairie Alphonsienne, 1959, 80 p. Ill. ; 1964.

Sainte Anne mère de Marie (biographie), Sainte-Anne-de-Beaupré, Librairie Sainte-Anne, 1959, 64 p. Ill. Traduction anglaise : *Saint Anne, Mother of Mary*.

L'Historial de Sainte-Anne-de-Beaupré ou Musée de la basilique, Sainte-Anne-de-Beaupré, Librairie Alphonsienne, 1960, 44 p. Traduction anglaise : *The Historical of St-Anne-de-Beaupré or Basilica Wax Musem*.

[*De passage sur la terre des hommes. Le pèlerinage de Sainte-Anne*], [Sainte-Anne-de-Beaupré, s.é.], 1972, 30 p. Ill. Introduction de l'auteur. Traduction anglaise : [*As I Walk Through Life. My Journey to Beaupré*].

Je veux te prier, Seigneur, en toutes circonstances, Sainte-Anne-de-Beaupré, [Librairie Alphonsienne], 1972, 59 p. Introduction de l'auteur. Traduction anglaise : *Prayers For All Occasions*, 52 p.

God In My Life. Thoughts and Prayers, Sainte-Anne-de-Beaupré, Charrier et Dugal limitée, 1973, 200 p.

Prières à sainte Anne en toutes circonstances, Sainte-Anne-de-Beaupré, [Librairie Alphonsienne], 1973, 116 p. Introduction de l'auteur. Traduction anglaise : *Prayers to Saint Ann for All Occasions*, 115 p.

Notre-Dame dans ma vie (essai), Sainte-Anne-de-Beaupré, [Librairie Alphonsienne], 1975, 272 p. Préface de l'auteur. Traduction anglaise : *Mary and I, Thought and Prayers*, Charrier et Dugal Limitée, 249 p.

Le Peuple pèlerin de Sainte-Anne, Sainte-Anne-de-Beaupré, Charrier & Dugal ltée, 1975, 131 p. Ill. Traduction anglaise : *Saint Anne's Pilgrim People*.

Sainte-Anne-de-Beaupré. La Basilique. Les Autres Lieux, Sainte-Anne-de-Beaupré, Charrier & Dugal ltée, 1975, 120 p. Ill. Traduction anglaise : *Sainte-Anne-de-Beaupré. Its Basilica. Its Other Holy Places.*

Sainte Anne, conduis-moi à mon Dieu (essai), Sainte-Anne-de-Beaupré, Librairie Alphonsienne, 1978, 440 p.

La Famille chrétienne (essai), Sainte-Anne-de-Beaupré, Librairie Alphonsienne, 1980, 32 p.

Autres Neuvaines à Sainte Anne (brochure), Sainte-Anne-de-Beaupré, Librairie Alphonsienne, 1981, 36 p.

La Charité (brochure), Sainte-Anne-de-Beaupré, Librairie Alphonsienne, 1981, 36 p.

Le Christ (brochure), Sainte-Anne-de-Beaupré, Librairie Alphonsienne, 1981, 36 p.

L'Espérance (brochure), Sainte-Anne-de-Beaupré, Librairie Alphonsienne, 1981, 36 p.

La Foi (brochure), Sainte-Anne-de-Beaupré, Librairie Alphonsienne, 1981, 36 p.

Mère de Marie (brochure), Sainte-Anne-de-Beaupré, Librairie Alphonsienne, 1981, 36 p.

Notre père qui est aux cieux (brochure), Sainte-Anne-de-Beaupré, Librairie Alphonsienne, 1981, 36 p.

Sainte-Anne (brochure), Sainte-Anne-de-Beaupré, Librairie Alphonsienne, 1981, 36 p.

La Vierge Marie (brochure), Sainte-Anne-de-Beaupré, Librairie Alphonsienne, 1981, 36 p.

[*On the Way to Saint Anne's Shrine. Prayers and Hymns During the Journey*, Sainte-Anne-de-Beaupré, [s.é., s.d.], 49 p. Introduction de l'auteur.

Prions Sainte Anne (recueil), Sainte-Anne-de-Beaupré, Librairie de la Bonne Sainte-Anne, [s.d.], 48 p.

ÉTUDES

[Lucien Gagné], *La Morale amie de l'Art*, Dev, vol. 34, n° 36, 14 févr. 1948, p. 8.

Jean Roy, « Bibliographie analytique de l'œuvre du Révérend Père Eugène Lefebvre C.Ss.R. ». Mémoire. Québec, Université Laval, 1983, 46 f. Préface de Lucien Gagné.

LEFEBVRE, JEAN-JACQUES [Philippe Constant] (1905–). Archiviste et généalogiste, né à Saint-Philippe-de-Laprairie. Après ses études primaires à Saint-Constant, il commence ses études classiques au Collège de Rigaud et les continue en cours privé (B.L., 1926). Il s'inscrit ensuite à la Faculté de philosophie de l'Université de Montréal (1927–1929). En 1927, il entre comme fonctionnaire aux Archives de la cour supérieure de Montréal ; en 1929, il est nommé protonotaire adjoint. En 1944, il devient conservateur de la Bibliothèque Saint-Sulpice de Montréal. En 1947, il assume le poste de conservateur des Archives judiciaires de Montréal, qu'il occupe jusqu'à sa retraite, en 1971. Il est membre et parfois membre exécutif de maintes associations et sociétés savantes : le Conseil des Arts du Canada, la Société historique de Montréal, la Société d'archéologie de Montréal, le Conseil d'administration du Château de Ramezay, le P.E.N. Club de Montréal, La Société des écrivains canadiens, l'Association des bibliothécaires du Canada, la Société d'histoire de l'Église, la Société royale du Canada, en tout, environ cinquante sociétés culturelles. Il publie de nombreux ouvrages sur les familles notables du Québec et un dictionnaire historique sur le Canada, le Québec en particulier. Ce dictionnaire paraît d'abord en appendice au *Petit Larousse canadien*, ensuite, dans le *Beauchemin canadien*. Marcel Valois écrivait à ce sujet : « où l'ouvrage prend un intérêt considérable pour les Canadiens français, c'est dans le relevé de tant de noms qui ont illustré la province et le pays. On y trouve résumée, de l'un à l'autre, l'histoire de toute une famille glorieuse et distinguée ».

ŒUVRES

Les Canadiens français d'aujourd'hui. L'essor d'un peuple, Montréal, Éditions de l'Action canadienne-française, 1940, 417 p. Traduction française du livre de Wilfrid Bovey, *The French Canadians Today. A People on the March*, Toronto, J.M. Dent and Sons (Canada) Ltd., 1938, xii, 362 p.

William Smith, 1769-1847, sa famille, sa carrière ; son History of Canada, Montréal, [s.é.], 1945, 24 p. (Centenaire de l'Histoire de Garneau, Mémoire de la Société historique de Montréal).

Centenaire de l'Histoire du Canada de François-Xavier Garneau, Université de Montréal, Société historique de Montréal, 1945, 460 p. (Édition préparée par Jean-Jacques Lefebvre).

En marge de trois siècles d'histoire domestique. La descendance de Pierre Lefebvre, 1646-1694 de Rouen, marié à La Prairie en 1673, à Marguerite Gagné 1653-1720, Montréal, Arbour et Dupont imprimeurs, 1947, 33 p. (Paru aussi dans RUO, juillet-sept. 1947).

Saint-Constant et Saint-Philippe de Laprairie 1744-1946, Hull, L'Éclair, 1947, 43 p.

Voyage-éclair dans l'Ouest canadien et américain, Montréal, Simpson, 1948, 35 p.

Les Canadiens français et la Révolution américaine, Boston, Société historique franco-américaine, 1949, 29 p.

Le Canada. L'Amérique. Géographique. Historique. Biographique. Littéraire. Supplément du Larousse canadien complet, Paris/Montréal, Larousse/Beauchemin, 1954, t. 2, 438 p. ; 1959 ; *Le Canada. L'Amérique. Géographie. Histoire. Supplément du Dictionnaire Beauchemin canadien*, Montréal, Librairie Beauchemin Limitée, 1968, t. 2, iv, 370 p., [12]. Ill. (Édition revue, augmentée et mise à jour).

La Descendance de François Bruneau et de Marie Prévost mariés à Québec en 1669, Beauceville, Imp. L'Éclaireur, 1960, [17 p.].

Catalogue du Musée du Château de Ramezay de Montréal, Montréal, Société d'archéologie et de numismatique de Montréal, 1962, 176 p. Ill. Traduction du texte original par Louis Carrier. Version française revue et augmentée par Jean-Jacques Lefebvre.

Généalogie de la famille Seers, 1763-1963 et des familles alliées Perrin, Del Vecchio, Laurendeau, Brisset Des Nos, Trois-Rivières, Les Éditions du Bien public, 1966, 76 p.

La Famille Lamarre, de Longueuil, Montréal, [s.é.], 1970, 16 p.

La Famille Bourassa, de Laprairie, Montréal, Société généalogique canadienne-française, 1971, 55 p.

Félix-Gabriel Marchand (1832-1900). Notaire, 1855, Premier Ministre du Québec, 1897, Montréal, [s.é.], 1978, 48 p. Portrait.

Ancêtres et Contemporains (1670-1970), Montréal, Guérin éditeur limitée, 1979, 204 p. Avant-propos de l'auteur.

Les Premiers Notaires de Montréal sous le régime anglais 1760-1800, dans *La Revue du notariat*, vol. 45, n° 8, mars 1943, p. 293-321.

Louis Betournay 1825-1879, premier juge canadien-français d'une cour supérieure dans l'Ouest canadien, BRH, vol. 58, 1952, p. 29-31.

Une dynastie acadienne de notaires québécois. Les Doucet, 1804-1917, Québec, La Revue du notariat, 1956, 22 p.

Le Curé Louis Nau (1797-1843), dans *Rapport annuel 1956-1957 de la Société canadienne d'histoire de l'Église catholique*, Hull, Les Éditions de l'Éclair, 1958, p. 65-90.

La Vie sociale du grand Papineau, RHAF, vol. 11, n° 4, 1958, p. 463-516.

Louise Réaume-Fournerie-Robertson (1742-1773) et son petit-fils le colonel de Hertel (1797-1866), RHAF, vol. 12, n° 3, déc. 1958, p. 323-334.

Les Canadiens aux universités étrangères, MSRC, 3e série, vol. 55, 1re section, 1961, p. 21-38.

De quelques testaments : Joseph Papineau († 1841), Louis-Joseph Papineau († 1871), Sir Louis-Hippolyte LaFontaine († 1864), Sir George-Étienne Cartier († 1873), Pierre-Olivier Chauveau († 1890), Honoré Mercier († 1894), Sir Adolphe Chapleau († 1898), dans *Rapport des Archives du Québec*, t. 41, 1963, p. 153-186.

Sir Louis-Hippolyte LaFontaine, Bar't († 1864), ses ascendants et ses alliances dans les professions du droit, MSRC, 4e série, t. 2, 1964, p. 69-95.

La Famille Longtin, de Laprairie, 1683-1963, MSGCF, vol. 16, n° 3, 1965, p. 157-178.

La Famille Cartier : les ascendants et les proches alliés de Sir George-Étienne Cartier, († 1873), MSRC, 4e série, t. 3, 1965, p. 77-97.

La Famille Gariépy, MSRC, 4e série, t. 3, 1965, p. 99-102.

Les Deux familles Dupuis, de Laprairie, MSGCF, vol. 17, n° 2, 1966, p. 81-99.

Études généalogiques : la famille Viger, MSGCF, vol. 17, n° 4, 1966, p. 203-238.

Quelques officiers de 1812, MSRC, 4e série, t. 4, 1966, p. 69–136.

La Vie féconde de Léo-Paul Desrosiers, dans *Le Bulletin de la Société des écrivains canadiens*, no 1, déc. 1967, p. 3.

Une carrière active, diversifiée et constamment remplie, Léon Trépanier, dans *Le Bulletin de la Société des écrivains canadiens*, no 1, déc. 1967, p. 6.

Lignée du poète Louis Fréchette († 1908), MSGCF, vol. 19, no 1, 1968, p. 26–31.

Deux siècles après Mgr Tanguay, MSGCF, vol. 19, nos 2–3, 1968, p. 73–80, 131–138.

Famille Laurier, Sir Wilfrid Laurier († 1919), sa famille et ses proches alliés, MSRC, 4e série, t. 6, 1968, p. 143–159.

Les Officiers de milice de Laprairie de 1745, leurs alliés, leurs prédécesseurs à 1700, leurs successeurs à 1760, et leurs descendants, MSRC, 4e série, t. 7, 1969, p. 169–205.

Nos anciens historiens, dans *Visages de la civilisation au Canada français*, Toronto/Québec, UTP/PUL, 1970, p. 51–56.

In memoriam — Me Marcel Faribault, notaire, président de la Chambre des notaires, dans *La Revue du notariat*, vol. 75, no 3, oct. 1972, p. 73–90.

Les Médecins canadiens diplômés des universités étrangères au XIXe s., dans *L'Union médicale du Canada*, t. 101, mars 1972, p. 935–951. Collab. Édouard Desjardins.

Le Très Honorable Louis-S.[tephen] St-Laurent, 1882–1973, jurisconsulte, homme d'État, innovateur en politique étrangère, dans *La Revue du barreau du Québec*, janvier 1974, p. 103–137.

La Lignée canadienne de l'historien Thomas Chapais († 1946), MSRC, 4e série, t. 13, 1975, p. 151–168.

Eugène L'Heureux 1893–1975, dans *Délibération de la Société royale du Canada*, 4e série, t. 14, 1976, p. 73–74.

ÉTUDES

[Anonyme], *Nomination à la Société des écrivains*, Pr, 83e année, no 258, 7 nov. 1967, p. 25.

Jean-Yves Théberge, *Un dictionnaire, un Beauchemin*, CF, vol. 109, no 29, 11 déc. 1968, p. 38.

Jean-Paul Vinay, *Dictionnaire Beauchemin canadien*, LAC 1968, p. 193–195.

Maurice Lebel, *Ancêtres et Contemporains par Jean-Jacques Lefebvre*, Dev, vol. 72, no 122, 1er août 1981, p. 12.

LEFORT, PIERRE. Voir **MARTIGNY, PAUL DE**.

LEFORT, SUZANNE-JULES [X Suzanne Lefort] (1951–   ). Romancière et dramaturge, née à Montréal. Elle fait ses études de sciences et lettres au Collège Marie-Anne (D.E.C., 1969). Ensuite, elle fait un voyage d'études en arts plastiques à Aix-en-Provence (été 1971), suit des cours de cinéma

et de littérature au Collège Grasset (1973), fait un stage à l'Office national du film comme script-assistante (1974) et des études de lettres à l'Université du Québec à Montréal (1976). De 1975 à 1977, elle remplit diverses fonctions à l'Hôpital du Sacré-Cœur de Montréal, puis elle devient secrétaire à la Société Delano, en 1979. Radio-Canada diffuse plusieurs de ses textes dramatiques : « Les Étranges Lettres de Lupo de Bagdad à Carlo Bolzane » et « Le ‹ A › dans un berceau » en 1978, « L'Apocalypse Durancia » et « Capharnaüm » en 1980 et 1982. Le Théâtre expérimental des femmes joue *La Libidienne* en 1982. Son premier roman, *Sortie-Exit-Salida* (1973), est remarqué par Réginald Martel : l'auteure « écrit comme emportée par le rythme même de la vie, sans prendre la peine d'insister, sans surtout philosopher. [...] *Sortie-Exit-Salida* pourrait être le roman d'une très jeune fille qui aurait un sacré talent pour raconter les faits et gestes de la vie quotidienne. D'un rien, d'une banalité, [elle] réussit à extraire juste ce qu'il faut pour composer des pages extrêmement vivantes ».

ŒUVRE

Sortie-Exit-Salida (roman), Montréal, Éditions du Jour, 1973, 120 p. « Proses du jour ».

La Libidienne, NBJ, no 83, oct.–déc. 1979, p. 23–30.

ÉTUDE

Réginald Martel, *Propagande et Isophie*, Pr, 89e année, no 101, 28 août 1973, p. D-3.

LEFORT, ROBERT. Voir **FAUTEUX, AEGIDIUS**.

LEFORT, SUZANNE. Voir **LEFORT, SUZANNE-JULES**.

LEFRANC, MARIE (1879–1965). Romancière et poète, née à Sarzeau, en Bretagne (France). Elle fait ses études chez les sœurs de Sarzeau et à l'École normale de Vannes où elle obtient un diplôme d'institutrice en 1892 ; elle enseigne dans le Morbihan. En 1905, elle part pour le Québec dans l'espoir d'épouser Arsène Bessette, romancier, avec qui elle avait entretenu une correspondance. Le mariage n'a pas eu lieu, mais Marie Lefranc demeure au Québec et enseigne dans les institutions de la région montréalaise. En 1929, elle rentre en France. Par la suite, elle habite surtout en Bretagne mais fait de fréquents séjours au Canada. Ses premiers écrits ont paru dans des périodiques : *Le Mercure de France, Liaison, L'Album universel, Les Carnets viatoriens*. En 1920, elle publie un premier recueil de poésie, *Les Voix du cœur et de l'âme*, suivi, en 1923, de *Les Voix de misère et d'allégresse*. En 1925, paraît son roman *Grand-Louis l'innocent* qui obtient le prix Fémina. Par la suite, elle publie de nombreux romans et nouvelles qui lui assurent la célébrité. D'un style impeccable, ses poésies, romans et récits apportent du nouveau sur le paysage et le passé canadiens. Marie Lefranc, dit Claude-Henri Grignon, « appartient au Canada tout entier par l'ampleur de son regard, par l'ardeur de son amour et de sa compréhension, par la grandeur poétique, extrêmement originale et puissante dont elle se plaît à nous envelopper, et cela par amour pur de la vérité, et cela par amour du beau enfin trouvé ».

ŒUVRES

Les Voix du cœur et de l'âme (poésie), Montréal, La Compagnie d'Imprimerie Perrault, 1920, 144 p.

Les Voix de misère et d'allégresse (poésie), Paris, Éditions Crès, 1923, 208 p.

Grand-Louis l'innocent. Roman, Montréal, La Cie de Publication de la Patrie, limitée, 1925, 176 p. ; Paris, Les Éditions Rieder, 1927, 240 p. « Prosateurs français contemporains » ; J. Ferenczi et fils, éditeurs, 1929, 158 p. Bois en couleurs de Louis William Graux. « Le Livre moderne illustré » ; Sherbrooke, Éditions Naaman, 1978, 141 p. Ill. Préface de Paulette Collet. « Création ». Traduction anglaise de George et Hilda Shively : *The Whisper of a Name*, Indianapolis, The Bobbs-Merril Company, 1928, 244 p. ; London, Eveleigh Nash & Grayson limited, 1929, 252 p.

Le Poste sur la dune (roman), Paris, Éditions Rieder, 1928, 270 p. « Prosateurs français contemporains » ; *Le Poste sur la dune. Roman*, Paris, J. Ferenczi et fils, éditeurs, 1930, 158 p. Bois originaux en couleurs de Louis William Graux. « Le Livre moderne illustré ».

Grand-Louis le Revenant (roman), Paris, Éditions du Tambourin, [1930], 279 p.

Hélier fils des bois (roman), Paris, Les Éditions Rieder, 1930, 283 p. « Prosateurs français contemporains » ; *Hélier fils des bois. Roman*, Paris, J. Ferenczi et fils, éditeurs, 1935, 191 p. Bois et dessins de Louis William Graux. « Le Livre moderne illustré ».

Inventaire (roman), Paris, Rieder, 1930, 244 p. « Prosateurs français contemporains ».

Au pays canadien-français (récit de voyage), Paris, Fasquelle, 1931, 240 p. « Voyageuses de lettres ».

Dans l'île. Roman, Paris, Fasquelle éditeurs, 1932, 191 p.

La Rivière solitaire (roman), Paris, Éditions Ferenczi, [1934], 255 p. ; Ferenczi et fils, éditeurs, 1938, 159 p. Bois originaux de Louis William Graux. « Le Livre

moderne illustré » ; Montréal/Paris, Fides, 1957, 194 p. Préface de Léo-Paul Desrosiers. « N ».

Visages de Montréal (nouvelles), Montréal, Les Éditions du Zodiaque/Librairie Déom frère, 1934, 237 p. « Z ».

La Randonnée passionnée (roman), [Paris], Ferenczi, 1936, 248 p. ; Montréal/Paris, Fides, 1962, 159 p. Préface d'Alfred DesRochers. « N ».

Pêcheurs de Gaspésie. Roman inédit, Paris, J. Ferenczi et fils, éditeurs, 1938, 159 p. Bois originaux de Louis William Graux. « Le Livre moderne illustré » ; *Pêcheurs de Gaspésie. Roman*, Paris/Montréal, Fides, 1962, 193 p. « GD ».

Dans la tourmente (nouvelles), Issy-les-Moulineaux, La Fenêtre ouverte, 1944, 189 p.

Pêcheurs du Morbihan (roman), Issy-les-Moulineaux, La Fenêtre ouverte, 1946, 263 p.

Ô Canada ! Terre de nos aïeux ! (nouvelles), Issy-les-Moulineaux, La Fenêtre ouverte, 1947, 279 p.

Le Fils de la forêt (roman), Paris, B. Grasset, 1952, 255 p.

Enfance marine (souvenirs d'enfance), Montréal/Paris, Fides, 1959, 150 p. « GD ».

Lettres à Louis Dantin, Trois-Rivières, Les Éditions du Bien public, 1967, 61 p. Avant-propos de Gabriel Nadeau. « Les Cahiers Louis Dantin ».

Le Québec (récit), CV, n° 3, 1951, p. 199-203.

ÉTUDES

Claude-Henri Grignon, *Marie LeFranc*, dans *Ombres et Clameurs*, Albert Lévesque, 1933, p. 9-48.

Maurice Hébert, *Visages de Montréal*, CF, vol. 22, n° 10, juin 1935, p. 1014-1020.

Léo-Paul Desrosiers, *Enfance marine*, dans *Lectures*, vol. 5, n° 14, 15 mars 1959, p. 211-212.

Id., *Marie LeFranc et son œuvre*, dans *Lectures*, vol. 9, n° 8, avril 1963, p. 202-205.

Normand Leroux, *Lettres à Louis Dantin*, EF, vol. 4, n° 4, nov. 1968, p. 442-443.

Patrick Imbert, *Grand-Louis l'innocent ou Le Rejet du « faux »*, LQ, vol. 1, n° 4, nov. 1976, p. 30-31.

Paulette Collet, *Marie LeFranc : deux patries, deux exils*, Sherbrooke, Naaman, 1976, 198 p. Ill. Préface de Robert Choquette.

Nicole Bourbonnais, *Marie LeFranc ou « La Tendresse timide d'un cœur forcené »*, LQ, vol. 1, n° 4, 1976, p. 32-33.

Benoît Lacroix, *Paulette Collet, Marie LeFranc : deux patries, deux exils*, VI, vol. 2, n° 3, avril 1977, p. 445-447.

Maurice Lorent, *Marie LeFranc, Grand-Louis l'innocent*, LAQ 1978, p. 56-57.

Adrien Thério, *Le Centenaire de Marie LeFranc 1879*, LQ, n° 18, été 1980, p. 62-68. Entrevue avec Madeleine Ducrocq-Poirier.

Victor Barbeau, *Telle n'était pas Marie LeFranc*, Dev, vol. 121, n° 216, 20 sept. 1980, p. 26.

Madeleine Ducrocq-Poirier, *Marie LeFranc. Au-delà de son personnage*, Montréal, La Presse, 1981, 223 p. « Jadis et Naguère ».

Maurice Lorent, *Sur un livre de Madame Ducrocq-Poirier « Marie LeFranc, au-delà de son personnage »... ou en deçà ?*, LQ, n° 24, hiver 1981-1982, p. 64-67.

LEFRANC, R. Voir **HOUDE, ROLAND.**

LEFRANÇOIS, ALEXIS [X Steenhout, Ivan] (1943–). Poète, né à Enghien (Belgique). Entre 1955 et 1961, il séjourne en Allemagne, à Cologne, Arnsberg et Cassel, où il fait des études d'humanités. Il rentre en Belgique, à Liège, en 1961. Émigré au Canada en 1965, il enseigne la littérature au Mont-de-la-Salle de Laval-des-Rapides. En 1968, il habite Elaphonissos, en Laconie (Grèce), où il écrit son premier recueil de poésie, *Calcaires.* Entre 1971 et 1973, il enseigne à Dakar (Sénégal), et il prépare des apports sur le Centre d'études des sciences et techniques de l'information de l'Université de Dakar et sur l'école de journalisme de l'Université du Cameroun. Intéressé à l'audio-visuel et aux communications, il voyage beaucoup et travaille avec l'Institut des communications de l'Université de Montréal, notamment en Afrique noire francophone et dans les Caraïbes. Il collabore à *Ellipse, Liberté, Estuaire...* et publie plusieurs recueils de poésie. En 1983, il obtient une maîtrise en création littéraire à l'Université du Québec à Montréal. Les premiers recueils de 1971, *Calcaires* et *36 petites choses pour la 51,* présentent une diversité de tons qui déconcerte les critiques dont l'ensemble cependant admire le talent et l'originalité de l'auteur. Il passe du sérieux des thèmes de la mort et du temps aux « bébelles » — c'est son mot — des *36 petites choses* et de *La Belle Été* à l'allure gouailleuse et au langage populaire, où de fort belles trouvailles côtoient des banalités agaçantes. Roland Bourneuf voit dans plusieurs poèmes de *La Belle Été* une sorte de contrepartie burlesque du recueil *Rémanences* (1977). Ce dernier « est sans aucun doute, écrit Pierre Nepveu, l'un des recueils importants de l'année, et sûrement la plus belle réussite de Lefrançois ». On y trouve un classicisme qui s'exprime dans une forte fréquence d'alexandrins non rimés mais souvent assonancés que certains peuvent juger anachroniques, mais qui cadrent bien avec une réflexion qui, selon Roland Bourneuf, se développe dans le plan « de l'interrogation métaphysique à laquelle parvient — ou revient — toute grande poésie : mystère de notre présence en face des choses et de l'univers ».

ŒUVRES

Calcaires (poésie), Saint-Lambert, Éditions du Noroît, 1971, 64 p. Ill. de Miljenko Horvat.

36 petites choses pour la 51 (poésie), Saint-Lambert, Éditions du Noroît, 1971, 61 p.

Dossier de la partie canadienne de la troisième année d'études des étudiants du Centre d'études des sciences et techniques de l'information de l'Université de Dakar, CEST 1, Montréal, Centre audio-visuel, Université de Montréal, 1972, xvi, 275 p. Sous le nom de Ivan Steenhout. Ill.

Dossier du trimestre de la troisième année d'études des étudiants du Centre d'études des sciences et techniques de l'information de l'Université de Dakar, CEST 1, et de l'École supérieure internationale de journalisme du Cameroun, ESIJY, Montréal, Centre audio-visuel, Université de Montréal, 1973, xiv, 225 p. Sous le nom de Ivan Steenhout. Ill.

Mais en d'autres frontières, déjà... (poésie), Saint-Lambert, Éditions du Noroît, 1976, [portefeuille, n.p., 35 p.]. Lithographie de Miljenko Horvat. (Tirage limité).

La Belle Été suivi de La Tête (poésie), Saint-Lambert, Éditions du Noroît, 1977, 136 p. Ill. d'Anne-Marie Decelles.

La Communication par satellite : perspectives pour l'usager / Communication by Satellite : Perspectives for Users, Montréal, Éditions Institut international de la communication, 1977, 248 p. Sous le nom d'Ivan Steenhout. Ill.

Rémanences (poésie), Saint-Lambert, Éditions du Noroît, 1977, 85 p.

Quand je serai grand (litt. jeunesse), Paris, L'École des loisirs, 1978, 16 p. « Lire-Lyre ».

Églantine et Mélancolie (litt. jeunesse), Paris, Grasset & Fasquette, 1979, [n.p., 24 p.]. Ill. de Christine Bassery. « Grasset jeunesse ».

Pleins gaz. Tel que raconté à Ivan Steenhout, Saint-Lambert, Éditions Héritage, 1979, 236 p. Collab. John Pitt. Ill.

Bilan de programme de formation des communicateurs africains, 1972-1980, [Montréal], P.F.C.A., [1980], 104 p.

Alain Transsexuelle. Tel que raconté à Ivan Steenhout (récit), Saint-Lambert, Héritage plus, 1983, 234 p. Collab. Inge Stephens. Ill. « Vis à Vis ».

À perte de vue (prose), Saint-Lambert, Éditions du Noroît, 1984, 124 p. Ill. de Miljenko Horvat. « Le Cœur dans l'aile ».

Comme tournant la page (poésie), Saint-Lambert, Éditions du Noroît, 1984, 2 vol. : vol. 1, *Poèmes 1968-1978,* 154 p. Ill. de Miljenko Horvat ; vol. 2, *Petites Choses 1968-1978,* 190 p. Ill. de Celyne Fortin et Maude Bonenfant.

Le Rôle des communicateurs institutionnels (attachés de presse et agents d'information) dans les organismes publics et parapublics. Rapport du séminaire, Montréal du 11 au 19 avril 1985, Montréal, Institut international de la communication, 1985, 153 p. Sous le nom d'Ivan Steenhout. Collab. Mario Cardinal. Ill. Avant-propos de Jean Cloutier.

Petite Chose nº 30 sur la 51. No 30 Traveller's Tales for the 51 Bus, dans *Ellipse,* nº 12, 1973, p. 18–25.

Poème, dans *Ellipse*, nᵒ 12, 1973, p. 24–27.

Si l'architecte..., dans *Estuaire*, nᵒ 14, déc. 1979, p. 25–46. Ill. de Miljenko Horvat.

Qui va venir ?, L, vol. 22, nᵒ 3, mai–juin 1980, p. 30–35.

ÉTUDES

[Anonyme], *Calcaires d'Alexis Lefrançois*, L, vol. 2, déc. 1971, nᵒ 260.

Joseph Bonenfant, *Calcaires d'Alexis Lefrançois*, LAQ 1971, p. 155–156.

[Anonyme], *36 petites choses pour la 51 d'Alexis Lefrançois*, dans *Le Livre canadien*, vol. 3, mars 1972, nᵒ 112.

Yrénée Bélanger, *36 petites choses pour la 51 d'Alexis Lefrançois*, LAQ 1972, p. 160.

Jacques Brault, *Accueillir le plus profond rêve du temps*, L, vol. 17, nᵒ 100, juillet–août 1975, p. 57–65.

Id., *Entretien avec Alexis Lefrançois, ibid.*, p. 66–72.

André-G. Bourassa, *Anecdotes, rumeurs, réminiscences*, Dr, 65ᵉ année, nᵒ 64, 11 juin 1977, p. 18.

Michel Beaulieu, *Plus qu'une histoire d'amour*, dans *Le Livre d'ici*, vol. 3, nᵒ 3, 26 oct. 1977, p. 1.

Jacques Renaud, *Alexis Lefrançois et Jean Hallal. Le souffle véridique, le joualargot et la grande épopée du temps-matière*, Dev, vol. 69, nᵒ 249, 29 oct. 1977, p. 33, 37.

Pierre Nepveu, *Alexis Lefrançois : les « mots éblouis de silence »*, LQ, vol. 1, nᵒ 8, nov. 1977, p. 15–16.

François Hébert, *Lefrançois, Beaulieu, Nepveu, Vanier*, L, vol. 19, nᵒ 114, nov.-déc. 1977, p. 93–99.

François Paré, *Alexis Lefrançois : « Le versant chaud des choses »*, Dr, 65ᵉ année, nᵒ 210, 3 déc. 1977, p. 16.

Roland Bourneuf, *Alexis Lefrançois. Rémanences, La Belle Été suivi de La Tête*, LAQ 1977, p. 171–174.

Jacques Nolin, *Lefrançois (Alexis). La Belle Été suivi de La Tête et Rémanences*, dans *Nos livres*, vol. 9, avril 1978, nᵒˢ 147 et 148.

Suzanne Paradis, *Alexis Lefrançois chez Temporel*, Dev, vol. 69, nᵒ 256, 4 nov. 1978, p. 23.

Claude Thomas, *Poète d'ici et Séducteur d'enfants...*, dans *Le Livre d'ici*, vol. 5, nᵒ 26, avril 1980, p. 2.

Jean Royer, *Alexis Lefrançois, poète des lieux*, Dev, vol. 75, nᵒ 256, 3 nov. 1984, p. 21.

LEGAGNEUR, SERGE (1937–   ). Poète, né à Jérémie (Haïti). Il fait ses humanités aux lycées Nord-Alexis de Jérémie et Alexandre-Pétion de Port-au-Prince. Engagé dans la vie culturelle de son pays, il fonde la revue *Haïti littéraire* avec les poètes Davertige, Phelps, Philoctète et Morisseau, dirige la revue *Semences*, collabore à d'autres périodiques et enseigne à Port-au-Prince. Arrivé au Québec en 1965, il obtiendra en 1972 un diplôme en psycho-pédagogie à l'Université du Québec à Montréal. Il enseigne à Thetford-Mines, à Pointe-aux-Trembles, il est lecteur aux Éditions Nouvelle Optique et collabore aux revues : *Lettres et Écritures* et *Estuaire*. En 1967, il réunit dans *Textes interdits* des poèmes composés à partir de 1961. La critique est élogieuse : Guy Robert parle de « grands rituels

de la magie », de cette « alchimie irremplaçable de l'œuvre d'art » ; Suzanne Paradis rappellera plus tard ces « superbes » et « inoubliables » textes, et André-G. Bourassa en détaillera ainsi les mérites : « Images audacieuses, emploi inusité des verbes, liberté complète de l'écriture, en contraste profond avec tant de clichés qui traînaient dans notre poésie d'alors ». Au second recueil, en 1978, la faveur diminue : Robert Mélançon trouve que « l'avant-garde s'essoufle », et Bourassa pense que le poète « est grandement menacé de se ranger », même s'il « a le grand mérite, ici comme dans le recueil précédent, de ne pas céder à une thématique facile pour lui ».

ŒUVRES

Textes interdits (poésie), Montréal, Les Éditions Estérel, 1966, 139 p.

Textes en croix (poésie), Montréal, Nouvelle Optique, 1978, 148 p. « Poésie ».

Le Crabe (poésie), Montréal, Estérel, 1981, [n.p., 20 p.]. Ill. de Roland Giguère.

Inaltérable (poésie), Saint-Lambert, Éditions du Noroît, 1983, 57 p. Ill. de Gérard Tremblay. « L'Instant d'après ».

Inaltérable (poésie), dans *Lettres et Écritures*, vol. 5, nᵒ 1, janv.–mars 1967, p. 39–44.

Éphémérides, dans *Conjonction*, nᵒ 105, oct. 1967, p. 88–90.

ÉTUDES

Jean-Yves Théberge, *Textes interdits de Legagneur*, CF, vol. 107, nᵒ 48, 20 avril 1967, p. 28.

André Major, *Une poésie qui se cherche*, Dev, vol. 58, nᵒ 94, 22 avril 1967, p. 15.

Suzanne Paradis, *Un chant beau, impitoyable*, So, vol. 70, nᵒ 162, 8 juillet 1967, p. 25.

Guy Robert, *Textes interdits de Serge Legagneur*, LAC 1967, p. 100.

François Hébert, *Textes en croix de Serge Legagneur*, L, nᵒˢ 118–119, vol. 20, nᵒˢ 4–5, juillet–oct. 1978, p. 246–247.

Suzanne Paradis, *Deux traductions du silence*, Dev, vol. 69, nᵒ 216, 16 sept. 1978, p. 20.

André-G. Bourassa, *Serge Legagneur. Textes en croix*, LAQ 1978, p. 138–139.

Yvon Bonenfant, *Legagneur (Serge). Textes en croix*, dans *Nos livres*, vol. 10, févr. 1979, nᵒ 60.

Andréa Moorhead, *Legagneur, Serge. Textes en croix*, dans *French Review*, vol. 54, nᵒ 6, mai 1981, p. 700.

LEGAL, ROGER (1946–   ). Romancier et dramaturge, né à Saint-Boniface. Après son cours classique au Collège de Saint-Boniface (B.A., 1967), il obtient à l'Université du Manitoba un baccalauréat (1970) et une maîtrise (1975) en éducation. Il prépare

aussi une maîtrise en français et un doctorat en éducation. De 1967 à 1970, il enseigne au secondaire à Sainte-Anne, puis, entre 1970 et 1981, il occupe des postes de direction dans des écoles de Richer, Saint-Norbert et Sainte-Anne. En 1981, il devient directeur de l'Institut pédagogique du Collège universitaire de Saint-Boniface. Son premier roman, *Le Pensionnaire*, écrit en collaboration avec Paul Ruest, paraît en 1977. C'est l'histoire d'un adolescent pensionnaire au Collège de Saint-Boniface, écrite dans une langue qui reproduit le parler des Canadiens français de la région. Pour Louis Lasnier, l'histoire est banale; elle manque trop d'audace critique et manifeste trop de conservatisme et de respect envers l'autorité pour être un roman intéressant et vrai. Le livre connaît pourtant du succès au Manitoba, et le ministère de l'Éducation le met au programme du cours secondaire. Une pièce de Legal et Ruest, *Les Manigances d'une bru*, a ouvert la saison 1977-1978 de la troupe du Cercle Molière.

ŒUVRES

Le Pensionnaire (roman), Saint-Boniface, Éditions du Blé, 1976, [iv], 168 p.; 1978, [vi], 173 p. Collab. Paul Ruest. Présentation d'Annette Saint-Pierre.

Les Manigances d'une bru (théâtre), Saint-Boniface, Les Éditions des Plaines, 1982, 91 p. Collab. Paul Ruest. Ill.

ÉTUDES

Louis Lasnier, *Legal (Roger) et Ruest (Paul). Le Pensionnaire*, dans *Nos livres*, vol. 8, mai 1977, n° 176.

Stéphane Lépine, *Legal (Roger) et Ruest (Paul). Les Manigances d'une bru*, dans *Nos livres*, vol. 13, juin-juillet 1982, n° 281.

LÉGARÉ, CLÉMENT (1923–   ). Sémioticien et folkloriste, né à Saint-Alban (Portneuf). Il fait des études de lettres à l'Université Laval (L. ès L., 1957) et les continue plus tard à l'École pratique des Hautes Études de Paris où il obtient une maîtrise (1970) et un doctorat dont la thèse est publiée sous le titre : *La Structure sémantique : le lexème « cœur » dans l'œuvre de Jean Eudes*, travail «qui tend à confirmer le modèle théorique de Greimas, écrit André Vidricaire. [...] À la différence de ceux qui réduisent ce modèle à quelques éléments, Clément Légaré fait appel à tous les concepts de cette théorie pour guider sa propre analyse. Ce faisant, cette recherche devrait amener le lecteur à une meilleure compréhension de la sémantique structurale de Greimas». Professeur de sémiologie à l'Université du Québec à Trois-Rivières, Légaré collabore au

Journal canadien de sémiotique et à *Sémiotique et Bible*. Dans ses recherches sur la tradition orale, il a établi avec d'autres chercheurs un important corpus de contes et légendes de la Mauricie au Centre de documentation de l'UQTR. Il a déjà publié un certain nombre de contes qu'il accompagne de commentaires et d'études. Ainsi, à *La Bête à sept têtes et Autres Contes de la Mauricie* (1980) s'ajoute un travail sur la sémiotique générative de « Pierre la Fève ». «Cette étude qui s'inscrit dans une optique greimassienne est un modèle de clarté et de précision», écrit Michel Laurin qui ajoute : « Il faut savoir gré à Clément Légaré pour le travail colossal qu'il fait en Mauricie en retirant de l'oubli ces pages de tradition vivante ».

ŒUVRES

La Structure sémantique : le lexème « cœur » dans l'œuvre de Jean Eudes (essai), Montréal, PUQ, 1976, xi, 370 p. Préface de A.J. Greimas. Avant-propos de l'auteur.

Contes populaires de la Mauricie, Montréal, Fides, 1978, 299 p. Ill. «Essai et Recherches. Sections lettres». (Narrés par Béatrice Morin-Guimond, recueillis par Carolle Richard et Yves Boivert. Présenté par Clément Légaré. Texte polycopié).

La Bête à sept têtes et Autres Contes de la Mauricie suivi d'une Étude sur la sémiotique génératrice de « Pierre la Fève », version québécoise d'un conte type 563, Montréal, Quinze, 1980, 280 p. Préface de Jean-Pierre Pichette. « Mémoires d'homme ».

Pierre la Fève et Autres Contes de la Mauricie suivi d'une Étude sur le statut sémiotique du motif en ethnolittérature. Application à Pierre la Fève version québécoise du conte type AT 563, Montréal, Quinze, 1982, 367 p. Préface de Jean-Pierre Pichette. Présentation de l'auteur. « Mémoires d'homme ».

L'Empire du sacre québécois. Étude sémiolinguistique d'un intensif populaire (essai), Québec, PUQ, 1984, x, 276 p. Avant-propos de l'auteur.

Morphologie et Sémantique du sacre québécois, dans *Journal canadien de recherche sémiotique*, vol. 1, n°s 1-2, 1978-1979, p. 127-146.

ÉTUDES

André Vidricaire, *Clément Légaré. La Structure sémantique*, LAQ 1976, p. 261-262.

Patrick Imbert, *Méthodes. Sémiotique et Contes populaires*, LQ, n° 14, avril-mai 1979, p. 41-42.

Sylvaine Rochon, *Une bête à sept têtes. Des conteurs de la Mauricie prennent la parole*, dans *Le Livre d'ici*, vol. 5, n° 44, 6 août 1980, p. 2.

Michel Laurin, *Légaré (Clément). La Bête à sept têtes et Autres Contes de la Mauricie*, dans *Nos livres*, vol. 12, avril 1981, n° 200.

Id., *Légaré (Clément). Pierre la Fève et Autres Contes de la Mauricie*, dans *Nos livres*, vol. 13, juin-juillet 1982, n° 282.

Patrick Imbert, *Méthodes. Pierre la Fève et Autres Contes de la Mauricie*, LQ, n° 27, automne 1982, p. 74-75.

LÉGARÉ, HUGUETTE (1948–   ). Poète, romancière et dramaturge, née à Québec. Elle suit le cours classique au Collège Jésus-Marie de Sillery (B.A., 1968), puis obtient une licence en histoire (1972) à l'Université Laval. Elle devient journaliste à *La Tribune Chaleur* de Bathurst (Nouveau-Brunswick), en 1972, à titre de rédactrice en chef. En 1973, elle est animatrice sociale à Bathurst, puis correctrice d'épreuves à Caraquet, de 1976 à 1978. Elle collabore à des périodiques, tels *Le Voilier*, *L'Acayen*, *Éloizes*, *Moebius*. Elle remporte le prix du Cercle du livre de France pour son premier roman, *La Conversation entre hommes* (1973). Le récit, « constitué de petites touches impressionnistes », manque « de structure vraiment organique », selon Alonzo LeBlanc. D'autre part, pour Melvin Gallant, la simplicité et la fraîcheur de langage de ce récit « riche » sont d'un « symbolisme qui relève du discours obsessionnel », au schéma psychologique « confirmé par le mouvement des chapitres ». Par la suite, outre quelques nouvelles parues dans des revues et deux pièces de théâtre couronnées, dont l'une, « Les Tombes de Madame Mélanie », est radiodiffusée par Radio-Canada et jouée par le Théâtre Amateur de Moncton, en 1977, Huguette Légaré publie, entre 1977 et 1982, quatre recueils de poésie remplis d'odeurs de mer. La forme varie beaucoup d'un recueil à l'autre, allant du court poème en prose du *Ciel végétal* aux quatrains rimés ou assonancés de *L'Amarinée*, de la strophe de deux ou trois lignes au long et lent paragraphe de *Brun marine*. Dans une langue simple, peu imagée, presque banale, la femme parle, raconte et se raconte, colorant tout par la chaleur de son amour heureux.

ŒUVRES

La Conversation entre hommes (roman), Montréal, CLF, 1973, 201 p.
Le Ciel végétal (poésie), Paris, La Pensée universelle, 1977, 158 p. « Poètes du temps présent ».
La Tempête du pollen (poésie), Paris, Éditions Saint-Germain-des-Prés, 1978, 69 p. « Chemins profonds ».
L'Amarinée (poésie), Paris, Éditions Saint-Germain-des-Prés, 1979, 70 p. « Chemins profonds ».
Brun marine (poésie), Moncton, Éditions d'Acadie, 1982, 74 p.
Le Cheval et l'Éclat. Poésie et prose, Sherbrooke, Éditions Naaman, 1985, 61 p. « Création ».

Le Théâtre et le Public québécois, dans *Le Falot*, vol. 26, n° 5, mars 1967, p. 4.
Mime-anima-mimosa (poésie), dans *Le Falot*, vol. 27, n° 7, 22 mai 1968, p. 3.
La Maison du chômeur : de l'animation culturelle à l'animation économique, dans *La Tribune Chaleur*, vol. 1, n° 8, 13 sept. 1972, p. 1.
« *Pour être Acadien, il faut plus qu'avoir une langue, mais il faut commencer par là* » (Antonine Maillet), dans *Le Voilier*, 8ᵉ année, n° 16, 4 avril 1973, p. 12.
Une histoire d'amours. Un long métrage de fiction produit par des Acadiens, dans *L'Acayen*, 2ᵉ série, vol. 1, n° 4, oct.-nov. 1973, p. 29-30.
Le Folklore contrarié par le sort (nouvelle), dans *L'Acayen*, 2ᵉ série, vol. 2, n° 7, mai 1975, p. 24-26.
Le chien aboiera (nouvelle), dans *Éloizes*, n° 1, printemps 1980, p. 23-32.
Les Madelœil ou Le Raz-de-marée, dans *Moebius*, nᵒˢ 10-11, oct.-déc. 1980, p. 87-99.

ÉTUDES

Réginald Martel, *Le Prix du CLF à Huguette Légaré*, Pr, 89ᵉ année, n° 256, 6 nov. 1973, p. D-15.
Id., *Quand on parle chez les anges*, Pr, 89ᵉ année, n° 283, 1ᵉʳ déc. 1973, p. E-3-E-4.
Paul-Arthur Landry, *Rencontre avec Huguette Légaré, lauréate du Cercle du livre de France*, dans *L'Évangéline*, 86ᵉ année, n° 239, 11 déc. 1973, p. 7.
Alonzo LeBlanc, *La Conversation entre hommes de Huguette Légaré*, LAQ 1973, p. 44-45.
Gabrielle Poulin, *Romans québécois de 1973*, Re, vol. 34, n° 390, févr. 1974, p. 61.
Melvin Gallant, *Le Discours obsessionnel dans La Conversation entre hommes de Huguette Légaré*, dans *La Revue de l'Université de Moncton*, vol. 7, n° 2, mai 1974, p. 203-207.
Louise Peronnet, *Le Ciel végétal*, dans *Si Que*, n° 4, automne 1979, p. 202-205.
Marie-Josée Rinfret, *Brun marine*, LQ, n° 28, hiver 1982-1983, p. 43-44.

LÉGARÉ, OVILA [Helvet] (1901-1978). Comédien, folkloriste et dramaturge, né à Montréal. Il fait ses études commerciales à l'Académie Saint-Paul, et, à quatorze ans, il suit sa famille à Drummondville où il exerce le métier de typographe et s'instruit par lui-même. Très tôt, grâce à ses grands-parents, amateurs de la chanson du terroir, il s'oriente vers la chanson folklorique ; mais il s'intéresse aussi au théâtre et débute à la scène à seize ans. De retour à Montréal (1920), il fonde une troupe de théâtre, La Bohème, avec Jules Ferland, René Grenier, Ernest Loiselle et Georges Racicot. La troupe crée une revue, *La Lucarne* (1924), dans laquelle Légaré publie ses premiers textes dramatiques adaptés de l'anglais, sous le pseudonyme de Helvet. En 1922, il fait ses débuts à la radio, année où il entreprend aussi une carrière de chant au Monument national. Il fait partie de divers cercles dramatiques et joue sur plusieurs scènes des pièces d'Henri Letondal et de Conrad Gauthier entre autres. Il quitte le théâtre en 1925, mais y revient en 1927 pour interpréter « Jos Montferrand » au Monument national. En 1932, il fonde la Troupe Ovila Légaré dont il est directeur et metteur en scène, et avec laquelle, à Montréal et dans des salles de la province, il monte ses propres pièces, telles « Ti-Tur Aubin » (1933), « Un tour pendable » (1934), « La Course au Motton » (1941). En 1944–1945, il joue le rôle de César, dans *Marius* et *Fanny* de Pagnol. En 1955, il abandonne de nouveau le théâtre pour n'y revenir qu'en 1965 dans *Les Temples* de Leclerc. Comme chanteur folkloriste, il enregistre une cinquantaine de disques et cinq microsillons pour les sociétés Star Guenett et Columbia. Travaillant de plus à la radio depuis 1922, il anime des émissions de folklore et de variétés : « Les Veillées canadiennes » (1922), « L'Heure Frontenac » (1928), « Chantons en chœur » (1936–1938)... Il écrit pour CKAC et CKVL de nombreux sketches comiques et des radioromans, tels les célèbres « Nazaire et Barnabé » (1939–1945, et sporadiquement jusqu'en 1958), « Le Médecin de campagne » (1946–1947), « Zézette » (1951–1963). À la radio et à la télévision il interprète de grands rôles, par exemple dans « Le Curé de village » (1935–1938, 1949–1955), « Le Survenant » (1954–1957), « Sous le signe du lion » (1961, 1963–1964, 1978–1979). Il participe en outre à une douzaine d'émissions de variétés dans lesquelles il est animateur, chanteur, conteur : « Ovila Légaré et ses boute-en-train » (1939–1947), « Le Ralliement du rire » (1940–1950)... Il a enfin tenu plusieurs rôles au cinéma. Peu d'hommes du spectacle ont joui d'une si grande popularité. À propos de l'écriture de Légaré, Pierre Pagé écrit : « Nazaire et Barnabé » ne ressemblait à aucune autre série radiophonique, et la galerie de ses nombreux personnages garantissait l'inépuisable invention de ses situations drôles. Décriée par les uns, écoutée avec amusement et fidélité par les autres, la série « Nazaire et Barnabé » a été pendant vingt ans l'expression la plus spontanée de l'irrationnel et du marginal dans la culture québécoise. [...] Dans « Zézette », au contraire, les événements sont uniquement choisis pour leur aptitude à faire rire ». Et Jean Blouin : « C'est dans cet univers un peu fou sur les bords, burlesque, invraisemblable, source constante de rire et de fantaisie qui n'a rien à voir avec le pessimisme de la littérature ‹ officielle › de l'époque, qu'Ovila Légaré a plongé une bonne génération de Québécois ».

ŒUVRES

L'amour voyage (théâtre), Montréal, The British American Oil Co., 1940, [n.p.].

Les Chansons d'Ovila Légaré, Montréal, Éditions du Jour, 1972, 161 p. Ill. Préface de Paul Tex Lecor. Transcription musicale de Roger Joubert.

Jazz-o-Manie, dans *La Lucarne*, vol. 1, n° 1, 1er juin 1924, p. 4.

Corruption sportive, dans *La Lucarne*, vol. 1, n° 2, 15 nov. 1924, p. 1, 2.

Révélation d'un collaborateur, dans *La Lucarne*, vol. 1, n° 2, 15 nov. 1924, p. 4. Sous le pseudonyme d'Helvet.

Mon oncle Joseph (sketch en un acte adapté de l'anglais), dans *La Lucarne*, vol. 1, n° 2, 15 nov. 1924, p. 5, 6. Sous le pseudonyme d'Helvet.

Nazaire et Barnabé (radio-roman), dans Pierre Pagé, *Le Comique et l'Humour à la radio québécoise (1930–1970), aperçus historiques et textes choisis*, Montréal, La Presse, 1976, vol. 1, p. 473–531.

Zézette (radio-roman), *Ibid.*, p. 532–577.

Ah ! les femmes et *Le Pendu*, dans Laurent Mailhot et Doris-Michel Montpetit, *Monologues québécois 1890–1980*, Montréal, Leméac, 1980, p. 147–150.

ÉTUDES

Christian Larsen, *Chansonniers du Québec*, Montréal, Beauchemin, 1964, p. 4, 47.

Christian Brunelle, *Un Canadien, un vrai, Ovila Légaré*, So, vol. 69, n° 46, 19 févr. 1966, p. 8.

Pierre Pagé, Renée Legris et Louise Blouin, [*Ovila Légaré*], dans *Répertoire des œuvres de la littérature radiophonique québécoise, 1930–1970*, Montréal, Fides, 1975, p. 375–376.

Pierre Pagé et Renée Legris, [*Ovila Légaré*], dans *Le Comique et l'Humour à la radio québécoise, aperçus historiques et textes choisis, 1930–1970*, Montréal, La Presse, 1976, p. 467–578.

Claude Verrault, « Les Anglicismes lexicaux dans *Nazaire et Barnabé* de Ovila Légaré ». Thèse de maîtrise. Québec, Université Laval, 1977.

Jean Blouin, *Héros loufoques d'un Québec «noir»: Nazaire et Barnabé*, Pe, vol. 9, n° 2, 9 janv. 1977, p. 2–4.

Gilles Provost, *Mort d'un titan du spectacle : Ovila Légaré*, Dev, vol. 69, n° 42, 20 févr. 1978, p. 1, 6.

Albert Brie, *Artiste exemplaire*, Dev, vol. 69, n° 44, 22 févr. 1978, p. 4.

Adrien Gruslin, *Ovila Légaré devenu légende*, Dev, vol. 69, n° 47, 25 févr. 1978, p. 4, 7.

Gilles Constantineau, *Ovila Légaré : un document rare à CBF*, Dev, vol. 69, n° 48, 27 févr. 1978, p. 19.

LÉGARÉ, RAOUL DIT ROMAIN. Voir **LÉGARÉ, ROMAIN.**

LÉGARÉ, ROMAIN [X Légaré, Raoul dit Romain] (1904-1979). Professeur et essayiste, né à Sainte-Marie-Salomé (Montcalm). Après ses études classiques au Collège séraphique des Franciscains à Trois-Rivières et ses études philosophiques et théologiques chez les Franciscains à Québec et à Montréal, il obtient sa licence en philosophie à l'Université Laval (1932) et sa licence en sciences sociales, politiques et économiques à l'Université de Montréal (1938). Il est d'abord professeur de philosophie (1930-1935) au Studium franciscain de Québec ; il devient par la suite professeur au Studium franciscain de Montréal où il enseigne successivement le droit canonique (1935-1936) et l'histoire de l'Église (février-juin 1939) ; au Séminaire des Saints-Apôtres, à Québec, il enseigne l'histoire littéraire de 1956 à 1958. Pendant sept ans (1945-1952), il est directeur adjoint de la revue *Culture* et y sera collaborateur, surtout comme critique littéraire, pendant tout le temps de son existence (1940-1971). Il collabore aussi au *Dictionnaire des œuvres littéraires du Québec*. Il est également correcteur d'épreuves à la maison Fides. Son œuvre abondante et variée traite des sujets religieux et littéraires. On remarque surtout les études qu'il a consacrées à Pamphile Le May, à Lucien Rainier et à Saint-Denys Garneau. Son livre, *L'Aventure poétique de Saint-Denys Garneau* a mérité le prix de la Province de Québec en 1957.

ŒUVRES

Fumera-t-elle ? Que penser de la mode de la cigarette chez la femme ?, Montréal, Librairie Granger Frères limitée, 1942, 47 p. ; 1944.

Une spiritualité toujours jeune, Montréal, Les Éditions Saint-Louis, 1943, 38 p. Introduction de l'auteur. Traduction espagnole par Imanol de Berriatua : *Una espiritualidade siempre joven*, La Habana, 1947, 40 p. Traduction italienne par Vittorino Neneghen : *La Vie megliore*, Vincenza, 1948, 39 p. Ill. Traduction portugaise : *Uma espiritualidade sempre jovem*, Rio de Janeiro, Secretariado nacional de O.T.F., 1957, 40 p.

Un apôtre des deux mondes : le Père Frédéric Janssoone, o.f.m., de Ghymelde, Montréal, Librairie Saint-François, 1953, 387 p. Ill. Préface de l'auteur. Traduction anglaise par Raphael Brown : *An Apostle of Two Worlds Father Frédéric Janssoone, O.F.M., of Ghynelde*, Trois-Rivières, Éditions du Bon Père Frédéric, 1958, 380 p. ; Chicago, Franciscan Herald Press Publishers of Franciscan Literature, 380 p.

La Grotte de Notre-Dame-de-Lourdes à Lachute, Lachute, Pères franciscains, 1954, 32 p. Ill. ; 1964. Traduction anglaise par Raphael Brown : *The Grotto of Our Lady at Lachute*, Lachute, Franciscan Fathers, 1956, 32 p. Ill.

L'Aventure poétique et spirituelle de Saint-Denys Garneau, Montréal/Paris, Fides, 1957, 191 p. «CC».

Deux âmes séraphiques : le Bon Frère Didace et le Bon Père Frédéric, Trois-Rivières, Éditions du Bon Père Frédéric, 1957, 55 p. Ill.

Notre-Dame et Saint François, Montréal, Éditions franciscaines, 1958, 96 p. Compilation et traduction des plus anciens textes par Raphael Brown. Adapté de l'anglais par Romain Légaré.

Un obsédé de la sainteté. Le Père Jules-Marie Guilbault, franciscain (1898-1958) (essai), Montréal, Éditions franciscaines, 1959, 94 p. Ill.

Un grand serviteur de la Terre Sainte. Le Père Frédéric Janssoone, o.f.m., Trois-Rivières, Éditions du B.P. Frédéric, 1965, 246 p. Ill.

Pamphile Le May, Montréal/Paris, Fides, 1969, 95 p. Textes choisis et présentés par Romain Légaré. «CC».

Saint Joseph après le Concile Vatican II, Montréal, Fides, 1970, 158 p. Traduit et adapté de l'américain par G.M. Bertrand, c.s.c. et Romain Légaré.

Les 75 ans de la Fraternité Saint-Antoine, Montréal, Laïcat franciscain de Montréal, 1896-1971, Montréal, [s.é.], 1971, 57 p. Éditeur. Ill.

Dictionnaire des synonymes et des antonymes, Montréal, Fides, 1975, viii, 607 p. Collab. Jeanne Robert ; 1979. (Édition entièrement refondue de l'ouvrage d'Hector Dupuis paru en 1961).

Alfred Des Rochers, Œuvres poétiques, Montréal, Fides, 1977, 2 vol. : vol. 1, *Recueils colligés : L'Offrande aux vierges folles, À l'ombre de l'Orford, Le Retour de Titus, Élégies pour l'épouse en-allée*, 249 p. Préface de Romain Légaré. Portrait ; vol. 2, *Choix de poésies éparses*, 207 p. Avant-propos de Romain Légaré. Textes établis et annotés par Romain Légaré. «N».

Littérature et Climat de culture, C, vol. 3, n° 2, juin 1942, p. 193-219.

Le Roman canadien-français d'aujourd'hui, C, vol. 6, n° 1, mars 1945, p. 55-75.

Le Renouveau du conte au Canada français, C, vol. 8, n° 1, mars 1947, p. 51-66.

Trois récents romans canadiens-français, C, vol. 10, n° 1, mars 1949, p. 3-12.

Évolution littéraire de Pamphile Le May, dans *Le Mouvement littéraire de Québec 1860*, Ottawa, EUO, 1961, p. 259-283. «ALC» 1.

Lucien Rainier, poète de l'art pur et de l'âme chrétienne, dans *L'École littéraire de Montréal*, Montréal/Paris, Fides, 1963, p. 85-109. «ALC» 2.

Le Prêtre dans le roman canadien-français, dans *Le Roman canadien-français*, Montréal, Fides, 1964, p. 165-181. «ALC» 3.

Le Sentiment religieux dans la poésie canadienne de langue française, dans *La Poésie canadienne-française*, Montréal, Fides, 1969, p. 225–253. « ALC » 4.

ÉTUDES

Onésime Lamontagne, *Bibliographie sélective du P. Romain Légaré, o.f.m.*, dans *Le Souvenir*, vol. 2, n° 3, 1954, 15 p. (Bulletin de la cause de béatification du Père Frédéric).

Yves Bolduc, *Alfred Des Rochers. Œuvres poétiques*, Dr, 66ᵉ année, n° 30, 29 avril 1978, p. 22.

Id., Alfred Des Rochers, poète québécois. Pour souligner la réédition chez Fides dans la collection du Nénuphar de l'œuvre de Des Rochers en deux volumes, LQ, vol. 1, n° 10, avril 1978, p. 34–36.

[Anonyme], *Romain Légaré*, LQ, n° 18, été 1980, p. 14.

LEGAULT, ÉMILE (1906–1983). Dramaturge et essayiste, né à Ville Saint-Laurent. Après son noviciat chez les Pères de Sainte-Croix à Sainte-Geneviève et au Collège de Saint-Laurent, il étudie la théologie au Grand séminaire de Québec. Ordonné prêtre en 1930, il enseigne successivement au Séminaire de Sainte-Croix et au Collège de Saint-Laurent. Boursier du gouvernement du Québec, il va suivre en Europe, pendant un an, des cours de mise en scène. À son retour, en 1937, il fonde les Compagnons de Saint-Laurent. Durant quinze ans, la troupe connaît une heureuse fortune : en 1939, elle présente « Les Fourberies de Scapin », « Le Barbier de Séville », etc., au Plateau, au Monument national et à l'Ermitage ; de 1945 à 1948, elle monte au Gesù, « Le Jeu de l'amour et du hasard », « Le Médecin malgré lui », « Les Précieuses ridicules ». En 1948, le groupe s'installe dans son propre théâtre et crée « Maluron » de Félix Leclerc et l'« Honneur de Dieu » de Pierre Emmanuel. En 1952, Émile Legault doit abandonner la troupe à la demande de son supérieur provincial. Par la suite, quelques Compagnons fondent le Théâtre du Nouveau Monde et le Théâtre Club ; de son côté, le Père Legault forme, en 1953, à l'Oratoire Saint-Joseph, la Compagnie des Jongleurs de la Montagne pour laquelle il écrit et monte « Premiers Gestes ». En plus de s'occuper activement de la publication des « Cahiers des Compagnons », le Père Legault donne un nouveau visage à la revue « L'Oratoire » et se consacre à la pastorale religieuse. Il anime aussi plusieurs émissions à Radio-Canada dont « Eaux-Vives », « Le Père Legault écoute », et « Matin de la fête ». Membre de la Société royale du Canada (1957), il est l'un des pionniers de la renaissance du théâtre au Québec ; il s'est d'abord limité au théâtre religieux de Ghéon, Chancerel et Brochet, puis il a abordé le théâtre profane et a favorisé un retour aux classiques.

ŒUVRES

Notice sur la Congrégation de Sainte-Croix, Montréal, [Pères de Sainte-Croix, 1934], 95 p.

La Guerre et Nous (essai), Montréal, Fides, 1943, 32 p. « Vie intense ».

Le Risque chrétien (essai), Montréal, Fides, 1943, 32 p. « Vie intense ».

Un... entre plusieurs. (Confidences sur ma vocation), Montréal, [Pères de Sainte-Croix, 1950 ?], 16 p. Ill.

Confidences, Montréal/Paris, Fides, 1955, 189 p. Ill. ; 1960, 188 p.

Être l'épouse d'un homme public (essai), Montréal, Fides, 1956, 16 p.

Le Grand Attentif. Jeu scénique à la gloire de Saint-Joseph, Montréal/Paris, Fides, 1956, 65 p. Ill. ; 1958, 63 p.

Eaux vives. Les Béatitudes, Montréal/Paris, Fides, 1957, 177 p.

J'ai cinq enfants... et mon mari (essai), Montréal/Paris, Fides, 1957, 47 p.

Notre-Dame de toute joie (causerie), Montréal/Paris, Fides, 1957, 83 p. Ill.

Violaine ma sœur (causerie), Montréal/Paris, Fides, 1957, 47 p. Ill.

Comme des enfants de riches (causeries), Montréal/Paris, Fides, 1958, 183 p. « Eaux vives ». (Textes présentés à la télévision canadienne au cours de l'année 1956–1957) ; 1959.

Le Prêtre (essai), Montréal/Paris, Fides, 1958, 47 p.

Témoins de l'amour (causeries), Montréal/Paris, Fides, 1958, 104 p. « Eaux vives ».

Kermesse des anges et des hommes (théâtre), Montréal/Paris, Fides, 1960, 63 p. Ill.

L'Église ne fait que commencer (essai), Montréal/Paris, Fides, 1961, 163 p. Ill.

Le temps s'ouvre. Textes des émissions télévisées de janvier à avril 1969, Montréal, Fides, 1969, 81 p. Portrait. Ill.

Préface, Dialogue avec mes frères, les éducateurs, dans Marcel Clément, *Éducation familiale du jeune homme*, Québec, Éditions du Pélican, 1960, p. ix–xii.

Quelques Notes sur les Compagnons de Saint-Laurent (1937–1952), dans *Le Théâtre canadien-français*, Montréal, Fides, 1976, p. 249–266. « ALC » 5.

ÉTUDES

Léger Bonenfant, *Confidences*, C, vol. 17, n° 2, juin 1956, p. 216.

Rita Leclerc, « *Eaux vives* », dans *Lectures*, vol. 3, n° 12, 15 févr. 1957, p. 117–118.

Jean-Marie Nadeau, *Présentation du R.P. Émile Legault*, Société royale du Canada, n° 12, 1957-1958, p. 73-77.

Jean Hamelin, *Des initiateurs: Les Compagnons (1940-1948) et Les Compagnons chez eux (1948-1952)*, dans *Le Renouveau du théâtre au Canada français*, Montréal, Éditions du Jour, 1961, p. 7-30, 52-62.

Gilles Gagnon, *Le Théâtre des Compagnons de Saint-Laurent*, C, vol. 30, n° 2, juin 1969, p. 129-145.

Paul Lefebvre, *Le Père Émile Legault et le Théâtre au Québec*, dans *Jeu*, n° 11, printemps 1979, p. 102-104.

« *Chez le père Legault, on pouvait rêver...* », Dev, vol. 74, n° 204, 3 sept. 1983, p. 15.

Jean-Marc Chicoine, *Le Père Émile Legault, un homme de foi et d'espérance*, dans *L'Oratoire*, vol. 73, n° 1, janv. 1984, p. 4-11.

LEGEL, ZÉRO. Voir LANGEVIN, GILBERT.

LEGENDRE, NAPOLÉON (1841-1907).

Poète, romancier, conteur et essayiste, né à Nicolet. Après ses études classiques chez les Jésuites, à Montréal, il fait son droit et est admis au barreau en 1865. En 1876, il devient fonctionnaire au Conseil législatif du Québec, poste qu'il occupe jusqu'à sa mort. Collaborateur littéraire à *L'Électeur*, membre fondateur de la Société royale du Canada (1882), il est, par ses préoccupations linguistiques, l'un des précurseurs de la Société du parler français au Canada. Après un essai infructueux dans le genre romanesque avec *Sabre et Scalpel*, publié dans *L'Album de la Minerve*, en 1872, Legendre se limite à des chroniques impressionnistes et à des poèmes sans prétention. Il fournit aux *Mémoires* de la Société royale quelques-uns de ses meilleurs essais dont « Réalistes et Décadents », en 1890, qui est une attaque en règle contre les nouvelles tendances en littérature, contre les poètes décadents. Auparavant, en 1886, il avait publié *Les Perce-neige*, recueil de poèmes, « fleurs printanières exquises, dont souvent on regrette qu'il suffise de quelques jours pour en épuiser le parfum », selon Camille Roy.

ŒUVRES

[*Albani (Emma Lajeunesse)*, Québec, Imprimerie A. Côté et cie, 1874], 72 p. Ill.

À mes enfants (nouvelles et poèmes), Québec, Typographie d'Augustin Côté et cie, 1875, 167 p.

Échos de Québec (essais), Québec, Imprimerie Augustin Côté et cie, 1877, 2 vol.: vol. 1, [2], 208, ii p.; vol. 2, 202, ii p.

Notre constitution et nos institutions (essai), Montréal, J.-A. Plinguet, éditeur, 1878, 40, ii p. Avant-propos de l'auteur.

Les Perce-neige. Premières poésies, Québec, Typographie de C. Darveau, 1886, 222 p.

La Langue française au Canada, Québec, Typographie de C. Darveau, 1890, 179 p.

Nos asiles d'aliénés (essai), Québec, Imprimé par Belleau & cie, 1890, 65 p.

Nos écoles (essai), Québec, Atelier typographique C. Darveau, 1890, 96 p. Ill.

Mélanges. Prose et vers, Québec, Typographie de C. Darveau, 1891, 223 p.

Annibal (roman), Lévis, Pierre-Georges Roy, éditeur, 1898, 120 p. « Bibliothèque canadienne ». (Paru aussi dans *Mélanges. Prose et vers*, p. 5-121).

Sabre et Scalpel (roman), dans *L'Album de la Minerve*, vol. 1 et 2, 1872-1873.

La Province de Québec et la Langue française, MSRC, 1884, p. 15-24.

La Race française en Amérique, MSRC, vol. 3, 1885, p. 61-75.

La langue que nous parlons, MSRC, vol. 5, 1887, p. 129-141.

Réalistes et Décadents, MSRC, vol. 8, 1890, p. 3-12.

La Femme dans la société moderne, MSRC, vol. 8, 1890, p. 13-24.

À propos de notre littérature nationale, MSRC, 2e série, vol. 1, 1895, p. 63-67.

Frontenac, MSRC, 2e série, vol. 4, 1898, p. 37-51.

ÉTUDES

N.-É. Faucher de Saint-Maurice, [*Napoléon Legendre*], dans *Choses et Autres*, Montréal, Duvernay frères et Dansereau, 1874, p. 137-153.

Adjutor Rivard, *Napoléon Legendre*, MSRC, 3e série, vol. 3, 1909, p. 73-86.

Camille Roy, *Napoléon Legendre*, dans *À l'ombre des érables*, Québec, L'Action sociale, 1924, p. 107-120.

J.-S. Lesage, *Propos littéraires (Écrivains d'hier)*, Québec, L'Action catholique, 1933, p. 84-95.

Gabrielle Patry, *Napoléon Legendre*, dans *Mosaïque québécoise*, Québec, SHQ, 1961, p. 83-87.

David M. Hayne et Marcel Tyrol, *Legendre, Louis-Napoléon*, dans *Bibliographie critique du roman canadien-français*, Toronto, UTP, 1968, p. 98-99.

Aurélien Boivin, [*Napoléon Legendre*], dans *Le Conte littéraire québécois au XIXe siècle*, Montréal, Fides, 1975, p. 236-241.

LÉGER, DYANE (1958-   ).

Poète, née à Moncton (N.-B.). Elle étudie à Bouctouche et à l'Université de Moncton (B.A., 1981). Très engagée dans le milieu culturel acadien, elle fait partie du comité de rédaction de la revue *Éloizes* et est secrétaire de l'Association des écrivains acadiens. Son premier recueil *Graines de fées* (1980), se compose d'une dizaine de textes (récits et poèmes en prose) dont la thématique principale est la revendication du respect mutuel entre les humains. Selon Michel Beaulieu, « Plutôt que d'attaquer de front la société dans laquelle elle vit, [Dyane Léger] gruge celle-ci par de multiples coups d'épingle tout en véhiculant une irrésistible envie de vivre [...]. Elle possède en effet juste ce qu'il faut de démesure pour produire une œuvre importante ».

ŒUVRE

Graines de fées (poésie), Moncton, Perce-neige, 1980, 80 p.

ÉTUDE

Michel Beaulieu, *Écrire l'Acadie : Dyane Léger / Difficulté d'être*, dans *Le Livre d'ici*, vol. 6, 24 juin 1981, n° 38.

LÉGER, JULES (1913–1980). Essayiste et journaliste, né à Saint-Anicet (Huntingdon). Il fait son cours classique au Collège de Valleyfield (B.A., 1935) et étudie pendant trois ans le droit à l'Université Laval (1933–1936). Il part ensuite pour Paris où il obtient en 1938, un doctorat d'université pour une thèse d'histoire littéraire : « Le Canada français et son expression littéraire ». La même année, il épouse à Paris Gabrielle Carmel. À l'automne, il revient à Ottawa. Il collabore au *Droit* (1938–1939) et enseigne, à temps partiel, à l'Université d'Ottawa (1940–1942). Invité par le Premier ministre Mackenzie King à joindre la fonction publique fédérale, il entreprend, en 1943, une brillante carrière diplomatique qui le mène en Europe, au Mexique et aux Nations-Unies ; au cours de sa carrière, il se fait remarquer comme ambassadeur à Paris et à Bruxelles, aussi, comme secrétaire d'État à Ottawa chargé de plusieurs dossiers d'importance socio-culturelle. Il est nommé, le 14 janvier 1974, Gouverneur général du Canada. Handicapé par la maladie depuis l'été de 1974, il demeure à son poste jusqu'au 22 novembre 1980, jour de sa mort. Huit ans après sa mort les Éditions La Presse publient ses *Textes et Réflexions sur le Canada*, qui sont en fait ses notes et discours du temps où il a été gouverneur général. Frère du cardinal Paul-Émile Léger, dès son enfance intéressé à l'histoire et à la culture de son pays, Jules Léger laisse comme écrivain un tableau d'histoire littéraire et des articles et discours où la voix du citoyen fidèle à son pays occupe une place primordiale. Un prix Jules-Léger pour la musique a été créé en 1978.

ŒUVRES

Le Canada français et son expression littéraire (essai), Paris, Librairie Nizet et Bastord, 1938, 213 p. Avant-propos de l'auteur.

Passeport canadien ? Passeport valable ? (essai), Québec, Chambre de commerce, 1957, 10 p.

Textes et Réflexions sur le Canada, Montréal, Éditions La Presse, 1982, 240 p. Biographie de Jacques Monet.

ÉTUDES

Brian McKenna, *The Courage of Jules Léger*, dans *The Montreal Star. Weekend Magazine*, vol. 27, n° 27, 2 juillet 1977, p. 4–7.
Christian Dufour, *God Save the Queen !*, Dev, vol. 73, n° 123, 29 mai 1982, p. 20.

LÉGER, PIERRE [Pierrot-le-Fou] (1934–   ). Journaliste, essayiste, romancier et poète, né à Montréal. Il étudie aux collèges André-Grasset, Stanislas et de Saint-Laurent (1947–1952), puis il fait un an de sciences sociales à l'Université de Montréal (1954) et débute dans le journalisme. Il collabore successivement au *Droit*, au *Devoir*, à l'*Écho de Vaudreuil*, à *La Patrie*..., il sera aussi pigiste à *Perspectives*, *Maclean / L'Actualité*, *Hobo-Québec*... Il publie en 1952 son premier recueil. En 1962, il se présente comme candidat libéral « dissident » dans Vaudreuil-Soulanges ; peu après, il passe au Nouveau Parti démocratique, puis au Rassemblement pour l'indépendance nationale, mais il prend assez vite ses distances avec la politique. En 1970, il fait partie du groupe rock dit « La Sainte-Trinité », avec Plume Latraverse et Pierre Landry. En 1972, il fonde avec des amis la boîte à chansons La Casanous où il présente la relève de la chanson québécoise. En 1974, il vit à Ham-Nord une expérience agricole qu'il renouvellera tout en continuant son travail de journaliste. Il publie une dizaine d'ouvrages entre 1952 et 1980. Ses premiers recueils font peu de bruit. Après *Poèmes d'amour et d'espérance* (1955), Jean-Paul Robillard le qualifie de « chevalier grandiloquent du souvenir installé à la margelle de l'oubli ». « Langage trop abstrait ou trop forcé », dit André Major du *Pays au destin nu* (1963). Et Claude Beausoleil, à propos de *Si vous saviez d'où je reviens* (1980), écrit ces mots qu'on pourrait appliquer à toute l'œuvre du poète : « Une écriture issue de la contre-culture et qui oscille entre la révolte, le quotidien et la complainte ».

ŒUVRES

Divorces et Pleines Lunes (poésie), [s.l.], Éditions Le Collégien, 1952, 60 p.

Poèmes d'amour, de désespoir et d'espérance suivi de Journal pour Patrice, I (poésie et récits), Montréal, Chez l'auteur, 1955, 60 p.

Le Pays au destin nu suivi de Journal pour Patrice, II, ou Les Feux de la rampe du poème (poésie et récits), Montréal, Éditions Beauchemin, 1963, 97 p. Ill. de Jean-Paul Mousseau.

La Canadienne française et l'Amour ou L'Homme démystifié (essai), Montréal, Éditions du Jour, 1965, 125 p. Ill. de Jacques Gagné. Préface de Camille Laurin.

La Supplique de Tit cul la motte (poésie et récits), Montréal, Éditions Miniatures, 1967, 93 p. Préface de Roch Poisson. (Texte polycopié).

Complaintes d'un écorché heureux (poésie, récits et chansons), Montréal, Éditions Estérel, 1969, 158 p.

Embarke mon amour, c'est pas une joke (récit), Montréal, Mainmise éditeur, 1972, 205 p. Postface de Gilles Normand. Ill. de Ronald Labelle et Daniel Fontigny.

Le Show d'Évariste le mabord-à-bab (poésie et récits), Montréal, Éditions Parti Pris, 1977, 112 p. Sous le nom de Pierrot Léger. Dessins de Brenda Kimpan. « P ».

Si vous saviez d'où je reviens. Textes vécus, Montréal, Éditions du Noroît, 1980, 67 p. Sous le nom de Pierre Léger, dit Pierrot-le-fou. Ill. d'Hélène Blain, de Ronald Labelle et d'A. Blanchet.

Jacques Renaud, un gars de la «gang», dans *Photo-Journal*, vol. 29, n⁰ 38, 5 janv. 1966, p. 6.

Le dialogue remplace la violence, Pe, vol. 8, n⁰ 19, 7 mai 1966, p. 2-3.

Poésie-Information, dans *Hobo-Québec*, n⁰ 18, avril-mai 1974, p. 18-19.

Les doléances d'un écrivain errant pour la gloire et des prunes, Pe, vol. 9, n⁰ 10, 6 mars 1977, p. 6, 8-9.

ÉTUDES

Jean-Paul Robillard, *Trois poètes et leurs poèmes*, PJ, vol. 30, n⁰ 21, 18 déc. 1955, p. 58.

Jean Hamelin, *Aux divers paliers de la poésie*, Dev, vol. 54, n⁰ 227, 28 sept. 1963, p. 12.

André Major, *Le pays au destin nu de Pierre Léger*, LAC 1963, p. 67.

Julia Richer, *Trois ouvrages, trois auteurs : J. Basile, N. Kattan et P. Léger*, dans *Lectures '66*, vol. 12, n⁰ 5, janv. 1966, p. 132.

André Major, *Littérature*, Dev, vol. 58, n⁰ 88, 15 avril 1967, p. 13.

François Piazza, *La Supplique de Ti-cul la motte*, dans *Échos-vedettes*, vol. 5, n⁰ 27, 22 juillet 1967, p. 21.

Maximilien Laroche, *La Supplique de Ti-cul la motte de Pierre Léger*, LAC 1967, p. 102.

Jean-Claude Trait, *Pierre Léger un « bum » en littérature* (entrevue), Pr, 88ᵉ année, n⁰ 286, 9 déc. 1972, p. E-2.

Réginald Martel, *Pierrot doit-il jeter sa plume* (entrevue), Pr, 91ᵉ année, n⁰ 126, 19 avril 1975, p. D-3.

Michel Beaulieu, *La poésie se porte à ravir*, dans *Le Livre d'ici*, vol. 2, n⁰ 29, 27 avril 1977, p. 1.

Hugues Corriveau, *Le Show d'Évariste, le mabord-à-bab*, LAQ 1977, p. 143-144.

Claude Beausoleil, *Tout va mal...*, Dev, vol. 72, n⁰ 51, 28 févr. 1981, p. 19.

Patrick Straram, *Le Retour de Pierrot le fou*, dans *Le Livre d'ici*, vol. 6, n⁰ 36, 10 juin 1981, p. 2.

LE GOURIADEC, LOUIS-MARIE DIT LOÏC [Paul Gury] (1888-1974). Comédien et dramaturge, né à Vannes (Bretagne). Il s'établit à Montréal en 1909. En 1914, il retourne dans son pays natal, s'enrôle dans l'armée lors de la Première Guerre mondiale et revient au Canada en 1917. Il s'intéresse au Théâtre, et devient, en 1918, directeur du Théâtre National. Sa première pièce, « Le Mortel Baiser », présentée en 1923, est signée de son pseudonyme Paul Gury. Cette pièce, dont le thème principal touche aux maladies vénériennes, connaît un grand succès à travers le monde, même en URSS. Comédien, Le Gouriadec joue dans les pièces de Tchekhov, de Camus, de Montherlant, de Marie-Claire Blais. Époux d'Yvette Brind'Amour, il participe, en 1949, à la fondation du Rideau Vert. Cependant, il sera surtout connu pour ses activités radiophoniques à CKVL, à CKAC et à Radio-Canada. Outre le « Mortel Baiser », il écrira plusieurs textes : « Le Procès du fils de l'homme », *La Fiancée du commando* (durant la guerre 1939-1945), « Les Confessions d'un agent de la Gestapo ». D'autres de ses pièces sont écrites en collaboration comme « La Rumba des radio-romans ». Les deux radio-romans qui ont le plus marqué le public des années 1950 à 1965, sont *La Fiancée du commando* et « Vies de femmes », ce dernier imprégné d'un romantisme fin d'époque. Il adapte aussi à la scène le célèbre roman de Louis Hémon, *Maria Chapdelaine*. Tout en poursuivant cette carrière de dramaturge et de réalisateur, il fait la mise en scène des premiers films tournés au Québec, *Un homme et son péché*, *Séraphin*, *Le Curé de village*. Avec Henri Letondal et Henri Deyglun, Paul Gury est l'un des précurseurs de la radiophonie au Canada français.

ŒUVRES

La Fiancée du commando ou Mariage païen (théâtre), New York, Éd. privée, 1945, 55 p.

Jésus fils de Marie. Drame religieux en quatorze tableaux, Ottawa, [s.é.], 1947, 64 p. Ill.

ÉTUDES

Francine Montpetit, *Sur toutes les scènes*, Sa, 68ᵉ année, n⁰ 52, 4 mai 1957, p. 11.

[Anonyme], *Artistes groupés pour « Le Mortel Baiser » à la scène du Canadien*, Pr, 73ᵉ année, n⁰ 152, 13 août 1957, p. 75-76.

Jean Béraud, [*Loïc le Gouriadec*], dans *350 ans de théâtre au Canada français*, Montréal, CLF, 1958, p. 212.

[Anonyme], *Avec Loïc le Gouriadec, une page de la belle époque de la radio et du théâtre disparaît*, PJ, vol. 49, n⁰ 2, 17 nov. 1974, p. 10.

[Anonyme] *Loïc le Gouriadec (Paul Gury) est mort à l'âge de 86 ans*, dans *Le Jour*, vol. 1, n⁰ 222, 20 nov. 1974, p. 13.

[Pierre Daigneault], *L'Époux d'Yvette Brind'Amour meurt à l'âge de 86 ans*, dans *Télé-radiomonde*, vol. 36, n⁰ 2, 23 nov. 1974, p. 14-15.

Yvette Brind'Amour, *Loïc Le Gouriadec*, dans *Théâtre Rideau Vert (saison 74-75)*, vol. 15, n⁰ 3, 19 déc. 1974, p. 7-8.

André Fortier, *Maria Chapdelaine du roman à la scène*, Dr, 65e année, no 128, 19 nov. 1977, p. 21.

LEGRIS, ISABELLE (1928–   ). Poète et romancière, née à Louiseville (Maskinongé). Elle fait ses études au Couvent des Sœurs-de-l'Assomption de Louiseville. La mort de son père (1937) la marque profondément. Elle commence à écrire à quinze ans. Établie à Montréal en 1941, elle entreprend, à l'Université de Montréal, des études de lettres qu'elle n'achève pas. Elle sera traductrice à Montréal. En 1979, ses « Récits pour adultes » passent à l'émission « Alternance » de Radio-Canada. Les premiers poèmes qu'elle publie dans *Amérique française* sont remarqués par Robert Charbonneau. Elle fait paraître son premier recueil en 1947, *Ma vie tragique*, qui lui attire de Théophile Bertrand des conseils de prudence dans le choix de certains thèmes jugés osés. Après un second recueil et deux romans pour les jeunes, paraît, en 1963, *Parvis sans entrave*. Guy Robert voit là de la « belle et puissante poésie » ; « la parole d'Isabelle Legris en est une qu'il faut apprendre à écouter attentivement ». En 1979, *Le Sceau de l'ellipse* réunit sa poésie de 1943 à 1967, en opérant un choix des recueils antérieurs et des poèmes inédits, corrigeant et remaniant souvent. Cette fois la critique s'émeut à juste titre. Robert Mélançon note les dates et déclare que « les textes d'Isabelle Legris font étape dans le devenir de la poésie moderne au Québec ». Robert Major compare les versions et pense que les corrections appauvrissent assez souvent « la sensibilité très vive » du poète et la « charge poétique » des textes. Antonio D'Alfonso admire beaucoup et s'étonne particulièrement d'*Énigmes et Jeux minuscules* : « Toute une nouvelle poésie vibre ici. [...] L'intelligence y est fraîche, l'écriture jeune. [... Isabelle Legris] devient elle-même une littérature qui devrait susciter des émules ». Et Michel Beaulieu écrit à propos des douloureuses liturgies des *Sentiers de l'infranchissable* (1981) : « Depuis toujours, Isabelle Legris est un poète exigeant qui force ses lecteurs à solliciter le texte. Son langage relève de la parabole, de l'incarnation, de la vision ».

ŒUVRES

Ma vie tragique. Poèmes de la douleur et du sang, Montréal, Éditions du Mausolée, 1947, 158 p.

Les Ascensions captives (poésie), Montréal, Éditions du Mausolée, 1951, 77 p.

Le Médaillon secret (litt. jeunesse), Montréal, Granger frères, 1957, 136 p. Ill. de Siegfried Winter. « Juvénile » ; 1961.

Jonathan, petit anglais perdu (litt. jeunesse), Montréal, Éditions Beauchemin, 1958, 137 p. Ill. « Rose des vents » ; 1959 ; 1961, 125 p.

Parois sans entrave. Poèmes, Montréal, Beauchemin, 1963, [4], 130 p.

Carnet d'orthographe à l'usage des écoles et du public général (manuel), Montréal, Gérin éditeur limitée, 1978, 156 p.

Le Sceau de l'ellipse. Poèmes 1943–1967, Montréal, Éditions de l'Hexagone, 1979, 214 p. « Rétrospectives ».

Sentiers de l'infranchissable (poésie), [Montréal], Éditions du Mausolée, 1981, 154 p.

ÉTUDES

Théophile Bertrand, « *Ma vie tragique* », dans *Lectures*, t. 4, no 5, juin 1948, p. 288.

Marcel Valois, *Poétesse personnelle, romancière en devenir*, Pr, 79e année, no 290, 7 déc. 1963, p. 4.

Guy Robert, *Parois sans entrave d'Isabelle Legris*, LAC 1963, p. 4.

Robert Major, *Isabelle Legris. Le Sceau de l'ellipse*, LAQ 1979, p. 132–141.

Robert Mélançon, *Des ruisseaux, Legris, Néron*, Dev, vol. 71, no 9, 12 janv. 1980, p. 17.

Jean Lessard Binet, *Six auteurs. Des poèmes à la pelletée...*, dans *Le Livre d'ici*, vol. 5, no 16, 23 janv. 1980, p. 1.

Antonio D'Alfonso, *Legris (Isabelle). Le Sceau de l'ellipse*, dans *Nos livres*, vol. 12, août-sept. 1981, no 370.

Michel Beaubien, *Oui... mourir un jour*, dans *Le Livre d'ici*, vol. 7, no 24, 17 mars 1982, p. 2.

LEGRIS, RENÉE (1936–   ). Essayiste et critique littéraire, née à Montréal. Elle fait son cours classique au Collège Marguerite-Bourgeoys (B.A., 1956) et poursuit ses études à l'Université de Montréal (M.A., 1964, licence ès lettres, 1967). Elle prépare son doctorat à l'Université de Sherbrooke. Sa thèse s'intitule « L'Œuvre romanesque, radiophonique et télévisuelle de Robert Choquette » (1972). Tout en poursuivant ses études supérieures, elle commence sa carrière dans l'enseignement au Collège Jésus-Marie (1959–1967), au Collège Sainte-Marie (1967–1969) et à l'Université du Québec à Montréal à partir de 1969 où elle sera tour à tour responsable des recherches en symbolique (1968–1971), cofondatrice avec Pierre Pagé du Musée d'art primitif de Montréal et des Archives de la littérature radiophonique (1971–1974) dont le premier *Répertoire* paraît chez Fides en 1975. Elle collabore au *Dictionnaire des œuvres littéraires du Québec*. Ses recherches en symbolique l'amènent à visiter divers centres européens et américains en ce domaine. Selon Joseph Melançon, « Renée Legris dans ses études sur la symbolique sait reconnaître le produit, surtout son organisation propre et les règles de structuration de ses constituants ». En collaboration avec Pierre Pagé, elle entreprend un vaste projet de recherches sur la littérature radiophonique et télévisuelle au Québec. Les nombreuses publications qui en résultent constituent des ouvrages de référence de haute qualité.

ŒUVRES

Le Symbole, carrefour interdisciplinaire (essai), Montréal, Les Éditions Sainte-Marie, 1969, 160 p. Sous la direction de Renée Legris et Pierre Pagé. « Recherches en symbolique ».

L'Œuvre littéraire et ses significations (essai), [Montréal], PUQ, 1970, 223 p. Sous la direction de Renée Legris et Pierre Pagé. « Recherches en symbolique ».

Robert Choquette (dossier), Montréal, Fides, 1972, 64 p. « DDLCF ».

Problèmes d'analyse symbolique (essai), Montréal, PUQ, 1972, 245 p. Sous la direction de Renée Legris et Pierre Pagé. « Recherches en symbolique ».

L'Œuvre radiophonique et télévisuelle de Robert Choquette, Montréal, Éd. La Presse, 1975, 350 p.

Répertoire des œuvres de la littérature radiophonique québécoise 1930-1970, Montréal, Fides, 1975, 826 p. Collab. Pierre Pagé et Louise Blouin. « Archives québécoises de la radio et de la télévision ».

Le Comique et l'Humour à la radio québécoise. Aperçus historiques et textes choisis, 1930-1970, Montréal, 2 vol. : vol. 1, Éditions La Presse, 1976, 677 p. Ill. ; vol. 2, Fides, 1979, 736 p. Ill. Collab. Pierre Pagé.

Répertoire des dramatiques québécoises à la télévision 1952-1977. Vingt-cinq ans de télévision à Radio-Canada : téléthéâtres, feuilletons, dramatiques pour enfants, Montréal, Fides, 1977, 252 p. Collab. Pierre Pagé. Avant-propos des auteurs. « Archives québécoises de la radio et de la télévision ».

Robert Choquette, romancier et dramaturge de la radio-télévision, Montréal, Fides, 1977, 287 p. Ill. « Archives québécoises de la radio et de la télévision ».

Dictionnaire des auteurs du radio-feuilleton québécois, Montréal, Fides, 1981, 200 p. Collab. Pierre Pagé, Suzanne Allaire-Poirier et Louise Blouin. « Radiophonie et Société québécoise ».

Propagande de guerre et Nationalismes dans le radio-feuilleton, 1939-1955, Montréal, Fides, 1981, 526 p. Collab. Michel de Smet, Marie-Christine Leduc et Pierre Pagé. « Radiophonie et Société québécoise ».

Un roman nouveau. Prochain Épisode, CSM, n⁰ 1, 1967, p. 152–157.

Le Théâtre à la radio et à la télévision au Québec, dans *Le Théâtre québécois*, Montréal, Fides, 1976, p. 291–318. Collab. Pierre Pagé. « ALC » 5.

Les Fonctions de destinateur et de sujet dans les téléromans québécois 1953-1963, dans *Recherches québécoises sur la télévision*, Laval, Éditions coopératives Albert Saint-Martin, 1980, p. 29–45. « Communications ».

ÉTUDES

[Anonyme], *Problèmes d'analyse symbolique*, dans *Présence francophone*, n⁰ 5, automne 1972, p. 216–217.

Joseph Melançon, *Problèmes d'analyse symbolique sous la direction de Pierre Pagé et de Renée Legris*, LAQ 1972, p. 238–239.

[Anonyme], *Robert Choquette de Renée Legris*, dans *Le Livre canadien*, vol. 4, mars 1973, n⁰ 91.

Jacques Michon, *Robert Choquette et le Roman feuilleton*, LQ, vol. 1, n⁰ 7, août-sept. 1977, p. 28–30.

Réal Ouellet, *Le Comique et l'Humour à la radio québécoise par Pierre Pagé et Renée Legris*, LQ, n⁰ 19, automne 1980, p. 64–66.

D.W. Russell, *Du théâtre à la radio et de la radio au théâtre : Pierre Pagé, Renée Legris. Le Comique et l'Humour à la radio québécoise, II ; Gratien Gélinas, Les Fridolinades 1945 et 1946*, dans *Canadian Drama/L'Art dramatique canadien*, vol. 7, n⁰ 1, printemps 1981, p. 113–117.

Pierre L'Hérault, *Propagande de guerre et Nationalismes dans le radio-feuilleton (1939-1955)*, LAQ 1981, p. 304–306.

Jacques Michon, *Radio-feuilletons et Morceaux choisis*, LQ, n⁰ 26, été 1982, p. 66–67.

LEJEUNE, ANDRÉ. Voir BIRON, HERVÉ.

LE JEUNE, LOUIS Marie Cyprien (1857–1935). Historien et essayiste, né à Pleybert-Christ (Finistère, France). Après ses études au Petit Séminaire de Saint-Pol-de-Léon et au Juniorat de Notre-Dame-de-Sion, il entre au noviciat des Oblats, à Nancy, en 1877. Il prononce ses vœux perpétuels au scolasticat d'Autun en 1879, termine ses études au scolasticat de Belmont House (Irlande) et est ordonné prêtre à Dublin, le 24 juin 1883. Après huit ans d'enseignement à Notre-Dame-de-Sion, il retourne aux études à Paris, à l'Institut catholique et à la Sorbonne (1891-1893), et reprend l'enseignement au Juniorat Saint-Charles, à Valkenburg, dans le Limbourg hollandais (1893-1895). Il arrive au Canada en 1896, fait un court stage à Saint-Pierre de Montréal, puis est nommé professeur de rhétorique à l'Université d'Ottawa, avec résidence au Juniorat du Sacré-Cœur où il demeure jusqu'à sa mort. Il cesse d'enseigner en 1913 pour préparer des tableaux synoptiques d'histoire et son grand dictionnaire. En 1900, il fonde la *Revue littéraire de l'Université d'Ottawa*, destinée surtout aux étudiants des collèges ; elle disparaît en 1907, et n'a aucun lien avec la *Revue de l'Université d'Ottawa*, fondée en 1931. L'ouvrage majeur du Père Le Jeune est son dictionnaire général du Canada, commencé en 1905 et publié en 1931. Cette œuvre est encore une source de référence de première importance et a mérité à l'auteur plusieurs récompenses : la médaille de la Société historique de Montréal (1932), la médaille

Pro Ecclesia et Pontifice (1933) et la médaille de l'Académie française remise à l'Université d'Ottawa à titre posthume, en 1937.

ŒUVRES

Tableaux synoptiques de l'histoire du Canada, comprenant 4 fascicules : *Tableaux synoptiques de l'histoire du Canada. Premier fascicule (1500–1600)*, Ottawa, Chez l'auteur, [1915], 26 p. ; *Deuxième fascicule (1600–1700)*, [1916], p. 27–104 ; *Troisième fascicule (1700–1800)*, 1917], xi–xvii, p. 105–234 ; *Quatrième fascicule (1800– 1900)*, [1917], xviii–xxix, p. 235–373. (Édition rédigée pour l'enseignement classique et académique).

Tableaux synoptiques de l'histoire de l'Acadie. Fascicule spécial 1500–1760 avec suppléments concernant Terre-Neuve et la Nouvelle Angleterre faisant suite aux Tableaux de l'histoire du Canada, [1918], iv, v, 97, vi, iii p.

La Beauté de l'âme chrétienne, religieuse, sacerdotale (lectures spirituelles), Ottawa, Juniorat du Sacré-Cœur, 1922, xvii, 390 p.

Marie-Madeleine de Chauvigny ou Madame de la Peltrie, Montréal, L'Œuvre des tracts, n° 63, 1924, 16 p.

Dictionnaire général de biographie, histoire, littérature, agriculture, commerce, industrie et des arts, sciences, mœurs, coutumes, institutions politiques et religieuses du Canada, Ottawa, Université d'Ottawa, 1931, 2 vol. : vol. 1, viii, 862 p. ; vol. 2, 829 p. (Ouvrage orné de 189 photographies et 56 gravures hors-texte sur papier de luxe).

Le Chevalier Le Moyne, sieur d'Iberville, [Ottawa], EUO, 1937, 253 p. Préface de Séraphin Marion.

Note : Avant d'arriver au Canada, le Père Louis Marie Le Jeune avait publié à Paris, chez Delhomme et Briguet, plusieurs manuels scolaires, entre autres, *Les Auteurs anglais* (1891–1892) et *Les Auteurs grecs* (1895).

ÉTUDES

P.-B. Mignault, *Le Père Le Jeune, o.m.i.*, dans *La Bannière de Marie Immaculée*, 38ᵉ année, 1930, p. 65–68.

Olivier Maurault, « *Le Dictionnaire* » *du Père Le Jeune*, RUO, vol. 2, 2ᵉ année, avril–juin 1932, p. 213–218.

Gustave Lanctot, *Dictionnaire général... du père L. Le Jeune*, CHR, vol. 13, n° 3, 1932, p. 313–315.

Elphège Richard, *Le Père Le Jeune*, dans *La Bannière de Marie Immaculée*, n° 44, 1936, p. 15–23.

Paul Wyczynski, *Le Centre de recherches en littérature canadienne-française de l'Université d'Ottawa. Histoire, but et structures*, dans *Recherche et Littérature canadienne-française*, Ottawa, EUO, 1969, p. 111–133, surtout p. 113–114. « CCRCCF ».

LE JEUNE, PAUL (1591–1664). Chroniqueur et missionnaire, né à Vitry-le-François (France). Ayant abjuré le calvinisme, il entre chez les jésuites en 1613, est ordonné prêtre en 1626 et sera nommé Supérieur général de la mission au Canada en 1632. Le compte rendu de son voyage, la « Brièvé

Relation », impressionne fortement le Provincial ; celui-ci fait imprimer ce texte qui devient *Relation de ce qui s'est passé en la Nouvelle-France en l'année 1632*. Ainsi s'explique l'origine d'une œuvre célèbre, collective, celle qu'on connaît aujourd'hui sous le titre de *Relations des Jésuites*. À partir de 1632, année après année, le public français peut suivre le travail des missionnaires en Amérique. Le Père Le Jeune en rédige au moins sept (1632–1639). Les *Relations* ne devaient s'arrêter qu'en 1673 et même après cette date circulent à Paris les comptes rendus de mission en Nouvelle-France à l'état de manuscrit. Retourné en France en 1649, le Père Le Jeune continue de s'intéresser à la Nouvelle-France ; procureur et chargé d'affaires, il rédige toujours, d'après les documents reçus, des relations annuelles. Certaines portent une marque particulière de sa collaboration : celles de 1651–1652, de 1652–1653, de 1654–1655, 1656–1657, de 1658–1659 et de 1660–1661. Le Père Le Jeune est aussi l'auteur de la *Solitude de dix jours sur les plus solides vérités et maximes de l'Évangile*. Au lendemain de sa mort paraissent ses *Épîtres spirituelles*. Au point de vue strictement littéraire et historique, le Père Le Jeune donna naissance à un récit particulier qui par son contenu est une relation annuelle, exécutée toujours de la même façon et dans le même but, à savoir : intéresser la France au travail de ses missionnaires dans le Nouveau Monde. Ces rapports frappent par la richesse de l'observation et une description qui ne manque ni de couleur ni de cohérence. Dans l'écriture de Paul Le Jeune se manifeste, autour des sujets canadiens, la beauté du style classique. « Il se trouve, explique Léon Pouliot, que pour satisfaire la curiosité et la piété françaises, il n'a pas à inventer des faits ou des récits soi-disant merveilleux. Il lui suffit de dire ce qu'il a sous les yeux des sentiments qu'éprouve son âme dans ce pays lointain, si différent de la France. Et comme son style ne manque ni de coloris ni de chaleur, le récit est attachant ».

ŒUVRES

Note : Les Relations des Jésuites comprennent les rapports annuels (1632–1674) préparés par le supérieur des missions de la Nouvelle-France, adressés au supérieur de la Compagnie de Jésus à Paris. Si le titre est habituellement le même, le sous-titre change d'une année à l'autre et la structure de l'ensemble n'échappe pas aux modifications. Il est difficile d'identifier avec précision les auteurs de ces relations. On convient de dire que le Père Paul Le Jeune en a rédigé plus qu'un tiers : 1632–1639, 1658, 1660–1661. D'autres Pères ont aussi leur part : Barthélémy Vimont, Jérôme Lalemant, Paul

Ragueneau, François-Joseph Le Mercier, Jean de Quen, Claude Dablon... Les *Relations* furent publiées par un puissant éditeur de Paris, Sébastien Cramoisy (signe aussi Sébastien et Gabriel Cramoisy et Sébastien Mabre-Cramoisy). À noter qu'une relation parut en 1638, à Rouen, chez l'éditeur Jean Le Boulenger.

Relations des Jésuites, contenant ce qui s'est passé de plus remarquable dans les missions des Pères de la Compagnie de Jésus dans la Nouvelle-France, Québec, Augustin Côté & Cie, 1858, 3 vol. ; Montréal, Éditions du Jour, 1972, 6 vol. Traduction anglaise : Reuben Gold Thwaites [éditeur], *The Jesuit Relations and Allied Documents. Travels and Explorations of the Jesuit Missionaries in New France, 1610-1791*, Cleveland, Burrows Brothers Company, 1896-1901, 73 vol. ; New York Pagent Book Company, 1959, 36 vol.

Épistres spirituelles, escrites à plusieurs personnes de piété [...], Paris, F. Lambert, 1665, 682 p. ; Paris, V. Palme, 1875, xxvi, 534 p.

Solitude de dix jours sur les plus solides vérités et sur les plus saintes maximes de l'Évangile, Paris, F. Lambert, 1665, 326 p. ; Paris, M. Le Petit, 1674, 454 p. ; Lyon, F. Comba, 1675, 437 p. ; Paris, R. Guignard, 1680, 323 p. ; Paris, J. Hérissant, 1680, 454 p.

Paul Le Jeune S.J., Montréal, Fides, 1957, 95 p. Textes choisis et présentés par Léon Pouliot. « CC ».

La Mission du Père Paul Le Jeune sur la Côte-du-Sud, 1633-1634, Québec, [s.é.], 1970, 44 p. Présentation, notes et cartes par Adrien Caron.

Le Missionnaire, l'Apostolat, le Sorcier : relation de 1634 de Paul Le Jeune, Montréal, PUM, 1973, xli, 261 p. Édition critique préparée par Guy Laflèche. « Bibliothèque des lettres québécoises ».

ÉTUDES

Camille de Rochemonteix, *Les Jésuites de la Nouvelle-France au XVIIe siècle*, Paris, Letousey et Ané, 1895, vol. 1, p. 430-446.

Lawrence C. Wroth, *The Jesuit Relations from New France*, dans *Papers of the Bibliographical Society of America*, vol. 30, n° 2, 1936, p. 110-149.

James McCoy, *Jesuit Relations of Canada 1632-1673. Bibliography*, Paris, Arthur Rau, 1937, xv, 345 p. (Nombreux renseignements bibliographiques sur tout le corpus des *Relations* des Jésuites.

Léon Pouliot, *Étude sur les Relations des Jésuites de la Nouvelle-France (1632-1672)*, [Paris], Desclée de Brouwer, 1940, xii, 319 p.

Jules Chassé, *Le Père Le Jeune, missionnaire-colonisateur*, RHAF, vol. 12, n°s 1-2, 1958-1959, p. 59-79, 217-246.

Adrien Caron, *La Mission du Père Le Jeune sur la Côte-du-Sud, 1633-1634*, RHAF, vol. 17, n° 3, 1963-1964, p. 371-395.

Léon Pouliot, *La Contribution du P. Paul Le Jeune aux Relations des Jésuites de 1650-1663*, BRH, vol. 68, 1966, p. 49-54, 77-86, 131-135.

Id., *Paul Le Jeune*, DBC, vol. 1, 1966, p. 464-469.

Robert Mélançon, *Supplément à la Relation de 1634*, EF, vol. 10, n° 2, mai 1974, p. 201-218.

Guy Laflèche, *Le Narrateur des Premières Relations*, RUO, vol. 48, n°s 1-2, janv.-avril 1978, p. 46-61.

Claude Rigault et Réal Ouellet, *Relations des Jésuites*, DOLQ 1, 1980, p. 637-649.

LELIÈVRE, SYLVAIN (1943–). Poète et chansonnier, né à Québec. Il fait ses humanités à l'Externat classique Saint-Jean-Eudes (B.A., 1961), puis, après deux ans à l'École d'architecture (1961-1963), il se tourne vers les lettres et obtient sa licence à l'Université Laval en 1966. Il est professeur à Québec (1965-1968) et au Cégep de Maisonneuve (Montréal) à partir de 1968. Son premier recueil, *Chansons*, paraît en 1969, mais le chansonnier s'est fait connaître en 1963 avec le premier prix du concours « Chansons sur mesure ». Il publie aussi des poèmes dans *Émourie, La Tourmente, Nord...* Sylvain Lelièvre est d'abord auteur-compositeur-interprète, mais il écrit en outre la musique de comédies musicales de Michel Tremblay et Roger Dumas présentées au théâtre de Marjolaine Hébert à Eastman. Pierre Beaulieu écrit, peu après le lancement de l'album *Intersections* (1979), qu'il est « l'un des plus beaux faits au cours de la dernière année. Les chansons sont magnifiques, d'une écriture impeccable, au niveau des textes comme de la musique. [...] C'est un grand disque, propre, sans bavure ». Beaulieu dit encore, à propos de l'écriture poétique de Lelièvre : il est « un des derniers artisans de la chanson. Il est un des seuls, en effet, à être demeuré près des sources, à travailler à l'essentiel, [...] à se rappeler qu'une chanson est composée à parts égales d'un texte et d'une musique ».

ŒUVRES

Chansons, Sillery, Éditions de l'Arc, 1969, 73 p. « L'Escarfel ».

Les Trottoirs discontinus (poésie), Sillery, Éditions de l'Arc, 1969, 93 p. « L'Escarfel ».

Les Sept portes (poésie), Montréal, Nouvelles Éditions de l'Arc, 1972, 91 p. « L'Escarfel ».

Entre écrire. Poèmes et chansons 1962-1982, Montréal, Nouvelles Éditions de l'Arc, 1982, 252 p. Ill. « L'Escarfel ».

Poèmes, dans *La Tourmente*, Québec, Université Laval, 1966, p. 137-141.

Vigneault le poète : un destin d'homme assumé dans la solitude, l'amour, l'espérance, dans *L'Action*, vol. 60, n° 17866, 20 janv. 1967, p. 12.

Complainte, LAQ 1969, p. 117.

La Longue Marche, dans *Nord*, n° 1, automne 1971, p. 115-118.

DISCOGRAPHIE

Sylvain Lelièvre. Programme double, Montréal, Les Disques Presqu'île, [1976], PE-7503, 33 1/3 tours.

Sylvain Lelièvre, Montréal, Les Disques Presqu'île inc., [1978], PE-7509, 33 1/3 tours.

Sylvain Lelièvre. Intersections, Montréal, Les Disques Presqu'île, [1979], PE-7518, 33 1/3 tours.

Môman est là. Lettre de Toronto. Marie-Hélène, Montréal, Les Disques St-Denis inc., [1980], SD-3003, 33⅓ tours.

Venir au monde, Montréal, Kébec Disc, [1981], KD-529, 33⅓ tours.

À frais virés, Montréal, Kébec Disc, [1983], 33⅓ tours.

Lignes de cœur, Montréal, Kébec Disc, [1986], KD-641, 33⅓ tours.

ÉTUDES

[C.B.], *Sylvain Lelièvre : faire chanter le quotidien,* So, vol. 69, n° 58, 5 mars 1966, p. 25.

Jean Royer, *Sylvain Lelièvre et la Chanson «Tentative de bonheur »,* dans *L'Action,* vol. 59, n° 17 601, 5 mars 1966, p. 20.

Paul Rioux, *Sylvain Lelièvre, poète du quotidien,* So, 72ᵉ année, n° 41, 15 févr. 1969, p. 40.

[Anonyme], *Jean-Pierre Ferland et Sylvain Lelièvre, deux gagnants du concours « Chansons sur mesure »,* dans *Sept Jours,* 3ᵉ année, n° 39, 14 juin 1969, p. 29.

Gérard-Claude Fournier, *Les Trottoirs discontinus,* LAQ 1969, p. 113–114.

Gilles Marcotte, *Chroniques : la poésie,* EF, vol. 6, n° 2, mai 1970, p. 234.

Id., Les Mots : comme des choses, EF, vol. 10, n° 2, mai 1974, p. 132.

Marie-Odile Vézina, *Pour Lelièvre le succès est venu à pas de tortue,* Pe, vol. 18, n° 29, 17 juillet 1976, p. 6–9.

[Anonyme], *Sylvain Lelièvre en haut « Les nerfs à l'air en bas ! »,* dans *Dimanche-matin,* vol. 24, n° 2, 16 janv. 1977, p. B-13.

Gaëtan Chabot, *... Au rythme de la tortue ! Lelièvre,* dans *Dimanche-Matin,* vol. 24, n° 27, 10 juillet 1977, p. B-1.

[Anonyme], *Après avoir composé la musique de « Folies douces »,* *Sylvain Lelièvre prépare cet été son prochain microsillon,* PJ, 51ᵉ année, n° 36, 9–15 juillet 1977, p. 12.

Pierre Beaulieu, *Sylvain Lelièvre orfèvre de la chanson. Les « petits objets simples » de Sylvain Lelièvre,* Pr, 94ᵉ année, n° 124, 27 mai 1978, p. D-1, D-7.

André G.-Bourassa, *La Poésie,* LQ, n° 11, sept. 1978, p. 33–34.

Pierre Beaulieu, *Lelièvre à l'intersection,* Pr, 95ᵉ année, n° 210, 1ᵉʳ sept. 1979, p. B-1, B-3.

Id., Sylvain Lelièvre. Pour la 1ʳᵉ fois le grand public, Pr, 98ᵉ année, n° 200, 28 août 1982, p. C-1, C-6.

Von dulong

LEMAIRE, MICHEL (1946–). Poète, nouvelliste et critique littéraire, né à Ciboure (Basses-Pyrénées, France). Arrivé au Canada à sept ans (1954), il fait ses humanités au Collège Stanislas de Montréal (B.A., 1965). Il obtient ensuite, à l'Université de Caen, une licence ès lettres (1967) et, à l'Université de Montréal, une maîtrise (1970) pour un mémoire intitulé « La Réflexion d'Albert Camus sur la création littéraire », et un doctorat (1976) pour une thèse sur *Le Dandysme de Baudelaire à Mallarmé.* Il est professeur au Collège Stanislas de 1967 à 1970, dans quelques autres institutions de Montréal de 1975 à 1978, et à l'Université d'Ottawa à partir de 1978. Il collabore à *Voix et Images, Études françaises...* et en particulier à *Liberté.* La thèse de Michel Lemaire, parue en 1978, veut surtout montrer comment dandysme et création s'unissent chez l'écrivain-dandy. La critique est favorable : « Il ouvre de vastes et riches perspectives sur plus d'un demi-siècle, écrit Jacques Landrin ; il allie les vues synthétiques au sens aigu des nuances [...]. La fermeté du style et la netteté du plan le rendent d'une lecture agréable ». Dans son premier recueil de poésie, *L'Envers des choses* (1979), Robert Mélançon retrouve « l'élégante ironie du dandy » ainsi qu'une « pudeur intelligente qui nous change heureusement des éructations de poètes ‹ inspirés › ». Poèmes et nouvelles continuent à paraître en revues, puis Lemaire publie deux recueils en deux ans : *Cavalier d'ennui* (1984) et *Ambre gris* (1985). La critique est flatteuse. Les textes du premier recueil, « sont brefs, précis, rapides, efficaces le plus souvent », écrit François Hébert. Leur qualité « réside moins dans le contenu toutefois que dans le ton, dans l'écriture, dans l'attention au détail, dans leur agencement ». Ce recueil est « en train de s'imposer, dit Stéphane Lépine, [...] comme étant un ouvrage exemplaire ».

ŒUVRES

L'Envers des choses. Poèmes, Montréal, Quinze, 1976, 103 p. Ill. de François de Lucy.

Le Dandysme de Baudelaire à Mallarmé (essai), Montréal/Paris, PUM/Éditions Klincksieck, 1978, 330 p.

Cavalier d'ennui. Nouvelles, Longueuil, Le Préambule, 1984, 101 p. « Murmures du temps ».

Ambre gris. Poème, Saint-Lambert, Éditions du Noroît, 1985, 68 p. Gouache de Jacques Brault. « L'Instant d'après ».

―――――――

Pour mémoire (poèmes), EF, vol. 5, n° 4, nov. 1969, p. 439–453.

L'Hiver chaviré (nouvelle), L, n° 70, juillet 1970, p. 39–53.

Voyages d'orgueil (poésie), dans *Noir et Rouge,* n° 3, oct. 1970, p. 92–96.

L'Accident (nouvelle), L, n° 78, mars 1972, p. 32–35.

Poèmes, EF, vol. 8, n° 2, mai 1972, p. 153–166.

Les Golfes obliques et autres, L, n° 89, oct. 1973, p. 26–33.

Enfants de saturne (nouvelle), L, n° 99, mai 1975, p. 3–8.

Contre le temps (poésie), L, n° 105, mai 1976, p. 25–31.

« *Jacques Brault dans le matin* », VI, vol. 2, n° 2, déc. 1976, p. 173–194.

L'Homme gris (nouvelle), L, n° 123, mai 1979, p. 89–97.

Transit (poésie), L, n° 137, sept. 1982, p. 27–35.

Giguère et Michaux, RUO, vol. 54, nº 1, janv.–mars 1984, p. 15–28.

ÉTUDES

Robert Mélançon, *Michel Lemaire. L'Envers des choses,* LAQ 1976, p. 125–127.
Pierre Nepveu, *Michel Lemaire : L'Envers des choses,* LQ, vol. 1, nº 5, févr. 1977, p. 13–15.
Gabrielle Poulin, *L'Envers des choses en robe « demi-deuil ». La poésie de Michel Lemaire,* Rel, vol. 37, nº 427, juin 1977, p. 190–191.
Henri Jones, *Michel Lemaire. Le Dandysme de Baudelaire à Mallarmé,* LAQ 1978, p. 218–219.
Jacques Landrin, *Michel Lemaire : Le Dandysme de Baudelaire à Mallarmé,* dans *L'Information littéraire,* nº 1, janv.-févr. 1980, p. 34–35.
Gerhard Schmidt, *Michel Lemaire : Le Dandysme de Baudelaire à Mallarmé,* dans *Lettres romanes,* vol. 34, nᵒˢ 3-4, 1980, p. 287–289.
François Hébert, *Entre les ennuis de l'un et l'ennui de l'autre,* Dev, vol. 75, nº 209, 8 sept. 1984, p. 13.
Réjane Bougé, *« La Flamme et la Forge » et « Cavalier d'ennui ». Le romantisme et l'ennui revisités,* Dr, 72ᵉ année, nº 255, 26 janv. 1985, p. 36.
Stéphane Lépine, *Lemaire (Michel). Cavalier d'ennui,* dans *Nos livres,* vol. 16, mars 1985, nº 6127.
Thierry Horguelin, *Cavalier d'ennui,* dans *Nuit blanche,* nº 19, juin-août 1985, p. 6.

LEMAY, FRANCINE (1950–   ). Romancière et essayiste, née à Sainte-Croix (Lotbinière). Elle fait ses études au Couvent de Sainte-Croix et au Cégep de Trois-Rivières (1963–1969), puis elle obtient un baccalauréat en études littéraires à l'Université du Québec à Montréal (1976) et un certificat arts et sciences (1982) à l'Université de Montréal où elle poursuit ensuite des études d'histoire. Son premier livre est un essai féministe, *La Maternité castrée* (1978) : « Une parole qui renaît, s'affirme, sait prendre sa place, dit Gaétane Payeur-Milot. Une écriture concise, tantôt drue, tantôt douce, qui jamais n'a peur. [...] Ce livre est un cri de révolte contre la domination, l'exploitation, la définition paralysante de la mère par l'homme ». Un roman, *Evagabonde* (1981), second ouvrage de Francine Lemay, reçoit un accueil un peu froid : « L'auteur, écrit Monique Roy, est infiniment chaleureuse, sa démarche authentique. On voudrait adhérer au langage qu'elle propose. Pourtant, il y manque l'étincelle qui l'eût désencombré, unifié ».

ŒUVRES

La Maternité castrée (essai), Montréal, Parti Pris, 1978, 157 p. « Délire ».
Evagabonde. Roman, Montréal, VLB éditeur, 1981, 172 p. Ill. de Jean-Marc Blier.

La Falaise. Roman, Montréal, L'Hexagone, 1985, 118 p. « Fictions ».

ÉTUDES

Gaétane Payeur-Milot, *Lemay (Francine). La Maternité castrée,* dans *Nos Livres,* vol. 11, juin-juillet 1980, nº 203.
Monique Roy, *Evagabonde. Ça roule cahin-caha,* dans *Le Livre d'ici,* vol. 6, nº 41, 15 juillet 1981, p. 2.

LE MAY, Léon-PAMPHILE (1837–1918). Poète, conteur, romancier et dramaturge, né à Lotbinière. Après ses études primaires à Trois-Rivières (1846–1850), et un cours préparatoire chez le notaire Bédard à Lotbinière (1850–1852), il fait ses études classiques au Petit Séminaire de Québec, s'inscrit en droit, abandonne, va travailler aux États-Unis et à Sherbrooke, et passe au Grand Séminaire d'Ottawa qu'il quitte après deux ans. Il revient à Québec, à l'étude du droit chez Lemieux et Rémillard (1860–1865), se lie d'amitié avec Louis Fréchette, et sera nommé, comme celui-ci, traducteur à l'Assemblée législative du Canada-Uni (1861–1866). Il est reçu avocat en 1865. La même année, il publie son premier recueil de vers, *Essais poétiques.* Il est couronné premier lauréat du concours de poésie inauguré par l'Université Laval, en 1867, pour un long poème intitulé « La Découverte du Canada ». En 1867, il est nommé conservateur de la Bibliothèque de l'Assemblée législative de Québec, poste qu'il occupe pendant un quart de siècle. En 1869, son « Hymne pour la fête nationale des Canadiens français » lui mérite de nouveau la médaille d'or de l'Université Laval. En 1882, il est membre fondateur de la Société royale ; en 1888, l'Université Laval lui décerne le grade de docteur ès lettres ; en 1910, le gouvernement français lui remet la rosette d'officier de l'Instruction publique. Démis de ses fonctions par un nouveau gouvernement en 1890, il s'établit définitivement à la campagne. Il se consacre à la création littéraire au sein de la nature qu'il chante. Il meurt le 11 juin 1918, à Saint-Jean-Deschaillons. Sa façon d'écrire et de voir est celle du romantisme québécois des années 1860. Son œuvre est abondante et variée. Après ses *Essais poétiques* au titre bien approprié, il écrit un mélodrame, trois comédies et trois romans. Il publie par la suite ses *Contes vrais*

(1899), la meilleure part de sa prose. Il a longuement réfléchi sur l'art de conter ; son premier écrit, publié dans le *Journal de Québec* des 10 et 21 novembre 1863, est en effet une nouvelle intitulée « L'Épreuve ». Dans les *Contes vrais*, il marie habilement le rêve à la vie réelle. Le désir de faire mieux se manifeste chez Pamphile Le May dans le travail inlassable auquel il soumet toute son œuvre, par exemple son long poème *Les Vengeances* (1875), sorte de conte rimé, qui devient *Tonkourou* en 1888. Avec non moins d'acharnement il traduit *The Golden Dog* de William Kirby : *Le Chien d'or* qui paraît chez Garneau, à Québec, en 1884. On peut en dire autant de l'*Évangéline* de Longfellow, dont Le May retouche sans cesse sa traduction de 1862 à 1910. Dans sa propre poésie, la critique a remarqué surtout *Les Gouttelettes* (1904), recueil de sonnets de belle venue et de facture parnassienne. Jusqu'à sa mort, il modifie ses anciens poèmes, et on peut encore remarquer ce même labeur dans ses deux derniers recueils : *Les Épis* (1914) et *Reflets d'antan* (1916). Dans son ensemble, l'œuvre de Pamphile Le May est de tendance intimiste : il aime la nature et sa petite patrie, comme le feront Nérée Beauchemin et Blanche Lamontagne. Romain Légaré a remarqué justement que le poète de Lotbinière préféra la flûte à la trompette : « Nul avant lui n'avait songé à poétiser la vie intime du Canadien, à peindre, au lieu des traits héroïques empruntés à l'histoire, la vie toute simple des habitants de son pays, à glorifier leurs traditions, leurs croyances, leurs fêtes naïves. C'est pourquoi il fut en son temps, peut-être le plus populaire des poètes. Il fut le poète des Canadiens comme, au dernier siècle, Brizeux le fut de la Bretagne ».

ŒUVRES

Essais poétiques, Québec, G.E. Desbarats, imprimeur-éditeur, 1865, xii, 320 p. Comprend *Évangéline,* traduction du poème de Longfellow ; *Évangéline, traduction du poème acadien de Longfellow,* Québec, P.-G. Delisle, imprimeur, 1870, 192 p. ; *Petits Poèmes,* Québec, Typographie de C. Darveau, 1883, 265 p. ; *Évangéline et Autres Poèmes de Longfellow,* Montréal, Cie J.-Alfred Guay, éditeurs, 1912, 211 p. Traduction libre par Pamphile Lemay. Préface d'Édouard Richard ; Montréal/Paris, Éditions Leméac/Éditions d'aujourd'hui, 1978. « Les Introuvables québécois ». (Réimpression de l'édition de 1912).

Deux poèmes couronnés par l'Université Laval, Québec, P.-G. Delisle, imprimeur, 1870, 250 p.

Les Vengeances. Poème canadien, Québec, Typographie de C. Darveau, 1875, 323 p. ; *Tonkourou,* J.O. Filteau & frère, libraires-éditeurs, 1888, 295 p. ; *Les Vengeances.*

Poème rustique, Montréal, Granger Frères, limitée, libraires-éditeurs, 1930, 286 p.

Les Vengeances. Drame en 6 actes, Québec, Imprimé par Léon Bossue dit Lyonnais, 1876, 44 p. « Théâtre national ».

Le Pèlerin de Sainte-Anne (roman), Québec, Typographie de C. Darveau, 1877, 2 vol. : vol. 1, 312 p. ; vol. 2, 341 p. ; *Le Pèlerin de Sainte-Anne. Roman de mœurs,* Montréal, C.O. Beauchemin et fils, libraires-imprimeurs, 1893, 309 p. ; *Le Pèlerin de Sainte-Anne,* Tours/Montréal, Maison Alfred Mame et fils/Granger frères limitée, 1930, 366 p. Ill. d'André Fournier. « Canadienne ». (Édition pour la jeunesse).

Picounoc le maudit (roman), Québec, Typographie de C. Darveau, 1878, 2 vol. : vol. 1, 379 p. ; vol. 2, 288 p. ; Montréal, Hurtubise HMH ltée, 1972, 326 p. Portrait. Présentation par Anne Gagnon. « Cahiers du Québec. Textes et documents littéraires ».

La Chaîne d'or. Poème, Québec, Typographie de C. Darveau, 1879, 24 p.

Une gerbe. Poésies, Québec, Typographie de C. Darveau, 1879, 232 p.

Fables canadiennes, Québec, Typographie de C. Darveau, 1882, 351 p. ; *Fables,* 1891, 292 p. ; Montréal, Librairie Granger, 1903, 168 p. ; Librairie Granger frères, limitée, 1925, 151 p.

L'Affaire Sougraine (roman), Québec, Typographie de C. Darveau, 1884, 459 p.

Le Chien d'or, légende canadienne par William Kirby, Montréal, Imprimerie de l'Étendard, 1884, 2 vol. : vol. 1, x, 483 p. ; vol. 2, 294 p. ; *Le Chien d'or,* Québec, Librairie Garneau, limitée, 1926, 2 vol. : vol. 1, 371 p. ; vol. 2, 399 p. Préface de Benjamin Sulte ; Québec, Éditions Garneau, 1971, 2 tomes en 1 vol. : 369 p. ; 399 p. « Garneau/Histoire ».

Rouge et Bleu. Comédies, Québec, Typographie C. Darveau, 1891, 288 p. (Comprend *Sous le bois, En livrée* et *Rouge et Bleu*).

Fêtes et Corvées (contes), Lévis, Pierre-Georges Roy, éditeur, 1898, 82 p. « BC ».

Contes vrais, Québec, Le Soleil, 1899, 259 p. ; Montréal, Librairie Beauchemin, limitée, 1907, 553 p. Ill. d'Edmond-J. Massicotte. (Édition revue et augmentée) ; Tours/Montréal, Maison Alfred Mame & fils/Granger frères limitée, 1930, 235 p. Ill. Maîtrejean. « Canadienne » ; Montréal, Fides, 1973, 284 p. Préface de Romain Légaré. « N » ; 1980, 282 p. Chronologie, bibliographie et jugements critiques d'Aurélien Boivin. « BQ ».

Les Gouttelettes. Sonnets, Montréal, Librairie Beauchemin, 1904, 232 p. Portrait ; Québec, [s.é.], 1937, xiv, 237 p. Portrait. Préface de Camille Roy.

Entendons-nous, vaudeville en 1 acte, [Ottawa, s.é.], 1911, 11 p.

Les Épis. Poésies fugitives et Petits Poèmes, Montréal, La Cie J.-Alfred Guay, libraires-éditeurs, 1914, 257 p.

Reflets d'antan. Poèmes, Montréal, Granger frères, limitée, libraires-éditeurs, 1916, 220 p.

Pamphile Le May, Montréal/Paris, Fides, 1969, 95 p. Textes choisis et présentés par Romain Légaré. « CC ».

L'Épreuve au coin du feu chez la mère Marichette (nouvelle), dans *Le Journal de Québec,* vol. 21, nᵒˢ 133–138, 10–21 nov. 1863.

Notice bibliographique de la Grande-Tronciade de M.-A. Cassegrain, RC, 1866, p. 441–442.

Discours devant la réunion de la Société Saint-Jean-Baptiste : la littérature et la mission de la littérature canadienne-française, dans H.-J.-J.-B. Chouinard, *Fête nationale des Canadiens français célébrée à Québec en 1880,* Québec, A. Côté, 1881, p. 374–383.

Les Poètes illettrés de Lotbinière, NSC, 1883, p. 87–96, 139–144, 168–175, 235–246.

Impressions de voyage, RC, 1895, p. 677–685, 735–745.

Bataille d'âmes (roman), P, vol. 21, nᵒˢ 213–280, 4 nov. 1899–26 janv. 1900.

ÉTUDES

Charles ab der Halden, [*Léon-Pamphile Le May*], dans *Nouvelles Études de la littérature canadienne-française,* Paris, Rudeval, 1907, p. 267–283.

Henri D'Arles, *Eaux fortes et Tailles douces,* Québec, Laflamme & Proulx, 1913, p. 155–177.

Camille Roy, *Léon-Pamphile Le May,* dans *À l'ombre des érables,* Québec, L'Action sociale, 1924, p. 9–62.

Romain Légaré, *Évolution littéraire de Pamphile Le May,* dans *Mouvement littéraire de Québec 1860,* Ottawa, EUO, 1961, p. 259–283. « ALC » 1.

John Hare, *A Bibliography of the Works of Léon Pamphile Le May (1837–1918),* dans *Papers of the Bibliographical Society of America,* vol. 57, 1963, p. 50–60.

David M. Hayne et Marcel Tirol, *Léon-Pamphile Le May,* dans *Bibliographie critique du roman canadien-français 1837–1900,* [Toronto], UTP, [1968], p. 99–103.

Anne Gagnon, *Picounoc le maudit ou La Logique d'un livre sous la toque de monseigneur,* VIP, nᵒ 4, 1973, p. 13–32.

Aurélien Boivin, [*Léon-Pamphile Le May*], dans *Le Conte littéraire québécois au XXᵉ siècle,* Montréal, Fides, 1975, p. 243–256.

Maurice Lemire, *Pamphile Lemay et la Bourgeoisie du XIXᵉ siècle,* VI, vol. 4, nᵒ 1, sept. 1978, p. 98–106.

Paul Gay, *Les « Contes vrais » sont-ils vraiment vrais ?,* Dr, 67ᵉ année, nᵒ 184, 3 nov. 1979, p. 18.

Jacques Gagné, *Pamphile Lemay, un conteur habile et inquiet,* Dr, 68ᵉ année, nᵒ 234, 3 janv. 1981, p. 14.

Pierre de Grandpré, *Pamphile Le May, une correspondance,* dans *L'Incunable,* 18ᵉ année, nᵒ 3, sept. 1984, p. 26–29.

Id., *Le May : le crépuscule d'une œuvre, Ibid.,* 18ᵉ année, nᵒ 4, déc. 1984, p. 20–21.

Yvan Morier, *Moi aussi, j'ai de la chance, Ibid.,* p. 22–23.

LEMELIN, ROGER (1919–). Romancier et essayiste, né à Québec. La crise économique l'oblige à quitter l'école en huitième année. Une jeunesse turbulente, passée dans le faubourg ouvrier Saint-Sauveur, à Québec, exerce une influence marquante sur sa façon de décrire les milieux populaires du Québec. Autodidacte opiniâtre, il travaille dans l'industrie et fait du journalisme. En même temps, il prépare son premier roman, *Au pied de la pente douce* (1944), témoignage des forces nouvelles du Québec, aussitôt salué comme un événement par la critique. Roger Lemelin reçoit alors, en 1946, un prix de l'Académie française et le prix David ; puis il est boursier de la Fondation Rockefeller (1953). De 1948 à 1952, il est journaliste à *Time, Life* et *Fortune.* Il signe pour l'ONF, en 1951, le scénario « L'Homme aux oiseaux », et commence, l'année suivante, à écrire pour la télévision où il connaît un succès retentissant surtout avec *Les Plouffe.* Il obtient, en 1954, le prix de l'Académie des arts et des lettres. Membre de la Société royale du Canada (1949), Roger Lemelin poursuit, depuis 1961, une carrière d'homme d'affaires. Il dirige sa propre maison de publicité, La Société Dubuisson et, en 1972, il devient président-directeur-général de *La Presse.* En 1974, il est élu membre de l'Académie Goncourt. En 1980, il publie ses souvenirs sous le titre *La Culotte en or* ; selon Réginald Martel : « Amoureusement évoqués, des êtres dont personne ne parle jamais prennent ainsi un relief saisissant. Le père, la mère, les professeurs, les religieux, font ce monde immédiat d'une enfance d'il y a cinquante ans ». Dans ses romans, *Au pied de la pente douce* et *Les Plouffe,* Roger Lemelin a dépeint les milieux sociaux défavorisés avec réalisme et force détails. Bien campés dans la trame romanesque, ses personnages incarnent admirablement plusieurs classes sociales des années 1940. Dès le début de sa carrière, en 1944, il s'est imposé au public et à la critique, digne du grand avenir que lui prévoit déjà Roger Duhamel : « Tout cela pour indiquer que Roger Lemelin est un écrivain exceptionnel chez nous, qu'il possède à un degré remarquable des dons authentiques de romancier et qu'*Au pied de la pente douce* demeurera un grand roman, un roman robuste et sain où l'on retrouve, grouillant de vie et aperçu à travers le prisme d'un tel artiste, l'un de nos faubourgs urbains ». Son roman, *Les*

Plouffe, a connu un grand succès à la radio, à la télévision et au cinéma.

ŒUVRES

Au pied de la pente douce (roman), Montréal, Éditions de L'Arbre, 1944, 333 p. ; Paris, Flammarion, 1949 ; Québec, Institut littéraire du Québec, 1954 ; Montréal, CLF, 1967, 347 p. « PoC » ; Montréal, La Presse, 1975, 371 p. Préface de Jean-Charles Falardeau. « Nos Classiques ». Traduction anglaise par Samuel Putnam : *The Town Below*, New York, Reynal & Hitchcock, 1948, xiii, 302 p. ; [Toronto], McClelland and Stewart, 1961, xii, 285 p.

Les Plouffe. Roman, Québec, Bélisle, 1948, 471 p. ; Québec, Institut littéraire du Québec, 1954, 345 p. ; Paris, Flammarion éditeur, 1955, 315 p. « La Rose des vents » ; Montréal, CLF, 1968, 400 p. « PoC » ; La Presse, 1973, 395 p. « Nos Classiques » ; Paris, Flammarion, 1982, 395 p. ; Saint-Laurent, Le Club Flammarion ; *Les Plouffe*, Paris, Éditions J'ai lu, 1984, 378 p. Traduction anglaise par Mary Finch : *The Plouffe Family,* Toronto, McClelland and Stewart Publishers, 1950, 373 p. ; 1975. Introduction de John Moss. « New Canadian Library ».

Fantaisies sur les péchés capitaux (nouvelles), [Montréal], Beauchemin, 1949, 189 p. ; 1950 ; CLF, 1969, 123 p. « PoC ».

Pierre le magnifique (roman), Québec, Institut littéraire du Québec, 1952, 277 p. ; Paris, Flammarion, Éditeur, 1953, 278 p. ; Montréal, CLF, 1971, 288 p. Gilles Séguin. « PoC » ; La Presse, 1974, 261 p. « Nos Classiques ». Traduction anglaise par Harry Lorin Binsse : *In Quest of Splendour*, Toronto, McClelland and Stewart, 1955, 288 p. ; Londres, Arthur Baker Ltd., 1956.

L'Écrivain et le Journaliste (discours), [Montréal, La Presse, 1977 ?], 21 p. (Discours au colloque de la Fédération professionnelle des journalistes du Québec et de l'Université Laval le 13 janvier 1977).

Langue, Esthétique et Morale, [Montréal, La Presse, 1977, n.p., 10 p.].

Plaidoyer pour l'espérance (conférence), [Montréal ?, La Presse, 1977 ?], 22 p. (Publiée en anglais sous le titre *The Case of Hope*).

Le Québec à vol d'oiseau (conférence), [Montréal, La Presse, 1977 ?, n.p., 31 p.].

Le Québec et la Francophonie (conférence), [Montréal, La Presse, 1977 ?, n.p., 10 p.].

[Un Québécois errant] (discours), [Montréal, La Presse, 1977 ?], 30 p. Portrait. (Allocution présentée au colloque du Parti libéral du Canada à Toronto, le 25 mars 1977). Traduction anglaise : *The Wandering Quebecer*.

L'Unité canadienne et la Liberté (conférence), [Montréal, La Presse, 1979 ?], 22 p. (Publiée en anglais sous le titre *Canadian Unity and Freedom*).

Les Voies de l'espérance (essais), Montréal, La Presse, 1979, 367 p.

La Culotte en or (autobiographie), Montréal, La Presse, 1980, 355 p.

Le Crime d'Ovide Plouffe. Roman, Québec, ETR, 1982, 500 p. ; [Paris], Flammarion, 1983. Traduction anglaise par Alan Brown : *The Crime of Ovide Plouffe*, Toronto, McClelland and Stewart, 1984, 408 p.

Léon Bloy, chrétien et littérateur, dans *Regards*, vol. 2, n° 1, mars 1941, p. 32–37 ; n° 3, mai 1941, p. 130–136.

L'Évolution du public en matière d'art, AN, vol. 25, févr. 1945, p. 90–100.

My First Novel, dans *Queen's Quarterly,* vol. 61, n° 2, été 1954, p. 1, 9, 194.

Ce n'est plus l'écrivain qui écrit «pour autrui», mais plutôt le journaliste, Pr, 93e année, n° 12, 13 janv. 1977, p. A-6, A-7.

La Presse et le Référendum : c'est non, Pr, 96e année, n° 117, 17 mai 1980, p. A-6.

ÉTUDES

Roger Duhamel, *Au pied de la pente douce,* AN, vol. 24, août-sept. 1944, p. 55–60.

Guy Sylvestre, *Au pied de la pente douce, par Roger Lemelin,* NR, vol. 4, n° 3, juillet 1945, p. 242–250.

Théophile Bertrand, *Les Plouffe,* dans *Lectures,* t. 5, n° 4, déc. 1948, p. 205–209.

Pierre Daviault, *Présentation de M. Roger Lemelin,* Société royale du Canada, n° 7, 1949–1950, p. 29–38.

Guy-N. Trottier, *Roger Lemelin, romancier et conteur,* RD, vol. 56, n° 2, sept. 1950, p. 92–97.

Jean-Paul Pinsonneault, *Pierre le magnifique,* L, vol. 9, n° 5, janv. 1953, p. 218–220.

W.-E. Collin, *Roger Lemelin : The Pursuit of Grandeur,* dans *Queen's Quarterly,* vol. 61, n° 2, été 1954, p. 195–212.

Nicole Charest, *Roger Lemelin, le surhomme de la TV,* Ch, vol. 2, n° 6, juin 1961, p. 38–39, 82–87.

Luc Dufresne, *Québec chez Harvey et Lemelin,* PP, vol. 2, n° 9, mai 1965, p. 31–36, surtout p. 34–36.

Raymond Turcotte, *Étude sur les classes sociales dans « Au pied de la pente douce » et « Au milieu de la montagne »,* CSM, n° 7, mai 1966, p. 31–43.

Jean-Charles Falardeau, *Notre société et son roman,* Montréal, Hurtubise HMH, 1967, p. 180–234.

François Latraverse, *Roger Lemelin. Les Voies de l'espérance,* LAQ 1979, p. 312–315.

Michel M. Solomon, *Entrevue avec Monsieur Roger Lemelin, président-éditeur de La Presse,* dans *Regards sur Israël,* vol. 8, n° 1, sept. 1979, p. 4–5.

Maurice Lebel, *Roger Lemelin. Les Voies de l'espérance,* Dr, 67e année, n° 272, 16 févr. 1980, p. 18.

Luc Perreault, *Le Tournage des Plouffe. Un album de famille,* Pr, 96e année, n° 199, 23 août 1980, p. B-1, B-14.

Raymonde Bergeron, *Avec les Plouffe, Roger Lemelin se reprend au jeu de la création. Écrire pour moi, c'est de la gaminerie, de l'espièglerie,* Pe (Pr), vol. 22, n° 45, 8 nov. 1980, p. 16–18.

Luc Perreault, *Les Plouffe. Les trois défis de Gilles Carle,* Pr, 97e année, n° 80, 4 avril 1981, p. C-1, C-4.

Jean-Louis Major, *Roger Lemelin au sommet de la pente douce : « La Culotte en or »,* LQ, n° 22, été 1981, p. 56–58.

Jean Royer, *Lemelin : le roman de la culpabilité,* Dev, vol. 73, n° 269, 20 nov. 1982, p. 19.

Réginald Martel, *« Le Crime d'Ovide Plouffe ». Un Lemelin fringant et déluré,* Pr, 98e année, n° 276, 27 nov. 1982, p. C-1, C-3.

Gilles Thérien, *La Réussite et l'Échec : Lemelin, Aquin*, VI, vol. 7, n° 2, hiver 1982, p. 409-411.

François-Marie Gérin-Lajoie, *Le Crime d'Ovide Plouffe de Roger Lemelin*, LQ, n° 29, printemps 1983, p. 72.

Maurice Lebel, *Le Crime d'Ovide Plouffe*, Dr, 71ᵉ année, n° 17, 16 avril 1983, p. 30.

[Anonyme], *Les Plouffe II. Le crime d'Ovide. Une coproduction de $6 millions*, dans *Le Journal de Montréal*, vol. 20, n° 32, 16 juillet 1983, p. 35.

France Simard, *Un vieux conteur à l'air gamin*, Dr, 72ᵉ année, n° 144, 15 sept. 1984, p. 27.

LE MERCIER, FRANÇOIS-JOSEPH (1604-1690). Chroniqueur, né à Paris. Il entre dans la Compagnie de Jésus en 1622 et est ordonné prêtre en 1633. Il arrive en 1635 à Québec où il se consacrera pendant cinquante-cinq ans aux missions de la Nouvelle-France. Il fonde avec des confrères une mission à Sainte-Marie qu'il doit abandonner en 1649 à la suite de l'extermination des Hurons par les Iroquois. En 1653, il est nommé recteur du Collège de Québec et supérieur des missions en Nouvelle-France. Il assume par le fait même la charge des *Relations* des Jésuites ainsi que des rapports annuels expédiés dans la métropole. On lui attribue les relations correspondant aux années 1652-1656, 1664-1667. En parlant des écrits du Père Le Mercier, Lucien Campeau remarque que « son style est clair, précis, vivant, reflétant l'homme d'action et le missionnaire zélé qu'il était ».

ŒUVRE

Relations des Jésuites, Paris, Sébastien Cramoisy (aussi : Sébastien et Gabriel Cramoisy et Sébastien Mabre-Cramoisy), 1632-1672 ; *Relations des Jésuites, contenant ce qui s'est passé de plus remarquable dans les missions des Pères de la Compagnie de Jésus dans la Nouvelle-France*, Québec, Augustin Côté & Cie, 1858, 3 vol. ; Montréal, Éditions du Jour, 1972, 6 vol. Traduction anglaise : Reuben Gold Thwaites [éditeur], *The Jesuit Relations and Allied Documents. Travels and Explorations of the Jesuit Missionaries in New France, 1610-1791*, Cleveland, Burrows Brothers, 1896-1901, 73 vol. ; New York, Pagent Book Company, 1959, 36 vol. (Voir aussi l'article Le Jeune, Paul).

ÉTUDES

Camille de Rochemonteix, *Les Jésuites et la Nouvelle-France au XVIIᵉ siècle*, Paris, Letouzey et Ané, 1895-1896, 2 vol.

Léon Pouliot, *Étude sur les Relations des Jésuites de la Nouvelle-France (1632-1672)*, Paris/Montréal, Desclée de Brouwer, 1940, xii, 319 p.

Lucien Campeau, *François-Joseph Le Mercier*, DBC, vol. 1, 1966, p. 469-471.

LEMIEUX, GERMAIN (1914-). Folkloriste, ethnologue et conteur, né à Cap-Chat (Gaspé-Ouest). Il suit le cours classique au Séminaire de Gaspé (B.A., 1935), puis il entre chez les Jésuites et continue ses études en philosophie (L.Ph., 1941) et en théologie au Collège de l'Immaculée-Conception. Il fera ensuite une maîtrise en histoire (1956) à l'Université Laval dont le mémoire porte sur « La Force de la tradition orale » ; et un doctorat en études canadiennes (1961) dont la thèse s'intitule *Placide-Eustache. Sources et parallèles du conte-type 938*, publiée en 1970. Il est professeur au Collège du Sacré-Cœur de Sudbury (1941-1944 ; 1948-1949), à l'Université Laurentienne de Sudbury (1961-1965), à l'Université Laval (1966-1969) et de nouveau à l'Université de Sudbury (1975-1980). En outre, il dirige le Centre franco-ontarien de folklore qu'il a fondé en 1972. Sa thèse sur *Placide-Eustache* est passionnante, lit-on dans *Le Livre canadien* : elle « ramène à la tradition orale (les Mille et Une Nuits), puis à l'hagiographie grecque et latine, finalement aux versions du Moyen Âge ». Passionné de récits et de traditions populaires, l'infatigable Jésuite recueille, chez les Franco-Ontariens surtout, des centaines de contes et des milliers de chansons publiés dans la magnifique série *Les Vieux m'ont conté*, commencée en 1973, et qui comprendra plus de trente volumes. Ses travaux lui ont mérité plusieurs récompenses : le prix Champlain (1973), des doctorats honorifiques des universités de Toronto (1977) et d'Ottawa (1978), la médaille Luc-Lacourcière (1979) et le prix du Nouvel-Ontario (1983). « Véritable monument de la littérature orale, écrit Renée Cimon, *Les Vieux m'ont conté* ne cesse de ravir le lecteur qui se surprend à lire à haute voix la version originale. C'est ainsi qu'on retrouve le rythme de la parole, presque l'inflexion de la voix ». L'édition présente la transcription phonétique de la version du conteur, une version un peu remaniée pour en faciliter la lecture aux non initiés, un lexique et un index analytique.

ŒUVRES

Folklore franco-ontarien, chansons I, Sudbury, La Société historique du Nouvel-Ontario, 1949, 48 p. « Documents historiques ».

Folklore franco-ontarien, chansons II, Sudbury, La Société historique du Nouvel-Ontario, 1950, 48 p. « Documents historiques ».

Contes populaires franco-ontariens, Sudbury, La Société historique du Nouvel-Ontario, 1953, 40 p. « Documents historiques ».

Index analytique de 35 documents de la Société historique du Nouvel-Ontario, Sudbury, La Société historique du Nouvel-Ontario, Université de Sudbury, 1953, 48 p. « Documents historiques ».

Contes populaires franco-ontariens II, Sudbury, La Société historique du Nouvel-Ontario, 1958, 60 p. « Documents historiques ».

Chanteurs franco-ontariens et leurs chansons, Sudbury, La Société historique du Nouvel-Ontario, 1963–1964, 113 p. « Documents historiques ».

De Sumer au Canada français. Sur les ailes de la tradition, Sudbury, La Société historique du Nouvel-Ontario, Université de Sudbury, 1968, 73 p. « Documents historiques ».

[*The Institute of Folklore,* Sudbury, University of Sudbury/Université de Sudbury, 1968], [1], 14 f.

Placide Eustache. Sources et parallèles du conte-type 938, Québec, PUL, 1970, viii, 214 p. « Archives de folklore ».

Les Jongleurs du billochet. Conteurs et contes franco-ontariens, Montréal/Paris, Les Éditions Bellarmin/Maisonneuve et Larose, 1972, 134 p. Préface de Jean-d'Auteuil Richard. « Documents historiques ».

Les Vieux m'ont conté, Montréal/Paris, Bellarmin/Maisonneuve et Larose, 1973–1987, 26 vol. : vol. 1, 1973, 313 p. ; vol. 2, 1974, 341 p. ; vol. 3, 1974, 355 p. ; vol. 4, 1975, 447 p. ; vol. 5, 1975, 346 p. ; vol. 6, 1975, 389 p. ; vol. 7, 1976, 303 p. ; vol. 8, 1976, 354 p. ; vol. 9, 1977, 364 p. ; vol. 10, 1977, 336 p. ; vol. 11, 1978, 360 p. ; vol. 12, 1979, 340 p. ; vol. 13, 1979, 324 p. ; vol. 14, 1980, 357 p. ; vol. 15, 1980, 370 p. ; vol. 16, 1981, 313 p. ; vol. 17, 1981, 317 p. ; vol. 18, 1982, 357 p. ; vol. 19, 1983, 270 p. ; vol. 20, 1984, 330 p. ; vol. 21, 1984, 323 p. ; vol. 22, 1985, 306 p. ; vol. 23, 1985, 305 p. ; vol. 24, 1986, 338 p. ; vol. 25, 1987, 325 p. ; vol. 26, 1987, 323 p. « Publications du Centre franco-ontarien de folklore ».

Chansonnier franco-ontarien I, Sudbury, Centre franco-ontarien de folklore, Université de Sudbury, 1974, 138 p. Recueil compilé et annoté par Germain Lemieux. « Documents historiques ».

Chansonnier franco-ontarien II, Sudbury, Centre franco-ontarien de folklore, 1975, 142 p. Recueil compilé et annoté par Germain Lemieux. « Documents historiques ».

Contes de mon pays, Montréal, Éditions Héritage, 1976, 159 p. Recueillis et annotés par Germain Lemieux. « Katimavik » ; 1980.

Le Four de glaise, Laval/Sudbury, Les Éditions FM/Les Éditions Prise de Parole, 1981, 58 p.

La Vie paysanne, 1860–1900, Laval/Sudbury, Les Éditions FM/Les Éditions Prise de Parole, 1982, 239 p. Ill.

La Littérature orale à l'Université de Sudbury, dans *Recherche et Littérature canadienne-française,* Ottawa, EUO, 1969, p. 139–149. « CCRCCF ».

La Recherche au Centre franco-ontarien de folklore de l'Université de Sudbury, dans *Bulletin du Centre de recherche en civilisation canadienne-française de l'Université d'Ottawa,* nº 7, déc. 1973, p. 4–5.

ÉTUDES

Daniel Haillot, *Placide Eustache* [...] *de Germain Lemieux,* LAQ 1970, p. 185.

Nancy Schmitz, *Germain Lemieux. Placide-Eustache,* RHAF, vol. 24, nº 4, mars 1971, p. 607–609.

Jacques Thériault, *(Les Vieux m'ont conté, tome I),* Dev, vol. 65, nº 67, 22 mars 1974, p. 72.

Jean Éthier-Blais, *(Les Vieux m'ont conté, tome I),* Dev, vol. 65, nº 74, 30 mars 1974, p. 17.

Paul Gay, *Le Merveilleux dans la littérature orale franco-ontarienne,* Dr, 66ᵉ année, nº 42, 13 mai 1978, p. 21.

Id., *Le Répertoire de Maurice Prud'homme (1886–1967),* Dr, 66ᵉ année, nº 93, 15 juillet 1978, p. 17.

Albert Brie, *Nos bons vieux nous ont conté,* dans *Le Livre d'ici,* vol. 4, nº 34, 30 mai 1979, p. 1.

Paul Gay, « *Les Vieux m'ont conté* ». *Les Ti-Jean de l'Ontario français,* Dr, 67ᵉ année, nº 196, 17 nov. 1979, p. 19.

Ghislaine Pesant, *Cinq contes d'ici,* dans *Le Livre d'ici,* vol. 5, nº 39, 2 juillet 1980, p. 1.

Paul Gay, *Deux livres de Germain Lemieux. Le folklore de Sudbury,* Dr, 70ᵉ année, nº 145, 18 sept. 1982, p. 14.

Id., *Les Vieux m'ont conté (tome 18). Les Contes de la Matapédia,* Dr, 70ᵉ année, nº 298, 19 mars 1983, p. 28.

Id., *La Vie paysanne 1860–1900,* Dr, 70ᵉ année, nº 304, 26 mars 1983, p. 30.

LEMIEUX, LOUISE (1936–   ). Bibliographe, née à Victoriaville. Après le secondaire au Pensionnat Sainte-Victoire (1949–1953), elle entre chez les religieuses de la Congrégation de Notre-Dame, continue ses études au Collège Marguerite-Bourgeoys de Montréal (B.A., 1968), puis obtient à l'Université d'Ottawa un baccalauréat en bibliothéconomie (1969) et une maîtrise (1972) pour sa thèse « Littérature de jeunesse au Canada français, étude et guide », qui paraîtra, remaniée, sous le titre *Pleins feux sur la littérature de jeunesse au Canada français.* Elle enseigne au Mont-Notre-Dame de Sherbrooke, à Villa-Maria, au Collège Marguerite-Bourgeoys de Montréal, et à la Régionale Le Royer de Pointe-aux-Trembles. À partir de 1970, elle est bibliothécaire de référence au Collège Marguerite-Bourgeoys. Elle participe à la fondation de l'organisme Communication-Jeunesse, en 1970, elle est membre fondatrice de l'Association canadienne pour l'avancement de la littérature de jeunesse, en 1978, et elle collabore à divers périodiques, tels *Documentation et Bibliothèques, Des livres et des* *jeunes,* ainsi qu'aux ouvrages collectifs *Livre, Bibliothèque et Culture québécoise* et *Dictionnaire des œuvres littéraires du Québec.* Marielle Durand écrit à propos de *Pleins feux* que c'est « le premier ouvrage sérieux dans lequel on trouve un aperçu global de la littérature de jeunesse canadienne-française ainsi qu'une bibliographie exhaustive de toute la production des livres de jeunesse, des origines à 1972. [...] Cet ouvrage, très bien fait d'ailleurs, peut servir de base à toutes les recherches futures ».

ŒUVRES

Pleins feux sur la littérature de jeunesse au Canada français (essai), [Montréal], Leméac, 1972, 342 p.
Pirouettes et Culbutes (roman), Montréal, CLF Pierre Tisseyre, 1977, 173 p.

Le Livre québécois pour les jeunes, dans *Livre, Bibliothèque et Culture québécoise,* Montréal, Association pour l'avancement des sciences et des techniques de la documentation, 1977, t. 1, p. 131–149.
La Production québécoise du livre pour la jeunesse (table ronde), dans *Le Livre dans la vie de l'enfant, Actes du colloque, juin 1977, à Sherbrooke,* Sherbrooke, Presses universitaires de Sherbrooke, 1978, p. 48–54.
L'Humour dans la littérature de jeunesse, dans *Documentation et Bibliothèques,* vol. 24, n⁰ 4, déc. 1978, p. 197–201.

ÉTUDES

Marielle Durand, *Littérature de jeunesse 1972,* LAQ 1972, p. 102.
Alvine Bélisle, *Pleins feux sur la littérature de jeunesse au Canada français,* dans *Documentation et Bibliothèques,* vol. 19, n⁰ 2, janv. 1973, p. 81–82.
Agathe Dicaire-Lalonde, *Pleins feux sur la littérature de jeunesse au Canada français,* dans *In Review,* vol. 7, n⁰ 2, printemps 1973, p. 23–25.
[Anonyme], *Pleins feux sur la littérature de jeunesse au Canada français de Louise Lemieux,* dans *Le Livre canadien,* , vol. 4, mai 1973, n⁰ 155.

LEMIEUX, LUCIEN (1934–   ). Théologien et historien de l'Église, né à Saint-Rémi (Portneuf). Après l'obtention d'un baccalauréat, il fait des études en théologie à l'Université de Montréal (licence, 1958) ; il poursuit des études supérieures à l'Université grégorienne de Rome où il soutient une thèse de doctorat sur l'histoire de l'Église (1965). Ses travaux l'amènent à faire des recherches et des études à l'Institut des sciences politiques de Paris, au Public Record Office de Londres, finalement à l'Université de Vienne où il se spécialise en linguistique germanique. Ses études terminées, on le retrouve professeur au Séminaire de Saint-Jean,

à l'Université de Sherbrooke, à l'Université Laval et, depuis 1965, à l'Université de Montréal. Son ouvrage, *L'Établissement de la première province ecclésiastique au Canada* devait lui mériter, en 1968, le prix littéraire de la Province de Québec.

ŒUVRE

L'Établissement de la première province ecclésiastique au Canada 1783–1844 (essai), Montréal/Paris, Fides, 1968, xxviii, 559 p. Avant-propos de l'auteur. « Histoire religieuse du Canada ».

L'Église grecque et l'Église latine : séparation et essai de réunion, dans *Le Séminaire,* vol. 32, n⁰ 2, juin 1966, p. 100–106.
Le Presbytérium durant l'histoire de l'Église, dans *Le Séminaire,* vol. 31, n⁰ 3, oct. 1966, p. 162–169.
Les Évêques canadiens contre le projet d'Union des deux Canadas (1822–1824), dans *Revue d'histoire de l'Amérique française,* vol. 22, n⁰ 3, déc. 1968, p. 393–400.
Le Prêtre dans la vie de l'Église, dans *Le Séminaire,* vol. 34, n⁰ 3, nov. 1969, p. 123–133.
L'Apostolat du prêtre, au siècle des lumières, dans *Le Prêtre, hier, aujourd'hui, demain,* Montréal, Fides, 1970, p. 142–164.
Le Prêtre québécois à la fin du XIXᵉ siècle de R. Litalien, RHAF, vol. 25, n⁰ 1, juin 1971, p. 122–123.
Histoire de l'Église catholique au Québec (1608–1970) de N. Voisine, RS, vol. 13, n⁰ 3, sept.–déc. 1972, p. 405–406.

ÉTUDES

Philippe Sylvain, *L'Établissement de la première province ecclésiastique au Canada, 1783–1844,* LAC 1968, p. 167–168.
Jean Pellerin, *Lectures interdites aux moins de trente ans,* Pr, 84ᵉ année, n⁰ 111, 11 mai 1968, p. 29.

LEMIEUX, PIERRE-HERVÉ (1931–   ). Critique littéraire, né à Lévis. Il fait ses humanités jusqu'à la fin de la classe de rhétorique à l'Université d'Ottawa (1944–1950), puis il étudie la philosophie à l'Université Grégorienne de Rome (B.Ph., 1953, L.Ph., 1954). Il obtiendra ensuite, à l'Université d'Ottawa, une maîtrise en littérature (1967) pour son mémoire : « L'Œuvre de Jean Simard ou Le Mal de vivre », et un doctorat (1974) dont la thèse s'intitule *Entre songe et parole. Structure du « Tombeau des rois » d'Anne Hébert,* publiée en 1978. Il est professeur au Collège de Rouyn de 1960 à 1964, et à l'Université d'Ottawa à partir de 1969. Il collabore à *Co-Incidences,* à la *Revue de l'Université d'Ottawa,* au *Droit...,* et il fournit aussi plusieurs articles au *Dictionnaire des œuvres littéraires du Québec.* La critique est louangeuse sur sa thèse : « Un livre indispensable? Certes», dit Jacques Blais. Dans son étude sur *Le Tombeau des rois*, Lemieux «décèle un itinéraire qui va du monde fermé, ombreux, vaporeux des *Songes en équilibre* au monde ouvert et lumineux du *Mystère de la parole*». «La valeur de ce travail, écrit Réjean Robidoux, tient de la qualité d'une méthode et dans la rigueur soutenue de son application. [...] Pour l'essentiel, l'explication du *Tombeau des rois* est très réussie».

ŒUVRE

Entre songe et parole. Structure du «Tombeau des rois» d'Anne Hébert (essai), Ottawa, EUO, 1978, 249 p. «CCRCCF».

Épître à Menaud, dans CoI, vol. 2, nº 1, nov. 1972, p. 3–11.
La Symbolique du «Torrent» d'Anne Hébert, RUO, vol. 44, nº 1, 1973, p. 114–127.
La Mort des rois (commentaire du poème «Le Tombeau des rois» d'Anne Hébert), RUO, vol. 45, nº 2, 1975, p. 133–161.
Un théâtre de la parole: Anne Hébert, dans *Le Théâtre canadien-français,* Montréal, Fides, 1976, p. 551–579. «ALC» 5.
L'Évolution de la symbolique chez Philippe Aubert de Gaspé, dans *Mélanges de civilisation canadienne-française offerts au professeur Paul Wyczynski,* Ottawa, EUO, 1977, p. 149–182. «CCRCCF».
Jean Ménard, dans *Propos sur la littérature outaouaise et franco-ontarienne*, Ottawa, CRCCF, nº 11, févr. 1978, p. 139–158.

ÉTUDES

Adrien Thério, *Des choses à dire,* LQ, nº 10, avril 1978, p. 46.
Joseph Bonenfant, *Les Études littéraires. La poésie québécoise. Trois lectures autrement dites,* LQ, nº 13, févr. 1979, p. 41–42.
Réjean Robidoux, *Pierre-Hervé Lemieux, lecteur du «Tombeau des rois»,* Dr, 66ᵉ année, nº 280, 24 févr. 1979, p. 17.
Jacques Blais, *Pierre-Hervé Lemieux. Entre songe et parole. Structure du «Tombeau des rois» d'Anne Hébert,* LAQ 1979, p. 224–226.

LEMIEUX-LÉVESQUE, ALICE (1906–1983). Poète, née à Québec. Elle fait ses études classiques chez les Ursulines. Elle s'intéresse tôt à la poésie, publie un premier recueil en 1926, va étudier la littérature à la Sorbonne, en 1929. À son retour elle fait du journalisme et collabore à diverses revues. En 1935, elle épouse le poète franco-américain Rosaire Dion-Lévesque, s'établit à Nashua (New Hampshire) où elle collabore au journal *L'Impartial* ainsi qu'au *Rayon* (Nouvelle-Orléans) et est directrice d'une émission radiophonique française à Nashua. Elle revient au Québec dans les années soixante et devient traductrice pour le gouvernement provincial en 1967. Après *Les Heures effeuillées*, son premier recueil, paraissent en 1929 ses *Poèmes* qui méritent le prix David ex aequo avec Simone Routier. Son art a fait en peu de temps des progrès qui étonnent le préfacier Robert Choquette. On a souvent rapproché Alice Lemieux de ses contemporaines Jovette Bernier, Éva Sénécal, Medjé Vézina... avec qui elle forme le groupe que Jacques Blais appelle les «néo-romantiques féminins», caractérisé par le lyrisme amoureux qui apparaît au milieu des années vingt et cesse pratiquement vers 1934. Chez Alice Lemieux il faut également souligner le sentiment religieux et le goût de la nature qui s'expriment avec une rare intensité dans «À la nature»: «La minute où je t'ai comprise fut si neuve/Son souffle fut si brusque, et si large, et si fort,/Qu'il entraîna mon âme comme un fleuve/Et que je revivrai cet émoi dans la mort!» On peut s'étonner du silence qui suit, car il faut attendre à 1962 la publication de *Silences* que récompense le prix Champlain (la poète signe désormais: Lemieux-Lévesque). Six autres recueils suivront jusqu'en 1979. La technique a changé: classique de forme mais sans beaucoup de rigueur et utilisant une langue très imagée au début, l'auteure cultive de plus en plus le vers libre à partir de *Silences* — bien qu'elle reprenne volontiers les rythmes favoris des premiers recueils: alexandrin, octosyllabe et hexamètre — et la «féerie d'images» dont parlait Louis Dantin se fait moins colorée et moins nourrie. Le goût de vivre et la soif d'amour demeurent aussi intenses: «Je ne vois que l'amour pour justifier ma vie» (1979), et le sentiment de la nature a rempli la promesse d'autrefois: le titre d'une section de *Jardin d'octobre* (1972) dit que «Les réponses sont dans les jardins». La poésie d'Alice Lemieux a pris un air un peu vieillot, mais elle reste vivante et ses parfums ont gardé beaucoup de fraîcheur.

ŒUVRES

Heures effeuillées (poésie), Québec, [Imprimerie Ernest Tremblay], 1926, 138 p. Préface d'Alphonse Désilets.
Poèmes, Montréal, Librairie de l'Action canadienne-française, 1929, 164 p. Préface de Robert Choquette.
Silences (poésie), Québec, Éditions Garneau, 1962, 77 p. Avant-propos de Gustave Thibon.
L'Arbre du jour (poésie), Québec, Éditions Garneau, 1964, 70 p.; 1966, 72 p.
Jardin d'octobre (poésie), Québec, Éditions Garneau, 1972, 67 p. «Poésie».
Le Repas du soir (poésie), Québec, Éditions Garneau, 1974, 75 p. Ill.

Vers la joie (poésie), Québec, Éditions Garneau, 1976, 74 p. « Poésie ».

Fleurs de givre (poésie), Sainte-Foy, Les Éditions Laliberté, 1979, 72 p. « Le Dévidoir ».

_____

Poèmes, ECF, nº 22, 1966, p. 209-216.

ÉTUDES

Maurice Hébert, *Heures effeuillées*, CF, vol. 14, nº 6, févr. 1927, p. 419-424.

Camille Roy, *Poèmes*, ESC, vol. 9, nº 2, nov. 1929, p. 87-92.

Maurice Hébert, *Le Prix David 1929, Poèmes*, CF, vol. 17, nº 4, déc. 1929, p. 256-266, surtout p. 261-266.

Louis Dantin, *Alice Lemieux, Poèmes*, dans *Poètes de l'Amérique française*, Montréal, Albert Lévesque, 1934, p. 146-160.

Paul Chassé, *Une aventure mystique prématurée*, RUL, vol. 17, nº 9, mai 1963, p. 842-845.

André Melançon, *L'Arbre du jour d'Alice Lemieux-Lévesque*, dans *Lectures*, vol. 11, nº 9, mai 1965, p. 248.

Régis Tremblay, *Mort de la poétesse Alice Lemieux-Lévesque*, So, 87ᵉ année, nº 12, 11 janv. 1983, p. B-7.

Jean Royer, *Alice Lemieux-Lévesque*, Dev, vol. 74, nº 11, 15 janv. 1983, p. 14.

LEMIRE, MAURICE (1927–). Critique littéraire et historien des lettres, né à Saint-Gabriel-de-Brandon (Berthier). Il fait ses études classiques au Collège Jean-de-Brébeuf (1942-1949). Après une licence en théologie au Grand Séminaire de Montréal (1949-1954), il obtient successivement une licence ès lettres à Paris (1957), un diplôme d'études supérieures (1962) et un doctorat ès lettres (1966) à l'Université Laval pour une thèse sur les grands thèmes nationalistes dans le roman canadien-français. Professeur au Collège Saint-Paul et au Séminaire Marie-Médiatrice de 1957 à 1960, Maurice Lemire enseigne, par la suite à la Faculté des lettres et à l'École normale secondaire de l'Université de Montréal (1960-1964). Directeur, de 1964 à 1966, du Département d'études françaises de l'Université de Sherbrooke, professeur au Centre des études universitaires de Trois-Rivières (1966-1969), il est, à partir de 1969, professeur à l'Université Laval, et directeur du Département d'études canadiennes (1970-1971). Il est invité de plusieurs universités américaines, françaises, italiennes et anglaises. De 1980 à 1985, il est directeur de la recherche sur l'imaginaire québécois à l'Institut québécois de recherche sur la culture, et il prépare des études sur le discours instaurateur en lettres québécoises du XIXᵉ siècle. Il présente et annote plusieurs romans : *Charles Guérin* de P.-J.-O. Chauveau (1978) ; *Nord-Sud* (1981) et *Les Engagés du Grand Portage* (1982) de Léo-Paul Desrosiers ; *La Terre paternelle* de Patrice Lacombe (1981) ; *Les Bastonnais* de John Lespérance (1984) ; *Le Chien d'or* de William Kirby (1985) ; *Les Anciens Canadiens* de Philippe Aubert de Gaspé (1988). Son étude sur les grands thèmes nationalistes du roman canadien-français constitue un apport de valeur à la critique littéraire, comme le souligne André Renaud : « Peu de textes lui échappent et il a su fréquenter les historiens tout autant que les littérateurs, puisant chez les uns la vérité que déguisent ou camouflent les autres. [...] Il propose à son lecteur une étude sérieuse, bien documentée, présentée avec soin ». Maurice Lemire a mis sur pied, en 1971, un vaste projet de recherches qui a eu pour résultat le *Dictionnaire des œuvres littéraires du Québec*, en cinq volumes, instrument indispensable pour quiconque s'intéresse à la vie des lettres canadiennes-françaises depuis les débuts de la Nouvelle-France jusqu'à nos jours. Directeur d'une équipe dévouée à la cause culturelle, coordonnateur habile des articles qui viennent de très nombreux collaborateurs, Maurice Lemire a réalisé systématiquement et patiemment un ouvrage monumental que Michel Beaulieu qualifie de « titanesque ». Il travaille présentement à une histoire de la littérature québécoise.

ŒUVRES

Les Grands Thèmes nationalistes du roman historique canadien-français (essai), Québec, PUL, 1970, xii, 283 p. « VLC ».

Répertoire des spécialistes de littérature canadienne-française, Québec, Université Laval, 1971, 93 p. Collab. Kenneth Landry. « Archives de littérature canadienne ».

Louis Fréchette, *Contes I. La Noël au Canada*, Montréal, Fides, 1974, 184 p. « N ». Éditeur. Vol. 2, *Contes. Masques et Fantômes et les Autres Contes épars*, 1976, 372 p. Collab. Aurélien Boivin. Préface d'Aurélien Boivin et de Maurice Lemire. Ill.

Dictionnaire des œuvres littéraires du Québec, Montréal, Fides, 1978-1987, 5 t. : t. 1, *Des origines à 1900*, 1978, lxvi, 918 p. Collab. Jacques Blais, Nive Voisine et Jean Du Berger ; t. 2, *1900-1939*, 1980, xcvi, 1363 p. Collab. Gilles Dorion, André Gaulin et Alonzo Le Blanc ; t. 3, *1940-1959*, 1982, xcii, 1252 p. Collab. Gilles Dorion, André Gaulin, Alonzo Le Blanc, Aurélien Boivin, Roger Chamberland, Kenneth Landry et Lucie Robert ; t. 4, *1960-1969*, 1984, lxiii, 1123 p. Collab. Gilles Dorion, André Gaulin, Alonzo Le Blanc, Aurélien Boivin, Roger Chamberland, Kenneth Landry et Lucie Robert.

Ill. ; t. 5, *1970–1975*, 1987, lxiii, 1133 p. Collab. Aurélien Boivin, Gilles Dorion, André Gaulin, Alonzo Le Blanc, Roger Chamberland, Marie-Josée Des Rivières, Kenneth Landry, Michel Lord et Lucie Robert.

Introduction à la littérature québécoise 1900–1939, Montréal, Fides, 1981, 171 p.

L'Institution littéraire, Québec, Institut québécois de recherche sur la culture, 1986, 217 p. Éditeur.

Les Avatars de notre nationalisme, AN, vol. 58, nᵒ 5, 1968, p. 509–534.

La Trahison de Bigot, RHAF, vol. 22, nᵒ 1, 1968, p. 65–68.

« *Bonheur d'occasion* » ou *Le Salut par la guerre*, RS, vol. 10, nᵒ 1, 1969, p. 23–35.

Le Mythe de la terre paternelle, dans *Le Merveilleux*, PUL, 1973, p. 55–66. (2ᵉ colloque sur les religions populaires).

Savoir et Pouvoir, le cas du Bas-Canada, dans *Questions de culture nᵒ 1*, Montréal, IQRC/Leméac, 1981, p. 64–79.

En quête d'un imaginaire québécois, RS, vol. 23, nᵒˢ 1–2, janv.–août 1982, p. 175–186.

Les Relations entre écrivains et éditeurs du Québec au XIXᵉ siècle, dans *L'Imprimé au Québec, aspects historiques (18ᵉ–20ᵉ siècles)*, Québec, IQRC, 1983, p. 207–224. « Culture savante ».

Hégémonie culturelle de la ville de Québec au XIXᵉ siècle, MSRC, 4ᵉ série, t. 23, 1984, p. 131–141.

Le Pacte avec le diable dans le conte littéraire au XIXᵉ siècle, dans Gilles Dorion et Marcel Voisin, *Littérature du Québec. Voix d'un peuple. Voix d'une autonomie*, Bruxelles, Éditions de l'Université de Bruxelles, 1985, p. 55–66.

L'Écrivain québécois et son public lecteur, dans Jean-Paul Baillargeon, éditeur, *Les Pratiques culturelles des Québécois*, Québec, IQRC, 1986, p. 15–26.

Romans feuilletons et extraits littéraires dans les journaux canadiens de 1800 à 1850, dans *Livres et Lecture au Québec 1800–1850*, Québec, IQRC, 1988, p. 183–194. Sous la direction de Claude Galarneau et Maurice Lemire.

ÉTUDES

Jean-Charles Bonenfant, *Les Grands Thèmes nationalistes du roman historique canadien-français*, HS, nᵒ 6, 1970, p. 142–144.

André Renaud, *Les Grands Thèmes nationalistes du roman historique canadien-français*, LAQ 1970, p. 169.

Laurent Mailhot, *La Critique*, EF, vol. 7, nᵒ 2, mai 1971, p. 191–212.

René Dionne, *Le Nationalisme de notre roman historique*, Rel, 31ᵉ année, nᵒ 364, oct. 1971, p. 281–283.

Jean Royer, *Dictionnaire des œuvres littéraires du Québec I. Des origines à 1900. Aux origines de la parenté*, Dev, vol. 69, nᵒ 59, 11 mars 1978, p. 33.

Adrien Thério, *Dictionnaire des œuvres littéraires du Québec*, LQ, vol. 1, nᵒ 10, avril 1978, p. 26–29.

Maurice Lebel, *Dictionnaire des œuvres littéraires du Québec des origines à 1980*, EF, nᵒ 8, 1980, p. 151–156.

Michel Beaulieu, *Un travail titanesque ! Nos créateurs ont la parole*, dans *Le Livre d'ici*, vol. 5, 4 juin 1980, nᵒ 35.

François Gallays, *Dictionnaire des œuvres littéraires du Québec, III, 1940 à 1959*, LQ, nᵒ 28, hiver 1982–1983, p. 73–75.

Jean Marmier, *Dictionnaire des œuvres littéraires du Québec*, dans *Études canadiennes/Canadian Studies*, 10ᵉ année, nᵒ 16, juin 1984, p. 77–78.

LE MOINE, JAMES McPherson (1825–1912). Historien, chroniqueur et ornithologue, né à Québec. Il étudie au Séminaire de Québec (1839–1845) ; en 1850, il est admis au barreau et ouvre une étude à Québec. En 1860, il fait l'acquisition de *Spencer Grange* sur les hauteurs de Sillery. La même année il est nommé inspecteur du revenu pour le district de Québec. Membre de nombreuses sociétés au Canada, aux États-Unis et en Europe, il est conservateur du musée de la *Société littéraire et historique du Québec* (1870–1879) et membre fondateur de la *Société royale du Canada*. En 1897, il est créé baronnet par la reine Victoria. Il publie plusieurs dizaines de monographies en anglais et en français sur des sujets d'histoire, sur sa ville natale et sur la flore et la faune du Québec. Il collabore aussi à de nombreux périodiques. À sa mort, Errol Bouchette écrit : « Dans ses livres [...] la grande histoire est condensée et un nombre immense de faits curieux, intéressants et caractéristiques mis en lumière ». À son tour, Roger Le Moine constate : « Comme [il] ne peut se contenter de contempler son univers sans maîtriser les lois de son fonctionnement, il mène des recherches sur l'histoire qui lui permettent d'annexer à son temps les siècles révolus. [...] Toutes ces connaissances deviennent d'autant plus facilement partie de lui-même qu'il ne les soumet au crible d'aucune théorie ».

ŒUVRES

(*Roger LE MOINE publie une bibliographie très complète de l'œuvre de Sir James dans Un Québécois bien tranquille, p. 143–183.*)

Ornithologie du Canada. Quelques groupes d'après la nomenclature du Smithsonian Institution de Washington. Première partie, Québec, Fréchette, 1860, 3, 95 p. ; *Seconde partie*, 1861, 5, 204 p. ; Québec, Brousseau, 1861, 4, 104 p.

Maple Leaves. A Budget of Legendary, Historical, Critical and Sporting Intelligence. First Series, Quebec, Hunter, Rose and Co., 1863, 7, 104 p.

Les Pêcheries du Canada, Québec, Atelier typographique du *Canadien*, 1863, 146 p.

Maple Leaves. A Budget of Legendary, Historical, Critical and Sporting Intelligence. Second Series, Quebec, Hunter, Rose and Co., 1864, 224 p.

La Mémoire de Montcalm vengée, Québec, Duquet, 1864, 91 p.

Maple Leaves. Canadian History and Quebec Scenery. Third Series, Quebec, Hunter, Rose and Co., 1865, 137 p.

Album canadien ; histoire, archéologie, ornithologie, Québec, Presses mécaniques du *Canadien,* 1870, 119 p.

L'Album du touriste, Québec, Augustin Côté, 1872, 388 p. (Traduction de l'ouvrage précédent avec plusieurs autres études historiques).

Maple Leaves. Canadian History, Literature, Sport. A Book for Tourists. Fourth Series, Quebec, Augustin Côté, 1873, 288 p.

Histoire des fortifications et des rues de Québec, Québec, Typographie du *Canadien,* 1875, 51 p.

Quebec Past and Present. A History of Quebec (1608–1876), Quebec, Augustin Côté, 1876, 15, 466 p.

The Tourist's Note-Book, Quebec, Garant, 1876, 61 p.

The Chronicles of the St. Lawrence, Montreal, Dawson, 1877, 380 p. ; Ann Arbor, University Microfilms, 1971.

Origin of the Festival of Saint-Jean-Baptiste. Quebec, its Gates and Environs. Something about the Streets, Lanes and Early History of the Ancient Capital, Quebec, *Morning Chronicle,* 1880, 94 p.

The Scot in New France. An Ethnological Study. Inaugural Address Lecture. Season 1880–1881. Read before the Literary and Historical Society of Quebec, 29th 1880, Montreal, Dawson, 1881, 83 p. ; Quebec, *Le Soleil,* 1927, 58 p.

Picturesque Quebec : a Sequel to « Quebec Past and Present », Montreal, Dawson, 1882, 14, 535 p.

Monographies et Esquisses, Québec, Gingras, 1885, 478 p.

Chasse et Pêche au Canada, Québec, Hardy, 1887, 300 p.

Historic Notes on Quebec and its Environs, Quebec, Darveau, 1887, 59 p.

The Explorations of Jonathan Oldbuck, F.G.S.Q., in Eastern Latitudes : Canadian History, Legends, Scenery, Sports, Maple Leaves. Fifth Series, Quebec, Demers, 1889, 265 p.

Historical and Sporting Notes on Quebec and its Environs, Quebec, Demers, 1889, 135 p.

Historical Notes on Quebec and its Environs, Quebec, Darveau, 1890, 152 p.

Maple Leaves, Canadian History, Literature, Ornithology. Sixth Series, Quebec, Demers, 1894, 508 p.

The Legends of the St. Lawrence, told during a cruise of the Yacht Hirondelle from Quebec to Gaspé, Quebec, Holiwell, 1898, 203 p.

The Port of Quebec, its Annals, 1535–1900, Quebec, *Chronicle,* 1901, 3, 95 p.

Maple Leaves, History, Biography, Legend, Literature, Memoirs, etc. Seventh Series, Quebec, Carrell, 1906, 12, 407 p.

ÉTUDES

Jean-Marc Lebel, *Le Chevalier de Spencer Grange,* dans *Cap-aux-Diamants,* vol. 1, n° 3, 1985, p. 13–17.

Roger Le Moine, *Un Québécois bien tranquille,* Québec, Éditions La Liberté, 1985, 187 p.

LE MOINE, ROGER (1933–). Historien de la littérature et critique littéraire, né à la Malbaie (Charlevoix-Est). Il fait son cours classique à l'Externat classique de La Malbaie, au Séminaire de Québec, au Collège du Sacré-Cœur et à l'Université d'Ottawa (B.A., 1956). Il poursuit ses études à l'Université Laval : licence ès lettres en 1962, diplôme d'études supérieures en 1964 et doctorat ès lettres en 1970. Il enseigne à l'Université d'Ottawa depuis 1961 : professeur adjoint en 1965, professeur agrégé en 1968, il devient professeur titulaire en 1972. Il reçoit le prix Champlain en 1969. En 1972, il fonde la collection « Les Isles fortunées », publication du Centre de recherche en civilisation canadienne-française de l'Université d'Ottawa, qu'il dirige avec le R.P. Roméo Arbour et Marcel Trudel. Il est conférencier au Congrès des Sociétés savantes à Vancouver (1965) et au Centre d'études supérieures de la Renaissance de l'Université de Tours, en 1966. Il fait partie de la Société des Dix. Son œuvre de critique littéraire commence en 1964, par une étude sur le roman historique au Canada français publiée dans le troisième tome des « Archives des lettres canadiennes ». Il collabore par la suite à la *Revue de l'Université d'Ottawa,* à la *Revue de l'Université Laval,* à la *Revue d'histoire de l'Amérique française* et à *Asticou.* Les préoccupations critiques de Roger Le Moine touchent à deux domaines surtout : la littérature et les idéologies au Canada français du XIXe siècle et les rapports littéraires entre la France et l'Amérique française aux XVIe et XVIIe siècles. Dans ces deux optiques, il publie des ouvrages sur Joseph Marmette, Napoléon Bourassa, Louis-Joseph Papineau et James M. Le Moine de même que *L'Amérique et les Poètes français de la Renaissance.* Il poursuit aussi des recherches sur la franc-maçonnerie au Canada. Roger Le Moine vise à renouveler les connaissances sur les auteurs et les sujets auxquels il s'intéresse, par une étude minutieuse du fait biographique et une meilleure précision des rapports qui existent entre les œuvres littéraires et leur contexte socio-historique.

LE MOINE

ŒUVRES

Joseph Marmette, sa vie, son œuvre suivi de À travers la vie, roman de mœurs canadiennes de Joseph Marmette (essai), Québec, PUL, 1968, 251 p. « VLC ».

Joseph Marmette, Montréal/Paris, Fides, 1969, 95 p. Textes choisis et présentés par Roger Le Moine. « CC ».

L'Amérique et les Poètes français de la Renaissance (anthologie), Ottawa, EUO, 1972, 350 p. Textes choisis et présentés par Roger Le Moine.

Napoléon Bourassa, Montréal, Fides, 1972, 87 p. Textes choisis et présentés par Roger Le Moine. « CC ».

La Malbaie. Esquisse historique, [La Malbaie, Imprimerie de Charlevoix, 1972], 12 p.

Napoléon Bourassa, l'homme et l'artiste (essai), Ottawa, EUO, 1974, 259 p. « CCRCCF ».

Œuvres romanesques de Laure Conan, Montréal, Fides, 1974-1975, 3 vol. : vol. 1, *Un amour vrai, Angéline de Montbrun*, 243 p. Ill. ; vol. 2, *À l'œuvre et à l'épreuve, L'Oublié*, 317 p. ; vol. 3, *La Vaine Foi, L'Obscure Souffrance, La Sève immortelle*, 218 p. Édition préparée et présentée par Roger Le Moine. « N ».

Napoléon Bourassa. Jacques et Marie. Souvenir d'un peuple dispersé, Montréal, Fides, 1976, 369 p. Texte établi et présenté par Roger Le Moine. « N ».

Honoré Beaugrand. Jeanne la fileuse. Épisode de l'émigration franco-canadienne aux États-Unis, Montréal, Fides, 1980, 310 p. Édition présentée et préparée par Roger Le Moine. « N ».

Le Catalogue de la bibliothèque de Louis-Joseph Papineau, Ottawa, Centre de recherche en civilisation canadienne-française, 1982, xxxi, [2], 340 p. « Documents de travail du Centre de recherche en civilisation canadienne-française ».

La Région de La Malbaie, 1535-1760, La Malbaie, le Musée régional Laure Conan/Centre de recherche, documentation et archives sur la culture de Charlevoix, 1983, 212 p. Ill. Avant-propos de François Tremblay. Introduction de l'auteur. « L'Accessible ». (Texte polycopié)

Un Québécois bien tranquille (essai), [Montréal], Les Éditions Laliberté, 1985, 187 p. Ill. Introduction de l'auteur.

Le Roman historique au Canada français, dans *Le Roman canadien français*, Montréal/Paris, Fides, 1964, p. 69-87. « ALC » 3.

L'Abbé Casgrain et le Tombeau de Champlain, RUO, vol. 35, n⁰ 2, avril-juin 1965, p. 136-154.

L'Abbé Casgrain et le Monument de Champlain, RUO, vol. 35, n⁰ 4, oct.-déc. 1965, p. 399-419.

Laure Conan et Pierre-Alexis Tremblay, RUO, vol. 36, n⁰ 2, avril-juin 1966, p. 258-271 ; n⁰ 3, juillet-sept. 1966, p. 500-528.

La Première Immigration française au Québec, dans *La Découverte de l'Amérique*, Paris, Vrin, 1968, p. 127-156.

La Découverte de l'Amérique et la Hausse de la monnaie de change selon Jean Bodin, RUO, vol. 40, n⁰ 1, janv.-mars 1970, p. 62-68.

Un compagnon oublié de Roberval, RUO, vol. 41, n⁰ 4, oct.-déc. 1971, p. 556-562.

Un seigneur « éclairé », Louis-Joseph Papineau, RHAF, vol. 25, n⁰ 3, déc. 1971, p. 309-336.

Le Manoir de Monte-Bello, dans *Asticou*, vol. 9, sept. 1979, p. 2-12.

L'École littéraire de Québec, un mythe de la critique, LAQ 1972, p. 397-414.

ÉTUDES

Guy Provost, *Joseph Marmette, sa vie, son œuvre*, LAC 1968, p. 130.

Michel Bideaux, *L'Amérique et les Poètes de la Renaissance*, LAQ 1972, p. 196-197.

Paul Gay, *Interview avec Roger Le Moine au sujet de « sa » Laure Conan*, Dr, 62ᵉ année, n⁰ 172, 19 oct. 1974, p. 20.

René Dionne, *Laure Conan*, Rel, vol. 35, n⁰ 402, mars 1975, p. 93-94.

Paul Gay, *L'Émigration franco-canadienne aux États-Unis. Jeanne la fileuse*, Dr, 68ᵉ année, n⁰ 212, 6 déc. 1980, p. 18.

Adrien Thério, *Un journaliste qui devient conteur et romancier. Honoré Beaugrand, père de Jeanne la fileuse*, LQ, n⁰ 20, hiver 1980-1981, p. 94-96.

LEMOINE, WILFRID [Camille Bilodeau] (1927-). Poète et romancier, né à Coaticook (Stanstead). Il étudie au Collège du Sacré-Cœur et suit des cours à la Sorbonne et au Collège de France. Il devient ensuite journaliste, critique littéraire et cinématographique à l'hebdomadaire *L'Autorité*. Il est aussi critique de la poésie canadienne à la *Revue des arts et des lettres* (Radio-Canada). À partir de 1954, Wilfrid Lemoine est animateur à la radio et à la télévision. Poète et romancier, très libre dans le développement de ses thèmes du pays et de l'amour, Lemoine s'engage surtout dans la recherche d'une écriture qui exprimerait avec autant de bonheur la réalité et le rêve, la révolte et une sorte de méditation désinvolte. Dans sa poésie et dans sa prose, on constate la recherche des formes d'écriture où l'écrivain voudrait, comme il le dit lui-même dans *Réhabiliter l'homme dans l'amour de son mystère*, « lancer les mots avec violence dans le faisceau lumineux de leur sens premier ». Personnage de fantasmes, mais aussi crûment dénué de ses apparences mythiques, planté dans la monotonie du quotidien et aussi dans le feu de la guerre, l'homme de Lemoine est une image qui se déplace sans cesse ; ballotté dans tous les sens, il regagne après chaque envol le tréfonds de sa solitude existentielle. Lemoine semble être prisonnier d'un étrange narcissisme et cette attitude se confirme le mieux dans les dernières pages de *L'Ange de la solitude* : « Il faut que je retrouve mes ombres. Elles me diront peut-être l'immobilité du bateau, le sens de la mer. Et dans la bouche des grandes statues noyées, je trouverai une île. C'est facile. Je n'aurai qu'à me pencher sur le bastingage. Me pencher un peu plus, encore un peu. Avec moi couleront et se liquéfieront les chiffres du temps. De mon temps ».

ŒUVRES

Les Pas sur la terre (poésie et fantaisies dramatiques), Montréal, Les Éditions Chantecler Ltée, 1953, 125 p.

Réhabiliter l'homme dans l'amour de son mystère (Avant-Poèmes), Montréal, Les Éditions de l'Autorité, 1955, [n.p., 27 p.].

Les Anges dans la ville suivi de L'Ange gardien l'ange de solitude (récits), [Montréal, Les Éditions d'Orphée], 1959, 151 p.

Sauf-conduits (poésie), [Montréal, Éditions d'Orphée], 1963, [n.p., 57 p.].

Le Funambule (roman), Montréal, CLF, 1965, 158 p. ; 1968, 169 p. « PoC ». Traduction anglaise par David Lobdell : *The Rope-Dancer*, Ottawa, Oberon Press, 1979, 143 p.

Le Déroulement (roman), [Montréal], Leméac, 1976, 317 p. « Roman québécois ».

Une ombre derrière le cœur. Roman-pluriel, Montréal, Quinze, 1979, 209 p. Sous le pseudonyme de Camille Bilodeau. « Roman ».

Clo, L, vol. 9, nº 5, sept.–oct. 1967, p. 60–62.

[*Témoignages...*], dans *Le Roman canadien-français*, Montréal/Paris, Fides, 1969, p. 588–592. « ALC » 4.

Rencontre d'un autre type, L, vol. 21, nº 3, mai–juin 1979, p. 71–74.

ÉTUDES

Roger Duhamel, *Les Pas sur la terre*, AU, 20e année, nº 2, janv. 1954, p. 89–90.

Henri-Paul Bergeron, *Le Funambule de W. Lemoine*, dans *Lectures*, vol. 12, nº 3, nov. 1965, p. 67–68.

François Gallays, *Le Funambule*, LAC 1965, p. 35.

Réginald Martel, *La Queste de l'archange impossible*, Pr, 92e année, nº 260, 30 oct. 1976, p. C-5.

Gabrielle Poulin, *Wilfrid Lemoine. Le Déroulement*, LAQ 1976, p. 85–86.

Id., « *L'Ombre chaude* » *d'une patrie.* « *Le Déroulement* » *de Wilfrid Lemoine*, LQ, vol. 1, nº 5, févr. 1977, p. 6–8.

Jacques Marchand, *Wilfrid Lemoine. La radio, porte de l'imaginaire*, Dev, vol. 70, nº 116, 19 mai 1979, p. 19.

LE MOYNE, GERTRUDE [née Gertrude Hodge] (1912–   ). Poète, née à Montréal. Après ses études secondaires, elle fait carrière dans le monde de l'écriture : traductrice, lectrice dans des maisons d'édition (La Presse, H.M.H., *Écrits du Canada français*, Le Cercle du livre de France), conseillère littéraire à *Châtelaine*... À partir de 1972, elle est chargée de cours de création et de travaux pratiques aux Études françaises de l'Université de Montréal. Elle a publié un seul mais important recueil de poésie, *Factures acquittées* (1963). Vincent Therrien exprime quelques restrictions mais trouve qu'il y a « dans la poésie de Gertrude Le Moyne un accord juste entre le sentiment de peur qui hante le poète et la façon dont celui-ci joue des thèmes connexes et des symboles de la nuit, du bruit et de la chute ». De son côté, dans *Le Temps des poètes* (1969), Gilles Marcotte classait le poète parmi « les voix féminines les plus importantes de la poésie actuelle. [...] Gertrude Le Moyne donne du premier coup des poèmes brefs et denses, d'une parfaite sûreté de ton. Elle recrée des instants — ce qu'on appelait autrefois des ‹ états d'âme › —, mais qui renvoient à la totalité d'une expérience et d'une conscience ». En 1981, Laurent Mailhot et Pierre Nepveu dans leur anthologie, *La Poésie québécoise des origines à nos jours*, écrivent : « Elle donne des poèmes brefs, formulant en images sobres et efficaces l'essentiel d'une existence ».

ŒUVRE

Factures acquittées (poésie), Montréal, Les Éditions de l'Hexagone, 1964, 29 p. « Les Matinaux ».

ÉTUDES

Gilles Marcotte, *Poèmes de la vie quotidienne*, Pr, 80e année, nº 36, 28 mars 1964, p. 3.

Jean-Louis Major, *Femme-Mère-Maison*, Dr, 52e année, nº 14, 11 avril 1964, p. 6.

Clément Lockquell, *Factures acquittées*, So, vol. 67, nº 143, 13 juin 1964, p. 8.

Jean Basile, *Factures acquittées de Gertrude Le Moyne*, dans *Québec 64*, vol. 1, nº 2, oct. 1964, p. 130–131.

Vincent Therrien, *Factures acquittées de Gertrude Le Moyne*, LAC 1964, p. 69–70.

LE MOYNE, JEAN (1913–   ). Journaliste et essayiste, né à Montréal. Il fréquente le Collège Sainte-Marie, y obtient son baccalauréat (lettres) en 1933, mais doit interrompre ses études en première année de philosophie à cause de sa surdité. À partir de 1929, il fait partie du groupe littéraire auquel appartiennent

Saint-Denys Garneau, Robert Charbonneau, Claude Hurtubise et Paul Beaulieu. Avec eux et avec Robert Élie, il participe, en 1934, à la fondation de *La Relève* (revue devenue, en 1941, *La Nouvelle Relève*) où il publie ses premiers articles. Il s'intéresse aux questions littéraires, philosophiques et théologiques, fait quatre séjours successifs en Europe (entre 1934 et 1939), y rencontre Maritain et les principaux représentants de la pensée catholique du temps. En février 1941, il entre au service des informations de *La Presse*; en 1942, il passe au journal *Le Canada*, d'abord comme adjoint au chef des informations, ensuite comme éditorialiste, enfin, comme directeur de la page littéraire hebdomadaire qu'il inaugure. Il prépare, avec Robert Élie, la première édition des *Poésies* (1949) et celle du *Journal* (1954) de son ami, Saint-Denys Garneau. En 1951, il est attaché à la Presse canadienne et fait ses débuts à Radio-Canada. Pendant six ans (1953–1959), il est rédacteur en chef de la *Revue moderne*, puis recherchiste et scénariste à l'Office national du film du Canada (1959–1969). Boursier du Conseil des Arts du Canada en 1961, il se rend aux universités de Chicago et de Californie où il s'adonne à des recherches personnelles sur les philosophes américains. La même année paraît son recueil d'essais, *Convergences*, qui mérite, en 1962, le prix du Gouverneur général, le premier prix des Concours littéraires de la Province de Québec et le prix France-Canada. En 1964, Jean Le Moyne entrevoit de vastes projets de films sur la machine et son intégration culturelle. Il lance un mouvement autour de l'idée de la mécanologie qui sera largement débattue lors du colloque sur la cybernétique au Collège Lionel-Groulx, à Sainte-Thérèse (1961), au Congrès des Sociétés savantes à Calgary et au premier Colloque international de mécanologie à Paris, en 1971. En 1968, Jean Le Moyne reçoit le prix Molson. Après une série de recherches en France, effectuées pour le compte de l'Office national du film, il entre au Cabinet du Premier ministre du Canada en 1969. En 1982, il est nommé au Sénat. Les articles de Jean Le Moyne ont paru dans de nombreux journaux et revues : *La Relève*, *La Nouvelle Relève*, *Le Canada*, *Revue dominicaine*, *Notre Temps*, *Cité libre*, *Le Devoir*, *La Revue moderne*, *Le Journal musical canadien*, *La Presse*, *Écrits du Canada français*. Essayiste aux idées personnelles, au style chatoyant, Jean Le Moyne aborde avec beaucoup de pénétration les questions de l'homme contemporain dans le contexte de la pensée occidentale. Sa pensée résume l'effort culturel, littéraire et philosophique de la *Relève* et se répercute avec force dans plusieurs domaines : littérature, philosophie, théologie, sociologie, musique, film, journalisme, éducation, cybernétique...

ŒUVRE

Convergences (essais), Montréal, Éditions HMH ltée, 1961, 324 p. « Convergences » ; *Convergences. Essais*, 1966 ; Hurtubise HMH, 1977. Traduction anglaise par Philip Stratford : *Essays from Quebec. Convergence*, Toronto, The Ryerson Press, 1966, xiv, 256 p. (non conforme à l'original français : plusieurs essais éliminés et remplacés par d'autres).

———————

Le Purgatoire et la Perfection, Re, 3ᵉ cahier, 9ᵉ et 10ᵉ séries, 1937, p. 231–236.

Illuminations et Sécheresses, Re, 4ᵉ cahier, 4ᵉ série, avril 1938, p. 111–117 ; 5ᵉ cahier, 4ᵉ série, mai 1938, p. 148–153.

Sens et Fin du mariage, Re, 8ᵉ cahier, 4ᵉ série, mars 1939, p. 237–243 ; 9ᵉ cahier, 4ᵉ série, juillet 1939, p. 276–282.

Réflexion sur Dante, Re, 10ᵉ cahier, 4ᵉ série, janv. 1940, p. 306–310.

La Messe d'ici, NR, vol. 2, nᵒ 5, mars 1943, p. 306–310.

Dom Jamet à côté de M. Maritain, NR, vol. 2, nᵒ 7, juin 1943, p. 385–390.

Le Chant de l'Église, NR, vol. 2, nᵒ 8, août 1943, p. 477–485.

De Saint-Denys Garneau, NR, vol. 3, nᵒ 9, déc. 1944, p. 514–521.

Le Témoignage de Saint-Denys Garneau, dans *Notre Temps*, vol. 2, nᵒ 31, 17 mai 1947, p. 3.

L'Année sainte et l'Année liturgique, RD, vol. 56, janv. 1950, p. 6–23.

Ringuet et le Contexte canadien-français, RD, vol. 56, févr. 1950, p. 80–90.

Solitude de Saint-Denys Garneau, Dev, vol. 45, nᵒ 53, 6 mars 1954, p. 6.

Saint-Denys Garneau, témoin de son temps, ECF, nᵒ 7, 1960, p. 9–34.

Confidences de Jean Le Moyne, dans *Au bout de mon âge*, Montréal, Hurtubise HMH/Éditions Ici Radio-Canada, 1972, p. 177–197.

Rêveries machiniques. Essai, ECF, nᵒ 41, 1978, p. 79–88.

ÉTUDES

Guy Sylvestre, *Table générale de la Relève*, NR, nᵒ 4, janv. 1942, p. 240–249, surtout « Jean Le Moyne », p. 247.

Léandre Bergeron, *Convergences de Jean Le Moyne*, LAC 1961, p. 43–44.

Gérard Pelletier, *Jean Le Moyne écrivain nécessaire*, CL, 13ᵉ année, nᵒ 44, févr. 1962, p. 2–3.

Romain Légaré, *Jean Le Moyne. Convergences*, C, vol. 23, nᵒ 2, juin 1962, p. 196–198.

Germain Lesage, *« Convergences » de Jean Le Moyne*, RUO, vol. 32, nᵒ 3, juillet–sept. 1962, p. 342–346.

Patrick Imbert, *« Convergences », de Jean Le Moyne. Une réédition longtemps attendue*, Dr, 65ᵉ année, nᵒ 204, 26 nov. 1977, p. 21.

Murray Maltais, *Jean Le Moyne au Sénat. « J'ai la volonté de travailler, car nous pouvons faire énormément »*, Dr, 70ᵉ année, nᵒ 279, 25 févr. 1983, p. 7.

Jacques Pelletier, *Jean Le Moyne: les pièges de l'idéalisme*, dans *L'Essai et la Prose d'idées au Québec*, Montréal, Fides, 1985, p. 697-710. « ALC » 6.

LENOIR, JOSEPH [Athos, Jean Meunier, Peuple, Rionel] (1822-1861). Poète et journaliste, né à Saint-Henri (Montréal). Il fait ses études au Collège de Montréal, de 1835 à 1843. Attiré très tôt par la poésie, il déclame « Le Génie des forêts, ode » au cours des exercices littéraires du Collège, en juillet 1843. Reçu avocat en 1847, il ouvre un bureau avec Joseph Doutre, participe à la fondation du journal *L'Avenir*, et prend part aux activités de l'Institut canadien. Connu surtout par sa poésie, Joseph Lenoir présente un essai important, le 6 février 1852, devant les membres de l'Institut canadien, « La Civilisation et les Lettres ». Recherchant les éléments qui ont contribué à la civilisation des peuples, il conclut « que l'influence de l'éducation et des lettres crée les sociétés, et qu'un peuple chez lequel elles se trouvent en honneur est éminemment progressif et civilisé ». Il considère également que les institutions républicaines favorisent l'élan littéraire plus que toute autre forme de gouvernement ; on retrouve ces idées libérales dans ses poèmes publiés par *L'Avenir* et *Le Pays*. En 1857, il se détache de l'Institut ; il devient bibliothécaire du bureau de l'Éducation et bibliothécaire du *Journal de l'Instruction publique*, postes qu'il occupe jusqu'à sa mort. Du côté littéraire, les années 1848-1853 sont une période de production intense pendant laquelle il publie la majorité de ses poèmes. À la fin de 1852, Lenoir songe à recueillir sa poésie sous le titre « Les Voix occidentales ou Chants nationaux », mais ce manuscrit de 250 pages n'a jamais vu le jour. En 1916, Casimir Hébert réunit vingt-deux poèmes sur un ensemble de cinquante-quatre connus. La tonalité de cette poésie va de la sentimentalité à la violence et à un goût marqué du macabre causés sans doute par ses modèles, ainsi que par la déception de l'Acte d'Union et des années d'effervescence politique. Plusieurs maîtres romantiques influencent la poésie de Joseph Lenoir nourrie surtout de Hugo, de Byron et de Gœthe. Doué d'un talent littéraire indéniable, le poète ne parvient pas à s'affranchir de ses modèles. Cependant, « malgré

ses limites, il enrichit notre poésie d'éléments nouveaux et de formes auparavant inconnues », écrit Jeanne d'Arc Lortie qui ajoute qu'il « a renouvelé pour une bonne part les sources d'inspiration de la poésie canadienne vers le milieu du XIXe siècle ».

ŒUVRES

Poèmes épars, Montréal, Le Pays Laurentien, 1916, 74 p. Textes recueillis par Casimir Hébert.
Œuvres, Montréal, PUM, 1988, 331 p. Édition critique établie par John Hare et Jeanne d'Arc Lortie, s.c.o. « Bibliothèque du Nouveau Monde ».

Essai lu devant l'Institut canadien le 6 février 1852, dans *Le Pays*, vol. 1, no 12, 23 févr. 1852, p. 1-2.
Lélina, légende chippeouaise, dans *La Guêpe*, vol. 3, no 25, 27 mars 1860, p. 1.
[*Cinq poèmes*], RN, 1893, vol. 2, p. 166 ; vol. 3, p. 89 ; vol. 4, p. 168, 185-187, 405.

ÉTUDES

Albert Dandurand, [*Joseph Lenoir*], dans *La Poésie canadienne-française*, Montréal, A. Lévesque, 1933, p. 40-43.
Gabriel Leclerc, « L'Introduction du romantisme dans la poésie canadienne-française ». Thèse de maîtrise. Montréal, Université de Montréal, 1950, f. 62-74.
Jeanne d'Arc Lortie, [*Joseph Lenoir*], dans *Les Origines de la poésie au Canada français*, dans *La Poésie canadienne-française*, Montréal/Paris, Fides, 1969, p. 44-46. « ALC » 4.

LE NORMAND, MICHELLE [X Marie-Antoinette Tardif ; madame Léo-Paul Desrosiers] (1895-1964). Romancière, nouvelliste et essayiste, née à l'Assomption. Elle termine ses études primaires à Montréal où se sont établis ses parents, et fréquente le couvent de la Congrégation Notre-Dame pendant quelques années. Elle suit des cours de littérature à l'Université de Montréal, et ensuite, grâce à une bourse, à la Sorbonne et à l'Institut catholique de Paris. Sous le pseudonyme de Michelle Le Normand, elle commence sa carrière littéraire en 1915, au *Nationaliste*, dans lequel elle publie des récits de « souvenirs » qu'elle réunit dans un volume qui connaîtra un grand succès : *Autour de la maison* (1916). En 1918, elle devient rédactrice de la page féminine du *Devoir*. Elle épouse l'écrivain Léo-Paul Desrosiers, en 1922, et vit à Ottawa jusqu'en 1941, alors que son mari est nommé conservateur de la Bibliothèque municipale de Montréal. Elle collabore à plusieurs périodiques dont *L'Oiseau bleu, Le Canada français, Notre Temps*. En 1931, elle reçoit une médaille de l'Académie française. Son œuvre comprend des chroniques de souvenirs, des contes ou nouvelles et des romans où dominent le charme de la nature canadienne, la joie de vivre et le sentiment religieux. C'est surtout aux chroniques-souvenirs qu'est allée la faveur de la critique heureusement étonnée, en 1916, par *Autour de la maison*, ce livre dont on a vanté l'art, la fraîcheur et la finesse des descriptions d'un village du Québec au début du siècle. Pierre Baillargeon dit de *La Maison aux phlox* : «C'est un livre d'émotions douces et d'impressions champêtres dont l'expression est souvent originale et frappante». Le compliment s'applique partout malgré quelques fautes de langue qu'on lui reproche. Pour Victor Barbeau, les personnages des nouvelles d'*Enthousiasme* sont bien éthérés et baignent dans une atmosphère de «beau fixe» ; «cependant, ils vivent», ajoute-t-il.

ŒUVRES

Autour de la maison (souvenirs), Montréal, Le Devoir, 1916, 155 p. ; 1918, 166 p. ; Éditions du Devoir, 1930, 172 p. Ill. ; Trois-Rivières, Éditions Le Bien public, 1939, 190 p. ; Éditions du Devoir, 1944, 206 p. ; Montréal/Paris, Fides, 1954, 168 p. «RV».

Couleur du temps (roman), Montréal, Le Devoir, 1919, 142 p. ; Montréal/Paris, Fides, 1962, 118 p.

Le Nom dans le bronze (roman), Montréal, Éditions du Devoir, 1933, 163 p. ; Montréal/Paris, Fides, 1954, 117 p. «RV» ; 1955, 95 p.

La Plus Belle Chose du monde (roman), Montréal, [Le Devoir], 1937, 249 p. ; Paris, Lumières de France, [1939], 240 p. ; Montréal, Le Devoir, 1943, 228 p. ; Montréal/Paris, Fides, 1952, 197 p. «RV» ; 1953 ; 1956, 137 p. ; 1961.

La Maison aux phlox (nouvelles), [s.l., s.é.], 1941, 214 p. ; Montréal, Éditions Le Devoir, [1941 ?] ; Montréal/Paris, Fides, 1955, 153 p. «RV» ; 1958, 158 p. Ill. de M. Petitdidier.

Une âme religieuse et maternelle, Marie-Célina Plourde, Veuve de Joseph-Onias Thériault. (Sœur Sainte-Jeanne-de-Chantal, des Servantes de Jésus-Marie), 1879-1938. À travers ses lettres (biographie), Montréal, [s.é.], 1942, 150 p. ; *Une âme religieuse et maternelle, Marie-Célina Plourde. À travers ses lettres, la vie d'une âme religieuse et maternelle, Sœur Sainte-Jeanne-de-Chantal des Servantes de Jésus-Marie, 1879-1938*, Montréal, Éditions Fides, [1960], 163 p.

Enthousiasme. Nouvelles, Montréal, Éditions du Devoir, 1947, 223 p. ; Montréal/Paris, Fides, 1955, 175 p. «RV».

Dans la toile d'araignée (récits), Montréal, Éditions Jeunesse, 1949, 188 p. «Documentaire» ; Montréal/Paris, Fides, 1956, 143 p. «RV».

La Montagne d'hiver. Roman, Montréal/Paris, Fides, 1961, 158 p. «GD».

Les Lettres de Katherine Mansfield, CF, vol. 23, no 10, juin 1936, p. 928-938.

Vacances marines (conte), L, vol. 6, no 6, nov.-déc. 1964, p. 421-424.

ÉTUDES

Camille Roy, *Autour de la maison*, CF, vol. 1, no 2, oct. 1918, p. 144.

Albert Lozeau, *Couleur du temps*, AF, vol. 3, no 12, déc. 1919, p. 559-562.

Maurice Hébert, *Les Derniers-nés littéraires de Mme Michelle Le Normand et de son mari M. Léo-Paul Desrosiers*, CF, vol. 25, no 5, janv. 1938, p. 547-560, surtout p. 547, 548-553, 560.

Philippe Deschamps, *La Maison aux phlox*, CF, vol. 28, no 8, avril 1941, p. 855-857.

Pierre Baillargeon, *La Maison aux phlox*, Re, 5e série, 8e cahier, juin 1941, p. 253.

Rita Leclerc, *Michelle Le Normand*, dans *Lectures*, vol. 4, no 6, 15 nov. 1957, p. 86.

Reine Malouin, *La Montagne d'hiver*, dans *Vie française*, vol. 15, nos 7-8, mars-avril 1961, p. 247-249.

Victor Barbeau, *Enthousiasme*, dans *La Face et l'Envers*, Montréal, Les Publications de l'Académie canadienne-française, 1966, p. 114-116.

Monique Khouzane, *Michelle Le Normand*, dans *Communications-Jeunesse*, no 1, 1974, p. 19.

LÉO-PAUL. Voir **MORIN, PAUL.**

LEPAGE, MONIQUE (1946-   ). Romancière, conteuse, dramaturge et essayiste, née à Paris. Après son baccalauréat (1964) au Lycée Jean-Jacques-Rousseau à Montmorency (Val d'Oise), elle obtient à la Sorbonne une licence ès lettres (1968) et une maîtrise (1969) pour un mémoire sur «Le Sens du sacré dans le théâtre profane de Marguerite de Navarre». De 1969 à 1973 elle est professeur de lettres en France, en Algérie et au Togo. Rentrée à Paris, elle est écrivain et journaliste jusqu'en 1979, date où elle s'établit à Montréal. Elle collabore à *Chercheurs*, fonde une maison d'édition, écrit des textes radiophoniques, adapte des livres pour enfants, publie des romans policiers : comme *La Vieille Fille et le Foulard rouge* (1981) et *Onésime et le Chat noir* (1981), et des essais : *La Parole aux enfants* et *Le Temps des souvenirs* (1981).

ŒUVRES

Les Mamans (théâtre), Paris, France Culture, 1971, 120 p.

Candy et le Mystère des trois épées (conte pour enfants), Montréal, Production Amérique française, 1979, 130 p.

Albator et l'Orphelin de l'espace (litt. jeunesse), Montréal, Éditions P.A.F. Ltée, 1980, 22 p. Ill. de Jean-Paul Hennion. (Adaptation de l'œuvre de G. Kikaku).

Candy détective (litt. jeunesse), Montréal, Éditions P.A.F. Ltée, 1980, 21 p. Ill. de Jean-Paul Hennion. «Paf Loisirs». (Adaptation de l'œuvre de G. Kikaku).

Fifi Brindacier au zoo (litt. jeunesse), Montréal, Éditions P.A.F. Ltée, 1980, 22 p. Ill. de Jean-Paul Hennion. «Paf Loisirs».

Goldorak : la trahison d'Actarus (litt. jeunesse), Montréal, Éditions P.A.F. Ltée, 1980, 22 p. Ill. de Jean-Paul Hennion. «Paf Loisirs». (Adaptation de l'œuvre de G. Kikaku).

Le Maître de la villa Manzini (roman), Montréal, P.A.F. Ltée, 1980, 146 p. «Poche romanesque».

Onésime et le Chat noir (roman policier), Longueuil, Inédit, 1981, 224 p. «Bien lu partout».

La Parole aux enfants (essai), Montréal, Les Éditions Le Nordais, 1981, 151 p. Avant-propos de l'auteur.

Le Temps des souvenirs (essai), Saint-Lambert, Héritage Plus, 1981, 208 p. Collab. Trude Sekoly. «Vis à Vies».

La Vieille Fille et le Foulard rouge (roman policier), Longueuil/Montréal, Inédi/Raffin corp., 1981, 226 p. «Bien lu partout».

Une fille comme moi (biographie romancée), Saint-Lambert, Héritage Plus, 1982, 173 p. Collab. Sylvie B. «Vis à Vies».

Francesca (biographie romancée), Saint-Lambert, Éditions du Trécarré, 1984, 165 p. Collab. Francesca Buo. Ill.

T'es fou, Luigi! (biographie romancée), Montréal, Éditions du Trécarré, 1985, 189 p. Collab. Luigi Barone. Portrait.

LEPAGE, ROLAND (1928–   ). Dramaturge et comédien, né à Québec. Il fait ses études classiques au Petit Séminaire de Québec (B.A., 1947). Il obtient ensuite une licence ès lettres en 1949, poursuit des études d'art dramatique à Bordeaux (France, 1949–1951), travaille deux ans à Québec comme acteur, puis reprend ses études à Paris (1953–1956). En 1956, il s'établit à Montréal et joue à la télévision dans des séries comme « Ouragan » et « San Yorre ». En 1962, tout en continuant son métier d'acteur, il se met à écrire pour les jeunes des séries à succès, telles « La Boîte à surprises » (en collaboration), « La Ribouldingue » et « Marie Quat'Poches ». Son premier texte pour le théâtre, « La Toilette de gala », est une pièce pour enfants, pièce souvent reprise, de même que « Le Gros Doudou de Paillasson » et « Les Pères Noël ». À la demande d'amis de l'École nationale de théâtre de Montréal, où il avait donné des cours d'histoire du théâtre, il commence à composer des pièces pour adultes en faisant deux traductions-adaptations : « L'Alphabet des paysans », de l'italien, et « Le Champ des morts », de l'américain. Pour la même École nationale, il écrit coup sur coup en 1973 et en 1974 *Le Temps d'une vie, La Complainte des hivers rouges* et *La Pétaudière*. C'est la gloire : la première, montée d'abord à l'École en 1974, est vite reprise au Studio du Monument national, puis par Le Théâtre d'aujourd'hui (1975), Le Théâtre populaire du Québec (1977, 1979), Le Trident (1977). À la fin de 1978, la pièce est jouée une cinquantaine de fois avec succès en France et en Belgique, et elle remporte le prix Chalmers à Toronto, en 1979. La critique est à peu près unanimement louangeuse : « Roland Lepage a su doter son scénario, purement narratif, d'une théâtralité puissante, d'autant plus efficace qu'elle est sobre. Rien de gratuit dans cette œuvre de commande ; tout y est signe et contribue à lui donner son unité et sa signification profonde » (Normand Leroux). À propos de *La Complainte des hivers rouges* Réginald Hamel affirme avec Normand Leroux que « Lepage fouille toutes les richesses de ces passions mythiques, intérieures au niveau des personnages, extérieures grâce aux chœurs, le tout repris et amplifié par l'émotion réelle qu'il provoque chez le lecteur et le spectateur ». Il écrit encore *Icare* et « La Folle du Quartier latin » — adaptation discutée de *La Folle de Chaillot* de Giraudoux —, etc. Auteur d'une centaine de textes pour la télévision et la scène, Roland Lepage est l'un des meilleurs dramaturges québécois des années soixante-dix.

ŒUVRES

La Complainte des hivers rouges (théâtre), [Montréal], Leméac, 1974, 96 p. Avant-propos de l'auteur. «RQ» ; 1984. «Théâtre Leméac».

Le Temps d'une vie (théâtre), [Montréal], Leméac, 1974, 153 p. Présentation par François Ricard. «TC».

La Pétaudière (théâtre), [Montréal], Leméac, 1975, 143 p. Avant-propos de l'auteur. «RQ».

Icare. Fantaisie mythologique pour enfants en quatre tableaux (litt. jeunesse), Montréal, Leméac, 1979, 125 p. Ill. «Théâtre pour enfants».

ÉTUDES

Réginald Hamel, *La Dramaturgie et l'Histoire*, LAQ 1974, p. 181–185.

Normand Leroux, *Roland Lepage. Le Temps d'une vie*, LAQ 1974, p. 170–171.

Gilbert David, *Notes dures sur un théâtre mou*, EF, vol. 11, n° 2, mai 1975, p. 100–103.

LEPAGE

Normand Leroux, *Roland Lepage. La Pétaudière*, LAQ 1975, p. 156.

André Dionne, *Les Activités théâtrales québécoises, automne 1975*, LQ, vol. 1, n° 1, mars 1976, p. 16–18.

Id., Un dégel qui annonce le printemps, LQ, vol. 1, n° 2, mai 1976, p. 19–20.

Martial Dassylva, *Quand toutes les folles se lèveront*, Pr, 92e année, n° 279, 22 nov. 1976, p. A-12.

Martine Corrivault, « *Le Temps d'une vie* » en tournée avec le *TPQ n'a rien perdu de sa qualité*, So, 81e année, n° 49, 23 févr. 1977, p. 21.

Ginette Stanton, *Le Trident renaît au cœur des hivers rouges*, Dev, vol. 69, n° 15, 19 janv. 1978, p. 17.

Michelle Talbot, *Michelle Rossignol... la vie en rose à cause des « hivers rouges »*, dans *Dimanche-Matin*, vol. 25, n° 3, 22 janv. 1978, p. B-3.

Id., Au sujet des « Hivers rouges », dans *Dimanche-Matin*, vol. 25, n° 3, 22 janv. 1978, p. B-11.

Pierre Ostiguy, *La Complainte des hivers rouges*, dans *Jeu*, n° 8, printemps 1978, p. 131–133.

Jean-Pierre Crête, *Présence québécoise à Avignon*, Pr, 94e année, n° 101, 2 sept. 1978, p. D-7.

Jean-Paul Brousseau, *Roland Lepage et les Voyages du temps d'une vie*, Pr, 95e année, n° 47, 24 févr. 1979, p. D-1.

Adrien Gruslin, *Roland Lepage. Le Temps d'une vie*, Dev, vol. 70, n° 46, 24 févr. 1979, p. 21.

Michelle Talbot, *Coup de dent dans les habitudes théâtrales au Québec...*, dans *Dimanche-Matin*, vol. 27, n° 5, 3 février 1980, p. B-9.

LEPAGE, YVAN G. (1943–   ). Médiéviste et critique littéraire, né à Sarsfield (Ontario). Il fait ses humanités à l'Université d'Ottawa (B.A., 1964, L. ès L., 1967), puis il obtient un doctorat (1969) au Centre d'études supérieures de civilisation médiévale de l'Université de Poitiers pour une thèse intitulée « Le Roman de Mahomet d'Alexandre du Pont (1258), édition critique précédée d'une étude sur quelques aspects de la légende de Mahomet au Moyen Âge ». Rentré au Canada, Yvan Lepage est professeur à l'Université d'Ottawa en 1969, à l'Université de Moncton de 1970 à 1977, et de nouveau à l'Université d'Ottawa à partir de 1977. Il collabore à plusieurs périodiques, tels *Études littéraires, Les Études classiques, Scriptorium, Incidences, Romania...* Son édition du *Roman de Mahomet* suscite des commentaires élogieux. Paul Zumthor écrit : « Yvan Lepage met à la disposition des chercheurs un texte lisible, très à propos, [...] une bibliographie étendue, et une présentation clairement résumée de ce que fut la « légende de Mahomet » dans le moyen âge occidental ». Et Nelly Andrieux, tout en exprimant des critiques, dit des *Rédactions en vers du Couronnement de Louis* : « Il manquait au Cycle de Guillaume une édition complétant, pour les exploits de l'âge mûr du héros, celles qui ont été données [...]. La lacune est désormais comblée par l'édition que donne M. Yvan G. Lepage ».

ŒUVRES

Le Roman de Mahomet d'Alexandre du Pont (1258). Édition critique précédée d'une étude sur quelques aspects de la légende de Mahomet au Moyen Âge, avec le texte d'« Otia de Mahomet » de Gautier de Compiègne (XIIIe siècle) établi par R.B.C. Huygens, Paris, Éditions Klincksieck, 1977, 258 p. Édition critique préparée par Yvan G. Lepage. Avant-propos de l'auteur. « Bibliothèque française et romane ».

Les Rédactions en vers du « Couronnement de Louis » (étude critique), Paris/Genève, Droz, 1978, xxx, 523 p. Édition critique préparée par Yvan G. Lepage. « Texte littéraire français ».

L'Œuvre lyrique de Richard de Fournival, Ottawa, EUO, 1981, 177 p. Édition critique préparée par Yvan G. Lepage. « Publications médiévales de l'Université d'Ottawa ».

Germaine Guèvremont, *Le Survenant*, Montréal, PUM, 1989, 369 p. Édition critique établie par Yvan G. Lepage. « Bibliothèque du Nouveau Monde ».

« *Le Roman de la Rose* » *et la Tradition romanesque au Moyen Âge*, EL, vol. 4, n° 1, avril 1971, p. 91–106.

Pour une approche sociologique de l'œuvre de Réjean Ducharme, LAQ 1971, p. 285–294.

Un recueil français de la fin du XIIIe siècle : le manuscrit français 1553 de la Bibliothèque nationale, dans *Scriptorium*, vol. 29, n° 1, 1975, p. 23–46.

Ciceron devant la mort de Tullia, d'après sa correspondance, dans *Les Études classiques*, vol. 44, n° 3, juillet 1976, p. 245–258.

Hector Bernier, romancier de l'idéalisme abstrait, VI, vol. 2, n° 3, mars 1977, p. 358–364.

Éditer les « Amours » de Ronsard, dans *Bibliothèque d'humanisme et renaissance*, vol. 39, 1977, p. 317–320.

L'Inspiration médiévale d'Apollinaire : « Le Pont Mirabeau », I, vol. 1, nos 1–3, 1977, p. 61–69.

La Dislocation de la vision allégorique dans la « Messe des oiseaux » de Jean de Condé, dans *Romanische Forschungen*, vol. 91, nos 1–2, 1979, p. 43–49.

Les Versions françaises médiévales du récit apocryphe de la formation d'Adam, dans *Romania*, vol. 100, n° 2, 1979, p. 145–164.

Sicut enim Narcissus : « La Belle Bête » de Marie-Claire Blais, I, vol. 4, nos 2–3, 1980, p. 101–108.

Un hymne à la vie : la « Ronde d'Avril », I, vol. 5, n° 1, 1981, p. 33–43.

ÉTUDES

Ulrich Mölk, *Le Roman de Mahomet d'Alexandre du Pont (1258), édition critique par Yvan G. Lepage*, dans *Romanistisches Jahrbuch*, vol. 29, 1978, p. 212.

A. Vitale-Brovarone, *Le Roman de Mahomet d'Alexandre du Pont, éd. critique par Y. Lepage*, dans *Studi francesi*, vol. 23, n° 1, janv.–avril 1979, p. 130–131.

Norman Daniel, *Le Roman de Mahomet d'Alexandre du Pont*, *édition critique par Y. Lepage*, dans *Medium Aevum*, vol. 48, n° 1, 1979, p. 134–139.

Paul Zumthor, *Le Roman de Mahomet d'Alexandre du Pont (1258), édition critique par Yvan G. Lepage*, dans *Vox Romanica*, vol. 38, 1979, p. 336–337.

Jean Subrenat, *À propos du « Couronnement de Louis »*, dans *Le Moyen Âge*, vol. 86, n° 2, 1980, p. 275–279.

Nelly Andrieux, *Les Rédactions en vers du Couronnement de Louis, édition avec une introduction et des notes par Yvan G. Lepage*, dans *Romania*, vol. 101, n° 3, 1980, p. 402–409.

Sarah Kay, [*Les Rédactions en vers du Couronnement de Louis*], dans *Romance Philology*, vol. 34, févr. 1981, p. 274–279.

Gaston Laurion, *Yvan G. Lepage. L'Œuvre lyrique de Richard de Fournival*, LAQ 1981, p. 222–223.

LÉPINE, PLACIDE. Voir **CASGRAIN, HENRI-RAYMOND.**

LERÈDE, JEAN (1923–   ). Essayiste et psychothérapeute, né à Versailles (France). Il fait ses humanités aux lycées Hoche (Versailles) et Buffon (Paris) (B.A., 1940), puis il obtient à l'Université de Paris une licence en sciences politiques (1943), une licence en droit et en sciences économiques (1944), une licence en histoire de l'art et archéologie (1952). Il obtiendra aussi un doctorat d'État en psychologie à l'Université de Toulouse (1978) pour une thèse intitulée « Des taureaux de Lascaux à la suggestologie de Lozanov ». En France, il travaille au ministère de l'Économie nationale, il est critique de cinéma, de théâtre et d'art, conférencier au ministère des Beaux-Arts, journaliste. Il travaille pendant une dizaine d'années comme conseiller puis directeur d'une société pétrolière d'Irak. Il est professeur à l'Université Columbia de New York, à l'Université McGill et à l'Université de Montréal (1965–1975). En 1975, il ouvre une clinique privée de psychothérapie à Montréal, tout en continuant à donner des cours à l'Université de Montréal. Il a publié plusieurs ouvrages sur la suggestologie. « Dans *Suggérer pour apprendre* (1980), écrit Laurent Pépin, Lerède poursuit son étude psycho-historique du phénomène suggestif par un ouvrage d'informations et d'évaluations critiques de la suggestologie, ou science de la suggestion, à la lumière des travaux du Dr Georgie Lozanov, qui a appliqué la suggestologie au domaine de l'enseignement, créant ainsi la suggestopédie ».

ŒUVRES

L'Entreprise des patrons rouges, Paris, Fayard, 1979, 311 p. Collab. Jean-Claude Blanchet.

Qu'est-ce que la suggestologie ? (essai), Toulouse, Privat, 1980, 198 p. « Regard ».

Suggérer pour apprendre (essai), Québec, PUQ, 1980, 315 p. ; 1983, 311 p. (Édition révisée).

Les Troupeaux de l'aurore. Mythes, suggestion créatrice et éveil surconscient (essai), Montréal, Éditions de Mortagne, 1980, 281 p.

La Suggestopédie (essai), Paris, PUF, 1983, 128 p. « Que sais-je ? ».

ÉTUDE

Laurent Pépin, *La Suggestologie. Une porte ouverte à l'homme nouveau*, dans *Le Livre d'ici*, vol. 6, n° 39, 1er juillet 1981, p. 2.

LESCARBOT, MARC (1570–1642). Historien et poète, avocat et commissaire de la marine royale, né à Vervins, en Picardie. Il étudie, à Vervins et à Laon, le grec et le latin, de même que le droit et les littératures anciennes et modernes. À Paris, il fréquente les gens de lettres, et il est admis au barreau en 1599. À cette date, il publie la traduction française de deux opuscules latins du cardinal Baronius sur l'histoire de l'Église. L'un de ses clients, Jean de Biencourt de Poutrincourt, associé du Sieur de Monts, l'invite à l'accompagner en Acadie. Il s'embarque à La Rochelle, le 13 mai 1606, à bord du voilier *Jonas* qui arrive à Port-Royal en juillet. Lescarbot y reste un an. En Acadie, en mer et à son retour en France, le voyageur écrit des poèmes et des récits inspirés par le Nouveau Monde : quelques odes (« À Monsieur de Monts », « À Monsieur de Poutrincourt ») et quelques sonnets (« À Pierre d'Angibaut dit Champ-Doré »). Après avoir composé quelques poèmes épiques, notamment « Adieu à la France » (1606) et « La Défaite des Sauvages Armouchiquois », il entreprend la composition de son *Histoire de la Nouvelle-France*, dont le libraire parisien Jean Milot publie la première édition en 1609. L'ouvrage résume d'abord les voyages déjà célèbres de Laudonnière, de Ribaut, de Gourgues en Floride, les exploits de Jean de Léry et de Durand de Villegaignon, les découvertes de Verrazano, de Cartier et de La Rocque de Roberval en Acadie. Le récit fournit ensuite des renseignements précieux sur les va-et-vient du sieur de Monts en Nouvelle-France, sur la vie à Port-Royal et sur des personnages dont les noms sont associés aux origines de la colonie. Dans les deux éditions successives de l'*Histoire de la Nouvelle-France*, en 1611–1612 et en 1617–1618, l'auteur corrige et complète son récit par des données sur les Jésuites, les démêlés de Poutrincourt et les mœurs des indigènes. Pittoresque par son style, révélateur par ses cartes, envoûtant par son exotisme, l'ouvrage connaît un très grand succès. Une traduction allemande et deux traductions anglaises contribuent grandement à sa diffusion. En appendice de l'*Histoire*, Lescarbot a ajouté un petit recueil de pièces rimées, *Les Muses de la Nouvelle-France*. Cette poésie un peu ampoulée, faite de vers de circonstance, reflète le goût de l'époque où le sentiment se mêle servilement à la mythologie. On trouve aussi dans cette section *Le Théâtre de Neptune*, pièce de théâtre dont le sujet est la fête en l'honneur du retour de Poutrincourt à Port-Royal. C'est une récitation de louanges à plusieurs voix dans le décor de Port-Royal. Ce spectacle nautique constitue le début de la vie théâtrale en langue française en Acadie. Lescarbot publie quelques opuscules qui complètent la matière de son *Histoire* dont *La Conversion des sauvages, baptisés en Nouvelle-France* (1610), *Relation humaine* (1612). Devenu secrétaire de Pierre de Castille, ambassadeur français en Suisse, Lescarbot fait paraître un *Tableau de la Suisse*, en prose et en vers, pour renseigner le roi sur l'histoire et la géographie de ce pays. Ses récits, *La Chasse aux Anglais* et la *Victoire du Roy* (1629), s'adressent plutôt au cardinal de Richelieu. Après son mariage avec Françoise de Valpergue et durant ses voyages comme diplomate, Lescarbot continue de s'intéresser à la Nouvelle-France. Vers la fin de sa vie, il s'installe à Presles où il mourra. Mémorialiste, historien, ethnologue, poète, diplomate, Marc Lescarbot reste inséparablement associé aux origines de la civilisation française en Nouvelle-France. H.P. Biggar l'appelle « l'Hakluyt français »; René Baudry le présente ainsi dans le *Dictionnaire biographique du Canada* : « Figure très pittoresque, Lescarbot tient une place à part parmi les annalistes de la Nouvelle-France. Entre Champlain, l'homme d'action un peu rude, et les missionnaires préoccupés d'apostolat, cet avocat-poète apparaît comme un lettré et un humaniste, disciple de Ronsard et de Montaigne. Il possède la curiosité d'esprit, le goût de l'érudition et la culture gréco-latine de la Renaissance. Catholique, il entretient des amitiés chez les protestants et conserve, en matière religieuse, une attitude de critique et de libre examen qui l'ont fait juger peu orthodoxe. Par tous ces traits de caractère, il reflète bien son époque et paraît un digne sujet du roi Henri IV qu'il vénérait ».

ŒUVRES

Histoire de la Nouvelle-France contenant les navigations, découvertes, & habitations faites par les François és Indes Occidentales & Nouvelle-France souz l'avœu & authorité de noz Rois Tres-Chrétiens, & les diverses fortunes d'iceux en l'execution de ces choses, depuis cent ans jusques à hui. En quoy est comprise l'Histoire Morale, Naturelle, et Geographique de ladite province : Avec les Tables & Figures d'icelle, À Paris, Chez Jean Milot, 1609, [xlviii], 888 p. Ill. Cartes. (Comprend *Les Muses de la Nouvelle-France* et *Le Théâtre de Neptune en la Nouvelle-France*, publiés à la fin du volume et ce pour toutes les éditions); 1611, 877 p.; 1612; À Paris, Chez Adrian Perier, 1617, 972 p.; 1618; *Histoire de la Nouvelle-France suivie des Muses de la Nouvelle-France*, Paris, Librairie Tross, 1866, 3 vol.: vol. 1, [10], xx, 287 p.; vol. 2, –586 p.; vol. 3, –879 p. (Suivie des *Muses de la Nouvelle-France*, 83 p.). (Réimpression de l'édition de 1612). Traduit en partie par P. [Erondelle] : *Nova Francia : Or the Description of the part of New France, which is one Continent with Virginia. Described in the three late Voyages and Plantation made by Monsieur de Monts, Monsieur du Pont-Gravé, and Monsieur de Poutrincourt, Into the Countries called by the French men La Cadie, Lying to the Southwest of Cape Breton. Together with an Excellent Severall Treatie of all the Commodities of the said Countries, and Maners of the Naturall Inhabitants of the same*, Londini, Impensis Georgii Bishop, [1609], [xviii], 307 p.; À Paris, Chez Adrian Perier, 1618; dans Thomas Osborne, *A Collection of Voyages and Travels*, London, Printed and sold by Thomas Osborne, 1745, vol. 2, p. 795–917; *The History of New France*, Toronto, The Champlain Society, 1907–1914, 3 vol.: vol. 1, 1907, xxii, 331 p.; vol. 2, 1911, 584 p.; vol. 3, 1914, 555 p. Ill. Traduction, notes et appendices de W.L. Grant. Introduction de H.P. Biggar. (Avec texte français. Comprend aussi *The Theatre of Neptune in New France*). (Une deuxième page de titre donne le titre suivant : *The History of New France. Containing the Voyages, Discoveries and Settlements made by the French in the West Indies and New France by Commission from our Most Christian Kings; and their diverse fortunes in the execution of the matters, from one hundred years ago until now, Wherein is contained the Moral, Natural and Geographical History of the Provinces described; with the requisite tables and maps); Nova Francia. A Description of Acadia, 1606*, New York/London, Publishers Harper & Brothers, 1928, 346 p. Cartes. Introduction de H.P. Biggar. « The Broadway Travellers ». (Traduction de P. Erondelle, 1609); *The History of New France*, New York, Greenwood Press, Publishers, 1968. (Réimpression en fac-similé de l'édition 1907–1914 par The Champlain Society). Traduction allemande : [*Noua Francia : grüdliche History von Erfündung der grossen Landschafft Noua Francia, oder New Frankreich genannt, auch von Sitten vnd Beschaffenheit derselben wilden Völcker*, Augsburg, by Chrysostomo Dabert-zhofer, 1613], 86 p. Ill.

Relation dernière de ce qui s'est passé au voyage du Sieur de Poutrincourt en la Nouvelle-France depuis 20 mois ença, À Paris, Chez Jean Millot, 1612, 40 p. ; Paris, Librairie Gabriel Enault, 1929. « Bibliothèque de la Société d'histoire du Canada. Série bibliophile ». (Édition en fac-similé).

Marc Lescarbot, Montréal/ Paris, Fides, 1968, 96 p. Textes choisis et présentés par René Baudry. Ill. « CC ».

Le Théâtre de Neptune en la Nouvelle-France, ECF, vol. 18, 1964, p. 284–295.

ÉTUDES

H.P. Biggar, *The French Hakluyt ; Marc Lescarbot of Vervins*, dans *American Historical Review*, vol. 6, 1901, p. 671–692.

Gilbert Chinard, *L'Amérique et le Rêve exotique dans la littérature française au XVIIe siècle et au XVIIIe siècle*, Paris, Hachette, 1913, p. 100–115.

René Baudry, *Marc Lescarbot*, DBC, vol. 1, 1966, p. 480–482.

Renée Lelièvre et Monique Baillet, *Une entrée triomphale en Acadie en 1606*, dans *Revue d'histoire du théâtre*, vol. 21, no 2, 1969, p. 134–141.

Jeanne d'Arc Lortie, s.c.o., *Les Origines de la poésie au Canada français*, dans *La Poésie canadienne-française*, Montréal, Fides, 1969, p. 11–49. « ALC » 4.

Bernard Émont, *Marc Lescarbot, premier poète de l'Acadie et de la Nouvelle-France*, dans *La Revue de l'Université de Moncton*, vol. 7, no 2, 1974, p. 93–117.

Roméo Arbour, *Le Théâtre de Neptune de Marc Lescarbot*, dans *Le Théâtre canadien-français*, Montréal, Fides, 1976, p. 21–31. « ALC » 5.

Gilles Girard, *Histoire de la Nouvelle-France de Marc Lescarbot*, DOLQ, 1978, t. 1, p. 325–330.

LESCOP, RENÉE [Renée Baudouin] (1943–   ). Politicologue née à Montréal. Elle fait ses humanités au Collège Marie-de-France (B.A., 1961), puis elle obtient, à l'Université de Montréal, un baccalauréat en sciences politiques (1963) et une maîtrise pour son mémoire « Étude du pouvoir officiel à la C.E.C.M. : 1846–1966 ». En 1964, à l'Université de Mexico et à l'Université San Marcos (Pérou), et en 1968, à l'Université de Baton Rouge (É.-U.), elle poursuit des études spécialisées sur l'Amérique latine. En 1965–1966, elle est recherchiste pour la Commission royale sur le bilinguisme et le bicultu-ralisme et, en 1966–1967, pour la commission ca-nadienne à l'Unesco. Puis elle entre à l'Université de Montréal : recherchiste au département de science politique (1966–1969), chargée de cours sur l'Amé-rique latine (1969–1974), recherchiste au Centre d'études européennes (1974–1977). En 1977, elle devient agent de recherche à la Commission des droits de la personne du Québec. Elle collabore à

Socialisme, au *Devoir* et aux *Cahiers de la Com-mission des droits de la personne*. En 1972, elle publie, en collaboration avec Maurice Torrelli, *Les Droits de l'homme et les Libertés publiques par les textes*, recueil de textes et ouvrage de référence. Sur son *Pari québécois du général de Gaulle* (1981), Gérald LeBlanc écrit : « À première vue, ce volume présageait une fastidieuse exégèse du mémorable ‹ Vive le Québec libre! › Le propos de Lescop est tout autre. Elle retrace l'itinéraire québécois du général de 1940 à 1970 », et elle fournit de nombreux documents inédits qui dépassent « de loin les espé-rances sur un sujet qu'on croyait épuisé ».

ŒUVRES

Les Droits de l'homme et les Libertés publiques par les textes (anthologie), Montréal, PUQ, 1972, xxv, 389 p. Sous le nom de Renée Baudouin. Collab. Maurice Torrelli.

L'Europe vue du Canada (étude), Montréal, Université de Montréal, Centre de sondage et Centre d'études et de documentation européennes, 1976, 93, [21] p. Collab. Isabelle Lasvergnas-Grémy.

Le Pari québécois du général de Gaulle (essai), Montréal, Boréal Express, 1981, 221 p. Ill.

La Guerre de guérilla en Amérique latine, dans *Socialisme 69*, no 18, juillet–sept. 1969, p. 9–31.

Dix ans après la mort du Général. L'héritage gaulliste au Canada, Dev, vol. 71, no 256, 7 nov. 1980, p. 9.

ÉTUDES

Marcel Adam, *Les Droits de l'homme sur papier*, Pr, 88e année, no 240, 13 nov. 1972, p. A-5.

Jean-Charles Bonenfant, *Chroniques bibliographiques*, dans *Ca-hiers de droit*, vol. 13, no 3, 1972, p. 469.

Gérald LeBlanc, *Mon général, on avait oublié l'autre balcon*, dans *Le Livre d'ici*, vol. 7, no 7, 18 nov. 1981, p. 1.

Roger Duhamel, *Renée Lescop*, Dev, vol. 72, no 295, 19 déc. 1981, p. 21.

LESTRES (DE), ALONIÉ. Voir **GROULX, LIONEL.**

LETONDAL, HENRI (1901–1955). Journaliste, dra-maturge, revuiste et animateur de programmes radiophoniques, né à Montréal. Il fait ses études classiques au Collège Sainte-Marie, puis s'inscrit en droit à Edmonton. Cependant, issu d'une famille de musiciens, il a appris très jeune le violoncelle et, le goût de la musique le reprenant, il quitte les études durant ces deux ans de séjour en Alberta pour devenir membre d'un orchestre à cordes. Vers 1919, alors qu'il se prépare au prix d'Europe, il abandonne ce projet pour se donner au théâtre auquel il participe depuis le collège. À l'âge de treize ans déjà, il tient un rôle dans *L'Aiglon* de Rostand, et dès 1915 on joue au Monument national une pièce en un acte de lui, « Un jeune homme nerveux », suivie du *Soufflet* (1916) et de plusieurs autres, jusqu'en 1925. En 1922, il publie *Fantoches*, recueil de seize courtes pièces qu'Olivier Maurault trouve remplies de fines observations sur les travers des Montréalais, et il fonde le Petit Théâtre. À vingt ans il devient critique des spectacles et caricaturiste à *La Patrie* (1921-1925). Membre de l'École littéraire de Montréal, il en rédige avec humour les procès-verbaux, du 21 septembre 1922 au 3 janvier 1923. En 1925, humour de la vie, il est envoyé à Paris en qualité de dégustateur pour la Commission des liqueurs ; il étudie un peu le théâtre et collabore à plusieurs journaux (1925-1929). À son retour il reprend ses activités au théâtre et commence une longue carrière à la radio. En outre, en 1931, il prend la direction des pages de spectacles à *La Patrie* ; il sera aussi critique au *Canada* pendant quelque temps. Au théâtre, entre 1915 et 1945, il est compositeur, comédien et metteur en scène, au Monument national, au Stella, de 1932 à sa transformation en cinéma en 1935, puis à L'Arcade en 1939. Il présente une vingtaine de revues au Stella (« Stelle-ci Stella »), au Théâtre Impérial (« Donnez-y Maurice ! »...), mais surtout au Matou botté, cabaret devenu Mon Paris où il fait aussi de la chanson. À la radio son activité est étourdissante. Il est directeur des émissions éducatives de la radio, dans les années trente, mais c'est avant tout au poste CKAC qu'il travaille : ainsi, il anime « L'Heure provinciale » (1929-1939), « Allô Paris » (1932-1934), etc. Il fonde « Radio-théâtre » et fait jouer quatorze pièces à l'été de 1938, et d'octobre 1938 à mai 1947 il crée pour « Le Théâtre chez nous » deux cent quinze pièces, œuvres personnelles ou adaptations, drames, mélodrames et comédies, et compose quelques romans radiophoniques. Il fait en outre du reportage, comme « Hollywood vous parle » (1939-1945). Vers la fin des années trente il s'établit à Hollywood où il joue dans une trentaine de films, séjour coupé de nombreux voyages à Montréal. Il meurt à Hollywood en février 1955. Henri Letondal a été une sorte de machine à produire : « Il travaille chez lui, au restaurant, au théâtre, bref il turbine continuellement », disait Roger Baulu ; il lui arrivait même d'écrire de la musique d'accompagnement. Il ne faut pas s'attendre à des chefs-d'œuvre dans cette littérature populaire dont la langue est cependant toujours correcte et vive. Letondal a été un témoin de son époque et le créateur d'un véritable courant artistique.

ŒUVRES

Fantoches. Théâtre, Montréal, L'Imprimerie des éditeurs limitée, 1922, 140 p. Ill. de l'auteur.
Radiodiffusion. Rapport des directeurs de « L'Heure provinciale », Québec, [s.é.], 1931, 14 p. Collab. Édouard Montpetit.

Illustrations, dans Jean Nolin, *Les Cailloux*, Montréal, Le Devoir, 1919, p. 13, 48, 73, 98.
Préface, dans Eugène Lassalle, *Ce que je vois ! Ce que je pense ?*, Montréal, La Patrie, 1925.
Préface, dans Oscar Le Myre, *Sur les ondes : poèmes et pièces radiophoniques*, Montréal, Pigeon, 1925.
Note : On trouve la liste de ses textes radiophoniques dans Renée Legris et Pierre Pagé, *Le Comique et l'Humour à la radio québécoise. Aperçus historiques et textes choisis*.

ÉTUDES

[Anonyme], *Livres et Auteurs*, dans *La Revue moderne*, 2e année, n° 11, sept. 1921, p. 30.
[Anonyme], *Fantoches*, Dev, vol. 13, n° 52, 4 mars 1922, p. 1.
Louis Dantin, *Fantoches*, dans *La Revue moderne*, 3e année, n° 7, 15 mai 1922, p. 10.
[Anonyme], *Valse d'été*, Dev, vol. 15, n° 4, 5 janv. 1924, p. 6.
[Anonyme], *Valse d'été*, dans *Le Quartier latin*, vol. 6, n° 26, 22 janv. 1924, p. 4.
Rodolphe Godin, *Valse d'été*, dans *Le Quartier latin*, vol. 6, n° 27, 25 janv. 1924, p. 3.
Luc Aubry, *Notes et Échos*, dans *La Revue moderne*, vol. 7, n° 1, nov. 1925, p. 14-15.
Victor Barbeau, *Le Spectacle des trois*, dans *Les Cahiers de Turc*, série 2, n° 9, 1er juin 1927, p. 239-244.
Luc Aubry, *Le Petit Théâtre*, Dev, vol. 20, n° 288, 11 déc. 1929, p. 2.
Camille Roy, *Lettre ouverte à Henri Letondal*, Dev, vol. 24, n° 129, 17 janv. 1933, p. 1.
Lucien Desbiens, *Le Cheval de course*, Dev, vol. 25, n° 141, 21 juin 1934, p. 3.
[Anonyme], *Radio-Canada reprend une comédie d'Henri Letondal créée en 1931*, Dev, vol. 44, n° 205, 3 sept. 1953, p. 6.
Roger Baulu, *Idiosyncrasies de nos auteurs radiophoniques*, dans *Revue dominicaine*, vol. 47, t. 2, sept. 1941, p. 80-85.
Jean Béraud, *[Henri Letondal]*, dans *350 ans de théâtre au Canada français*, Montréal, CLF, 1958, p. 187, 199-201, 208-209, 214-218, 223, 225, 239, 247, 254.

LÉTOURNEAU, HENRI (1907–   ). Chroniqueur et échotier, né à Sainte-Dolphine (Saskatchewan). Il suit ses parents au Manitoba, en 1911, à Saint-Eustache, puis à Richer, à Saint-Jean-Baptiste, et enfin à Saint-Boniface. Ayant quitté l'école à quatorze ans, il continue à s'instruire lui-même, particulièrement intéressé à la petite histoire de son milieu. Il exerce divers métiers, puis, au début des années quarante, il se fixe dans une laiterie de Saint-Boniface. Il collectionne déjà chansons, légendes et objets ayant trait à l'histoire des Canadiens français et des Métis de l'Ouest. De 1965 à 1967, il consacre tout son temps à la grande collection du Musée de Saint-Boniface dont il devient le conservateur en 1968. Membre de plusieurs sociétés historiques, il collabore à *Dawson and Hind*, revue des musées du Manitoba et au journal *La Liberté*, il contribue à des enregistrements folkloriques pour le Musée national du Canada, et il prend part à des émissions télévisées, telles « Les Échos de la Rivière-Rouge » et à la série « Henri Létourneau raconte ». C'est sous ce titre qu'il réunit, en 1978, divers « échos » et chroniques, livre composé d'histoires vraies, de contes et de légendes recueillis auprès des « vieux », ouvrage exemplaire par les témoignages de première main.

ŒUVRE

Henri Létourneau raconte (récits), Winnipeg, Édition Bois Brûlés, 1978, v, 143 p. Ill. de Janice Morier ; 1980, vii, 134 p. (Édition révisée).

ÉTUDE

G.D. et S.M., *Henri Létourneau* (biographie), dans *Auteurs francophones des prairies*, Saint-Boniface, Centre de ressources éducatives françaises du Manitoba, 1981, p. 24-25.

LETOURNEUX, JOSEPH-HENRI (1927–   ). Poète, né à Montréal. Il étudie aux Collèges Saint-Ignace et Brébeuf (B.A., 1948). En 1950, il s'inscrit à la Faculté des lettres de l'Université de Montréal. L'année suivante, il devient entrepreneur général en construction domiciliaire et s'adonne à l'écriture. En 1979, il fait paraître un recueil de poésies *Pylônes*. Si Hugues Corriveau juge de façon sévère « l'utilité de ce genre d'écriture », Noël Audet trouve sa vision du monde « cohérente jusque dans les procédés poétiques ».

ŒUVRE

Pylônes (poésie), Montréal, VLB éditeur, 1979, 101 p.

ÉTUDES

Hugues Corriveau, *J.H. LeTourneux. Pylônes*, LAQ 1979, p. 142-143.

Michel Beaulieu, *Une affaire d'ondes et d'énergie*, dans *Le Livre d'ici*, vol. 5, 12 mars 1980, n° 23.

Noël Audet, *Des écritures nécessaires et des croûtes*, Dev, vol. 71, n° 84, 12 avril 1980, p. 21.

LEVAC, ALEXANDRE [X Jean-Marc Poirier] (1951–   ). Poète, chansonnier et musicien, né à Saint-Gabriel-de-Brandon (Berthier). Il fait ses études à l'École secondaire Saint-Henri de Montréal (1964-1967) et à l'Institut des arts graphiques du Québec (1968-1970). Il fait ensuite des stages de formation en maquillage (mode et théâtre) à Paris et à Québec (1981-1982), et il obtient à l'Université de Montréal un diplôme en information et journalisme (1983). De 1970 à 1977, il est typographe à l'Imprimerie Dumont de Ville LaSalle, puis il est graphiste, de 1977 à 1979, chez Reader's Digest où il devient superviseur des arts, en 1980. Il a appris la guitare électrique et fait partie d'un orchestre de danse, et il donne plusieurs récitals de chansons et de poésie. Ses premiers poèmes paraissent en 1972 dans *L'Information médicale et paramédicale*. Entre 1974 et 1977, il publie quatre recueils de poèmes et une pièce de théâtre. Parus à tirage limité, d'un beau graphisme, ces livres sont mal connus. Selon Jacques Lemieux, Alexandre Levac « s'en remet à la magie et à la puissance du quotidien. L'amour y circule à voix basse, nous rappelant que gestes esquissés et clins d'œil font encore partie de la spontanéité humaine ».

ŒUVRES

Au gré des ondes (poésie), Saint-Jacques de Laprairie, Éditions Soléaire, 1974, [n.p., 124 p.]. Préface de Roger Charlebois.

Essais sur un traité d'amour (poésie), Saint-Jacques de Laprairie, Éditions Soléaire, 1974, [n.p., 24 p.]. Préface de Paul Salvetti.

Contempora et la Mort (théâtre), Montréal, Éditions Soléaire, 1975, [n.p., 24 p.]. Ill. de Paul Salvetti. Préface de Réal Pinsonnault.

État d'âme (poésie), Beauharnois, Éditions Soléaire, 1975, [n.p., 24 p.]. Préface de Normand Martel.

Bruine (poésie), Montréal, Les Éditions du Coin, 1977, 50 p. Avant-propos de l'auteur.

ÉTUDE

Jacques Lemieux, *La Poésie. Sur les « recherches »*, Dev, vol. 65, n° 121, 25 mai 1974, p. 19.

LÉVEILLÉ, J. ROGER L. [Jesse James] (1950–   ). Poète et romancier, né à Winnipeg (Manitoba). Il fait ses humanités au Collège de Saint-Boniface (B.A., 1966), et il obtient, à l'Université du Manitoba, une maîtrise en lettres françaises pour son mémoire : « Du point de vue et de quelques autres structures correspondantes dans l'univers romanesque d'Alain Robbe-Grillet » (1968). Ensuite, il effectue la scolarité du doctorat à l'Université de Paris, et il fait d'autres études à l'Institut de métaphysique appliquée d'Ottawa (1975–1976). Il est professeur de langue à l'Université du Manitoba (1967–1968, 1970–1971), professeur de littérature au Cégep de l'Outaouais (1975–1977), chargé de cours de création romanesque à l'Université d'Ottawa (1976), journaliste pour Radio-Canada au poste CKSB de Winnipeg (1969–1970, 1981–1982). Son premier roman, *Tombeau* (1968), passe inaperçu, mais Réginald Martel dit de *La Disparate* (1975) : « Tout au long de ces pages, une prose superbe, sobre et profonde, traversée sans cesse d'images de beauté et de mort [...] ». Léveillé publie aussi de la poésie qui est recherche d'écriture et projet de découverte de soi. Pour Luc Bouvier, dans le premier recueil, *Œuvre de la première mort* (1978), « tout le texte fonctionne selon un système binaire et tente, par le fait même, de réduire les contraires, grâce à l'acte d'écrire [... Le recueil] déçoit à plusieurs titres. Tout d'abord J.R.L. Léveillé n'a su se détacher de Mallarmé, son maître [...]. Ensuite, même si le désir de structurer l'ensemble du volume de façon très serrée est fort louable, cela se fait au détriment des textes poétiques et les rend parfois tout à fait illisibles ». Selon Claude Beausoleil, le recueil suivant, *Le Livre des marges* (1981), est « une poésie axée sur la recherche d'un équilibre de l'écriture et de l'être ».

ŒUVRES

Tombeau (roman), Winnipeg, Canadian Publishers Ltd., 1968, 101 p.

La Disparate (roman), dans *Les Écrits du Jour*, Montréal, Le Jour, 1975, p. [143–345]. Sous le pseudonyme de Jesse James.

Œuvres de la première mort (poésie), Saint-Boniface, Éditions du Blé, 1977, 93 p. Ill. de l'auteur.

Le Livre des marges. Milieu (poésie), Saint-Boniface, Éditions des Plaines, 1981, [n.p., 83 p.].

Extrait. Fiction objective, Saint-Boniface, Éditions des Plaines, 1984.

L'Incomparable (essai), Saint-Boniface, Les Éditions du Blé, 1984, 75 p. Ill. « Rouge ».

Plage. Roman, Saint-Boniface, Les Éditions du Blé, 1984, 88 p.

ÉTUDES

Réginald Martel, *Les Jeux ambigus,* Pr, 91e année, n° 207, 30 août 1975, p. E-3.

Pierre Filion, *Écrire... acte I. Les jeunes lions,* dans *Le Livre d'ici,* vol. 1, n° 7, 30 nov. 1975, p. 1.

Suzanne Paradis, *Deux traducteurs du silence,* Dev, vol. 64, n° 213, 16 sept. 1978. p. 19.

Luc Bouvier, *J.R.L. Léveillé. Œuvre de la première mort,* LAQ 1978, p. 139–141.

Noël Audet, *Poésie minimale (?) de l'Alberta au Québec,* VI, vol. 4, n° 2, décembre 1978, p. 336.

Claude Beausoleil, *Des mots qui parlent,* Dev, vol. 71, n° 242, 24 oct. 1981, p. B-4.

LÉVEILLÉ, LIONEL-ENGLEBERT, DIT GALLÈZE [Englebert Gallèze] (1875–1955). Poète, né à Saint-Gabriel-de-Brandon (Berthier). Il fait ses études au Collège de Joliette et ses études de droit, à l'Université de Montréal. Il est admis au barreau en 1907. En 1915, il fait du journalisme, surtout à *La Presse.* En 1918, il revient à la pratique du droit ; en 1929, il entre au bureau du protonotaire de Montréal. Le 12 novembre 1908, il soumet quatre de ses poèmes à l'École littéraire de Montréal dont il devient membre et dont il sera président en 1919. Il demeurera fidèle à l'École jusqu'à la fin de ses jours. Il collabore à *La Revue canadienne,* au *Bulletin du parler français au Canada,* au *Terroir,* au *Nationaliste...* où il publie ses vers sous le pseudonyme d'« Englebert Gallèze ». Il se veut essentiellement poète du terroir, épris de choses simples, de paysages qui reflètent le visage de son pays. Son style est ouvert au parler populaire ; sa prosodie s'accommode facilement au rythme de la chanson. C'est dans cet esprit du terroir qu'ont été conçus ses recueils : *Les Chemins de l'âme* (1910), *La Claire Fontaine* (1913), *Chante rossignol, chante* (1925), *Vers la lumière* (1925). Les vers de Léveillé, remarque Dantin, s'inspirent « très souvent d'une maxime, d'un dit populaire, d'un couplet de notre folklore, dont ils développent le motif et autour duquel ils s'ordonnent comme les cristaux autour de leur axe. [...]. Cette poésie, à condition de la juger à ses normes propres et de ne pas lui demander plus qu'elle ne promet, dénote un art réel, contient une signification et un attrait bien définis ».

ŒUVRES

Les Chemins de l'âme. Poésies, Montréal, Daoust & Tremblay imprimeurs et éditeurs, 1910, 112 p. Sous le pseudonyme d'Englebert Gallèze. Préface d'Albert Ferland.

La Claire Fontaine. Poésie, Montréal, Librairie Beauchemin limitée, éditeurs, 1913, 114 p. Sous le pseudonyme d'Englebert Gallèze.

Chante rossignol, chante... Poésies, Montréal, L'Éclaireur Beauceville éditeur, 1925, 121 p.

Vers la lumière. Poèmes, Montréal, Librairie d'Action canadienne-française, 1931, 125 p.

Souvenirs, dans *Les Soirées de l'École littéraire de Montréal*, [s.é.], 1925, p. 11–46. Sous le pseudonyme d'Englebert Gallèze.
Nous sommes chez nous, Dev, vol. 20, n⁰ 9, 12 janv. 1929, p. 7.
Ô France, notre mère, Dev, vol. 32, n⁰ 210, 11 sept. 1941, p. 5–6.

ÉTUDES
Edmond Léo, *Causerie littéraire*, Dev, vol. 4, n⁰ 73, 29 mars 1913, p. 1.
Les Frères Zemganno, *M. Englebert Gallèze, poète régionaliste*, dans *Le Matin*, vol. 2, n⁰ 37, oct. 1922, p. 4.
Jean-Charles Harvey, « *Chante, rossignol, chante* » par Lionel Léveillé, dans *Pages de critique sur quelques aspects de la littérature française au Canada*, Québec, Compagnie d'imprimerie Le Soleil, 1926, p. 146–149.
Louis Dantin, *Lionel Léveillé, « Chante, rossignol, chante »*, dans *Poètes de l'Amérique française*, Montréal/New York/Londres, Louis Carrier et Cie/Les Éditions du Mercure, 1928, p. 140–149.
Germain Beaulieu, *Lionel Léveillé*, dans *Nos immortels*, Montréal, Albert Lévesque, 1931, p. 123–142.
Jean Charbonneau, *Lionel Léveillé*, dans *L'École littéraire de Montréal,* Montréal, Albert Lévesque, 1935, p. 199–209.

LÉVEILLÉE, CLAUDE (1932–   ). Auteur, compositeur, interprète et poète, né à Montréal. Après ses études en relations industrielles à l'Université de Montréal (B.A., 1954), il commence sa carrière artistique dans la revue « Bleu et Or » de cette institution, en 1955. En 1956, il est comédien à la télévision de Radio-Canada où, l'année suivante, il crée, à l'émission « Domino », le personnage Clo-Clo pour les enfants. En 1959, il fonde avec des amis le groupe des Bozos, puis il va travailler deux ans à Paris avec Édith Piaf (1959–1960). Suivra, de 1962 à 1969, une fructueuse association avec le pianiste André Gagnon. Au cours de sa carrière, Claude Léveillée effectue plus de mille tournées de récitals à travers le Canada, les États-Unis, la France, l'Union soviétique... Au festival de Sopot (Pologne) de 1972, il représente la chanson du Québec. Il fait la musique de plusieurs téléthéâtres (« Des souris et des hommes »...), de pièces pour la scène en collaboration avec Marcel Dubé et Louis-Georges Carrier, celle d'un bon nombre de films et comédies musicales présentées au Théâtre de Marjolaine et à la Comédie canadienne, etc. En 1971, il publie un recueil de poèmes et de chansons, *L'Étoile d'Amérique*, que Marcel Dubé qualifie d'invitation aux voyages. L'un des meilleurs chansonniers de sa

génération, il exprime son appartenance à la terre de ses ancêtres, signale les problèmes sociaux, et met en évidence les thèmes de la liberté, de l'amour et de la tendresse, souvent avec un humour plein de poésie et de fantaisie.

ŒUVRES
L'Étoile d'Amérique (poésie), [Montréal], Leméac, 1971, 196 p. Préface de Marcel Dubé. « Mon pays mes chansons ».
Solitudes (poésie), Montréal, Art Global, 1982, [portefeuille, n.p., 44 p.]. Ill. de Marcel Smit. (Tirage limité).

DISCOGRAPHIE
Les Vieux Pianos, Montréal, Columbia, 1961, FS-535, 33⅓ tours. Collab. Gilles Vigneault.
Collection : poésie et chanson — Frédéric, Montréal, Columbia (Harmonie), 1962, HFS-9084, 33⅓ tours. Collab. Gilles Vigneault.
Frédéric, Montréal, Harmony, 1963, HFS-9084, 33⅓ tours.
Léveillée + 10 (Encore), Montréal, Columbia, 1963, FS-646, 33⅓ tours.
Poissons, Montréal, Columbia, 1963, FS-631, 33⅓ tours. Collab. André Gagnon.
Claude Léveillée à la Place des Arts, Montréal, Columbia (Harmonie), 1964, KHF 90209, 33⅓ tours.
Claude Léveillée chante Un simple soldat, Montréal, Columbia, 1964, FS-651, 33⅓ tours. Collab. Marcel Dubé.
Clo-Clo à la ferme, Montréal, Columbia (Harmonie), 1964, HFL-8001, 33⅓ tours. (Pour enfants).
1 voix, 2 pianos, Montréal, Columbia, 1964, FS-662, 33⅓ tours. Collab. André Gagnon et Isabelle Aubert.
Léveillée à Paris — Mon Pays, Montréal, Columbia, 1965, FS-618, 33⅓ tours.
Noël avec Clo-Clo, Montréal, Columbia (Harmonie), 1965, HFL-8003, 33⅓ tours. Collab. Paul Buissonneau. (Pour enfants).
Léveillée à Paris, Montréal, Columbia, 1966, FS-639, 33⅓ tours.
Ne ratez pas l'espion (comédie musicale), Eastman, Théâtre de Marjolaine, 1966, CT-341-43-46, 45 tours. Collab. Louis-Georges Carrier.
Elle tournera la terre, Montréal, Columbia, 1967, FS-677, 33⅓ tours. Collab. Louis-Georges Carrier.
Le Cérémonial de l'amour, Montréal, Columbia, 1968, FS-726, 33⅓ tours. Collab. Louis-Georges Carrier.
Dix ans de chansons, Montréal, Columbia, 1968, F35-300, 33⅓ tours.
Clo-Clo et Bibi en vacances, Montréal, Barclay, 1968, 10021, 33⅓ tours. (Pour enfants).
L'Étoile d'Amérique, Montréal, Leko 1968, [1969], KS-100, 33⅓ tours. Collab. Gilles Vigneault.
Claude Léveillée — Une p'tite fleur, Montréal, Leko, 1969, KS-101, 33⅓ tours. Collab. Gilles Vigneault.
Si jamais ! If ever, Montréal, Leko, 1969, KS-101-101-103, 33⅓ tours.
Cheval de bois, Montréal, Barclay, 1971, 80125, 33⅓ tours.
Les Grands Succès de Claude Léveillée, Montréal, Columbia, [1971], CFS 90012, 33⅓ tours.
Les Amoureux de l'an 2000, Montréal, Barclay, 1972, 80174, 33⅓ tours.
Claude Léveillée, Montréal, Columbia (Harmonie), 1972, KHF 90086, 33⅓ tours.

Le Doux Temps des amours (comédie musicale), Eastman, Théâtre de Marjolaine, 1972, CT 386-21-24, 33⅓ tours. Collab. Louis-Georges Carrier.

Une nuit, un moment, [s.l.], CBS, 1972, GFS-90128, 2 disques 33⅓ tours ; 1980.

Contact (instrumental), Montréal, Barclay, 1973, 80147, 33⅓ tours.

Claude Léveillée à Paris, Montréal, Columbia, 1973, FS-618, 33⅓ tours.

Une nuit, un moment, Montréal, Columbia, 1973, GFS 90128, 33⅓ tours. Collab. André Gagnon.

Les Beaux Dimanches de Marcel Dubé (instrumental), Montréal, Barclay, [1974], 80202, 33⅓ tours.

Dix succès pour toi de Claude Léveillée (instrumental), Montréal, Barclay, 1974, 80206, 33⅓ tours.

Pour les amants, Montréal, Columbia, 1974, GFS-90122, 33⅓ tours.

On remonte en amour, Montréal, Barclay, 1975, 80216, 33⅓ tours.

Léveillée à la Place des Arts, Montréal, Kébec-Disc, 1976, KD-M-911 et 912, 33⅓ tours.

1 Fois 5, Montréal, Kébec Disc, 1976, KD-923-924, 33⅓ tours. Collab. Gilles Vigneault, Robert Charlebois, Jean-Pierre Ferland et Yvon Deschamps.

Claude Léveillée, [Montréal], Manoir, [1977], M-911-912, 2 disques, 33⅓ tours.

Le Temps d'une saison, Montréal, Polydor, 1977, 2675-144, 33⅓ tours. Collab. Félix Leclerc.

Le Long Voyage, [Montréal], Polydor, 1978, Polydor 2457104, 33⅓ tours.

Black Sun (instrumental), Montréal, Polydor, 1978, 2424-171, 3176-171-3821-171, 33⅓ tours.

Escale 80, [s.l.], CAM 1979, CML-2006, 33⅓ tours.

La Légende du petit ours gris. Le Journal d'un chien, Montréal, Polygram, 1979, Polygram 2424-196, 33⅓ tours. Collab. Félix Leclerc.

Rassemblement, [Montréal], Kébec-Disc, [1979] KDM-975, 33⅓ tours.

Le Chemin du roy, Montréal, Columbia, [s.d.], FL-346, 33⅓ tours.

De loin, Montréal, Columbia, [s.d.] FS-611, 33⅓ tours. Collab. Louis-G. Carrier, Henri Tachon, Michel Rivegauche.

Les Fraises des bois, Montréal, Columbia, [s.d.] FL-339, 33⅓ tours. Collab. Buissonneau, Carrier, Vigneault.

Ne dis rien, Montréal, Columbia, [s.d.], F-603, 33⅓ tours. Collab. Vigneault, Rémillard.

On n'aime qu'une fois (comédie musicale), Montréal, Columbia, [s.d.], FL-351, 33⅓ tours. Collab. Marcel Dubé.

Partie de cartes, Montréal, Columbia, [s.d.], FSX-169, 33⅓ tours. Collab. Paul Buissonneau et Louis-G. Carrier.

ÉTUDES

Christian Larsen, *Claude Léveillée*, dans *Chansonniers du Québec*, Montréal, Beauchemin, 1964, p. 58-63.

Alcide Dupuis, *Claude Léveillée*, dans *La Chanson française*, Montréal, Bellarmin, 1965, p. 106.

[Anonyme], *Claude Léveillée sera l'officier anglais d'un film de Claude Chabot*, Dev, vol. 57, n⁰ 47, 26 févr. 1966, p. 12.

Claire Légaré, *Claude Léveillée*, dans *Le Petit Journal*, vol. 40, n⁰ 23, 3 avril 1966, p. M-34-35.

Pierre Paul, *Claude Léveillée compose, chante...*, dans *La Tribune*, vol. 57, n⁰ 49, 22 avril 1966, p. 8.

Christiane Brunelle, *Poésie, rêve, misère avec Claude Léveillée*, So, vol. 69, n⁰ 223, 9 mai 1966, p. 11.

René Berthiaume, *Une comédie musicale qui semble assurée déjà d'un grand succès*, dans *La Tribune*, vol. 57, n⁰ 94, 15 juin 1966, p. 18.

Christiane Brunelle, « *Ne ratez pas l'espion* » *au Théâtre de Marjolaine*, So, vol. 69, n⁰ 163, 9 juillet 1966, p. 8.

Jean-Claude Clari, *Notes sur deux chansons de Claude Léveillée*, L, vol. 8, n⁰ 4, juillet–août 1966, p. 58-62.

Marcel Massie, *Claude Léveillée, poète sociologue*, dans *Collegia-Laurentien*, vol. 3, n⁰ 11, 13 déc. 1966, p. 7.

Jean Basile, « *Il est une maison...* » *délicieuse*, Dev, vol. 58, n⁰ 2, 4 janv. 1967, p. 10.

Christian Larsen, *Chant du cygne de Claude Léveillée ?*, dans *Sept-Jours*, n⁰ 17, 7 janv. 1967, p. 42-43.

Jean Royer, *Le Romantisme de Claude Léveillée*, dans *L'Atelier*, vol. 60, n⁰ 17 886, 13 févr. 1967, p. 3.

Jean-Yves Théberge, *Léveillée a donné sa pleine mesure*, dans *Le Canada français*, vol. 107, n⁰ 41, 2 mars 1967, p. 26.

Roch Poisson, *Piaf ne s'est jamais trompée*, dans *Photo-Journal*, vol. 31, n⁰ 5, 17-24 mai 1967, p. 77.

Jacques Thériault, *À Eastman 67*, « *On n'aime qu'une fois* » *de Carrier-Léveillée*, Dev, vol. 58, n⁰ 141, 16 juin 1967, p. 10.

Manuel Maître, *Une comédie musicale de bon goût à Eastman*, P, vol. 88, n⁰ 27, 9 juillet 1967, p. 49.

Martial Dassylva, *La Comédie musicale de la Marjolaine*, Pr, vol. 83, n⁰ 169, 29 juillet 1967, p. 33.

René Berthiaume, *Succès à Eastman*, dans *La Tribune*, vol. 58, n⁰ 148, 19 août 1967, p. 7.

Jean Basile, « *Elle tournera la terre* », Dev, vol. 58, n⁰ 268, 20 nov. 1967, p. 8.

Manuel Maître, *Où Claude Léveillée se révèle bon comédien*, P, vol. 88, n⁰ 47, 26 nov. 1967, p. 50.

René Berthiaume, « *L'Arche de Noé* » *une comédie musicale bouffe*, dans *La Tribune*, 59ᵉ année, n⁰ 60, 4 mai 1968, p. 8.

Claude Grignon, *Léveillée : dix de chansons*, Pr, 84ᵉ année, n⁰ 140, 15 juin 1968, p. 29.

François Piazza, « *Les Posters* » *: le Rideau-Vert se met à la mode*, dans *Échos Vedettes*, vol. 6, n⁰ 47, 7 déc. 1968, p. 7.

Ingrid Saumart, *Claude Léveillée ne veut plus rien savoir*, dans *Le Petit Journal*, 43ᵉ année, n⁰ 9, 22 déc. 1968, p. 77.

Claude Gingras, *Léveillée « L'important c'est de continuer »*, Pr, 85ᵉ année, n⁰ 3, 4 janv. 1969, p. 22.

Rudel-Tessier, *Claude Léveillée à la Comédie canadienne*, dans *Photo-Journal*, vol. 32, n⁰ 39, 15 janv. 1969, p. 56.

Jean Royer, *Avec ou sans piano*, dans *L'Action*, 62ᵉ année, n⁰ 18707, 24 févr. 1969, p. 9.

[Anonyme], *Léveillée (Claude). L'Étoile d'Amérique*, dans *Le Livre canadien*, vol. 3, 1972, n⁰ 136.

Gérald-Claude Fournier, *L'Étoile d'Amérique de Claude Léveillée*, LAQ 1972, p. 178.

Jean Royer, *Retour de Claude Léveillée. Pas question de m'asseoir sur mes chansons*, Pr, 101ᵉ année, n⁰ 207, 18 mai 1985, p. E-1, E-2.

LÉVESQUE. Voir **CYR-COULOMBE, BERTHE-LUCIENNE.**

LÉVESQUE, ANNE [Anne Albert] (1950-   ). Romancière, née à Grand-Sault (Nouveau-Brunswick). Après ses études primaires et secondaires à

Drummond (1956–1968), elle étudie à l'École normale et à l'Université de Moncton où elle obtient un brevet d'enseignement (1971) et un baccalauréat en pédagogie (1975). Après avoir enseigné le français à Ottawa et à Bathurst, elle devient professeure à la Polyvalente W.-A.-Losier de Tracadie en 1973, et elle est nommée coordonnatrice des programmes de l'enseignement intermédiaire du français, en 1981. À la fin de 1980 paraît aux Éditions de l'Acadie son premier roman, *Les Jongleries*. Ce roman du terroir acadien raconte l'histoire des mauvais traitements qu'un mari dément fait subir à sa femme et à ses enfants qui le quittent mais finissent par lui pardonner. L'auteur ne réussit pas à éviter les lourdeurs et les maladresses dans ce récit assez bien conduit où se mêlent le français universel et la langue locale.

ŒUVRE

Les Jongleries (roman), Moncton, Édition d'Acadie, 1980, 183 p.

LÉVESQUE, CHARLES (1817–1859). Poète et nouvelliste, né à Montréal. Fils d'un avocat, il fait le cours classique au Collège de Montréal. Pendant sa cléricature dans une étude d'avocat, il fait partie des « Fils de la liberté », et il se réfugie aux États-Unis à l'automne de 1837. Rentré à Montréal à la suite de l'amnistie de 1838, il termine ses études et est reçu au barreau en 1840. Il ouvre un bureau à Berthier et, en 1843, il épouse Julie Morrison qui meurt l'année suivante à la naissance de leur fille. En 1849, il se fixe à Saint-Benoît et, en 1854 il retourne auprès de sa mère à Sainte-Mélanie d'Ailleboust, et tente de consoler son chagrin dans le monde du rêve et de la poésie. À l'automne de 1859, on le trouve mort au pied d'un arbre, son fusil de chasse déchargé auprès de lui. On connaît plus de soixante de ses poèmes, parmi lesquels une dizaine de petits textes en prose en versets bibliques, parus dans divers périodiques, et quelques nouvelles, essais et fragments de romans. En 1972, Michel Boucher a présenté une édition annotée des poèmes comme thèse de maîtrise à l'Université Laval. La poésie de Lévesque est essentiellement lyrique et tendre. Surtout chantre de l'amour et de la femme, il chante aussi « les humbles ou le petit peuple, les héros politiques, les ancêtres et leur souvenir » (Jeanne d'Arc Lortie).

ŒUVRE

« Les Œuvres de Charles Lévesque, écrivain oublié du dix-neuvième siècle (1817–1859), texte établi, annoté et présenté par Michel Boucher ». Thèse de maîtrise. Québec, Université Laval, 1972, xviii, 226 f.

ÉTUDES

Michel Boucher, « Charles Lévesque ». Mémoire de licence, Québec, Université Laval, 1967, xxix, [20] p.

Aurélien Boivin, [Charles Lévesque], dans *Le Conte littéraire québécois au XIXᵉ siècle. Essai de bibliographie critique et analytique*, Montréal, Fides, 1975, p. 259-260.

Jeanne d'Arc Lortie, *Voix d'un peuple : Charles Lévesque*, dans *La Poésie nationaliste au Canada français (1606-1867)*, Québec, PUL, 1975, p. 291-302.

John Hare, [Charles Lévesque], dans *Anthologie de la poésie québécoise du XIXᵉ siècle (1790-1890)*, Montréal, Hurtubise HMH, 1979, p. 147-153.

LÉVESQUE, LÉO-ALBERT. Voir DION-LÉVESQUE, ROSAIRE.

LÉVESQUE, RAYMOND (1928–   ). Chansonnier, poète et dramaturge, né à Montréal. Il étudie le piano avec Rodolphe Mathieu et l'art dramatique sous la direction de madame Jean-Louis Audet et de François Rozet. Il commence à écrire des chansons en 1943, fait ses débuts au poste CKAC comme auteur-compositeur-interprète en 1946, et travaille à la radio et à la télévision pendant huit ans. De 1954 à 1959, il séjourne en France, se produit dans des boîtes à chansons à Paris et en province, ainsi qu'à la radio et à la télévision. Rentré au pays, il continue à chanter, fonde avec Jean-Pierre Ferland, Claude Léveillée, Clémence Desrochers... la troupe des Bozos (1959), travaille comme comédien à Radio-Canada, crée sa pièce *Bigaouette* en 1968, monte un grand nombre de revues à la Butte à Mathieu entre 1961 et 1974. En outre, il fait de nombreuses tournées, dont l'une pour le compte du ministère de l'Environnement du Québec en 1978, et il ouvre divers cabarets, tels L'Évêché et Chez Raymond-les-culottes. En 1980 la Société Saint-Jean-Baptiste le proclame patriote de l'année. Plusieurs de ses chansons ont été de grands succès populaires : « Quand les hommes vivront d'amour », « Bozo-les-culottes »... Ses chansons, d'abord assez sentimentales sous l'influence de Charles Trenet, sont devenues humoristiques et socialement engagées. Dans l'ensemble, ses textes (chansons, poèmes, monologues...), écrits dans une langue simple et volontiers populaire, mettent l'accent sur les thèmes de l'amour et de la fraternité.

ŒUVRES

Raymond Lévesque, 2ᵉ album de chansons, Montréal, Éditions Archambault, 1956, 27 p. Ill.

Quand les hommes vivront d'amour (poèmes, chansons, monologues), Québec, Éditions de l'Arc, 1968, 142 p. « L'Escarfel ».

Au fond du chaos (poésie), Montréal, Éditions Parti Pris, 1971, 50 p. « P ».

Bigaouette (théâtre), Montréal, Les Éditions de l'Homme, 1971, 108 p.

« Le malheur a pas de bons yeux » (textes humoristiques), Montréal/Bruxelles, Les Éditions de l'Homme, 1971, 142 p.

On veut rien savoir (poésie), Montréal/Québec, Éditions Parti Pris, 1974, 75 p. « P ».

Le Temps de parler (poèmes), Montréal, Fides, 1977, 103 p. Ill. de Nicole Benoit. « Voix Québécoises ».

Electro chocs. Des mots qui ont des yeux (poésie), Montréal, Guérin, 1981, 135 p. Ill. (Notation musicale).

C'est à ton tour, René... mon cher. Extrait d'un journal imaginaire (1977–1983), Montréal, Guérin éditeur ltée, 1984, 127 p. Ill. de Michel Poirier.

D'ailleurs et d'ici (autobiographie), Montréal, Leméac, 1986, 205 p. « Mon pays, mes chansons ».

DISCOGRAPHIE

À la butte à Mathieu, [Montréal], Gamma, 1966, GS-102, 33¹/₃ tours.

Après 20 ans..., [Montréal], Gamma, [1967], GS-111, 33¹/₃ tours.

Chansons et Monologues, [Montréal], Alouette, [1969 ?], SAD-519, 33¹/₃ tours.

5 chansonniers, « Le disque d'or », [Montréal], Select, [1969 ?], S-398151, 33¹/₃ tours. Collab.

Michel, (Montréal), Apex, [196 ?], ALF-1562, 33¹/₃ tours.

Monologues et Chansons, London, 1971, SDL 30013, 33¹/₃ tours. « Série française ».

Raymond Lévesque chante pour les travailleurs, [Montréal], Fédération des travailleurs du Québec/DERAM, [1975 ?], DEF 1004, 33¹/₃ tours.

Le P'tit Québec de mon cœur, [Montréal], Filoson limitée, 1977, FIL-77101, 33¹/₃ tours.

ÉTUDES

Claude Gingras, *Entre Bigaouette et Raymond Lévesque,* Pr, vol. 84, n° 95, 23 avril 1968, p. 28.

Maximilien Laroche, *Quand les hommes vivront d'amour,* LAC 1968, p. 99–100.

Jean-Guy Pilon, *Un chansonnier d'aujourd'hui, des poètes d'hier,* Dev, vol. 59, n° 117, 18 mai 1968, p. 15.

Luc Perrault, *Une revue politique engagée,* Pr, vol. 84, n° 157, 8 juillet 1968, p. 18.

François Gallays, *Au fond du chaos,* LAQ 1971, p. 171.

Nathalie Petrowski, *À l'Imprévu de mercredi à dimanche. Raymond Lévesque : savoir et dire,* Dev, vol. 69, n° 30, 8 févr. 1977, p. 13.

Id., *Raymond Lévesque. Une vision dépassée du Québec d'aujourd'hui,* Dev, vol. 69, n° 33, 11 févr. 1977, p. 15.

Réjean Dupuis, *Avec sa boîte « Raymond les culottes », Raymond Lévesque : c'est une époque qu'il veut faire revivre,* dans *Télé-Radiomonde,* vol. 30, n° 23, 29 janv.–4 févr. 1978, p. 24.

LÉVESQUE, RENÉ (1922–1987). Journaliste, essayiste et homme politique, né à New-Carlisle (Bonaventure). Il fait ses études classiques au Séminaire de Gaspé et au Collège Saint-Charles-Garnier de Québec (B.A., 1941). Il entreprend des études de droit à l'Université Laval, tout en exerçant le métier d'annonceur de radio (CKCN et CBV), puis il s'engage, en 1943, dans les services d'information de l'armée américaine. Passé en Angleterre, il suivra les armées en Alsace et en Rhénanie. Rentré au Canada en 1946, il travaille au Service international de Radio-Canada, et il collabore au *Canada* et au *Clairon* de Saint-Hyacinthe. Rentré d'un nouveau stage comme correspondant de guerre en Corée (1951), il fonde « Carrefour », premier service de reportage à la radio canadienne, avec Gérard Arthur et Judith Jasmin, service inauguré en 1952. Mais c'est l'émission « Point de mire » (1956–1958) qui fait le mieux connaître Lévesque et lui mérite le prix du journalisme de la Société Saint-Jean-Baptiste. En 1959, il devient membre du Parti libéral. Élu député de Laurier en 1960, il est nommé ministre des Ressources hydrauliques, puis des Travaux publics ; en 1965, il est ministre de la Santé et de la Famille. En 1967, il quitte le Parti libéral et fonde le Mouvement Souveraineté-Association qui, le 21 avril 1968, se transforme en parti politique : le Parti québécois, dont il devient le président. À la suite de victoires successives aux élections de 1976 et 1981, il est Premier ministre du Québec de 1976–1985. Homme politique, René Lévesque est aussi homme de lettres. Étudiant en classe de méthode, il collabore déjà à *L'Envol,* petit journal des étudiants du Séminaire de Gaspé. Il y publie son premier conte : « Le Noël du Chamelier » (en décembre 1935). Son deuxième texte, publié le 30 mars 1936, décrit le naufrage d'une goélette et le troisième, paru le 12 avril 1936, est l'histoire d'une horloge grand-père. À partir de novembre 1939, il publie plusieurs textes dans le journal collégial, *Le Garnier,* entre autres « Ma Gaspésie ». Pendant une trentaine d'années, il collabore à plusieurs journaux et revues. Il signe une chronique au journal *Le Jour*. Dans ses ouvrages *Option Québec* (1968) et *La Solution* (1970), l'écriture est au service de sa pensée politique dont l'objectif principal est l'indépendance du Québec. Excellent orateur et styliste habile, René Lévesque se fait surtout remarquer dans un genre littéraire nouveau : le reportage radiophonique et télévisuel. Dans un article publié dans *Le Devoir* du 6 octobre 1951, Gérard Pelletier précise : « M. Lévesque combine à merveille le technicien radiophonique avec l'homme de culture. La technique n'apparaît jamais en surface, la culture, non plus [...]. En bref, je voudrais dire qu'un vrai talent radiophonique est une chose extrêmement rare [...]. M. Lévesque y atteint sans effort dans ce métier de reporter-commentateur ». Ronald Savoie écrit dans *Vrai* du 3 mars 1956 : « René Lévesque est un chirurgien de la pensée. Violent, habile et direct, il a peu d'égal pour vous circonscrire un problème et lui donner une solution ». Georges-Émile Lapalme, dans ses *Mémoires*, brosse ce portrait de René Lévesque : « En dépit d'une voix cassée et d'un physique peu redoutable, il était la *TÉLÉVISION*. Son émission «Point de mire» dix fois supérieure à celle de Pierre Lazareff dans «Cinq colonnes à la une», à Paris, d'une technique et d'une envergure jamais égalées depuis, en avait fait le dieu des ondes imagées ». En 1986, René Lévesque publie ses mémoires sous le titre *Attendez que je me rappelle*.

ŒUVRES

Option Québec (essai), Montréal, Éditions de l'Homme, 1968, 175 p. ; Paris, Robert Laffont, 1968. Traduction anglaise par Alan Brown : *An Option for Quebec*, Toronto/Montréal, McClelland and Stewart Limited, [1968], 128 p.

La Solution. Le programme du Parti québécois présenté par René Lévesque (essai), Montréal, Éditions du Jour, 1970, 127 p.

Quinze Novembre : petit album d'images sur une journée pas comme les autres, suivi d'un discours historique de René Lévesque, Montréal, Éditions Intrinsèque, 1976, 79 p.

Les Citations de René Lévesque, Montréal, Éditions Héritage, 1977, 95 p. Colligées par Jean Côté et Marcel Chaput. « Le Petit Livre rouge ». Traduction anglaise par Robert Guy Scully et Jacqueline Perrault : *Quotations from René Lévesque*, Montréal, Éditions Héritage, [1977], 105 p. « The Little Red Book ».

René Lévesque à l'Economic Club de New York (discours), [s.l.], La Presse Limitée, [1977], 38 p. Portrait.

La Passion du Québec. Conversations avec Jean-Robert Leselbaum (entrevues), [Paris], Stock, 1978, 302 p. Portrait. « Les Grands Leaders » ; *René Lévesque. La passion du Québec*, Montréal, Éditions Québec/Amérique, 1978, 238 p. Portrait. Traduction anglaise par Gaynor Fitzpatrick : *René Lévesque : My Québec*, Toronto, Methuen, [1979], xiv, 191 p. Portrait ; Totem Books, [1979].

Oui, Montréal, Éditions de l'Homme, 1980, 311 p. Ill.

Attendez que je me rappelle..., Montréal, Québec/Amérique, 1986, 525, [24] p. Ill. Traduction anglaise par Philip Stratford : *Memoirs*, Toronto, McClelland and Stewart, 368, [24] p.

Chroniques de René Lévesque, Montréal, Québec/Amérique, 1987, 458 p. « Dossiers-Documents ».

―――――――――

Ou la liberté collective, ou les à-peu-près élastiques de certaines élites dépassées, Pr, 85e année, n° 15, 18 janv. 1968, p. 12.

La Conférence constitutionnelle, l'amorce d'une vaste supercherie où les vrais intérêts du Québec n'étaient pas représentés, Dev, vol. 59, n° 35, 12 févr. 1968, p. 6.

Le Référendum au printemps de 1980, dans *L'Information nationale*, vol. 28, n° 5, juillet-août 1979, p. 8.

René Lévesque par lui-même, 1963–1984 (essais), Montréal, Guérin littérature, 1988, 412 p. Recherches, mis en ordre et commentaires de Renald Tremblay. Coll. « Photosynthèse politique ».

ÉTUDES

Peter Newman, *Le Douzième Homme de la conférence : Lévesque*, Pr, 84e année, n° 31, 6 févr. 1968, p. 28.

Jean-Yves Théberge, *René Lévesque du côté de l'espoir*, CF, vol. 108, n° 38, 15 févr. 1968, p. 28.

Fernand Potvin, *Option Québec*, AN, vol. 57, n° 8, avril 1968, p. 673–677.

Françoys Roberge et Pierre Olivier, *Le Vrai Problème de René Lévesque*, dans *Sept-Jours*, 3e année, n° 5, 19 oct. 1968, p. 19–20.

Richard Jones, *Option Québec de René Lévesque*, LAC 1968, p. 190–191.

Robert Mackenzie, *Comment se fera l'indépendance*, Montréal, Éditions P.Q., 1972, 56 p.

François Aubin, *René Lévesque tel quel*, Montréal, Éditions du Boréal Express, 1973, 173 p.

Lionel Bellavance, *Les Partis indépendantistes québécois 1960–1973*, Montréal, Éditions des Anciens Canadiens, 1973, p. 41–98.

Jean Provencher, *René Lévesque : portrait d'un Québécois*, Montréal, Éditions La Presse, 1973, 270 p.

Robert Lévesque, Louis Fournier et Jacques Keable, *L'Entrevue de la semaine*, dans *Québec-Presse*, 6e année, n° 38, 10 nov. 1974, p. 3–5.

Gilles Boyer, *Deux sources d'inspirations différentes. Le concept de nation chez Trudeau et Lévesque*, Dev, vol. 68, n° 286, 8 déc. 1976, p. 5.

Pierre O'Neill, *René Lévesque. Un passionnant projet inachevé*, Dev, vol. 69, n° 121, 28 mai 1977, p. 13, 24.

Peter Desbarats, *René Lévesque ou Le Projet inachevé*, Montréal, Éditions Fides, 1977, 271 p. Traduction française de Robert Guy Scully.

Jean-Claude Picard, *« La Passion du Québec ». Une version Stock-Paris et une version Québec-Amérique*, Dev, vol. 69, n° 74, 25 nov. 1978, p. 2.

Véra et Don Murray, *De Bourassa à Lévesque*, Montréal, Éditions Quinze, 1978, 267 p.

Sylvaine Rochon, *René Lévesque fait le point*, dans *Le Livre d'ici*, vol. 4, 24 janv. 1979, n° 16.

Alain Pontaut, *René Lévesque ou « L'Idéalisme pratique »*, Montréal, Leméac, 1983, 237 p.

[*Dossier sur la démission de René Lévesque*], Dev, vol. 76, n° 144, 22 juin 1985, p. 4–7.

Louis Falardeau, « *Attendez que je me rappelle... Un récit passionnant qui nous apprend rien* », Pr, 102ᵉ année, n° 358, 18 oct. 1986, p. B-3.

Jean Royer, *La Vie littéraire*, Dev, vol. 77, n° 20, 29 nov. 1986, p. C-2.

Pierre Vennat, « *René Lévesque par lui-même* », dans *La Presse*, 105ᵉ année, n° 112, p. B-2.

LÉVESQUE, RICHARD [Joseph Rilev] (1944–   ). Poète, conteur et romancier, né à Saint-Hubert (Témiscouata). Il fait ses études classiques au Séminaire des Pères Maristes de Sillery et au Séminaire Saint-Pie X de Hauterive (B.A., 1965), puis il obtient une licence ès lettres, en 1968, à l'Université Laval, pour un mémoire sur « Vieux Doc » (Dr Edmond Grignon). Il est professeur de lettres à Hauterive (1968–1969) et à Rivière-du-Loup (1969–1971), agent d'information à Rivière-du-Loup (1971–1974), chroniqueur littéraire et journaliste à la pige (1974–1975) et de nouveau professeur de littérature et de linguistique au Cégep de Rivière-du-Loup à compter de 1975. Il collabore à *La Tourmente, Poésie, L'Aquilon* de Hauterive, *Le Saint-Laurent* de Rivière-du-Loup... En 1962 et en 1963, la Société des poètes de Québec lui décerne des prix de poésie. Son premier recueil, *Treize,* paraît en 1965 : « On sent une force [...], écrivait Pierre Mathieu. Le chant de certaines pages est une promesse d'avenir ». L'auteur a continué, et dans plusieurs directions, la poésie, le conte, le roman ; de plus, il donne des conférences, est membre du Regroupement des auteurs de l'Est du Québec, s'occupe des éditions Castelriand, s'intéresse à la biographie de personnalités de sa région, etc. Ses nouvelles des *Yeux d'orage* (1978) traitent des grands thèmes de l'amour et de la mort : Aurélien Boivin trouve le recueil intéressant, peut-être trop « moralisateur », alors que pour Monique Chartier les textes sont efficaces, « d'une structure sans faille, d'une écriture magnifique ». Au sujet du roman *Le Vieux du Bas-du-Fleuve* (1979), bon succès de librairie, Réginald Martel écrit : « un ramassis de banalités qu'on entendra plus probablement dans les lieux du conservatisme le plus insignifiant ». Marie-Andrée Hamel est un peu de cet avis mais trouve de l'intérêt « dans la saveur du parler du vieux ». Monique Chartier juge aussi que ce réquisitoire contre notre civilisation « est long et paraîtra sévère à certains. Par ailleurs, avec son gros bon sens, son humour, son langage imagé, le Vieux rappelle des valeurs difficilement contestables ».

ŒUVRES

Treize suivi d'Ophélia (poésie), Hauterive, Éditions Viking, 1965, 67 p. Ill. de Michel Dorion.

La Cantilène à mon Québec et Autres Dits (poésie), Sainte-Foy, Les Éditions Laliberté, 1974, 77 p. Ill. d'André du Bois. « Le Dévidoir ».

Coloriez le Québec : un village du Bas-du-Fleuve, l'Isle verte (litt. jeunesse), Rivière-du-Loup, Éditions Castelriand, 1977, 32 p. Ill. de Michel Caillouette.

Personnalités de Rivière-du-Loup (biographies), Rivière-du-Loup, Entreprises Castelriand, 1977, 143 p. Ill.

Joseph Rilev présente : drôle de golf (nouvelle), Rivière-du-Loup, Castelriand éditeur, 1978, 32 p. « Aventures sportives de Jérémie Gagnon ».

Les Yeux d'orage (contes et nouvelles), Rivière-du-Loup, Éditeurs : Castelriand, 1978, 137 p. Ill. de Michel Caillouette.

Le Vieux du Bas-du-Fleuve (roman), Rivière-du-Loup, Éditeurs : Castelriand inc., 1979, 159 p.

Les Alentours d'un mariage (poésie), Isle-Verte, La Maison de la page qui tourne, 1982, 17 p. Ill. de Brigitte Ouellet.

Catalogue d'objets familiers (poésie), Isle-Verte, La Maison de la page qui tourne, 1983, 93 p.

[*Ma comptabilité pour le MacIntosh*] (manuel), Isle-Verte, La Maison de la page qui tourne, 1985, 54 f. Collab. Jocelyn Dionne. (Texte polycopié).

Chanson (poésie), dans *Poésie*, vol. 1, n° 2, printemps 1966, p. 8.

Satisfaction (poésie), dans *Poésie*, vol. 2, n° 2, printemps 1967, p. 10.

Autoportrait, dans *Québec français*, n° 39, oct. 1980, p. 60–61.

ÉTUDES

Pierre Mathieu, *Treize de Richard Lévesque,* LAC 1965, p. 83.

José Aunia, *Treize*, So, vol. 69, n° 70, 19 mars 1966, p. 19.

P[aul] [Gay], *La Cantilène à mon Québec et Autres Dits,* Dr, 62ᵉ année, n° 150, 23 sept. 1974, p. 21.

Réginald Martel, *Lettres et Livres du Bas-du-Fleuve*, Pr, 95ᵉ année, n° 296, 15 déc. 1979, p. B-2.

Marie-Andrée Hamel, *Mon vieux...*, dans *Le Livre d'ici*, vol. 5, n° 20, 20 févr. 1980, p. 1.

Ginette Savoie, *Le Vieux du Bas-du-Fleuve*, dans *Femme*, vol. 6, n° 2, mars 1980, p. 7.

Maurice Arguin, *Le Vieux du Bas-du-Fleuve de Richard Lévesque*, dans *Autres Français*, n° 39, oct. 1980, p. 10.

Aurélien Boivin, *Les Yeux d'orage de Richard Lévesque*, dans *Autres Français*, n° 39, oct. 1980, p. 10.

Monique Chartier, *Le Vieux du Bas-du-Fleuve*, dans *Nos livres*, vol. 13, avril 1982, n° 172.

LÉVESQUE, SOLANGE (1946–   ). Romancière, née à Québec. Elle fait des études classiques chez les Ursulines de Québec et au Collège Notre-Dame de l'Assomption de Nicolet (1959–1967), puis elle étudie à l'École des beaux-arts de Québec (Diplôme, 1970). Ensuite, à l'Université du Québec à Montréal, elle obtient un baccalauréat en arts plastiques (1976) et une maîtrise en sciences (1981). Elle a aussi étudié la littérature française à l'Université de Paris VIII. Elle enseigne le français langue seconde pendant quatre ans à Montréal, et elle est chargée de cours à l'UQAM et au Cégep du Vieux-Montréal. En 1979, ses nouvelles, *Cloisons*, reçoivent beaucoup d'éloges. « Peu de premiers livres manifestent une telle maîtrise et tant d'originalité [...], écrit Robert Mélançon. Solange Lévesque écrit avec très peu de mots mais chacun porte. [... Elle] paraît exiger de l'écriture qu'elle soit aussi efficace qu'il se peut, sans redondances. Elle ne répète jamais sous une autre forme ce qu'elle a écrit une fois : s'il lui faut trois mots, elle en prend trois, mais si un seul suffit (quitte à ce que la lecture devienne par endroits quelque peu difficile à force de limpidité) elle ne retient que celui-là. [...] Ce que ses nouvelles donnent à lire, c'est cette succession d'explosions silencieuses et inaperçues, ces petits riens qui font le cours de chaque année ordinaire ». *L'Amour langue morte* (1982), est un premier roman dans lequel trois jeunes femmes, amies de collège, se revoient, se racontent. La critique est favorable, mais un peu hésitante. Selon Réginald Martel, « l'écriture est fraîche et fluide », la construction « très libre. Deux douzaines de tableaux assez brefs, gentiment titrés et illustrés. [...] Cette absence de progression dramatique n'entrave pas la lecture mais elle y laisse un vide que tous les lecteurs ne sauraient pas nécessairement combler ».

ŒUVRES

Les Cloisons. Suite de nouvelles, Montréal, Le Biocreux, 1979, 104 p.
L'Amour langue morte. Roman, Montréal, HMH, 1982, 245 p. « A ».

Une méprise (nouvelle), L, vol. 22, n° 5, sept.–oct. 1980, p. 33–41.
Une question qui se repose, dans *Hobo-Québec,* n°s 44–45, printemps–été 1981, p. 54.

ÉTUDES

Réginald Martel, *Des femmes en quête d'elles-mêmes,* Pr, 95ᵉ année, n° 238, 6 oct. 1979, p. B-14.
Robert Mélançon, *Solange Lévesque. Une nouvelle écriture?,* Dev, vol. 70, n° 269, 17 nov. 1979, p. 21.

France Théoret, *Une littérature de bon ton,* dans *Spirale,* n° 4, déc. 1979, p. 6.
Madeleine Ouellette-Michalska, *Neuf et Vibrant,* Ch, vol. 20, n° 12, déc. 1979, p. 26.
Jean Larose, *Solange Lévesque. Les Cloisons,* LAQ 1979, p. 59.
Réginald Martel, *Solange Lévesque. De la difficulté d'avoir vingt ans,* Pr, 98ᵉ année, n° 194, 21 août 1982, p. B-3.
Normand Desjardins, *L'Amour langue morte,* dans *Nos livres,* vol. 13, oct. 1982, n° 393.
Michel René, *L'Amour langue morte,* LAQ 1982, p. 64–65.

LÉVIS, FRANÇOIS-GASTON, CHEVALIER DE (1719–1787). Mémorialiste, né au château d'Ajac, Limoux (France). Il entre jeune dans l'armée. Successivement lieutenant dans le régiment de la Marine (1735) et capitaine (1737), il participe à la campagne du Rhin et à la défense de Prague. En 1746, il est envoyé en Italie comme aide-major général et, en 1756, au Canada comme commandant en second des troupes régulières où il prend part à toutes les compagnes militaires de la guerre. Après la défaite du 13 septembre 1759, il tente de rallier les troupes mais sans succès. Au printemps de 1760, il s'attaque à l'armée de Murray ; malgré la victoire partielle, les troupes doivent se retirer à Montréal, où, à l'automne, l'armée française capitule. Lévis retourne en France et, en 1761, est nommé lieutenant-général puis en 1765, gouverneur d'Artois. En 1783, il reçoit son bâton de maréchal de France et, en 1785, le roi le fait duc. De ses papiers personnels, Henri-Raymond Casgrain a fait copier tout ce qui concerne le Canada ; il a publié ainsi douze volumes de documents de la « collection Lévis » dont deux sont des écrits de Lévis lui-même : *Journal des campagnes* et *Lettres.* Le *Journal* constitue une relation minutieuse de la vie militaire des quatre dernières années du Régime français.

ŒUVRES

Journal des campagnes du marquis de Lévis en Canada de 1756 à 1760, Montréal, C.O. Beauchemin & fils, 1889, 340 p. Publié sous la direction de Henri-Raymond Casgrain. « Collection des manuscrits de Lévis ».
Lettres du chevalier de Lévis concernant la guerre du Canada (1756–1760), Montréal, C.O. Beauchemin & fils, libraires-imprimeurs, 1889, 573 p. Publié sous la direction de Henri-Raymond Casgrain. « Collection des manuscrits de Lévis ».

ÉTUDE

William J. Eccles, *Lévis, François de, duc de Lévis,* DBC, t. 4, p. 515–521.

LÉVY-CHÉDEVILLE, DOMINIQUE [Aliocha, Dominique de l'Espine] (1938–). Romancier, né à Charleroi (Belgique). En bas âge, il déménage avec sa famille à Marseille où il obtient, à l'Université d'Aix-Marseille, une licence en mathématiques et lettres modernes (1963), matières qu'il enseigne ensuite à Stockholm. Il participe à des expéditions au Sahara, en Thaïlande et en Amazonie. Arrivé au Canada en 1973, il entre, l'année suivante, au service de la section de linguistique du Canadien Pacifique. À partir de 1981, il est professeur suppléant de français à l'École Van-Horne (Montréal). *Le Tsarévitch* (1978), roman d'aventures, est la première œuvre littéraire qu'il publie au Canada, sous le pseudonyme de Dominique de l'Espine. *Gaspard de la nuit et des étoiles* (1980), roman d'amour et de mœurs, est jugé compliqué et pas toujours vraisemblable, mais plus d'un critique en reconnaît les qualités : l'écriture, selon Réginald Martel, « est généralement directe et précise » ; et Madeleine Ouellette-Michalska dit qu'on y trouve « une sensibilité aux aguets, l'utilisation d'une phrase brève, haletante, qui traduit parfois bien l'émotion, une intensité dramatique capable, par moments, d'investir le récit ».

ŒUVRES

Les Christs inutiles suivi de Les Soleils morts (nouvelles), Paris, Éditions Albin Michel, 1968, 224 p. « La Vague ». Sous le pseudonyme de Aliocha.

Le Français, langue des affaires (essai), Montréal, Concordia University/Canadien Pacifique, 1977, [n.p.].

Le Tsarévitch. Roman, Montréal, CLF Pierre Tisseyre, 1978, 242 p. Sous le pseudonyme de Dominique de l'Espine.

Gaspard de la nuit et des étoiles (roman), Montréal, CLF Pierre Tisseyre, 1979, 187 p.

L'Homme aux passions tristes. Roman, Montréal, CLF Pierre Tisseyre, 1981, 163 p.

ÉTUDES

Réginald Martel, *Dans un seul roman, tous les malheurs du monde,* Pr, 96e année, n° 135, 7 juin 1980, p. C-3.

Madeleine Ouellette-Michalska, *Jeunes Romanciers : « Love Story » et poubelles,* Dev, vol. 71, n° 163, 19 juillet 1980, p. 15.

Normand Desjardins, *Lévy-Chédeville (Dominique). L'Homme aux passions tristes,* dans *Nos livres,* vol. 13, juin–juillet 1982, n° 283.

LEYMONERIE, ROGER (1941–). Romancier, né à Campagne (Dordogne, France). Il étudie les sciences naturelles et l'agronomie à l'École technique d'Ussel (Bac. tech. et agr., 1962). Il fait aussi des études en géologie, hygiène et sciences vétérinaires.

Après son service militaire, il arrive au Québec en 1964 et, à partir de 1965, il est instituteur à l'École Curé-Labelle. Il poursuit des études littéraires et obtient une licence d'enseignement à l'Université du Québec à Montréal, en 1978. Il collabore au *Pêcheur québécois,* à *Québec chasse et pêche,* à *La Presse,* au *Devoir.* Son premier roman, *Le Mauvais Tour* (1977) reçoit un accueil favorable. Réginald Martel y voit « une espèce de conte poético-philosophique [...], joliment écrit, joliment présenté et illustré ». « Le texte de Leymonerie, écrit Michel Beaulieu, s'inscrit dans l'axe de la fantaisie et de l'allégorie, mais sans contenu politique apparent ». Et pour Pierre Hébert, « ce qui surgit du récit de Roger Leymonerie, c'est justement le caractère symbolique du monde créé [...], le cheminement exemplaire des deux personnages principaux, Palotte et Mauve, et le langage dépouillé qui fait vivre ce monde ».

ŒUVRE

Le Mauvais Tour (roman), Saint-Lambert, Éditions du Noroît, 1972, 89 p. Ill. de Gabriel Bonmati.

La poésie ça mène à quoi ?, Pr, 93e année, n° 234, 1er oct. 1977, p. D-3.

Hommage à Joseph Delteil, Dev, vol. 69, n° 97, 29 avril 1978, p. 19.

ÉTUDES

Gilles Gemme, *Autour d'un conte,* CF, vol. 118, n° 10, 3 août 1977, p. 22.

Michel Beaulieu, *Plus qu'une histoire d'amour,* dans *Le Livre d'ici,* vol. 3, n° 3, 26 oct. 1977, p. 1.

Jacques Renaud, *Des ouvrages courts mais remarquables,* Dev, vol. 69, n° 257, 5 nov. 1977, p. 19.

Pierre Hébert, *Roger Leymonerie. Le Mauvais Tour,* LAQ 1977, p. 88–90.

LHÉON, LÉO. Voir **MELANÇON, JOSEPH-MARIE.**

L'HEUREUX-BLOUIN, MICHÈLE [Michèle Blouin] (1941–). Romancière, née à Québec. Après le secondaire, elle travaille aux relations publiques de Bell Canada (1959–1962) et elle est hôtesse de l'air à Air Canada (1962–1965). Elle étudie au Collège Sainte-Marie (1965–1966), puis elle suit des cours de psychologie et d'histoire de l'art à l'Université Columbia et à l'Art Student League de New York (1968–1969). Intéressée par l'art et les civilisations, elle voyage beaucoup en Europe, en Inde, au Mexique, etc. De 1971 à 1974, elle étudie le droit à l'Université de Montréal, est reçue au barreau en 1975, travaille à l'étude Geoffrion et Prud'homme de 1975 à 1980, et ouvre l'étude Michèle Blouin, en 1981. Outre son travail à la cour, elle est conseillère juridique pour divers organismes dont l'Union des écrivains québécois, et elle s'occupe de littérature. Son premier roman, *Le Jardin de Christina*, paru en 1977, est adapté à la scène des « Premières » de Radio-Canada par Olivier Mercier-Gouin, l'année suivante. À propos d'un second roman, *Du Saint-Laurent au Nil* (1981), dont les personnages sont partagés entre leurs amours et leurs convictions politiques, Vital Gadbois trouve que « la première partie est réussie » mais non la seconde qui est remplie d'idées multiples, de citations sur l'art, l'indépendance, etc.

ŒUVRES

Le Jardin de Christina. Roman, Montréal, Les Éditions de l'Odyssée Enr., 1977, 164 p. Sous le nom de Michèle Blouin.

Du Saint-Laurent au Nil (roman), Longueuil, Le Préambule, 1980, 127 p.

ÉTUDES

Jean Royer, *Michèle Blouin sera au Salon du livre*, Dev, vol. 69, nº 87, 15 avril 1978, p. 33.

Vital Gadbois, *Du Saint-Laurent au Nil de Michèle L'Heureux-Blouin*, dans *Québec français*, nº 44, déc. 1981, p. 9.

Raymond Laprés, *Du Saint-Laurent au Nil,* dans *Nos livres*, vol. 13, janv. 1982, nº 34.

LIBELNA. Voir **MADORE**, LINA.

L'ILLETRÉ. Voir **BERNARD**, HARRY.

LINTEAU, PAUL-ANDRÉ (1946–). Historien et bibliographe, né à Montréal. Il fait ses études classiques au Collège Saint-Viateur d'Outremont (B.A., 1965), puis il obtient, à l'Université de Montréal, une licence en histoire (1967), une maîtrise pour un mémoire sur le journaliste Georges Pelletier (1968), et un doctorat (1975) pour sa thèse « Histoire de la ville de Maisonneuve, 1883–1918 », parue en 1981 sous le titre *Maisonneuve ou Comment des promoteurs fabriquent une ville.* Il devient professeur à l'Université du Québec à Montréal en 1969. Il collabore à plusieurs périodiques, tels *Cahiers de l'Université du Québec, Revue d'histoire de l'Amérique française, Revue d'histoire urbaine, Archives, Canadian Collector...* Il fait partie d'un important groupe de recherche sur la société montréalaise au XIXe siècle. L'ouvrage sans doute le plus remarqué de Paul-André Linteau est celui qu'il a publié en collaboration avec René Durocher et Jean-Claude Robert, *Histoire du Québec contemporain* (1979). La critique a été très favorable ; on a parlé de synthèse magistrale, on en a loué le ton modéré. « L'effort des trois [auteurs], écrit Clément Trudel, consiste surtout à ancrer dans une réalité sociale des faits et gestes que des synthèses historiques «irréelles» avaient tendance à ignorer ou à minimiser. » Et Mariane Favreau : « Ce n'est ni l'histoire de Canadiens français qu'écrivent les trois historiens, ni celle du Canada. Mais celle d'un territoire, le Québec, et de ses habitants de toutes provenances ».

ŒUVRES

Histoire du Québec. Bibliographie sélective (1867–1970), Trois-Rivières, Boréal Express, 1970, 189 p. Collab. René Durocher.

Le « Retard » du Québec et l'Infériorité économique des Canadiens français (essai), Trois-Rivières, Les Éditions Boréal Express, 1971, 129 p. Collab. René Durocher. « Études d'histoire du Québec ».

[*Montréal au 19e siècle, Bibliographie*], Montréal, Groupe de recherche sur la société montréalaise au 19e siècle, Université du Québec à Montréal, [1972], viii, 79 p. Sous la direction de Paul-André Linteau et Jean Thivierge.

Histoire du Québec contemporain (essai), Montréal, Boréal Express, vol. I, *De la Confédération à la crise (1867–1929),* 1979, 660 p. Ill. Collab. René Durocher et Jean-Claude Robert ; vol. 2, *Le Québec depuis 1930,* 1986, 739 p. Collab. René Durocher, Jean-Claude Robert et François Ricard. Traduction anglaise par Robert Chodos : *Quebec a History 1867–1929,* Toronto, James Lorimer & Company Publisher, 1983, xviii, 602 p. Ill.

Hiscabeq. Base de données bibliographiques ordinolingue sur l'histoire du Québec et du Canada (guide), Québec, Microfor, 1980, v, 34 p. Collab. Paul Aubin, Antoine Biton et Jean-Louis Rioux ; 1981.

Bibliographie de l'histoire du Québec et du Canada, 1966–1975, Québec, Institut québécois de recherche sur la culture, 1981, xxiii, 1430 p. Collab. Paul Aubin.

Maisonneuve ou Comment des promoteurs fabriquent une ville, 1883–1918 (essai), Montréal, Boréal Express, 1981, 282 p. Ill. « Histoire et Sociétés ». Traduction anglaise par Robert Chodos : *The Promoters' City. Building the Industrial Town of Maisonneuve (1883–1918),* Toronto, James Lorimer & Company, Publishers, 1985, vi, 225 p. Ill.

L'Évolution de l'urbanisation au Canada : une analyse des perspectives et des interprétations, Winnipeg, The Institute of Urban Studies, 1984, vi, 46 p. Collab. Alan F.J. Artibise ; *The Evolution of Urban Canada ; an analysis of approaches and interpretations,* vi, 44 p.

Histoire du Québec contemporain (essai), Montréal, Boréal, vol. II, *Le Québec depuis 1930*, 1986, 739 p. Collab. René Durocher, Jean-Claude Robert et François Ricard.

Georges Pelletier et la Vie économique des Canadiens français, dans *Les Cahiers de l'Université du Québec*, nᵒˢ 1–2, oct. 1969, p. 405–416.

Georges Pelletier et les Questions économiques (1910–1929), RHAF, vol. 23, nᵒ 4, mars 1970, p. 383–600.

L'Évolution de l'historiographie dans la Revue d'histoire de l'Amérique française, 1947–1972. Aperçus quantitatifs, RHAF, vol. 26, nᵒ 2, sept. 1972, p. 163–183. Collab. Fernand Harvey.

Le Développement du port de Montréal au début du 20ᵉ siècle, dans *Communications historiques 1972*, Ottawa, Société historique du Canada, 1974, p. 181–205.

Propriété foncière et Société à Montréal : une hypothèse, RHAF, vol. 28, nᵒ 1, juin 1974, p. 45–65. Collab. Jean-Claude Robert.

Montréal, 1850–1914, dans *Urban History Review / Revue d'histoire urbaine*, nᵒ 1, juin 1975, p. 31–35.

Quelques Réflexions autour de la bourgeoisie québécoise 1850–1914, RHAF, vol. 30, nᵒ 1, juin 1976, p. 55–66.

La Structure professionnelle de Montréal en 1825, RHAF, vol. 30, nᵒ 3, déc. 1976, p. 383–415. Collab. Jean-Paul Bernard et Jean-Claude Robert.

ÉTUDES

Michel Duquette, *Une grande synthèse sur le Québec*, Dev, vol. 70, nᵒ 250, 27 oct. 1979, p. 5.

Yvan Lamonde, *Une histoire exceptionnelle du Québec*, Dev, vol. 70, nᵒ 250, 27 oct. 1979, p. 23.

Denis Angers, *L'Histoire du Québec. De l'héroïsme à la globalité*, So, 83ᵉ année, nᵒ 280, 26 nov. 1979, p. A-7.

Clément Trudel, *Opérer une mise à jour de l'histoire*, Dev, vol. 70, nᵒ 281, 1ᵉʳ déc. 1979, p. 34.

Mariane Favreau, *De la Confédération à la crise : l'histoire de nos grands-pères*, Pr, 95ᵉ année, nᵒ 281, 1ᵉʳ déc. 1979, p. B-4.

Jacques Godbout, *Tout est histoire y compris Antonine*, dans *L'Actualité*, vol. 4, nᵒ 12, déc. 1979, p. 94.

Susan Trofimenkoff, *Histoire du Québec contemporain de Linteau, Durocher et Robert*, RS, vol. 21, nᵒˢ 1–2, janv.–août 1980, p. 190–193.

Roberto Périn, *Histoire du Québec contemporain de J.-P. Linteau, René Durocher et J.-C. Robert*, dans *Canadian Historical Review*, vol. 61, nᵒ 3, sept. 1980, p. 391–394.

Paul-A. Bergeron, *Maisonneuve ou Comment des promoteurs fabriquent une ville*, dans *Nos livres*, vol. 13, mai 1982, nᵒ 214.

LISEUR, (LE). Voir **FRÉMONT**, DONATIEN.

LITTÉRATEUR (UN). Voir **CASGRAIN**, HENRI-RAYMOND.

LIVO, B. Voir **BÉLIVEAU**, LOUIS-JOSEPH.

LIZOTTE, GUY DANIEL [Poète-ti-guy] (1953–   ). Poète, né à Opasatika, près de Kapuskasing (Ontario). Après ses études secondaires, il vit de travaux occasionnels, de préférence en forêt, et se consacre à l'écriture poétique. Il a reçu plusieurs bourses des conseils des arts du Canada et de l'Ontario. Son premier recueil de poésie, *Cicatrice* (1977) appartient, selon Michel Beaulieu, au « courant intentionnel. Ce qui est dit est beaucoup plus important que la manière de le dire. Cette poésie s'adresse d'ailleurs implicitement à ceux qui participent d'un même combat ». Un second recueil témoigne encore de « la difficulté d'être dans ce pays », et Paul Gay écrit : « Les thèmes qu'il abordait [dans *Cicatrice*], ceux de la solitude, de la souffrance, de la nature, de l'enfance, reviennent dans son récent recueil, *La Dame blanche* (1980), mais, cette fois, agrandis et encore plus évocateurs ». Paul Gay y trouve de bien agréables poèmes, des formules d'une belle venue, comme « Il ne restait que quelques gigues aux pieds des vieux ». Il voit en Lizotte un vrai poète du nord, celui qui aime « respirer la poudrerie qui rend fou l'homme des bois ».

ŒUVRES

Cicatrice (poésie), [Sudbury], Les Éditions Prise de Parole, 1977, 71 p. Ill. de Laurent Vaillancourt.

La Dame blanche (poésie), Hearst, Les Éditions Boréales, 1981, 60 p. Ill. de Laurent Vaillancourt.

ÉTUDES

Michel Beaulieu, *Quelques Poètes d'outre-frontière*, dans *Le Livre d'ici*, vol. 4, nᵒ 34, 30 mai 1979, p. 1.

Paul Gay, *La Poésie franco-ontarienne : Guy Lizotte et Réginald Bélair. Deux poètes authentiques*, Dr, 68ᵉ année, nᵒ 32, 3 mai 1980, p. 19.

Michel Beaulieu, *Capsules poétiques*, dans *Le Livre d'ici*, vol. 7, nᵒ 17, 27 janv. 1982, p. 1.

Paul Gay, *La Dame blanche. « La magie de la création »*, Dr, 70ᵉ année, nᵒ 65, 12 juin 1982, p. 14.

L'OBSERVATEUR. Voir **AUBIN**, NAPOLÉON.

LOCKQUELL, CLÉMENT (1908–1984). Professeur et critique littéraire, né à Québec. Il fait ses études secondaires à l'Académie Saint-Sauveur et à l'Académie commerciale de Québec. À l'issue de son noviciat chez les Frères des Écoles chrétiennes, à Laval-des-Rapides, il entreprend, à l'Université

Laval, des études éclectiques qui lui permettent d'obtenir un certificat de méthodologie scientifique (1938), une licence en philosophie (1940) et prépare un diplôme d'études supérieures à la Sorbonne. Il fait aussi un séjour aux États-Unis, à l'Université Ann Arbor où il suit des cours de sociologie. Il enseigne la philosophie et la littérature au Scolasticat de l'École normale de Sainte-Foy, puis au Collège d'Arthabaska. Revenu à Québec, il est professeur à l'Académie commerciale avant d'être nommé professeur à l'Université Laval en 1950. Il enseigne à l'École de pédagogie et d'orientation, à la Faculté des lettres, à la Faculté des sciences sociales, et à la Faculté de commerce où il devient professeur titulaire de psychologie comparée. En 1962, il est nommé titulaire au département des études françaises et y est directeur pendant quatre ans : de 1964 à 1967 et de 1970 à 1971. Il est critique littéraire au *Soleil* de 1961 à 1968 et collabore à plusieurs périodiques : *Revue dominicaine, Culture, Recherches sociographiques, Hermès, Revue de l'Université Laval...* En 1958, il est reçu à la Société royale du Canada. Son roman, *Les Élus que vous êtes,* mérite, en 1950, le prix littéraire de la Province de Québec et, en 1951, le prix Casgrain de l'Université Laval. Ce livre, considéré par la critique de l'époque comme un roman-essai, brosse un petit tableau d'une communauté de frères où surgissent au fil des jours, surtout autour du Frère Bernard, les mêmes problèmes dont traitera plus tard le Frère Jean-Paul Desbiens.

ŒUVRES

Les Élus que vous êtes (roman), Montréal, Les Éditions Variétés, 1949, 199 p. ; Fides, 1973, 118 p. Avant-dire de l'auteur. « N ».
Le Civisme des chefs, [Québec, Association De-La-Salle, 1959], 17 p.

André Giroux, romancier spiritualiste, RD, vol. 54, n° 2, 1948, p. 151-161.
Notre littérature est-elle le miroir de notre milieu ?, ESC, vol. 42, n° 5, nov.-déc. 1963, p. 3-13.
Intuition et Critique, dans *Littérature et Société canadienne-française*, Québec, PUL, 1964, p. 205-215.

ÉTUDES

J.-P. Beausoleil, *Les Élus que vous êtes,* dans *Lectures*, t. 6, n° 9, mai 1950, p. 530-533.
Jean-Charles Bonenfant, *Les Élus que vous êtes,* C, vol. 11, n° 2, juin 1950, p. 219-221.
P.S.R., *Un grand lettré : Clément Lockquell,* Dr, 41e année, n° 7, 10 janv. 1953, p. 2.
Louis-Philippe Audet, *Présentation du R. Frère Clément Lockquell,* Ottawa, Société royale du Canada, n° 13, 1958-1959, p. 11-17.

Jean Éthier-Blais, *Le Dernier Lockquell,* Dev, vol. 65, n° 120, 25 mai 1974, p. 14.

LOM D'ARCE, BARON DE.

LOM D'ARCE, LOUIS-ARMAND DE, BARON DE LAHONTAN. Voir **LAHONTAN, LOUIS-ARMAND DE.**

LONGCHAMPS, RENAUD (1952–   ). Poète et romancier, né à Saint-Ephrem-de-Beauce. Après le secondaire à Saint-Ephrem, Saint-Georges et Beauceville, il fréquente le Collège François-Xavier Garneau de Québec (D.E.C. en sciences humaines, 1973), puis il suit des cours à titre d'auditeur libre à la Faculté des lettres de l'Université Laval (1973-1976). À compter de 1977, il travaille à Saint-Ephrem comme manutentionnaire et se consacre particulièrement à l'écriture, aidé par plusieurs bourses du Conseil des Arts du Canada et du ministère des Affaires culturelles. Il collabore aux *Herbes rouges,* à *La Nouvelle Barre du jour,* à *Hobo-Québec...,* et il participe au Solstice de la poésie québécoise en 1976 et à la Nuit de poésie 1980, à l'Université du Québec à Montréal. Il commence à écrire très jeune et ronéotype lui-même, encore étudiant, « Paroles d'ici » et « L'Homme imminent », puis il publie, en 1974, aux Éditions de l'Aurore, *Anticorps suivi de Charpente charnelle.* Jean Royer y voit alors « Cette poésie automatique ou surréaliste [...] qui nous introduit dans une sorte de musique apparentée à celle de Raoul Duguay de *Ruts,* finit par dépasser la sonorité du langage et par faire naître son incantation dans un puits d'images ». Claude Beausoleil écrira, en 1982, à propos du *Désir de la production :* « Dès le début, ses textes se sont imposés comme étant une réflexion sur la matérialité, sur le corps et ses rapports avec le biologique [...]. Ce qui frappe dans l'ensemble de la production poétique de Renaud Longchamps [...], c'est la persistance thématique et l'unité de ton [...]. Il n'en demeure pas moins que le projet est tout entier tourné vers le tissage de l'écrit ». Et Pierre Nepveu dit de l'écriture : « Les textes de Longchamps sont tous très courts, écrits dans une syntaxe tendue, volontiers elliptique ; cette tension recoupe celle du corps et du dire [...]. Les textes de Longchamps sont difficiles : ni évocation, ni musique, ni jeu, ils mettent en branle toute une série de réactions qui, curieusement, nous mènent au bout du compte dans ‹ l'anticorps ›, entre l'alpha et l'oméga » dans cette intention de créer un lien entre l'écriture poétique et la science.

ŒUVRES

Paroles d'ici (poésie), Québec, Chez l'auteur, 1972, [n.p., 52 p.].

L'Homme imminent (poésie), Québec, Chez l'auteur, 1973, 54 p.

Anticorps suivi de Charpente charnelle (poésie), Montréal, L'Aurore, 1974, 83 p. « Lecture en vélocipède ».

Sur l'aire du lire (poésie), Montréal, *Les Herbes rouges,* nᵒ 24, sept. 1974, [n.p., 31 p.].

Didactique : une sémiotique de l'espèce (poésie), [Sainte-Foy], Les Éditions du Corps, 1975, 25 p.

Fers moteurs (poésie), Montréal, *Les Herbes rouges,* nᵒ 44, déc. 1976, [n.p., 33 p.].

Main armée (poésie), Saint-Georges, Les Éditions du Corps, 1976, [n.p., 22 p.].

Terres rares (poésie), Saint-Georges, Les Éditions du Corps, 1976, [n.p., 23 p.].

Comme d'hasard ouvrable (poésie), Montréal, Les Éditions Cul Q, 1977, [n.p., 31 p.].

L'État de matière (poésie), Montréal, *Les Herbes rouges,* nᵒ 57, nov. 1977, 21 p.

Babelle I. Après le déluge. Roman, Montréal, VLB éditeur, 1981, 163 p. Préface de Claude Robitaille ; *Babelle II. L'Escarfé. Roman,* Montréal, VLB éditeur, 1984, 150 p. (Paru en partie dans *Hobo-Québec,* nᵒ 43, hiver 1980–1981, p. 6) ; *Babelle III. Américane,* Montréal, VLB éditeur, 1986.

Le Désir de la production (poésie), Montréal, VLB éditeur, 1981, 128 p. Préface de Georges-A. MacKay. Ill. de Paul Bolduc et de Jacques Poulin.

Anticorps. Poèmes 1972-1978, Montréal, VLB éditeur, 1982, 377 p. Préface de Claude Robitaille.

Miguasha. Poésie, Montréal, VLB éditeur/Le Castor astral, 1983, 105 p. « Crir élir ». (Contient *Quatre-vingts propositions de l'évolution,* paru d'abord dans NBJ, nᵒ 96, nov. 1980, p. 7-10).

Anomalies (poésie), [Montréal], NBJ, nᵒ 148, 1985, 31 p.

Le Détail de l'apocalypse. Poésie, Montréal, VLB éditeur, 1985, 125 p. Commentaire de Pierre-André Arcand. Ill. de Pierre Bolduc et de Pierre Gignac.

L'Entropie du désir, NBJ, nᵒ 66, mai 1978, p. 20-32.

Babelle — ou La Description panthologique d'un fait divers clinique, NBJ, nᵒˢ 68-69, sept. 1978, p. 50-54.

L'État des surfaces, dans *Possibles,* vol. 3, nᵒ 2, hiver 1979, p. 128-129.

Une sensation épidermique de l'univers (extrait), NBJ, nᵒˢ 100-101, mars 1981, p. 101-104.

ÉTUDES

Jean Royer, *L'Aurore rajeunit le catalogue de la poésie québécoise,* So, vol. 74, nᵒ 302, 21 déc. 1971, p. 15.

Éva Kushner, *Vers une poésie de la poésie,* LAQ 1974, p. 117-118.

Philippe Haeck, *La Poésie en 1974,* dans *Chroniques,* vol. 1, nᵒ 3, mars 1975, p. 42-43.

Richard Giguère, *Les Herbes rouges : une grande petite revue,* LAQ 1975, p. 120.

Claude Robitaille, *Entretien avec Renaud Longchamps,* dans *Hobo-Québec,* nᵒˢ 27-28, janv.–avril 1976, p. 20-23.

Pierre Nepveu, *Sens interdit,* LQ, nᵒ 3, sept. 1976, p. 13.

Lucie Robert, *À la recherche d'une poésie « cruelle ». Les Herbes rouges,* LAQ 1976, p. 117-119.

Philippe Haeck, *L'Oreille heureuse dans les Herbes rouges,* Dev, vol. 68, nᵒ 62, 19 mars 1977, p. 18.

Hugues Corriveau, *L'État de matière,* LAQ 1977, p. 153.

Robert Giroux, *Comme d'hasard ouvrable,* LAQ 1977, p. 181-182.

Réginald Martel, *Renaud Longchamps. Dans les mots du malheur,* Pr, 98ᵉ année, nᵒ 1, 2 janv. 1982, p. C-3.

Noël Audet, *Babelle ou L'Enfance du fascisme,* Dev, vol. 73, nᵒ 36, 13 févr. 1982, p. 21.

Claude Beausoleil, *Renaud Longchamps ou Les Effets de la matière,* Dev, vol. 73, nᵒ 112, 15 mai 1982, p. 26.

Id., *Renaud Longchamps : une chimie du corps et du verbe,* Dev, vol. 74, nᵒ 71, 26 mars 1983, p. 20.

Daniel Guénette, *Longchamps (Renaud). Anomalies,* dans *Nos livres,* vol. 16, mai 1985, nᵒ 6206.

LORANGER, FRANÇOISE (1913–   ). Dramaturge et romancière, née à Saint-Hilaire (Champlain). Elle fait ses études en lettres-sciences surtout au Couvent de Saint-Louis de Gonzague de Montréal. Elle publie quelques récits dans *La Revue moderne, La Revue populaire* et *Le Bulletin des agriculteurs.* Dès 1938, sous l'égide de Robert Choquette, elle compose des textes pour la radio, tels « Ceux qu'on aime », « La vie commence demain », « L'École des parents ». De 1939 à 1943, elle travaille comme auteur et réalisatrice au poste CKAC et écrit le feuilleton « Ceux qu'on aime » (1940-1943), ainsi que plusieurs textes à Radio-Canada. Son roman *Mathieu,* publié en 1949, est bien accueilli par la critique. Mais Françoise Loranger se tourne surtout vers la télévision où elle signe des téléthéâtres : « Madame la présidente » (1956), « Jour après jour » (1956), « Un cri qui vient de loin » (1965), et deux téléromans : « À moitié sage » et « Sous le signe du lion ». En 1965, le Rideau Vert présente en tournée, en France et en URSS, *Une maison... un jour,* repris plus tard à la télévision de Radio-Canada. En 1968, sa pièce *Encore cinq minutes* lui vaut le prix du Gouverneur général. La dramaturgie de Françoise Loranger a évolué de façon exceptionnelle et rapide ; l'auteure refuse désormais le théâtre psychologique et fait de fréquentes références à des événements historiques et politiques (surtout dans ses trois dernières pièces). Françoise Loranger tente de provoquer, à l'instar du « living theatre », une participation plus active de la part du public ; à cette fin, elle rassemble les éléments tirés de l'actualité et les présente sous des formes dramatiques nouvelles et originales. Jean-Pierre Ryngaert tire, de l'engagement de Françoise Loranger, la volonté de faire œuvre politique, mais « une œuvre politique dont la dramaturgie, au lieu de viser à une réflexion critique, utilise sans pudeur un arsenal de procédés ‹ magiques › mis à la mode par les successeurs d'Artaud. Œuvre dérangeante sans doute par la hardiesse de son contenu politique, agaçante par certaines recherches formelles parfois mal assimilées, ou systématiques au point de friser la coquetterie ». L'organisation dramatique repose, chez Françoise Loranger, sur le jeu des passions et assure à la charpente de ses pièces une force humaine remarquable voire, par moments, exceptionnelle.

ŒUVRES

Mathieu (roman), Montréal, CLF, 1949, 347 p. ; 1967, 360 p. « PoC ».

Une maison... un jour... Pièce en deux actes, [Montréal], CLF, 1965, 151 p. Portrait ; Montréal, 1968, 152 p. « PoC » ; *Une maison... un jour,* [Montréal, Éditions du Renouveau pédagogique Inc.], 1970, 16, [2], 215 p. Portrait. Ill. Présentation et annotation de Jean-Cléo Godin. « LQ ».

Encore cinq minutes suivi de Un cri qui vient de loin (théâtre), [Montréal], CLF, 1967, 131 p. ; Montréal, CLF Pierre Tisseyre, 1971 ; 1978.

Double Jeu. Pièce en deux actes, [Montréal], Leméac, 1969, 213 p. Portrait. Ill. Notes de mise en scène d'André Brassard. « TC ».

Le Chemin du roy. Comédie patriotique (théâtre), [Montréal], Leméac, 1969, 135 p. Collab. Claude Levac. Ill. « TC ».

Médium saignant (théâtre), [Montréal], Leméac, 1970, 139 p. Ill. Introduction d'Alain Pontaut. Jugements critiques. « TC ».

Jour après jour et Un si bel automne (théâtre), [Montréal], Leméac, 1971, 95 p. Portrait. Ill. « RQ » ; 1983, 153 p. « Théâtre Leméac ».

Georges... Oh ! Georges. Pièce en un acte, ECF, nᵒ 20, 1965, p. 9–42.

ÉTUDES

J.-P. Beausoleil, *Mathieu,* dans *Lectures,* t. 6, nᵒ 4, déc. 1949, p. 208–212.

Guy Robert, *Prix du Cercle du livre de France,* RD, vol. 62, nᵒ 4, mai 1956, p. 207–217.

Jean Filiatrault, *Quelques manifestations de la révolte dans notre littérature romanesque récente,* RS, vol. 5, nᵒˢ 1–2, janv.–août 1964, p. 177–190, surtout p. 179–182.

Alain Pontaut, *Françoise Loranger : un auteur, un jour* (entrevue), Dev, vol. 56, nᵒ 24, 30 janv. 1965, p. 11. Entrevue.

Jean Basile, *Une maison, un jour,* dans *Québec,* 2ᵉ année, mai 1965, p. 48–49.

Id., « Encore cinq minutes » de Françoise Loranger, Dev, vol. 58, nᵒ 15, 19 janv. 1967, p. 10.

Id., Du théâtre de la liberté, de Dieu, Dev, vol. 60, nᵒ 14, 18 janv. 1969, p. 13.

Jean-Cléo Godin et Laurent Mailhot, *Françoise Loranger ou La Maison éclatée,* dans *Le Théâtre québécois,* Montréal, HMH, 1970, p. 109–121.

Alain Pontaut, *Françoise Loranger,* dans *Dictionnaire critique du théâtre québécois,* Montréal, Leméac, 1972, p. 109–112.

Jean-Pierre Ryngaert, *Françoise Loranger. À la recherche d'un nouveau théâtre,* LAQ 1972, p. 341–351.

Jean-Pierre Crête, *Françoise Loranger. La recherche d'une identité* (essai), [Montréal], Leméac, 1974, 149 p. « Documents ».

Martial Dassylva, *Françoise Loranger et la peur québécoise,* Pr, 92ᵉ année, nᵒ 266, 6 nov. 1976, p. 10.

Bernard Andrès, *Médium saignant (revisited),* dans *Jeu,* nᵒ 4, hiver 1977, p. 88–89.

Marie-Lyne Piccione, *Le Racisme de la peur. Étude de Médium saignant de Françoise Loranger,* dans *Études canadiennes/ Canadian Studies,* nᵒ 4, 1978, p. 19–25.

André Smith, *Théâtre au féminin : « Encore 5 minutes » et « Les fées ont soif »,* VI, vol. 7, nᵒ 2, hiver 1982, p. 351–365.

LORANGER, JEAN-AUBERT (1896–1942). Poète et conteur, né à Montréal. Fils du docteur Joseph Loranger et de Lucie Beaudry, orphelin de père dès l'âge de quatre ans, il est apparenté par sa mère au héros de Châteauguay, le colonel Charles-Michel de Salaberry. Il compte également parmi ses ancêtres l'auteur des *Anciens Canadiens.* Élevé par un précepteur, il reçoit une éducation qui le situe en marge des voies traditionnelles. Aussi va-t-il délaisser les grands classiques français : il s'intéressera surtout à la littérature moderne qui a suivi la guerre de 1914–1918 et, plus particulièrement, aux auteurs de la NRF. Grâce à son cousin, Robert de Roquebrune, rentré de France au début de la guerre, Loranger prend contact avec la littérature d'avant-garde et ambitionne d'opérer au Québec une véritable révolution sur le plan esthétique. Des réunions, au salon de Fernand Préfontaine, groupent alors plusieurs artistes et intellectuels : le sculpteur Henri Hébert ; son frère Adrien, peintre ; Léo-Pol Morin, musicien épris de

Ravel, de Stravinski et de Dukas; l'homme de sciences Louis Bourgoin; un critique d'art remarquable, Jean Chauvin; le journaliste Letellier de Saint-Just et l'artiste Ozias Leduc. De ces rencontres naîtra, en 1918, *Le Nigog*, une des revues les plus évoluées de l'époque. Loranger y publie deux articles. Mais il a surtout la chance de côtoyer des artistes autour desquels s'organisent en mouvement littéraire les idées sur l'art et les efforts créateurs de tous et de chacun. C'est au sein de ce mouvement que Loranger développera son goût pour la modernité et sa curiosité pour un « ailleurs lointain ». En 1920, on le retrouve parmi les membres de l'École littéraire de Montréal : il y fait figure de novateur, profondément marqué par les idées unanimistes. Le jour, il travaille comme agent d'assurances pour la Compagnie Métropolitaine; la nuit, il écrit des poèmes. Dans l'espace de deux ans, Loranger publie deux recueils : *Les Atmosphères* (1920) et *Poëmes* (1922). Ses haïkaïs et ses outas d'inspiration orientale surprennent le lecteur montréalais et déroutent la critique par les formes d'écriture qui sortent de l'habituel. En effet, Loranger a rompu avec la grandiloquence romantique et l'orfèvrerie parnassienne : il leur préféra une expression simple, une inflexion de surprise, une sensation fraîche convertie en poésie par la ligne mélodique des mots. Par surcroît, il est l'artiste des surprises et des écarts, à la fois dans sa vie et dans son œuvre. Désabusé de sa quête artistique auprès des Chinois et des Japonais, il opère une volte-face non moins spectaculaire et puise à même la source du terroir d'ici. Homme de la ville, hanté par les grands espaces marins, il redevient l'explorateur du pays laurentien, du « pays sans amour », du « pays sans douceur ». Si la ville ouverte sur le monde offre un lieu propice à sa poésie raffinée, la campagne, avec son champ brimé par l'horizon rétréci, se prête au récit en prose. Après ses recueils de poésie, Loranger écrira des contes regroupés dans *Le Village* (1925), d'autres dispersés dans des revues et journaux, dans *Le Jour*, *Les Idées* et *La Patrie*. Bernadette Guilmette définit ainsi les aspirations contradictoires de Loranger : « il se voit contraint, tel un surhomme, de mener la lutte contre l'espace et le temps, ce qui lui permet de rapatrier son rêve et de le projeter sur place dans les limites concrètes du pays quotidien. Mais il faut sans cesse repartir. Ainsi le poète est-il torturé par l'attente car son rêve poétique a besoin de refaire constamment le cycle de *l'ailleurs* et le cycle de *l'ici* ». La meilleure pièce de Loranger est sans doute son poème en prose, *Le Passeur*. En commençant sa lecture, c'est comme si l'on com-

mençait la lecture de *Toine* de Maupassant : « On est pris par le langage à la fois simple et envoûtant, remarque Paul Wyczynski, [...]. Il y a de la ballade et de la bonasserie dans cet excellent poème, mais il y a aussi une richesse humaine qui subit à chaque ligne le pouvoir magique des mots transfigurés... » En 1979, on lui décerne, à titre posthume, le prix France-Québec pour ses deux recueils de contes annotés et présentés par Bernadette Guilmette et réédités chez Fides.

ŒUVRES

Les Atmosphères, Le Passeur, Poèmes et Autres Proses, Montréal, Imprimeur L.-Ad. Morissette, 1920, 62 p.; *Les Atmosphères suivi de Poëmes*, HMH, 1970, 175 p. Préface de Gilles Marcotte. « Sur parole ». (Réédition des deux recueils de Loranger et du conte *Le Retour de l'enfant prodigue*).

Poëmes, Montréal, L.-Ad. Morissette, 1922, 112 p.

À la recherche du régionalisme. Le Village. Contes et Nouvelles du terroir, Montréal, E. Garand, 1925, 43 p.

Contes, Montréal, Fides, 1978, 2 vol. : vol. 1, *Du passeur à Joë Folcu*, 323 p.; vol. 2, *Le Marchand de tabac en feuilles*, 329 p. Édition préparée et présentée par Bernadette Guilmette. « N ».

Joë Folcu (roman), Montréal, Fides, 1984, 248 p. Présentation, chronologie, bibliographie et jugements critiques de Bernadette Guilmette. « BQ ».

Le Pays laurentien, dans *Le Nigog*, n° 3, mars 1918, p. 102.

À Saint-Sulpice : causerie de Monsieur Dupuy sur Verhaeren, dans *Le Nigog*, n° 6, juin 1918, p. 205–207.

Les Alternances par M. Alphonse Beauregard, Ca, vol. 19, n° 254, 1er févr. 1922, p. 4.

Sur les Rocheuses (fragment), dans *La Revue populaire*, vol. 19, n° 6, juin 1926, p. 6.

(Veilleurs de feux), René Chopin, habile homme et poète narquois, Ca, vol. 31, n° 176, 31 oct. 1933, p. 3. Publié par Berthelot Brunet.

Incantation à la pluie, dans *Le Jour*, vol. 2, n° 25, 29 juillet 1937, p. 3.

La Savane des Cormier ou L'amour reprend ses droits, dans *Les Idées*, 3e année, vol. 6, n°s 1–2, juillet–août 1937, p. 18–25.

Des miraculeuses matines ou Le Christ qui veille, dans *Les Idées*, 3e année, vol. 6, n° 3, sept. 1937, p. 141–147.

La « Long Trail » ou L'Inquiète Paternité, dans *Les Idées*, 4e année, vol. 7, n°s 1–2, janv.–févr. 1938, p. 113–123.

Curieux Diptyque. De Philippe Aubert de Gaspé à R. Brien, dans *Le Jour*, vol. 1, n° 41, 25 juin 1938, p. 8.

Curieux Diptyque. De Gaspard Petit à Berthelot Brunet, dans *Le Jour*, vol. 1, n° 42, 2 juillet 1938, p. 8.

Curieux Diptyque. De la revue Le Nigog au journal Le Jour, dans *Le Jour*, vol. 1, n° 47, 30 juillet 1938, p. 8.

Curieux Dyptique. Sommes-nous Français?, dans *Le Jour*, vol. 2, n° 2, 24 sept. 1938, p. 8.

Curieux Diptyque. Nos législateurs et les livres, dans *Le Jour,* vol. 2, n° 17, 14 janv. 1939, p. 8.

Curieux Diptyque. Notre-Dame du bilinguisme, dans *Le Jour,* vol. 2, n° 21, 4 févr. 1939, p. 8.

Le Garde-forestier, dans *Les Idées,* 5e année, vol. 9, n° 4, avril 1939, p. 315-325.

Le Baiser de la morte, P, vol. 6, n° 10, 10 mars 1940, p. 17.

Le Vagabond dévoyé, P, vol. 6, n° 18, 5 mai 1940, p. 18.

Le Râteau-magique ou La Plus Vraie des menteries, P, vol. 6, n° 19, 12 mai 1940, p. 18.

Là où il est démontré que l'eau se change en argent, P, vol. 6, n° 23, 9 juin 1940, p. 18.

Tel bon fumeur, à sa blague se reconnaît, P, vol. 6, n° 52, 29 déc. 1940, p. 18.

Le vent n'aime pas qu'on le malmène, P, vol. 7, n° 28, 13 juillet 1941, p. 19.

Un matin de soleil noir, P, vol. 8, n° 14, 5 avril 1942, p. 19.

Sur l'abside de Montréal, dans *Le Jour,* vol. 6, n° 8, 31 oct. 1942, p. 8.

Récits, ECF, n° 35, 1973, p. 9-56.

ÉTUDES

Albert Lozeau, « *Les Atmosphères* » par *Jean-Aubert Loranger,* Dev, vol. 11, n° 290, 11 déc. 1920, p. 1-2.

Berthelot Brunet, *Lettres canadiennes,* dans *Le Mercure de France* (Paris), vol. 148, 15 mai-15 juin 1921, p. 250-255, surtout p. 252; vol. 157, 1er juillet-1er août 1922, p. 215-219, surtout p. 217-218.

Victor Barbeau, *Les Livres, Le Village,* dans *Les Cahiers de Turc,* 2e série, n° 7, 1er avril 1927, p. 183-184.

Louis Dantin, [*Jean-Aubert Loranger*], dans *Poètes de l'Amérique française, études critiques,* Montréal, 1928, t. 1, p. 132-139.

Marcel Dugas, [*Jean-Aubert Loranger*], dans *Littérature canadienne. Aperçus,* Paris, Firmin-Didot et Cie, 1929, p. 95-103.

Albert Laberge, [*Jean-Aubert Loranger*], dans *Peintres et Écrivains d'hier et d'aujourd'hui,* Montréal, Édition privée, 1938, p. 221-224.

Berthelot Brunet, [*Jean-Aubert Loranger*], dans *Histoire de la littérature canadienne-française,* Montréal, Éditions de l'Arbre, 1946, p. 102-103.

Albert Laberge, *Propos sur nos écrivains,* Montréal, Éd. privée, 1954, p. 10, 89-91.

Paul Gay, *Un poète oublié : Jean-Aubert Loranger (1896-1942),* Dr, vol. 56, n° 149, 21 sept. 1968, p. 7.

Paul Wyczynski, *L'Héritage poétique de l'École littéraire de Montréal,* dans *La Poésie canadienne-française,* Montréal/Paris, Fides, 1969, p. 75-108. « ALC » 4.

Id., *Jean-Aubert Loranger, cet inconnu,* LAQ 1970, p. 123-125.

Suzanne Paradis, *L'Éternité devant lui,* So, vol. 74, n° 64, 13 mars 1971, p. 39.

Jean-Guy Pilon, *Un poète enfin redécouvert,* Dev, vol. 62, n° 181, 9 août 1971, p. 39.

Gilles Marcotte, *Jean-Aubert Loranger,* ECF, n° 35, 1972, p. 9-56.

Bernadette Guilmette, *Jean-Aubert Loranger, du Nigog à l'École littéraire de Montréal,* dans *L'École littéraire de Montréal,* Montréal/Paris, Fides, 1972, p. 280-297. « ALC » 2.

Robert Giroux, *Va-et-vient et Circularité de la rêverie chez Jean-Aubert Loranger,* VI, vol. 2, n° 1, sept. 1976, p. 71-91.

Jean-Pierre Boucher, *Au bout du quai. Le Prologue du Passeur de Jean-Aubert Loranger,* dans *Instantanés de la condition québécoise,* Montréal, HMH, 1977, p. 41-56.

Id., *Jean-Aubert Loranger. Contes I — Du Passeur à Joë Folcu; Contes II — Le Marchand de tabac en feuilles,* LAQ 1978, p. 57-60.

Réal Ouellet, *... Puis ils m'ont envoyé vous conter ça : les contes de Jean-Aubert Loranger,* LQ, n° 13, févr. 1979, p. 43-46.

Bernadette Guilmette, « *Jean-Aubert Loranger. Œuvre poétique* ». Thèse de doctorat. Ottawa, Université d'Ottawa, 1980, xxv, 1568 f. (Édition établie, annotée et présentée par Bernadette Guilmette).

Paul Raymond Côté, *Moments de Jean-Aubert Loranger : recherche d'une forme poétique,* dans *French Review,* vol. 54, n° 5, avril 1981, p. 708-713.

LORENT, MAURICE (1944-). Linguiste et lexicographe, né à Buléon (Bretagne). Il fait ses études classiques au Collège de Ploërmel (B.A., 1963), puis il obtient, à l'Université de Rennes, une licence ès lettres (1967), une maîtrise pour un mémoire sur « Le Style imagé de Balzac (romans et nouvelles des années 1829 et 1830) » (1968), et un doctorat dont la thèse porte sur « Le Feuilleton littéraire au Canada français depuis ses origines jusqu'à nos jours ». Arrivé au Canada en 1969, il devient, l'année suivante, professeur de langue et de littérature au Séminaire de Saint-Georges de Beauce. Il collabore à *Livres et Auteurs québécois, Protée, Annales de Bretagne et des Pays de l'Ouest, Lettres québécoises.* En 1977, il publie *Le Parler populaire de la Beauce,* ouvrage qui traite surtout du lexique et que la critique accueille favorablement. Michel Laurin trouve que « ces mots et ces expressions [...] jettent un éclairage indirect mais précieux sur un faisceau de travaux, de croyances et de traditions populaires propres à la Beauce ». Le linguiste Jean-Marcel Léard écrit : « Si l'on tient compte de la modestie de l'auteur et du fait qu'il s'agit d'un ouvrage réalisé par un chercheur qui n'a disposé que de son énergie et de son intérêt pour faire ce travail, on doit porter un jugement positif sur l'ouvrage. Ce n'est pas le livre auquel rêvent les linguistes, mais ce n'est pas un travail de dilettante. [...] Tous les linguistes souhaitent alors de telles études ! ».

ŒUVRE

Le Parler populaire de la Beauce (glossaire), Montréal, Leméac, 1977, 225 p.

Contribution à l'étude du parler rural de la Beauce, dans *Protée,* vol. 7, n° 2, automne 1979, p. 71-72.

De la Bretagne au Canada : la double appartenance de Marie Le Franc (1879-1964), dans *Annales de Bretagne et des Pays de l'Ouest,* t. 86, n° 4, 1979, p. 621-629.

Sur un livre de Madame Ducrocq-Poirier — Marie Le Franc au delà de son personnage — ... ou en-deçà ?, LQ, n° 24, hiver 1981-1982, p. 64-66.

ÉTUDES

Jean-Paul Léard, *Maurice Lorent. Le parler populaire de la Beauce*, LAQ 1977, p. 273-275.

Marcel Juneau, *Le Parler populaire de la Beauce*, RS, vol. 19, n° 2, 1978, p. 293-296.

Michel Laurin, *Lorent (Maurice). Le Parler populaire de la Beauce*, dans *Nos livres*, vol. 9, juin-juillet 1978, n° 238.

Ginette Stanton, *Le Parler populaire de la Beauce*, Dev, vol. 69, n° 27, 4 févr. 1979, p. 34.

LORENZO, CHARLES. Voir **PAQUIN**, WILFRID.

LORTIE, ALAIN. Voir **SERNINE**, DANIEL.

Photo Cécile

LORTIE, JEANNE D'ARC [Sœur Sainte-Berthe, s.g.o.] (1915-). Critique littéraire et historienne des lettres, née à Alexandria (Ontario). Après le secondaire, elle étudie à l'École normale de l'Université d'Ottawa (1932-1933) où, après son entrée chez les Sœurs Grises d'Ottawa (1937), elle fait ses humanités (B.A., 1947) et une maîtrise (1961) dont le mémoire porte sur « Le Sentiment national dans la poésie canadienne-française (1760-1838) ». En 1973, elle obtient un doctorat à l'Université Laval pour une thèse sur *La Poésie nationaliste au Canada français (1606-1867)*. Elle obtient aussi des certificats en archivistique à Saint Michael's College (Toronto, 1973) et à la Bibliothèque nationale du Canada (1974). Elle enseigne à Marionville (Ontario, 1933-1935), à l'École normale de l'Université d'Ottawa (1935-1945), au Collège Bruyère (Ottawa, 1945-1962) et à l'Université Laval (1965-1971). De 1971 à 1977, elle est archiviste générale à la Maison mère des Sœurs de la Charité d'Ottawa (jadis appelées Sœurs Grises). Elle est membre de plusieurs sociétés savantes, et elle collabore aux « Archives des lettres canadiennes », au *Dictionnaire des œuvres littéraires du Québec* et au *Dictionnaire biographique du Canada*. Elle publie avec John Hare une édition critique des œuvres de Joseph Lenoir et, avec Pierre Savard et Paul Wy-

czynski, une édition annotée de tous les textes poétiques de 1606 à 1867. Le travail de Jeanne d'Arc Lortie sur la poésie nationaliste est remarquable. « Il faut savoir gré à l'auteur, écrit Marcel Rioux, d'avoir su rechercher avec tant de ténacité cette si importante partie de notre patrimoine national ». Pour Madeleine Bellemare, l'ouvrage apporte « un éclairage qui, sans être tout à fait nouveau, donne cohérence et clarté à certaines intuitions sur l'histoire de la poésie canadienne-française ».

ŒUVRES

La Poésie patriotique et nationale (1760-1845) (anthologie), Québec, PUL, 1965, 161 p. Sous le nom de Sœur Sainte-Berthe.

La Poésie nationaliste au Canada français (1606-1867) (essai), Québec, PUL, 1975, ix, 535 p. Avant-propos de l'auteur. Préface de Luc Lacourcière. « VLQ ».

Les Textes poétiques du Canada français 1606-1867, vol. 1, *1606-1806*, Montréal, Fides, 1987, lxvii, 613 p. Collab. Pierre Savard et Paul Wyczynski ; vol. 2, *1806-1826*, 1989, lxxiii, 739 p. Collab. Yolande Grisé, Pierre Savard et Paul Wyczynski.

Joseph Lenoir, *Œuvres*, Montréal, PUM, 1988, 331 p. Édition critique. Collab. John Hare. « Bibliothèque du Nouveau Monde ».

Édouard-Zotique Massicotte, poète, dans *L'École littéraire de Montréal*, Montréal, Fides, 1962, p. 66-84. « ALC » 2.

Les Origines de la poésie du Canada français, dans *La Poésie canadienne-française*, Montréal, Fides, 1969, p. 11-49. « ALC » 4.

ÉTUDES

Gaëtan Dostie, *Un ouvrage monumental sur la période allant de 1606-1867*, dans *Le Jour*, 2ᵉ année, n° 115, 19-20 juillet 1975, p. 11.

Jacques Gouin, *La Poésie nationaliste au Canada français (1606-1867)*, Dr, 63ᵉ année, n° 136, 6 sept. 1975, p. 27.

Guy Champagne, *La Poésie nationaliste au Canada français de Jeanne d'Arc Lortie*, dans *Québec français*, n° 19, oct. 1975, p. 7-8.

Marcel Rioux, *Jeanne d'Arc Lortie. La Poésie nationaliste au Canada français (1606-1867)*, LAQ 1975, p. 179-180.

Madeleine Bellemare, *Lortie, Jeanne d'Arc. La Poésie nationaliste au Canada français (1606-1867)*, dans *Nos livres*, vol. 9, mars 1978, n° 98.

David M. Hayne, *La Poésie nationaliste au Canada français (1606-1867)*, dans *French Studies*, vol. 35, n° 2, avril 1980, p. 989-990.

LORTIE, LÉON [Si Bémol] (1902-1985). Historien et chimiste, né à Montréal. Il étudie au Collège Sainte-Marie de Montréal (B.A., 1923) et à la Faculté des sciences de l'Université de Montréal où il obtient une licence en chimie (1927). Grâce à une bourse de la fondation Rockefeller, il se rend à Paris et y prépare un doctorat ès sciences physiques brillamment obtenu pour sa thèse « Recherches sur le cerium » (1930). Ses recherches font l'objet d'une communication à l'Académie des sciences et d'un mémoire paru dans *Le Bulletin de la Société chimique de France*. À son retour au Canada (1931), Léon Lortie enseigne à l'Université de Montréal où il est chargé de cours, puis professeur agrégé de chimie générale (1935) et, enfin, professeur titulaire d'histoire générale des sciences (1941). Directeur d'un cours spécial sur les terres rares à l'Université McGill (1943-1946), il anime, de 1942 à 1954, la tribune des sciences à Radio-Collège. Il s'intéresse particulièrement à l'histoire des sciences et élargit ses recherches sur une bonne partie des sciences humaines. Président de l'ACFAS (1948-1949), de l'Institut scientifique franco-canadien (1962-1974), vice-président de l'Association des université canadiennes (1950-1951), de la Société canadienne d'éducation des adultes (1952) et de la Société canadienne d'histoire et de philosophie des sciences (1968-1972), Léon Lortie travaille sans relâche au sein d'organismes gouvernementaux et locaux. Membre de la Société royale du Canada (1952), qu'il préside en 1968, il se voit décerner de nombreux doctorats honorifiques : Ottawa (1948), Caen (1957), McGill (1966), Laval (1969), Mount Allison (1969), Collège militaire royal du Canada (1972), Montréal (1972). Historiographe de l'Université de Montréal à partir de 1968, Léon Lortie donne une impulsion nouvelle à un domaine jusque-là négligé ; ses 450 articles, son souci de vulgarisation (il est directeur scientifique de la collection *La Science pour tous* chez Grolier), sa culture et son esprit de recherche en témoignent. Désormais, l'histoire des sciences a acquis, grâce à lui, droit de cité autant chez les historiens que chez les scientifiques. Comme René Talon le fait en France, Léon Lortie ouvre au Canada les avenues d'un nouvel humanisme où sciences et philosophie ne sont plus contradictoires.

ŒUVRES

Recherches sur le cerium, Paris, Masson, 1930, 66 p.

Aux sources du présent. Études présentées à la Section 1 de la Société royale du Canada/The Roots of the Present. Studies Presented to Section 1 of the Royal Society of Canada, Toronto, UTP, 1960, 111 p. Sous la direction de Léon Lortie et Adrien Plouffe. « SRC, Studia Varia ».

La Science pour tous, Montréal, Grolier limitée, 1963, 8 vol. : vol. 1, 452 p. ; vol. 2, 460 p. ; vol. 3, 440 p. ; vol. 4, 448 p. ; vol. 5, 448 p. ; vol. 6, 460 p. ; vol. 7,

446 p. ; vol. 8, 432 p. Ill. Sous la direction de Léon Lortie.

Quelques Légendes scientifiques, RD, nº 44, avril 1934, p. 298-310.

Les Sciences à Montréal et à Québec au XIXᵉ siècle, AU, vol. 2, nº 3, févr. 1936, p. 46-47.

Notes sur le cours abrégé de chymie de J.-B. Meilleur, dans *Annales de l'ACFAS*, 1937, vol. 3, p. 237-265.

Le Cycle historique de la pensée scientifique, AU, vol. 16, avril 1950, p. 47-56.

Trois visages de la science, dans *Annales de l'ACFAS*, 1950, vol. 16, p. 55-61.

Nos savants modernes, dans *Le Livre de l'année*, Montréal, Grolier, 1950, p. 114-117.

Le Système scolaire, dans *Essais sur le Québec contemporain*, Québec, PUL, 1953, p. 169-186.

Les Mathématiques de nos ancêtres, MSRC, I, 3ᵉ série, vol. 50, 1955, p. 31-45.

Le Retour de J.-B. Meilleur au Canada, MSRC, I, 3ᵉ série, vol. 50, 1956, p. 69-83.

The Early History of the Chemical Institute of Canada, dans *Chemistry in Canada*, vol. 2, nº 9, 1959, p. 34-48.

Deux Notaires amateurs de sciences : Jean Delisle et son fils Augustin-Stanislas, Delisle, MSRC, I, 3ᵉ série, vol. 55, 1961, p. 39-48.

La Trame scientifique de l'histoire du Canada, dans *Les Pionniers de la science canadienne*, Toronto, UTP, 1966, p. 3-35.

Les Sciences de la nature, dans *Esquisses du Canada français*, Montréal, ACELF, 1967, p. 209-236.

La Recherche scientifique dans le Québec, dans *La Recherche au Canada français*, Montréal, PUM, 1968, p. 19-41.

Grandeur et Servitude des arts et des sciences, MSRC, I, 4ᵉ série, vol. 7, 1969, p. 3-16.

ÉTUDES

Geneviève de la Tour Fondue, *Léon Lortie*, dans *Interviews canadiennes*, Montréal, Chanteclerc, 1952, p. 39-65.

Cyrias Ouellet, *Présentation de M. Léon Lortie*, Société royale du Canada, 1952-1953, nº 10, p. 27-32.

[Anonyme], *L'Homme du jour M. Léon Lortie*, AU, vol. 22, nº 3, avril 1956, p. 9-11.

[Anonyme], *Essays Published on French Canada*, dans *Montreal Star*, 99ᵉ année, nº 265, 13 nov. 1967, p. 22.

[Anonyme], *M. Léon Lortie se consacre à la rédaction de l'histoire de l'Université*, dans *Hebdo-Information*, vol. 2, nº 18, 4 déc. 1967, p. 74.

M.R., *Léon Lortie (1902-1985)*, Pr, 102ᵉ année, nº 73, 4 janv. 1986, p. A-6.

Jean-Louis Roy, *Léon Lortie 1902-1985. La ferveur de la modernité*, Dev, vol. 77, nº 5, 8 janv. 1986, p. 6.

LOUIS DE ROSALE. Voir **GAGNON, LOUIS-JOSEPH.**

LOYONNET

LOUISE-MARIE. Voir **GRÉGOIRE,** HENRIETTE.

LOYONNET, PAUL-LOUIS (1889–   ). Pianiste, critique musical et mémorialiste, né à Paris. Il étudie la musique au Conservatoire de Paris et commence à se produire en récitals et avec orchestre dès l'âge de dix-sept ans, et surtout après la Première Guerre mondiale, entre 1918 et 1932, un peu partout en Europe. Grand spécialiste de Beethoven, il donne des récitals commentés et des cours au Collège des Sciences sociales de Paris (1925, 1927, 1928). Entre 1932 et 1940, il enseigne à Lausanne (Suisse, 1932-1935), prend une sorte de retraite et revient à la vie active pendant la Seconde Guerre pour donner en France, en Espagne, au Portugal, en Afrique et dans les deux Amériques de très nombreux concerts et conférences, en particulier sur Beethoven. Venu à Montréal en 1951, il s'y fixe en 1954 et est professeur de piano à l'École Vincent-d'Indy jusqu'en 1980. Il devient aussi professeur à l'Université McGill, en 1965. La France le décore de la Légion d'honneur, en 1982, pour services rendus à l'art musical. Il a publié deux ouvrages importants sur Beethoven : *Beethoven ce mal connu* (1967) et *Les 32 sonates pour piano ; journal intime de Beethoven* (1977). En 1981 paraissent ses *Paradoxes sur le pianiste*, ouvrage qui est à la fois autobiographie et réflexion sur le métier et l'art du pianiste. « L'auteur, écrit Évangéline Veilleux, se révèle un grand écrivain doublé d'un philosophe averti ».

ŒUVRES

Beethoven ce mal connu. Introduction aux commentaires des 3 notes de piano (essai), Paris, Éditions de l'Épargne, 1967, 126 p. Avertissement de l'auteur. « De qui s'agit-il ? ».

Les 32 sonates pour piano ; journal intime de Beethoven (essai), Paris/Tours, Robert Laffont/Vand de Velde, 1977, 519 p. Introduction de l'auteur.

Paradoxes sur le pianiste (autobiographie), Montréal, Leméac, 1981, 195 p. Prologue de l'auteur. « Vies et Mémoires ».

Les Gestes et la Pensée du pianiste (essai), Montréal, Louise Courteau éditrice, 1985, 226 p. Ill.

Rôle du piano dans la musique de chambre, dans *Le Courrier musical* (Paris), 31e année, no 6, 15 mars 1929, p. 171-173.

À propos de l'éducation de la mémoire musicale, dans *La Revue musicale* (Paris), juin-juillet 1937, p. 57-60.

Un itinéraire spirituel, dans *Nouveau Dialogue,* no 40, mai 1981, p. 14-21.

ÉTUDES

Jacques Thériault, *Propos et Confidences de Paul Loyonnet, Boulanger, oui, pâtissier, non !,* dans *Le Livre d'ici,* vol. 7, no 23, 10 mars 1982, p. 1.

[Anonyme], *P. Loyonnet nommé chevalier,* Dev, vol. 78, no 18, 29 avril 1982, p. 13.

Évangéline Veilleux, *Loyonnet (Paul). Paradoxes sur le pianiste,* dans *Nos livres,* vol. 13, mai 1982, no 215.

Claire de Lamirande, *Paul Loyonnet.* « *Paradoxes sur le pianiste* », Dr, 70e année, no 76, 26 juin 1982, p. 14.

Gilles Potvin, *Loyonnet, Paul,* dans *Encyclopédie de la musique au Canada,* Montréal, Fides, 1983, p. 592.

Léo Bonneville, *Loyonnet (Paul). Les Gestes et la Pensée du pianiste,* dans *Nos livres,* vol. 16, avril 1985, no 6156.

LOZEAU, ALBERT (1878–1924). Poète, né à Village-Saint-Jean-Baptiste (aujourd'hui intégré à Montréal). Il fréquente l'Académie Saint-Jean-Baptiste, de 1886 à 1891, mais, dès l'automne 1891, atteint du mal du Pott, il doit s'aliter et ne va plus en classe que très irrégulièrement ; en 1896, il est atteint de paralysie. Deux ans plus tard, il fait ses débuts littéraires, par un petit conte en prose, « La Voix des âmes du purgatoire », paru dans *Le Monde illustré.* C'est cependant vers la poésie que s'oriente Albert Lozeau et il publie ses vers dans différents périodiques : *Le Monde illustré, Le Passe-Temps, La Patrie, Le Journal de Françoise,* etc. Bien qu'il n'adhère à l'École littéraire de Montréal qu'en 1904, son nom figure, dès 1900, au nombre des collaborateurs des *Soirées du Château de Ramezay,* grâce à son ami Charles Gill. Un mois avant la publication de *L'Âme solitaire,* il obtient, en juin 1907, avec le sonnet « Canada », un des premiers prix au concours « Les Poètes du Clocher », organisé par les *Annales politiques et littéraires* de Paris. L'année suivante, l'ouvrage est réédité à Paris. Membre de la Société royale du Canada (1911), officier d'Académie du gouvernement français (1912), Albert Lozeau préparait une édition définitive de son œuvre poétique lorsqu'il mourut en 1924. Cette édition paraît deux ans plus tard, préfacée par son ami l'abbé F. Charbonnier. Sa poésie se distingue par une voix sensible, nostalgique. Une mélancolie attendrissante coule dans ses vers de facture traditionnelle, patiemment forgés pendant un bon quart de siècle. À souligner également que dans cet univers intimiste, créé par le poète souffrant, humblement situé dans le cadre de sa fenêtre, la nature québécoise manifeste à maints endroits ses voix et ses couleurs. L'âme de Lozeau vit dans ses paysages sous le signe de la chrétienne résignatioon. Sur le fond de cette poésie mélancolique, partout teintée de sensibilité délicate, se découpe étrangement son « Érable rouge » qui incarne à la fois son désir d'aimer et d'être en communion avec la grande nature de son pays. « Ses mélodies douces et toutes en demi-tons, explique Sœur Saint-Jean-de-Sienne, reposent du clairon patriotique d'un Crémazie, de la ferveur déclamatoire d'un Fréchette, de l'éloquence tapageuse d'un Chapman ; le sentiment qu'il prête à la nature canadienne et la sincérité de l'inspiration le placent au-dessus du meilleur Le May. Par la simplicité des thèmes, l'intensité de l'émotion, l'élégance de la forme, il se rapproche de Beauchemin, d'Alfred Garneau, de Desaulniers. Mais pour la large part d'intérêt humain présenté dans sa poésie, pour son culte de la nuance et de la musique, Lozeau n'est redevable qu'à son âme tendre et exquise ».

ŒUVRES

L'Âme solitaire (poésie), Paris/Montréal, F.R. de Rudeval/Beauchemin, 1907, iii, 223 p. Note de l'éditeur. « BC » ; Paris, F.R. de Rudeval, 1908, iii, 223 p.

Billets du soir, Montréal, Imprimerie du Devoir, 1911–1918, 3 t. : t. 1, 1911, 125 p. ; t. 2, (*Nouvelle Série*), 1912, 128 p. ; t. 3, (*Troisième Série*), 1918, 128 p.

Le Miroir des jours (poésie), Montréal, Imprimerie du « Devoir », 1912, 245 p.

Jean le Précurseur. Poème lyrique religieux en trois parties, Paris, C. Joubert, Éditeur, [1914], 295 p. Musique de Guillaume Couture. (Adaptation en vers libres par Albert Lozeau d'un livret en prose de M. l'abbé Antonio Lebel).

Lauriers et Feuilles d'érable (poésie), Montréal, Éditions du « Devoir », 1916, 154 p.

Poésies complètes, Montréal, [s.é.], 1925–1926, 3 t. : t. 1, *L'Âme solitaire,* 1925, xxiv, 252 p. Préface de l'abbé F. Charbonnier ; t. 2, *Le Miroir des jours,* 1925, 263 p. ; t. 3, *Les Images du pays précédées des Lauriers et Feuilles d'érable,* 1926, 289 p.

Albert Lozeau, Montréal/Paris, Fides, 1958, 96 p. Choix de textes, introduction et bibliographie d'Yves de Margerie. « CC ».

Atelier de sculpture (poème), Déb. 1re année, n° 6, 7 janv. 1900, p. 1.

La Mission de la jeunesse, RC, 43e année, mai 1907, p. 17–31.

Poèmes contre les Boches, MSRC, 3e série, section 1, vol. 9, 1915, p. 1–3.

Poèmes du pays, MSRC, 3e série, section 1, vol. 18, 1924, p. 33–38.

ÉTUDES

Saint-Hilaire, *Les Soirées du Château de Ramzay* [*sic*], Déb. 1re année, n° 22, 29 avril 1900, p. 5.

Louvigny de Montigny, *L'Âme solitaire,* RC, 43e année, n° 9, sept. 1907, p. 305–320.

Valentin Breton, *L'Âme solitaire,* dans *Nouvelle-France,* vol. 7, n° 1, janv. 1908, p. 38–47.

L[éon] L[orrain], *Les Billets du soir d'Albert Lozeau,* dans *Le Nationaliste,* 8e année, n° 15, 4 juin 1911, p. 1.

Ernest Bilodeau, *Lauriers et Feuilles d'érable,* dans *Le Nationaliste,* 13e année, n° 36, 22 oct. 1916, p. 3.

Camille Roy, *M. Albert Lozeau,* NF, t. 16, n° 2, févr. 1917, p. 49–63.

Alphonse de Grandpré, *Les « Billets du soir » de M. Albert Lozeau,* AF, vol. 3, n° 2, févr. 1919, p. 83–88.

Jules Fournier, *Albert Lozeau,* dans *Anthologie des poètes canadiens,* Montréal, Granger Frères, 1920, p. 210–217.

J.-M. Melançon, *Albert Lozeau, notes et souvenirs,* AF, vol. 11, n° 5, mai 1924, p. 273–290.

Victor Barrette, *À la mémoire d'Albert Lozeau,* dans *La Voix du sol,* 4e année, n° 5, 3 févr. 1927, p. 9.

Albert Feuillerat, *Un poète de Montréal : Albert Lozeau 1878–1924,* dans *Bulletin des études françaises,* n° 7, mai 1942, p. 172–176.

Adrien Robitaille, *Albert Lozeau, poète intimiste,* dans *Qui,* sept. 1950, p. 25–40.

Yves de Margerie, *Albert Lozeau et L'École littéraire de Montréal,* dans *L'École littéraire de Montréal,* Montréal/Paris, Fides, 1963, p. 212–254, « ALC » 2.

Sœur Saint-Jean-de-Sienne, [Jeanne d'Arc Séguin], « Le Sentiment de la nature chez Lozeau ». Thèse de doctorat, Ottawa, Université d'Ottawa, 1963, xii, 313 f.

LUCILLE, TANTE [Lucille Desparois, Mme Gérald Danis] (1910–   ). Écrivain pour la jeunesse, née à Châteauguay. Elle fait ses études primaires et secondaires au couvent de sa ville natale et ses études supérieures à l'Académie Bourget. Elle entre au conservatoire Lasalle où elle se spécialise en diction et en art dramatique. Grâce à la célèbre Jeanne Maubourg qui enseignait l'art dramatique à Montréal tout en faisant de la comédie, elle découvre sa vocation de conteuse pour les enfants. La maison d'édition Granger publie le premier recueil de Tante Lucille en 1944. C'est alors que Radio-Canada fait appel à ses services. Elle rédige des textes dramatiques sur des Canadiens de marque et des hommes célèbres de divers pays, tels que Fréchette, Tchaïkovski, La Fontaine. En 1948, elle signe avec la Société Radio-Canada un contrat de treize semaines qui durera finalement jusqu'en 1974. Tous les samedis matin, elle présente une émission pour enfants au cours de laquelle elle raconte ses histoires. En 1946, RCA Victor enregistre ses contes pour la première fois. Par la suite, Tante Lucille enregistre plus de neuf microsillons « longs jeux ». En 1954, la maison hollandaise, Mulder & Zoon, décide d'éditer ses contes en huit langues. C'est le recueil *Huit contes de Tante Lucille*, portant sur la Mauricie, qui est le mieux accueilli à l'étranger. Les recueils sont illustrés par Cécile Gagnon et Marcel Tessier. Tante Lucille est membre de plusieurs associations : la Société des écrivains canadiens, l'Union des artistes, l'Union des gens de lettres de Paris, Communication-Jeunesse. Elle mérite maints honneurs, entre autres, l'Ordre du Canada en 1970. Jean-Marc Beaudoin exprime bien l'opinion unanime de la critique quand il décrit Tante Lucille comme « une bonne fée qui a su inspirer de la générosité et le sens du merveilleux chez les tout petits de notre pays ».

ŒUVRES

Contes d'enfants (litt. jeunesse), Montréal, Librairie Granger Frères limitée, 1944, 24 p. Sous le nom de Lucille Desparois. Préface de l'auteur. « Jolis Albums » ; 1955.

Tante Lucille raconte (litt. jeunesse), Montréal, Librairie Granger Frères limitée, 1944, 24 p. Sous le nom de Lucille Desparois. Ill. Préface de l'auteur. « Jolis Albums ».

Histoires enchantées (litt. jeunesse), Montréal, Librairie Granger Frères limitée, [1945], 24 p. Sous le nom de Lucille Desparois. Ill. de Thérèse Lecomte. « Jolis Albums ».

Légende du sucre d'érable (litt. jeunesse), Montréal, Librairie Granger Frères limitée, [1945], 24 p. Sous le nom de Lucille Desparois. « Jolis Albums ».

Légendes merveilleuses (litt. jeunesse), Montréal, Librairie Granger Frères limitée, [1945], 24 p. Sous le nom de Lucille Desparois. Ill. de Thérèse Lecomte. « Jolis Albums » ; 1955.

Le Fils du pilote (litt. jeunesse), Montréal, Librairie Granger Frères limitée, [1946], 24 p. Sous le nom de Lucille Desparois. « Jolis Albums ».

Le Perroquet de Thérésa (litt. jeunesse), Montréal, Librairie Granger Frères limitée, [1946], 24 p. Sous le nom de Lucille Desparois.

Aventures de Tracassin (litt. jeunesse), Montréal, Librairie Granger Frères limitée, 1947, 117 p. Ill. de Janine Gens ; Librairie Granger Frères limitée. Sous le nom de Lucille Desparois.

Conte oriental (litt. jeunesse), Montréal, Granger Frères limitée, [1947], 24 p. Sous le nom de Lucille Desparois. Ill. de Thérèse Lecomte. « Jolis Albums ».

Pompon et Griffon (litt. jeunesse), Montréal, Granger Frères limitée, 1948, 31 p. Sous le nom de Lucille Desparois. Ill.

Sept contes du Saguenay (litt. jeunesse), Montréal, Granger Frères limitée, 1948, 112 p.

Sept nouveaux contes (litt. jeunesse), Montréal, Granger Frères limitée, [1949], 112 p. Ill. de Marcelle Tessier. « Juvénile ».

Contes de Tante Lucille (litt. jeunesse), Amsterdam, Mulder et fils, [1955], [n.p., 96 p.]. « Album du Gai moulin ». Traduction anglaise : *Nursery Tales*. Traduction allemande : *Sprookjesland*.

Huit contes de Tante Lucille (litt. jeunesse), Amsterdam, Mulder et fils, 1956, [n.p.].

Contes religieux (litt. jeunesse), Amsterdam, Mulder et fils, 1957, [n.p.].

Les Plus Beaux Contes de Tante Lucille (litt. jeunesse), Amsterdam, Mulder et fils, 1958, [n.p.].

Les Comptines de langue française (litt. jeunesse), Paris, Seghers, 1961, 366 p. Textes recueillis et commentés par Jean Baucamont, Frank Guibot, Tante Lucille, et Philippe Saupault ; 1972.

Trois contes (litt. jeunesse), Montréal, Ici Radio-Canada/Leméac, 1968, 32 p.

Pirouette Cacahuète (litt. jeunesse), Montréal, Ici Radio-Canada/Héritage, 1971, 16 p. Ill. ; Les Éditions Héritage inc., [s.d., n.p., 16 p.].

Contes et Légendes du Canada français (litt. jeunesse), Montréal, Éditions Paulines, 1976, 29 p. Ill. de Gabriel de Beney. « Documentation vidéo-presse ».

Tante Lucille raconte (litt. jeunesse), Montréal, Éditions Paulines, 1978, 29 p. Ill. de Gabriel de Beney. « Documentation vidéo-presse ».

[*Ambika, le premier éléphant du zoo de Granby*] (litt. jeunesse), Montréal, Éditions Paulines, 1980, 8 p. Ill. de Gabriel de Beney. « Magicontes de mon pays ».

[*Les Aventures de Pipo*] (litt. jeunesse), Montréal, Éditions Paulines, 1980, 8 p. Ill. de Gabriel de Beney. « Magicontes de mon pays ».

[*Les Aventures de Pipo*] (litt. jeunesse), Montréal, Éditions Paulines, 1980, 8 p. Ill. de Gabriel de Beney. « Magicontes de mon pays ».

[*La Bergère de Noël*] (litt. jeunesse), Montréal, Éditions Paulines, 1980, 8 p. Ill. de Gabriel de Beney. « Magicontes de mon pays ».

[*L'Érable et les Indiens*] (litt. jeunesse), Montréal, Éditions Paulines, 1980, 8 p. Ill. de Gabriel de Beney. « Magicontes de mon pays ».

[*La Fête des mères*] (litt. jeunesse), Montréal, Éditions Paulines, 1980, 8 p. Ill. de Gabriel de Beney. « Magicontes de mon pays ».

[*L'Hallowe'en de Noirot*] (litt. jeunesse), Montréal, Éditions Paulines, 1980, 8 p. Ill. de Gabriel de Beney. « Magicontes de mon pays ».

[*Le Jardin des merveilles*] (litt. jeunesse), Montréal, Éditions Paulines, 1980, 8 p. Ill. de Gabriel de Beney. « Magicontes de mon pays ».

[*La Légende des bleuets*] (litt. jeunesse), Montréal, Éditions Paulines, 1980, 8 p. Ill. de Gabriel de Beney. « Magicontes de mon pays ».

[*Les Patins magiques*] (litt. jeunesse), Montréal, Éditions Paulines, 1980, 8 p. Ill. de Gabriel de Beney. « Magicontes de mon pays ».

[*Saucissons, l'autobus scolaire*] (litt. jeunesse), Montréal, Éditions Paulines, 1980, 8 p. Ill. de Gabriel de Beney. « Magicontes de mon pays ».

[*Les Trois alouettes*] (litt. jeunesse), Montréal, Éditions Paulines, 1980, 8 p. Ill. de Gabriel de Beney. « Magicontes de mon pays ».

[*Les Trois petits lapins*] (litt. jeunesse), Montréal, Éditions Paulines, 1980, 8 p. Ill. de Gabriel de Beney. « Magicontes de mon pays ».

Mon album de sécurité (litt. jeunesse), Montréal, Gérin, 1985, [n.p., 16 p.]. Ill. d'André Desjardins.

Fée des vents (litt. jeunesse), Montréal, Librairie Granger Frères limitée, [s.d., avant 1955]. Ill. de Janine Gens. « Jolis Albums ».

Fable champêtre (litt. jeunesse), Montréal, Granger, [s.d.], 4 vol.

Fido le chien de Michel (litt. jeunesse), Amsterdam, Mulder, [s.d., n.p., 10 p.]. Ill.

[*Mon album dentaire*] (litt. jeunesse), Montréal, Ordre des dentistes du Québec, [s.d., n.p., 16 p.]. Ill. de Marcel Martin.

Les Trois petites alouettes (litt. jeunesse), Amsterdam, Mulder, [s.d., n.p., 10 p.]. Ill.

Les Trois petites souris (litt. jeunesse), Amsterdam, Mulder, [s.d., n.p., 10 p.]. Ill.

DISCOGRAPHIE

Le Bonhomme en pain d'épice — Il était un petit navire, Montréal, R.C.A. mars 1949–févr. 1952, 18 disques.

Douze contes de Tante Lucille, Montréal, R.C.A., 1959, LSC-1025.

Il était une fois, Montréal, R.C.A., 1962, LCP-S-1058.

Contes de Tante Lucille, Montréal, R.C.A., 1963, CGP-149 ; 1974, KTL-2-7020.

Les Plus Beaux Contes de Tante Lucille, Montréal, R.C.A. 1964, CGP-S-154.

Nouveaux Contes de Tante Lucille, Montréal, R.C.A., 1966, CGP-S-232.

Tante Lucille au jardin des merveilles, Montréal, R.C.A., 1967, CGP-S-249.

Fêtons Noël avec Tante Lucille, Montréal, R.C.A., 1967, CGP-S-276.

Tante Lucille à la Ronde, Montréal, R.C.A., 1968, CGP-S-294.

Tante Lucille au cirque, Montréal, R.C.A., 1969, CGP-S-332.

Contes et Chansons de Tante Lucille, Montréal, Alouette (Archambault), nov. 1974.

ÉTUDES

Paule Marois, *Tante Lucille*, PJ, vol. 40, n° 45, 4 sept. 1966, p. 30–31.

Jean-Marie Beaudoin, *Tante Lucille et les Merveilleux Contes de la Mauricie*, 49ᵉ année, n° 43, 18 déc. 1968, p. 11.

Michèle Gélinas, *Tante Lucille*, dans *Auteurs canadiens pour la jeunesse*, Montréal, Communication-Jeunesse, [1971], [n.p.].

Lysane Murray, *Tante Lucille*, dans *Téléradiomonde*, vol. 35, n° 49, 19 oct. 1974, p. 10–11.

Christine Gautrin, *Le Troisième Âge. Honorée par les gens de lettres. Tante Lucille reçoit à Paris une médaille d'or pour ses contes*, P, 98ᵉ année, n° 6, 19–25 févr. 1977, p. 13.

Darquise Timmerman, *Tournée des écrivains canadiens-français. Tante Lucille dans la région*, Dr, 65ᵉ année, n° 178, 27 oct. 1977, p. 28.

Id., *Tante Lucille explique à sa façon l'année internationale de l'enfant*, Dr, 67ᵉ année, n° 49, 24 mai 1979, p. 43.

LUCIUS. Voir **DANTIN, LOUIS.**

LUDO. Voir **BÉLIVEAU, LOUIS-JOSEPH.**

M

MABIT, JACQUELINE (1919–   ). Romancière, poète et dramaturge, née à Pullay (Normandie). Après ses études au Lycée Edgar-Quinet de Paris, elle poursuit des études de sciences à la Sorbonne (1938). Elle enseigne les mathématiques et la chimie à Asnières, Vézelay et Paris. Ayant épousé, en 1939, Pierre Baillargeon qu'elle a rencontré à la Sorbonne, elle le rejoint à Montréal pendant la guerre, en 1941. Cette année-là, elle commence sa carrière littéraire dans le premier numéro d'*Amérique française*, revue fondée par Baillargeon et Roger Rolland. Elle y publie des poèmes, des récits et du théâtre. Elle collabore aussi à *Photo-Journal, La Patrie*..., et elle publie son premier roman, *La Fin de la joie*, en 1948. Rentrée à Paris avec son mari, en 1948, elle s'installe dans son village natal Pullay pour plusieurs années et poursuit sa carrière littéraire. Elle ne reviendra plus au Canada. En 1957, elle mérite le prix du conte Interfrance et, en 1977, la médaille d'or de la poésie à Téhéran. La critique salue *La Fin de la joie* comme « une grande réussite », selon le mot de Guy Sylvestre qui en loue « l'unité de ton, de style et de vie ». « Le livre mérite un accueil enthousiaste, écrit André Gaulin, pour sa composition soignée, son analyse fine, souvent impressionniste [...] » (DOLQ, t. 3, p. 391–392). Jacqueline Mabit a écrit une suite, « Laboratoire 402 ou Les Cahiers de Danielle », restée inédite. D'ailleurs, *Les hommes ont passé* (1948) en est en quelque sorte une suite, car son héroïne « ressemble fort », dit André Gaulin (DOLQ, t. 3, p. 483–484), à celle du premier roman. Quant à sa poésie, elle baigne dans « l'esprit d'enfance, cette recherche profonde de toute l'œuvre romanesque et poétique de l'auteur », écrit encore André Gaulin qui trouve « regrettable que l'œuvre d'un auteur aussi prolifique et raffiné ne soit pas davantage connue » (DOLQ, t. 3, p. 246–247).

ŒUVRES

La Fin de la joie. Roman, Montréal, Lucien Parizeau et Compagnie, 1945, 227 p. Préface d'Augustin Deslauriers.

Les hommes ont passé (roman), Montréal, Beauchemin, 1948, 225 p.

Couleur banlieue (poésie), Malines (Belgique), Éditions du Cercle d'études littéraires françaises, 1954, 42 f. « Les Cahiers de la Tour de Babel ».

Paix sur leur terre (poésie), Malines (Belgique), Éditions du Cercle d'études littéraires françaises, 1958, 34 p. « Les Cahiers de la Tour de Babel ».

Paris et les Allemands, AmF, vol. 1, nº 1, nov. 1941, p. 24–27.

Caricature d'Hitler, AmF, vol. 1, nº 4, mars 1942, p. 13–16.

Noël, AmF, vol. 2, nº 6, janv. 1943, p. 30.

Aube, AmF, vol. 2, nº 7, juin 1943, p. 26.

D'un monde à l'autre, AmF, vol. 3, nº 1, [16], sept. 1943, p. 26–34.

Promenade dans la montagne, AmF, vol. 3, nº 2, [17], nov. 1943, p. 21–32.

Jeunesse, AmF, vol. 3, nº 3, [18], déc. 1943, p. 16.

Enseignement obligatoire, AmF, vol. 3, nº 5, [20], mars 1944, p. 15–20.

Voyage de noces, dans *Notre Temps*, vol. 1, nº 3, 31 oct. 1945, p. 2.

Le Ruisseau, AmF, vol. 5, nº 6, janv. 1946, p. 27–29.

Les Saupiquets, AmF, vol. 5, nº 7, févr. 1946, p. 30–31.

La Sauvage, AmF, vol. 6, nº 8, oct. 1946, p. 30–31.

Contes de Noël, AmF, vol. 7, nº 1, janv. 1947, p. 27–28.

L'Éventail de M. Jurat, dans *Photo-Journal*, vol. 10, nº 52, 17 avril 1947, p. 10.

Le Dernier Jour innocent (théâtre), AmF, vol. 7, nº 1, janv. 1948, p. 5–31.

ÉTUDES

René Garneau, *La Fin de la joie*, Ca, vol. 42, nº 202, 24 sept. 1945, p. 5.

A. Sainte-Croix, *Un sujet délicat. La Fin de la joie*, dans *Le Jour*, vol. 8, nº 4, 6 oct. 1945, p. 5.

Dostaler O'Leary, *La Fin de la joie*, dans *Notre Temps*, vol. 1, nº 1, 18 oct. 1945, p. 5.

Jacques Lavigne, *Mme Mabit, romancière canadienne fait l'histoire de sa vocation* (entrevue), dans *Photo-Journal*, vol. 9, nº 19, 22 août 1946, p. 10.

Jean Luco, *Jacqueline Mabit et l'Apport de la femme dans la littérature*, Pr, 63e année, nº 123, 24 mai 1947.

Berthelot Brunet, *La méchanceté est une vertu*, Ca, vol. 44, nº 264, 17 nov. 1947, p. 28.

Andrée G. Paradis, *Rencontre avec quatre écrivains*, dans *La Revue populaire*, oct. 1951, p. 7, 66–67.

MACCABÉE IQBAL, FRANÇOISE [IQBAL, Françoise] (1941–   ). Critique littéraire, née à Sainte-

Thérèse-de-Blainville (Terrebonne). Elle fait ses humanités aux collèges Regina Assumpta et Basile-Moreau (B.A., 1962). Elle obtient ensuite un baccalauréat en pédagogie à l'Université de Montréal (1963), et un doctorat à l'Université de la Colombie-Britannique (1972) pour une thèse sur « L'Œuvre romanesque de Hubert Aquin ». En 1973, elle devient professeur de français à l'Université de la Colombie-Britannique. Elle collabore à plusieurs périodiques, tels *Voix et Images*, *Revue des langues romanes*, *Canadian Literature*, *Dialogues et Cultures*, et elle participe à des émissions de Radio-Canada, en particulier avec une création dramatique de 1979, « Écrire est un grand amour ». Sa thèse paraît sous le titre *Hubert Aquin romancier* (1978) ; elle « veut être, écrit Joseph Melançon, une double lecture d'une œuvre romanesque unique [...]. La première lecture est tout à fait descriptive et elle est de loin la meilleure. La seconde, par contre, est interprétative et sujette à caution ». Selon Jacques Michon, la « parfaite circularité du texte et du commentaire, les renvois incessants de l'un à l'autre illustrent de façon exemplaire le caractère spéculaire de l'activité critique ». C'est un travail minutieux, compétent, important.

ŒUVRES

Hubert Aquin romancier (essai), Québec, PUL, 1978, 288 p. « VLQ ».

Désafinaado. Otobiographie de Hubert Aquin, Montréal, VLB éditeur, 1987, 464 p. Ill.

L'Antiphonaire, dans *Le Québec littéraire 2, Hubert Aquin*, Montréal, Éditions Guérin, 1976, p. 67-103.

Précieux et Préciosité chez Bessette : demi-mesure et démesure, VI, vol. 1, nº 3, avril 1976, p. 338-364.

Hubert Aquin, grand-prêtre de l'écriture, dans *Québec français*, nº 24, déc. 1976, p. 23-28.

Kamouraska. La fausse représentation démasquée, VI, vol. 4, nº 3, avril 1979, p. 460-478.

L'Appel du Nord dans Neige Noire : La Quête de Narcisse, VI, vol. 5, nº 2, hiver 1980, p. 365-377.

Sur-vivre et sous-vivre : la sexualité dans Une saison dans la vie d'Emmanuel, I, nºs 2-3, mai-déc. 1980, p. 85-99.

Violence et Viol chez Aquin : don Juan ensorcelé, CaL, nº 88, printemps 1981, p. 52-60.

L'Enseignement de la civilisation et de la littérature québécoises : approches, contenus, finalités, dans *Dialogues et Cultures*, nºs 23-24, juin 1982, p. 171-179.

ÉTUDES

Jacques Michon, *Aquin et sa critique*, LQ, nº 11, sept. 1978, p. 56-57.

Raymond Laprés, *Maccabée Iqbal (Françoise). Hubert Aquin romancier*, dans *Nos livres*, vol. 9, nov. 1978, nº 380.

Joseph Melançon, *Françoise Maccabée Iqbal. Hubert Aquin romancier*, LAQ 1978, p. 226-228.

MACKENZIE, NADINE (1947-   ). Musicologue, conteuse et romancière, née à Paris. Elle étudie la musique à la Schola Cantorum de Paris et au Conservatoire national supérieur de musique, obtient des diplômes en histoire de la musique (1968), étudie à l'Académie de musique de Vienne, et présente un mémoire sur la « Perspective mozartienne de l'opéra », en 1969. Elle est professeure de musique à l'Académie de Paris (1967-1969), puis elle est journaliste et critique d'art pour le magazine suisse *Écho* (1969-1973). Arrivée au Canada en 1973, elle est critique d'art à Toronto (1973-1974), après quoi elle s'installe à Calgary (Alberta) où elle enseigne le français à l'Université de Calgary (1974-1975), et devient journaliste pour la radio française d'Edmonton (1976-1980), et correspondante pour Radio-Canada International. En outre, elle publie des contes et romans pour les jeunes. Ses premiers récits, *La Moto bleue* et *Le Petit Dinosaure* sont d'un style sobre bien adapté aux petits. Certains contes sont faits aussi pour l'instruction des enfants, comme *Le Petit Dinosaure* qui est une leçon de zoologie, et *Le Premier Rodéo* dont l'histoire « sert plutôt de prétexte au rappel de diverses coutumes et croyances amérindiennes » (Michel Laurin).

ŒUVRES

La Moto bleue (litt. jeunesse), Saint-Boniface, Les Éditions du Blé, 1978, 16 p. Ill. de Neel de Wit-Wibout.

Le Petit Dinosaure d'Alberta (litt. jeunesse), Saint-Boniface, Les Éditions des Plaines, 1980, 47 p. Ill. de Madeleine Vrignon et de Ray Gander.

Le Prix du silence. Roman, Montréal, Fides, 1980, 141 p. Ill. de Charles N. Vinh. « Intermondes ».

[*The Light in the Night*] (biographie), Calgary, McQuhaes of Canada, 1981, 72 p. Préfaces de Peter Lougheed et de Maureen McTeer. Ill. Version française : *La Lumière dans la nuit. La vie de Mary Murn*, Sherbrooke, Éditions Naaman, 1984, 75 p.

Le Premier Rodéo (litt. jeunesse), Saint-Boniface, Les Éditions des Plaines, 1983, 45 p. Ill. de Monique Fillion-Corriveau.

Le Coupeur de tête. Roman, Saint-Boniface, Les Éditions des Plaines, 1985, 98 p.

ÉTUDES

G.D. et S.M., *Nadine Mackenzie (1947-   )*, dans *Auteurs francophones des Prairies*, Saint-Boniface, Centre de ressources éducatives françaises du Manitoba, 1981, p. 28.

Michel Laurin, *Mackenzie (Nadine). Le Premier Rodéo*, dans *Nos livres*, vol. 14, déc. 1983, nº 5508.

MADELEINE

MADELEINE [X Anne-Marie Gleason, Mme Wilfrid A. Huguenin, Myrto] (1875-1943). Auteure de chroniques, nouvelliste et dramaturge, née à Rimouski. Orpheline de mère à deux ans, elle est d'abord confiée à des parents, puis, à cinq ans, mise en pension au couvent des Sœurs de la Charité de la Malbaie et ensuite à celui de Rimouski dont elle est retirée à quinze ans. Son père meurt en 1894. Vivant avec sa sœur, elle commence à envoyer des textes au *Monde illustré*, en 1897, sous le pseudonyme de Myrto. En 1899, elle habite à Ottawa chez son frère, et elle collabore au *Temps* d'Ottawa, ainsi qu'au *Journal de Rimouski*. Puis elle s'installe à Montréal, en 1901, et commence sa longue série de chroniques dans *La Patrie* sous le pseudonyme de Madeleine. Mariée avec le docteur Huguenin, en 1904, elle continue son travail journalistique, fonde *La Bonne Parole* en 1913, *La Revue moderne* en 1919 avec Olivar Asselin, et *La Vie canadienne* en 1927. Elle collabore à d'autres périodiques tels *Le Nationaliste* et *Le Progrès du Golfe*. Elle prend sa retraite en 1930 mais elle continue à écrire jusqu'à sa mort. Les milliers d'articles qu'elle a rédigés lui ont valu le titre de « reine des chroniqueuses ». Elle publie, en 1902, un premier recueil de ses chroniques, études, contes et nouvelles, sous le titre *Premier Péché*, que la critique accueille assez bien. Deux autres recueils suivront, en 1912 et en 1924, plus composés et mieux écrits, mais de la même veine. Comme l'explique Kenneth Landry, Madeleine est un écrivain moraliste, d'une forte foi patriotique, d'une grande pitié pour les malheurs des humbles, teinté d'une mélancolie qui ne l'abat pourtant jamais, et qui donne à ses lecteurs « le meilleur de soi ». En 1938, ses *Portraits de femmes* présentent cent quatre-vingt-quinze brèves biographies de « femmes de nos foyers », recueil intéressant, écrit Sylvie Dallard (DOLQ, t. 2, p. 898), « tant par le choix des ‹ modèles › révélateurs des · modes de vie et des valeurs d'une époque que pour la connaissance des réalisations liées aux femmes canadiennes-françaises ».

ŒUVRES

Premier Péché. Recueil de nouvelles, de chroniques et d'une pièce de théâtre en un acte, Montréal, Imprimerie de La Patrie, 1902, 162 p. Préface du R.P. Lalande.

Le Long du chemin (chroniques), Montréal, Imprimerie de La Patrie, 1912, 248 p. Préface d'Édouard Montpetit.

En pleine gloire ! Pièce en un acte, Montréal, Compagnie de publication de La Patrie, 1919, 24 p.

Le Meilleur de soi (chroniques), Montréal, Éditions de La Revue moderne, 1924, 172 p. Ill. de Robert Mahias.

Portraits de femmes (biographies), Montréal, Éditions La Patrie, 1938, 192 p. Ill. ; 273 p. Préface de Raoul Dandurand.

ÉTUDES

Gaëtane de Montreuil, *Examen de conscience*, Pr, 19e année, no 56, 10 janv. 1903, p. 17.

Camille Roy, *Essais sur la littérature canadienne*, Québec, Garneau, 1907, p. 171-195.

Georges Bellerive, [*Madeleine*], dans *Brèves Apologies de nos auteurs féminins*, Québec, Garneau, 1920, p. 56-58.

Mireille Éthier, « Bio-bibliographie de Madeleine ». Mémoire, Montréal, École de bibliothécaires, Université de Montréal, 1945, xxvii, 136 f.

Juliette Plante, « Madeleine, journaliste ». Thèse de maîtrise, Ottawa, Université d'Ottawa, 1962, xv, 121 f.

Maria Eugénia de Matis-Adrade, « Biographie et Bibliographie descriptive de Madeleine (1875-1943) ». Thèse de doctorat, Montréal, Université de Montréal, 1970, 488 f.

Aurélien Boivin et Kenneth Landry, *Françoise et Madeleine, pionnières du journalisme féminin au Québec*, VI, vol. 4, no 2, déc. 1978, p. 233-243.

MADORE, LINA [Belzile-Madore, Libelna] (1929-   ). Romancière et poète, née à Saint-Jean-de-la-Lande (aujourd'hui Saint-Clément, Témiscouata). Après ses études primaires, elle doit aider à subvenir aux besoins de sa famille. Mariée à vingt ans, elle aura quinze enfants. À quarante-sept ans, quelque peu libérée de ses tâches familiales, elle retourne en classe, au Community College d'Edmundston où elle réussit à satisfaire en un an aux exigences du cours secondaire complet, treizième année comprise. Puis, elle s'inscrit au Centre universitaire Saint-Louis-Maillet d'Edmundston, et elle obtient un diplôme de commis-comptable en 1976. Ses premiers écrits sont des poèmes qui paraissent dans les journaux locaux, *Le Madawaska* et *Le Bouclier*, et qu'elle récite lors des Nuits de poésie d'Edmunston. En 1976, elle participe au concours littéraire de la Société des Acadiens et remporte le premier prix. Elle donne de nombreuses conférences et collabore à la revue de création littéraire *Éloize*. En 1979, Lina Madore publie la première partie de son roman autobiographique, *Petit Coin perdu*, qui connaît un succès immédiat et une réédition la même année, et est choisi par le ministère de l'Éducation, en 1980, comme texte à l'étude dans les classes de français de onzième année du Nouveau-Brunswick. Le roman raconte la vie d'une jeune fille élevée dans une famille de cultivateurs de Baker Brook, dans le Témiscouata, près du Nouveau-Brunswick. Lina Madore sait peindre en quelques larges traits des personnages et des situations. Ses propos remplis de sagesse paysanne à la fois simple et profonde ne cessent d'étonner et de charmer le lecteur.

ŒUVRES

Petit Coin perdu I (roman-autobiographique), Rivière-du-Loup, Castelriand inc., 1979, 139 p. Ill.; 1979, 137 p.; *Petit Coin perdu II « Entre deux voies ferrées »*, Edmunston, Chez l'Auteur, 1979, 199 p. Traduction anglaise par Rachel D'Astou Brown : *Little Lost Corner Tome I*, Edmundston, Chez l'Auteur, 1982, 141 p.
Poésie inachevée, [s.l., s.é.], 1985, 55 p.
Joey le petit pêcheur de lune (litt. jeunesse), Edmundston, Chez l'Auteur, [1986?], 19 p. Ill. de Diane Porlier. Sous le nom de Lina Belzile-Madore.

La Réincarnation (nouvelle), dans *Éloizes*, nº 1, printemps 1980, p. 19-22.

ÉTUDES

Grégoire-Thibault, Cécile, *Sa vie doublée de l'histoire d'une paroisse*, dans *Le Touladi*, 7 nov. 1979, p. 3.
D'Astous-Morin, Denise, *Le Petit Coin perdu de Lina Madore au programme des écoles du Nouveau-Brunswick*, dans *La République*, 3 sept. 1980, p. 23.

MAGE, GASPARD LE. Voir **TACHÉ, JOSEPH-CHARLES.**

MAGNAN, CHARLES-JOSEPH (1865-1942). Essayiste et pédagogue, né à Sainte-Ursule (Maskinongé). Après des études dans son village natal, il commence à enseigner à Louiseville à l'âge de seize ans. Deux ans plus tard, il s'inscrit à l'École normale Laval (Brevet, 1885). Il est nommé professeur à l'École normale en 1889 et directeur de *L'Enseignement primaire*, l'année suivante, revue qu'il achète en 1894. En 1911, il est inspecteur général des écoles catholiques et, en 1929, des écoles normales catholiques du Québec. Charles-Joseph Magnan publie plusieurs ouvrages pédagogiques qui lui méritent des décorations dont celle de commandeur de l'Ordre de Saint-Grégoire-le-Grand (1918). En 1917, il publie *Au service de mon pays* qui regroupe une cinquantaine de conférences et discours prononcés au cours d'une longue carrière. Il y a aussi des souvenirs de voyage. Les textes de Magnan révèlent la pensée pédagogique au Canada français au tournant du 20e siècle.

ŒUVRES

L'Enseignement primaire. Questions diverses, Trois-Rivières, La « Compagnie d'imprimerie des Trois-Rivières », 1888, xvi, 214 p. Préface de l'auteur.

Manuel de droit civique. Notre constitution et nos institutions, Québec, Typographie de C. Darveau, 1895, 414 p. Ill.; 1896.
À travers les beaux-arts : architecture, sculpture, peinture, musique, littérature : simples notions, [Québec, Impr. de L.-J. Demers], 1898, 61 p. Ill.
Mon premier livre : lire, écrire, compter : éducation, instruction : manuel des commençants, Québec, [s.é.], 1900, 2 v. Ill.
Pédagogie pratique et théorique : à l'usage des candidats au brevet de l'enseignement et des élèves des écoles normales publiée à la demande du Bureau central des examinateurs catholiques de la province de Québec, Québec, [Dussault & Proulx], 1901, 250 p. Collab. T. G. Rouleau et J. Ahern.
Honneur à la province de Québec ! Mémorial sur l'éducation au Canada, Québec, Dussault & Proulx, imprimeurs, 1903, x, 113 p. Préface de Thomas Chapais. Introduction de l'auteur.
Organisation politique et administrative du Canada, à l'usage des candidats au Brevet d'enseignement, Québec, La Cie J.A. Langlois & fils, éditeurs, 1905, 107 p.
L'Analyse grammaticale et l'Analyse logique : aux brevets de capacité, à l'école normale et à l'école primaire, intermédiaire et supérieure, Québec, J.A. Langlois, 1907, 164 p.
Instruction civique : organisation politique, administrative et ecclésiastique du Canada, Québec, La Cie J.A. Langlois, 1909, 118 p.; 1917; 1925.
Le Journalisme pédagogique au Canada français, [s.l., s.é.], 1909, 9 p.
Au service de mon pays. Discours et conférences. Pédagogie — instruction publique, religion — patriotisme, souvenirs de voyage, suivi d'appendices documentaires, Québec, Dussault & Proulx enr., 1917, ix, 535 p. Ill. Lettre-préface de Lomer Gouin.
À propos d'instruction obligatoire. La Situation scolaire dans la province de Québec, suivi d'appendices documentaires, Québec, Imprimerie l'Action sociale limitée, 1919, 120 p.
Le Docteur Joseph Painchaud, fondateur de la Société Saint-Vincent de Paul au Canada 1819-1919, Montréal, L'Œuvre des Tracts, 1919, 16 p.
Réponse de M. C.-J. Magnan au discours prononcé par M. T.-D. Bouchard, devant l'Assemblée législative de Québec, le 25 janvier 1919, [Québec, Imprimerie de l'Action sociale limitée], 1919, 62 p.
Un héritage sacré : nos lois civiles concernant la famille, la propriété, l'école et la paroisse, Québec, [s.é.], 1920, 21 p.
La Société Saint-Vincent de Paul : origines, à Paris, à Québec : développements de la Société au Canada : œuvres de la société à Québec, but et principes des conférences de Saint-Vincent de Paul, [Québec, Imprimerie de l'Action sociale limitée], 1920, 30 p. Ill.
Éclairons la route. À la lumière des statistiques, des faits et des principes. Réponse à « The Right Track », publié à Toronto et traitant de l'instruction obligatoire dans

la Province de Québec, Québec, Librairie Garneau ltée, éditeur, 1922, xxiv, 246 p. Préface de Cyrille-F. Delage. Avant-propos de l'auteur.

Une héroïne de la charité. Un cinquantenaire édifiant : noces d'or d'apostolat de Mademoiselle Onézime Dorval, la vénérable quêteuse du Patronage, 5 mars 1922, Québec, Patronage de Saint-Vincent-de-Paul, 1922, 16 p. Ill.

L'Instruction publique dans la province de Québec, Québec, [s.é.], 1932, 60 p.

Sur les routes de France (récit de voyage), Montréal, Librairie Beauchemin limitée, [1934], 238 p. Ill.

Le Carillon-Sacré-Cœur, drapeau national des Canadiens français (essai), Québec, l'Action catholique, 1939, 44 p.

La Société de St-Vincent de Paul : son but, son esprit et ses avantages spirituels, [Québec], La Société, 1943, 55 p. Ill.

ÉTUDES

Adjutor Rivard, *Livres*, dans *Bulletin du parler français au Canada*, févr. 1918, p. 268–269.

Camille Roy, *Éclairons la route*, CF, vol. 8, n° 5, avril 1922, p. 343–344.

[Anonyme], *Sur les routes de France. Notes de voyage*, dans *Le Terroir*, vol. 16, n°s 6–7, nov.–déc. 1934, p. 11.

MAGNANARELLE. Voir **BERANGER,** JEAN-NINE.

MAGNIER, CLAUDE-JEAN. Voir **GERMAIN,** JEAN-CLAUDE.

MAHEUX, ARTHUR (1884–1967). Historien, né à Sainte-Julie (Mégantic). À la fin de ses études au Séminaire de Québec, puis à la Sorbonne et à l'Institut catholique de Paris, il est ordonné prêtre le 17 mai 1908. Vicaire durant quelques mois à Plessisville, il enseigne au Séminaire de Québec, dont il dirige la bibliothèque de 1910 à 1913. Après deux séjours en Europe (1913–1916, 1916–1918), il est nommé professeur de rhétorique, puis chargé de cours à la Faculté des arts de l'Université Laval. Préfet des études du Séminaire de Québec (1923–1927), professeur à l'École normale supérieure, titulaire de la Chaire d'histoire du Canada et directeur de l'Institut d'histoire et de géographie (1947–1954) à l'Université Laval, Arthur Maheux occupe, durant de longues années, le poste d'archiviste au séminaire de Québec et à l'Université Laval. Membre de la Société canadienne d'histoire de l'Église catholique, de la Société royale du

Canada, de la Société du Parler français (dont il est président en 1924), de la Canadian Historical Association et de la Canadian Geographical Society, Arthur Maheux collabore activement au *Canada français* (qu'il dirige de 1919 à 1921 et de 1938 à 1942) et à *L'Enseignement secondaire au Canada* (dont il est durant de longues années secrétaire de rédaction). Partisan convaincu de l'unité nationale *(Ton histoire est une épopée)*, Arthur Maheux essaie de trouver, dans ses ouvrages et ses conférences, un moyen de consolider la bonne entente entre les deux principaux groupes socio-culturels du Canada.

ŒUVRES

Un problème de linguistique, Ottawa, [s.é.], 1922, 16 p.

Parents et Maîtres. Leur collaboration (essai), Montréal, L'École sociale populaire, 1928, 36 p.

Éloge de messire Charles-Édouard Bélanger, missionnaire des Bois-Francs, Québec, Action sociale, 1932, 11 p.

Notes sur Roubeaud, Québec, [s.é.], 1940, 18 p. (Étude lue au congrès de la Société canadienne d'histoire de l'Église, à Kingston, oct. 1939).

Le Problème protestant (essai), Québec, [s.é.], 1941, 10 p. (Étude lue au congrès de la Société canadienne d'histoire de l'Église, à Sherbrooke, oct. 1940).

Propos sur l'éducation, Québec, Librairie de l'Action catholique, 1941, 260 p.

Ton histoire est une épopée. I : Nos débuts sous le régime anglais (étude), Québec, [s.é.], 1941, 213 p. Traduction anglaise par R.M. Saunders : *French Canada and Britain, A New Interpretation*, Toronto, Ryerson Press, 1942, 121 p. «Contemporary Affairs».

Pourquoi sommes-nous divisés ? Causeries radiophoniques présentées et transmises par les postes du réseau français de Radio-Canada, [Montréal], Radio-Canada, 1943, 219 p. Traduction anglaise : *Canadian Unity. What Keeps Us Apart ?*, Québec, Éditions des Bois-Francs, 1944, 179 p.

Problems of Canadian Unity (essai), Québec, Éditions des Bois-Francs, 1944, 186 p.

Souvenir du tricentenaire (1655–1955). Pierre Maheust sieur des Hazards et ses descendants (biographie), Québec, [s.é.], 1955, 33 p.

Durham et la Nationalité canadienne-française, CHAR, 1943, p. 19–24.

Le Nationalisme canadien-français à l'aurore du 20e siècle, CHAR, 1945, p. 58–74.

Avons-nous changé ? (1893–1954), dans *Queen's Quarterly*, vol. 60, n° 4, hiver 1953–1954, p. 532–537.

French Canadians and Democracy, dans *University of Toronto Quarterly*, vol. 27, n° 3, avril 1958, p. 341–351.

ÉTUDES

Archange Godbout, *Les Préoccupations en histoire et les Thèses de M. l'abbé Maheux*, C, vol. 4, n° 1, mars 1941, p. 28–43.

Émile Bégin, *Propos sur l'éducation*, ESC, vol. 20, n° 7, avril 1941, p. 570-572.

Id., Ouvrages d'universitaires. Ton histoire est une épopée, CF, vol. 28, n° 10, juin 1941, p. 1023-1028.

André Laurendeau, *À propos de « Ton histoire est une épopée ». Un historien selon le cœur de Jean-Charles Harvey*, AN, vol. 18, nov. 1941, p. 190-218.

Serge Gagnon, *Pour une conscience historique de la révolution québécoise*, CL, 16ᵉ année, n° 83, janv. 1966, p. 4-19, surtout p. 4-6.

Hugh B. Myers, *Profile of a Patriot : Mgr Arthur Maheux*, dans *Queen's Quarterly*, vol. 76, n° 1, printemps 1969, p. 11-17.

MAHEUX, GUY (1922-   ). Romancier, poète, dramaturge et traducteur, né à Québec. Il fait ses études classiques chez les Pères Montfortins d'Ottawa et de Vanier (B.A., 1944). Plus tard, il fait une maîtrise à l'Université du Manitoba (1954) dont le mémoire s'intitule : « Poète à l'écoute de Teilhard de Chardin », puis il obtient un doctorat en psychologie à U.C.L.A. (Californie, 1959). Il exerce plusieurs métiers : militaire (1945-1950), scénariste-dialoguiste à Hollywood (1954-1963), rédacteur en chef de la revue *Prévention* (1964-1969) et de *Famille avertie* (1969-1975), éditeur (1975-1983). Il a publié son premier roman, *Old Pete*, à Winnipeg, en 1953. Paraissent ensuite à Montréal, à partir de 1969, deux romans, une pièce de théâtre et un recueil bilingue de poésie, outre une dizaine de volumes de traduction d'ouvrages de différents genres. En 1969, son roman *Guillaume D*, à l'égard duquel la critique se montre plutôt sévère, remporte le prix Béraud-Molson.

ŒUVRES

Old Pete (roman), Winnipeg, The Spanner, 1953, 160 p.

Guillaume D. Roman, Montréal, CLF, 1969, 158 p.

Épisodes (poésie), Montréal, La Société de Belles-Lettres Guy Maheux, Inc., 1976, 101 p. « La Papesse ».

Une sorcière dans mon grain de sable... Roman, Montréal, La Société de Belles-Lettres Guy Maheux, Inc., 1976, 236 p. « L'Ermite ».

Avez-vous vu ma Julie ? (théâtre), Montréal, Bicentenaire St-Jacques de Montcalm, J. Caris, 1977, 171 p.

L'Énigme du triangle des Bermudes (essai), Montréal, Éditions Sélect, 1977, 275 p. Traduction du livre de Martin Ebon : *The Riddle of the Bermuda Triangle*.

La Magie de voir grand (essai), Montréal, Éditions Sélect, 1977, 386 p. Traduction du livre de R. Schwartz : *The Magic of Thinking Big*.

Poèmes pour ma mère, Montréal, Société de Belles-Lettres Guy Maheux, 1977, 64 p. « Le Soleil ». Traduction du livre de Joseph Rogel : *Poems for Mothers*.

Velvl (poésie), Montréal, Société de Belles-Lettres Guy Maheux, 1977, 190 p. « Ishtar ». Traduction du livre de Sholem Stern : *The White House*.

Septembre noir (roman), Montréal, Éditions Sélect, 1978, 260 p. Traduction du livre de J. Harris : *Black September*.

Xaviera rencontre Marilyn Chambers (autobiographie), Montréal, Éditions Sélect, 1978, 350 p. Traduction du livre de Xaviera Hollander : *Xaviera meets Marilyn Chambers*.

ÉTUDES

[Anonyme], *Le Prix du CLF à Jovette Bernier et le Jean-Béraud à Guy Maheux*, Dev, vol. 60, n° 241, 21 oct. 1969, p. 12.

Anne Beaudry-Gourd, *La Frontière rencontre les lauréats des prix du CLF et Jean-Béraud*, dans *La Frontière*, n° 18, 29 oct. 1969, p. 67.

Réginald Martel, *Sur mon chemin j'ai rencontré*, Pr, 85ᵉ année, n° 278, 29 nov. 1969, p. 34.

Paul Roux, « *Guillaume D* ». *À bout de souffle*, So, 72ᵉ année, n° 295, 13 déc. 1969, p. 44.

Pierre Lacroix, *Guillaume D de Guy Maheux*, LAQ 1969, p. 59-60.

MAHEUX-FORCIER, LOUISE (1929-   ). Romancière, nouvelliste et dramaturge, née à Montréal. Elle fait ses études à l'École supérieure Sainte-Croix (diplôme de sciences-lettres, 1946) et au Conservatoire de musique et d'art dramatique de la Province de Québec (1946-1952 : diplôme et certificat d'enseignement). Boursière du gouvernement provincial, elle effectue un stage d'études musicales à Paris, sous la direction d'Yves Nat (1952-1954). Après avoir suivi des cours d'histoire de l'art à l'Université de Montréal (1958), Louise Maheux fait un nouveau séjour en Europe (1959). Son premier roman, *Amadou*, mérite le prix du Cercle du livre de France (1963). En 1970, le prix du Gouverneur général couronne *Une forêt pour Zoé*. Boursière du Conseil des Arts du Canada, Louise Maheux-Forcier séjourne à Paris, en 1971. Elle est écrivain résident à l'Université d'Ottawa en 1972 et en 1979. Elle collabore à divers périodiques, tels *Liberté*, *La Nouvelle Barre du jour*, *Écrits du Canada français*, *La Voix des poètes* (France)... ; elle est membre de l'Union des écrivains québécois, de l'Association des compositeurs, auteurs et éditeurs du Canada, de l'Académie canadienne-française (1982), de la Société royale du Canada (1985)..., et elle est membre de plusieurs jurys littéraires. Son œuvre, une bonne vingtaine d'ouvrages parus, sans compter plusieurs dramatiques et autres textes préparés pour Radio-Canada, justifie amplement ce joli mot : « Après vingt ans de labeurs et d'errances sur les voies de la musique, j'ai bien dû reconnaître un jour que mon port d'attache et ma ‹ Ville éternelle › s'appelaient : littérature ». Ses romans et pièces de théâtre traduisent surtout une grande sensibilité féminine dans un monde social en éternel conflit. Dans un univers moral ambigu, souvent aux confins du réel et du rêve, la trame romanesque suit une courbe de modulation musicale, assortie d'un symbolisme raffiné qui rend son récit suggestif et poétique. « L'avantage de Louise Maheux-Forcier, écrit Paul Wyczynski, est d'avoir pu parvenir très tôt à la maîtrise d'un style qui lui est propre. Son vocabulaire est riche et nuancé, sa phrase élastique, ondulante, rapide quand il le faut et réduite au besoin à un seul mot. [...] Louise Maheux-Forcier a le don de la métaphore qui introduit, toujours à la bonne place dans le récit, le signe évocateur ou la musique ambivalente ».

ŒUVRES

Amadou. Roman, [Montréal], CLF, 1963, 157 p. Portrait ; Montréal, 1974, « PoC ».

L'Île joyeuse. Roman, [Montréal], CLF, 1964, 171 p. Portrait.

Une forêt pour Zoé. Roman, Montréal, CLF, 1969, 203 p. ; CLF Pierre Tisseyre, 1977. Traduction anglaise par David Lobdell : *A Forest for Zoe*, [Toronto], Oberon Press, 1986, 141 p. Ill.

Paroles et Musique. Roman, Montréal, CLF, 1973, 167 p.

Neige et Palmiers suivi de Le Violoncelle. Pièces en un acte, Montréal, CLF, 1974, 59 p.

Un arbre chargé d'oiseaux. Télétéhâtre, précédé du Journal de « La Maison d'Irène », [Ottawa], EUO, 1976, 179 p. Ill.

Le Cœur étoilé suivi de Chrysanthème et de Miroir de nuit (radio-théâtre), Montréal, CLF Pierre Tisseyre, 1977, 235 p. Ill.

Appassionata. Roman, Montréal, CLF Pierre Tisseyre, 1978, 160 p. Portrait.

En toutes lettres. Nouvelles, Montréal, CLF Pierre Tisseyre, 1980, 307 p. Traduction anglaise par David Lobdell : *Letter by letter*, [Toronto], Oberon Press, 1982, 109 p. Ill.

Arioso (télétéhâtre) *suivi de Le Papier d'Arménie* (radio-théâtre), Montréal, CLF Pierre Tisseyre, 1981, 240 p. Ill.

Un parc en automne (théâtre), Montréal, CLF Pierre Tisseyre, 1982, 139 p.

Le Sablier. Journal intime 1981-1984, Montréal, CLF Pierre Tisseyre, 1984, 291 p.

Le Piano rouge (téléfilm) *suivi de Comme un oiseau* (radio-théâtre), Montréal, CLF Pierre Tisseyre, 1985, 275 p. Ill.

Triptyque (nouvelle), ECF, nᵒ 20, 1965, p. 177–191.

Croire au bonheur (essai), L, vol. 13, nᵒ 1, janv.–févr. 1971, p. 14.

L'Écrivain (nouvelle), L, vol. 20, nᵒ 3, mai–juin 1978, p. 77–80.

Les Jumeaux (nouvelle), L, vol. 21, nᵒ 3, mai–juin 1979, p. 37–44.

La Roulotte (nouvelle), NBJ, nᵒˢ 68–69, sept. 1978, p. 93–97.

ÉTUDES

Paul Gay, *Louise Maheux-Forcier : Amadou*, dans *Lectures*, vol. 10, nᵒ 3, nov. 1963, p. 61–62.

Monique Bosco, *Amadou de Louise Maheux-Forcier, un roman qui me scandalise*, MM, vol. 3, nᵒ 12, déc. 1963, p. 91.

André Brochu, *Amadou — ou : Les Cercles du mal*, PP, vol. 1, nᵒ 4, janv. 1964, p. 58–60.

Louise Trudel, *Amadou de Louise Maheux-Forcier*, I, nᵒ 5, avril 1964, p. 53–56.

Paul Wyczynski, *Vers le roman-poème*, I, nᵒ 8, mai 1965, p. 31–38.

Roland-M. Charland, *L'Île joyeuse de Maheux-Forcier*, dans *Lectures*, vol. 12, nᵒ 5, janv. 1966, p. 115–116.

Paul Wyczynski, *Une forêt pour Zoé*, LAQ 1969, p. 15–17.

Jean-Guy Blondin, *Aux sources de la rêverie poétique chez Louise Maheux-Forcier*, LAQ 1971, p. 295–304.

Suzanne Lamy, *Louise Maheux-Forcier. Un arbre chargé d'oiseaux, télétéhâtre précédé du Journal de « La Maison d'Irène »*, LAQ 1976, p. 184–186.

Paul Gay, *« On meurt encore d'amour ». « Le Cœur étoilé » de Louise Maheux-Forcier*, Dr, vol. 65, nᵒ 216, 10 déc. 1977, p. 19.

Réginald Martel, *La Lettre d'amour à une femme rêvée*, Pr, 94ᵉ année, nᵒ 104, 16 déc. 1978, p. D-3.

Gabrielle Pascal, *Louise Maheux-Forcier, Appassionata*, LAQ 1978, p. 60–61.

Gabrielle Poulin, *Des « Filles du feu » aux « Chimères ». Appassionata de Louise Maheux-Forcier*, LQ, nᵒ 13, févr. 1979, p. 7–9.

Madeleine Ouellette-Michalska, *Louise Maheux-Forcier. Le charme discret de l'ironie*, Dev, vol. 70, nᵒ 297, 27 déc. 1980, p. 17.

Gilles Dorion, *Louise Maheux-Forcier, En toutes lettres*, LAQ 1980, p. 48–50.

Suzanne Lafrènière, *Louise Maheux-Forcier, « En toutes lettres. Nouvelles »*, Dr, 68ᵉ année, nᵒ 294, 14 mars 1981, p. 19.

Jean Royer, *Louise Maheux-Forcier. Seul l'amour n'est pas absurde*, Dev, vol. 73, nᵒ 24, 30 janv. 1982, p. 15.

Jean Basile, *Arioso : mission accomplie*, Dev, vol. 73, nᵒ 26, 2 févr. 1982, p. 13.

Paul Gay, *« Arioso », de Louise Maheux-Forcier. Les filles de Sapho*, Dr, 70ᵉ année, nᵒ 30, 1ᵉʳ mai 1982, p. 28.

François Hébert, *Un journal intime et un récit exhibitionniste*, Dev, vol. 75, nᵒ 292, 15 déc. 1984, p. 27.

Suzanne Lafrènière, *Le Sablier, de Louise Maheux-Forcier. Journal intime 1981-1984*, Dr, 72ᵉ année, nᵒ 291, 9 mars 1985, p. 24.

Jean Royer, *Hommage à Louise Maheux-Forcier*. Dev, vol. 76, nᵒ 272, 23 nov. 1985, p. 26.

MAILHOT, LAURENT (1931–). Essayiste, critique et historien de la littérature, né à Saint-Alexis (Montcalm). Il fait ses études collégiales au Séminaire de Joliette (B.A., 1951) ; par la suite, il étudie à l'Université de Montréal (1953–1955, 1959–1961) où il obtient une maîtrise en littérature (1957) ; il part ensuite pour la France, étudie à l'Université de Grenoble où il reçoit le doctorat (1972) pour une thèse sur Albert Camus. Laurent Mailhot enseigne le français aux collèges Sainte-Marie et Brébeuf de 1957 à 1960 et, à partir de 1963, au Département d'études françaises de l'Université de Montréal ; en 1973, il est professeur invité à l'Université de Toronto. Collaborateur de nombreuses revues (*Voix et Images du pays*, *Ellipse*, *La Barre du jour*, *Canadian literature*, *University of Toronto Quarterly*), il participe également à la rédaction de plusieurs ouvrages collectifs sur la littérature (*Le Roman contemporain d'expression française*, *Propos littéraires*) et sur le théâtre (*Le Théâtre québécois*, en 1970 et un deuxième volume en 1980, en collaboration avec Jean-Cléo Godin). Il prépare également une anthologie remarquée des écrits d'Arthur Buies (1978) dont Robert Mélançon souligne l'introduction alerte et les commentaires pertinents. L'anthologie de *La Poésie québécoise des origines à nos jours* (1981), préparée en collaboration avec Pierre Nepveu, mérite le prix France-Canada. Cet ouvrage montre les grandes étapes de l'écriture poétique de la Nouvelle-France jusqu'à l'année 1980. Membre du comité de rédaction des revues *Études françaises* et *Livres et Auteurs québécois*, il est codirecteur de la collection « Lignes québécoises » aux Presses de l'Université de Montréal. Il fait partie du comité de rédaction de la collection « Bibliothèque du Nouveau-Monde » groupant un nombre considérable d'éditions critiques. Laurent Mailhot participe ainsi activement à la diffusion des meilleurs textes en littérature québécoise. Récipiendaire de la bourse Killam en 1985, il prépare une histoire de la littérature québécoise.

ŒUVRES

Le Théâtre québécois. Introduction à dix dramaturges contemporains (essai), Montréal, Hurtubise HMH, 1970, 254 p. Collab. Jean-Cléo Godin ; *Théâtre québécois*

II. Nouveaux auteurs, autres spectacles, LaSalle, 1980, 248 p.

Albert Camus ou L'Imagination du désert (essai), Montréal, PUM, 1973, xii, 465 p. Préface de Roger Quilliot.

Le Théâtre québécois contemporain, Montréal, La Librairie de l'Université de Montréal, 1973–1974, 275 p. Collab. Jean-Cléo Godin. (Notes de cours. Texte polycopié).

La Littérature québécoise (essai), Paris, PUF, 1974, 128 p. « Que sais-je ».

Le Réel, le Réalisme et la Littérature québécoise (essai), Montréal, La Librairie de l'Université de Montréal, 1974–1975, 185 p. Collab. André Brochu et Albert Le Grand. (Notes de cours. Texte polycopié).

Anthologie d'Arthur Buies, Montréal, Hurtubise HMH, 1978, 250 p. Ill. Introduction de Laurent Mailhot. « Cahiers du Québec. Textes et documents littéraires ».

Monologues québécois 1890–1980, [Montréal], Leméac, 1980, Ill. Collab. Doris-Michel Montpetit. Avant-propos des auteurs.

La Poésie québécoise des origines à nos jours. Anthologie, Québec / Montréal, PUQ / Les Éditions de l'Hexagone, 1980, 714 p. Collab. Pierre Nepveu. Note liminaire des auteurs ; Montréal, L'Hexagone, 1986, 637 p. « Typo poésie ».

Le Québec en textes, 1940–1980, Montréal, Boréal Express, 1980, 574 p. Ill. Sous la direction de Gérard Boismenu, Laurent Mailhot et Jacques Rouillard.

Gratien Gélinas, *Tit-Coq. Pièce en 3 actes*, Montréal, Quinze, 1980, 235 p. Présentation critique et bibliographie de Laurent Mailhot. « Présence ».

La Littérature canadienne d'expression française, Ottawa, Direction des programmes d'information à l'étranger, Ministère des Affaires extérieures, 1981, 16 p. ; 1983. Version anglaise : *French Canadian Literature*.

Le Conseil des Arts du Canada, 1957–1982, [Montréal], Leméac, 1982, 400 p. Collab. Benoît Melançon. Ill.

Guide culturel du Québec, Montréal, Boréal Express, 1982, 533 p. Ill. Sous la direction de Lise Gauvin et Laurent Mailhot.

Répertoire pratique de littérature et de culture québécoises, Montréal, Fédération internationale des professeurs de français, 1982, 64 p. Collab. Émile Bessette et Réginald Hamel. Introduction des auteurs.

Essais québécois, 1837–1983. Anthologie littéraire, LaSalle, Hurtubise HMH, 1984, 658 p. Avec la collaboration de Benoît Melançon. Ill. Avant-propos de Laurent Mailhot. « Cahiers du Québec. Textes et documents littéraires ».

Le Québec en textes (anthologie), Montréal, Boréal, 1986, 624 p. Collab. Gérard Boismenu et Jacques Rouillard.

Against Time and Death : « *Mémoire* » *by Jacques Brault*, dans *Ellipse*, nº 7, printemps 1971, p. 30–50.

Le Monologue québécois, dans *Canadian Literature*, nº 58, automne 1973, p. 26–38.

La Poésie de Gilles Hénault, VI, nº 8, 1974, p. 149–161.

Récit / Essai : le « Journal dénoué » de Fernand Ouellette, EF, vol. 11, nº 2, mai 1975, p. 143-150.

Orientations récentes du théâtre québécois, dans *Le Théâtre canadien-français*, Montréal, Fides, 1976, p. 319-340. « ALC » 5.

Classiques canadiens 1760-1960, EF, vol. 13, nᵒˢ 3-4, oct. 1977, p. 263-278.

Aux frontières de l'essai, NBJ, nº 63, févr. 1978, p. 69-86.

ÉTUDES

Hélène Beauchamp-Rank, *Le Théâtre québécois*, LAQ 1970, p. 160-161.

Robert Vigneault, *La Critique*, EF, vol. 8, nº 2, mai 1972, p. 210-213.

Gilbert Tarrab, *La Littérature du Québec recensé*, Pr, 90ᵉ année, nº 244, 12 oct. 1974, p. E-4.

Guy Laflèche, *Albert Camus ou L'Imagination du désert de Laurent Mailhot : de l'œuvre au texte, du texte à l'œuvre*, VIP, nº 9, 1975, p. 285-293.

Robert Mélançon, *Avez-vous lu Arthur Buies ?*, Dev, vol. 69, nº 174, 29 juillet 1978, p. 14.

Georges Vincenthier, *Laurent Mailhot. Anthologie d'Arthur Buies*, LAQ 1978, p. 228-230.

Adrien Thério, *Un homme venu du dix-neuvième : Arthur Buies*, LQ, nº 13, févr. 1979, p. 67-68.

Alonzo Leblanc, *Mailhot Laurent, Montpetit Doris-Michel. Monologues québécois 1890-1980*, LAQ 1980, p. 168-170.

Lucie Robert, *Jean-Cléo Godin et Laurent Mailhot. Théâtre québécois II*, LAQ 1980, p. 194-197.

Michel Lord, *« Théâtre québécois II » de Jean-Cléo Godin et Laurent Mailhot*, LQ, nº 20, hiver 1980-1981, p. 39-41.

Ivanhoé Beaulieu, *Mailhot et Nepveu. Restituer les pouvoirs de la poésie québécoise*, Pr, 97ᵉ année, nº 134, 6 juin 1981, p. C-2.

Claude Beausoleil, *Les Âges de la parole*, Dev, vol. 72, nº 82, 13 juin 1981, p. 12.

Jacques Blais, *La Poésie québécoise des origines à nos jours de Mailhot et Nepveu*, LQ, nº 23, automne 1981, p. 42-44.

Laure Hesbois, *« Monologues québécois 1890-1980 » de Laurent Mailhot et Doris-Michel Montpetit*, VI, vol. 7, automne 1981, p. 189-190.

[Anonyme], *Laurent Mailhot et Pierre Nepveu, lauréats du prix France-Canada*, Dev, vol. 72, nº 227, 4 déc. 1981, p. 20.

Émile Bessette, *Monologues québécois 1890-1980*, dans *Jeu*, nº 22, 1982, p. 134-135.

Jean Fisette, *« Les Objets du trésor »*, VI, vol. 7, nº 2, hiver 1982, p. 413-416.

André Gaulin, *Guide culturel du Québec*, LAQ 1982, p. 285-287.

Yves Bolduc, *L. Mailhot et B. Melançon. Le Conseil des Arts du Canada*, LAQ 1982, p. 308-309.

Gilbert Tarrab, *Laurent Mailhot. Une anthologie des essais québécois*, Pr, 101ᵉ année, nº 213, 25 mai 1985, p. E-2.

Gérald Gaudet, *Essai littéraire : découvrir « les visages de l'intelligence »*, Dev, vol. 76, nº 219, 21 sept. 1985, p. 26.

MAILHOT, MICHÈLE (1932-   ). Romancière, nouvelliste et journaliste, née à Montréal. Elle fait ses études classiques au Collège Jésus-Marie à Outremont (B.A., 1951) et obtient un baccalauréat en pédagogie (1953) à l'Institut pédagogique de Westmount. Elle enseigne sur la Côte Nord (1953),

puis à Montréal comme suppléante, dans les Laurentides... Journaliste à la pige, à partir de 1954, elle est en outre adjointe au directeur des Presses de l'Université de Montréal (1969-1973), adjointe au directeur littéraire des Éditions du Jour (1972-1973), rédactrice littéraire aux Éditions de l'Étincelle (1975-1977), documentaliste à Radio-Canada (1975). Elle collabore à plusieurs périodiques, tels *Vivre*, *Point de vue*, *Le Devoir*, *Le Nouveau Journal*, *Châtelaine*, *Liberté*, *La Barre du jour*... Elle rédige des textes dramatiques pour la radio et la télévision, et participe à des colloques et des rencontres internationales d'écrivains. Son premier roman, *La Montagne sacrée*, paraît en feuilleton dans *Claire*, en 1962. *Dis-moi que je vis* (1964) est accueilli comme un livre bien fait et bien écrit, qu'on lit avec plaisir malgré son thème un peu usé, l'infidélité conjugale. Les romans suivants sont aussi bien reçus. Louise Trudel écrit à propos du *Fou de la reine* (1969) : « Michèle Mailhot n'a pas la prétention d'inventer un nouveau langage. Si elle cherche à se renouveler, c'est en demeurant fidèle à un thème : la difficile accession à la maturité, et à une technique : le monologue intérieur ». En 1975, *Veuillez agréer...* mérite ex aequo le prix de *La Presse* et est finaliste au Grand Prix de la Ville de Montréal. « C'est un bon livre, lit-on dans *Le Livre canadien*, plein d'humour et de lucidité, admirablement écrit. Un plaisir ». Et Réginald Martel dit que *La Vie arrachée* est faite de « fragments vibrants qui s'ajoutent [...] à une œuvre discrète qui n'a cessé pourtant de répéter avec force ce credo : J'aime furieusement la vie ».

ŒUVRES

Dis-moi que je vis. Roman, Montréal, CLF, 1964, 159 p.

Le Portique (roman), Montréal, CLF, 1967, 133 p. « Nouvelle-France ».

Le Fou de la reine. Roman, Montréal, Éditions du Jour, 1969, 126 p. « RJ ».

La Mort de l'araignée (roman), Montréal, Éditions du Jour, 1972, 102 p. « RJ ».

Veuillez agréer... Roman, Montréal, La Presse, 1975, 145 p. « Écrivains des deux mondes ».

La Vie arrachée, cahiers (journal), Montréal, La Presse, 1984, 110 p.

Notes de parcours, Montréal, La Presse, 1986, 204 p.

Un dîner en ville, L, vol. 7, nº 4, juillet-août 1965, p. 376-382.

L'Invitation, NBJ, nᵒˢ 68-69, sept. 1978, p. 118-120.

ÉTUDES

Francis Parmentier, *Dis-moi que je vis de Michèle Mailhot*, LAC 1964, p. 34-35.

Monique Bosco, *Quand les critiques sautent la clôture*, MM, vol. 5, n° 3, mars 1965, p. 60.

Anne Beaudry-Gourd, *Un livre canadien — « Ma vie est comme un cloître où le printemps hésite à murmurer »*, dans *La Frontière*, vol. 29, n° 50, 14 juin 1967, p. 25.

Jean Éthier-Blais, *L'Âpreté du cloître*, Dev, vol. 58, n° 142, 17 juin 1967, p. 15.

Clément Lockquell, *Le Portique*, So, vol. 70, n° 168, 15 juillet 1967, p. 11.

Jean-Yves Théberge, *Les Deux romans de Michèle Mailhot*, CF, vol. 108, n° 8, 20 juillet 1967, p. 26.

Roger Duhamel, *Réflexions et Images*, Dr, 55ᵉ année, n° 100, 22 juillet 1967, p. 14.

André Major, *Quatre romanciers du Jour*, Dev, vol. 60, n° 109, 10 mai 1969, p. 15.

Réginald Martel, *Donnez-moi mon roman quotidien ! « Le Fou de la reine »*, Pr, 85ᵉ année, n° 109, 10 mai 1969, p. 35.

Jacques Pelletier, *Le roman québécois se porte fort bien merci !*, So, 72ᵉ année, n° 123, 24 mai 1969, p. 30.

[Anonyme], *Le Portique de Michèle Mailhot*, dans *Québec 1967*, vol. 4, oct. 1969, p. 135–137.

[Anonyme], *Le Fou de la reine*, Dr, 57ᵉ année, n° 73, 21 juin 1969, p. 7.

Louise Trudel, *Le Fou de la reine de Michèle Mailhot*, LAC 1969, p. 46–48.

[Anonyme], *La Mort de l'araignée de Michèle Mailhot*, dans *Le Livre canadien*, vol. 3, déc. 1972, n° 307.

Cécile Cloutier, *la Mort de l'araignée de Michèle Mailhot*, LAQ 1972, p. 61.

[Anonyme], *Mailhot (Michèle). Veuillez agréer...*, dans *Le Livre canadien*, vol. 6, oct. 1975, n° 317.

André Vanasse, *Michèle Mailhot. Veuillez agréer...*, LAQ 1975, p. 45.

Réginald Martel, *Les « Cahiers » de Michèle Mailhot. Fragments d'un journal intime*, Pr, 100ᵉ année, n° 35, 11 févr. 1984, p. B-3.

Jean-Paul Soulié, *Michèle Mailhot. La Beauté, la seule défense de l'écriture*, Pr, 100ᵉ année, n° 147, 9 juin 1984, p. C-3.

MAILLET, ADRIENNE (1887-1973). Romancière et journaliste, née à Montréal. Elle fait ses études primaires et secondaires à l'Académie Saint-Léon, au Slade School de Fall River (Mass., É.-U.), et au Mont Sainte-Marie. De 1901 à 1905, elle étudie à l'École normale de Montréal. Par la suite, elle s'occupe de sa famille. En 1909 ou 1910, elle travaille au bureau de son frère, dentiste. En 1917, elle entre au bureau des postes à Montréal, emploi qu'elle conserve pendant une vingtaine d'années. Dame-pensionnaire chez les Franciscaines pendant un certain temps, elle écrit des saynètes de circonstance. À titre de comédienne, elle joue aussi dans *L'Aiglon* d'Edmond Rostand. Ses premiers textes littéraires, rédigés vers 1930, portent sur le théâtre. Son premier roman *Peuvent-elles garder un secret ?* paraît à compte d'auteur en 1937, l'année même où elle prend sa retraite. Tout en parcourant l'Europe, elle trouve le moyen de tirer profit de ses expériences nouvelles et variées pour les communiquer à ses lecteurs, à travers une œuvre très originale qui consiste en des articles, des biographies, des nouvelles et tout particulièrement des romans. Son théâtre demeure largement inédit, si ce n'est *Sa majesté la mode*, comédie en deux actes parue dans *La Tribune postale*.

ŒUVRES

Peuvent-elles garder un secret ? Roman, Montréal, [s.é.], 1937, 315 p. ; Chez l'auteur, 1938, 316 p. Préface de Casimir Hébert. (Édition revue et corrigée) ; Chez l'auteur/Éditions de l'Action canadienne-française, 1939.

L'Oncle des jumeaux Pomponnelle (roman), Montréal, [s.é.], 1938, 250 p. ; Chez l'auteur/Éditions de l'Action canadienne-française, 1939, 249 p.

Quelle Vie ! Biographie d'une canadienne-française, [s.l.], Chez l'auteur, 1940, 222 p. ; [Montréal], Granger, 1942.

Trop tard (roman), Montréal, [s.é.], 1942, 205 p. ; 1943.

Un enlèvement (roman), Montréal, Société des Éditions Pascal, 1944, 260 p.

Amour tenace. Roman, Montréal/Ottawa, Éditions du Lévrier, [1945], 200 p. ; [1946 ?].

La Vie tourmentée de Michelle Rôbal (roman), Montréal, [s.é.], 1946, 239 p. ; 1947.

De gré ou de force (roman), Montréal, Éditions de l'Arbre, 1948, 259 p.

L'Ombre sur le bonheur (roman), Montréal, Granger, 1951, 237 p. ; Granger frères, 1954.

Cœur d'or, cœur de chair (roman), Montréal, Granger frères, [1953 ?], 270 p. ; 1954.

L'Absent, et Autres Récits (nouvelles), Montréal, Granger frères, 1955, 201 p.

Les Plus Gênés, Dev, vol. 20, n° 34, 6 mars 1930, p. 2.

Départ d'une grande âme, Dev, vol. 27, n° 56, 17 mars 1937, p. 5.

Sa Majesté la mode (saynète), dans *La Tribune postale*, déc. 1939, [n.p.].

ÉTUDES

André Giroux, *Amour tenace*, C, vol. 7, n° 1, mars 1946, p. 118.

Émile Bégin, *Adrienne Maillet. Un enlèvement*, ESC, vol. 25, n° 7, avril 1946, p. 384-385.

Frère Raymond Crête, « Bio-bibliographie de Mlle Adrienne Maillet ». Mémoire, École de bibliothécaires, Université de Montréal, 1947, 97 f. Préface de Paul-A. Martin.

Cyrille Feltau, *La Vie tourmentée de Michelle Rôbal*, C, vol. 8, n° 1, mars 1947, p. 106-107.

Paul Chatelain, *De gré ou de force*, dans *Lectures*, t. 5, n° 6, févr. 1949, p. 366-367.

MAILLET, ANDRÉE (1921-   ). Romancière et poète, née à Montréal. Elle signe ses premiers articles dès l'âge de onze ans et continue, avec doigté, à écrire contes et nouvelles, romans et poésies, articles d'essais et livres pour enfants. Membre de l'Anglo-American Press Association de Paris, correspondante en Europe durant quelques années, elle collabore, en qualité de reporter, au *Photo-Journal* et comme éditorialiste au *Petit Journal*, pour devenir, pendant huit ans, directrice de la revue *Amérique française* (1952-1960). En 1965, elle reçoit le premier prix littéraire de la Province de Québec (section jeunesse) pour *Le Chêne des tempêtes* qui lui vaut, la même année, la médaille de la Canadian Association of Children's Librarians. L'Académie canadienne-française la reçoit dans ses rangs en 1974. Elle écrit pour les jeunes en publiant alors, avec succès, *Le Marquiset têtu et le Mulot réprobateur*, [*suivi de*] *Les Aventures de la princesse Claradore* (1944). Parallèlement, elle compose des nouvelles d'inspiration montréalaise et se fait remarquer par son récit symbolique, *Profil de l'orignal* (1952). La frontière entre conte, roman, essai et poème s'efface souvent sous la plume d'Andrée Maillet; à vrai dire, l'auteure touche à tous les genres littéraires, sans exclure les pièces de théâtre dont *Le Meurtre d'Igouille* (farce) et *La Montréalaise* (sorte de sotie) sont des jeux fantaisistes de marionnettes, tandis que la pièce *Les Souvenirs en accords brisés* appartient plutôt au «théâtre poétique». Certains critiques reprochent à Andrée Maillet le caractère non achevé de ses écrits pour la scène, des passages trop fantaisistes de la réalité au rêve dans ses contes, le langage trop farci de régionalismes et d'expressions osées dans ses récits pour enfants. Sans être révolutionnaire dans son style, ni absolument unique dans l'invention des thèmes romanesques, l'auteur est cependant original dans la recherche de son art. Partout dans les écrits d'Andrée Maillet, le lecteur remarquera la force du tempérament féminin, appuyée sur le réalisme québécois et un jeu de passions humaines d'une véhémence extrême et d'une liberté sans entraves. C'est cette dimension permanente de la condition humaine que Jean Marcel remarque chez Andrée Maillet. La poésie toute en images et en ciselures précises, dessine, dans la dureté de l'écriture, l'ellipse d'un retour aux éléments d'un songe fruste; «les palpitations d'une vie primitive et primordiale semblent battre au rythme d'une musique inaccoutumée».

ŒUVRES

Le Marquiset têtu et le Mulot réprobateur, [*suivi de*] *Les Aventures de la princesse Claradore* (contes), Montréal, Les Éditions Variétés Dussault et Péladeau, 1944, 167 p. Ill. de Francine; *Le Marquiset têtu et le Mulot*

réprobateur, Tournai (Belgique), Casterman, 1965, 60 p. Imagé par Françoise Bertier. «Plaisir des contes».

Ristontac (conte), Montréal, Éditions Lucien Parizeau, 1945, [n.p., 32 p.]. Ill. de Lapalme. «L'Écrin des beaux contes».

Profil de l'orignal. Roman, Montréal, Amérique française, 1952, 219 p.; Éditions de l'Hexagone, 1974, 208 p. Préface de Gilles Marcotte. (Nouvelle édition revue et corrigée).

Les Montréalais (nouvelles), Montréal, Les Éditions du Jour, 1963, 149 p. «RJ».

Le lendemain n'est pas sans amour. Contes et récits, Montréal, Librairie Beauchemin limitée, 1963, 209 p.

Élémentaires (1954-1964) (poésie), Montréal, Librairie Déom, 1964, 59 p. «PC».

Le Paradigme de l'idole, essai-poème de phénoménologie, Montréal, Amérique française, 1964, 59 p.

Les Remparts de Québec. Roman, Montréal, Les Éditions du Jour, 1964, 185 p. «RJ»; Éditions de l'Hexagone, 1977, 235 p. Préface de François Ricard. (Nouvelle édition revue et corrigée).

Le Chêne des tempêtes (contes), Montréal, Fides, 1965, 115 p. «Les Quatre vents». Traduction anglaise par F.C.L. Muller: *Storm-Oak,* New York, Toronto, London, Scholastic-TAB Publications Ltd., 1972, 64 p. Ill. de Kathryn Cole.

Nouvelles montréalaises, Montréal, Librairie Beauchemin limitée, 1966, 132 p.

Le Chant de l'Iroquoise. Poèmes, Montréal, Éditions du Jour, 1967, 76 p. «PJ».

Le Bois pourri (roman), Montréal, L'Actuelle, 1971, 134 p.

Le Doux Mal (roman), Montréal, L'Actuelle, 1972, 206 p.

À la mémoire d'un héros. Roman, Montréal, La Presse, 1975, 164 p. «Écrivains des deux mondes».

Lettres au surhomme, vol. 1. Roman, Montréal, La Presse, 1976, 221 p.

Le Miroir de Salomé. Lettres au surhomme, vol. 2. Roman, Montréal, La Presse, 1977, 234 p.

L'Affaire du chat. Nouvelle, ECF, nº 14, 1962, p. 311–343.

Le Meurtre d'Igouille (théâtre), Montréal, ECF, nº 19, 1965, p. 53–107.

La Montréalaise (sotie), ECF, nº 23, 1967, p. 113–169.

Souvenirs en accords brisés (théâtre), ECF, nº 27, 1969, p. 9–58.

Le Bois de renards (nouvelles), L, vol. 11, nº 2, mars–avril 1969, p. 79–92.

[*Témoignages...*], dans *Le Roman canadien-français,* Montréal/Paris, Fides, 1969, p. 436–439. «ALC» 4.

La Dépendance (scénario), ECF, nº 37, 1973, p. 49–152.

Ski nocturne dans les Laurentides. Poème ballet, ECF, nº 40, 1976, p. 53–92.

ÉTUDES

Jean-Paul Pinsonneault, *Profil de l'orignal*, dans *Lectures*, t. 9, n° 7, mars 1953, p. 294-297.

Hyacinthe-M. Robillard, *Profil de l'orignal*, RD, mai 1953, p. 220-223.

André Brochu, *Les Montréalais*, LAC 1963, p. 25-26.

Pierre de Grandpré, *Le Pays incertain du fantastique et de l'humour*, L, vol. 6, n° 6, nov.-déc. 1964, p. 469-479, surtout p. 475-476.

Jean Marcel, *Deux poètes. Andrée Maillet et Yves Mongeau*, AN, vol. 54, n° 7, mars 1965, p. 705-708.

André Melançon, *Élémentaires de Andrée Maillet*, dans *Lectures*, vol. 11, n° 7, mars 1965, p. 189.

Guy Robert, *Le Chant de l'Iroquoise*, LAC 1967, p. 89.

Laurent Mailhot, *Souvenirs en accords brisés*, LAQ 1969, p. 78.

Louise Lemieux, *Andrée Maillet*, dans *Pleins Feux sur la littérature de jeunesse au Canada français*, Éditions Leméac, 1972, p. 38, 56, 182-183, 234, 288, 309, 312.

Jacques Pelletier, *Deux premiers romans du dépaysement*, LAQ 1974, p. 104-106.

Joseph Bonenfant, *Andrée Maillet. À la mémoire d'un héros*, LAQ 1975, p. 28-30.

Réginald Martel, *À la mémoire d'un cinglé de naguère*, Pr, 92e année, n° 272, 13 nov. 1976, p. D-2.

Gabrielle Poulin, *Lettres au surhomme d'Andrée Maillet. Femelle, féminine, féministe et surfemme*, Dr, 64e année, n° 193, 13 nov. 1976, p. 28.

Élisabeth Vonarburg, *Andrée Maillet. Lettres au surhomme*, LAQ 1976, p. 90-91.

Conrad Bernier, *L'Aristocratie québécoise en mini-portraits*, Pr, 93e année, n° 204, 27 août 1977, p. D-6.

Patrick Imbert, *Andrée Maillet. Le Miroir de Salomé*, Dr, 65e année, n° 157, 1er oct. 1977, p. 21.

Jean-Pierre Boucher, *Andrée Maillet. Le Miroir de Salomé, Lettres au surhomme*, vol. 2, LAQ 1977, p. 82-83.

Gabrielle Poulin, *Le Miroir de Salomé d'Andrée Maillet. Tour d'ivoire ou tour de Babel?*, LQ, n° 10, avril 1978, p. 5-8.

Guy Dubois

MAILLET, ANTONINE (1929-   ). Romancière et dramaturge, née à Bouctouche (Nouveau-Brunswick). Elle fait ses études à Memramcook, à Moncton (B.A., 1950 ; maîtrise, 1959) et à l'Université de Montréal (licence, 1962). Boursière du Conseil des Arts du Canada, elle séjourne à Paris de 1962 à 1964, puis obtient un doctorat ès lettres à l'Université Laval, en 1970. D'abord professeur de littérature dans différentes institutions, puis scripteur et animatrice à Radio-Canada de Moncton, Antonine Maillet enseigne la littérature à l'Université Laval (1971-1974) et à l'Université de Montréal (1975-1976). En 1958, elle obtient le prix de la meilleure pièce canadienne présentée au Festival de théâtre, pour « Poire-Acre » (inédit). En 1960, elle reçoit le prix du Conseil des Arts, pour « Les jeux d'enfants sont faits » (inédit) et le prix Champlain pour son premier roman, *Pointe-aux-Coques*, puis en 1972, le prix du Gouverneur général, avec *Don l'Orignal* ; son roman, *Mariaagélas*, mérite le Grand Prix littéraire de la Ville de Montréal (1974) et le prix France-Canada (1975). Sa pièce de théâtre, *La Sagouine*, d'abord jouée en octobre 1972 au Rideau Vert, puis reprise à Québec, Montréal et Ottawa en 1973, remporte un immense succès devant le public et devant la critique. « Tragédie, beauté de la langue, remarque Michel Bélair, justesse des observations et vérité profonde, tout cela se mêle dans *La Sagouine* pour ne former qu'une seule et même chose, qu'une seule et même image, celle d'une femme vraie qui porte en elle la sagesse et la résignation de l'humanité tout entière ». Son œuvre dramatique compte par la suite une dizaine de pièces à succès, toutes mettant en scène des personnages pittoresques de son Acadie natale. Son œuvre romanesque est aussi considérable. En 1977, elle vient tout près de remporter le prix Goncourt pour *Les Cordes de bois*. Enfin, en 1979, elle remporte ce prix pour *Pélagie-la-Charrette* (1979). Si certains critiques français se montrent assez durs envers ce choix : « Antonine Maillet n'est pas à son pays ce que Giono fut à la Provence » (*L'Express*, 1er déc. 1979), Jean Éthier-Blais s'en réjouit. « Elle est l'image de l'Acadie, écrit-il, elle le proclame, elle a consacré son œuvre à la gloire de son sol natal, à la résurrection de ses ancêtres ». Le mot « folklore » veut dire pour elle « chant du peuple ». À l'occasion de la publication du *Huitième Jour* (1986), Antonine Maillet souligne l'importance de la littérature incarnée : « Tout écrivain doit partir de son lieu. Et plus l'écrivain est dans une réalité tangible, plus il peut aspirer à l'universel. [...] Moi, je ne crois pas à l'art qui n'est pas incarné, qu'on n'a pas dans les reins — façon physique de parler du subconscient ».

ŒUVRES

Pointe-aux-Coques. Roman, Montréal/Paris, Fides, 1958, 127 p. « RV » ; 1972 ; [Montréal], Leméac, 1972, 174 p. « Roman acadien » ; 1977, xviii, 223 p. Préface de Jean Royer. « Classique Leméac » ; *Pointe-aux-Coques suivi de On a mangé la dune*, Verviers (Belgique), Marabout, 1980, 412 p. « Bibliothèque Marabout ».

On a mangé la dune (roman), Montréal, Éditions Beauchemin, 1962, 182 p. ; [Montréal], Leméac, 1977, 182 p. Présentation par Marcel Dubé. « Classique Leméac » ;

Pointe-aux-Coques suivi de *On a mangé la dune*, Verviers (Belgique), Marabout, 1980, 412 p. «Bibliothèque Marabout».

Les Crasseux (théâtre), [Moncton, s.é., 1966?], 86 f. (Texte polycopié) ; Montréal, Holt, Rinehart and Winston, 1968, 71 p. Présentation par Jacques Ferron ; *Les Crasseux. Pièce en trois actes*, Leméac, 1973, 97 p. Présentation par Rita Scalabrini et Jacques Ferron. «Répertoire acadien» ; *Les Crasseux. Pièce en deux actes*, 1974, 119 p. Portrait. Présentation par Rita Scalabrini. «Répertoire acadien, théâtre acadien». (Revue et considérablement augmentée pour la scène).

La Sagouine, pièce pour une femme seule, [Montréal], Leméac, 1971, 106 p. Portrait. «Répertoire acadien» ; 1973, 154 p. Notes et hommages. «Répertoire acadien, théâtre acadien» ; 1974, 218 p. (Nouvelle édition revue et considérablement augmentée) ; Paris, Bernard Grasset, 1976, 188 p. Préface de Jacques Cellard. *La Sagouine : Pièce pour une femme seule. Notes et hommages de Léonard Forest, Michel Têtu, Marcel Dubé, Alain Pontaut, Claudette Maillet, André Belleau, Martial Dassylva*, [Montréal], Leméac, 1986, 218 p. «Poche L Québec». (Nouvelle édition revue et considérablement augmentée). Traduction anglaise par Luis de Céspedes : *La Sagouine*, Toronto, Simon & Pierre Publishing Company Limited, 1979, 183 p. Portrait. Ill. ; 1985.

Rabelais et les Traditions populaires en Acadie, Québec, PUL, 1971, x, 201 p. «Les Archives de folklore».

Don l'Orignal (roman), Montréal, Leméac, 1972, 149 p. «Roman acadien» ; 1977, 187 p. «Classiques Leméac». Traduction anglaise par Barbara Godard : *The Tale of Don l'Orignal*, Toronto/Vancouver, Clarke, Irwin & Company Limited, 1978, 107 p.

Par derrière chez mon père. Recueil de contes, [Montréal], Leméac, 1972, 93 p. Ill. de Rita Scalabrini.

L'Acadie pour quasiment rien. Guide historique, touristique et humoristique d'Acadie, [Montréal], Leméac, 1973, 135 p. Collab. Rita Scalabrini. Ill.

Gapi et Sullivan (théâtre), [Montréal], Leméac, 1973, 73 p. Portrait. Présentation par Yves Dubé. «Répertoire acadien, théâtre acadien» ; *Gapi*, 1976, 101 p. Présentation par Pierre Filion. «Théâtre/Leméac». Traduction anglaise par Luis de Céspedes : *Gapi and Sullivan*, Toronto, Simon & Pierre, 1986.

Mariaagélas (roman), [Montréal], Leméac, 1973, 236 p. «Roman acadien» ; Paris, Bernard Grasset, 1975, xii, 236 p. Préface d'Yves Berger ; Marabout, 1980, 250 p. «Bibliothèque Marabout» ; Montréal, Éditions La Frégate, 1983, [portefeuille, 210 p.]. Lithographies de Paul-Tex Lecor. (Édition de luxe. Tirage limité). Traduction anglaise par Ben-Z. Shek : *Mariaagélas. Maria, daughter of Gélas*, Toronto, Simon & Pierre, 1986, 150 p.

Emmanuel à Joseph à Dâvit (roman), [Montréal], Leméac, 1975, 143 p. «Roman acadien».

Évangéline Deusse (théâtre), [Montréal], Leméac, 1975, xxii, 107 p. Présentation par Henri-Paul Jacques. «Théâtre Leméac». Traduction anglaise par Luis de Céspedes : *Evangeline Deusse*, Toronto, Simon & Pierre, 1986.

Les Cordes-de-bois (roman), Montréal, Leméac, 1977, 351 p. «Roman québécois» ; *Les Cordes-de-bois. Roman*, 1977 (Format de poche) ; Paris, Bernard Grasset, 1977, 253 p. ; 1977, 281 p. «Le Livre de poche».

La Veuve enragée (théâtre), [Montréal], Leméac, 1977, 171 p. Portrait. Ill. Présentation par Jacques Ferron. «Théâtre/Leméac». (Adaptation théâtrale de *Les Cordes de bois*).

Le Bourgeois gentleman (théâtre), Montréal, Leméac, 1978, 185 p. Portrait. «Théâtre/Leméac».

Pélagie-la-Charrette. Roman, Montréal, Leméac, 1979, 351 p. ; Paris, Bernard Grasset, 1979, 315 p. ; [1981], 285 p. «Livre de poche». Traduction anglaise par Philip Stratford : *Pélagie*, Garden City (New York)/ Toronto, Doubleday & Company, inc./Doubleday Canada Limited, 1982, 251 p. ; 1983.

Cent ans dans les bois (roman), [Montréal], Leméac, 1981, 358 p. «Roman québécois».

Christophe Cartier de la Noisette dit Nounours (litt. jeunesse), [Paris/Montréal], Hachette/Leméac, 1981, 109 p. Portrait. Ill. de Hans Troxler. Traduction anglaise par Wayne Grady : *Christopher Cartier of Hazelnut, Also Known as Bear*, Toronto/New York/London/ Sydney/Auckland, Methuen, 1984, 76 p.

La Contrebandière (théâtre), [Montréal], Leméac, 1981, 171 p. «Théâtre/Leméac». (Adaptation théâtrale de *Mariaagélas*).

La Gribouille (roman), Paris, Bernard Grasset, 1982, 277 p. ; Grasset, 285 p. «Le Livre de poche».

Les Drôlatiques, Horrifiques et Épouvantables Aventures de Panurge, ami de Pantagruel, d'après Rabelais (théâtre), Montréal, Leméac, 1983, 139 p. Portrait. «Théâtre Leméac».

Crache à Pic (roman), [Montréal], Leméac, 1984, 370 p. «Roman québécois». Traduction anglaise par Philip Stratford : *The Devil is Loose!*, Toronto, Lester & Orphen Dennys Publishers, 1986, 310 p.

Garrochés en paradis (théâtre), [Montréal], Leméac, 1986, 109 p. Portrait. «Théâtre Leméac».

Le Huitième Jour (roman), [Montréal], Leméac, 1986, 290 p. «Roman québécois».

DISCOGRAPHIE

Viola Léger, *La Sagouine (Antonine Maillet)*, Montréal, Production Mercedes Palomino ltée/Deram, 1974, XDEF 1090, 2 disques, 33⅓ tours. (Enregistré au Théâtre du Rideau vert le 31 août 1974).

ÉTUDES

Émile Chartier, « *Pointe-aux-Coques* », dans *Lectures*, vol. 4, n° 16, 15 avril 1958, p. 243-244.

Jean-Paul Plante, *On a mangé la dune*, LAC 1962, p. 24-25.

Maximilien Laroche, *Les Crasseux*, LAC 1968, p. 74-75.

Nathalie Verdier, *La Sagouine*, LAQ 1971, p. 39-40.

Jeanne Demers, *Don l'Orignal*, LAQ 1972, p. 34-38.

Gabrielle Poulin, *D'Évangéline à la Sagouine — le pays d'Antonine Maillet*, Rel, n° 380, mars 1973, p. 87-89.

André Major, *Entretien avec Antonine Maillet*, ECF, n° 36, 1973, p. 9–26.

Pierre-André Arcand, *La Sagouine, de Moncton à Montréal*, EF, vol. 10, n° 2, mai 1974, p. 194–199.

Alain Pontaut, *Quand les riches décident d'affamer les pauvres parce qu'ils ont des puces...*, dans *Le Jour*, vol. 1, n° 225, 23 nov. 1974, p. 11.

Id., *Le Réquisitoire de « La Sagouine »*, dans *Le Jour*, vol. 1, n° 237, 7 déc. 1974, p. 15.

André Gruslin, *Madame Léger triomphe sur un texte un peu faible*, Dev, vol. 66, n° 299, 28 déc. 1974, p. 15.

Denis Saint-Jacques, *La Sagouine d'Antonine Maillet*, VIP, n° 8, 1974, p. 193–198.

Bruno Drolet, *Entre dune et aboiteaux... un peuple. Étude critique des œuvres d'Antonine Maillet*, Montréal, Éditions Pleins Bords, 1975, 181 p.

Yves Bolduc, *Antonine Maillet. Emmanuel à Joseph à Dâvit*, LAQ 1975, p. 33–35.

Michel Lebel, *Antonine Maillet. Évangéline Deusse*, LAQ 1975, p. 156–157.

Jean-Cléo Godin, *Antonine Maillet. Gapi*, LAQ 1976, p. 195–196.

Raoul Boudreau, *Antonine Maillet. Les Cordes-de-bois*, LAQ 1977, p. 94–96.

Michel Le Bel, *Antonine Maillet. La Veuve enragée*, LAQ 1977, p. 191–192.

Colette Duhaime, *L'Acadie et Antonine Maillet. Un besoin pressant de raconter deux siècles de vie réprimée*, Dr, 64e année, n° 245, 15 janv. 1977, p. 17.

Paul Gay, *L'Acadie d'Antonine Maillet : « T'as qu'à ouère ! »*. *Les Cordes-de-bois*, Dr, vol. 65, n° 204, 26 nov. 1977, p. 20.

Gabrielle Poulin, *Cordes-de-bois et Chaise berçante. Il n'y a pas de bessoune... sans besson*, LQ, n° 9, févr. 1978, p. 5–7.

[Anonyme], *Antonine Maillet. Acadienne d'abord, écrivain ensuite !* (entrevue), dans *L'Actualité*, vol. 3, n° 5, mai 1978, p. 8, 12, 16.

Martial Dassylva, *Une transposition d'abord et surtout à but littéraire*, Pr, 94e année, n° 195, 23 déc. 1978, p. B-2.

Matthieu Galey, *En Acadie avec Antonine Maillet*, dans *L'Express* (édition internationale), n° 1469, 8 sept. 1979, p. 58–59, 61–66.

Hugues Corriveau, *Prix Goncourt. La Pélagie d'un peuple*, dans *Spirale*, n° 4, déc. 1979, p. 1, 12.

Madeleine Ouellette-Michalska, *Antonine Maillet. Un roman parfait cent ans trop tard...*, Dev, vol. 72, n° 216, 21 nov. 1981, p. 23.

Jean-Cléo Godin, *Antonine Maillet. Cent ans dans les bois*, LAQ 1981, p. 62–65.

Georges-L. Bérubé, *Antonine Maillet. La Contrebandière*, LAQ 1981, p. 183–185.

André Lamarre, *Antonine Maillet, Christophe Cartier de la Noisette dit Nounours*, LAQ 1981, p. 248.

Monique Roy, *Antonine Maillet. La boîte aux trésors s'ouvre de nouveau*, dans *Le Livre d'ici*, vol. 7, n° 18, 3 févr. 1982, p. 2.

France Simard, *Antonine Maillet, « J'écris la vie et non l'Acadie... »*, Dr, 71e année, n° 35, 7 mai 1983, p. 21.

Derrière la charrette de Pélagie. Lecture analytique du roman d'Antonine Maillet, Pélagie-la-Charrette, Pointe-de-l'Église, Presses de l'Université Sainte-Anne, 1984, 142 p. Collab.

Réginald Martel, *Le « Crache à Pic » d'Antonine Maillet. Une Acadienne au temps de la Prohibition*, Pr, 100e année, n° 140, 2 juin 1984, p. D-3.

Yves Dubé, *L'Œuvre de Antonine Maillet. De la lointaine Acadie au Goncourt parisien*, dans *L'Incunable*, 18e année, n° 2, juin 1984, p. 3–7.

Claire de Lamirande, *« Crache à Pic », d'Antonine Maillet. Des histoires pour oublier sa faim*, Dr, 72e année, n° 203, 24 nov. 1984, p. 26.

Réginald Martel, *la Double Rentrée d'Antonine Maillet*, Pr, 102e année, n° 196, 13 sept. 1986, p. E-1, E-3.

Stéphane Lépine, *Le rabelaisisme a encore frappé !*, Dev, vol. 77, n° 230, 4 oct. 1986, p. C-3.

France Simard, *Antonine Maillet partout au Québec. Deux cycles et deux naissances*, Dr, 74e année, n° 159, 4 oct. 1986, p. 63.

Jean Royer, *Antonine Maillet, « Une parole, non un porte-parole »*, Dev, vol. 77, n° 271, 22 nov. 1986, p. C-6.

[Anonyme], *Mitterand nomme Antonine Maillet au Haut Conseil de la francophonie*, Dev, vol. 78, n° 22, 28 janv. 1987, p. 6.

MAILLET, MARGUERITE (1924–   ). Critique littéraire acadienne, née à Saint-Norbert (Nouveau-Brunswick). Elle fait son cours classique au Collège Notre-Dame d'Acadie (B.A., 1954) et étudie à l'Université Laval de 1955 à 1957 (B. Ph., 1957) et de 1966 à 1970 (M.A., lettres françaises, 1971). De 1971 à 1973, elle fait la scolarité de doctorat en lettres françaises à l'Université d'Ottawa ; en 1982, elle soutient une thèse intitulée « Développement de la littérature écrite en Acadie ». Marguerite Maillet obtient aussi une maîtrise en sciences sacrées de l'Université St. Mary's d'Indiana (É.-U.). À partir de 1945, elle enseigne dans diverses institutions secondaires et collégiales de l'Acadie. De 1968 à 1971, elle est attachée à l'École normale à Moncton et, à partir de 1973, à l'Université de Moncton. Spécialiste de la littérature acadienne, elle présente plusieurs communications, fait des entrevues et publie plusieurs études dans des périodiques : *Co-Incidences*, *Revue de l'Université de Moncton*, *La Boueille*, etc. En 1985, elle reçoit les Palmes académiques du ministère de l'Éducation nationale de France pour services rendus à la culture française. En 1979 paraît l'*Anthologie de textes littéraires acadiens*, préparée en collaboration avec Gérard LeBlanc et Bernard Émont, « une somme importante de textes » (Michel Beaulieu). En 1983, Marguerite Maillet publie son *Histoire de la littérature acadienne*. L'auteur, d'après René Dionne, « signe des pistes, interpelle les chercheurs en même temps qu'elle invite les amateurs à lire. Elle ne néglige rien ni personne qui soit d'Acadie ; elle a voix humaine ».

ŒUVRES

Anthologie de textes littéraires acadiens, Moncton, Éditions d'Acadie, 1979, 643 p. Ill. Collab. Gérard LeBlanc et Bernard Émont.

Histoire de la littérature acadienne : de rêve en rêve, Moncton, Éditions d'Acadie, 1983, 262 p. Ill.

« Le Nez qui voque » de Réjean Ducharme, troisième volet d'un triptyque, CoI, vol. 2, n° 1, févr. 1972, p. 3–24.

Joseph Doutre et l'Éducation, CoI, vol. 4, n° 2, mars–avril 1974, p. 5–16.

L'Acadie. Bibliographie sélective, dans *Le Français dans le monde*, 16ᵉ année, n° 126, janv. 1977, p. 6–12.

La Littérature acadienne de 1874 à 1960 : état de la recherche, dans *Revue de l'Université de Moncton*, vol. 2, n° 2, mai 1978, p. 53–67.

Avis à tous les petits Durhams, dans *La Boueille*, 23 mai 1979, p. 7.

Littérature d'Acadie. Bibliographie, dans *Les Acadiens des Maritimes : études thématiques*, Moncton, Centre d'études acadiennes, 1980, p. 557–594.

La Poésie acadienne contemporaine et la Contestation, dans *Revue d'histoire littéraire du Québec et du Canada français*, n° 2, 1982, p. 112–123.

L'Émigration dans la littérature acadienne (1867–1958), dans *Vie française. L'Émigrant acadien vers les États-Unis : 1842–1950*, Québec, Le Conseil de la Vie française en Amérique, 1984, p. 60–68.

De la Nouvelle-France à la Nouvelle-Acadie, dans *Québec français*, n° 60, déc. 1985, p. 30–32.

ÉTUDES

Michel Beaulieu, *Une grande offensive acadienne*, dans *Le Livre d'ici*, vol. 4, n° 50, sept. 1979, p. 1.

Gilles Cossette, *Anthologie de textes littéraires acadiens de Marguerite Maillet. Gérard LeBlanc et Bernard Émont*, LQ, n° 17, 1980, p. 67–68.

René Dionne, *Une histoire de rêve*, Dr, 72ᵉ année, n° 69, 16 juin 1984, p. 26.

MAILLY, CLAUDE (1938–   ). Romancière, née à Montréal. Après des études à l'Académie Sevoria, elle suit des cours de littérature au Sir George Williams College (1959), et de médecine à l'Université McGill (1960). Par la suite, Claude Mailly devient traductrice et rédactrice publicitaire pour le Centre musical canadien (1960–1962), directrice des relations publiques à l'Institut canadien pour les aveugles (1965–1970), rédactrice à Bell Canada (1970–1972) et à Domtar limitée (1975–1977). De 1977 à 1979, elle est conseillère en affaires constitutionnelles auprès de la Banque Royale du Canada. En 1979, elle se présente comme candidate du Parti progressiste-conservateur dans la circonscription de Papineau. Défaite, elle travaille au bureau de recherches du parti à Ottawa. Lors des élections de 1984, elle est élue député de la circonscription de Pontiac au parlement fédéral. En 1966, Claude Mailly publie *Le Cortège*, roman qui raconte l'histoire des drames sociaux qui confrontent des familles en milieu métropolitain. Sa thématique nous rappelle des œuvres des années 1950 où des personnages adultes communiquent une vision du monde triste et désemparée devant le changement. Comme écrit Léona Tanguay : « Par son sujet, *Le Cortège* avait l'étoffe d'un grand roman socio-historique révélateur d'une époque. Par sa manière, il ne dépasse pas le document sociologique ». (DOLQ, t. 4, p. 221).

ŒUVRE

Le Cortège (roman), Montréal, Librairie Beauchemin Limitée, 1966, 331 p.

ÉTUDES

Yvon Morin, *Le Cortège*, LAC 1966, p. 42.

Paule Saint-Onge, *Le Cortège*, Ch, vol. 7, n° 8, août 1966, p. 13.

MAISANI-LÉONARD, MARTINE (1940–   ). Essayiste et critique, née à Paris. Elle fait ses humanités au Lycée Camille-Sée où elle termine son baccalauréat en 1960, puis continue ses études en lettres à la Sorbonne. Elle obtient une licence ès lettres (1962), un diplôme d'études supérieures en stylistique et lexicologie (1963), l'agrégation de grammaire en 1964 et le doctorat en 1973, pour une thèse sur André Gide. Elle enseigne au Lycée d'État mixte à Rennes-Bréguigny (1964–1966). En 1966, elle devient professeur à l'Université de Montréal, et en 1981, elle est élue directrice du Département des études françaises. Elle collabore à diverses revues dont *Études françaises*, *Études littéraires* et *Livres et Auteurs québécois*. En 1976, elle publie son étude, *André Gide ou L'Ironie de l'écriture*, qui est bien accueillie par la critique. « L'ouvrage de Martine Maisani-Léonard, écrit le professeur G. Quillard, comble une lacune importante dans le domaine des études gidiennes qui, faisant fi des préoccupations formelles et stylistiques de l'auteur, se sont penchées sur la génèse des écrits, plutôt que sur les écrits eux-mêmes. [...] L'auteur propose, en effet, une approche rigoureuse du texte, et ses analyses souvent minutieuses, sont toujours présentées avec beaucoup de clarté, et s'appuient toujours sur une documentation abondante ».

ŒUVRES

Étude de grammaire descriptive : valeur des temps de l'indicatif en français, Montréal, La librairie de l'Université de Montréal, 1973–1974, 67 p. Sous le nom de Martine Léonard.

André Gide ou L'Ironie de l'écriture (essai), Montréal, PUM, 1976, 273 p.

Pierre Larthomas, le langage dramatique, EL, vol. 5, nº 2, août 1972, p. 349-350.

G. Genette. *Figures III*, EL, vol. 6, nº 1, avril 1973, p. 123.

« *L'Assommoir*», langage de l'«autre*», EF, vol. 10, nº 1, févr. 1974, p. 41-61.

Sol (Marc Favreau). Esstradinairement vautre, LAQ 1974, p. 171.

André Gide ou La Mise en scène textuelle, EF, vol. 14, nºˢ 1-2, avril 1978, p. 47-64.

ÉTUDES

G. Guillard, *Martine Maisani-Léonard. André Gide ou L'Ironie de l'écriture*, LAQ 1976, p. 259-261.

Raymond Laprés, *André Gide ou L'Ironie de l'écriture de Martine Maisani-Léonard*, dans *Le Livre canadien*, vol. 8, févr. 1977, nº 58.

C.D.E. Tolton, *André Gide ou L'Ironie de l'écriture, Martine Maisani-Léonard*, dans *University of Toronto Quarterly*, vol. 46, nº 4, été 1977, p. 447-448.

M. Wilmet, *Récit et Discours*, dans *Le Français moderne*, 47ᵉ année, nº 1, janv. 1979, p. 53-57.

MAIZERETS, LOUIS DE. Voir **ROY**, CAMILLE.

MAJOR, ANDRÉ (1942–). Journaliste, critique littéraire, poète, romancier et dramaturge, né à Montréal. Il fait des études classiques (1954-1960) au Collège de Montréal et chez les Eudistes, puis étudie la philosophie au Gesù et le journalisme au Collège Valéry en 1960. Il collabore à *Points de vue* et au *Petit Journal*. Secrétaire de Jacques Hébert aux Éditions du Jour (1962-1963), il participe à la fondation de la revue *Parti Pris* qu'il quitte en 1964, alors qu'il travaille chez Dupuis Frères. À partir de 1961, il est correcteur aux éditions HMH et Leméac, est journaliste littéraire à *La Presse* (1963-1965, 1972-1979), au *Petit Journal* (1961-1966), à *L'Action nationale*, au *Devoir* (1967-1970), à *Dimanche matin...* En outre, il travaille, en 1966, à l'organisation d'un bureau d'information à l'Université de Montréal, fonde le bulletin *Hebdo-information* pour ce bureau, et rédige le scénario d'un long métrage pour Radio-Canada où il devient, en 1973, réalisateur au service des émissions culturelles. Il remporte le prix du Gouverneur général en 1976 pour *Les Rescapés*, et il est écrivain résident à l'Université d'Ottawa en

1978. André Major dit avoir commencé par écrire des romans laissés inachevés, mais ses premières publications sont deux recueils de poésie assez bien accueillis par la critique. À la parution du *Cabochon* (1964), Jean Éthier-Blais juge que ce premier roman « nous révèle un talent de tout premier ordre ». Sans conteste, le centre de l'œuvre d'André Major est la trilogie romanesque, *Histoires de déserteurs*, qui fait de lui « l'un des plus importants romanciers de sa génération » (Gabrielle Poulin). « Admirablement construit, dit Jean Éthier-Blais de *L'Épouvantail*, ce roman utilise toutes les ressources de l'art, depuis le monologue intérieur jusqu'à la rétroaction, en passant par la description et le dialogue classiques ». Et selon François Ricard, « La relecture des *Histoires de déserteurs* met d'abord en évidence ceci : que cette œuvre d'André Major non seulement va dans le sens de tout le roman contemporain dit ‹ im-parfait › par Gilles Marcotte, mais qu'elle est aussi, de tous les romans parus au Québec ces dernières années, l'un des plus graves, l'un des mieux construits et l'un des plus significatifs ».

ŒUVRES

Le froid se meurt. Poèmes, Montréal, Les Éditions Atys, 1961, [n.p., 23 p.]. Préface de Gilles Leclerc, « Silex ». (Quelques poèmes remaniés ont paru dans *Poèmes pour durer*).

Holocauste à 2 voix (poésie), Montréal, Les Éditions Atys, 1961, 53 p. (Quelques poèmes remaniés ont paru dans *Poèmes pour durer*).

Nouvelles, [Montréal], [AGEUM], 1963, 141 p. Collab. Jacques Brault et André Brochu. « Cahiers ».

Le Cabochon. Roman pour adolescents, Montréal, Éditions Parti Pris, 1964, 195 p. « P »; Parti Pris, 1980, 152 p. « P ».

La Chair de poule. Nouvelles, Montréal, Éditions Parti Pris, 1965, 187 p.; 1973, 135 p.

Félix-Antoine Savard (essai), Montréal/Paris, Fides, 1968, 190 p. « ECA ».

Le Vent du diable. Roman, Montréal, Éditions du Jour, 1968, 143 p. « RJ »; Montréal/Paris, Stanké, 1982, 155 p. Dossier critique. « Québec 10/10 ».

Poèmes pour durer (poésie), Montréal, Éditions du Songe, 1969, 93 p. « Poésie du Québec ».

Le Désir suivi de Le Perdant (pièces radiophoniques), [Montréal], Leméac, 1973, 71 p. Préface de François Ricard. « RQ ».

L'Épouvantail. Roman, Montréal, Éditions du Jour, 1974, 229 p. « RJ »; *Histoires de déserteurs 1, L'Épouvantail*, [Montréal], Éditions internationales Alain Stanké, 1980, 243 p. Suivi de Critiques. « Québec 10/10 ». Traduction anglaise par Sheila Fischman : *The Scarecrows of Saint Emmanuel*, Toronto, McClelland and Stewart, 1977, 176 p.

L'Épidémie. Roman, Montréal, Éditions du Jour, 1975, 218 p.; *L'Épidémie, histoire de déserteurs*, Quinze, 1977; *Histoires de déserteurs 2. L'Épidémie*, Montréal/Paris, Stanké, 1981, 224 p. Dossier critique. «Québec 10/10». Traduction anglaise par Mark Czarnecki: *Tales of Deserters. Inspector Therrien*, Victoria/Toronto, Press Porcépic, 1980, 191 p.

Une soirée en octobre (théâtre), [Montréal], Leméac, 1975, 93 p. Présentation de Martial Dassylva. «Théâtre».

Les Rescapés. Roman, Montréal, Quinze, 1976, 147 p.; *Histoires de déserteurs 3, Les Rescapés*, Montréal/Paris, Stanké, 1981, 157 p. «Québec 10/10».

La Folle d'Elvis. Nouvelles, Montréal, Québec/Amérique, 1981, 139 p. «Littérature d'Amérique». Traduction anglaise par David Lobdell: *Hooked on Elvis*, Dunvegan (Ontario), Quadrant Editions, 1983, 90 p.

L'Hiver au cœur (nouvelles), Montréal, XYZ éditeur, 1987, 80 p. «Nouvella».

Les Armes à la main, L, vol. 5, n° 26, mars–avril 1963, p. 83–91.

Pour une littérature révolutionnaire, PP, vol. 1, n° 8, mai 1964, p. 56–57.

Poésie?, ECF, n° 18, 1964, p. 87–118.

Le romancier est un visionnaire, L, vol. 7, n° 42, nov.–déc. 1965, p. 492–497.

Mémoires d'un jeune canoque, AN, vol. 55, n° 2, oct. 1965, p. 245–249; n° 3, nov. 1965, p. 369–377; n° 4, déc. 1965, p. 496–502; n° 5, janv. 1966, p. 622–632; n° 6, févr. 1966, p. 746–751; n° 7, mars 1966, p. 869–875; n° 8, avril 1966, p. 986–991; n°s 9–10, mai–juin 1966, p. 1155–1159.

La Dalle-des-morts ou La Liberté maudite, VIP, n° 1, 1967, p. 29–36.

Pour une pensée québécoise, VIP, n° 1, 1967, p. 125–131.

Les Poètes artistes: l'école de l'exil, dans *La Poésie canadienne-française*, Montréal/Paris, Fides, 1969, p. 135–142. «ALC» 4.

Poèmes pour durer, VIP, n° 2, 1969, p. 109–124.

Bref Essai d'autobiographie, dans Guy Robert, *Littérature du Québec*, Montréal, Librairie Déom, 1970, p. 271–283.

Journal d'un hypnotisé, L, vol. 14, n° 81, mai–juin 1972, p. 25–29.

Un long détour, BJ, n°s 31–32, hiver 1972, p. 36–48.

Le 29 octobre et après?, L, vol. 16, n° 91, janv.–févr. 1974, p. 73–93.

Langagement (1960–1975), VI, vol. 1, n° 1, sept. 1975, p. 120–124.

Michele Prisco, un Faulkner sicilien, Pr, 92e année, n° 230, 25 sept. 1976, p. C-2.

«DaraKan», le chef-d'œuvre de Claude Klotz, Pr, 94e année, n° 6, 13 mai 1978, p. D-4.

L'Horrible, le Savoureux Quotidien, NBJ, n°s 68–69, sept. 1978, p. 33–36.

Trois Romanciers américains, Pr, 95e année, n° 88, 14 avril 1979, p. C-3.

Yves Thériault. En guise d'hommage..., Dev, vol. 70, n° 215, 15 sept. 1979, p. 23.

Un cas douteux, dans *Fuites et Poursuites*, Montréal, Quinze, 1982, p. 117–130.

ÉTUDES

Paul Chamberland, *Holocauste à 2 voix d'André Major*, LAC 1962, p. 43–44.

Gilles Archambault, *Nouvelles*, LAC 1963, p. 39–40.

Jean Éthier-Blais, *« Le Cabochon » d'André Major et « Le Cassé » de Jacques Renaud*, Dev, vol. 35, n° 307, 31 déc. 1964, p. 16.

Léandre Bergeron, *Le Cabochon*, LAC 1965, p. 44–46.

Jean-Louis Major, *La Chair de poule*, LAC 1965, p. 44–46.

Jean Éthier-Blais, *Une étude sur Félix-Antoine Savard*, Dev, vol. 54, n° 87, 13 avril 1968, p. 15.

Pierre Châtillon, *Le Vent du diable*, EF, vol. 5, n° 2, mai 1969, p. 226–229.

Pierre-H. Lemieux, *Poèmes pour durer*, LAQ 1969, p. 98.

Jacques Pelletier, *André Major, écrivain et Québécois*, VIP, n°s 22–23, 1970, p. 27–62.

Lise Gauvin, *Le Désir et le Perdant*, LAQ 1973, p. 156.

Jean Éthier-Blais, *La Rentrée d'André Major: un ouvrage remarquable*, Dev, vol. 65, n° 45, 23 févr. 1974, p. 16.

François Ricard, *Un rassurant « Épouvantail »: André Major et l'art du roman*, dans *Le Jour*, vol. 1, n° 3, 2 mars 1974, p. 18.

Id., *Deux romanciers de trente ans*, L, vol. 16, n° 92, mars–avril 1974, p. 88–99.

Raymond Plante, *Entretien avec André Major*, VIP, n° 8, 1974, p. 217–230.

Gabrielle Poulin, *Du Cabochon à l'Épouvantail: le pays d'André Major*, Rel, vol. 34, n° 397, 1974, p. 286–287.

André Brochu, *André Major. L'Épouvantail*, LAQ 1974, p. 23–26.

Pierre l'Hérault, *André Major. L'Épidémie*, LAQ 1975, p. 38–41.

Renald Bérubé, *André Major. Une soirée en octobre*, LAQ 1975, p. 157–159.

Jean-Guy Hudon, *André Major, Les Rescapés*, LAQ 1976, p. 86–89.

Claude Des Landes, *Major/Roussin face à leur production scénique* (entrevue), dans *Jeu*, n° 1, hiver 1976, p. 87–94.

Gabrielle Poulin, *L'Œuvre poétique d'André Major. Un pays à inventer*, Dr, 64e année, n° 205, 27 nov. 1976, p. 18.

Jacques Pelletier, *Où va André Major? Remarques sur ses productions récentes*, L, vol. 19, n° 109, janv.–févr. 1977, p. 58–67.

François Ricard, *André Major ne vas pas, il écrit. Remarques sur des remarques de Jacques Pelletier*, L, vol. 19, n° 109, janv.–févr. 1977, p. 67–74.

Id., *André Major: le roman de la dissémination*, Dev, vol. 69, n° 98, 30 avril 1977, p. 15.

Gabrielle Poulin, *Le Prix du Gouverneur général: « Histoires de déserteurs », d'André Major. La descendance de Menaud*, Dr, 65e année, n° 35, 7 mai 1977, p. 20.

Murray Maltais, *André Major. Un écrivain qui s'est assagi avec le temps*, Dr, 65e année, n° 250, 21 janv. 1978, p. 17.

Léonce Cantin et André Gaulin, *Entrevue avec André Major*, dans *Québec français*, n° 42, mai 1981, p. 43–47.

Réginald Martel, *André Major 20 ans après. Un écrivain sans vanité*, Pr, 97 année, n° 256, 17 oct. 1981, p. C-1, C-2.

Léonce Cantin, *André Major. La Folle d'Elvis*, LAQ 1981, p. 65–67.

Gilles Cossette, *Le Froid et les Flammes: 1- « La Folle d'Elvis » d'André Major*, LQ, n° 25, printemps 1982, p. 30–31.

[*Dossier André Major*], VI, vol. 10, n° 3, printemps 1985, p. 5–89.

Kèro

MAJOR, HENRIETTE (1933–). Journaliste, scénariste, écrivain pour la jeunesse, née à Montréal. Diplômée de l'Institut pédagogique de Montréal, elle étudie aussi la méthodologie des arts plastiques à l'École des beaux-arts et l'audio-visuel à l'Université de Montréal. Après un an d'enseignement aux enfants handicapés (1953-1954), elle commence sa carrière d'écrivain, s'adonne au spectacle, promène un théâtre de marionnettes à travers la province (1954-1964) et présente ses premiers textes à l'émission radiophonique « Nouveautés dramatiques » (1956-1958). De 1958 à 1965, elle est accessoiriste à Radio-Canada pour « La Boîte à surprises », manipulateur pour « Pépino et Capucine »..., devient coauteur de l'émission « Le Théâtre d'ombres », en 1964, et est nommée responsable d'émissions télévisées pour enfants pour lesquelles elle prépare de nombreux scénarios, des dramatiques, des jeux-questionnaires culturels... En outre, elle est animatrice en arts plastiques pour le Service de récréation de la Ville de Montréal (1961-1964), elle collabore à des journaux pour les jeunes, *Claire et François*, *Vie étudiante*, *Hérauts* (1963-1965), puis rédige une chronique régulière pour *Châtelaine* (1966-1968) et pour *Perspectives* (1966-1982), et elle s'occupe du circuit fermé de télévision à l'Université de Montréal (1967-1973). Son premier conte, *Un drôle de petit cheval bleu*, paraît en 1967. Infatigable, elle publie, entre 1967 et 1984, une trentaine de livres, romans, contes, pièces de théâtre, biographies, ouvrages pédagogiques. La critique reconnaît vite son talent exceptionnel, son originalité, son humour, la fraîcheur de son imagination, son art de « concilier qualité et préoccupation didactique » (Odette Leroux). En 1971, Marielle Durand déclare que Henriette Major est « l'un de nos meilleurs écrivains actuels pour la jeunesse ». En 1977, *L'Évangile en papier*, splendidement illustré par Claude Lafortune, obtient un grand succès de librairie, après un grand succès de télévision. « Un livre merveilleux ! [...] écrit Jean-Claude Petit. Parmi les livres pour enfants qui se proposent de raconter, en mots et en images, les gestes et les paroles de Jésus, *L'Évangile en papier* occupe une place à part ». L'œuvre entière d'Henriette Major mérite « une place de choix au palmarès » (Michèle Hudon).

ŒUVRES

Un drôle de petit cheval bleu (litt. jeunesse), Montréal, Centre de psychologie et de pédagogie, 1966, [n.p., 60 p.]. Ill. de Guy Gaucher ; *Un drôle de petit cheval bleu*, 1967, « Coccinelle ».

Le Club des curieux (litt. jeunesse), Montréal, Les Éditions Fides, 1967, 122 p. Ill. « Les Quatre vents ».

Jeux dramatiques (théâtre), Saint-Lambert, Éditions Héritage, 1969, 124 p. Collab. Monique Allard.

À la conquête du temps (litt. jeunesse), Montréal, Éducation Nouvelle, 1970, 125 p. Ill. de Louise Roy-Kerrigan. « Karim ».

Le Sac à malices (activités créatrices), Saint-Lambert, Éditions Héritage, [1970, n. p.].

La Surprise de dame Chenille (litt. jeunesse), Montréal, Centre de psychologie et de pédagogie, 1970, 48 p. Ill. de Claude Lafortune et Jean-Louis Frund. « Premiers Pas ».

Romulo enfant de l'Amazonie, sur les ailes de l'espérance (conte), Montréal, Éditions du Jour / Production Explo-Mundo, 1973, 36 p. Ill. de Paul Contive.

Bonjour Montréal ! Mini guide pour les jeunes avec Bob et Lili / Hello Montréal. The Young People's Mini-guide with Bob and Lili, Montréal, Éditions Héritage, 1975, 48 p. Collab. Paule Sainte-Marie. Ill. de Robert Hénen. (Édition bilingue).

Contes de nulle part et d'ailleurs (litt. jeunesse), Paris, L'École de Loisirs, 1975, 60 p. Ill. de Claude Richard. « Joie de lire ».

Les Contes de l'arc-en-ciel (litt. jeunesse), Montréal, Éditions Héritage, 1976, 124 p. Ill. de Danielle Shelton. « Pour lire avec toi ».

Un homme et sa mission. Le Cardinal Léger en Afrique, Montréal / Bruxelles, Les Éditions de l'Homme, 1976, 191 p. Ill. de Ken Bell. Traduction anglaise par Jane Springer : *A Man and His Mission. Cardinal Léger in Africa*, Scarborough, Prentice-Hall of Canada Ltd.

L'Évangile en papier (litt. jeunesse), Montréal, Fides, 1977, 95 p. Ill. de Claude Lafortune et Jean-Louis Frund ; Montréal / Paris, Fides / Centurion. Traduction anglaise : *Good News in Paper*, Toronto, Canadian Bible Society, 1978, 111 p.

L'Évangile en papier. Texte intégral de l'émission de télévision, Montréal, Fides, 1977, 180 p.

L'Évangile en papier. Album de créativité, Montréal, Fides, 1978, 48 p. Ill.

Un jour une rivière (litt. jeunesse), Paris, Éditions La Farandole, 1978, 29 p. Ill. de Pierre Cornuel.

Une fleur m'a dit (litt. jeunesse), Montréal, Éditions Héritage, 1978, 125 p. Ill. d'Hélène Falcon. (Adaptation du livre de Marie-Andrée Warnant-Côté).

La Bible en papier (litt. jeunesse), Montréal, Fides, 1979, 96 p. Ill. de Claude Lafortune et Jean-Louis Frund. Postface de Pierre Dufour.

Comment vivent les Québécois, Paris, Librairie Hachette, 1979, 80 p.

Doudou les assiettes (litt. jeunesse), Saint-Lambert, Les Éditions Héritage inc., 1979, [n.p., 16 p.]. Ill. de Cécile Gagnon. « Brindille ».

Élise et l'Oncle riche (litt. jeunesse), Montréal, Les Éditions Fides, 1979, 109 p. Ill. de Michèle Devlin. Préface de Guy Boulizon. « Du Goéland ».

Kapuk (litt. jeunesse), Saint-Lambert, Les Éditions Héritage inc., 1979, [n.p., 16 p.]. Ill. de Cécile Gagnon. « Brindille ».

Les 5 frères (litt. jeunesse), Saint-Lambert, Les Éditions Héritage inc., 1979, [n.p., 16 p.]. Ill. de Cécile Gagnon. « Brindille ».

Le Crayon magique (litt. jeunesse), Saint-Lambert, Les Éditions Héritage inc., 1980, [n.p., 16 p.]. Ill. de Robert Bigras. « Brindille ».

Madeleine la vilaine (litt. jeunesse), Saint-Lambert, Les Éditions Héritage inc., 1980, [n.p., 16 p.]. Ill. de Josée La Perrière. « Brindille ».

Agenda avec un grain de sel, Saint-Lambert, Éditions Héritage, 1981, 132 p. Ill. de Jean Turgeon.

Les Boucaniers (récit), Montréal, Fides/TV Ontario, 1981, 3 vol. : vol. 1, *Les Boucaniers d'eau douce*, 163 p. Présentation de l'auteur ; vol. 2, *Les Boucaniers et le Vagabond*, 177 p. ; vol. 3, *Les Découvertes des Boucaniers*, 135 p. Collab. Pierre Brassard. Ill.

Contes de Perrault (litt. jeunesse), Montréal, Éditions Héritage, 1981, 125 p. Ill. de Pierre Decelles. Adaptation d'Henriette Major. « Petits Classiques. Pour lire avec toi ».

François d'Assise (litt. jeunesse), Montréal/Paris, Fides/Cerf, 1981, 80 p. Ill. de Claude Lafortune et Jean-Pierre Beaudin. Traduction anglaise par Phil Kelly : *Francis of Assisi*, Montréal, Fides.

Histoires autour du poêle. Contes du Québec (litt. jeunesse), Paris, Éditions La Farandole, 1981, 46 p. Ill. de Sylvie Guimont.

J'étais enfant en Nouvelle-France (litt. jeunesse), Paris/Montréal, Fides, 1981, 44 p. Ill. de Daniel Hénon.

La Motoneige rouge (litt. jeunesse), Paris, Bayard Presse, 1981, 66 p. Ill. de Suzanne Duranceau. « J'aime lire ».

L'Ogre de Niagara (litt. jeunesse), Montréal, Éditions Héritage, 1981, 125 p. Ill. de Michèle Devlin. Adaptation du livre de Maxine. « Petits Classiques. Pour lire avec toi ».

La Fanfare (litt. jeunesse), Saint-Lambert, Les Éditions Héritage inc., 1982, [n.p., 16 p.]. Ill. de Jo-Anne Dépatie. « Brindille ».

La Préhistoire, les races humaines (litt. jeunesse), Montréal/Paris, Éditions Études Vivantes, 1982, 32 p. Ill. de Claude Lafortune et Jean-Pierre Karsenty. « Ma sœur la terre ».

Les Premiers Pas de l'Église (litt. jeunesse), Montréal/Paris, Fides/Cerf, 1982, 64 p. Ill. de Claude Lafortune, Jean-Louis Frund et Jean-Pierre Beaudin.

Le Règne animal, la mer (litt. jeunesse), Montréal/Paris, Éditions Études vivantes, 1982, 32 p. Ill. de Claude Lafortune et Jean-Pierre Karsenty. « Ma sœur la terre ».

La Ville fabuleuse (litt. jeunesse), Montréal, Éditions Héritage, 1982, 115 p. Ill. de Suzanne Duranceau. « Pour lire avec toi ».

L'Atmosphère, les climats, l'eau (litt. jeunesse), Montréal/Paris, Éditions Études vivantes, 1983, 32 p. Ill. de Claude Lafortune et Jean-Pierre Karsenty. « Ma sœur la terre ».

Au Japon (litt. jeunesse), Montréal, Éditions Études vivantes/Société Radio-Canada, 1983, 16 p. Ill. de Claude Lafortune et Jean-Pierre Karsenty. « Si tous les gens du monde ».

Au Maroc (litt. jeunesse), Montréal, Éditions Études vivantes/Société Radio-Canada, 1983, 16 p. Ill. de Claude Lafortune et Jean-Pierre Karsenty. « Si tous les gens du monde ».

Au Portugal (litt. jeunesse), Montréal, Éditions Études vivantes/Société Radio-Canada, 1983, 16 p. Ill. de Claude Lafortune et Jean-Pierre Karsenty. « Si tous les gens du monde ».

Le Corps humain (litt. jeunesse), Montréal/Paris, Éditions Études vivantes, 1983, 32 p. Ill. de Claude Lafortune et Jean-Pierre Karsenty. « Ma sœur la terre ».

En Chine (litt. jeunesse), Montréal, Éditions Études vivantes/Société Radio-Canada, 1983, 16 p. Ill. de Claude Lafortune et Jean-Pierre Karsenty. « Si tous les gens du monde ».

En Écosse (litt. jeunesse), Montréal, Éditions Études vivantes/Société Radio-Canada, 1983, 16 p. Ill. de Claude Lafortune et Jean-Pierre Karsenty. « Si tous les gens du monde ».

En Haïti (litt. jeunesse), Montréal, Éditions Études vivantes/Société Radio-Canada, 1983, 16 p. Ill. de Claude Lafortune et Jean-Pierre Karsenty. « Si tous les gens du monde ».

Les Étoiles, les planètes, le temps (litt. jeunesse), Montréal/Paris, Éditions Études vivantes, 1983, 32 p. Ill. de Claude Lafortune et Jean-Pierre Karsenty. « Ma sœur la terre ».

Le Feu, la chaleur, le froid (litt. jeunesse), Montréal/Paris, Éditions Études vivantes, 1983, 32 p. Ill. de Claude Lafortune et Jean-Pierre Karsenty. « Ma sœur la terre ».

Les Lois de l'univers, l'énergie (litt. jeunesse), Montréal/Paris, Éditions Études vivantes, 1983, 32 p. Ill. de Claude Lafortune et Jean-Pierre Karsenty. « Ma sœur la terre ».

La Lumière, le son, la communication (litt. jeunesse), Montréal/Paris, Éditions Études vivantes, 1983, 32 p. Ill. de Claude Lafortune et Jean-Pierre Karsenty. « Ma sœur la terre ».

1620-1700. Marguerite Bourgeoys (litt. jeunesse), Cité de LaSalle, Éditions Hurtubise HMH ltée, 1983, 57 p. Ill. de Claude Lafortune et Jean-Pierre Beaudin.

Les Mots apprivoisés. Méli-mélo (manuel), Montréal, Centre éducatif et culturel, 1983, 91 p. Collab. Josée Valiquette. Ill. de Sue Wilkinson.

Le Règne végétal, les insectes (litt. jeunesse), Montréal/Paris, Éditions Études vivantes, 1983, 32 p. Ill. de

Claude Lafortune et Jean-Pierre Karsenty. « Ma sœur la terre ».

Le Soleil, la terre, la lune (litt. jeunesse), Montréal/Paris, Éditions Études vivantes, 1983, 32 p. Ill. de Claude Lafortune et Jean-Pierre Karsenty. « Ma sœur la terre ».

Au Mexique (litt. jeunesse), Montréal, Éditions Études vivantes/Société Radio-Canada, 1984, 16 p. Ill. de Claude Lafortune et Jean-Pierre Karsenty. « Si tous les gens du monde ».

Chez les Inuits (litt. jeunesse), Montréal, Éditions Études vivantes/Société Radio-Canada, 1984, 16 p. Ill. de Claude Lafortune et Jean-Pierre Karsenty. « Si tous les gens du monde ».

En Allemagne (litt. jeunesse), Montréal, Éditions Études vivantes/Société Radio-Canada, 1984, 16 p. Ill. de Claude Lafortune et Jean-Pierre Karsenty. « Si tous les gens du monde ».

En Israël (litt. jeunesse), Montréal, Éditions Études vivantes/Société Radio-Canada, 1984, 16 p. Ill. de Claude Lafortune et Jean-Pierre Karsenty. « Si tous les gens du monde ».

Au Portugal (litt. jeunesse), Montréal, Éditions Études vivantes/Société Radio-Canada, 1984, 16 p. Ill. de Claude Lafortune et Jean-Pierre Karsenty. « Si tous les gens du monde ».

En Russie (litt. jeunesse), Montréal, Éditions Études vivantes/Société Radio-Canada, 1984, 16 p. Ill. de Claude Lafortune et Jean-Pierre Karsenty. « Si tous les gens du monde ».

En Scandinavie (litt. jeunesse), Montréal, Éditions Études vivantes/Société Radio-Canada, 1984, 16 p. Ill. de Claude Lafortune et Jean-Pierre Karsenty. « Si tous les gens du monde ».

La Machine à rêves (litt. jeunesse), Laval, Mondia, 1984, 24 p. Ill. de Marc Mongeau.

Les Mots endimanchés (manuel), Montréal, Centre éducatif et culturel, 1984, 271 p. Collab. Josée Valiquette. Ill. de Claudette Castilloux.

Les Mots endimanchés. Méli-mélo (manuel), Montréal, Centre éducatif et culturel, 1984, 76 p. Collab. Josée Valiquette. Ill. de Murielle Otis, Chantal Roy et Sue Wilkinson.

Le Paradis des animaux (litt. jeunesse), Paris, Éditions de l'amitié, 1984, 123 p. Ill. de Merel. « Bibliothèque de l'amitié ».

Si l'herbe poussait sur les toits (litt. jeunesse), Montréal, Leméac, 1985, 23 p. Ill. de Suzanne Langlois. « Littérature de jeunesse ».

Ukaliq au pays des affaires perdues (litt. jeunesse), Paris, Éditions du Sorbier, 1985, 29 p. Ill. de Gilbert Guédon. « Quelle Histoire ».

Comme les six doigts de la main (litt. jeunesse), Montréal, Héritage, 1986, 111 p. Collab. André Melançon. Ill.

Sophie, l'apprentie sorcière (litt. jeunesse), Montréal, Héritage, 1986, 125 p. Ill. de Garnotte.

ÉTUDES

Odette Leroux, *Le Club des curieux d'Henriette Major*, LAC 1967, p. 72.

Id., *Littérature de jeunesse*, LAQ 1970, p. 77.

Marielle Durand, *À la conquête du temps de Henriette Major*, LAQ 1971, p. 84.

Id., *Littérature jeunesse 1975*, LAQ 1975, p. 232.

[Anonyme], *Major (Henriette) et Sainte-Marie (Paule). Bonjour Montréal/Hello Montréal*, dans *Le Livre canadien*, vol. 7, févr. 1976, n° 85.

Roland-M. Chartrand, *Major (Henriette). Un homme et sa mission*, dans *Nos livres*, vol. 8, août-sept. 1977, n° 243.

Françoise Lepage, *Les Albums*, LAQ 1977, p. 393.

Jean-Claude Petit, *Major (Henriette et Lafortune Claude). L'Évangile en papier*, dans *Nos livres*, vol. 9, févr. 1978, n° 53.

Monique Chartier, *Major (Henriette). Une fleur m'a dit, Élise et l'Oncle riche*, dans *Nos livres*, vol. 10, août-sept. 1979, n° 285-286.

Michèle Hudon, *Henriette Major. Élise et l'Oncle riche*, LAQ 1979, p. 260-261.

Raymond Laprés, *Major (Henriette), Lafortune (Claude). La Bible en papier*, dans *Nos livres*, vol. 11, mars 1980, n° 106.

André Lamarre, *Henriette Major et Cécile Gagnon. La collection « Brindille »*, LAQ 1980, p. 230.

Michel Laurin, *Major (Henriette). La Motoneige rouge*, dans *Nos livres*, vol. 12, avril 1981, n° 205.

André Lamarre, *Henriette Major. J'étais enfant en Nouvelle-France*, LAQ 1981, p. 246-247.

Jacques Lamothe, *Henriette Major et Claude Lafortune. François d'Assise*, LAQ 1981, p. 250-251.

Michel Laurin, *Major (Henriette) et Brassard (Pierre). Les Boucaniers d'eau douce*, dans *Nos livres*, vol. 13, oct. 1982, n° 395-397.

Denis Aubin, *Henriette Major. La Ville fabuleuse*, LAQ 1982, p. 230-231.

R.M., *Pour les enfants, l'utopie et le fantastique*, Pr, 99e année, n° 30, 5 févr. 1983, p. B-3.

Michel Laurin, *Major (Henriette). La Ville fabuleuse*, dans *Nos livres*, vol. 14, févr. 1983, n° 5109.

Marie Laurier, *Apprendre aux enfants à apprivoiser les mots*, Dev, vol. 75, n° 83, 7 avril 1984, p. 22.

MAJOR, JEAN-LOUIS (1937-   ). Critique littéraire et essayiste, né à Cornwall (Ontario). Il fait ses études à l'Université d'Ottawa où il obtient un baccalauréat ès arts (1959), un baccalauréat en philosophie (1959), une licence en philosophie (1960), une maîtrise ès arts (1961) et un doctorat en philosophie (1965) pour une étude sur Saint-Exupéry. En 1968, il poursuit des études post-doctorales à l'École pratique des Hautes Études (Paris). Professeur de latin et de philosophie au Collège Bruyère d'Ottawa, en 1960, il devient professeur de philosophie à l'Université d'Ottawa

(1961–1965) d'où il passe au Département des lettres françaises, en 1965. Il est professeur invité à l'Université de Toronto, en 1970. Membre de la Société royale du Canada (1976), il est membre de divers comités de direction de revues, de comités d'évaluation pour plusieurs organismes du Gouvernement fédéral et du Québec, et il est nommé, en 1981, coordonnateur associé du projet d'éditions critiques de lettres canadiennes-françaises, « Bibliothèque du Nouveau Monde ». Outre ses livres et sa contribution à des ouvrages en collaboration, Jean-Louis Major collabore à une vingtaine de périodiques, tels *Incidences*, *Liberté*, *Livres et Auteurs québécois*, *University of Toronto Quarterly*, *Lettres québécoises*, *Études françaises*, *Revue de l'Université d'Ottawa*..., ainsi qu'au *Dictionnaire des œuvres littéraires du Québec*, au *Dictionnaire des littératures de langue française*... Ses écrits vont de la pensée philosophique à la sémiotique et la théorie littéraire, et s'intéressent particulièrement à la poésie et à l'autobiographie. Réal Ouellet qualifie de «contribution magistrale» son étude sur Saint-Exupéry. À propos d'*Anne Hébert et le Miracle de la parole*, Maurice Émond écrit : «La qualité de l'écriture et la richesse des analyses le rangent parmi les meilleures études publiées jusqu'ici sur Anne Hébert». André Brochu dit de *Paul-Marie Lapointe : La Nuit incendiée*, «Jean-Louis Major réussit le tour de force de nous faire entrer dans la logique intime du poème en restant attentif à toutes ses dimensions, et en évitant le piège du syncrétisme méthodologique ».

ŒUVRES

Saint-Exupéry, l'écriture et la pensée (essai), Ottawa, EUO, 1968, 278 p.

Jean Cocteau, Léone, Ottawa, EUO, 1975, 145 p. Ill. Texte établi, annoté et présenté par Jean-Louis Major. « Cahiers d'inédits ».

Anne Hébert et le Miracle de la parole, Montréal, PUM, 1976, 115 p. « Lignes québécoises ».

Radiguet, Cocteau, « Les Joues en feu » (essai), Ottawa, EUO, 1977, 99 p. Ill. « Cahiers d'inédits ». (Suivi de 4 gravures de Jean Hugo et de la reproduction de l'exemplaire des *Joues en feu* illustré et annoté par Jean Cocteau).

Le Jeu en étoile, études et essais, Ottawa, EUO, 1978, 189 p. « CCRCCF ».

Paul-Marie Lapointe : La Nuit incendiée (essai), Montréal, PUM, 1978, 136 p. « Lignes québécoises ».

Entre l'écriture et la parole. Carnets, Montréal, Hurtubise HMH, 1984, 370 p. « Constantes ».

Henriette Dessaulles, Journal, Montréal, PUM, 1989, 671 p. Édition critique. « Bibliothèque du Nouveau Monde ».

Pensée concrète, Art abstrait, dans *Dialogue*, vol. 1, no 2, 1962, p. 188–201.

André Langevin, dans *Le Roman canadien-français*, Montréal, Fides, 1964, p. 207–229. « ALC » 3.

Parti pris littéraire, I, no 8, mai 1965, p. 46–58.

Le Philosophe comme critique littéraire, dans *Dialogue*, vol. 4, sept. 1965, p. 230–242.

Jacques Godbout, romancier, dans *Europe*, 47e année, nos 478–479, févr.–mars 1969, p. 68–72.

Pour une lecture du roman québécois, dans *Revue d'esthétique*, t. 22, fascicule 3, 1969, p. 251–261.

Claire Martin et Romans-poèmes, Romans-symboles, Nouveau Roman, dans Pierre de Grandpré, *Histoire de la littérature française du Québec*, Montréal, Beauchemin, 1967–1969, vol. 4, 1969, p. 88–94, 129–180.

L'Hexagone : une aventure en poésie québécoise, dans *La Poésie canadienne-française*, Montréal/Paris, Fides, 1969, p. 175–203. « ALC » 3.

Entre deux générations littéraires et L'Imaginaire, dans *Les Critiques de notre temps et Saint-Exupéry*, Paris, Garnier, 1971, p. 57–64, 128–131. « Les Critiques de notre temps ».

Petit Exercice à propos du mythe de Saint-Denys Garneau, RUO, vol. 42, no 4, 1972, p. 528–549.

Saint-Denys Garneau et la Poésie, EF, vol. 8, no 2, 1972, p. 176–194.

Essai et Contre-essai, LAQ 1972, p. 316–326.

Rina Lasnier et la Connivence des signes, CaL, no 55, hiver 1973, p. 41–49.

Écrire sa vie. À propos de La Tentation du passé de Victor Barbeau et De face et profil de Paul Toupin, LQ, vol. 1, no 10, avril 1978, p. 41–44.

La Tentation du fictif, Dr, 67e année, no 266, 9 févr. 1980, p. 18.

ÉTUDES

Réal Ouellet, *Jean-Louis Major. Saint-Exupéry, l'écriture et la pensée*, EL, vol. 1, no 3, déc. 1968, p. 448–449.

André Brochu, *Jean-Louis Major. Anne Hébert et le Miracle de la parole*, LAQ 1976, p. 243–245.

Réjean Robidoux, *Jean-Louis Major et la Création de Radiguet Cocteau*, Dr, vol. 66, no 18, 15 avril 1978, p. 21.

Jean Fisette, *Jean-Louis Major. Paul-Marie Lapointe : La Nuit incendiée*, LAQ 1978, p. 230–232.

Michel Beaulieu, *Paul-Marie Lapointe, enfin...*, dans *Le Livre d'ici*, vol. 4, no 10, 13 déc. 1978, p. 1.

Adrien Thério, « *Le jeu en étoile* », de Jean-Louis Major. Un structuraliste qui se lit bien, Dr, vol. 66, no 286, 3 mars 1979, p. 21.

Yves Bolduc, *Parler de poésie...*, Dr, vol. 67, no 51, 26 mai 1979, p. 21.

André Smith, *Jean-Louis Major. Le Jeu en étoile*, LAQ 1979, p. 230–232.

Stéphane Lépine, *Major (Jean-Louis). Entre l'écriture et la parole*, dans *Nos livres*, vol. 15, nov. 1984, no 5944.

MAJOR, **ROBERT** (1946–   ). Critique littéraire, né à New Liskeard (Ontario). Il fait ses études collégiales au Petit Séminaire d'Ottawa (B.A., 1966) ; par la suite, il prépare à l'Université d'Ottawa successivement une maîtrise (1969) et un doctorat en littérature française (1977). En 1970, il est nommé professeur à l'Université d'Ottawa. Robert Major collabore activement aux revues telles *Voix et Images, Canadian Literature*, ainsi qu'au *Dictionnaire des œuvres littéraires du Québec*. En 1979 paraît son étude *Parti Pris : idéologies et littérature* pour laquelle il obtient en 1980 le prix France-Québec. « Étude remarquable, écrit à ce sujet Clément Trudel, qui établit comment un nombre infime de Canadiens français a obligé une collectivité à se redéfinir comme Québécois ».

ŒUVRE

Parti Pris : idéologies et littérature (essai), Ville LaSalle, Hurtubise HMH, 1979, 341 p. « Cahiers du Québec. Littérature ».

Le Survenant et la Figure d'Éros dans l'œuvre de Germaine Guèvremont, VI, vol. 2, n⁰ 2, déc. 1976, p. 195–208.

Le Joual comme langue littéraire : Le Cassé de Jacques Renaud, dans *Canadian Literature*, n⁰ 75, hiver 1977, p. 41–51.

Québec ou Canada français : note sur l'identité québécoise et la fortune d'un vocable, dans *Contemporary French Civilization*, vol. 2, n⁰ 1, nov. 1977, p. 59–72.

Paul-Marie Lapointe, le combinateur et le jazzman, VI, vol. 6, n⁰ 3, 1981, p. 397–408.

Marx, critique littéraire, dans *Carrefour*, vol. 5, n⁰ 1, mai 1983, p. 38–50.

Prochain Épisode et Menaud, maître-draveur : le décalque romanesque, dans *Canadian Literature*, n⁰ 99, hiver 1983, p. 55–65.

D'un ours bien léché : bestiaire et idéologie dans Jean Rivard, VI, vol. 11, n⁰ 1, 1985, p. 76–95.

Pierre Vallières, essayiste, dans *L'Essai et la Prose d'idées au Québec*, Montréal, Fides, 1985, p. 745–760. « ALC » 6.

ÉTUDES

Max Roy, *Robert Major — Parti Pris : idéologies et littérature*, LAQ 1979, p. 232–234.

Jacques Michon, *Le Parti Pris de Robert Major*, LQ, n⁰ 16, 1979–1980, p. 39–40.

Daniel Latouche, *La Gauche québécoise à l'époque de Parti Pris*, dans *Le Livre d'ici*, vol. 5, n⁰ 27, avril 1980, p. 1.

Clément Trudel, *Parti Pris, cette bombe intellectuelle*, Dev, vol. 71, n⁰ 141, 21 juin 1980, p. 21.

MALATYNSKA. Voir ROUSSAN, WANDA DE.

MALENFANT, PAUL CHANEL (1950–   ). Poète et critique littéraire, né à Saint-Clément (Rivière-du-Loup). Il fait ses humanités au Séminaire et au Cégep de Rimouski (D.E.C., 1969) et termine son baccalauréat (1972) à l'Université de Montréal où il obtient une maîtrise (1974) pour son mémoire « Étude des thèmes et des images dans *Escales* de Rina Lasnier ». Il enseigne au Cégep de Rimouski de 1973 à 1977, et de nouveau à partir de 1979. Entre 1975 et 1982, il est chargé de plusieurs cours de littérature et de création à l'Université du Québec à Rimouski et il donne un cours d'été à l'Université Laval où il termine un doctorat (1979) dont la thèse s'intitule « La Partie et le Tout : parcours de lecture chez Fernand Ouellette et Roland Giguère ». Il collabore à plusieurs périodiques, tels *La Barre du jour, Voix et Images, Liberté, Livres et Auteurs québécois*, dont il devient responsable de la section poésie en 1979, et *Estuaire*, dont il est nommé membre du comité de lecture et de rédaction en 1980. En 1972, il édite à tirage limité son premier recueil de poésie, illustré de quinze attrayantes gravures, *De rêve et d'encre douce*. Le suivant, *Poèmes de la mer pays* (1976), est, écrit Clément Moisan, « placé sous le signe de l'œil » qui voit le monde par des fenêtres ouvertes sur le paysage, sur un jardin d'enfance et sur la mer. Cette poésie descriptive et émotive « fait penser à Valéry ». S'ajoute aussi la musique, mais ici « il s'agit d'une musique qui prend le contre-pied de l'esthétique verlainienne. De la musique après toute chose, semble-t-il nous suggérer ». *Forges froides* (1977) est un recueil qui plaît à Luc Bouvier mais non à Michel Beaulieu et à Pierre Nepveu : ce dernier écrit que le livre « ne mérite sûrement pas de passer inaperçu » mais que le poète laisse trop voir « la trace gênante d'influences » françaises et québécoises et qu'il est « victime de sa très grande facilité à produire des images ». En 1982, Normand de Bellefeuille dit du *Mot à mot* que cette fois « l'on suit, avec attention, scrupuleusement, pour ne rien perdre de l'écriture [...]. En remarquable rupture avec les précédents recueils de l'auteur ».

ŒUVRES

De rêve et d'encre douce (poésie), Montréal, Université du Québec à Montréal, 1972, [n.p., 39 p.]. Gravures de Suzanne Reid-Girard, Isabelle Desjardins, Cécile Bourgeois *et al*. (Tirage limité, dans un portefeuille).

Poèmes de la mer pays, Montréal, Hurtubise HMH, 1976, 76 p. « Sur parole ».

Forges froides. Poèmes, Montréal, Quinze, 1977, 144 p. Ill. de Réal Dumais.

Suite d'hiver (poésie), Montréal, Réal Dumais éditeur, 1978, 20 p. Ill. de Réal Dumais.

Corps second. Poème, Montréal, R. Dumais, 1980, [n.p., 14 p.]. Eaux-fortes de Réal Dumais. (Dans un porte-feuille. Tirage limité).

Le Mot à mot (poésie), Saint-Lambert, Éditions du Noroît, 1982, 93 p. Dessins de Réal Dumais.

La Partie et le Tout. Lecture de Fernand Ouellette et Roland Giguère (étude), Québec, PUM, 1983, 399 p. Avant-propos de l'auteur. « VIQ ».

En tout état de corps (poésie), Trois-Rivières, Écrits des Forges, 1985, 75 p. « Les Rivières ».

Les Noms du père suivi de Lieux dits : italique (poésie), Saint-Lambert, Éditions du Noroît, 1985, 92 p. Ill. de Bruno Santerre.

_____

Escales de Rina Lasnier, L, n⁰ 108, vol. 18, n⁰ 6, nov.-déc. 1976, p. 49–75.

Courtepointes de Gaston Miron, LAQ 1976, p. 156–161.

De la poésie à la critique : un discours en ébullition, LAQ 1979, p. 89–91.

Fernand Ouellette : la lumière sous l'abîme, VI, vol. 5, n⁰ 3, printemps 1980, p. 483–485.

La Poésie cette année : de l'écart et de l'éclat, LAQ 1980, p. 81–84.

ÉTUDES

Normand de Bellefeuille, *Des poèmes atmosphériques*, Pr, 92ᵉ année, n⁰ 128, 29 mai 1976, p. E-2.

Clément Moisan, *Paul Chanel Malenfant. Poèmes de la mer pays*, LAQ 1976, p. 123–125.

Raymond Roy, *Malenfant (Paul Chanel). Poèmes de la mer pays*, dans *Nos livres*, vol. 8, févr. 1977, n⁰ 59.

Luc Bouvier, *Paul Chanel Malenfant. Forges froides*, LAQ 1977, p. 134–137.

Jacques Renaud, *Glück et autres poèmes du bonheur*, Dev, vol. 69, n⁰ 34, 11 févr. 1978, p. 21.

Pierre Nepveu, *La Jeune Poésie. Le Poème : du fait divers à l'événement*, LQ, n⁰ 10, avril 1978, p. 16–17.

Pierre-Louis Vaillancourt, *Quand l'encre gèle... Entrons dans la danse des mots*, Dr, 66ᵉ année, n⁰ 263, 3 févr. 1979, p. 21.

Normand de Bellefeuille, *Paul Chanel Malenfant. Le Mot à mot*, LAQ 1982, p. 126–128.

Claude Beausoleil, *Poésie. Des hymnes aux mots*, Dev, vol. 74, n⁰ 41, 19 févr. 1983, p. 22.

MALINES, EDGAR. Voir **JOBIN, EDGAR.**

MALLET, MARIE-LOUISE. Voir **MALLET, MARILÚ.**

MALLET, MARILÚ [X Marie-Louise Mallet] (1945–   ). Romancière et cinéaste, née à Santiago (Chili). Elle fait ses humanités au Lycée Manuel-de-Salas de Santiago, puis elle étudie l'anthropologie à l'Université de Californie (1962–1963), prépare un baccalauréat en architecture à l'Université du Chili (1964–1969) et un certificat d'études en cinéma (1968) à l'École d'études cinématographiques de Santiago. Elle émigre au Québec en 1973 à la suite de la chute du gouvernement Allende. Elle est cinéaste pigiste à l'Office national du film, et réalisatrice de plusieurs courts métrages pour Radio-Québec dont « Il n'y a pas d'oubli » qui mérite une mention au Festival de Locarno (Suisse), en 1976. En 1983, « Journal inachevé », film de recherche sur le langage féminin, est ovationné à Montréal. Elle collabore à divers périodiques : *Liberté, Moebius, Format Cinéma*. En 1981, elle publie *Les Compagnons de l'horloge-pointeuse*, recueil de nouvelles que la critique accueille comme une réussite pour l'unité de structure, la vérité des personnages, la force de l'émotion contrôlée, et le style. « Où finit la réalité et où commence la fiction, se demande Réginald Martel, dans ce jeu magnifique de l'écriture auquel excelle Marilú Mallet? Celle-ci soutient avec une sorte de ferveur froide les univers suscités en quelques phrases et qui quelques pages plus loin vont se refermer, après avoir fiché une flèche dans la conscience du lecteur. Les moyens sont riches et variés, qui vont du constat réaliste à la dérision. Et les situations et les personnages atteignent cette adéquation qui est la mesure du style ».

ŒUVRES

Les Compagnons de l'horloge-pointeuse. Nouvelles, Montréal, Québec/Amérique, 1981, 111 p. « Littérature d'Amérique ». Traduction anglaise par Alan Brown, *Voyage to the Other Extreme. Five Stories*, Montréal, Vehicule Press, 1985, 105 p.

Miami Trip. Nouvelles, Montréal, Québec/Amérique, 1986, 127 p.

_____

Les Camarades du « Punch clock » (nouvelle), L, vol. 21, n⁰ 3, mai–juin 1979, p. 49–58.

203 festivals, dans *Format Cinéma*, n⁰ 8, 30 nov. 1981, p. 1.

Le Cul-de-sac (nouvelle), dans *Moebius*, n⁰ 12, printemps–été 1981, p. 33–50.

Tout est permis, Dev, vol. 73, n⁰ 269, 20 nov. 1982, p. 8.

ÉTUDES

Réginald Martel, *Douze nouvelles et une démission*, Pr, 95ᵉ année, n⁰ 207, 1 sept. 1979, p. B-2.

Ivanhoé Beaulieu, *Poésie d'ici à travers les revues*, Pr, 97ᵉ année, n⁰ 252, 24 oct. 1981, p. C-7.

Madeleine Ouellette-Michalska, *Marilú Mallet. Du pays perdu au Québec invisible*, Dev, vol. 72, n⁰ 248, 24 oct. 1981, p. 21.

Réginald Martel, *Rocray et Mallet. La peur d'aimer et la peur tout court*, Pr, 97ᵉ année, n⁰ 276, 21 nov. 1981, p. D-3.

Dominique Chassé, *Marilú Mallet. Les Compagnons de l'horloge-pointeuse*, LAQ 1981, p. 67–68.

Gilles Cossette, *Les Compagnons de l'horloge-pointeuse*, LQ, nº 25, printemps 1982, p. 33–34.

Claire de Lamirande, « *Les Compagnons de l'horloge-pointeuse* », de *Marilú Mallet*. *Une suite pour Candide*, Dr, 70ᵉ année, nº 71, 19 juin 1982, p. 16.

Jean Royer, *Marilú Mallet*. « *Pourquoi, en 1983, continuer à vouloir que la société québécoise soit homogène ?* », Dev, vol. 74, nº 34, 12 févr. 1983, p. 17.

[Anonyme], *Mallet (Marilú). Miami Trip*, dans *Nos livres*, vol. 17, juin–juillet 1986, nº 6621.

MALOUIN, REINE [née Reine Voizelle] (1898–1976). Poète et romancière, née à Québec. Après des études au Couvent Saint-Jean-Baptiste de Québec, elle suit des cours privés, puis fréquente, durant trois ans, les cours de littérature d'Auguste Viatte, à l'Université Laval. Reine Malouin remporte, en 1936, avec *Les Murmures*, le grand prix offert par l'Académie de la Ballade française et des Poèmes à forme fixe de Paris ; la même année elle obtient un diplôme d'honneur à l'Exposition universelle de New York à l'occasion du concours organisé par le National Poetry Center. Puis, en 1941, l'Université Laval lui décerne le prix Henri-Raymond-Casgrain. Journaliste, elle collabore à *L'Événement*, au *Journal*, au *Bulletin des agriculteurs*, à *L'Œil*, à *Alerte*, à *Amica* (bulletin mensuel de l'Association fédérée des anciennes élèves des couvents catholiques du Canada) ; elle écrit également de nombreux sketches pour la radio. Elle est la fondatrice de « Moulin à vent », société musicale et littéraire de Québec. Membre associée de la Société haïtienne des lettres et des arts de Port-au-Prince, membre de la Société des écrivains canadiens, de l'Académie canadienne-française, de la Société des poètes du Canada et de la Société d'histoire régionale du Québec, Reine Malouin reçoit en 1967 un des prix littéraires du Centenaire et le prix de poésie Du Maurier pour *Mes racines sont là*. Écrivain prolifique, à la fois dramaturge, romancière et poète, profondément attachée aux valeurs religieuses et sociales de son peuple, artiste qui se renouvelle par sa forme d'une œuvre à l'autre, Reine Malouin se définit elle-même dans son recueil *Sphère armillaire* et plus particulièrement dans son poème « Aspiration » où nous lisons : « Mes racines terriennes s'affolent aux jeux d'ellipses invisibles. [...] Toujours je reviens vers mon origine, vers la luminance de mon pays. Mes pieds de sable ne sont pas fait pour l'incommensurable splendeur de la route astrale ».

ŒUVRES

Les Murmures. Poèmes, Québec, [s.é.], 1939, 166 p. Préface de Maurice Montgrain.

Haïti l'île enchantée (récit de voyage) suivi de *À travers la vie* (croquis), Québec, [s.é.], 1940, 158 p. Ill.

Au temps jadis... Théâtre historique, Québec, [s.é.], 1942, 117 p.

Voix des poètes (anthologie), Montréal, Éditions Variétés/Dusseault et Péladeau, 1945, 247 p. Collab.

Tâches obscures (nouvelles), Québec, [s.é.], 1946, 163 p.

Inviolata. Poème allégorique, Québec, [Édition privée], 1950, 153 p.

Cet ailleurs qui respire. Roman, Québec, [Édition privée], 1954, 251 p.

La Seigneurie Notre-Dame des Anges (monographie), Québec, Société historique de Québec, 1955, 40 p. « CSHQ ».

Le Conseil de la vie française en Amérique (étude), Québec, Conseil de la vie française en Amérique, 1957, 62 p.

Profonds Destins. Roman, Québec, [Édition privée], 1957, 131 p. ; *Ce matin, le soleil. Roman*, Montréal/Paris, Fides, 1962, 95 p. « RV ».

J'ai choisi le malheur. Roman, Québec, [Édition privée], 1958, 137 p.

Vertige. Roman, Québec, [Édition privée], 1959, 161 p.

La Prairie au soleil. Roman, Québec, [Édition privée], 1960, 181 p.

Où chante la vie. Roman, Québec, Éditions de l'Action catholique, 1962, 170 p.

Signes perdus. Poèmes, Québec, [Édition privée], 1964, 95 p.

Princesse de nuit. Roman, Québec, [Édition privée], [1966], 172 p.

Mes racines sont là... (poésie), Québec, [Éditions Garneau], 1967, 92 p. Portrait.

La poésie il y a cent ans. Essai et anthologie, Québec, Éditions Garneau, 1968, 111 p.

Sphère armillaire. Poèmes en prose, Montréal/Sherbrooke, Éditions Cosmos, 1971, 84 p. Portrait. « Relance ».

Il était une fois... des poètes. Cinquante ans de poésie, 1923-1973 (anthologie), Montréal, La Société des poètes canadiens-français, 1973, 42 p. Collab.

Charlesbourg, 1660-1949 (histoire), Québec, Éditions La Liberté inc., 1974, 223 p. Portrait. Ill.

Amour-feu (poésie), Québec, Éditions Garneau, 1976, 99 p. Portrait. « Garneau/Poésie ».

Historique du Néo-Malthusianisme, dans *Amica*, vol. 2, nº 2, nov. 1932, p. 6–9.

Haïti, dans *L'Œil*, vol. 5, nº 8, 15 mars 1945, p. 8–10.

Le Soleil sur le vitrail, RUL, vol. 8, nº 7, mars 1954, p. 682–688.

Jacques Cartier et le Berceau de notre civilisation, AN, vol. 47, nº 2, oct. 1957, p. 100–105.

La Pensée poétique, dans *Poésie*, vol. 2, nº 2, printemps 1967, p. 3–4.

Espoir, Chanter la joie, dans *Poésie*, vol. 2, nº 2, printemps 1967, p. 18–19.

MALOUIN

ÉTUDES

Élie Goulet, *La Seigneurie Notre-Dame des Anges*, C, vol. 18, n° 4, déc. 1957, p. 456–457.

F. Sylvestre, *La Prairie au soleil*, C, vol. 23, n° 4, déc. 1962, p. 423–424.

Guy Robert, *Signes perdus*, LAC 1964, p. 70–71.

Romain Légaré, *Princesse de nuit*, C, vol. 28, n° 1, mars 1967, p. 69–70.

Suzanne Paradis, *La Poésie il y a cent ans*, LAC 1968, p. 110–111.

MAN, LÉON. Voir **MELANÇON, JOSEPH-MARIE.**

MANC, LÉON. Voir **MELANÇON, JOSEPH-MARIE.**

MANIE-TOBIE [X Marie-Thérèse Goulet-Courchaine] (1912–1970). Auteure de chroniques et poète, née à Saint-Boniface (Manitoba). Elle étudie à l'Académie Saint-Joseph de Saint-Boniface, puis elle obtient un brevet d'enseignement à l'École normale du Manitoba. Elle enseigne une dizaine d'années dans les écoles publiques manitobaines et une douzaine d'années dans les écoles métisses et indiennes dirigées par les Pères Oblats, et devient ensuite speakerine à la radio française de Gravelbourg (Saskatchewan). Atteinte de cécité, vers 1960, elle quitte ce poste mais continue à travailler et collabore à des périodiques comme *Le Travailleur*, *L'Ami du foyer*, *The Indian Record*..., et surtout à *La Liberté et Le Patriote*. Quelques poèmes ont paru dans *La Revue moderne*, *Canadian Authors Bookman* et *Anthologie des poètes du Québec* (Paris). Après sa mort, le professeur René Juéry réunit les textes de Manie-Tobie et en publie une anthologie intitulée *Manie-Tobie : femme du Manitoba* (1979). « Les textes en prose sont simples, dit Raymond Laprés, joliment tournés, écrits dans une langue de bonne frappe, manifestant [...] une solide culture. Mais c'est sans doute l'œuvre poétique qui frappe le plus, car, à côté de pièces bien rimées sans plus, on découvre de véritables bijoux, finement ciselés, d'intéressants raccourcis et une veine lyrique très intéressante ».

ŒUVRE

Manie-Tobie : femme du Manitoba, Saint-Boniface, Les Éditions des Plaines, 1979, 142 p. Présentation et choix de textes par René Juéry.

ÉTUDES

Émile Pelletier, *Famous Manitoba Métis* (biographies), Winnipeg, Manitoba Metis Federation Press, 1974, 88 p.

Raymond Laprés, *Manie Tobie (pseudonyme de Marie-Thérèse Goulet-Courchaine)*. *Manie-Tobie : femme du Manitoba*, dans *Nos livres*, vol. 11, mars 1980, n° 88.

G.D. et S.M., *Manie-Tobie* (biographie), dans *Auteurs francophones des prairies*, Saint-Boniface, Centre de ressources éducatives du Manitoba, 1981, p. 29–30.

MAPLE KNOT. Voir **CHEVALIER, HENRI-ÉMILE.**

MARCANTEL, DAVID Émile [Émile DesMarais, Marc Untel de Gravel] (1949–   ). Poète, dramaturge, conteur et essayiste, né à la Nouvelle-Orléans (Louisiane, É.-U.). Il fait ses études à l'école secondaire de Jennings et à l'Université de Southwestern Louisiana de Lafayette (B.S., 1971). Il fait ensuite des études à l'Instituto Tecnológico de Monterrey (Mexique, 1971), à l'Université Paul-Valéry de Montpellier (France, 1972) et à l'Université Laval de Québec (1972–1973), puis il s'inscrit en droit à la Louisiana State University (Lafayette) qui lui confère le titre de Juris Doctor en 1976. Il exerce sa profession d'avocat-notaire à Jennings. Il publie de nombreux articles dans le journal *Louisiane* dont il devient coéditeur en 1977, et il collabore à la *Revue des parlementaires de langue française*. En outre, il fait paraître de la poésie, des pièces de théâtre et des nouvelles dans les anthologies *Cris sur le Bayou* (1980), *Littérature française de la Louisiane* (1981) et *Acadie tropicale* (1983), sous le pseudonyme Émile DesMarais. Le souci de la survie du français en Louisiane est l'un de ses thèmes majeurs.

ŒUVRE

Notre langue louisianaise (manuel), Jennings (Louisiane), Éditions françaises de Louisiane, 1985, 179 p. Préface de David Émile Marcantel. Collab. Patrick Gelhay.

Les Faux Jetons, Fragment of Longer Work, dans *Cris sur le Bayou : naissance d'une poésie acadienne en Lousiane*, Montréal, Les Éditions Intermède, 1980, p. 79–85. Sous le pseudonyme d'Émile DesMarais.

Mille misères (théâtre), *Le Fou dans l'arbre* (nouvelle), *En Louisiane* (poésie), *Apologie du peuple français de Louisiane*, dans Mathé Allain et Barry Ancelet, *Littérature française de la Louisiane* (anthologie), [Bedford (N.H.), National Materials Development Center for French and Creole], 1981, p. 299–320, 321–325, 335, 349–354. Sous le pseudonyme d'Émile DesMarais.

[*Poèmes*], dans *Acadie tropicale*, Lafayette, Center for Louisiana Studies University of Southwestern Louisiana, 1983, 51 p. Ill. de Philip Gould.

Statut légal du français en Louisiane, dans *Revue des parlementaires de langue française*, n° 54, juillet–sept. 1984, p. 10.

MARCEL, JEAN. Voir **PAQUETTE, JEAN-MARCEL.**

MARCHAND, CLÉMENT (1912–). Poète et journaliste, né à Sainte-Geneviève-de-Batiscan (Champlain). Il fait ses études au Séminaire Saint-Joseph de Trois-Rivières (B.A., 1932). À Trois-Rivières, il publie un hebdomadaire, dirige une imprimerie et fait de l'édition : en une trentaine d'années, les Éditions du Bien public comptent près de 200 titres, allant de l'histoire à la jeune poésie, comme celle de Piché, de Godin, de Préfontaine et de Paradis. Clément Marchand dirige, dans les années 1940, la revue *Horizons*. Il est membre de la Société royale du Canada (1947) et de la Société des écrivains canadiens-français. Il obtient le prix David, en 1939, pour son recueil de poésie *Les Soirs rouges* et, en 1942, pour ses contes et récits, *Courriers des villages*. Ce dernier, suite de tableaux ayant pour thème la vie rurale, étonne par sa puissance d'évocation et l'accumulation massive des petits faits tirés directement de la vie paysanne. « Monsieur Eusèbe », « Nuit sur la colline », « L'Orage » sont, sans nul doute, des contes d'anthologie. Dans *Les Soirs rouges*, la campagne s'ouvre, comme dans la poésie d'Émile Verhaeren, sur la ville : le champ voisine avec l'usine, la chanson paisible avec le bruit des rues. Son vers change d'éclat et de rythme ; il suit, tantôt traditionnellement aligné dans des strophes tantôt sans aucune entrave dans une suite libre, la marche vers la fourmillante cité. Le poème « Soir à Montréal », au centre du recueil, est aussi le centre de l'imaginaire, jailli en images du réalisme de la métropole : lumineux réseaux, luisants pavés, faisceaux de lumières, artères blanches, carrefours où roulent confusément des foules énervées. C'est dans cet espace, entre la campagne et la ville, bien plus dans la ville qu'à la campagne, que se précise remarquablement le rythme essentiel de *Les Soirs rouges*, l'un des meilleurs recueils de poésie d'après-guerre.

ŒUVRES

Courriers des villages (contes et nouvelles), Trois-Rivières, Éditions du Bien public, 1940, 220 p. Ill. de Rodolphe Duguay ; 1941 ; 1942 ; 1944.
Les Soirs rouges. Poèmes, Trois-Rivières, Éditions du Bien public, 1947, 183 p.
Nérée Beauchemin, Montréal, Fides, 1957, 96 p. Textes choisis et présentés par Clément Marchand. « CC ».

Comment j'en vins à écrire, ESC, vol. 21, n° 3, déc. 1941, p. 195–202.
Dans quoi versera-t-on nos « forts en composition »?, Hommes de lettres ou écrivains, ESC, vol. 21, n° 6, mars 1942, p. 454–460.
Tendances de la jeune poésie au Canada français, MSRC, 3e série, vol. 54, section 1, 1960, p. 65–72.

ÉTUDES

Valdombre, *Clément Marchand, peintre de la campagne*, PV, 4e série, nos 6–7, nov.–déc. 1940, p. 226–237.
Arthur Laurendeau, *Courriers des villages*, AN, vol. 17, n° 1, janv. 1941, p. 72–80.
Abbé Albert Tessier, *Présentation de M. Clément Marchand*, dans *Présentation*, Société royale du Canada, n° 5, 1947–1948, p. 53–57.
Émile Bégin, *Les Soirs rouges*, ESC, vol. 27, n° 8, mai 1948, p. 388–390.
Marie-Andrée Hamel, *Ce que je lis... Clément Marchand*, dans *Le Livre d'ici*, vol. 5, n° 7, 21 nov. 1979, p. 1.
Victor-Lévy Beaulieu, *La Leçon de monsieur Marchand*, Dev, vol. 75, n° 233, 6 oct. 1984, p. 26.

MARCHAND, ÉTIENNE (1707–1774). Poète, né à Québec. Étudiant au Séminaire de Québec, il est témoin de la querelle au sujet de la tombe de Mgr de Saint-Vallier, évêque de Québec, mort le 26 décembre 1727. Cette querelle donne lieu à une « bataille de vers » qui fut à l'origine du poème héroï-comique de Marchand, intitulé, *Les Troubles de l'Église du Canada en 1728*. Ordonné prêtre en 1731, l'abbé Marchand assure la cure de Champlain en 1732. En 1735, il est assigné à la paroisse de Boucherville. Il y sera curé pendant presque quarante ans. En 1773, il se retire à l'Hôpital général de Québec où il mourra au bout d'un an.

ŒUVRE

Les Troubles de l'Église du Canada en 1728. Poème héroï-comique composé à l'occasion des funérailles de Mgr de Saint-Vallier, publié par Pierre-Georges Roy, Lévis, Bulletin de recherches historiques, 1897, 20 p. (Paru d'abord dans BRH, vol. 3, 1897, p. 114–121, 132–138).

MARCHAND

ÉTUDE

Aegidius Fauteux, *Bataille de Vers autour d'une tombe*, MSRC, 3ᵉ série, vol. 25, 1931, p. 47–60.

MARCHAND, FÉLIX-GABRIEL (1832–1900). Dramaturge, journaliste et homme politique, né à Saint-Jean d'Iberville. Il fait ses humanités au Séminaire de Saint-Hyacinthe. Il est reçu notaire en 1855. En 1860, il fonde *Le Franco-Canadien* à Saint-Jean, en collaboration avec Charles Laberge. De 1867 à 1900, il est député du comté de Saint-Jean à la législature de Québec. Pendant l'administration de Joly (1878–1879), il occupe les postes de secrétaire provincial et de commissaire des Terres de la couronne. Attiré par la littérature, il écrit cinq pièces de théâtre, des poésies ainsi que de courts essais repris dans ses *Mélanges poétiques et littéraires* (1899). Il est un des membres fondateurs de la Société royale dont il sera élu président en 1897. En 1883, il devient rédacteur en chef du journal *Le Temps* de Montréal. Chef du Parti libéral en 1892, il triomphe aux élections de 1897, et il est Premier ministre de la province de Québec. Il règle le problème des frontières entre le Québec et l'Ontario. Au sommet de la gloire, il meurt subitement en 1900. Ses comédies ne réflètent que peu les mœurs de la société québécoise. Marchand tente plutôt d'imiter le genre boulevard parisien de l'époque. Selon Charles ab der Halden, la langue de Marchand « reste toujours familière dans ses comédies ; mais une foule de détails prennent trop d'importance et gagneraient infiniment à être traduits en prose ». Justement, Jean-Claude Germain a traduit et paraphrasé en langage parlé moderne *Les Faux Brillants* qu'il a montés à Montréal en 1977.

ŒUVRES

Fatenville. Pièce en 1 acte, Montréal, La Revue canadienne, 1869, 45 p. (Tiré à part du vol. 6, 1869, p. 666–711).

Erreur n'est pas compte ou Les Inconvénients d'une ressemblance. Vaudeville en deux actes, Montréal, Des presses à vapeur de la « Minerve », 1872, 57 p.

Un bonheur en attire un autre. Comédie en un acte et en vers, Montréal, Imprimerie de la Gazette, 1883, 50 p.

Les Faux Brillants. Comédie en cinq actes et en vers, Montréal, Prendergast & cie, éditeurs, 1885, 106 p.

Manuel et Formulaire général et complet du notariat de la Province de Québec, contenant : -1° L'histoire du notariat ; -2° L'organisation actuelle du notariat dans la Province de Québec ; -3° Un traité sur la responsabilité des notaires ; -4° Un formulaire français-anglais des actes des notaires ; -5° Les tarifs des notaires, des régistrateurs et des extraits des tarifs judiciaires, suivi d'un index alphabétique des formules, en français et en anglais, Montréal, A. Périard, éditeur / Librairie générale de droit et de jurisprudence, 1891, [4], 304 p. Préface de l'auteur ; *Manuel et formulaire général et complet du notariat de la Province de Québec, contenant : -1° L'histoire du notariat ; -2° L'organisation actuelle du notariat dans la Province de Québec ; -3° Un traité sur la responsabilité des notaires ; -4° Un formulaire français-anglais des actes des notaires ; -5° Les tarifs des notaires, des régistrateurs, suivi d'un index alphabétique des formules, en français et en anglais*, 1892, [6], 584 p.

Discours sur le budget prononcé par l'Honorable F.-G. Marchand trésorier de la Province, à l'Assemblée législative du Québec, le mardi, 14 décembre 1897, Québec, Imprimé par E. Vincent, 1897, 37 p.

Speech of the Honorable Mr. Marchand on Elementary Education. Delivered in the Lower House Last Session. An Answer to the Speech of the Premier When He Brought Forward his Resolutions on Public Instruction, [s.l., s.é., 1897 ?], 4 p.

Discours de l'Honorable M. Marchand, Premier Ministre de la Province de Québec, sur la loi de l'instruction publique prononcé à la Législature le 28 décembre 1897, Québec, Imprimé par La Cie d'imprimerie de Québec, 1898, 16 p.

Le Lauréat, opéra-comique en deux actes, Montréal, C.O. Beauchemin et fils, 1899, 45 p.

Mélanges poétiques et littéraires, Montréal, C.O. Beauchemin & Fils, libraires-imprimeurs, 1899, xii, 369 p. Ill. Lettre-préface de A.-D. DeCelles. (Comprend : *Un bonheur en attire un autre*, *Les Faux Brillants*, *Le Lauréat*, *Fatenville*, *Erreur n'est pas compte*, *Poésies diverses* et *Prose*).

Discours de l'Hon. M. Marchand sur l'instruction primaire prononcé à la Chambre d'assemblée durant la dernière session en réponse au discours prononcé par le Premier Ministre, en présentant ses résolutions sur l'instruction publique, [s.l., s.é., 189 ?], 8 p. Portrait.

Budget Speech Delivered by Honorable F.G. Marchand, Treasurer of the Province, in the Legislative Assembly of Quebec, January 24th 1900, Quebec, Daily Telegraph Book and Job Print, 1900, 53 p.

La Poésie, RC, vol. 3, 1866, p. 593–601.

Fatenville (théâtre), RC, vol. 6, 1869, p. 666–711.

Les Travers du siècle, MSRC, vol. 2, 1884, p. 135–139.

L'Aigle et la Marmotte (fable), MSRC, vol. 3, 1885, p. 135–137.

Nos gros chagrins et nos petites misères, MSRC, vol. 8, 1890, p. 35–39.

Les Femmes dans la politique, dans *La Revue nationale*, vol. 1, n° 11, 1895, p. 456–459.

Nos ridicules, MSRC, 2ᵉ série, vol. 2, 1896, p. 95–98.

ÉTUDES

J.-C. Bourinot, *Bibliography of Members of the Royal Society of Canada*, MSRC, vol. 12, 1894, p. 57–58.

Charles ab der Halden [*Félix-Gabriel Marchand*], dans *Études de littérature canadienne-française*, Paris, de Rudeval, 1904, p. 309–325.

L.-O. David, [*Félix-Gabriel Marchand*], dans *Souvenirs et Biographies, 1870-1910*, Montréal, Beauchemin, 1911, p. 135–138.

Ouvrages publiés par l'honorable F.-G. Marchand, BRH, vol. 35, 1929, p. 149.

Robert Rumilly, *Histoire de la province de Québec*, Montréal, Éditions Bernard Valiquette, 1942, t. 9, 317 p.

Berthe Deland, « Bio-bibliographie de M. Félix-Gabriel Marchand, premier ministre de la province de Québec ». Mémoire, Montréal, École de bibliothécaires de l'Université de Montréal, 1946, ix, 43 f.

Helen-Anna Gaubert, « Notes bio-blibliographiques sur Félix-Gabriel Marchand, dramaturge ». Mémoire, Montréal, École de bibliothécaires de l'Université de Montréal, 1949, v, 21 f.

Bernard Chevrier, *Le Ministère de Félix-Gabriel Marchand*, RHAF, vol. 22, n° 1, 1968-1969, p. 35–46.

Angèle Dagenais, « *Les Faux Brillants* » de F.-G. Marchand. Un *Premier Ministre dramaturge*, Dev, vol. 69, n° 66, 22 mars 1977, p. 14.

Denis St-Jacques, *Les Faux Brillants de Félix-Gabriel Marchand et Jean-Claude Germain*, LQ, n° 9, févr. 1978, p. 21–23.

Lionel Fortin, *Félix-Gabriel Marchand*, Saint-Jean-sur-Richelieu, Éditions Mille Roches, 1979, 232 p.

MARCHAND, JOSÉPHINE. Voir **DANDURAND, Mᵐᵉ RAOUL.**

MARCHAND, OLIVIER (1928–   ). Poète, journaliste et traducteur, né à Montréal. Après des études scientifiques au Collège Mont-Saint-Louis, il se lance dans le journalisme dès l'âge de dix-neuf ans, d'abord à la Presse canadienne, ensuite au quotidien *La Presse*. Il présente quelques reportages à la radio et à la télévision. Bien qu'intermittente, sa carrière poétique est l'une des plus caractéristiques du mouvement de l'Hexagone. Fondateur du mouvement, en 1953, avec Gaston Miron, Olivier Marchand se révèle animateur marquant auprès de la jeune génération de poètes, « clameur, d'après Gilles Marcotte, de la vie menacée et espérée [...] dans un langage qui a parfois des raccourcis, des virages étonnants ». En 1971, on rassemble en un seul volume, les poésies de Marchand. « Poète de la collectivité esseulée peut-être, écrit André Renaud, mais d'abord et avant tout poète de la femme, Marchand montre son meilleur talent dans l'écrit de l'amour ».

ŒUVRES

Deux sangs (poésie), Montréal, Les Éditions de l'Hexagone, 1953, 71 p. Collab. Gaston Miron. Ill. de Mathilde Ganzini, Jean-Claude Rinfret et Gilles Carle.

Crier que je vis (poésie), Montréal, Les Éditions de l'Hexagone, 1958, [n.p., 28 p.]. « Les Matinaux ».

Par détresse et tendresse. Précédé de Deux sangs et Crier que je vis. Poèmes 1953-1965, Montréal, Éditions de l'Hexagone, 1971, 122 p.

Silex 2, dans *Cahiers de poésie*, Montréal, Éditions Atys, 1960, 19 p.

[*Témoignages...*], dans *La Poésie canadienne-française*, Montréal/Paris, Fides, 1969, p. 468–470. « ALC » 4.

ÉTUDES

Gilles Marcotte, *Trois nouveaux poètes : Olivier Marchand, Jean-Guy Pilon et Gaston Miron*, Dev, vol. 64, n° 212, 20 août 1953, p. 7.

Alain Bosquet, [*Olivier Marchand*], dans *La Poésie canadienne*, Paris/Montréal, Seghers/Hurtubise HMH, 1962, p. 129.

Jean-Guy Pilon, *Le Temps de notre jeunesse*, dans *Littérature du Québec*, t. 1. *Témoignages de dix-sept poètes*, Montréal, Déom, 1964, p. 127–134.

Gilles Marcotte, [*Olivier Marchand*], dans *Le Temps des poètes*, Montréal, Hurtubise HMH, 1969, p. 159–160.

André Renaud, *Par détresse et tendresse d'Olivier Marchand*, LAQ 1971, p. 140–142.

Kèro

MARCHESSAULT, JO-VETTE (1938–   ). Peintre, sculpteur, romancière, poète et dramaturge, née à Montréal. Après l'école primaire, à treize ans elle doit gagner sa vie et elle exerce plusieurs métiers : ouvrière dans des usines de textile, fonctionnaire à l'assurance chômage, commis aux Éditions du Jour, assistante au crédit chez Grolier. En 1969, à trente et un ans, elle opte pour la peinture et la sculpture et quitte son emploi. Elle fait sa première exposition à la Maison des arts de la Sauvegarde, en 1971, et dix ans après elle aura exposé une vingtaine de fois au Canada, à Paris, Bruxelles, New York... Installée au bord de la rivière Ouareau, dans les Laurentides, elle rédige *Le Crachat solaire* (1975), présenté comme premier roman d'une trilogie, *Comme une enfant de la terre*. Raymond Plante écrit alors : « Il y a des livres comme ça qui vous arrivent en plein cœur. Parce qu'ils sont chauds ». D'autres critiques sont défavorables, et c'est le prix France-Québec qui, en 1976, lance le roman que Henri Queffélec appelle un grand livre. Très personnel, situé entre le roman et le cosmique, le livre est une sorte de recherche des origines qui vaut par un lyrisme infatigable, « un ruissellement de symboles et d'images » (Jacques Cellard) auquel il manque de savoir se limiter. Il exprime bien l'immense jubilation de vivre et de créer de Jovette Marchessault. Elle adhère au mouvement féministe, collabore au *Devoir*, à *Châtelaine*, à *Fireweed*..., conçoit avec Nicole Brossard le spectacle « Célébrations » (1979), et publie *La Mère des herbes* (1980), suite du premier roman et dont le grand mérite, selon Gloria Orenstein est « d'avoir élargi les dimensions du roman autobiographique en y introduisant celle du mythe et le l'expérience visionnaire ». Madeleine Ouellette-Michalska trouve dans ce « dur et beau livre » deux registres : « celui de l'incantation et de la célébration » de la femme, « celui de la profanation et de l'imprécation », rejet, dénonciation de la culture de l'homme et du culte chrétien « avec une outrance et un emportement qu'on n'a encore jamais vu dans nos lettres ». L'auteur se tourne ensuite vers le théâtre avec la même passion. *La Saga des poules mouillées* (1981) est qualifiée d'« événement théâtral » par Jean Royer. C'est encore la fête de la dénonciation, mais cette fois, selon André-G. Bourassa, « ce qui frappe le plus c'est évidemment le fait que Jovette Marchessault ait relevé le défi extraordinaire d'avoir choisi pour seuls personnages quatre femmes vivant devant nous un drame qui concerne les problèmes de l'écriture de femme ». Un mot de Julie Stanton qualifie bien l'écriture de Jovette Marchessault : « langue bien particulière sortie d'un imaginaire en étroite relation avec le cosmos, sa langue de feu belle comme la vie parfois, violente comme toujours la vie ».

ŒUVRES

Comme une enfant de la terre / I. Le crachat solaire. Roman, [Montréal], Leméac, 1975, 349 p. « Roman québécois ».

La Mère des herbes (roman), Montréal, Quinze, 1980, 243 p. Préface de Gloria Feman Orenstein. « Réelles ».

Tryptique lesbien. — Chronique lesbienne du moyen-âge québécois — Les Vaches de nuit — Les Faiseuses d'anges (récits), Montréal, Les Éditions de la Pleine Lune, 1980, 123 p. Postface de Gloria Feman Orenstein. Traduction anglaise par Yvonne M. Klein : *Lesbian Tryptych*, Toronto, The Womens's Press, 1985, 100 p.

La Saga des poules mouillées (théâtre), Montréal, Les Éditions de la Pleine Lune, 1981, 181 p. Ill. « Théâtre ». Traduction anglaise par Linda Gaboriau : *Saga of the Wet Hens*, Vancouver, Talonbooks, 1983, 134 p.

Lettre de Californie (poésie), Montréal, Éditions du Silence, 1982, 24 p. Ill.; Nouvelle Optique, 69 p. (Édition augmentée).

La terre est trop courte, Violette Leduc (théâtre), Montréal, Les Éditions de la Pleine Lune, 1982, 158 p. Ill. « Théâtre ».

Alice & Gertrude, Natalie & Renée et ce cher Ernest (théâtre), Montréal, Les Éditions de la Pleine Lune, 1984, 136 p. « Théâtre ».

Anaïs, dans la queue de la comète, Montréal, La Pleine lune, 1985, 182 p.

Des cailloux blancs pour les forêts obscures. Roman, Montréal, Leméac, 1987, 176 p. « Roman québécois ».

ÉTUDES

Raymond Plante, *Un salut à l'Amérique*, dans *Le Livre d'ici*, vol. 1, n° 6, 23 nov. 1975, p. 1.

Renée Maheu, *Jovette Marchessault et Réjean Ducharme, France-Québec et France-Canada*, Dev, vol. 68, n° 300, 24 déc. 1976, p. 18.

Raymond Plante, *Les Écrivains et leurs hobbies. Jovette Marchessault : moi les abeilles...* (entrevue), dans *Le Livre d'ici*, vol. 1, n° 42, 6 sept. 1976, p. 1.

Madeleine Ouellette-Michalska, *Jovette Marchessault à New York*, Dev, vol. 70, n° 239, 13 oct. 1979, p. 27.

Id., *Jovette Marchessault : après la chute*, Dev, vol. 71, n° 33, 9 févr. 1980, p. 27.

Gloria Feman Orenstein, *The Telluric Woman of Jovette Marchessault*, dans *Fireweed*, n°s 5-6, avril-mai 1980, p. 164.

Michèle Causse, *Jovette Marchessault ou La Porteuse de vie*, dans *Masques* (France), vol. 2, 1980, p. 15.

Pierre Boileau et Jean-Claude Klein, *Entendre ma naissance* (entrevue), dans *Le Berdache*, n° 14, oct. 1980, p. 18-23.

Pierre L'Hérault, *Jovette Marchessault. La Mère des herbes*, LAQ 1980, p. 50-51.

André Dionne, *Jovette Marchessault. Tryptique lesbien*, LAQ 1980, p. 51-52.

Madeleine Ouellette-Michalska, *Jovette Marchessault envers et contre tous*, Pe, vol. 23, n° 12, 21 mars 1981, p. 22, 24-25.

Gilles Cossette, *Le Roman II. La Mère des herbes*, LQ, n° 20, hiver 1980-1981, p. 18-20.

Julie Stanton, *Pour Jovette Marchessault ça été :* « Tu crées ou tu crèves », Ch, vol. 22, n° 6, juin 1981, p. 110.

Id., *La Saga de Jovette Marchessault*, dans *Le Livre d'ici*, vol. 6, n° 48, 2 sept. 1981, p. 2.

André-G. Bourassa, *Le théâtre qu'on publie. Poules d'eau et vaches de nuit*, LQ, n° 23, automne 1981, p. 37-38.

André Dionne, *Le Théâtre qu'on joue*, LQ, n° 23, automne 1981, p. 39.

Sylvie Laflèche et Marie Michèle, *La Parole et l'Image. J. Marchessault. Lesbienne, féministe radicale, écrivain, peintre et sculpteur* (interview), dans *Le Berdache*, n° 26, déc. 1981-janv. 1982, p. 48-52 et n° 28, mars 1982, p. 28-29.

Clément Trudel, *Deux performances de femmes*, Dev, vol. 74, n° 86, 15 avril 1983, p. 15.

Raymond Bernatchez, *À l'atelier Continu Jovette Marchessault et les amours lesbiens*, Pr, 101e année, n° 1, 20 oct. 1984, p. B-4.

Jean Royer, *Jovette Marchessault.* « Soyons légendaires ! », Dev, vol. 75, n° 244, 20 oct. 1984, p. 25, 33.

Stéphane Lépine, *Anaïs Nin. Unir l'art et la vie*, Dev, vol. 76, n° 219, 21 sept. 1985, p. 27.

Robert Lévesque, *Andrée Lachapelle sublime Marchessault, ou Le Théâtre pris dans sa pédagogie*, Dev, vol. 76, n° 224, 27 sept. 1985, p. 22.

MARCOTTE, GILLES (1925–   ). Critique littéraire et romancier, né à Sherbrooke. Il fait ses études au Séminaire Saint-Charles Borromée de Sherbrooke (B.A., 1943), à l'Université de Montréal (M.A., 1951) et à l'Université Laval (doctorat en littérature française, 1969). Il commence une carrière de journaliste à *La Tribune* de Sherbrooke (1947–1948), puis au *Devoir* (1949–1955), avant d'être réalisateur d'émissions d'information à Radio-Canada de 1955 à 1957 où il écrit une trilogie pour la télévision, « Au milieu de la course de notre vie ». Il effectue ensuite des travaux de recherche pour l'Office national du film du Canada (1957–1961). Il est directeur du service « arts et lettres » et du magazine à *La Presse* (1961–1966). À partir de 1966, il est professeur titulaire au Département d'études françaises de l'Université de Montréal. En 1970, il donne une série de conférences au Brésil ; pendant l'année scolaire 1970–1971, il enseigne à l'Université de Strasbourg et au Centre universitaire de Menton. Membre du comité de rédaction des *Écrits du Canada français* depuis 1954, Gilles Marcotte reçoit, pour *Une littérature qui se fait*, le prix du Gouverneur général du Canada (1962) et le prix France-Canada (1963) ; en 1970, et en 1976, il obtient le Grand Prix littéraire de la Ville de Montréal ; en 1979, il reçoit le prix La Presse. Auteur de deux romans, *Le Poids de Dieu* et *Retour à Coolbrook*, Gilles Marcotte s'impose surtout comme critique littéraire qui touche à de nombreux aspects de la littérature québécoise. Son mérite, écrit Robert Vigneault, « est d'allier assez souvent le caractère expéditif de la chronique et le jugement sûr du critique réfléchi. On trouve chez lui des intuitions pénétrantes, une pensée rigoureuse, qui se traduisent d'ailleurs dans une langue remarquablement ferme ».

ŒUVRES

Le Poids de Dieu. Roman, Paris, Flammarion, éditeur, 1962, 218 p. Traduction anglaise par Elizabeth Abbott : *The Burden of God*, New York, Vanguard Press, inc., 1964, 185 p.

Une littérature qui se fait. Essais critiques sur la littérature canadienne-française, Montréal, Éditions HMH, 1962, 295 p. « C » ; 1968, 307 p. (Nouvelle édition augmentée).

L'Aventure romanesque de Claude Jasmin, Montréal, PUM, 1965, 28 p. « Conférences J.A. de Sève ».

Retour à Coolbrook. Roman, Paris, Flammarion, éditeur, 1965, 220 p.

Présence de la critique. Critique et littérature contemporaines au Canada français (essais), Montréal, HMH, 1966, 254 p. Collab. Préface et choix de textes de l'auteur.

Le Temps des poètes. Description critique de la poésie actuelle au Canada français, Montréal, HMH, 1969, 251 p.

Les Bonnes Rencontres. Chroniques littéraires, Montréal, Hurtubise HMH, 1971, 224 p. « R ».

Un voyage. Récit, Montréal, HMH, 1973, 187 p. Portrait. « A ».

Le Roman à l'imparfait. Essais sur le roman québécois d'aujourd'hui, Montréal, La Presse, 1976, 195 p. Portrait. « Échanges » ; Montréal, L'Hexagone, 1989. Coll. « Typo ».

Vaisseau d'or et Croix du chemin, 1895–1935, Montréal, La Presse, 1979, xviii, 498 p. Collab. François Hébert. (Constitue le vol. III de l'*Anthologie de la littérature québécoise* compilée sous la direction de Gilles Marcotte).

La Littérature et le Reste (livre de lettres), Montréal, Quinze, 1980, 185 p. Collab. André Brochu. Préface de François Hébert. « Prose exacte ».

La Prose de Rimbaud (essai), Montréal, Primeur, 1983, 165 p. Coll. « L'Échiquier » ; Montréal, Boréal, 1989.

Littérature et circonstances (essai), Montréal, L'Hexagone, 1989.

Une poésie d'exil, CaL, n° 2, automne 1959, p. 32–36.

L'Expérience du vertige dans le roman canadien-français, ECF, n° 16, 1963, p. 229–246.

La Religion dans la littérature canadienne-française contemporaine, RS, vol. 5, nos 1–2, janv.–août 1964, p. 167–176.

Les poètes d'aujourd'hui ont-ils droit à l'anthologie ?, Pr, 80e année, n° 105, 12 févr. 1964, p. 6.

Le Son et l'Image (textes pour la radio et la télévision), ECF, n° 30, 1970, p. 153–190.

Notes sur le thème du pays, VIP, n° 4, 1974, p. 11–26.

Les Problèmes du capitaine, L, vol. 19, n° 111, mai–juin 1977, p. 78–86.

Nationalism and Literature in Quebec, dans *Canadian Literature*, n° 75, hiver 1977, p. 6–14.

Les Années trente : de Monseigneur Camille à la Relève, VI, vol. 5, n° 3, printemps 1980, p. 515–524.

Le Mythe de l'universel dans la littérature québécoise, dans *Québec et Ontario français : mythe et réalité*, RUO, vol. 55, n° 2, avril–juin 1985, p. 9–19.

ÉTUDES

André Belleau, *Gilles Marcotte ou Le Poids de la liberté*, L, vol. 4, n° 22, avril 1962, p. 283–285.

Rita Leclerc, « *Le Poids de Dieu* », dans *Lectures*, vol. 8, n° 8, avril 1962, p. 224–227.

Julia Richer, *Gilles Marcotte : Une littérature qui se fait*, dans *Lectures*, vol. 9, n° 3, nov. 1962, p. 65–66.

Gilles Archambault, *Les Jugements de Marcotte*, CaL, n° 16, printemps 1963, p. 57–61.

Monique Bosco, *Pas de vacances pour les critiques !*, MM, vol. 5, n° 9, sept. 1965, p. 60–61.

Henri-Paul Bergeron, *Retour à Coolbrook de Gilles Marcotte*, dans *Lectures*, vol. 12, n° 2, oct. 1965, p. 42–43.

Jacques Cotnam, *Présence de la critique*, C, vol. 28, n° 2, juin 1967, p. 181–182.

Ivanhoé Beaulieu, *Le Temps des poètes*, LAQ 1969, p. 118–120.

Robert Vigneault, *Rencontres*, EF, vol. 8, n° 2, mai 1972, p. 198–201.

Yvon Boucher, *Marcotte au conditionnel*, Dev, vol. 58, n° 253, 30 oct. 1976, p. 17.

Jean Fisette, *Gilles Marcotte. Le Roman à l'imparfait*, LAQ 1976, p. 229–233.

Donald Smith, *Gilles Marcotte, René Dionne et Gabrielle Poulin, trois auteurs de l'Anthologie de la littérature québécoise*, LQ, n° 15, août-sept. 1979, p. 51–61.

Robert Giroux, *Gilles Marcotte et François Hébert. Anthologie de la littérature québécoise, tome III : Vaisseau d'or et Croix du chemin*, LAQ 1979, p. 237–241.

Joseph Bonenfant, *Gilles Marcotte ou La Pensée critique de la pensée de l'inachèvement*, VI, vol. 6, n° 1, automne 1980, p. 51–61.

André Brochu, *Entretien. Gilles Marcotte, critique et romancier*, VI, vol. 6, n° 1, automne 1980, p. 5–34.

Dominique Lafon, *André Brochu, Gilles Marcotte. La Littérature et le Reste*, LAQ 1980, p. 183–186.

Gabrielle Poulin, *Mais où sont les lettres d'antan ? « La Littérature et le Reste » d'André Brochu et Gilles Marcotte*, LQ, n° 20, hiver 1980–1981, p. 81–83.

MARGERIE [X Gareau, Marie-Reine] (1932–). Conteuse pour enfants, née à Saint-Jacques (Montcalm). Elle termine le secondaire au Collège Marie-Anne de Lachine, fait deux ans à l'Institut familial de Saint-Jacques (1949–1951) et entre à l'École des infirmières de l'Hôpital général de Verdun (1952–1955). Elle est ensuite professeur de soins infirmiers à l'Hôpital de la Miséricorde et à l'Hôpital du Sacré-Cœur (1955–1958), secrétaire à temps partiel (1966–1972), coordonnatrice des services infirmiers de compagnies privées (1972–1975), infirmière en milieu industriel à Montréal (1975–1980), et infirmière en psychiatrie à l'Hôpital Douglas de Verdun (1980–). En 1972, elle publie sous le pseudonyme de Margerie, *Les Mémoires de Coquette*, huit albums de contes pour enfants, réédités en 1980.

ŒUVRES

Bouboule est perdue (litt. jeunesse), Sherbrooke, Éditions Paulines, 1972, 15 p. Ill. de Claire Duguay, « Les Mémoires de Coquette ».

Bouboule et Moustache (litt. jeunesse), Sherbrooke, Éditions Paulines, 1972, 15 p. Ill. de Claire Duguay. « Les Mémoires de Coquette ».

Des amis pas comme les autres (litt. jeunesse), Sherbrooke, Éditions Paulines, 1972, 15 p. Ill. de Claire Duguay. « Les Mémoires de Coquette ».

Des vacances à la campagne (litt. jeunesse), Sherbrooke, Éditions Paulines, 1972, 15 p. Ill. de Claire Duguay. « Les Mémoires de Coquette ».

La Leçon de chasse (litt. jeunesse), Sherbrooke, Éditions Paulines, 1972, 15 p. Ill. de Claire Duguay. « Les Mémoires de Coquette ».

Mon premier voyage (litt. jeunesse), Sherbrooke, Éditions Paulines, 1972, 15 p. Ill. de Claire Duguay. « Les Mémoires de Coquette ».

Les Sept vies d'un chat (litt. jeunesse), Sherbrooke, Éditions Paulines, 1972, 15 p. Ill. de Claire Duguay. « Les Mémoires de Coquette ».

Une promenade aux champs (litt. jeunesse), Sherbrooke, Éditions Paulines, 1972, 15 p. Ill. de Claire Duguay. « Les Mémoires de Coquette ».

MARIE-ANASTASIE [X Laura Tourangeau] (1909–). Poète et graveur, née à Mont-Laurier (Labelle). Elle fait ses humanités au Pensionnat Marie-Rose (Montréal) et au Collège Basile-Moreau. Enseignante de 1932 à 1950, elle fréquente l'École des beaux-arts (1950–1954), puis elle enseigne les arts plastiques au Collège Basile-Moreau (1954–1963), tout en prenant des cours de sculpture aux Beaux-Arts (1954–1957) et de gravure avec Albert Dumouchel à l'Institut des arts graphiques (1957–1960). En 1965, elle obtient un baccalauréat en psychologie, section arts, à l'Université de Montréal, et de 1966 à 1969 elle poursuit des études à Paris à l'atelier de Goethe, ainsi qu'à Bruxelles à l'atelier de René Carcan. Seule ou en groupe, elle fait de nombreuses expositions de ses œuvres au Canada et à l'étranger, et elle obtient une mention spéciale, en 1974, au Concours international de la Palme d'or. En 1969, elle fonde dans son atelier-galerie sa propre maison d'édition, Le Grainier, spécialisée dans des livres artistiques : ainsi, elle illustre des poèmes d'Yves Préfontaine, Rina Lasnier, Jacques Brault, Émile Nelligan... En 1975, elle ouvre la Galerie Marie-Anastasie. Poète, elle publie *Miroir de lumière*, recueil de poèmes en vers libres qui s'adresse principalement à la nature et à son Créateur. « Marie-Anastasie veut manifestement que sa poésie soit prière, chant de gloire, de louange, et sa technique s'inspire de la litanie », écrit Maximilien Laroche qui y trouve « des hymnes d'une beauté et d'un élan mystique comme on en rencontre fort peu ». Elle publie aussi des poèmes dans *Vertet* et *Les Cahiers d'arts et lettres*.

ŒUVRES

Miroir de lumière (poésie), Montréal, Librairie Déom, 1964, 95 p. Ill. de l'auteur. Préface de l'auteur. « PC ».

Femme de mon pays (poème-affiche), Montréal, Éditions du Grainier, 1981, 1 p. Ill. de l'auteur. (Édition de luxe).

Vitrail inachevé, Montréal, Éditions du Grainier, 1983, 93 p. Poème liminaire de Denise Morin. Gravures de l'auteur.

Hymne des alliances (poésie), Montréal, Éditions du Grainier, 1985, portefeuille, 13 p. Ill. de l'auteur. Présentation par Benoît Lacroix.

L'Homme parmi les astres et Déjà (poésie), [s.l., s.é., s.d.], 2 p. Ill. de l'auteur.

Automne (poème), dans *Vertet*, n° 45, nov. 1980, p. 7.

Ma solitude (poème), dans *Les Cahiers d'arts et lettres*, n° 2, 1981, p. 27.

L'Amour de la nuit (poème), dans *Vertet*, n° 54, oct. 1981, p. 28.

Fresque '80 (poème), dans *Vertet*, n° 58, févr. 1982, p. 17.

La Tige de Jessé (poème), dans *Vertet*, n° 59, mars 1982, p. 23.

Au bout du temps (poème), dans *Les Cahiers d'arts et lettres*, n° 3, 1982, p. 48.

ÉTUDES

Guy Robert, *La Gravure*, dans *École de Montréal, situations et tendances*, Montréal, Éditions du Centre de psychologie et de pédagogie, 1964, p. 25-26, 72.

Jacques de Roussan, *Le Livre, c'est un refuge de tout repos*, P, vol. 86, n° 12, 25 mars 1965, p. 22-23.

Paul-Émile Roy, *Anastasie (Marie). Miroir de lumière*, dans *Lectures*, juin 1965, p. 283-284.

Maximilien Laroche, *Miroir de lumière de Marie-Anastasie*, LAC 1965, p. 85.

Guy Sylvestre, *La Poésie*, dans *University of Toronto Quarterly*, vol. 35, n° 4, 1965-1966, p. 509-523.

[Anonyme], *Une religieuse-artiste en voyage d'étude*, P, vol. 87, n° 35, 4 sept. 1966, p. 47.

MARIE DE L'INCAR-NATION [X Marie Guyard] (1579-1672). Épistolière et essayiste, née à Tours (France). Malgré sa vive inclination pour la vie religieuse, on la marie en 1617 avec Claude Martin, maître ouvrier en soie à Tours. Son mari meurt en 1619, lui laissant un fils, Claude, et des affaires en très mauvais état. Elle réussit à payer ses créanciers mais se retrouve complètement ruinée. Après une année chez son père où elle vit très retirée, elle accepte, en 1621, de résider chez sa sœur, Claude Buisson, afin d'aider aux « tracas » de la maison. Les premières années elle est chargée de tenir la maison et de s'occuper des travaux domestiques. En 1624, elle devient secrétaire et comptable principale. Elle écrira que ces épreuves et ces travaux non rémunérés ont été : « une disposition pour me former pour le Canada. Ça été mon noviciat, duquel néanmoins je ne suis pas sortie parfaite, mais pourtant, par la miséricorde de Dieu, en état de porter les tracas et les travaux du Canada ». Le 25 janvier 1631, elle confie son fils à sa sœur et entre chez les Ursulines de Tours où elle reçoit le nom de Marie de l'Incarnation. « Le Seigneur lui apprend qu'il la veut au Canada », écrira-t-elle, et elle se renseigne en lisant les *Relations* des Jésuites. Avec Madame Chauvigny de la Peltrie, elle obtient la permission de traverser l'océan pour évangéliser et éduquer les jeunes filles françaises et indigènes. Elle arrive à Québec le 1er août 1639 après un long et pénible voyage à bord du *Saint-Joseph*. Pendant trois ans, au milieu de grandes difficultés, elle construit un monastère qui se révèle assez incommode et qui sera rasé par les flammes en 1650. Elle bâtit de nouveau, ajuste ses aspirations à la vie du pays, rédige les constitutions des Ursulines de Québec. Dès son arrivée, elle s'occupe de l'éducation des jeunes filles et des Indiens dont elle devient l'amie et la conseillère. Pendant plus de trente ans elle endure le froid, les incursions des Iroquois et bien des difficultés, participe aux affaires de la colonie et de la jeune Église. Mgr de Laval, M. de Tracy et l'intendant Talon admirent son doigté, sa persévérance et son œuvre apostolique. Entre-temps, son fils fait ses études chez les Bénédictins et entre dans cet ordre où il devient supérieur en 1652. Marie de l'Incarnation meurt à Québec en 1672. Bossuet l'a appelée « la Thérèse de son siècle et du Nouveau Monde ». Elle a beaucoup écrit : lettres, relations, élévations, cantiques, commentaires et dictionnaires de langues indiennes. En 1677, son fils Dom Claude Martin publie une biographie intitulée *Vie de la Vénérable Mère Marie de l'Incarnation*, 221 de ses lettres (on en a estimé le nombre à près de 13,000) et ses écrits spirituels. La plupart des manuscrits ont disparu, vraisemblablement détruits pendant la Révolution française. De 1929 à 1939, Dom Jamet publie deux volumes de lettres. En 1971, Dom Oury fait une nouvelle édition de la correspondance

(278 lettres) dans laquelle il essaie de compléter l'immense travail de ses prédécesseurs. Il existe également deux relations autobiographiques (1633, 1654), et des commentaires spirituels : *Retraites* [...], *avec une Exposition succincte du Cantique des Cantiques*, et *L'École sainte ou Explication familière des Mystères de la Foy.* Marie de l'Incarnation connaît les exigences de l'art classique, mais en écrivant ses lettres et ses relations elle invente sa propre écriture. « Marie aborde tous les sujets, dit Sœur Marie-Emmanuel Chabot, écrit au fil de la plume, la nuit à la lueur de la chandelle [...]. Elle s'accorde le plaisir de raconter des scènes pittoresques, croquées sur le vif et toutes palpitantes d'actualité. Du coup elle se révèle tout entière en même temps que son époque et ses contemporains [...]. Fille du Grand Siècle, Marie de l'Incarnation avait le sens de l'ordre et de l'harmonie. L'unité qu'elle a réalisée dans son être transparaît dans ses écrits, limpides comme son esprit détaché de toutes bagatelles ». Elle a été béatifiée par le pape Jean-Paul II, le 22 juin 1980.

ŒUVRES

La Vie de la Vénérable Mère Marie de l'Incarnation, première supérieure des Ursulines de la Nouvelle France, tirée de ses lettres et de ses écrits, À Paris, Chez Louis Billaine, 1677, [34], 763 p. ; Pierre de Bats, 1689, 757 p.

Lettres de la Vénérable Mère Marie de l'Incarnation, première supérieure des Ursulines de la Nouvelle-France, À Paris, Chez Louis Billaine, 1681, 675 p. ; *Lettres spirituelles et historiques de la Vénérable Mère Marie de l'Incarnation, première supérieure des Ursulines de la Nouvelle-France*, À Paris, Chez Antoine Warin, 1684, [10], 676 p. Portrait ; Touvenal, 1686 ; Antoine Waren, 1696 ; *Choix de lettres historiques de la Vénérable Mère Marie de l'Incarnation, première supérieure des Ursulines de Québec en Canada*, Clermont-Ferrand, Thibaud, 1857, viii, 398 p. ; Paris/Leipzig/Tournai, Librairie internationale catholique/L.A. Kittler commissionnaire/Vve H. Casterman éditeur pontifical, imprimeur de l'évêché, 1876, 2 vol. ; vol. 1, xix, 557 p. Nouvelle édition augmentée de huit lettres inédites et annotées par l'abbé Richaudeau ; *Correspondance*, Solesmes, Abbaye Saint-Pierre, 1971, lxv, 1071 p. Nouvelle édition préparée par Dom Oury.

Retraits de la Vénérable Mère Marie de l'Incarnation religieuse ursuline, avec une exposition succincte sur le Cantique des cantiques, Paris, Veuve Louis Bellaine, 1682, 248 p.

L'École sainte ou Explication familière des mystères de la foy pour toutes sortes de personnes qui sont obligées d'apprendre, ou d'enseigner la doctrine chrétienne, À Paris, Chez Jean-Baptiste Coignard, imprimeur & libraire ordinaire du roy, 1684, [30], 562 p. Ill. Préface de l'auteur.

Quelques Notions Générales. Géographie, Québec, Typographie de C. Darveau, 1876, 32 p.

Catéchisme de la Vénérable Mère Marie de l'Incarnation fondatrice des Ursulines de Québec ou Explication familière de la doctrine chrétienne, Paris/Leipzig/Tournai, Librairie internationale catholique/L.A. Kittler commissionnaire/Vve H. Casterman éditeur pontifical, imprimeur de l'évêché, 1878, xii, 359 p. Avertissement de P.F.R. [ichaudeau].

Aperçu de l'histoire ancienne, Québec, C. Darveau, 1884, 40 p.

La Vénérable Mère Marie de l'Incarnation, première supérieure des Ursulines de Québec. Supplément à sa correspondance, Paris, A. Savaète, [1909], 101 p. Compilé par Eugène Griselle.

Lettres historiques de la Vénérable Mère Marie de l'Incarnation sur le Canada, Québec, Action sociale, 1927, 147 p. Portrait. Compilées par B. Sulte.

Écrits spirituels et historiques, À Paris/À Québec, Chez Desclée de Brouwer cie/À L'Action sociale, limitée, 1929-1930, 4 t. : t. 1, 424 p. ; t. 2, 512 p. ; t. 3, 417 p. ; t. 4, 422 p. Publiés par Dom Claude Martin, réédités par Dom Albert Jamet, avec des annotations critiques, des pièces documentaires et une biographie nouvelle. Portrait. Ill.

Le Témoignage de Marie de l'Incarnation, Ursuline de Tours et de Québec, Paris, Beauchesne, 1932, 350 p. Texte préparé et publié avec une introduction par Dom Albert Jamet.

Marie de l'Incarnation, Ursuline, Paris, Aubier, [1942 ?], 229 p. Textes choisis et présentés par Paul Renaudin.

Marie de l'Incarnation, Montréal, Fides, 1963, 96 p. Textes choisis et présentés par Marie-Emmanuel Chabot. Ill. « CC ».

Words From New France. The Selected Letters of Marie de l'Incarnation, Toronto, Oxford University Press, 1967, 435 p. Traduites et éditées par Joyce Marshall.

ÉTUDES

Voir les bibliographies de Suzanne Labelle (1968) et de Dom Oury (1971) pour l'ensemble des études.

[Mère Saint-Thomas], *Les Ursulines de Québec depuis leur établissement jusqu'à nos jours*, Québec, Darveau, 1863, t. 1, 579 p., 1878.

Claude Martin, *Histoire de la Vénérable Mère Marie de l'Incarnation. Première supérieure du Monastère des Ursulines de Québec* [...], Paris, Librairie CH Poussielgue, 1892, xi, 451 p. Introduction de Léon Chapot.

Henri Bremond, *Histoire littéraire du sentiment religieux en France*, t. 6, Paris, Bloud et Gay, 1922, p. 577-593, 641-660.

Marie-Emmanuel Chabot, *Guyard, Marie, dite de l'Incarnation*, DBC, vol. 1, 1967, p. 361-368.

J. Lonsagne, *Les Écrits spirituels de Marie de l'Incarnation. Le problème des textes*, dans *Revue d'ascétique et de mystique*, vol. 44, 1968, p. 161-182.

Suzanne Labelle, *L'Esprit apostolique d'après Marie de l'Incarnation*, Ottawa, EUO, 1968, 220 p.

Dom Guy-Marie Oury, *Marie de l'Incarnation (1599-1672)*, Québec/Solesmes, PUL/Abbaye Saint-Pierre, 1973, 2 vol., xii, 618 p.

MARIE-LOUISE. Voir **BARTHE, JOSEPH-GUILLAUME.**

MARIE-MAGDELEINE, LOUISE-EUGÉNIE. Voir **CARBET, MARIE-MAGDELEINE.**

MARIE THOMAS D'AQUIN, SŒUR. Voir **BRANDA, JEANNE-LOUISE.**

MARIE-VICTORIN, FRÈRE [X Conrad Kirouac] (1885-1944). Écrivain et chercheur scientifique, né à Kingsey-Falls (Drummond). Il passe son enfance à L'Ancienne-Lorette et à Saint-Sauveur de Québec où il fréquente l'école paroissiale. Il continue ses études à l'Académie commerciale de Québec puis, en 1900, il entre au noviciat des Frères des Écoles chrétiennes au Mont-de-La-Salle. Il enseigne tour à tour à Saint-Jérôme, à Saint-Léon de Westmount et à Longueuil, avant d'être nommé, en 1920, professeur agrégé de botanique. Docteur ès sciences de l'Université de Montréal, il reçoit de nombreuses distinctions pour ses travaux littéraires et scientifiques : prix David en 1923 et en 1931, Médaille d'or de la Société Provencher d'histoire naturelle, en 1936, pour *Flore laurentienne*. Membre de la Société royale du Canada et de nombreuses sociétés savantes et scientifiques étrangères, animateur et président de l'ACFAS, le Frère Marie-Victorin est le fondateur du Jardin botanique de Montréal. Nouvelliste de talent, au style limpide, il est surtout connu par ses divers travaux de botanique qui ont contribué à l'essor et au développement de cette science jusqu'alors à peu près inconnue au Québec. Excellent pédagogue, il a une influence capitale sur la formation d'une pléiade de chercheurs, dont Jacques Rousseau est le plus marquant. Ses croquis et récits témoignent d'une bonne connaissance de la tradition populaire au Québec et aussi d'un examen méticuleux de la flore laurentienne. De plus, c'est un excellent styliste. « Il y a chez le Frère Marie-Victorin, écrit Louis Dantin, beaucoup de style et aussi pas mal de ‹ littérature ›. Il y a un art accompli sous lequel le procédé ne se masque pas entièrement.

C'est de la beauté, mais non la beauté simple et ingénue qui, comme la vérité, s'impose par elle-même. Et, à cette forme, ce n'est pas, certes, sa correction ou sa chaleur qu'on songerait à reprocher mais peut-être son dessin trop habituellement orné, sa couleur trop uniformément éclatante, son romantisme à haute pression et à jet continu ».

ŒUVRES

Récits laurentiens (nouvelles), Montréal, [s.é.], 1919, 207 p. Ill. d'Edmond-J. Massicotte. Préface d'Albert Ferland. Traduction anglaise de James Ferres : *The Chopping Bee and Other Laurentian Stories*, Toronto, The Musson Book Company Limited, 1925, 255 p. Ill. Préface du traducteur.

Croquis laurentiens (nouvelles), Montréal, [s.é.], 1920, 304 p. Ill. d'Edmond-J. Massicotte. Préface d'Ernest Bilodeau ; 1946, 164 p. ; Montréal, Fides, 1982, 262 p. Édition présentée et préparée par André Gaulin avec la collaboration d'Aurélien Boivin. « N ».

Chez les Madelinots (récits), Montréal, Frères des Écoles chrétiennes, 1921, 161 p. Ill. d'Edmond-J. Massicotte.

Charles Le Moyne. Drame canadien en trois actes, Montréal, Les Frères des Écoles chrétiennes, 1925, 123 p. Préface de l'auteur.

Peuple sans histoire (théâtre), Montréal, Frères des Écoles chrétiennes, 1925, 14 p. ; *Peuple sans histoire. Fantaisie dramatique en un acte et trois tableaux*, 1937, 22 p.

Flore laurentienne (traité de botanique), Montréal, Imprimerie La Salle, 1935, 919 p. Ill. du Frère Alexandre ; PUM, 1964, 925 p. Édition entièrement revue et corrigée par Ernest Rouleau.

La Tâche des naturalistes canadiens-français, Montréal, [s.é.], 1935, 22 p.

Confidences et Combats (lettres) (1924-1944), Montréal, Lidec, 1969, 251 p. Portrait. Ouvrage présenté et annoté par Gilles Beaudet.

Pour l'amour du Québec, Sherbrooke, Éditions Paulines, 1971, 198 p. Choix de textes et introduction par Hermas Bastien.

Croquis africains, CF, vol. 23, nᵒ 8, avril 1936, p. 715-740.

ÉTUDES

Louis Dantin, *Frère Marie-Victorin*, dans *Gloses critiques*, Montréal, Albert Lévesque, 1928, p. 7-20.

Louis-Philippe Audet, *Le Frère Marie-Victorin, ses idées pédagogiques*, Québec, Éditions de l'Érable, 1942, 233 p.

Georges Maheux, *Frère Marie-Victorin. Le savant, son œuvre*, R, vol. 3, nᵒˢ 8-9, mai-juin 1942, p. 338-345.

Marcelle Lepage-Thibaudeau, *Le Frère Marie-Victorin*, ESC, vol. 24, nᵒ 3, déc. 1944, p. 169-173.

Louis-Philippe Audet, *Le Frère Marie-Victorin maître littérateur*, C, vol. 6, nᵒ 1, mars 1945, p. 15-28.

Jacques Rousseau, *Le Frère Marie-Victorin (1885-1944)*, MSRC, 3ᵉ série, vol. 39, appendice B, 1945, p. 93-96.

Robert Rumilly, *Le Frère Marie-Victorin et son temps*, Montréal, Frères des Écoles chrétiennes, 1949, 459 p.

Maurice Lebel, *Histoire de la littérature canadienne. Frère Marie-Victorin (1885-1944)*, dans *Journal de l'Instruction publique*, vol. 3, n° 6, févr. 1959, p. 526-531.

Mathias-Hubert Legault, « Les Types humains dans les récits laurentiens du Frère Marie-Victorin ». Mémoire de maîtrise, Montréal, Université de Montréal, 1961, 104 f.

Pierre Beauregard, *Un hommage posthume à Marie-Victorin*, Dr, 68e année, n° 77, 27 juin 1980, p. 38.

Jacques Bélisle, *Croquis laurentiens du Frère Marie-Victorin*, LQ, n° 27, automne 1982, p. 96-97.

Madeleine Lavallée, *Marie-Victorin, un itinéraire exceptionnel*, Saint-Lambert, Héritage, 1984, 272 p. Ill. Préface de Jules Brunel. « Vis-à-vies ».

Gilles Rhéaume, *Le Frère Marie-Victorin pionnier de l'écologie*, dans *Le Journal de Montréal*, vol. 21, n° 286, 31 mars 1985, p. 52.

Joceline Sanschagrin, *La « Grande » Histoire du Jardin botanique*, dans *Le Journal de Montréal*, vol. 22, n° 72, 25 août 1985, p. 34-35.

André Lefebvre, *Marie-Victorin, le poète éducateur*, Montréal, Guérin, 1987, 203 p.

ŒUVRE

Le Flambeau sacré (roman), Montréal, [Bernard Valiquette], 1944, 193 p. ; Sudbury, Prise de Parole, 1982, 193 p. Préface de Gaston Tremblay.

ÉTUDES

Antoine Gilbert, *Le Flambeau sacré*, Pr, 61e année, n° 91, 3 févr. 1945, p. 32.

B.G., *Les Livres. Mariline, Le Flambeau sacré*, CF, févr. 1945, p. 560.

Émile Bégin, *Notes de lecture, Le Flambeau sacré*, ESC, avril 1945, p. 490.

Paul Gay, « *Le Flambeau sacré* ». *Un chassé-croisé d'amours mixtes*, Dr, 68e année, n° 224, 20 déc. 1980, p. 15.

Robert Lepage, *Cahier pédagogique pour l'enseignement du roman Le Flambeau sacré*, Ottawa, Centre franco-ontarien de ressources pédagogiques, 1982, V, 98 p.

Daniel Marchildon, *Le Flambeau sacré, de Mariline, le « Trente arpents » de l'Ontario*, dans *Liaison*, n° 23, août-sept. 1982, p. 42-43.

Yolande Grisé, [*Mariline*], dans *Pour se faire un nom* (anthologie), Montréal, Fides, 1982, p. 154-157.

MARILINE [X Aline Séguin] (1898-   ). Romancière, née à Ottawa. Elle fait ses études au Couvent de la rue Rideau et à l'École normale d'Ottawa, puis au Kent's Ladies College de Londres. Elle passe ses étés dans le Nord ontarien, chez son frère, curé de Saint-Charles, non loin de Sudbury. Mariée à un négociant de Sudbury, en 1919, elle est veuve l'année suivante et se met à voyager. Un nouveau mariage contracté quelques années plus tard avec un Français l'amène à séjourner longuement à Paris et en Afrique du Nord. Au début de la Seconde Guerre mondiale au cours de laquelle son mari sera tué au combat, elle rentre au Canada et retourne chez son frère où elle demeure jusqu'en 1946. C'est là qu'en 1944 elle compose son roman, *Le Flambeau sacré*. L'accueil qui lui est fait dans son milieu — les pionniers du Nord s'y croient caricaturés et les « intellectuels » n'en aiment pas les dialogues populaires — décourage l'auteur qui renonce à l'écriture et se remet à voyager. Pourtant, ce roman nationaliste qui reprend le thème de *L'Appel de la race* est d'une belle venue, même s'il s'achève de façon invraisemblablement heureuse pour les besoins de la « Cause ». « Groulx présente un combat de thèses abstraites [...], écrit Paul Gay, *Le Flambeau sacré*, au contraire, évoque une société franco-ontarienne grouillante de vie ». Le tableau de mœurs et l'écriture, qui va du bon français au langage familier ou populaire, sont dans l'ensemble d'une agréable fraîcheur.

MARILLAC, ALAIN (1951-   ). Essayiste, comédien, animateur, né à Riom (France). Il fait ses humanités au Lycée De-La-Salle, à Saint-Denis (B.A., 1966). Il poursuit des études en histoire de l'art à l'École du Louvre (1967-1976) et à l'École des langues orientales (1973), puis il prépare un doctorat de troisième cycle à l'École pratique des Hautes Études ; sa thèse porte sur les Templiers au Moyen Âge. En 1972, il fait un stage d'étude au Québec sur l'industrie du tourisme. Après quelques séjours, il s'installe définitivement au Canada en 1979, et il participe particulièrement à des activités télévisuelles et cinématographiques, dans « Chauffeurs Chauffards », « Destination la Grande », dans des films de Micheline Lanctôt... En 1983, il est animateur de « La Chronique de l'inhabituel » à la télévision. Comme auteur, il s'intéresse d'une façon spéciale à l'hypnose et à la magie sur lesquelles il donne des cours et conférences, et publie plusieurs ouvrages.

ŒUVRES

Les Cascadeurs. Professionnels du risque (reportage-document), Boucherville, Éditions de Mortagne, 1979, 183 p. Ill.

Hypnose, bluff ou réalité ? (essai), Montréal, Les Éditions de l'Homme, 1980, 133 p. Ill.

La Lévitation (essai), Montréal, Les Presses Sélect Ltée, 1980, 124 p. Ill. de l'auteur.

La Relaxation immédiate (guide), Montréal, Les Presses Sélect Ltée, 1980, 87 p. Ill. de l'auteur ; Boucherville, Éditions de Mortagne, 1983, 95 p.

Magie en poche. Pour enfants, parents, professeurs et éducateurs (guide), Montréal, Éditions du Mont d'or, 1981, 151 p. Ill. de l'auteur.

ÉTUDE

Marie-France Cléroux et Ghislain Tremblay, [*Alain Marillac*], dans *Le Futur vécu*, Boucherville, Éditions de Mortagne, 1979, p. 139-150.

MARINIER, ROBERT (1954–   ). Dramaturge, comédien et metteur en scène, né à Sudbury (Ontario). Pendant son cours secondaire, il fait partie de la troupe de l'école qui remporte le premier prix du Festival Simpson-Sears, en 1972. Encouragé, il poursuit des études de théâtre à l'École nationale de Théâtre de Montréal (1973-1976), études qu'il continue à l'Atelier Alain Knapp, à Paris où il fait aussi des stages sur le cinéma et la télévision. Rentré au Canada, il exerce son métier de comédien et tient des rôles importants dans un grand nombre de pièces de Garneau, Yaroshevskaya, Brecht, Molière, E. Bourget..., surtout en Ontario et au Québec, et il fait aussi de la mise en scène. En 1979, il écrit *Lafortune et Lachance*, comédie jouée par le Théâtre du Nouvel-Ontario au début de 1980 et qui remporte un grand succès. La pièce est adaptée pour la radio en mars de la même année et produite en lecture publique par le Centre national des arts d'Ottawa, en 1981. À la fin de 1980, il fait la mise en scène de *La Tante* qu'il a écrite à l'été et qu'il publie en 1981. La même année, il écrit « L'Année chanceuse », dix monologues pour le réseau de Radio-Canada. À la fin de 1983, le Centre national des arts présente une nouvelle pièce de Marinier, *L'Inconception* et, en 1985, il participe à la création des *Rogers*, pièce qui soulève certaines controverses.

ŒUVRES

La Tante (théâtre), Sudbury, Prise de Parole, 1981, 80 p. Ill. « Théâtre ».

[*Lafortune et Lachance*] (photo-roman), Ottawa, Les Éditions L'Interligne, 1983, 52 p. Collab. Jules Villemaire et Philippe Sigouin. Ill.

L'Inconception (théâtre), Sudbury, Prise de Parole, 1984, 48 p. Ill.

Les Rogers (théâtre), Sudbury, Prise de Parole, 1985, 61 p. Collab. Jean-Marc Dalpé et Robert Bellefeuille.

ÉTUDES

Raymond Laprés, *Marinier (Robert). La Tante*, dans *Nos livres*, vol. 12, déc. 1981, n° 507.

John Hare, *Satire on romantic fiction deft, delicious entertainment*, dans *The Citizen*, 17 févr. 1982, p. 70.

Marie-Josée Des Rivières, « *La Tante* », dans *Jeu*, n° 22, 1982, p. 148-149.

Louise Matte, *L'Inconception ou L'Accouchement du théâtre ontarois au C.N.A.*, dans *Liaison*, n° 28, sept. 1983, p. 44-45.

Paulette Gagnon, *Robert Marinier au C.N.A.*, dans *Le Temps*, vol. 5, n° 8, 14 nov. 1983, p. 4.

Danielle Charbonneau, *L'Inconception de Robert Marinier. L'Esprit essentiellement nord américain...*, dans *Liaison*, n° 30, printemps 1984, p. 53.

Marc O'Sullivan, *L'Inconception d'un mythe*, dans *Liaison*, n° 30, printemps 1984, p. 58.

MARION, SÉRAPHIN (1896-1983). Critique littéraire et historien, né à Ottawa. Il étudie à l'Université d'Ottawa (B.A., 1918 et maîtrise ès arts, 1921). Il obtient un doctorat de l'Université de Paris (1923) et un doctorat de l'Université de Montréal (1933). Professeur agrégé de français au Collège militaire de Kingston, il devient ensuite fonctionnaire aux Archives fédérales (1925), tout en enseignant la littérature canadienne à l'Université d'Ottawa (1926-1952). Secrétaire de la Société royale du Canada (1945-1952), et de la Société canadienne d'histoire de l'Église, président, durant plusieurs années, de la Société des Conférences de l'Université d'Ottawa (« Les Heures littéraires »), membre du Cercle des Dix, Séraphin Marion obtient plusieurs distinctions : la Médaille d'argent du Pape (1933), la Médaille de vermeil de l'Académie française (1933), la Médaille Tyrrell de la Société royale du Canada (1955), la Médaille d'argent du Conseil de la vie française en Amérique (24 novembre 1972), l'Ordre de Saint-Grégoire (16 mai 1982)... Il est nommé professeur émérite de la Faculté des arts de l'Université d'Ottawa, en 1954. Collaborateur de différentes revues (*La Revue dominicaine, Le Canada français, Culture, Les Cahiers des Dix, L'Action nationale, La Revue de l'Université d'Ottawa*), Séraphin Marion publie l'essentiel de ses recherches sur la littérature canadienne-française dans les neuf volumes de la collection « Les lettres canadiennes d'autrefois ». L'auteur y décrit la vie littéraire des origines de la Nouvelle-France à l'époque de Fréchette dans un vaste contexte historique et culturel, ayant pour base documentaire les journaux québécois. Les critiques ont déjà mis en évidence les traits caractéristiques de l'apport de Séraphin Marion à la connaissance des lettres et de l'histoire du Canada français : abondance de renseignements littéraires, idées claires sur l'histoire culturelle et politique, nuances et fermeté du jugement, parallélisme entre la vie littéraire de la Nouvelle-France et celle de la mère patrie. En plus de ses recherches et publications, Séraphin Marion est un fervent défenseur de la cause française en Ontario.

ŒUVRES

Relations des voyageurs français en Nouvelle-France au XVIIe siècle (études), Paris, PUF, 1923, viii, 276 p.

Un pionnier canadien. Pierre Boucher (histoire), Québec, Ls-A. Proulx, Imprimeur du Roi, 1927, 290 p.

En feuilletant nos écrivains. Étude de littérature canadienne, Montréal, Librairie d'action canadienne-française, limitée, 1931, 217 p.

Sur les pas de nos littérateurs (étude), Montréal, Éditions Albert Lévesque, 1933, 199 p. « J ».

Les Lettres canadiennes d'autrefois (étude), Ottawa/ Hull, EUO/Éditions « l'Éclair », 1939-1958, 9 t. : t. 1, *Le Journalisme berceau des lettres canadiennes. La Phase bilingue*, 1939, 187 p. ; t. 2, *Le Journalisme berceau des lettres canadiennes. La Phase française*, 1940, 193 p. ; t. 3, *Le Journalisme berceau des lettres canadiennes. La Phase canadienne*, 1942, 204 p. ; t. 4, *Le Journalisme berceau des lettres canadiennes. La Phase préromantique*, 1944, 195 p. ; t. 5, *Le Journalisme berceau des lettres canadiennes. Octave Crémazie. Précurseur du romantisme canadien-français*, 1946, 215 p. ; t. 6, *Le Journalisme berceau des lettres canadiennes. La Querelle des humanistes canadiens au XIXe siècle*, 1949, 223 p. ; t. 7, *Le Journalisme berceau des lettres canadiennes. La Bataille romantique au Canada français*, 1952, 179 p. ; t. 8, *Littérateurs et Moralistes du Canada français d'autrefois*, 1954, 191 p. ; t. 9, *La Critique littéraire dans le Canada français d'autrefois*, 1958, 195 p. (La page de titre des tomes 8 et 9 ne donne pas *Le Journalisme berceau des lettres canadiennes*).

À la conquête du haut savoir. À propos de la section North American French de la Modern Language Association of America (essai), Ottawa, [EUO, 1945], 27 p.

Tradition du Québec. Recueil de morceaux choisis dans les œuvres des poètes et prosateurs du Canada français/ The Quebec Tradition. An Anthology of French-Canadian Prose and Verse, Montréal, Éditions Lumen, 1946, 245 p. Textes choisis par Séraphin Marion. Traduction anglaise en regard par Watson Kirkconnell. « Hu ».

Origines littéraires du Canada français (étude), Hull/ Ottawa, Éditions l'Éclair/EUO, 1951, 173 p.

Beaux Textes des lettres françaises et canadiennes-françaises avec notes explicatives (textes choisis), [Ottawa, s.é.], 1955, 292 p. ; Ottawa, 1957.

Innovations dans l'enseignement de la langue seconde au Canada (étude), Ottawa, Conférence canadienne sur l'éducation, 1962, 51 p. Traduction anglaise : *Innovations in Second Language Teaching in Canada*, 46 p. (Publiée avec la version française).

Libéralisme canadien-français d'autrefois et d'aujourd'hui (essai), Montréal, Éditions des Dix, 1963, 45 p.

La Domination canadienne-française, obsession du Canada anglais (essai), [s.l., s.é., 1965 ?], 33 p.

Hauts Faits du Canada français, relevés et commentés par des Anglophones (essai), Ottawa, EUO, 1972, 206 p.

Initiation littéraire (morceaux choisis et commentés), Ottawa, EUO, 1980, 194 p. Collab. Germain Bertrand.

Le Problème voltairien, dans *Rapport de la Société canadienne d'histoire de l'Église*, 1939-1940, p. 27-41.

La Liberté de la presse canadienne-française au début du XIXe siècle, C, vol. 3, no 3, sept. 1942, p. 331-373.

Les Orangistes au Canada, CD, no 33, 1968, p. 79-125.

ÉTUDES

Harry Bernard, *En feuilletant nos écrivains*, RUO, vol. 1, 1931, p. 400-404.

Hermas Bastien, *Un critique*, dans *Témoignages. Études et profils littéraires*, Montréal, Éditions Albert Lévesque, 1933, p. 167-173.

Maurice Hébert, *Sur les pas de nos littérateurs*, dans *Les Lettres au Canada français*, Montréal, Albert Lévesque, 1936, p. 117-137.

Lionel Groulx, *Les Lettres canadiennes d'autrefois*, AN, vol. 17, no 4, avril 1941, p. 343-344.

Mason Wade, *Les Lettres canadiennes d'autrefois*, CHR, t. 4, vol. 25, no 4, déc. 1944, p. 440-442.

Léo-Paul Desrosiers, *La Bataille romantique au Canada français*, RHAF, vol. 7, no 1, juin 1953, p. 118-119.

Paul-Émile Racicot, *La Critique littéraire dans le Canada français d'autrefois*, RHAF, vol. 11, no 3, déc. 1957, p. 603-604.

Émile Chartier, *Séraphin Marion*, dans *Lectures*, vol. 6, no 9, mai 1960, p. 259-260.

Yolande Grisé, *Littérature outaouaise et franco-ontarienne. À 80 ans, Séraphin Marion s'interroge sur la survie des Franco-Ontariens*, Dr, 64e année, no 293, 12 mars 1977, p. 18.

Paul Gay, « *Initiation littéraire ?* » par Séraphin Marion. L'art de la description, Dr, 68e année, no 264, 7 févr. 1981, p. 16.

Suzanne Cloutier, *Les Francophones du Canada. Encore des luttes à livrer*, Dr, 70e année, no 258, 1er févr. 1983, p. 18.

France Pilon, *Avec la disparition de Séraphin Marion, « L'Ontario français a perdu un chef de file »*, Dr, 71e année, no 207, 1er déc. 1983, p. 3.

Paul Wyczynski, *Un hommage... Séraphin Marion — écrivain*, Dr, 71e année, no 227, 24 déc. 1983, p. 34.

Yolande Grisé, *Hommage. Séraphin Marion (1896-1983) : une vie bien remplie*, LQ, no 34, été 1984, p. 103-106.

MARIUS. Voir **BERNARD, ANTOINE.**

MARIUS. Voir **BILODEAU, ERNEST.**

MARJOLAINE [X Justa Leclerc] (1874-1942). Écrivaine pour la jeunesse, née à Pointe-Claire (Île de Montréal). Elle fait ses études chez les Dames-de-la-Congrégation à Pointe-Claire et chez les Sœurs de Sainte-Anne à Lachine. À partir de 1900, elle donne des cours privés de français et de piano ; elle touche aussi l'orgue à l'église paroissiale de 1900 à 1916 et encore de 1924 à 1928. En 1919, elle devient rédactrice de la page féminine à *La Patrie* où elle signe ses chroniques du pseudonyme de « Marjolaine ». En 1928, elle passe à *La Presse* et y travaille jusqu'en 1933, tout en collaborant à *La Vie canadienne*, revue fondée par Madeleine et à *La Revue moderne* (1929-1938). Par la suite, elle fait l'acquisition de *La Petite Revue* et en assume la direction. En 1928, elle publie un recueil de billets et de récits courts sous le titre *Gerbes d'automne*. En 1928 aussi, elle commence la publication de ses contes pour jeunes sous la rubrique « Contes pour enfants canadiens », dans *La Presse* ; elle en rédige d'autres pour *La Revue moderne*. Cette production éparse est réunie dans trois recueils parus en 1931 : *Contes pour enfants canadiens*, *Au coin du feu* et *En veillant*. Ces contes seront réédités plusieurs fois par la suite, souvent sous des titres différents. Ses recueils vont connaître un grand succès. « Marjolaine » occupe une place de choix parmi les écrivains pour la jeunesse au Québec.

ŒUVRES

Gerbes d'automne (récits), Montréal, Libraire Beauchemin, Limitée, 1928, 122 p. « B.C. Laval ».
Au fil de nos pensées, Montréal, [s.é.], 1929, 152 p. Collab. France.
Contes pour enfants canadiens, Montréal, Librairie d'Action canadienne-française limitée, 1931, 173 p. ; Réédité en deux recueils : *Aux bambins canadiens*, Montréal, Éditions Albert Lévesque, 1933, 95 p. Ill. Librairie Granger frères limitée, 1943, 96 p. Ill. de James McIssac ; 1961 ; *Aux fillettes canadiennes*, Montréal, Éditions Albert Lévesque, 1933, 85 p. Ill. Librairie Granger frères limitée, [1950], 93 p. Ill. de James McIssac.
Au coin du feu (contes pour jeunes), Montréal, Librairie d'Action canadienne-française limitée, 1931, 157 p. Ill. « Les Récompenses » ; Librairie Granger frères limitée, 1943, 96 p. Ill. de James McIssac. Réédité en partie sous le titre : *Contes de grand'père*, Montréal, Librairie Granger frères limitée, 1943, 95 p. Ill. de James McIssac. « Bibliothèque de la jeunesse canadienne ».
En veillant (contes pour jeunes), Montréal, Librairie d'Action canadienne-française limitée, 1931, 157 p.

ÉTUDES

Franceline, *Les Contes de Marjolaine*, dans *Mon magazine*, vol. 6, nos 5-6, juillet-août 1931, p. 3.
Jean Bruchési, *Au coin du feu*, dans *La Revue moderne*, 13e année, no 2, déc. 1931, p. 9, 52.

Jean Tremblay, *Les Contes de Marjolaine*, dans *L'École canadienne*, 7e année, no 10, juin 1932, p. 496.
Madeleine Gleason-Huguenin, *Mlle Justa Leclerc*, dans *Portraits de femmes*, Montréal, La Patrie, 1938, p. 127.
Madeleine Towner, « Bio-bibliographie de Marjolaine ». Mémoire, Montréal, École de bibliothécaires de l'Université de Montréal, 1946, 62 f.

MARJIOTTA. Voir **DANTIN**, LOUIS.

MARMARELLE (LA). Voir **BUJOLD, FRANÇOISE.**

MARMETTE, JOSEPH Étienne Eugène (1844-1895). Romancier et essayiste, né à Saint-Thomas-de-Montmagny. Il fait ses études au Petit Séminaire de Québec (1857-1864) qu'il déteste et quitte après la rhétorique. Il entreprend sa philosophie au Collège Regiopolis de Kingston ; il abandonne son cours classique en mars 1865 et s'inscrit en droit à l'Université Laval qu'il quitte aussi en 1867, presque à la fin de ses études. Il se trouve alors un emploi de commis au bureau de la Trésorerie de la province de Québec. En 1868, il épouse Joséphine Garneau, fille de l'historien. Dès l'époque du Petit Séminaire, il écrit des vers, mais il est vite attiré par le roman historique. Sa première œuvre, *Charles et Éva*, paraît dans *La Revue canadienne* en 1866. Il publie par la suite quatre romans historiques, ainsi que des ouvrages d'histoire, des récits et des souvenirs. On a fait plusieurs adaptations théâtrales de ses romans et c'est lui-même qui fit celle du *Chevalier de Mornac* en 1873. Il collabore aussi à plusieurs journaux et revues. Malade, il quitte son emploi en 1882 et entreprend un voyage aux États-Unis avec son ami l'abbé Casgrain. À son retour il devient, à Ottawa, agent spécial de l'immigration pour la France et pour l'Italie, chargé de choisir et de transcrire des documents d'archives ayant trait à l'histoire du Canada. Ce poste le conduit quatre fois en Europe, à Paris particulièrement, entre 1882 et 1887. Il a participé, en 1882, à la fondation de la Société royale du Canada. Son œuvre romanesque se situe presque toujours entre le roman historique et le roman d'aventure, dans le goût de l'époque. Si l'on excepte une longue et malencontreuse polémique qui l'opposa à A.-B. Routhier, puis à J.-O. Fontaine et J.-P. Tardivel entre 1873 et 1878, la critique se montra très favorable aux romans de Marmette et il garda la réputation d'un grand écrivain jusqu'à la fin du XIXe siècle. Cette faveur a beaucoup diminué aujourd'hui. Cependant, selon Roger Le Moine, son biographe, ses « cinq romans représentent l'effort le plus considérable fait jusqu'à ce moment par un romancier canadien. D'ailleurs, à part Laure Conan, il faudra attendre bien des années pour qu'un auteur du pays atteigne à ce nombre d'œuvres et, sans aucun doute, à cette qualité ».

ŒUVRES

Charles et Éva. Roman historique canadien, Montréal, Éditions Lumen, chez Thérien frères limitée, 1945, 189 p. Préface de Léo-Paul Desrosiers. (Version initiale dans RC, vol. 3, no 12, vol. 4, no 5, 1866–1867).

François de Bienville. Scènes de la vie canadienne au XVIIe siècle, Québec, Chez Léger Brousseau imprimeur-éditeur, 1870, 299 p. ; Montréal, Beauchemin & Valois, libraires-imprimeurs, 1883, 441 p. ; Librairie Beauchemin limitée, 1907, 281 p. ; 1924, 204 p. « BC, Champlain ».

Roman canadien. L'Intendant Bigot, Montréal, Georges E. Desbarats, éditeur, 1872, 94 p. (Reproduit de *L'Opinion publique*, vol. 2, nos 18–43, 4 mai–26 oct. 1871).

Le Chevalier de Mornac. Chronique de la Nouvelle-France 1664 (roman), Montréal, Typographie de « L'Opinion publique », [1873], 100 p. ; Hurtubise HMH ltée, 1972, 259 p. Présentation de Madeleine Ducrocq-Poirier. Ill. « Cahiers du Québec, textes et documents littéraires ». (Version initiale dans *L'Opinion publique*, vol. 4, nos 25–45, 19 juin–6 nov. 1873).

Le Tomahawk et L'Épée (litt. jeunesse), Québec, Imprimerie de Léger Brousseau, 1877, 207 p. ; Montréal, Librairie Beauchemin limitée, 1924, 123 p. « BC, Montcalm » ; 1930 ; *L'Émissaire de l'amiral*, Montréal/Paris, Fides, 1957, 64 p. Ill. « Le Cornet d'or ». (Cet ouvrage, publié sous le titre *L'Épée*, est paru, en édition originale, dans un volume intitulé *Le Tomahawk et L'Épée*. Il en constituait la seconde partie).

Héroïsme et Trahison. Récits canadiens, Québec, Typographie de C. Darveau, 1878, 204 p. ; 1880 ; 1881 ; 1882 ; 1891, 259 p. ; Montréal, Librairie Beauchemin limitée, 1924, 122 p. « BC, Montcalm » ; 1930.

Les Machabées de la Nouvelle-France. Histoire d'une famille canadienne, 1641–1768 (récit), Québec, Imprimerie de Léger Brousseau, 1878, 180 p. ; 1882 ; Montréal, Librairie Beauchemin limitée, 1914, 140 p. « BC, Montcalm » ; 1925, 123 p. ; 1949, 114 p. Ill. « BC, Maisonneuve » ; *Les Machabées de la Nouvelle-France* (litt. jeunesse), Montréal/Paris, Fides, 1957, 65 p. Ill. « Le Cornet d'or ».

Récits et Souvenirs, Québec, Typographie de C. Darveau, 1891, 259 p. ; Montréal, Librairie Beauchemin limitée, 1925, 204 p. « BC, Champlain ».

Pages canadiennes ; mœurs canadiennes, Québec, [s.é.], 1918, 101 p.

Le Renard-Noir (roman), Montréal/Paris, Fides, 1957, 64 p. Ill. de Claude Lafleur. « Le Cornet d'or ».

Joseph Marmette (textes choisis), Montréal/Paris, Fides, 1969, 95 p. Portrait. Textes choisis et présentés par Roger Le Moine. « CC ».

À travers la vie. Grand roman de mœurs canadiennes, dans *La Revue nationale*, vol. 1, no 1, févr. 1895, p. 70 à 86 ; no 2, mars 1895, p. 161 à 180 ; no 3, avril 1895, p. 271 à 290 ; no 4, mai 1895, p. 372 à 393 ; no 5, juin 1895, p. 467 à 475 ; vol. 2, no 7, août 1895, p. 25 à 37 (partie du roman de Marmette complétée par Louis Fréchette après la mort de l'auteur) ; dans Roger Le Moine, *Joseph Marmette, sa vie et son œuvre*, Québec, PUL, 1968, p. 135–227. Portrait. « VLC ».

Les Découvreurs du Canada. Les Basques, dans *Le Canada et les Basques*, Québec, Imprimerie A. Côté et cie, 1879, p. 17–21.

ÉTUDES

Placide Lépine [H.-R. Casgrain], *Joseph Marmette*, dans *L'Opinion publique*, vol. 3, 1872, p. 146 ; dans A. Laperrière, *Les Guêpes canadiennes*, Ottawa, A. Bureau, 1881, vol. 1, p. 248–254.

Jean Piquefort [A.-B. Routhier], *M. Marmette*, dans *Portraits et Pastels littéraires*, Montréal, L. Brousseau, 1873, vol. 2, p. 29–48 ; dans A. Laperrière, *op. cit.*, p. 309–320.

N.-H.-É. Faucher de Saint-Maurice, *Joseph Marmette*, dans *Choses et Autres*, Montréal, Duvernay Frères et Dansereau, 1874, p. 72–109.

J.-O. Fontaine, *Deux romans de M. Marmette*, RC, vol. 14, juillet 1877, p. 491–502.

Id., *M. Marmette : L'Intendant Bigot*, RC, vol. 14, sept. 1877, p. 659–667.

Marjorie McKenzie, *Canadian History in the French Canadian Novel*, dans *Queen's Quarterly*, vol. 34, no 1, juillet-août-sept. 1926, p. 63–77 ; no 2, oct.-nov.-déc. 1926, p. 203–214, surtout p. 203–205.

Olivier Maurault, *Joseph Marmette*, dans *Marges d'histoire, I : L'Art au Canada*, Montréal, ACF, 1929, p. 207–244.

Albert Dandurand, [*Joseph Marmette*], dans *Le Roman canadien-français*, Montréal, Albert Lévesque, 1937, p. 95–96.

Frère Stanislas, « *Joseph Marmette le ‹ Cooper › Canadien* ». Thèse de maîtrise, Université de Montréal, 1944, 131 f.

David Hayne et Marcel Tirol, *Joseph Marmette*, dans *Bibliographie critique du roman canadien-français 1837–1900*, [Toronto], UTP, [1968], p. 105–113.

Roger Le Moine, *Joseph Marmette sa vie et son œuvre*, Québec, PUL, 1968, 251 p. « VLC ».

Paul Gay, *Le Chevalier Robert Portail de Mornac. Un Gascon au Canada*, DR, 67e année, no 278, 23 févr. 1980, p. 16.

MARMETTE, MARIE-LOUISE [Louyse de Bienville, Mme Donat Brodeur] (1870–1928). Journaliste et essayiste, née à Québec. Elle est la fille de Joseph Marmette, romancier, et petite-fille de François-X. Garneau. Après des études chez les Ursulines de Québec, et les dames de la Congrégation d'Ottawa, elle voyage à Paris où elle suit des cours de littérature.

En 1892, elle épouse Donat Brodeur, avocat à Ottawa. Pendant plusieurs années, sous le pseudonyme de « Louyse de Bienville », elle rédige des chroniques pour *Le Monde illustré*, *Le Journal de Françoise*, *Le Soleil*, etc. Elle meurt à Montréal en 1928. En 1931 sa famille réunit ses chroniques sous le titre de *Figures et Paysages*. La première partie, « Figures », présente d'abord trois essais sur la littérature et la vie artistique au Canada français ; il y a aussi une quinzaine de courts articles sur les personnages de marque de son temps : Fréchette, Lozeau, F.-X. et Alfred Garneau, Philippe Hébert... La section « Paysages » livre des impressions du genre romantique sur divers lieux qu'elle a connus ou parcourus. Selon Sylvie Dallard, « cet ouvrage présente un bon aperçu de la littérature féminine du temps : l'amour de la patrie, de la nature canadienne, de la France, le respect des grands noms du passé, une certaine inquiétude devant l'avenir et les incertitudes qui se dessinent » (DOLQ, t. 2, p. 493).

ŒUVRE

Figures et Paysages, Montréal, Éditions Beauchemin, 1931, v, 238 p. Introduction par Marguerite Brodeur, préface d'Édouard Montpetit.

ÉTUDES

Georges Bellerive, *Brèves Apologies de nos auteurs féminins*, Québec, Librairie Garneau, 1920, p. 133–135.

Medjé Vézina, *In Memoriam*, dans *La Revue moderne*, juin 1928, p. 17.

Camille Roy, *Bibliographie canadienne. Figures et Paysages*, dans *L'Enseignement secondaire au Canada*, déc. 1931, p. 154–155.

Gustave Lamarche, *Une idéaliste canadienne. Louyse de Bienville*, Dev, 21 mai 1932, p. 1, 7.

Madeleine, *Portraits de femmes*, Montréal, Éditions « La Patrie », 1938, p. 82–83.

MAROIS, ANDRÉ. Voir GROULX, LIONEL.

MARRAINE. Voir GRISÉ-ALLARD, JEANNE.

MARSOLAIS, GILLES (1938–   ). Poète, critique et historien du cinéma, né à Montréal. Après ses humanités au Collège de l'Assomption (B.A., 1961), il obtient une licence ès lettres à l'Université de Montréal (1965), un diplôme à l'Institut des Hautes Études cinématographiques de Paris (1967) et un doctorat à la Sorbonne (1970) pour une thèse sur « L'Histoire du cinéma canadien » qu'il publie re-

maniée sous le titre *L'Aventure du cinéma direct* (1974), et pour laquelle il reçoit le prix de la Société des écrivains de cinéma et de télévision, à Cannes, en 1975. Sa première publication est un recueil de poésie, *La Mort d'un arbre* (1967), auquel s'ajoutent, entre 1968 et 1970, quatre autres recueils que la critique accueille diversement. « Poésie qui se cherche », écrit André Major sur le premier ; « moyen de se remettre en question » dit Guy Robert de *La Caravelle incendiée*, mais qui contient « un souffle de confiance en l'humaine matière ». Toutefois, c'est comme cinéaste, critique et historien du cinéma que Gilles Marsolais s'acquiert une solide réputation. Après ses études, il fait des courts métrages expérimentaux suivis d'une série de onze films, *Cinéma d'ici*, que Radio-Canada diffuse en 1972–1973. Il fonde et dirige les Éditions Le Cinématographe, l'Association québécoise des critiques de cinéma et le Festival international du film de la critique québécoise, il collabore à de nombreux périodiques, tels *Forces*, *Francia*, *Cinéma international*, *La Presse*... À partir de 1970, il est professeur de cinéma à l'Université de Montréal où il est responsable du Programme d'études cinématographiques. Membre du conseil d'administration de la « Cinémathèque québécoise », il fait construire à Boucherville une grande voûte pour la conservation de son Musée du cinéma. La critique voit dans *L'Aventure du cinéma direct* une importante contribution à l'histoire du cinéma canadien.

ŒUVRES

La Mort d'un arbre (poésie), Montréal, Librairie Déom, 1967, 80 p. « PC ».

Le Cinéma canadien (essai), Montréal, Éditions du Jour, 1968, 160 p. Ill. « IJ ».

La Caravelle incendiée précédé de Souillures et Traces et de L'Acte révolté (poésie), Montréal, Éditions du Jour, 1968, 63 p. « PJ ».

Le Cinéma québécois, tendances et prolongements (essai), Montréal, Éditions Sainte-Marie, 1968, 168 p. Éditeur.

Perversions programmées (poésies), Montréal, Éditions du Temps présent, 1968, 54 p. (Tirage hors commerce).

Poème-programme pour machine molle (poésie), Montréal, Éditions du Temps présent, 1968, 32 p. (Tirage hors commerce).

Les Matins saillants (poésie), Montréal, Éditions du Jour, 1970, 50 p. « PJ ».

Arguments verbaux — Micheline Coulombe-St-Marcoux (musique électro-acoustique), Montréal/Paris, O.R.T.F./CBC, 1970–1971, [n.p.].

Cinéma d'ici (essai), Montréal, Leméac/Ici Radio-Canada, 1973, 215 p. Collab. André Lafrance. Ill. « Les Beaux Arts ».

Jean Rouch (essai), Montréal, La Cinémathèque québécoise, Musée du Cinéma, 1973, 18 f.

Thêâtre et Télévision (essai), Paris, Éditions de l'Unesco, 1973, 208 p. Sous la direction de Gilles Marsolais.

L'Aventure du cinéma direct (essai), Paris, Éditions Seghers, 1974, 500 p. Préface de Enrico Fulchignoni. «Cinéma Club».

Les Ordres (dossier cinématographique), Montréal, L'Aurore, 1975, 128 p. Ill. «Le Cinématographe».

Rétrospective du cinéma direct au Canada (1958–1972), Nyon, 8ᵉ Festival International du cinéma de Nyon '76, Société suisse des festivals internationaux de cinéma, 1976, 32 p.

Les Dernières Fiançailles (dossier cinématographique), Montréal, VLB/Éditions le Cinématographe, 1977, 105 p. Ill. «Le Cinématographe».

Le Temps d'une chasse (dossier cinématographique), Montréal, VLB/Éditions le Cinématographe, 1978, 169 p. Collab. Danielle Potvin et Volkmar Ziegler. Ill. «Le Cinématographe».

À tout prendre, de Claude Jutra, dans *Lettres et Écritures*, vol. 1, nº 2, févr. 1964, p. 35–41.

Quelqu'un pour m'écouter, roman de rêverie créatrice de Réal Benoît, dans *Lettres et Écritures*, vol. 2, nº 1, nov. 1964, p. 22–30.

Le Marin d'Athènes, de Réal Benoît, dans *Lettres et Écritures*, vol. 2, nº 4, avril 1965, p. 17–22.

Naissance de la parole I, II, III (poésie), dans *Métamorphoses* (France), nº 9, avril–juin 1969, p. 69–70.

Les Cinémas africains en 1972, dans *Cinéma-Québec*, vol. 2, nº 1, sept. 1972, p. 37.

L'Homme dans sa nuit et *Épreuve de la nuit I et II* (poésie), dans *Poèmes 71*, Montréal, L'Hexagone, 1972, p. 55.

Chissibi/Job's Garden : Dossier en trois parties, dans *Cinéma-Québec*, vol. 2, nᵒˢ 6–7, mars–avril 1973, p. 38–45.

L'Ambiguïté de la vie cinématographique au Québec, dans *Vie des arts*, vol. 18, nº 74, printemps 1974, p. 68–69.

Situation et Perspectives économiques du cinéma québécois, dans *Forces*, nº 33, oct.–déc. 1975, p. 33–41.

Québec et *Où allons-nous ?* (poésie), dans Anthony Mollica [éd.], *Joie de vivre*, Toronto, Copp. Clark Pub., 1976, p. 82–85.

Notes sur l'évolution du documentaire québécois de 1969 à 1976, dans *Forces*, nº 41, avril 1978, p. 35.

Notes sur le cinéma québécois, dans *Francia* (Italie), nº 24, oct.–déc. 1978, p. 97–101.

ÉTUDES

André Major, *Une poésie qui se cherche*, Dev, vol. 58, nº 94, 27 avril 1967, p. 15.

Jean-Yves Théberge, *Des cris dans l'espace*, CF, 107ᵉ année, nº 49, 27 avril 1967, p. 34.

Louis-Martin Tard, *Les Lettres du monde entier*, Dev, vol. 59, nº 129, 1ᵉʳ juin 1968, p. 16.

André Bertrand, *Un essai sur le cinéma canadien*, Dev, vol. 59, nº 152, 29 juin 1968, p. 13.

André Major, *Entrevue : Gilles Marsolais et La Caravelle incendiée*, Dev, vol. 59, nº 264, 9 nov. 1968, p. 15.

Claude Daigneault, *Trois livres sur le cinéma québécois*, LAC 1968, p. 154–156.

Guy Robert, *La Caravelle incendiée de Gilles Marsolais*, LAC 1968, p. 89–90.

Jean-Cléo Godin, *Gilles Marsolais et La Caravelle incendiée*, EF, vol. 5, nº 2, mai 1969, p. 238–240.

Robert Saint-Amour, *Les Matins saillants de Gilles Marsolais*, LAQ 1970, p. 148.

René Pozeau, *Préfontaine — Marsolais — Dumont*, AN, vol. 60, nº 6, févr. 1971, p. 865–871.

Pierre Demers, *Gilles Marsolais*, dans *Cinéma-Québec*, vol. 11, nº 5, janv.–févr. 1973, p. 5–6.

Jean-Pierre Bastien, *Le cinéma qu'on transcrit*, LAQ 1974, p. 264–266.

Luc Perrault, «*L'Aventure du cinéma direct*», Pr, 89ᵉ année, nº 32, 8 mars 1974, p. D-18.

Gaétan Dostie, *Le Cinéma direct, une révolution bonne à entendre racontée par un Québécois*, dans *Le Jour*, vol. 1, nº 53, 18 mai 1974, p. 5.

Jean-Claude Dumont, *Cinéma : le temps de l'aventure*, dans *Vie des arts*, vol. 19, nº 75, été 1974, p. 88–89.

Robert Grelier, *Gilles Marsolais et L'Aventure du cinéma direct*, dans *Cinéma pratique* (France), nᵒˢ 134–135, nov.–déc. 1974, p. 230–231, 243.

MARTEAU, ROBERT (1925–   ). Poète, romancier, essayiste, critique d'art et cinéaste, né à Villiers-en-Bois (France). Il fait ses humanités au Lycée de Niort (B.A., 1944), puis, établi à Paris (1944–1972), il suit des cours de lettres à la Sorbonne pendant un an et commence à écrire dans *Les Cahiers du Sud*, *Les Lettres nouvelles*, *Le Mercure de France* et surtout *Esprit* dont il devient collaborateur permanent et membre du comité directeur. Engagé par le Secrétariat d'État à la jeunesse, aux sports et aux loisirs, il organise des expositions d'art... Il prend contact avec le Québec par Gaston Miron en 1959, commence à travailler avec Fernand Ouellette, en 1966, puis comme documentaliste pour Radio-Canada, et est plusieurs fois professeur invité à Montréal. En 1972, il s'établit à Montréal (citoyenneté, 1978) où il continue à travailler avec Fernand Ouellette jusqu'en 1979, tout en s'occupant d'édition aux Presses de l'Université de Montréal (1973–1978). Il réalise une série de courts métrages sur la peinture, la tapisserie et l'art roman français : « Bertholle », « Lurçat », « La Porte du ciel », « Minaux »... Il assure aussi la chronique des arts au *Jour* et collabore à *Liberté*, *Le Devoir*, *Vie des arts*, *Poésie* (Paris)... Entre 1962 et 1981, outre sa participation à des ouvrages collectifs, il publie dix-sept livres : poésie, roman, art et critique d'art, essais philosophico-poétiques. Ses romans, parus en France, semblent moins connus au Québec. Mais on regarde Robert Marteau comme un vrai poète. En 1966, Gilles Marcotte souligne la somptuosité des mots, la puissance d'incantation des vers, le goût profond des choses, des *Travaux sur la terre* et situe ce recueil «parmi les plus beaux [...] de la poésie d'aujourd'hui». En 1976, Jacques Nolin dit de la poésie cosmique d'*Atlante* où «tous les souvenirs du monde ancien et moderne ont place», qu'on est «tout de suite frappé par la fraîcheur de l'inspiration et le bonheur de l'expression». Sur le critique d'art, Robert Mélançon écrit : «Marteau excelle à définir avec brièveté et densité la qualité particulière d'une œuvre déjà confirmée et à en saisir le mouvement propre». Les lecteurs sont plus partagés devant l'essai prophétique du poète de *Ce qui vient* et la «contemplation amère» (Thomas Pavel) que présente *Mont-Royal*.

ŒUVRES

Royaumes. Poèmes, Paris, Éditions du Seuil, 1962, 69 p.

Ode numéro 8 (poème), Paris, Syrinx, 1965, [n.p.]. Ill. de Bertholle.

Travaux sur la terre. Poèmes, Paris, Éditions du Seuil, 1966, 92 p.

Des chevaux parmi les arbres. Chroniques, Paris, Éditions du Seuil, 1968, 261 p.

Chagall sur la terre des dieux (album), Paris, A.C. Mazo/Mourlot, 1969, [n.p.]. Lithographies de Chagall.

Sibylles, vingt et un dessins originaux de Gustave Singier (poésie), Paris, Éditions Galanis, 1971, 79 p. Ill. «Écritures».

Les Vitraux de Chagall 1957-1970 (album), Paris, A.C. Mazo, éditeur, 1972, 167 p. Ill. Postface de Charles Marq. Traduction anglaise : *The Stained Glass Windows of Chagall 1957-1970*, New York, Pudor Publishing Company, 1973, 159 p. Ill. Postface de Charles Marq.

Pentecôte (roman), Paris, NRF Gallimard, 1973, 236 p. Traduction anglaise par David Ellis : *Pentecost*, Toronto, Exile Editions, 1979, 118 p.

Hélène (poésie), Paris, Sauret, 1974, 48 p. Ill. de Minaux.

Les Ateliers de Marc Chagall (essai), Paris, Fernand Mourlot, 1976, 128 p. Lithographies de Chagall.

Atlante. Poème, Montréal, Éditions de l'Hexagone, 1976, 44 p. Traduction anglaise par Barry Callaghan : *Atlante*, Toronto, Exile Editions, 1979, 79 p. (Édition bilingue).

Ce qui vient (essai), Montréal, Éditions de l'Hexagone, 1979, 81 p.

L'Œil ouvert (chroniques), Montréal, Quinze, 1978, 167 p. Ill. Présentation de François Hébert. «Prose entière».

Salamander. Selected Poems of Robert Marteau (anthologie poétique bilingue), Princeton, Princeton University Press, 1979, 114 p. Traduction de Anne Winters.

Traité du blanc et des teintures avec sept gravures de Gérald Tremblay (poésie), Montréal, Éditions FRTA, 1978, 67 p. Ill. Traduction de Barry Callaghan : *Treatise*

on White and Tincture, Toronto, Exile Editions, 1979, 63 p.

F. Toupin (biographie), [s.l.], Daniel Benoit Enregistrée, 1979, 46 p. Ill.

Entre temps (récit), Montréal, Quinze, 1981, 126 p. Accompagné de dessins à la plume par Bernard Huin d'après des relevés effectués par l'auteur. «Prose entière». Traduction anglaise par Barry Callaghan : *Interlude*, Toronto, Exile Editions, 1982, 87 p.

Mont-Royal (journal), Paris, NRF Gallimard, 1981, 179 p. Traduction anglaise par David Hamel : *Mount Royal*, Toronto, Exile Editions, 1982, 121 p.

Fleuve sans fin : Journal du Saint-Laurent, Paris, Gallimard, 1986, 172 p.

Les Poèmes de Robert Marteau, L, vol. 8, nᵒˢ 5-6, sept.–déc. 1966, p. 135-137.

Miroir de plus en plus magnifique, dans *Esprit*, juillet–août 1970, p. 292-299.

La parole se prend comme la liberté, dans *Le Jour*, vol. 1, nᵒ 40, 3 juin 1977, p. 28.

Charles Gagnon, L, vol. 20, nᵒ 6, nov.–déc. 1978, p. 120.

Chardin, L, vol. 25, nᵒ 3, sept.–oct. 1980, p. 96.

Marcelle Ferron. Ce chant muet et palpitant, L, vol. 27, nᵒ 1, janv.–févr. 1982, p. 21.

ÉTUDES

[Anonyme], *Fonction du poète : vivre et dire*, M, nᵒ 18, juin 1963, p. 211.

François Fédier, *Lettre à Robert Marteau*, L, vol. 15, nᵒˢ 3-4, sept.–oct. 1973, p. 7.

Claude Delisle, *Robert Marteau. Atlante*, LAQ 1976, p. 119-123.

François Hébert, *Littérature québécoise. Robert Marteau*, L, vol. 19, nᵒ 2, mars-avril 1977, p. 70.

Jacques Nolin, *Marteau (Robert). Atlante*, dans *Nos livres*, vol. 8, juin-juillet 1977, nᵒ 225.

Robert Mélançon, *Le Salut par l'écriture*, Dev, vol. 69, nᵒ 220, 23 sept. 1978, p. 17-19.

Jean-Yves Soucy, *Marteau nous incite à bien ouvrir l'œil*, dans *Le Livre d'ici*, vol. 4, nᵒ 8, 29 nov. 1978, p. 1.

Gaston Leroux, *Robert Marteau. L'Œil ouvert*, LAQ 1978, p. 286-288.

Id., *Marteau, Robert. Ce qui vient*, LAQ 1979, p. 314-316.

Jean Royer, *Robert Marteau. L'alchimie du verbe* (entrevue), Dev, vol. 71, nᵒ 34, 9 févr. 1980, p. 25.

Gilles Marcotte, *Trois complaintes du mal de vivre...*, dans *L'Actualité*, vol. 5, nᵒ 4, avril 1980, p. 94.

Noël Audet, *Essais : d'une vision du monde à l'autre*, VI, vol. 5, nᵒ 3, printemps 1980, p. 591.

Philippe Haeck, *Ce qui vient de Robert Marteau*, dans *Spirale*, nᵒ 10, juin 1980, p. 12.

Antonio D'Alfonso, *Marteau (Robert). Entre temps*, dans *Nos livres*, vol. 12, déc. 1981, nᵒ 508.

Jean Royer, *Robert Marteau. L'homme du Mont-Royal*, Dev, vol. 73, nᵒ 6, 9 janv. 1982, p. 15.

Régis Tremblay, *Robert Marteau a «recueilli» sa langue au Québec*, So, vol. 85, nᵒ 49, 20 févr. 1982, p. D-10.

Thomas Pavel, *Mont-Royal de Robert Marteau*, LQ, nᵒ 20, été 1982, p. 89.

MARTEL, ÉMILE (1941–   ). Poète et conteur, né à Amos (Abitibi). Après ses humanités à l'Université d'Ottawa (B.A., 1960), il obtient une licence ès lettres (1962) à l'Université Laval et un doctorat (1964) à l'Université de Salamanque (Espagne) pour une thèse sur Unamuno. Il est professeur de langue et de littérature françaises et espagnoles à l'Université d'Alaska (1964–1966) et à l'Université de Victoria (Colombie-Britannique, 1966–1967), puis il entre à l'emploi du ministère des Affaires extérieures du Canada, en 1967, et il occupe des postes dans des ambassades canadiennes à Costa Rica, Paris et Madrid. Encore étudiant, il publie ses premiers poèmes, en 1962, dans la revue *Émourie* de Gilles Vigneault. Son premier livre, *Les Enfances brisées* (1969), est composé de deux récits poétiques sur les thèmes de l'enfance, de la solitude et de la mort. On en a jugé le style ampoulé, les images ardues, mais on y a vu aussi « un accent de vérité » (Simon Drolet). Dans *L'Ombre et le Silence* (1974) le poète développe un grand projet de re-création du monde. On lit dans *Le Livre canadien* que « les images sont belles quoique peu neuves » mais que l'inspiration « manque d'air ». Sur *Les Gants jetés* (1977), certains critiques adoptent des attitudes extrêmes : pour Jean-Pierre Boucher, ces textes sont, « mis à part ‹ Enfance ›, du genre assommant » et d'une langue « alambiquée à souhait », alors que Marcel Dubé déclare : « Ouvrez le livre à n'importe quelle page, et vous serez ravis, étonnés, enchantés par la poésie, la magie du verbe, la splendeur de la langue ». Gabrielle Poulin trouve assez monotones certains poèmes et récits de cet « univers étrange et fascinant », mais elle dit avoir beaucoup aimé « La Milice », « Le dinosaure qui tousse » et « Enfance ».

ŒUVRES

Les Enfances brisées. Récits, Montréal, Éditions du Jour, 1969, 127 p. « RJ ».

L'Ombre et le Silence. Prose à lire à voix haute, Montréal, Éditions du Jour, 1974, 91 p.

Les Gants jetés (proses et poèmes), Montréal, Quinze, 1977, 172 p. Ill. de Colette Perron. « Prose-poétique ».

ÉTUDES

André Major, *Deux univers : celui du cœur et celui de la vie*, Dev, vol. 60, nᵒ 97, 26 avril 1969, p. 15.

Simon Drolet, *Les Enfances brisées d'Émile Martel*, LAQ 1969, p. 49–50.

Chanel Malenfant, *Émile Martel. L'Ombre et le Silence*, LAQ 1974, p. 77–78.

[Anonyme], *Martel (Émile). L'Ombre et le Silence*, dans *Le Livre canadien*, vol. 6, mai 1975, nᵒ 188.

André Major, *Les Rêveries d'Émile Martel*, Pr, 93ᵉ année, nᵒ 168, 16 juillet 1977, p. D-3.

Gabrielle Poulin, « *Les Gants jetés* » *d'Émile Martel. L'hommage du chevalier*, Dr, 65ᵉ année, nᵒ 105, 30 juillet 1977, p. 20.

Marcel Dubé, *Émile Martel, ce magicien*, dans *Le Livre d'ici*, vol. 2, nᵒ 46, 28 août 1977, p. 1.

Hélène Bellemare, *Martel (Émile). Les Gants jetés*, dans *Nos livres*, vol. 8, oct. 1977, nᵒ 300.

Jean Royer, *Émile Martel, écrivain et diplomate. « Il faut avoir une vie double »...*, Dev, vol. 69, nᵒ 267, 19 nov. 1977, p. 34.

Jean-Pierre Boucher, *Émile Martel. Les Gants jetés*, LAQ 1977, p. 50–51.

MARTEL, RONALD (1954–   ). Romancier et poète, né à Lac-Mégantic (Frontenac). Il termine ses études classiques au Séminaire de Sherbrooke en 1974. Il est ensuite reporter à la radio, puis traducteur publicitaire, et il prépare en même temps, à l'Université Laval, un baccalauréat en journalisme (1977). À partir de 1977, il est directeur de la publicité à la compagnie Simpson-Sears, région de Sherbrooke. Membre de l'Association des auteurs des Cantons de l'Est, il en est aussi le président. Il collabore à *Grimoire* et aux *Cahiers du hibou*. Encore au collège, il publie à tirage limité son premier roman, *Le Droit de s'aimer* (1972). En 1977 paraissent ses *Vestiges de vertiges*, recueil de poèmes.

ŒUVRES

Le Droit de s'aimer (roman), Sherbrooke, Chez l'auteur, 1972, 140 p. (Tirage limité).

Vestiges de vertiges (poésie), Québec, Les Éditions de la Basoche, 1977, 110 p.

Deux tours..., dans *Ellipse*, nᵒˢ 25–26, 1980, p. 72–73.

MARTEL, SUZANNE [née Suzanne Chouinard] (1924–   ). Romancière, née à Québec. Elle est la sœur de Monique Corriveau, bien connue également dans le monde de la littérature de jeunesse. Après ses études au couvent des Ursulines de Québec (diplôme, 1941) et à l'Université de Toronto (1942–1943), elle entre au *Soleil* de Québec en 1945, le quitte l'année suivante, se marie avec l'avocat Maurice Martel et s'installe à Outremont. Suzanne Martel publie de nombreux contes et nouvelles dans les journaux et revues. En 1966 et 1967, elle est coordonnatrice de langue française des activités féminines pour l'exposition internationale. Elle est fondatrice et directrice de *Safari*, supplément hebdomadaire pour les jeunes du *Montréal-Matin*. En 1963, paraît son premier livre, *Quatre Montréalais en l'an 3000*, roman de science-fiction pour adolescents qui mérite à l'auteur le prix de l'ACELF (1963). Par la suite, elle recueille ses contes sous le titre de *Lis-moi la baleine*, livre qui reçoit le prix de la Province de Québec pour la littérature de jeunesse en 1968. Elle a obtenu aussi en 1976, le trophée Vicky-Metcalf décerné par la Canadian Authors Association pour l'ensemble de son œuvre et aussi le prix de l'Association des bibliothécaires du Québec pour son roman historique *Jeanne, fille du roy*. Sa nouvelle, *Un trop bon diable* est primée lors du concours du Centenaire du Canada. Certains de ses romans, comme celui inspiré par Marguerite Bourgeoys, ont pour fond un vaste panorama de la Nouvelle-France. Dans tous ses écrits, Suzanne Martel fait preuve d'imagination, d'humour et de fantaisie. Elle se place parmi les meilleurs écrivains de la littérature de jeunesse. En 1979, Suzanne Martel commence la publication d'une série de romans pour adolescents et adultes, dont l'action a pour centre le clan des Montcorbier, famille fictive, inventée par elle et sa sœur Monique Corriveau.

ŒUVRES

Quatre Montréalais en l'an 3000 (roman de science-fiction), Montréal, Éditions du Jour, 1963, 159 p. «Aventure et Science-fiction»; *Surréal 3000 (Quatre Montréalais en l'an 3000)*, Éditions Jeunesse inc., 1971, 159 p. «Plein Feu»; *Surréal 3000*, Éditions Héritage, 1980, 159 p. «Galaxie»; 1983, 152 p. Version simplifiée par Danièle Geoffrion et Éric Martel. Traduction anglaise par Norah Smaridge: *The City Under Ground*, New York, Viking Press, 1964, 157 p. Ill. de Don Sibley; *Surreal 3000*, London, Macmillan of Canada, 1966, 201 p. Ill. Édité avec des exercices et un index du vocabulaire par H.C. Steels; New York, Archway Paperback, 1975, 159 p.; Toronto/Vancouver, Douglas & MacIntyre, 1982, 157 p. «A Groundwood Book».

Lis-moi la baleine (nouvelles), Québec, Éditions Jeunesse, 1966, 75 p. Ill. de Éric Martel. «Grain de sable».

Marmitons (livre de cuisine), Montréal, Éditions Jeunesse, 1972, 160 p. Collab. Alain Martel.

Jeanne, fille du roy (roman), Montréal, Fides, 1974, 254 p. Ill. de Michelle Poirier. Préface de Jacques Lacoursière. «Goéland»; 1982, 248 p. Traduction anglaise par David Toby Homel et Margaret Rose: *The King's Daughter*, Vancouver, Douglas & MacIntyre, 1980, 211 p.

Pi-Oui (roman), Montréal, Éditions Héritage, 1974, 187 p. Préface de Guy Lafleur. «Katimavik»; 1979, 189 p.; 1982, 142 p. Version simplifiée par Danièle Geoffrion et Éric Martel. Traduction anglaise: *Peewee*, Richmond Hill, Scholastic-TAB Publications Ltd, 1982, xii, 127 p. Préface de Guy Lafleur.

Titralak cadet de l'espace (roman), Montréal, Éditions Héritage, 1974, 286 p. «Katimavik»; 1979. «Galaxie».

Goûte à tout (livre de cuisine), Montréal, Fides, 1977, 80 p. Ill. de Cécile Gagnon.

Tout sur Noël (livre de bricolage), Montréal, Fides, 1977, 179 p. Ill. de Josée Guberek. «Comment faire».

À la découverte du Gotal (récit de voyage), Montréal, Fides, 1979, 408 p.

L'Apprentissage d'Arahé, 1910. Les Montcorbier (roman), Montréal, Fides, 1979, 363 p.

Premières Armes, 1918. Les Montcorbier (roman), Montréal, Fides, 1979, 390 p.

Menfou Carcajou (récit), Montréal, Leméac, 1980, 2 vol.: vol. 1, *Première Partie. Ville-Marie*, 254 p.; vol. 2, *Deuxième Partie. La Baie du Nord*, 202 p.

Nos amis robots (roman), Montréal, Éditions Héritage, 1981, 243 p. «Galaxie»; 1982, 152 p. Version simplifiée par Danièle Geoffrion et Éric Martel. Traduction anglaise par Patricia Sillers: *Robot Alert*, Toronto, Kids Can Press, 1985, 189 p.

Au temps de Marguerite Bourgeoys quand Montréal était un village, Montréal, Éditions du Méridien, 1982, 333 p. Ill. de Thomas Corriveau. Préface de Fernande Bélisle.

L'Enfant de lumière (litt. jeunesse), Montréal, Éditions du Méridien, 1983, 149 p. Ill. de Félix Vincent.

Contes de Noël. Contes d'autrefois pour les gens d'aujourd'hui, Montréal, Éditions du Méridien, 1984, 73 p. Ill. de Georgeta Pusztai.

Un orchestre dans l'espace (roman), Montréal, Éditions du Méridien, 1985, 285 p.

ÉTUDES

Madeleine Doyon, *Quatre Montréalais en l'an 3000*, Pr, 79e année, 6 juin 1963, p. 20.

Odette Leroux, *Quatre Montréalais en l'an 3000*, LAC 1963, p. 143.

Noëlla Desjardins, *Ma famille, ma maison, mes livres et moi*, Pe, vol. 8, 13 août 1966, p. 10–14.

Louise René de Cotret, *Suzanne Martel est l'auteur de livres merveilleux pour la gent enfantine*, vol. 47, no 41, 17 déc. 1966, p. 20.

Louise Lemieux, *Suzanne Martel*, dans *Pleins Feux sur la littérature de jeunesse au Canada français*, Montréal, Leméac, 1972, p. 165–167.

Réginald Martel, *Le goéland vole bas parfois*, Pr, 91e année, no 171, 19 juillet 1975, p. E-3.

Marie Laurier, *Entretien avec Suzanne Martel. À la conquête du pays de ses personnages*, Dev, vol. 68, no 236, 9 oct. 1976, p. 15.

Françoise Lepage, *Les Albums*, LAQ 1977, p. 291–294, surtout p. 293.

Marie Laurier, *Goûte à tout*, Dev, vol. 69, no 117, 20 mai 1978, p. 33.

Jacques Flamand, *Le Conte d'aujourd'hui*, Dr, 67e année, no 114, 11 août 1978, p. 17.

Marie Laurier, *Suzanne Martel. Une incursion dans la littérature pour adultes*, Dev, vol. 70, no 293, 15 déc. 1979, p. 19.

Id., *Les Aventures palpitantes d'Arnaud de Montcorbier*, Dev, vol. 70, no 293, 15 déc. 1979, p. 20.

Gérald LeBlanc, *Les Montcorbier*, dans *Le Livre d'ici*, vol. 5, no 17, 30 janv. 1980, p. 1.

MARTIGNY

MARTIGNY, PAUL DE [Pierre Lefort] (1872-1951). Journaliste et nouvelliste, né à Saint-Jérôme (Terrebonne). Paul-Aimé Lemoine de Martigny fait ses études primaires à l'école de son village natal. Encore jeune, la famille déménage à Varennes. En 1896, on le retrouve à Montréal où il participe aux réunions de l'École littéraire de Montréal. En 1899, il fonde le journal *Les Débats* avec Louvigny de Montigny. Il travaille successivement comme imprimeur, employé dans une maison de courtage à Ottawa et journaliste à *La Presse* où il utilise parfois le pseudonyme de « Pierre Lefort ». Mais habituellement il signe « Paul de Martigny » ses chroniques ainsi qu'un recueil de quatre nouvelles, *Mémoires d'un reporter*, publié en 1925. Dans les années 1930, il devient correspondant à Paris de *La Presse* ainsi que de l'agence l'Information. Pendant la Seconde Guerre mondiale, il est emprisonné par les Allemands. Il revient en 1945 à Montréal où il collabore à *La Patrie*. Les quatre nouvelles de 1925, *Mémoires d'un reporter*, se présentent comme des souvenirs d'un certain Jacques Labrie, bohème et ivrogne, constamment en voyage entre Montréal et Paris. L'élément autobiographique perce dans le récit. Le même personnage revient dans le recueil *La Vie aventureuse de Jacques Labrie* (1945), cette fois composé de six nouvelles où « La Dompteuse » constitue toujours le meilleur récit. Montigny publie aussi un essai *L'Envers de la guerre* (1946) et un roman *Les Mémoires d'un garnement* (1947). Dans le premier surgissent des souvenirs de Paris occupé et libéré ; dans le deuxième s'entassent les espiègleries d'un gamin turbulent. Le style de Montigny est vivant, toujours soigné, bien ajusté à conter les souvenirs, l'anecdote, l'amour et la souffrance.

ŒUVRES

Mémoires d'un reporter (nouvelles), Montréal, L'Imprimerie modèle, [1925], 189 p.

La Vie aventureuse de Jacques Labrie (roman), Montréal, Les Éditions Fernand Pilon, [1945], 207 p.

L'Envers de la guerre (essai), Ottawa/Montréal, Les Éditions du Lévrier, 1946, 2 t. : t. 1, 187 p. ; t. 2, 183 p.

Les Mémoires d'un garnement (roman), Montréal, Les Éditions du Lévrier, 1947, 205 p.

ÉTUDES

A[lbert] L[aberge], *Mémoires d'un reporter*, Pr, 42e année, no 30, 18 nov. 1925, p. 26.

[Anonyme], *Mémoires d'un reporter*, dans *La Revue populaire*, vol. 19, no 1, janv. 1926, p. 124-125.

Jean De Guise, *La Vie aventureuse de Jacques Labrie*, AmF, 5e année, no 6, 1946, p. 60-61.

Rodolphe Laplante, *L'Envers de la guerre*, dans *Lectures*, vol. 2, no 1, mars 1947, p. 53-54.

Pierre Baillargeon, *Les Mémoires d'un garnement*, AmF, vol. 7, no 1, 1948-1949, p. 83-84.

MARTIN, CLAIRE [Madame Roland Faucher, née Claire Montreuil], (1914-). Nouvelliste, romancière, mémorialiste et traductrice, née à Québec. Elle fait ses études au couvent des Ursulines de Québec (1920-1925) et chez les sœurs de la Congrégation de Notre-Dame de Beauport (1925-1930). Elle travaille d'abord comme secrétaire, puis elle devient speakerine au poste CKCV de Québec en 1941, à CBV (Radio-Canada, Québec) en 1944, et à CBF (Montréal) en janvier 1945. En août de la même année, elle épouse Roland Faucher et s'installe à Ottawa. Vers la fin des années cinquante, elle se consacre à l'écriture. Les ouvrages qu'elle publie en douze ans vont la faire proclamer par la critique l'un des écrivains marquants de sa génération. Elle reçoit plusieurs distinctions : prix du Cercle du livre de France pour *Avec ou sans amour*, prix de la Province de Québec et prix France-Québec pour *Dans un gant de fer*, prix du Gouverneur général pour *La Joue droite*... Présidente de la Société des écrivains (1963-1965), elle est élue à la Société royale du Canada en 1967. En 1977, elle est décorée de la médaille de la reine Élisabeth II, et en 1984 de l'Ordre du Canada. De la fin de 1972 à 1982, elle réside en France avec son mari, à Cannes, puis à Cabris (Alpes-Maritimes). À leur retour, ils s'établissent à Québec. Après 1972, Claire Martin s'occupe de traduction et fait connaître au Québec français des romanciers comme Margaret Lawrence et Robertson Davies. L'œuvre de Claire Martin présente, selon Robert Vigneault, « un témoignage important, voire irremplaçable, sur l'évolution du Québec ». Dès les nouvelles de *Avec ou sans amour* (1958) apparaît un thème majeur, l'amour, sentiment fragile analysé avec humour et ironie, mais aussi avec tendresse, surtout dans les romans, et traité hors des sentiers battus avec une liberté qui suscite des remous : l'auteur « bouleverse certaines catégories psychologiques et sociales traditionnelles » (Vigneault). Réjean Robidoux écrit, en 1969, que « dans la singularité voulue de l'histoire qu'ils racontent, *Doux-amer* (1960) et *Quand j'aurai payé*

ton visage (1962) de Claire Martin sont sans doute les plus parfaits des romans produits ces dernières années hors des techniques dites d'avant-garde » (*Histoire de la littérature française du Québec*, t. 4, p. 16). *Dans un gant de fer*, mémoires que Gilles Marcotte appelle « le plus riche » des livres de Claire Martin, est un événement littéraire par la qualité de l'ouvrage et sa valeur représentative. L'œuvre provoque de la controverse qui force plus d'un critique à repenser son rôle. Tous s'entendent cependant pour reconnaître à l'écrivain des dons d'observation perspicace, la finesse de l'humour, de belles pages de poésie, l'élégance et la précision du style, et toujours la maîtrise parfaite de la langue.

ŒUVRES

Avec ou sans amour (nouvelles), Montréal, CLF, 1958, 185 p. ; *Avec ou sans amour. Nouvelles*, Paris, Robert Laffont, 1959, 205 p. « Les Jeunes Romanciers canadiens » ; *Avec ou sans amour*, [Montréal], Éditions du Renouveau pédagogique, 1969, 25, [5], 188 p. Portrait. Présentation et annotation de Robert Vigneault. « LQ » ; CLF, 1970, 157 p. « PoC ».

Doux-amer. Roman, Paris, Robert Laffont, 1960, 222 p. ; Montréal, CLF, 192 p. ; 1967, 166 p. « PoC » ; 1975. Traduction anglaise par David Lobdel : *Best-Man*, [Toronto], Oberon Press, 1983, 143 p. Ill. de Hergl Macklens.

Quand j'aurai payé ton visage. Roman, Montréal, CLF, 1962, 187 p. ; Paris, Robert Laffont. « Les Jeunes Romanciers canadiens » ; Montréal, CLF, 1972.

Dans un gant de fer. [*I. La Joue gauche*] (mémoires), [Montréal], CLF, 1965, 235 p. ; CLF Pierre Tisseyre, 1981 ; *Dans un gant de fer II. La Joue droite*, CLF, 1966, 209 p. ; 1968 ; 1972 ; 1978. Traduction anglaise par Philip Stratford : *In an Iron Glove*, [Toronto], The Ryerson Press, 1968, vi, 327 p. Ill. Préface du traducteur. Avant-propos de Claire Martin ; Montréal, Harvest House, 1975, 167 p. Portrait.

Les Morts (roman), Montréal, CLF, 1970, 152 p.

Le Harpon du chasseur (roman), Montréal, CLF, 1971, 95 p. Ill. de Germaine Arnaktauyok. Traduction du livre de Markoosie.

Le Livre d'images de ma vie, Montréal, CLF, 1972, [n.p., 95 p.]. Ill. Traduction de l'esquimau du livre de Pitséolak. (Édition bilingue française/esquimau).

« *Moi, je n'étais qu'espoir* », [Montréal], CLF, 1972, 54 p. (Pièce en 2 actes tirée du roman « *Les Morts* »).

La petite fille lit (récit), Ottawa, Publication du Département des lettres françaises/EUO, 1973, 18 p. « Textes ».

L'Ange de pierre (roman), Montréal, CLF Pierre Tisseyre, 1976, 342 p. « Des deux solitudes ». Traduction du livre de Margaret Lawrence : *The Stone Angel*.

Le Violon (récit), Montréal, CLF Pierre Tisseyre, 1976, 79 p. Ill. de Georges Pastic. Traduction du livre de Robert Thomas Allen.

Le lion avait un visage d'homme. Roman, Montréal, CLF Pierre Tisseyre, 1978, 323 p. « Des deux solitudes ». Traduction du livre de Robertson Davies : *The Manticore*.

Le Monde des merveilles (roman), [Montréal], CLF, 1979, 417 p. « Des deux solitudes ». Traduction du livre de Robertson Davies *World of Wonders*.

Le Choix de Claire Martin dans l'œuvre de Claire Martin, [Notre-Dame-des-Laurentides], Les Presses Laurentiennes, 1984, 79 p. Portrait. « Le Choix de... ».

La Justice tribale. Récits, Montréal, CLF Pierre Tisseyre, 1985, ix, 268 p. « Des deux solitudes ». Traduction du livre de Blaise Clark : *Tribal Justice*.

Notre roman, image de notre milieu, RD, vol. 66, n° 2, juillet–août 1960, p. 18–24.

[*Témoignages...*], dans *Le Roman canadien-français*, Montréal/Paris, Fides, 1964, p. 303–389. « ALC » 3.

À propos de ces nouvelles techniques, I, n° 8, mai 1965, p. 15–20.

Three Points in My Life, dans *The Tamarack Review*, n° 43, printemps 1967, p. 5–18.

Sondage au Québec, Ch, vol. 11, n° 11, nov. 1970, p. 26–28, 56.

ÉTUDES

Réjean Robidoux, *Claire Martin romancière*, EF, vol. 1, n° 2, juin 1965, p. 67–86.

Hélène Pilotte, *La Romancière Claire Martin, analyste de l'amour et de la femme*, Ch, vol. 6, n° 6, juin 1965, p. 28–29, 46–49.

Jean Éthier-Blais, *Dans un gant de fer*, dans *University of Toronto Quarterly*, vol. 35, n° 4, juillet 1966, p. 521–523.

Jean Fréchette, *Les Enfances de Claire Martin*, AN, vol. 56, n° 4, déc. 1966, p. 386–389.

Pierre de Grandpré, *Comment l'esprit vient aux filles. (Avec ou sans amour)*, dans *Dix ans de vie littéraire au Canada français*, Montréal, Beauchemin, 1966, p. 158–161.

Réjean Robidoux et André Renaud, *Doux-amer de Claire Martin*, dans *Le Roman canadien-français du vingtième siècle*, Ottawa, EUO, 1966, p. 147–162.

Jean Éthier-Blais, *Entre femmes seules, Claire Martin*, dans *Signets II*, Montréal, CLF, 1967, p. 224–228.

Yvon Rivard, *Claire Martin, notre théoricienne du cœur humain*, AN, vol. 56, n° 10, juin 1967, p. 1041–1046.

Annick Vanbrugghe, *De la tentation de la lucidité à l'amour dépoétisé : « Avec ou sans amour » de Claire Martin*, LAQ 1969, p. 231–236.

Éva Kushner, *À propos des Morts de Claire Martin*, LAQ 1970, p. 32–36.

Jeannette Urbas, *Le Jeu de la Guerre dans l'œuvre de Claire Martin*, VIP, n° 7, 1974, p. 133–148.

Claude Marullo, *Quand Claire Martin incarne la femme québécoise d'avant 1960*, CoI, vol. 4, n° 2, 1974, p. 17–31.

Robert Vigneault, *Claire Martin. Son œuvre. Les réactions de la critique*, Montréal, CLF, 1975, 216 p.

Louise Maheux-Forcier, *Claire Martin, « Moi, je n'étais qu'espoir »*, dans *Le Théâtre canadien-français*, Montréal, Fides, 1976, p. 619–622. « ALC » 5.

Nicole Bourbonnais, *Robert Vigneault à l'écoute de Claire Martin*, LQ, n° 3, sept. 1978, p. 27–29.

Françoise Kaye, *Claire Martin ou Le « Je » aboli*, I, vol. 4, n°s 2–3, mai–déc. 1980, p. 49–58.

Jean Royer, *Le Choix de Claire Martin*, Dev, vol. 75, nº 286, 8 déc. 1984, p. 29.

Suzanne Lafrenière, *Le Choix de Claire Martin dans... l'œuvre de Claire Martin*, Dr, 73ᵉ année, nº 50, 25 mai 1985, p. 38.

Esther Croft, *Danielle Martin. Monologueries*, LAQ 1982, p. 177–178.

Antonio D'Alfonso, *Martin (Danielle). Monologueries*, dans *Nos livres*, vol. 14, juillet-août 1983, nº 5322.

MARTIN, DANIELLE (1948–   ). Poète, dramaturge et monologuiste, née à Saint-Hyacinthe. Elle fait le secondaire à l'École Fadette et continue ses études par elle-même. Installée à Hawkesbury, en Ontario, vers la fin des années soixante, elle participe activement à la vie culturelle de sa ville d'adoption, donne des récitals de poésie avec accompagnement de musique, monte des spectacles de théâtre, organise des ateliers d'écriture, s'occupe de concours littéraires... En poésie, « Cris, Souffles, Rythmes » reste inédit, mais le recueil *À perce-poche* paraît en 1979. Enracinée dans la réalité quotidienne, sa poésie sait parler doucement de l'amour, de l'enfant, de la mort, mais elle dénonce avec force la bêtise humaine et l'étroitesse d'esprit. Sa langue, directe, proche de la prose, rejoint la poésie par son lyrisme, ses images et, note Paul Gay, par un fréquent usage d'associations de mots suggestives : « enfant-soleil », « année-suicide », « mère-voisine », « femmes-ménages ». Au théâtre, elle monte sa première pièce, « Le Père Cabouse », sur l'abandon des petites gares, en 1978. Suivent « Madame H » (1978), « Enterre donc ça », « Vous êtes ici réunis » (1980), « Le Barda » joué en 1982. *Monologueries*, huit textes tirés en bonne partie de « Enterre donc ça » — joué en 1979 — paraît en 1982. Ces monologues, qui font penser à Yvon Deschamps par la façon de pousser à bout le raisonnement absurde d'un personnage, « sont tous fortement empreints d'actualité », écrit Esther Croft, et leur « originalité se dégage surtout de l'exploitation du cynisme des personnages féminins ».

ŒUVRES

À perce-poche (poésie), Sudbury, Prise de Parole, 1979, 44 p. « Les Perce-neige » ; 1983.

Monologueries (récits), Hull, Éditions Asticou, 1982, 59 p.

ÉTUDES

Denise Truax, *Poème*, dans *Liaison*, nº 4, févr. 1979, p. 10.

Laurier Lapalme, *À perce-poche de Danielle Martin*, dans *Le Carillon*, 4 avril 1979, p. A-8.

Paul Gay, *Poésie franco-ontarienne. Les Perce-Neige*, Dr, vol. 67, nº 129, 25 août 1979, p. 21.

Roger Chamberland, *Danielle Martin. À perce-poche*, LAQ 1979, p. 144–145.

Sylvie Boudreault, *La Révolte de Danielle Martin*, Dr, 70ᵉ année, nº 18, 17 avril 1982, p. 35.

MARTIN, JACQUELINE [née Blais] (1930–   ). Dramaturge et pédagogue, née à Timmins (Ontario). Elle fait ses études secondaires à Vanier. Entre 1950 et 1964, elle obtient des brevets d'enseignement au primaire et au secondaire à l'Université d'Ottawa et à Toronto. En 1953, elle reçoit le diplôme d'Associate-ship (piano) au Conservatoire de musique de Toronto. Plus tard, elle obtiendra à l'Université d'Ottawa un baccalauréat ès arts (1963) et une maîtrise en lettres françaises (1975). Elle enseigne au primaire à Timmins (1950–1952), enseigne le piano à Prescott (Ontario, 1953–1959), et retourne à l'enseignement primaire et secondaire à Ottawa (1959–1967). En 1967, elle devient professeure à l'École normale de l'Université d'Ottawa, puis à la Faculté d'éducation de la même institution à partir de 1969. De 1973 à 1975 elle est professeure invitée à l'Université du Québec à Hull. En outre, elle est cofondatrice de la troupe de l'Atelier d'Ottawa (1965) et de l'organisme Théâtre-Action en Ontario (1972). Elle a préparé des textes pour la série d'émissions de la Télévision éducative de l'Ontario, « Feu sur les planches » (1969). Elle publie deux sortes d'ouvrages : des travaux de méthodologie du français, comme *L'Art de l'expression orale et écrite* (1983), étude vivante et abondamment illustrée, et du théâtre comprenant des pièces sociales, des pièces pour enfants et des drames historiques. Du premier groupe, *La Quintaine*, primée au festival des pièces en un acte (1966) et parue dans la revue *L'Avant-Scène* de Paris (1967), « vaut par l'excellente progression du heurt de deux mentalités », écrit Paul Gay. En 1966, *Le Fou d'Agolan* est aussi primé au concours national des pièces pour enfants. « Quel théâtre d'une grande fraîcheur [...], dit le même critique. Il baigne l'imagination des marmousets dans l'enchantement du passé ».

ŒUVRES

Le Fou d'Agolan. Pièce en deux actes, Ottawa, Les Éditions de l'Onde, 1976, 102 p. ; *Le Fou d'Agolan. Pièce en 2 actes*, Montréal, Les Entreprises culturelles enr., 1983, 75 p.

Trois pièces en un acte. Une trilogie sur l'incommunicabilité, Ottawa, Les Éditions de l'Onde, 1977, 109 p. Ill. de Bernard Poulin.

Bon Bombidou. Pièce en 2 actes pour théâtre de marionnettes, Ottawa, Les Éditions de l'Onde, 1978, 80 p. Ill.

de Jacman ; Montréal, Les Entreprises culturelles enr., 1983, 48 p.

Jeux d'improvisation (théâtre), Ottawa, Les Éditions de l'Onde, 1978, 146 p. Ill. de Jacman.

Le Destin tragique du Cavelier de la Salle (théâtre), Ottawa, Les Éditions de l'Onde, 1979, 88 p. Ill. de Jacman.

L'Expression dramatique : cycles intermédiaires et supérieurs (manuel), Toronto, Ministère de l'Éducation de l'Ontario, 1981, 57 p.

L'Art de l'expression orale et écrite français intégral. Centres d'intérêt : légendes du Canada français (manuel), Montréal, Éditions de Ville-Marie, 1983, 3 vol. : vol. 1, 377 p. ; vol. 2, 357 p. ; vol. 3, 404 p. Ill. Avant-propos de l'auteur.

Guide du maître jeux d'improvisation. Huit leçons préparatoires à l'étude de la pièce Bon Bombidou, La Prairie, Les Entreprises culturelles enr., 1983, 93 p. Avant-propos de l'auteur.

Contes et récits de l'Ontario français (manuel), Montréal, Les Éditions Ville-Marie, 1986, 284 p. Avant-propos de l'auteur.

La Pièce en un acte (manuel), Montréal, Les Éditions Ville-Marie, 1986, 173 p. Introduction de l'auteur.

ÉTUDES

Paul Gay, *Le Théâtre franco-ontarien. Jacqueline Martin, dramaturge et théoricienne*, Dr, 69ᵉ année, nᵒ 94, 18 juillet 1981, p. 14.

Id., *À la jeunesse francophone, l'art de l'expression orale et écrite*, Dr, 71ᵉ année, nᵒ 291, 10 mars 1984, p. 30.

MARTIN, PAUL-AIMÉ (1917–   ). Bibliographe et éditeur, né à Saint-Laurent (Montréal). Il fait ses études au Collège de Saint-Laurent et à l'Université de Montréal et obtient successivement un baccalauréat ès arts (1936), un diplôme de bibliothéconomie et de bibliographie (1938), un baccalauréat en théologie (1939) et une licence en théologie (1940). Il entre dans la Congrégation de Sainte-Croix le 2 août 1933 et il est ordonné prêtre par Mgr Arsène Turquetil, à la cathédrale de Montréal, le 17 février 1940. Encore au scolasticat, en mars 1937, il fonde, avec l'appui de son supérieur, le Père Émile Deguire, c.s.c., et de quelques confrères, *Mes Fiches*, bulletin documentaire bimensuel propagé en étroite collaboration avec la Jeunesse étudiante catholique ; à l'automne de 1940, l'œuvre prend le nom des

Éditions Fides qui ouvre rapidement des succursales en France, aux États-Unis et au Brésil ; le Père Martin en assume la direction jusqu'en 1978. On publiera ainsi quelque 1 600 titres groupés pour la plupart dans 140 collections, sans compter des périodiques dont *L'Église canadienne* jouit d'une grande renommée. Le directeur représente la maison Fides aux nombreux congrès internationaux et aux foires du livre de Francfort, de Bruxelles et de Nice. En 1946, la maison Fides lance *Lectures*, revue mensuelle de bibliographie et de critique. Parallèlement à sa tâche d'éditeur, le Père Martin s'intéresse à l'organisation de bibliothèques et à la formation des bibliothécaires. En 1937, avec Aegidius Fauteux, Marie-Claire Daveluy et le Père Émile Deguire, il fonde l'École de bibliothécaires de l'Université de Montréal où il enseigne pendant 15 ans (1940–1955). En 1943, il participe à la fondation de l'Association canadienne des Bibliothèques d'institutions (ACBI) dont il est le premier président. L'ACBI est devenue par la suite l'Association canadienne des bibliothécaires de langue française (ACBLF), puis l'Association pour l'avancement des sciences et des techniques de la documentation (ASTED). En plus d'être membre honoraire de l'ASTED, le Père Martin est, depuis 1960, membre de la Société bibliographique du Canada et, depuis 1970, membre affilié de la Fédération internationale pour l'information et la documentation. En 1947, l'Université de Montréal lui confère un doctorat honorifique en bibliothéconomie et en bibliographie. À l'occasion du cinquantenaire de la maison Fides, en 1987, il reçoit la médaille de la Société historique de Montréal et, le 29 mars de la même année, *La Presse* le choisit comme personnalité de la semaine et le Conseil de la langue française lui décerne la décoration de l'Ordre des francophones d'Amérique. Il collabore à plusieurs périodiques : *Mes Fiches, Lectures, Bulletin de l'ACBLF, Cahiers d'Action catholique, Le Feuillet biblique, Revue des bibliothèques, Le Devoir, L'Église de Montréal...* La Bible a toujours tenu une grande place dans les préoccupations du Père Martin. De 1944 à 1970, il est président de la Société catholique de la Bible, étroitement liée à l'Association catholique des études bibliques du Canada (ACEBAC). C'est en grande partie grâce à ses efforts qu'a pu être publiée, en 1953, sous le patronage de la Société catholique de la Bible, la traduction française du *Nouveau Testament*, établie par les membres de l'ACEBAC, dont le tirage a dépassé 1 500 000 exemplaires. En 1980, Mgr Paul Grégoire lui confie la direction du Centre biblique du diocèse de Montréal, poste qu'il assume jusqu'en 1987. *Les Tracts bibliques*, lancés par le Père Martin en 1984, atteignent un succès remarquable : des centaines de milliers d'exemplaires sont vendus au Canada et à l'étranger. Par son œuvre, le Père Martin contribue aux connaissances religieuses, sociales et littéraires, et à l'avancement de la bibliothéconomie. « De tous les écrits qu'il publie, remarquait Mgr Jean-Claude Turcotte lors d'une allocution le 17 décembre 1987, il exige beaucoup de clarté et de précision. Il manifeste aussi un grand souci d'orthodoxie doctrinale. C'est un homme de foi profonde et de fidélité totale à l'idéal chrétien ».

ŒUVRES

Religion, Théologie, Droit canonique (manuel), Montréal, Mes Fiches, 1938, 118 p. Classe 2 et division 348 de la classification décimale, révisées et complétées d'après la théologie catholique.

Éditions et Lectures (histoire), Montréal, Fides, 1944, 91 p.

Sa Sainteté Pie XII. La Presse et les Lectures (document), Montréal/Paris, Fides, 1959, 167 p. Textes publiés sous la direction du R.P. Paul-Aimé Martin.

Tables abrégées de la classification décimale universelle (manuel), Montréal, Fides, 1961, 227 p. Révisées et annotées à l'intention des lecteurs de *Mes Fiches* avec la collaboration de Cécile Martin-Potvin. « Publication de la Fédération internationale de Documentation », n° 242.

Vatican II. Les seize documents conciliaires (documents), Montréal/Paris, Fides, 1966, 671 p. Ouvrage publié sous la direction du R.P. Paul-Aimé Martin. Préface de Son Éminence le Cardinal Paul-Émile Léger ; 2e édition revue et corrigée, 1967.

Quinze ans d'apostolat par le livre 1937-1952, Montréal, Fides, 1952, 39 p. Allocutions prononcées par Paul-Aimé Martin *et al.*, le 16 oct. 1952, à l'issue du dîner du 15e anniversaire de Fides.

Fides, dans *Nouvelles et documents*, n° 9, 11 septembre 1978, p. 11-13. Allocution prononcée par le Père Paul-Aimé Martin le 26 juin 1978, lors d'une réception marquant son départ des Éditions Fides.

Hommage à Félix-Antoine Savard (1896-1982), dans *L'Église de Montréal*, 100e année, n° 31, 2 septembre 1982, p. 511.

Le Centre biblique de Montréal, dans *Nouvelles et documents*, n° 75, 1er novembre 1985, p. 13-16.

Célébration de Fides, dans *Nouvelles et documents*, n° 88, 16 février 1987, p. 44-47. Allocution prononcée par le Père Paul-Aimé Martin le 23 janvier 1987, lors d'une fête communautaire marquant le 50e anniversaire de la fondation des Éditions Fides.

Pour le 50e anniversaire de Fides, dans *Nouvelles et documents*, n° 92, 15 juin 1987, p. 39-41. Allocution prononcée par le Père Paul-Aimé Martin, le 17 mai 1987, lors de la remise de la médaille de la Société historique de Montréal.

Il y a cinquante ans : Menaud, maître-draveur de Félix-Antoine Savard, dans *L'Église de Montréal*, 105e année, n° 44, 19 novembre 1987, p. 977-978.

Le départ du Père Paul-Aimé Martin du Centre biblique, dans *Nouvelles et documents*, n° 97, 25 janvier 1988, p. 41-44. Allocution prononcée par le Père Paul-Aimé Martin le 17 décembre 1987, lors d'une réception marquant son départ du Centre biblique.

ÉTUDES

Cardinal J.M.-R. Villeneuve, *Le Problème des lectures*, Montréal, Fides, 1946, 27 p. (Allocution prononcée le 28 mai à l'occasion de la bénédiction de l'immeuble Fides).

Marie-Claire Daveluy, *L'École de bibliothécaires. Son histoire, ses buts, ses initiatives*, dans *Lectures*, t. 3, janv. 1948, Montréal, Fides, p. 303-309.

Cardinal Paul-Émile Léger, *et al.*, *Quinze ans d'apostolat par le livre 1937-1952*, Montréal, Fides, 1952, 39 p. Allocution prononcée le 16 oct. 1952, à l'issue du dîner du 15e anniversaire de Fides.

Raymond Tanghe, *L'École de bibliothécaires de l'Université de Montréal 1937-1962*, Montréal, Fides, 1962, 69 f.

[Anonyme], *Fides, œuvre d'apostolat intellectuel 1937-1962*, Montréal, Fides, 1962, 73 p.

André Legault (c.s.c.), *Vingt ans au service de la Société catholique de la Bible*, dans *Lectures*, nouvelle série, vol. 10, avril 1964, Montréal, Fides, p. 221.

Gabriel Clément, *Histoire de l'Action catholique au Canada français*, dans le *Rapport de la Commission d'étude sur les laïcs et l'Église*, Montréal, Fides, 1972, 2e annexe, p. 227.

Conrad Bernier, *Fides reflète 40 ans de la vie québécoise*, Pr, 93e année, n° 48, 26 févr. 1977, p. D-2. (Interview accordée par le Père Paul-Aimé Martin.

Louis O'Neill, *Fides : un vaste effort de ressourcement intellectuel et spirituel*, dans *L'Église canadienne*, vol. 10, n° 4, avril 1977, p. 122-123. Allocution de Monsieur le ministre Louis O'Neill, lors de la réception qui a marqué le 40e anniversaire de Fides.

[Anonyme], *40 ans des Éditions Fides au Canada*, dans *L'Osservatore Romano*, 28e année, n° 12 (1423), 22 mars 1977, p. 11. Édition française.

Jacques Barnard, *Une carrière unique, le Père Paul-Aimé Martin*, dans *L'Église canadienne*, vol. 11, n° 21, 6 juillet 1978, p. 642.

Clément Trudel, *P.-A. Martin, éditeur. Fides : plus de quarante années de ressourcement intellectuel et spirituel*, dans *Antennes*, 5e année, 2e trimestre, n° 18, 1980, p. 41-45. Sous la rubrique *Un homme et son œuvre*.

[Anonyme], *Nominations à l'archevêché*, Dev, vol. 71, n° 216, 20 sept. 1980, p. 4.

Jean-Marc Chicoine c.s.c., *50e anniversaire de Fides*, dans *Nouvelles et documents*, n° 86, 10 décembre 1986, p. 29-33. Allocution prononcée le 3 décembre 1986.

Réginald Martel, *Fides : 50 ans, 1935 titres originaux, 984 auteurs*, dans *La Presse*, 103e année, n° 149, 21 mars 1987, p. E1-E6. Interview accordée par le Père Paul-Aimé Martin et Mme Micheline Tremblay.

Marcel Trudel, *Présentation du Père Martin*, dans *Nouvelles et documents*, n° 92, 15 juin 1987, p. 37-39. Allocution prononcée le 17 mai 1987, lors de la remise de la médaille de la Société historique de Montréal au Père Paul-Aimé Martin.

Mgr Jean-Claude Turcotte, *Le départ du Père Paul-Aimé Martin du Centre biblique*, dans *Nouvelles et documents*, n° 97,

25 janvier 1988, p. 40–41. Allocution prononcée lors d'une réception à l'Archevêché de Montréal, le 17 décembre 1987.

Aurélien Boivin, *L'éditeur de Menaud raconte... Entrevue avec le Père Paul-Aimé Martin*, dans *Cap-aux-diamants*, vol. 3, nº 4, hiver 1988, p. 35–36.

MARTUCCI, JEAN (1932–1987). Théologien et essayiste, né à Montréal. Il fait ses études classiques au Collège Grasset (B.A., 1952), des études en théologie au Grand Séminaire de Montréal (L.Th., 1956). En 1957, il continue son éducation à Rome où il obtient, en 1958, une licence ès sciences bibliques. On le retrouve par la suite à l'École biblique et archéologique française de Jérusalem (1958–1959) où il poursuit des études à la fois pratiques et théoriques en sciences bibliques. De retour à Montréal en 1959, il est nommé professeur d'exégèse au Grand Séminaire de Montréal, et, en 1967, après avoir été préalablement Commissaire au Pavillon chrétien à l'Expo '67, directeur du Centre biblique de Montréal, et secrétaire documentaliste du cardinal Paul-Émile Léger, il est nommé professeur de théologie à l'Université de Montréal. Tout en poursuivant sa carrière d'enseignement, il occupe diverses fonctions au Centre d'étude inter-communautaire André-Grasset, à l'Université Saint-Paul d'Ottawa, à la Société catholique de la Bible dont il assume la présidence en 1971. À partir de 1974, il est professeur à la Faculté de théologie de l'Université de Montréal. Grâce à sa connaissance de plusieurs langues (français, anglais, italien, espagnol, allemand, hébreu, araméen, syriaque), il collabore non seulement à de nombreuses revues spécialisées (*Aujourd'hui la Bible, Rassembler, Prêtres et Pasteurs, Dossiers Ville Ouvrière, L'Oratoire, Communauté chrétienne*), mais également à des colloques internationaux et des émissions radiophoniques dont la plus marquante est sans nul doute « La Charte de la terre ». Au sujet de son ouvrage *Le Livre par excellence : Ancien Testament*, on écrit dans *Le Livre canadien :* « Il est difficile de réussir deux fois un chef-d'œuvre. Avec le tome II de son ouvrage *Le Livre par excellence*, on peut dire que Jean Martucci a réalisé quelque chose du genre. [...] Sous l'apparente facilité, le spécialiste découvrira, au détour d'une phrase ou d'un mot même, une allusion aux dernières acquisitions de la science biblique. Mais ce qu'il admirera surtout, c'est l'art, la finesse et le bon goût avec lesquels l'auteur transmet le fruit de ses recherches ».

ŒUVRES

Comment lire la Bible. Vingt-cinq leçons dialoguées suivies d'un programme de lecture. Petite Initiation biblique 1, Montréal, Éditions du Jour, 1968, 127 p. Présentation de l'auteur ; Les Éditions du Jour, 1979, « Le Petit Jour ». Traduction anglaise : *How to Read the Bible*, 1973, 120 p.

La Bible, point d'interrogation. Cent questions et réponses, Montréal, Éditions Paulines, 1969, 95 p. ; Montréal/ Paris, Éditions Paulines/ Apostolat des éditions, 1977, 125 p. « Sève nouvelle ».

[*Programme de catéchèse biblique du service diocésain de catéchèse aux adultes 1969*], Montréal, Centre de catéchèse de Montréal, 1969, [4], 8, 11, 6, 10, 5, 5, 8, 11, 8, 9, 9, 10, 3 p. Avant-propos de Bernard Côté. (Texte polycopié).

Le Livre par excellence. Ancien Testament, Montréal, Les Éditions Fides/ Ici Radio-Canada, 1970, 189 p. Ill. Présentation de l'auteur.

Le Livre par excellence. Nouveau Testament, Montréal, Les Éditions Fides/ Éditions Ici Radio-Canada, 1971, 192 p. Ill. Présentation de l'auteur.

Vous serez libres !, Montréal, Éditions Paulines, 1973, 56 p. « Parole et Lumière ». (Avec 2 films et 80 diapositives).

[*Le Procès du bonheur. Pièce en un acte*], Montréal, La Société catholique de la Bible, 1976, 28 p. Collab. Paul-André Giguère. Préface des auteurs.

Témoins... De quoi ? Les Témoins de Jéhovah, Ottawa, Novalis, 1977, 30 p. Ill.

L'Ancien et le Nouveau. Propos bibliques pour aujourd'hui, Montréal, Fides, 1980, 334 p. Présentation de l'auteur.

Découvrir la Bible. Le Livre qui nous rapproche de Dieu, Montréal/ Paris, Éditions Paulines/ Apostolat des Éditions, 1980, 120 p. Collab. Jean L. Duhaime, Olivette Genest, Jean-Louis D'Aragin et André Myre. Introduction de Jean L. Duhaime. « Lectures bibliques ».

Ce qu'on attend du Concile, M, nº 3, mars 1962, p. 90–91.

L'Utilisation des psaumes royaux dans la liturgie de l'Épiphanie, dans *Liturgie et Vie chrétienne*, nº 34, déc. 1962, p. 283–288.

Protestant and Roman Views on Revelation : A Roman Catholic Commentary, dans *Canadian Journal of Theology*, vol. 10, nº 4, oct. 1964, p. 265–270.

Les Lectures de la première semaine du Carême, dans *Prêtres et Pasteurs*, vol. 77, nº 2, févr. 1974, p. 93–97.

Jésus-Révolutionnaire ? dans *Jésus ? de l'histoire à la foi*, Montréal, Fides, 1974, p. 49–55.

ÉTUDE

[Anonyme], *Le Livre par excellence de Jean Martucci*, dans *Le Livre canadien*, janv. 1971, nº 43, févr. 1972, nº 59.

MARYA, CAROLUS. Voir **BOISSONNAULT, CHARLES-MARIE.**

MASQUE DE VELOURS (LE). Voir **GRIGNON, CLAUDE-HENRI.**

MASSÉ, CAROLE [X Carole Hébert] (1949–   ).
Poète et romancière, née à Montréal. Elle fait ses
humanités à l'École secondaire Sainte-Croix, au
Collège Regina Assumpta et au Collège Saint-
Ignace (B.A., 1969), et obtient ensuite une licence
ès lettres à l'Université du Québec à Montréal
(1971). Elle est suppléante à la Commission des
écoles catholiques de Montréal (1973–1975), assistante à l'édition aux Presses de l'Université de
Montréal (1975–1978), puis correctrice d'épreuves
au Studio de graphisme. Elle collabore à *Chroniques,
La Barre du jour, Change...* Son recueil de poésie,
Rejet (1975), passe presque inaperçu. Renée Cimon
note que, dans cette écriture conflictuelle, si « la
scission des phrases » et « la pulvérisation de l'alphabet » multiplient les sens, elles « ruinent toute
communication et évacuent toute signification ».
Pour Michel Beaulieu, cependant, c'est « une œuvre
fortement articulée ». À la parution de *Dieu* (1979),
la critique reconnaît un grand talent. Torrent verbal
sans paragraphe ni ponctuation, dénonciation de
la société patriarcale, ce récit « résonne des luttes et
des textes actuels des femmes » (Jean Larose). Bien
que d'une lecture peu facile, il « révèle une organisation et une grande fermeté », écrit Robert Mélançon. Ce « roman » « fait se rencontrer plusieurs
discours qui se croisent et interfèrent les uns avec
les autres [...] pour les déplacer subtilement, juste
ce qu'il faut pour qu'ils arrivent à dire autre chose
que ce qu'on entend partout ». « Parmi les voix
nouvelles, dit Michel Beaulieu, il s'agit certainement
de l'une des plus authentiques ». À propos de
L'Existence (1983), François Hébert déclare pé-
remptoirement : « Ce n'est pas un ‹ roman › en tout
cas. C'est plutôt un essai philosophique : pourquoi
ne pas l'avouer ? Mais le style est abscons et les
raisonnements souvent redondants ».

ŒUVRES

Rejet (poésie), Montréal, Éditions du Jour, 1975, 124 p.
Ill. « PJ ».
Dieu (roman), Montréal, Éditions les Herbes rouges,
1979, 127 p. Ill. « Lecture en vélocipèdes ».
L'Existence (roman), Montréal, Les Herbes rouges, 1983,
198 p.
L'Autre (récit), Montréal, Les Herbes rouges, n° 127,
1984, 46 p.
Nobody (roman), Montréal, Les Herbes rouges, 1985,
150 p.

Je vous aime (récit), Montréal, Les Herbes rouges, n° 147,
1986, 52 p.
Hommes (récit), Montréal, Les Herbes rouges, 1987,
140 p.

Le Corps de la peinture, dans *Chroniques,* n° 23, nov.
1976, p. 51–57.
L'Imaginaire, BJ, n⁰ˢ 56–57, mai-août 1977, p. 223–229.
Dans le désert de l'amour, dans *Marguerite Duras à
Montréal,* Montréal, Éditions Spirale, 1981, p. 112–
118.
La Femme à l'écritoire, dans *Qui a peur de l'écrivain ?,*
Montréal, Les Herbes rouges, n⁰ˢ 123–124, 1984,
p. 64–83.

ÉTUDES

Renée Cimon, *Massé (Carole). Rejet,* dans *Nos livres,* vol. 9, mai
1978, n° 225.
Robert Mélançon, *L'écriture féminine n'existe pas,* Dev, vol. 70,
n° 110, 12 mai 1979, p. 21.
Agathe Martin, *Lecture / Dieu,* Dev, vol. 70, n° 122, 26 mai 1979,
p. 24.
Michel Beaulieu, *Le fascisme vient de Dieu,* dans *Le Livre d'ici,*
vol. 4, n° 40, 11 juillet 1979, p. 1.
François Paré, « *Dieu* ». *Un livre difficile sur la femme,* Dr,
67e année, n° 220, 15 déc. 1979, p. 20.
Jean Laure, *Carole Massé. Dieu,* LAQ 1979, p. 64–65.
François Hébert, *Dans la nuit de la nuit,* Dev, vol. 75, n° 65,
17 mars 1984, p. 23.
Serge Trudel, *Massé (Carole), L'Existence,* dans *Nos livres,*
vol. 15, avril 1984, n° 5696.

MASSÉ, OSCAR (1880–1949). Romancier et nouvelliste, né à Granby (Shefford). Il fait ses études
classiques au Collège de Marieville, puis il se lance
en journalisme. Protonotaire à Sweetburg, il devient
secrétaire du juge en chef François Lemieux. Par la
suite, il travaille au Palais de Justice de Montréal
comme préposé à la rédaction des jugements. Amateur de la petite histoire et du folklore, il rédige des
chroniques dans divers périodiques. En 1922, Oscar
Massé publie un roman régionaliste, *Mena'sen.* Le
titre fait référence à l'isle-rocher au confluent des
rivières Saint-François et Magog, à l'endroit appelé
Ktiné, devenu plus tard Sherbrooke. À la fois
roman d'aventures et fresque historique, ce récit a
eu un certain succès auprès des amateurs de la
petite histoire en dépit d'une construction mal
articulée. Entre 1930 et 1935, il publie d'autres
récits régionalistes. *Massé... doine* exploite les légendes et la petite histoire des Cantons de l'Est. *À
vau-le-nordet* a un ton plutôt humoristique. En
1968, Adrien Thério suggère même qu'on réédite
ce recueil. En 1943, il publie un roman à thèse sur le
problème de la participation à la guerre, *La
Conscience de Pierre Laubier.*

ŒUVRES

Mena'sen (roman), Québec, Typographie Dussault & Proulx, Enr., 1922, 123 p. Ill.

Massé... doine (récits), Montréal, Librairie Beauchemin Limitée, 1930, 124 p. « BC. Montcalm ».

À vau-le-nordet (récits), Montréal, Librairie Beauchemin Limitée, 1935, 191 p. Avant-propos de l'auteur. (Des extraits dans Adrien Thério, *L'Humour au Canada français*, Montréal, Le Cercle du livre de France, 1968, p. 148–163).

La Conscience de Pierre Laubier (roman), Montréal, Éditions Beauchemin, 1943, 160 p.

ÉTUDES

Damase Potvin, *Mena'sen*, dans *Le Terroir*, vol. 3, n° 3, juil. 1922, p. 133–134.

[Anonyme], *Massé... doine*, dans *Le Terroir*, vol. 12, n° 9, févr. 1931, p. 25.

[Camille Bertrand], *À vau-le-nordet*, dans *La Revue des livres*, vol. 1, n°s 5-6-7, 1935, p. 82–83.

Jean Bruchési, *À vau-le-nordet*, dans *La Revue moderne*, 16e année, n° 12, oct. 1935, p. 10.

Édouard Laurent, *La Conscience de Pierre Laubier*, C, vol. 4, n° 4, déc. 1944, p. 585.

Rachel Lazure, « Bibliographie d'Oscar Massé ». Mémoire, Montréal, École de bibliothécaires de l'Université de Montréal, 1946, 30 f.

M A S S I C O T T E , **ÉDOUARD-ZOTIQUE** [Blondel, Cabrette, Mistigri] (1867-1947). Journaliste, poète, conteur, historien et archiviste, né à Montréal. Il fait des études commerciales à l'Académie du Plateau, puis ses humanités au Collège Sainte-Marie, et s'inscrit ensuite à l'Université de Montréal où il obtient une licence en droit. Déjà en 1883, il s'occupe de folklore et recueille un bon nombre de contes, de légendes et de chansons. Très tôt aussi le théâtre l'attire : il est membre du Cercle Molière en 1885 et de la Troupe franco-canadienne en 1892. Autour des années 1890, il fait partie de groupes de jeunes littérateurs. Reçu avocat en 1895, il délaisse bientôt sa profession pour se consacrer au journalisme qu'il a déjà abordé pendant ses études : ainsi, après une collaboration active à *L'Écho des jeunes* et au *Recueil littéraire*, il tient une chronique à *L'Étendard* et au *Monde illustré* dont il devient directeur en 1898. Au cours de sa carrière il a collaboré à plus de cinquante périodiques. Membre fondateur de l'École littéraire de Montréal en 1895, il publie plusieurs poèmes et récits ou proses poétiques que ses adversaires qualifient de décadents. On reconnaît en lui un littérateur enthousiaste aux premières heures de l'École littéraire de Montréal. On sait aujourd'hui que c'est lui qui fut le premier à découvrir Verlaine au Canada français en 1891. Plusieurs le considèrent comme le précurseur de la poésie moderne à Montréal dans la dernière décennie du XIXe siècle. Mais, principal collaborateur et émule de Pierre-Georges Roy au *Bulletin des recherches historiques*, Massicotte, après 1900, est avant tout un archiviste et un passionné d'histoire. En 1911, il est appelé par le gouvernement Gouin à coordonner le classement des documents historiques, des registres de paroisses et des greffes de notaires du district de Montréal. Ces fonctions l'amènent à intensifier ses travaux sur le folklore et la généalogie. De concert avec Marius Barbeau, il recueille plusieurs milliers de chants et de récits et, plus tard, il prépare avec Elzéar Roy le décor folklorique des parades annuelles de la Saint-Jean-Baptiste. Docteur honorifique de l'Université de Montréal, membre de la Commission des mouvements historiques de Québec, vice-président de la Société d'archéologie de Montréal, membre de la Société des Dix dès sa fondation, membre de la Société royale du Canada (1920), Massicotte reçoit en 1936 la médaille d'or Tyrrell de la Société royale. Chercheur opiniâtre, il a beaucoup contribué aux études historiques et folkloriques. Au dire de Victor Morin, il semble avoir visité tous les recoins des vieux quartiers de Montréal dont il a scruté les annales et identifié les occupants des trois derniers siècles, pour en divulguer ensuite les secrets dans des articles savoureux.

ŒUVRES

La Cité de Sainte-Cunégonde de Montréal. Notes et souvenirs, Montréal, J. Stanley Houle Éditeur, 1893, 201 p. Ill.

Les Cousins du député. Comédie de mœurs canadiennes en quatre actes, Montréal, C.O. Beauchemin & Fils, Librairie-Imprimeurs, 1896, 112 p. Avertissement de l'auteur.

Le Droit civil canadien, résumé en tableaux synoptiques d'après la méthode de A. Wilhelm, Montréal, Théoret, 1896, 128 p.

Monographies de plantes canadiennes, suivies de croquis champêtres et d'un calendrier de la flore de la province de Québec, Montréal, Beauchemin, 1899, 148 p.

Conteurs canadiens-français du XIXe siècle, Montréal, C.O. Beauchemin & Fils, libraires-éditeurs, 1902, 330 p. Ill. d'Edmond-J. Massicotte. Préface, notices et vocabulaire de l'auteur ; Librairie Beauchemin limitée, 1913, 140 p. Avec notices biographiques de l'auteur. « BC. Dollard » ; 1924, 124 p.

La Famille Massicotte. Histoire — Généalogie — Portraits, Montréal, Imprimé pour l'auteur, 1904, 152 p. Notes aux lecteurs. Ill.

Cent fleurs de mon herbier, études sur le monde végétal à la portée de tous, suivies d'un Calendrier de la flore de la province de Québec, 1906, 222 p.; *Monographies des plantes canadiennes*, 1912, 140 p.; 1942, 187 p. Préface et notes bibliographiques de Jacques Rousseau.

Athlètes canadiens-français : recueil des exploits de force, d'endurance, d'agilité, des athlètes et des sportmen de notre race, depuis le XVIIIᵉ siècle, biographie, portraits, anecdotes, records, Montréal, Beauchemin, [1909], 278 p.

Les Familles Descary, Descarries, Décary, et Décarie au Canada 1650-1909. Histoire — Généalogie — Portraits, Montréal, Imprimé pour Alphonse Décary, C.R., 1910, [8], 163 p. Ill.

Anecdotes canadiennes suivies de Mœurs, Coutumes et Industries d'autrefois. Mots historiques — miettes de l'histoire, Montréal, Librairie Beauchemin limitée, 1913, 237 p. Préface de l'éditeur. «BC. Champlain»; 1925, 204 p.

Miettes d'histoire canadienne, Montréal, Librairie Beauchemin limitée, 1913, 141 p.; 1924, 124 p. «BC. Dollard».

Mœurs, Coutumes & Industries canadiennes-françaises, Montréal, Librairie Beauchemin limitée, 1913, 140 p. «BC. Dollard»; 1924, 124 p.

Récits d'histoire canadienne, Montréal, Beauchemin, 1913, 139 p.

Armorial du Canada français, Montréal, Librairie Beauchemin limitée, 1915-1918, 2 vol. : vol. 1, 1915, 152 p.; vol. 2, *Noblesse française et Noblesse canadienne. Baronnets canadiens-français. Lieutenants-gouverneurs de la province de Québec. Notes diverses*, 1918, 151 p. Collab. Régis Roy. Ill. d'Alfred Asselin. Préface des auteurs. Introduction de l'abbé Couillard Després.

Hector Berthelot, *Montréal, Le Bon Vieux Temps*, Montréal, Librairie Beauchemin limitée, 1916, 2 vol. en 1 vol. : vol. 1, *1ʳᵉ série*, 130 p.; vol. 2, *2ᵉ série*, 116 p. Compilé, revu et annoté par É.-Z. Massicotte.

[*Chants populaires canadiens (première série)*], Lancaster (N.J.), Press of The New Era Printing Company, 1919, 89, iv p. Préface de C.M. Barbeau. Recueillis par É.-Z. Massicotte et préparés par C. Marius Barbeau. (Tirage à part du *Journal of American Folk-Lore*, vol. 32, 1919, livraison 123).

Julien Deschamps, Louis Cyr, publiés avec Satires de *mœurs électorales* par A.-D. De Celles, *Anecdotes politiques et électorales* par Louis Fréchette, *Noël de Pietro* par Marc Sauvalle, Montréal, Beauchemin, 1919, 91 p. Ill. d'Henri Julien.

Répertoire des arrêts, édits, mandements, ordonnances et règlements conservés dans les Archives du Palais de justice de Montréal, 1640-1760, Montréal, Ducharme, 1919, 140 p. Préface de Victor Morin.

Dollard des Ormeaux et ses compagnons. Notes et documents, Montréal, Le Comité du Monument Dollard des Ormeaux, 1920, 93 p. Ill. Introduction d'Aegidius Fauteux.

Faits curieux de l'histoire de Montréal, Montréal, Librairie Beauchemin limitée, 1922, 224 p. Préface et index de Casimir Hébert; 1924, 203 p. «BC. Maisonneuve».

Joseph O. Roby, *Manuel du jeu de dames canadien*, Montréal, [s.é.], 1922, 101 p. Ill. Avec une lettre-préface par J.-A. Bleau et un historique du jeu au Canada par É.-Z. Massicotte.

La Famille de feu Hormidas-Alphonse Le Mieux. Esquisse généalogique, Montréal, [s.é.], 1923, 15 p.; 29 p. (Tirage limité).

Récits d'histoire canadienne, Montréal, Librairie Beauchemin limitée, 1924, 125 p. «BC. Dollard».

Processions de la Saint-Jean-Baptiste en 1924 et 1925... accompagnées de biographies et portraits des présidents généraux de la Société Saint-Jean-Baptiste de Montréal... (1834-1926), Montréal, Beauchemin, 1926, 315 p.

Anecdotes canadiennes illustrées, Montréal, Librairie Beauchemin limitée, 1928, 124 p. Ill. d'A. Boisvert et Jean-Maurice Massicotte. «BC. Laval».; 125 p. Ill. d'A. Boisvert, Jean-Maurice Massicotte, N. Savard et O. Leduc.

Catalogue partiel des bronzes d'Alfred Laliberté. Légendes, coutumes, métiers de la Nouvelle-France, Québec, Musée provincial, 1935, 31 p. Texte de É.-Z. Massicotte.

Sainte-Geneviève de Batiscan, Trois-Rivières, Les Éditions du Bien public, 1936, 131 p. Carte.

Désespérance devant un Christ en bronze (poème), MI, nᵒ 375, 1891, p. 164.

Les Héros de la Nouvelle-France (poème), MI, nᵒ 467, 1893, p. 587.

Folklore canadien (essai), I, 1909, p. 216-225.

Les Colons de Montréal de 1642 à 1667, MSRC, 3ᵉ série, vol. 7, section 1, 1913, p. 3-65.

Les Premières Concessions de terre à Montréal, sous M. de Maisonneuve, 1648-1665, MSRC, 3ᵉ série, vol. 8, section 1, 1914, p. 215-229.

Les Actes des trois premiers tabellions de Montréal, 1648-1657, MSRC, 3ᵉ série, vol. 9, section 1, 1915, p. 189-204.

Les Tribunaux et les officiers de justice, à Montréal, sous le régime français, 1648-1760, MSRC, 3ᵉ série, vol. 10, section 1, 1916, p. 273-303.

Arrêts, Édits, Ordonnances, Mandements et Règlements conservés dans les archives du Palais de justice de Montréal, MSRC, 3ᵉ série, vol. 11, section 1, 1917, p. 147-174.

Le Premier Théâtre de Montréal?, BRH, vol. 23, nᵒ 12, déc. 1917, p. 373-376.

Un recensement inédit de Montréal, en 1741, MSRC, 3ᵉ série, vol. 15, section 1, 1921, p. 1-61.

La Vie des chantiers, MSRC, 3ᵉ série, vol. 16, section 1, 1922, p. 17-37.

Une noce populaire il y a cinquante ans, MSRC, 3ᵉ série, vol. 17, section 1, 1923, p. 25-31.

La Ceinture fléchée, chef-d'œuvre de l'industrie domestique au Canada, MSRC, 3ᵉ série, vol. 18, section 1, 1924, p. 1-13. 16 planches.

Auberges et Cabarets d'autrefois, MSRC, 3ᵉ série, vol. 21, section 1, 1927, p. 97-112.

Hôtelleries, clubs et cafés à Montréal de 1760 à 1850, MSRC, 3ᵉ série, vol. 22, section 1, 1928, p. 37-61.

Recherches historiques sur les spectacles à Montréal de 1760 à 1800, MSRC, 3ᵉ série, vol. 26, section 1, 1932, p. 113-122.

Mémento historique du Canada, 1636-1760, MSRC, 3ᵉ série, vol. 27, section 1, 1933, p. 111-131.

Quelques Rues et Faubourgs du Vieux Montréal, CD, nᵒ 1, 1936, p. 105-156.

Coins historiques du Montréal d'autrefois, CD, nᵒ 2, 1937, p. 115-155.

Évocations du Vieux Montréal, CD, nᵒ 3, 1938, p. 131-164.

Le Costume civil masculin à Montréal au dix-septième siècle, MSRC, 3ᵉ série, vol. 33, section 1, 1939, p. 127-147.

Notre-Dame-des-Neiges, CD, nᵒ 4, 1939, p. 141-166.

Montréal se transforme, CD, nᵒ 5, 1940, p. 177-215.

Au hasard des recherches, CD, nᵒ 6, 1941, p. 167-194.

Scènes de rues à Montréal au siècle passé, CD, nᵒ 7, 1942, p. 255-282.

Les Juges de Montréal sous le régime français, 1648-1760, CD, nᵒ 8, 1943, p. 235-266.

Contribution à la petite histoire, CD, nᵒ 9, 1944, p. 243-270.

Quelques Maisons du Vieux Montréal, CD, nᵒ 10, 1945, p. 231-262.

Brève Histoire du Parc Sohmer, CD, nᵒ 11, 1946, p. 97-117.

Bibliothèques d'autrefois à Montréal, CD, nᵒ 12, 1947, p. 9-16.

ÉTUDES

Jean-Jacques Lefebvre, *Édouard-Zotique Massicotte*, dans *Revue du barreau*, déc. 1947, p. 509.

Victor Morin, *É.-Z. Massicotte (1867-1947)*, MSRC, 3ᵉ série, vol. 42, Appendice B, 1948, p. 103-105.

Sœur Sainte-Berthe, *Édouard-Zotique Massicotte, poète*, dans *L'École littéraire de Montréal*, Montréal, Fides, 1972, p. 66-84. «ALC» 2.

Aurélien Boivin, [*Édouard-Zotique Massicotte*], dans *Le Conte littéraire québécois au XIXᵉ siècle*, Montréal, Fides, 1975, p. 272-278.

MASSIE, JEANNETTE (1927-   ). Romancière, née à Montréal. Orpheline dès son enfance, elle passe quelques années dans un orphelinat de Laval-des-Rapides et fait ensuite son cours secondaire à Montréal chez les sœurs de Sainte-Anne et les sœurs de Sainte-Croix. À dix-sept ans elle commence à gagner sa vie comme simple ouvrière, puis comme vendeuse et pâtissière. Mariée avec un militaire

(1950), elle devra déménager maintes fois selon les déplacements de son mari, à London, Charlemagne, Saint-Paul-l'Ermite..., jusqu'à ce qu'elle s'établisse en permanence à Mascouche, en 1972. Elle commence à écrire des contes pour ses enfants, puis un roman sur fond autobiographique qu'elle publie en 1975, *Jeunesse libre*. C'est un « petit roman bien bâti, dépeignant les jeunes d'aujourd'hui avec un réalisme vivant », écrit Louise Laurin-Fortin. Pour un second roman, *Les Amants d'hier* (1982), la critique est assez sévère. Ainsi, Stéphane Lépine y relève d'assez nombreuses «faiblesses stylistiques et rhétoriques», et en blâme «l'idéologie passéiste» trop proche des romans à l'eau de rose.

ŒUVRES

Jeunesse libre (roman), Montréal, Les Éditions Sondec Limitée, 1975, 194 p.

Les Amants d'hier. Roman d'amour, Joliette, Les Éditions Pleins Bords, 1982, 162 p. Ill. de Paul Beaupré.

ÉTUDES

Claire Caron, *Nom : Jeannette Massie. Occupation : ménagère... et romancière*, dans *Le Journal de Montréal*, vol. 11, nᵒ 275, 20 mars 1975, p. 23.

Louise Laurin-Fortin, *Jeannette Massie : une femme, une mère, une romancière*, dans *L'Avenir de l'Est*, vol. 29, nᵒ 20, 13 mai 1975, p. 1.

Stéphane Lépine, *Massie (Jeannette). Les Amants d'hier*, dans *Nos livres*, vol. 13, oct. 1982, nᵒ 400.

MASSIS, ALAIN. Voir **PALLASCIO-MORIN, ERNEST.**

MATAGAN, ALCIDE. Voir **PAQUIN, UBALD.**

MATHIEU, ANDRÉ (1942-   ). Romancier et éditeur, né à Saint-Honoré (Beauce). Après le secondaire au Collège de Saint-Raymond (Portneuf), il fait deux ans d'études à l'École normale de Sherbrooke (1959-1961), et il enseigne dans la Beauce jusqu'en 1975. Il s'occupe d'affaires, en 1975-1976, se donne une année sabbatique et devient auteur, par désœuvrement, dit-il, puis par goût. Ayant connu des difficultés au début de sa carrière d'écrivain, il se fait éditeur et organise lui-même efficacement la vente et la publicité de ses livres qu'il déclare ne pas écrire pour la critique mais pour le « grand public ». Entre 1978 et 1983, il fait paraître huit romans et une pièce de théâtre. À la parution de son premier ouvrage, *Demain tu verras*

(1978), André Carpentier écrit : « Un nouvel auteur au style touffu mais puissant, passionné mais toujours clair et souvent très coloré. [...] Un auteur à suivre de près ». Léo Beaudoin dit de *Complot* (1979) : « La facture emprunte à l'imaginaire des effets faciles et cousus de gros fils, mais le style est de cette coulée que nous avons remarquée dans *Demain tu verras* : coloré, bien rythmé, au service d'une imagination alerte et d'un pénétrant esprit d'observation ».

ŒUVRES

Demain tu verras. Roman, Montréal, Éditions Québec/ Amérique, 1978, 415 p. ; St-Eustache, Éditions André Mathieu, 1981 ; *Demain tu verras. Tome 2*, St-Eustache, Éditions André Mathieu, 1984, 422 p.

Complot. Roman, Laval, Futural, 1979, 309 p. ; Presses Sélect Ltée, 1980 ; Réédité sous le titre *Le Sang des autres. Roman*, Boisbriand, Éditions André Mathieu, 1981.

Vente-trottoir. Comédie théâtrale en trois parties suivie de Chérie, un scénario de film, Laval, Futural, 1979, 160 p.

Un amour éternel (roman), St-Eustache, Éditions André Mathieu, 1980, 371 p.

Chérie (roman), Boisbriand, Éditions André Mathieu, 1981, 387 p.

Nathalie. Roman, Boisbriand, Éditions André Mathieu Inc., 1982, 307 p.

L'Orage (roman), Boisbriand, Éditions André Mathieu Inc., 1982, 445 p.

Le Bien-aimé (roman), St-Eustache, Éditions André Mathieu, 1983, 326 p.

L'Enfant Do. Roman, St-Eustache, Éditions André Mathieu, 1983, 277 p.

Poly. Roman, [St-Eustache ?], La Belle Étoile, 1984, 385 p.

Le Sauvage. Roman, [s.l., s.é.], 1985, 708 p.

ÉTUDES

André Carpentier, *Les Premiers Pas d'André Mathieu. Scènes de village*, dans *Le Livre d'ici*, vol. 3, nº 41, 19 juillet 1978, p. 1.

Léo Beaudoin, *Mathieu (André). Demain tu verras*, dans *Nos livres*, vol. 9, nov. 1978, nº 381.

Maurice Lorent, *André Mathieu. Demain tu verras*, LAQ 1978, p. 61-62.

Léo Beaudoin, *Mathieu (André). Complot*, dans *Nos livres*, vol. 10, août-sept. 1979, nº 264.

Raymond Laprès, *Mathieu (André). Un amour éternel*, dans *Nos livres*, vol. 12, juin-juillet 1981, nº 297.

[Anonyme], *André Mathieu et le Double Métier de romancier et d'éditeur* (entrevue), LQ, nº 26, été 1982, p. 57-58.

Jean-Paul Soulié, *André Mathieu. L'homme orchestre de la littérature*, Pr, 100e année, nº 35, 11 févr. 1984, p. B-4.

MATHIEU, CLAUDE (1930-1985). Romancier et poète, né à Montréal. Il fait ses études classiques

aux collèges André-Grasset et Sainte-Marie (B.A., 1956), puis il obtient une licence ès lettres à l'Université de Montréal (1957). Professeur de littérature française au Séminaire de Saint-Hyacinthe, de 1957 à 1961, et au Collège de Saint-Laurent à partir de 1961, il collabore à diverses revues, telles *Amérique française*, *La Nouvelle Revue canadienne*, *Incidences*, et il participe à de nombreuses émissions de Radio-Canada. En 1957, il publie, avec Jacques Brault et Richard Pérusse, un recueil de poésies, *Trinôme*, sur l'amour et la mort, suivi, en 1960, de *Vingt petits écrits*, série de billets sur des sujets variés et bizarres vus sous l'angle du loufoque, et d'une écriture raffinée. *Simone en déroute* (1963) est un roman léger bien construit et mené rondement avec beaucoup d'humour. Certains commentateurs ont formulé des réserves sur *La Mort exquise* (1965), recueil de sept nouvelles sur des sujets insolites ou fantastiques, mais dans l'ensemble la critique est favorable. « Un livre qui sort de l'atelier d'un bon artisan littéraire » (Pierre Châtillon). « Abordant les thèmes de la renaissance et de la métamorphose, connexes au Temps et à la Mort, Mathieu injecte dans la littérature des années soixante une œuvre d'une vigueur peu commune », écrit Michel Lord (DOLQ, t. 4, p. 610).

ŒUVRES

Trinôme (poésie), Montréal, Jean Molinet (Arphée), 1957, 57 p. Collab. Jacques Brault et Richard Pérusse.

Vingt petits écrits ou Le Mirliton rococo (récit), Montréal, Les Éditions d'Orphée, 1960, 101 p.

Simone en déroute. Roman, Montréal, CLF, 1963, 211 p.

La Mort exquise et Autres Nouvelles, Montréal, CLF, 1965, 145 p. (Paru aussi dans ECF, nº 20, 1965, p. 193-209).

ÉTUDES

Jean-Louis Major, *Simone en déroute : un mythe exorcisé*, Dr, vol. 15, nº 294, 14 déc. 1963, p. 21.

Gilles Marcotte, *Simone et les Invasions barbares*, Pr, vol. 79, nº 290, 28 déc. 1963, p. 6.

André Vachon, *Cinq romanciers*, Rel, nº 281, mai 1964, p. 148-150.

Id., *La Nouvelle Relation écrivain-critique*, PP, vol. 2, nº 5, janv. 1965, p. 52-62.

Gilles Marcotte, *Le Petit Étang de Claude Mathieu*, Pr, vol. 81, nº 283, 11 déc. 1965, p. 4.

André Major, *Écrits du Canada français tome vingt*, PJ, vol. 40, nº 10, 2 janv. 1966, p. 24.

Paule St-Onge, *Deux mondes fantastiques*, Ch, vol. 7, nº 2, févr. 1966, p. 44.

Jean Miville-Deschênes, *La Mort exquise*, So, vol. 69, nº 64, 12 mars 1966, p. 15.

Monique Bosco, *La Peur du roman*, MM, vol. 6, nº 5, mai 1966, p. 73.

Pierre Châtillon, *La Mort exquise de Claude Mathieu*, LAC 1965, p. 56-57.

MATHIEU, PIERRE (1933–). Poète et dramaturge, né à Montréal. Il fait ses études au Collège Sainte-Marie et à l'École normale Jacques-Cartier (B.péd., 1957). De 1952 à 1962, il enseigne à Montréal, à Saint-Jérôme et, en 1963–1964, au Collège Brébeuf. Il prépare ensuite une maîtrise, à l'Université d'Ottawa, dont le mémoire s'intitule : « L'Univers romanesque d'Anna de Noailles » (1972), et il fait la scolarité du doctorat. Chargé de cours à l'Université d'Ottawa, de 1970 à 1972, il est aussi professeur de langue à l'école du gouvernement fédéral, de 1971 à 1978. Il collabore à *Incidences* et *Co-Incidences*, il est directeur fondateur des éditions Le Préau, il écrit pour les Grands Ballets canadiens. Peintre, il expose ses œuvres au Canada, en France et en Tunisie sous le nom de Duguay-Mathieu. Sa première publication est une pièce de théâtre, *Le Bleu et le Rouge* (1960), que suivent, jusqu'en 1981, huit recueils de poésie et trois pièces de théâtre. Vincent Therrien trouve dans *Partance* (1964) des « qualités exceptionnelles », « la poésie véritable » et une « étonnante maturité », ce qui est généreux, pense Suzanne Paradis qui retient « le mouvement, la richesse du vocabulaire, l'emphase et la ferveur du néophyte ». Elle note dans les deux recueils suivants, *Midi de nuit* et *Ressac* « un effort évident vers la simplicité et la nudité de l'émotion ». Avec *Mots dits québécois* (1971) le discours devient politique et pamphlétaire, nouvelle manière qui marque un recul, selon Sliman Henchiri. Cependant, le ton intimiste, nostalgique revient dans *Toutes plaies babultient* (1977). Au début des années quatre-vingt, Jacques Michaud voit dans *Isis* et *Job* un « cheminement un peu trop simple », mais il en admire la présentation artistique et y découvre des « trouvailles » poétiques.

ŒUVRES

Partance... (poésie), Montréal, Éditions La Québécoise, 1964, 61 p. Préface de Lucie de Vienne.

Midi de nuit (poésie), Montréal, Éditions Le Préau, 1966, 58 p.

La Miette d'amour (essai poétique), Paris, Chez l'auteur, 1966, [n.p., 89 p.]. Ill.

Ressac... (poésie), Ottawa, Éditions Incidences, 1969, 58 p.

[*Stabat Mater. Poèmes*], Montréal, Éditions Passe-Partout, 1970, 15 p.

Interlune (poésie), Montréal, Éditions Le Préau, 1970, 58 p. Ill.

[*Mots dits québécois*] (poésie), Montréal, Éditions Le Préau, 1971, 114 p.

Toutes plaies balbutient... d'étranges courages (poésie), Montréal, Éditions Le Préau, 1977, 61 p.

Isis (poésie), Montréal, Éditions Mont d'or, 1980, [n.p., 47 p.]. Ill. de Mickie Hamilton.

Job (poésie), [Montréal], Éditions Mont d'or, [1981?, n.p., 52 f.]. Ill. d'André de Pelteau. (Édition de luxe).

Cri. Lumière (poésie), Montréal, E.I.P., 1983, 84 p. « Recueils ».

La Pologne comme en nous-mêmes (poésie), Verdun, E.I.P., 1983, 96 p. Ill. de Rogers-Stanislas Rochat. « Recueils ».

Sous le Regard-Conscience, suivi de *La Guerre des Anges* (poésie), Montréal, Le Préau, 1987. Ill. d'André De Pelteau.

ABC poétique (pour jeunes), Saint-Boniface, Éditions Les Plaines, 1987, [62 p.].

Marie de Dieu (poésie), Montréal, Éditions Paulines, 1987, 70 p. Ill. de Francine Hamelin. Préface de Benoît Lacroix, o.p.

ÉTUDES

Vincent Therrien, *Partance*, LAC 1964, p. 48–49.

Jean Marcel, *Pierre Mathieu, rêveur cosmique*, AN, vol. 54, n° 6, févr. 1965, p. 614–615.

Benoît Lacroix, *Midi de nuit*, dans *Sept-Jours*, n° 25, 4 mars 1967, p. 47.

Guy Robert, *Ressac*, LAQ 1969, p. 89–90.

René Pageau, *Pierre Mathieu à la recherche de l'absolu*, AN, vol. 60, n° 6, févr. 1971, p. 507–514.

Sliman Henchiri, *Mots dits québécois*, LAQ 1971, p. 165.

Yolande Grisé, *Littérature outaouaise et franco-ontarienne (14). Où en êtes-vous, poètes de l'Outaouais*, Dr, vol. 65, n° 23, 23 avril 1977, p. 20.

Pierre Cantin, *Pierre Mathieu. Un retour poétique trop bref*, Dr, vol. 65, n° 116, 13 août 1977, p. 16.

Jacques Michaud, *Sur deux recueils de Pierre Mathieu : papiers d'hier, images d'autrefois*, Dr, vol. 69, 29 août 1981, p. 14.

MATHIEU-LORANGER, FRANCINE (1946–). Romancière, née à Montréal. Elle fait ses études classiques au Collège Regina Assumpta (B.A., 1967), puis elle étudie trois ans en arts publicitaires et fréquente deux ans l'atelier de peinture du Frère Jérôme au Collège Notre-Dame. Elle illustre d'abord des livres pour enfants, puis elle commence à publier des livres pour la jeunesse en 1976. Vice-présidente de Communication-Jeunesse, elle dirige la collection « Les Bâtisseurs » aux Éditions Héritage, et elle collabore au *Livre d'ici*. Christiane Charette dit de son premier ouvrage, *Le Renard rose* (1976) : « Écrit dans un style vivant, ce livre allie intrigue policière, roman psychologique et critique de notre société ». *Tourbillon, le lutin de la Côte-Nord* (1977) emmène ses lecteurs dans d'étranges aventures : « Ces contes fantaisistes, écrit Carole Badger, bien vivants et amusants, sont typiquement québécois et très actuels par leurs thèmes. Francine Loranger possède un grand talent de conteuse ». Parlant de *L'École enchantée* (1979), Sylvaine Rochon dit qu'en plus du charme des récits, « ce qui peut-être surprend davantage est de découvrir au fil des chapitres cette profondeur des mots qui recouvrent chaque anecdote ».

ŒUVRES

Le Renard rose (litt. jeunesse), Montréal, Éditions Héritage, 1976, 123 p. Ill. de France Bédard. « Pour lire avec toi ».

Tourbillon, le lutin de la Côte-Nord (contes), Montréal, Éditions Héritage, 1977, 123 p. Ill. de Danielle Shelton. « Pour lire avec toi ».

La Vieille Armoire (litt. jeunesse), Montréal, Éditions Paulines, 1978, 15 p. Ill. de l'auteur.

Chansons pour un ordinateur (litt. jeunesse), Montréal, Fides, 1979, 101 p. Ill. de Laurent Bouchard. « Du goéland ».

L'École enchantée (conte), Montréal, Éditions Héritage, 1979, 125 p. Ill. de Marie-Andrée Lestage. « Pour lire avec toi ».

Les Mémoires de Jean Talon (litt. jeunesse), Montréal, Éditions Héritage, 1981, 123 p. Ill. de Pierre Decelles. « Les Bâtisseurs ».

Les Mémoires de Samuel de Champlain (litt. jeunesse), Montréal, Éditions Héritage, 1981, 127 p. Ill. de Pierre Decelles. « Les Bâtisseurs ».

ÉTUDES

Carole Badger, *Romans québécois 1977*, LAQ 1977, p. 287-288.

Renée Cimon, *Loranger (Francine). L'École enchantée*, dans *Nos livres*, vol. 11, févr. 1980, n° 42.

Nicole Barsalou, *L'École enchantée de Francine Loranger*, dans *Québec français*, n° 37, mars 1980, p. 5.

Sylvaine Rochon, *Les Lutins de Francine*, dans *Le Livre d'ici*, vol. 5, n° 33, 21 mai 1980, p. 3.

Marie-Jeanne Robin, *Francine Loranger* (entrevue), dans *Communication-Jeunesse*, n° 4, printemps 1980, 4 p.

Christiane Charette, *Les Romans policiers*, dans *Lurelu*, vol. 4, n° 4, hiver 1981, p. 20.

Denis Garon

MATTE, NICOLAS MATEESCO (1913–). Juriste, né à Craiova (Roumanie). Après des études à l'école française privée (1920-1924) et aux Lycées Carol et Lazar de Bucarest (1924-1931), il suit les cours à l'Université de Bucarest (1933-1939) et à l'Université de Paris où il obtient un doctorat en droit (1947). Diplômé de l'Institut des hautes études internationales (1948), il enseigne le droit à l'Université de Montréal (1951-1968) et dirige l'Institut et Centre de recherche en droit aérien et spatial à l'Université McGill. À titre de professeur invité, il enseigne aux universités de Paris, Aix-Marseille, Nantes, Nice, et au Collège de France. Ses nombreux ouvrages sur les problèmes spatiaux et le droit aérospatial le font connaître comme grand spécialiste dans ce domaine. Il devient conseiller de la Reine en 1971 et est nommé officier de l'Ordre du Canada en 1976. Il est vice-président de l'Association internationale des avocats spécialisés en droit aérien depuis 1971, membre fondateur et président (1976-1984) de la branche canadienne de l'Association de droit international, président mondial (1982-1984) de la même association, membre de plusieurs associations mexicaines et ibero-américaines. En 1984, il devient membre de l'International Academy of Astronautics et membre de la Société royale du Canada et, en 1986, chevalier de l'Ordre de la Légion d'honneur. Son ouvrage de 1947, *La Coutume dans les cycles juridiques internationaux*, mérite un prix de l'Académie de droit international de La Haye.

ŒUVRES

La Péremption de l'instance, Bucarest, Tirajul, 1939, 115 p.

La Coutume dans les cycles juridiques internationaux, Paris, A. Pedone, 1947, 302 p. Lettre préface de Marcel Sibert.

Vers un nouveau droit international de la mer, Paris, Pedone, 1950, viii, 162 p.

Droit aérien-aéronautique. Évolution. Nouvelle orientation, Paris, Pedone, 1954, x, 312 p.

Évolution du fédéralisme, Montréal, [s.é.], 1960, 20 p.

Traité de droit aérien-aéronautique. Évolution, problèmes spatiaux, Paris, Éditions A. Pedone, 1964, 1021 p. ; 1980, x, 844 p.

Deux frontières invisibles. De la mer territoriale à l'air territorial, Paris, A. Pedone, 1965, 295 p. Ill.

Droit aérospatial, Paris, Pedone, 1969, x, 604 p.

The International Legal Status of the Aircraft Commander/ Le Statut juridique international du commandant d'aéronef, Toronto, Distributed by Carlswell, 1975, 119 p.

International Air Transport: Law, Organization and Policies for the Future. Proceedings of the Institute of Air and Space Law 25th Anniversary Conference, November 17-19, 1976, Moot Court Room, Faculty of Law, McGill University, Montreal/ Le Transport aérien international : droit, organisation et principes directeurs pour l'avenir : rapports de la Conférence du 25e anniversaire de l'Institut de droit aérien et spatial, 17-19 novembre, 1976, Moot Court Room, Faculté de droit, Université McGill, Montréal, [s.l., s.é., 1976?], xi, 172 p. Éditeur.

Legal Implications of Remote Sensing from Outer Space, Leyden, A.W. Sijthoff, 1976, xiv, 197 p. Éditeur avec Hamilton DeSaussure.

Droit aérospatial : de l'exploration scientifique à l'utilisation commerciale, Paris, Éditions A. Pedone, 1976, 436 p.

Aerospace Law : from Scientific Exploration to Commercial Utilization, Toronto, Distributed by Carswell Co., 1977, 354 p.

Télésat, Symphonie et la Coopération spatiale régionale, Montréal/Paris, ICDAS, McGill/Éditions A. Pedone, 1978, viii, 133 p. Éditeur.

Aerospace Law. Telecommunications Satellites, Montréal, Centre for Research of Air and Space Law, McGill University/Centre de recherche en droit aérien et spatial, [1980], iv, 199 f. (Texte polycopié).

Space Policy and Programmes Today and Tomorrow. The Vanishing Duopole, Montréal, Distributed by ICASL, McGill University, 1980, xiii, 183 p.

Aerospace Law, Telecommunications Satellites, [Montréal], Centre for Research of Air and Space Law, McGill University/Centre de recherche en droit aérien et spatial [1981], 571 f.

The Law of the Sea and Outer Space. A Comparative Survey of Specific Issues, [Montréal], Centre for Research of Air and Space Law, McGill University/Centre de recherche en droit aérien et spatial, 1981, 47 f. (Texte polycopié).

Droit aérospatial. Les télécommunications par satellites, Paris/Montréal, Pedone, 1982, xi, 472 p. Version anglaise : *Aerospace Law. Telecommunications Satellites,* Toronto, Butterworths/Institute and Center of Air and Space Law, McGill University, 1982, xxi, 354 p.

Space Activities and Emerging International Law, Montreal, Centre for Research of Air and Space Law/Centre de recherche en droit aérien et spatial, 1984, xvii, 627 p. Éditeur.

An Arms Race in Outer Space. Could Treaties Prevent it? Proceedings of the Symposium Held on October 30 and November 1, 1985/Centre for Research of Air and Space Law/Des traités pourraient-ils éviter la course aux armements dans l'espace extra-atmosphérique? Rapports du symposium tenu les 30 octobre et 1er novembre 1985/Centre de recherche en droit aérien et spatial, Montréal, The Centre/Le Centre, 1985?, viii, 221 p.

Arms Control and Disarmament in Outer Space : Lecture-Seminars Given at the Centre for Research of Air and Space Law, Montreal, Centre for Research of Air and Space Law, McGill University, 1985, viii, 203 p. Ill.

À qui appartient le milieu aérien, dans *La Revue du Barreau de la Province de Québec,* vol. 12, n° 5, mai 1952, p. 227-242.

Les Précurseurs de l'ONU, dans *La Revue du Barreau de la Province de Québec,* vol. 13, n° 6, juin 1953, p. 262-274.

Le Parlement du Canada a-t-il compétence pour voter une loi des droits de l'homme, dans *Thémis,* n° 38, 1961, p. 77-101.

De Varsovie à Montréal avec escale à La Haye, dans *Revue générale de l'air et de l'espace,* n° 4, 1966, p. 348-374.

Les Notions de volonté et liberté dans le droit aérien-aéronautique canadien, dans *Revue française de droit aérien,* vol. 21, n° 1, janv.-mars 1967, p. 15-29.

Le Statut juridique international du commandant d'aéronef, dans *Annuaire de droit maritime et aérien,* t. 1, 1974, p. 207-247.

La Dernière Révision de la Convention de Varsovie : les Protocoles de Montréal de 1975, dans *Annuaire de droit maritime et aérien,* t. 2, 1975, p. 327-343.

La Convention de Rome : vingt-cinq ans après, dans *Annuaire de droit maritime et aérien,* t. 3, 1976, p. 335-365.

La Convention de Genève relative à la reconnaissance internationale des droits sur l'aéronef, trente ans après, dans *Annuaire de droit maritime et aérien,* t. 4, 1979, p. 349-383.

À qui appartient le milieu aérien, dans *Annales de droit aérien et spatial,* vol. 5, 1980, p. 223-249.

Les Services aériens réguliers et non réguliers dans le système de Chicago, dans *Annuaire de droit maritime et aérien,* t. 5, 1980, p. 301-355.

Le Droit de la mer de le Droit spatial : une étude comparative de problèmes spécifiques, dans *Annuaire de droit maritime et aérien,* t. 6, 1981, p. 439-461.

Le Traité sur l'espace de 1967 et l'Utilisation militaire du milieu extra-atmosphérique, dans *Annuaire de droit maritime et aérien,* t. 6, 1983, p. 315-334.

La Convention de Chicago quarante ans après, dans *Annuaire de droit maritime et aérien,* t. 7, 1985, p. 187-197.

MATTEAU, ROBERT [Robert d'Estrie] (1925–   ). Poète, romancier et conteur, né à Bromptonville (Richmond). Il fait ses études au Collège Saint-André de Saint-Césaire, à l'École normale Saint-Joseph de Montréal (1946-1950) et à l'Université de Sherbrooke (B.A., 1965). Il obtient ensuite une maîtrise à l'Université de Montréal pour un mémoire sur « Le Thème de l'enfance chez Henri Bosco » (1967). Il fait aussi des études d'architecture à Scranton (É.-U.). Professeur à Montréal et à Sherbrooke, il devient animateur en littérature, à la fin des années soixante-dix, dans des maisons d'enseignement de l'Estrie. En outre, il dirige une société d'archéologie, il est membre actif de l'Association des auteurs des Cantons de l'Est, il prend part à des soirées de poésie et à des émissions de Radio-Canada. Ses premières publications sont des romans pour les jeunes. *Micoumicou* (1962), récit des aventures d'un raton-laveur, obtient une mention d'honneur au concours littéraire de l'ACELF. *Alerte chez les cerfs-volants* (1965) est une histoire adroitement construire, selon Guy Brouillette, et qui frappe par «une langue vive, souple, légère, où la précision du vocabulaire est remarquable ». Après deux livres de poésie, *Notawisi* (1965) et *À-Même* (1966), l'auteur cesse de publier pendant une douzaine d'années, jusqu'à la parution de *Dires et Figures* (1978), recueil de contes et nouvelles qui sauvent de l'oubli des personnages de l'Estrie du dix-neuvième siècle, mais dont l'écriture recherchée « illustre, écrit René Minot, la difficulté à se libérer de l'emprise de la formation élitiste traditionnelle si l'on veut évoquer avec justesse la tradition populaire ». Un recueil de poèmes, *Un cri de loin* (1979), mérite le prix Alfred-DesRochers, en 1980. « Les thèmes ne sont pas neufs, dit Christian Bélanger, mais leur traitement est unique ».

ŒUVRES

Six de La-Roche-Jaseuse (roman), Montréal, Les Éditions de l'Atelier, 1960, 159 p. Sous le pseudonyme de Robert d'Estrie. Ill. ; 1965. « Le Beau Risque ».

Micoumicou (contes), Montréal, L'Atelier, 1962, 140 p. Sous le pseudonyme de Robert d'Estrie. Ill. de Thérèse Robichon.

Alerte chez les cerfs-volants (litt. jeunesse), Montréal, Éditions de l'Atelier, 1965, 207 p. Sous le pseudonyme de Robert d'Estrie. Ill. « Le Beau Risque ».

Notawisi (poésie), Montréal, Centre de psychologie et de pédagogie, 1965, 76 p. Sous le pseudonyme de Robert d'Estrie. Ill. de Jacques R. Charvet. « Étoile polaire ».

À-Même (poésie), Montréal, Chez l'Auteur, 1966, 30 p.

Dires et Figures. Contes et portraits de l'Estrie, Sherbrooke, Éditions Naaman, 1978, 129 p. Ill. « Création ».

Un cri de loin. Poèmes, Sherbrooke, Les Éditions Sherbrooke, 1979, 82 p. « Chez la Muse ».

Au nord des temps. Poèmes, Sherbrooke, Éditions Naaman, 1983, 75 p. « Création ».

ÉTUDES

Georges Proulx, *Micoumicou de Robert d'Estrie*, LAQ 1962, p. 93–94.

Guy Brouillette, *Alerte chez les cerfs-volants de Robert d'Estrie*, LAQ 1965, p. 159.

Maryse Pallascio-Morin, *Six de la Roche-Jaseuse de Robert d'Estrie*, LAQ 1965, p. 159.

[Anonyme], *Un écrivain de chez nous préconise un retour vers la nature pour la «ré-humanisation» de la jeunesse*, dans *La Tribune*, vol. 57, n° 27, 26 mars 1966, p. 13.

Christian Bélanger, *Robert Matteau. Un cri de loin*, LAQ 1979, p. 146.

Yvette Gonzalo-Francoli, *La Poésie aux Éditions Sherbrooke*, VI, vol. 5, n° 3, printemps 1980, p. 599–600.

Richard Giguère, *En d'autres lieux (la poésie)*, LQ, n° 17, printemps 1980, p. 33–34.

Joseph Bonenfant, *Notes sur la poésie*, VI, vol. 6, n° 3, printemps 1981, p. 484.

Jacques Poulin, *Robert Matteau. L'Estrie dans les veines* (entrevue), Pe, vol. 23, n° 14, 11 avril 1981, p. 12–13.

René Minot, *Matteau (Robert). Dires et Figures — Contes et portraits de l'Estrie*, dans *Nos livres*, vol. 12, avril 1981, n° 206.

MAUFFETTE, GUY [Monsieur Surprise] (1915–). Conteur, poète et réalisateur, né à Montréal. Il étudie successivement à l'École Saint-Léon de Westmount, aux collèges Sainte-Marie, Saint-Henri, et de Montréal, puis dans des maisons d'enseignement privé. À dix-sept ans, il est admis au Conservatoire d'art dramatique. Après avoir joué dans *Le Cygne* de Volnar, au théâtre His Majesty's, en présence de l'auteur, il passe au Stella avec la troupe Barry-Duquesne. Ensuite, il se joint à la troupe des sœurs Giroux et fait partie des « Revues » d'Henri Letondal. Entre 1933 et 1940, il est engagé tour à tour par la Société canadienne d'opérette, les Variétés lyriques et les Compagnons de Saint-Laurent. Il participe un moment à l'Équipe de Pierre Dagenais. Avec Yves Vien et Félix Leclerc, il fonde sa propre troupe, V.L.M. (Vien, Leclerc, Mauffette). En 1944, il fait partie de l'équipe qui réalise le film « Père Chopin » puis, en 1950, de celle qui tourne « Les Lumières de ma ville », réalisations des Productions Renaissance. Il commence sa carrière radiophonique en 1932, à CRCM, en tant que comédien. En 1937, il passe à CBF, devenant animateur et réalisateur. Il écrit de nombreux textes radiophoniques dont « Le Jeu de la Passion », « La Détente » en collaboration avec Jovette Bernier, puis « Le Cabaret du soir qui penche ». Il sera le premier réalisateur de la série « Un homme et son péché » de Claude-Henri Grignon. De 1961 à 1963, il anime à la télévision le programme, *La Boîte à surprise*. En tant qu'écrivain, Guy Mauffette affectionne surtout ce qu'on pourrait appeler « le récit poétique ». Jacques Marchand souligne l'extraordinaire fraîcheur de ses écrits pour les jeunes.

ŒUVRES

[*Ildège de la pomme fameuse*] (conte), [Montréal, Fides, s.d., n.p., 25 p.]. Dessins de Frédéric Back. « P'tits Bouts de chou ».

[*Un petit mousse*] (conte), [Montréal, Fides, s.d., n.p., 25 p.]. Dessins de Frédéric Back. « P'tits Bouts de chou ».

[*Un poème*], [Montréal, Fides, s.d., n.p., 25 p.]. Dessins de Frédéric Back. « P'tits Bouts de chou ».

[*Le Petit Âne*] (conte), [Montréal, Fides, s.d., n.p., 25 p.]. Dessins de Frédéric Back. « P'tits Bouts de chou ».

Chanson pour garçon perdu (poésie), Montréal, Éditions Ici Radio-Canada/Beauchemin, 1972, 76 p.

ÉTUDES

[Anonyme], *Guy Mauffette*, dans *Témoins*, vol. 7, n° 32, janv.-févr. 1966, p. 18–20.

Pauline Vincent, *Guy Mauffette à la conquête des boîtes à chanson*, P, vol. 88, n° 41, 15 oct. 1967, p. 32.

Jacques Marchand, *Guy Mauffette. Le temps reprise le temps*, Dev, vol. 70, n° 146, 23 juin 1979, p. 15.

Monique Roy, *On dirait que ce n'est plus notre tour... Guy Mauffette*, Pe, vol. 22, n° 1, 5 janv. 1980, p. 12–13.

MAUGEY, AXEL [Axel d'Auerperg] (1935–   ). Essayiste et poète, né à Paris. Un premier séjour au Québec, en 1964, le décide à poursuivre des études à la Sorbonne sur la littérature québécoise. Il obtient une maîtrise en 1970, et un doctorat en 1974 pour une thèse sur «La Conscience poétique québécoise». Il devient professeur de lettres à l'Université McGill, en 1971. À titre de critique de cinéma, d'art et de littérature, il collabore à divers périodiques, tels *L'Information médicale et paramédicale*, *Vie des arts*, *Relations*, *Le Droit*, et il est correspondant de la *Revue des Deux Mondes* au Québec. Sa thèse de maîtrise paraît en 1972 sous le titre *Poésie et Société au Québec (1937–1970)*. Il publie ensuite deux recueils de poésie, *Errance* (1975) et *Les Âmes rouges* (1976), qui ont peu de retentissement. Sur son étude, *Poésie et Société*, la critique est assez partagée. Sévère, Clément Moisan écrit : « Il est dommage que cette étude, par ailleurs consciencieuse, honnête et sympathique, n'ait apporté aucune lumière sur les liens qui peuvent exister (ou non) entre la poésie et la société actuelle au Québec ». De son côté, Joseph Bonenfant formule des critiques, mais il trouve que l'étude est « bien documentée, claire, méthodique », et que la section qui fait « l'analyse des caractéristiques fondamentales du milieu des poètes du Québec est d'une lecture passionnante ».

ŒUVRES

Poésie et Société au Québec (1937–1970) (essai), Québec, PUL, 1972, xvi, 290 p. Préface de Jean Cassou. « VLQ ».

Errance suivi de Entre femme et feu (poèmes), Paris, Pierre Jean Oswald, 1975, 52 p.

Les Âmes rouges, poèmes suivis de En autant de rêves et En rondes folles, Sherbrooke, Naaman, 1976, 60 p. « Création ».

[*Poèmes*], dans *Illustrations babéliennes/Babelian Illustrations n° 3*, Montréal/Sherbrooke, Éditions Cosmos, 1973, p. 25–30.

Le Rayonnement de la poésie québécoise... en Hongrie, Dr, 68ᵉ année, n° 55, 31 mai 1980, p. 16.

Esquisse pour un portrait du dépendant, Dr, 68ᵉ année, n° 159, 4 oct. 1980, p. 18.

Albert Memmé et le Québec, Rel, vol. 40, n° 462, oct. 1980, p. 272–275.

Albert Memmé, défenseur et illustrateur de l'homme francophone, dans *Culture française*, n° 3, automne 1980, p. 17–21.

Textes littéraires, dans *Moebius*, n°ˢ 10–11, automne 1980, p. 43–47.

Mutation de la culture, de l'éducation et de l'enseignement, Dr, 68ᵉ année, n° 188, 8 nov. 1980, p. 18.

Gabrielle Poulin et Pierre de Boisdeffre : deux critiques francophones à lire, Dr, 68ᵉ année, n° 294, 14 mars 1981, p. 20.

Notes américaines, dans *Scrinever*, vol. 2, n° 1, printemps 1981, p. 8–9.

Études littéraires : du songe au désir féminin, Rel, vol. 41, n° 468, avril 1981, p. 123–124.

À quand des relations culturelles franco-québécoises plus dynamiques ?, dans *Québec/Amérique*, vol. 4, n° 8, printemps 1982, p. 12–13.

ÉTUDES

Gilles Racette, *Rapport de l'homme et du poète québécois*, Pr, 88ᵉ année, n° 191, 19 août 1972, p. D-3.

Joseph Bonenfant, *Poésie et Société au Québec (1937–1970)*, dans *Présence francophone*, n° 5, automne 1972, p. 162–163.

Clément Moisan, *Poésie et Société au Québec de Axel Maugey*, LAQ, 1972, p. 210–212.

Jean-Charles Falardeau, *Poésie et Société au Québec (1937–1970)*, RS, vol. 14, n° 3, 1973, p. 407–410.

Jacques Nolin, *Les Âmes rouges — En autant de rêve — En rondes folles*, dans *Nos livres*, vol. 9, janv. 1978, n° 36.

MAURAULT, OLIVIER (1886–1968). Historien et essayiste, né à Sorel (Richelieu). À la suite de ses études au Collège de Montréal, et au Grand Séminaire de Montréal (théologie), il est ordonné prêtre en 1910, et se fait sulpicien l'année suivante. Il poursuit à l'Institut catholique de Paris des études en lettres (1911–1913). Il enseigne au Collège de Montréal de 1913 à 1915, puis se consacre au ministère à Saint-Jacques (1915-1924) et à Notre-Dame (1926–1929). Il retourne alors à l'enseignement à titre de supérieur à l'Externat classique de Saint-Sulpice (1929–1934) et devient recteur de l'Université de Montréal (1934–1955). Officier de l'Instruction publique de France et prieur du Chapitre de Saint-Sulpice, Olivier Maurault œuvre au sein de plusieurs sociétés savantes : membre de la Société royale du Canada, vice-président de la Société historique de Montréal, membre du Groupe des Dix (dont il est éditeur-délégué des *Cahiers* de 1941 à 1966). En plus de ses ouvrages historiques, il a publié de nombreux essais dans *Le Semeur, L'Action canadienne-française, L'Action nationale, Les Cahiers des Dix, Les Mémoires de la Société royale du Canada,* la *Revue canadienne.* Figure attachante du Canada français, Olivier Maurault a consacré sa vie à l'enseignement supérieur et à l'étude de certains faits historiques et littéraires. Son œuvre contribue surtout à la meilleure connaissance de l'histoire religieuse du Canada français.

ŒUVRES

Le Petit Séminaire de Montréal (histoire), Montréal, Libraire L.-J.-A. Derome limitée, 1918, 239 p. Ill. ; *Le Collège de Montréal, 1767-1967,* [s.é.], 1967, 574 p. Ill. Édition revue et mise à jour par Antonio Dansereau.

La Chapelle du Sacré-Cœur (histoire), Montréal, Imprimerie du Messager, 1921, [n.p.].

L'École polytechnique de Montréal 1873-1923 (histoire), Montréal, Imprimerie populaire, 1923, 32 p. ; *L'École polytechnique de Montréal 1873-1923. Cinquantième anniversaire de fondation. Historique de l'École. Liste des anciens élèves,* 1924, 54 p.

Saint-Jacques de Montréal. L'Église — La paroisse (histoire), Montréal, [s.é.], 1923, 126 p. Ill.

[*Saint-François d'Assise de la Longue-Pointe*] (histoire), Montréal, [s.é.], 1924, 103 p. Ill.

A Mari usque ad mare. Voyage de l'Université de Montréal à travers le Canada sous la conduite du Pacifique Canadien, Montréal, [s.é.], 1925, 55 p. Ill.

Le Fort des Messieurs (histoire), Montréal, [s.é.], 1925, 23 p. Ill.

Le Vieux Séminaire, Montréal, Le Devoir, 1925, 30 p.

L'Œuvre des bons livres (histoire), Montréal, [s.é.], 1926, 36 p. Ill. (Extrait de la *Revue trimestrielle canadienne,* juin 1926).

Le Bienheureux André Grasset de Saint-Sauveur et sa famille (histoire), Montréal, [s.é.], 1927, 30 p. Ill.

Joseph Marmette, Montréal, Le Devoir, 1927, 24 p.

Brièvetés (essais), Montréal, Carrier, 1928, 269 p.

Marges d'histoire, 3 vol. : vol. 1, L'Art au Canada, Montréal, Librairie de l'Action canadienne-française, 1929, 310 p. ; vol. 2, 1929, 299 p. ; vol. 3, Saint-Sulpice, 1930, 223 p.

La Paroisse. Histoire de l'église Notre-Dame de Montréal, Montréal/New York, Louis Carrier & cie/Les Éditions du Mercure, 1929, 334 p. ; Montréal, Thérien frères limitée, 1957, 241, 78 p. Ill. Avertissement de l'auteur.

Les Vitraux historiques de Notre-Dame de Montréal (histoire), Montréal, [s.é.], 1933, 45 p. Ill.

Nos Messieurs (histoire), Montréal, Les Éditions du Zodiaque/Librairie Déom frère, [1936], 325 p. Préface de l'auteur. «Zodiaque».

Sorel. À propos d'une visite princière (histoire), Montréal, Les Éditions des Dix, 1939, 31 p. Ill.

[*Charles de Belle et Georges Delfosse. À la mémoire de deux peintres qui se sont éteints l'an dernier et dont la disparition a été pour l'art de notre pays une grande perte*, Montréal, Les Éditions Archante, 1940], 18 p. Ill.

Grand Séminaire de Montréal. Album préparé à l'occasion du centenaire, 1840-1940/An Album Commemorating the Hundredth Anniversary of the Grand Seminary of Montreal, [Montréal, Association des anciens élèves du Grand Séminaire de Montréal], 1940, 169 p. Ill.

Quand Saint-Sulpice allait en guerre (histoire), Montréal, Les Éditions des Dix, 1940, 24 p. Ill.

Acadie 1940. (Journal de voyage), Montréal, Les Éditions des Dix, 1941, 66 p. Ill. (Tirage limité).

French-Canadian Backgrounds. A Symposium, Toronto, The Ryerson Press, 1941, 101 p. Collab. Henri Saint-Denis, Jean Bruchési, Marius Barbeau et Léon Mercier Gouin. «The New Dominion Books».

Propos et Portraits, Montréal, Éditions Bernard Valiquette, 1941, 299 p.

L'Encyclopédie de la jeunesse. Tout ce que l'on peut désirer connaître, écrit dans un style que tout le monde peut facilement comprendre, Montréal, Société Grolier, 1942, [13 vol., 5177 p.]. Ill. Éditeur. Collab.

Moisson de Ville-Marie (articles et discours), Montréal, Éditions Fides, 1942, 201 p. Avertissement de l'auteur.

Aux Louisianais, Montréal, Les Éditions des Dix, 1943, 161 p.

Souvenirs canadiens. Album de Jacques Viger, Montréal, Les Éditions des Dix, 1944, 23 p. Ill.

M. Henri Gauthier, prêtre de Saint-Sulpice, [Montréal, s.é.], 1945, 23 p.

Le Mexique de mes souvenirs (récit de voyage), Montréal, Les Éditions des Dix, 1945, 163 p. Préface de l'auteur.

[*La Vie intellectuelle au temps de Garneau*] (histoire), Montréal, Imprimerie populaire limitée, 1945, 15 p.

Coup d'œil sur le Richelieu (histoire), Montréal, [s.é.], 1947, 11 p.

Par voies et par chemins de l'air (les Amériques) (histoire), Montréal, Les Éditions des Dix, 1947, 272 p. Ill.

Au berceau de la Colombie-Britannique (histoire), Montréal, Les Éditions des Dix, 1948, 30 p. Ill.

L'Université de Montréal (histoire), Montréal, Les Éditions des Dix, 1952, 54 p. Ill.

La Compagnie de Saint-Sulpice au Canada (histoire), Montréal, [s.é.], 1957, 23 p.

Confidences, Montréal/Paris, Fides, 1959, 165 p. Portrait. Ill.

L'Œuvre et Fabrique de Notre-Dame de Montréal (histoire), Montréal, [s.é.], 1959, 86 p.

———

Sur un manuel de littérature canadienne, MSRC, 3e série, vol. 29, section 1, 1935, p. 77-86.

L'Église du Canada, RHAF, vol. 3, n° 2, sept. 1949, p. 227-233.

Montréal, ville intellectuelle, artistique et musicale, C, vol. 12, n° 4, déc. 1951, p. 356-372.

L'Université de Montréal, CD, n° 17, 1952, p. 11-54.

ÉTUDES

Camille Roy, *Marges d'histoire*, ESC, vol. 8, nº 8, mai 1929, p. 597–599.

Séraphin Marion, *L'Art au Canada*, dans *En feuilletant nos écrivains*, Montréal, Librairie de l'Action canadienne-française, 1931, p. 109–113.

Émile Bégin, *Propos et Portraits par Mgr Olivier Maurault*, ESC, vol. 21, nº 2, nov. 1941, p. 153–155.

Émile Chartier, *Mgr Olivier Maurault*, dans *Lectures*, vol. 4, nº 9, 1er janv. 1958, p. 131–132.

Lionel Groulx, *Mgr Olivier Maurault, Confidences*, RHAF, vol. 14, nº 1, juin 1960, p. 137–138.

Gérard Malchelosse, *Monseigneur Olivier Maurault*, CD, nº 33, 1968, p. 9–12.

Jean Éthier-Blais, *Mgr Olivier Maurault*, CACF, vol. 14, 1972, p. 98–107.

MAURICE, MIREILLE [X Mireille Fournier-Boutin]

(1932–   ). Romancière, née à Oka (Deux-Montagnes). Elle étudie au Couvent Notre-Dame d'Oka et à l'École normale Marie-Rivier de Saint-Hyacinthe (diplôme en pédagogie, 1950), puis elle suit le cours de sciences infirmières à l'Hôpital Notre-Dame (1950–1953) et exerce sa profession jusqu'en 1956. Elle a aussi appris le piano et fait trois ans de catéchèse. Son premier livre, *Longue-haleine* (1970), est un récit fantastique qui chante la nature plus que l'amour. « L'auteur, écrit Michelle Henchiri, a imaginé un décor de légende où l'héroïne évolue, organisant la réalité à sa fantaisie et cherchant à traduire une vision idéale de la vie, des êtres et des choses. [...] Tout le récit est une glorification de la terre, du jardin, du vent, de la mer ». *Ménuhin* (1973) est un conte poétique qui fait revivre le rêve d'un paradis perdu.

ŒUVRES

Longue-haleine (poésie), Sherbrooke, Éditions Cosmos, 1970, 106 p. « Amorces ».

Ménuhin (conte poétique), Sherbrooke, Éditions Cosmos, 1973, 75 p. « Relances » ; Éditions Naaman, 1978.

La Pointe aux corbigeaux. Roman, Montréal, Presses Sélect ltée, 1980, 126 p.

L'Auberge du loup. Roman, Montréal, Presses Sélect ltée, 1980, 169 p.

———

J'ai engendré une nomade (témoignage), Ch, vol. 22, nº 10, oct. 1981, p. 60–61, 64.

ÉTUDES

Michelle Henchiri, *Longue-haleine de Mireille Maurice*, LAQ 1970, p. 145.

Paul Sauvé, *Depuis 17 ans à Pte-aux-Trembles. Mireille Maurice, auteur de deux volumes et une messagerie de la bonne entente...*, dans *L'Avenir de l'Est*, 9 mai 1973, p. 1, 2.

MAX, LÉON. Voir **MELANÇON**, JOSEPH-MARIE.

MAXINE [X Marie-Caroline-Alexandra Bouchette]

(1874–1957). Romancière, née à Québec. Elle fait ses études secondaires au Couvent des Ursulines de Québec. Elle épouse, en 1901, Me Taschereau Fortier, avocat et régistrateur du comté de Beauce. Au décès de son mari en 1919, suivi peu de temps après par celui de son fils, elle voyage en France où elle suit des cours à la Sorbonne. Dès son retour, elle entre dans la fonction publique à titre de traductrice à la Gazette officielle du Parlement de Québec. Collaboratrice de l'*Almanach du peuple*, elle publie son premier conte en anglais (1926), sous le pseudonyme de Maxine. Membre de l'Institut canadien de Québec, de la Société des écrivains canadiens, de la Société des écrivains pour la jeunesse, Maxine produit durant ses trente dernières années, une œuvre pour la jeunesse qui se distingue par sa densité et sa poésie. « Il y règne, écrit Émile Bégin, une tendresse délicate, une mélancolie subtile que les enfants ne verront peut-être pas mais que nous sentons, nous, sous l'écorce des mots, tendresse et mélancolie qui rôde autour des personnages ».

ŒUVRES

Unknown Fairies of Canada (contes), Toronto, MacMillan Company of Canada, 1926, 90 p. Ill. Traduction française par [l'auteur ?] : *Fées de la terre canadienne*, Montréal, Librairie d'Action canadienne-française ltée, 1928, 211 p. Ill. « Les Récompenses » ; Éditions Albert Lévesque, 1932, 197 p. Ill.

Le Petit Page de Frontenac (récit), Montréal, Librairie d'Action canadienne-française limitée, 1930, 168 p. Ill. de Jean-Paul Lemieux ; Éditions Albert Lévesque/ Librairie d'Action canadienne-française, 1930, 182 p. ; Éditions Albert Lévesque, 1935, 184 p. « Romans historiques » ; Bibliothèque de l'Action française, 1938, 162 p. ; Éditions Beauchemin, 1943, 161 p. ; Québec/ Montréal, Éditions Pedagogia inc., 1963, 160 p. Ill. d'André Lemieux. « Maxine ».

La Huronne (conte), Paris, Casterman, [1931 ?], 124 p. Ill. « Ma bibliothèque » ; Montréal, Granger frères limitée, [1935 ?], 143 p. ; Librairie Granger frères limitée, [1946 ?].

Les Orphelins de Grand-Pré (conte), Montréal, Librairie d'Action canadienne-française limitée, 1931, 144 p. Ill. « Les Récompenses » ; Albert Lévesque, 1932, 161 p. ; Éditions Albert Lévesque, 1935, 163 p. « Romans historiques » ; Éditions Beauchemin, 1943, 159 p. ; Québec/ Montréal, Éditions Pedagogia inc., 1963, 159 p. Ill. d'André Lemieux. « Maxine ».

Moment de vertige. Roman canadien (pour adultes), Montréal, Librairie d'Action canadienne-française ltée, 1931, 290 p. « Les Romans ».

Jean « La Tourte ». (Histoire d'un marin) (conte), Montréal, Éditions Albert Lévesque. Librairie d'Action canadienne-française ltée, 1932, 158 p. Ill. « Romans historiques » ; Librairie d'Action canadienne-française, 1938, 129 p. ; Granger frères, 1946, 134 p. ; 1961, 144 p. « Bibliothèque de la jeunesse canadienne ».

La Blessure (roman), Montréal, Éditions Albert Lévesque, 1932, 160 p. « Les Romans sociaux ».

La Fée des castors (conte), Montréal, Librairie d'Action canadienne-française, 1933, 124 p. ; Éditions Albert Lévesque, 1936, 123 p. Ill. ; Beauchemin, 1946, 130 p. ; Éditions Beauchemin, 1958, 131 p. « Rose des vents ».

Frontenac 1672–1689, Montréal, Éditions Albert Lévesque, 1933, 29 p. Ill. « Rimes historiques ».

Jacques Cartier, 1534, Montréal, Éditions Albert Lévesque, 1933, 29 p. Ill. « Rimes historiques ».

L'Ogre du Niagara (conte), Montréal, Albert Lévesque, 1933, 90 p. Ill. « Contes et Récits canadiens » ; Éditions Albert Lévesque, 1936, 111 p. « Contes et Récits » ; Éditions Beauchemin, 1954, 121 p. Ill. « Les Veillées » ; *L'Ogre du Niagara. (Adaptation de Henriette Major)*, Montréal, Éditions Héritage, 1981, 125 p. Ill. « Petits Classiques, pour lire avec toi ».

Le Pêcheur d'éperlan (conte), Montréal, Éditions Albert Lévesque, 1933, 185 p. Ill. « Les Récompenses » ; 1935, 176 p. « Romans historiques » ; Granger frères limitée, [1943 ?], 144 p. « Bibliothèque de la jeunesse canadienne, collection juvénile ».

Le Tambour du régiment (conte), Montréal, Librairie d'Action canadienne-française, 1935, 143 p. « Romans historiques » ; Éditions Albert Lévesque, 1938, 129 p. ; Éditions Beauchemin, 1944, 139 p. Ill.

Les Trois fées du bois d'épinette. (La nature, ses règnes, ses merveilles) (conte), Éditions Albert Lévesque, 1936, 103 p. Ill. Préface de Laetare Roy. « Contes et Récits ».

Le Vendeur de paniers (conte), Montréal, Éditions Albert Lévesque, 1936, 107 p. « Contes et Récits » ; Librairie Granger frères limitée, [1943 ?], 93 p. ; Québec/Montréal, Éditions Pedagogia inc., 1963, 93 p. Ill. « Maxine ».

L'Aiglon blanc des Illinois (conte), Montréal, Librairie Beauchemin limitée, [1938 ?], 125 p. Ill.

La Cache aux canots. (Histoire d'un Indien) (conte), Montréal, Éditions de l'Action canadienne-française, 1939, 135 p. Préface de C.-H. Lefebvre. Ill. « Romans historiques » ; Éditions Beauchemin, 1944, 159 p.

Le Saut du gouffre (roman), Montréal, Librairie Beauchemin limitée, [1940 ?], 123 p. Ill. ; Toronto/New York/London, Longmans, Green and Co., 1946, [xii], 162 p. Édité par L. Hamilton Corbett, avec exercices et vocabulaire. « Contes canadiens » ; Québec/Montréal, Éditions Pedagogia, 1963, 120 p. « Maxine ».

Miche, un petit gars de Coutances (récit), Montréal, Éditions Beauchemin, 1941, 157 p. ; Québec/Montréal, Éditions Pedagogia inc., 1963, 157 p. Ill. « Maxine ».

Stowaways. (A Tale of Old French Canada) (légende), Montréal, Librairie Beauchemin limitée, 1943, 145 p. Ill. Traduction française par [l'auteur ?] : *Le Talisman. (Odyssée du jeune Pierre Sabourin)*, 1948, 193 p. « Romans jeunesse ».

L'Auberge Bonacina. (Un drame au temps de Papineau). Roman, Montréal, Beauchemin, 1945, 185 p. Ill. ; 1951, 191 p. « BC, Montcalm ».

Le Fondateur de Ville-Marie, Paul de Chomedey, Sieur de Maisonneuve (biographie), Montréal, Éditions Beauchemin, 1946, 23 p. Ill. « Histoire du Canada pour les tout petits ».

Les Héros du Long-Sault, Dollard des Ormeaux (biographie), Montréal, Beauchemin, 1946, 23 p. Ill. « Histoire du Canada pour les tout petits ».

Le Marin de Saint-Malo, Jacques Cartier (biographie), Montréal, Beauchemin, 1946, 24 p. Ill. « Histoire du Canada pour les tout petits ».

Le Père de la Nouvelle-France, Samuel de Champlain (biographie), Montréal, Beauchemin, 1946, 23 p. Ill. « Histoire du Canada pour les tout petits ».

« Quand passe la plume rouge... » (conte), Montréal, Éditions Beauchemin, 1951, 133 p. Ill. ; Québec/Montréal, Éditions Pedagogia inc., 1963, 123 p. « Maxine ».

Fanfan d'Estrées. (Un protégé de Pierre Lemoyne d'Iberville) (conte), Montréal, Éditions Beauchemin, 1978, 133 p. Ill.

Récits canadiens empruntés à l'histoire, Montréal, Éditions Beauchemin, 1957, 12 t. : t. 1, *Jacques Cartier, 1534*, [n.p., 11 p.] ; t. 2, *Les Indiens*, [n.p., 11 p.] ; t. 3, *Champlain, 1608*, [n.p., 11 p.] ; t. 4, *La Violette, 1634*, [n.p., 11 p.] ; t. 5, *Maisonneuve, 1642*, [n.p., 11 p.] ; t. 6, *Marie de l'Incarnation*, [n.p., 11 p.] ; t. 7, *Marguerite Bourgeoys, 1653*, [n.p., 11 p.] ; t. 8, *Madeleine de Verchères, 1692*, [n.p., 11 p.] ; t. 9, *Dollard, 1660*, [n.p., 11 p.] ; t. 10, *Frontenac, 1672–1689*, [n.p., 11 p.] ; t. 11, *Montcalm, 1756–57–58–59*, [n.p., 11 p.] ; t. 12, *Lévis, 1757–58–59–60*, [n.p., 11 p.]. « La Petite Histoire ».

ÉTUDES

Séraphin Marion, *Moment de vertige*, RD, 37e année, sept.–oct. 1931, p. 496–501.

Camille Roy, *La Blessure, Jean La Tourte*, ESC, vol. 12, no 3, déc. 1932, p. 155–156.

Émile Bégin, *Livres de nature*, ESC, vol. 16, no 8, avril 1937, p. 627–628.

Id., *La Cache aux canots*, ESC, vol. 19, no 6, mars 1940, p. 495–496.

G. Laurent, *Le Saut du gouffre*, C, vol. 7, no 3, sept. 1940, p. 394.

Romain Légaré, *L'Auberge Bonacina*, C, vol. 7, no 3, sept. 1946, p. 380–381.

Louise Lemieux, *Mme Alexandre Taschereau-Fortier*, dans *Pleins Feux sur la littérature de jeunesse au Canada français*, Montréal, Leméac, 1972, p. 247–249.

McMURRAY, LINE (1953–   ). Poète et essayiste, née à Saint-Alexis-des-Monts (Maskinongé). Elle fait ses études collégiales au Cégep de Maisonneuve

(D.E.C., 1972) ; puis, elle les poursuit à l'Université de Montréal (B.A., 1975 ; M.A., 1976). En 1981, elle obtient un doctorat, en soutenant une thèse sur « La Pataphysique d'Alfred Jarry au Collège de Pataphysique ». D'abord chargée de cours à l'Université de Montréal (1977-1979), elle est nommée professeur substitut à l'Université du Québec à Montréal en 1982. Line McMurray collabore activement aux périodiques comme *Études françaises*, *Spirale*, *La Nouvelle Barre du jour*, *Jeu*, et écrit des textes radiophoniques pour CKRL et Radio-Canada. Elle publie deux recueils de poésie ; au sujet de *Bluff* (1983), Claude Beausoleil écrit qu'il s'agit de « poésie graphique dans laquelle les mots sont joués comme des dés sur la page ».

ŒUVRES

Bluff (poésie), Montréal, NBJ, 1983, [n.p.].
Longshot (poésie), Montréal, NBJ, 1984, [n.p.].
.../ Fiction As/ Phyxion Trans/ Fixion (poésie), Outremont, NBJ, 1985, 43 p. Ill.
Le Détonnement (entretien avec Eugène Ionesco), Outremont, NBJ, 1985, 43 p. Ill.
Pour une éthique de la métamorphose. Exposition, Outremont, NBJ, 1986, 47 p. Collab. Jean-Yves Collette.
L'Enjeu du Manifeste en jeu (essai), Montréal, Le Préambule, 1986, 157 p. Collab. Jeanne Demers. « L'Univers des discours ».
Montréal graffiti (essai), Montréal, VLB, 1987, 139 p. Collab. Jeanne Demers et Josée Lambert.
Montréal graffiti bis (essai), Montréal, VLB, 1988, 130 p. Collab. Jeanne Demers et Josée Lambert.

De bonne guerre pataphysique : quelques différends autour de « La Leçon » de Ionesco, dans *Jeu*, n° 22, janv.-mars 1980, p. 37-43.
L'OULIPO, ses anti-manifestes et leur mise en jeu, EF, vol. 15, n° 16, 1980, p. 146-168.
La Pataphysique, NBJ, n° 109, janv. 1982, p. 63-83.
Lapidaires voix de séjour (poésie), NBJ, n° 113, avril 1982, p. 39-46.
Journal des bords échancrés ou Pour une lecture performatrice du « Journal intime de Sally Mara », NBJ, n° 121, janv. 1983, p. 57-69.
Le privé est politique : rôle manifestaire des graffiti au féminin, dans *Atlantis*, vol. 8, n° 2, 1983, p. 27-37.
Le Même et l'Autre dans « Les Œuvres complètes de Sally Mara », dans *Temps Mêlés*, n° 150, sept. 1983, p. 9-17.
À quel titre se vouer, NBJ, n°s 127-128, juin 1983, p. 13-21.

ÉTUDES

Claude Beausoleil, *Normand de Bellefeuille : le poète devant la mort*, Dev, 17 mars 1984, p. 24.
Paul Chanel Malenfant, *Commentaires*, dans *Nuit Blanche*, n° 13, avril 1984, p. 21.

MÉCRÉANT. Voir **FADETTE**.

MEILLEUR, JACQUES. Voir **DESMARCHAIS, REX**.

MEILLEUR, JEAN-BAPTISTE (1796-1878). Éducateur et essayiste, né à la Petite-Côte, paroisse Saint-Laurent (Île-de-Montréal). Il s'inscrit au Collège de Montréal à l'âge de dix-neuf ans. De 1821 à 1824, il fait ses études médicales à la Castleton Academy of Medicine (Vermont) et, en 1824, il présente une thèse de doctorat intitulée « On Scrofula ». Professeur de français à temps partiel durant son séjour aux États-Unis, il aurait publié quelques ouvrages dont *A Treatise on the Pronunciation of the French Language* (1825). Meilleur s'établit à l'Assomption en 1826. Il s'intéresse activement à la cause de l'éducation et publie des articles sur ce sujet dans *La Bibliothèque canadienne*, *L'Écho du Pays*, *Le Glaneur*, *Le Journal de médecine*, et surtout dans *La Minerve* où il fait paraître, à partir de 1828, une série de lettres qui provoquent une longue polémique. En 1833, il publie une *Nouvelle Grammaire anglaise* et un *Cours abrégé de leçons de chymie*. En 1834, il participe à la fondation du Collège de l'Assomption. La même année, il est élu député à l'Assemblée législative, poste qu'il occupe jusqu'en 1838. Malgré une certaine sympathie à l'endroit des Patriotes, il réprouve leurs appels à la violence. Pendant le mandat de Lord Durham au Canada, Meilleur publie, dans *Le Populaire* de Montréal, quatre lettres sur la réorganisation de l'Instruction publique. Durham en accueille bien les observations, même s'il y trouve des réserves sur la section de son *Rapport* qui traite de l'instruction. En 1842, Meilleur est nommé surintendant de l'Instruction publique du Bas-Canada, et il conserve ce poste pendant treize ans. À la suite du *Rapport Sicotte*, il doit démissionner en 1855, mais il remplit d'autres emplois dans la fonction publique. En 1860, il publie son *Mémorial de l'éducation du Bas-Canada* ; une deuxième édition, considérablement augmentée, paraît en 1876. Selon Léon Lortie, ce *Mémorial* est « un ouvrage indispensable à qui veut connaître l'histoire de l'éducation au Canada ».

ŒUVRES

A Treatise on the Pronunciation of the French Language, [Vermont], 1825, (édition introuvable) ; Montréal, S. Lovell, 1841, 108 p.

Cours abrégé de Leçons de Chymie, contenant une exposition précise et méthodique des principes de cette science, exemplifiés. Cet ouvrage élémentaire, rédigé d'après les meilleurs auteurs, est adapté à une capacité ordinaire, et destiné à l'usage de la Jeunesse Canadienne, Montréal, Des Presses de Ludger Duvernay, Imprimerie de la Minerve, 1833, xxiii, 144 p. Préface de l'auteur. Introduction de l'auteur.

Nouvelle Grammaire anglaise, Saint-Charles-sur-Richelieu, A.-C. Fortin, 1833, 120 p.; *Nouvelle Grammaire anglaise, en deux parties, suivies d'une série de thèmes,* Montréal, Chez J.B. Rolland, 1854, vi, 122 p. Préface de l'auteur.

Court traité sur l'art épistolier, Montréal, F. Cinq-Mars, 1845, 72 p. Sous le pseudonyme d'Un Canadien ; *Court traité sur l'art épistolaire. Refaite en partie et augmentée de plusieurs Modèles de Lettres en français, et de 26 en anglais, d'une Liste des Initiales de titres qualificatifs, et des endroits où il y a un Bureau de Poste, (dans le Bas-Canada), d'une Liste des Chefs des Départements sous l'Exécutif de la Formule de Billets, Lettres de change, Quittances et d'une Table d'Intérêt, etc.,* Imprimé et publié par P. Gendron, 1849, 143 p. Introduction de l'auteur ; *Court traité sur l'art épistolaire,* Imprimé et publié par P. Gendron, 1853, vi–125 p. Introduction de l'auteur.

Mémorial de l'Éducation du Bas-Canada. Étant un exposé des principaux faits qui ont eu lieu relativement à l'éducation, depuis 1615 jusqu'à 1855 inclusivement, Montréal, J.B. Rolland & Fils, libraires-éditeurs, 1860, xiv, 389 p. Préface de l'auteur ; Québec, 1876, 454 p.

Dissertation on Scrofula, dans *Journal de médecine de Québec,* vol. 1, 1826, p. 233–240 ; vol. 2, 1827, p. 81–88, 217–224.

Analyse de l'eau saline de l'Assomption, dans *La Bibliothèque canadienne,* vol. 9, 1829, p. 170–177, 189–195, 210–214.

Supplément critique au Petit traité d'agriculture de Valère Guillet, dans *La Bibliothèque canadienne,* vol. 9, 1829, p. 170–177.

[*Lettres sur l'éducation*], dans *Le Populaire,* 6, 13, 17 et 27 août, 3, 5, 7 et 26 sept. 1838.

Quelques-unes de nos plantes les plus intéressantes, dans *Le Naturaliste canadien,* vol. 2, 1870, p. 355–364.

ÉTUDES

Léon Lortie, *Les Lettres de J.-B. Meilleur sur l'éducation en 1838,* dans *Revue trimestrielle canadienne,* vol. 24, 1938–39, p. 251–271.

Id., *Le Retour de Jean-Baptiste Meilleur au Canada,* MSRC, 3e série, vol. 50, 1956, p. 69–83.

L.P. Audet, *Index alphabétique du Mémorial de l'éducation dans le Bas-Canada,* MSRC, 4e série, vol. 2, 1964, p. 49–62.

Id., *Jean-Baptiste Meilleur était-il un candidat valable au poste de surintendant de l'Éducation pour le Bas-Canada en 1842 ?,* CD, vol. 31, 1966, p. 163–201.

Léon Lortie, *Jean-Baptiste Meilleur,* DBC, vol. 10, 1972, p. 554–558.

MELANÇON, BENOÎT (1958–   ). Essayiste et critique littéraire, né à Verdun (Île-de-Montréal). Il étudie à la Polyvalente Jean-Baptiste-Meilleur, au Collège de l'Assomption et au Cégep du Vieux-Montréal (D.E.C., 1977), puis il obtient à l'Université de Montréal un baccalauréat en lettres françaises (1980) et prépare une maîtrise sur Victor-Lévy Beaulieu. Moniteur d'enseignement et assistant de recherche (1980–1982) à l'Université de Montréal, il est nommé chargé de cours en 1981. Il collabore à divers périodiques, tels *Possibles, Jeu, Études françaises,* ainsi qu'au *Dictionnaire des œuvres littéraires du Québec,* à la *New Canadian Encyclopedia*... En 1982, il publie, en collaboration avec Laurent Mailhot, *Le Conseil des Arts du Canada, 1957–1982,* essai qui reçoit un accueil favorable. Selon Adrien Thério, « il s'agit d'un travail bien fait, bien organisé, écrit dans une langue simple et efficace. Pas de longueurs, pas d'artifice. Des faits, des explications ». Il prépare aussi avec L. Mailhot une anthologie de l'essai québécois, publiée en 1984.

ŒUVRES

Le Conseil des Arts du Canada, 1957–1982 (essai), Montréal, Leméac, 1982, 400 p. Collab. Laurent Mailhot. Ill.

Essais québécois 1837–1983. Anthologie littéraire, Montréal, Hurtubise HMH, 1984, 658 p. Éditeur avec Laurent Mailhot. « Cahiers du Québec. Textes et documents littéraires ».

« *Mainmise : à la recherche d'une alternative* », dans *Possibles,* nos 3–4, 1981, p. 187–197.

Victor-Lévy Beaulieu : Satan Belhumeur, LAQ 1981, p. 29–31.

« *Marie de l'Incarnation/Marcel Bozonnet et Jean Jacapin* », dans *Jeu,* no 1, 1982, p. 128–131.

« *Ma maudite main gauche veut plus suivre* »/*Louis-Marie Dansereau* », dans *Jeu,* no 3, 1982, p. 126–127.

Le « Mock Book », de William Kingsley, EF, vol. 18, 2, 1982, p. 43–60. (Traduction).

ÉTUDES

Adrien Thério, *Le Conseil des Arts du Canada, 1957–1982 de Laurent Mailhot et Benoît Melançon,* LQ, no 32, hiver 1983–1984, p. 65–66.

Adrien Gruslin, « *Le Conseil des Arts du Canada, 1957–1982* », dans *Jeu,* no 28, 1983, p. 152–155.

MELANÇON, CLAUDE (1895–1973). Journaliste, naturaliste et romancier, né à Montréal. Après ses études au Collège Sainte-Marie et des cours privés, il devient courriériste parlementaire à Ottawa (1918–1923). Par la suite, il est chef du service français du Canadien National. De septembre 1939 à mars 1940, il est censeur conjoint de *La Presse*. De 1940 à 1942, il est directeur associé au Service de l'Information en temps de guerre et, jusqu'en 1956, directeur adjoint des Relations extérieures des chemins de fer nationaux. Il collabore à plusieurs revues : *La Revue populaire, Chasse et Pêche, La Vie au grand air, The Canadian National Railways Magazine, Rail et Route* (France). Membre de la Société royale du Canada (1943), de la Société canadienne d'histoire naturelle et de la Société zoologique de Québec, Claude Melançon reçoit, en 1968, le prix Chatrian de littérature ferroviaire pour l'ensemble de son œuvre. Ses nombreux travaux sur la faune québécoise contribuent à une meilleure connaissance et à la conservation des richesses naturelles du pays.

ŒUVRES

Par terre et par eau (roman), Québec, Le Soleil, 1928, 216 p. Préface de Cyrille-F. Delage. Dessins de J. McIssac ; Paris, Casterman, 1930, 252 p. « Ma bibliothèque » ; Hull, Les Éditions L'Éclair, 1940, 189 p. ; Montréal, Éditions Jeunesse, 1951, 156 p.

Nos animaux chez eux (essai), Québec, Au moulin des lettres, 1934, 128 p. Ill. de L. Durand ; Montréal, [s.é.], 1953.

Les Poissons de nos eaux (études), Montréal, Librairie Granger frères, 1936, 248 p. Ill. ; Éditions du Jour, 1973, 456 p. Présentation de Gérard Pageau. (Édition corrigée et augmentée).

Charmants Voisins (études), Montréal, Librairie Granger frères, 1940, 281 p. Dessins de Jacques Bédard ; 1947 ; Québec, Société zoologique de Québec, 1954, 281 p. ; Montréal, Éditions du Jour, 1964, 255 p.

Mon alphabet des animaux, Montréal, Éditions de l'Arbre, 1944, 77 p. Ill. « Mon alphabet ».

Mon alphabet des villes du Canada, Montréal, Éditions de l'Arbre, 1944, 57 p. Ill. « Mon alphabet ».

Mon alphabet des villes du Québec, Montréal, Éditions de l'Arbre, 1944, 51 p. Ill. « Mon alphabet ».

Inconnus et Méconnus. Amphibiens et reptiles de la Province de Québec (essai), Québec, La Société zoologique de Québec, 1950, 148 p. Ill. de Germaine Bernier-Boulanger.

Percé et les Oiseaux de l'Île Bonaventure (essai), Montréal, Éditions du Jour, 1963, 95 p. Introduction de l'auteur. Traduction anglaise par Robert Ayre : *Percé and Bonaventure Island's Seabirds*, 1974, 93 p.

Légendes indiennes du Canada, Montréal, Éditions du Jour, 1967, 160 p. Traduction anglaise par David Ellis : *Indian Legends of Canada*, Toronto, Gage Pub., 1974, 163 p. Ill.

Légendes de Percé, MSRC, 3e série, vol. 16, section 1, 1922, p. 113-120.

La Mythologie des Bella-Coula, RUO, vol. 15, no 2, avril-juin 1945, p. 180-197.

ÉTUDES

Séraphin Marion, *Par terre et par eau*, ESC, vol. 8, no 8, mai 1929, p. 585-592.

Fabien-M. Viens, *Charmants Voisins*, C, vol. 1, no 4, déc. 1940, p. 526-527.

MELANÇON, JOSEPH-MARIE [Roger Faye, Léo Lhéon, Léon Man, Léon Manc, Léon Max, Lucien Rainier, Lucien Régner, Jean-Lucien Reynier] (1877-1956). Poète, né à Montréal. Il étudie à l'École Saint-Laurent et, à partir de 1889, au Collège Sainte-Marie où il se lie d'amitié avec Jean Charbonneau et Émile Nelligan. C'est au collège également qu'il commence à écrire des poèmes qui paraissent sous des pseudonymes dans *Le Samedi* et *Le Monde illustré*, à partir de 1894. En 1895, avec Louvigny de Montigny, Jean Charbonneau, Germain Beaulieu et d'autres, il participe à la fondation de l'École littéraire de Montréal qu'il quitte d'ailleurs au printemps de 1897. Il entre alors au Grand Séminaire et est ordonné prêtre par Mgr Paul Bruchési, le 22 décembre 1900. Il est par la suite professeur au Collège de Montréal, puis vicaire, et, de 1912 à 1947, chapelain chez les religieuses des Saints Noms de Jésus et de Marie. Il publie, en 1931, son recueil de poèmes, *Avec ma vie* sous le pseudonyme de Lucien Rainier. Il correspond avec un grand nombre d'artistes et d'écrivains et cisèle son « Journal », commencé en 1895, qui demeure toujours à l'état de manuscrit, de même qu'un nombre considérable de poèmes parmi lesquels il faut signaler le cycle intitulé « Les choses nous parlent ». Romain Légaré définit ainsi l'attitude créatrice de Joseph Melançon : « En véritable artiste, il trouvait un réel plaisir à polir un beau vers, à jongler avec les rythmes les plus difficiles, à découvrir, au fond de soi, la musique des mots qui sous-tend le rêve. Impénitent classique de tradition, romantique d'inspiration, parnassien de tendance, symboliste modéré, il a tenté d'harmoniser en lui les plus belles qualités des grandes écoles littéraires [...]. La valeur particulière de Joseph Melançon ne réside pas dans la réussite acrobatique des formes fixes, mais dans la science et l'art du vers : condensation de l'inspiration, savante distribution du rythme, choix judicieux des mots et des images, échappée libératrice vers la rêverie ». Son poème « La Musique » qui fait partie d'*Avec ma vie*, est considéré unanimement par la critique comme une excellente pièce d'anthologie.

ŒUVRES

La Vie de Mère Marie-Rose, fondatrice de la Communauté des Sœurs des Saints Noms de Jésus et de Marie, Montréal, Adjutor Ménard, 1928, 74 p.

Avec ma vie. Poèmes, Montréal, Le Devoir, 1931, 164 p. Sous le pseudonyme de Lucien Rainier.

Lucien Rainier, Montréal, Fides, 1961, 96 p. Textes choisis et présentés par Claude Lavergne. « CC ».

Marie Noël au Canada français (Correspondance inédite de Marie Noël avec Lucien Rainier et Madeleine Thibaudeau), Québec, Éditions Garneau, 1974, 109 p. Éditée par Olivier Durocher.

ÉTUDES

Albert Lozeau, *Les Poésies de Lucien Rainier*, dans *Le Nationaliste*, 6e année, no 7, 11 avril 1909, p. 3 ; no 8, 18 avril 1909, p. 3 ; no 9, 25 avril 1909, p. 3 ; no 10, 2 mai 1909, p. 3.

Alfred DesRochers, *Avec ma vie, poèmes de Lucien Rainier*, RD, 37e année, no 3, déc. 1931, p. 683–692.

Albert Dandurand, [*Joseph-Marie Melançon*], dans *La Poésie canadienne-française*, Montréal, Albert Lévesque, 1933, p. 219–237.

Séraphin Marion, *Avec ma vie par Lucien Rainier*, RUO, vol. 2, no 1, janv.–mars 1932, p. 224–231.

Louis Dantin, *Lucien Rainier, Avec ma vie*, dans *Poètes de l'Amérique française*, Montréal, Albert Lévesque, 1934, p. 73–85.

Albert Laberge, *Lucien Rainier*, dans *Journalistes, Écrivains et Artistes*, Montréal, Édition privée, 1945, p. 79–94.

Paul Wyczynski, *Les Débuts poétiques de Joseph Melançon*, RUO, vol. 26, no 4, oct.–déc. 1956, p. 419–434.

Romain Légaré, *Lucien Rainier, poète de l'art pur et de l'âme chrétienne*, dans *L'École littéraire de Montréal*, Montréal/Paris, Fides, 1963, p. 85–109. « ALC » 2.

Sœur Marie-Henriette-de-Jésus, *Lucien Rainier, l'homme et l'œuvre*, Montréal, Éditions du Lévrier, 1966, p. 345.

Rina Lasnier, *Une rhétorique de l'ombre*, L, no 108, nov.-déc. 1976, p. 102–113.

MÉLANÇON, ROBERT (1947–). Poète et critique, né à Verdun (Québec). Il fait ses humanités classiques au Collège Sainte-Marie (B.A., 1966) et sa licence ès lettres à l'Université de Montréal (1969). Inscrit à l'Université de Tours (France), il obtient une maîtrise en 1970 et un doctorat en 1972 dont la thèse porte sur « La Poétique de l'image en France, de Philippe Desportes à Claude Hopil, 1570–1630 ». La même année, il devient professeur de lettres à l'Université de Montréal. Il collabore à plusieurs périodiques : *Liberté*, *Études françaises*,

Renaissance et Réforme, *Voix et Images*, *Livres et Auteurs québécois*, et tout particulièrement au *Devoir* où, à partir de 1977, il tient une chronique littéraire hebdomadaire. À la parution de son recueil, *Peinture aveugle* (1979), Michel Beaulieu écrit : « Il y a là un accomplissement indubitable, que sous-tend inévitablement une remise en question de la poésie par la poésie ». Et Jacques Marchand : « Peindre le monde avec du son, donner couleur et lumière avec des mots, c'est là tout le projet de Mélançon ». Au sujet du *Territoire* Pierre Nepveu écrit : « L'écriture est tout en négation et en soustraction, non dans un mouvement de révolte mais dans celui d'une incessante différence du sens symbolique. Le thème du blanc, au centre du poème, est un lieu commun de la modernité depuis Mallarmé. Mélançon en fait un usage radical, qui exclut toute récupération par le lyrisme, l'analogisme ou le mysticisme ».

ŒUVRES

Le Lieu commun (essai), Montréal, PUM, 1977, 188 p. Collab. Paul Zumthor *et al*.

Inscriptions (poésie), Outremont, Éditions l'Obsidienne, 1978, [portefeuille, n.p., 13]. Ill de Gisèle Verrault.

Peinture aveugle. Poème, Montréal, VLB éditeur, 1979, 88 p. Traduction anglaise par Philip Stratford : *Blind Painting*, Montréal, Signal Editions, 1985, 109 p.

Territoire. Poème, Montréal, VLB éditeur, 1981, 77 p.

James Huston, *Répertoire national*, Montréal, VLB éditeur, 1982, 4 t. : t. 1, 50, 376 p. ; t. 2, 384 p. ; t. 3, 387 p. ; t. 4, 418 p. Éditeur. Préface de Robert Mélançon. (Édition en fac-similé de *Le Répertoire national ou Recueil de littérature canadienne*, Montréal, De l'imprimerie de Lovell et Gibson, 1848).

Paul-Marie Lapointe (essai), Paris, Seghers, 1987, 201 p. « Poètes d'aujourd'hui », no 254.

La Mort de l'écrivain maudit, L, vol. 11, nos 3–4, 1969, p. 22–26.

Supplément à la Relation de 1634, EF, vol. 10, no 2, mai 1974, p. 201–218.

Le Rite de l'hécatombe, EF, vol. 11, no 1, févr. 1975, p. 5–20.

Géographie du pays incertain, EF, vol. 12, nos 3–4, oct. 1976, p. 267–292.

Sur la structure des « Amans » (1552) de Ronsard, dans *Renaissance et Réforme*, vol. 13, no 2, 1977, p. 38.

Le Téléviseur vide ou Comment lire l'« Antiphonaire », VI, vol. 3, no 2, déc. 1977, p. 244–265.

Philippe Haeck, poète révolutionnaire, Dev, 69e année, no 128, 3 juin 1978, p. 27.

Jean-Aubert Loranger enfin contemporain, Dev, vol. 70, no 16, 20 janv. 1979, p. 19.

La Statue de Gauvreau décapée, une première lecture à contre-mythe, Dev, vol. 70, no 76, 31 mars 1979, p. 21.

Michel Butor, lecteur des sites, Dev, vol. 70, n° 92, 21 avril 1979, p. 23 ; n° 98, 28 avril 1979, p. 21.

Fernand Ouellette, poète critique, Dev, vol. 70, n° 146, 23 juin 1979, p. 15.

L'Œuvre de Robert Élie, Dev, vol. 70, n° 263, 10 nov. 1979, p. 23.

Nelligan n'a pas cent ans, Dev, vol. 70, n° 299, 22 déc. 1979, p. 17.

Un bilan ironique de Gérard Bessette, Dev, vol. 71, n° 15, 19 janv. 1980, p. 19.

François Charron, un écrivain-peintre impatient, Dev, vol. 71, n° 57, 8 mars 1980, p. 19.

ÉTUDES

Michel Beaulieu, *Les Écrits du Canada français font encore nos beaux jours*, dans *Le Livre d'ici*, vol. 3, n° 49, 13 sept. 1978, p. 1.

François Hébert, *Deux poètes : Mélançon et Laforest*, L, n° 120, nov.-déc. 1978, p. 115–119.

Michel Beaulieu, *Robert Mélançon, un texte poétique capital*, dans *Le Livre d'ici*, vol. 4, n° 23, 14 mars 1979, p. 1.

Philippe Haeck, *Opinion/Mélançon : une lecture agitée*, Dev, vol. 70, n° 146, 23 juin 1979, p. 17.

Jacques Marchand, *Robert Mélançon. Peinture aveugle*, LAQ 1979, p. 147.

Pierre Nepveu, *Robert Mélançon, Gilles Cyr, Jean Charlebois, Jean-Yves Théberge*, LQ, n° 14, avril-mai 1979, p. 22–25.

Claude Beausoleil, *Le Territoire de la forme*, Dev, vol. 72, n° 169, 26 sept. 1981, p. 26.

Pierre Nepveu, *Feu la modernité*, LQ n° 23, automne 1981, p. 30–33.

Robert Giroux, *Robert Mélançon. Territoire*, LAQ 1981, p. 135–137.

MELANSON, LAURIER (1931–   ). Romancier, né à Moncton (Nouveau-Brunskwick). Il fait ses études classiques à l'Université Saint-Joseph de Memramcook (B.A., 1953), puis il étudie la musique et l'art dramatique au Conservatoire de la province de Québec (1953-1955) et à Toronto (1958-1959). En 1974, il obtient une maîtrise à l'Université Paul Valéry de Montpellier (France) pour un mémoire sur les « Mises en scène proustiennes dans *Un amour de Swann* ». Il exerce divers métiers : annonceur à la radio d'Edmundston (1955-1956), professeur à l'Université Saint-Joseph (1956-1958), comédien à la scène et à la télévision à Toronto (1958-1959), secrétaire administratif au Festival d'art dramatique du Canada (1960-1970), professeur de français à l'Université du Nouveau-Brunswick (Fredericton) à partir de 1970. Sa carrière littéraire commence à la radio. À l'été 1980, il crée et interprète à Radio-Canada, région de l'Atlantique, les vingt épisodes de la série « Zélika à Cochon vert ». Repris au réseau national à l'hiver 1981, le récit paraît chez Leméac bientôt après. C'est la chronique charnue des étapes de la vie d'une jeune acadienne fort débrouillarde, histoire menée à vive allure au milieu de rebondissements cocasses. Les personnages parlent une langue populaire « qui a toutes sortes de qualités, remplie d'images frustes et réalistes » (Adrien Thério). *Otto de la veuve Hortense* (1982) a aussi commencé à la radio dans vingt-cinq tableaux hilarants : « Il s'agit moins ici d'un roman, écrit Michel Laurin, que d'un truculent conte facétieux ».

ŒUVRES

Zélika à Cochon vert (récit), [Montréal], Leméac, 1981, 159 p. « Roman québécois ».

Otto de la veuve Hortense (roman), [Montréal], Leméac, 1982, 206 p. « Roman québécois ».

Aglaé (roman), [Montréal], Leméac, 1983, 178 p. « Roman québécois ».

ÉTUDES

Pedro Rodrigues, *Laurier Melanson, professeur et raconteur*, Pe, vol. 24, n° 11, 13 mars 1982, p. 3–5.

Michel Beaulieu, *Laurier Melanson. Petite chronique acadienne*, dans *Le Livre d'ici*, vol. 7, n° 31, 5 mai 1982, p. 2.

Adrien Thério, *Zélika à Cochon vert de Laurier Melanson*, LQ n° 26, été 1982, p. 86.

Claire de Lamirande, « *Otto de la veuve Hortense* », *de Laurier Melanson. Une fête acadienne*, Dr, 71e année, n° 115, 13 sept. 1983, p. 24.

Michel Laurin, *Otto de la veuve Hortense*, dans *Nos livres*, vol. 14, oct. 1983, n° 5424.

Jocelyne Lewis, *Aglaé*, dans *Nos livres*, vol. 15, mars 1984, n° 5656.

François Hébert, *Savoie : un livre qui sonne juste, une découverte*, Dev, vol. 75, n° 83, 17 avril 1984, p. 21.

MELOCHE, SUZANNE [Barbeau, Suzanne] (1926–   ). Poète et peintre, née à Ottawa. Établie à Montréal en 1945, elle poursuit ses études au Collège Marguerite-Bourgeois (B.A., 1948). Elle rencontre au Lac-Saint-Jean le capucin Hilaire de la Pérade qui l'initie aux arts et à la culture, et à Montréal son futur mari, Marcel Barbeau (co-signataire du *Refus global* (1948), qui l'introduit dans le groupe des Automatistes. À l'occasion d'un débat intercollégial, elle rencontre Claude Gauvreau avec qui elle correspond quelque temps. Elle compte aussi parmi ses amis Fernande Saint-Martin, le peintre Guido Molinari, les dominicains Marie-Alain Couturier et Edmond Robillard qui l'influencent dans ses orientations picturale et poétique. Elle est correctrice d'épreuves chez l'éditeur Serge Brousseau (1947-1949), puis elle retourne travailler à Ottawa. En 1956, elle est à l'emploi de l'ambassade du Canada à Londres, voyage, se retrouve à New York où elle pratique l'«Action Painting», s'installe à Ann Arbour et milite pour les droits civiques des noirs, et rentre définitivement au Canada dans les années soixante-dix. Suzanne Meloche est mieux connue comme peintre, mais elle publie des poèmes dans des revues et collabore à *L'Autorité* et *Situations*. Son recueil de poésie, *Les Aurores fulminantes*, écrit en 1949, a été retrouvé dans les archives de Paul-Émile Borduas et publié aux éditions des Herbes rouges en 1980. Claude Beausoleil y trouve « magie, débordement d'images, foisonnement sémantique et symbolique. [...] Il y a là du surréalisme mais surtout partout à l'intérieur des textes qui composent le recueil, une exploration assez étonnante d'un ‹ je › en éclatement ».

ŒUVRE

Les Aurores fulminantes (1949) (poésie), Montréal, Les Herbes rouges, n⁰ 78, janv. 1980, 43 p.

ÉTUDES

Michel Beaulieu, *Les Herbes rouges. À la défense des tendances les plus avant-gardistes*, dans *Le Livre d'ici*, vol. 5, n⁰ 41, 16 juillet 1980, p. 2.
Claude Beausoleil, *Suzanne Meloche. Les Aurores fulminantes*, LAQ 1980, p. 119-120.

MÉNARD, GUY (1948–   ). Théologien, poète et romancier, né à Granby (Shefford). Il fait ses humanités au Collège Mgr-Prince de Granby et au Séminaire de Saint-Hyacinthe (B.A., 1968). Il obtient ensuite une licence en philosophie à l'Université du Québec à Trois-Rivières (1971), une maîtrise en théologie à l'Université de Montréal (1978), pour un mémoire paru sous le titre : *De Sodome à l'Exode* (1980), et il prépare un doctorat en anthropologie à l'Université de Paris VII. Il enseigne à Addis Ababa (Éthiopie, 1971-1973), est chargé de recherche et de cours à l'Université de Montréal (1975-1977), fait de la recherche et de l'animation au Centre de pastorale en milieu ouvrier de Montréal (1977-1979), est chroniqueur à *Hebdo Dimanche matin* (1978-1979), rédacteur pour le gouvernement du Québec (1978-1980), concepteur à l'Office de catéchèse du Québec (Montréal, 1979-1980), et il est professeur de sciences religieuses à l'Université du Québec à Montréal à partir de 1982. Il collabore à *Relations, Vie ouvrière, Revue internationale d'action communautaire...* Son premier recueil de poésie, *Fragments* (1979), est vu par Guy Rancourt comme un livre « de facture religieuse » qui met le lecteur « en présence d'une pensée en gestation » et

d'une recherche de forme. L'année suivante paraît *L'Homosexualité démystifiée*, essai dans lequel André Janoël voit un «exposé franc et honnête en ce sens qu'il n'escamote pas les points délicats». Le même critique accueille bien *De Sodome à l'Exode* (1982) mais avec un peu de réticence. En 1983, Ménard transporte le thème de l'homosexualité dans un roman, *L'Accent aigu*. Pierre Quesnel est sévère, et Réginald Martel écrit : « On dira peut-être que c'est courageux [...] ; je dirai plus volontiers que c'est raté, parce que l'imaginaire est absent ».

ŒUVRES

[*L'Église et le Mouvement ouvrier au Québec. Panorama historique 1837–1977*] (essai), Montréal, Centre de pastorale en milieu ouvrier, 1978, 28 p. «Cahiers du CPMO».
[*Jésus-Christ et son projet de libération*] (essai), Montréal, Centre de pastorale en milieu ouvrier, 1978, 47 p. «Cahiers du CPMO».
[*Lecture sociale de la Bible*] (essai), Montréal, Centre de pastorale en milieu ouvrier, 1978, 18 p. «Cahiers du CPMO».
[*Le Marxisme, un outil pour connaître et transformer le monde*] (essai), Montréal, Centre de pastorale en milieu ouvrier, 1978, 39 p. Ill.
Fragments (poèmes), Montréal, Hurtubise HMH, 1979, 149 p. «Sur parole».
L'Homosexualité démystifiée. Questions et réponses (essai), Montréal, Leméac, 1980, 185 p. Préface de Michel Dorais et de Kamal Fahmi. «Dossiers» ; *Homosexualité. Questions et réponses*, Verviers, Marabout, 1981, 185 p.
De Sodome à l'Exode. Jalons pour une théologie de la libération gaie (essai), Montréal, L'Aurore/Univers, 1980, 262 p. Préface de Gregory Baum ; Laval, Guy Saint-Jean, 1983, xxv, 262 p.
L'Accent aigu (roman), [Montréal], Leméac, 1983, 255 p. «Roman québécois».

ÉTUDES

Guy Rancourt, *Guy Ménard. Fragments*, LAQ 1979, p. 148-150.
C. Bordeleau, *L'Homosexualité démystifiée*, dans *Le Berdache*, n⁰ 15, nov. 1980, p. 51.
P. Quesnel, *Théologie et Homosexualité*, Dev, vol. 71, n⁰ 200, 29 nov. 1980, p. 19.
André Janoël, *Ménard (Guy). L'Homosexualité démystifiée — Questions et réponses*, dans *Nos livres*, vol. 12, janv. 1981, n⁰ 33.
Id., *De Sodome à l'Exode. Jalons pour une théologie de la libération gaie*, dans *Nos livres*, vol. 14, nov. 1983, n⁰ 5443.
Pierre Quesnel, *De la théologie au roman gai*, Dev, vol. 75, n⁰ 11, 14 janv. 1984, p. 15.
Réginald Martel, *Guy Ménard de l'essai au roman. L'ennui plutôt que le scandale*, Pr, 100ᵉ année, n⁰ 23, 28 janv. 1984, p. D-3.

MÉNARD, JEAN (1930–1977). Essayiste et poète, né à Ottawa. Il fait ses études au Collège Saint-Alexandre de Limbour (B.A., 1950) et à l'Université Laval (licence ès lettres, 1952). Docteur en littérature de l'Université de Paris (1955), il enseigne à la Faculté des arts de l'Université d'Ottawa. Il dirige la page littéraire du *Droit* en 1961–1962. Il est président de la Société des écrivains canadiens (1969), et membre de la Société royale du Canada et de l'Académie canadienne-française. En 1963, il reçoit le prix Champlain pour ses deux recueils de poésie, *Plages* et *Les Myrtes*; deux de ses œuvres sont couronnées par l'Académie française: *L'Œuvre de Boylesve*, en 1956, et *Xavier Marmier et le Canada*, en 1967. En mars 1973, l'Université d'Ottawa l'honore en le désignant professeur de recherche de l'année. Pendant plusieurs années, Jean Ménard s'est imposé à la critique contemporaine par ses connaissances des littératures française et canadienne-française, et par ses vues sur l'art en général. Dans ses trois recueils de poésie, il se révèle artiste profondément attaché aux valeurs fondamentales. Dans sa poésie autant que dans ses essais critiques, Jean Ménard attache une importance spéciale au style et à la langue. La critique a d'abord remarqué son livre sur René Boylesve. Mais c'est surtout son ouvrage sur Xavier Marmier qui révèle ses dons d'essayiste et de chercheur et sert de prétexte à tracer un vaste tableau des relations entre le Canada du XIXᵉ siècle et la France.

ŒUVRES

L'Œuvre de Boylesve avec des documents inédits (essai), Paris, Librairie Nizet, 1956, 271 p. (Bibliographie).

De Corneille à Saint-Denys Garneau (essai), Montréal, Beauchemin, 1957, 217 p.

Plages (poésie), Montréal, Beauchemin, 1962, 63 p.; Québec, Garneau, 1972, 70 p. Ill. de Francesco Iacurto. (Édition révisée).

Les Myrtes (poésie), Montréal, Beauchemin, 1963, 66 p.

Xavier Marmier et le Canada avec des documents inédits. Relations franco-canadiennes au XIXᵉ siècle (essai), Québec, PUL, 1967, xix, xxii, 211 p. Préface de Lionel Groulx. «VLC».

William Chapman, Montréal/Paris, Fides, 1968, 96 p. Textes choisis, présentés et annotés par Jean Ménard. «CC».

Inextinguible (poésie), Québec, Garneau, 1969, 66 p. Ill. par Ilgvars Steins.

La Vie littéraire au Canada français (essai), Ottawa, EUO, 1971, 258 p. «CCRCCF».

Xavier de Maistre et Rodolphe Töpffer, une amitié littéraire, RUO, vol. 26, nᵒ 2, avril-juin 1956, p. 173–185.

Madame de Staël et Roederer, avec documents inédits, RUO, vol. 30, nᵒ 2, avril-juin 1960, p. 150–184.

Madame de Staël et la Musique, avec des documents inédits, RUO, vol. 31, 1961, p. 420–435, 552–563.

Préface, dans Edmond Dyonnet, *Mémoires d'un artiste canadien*, Ottawa, EUO, 1968, p. 7–17. Ill.

Madame de Staël et Napoléon, L, vol. 9, janv.-févr. 1967, p. 80–81.

[*Témoignages...*], dans *La Poésie canadienne-française*, Montréal/Paris, Fides, 1969, p. 501–505. «ALC» 4.

Avant-propos, dans René Boylesve, *Entrez dans la ronde !... C'est une chose finie. Romans*, Ottawa, EUO, 1975, p. 7–27. «Cahiers d'inédits».

ÉTUDES

Romain Légaré, *De Corneille à Saint-Denys Garneau*, C, vol. 19, nᵒ 4, déc. 1958, p. 456–457.

André Brochu, «*La Littérature et la Société*» dans *La Littérature par elle-même*, Montréal, A.G.E.U.M., 1962, p. 39–42.

Joseph d'Anjou, *Plages*, dans *Collège et Famille*, vol. 19, nᵒ 4, oct. 1962, p. 187–188.

Gatien Lapointe, *Les Myrtes*, LAC 1963, p. 62.

Roger Duhamel, *Ménard Jean, Xavier Marmier et le Canada*, RHAF, vol. 21, nᵒ 2, sept. 1967, p. 312–313.

Suzanne Paradis, *À la découverte de Xavier Marmier*, So, 70ᵉ année, nᵒ 268, 11 nov. 1967, p. 30.

R[och] C[arrier], *Xavier Marmier et le Canada*, EF, vol. 4, nᵒ 1, févr. 1968, p. 104–106.

Maurice Lebel, *Présentation de Jean Ménard*, dans *Présentation*, Société royale du Canada, nᵒ 24, 1968–1969, p. 9–15.

Roger Duhamel, *Inextinguible*, LAQ 1969, p. 112.

Laure Rièse, *La Vie littéraire au Canada français*, RUO, vol. 42, nᵒ 1, janv.-mars 1972, p. 173–174.

Robert Vigneault, *Mélanges*, EF, vol. 8, nᵒ 2, mai 1972, p. 202–204.

Paul Gay, *Jean Ménard, classique et multiple*, Dr, 65ᵉ année, nᵒ 29, 30 avril 1977, p. 20.

Pierre-H. Lemieux, *Pourquoi ton soleil s'est-il éteint, Jean Ménard?*, Dr, 65ᵉ année, nᵒ 87, 9 juillet 1977, p. 16.

Id., *Jean Ménard et la Renaissance culturelle*, Dr, 65ᵉ année, nᵒ 145, 17 sept. 1977, p. 19.

Id., *Jean Ménard et la Culture à Bytown*, Dr, 65ᵉ année, nᵒ 198, 19 nov. 1977, p. 20.

Id., *L'Amour chez Jean Ménard*, Dr, 65ᵉ année, nᵒ 238, 7 janv. 1978, p. 14.

Id., *La Réinvention de l'amour chez Jean Ménard (II)*, Dr, 65ᵉ année, nᵒ 250, 21 janv. 1978, p. 18.

MÉPLATS, ISIDORE DE. Voir, LARUE, François Alexis HUBERT.

MERCIER, ALFRED (1816–1894). Poète, dramaturge et romancier créole, né à McDonoghville en

Louisiane (É.-U.). À partir de 1830, il étudie au Collège Louis-le-Grand de Paris (B.A., 1836). Après quelque temps à la faculté de droit, il va à la Nouvelle-Orléans où il exerce le métier de journaliste. En 1838, il se rend à Boston pour apprendre l'anglais ; en 1842, il voyage de nouveau à Paris afin de poursuivre une carrière littéraire. Il y publie un recueil de poésie, *La Rose de Smyrne* (1842) ; pendant six ans, il visite l'Europe et se lie d'amitié avec les esprits progressistes dont Louis Blanc, Ledru-Rollin et François Arago. En 1849, il s'inscrit à la faculté de médecine de Paris et est reçu docteur en 1855. De 1855 à 1858, il pratique à la Nouvelle-Orléans ; à la veille de la guerre civile, il s'installe de nouveau à Paris. Pendant cette période, il tente de rallier la France à la cause du Sud en publiant son essai, *Du panlatinisme* (1863). Ruiné par la guerre, il pratique de nouveau à la Nouvelle-Orléans à partir de 1866. Mercier participe activement à la vie littéraire française en collaborant à divers périodiques dont le *Picayune*, *L'Opinion*, *Le Carillon*, *L'Abeille*, *L'Épozne*, *Le Franco-Louisianais*. Il fonde en 1866 *L'Avenir de la Nouvelle-Orléans* qui dure jusqu'en 1874. En 1876, en compagnie des esprits éclairés et devant la menace qui pesait sur la langue française, il participe à la fondation de l'*Athénée Louisianais*. Son roman, *La Fille du prêtre* (1877), soulève beaucoup de controverse. À partir de 1880, tous les écrits de Mercier s'orientent dans le sens de la défense de la langue française et de la survie de la culture créole. En 1880, il fait paraître une *Étude sur la langue créole* et, l'année suivante, son grand roman *L'Habitation Saint-Ybars*. Suivront six autres romans. Alfred Mercier est un des derniers écrivains louisianais qui ont connu la période où la langue française et la culture créole prédominaient en Louisiane.

ŒUVRES

La rose de Smyrne et l'Ermite du Niagara (poésie), Paris, Jules Labitte, 1842, 286 p.

Biographie de Pierre Soulé, sénateur à Washington, Paris, Dentu, 1848, 101 p.

De la fièvre typhoïde dans ses rapports avec la phtisie aiguë, Paris, Rignoux, 1855, 30 p.

La Fièvre jaune, sa manière d'être à l'égard des étrangers à la Nouvelle-Orléans et dans les campagnes, Paris, Adrien Delahaye, 1860, [n.p.].

Du panlatinisme. Nécessité d'une alliance entre la France et la Confédération du Sud, Paris, Librairie, [1863] 31 p.

Le Fou de Palerme. Nouvelle sicilienne, Nouvelle-Orléans, Imprimerie du Carillon, 1873, 141 p.

La Fille du prêtre, récit social, Nouvelle-Orléans, Imprimerie Cosmopolite, 1877, 3 vol. : vol. 1, 135 p. ; vol. 2, 107 p. ; vol. 3, 156 p.

Étude sur la langue créole en Louisiane, Nouvelle-Orléans, L'Athénée Louisianais, 1880, 14 p. (Paru d'abord dans les *Comptes rendus de l'Athénée Louisianais*, 1re série, t. 5, juillet 1880, p. 378-381).

L'Habitation Saint-Ybars ou Maîtres et Esclaves en Louisiane. (Récit social), Nouvelle-Orléans, Imprimerie Franco-américaine, 1881, 234 p. ; Montréal, Éditions Pierre-Clément-de-Laussat, 1982, 349 p. Texte présenté et annoté par Réginald Hamel.

Réponse à M. le Vicomte Paul d'Absac, consul général de France (essai), Nouvelle-Orléans, Imprimerie Franco-américaine, 1882, 10 p.

Émile des Armiers (récit), Nouvelle-Orléans, Franco-Louisianais, 1886, 6 p.

Lydia (roman), Nouvelle-Orléans, Imprimerie Franco-américaine, 1887, 103 p.

Fortunia (théâtre), Nouvelle-Orléans, Imprimerie Franco-américaine, 1888, 58 p. (Paru d'abord dans les *Comptes rendus de l'Athénée Louisianais*, IIIe série, t. 5 et 6, nov. 1888, p. 179-234).

Reditus et Ascalaphos (poésie), Nouvelle-Orléans, Imprimerie Franco-américaine, 1890, 24 p.

Johnelle (roman), Nouvelle-Orléans, Eugène Antoine, 1891, 221 p. ; Manchester, N.H., National Materials Development Center for French and Creole, 1982, 94 p. Introduction de Mathé Allain.

Auri-Famès ou L'Avare de New York, dans *La Réforme* (Paris), 1848 ; *Hénoch Jédésias*, dans *Comptes rendus de l'Athénée Louisianais*, 4e série, t. 3 et 4, nos 14-24, mars-nov. 1892, janv.-nov. 1893.

ÉTUDES

Charles Testut, *Portraits littéraires de la Nouvelle-Orléans*, Nouvelle-Orléans, Imprimerie des Veillées louisianaises, 1850, p. 71-72.

P.-V. Bernard, *L'Habitation Saint-Ybars*, dans *Comptes-rendus de l'Athénée Louisianais*, 2e série, t. 1, no 4, juillet 1882, p. 183.

Alcée Fortier, *Alfred Mercier*, dans *Comptes-rendus de l'Athénée Louisianais*, juillet 1894, p. 97.

Rena Lacroix, « Dr. Alfred Mercier, the Man and his Works », Thèse, Baton Rouge, Louisiana State University Agricultural and Mechanical College, 1929.

Gloria Nobles Robertson, « The Diaries of Dr. Alfred Mercier : 1879-1893 », Thèse, Baton Rouge, Louisiana State University, 1945, 435 f.

Michel Laurin, *Mercier (Alfred). L'Habitation Saint-Ybars ou Maîtres et Esclaves en Louisiane*, dans *Nos livres*, vol. 13, nov. 1982, no 430.

MERCIER, HONORÉ (1840-1894). Orateur, journaliste et homme politique, né à Saint-Athanase-d'Iberville. Fils de cultivateur, il fait ses études au Collège Sainte-Marie de Montréal. En 1862, il devient rédacteur du *Courrier de Saint-Hyacinthe*. Il est admis au barreau en 1865. L'un des fondateurs du Parti national (1871), il est député de la circonscription de Rouville au Parlement fédéral de 1872 à 1874. Élu à l'Assemblée législative de Québec en 1879, il devient chef du Parti libéral en 1883. L'éloquence de Mercier, très remarquée pendant la crise qui suivit l'exécution de Louis Riel, lui attire l'estime de la population. Plus de quarante mille personnes vont l'entendre lors de l'assemblée au Champ-de-Mars de Montréal, le 22 novembre 1885. Renouant avec l'esprit patriotique de 1837–1838, Mercier écrase le Parti conservateur aux élections de 1886 : il devient Premier ministre et procureur général de la province. Résolument nationaliste, son administration est pourtant très contestée et, en 1891, à la suite du scandale du chemin de fer de la Baie des Chaleurs, le lieutenant-gouverneur Angers le force à démissionner. Aux élections suivantes, le Parti conservateur reprend le pouvoir. Mercier se fait réélire dans Bonaventure en 1893, mais il ne parvient pas à surmonter le coup qui l'a abattu, et il meurt en 1894. Il demeure l'un des hommes politiques les plus intéressants du XIXᵉ siècle. Mais ses idées libérales, exprimées dans des écrits qui sont des discours à forte résonance politique, étaient trop avancées pour son temps.

ŒUVRES

L'Héroïsme. Lecture [sic] *donnée à Saint-Hyacinthe le 2 juillet 1865 suivi de La Patrie, lecture* [sic] *donnée à Acton-Vale, le 12 janvier 1865*, St-Hyacinthe, Courrier de St-Hyacinthe, 1865, 80 p.

Essai sur l'autorité au point de vue religieux, social et moral, Montréal, Senécal, 1866, 20 p.

Question des écoles. Discours prononcé le 14 mai 1873, à la Chambre des communes, Québec, Imprimé au bureau de L'Événement, 1873, 28 p.

Le Patriotisme. Conférence donnée par l'Hon. Honoré Mercier, M.P.P., sous le patronage distingué de Son Excellence le marquis de Lorne, Québec, Des presses à vapeur du Nouvelliste, 1882, v, 18 p.

La Situation financière de la province de Québec. Discours sur le budget prononcé à l'Assemblée législative de Québec, le 20 février 1883 par l'Hon. Honoré Mercier, chef de l'opposition, député de St-Hyacinthe et ex-solliciteur général, Québec, Imprimerie de l'Électeur, 1883, 17 p.

Discours sur le budget, prononcé par M. Jos. Shehyn, à la séance de l'Assemblée législative de la province de Québec, le 6 mai 1884, et Discours sur le budget, prononcé par l'Honorable Honoré Mercier, à la séance de l'Assemblée législative de la province de Québec, le 7 mai 1884, Québec, [s.é.], 1884, 42 p.

Discours prononcé par l'Honorable M. Mercier, député de Saint-Hyacinthe, chef de l'opposition à l'Assemblée législative, à St-Jean, Île d'Orléans, le 6 septembre 1885, Québec, Imprimerie de l'Électeur, 1885, 24 p.

Feu Côme Séraphin Cherrier. Conférence faite à la salle de La Patrie, vendredi, le 16 octobre 1885, [Montréal, s.é., 1885], 18 p.

Discours prononcé par l'Honorable M. Mercier, député de St-Hyacinthe et chef de l'opposition, à l'Assemblée législative de Québec, le 7 mai 1886, sur la question Riel, Québec, Imprimerie de l'Électeur, 1886, 58 p.

Club national, Montréal, 7ᵉ banquet annuel, 10 avril 1888. Discours de l'Honorable Honoré Mercier, premier ministre de la province de Québec, [s.l., s.é., 1888], 62 p.

Discours prononcé le 10 avril 1888 au banquet du Club national, Montréal, [s.é.], 1888, 36 p.

Hon. Mr. Mercier at Coaticook. The Conversion of the Debt and the Jesuits'Bill Defended and Explained, Sherbrooke, «Examiner», 1888, 8 p.

Speech of the Honorable Honoré Mercier, Premier of the Province of Quebec, [Montreal, s.é., 1888], 52 p.

Le Centenaire du catholicisme aux États-Unis. Discours prononcé par l'Hon. Honoré Mercier, premier ministre de la province de Québec, le 12 novembre 1889, au Congrès de Baltimore, [s.l., s.é., 1889], 8 p.

Discours prononcé par l'Honorable M. Mercier, premier ministre de la province, le 6 novembre 1889, au Club national, Montréal, [Montréal?, s.é., 1889], 32 p. Traduction anglaise : *Speech Delivered Before the Club National on the 6th November 1889*, 31 p.

Esquisse générale de la Province de Québec, Québec, [s.é.], 1889, 64 p.

Biographie, discours, conférences de l'Honorable Honoré Mercier, Montréal, [s.é.], 1890, 814 p. Textes présentés par J.-O. Pelland.

Discours sur le budget prononcé à l'Assemblée législative de Québec le 21 février 1890 par Joseph Shehyn et Discours de l'Hon. M. Mercier, prononcé à l'Assemblée législative de Québec le 21 février 1890, en réponse à la critique faite par M. Desjardins, à l'exposé budgétaire, Québec, [s.é.], 1890, 62 p.

General Sketch of the Province of Quebec, Québec, [s.é.], 1890, 64 p.

Ouverture de la campagne électorale. Discours prononcé par l'Hon. Honoré Mercier, premier ministre de la province de Québec, à la convention des nationaux du district de Québec, au Tara Hall, le 15 mai 1890, Québec, Imprimé par Belleau, 1890, 31 p. Traduction anglaise : *Opening of the Electoral Campaign. Speech Delivered at the Convention of the Nationalists of the District of Quebec, Held at Tara Hall, on the 15th May 1890*, [s.é.], 15 p.

Les Principes de l'Hon. M. Mercier, St-Hyacinthe, Des presses à vapeur du «Courrier de St-Hyacinthe», 1890, 62 p.

Réponse de l'Hon. Honoré Mercier au pamphlet de l'Association des «Equal Rights» contre la majorité des habitants de la province de Québec, Québec, [s.é.], 1890, 86 p. Traduction anglaise : *Answer of the Hon. Honoré Mercier to the Pamphlet of the Equal Rights Association against the Majority of the Inhabitants of the Province of Quebec*, 88 p.

Discours de MM. le Vte de Vogüé et H. Mercier au Banquet franco-canadien, le 16 avril 1891, Paris, A. Colin, [1891], 32 p.

Discours devant une assemblée publique à la salle Bonsecours, à Montréal, le 9 février 1891, Québec, Belleau, 1891, 24 p.

La France et le Canada. Conférence faite à Chartres le 22 juin 1891, Chartres, Garnier, 1891, 51 p.

Réunion des jeunes gens de la rue de Sèvres. Séance solennelle de clôture sous la présidence de M. le Comte Mercier, premier ministre de la province de Québec, Paris, [s.é.], 1891, 48 p.

Aux électeurs de Dorchester. Leur ancien député L.P. Pelletier, démasqué : ses exploits, ses trahisons, ses boodlages. Discours de l'Hon. H. Mercier à Ste-Claire, le 28 janv. 1892. M. Pelletier accusé en face de trahison à son parti, à ses amis, à ses parents, Québec, [s.é.], 1892, 16 p.

The Baie des Chaleurs. Summary of the Evidence Before the Royal Commission. Guilt of the Government Conclusively Established, Distribution of the Boodle, Mercier's Contradictory Statements, History of the Whole Transaction, [Québec, s.é., 1892], 19 p.

L'Avenir du Canada. Discours prononcé au parc Sohmer à Montréal, le 4 avril 1893, par l'Honorable Honoré Mercier, Montréal, Cie d'imprimerie et de lithographie Gebhardt-Berthiaume, 1893, 91 p.

Les Forêts et les Forces hydrauliques de la province de Québec, Québec, [s.é.], 1923, 62 p.

Les Loteries, [s.l., s.é., s.d.], 8 p.

ÉTUDES

Israël Tarte, *Procès Mercier ; les causes qui l'ont provoqué, quelques faits pour l'histoire*, Montréal, Desaulniers, 1892, 195 p.

Charles Langelier, *Souvenirs politiques, 1878-1896*, Québec, Dussault-Proulx, 1909-1912, 2 vol.

L.-A. Rivet, *Honoré Mercier patriote et homme d'état*, Montréal, Librairie Beauchemin, 1924, 140 p.

Robert Rumilly, *Mercier*, Montréal, Éditions du Zodiaque, 1936, 545 p.

Id., *Histoire de la Province de Québec*, Montréal, Éditions Bernard Valiquette, 1941-1943, vol. 5-6, p.

Léon Mercier-Gouin, *L'Idéal patriotique d'Honoré Mercier*, RUO, vol. 11, nº 2, 1941, p. 159-175.

Joseph Costisella, *L'Esprit révolutionnaire dans la littérature canadienne-française*, Montréal, Beauchemin, 1968, p. 216-242.

Robert Rumilly, *Honoré Mercier et son temps*, Montréal, Fides, 1975, 2 t. : t. 1, 420 p. ; t. 2, 420 p. « Vies canadiennes ».

MERCIER, SERGE (1944-   ). Dramaturge, né à Sherbrooke. Il fait ses études au Séminaire de Sainte-Thérèse (B.A., 1965) et s'inscrit en lettres à l'Université de Montréal où il étudie la linguistique (licence, 1969). Il abandonne par la suite ses études de maîtrise et se dirige vers le théâtre. Il participe à la formation d'une troupe de théâtre à Saint-Jérôme (1963-1966) et joue dans des pièces d'Ionesco, de Roussin et d'Arrabal. En 1968, il participe au spectacle poétique de la *Barre du jour*, à la Bibliothèque nationale du Québec. En 1972, il figure dans le long métrage *Les Allées de la terre* d'André Théberge (Office national du film). Sa première pièce, *Elle*, est présentée en mars 1973, au Centre Saidye Bronfman dans une mise en scène de Gilbert Lepage. « Angst » sera présentée ensuite par l'Atelier de théâtre du Cégep Lionel-Groulx et l'Atelier du Collège Brébeuf. En avril-mai 1974, le T.N.M. joue « Un jour, ce sera notre tour », au Théâtre-Midi, pièce rédigée en collaboration avec Serge Sirois. En août 1974, le Centre d'essai des auteurs dramatiques retenait sa toute dernière pièce, « Imaginez-vous un salon ». La pièce *Encore un peu* (1974), écrite en 1967-1968, est créée à Paris en 1975 et jouée plusieurs fois. De 1965 à 1977, il écrit une dizaine de pièces. En 1979, il reçoit le prix Germaine Guèvremont, décerné par la Société nationale des Québécois (section des Laurentides). La même année, « Dancing Eros », dramatique présentée dans le cadre des Beaux Dimanches de Radio-Canada, représente le Canada au concours Louis-Philippe-Kammams des radios francophones. « Serge Mercier, remarque Martial Dassylva, se dit partisan d'un théâtre de la parole, de préférence au théâtre engagé ».

ŒUVRES

Elle (théâtre), [Montréal], Leméac, 1974, 55 p. Portrait. Préface de Pierre Bonenfant. « RQ ».

Encore un peu (théâtre), Montréal, L'Aurore, 1974, 88 p. Ill. Préface de Noël Audet. « Entre le parvis et le boxon ». Traduction anglaise par Allan van Meer : *A Little Bit Left*, dans *Waiting for Gaudreault*, [Toronto, Simon & Pierre Publishing Company Limited], 1978, 48 p. Portrait. Ill. de Maureen Maxwell. « A Collection of Canadian plays ».

Après (théâtre), Montréal, Éditions Intrinsèques inc., 1977, 205 p. « Théâtre public ». (Avec Jean Frigon, *Tit-Jésus bonjour* et Louis-Dominique Lavigne *As-tu peur des voleurs ?*).

La Galaxie ouverte ou Le Privilège. Le Beau Voyage. Si... Toi le furet (nouvelles), ECF, nº 40, 1976, p. 117-133.

ÉTUDES

Martial Dassylva, *Un jour, ce sera notre tour*, Pr, 90e année, nº 90, 17 avril 1974, p. 15.

[Anonyme], *Elle de Serge Mercier*, dans *Le Livre canadien*, vol. 5, sept. 1974, n° 231.

André Smith, *Serge Mercier. Elle, Encore un peu*, LAQ 1974, p. 172-173.

Claude Lavoie, *Serge Mercier. Après*[...], LAQ 1977, p. 194-196, surtout p. 195.

Lucie Robert, *Théâtre public. Des textes de Serge Mercier, Jean Frigon et Louis-Dominique Lavigne*, LQ, vol. 1, n° 10, avril 1978, p. 21-23.

André Fortier, *Un peu de temps encore*, Dr, 66ᵉ année, n° 204, 25 nov. 1978, p. 22.

Claude Des Landes, *Quatre dramaturges québécois de la nouvelle génération*, dans *Jeu*, n° 8, printemps 1978, p. 43-54.

Claude Beausoleil, *Théâtre public n° 1*, dans *Jeu*, n° 7, hiver 1978, p. 140.

Martial Dassylva, *Une revanche pour «Encore un peu»*, Pr, 96ᵉ année, n° 22, 26 janv. 1980, p. B-1, B-2.

MERCIER-GOUIN, YVETTE [X Yvette Olivier] (1895-   ).

Dramaturge et écrivain pour les jeunes, née à Québec. Elle étudie au Couvent des Ursulines à Roberval. En 1917, elle épouse Léon Mercier-Gouin qui deviendra sénateur. Pendant la guerre, elle anime des émissions de radio, notamment «Face à l'ennemi» et «Visages de France». Mais c'est comme dramaturge qu'elle attire l'attention. Le 22 avril 1935 fut créée au Théâtre Stella de Montréal, sa pièce *Cocktail*. Axée sur la dialectique de la vie frivole et l'engagement social, la pièce décrit avec un rare bonheur, le milieu bourgeois de Montréal. André Bourassa l'appelle «le premier grand moment dramatique québécois. [...] Sa structure formelle est parfaite et rend bien l'image centrale, celle du cocktail... ». En 1936, on joue *Le Jeune Dieu* où l'auteur décrit les difficultés provoquées par un mariage mal assorti. Encore une fois ce fut un grand succès, tout comme la représentation de «La Réussite» à Paris en 1939. Pendant la guerre, en 1943, elle fait jouer «Péché de femme», pièce qui décrit les influences de cet événement sur une famille bourgeoise. Yvette Mercier-Gouin écrit aussi des contes pour les jeunes et des scripts pour Radio-Canada: «Marie-Alice» (1954) et «Cartes sur table» (1973), sans y retrouver cependant le succès de ses premières pièces.

ŒUVRES

Cocktail. Comédie en trois actes, [Montréal], Éditions Albert Lévesque, 1935, 135 p. «Série la scène».

José chez la tante Ninette (litt. jeunesse), Montréal, Éditions de l'Action canadienne-française, 1937, 73 p. Ill.; Éditions Beauchemin, 1945; 1952, 83 p.; 1956. Ill. de Lomer Gouin.

José en vacances (litt. jeunesse), Montréal, Éditions de l'Action canadienne-française, 1937, 80 p.; Éditions Beauchemin, 1952, 87 p. Ill. de Lomer Gouin; 1956.

Le Jeune Dieu. Pièce en trois actes, dans *Les Œuvres d'aujourd'hui*, Montréal, n° 1, 1937, p. 101-174.

ÉTUDES

Pierre Chalout, *Cocktail*, dans *Vivre*, 2ᵉ série, n° 5, 15 mai 1935, p. 10.

[Anonyme], *Cocktail*, dans *La Revue populaire*, vol. 28, n° 9, sept. 1935, p. 56.

Valdombre [Claude-Henri Grignon], *Jeune Dieu*, dans *Les Pamphlets de Valdombre*, 2ᵉ année, n° 2, janv. 1938, p. 54-64.

Rex Desmarchais, *José en vacances/José chez tante Ninette*, dans *L'École canadienne*, 13ᵉ année, n° 6, févr. 1938, p. 149-150.

Émile Bégin, *Le Jeune Dieu*, dans *L'Enseignement secondaire au Canada*, vol. 17, n° 7, avril 1938, p. 571-572.

[Anonyme], «*Marie-Alice*», dans *La Semaine à Radio-Canada*, vol. 4, n° 41, 18 juillet 1954, p. 3.

René Houle, *Cartes sur Tables*, dans *Ici Radio-Canada/Radio*, n° 43, 3 mars 1973, p. 8.

André Bourassa, *La Dramaturgie contemporaine au Québec*, dans *Le Québécois et sa littérature*, Sherbrooke, Naaman, 1984, p. 244-245.

MERCURE, PIERRE. Voir CHÂTILLON, PIERRE.

MERMET, JOSEPH (1775-1858).

Poète, né à Lyon. Il quitte la France pendant la Révolution et s'engage dans le régiment suisse de Watteville qui, en 1813, vient au Canada pour combattre les Américains. En garnison à Kingston, Joseph Mermet rencontre Jacques Viger. Celui-ci, alors capitaine d'une compagnie de voltigeurs, lui fait connaître le milieu culturel de Montréal et le persuade de publier ses écrits. Pendant les trois années qu'il passe au Canada (1813-1816), Mermet écrit plusieurs poèmes et les fait paraître dans *Le Spectateur canadien*. Il retourne en France après la Restauration, mais il semble par la suite regretter son départ et la «gloire» éphémère qu'il a connue au Canada. En 1821, on le retrouve à Marseille où il meurt en 1858. Sa poésie raconte dans un style épique surtout les événements militaires du Canada à l'époque de la guerre de 1812. La Saberdache de Jacques Viger contient une correspondance abondante entre Viger et Mermet, ainsi que les poèmes de ce dernier. La moitié des quatre-vingt-deux poèmes de Mermet est encore inédite. Trente-huit poèmes parurent dans *Le Spectateur* de Montréal, du 16 septembre 1813 au 9 mai 1815. «La Victoire de Châteauguay» est considéré par la critique comme son poème le mieux réussi.

ŒUVRES

Le Haut et le Bas Canada (poème), dans *Le Spectateur*, vol. 1, n° 9, 30 sept. 1813, p. 1.

Enthousiasme d'un guerrier aux approches du combat (poème), dans *Le Spectateur*, vol. 1, n° 23, 28 oct. 1813, p. 1.

La Victoire du Châteauguay (poème), dans *Le Spectateur*, vol. 1, n° 27, 15 nov. 1813, p. 1.

Tableau de Cataracte de Niagara (poème), dans *Le Spectateur*, vol. 2, n° 51, 9 mai 1815, p. 1.

Chambly (poème), dans *La Bibliothèque canadienne*, vol. 4, n° 5, avril 1827, p. 185.

Poèmes, RN, vol. 1, [1893], p. 95–97, 101–106, 168.

ÉTUDES

Camille Roy, *Nos origines littéraires*, dans *L'Action sociale*, 1909, p. 159–203.

Jeanne-D'Arc Lortie, *Les Origines de la poésie au Canada français*, dans *La Poésie canadienne-française*, Montréal / Paris, Fides, 1969, p. 37–38. « ALC » 4.

MESSIER, RITA (1946–   ). Poète et nouvelliste, née à Windsor (Richmond). Elle fait ses études à l'École du Sacré-Cœur de Windsor, au Collège de Sherbrooke (D.E.C., 1970) et à l'Université de Sherbrooke où elle obtient un baccalauréat spécialisé en littérature québécoise (1973). Poursuivant sa formation, elle suit des cours en pédagogie, en psychologie, en expression artistique et en arts visuels. Elle enseigne le français à la commission scolaire de l'Estrie (1973–1974), elle est recherchiste et rédactrice pour des projets à court terme, puis elle devient secrétaire à l'Université de Sherbrooke. Elle participe à des soirées de poésie et publie des poèmes dans *Ellipse*, *Grimoire* et *L'Échancrier*. On trouve dans sa poésie, *Écumes* (1975), *Soifamine* (1978), pour reprendre ses mots, du travail de « laboratoire d'écriture » — sémantique, division des mots, jeux de mots — qui aboutit à des trouvailles mais risque de tourner à la formule.

ŒUVRES

Écumes (poésie), Sherbrooke, Éditions Cosmos, 1975, 76 p. « Amorces ».

Soifamine. Poésie et dessins, Sherbrooke, Éditions Cosmos, 1978, 70 p. « Relances ».

À la journante (nouvelle poétique), dans *Contes et Nouvelles du monde francophone*, Sherbrooke, Éditions Cosmos, 1976, p. 62–73.

Crinoir (poème), dans *L'Échancrier*, vol. 1, n° 3, mars 1976, p. 14.

Le Coq-à-l'art, *La Lunée*, *L'Heure H du jour J*, dans *Grimoire*, vol. 4, n° 4, avril 1981, p. 17, dans *Ellipse*, n°s 25–26, 1980, p. 54. Traduction de Rod Willmot. p. 55.

ÉTUDES

Gaston-James Stratford, *La 17e amorce*, dans *Liaison*, vol. 10, n° 25, 11 mars 1976, p. 3.

Gaétan Dostie, *Vient de paraître. Poésie*, dans *Le Jour*, 3e année, n° 18, 19 mars 1976, p. 28.

Pierre Francœur, *La Poésie. Une recherche de soi-même*, dans *La Tribune*, vol. 67, n° 36, 9 avril 1976, p. 14.

Gaston-James Stratford, *Contes et Nouvelles*, dans *Liaison*, vol. 11, n° 16, 8 janv. 1977, p. 6.

Id., *Soifamine*, dans *Liaison*, vol. 13, n° 17, 18 janv. 1979, p. 4.

Agnès Bastin, *Glanures* (entrevue), dans *Grimoire*, vol. 4, n° 4, avril 1981, p. 19–21.

MÉTÉOR. Voir **DANDURAND**, Mme RAOUL.

MEUNIER, CLAUDE (1951–   ). Dramaturge, né à Montréal. Il étudie au Collège André-Grasset et au Cégep Ahuntsic (D.E.C., 1970), puis il obtient une licence en droit (1973) à l'Université de Montréal où il rencontre Louis Saia. Il fait partie du groupe Les Frères Brothers, puis du trio humoristique Paul et Paul qui se produit à partir de 1976. En 1974–1975, il est membre de l'équipe des 6 Bols qui rédige « La Fricassée » et « Nerfs à l'air ». En 1979, avec Francine Ruel, Jean-Pierre Plante et Louis Saia, il est coauteur de « Broue » qui remporte un immense succès. Il est également coauteur d'un court métrage, « Voyage de nuit », tourné par Jean Frappier en 1980, et il prépare des sketches pour les émissions télévisées de fin d'année de Radio-Canada. Avec Louis Saia encore, il écrit deux pièces, *Appelez-moi Stéphane* et *Les Voisins*, qui obtiennent, en 1980, un beau succès de scène. La critique est alors réticente. Selon André Dionne, les auteurs d'*Appelez-moi Stéphane* « n'arrivent pas à mélanger adroitement tous les éléments dont ils disposent », et « l'humour cru, gros [...] lasse rapidement ». Il juge que *Les Voisins* présente des personnages mal dessinés et que la pièce est d'un « langage aseptisé ». Pourtant, à la reprise télévisée de *Appelez-moi Stéphane*, en octobre 1982, Jean Basile pense que les auteurs « ont réussi magnifiquement à exposer l'ambiguïté de toute situation humaine ». Et à la publication des pièces, André Bourassa écrit : « Les pièces sont bien bâties. Au début, on rit à chaque page et on se croirait plus près de la revue que du théâtre. Mais peu à peu l'action s'intériorise [...] ».

ŒUVRES

Appelez-moi Stéphane (théâtre), [Montréal], Leméac, 1981, 129 p. Collab. Louis Saia. « Théâtre ».

Les Voisins (théâtre), [Montréal], Leméac, 1982, 191 p. Collab. Louis Saia. « Théâtre ».

ÉTUDES

André Dionne, *Le théâtre qu'on joue*, LQ, n° 18, été 1980, p. 37.

Martial Dassylva, *Le Dur Voisinage de banlieue* (entrevue), Pr, 96ᵉ année, n° 295, 13 déc. 1980, p. D-1, D-12.

André Dionne, *Le théâtre qu'on joue*, LQ, n° 22, été 1981, p. 44.

Martial Dassylva, *Reprise au Saint-Denis. « Broue » en voie de battre « Tit-Coq »*?, Pr, 98ᵉ année, n° 61, 13 mars 1982, p. C-8.

Albert Brie, *On pense théâtre chez Leméac*, dans *Le Livre d'ici*, vol. 7, n° 29, 21 avril 1982, p. 1.

Robert Lévesque, *« Monogamy » : raté sur toute la ligne*, Dev, vol. 73, n° 125, 1ᵉʳ juin 1982, p. 13.

Jean Basile, *Une brillante soirée de théâtre*, Dev, vol. 73, n° 235, 12 oct. 1982, p. 13.

André Bourassa, *Appelez-moi Stéphane et Les Voisins*, LQ, n° 28, hiver 1982-1983, p. 82.

MEUNIER, JEAN. Voir **LENOIR, JOSEPH.**

MEUNIER, PIERRE-MARC (1955–   ). Poète et essayiste, né à Québec. Il étudie au Collège des Jésuites et au Cégep François-Xavier-Garneau (D.E.C., 1974). Il obtient ensuite, à l'Université de Sherbrooke, un baccalauréat en psychologie (1978) et une maîtrise en relations humaines (1979) pour un mémoire intitulé « Intervention auprès d'un bureau privé ». Il est consultant en ressources humaines à Sherbrooke. Pendant ses études, il a été directeur des journaux étudiants *Ciel-en-vert* (1973–1974), *Psychogénial* (1974–1975) et *Onz-parle* (1976–1977). Membre de l'Association des auteurs des Cantons de l'Est, il a publié, entre 1978 et 1981, trois recueils de poésie à compte d'auteur et un essai romancé, *Pierrot, la lune et le fou.*

ŒUVRES

Pierrot, la lune et le fou. Récit, Sherbrooke, Éditions Naaman, 1978, 109 p. Ill. de France Lebon. « Création ».

Terre (poésie), Sherbrooke, Chez l'Auteur, 1978, 66 p.

Moi, le nu sur terre. Poème, Saint-François-Xavier-de-Brampton, Chez l'Auteur, 1979, 57 p. Ill.

Le Plus Long Soleil (sculpture et poésie), Saint-François-Xavier-de-Brampton, Chez l'Auteur, 1981, [n.p.].

MÉZIÈRE, HENRY-Antoine (aussi Henri) (1771–après 1819). Journaliste, né à Montréal. Il fait ses études au Collège de Montréal (1782–1788). À sa sortie, il s'associe à l'imprimeur-libraire Fleury Mesplet chez qui il apprend à apprécier les principes républicains. Il travaille à la *Gazette de Montréal* où il publie ses premiers textes. À l'été de 1791, il est nommé secrétaire de la *Montreal Society United for Free Debate*. La même année, il aurait rédigé une brochure politique publiée sous le titre de *La Bastille septentrionale*, réquisitoire contre l'emprisonnement de trois jeunes de Trois-Rivières. En mai 1793, il quitte Montréal, se rendant à New York d'abord, puis à Philadelphie où il entre en contact avec Genêt, ambassadeur de la France républicaine aux États-Unis ; il rédige à son intention deux mémoires sur la situation politique du Canada. En octobre de la même année, il part à bord d'un navire français ayant pour mission d'envahir le Canada, mais le projet n'est pas mis à exécution, et le navire retourne en France. En 1794, Mézière prépare un *Mémoire sur la situation du Canada* qu'il présente à d'Albarède, Ministre de la Marine. Jusqu'à la restauration de la monarchie en 1815, il occupe divers postes dans l'administration à Bordeaux, ville natale de sa femme. De retour en Amérique en 1816, il enseigne le français pendant quelques mois ; la même année, le gouvernement du Bas-Canada lui permet de revenir à Montréal après lui avoir fait signer une déclaration de loyauté. En février 1817, il s'associe à Charles Pasteur, rédacteur du *Spectateur canadien*, mais l'association est de courte durée. Le 1ᵉʳ août 1818, il lance une revue littéraire, *L'Abeille canadienne*, qui reproduit surtout des textes de revues françaises. Après le numéro du 15 janvier 1819, la revue disparaît. La même année, suite à l'insuccès de ses périodiques, il retourne à Bordeaux où sa femme vient d'hériter d'un oncle. On perd alors toute trace de Mézière. Imbu des idées nouvelles inspirées par les encyclopédistes, Henri Mézière présente une image bien sombre de la situation politique du Canada à la fin du 18ᵉ siècle. Il aurait été un des rares à s'associer directement à l'œuvre de la France révolutionnaire.

ŒUVRE

La Bastille septentrionale, ou Les Trois sujets britanniques opprimés, Montréal, Fleury Mesplet, [1791 ?], 32 p. Préface de l'auteur. (Paru aussi dans Benjamin Sulte, *Chevalier de Niverville*, MSRC, vol. 3, 1909, p. 43-72).

_____

À la jeunesse. Sur l'utilité de la science (poésie), dans *La Gazette de Montréal*, n° 12, 20 mars 1788, p. 4.

« L'Amour de la patrie » (poésie), dans *La Gazette de Montréal*, n° 13, 27 mars 1788, p. 3-4.

À l'imprimeur (lettre), dans *La Gazette de Montréal*, n° 9, 4 mars 1790, p. 3-4. Signée « Anonyme ».

« À Messieurs les sujets, tant anciens que nouveaux » (lettre), dans *La Gazette de Montréal*, n° 15, 8 avril 1780, p. 2-3. Signée « Le Jeune Patriote ».

Mémoire sur la situation du Canada et des États-Unis (janvier 1794), BRH, vol. 37, 1931, p. 193-201.

MÉZIÈRE

ÉTUDES

Mason Wade, *Quebec and the French Revolution of 1789 ; The Missions of Henri Mezières*, CHR, vol. 31, n° 4, 1950, p. 345–368.

Claude Galarneau, *La France devant l'opinion canadienne*, Québec, PUL, 1970, p. 52–53, 121–122, 174–179.

Id., *Henri-Antoine Mézière*, DBC, t. 5, 1983, p. 650–651.

MICHAEL, PATRICK P. Voir **FOUGÈRES, MICHEL.**

MICHAUD, JACQUES (1941–   ). Poète et critique littéraire, né à Rouyn (Témiscamingue). Il fait ses études classiques au Collège de Rouyn (B.A., 1962), puis il obtient une licence ès lettres à l'Université Laval (1965). De 1965 à 1973 il enseigne à Rouyn, en Guinée, à Hull, au Sénégal et, à partir de 1973, au Cégep de l'Outaouais à Hull. Il fait plusieurs mises en scène à l'institution où il enseigne, est membre de l'Association des auteurs de l'Outaouais québécois, publie des poèmes dans *La Tourmente* et *Estuaire*, et collabore au *Droit*, à *Lettres québécoises* et à *Relations*. Son premier recueil de poèmes, *Vingt fois cinq* (1979), est fait de courts récits poétiques qui se situent à la frontière de la poésie et de la prose. « La qualité des textes est très inégale, écrit Richard Giguère ; les moins réussis sont trop chargés [...]. Mais les meilleurs, ceux qui sont cohérents et bien contrôlés par l'auteur, se lisent avec plaisir ». *La terre qui ne commence pas* (1981), est un hymne à ceux qui ont fait l'Abitibi. « Il s'inscrit, selon Michel Beaulieu, dans la petite histoire de nos misères collectives. Il reprend à son compte la poésie dite du terroir, mais expose l'envers, la face trop souvent cachée et encore largement méconnue. Par cette œuvre simple et bouleversante, Jacques Michaud ouvre une voie qui n'a été que trop peu explorée au pays du Québec ».

ŒUVRES

Vingt fois cinq (poésie), Hull, Éditions Asticou, 1979, 77 p. Ill. de Kathryn Michaud. « Poètes de l'Outaouais ».

La terre qui ne commence pas (poésie), Hull, Éditions Asticou, 1981, 79 p. « Poètes de l'Outaouais ».

Tous Bords, tous côtés. Poème narratif, Ottawa, Les Éditions du Vermillon, 1985, 67 p.

[Poèmes], dans *La Tourmente. Recueil littéraire des étudiants de la Faculté des lettres de l'Université Laval*, n° 1, févr. 1965, p. 133–141.

L'Équation de l'aurore et du plaisir (poème), dans *Estuaire*, n° 8, 1978, p. 15–18.

Le Soleil en division (poèmes), dans *Estuaire*, n° 11, 1979, p. 51–62.

Telle la mort en son parcours (poème), dans *Estuaire*, n° 14, 1979, p. 69–91.

ÉTUDES

Luc Bouvier, *Jacques Michaud. Vingt fois cinq*, LAQ 1979, p. 117.

Richard Giguère, *En d'autres lieux (de poésie)*, LQ, n° 17, printemps 1980, p. 31.

Claude Rochon, « *La terre qui ne commence pas*», *de Jacques Michaud. Pour ceux qui ont fait l'Abitibi*, Dr, 69ᵉ année, n° 164, 10 oct. 1981, p. 30.

Michel Beaulieu, *Retour à la terre*, dans *Le Livre d'ici*, vol. 7, n° 10, 9 déc. 1981, p. 2.

Paul Gay, *Un grand besoin de chaleur humaine*, Dr, 73ᵉ année, n° 39, 11 mai 1985, p. 26.

MICHAUD, JOSETTE (1945–   ). Architecte, illustratrice et essayiste, née à Drummondville. Après le secondaire dans sa ville natale, elle étudie au Collège Marguerite-Bourgeoys de Montréal (B.A., 1965), puis elle fait un an d'histoire de l'art à l'Université de Montréal où elle passe à l'École d'architecture et obtient un baccalauréat en 1970. De 1971 à 1974, elle travaille dans les bureaux de différents architectes. De 1974 à 1977, elle est préposée à la planification au Service de l'habitation et de l'urbanisme de la Ville de Montréal et, en 1977, elle devient l'associée de l'architecte Pierre Beaupré. Elle obtient des bourses du Conseil des Arts du Canada et de l'Institut royal d'architecture. En 1980, son diaporama, « L'Imprimerie en milieu industriel », remporte le prix de l'International Association of Printing House Craftsmen. Elle prépare des expositions et elle collabore avec des maisons d'éditions et la Commission des écoles catholiques de Montréal par l'illustration, la conception, la présentation de diaporamas, etc. Elle écrit aussi des textes, en particulier pour la jeunesse, comme *Montréal ma grand'ville* (1979), *La Perdriole* (1982).

ŒUVRES

Montréal ma grand'ville (récit), Montréal, Éditions La Presse, 1979, 42 p. Ill. de l'auteur.

La Perdriole (litt. jeunesse), Montréal, Leméac, 1982, [n.p., 26 p.]. Ill. de l'auteur.

Vieux Montréal. Cité administrative (essai), Québec, Ministère des Affaires culturelles du Québec, 1983, 15 p. Ill.

Vieux Montréal. Cité financière (essai), Québec, Ministère des Affaires culturelles du Québec, 1983, 15 p. Ill.

Vieux Montréal. Cité marchande (essai), Québec, Ministère des Affaires culturelles du Québec, 1983, 15 p. Ill.

Vieux Montréal. Cité résidentielle (essai), Québec, Ministère des Affaires culturelles du Québec, 1983, 15 p. Ill.

MICHEL, PAULINE (1944–   ). Romancière, chansonnier, poète, dramaturge et scénariste, née à Asbestos (Richmond). Elle fait ses études à Asbestos, à l'Université de Sherbrooke (B.Péd., 1965) et à l'Université Laval (L. ès L., 1968), après quoi elle enseigne le théâtre et la poésie au Cégep de Sherbrooke (1968-1972). De 1972 à 1978, elle est animatrice à la radio de Granby («À deux voix»), scénariste-pigiste à Radio-Canada («Animagerie») et à Radio-Québec («Télé-ressources»). À partir de 1978, elle se définit comme auteure-compositeure-interprète. En 1969, elle publie de la poésie dans la revue de l'Université Laval, *La Tourmente*. En 1975, elle écrit une pièce pour enfants, «Les Sens ensorceleurs», et un premier roman, *Les Yeux d'eau*, dont Monique Chartier trouve la chronologie inutilement compliquée et agaçante en dépit des qualités du livre. Un second roman, *Mirage* (1978), reçoit un accueil partagé. Carole Levert déclare que ce roman, construit sur des oppositions entre la double personnalité du «je» (narrateur) et entre les autres personnages, est conduit «avec maîtrise». Jacques Nolin se montre carrément irrité par les situations et les dialogues, tandis que pour Monique Chartier «le récit est somme toute assez bien construit. L'auteur a aussi de belles phrases, des jeux de mots spontanés, des réparties acides»; mais elle aime moins «une forme d'hésitation» dans l'écriture et la recherche. En 1980, après la parution de son premier disque, *Au cœur de la vie*, lauréate du concours «Québec en chansons», Pauline Michel commence une carrière de spectacles de chansons et poèmes à travers le Québec et la France.

ŒUVRES

Les Yeux d'eau. Roman, Granby, Éditions Gaudet, 1975, 187 p.

Mirage. Roman, Montréal, HMH, 1978, 168 p. «A».

DISCOGRAPHIE

Au cœur de la vie, Montréal, 1979, Berchel — BCH-200, 33⅓ tours. (Musique de Marie Bernard).

Contrastes, Montréal, 1981, Berchel — BCH-201, 33⅓ tours. (Musique de Marie Bernard).

ÉTUDES

Carole Levert, *Pauline Michel. Mirage*, LAQ 1978, p. 62–64.

Jacques Nolin, *Michel (Pauline). Mirage*, dans *Nos livres*, vol. 10, janv. 1979, n° 42.

Monique Chartier, *Michel (Pauline). Mirage*, dans *Nos livres*, vol. 10, mars 1979, n° 102.

Id., Michel (Pauline). Les Yeux d'eau, dans *Nos livres*, vol. 10, avril 1979, n° 164.

Pierre Beaulieu, *Michel: des romans, des chansons* (entrevue), Pr, 96ᵉ année, n° 34, 9 févr. 1980, p. C-6.

Id., Romancière et Chanteuse. Pauline Michel: rejoindre directement le public (entrevue), Pr, 96ᵉ année, n° 293, 13 déc. 1980, p. D-9.

MICHON, JACQUES (1945–   ). Critique littéraire, né à Montréal. Il fait ses humanités à l'Externat classique de Longueuil (B.A., 1966), puis il obtient une maîtrise ès arts à l'Université McGill pour un mémoire intitulé «Du mythe d'Hamlet dans l'œuvre de Stéphane Mallarmé», et un doctorat (1973) à l'Université de Paris III dont la thèse porte sur «La Théorie du langage dans *Les Mots anglais* de Mallarmé». Il enseigne à Laprairie (1968-1969), puis il devient professeur à l'Université McGill (1974-1975), et à l'Université de Sherbrooke à partir de 1975. Il collabore à plusieurs périodiques, tels *Revue des sciences humaines*, *Voix et Images* et *Études littéraires* dont il est membre du comité de rédaction, *The French Review*, *Livres et Auteurs québécois...* Retouchée, sa thèse de doctorat paraît sous le titre *Mallarmé et Les Mots anglais* (1978), travail dans lequel les critiques voient une excellente sémanalyse: l'auteur, remarque Joseph Melançon, retrace «des transformations textuelles dans *Les Mots anglais* pour reconstituer à la source la grammaire et la poétique de Mallarmé. [...] La clarté, la concision et l'élégance de son écriture, en dépit d'un certain jargon, suscitent l'admiration». Dans *Émile Nelligan. Les racines du rêve* se combinent deux démarches critiques: l'une est d'ordre sémantique et sémiotique, l'autre d'ordre historique et sociologique. «De cette double analyse, menée avec rigueur, se dégage une nouvelle évaluation du mythe de Nelligan, comme des rapports entre folie et poésie qui le sous-tendent» (Agnès Whitfield).

ŒUVRES

Mallarmé et Les Mots anglais, Montréal, PUM, 1978, 202 p. Avant-propos de l'auteur.

Structure, Idéologie et Réception du roman québécois de 1940 à 1960, Sherbrooke, Université de Sherbrooke, 1979, 108 f. Études présentées et rassemblées par Jacques Michon. «Cahiers d'études littéraires et culturelles». (Texte polycopié).

Émile Nelligan. Les racines du rêve, Montréal/Sherbrooke, PUM/Les Éditions de l'Université de Sherbrooke, 1983, 178 p. «Lignes québécoises».

La Poétique d'Émile Nelligan, dans *Revue des sciences humaines* (Lille), n° 173, janv.–mars 1979, p. 25–35.

Les Avatars de l'histoire: Les Grands-pères de Victor-Lévy Beaulieu, VI, vol. 5, n° 2, hiver 1980, p. 307–317.

Aspects du roman québécois des années soixante, dans *The French Review*, vol. 53, n° 6, mai 1980, p. 812–815.

La Perte du corps certain, analyse du Vaisseau d'or de Nelligan, I, vol. 4, n° 1, janv.–avril 1980, p. 67–77.

Le Discours du récit romanesque au Québec depuis 1940, analyse sémiotique d'un fait d'histoire littéraire, dans *Histoire littéraire du Québec et du Canada français*, n° 2, 1980–1981, p. 67–73.

Fonctions et Historicité des formes romanesques, EL, vol. 14, n° 1, avril 1981, p. 61–79.

Projet littéraire et Réalité romanesque d'Abel Beauchemin, EF, vol. 19, n° 1, printemps 1983, p. 17–26.

ÉTUDES

Joseph Melançon, *Jacques Michon, Mallarmé et Les Mots anglais*, LAQ 1978, p. 234–236.

Noël Audet, *Un cas de plagiat? Mallarmé et Les Mots anglais*, VI, vol. 5, n° 2, hiver 1980, p. 411–412.

Paul Perron, *Jacques Michon, Mallarmé et Les Mots anglais*, dans *University of Toronto Quarterly*, vol. 49, n° 4, été 1980, p. 436–438.

Dorothy Betz, *Jacques Michon, Mallarmé et Les Mots anglais*, dans *French Review*, vol. 54, n° 4, mars 1981, p. 600–601.

Michel Lemaire, *Jacques Michon, Mallarmé et Les Mots anglais*, dans *Revue canadienne de littérature comparée*, vol. 8, n° 1, hiver 1981, p. 131–133.

Graham Chesters, *Jacques Michon, Mallarmé et Les Mots anglais*, dans *French Studies*, vol. 36, n° 1, janv. 1982, p. 88–89.

Ben-Z. Shek, *J. Michon, Structure, Idéologie et Réception du roman québécois de 1940-1960*, dans *University of Toronto Quarterly*, vol. 49, n° 4, été 1980, p. 468–470.

Agnès Whitfield, *Émile Nelligan et les Racines du rêve de Jacques Michon*, LQ, n° 34, été 1984, p. 48–49.

MICONE, MARCO (1945–). Dramaturge, né à Montelongo (Campobasso, Italie). En 1958, il émigre au Canada avec sa mère et son frère, venant rejoindre son père installé à Montréal depuis 1951. Il étudie à l'École Saint-Pie X et au Collège Loyola (B.A., 1968) où il remporte le premier prix de littérature. Il obtient ensuite à l'Université McGill une maîtrise

pour un mémoire sur «Marcel Dubé à la recherche du personnage». À partir de 1970 il est professeur de langue et de culture italiennes au Collège Vanier (Ville Saint-Laurent). Activement engagé dans les milieux italo-québécois, il écrit en français sur ses compatriotes. Ses pièces de théâtre, *Gens du silence* et *Addolorata*, créées en 1979 et 1982, obtiennent de grands succès de scène et provoquent d'assez vives réactions dans son milieu. C'est un théâtre d'idées qui traite des difficultés d'adaptation de ces Néo-canadiens et de leur isolement. L'accueil de la critique est très favorable, et Jean Blouin l'appelle «le Michel Tremblay des Italo-québécois». Antonio D'Alfonso dit de la première pièce : «Marco Micone ne s'est pas tenu à une simple narration de sa vie d'immigrant italien. Il a voulu parler d'autres thèmes également : de l'amour, de la jeunesse, de la mort, de la famille, de la religion institutionnalisée, du racisme et du travail. [... Il] nous peint une mosaïque intelligente, dramatique et drôle de la vie italienne d'ici».

ŒUVRES

Gens du silence (théâtre), Montréal, Québec/Amérique, 1982, 140 p. «Premières». Traduction anglaise par Maurizia Binda : *Voiceless People*, Montréal, Guernica Editions, 1984, 92 p.

Addolorata (théâtre), Montréal, Éditions Guernica, 1984, 101 p.

ÉTUDES

Gilles Pelletier, *Gens du silence ou Le Drame des déracinés*, dans *Québec/Amérique*, vol. 4, n° 8, printemps 1982, p. 41.

Antonio D'Alfonso, *Micone (Marco). Gens du silence*, dans *Nos livres*, vol. 13, août–sept. 1982, n° 347.

Clément Trudel, *Contre un certain machisme*, Dev, vol. 74, n° 40, 18 févr. 1983, p. 13.

Martial Dassylva, *La Condition de la femme italienne d'ici. Marco Micone dramaturge* (entrevue), Pr, 99ᵉ année, n° 48, 26 févr. 1983, p. C-1, C-4.

Jean Blouin, *Le silence parle italien*, dans *L'Actualité*, vol. 9, n° 7, juillet 1984, p. 69–73.

André Bourassa, *Le Théâtre des Italiens*, LQ, n° 36, hiver 1984–1985, p. 39–41.

MILOT, GUY (1929–). Essayiste, né à Montréal. Il fait ses études classiques au Collège Sainte-Marie (B.A., 1952), des études en pédagogie à l'École normale Jacques-Cartier (B.Péd., 1954), et obtient ensuite à l'Université de Montréal une licence en pédagogie (1958) et une licence en hygiène publique (1959). Il suit en outre des cours en graphologie, en information et en journalisme. Enseignant à la Commission des écoles catholiques de Montréal (1954–1958), il est par la suite professeur d'hygiène dans des écoles normales, conseiller en orientation dans des écoles, dans le monde du travail et, à partir de 1967, auprès du ministère du Travail du Québec, à Montréal. Rédacteur d'une chronique sur les carrières et professions à *La Presse* et au *Journal de Montréal*, il écrit aussi de nombreuses « lettres aux lecteurs » dans les journaux et il prépare, en 1981, une série d'émissions télévisées sur les carrières. En 1979, il publie *100 métiers et professions*, guide pratique qui sera plus développé dans les trois volumes de *Choix de carrières* parus en 1982. Renée Cimon écrit : « La clarté de la présentation se double d'une écriture sans fioritures ». Un second ouvrage, *Les Secrets de la santé mentale* (1980), est accueilli avec réserve.

ŒUVRES

100 métiers et professions (guide), Montréal, Les Éditions de l'Homme, 1979, 390 p. Ill.

Les Secrets de la santé mentale (essai), Montréal, Éditions Québécor, 1980, 100 p.

Choix de carrières (guide), Montréal, Les Éditions de l'Homme, 1982, 3 vol. : vol. 1, *Après le secondaire V*, 207 p. ; vol. 2, *Après le collégial professionnel*, 155 p. ; vol. 3, *Après l'université*, 181 p. Ill.

ÉTUDES

Renée Cimon, *Milot (Guy). 100 métiers et professions*, dans *Nos livres*, vol. 60, oct. 1979, n° 314.

Brian Melanson, *Milot (Guy). Les Secrets de la santé mentale*, dans *Nos livres*, vol. 12, févr. 1981, n° 94.

Mélusine, *Milot (Guy). Choix de carrières après le secondaire V*, dans *Nos livres*, vol. 13, mai 1982, n° 220.

MINVILLE, ESDRAS (1896–1975). Essayiste, né à Grande-Vallée (Gaspésie). Il fait ses études commerciales au pensionnat Saint-Laurent des frères des Écoles chrétiennes (Montréal), puis il obtient une licence en sciences commerciales à l'École des Hautes Études commerciales (1922). Après quelques années de travail dans un bureau d'assurances et dans une maison de finances, il devient professeur à l'École des Hautes Études commerciales (1927) dont il sera le directeur de 1938 à 1962, date de sa retraite. Président de la Ligue d'action nationale (1934–1944), doyen de la Faculté des sciences sociales, économiques et politiques de l'Université de Montréal (1950–1957), organisateur et premier président de l'Office de recherche scientifique du Québec, Esdras Minville est membre de l'Ordre du mérite coopératif, de l'Ordre de la fidélité française, de l'Académie des sciences morales et politiques. Il obtient le prix de la Province de Québec en 1945, le prix Duvernay en 1947, la médaille Innis-Gérin de la Société royale du Canada, et il est docteur honorifique des universités d'Ottawa, Laval, de Sherbrooke et de Montréal. En 1974, le Mouvement national des Québécois crée la médaille Esdras-Minville dont elle le fait premier récipiendaire. Esdras Minville collabore à de nombreux périodiques : *L'Action française, L'Actualité économique* (dont il est cofondateur), *La Revue trimestrielle canadienne, La Revue nationale, Le Bulletin des agriculteurs, L'Action nationale, L'Action universitaire*, etc. Ses essais et articles traitent surtout de questions socio-économiques. « Ce qui domine en Minville, remarque Antonio Perrault, c'est précisément cette fixité dans quelques idées essentielles, la persévérance dans les sentiments, la solidité dans les actes, son attachement à des causes qui, le dépassant, servent à la permanence de sa nationalité. Il doit ces qualités à la clarté de son esprit, à la sûreté de ses jugements, à la rectitude de son caractère ».

ŒUVRES

Instruction ou Éducation (essai), Montréal, École sociale populaire, 1931, 64 p.

La politique qu'il nous faut (essai), Montréal, Édité par l'Association catholique de la jeunesse canadienne, 1932, 44 p.

L'Œuvre de la colonisation (essai), Montréal, École sociale populaire, 1933, 32 p.

Histoire économique du Canada. Résumé du cours professé à l'École des Hautes Études commerciales, Montréal, Librairie Beauchemin limitée, [1935], 128 p.

L'Avenir de notre bourgeoisie, Montréal, Éditions de la J.I.C., 1939, 138 p. Collab. Lionel Groulx et Victor Barbeau.

La Législation ouvrière et le Régime social dans la province de Québec : étude préparée pour la Commission royale des relations entre le dominion et les provinces, Ottawa, Imprimerie du Roi, 1939, 98 p. Ill. Traduction anglaise : *Labour Legislation and Social Services in the Province of Québec : A Study Prepared for the Royal Commission on Dominion Provincial Relations*, 97 p.

Canada, Royal Commission on Dominion Provincial Relations, Ottawa, Imprimeur du Roi, 1940, 3 vol.

Notre milieu, aperçu général sur la Province de Québec, Montréal, Fides, 1942, 443 p. « Notre milieu ». Collab.

L'Agriculture (essai), Montréal, Fides, 1943, 555 p. « Notre milieu ». Collab.

[*La Force conquérante de la coopération. Les « vertus » du coopérateur, s.l.*], Le Conseil supérieur de la coopération, 1943, 26 p.

Invitation à l'étude (essai), Montréal, Fides, [1943], 171 p. Préface d'Émile Bouvier. Avant-propos de l'auteur. « Institut de recherches économiques et sociales » ; 1944. « Bibliothèque économique et sociale » ; Montréal/Paris,

1960, 176 p. Édition révisée et augmentée. « Bibliothèque économique et sociale ».

Montréal économique (essai), Montréal, Fides, 1943, 430 p. « Notre milieu ». Collab.

Le Scoutisme et notre problème national (essai), Montréal, Éditions Servir, 1943, 26 p.

La Forêt (essai), Montréal, Fides, 1944, 414 p. « Notre milieu ». Collab.

L'Homme d'affaires (essai), Montréal, Fides, 1944, 184 p. Préface d'O. Luissier. Avant-propos de l'auteur. « Bibliothèque économique et sociale ».

Le Citoyen canadien-français. Notes pour servir à l'enseignement du civisme, Montréal, Fides, 1946, 2 vol. : vol. 1, 217 p. Préface de M. Alcantara Dion. Avant-propos de l'auteur ; vol. 2, 341 p.

Pêche et Chasse, Montréal, Fides, 1946, 580 p. « Notre milieu ». Collab.

L'Aspect économique du problème national des Canadiens français, Montréal, Bellarmin, 1950, 32 p.

Le Chef d'entreprise, Montréal, École des Hautes Études commerciales de Montréal, Service de documentation économique, 1953, 61 p. Présentation de François-Albert Angers. « Études ».

Les Affaires. L'Homme. Les Carrières, Montréal/Paris, Fides, 1965, 175 p. Présentation de l'auteur. Avant-propos de l'auteur. « Bibliothèque économique et sociale ».

Bio-bibliographie, Montréal, [s.é.], 1972, [3], 15 p. Texte polycopié paginé d'un seul côté.

La Vie économique, Montréal, Fides/HEC, 1979–1984, 7 vol. : vol. 1, *L'Économie du Québec et la science économique*, 1979, 478 p. ; vol. 2, *Systèmes et Structures économiques*, 1980, 770 p. ; vol. 3, *Plan et Aménagement. Les données fondamentales*, 1981, 383 p. ; vol. 4, *Plan et Aménagement. Les secteurs de base*, 1981, 514 p. ; vol. 5, *Le Travail*, 1982, 552 p. ; vol. 6, *Propos sur la conjoncture des années 1925–1938. 1 : de la grande prospérité à la grande crise*, 1984, 618 p. ; vol. 7, *Propos sur la conjoncture des années 1925–1938, 2 : la décevante reprise, les finances publiques et les relations internationales*, 1984, 724 p. Préface de François-Albert Angers. Édité par François-Albert Angers et Ruth Paradis.

La Bourgeoisie et l'Économique, dans *L'Avenir de notre bourgeoisie*, Montréal, Éditions Bernard Valiquette, 1939, p. 13–55.

Pour former des citoyens canadiens-français, ESC, vol. 22, n° 3, déc. 1942, p. 169–175 ; n° 4, janv. 1943, p. 269–276 ; n° 5, févr. 1943, p. 353–359 ; n° 6, mars 1943, p. 445–451 ; n° 7, avril 1943, p. 525–532 ; n° 8, mai 1943, p. 601–615.

Economic and Social Tendencies of French Canada, dans *University of Toronto Quarterly*, vol. 19, n° 2, janv. 1950, p. 141–157.

ÉTUDES

Antonio Perrault, *Esdras Minville*, AN, vol. 12, n° 1, sept. 1938, p. 23–27.

Jacques Perrault, *Sur un livre d'Esdras Minville*, AN, vol. 22, déc. 1943, p. 302–312.

Lionel Groulx, *Présentation de M. Esdras Minville*, Ottawa, Société royale du Canada, n° 2, 1944–1945, p. 9–15.

Id., *L'Œuvre d'Esdras Minville*, AN, vol. 25, janv. 1945, p. 6–14.

Jacques Perrault, *Le Monde des affaires*, AN, vol. 25, mars 1945, p. 218–223.

Patrick Allen, *Les Affaires. L'Homme. Les Carrières*, RHAF, vol. 20, n° 3, déc. 1966, p. 466–469.

Jean Andrégnette, *Esdras Minville. L'Économie du Québec et la Science économique*, LAQ 1979, p. 317–318.

MIRON, GASTON (1928–). Poète, né à Sainte-Agathe-des-Monts (Terrebonne). Après ses études primaires au Collège des Frères du Sacré-Cœur, il entre au juvénat de la même communauté à Granby (1941–1946). Après le noviciat et le scolasticat, il passe quelques mois au sein de sa famille à Saint-Jérôme. Il se fixe ensuite à Montréal (1947) où il exerce divers métiers et s'inscrit au cours du soir à la Faculté des sciences sociales de l'Université de Montréal. C'est là aussi qu'il prend de plus en plus conscience de sa vocation d'écrivain, se lie d'amitié avec plusieurs auteurs, commence à mieux connaître la problématique de son pays. En 1954, il entre aux Éditions Beauchemin. Depuis l'âge de quatorze ans, il aligne des vers ; ses premiers écrits seront publiés dans *Le Godillot*, dans *Amérique française* et *Le Devoir*, en 1952 et en 1953. À cette époque, il rencontre Louis Portugais, Gilles Carle, Jean-Claude Rinfret, Mathilde Ganzini et Olivier Marchand et fonde avec eux les Éditions de l'Hexagone (1953) qui auront une influence déterminante sur la vie poétique au Québec. La même année, en collaboration avec Olivier Marchand, il publie un recueil de poèmes : *Deux sangs*. En 1959–1960, il séjourne pendant vingt mois à Paris où il étudie les arts graphiques à l'École Estienne. De retour à Montréal, il entre chez Formac ltée-HMH où il travaille jusqu'en 1965. Pendant plusieurs années, Miron conçoit et écrit, par tranches, ses trois « cycles » poétiques : « La Marche à l'amour » (publiée dans *Le Nouveau Journal* en 1962), « La Vie agonique » (publiée dans *Liberté* en 1963) et « La Batèche » (publiée en 1963). Ces trois cycles dominants donneront à leur tour naissances à deux « cycles » secondaires : « L'Amour et le Militant » (publié dans *Parti Pris* en 1963) et « Les Poèmes de l'amour en sursis » (publiés dans *Liberté* en 1967). Ce sont là de grandes suites en pièces détachées. Jacques Brault, dans une conférence prononcée le 10 février 1966 à l'Université de Montréal, résume ainsi l'état de la poésie de celui qu'il appelle « Miron le magnifique » : « Cette poésie évolue curieusement ; toujours en mouvement, jamais interrompue, elle se reprend, se remodule à l'infini d'un poème à l'autre, ou bien un, deux, trois poèmes se retrouvent, en bloc ou en pièces de son inachèvement ». Ce n'est donc pas sans difficultés que les Presses de l'Université de Montréal ont recueilli les écrits épars de Miron en un volume, *L'Homme rapaillé* (1970), pour lequel il reçoit le prix de la revue *Études françaises* en 1970 et, en 1971, le prix de la Ville de Montréal. Poète, Miron est un homme politiquement engagé. Il milite au sein de plusieurs partis et associations : Rassemblement pour l'indépendance nationale, Mouvement de libération populaire, Parti socialiste québécois, Mouvement pour l'unilinguisme français au Québec, Front du Québec français... En même temps, il apporte sa collaboration à l'organisation des rencontres des poètes, à la fondation de la revue *Liberté*, aux récitals de poésie à Paris et au Québec. Il est écrivain résident à l'Université d'Ottawa pendant l'année scolaire 1970-1971 et à l'Université de Sherbrooke (1971-1972). Il enseigne la littérature à l'École nationale de Théâtre de Montréal, de 1973 à 1978; de 1972 à 1980, il est aussi attaché aux Éditions Leméac. Gaston Miron joue un rôle très important dans le renouveau poétique du Québec, dans le monde de l'édition et dans l'éveil de la conscience nationale. Il collabore régulièrement au *Devoir*. Sa poésie tente d'affirmer l'universalité de la culture de ses ancêtres ; sa thématique se situe au cœur même de la problématique socio-politique du Québec d'aujourd'hui. À la mesure de son désespoir — mais aussi avec le profond sentiment de vaincre et de renaître — Miron édifie laborieusement son univers sans souci de l'embellir : il se contente d'en dresser la charpente et d'entourer des paysages bien ajustés à ses souvenirs champêtres et à la réalité urbaine. Dans les mots qui véhiculent les éclats et les cris d'une collectivité frustrée évolue le drame de la dépossession, le drame de Miron. Ce qu'il importe de souligner, précise Gilles Marcotte dans *Le Temps des poètes*, c'est que « l'humiliation atteint le cœur et la chair mêmes de la poésie et si l'interrogation passionnée qui propulse l'œuvre du poète déborde

la littérature, c'est que la littérature ne peut se suffire à elle-même quand elle prend conscience de sa réalité. [...] La poésie de Miron passe sans effort du personnel au collectif, de l'expression de soi à l'expression d'un monde ». Son œuvre est reconnue internationalement ; il reçoit plusieurs récompenses dont le prix Duvernay (1977), le prix Apollinaire (1981), le prix David (1983), et le prix Molson du Conseil des Arts du Canada (1985). En 1984 et 1985, à titre de boursier du Centre national des lettres, il fait des séjours prolongés en Europe. En 1986, il devient président de la Fondation Émile-Nelligan. L'écriture de l'*Homme rapaillé*, confie Miron à Jean Royer, était une « écriture du type cri, de la révolte, de la revendication, de l'affirmation radicale de soi et de la négation radicale de l'autre, du rejet de celui dont il était le mépris. [...] J'ai toujours oscillé entre une écriture qui participe de l'esthétique de notre héritage européen et de notre commerce continuel avec la littérature française, et l'écriture indigène, qui sourd de notre américanité même. Je suis fait de la rencontre de deux courants. Ce chevauchement produit une écriture baroque ». Toujours accaparé par l'édition, l'animation culturelle, les luttes linguistiques et les fluctuations socio-politiques, Gaston Miron poursuit sa réflexion d'artiste et prévoit de publier un essai sur ses rapports avec la littérature française ainsi qu'un livre sur son parcours de poète pour lequel il a déjà conçu un titre : « Les Signes de l'identité ».

ŒUVRES

Deux sangs (poésie), Montréal, Les Éditions de l'Hexagone, 1953, 71 p. Collab. Olivier Marchand. Ill. de Mathilde Ganzini, Jean-Claude Rinfret et Gilles Carle.

L'Homme rapaillé (poésie et prose), Montréal, PUM, 1970, 171 p. Portrait. « Prix de la revue Études françaises » ; Paris, François Maspero, 1981, 179 p. « Voix ». Traduction anglaise par Marc Plourde : *The Agonized Life. Poems and Prose*, Montréal, Torchy Wharf, 1980, 79 p. (Morceaux choisis du recueil à l'exception de *Gaston Miron, the Anthropoet*). Traduction anglaise par D.G. Jones et Marc Plourde : *Embers and Earth (Selected Poems)*, Montréal, Guernica Editions, 1984, 122 p. « Essential Poets ».

Fragments de la vallée (poème), Montréal, Éditions G. Gheerbrant, 1972, [portefeuille, n.p., 2 f.]. Ill. de James Guitet. (Édition de luxe. Tirage limité).

La Corneille (poème), Québec, [s.é.], 1973, [portefeuille, n.p., 8 f.]. Ill. de Sabine Allard. (Édition de luxe. Tirage limité). Poème extrait de *L'Homme rapaillé*).

Courtepointes (poésie), Ottawa, EUO, 1975, 53 p. « Textes » ; Montréal, Gilles Corbeil éditeur, Galerie Saint-Denis éditeur, 1977, [portefeuille, n.p., 71 f.]. Ill. de James Guitet. (Édition de luxe. Tirage limité).

La Marche à l'amour. Poème, Montréal, Éditions Erta, 1977, [n.p., 25 p.]. Ill. de Léon Bellefleur. (Édition de luxe. Tirage limité).

Alain Grandbois et les Jeunes Poètes, AmF, vol. 12, n° 6, déc. 1954, p. 473–476. Collab. Jean-Guy Pilon.

Situation de notre poésie. Son sort est lié à celui du fait ethnique qui la porte, Pr, 73ᵉ année, n° 210, 22 juin 1957, p. 67–70.

Notes sur le non-poème et le poème, PP, vol. 2, nᵒˢ 10–11, juin–juillet 1965, p. 88–97.

Marginales, PP, vol. 3, nᵒˢ 3–4, oct.–nov. 1965, p. 95–96; n° 7, févr. 1966, p. 75–77.

Marginales. Anglicisation. Les Noix de coco, PP, vol. 3, n° 5, déc. 1965, p. 83–84.

Une poésie d'invasion, BJ, nᵒˢ 11–12–13, déc. 1967–mai 1968, p. 126–128.

Intervention à la rencontre des écrivains, L, n° 57, mai–juin 1968, p. 86–89, 99–102.

Quelle Part doit-on réserver à la littérature québécoise dans l'enseignement de la littérature ?, L, vol. 10, n° 3, mai–juin 1968, p. 85–86.

L'Enseignement de la littérature en rapport avec l'état de la langue, L, vol. 10, n° 3, mai–juin 1968, p. 99–102.

Femme sans fin, dans *Possibles*, vol. 4, nᵒˢ 3–4, 1980, p. 271–284.

ÉTUDES

Claude Labelle, *Le Poète dans la cité moderne*, dans *Collège et Famille*, vol. 12, n° 4, oct. 1955, p. 159–167.

Jacques Brault, *Gaston Miron, poète du quotidien*, CuV, n° 2, 1966, p. 6–8.

Id., *Miron le magnifique*, dans *Littérature canadienne-française*, Montréal, PUM, 1966, p. 143–180. (Conférences J.-A. de Sève, 1–10).

Paul Chamberland, *Fondation du territoire*, PP, vol. 4, nᵒˢ 9–10–11–12, mai–août 1967, p. 11–42.

Jean Éthier-Blais, *L'Hexagone Miron's Band*, dans *Signets II*, Montréal, CLF, 1967, p. 175–184.

Pierre Maheu, *Le Québec en mots dits, Engueulez Miron*, PP, vol. 5, n° 5, févr. 1968, p. 48–50.

Jean-Louis Major, *L'Hexagone : une aventure en poésie québécoise*, dans *La Poésie canadienne-française*, Montréal/Paris, Fides, 1969, p. 175–203. « ALC » 4.

Document Miron, BJ, oct. 1970, 52 p. Collab.

Cécile Pelosse, *L'Homme rapaillé*, LAQ 1970, p. 102–118.

Gilles Marcotte, *La Poésie*, EF, vol. 7, n° 1, févr. 1971, p. 103–114.

Axel Maugey, *Gaston Miron*, dans *Poésie et Société au Québec (1937–1970)*, Québec, PUL, 1972, p. 171–183.

Joseph Bonenfant, *L'Ombre de Mallarmé sur la poésie de Saint-Denys Garneau et de Miron*, VIP, n° 4, PUQ, 1973, p. 51–64.

Id., *La Littérature québécoise aux États-Unis, Gaston Miron et l'identité politique du Québec*, dans *Le Jour*, vol. 1, n° 237, 7 déc. 1974, p. 16.

Thérèse Fabi, *Miron, le libérateur. Étude lexicale de trois poèmes de la Vie agonique*, AN, vol. 44, n° 2, 1974, p. 179–192.

Paul Chanel Malenfant, *Gaston Miron. Courtepointes*, LAQ 1976, p. 156–161.

Jean Royer, *Gaston Miron, prix Duvernay. « Je suis fier d'appartenir à la littérature québécoise »*, Dev, vol. 69, n° 53, 4 mars 1978, p. 35.

Eugène Roberto, *Structures de l'imaginaire dans Courtepointes de Miron*, Ottawa, EUO, 1979, 173 p. « CCRCCF ».

Clément Trudel, *Possibles publie un nouveau Miron*, Dev, vol. 71, n° 193, 23 août 1980, p. 16.

Auguste Viatte, *Le Livre d'or de la culture française, silhouette. Gaston Miron*, dans *Culture française*, nᵒˢ 1–2, 1981, p. 9–10.

Jean Royer, *François Maspero, une édition de combat*, Dev, vol. 73, n° 18, 23 janv. 1982, p. 15, 28.

Id., *Québec 1983. Prix Athanase-David, Gaston Miron : « Les poètes de ce temps montent la garde du monde »*, Dev, vol. 74, n° 238, 15 oct. 1983, p. 17.

Id., *Gaston Miron. « Je suis souverain de moi-même »*, Dev, vol. 76, n° 260, 9 nov. 1985, p. 23, 26.

MISTIGRI. Voir **MASSICOTTE, ÉDOUARD-ZOTIQUE**.

MOINEAU, GUY (1950–). Poète, né à Montréal. Il obtient le D.E.C. au Cégep du Vieux-Montréal (1972) et un baccalauréat spécialisé en littérature à l'Université du Québec à Montréal (1976). Il enseigne à la Commission des écoles catholiques de Montréal (1974–1977), à Fabreville (1977–1981) et au Collège Jean-de-Brébeuf à partir de 1981. En 1976–1977, il est président des Jeunesses littéraires du Québec. Il publie des poèmes dans *Cul Q*, *Hobo-Québec*, *Read Building*, *La Nouvelle Barre du jour*, et il publie en 1976 son premier recueil, *Falaises sur fables*. Sur *Traverses de figures*, second recueil paru la même année, Normand de Bellefeuille écrit que « c'est un livre qu'il faut relire pour oublier les tics (normaux à ce stade-ci), pour exorciser les manies d'écriture formalisante : inflation phonétique, abus syntaxiques, etc. ». *La Fuite et la Conversation* (1978) fait dire à Robert Mélançon que « l'avant-garde s'essouffle. Cette forme est aussi prédéterminée que celle du sonnet de jadis [...]. En abordant ces poèmes, on attend des ruptures sémantiques et syntaxiques, et on les trouve sans coup férir. [...] C'est propre, assez bien fait, un peu laborieux et inutile ». Pour Hugues Corriveau, cependant, le texte « aborde certains problèmes tout en refusant de les régler », et cela constitue « un texte fort justifié, fort bien ‹ déconstruit › », une façon d'exprimer une vision de la société.

ŒUVRES

Falaise sur fables (poésie), Montréal, Les Éditions Cul Q, 1976, [n.p., 34 p.]. « Mium/Mium ».

Traverse de figures (poésie), Montréal, Les Herbes rouges, n° 41, oct. 1976, [n.p., 30 p.].

La Fuite et la Conversation (poésie), Montréal, Les Herbes rouges, n° 56, janv. 1978, 28 p.

Aucune intention de bonheur (poésie), Montréal, Les Herbes rouges, nº 122, 1984, 48 p.

Chien (poésie), [Montréal], NBJ, 1985, 21 p. « On voit plus de prodiges merveilleux & de belles choses ».

Nous ne serons jamais intacts (poésie), Montréal, Les Herbes rouges, nº 133, 1985, 27 p.

Toute la vie, NBJ, nº 81, sept. 1979, p. 25–28.

L'anonymat diminue : pâture, NBJ, nº 105, sept. 1981, p. 25–30.

ÉTUDES

Robert Mélançon, *Le Normal Académisme*, Dev, vol. 69, nº 128, 26 août 1978, p. 15.

Hugues Corriveau, *Guy Moineau. La Fuite et la Conversation*, LAQ 1978, p. 94.

Gilles Toupin, *Poésie d'ici. Guy Moineau et le bonheur*, Pr, 100ᵉ année, nº 215, 18 août 1984, p. C-2.

MOISAN, CLÉMENT (1933–   ). Critique littéraire, né à Lyster (Mégantic). Après ses études classiques au Collège de Lévis (B.A., 1954), il entre à l'Université Laval où il obtient une licence ès lettres (1959). Docteur en littérature française de l'Université de Paris (1963), Clément Moisan enseigne à l'Université de Sherbrooke (1963–1964), puis à l'Université Laval où il est nommé directeur du Département d'études françaises (1967–1970) et professeur titulaire (1973). Messager de la littérature québécoise qu'il enseigne à Strasbourg, il est appelé à prononcer de nombreuses conférences en Europe et en Amérique. En 1967, son remarquable essai, sur *L'Âge de la littérature canadienne*, lui vaut la palme au concours du Centenaire du Canada, « Canada — An 2000 », organisé par Imperial Tobacco. En 1979, il publie le second volet de son étude comparée de la littérature québécoise et canadienne-anglaise, sous le titre, *Poésie des frontières*, « une étude qui s'attaque résolument à un nouveau champ de recherche, écrit Richard Giguère ; son auteur non seulement fait œuvre de pionnier mais tente de secouer et de revivifier de l'intérieur la noble institution de la littérature comparée en y introduisant de nouvelles méthodes ». Il dirige pendant un certain temps la revue *Livres et Auteurs québécois*. En 1980, il est reçu à la Société royale du Canada. En 1986, il est responsable de l'organisation du colloque international sur l'histoire littéraire à l'Université Laval.

ŒUVRES

Henri Brémond et la Poésie pure (essai), Paris/Québec, Lettres modernes/Minard/PUL, 1967, ix, 245 p. Préface de Pierre Moreau. « Bibliothèque des lettres modernes ».

Les Débuts de critique littéraire d'Henri Brémond (essai), Paris, Éditions Lettres modernes, 1967, 56 p. « Archives des lettres modernes ».

L'Âge de la littérature canadienne (essai), Montréal, HMH, 1969, ix, 193 p. Préface de F.-Antoine Savard. « C ».

Anatole France. L'Île des pingouins (textes choisis), Paris/Montréal, Éditions Bordas, 1971, 192 p. Étude et textes choisis par Clément Moisan. « Univers des lettres/Bordas. Les Classiques contemporains Bordas ».

Poésie des frontières ; étude comparée des poésies canadienne et québécoise, [Montréal], Éditions HMH, 1979, 346 p. « C ».

Comparaison et Raison. Essais sur l'histoire et l'institution des littératures canadienne et québécoise, Montréal, Hurtubise/HMH, 1987, 184 p. « Constantes ».

Henri Brémond et le Modernisme (1900–1910), RUL, vol. 20, nº 8, avril 1966, p. 724–745.

Le Roman canadien de 1945 à 1960, EL, vol. 2, nº 2, août 1969, p. 143–156.

Sur l'existence d'une littérature canadienne-française, dans *Revue générale belge*, nº 6, juin 1972, p. 7–14.

Rina Lasnier et Margaret Avison, L, vol. 18, nº 108, nov.–déc. 1976, p. 21–23.

Littérature québécoise contemporaine 1960–1977. La Poésie, EF, vol. 13, nᵒˢ 3–4, oct. 1977, p. 279–300.

ÉTUDES

Marshall Lindsay, *Henri Brémond et la Poésie pure* et *Les Débuts de critique littéraire d'Henri Brémond*, EL, vol. 1, nº 3, déc. 1968, p. 438–442.

Naïm Kattan, *L'Âge de la littérature canadienne*, L, vol. 11, nº 5, août–sept. 1969, p. 169–172.

Desmond Pacey, *L'Âge de la littérature canadienne*, EL, vol. 2, nº 3, déc. 1969, p. 378–380.

Roger Duhamel, *L'Âge de la littérature canadienne*, RHAF, vol. 23, nº 4, mars 1970, p. 628–630.

Richard Giguère, *Clément Moisan. Poésie des frontières*, LAQ 1979, p. 241–243.

Pierre-Louis Vaillancourt, *Poésie limitrop(h)e à propos de « Poésie des frontières » de Clément Moisan*, LQ, nº 17, printemps 1980, p. 48–50.

MONAST, SERGE (1945–   ). Romancier et poète, né à Saint-Jean. Après ses études secondaires à l'École Saint-Martin-Laval, il entre dans l'aviation canadienne à Saint-Jean-d'Iberville. De retour aux études, il fréquente le Collège Sainte-Marie, le Cégep du Vieux-Montréal (D.E.C., 1971). Il étudie ensuite la géologie à l'École Polytechnique, tout en s'intéressant aux lettres françaises. Entre temps, il collabore, en tant que journaliste, au *Los Angeles Free Press*, au *Courrier de Laval*, à *Point de mire*. En 1973, il fonde un Groupe de recherche sur la famille québécoise. Avec Colette Carisse, il poursuit des recherches sociologiques en ce domaine de 1960 à 1970 tout en enseignant la littérature anglaise à la Commission scolaire régionale de l'Île-Jésus, et à la C.E.C.M. Ses premiers écrits remontent à 1965. En 1973, paraît son recueil de poésie, *Testament contre hier et demain*, en 1974, son roman, *Jean Hébert* et, en 1975, son essai polémique « *Jos Violon* ». Pour ces trois œuvres, ainsi que pour son recueil de poèmes inédit, « Mémoire d'en arrière mes rêves », il reçoit, en 1976, la médaille d'or (catégorie « lettres ») lors du huitième concours de l'Académie internationale de Lutèce.

ŒUVRES

Testament contre hier et demain (poésie), [s.l.], Chez l'auteur, 1973, 92 f. (Texte polycopié).

Jean Hébert (roman), [Montréal, Éditions Nouvelle Optique], 1974, 190 p.

« *Jos Violon* » *(Essai d'investigation littéraire sur le comportement du Québécois)*, Montréal, Chez l'auteur, 1975, 43 f. (Texte polycopié).

ÉTUDES

[Anonyme], *La Boîte à échos*, Dev, vol. 68, n° 276, 26 nov. 1976, p. 12.

[Anonyme], *Serge Monast reçoit la médaille d'or de l'Académie*, Pr, 92ᵉ année, n° 293, 8 déc. 1976, p. E-25.

MONDELET, CHARLES-ELZÉAR (1801-1876). Journaliste et avocat, né à Saint-Marc (comté de Verchères), fils de notaire et frère de Dominique Mondelet. Après des études aux collèges de Nicolet et de Montréal, il est reçu avocat en 1822. Établi à Trois-Rivières, il se lance dans la politique, appuyant le parti de Papineau. De 1823 à 1825, il rédige *Le Constitutionnel*, journal fondé par Ludger Duvernay. En 1826, il publie *L'Argus*, « journal électorique » qui appuie la candidature de Pierre Dumoulin contre le solliciteur général Ogden. En 1828, il fait paraître un article condamnant la politique militaire du gouverneur Dalhousie, et il est traîné en cour pour diffamation. En 1830, il s'établit à Montréal et continue son appui au parti patriote en publiant des lettres ouvertes dans *La Minerve*. Mais, en 1832, il rompt ses liens avec les Patriotes pour soutenir la politique de son frère, nommé conseiller exécutif. En 1834, il condamne les 92 résolutions. C'est alors que L.-H. La Fontaine s'en prend aux frères Mondelet dans sa brochure *Les Deux Girouettes ou L'Hypocrisie démasquée*. À partir de 1838, Charles Mondelet revient aux Patriotes, et en 1839, il défend François Jalbert accusé du meurtre d'un officier britannique pendant la rébellion. Arrêté en 1838, il passe quelques semaines en prison. En 1841, il publie ses *Lettres sur l'éducation* qui auront une grande influence sur l'organisation scolaire. Nommé juge en 1844, il est mêlé à plusieurs causes importantes dont le célèbre procès Guibord (1869). Homme d'esprit et libre penseur, il n'a jamais hésité à exprimer ses idées, même si elles déplaisaient aux autorités. Dans ses brochures et ses lettres il utilise souvent un style agressif et mordant, et il invite volontiers ses adversaires à des polémiques sur des sujets sociaux et nationaux.

ŒUVRES

Mémoire ou Factum sur la question de l'uniformité des voix des juges beaux-frères, Montréal, De l'Imprimerie de Jones & Cie, 1837, 9 p.

Letters on Elementary and Pratical Education, Montreal, John James Williams, 1841, 59 p. Préface de John James Williams. Traduit de l'anglais : *Lettres sur l'éducation élémentaire et pratique*, Imprimé et publié par John James Williams, 64 p.

Address Delivered Before The American Association for the Advancement of Learning in the City Concert Hall, on Thursday, the 19th August, 1857, at the Special Request of the City of Montreal, Montreal, Printed by J. Lovell, at the Canada Directory Office, 1857, 9 p.

Affaire Guibord. Question de refus de sépulture. Rapport. Textes du jugement de son honneur le juge Mondelet, Montréal, Des presses à vapeur de la Minerve, 1870, x, 159, 19 p. Introduction de l'auteur. (Reproduction de la Minerve).

Essai analytique sur Le Paradis perdu de Milton, BC, vol. 4, n° 1 – n° 6, déc. 1826–mai 1827. Collab. William Vondenvelden. (Aussi RN, vol. 1, (1893), p. 134–162).

Une page d'histoire, dans *Le Canadien*, vol. 8, n° 95, 19 déc. 1838, p. 1–2.

Plaidoyer en faveur du Capitaine Jalbert, dans *Procès politique. La Reine vs Jalbert*, Montréal, F. Cinq-Mars, 1839, p. 40–49. (Réimpression anastatique, Montréal, Osiris, 1974 ; L.-O. David, *Les Patriotes de 1837-1838*, Montréal, Senécal & Fils, 1884, p. 160–165).

Sur la position de la femme en Canada (conférence), dans *La Minerve*, vol. 18, n° 29, 16 déc. 1847, p. 2.

L'Indépendance du caractère (conférence), dans *La Minerve*, vol. 21, n° 31, 26 déc. 1848, p. 2.

ÉTUDES

F.-J. Audet, *Les Mondelet*, CD, vol. 3, 1938, p. 202-215.
Gérard Malchelosse, *Généalogie de la famille Mondelet*, BRH, vol. 51, 1945, p. 51-60.
Louis-Philippe Audet, *Charles Mondelet et l'Éducation*, MSRC, vol. 51, 3ᵉ série, section 1, 1957, p. 1-27.
Élizabeth Nish, *Charles-Elzéar Mondelet*, DBC, t. 10, 1972, p. 577-579.

MONDELET, DOMINIQUE (1799-1863). Poète et essayiste, né à Saint-Marc. Il est reçu avocat et est élu député en 1831. Membre du Conseil exécutif de la Province de Québec de 1832 à 1841, il est opposé au parti patriote. Il est ensuite nommé juge de la Cour supérieure à Trois-Rivières. Homme d'action avant tout, il ne consacre que ses loisirs à la littérature. Il se fit connaître, en 1835, par son *Traité sur la politique coloniale du Bas-Canada*. Quelques-uns de ses poèmes parurent dans les journaux de l'époque. James Huston n'en a retenu qu'un seul, « La Chanson du voyageur canadien » qui n'est d'ailleurs qu'une traduction habile d'un poème de Thomas Moore. Les vers de Mondelet empruntent d'habitude la facture de la chanson — strophes suivies d'un refrain — et exaltent la vie et la nature canadiennes.

ŒUVRES

Traité sur la politique coloniale du Bas-Canada. Divisé en deux parties. Opposition dans le Gouvernement — Licence de la presse — Conseil législatif par voie d'élection. Réflexions sur l'état actuel du pays, Bas-Canada, Imprimé et publié pour l'auteur, 1835, [2], 67 p. Avertissement de l'auteur.

Report of the Commissioners Appointed Under the Lower Canada Act, 4th William IV. Cap. 10. to Visit the United States' Penitentiaries, Quebec, Printed by Neilson & Cowan, 1835, 75 p.

La Chanson du voyageur canadien, RN, vol. 1, p. 167; dans Jules Fournier, *Anthologie des poètes canadiens*, Montréal, Granger Frères, 1920, p. 25-26.

ÉTUDE

Francis-F. Audet, *Les Mondelet*, CD, nº 3, 1938, p. 195-202.

MONDOLINI, ROGER (1929-   ). Romancier et dramaturge, né à Marseille (France). Il fait des études classiques au collège Enclos Saint-François (Montpellier) et au Lycée Chateaubriand de Rome (B.A., 1946). De 1949 à 1951 il prépare une licence en philosophie à la Sorbonne et occupe la fonction de secrétaire d'Henry de Montherlant. Émigré au Canada en 1952, il commence une maîtrise en philosophie à l'Université d'Ottawa tout en donnant des cours de français à la section de l'éducation permanente et en travaillant au journal *Le Droit* comme éditorialiste et chroniqueur littéraire. De 1954 à 1965 il est journaliste, puis réalisateur. En outre, il collabore aux *Cahiers du Sud* et au *Nouveau Journal* et il compose une pièce, « La nuit tombe aussi pour les anges » (1955), qui sera montée à Paris et reprise à l'ORTF. En 1966-1967, il travaille à Radio-Luxembourg (Paris). De 1967 à 1979, il est rédacteur au Conseil privé d'Ottawa, puis fonctionnaire au ministère des Pêcheries, et ensuite à l'emploi de l'Agence canadienne de développement international (ACDI) pour laquelle il fait plusieurs voyages en Afrique. En 1980 il est engagé au ministère de la Justice du Québec. Son premier roman, *Onaga* (1974), déplaît à Dominique Gagnon qui le trouve compliqué et bavard, en dépit d'une « tentative intéressante de renouvellement ». Le second, *Dérive dans un miroir* (1976), est pour Michel Beaulieu « l'un des romans les plus curieux et les plus fascinants qui aient été publiés au Québec depuis quelques années ». Réginald Martel est moins enthousiaste, jugeant que c'est un « roman inégal et pourtant très riche ». Le même critique écrit que le troisième roman, *Le Grand Midi* (1978), qui a pour thèmes l'indépendance nationale et l'amour, est un livre « de lecture facile et agréable ».

ŒUVRES

Onaga. Roman, Montréal, CLF, 1974, 218 p.
Dérive dans un miroir. Roman, Montréal, CLF Pierre Tisseyre, 1976, 212 p.
Le Grand Midi : chronique des temps agités. Roman, Montréal, CLF Pierre Tisseyre, 1978, 169 p.

ÉTUDES

Dominique Gagnon, *Roger Mondoloni. Onaga*, LAQ 1974, p. 94-95.
Réginald Martel, *L'Éloge ému de l'innocence*, Pr, 93ᵉ année, nº 58, 12 mars 1977, p. D-3.
Michel Beaulieu, *Mondoloni nous livre un roman fascinant*, dans *Le Livre d'ici*, vol. 2, nº 35, 8 juin 1977, p. 1.
Réginald Martel, *Les Jeux de l'amour et de la politique*, Pr, 95ᵉ année, nº 23, 27 janv. 1979, p. D-3.

MONET, JACQUES (1930-   ). Historien, né à Saint-Jean. Après ses études à Montréal (B.A., L.Ph., L.Th.), il étudie à l'Université de Toronto où il obtient une maîtrise (1961) et un doctorat en histoire (1964). Entré dans la Compagnie de Jésus en 1949, il est ordonné prêtre en 1966. Il enseigne l'histoire à Saint Mary's University High School à Halifax (1956), au Collège Loyola à Montréal (1964-1967), au Collège Loyola à Toronto (1968-1969). Il se joint au personnel enseignant de l'Université d'Ottawa en 1969 où il devient professeur agrégé, et, en 1972, directeur du Département d'histoire. En 1981, il est nommé recteur d'un collège des Jésuites en Ontario. En dehors de l'enseignement et de la recherche, Jacques Monet œuvre au sein de plusieurs associations : membre du Comité consultatif d'histoire du ministère de l'Éducation du Québec (1964-1967) ; membre du bureau de direction du « French Canada Studies Programme » de l'Université McGill (1965-1970) ; conseiller du Centre d'études du Québec à Sir George Williams University (1966-1970) ; membre du Conseil de direction de la Société historique du Canada (1969-1972) ; secrétaire à la rédaction de *Communications historiques* (1969-1972) ; secrétaire de langue française de la Société historique du Canada (1969-1974) ; membre du Comité international des historiens et des géographes de langue française, du Huronia Historical Development Council, de la Société historique du Canada ; président de la Société historique du Canada en 1975-1976. Sa spécialisation et ses recherches s'étendent plus précisément sur l'Union des Canadas et sur les différents aspects du nationalisme canadien-français. Le premier et le dixième volumes du *Dictionnaire biographique du Canada* contiennent une vingtaine de ses études ; dans l'édition de 1974 de l'*Encyclopedia Britannica*, on trouve de lui un article sur Wilfrid Laurier. Il s'intéresse aussi au rôle de la couronne et à celui du gouverneur général au Canada.

ŒUVRES

The Last Cannon Shot. A Study of French-Canadian Nationalism 1837-1850, Toronto, University of Toronto Press, 1969, x, 422 p. Préface de l'auteur ; Toronto/Buffalo, 1976.

La Monarchie au Canada (essai), [s.l.], CLF/Rideau Hall/Centre d'édition du Gouvernement du Canada, Ministère des Approvisionnements et Services Canada, 1979, 96 p. Ill. Traduction anglaise : *The Canadian Crown*, Toronto/Vancouver, Clarke, Irwin & Company limited, 95 p.

Le Canada : un cheminement vers la solidarité et la tolérance, Montréal, Parti libéral du Québec, 1980, 90 p. Introduction de l'auteur. « Textes référendaires ». (Texte polycopié).

Maintaining a Constitution Worthy of Such a Country : Reflections on Values in Canadian Society, Regina, Campion College, University of Regina, 1982, 17 p. « The Nash Lectures ».

Pierre Elliott Trudeau (biographie), Montréal, Service des transcriptions et dérivés de la radio, Maison de Radio-Canada, 1982, 11 f. (Texte polycopié).

Union of the Canadas 1837-1867, Toronto, Grolier Limited, 1985, 96 p. Ill. Préface de l'auteur. « Focus on Canadian History Series ».

La Crise Metcalfe and the Montreal Election, CHR, vol. 44, n° 1, 1963, p. 1-19.

Quiet Revolution in Canada, dans *The Month*, vol. 34, n° 4, 1965, p. 227-234.

French Canada and the Annexation Crisis, CHR, vol. 47, n° 3, sept. 1966, p. 249-264.

A New Vision of History and the Heart, dans *Man's Search for Values*, Toronto, W.J. Gage, 1966, p. 90-91.

La Presse canadienne-française et le Projet d'Union 1838-1840, dans *Revue du Centre d'étude du Québec*, vol. 1, n° 1, 1967, p. 1-18.

The Personal and Living Bond, dans *The Shield of Achilles*, Toronto, MacMillan, 1968, p. 62-93. Publié sous la direction de W.L. Morton.

Electoral Battles in Lower Canada, 1791-1848, dans *Documentary Problems in Canadian History*, Georgetown, Irwin-Dorsey Ltd, 1969, p. 161-180. Publié sous la direction de J.M. Bumsted.

Baldwin et La Fontaine, dans *Les Idées politiques des premiers ministres du Canada*, Ottawa, EUO, 1969, p. 11-30. Publié sous la direction de Marcel Hamelin.

ÉTUDES

Jean-Pierre Wallot, *French Canadian Nationalism : From Cannon Shot to Total Revolution*, dans *Canadian Forum*, vol. 50, n° 591, avril-mai 1970, p. 22-24.

Jean-Paul Bernard, *The Last Cannon Shot*, RHAF, vol. 24, n° 3, déc. 1970, p. 435-437.

Auguste Vachon, « *La Monarchie au Canada* ». Un livre de Jacques Monet, Dr, 68ᵉ année, n° 14, 12 avril 1980, p. 18.

Jean-Paul Bernard, *Le canon qui fit long feu*, Dev, vol. 78, n° 48, 27 févr. 1982, p. 24.

MONET CHARTRAND, SIMONNE (1919-   ). Mémorialiste et journaliste, née à Montréal. Après son brevet d'enseignement (1936) et son diplôme de lettres-sciences (1937), elle suit pendant des années, dans diverses institutions, de nombreux cours : service social, histoire du Canada, littérature canadienne-française, civilisation québécoise, histoire de la musique, cours de l'École des parents, réalisation en radio et télévision, coopération, économie familiale... Très tôt elle s'engage dans des mouvements sociaux : dès 1937, la Jeunesse étudiante catholique féminine, puis le Service de préparation au mariage, les Unions de familles, les Associations parents-maîtres, la Fédération des femmes du Québec, la Ligue des droits de l'homme... À partir de

1950 elle s'occupe activement d'animation syndicale et d'éducation populaire à travers la province. Elle collabore à divers périodiques, tels *Paysana, L'École des parents, Journal de la Fédération des femmes, Le Canada français, Le Champlain...* Elle est aussi scripteur, animatrice, paneliste à des émissions féminines de Radio-Canada : « Journal d'une mère de famille », « Fémina », « Chroniques de la vie conjointe », « Les Voisins d'en face »... En 1978, elle participe à la fondation de l'Institut Simone-de-Beauvoir de l'Université Concordia. La parution du premier des trois tomes de son autobiographie, *Ma vie comme rivière*, en 1981, provoque un retentissement considérable et des critiques louangeuses. Le récit n'est pas un chef-d'œuvre, écrit Andrée Ferretti, mais le témoignage est exemplaire, car « il montre à l'œuvre la fécondité de l'inaltérable fidélité à soi-même », et il fait découvrir « peu à peu et avec joie une femme douée d'une intelligence aiguë de la vie » et dont l'engagement est né d'un sens profond de la justice.

ŒUVRES

Ma vie comme rivière (autobiographie), Montréal, Les Éditions du Remue-Ménage, 1981, 292 p. Ill. « De mémoire de femmes » ; *Ma vie comme rivière. Récit autobiographique 1939–1949 (Tome 2)*, 1982, 357 p. ; *Ma vie comme rivière. Récit autobiographique 1949–1963* (tome 3), 1988, 341 p.
L'Espoir et le défi de la paix (essai), Montréal, Guérin littérature, 1988, 202 p. Collab. Carmen Villemaire.

ÉTUDES

Jocelyne Lepage, *Simonne Monet-Chartrand. La dame de cœur* (entrevue), Pr, 97e année, n° 104, 2 mai 1981, p. C-1, C-2.
Régis Tremblay, *Simonne Monet-Chartrand se montre sous un autre jour*, So, vol. 84, n° 118, 16 mai 1981, p. E-1.
Andrée Ferretti, *Ma vie comme rivière. Un témoignage exemplaire*, Dev, vol. 72, n° 143, 20 juin 1981, p. 26.
Gérald LeBlanc, *Les Chants du cœur de Simonne Chartrand*, L, vol. 6, n° 43, 29 juillet 1981, p. 2.
Madeleine Bellemare, *Notre choix. Ma vie comme rivière de Simonne Monet-Chartrand* (entrevue), dans *Nos livres*, vol. 12, nov. 1981, p. [3–5] et n° 448.
Mair Verthuy, *Simonne Monet-Chartrand. Ma vie comme rivière*, LAQ 1981, p. 307–310.
Jean-Louis Major, *Aux sources d'un engagement. Ma vie comme rivière, de Simonne Monet-Chartrand*, LQ, n° 25, printemps 1982, p. 74–75 ; *Une fin d'époque. Ma vie comme rivière (tome 2)*, LQ, n° 29, printemps 1983, p. 55–57.
Jocelyne Lepage, *Simone Monet-Chartrand à contre courant*, Pr, 98e année, n° 276, 27 nov. 1982, p. C-3.

MONETTE, MADELEINE (1951–   ). Romancière et nouvelliste, née à Montréal. Elle étudie aux collèges Regina Assumpta et Saint-Ignace (D.E.C.,

1969), puis elle obtient à l'Université du Québec à Montréal un baccalauréat spécialisé en littérature (1970) et une maîtrise (1975) pour un mémoire intitulé « Le Discours et l'Instance du sujet ; analyse d'un texte de Paul Chamberland ». De 1971 à 1979, elle enseigne à l'Université du Québec à Montréal, au Collège de Sherbrooke (campus de Granby) et au Collège Édouard-Montpetit de Longueuil. En 1980, elle est nommée agent d'information à la Délégation générale du Québec à New York. Son premier roman, *Le Double Suspect* (1980), mérite le prix Robert-Cliche et est salué par l'ensemble de la critique comme une belle réussite. « Ce roman pourrait se laisser dévorer uniquement pour le plaisir, écrit Madeleine Ouellette-Michalska. En effet, l'amour et la séduction sont les thèmes majeurs de ce livre astucieux et fascinant qui pose autant de questions sur la technique du roman que sur l'amitié et le désir ». Un second roman, *Petites Violences* (1982), manifeste encore le goût marqué de Madeleine Monette pour l'analyse psychologique. Certains critiques pensent que cette analyse sans cesse reprise contient des longueurs, mais ils n'en louent pas moins « la souplesse et l'efficacité de l'écriture de la romancière », comme le dit Réginald Martel.

ŒUVRES

Le Double Suspect. Roman, Montréal, Quinze, 1980, 241 p. « Prose entière » ; Éditions du Club Québec-Loisir inc., 1980.
Petites Violences (roman), Montréal, Quinze, 1982, 232 p. « Prose entière ».

Utrinville (nouvelle), dans *Contes et Nouvelles du Québec*, Sherbrooke, Cosmos, 1970, p. 35–38.
L'Américain et la Jarretière (nouvelle), dans *Fuites et Poursuites*, Montréal, Quinze, éditeur, 1982, p. 11–36.
Un billet ouvert, Dev, vol. 73, n° 269, 20 nov. 1982, p. 12.

ÉTUDES

Madeleine Ouellette-Michalska, *Madeleine Monette, prix Robert-Cliche. Des doubles qui tournent bien*, Dev, vol. 71, n° 99, 26 avril 1980, p. 23.
Réginald Martel, *Les Paysages troubles de la très pure amitié*, Pr, 96e année, n° 98, 26 avril 1980, p. D-3.
Claude Trudel, *Du roman à la chanson*, Dev, vol. 71, n° 99, 26 avril 1980, p. 23.
Madeleine Ouellette-Michalska, *De quoi alourdir vos bagages*, Ch, vol. 21, n° 7, juillet 1980, p. 8.
Pierre-Louis Vaillancourt, *Le Roman III. Simple suspicion envers Le Double Suspect de Madeleine Monette*, LQ, n° 20, hiver 1980–1981, p. 21–23.
André Vanasse, *Madeleine Monette. Le Double Suspect*, LAQ 1980, p. 52–53.
Madeleine Ouellette-Michalska, *Douceurs et Violences de l'amour*, Dev, vol. 73, n° 263, 13 nov. 1982, p. 20.

Reine Bélanger, *Madeleine Monette. Petites Violences*, LAQ 1982, p. 68–69.
Réginald Martel, *Madeleine Monette. Drame psy à New York*, Pr, 99ᵉ année, nº 42, 19 févr. 1983, p. B-3.
Jocelyne Lewis, *Monette (Madeleine). Petites Violences*, dans *Nos livres*, vol. 14, juillet–août 1983, nº 5323.

MONGEAU, FRANCE (1961–   ). Poète, née à Trois-Rivières. Elle fait ses humanités au Collège Édouard-Montpetit et poursuit des études de lettres à l'Université du Québec à Montréal. En 1977, elle remporte le second prix (section jeunesse) au concours de poésie de la Société des poètes canadiens-français. Elle collabore à des périodiques tels *Influx* et *La Nouvelle Barre du jour*. En 1980 paraît son recueil *Lettre en miroir*. Claude Beausoleil écrit : « Construit autour des thématiques de la mer, du temps et du vent, le recueil de France Mongeau est imprégné de romantisme et de douceur ».

ŒUVRES

Lettre en miroir (poésie), [Longueuil], Le Préambule, 1980, 45 p.
Lumières (poésie), Outremont, NBJ, 1986, 30 p. Ill. de Marc Mongeau.

Pendu par le blanc, dans *Influx*, vol. 1, nº 1, printemps 1981.
Croquis d'un geste en suspens, NBJ, nº 114, mai 1982, p. 25–31.

ÉTUDE

Claude Beausoleil, *Lettre en miroir*, dans *Le Livre d'ici*, vol. 6, nº 36, 10 juin 1981, p. 4.

MONGEAU, SERGE (1937–   ). Essayiste, né à Montréal. Il fait ses humanités à l'Externat classique Sainte-Croix (B.A., 1957), puis il étudie la médecine à l'Université de Montréal (M.D., 1963) où il fait aussi une maîtrise sur « L'Évolution de l'assistance au Québec » (1967). Après quelques années de pratique de la médecine à Saint-Hubert, il se tourne vers l'écriture engagée sur les plans médical et social. Son *Cours de sexologie* (1967–1970) réunit ses articles publiés dans *Québec-Presse* et *Photo-Journal*. Paraît ensuite son ouvrage polémique sur *Paul VI et la Sexualité* (1969). Arrêté pendant la crise d'octobre 1970, il publie *Kidnappé par la police*, ouvrage à propos duquel on déclare dans *Le Livre canadien* que « les simplifications et les expressions outrancières du Dr Mongeau entament sérieusement la valeur de son témoignage et le sérieux de son plaidoyer ». En 1973, on le retrouve au Chili au milieu des miséreux et des travailleurs. Rentré au Canada, il consacre plusieurs publications sur la santé.

ŒUVRES

Naissances planifiées ; Pourquoi ? Comment ? (essai), Montréal, Éditions du Jour, 1966, 153 p. Collab. Hubert Charbonneau.
Cours de sexologie, Montréal, Éditions du Jour, 1967–1970, 5 vol. : vol. 1, *De la fécondation à l'âge adulte*, 1967, 117 p. ; vol. 2, *Les Âges de l'amour et les Rapports sexuels*, 1967, 128 p. ; vol. 3, *La Grossesse et la Planification familiale*, 1967, 124 p. ; vol. 4, *Les Difficultés sexuelles de l'individu et du couple*, 1968, 128 p. ; vol. 5, *Sexualité et Société. La vieillesse*, 1970, 127 p. Ill.
Évolution de l'assistance au Québec ; une étude historique des diverses modalités d'assistance au Québec, des origines de la colonie à nos jours (essai), Montréal, Éditions du Jour, 1967, 125 p.
L'Avortement (essai), Montréal, Éditions du Jour, 1968, 173 p. Collab. René Cloutier.
Paul VI et la Sexualité : réponse à l'encyclique Humanae vitae (essai), Montréal, Éditions du Jour, 1969, 121 p.
Comment garder notre santé (essai), Montréal, Éditions du Jour, 1970, 154 p.
Kidnappé par la police (essai), Montréal, Éditions du Jour, 1970, 128 p.
Dictionnaire pratique des médecines douces, Montréal, Québec/Amérique, 1981, 389 p. Éditeur pour la version française.
Adieu médecine, bonjour santé (essai), Montréal, Québec/Amérique, 1982, 187 p.
Survivre aux soins médicaux (essai), Montréal, Québec/Amérique, 1982, 238 p.
Vivre en santé (essai), Montréal, Québec/Amérique, 1982, 141 p. « Prévention-santé » ; Paris, Éditions Garancière, 1984, 141 p.
Dictionnaire des médicaments de A à Z. Des renseignements sur plus de 1000 médicaments, usage, contre-indications, effets secondaires, précautions, alternatives, jugement global, Montréal, Québec/Amérique, 1984, 528 p. Collab. Marie-Claude Roy ; Éditions du club Québec-Loisirs inc., 1985, 525 p.
La Simplicité volontaire (essai), Montréal, Québec/Amérique, 1985, 151 p.
Pour une nouvelle médecine (essai), Montréal, Québec/Amérique, 1986, 163 p.

ÉTUDES

[Anonyme], *Un cours de sexologie à l'intention des parents*, Dev, vol. 58, nº 234, 11 oct. 1967, p. 9.
[Anonyme], *Les 20 premiers cours de sexologie réunis en livre*, dans *Photo-Journal*, vol. 32, nº 27, 18–25 oct. 1967, p. 10.
[Anonyme], *Un livre de vérité sur les âges de l'amour et les rapports sexuels*, Pr, 84ᵉ année, nº 63, 14 mars 1968, p. 23.

[Anonyme], *Un livre de vérité sur les âges de l'amour*, Dev, vol. 59, n° 63, 15 mars 1968, p. 13.

[Anonyme], *Comprendre les lois de l'amour, c'est le rendre plus humain, le désacraliser*, So, 71ᵉ année, n° 62, 16 mars 1968, p. 9.

[Anonyme], *Kidnappé par la police de Serge Mongeau*, dans *Le Livre canadien*, vol. 2, févr. 1971, n° 17.

[Anonyme], *Comment garder notre santé de Serge Mongeau*, dans *Le Livre canadien*, vol. 2, mars 1971, n° 44.

MONIÈRE, DENIS (1947–   ). Politicologue, né à Saint-Jean. Il fait ses études classiques au Séminaire de Shawinigan et au Collège Sainte-Marie de Montréal (B.A., 1968). Il obtient ensuite, à l'Université d'Ottawa, une maîtrise en science politique pour un mémoire sur « Le Développement de la pensée de gauche au Québec à travers trois revues : *Cité libre, Socialisme, Parti Pris* » (1970), puis, à la Fondation nationale des sciences politiques (Paris, 1974), un doctorat dont la thèse s'intitule *Critique épistémologique de l'analyse systémique de David Easton* au département de science politique de l'Université d'Ottawa, de 1973 à 1978, et à l'Université de Montréal, à partir de 1978. Membre actif de l'Union des écrivains québécois et de la Société québécoise de science politique, il collabore à la *Revue canadienne de science politique*, au *Devoir*, à *This Magazine*... Aux élections fédérales de 1984, Denis Monière est chef par intérim du Parti nationaliste. Son essai, *Le Développement des idéologies au Québec*, lui vaut le prix du Gouverneur général et le Grand Prix littéraire de la ville de Montréal. La critique est partagée. Pour André Désilets, « Monière a produit une œuvre majeure. [...] En utilisant ce cadre d'analyse d'inspiration marxiste, Monière présente des conclusions sur la configuration idéologique du Québec à huit périodes de son histoire depuis Champlain jusqu'à René Lévesque. Ces conclusions sont souvent neuves ». De son côté, Nicole Gagnon loue l'élégance du style mais se montre très sévère sur le contenu du livre. Pierre Savard dit que cet « ouvrage de combat » présente une synthèse rigoureuse, mais que « les œillères idéologiques de l'auteur l'amènent à se montrer sévère, voire injuste [...] ». *Les Enjeux du référendum* (1979), reçoit un accueil favorable, de même que *André Laurendeau et le Destin d'un peuple* (1983).

ŒUVRES

Critique épistémologique de l'analyse systémique de David Easton. Essai sur le rapport entre théorie et idéologie, Ottawa, EUO, 1976, 253 p. « Sciences sociales ».

Les Idéologies au Québec : Bibliographie, Montréal, Bibliothèque nationale du Québec, 1976, 154 p. Collab.

André Vachet ; 1980, 175 p. Préface de André J. Bélanger (Édition revue et augmentée).

Le Trust de la foi (essai), Montréal, Éditions Québec/Amérique, 1978, 166 p. Collab. Jean-Pierre Gosselin ; Éditions du Club Québec Loisir inc., 1980.

Les Enjeux du référendum (essai), Montréal, Québec/Amérique, 1979, 207 p. Ill.

Cause commune, manifeste pour une internationale des petites cultures, Montréal, L'Hexagone, 1981, 41 p. Collab. Michèle Lalonde.

Pour la suite de l'histoire. Essai sur la conjoncture politique au Québec, Montréal, Québec/Amérique, 1982, 182 p.

André Laurendeau et le Destin d'un peuple (biographie), Montréal, Québec/Amérique, 1983, 347 p. Ill.

Avez-vous lu Hirschman ? Essai sur la déception politique, Montréal, Québec/Amérique, 1985, 144 p.

Ludger Duvernay et la révolution intellectuelle au Bas-Canada, Montréal, Québec/Amérique, 1987, 229 p.

Introduction aux théories politiques, Montréal, Québec/Amérique, 1987, 200 p. « Dossier-Documents ».

Le Développement idéologique en situation coloniale : essai de théorisation, dans *Revue canadienne et science politique*, mars 1976, p. 50–62.

La Renaissance du mysticisme, dans *Chroniques*, n°ˢ 18–19, juin–juillet 1976, p. 96–108.

Les Écrivains et la Télématique, Dev, vol. 71, n° 193, 27 août 1980, p. 9.

Les Ambiguïtés du nationalisme en régime fédéral. 1) Trudeau est un produit de la poussée québécoise, Dev, vol. 71, n° 251, 27 oct. 1980, p. 13.

Les Ambiguïtés du nationalisme en régime fédéral. 2) Les pouvoirs réels sont ailleurs, Dev, vol. 71, n° 252, 28 oct. 1980, p. 11.

Les Télécommunications, enjeu politique, Dev, vol. 71, n° 271, 21 nov. 1980, p. 9.

L'Essor de l'essai. L'irruption de la littérature réflexive, Dev, vol. 72, n° 271, 21 nov. 1981, p. 15.

ÉTUDES

André-J. Bélanger, *Denis Monière, Critique épistémologique de l'analyse systémique. Essai sur le rapport entre théorie et idéologie*, LAQ 1976, p. 361–363.

Paul Forcier, *Monière, Denis, Critique épistémologique de l'analyse systémique de David Easton. Essai sur le rapport entre théorie et idéologie*, dans *Nos livres*, vol. 9, févr. 1978, n° 54.

André Langevin, *Une aimable synthèse ? Le Développement des idéologies au Québec, des origines à nos jours*, dans *Nouvelles recherches québécoises*, vol. 1, n° 2, févr. 1978, p. 101–104.

Pierre Savard, « *Les Idéologies au Québec* ». *Impressionnant par sa richesse et sa diversité*, Dr, 66ᵉ année, n° 59, 3 juin 1978, p. 19.

André Désilets, *Le Développement des idéologies au Québec, des origines à nos jours de Denis Monière*, LQ, n° 11, sept. 1978, p. 54–55.

Raymond Laprés, *Gosselin (Jean-Pierre) — Monière (Denis). Le Trust de la foi*, dans *Nos livres*, vol. 10, févr. 1979, n° 54.

Gordon Lefebvre, *Le Trust de la foi de J.-P. Gosselin et D. Monière*, dans *Spirale*, n° 2, oct. 1979, p. 1–2.

Nicole Gagnon, *Denis Monière. Le Développement des idéologies au Québec, des origines à nos jours*, RS, vol. 21, n°s 1–2, janv.-août 1980, p. 193–196.

Daniel Latouche, *Oui... mais sans complaisance*, dans *Le Livre d'ici*, vol. 5, n° 24, 19 mars 1980, p. 1.

Manuel Pépin, *Lettre de classes?* So, vol. 93, n° 102, 25 avril 1980, p. A-6.

Hérard Jadotte, *Littérature, Édition et Télématique*, Dev, vol. 71, n° 211, 12 sept. 1980, p. 16.

Andrée Ferretti, *Cause commune*, Dev, vol. 72, n° 291, 12 déc. 1981, p. 29.

Gilbert Tarrab, *Une internationale des petites cultures est-elle possible?*, Pr, 98e année, n° 37, 13 févr. 1982, p. C-4.

Lise Bissonnette, *Le Village imaginaire*, Dev, vol. 73, n° 50, 27 févr. 1982, p. 16.

Marc Laurendeau, *Selon un prochain livre du politicologue Denis Monière. Il est urgent que le P.Q. fasse élire des députés à Ottawa*, Pr, 98e année, n° 55, 6 mars 1982, p. A-7.

Daniel Latouche, *Les Bébés Phoques de l'histoire*, Dev, vol. 72, n° 68, 20 mars 1982, p. 20.

Marcel Pépin, *Pour une suite de l'histoire*, So, vol. 93, n° 72, 23 mars 1982, p. A-4.

François Rivard, *La Grande Mission de notre petite culture*, L, n° 140, mars-avril 1982, p. 3–10.

Gordon Lefebvre, *Cause commune de Michèle Lalonde et Denis Monière*, dans *Spirale*, n° 24, avril 1982, p. 5.

Yves Laurendeau, *En guise de supplément au « Laurendeau » de Monière*, RHAF, vol. 38, n° 1, été 1984, p. 73–89.

MONIQUE. Voir **BENOÎT**, MADAME EMMANUEL-PERSILLIER.

MONPAYS, GEMME. Voir **CHAPUT**, HÉLÈNE MARGUERITE.

MONSIEUR SURPRISE. Voir **MAUFFETTE**, GUY.

MONTAL, LIONEL. Voir **GROULX**, LIONEL.

MONTAUSIER, ODETTE. Voir **BOISSONNAULT**, Mme LUCIEN.

MONTCALM, LOUIS-JOSEPH DE (1712–1759). Mémorialiste, né au château de Candiac, près de Nîmes (France). Le marquis de Montcalm reçoit une commission d'enseigne dans l'armée française en 1721. Il participe aux guerres de la Succession de Pologne et d'Autriche. Nommé colonel en 1743, il combat en Italie où il est blessé et fait prisonnier en 1746 et de nouveau en 1748. Pensionné, il s'établit à son château de Candiac jusqu'en 1756, date à laquelle il est nommé lieutenant-général des armées en Nouvelle-France. Arrivé à Québec le 13 mai, il participe aussitôt à des campagnes militaires. S'il a remporté des victoires éclatantes comme celle de Carillon, en juillet 1758, Montcalm n'a pas su organiser la défense de la ville de Québec. En septembre 1759, l'armée française subit la défaite aux mains du général Wolfe ; Montcalm est mortellement blessé et meurt le 14 septembre. À sa mort, il lègue ses manuscrits au Chevalier de Lévis. À la fin du XIXe siècle, Henri-Raymond Casgrain publie les documents de la collection Lévis en plusieurs volumes dont les *Lettres* (1894) et le *Journal* (1895) de Montcalm. Aujourd'hui la collection Lévis se trouve aux Archives publiques du Canada. Certains ont prétendu que c'est son secrétaire, Marcel, qui aurait rédigé ce journal et Montcalm l'aurait annoté. Les historiens sont partagés sur l'importance de ce document. Selon William J. Eccles, les « jugements favorables présupposent que presque tous ses écrits sont à prendre au pied de la lettre ». Sévère sur la conduite de Montcalm, il ajoute : « une étude critique des documents indique clairement qu'un tel jugement serait une erreur ». De son côté Marie-Aimée Cliche souligne « la part d'exagération » du journal, mais elle en juge la lecture « intéressante et amusante », car « Montcalm consacre de nombreuses pages aux mœurs des différentes tribus indiennes, aux us et coutumes de la société canadienne, à la géographie du pays, etc. » (DOLQ, t. 1, p. 424).

ŒUVRES

Copie de la lettre de M. De Montcalm, [s.l., s.é., 1758], 4 p.

Lettres de Monsieur le Marquis de Montcalm Gouverneur-général en Canada à Messieurs De Berryer & De La Molé. Écrites dans les années 1757, 1758 & 1759 avec une version anglaise. Letters from the Marquis De Montcalm, Governor-general of Canada to Messrs. De Berryer & De La Molé, in the Years 1757, 1758 and 1759. With an English Translation, à Londres, Chez J. Almon, 1767, (2 x 28 p.).

Relation de la défense des retranchements sur la hauteur de Carillon, à environ six cents toises du fort, le 8 juillet 1758, Québec, De l'imprimerie d'Aug. Côté et Compagnie, 1844, 7 p. (Censée avoir été rédigée par les soins du Marquis de Montcalm).

Relation de la prise des forts de Choueguen ou Oswego & de ce qui s'est passé cette année en Canada, 1756, [New York, s.é., 1882], 10 p.

Lettres du Marquis de Montcalm au Chevalier de Lévis, Québec, Imprimerie de L.-J. Demers & frère, 1894,

240 p. «Collection des manuscrits du Maréchal de Lévis», vol. 6, (Publiées sous la direction de l'abbé Henri-Raymond Casgrain).

Journal du Marquis de Montcalm durant ses campagnes en Canada, de 1756 à 1759, Québec, Imprimerie de L.-J. Demers & frère, 1895, 629 p. «Collection des manuscrits du Maréchal de Lévis», vol. 7. Avant-propos de H.-R. Casgrain. (Publié sous la direction de l'abbé Henri-Raymond Casgrain).

Emmanuel Grellet et La Heyte, *Une sœur de Montcalm, la présidente de Lunas ; d'après les documents originaux, et trois lettres inédites du Marquis de Montcalm*, Nevers, G. Vallière, 1900, 23 p.

ÉTUDES

Guy Frégault, *La Guerre de la conquête*, Montréal, Fides, 1955, 517 p.

William J. Eccles, «*Louis-Joseph de Montcalm*», DBC, t. 3, 1972, p. 495-507.

MONT-CALME. Voir **BILODEAU,** ERNEST.

MONTCOMBROUX, GENEVIÈVE [Ève Combroux] (1939–   ). Romancière, née à Oran (Algérie). Elle fait ses études secondaires au Collège de Jeunes Filles de Suresnes (France), puis elle étudie la danse classique à l'Opéra de Paris et à l'Opéra d'Alger, et elle suit en même temps des cours à la Sorbonne et à l'Université d'Alger. De 1964 à 1967, elle fréquente un collège de formation de professeurs de danse classique en Angleterre, tout en travaillant comme rédactrice dans une maison d'édition d'Oxford. Émigrée au Canada en 1968, elle s'installe au Manitoba avec sa famille, devient professeure de danse à Winnipeg et à Churchill, et fonde l'École de Danse classique de Winnipeg en 1976. En outre, elle est traductrice à Winnipeg, collabore à des périodiques — en particulier à *La Liberté* —, participe à des émissions de radio et de télévision, envoie des nouvelles à des magazines, donne des conférences... Son premier livre, *Touti le Moineau* (1980), est un recueil de contes pour enfants dont la fraîcheur d'évocation tient, écrit Ingrid Joubert, «à la mise en valeur de l'interaction entre l'univers et l'homme» et aux appels à la faculté d'invention de l'enfant. *Fugue dans le Grand Nord* (1981), dont l'action se déroule non loin de Winnipeg et dans l'Arctique, est un roman sentimental «fait pour plaire aux âmes tendres et naïves», écrit Paulette Collet. «Pourtant, selon Ingrid Joubert, l'intériorisation du conflit amoureux, le thème artistique, certaines évocations saisissantes de pay-

sage de l'Arctique [... révèlent] le talent indéniable de l'auteur».

ŒUVRES

Touti le Moineau (contes), Saint-Boniface, Éditions des Plaines, 1980, 40 p. Ill. de Michel Montcombroux.

Fugue dans le Grand Nord (roman), Paris, Tallandrier, 1981, 220 p. «Floralies»; Montréal, CLF, 1982, 220 p. Sous le pseudonyme d'Ève Combroux.

Aventure à quatre pattes (litt. jeunesse), Saint-Boniface, Éditions des Plaines, 1982, 53 p. Ill. de Michel Montcombroux.

Tezzero (litt. jeunesse), Saint-Boniface, Les Éditions des Plaines, 1984, 99 p. Ill. de Michel Montcombroux.

ÉTUDES

Ingrid Joubert, *Trois livres d'enfants*, dans *Bulletin du Centre d'études franco-canadiennes de l'Ouest*, n° 9, oct. 1981, p. 20-23.

Id., *Une fugue dans le Grand Nord*, dans *Bulletin du Centre d'études franco-canadiennes de l'Ouest*, n° 10, févr. 1982, p. 23-26.

Paulette Collet, *Ève Combroux*, dans *Bulletin du Centre d'études franco-canadiennes de l'Ouest*, n° 16, févr. 1984, p. 21.

MONTIGNY, GASTON DE [Montigny, Henri-Gaston de, XX] (1870-1914). Journaliste, conteur et poète, né à Montréal. Il est le fils du recorder à la cour de Montréal, Testard de Montigny, et frère de Louvigny, écrivain. Il étudie au Collège Sainte-Marie, devient officier du 65e régiment de Carabiniers de Mont-Royal, part pour la France, s'engage dans la Légion étrangère, est envoyé comme soldat à Sidi-bel-Abbès et passe cinq ans au Maroc et en Algérie. Revenu au pays, il s'essaie à la colonisation dans le comté d'Argenteuil et ailleurs, revient à Montréal, et entre pour quelque temps à la Trappe d'Oka (1902) à titre de «donné». De nouveau à Montréal, déçu et déprimé, il se met à boire, ruine sa santé, passe son temps entre sa chambre et l'hôpital et meurt dans l'esseulement le plus total à l'hôpital des Incurables. Ce Cyrano canadien «qui fut tout et qui ne fut rien», selon son frère Louvigny, avait certainement un talent d'écrivain prometteur mais qui a connu tous les contretemps du disciple de malheur. Ses écrits — contes, poèmes en prose, articles de journaux, essais, souvenirs — sont éparpillés dans des périodiques tels *L'Avenir du Nord, Revue canadienne,*

Le Monde illustré, *Le Nationaliste*, *La Presse*, *Le Passe-Temps*. Certains sont certainement des pièces d'anthologie : « Le Fiancé de neige », « Prière du passant », « Notre Père », « La Cloche », « L'Avé du Moineau », « Les Marchands d'esclaves »... En 1902, il fait paraître un choix de ses meilleurs essais d'économie socio-politique sous le titre *Étoffe du pays* où s'affirment ses vues socialistes et, par moments, révolutionnaires. Sous le même titre, en 1951, Louvigny de Montigny publiera un choix d'écrits de son frère. « Le message que contient ce volume est, selon le Frère Léon-Victor Paquin, celui d'un patriote convaincu, d'un conteur amusant, d'un poète délicat, d'un chroniqueur narquois, d'un colonisateur intelligent et d'un catholique zélé. La terre fut pour lui ‹ la grande terre ›, la seule amie ».

ŒUVRES

Étoffe du pays. Études d'économie politique canadienne, Montréal, Déom-frères [sic], 1901, xii, 282 p.
Étoffe du pays. Pages retrouvées, [Montréal], Éditions Beauchemin, 1951, 416 p.

La Colonisation. À travers le Nipissing, Pr, 12e année, no 82, 8 févr. 1896, p. 8. (Lettre non signée).

ÉTUDES

[Anonyme], *Gaston de Montigny décédé*, dans *Le Passe-Temps*, no 512, nov. 1914, p. 458.
Louvigny de Montigny, *Lettre à Albert Laberge du 13 mai 1937*. CRCCF.
Albert Laberge, *Gaston de Montigny*, dans *Peintres et Écrivains d'hier et d'aujourd'hui*, Montréal, Édition privée [Imprimerie Modèle limitée], 1938, p. 123–132.
Solange Chaput-Rolland, *Étoffe du pays*, dans *L'Avenir du Nord* (Saint-Jérôme), 11 janv. 1952, p. 5.
Roger Duhamel, *Étoffe du pays*, AU, avril 1952, p. 80–82.
Frère Léon-Victor Paquin, i.c., *Gaston de Montigny*, dans *L'École littéraire de Montréal*, Montréal/Paris, Fides, 1963, p. 260–271. « ALC » 2 ; 1972, p. 315–334.

MONTIGNY, HENRI-GASTON DE. Voir **MONTIGNY, GASTON DE.**

MONTIGNY, LOUVIGNY DE [Carolus Glatigny] (1876–1955). Journaliste et critique, né à Saint-Jérôme (Terrebonne). Il fait ses études au Collège Sainte-Marie et à la Faculté de droit de l'Université Laval à Montréal. Fondateur et rédacteur du journal *Les Débats* (1900) et de la *Gazette municipale*, il est membre fondateur de l'École littéraire de Montréal dont il est le premier secrétaire-archiviste (1895). À l'âge de dix-huit ans il publie ses premiers poèmes dans les journaux montréalais, *Le Monde illustré* et *Le Samedi*. Louvigny de Montigny est traducteur au Sénat du Canada de 1910 à 1955. Durant plusieurs années, il représente au Canada la Société des gens de lettres de France. Membre de la Société des écrivains canadiens (dont il est vice-président durant quelques années), de la Société royale du Canada, officier de l'Instruction publique, il est nommé chevalier de la Légion d'honneur, en 1925. Il fréquente les milieux artistiques de la métropole, mais il se fait vraiment connaître en 1914 lorsqu'il découvre, dans le journal parisien *Le Temps*, *Maria Chapdelaine* de Louis Hémon, roman d'inspiration canadienne, publié par tranches après la mort de l'auteur. Il fait connaître l'œuvre au public qui l'accepte comme l'exemple par excellence du roman de la terre. Les essais et les contes de Louvigny de Montigny dépassent les frontières du Québec, puisque son livre, *La Revanche de Maria Chapdelaine*, est couronné par l'Académie française (1937) ; son essai *Au pays de Québec* remporte le prix Ernesta-Stern de la Société des gens de lettres et le prix de la Langue française de l'Académie française (1945). Sa comédie, *Les Boules de neige*, créée en 1903, marque le début, au Québec, d'une querelle sur l'usage de la langue populaire dans les œuvres littéraires. Il a d'ailleurs toujours été enclin à la polémique. Collaborateur de *La Presse*, de *La Patrie*, du *Canada*, poète à l'occasion, dramaturge à l'heure des loisirs, Louvigny de Montigny s'est surtout intéressé au problème de la langue française au Canada.

ŒUVRES

Je vous aime (théâtre), Montréal, [s.é.], 1903, 21 p. ; Avec *Les Boules de neige*, Montréal, Déom, 1935, xxiv, 231 p. « TC ».
La Langue française au Canada, son état actuel (étude canadienne), Ottawa, Chez l'auteur, 1916, xxxiii, 189 p.

Antoine Gérin-Lajoie (biographie, anthologie critique), Toronto, Ryerson Press, [1925 ?], [xviii], 130 p. « Makers of Canadian Literature ».

Le Bouquet de Mélusine ; Ordre de bon-temps (1606) ; Mme de Repentigny et sa « manufacture » (1705) ; Forestiers et Voyageurs (1810). Scènes de folklore représentées au Festival de Québec, mai 1928, Montréal/ New York, Louis Carrier/Éditions du Mercure, 1928, 112 p. Avant-propos de J. Murray Gibbon et de Marius Barbeau.

Les Boules de neige ; (comédie en trois actes précédée d'un lever de rideau « Je vous aime »), Montréal, Déom, 1935, xxiv, 231 p. « TC ».

La Revanche de Maria Chapdelaine. Essai d'initiation à un chef-d'œuvre inspiré du pays de Québec, Montréal, Éditions de l'Action canadienne-française, 1938, 213 p. « J ».

Au pays de Québec. Contes et images..., Montréal, Société des Éditions Pascal, 1945, 327 p. Ill. de Raymonde Gravel.

Écrasons le perroquet ! Divertissement philosophique, Montréal, Fides, 1948, 107 p.

Étoffe du pays. Pages de Gaston de Montigny, retrouvées et présentées par Louvigny de Montigny, Montréal, Beauchemin, 1951, 416 p.

L'Épi rouge et Autres Scènes du pays de Québec, [Montréal], CLF, 1953, 287 p. « TC ».

« *L'Âme solitaire* », RC, 43ᵉ année, nᵒ 9, sept. 1907, p. 305-320.

Émile Nelligan and The École littéraire de Montréal, dans *Saturday Night,* vol. 63, nᵒ 9, 1ᵉʳ nov. 1947, p. 32.

Cadieux et sa complainte, MSRC, 3ᵉ série, vol. 47, section 1, 1953, p. 1-32.

ÉTUDES

Maurice Hébert, *À propos du théâtre chez nous et des « Boules de neige » de M. Louvigny de Montigny,* CF, vol. 23, nᵒ 6, févr. 1936, p. 560-567 ; aussi dans Maurice Hébert, *Les Lettres au Canada français,* Montréal, Albert Lévesque, 1936, p. 101-112.

Valdombre, *Médecin, guéris-toi toi-même (Lettre à M. Louvigny de Montigny),* PV, 2ᵉ année, nᵒ 4, mars 1938, p. 151-172.

Émile Bégin, *La Revanche de Maria Chapdelaine,* ESC, vol. 18, nᵒ 3, déc. 1938, p. 246-247.

Roger Duhamel, *Au pays de Québec,* AN, vol. 26, oct. 1945, p. 151-153.

Louis-Philippe Gagnon, *Des contes,* CF, vol. 33, nᵒ 3, nov. 1945, p. 195-203.

Émile Bégin, *M. Louvigny de Montigny, Au pays de Québec,* ESC, vol. 25, nᵒ 3, déc. 1945, p. 202-203.

Paul Wyczynski, *Les Origines de l'École littéraire de Montréal,* dans *Thought,* Toronto, W.J. Gage, 1962, p. 211-225.

Robert Choquette, *Louvigny de Montigny,* CACF, vol. 7, *Profils littéraires,* 1963, p. 139-151.

Jean-Louis Gagnon, *Les Presses françaises de Montréal des origines à la belle époque,* CACF, vol. 7, *Regards sur Montréal,* 1966, p. 7-18, surtout p. 13.

MONTPETIT, ÉDOUARD (1881-1954). Économiste, né à Montmagny. Il fait ses études au Collège de Montréal et à la Faculté de droit de l'Université Laval à Montréal. Premier boursier de la Province de Québec, il fait ensuite un séjour d'études à Paris où il obtient le diplôme de l'École libre des sciences politiques et celui du Collège des sciences sociales. Reçu avocat en 1904, il ouvre un cabinet qu'il délaisse très vite pour le journalisme, puis pour la tribune de conférencier. Ses conférences le conduisent au professorat : en 1910, il est nommé titulaire de la chaire d'économie politique à l'Université de Montréal, professeur à l'École des Hautes Études commerciales et à la Faculté des sciences sociales. Nommé secrétaire général (1920) et directeur des relations extérieures (1930) de l'Université de Montréal, Édouard Montpetit est élu tour à tour doyen et directeur de la Faculté des sciences sociales, économiques et politiques, vice-président de l'Institut franco-canadien, vice-président du Comité France-Amérique, rédacteur en chef de la *Revue trimestrielle canadienne.* Durant plusieurs années, à partir de 1941, Édouard Montpetit occupe également le poste de directeur général de l'Enseignement technique de la province de Québec. Tout au long de sa féconde carrière, il reçoit des honneurs du Canada et de l'Europe : docteur ès lettres *honoris causa* des Universités d'Ottawa et de Poitiers, docteur ès sciences commerciales *honoris causa* de l'Université de Montréal, docteur en droit *honoris causa* des Universités McGill et de Lyon, officier de la Légion d'honneur et de l'Instruction publique (France), chevalier de l'Ordre de Léopold de Belgique, membre de la Société royale du Canada et de la Société coloniale de France. Homme de vaste culture, Édouard Montpetit est un écrivain de qualité tant par l'envergure des sujets traités que par son style toujours soigné et coloré. Il est plus particulièrement intéressé à l'essor économique du Canada français, mais aussi à sa géographie, à sa langue et à sa tradition populaire. « Montpetit, soucieux d'être une valeur positive et de susciter autour de lui des valeurs du même ordre, souligne Maurice Hébert, indique de quels matériaux on doit édifier le présent, l'avenir, et commence lui-même de bâtir, en dispensant un enseignement méthodique, lié aux principes autant qu'aux faits ».

ŒUVRES

Les Survivances françaises au Canada. Conférences faites à l'école libre des sciences politiques les 13 et 20 juin 1913 précédées des discours prononcés par M. Étienne Lamy, de l'Académie française et M. Louis Madelin, Paris, Typographie Plon-Nourrit et cie, 1914, 91 p.

Canada's Economic Destruction (essai), Montréal, Printed at Le Devoir, 1917, 15 p. « The Cases Against Conscription ».

L'Enseignement professionnel et la Constitution d'une élite, Montréal, Revue trimestrielle canadienne, 1917, 19 p.

La Conquête économique (essai), Montréal, Éditions Bernard Valiquette, 1918–1942, 3 vol. : 1, *Les Forces essentielles*, [1918], 293 p. Introduction de l'auteur ; vol. 2, *Étapes*, [1931], 271 p. ; vol. 3, *Perspectives*, 1942, 295 p.

La Veillée des berceaux (essai), Montréal, L'Action française, 1918, 35 p. « Bibliothèque de l'Action française ».

Au service de la tradition française, Montréal, L'Action française, 1920, 248 p.

La Conférence de Gênes en vue de la reconstruction économique et financière de l'Europe : du 10 avril au 19 mai 1922 / Conférence économique et financière, Ottawa, Imprimerie du Roi, 1923, 92 p. (Rapport conjoint des délégués canadiens : Sir Charles Gordon et le professeur Édouard Montpetit).

Pour une doctrine (essai), Montréal, Librairie d'Action canadienne-française, 1931, 253 p. « Documents économiques ».

Sous le signe de l'or, [Montréal], A. Lévesque, [1932], 305 p.

Les Cordons de la bourse (essai), Montréal, Éditions Albert Lévesque, 1935, 340 p. Introduction de l'auteur.

Le Front contre la vitre, Montréal, Lévesque, 1936, 278 p.

D'azur à trois lys d'or (essai), Montréal, Éditions de l'A.C.F., 1937, 147 p. « Documents sociaux ».

Reflets d'Amérique (essai), Montréal, Éditions Bernard Valiquette, 1940, 255 p. Présentation de l'auteur.

Prends la route (essai), Montréal, Librairie Granger Frère limitée, 1939, 45 p. (Extrait de la *Revue trimestrielle canadienne*, déc. 1939) ; Éditions du Devoir, 1940.

Souvenirs, Montréal, 1944–1955, 3 vol. : vol. 1, *Vers la vie*, Édition de l'Arbre, 1944, 215 p. ; vol. 2, *Vous avez la parole*, Les Éditions Chanteclerc ltée, 1949, 229 p. ; vol. 3, *Aller et Retour. Présences*, Thérien Frères limitée éditeur, 1955, 237 p.

Un programme d'action sociale, Montréal, École sociale populaire, [s.d.], 32 p.

L'Essor industriel et commercial du peuple canadien, dans *Revue économique canadienne*, vol. 3, nº 7, janv. 1914, p. 214–230.

Introduction à l'étude de l'économie politique, MSRC, 3ᵉ série, vol. 10, section 1, 1916, p. 365–408.

Les Canadiens français et l'Économie, MSRC, 3ᵉ série, vol. 32, section 1, 1938, p. 55–79.

Notes sur une double culture, MSRC, 3ᵉ série, vol. 36, section 1, 1942, p. 77–81.

Le Caractère dans la nation, ESC, vol. 22, nº 2, nov. 1942, p. 88–89.

ÉTUDES

Marcel Dugas, *Édouard Montpetit*, dans *Littérature canadienne, Aperçus*, Paris, Firmin Didot, 1929, p. 138–143.

Camille Roy, *Pour une doctrine*, ESC, vol. 11, nº 4, janv. 1932, p. 291–298.

Maurice Hébert, *Les Cordons de la bourse*, CF, vol. 23, nº 7, mars 1936, p. 659–665.

Romain Légaré, *La Conquête économique*, C, vol. 1, nº 2, juin 1940, p. 254–255.

Émile Bégin, *Reflets d'Amérique*, ESC, vol. 21, nº 3, déc. 1941, p. 249–252.

Roger Duhamel, *Souvenirs* AN, vol. 24, nov. 1944, p. 216–224.

Id., *Une heure avec... Édouard Montpetit*, AN, vol. 25, janv. 1945, p. 23–29.

Léon Lorrain, *Édouard Montpetit*, MSRC, 3ᵉ série, vol. 48, appendice B, 1954, p. 83–87.

Maurice Hébert, *Deux protagonistes de notre pensée française : MM. Olivar Asselin et Édouard Montpetit*, CF, vol. 25, nº 7, mars 1958, p. 752–767, surtout p. 760–767.

François-Albert Angers, *Hommage à Édouard Montpetit*, AN, vol. 55, nº 8, avril 1966, p. 893–898.

Roger Bédard, *M. Édouard Montpetit, précurseur de la révolution tranquille*, AN, vol. 55, nº 8, avril 1966, p. 899–928.

Rodolphe Joubert, *Édouard Montpetit. Sa vie et son œuvre*, Montréal, Les Éditions Élysée, 1975, 449 p. Ill. Avant-propos de l'auteur.

Jean-Jacques Lefebvre, *Édouard Montpetit (1881–1954)*, dans *Ancêtres et Contemporains (1670–1970)*, Montréal, Guérin éditeur, 1979, p. 119–125.

MONTPETIT, MONIQUE (1947–   ). Romancière, née à Montréal. Elle fait ses études au Collège Sainte-Anne de Lachine, à l'École Notre-Dame-du-Bon-Conseil et au Cégep André-Laurendeau de LaSalle (D.E.C., 1982), et elle poursuit des études de lettres à l'Université du Québec à Montréal. Elle enseigne à l'école primaire, à Montréal. Son premier roman, *Côté cœur* (1982), est jugé sévèrement par Normand Desjardins qui y voit une idée intéressante mais mal exploitée. Par contre, Marie Laurier aime le second roman, *Cher Alexandre* (1983), histoire d'inceste sans « rien de spectaculaire ni de féroce [...]. Mais des climats. Oui, des climats recréés avec un rare talent d'écriture et un rythme accordé au temps de l'évolution sentimentale de l'héroïne ».

ŒUVRES

Côté cœur (roman), Montréal, Libre Expression, 1982, 222 p.

Cher Alexandre (roman), Montréal, Libre Expression, 1983, 223 p.

ÉTUDES

René Lapierre, *Les Bons Sentiments et les Autres*, Dev, vol. 73, nº 279, 27 nov. 1982, p. 17.

Marie-Thérèse Dupuis, « *Côté cœur*», *de Monique Montpetit*, dans *Couple et Famille*, vol. 15, nº 1, hiver 1983, p. 11, 12.

Albert Brie, *Une belle histoire de cœur et de charme*, dans *Guide de Montréal-Nord*, 26 janv. 1983, p. 3.

Normand Desjardins, *Montpetit (Monique). Côté cœur*, dans *Nos livres*, vol. 14, janv. 1983, nº 5061.

Marie Laurier, « *Cher Alexandre* » : *des climats délicieux*, Dev, vol. 75, nº 65, 17 mars 1984, p. 23.

MONTPLAISIR, ROBERT (1949–   ). Poète, né à Montréal. Il fait ses études collégiales au Collège de Maisonneuve (D.E.C., 1973) ; par la suite, il fait des études littéraires à l'Université du Québec à Montréal pendant une année. À partir de 1974, il est programmateur de films et, en 1980, il devient directeur d'une Société cinématographique, la Compagnie des films Paramount du Canada. En 1970, il avait fondé la maison d'éditions Danielle Laliberté, reprise en main plus tard par Gaston Miron. Robert Montplaisir collabore à de nombreuses petites revues, puis aux *Herbes rouges*, avant de faire paraître *Prémices* (1971). Réginald Martel classe ce poète parmi les écrivains engagés.

ŒUVRE

Prémices (poésie), Montréal, les Éditions Danielle Laliberté, 1971, 56 p.

Aujourd'hui la mort..., dans *Les Herbes rouges*, nº 4, déc. 1971, p. 28–29.

ÉTUDE

Réginald Martel, *Ainsi laisser parler*, Pr, 87ᵉ année, nº 246, 23 oct. 1971, p. C-3.

MONTREUIL, CLAIRE. Voir MARTIN, CLAIRE.

MONTREUIL, GAËTANE DE [X Marie-Georgina Bélanger, Mme Charles Gill, Aimée Patrie] (1867–1951). Journaliste, romancière et poète, née à Québec. Diplômée de l'École normale (1885), elle est une des premières femmes canadiennes à s'intéresser au journalisme. Durant une quarantaine d'années, Gaëtane de Montreuil publie plus de cinq cents articles dans : *Le Coin du feu* (1893), *Le Monde illustré* (1895–1899), *La Presse* (1899–1901, 1925–1926) où elle fonde la page féminine, *Le Journal de Françoise* (1905), *Pour vous Mesdames* (qu'elle lance en 1913), *Le Bien public* (1916), *Le Pays laurentien* (1917), *Passe-Partout* (1917–1919), *Le Pays* (1921), *Mon magazine* (qu'elle dirige de 1926 à 1932), *Le Jour* (1937). Elle vit pendant deux ans en Californie (1914–1916) où elle enseigne le français et collabore à un quotidien de San Bernardino ; puis, après la mort de Charles Gill, son mari (1918), elle réunit les pages éparses de son journal intime que celui-ci lui avait demandé de détruire en 1902. Plus tard, au cours d'un voyage en Floride (1930), elle fonde la société « Union des gens de chez nous », dans le but de promouvoir la colonisation du nord québécois. Ses contes et romans font vibrer tantôt la corde patriotique, tantôt celle qui fait entendre le drame d'un cœur féminin épris de la grande nature. Par ses sujets comme par son style, la prose de Gaëtane de Montreuil ne s'élève guère au-delà d'un honnête effort. Mais elle recèle, par moments, une note poétique de forte sensibilité féminine. Outre ses romans et ses contes, Gaëtane de Montreuil a écrit un recueil de poèmes : *Les Rêves morts*. Beaucoup d'élégance et de souplesse émane de sa poésie au souffle patriotique, comme le souligne Albert Ferland : « Il se dégage de ces vers nouveaux un parfum dominant, celui du terroir [...] le parfum le moins familier et que l'on semble oublier, celui de la grande Nature ». Dans sa biographie de Gaëtane de Montreuil (1976), Réginald Hamel décrit toutes les étapes de la carrière de cette femme de lettres.

ŒUVRES

Fleur des ondes. Roman historique canadien, Québec, La Cie d'Imprimerie Commerciale, 1912, 163 p. ; Des Presses de l'Action sociale, limitée, 1924, 149 p. (Édition corrigée et augmentée).

[*Fleur des ondes. Drame en 4 actes et 1 tableau final*] (théâtre), [s.l.], Chez l'auteur, 1913, 32 p.

Dans les montagnes Rocheuses canadiennes (poème), Québec, Ernest Tremblay, Imprimeur, 1916, 7 p.

La Montagne Castel (conte), Québec, E. Tremblay imprimeur, 1916, 8 p.

Cœur de rose et Fleur de sang. Recueil de contes et nouvelles, Québec, [s.é.], 1924, 195 p. Avertissement de l'auteur ; Montréal, Librairie Beauchemin Limitée, 1926, 122 p. « BC. Dollard » ; *Noël vécu. Recueil de contes et nouvelles*, 1926, 121 p. ; *La Vengeance d'une morte. Recueil de contes et nouvelles*, 1926, 108 p.

Causeries, Montréal, Librairie Beauchemin Limitée, 1926, 124 p. « BC. Dollard ».

Les Rêves morts (poésie), [s.l., s.é.], 1927, 64 p. (Édition détruite) ; Montréal, [s.é.], 1927, 16, 57 p. Précédés de lettres de Rodolphe Lemieux, Albert Ferland et Jean Charlemagne Bracq. —

Destinée. Roman, Montréal, [s.é.], 1946, 179 p.

Gaëtane de Montreuil, Œuvres complètes, Montréal, Université de Montréal, 1961-1969, 4 vol. : vol. 1, *Chroniques (1896-1932)*, 4 t. : t. 1, 296 p. ; t. 2, –532 p. ; t. 3, –858 p. ; t. 4, –1196 p. ; vol. 2, *Petite Correspondance (1898-1915)*, 4 t. : t. 1, –1483 p. ; t. 2, –1839 p. ; t. 3, –2245 p. ; t. 4, –2463 p. ; vol. 3, *Correspondance générale (envoyée et reçue) (1890-1946)*, –2741 p. ; vol. 4, *Contes, Nouvelles, Romans et Théâtre (1898-1946)*, 3 t. : t. 1, –3019 p. ; t. 2, –3206 p. ; t. 3, –3520 p. ; vol. 5, *Poésies diverses (1916-1935)*, –3673 p. ; vol. 6, *Critiques diverses, Galerie de portraits et Journal intime*, –4057 p. Textes réunis, classés et annotés d'après les manuscrits par Réginald Hamel. (Texte dactylographié).

ÉTUDES

H.-D. Saint-Jacques, *Les Femmes et les Lettres françaises au Canada*, BPF, vol. 11, n° 9, mai 1913, p. 341-348, surtout p. 346.

Adèle Lacerte, *Gaëtane de Montreuil et ses œuvres*, Ottawa, Beauregard, 1916, 23 p.

Réginald Hamel, « Gaëtane de Montreuil, sa vie et son œuvre (1867-1951) ». Thèse de doctorat. Montréal, Université de Montréal, 1971, 338 f.

Id., *Gaëtane de Montreuil* (monographie), Montréal, L'Aurore, 1976, 213 p.

MOREAU, ANDRÉ (1941–   ). Philosophe, né à Montréal. Il fait ses études classiques au Collège Sainte-Croix, puis il obtient, à l'Université de Montréal, un baccalauréat (1962) et une licence en philosophie (1963). Poursuivant ses études de doctorat à l'Université de Paris, il soutient une première thèse, en 1966, « Les Superstructures de l'immatérialisme », et une seconde, en 1969, « La Méthodologie des structures dans l'immatérialisme de Berkeley ». Il se dit écrivain et philosophe privé. Il anime aussi des émissions à la télévision, fonde le Mouvement jovialiste (1970), publie des articles dans des revues ou des ouvrages collectifs, *Dialogue*, *La Petite Revue philosophique*, *Le Futur vécu*, *Éléments de gérontologie*, et fait paraître une vingtaine de livres entre 1969 et 1981. Il reçoit le Grand Prix de philosophie Platon (France, 1981). Réginald Martel écrit au sujet de *La Folie de Dieu* (1980) : « Il n'est pas nécessaire d'être jovialiste ou jovialistologue pour apprécier l'aimable discours d'André Moreau qui, dans une masse d'affirmations invérifiables,

s'amuse à dire des choses qui pourraient scandaliser les bons bourgeois ».

ŒUVRES

La Médiation sexuelle (essai), Montréal, André Moreau éditeur, 1969, 158 p. Collab. Frans Manouvrier.

La Dialectique sexuelle (essai), Montréal, André Moreau éditeur, 1970, 286 p.

L'Énergie divine (essai), Montréal, Les Éditions Jovialistes inc., 1971, 42 p.

Le Mouvement jovialiste (essai), Montréal, André Moreau éditeur, 1971, 120 p. ; Les Éditions Jovialistes inc., 1977, 120 p.

Orgasme et Être (essai), Montréal, Les Éditions Jovialistes inc., 1971, 150 p. « Sexologies ».

Le plaisir est sagesse (essai), Montréal, Les Éditions Jovialistes inc., 1972, 47 p. ; 1981, 177 p. Préface de Gilles-André L'Heureux.

La Seconde Naissance (essai), Montréal, Les Éditions Jovialistes inc., 1972, 149 p.

La Volonté du bonheur (essai), Montréal, Les Éditions Jovialistes inc., 1972, 160 p.

La Violence créatrice (essai), Montréal, Les Éditions Jovialistes inc., 1973, 165 p.

Pour réveiller le Dieu endormi (essai), Montréal, Les Éditions Jovialistes inc., 1974, 439 p. ; [Montréal], Leméac, 1986, 430 p.

La Mère érotique (essai), Montréal, Les Éditions Jovialistes inc., 1975, 78 p.

Riens sexologiques (essai), Montréal, Les Éditions Jovialistes inc., 1975, 122 p.

L'Enseignement jovialiste (essai), Montréal, Les Éditions Jovialistes inc., 1976, 156 p. Préface de l'auteur.

L'Art des systèmes en philosophie (essai), Montréal, Les Éditions Jovialistes inc., 1977, 138 p. Préface de l'auteur.

Encyclopédie des références philosophiques. Un univers jovial ou Programme pour un nouvel univers, Montréal, Les Éditions Jovialistes inc., 1978, 231 p. Introduction de l'auteur.

Ma conception de l'optimisme (essai), Montréal, Les Éditions Jovialistes inc., 1978, 314 p. Préface de l'auteur.

Un univers jovial (essai), Montréal, Les Éditions Jovialistes inc., 1978, 240 p.

Pour une éthique de l'excès (essai), Montréal, Les Éditions Jovialistes inc., 1979, 440 p.

La Folie de Dieu (essai), Montréal, Les Éditions Jovialistes inc., 1980, 206 p.

Le génie est une fête (essai), Montréal, Les Éditions Jovialistes inc., 1980, 192 p.

Cent millions de Christ (essai), Boucherville/Montréal, Éditions de Mortagne/Éditions Jovialistes, 1981, 740 p. Avant-propos de l'auteur.

L'Aventure intégrale (la suite de la volonté du bonheur) (maximes), Montréal, André Moreau, éditeur, 1984, 148 p.

Pour le meilleur et sans le pire (essai), Montréal, André Moreau et Compagnie, 1984, 739 p.

Le Journal d'un démiurge, Montréal, André Moreau et Compagnie, 1985, 1320 p. Préface de l'auteur. Préface de Gilles-André L'Heureux.

ÉTUDES

Réginald Martel, *Caron, Savoie et Moreau. Livres d'artistes ou non*, Pr, 96ᵉ année, nº 105, 3 mai 1980, p. D-3.

Jean Basile, *André Moreau est-il un clown?*, Pr, 101ᵉ année, nº 160, 30 mars 1985, p. 16.

MOREAU, FRANÇOIS (1930–   ). Poète, romancier et dramaturge, né à Montréal. Il fait ses études classiques au Collège Sainte-Marie et au Collège de Montréal (B.A., 1947). Il fait un premier séjour en France (1949–1951) comme journaliste à l'Agence A.F.D.A.L. (Paris). Par la suite, il est annonceur au poste radiophonique CHLN (Trois-Rivières) de 1951 à 1953, avant de retourner définitivement en Europe, d'abord en France ensuite en Grande-Bretagne à partir de 1955. François Moreau fait paraître en 1949 un recueil de poésie *La Lèpre comme un signe*, publié à Monte Carlo et tiré à 200 exemplaires. Les vers de facture traditionnelle traduisent le passage difficile de l'enfance à l'âge adulte. Les douleurs de « l'amour à dix-sept ans (qui) vagabonde au ciel bleu » causent l'angoisse. François Moreau écrit plusieurs pièces pour la série « Nouveautés dramatiques » de Radio-Canada : « L'Avalanche » (1954), « Les Hommes libres » (1954), « Les Rescapés » (1955), « La Fusillade » (1955), « Le Paradis perdu » (1956), « Un fantôme tous les jours » (1957), « Cargaison dangereuse » (1958). En 1959, sa pièce, *Les Taupes*, remporte le premier prix au concours d'œuvres dramatiques du Théâtre du Nouveau Monde et est montée en novembre dans une mise en scène de Jean-Louis Roux. La thématique de la pièce annonce les bouleversements qui ont secoué la famille québécoise au cours des décennies subséquentes. Au début des années 1970, il publie deux romans : *Requiem pour un père* (1971) et *Les Carnivores* (1972). Selon Adrien Thério, il n'est pas facile d'entrer dans l'univers de François Moreau et d'y être à l'aise. Cependant, « le ton est juste, la vision [...] braquée au bon endroit ». Et il ajoute, « Dommage qu'il n'écrive pas plus souvent ».

ŒUVRES

La Lèpre comme un signe (poésie), [Monte Carlo], Regain, [1949], 32 p.

Requiem pour un père (roman), Montréal, L'Actuelle, 1971, 119 p.

Les Carnivores (roman), Montréal, L'Actuelle, 1972, 108 p.

Six études de style avec un choix de textes et de questions, Paris, Société d'édition d'enseignement supérieur, 1984, 117 p.

Les Taupes. Pièce en trois actes, ECF, nº 4, 1960, p. 9–90 ; (Un extrait dans Jan Doat, *Anthologie du théâtre québécois, 1606-1970*, p. 443-447).

ÉTUDES

[Anonyme], *La Vie des livres. Poète à Paris. La Lèpre comme un signe*, dans *Le Canada*, 25 juin 1949, p. 5.

[Anonyme], *Les Taupes*, dans *Bulletin du Cercle juif*, 6ᵉ année, nº 49, nov. 1959, p. 3.

Bernard Julien, *Les Taupes*, RUO, vol. 31, nº 2, 1961, p. 330-331.

Adrien Thério, *Requiem pour un père*, LAQ 1971, p. 55.

François Hébert. *Les Carnivores*, EF, vol. 9, nº 4, nov. 1973, p. 354.

MOREAU, GÉRALD E. (1929–   ). Critique littéraire et romancier, né au Manitoba. Il étudie successivement à l'Université du Manitoba (B.A., 1951), à l'Université Laval (M.A., 1955) et à l'Université de Poitiers (doctorat, 1957). Depuis lors il est professeur de français et de littérature québécoise à l'Université de Victoria (B.C.). En 1967, il reçoit la médaille du Centenaire du Canada. Gérald Moreau prépare une *Anthologie du roman canadien-français* (1973). En 1977, paraît son roman *Le Commis* qui n'a guère impressionné les critiques. En 1983 et 1984, il fait paraître trois autres romans du genre populaire.

ŒUVRES

Le Québec, tradition et évolution (anthologie), Toronto, W.J. Gage Limited, 1967, 2 vol. : vol. 1, 171 p. ; vol. 2, 220 p. Collab. W. Garry Hickman et Jean-Pierre Mentha.

Anthologie du roman canadien-français, Montréal, Lidec Inc., 1973, 224 p.

Le Commis (roman), Paris, La Pensée universelle, 1977, 153 p.

Le Passeur de Solidarność (roman), Monaco, Éditions du Rocher, 1983, 318 p. Collab. Jan Pilarski ; Montréal, Domino, 319 p.

Le 53ᵉ otage. Le Passeur d'Iran (roman), Monaco, Éditions du Rocher, 1984, 353 p. Collab. Hassad Barzani. « Grands Romans ».

Camisole (roman), Monaco, Éditions du Rocher, 1984, 259 p. « Grands Romans » ; Paris, France Loisirs.

L'Homme : son « identité » (Antoine de Saint-Exupéry), RUO, vol. 40, nº 4, 1970, p. 561-572.

Antoine de Saint-Exupéry. Son enfance : nostalgie ou bouclier ? RUO, vol. 42, n⁰ 2, 1972, p. 252–258.

Le Rêve et le Réalisme dans « La Belle Bête » de Marie-Claire Blais, RUO, vol. 42, n⁰ 4, 1972, p. 570–574.

Antoine de Saint-Exupéry : critique de son temps, RUO, vol. 44, n⁰ 4, 1974, p. 535–538.

ÉTUDES

[Anonyme], *Anthologie du roman canadien-français*, dans *Vie française*, vol. 28, n⁰ˢ 1–2, 1973, p. 51–52.

Adrien Thério, *Gérald Moreau. Le Commis*, LQ, n⁰ 11, sept. 1978, p. 21.

MORENCY, PIERRE (1942–   ). Poète et dramaturge, né à Lauzon (Lévis). Il fait ses études classiques au Collège de Lévis (B.A., 1963), puis obtient une licence ès lettres de l'Université Laval, en 1966. Il est professeur à Lévis de 1963 à 1968. Directeur-fondateur du théâtre étudiant de Lévis (1961–1964), il se consacre, à partir de 1968, à une carrière d'écrivain et de chroniqueur radiophonique. Il signe plusieurs émissions poétiques ou humoristiques, telles « Le Repos du guerrier », « Le Talon d'Ève », « La Nouvelle Poésie », « Éloges », « Bestiaire de l'été ». Entre plusieurs voyages en Europe, il crée et anime les Soirées poétiques du Chantauteuil, à Québec (1969–1970), fonde et dirige la revue poétique *Inédits* (1969–1971) et parcourt le Québec pour donner de nombreux récitals de poésie. En 1968, il obtient le prix Du Maurier et, en 1976, le prix Claude-Jernet (Rodez, France). Poète du mot, de la parole et du geste, Pierre Morency écrit plusieurs pièces radiophoniques et des courtes comédies : « Tournebire et le Malin Frigo », créée par le T.E.Q., « La Jarnigoine », créée par le T.Q.Q., « La Loi des pompes », créée par le Petit Théâtre de Sainte-Foy, et « Marlot dans les merveilles », créée par le Théâtre du Tréteau. Animateur brillant, « quand il dit ses poèmes, remarque Marie Laberge, le poète lui-même devient poème, il devient cette bête de feu, racée, et les mots font monture avec lui. Pierre Morency possède ce magnétisme rare de la présence physique. Il a le pouvoir d'atteindre les âmes ».

ŒUVRES

Poèmes de la froide merveille de vivre, Sillery, Éditions de l'Arc, 1967, 109 p. « L'Escarfel » ; *(seconde édition)*, 1970, 133 p. (Avec *Au nord constamment de l'amour*).

Poèmes de la vie déliée, Sillery, Éditions de l'Arc, 1968, 88 p. « L'Escarfel ».

Au nord constamment de l'amour, suivi de Poèmes de la froide merveille de vivre (seconde édition) (poésie), Sillery, Éditions de l'Arc, 1970, 133 p. « L'Escarfel » ; *Au nord constamment de l'amour*, 1973, 214 p.

Poèmes I, [Québec], Éditions Passe-Partout, 1970, 15 p. Collab. René Bertrand.

Les Appels anonymes (poème affiche), Québec, Inédits, 1971.

Lieu de naissance (poésie), [Montréal], Éditions de l'Hexagone, 1973, 49 p.

Charbonneau et le Chef (théâtre), Montréal, Leméac, 1973. Adaptation du texte de J.T. McDonough.

Marlot dans les merveilles. Théâtre pour enfants, Montréal, Leméac, 1975, 115 p.

Les Passeuses (théâtre), Montréal, Leméac, 1976, 127 p. « Théâtre ».

Torrentiel. Poèmes de Pierre Morency, Montréal, L'Hexagone, 1978, 65 p.

Tournebire et le Malin Frigo. Les Écoles du bon bazou (théâtre), Montréal, Leméac, 1978, 154 p.

Voici Québec, Québec, Les Éditions de la Grande-Allée, 1983, [portefeuille, n.p., 17 f.]. Estampes originales de Luc Archambault. (Édition de luxe. Tirage limité).

[*Redécouverte. 375 ans Québec*, Québec, Comité d'organisation du 375⁰ anniversaire de la Ville de Québec, Service des communications de la Ville de Québec, 1983], 16 p. Ill. de Luc Archambault. Textes de Pierre Morency et Guy Cloutier.

Effets personnels suivi de Douze Jours dans une nuit (poésie), Montréal, L'Hexagone, 1987, 47 p.

Les Qualités et les Défauts de l'écrivain, L, vol. 13, n⁰ 74, mars–avril 1971, p. 58–60.

Une à une ces choses arriveront. These Things Will Happen One by One, dans *Ellipse*, n⁰ 12, 1973, p. 44–47. Traduction de Judith Cowan.

Poèmes suivi de Le Manifeste caché, dans *Estuaire*, n⁰ 23, printemps 1982, p. 77–90.

ÉTUDES

[*Pierre Morency*], dans *Nord*, n⁰ 3, été 1972, p. 3–128. (Numéro spécial).

Jacques Rancourt, *Vérité de la poitrine — P. Morency*, dans *Poésie contemporaine de la langue française* Paris, Éditions Saint-Germain des Prés, 1973, p. 146.

Gilles Marcotte, *Les Mots comme les choses*, EF, mai 1974, p. 135.

Yvon Bernier, *Pierre Morency et les Intermittences de la poésie*, dans *Les Cahiers de Cap-Rouge*, vol. 2, n⁰ 3, 1974, p. 43–53.

Paul-André Bourque, *Poètes et Artistes du Québec*, LAQ 1975, p. 139–145, surtout p. 141–142.

Michel Le Bel, *Pierre Morency. Les Passeuses*, LAQ 1976, p. 188–189.

Adrien Gruslin, *Pierre Morency et le théâtre d'un langage qui ne veut pas mourir*, Dev, vol. 69, n° 220, 24 sept. 1977, p. 23.

André Fortier, *Passeuses de veufs*, Dr, 66e année, n° 116, 12 août 1978, p. 16.

Donald Smith, *Pierre Morency poète et dramaturge*, LQ, n° 12, nov. 1978, p. 39–47. Entrevue.

Claude Poissant, *Tournebire et le Malin Frigo. Les Écoles du bon bazou de Pierre Morency*, dans Jeu, n° 9, automne 1978, p. 125–126.

Francine Chainé, *Pierre Morency. Tournebire et le Malin Frigo. Les Écoles du bon bazou*, LAQ 1978, p. 255–256.

Ginette Michaud, *Pierre Morency. Torrentiel*, LAQ 1978, p. 142–143.

Jean Royer, *Pierre Morency : « Il fouille dans les trous que vous faites en parlant »*, Dev, vol. 70, n° 92, 21 avril 1979, p. 21.

Suzanne Paradis, *À la découverte du paradis perdu*, Dev, vol. 70, n° 92, 21 avril 1979, p. 21.

C. May, *Danse empêchée et plexus solaire*, dans Études canadiennes, n° 8, 1980, p. 9–20.

MOREL, LUDOVIC. Voir **FAUTEUX, AEGIDIUS.**

MORICE, ADRIEN-GABRIEL [De La Seine, D.L.S.] (1859–1938). Historien, ethnographe et linguiste, né à Saint-Mars-sur-le-Colmont (Mayenne, France). Après un an au Séminaire Lessier, il va au Collège de Notre-Dame-de-Sion à Nancy (1874–1877) ; pendant cette période il s'initie aussi à l'imprimerie. En 1877, il commence son noviciat chez les Oblats. L'année suivante il continue ses études philosophiques à Autun. En 1880, il est envoyé au Canada pour terminer ses études à cause de la loi qui obligeait la fermeture des maisons religieuses en France. Ordonné prêtre en 1882, il est d'abord en mission chez les Indiens Chicoltins de Williams-Lake (1883–1885) ; ensuite, il passe plusieurs années à la mission du lac Stuart (C.-B.). Il y commence ses études linguistiques et établit une imprimerie où il publie plusieurs ouvrages dans la langue indigène. En 1906, il est appelé à Kamloops et, en 1908, il est nommé rédacteur du *Patriote de l'Ouest*, à Duck-Lake (Sask.). Après un an, il s'établit à Saint-Boniface où il continue ses recherches et publie plusieurs ouvrages, notamment sur l'ethnologie des indigènes. Il mérite la médaille d'argent de la Société française de géographie (1906) ; en 1911, l'Université du Saskatchewan lui confère le B.A. et, l'année suivante, la maîtrise, enfin, en 1933, un doctorat *honoris causa*. Il écrit plusieurs articles dans la *Catholic Encyclopedia* (1908) et collabore à de nombreux périodiques tels : *La Revue canadienne*, *Le Canada français*, *La Revue de l'Université d'Ottawa*, *American Anthropologist*.

Écrivain prolifique, il publie plus d'une centaine d'ouvrages : biographies, récits de voyage, études ethnographiques, linguistiques et polémiques, etc., regroupés dans la bibliographie publiée par Gaston Carrière, en 1972. En 1908, le provincial lui propose d'écrire l'histoire de l'Église catholique dans l'Ouest canadien. Avant d'accepter la proposition, il désirait terminer son ouvrage sur *The Great Déné Race* (1906) qu'il considérait comme son « magnum opus », demeuré inachevé. *L'Histoire de l'Église catholique dans l'Ouest canadien* (1912) impressionne encore « par la masse de renseignements » selon Nive Voisine (DOLQ, t. II, p. 560–561) ; « il suit à la trace chacun des missionnaires catholiques et décrit avec force détails la fondation de chacune des missions ; il analyse aussi avec précision des événements importants [...]. Pour l'époque (cette histoire) est un livre bien documenté ».

ŒUVRES

Au pays de l'ours noir. Chez les Sauvages de la Colombie-Britannique. Récit d'un missionnaire, Paris/Lyon, Delhomme et Briguet, 1897, 311 p.

A First Collection of Minor Essays Mostly Anthropological, Quesnel (B.C.), Stuart's Lake Mission, 1902, 76 p.

The History of the Northern Interior of British Columbia, formerly New Caledonia (1660–1680), Toronto, William Briggs, 1904, xi, 349 p. Ill.

Primitive Tribes and Pioneer Traders. The History of the Northern Interior of British Columbia, formerly New Caledonia (1660–1680), Toronto, William Briggs, 1905, xii, 368 p. ; London, John Lane, The Bodley Head, 1906 ; Fairfax, Washington, Ye Galleon Press, 1971 (réimpression en fac-similé de l'édition de 1906).

The Great Déné Race, Winnipeg, [Chez l'auteur], St-Gabriel-Mölding (Autriche), Administration of « Anthropos », /1906–1910/, xvi, 256 p. Ill. (Paru dans *Anthropos*, vol. 1, 1906, p. 229–277, 483–509, 695–730 ; vol. 2, 1907, p. 1–34, 181–196 ; vol. 4, 1909, p. 582–606 ; vol. 5, 1910, p. 113–142, 419–443, 643–653, 969–990).

Aux sources de l'histoire manitobaine, Québec, « L'Événement », 1907 [1908], 120 p. (Paru dans *La Nouvelle France*, vol. 6, 1907, p. 160–169, 210–223, 255–266, 307–318, 360–371, 408–421, 463–475, 518–576 ; vol. 7, 1908, p. 70–75).

Dictionnaire historique des Canadiens français et métis français de l'Ouest, Kamloops, B.C., Chez l'auteur, Québec, RR.PP. Oblats Saint-Sauveur, Saint-Boniface, Archevêché, 1908, xl, 329 p.

Histoire de l'Église catholique dans l'Ouest canadien, du lac Supérieur au Pacifique (1659–1905), Winnipeg, Chez l'auteur, Montréal, Granger frères, 1912, 3 vol., xxiv, 436 p. ; 455 p. ; 493 p. ; Saint-Boniface, Chez l'auteur, 1915 ; Montréal, Granger frères, 1921 ; Saint-

Boniface, Chez l'auteur, 1923, 4 vol., p. 403-539 (pagination continue à partir du 3ᵉ tome) ; Winnipeg, Chez l'auteur, 1928. (Paru d'abord en anglais) *History of the Catholic Church in Western Canada*, Toronto, The Mussan Book Company Limited, 1910, 2 vol., xxi, 356 p. ; xii, 414 p.

The Manitoba School Question Being a Controversy Between the Rev. E. J. B. Salter and the Rev. A.G. Morice, O.M.I., as Published in Letters to the Winnipeg « Free Press », Winnipeg, West Canada Publishing Company, 1913, 86 p.

Histoire abrégée de l'Ouest canadien : Manitoba, Saskatchewan, Alberta et le Grand-Nord, Saint-Boniface, [s.é.], 1914, vii, 162 p. Ill.

The Roman Catholic Church West of the Great Lakes,/ Toronto, s.é., 1914/, 83 p. (Paru d'abord dans Adam Short et Arthur G. Doughty, *Canada and its Provinces*, Toronto, Glasgow, Brook and Company, 1914, t. 11, p. 115-116).

Edmonton et l'Alberta française. Impressions et statistiques par M. de la Seine, tel que publié dans le Courrier de l'Ouest, 1914, Edmonton, [s.é.], 1915, 40 p.

Essai sur l'origine des Dénés de l'Amérique du Nord, Québec, L'Événement, 1915, 245 p. Ill. (Paru d'abord dans *La Nouvelle France*, vol. 14-15, 1915-1916).

Vie de Mgr Langevin, Saint-Boniface, Chez l'auteur, 1916, 374 p. ; 1916, vii, 374 p. ; *Vie de Mgr Langevin avec un choix de pensées*, 1919, xiv, 398 p.

Voyages et Aventures. De Lebret à La Haye, Lisieux, Lourdes et Verdun, Saint-Boniface, Chez l'auteur, 1925, 319 p.

Disparus et Survivants ; études ethnographiques sur les Indiens de l'Amérique du Nord, Winnipeg, Chez l'auteur, 1928, 372, vii p.

The Macdonell Family in Canada, Toronto, The Canadian Historical Review, 1929, 59 p.

L'Ouest canadien. Esquisse géographique, ethnologique, historique et démographique, Neuchâtel, Imprimerie Paul Attinger, 1929, 98 p. (Paru d'abord dans le *Bulletin de la Société neuchâteloise de géographie*, vol. 37, 1928, p. 6-58).

Fifty Years in Western Canada, Being the Abridged Memoirs of Rev. A. G. Morice, O.M.I., by D.L.S., Toronto, The Ryerson Press, 1930, x, 267 p.

The Carrier Language (Déné Family). A Grammar and Dictionary, St-Gabriel-Mölding (Autriche), At the « Anthropos » ; Winnipeg, At the Author's, 1932, 2 vol. « Collection internationale des monographies linguistiques, Bibliothèque Anthropos », vol. IX-X.

Souvenirs d'un missionnaire en Colombie Britannique, Winnipeg, La Liberté, 1933, 374 p.

En Europe centrale. Simples notes de voyage, Winnipeg, [Chez l'auteur], 1934, 71 p. (Paru d'abord dans le *Bulletin de la Société de géographie de Québec*, vol. 28, 1934, p. 1-64).

A Critical History of the Red River Insurrection, after Official Documents and Non-Catholic Sources, Winnipeg, Canadian Publishers, 1935, 376 p.

Dans le champ des lettres canadiennes, Winnipeg, [Chez l'auteur], 1936, 286 p.

The Catholic Church in the Canadian Northwest, Winnipeg, [Chez l'auteur], 1936, 83 p.

ÉTUDES

F.-X. Chouinard, *Un grand savant américaniste : Le Père A.-G. Morice, o.m.i.*, dans le *Bulletin de la Société de géographie de Québec*, vol. 26, 1932, p. 14-33.

Renée Beaulne, « Bio-bibliographie du Rév. Père A.-G. Morice, O.M.I. ». Mémoire. L'École de bibliothécaires de l'Université de Montréal, 1945, 46 f.

T.P. Jost, *Rev. A.-G. Morice, Discoverer and Surveyor, and the Problems of the Proper Geographical Names in North Central British Columbia*, RUO, vol. 37, 1967, p. 463-476.

Raymond Huel, *Adrien-Gabriel Morice, O.M.I., Brief Sojourn in Saskatchewan*, RUO, vol. 41, 1971, p. 282-293.

Gaston Carrière, *Adrien-Gabriel Morice, o.m.i. (1859-1938). Essai de bibliographie*, RUO, vol. 42, nᵒ 3, juillet-sept. 1972, p. 325-341.

MORIN, AUGUSTIN-NORBERT (1803-1865). Poète, juriste et essayiste, né à Saint-Michel-de-Bellechasse. Il étudie le droit à Québec et est reçu avocat en 1828. Il se fait connaître très tôt par sa *Lettre à l'Honorable Edward Bowen... sur les droits du français devant les tribunaux*. Fondateur de *La Petite Minerve* (1826), il vend ce journal en 1827 à Ludger Duvernay qui en abrège le titre — *La Minerve* — et engage Denis-Benjamin Viger comme rédacteur. Le 26 octobre 1830, Morin est élu député à l'Assemblée législative où il prend une part considérable à la rédaction des 92 résolutions qu'il ira porter à Londres. Principal lieutenant de Papineau dans la région de Québec, il est arrêté en 1838, puis, au bout d'un certain temps, libéré sous caution. Par la suite, il devient l'un des chefs politiques du Bas-Canada dans le Canada Uni : il est élu président de l'Assemblée législative en 1848. Nommé juge à la Cour supérieure en 1855, Morin s'occupe de la codification du Code civil du Québec, connu sous le nom de Code Morin. Il meurt à Sainte-Adèle, comté de Terrebonne, le 27 juillet 1865. Homme d'État profondément engagé dans la vie publique de son temps, il a écrit quelques poèmes patriotiques fort goûtés à l'époque, et quelques brochures pour la défense de la cause des Canadiens français. *Le Répertoire national* de James Huston contient trois poèmes de Morin, « Le Berger malheureux », « Chanson patriotique » et « La Baie de Québec ». Dans le troisième tome du même ouvrage figure aussi son essai « De l'éducation élémentaire » : ce texte de 1845 peut être considéré comme l'un des premiers exposés sur le système d'éducation du Canada français.

ŒUVRES

Lettre à l'Honorable Edward Bowen, Écuyer, un des juges de la cour du Banc du Roi de sa Majesté pour le District de Québec, Montréal, Imprimé par James Lane, 1825, 16 p. ; Réédition-Québec, 1968. (Paru aussi dans Guy Bouthillier et Jean Meynaud, *Le Choc des langues au Québec, 1760–1970*, Montréal, PUQ, 1972, p. 132–138).

Lecture prononcée devant l'Institut canadien, Montréal, Lovell et Gibson, 1846, 30 p.

Letter from Hon. A.N. Morin to Hon. Francis Hincks, Quebec, 8 May 1841, dans *Report of the Public Archives of Canada*, 1883, p. 168–173.

[*Poèmes*], RN, 1893, vol. 1, p. 133–166.

[*Poèmes*], dans Jules Fournier, *Anthologie des poètes canadiens*, Montréal, Granger Frères, 1920, p. 26–28.

ÉTUDES

L.-O. David, *L'Hon. A.-N. Morin*, Montréal, G.-E. Desbarats, 1872, 31 p.

Paul Wyczynski, *F.-X. Garneau, Voyage en Angleterre et en France dans les années 1831, 1832 et 1833*, Ottawa, EUO, 1968, p. 373–374.

Gérard Parizeau, *Des quatre-vingt-douze résolutions au code civil ou Augustin-Norbert Morin*, MSRC, 4e série, vol. 10, 1972, p. 45–53.

MORIN, CLAIRE. Voir **FRANC**, CLAIRE.

MORIN, CLAUDE (1929–   ). Économiste, né à Montmorency (Québec). Il étudie au Séminaire de Québec et à l'Université Laval (B.A. en sciences sociales, 1952 ; M.A. en économie, 1954). Il poursuit des études supérieures à l'Université Columbia (New York) où il mérite une maîtrise dans le domaine du bien-être social, en 1956. Il devient ensuite professeur à la Faculté des sciences sociales de l'Université Laval (1956–1963), tout en étant conseiller auprès de divers conseils d'administration économique et consultant auprès du Conseil d'orientation économique du Ministère des Finances et du Ministère de la Famille et du Bien-être social. En 1962–1963, il fait partie du Comité de l'assistance publique dont le rapport paraît en mai 1963. Auparavant, il avait déjà présidé divers comités gouvernementaux dont les rapports s'intitulent : *La Situation économique et sociale du comté de Portneuf* ; *La Situation du logement à Québec* ; *La Dépendance sociale en Gaspésie*. À la suite de cette expérience, le gouvernement Lesage le nomme conseiller économique auprès du Conseil exécutif du gouvernement du Québec. Puis, de 1963 à 1967, sous le régime politique libéral et celui de l'Union nationale, Morin sera tour à tour sous-ministre des Affaires fédérales-provinciales et sous-ministre des Affaires intergouvernementales. En 1971, il retourne à l'enseignement en tant que professeur des relations intergouvernementales à l'École nationale d'administration publique de l'Université du Québec. Il est également chargé de cours aux universités de Montréal, du Québec à Montréal et Laval. En 1976, il est élu député du Parti Québécois et est nommé ministre. Après 1980, il abandonne la politique et retourne à l'enseignement. Dans ses nombreux rapports, essais et articles, Claude Morin se révèle bon analyste, conscient de la situation québécoise contemporaine. Les questions économiques le préoccupent autant que celles d'ordre politique et social. Jean-Charles Bonenfant voit en lui l'un des meilleurs témoins des événements des décennies 1960–1980.

ŒUVRES

La Situation économique et sociale du comté de Portneuf (essai), Québec, Conseil central des œuvres, 1957, 175 p.

Le Pouvoir québécois... en négociation, [Montréal], Éditions du Boréal Express, 1972, 207 p. Ill.

Le Combat québécois (essai), Montréal, Les Éditions du Boréal Express, 1973, 189 p. Ill. Avant-propos de l'auteur.

Québec versus Ottawa : The Struggle for Self-Government 1960–72, Toronto/Buffalo, University of Toronto Press, 1976, 164 p. Préface de Claude Morin. Traduction anglaise par Richard Howard des livres : *Le Pouvoir québécois* et *Le Combat québécois*.

Une nouvelle constitution avant le référendum ? Montréal, [s.é.], 1979, 14 f. (Texte polycopié).

L'Art de l'impossible. La Diplomatie québécoise depuis 1960, Montréal, Boréal, 1987, 480 p.

Lendemains piégés. Du référendum à la nuit des longs couteaux (essai), Montréal, Boréal, 1988, 400 p.

Les Révisions constitutionnelles : 1965–1970 : bilan provisoire, dans Claude Ryan, *Le Québec qui se fait*, Montréal, HMH, 1971, p. 69–77.

Le Fédéralisme et la Crise de mai, dans *Presqu'Amérique*, vol. 1, n° 7, juin 1972, p. 8–9.

Le Labrador peut-il être récupéré ?, dans *Presqu'Amérique*, vol. 1, n° 8, août 1972, p. 11–12.

Ça n'intéresse personne et *Les Grands Espoirs*, dans *Presqu'Amérique*, vol. 1, n° 9, sept.-oct. 1972, p. 16–17.

L'homme propose et l'électorat dispose, dans *Presqu'Amérique*, vol. 1, n° 11, nov.-déc. 1972, p. 6–7.

Vous souvenez-vous ?, dans *Presqu'Amérique*, vol. 2, n° 1, janv. 1973, p. 16–17.

Comment conserver le pouvoir, dans *Presqu'Amérique*, vol. 2, nº 2, févr. 1973, p. 11–12.

Les Québécois sont un peuple dominé, dans *Le Jour*, vol. 1, nº 80, 3 juin 1974, p. 5.

De la dépendance à la maîtrise de nos affaires, dans *Le Jour*, vol. 1, nº 81, 4 juin 1974, p. 5.

L'Accession démocratique à la souveraineté, dans *Le Jour*, vol. 1, nº 176, 26 sept. 1974, p. 5.

Rapatrier la constitution, ça veut dire quoi?, dans *Le Jour*, vol. 1, nº 189, 11 oct. 1974, p. 5.

Le Triangle Paris-Ottawa-Québec, dans *Le Jour*, vol. 1, nº 198, 23 oct. 1974, p. 9.

ÉTUDES

Normand Hurtubise, *Un commercial ou Une autopsie du fédéralisme*, dans *Presqu'Amérique*, vol. 1, nº 11, nov.-déc. 1972, p. 9.

James Ross Hurley, *Le Pouvoir québécois en négociation de Claude Morin*, LAQ 1972, p. 300-301.

Jean-Charles Bonenfant, *Claude Morin. Le Pouvoir québécois en négociation*, dans *Revue canadienne de science politique*, vol. 6, nº 1, mars 1973, p. 151-154.

Claude Grégoire, *Morin : l'indépendance mais sans bousculade*, dans *Le Jour*, vol. 1, nº 176, 26 sept. 1974, p. 1.

MORIN, JACQUELINE [Madame J. Aubry-Morin, née Jacqueline Aubry] (1948–   ). Romancière et chroniqueuse radiophonique, née à Montréal. Après ses études secondaires, elle suit, de 1957 à 1969, des cours de diction, de ballet et d'art dramatique ; en 1970, elle s'inscrit à des cours de parapsychologie et, en 1976 à des cours d'art martial coréen taekwon-do. De 1964 à 1973 elle exerce divers métiers : secrétaire, assistante-comptable, professeure de maquillage et maquilleuse, et devient chroniqueuse de parapsychologie au poste CJMS en 1981. Ses deux romans, *Molliger* (1979) et *La Filière du temps* (1980), soulèvent des critiques partagées, les uns lui reprochant, malgré « quelques bonnes trouvailles, quelques bonnes idées, un style inexistant et des phrases défiant toute syntaxe » (Raymond Laprés), d'autres reconnaissant que ces livres se lisent d'un trait en tant que romans populaires.

ŒUVRES

Molliger. Le triomphe du temps sur la mort. Roman, [Montréal], Beauchemin, 1979, 174 p.

La Filière du temps. L'histoire de Doucy Riverside. Roman, Longueuil, Inédi, 1980, 176 p.

Béatification de Mère Marie de l'Incarnation. Fondatrice du premier monastère d'Ursulines en Amérique. Née à Tours, en France, le 28 octobre 1599. Arrivée au Canada le 1er août 1639. Décédée à Québec le 30 avril 1672. Béatifiée le 22 juin 1980 par Sa Sainteté le Pape Jean-Paul II, [Québec], Imprimerie La Renaissance inc., [1981], 133 p. Collab. Suzanne Blais. Ill.

ÉTUDES

[Anonyme], « *Molliger* » : une aventure parapsychologique. Jacqueline Morin a mijoté son livre pendant douze ans, Dr, vol. 67, nº 85, 30 juin 1979, p. 29.

Jacqueline Simoneau, *En plus d'être auteur de roman, Jacqueline Morin est une « bonne femme » assez spéciale* (entrevue), dans *Nouvelles illustrées*, vol. 36, nº 27, 28 juillet-4 août 1979, p. 15.

Marcelle Ouellette, *Les Étranges Pouvoirs d'un romancier* (entrevue), dans *Le Lundi*, vol. 3, nº 36, 29 oct. 1979, p. 39.

Raymond Laprés, *Morin Jacqueline, Molliger, le triomphe du temps sur la mort*, dans *Nos livres*, vol. 10, nº 315, oct. 1979, p. 315.

[Francine Bertrand], *Jacqueline Morin : une femme sur qui la mort n'a pas d'emprise*, dans *Nouvelles illustrées*, vol. 38, nº 15, 15-21 mars 1981, p. 9.

MORIN, JEAN (1940–   ). Dramaturge, né à Montréal. Après ses études au Collège Grasset (B.A., 1960), il se dirige vers l'enseignement. Tout en donnant des cours à Saint-Jean, Saint-Eustache, Lachine et Valleyfield, il commence des études de lettres à l'Université de Montréal, puis s'inscrit à l'Atelier de théâtre du comédien Georges Groulx. Sa carrière de dramaturge débute en 1965 avec « Alibaba en Amérique », une opérette pour les enfants, puis avec *Vive l'empereur*, pièce présentée au Festival d'art dramatique du Canada. Durant ses études, avec Claude Gauthier, Denis Héroux, André Saulnier et Marc Laurendeau, il participe à la création du théâtre intercollégial de Montréal. Il est tour à tour président, vice-président et animateur du Centre d'essai des auteurs dramatiques. Sa pièce, *Vive l'empereur*, est reprise avec succès par l'Estoc, en 1968, puis par le Théâtre de Quat'Sous, en 1969 ; la première lecture de la pièce, présentée dans le cadre de la francophonie à Paris, date du 16 mai 1966. Jean Morin enseigne la « scénarisation » à l'UQAM, mais consacre la majeure partie de son temps à l'écriture théâtrale tant à Radio-Québec, avec « Les Oraliens », qu'à l'Office National du Film où il prépare le scénario du film « O.K. Laliberté ». En 1970, il présente sa pièce pour enfants, « Kakinawap », puis, en collaboration avec Robert Gurik, en 1971, il crée *Allo... Police !* (Leméac, 1974) au Gesù. Bernard Julien résume ainsi l'œuvre de Morin : « image d'un monde frénétique qui n'est pas à la taille de l'homme, où en dépit de la science, il se débat contre la faim et le mal, où il est enfermé sans espoir et où malgré tout il reste des êtres qui aspirent à la grandeur et à la puissance ».

ŒUVRE

Allo... Police ! (comédie musicale), [Montréal], Leméac, 1974, 83 p. Collab. Robert Gurik. «RQ».

Vive l'empereur (théâtre), TV, n⁰ 1, 1966, p. 61-103.

L'Irrésistible Ascension, TV, vol. 1, n⁰ 2, févr. 1967, p. 3-4.

ÉTUDES

[Anonyme], *Douze pièces canadiennes originales, inscrites au Festival d'art dramatique*, Pr, vol. 82, n⁰ 20, 25 janv. 1966, p. 20.

Bernard Julien, *Vive l'empereur de Jean Morin*, LAC 1966, p. 65.

François Piazza, *Présence du théâtre québécois*, TV, vol. 1, n⁰ 3, juin 1967, p. 3-8.

Jean Garon, *Vive l'empereur de Jean Morin, une expression de la réalité québécoise*, So, 71ᵉ année, n⁰ 49, 24 févr. 1968, p. 26.

Id., Deux types d'ateliers de travail et deux niveaux de discussion, So, 71ᵉ année, n⁰ 160, 6 juillet 1968, p. 26.

Martial Dassylva, *Une fable sur l'empire chancelant de l'homme québécois*, Pr, 85ᵉ année, n⁰ 39, 15 févr. 1969, p. 34.

Hélène Beauchamp-Rank, *Robert Gurik, Sept courtes pièces, Allo... police !* (avec Jean Morin), LAQ 1974, p. 164.

MORIN, LORENZO (1918–   ). Psychiatre et poète, né à Courcelles (Frontenac). Il fait ses humanités au Séminaire de Saint-Victor de Beauce et au Séminaire de Saint-Hyacinthe (B.A., 1943). Il fait ensuite ses études de médecine à l'Université de Montréal (M.D., 1950), exerce la médecine jusqu'en 1955, à Montréal, tout en étudiant l'endocrinologie, puis se spécialise en psychiatrie au Worcester State Hospital (Taft University de Boston, 1955-1958) et à l'Université de Paris (1958-1960). Il est nommé psychiatre à l'Hôpital Louis-Hippolyte Lafontaine en 1960, et professeur à l'Université de Montréal en 1966. Membre de plusieurs associations médicales, il publie des articles scientifiques dans l'*Union médicale du Canada, Erasmus, L'Information psychiatrique, Actualité* (périodique de l'Hôpital L.-H. Lafontaine), et des poèmes dans *Les Herbes rouges* et *Liberté*. Son premier recueil de poésie est jugé sévèrement par Guy Robert qui y trouve cependant «quelques très beaux vers». Mais à la parution de *L'Île d'elle* (1968), la critique est louangeuse, même si la lecture du recueil est assez difficile. Pour Jean-Guy Pilon, «les poèmes de M. Morin sont d'une construction sévère, rigoureuse [...]. Je ne sais pas quelle magie finit par jouer, cependant ce sont des poèmes qui chantent malgré leur extrême rigueur». Un troisième recueil, *Le Gage* (1975), chante, comme les précédents, l'amour et le pays. C'est, dit Robert Giroux, un beau livre dont les textes «se caractérisent en particulier par l'ampleur du verbe et le travail complexe sur la langue».

ŒUVRES

L'Arbre et l'Homme (poésie), Montréal, Éditions Beauchemin, 1962, 107 p. Ill. de Jean Letarte.

L'Île d'elle (poésie), Montréal, Éditions de l'Hexagone, 1968, 93 p.

Le Gage (poésie), Montréal, Éditions de l'Hexagone, 1975, 109 p.

Air de muse ; L'Aile des dieux ; L'Appel ; Le Don ; Évocation (poésie), dans *Les Herbes rouges*, n⁰ 1, oct.–nov. 1968, p. 19-23.

Plongé dans les eaux du mot nu (autobiographie et textes poétiques), dans Guy Robert, *Poésie actuelle* (anthologie), Montréal, Librairie Déom, 1970, p. 65-83.

ÉTUDES

Guy Robert, *De quelques poèmes*, M, n⁰ 18, juin 1963, p. 212.

Paul Wyczynski, *Poésie et symbole*, Montréal, Librairie Déom, 1965, p. 214-215. «Horizons».

[Anonyme], *Morin, Lorenzo. L'Île d'elle*, So, vol. 70, n⁰ 198, 19 août 1967, p. 24.

André Major, *Lorenzo Morin : la recherche d'une poésie musicale*, Dev, vol. 59, n⁰ 76, 30 mars 1968, p. 16.

Jean-Guy Pilon, *« L'Île d'elle » de Lorenzo Morin*, Dev, vol. 59, n⁰ 87, 13 avril 1968, p. 16.

Id., L'Île d'elle de Lorenzo Morin, LAC 1968, p. 92-93.

Jean-Louis Major, *Poésie*, dans *University of Toronto Quarterly*, vol. 38, n⁰ 4, juillet 1969, p. 483-484.

André Gaulin, *Le Gage de Lorenzo Morin*, dans *Québec français*, n⁰ 23, oct. 1976, p. 10.

Robert Giroux, *Lorenzo Morin. Le Gage*, LAQ 1976, p. 144-146.

Raymond Roy, *Morin (Lorenzo). Le Gage*, dans *Nos livres*, vol. 8, juin–juillet 1977, n⁰ 227.

MORIN, MARIE (1649-1730). Mémorialiste, née à Québec. Elle fait ses études chez les Ursulines de Québec. En 1659, lors du séjour de Jeanne Mance et des trois premières hospitalières de Montréal, elle décide d'entrer chez les religieuses hospitalières. Cependant, à cause de l'opposition de ses parents qui croient leur fille trop jeune, elle doit attendre jusqu'à l'été 1662. Première religieuse née au pays, elle prononcera ses vœux perpétuels en octobre 1671. Elle occupe plusieurs fonctions, entre autres celles d'économe et de supérieure (1693-1696, 1708-1711). En 1697, elle entreprend la rédaction de l'*Histoire simple et véritable* [...] à la demande des Hospitalières de Saint-Joseph de France. Cette œuvre qu'elle rédige jusqu'en 1725 présente d'abord l'histoire de sa communauté depuis 1659 ; elle parle aussi de l'histoire de Ville-Marie (Montréal), sa fondation et son établissement, son développement difficile au milieu des guerres iroquoises et des tentatives d'invasion anglaises. Publié partiellement en 1921 et en 1937, ce précieux manuscrit échappé de tous les incendies qui ont dévasté l'Hôtel-Dieu, paraît enfin en 1979 dans une édition critique grâce à Ghislaine Legendre. Hélène Bernier remarque qu'« à travers ces pages, nous retrouvons la personnalité remarquable de sœur Morin, type de femme héroïque qu'ont produit les premiers temps de la Nouvelle-France ». Ghislaine Legendre souligne l'importance de cette œuvre qu'elle appelle « une épopée, le premier texte d'une littérature ».

ŒUVRE

Annales de l'Hôtel-Dieu de Montréal, Montréal, L'Imprimerie des éditeurs limitée, 1921, xi, 252 p. Introduction de Victor Morin. Préface de l'auteur. Collationnées et annotées par A.-E. Fauteux, É.-Z. Massicotte, C. Bertrand. « Mémoires de la Société historique de Montréal »; Léo Pariseau, *Pages inédites du premier écrivain canadien,* dans *Le Journal de l'Hôtel-Dieu de Montréal,* n° 3, mai-juin 1937, p. 121–142; n° 4, juillet-août 1937, p. 185–303; *Les Annales de l'Hôtel-Dieu de Montréal 1659–1729, Histoire simple et véritable,* PUM, 1977, xxxvi, 349 p. Édition critique préparée par Ghislaine Legendre. « Bibliothèque des lettres québécoises ».

ÉTUDES

Esther Lefebvre, *Marie Morin, premier historien de Ville-Marie,* Montréal, Fides, 1959, 205 p.
Hélène Bernier, *Marie Morin,* DBC, t. 2, 1969, p. 511–513.

MORIN, MICHEL (1949–   ). Philosophe, né à Montréal. Il fait ses humanités au Collège Jean-de-Brébeuf (B.A., 1967). Poursuivant ses études de philosophie, il obtient, à l'Université de Montréal, une licence (1969) et une maîtrise pour son mémoire : « Le Détour de production » (1970), et il termine un doctorat (1980) à l'Université de Paris III dont la thèse s'intitule *Le Territoire imaginaire de la culture.* Il enseigne au Collège Édouard-Montpetit de Longueuil, en 1971–1972, et de nouveau à partir de 1975. Il collabore à divers périodiques, tels *Le Devoir, Jonathan, Cahiers des arts visuels au Québec.* Ses travaux philosophiques sur la culture ont provoqué des remous. Partant du postulat que l'individu transcende toute autre valeur, il s'attaque à tout ce qui pourrait limiter son autonomie, et particulièrement à l'idéologie nationaliste québécoise. Pierre Quesnel pense que l'auteur a raison de s'en prendre aux étroitesses et aux comportements serviles, que le livre est « stimulant » et « provoque la pensée », mais qu'il néglige des aspects importants du réel et « sombre par moments dans l'outrance ». Jean Fisette écrit : « Le projet ultime de cet ouvrage (*L'Amérique du Nord et la Culture*) semble être

d'annihiler la conscience. [...] Morin tient un discours glorieux, extrêmement certain de ses avancés, bref un discours triomphaliste ». André Janoël reproche « la langue guindée », « l'hermétisme ampoulé » d'une bonne partie du *Territoire imaginaire de la culture,* et il ajoute : « Hegel, Nietzsche et Marx viennent souvent à la rescousse, comme des intercesseurs privilégiés. Le tout, saupoudré d'un platonisme évanescent, pourrait-il constituer une pensée ? »

ŒUVRES

Le Contrat d'inversion (essai), Montréal, Éditions Hurtubise HMH, 1977, 199 p. Collab. Claude Bertrand.
Le Territoire imaginaire de la culture, Ville LaSalle, Hurtubise HMH, 1979–1982, 2 vol. : vol. 1, 1979, 182 p.; vol. 2, *L'Amérique du Nord et la Culture,* 1982, 319 p. Collab. Claude Bertrand. « Brèches ».
Les Pôles en fusion (journal), Ville LaSalle, Éditions Hurtubise HMH, 1983, 231 p. Collab. Claude Bertrand. « Constantes ».
L'Ami-chien. Fragments d'une éthique de l'amitié (essai), Longueuil, Le Préambule, 1986, 229 p. « Le Sens ».

ÉTUDES

Gilles Thérien, *Le Contrat d'inversion de Michel Morin et de Claude Bertrand,* VI, vol. 3, n° 2, déc. 1977, p. 329.
André Janoël, *Morin (Michel) et Bertrand (Claude), Le Territoire imaginaire de la culture,* dans *Nos livres,* vol. 10, nov. 1979, n° 358.
Jean Pellerin, *Un son de cloche original...,* Pr, 95e année, n° 275, 24 nov. 1979, p. D-6.
Marc Turgeon, *Claude Bertrand et Michel Morin, Le Territoire imaginaire de la culture,* LAQ 1979, p. 285–287.
Bernard Lévy, *Espace, imagination : culture,* dans *Vie des arts,* vol. 25, n° 100, automne 1980, p. 78.
Pierre Quesnel, *Michel Morin : un auteur qui dérange,* Dev, vol. 73, n° 275, 27 nov. 1982, p. 29.
Jean Fisette, *Michel Morin. L'Amérique du Nord et la Culture,* LAQ 1982, p. 266–268.
Patrick Imbert, *L'Amérique du Nord et la Culture,* LQ, n° 29, printemps 1983, p. 52.
Andrée Paradis, *Le Territoire imaginaire de la culture,* dans *Vie des arts,* vol. 28, n° 113, déc. 1983, p. 89.

MORIN, PAUL [Léo-Pol, James Callihou] (1889–1963). Poète, avocat, traducteur, né à Montréal. Son grand-père paternel, Pierre-Louis Morin, architecte français, originaire de Nonancourt, immigre au Canada en 1837 et bâtit plusieurs édifices. Paul Morin étudie d'abord à l'Académie Marchand. À dix-sept ans, en septembre 1899, il commence ses études secondaires au Collège Sainte-Marie et y obtient son baccalauréat en 1907. Il s'inscrit, en septembre de la même année, à la Faculté de droit de l'Université Laval à Montréal ; il sera admis au barreau en 1910. En octobre de la même année, il se rend à Paris et poursuit ses études à la Sorbonne. Le 17 juillet 1912, il soutient une thèse de doctorat en littérature comparée : « Les Sources de l'œuvre de Henry Wadsworth Longfellow ». Il revient à Montréal vers la fin de 1912 et enseigne la littérature française, d'abord à l'Université McGill (1914-1915), ensuite au Smith College de Northampton (Massachusetts). En 1916-1917, il est professeur de langues romanes à l'Université du Minnesota. À la même époque, il est nommé lieutenant de la milice canadienne au Régiment de Maisonneuve. En 1917, il épouse Geneviève Van Rennslear-Bernhardt et revient au Canada où il entreprend la traduction d'*Évangéline* de Longfellow. Rédacteur du *Prix courant* (1920), secrétaire de l'École des beaux-arts de Montréal (1923), Paul Morin est reçu membre de la Société royale du Canada en 1923. Il se consacre, durant quelques années, à la traduction. En 1929, il ouvre une étude d'avocat qu'il délaisse presque aussitôt pour faire de l'interprétation à la Cour d'Assises. À la même époque, il anime « Les Fureurs d'un puriste », émission radiophonique qui lui attire les faveurs du public. Le décès de son épouse en 1952 le bouleverse profondément. Un incendie de sa demeure à Pointe-aux-Trembles, le 16 avril 1957, détruit l'édition de Montaigne en français moderne qu'il avait préparée ainsi que sa précieuse correspondance avec la comtesse Anna de Noailles. Paul Morin passe la fin de sa vie dans une solitude proche du désespoir, rue Sherbrooke, à Belœil, puis à Ville de Saint-Laurent, où il meurt en 1963. Sa création poétique remonte à l'année 1903, alors qu'il publie ses textes dans *Le Journal de Françoise* et *Le Messager canadien du Cœur de Jésus*. Ses vers paraissent par la suite dans *La Presse, Le Nationaliste, L'Action, Le Nigog, La Revue moderne, Le Matin, La Revue populaire, Le Quartier latin, Le Jour, Qui ?, Les Carnets viatoriens...* Il en résulte deux recueils de poésie, *Le Paon d'émail* (1911) et *Poèmes de cendre et d'or* (1922) ; ce dernier vaut à Paul Morin le prix David, en 1923. Officier de l'Académie française, lauréat de l'Action intellectuelle, conseiller du Roi, Paul Morin reçoit également la « Jubilee Medal » de Grande-Bretagne. Malheureux dans sa vie qu'il gagne péniblement au jour le jour, il se contente de survivre et pense

pouvoir échapper à l'ennui du quotidien par des attitudes de dandy bourgeois, de poète exilé dans un monde de rêve quasi parnassien où vivent les nymphes et les paons, où brillent les fontaines et les statues sous l'éclat d'un soleil d'Orient. Aux yeux de ses contemporains — Marcel Dugas, René Chopin, Jules Fournier, Louis Dantin — Paul Morin est le plus illustre des « plus illustres ouvriers de la forme ». Il est le plus authentique parmi les poètes « exotiques », celui qui, après Arthur de Bussières, dépasse la frontière du « terrorisme » facile et ouvre la poésie du Québec sur les mondes lointains et inconnus. L'intérêt de cette nouvelle thématique, assortie d'une certaine préciosité et d'une subtile ironie, réside dans la forme qui engage le mot, l'image et la prosodie. Au Canada français des années 1920, l'art de Paul Morin surgit comme un paradoxe dans le monde borné du terroir littéraire, et pourtant déjà engagé dans la recherche de l'espace, des résonances lointaines et des couleurs exotiques, d'un scintillement radieux de mots et d'images. Grâce à la beauté formelle de ses vers, grâce à sa langue riche et chatoyante, à sa vision ouverte sur l'histoire et la géographie du monde entier, Paul Morin devrait être considéré au Canada français comme le premier vrai représentant de la tendance littéraire « L'Art pour l'Art ».

ŒUVRES

Le Paon d'émail (poésie), Paris, Alphonse Lemerre Éditeur, 1911, 166 p. ; 1912.

Les Sources de l'œuvre de Henry Wadsworth Longfellow (essai), Paris, Émile Larose, Libraire-Éditeur, 1913, xlii, 639 p.

Poèmes de cendre et d'or, Montréal, Éditions du Dauphin, 1922, 280 p.

[*Héroïsme d'antan — Victoires d'aujourd'hui. Des coureurs des bois au chemin de fer national du Canada*], [s.l., s.é., 1925 ?], 32 p. Dessins de Suzor-Côté.

Paul Morin, Montréal/Paris, Fides, 1958, 96 p. Textes choisis et présentés par Jean-Paul Plante. « CC ».

Géronte et son miroir (poésie), [Montréal], CLF, 1960, 167 p.

Œuvres poétiques. Le Paon d'émail. Poèmes de cendre et d'or, Montréal/Paris, Fides, 1961, 305 p. Texte établi et présenté par Jean-Paul Plante. « N ».

Prise de voile (poème), dans *Le Journal de Françoise,* 2e année, no 17, 5 déc. 1903, p. 117.

Alléluia (poème), dans *Le Journal de Françoise,* 3e année, no 1, 2 avril 1904, p. 313.

Le Vieux Fauteuil (poème), dans *Le Journal de Françoise,* 3e année, no 8, 16 juillet 1904, p. 435.

À la Vierge (poème), dans *Le Messager du Cœur de Jésus,* vol. 14, févr. 1905, p. 73-74.

Printemps (poème), dans *Le Journal de Françoise,* 6ᵉ année, nᵒ 1, 6 avril 1907, p. 1.

Aux communiants de mai (poème), dans *Le Journal de Françoise,* 6ᵉ année, nᵒ 2, 20 avril 1907, p. 32.

Sonnets agrestes : Aurore, Crépuscule, dans *Le Nationaliste,* 4ᵉ année, nᵒ 11, 5 mai 1907, p. 3.

Griserie (poème), dans *Le Nationaliste,* 4ᵉ année, nᵒ 15, 2 juin 1907, p. 3.

Le Jardin (poème), dans *Le Nationaliste,* 4ᵉ année. nᵒ 42, 8 déc. 1907, p. 3.

Nocturne (poème), dans *Le Nationaliste,* 5ᵉ année, nᵒ 33, 11 oct. 1908, p. 3.

L'Exotisme dans la poésie contemporaine (conférence), dans *L'Action,* 2ᵉ année, nᵒ 92, 11 janv. 1913, p. 1–2.

Les Sources françaises d'un poète mineur américain, dans *Revue trimestrielle canadienne,* vol. 10, mars 1924, p. 1–22.

Noël algérien (conte), dans *La Revue moderne,* 8ᵉ année, nᵒ 2, déc. 1926, p. 7–8.

Patriae amans (poème), dans *Revue populaire,* vol. 20, nᵒ 3, mars 1927, p. 6.

De Paris au lac Ouinipègue en 1837 (essai), MSRC, 3ᵉ série, t. 21, mai 1927, p. 9–27. (Manuscrit inédit de Pierre-Louis Morin d'Equilly présenté par Paul Morin).

L'Exotisme en littérature : visions d'Orient et des tropiques (essai), dans *La Revue moderne,* 19ᵉ année, nᵒ 8, juin 1938, p. 7, 8, 34.

L'Exotisme dans les lettres françaises (essai), Ca, 45ᵉ année, nᵒ 49, 2 juin 1947, p. 5 ; nᵒ 55, 9 juin 1947, p. 5 ; nᵒ 61, 16 juin 1947, p. 5 ; nᵒ 67, 23 juin 1947, p. 5 ; nᵒ 73, 30 juin 1947, p. 5, 13.

Anniversaire (poème), P, 3 juillet 1949, p. 74.

René Chopin, poète magicien (essai), dans *Qui ?,* vol. 4, nᵒ 3, mars 1953, p. 41–46.

ÉTUDES

Jules Fournier, *Le Paon d'émail,* dans *L'Action,* 1ʳᵉ année, nᵒ 38, 30 déc. 1911, p. 1, 4.

Camille Roy, *Le Paon d'émail,* dans *Nouvelle-France,* t. 11, nᵒ 5, mai 1912, p. 204–216.

Marcel Henry, *La Thèse de Paul Morin,* dans *L'Action,* 3ᵉ année, nᵒ 119, 19 juillet 1913, p. 1.

Bernard Muddiman, *Paul Morin,* dans *The Canadian Magazine,* vol. 48, nᵒ 1, nov. 1916, p. 179–184.

Léo-Paul Desrosiers, *L'École du Nigog,* dans *La Revue nationale,* 1ʳᵉ année, nᵒ 7, juillet 1919, p. 251–257.

Marcel Dugas, *Paul Morin,* dans *Apologies,* Montréal, Paradis-Vincent, 1919, p. 39–60. (Aussi dans *Littérature canadienne, aperçus,* [Paris], Firmin-Didot, 1929, p. 50–74).

Pierre Récamier, *Les Poèmes de cendre et d'or,* dans *La Revue moderne,* 4ᵉ année, nᵒ 6, avril 1923, p. 8–9.

H. Dombrowski, *Du Paon d'émail aux Poèmes de cendre et d'or,* AF, 7ᵉ année, vol. 9, nᵒ 1, 1ᵉʳ sept. 1923, p. 25–32.

Albert Dandurand, *Paul Morin,* dans *La Poésie au Canada français,* Montréal, Albert Lévesque, 1933, p. 167–171.

Jean Éthier-Blais, *Un poète canadien, Paul Morin,* dans *L'Action universitaire,* 14ᵉ année, nᵒ 4, juillet 1948, p. 303–311.

Id., *Géronte et son miroir,* Dev, vol. 52, nᵒ 35, 11 févr. 1961, p. 13.

Gilles Hénault, *Poèmes d'un mandarin, Paul Morin,* LAC 1961, p. 32, 33, 37.

Alfred DesRochers, *Œuvres poétiques de Paul Morin,* dans *Lectures,* vol. 8, nᵒ 5, janv. 1962, p. 142–143, 146.

Jacques Ferron, *Paul Morin,* PP, vol. 1, nᵒ 1, oct. 1963, p. 58–59.

André Major, *Les Poètes artistes : l'école de l'exil,* dans *La Poésie canadienne-française,* Montréal/Paris, Fides, 1969, p. 135–142. « ALC » 4.

Victor Barbeau, *Paul Morin,* CACF, vol. 13, nᵒ 13, 1970, p. 45–119.

Jean Ménard, *Paul Morin,* dans *La Vie littéraire au Canada français,* Ottawa, EUO, 1971, p. 35–40.

Jean-Paul Morel de la Durantaye, « Paul Morin, l'homme et l'œuvre ». Thèse de doctorat, Ottawa, Université d'Ottawa, 1975, 3 vol. : t. 1, viii, 322 f. (Essai biographique et critique, bibliographie, p. 290–318) ; t. 2, 225 f. (Correspondance et documents) ; t. 3, 729 f. (Index du vocabulaire).

MORISSEAU, ROLAND (1933–   ). Poète, né à Port-au-Prince (Haïti). Il fait ses humanités au Lycée Toussaint-Louverture de Port-au-Prince (B.A., 1954). Il enseigne dans différentes institutions d'Haïti, puis il émigre au Québec (1965) où il poursuit sa carrière d'enseignant à Sept-Îles, Val-court et Montréal, tout en effectuant des études de pédagogie à l'Université du Québec à Montréal (Brevet A, 1975) et à l'Université de Montréal (diplôme en pédagogie, 1978). Avec des écrivains haïtiens, il fonde les groupes littéraires Samba et Haïti littéraire, et les périodiques *Haïti littéraire* et *Semence.* Il collabore à *Semence, Passe-Partout, Nouvelle Optique...* et il donne plusieurs récitals de poésie. Ses premiers poèmes ont paru en Haïti au début des années soixante. En 1979, il réunit ses écrits de 1960 à 1970 dans un recueil intitulé *La Chanson de Roland,* auquel la critique fait bon accueil. Écriture « dense et profonde », dit Michel Savard. Claude Thomas écrit que cette poésie touche aux années difficiles du poète en Haïti et à son arrivée au Canada, de même qu'à ses espoirs : « Ainsi, les poèmes de Morisseau sont-ils à la fois passéistes et visionnaires. [...] Morisseau a trouvé le salut dans la poésie et dans l'ouverture au monde. Et c'est dans ce passage difficile qu'il s'accomplit ».

ŒUVRES

Germination d'espoir (poésie), Port-au-Prince, [s.é.], 1961, 48 p. Ill. de J.C. Garoute. « Haïti littéraire ».

Clef du soleil (poésie), Port-au-Prince, [s.é.], 1963, [n.p.], « Haïti littéraire ».

La Chanson de Roland. Poèmes 1960–1970, Montréal, Nouvelle Optique, 1979, 99 p. « Poésie ».

ÉTUDES

Michel Savard, *Roland Morisseau. La Chanson de Roland,* LAQ 1980, p. 130–131.

Claude Thomas, *Chanson de Roland,* dans *Le Livre d'ici,* vol. 55, nᵒ 31, 7 mai 1980, p. 2.

Andrea Moorhead, *Morisseau, Roland. Chanson de Roland,* dans *French Review,* vol. 54, nº 6, mai 1981, p. 900–901.

Antonio D'Alfonso, *Morisseau (Roland). La Chanson de Roland. Poèmes 1960–1970,* dans *Nos livres,* vol. 12, oct. 1981, nº 393.

MORISSET, GÉRARD (1898–1970). Essayiste et historien de l'art, né à Cap-Santé (Portneuf). Après ses études classiques au Collège de Lévis (1911–1918) il s'inscrit en droit à l'Université Laval et est reçu notaire en 1922. Peu intéressé par la pratique notariale, il se consacre plutôt à l'étude du dessin et de l'architecture, et à la cueillette des documents sur l'art ancien du Québec. À partir de 1922, il publie des articles sur l'architecture dans *L'Action catholique,* et il trace les plans de quelques églises, chapelles et maisons. En 1929, il décide de poursuivre des études en architecture en France et fait un stage d'un an à l'École des beaux-arts de Lyon. En 1930, il s'inscrit à l'École du Louvre et prépare une thèse sur la peinture au Canada français (1934). En 1935, il est nommé directeur de l'enseignement du dessin des écoles normales du Québec et, en 1937, le gouvernement le nomme responsable de l'inventaire des œuvres d'art du Québec, projet que Morisset avait conçu dès 1934. En 1953, il est nommé conservateur du Musée du Québec, poste qu'il occupe jusqu'en 1965. Gérard Morisset est l'auteur d'une quinzaine de livres et monographies sur l'art du Canada français et de plus de 300 articles parus dans divers périodiques du Québec. Membre de la Société royale du Canada (1943), il reçoit le prix David pour le premier volume de *Peintres et Tableaux,* en 1936, et le prix de l'Académie des beaux-arts de Paris pour le second, en 1938. Par ses nombreux travaux, en particulier par *Peintres et Tableaux,* repris en 1960 sous le titre *La Peinture traditionnelle au Canada français,* ainsi que par *Coup d'œil sur les arts en Nouvelle-France* (1941) et *L'Architecture en Nouvelle-France* (1949), Morisset a fait part de ses découvertes à un vaste public auquel il a présenté les premières synthèses de l'histoire de l'art du Québec.

ŒUVRES

Peintres et Tableaux, Québec, Éditions du Chevalet, 2 vol. : vol. 1, 1936, xi, 271 p. ; vol. 2, 1937, 179 p. Ill.

Coup d'œil sur les arts en Nouvelle-France, Québec, Charrier & Dugal, 1941, xi, 171 p. Ill.

François Ranvoyzé (biographie), Québec, Charrier & Dugal, 1942, 23 p. Ill. «Ch».

Les Églises et les Trésors de Varennes, Québec, Médium, 1943, 39 p. Ill. «Ch».

Évolution d'une pièce d'argenterie, Québec, Charrier & Dugal, 1943, 56 p. Ill. «Ch».

Philippe Liébert (biographie), Québec, Charrier & Dugal, 1943, 31 p. Ill. «Ch».

Le Cap-Santé, ses églises et son trésor, Québec, Médium, 1944, 69 p. Ill. «Ch» ; Montréal, Musée des beaux-arts de Montréal, 1980, xxiii, 401 p. Collab. Ill.

La Vie et l'Œuvre du Frère Luc, Québec, Médium, 1944, 143 p. Ill. «Ch».

Paul Lambert dit Saint-Paul (biographie), Québec/Montréal, Médium, 1945, 103 p. Ill. «Ch».

L'Architecture en Nouvelle-France, Québec, Médium, 1947, 112 p. Ill. «Ch».

Novembre 1775 (nouvelle), Québec, Charrier & Dugal, 1948, 109 p. «Ch».

Québec et son évolution (essai), Québec, Société historique de Québec, 1952, 32 p. Ill. «Cahiers d'histoire».

Les Églises et le Trésor de Lotbinière, Québec, Charrier & Dugal, 1953, 70 p. Ill.

Quebec. The Country House/Québec. La maison rurale, Québec, Bureau provincial du tourisme, 1959, 19 p. Ill.

La Peinture traditionnelle au Canada français, Montréal, CLF, 1960, 216 p. Ill. «L'Encyclopédie du Canada français».

Notre héritage français dans les arts, AN, vol. 15, nº 6, juin 1940, p. 418–425.

Les Arts au Canada sous le régime français, CHAR, 1948, p. 23–27.

Essai sur l'art moderne, MSRC, 3ᵉ série, vol. 44, section 1, 1950, p. 55–66.

ÉTUDES

Adrienne Choquette, *Gérard Morisset,* dans *Confidences d'écrivains canadiens-français,* Trois-Rivières, Éditions du Bien public, 1939, p. 175–178.

Cuvillion, *Aperçus sur l'art du Canada français,* R, vol. 3, nº 1, sept.–oct. 1941, p. 29–31.

Noël Gosselin, *Coup d'œil sur les arts en Nouvelle-France,* C, vol. 3, nº 2, juin 1942, p. 282–283.

Raymond Douville, *Gérard Morisset 1898–1970,* MSRC, 4ᵉ série, vol. 2, 1971, p. 79–81.

À la découverte du patrimoine avec Gérard Morisset, Québec, Ministère des Affaires culturelles, 1981, 255 p.

MORISSET, JEAN (1940–). Géographe, né à Saint-Michel-de-Bellechasse. Il fait ses études classiques aux séminaires de Québec et de Chicoutimi, et au Collège de Lévis (B.A., 1964). Ensuite, il obtient une maîtrise en géographie à l'Université Laval (1968) pour un mémoire sur les « Microcosmes à la dérive de l'histoire (étude et organisation de quatre bourgs des Petites Antilles) ». Il poursuit ses études à l'Université du Kansas (É.-U.) et à l'Université de Liverpool (Angleterre) où il présente, en 1975, sa thèse de doctorat : « Puno. Geographical

Perspectives on Integration in Southern Peru». Il est professeur au département de géographie de l'Université du Québec à Montréal, et il publie des articles dans *Dérives, Études littéraires, The Canadian Journal of Native Studies, Recherches amérindiennes au Québec...* Il poursuit une étude comparative sur l'Amazonie et le Grand Nord Canadien.

ŒUVRES

Les chiens s'entre-dévorent... Indiens, Blancs et Métis dans le Grand Nord canadien, Montréal, Éditions Nouvelle Optique, 1977, 265 p. Ill. Carte.

Canada : identité et luttes d'espace (essai), Montréal, UQAM, 1983, ix, 111 p. «Études et Recherches».

Ni Blanc/Ni Indien : Dènè Witness to the North (bibliographie), Vancouver, Arsenal Pulp Press, 1984, 250 p. Collab. Rose-Marie Pelletier.

L'Identité usurpée, Montréal, Nouvelle Optique, 1985, 3 vol. : vol. 1, *L'Amérique écartée,* 164 p. ; vol. 2, *La Rédemption nordique* ; vol. 3, *La Fabrication du Québec contemporain.* Ill. Carte. «Matériaux».

Miroir indogène/Reflet eurogène, dans *Recherches amérindiennes au Québec,* vol. 9, n⁰ 4, 1980, p. 285–312.

The Aboriginal Nation Brood, the Northern Challenge and the Construction of Canadian Unity, dans *Queen's Quarterly,* vol. 88, n⁰ 2, printemps 1981, p. 237–250.

Les Métis et l'Idée de Canada, dans *The Canadian Journal of Native Studies,* vol. 3, n⁰ 1, 1983, p. 197–213.

Québec/Brésil. Les relations diffractées, EL, vol. 16, n⁰ 2, août 1983, p. 276–287.

ÉTUDE

Pierre Monette, *L'Amérique telle qu'elle s'imagine bien mal,* Dev, vol. 76, n⁰ 217, 19 sept. 1985, p. 11.

MORISSET, MADELEINE. Voir RIVIÈRES, MADELEINE.

MORISSONNEAU, CHRISTIAN (1943–   ). Géographe, né à Cholet (Maine-et-Loire, France). Il fait ses humanités au Collège de La Rochelle (B.A., 1961). Arrivé au Canada en 1962, il obtient, à l'Université Laval, une licence en géographie (1968) et une maîtrise (1970) pour un mémoire publié en 1978, *La Terre promise : le mythe du Nord québécois.* Plus tard, il termine son doctorat à l'Université McGill (1984) et soutient une thèse intitulée «Faire d'un territoire un pays : sentiment d'appartenance et conscience régionale». Christian Morissonneau est prospecteur minier (1969–1971), chercheur au Centre d'études nordiques de Québec (1971–1976), professeur à l'Université Laval (1976–1981), et professeur à l'Université du Québec à Montréal à partir de 1981. Il collabore à divers périodiques, tels les *Cahiers de géographie du Québec, Le Géographe canadien, Études littéraires, Recherches sociographiques. La Terre promise* est un ouvrage accueilli avec faveur par la critique. «Une étude qui se parcourt avec un intérêt sans cesse croissant» (Sylvain Rochon). L'auteur établit qu'à l'encontre de ce que l'on croyait, l'appel du Nord n'est pas un mythe d'abord littéraire mais que la mobilité des Canadiens français à la fin du XIXᵉ siècle est bien réelle et que «c'est la fiction qui a inventé son mythe à travers la réalité» (Adrien Thério). Monique Chartier écrit que *Le Langage géographique de Cartier et de Champlain* (1978), est «une étude importante [...] à lire, à consulter, à goûter».

ŒUVRES

La Société de géographie de Québec, 1877–1970 (essai), Québec, PUL, 1971, xvi, 264 p.

Les Noms de lieux et le contact des langues. Place Names and Language Contact, Québec, PUL, 1972, x, 374 p. Cartes. «Centre international de recherches sur le bilinguisme et le Groupe d'étude de choronymie et de terminologie géographie». (Recueil d'articles colligés et édités par Henri Dorion et Christian Morissonneau).

Le Langage géographique de Cartier et de Champlain, choronymie, vocabulaire et perception, Québec, PUL, 1978, 230 p. Collab. Henri Dorion. «Choronoma».

La Terre promise : le mythe du Nord québécois, Montréal, Cahiers du Québec/Hurtubise HMH, 1978, 212 p. Ill. Avant-propos de l'auteur. Préface de Jean-Charles Falardeau. «Ethnologie».

Apprendre la carte du monde. Cahier d'exercices à l'usage des étudiants du cours GGR-10564. Introduction à la carte du monde, Québec, Université Laval, Département de géographie, 1979, xvi, [463] p. Collab. Claude Comtois, Rodolphe de Koninck. Cartes. Introduction de Rodolphe de Koninck ; 1982, x, [529] p. Édition revue et corrigée.

L'Île d'Orléans (album), St-Mathias, Éditions G.J., 1979, 61 p. Ill. de Georges Jacob ; Barcelona, Éditorial Escudo de oro.

Guide de Lanaudière. Culture, histoire, tourisme, Joliette, Conseil régional de la culture de Lanaudière, 1985, 327 p. Collab. Denis Chabot, Michel Harnois, Carole Lavallée *et al.* Sous la direction de Christian Morissonneau. Ill. Cartes.

ÉTUDES

Sylvain Rochon, *Un rêve québécois,* dans *Le Livre d'ici,* vol. 4, n⁰ 23, 14 mars 1979, p. 1.

Clément Trudel, *Le Mythe du Nord Québécois,* Dev, vol. 70, n⁰ 70, 24 mars 1979, p. 25.

Adrien Thério, *Le Nord enfin expliqué*, LQ, nᵒ 14, avril–mai 1979, p. 46–47.

Jean Royer, *Le Temps des îles*, Dev, vol. 70, nᵒ 174, 28 juillet 1979, p. 14.

Monique Chartier, *Morissonneau (Christian). Le Langage géographique de Cartier et de Champlain*, dans *Nos livres*, vol. 10, avril 1979, nᵒ 165.

MOTUT, ROGER (1917–   ). Historien des lettres, né à Hoey (Saskatchewan). Il fait ses études classiques au Collège des Jésuites d'Edmonton (B.A., 1939). Après la Seconde Guerre mondiale, pendant laquelle il sert dans le Corps d'aviation royal canadien, il obtient à l'Université d'Alberta un baccalauréat en éducation

Goertz Studios Ltd.

(1950) et une maîtrise ès arts pour un mémoire sur Guillaume Apollinaire (1954). En 1969, à l'Université de Washington, il soutient sa thèse de doctorat sur « La Fortune littéraire de Maurice Constantin-Weyer », travail publié en 1982 sous le titre : *Maurice Constantin-Weyer, écrivain de l'Ouest et du Grand Nord*. Professeur de lettres et de linguistique à l'Université d'Alberta de 1958 à 1983, il a été le premier à offrir des cours à l'Université de l'Alberta sur des écrivains canadiens-français de l'Ouest. Il est nommé professeur émérite au moment de sa retraite. Très actif dans les milieux culturels français, il est président de Radio-Edmonton, président de l'Association canadienne-française de l'Alberta, membre de la Fondation du Conseil de la culture du patrimoine albertain... Il mérite le prix Champlain, en 1972, et il reçoit plusieurs autres récompenses par la suite : Alberta Achievement Award, Ordre du Canada... L'édition de son travail sur Constantin-Weyer rend service aux chercheurs. Selon Raymond Laprés, « La maîtrise du sujet, jointe à l'aisance de la présentation font de ce volume une excellente introduction à l'œuvre de l'écrivain étudié ». Et Carol J. Harvey écrit : « Il a fallu attendre le travail bien documenté de Roger Motut pour avoir de Constantin-Weyer un portrait objectif et fidèle ».

ŒUVRES

Moissons (anthologie), Edmonton, Alberta Education, 1979, 226 p. Collab. Pierre Monod, Marcel Lavallée et Adrien Bussière. Préface de Roger Motut.

Racines (anthologie), Edmonton, Alberta Education, 1979, 283 p. Collab. Pierre Monod, Marcel Lavallée et Adrien Bussière. Préface de Roger Motut.

Ordinary Heroes. The Journal of a French Pioneer in Alberta by Marcel Durieux, Edmonton, The University of Alberta Press, 1980, xviii, 115 p. Traduit et édité par Roger Motut et Maurice Legris. Introduction de L.G. Thomas. Préface des traducteurs.

Maurice Constantin-Weyer, écrivain de l'Ouest et du Grand Nord (essai), Saint-Boniface, Les Éditions des Plaines, 1982, 187 p. Préface de Paul Dubé et Jean-Marcel Duciaume.

En remontant le Bayou Tèche, dans *Revue de la Louisiane*, vol. 6, nᵒ 2, 1977, p. 35–45.

ÉTUDES

Raymond Laprés, *Motut (Roger). Maurice Constantin-Weyer écrivain de l'Ouest et du Grand Nord*, dans *Nos livres*, vol. 14, oct. 1983, nᵒ 5436.

Carol J. Harvey, *Motut, Roger. Maurice Constantin-Weyer : écrivain de l'Ouest et du Grand Nord*, dans *Bulletin du Centre d'études franco-canadiennes de l'Ouest*, nᵒ 16, févr. 1984, p. 33–34.

MUEZZIN (LE). Voir **BOISSONNAULT, CHARLES-MARIE.**

MUIR, MICHEL (1952–   ). Poète, romancier et musicien, né à Windsor (Richmond). Après le secondaire, il quitte l'école et se consacre surtout à la lecture, à l'écriture et à la musique pendant quelques années. Inscrit à l'Université du Québec à Montréal, en 1975, il obtient un baccalauréat spécialisé en lettres françaises (1978), puis il poursuit des études de maîtrise à l'Université de Sherbrooke. Il est journaliste au *Journal de Montréal* (1980–1981), puis à *La Tribune* de Sherbrooke à partir de 1982. Directeur littéraire des Éditions Sherbrooke, il collabore aux *Cahiers du hibou* et à *Grimoire*, et il est membre d'associations culturelles, telles l'Association des auteurs des Cantons de l'Est et les Amis de la langue française. Il écrit des contes, de la poésie, un roman poétique... André Janoël dit des fantaisies de *J'adresse aux oiseaux* (1980) : « Texte riche, fertile en trouvailles et en néologismes. Habile maniement d'une langue bien maîtrisée. Fréquents bonheurs d'expression. Tout ici n'est évidemment pas d'égale valeur [...]. À vouloir trop laisser de chance aux mots, on risque qu'ils priment sur le sens et la profondeur ».

ŒUVRES

Rieuse. Rêveries d'un vagabond (maximes), Sherbrooke, Éditions Naaman, 1979, 115 p. Avant-propos de l'auteur. « Création ».

J'adresse aux oiseaux. Fantaisies en prose, Ville St-Laurent, Les Éditions Sherbrooke, 1980, 114 p. Ill. Avant-propos de l'auteur.

Le Magicien. Roman poétique suivi de À ma belle. Poème, Sherbrooke, Éditions Créations animées, 1981, 151 p. Ill. Préface de Bertrand Duhaime. Avant-propos de l'auteur. « L'Inspiration ».

Les Épées de l'hiver (poésie), Paris, Éditions Saint-Germain-des-Prés, 1983, 100 p. « À l'écoute des sources ».

L'Étreinte des sources (poésie), Paris, Jean Grassin Éditeur, 1983, 69 p. « Poésie nouvelle ».

Je suis le sexe de Dieu (essai), Paris, La Pensée universelle, 1983, 250 p.

Les Jardins de l'aujourd'hui (poésie), Trois-Rivières, Écrits des Forges, 1984, 82 p. « Les Rouges-gorges ».

Poètes ou Imposteurs ? (essai), Montréal, Louise Courteau éditrice, 1985, 176 p. Préface de Gilles des Marchais. Avant-dire de l'auteur.

Plaidoyer pour une parole vivante. Essai, Montréal, Louise Courteau éditrice 1986, 122 p. Avant-dire de l'auteur.

ÉTUDES

André Janoël, *Muir (Michel). J'adresse aux oiseaux,* dans *Nos livres,* vol. 12, janv. 1981, nº 35.

Louise Courteau, *Lettre à Jean Royer, critique littéraire au Devoir,* Dev, vol. 76, nº 144, 22 juin 1985, p. 35.

MURRAY-AUBIN, SUZANNE (1944–   ). Poète, née à Montréal. Elle fait ses études collégiales au Collège Saint-Maurice de Saint-Hyacinthe (1957–1961), à l'École normale Notre-Dame de Montréal (1962–1963) et, à l'Institut pédagogique de Westmount (Brevet, 1964). Par la suite, elle est éducatrice à Saint-Hyacinthe. En 1983 paraît *Le Pourpre Nuit.* Ce recueil de poésie, écrit Gilles Toupin, « est un bel exemple d'une poésie déchaînée [...] dans le champ automatiste ». Anne-Marie Aubin y voit « une femme [qui] crie son corps avec passion avec l'envie d'être toujours plus loin dans l'amour ».

ŒUVRE

Le Pourpre Nuit (poésie), Saint-Hyacinthe, Tournejour, 1983, 57 p.

ÉTUDES

Anne-Marie Aubin, *Pour faire place à la poésie,* dans *Le Courrier de Saint-Hyacinthe,* 23 mars 1983.

Gilles Toupin, *Poésie d'ici,* Pr, 100e année, nº 41, 18 févr. 1984, p. B-2.

MUSETTE. Voir **CIRCÉ-CÔTÉ,** ÉVA.

MUSICIEN. Voir **LAMARCHE,** GUSTAVE.

MYRAND, ERNEST (1854–1921). Historien, né à Québec. Il fait son cours classique au Séminaire de Québec. En 1874, il entre au *Canadien,* journal dirigé par Israël Tarte. Il devient archiviste au Palais de justice de Québec en 1878, poste qui facilitera ses recherches en histoire. Son premier livre, *Une fête de Noël sous Jacques Cartier,* publié en 1888, est « une sorte d'évocation où la fantaisie et l'histoire s'allient dans un récit et des tableaux pleins d'un charme étrange et captivant », écrit Thomas Chapais. En 1893, il publie une collection de documents remarquables accompagnés de notes critiques, sous le titre *Sir William Phipps devant Québec.* Dans ses *Noëls anciens de la Nouvelle-France,* il est l'un des premiers à souligner avec beaucoup d'érudition l'importance de la tradition populaire. En 1902, il est nommé « registraire » au secrétariat provincial et, en 1909, il devient membre de la Société royale. Enfin, en 1912, il succède à Narcisse-Eutrope Dionne comme bibliothécaire du Parlement. Son nom est également associé aux grands spectacles (« pageants ») présentés pendant les fêtes du troisième centenaire de Québec dont il fut le maître organisateur. Selon Thomas Chapais, « dans toutes les œuvres dues à la plume de M. Myrand, ce qui frappe principalement, c'est la manifestation simultanée de l'imagination la plus riche, la plus exhubérante, et le souci de la plus minutieuse exactitude ».

ŒUVRES

La Société de St-Vincent de Paul. Statistique universelle de ses aumônes. Étude, Québec. De l'Imprimerie de L.-J. Demers & Frères, Éditeurs-Propriétaires du « Canadien », 1880, 35 p. 12 f. (Tableaux).

Une fête de Noël sous Jacques Cartier, Québec, Imprimerie de L.-J. Demers & Frères, 1888, 256 p. Préface de l'auteur ; 257 p. ; 1890, 294 p. Ill. ; Montréal, Librairie L.-J.-A. Derome limitée, 1911, 240 p. Ill.

1690 Sir William Phipps devant Québec. Histoire d'un siège, Québec, Imprimerie de L.-J. Demers & Frère, Bureau de l'Événement, 1893, 428 p. Ill. Cartes. Préface de l'auteur ; Montréal, Librairie Beauchemin limitée, 1925, 300 p. « BC. Jacques Cartier ».

M. De la Colombière orateur. Historique d'un sermon célèbre prononcé à Notre-Dame de Québec, le 5 novembre 1690, à l'occasion de la levée du siège de cette ville, et répété le 25 octobre 1711, à la nouvelle du désastre de la flotte anglaise sur les récits de l'Île-aux-Œufs. Suivi des relations officielles de Frontenac, Monseignat et Juchereau de Saint-Ignace. Notices critiques et biographiques, etc., Montréal, Cadieux & Derome éditeurs, 1898, 305 p. Ill. Avant-propos de l'auteur.

Noëls anciens de la Nouvelle-France. Étude historique, Québec, Dussault & Proulx. Imprimeurs, 1899, 198 p. Ill. Préface de l'auteur ; Typographie Laflamme & Proulx, 1907, 323 p. ; *Noëls anciens de la Nouvelle-France,* Montréal, Librairie Beauchemin limitée, 1919, 363 p. Préface de Charles ab der Halden. Avant-propos de l'auteur ; 1926, 300 p. « BC. Jacques Cartier ».

Frontenac et ses amis. Étude historique, Québec, Dussault & Proulx, Imprimeurs, 1902, xi, 188 p. Avant-propos de l'auteur. Ill.

Pageants du tricentenaire de Québec 1608-1908 (théâtre), Québec, Typographie Laflamme & Proulx, [s.d.], 36 p.

Les Sortilèges de Jules Morel, conte politique, dans *Le Canadien,* vol. 9, nos 158-160, 12-14 déc. 1882.

ÉTUDES

[Thomas Chapais], *Ernest Myrand,* MSRC, 3e série, vol. 16, 1922, p. iv-vi.

René Savard, « Bio-bibliographie d'Ernest Myrand ». Mémoire, Montréal, École de bibliothécaires de l'Université de Montréal, 1947, 25 f.

MYRTHA. Voir **FRANCHEVILLE,** GENEVIÈVE DE.

MYRTO. Voir **MADELEINE.**

N

NAAMAN, ANTOINE (1920–1986). Professeur et critique littéraire, né à Port-Saïd (Égypte) où il fait ses études primaires et secondaires. Il est détenteur d'une licence ès lettres (1942) et d'un diplôme supérieur de journalisme (1948) de l'Université du Caire, d'un diplôme d'études supérieures de lettres modernes (1951), d'un doctorat d'université (1951) et d'un doctorat ès lettres (1962) de la Sorbonne. Professeur à l'Université du Ghana de 1965 à 1966, Antoine Naaman devient professeur titulaire à l'Université de Sherbrooke en 1966 et commence à s'intéresser vivement à la littérature québécoise et à celle de la francophonie en général. Après avoir publié plusieurs manuels et des ouvrages importants sur Flaubert, il compile et fait paraître, en 1970, son *Guide bibliographique des thèses littéraires canadiennes de 1921–1969*. À l'Université de Sherbrooke, Antoine Naaman crée un Centre d'étude des littératures d'expression française (1969), organise des rencontres et fait progressivement valoir son intérêt pour la francophonie. Il en résulte, en 1970, une revue trimestrielle, *Présence francophone*, dont Antoine Naaman est le fondateur et directeur. *Présence francophone*, précisent Léo-A. Brodeur et Antoine Naaman dans l'*Avant-propos* du premier fascicule, est « une nouvelle tribune libre, un journal international pour les écrivains, les chercheurs et les lecteurs francophones du monde entier ». Antoine Naaman a fondé, en 1970, les Éditions Cosmos et, en 1973, les Éditions Naaman, toutes deux destinées à promouvoir l'écriture française dans le monde. En 1979, il fonde la revue *Écriture française dans le monde*. Grâce au dynamisme d'Antoine Naaman, Sherbrooke est devenu un centre international de diffusion des littératures francophones, surtout des pays en dehors de l'Europe.

ŒUVRES

Le Français. Grammaire, Le Caire, Al-Hilal, 1951.

El Mazni, romancier (essai), Le Caire, Al-Hilal, 1952, 48 p.

L'Analyse à la portée de tous, Le Caire, Al-Hilal, 1954 ; 1964.

Le Français pratique, Le Caire, Ministère de l'Éducation, 1958, 3 vol.

Les Débuts de Gustave Flaubert et sa technique de la description (essai), Pariz, Nizet, 1962, 528 p.

Les Lettres d'Égypte de Gustave Flaubert d'après les manuscrits autographes, Paris, Nizet, 1965, viii, 480 p. Édition critique préparée par Antoine Naaman.

Le Français. Grammaire et langue. 1– Du mot à la phrase, Le Caire, Misr, 1966.

Mateo Falcone de Mérimée, Paris/Sherbrooke, Nizet/Librairie de la Cité universitaire, 1967, 102 p. Édition critique préparée par Antoine Naaman.

Guide bibliographique des thèses littéraires canadiennes de 1921–1969, Sherbrooke, Éditions Cosmos, 1970, 338 p. Préface de Jean Houpert.

Répertoire des thèses littéraires canadiennes, de janvier 1969 à septembre 1971, Sherbrooke, CELEF, 1972, 144 p. Collab. Léo-A. Brodeur.

Le Roman contemporain d'expression française, Sherbrooke, CELEF, 1972, 348 p. Textes recueillis et présentés par Antoine Naaman et Louis Painchaud.

Répertoire des thèses littéraires canadiennes de 1921 à 1976, Sherbrooke, Éditions Naaman, 1978, 454 p. Collab. Léo-A. Brodeur. Avant-propos de l'auteur.

Légendes pharaoniques, Sherbrooke, Éditions Naaman, 1985, 77 p. Collab. Léo-A. Brodeur et Antoine Karamé. Dessins de Samir Sidhoum. « Création ».

Liste internationale de thèses de doctorat de langue et de littérature françaises, année 1969–1970, dans *Présence francophone,* nº 2, printemps 1971, p. 180–190.

L'Université de Sherbrooke aspire à devenir le centre internationale de la francophonie, dans *Forces,* nº 15, 1971, p. 14–18.

Thèses contemporaines de littérature canadienne-française, dans *Journal of Canadian Fiction,* vol. 1, nº 4, 1972, p. 75–79.

L'Enracinement des écrivains maghrébins de langue française, dans *Présence francophone,* nº 8, printemps 1974, p. 34–37.

Sherbrooke et la Francophonie littéraire internationale. Du régionalisme à l'universel, dans *Forces,* nºs 46–47, 1er et 2e trimestres 1979, p. 76–83.

ÉTUDES

Pierre Moreau, *Les Débuts de Gustave Flaubert et sa technique de la description,* dans *Revue de littérature comparée,* 38e année, nº 2, avril-juin 1964, p. 294–300.

Jacques Douchin, *Les Débuts de Gustave Flaubert et sa technique de la description,* dans *Revue d'histoire littéraire de la France,* 64e année, nº 3, juillet-sept. 1964, p. 500–501.

H.C., « *Le Centre d'étude des littératures d'expression française* », dans *Trait d'union,* vol. 9, avril 1972, p. 4.

Alain Baudot, *Le Roman contemporain d'expression française,* LAQ 1972, p. 228–229.

Pierre Francœur, *Antoine Naaman lance 23 volumes !,* dans *La Tribune,* 10 mai 1977, p. 19.

Id., Antoine Naaman ou La Promotion de la littérature francophone dans le monde (entrevue), dans *La Tribune,* 21 mai 1977, p. 18.

[Anonyme], « *Le régionalisme littéraire prend de l'ampleur* ». *Antoine Naaman n'a pas menti,* dans *La Tribune,* 12 avril 1980, p. E-5.

Rosemarie Kieffer, *Hommage à Antoine Naaman,* dans *La Dryade* (Luxembourg), printemps 1980, p. 75–79.

NAB. Voir **BENOIST, ÉMILE.**

NADEAU, MARCEL (1938–). Médecin et poète, né à Saint-Pierre-de-Broughton (Beauce). Il fait ses études classiques au Séminaire du Sacré-Cœur de Saint-Victor de Beauce (B.A., 1960, et médaille du Lieutenant-gouverneur), prépare une maîtrise en philosophie à l'Université d'Ottawa (1961–1963), puis fait ses études de médecine à l'Université Laval (M.D., 1967) et pratique la médecine au Cap-de-la-Madeleine à partir de 1968. Il voyage beaucoup à travers le monde et, en 1976, il collabore au maintien d'un dispensaire en Haïti. En reconnaissance, l'Université de Port-au-Prince lui décerne l'équivalence du doctorat, en 1977. Membre de plusieurs associations médicales et culturelles, il participe à la fondation du Cercle Gabriel-Marcel de Trois-Rivières, et il publie des articles et des poèmes dans divers périodiques, tels *Laënnec Médical, Le Nouvelliste, Le Bien public, Varia, Bulletin du Cercle Gabriel-Marcel...* En 1977 paraît *Astrolabe,* recueil de courts poèmes intimistes sur lequel André Janoël écrit : « Un livre qu'on aime rouvrir, au hasard, pour glaner, çà et là, pour retrouver cette ‹ Sagesse/ où se poursuit l'équilibre/du désir › ». *Géodésiques* (1979) est un album de reproductions de peintures de Niska accompagnées de courts poèmes, suivi d'un bref essai sur l'art.

ŒUVRES

Astrolabe. Poèmes, Trois-Rivières, Éditions du Bien public, 1977, 155 p.

Géodésiques. Poèmes pour Niska suivi de Niska, l'art et l'homme. Essai, Mont-Tremblant, Promotion artistique internationale inc., 1979, 159 p. Ill. de Niska.

Lexique anglais-français de l'enfance en difficulté, Ottawa, EUO, 1982, 454 p. Collab. Denis Lévesque.

ÉTUDES

Sylvie Godin, *Livres. Astrolabe de Marcel Nadeau,* dans *Lundi,* vol. 2, nº 10, 22 avril 1978, p. 29.

André Janoël, *Nadeau (Marcel). Astrolabe,* dans *Nos livres,* vol. 10, mars 1979, nº 114.

Marc Gariépy, *Lettre à Marcel Nadeau, poète d'Astrolabe,* dans *Bulletin du Cercle Gabriel-Marcel,* vol. 1, nº 4, sept. 1979, p. 12.

Gérard Lavallée, *Nadeau (Marcel). Géodésiques. Poèmes pour Niska suivi de Niska, l'art et l'homme,* dans *Nos livres,* vol. 11, mars 1980, nº 90.

NAMIAN, ALEXANDRE (1941–). Poète, né à Bucarest (Roumanie). Il étudie à l'Université de Bucarest (B.A., 1961), à la Sorbonne (licence, 1965) et à l'Université McGill (M.A., 1970). Installé au Canada en 1968, il travaille dans l'enseignement et, à partir de 1972, il est conseiller pédagogique à la Direction générale de la formation linguistique. Il collabore à *Regards sur Israël,* et fait paraître un recueil de poésie, *Mon pays éventré* (1980). « Visionnaire et désenchanté [...], écrit Michel Solomon, [il] est mordu de la poésie. Son verbe imagé le porte vers les cimes de l'espoir alors que sa mélancolie le projette dans les gouffres du désespoir, véritable cauchemar dont il n'arrive pas à se libérer ».

ŒUVRE

Mon pays éventré. Poèmes, Sherbrooke, Éditions Naaman, 1980, 59 p. « Création ».

ÉTUDES

Roger Chamberland, *Recueils de poésie aux Éditions Naaman,* LAQ 1980, p. 123.

[Michel Solomon], *Alexandre Namian, poète de l'angoisse,* dans *Regards sur Israël,* vol. 9, nºs 5–6, 1981, p. 22.

Raymond Laprés, *Namian (Alexandre). Mon pays éventré,* dans *Nos livres,* vol. 13, avril 1981, nº 207.

NANTEL, ADOLPHE (1886–1954). Romancier et journaliste, né à Saint-Jérôme (Terrebonne). En 1896, il entre comme postulant au Mont La Salle, chez les Frères des Écoles chrétiennes qu'il quitte deux ans plus tard. Typographe de 1910 à 1914, il collabore à plusieurs journaux : *Le Devoir* (comme rédacteur), *L'Étoile du Nord* (Joliette), *La Presse, L'Avenir du Nord* (Saint-Jérôme), *Le Canada.* De sa carrière d'écrivain, on ne retient, à vrai dire, que deux romans où le thème principal traduit les rapports qui s'établissent entre la nature et l'homme. Ses descriptions de la vie rustique et de la vie forestière se contentent en général d'un pittoresque assez simpliste soutenu par une langue peu soignée et par moments incorrecte.

ŒUVRES

À la hache (roman), Montréal, Albert Lévesque, 1932, 233 p. Traduction anglaise par B.-K. Sandwell d'un épisode du roman: *A Saga of Lac Clair*, Montréal, [s.é.], 1937, 21 p.

Au pays des bûcherons (roman), Montréal, Librairie d'Action canadienne-française, 1932, 190 p. Ill. de Louis Gagnon. « Albums canadiens ».

La Terre du huitième (roman), Montréal, Éditions de l'Arbre, 1942, 190 p.

ÉTUDES

Camille Roy, *À la hache*, ESC, vol. 12, nº 4, janv. 1933, p. 227-230.

Albert Lacroix, *La Terre du huitième d'Adolphe Nantel*, RD, vol. 48, nº 2, oct. 1942, p. 191-192.

Valdombre, *Après la hache, la charrue*, PV, 5ᵉ série, 4ᵉ cahier, mai 1943, p. 170-176.

NANTEL, ANTONIN [A. Berloin] (1839-1929). Essayiste et journaliste, descendant d'une vieille famille établie en 1670 à l'Ile-Jésus (l'ancêtre, Jean Berloin dit le Nantel, est né à Poitiers où il fut capitaine), né à Saint-Jérôme de Terrebonne. Il étudie au Séminaire Sainte-Thérèse et est ordonné prêtre en 1862. D'abord professeur, il fait ensuite cinq ans d'études en France. Il sera nommé supérieur de son institution à trois reprises. Docteur ès lettres de l'Université Laval, chanoine honoraire (1894), il fonde les *Annales thérésiennes* et collabore à *La Revue canadienne* et à *La Semaine religieuse*. Il se fait connaître par *Les Fleurs de la poésie canadienne*, la première anthologie publiée au Québec (1869). Elle groupe vingt-neuf poèmes de neuf poètes contemporains: F.-X. Garneau, P.-J.-O. Chauveau, J. Lenoir, O. Crémazie, L.-J.-C. Fiset, Alfred Garneau, L.-P. Le May, A.-B. Routhier et un poète anonyme. Le mérite principal de Nantel réside dans ce livre qui contribua à la formation de l'image tenace d'un Québec foncièrement religieux et patriote. Antonin Nantel est l'auteur de plusieurs autres ouvrages: *Précis de géographie élémentaire, Nouveau Cours de langue anglaise, Linguistique américaine, Pages historiques et littéraires, La Parole humaine, Le Nom de Dieu dans les langues...* Il s'intéresse surtout aux questions de langue et de culture, et ses écrits ont un intérêt nettement didactique.

ŒUVRES

Souvenirs du 4 novembre 1864 dédiés aux anciens élèves du séminaire de Ste. Thérèse (essai), Montréal, Eusèbe Senécal, imprimeur-éditeur, 1865, 38 p. (Paru d'abord dans *La Revue canadienne*, en août 1865).

Nouveau Cours de langue anglaise selon la méthode d'Ollendorff à l'usage des écoles, académies, pensionnats et collèges (manuel scolaire), Montréal, C.O. Beauchemin & Valois, libraires-imprimeurs, 1868, v, [i], 240 p. ; C.O. Beauchemin & fils, libraires-imprimeurs, 1898, vii, [i], 263 p. Nouvelle édition revue, corrigée et augmentée ; Librairie Beauchemin, 1938, xi, [i], 319 p. Préface d'Olivier Maurault.

Les Fleurs de la poésie canadienne (anthologie), Montréal, C.O. Beauchemin et Valois, libraires-imprimeurs, 1869, 134 p. ; 1896, x, 255 p. Préface de l'auteur. Édition augmentée ; Librairie Beauchemin, 1904 ; Librairie Beauchemin, limitée, 1912, 236 p. « BC, Maisonneuve » ; 1924, 205 p. « BC, Maisonneuve ».

Petites Fleurs de poésie offertes à l'enfance canadienne (anthologie), Montréal, Beauchemin, 1871, 64 p.

La Parole humaine, études de philologie nouvelle d'après une langue d'Amérique, Montréal/Paris, Beauchemin/Champion, 1908, 221 p. Sous le pseudonyme de A. Berloin.

Clef des exercices du Nouveau Cours de langue anglaise selon la méthode d'Ollendorff à l'usage des écoles, académies, pensionnats et collèges (manuel scolaire), Montréal, Librairie Beauchemin, limitée, [1920 ?], 118 p. ; *Nouveau Cours de langue anglaise selon la méthode d'Ollendorff par l'abbé A. Nantel. Partie du maître*, 1937, 159 p. Revisé par le professeur E.-C. Piédalue.

Pages historiques et littéraires, Montréal, Arbour et Dupont, imprimeurs, 1928, 431 p. Portrait. Avant-propos de J.-A. Beaulieu. Préface de Élie-J. Auclair. (Recueil d'articles parus dans différents journaux et revues).

ÉTUDES

Adjutor Rivard, *La Parole humaine*, BPF, vol. 7, nº 4, déc. 1908, p. 138-143.

Émile Chartier, *Un ouvrage canadien de philologie*, dans *Pages de combat*, Montréal, Imprimerie des sourds-muets, 1911, p. 297-303.

NARRACHE, JEAN [X Émile Coderre] (1893-1970). Poète, né à Montréal. Il fait ses études au Séminaire de Nicolet (où il publie un journal humoristique, *Le Mercredi*) et à l'École de pharmacie de l'Université de Montréal (licence, 1919). En 1924, il devient publicitaire pour la compagnie de peinture Martin-Semours. De 1945 à 1961, il est secrétaire du Collège des pharmaciens du Québec. En 1922, il publie un premier recueil de poésie *Les Signes sur le sable*, le seul signé de son nom véritable. Ce livre regroupe des textes écrits autour de 1912, à l'époque où il fait partie de l'École littéraire de Montréal. Par la suite, il s'oriente vers la poésie populaire, dialectale qu'il signe du pseudonyme « Jean Narrache ». Il collabore à *La Revue moderne*, à *La Grande Revue*, à plusieurs journaux, comme *La Patrie du Dimanche,* où, chaque semaine pendant plus de huit ans, il écrit sa chronique « J'parl' pour parler ». Sa poésie, très populaire dans les années 1930, se veut simple par sa thématique et par son langage imitant le parler des « habitants ». Elle tient à la fois de la chanson populaire et du conte récitatif, organisée en strophes simples, en récits anecdotiques, selon cette devise de Jehan Rictus, inscrite en tête de *J'parl' pour parler :* « Je suis *l'homm' modern' qui pouss' sa plainte, et vous savez ben qu'j'ai raison !*». En 1932, il obtient la médaille d'argent de la Société des poètes canadiens-français.

ŒUVRES

Les Signes sur le sable. Poésies, Montréal, Chez l'auteur, 1922, 136 p. Sous le nom d'Émile Coderre. Préface d'Alphonse Désilets.

Quand j'parl'tout seul (poésie), Montréal, Éditions Albert Lévesque, 1932, 130 p. Portrait. Ill. de Jean Palardy ; 1936.

Histoire du Canada, Montréal, Librairie de l'Action canadienne-française, 1937, 126 p.

J'parl' pour parler... Poésies, Montréal, Éditions Bernard Valiquette/Éditions A.C.F., 1939, 129 p. Portrait. Ill. de Simone Aubry.

Bonjour, les gars ! Vers ramanchés et pièces nouvelles (poésie), Montréal, Les Éditions Fernand Pilon, 1948, 202 p.

J'parle tout seul quand Jean Narrache (courts textes), Montréal, Les Éditions de l'Homme, 1961, 141 p.

Jean Narrache chez le diable (poésie), Montréal, Les Éditions de l'Homme, 1963, 125 p. Dessins de Gaucher.

Rêveries de Jean Narrache, Montréal, Éditions du Pauvre Yabe, [s.d., n.p.].

[*Témoignages...*], dans *La Poésie canadienne-française,* Montréal/Paris, Fides, 1969, p. 383–386. « ALC » 4.

ÉTUDES

Camille Roy, *La poésie qui se fait,* CF, vol. 9, n° 2, 1922, p. 133–143, surtout p. 137–143.

Maurice Hébert, *Quand j'parl'tout seul,* CF, vol. 20, n° 6, févr. 1933, p. 569–573.

Émile Bégin, *Histoire du Canada,* ESC, vol. 17, n° 4, janv. 1938, p. 314–315.

Frédéric Bronner, *Henri Grignon, Jean Narrache and the « Chansonnier » Desroussaux,* C, vol. 13, n° 2, juin 1952, p. 164–167.

Guy Plastre, *Jean Narrache chez le diable,* LAC 1963, p. 129–130.

André Major, *Simenon et Jean Narrache,* Dev, vol. 58, n° 90, 18 avril 1967, p. 10.

Robert Choquette, *Émile Coderre,* CACF, vol. 14, 1972, p. 56–70.

NAUBERT, YVETTE (1918–1982). Romancière, nouvelliste et dramaturge, née à Hull. Elle fait ses études à Hull, à Iberville et à Montréal où elle obtient un baccalauréat en musique de l'École Vincent-d'Indy. De 1946 à 1952, elle se fait connaître comme auteur de textes radiophoniques sur les ondes de Radio-Canada. Au cours de cette période, elle compose une pièce en un acte, « Les Âmes captives », créée au Festival d'art dramatique du Canada, en 1950. Elle séjourne plusieurs années aux États-Unis. Après un silence d'une dizaine d'années, Yvette Naubert revient à la littérature en 1965 avec un premier roman, *La Dormeuse éveillée.* Son roman, *L'Été de la cigale* mérite à la fois le prix du Cercle du livre de France (1968) et le prix des Concours littéraires du Québec (1969). Dénonciation du mythe du « melting pot » américain, ce roman s'impose par un style sobre et un don certain de l'observation. « Elle l'a fait, écrit Michel Gaulin, avec un sens pénétrant de la psychologie et une connaissance sûre des courants profonds qui ont pétri la société américaine ». En 1972, elle publie le premier tome d'une chronique de famille, *Les Pierrefendre,* suivi de deux autres. La même année, elle s'établit en France. En 1980, elle revient au pays et elle est écrivain invité à l'Université d'Ottawa. Au moment de sa mort, en décembre 1982, elle laisse plusieurs écrits inachevés. Dans sa fresque romanesque *Les Pierrefendre* (trois volumes publiés, trois autres esquissés), autant que dans ses contes, l'univers humain paraît sombre. « Les personnages d'Yvette Naubert, écrit Paul Gay, se cognent toujours à quelque plafond pour retomber vaincus. Pas de joie dans cette œuvre, pas de sourire, mais de la tragédie partout. Et pourtant ces êtres qui se blessent, se trahissent, se séparent et même en viennent aux coups, s'aiment dans un recoin profond et mystérieux de leur cœur. C'est vraiment là que gît le mal, le mal de la vie, le mal du destin dans la fatalité ».

ŒUVRES

La Dormeuse éveillée (roman), [Montréal], CLF, 1965, 184 p. « NF ».

Contes de la solitude I, Montréal, CLF, 1967, 149 p. Traduction anglaise par Margaret Rose : *Tales of Solitude,* Vancouver, Intermedia Press Limited, 1978, 120 p.

L'Été de la cigale (roman), [Montréal], CLF, 1968, 209 p.

Contes de la solitude II, Montréal, CLF, 1972, 181 p.

Les Pierrefendre. Prélude et fugue à tant d'échos (roman), Montréal, CLF, 1972, 316 p.

Les Pierrefendre II. Concerto pour un décor et quelques personnages (roman), Montréal, Pierre Tisseyre Éditeur, 1975, 317 p.

Les Pierrefendre III. Arioso sans accompagnement (roman), Montréal, CLF, Pierre Tisseyre, 1977, 298 p.

Traits et Portraits (nouvelles), Montréal, Pierre Tisseyre Éditeur, 1978, 163 p.

ÉTUDES

Mario Malara, *La Dormeuse éveillée*, LAC 1965, p. 38–39.

Adrien Thério, *Contes de la solitude*, LAC 1967, p. 54–55.

Michel Gaulin, *L'Été de la cigale*, LAC 1968, p. 35–37.

Jean-Cléo Godin, *L'Été de la cigale*, EF, vol. 5, n° 2, mai 1969, p. 232–233.

Françoise de Labsade, *Les Pierrefendre d'Yvette Naubert*, LAQ 1972, p. 50–51.

Gilles Cossette, *Contes de la solitude II d'Yvette Naubert*, LAQ 1972, p. 74.

Gabrielle Poulin, *L'Enfance terre de contradictions*, Rel, n° 379, févr. 1973, p. 55–57.

Paul Gay, *Sous le signe de l'échec: l'œuvre d'Yvette Naubert*, Dr, 64ᵉ année, n° 251, 22 janv. 1977, p. 18.

Id., *La Grande Illusion. Les Pierrefendre III*, Dr, 65ᵉ année, n° 228, 24 déc. 1977, p. 20.

Id., *Paul Gay rencontre Mme Yvette Naubert*, Dr, 65ᵉ année, n° 292, 11 mars 1978, p. 22.

Réginald Martel, *C'est la nuit des paumés à Sherbrooke sous la neige*, Pr, 95ᵉ année, n° 83, 7 avril 1979, p. D-2.

Murray Maltais, *Profession: écrivain. Yvette Naubert*, Dr, 67ᵉ année, n° 172, 2 oct. 1979, p. 17.

Benoît Beaulieu, *Yvette Naubert. Traits et Portraits*, LAQ 1979, p. 65–66.

NAUD, ANDRÉ (1925–). Théologien et philosophe, né à Montréal. Il fait ses humanités au Séminaire Sainte-Thérèse (B.A., 1946). Après sa licence en théologie en 1950, il termine son doctorat en philosophie à l'Angelicum de Rome (1954). Il poursuit des études post-doctorales à l'Institut des sciences orientales de Tokyo. Il participe au Concile Vatican II à titre d'expert attaché à la Commission théologique. Outre ses essais, on trouve ses écrits dans plusieurs périodiques : *Le Séminaire, Musubi, Le Souffle, Religiologiques, Église de Montréal, Laval philosophique et théologique, Le Devoir.* André Naud aborde le problème de l'existence chrétienne dans le monde contemporain sous le signe d'un humanisme renouvelé.

ŒUVRES

Le Problème de la philosophie chrétienne. Éléments d'une solution thomiste (essai), Paris, Lethielleux, 1960, 111 p. ; Montréal, Faculté de théologie, Université de Montréal.

Directoire pour la construction des églises (essai), Montréal, Fides, 1964, [n.p.].

Le Rapport Parent et l'Humanisme nouveau (essai), Montréal/Paris, Fides, 1965, 85 p. « Présence ».

L'Esquive. L'école et les valeurs (essai), Québec, Service général des communications, Ministère de l'Éducation du Québec, 1978, x, 167 p. Collab. Lucien Morin. Présentation de Jean-Marie Beauchemin.

La Recherche des valeurs chrétiennes. Jalons pour une éducation, Montréal, Fides, 1985, 325 p. Avant-propos de l'auteur. « Héritage et Projet ».

Les Catholiques et les Autres, dans *Laval philosophique et théologique*, vol. 22, n° 1, janv. 1966, p. 133–138.

Pour une présence chrétienne au monde scolaire, dans *Le Souffle*, vol. 5, n° 27, juin 1969, p. 30–39.

Le Problème théologique du presbytérat, dans *Le Prêtre, hier, aujourd'hui, demain*, Montréal, Fides, 1970, p. 9–10.

La Société canadienne de théologie, dans *Religiologiques*, Montréal, PUQ, 1970, p. 163–168.

Théologie et Foi en situation, dans *L'Église canadienne*, vol. 4, n° 9, nov. 1971, p. 296–298.

Les Espérances séculières à Vatican II, dans *L'Espérance chrétienne dans un monde sécularisé*, Montréal, Fides, 1971, p. 157–170.

NAUD, LAURENT. Voir **GRIGNON-LAPIERRE, MONIQUE.**

NAUROY, RENÉ DE. Voir **LE CLÈRE,** RENÉ.

NELLIGAN, ÉMILE [Émile Kovar] (1879–1941). Poète, né à Montréal. Il est le fils de David Nelligan, venu d'Irlande et d'Émilie Amanda Hudon de Rimouski. Après avoir fréquenté l'École de l'Archevêché, l'École Olier, le Séminaire de Montréal, le Mont-Saint-Louis, il étudie un an au Collège Sainte-Marie qu'il quitte en mars 1897. Il passe plusieurs de ses vacances d'été à Cacouna. En février 1897, il devient membre de l'École littéraire de Montréal, lit ses poèmes à quelques réunions et assiste aux quatre séances publiques que les jeunes écrivains organisent à la fin de 1898 et au début de 1899. Parmi ses amis, il faut surtout mentionner Joseph Melançon et Arthur de Bussières. Dès l'âge de seize ans, Nelligan est fortement influencé par la poésie de Verlaine et de Baudelaire, et il s'éprend, en 1898, de Rodenbach, de Rollinat, d'Edgar Poe. La musique de Chopin et de Paderewski lui est particulièrement chère. Mais le surmenage finit par produire une « dégénérescence mentale » (verdict médical), et il est interné à la Retraite Saint-Benoît, le 9 août 1899, d'où il sera transféré, en 1925, à l'Hôpital Saint-Jean-de-Dieu : il y restera jusqu'à sa mort. Fruit de trois ans d'efforts, sa poésie, de facture parnassienne et de teinte symboliste, reflète un cœur prématurément meurtri et une sensibilité exacerbée. Son premier poème, « Rêve fantasque », publié dans *Le Samedi* du 13 juin 1896, révèle une forte adhésion au Verlaine des *Poèmes saturniens*. Deux de ses poèmes, « La Romance du Vin » et « Le Vaisseau d'Or », résument l'essentiel de son destin d'homme et d'artiste. D'un lyrisme convaincant, l'œuvre de Nelligan, grâce à ses formes d'expression originales, marque une étape importante dans l'histoire de la poésie canadienne-française. La thématique, centrée auparavant sur le passé et la patrie, se greffe désormais sur le présent et la conscience de l'artiste. La facture de ses sonnets et rondels témoigne d'un grand souci musical ; les images évocatrices et les rythmes expressifs accentuent de maintes façons la parole de ce jeune poète souffrant et solitaire. Dans la préface de la première édition des poésies de Nelligan, Louis Dantin caractérise ainsi la poétique de son ami : « Il est aisé de voir que Nelligan, souvent symboliste par sa conception des entités poétiques, est presque toujours parnassien par leur expression. Il a le goût très vif de cette musique savante à laquelle les ‹ jeunes › voudraient substituer la voix simple des brises et des flots. [...] Ainsi, de ses attaches symbolistes et de son culte parnassien, naît une originalité composite, assez bien balancée toutefois et qui embrasse et élargit l'un et l'autre genre. [...] Émile Nelligan fut un poète prodigieusement doué, à qui il n'a manqué que le temps et le travail pour devenir un grand poète ». En 1952, en tête de son édition critique des *Poésies complètes* de Nelligan, Luc Lacourcière souligne l'extraordinaire vitalité de cette poésie : « Peu d'œuvres canadiennes — parmi les poétiques surtout — ont connu faveur aussi grande et qui se renouvelle à chaque génération. Il se peut que le sort de cet infortuné jeune homme, le malheur qui interrompit sa carrière avant la fin de sa vingtième année, ait motivé, dans une large mesure, les sentiments d'admiration qu'on n'a cessé d'entretenir à son endroit ». Mais la pitié seule ne saurait expliquer un retour aussi fidèle. À l'occasion du 25ᵉ anniversaire de la mort du poète, marqué par une série d'événements commémoratifs, Paul Wyczynski apporte cette précision : « Au couchant du XIXᵉ siècle, aux heures de gloire de l'École littéraire de Montréal, Nelligan fait au Canada français figure de novateur. Bercé longtemps par la poésie patriotique, le public n'était pas habitué à l'explosion du moi. L'univers poétique de Nelligan vit de sa souffrance. Son langage est essentiellement cri, frisson, spasme. De dimension modeste, quelque cent soixante poèmes, l'œuvre de l'auteur du *Vaisseau d'Or* est la légende d'un Moi dans la légende d'un peuple. Et dans cette subjectivité à la résonnance unique se fixe la qualité de la forme qui fait de Nelligan le premier grand poète lyrique parmi les écrivains canadiens-français ». Le centenaire de la naissance de Nelligan fut souligné par un colloque à l'Université d'Ottawa les 18 et 19 octobre 1979 et par une exposition à la Bibliothèque nationale du Canada du 18 octobre 1979 au 4 mars 1980. La Bibliothèque nationale du Québec a organisé une soirée commémorative à la Place des Arts le 27 novembre 1979. À Hull, au Théâtre de l'Île, une séance littéraire et musicale eut lieu le 30 mars 1980. En d'autres endroits on a célébré l'anniversaire de la naissance de Nelligan par des séances littéraires et des récitals de poésie. On a mis en musique un bon nombre de ses poèmes. L'hommage général témoigne, selon Joseph Melançon, que Nelligan est toujours « à l'âge de la poésie ». Gilles Corbeil, fils de Gertrude Nelligan-Corbeil, a publié, en 1979, une magnifique édition des *Poésies* de son oncle. Ce neveu de Nelligan, mort accidentellement en Australie en mars 1986, a institué, par testament, la Fondation Émile-Nelligan qui dispose d'un million de dollars pour perpétuer le nom du poète du « Vaisseau d'Or » et encourager la création artistique.

ŒUVRES

Émile Nelligan et son Œuvre, Montréal, [Librairie Beauchemin], 1903 [sic], [viii], xxxiv, 164 p., hors-texte avec une photographie entre les pages [iv] et [v] qui figure aussi sur la couverture qui porte également le nom de l'éditeur et la date de publication de 1904. Ill. Préface de Louis Dantin ; Éditions Édouard Garand, 1925, xxxix, 166 p. ; [Imprimerie Excelsior], 1932, xlviii, 162 p. Portrait de Nelligan par Marcel. À la Préface de Louis Dantin s'ajoutent des « Notes pour la troisième édition » du Père Thomas-M. Lamarche, o.p. (p. xxxix–xlviii) ; *Poésies*, Fides, 1945, 232 p. « N ». Avec « Notes et Variantes » (p. 223–232). La préface de Dantin porte ici le titre de *Poète*.

Poésies complètes, 1896–1899, Montréal/Paris, Fides, 1952, 333 p. Portrait de l'auteur en regard de la page de titre. « N ». Édition critique établie par Luc Lacourcière ; 1958 ; 1966.

Poèmes choisis, Montréal/Paris, Fides, 1966, 167 p. « BCF ». Textes choisis et présentés par Éloi de Grandmont. Avec une chronologie, une bibliographie et des jugements critiques.

Émile Nelligan, Montréal/Paris, Fides, 1967, 191 p. « ECF ».

Poésies, Montréal, Fides, 1967, 262 p. Ill. de Claude Dulude. (Édition de luxe).

Poésies complètes d'Émile Nelligan, Montréal, Gilles Corbeil, éditeur, 1979, [n.p., 235 f.]. Avec 12 estampes de James Guitet. (Édition de luxe).

Émile Nelligan après cent ans, 1879-1979, Montréal, Éditions du Grainier, 1979, [n.p., 28 f.]. Un portrait de Nelligan. Eaux-fortes de Marie-Anastasie ; photographies d'Armour Landry.

31 poèmes autographes. 2 carnets d'hôpital 1938, Trois-Rivières, Écrit des Forges, 1982, 111 p. Avec « Comment j'ai connu Émile Nelligan », d'Angéline Grenier-Bournival, « Nelligan redonné au monde » de Claire Bournival, « Description des carnets » et « Nelligan aux Écrits des Forges », de Gatien Lapointe. (Le titre est trompeur car seulement sept poèmes sont de Nelligan, déjà connus, dont deux ne sont que des fragments ; le reste n'est que la transcription de poèmes français, canadiens-français et belges).

ÉTUDES

Joseph Saint-Hilaire, *Les Poésies du Château de Ramezay. M. Émile Nelligan,* dans *Les Débats,* 1re année, n° 23, 6 mai 1900, p. 3.

Louis Dantin, *Émile Nelligan,* Deb, n°s 143-149, 17 août-28 sept. 1902. (Devient préface des quatre premières éditions des poésies de Nelligan. Reproduit dans *Émile Nelligan,* Montréal, Fides, [1968], p. 2-20. « Dossiers de documentation sur la littérature canadienne-française », n° 2).

Charles ab der Halden, *Un poète maudit : Émile Nelligan,* dans *La Revue d'Europe et des colonies,* t. 13, n° 1, janv. 1905, p. 49-62.

Bernard Muddiman, *The Soirees of the Chateau de Ramezay,* dans *Queen's Quarterly,* vol. 20, n° 1, juillet-août-sept. 1912, p. 73-91.

Jean Charbonneau, *Émile Nelligan,* dans *Des influences françaises au Canada,* Montréal, Beauchemin 1916, t. 1, p. 85-97.

Robert de Roquebrune, *Hommage à Nelligan,* dans *Le Nigog,* vol. 1, n° 7, juillet 1918, p. 219-224.

Louvigny-[Testard] de Montigny, *Émile Nelligan and the École littéraire de Montréal,* dans *Saturday Night,* vol. 63, n° 9, 1er nov. 1947, p. 32.

Alfred DesRochers, *Nelligan a-t-il subi une influence anglaise ?,* CV, 16e année, juillet 1951, p. 187-198 ; oct. 1951, p. 300-307.

Y[ves]-G[érard] Le Dantec, *La Vie poétique,* dans *Revue des Deux Mondes* (Paris), 124e année, n° 14, juillet 1954, p. 334-346, surtout p. 336-339.

Gérard Bessette, *Émile Nelligan,* dans *Les Images en poésie canadienne-française,* Montréal, Beauchemin, 1960, p. 215-279.

Paul Wyczynski, *Émile Nelligan, sources et originalité de son œuvre,* Ottawa, EUO, 1960, 349 p.

Id., Émile Nelligan, poète de l'inquiétude, CaL, n° 10, automne 1961, p. 40-50.

Id., Émile Nelligan, Montréal, Fides, [1967], 192 p. « ECA ».

[Roland-M. Chartrand et Jean-Noël Samson], *Émile Nelligan,* Montréal, Fides, [1968], 105 p. « Dossier de documentation sur la littérature canadienne-française », n° 3.

Réjean Robidoux, *La Signification de Nelligan,* dans *La Poésie canadienne-française,* Montréal, Fides, 1969, p. 305-321. « ALC » 4.

Paul Wyczynski, *L'Influence de Verlaine sur Nelligan,* dans *Revue d'histoire littéraire de la France* (Paris), 69e année, n° 5, sept.-oct. 1969, p. 778-794.

[Colloque Nelligan], *Nelligan : poésie rêvée et poésie vécue,* Montréal, CLF, 1969, 192 p. (Ouvrage collectif avec un « Avant-propos » de Jean Éthier-Blais).

Pierrette Bissonnette et Jean-Pierre Bouchard, *Analyse de « Clavier d'antan »,* poème d'Émile Nelligan, RUO, vol. 40, n° 4, oct.-déc. 1970, p. 597-604.

Paul Wyczynski, *Nelligan et la Musique,* Ottawa, EUO, 1971, 151 p. « CCRCCF ».

Id., Bibliographie descriptive et critique d'Émile Nelligan, Ottawa, EUO, 1973, 323 p.

Id., Nelligan devant la critique, dans *Québec français,* n° 25, mars 1977, p. 24-28.

Normand Chaurette, *Rêve d'une nuit d'hôpital,* Montréal, Leméac, 1980, 102 p.

Jacques Michon, *La Perte du corps certain. Analyse du « Vaisseau d'or » de Nelligan,* 1, vol. 4, n° 1, janv.-avril 1980, p. 67-77.

[Colloque Nelligan, 1979], *Crémazie et Nelligan,* Montréal, Fides, 1981, 188 p. Recueil d'études préparé sous la direction de Réjean Robidoux et Paul Wyczynski.

Jean Larose, *Le Mythe de Nelligan,* Montréal, Quinze, 1981, 141 p. « Prose exacte ».

Bernard Courteau, *Pour un plaisir de verbe* (pastiche), Montréal, Les Éditions Émile-Nelligan, 1982, 75 p.

Jacques Michon, *Émile Nelligan. Les racines du rêve,* Montréal/Sherbrooke, Presses de l'Université de Montréal/Les Éditions de l'Université de Sherbrooke, 1983, 178 p.

Bernard Courteau, *Nelligan n'était pas fou !,* Montréal, Louise Courteau, 1986, 154 p. Ill. sur la couverture de J.W. Stewart. Avec « En guise de préface » une lettre de Jacques Ferron. (Biographie fantaisiste).

Paul Wyczynski, *Nelligan, 1879-1941. Biographie,* Montréal, Fides, 1987, xvi, 635 p. « Le Vaisseau d'Or ».

NEMO. Voir **FAUTEUX, AEGIDIUS.**

NEPTUNE. Voir **DEGUIRE-MORRIS, CÉLINE.**

Kèro

NEPVEU, PIERRE (1946–
). Poète et critique,
né à Montréal. Il fait le
cours classique au Collège
Sainte-Marie (B.A., 1966),
puis la licence ès lettres à
l'Université de Montréal
(1969). Il obtient une
bourse du Gouvernement
français et poursuit ses
études à l'Université Paul-
Valéry de Montpellier (maîtrise en 1971) et revient
à Montréal pour son doctorat (1977). Il est tour à
tour professeur aux universités McMaster (Hamilton, 1969-1970), de Sherbrooke (1972-1975), de
Colombie-Britannique (1975-1976), d'Ottawa
(1976-1978). À partir de 1978, il enseigne à l'Université de Montréal. Il collabore à plusieurs périodiques, et est codirecteur d'*Ellipse* de 1972 à 1975.
Il commence à tenir la chronique de la poésie à
Lettres québécoises en 1976. Dès 1969 Pierre Nepveu
se fait remarquer par l'originalité et la sensibilité de
sa poésie. «Cette aptitude à assimiler d'autres
écritures signale la vigueur de la pensée de Nepveu.
Épisodes confirme ce que les lecteurs de *La Force
des choses* et de *Voies rapides* soupçonnaient déjà.
Pierre Nepveu est le poète le plus neuf à s'être
révélé récemment. Depuis une dizaine d'années, il
a commencé à édifier discrètement, sans précipitation, une œuvre résolument contemporaine des
poésies les plus actuelles en même temps qu'aussi
nettement à l'écart des groupes, chapelles, coteries
où se fait et se défait le monde» (Robert Mélançon).
Ses essais, *Les mots à l'écoute* et *L'Écologie du réel*
ont reçu un accueil favorable de toute la critique.
«Pierre Nepveu donne un éclairage nouveau, écrit
Jean Royer, non seulement à la poésie québécoise
mais aussi à sa critique».

ŒUVRES

Voies rapides. Poèmes, Montréal, HMH, 1971, 112 p.
«Sur parole».
Épisodes (poésie), Montréal, L'Hexagone, 1977, 70 p.
*Les Mots à l'écoute. Poésie et silence chez Fernand
Ouellette, Gaston Miron et Paul-Marie Lapointe* (essais),
Québec, PUL, 1979, 294 p.
Couleur chair (poésie), Montréal, L'Hexagone, 1980,
92 p. Avec quatre dessins de Francine Prévost.
La Poésie québécoise des origines à nos jours. Anthologie,
Québec/Montréal, PUQ/Les Éditions de l'Hexagone,
1980, 714 p. Collab. Laurent Mailhot. Note liminaire
des auteurs; Montréal, L'Hexagone, 1986, 637 p. «Typo
poésie».

Mahler et Autres Matières. Poèmes, Saint-Lambert, Édi-
tions du Noroît, 1983, 74 p. Eau-forte de Francine
Labelle.
L'Hiver de Mira Christophe. Roman, Montréal, Boréal,
1986, 221 p.
*L'Écologie du réel. Mort et naissance de la littérature
québécoise contemporaine* (essai), Montréal, Éditions
Boréal, 1989, 248 p.

_____

La Force des choses (poésie), ECF, n° 27, 1969, p. 59-97.
New Quebec Poetry, dans *Ellipse,* n° 12, 1973, p. 58-65.
Gilbert Langevin, l'énergumène, EF, vol. 9, n° 4, nov.
1973, p. 337.
La Poétique de Gilbert Langevin, LAQ 1973, p. 313-324.
Le Poème inachevé (Michel Beaulieu), EF, vol. 11, n° 1,
févr. 1975, p. 55-65.
Le Grotesque, dans La Guerre, yes Sir !, dans *Nord,* n° 6,
automne 1976, p. 49-59.
Les Nouvelles Voix en poésie : Sens interdit, LQ, n° 3,
sept. 1976, p. 11-13.
Michel Lemaire : L'Envers des choses, LQ, n° 5, févr.
1977, p. 13-15.
La Jeune Poésie, la critique peut-être..., LQ, n° 6, avril-mai
1977, p. 13-15.
La Poésie et Quelques Questions, L, vol. 19, n° 3, mai-juin
1977, p. 87.
Note provisoire sur les œuvres créatrices complètes, LQ,
n° 7, août-sept. 1977, p. 17-18.
Alexis Lefrançois : les « mots éblouis de silence », LQ,
n° 8, nov. 1977, p. 15-16.
*Herménégilde Chiasson : Rapport sur l'état de mes illu-
sions,* LAQ 1977, p. 151-152.
VLB (commentaires), NBJ, n° 63, févr. 1978, p. 89.
Scénario pour un amour définitif, dans *Estuaire,* n° 7,
mars 1978, p. 39.
Le Poème : du fait divers à l'événement, LQ, avril 1978,
p. 16-18.
Les Herbes rouges... jusqu'à François Charron, LQ,
n° 11, sept. 1978, p. 38-40.
*L'Autre et la Sorcière : Madeleine Gagnon et Francine
Déry,* LQ, n° 12, nov. 1978, p. 15-16.
Gilbert Langevin : Mon refuge est un volcan, LAQ 1978,
p. 134-136.
Philippe Haeck : une poétique de la naïveté, LQ, n° 13,
févr. 1979, p. 22-24.
*Robert Mélançon, Gilles Cyr, Jean Charlebois, Jean-
Yves Théberge,* LQ, n° 14, avril-mai 1979, p. 22-25.
Quelques Réflexions sur la critique et la poésie, LQ,
n° 15, août-sept. 1979, p. 25-26.
Data Songs (poésie), NBJ, n° 83, oct. 1979, p. 42.
Du corps et quelques poètes, LQ, n° 16, hiver 1979-1980,
p. 21-23.
La Tombée du temps (Paul-Marie Lapointe), EF, vol. 16,
n° 2, avril 1980, p. 47-63.
Les Années soixante-dix : du commencement à la fin,
LQ, n° 17, printemps 1980, p. 26-29.
François Charron, l'urgence de l'écriture (entrevue), LQ,
n° 18, été 1980, p. 40-48.

De l'« importance » de la littérature, LQ, n° 19, automne 1980, p. 28–31.

Nicole Brossard et France Théoret : la pensée/l'impensable, LQ, n° 20, hiver 1980–1981, p. 24–27.

ÉTUDES

[Anonyme], *Voies rapides,* dans *Le Livre canadien,* vol. 2, 1971, n° 224.

Marielle Gervais, *Voies rapides de Pierre Nepveu,* LAQ 1971, p. 142–144.

Michel Beaulieu, *Un raz-de-marée poétique,* dans *Le Livre d'ici,* vol. 2, n° 27, 13 avril 1977, p. 1.

François Hébert, *Le Français, Beaulieu, Nepveu, Vanier,* L, vol. 19, n° 3, mai–juin 1977, p. 93–99.

Gabrielle Poulin, *Pierre Nepveu, poète du macadam : Voies rapides et Épisodes,* Rel, vol. 37, n° 428, juillet–août 1977, p. 222–223.

Robert Mélançon, *Pierre Nepveu. Épisodes,* LAQ 1977, p. 133–134.

Jean Royer, *D'un plaisir à l'autre, le silence de la poésie,* Dev, 19 mai 1979, p. 23.

Jean Fisette, *Pierre Nepveu. Les Mots à l'écoute,* LAQ 1979, p. 243–245.

François Gallays, *Les Mots à l'écoute,* LQ, n° 16, hiver 1979–1980, p. 68.

Jean Royer, *Trois compagnons pathétiques,* Dev, vol. 71, n° 216, 20 sept. 1980, p. 23.

Michel Lemaire, *Pierre Nepveu : Les Mots à l'écoute,* VI, vol. 5, n° 2, hiver 1980, p. 407–409.

Max Fadin, *Pierre Nepveu. Couleur chair,* LAQ 1980, p. 124–126.

Ivanhoé Beaulieu, *Mailhot et Nepveu. Restituer les pouvoirs de la poésie québécoise,* Pr, 97ᵉ année, n° 134, 6 juin 1981, p. C-2.

Jacques Blais, *La Poésie québécoise des origines à nos jours de Mailhot-Nepveu,* LQ, n° 23, automne 1981, p. 42–44.

Richard Giguère, *La Poésie québécoise, des origines à nos jours. Anthologie de Laurent Mailhot et Pierre Nepveu,* dans *Estuaire,* n° 23, printemps 1982, p. 113–116.

Claude Beausoleil, *Gérald Godin : les mots vécus,* Dev, vol. 74, n° 268, 19 nov. 1983, p. 20.

Michel Lemaire, *Pierre Nepveu dans la poésie québécoise contemporaine,* dans *Dalhousie French Studies,* 1985, p. 47–65.

Jean Basile, *Mort et exil : un point de vue de Pierre Nepveu sur la littérature québécoise,* Pr, 105ᵉ année, n° 97, 28 janv. 1989, p. K-3.

NEVERS, EDMOND DE [X Edmond Boisvert] (1862–1906). Économiste et politicologue, né à La Baie-du-Febvre (Yamaska). Après ses études classiques au Séminaire de Nicolet, il s'établit à Trois-Rivières où il fait sa cléricature. Il est admis au barreau en 1883, mais le droit ne séduit guère cet artiste, poète, musicien et rêveur. Un poste comme inspecteur d'hôpitaux d'aliénés lui permet d'économiser suffisamment d'argent pour s'établir en Europe. En 1889, il se rend à Berlin où il étudie pendant deux ans avant de visiter l'Italie, l'Espagne et le Portugal et de se familiariser avec plusieurs langues. Vers 1892, il atteint Paris où il restera jusqu'en 1900, excepté un bref séjour à Londres en 1895 et un voyage aux États-Unis en 1896–1897. Il travaille à l'Agence Havas à titre de rédacteur. Il songe à publier un roman, un recueil de poésie, un volume de souvenirs de voyage, sans donner cependant suite à ses projets. C'est en 1893 qu'il traduit en collaboration deux pièces d'Ibsen et les signe du nom de son ancêtre de Nevers, qui deviendra ainsi son pseudonyme. Le séjour en Europe affermit les liens de l'auteur avec son pays, mais l'éloignement lui permet aussi de mieux voir les menaces qui pèsent sur les Canadiens français. Ainsi, au printemps de 1896, paraît *L'Avenir du peuple canadien-français,* essai important mais qui ne sera jamais mis en vente. À peine quelques exemplaires parviendront aux journalistes et amis. Peu satisfait de son ouvrage, Edmond de Nevers décide d'en préparer une édition remaniée mais, atteint de rhumatisme, ce travail lui devient pénible. En 1900, il publie un fort essai, *L'Âme américaine,* que Ferdinand Brunetière qualifie de « l'un de plus intéressants qu'on ait publiés [...] sur l'Amérique ». De retour au Canada en 1900, il s'établit à Québec et devient rédacteur publicitaire à l'Assemblée législative. Il donne occasionnellement des conférences, publie des *Études sur les États-Unis,* un ouvrage de Matthew Arnold, et travaille à un roman qui demeure inachevé. En 1903, il s'installe chez ses parents, à Central Falls (Rhode Island) où il meurt en 1906. Claude Galarneau met en évidence l'exemplarité de l'aventure intellectuelle d'Edmond de Nevers, « homme d'une rare qualité d'esprit, lucide, qui n'a jamais écrit et pensé que par référence aux intérêts supérieurs de sa collectivité ». Dans *L'Avenir du peuple canadien-français,* dit encore Galarneau, « de Nevers fournissait à ses compatriotes, le premier programme complet d'action publique. [...] Son livre, rempli d'analyses pertinentes, est écrit dans une langue châtiée, à la fois sobre et élégante, prose d'un écrivain né ».

ŒUVRES

Henrik Ibsen, *Les Soutiens de la société. L'Union des jeunes,* Paris, S.A. Savine, 1893, 311 p. ; Paris, P.-V. Stock, 1902, 311 p. « Bibliothèque cosmopolite ». Traduction du norvégien de Pierre Bertrand et Edmond de Nevers.

L'Avenir du peuple canadien-français, Paris, Henri Jouve, 1896, xlvii, 441 p. ; Montréal, Fides, 1964, 333 p. « N ». Préface de Claude Galarneau ; 1976.

L'Âme américaine. Les Origines. La Vie historique, Paris, Jouve & Boyer, éditeurs, 1900, 2 vol. : vol. 1, 353 p. ; vol. 2, ix, 408 p.

Études sur les États-Unis par Matthew Arnold, Québec, Dussault & Proulx, imprimeurs, 1902, xii, 221 p. Préface et notes par Edmond de Nevers. Traduction de l'anglais d'Edmond de Nevers et Léonce Rinfret.

Influence des races sur la formation du caractère américain, RC, vol. 1, 1904, p. 169-189.
L'Évolution des peuples anciens et modernes, RC, vol. 2, 1904, p. 167-180, 279-290, 538-560.

ÉTUDES

Ferdinand Brunetière, *L'Âme américaine,* dans *Revue des Deux Mondes,* 1900, p. 664-702.
Henri d'Arles, *Edmond de Nevers, le penseur et l'artiste,* dans *Essais et Conférences,* Québec, Chez l'auteur, 1909, p. 182-220.
Jean Bruchési, *Edmond de Nevers,* CF, vol. 22, n° 5, janv. 1935, p. 441-447.
Id., *Edmond de Nevers,* dans *Rappels,* Montréal, Bernard Valiquette, 1941, p. 212-222.
Claude Galarneau, « *Edmond de Nevers, essayiste, suivi de textes choisis,* Québec, PUL, 1959, 94 p. « CIH ».
Jean-Charles Falardeau, *Actualité d'Edmond de Nevers,* CL, vol. 11, n° 25, mars 1960, p. 21-30.
Romain Légaré, *L'Avenir du peuple canadien-français d'Edmond de Nevers,* dans *Lectures,* vol. 11, n° 6, févr. 1965, p. 158-159.

NEY, JEAN. Voir **CIRCÉ-CÔTÉ,** ÉVA.

NINON. Voir **GRISÉ-ALLARD,** JEANNE.

NISH, CAMERON (1927-   ). Historien, né à Montréal. Il fait ses études au Collège Notre-Dame, au Collège de Saint-Laurent et à l'Université Sir George Williams (B.A., 1957). Il obtient une maîtrise en histoire à l'Université de Montréal (1959) pour une thèse sur Henri Bourassa, puis un doctorat en histoire de l'Université Laval (1967), pour une thèse sur *Les Bourgeois-gentilshommes de la Nouvelle-France, 1729-1748,* publiée l'année suivante chez Fides. À partir de 1969, il est professeur titulaire d'histoire à l'Université Sir George Williams. Cameron Nish est directeur au Centre de recherches en histoire économique du Canada français et directeur fondateur du Centre d'étude du Québec à l'Université Sir George Williams. « Nish, écrit André Vachon, aura toujours le mérite d'avoir, le premier, dans le domaine économique, comparé le volume, le rendement et les modalités du commerce de la Nouvelle-France avec celui des colonies anglaises d'Amérique, et d'avoir par le fait même donné une valeur relative à des chiffres qui jusqu'ici, parce qu'ils n'avaient qu'une valeur absolue, n'avaient aucune signification précise ».

ŒUVRES

The French Regime, Scarborough, Prentice-Hall of Canada Ltd., 1965, xvi, 176 p. Textes traduits et édités par Cameron Nish. « Canadian Historical Documents Series ». Version française : *Le Régime français 1534-1760,* 1966, xvi, 190 p. Textes choisis et rédigés par Cameron Nish. « Histoire du Canada. Textes et documents ».
Henri Bourassa. Biographie, index des écrits, index de la correspondance publique 1895-1924, Montréal, Éditions de l'Action nationale, 1966, lxii, 150 p. Collab. André Bergevin et Anne Bourassa. Préface des auteurs.
The French Canadians, 1759-1766 : Conquered ? Half-Conquered ? Liberated ?, Vancouver, Copp Clark, 1966, viii, 148 p. Textes choisis et édités par Cameron Nish.
Histoire du Canada. Documentation, Scarborough, Prentice-Hall, 1966-1967, 2 vol. Textes choisis et rédigés par Cameron Nish et P.B. Waite.
Inventaire des documents relatifs à l'histoire économique du Canada français, Montréal, Presses de l'Imprimerie Saint-Joseph, 1967-1968, 5 vol.
Les Bourgeois-gentilshommes de la Nouvelle-France, 1729-1748, Montréal, Fides, 1968, xxxix, 202 p. Carte. Préface de Eugène D. Genovese.
The Social Structures of New France, Vancouver, Copp Clark Pub. Co., 1968, 85 p. Textes compilés par Cameron Nish et Pierre Harvey.
Quebec in the Duplessis Era, 1935-1959. Dictatorship or Democracy ?, Toronto, Copp Clark Publishing Company, 1970, 164 p. Textes choisis, traduits et édités par Cameron Nish. Préface de l'auteur. « Issues in Canadian History ».
[*Banque canadienne nationale, 1874-1974. Cent ans d'histoire,* Montréal, Banque canadienne nationale, 1974], 118 p. Ill. Collab. Robert Choquette. Version anglaise : [*Bank Canadian National, 1874-1974. A Hundred Years of History*], 122 p. Collab. Syd Thomas.
François-Étienne Cugnet, 1719-1751. Entrepreneur et entreprises en Nouvelle-France, Montréal, Fides, 1975, xxxi, 185 p. Ill. Cartes. « Histoire économique et sociale du Canada français ».

La Banqueroute de François-Étienne Cugnet, 1742, dans *L'Actualité économique,* vol. 41, n° 1, juillet-sept. 1965 ; vol. 42, n° 3, oct.-déc. 1966.
Inventaire des documents relatifs à l'histoire économique du Canada français, dans *L'Actualité économique,* vol. 43, n° 1, avril-juin 1967 ; vol. 46, n° 3, oct.-déc. 1970.
Bibliographie pour servir à l'étude de l'histoire du Canada français, dans *Bulletin du Centre d'étude du Québec,* n° 1, avril 1967-n° 5, mai 1969. (Cinq fascicules).

ÉTUDES

Paul Sauriol, *Ouvrage documentaire sur l'œuvre d'Henri Bourassa,* Dev, vol. 57, n° 291, 15 déc. 1966, p. 4.
Lionel Groulx, « *Henri Bourassa* », biographie, RHAF, vol. 20, n° 4, mars 1967, p. 639-641.

Joseph Levitt, *Henri Bourassa : biographie, index des écrits, index de la correspondance publique 1895-1924,* CHR, vol. 48, nº 4, déc. 1967, p. 379–380.

André Vachon, *Les Bourgeois-gentilshommes de la Nouvelle-France de Cameron Nish,* LAC 1968, p. 175.

[Anonyme], *Les Bourgeois-gentilshommes de la Nouvelle-France,* dans *L'Action,* 61ᵉ année, nº 18346, 29 nov. 1968, p. 17.

Willie Chevalier, *Les Bourgeois-gentilshommes de la Nouvelle-France,* dans *Sept-Jours,* 3ᵉ année, nᵒˢ 15-16, 28 déc. 1968, p. 37–38.

NOËL, BERNARD (1945–   ). Nouvelliste et poète, né à Sainte-Apolline (Montmagny). Il fait ses études classiques au Collège Sainte-Croix de Montréal (B.A., 1967), et il obtient le brevet « A » à l'Université du Québec à Montréal. Il enseigne au secondaire à la Commission scolaire Jérôme-Le Royer. Son premier livre, *Les Fleurs noires* (1977), est un recueil de quatre nouvelles « où la réalité est sans cesse confrontée avec le rêve, où les personnages se cherchent dans l'inquiétude et l'anxiété ; [...] univers ambigus à la fois palpables et imprévisibles », écrit Benoît Beaulieu qui reproche à Noël des interventions d'auteur et des parenthèses explicatives. Cependant, « Bernard Noël sait composer ses récits, il présente des situations psychologiques riches, il manie bien la phrase longue qui ne l'effraie point ». En 1983, il publie un recueil de poésie, *Par monts et par mots.*

ŒUVRES

Les Fleurs noires. Nouvelles, Montréal, CLF Pierre Tisseyre, 1977, 183 p.

Par monts et par mots (poésie), Longueuil, Le Préambule, 1983, 115 p.

Contes pour un autre œil, Longueuil, Le Préambule, 1985, 157 p. « Murmures du temps ».

L'Espace du poème, dans *Estuaire,* nº 12, mai 1979, p. 114–121.

ÉTUDES

Benoît Beaulieu, *Bernard Noël. Les Fleurs noires,* LAQ 1978, p. 64–65.

François Hébert, *Lettres québécoises,* Dev, vol. 76, nº 118, 25 mai 1985, p. 23.

NOËL, FRANCINE (1945–   ). Romancière, née à Montréal. Elle fait ses humanités au Collège Sainte-Anne de Lachine (B.A., 1965). Elle obtient ensuite, à l'Université de Montréal, une licence ès lettres (1968) et une maîtrise pour un mémoire sur « L'Esthétique du conte chez Charles Perrault »

(1969), puis, à l'Université de Paris VIII (Vincennes), un doctorat dont la thèse s'intitule « L'Innommable de Samuel Beckett, le sujet noyé » (1972). Passionnée de théâtre, elle fait partie des troupes La Cabergnote et Les Saltimbanques entre 1963 et 1969 et elle collabore à la revue *Jeu.* Elle devient professeur au Collège Sainte-Marie en 1968, puis à l'Université du Québec à Montréal en 1969, au département de théâtre et de danse. En 1983 paraît *Maryse,* son premier roman, qui suscite un concert de louanges à peu près général. « Il y a eu *Le Matou,* voici *Maryse,* écrit Réginald Martel. [...] Quelques années, 1968-1975, dans la vie d'une jeune Montréalaise — toute une époque qui resurgit, plus vraie que la vraie, avec son flot d'événements drôles ou tragiques [...] ». André Vanasse regrette quelques fautes de sémantique ou de syntaxe et une « tendance au cliché », mais dit que le livre est « une très belle révélation ». Lise Gauvin voit en *Maryse* « un livre rare, d'une éblouissante maîtrise langagière, sans prétention autre que de transformer en conscience — et en écriture — la vie au jour le jour d'une époque et d'une génération, celle qui avait 20 ans en 1968 ».

ŒUVRES

Maryse. Roman, Montréal, VLB éditeur, 1983, 426 p. Ill.

Chandeleur. Cantate parlée pour cinq voix et un mort, Montréal, VLB éditeur, 1985, 187 p. Ill.

Myriam première. Roman, Montréal, VLB éditeur, 1987, 536 p.

Plaidoyer pour mon image, dans *Jeu,* nº 16, 1980, p. 23–56.

ÉTUDES

Martine Corriveau, *Beau Roman pour bohème nostalgique,* So, 87ᵉ année, nº 296, 15 déc. 1983, p. D-12.

Réginald Martel, *Un livre magnifique. C'était hier déjà,* Pr, 100ᵉ année, nº 11, 14 janv. 1984, p. C-3.

Lise Gauvin, « *Maryse* », *le livre de ceux qui avaient 20 ans en 68,* Dev, vol. 75, nº 17, 21 janv. 1984, p. 15.

Réginald Martel, *Francine Noël. « Je me sens romancière américaine »* (entrevue), Pr, 100ᵉ année, nº 29, 4 févr. 1984, p. B-1, B-3.

Monique Roy, *Et Maryse vint* (entrevue), Dev, vol. 74, nº 29, 4 févr. 1984, p. 17, 22.

Serge Trudel, *L'auteur répond aux questions de notre collaborateur,* dans *Nos livres,* vol. 15, mars 1984, p. 4–5 ; *Noël (Francine). Maryse,* nº 5658.

Claire de Lamirande, *Avoir soif, ou Le Désert de mots,* Dr, 72ᵉ année, nº 11, 7 avril 1984, p. 34.

Richard Dubois, *Chut ! Voici Maryse...,* Rel, vol. 44, nº 500, mai 1984, p. 140.

André Vanasse, *Maryse de Francine Noël. Papa Tom, Élisa Doolittle et les autres,* LQ, nº 33, printemps 1984, p. 34–35.

[Anonyme], *Découvrir la vie par les gardiennes,* Dr, 79ᵉ année, nᵒ 238, 8 janv. 1986, p. 44.

NOËL, MICHEL (1944-   ). Ethnologue et conteur, né à Messines (Gatineau). Il obtient un baccalauréat en pédagogie à l'École normale de Hull (1967), puis, à l'Université Laval, une licence ès lettres avec spécialisation en ethnologie (1972), une maîtrise (1978) pour un travail paru sous le titre *Art décoratif et vestimentaire des Amérindiens du Québec, XVIᵉ et XVIIᵉ siècles,* et il étudie la gastronomie amérindienne de ces deux siècles en vue d'un doctorat. De 1972 à 1977, il est responsable du développement de l'art et de l'artisanat des Amérindiens et des Inuits au ministère des Affaires indiennes et du Nord et de 1977 à 1980, directeur du Service de l'artisanat et des métiers d'art au ministère des Affaires culturelles du Québec ; en 1979, il devient coordonnateur du dossier amérindien et inuit, puis, en 1983, directeur de la Direction du Nouveau-Québec et Services autochtones, au même ministère. Il en est outre chargé de cours à l'Université Laval. Auteur de plusieurs ouvrages abondamment illustrés pour adultes et pour enfants, dont certains sont traduits en plusieurs langues, il collabore aux revues *Décormag* et *Rencontre.* À propos de *Art décoratif et vestimentaire* et de la difficulté de retrouver l'authentique parmi les « bibelots pour touristes », Gérard Lavallée écrit : « L'auteur part justement à la recherche de cette authenticité en effectuant un retour au XVIᵉ siècle », non sans remonter aux origines amérindiennes et parler de l'influence énorme des européens et des conséquences de cette acculturation. Michel Laurin dit des *Oiseaux d'été* que ce récit montagnais « réussit à traduire la densité de la vie intérieure de ces autochtones ».

ŒUVRES

Artisanat québécois, tome 3 : Indiens et Esquimaux (essai), Montréal, L'Homme, 1977, 582 p. Collab. Cyril Simard. Ill. Préface de Bernard Assiniwi.
Art décoratif et vestimentaire des Amérindiens du Québec, XVIᵉ et XVIIᵉ siècles (essai), [Montréal], Leméac, 1979, 194 p. Ill. Préface de Lorraine Létourneau-Sicotte.
Les Oiseaux d'été. Récit montagnais, [Montréal], Leméac, 1981, 119 p. Ill. de Joanne Ouellet. Préface de Jean-Claude Dupont. « Ni-T'Chawama mon ami mon frère ».
Les Papinachois. Contes amérindiens, [LaSalle, Éditions Hurtubise HMH], 1981, 18 vol. en 6 séries : série I, *L'Origine :* vol. 1, *Les Papinachois* ; vol. 2, *Les Papinachois et la Création du monde* ; vol. 3, *Les Papinachois et le Grain de sable* ; série II, *Les Voisins :* vol. 4,

Les Papinachois et les Chasseurs ; vol. 5, *Les Papinachois et les Agriculteurs* ; vol. 6, *Les Papinachois et les Ancêtres* ; série III, *La Cueillette :* vol. 7, *Les Papinachois et le Panier d'écorce* ; vol. 8, *Les Papinachois à la rescousse d'Eskéo* ; vol. 9, *Les Papinachois et la Fête des bleuets* ; série IV, *La Sagesse des anciens :* vol. 10, *Les Papinachois et les Rêves* ; vol. 11, *Les Papinachois et les Secrets de la nature* ; vol. 12, *Les Papinachois et les Cadeaux* ; série V, *Les Exploits de Napéo :* vol. 13, *Les Papinachois à la pêche à l'anguille* ; vol. 14, *Les Papinachois et les Piquants de porc-épic* ; vol. 15, *Les Papinachois et la Plume d'outarde* ; série VI, *L'École d'automne :* vol. 16, *Les Papinachois à l'école* ; vol. 17, *Les Papinachois à la recherche d'un professeur ;* vol. 18, *Les Papinachois apprennent à sécher les bleuets,* pour tous les volumes, [n.p., 24 p.]. Ill. de Joanne Ouellet. (Publié aussi en inuit : une série avec alphabet courant et l'autre avec l'alphabet inuit).
Carnets de voyage. Le Vieux Comptoir de la Baie James (ethnographie), [Montréal], Leméac, 1982, 195 p. Ill. de Benoît Montreuil. Préface de René Lévesque.
Les Papinachois. Vie amérindienne. Album d'activités, jeux, dessins, passe-temps, LaSalle, Hurtubise HMH, 1983, 48 p. Collab. Joanne Ouellet. Ill.
La Mista Amisk de Piekouagami. Les castors géants du lac Saint-Jean (litt. jeunesse), [Montréal], Leméac, 1984, 47 p. Ill. de Joanne Ouellet.
L'Umiak (le bateau collectif). Théâtre, Montréal, VLB éditeur, 1984, 96 p. Collab. François Camirand, Yves Lauvaux et Monique Rioux. Ill. Avant-propos de Monique Rioux.
La Malédiction de Tchékapesh. Théâtre, Montréal, VLB éditeur, 1986, 112 p. Collab. Roselyne Boulard et Joanne Ouellet. Ill. de Joanne Ouellet.
Les Stadaconé (litt. jeunesse), [Québec, Québec Science éditeur, 1986], 9 vol. : vol. 1, *Les Ancêtres* ; vol. 2, *L'Éloquence* ; vol. 3, *L'Héritage* ; vol. 4, *Le Visiteur* ; vol. 5, *La Coutume* ; vol. 6, *L'Origine* ; vol. 7, *La Peur noire* ; vol. 8, *La Corne* ; vol. 9, *Le Grognon,* pour tous les volumes, 24 p. Ill. de Joanne Ouellet.

ÉTUDES
Gérard Lavallée, *Simard (Cyril) avec la collaboration de Michel Noël. Artisanat québécois, tome 3 : Indiens et Esquimaux,* dans *Nos Livres,* vol. 8, août-sept. 1977, nᵒ 269.
Id., *Noël (Michel), Art décoratif et vestimentaire des Amérindiens du Québec (XVIᵉ et XVIIᵉ siècles),* dans *Nos livres,* vol. 10, déc. 1979, nᵒ 399.
Michel Laurin, *Noël (Michel). Les Oiseaux d'été, récits montagnais,* dans *Nos livres,* vol. 13, janv. 1982, nᵒ 38.
Raymond Laprés, *Noël (Michel). Carnets de voyage. Le Vieux Comptoir de la Baie James,* dans *Nos livres,* vol. 14, juillet-août 1983, nᵒ 5288.

NOGARET, PAUL. Voir **CHARBONNEAU, PIERRE.**

NOLIN, JEAN [André Duquette] (1898–   ). Poète et critique de théâtre, né à Sorel (Richelieu). Ses études classiques au Collège Sainte-Marie se terminent en 1918, par un baccalauréat ès arts. Il obtient une licence à l'École des Hautes Études commerciales (1920). Son intérêt pour la littérature commence par le théâtre, au Collège Sainte-Marie. Parrainé par Victor Barbeau, il est admis à l'École littéraire de Montréal le 5 décembre 1921. Il devient le secrétaire particulier de G.-Z. Simard, président de la Société des alcools du Québec. Après un an d'expérience, il est nommé représentant de cette Société à Paris où il passe deux ans en tant que fonctionnaire du gouvernement provincial. Ce séjour lui permet de fréquenter les milieux littéraires groupés autour de la Comtesse de Noailles et d'Alexandre Marcereau. À la même époque, il publie, sous le pseudonyme d'André Duquette, des articles dans *La Muse française*. De retour à Montréal en 1927, il remplace Henri Letondal comme critique de théâtre à *La Patrie* et y devient directeur de la publicité au moment du départ d'Eugène Tarte. Journaliste, il est d'abord chargé de l'information radiophonique à l'Hôtel Windsor où se situent les bureaux du poste Marconi ; il travaille ensuite au poste CKAC, toujours dans la section des nouvelles. Dans les années 1930, Olivar Asselin l'invite à prendre la direction de la publicité du journal *Le Canada*. Au début de la Seconde Guerre mondiale, il est conseiller en publicité et représentant de la maison Didot-Bottin. Au début des années 1960, il est au service de la maison Larousse. En 1919, il publie un recueil de poésie, *Les Cailloux*, au sujet duquel Albert Lozeau écrivait dans *Le Devoir* : « Des sonnets harmonieux, pleins de mélancolie et de sensibilité ; des rondels délicats ; des triolets jeunes et frais ; des questions ailées qui s'envolent comme des papillons nuancés. [...] Voilà à peu près la substance du recueil de Jean Nolin ».

ŒUVRE

Les Cailloux (poésie), Montréal, Imprimé au Devoir, 1919, 131 p. Dessins d'Henri Letondal.

Les Clôtures (poésie), AF, vol. 3, n° 1, janv. 1919, p. 3–4.
Les Clôtures (poésie), dans *L'Action catholique*, vol. 12, n° 3481, 14 juin 1919, p. 8.
La Manie des foules, dans *La Revue moderne*, 2ᵉ année, n° 7, mai 1921, p. 24–25.

ÉTUDES

[Édouard Chauvin], *Les Deux Pierrots, Philémon et Baucis*, P, 41ᵉ année, n° 10, 10 mars 1919, p. 2.
Albert Lozeau, *Les Cailloux par Jean Nolin*, Dev, vol. 10, n° 74, 29 mars 1919, p. 1.
Alexandre Dugré, *Journaux, Livres et Revues*, AF, vol. 3, n° 4, avril 1919, p. 181–186.
Olivar Asselin, *Quelques Livres canadiens*, dans *La Revue moderne*, vol. 1, n° 2, 15 déc. 1919, p. 11–12.

NORD, PAULE. Voir **TOURIGNY,** PAULE.

O

OHL, PAUL (1940–   ). Chroniqueur sportif, essayiste et romancier, né à Strasbourg (France). Émigré au Canada en 1951, il fait ses études secondaires à l'École Saint-Mathieu de Belœil, puis il étudie au Collège militaire royal de Saint-Jean (1957-1959) et à l'École des officiers de Borden (Ontario) où il obtient un brevet d'officier en 1960. Il fait aussi des études à la Faculté des sciences sociales de l'Université de Montréal (1963-1964) et à l'École d'administration publique de l'Université du Québec à Montréal (1972-1973). Au service du Gouvernement du Québec à partir de 1965, il occupe divers postes dont ceux de directeur général du Haut-Commissariat à la jeunesse et de directeur du Plein Air au ministère du Loisir. Intéressé aux sports et préoccupé des droits des athlètes, il publie de nombreux articles dans *Le Soleil, Le Devoir, La Presse*, il est à l'origine des États généraux du sport québécois, membre fondateur de la Fédération Yoseikan-Do..., et il donne des conférences. Son premier livre, *Les Arts martiaux* (1975), est accueilli avec réserve : Yves Tachereau trouve qu'il « touche un peu à tout » de façon trop rapide. *La Guerre olympique* (1977) et *Les Gladiateurs de l'Amérique* (1977) lui valent des invitations en Europe et à l'Unesco. *Knockout Inc.* (1979), roman à thèse sur les boxeurs esclaves d'un système, fait dire à Léo Beaudoin que c'est «un roman bien structuré et soigneusement documenté ». À propos du dossier de *La Machine à tuer* (1981), Daniel Latouche écrit : «Son ouvrage n'est pas qu'une simple dénonciation du meurtre organisé qu'est la boxe. [...] C'est à une véritable réflexion sociologique qu'il nous convie ».

ŒUVRES

Les Arts martiaux : l'héritage des Samourai (essai), Montréal, La Presse, 1975, 299 p. Ill. Préface de Yoshinao Nanbu.

Les Gladiateurs de l'Amérique (dossier), Montréal, Stanké, 1977, 254 p. Ill.

La Guerre olympique (essai), Paris, Éditions R. Laffont, 1977, 355 p. Ill.

Knockout Inc. Roman, Montréal, Stanké, 1979, 175 p.

Le Dieu sauvage (biographie), Montréal, Libre Expression, 1980, 236 p. Ill. de Suzanne Duranceau.

La Machine à tuer (dossier), Montréal, Libre Expression, 1981, 267 p. Ill.

Katana. Le roman du Japon, Montréal, Québec/Amérique, 1987, 528 p.

ÉTUDES

Yves Tachereau, *À la mode de Bruce Lee,* dans *Le Livre d'ici,* vol. 1, n° 24, p. 1.

André Bastien, *Paul Ohl et le Sport professionnel : une maladie de sociétés d'abondance,* Pe, vol. 9, n° 12, 26 mars 1977, p. 6–9.

Gilles Houde, *Le Guerre olympique : un document-choc,* Dev, vol. 68, n° 87, 14 avril 1977, p. 9.

Jean Paré, *Paul Ohl (interview du mois),* dans *L'Actualité,* vol. 2, n° 7, juillet 1977, p. 6–10.

René Lord, *Paul Ohl : écrire sur le sport,* No, vol. 58, n° 93, 18 févr. 1978, p. 13.

Jean Saint-Hilaire, *Knockout Inc. : roman pour une boxe plus humaine,* So, vol. 82 n° 50, 24 févr. 1979, p. C-4.

Jean Saint-Hilaire, *Une littérature pour sportifs critiques,* So, vol. 82, n° 105, 30 avril 1979, p. C-7.

Léo Beaudoin, *Ohl (Paul), Knockout Inc.,* dans *Nos livres,* vol. 10, juin-juillet 1979, n° 223.

Jean St-Hilaire, *Lancement du « Dieu sauvage » : preuve en main Ohl intime au CIO de réhabiliter John Thorpe,* So, vol. 69, n° 98, 23 avril 1980, p. C-7.

Réjean Tremblay, *La Passion d'Ohl pour Thorpe,* Pr, 96e année, n° 106, 8 mai 1980, p. B-19.

André Janoël, *Ohl (Paul). Le Dieu sauvage,* dans *Nos livres,* vol. 11, août-sept. 1980, n° 265.

Jean Saint-Hilaire, *Dernier Cri d'alarme de Paul Ohl : « arrêtons la machine à tuer »,* So, vol. 70, n° 104, 29 avril 1981, p. D-4.

Daniel Latouche, *Oui... la boxe tue !,* dans *Le Livre d'ici,* vol. 7, n° 4, 28 oct. 1981, p. 2.

André Janoël, *Ohl (Paul). La Machine à tuer,* dans *Nos livres,* vol. 12, oct. 1981, n° 396.

Alain Bouchard, *Ohl compare la presse sportive à un ghetto,* So, vol. 70, n° 268, 14 nov. 1981, p. D-5.

O'LEARY, MARIE-FRANCE (1940–   ). Romancière et essayiste, née à Montréal. Elle fait ses études à Saint-Leu-la-Forêt (France) et au Collège Marie-de-France (Montréal). Elle voyage beaucoup entre le Canada et l'Europe, fait des études de théâtre, enseigne en Gaspésie et en Abitibi, puis s'installe dans le Midi de la France où, à partir de 1980, elle exerce la profession d'écrivain. Entre 1976 et 1982, elle publie trois romans et trois essais dont seul le premier roman paraît au Canada. *De la terre et d'ailleurs* (1976) reçoit un accueil assez sévère de la critique qui y voit plus une autobiographie qu'un roman : « Il ne suffit pas de recopier son journal pour en faire un bon roman » (Louis Lasnier). « La fiction n'y est pas. On n'y trouve pas d'imaginaire » (André Gaulin).

ŒUVRES

De la terre et d'ailleurs. Bonjour Marie-France (roman), [Montréal], Leméac, 1976, 178 p. « Roman québécois ».

De la terre et d'ailleurs. S'épouser (roman), La Motte d'Aigues, [Chez l'auteur], 1980, 131 p. Préface d'Annie Meunier.

De la terre et d'ailleurs. Nomades (roman), La Motte d'Aigues, [Chez l'auteur], 1981, 159 p. Préface de Jean Viard.

Notre corps, centrale d'énergie (essai), Paris, Association Énergie et Créativité, 1981, 106 p. Préface de Madeleine Pauthier.

Les Familles du hasard (essai), Paris, Association Énergie et Créativité, 1982, 71 p.

Le Hasard (essai), Paris, Association Énergie et Créativité, 1982, 71 p.

ÉTUDES

Réginald Martel, *Quelques bijoux parmi trop de mots*, Pr, 92e année, n° 327, 24 déc. 1976, p. D-3.

André Gaulin, *Marie-France O'Leary. De la terre et d'ailleurs/ Bonjour Marie-France*, LAQ 1976, p. 98–99.

François Ricard, *Une lecture édifiante*, Dev, vol. 69, n° 28, 5 févr. 1977, p. 17.

Gilbert La Roque, *Deux exécutions et un non-lieu !*, dans *Le Livre d'ici*, vol. 2, n° 33, 25 mai 1977, p. 1.

Louis Lasnier, *O'Leary (Marie-France). De la terre et d'ailleurs. Bonjour Marie-France*, dans *Nos livres*, vol, 8, mai 1977, n° 178.

OLIER, MOÏSETTE [X Corinne Beauchemin] (1885-1972). Journaliste et romancière, née aux Forges de Saint-Maurice (Saint-Maurice) où se passe son enfance. De 1898 à 1902, elle étudie au Pensionnat des Ursulines de Trois-Rivières et devient secrétaire au *Devoir* du temps d'Henri Bourassa et d'Omer Héroux, puis à l'Ambassade de Belgique à Washington, durant la Première Guerre mondiale. Menacée de tuberculose pulmonaire, elle fait de longs séjours à Denver (Colorado). Obligée de restreindre ses activités, elle lit beaucoup et commence à « rédiger ses songes ». En 1927, elle publie son premier roman : *L'Homme à la physionomie macabre*. En 1929, elle épouse le docteur Joseph Garceau, médecin à Shawinigan. Les années 1930-1940 marquent le temps fort de sa production littéraire. À la demande d'Albert Tessier, elle écrit *Chawinigane, Au pays de l'énergie* (en collaboration avec Raymond Tanghe) et *Cendres*. Elle rédige deux autres romans, reprend son roman *Cendres*, le corrige, l'ampute du dernier épisode et le publie

sous le titre *Étincelles*. Elle collabore aux pages féminines du *Bien public*, du *Nouvelliste* et du *Mauricien*. En 1944, elle quitte Shawinigan pour Montréal, emportant le manuscrit d'un dernier roman inachevé. Elle se retire à la Résidence Morin et y meurt le 17 juin 1972. Très artiste, très émotive, elle savait goûter la vie et « trouver sa joie dans un rayon de soleil comme dans un sourire ami ». Quelques durs coups de la vie ont pu la meurtrir, ils ne l'ont jamais aigrie. Cette sérénité se retrouve dans ses romans et nouvelles où le thème de l'amour simple n'ébranle jamais les cœurs étonnés bien plus que passionnés. Son œuvre survit grâce à une langue correcte, par moments châtiée.

ŒUVRES

L'Homme à la physionomie macabre (roman), Montréal, Éditions Édouard Garand, 1927, 154 p. (Paru en feuilleton dans *Le Bien public*, 24e année, n°s 48–63, 29 nov. 1932–17 janv. 1933).

Ay pays de l'énergie (roman), Trois-Rivières, Le Nouvelliste, 1932, 46 p. Collab. Raymond Tanghe. « Pages trifluviennes, série B ».

Chawinigane (roman), Trois-Rivières, Le Nouvelliste, 1934, 68 p. « Pages trifluviennes ».

Étincelles, [Trois-Rivières], Le Nouvelliste, 1936, 221 p. Linogravures d'Henri Beaulac. (Paru d'abord en feuilleton sous le titre *Cendres*, dans *Le Bien public*, vol. 25, n° 3, 28 sept. 1933, vol. 26, n° 28, 16 juillet 1934).

Mademoiselle Sérénité, [Trois-Rivières], Le Nouvelliste, 1936, 210 p.

ÉTUDES

Clément Marchand, *Chawinigane*, dans *La Revue populaire*, vol. 27, n° 12, déc. 1934, p. 55.

Adrienne Choquette, *Confidences d'écrivains*, dans *Le Mauricien*, vol. 2, n° 10, oct. 1938, p. 13, 32–33.

Paul Gay, *Moïsette Olier (1885-1972). « Une dame racée »*, Dr, 68e année, n° 44, 17 mai 1980, p. 18.

Suzanne Lafrenière, *Moïsette Olier, femme de lettres de la Mauricie*, Hull, Éditions Asticou, 1980, 224 p. Ill.

OLIGNY, ODETTE [Michelle de Vaubert] (1900-1962). Journaliste et romancière, née en France, à Troyes (Aube). Elle vient au Canada en 1919. Sa carrière de journaliste commence à *La Presse*, puis, en 1931, elle inaugure la page féminine du journal *Le Canada*. Elle collabore au *Samedi* et à *La Revue populaire*. En 1953, elle fonde le journal *Chic*, un journal féminin rédigé uniquement par des femmes ; ce périodique ne dure que peu de temps. Membre correspondant de la Société académique de l'Aube (France) et publicitaire de l'Union des artistes lyriques et dramatiques de Montréal, Odette Oligny est également l'auteur d'un roman paru en 1923. *Le Talisman du pharaon*, publié sous le pseudonyme de Michelle de Vaubert, est un roman d'aventure à la fois exotique et populaire dont l'action se passe en Égypte. En 1933, elle rédige 12 albums pour les jeunes sur les animaux domestiques. Elle participe à plusieurs émissions radiophoniques telles « Les Courriers d'Odette », « Entre nous » et « Entre vous et moi » dont les meilleurs textes sont réunis en volume en 1935. En 1950, elle écrit un autre conte pour les jeunes, *Le Cheval d'or,* qui remporte un grand succès.

ŒUVRES

Le Talisman du pharaon (roman), Montréal, Librairie Beauchemin limitée, [1923 ?], 166 p. Sous le pseudonyme de Michelle de Vaubert. Préface d'Olivar Asselin; [1929 ?].

Le Canard et le Cygne (litt. jeunesse), Montréal, Éditions Albert Lévesque, 1933, 61 p. Ill. « Nos animaux domestiques ».

Le Chat (litt. jeunesse), Montréal, Éditions Albert Lévesque, 1933, 61 p. Ill. « Nos animaux domestiques ».

Le Cheval (litt. jeunesse), Montréal, Éditions Albert Lévesque, 1933, 61 p. Ill. « Nos animaux domestiques ».

Le Chien (litt. jeunesse), Montréal, Éditions Albert Lévesque, 1933, 61 p. Ill. « Nos animaux domestiques ».

Le Coq et la Poule (litt. jeunesse), Montréal, Éditions Albert Lévesque, 1933, 61 p. Ill. « Nos animaux domestiques ».

Le Lapin et le Lièvre (litt. jeunesse), Montréal, Éditions Albert Lévesque, 1933, 61 p. Ill. « Nos animaux domestiques ».

Le Mouton et la Chèvre (litt. jeunesse), Montréal, Éditions Albert Lévesque, 1933, 61 p. Ill. « Nos animaux domestiques ».

L'Oie et la Dinde (litt. jeunesse), Montréal, Éditions Albert Lévesque, 1933, 61 p. Ill. « Nos animaux domestiques ».

L'Oiseau de maison (litt. jeunesse), Montréal, Éditions Albert Lévesque, 1933, 61 p. Ill. « Nos animaux domestiques ».

Le Pigeon (litt. jeunesse), Montréal, Éditions Albert Lévesque, 1933, 61 p. Ill. « Nos animaux domestiques ».

Le Porc (litt. jeunesse), Montréal, Éditions Albert Lévesque, 1933, 61 p. Ill. « Nos animaux domestiques ».

La Vache et le Bœuf (litt. jeunesse), Montréal, Éditions Albert Lévesque, 1933, 61 p. Ill. « Nos animaux domestiques ».

Entre vous et moi (essai), Montréal, Éditions du Totem, 1935, 190 p.

Mon mariage (guide), Montréal, Compagnie de publication Tradex, 1948, 110 p.

Le Cheval d'or. Histoire d'un palomino canadien racontée par lui-même (litt. jeunesse), Montréal, Fides, 1950, 135 p. Ill.

ÉTUDES

Émile Bégin, *Entre vous et moi*, ESC, vol. 16, n° 3, nov. 1936, p. 186-187.

Adrienne Choquette, *Odette Oligny*, dans *Conférences d'écrivains canadiens-français,* Trois-Rivières, Éditions du Bien public, 1939, p. 187-190.

OLIVIER, JULIEN (1940–). Biographe et folkloriste, né à Manchester (New Hampshire, É.-U.). Il fait ses humanités aux séminaires des Oblats de Bucksport, Bar Harbor (Maine) et Natick (Massachusetts) (B.A., 1963). Il poursuit des études en théologie au Séminaire oblat de Natick (M.Th., 1967) et des études de français à l'Université du Maine à Orono (M.A.Péd., 1971), ainsi qu'à l'Université de Pau (France) et à l'Université du New Hampshire, et il fait des recherches en folklore en Bretagne et en Bourgogne. Il enseigne au collège secondaire Saint-Joseph de Bucksport (1967-1971), et au Spaulding High School de Rochester (1972-1975). À partir de 1975, il est nommé spécialiste de français et coordonnateur des publications françaises et créoles au National Materials Development Center de Manchester. En outre, il fait de la traduction, participe à des émissions de radio et de télévision, collabore à divers périodiques, tels *Bucksport Free Press, Le F.A.R.O.G. Forum,* le *New Hampshire Senior Times...*, et donne de nombreuses conférences sur la culture franco-américaine. Actif dans les milieux franco-américains, il a publié plusieurs biographies et divers textes pédagogiques pour l'enseignement du français.

ŒUVRES

Jim. L'histoire de Jim Caron, 101 ans (biographie), Cambridge (Mass.), National Assessment and Dissemination Center, 1977, 54 p. Ill. de l'auteur et Suzanne Lefebvre.

D'la boucane (essai sur le folklore), Cambridge (Mass.), National Assessment and Dissemination Center, 1979, 142 p. Ill. de Christine Charest.

En hiver (manuel), Cambridge (Mass.), National Assessment and Dissemination Center, 1979, 81 p. Ill. de l'auteur et Jeff Spring.

Gilbert O. Roy, peintre populaire de la Vallée Saint-Jean (biographie), Cambridge (Mass.), National Assessment and Dissemination Center, 1979, xvi, 98 p. Collab. Roger Paradis. Ill. de Jeff Spring et Peter Calvet. Préface de Roger Paradis.

Criquette (théâtre), Cambridge (Mass.), National Assessment and Dissemination Center, 1980, 6, 141 p. Collab. Normand Dubé. Ill. de l'auteur.

Pas de gêne. Omer Marcoux, violoneux et sculpteur (biographie), Bedford (N.H.), National Materials Development Center, 1981, vii, 94 p. Ill. de Paul Pomeroy et Thérèse Perron.

OLIVIER

Prendre le large. Big Jim Côté, pêcheur (biographie), Bedford (N.H.), National Materials Development Center, 1981, vii, 107 p. Ill. de Paul Pomeroy et Valérie Allen.

Souches et Racines (essai), Bedford (N.H.), National Materials Development Center, 1981, 175 p. Ill. de Jeff Spring et Raymond Sainte-Marie.

Tantine. L'histoire de Lucille Augustine Gabrielle (biographie), Bedford (N.H.), National Materials Development Center, 1981, vii, 45 p. Ill. de Penny Anderson, Mary Granger et Theresa Privat. Préface de Monica Landry.

Round and Round We Go... An Applied Theory of Second Language Learning, dans *The N.H. Polyglot,* vol. 12, nᵒ 1, sept. 1974, p. 6–10.

Off to a Great Start : The Psaltery Launches Album « Un Canadien Errant », dans *Le Canado-Américain,* vol. 7, nᵒ 2, avril–juin 1981, p. 14.

OLIVIER, PIERRE J.-A. (1943–   ). Journaliste et romancier, né à Québec. Il fait ses humanités à l'Externat classique Saint-Viateur et aux collèges de Saint-Laurent, Brébeuf et Saint-Denis de Montréal (B.A., 1962), puis il poursuit des études de lettres et de philosophie à l'Université de Genève (L. ès L., 1964). À son retour, il devient journaliste, à la pige d'abord, puis il entre à *La Presse,* en 1965, et il remporte, l'année suivante, le grand prix de reportage de l'Union canadienne des journalistes de langue française. En 1968, il retourne à la pige, écrit dans *Le Travail* (CSN) et *Sept-Jours,* et anime un programme à la radio, commençant ainsi une longue série d'animations à Radio-Canada dans les séries Tel Quel, La Bourse et la Vie, Dossier, Ni plus ni moins, Le Point du jour, Télémag... (1969–1982). Il quitte Radio-Canada en 1982 et compose *Les militaires ont envahi Manhattan* qui paraît en 1984 comme premier volet d'une trilogie. Appelé roman, le livre est aussi autobiographie et pamphlet : histoire d'un journaliste victime des médias, le récit n'a rien de commun avec un roman rectiligne : « Dur, moins complaisant qu'il n'y paraît à première vue, le roman de Pierre Olivier est déroutant », écrit Réginald Martel selon qui « on retiendra surtout, puisque c'est ce qui fait l'événement, la charge qu'il mène contre Radio-Canada ».

ŒUVRES

Les militaires ont envahi Manhattan. Roman, Montréal, Libre Expression, 1984, 351 p. Avant-propos et postface de l'auteur.

Chesty sur glace avec un twist. Divertissement 1983-1984, Montréal, Libre Expression, 1985, 159 p.

ÉTUDES

Louise Cousineau, *Pierre Olivier. Pas de blackout à Radio-Canada,* Pr, 100ᵉ année, nᵒ 45, 23 févr. 1984, p. D-10.

Réginald Martel, *Pierre Olivier, romancier. Un James Bond émotif,* Pr, 100ᵉ année, nᵒ 47, 25 févr. 1984, p. D-3.

Louise Blanchard, *Pierre Olivier recyclé romancier se lance à l'assaut de Radio-Canada* (entrevue), dans *Le Journal de Montréal,* vol. 20, nᵒ 253, 26 févr. 1984, p. 20.

François Hébert, *Le Journaliste mis à nu,* Dev, vol. 75, nᵒ 59, 10 mars 1984, p. 21–22.

France Simard, *Les militaires ont envahi Manhattan. Le lecteur sera choqué ou séduit,* Dr, 71ᵉ année, nᵒ 291, 10 mars 1984, p. 36.

[Anonyme], « *Chesty...* », dans *Le Journal de Montréal,* vol. 21, nᵒ 272, 17 mars 1985, p. 21.

OLIVIER, YVETTE. Voir **MERCIER-GOUIN, YVETTE.**

OLLIVIER, ÉMILE (1940–   ). Romancier et essayiste, né à Port-au-Prince (Haïti). Il fait ses humanités au Lycée Toussaint-Louverture de Port-au-Prince (B.A., 1959), puis il obtient une licence en philosophie à l'École normale supérieure de Haïti (1962). Après un certificat en littérature à la Sorbonne, en 1966, il émigre au Canada et enseigne au Collège d'Amos et à l'École normale d'Amos (1966–1968), puis à l'École polyvalente de Beauharnois (1968–1973). Il devient ensuite coordonnateur au ministère de l'Éducation, section Direction générale de l'éducation des adultes (1973–1976), adjoint à la Direction générale de la Télé Université (1976–1977), administrateur à l'Université du Québec à Montréal (1977–1980). Pendant ce temps, il continue ses études et termine une maîtrise en pédagogie à l'Université d'Ottawa (1970), une maîtrise en sociologie (1974) pour un mémoire sur « L'Alphabétisation fonctionnelle dans les formations sociales dépendantes : théories et pratiques », et un doctorat en sociologie (1980), à l'Université de Montréal, dont la thèse s'intitule « Analyse sociologique d'un programme d'éducation populaire : l'expérience multi-media ». En 1980, il est nommé professeur d'andragogie à l'Université de Montréal. Il collabore à divers périodiques dont *Nouvelle Optique* et *Collectif Paroles.* Parmi ses publications, deux romans, *Paysage de l'aveugle* (1977) et *Mère-Solitude* (1983), parlent d'Haïti « société à massacre », selon un mot de l'auteur. À propos du second, Jean Chalon écrit qu'Émile Ollivier, « par son pouvoir d'évocation qui tourne souvent à l'hallucination organisée, par son style baroque à souhait, par son lyrisme exacerbé, montre, avec *Mère-Solitude*, qu'il est digne d'entrer dans la grande famille des grands romanciers latino-américains ».

ŒUVRES

Haïti : quel développement. Propos sur l'Enquête... de Jean-Jacques Honorat, Montréal, Collectif Paroles, 1975, 157 p. Collab. Charles Manigot et Claude Moïse.

1946/1976 : Trente ans de pouvoir noir en Haïti (essai), LaSalle, Collectif Paroles, 1976, 320 p. Sous la direction d'Émile Ollivier, Cory Hector et Claude Moïse.

Paysage de l'aveugle, [*suivi de Le Vide huilé*]. *Roman,* Montréal, CLF Pierre Tisseyre, 1977, 142 p.

Nature de l'éducation des adultes. Matériaux pour un enseignement, Montréal, La Librairie de l'Université de Montréal, 1981, 233 p. Textes compilés par Émile Ollivier. (Textes polycopiés).

Sociologie de la formation des adultes. Matériaux pour un enseignement, Montréal, La Librairie de l'Université de Montréal, 1981-1982, [n.p., 264 p.]. Textes compilés par Émile Ollivier. (Textes polycopiés).

Mère-Solitude. Roman, Paris, Albin Michel, 1983, 213 p.

La Discorde aux cent voix. Roman, Paris, A. Michel, 1986, 269 p.

Le Rachitisme scolaire haïtien, dans *Nouvelle Optique,* vol. 1, n° 5, janv.-mars 1972, p. 162-174.

Lire Paulo Freire, dans *Nouvelle Optique,* vol. 1, n°s 6-7, avril-sept. 1972, p. 187-192.

Dans les retraites de l'inconscient ou Lecture de la question de couleur en Haïti, dans *Collectif Paroles,* vol. 1, n° 2, déc. 1972, p. 45-47.

À propos de l'adaptation scolaire des enfants haïtiens à Montréal, dans *Collectif Paroles,* vol. 2, n° 3, janv. 1980, p. 19-25.

L'Alphabétisation des travailleurs haïtiens à Montréal, dans *Collectif Paroles,* vol. 2, n° 6, juin 1980, p. 19-25.

Un paradoxe labeur, ou La Nécessité de civiliser l'Occident, dans *Collectif Paroles,* vol. 2, n° 7, juillet-août 1980, p. 34-36.

Place du palais des dragons bleus, dans *Collectif Paroles,* vol. 2, n° 9, déc. 1980, p. 31-32.

Sur les fondements de l'éducation des adultes, dans *Revue canadienne de l'éducation permanente universitaire,* vol. 7, n° 2, hiver 1981, p. 63-64.

Trois points de repère pour la formation d'alphabétisateurs, dans *Collectif Paroles,* vol. 3, n° 11, mars-avril 1981, p. 37-40.

Un colloque d'une grande densité dans un espace d'enfermement, dans *Collectif Paroles,* vol. 3, n° 14, sept.-oct. 1981, p. 18-19.

ÉTUDES

Jean Jonassin, *Les Productions littéraires haïtiennes en Amérique du Nord (1969-1980),* EF, vol. 13, n° 2, avril-juin 1980, p. 313-333.

Marie-Josée Glémaud, *Des romans haïtiens pour vos vacances,* dans *Collectif Paroles,* vol. 3, n° 12, juin-juillet 1981, p. 18-21.

Régis Tremblay, *Le Cauchemar haïtien d'Émile Ollivier,* So, 8 oct. 1983, p. E-3.

Michel Grisola, *Sept prétendants dans l'arène,* dans *L'Express,* n° 1585, 26 oct. 1983, p. 25.

Clément Trudel, *L'« Optimisme tragique » d'Émile Ollivier,* Dev, vol. 74, n° 250, 29 oct. 1983, p. 20.

O'NEIL, JEAN (1936–   ). Romancier, dramaturge, critique et journaliste, né à Sherbrooke. Il fait ses études classiques au Séminaire Saint-Charles-Borromée (B.A., 1957), puis, à partir de 1958, il est successivement journaliste à Granby, Chicoutimi, Québec, Montréal. En 1969, il obtient le poste d'agent d'information pour divers ministères du Québec. Il publie trois romans et fait jouer deux pièces de théâtre, « Les Bonheurs-Z-essentiels » (1966) et « Les Balançoires » (1972) à l'Estoc et au Théâtre de Quat'sous. Si son théâtre a été bien accueilli, il n'en a pas été de même pour ses deux premiers romans, *Je voulais te parler de Jeremiah, d'Ozélina et de tous les autres...* (1967) et *Les Hirondelles* (1973) qui furent assez mal reçus : « Jean O'Neil, écrit Robert Mélançon, a attendu six ans avant de publier son deuxième roman. On pourrait à priori se réjouir de voir un écrivain résister à toute précipitation. Mais le temps ne change rien à l'affaire et *Les Hirondelles* ne sont qu'un «remake» en pire de *Je voulais te parler...* Seul progrès notable, le titre moins encombrant ». Grâce à des bourses d'aide à la création du Québec et du Conseil des Arts, il publie *Cap-aux-oies,* en 1980. Cette fois la critique trouve ce roman-essai bien agréable. « Dans l'Évangile selon O'Neil, pense Gilles Marcotte qui compare ce livre à *L'Abatis* de Mgr Savard, on peut aimer son pays, l'habiter profondément, sans l'accabler de discours ». Et pour Réginald Martel, « *Cap-aux-oies* est un livre très important, comme ceux qui savent atteindre, par les voies du cœur autant que celles de l'esprit, et de façon merveilleusement gratuite, le lecteur pour qui la littérature est aussi une manière de mordre dans la chair de la vie ».

ŒUVRES

Je voulais te parler de Jeremiah, d'Ozélina et de tous les autres... Roman, Montréal, Éditions HMH, 1967, 210 p. « A ».

Les Hirondelles. Roman, Montréal, HMH, 1973, 155 p. « A ».

Cap-aux-oies (roman), Montréal, Libre Expression, 1980, 247 p. Présentation de l'auteur.

Giriki et le Prince de Quécan, Montréal, Libre Expression, 1982, 261 p.

Montréal by foot (poésie), Montréal, Éditions du Ginkgo, 1983, 75 p.

Le « *Nouveau Répertoire* » *de Jean Simard,* Pr, vol. 81, n° 222, 25 sept. 1965, p. 5.

Les Jeunes Comédiens: Molière réinventé, Pr, vol. 81, n° 242, 20 oct. 1965, p. 13.

J.-Z. Léon Patenaude: un récit de voyage, Pr, vol. 81, n° 263, 13 nov. 1965, p. 5.

Mon pays, ce n'est malheureusement plus l'hiver, Pr, vol. 82, n° 24, 29 janv. 1966, p. 3.

Gérard Bergeron: de la théorie de l'État à celle de la chanson, Pr, vol. 82, n° 95, 23 avril 1966, p. 10, 12.

Du sang neuf pour l'Estoc de Québec, dans *Journal des Jeunesses musicales du Canada,* févr. 1966, p. 10.

La Nouvelle-France de Marcel Trudel, Pr, vol. 82, n° 159, 4 juin 1966, p. 5.

ÉTUDES

Claude Daigneault, *L'Estoc crée une pièce du journaliste Jean O'Neil,* So, vol. 69, n° 98, 23 avril 1966, p. 24.

Jean Éthier-Blais, *Je voulais te parler de Jean O'Neil,* Dev, vol. 58, n° 297, 23 déc. 1967, p. 13.

André Major, *Tenter une fresque dont le sujet est la vie,* Dev, vol. 59, n° 16, 20 janv. 1968, p. 14.

René Dionne, *Je voulais te parler de Jeremiah, d'Ozélina et de tous les autres...,* Rel, n° 335, févr. 1969, p. 61.

Robert Mélançon, *Jean O'Neil. Les Hirondelles,* LAQ 1973, p. 81–82.

Réginald Martel, *Un rappel du cœur du monde, le pélerinage de Jean O'Neil,* Pr, 96ᵉ année, n° 237, 4 oct. 1980, p. C-3.

Clément Trudel, *Jean O'Neil: sur un ton rieur,* Dev, vol. 71, n° 256, 8 nov. 1980, p. 23.

Gilles Marcotte, *L'Évangile selon Jean O'Neil,* dans *L'Actualité,* vol. 6, n° 1, janv. 1981, p. 63–64.

Monique Chartier, *O'Neil, Jean, Cap-aux-oies,* dans *Nos livres,* vol. 12, janv. 1981, n° 36.

O'REILLY, YVAN (1937–   ). Poète, né à Montréal. Il fait ses études classiques au Collège Bourget de Rigaud et au Séminaire de Mont-Laurier (B.A., 1959). Il obtient ensuite un baccalauréat en pédagogie à l'Université de Montréal (1962), et il enseigne le français à Montréal. Son premier recueil de poésie, *Symbiose de flashes,* paraît en 1977. Hugues Corriveau n'en aime guère le côté scatologique, « les jeux de mots faciles (déplorablement), les clichés, les redites ». Pour Raymond Roy, « malgré quelques fautes de goût, malgré l'emploi abusif du complément déterminatif et de certaines formes primaires, ce recueil [...] constitue, comme le titre l'indique, une véritable symbiose ». Et Michel Beaulieu écrit que l'auteur « possède d'emblée un ton, une voix [...]. J'ai rarement lu d'ici violence à ce point maîtrisée jusque dans ses outrances mêmes ».

ŒUVRE

Symbiose de flashes (poésie), Montréal, L'Hexagone, 1977, 49 p.

ÉTUDES

Michel Beaulieu, *Deux poètes,* dans *Le Livre d'ici,* vol. 3, n° 4, 2 nov. 1977, p. 1.

Hugues Corriveau, *Yvan O'Reilly. Symbiose de flashes,* LAQ 1977, p. 144.

Raymond Roy, *O'Reilly (Yvan). Symbiose de flashes,* dans *Nos livres,* vol. 9, avril 1978, n° 151.

Suzanne Paradis, *À l'écoute du lyrisme,* Dev, vol. 70, n° 46, 24 févr. 1979, p. 26.

ORLÉANS, PIERRE-VOIX. Voir **CHARBONNEAU, PIERRE.**

ORLIER, BLAISE. Voir **PELLETIER, ALBERT.**

ORLIER, BLAISE. Voir **SYLVESTRE, JOSEPH GUY.**

ORMES, RENÉE DES [X Léonida dite Léonise Turgeon, née Léonida Ferland], [Amy, Marcelle Amy] (1881–?). Journaliste et biographe, née à Sainte-Marguerite-de-Dorchester. Après ses études chez les Sœurs du Bon-Pasteur de Saint-Isidore-de-Dorchester, elle enseigne à Saint-Odilon de Cranbourne, à Sainte-Hénédine, à Saint-Irénée-les-Bains. En 1906, elle épouse Louis-J. Turgeon et se fixe à Québec. Vice-présidente de l'Association des auteurs canadiens-français, elle collabore au *Canada français,* à *Mon magazine,* à *La Revue moderne,* au *Soleil,* à *L'Action catholique.* En 1920, elle publie des lettres échangées avec son filleul pendant la guerre 1914–1918. Voici une des premières œuvres québécoises consacrées à cette période difficile. Son nom s'associe intimement aux recherches sur la littérature féminine au Canada; son essai sur Robertine Barry apporte des renseignements intéressants sur la vie journalistique à Montréal, à la fin du XIXᵉ et au début du XXᵉ siècle.

ŒUVRES

Entre deux rives (correspondance), Québec, Imprimerie de l'Action sociale ltée, 1920, 141 p. Lettre-préface de J.-A. Bolduc; Paris, Éditions Casterman, 1927, 124 p. Ill. de L. Roisin.

Célébrités. Laure Conan, son Éminence le Cardinal Mercier, Louis le Cardonnel (biographies), Québec, Chez l'auteur, 1927, 129 p.; Tournai, Casterman, [1932].

Robertine Barry, en littérature : Françoise, pionnière du journalisme féminin au Canada, 1863-1910 (biographie), Québec, L'Action sociale, 1949, 159 p. Ill. Lettre liminaire d'Hector Reynaud.

L'Odyssée de la première femme blanche dans l'Ouest canadien, CF, vol. 24, n° 1, sept. 1936, p. 21-33.

ÉTUDES

Georges Bellerive, *Renée des Ormes,* dans *Brèves Apologies de nos auteurs féminins,* Québec, Garneau, 1920, p. 113-117.

[Sœurs de Sainte-Anne], *Renée des Ormes,* dans *Précis d'histoire littéraire, littérature canadienne-française,* Montréal, Procure des Missions, 1928, p. 323.

ORVAL, CLAIRE D'. Voir **FRANCHEVILLE, GENEVIÈVE DE.**

OUELLET, FERNAND (1926-   ). Historien, né à Lac Bouchette (Lac-Saint-Jean). Licencié et docteur en histoire de l'Université Laval, diplômé du « Stage international » (Paris, 1953), de l'« Archives Administration » (American University, 1956), du « Records Management » (American University, 1957), Fernand Ouellet, après avoir professé à l'Université Laval et à l'Université Carleton, devient professeur titulaire à l'Université d'Ottawa le 1er juillet 1975. À partir de 1985, il enseigne à l'Université York. Membre de la Société royale du Canada (1967), il reçoit le Grand Prix littéraire de la Ville de Montréal (1966-1967) et, en 1967, le prix David et le prix du Gouverneur général, puis la Médaille Tyrrell de la Société royale du Canada (1970). En 1977, il reçoit le prix Macdonald de la Société historique du Canada. Après avoir produit plusieurs articles prometteurs et renouvelé les études sur la famille Papineau, Fernand Ouellet publie, en 1966, son *Histoire économique et sociale du Québec, 1760-1850.* L'ouvrage constitue un apport important aux études d'histoire, surtout par son aspect méthodologique. « Le premier mérite du travail de Fernand Ouellet, remarque Robert Mandrou, est d'avoir posé les problèmes du devenir canadien au lendemain de la Conquête dans les perspectives les plus larges ; son titre est presque restrictif en ce sens

qu'il met l'accent sur les aspects socio-économiques, alors que le politique et le mental ont été explorés par Fernand Ouellet, tout autant que l'économique ». De plus, sa documentation de base fait une place importante à l'information quantitative qui était souvent ignorée par l'histoire traditionnelle. En 1976, il publie *Le Bas-Canada, 1791-1840 : changements structuraux et crise,* livre qui mérite le prix du Gouverneur général. Quoique son approche ne fait pas l'unanimité chez les historiens contemporains, l'œuvre de Fernand Ouellet a déjà suscité des recherches plus approfondies sur certaines périodes étudiées par l'auteur, tout en remettant en question la valeur quasi dogmatique de l'interprétation de certains historiens.

ŒUVRES

Histoire de la Chambre de commerce de Québec, 1809-1959, [Québec, Centre de recherche de la Faculté de commerce, Université Laval, 1959], 105 p.

Papineau, Québec, PUL, 1959, 103 p. Ill. Textes choisis et présentés par Fernand Ouellet. « Institut d'histoire ».

Louis-Joseph Papineau, un être divisé, Ottawa, Société historique du Canada, 1960, 24 p. « Brochure historique ». Traduction anglaise par Douglas J. Wurtele : *Louis-Joseph Papineau : Divided Soul,* Ottawa, Canadian Historical Association, 1961, 22 p. « Historical Booklet ».

Julie Papineau : un cas de mélancolie et d'éducation janséniste, Québec, PUL, 1961, 123 p. (Hors commerce).

Histoire économique et sociale du Québec 1760-1850. Structures et conjonctures, Montréal/Paris, Fides, 1966, xxxii, 639 p. Préface de Robert Mandrou. « Histoire économique et sociale du Canada français » ; 1971, 2 vol. : vol. 1, xxxii, 289 p. ; vol. 2, -639 p. « BCF. Histoire et documents ». Traduction anglaise : *Economic and Social History of Québec, 1760-1850. Structures and Conjunctures,* [Toronto], Gage Pub./The Institute of Canadian Studies, Carleton University, 1980, xxiv, 696 p. Ill.

Canada. Unity in Diversity, Montréal, Holt, Rinehart et Winston, 1967, xiii, 529 p. Collab. Ill. Introduction de William Kilbourn. Version française : *Canada. Unité et diversité,* 1968, 578 p.

Constitutionalism and Nationalism in Lower Canada (essai), Toronto, UTP, 1969, 94 p. Collab. Introduction de Ramsay Cook.

Éléments d'histoire sociale du Bas-Canada, Montréal, Hurtubise HMH, 1972, 379 p. Ill.

Le Bas-Canada, 1791-1840 : changements structuraux et crise, Ottawa, EUO, 1976, 541 p. ; 1980. Traduction anglaise par Patricia Claxton : *Lower Canada, 1791-1840 : Social Change and Nationalism,* Toronto, McClelland and Stewart, 1980, xiv, 427 p.

Confessionnalité et Pluralisme dans les écoles du Québec. Actes du colloque organisé dans le cadre du 49ᵉ congrès de l'Association canadienne-française pour l'avancement des sciences, Sherbrooke, les 13 et 14 mai 1981, Montréal, L'Association, 1983, 233 p. Sous la direction de Bernard Denault et Fernand Ouellet.

L'Enjeu de l'histoire. Cahier d'activités d'apprentissage en histoire générale, Montréal, Centre éducatif et culturel, 1984, v, 186 p. Collab. Pierre Berthiaume. Ill. de Christiane Litalien.

L'Enjeu de l'histoire. Notes pédagogiques et corrigé, Montréal, Centre éducatif et culturel, 1985, xv, 186 p. Ill. Collab. Pierre Berthiaume.

Pluralisme et école. Jalons pour une approche critique de la formation intellectuelle des éducateurs (essai), Québec, I.Q.R.C., 1988, 617 p.

Denis-B. Viger et le Problème de l'annexion, BRH, vol. 57, oct.-déc. 1951, p. 195–205.

Le Mandement de Mgr Lartigue de 1837 et la Réaction libérale, BRH, vol. 58, avril–juin 1952, p. 97–104.

M. Michel Brunet et le Problème de la conquête, BRH, vol. 62, avril–juin 1956, p. 92–101.

L'Histoire des archives du gouvernement en Nouvelle-France, RUL, vol. 12, nᵒ 5, janv. 1958, p. 397–415.

Le Destin de Julie Bruneau-Papineau (1796–1862), BRH, vol. 64, nᵒ 12, 1958, p. 7–63.

L'Étude du XIXᵉ siècle canadien-français, RS, vol. 3, nᵒˢ 1–2, janv.–août 1962, p. 27–42.

La Crise agricole dans le Bas-Canada, 1802–1837, CHAR, 1962, p. 17–33.

Le Nationalisme canadien-français : de ses origines à l'insurrection de 1837, CHR, vol. 45, déc. 1964, p. 277–292.

Les Insurrections de 1837–1838 : un phénomène social, HS, nᵒ 2, nov. 1968, p. 54–82.

L'Histoire sociale du Bas-Canada : bilan et perspective de recherche, dans *Communications de la Société historique du Canada,* 1970, p. 1–18.

L'Agriculture bas-canadienne vue à travers les dîmes et la rente en nature, HS, nᵒ 8, nov. 1971, p. 5–44.

La Sauvegarde des patrimoines dans le district de Québec durant la première moitié du XIXᵉ siècle, RHAF, vol. 26, nᵒ 3, 1972, p. 319–373.

Propriété seigneuriale et Groupes sociaux dans la vallée du Saint-Laurent (1663–1840), RUO, vol. 47, nᵒˢ 1–2, janv.–avril 1977, p. 182–213.

ÉTUDES

Lionel Groulx, *Papineau,* RHAF, vol. 13, nᵒ 4, mars 1960, p. 585–586.

Serge Gagnon, *Introduction à la lecture de Fernand Ouellet,* dans *Bulletin de liaison de la Société des professeurs d'histoire,* vol. 3, nᵒ 4, avril 1965, p. 2–9.

Id., Pour une conscience historique de la révolution québécoise, CL, 16ᵉ année, nᵒ 85, janv. 1966, p. 4–19, surtout p. 15–16.

Mathieu Girard, *Histoire économique et sociale du Québec, 1760–1850,* RHAF, vol. 20, nᵒ 3, déc. 1966, p. 447–451.

Denis Vaugeois, *Histoire économique et sociale du Québec,* LAC 1966, p. 139–141.

Claude Ryan, *Importance pour l'historiographie canadienne-française de l'œuvre de Fernand Ouellet sur l'histoire économique et sociale du Québec,* Dev, vol. 58, nᵒ 46, 23 févr. 1967, p. 4.

Louis-Edmond Hamelin, *Présentation de M. Fernand Ouellet...,* dans *Réception,* nᵒ 23, Société royale du Canada, 1968, p. 33–40.

Nigel Kent-Barber, *La Théorie du commerce principal chez MM. Creighton et Ouellet,* RHAF, vol. 22, nᵒ 3, 1968, p. 401–414.

Fernand Harvey, *Bibliographie de six historiens québécois (Michel Bibaud, Garneau, Chapais, Groulx, Ouellet, Brunet),* Québec, Institut supérieur des sciences humaines, oct. 1970, 43 p.

T.J.A. Le Goff, *The Agricultural Crisis in Lower Canada, 1802–1812 : A Review of a Controversy,* CHR, vol. 55, nᵒ 1, 1974, p. 1–31.

Marcel Lefebvre, *Pluralisme et école* dans *Nos livres,* vol. 19, nᵒ 8, octobre 1988, p. 4.

OUELLET, RÉAL (1935–   ). Critique et historien des lettres, né à Saint-Alexandre-de-Kamouraska. Il fait ses humanités à l'Externat classique de Rivière-du-Loup et aux collèges de Sainte-Anne-de-Beaupré et de Sainte-Anne-de-la-Pocatière (B.A., 1957). Il obtient ensuite à l'Université Laval un baccalauréat en pédagogie (1958) et une licence ès lettres (1961) et, à l'Université de Paris, un doctorat (1963) pour une thèse sur *Les Relations humaines dans l'œuvre de Saint-Exupéry.* Nommé professeur à l'Université Laval (1963), il y sera aussi directeur fondateur de la revue *Études littéraires,* responsable du baccalauréat spécialisé pour les non-francophones, vice-doyen à la recherche, directeur des études des deuxième et troisième cycles en littérature. Membre de plusieurs sociétés scientifiques, il présente de nombreuses communications à des colloques et il collabore à divers périodiques, tels *Études littéraires, Revue d'histoire littéraire du Québec et du Canada français, Lettres québécoises, Saggi e ricerche di letteratura francese...* Son livre sur *L'Univers du roman* (1972), écrit avec Roland Bourneuf, « premier du genre en langue française », dit Jean-Pierre Goldenstein, a été traduit en plusieurs langues. C'est « une tentative de représentation intégrale du système de la fiction », un « ouvrage bien informé qui permet de s'initier aux recherches les plus contemporaines ». *L'Univers du théâtre* (1978), préparé aussi en collaboration, est un « livre dense et précis [...], un ensemble syncrétique de pistes utiles au chercheur, de mises au point judicieuses et de définitions concises et claires » (Michel Vaïs).

ŒUVRES

Les Relations humaines dans l'œuvre de Saint-Exupéry (essai), Paris, Lettres modernes, 1971, 235 p.

Les Critiques de notre temps et le Nouveau Roman (essais), Paris, Éditions Garnier frères, 1972, 192 p. Présentation et choix de textes par Réal Ouellet.

L'Univers du roman (essai), Paris, PUF, 1972, 232 p. Collab. Roland Bourneuf. « Littérature moderne » ; 1981, 250 p. (Édition revue et augmentée. Traduit en italien, en espagnol et en portugais).

Lettres persanes de Montesquieu, Paris, Classiques Hachette, 1976, 96 p. Collab. Hélène Vachon. « Poche critique ».

L'Univers du théâtre (essai), Paris, PUF, 1978, 230 p. Collab. Gilles Girard et Claude Rigault. (Traduit en portugais et en roumain).

Sur Lahontan. Comptes rendus et critiques (1702–1711), Québec, L'Hêtrière, 1983, 118 p. Textes présentés et annotés par Réal Ouellet.

Dictionnaire de la Nouvelle-France, Isles et autres colonies françaises (1726), Québec, L'Hêtrière, 1984, 101 p. Introduction de Réal Ouellet.

« *Deux théories du roman épistolaire au XVIIIe siècle : le roman bourgeois et le roman épistolaire. Documents* », EL, août 1968, p. 233–250, 281–303.

« *Sartre : l'idiot de la famille, Gustave Flaubert* », EL, déc. 1972, p. 519–527.

« *Édition d'un corpus québécois* » et « *Œuvres de la Nouvelle-France* », dans *Revue d'histoire littéraire du Québec et du Canada français,* t. 1, 1979, p. 8–13, 26–29.

« *Problèmes de recherche sur les écrits du régime français,* dans *Revue d'histoire littéraire du Québec et du Canada français,* t. 2, 1982, p. 33–43.

ÉTUDES

Jean-Pierre Goldenstein, *L'Univers du roman de Roland Bourneuf et Réal Ouellet,* LAQ 1972, p. 198–199.

Jean-Pierre Vidal, *Le Nouveau Roman (anthologie préparée par Réal Ouellet),* LAQ 1972, p. 202–203.

N. Bothorel, *L'Univers du roman,* EL, avril 1973, p. 121–122.

Henri Godin, *Les Relations humaines dans l'œuvre de Saint-Exupéry,* dans *French Studies,* vol. 28, n° 3, juillet 1974, p. 349–350.

A. Fairlie, *L'Univers du roman,* dans *French Studies,* vol. 28, nov. 1974, p. 490–491.

Michel Vaïs, *Gilles Girard, Réal Ouellet, Claude Rigault. L'Univers du théâtre,* LAQ 1978, p. 200–202.

Josette Feral, *L'Univers du théâtre,* EL, vol. 13, 1980, p. 569–571.

OUELLETTE, FERNAND (1930–   ). Poète, essayiste et romancier, né à Montréal. Il étudie au Collège séraphique des capucins à Ottawa (1943–1947), puis à l'Université de Montréal où il obtient une licence en sciences sociales (1952). Il commence à écrire, très tôt, de nombreux textes radiophoniques consacrés à la littérature française et étrangère ainsi que le commentaire du film « Les Pèlerins » (1958). Fernand Ouellette est cofondateur de la revue *Liberté* et collaborateur actif dès sa fondation des Éditions de l'Hexagone. À la demande de Blaise Cendrars, son texte, *Poésie à quatre voix,* est diffusé sur les ondes de la radio-télévision française. En 1960, il obtient une bourse du Conseil des Arts du Canada pour rédiger la première biographie du compositeur Edgar Varèse : il écrit alors un texte pour le programme du concert-hommage à Varèse, donné à New York à l'occasion de son 75e anniversaire. En 1960, il devient réalisateur à Radio-Canada ; la même année, il est nommé rédacteur en chef de la revue *Liberté.* Fernand Ouellette y publie plusieurs articles, tout en continuant son œuvre poétique. Après le prix France-Québec 1967 pour son essai sur *Edgar Varèse,* il obtient, en 1971, le prix France-Canada, pour *Poésie.* En 1970, le prix du Gouverneur général lui est accordé pour *Les Actes retrouvés,* mais Fernand Ouellette le refuse. Sa poésie illustre surtout le thème de l'amour ; riche en images et en rythmes, elle s'approfondit d'un recueil à l'autre et atteint, avec *Dans le sombre,* une rare densité d'expression. L'amour charnel et l'amour spirituel y fusent dans une symbolique de haute qualité poétique. « Ce qui m'intéresse chez Ouellette, confie Victor-Lévy Beaulieu, c'est qu'en même temps qu'il est poète, il est critique de la poésie. Je pense qu'il faut lui savoir gré d'avoir été l'un des premiers ici à poursuivre une expérience intérieure qui, hélas ! me paraît avoir peu d'exemples ». Son *Journal dénoué* (1974), méritant le prix de la revue *Études françaises,* refait dans un discours autobiographique l'expérience intérieure relatée antérieurement dans quatre recueils de poésie. Par la nouveauté de son écriture, sa symbolique raffinée, sa nouvelle et pénétrante vision de l'amour et de la mort, Fernand Ouellette se situe au premier rang des poètes québécois. En 1980, paraît *En la nuit, la mer. Poèmes 1972–1980* qui démontre que la recherche poétique n'est pas terminée. Fernand Ouellette cependant se tourne de plus en plus vers les écrits en prose. En 1978, il publie un premier roman, *Tu regardais intensément Geneviève*, à qui la critique reproche d'avoir étiqueté roman ce qui semblait tenir lieu de prolongement du *Journal dénoué*. À la parution de *La Mort vive* (1980), Madeleine Ouellette-Michalska écrit que « la poésie, l'essai et l'autobiographie nette et avouée paraissent convenir mieux que le roman » à cet écrivain ; pourtant « le sujet ne manquait pas de grandeur ». *Lucie ou Un midi en novembre* (1985), son troisième roman, montre que Fernand Ouellette possède aussi des talents de romancier qui « contrôle mieux le matériel romanesque » écrit Réjane Bougé. En 1986, on lui décerne le prix du Gouverneur général, section roman.

ŒUVRES

Ces anges de sang (poésie), Montréal, Éditions de l'Hexagone, 1955, 30 p. « Les Matinaux ».

Séquences de l'aile (poésie), Montréal, Éditions de l'Hexagone, 1958, 53 p.

Le Soleil sous la mort (poésie), Montréal, Éditions de l'Hexagone, 1965, 67 p.

Edgar Varèse (biographie), Montréal/Paris, HMH/Seghers, 1966, 285 p. Ill. Traduction anglaise par Derek Coltman : *Edgar Varèse*, London, Calder and Boyars, 1973, ix, 270 p.

Dans le sombre, suivi de Le Poème et le Poétique (poésie), [Montréal], Éditions de l'Hexagone, 1967, 95 p.

Les Actes retrouvés. Essais, Montréal, Éditions HMH, 1970, 226 p. « C ».

Poésie. Poèmes 1953-1971, suivi de Le Poème et le Poétique, [Montréal], Éditions de l'Hexagone, 1972, 283 p.

Depuis Novalis. Errance et gloses. Essai, Montréal, Hurtubise HMH, 1973, 151 p. « R ».

Journal dénoué (autobiographie), Montréal, PUM, 1974, 245 p. Portrait.

Errances (poésie), Montréal, Éditions Bourguignon, 1975, [portefeuille, n.p., 15 f.]. Sérigraphies originales de Fernand Toupin. (Édition de luxe. Tirage limité).

Ici, Ailleurs, la Lumière (poésie), Montréal, Éditions de l'Hexagone, 1977, 92 p. Ill. de Jean-Paul Jérôme.

Tu regardais intensément Geneviève (roman), Montréal, Quinze, 1978, 184 p. Portrait. Note de François Ricard. « Prose entière ».

Écrire en notre temps. Essais, Cité de LaSalle, Éditions HMH, 1979, 158 p. « C ».

À découvert (poésie), Sainte-Foy, Éditions Parallèles, 1979, 37 p. Ill. de Gérard Tremblay.

La Mort vive. Roman, Montréal, Quinze, 1980, 208 p. Portrait. « Prose entière ».

En la nuit, la mer. Poèmes 1972-1980, Montréal, Éditions de l'Hexagone, 1981, 212 p. « Rétrospectives ».

Éveils (poésie), [Outremont], L'Obsidienne, 1982, [portefeuille, n.p., 20 f.]. Lithographies de Léon Bellefleur. (Édition de luxe. Tirage limité).

Lucie ou Un midi en novembre (roman), Montréal, Boréal Express, 1985, 228 p.

Les Heures (poésie), Montréal, Éditions de l'Hexagone et du Champ Vallon, 1987, 118 p. « Poésie ».

Violence, Révolution et Terrorisme, L, vol. 5, n° 3, mai–juin 1963, p. 222-234.

La tolérance est-elle un mythe ?, L, vol. 6, n° 1, janv.–févr. 1964, p. 9-29.

La Lutte des langues et la Dualité du langage, L, vol. 6, n° 2, mars–avril 1964, p. 87-113.

17 poèmes, EF, vol. 3, n° 3, août 1967, p. 325-347.

[Témoignages...], dans *Le Roman canadien-français*, Montréal/Paris, Fides, 1969, p. 476-480. « ALC » 3.

La Poésie dans ma vie, dans Guy Robert, *Littérature du Québec*, Montréal, Librairie Déom, 1970, p. 153-157.

Retour aux sources, L, vol. 14, n°s 82-83, juillet–oct. 1972, p. 99-103.

La Mort du futur, L, vol. 18, n° 108, nov.–déc. 1976, p. 155-158.

Poèmes inédits de Fernand Ouellette, VI, vol. 5, n° 3, printemps 1980, p. 447-482.

La Lumière sous l'abîme, VI, vol. 5, n° 3, printemps 1980, p. 483-495.

ÉTUDES

Pierre de Grandpré, *Séquences de l'aile*, dans *Dix ans de vie littéraire au Canada*, Montréal, Beauchemin, 1966, p. 60-61.

Gilles Marcotte, *Un langage accompli : Le Soleil sous la mort*, dans *Présence de la critique*, Montréal, Éditions Hurtubise HMH, 1966, p. 82-86.

Guy Robert, *Dans le sombre*, LAC 1967, p. 98-99.

Raoul Duguay, *Littérature québécoise — La Violence créatrice de Varèse ouïe par Ouellette*, PP, vol. 4, n°s 9-10-11-12, mai–août 1967, p. 208-214.

Victor-Lévy Beaulieu, *Des actes d'amour : Fernand Ouellette*, L, vol. 12, n° 4, juillet–août 1970, p. 81-84.

Robert Vigneault, *L'Essai*, EF, vol. 7, n° 1, févr. 1971, p. 87-102, surtout p. 96-99.

Axel Maugey, *Fernand Ouellette*, dans *Poésie et Société au Québec (1937-1970)*, Québec, PUL, 1972, p. 220-226.

Joseph Bonenfant, *Principes d'unité dans l'œuvre de Fernand Ouellette*, EL, vol. 5, n° 3, déc. 1972, p. 447-461.

Laurent Mailhot, *Fernand Ouellette : Poésie (poèmes 1953-1971)*, LAQ 1972, p. 130-135.

Jean-Charles Bonenfant, *Lecture structurale d'un poème de Fernand Ouellette*, BJ, n°s 39-41, printemps-été 1973, p. 4-25.

Yvon Rivard, *Fernand Ouellette, Journal dénoué*, LAQ 1974, p. 29-33.

François Ricard, *« Journal dénoué » de Fernand Ouellette. Le voyage intérieur d'un poète*, dans *Le Jour*, vol. 1, n° 207, 2 nov. 1974, p. 14.

Paul-André Bourque, *Poètes et Artistes du Québec*, LAQ 1975, p. 139-145, surtout p. 143-144.

André Brochu, *Fernand Ouellette, Ici, Ailleurs, la Lumière*, LAQ 1977, p. 127-130.

André G. Bourassa, *Ici, Ailleurs, la poésie*, Dr, 65ᵉ année, n° 41, 14 mai 1977, p. 20.

André Vanasse, *Quand un ange souffre de coliques : « Tu regardais intensément Geneviève » de Fernand Ouellette*, LQ, n° 12, nov. 1978, p. 8–11.

Joseph Bonenfant, *Fernand Ouellette, Tu regardais intensément Geneviève*, LAQ 1978, p. 65–68.

Robert Mélançon, *Fernand Ouellette, poète critique*, Dev, vol. 70, n° 146, 23 juin 1979, p. 15.

Max Roy, *Fernand Ouellette, À découvert*, LAQ 1979, p. 153–156.

Noël Audet, *L'Irradiation poétique. Entretien avec Fernand Ouellette*, VI, vol. 5, n° 3, printemps 1980, p. 435–469.

Pierre-Justin Déry, *Sur le trajet poétique de Fernand Ouellette*, VI, vol. 5, n° 3, printemps 1980, p. 497–513.

Madeleine Ouellette-Michalska, *Fernand Ouellette. L'œil captif des liturgies blanches*, Dev, vol. 71, n° 105, 10 mai 1980, p. 23.

Vincent Nadeau, *Fernand Ouellette. La Mort vive*, LAQ 1980, p. 53–56.

Normand Renaud, *Fernand Ouellette. Écrire en notre temps*, LAQ 1980, p. 307–310.

Noël Audet, *Une voix déjà classique*, Dev, vol. 72, n° 163, 19 septembre 1981, p. 21.

Michel Clément, *Fernand Ouellette. En la nuit, la mer (rétrospective 1972-1980)*, LAQ 1981, p. 100–101.

Ivanhoé Beaulieu, *Deux voix et une mort*, Dev, 7 sept. 1985, p. 26.

Réjane Bougé, « *Lucie ou Un midi en novembre* », de Fernand Ouellette. *La lumière des ténèbres*, Dr, 73ᵉ année, n° 171, 19 oct. 1985, p. 26.

OUELLETTE-MICHALSKA, MADELEINE (1930–

). Romancière, poète et critique, née à Rivière-du-Loup. Elle obtient un baccalauréat à l'Université du Québec à Montréal (1965) et une licence ès lettres à l'Université de Montréal (1968) ; ensuite, elle présente une thèse de maîtrise, « Le Féminin comme lieu d'inscription scripturale », à l'UQAM (1978), et poursuit des travaux de doctorat. Elle a enseigné dans des écoles polyvalentes, puis dans un collège privé. Sa carrière littéraire débute par un recueil de nouvelles, *Le Dôme*, paru en 1968. Ses ouvrages suivants, romans, nouvelles, essais, poésies révèlent un talent aux aspects divers. Elle publie aussi des articles dans des périodiques, d'abord dans *Liberté*, en 1972 ; par la suite, à compter de 1976, elle collabore à *Perspectives*, *Châtelaine*, *L'Actualité* et au *Devoir* où elle devient coresponsable de la chronique des lettres québécoises, en 1980. À partir de la même année, elle anime un atelier de création littéraire et de critique journalistique à l'Université de Montréal. En 1983, elle est écrivain résident à l'Université d'Ottawa. La thématique de son œuvre romanesque est intimement liée à la vie québécoise, à la linguistique, à l'amour. La critique est plutôt sévère pour ses premières œuvres. Par ailleurs, à propos de *La Femme de sable*, François Vasseur écrit que Madeleine Ouellette-Michalska « saisit ici les plus infimes vibrations, toutes les nuances et les brisures du rythme, les diverses inflexions de la chair ». Tout en disant que s'ajustent mal les deux thèmes de la politique et de l'amour dans *Plat de lentilles*, Réginald Martel ajoute : « Les pages qui décrivent la fusion amoureuse sont admirablement bien composées, qui révèlent un érotisme rare en littérature, un érotisme entièrement centré sur le corps féminin [...]. L'écriture de Madeleine Ouellette-Michalska n'est pas toujours sobre : on y trouve des mots rares et des expressions contournées, un lyrisme parfois échevelé ». Entre 1981 et 1985, quatre ouvrages suscitent l'admiration, et Réginald Martel pourra écrire, en 1985 : « [...] on devrait enfin s'apercevoir qu'elle [M.O.-M.] définit de mieux en mieux un espace nécessaire de notre littérature où se rejoignent l'intime, le tendre et l'humour [...] ». Pour Pierre L'Hérault, *L'Échappée des discours de l'Œil*, prix du Gouverneur général 1981, « constitue l'essai majeur de l'année ». *La Maison Trestler*, pris Molson 1984, est un roman fort remarqué dans lequel, selon Diane Alméras, « L'assurance acquise à force d'expérience éclate dans la sereine autorité qui dirige ce récit complexe ».

ŒUVRES

Le Dôme (nouvelles), Montréal, Éditions Utopiques, 1968, 96 p.

Le Jeu des saisons (roman), Montréal, L'Actuelle, 1970, 138 p.

Chez les termites (roman), Montréal, L'Actuelle, 1975, 124 p.

La Femme de sable (roman), Sherbrooke, Éditions Naaman, 1979, 115 p. « Création » ; Montréal, L'Hexagone, 1987, 112 p.

Le Plat de lentilles. Roman, Montréal, Le Biocreux, 1979, 153 p. Ill. d'Isabelle Martin.

L'Échappée des discours de l'Œil (essai), Montréal, Nouvelle Optique, 1981, 330 p. Ill. Postface de l'auteur.

Entre le souffle et l'aine (poésie), Saint-Lambert, Éditions du Noroît, 1981, 157 p. Ill. de Nicole Tremblay.

Mythe et Idéologie : de l'être de chair à l'être de parole, Montréal, Dérives, 1981, 71 p. Ill.

La Maison Trestler ou Le 8ᵉ Jour d'Amérique. Roman, Montréal, Québec/Amérique, 1984, 299 p. Ill. « Littérature d'Amérique ».

La Tentation de dire. Journal, Montréal, Québec/Amérique, 1985, 172 p. « Littérature d'Amérique ». Portrait.

L'Amour de la carte postale (essai), Montréal, Québec/Amérique, 1987, 260 p.

La Danse de l'amante (théâtre), Montréal, La Pleine Lune, 1987, 64 p.

Journée, L, vol. 14, n°s 1–2, janv.–févr. 1972, p. 142–146.

Bourgeonnement de paroles, dans *Poésie I,* n° 33, sept.–oct. 1973, p. 91.

Pays perdu, Iris et Mimosas (nouvelles), ECF, n° 39, 1974, p. 115–133.

Texte à rebours, L, vol. 20, n° 3, mai–juin 1978, p. 81–85.

Flots de braise (poésie), L, vol. 22, n° 1, janv.–févr. 1980, p. 75–81.

Marguerite Yourcenar : la terre et les lettres, Pe, vol. 22, n° 20, 17 mai 1980, p. 18–21.

L'Amoncelée, dans *Estuaire,* n° 16, juin 1980, p. 57–73.

Échange autour d'un plat de lentilles, LQ, n° 18, été 1980, p. 70–73.

Le Thème juif dans la littérature québécoise : mutation d'une identité, dans *Regards sur Israël,* vol. 9, n°s 2–3, oct.–nov. 1980, p. 8–9.

ÉTUDES

René Girard, *Le Jeu des saisons,* LAQ 1970, p. 68.

Jean Basile, *Un des premiers romans sur l'univers cégépien,* Dev, vol. 67, n° 118, 24 mai 1975, p. 1, 14.

Claude Janelle, *Chez les termites,* LAQ 1975, p. 64.

Robert Mélançon, *Madeleine Ouellette-Michalska, ce roman impossible,* Dev, vol. 70, n° 257, 3 nov. 1979, p. 23.

André Dionne, *Le Plat de lentilles,* LAQ 1979, p. 66–67.

François Vasseur, *Féminin pluriel,* dans *Le Livre d'ici,* vol. 5, n° 19, 13 févr. 1980, p. 1.

Philippe Haeck, *Une femme tympan,* dans *Spirales,* n° 6, févr. 1980, p. 15.

Adrien Thério, *Lettre à Madeleine Ouellette-Michalska,* LQ, n° 18, été 1980, p. 69–70.

Jean Roger, *Madeleine Ouellette-Michalska. Faire circuler le féminin,* Dev, vol. 72, n° 93, 27 juin 1981, p. 17–18.

Réginald Martel, *Madeleine Ouellette-Michalska. Rattraper tous les mots perdus,* Pr, 97e année, n° 158, 4 juillet 1981, p. C-1, C-3.

Philippe Haeck, *Autour de l'origine. Entrevue avec Madeleine Ouellette-Michalska sur « L'Échappée des discours de l'Œil »,* LQ, n° 23, automne 1981, p. 73–76.

Hugues Corriveau, *Madeleine Ouellette-Michalska. Entre le souffle et l'aine,* LAQ 1981, p. 117–118.

Pierre L'Hérault, *Madeleine Ouellette-Michalska. L'Échappée des discours de l'Œil,* LAQ 1981, p. 313–316.

Michel Laurin, *Ouellette-Michalska (Madeleine). La Maison Trestler ou Le 8e Jour d'Amérique,* dans *Nos livres,* vol. 15, mai 1984, p. 4–6 et n° 5750.

Diane Alméras, *Avènement d'une romancière,* Rel, vol. 44, n° 53, sept. 1984, p. 235.

André Vanasse, *Une signature sur le drap : La Maison Trestler ou Le 8e Jour d'Amérique,* LQ, n° 35, automne 1984, p. 19–22.

Réginald Martel, *Journal d'une romancière : entre le désir et l'urgence,* Pr, 101e année, n° 207, 18 mai 1985, p. E-3.

OUTAOUAIS (L'). Voir **BILODEAU,** ERNEST.

Kèro

OUVRARD, HÉLÈNE (1938–). Romancière et nouvelliste, née à Montréal. Elle fait son cours lettres-sciences à la pension Sainte-Catherine de Montréal, puis ses études classiques au Collège Marguerite-Bourgeoys (1953–1956). Durant dix ans, elle suit des cours de piano à la Congrégation Notre-Dame et, grâce aux cours du soir, elle s'initie à la peinture à l'École des beaux-arts de Montréal. Rédactrice à l'Office national du film, Hélène Ouvrard est attachée aux Éditions Formart où elle participe à la plupart des ouvrages de la collection « Initiation aux métiers d'art du Québec ». Après ses deux premiers romans, *La Fleur de peau* et *Le Cœur sauvage,* bien accueillis par la critique, elle bénéficie d'une bourse de perfectionnement du Conseil des Arts (1969–1971, puis 1974–1975). Elle peut ainsi effectuer un séjour en France (1971) et préparer son troisième roman, *Le Corps étranger* (1973). En 1976, elle s'installe de nouveau en France et y reste pendant deux ans et demi ; elle termine la rédaction de son roman, *La Noyante.* Face au cœur qui aime et qui souffre, l'écrivain analyse l'amour comme destin d'être à deux et d'être pourtant seul. Le fond de ses œuvres est tragique. Un immense cri se répercute dans la conscience d'une jeune fille trompée, d'une épouse dépossédée. Son « écriture est efficace, suite d'une conscience aiguë du langage, dit Joseph Melançon. Hélène Ouvrard en utilise toutes les ressources, comme poète et comme romancière. Avec son troisième roman, elle atteint une maîtrise remarquable de son métier d'écrivain ». À propos de *La Noyante,* Alain Pontaut écrit : « Roman lyrique, roman situé, roman de sève et d'inquiétude, roman d'un détachement qui dit intensément le besoin de communiquer ».

ŒUVRES

La Fleur de peau. Roman, Montréal, Éditions du Jour, 1965, 194 p. « RJ ».

Le Cœur sauvage. Roman, Montréal, Éditions du Jour, 1967, 167 p. « RJ ».

L'Émaillerie. De Passillé-Sylvestre (étude), Montréal, Formart, 1972, 30 p. Collab. Ill. et diapositives. « Initiation aux métiers d'art du Québec ». Traduction anglaise par Sheila Fischman : *Enamel-Work. De Passillé-Sylvestre,* Montréal, Éditions Formart, 1974, [portefeuille, n.p., 20 f.]. Collab. « Introduction to Artists and Craftsmen of Québec ».

La Gravure sur bois debout. Janine Leroux-Guillaume (étude), Montréal, Formart, 1972, 31 p. Collab. Ill. et diapositives. « Initiation aux métiers d'arts du Québec ». Traduction anglaise par Sheila Fischman : *End-grain Engraving. Janine Leroux-Guillaume,* Montréal, Éditions Formart, 1974, [portefeuille, n.p., 20 f.]. Collab. « Introduction to Artists and Craftsmen of Québec ».

La Peinture acrylique. Guy Montpetit (étude), Montréal, Formart, 1972, 30 p. Collab. Ill. et diapositives. « Initiation aux métiers d'art du Québec ». Traduction anglaise par Sheila Fischman : *Acrylic Painting. Guy Montpetit,* Montréal, Éditions Formart, 1974, [portefeuille, n.p., 18 f.]. Collab. « Introduction to Artists and Craftsmen of Québec ».

La Peinture à l'huile. Léon Bellefleur (étude), Montréal, Formart, 1972, 30 p. Collab. Ill. et diapositives. « Initiation aux métiers d'art du Québec ». Traduction anglaise par Sheila Fischman : *Oil Painting. Léon Bellefleur,* Montréal, Éditions Formart, 1975, [portefeuille, n.p., 20 f.]. Collab. « Introduction to Artists and Craftsmen of Québec ».

La Poterie. Gaétan Beaudin (étude), Montréal, Formart, 1972, 29 p. Collab. Ill. et diapositives. « Initiation aux métiers d'art du Québec ». Traduction anglaise par Sheila Fischman : *Pottery. Gaétan Beaudin,* Montréal, Éditions Formart, 1974, [portefeuille, n.p., 17 f.]. Collab. « Introduction to Artists and Craftsmen of Québec ».

Le Corps étranger. Roman, Montréal, Éditions du Jour, 1973, 142 p. Portrait.

L'Eau-forte en couleurs. Robert Savoie (étude), Montréal, Éditions Formart, 1973, 31 p. Collab. Ill. et diapositives. « Initiation aux métiers d'art du Québec ». Traduction anglaise par Sheila Fischman : *Colour Etching. Robert Savoie,* Montréal, Éditions Formart, 1974, [portefeuille, n.p., 17 f.]. Collab. « Introduction to Artists and Craftsmen of Québec ».

La Gravure sur bois de fil. Monique Charbonneau (étude), Montréal, Éditions Formart, 1973, 30 p. Collab. Ill. et diapositives. « Initiation aux métiers d'art du Québec ».

L'Orfèvrerie. Jean-Guy Monette (étude), Montréal, Éditions Formart, 1973, 29 p. Collab. Ill. et diapositives. « Initiation aux métiers d'art du Québec ». Traduction anglaise par Sheila Fischman : *The Art of the Goldsmith. Jean-Guy Monette,* Montréal, Éditions Formart, 1974, [portefeuille, n.p., 16 f.]. Collab. « Introduction to Artists and Craftsmen of Québec ».

La Tapisserie murale. Mariette Rousseau-Vermette (étude), Montréal, Éditions Formart, 1973, 31 p. Collab. Ill. et diapositives. « Initiation aux métiers d'art du Québec ». Traduction anglaise par Sheila Fischman : *Wall Tapestries. Mariette Rousseau-Vermette,* Montréal, Éditions Formart, 1974, [portefeuille, n.p., 19 f.]. Collab. « Introduction to Artists and Craftsmen of Québec ».

Le Tissage de basse-lisse. Lucien Desmarais (étude), Montréal, Éditions Formart, 1973, 30 p. Collab. Ill. et diapositives. « Initiation aux métiers d'art du Québec ». Traduction anglaise par Sheila Fischman : *Low-Warp Weaving. Lucien Desmarais,* Montréal, Éditions For-

mart, 1974, [portefeuille, n.p., 18 f.]. Collab. « Introduction to Artists and Craftsmen of Québec ».

L'Aluchromie. Réal Arsenault (étude), Montréal, Éditions Formart, 1974, [portefeuille, n.p., 18 f.]. Collab. Ill. et diapositives. « Initiation aux métiers d'art du Québec ».

Le Batik. Thérèse Guité (étude), Montréal, Éditions Formart, 1974, [portefeuille, n.p., 19 f.]. Collab. Ill. et diapositives. « Initiation aux métiers d'art du Québec ».

La Linogravure. Robert Wolfe (étude), Montréal, Éditions Formart, 1974, [portefeuille, n.p., 20 f.]. Collab. Ill. et diapositives. « Initiation aux métiers d'arts du Québec ».

La Reliure. Pierre Ouvrard (étude), Montréal, Éditions Formart, 1974, [portefeuille, n.p., 26 f.]. Collab. Ill. et diapositives. « Initiation aux métiers d'art du Québec ».

La Sculpture sur bois. Léo Gervais (étude), Montréal, Éditions Formart, 1974, [portefeuille, n.p., 22 f.]. Collab. Ill. et diapositives. « Initiation aux métiers d'arts du Québec ».

La Sérigraphie (film découpé). René Derouin (étude), Montréal, Éditions Formart, 1974, [portefeuille, n.p., 23 f.]. Collab. Ill. et diapositives. « Initiation aux métiers d'art du Québec ».

L'Herbe et le Varech. Roman, Montréal, Quinze, 1977, 169 p. ; Québec/Amérique, 1980. « Littérature d'Amérique ».

La Noyante. Roman, Montréal, Québec/Amérique, 1980, 181 p. « Littérature d'Amérique ».

Toute cette lumière. Poème, [Montréal], Éditions de la Maison, 1980, [portefeuille, n.p., 4 f.]. Sérigraphie de Robert Wolfe. (Édition de luxe. Tirage limité).

J.A. Martin, photographe (essai), Montréal, Art global, 1980, [portefeuille, 93 p.]. Estampes originales de Claude Le Sauteur, sculpture de Serge Bourdon. (Texte tiré du film du même titre, produit par l'Office national du film du Canada. Édition de luxe. Tirage limité).

La Femme singulière, Montréal, Éditions de la Pleine Lune, 1983, 100 p. « Textes dramatiques ». (Suivi de *Au-delà, la mer...,* p. 33–100).

[*10 cartes postales*], Montréal, Éditions Aubes 3935, [1984], [portefeuille, 10 cartes].

Contes intemporels. (Amours), La Prairie, Éditions Marcel Broquet, 1985, 105 p.

Gargantua, la sorcière, Saint-Lambert, Éditions du Noroît, 1985, [portefeuille, n.p.]. Gravures de Francine Beauvais.

Le Mannequin, Dev, vol. 56, nº 254, 30 oct. 1965, p. 19.

Le Cœur sauvage (extrait), Dev, vol. 57, nº 250, 27 oct. 1966, p. 30.

Chuchotements dans les roseaux, NBJ, nº 63, févr. 1978, p. 15–31.

Dans la vasière, NBJ, nº 65, avril 1978, p. 5–20.

ÉTUDES

Michel Têtu, *La Fleur de peau,* LAC 1965, p. 55–56.

G. Rioux, *Se compromettre... par son talent,* dans *Sept-Jours,* nº 34, 6 mai 1967, p. 40–41.

Jean-Yves Théberge, *Le Cœur sauvage d'Hélène Ouvrard,* CF, vol. 108, nº 6, 6 juillet 1967, p. 36.

OUVRARD

Joseph Melançon, *Le Corps étranger,* LAQ 1973, p. 34–35.

Jean-Pierre Duquette, *Hélène Ouvrard. L'Herbe et le Varech,* LAQ 1977, p. 45–46.

François Ricard, *Hélène Ouvrard entre l'herbe et le varech,* Dev, vol. 69, n° 52, p. 17.

Gilles Dorion, *Hélène Ouvrard. La Noyante,* LAQ 1980, p. 56–57.

Alain Pontaut, *Hélène Ouvrard. Une ophélie finalement sauvée des eaux...,* dans *Le Livre d'ici,* vol. 6, n° 15, 14 janv. 1981, p. 1.

Julia Bettinotti, *La Noyante de Hélène Ouvrard,* VI, vol. 6, n° 3, printemps 1981, p. 491–492.

Michel Lord, *L'Espace du rêve ou Les Romans d'Hélène Ouvrard,* LQ, n° 24, hiver 1981–1982, p. 25–28.

Edgard Demers, *« La Femme singulière ». Texte primé réalisé à CBOF-FM,* Dev, vol. 70, n° 186, 6 nov. 1982, p. 20.

OUVRARD, RENÉ (1894–1970). Fonctionnaire et romancier, né en France à Ballan (Indre-et-Loire). Il est d'abord employé de banque à Jurançon (Basses-Pyrénées) de 1919 à 1922 et viticulteur (1922–1926). À son arrivée au Canada, il suit des cours de l'École des beaux-arts et devient dessinateur et rédacteur publicitaire d'un détaillant de meubles (1927–1939). Par la suite, il est nommé surintendant de la Commission des prix pour la Gaspésie et le Lac Saint-Jean (1939–1945). Collaborateur, quelque temps, du *Bulletin des agriculteurs,* René Ouvrard est fonctionnaire au ministère des Anciens Com-battants de 1945 à 1966. Il écrit des textes pour Radio-Canada ; son roman, *La Veuve* (1955), reçoit le prix Laure-Conan. Ses romans révèlent une riche imagination et fourmillent en images fraîches, bien qu'une intrigue surchargée en complique souvent la lecture. Selon Florent Sylvestre, « on pourrait bien souhaiter que [la] matière fût ramassée dans l'espace d'un cent cinquante pages ».

ŒUVRES

Débâcle sur la Romaine. Roman, Montréal/Paris, Fides, 1953, 234 p.

La Veuve. Roman, Montréal, Éditions Chanteclerc ltée, 1955, 280 p. Note des éditeurs.

Le Mage de Chandernagor (contes), Montréal, Éditions Beauchemin, 1960, 127 p. Ill. de Georges Lauda. « Rose des vents ».

La Fauve (roman), Montréal, Éditions Beauchemin, 1961, 217 p. Préface de A. Couturier. Avant-propos d'Hervé Laurier.

ÉTUDES

Florent Sylvestre, *Débâcle sur la Romaine,* dans *Culture,* vol. 15, n° 2, juin 1954, p. 225.

Romain Légaré, *La Veuve,* C, vol. 16, n° 1, mars 1955, p. 115–116.

Maurice Henrie, *La Fauve,* LAC 1961, p. 13–14.

Gérard Tougas, *René Ouvrard,* dans *Histoire de la littérature canadienne-française,* Paris, PUF, 1967, p. 183–184.

P

PACHECO DE CÉSPEDES, DAVIA LUISA. Voir **DARIOS, LOUISE.**

PAGÉ, PIERRE (1935–   ). Critique littéraire, né à Montréal. Il fait des études classiques au Collège André Grasset (B.A., 1955). Il prépare une licence en théologie (1959) et une maîtrise en lettres françaises (1961) à l'Université de Montréal, suivies d'un diplôme d'études supérieures à l'Université de Rennes (1962). Il prépare aussi une thèse de doctorat d'État à la Sorbonne : « Histoire et Fonction sociale des genres comiques à la radio québécoise, 1930-1970 ». Son expérience d'enseignant commence en 1959, au Collège Marie-Médiatrice, se poursuit au Collège Saint-Paul, à l'Université de Montréal et au Collège Sainte-Marie. À partir de 1969, il enseigne à l'Université du Québec, d'abord à Montréal, ensuite à Trois-Rivières. Il y fonde, la même année, un Centre de recherche en symbolique et se consacre plus particulièrement à la littérature radiophonique et télévisuelle. Pendant quatre ans, grâce à une subvention du Conseil des Arts, il dirige une équipe de chercheurs et étudie les images collectives des Québécois, véhiculées par les journaux et les médias de publicité ; il scrute aussi l'univers symbolique des enfants québécois, de même que la symbolique des productions culturelles. Un important *Répertoire des œuvres de la littérature radiophonique québécoise, 1930-1970* paraît en 1975 aux éditions Fides. Cette recherche a aussi permis de constituer une banque d'archives microfilmées : 450 microfilms résumant 750,000 pages de manuscrits, 375 rubans sonores, un index des auteurs, des réalisateurs et une chronologie générale de la radio québécoise. Aux Presses de l'Université du Québec, Pierre Pagé dirige la collection « Recherche en symbolique ». Membre de nombreuses associations littéraires, de maints jurys de lettres, Pierre Pagé collabore à plusieurs revues dont *Liberté* et *Culture vivante*. Son œuvre de critique commence en 1963 par un livre sur Saint-Exupéry suivi, en 1965, d'un ouvrage sur Anne Hébert, dans la collection « Écrivains canadiens d'aujourd'hui ». Déjà dans ses premiers travaux, Pierre Pagé témoigne d'une vaste culture littéraire et d'un jugement critique

averti. Au sujet de son deuxième volume, Paul Wyczynski écrit : cet ouvrage « constitue une bonne vue d'ensemble sur l'œuvre d'Anne Hébert où le jugement personnel coïncide avec la connaissance approfondie du fait littéraire, tous les deux appuyés sur une documentation riche et exacte ». Le champ d'investigation de Pierre Pagé s'est considérablement élargi au cours des dernières années : ses recherches portent sur la littérature québécoise autant que sur la littérature française, dans l'optique des méthodes sociologique et structurale. En 1980, il quitte l'enseignement et travaille comme adjoint au directeur à l'Institut Armand Frappier à l'Université du Québec, à Québec.

ŒUVRES

Saint-Exupéry et le Monde de l'enfance (essai), Montréal/Paris, Fides, 1963, 125 p.

Anne Hébert (essai), Montréal/Paris, Fides, 1965, 189 p.

Le Symbole, carrefour interdisciplinaire, [Montréal], Éditions Sainte-Marie, 1969, 160 p. Éditeur avec Renée Legris.

Problèmes d'analyse symbolique (essais), Montréal, PUQ, 1972, 245 p. Éditeur avec Renée Legris.

Répertoire des œuvres de la littérature radiophonique québécoise 1930-1970, Montréal, Fides, [1975], 826 p. Collab. Renée Legris.

Le Comique et l'Humour à la radio québécoise. Aperçus historiques et textes choisis, 1930-1970, Montréal, La Presse, 2 vol. : vol. 1, 1975, 677 p. ; vol. 2, 1979, 736 p. Collab. Renée Legris.

Répertoire des dramatiques québécoises à la télévision (1952-1977), Montréal, Éditions Fides, 1977, 252 p. Collab. Renée Legris. « Archives québécoises de la radio et de la télévision ».

Dictionnaire des auteurs du radio-feuilleton québécois, Montréal, Fides, 1981, 200 p. Collab. Renée Legris, Suzanne Allaire-Poirier et Louise Blouin.

Situation de la recherche en littérature canadienne-française au Collège Sainte-Marie, dans *Recherche et Littérature canadienne-française,* Ottawa, EUO, 1969, p. 150-154.

La Mort de l'écrivain maudit, L, nᵒ 63, mai-juin 1969, p. 18-22.

Maria Chapdelaine, dans *Revue d'histoire littéraire de la France,* sept.–oct. 1969, p. 746-762.

La Poésie d'Anne Hébert, dans *La Poésie canadienne-française,* Montréal/Paris, Fides, 1969, p. 357-378, « ALC » 4.

La Critique, la Signification et le Symbole, et Guide bibliographique des thèses de littérature canadienne, dans *L'Œuvre littéraire et ses significations,* Montréal, PUQ, 1970, p. 13–22.

L'Analyse symbolique, dans *Problèmes d'analyse symbolique,* Montréal, PUQ, 1972, p. 11–15.

Hubert Aquin, prix David 1972, CuV, nº 28, juin 1973, p. 2–3.

Le Québec à la Conférence canadienne des arts, dans *Communiqué,* juin 1973, p. 8–9.

ÉTUDES

Léonie Brouillette, *Saint-Exupéry et le Monde de l'enfance de Pierre Pagé,* LAC 1963. p. 83–84.

Paul Wyczynski, *Anne Hébert de Pierre Pagé,* LAC 1965, p. 108–109.

Jean-Yves Théberge, *Enfin ! Anne Hébert,* CF, vol. 106, nº 34, 13 janv. 1966, p. 26.

Jean Éthier-Blais, *« Anne Hébert » par... Pierre Pagé,* Dev, vol. 57, nº 41, 19 janv. 1966, p. 12.

L'Illettré, *« Anne Hébert »,* Dr, 53ᵉ année, nº 24, 29 janv. 1966, p. 7.

Jean-Charles Bonenfant, *Les Études sociales,* dans *University of Toronto Quarterly,* vol. 35, nº 4, 1965–1966, p. 524–536.

Jean-Guy Pilon, *Une sorte de mythe,* CaL, nº 32, printemps 1967, p. 78–80.

Jean-Pierre Tadros, *Une littérature orale,* Dev, vol. 60, nº 129, 4 juin 1969, p. 8.

Hélène Archambault, *Faute de législation, la littérature radiophonique a été dilapidée, depuis 1930,* So, 78ᵉ année, nº 112, 10 mai 1974, p. 46.

Vincent Nadeau, *Pierre Pagé et al., Répertoire des œuvres de la littérature radiophonique québécoise, 1930–1970,* LAQ 1975, p. 201–202.

Gilles Marcotte, *Pierre Pagé. Le Comique et l'humour à la radio québécoise, aperçus historiques et textes choisis,* LAQ 1976, p. 235–236.

André Fortier, *Le Comique et l'Humour à la radio québécoise. Rires et souvenirs,* Dr, 66ᵉ année, nº 87, 8 juillet 1978, p. 17.

Vincent Nadeau, *Pierre Pagé. Le Comique et l'Humour à la radio québécoise. Vol. 2,* LAQ 1979, p. 246–247.

Jacques Gagné, *Rires radiophoniques,* Dr, 68ᵉ année, nº 120, 19 avril 1980, p. 18.

Réal Ouellet, *Le Comique et l'Humour à la radio québécoise par Pierre Pagé,* LQ, nº 19, automne 1980, p. 64–66.

PAGEAU, RENÉ (1937–). Essayiste et poète, né à Notre-Dame-des-Laurentides (Québec). Avant de terminer ses humanités, il exerce divers métiers dont celui de bûcheron et de travailleur à la chaîne en usine. Bachelier ès arts du Collège de Joliette (1963) et en péda-gogie de l'École normale de Rigaud (1964), il pour-suit des études en théologie à l'Université de Mont-réal (licence, 1968). Il continue des études de lettres à l'Université Laval (licence, 1971). En 1974, il soutient une thèse de doctorat à l'Université de Rennes (France) intitulée : « Gustave Lamarche : poète dramatique ». Ordonné prêtre en 1968, il est directeur de la pastorale à l'École polyvalente Pierre-de-Lestage à Berthierville (1968–1970), animateur du Centre d'accueil pour jeunes de Joliette (1971–1972) et, à partir de 1976, curé à Joliette. Il collabore activement au *Travailleur* (Worcester), à *L'Information médicale et paramédicale,* aux *Cahiers de l'Académie canadienne-française,* à *L'Action nationale,* à *Passe-Partout,* à *Culture,* à la *Revue d'histoire de Gaspésie.* Il publie deux études remar-quables sur l'historien Antoine Bernard (1971) et sur le peintre-sculpteur Max Boucher (1972). Mais René Pageau est avant tout poète. Lors de la parution du premier recueil, Guy Robert commen-tait : « recueil de belle venue où quelques illustrations gentilles de Bruno Hébert viennent apporter des gestes gracieux aux privilégiés », et il poursuivait son analyse en signalant la profonde influence de Rina Lasnier sur cette écriture délicate. Sliman Henchiri caractérise l'ensemble de l'œuvre en ces termes : « Parcourir l'œuvre de René Pageau, c'est retrouver le lyrisme, la sensibilité et le mysticisme de la poésie qui précède le tournant poétique de 1960, grâce à la délicatesse et au charme d'un langage sincère et sans prétention ».

ŒUVRES

Solitude des îles (poésie), Montréal, Éditions de l'Atelier, 1964, 77 p. Ill. de Bruno Hébert.

Pays intérieur (poésie), [Joliette, Édition privée], 1967, 147 p. Ill. de Marc Boucher.

L'Ombre de l'hiver (poésie), [Berthierville, Édition privée], 1969, 105 p. Quatre encres de Marcel Ducharme.

Rumeurs de la nuit (poésie), [Berthierville, Édition privée], 1970, 93 p. Quatre gravures de Marcel Ducharme.

Antoine Bernard (essai), [Sherbrooke], Éditions Paulines, 1971, 156 p. Ill. Préface de Maurice Lebel.

[Cantate des saisons. Poèmes, St-Constant, Éditions Passe-Partout, 1971], 15 p.

Max Boucher, peintre-sculpteur (essai), [s.l., s.é.], 1972, 141 p. Ill. Préface de Marius Plamondon.

Que tourne le soleil (poésie), [Québec], Éditions Garneau, 1972, 89 p. Encres de Mariel Pilon.

Vienne l'été (poésie), Québec, Éditions Garneau, 1974, 132 p. Ill. de Pierre Tétrault. « Garneau/poésie ».

Gustave Lamarche, poète dramatique (essai), Québec, Éditions Garneau, 1976, 238 p. Ill.

Max Boucher dans le versant de la lumière (essai), [s.l., s.é.], 1976, 59 p. Ill.

Wilfrid Corbeil (essai), [s.l., s.é.], 1976, 137 p.

Préface du printemps (poésie), Joliette, Éditions de la Parabole, 1978, 110 p. Ill. de Luce-Brini.

Rencontres avec Simone Routier suivies de Lettres d'Alain Grandbois, Joliette, Éditions de la Parabole, 1979, 217 p.

Les Sept paroles du Christ en croix (essai), Lac Beauport, Éditions Anne Sigier, 1982, 68 p. Portrait. Ill.

Les Saisons de Dieu (essai), Montréal, Éditions Paulines, 1984, 94 p. Ill. de Gertrude Crête.

Couleurs intemporelles. Poèmes inédits, Québec, De Francheville, 1985, [portefeuille, n.p.]. Gravures originales de Jacques Houle.

Si tu veux, viens, suis-moi (essai), Montréal, Éditions Paulines, 1986, 202 p.

L'Oiseau diurne et l'Oiseau nocturne (poésie), dans *Jeunesses littéraires au Canada français*, vol. 2, n° 2, janv. 1965, p. 4.

Poésie de Gilbert Langevin, C, vol. 28, n° 1, mars 1967, p. 32–37.

Antoine Bernard, une grande figure de nos lettres canadiennes-françaises, dans *Contacts*, vol. 6, n° 4, 1967–1968, p. 99–108.

À la mémoire de Frère Antoine Bernard, dans *Revue d'histoire de la Gaspésie*, vol. 6, n° 1, janv.–mars 1968, p. 5–8.

Il y a un an le Frère Antoine Bernard..., dans *Le Travailleur*, vol. 38, n°s 51–52, 19–26 déc. 1968, p. 1, 3.

ÉTUDES

Guy Robert, *Solitude des îles de René Pageau*, LAC 1964, p. 63.

Benoît Lévesque, *Livres et Revues*, vol. 20, n° 3, déc. 1966, p. 498–501.

Jean-Guy Pilon, *Pays intérieur de René Pageau*, Dev, vol. 58, n° 203, 2 sept. 1967, p. 12.

Bernard Lévy, *N'est pas poète qui veut...*, dans *Sept-Jours*, 2e année, n° 8, 5–11 nov. 1967, p. 57.

Romain Légaré, *Livres canadiens*, C, vol. 28, n° 4, déc. 1967, p. 429.

Maximilien Laroche, *Pays intérieur de René Pageau*, LAC 1967, p. 86.

Paul-P. Chassé, *L'Hiver de René Pageau*, dans *Le Travailleur*, vol. 39, n° 10, 8 mars 1969, p. 1–4.

Marcel Colin, *L'Ombre de l'hiver de René Pageau*, LAQ 1969, p. 113.

Michelle Bisson-Henchiri, *Que tourne le soleil*, LAQ 1972, p. 144.

Monique Benoît, *René Pageau. Vienne l'été*, LAQ 1974, p. 138–139.

Guy Laflèche, *René Pageau. Gustave Lamarche, poète dramatique*, LAQ 1976, p. 277.

Richard Giguère, *René Pageau. Rencontres avec Simone Routier suivies de Lettres d'Alain Grandbois*, LAQ 1979, p. 247–248.

PAIEMENT, ANDRÉ (1950–1978). Dramaturge, comédien, chansonnier et musicien, né à Sturgeon Falls (Ontario). Il fait ses études secondaires au Collège du Sacré-Cœur de Sudbury où il commence à faire du théâtre, puis il entre à l'Université laurentienne en 1968, inscrit au cours général qu'il laisse bientôt pour l'école de traduction. Repris par le théâtre, il écrit une première pièce, *Moé j'viens du Nord, 'stie*, en 1970, montée par la troupe universitaire. À l'été de la même année, il fonde avec des amis le Théâtre du Nouvel-Ontario : ensemble ils créent *Et le septième jour* et entreprennent une tournée provinciale. À l'automne, il devient directeur de la troupe universitaire. En 1972, il organise avec des amis un spectacle et une tournée pour le Théâtre populaire du Québec. Retourné en Ontario, il compose une autre pièce : *À mes fils bien-aimés*, fait une nouvelle tournée, abandonne ses études, est cofondateur du centre de création Le Moulinet (1973), représente l'Ontario au festival d'Avignon, en juillet, écrit *La Vie et les Temps de Médéric Boileau* dont David C. Burt compose les arrangements musicaux. En 1974, il écrit et monte sa comédie musicale *Lavalléville*, fait une longue tournée, accepte un rôle dans le film « Fignolage » (1975), quitte la direction du Théâtre du Nouvel-Ontario pour fonder le groupe CANO (Coopérative des Artistes du Nouvel-Ontario), groupe de musiciens avec lequel il enregistre deux disques de chansons. André Paiement meurt tragiquement le 23 janvier 1978. Les Éditions Prise de Parole ont publié son théâtre. « Solitude, attachement au milieu populaire, colonisation, résistance à l'assimilation, importance vitale du milieu étudiant, voilà certains des thèmes les plus attachants de Paiement, écrit André-G. Bourassa. Sa conception du théâtre est extrêmement féconde, malgré les gaucheries du texte, gaucheries dues à l'aspect inchoatif, inachevé de l'œuvre ». En 1985, l'Assemblée des centres culturels de l'Ontario crée la Bourse André-Paiement.

ŒUVRES

Moi j'viens du Nord, 'stie. Suivi de Le Septième Jour et À mes fils bien-aimés (théâtre), Sudbury, Prise de Parole, 1978, 132 p. Postface de Pierre Bélanger. Ill. de Luc Robert. « Théâtre » vol. 1.

La Vie et les Temps de Médéric Boileau ou Y a t'y quéquechose de plus en ville qu'y a pas dans le bois ? (théâtre), Sudbury, Prise de Parole, 1978, 72 p. Ill. de Luc Robert. Postface de Gaston Tremblay. « Théâtre » vol. 2.

Lavalléville. Comédie musicale franco-ontarienne, Sudbury, Prise de Parole, 1978, 96 p. Ill. de Luc Robert. Postface de Robert Dickson. « Théâtre » vol. 3.

(Une édition de luxe a été tirée de ces 3 volumes, publiée en 1978, sous emboîtage).

DISCOGRAPHIE

Dimanche après-midi, Le Vieux Médéric, En plein hiver (chansons), dans *Tous dans l'même bateau,* Sudbury, Cano (Alamo Music of Canada), 1976, 33⅓ tours.

La Première Fois, Au nord de notre vie, En mouvement, Mon pays (chansons), dans *Au Nord de notre vie,* Sudbury, Cano (Alamo Music of Canada), 1977, 33⅓ tours.

ÉTUDES

Fernand Denis, *L'Acculturation et le Franco-Ontarien. Mais qui a tué André ?,* dans *Revue du Nouvel-Ontario,* n° 1, 1978, p. 34–56.

Paul Gay, *Le Théâtre franco-ontarien : deux comédies d'André Paiement,* Dr, 66ᵉ année, n° 128, 26 août 1978, p. 17.

[Pierre Bélanger], *André Paiement* (biographie), dans *Moé j'viens du Nord, 'stie,* Sudbury, Prise de Parole, 1978, p. 127–131.

Clément Trudel, *Une prise de parole ontarienne,* Dev, vol. 70, n° 292, 13 déc. 1979, p. 20.

André-G. Bourassa, *Parole donnée aux Éditions Prise de Parole,* LQ, n° 17, printemps 1980, p. 83–84.

PALARDY, JEAN (1905–   ). Ethnographe et muséologue, né à Fitchburg (Mass., É.-U.). Après avoir fait son baccalauréat au Séminaire de Sainte-Thérèse, il s'inscrit à l'École des beaux-arts de Montréal. Il étudie la peinture avec Fougerot, Maillard, Charpentier, Holgate, Van Empel, Maurice Cullen, Clarence Gagnon. Il exerce son métier de peintre dans le comté de Charlevoix. Une rencontre avec Marius Barbeau influence sa carrière. Il s'oriente vers l'ethnologie et l'étude de la culture traditionnelle du Canada français. À l'Office national du film, il tourne plusieurs films sur les artistes québécois dont Ozias Leduc, et plusieurs courts et longs métrages : *Le Médecin du Nord, Ti-Jean s'en va T'aux chantiers, La Marée montante, Les Caisses populaires Desjardins, Chantiers coopératifs, La Coopérative agricole de Granby, Le Gros Bill.* Il réalise plus de quatre-vingts scénarios. Puis il revient au dessin et à la fabrication de meubles de style ancien qui serviront au décor de l'hôtel Le Chanteclerc et du Mont-Tremblant Lodge. Le gouvernement canadien fait appel à ses services pour la reconstruction du navire de Jacques Cartier, La Grande Hermine, puis pour la restauration de la forteresse de Louisbourg. Lors du 150ᵉ anniversaire de la fondation de l'Université McGill, les Sociétés savantes du Canada lui décernent le « Certificat Minto » pour ses travaux accomplis dans le domaine de la culture traditionnelle. Son livre, *Les Meubles anciens du Canada français,* connaît deux éditions ; la première édition est devenue une pièce rare, convoitée par les collectionneurs. Cet ouvrage constitue la première et la plus valable analyse, en la matière. « L'auteur ne s'est pas contenté, écrit Jean-Paul Morisset, de cette analyse minutieuse et fort bien ordonnée : il a tenu à présenter, tout autant que les œuvres, le contexte social qui les a vu naître et qui les a fait naître, l'âme même de cette époque de notre civilisation ».

ŒUVRE

Les Meubles anciens du Canada français, Paris, Arts et Métiers graphiques, 1963, 411 p. Ill. ; Montréal, CLF Pierre Tisseyre, 1971, 411 p. Traduction anglaise d'Eric McLean : *The Early Furniture of French Canada,* Toronto/New York, MacMillan of Canada/St. Martin's Press, 1965, 413 p. Ill. ; 1978.

ÉTUDES

Jean-Paul Morisset, *Les Meubles anciens du Canada français de Jean Palardy,* LAC 1963, p. 94–95.

[Anonyme], *Les Meubles anciens du Canada français,* dans *L'Action,* vol. 60, n° 17997, 23 juin 1967, p. 23.

J.-Raymond Denault, *Jean Palardy,* dans *Québec-Histoire,* vol. 1, nᵒˢ 5–6, mai–juin–juillet 1972, p. 122.

PALLASCIO-MORIN, ERNEST [Jean-Louis De-Varro, Héliotrope, Alain Massis, Théramène] (1909–   ). Poète, auteur dramatique, romancier et critique littéraire, né à Montréal. Il fait ses études au Pensionnat Saint-Louis-de-Gonzague, à l'Académie commerciale de Québec, au Collège de Lévis (1922–1926), à l'Institut Mongeau de Saint-Hilaire (lettres et philosophie). Après avoir occupé divers emplois, il aborde le théâtre en faisant partie d'un cercle d'amateurs et en écrivant quelques pièces : « Le Don Juan » (1937), « La Voix dans les chênes » (1939), « Le Sacrifice d'une mère » (1941), « L'homme que j'ai aimé » (1942), « La nuit s'achève » (1943). Entre temps, il collabore à *La Patrie* (1930–1932), à *La Presse* (1932–1936), au *Petit Journal* (1936–1940), à *Photo-*

Journal comme rédacteur en chef (1940–1942). Officier de la Marine royale canadienne durant la guerre, Ernest Pallascio-Morin revient, en 1945, à *La Patrie*, puis il est affecté à la presse parlée : scripteur et réalisateur à CKAC (1947–1958), au Service des reportages de Radio-Canada (1959–1962). Il est nommé, en mars 1962, directeur des relations extérieures au ministère des Affaires culturelles à Montréal puis, en mars 1970, Commissaire aux langues au ministère de l'Éducation du Québec. Chevalier de l'Ordre militaire et hospitalier de Saint-Lazare de Jérusalem, de l'Ordre du Mérite des Anciens Combattants, de l'Ordre Polonia Restitua, de l'Ordre de Saint-Sylvestre, docteur ès lettres *honoris causa* de l'Université Laval (1953), Ernest Pallascio-Morin est aussi titulaire de la Médaille fédérale de la Fédération des Anciens Combattants volontaires de l'Europe, de la Commemorative War Medal of General Eisenhower, de la Interallied Distinguished Cross. Il reçoit plusieurs prix littéraires et dramatiques : trophée Gratien-Gélinas pour la meilleure pièce au festival régional d'art dramatique (1939), trophée Wood pour la meilleure représentation d'une pièce canadienne (« Sherry 1939 ») au même festival, premier prix de la Canadian Radio Award (1950), trophée LaFlèche (scripteur de l'année 1953–1954, à CKAC), prix de l'Académie de Puy des Palinods de Normandie (poésie, 1954), Médaille du Lieutenant-gouverneur de la Province de Québec (1959), trophée du cinquantenaire de CKAC (1973) pour l'ensemble de son œuvre radiophonique (1947–1959). Ernest Pallascio-Morin est un écrivain très prolifique. Dans ses romans et ses nouvelles, autant que dans ses pièces de théâtre et ses recueils de poésie, l'auteur semble être fidèle au mot inscrit en tête de son recueil, *Clair-obscur* (1939). « D'écrire des vers je n'ai pas du tout l'intention. Ce n'est qu'un peu de moi-même au bout d'un crayon ». Il est, en effet, de ceux qui emmènent le lecteur vers les joies simples de l'esprit et du corps, vers les paysages qui accueillent à tout instant les mélodies de celui qui observe la vie, médite sur le destin et cherche à fraterniser avec les hommes. C'est dans ce sens que Charles-Marie Boissonnault (Préface de l'*Autopsie du secret*) caractérise la muse d'Ernest Pallascio-Morin qui « chante les sommets les plus singuliers de la vie quotidienne, ses aspects que l'on se cache à soi-même, les espérances fugaces qui éclairent nos âmes, l'absence aux doigts cruels, avril aux luxuriants buissons, les voûtes étroites de la pensée innombrable, la plainte du chevreuil, les saisons qui disparaissent ».

ŒUVRES

Clair-obscur (poésie), Montréal, Éditions Bernard Valiquette/ Les Éditions de l'Action canadienne-française, 1939, 148 p. Ill. de L.-Jacques Beaulieu ; Éclair, 1974, 96 p. « Mini Poche ». (Édition revue et corrigée).

Brentwick. Roman, [Montréal, s.é.], 1940, 193 p. Préface de Jean Dufresne.

Jésus passait (Images de la vie de Jésus), Ottawa/ Montréal, Les Éditions du Lévrier, [1944], 240 p. Préface de Léonard-Marie Puech. Traduction anglaise par Ella-Marie Cooper : *The Immortal Profile,* Chicago, Franciscan Herald Press, 1957, 166 p.

Je vous ai tant aimée (roman), Ottawa/ Montréal, Les Éditions du Lévrier, [1945], 208 p.

La Louve. Roman, [Québec, Institut littéraire du Québec, 1952], 206 p. ; Institut littéraire du Québec, 1954, 150 p.

Jésus mendiant d'amour (poésie), Montréal, Bellarmin, 1953, 15 p. « L'Œuvre des tracts ».

Marie mon amour (poèmes en prose et courts récits), Québec, Institut littéraire du Québec, 1954, 161 p.

L'Homme du silence (poésie), Montréal, Bellarmin, 1955, 15 p. « L'Œuvre des tracts ».

Sentiers fleuris. Livres ouverts (nouvelles), Montréal, Éditions Beauchemin, 1959, 77 p. « Grands Exemples ».

Rumeurs (choses vécues), Montréal, Éditions Beauchemin, 1960, 221 p.

Le Vertige du dégoût (réflexion, maximes, méditations), Montréal, Les Éditions de l'Homme, 1961, [n.p., 122 p.].

Pleins Feux sur l'homme (poésie), Montréal, Librairie Déom, 1963, 69 p. « PC ».

Autopsie du secret (poésie), Québec, Garneau, éditeur, 1964, 78 p. Préface de Charles-Marie Boissonneault.

L'Heure intemporelle (poésie), Québec, Éditions Garneau, 1965, 103 p.

Les Vallandes (récits et nouvelles), Québec, Garneau, 1966, 145 p.

Demain tu n'auras plus un instant (poésie), Montréal, Holt, Rinehart et Winston ltée, 1967, 62 p. « Le Chant du monde ».

Pour les enfants du monde (poésie), Québec, Éditions Garneau, 1968, 130 p. Ill. d'Anne Letellier. Préface de Suzanne P. Goyette.

Pour la route ascendante (Catherine de Saint-Augustin) (méditations), Québec, [Les Hospitalières de Saint-Augustin], 1968, 27 p.

Les amants ne meurent pas (poésie), Montréal, Librairie Déom, 1970, 80 p. « PC ».

Hôtel San Pedro (théâtre), [Montréal], Leméac, 1973, 73 p. « RQ ».

Un visage à reconnaître (poésie), Québec, Éditions Garneau, 1973, 80 p. « Garneau Poésie ».

La Machine dans le destin de l'homme (essai), Montréal, Librairie Beauchemin limitée, 1973, 111 p. « Pensée actuelle ».

Maxine (théâtre), [Montréal], Leméac, 1974, 93 p.

Club Saint-Denis 1874–1974 (histoire), Montréal, [s.é.], 1974, 152 p. Ill.

L'Amnésie des dieux (poésie), Québec, Éditions Garneau, 1975, 108 p. « Garneau Poésie ».

La Magie de l'eau (poésie), Sutton (Québec), Éditions Monticule inc., 1978, 153 p. Ill. de Gilles E. Gingras. Préface de G. Édouard Rinfret.

Les Ponts couverts du Québec. Textes et poèmes, Sutton (Québec), Éditions Monticule inc., 1980, 50 p. Ill. de Gilles E. Gingras. (Édition de luxe. Tirage limité. Titre de la couverture : *Québec et ses ponts couverts*).

R. Vincelette (monographie), La Prairie, Éditions M. Broquet, 1983, 104 p. Ill. Préface de Mario Verdon.

Le Feu sur la terre (poésie), Montréal/Paris, Éditions Paulines/Médiaspaul, 1985, 134 p. Préface de l'auteur. « Contemplation ».

Propos à reconnaître, RD, 46e année, no 1, janv. 1940, p. 29-36.

ÉTUDES

Carmel Brouillard, *Clair-obscur,* C, vol. 1, no 3, sept. 1940, p. 385-386.

Berthelot Brunet, *Pourquoi pas,* Ca, vol. 43, no 15, 20 avril 1945, p. 4.

Roger Duhamel, *Je vous ai tant aimée,* AN, vol. 27, no 2, févr. 1946, p. 143-144.

A. Bastien, *Autopsie du secret,* LAC 1964, p. 64.

Maximilien Laroche, *L'Heure intemporelle,* LAC 1965, p. 96.

Guy Robert, *Demain tu n'auras plus un instant,* LAC 1967, p. 95.

Axel Maugey, « *Un visage à reconnaître* » *de E. Pallascio-Morin,* dans *L'Information médicale et paramédicale,* vol. 26, no 2, 4 déc. 1973, p. 57.

[Anonyme], *Hôtel San Pedro,* dans *Le Livre canadien,* vol. 55, no 95, mars 1974, p. 73.

R.M., *Pour marquer ses 40 ans de vie littéraire, Ernest Pallascio-Morin publie un luxueux recueil de poèmes,* Pr, 95e année, no 6, 8 janv. 1979, p. B-6.

Lily Tasso, *Ernest Pallascio-Morin. Joies et audaces de 50 ans de journalisme,* Pr, 97e année, no 206, 29 août 1981, p. E-1.

Maurice Côté, *Ernest Pallascio-Morin. Un journaliste devenu poète et philosophe,* dans *Le Journal de Montréal,* vol. 20, no 298, 22 janv. 1984, p. 34.

PANNETON, PHILIPPE. Voir RINGUET.

PAPARTCHU, ALFRAÈDE. Voir PAPARTCHU DROPAÔTT.

PAPARTCHU DROPAÔTT [X François-Marie Gérin-Lajoie] [Alfraède Papartchu] (1951-   ). Romancier et poète, né à Québec. Il fait ses études à l'Externat classique Saint-Jean-Eudes, au Cégep de Limoilou et à l'Université d'Ottawa où il obtient un baccalauréat spécialisé en traduction (1972). Il travaille comme rédacteur-concepteur publicitaire à Montréal (1972-1973), comme traducteur à Ottawa (1974-1975), puis comme pigiste en traduction et publicité à Québec, à partir de 1975. Il publie des billets humoristiques dans *Le Jour.* Son œuvre — six romans et deux recueils de poésie, de 1976 à 1980 — s'inscrit sous le signe de l'humour et de la satire sociale. Sur ses romans farfelus, un peu du genre San Antonio, la critique est partagée. *L'Histoire louche de la cuiller à potage* (1976) agace Léo Beaudoin par son « obsessive recherche de la bizarrerie ». Pour François Ricard, l'auteur « a sûrement le sens de l'humour », mais le récit est rempli de « blagues à deux sous », de « la quincaillerie ordinaire des séries policières américaines genre Jason King ». D'autres admirent « l'explosion continue d'un humour parfois tiré par les cheveux mais le plus souvent inattaquable », comme le dit Réginald Martel à propos *Du pain... et des œufs* (1977). « Il y a trop de bonne santé psychologique (et physiologique) chez Papartchu Dropaôtt pour ne pas reconnaître en lui cet humour bien québécois [...] auquel, écrivain trop rare, l'enquêteur apporte sa contribution ».

ŒUVRES

L'Histoire louche de la cuiller à potage. Roman policetique, Montréal, Quinze, 1976, 140 p.

Du pain... et des œufs (roman), Montréal, Quinze, 1977, 148 p.

Viens prendre un ver(s). (Poécit) (poème-récit), Paris, Éditions Saint-Germain-des-Prés, 1977, 63 p. Sous le pseudonyme d'Alfraède Papartchu. « À l'écoute des sources ».

Salut Bonhomme (roman), Montréal, Quinze, 1978, 198 p.

Brise la glace, Narcisse (Poécit) (poème-récit), Paris, Éditions Saint-Germain-des-Prés, 1980, 65 p. Sous le pseudonyme d'Alfraède Papartchu. « À l'écoute des sources ».

Les Noires Tactiques du Révérend Dum. Mon dernier show (roman), Montréal, Éditions Québécor, 1980, 176 p. Sous le nom de Papartchu. « Roman ».

Pas de chocolat pour tante Laura. Une aventure de Jos Bine (roman), Westmount, Desclez éditeur, 1980, 160 p. Sous le nom de l'auteur. Ill. de Raymond Parent. « La Cible ».

Les Taxis-volants. Une aventure de Jos Bine (roman), Westmount, Desclez éditeur, 1980, 159 p. Sous le nom de l'auteur. Ill. de Raymond Parent. « La Cible ».

Je tue il. Poécit (poème-récit), Sherbrooke, Éditions Naaman, 1984, 58 p. Sous le nom de l'auteur.

ÉTUDES

François Ricard, *Quatre livres, un seul bon roman,* Dev, vol. 68, no 283, 4 déc. 1976, p. 30.

Raymond Plante, *Papartchu... le petit comique,* dans *Le Livre d'ici,* vol. 2, no 15, 19 janv. 1977, p. 1.

Léo Beaudoin, *Papartchu Dropaôtt. L'histoire louche de la cuiller à potage,* dans *Nos livres,* vol. 8, févr. 1977, nº 61.

Réginald Martel, *Des livres pour rire ou s'émouvoir,* Pr, 93ᵉ année, nº 162, 9 juillet 1977, p. D-3.

Jean-Léonard Binet, *Une énigme : Qui est Papartchu ?,* dans *Le Livre d'ici,* vol. 2, nº 45, 17 août 1977, p. 1.

Pierre Cantin, *Papartchu Dropaôtt : détective privé et terreur des typographes,* Dr, 65ᵉ année, nº 15, 24 sept. 1977, p. 21.

Léo Beaudoin, *Papartchu Dropaôtt. Du pain... et des œufs,* dans *Nos livres,* vol. 8, déc. 1977, nº 369.

Id., *Papartchu Dropaôtt. Salut Bonhomme,* dans *Nos livres,* vol. 9, juin–juillet 1978, nº 246.

Marguerite Bertrand, *Papartchu révèle les « noires tactiques du Révérend Dunn »,* Dr, 68ᵉ année, nº 42, 17 avril 1980, p. 20.

Murray Maltais, *L'humour naît à chaque tournant du quotidien,* Dr, 69ᵉ année, nº 56, 4 déc. 1980, p. 43.

[Anonyme], *Gérin-Lajoie contre Papartchu,* LQ, nº 26, été 1982, p. 59–60.

Pierre Cantin, *François-Marie Gérin-Lajoie et le Thème de l'incommunicabilité,* Dr, 72ᵉ année, nº 255, 26 janv. 1985, p. 36.

PAPINEAU, LOUIS-JOSEPH (1786–1871). Orateur, épistolier et homme politique, né à Montréal. Il étudie au Collège de Montréal, puis au Séminaire de Québec de 1798 à 1804. Pendant ses deux années de philosophie, le jeune Papineau lit avec passion les livres d'histoire et les récits de voyage qu'il trouve à la Bibliothèque de Québec et dans la riche bibliothèque de son père, notaire, membre de l'Assemblée législative, un des chefs de file du parti canadien. Il fait sa cléricature chez son cousin Denis-Benjamin Viger et est admis à la pratique du droit en 1810. Il participe à la guerre de 1812 en qualité de capitaine. Revenu à Montréal, il acquiert, en 1814, la maison de son père, rue Bonsecours, et, en 1817, la Seigneurie de la Petite-Nation (Montebello). En 1818, il épouse Julie Bruneau, fille de Pierre Bruneau, marchand et député de Québec. Dès sa jeunesse, il s'intéresse à la politique active. Il se fait élire député de Kent à l'été de 1808 et, le 29 janvier 1809, date de l'ouverture du cinquième parlement, il commence une carrière politique qui durera près d'un demi-siècle : député de Kent (1809–1814) et de Montréal-Ouest (1814–1838) à l'Assemblée législative du Bas-Canada ; député de Saint-Maurice (1848–1851) et des Deux-Montagnes (1852–1854) à l'Assemblée législative du Canada-Uni. Nommé président (« orateur ») de l'Assemblée en janvier 1815, il

occupera ce poste jusqu'en 1838, date de la suspension de la constitution. Appelé au Conseil exécutif en 1820, il n'y siège qu'en 1823 et n'assiste qu'à cinq réunions, convaincu de ne pas pouvoir y jouer un rôle efficace. En 1823, il part pour l'Angleterre en compagnie de John Neilson, pour présenter au gouvernement britannique les pétitions contre le projet d'union du Haut-Canada et du Bas-Canada. En 1827, le parti canadien devient le parti patriote dont le porte-parole est *La Minerve,* journal dirigé par Ludger Duvernay. À cause de son radicalisme et de ses discours enflammés, Papineau éloigne du parti patriote quelques-uns de ses fidèles tels Charles Mondelet en 1832 et John Neilson en 1833. L'année suivante, les 92 résolutions présentées à l'Assemblée divisent encore davantage les députés. La rupture entre le gouvernement et les Patriotes amène le mouvement insurrectionnel de 1837. Hésitant, Papineau s'enfuit aux États-Unis, puis il passe en France où il demeurera jusqu'en 1845. Il rentre au pays après huit ans d'exil à la suite d'une amnistie décrétée par le gouvernement. Il sera encore député pendant six ans (1848–1854), fidèle à ses idées d'autrefois mais ne jouant plus qu'un rôle secondaire. Toujours farouchement opposé à l'Union, il entrevoit la possibilité d'une annexion aux États-Unis. Anticlérical et résolument libéral, il est pourtant fortement attaché au système seigneurial. Révolutionnaire à plusieurs égards, il reconnaît cependant l'importance des institutions britanniques tel le parlementarisme. Malgré son nationalisme sincère, il reste dans sa pensée des incohérences et des ambiguïtés. Après une série d'altercations avec Hippolyte LaFontaine et Wolfred Nelson au sujet de sa fuite en 1837, Papineau renonce à la politique active et se retire à son manoir de Montebello où il vit paisiblement dans sa vaste et pittoresque seigneurie, jusqu'à sa mort survenue en 1871. Il reste de lui l'image d'un personnage engagé, le plus dynamique de son époque. Pendant une cinquantaine d'années, il a participé à tous les mouvements d'idées qui avaient cours au Bas-Canada. Les journaux de l'époque contiennent de nombreuses interventions de Papineau. Sa correspondance, en majeure partie inédite, conservée aux archives de Québec, de Montréal et d'Ottawa, révèle un épistolier important. Partout dans ses écrits — manuscrits, brochures, manifestes, articles de journaux — Papineau discute de la situation du Québec. Souvent contesté, il demeure l'homme clef dont l'esprit a fortement marqué la pensée politique québécoise de la première moitié du XIXᵉ siècle. Fernand Ouellet écrit à ce sujet : « S'il eut tendance à présenter son action sous le signe du désintéressement le plus absolu, du patriotisme le plus pur et de l'obéissance rigide à des principes sacrés, il n'était pas moins enclin à donner l'image du grand libéral démocrate en lutte contre l'obscurantisme, la corruption et l'oppression de colonisateurs réactionnaires et avides de s'enrichir. C'est pour cette cause qu'il aurait volontairement accepté de sacrifier sa tranquilité et son bonheur ».

ŒUVRES

Compte par recette et dépense, pour l'ouverture du chemin de communication, entre le faux-bourg Ste. Marie, et la côte de la Visitation, Montréal, Imprimé par Joseph Victor Delorme, 1817, 21 p.

Letter from J.L. [sic] Papineau and J. Neilson, Esqs. addressed to His Majesty's under secretary of state on the subject of the proposed union of the provinces of Upper and Lower Canada, London, Printed by W. Clowes, Northumberland-Court, 1824, 81 p.

Motions que Mr Papineau se propose [...] en amendement à la motion de Mr Taschereau pour « Qu'une aide soit accordée à Sa Majesté », [s.l., s.é.], 1824, [portefeuille].

Adresse à tous les électeurs du Bas-Canada par un loyal Canadien, Montréal, De l'imprimerie du Spectateur canadien, 1827, 27 p. ; Réédition-Québec, 1968. (Édition en fac-similé de l'édition de 1827).

Speech of Louis J. Papineau Esqr. On the Hustings, at the Opening of the Election for the West Ward of the City of Montreal, on the 11th of August, 1827, and his Reply to Peter McGill, Esqr. to which are added the Speech of His Excellency the Earl of Dalhousie, Governor in Chief &c., &c., &c. to the House of Assembly on Proroguing the Provincial Parliament, 7th March, 1827, and the Address of Certain Members to their Constituents in consequence of that speech, &c., Montreal, Printed by Ludger Duvernay at the Office of the Canadian Spectator, 1827, 48 p. Préface du traducteur.

Address of the Hon. L.J. Papineau to the Electors of the West Ward of Montreal, Montreal, Fabre, Perreault & Co., 1834, 17 p.

Address to the House of Commons, London, 1st of March 1834, [s.l., s.é.], 1834, 14 p.

Aux honorables chevaliers, citoyens et bourgeois, les Communes du Royaume-Uni de la Grande-Bretagne et d'Irlande, assemblés en Parlement, Québec, [s.é.], 1834, 14 p.

[*Les Quatre-vingt-douze résolutions proposées à la Chambre par Bédard, vendredi, 21 février 1834 : suivies d'une discussion sur l'« État de la province », et d'une pétition « Aux honorables chevaliers, citoyens et bourgeois, les Communes du Royaume-Uni de la Grande Bretagne et d'Irlande assemblées en parlement »*], [Québec ?, s.é., 1834 ?], 24, [42], 14 p. (Signée L.-J. Papineau, samedi, 1 mars 1834).

Procédés de l'assemblée des électeurs [*suivi de*] *Discours de L'Honorable L.-J. Papineau, prononcé à l'Assemblée*

du Comté de Montréal, tenue à Saint-Laurent le 15 mai 1837, Montréal, Imprimé par ordre du Comité central et permanent du Comté de Montréal, 1837, 20 p.

Histoire de l'insurrection du Canada par L.-J. Papineau, orateur de la ci-devant Chambre d'Assemblée du Bas-Canada en réfutation du rapport de Lord Durham. Première partie, Burlington, Vt., Publiée par Ludger Duvernay, à l'imprimerie du Patriote canadien, 1839, 35 p. ; Montréal, Éditions d'Orphée, 1963, 74 p. ; 1968, 70 p. ; [Montréal], Leméac, 1968, 104 p. Introduction par Hubert Aquin ; Montréal, Réédition-Québec, 1968, 35 p. (Édition en fac-similé de l'édition de 1839).

Adresse aux électeurs des comtés de Huntingdon et de St-Maurice, Montréal, [s.é.], 1847, 1 p.

Adresse de l'Honorable Louis-Joseph Papineau aux électeurs de la cité de Montréal, Montréal, [s.é.], 1851, 2 p. (Adresse du 24 nov. 1851).

Discours de l'Hon. Louis-Joseph Papineau à l'occasion du 23e anniversaire de la fondation de l'Institut canadien, 17 décembre 1867, Montréal, Le Pays, 1868, 20 p.

Papineau. Extraits de sa correspondance intime, Montréal, Gebhardt-Berthiaume, 1891, 25 p. Publié par A.-D. DeCelles.

Catalogues of books. Being the Complete Library of Late Hon. L.J. Papineau. To Be Sold Without Reserve by Order of the Heirs at Public Auction, Commencing Saturday 4th March 1922 and Monday 6 March, Montréal, Fraser Bros., 1922, [n.p., 48 p.].

La Tête à Papineau, Montréal, Éditions Jean Lebel, 1958, 24 p.

Textes, Québec, PUL, 1959, 103 p. Ill. Choisis et présentés par Fernand Ouellet ; 1970.

Lettres de Louis-Joseph Papineau à Louis Guy (1823), BRH, vol. 34, n° 2, 1928, p. 81–104.

Lettre à Sir James McKentosh (1828), BRH, vol. 34, n° 4, 1928, p. 236–241.

Lettres à Robert Christie (1854–1856), BRH, vol. 34, nos 5–6, 1928, p. 296–317, 347–377.

Lettre à Hector-S. Huot (1835), BRH, vol. 38, n° 5, 1932, p. 282–293.

Lettre à John Neilson (1828), BRH, vol. 38, n° 7, 1932, p. 440–442.

Lettre à John Neilson (1825), BRH, vol. 38, n° 9, 1932, p. 574–576.

Lettre à J.-J. Girouard (1855), RHAF, vol. 6, n° 4, 1953, p. 564–570.

Lettres à sa femme (1820–1862), dans *Rapport de l'archiviste de la Province de Québec,* 1953–1955, p. 187–442.

Lettres à Pierre Margry (1852–1853), RHAF, vol. 14, n° 3, 1960, p. 441–450 ; aussi dans *Lettres à Pierre Margry de 1844 à 1886,* présentées par Ls. P. Cormier, Québec, PUL, 1968, p. 1–11.

Lettre au ministre de la Marine (1843), RHAF, vol. 17, n° 4, 1964, p. 565–568.

[*Diverses lettres de Papineau et à Papineau*], dans Ruth L. White, *Louis-Joseph Papineau et Lamennais. Le Chef des Patriotes canadiens à Paris, 1839–1845. Avec correspondance et documents inédits,* Montréal, Hurtubise HMH, 1983, 643 p.

ÉTUDES

[Clément Charles Sabrevois de Bleury], *Réfutation de l'écrit de Louis-Joseph Papineau, ex-orateur de la Chambre d'Assemblée du Bas-Canada, intitulé Histoire de l'insurrection du Canada,* Montréal, Imprimerie de John Lovell, 1839, 136 p.

L.-A. Dessaulles, *Papineau et Neilson; blanc et noir... Et la lumière fut faite,* Montréal, Des Presses de l'Avenir, 1848, 83 p.

[*Résumé impartial de la discussion Papineau-Neilson, sur les événements de Saint-Denis en 1837*], Montréal, [s.é.], 1848, 16 p.

L.-O. David, *Les Deux Papineau,* Montréal, E. Senécal & Fils, 1896, 120 p.

Alfred-D. DeCelles, *Papineau 1786-1871,* Montréal, Beauchemin, 1905, ii, 243 p.

Éva Circé-Côté, *Papineau, son influence sur la pensée canadienne. Essai de psychologie historique,* Montréal, Regnault, 1924, vii, 252 p.

Norah Story, *Papineau in exile,* CHR, vol. 10, n° 1, 1929, p. 43-52.

Documents sur la famille Papineau, BRH, vol. 39, n° 7, 1933, p. 391-413.

Robert Rumilly, *Papineau,* Paris, Flammarion, 1934, 309 p.; Montréal, Valiquette, 1944, 281 p.

Lionel Groulx, *Les Idées religieuses de Louis-Joseph Papineau,* dans *Notre maître le passé,* 2e série, Montréal, 1936, p. 167-212.

Montarville Boucher de la Bruère, *Louis-Joseph Papineau de Saint-Denis à Paris,* CD, vol. 5, 1940, p. 79-106.

Lionel Groulx, *L'Évolution de Papineau sous l'union,* dans *Notre maître le passé,* 3e série, Montréal, 1944, p. 245-253.

Bibliographie — Louis-Joseph Papineau 1786-1871, RHAF, vol. 1, n° 1, 1947, p. 148-151.

Jean Bruchési, *Lettres d'un exilé (Papineau 1837-1839),* CD, vol. 16, 1951, p. 63-82.

Lionel Groulx, *Papineau et le Péril irlandais 1848,* RHAF, vol. 4, n° 1, 1951, p. 512-520.

Bernard Dufebvre, *Un pamphlet et sa réfutation, Louis-Joseph Papineau et Sabrevois de Bleury,* RUL, vol. 8, n° 9, 1954, p. 820-828.

Jean-Jacques Lefebvre, *La Vie sociale du grand Papineau,* RHAF, vol. 11, n° 4, 1958, p. 463-516.

Fernand Ouellet, *Le Destin de Julie Bruneau-Papineau (1796-1862),* BRH, vol. 64, n° 12, 1958, p. 7-63.

Id., Papineau et la Révolution de 1837-1838, CHAR, 1958, p. 13-34.

Id., Papineau et la Rivalité Québec-Montréal (1820-1840), RHAF, vol. 13, n° 3, 1960, p. 311-327.

Id., Louis-Joseph Papineau : un être divisé, Ottawa, Canadian Historical Association, 1961, 24 p.

Lilian F. Gates, *A Canadian Rebel's Appeal to George Bancroft,* dans *New England Quaterly,* vol. 41, n° 1, 1968, p. 96-104.

Claude Thibault, *Papineau, Durham and the United States, 1838,* dans *Revue du Centre d'études du Québec,* n° 2, 1968, p. 2-12.

Roger Le Moine, *Un seigneur éclairé, Louis-Joseph Papineau,* RHAF, vol. 25, n° 3, 1971, p. 309-336.

Id., Le Manoir de Monte-Bello, dans *Asticou,* n° 9, 1972, p. 2-12.

Fernand Ouellet, *Louis-Joseph Papineau,* DBC, t. 10, 1972, p. 619-632.

Jean Éthier-Blais, *Le « Papineau » de Robert Rumilly,* Dev, vol. 69, n° 47, 25 févr. 1978, p. 37 ; n° 53, 4 mars 1978, p. 37.

Willie Chevalier, *Une grande étude historique sur Papineau,* Dev, vol. 70, n° 209, 8 sept. 1979, p. 5.

Dominique Clift, *Louis-Joseph Papineau et l'Idée d'indépendance,* Dev, vol. 71, n° 103, 8 mai 1980, p. 7.

Martial Dassylva, *À Saint-Eustache. Un petit « son et lumière » sur les patriotes,* Pr, 99e année, n° 169, 23 juillet 1983, p. C-4.

Yvan Lamonde, *Papineau en exil,* Dev, vol. 74, n° 286, 10 déc. 1983, p. 25.

Ruth L. White, *Louis-Joseph Papineau et Lamennais. Le chef des Patriotes canadiens à Paris, 1839-1845 avec correspondance et documents inédits,* Montréal, Hurtubise HMH, 1983, 643 p.

PAQUET, BENJAMIN (1832-1900). Essayiste, théologien, né à Saint-Nicolas (Lévis). Il fait ses études au Séminaire de Québec et est ordonné prêtre en 1857. Vicaire à la Cathédrale de Québec de 1857 à 1862, il est nommé professeur au Séminaire de Québec en 1862. L'année suivante, l'Université Laval l'envoie étudier à Rome. Revenu au pays en 1866, il occupe successivement les fonctions de professeur, de procureur et de recteur de l'Université Laval dont il défend les intérêts contre les attaques des ultramontains et des Montréalais. Il fait plusieurs séjours à Rome, notamment de 1873 à 1878, en 1886 et de 1888 à 1889. Il doit démissionner comme recteur en 1893, à la suite d'accusations de tentative de corruption des milieux ecclésiastiques romains. En 1872, il publie un essai remarqué sur le libéralisme, extrait d'un cours public, donné à l'Université, intitulé « Du droit naturel et du droit des gens ». Si l'abbé Paquet évite toute allusion à la situation socio-politique au Québec, il est néanmoins dénoncé par Alexis Pelletier dans *Le Nouveau Monde,* critiques publiées aussi dans une brochure. Cependant, la revue jésuite, *La Civilta Cattolica* (Rome) présente l'essai de l'abbé Paquet comme « le plus fidèle écho des doctrines romaines ». En 1877, une édition revue et corrigée de son essai est même imprimée à Rome. Cette étude eut une influence considérable.

ŒUVRES

Souvenir consacré à la mémoire vénérée de Mgr P.F. Turgeon, archevêque de Québec et premier visiteur de l'Université Laval, Québec, L. Brousseau, 1867, 47 p. Portrait.

Discours prononcé à la cathédrale de Québec, le 10 avril 1869, cinquantième anniversaire de la prêtrise de Pie IX, Québec, Delisle, 1869, 25 p.

Monseigneur Baillargeon, sa vie, son oraison funèbre, prononcée à la cathédrale, son éloge dans les églises du Québec et ses funérailles, Québec, A. Côté et Cie, 1870, 93 p.

Le Libéralisme ; leçons données à l'Université Laval, Québec, Le Canadien, 1872, 103 p. ; Rome, Imprimerie Polyglotte de la S.C. de la propagande, 1877, 190 p. (Édition revue, corrigée et augmentée).

Police ! Police ! à l'école, les enfants !, Montréal, [s.é., 187–?].

Lettre à Son Em. le card. Taschereau, et aux archevêques et évêques qui composent le Conseil supérieur de l'Université Laval, Québec, 28 février 1891, [Québec, s.é., 1891], 14 p.

Quelques Lettres de Mgr B. Paquet, recteur de l'Université Laval, suivies de quelques remarques par l'abbé J.-B. Proulx, vice-recteur de l'Université Laval à Montréal, Montréal, C.O. Beauchemin, 1891, 45 p.

ÉTUDES

A. de F. [Alexis Pelletier], *Quelques Observations critiques sur l'ouvrage de M. l'abbé B. Paquet intitulé :* « *Le Libéralisme* », Montréal, « Le Nouveau Monde », 1872, 21 p.

J.-C.-K. Laflamme, *Monseigneur Benjamin Paquet,* dans *Annuaire de l'Université Laval pour l'année académique 1900–1901,* Québec, 1900, p. 513–163.

Pierre Savard, *Le Journal de l'abbé Benjamin Paquet, étudiant à Rome, 1863–1866,* C, vol. 26, 1965, p. 64–83.

PAQUET, GILLES (1936–   ). Économiste et historien, né à Québec. Après des études au Séminaire de Québec, il prépare une licence à la Faculté des sciences sociales de l'Université Laval. Se spécialisant en sciences économiques, il fait des recherches en collaboration avec Albert Faucher sur l'émigration canadienne aux États-Unis. Professeur à l'Université Carleton (Ottawa) à partir de 1964, il est tour à tour directeur du Département d'économique et doyen des études supérieures et de la recherche (1974–1981). En 1981, il est nommé doyen de la Faculté d'administration de l'Université d'Ottawa. Membre de plusieurs associations d'économistes et de la Société royale du Canada, consultant auprès des gouvernements du Canada et du Québec, il entreprend en 1967, avec Jean-Pierre Wallot, de vastes recherches sur l'histoire économique du Québec au tournant du XIXe siècle. Cet effort aboutit à la publication de plusieurs études dont *Patronage et Pouvoir dans le Bas-Canada (1794–1812),* en 1973. Spécialiste d'histoire économique et urbaine, Gilles Paquet participe avec succès aux groupes de recherche et anime des émissions radiophoniques consacrées aux problèmes économiques.

ŒUVRES

Urban Studies. A Canadian Perspective, Toronto, Methuen, 1968, ix, 290 p. Ill. Éditeur. Collab. M.H. Lithwick.

Canada 1760–1850 : anamorphoses et prospective, Montréal, PUQ, 1969, 48 p. Collab. Jean-Pierre Wallot. « CUQ ». (Paru aussi dans *Économie québécoise,* Montréal, PUQ, 1969, p. 255–300.

Social Science Research as an Evaluative Instrument for Social Policy, Ottawa, Carleton University, Department of Economics, 1971, 1, vl.

The Multinational Firm and the Nation State, [Toronto/New York], Collier-MacMillan, 1972, x, 182 p. Éditeur.

Patronage et Pouvoir dans le Bas-Canada (1794–1812). Un essai d'économie historique, Montréal, PUQ, 1973, xii, 182 p. Collab. Jean-Pierre Wallot. Ill.

A Statement on Consumers and Marketing Boards, [Ottawa, s.é.], 1974, 17 p.

L'Émigration des Canadiens français vers les États-Unis 1790–1940 : problématique et coups de sonde, Ottawa, Université d'Ottawa, Faculté d'administration/University of Ottawa, Faculty of Administration, [1982], 61 p. Collab. Wayne R. Smith. (Texte polycopié).

Guide général pour le nettoyage des cours d'eau, [Québec], Loisir, Chasse et Pêche, Direction générale de la faune, Service des études écologiques, 1983, 36 p. Ill.

Les Mutations de notre économie-monde : des révolutions sans miracles, Ottawa, Université d'Ottawa, Faculté d'administration/University of Ottawa, Faculty of Administration, [1983], 33 p. (Texte polycopié).

Nouvelle-France/Québec/Canadas : A World of Limited Identities, Ottawa, Université d'Ottawa, Faculté d'administration/University of Ottawa, Faculty of Administration, [1983], 73 p. Collab. Jean-Pierre Wallot. (Texte polycopié).

Structures sociales et Niveaux de richesse dans les campagnes du Québec : 1792–1812, Ottawa, Université d'Ottawa, Faculté d'administration/University of Ottawa, Faculty of Administration, [1983], 39 p. Collab. Jean-Pierre Wallot. (Texte polycopié).

Le Système financier bas-canadien au tournant du XIXe siècle, Ottawa, Université d'Ottawa, Faculté d'administration/University of Ottawa, Faculty of Administration, [1983], 54, 36 p. Collab. Jean-Pierre Wallot. (Texte polycopié).

The Optimal Amount of Coercion is not Zero, Ottawa, Université d'Ottawa, Faculté d'administration/University of Ottawa, Faculty of Administration, [1984], 34, 8 p. (Texte polycopié).

La Qualité des services en l'absence de marchés, Ottawa, Université d'Ottawa, Faculté d'administration/University of Ottawa, Faculty of Administration, [1984], 11 p. (Texte polycopié).

La Révolution tranquilisante : bilan économique d'une dépendance, Ottawa, Université d'Ottawa, Faculté d'administration/University of Ottawa, Faculty of Administration, [1984], 14 p. (Texte polycopié).

A Blueprint for Change in the Federal Public Service, Ottawa, Université d'Ottawa, Faculté d'administration/University of Ottawa, Faculty of Administration, [1985], 33 p. (Texte polycopié).

À propos de l'habitant québécois : le chromo versus le modèle, Ottawa, Université d'Ottawa, Faculté d'administration/University of Ottawa, Faculty of Administration, [1985], 15 p. Collab. Jean-Pierre Wallot. (Texte polycopié).

Entrepreneurship et Université : le combat de carnaval et carême, Ottawa, Université d'Ottawa, Faculté d'administration/University of Ottawa, Faculty of Administration, [1985], 29 p. (Texte polycopié).

The Marksmanship of Research Grants Programs : An Evaluative Framework, Ottawa, Université d'Ottawa, Faculté d'administration/University of Ottawa, Faculty of Administration, [1985], 40, 5 p. Collab. John H. Taylor. (Texte polycopié).

Requiem pour la normalisation, Ottawa, Université d'Ottawa, Faculté d'administration/University of Ottawa, Faculty of Administration, [1985], 24, 4 p. (Texte polycopié).

Stratégie foncière de l'habitant : Québec, 1790-1835, Ottawa, Université d'Ottawa, Faculté d'administration/University of Ottawa, Faculty of Administration, [1985], 38 p. Ill. Collab. Jean-Pierre Wallot. (Texte polycopié).

Administration : Unity and Diversity/L'Administration : unité et diversité, Ottawa, EUO, 1986, 353 p. Ill. Éditeur avec Benoît Bazoge.

Entrepreneurship canadien-français : mythes et réalités, Ottawa, Université d'Ottawa, Faculté d'administration/University of Ottawa, Faculty of Administration, [1986], 33, 19 p. (Texte polycopié).

L'Éthique dans la formation en administration, Ottawa, University d'Ottawa, Faculté d'administration/University of Ottawa, Faculty of Administration, [1986], 29 p. Collab. Michel Cloutier. (Texte polycopié).

Le Fruit dont l'ombre est la saveur : réflexions aventureuses sur la pensée économique au Québec (1960-1984), Ottawa, Université d'Ottawa, Faculté d'administration/University of Ottawa, Faculty of Administration, [1986], 48, 21 p. (Texte polycopié).

Le Goût de l'improbable : à propos d'une stratégie de sortie de crise pour les sciences humaines, Ottawa, Université d'Ottawa, Faculté d'administration/University of Ottawa, Faculty of Administration, [1986], 50 p. (Texte polycopié).

Une spectrographie des genres de vie dans la société rurale bas-canadienne (1792-1835), Ottawa, Université d'Ottawa, Faculté d'administration/University of Ottawa, Faculty of Administration, [1986], 15, 5 p. Collab. Jean-Pierre-Wallot. (Texte polycopié).

Two Tramps in Mud Time : Social Sciences and Humanities in Modern Society, Ottawa, Université d'Ottawa, Faculté d'administration/University of Ottawa, Faculty of Administration, [1986], 42, 13 p. (Texte polycopié).

Elegant but not Helpful to Navigation : Social Science Research and the Free Trade Debate, Ottawa, Université d'Ottawa, Faculté d'administration/University of Ottawa, Faculty of Administration, [1987], 28, 12 p. (Texte polycopié).

Lobbying as Amphiboly : A Canadian Perspective, Ottawa, Université d'Ottawa, Faculté d'administration/University of Ottawa, Faculty of Administration, [1987], 24 p. Collab. Clinton Archibald. (Texte polycopié).

L'Émigration des Canadiens français vers la Nouvelle-Angleterre, 1870-1910 : prises de vue quantitatives, RS, vol. 5, nº 3, 1964, p. 319-369.

L'Émigration des Canadiens français vers la Nouvelle-Angleterre, RHAF, vol. 20, nº 2, 1966, p. 292-303.

Syndicalisme et Classes moyennes, dans *Le Médecin du Québec*, nº 3, mars 1968, p. 87-98.

Regional Development and Planning in Canada : An Exploratory Essay, dans *Canadian Public Administration*, vol. 11, 1968, p. 123-162. Collab. T.N. Brewis.

Aperçu sur le commerce international et les prix domestiques dans le Bas-Canada (1793-1812), RHAF, vol. 21, nº 2, 1968, p. 447-473. Collab. Jean-Pierre Wallot.

Le Bas-Canada au début du XIXᵉ siècle : une hypothèse, RHAF, vol. 25, nº 1, 1971, p. 39-61. Collab. Jean-Pierre Wallot.

Crise agricole et Tensions socio-ethniques dans le Bas-Canada, 1802-1812 : éléments de réinterprétation, RHAF, vol. 26, nº 2, 1972, p. 185-237 ; vol. 27, nº 1, 1973, p. 79-86. Collab. Jean-Pierre Wallot.

International Circumstances of Lower Canada, 1786-1810 : Prolegomenon, dans *Canadian Historical Review*, vol. 52, nº 4, 1972, p. 371-401. Collab. Jean-Pierre Wallot.

Groupes sociaux et Pouvoir : le cas canadien au tournant du XIXᵉ siècle, RHAF, vol. 27, nº 4, 1974, p. 509-564. Collab. Jean-Pierre Wallot.

The Agricultural Crisis in Lower Canada, 1802-1812 : mise au point. A Response to T.J.A. Le Goff, dans *Canadian Historical Review*, vol. 56, nº 2, 1975, p. 133-161. Collab. Jean-Pierre Wallot.

Les Inventaires après décès à Montréal au tournant du XIXᵉ siècle : préliminaires à une analyse, RHAF, vol. 30, nº 2, 1976, p. 163-221. Collab. Jean-Pierre Wallot.

Pour une méso-histoire du XIXᵉ siècle canadien, RHAF, vol. 33, nº 3, 1979, p. 387-425. Collab. Jean-Pierre Wallot.

Sur quelques discontinuités dans l'expérience socio-économique du Québec : une hypothèse, RHAF, vol. 35, nº 3, 1982, p. 483-521. Collab. Jean-Pierre Wallot.

Le Système financier bas-canadien au tournant du XIXᵉ siècle, dans *L'Actualité économique*, vol. 59, nº 3, 1983, p. 456-513. Collab. Jean-Pierre Wallot.

Stratégie foncière de l'habitant : Québec (1790-1835), RHAF, vol. 39, nº 4, 1986, p. 551-581. Collab. Jean-Pierre Wallot.

ÉTUDES

Robert Migner, *Les Fonctions d'offre et de demande agricoles : essai critique et méthodologique*, RHAF, vol. 27, nº 1, 1973, p. 79-83. (Réponse de Gilles Paquet et Jean-Pierre Wallot, *Une critique en porte-à-faux*, p. 84-86.)

T.J.A. Le Goff, *Patronage et Pouvoir*, RHAF, vol. 27, nº 4, 1974, p. 600-603.

Id., *The Agricultural Crisis in Lower Canada, 1802–1812 : A Review of a Controversy,* dans *Canadian Historical Review,* vol. 55, nº 1, 1974, p. 1–31.

H. Neatby, *Patronage et Pouvoir,* dans *Journal of American History,* vol. 61, 1975, p. 1158.

PAQUET, LOUIS-ADOLPHE (1859–1942). Essayiste, prédicateur et théologien, né à Saint-Nicolas (Lévis). Ordonné prêtre, il est envoyé à Rome afin d'acquérir la formation nécessaire à un futur professeur d'université. Il y obtient un doctorat en théologie et un autre en philosophie, devient professeur à l'Université Laval et participe activement au renouveau du thomisme. En 1893 et 1903, il publie un commentaire de la *Somme théologique* de saint Thomas d'Aquin en six volumes. Chef de file de la pensée ecclésiastique au Québec de 1896 à 1930, il se fait remarquer par ses nombreux écrits qui bénéficient des canaux de diffusion les plus diversifiés : mandements épiscopaux, enseignement universitaire, articles dans une vingtaine de revues et journaux... Il a lui-même précisé ses intentions en parlant de ses « modestes travaux de théologie, d'apologétique, de droit social, de coopération intellectuelle et académique », insistant aussi sur les deux pôles d'attraction de son œuvre : « amour de l'Église et culte de la pensée et de la vie nationale ». Selon Yvan Lamonde, Paquet est « un homme qui chevauche le XIXᵉ et le XXᵉ siècles et qui peut personnifier ce passage des préoccupations politico-religieuses aux questions sociales ».

ŒUVRES

La Foi et la Raison en elles-mêmes et dans leurs rapports, Québec, Demers et Frères, 1890, xv, 181 p. Lettre préface d'E.-A. Taschereau.

Disputationes theologicae seu commentaria in Summam theologicam D. Thomae, Québec, Demers et Frères, 1893–1903, 6 vol. : vol. 1, *De Deo uno et trino,* 460 p. ; vol. 2, *De creatione,* 421 p. ; vol. 3, *De reparatione post lapsum per gratiam et virtutes,* 451 p. ; vol. 4, *De incarnatione verbi,* 463 p. ; vol. 5, *De sacramentis (prima pars),* 449 p. ; vol. 6, *De sacramentis (secunda pars). Cum appendice De novissimis,* 518 p. ; Rome, F. Pusht, 1905–1910 ; L'Action sociale 1919–1923.

Léon XIII. Conférence donnée le 27 février 1893 à l'Université Laval, à l'occasion des noces d'or épiscopales de Sa Sainteté, Québec, Brousseau, 1893, 38 p.

L'Intervention épiscopale dans la question scolaire, Québec, [s.é.], 1896, 7 p.

Droit public de l'Église, Québec, 4 vol. : vol. 1, *Principes généraux,* Imprimerie de l'Action sociale, 1908, 387 p. ; vol. 2, *L'Organisation religieuse et le pouvoir civil,* L'Événement, 1912, 315 p. ; vol. 3, *L'Action religieuse*

et la Loi civile, Imprimé par Laflamme et Proulx, 1915, iv, 347 p. ; vol. 4, *L'Église et l'Éducation à la lumière de l'histoire et des principes chrétiens,* L'Événement, iv, 346 p. ; Québec, J.A.K. Laflamme, 1915–1920, 4 vol.

L'Église et l'Éducation au Canada. Précis historico-juridique ; extrait de l'Église et l'Éducation par le même auteur, Québec, L'Événement, 1909, 25 p.

Études et Appréciations, Québec, Imprimerie franciscaine missionnaire, 1917–1934, 7 vol. : vol. 1, *Fragments apologétiques,* viii, 360 p. ; vol. 2, *Mélanges canadiens,* 1918, viii, 358 p. ; vol. 3, *Nouveaux Mélanges canadiens,* 1919, viii, 390 p. ; vol. 4, *Thèmes sociaux,* 1922, viii, 333 p. ; vol. 5, *Nouveaux Fragments apologétiques,* 1927, viii, 311 p. ; vol. 6, *Nouveaux Thèmes sociaux,* 1932, xiv, 327 p. ; vol. 7, *Nouveaux Fragments apologétiques,* 1934, viii, 367 p.

L'Œuvre des jeunes, Québec, A.C.J.C. Bureau du Comité régional québécois, 1917, 37 p.

Le Pape et la Guerre, Québec, Imprimerie franciscaine missionnaire, 1917, 43 p.

L'Écueil démocratique : Série d'articles qui ont paru dans l'Action catholique de Québec en décembre 1918, Québec ; Éditions de l'Action sociale catholique, 1919, 29 p.

L'Œuvre universitaire, Québec, Imprimerie de l'Action sociale, 1920, 30 p.

Sainte Anne et le Peuple canadien-français, Sainte-Anne de Beaupré, [s.é.], 1925, 24 p.

Bréviaire du patriote canadien-français, Montréal, L'Action française, 1925, 59 p. Texte préparé par Émile Chartier.

Cours d'éloquence sacrée, Québec, Imprimerie franciscaine missionnaire, 1925–1926, 2 t. : t. 1, *Principes et Préceptes,* 326 p. ; t. 2, *Genres et Modèles,* 322 p.

La Prière dans l'œuvre du salut, Québec, Imprimerie franciscaine missionnaire, 1925–1926, 2 vol. ; 1931, 209 p.

L'Apostolat laïque, Québec, Imprimerie de l'Action sociale, 1927, 20 p.

Le Culte de la vérité, Montréal, Secrétariat général de l'A.C.J.C., 1927, 23 p.

Une grande force catholique et nationale, Québec, Imprimerie de l'Action sociale, 1931, 16 p.

Au soir de la vie. Modestes pages philosophico-religieuses, Québec, Imprimerie franciscaine missionnaire, 1938, 307 p.

Les Carrières, I. Le Sacerdoce..., Montréal, L'Action paroissiale, 1941, 16 p.

Louis-Adolphe Paquet, Montréal, Fides, 1972, 87 p. « CC ». Textes choisis et présentés par Yvan Lamonde.

ÉTUDES

Les Noces d'or sacerdotales de Mgr Louis-Adolphe Paquet, Québec, L'Action catholique, 1933, 330 p.

Philippe Perrier, *L'Apostolat intellectuel de Mgr Paquet,* CF, vol. 20, nº 6, 1933, p. 489–496.

Cyrille Gagnon, *Mgr Louis-Adolphe Paquet,* Québec, Imprimerie franciscaine missionnaire, 1942, 25 p. ; aussi dans *Actes de l'Académie canadienne St-Thomas d'Aquin,* 12ᵉ session, 1945, p. 11–33.

Louise Bender, « Bibliographie de Mgr Louis Paquet ». Mémoire, Montréal, École de bibliothécaires de l'Université de Montréal, 1943, vii, 32 f.

Robert J. Sargent, « The Thought of Mgr L.-A. Paquet as a Spokesman for French-Canadian Ultramontanism ». Thèse de doctorat, New York, Union Theological Seminary, 1968, vii, 405 p.

Yvan Lamonde, *Un almanach idéologique des années 1900-1929 ; l'œuvre de Mgr L.-A. Paquet, théologien nationaliste,* dans *Les Idéologies au Québec, 1900-1929,* Québec, PUL, 1973, p. 251-265. Ouvrage préparé sous la direction de Fernand Dumont.

Michèle Jean, *Le Placotage des femmes à travers l'histoire,* Dev, vol. 69, n° 268, 18 nov. 1978, p. 19.

PAQUET, YVON-LOUIS (1941–   ). Naturaliste et chroniqueur de plein air, né à Montréal. Il fait ses études secondaires au Collège de Longueuil et au Collège Notre-Dame de Montréal (1952-1956). De 1961 à 1964 il fait partie de la marine canadienne. Il devient surveillant dans les pénitenciers fédéraux (1965-1966), mécanicien dans un hôpital de Sainte-Agathe (1967-1968), puis il retourne aux études au Cégep de Cap-Rouge (D.E.C., 1973). Il travaille en bio-énergie avec un thérapeute. Passionné des sports de plein air, il commence en 1974 à rédiger des chroniques qu'il publie dans une bonne dizaine de périodiques, tels *Québec Chasse et Pêche, Almanach de Kuyper, Sentier, Pêcheur et Chasseur québécois, Panache.* En outre, il fait paraître des enregistrements de ses textes : *Comment parler au gibier.* Ses travaux lui ont acquis une réputation enviable et sont à l'origine d'ouvrages importants : *Pleins Feux sur la corneille* (1978) et *Le Guide de chasse à la sauvagine* (1980). Selon Jacques Thériault, « cet homme écrit bien, dans un style qui pourrait bien un jour donner naissance à des pages invitantes de fiction romanesque ».

ŒUVRES

Pleins Feux sur la corneille (guide de chasse), [Montréal], Leméac, 1978, 188 p. Ill. de Marie Archambault. Carte. Préface de Gilles Richard et Dick Mermon. « Physique et Loisir ».

Le Guide de chasse à la sauvagine (guide), [Montréal], J. Frenette, 1980, 384 p. Ill. de Marie Archambault. Préface de Jean Pagé et Robert Dion.

Chasse au petit gibier des champs et des bois, Montréal, Éditions de l'Homme, 1985, 446 p. Ill.

DISCOGRAPHIE

Comment parler au gibier : la corneille, Montréal, Éditions Presqu'Île, 1977, Cassette Stéréo PP5-7510.

Comment parler au gibier, Montréal, Éditions Presqu'Île, 1977, 33⅓ tours.

Comment parler au gibier : le canard de marais, Montréal, Éditions Presqu'Île, 1978, PE-20, P-788-14, 33⅓ tours.

ÉTUDES

Jean Pagé, *Canne et fusil,* Pr, n° 300, 18 déc. 1980, p. D-5.

Jacques Thériault, *Sauvagine chérie,* dans *Le Livre d'ici,* vol. 6, n° 24, 18 mars 1981, p. 2.

PAQUETTE, JEAN-MARCEL [Jean Marcel] (1941–   ). Essayiste, critique littéraire et poète, né à Montréal. Il obtient une maîtrise ès arts de l'Université McGill (1964) pour une thèse, « Analyse et Étude littéraire d'Henri de Bordeaux », puis un doctorat en littérature médiévale à l'Université de Poitiers, en soutenant une thèse sur Garin de Manglane (1968). À partir de cette date, il est professeur à l'Université Laval. Il est aussi professeur invité à l'Université de Caen, à l'Université de Wroclaw (Pologne) et à l'Université d'Augsburg (Allemagne). Dès le début de sa carrière littéraire, il fait paraître des poèmes dans *Écrits du Canada français,* dans *Passe-Partout* et aux Éditions de la Revue moderne (Paris). Très tôt, ses critiques perspicaces sont remarquées tant dans l'*Action nationale* que dans *Le Devoir* et, à son retour de Paris, il publie de nombreux articles sur la littérature médiévale dans *L'Information médicale et paramédicale.* Mais c'est son livre sur Jacques Ferron, entrepris en 1966 et publié en 1970, qui le classe parmi les critiques de qualité. Profondément engagé dans les débats linguistiques, il livre ses pensées dans *Le Joual de Troie,* entièrement consacré au français au Québec. Pendant quelque temps, Jean-Marcel Paquette assume la chronique socio-linguistique dans *Le Jour* et reçoit le prix France-Québec en 1974. Critique attentif aux problèmes du Québec contemporain, il s'abreuve aux sources de la culture générale, comme le remarque Réjean Robidoux, à la lecture de son *Jacques Ferron :* « Le livre, si bref soit-il, accomplit parfaitement son dessein : rattacher un grand écrivain d'ici à une tradition universelle et, dans l'exploration d'une esthétique, définir les modalités d'un enracinement ». De son côté, Lise Gauvin, en commentant *Le Joual de Troie,* dégage un autre trait caractéristique chez Paquette : « Essayiste passionné, l'auteur est aussi un tacticien et un érudit qui sait aller chercher l'adversaire sur son terrain, le prendre au piège de ses contradictions pour ensuite l'abandonner à ses incohérences et exposer sa propre thèse ». En 1979 et 1981, il publie deux traductions remarquables : *Le Chant de Gilgamesh* et *La Chanson de Roland*. À propos de cette dernière, Madeleine Ouellette-Michalska écrit : « L'excellence de la traduction, en fait un ouvrage remarquable ».

ŒUVRES

Rina Lasnier (essai), Montréal, Fides, 1965, 96 p. « CC ».

Jacques Ferron malgré lui (essai), Montréal, Éditions du Jour, 1970, 221 p.

Le Joual de Troie (essai), Montréal, Éditions du Jour, 1973, 236 p.

Le Chant de Gilgamesh. Récit sumérien, Montréal, VLB éditeur, 1979, 98 p. Ill. de Maureen Maxwell. « Traduction et Adaptation ».

Poèmes de la mort de Turold à Villon, Paris, Union générale d'Édition, 1979, 272 p. Choisis, traduits et présentés par Jean-Marcel Paquette. « 10/18. Bibliothèque médiévale ».

Le Québec par ses textes littéraires (1534-1976), Montréal, France-Québec, 1979, 387 p. Éditeur avec Michel Le Bel. Ill.

La Chanson de Roland. Version moderne en prose, Montréal, VLB éditeur, 1980, 118 p. Sous le nom de Jean Marcel. Ill.

L'Étoile noire (poésie), ECF, n° 17, févr. 1964, p. 159-169.

Trois chants esquimaux (poésie), dans *Passe-Partout,* vol. 1, n° 2, févr. 1965, p. 6-7.

Les Forces provisoires de l'intelligence, LAC 1965, p. 23-32.

Notre roman et « sa » société, Dev, vol. 58, n° 130, 3 juin 1967, p. 14-16.

Écriture et Histoire. Essai d'interprétation du corpus littéraire québécois, EF, vol. 10, n° 4, nov. 1974, p. 343-357.

Jacques Ferron ou Le Drame de la théâtralité, dans *Le Théâtre canadien-français,* Montréal, Fides, 1976, p. 581-596. « ALC » 5.

De l'essai dans le récit au récit dans l'essai chez Jacques Ferron, dans *L'Essai et la Prose d'idées au Québec,* Montréal, Fides, 1976, p. 621-642. « ALC » 6.

ÉTUDES

Jacques Brault, *Une poésie du risque,* CuV, vol. 1, n° 1, janv.-mars 1966, p. 41-45.

[Anonyme], *Subventions accordées,* CuV, n° 11, déc. 1968, p. 46.

Réjean Robidoux, *Jacques Ferron malgré lui,* LAQ 1970, p. 157.

Lise Gauvin, *Le Joual de Troie,* LAQ 1973, p. 238-240.

Pierre Simoneau, *Jean Marcel. Jacques Ferron malgré lui,* LAQ 1978, p. 232-234.

R.M., *Leur histoire et la nôtre,* Pr, 95ᵉ année, n° 222, 22 sept. 1979, p. C-3.

Gabriel-Pierre Ouellette, *Jean Marcel. Gilgamesh (Traduction et adaptation),* LAQ 1979, p. 63-64.

Maurice Lebel, *Le Québec par ses textes littéraires (1534-1976). Une bonne initiation à la littérature québécoise,* Dr, 57ᵉ année, n° 236, 5 janv. 1980, p. 16.

Jean-Guy Nadeau, *Jean Marcel, traducteur. La Chanson de Roland,* LAQ 1980, p. 118-119.

Madeleine Ouellette-Michalska, *Plaisirs redoublés. Belles éditions et rééditions,* Dev, vol. 72, n° 19. 24 janv. 1981, p. 21.

Réal Ouellet, *Traduction ou Création. En marge de deux livres de Jean Marcel : Le Chant de Gilgamesh. La Chanson de Roland,* LQ, n° 23, automne 1981, p. 60-61.

PAQUIN, JEAN-GUY (1947-   ). Poète, né à Hull. Il étudie à l'École Saint-Jean-Baptiste et au Cégep de Hull (D.E.C., 1969), puis il obtient une licence ès lettres à l'Université Laval (1972) et devient professeur de français langue seconde à la Commission de la fonction publique, à Hull. Son premier recueil de poésie, *Le Saltimbanque* (1971), attire l'attention de la critique : « Les quelques poèmes que Jean-Guy Paquin a réunis sous le titre *Le Saltimbanque,* dit Réginald Martel, reflètent deux manières bien différentes. Les premiers sont écrits sur un ton léger, que l'historiette qu'il raconte se termine bien ou mal. Les suivants sont plus graves et on à l'impression d'assister à un drame qui se noue progressivement. [...] Les mots cherchent à nier le silence qui, continuellement, sous-tend la précarité de la parole ». Le second recueil se présente « comme une lettre à la poste », écrit André Couture. *Grain de sel* (1974) est en effet une feuille pliée en trois qui contient deux poèmes et un dessin. Le poète y retrouve la formule badine qui s'apparente à du Prévert.

ŒUVRES

Le Saltimbanque (poésie), Sainte-Foy, Québec, Le Griffon/Fleury Mesplet, 1971, [n.p., 131 p.]. Ill. de Louise Deschênes. Préface de Léon Somville. « Avant-Lire ».

Grain de sel (poésie), Sainte-Foy, Québec, Les Éditions Fleury Mesplet, 1974, [n.p.]. (Tirage limité).

ÉTUDES

Reine Malouin, *Jean-Guy Paquin,* dans *Poésie,* vol. 6, printemps 1971, p. 48.

Réginald Martel, *La Saison des poètes II,* Pr, 87ᵉ année, n° 89, 17 avril 1971, p. D-3.

Id., *Poésie d'ici,* Pr, 90ᵉ année, n° 190, 10 août 1974, p. E-3.

André Couture, *Comme une lettre à la poste,* Dr, 62ᵉ année, n° 114, 10 août 1974, p. 20.

PAQUIN, JEAN-PIERRE (1952-   ). Essayiste, dramaturge, nouvelliste et poète, né à Montréal. Il fait ses études au Collège André-Grasset et au Cégep de Saint-Laurent (1965-1970), et il étudie la sexologie à l'Université du Québec à Montréal (1974). Il exerce les métiers les plus divers : cinématographe, technicien de laboratoire, serveur de restaurant, professeur suppléant, éditeur, journaliste, correcteur d'épreuves... Deux de ses pièces sont primées par le Centre d'essai des auteurs dramatiques. En 1977-1978, il rédige une chronique mensuelle, « La voix du mâle », pour la revue *Madame* à laquelle il continue de collaborer comme pigiste. Il travaille ensuite au magazine *VSD*, puis il devient directeur de production et rédacteur pour des entreprises privées. Publiés à compte d'auteur, ses ouvrages ne connaissent pas une grande diffusion. À propos du *Sein glorifié* (1975), on lit dans *Le Livre canadien* que l'auteur se fait assister « par d'illustres prédécesseurs qui ont doré et redoré à qui mieux mieux le blason de la femme, tels Valéry, Baudelaire, Apollinaire », etc.

ŒUVRES

Le Jeu suivi de Las (théâtre et nouvelles), [Sainte-Thérèse, Chez l'auteur], 1974, 109 p. Ill. Préface de Michel Tremblay.

Les Nouveaux-Nés (théâtre, nouvelles), Montréal, Chez l'auteur, 1974, 119 p. Ill. de Claude Goyette. Préface de Josette G. Léonard.

Le Sein glorifié (essai), [Ste-Thérèse de Blainville-Saint-Justin, Chez l'auteur], 1975, [n.p., 74 p.]. Ill.

Sur les chemins de l'excommunication (nouvelles et essai), [Montréal, Chez l'auteur], 1978, 148 p. Ill. de Marcel Laliberté. Préface d'André Moreau.

Les Organes de Dieu (essai), Montréal, J.-P. Paquin et Henri Desclez éditeurs, 1982, 117 p. Ill. Préface de Jacques Languirand.

ÉTUDE

[Anonyme], *Paquin (Jean-Pierre). Le Sein glorifié,* dans *Le Livre canadien,* vol. 7, nov. 1976, n° 353.

PAQUIN, UBALD [Prosper Brisebois, Alcide Matagan] (1894-1962). Romancier et journaliste, né à Montréal. Après ses études au Collège de Montréal, il se lance dans le journalisme en collaborant au *Devoir*, à *La Patrie*, au *Canada*. Il signe ensuite quelques articles sous les pseudonymes de Prosper Brisebois et d'Alcide Matagan dès la fondation de l'éphémère *Naturaliste* de Fournier et d'Asselin (dont il partage les idées). Le 12 octobre 1916, en pleine campagne « anti-conscriptionniste », il fonde son propre hebdomadaire, *La Bataille,* qui disparaît le 14 décembre de la même année. Membre du groupe « Les Constitutionnels », en 1917, il doit se réfugier en Abitibi pour éviter d'être arrêté après l'explosion d'une bombe devant la demeure de Lord Atholstan, propriétaire du *Montreal Star*. De retour à Montréal, il fournit quelques articles au *Matin*, fondé par Roger Maillet le 19 juin 1920, et met sur pied la librairie « Aux Bouquins ». Sa librairie devient le rendez-vous d'un petit cénacle d'esprits cultivés ; il y rencontre Claude-Henri Grignon et tous deux deviennent membres, le 24 novembre 1920, de l'École littéraire de Montréal. Candidat nationaliste, défait, en 1921, dans le comté de Saint-Jacques, Ubald Paquin doit se résigner à devenir fonctionnaire provincial, après avoir tenté de vivre uniquement de sa plume. Néanmoins, la série des romans populaires publiés au cours des années 1920, lui assurent une certaine popularité. Son premier roman, *Jules Faubert, le roi du papier* (1923), présente avec sympathie un Canadien français, chef d'entreprise. « L'esprit prolifique et tourmenté du romancier, écrit Jules-E. Larivière, est continuellement en mal de nouvelles conceptions et, avant même qu'il n'ait eu le temps de leur donner corps, les créations se pressent dans sa tête en ébullition et les empêchent d'arriver à la parfaite gestation ».

ŒUVRES

Jules Faubert, le roi du papier. Roman, Montréal, Pierre R. Bisaillon, enrg., 1923, [viii], 165 p. Traduction anglaise par Bryan Rowe : *Jules Faubert. The Newsprint King,* Montréal, The Canadian Book, 199 p.

La Cité dans les fers. Roman canadien inédit, Montréal, Éditions Édouard Garand, 1926, 62 p. Ill. d'Albert Fournier. « Le Roman canadien ».

Le mort qu'on venge. Roman canadien inédit, Montréal, Éditions Édouard Garand, 1926, 56 p. Ill. d'Albert Fournier. « Le Roman canadien ».

La Digue dorée. Roman des quatre, Montréal, Éditions Édouard Garand, 1927, 71 p. Collab. Jean Féron, Alexandre Huot et Jules Larivière. Ill. d'Albert Fournier. « Le Roman canadien ».

Le Lutteur. Roman canadien inédit, Montréal, Éditions Édouard Garand, 1927, 60 p. Ill. d'Albert Fournier. « Le Roman canadien ».

Les Caprices du cœur. Roman canadien inédit, Montréal, Éditions Édouard Garand, 1927, 56 p. Ill. d'Albert Fournier. « Le Roman canadien ».

Le Massacre dans le temple. Roman canadien inédit, Montréal, Éditions Édouard Garand, 1928, 40 p. Ill. d'Albert Fournier. « Le Roman canadien ».

La Mystérieuse Inconnue. Roman canadien inédit, Montréal, Éditions Édouard Garand, 1929, 43 p. Ill. d'Albert Fournier. « Le Roman canadien ».

Le Mirage. Roman canadien inédit, Montréal, Éditions Édouard Garand, 1930, 38 p. Ill. d'Albert Fournier. « Le Roman canadien ».

Le Nationalisme intellectuel (essai), Montréal, [s.é.], 1930, 21 p.

Œil pour œil. Récit de Sydney Jones. Roman, Montréal, Éditions Édouard Garand, [1931], 51 p.

Le Paria. Roman, Montréal, Éditions Albert Lévesque, 1933, 204 p.

La Trappe d'Oka. Notes et impressions sur l'Abbaye de Notre-Dame-du-Lac, Montréal, [s.é.], 1934, 192 p.

La Rançon. Roman canadien inédit, Montréal, Éditions Édouard Garand, 1943, 48 p. Ill. de Louis Ramaut.

ÉTUDES

Jules-Ernest Larivière (pseud. Ernest Ral), *Ubald Paquin,* dans *La Vie canadienne,* n° 5, janv. 1926, p. 66.

Claude-Henri Grignon, *Les Libraires, ces bons maîtres (III),* dans *Le Journal des pays d'en haut,* vol. 1, n° 41, 2 déc. 1967, p. 2.

Berthelot Brunet, *Ubald Paquin,* dans *Histoire de la littérature canadienne-française suivie de portraits d'écrivains,* Montréal, HMH, 1970, p. 251–257.

Patrick Imbert, « *Jules Faubert* » *d'Ubald Paquin et le Roman populaire,* LQ, n° 17, printemps 1980, p. 44–45.

PAQUIN, WILFRID [Charles Lorenzo] (1919–   ). Poète, essayiste et conteur, né à Montréal. Il étudie au Collège de La Prairie (baccalauréat en pédagogie, 1940), et à l'Institut Saint-Georges de l'Université de Montréal (licence, 1948). Il obtient une maîtrise à l'Université de Montréal pour un mémoire intitulé : « L'Influence parnassienne sur la littérature canadienne-française en général et particulièrement chez Émile Nelligan, Paul Morin, René Chopin et Arthur de Bussières » (1953), et un doctorat à l'Université d'Ottawa (1958) dont la thèse remaniée est publiée sous le titre : *Arthur de Bussières et l'École littéraire de Montréal* (1986). Pédagogue de carrière, il enseigne à Buckingham (1938–1942), à Montréal (1942–1945), à Farnham (1945–1946), puis aux États-Unis : à Fall-River (1946–1952), à Bidleford (1952–1955). De retour à Montréal, il poursuit sa carrière à l'École Saint-Stanislas (1955–1965). Par la suite, il est réviseur de textes aux Entreprises culturelles de La Prairie. Wilfrid Paquin publie plusieurs recueils de poésie et de nouvelles pour les jeunes. En 1963, il reçoit la médaille d'or de la Société des poètes canadiens-français.

ŒUVRES

Reflets (poésie), La Prairie, Entreprises culturelles, 1970, 71 p.

Chatoiements (poésie), La Prairie, Entreprises culturelles, 1971, 80 p.

Rutilances (poésie), La Prairie, Entreprises culturelles, 1972, 88 p.

Diaprures (poésie), La Prairie, Entreprises culturelles, 1973, 116 p.

Moires (poésie), La Prairie, Entreprises culturelles, 1974, 116 p. Préface de Pierre Cabiac de Bane.

Parphélies (poésie), La Prairie, Entreprises culturelles, 1975, 120 p.

Coruscations (poésie), La Prairie, Entreprises culturelles, 1976, 120 p.

Spasmes (poésie), La Prairie, Entreprises culturelles, 1977, 124 p.

Contes et Récits I, La Prairie, Entreprises culturelles, 1978, 135 p.

Palpitations (poésie), La Prairie, Entreprises culturelles, 1978, 124 p.

Agonies (poésie), La Prairie, Entreprises culturelles, 1979, 127 p.

Contes et Récits II, La Prairie, Entreprises culturelles, 1979, 144 p.

Contes et Récits III, La Prairie, Entreprises culturelles, 1980, 152 p.

Contes et Récits IV, La Prairie, Entreprises culturelles, 1980, 132 p.

Contes et Récits V, La Prairie, Entreprises culturelles, 1981, 126 p.

Initiation à la poésie (essai), La Prairie, Entreprises culturelles, 1981, 144 p.

Contes et Récits VI, La Prairie, Entreprises culturelles, 1982, 195 p.

Contes et Récits VII, La Prairie, Entreprises culturelles, 1983, 203 p.

Contes et Récits VIII, La Prairie, Entreprises culturelles, 1984, 160 p.

Contes et Récits IX, La Prairie, Entreprises culturelles, 1984, 157 p.

Contes et Récits X, La Prairie, Entreprises culturelles, 1985, 131 p.

Arthur de Bussières et l'École littéraire de Montréal (essai), Montréal, Fides, 1986, 207 p.

PARABOLIER. Voir **LAMARCHE, GUSTAVE**.

PARADIS, SUZANNE (1936–   ). Poète, romancière, nouvelliste, critique et essayiste, née à Québec. Elle fait ses études à l'École normale Notre-Dame-de-Grâce (Lévis) et obtient un brevet d'enseignement. Après quelques années d'enseignement à Québec

(1954-1959), elle se consacre à l'écriture dont elle fait son métier. Conjointement, elle s'occupe du Centre d'art « Val-Menaud » au Saguenay (1961-1962), rédige une série radiophonique sur la femme dans le roman québécois (1972-1973), anime des ateliers de création aux universités de Chicoutimi, de Rimouski et de Québec (1973-1974) et est membre de la Commission consultative des arts (1973-1975). Elle collabore à une dizaine de périodiques, tels *Le Soleil* (1967-1972), *Livres et Auteurs québécois*, *Le Devoir* (1978-1979), *Possibles, Estuaire* dont elle est membre du comité de rédaction à partir de 1977, et elle est recherchiste-rédactrice au *Dictionnaire des œuvres littéraires du Québec* (1978). En outre, elle est membre de l'Académie canadienne-française, de la Société des auteurs et compositeurs, du Pen Club et de l'Union des écrivains québécois. Son œuvre lui a valu plusieurs récompenses : prix Camille-Roy (1961), prix de la Province de Québec (1963), prix France-Québec (1965), prix Du Maurier (1970), prix du Gouverneur général (1983). Suzanne Paradis est une des écrivains les plus prolifiques du Québec : une trentaine d'ouvrages entre 1959 et 1986, surtout de la poésie et des romans. Dans sa poésie, de forme presque toute classique mais très souple et libre, « il y a d'abord le souffle intarissable qu'elle retrouve de recueil en recueil [...], remarque Jean-Guy Pilon ; il y a la qualité de l'image qui se maintient généralement à un bon niveau, [... et] brusquement s'améliore jusqu'à en devenir lumineuse, cinglante, mémorisable ». Partout, une grande ferveur de vivre. Dans le roman, Suzanne Paradis débute assez modestement, mais à la parution de *Miss Charlie* (1979) la critique s'émeut. « C'est par celui-ci sûrement qu'il faut commencer si l'on veut découvrir ce monde de nuances et d'envoûtement qui lui est propre », écrit Lise Gauvin. Réginald Martel appelle l'auteur « un des écrivains majeurs du Québec ». Et pour Gabrielle Poulin, *Les Ferdinand* (1984) « tient du miracle » : « Entreprendre la lecture des *Ferdinand*, c'est s'engager dans une quête inespérée. C'est également s'engager dans une aventure humaine et littéraire fascinante. [...] Oui, ce roman est beau comme un miracle ».

ŒUVRES

Les Enfants continuels. Poèmes, [Charlesbourg], [Édition privée], 1959, 67 p.

À temps, le bonheur... Poèmes, [Charlesbourg], [Édition privée], 1960, 118 p.

Les Hauts Cris. Roman, Paris, Éditions de la Diaspora française, 1960, 175 p. « Fiction » ; Québec, Éditions Garneau, 1970, 166 p. ; [Montréal], Leméac, 1981, 190 p.

« Roman québécois ». (Édition entièrement revue et corrigée).

La Chasse aux autres. Poèmes, [Trois-Rivières], Éditions du Bien public, 1961, 109 p.

Il ne faut pas sauver les hommes. Roman, [Québec], Librairie Garneau, 1961, 187 p. Portrait. Ill. ; *Il ne faut pas sauver les hommes. Conte,* [Montréal], Leméac, 1981, 194 p. « Roman québécois ». (Version remaniée).

La Malebête. Poèmes, Québec, Librairie Garneau ltée, [1962], 96 p. ; Éditions Garneau, 1963, 103 p. ; 1968, 153 p.

Pour les enfants des morts. Poèmes, Québec, Éditions Garneau, 1964, 149 p. ; 1968.

Femme fictive, femme réelle. Le Personnage féminin dans le roman féminin canadien-français, 1884-1966 (essai), Québec, Garneau, 1966, 330 p.

Le Visage offensé (poésie), Québec, Éditions Garneau, 1966, 176 p.

François-les-oiseaux (nouvelles), Québec, Éditions Garneau, 1967, 161 p.

Les Cormorans (roman), [Québec], Éditions Garneau, 1968, 243 p. ; [Montréal], Leméac, 1986, 168 p. « Roman québécois ».

L'Œuvre de pierre. Poème, Québec, Éditions Garneau, 1968, 73 p.

Pour voir les plectrophanes naître (poésie), Québec, Éditions Garneau, 1970, 86 p.

Emmanuelle en noir. Roman, Québec, Éditions Garneau, 1971, 177 p. ; [Montréal], Leméac, 1982, 211 p. « Roman québécois ».

Il y eut un matin (poésie), Québec, Éditions Garneau, 1972, 75 p. « Garneau/Poésie ».

La Voie sauvage. Poèmes, Québec, Éditions Garneau, 1973, 69 p. « Garneau/Poésie ».

Quand la terre était toujours jeune (roman), Québec, Éditions Garneau, 1974, 143 p. « Garneau/Roman ». Traduction anglaise par Basil Kingstone : *When the Earth was Still Young,* dans *Canadian Fiction Magazine,* nº 26, 1977, p. 61-145.

L'été sera chaud (roman), Québec, Éditions Garneau, 1975, 210 p. « Garneau/Roman » ; *L'été sera chaud. Roman,* Montréal/Lausanne, Guérin littéraire/L'Âge d'homme, 1987, 200 p.

Noir sur sang (poésie), Québec, Éditions Garneau, 1976, 119 p. « Garneau/Poésie ».

Grain de riz (conte), Montréal, Éditions Paulines, 1977, 15 p. Ill. de Monique Lauzon. « Contes de ma maison ».

Un portrait de Jeanne Joron (roman), Québec, Éditions Garneau, 1977, 261 p. Portrait. « Garneau/Roman ».

Adrienne Choquette lue par Suzanne Paradis. Une analyse de l'œuvre littéraire d'Adrienne Choquette, Notre-Dame-des-Laurentides, Presses laurentiennes, 1978, 225 p. Ill.

Poèmes 1959-1960-1961, Québec, Éditions Garneau, 1978, 245 p. Portrait. « Garneau/Poésie ».

Les Chevaux de verre. Poèmes, [Montréal], Nouvelles Éditions de l'Arc, 1979, 59 p. « L'Escarfel ».

Miss Charlie. Roman, [Montréal], Leméac, 1979, 322 p. « Roman québécois ».

Un goût de sel (poésie), [Montréal], Leméac, 1983, 196 p. « Poésie Leméac ».

Les Ferdinand (roman), [Montréal], Leméac, 1984, 316 p. « Roman québécois ».

Un aigle dans la basse-cour (mémoires), [Montréal], Leméac, 1984, 305 p. « Vies et Mémoires ».

La Ligne bleue (roman), [Montréal], Leméac, 1985, 281 p. « Roman québécois ».

Effets de l'œil (poésie), [Montréal], Leméac, 1986, 152 p. « Poésie Leméac ».

Aux portes de la haine, ECF, t. 11, 1961, p. 209–229.

Réalités de la vie poétique au Canada français (étude), dans *Lettres et Écritures,* vol. 2, n° 4, avril 1965, p. 27–32.

[*Témoignages...*], dans *Le Roman canadien-français,* Montréal/Paris, Fides, 1969, p. 533–538. « ALC » 4.

Par le fer et par le froid, ECF, t. 30, 1970, p. 61–72.

Paysages pour girouettes, dans *Estuaire,* n° 7, mars 1978, p. 47–58.

Poètes québécois à Paris (essai), Dev, vol. 69, n° 162, 15 juillet 1978, p. 17.

L'Outre-Vie : une poésie habitée, Dev, vol. 71, n° 99, 3 mai 1980, p. 22. (Étude de la poésie de Marie Uguay).

ÉTUDES

Élie Goulet, *Les Hauts Cris de Suzanne Paradis,* RD, vol. 67, n° 1, mai 1961, p. 211–217.

Michel Van Schendel, *La Chasse aux autres,* LAC 1961, p. 33–34.

Guy Robert, *La Malebête,* LAC 1962, p. 48–49.

André Melançon, *Pour les enfants des morts,* dans *Lectures,* vol. 11, n° 10, juin 1965, p. 281.

Yvon Morin, *Le Visage offensé,* LAC 1966, p. 76–77.

Jean-Guy Pilon, *L'Œuvre de pierre,* LAC 1968, p. 84.

Gabrielle Poulin, *François-les-oiseaux,* EF, vol. 4, n° 4, nov. 1968, p. 443–444.

Pierre de Grandpré, *Suzanne Paradis,* dans *Histoire de la littérature française du Québec,* Montréal, Beauchemin, 1969, vol. 3, p. 119–126.

Sylvie Dallard, *Pour voir les plectrophanes naître,* LAQ 1970, p. 141.

Céline Blais, *Suzanne Paradis. L'été sera chaud,* LAQ 1975, p. 35–36.

Jean-Noël Pontbriand, *Suzanne Paradis. Noir sur sang,* LAQ 1976, p. 155–156.

Maurice Émond, *Suzanne Paradis. Un portrait de Jeanne Joron,* LAQ 1977, p. 53–55.

Robert Mélançon, *Suzanne Paradis et le Bruit,* Dev, vol. 69, n° 59, 11 mars 1978, p. 35.

Pierre Filion, *Suzanne Paradis. Adrienne Choquette lue par Suzanne Paradis,* LAQ 1978, p. 236–237.

Luc Bouvier, *Suzanne Paradis. Poèmes,* LAQ 1978, p. 145–146.

Lise Guèvremont, *Suzanne Paradis. Les Chevaux de verre,* LAQ 1979, p. 157–158.

Paul-André Bourque, *Suzanne Paradis. Poète, romancier et critique : vingt années d'écriture,* LQ, n° 16, hiver 1979–1980, p. 59–65.

Réginald Martel, *Quelques Notes insuffisantes sur Miss Charlie,* Pr, 96ᵉ année, n° 22, 26 janv. 1980, p. B-3.

Lise Gauvin, *Suzanne Paradis. Un monde d'une inquiétante étrangeté,* Dev, vol. 71, n° 45, 23 févr. 1980, p. 23–24.

Paul-André Bourque, *Qui êtes-vous Miss Charlie ?,* LQ, n° 18, été 1980, p. 16–18.

André G. Bourassa, *Rapprochements,* LQ, n° 18, été 1980, p. 30–32.

Louise Milot, *Suzanne Paradis. Les Hauts Cris,* LAQ 1981, p. 68–70.

Id., *Suzanne Paradis. Il ne faut pas sauver les hommes,* LAQ 1981, p. 70–72.

Romanciers québécois : dossiers de presse. T. IV, Claire Martin, 1959–1978 ; Philippe Panneton, 1938–1970 ; Suzanne Paradis, 1961–1980, Sherbrooke, Bibliothèque du Séminaire, 1981, 142 p. Portraits.

Claire de Lamirande, « *Emmanuelle en noir* », *de Suzanne Paradis. La Leçon d'amour absolu,* Dr, 70ᵉ année, n° 134, 4 sept. 1982, p. 14.

Hélène de Billy, *Nouvelle Équipe à Estuaire,* Dev, vol. 74, n° 99, 30 avril 1983, p. 18.

Gabrielle Poulin, *Tant va la source... qu'à la fin... Les Ferdinand,* LQ, n° 36, hiver 1984–1985, p. 9–11.

François Hébert, *La Parole à la folie,* Dev, vol. 76, n° 57, 9 mars 1985, p. 23.

Gabrielle Poulin, *Comme un vaisseau-fantôme. La Ligne bleue de Suzanne Paradis,* LQ, n° 42, été 1986, p. 17–18.

Martin Thisdale, *Paradis (Suzanne). Les Cormorans,* dans *Nos livres,* vol. 17, nov. 1986, n° 6732.

Vivre de sa plume au Québec. Une entrevue de Lettres québécoises avec Suzanne Paradis, poète et romancière, LQ, n° 43, automne 1986, p. 15–17.

PARATTE, HENRI-DOMINIQUE (1950–   ). Poète et essayiste, né à Berne (Suisse). Il commence ses études de lycée en Suisse et les termine au Lycée Fustel-de-Coulanges de Strasbourg où il obtient aussi une licence ès lettres (1969) et une maîtrise (1970). Il se spécialise en culture irlandaise et fait un doctorat à l'Université de Lille III (1974). En 1972, tout en poursuivant ses études, il émigre au Canada, donne des cours de français à Ottawa, puis à Acadia University (Nouvelle-Écosse) où il devient professeur adjoint en 1975. Il collabore à plusieurs périodiques littéraires, tels *Présence francophone, Écriture française, Égalité, Co-Incidences, Le Jura libre,* etc., et il mérite le prix de la Commission cantonale des lettres bernoises, en 1979, pour son recueil *La Mer écartelée.* Tiraillé entre l'amour de son Jura natal et la recherche d'identification et d'enracinement en terre acadienne, l'auteur crée une poésie aux teintes multiples, une poésie de hantise au langage riche et souvent brutal qui exprime à la fois l'angoisse et l'exaspération de vivre, mais qui peut aussi parler d'espoir : « Il y a un moment où être seul/ Aboutit au soleil ».

ŒUVRES

Virgée Tantra, Non Arpadar (poésie), Paris, Jean Grassin, 1972, 103 p. « Poésie nouvelle ».

La Mer écartelée. Poésie et Prose, Sherbrooke, Éditions Naaman, 1979, 75 p. Ill. de l'auteur. « Création ».

Jura-Acadie, deux communautés francophones et leur évolution (essai), Delémont, Rassemblement jurassien, 1980, 44 p.

Dis-moi la nuit. Poésie 1980-1981, Moncton, Éditions d'Acadie, 1982, 46 p.

A Literary and Linguistic History of New Brunswick, Fredericton, Fiddlehead Poetry Books and Goose Lane Editions, 1985, 286 p. Éditeur avec Reavley Gair, Richard Guérin et Robert Whalen. Ill.

Une ville, au hasard (récit), CoI, vol. 4, nº 1, janv.-févr. 1974, p. 50-53.

L'Homme, le Pays, le Monde : engagement existentiel de Jacques Chessex, dans *Présence francophone,* nº 12, printemps 1976, p. 149-165.

La Clôture, et sa transgression : analyse pré-sémiotique de certains mythes dans la littérature romande moderne, dans *Présence francophone,* nº 18, printemps 1979, p. 221-244.

L'Apport irlandais dans Charles Guérin de P.-J.-O. Chauveau, dans *Études irlandaises* (CERIUL), nouvelle série, nº 4, déc. 1979, p. 57-67.

Mécanismes et Causes de l'assimilation : l'exemple de l'Ouest canadien, dans *Revue de l'Université de Moncton,* vol. 13, nᵒˢ 1-2, janv.-mai 1980, p. 91-106.

Acadie menacée, symbolique théâtrale et conscience d'autrui. Léonie Poirier et son théâtre dans le contexte néoécossais, dans *Présence francophone,* nº 20, printemps 1980, p. 107-121.

Un ambassadeur macoute à Montréal de Gérard Étienne, dans *Présence francophone,* nº 20, printemps 1980, p. 188-192.

Pour célébrer Susan (extrait), dans *Éloizes,* printemps 1980, p. 33-36.

L'Enchanteur (poème), dans *Éloizes,* printemps 1980, p. 87-95.

Amour sorcier / Love the Magician (prose), dans *Poésie acadienne contemporaine / Acadian Poetry Now,* Moncton, Éditions Perce-neige, 1985, p. 179-191.

PARÉ, MARCELLE. Voir **ROY**, MARCELLE.

PARÉ, JEAN (1935-   ). Journaliste, traducteur et essayiste, né à Québec. Il fait ses études classiques au Séminaire de Québec et au Collège de Lévis (B.A., 1955), puis il étudie trois ans à l'Université de Montréal. Le ministère du Commerce lui confie alors un poste à Bruxelles. À son retour, il est journaliste à *La Presse,* puis au *Nouveau Journal,* à *La Patrie,* à Radio-Canada et, à partir de 1972, à *L'Actualité* dont il est directeur. Il a traduit plusieurs œuvres canadiennes, de Marshall McLuhan en particulier, et il mérite le prix de traduction du Conseil des Arts du Canada (1977) pour *Un homme de weekend* de Richard B. Wright. Journaliste, il reçoit plusieurs distinctions, telles les prix Judith-Jasmin (1979) et Olivar-Asselin (1980). En 1977, il réunit dans *Le Temps des otages* ses meilleurs articles parus dans des périodiques entre 1972 et 1976. Les otages, ce sont les Québécois. L'auteur, écrit Raymond Roy, « en veut particulièrement aux économistes, à l'autocratie et au ‹ fafinage ›, à l'efficacité toute puissante, à la bureaucratie tant syndicale que patronale, au paupérisme marxiste [...]. L'information du journaliste est de tout premier ordre ». Mais « il y a autre chose que l'ironie chez Paré, dit François Ricard. [...] Cette ironie, cette vision critique de la société québécoise ne sont efficaces, en effet, que parce qu'elles s'inspirent de [...] la croyance en la possibilité d'une société plus juste, organisée à l'échelle et en fonction de l'homme ».

ŒUVRES

La Galaxie Gutenberg : la genèse de l'homme typographique, Montréal, Hurtubise HMH, 1967, 428 p. Traduction du livre de Marshall McLuhan : *The Gutenberg Galaxy : The Making of a Typographic Man.*

Pour comprendre les media. Les prolongements technologiques de l'homme, Montréal, Éditions Hurtubise HMH, 1968, 329 p. ; Paris, Mame/Seuil, 404 p. Traduction du livre de Marshall McLuhan : *Understanding Media. The Extensions of Man.*

Counter Blast, Montréal, Hurtubise HMH, 1972, 141 p. Ill. Traduction du livre de Marshall McLuhan : *Counterblast.*

Le Docteur Bethune, Montréal, Éditions l'Étincelle, 1973, xix, 315 p. Ill. Carte. Avant-propos des auteurs. Préface de Song King-Ling. Traduction du livre de Ted Allen et Sydney Gordon : *The Scalpel, the Sword. The Story of Dr. Norman Bethune.*

Grey Owl, l'homme qui voulait être indien, Montréal, L'Aurore, 1976, 176 p. Traduction du livre de Lovat Dickson : *Grey Owl : Man of the Wilderness.*

L'Homme de weekend, Montréal, CLF, 1977, 279 p. Traduction du livre de Richard Bruce Wright : *The Weekend Man.*

Le Temps des otages. (Le Québec entre parenthèses 1970-1976) (essai), Montréal, Quinze, 1977, 269 p. Préface de Marcel Rioux.

Nom de code : Intrepid, Montréal, Opuscule, 1979, 602, [32] p. Traduction du livre de William Stevenson : *A Man Called Intrepid. The Secret Man.*

La Cité des promoteurs, Montréal, Boréal Express, 1981, 276 p. Traduction du livre de James Lorimer : *The Developers.*

Information et Liberté. Rapport de la Commission d'étude sur l'accès du citoyen à l'information gouvernementale et sur la protection des renseignements personnels, Québec, Ministère des Communications, 1981, xx, 225 p. Collab. Gaston Beauséjour, Jules Brière, *et al.*

Vieux-port de Montréal. Évaluation de la clientèle potentielle du Canal de Lachine. Rapport final, [Montréal], Le Groupe conseil, Coopers & Lybrand, 1985, pagination multiple. Collab. Norman Baillie-David. Ill.

_____

Bill 60 et Philosophie, M, n° 22, oct. 1963, p. 295.

Chronologie de 1952 à 1972, M, n°s 137-138, sept. 1974, p. 20.

ÉTUDES

François Ricard, *Deux chroniques des années bêtes,* Dev, vol. 69, n° 58, 12 mars 1977, p. 21.

Adrien Thério, *Jean Paré : un homme dangereux !,* LQ, n° 6, avril-mai 1977, p. 42-43.

Marcel Dubé, *Lisez entre les lignes,* dans *Le Livre d'ici,* vol. 2, n° 31, 11 mai 1977, p. 1.

Pierre Cantin, *Jean Paré, le véritable protecteur du citoyen québécois,* Dr, 65e année, n° 99, 23 juillet 1977, p. 16.

Raymond Roy, *Paré (Jean). Le Temps des otages (le Québec entre parenthèses 1970-1976),* dans *Nos livres,* vol. 9, avril 1978, n° 152.

Réginald Martel, *Autour et À propos d'un très bon roman du Canada anglais,* Pr, 94e année, n° 101, 2 sept. 1978, p. D-3.

Jocelyne Hébert, *À la découverte de Charles B. Wright et Patrick Watson,* dans *Le Livre d'ici,* vol. 4, 4 oct. 1978, n° 1.

_____

PARÉ, PAUL (1940–   ). Romancier et essayiste, né à Québec. Il fait ses études au Séminaire de Québec et aux écoles normales de Lévis et de Sherbrooke, après quoi il enseigne pendant quelques années, puis devient agent d'information au ministère de l'Éducation, au Bureau d'aménagement de l'Est du Québec et à la Centrale de l'enseignement du Québec. Il pratique aussi la peinture, le dessin et la tapisserie, est journaliste au *Jour,* et s'occupe d'éditions aux Quinze. En 1978, il fonde les Éditions du Biocreux avec Suzanne Jacob. De 1977 à 1980, Paul Paré publie six ouvrages qui vont du roman ou anti-roman au roman-théâtre, à la fable et à l'essai-fiction. Ouvrages de lecture difficile, de « construction passablement tordue » (Réginald Martel sur *L'Improbable Autopsie,* 1977) ou qui présentent des pages « proprement incompréhensibles » (Jean Éthier-Blais sur *L'Antichambre,* 1977). L'œuvre est caractérisée par un souci très net de la langue que l'auteur maîtrise « de façon remarquable » (Noël Audet). Paré a le don de l'image, et surtout un goût des jeux de mots qui amusent souvent mais peuvent devenir « d'une navrante indigence » (R. Martel). Ce tic fait partie de l'humour facilement cynique de Paré dont la satire sociale tourne à la charge et va jusqu'au « pessimisme intégral », selon Noël Audet à propos de *Ils* (1980), textes que Georges Leroux juge pourtant « parmi les plus riches qu'il nous soit donné de lire actuellement ». Au total, on aime ou non selon qu'on accepte ou refuse le jeu, dit Madeleine Ouellette-Michalska de *La Vengeance du couteau à mastic* (1980). « Le travail d'écriture continue à s'affirmer du côté ludique [...], écrit Claude Beausoleil à propos du même ouvrage. Depuis *L'Improbable Autopsie,* Paul Paré nous donne à lire une œuvre personnelle et originale ».

ŒUVRES

L'Antichambre et Autres Métastases. Quasi-roman, Montréal, Parti Pris, 1977, 176 p. Ill. de l'auteur. « P ».

L'Improbable Autopsie. Roman, Montréal, Éditions Quinze, 1977, 219 p. Dessins de Jachar.

Comme un cheval sur la soupe (roman-théâtre), Montréal, Le Biocreux, 1979, 111 p. Ill. de Louis Paré.

Les Fables de l'entonnoir (nouvelles), Montréal, Le Biocreux, 1979, 151 p. Dessins de Jachar.

Ils, essai-fiction, suivi de Les Entretiens de patience différée, Montréal, Le Biocreux, 1980, 146 p. Ill. de l'auteur. « Première ».

La Vengeance du couteau à mastic. (Roman Histo (Hysté)rique), Montréal, Le Biocreux, 1980, 207 p. Ill.

_____

D'amour et d'eau fraîche, NBJ, n° 115, juin 1982, p. 29-34.

ÉTUDES

Réjean Beaudoin, *Humoristique ? Allez, pas d'histoire...,* dans *Le Livre d'ici,* vol. 3, n° 2, 19 oct. 1977, p. 1.

Donald Smith, *Paul Paré. L'Improbable Autopsie,* LAQ 1977, p. 97-98.

Jean Éthier-Blais, *Les Deux premiers livres de Paul Paré,* Dev, vol. 69, n° 75, 1er avril 1978, p. 36.

André Janoël, *Paré (Paul). L'Antichambre et Autres Métastases,* dans *Nos livres,* vol. 10, mars 1979, n° 115.

Réginald Martel, *Comme de légers petits nuages,* Pr, 95e année, n° 249, 20 oct. 1979, p. C-3.

Marie-Josée Thériault, *Cinquante fables assez invitantes,* dans *Le Livre d'ici,* vol. 5, n° 7, 20 nov. 1979, p. 1.

André Dionne, *Paul Paré. Comme un cheval sur la soupe. Les Fables de l'entonnoir,* LAQ 1979, p. 68-69.

Marie Cholette, *Un auteur sans pitié,* dans *Le Livre d'ici,* vol. 5, n° 47, 27 août 1980, p. 2.

Noël Audet, *Paul Paré : le goût de l'ombre,* Dev, vol. 71, n° 262, 8 nov. 1980, p. 23.

Georges Leroux, *Paul Paré. Ils. Essai-fiction suivi de Les Entretiens de patience différée,* LAQ 1980, p. 310-311.

André Dionne, *Paré (Paul). Ils suivi de Les Entretiens de patience différée,* dans *Nos livres,* vol. 12, janv. 1981, n° 37.

Claude Beausoleil, *Pour saluer l'histoire et jongler avec les mots,* dans *Le Livre d'ici,* vol. 6, n° 33, 20 mai 1981, p. 2.

Madeleine Ouellette-Michalska, *L'Histoire en coulisse,* Dev, vol. 72, n° 171, 20 juin 1981, p. 23.

Normand Desjardins, *Paré (Paul). La Vengeance du couteau à mastic,* dans *Nos livres,* vol. 12, juin–juillet 1981, n° 305.

PARÉ, ROGER (1929–   ). Illustrateur et écrivain pour enfants né à Ville-Marie (Témiscamingue). Après des études primaires et secondaires dans sa ville natale, puis à Rouyn et à Noranda, il s'intéresse au dessin et à la peinture. C'est à Radio-Canada qu'il fait ses débuts d'artiste, en illustrant des chansons et des histoires pour des émissions telles La Boîte à surprise et Bobino, ensuite Tape tambour, Une fenêtre dans ma tête, Le Jardin de Pierrot, La Boîte à lettres... Il collabore aussi à plusieurs journaux au Québec et aux États-Unis où il travaille de 1979 à 1983. Revenu à Montréal, il s'adapte de mieux en mieux aux exigences de la télévision et de l'édition. Il reste que chez lui le dessin précède toujours l'écriture : le mot s'avère le commentaire de l'illustration. L'histoire racontée est réduite à l'essentiel et dans le dessin et dans la fabulation. Le message de l'auteur s'adresse à l'enfant par le jeu de lignes expressives et par l'ambiguïté des casse-tête. Parfois, le monde des animaux prête ses motifs pour mieux ébaucher les linéaments d'un univers merveilleux. Tous ces aspects de création, Paré les approfondit entre 1978 et 1988, lors de ses voyages aux États-Unis, en France et en Italie. En peu de temps, ses livres enregistrent un succès sans précédent : ils sont traduits en anglais et en allemand. *L'Alphabet* et *Les Chiffres* ont été vendus à plus de cent mille exemplaires. Ses livres casse-tête de la série *Plaisirs* deviennent aussi un succès de librairie. L'auteur mérite plusieurs bourses et de nombreux prix dont le plus prestigieux est le grand prix du Conseil des Arts en littérature-jeunesse (1986) pour son livre *L'Alphabet.* La méthode d'apprendre que Roger Paré propose à l'enfant est une méthode active qui permet aux jeunes, en compagnie d'un petit livre, de se retrouver grandis dans un univers de mots, de chiffres et d'animaux. Bruno Lévesque souligne que Paré a trouvé la bonne formule : « Une courte comptine lui semble préférable à une page pleine de texte ».

ŒUVRES

Humour, Montréal, Éditions du Jour, 1967, [n.p., 24 p.]. Dessins d'humour sans légende.

Une fenêtre dans ma tête, Montréal, Éditions La Courte Échelle, 1978, [n.p., 24 p.]. Illustrations d'un texte de Raymond Plante.

Radio Dog, New York, Elsevier Dutton Publishing Co., 1979, [n.p., 24 p.]. Illustrations d'un livre en anglais pour enfants.

Moonbeams, Boston, Houghton Mifflin Co., 1981, [n.p., 24 p.]. Illustrations d'un livre en anglais pour enfants.

Dans ma shoppe, Montréal, Éditions HMH, 1983, [n.p., 24 p.]. Texte et dessins d'humour.

Plaisirs de chats, Montréal, Éditions La Courte Échelle, 1983, [n.p., 24 p.]. Conception graphique de Jean-Marc Côté. Traduction anglaise par David Homel : *A Friend Like You,* Toronto, Annick Press, 1984, [n.p., 24 p.].

L'Alphabet, Montréal, Éditions La Courte Échelle, 1985, [n.p., 24 p.]. Livre-jeu illustré pour enfants, accompagné d'un guide d'utilisation. Conception graphique de Derome et Pilotte. Traduction anglaise par David Homel : *A.B.C. Play With Me,* Deep Heaven (Minnesota), Meadowbrook, [n.p., 24 p.]. Traduction allemande par Raimund Pousset, *Das ABC Spiel-Buch,* Oldenburg, Lappen Verlag, 1987, [n.p., 24 p.].

Les Chiffres, Montréal, Éditions La Courte Échelle, 1986, [n.p., 12 p.]. Texte illustré accompagné d'un jeu d'enfant. Conception graphique de Derome et Pilotte. Consultants : Françoise Loranger, Maryse Lavallée et Martine Pratte. Traduction anglaise par David Homel : *1, 2, 3, Play With Me,* Deep Heaven (Minnesota), Meadowbrook, 1986, [n.p., 24 p.].

Les Plaisirs (livres casse-tête), Montréal, Éditions La Courte Échelle, 1988 : *Plaisirs d'aimer,* [n.p., 24 p.]; *Plaisirs d'été,* [n.p., 24 p.]; *Plaisirs de chats,* [n.p., 24 p.]; *Plaisirs de cirque,* [n.p., 24 p.]. Les deuxième et quatrième livres de cette série ont été traduits en anglais par David Homel : *Summer Days* (1989) et *Circus Days* (1988) et publiés à Toronto, chez Annick Press.

ÉTUDES

Madeleine Dubuc, *Nouvelle publication pour les enfants. Après L'Alphabet, Les Chiffres,* Pr, 103e année, n° 18, 6 nov. 1986, p. E-14.

Pierre Roberge, *Maintenant le marché international pour Paré et ses animaux,* Pr, 104e année, n° 51, 9 déc. 1987, p. C-2.

Dominique Demers, *Le Mage de l'image,* dans *L'Actualité,* vol. 14, n° 1, janvier 1989, p. 40–44.

Bruno Lévesque, *Dossier. Roger Paré, un grand parmi les tout-petits,* dans *Des livres et des jeunes,* hiver 1989, p. 2–5.

PARÉ, YVON (1946–   ). Romancier et poète, né à La Doré (Lac-Saint-Jean-Ouest). Il fait ses études à Saint-Félicien et à l'Université de Montréal (B.A., 1971) où il étudie ensuite les lettres françaises. En 1972, il est nommé animateur communautaire de la télévision de La Doré, puis il devient chroniqueur artistique du *Quotidien* de Chicoutimi. Il collabore aussi à la revue *Québec français*. En 1971, il publie un recueil de poésie, *L'Octobre des Indiens* : Éva Le Grand en trouve l'écriture «trop recherchée», mais elle en aime les images symboliques et la «perpétuelle oscillation d'images entre le paysage extérieur et celui du dedans». *Anna-Belle* (1971), premier roman, apparaît à Jocelyn-Robert Duclos «comme une longue divagation poétique, qui se situe dans le domaine du rêve». Pour Louise Anaouïl, le roman suivant, *Le Violoneux* (1979), est une histoire dont «l'intérêt se dilue en même temps que les personnages, sous l'effet de nombreuses longueurs [...]», alors que pour Gilles Dorion le livre est «fascinant», «étrange et merveilleux». Yvon Paré a travaillé comme bûcheron pendant plusieurs étés, et il parle d'un monde qu'il connaît dans *La Mort d'Alexandre* (1982), en lui donnant une dimension presque épique. C'est «un roman de bûcherons taillé [...] dans une bonne épaisseur de mythes, écrit Dominique Chassé : le nord, la forêt à abattre, la couchette de quatre jours, la brosse de trois semaines, et surtout le héros». La facture est classique, la langue a deux niveaux : une langue standard pour le narrateur, un joual rude et cru pour les personnages.

ŒUVRES

L'Octobre des Indiens. Poésie, Montréal, Éditions du Jour, 1971, 56 p. «PJ».
Anna-Belle. Roman, Montréal, Éditions du Jour, 1972, 125 p. «RJ».
Le Violoneux. Roman, Montréal, CLF Pierre Tisseyre, 1979, 203 p.
La Mort d'Alexandre. Roman, Montréal, VLB éditeur, 1982, 212 p.

ÉTUDES

Éva Le Grand, *L'Octobre des Indiens de Yvon Paré*, LAQ 1971, p. 169.
Jocelyn-Robert Duclos, *Anna-Belle d'Yvon Paré*, LAQ 1972, p. 97–99.
Louise Anaouïl, *Un étrange violoneux !*, dans *Le Livre d'ici*, vol. 4, nº 40, 5 sept. 1979, p. 1.
Gilles Dorion, *Yvon Paré. Le Violoneux*, LAQ 1979, p. 70–71.
Normand Desjardins, *Paré (Yvon). La Mort d'Alexandre*, dans *Nos livres*, vol. 13, juin-juillet 1982, nº 295.
Claire de Lamirande, *La Mort d'Alexandre. Un roman triste*, Dr, 70e année, nº 105, 31 juillet 1982, p. 14.
Dominique Chassé, *Yvon Paré. La Mort d'Alexandre*, LAQ 1982, p. 71–73.

PARENT, ÉTIENNE (1802–1874). Essayiste, journaliste et orateur, né à Beauport. Il est le beau-père d'Antoine Gérin-Lajoie, de Benjamin Sulte et d'Évariste Gélinas. Il commence ses études classiques au Séminaire de Nicolet (1814–1819), en compagnie de Charles-François Baillargeon, futur évêque de Québec, et de Charles Mondelet, et il les continue au Séminaire de Québec (1819–1821). Encore étudiant, il collabore au *Petit Canadien* avec son confrère Augustin-Norbert Morin. En 1821, à la veille des examens, il quitte le Séminaire et retourne dans sa famille. L'année suivante, il remplace Morin à la rédaction du *Canadien* (1822–1825), puis il entreprend des études de droit (1825–1829) pendant lesquelles il collabore à *La Gazette de Québec* (1825). Reçu avocat, il devient traducteur français et conseiller juridique de l'Assemblée législative du Bas-Canada. En 1831, il prend la direction du *Canadien* renaissant. Il est nommé bibliothécaire de l'Assemblée (1833), puis greffier (1835). Bien qu'il se sépare des Patriotes, il est emprisonné comme suspect durant l'hiver 1838–1839. En 1840, avec Jean-Baptiste Fréchette, il publie la revue *Le Coin du feu*. Élu député du Saguenay en 1841, il abandonne son mandat et la direction du *Canadien* dès l'année suivante, à cause d'une grave surdité contractée en prison. Il est alors nommé greffier du Conseil exécutif. En 1846, il commence une longue et fructueuse carrière de conférencier. Ses discours, prononcés surtout devant l'Institut canadien de Montréal et celui de Québec, appartiennent à l'anthologie de l'éloquence sociopolitique canadienne-française. Nommé sous-secrétaire du Canada-Est (1847), puis sous-secrétaire d'État à Ottawa (1867), Étienne Parent se retire en 1872, et il meurt à Ottawa deux ans plus tard. «Au nombre des écrivains qui ont marqué les débuts de notre littérature, écrit P.-E. Gosselin, il en est un qui s'impose à notre attention à la fois par la valeur de son œuvre et par l'influence qu'il a exercée à son époque. [...] Étienne Parent a joué un rôle de premier plan dans la vie politique et littéraire de son époque. Chef intellectuel des Patriotes, il s'est révélé un très sage et très éclairé défenseur de la cause des Canadiens français à une des périodes les plus critiques et les plus troubles de leur histoire. Homme de lettres très cultivé, il s'est complu dans la discussion des idées philosophiques et sociales et a indiqué les moyens de mettre en valeur notre patrimoine humain et national». En préconisant de vastes et fertiles réformes, il s'est mis à l'avant-garde des idées propres au temps de Papineau.

ŒUVRES

Lecture prononcée par M. É. Parent, écr., devant l'Institut canadien, jeudi 19 novembre 1846, Montréal, Impr. de la Revue canadienne, 1846, 34 p. (Comprend : *Importance de l'étude de l'économie politique*).

Discours prononcé par M. É. Parent devant l'Institut canadien de Montréal, Montréal, De l'imprimerie de Lovell et Gibson, 1850, 116 p. (Comprend : *L'Industrie considérée comme moyen de conserver notre nationalité,* 22 janv. 1846, *Importance de l'étude de l'économie politique,* 19 nov. 1846, *Du travail chez l'homme,* 23 sept. 1847, *Considérations sur notre système d'éducation populaire, sur l'éducation en général et les moyens législatifs d'y pourvoir,* 19 févr. 1948 et *Du prêtre et du spiritualisme dans leurs rapports avec la société,* 17 déc. 1848); dans *Étienne Parent, 1802-1874. Biographie, textes et bibliographie,* présentés par Jean-Charles Falardeau, Montréal, HMH, 1975, p. 35-326.

Discours prononcé par Ét. Parent, Écr., devant la Chambre de lecture de St. Roch, le 15 avril 1852, Québec, Imprimerie de E.R. Fréchette, 1852, 26 p. (Comprend : *Quelques Considérations sur le sort des classes ouvrières*); dans *La Littérature canadienne de 1850 à 1860,* Québec, Desbarats et Derbishire, 1863, t. I, p. 37-75.

Discours prononcé par Étienne Parent, Écr., devant l'Institut canadien de Québec, le 22 janvier 1852, Québec, E.R. Fréchette, 1852, 67 p. (Comprend : *De l'intelligence dans ses rapports avec la société*); dans *La Littérature canadienne de 1850 à 1860,* Québec, Desbarats et Derbishire, 1863, t. I, p. 77-178.

Discours prononcé par Ét. Parent, Écr., devant la Société pour la fermeture de bonne heure des magasins, Québec, Imprimerie de E.R. Fréchette, 1852, 22 p. (Comprend : *De l'importance et des devoirs du commerce*); dans *La Littérature canadienne de 1850 à 1860,* Québec, Desbarats et Derbishire, 1863, p. 7-35.

Discours, Québec, Imprimerie de Léger Brousseau, 1878, 213 p. (Comprend : *De l'intelligence dans ses rapports avec la société, De l'importance et des devoirs du commerce* et *Considérations sur le sort des classes ouvrières*).

Étienne Parent, Montréal, Fides, 1964, 95 p. Textes choisis et présentés par P.-E. Gosselin. «C».

Étienne Parent, 1802-1874, Montréal, La Presse, 1975, 344 p. Biographie, textes et bibliographie présentés par Jean-Charles Falardeau.

ÉTUDES

Marcel Cadieux et Paul Tremblay, *Étienne Parent, un théoricien de notre nationalisme,* AN, vol. 13, n° 3, mars 1939, p. 203-219; n° 4, avril 1939, p. 307-318.

Bernard Dufebvre, *Étienne Parent, le «renégat»,* RUL, vol. 7, n° 5, janv. 1953, p. 405-412.

Léon Pouliot, *Une leçon d'histoire d'Étienne Parent,* BRH, vol. 60, n° 1, juin 1954, p. 71-73.

Antoine Roy, *Les Patriotes de la région de Québec pendant la rébellion de 1837-1838,* CD, vol. 24, 1959, p. 251-254.

Gérard Parizeau, *Étienne Parent ou Le Sens des réalités,* dans *Assurances,* vol. 39, n° 3, 1971, p. 45-100.

Jean-Charles Falardeau, *Étienne Parent,* DBC, t. 10, 1972, p. 579-587.

Louis Nourry, *L'Idée de fédération chez Étienne Parent, 1831-1852,* RHAF, vol. 26, n° 4, mars 1973, p. 533-537.

Benoît Bernier, *À propos d'Étienne Parent,* RHAF, vol. 27, n° 1, juin 1973, p. 86-90.

PARENT, PIERRE. Voir **LEDUC, JEAN.**

PARENT, RÉMI (1936–   ). Théologien et essayiste, né à Port-Alfred (Chicoutimi). Il fait ses humanités au Mont St-Joseph d'Aylmer (B.A., 1959). Il étudie aussi la théologie au Mount St. Alphonsus (Esopus, N.Y., É.-U.) en 1963, et obtient une maîtrise en éducation religieuse, puis une licence (1966) et un doctorat en théologie dogmatique (1969) aux Facultés catholiques de Lyon. Avant de passer à l'enseignement, il est tour à tour animateur de pastorale à Ottawa, à la radio et à la télévision de Radio-Canada, et aumônier du mouvement des jeunes foyers. En 1970, il est nommé professeur à la Faculté de théologie de l'Université de Montréal. «L'une des données fondamentales que l'auteur pose, écrit Raymond Locat, après Vatican II, c'est la dignité sacerdotale, reconnue à tous les baptisés. [...] Il se dégage de l'ensemble des propos de Rémi Parent une foi émerveillée en l'homme qui est ou devrait être la foi des chrétiens». Au sujet du second ouvrage de Rémi Parent, H. Jacobs écrit : «Assurément l'ouvrage aborde une problématique actuelle avec profondeur et originalité, mérites qu'on aime rencontrer jusque dans les écrits de vulgarisation, [...] le langage de ce qu'on appellerait, sans nuance péjorative, une scolastique nouvelle».

ŒUVRES

Condition chrétienne et Service de l'homme. Essai d'anthropologie chrétienne, Montréal, Fides, 1973, 197 p. Préface d'Henri Denis.

L'Esprit vous rendra libres, en ces temps de Pentecôte (essai), Montréal, Fides, 1974, 144 p.

L'Esprit Saint et la Liberté chrétienne, [Paris], Le Centurion, 1976, 144 p.

Communion et Pluralité dans l'Église. Pour une pratique de l'unité ecclésiale, Montréal, Fides 1980, 262 p.

L'Église, c'est vous !, Montréal, Éditions Paulines, 1982, 119 p. Ill.

ÉTUDES

Pierre Tremblay, *Viennent de paraître*, Dr, vol. 61, n° 85, 7 juillet 1973, p. 7.

Raymond Locat, *Condition chrétienne et Service de l'homme de Rémi Parent*, dans *Le Travailleur*, vol. 46, n° 25, 15 sept. 1973, p. 1, 4.

[Jean-Claude Petit], *Condition chrétienne et Service de l'homme de Rémi Parent*, dans *Le Livre canadien*, vol. 4, oct. 1973, p. 260.

Raymond Locat, *Condition chrétienne et Service de l'homme*, Dev, vol. 64, n° 158, 6 juillet 1974, p. 15.

H. Jacobs, *L'Esprit vous rendra libres*, dans *Nouvelle Revue théologique*, n° 8, sept.–oct. 1974, p. 837–838.

Marcel Kinet, *Les Lettres québécoises*, dans *Temps et Parole* (Paris), n° 5, nov. 1975, p. 60–61.

P.E. Langevin, *L'Esprit vous rendra libres*, dans *Laval théologique et philosophique*, vol. 33, n° 2, juin 1977, p. 220.

B. Sesboue, *L'Esprit Saint et la Liberté chrétienne*, dans *Recherches de sciences religieuses* (Paris), vol. 66, n° 3, juillet–sept. 1979, p. 457–458.

PARIZEAU, ALICE [née Poznanska] (1930–   ). Journaliste, essayiste et romancière, née à Luniec (Pologne). Elle passe son enfance à Cracovie où elle fait ses études primaires. Encore enfant, elle connaît la guerre et la résistance et est internée dans un camp de travail allemand. Libérée en 1945, elle part pour Paris où elle poursuit ses études en lettres (1948), en science politique (certificat, 1953) et en droit (licence, 1953). Elle vient au Québec, acquiert la nationalité canadienne et commence à Montréal une vie nouvelle. Elle collabore à *Châtelaine*, à *Cité libre*, à *La Presse*, au *Devoir*, à *La Patrie* et à *Maclean*. Rédactrice de textes à Radio-Canada, elle étend ses activités au théâtre de poche, aux émissions de Jacques Hébert et de Madeleine Gérôme, à *Femme d'aujourd'hui*. Depuis 1970, Alice Parizeau enseigne au Département de criminologie de l'Université de Montréal et devient, en 1972, secrétaire général du Centre international de criminologie comparée. Son œuvre littéraire — reportages, essais, romans, récits — a pour sources d'inspiration la Pologne, son pays natal, et le Québec, sa patrie d'adoption. D'une part, le souvenir redevient vivant (*Voyage en Pologne*, 1962; *Une Québécoise en Europe « rouge »*, 1965); d'autre part, une longue méditation s'engage sur le présent (*Les Solitudes humaines*, 1962; *Fuir*, 1963; *Rue Sherbrooke Ouest*, 1967; *L'Envers de l'enfance*, 1976; *Côte-des-neiges*, 1983). Meurtrie par la Seconde Guerre mondiale, l'âme humaine devient le sujet préféré d'Alice Parizeau. Ainsi a été conçue et écrite une trilogie, une sorte de saga polonaise où la vie n'est que lutte et souffrance : *Les lilas fleurissent à Varsovie* (publié en 1981, ce roman mérite le prix européen de l'Association des écrivains de langue française en 1982), *La Charge des sangliers* (1982), *Ils se sont connus à Lwow* (1985). Ce triptyque romanesque contribue à la renommée de l'auteure au Canada, en Europe et aux États-Unis. « Avec son cœur et sa tête, remarque Lily Tasso, avec son talent de romancière et sa connaissance des faits, [...] cet écrivain brosse un tableau magistral et combien tragique de la vie quotidienne que connaissent les Polonais et les Polonaises depuis bientôt un demi-siècle. Plus qu'un roman, *Les lilas fleurissent à Varsovie*, c'est la saga de trois femmes symbolisant les luttes et les espoirs d'un peuple ». Alice Parizeau excelle dans l'art de conter et dans la fabulation de ses actions romanesques. Sa chronique captive par la véracité des destins collectifs et la richesse psychologique des personnages.

ŒUVRES

Voyage en Pologne (reportage), Montréal, Éditions du Jour, 1962, 155 p.

Fuir. Roman, Montréal, Librairie Déom, 1963, 271 p.

Survivre (roman), Montréal, CLF, 1964, 315 p. ; [Montréal], Leméac, 1986, 317 p. « Poche L québec ».

Une Québécoise en Europe « rouge » (récit), Montréal, Fides, 1965, 114 p.

Rue Sherbrooke Ouest (roman), Montréal, CLF, 1967, 188 p.

Le Coût de l'administration de la justice et de la criminalité, Montréal, PUM, 1970, 735 p. Collab. (Actes du deuxième symposium international de criminologie comparée).

Étude comparative sur la délinquance juvénile, en Suède, en France, en Angleterre et au Québec, Rapport publié par la Commission d'enquête sur l'administration de la justice en matière criminelle et pénale au Québec, 1970, vol. 4, t. 2, 381 p. ; vol. 4, t. 3, 378 p. Collab.

L'Adolescent et la Société. Étude comparative, Bruxelles, C. Dessart, 1972, 332 p. Collab. Denis Szabo et Denis Gagné.

La Théorie de la défense sociale et ses implications empiriques, Montréal, Université de Montréal, 1972, 98 f. Rapport préparé par Denis Szabo avec la collaboration de Alice Parizeau et Marion Molins Ysal. (Texte polycopié).

Déviance et Contrôle social. Manifestations, tensions et conflits à Frobisher Bay/Deviance and Social Control. Manifestations, Tensions and Conflict in Frobisher Bay, Montréal, Centre international de criminologie comparée Université de Montréal, [1973], 190 f. Collab. Harold Finkler. (Texte polycopié).

Ces jeunes qui nous font peur, Montréal, Ferron, 1974, 206 p. Collab. Marc-André Delisle. Ill.

Les Militants. Roman, Montréal, CLF 1974, 299 p.

Deuxième séminaire régional du Centre international de criminologie comparée en Europe centrale/Second Regional Seminar of the International Centre for Comparative Criminology in Central Europe, Montréal, Centre international de criminologie comparée, Université de Montréal, 1975, 317 p. Textes compilés par Alice Parizeau.

L'Envers de l'enfance. Récits, Montréal, La Presse, 1976, 206 p. Ill.

Étude sur les modalités et les conséquences de l'emprisonnement à défaut de paiement d'amende : Québec, établissement d'Orsainville, Montréal, Université de Montréal, Centre international de criminologie comparée, 1975, 66 f. Collab. André Campeau.

Le Placement familial de l'enfance, Montréal, Centre international de criminologie comparée, Université de Montréal, 1976, 304 p. Collab. Anne Paille.

Séminaire régional de criminologie comparée en Europe centrale, 3e, Varsovie, Pologne, 1976/Regional Seminar on Comparative Criminology in Central Europe, 3rd, Warsaw, Poland, 1976, Montréal, Centre international de criminologie comparée, Université de Montréal, 1977, 3 vol. Texte réunis par Alice Parizeau.

Le Traitement de la criminalité au Canada (essai), Montréal, PUM, 1977, 427 p. Collab. Denis Szabo.

Protection de l'enfant, échec? Famille, État et les droits de l'enfance, Montréal, PUM, 1979, 198 p. Ill.

Les lilas fleurissent à Varsovie. Roman, Montréal, CLF Pierre Tisseyre, 1981, 400 p. ; 1985. Traduction anglaise par A.D. Martin-Sperry : *The Lilacs are Blooming in Warsaw,* New York, New American Library, 1985, 303 p. ; 1986. «Signet Books».

Recherche sur le rapport présentenciel, [Montréal], Centre international de criminologie comparée, 1981. Ill. Collab. Guy Therriault, Pierre Cossette et Isabelle Tomesco.

Rapport présentenciel et Politiques criminelles. Résumé du cahier no 1, Montréal, Centre international de criminologie comparée, 1981, ii, 32 f. Collab. Guy Therriault, Pierre Cossette et Isabelle Tomesco. (Texte polycopié).

La Charge des sangliers. Roman, Montréal, CLF Pierre Tisseyre, 1982, 384 p.

Côte-des-neiges. Roman, Montréal, CLF Pierre Tisseyre, 1983, 368 p. ; Paris, France Loisirs, 367 p.

Ils se sont connus à Lwow. Roman, Montréal, CLF Pierre Tisseyre, 1985, 363 p. Carte ; Éditions du club Québec Loisirs, [1986].

L'Amour de Jeanne. Roman, Montréal, CLF Pierre Tisseyre, 1986, 251 p.

Survivre (roman), Montréal, Leméac, 1986, 317 p.

Blizzard sur Québec (roman), Montréal, Québec/Amérique, 1987, 468 p.

Nata et le professeur (roman), Montréal, Québec/Amérique, 1988, 280 p.

Les Solitudes humaines (nouvelles), ECF, no 12, 1962, p. 277–305.

Demain (nouvelle), Ch, vol. 6, no 2, févr. 1965, p. 24–25, 38–43.

Une drôle de fille (nouvelle), Ch, vol. 6, no 9, sept. 1965, p. 34, 110–112, 114–116, 120–122, 124, 126.

Nos écrivains avouent : l'État n'est pas une fonction, Dev, vol. 56, no 254, 30 oct. 1965, p. 14–15.

Gabrielle Roy, la grande romancière canadienne, Ch, vol. 7, no 4, avril 1966, p. 44–45, 118, 120–123, 137, 140.

Les Traîtres, Dev, vol. 57, no 250, 27 oct. 1966, p. 31.

Éloge de Québec, L, vol. 9, no 51, mai–juin 1967, p. 69–73.

Le Musée du Québec, une véritable maison de la culture, dans *Vie des arts,* no 47, 1967, p. 34–39.

Un des seuls qui n'ait pas déçu : André Laurendeau, L, vol. 10, no 57, mai–juin 1968, p. 163–168.

Le Système canadien de probation, dans *Revue de droit pénal et de criminologie,* Ministère de la Justice (Belgique), nos 6 et 7, mars–avril 1970, p. 637–646.

En hommage à Geneviève Gilliot, Dev, vol. 70, no 245, 20 oct. 1979, p. 24.

Pologne : l'état de siège au jour le jour, Dev, vol. 73, no 48, 27 févr. 1982, p. 8.

Mes fréquentations intimes, Dev, vol. 73, no 269, 20 nov. 1982, p. 13–14.

ÉTUDES

Raynald Desmeules, *Voyage en Pologne d'Alice Poznanska-Parizeau,* LAC 1961, p. 77.

Fernand Joncas, *Nouvelles dans Écrits du Canada français,* LAC 1962, p. 29.

Adrien Thério, *Survivre d'Alice Parizeau,* LAC 1964, p. 30.

André Vachon, *Fuir,* Rel, no 281, mai 1964, p. 149.

Henri Dorion, *Une Québécoise en Europe rouge d'Alice Parizeau,* LAC 1965, p. 153.

Jean-Charles Bonenfant, *Les Études sociales,* dans *University of Toronto Quarterly,* vol. 35, no 4, 1965–1966, p. 524–536.

André Bertrand, *Une littérature en acte,* dans *Le Quartier latin,* vol. 2, no 13, 27 janv. 1966, p. 1.

Jean Éthier-Blais, « *Rue Sherbrooke Ouest* », Dev, vol. 58, no 70, 25 mars 1967, p. 11.

Suzanne Paradis, *Le Canadien français de Montréal observé par les yeux d'un émigré,* So, vol. 70, no 104, 29 avril 1967, p. 10.

Jean-Yves Théberge, « *Rue Sherbrooke Ouest* », CF, vol. 107, no 51, 11 mai 1967, p. 32.

Paul Gay, « *Rue Sherbrooke Ouest* », Dr, vol. 57, no 158, 30 sept. 1967, p. 16.

Odette Leroux, *Rue Sherbrooke Ouest d'Alice Parizeau,* LAC 1967, p. 56.

André Normandeau, *L'Adolescent et la Société : étude comparative par D. Szabo, D. Gagné et A. Parizeau,* dans *Revue canadienne de criminologie,* avril 1973, p. 253–256.

Jean-Pierre Boucher, *Alice Parizeau. Les Militants,* LAQ 1975, p. 61–62.

Claude Filteau, *Alice Parizeau. L'Envers de l'enfance,* LAQ 1976, p. 89–90.

Lily Tasso, *Alice Parizeau en parlant de sa Pologne : « Je suis avec ceux qui souffrent »,* Pr, 79ᵉ année, nᵒ 300, 19 déc. 1981, p. F-9.

Léonce Cantin, *Alice Parizeau. Les lilas fleurissent à Varsovie,* LAQ 1981, p. 72–74.

Roger Duhamel, *La Charge des sangliers. L'héroisme quotidien des Polonais d'aujourd'hui,* Dev, vol. 73, nᵒ 293, 18 déc. 1982, cahier 2, p. 1, 36.

Suzanne Cloutier, *L'Écrivain québécois et la Littérature internationale. Des complexes à abattre,* Dr, 70ᵉ année, nᵒ 256, 29 janv. 1983, p. 20.

Michèle Mailhot, *Les lilas fleurissent à Varsovie d'Alice Parizeau,* LQ, nᵒ 29, printemps 1983, p. 22–23.

Marie Laurier, *Alice Parizeau, journaliste et romancière,* Dev, vol. 75, nᵒ 5, 7 janv. 1984, p. 13, 24.

Ivanhoé Beaulieu, *La Double Pologne d'Alice Parizeau,* Dev, vol. 76, nᵒ 237, 12 oct. 1985, p. 24.

France Simard, *Alice Parizeau, romancière. L'amour de la liberté et de la parole,* Dr, 73ᵉ année, nᵒ 230, 28 déc. 1985, p. 29.

Donald Smith, *Alice Parizeau : l'histoire servie par une écriture palpitante* (entrevue), LQ, nᵒ 41, printemps 1986, p. 44–48.

Suzanne Lafrenière, *L'Amour de Jeanne, d'Alice Parizeau. Une adolescente raconte sa guerre et sa soif de liberté,* Dr, 74ᵉ année, nᵒ 258, 31 janv. 1987, p. 20.

Georges Lamon, *La Saga d'Alice Parizeau,* Pr, 104ᵉ année, nᵒ 54, 12 déc. 1987, p. J-1, J-12.

France Lafuste, *Alice Poznanska-Parizeau. L'art doit avoir un sens,* Dev, vol. 79, nᵒ 300, 24 déc. 1988, p. D-1, D-6.

PARIZEAU, GÉRARD [Jean Dalpé, J.D., J.H.] (1899–   ). Mémorialiste et essayiste, né à Montréal. Il commence ses études au Collège Sainte-Marie qu'il quitte pour des raisons de santé. En 1917 il s'inscrit aux Hautes Études commerciales et obtient une licence en sciences commerciales (1920). Courtier en assurances, il a aussi été secrétaire de Sir Lomer Gouin, fonctionnaire au ministère du Commerce, et professeur aux H.E.C. Il fonde en 1925, avec MM. Minville, Gratton et Nolin, la revue *Actualité économique* (reprise par les H.E.C.) et, en 1933, la revue *Assurances* qu'il dirige pendant cinquante ans et dans laquelle il publie des articles sur l'économie, la littérature et l'histoire. Il est élu à la Société royale du Canada en 1957. Ses publications se partagent entre les affaires, l'histoire et ses *Pages de journal.* Ce journal a d'abord consisté en lettres et propos divers adressés à des membres de sa famille, et a été publié ensuite, à tirage limité, pour les intimes. Maurice Lebel écrit : « Il est truffé de détails savoureux, de remarques judicieuses, de jugements de valeur ». La critique est à peu près unanime à reconnaître les mérites et l'intérêt des ouvrages historiques de Gérard Parizeau. On loue le savant, l'écrivain et le conteur. *La Société canadienne-française au XIXᵉ siècle* est, selon Pierre Savard, un livre « rédigé par un homme qui, sans être historien de métier, a lu les bons auteurs, fait preuve d'une familiarité peu commune avec son sujet, écrit lestement et sans recherche, et surtout possède cette sympathie sans laquelle l'histoire devient trop souvent un exercice desséchant ».

ŒUVRES

L'Assurance contre l'incendie au Canada. Évolution, pratique, vocabulaire, Montréal, Éditions A. Lévesque, 1935, 252 p. Ill.

Notes et Documents sur l'évolution de l'assurance contre l'incendie au Canada, Montréal, Éditions du Phénix, 1935, 49 p. Ill.

Traité d'assurance contre l'incendie au Canada, Montréal, Beauchemin/H.E.C., 1961, 466 p.

Pages de journal, 14 vol. : vol. 1, *1969,* [1971], 77 p. ; vol. 2, *1970,* –223 p. ; vol. 3, *1971,* 1973, –370 p. ; vol. 4, *1972,* 225 p. ; vol. 5, *1973,* 1975, 159 p. ; vol. 6, *1974,* 1977, 219 p. ; vol. 7, *1975,* 1978, 175 p. ; vol. 8, *1976,* 1979, 144 p. ; vol. 9, *1977,* 1980, 122 p. ; vol. 10, *1978,* 1982, 165 p. ; vol. 11, *1979,* 1982, 161 p. ; vol. 12, *1980,* 1984, 186 p. ; vol. 13, *1981,* 1985, 141 p. ; vol. 14, *1982,* 1986, 180 p.

Joies et Deuils d'une famille bourgeoise, 1867–1961 (essai), Trois-Rivières, Éditions du Bien public, 1973, 356 p. Ill.

La Société canadienne-française au XIXᵉ siècle. Essais sur le milieu, Montréal, Fides, 1975, 550 p. Ill. «Fleur de lys».

Les Dessaulles, seigneurs de Saint-Hyacinthe. Chronique maskoutaine du XIXᵉ siècle, Montréal, Fides, 1976, 173 p. Ill.

La Chronique des Fabre (essai), Montréal, Fides, 1978, 352 p. Ill.

La Vie studieuse et obstinée de Denis-Benjamin Viger (1774–1861), Montréal, Fides, 1980, 330 p. Ill.

La Seigneurie de Vaudreuil et ses notables au début du XIXᵉ siècle. Essai sur le milieu, Montréal, Fides, 1984, 240 p. Ill.

Présentation de M. Roland Parenteau, dans *Présentation,* Société royale du Canada, nᵒ 20, 1965–1966, p. 83–89.

Les Cadres économiques, dans *Les Structures sociales du Canada français,* Québec, PUL, 1966, p. 98–120.

ÉTUDES

Jacques Pelletier, *Les Structures sociales du Canada français,* So, vol. 69, n⁰ 199, 20 août 1966, p. 24.

Susan Mann Trofimenkoff, *Gérard Parizeau. Joies et Deuils d'une famille bourgeoise (1867-1961),* LAQ 1973, p. 279-280.

Michel Brault, *Une excellente reconstitution,* Dev, vol. 67, n⁰ 107, 10 mai 1975, p. 25.

Pierre Savard, *Gérard Parizeau. La Société canadienne-française au XIXᵉ siècle. Essais sur le milieu,* LAQ 1975, p. 291-292.

[Anonyme], *Parizeau, Gérard. La Société canadienne-française au XIXᵉ siècle,* dans *Nos livres,* vol. 7, n⁰ 19, janv. 1976, p. 19.

Jean-Claude Dubé, *Gérard Parizeau. Les Dessaulles de Saint-Hyacinthe,* LAQ 1976, p. 403.

Paul Gay, *Les Dessaulles, seigneurs de Saint-Hyacinthe,* Dr, vol. 64, n⁰ 275, 19 février 1977, p. 16.

Pauline Cadieux, *Chronique mascoutaine,* dans *Le Livre d'ici,* vol. 2, n⁰ 24, 23 mars 1977, p. 1.

Maurice Lebel, *Belle Chronique d'une famille bourgeoise,* Dr, 67ᵉ année, n⁰ 85, 7 juillet 1977, p. 17.

Léo Beaudoin, *Parizeau, Gérard. Les Dessaulles, seigneurs de Saint-Hyacinthe,* dans *Nos livres,* vol. 8, août-sept. 1977, n⁰ 264.

Raymond Laprés, *Parizeau, Gérard. La Chronique des Fabre,* dans *Nos livres,* vol. 9, déc. 1978, n⁰ 421.

Maurice Lebel, *Deux voyageurs dans le temps: Barbeau et Parizeau,* Dev, vol. 69, n⁰ 209, 9 sept. 1978, p. 24.

Denis Dion, *Une grande famille québécoise au 19ᵉ siècle,* Pr, 95ᵉ année, n⁰ 93, 21 avril 1979, p. D-2.

Maurice Lebel, *Le Journal de Gérard Parizeau,* Dr, 67ᵉ année, n⁰ 278, 23 févr. 1980, p. 16.

Id., Denis-Benjamin Viger (1774-1861), Dr, 69ᵉ année, n⁰ 25, 25 avril 1981, p. 18.

Id., «Pages de journal, IX», Dr, 69ᵉ année, n⁰ 175, 24 oct. 1981, p. 18.

PARTOUT, ÉVA. Voir DESROSIERS, SYLVIE.

PASCAL, ALBERT. Voir DAGENAIS, GÉRARD.

Van Dyck and Meyers

PASCAL, GABRIELLE (1932-   ). Essayiste, née à Paris. Elle fait ses humanités à l'École supérieure de jeunes filles de Lausanne (Suisse) et au Lycée Saint-Just de Lyon (B.A., 1952). Elle poursuit des études de lettres à l'Université de Lyon (1956-1959), émigre au Canada en 1960, obtient une maîtrise à l'Université Laval pour un mémoire sur «La Vision du monde d'Albert Laberge» (1961), termine une licence ès lettres à Lyon (1962), et prépare un doctorat à l'Université McGill dont la thèse s'intitule «Le Sourire de Gérard de Nerval» (1970). Elle possède aussi un diplôme d'enseignement du français (Saint-Cloud, France). En 1960, elle crée une section francophone à la Holland School de Québec, donne des cours d'été à l'Université Laval (1960-1963), est chargée de cours à l'Université de Montréal (1963-1965), puis devient professeure à l'Université McGill (1965) où elle est nommée directrice du Cours de français au personnel de l'Université, en 1973. Membre de plusieurs sociétés savantes, elle donne de nombreuses communications et conférences, et elle collabore à divers périodiques, tels *Voix et Images, The French Review, Livres et Auteurs québécois...,* ainsi qu'au *Dictionnaire des œuvres littéraires du Québec.* Sa thèse de maîtrise paraît en 1977 sous le titre *Le Défi d'Albert Laberge.* Pierre Hébert exprime quelques réserves sur *La Quête de l'identité chez André Langevin* (1977), mais il dit que «cette analyse jette de nouvelles lumières sur l'œuvre de André Langevin et sur les personnages qui l'animent».

ŒUVRES

Le Défi d'Albert Laberge (essai), Montréal, Éditions Aquila limitée, 1976, 93 p. Portrait. Ill. «Figures du Québec».

La Quête de l'identité chez André Langevin (essai), Montréal, Éditions Aquila limitée, 1976, 93 p. «Figures du Québec».

La Condition féminine dans l'œuvre de Gabrielle Roy, VI, vol. 5, n⁰ 1, automne 1979, p. 143-163.

«Les fées ont soif», entrevue avec Denis Boucher, dans *Études canadiennes* (Bordeaux), n⁰ 8, juin 1980, p. 107-112.

La Condition féminine dans «Kamouraska» d'Anne Hébert, dans *The French Review,* vol. 54, n⁰ 1, automne 1980, p. 85-92.

ÉTUDES

Pierre Berthiaume, *Gabrielle Pascal. Le Défi d'Albert Laberge,* LAQ 1977, p. 245-247.

Pierre Hébert, *Gabrielle Pascal. La Quête de l'identité chez André Langevin,* LAQ 1977, p. 247-248.

Jean Éthier-Blais, *Des essais de Gabrielle Pascal et André Smith,* Dev, vol. 69, n⁰ 59, 11 mars 1978, p. 36.

PASQUALE, DOMINI-QUE DE (1946–). Journaliste et dramaturge, né à Montréal. Après son baccalauréat ès arts obtenu au Collège Sainte-Croix, en 1963, il poursuit ses études en histoire de l'art et en animation culturelle à l'Université de Montréal, en pédagogie à l'Université de Montréal, et à l'Université du Québec à Montréal où il obtient un deuxième baccalauréat en 1970. Très tôt, il s'intéresse au théâtre. Dès 1964, il dirige une troupe de comédiens amateurs, Les Masques, et, en 1967, il devient administrateur chez les Apprentis Sorciers. En 1968, il assume la direction du Théâtre de l'Université de Montréal pour devenir, presque aussitôt, vice-président du Centre d'essai des auteurs dramatiques. Il est aussi membre du comité de planification dans le domaine de l'art et de la littérature au Canada Studies Foundation. Il enseigne la littérature française à la C.E.C.M. (1969–1972) et, à compter de 1972, il est rédacteur et agent publicitaire à l'Université de Montréal, puis responsable de la promotion au Bureau de l'information de l'Université de Montréal. Malgré ces tâches, il parvient à écrire et à faire jouer à la radio et sur la scène plusieurs pièces et sketches depuis 1964: «Un drôle de prisonnier», «Entrez, docteur», «Une idée», «Une réconciliation», «Moa», «Le Roi ou le Valet», «Le Départ», *L'Arme au poing ou Larme à l'œil, Oui chef!* (premier prix du concours de la N.C.T. en 1970), *On n'est pas sorti du bois* (1972). Cette dernière pièce, avec *L'Arme au poing,* connut un vif succès, tant au Canada qu'à l'étranger. Selon Rénald Bérubé «L'engagement de Pasquale prend ses racines au cœur de la situation que l'auteur n'invente pas mais dont il ne peut pas ne pas tenir compte».

ŒUVRES

On n'est pas sorti du bois (théâtre), [Montréal], Leméac, 1972, 86 p. Introduction de Gilbert David. «RQ».

Oui, chef [*suivi de*] *L'Arme au poing ou Larme à l'œil* (théâtre), [Montréal], Leméac, 1973, 95 p. Introduction d'André Major. «RQ».

Rêves à vendre (poésie), dans *Le Trait d'union,* avril 1968, p. 4–5.

Où en sont-ils rendus?, dans *Théâtre Québec,* vol. 1, nº 1, 1969, p. 16–19.

ÉTUDES

Martial Dassylva, *En route vers le Festival de théâtre d'amateurs de Monaco,* Pr, 85ᵉ année, nº 160, 12 juillet 1969, p. 26.

Jean Basile, *En revenant de Monaco,* Dev, vol. 60, nº 220, 15 sept. 1969, p. 12–16.

Martial Dassylva, *Monaco 1969. Bilan d'un festival «très de bon goût»,* Pr, 85ᵉ année, nº 198, 20 sept. 1969, p. 38.

Laurent Mailhot, *Le Théâtre des missionnaires aux sauvages ou Du sacré au sacrant,* EF, vol. 8, nº 4, nov. 1972, p. 423–424.

Lise Gauvin, *On n'est pas sorti du bois de Dominique de Pascale* [*sic*], LAQ 1972, p. 115.

Michel Beaulieu, *Le journal c'est la substance même de notre drame,* Pe, vol. 15, nº 7, 17 févr. 1973, p. 18.

Rénald Bérubé, *Oui chef suivi de L'Arme au poing ou Larme à l'œil de Dominique de Pascale,* LAQ 1973, p. 152–154.

Michel Beaulieu, *Montrer aux gens le moyen de s'en sortir,* Pe, vol. 16, nº 12, 24 mars 1974, p. 18–21.

PASSADIÈRE, JORDAN DE LA. Voir **BERNARD, ANNE.**

PASSANTE (LA). Voir **GUÈVREMONT,** GERMAINE.

PATAR, BENOÎT (1939–). Poète et critique du cinéma, né à Saint-Hubert (Ardennes, Belgique). Il fait ses humanités au Petit Séminaire de Bastogne et il obtient, à l'Université de Louvain, successivement une licence philosophie-lettres (1962), une licence ès science économique (1964) et un doctorat en philosophie médiévale (1971). D'abord économiste auprès du Marché commun (1967–1969), il est, pendant un an, professeur de philosophie au Centre d'Études universitaires de Trois-Rivières (1970–1971). À partir de 1971, il enseigne la philosophie au Cégep Edmond-Montpetit où il fonde et dirige un Centre cinématographique, centre qui publie, depuis 1978, la revue *24 images.* Benoît Patar est également cofondateur de la maison d'éditions Le Préambule. En 1980, il publie un recueil de poésie, *À l'occasion des choses* où sont consignés ses textes poétiques écrits depuis 1958. La partie la mieux réussie est sans doute celle qui regroupe ses poèmes religieux.

ŒUVRES

À l'occasion des choses (poésie), Longueuil, Le Préambule, 1980, 446 p.

Papiers spirituels (poésie), Longueuil, Le Préambule, 1981, 88 p.

Trois poèmes d'amour, Longueuil, Le Préambule, 1983, 29 p. Ill. de Claude Noël.

Rosa mystica (poésie), Longueuil, Le Préambule, 1984, 118 p.

Le Cœur et la Croix (poésie), Longueuil, Le Préambule, 1985, 35 p. Ill. de Jean-Marie Strébelle.

Dominique Laffin, dans *24 images*, vol. 1, n° 1, févr. 1979, p. 49–76.

Henry Hathaway ou La Permanence du génie, dans *24 images*, vol. 1, n° 2, mai 1979, p. 57–71.

Gilles Carle à bâton rompus, dans *24 images*, vol. 3, n° 9, mai–juin 1981, p. 9–23.

PATRY, AIMÉE. Voir **MONTREUIL**, GAËTANE DE.

PATRY, ANDRÉ (1923–   ). Essayiste et politicologue, né à Québec. Il obtient un baccalauréat ès arts au Séminaire de Québec (1944), puis une licence en science sociale (1947) et une licence en droit à l'Université Laval (1960). Intéressé très jeune aux questions sociales et internationales, il collabore à *L'Action catholique* dès 1940. De 1953 à 1967, il est professeur de droit international à l'Université Laval où il est nommé agrégé en 1957. Au cours de cette période il enseigne également la science politique à l'Université de Montréal (1959–1961) ainsi qu'à l'Université Laval (1961–1966). Il occupe diverses fonctions dans un grand nombre d'organismes canadiens et internationaux: il est secrétaire politique à l'OTAN (1957–1958), conseiller politique auprès du gouvernement québécois en affaires internationales et constitutionnelles (1964–1966), chef du protocole et conseiller spécial du premier ministre du Québec (1966–1968). En 1968, il est sous-ministre de l'Immigration du Québec, puis conseiller auprès du ministre des Affaires culturelles (1970–1974) et directeur intérimaire de la Bibliothèque nationale du Québec. De 1974 à 1976, il est chargé des affaires arabes au ministère des Affaires intergouvernementales. Il est président du Comité interministériel de l'Année olympique et directeur du protocole (1975–1976). En 1978, il est délégué général du Québec en Belgique. En tant que commentateur des questions politiques internationales, il collabore à divers périodiques dont *Le Soleil,* le *Nouveau Journal,* la *Revue dominicaine, Politica-Estera* (Rome), *Anoite* (Rio de Janeiro), *Oluso-Americano* (Brésil), *Villa Nueva* (La Havane)... Divers organismes gouvernementaux le chargent de recherches sur nombre de questions, car en plus de ses connaissances et de son expérience internationales, il parle couramment une dizaine de langues. Son œuvre est considérable. On peut signaler en particulier deux ouvrages importants. En collaboration avec Jacques Brossard et Élizabeth Weiser, il publie *Les Pouvoirs extérieurs du Québec* (1967) qui porte sur les relations du Québec au niveau international. En 1980 paraît *Le Québec dans le monde,* livre de souvenirs qui est un document historique sur le Québec et contient beaucoup de documents inédits. Évangéline Veilleux écrit au sujet de l'œuvre d'André Patry que «cet écrivain ne cesse de nous étonner par sa faculté d'élucider les faits inconnus de l'histoire et de les vulgariser».

ŒUVRES

L'Afrique du Nord française (essai), Ottawa, Ministère de la Défense nationale, 1954. Tiré à part des *Actualités*, vol. 7, n° 9, nov. 1954. Ill.

Cours pratique de relations internationales, Québec, PUL, [1955], 84 p.

Le Pétrole et le Moyen-Orient arabe (essai), Québec, PUL, 1956, 53 p.

Visages d'André Malraux (essai), Montréal, Éditions de l'Hexagone, 1956, 39 p.

Le Régime des cours d'eau internationaux (essai), Québec, PUL, 1960, 72 p.

Les Pouvoirs extérieurs du Québec (essai), Montréal, PUM, 1967, 463 p. Collab. Jacques Brossard et Élizabeth Weiser.

Réflexions sur la matière et la vie (essai), Montréal, Éditions Paulines, 1970, 57 p.

Matière, Vie et Psychisme (essai), [Montréal], Leméac, 1973, 121 p. « Sciences humaines ».

Discours sur le réel (essai), Montréal, [Chez L'Auteur], 1975, 47 p.

Le Québec dans le monde (essai), [Montréal], Leméac, 1980, 167 p.

Le Vieux Montréal. Un passé toujours présent, [Montréal], Lavalin, 1982, 175 p. Ill. de Paul Doucet.

La Capacité internationale des États. L'exercice du jus tractatuum, Sillery, Presses de l'Université du Québec, 1983, 78 p.

Poésie et Symboles, RD, vol. 52, t. 1, mai 1946, p. 283–296.

L'Embarquement pour Cythère, RD, vol. 52, t. 1, juin 1946, p. 365–368.

L'Albanie est-elle viable ?, RD, vol. 52, t. 2, sept. 1946, p. 90–97.

Notre vocation culturelle, RD, vol. 52, t. 2, nov. 1946, p. 204–208.

Considérations sur la politique étrangère du Canada, RD, vol. 52, t. 2, déc. 1946, p. 291–300.

Coup d'œil sur nos relations avec l'Amérique latine, RD, vol. 53, t. 1, avril 1947, p. 223–233.

Le Monde arabe, RD, vol. 53, t. 1, juin 1947, p. 362–371.

Le Canada et le Tarif préférentiel britannique, RD, vol. 53, t. 2, sept. 1947, p. 106–110.

Le Service consulaire du Canada, RD, vol. 53, t. 2, nov. 1947, p. 230–236.

Le Canada dans les capitales du Commonwealth, RD, vol. 54, t. 1, janv. 1948, p. 40–47.

Le Canada au Brésil, RD, vol. 54, t. 2, déc. 1948, p. 289–296.

Le Commonwealth et la Couronne, RD, vol. 55, t. 1, janv. 1949, p. 15–22.

Adam Mickiewicz, RD, vol. 55, t. 1, mai 1949, p. 273–282.

Mihaïl Eminescu, RD, vol. 55, t. 2, oct. 1949, p. 148–156.

Réflexions sur la poésie, RD, vol. 56, t. 1, mars 1950, p. 168–170.

La Personnalité internationale du Canada, RD, vol. 56, t. 2, oct. 1950, p. 139–144.

La Défense du monde et la Paix, RD, vol. 57, t. 1, mars 1951, p. 147–157.

Le Canada français d'aujourd'hui, RD, vol. 57, t. 2, sept. 1951, p. 86–103.

Gérard de Nerval, RD, vol. 60, t. 1, mai 1954, p. 231–241.

ÉTUDES

Henri Dorion, *Les Pouvoirs extérieurs du Québec,* LAQ 1967, p. 156–157.

Évangéline Veilleux, *Patry, André. Le Québec dans le monde,* dans *Nos livres,* vol. 11, oct. 1980, n° 315.

PAUL. Voir **CHANTRAINE, POL.**

PAVEL, THOMAS (1941–   ). Romancier et essayiste, né à Bucarest (Roumanie). Il obtient une maîtrise en linguistique de l'Université de Bucarest (1962) et un doctorat en linguistique de l'Université de Paris III (1971). Il est associé de recherche à l'Institut de linguistique à Bucarest de 1962 à 1969 et directeur de la section de littérature étrangère de l'hebdomadaire *Luceafarul* (1964–1965). À son arrivée au Canada, il est d'abord professeur à l'Université d'Ottawa (1970–1979) et, à partir de 1979, à l'Université du Québec à Montréal. Pavel est l'auteur de deux essais linguistiques et d'un roman, *Le Miroir persan* (1977) que Gabrielle Poulin qualifie des « exercices d'un bon étudiant ». Selon René Lapierre, si l'« on sent en quelques endroits la difficulté qu'éprouve l'auteur à s'affranchir d'une documentation scientifique contraignante [...], il reste que] le roman de Pavel pose à ses lecteurs des interrogations d'une rare qualité ».

ŒUVRES

Inflexions de voix (essai), Montréal, PUM, 1976, 179 p. « Lectures ».

La Syntaxe narrative des tragédies de Corneille. Recherches et propositions, Paris/Ottawa, Librairie F. Klincksieck/ EUO, 1976, xii, 159 p.

Le Miroir persan (roman), Montréal, Quinze, 1977, 145 p. « Prose entière ». Traduction anglaise par Michael Bullock : *The Persian Mirror,* London (Ont.), Third Eye, 1983.

Move-Grammar. Explorations in Literary Semiotics (essai), Toronto, Victoria University, 1978, 66 p. Ill.

The Poetics of Plot. The Case of English Renaissance Drama (essai), Minneapolis, University of Minnesota Press, 1985, xxiv, 168 p. Préface de Wlad Godzich.

Fictional Worlds (essai), Cambridge, Harvard University Press, 1986, viii, 178 p.

ÉTUDES

René Lapierre, *Ce miroir qu'interroge l'écrivain,* Dr, 69e année, n° 29, 4 févr. 1978, p. 33.

Gabrielle Poulin, *Les Exercices d'un bon étudiant. Le Miroir persan de Thomas Pavel,* LQ, n° 11, sept. 1978, p. 16.

André Brochu, *Thomas Pavel. Le Miroir persan,* LAQ 1978, p. 68–70.

PAYETTE, LISE (1931–). Journaliste, auteur de chroniques, dramaturge et femme politique, née à Verdun (Île-de-Montréal). Après le secondaire, elle fait quatre ans de lettres-sciences au Pensionnat Sainte-Angèle de Montréal. Elle suivra aussi des cours libres de lettres à l'Université de Montréal. En 1954, elle commence, au poste CHLN de Trois-Rivières, une longue carrière de journaliste à la radio et à la télévision. L'année suivante, elle passe à Rouyn-Noranda (1955–1958) à l'émission « La Femme dans le monde », puis elle travaille à Paris pour Radio-Canada au programme « Interdit aux hommes » (1961–1964) et elle collabore à plusieurs périodiques : *Châtelaine, Perspectives, Le Nouveau Journal, La Patrie.* Rentrée à Montréal en 1964, elle poursuit sa carrière dans la presse écrite — *Nous, Le Dimanche* — et à Radio-Canada dans « Place aux femmes », « Speak Easy », « Appelez-moi Lise », « Lise-Lib »... De ces émissions et reportages, elle tire deux ouvrages, le premier sur des célébrités françaises, en collaboration avec Laurent Bourguignon, *Témoins de notre temps* (1970), et l'autre, *Recettes pour homme libre* (1971) dont les « recettes » et les « pensées » rappellent, selon *Le Livre canadien*, « l'esprit pétillant de l'animatrice de ‹ Place aux femmes › ou de ‹ Studio II › ». En outre, Lise Payette milite pour le C.C.F. à Rouyn (1955-1957), alors qu'elle travaille pour les métallurgistes. Plus tard, elle est présidente de la campagne de financement de Tricofil (1975), présidente de la « Fête nationale du Québec » (1975)... Élue député pour le Parti québécois, en 1976, elle occupe plusieurs postes de ministre durant son mandat, mais elle ne se représente pas en 1981. Elle retourne au journalisme et à la radio, et elle écrit deux téléromans, « La Bonne Aventure » (1982) et « Les Dames de cœur » (1986). Son livre sur sa carrière politique, *Le Pouvoir? Connais pas!* (1982), est un best-seller : selon Marc Laurendeau, cette « œuvre écrite avec du talent, de la verve, un esprit pétillant et beaucoup de sensibilité [...] se dévore avec passion ».

ŒUVRES

Témoins de notre temps : Marcel Achard, Hervé Bazin, Alain Bombard, Catherine Deneuve, Marguerite Duras, Louis Pauwells, Jean Rostand, Georges Simenon (entrevues), Montréal, Éditions du Jour, 1970, 219 p. Collab. Laurent Bourguignon.

Recettes pour homme libre, Montréal, Éditions du Jour, 1971, 151 p.

Avant-projet. Loi sur la protection du consommateur, Québec, Éditeur officiel du Québec, 1977, 78 p. Sous la direction de Lise Payette. Traduction anglaise : *Draft bill. Consumer Protection Act*, 61 p.

Pour une réforme de l'assurance-automobile, Québec, Gouvernement du Québec, Ministère des Consommateurs, Coopératives et Institutions financières, 1977, 73, 31 f. Ill. Sous la direction de Lise Payette.

Le Pouvoir? Connais pas! (mémoires), Montréal, Québec/ Amérique, 1982, 212 p. « Dossiers-Documents » ; Éditions du Club Québec Loisir inc.

La Bonne Aventure. Roman, Montréal, Québec/Amérique, 1986, 542 p.

ÉTUDES

[Anonyme], *Témoins de notre temps de Lise Payette et Laurent Bourguignon*, dans *Le Livre canadien*, vol. 2, févr. 1971, n⁰ 83.

Michel Bideaux, *Témoins de notre temps de Lise Payette et Laurent Bourguignon*, LAQ 1971, p. 204-205.

[Anonyme], *Recettes pour homme libre de Lise Payette*, dans *Le Livre canadien*, vol. 3, janv. 1972, n⁰ 19.

Denyse Mouté, *On l'appelle toujours... Lise* (biographie), Montréal, La Presse, 1975, 218 p.

Yves Beaulieu, *Répertoire des parlementaires québécois 1867-1978*, Québec, Bibliothèque de la législative, 1980, p. 434.

Marc Laurendeau, *Lise Payette et les Regrets du pouvoir*, Pr, 98ᵉ année, n⁰ 89, 17 avril 1982, p. A-7.

Nathalie Petrowski, *Lise Payette, la femme*, Dev, vol. 73, n⁰ 94, 24 avril 1982, p. 22, 32.

Monique Roy, *Un constat d'échec*, Dev, vol. 73, n⁰ 94, 24 avril 1982, p. 22, 32.

Gérald LeBlanc, *Croiriez-vous que Lise Payette ne connaît pas le pouvoir?*, dans *Le Livre d'ici*, vol. 5, n⁰ 33, 19 mai 1982, p. 1.

Madeleine Bellemare, *Payette (Lise). Le Pouvoir? Connais pas!*, dans *Nos livres*, vol. 13, juin-juillet 1982, n⁰ 297.

[Anonyme], *Lise Payette. La question des femmes*, Dev, vol. 73, n⁰ 210, 11 sept. 1982, p. 17, 32.

Jean-Louis Major, *Des images au mirage, aller et retour*, LQ, n⁰ 27, automne 1982, p. 78-80.

Anne Richer, *Lise Payette. Il y a un peu d'elle-même dans ses personnages*, Pr, 99ᵉ année, n⁰ 231, 5 oct. 1983, p. A-8.

PELLAND, GILLES (1931-   ). Théologien, né à Montréal. Il obtient son baccalauréat ès arts à l'Université de Montréal, en 1957, puis ses licences en philosophie et en théologie en 1958 et 1965. Il fait des études en théologie à l'Université grégorienne de Rome ; sa thèse de doctorat porte sur la patrologie (1969). Il poursuit également des études en histoire à l'Université de Montréal (1953-1954), des études en théologie spirituelle et pastorale à Maresa Hall (É.-U.), puis des recherches en théologie augustinienne à Chantilly (France). De retour à Montréal, il enseigne au Collège Saint-Ignace ; puis, à l'hôpital Notre-Dame, il est professeur de morale médicale. À partir de 1967, il est professeur invité à l'Université grégorienne à Rome.

ŒUVRES

Zhomos de Vio. Cajetani Commentari in libros Aristotelis De Anima (essai), Tournai, Desclée de Brouwer, 1965, 137 p.

Analyse du Grand Commentaire littéral de saint Augustin sur les quatre premiers versets de la Genèse (essai), Rome, PUG, 1969, 61 p.

Cinq études d'Augustin sur le début de la Genèse (essai), Tournai/Montréal, Desclée & cie/Bellarmin, 1972, 272 p. « Recherches ».

Quand les églises se vident (essai), Tournai/Montréal, Desclée de Brouwer/Bellarmin, 1974, 160 p. Collab.

Dossier patristique sur le divorce. Examen de quelques travaux récents, dans *Science et Esprit*, vol. 24, n⁰ 3, oct.-déc. 1972, p. 285-312 ; vol. 25, n⁰ 1, janv.-avril 1973, p. 99-119.

La Pratique religieuse dans l'Église ancienne, Rel, n⁰ 374, sept. 1972, p. 238-239.

ÉTUDE

[Anonyme], *Quand les églises se vident*, dans *Le Livre canadien*, vol. 5, déc. 1974, n⁰ 346.

PELLERIN, GILLES (1954–   ). Critique et romancier, né à Shawinigan (Saint-Maurice), où il fait ses études au Collège Sainte-Marie et au Cégep (D.E.C., 1973). Il obtient un baccalauréat (1976) et une maîtrise ès arts (1983) à l'Université Laval, et étudie aussi la musique au Conservatoire de Trois-Rivières (1966-1970). À partir de 1976, Gilles Pellerin est, tour à tour, professeur, chroniqueur et critique littéraire. Il se fait connaître à l'émission « Book Club ». Il collabore à plusieurs périodiques : *Livres et Auteurs québécois, Nuit blanche, Estuaire, Nouvelle Barre du jour, Le Devoir*. Il s'intéresse tout particulièrement à la science-fiction. Son recueil de nouvelles, *Les Sporadiques Aventures de Guillaume Untel* (1982) est une suite d'instantanés de voyages. La meilleure nouvelle du livre, selon Paul Gay, est celle qui a pour titre *Miniature*. « Le style descriptif et savant s'accommode ici du parler populaire. [...] Les nouvelles de Gilles Pellerin ne versent pas dans l'extraordinaire, loin de là, mais leur durée dans l'existence ressemble plutôt à un éclair, à un scherzo ».

ŒUVRE

Les Sporadiques Aventures de Guillaume Untel (nouvelles), Hull, Éditions Asticou, 1982, 172 p. « Nouvelles Nouvelles ».

Projet pour une conférence d'Alain Robbe-Grillet à Québec, NBJ, n° 109, janv. 1982, p. 51-59.
Peurs de la nuit, angoisses de tous les jours, dans *Nuit blanche*, n° 7, automne 1982, p. 22-29.
Petite Suite schizophonique, dans *Estuaire*, n° 22, hiver, 1982, p. 12-17.

ÉTUDES

Elisabeth Vonarburg, *Les Aventures sporadiques de Guillaume Untel par Gilles Pellerin*, dans *Solaris*, vol. 8, n° 2, mars-avril 1982, p. 7.
Gilles Cossette, *Les Sporadiques Aventures de Guillaume Untel de Gilles Pellerin*, LQ, n° 27, automne 1982, p. 29-30.
Réginald Martel, *Lectures en diagonale*, Pr, 98ᵉ année, n° 229, 2 oct. 1982, p. C-2.
Paul Gay, *Aux éditions Asticou. Du savant et du simple*, Dr, 70ᵉ année, n° 244, 15 janv. 1983, p. 24.

PELLERIN, JEAN (1917–   ). Essayiste, romancier et dramaturge, né à Grand-Mère (Champlain). Après des études au Juvénat de Sainte-Anne-de-Beaupré et au Séminaire de Trois-Rivières, il travaille quelques années dans un bureau, puis ouvre une boutique d'artisanat à Grand-Mère. En 1945, il déménage à Trois-Rivières où il enseigne les langues à l'École commerciale pratique Côté et à l'École de Papeterie. En 1952, il est nommé directeur du bulletin *Alerte* de la Société Saint-Jean-Baptiste dont il est également secrétaire. Il collabore au *Devoir*, au *Bien public*, à *Notre Temps*, avant de diriger la revue *Cité libre*, de 1964 à 1966. Jean Pellerin est l'auteur de plusieurs textes pour la radio et la télévision, « L'Escroc prodige » (1957), « Les Oiseaux de nuit » (1959), et de la série filmée *Pierre Le Moyne d'Iberville*. Sa première œuvre théâtrale, *Le Combat des élus* (1950), a fait sensation à l'époque puisqu'elle met en scène un meneur de jeu incarné par Satan, à la fois acteur et narrateur et fait appel à la participation des spectateurs. Dans le monde des lettres, Pellerin s'impose surtout par ses essais de journaliste attentif. « Il s'efforce, remarque Charles-Marie Boissonnault, de présenter les faits d'une façon orthodoxe, exacte, juste [...], il peint avec soin et probité les divers aspects de la question dont il traite, relate en toute objectivité événements et faits et, s'il se peut, photographie la réalité ».

ŒUVRES

Le Combat des élus. Allégorie en trois tableaux et un prologue sur la vie du bon père Frédéric apôtre de Notre-Dame du Cap (théâtre), Trois-Rivières, Les Éditions du Nouvelliste, 1950, 102 p. Préface du P. Émile Legault. Présentation d'Yvon Thériault.
Le Diable par la queue. Roman, Montréal, CLF, 1957, 253 p. « NF ».
Escales au bout du monde (récit de voyages), Montréal, [s.é.], 1961, [n.p.].
La Faillite de l'Occident ou le Complexe d'Alexandre (essai), Montréal, Les Éditions du Jour, 1963, 157 p.
Un soir d'hiver. Roman, Montréal, CLF, 1963, 217 p.
Le Calepin du diable. Fables et ineffables, Montréal, Les Éditions du Jour, 1965, 125 p. « IJ ».
Le Canada ou L'Éternel Commencement (essai), Tournai, Casterman, 1967, 226 p. Ill. Carte. « Années tournantes ».

La Jungle du journalisme (essai), Montréal, Lidec, 1967, 182 p. « Cep ».

Pierre Le Moyne d'Iberville (album), Montréal, Éditions Leméac/Éditions Ici Radio-Canada, 1967, [52 p.]; *D'Iberville*, Montréal, Éditions Ici Radio-Canada/Éditions du Jour, 1968, 127 p.

Lettre aux nationalistes québécois (essai), Montréal, Éditions du Jour, 1969, 142 p.

Le 21e siècle est commencé (essai), Montréal, Éditions du Jour, 1971, 126 p.

Le Phénomène Trudeau, [Paris], Seghers, [1972], 234 p.

Au pays de Pépé Moustache (roman), Montréal/Paris, Stanké, 1981, 287 p.

Journal de mon bord (chroniques), Montréal, La Presse, 1983, 229 p.

Jean-Paul II au Canada, Montréal, La Presse, 1984, 140, [14] p. Collab. Jean-Guy Dubuc. Ill.

Les USA achètent le Canada avec notre propre argent, CL, 15e année, no 68, juin–juillet 1964, p. 8–19, 20.

L'État, c'est nous, CL, 15e année, no 81, nov. 1965, p. 2–12.

Verbiage et Mythologie au Canada français, CCL, 17e année, no 2, nov.–déc. 1966, p. 36–50.

ÉTUDES

Jean-Charles Bonenfant, *Le Combat des élus*, C, vol. 12, no 2, juin 1951, p. 198–200.

André Brochu, *Un soir d'hiver*, LAC 1963, p. 31–32.

Albert Doutreloux, *Faillite de l'Occident*, LAC 1963, p. 117–118.

André Melançon, *Le Calepin du diable de Jean Pellerin*, dans *Lectures*, vol. 11, no 9, mai 1965, p. 249–250.

Pierre de Grandpré, *Le Pain de ménage du malheur quotidien*, dans *Dix ans de vie littéraire au Canada français*, Montréal, Beauchemin, 1966, p. 118–121.

Charles-Marie Boissonnault, *Le Canada ou l'Éternel Commencement*, LAC 1967, p. 163–164.

Richard Arès, *Lettre aux nationalistes québécois*, Rel, no 345, janv. 1970, p. 29–30.

Réginald Martel, *Un pélerinage au 19e siècle*, Pr, 87e année, no 49, 27 févr. 1971, p. D-3.

Gilles Normand, *Le Journal de Jean Pellerin. Le goût de la sérénité*, Pr, 99e année, no 106, 7 mai 1983, p. B-3.

PELLETIER, AIMÉ. Voir **VAC, BERTRAND**.

PELLETIER, ALBERT [Paul Bard, Blaise Orlier] (1896–1971). Critique littéraire, né à Saint-Pascal-de-Kamouraska (Kamouraska). Il fait ses études classiques au Collège de Sainte-Anne-de-la-Pocatière (B.A., 1916). Il termine à Montréal, en 1919, des études de droit commencées à Québec et il devient notaire en 1920. Installé dès 1919 au greffe du notaire Guy, à Saint-Jovite, il s'établit à Montréal en 1925; toutefois, pour des raisons de santé, il doit se départir de son greffe en 1926 et devenir fonctionnaire. Sa carrière littéraire débute modestement par des chroniques sur l'éducation dans *Le Canada*, *La Renaissance* et *L'Ordre*. Ses premières critiques littéraires paraissent dans *La Revue moderne*, dirigée par Madeleine Huguenin-Gleason et Olivar Asselin. En 1933, Albert Pelletier fonde la maison d'édition les Elzévirs; *Les Demi-civilisés* de Jean-Charles Harvey est le premier titre à sortir de ses presses. Les querelles autour d'Harvey sont telles qu'Albert Pelletier décide de fonder une autre maison d'édition, Le Totem, où sont publiées les œuvres de Bugnet, de Brien, de Potvin, de Medjé Vézina. En 1935, il crée la revue *Les Idées*, ayant pour collaborateurs Lucien Parizeau, Robert Choquette, Berthelot Brunet, Jean-Charles Harvey, Jean-Marie Nadeau, Roger Brien. De 1935 à 1939, Albert Pelletier y signe de nombreuses critiques sous les pseudonymes de Paul Bard et de Blaise Orlier. À partir de 1945, animateur exceptionnel et conseiller de jeunes écrivains, il cesse d'écrire. « Aux yeux de certains, je m'en doute, écrit Lucien Parizeau, le combat de Pelletier, comme celui d'Olivar Asselin, prend l'allure un peu ancienne, un peu dépaysée qu'ont toujours les réponses à des questions qui ne se posent plus ou qui se posent d'une autre manière. [...] Il reste qu'à un moment précis de notre histoire, Albert Pelletier aura joué avec intelligence, avec intégrité, le rôle ingrat et bienfaisant de *Questionneur*. Il y a des titres de gloire infiniment plus fragiles que les siens ».

ŒUVRES

Carquois (roman), Montréal, Librairie d'Action canadienne-française limitée, 1931, 219 p.

Égrappages (essai), Montréal, Éditions Albert Lévesque, 1933, 234 p.

Anthologie, ECF, no 34, Montréal, HMH, 1972, p. 44–122. Présentation de Lucien Parizeau.

La Course dans l'aurore, dans *La Revue moderne*, 11e année, no 1, nov. 1929, p. 8.

À l'ombre de l'Orford, dans *La Revue moderne*, 11e année, no 3, janv. 1930, p. 4.

Livres et Revues, dans *La Revue moderne*, 12e année, no 3, janv. 1931, p. 10.

Plaisir de lire, dans *La Revue moderne*, vol. 23, no 12, avril 1942, p. 18.

Littérature nationale et Nationalisme littéraire, dans Guy Sylvestre et H. Gordon Green, *Un siècle de littérature canadienne. A Century of Canadian Literature*, Montréal/Toronto, HMH/Ryerson Press, 1967, p. 57–61.

PELLETIER

ÉTUDES

Jean Bruchési, *Livres et Revues*, dans *La Revue moderne*, 12ᵉ année, nᵒ 5, mars 1931, p. 8.

[Anonyme], *Peinture et Littérature*, dans *La Revue moderne*, vol. 24, nᵒ 4, avril 1931, p. 25.

Rex Desmarchais, *Dans le monde des lettres*, dans *La Revue moderne*, 15ᵉ année, nᵒ 4, févr. 1934, p. 8–9.

Lucien Parizeau, *Une nouvelle revue de combat*, dans *L'Ordre*, 2ᵉ année, nᵒ 2, 12 mars 1935, p. 4.

Raymond Bayle, *Les nouvelles qu'il faut lire*, dans *La Revue moderne*, vol. 21, nᵒ 1, mai 1939, p. 35.

Louis Francœur, *Nous sommes un peuple trop riche en «élite»*, dans *La Revue moderne*, vol. 21, nᵒ 5, sept. 1939, p. 18.

Marguerite Wilson, *Son quartier est son univers*, dans *La Revue moderne*, vol. 30, nᵒ 11, mars 1949, p. 27.

Pierre Gaudet, «La Critique littéraire d'Albert Pelletier». Mémoire de maîtrise, Ottawa, Université d'Ottawa, 1968, 230 f.

Lucien Parizeau, *Introduction à l'Anthologie*, ECF, nᵒ 34, Montréal, HMH, 1972, p. 11–19.

Souvenirs et Témoignages, ECF, nᵒ 34, Montréal, HMH, 1972, p. 21–43. Plusieurs auteurs parlent d'Albert Pelletier : Alfred DesRochers, Jovette Bernier, Medjé Vézina, Willie Chevalier, Robert Choquette, Albert Lévesque, Françoise Gaudet-Smet, Clément Marchand, Roger Lemelin.

Alonzo Le Blanc, *L'Œuvre d'Albert Pelletier : une satire sociale des années 1930*, VIP, nᵒ 6, 1973, p. 33–50.

ŒUVRE

Cœurs et Homme de cœur. Conférences. Silhouettes. Nouvelles. Poésies, Montréal, G.A. Dumont, libraire, 1903, 198 p. Ill. de la mère de l'auteur.

Antonio Pelletier (poèmes), dans *Les Soirées littéraires du Château de Ramezay*, Montréal, E. Senécal, 1900, p. 377–381.

Note : Dispersée dans des journaux, l'œuvre entière d'Antonio Pelletier est publiée et présentée dans le livre de Jacques Gouin : *Antonio Pelletier : la vie et l'œuvre d'un médecin et poète hullois méconnu 1876-1917*.

ÉTUDES

Jacques Gouin, *Antonio Pelletier : médecin et poète hullois, membre de l'École littéraire de Montréal (1876-1917)*, dans *Asticou, organe de la Société historique de l'Ouest du Québec*, nᵒ 1, 24 juin 1968, p. 5-13.

Id., *Antonio Pelletier : la vie et l'œuvre d'un médecin et poète hullois méconnu (1876-1917)*, Montréal, Éditions du Jour, 1975, 199 p. Ill. (Comprend de nombreux inédits).

Suzanne Lafrenière, *Quatre poètes du temps passé*, Dr, vol. 64, nᵒ 275, 19 févr. 1977, p. 16.

Id., *L'Amour du passé*, Dr, vol. 65, nᵒ 274, 18 févr. 1978, p. 17.

PELLETIER, ANTONIO (1876-1917). Journaliste et poète, né à Sainte-Anne-de-la-Pérade (Champlain). Fils d'un chirurgien et lieutenant-colonel de milice, Antonio Pelletier, après son cours classique au Collège de Lévis et au Séminaire de Nicolet, étudie la médecine à l'Université Laval à Montréal (diplômé, 1898). Il s'intéresse aussi à la littérature ; depuis 1896, il écrit des vers et les publie dans les journaux de l'époque : *La Presse*, *Le Monde illustré*, *La Patrie*, *Le Samedi*. Sur la recommandation de son ami, Henry Desjardins, Antonio Pelletier est élu membre de l'École littéraire de Montréal, le 3 février 1899 et écrit quelques poèmes qui paraissent surtout dans *La Presse* de Montréal. *Les Soirées du Château de Ramezay* (1900) contiennent trois de ses poèmes : « Claire de lune », « À mon canot », « À un ami ». En 1903, il fait paraître son premier et unique ouvrage, intitulé *Cœurs et Homme de cœur*. Il fait deux séjours à Paris (1900-1902, 1908-1910) et publie ses impressions de voyage dans *Le Journal de Françoise*. Il s'établit par la suite à Hull où il meurt, en 1917. Ouvert à tous les mouvements de pensée de son temps, intéressé à la politique, aux arts, surtout à la poésie, médecin dévoué et littérateur infatigable dans son rôle d'animateur culturel, Antonio Pelletier est un grand sentimental épris de Lamartine et de Musset. En 1975, Jacques Gouin publie une biographie du poète et édite une bonne partie de ses œuvres inédites.

PELLETIER, GÉRARD (1919–). Essayiste, né à Victoriaville (Arthabaska). Il fait ses études classiques aux séminaires de Nicolet et de Mont-Laurier. En 1939, il est nommé secrétaire général de la Jeunesse étudiante catholique. À ce titre il publie, en 1945, *J.E.C. aujourd'hui* qui se veut un outil pratique à l'usage de ceux qui veulent créer une section de ce mouvement. En 1945, Gérard Pelletier visite l'Amérique du Sud comme représentant de l'Action catholique avant d'être nommé secrétaire du « World Student Relief Fund » à Genève (1945-1947). Par la suite il entreprend une carrière de journaliste au *Devoir* (1947-1950), et au *Travail*, organe des syndicats nationaux (1950-1961). En 1950, il fonde avec Pierre Trudeau et Réginald Boisvert la revue *Cité libre*. En 1961, il est nommé directeur de *La Presse* (1961-1965). Il participe également à plusieurs émissions d'affaires publiques à la radio et à la télévision. Élu député à la Chambre des communes en 1965, il occupe divers ministères dans les cabinets de Pearson et de Trudeau. En 1975, il est nommé ambassadeur du Canada à Paris (1975-1981) et aux Nations-Unies (1981-1985). En 1983, il publie ses souvenirs de la décennie 1950-1960, sous le titre *Les Années d'impatience*. « Sa mémoire nous a paru fidèle, écrit André Renaud, ce qui n'empêche ni le trait mordant, ni l'expression acidulée ni le jugement subjectif. Journaliste chevronné, Gérard Pelletier a une plume concise et alerte, très agréable à suivre ». En 1985, paraît le deuxième tome : *Le Temps des choix* au sujet duquel Guy Deshaies écrit : « Gérard Pelletier a relevé le défi en nous faisant découvrir un temps qu'on croyait connaître et qui nous était étranger à bien des égards et en nous plongeant dans une telle ambiance, voire un suspense, que même un étranger ignorant tout de la vie canadienne y trouvera un réel plaisir ».

ŒUVRES

J.E.C. aujourd'hui. Une étude sur le mouvement, Montréal, Centrale de la J.E.C., [1945], 105 p. Traduction portugaise : *10 anos de experienca. Estudo sobre un movimento de Ação catolica*, São Paulo, Editora Fides, 1947.

Histoire des enfants tristes. Un reportage sur l'enfance sans soutien dans la province de Québec, Montréal, L'Action nationale, [1950 ?], 95 p. Ill.

Confederation at the Crossroads (essai), [Saskatoon, University of Saskatchewan, 1965], 12 p.

Crise d'octobre (histoire), Montréal, Éditions du Jour, 1971, 265 p. Traduction anglaise par Joyce Marshall : *The October Crisis*, Toronto, McClelland and Stewart, [1971], 247 p. Ill.

Les Années d'impatience, 1950-1960 (souvenirs), Montréal, Stanké, 1983, 320 p. Traduction anglaise par Alan Brown : *Years of Impatience 1950-1960*, Toronto/ New York, Methuen/Facts on File, 1984, x, 245 p. Ill.

Le Temps des choix, 1960-1968 (souvenirs), Montréal, Stanké, 1985, 320 p. Traduction anglaise par Alan Brown : *Years of Choice 1960-1968*, Toronto, Methuen, 1987.

ÉTUDES

André Renaud, *Les Années d'impatience de Gérard Pelletier*, LQ, nᵒ 33, hiver 1984, p. 77–78.

Guy Deshaies, *Le Temps des choix de Gérard Pelletier*, dans *L'Incunable*, 20ᵉ année, nᵒ 3, déc. 1986, p. 18–19.

PELLETIER, MARYSE (1950–   ). Dramaturge. Elle fait ses études classiques au Collège Saint-Basile au Nouveau-Brunswick. Vers 1970, elle devient comédienne professionnelle et s'installe à Montréal. Vers 1975, elle songe à écrire une pièce. Elle se présente alors chez Jean-Claude Germain qui lui propose plutôt de faire une recherche sur les courriers du cœur au Québec. Ce travail terminé, Germain lui demande d'écrire un texte dramatique. Après quelques années de travail, elle termine *À qui le p'tit cœur après neuf heures et demie ?* qui prend l'affiche au Théâtre d'aujourd'hui, en mars 1980. La pièce remporte beaucoup de succès : « Tentative d'analyse et de compréhension d'une

époque (encore non terminée), écrit André Dionne, le discours de l'auteur relève avec beaucoup de pertinence les divers jupons-cachettes du matriarcat qui, faute de réaliser ses rêves dans un monde phallocratique, continue de pleurer sur des valeurs et des relations périmées ». Par la suite, Maryse Pelletier participe à la composition de quelques pièces collectives : « Mousse » (1981) et « Mon homme » (1982). À l'été de 1982, on présente sa deuxième pièce, *Du poil aux pattes comme les CWACS* qui met en scène cinq femmes pendant la Seconde Guerre mondiale qui rêvent d'une forme d'aventure que l'armée semble pouvoir combler. La même année, on joue « Léda ou Le cheval qui rêve », qui présente l'histoire d'une femme du troisième âge. « Le personnage manque de consistance », écrit André Dionne. Sa quatrième pièce qu'elle signe seule, *Duo pour voix obstinées*, remporte à la fois le grand prix du théâtre du Journal de Montréal et le prix du Gouverneur général. Adrien Gruslin la considère comme « sa plus intéressante (parce qu'elle) s'attaque à une psychologie de personnage résolument moderne ».

ŒUVRES

Du poil aux pattes comme les CWACS. Théâtre, Montréal, VLB éditeur, 1983, 158 p. Ill.

À qui le p'tit cœur après neuf heures et demie ? Théâtre, Montréal, VLB éditeur, 1984, 159 p. Ill.

Duo pour voix obstinées. Théâtre, Montréal, VLB éditeur, 1985, 114 p. Ill.

ÉTUDES

Martial Dassylva, *De l'interprétation à l'écriture dramatique*, Pr, 96ᵉ année, nᵒ 58, 8 mars 1980, p. D-1.

André Dionne, *Le théâtre qu'on joue. À qui le p'tit cœur après neuf heures et demie ?*, LQ, nᵒ 18, été 1980, p. 36.

Id., *le théâtre qu'on joue. Mousse*, LQ, nᵒ 21, printemps 1981, p. 34.

Murray Maltais, *Maryse Pelletier. Une psychologie de l'amour romantique*, Dr, 69ᵉ année, nᵒ 181, 31 oct. 1981, p. 27.

Martial Dassylva, *Un cheval qui rêve et qui rote*, Pr, 98ᵉ année, nᵒ 147, 26 juin 1982, p. B-6.

André Dionne, *Le théâtre qu'on joue. Du poil aux pattes comme les CWACS*, LQ, nᵒ 26, été 1982, p. 48.

Id., *Le théâtre qu'on joue. Léda ou Le cheval qui rêve*, LQ, nᵒ 27, automne 1982, p. 49.

Id., *Le théâtre qu'on joue. Mon homme*, LQ, nᵒ 28, hiver 1982, p. 54.

Marthe Lemery, « *Du poil aux pattes comme les CWACS* ». *Le Vécu des «femmes soldats»*, Dr, 71ᵉ année, nᵒ 258, 8 janv. 1983, p. 27.

A[ndré] G[ruslin], *Duo pour voix obstinées*, dans *Le Livre d'ici*, vol. 10, nᵒ 10, juillet-août 1985, p. 14.

PELLETIER, PIERRE (1946–   ). Poète, dramaturge et essayiste, né à Hull. Il fait ses études collégiales à l'Université d'Ottawa (B.A. et B.Ph., 1968). Il poursuit des études en philosophie à la même institution où il obtient une maîtrise en 1976. À partir de 1972, il travaille à l'Université d'Ottawa, d'abord au Service des étudiants et, depuis 1982 comme directeur de l'Éducation permanente. Pierre Pelletier est connu comme peintre et il a plusieurs expositions solos à son compte. Il est également critique d'art dans *Le Droit* et poète. En 1975, en collaboration avec Georges Tissot et Serge Fuertes, il publie *En passant*. En 1979, il signe seul *Temps de vies*. Selon André-G. Bourassa, il n'y a « rien de faux dans ce texte qui est tout ouverture et toute sincérité ». En 1986, paraît *Zinc or. Poèmes* que Yolande Grisé qualifie de « trésor intime de la terre ». Il écrit aussi un scénario pour la télévision intitulé « La Bête... » qui est présenté à Radio-Canada au printemps de 1980. L'année suivante, il publie *Victor Blanc*, « pièce attachante », selon André-G. Bourassa.

ŒUVRES

En passant (poésie), [Hull, s.é.], 1975, [n.p., 100 p.]. Collab. Georges Tissot et Serge Fuertes. Dessins de Guy Laliberté.

Temps de vies (poésie), Ottawa, EUO, 1979, 69 p. Ill. de Marc-Antoine Nadeau. « L'Astrolabe ».

Victor Blanc. La Bête ou un caprice des temps. Entre deux rangs (théâtre), Ottawa, EUO, 1981, 101 p.

Pierre Pelletier. Du 17 mai au 28 mai 1982. Galerie éducative de La Salle (catalogue d'exposition), Ottawa, La Galerie, 1982, 8 p. Ill.

Zinc or. Poèmes, Ottawa, Éditions du Vermillon, 1986, 46 p. Préface de Yolande Grisé.

ÉTUDES

André-G. Bourassa, *Poèmes de veille, poèmes du temps*, Dr, 66ᵉ année, nᵒ 280, 24 févr. 1979, p. 20.

Éliane Gaudet, *Les Papiers peints de Pierre Pelletier*. « Une pratique irréductible », Dr, 67ᵉ année, nᵒ 69, 16 juin 1979, p. 20.

Gaétan Plamondon, *Pierre Pelletier. Temps de vies*, LAQ 1979, p. 158–159.

Richard Giguère, *La Poésie acadienne et ontarienne de langue française. Un pari pour la vie*, LQ, nᵒ 22, été 1981, p. 32–35.

Paul Gay, *La Peur dans l'œuvre de Pierre Pelletier*, Dr, 69ᵉ année, nᵒ 135, 5 sept. 1981, p. 16.

Anne Carrier, *Pierre Pelletier. Victor Blanc*, LAQ 1981, p. 187–188.

André-G. Bourassa, *Une langue pour le lecteur et une pour le spectateur ?*, LQ, nᵒ 27, automne 1982, p. 46–48.

PELLETIER-BAILLARGEON, HÉLÈNE (1932–   ). Journaliste, née à Montréal. Elle fait son cours classique au Collège Jésus-Marie d'Outremont (B.A., 1953). En 1954, elle obtient une maîtrise en littérature, dont le mémoire porte sur « La Jeune Fille dans l'œuvre de Francis Jammes », à l'Université de Montréal où elle fait aussi la scolarité du doctorat, après quoi elle poursuit à Paris des recherches en linguistique et en stylistique (1957–1959). De 1962 à 1974, journaliste à la revue *Maintenant*, elle est rédactrice, attachée à la direction, puis directrice. Elle collabore ensuite à *Châtelaine, Critère, Relations, Communauté chrétienne, Le Devoir, Le Jour*... Ses nombreux articles d'intérêt culturel, religieux, politique, social, ses conférences sur des thèmes d'éducation, de condition féminine... lui ont créé une réputation enviable. En outre, elle est membre du Conseil d'administration du Musée des beaux-arts de Montréal (1976–1979), membre du Conseil supérieur de l'éducation du Québec (1977–1981), et elle est nommée conseillère politique au cabinet du ministre de l'Éducation en 1981. En 1979, elle réunit dans *Le Pays légitime* cinquante-quatre articles de vingt ans d'action journalistique. Anne Légaré lui reproche des manques de rigueur et même d'exactitude, mais elle ajoute qu'elle garde « de ses écrits et de l'auteur une émotion chaleureuse ». « Ses thèmes de prédilection, écrit Albert Brie, s'inscrivent dans l'actualité des grands enjeux rencontrés au cours de la politisation récente des Québécois ».

ŒUVRES

La Régulation des naissances : précis de la méthode sympto-thermique, Montréal, Éditions du Jour, 1963, 157 p. Collab. Jacques Baillargeon. Préface de Roland Simard. (Édition révisée).

Le Carmel de Montréal : ses racines, sa spiritualité, sa vie (essai), Montréal, Fides, 1977, 69 p. Ill. de Linda Watts. Préface de Fernand Dumont.

Le Pays légitime (essai), Montréal, Leméac, 1979, 253 p. Ill. de Kéro. Préface de Jacques Grand'Maison. « À hauteur d'homme ».

Robert Cliche (biographie), Montréal, Quinze Éditeur, 1980, 188 p. Collab.

Marie Gérin-Lajoie (biographie), Montréal, Boréal Express, 1985, 383 p. (40 p. de photos hors-texte).

Femmes du monde ou Femmes mondaines?, M, n° 25, janv. 1964, p. 12–13.

Du Bill 16 à la sainte règle, M, n° 28, avril 1964, p. 128–129.

Femme-prêtre à Montréal, M, n°ˢ 31–32, juillet–août 1964, p. 229–230.

Qu'est devenu le Père Lévesque, M, n° 34, oct. 1964, p. 308–309.

Les Juifs qui sont-ils?, M, n° 38, févr. 1965, p. 54–57.

Anticléricalisme: un tremplin, M, n° 42, juin 1965, p. 195–197.

Journalistes catholiques, M, n°ˢ 43–44, juillet–août 1965, p. 256.

Un concile pour le deuxième sexe?, M, n° 53, mai 1966, p. 145–149.

Les Parents et la Liberté religieuse, M, n°ˢ 55–56, juillet–août 1966, p. 234–235.

Les Juifs et le Rapport parent, M, n° 57, sept. 1966, p. 284–286.

Lettre aux évêques, M, n° 63, mars 1967, p. 108.

L'Avortement: de Salomon à P.E. Trudeau, M, n° 73, janv.-févr. 1968, p. 3.

De nouveau «non à l'avortement», M, n° 76, avril–mai 1968, p. 107.

Dossier Pointe-St-Charles, M, n° 84, mars 1969, p. 80.

Que reste-t-il de notre prière d'hier, M, n° 98, août–sept. 1970, p. 236.

Les Premières Retombées du Bill 63, M, n° 99, oct. 1970, p. 244.

Les Chartrand: trente ans du Québec, M, n° 109, oct. 1971, p. 260.

Derrière le paravent de la confessionnalité scolaire, M, n° 110, nov. 1971, p. 308.

Le Rapport Dumont, M, n° 112, janv. 1972, p. 12–17.

30 octobre: le Non du Québec, M, n° 119, oct. 1972, p. 4.

Foi et Enracinement, dans *Critère*, n° 10, janv. 1974, p. 154.

Avons-nous encore une éthique sexuelle?, dans *Cahiers de recherche éthique. Une nouvelle morale sexuelle?*, n° 3, 1976, p. 5–12.

Combat pour la langue, dans *Cistre* (Belgique), n° 1, 1977, p. 39.

Libérer ce désir, dans *Possibles*, vol. 4, n° 2, hiver 1980, p. 103.

ÉTUDES

Madeleine Ouellette-Michalska, *Des voix chaudes venues de froids pays*, Ch, vol. 20, n° 6, juin 1979, p. 6.

Albert Brie, *Hélène Pelletier-Baillargeon. La passion d'une militante; la lucidité d'un témoin*, dans *Le Livre d'ici*, vol. 4, n° 47, 28 août 1979, p. 1.

Anne Légaré, *Hélène Pelletier-Baillargeon. Le Pays légitime*, LAQ 1979, p. 320–322.

PÉLOQUIN, CLAUDE (1942–   ). Poète, né à Montréal. Grand voyageur, il parcourt le monde dès la fin de ses études classiques (B.A., 1961). Instigateur et membre de l'ex-groupe de «L'Horloge», Claude Péloquin participe à plusieurs spectacles d'avant-garde et donne de nombreux récitals de poésie. En 1965–1966, il est le poète-théoricien des «Zirmates», groupe de recherches et d'intégration en vue d'un art total. La «Poésie», selon Claude Péloquin, c'est la liberté des grands branle-bas et des secousses sismiques des dedans sans bornes. C'est en ce sens que Paul Chamberland écrit: «La rhétorique et le beau langage lui sont aussi étrangers que la diligence pour l'astronaute. Il est à la recherche d'un langage total qui serait la mise au jour éblouissante des ‹dessous› du langage et de la conscience: un discours qui dirait la pénétration, la révélation de toutes les dimensions du dedans et du dehors, de l'arrière-conscience à l'arrière-réel». En 1963, paraît son premier livre, *Jéricho*, publié à compte d'auteur, alors qu'il travaille dans une imprimerie comme apprenti. Par la suite, il publie d'autres plaquettes à compte d'auteur avant que paraissent, sans trop de publicité, ses *Œuvres complètes* chez Beauchemin de 1976 à 1979. En 1982, Ivanhoé Beaulieu écrit: «Il y a une fascination propre à l'occultation des choses produites par leur envahissement: nul autre poète québécois ne peut se vanter comme Péloquin d'avoir fait autant de récitals de poésie, de disques et chansons à succès, d'avoir épuisé les tirages de presque tous ses recueils, d'avoir fait illustrer son œuvre par Pellan ou Cosgrove». À la parution de *La Paix ou la Folie* (1985), André Lamontagne ne peut s'empêcher de noter «son extrême suffisance, sa prétention à la vérité ainsi que [sa production] des pires clichés». Mais Péloquin pour sa part considère qu'il n'a rien à aller chercher ailleurs.

ŒUVRES

Jéricho. Poèmes, [Montréal], Publication Alouette, 1963, 34 p.

Les Essais rouges (poésie), [Montréal], Publication Alouette, 1964, 68 p.

Calorifère (poésie), Montréal, [Chez l'auteur], 1965, 44 p.

Manifeste subsiste (poésie), Montréal, [s.é.], 1965, [n.p.].

Les Mondes assujettis (poésie), Montréal, Collection Métropolitaine, 1965, [n.p., 73 p.]. Ill.

Manifeste infra [*suivi des*] *Émissions parallèles* (poésie), Montréal, L'Hexagone, 1967, [n.p., 77 p.].

Le Fouuuuuuuu, Santa Barbara (Calif.), Unicorn Press, 1969, 1 f.

Pour la grandeur de l'homme (poésie), Montréal, (Chez l'auteur), 1969, [n.p.]; Les Éditions de l'Homme, 1971, 125 p.

Le repas est servi (prose), [Montréal], Chez l'auteur, 1970, 123 p.

Mets tes raquettes (prose), Montréal, Les Éditions La Presse, 1972, 166 p.

Un grand amour (poésie), Montréal, Éditions Immédiates, 1972, [n.p.].

Amuses Crânes. Aphorismes, 1963–1973, Montréal, [Chez l'auteur], 1974, [portefeuille, n.p., 96 f.]. Dessin original de Raymond Dupuis. (Tirage limité).

Ballade d'Abitibi ou Une histoire d'amour. Conte, Châteauguay, Éditions Michel Nantel, 1974, [n.p., 8 f.]. Sérigraphie de Jacques Hurtubise. (Tirage limité).

Les Chômeurs de la mort (poésie), Montréal, Mainmise, 1974, 141 p. Ill.

Éternellement vôtre (poésie), Montréal, Éditions du Jour, 1974, 127 p. «PJ».

Le Premier Tiers, 1942–1975. Document bio-bibliographique audio-visuel, [Montréal, Chez l'auteur], 1975, [emboîtage].

Entrée en matière, [Montréal], Chez l'auteur, 1976, [n.p., 39 p.]. Ill.

Œuvres complètes (1942 à 1975). Le Premier Tiers, Montréal, Librairie Beauchemin Limitée, 1976, 3 vol. : *Volume I, Les Mondes assujettis, Manifeste Infra suivi des Émissions parallèles, Chômeurs de la mort*, 314 p. Ill. ; *Volume II, Jéricho, Manifeste subsiste, Les Amuses Crânes*, 148 p. ; *Volume III, Calorifère, Les Essais rouges, Pour la grandeur de l'homme*, 291 p.

Pellan-Pellan, Montréal, Éternité, 1976, [portefeuille, n.p., 5 f.]. Lithographie de Pellan.

Inoxydables, [Montréal], Beauchemin, 1977, 159 p. ; Éditions La Frégate, 1977, [portefeuille, n.p., 100 p.]. Ill. de Jordi Bonet. (Dans un portefeuille en métal).

Œil pour œil (exposition), Montréal, Le Musée des beaux-arts de Montréal/Librairie Beauchemin limitée, 1977, 14 p. Ill. Préface de Germain Lefebvre.

L'Autopsie merveilleuse (poésie), Montréal, Beauchemin, 1979, 205 p.

La Philharmonie du plaisir (poésie), [Montréal ?, s.é.], 1980, [portefeuille, n.p., 34 f.]. Eaux-fortes de Stanley Cosgrove.

Le Cirque sacré (poésie), [Montréal, s.é.], 1981, [portefeuille, n.p., 26 f.], Eaux-fortes d'Alfred Pellan. (Édition de luxe).

Delirium concerto (poème), [Québec], Chez l'auteur, 1982, [portefeuille, n.p., 7 f.]. Eaux-fortes d'Alfred Pellan.

Une plongée dans mon essentiel (poésie), LaSalle, Éditions Hurtubise HMH limitée, 1982, [portefeuille, 121 f.]. Avec 2 lithographies originales de Fernand Toupin.

Préface de Roger Lemelin ; Montréal, Guernica, 1985, 119 p.

La Paix et La Folie (poésie), [Montréal], Leméac, 1985, 231 p. «Poésie Leméac».

Manifeste vélo, PP, vol. 3, n° 9, avril 1966, p. 48–56.

Témoignages d'écrivains, Ef, vol. 3, n° 3, août 1967, p. 302–307.

[*Témoignages...*], dans *La Poésie canadienne-française*, Montréal/Paris, Fides, 1969, p. 583–587. «ALC» 4.

DISCOGRAPHIE

Les Chants de l'éternité, Montréal, 1977, Polydor 2424 156, 33⅓ tours. Musique de Michel Le François, paroles de Claude Péloquin.

L'Ouverture du paradis, [Montréal], 1979, London LFS-9030, 33⅓ tours. Musique de Jean-Pierre Goussaud, paroles de Claude Péloquin.

ÉTUDES

Jean Marcel, *Les Trompettes de Jéricho*, AN, vol. 54, n° 3, nov. 1964, p. 278–279.

Max Laroche, *Les Mondes assujettis de Claude Péloquin*, LAC 1965, p. 82.

Paul Chamberland, *Nous ne sommes pas au monde : Giguère, Péloquin*, PP, vol. 3, n° 7, févr. 1966, p. 59–61.

Id., *Faire le voyage. Entretien avec Claude Péloquin*, PP, vol. 3, n° 9, avril 1966, p. 38–45.

Gérald Godin, *Pélo, c'est un Happening*, MM, vol. 7, n° 5, mai 1967, p. 81.

Guy Robert, *Le repas est servi de Claude Péloquin*, LAQ 1970, p. 143–144.

Robert Saint-Amour, *Pour la grandeur de l'homme*, LAQ 1971, p. 154.

Denis Tremblay, *Claude Péloquin ne hait plus, ne fume plus, mais parle encore*, dans *Montréal-Matin*, vol. 45, n° 121, 3 nov. 1974, p. 17.

Georges-Hébert Germain, *Pélo ! Creuser sa vie et y enterrer la mort*, Pr, 90ᵉ année, n° 268, 9 nov. 1974, p. C-4.

André-G. Bourassa, *Prolongements du surréalisme*, LAQ 1974, p. 361–375, surtout p. 365–368.

Conrad Bernier, *Ce serait triste, un Québec sans Claude Péloquin*, Pr, 92ᵉ année, n° 110, 8 mai 1976, p. D-2.

Paul Dumas, *Une entreprise peu ordinaire du poète Claude Péloquin*, dans *L'Information médicale et paramédicale*, 16 nov. 1976, p. 28.

André-G. Bourassa, *Claude Péloquin. Le Premier Tiers*, LAQ 1976, p. 130–134.

Joseph Bonenfant, *Péloquin, l'œuvre. Beauchemin est en train de rééditer l'œuvre de Claude Péloquin. Les Lettres québécoises ont invité Joseph Bonenfant à faire une relecture de ce poète et à nous faire ses commentaires*, LQ, vol. 1, n° 7, août–sept. 1977, p. 42–46.

Alain Houle, *Inoxidable et Éternel Claude Péloquin*, Dev, vol. 69, n° 237, 15 oct. 1977, p. 42.

André-G. Bourassa, *Garneau, Duguay, Péloquin. Des poèmes pour chanter*, Dr, 66ᵉ année, n° 36, 6 mai 1978, p. 19.

Id., *Les Poètes de la musique*, LQ, vol. 1, n° 11, sept. 1978, p. 32–37.

Marthe Lemery, *Claude Péloquin mis à nu. Une ode vibrante à l'immortalité*, Dr, 67ᵉ année, n° 190, 10 nov. 1979, p. 20.

Normand de Bellefeuille, *Claude Péloquin. L'Autopsie merveilleuse*, LAQ 1979, p. 159–160.

Ivanhoé Beaulieu, *Lire Péloquin dans l'immédiat*, Pr, 98ᵉ année, n° 7, 9 janv. 1982, p. C-2.

PENNARUN, MADELEINE. Voir **LAROCHE, MADELEINE.**

PEOTTI, FRANCINE [née Tremblay] (1939–   ). Poète, née à Verdun (Île-de-Montréal). Elle fait ses humanités au Pensionnat de Joliette, au Collège Marguerite-Bourgeoys de Westmount, et les termine par un baccalauréat en philosophie (1960) à l'Université de Montréal où elle obtient ensuite une licence en philosophie (1961) pour un mémoire intitulé « Dialectique et Vitalisme chez Hegel et Bergson ». Elle fait la scolarité du doctorat (1962), termine un C.A.P.E.S. en philosophie et histoire (1965), participe à des séminaires de philosophie et de littérature. En 1978, elle s'inscrit à l'Université du Québec à Montréal et prépare une maîtrise en histoire dont la thèse porte sur la culture colonisée et ethnocentriste du Québec de 1945 à 1975. Elle voyage beaucoup : Israël, Mexique et Amérique centrale, Europe, Afrique du Nord. Enseignante, elle travaille à la Commission des écoles catholiques de Montréal (1961–1965), à l'École des beaux-arts (1966–1967), à l'Université du Québec à Montréal (1969–1970), à l'Université de Montréal (1970–1971), et régulièrement à la Régionale de Chambly, à compter de 1965, en philosophie, méthodologie et histoire. Elle collabore à *La Barre du jour, La Nouvelle Barre du jour* et *Possibles*. Les deux livres qu'elle publie en 1979 et en 1980, *La Phallaise* et *Passeport blasphématoire pour l'hiver québécois*, relèvent de la recherche formelle. « Il s'agit, écrit Antonio D'Alphonso, d'une poésie complexe, conçue comme un casse-tête dont les pièces sont démises de leur contexte habituel. Pourtant, [...] la musicalité des vers parvient à nous faire oublier l'hermétisme ».

ŒUVRES

La Phallaise. Prose sédimentaire, Montréal, Le Biocreux, 1979, 259 p.
Poèmes 1. Passeport blasphématoire pour l'hiver québécois, Montréal, Le Biocreux, 1980, 67 p. « Poésie ».

ÉTUDES

Louise Anaouïl, *Phallaise ou falaise ?*, dans *Le Livre d'ici*, vol. 4, nº 31, 9 mai 1979, p. 1.
Édouard Lachapelle, *Francine Péotti philosophe et romancière parle à Édouard Lachapelle*, dans *Regards sur Israël*, vol. 7, nºs 8–9, mai–juin 1979, p. 14–15.
Madeleine Ouellette-Michalska, *Raconter sa vie au fil de l'encre*, Ch, vol. 20, nº 7, juillet 1979, p. 10.
Louise Dupré, *Francine Péotti. Passeport blasphématoire pour l'hiver québécois*, LAQ 1980, p. 110–111.

Antonio D'Alphonso, *Péotti (Francine). Poèmes I. Passeport blasphématoire pour l'hiver québécois*, dans *Nos livres*, vol. 12, juin–juillet 1981, nº 307.

PÉPIN, ALICE. Voir **BENOÎT, MADAME EMMANUEL-PERSILLIER.**

PÉPIN, PIERRE-YVES (1930–   ). Essayiste et géographe, né à Montréal. Après avoir exercé divers métiers, il s'inscrit à l'Université de Montréal où il obtient un diplôme en géographie. Il étudie aussi à l'École pratique des Hautes Études (Paris) et à Rennes où il reçoit un doctorat. Professeur à l'Institut d'urbanisme de l'Université de Montréal vers 1965, il met sur pied le projet « Les Hommes dans la métropole à la recherche d'une ville à vivre ». Au milieu des années 1970, il quitte l'enseignement et devient consultant. Par la suite, Pierre-Yves Pépin publie les deux premiers volumes d'une trilogie intitulée « Le Nautilus héliotrope » : *L'Homme essentiel* (1975) et *L'Homme gratuit* (1977), trilogie qu'il complète en 1984 par *L'Homme éclaté*. Selon *Le Livre canadien*, « il s'agit d'un genre littéraire où les nuances de pensée sont sacrifiées à l'humour, l'ironie, le paradoxe et la caricature. En un style incisif, original, parfois recherché et obscur, l'auteur fait réfléchir sur les travers humains accentués par les défauts de la civilisation matérielle ».

ŒUVRES

Milieux, genres de vie ruraux et pauvreté dans les Maritimes (rapport de recherche), Ottawa, Ministère des Forêts et du Développement rural (Imp. de la Reine), 1967, [2], vi, 171 p. Ill. Cartes. Traduction anglaise : *Life and Poverty in the Maritimes*, Ottawa, Ministry of Forestry & Rural Development, 1967, xiv, 230 p.
Le Royaume du Saguenay en 1968. Recherche effectuée à la requête de la Direction générale du développement rural (essai), [Ottawa, Imprimeur de la Reine, 1969], xi, 435 p. Ill. Cartes.
L'Homme essentiel, suivi de *La Ville introuvable de l'homme perdu. Essais*, Montréal, L'Hexagone, 1975, 110 p. (Le Nautilus héliotrope, vol. 1).
L'Homme gratuit. Essais, Montréal, L'Hexagone, 1977, 216 p. (Le Nautilus héliotrope, vol. 2).
L'Homme éclaté. Essais, Montréal, L'Hexagone, 1984, 101 p. (Le Nautilus héliotrope, vol. 3).
La Terre émue (essai), Montréal, Triptyque, 1986, 58 p.

ÉTUDES

[Anonyme], *L'Homme essentiel*, dans *Le Livre canadien*, vol. 6, nov. 1975, nº 348.

PÉPIN

Conrad Bernier, *Pierre-Yves Pépin*, « *J'étais en danger de mort* », Pr, 93ᵉ année, nº 228, 24 sept. 1977, p. D-2.

Yvon Bonenfant, *L'Homme gratuit*, dans *Nos livres*, vol. 9, fév. 1978, nº 57.

PÉPINOT. Voir **BOISVERT.**

PERCHE, JEAN DU. Voir **GIROUX,** JEAN-FRANÇOIS.

PÉRISCOPE. Voir **BILODEAU,** ERNEST.

PERRAULT, JOSEPH-FRANÇOIS (1753–1844). Historien, pédagogue et essayiste, né à Québec. Fils d'un commerçant, il fait ses études secondaires au Petit Séminaire de Québec. De 1773–1780, il travaille au commerce familial en Louisiane. De retour à Québec en 1780, il s'établit à Montréal et s'intéresse vivement à la vie culturelle. Il devient acteur dans des troupes d'amateurs, notamment celle de Quesnel (1789–1790). Grâce à l'appui de son ami Pierre-Amable De Bonne, autre membre de la troupe de Quesnel et conseiller exécutif, il est nommé greffier à la Cour du banc du Roi, à Québec, en 1795, ce qui l'identifie aux intérêts pro-britanniques et lui attire l'antipathie du parti canadien. Député à l'Assemblée législative de 1796 à 1804, il présente en 1801 un premier projet de loi sur l'instruction publique. Il participe aussi à la fondation de deux journaux : *Le Courier* [*sic*] *de Québec*, en 1806, et *Le Vrai Canadien*, en 1810. Pendant toute cette période, de violentes polémiques opposent Perrault aux chefs canadiens, plus particulièrement à Pierre Bédard. Perrault tente de mieux faire connaître le système parlementaire en traduisant, en 1803, la *Lex Parlamentaria* ; il prépare aussi, à la même époque, son *Dictionnaire portatif et abrégé des lois et règles du parlement provincial* (1806). À partir de 1820, Perrault se consacre principalement au développement de l'instruction à Québec. Au commencement du XIXᵉ siècle, le nombre des illettrés atteignait des proportions alarmantes : à peine une personne sur dix savait lire et écrire. Le système scolaire proposé par le gouverneur Milnes en 1801, connu sous le nom d'Institution royale pour l'avancement des sciences, se révélait inefficace et injuste à l'égard des Canadiens français. En 1820, Perrault lance l'idée d'une association bénévole pour venir en aide à la jeunesse. Il fonde La Société d'éducation de Québec (1821), accueille plusieurs centaines d'élèves, érige une école primaire, rue des Glacis, faubourg Saint-Jean, organise une autre école primaire pour les garçons en 1829, rue d'Artillerie, faubourg Saint-Jean, et fonde, en 1823, La Société d'école britannique et canadienne de Québec qui s'installe au faubourg Saint-Roch pour aider surtout les élèves pauvres. Perrault opte pour la méthode mutuelle et le système d'enseignement de Joseph Lancaster. Les quelques subventions d'État qu'il reçoit ne suffisent pas, et ses écoles soutenues de ses fonds cessent de fonctionner en 1837. Au cours de ces années, il publie son *Cours d'éducation élémentaire* (1822) et son *Manuel pratique de l'École élémentaire française* (1829), un *Traité d'agriculture* (1831) et un *Abrégé de l'histoire du Canada* en cinq volumes parus entre 1832 et 1836 ; un « Cours d'étude du commerce » (1837) n'a pas été publié. Tous ces ouvrages témoignent de son dévouement à la cause scolaire. Joseph-François Perrault est donc l'un des premiers à s'occuper activement de l'organisation du système scolaire dans la province de Québec, et de l'amélioration du français parlé et écrit, objectifs préconisés dans le vibrant plaidoyer que présente sa brochure : *Moyens de conserver nos institutions, notre langue et nos lois* (1832). En 1834, à la suggestion du gouverneur Lord Aylmer, il publie son autobiographie. Protonotaire de Québec de 1802 à 1844, il fut mêlé à l'histoire judiciaire des embarras financiers de Philippe Aubert de Gaspé pour qui il accepta de se porter caution. À sa mort, Napoléon Aubin écrit : « le pays a fourni en abondance d'éloquents orateurs, d'habiles jurisconsultes, de profonds politiques, de savants écrivains, d'actifs et de probes industriels, combien a-t-il produit de philanthropes pratiques du genre du vénérable patriarche de Québec ? » Joseph-François Perrault, appelé « le père de l'éducation à Québec », a grandement contribué, par son action, ses méthodes pédagogiques et ses écrits, au progrès de l'école française au Bas-Canada.

ŒUVRES

Le Juge à paix et Officier de paroisse, pour la province de Québec. Extrait de Richard Burn, Montréal, Fleury

Mesplet, imprimeur, 1789, 561 p. Traduit par Jos F. Perrault.

Mémoire en cassation du testament de Mr. Simon Sanguinet, écuyer, seigneur de la Salle, & c. précédé du testament, [Montréal], Chez Fleury Mesplet, [1791], 20 p.

Lex Parliamentaria ou Traité de la loi et coutume des parlements, montrant leur antiquité, noms, espèces et qualités des trois états, et de la dignité & excellence des Parlements, leur pouvoir et autorité, de l'élection des membres de la Chambre des Communes en général, leurs droits, devoirs, et le mode d'élections, des retours en parlements, le devoir des shériffs et autres officiers à cet égard, [...], Québec, P.E. Desbarats, 1803, xvi, 421 p. Traduit en français par Jos. F. Perrault.

Dictionnaire portatif et abrégé des lois et règles du Parlement provincial du Bas Canada, depuis son établissement par l'acte de la 31e année du règne de Sa Très Gracieuse Majesté George III, ch. XXXI jusques et compris l'an de Notre Seigneur 1805, Québec, Chez John Neilson, 1806, 96 p.

Questions et Réponses sur le droit civil du Bas-Canada dédiées aux étudiants en droit, [Québec, s.é.], 1810, [10], 386 p. Préface de l'auteur.

Formules des ordres que l'on délivre le plus communément pour les termes inférieurs de la Cour du banc du roi, en tournée, [Québec, s.é. 1812], [5], 33 p.

Manuel des huissiers de la Cour du banc du Roi, du district de Québec, dans la province de Québec, Québec, Imprimé par C. LeFrançois, 1813, 76 p.

Questions et Réponses sur le droit criminel du Bas-Canada, Québec, Imprimé par C. LeFrançois, 1814, 491 p.

Cours d'éducation élémentaire à l'usage de l'école gratuite, établie dans la cité de Québec en 1821, Québec, Imprimé à la Nouvelle Imprimerie, 1822, 172 p.

Nouvelle méthode pour apprndre [sic] *la langue angloise avec facilité, expédition et aeconomie* [sic] *introduite dans l'école gratuite à Québec*, [s.l., s.é.], 1823.

Extraits ou Précédents tirés des registres de la Prévosté de Québec, et dédiés aux Honorables juges, aux gens du roi, aux avocats, procureurs, et praticiens de la province du Bas-Canada, Québec, Imprimé par Thomas Cary & Co., 1824, 88 p.

Extraits ou Précédents des arrests tirés des registres du Conseil supérieur de Québec, et dédiés a Son Honneur Sir Francis Nathaniel Burton, Lieutenant-Gouverneur, et aux autres Honorables Membres de la Cour d'appel de la province du Bas-Canada, Québec, Imprimé par Thomas Cary & Co., 1824, 78 p.

Manuel pratique de l'École élémentaire française, Québec, [s.é.], 1829, 47 p.

Plan raisonné d'éducation générale et permanente, le plus propre à faire la prospérité du Bas-Canada, en égard à ces circonstances actuelles, Québec, [s.é.], 1830, 9 p.

Premiers Élément [sic] *pour montrer à lire en français aux enfants de l'âge le plus tendre*, Québec, C. LeFrançois, 1830, 61 p.

Tableau alphabétique de mots de trois syllabes, à l'usage des écoles élémentaires françaises, Québec, Imprimé chez C. LeFrançois, imprimeur-libraire, 1830, 50 p.

Abrégé de l'histoire du Canada, Québec, Thomas Cary, 1831, 250 p.

Traité d'agriculture adapté au climat du Bas-Canada, Québec, Imprimé par Fréchette & Cie, 1831, 69, iii p. ; *Traité d'agriculture pratique, IIe partie. De la grande et moyenne culture adaptée au climat du Bas-Canada*, Montréal, [s.é.], 1865, 2 vol. : vol. 1, 91 p. ; vol. 2, 196 p. Ill. Avant-propos de l'auteur.

Abrégé de l'histoire du Canada, en quatre parties, à l'usage des écoles élémentaires, 1re partie : Depuis sa découverte jusqu'à sa conquête par les Anglais en 1759 et 1760, 80 p. ; *IIe partie : Depuis sa conquête, par les Anglais, en 1759 et 1760, jusqu'à l'établissement d'une Chambre d'Assemblée en 1792*, Québec, P. & W. Ruthven, 1832, 160 p. ; 1832 ; 1843 ; *IIIe partie : Depuis l'établissement d'une Chambre d'Assemblée jusqu'à l'année 1815*, Québec, P. & W. Ruthven, 1833, 197 p. ; *IVe partie : Depuis le départ du Général Provost jusqu'à celui du comte Dalhousie*, Québec, P. & W. Ruthven, 1833, 164 p. Le volume contient une section à part, *Abrégé de l'histoire du Canada, en cinq parties, Cinquième partie : Depuis le départ du comte Dalhousie jusqu'à l'arrivée du Lord Gosford et des Commissaires royaux*, Québec, P. Ruthuen, 1836, 244 p. (Il ne s'agit que de la cinquième partie de l'ouvrage).

Code rural à l'usage des habitants tant anciens que nouveaux du Bas-Canada, concernant leurs devoirs religieux et civils, d'après les lois en force dans le pays, Québec, Imprimerie de Fréchette & Cie, 1832, iii, 31 p.

Moyens de conserver nos institutions, notre langue et nos lois, Québec, Imprimerie Fréchette & Cie, 1832, 32 p. ; Montréal, Réédition-Québec, 1968. (Réédition en fac-similé de l'édition de 1832).

Biographie de Joseph-François Perrault, protonotaire de la cour du Banc du Roi pour le district de Québec, écrite par lui-même à l'âge de quatre-vingts ans, sans lunettes, à la suggestion du Lord Aylmer, gouverneur en chef du Bas et du Haut-Canada, Québec, Thomas Cary & Cie, 1834, 41 p. ; (Paru aussi dans Philippe-Baby Casgrain, *La Vie de Joseph-François Perrault, surnommé le Père de l'éducation du peuple canadien*, Québec, Darveau, 1898, 177 p.).

Quatre années en Parlement. Aux électeurs du comté de Richelieu, [Montréal?, s.é.], 1867?], 27 p.

ÉTUDES

Prosper Bender, *Old and New Canada, 1743-1844. Historic Scenes and Social Pictures or the Life of Joseph-François Perrault*, Montréal, Dawson, 1882, xi, 291 p.

Philippe-Baby Casgrain, *La Vie de Joseph-François Perrault, surnommé le Père de l'éducation du peuple canadien*, Québec, Darveau, 1898, 177 p.

Id., *Joseph-François Perrault*, BRH, vol. 5, n° 6, 1899, p. 175-176.

Id., *Ouvrages publiés par Joseph-François Perrault*, BRH, vol. 20, n° 1, 1914, p. 20-23.

Marine Leland, *Joseph-François Perrault, années de jeunesse, 1753-1783*, RUL, vol. 13, nᵒˢ 2-3, 5-9, 1958-1959.

Louis-Philippe Cormier, *Quatre lettres inédites de Joseph-François Perrault*, RUL, vol. 17, nᵒ 6, 1963, p. 508-519.

Jean-Jacques Jolois, *Joseph-François Perrault (1753-1844) et les Origines de l'enseignement laïque au Bas-Canada*, Montréal, PUM, 1969, 268 p.

Louis-Philippe Audet, *Histoire de l'enseignement au Québec 1608-1840*, Montréal, Holt, Rinehart and Winston, 1971, xv, 432 p., surtout p. 365.

PERRAULT, PIERRE (1927-   ). Dramaturge, cinéaste et poète, né à Montréal. Il fait ses études classiques aux Collèges de Montréal, André-Grasset et Sainte-Marie (B.A., 1948). À l'Université de Montréal, il étudie le droit, puis passe un an à Paris, suit des cours d'histoire et s'inscrit par la suite au cours de droit international à Toronto. Reçu avocat, il ne pratique le droit que peu de temps, étant plutôt attiré par la poésie et le cinéma. Déjà au Collège Sainte-Marie, il collabore, avec Hubert Aquin et Marcel Dubé, aux *Cahiers d'Arlequin*, journal étudiant dans lequel parut son premier poème dramatique : « Les Pierres en vrac ». *Le Quartier latin* du 22 octobre 1948 publie un autre de ses poèmes, « Nadja II », suivi de plusieurs articles sur Sartre et Gide. Il débute à la télévision de Radio-Canada avec trois sketches, inspirés par Vermeer, Renoir et Picasso : « La Lettre », « La Loge » et « Le Repas frugal ». Il s'illustre ensuite par ses pièces « L'Anse aux hussards » (juillet 1958) et *Au Cœur de la rose* (novembre 1958). En 1959-1960, Pierre Perrault dirige la réalisation de treize films constituant l'émission télévisée « Au pays de Neuve-France ». Les commentaires de ces films donneront plus tard la matière aux récits *Toutes Isles*. Toujours cinéaste autant que poète, l'auteur crée films et poèmes. En 1960, Radio-Canada présente sa pièce « Vent d'est ». L'année suivante paraît son premier recueil de poèmes, *Portulan*, suivi, en 1963, de *Toutes Isles*, chroniques de terre et de mer. Une série de textes radiophoniques — « Les hommes chantent la mort », « Filet crevé » — chantent la grandeur et la misère de l'être humain. Paraissent ensuite *Ballades du temps précieux*, le deuxième recueil de poésie de Perrault, auxquelles s'ajouteront par la suite des chansons :

« Chansons des voyageurs du temps passé en vain », « J'habite une ville »... En 1963, les Apprentis Sorciers créent *Au Cœur de la rose*. Pièce en trois actes, publiée l'année suivante avec les illustrations de Pierre Sabourin, elle mérite le prix du Gouverneur général. Les mêmes Apprentis Sorciers monteront à Monaco, en 1965, une autre pièce de Perrault, « C'est l'enterrement de Nicodème, tout le monde est invité ». Les événements d'octobre 1970 lui inspirent *En désespoir de cause*, poèmes à la fois violents et nostalgiques et *Gélivures ou Couteaux tirés* (1977). C'est dans le long métrage documentaire que sa vision poétique s'exprime davantage : « Pour la suite du monde », réalisé en 1963 avec Michel Brault, « Le Règne du jour » en 1966 avec Bernard Gosselin et Jean-Claude Labrecque, « Le Beau plaisir » en 1969 avec Bernard Gosselin et Michel Brault, « Les Voitures d'eau » en 1969 avec Bernard Gosselin et Monique Fortier, « Un pays sans bon sens » en 1970 avec Bernard Gosselin, « L'Acadie, l'Acadie » en 1971 avec Michel Brault. Pierre Perrault remporte le prix du Grand Jury des lettres canadiennes (section poésie) pour *Portulan* et le prix Duvernay en 1968 ; en même temps, ses films lui valent de hautes récompenses dans de nombreux festivals internationaux. Poète de la forme et de l'image, Pierre Perrault est avant tout poète de la terre, « Poète de l'expression spontanée d'un quotidien collectif », d'après Yves Lacroix, poète des exploits héroïques, et aussi poète de l'œuvre et du visage de l'homme, comme le traduit Jean Marcel : « En dépit de ce thème majeur du pays, fondamental dans son œuvre, Pierre Perrault se situe en dehors de la trajectoire lyrique du recours au pays ; il est, si l'on peut oser le dire, le classique de cette ‹ école ›. Ce n'est pas seulement le Québec que Perrault chante, c'est, par-delà son terroir, semble-t-il, la forêt du Finlandais, l'île du Cingalais, la mer du Polynésien, bref, chaque parcelle précise de terre d'où l'homme tire son visage et son humanité. La patrie n'est qu'une distance à défendre ; le pays est un espace intérieur à conquérir. Nul, malgré l'universalité de ce thème, n'a pourtant mieux saisi que Perrault l'âme de notre peuple et l'orbite de notre histoire ».

ŒUVRES

Portulan (poésie), Montréal, Librairie Beauchemin Limitée, 1961, 107 p.

Ballades du temps précieux. Poèmes, Montréal, Essai, 1963, [n.p.]. Dessins d'Anne Treze ; 1965, [n.p., 139 p.].

Toutes Isles. Chroniques de terre et de mer, Montréal, Fides, 1963, 91 p. Ill. ; 1967, 231 p. « BCF ».

Au cœur de la rose. Pièce en trois actes. Deuxième version, Montréal, Beauchemin, 1964, 127 p. Ill. de Claude Sabourin ; Lidec, 1969.

Le Règne du jour (scénario), Montréal, Éditions Lidec Inc., 1968, 161 p. Collab. Bernard Gosselin et Yves Leduc. Ill.

Les Voitures d'eau (scénario), [Montréal], Leméac, 1969, 171 p. Collab. Bernard Gosselin et Monique Fortier.

En désespoir de cause. Poèmes de circonstances atténuantes, Montréal, Édition Parti Pris, 1971, 80 p.

Un pays sans bon sens (scénario), Montréal, Éditions Lidec, 1972, 243 p.

L'Art et l'État (essais), Montréal, Éditions Parti Pris, 1973, 103 p. Collab. Robert Roussil et Denys Chevalier. Ill.

Chouennes. Poèmes 1961-1971, Montréal, Éditions de l'Hexagone, 1975, 317 p.

Discours sur la condition sauvage et québécoise (essai), Montréal, Lidec, 1977, 106 p. Photos et textes rassemblés par Pierre Perrault.

Gélivures (poésie), Montréal, Éditions de l'Hexagone, 1977, 209 p.

La Bête lumineuse. Transcriptions des dialogues et commentaires, Montréal, Nouvelle Optique, 1982, 253 p. Collab. Suzanne Allard, Yvan Dubuc, Yves Gendron, Martin Leclerc et Philippe Martel. Ill. de Martin Leclerc.

Caméramages (essai), [Montréal]/ Paris, Éditions de l'Hexagone/ Edilig, 1983, 127 p. Ill.

Le Saint-Laurent/ Mia et Klaus, [Montréal], Libre Expression, 1984, 225 p. Ill. Traduction anglaise par Diana Lesley Webb : *The St. Lawrence/ Mia and Klaus*.

De la parole aux actes. Essais, Montréal, L'Hexagone, 1985, 435 p. Ill.

Noël ancien dans une vallée nouvelle (poème), Dev, vol. 53, n° 300, 22 déc. 1962, p. 9, 11.

Chanson des voyageurs du temps passé en vain (poème), dans *Lettres et Écritures*, vol. 1, n° 1, 1963, p. 21-30.

J'habite une ville (poème dramatique), L, vol. 5, n° 4, 1963, p. 375-384.

[Témoignages]..., dans *La Poésie canadienne-française*, Montréal/ Paris, Fides, 1969, p. 558-561, « ALC » 4.

Prendre la parole pour briser le silence, dans *L'Art et l'État*, Montréal, PP, 1973, p. 65-101.

L'Apprentissage de la haine, dans *L'Homme dans son nouvel environnement*, Rimouski, Université du Québec à Rimouski, 1974, p. 17-48.

À propos des voitures d'eau, dans Gérard Harvey, *Marins du Saint-Laurent*, Montréal, Éditions du Jour, 1974, p. 245-310.

ÉTUDES

Michel Van Schendel, *Portulan*, LAC 1961, p. 34.

Pierre Pagé, *Pierre Perrault : Toutes Isles*, dans *Lectures*, vol. 9, n° 10, juin 1963, p. 260-262.

Guy Robert, *Ballades du temps précieux de Pierre Perrault*, LAC 1963, p. 51.

Jean Marcel, *Pierre Perrault, poète*, AN, vol. 54, n° 8, avril 1965, p. 815-821.

Alice Parizeau, *Pierre Perrault, le plus célèbre de nos cinéastes*, Ch, vol. 10, n° 9, sept. 1969, p. 26-27, 51-52, 54-55.

Pierre Perrault, cinéaste du Québec, Montréal, 1970, 58 p. « Conseil québécois pour la diffusion du cinéma ». Collab.

Yves Lacroix, *Petite misère du scripteur radiophonique*, VIP, n° 4, 1971, p. 83-98.

Id., « Poète de la parole. Pierre Perrault... ». Mémoire de maîtrise, Montréal, Université de Montréal, 1972, 112 f.

Émile Lizé, *Au cœur de la rose de Pierre Perrault*, Col, vol. 2, n° 2, avril 1972, p. 20-31.

Michel Brûlé, *Pierre Perrault ou Un cinéma national*, Montréal, PUM, 1974, 153 p.

Yves Lacroix, « *Le Chant des hommes* » de Pierre Perrault, parole de l'empremier, VIP, n° 8, 1974, p. 39-66.

Jocelyne Tessier, « La Poésie de Pierre Perrault ». Mémoire de maîtrise, Ottawa, Université d'Ottawa, 1975, xxiv, 252 f.

Robert Mélançon, *Pierre Perrault. Chouennes*, LAQ 1975, p. 97-99.

André-G. Bourassa, *Un Perrault ancien et un Chamberland nouveau*, LQ, vol. 1, n° 1, mars 1976, p. 10-12.

Philippe Haeck, *Discours sur la condition sauvage et québécoise. Dire des merveilles*, Dev, vol. 69, n° 46, 26 févr. 1977, p. 17-18.

Luc Bouvier, *Pierre Perrault. Gélivures*, LAQ 1977, p. 174-178.

Jocelyne Tessier, *Gélivures de Pierre Perrault. Une épopée du nord québécois*, Dr, 65e année, n° 274, 18 févr. 1978, p. 16.

[Anonyme], *Pierre Perrault*, VI, vol. 3, n° 3, avril 1978, p. 353-407. (Numéro spécial).

Jean Royer, *Pierre Perrault. L'homme essaie par le poème de se situer dans l'univers*, Dev, vol. 70, n° 70, 24 mars 1979, p. 21-22.

Luc Perrault, *On m'empêche de tenir le discours sur le pays. Pierre Perrault*, Pr, 96e année, n° 93, 19 avril 1980, p. D-1.

Nathalie Petrowski, *Pierre Perrault. La culture ça commence avec le pain*, Dev, vol. 71, n° 151, 5 juillet 1980, p. 13, 15.

Richard Gay, *La Bête lumineuse. Un retour en force de Pierre Perrault*, Dev, vol. 73, n° 239, 16 oct. 1982, p. 17, 32.

Murray Maltais, *La Bête lumineuse. Le temps d'une chasse à l'original*, Dr, 70e année, n° 180, 30 oct. 1982, p. 17.

PERRAULT, ROBERT-BERNARD (1951-   ). Essayiste, né à Manchester (É.-U.). Il fait ses études collégiales au Saint Anselm College de Manchester, qu'il complète à l'École de l'Alliance française et à l'Institut catholique de Paris (B.A., 1972). De retour aux États-Unis, il obtient une maîtrise au Rhode Island College en 1981, pour trois mémoires sur la littérature franco-américaine : *La Presse franco-américaine et la Politique* (1981), *Elphège-J. Daignault et le Mouvement sentinelliste à Manchester, New Hampshire* (1981), et *Joseph Laferrière : écrivain lowellois* (1982). De 1973 à 1975, il est recherchiste et interviewer en histoire orale pour la Manchester Historic Association. À partir de 1975, il est bibliothécaire-archiviste de l'Association canado-américaine et directeur du périodique *Le Canado-*

Américain. Son ouvrage *One Piece in the Great American Mosaic : The Franco-Americans of New England*, paru d'abord dans *Le Canado-Américain*, en 1976, a été réédité plusieurs fois en anglais et en français. Très actif dans les milieux franco-américains de la Nouvelle-Angleterre, Robert Perrault étudie les racines de la culture française de sa région.

ŒUVRES

One Piece in the Great American Mosaic : The Franco-Americans of New England (essai), Lakeport, New Hampshire, André Paquette Associates, 1977, 43 p. Traduction française : *Un fragment de la grande mosaïque américaine : les Franco-Américains de la Nouvelle-Angleterre*, dans *Le Canado-Américain*, 1977-1979.

The Restoration and Rededication of Weston Observatory (essai), Manchester, New Hampshire, Weston Observatory Restoration Committee, 1978, 31 p. Ill.

Elphège-J. Daignault et le Mouvement sentinelliste à Manchester, New Hampshire, Bedford, New Hampshire, National Materials Development Center for French and Creole, 1981, ii, 243 p. Ill.

La Presse franco-américaine et la Politique : l'œuvre de Charles-Roger Daoust, Bedford, New Hampshire, National Materials Development Center for French and Creole, 1981, 102 p. Ill.

Joseph Laferrière, écrivain lowellois, Manchester, New Hampshire, National Materials Development Center for French and Creole, 1982, 186 p.

Impressions personnelles d'un voyage socio-culturel en France, dans *Le Canado-Américain*, vol. 6, n° 1, 1980, p. 18-22.

Affirmation ou Assimilation (essai), dans *Les Francos de la Nouvelle-Angleterre* (anthologie), Creusot, L'Arc/Centre d'Action culturelle et de l'organisme « Langue, Culture et Communications », 1981, p. 69-72.

L'Escalier interdit (nouvelle), dans *Les Francos de la Nouvelle-Angleterre* (anthologie), Creusot, L'Arc/Centre d'Action culturelle et de l'organisme « Langue, Culture et Communications », 1981, p. 107-111.

ÉTUDES

Denise S. Jones, *One Piece in the Great American Mosaic by Robert B. Perrault*, dans *Revue de Louisiane/Louisiana Review*, vol. 7, n° 1, été 1978, p. 95-96.

Émile J. Talbot, *One Piece in the Great American Mosaic by R.B. Perrault*, dans *Contemporary French Civilization*, vol. 4, n° 2, hiver 1980, p. 291-293.

PERRIER, LUC (1931-). Poète, né à Sainte-Famille de l'Île-d'Orléans (Montmorency). Il fait ses études au Collège de Saint-Jean (1943-1946), et

à l'Institut Lucien Boyer (Montréal, 1946-1949). Ensuite, il suit, à Toronto, des cours de conversation anglaise, et des cours libres de lettres et de philosophie (1951-1952), et il fait deux ans de comptabilité au Sir George Williams College (1955-1957). D'abord propriétaire d'un comptoir de musique à Montréal (1950-1951), il devient commis de bureau (1953-1957) puis comptable à Montréal, de 1957 à 1975, et à Sainte-Julie à compter de 1975. Son premier recueil de poésie, *Des jours et des jours* (1954), ouvre la collection « Les Matinaux » de l'Hexagone. Un second recueil, *Du temps que j'aime*, ne paraît qu'en 1963. Luc Perrier publie aussi dans *Liberté*, *Europe* et *Commune mesure* (France). Auteur peu prolifique, il se fait remarquer par un art direct et discret. Sur les thèmes de la nature, du temps et du goût de vivre, Perrier utilise en particulier le procédé d'énumération pour composer, dans des vers courts et un phrasé d'une apparente simplicité, des images et un chant aux résonances souvent profondes. « L'œuvre de Perrier, écrit Gilles Marcotte, se construit dans la négation totale des données romantiques. Cette voix très pure, qui ne ressemble à aucune autre, ne s'élève jamais plus haut qu'elle ne doit ». « Un poète d'une rare limpidité, aussi fragile qu'intense », disent Laurent Mailhot et Pierre Nepveu.

ŒUVRES

Des jours et des jours (poésie), Montréal, Les Éditions de l'Hexagone, 1954, 30 p. « Les Matinaux ».

Du temps que j'aime (poésie), Montréal, Les Éditions de l'Hexagone, 1963, 47 p.

Connaissance d'une ville, L, vol. 5, n° 28, juillet-août 1963, p. 339-342.

L'Antoine atout, L, vol. 6, n° 34, juillet-août 1964, p. 287-290.

Droit à la mort, dans *Poetry-Australia*, n° 16, juin 1967, p. 50.

Introduction, Québec, L'Écriture des saisons, dans *Europe*, 47e année, nos 478-479, févr.-mars 1969, p. 197-198.

Nos heures, Nul point fixe au cœur solaire, Une croix de l'arbre, Pièces à conviction, Au point de l'aile, Une feuille d'ombre et lumière, L, nos 71-72, sept.-déc. 1970, p. 33-40.

Écrire, L, n° 73, mai 1971, p. 37-42.

L'État de la poésie, L, nos 79-80, avril 1972, p. 40-50.

Poèmes, dans *Commune Mesure* (Paris), n° 8, août 1973, p. 23-30.

ÉTUDES

Gilles Marcotte, *Le Temps des apprentissages. Des jours et des jours par Luc Perrier*, Dev, vol. 45, n° 163, 17 juillet 1954, p. 6.

Id., *Poèmes de la vie quotidienne*, Pr (supplément), 80e année, n° 75, 28 mars 1964, p. 6.

E.-A. Grenier, *Du temps que j'aime de Luc Perrier*, So, vol. 67, nº 106, 2 mai 1964, p. 24.

Yolande Chéné, *Du temps que j'aime de Luc Perrier*, So, vol. 67, nº 112, 8 mai 1964, p. 12.

Vincent Thérien, *Du temps que j'aime de Luc Perrier*, LAC 1964, p. 60-61.

Maximilien Laroche, *Du temps que j'aime de Luc Perrier*, LAC 1964, p. 61-62.

Paul Gay, *La Jeune Poésie*, Dr, vol. 56, nº 97, 20 juillet 1968, p. 12.

Gilles Marcotte, *Luc Perrier*, dans *Le Temps des poètes*, Montréal, HMH, 1969, p. 148-151.

PERROT, NICOLAS (1644-1717). Mémorialiste, né en France vers 1644, fils d'un lieutenant de justice. Perrot arrive en Nouvelle-France en 1660 comme donné des Jésuites ; il visite plusieurs tribus indiennes et apprend leurs langues. En 1667, il forme une société commerciale pour la traite des fourrures et visite diverses nations dans la région du Wisconsin. En 1670, l'intendant Talon lui demande d'accompagner, en tant qu'interprète, Daumont de Saint-Lusson, commissaire délégué auprès des tribus dans la région du lac Supérieur. Il fait des voyages dans l'Ouest jusqu'en 1696, commande le poste à la Baie Verte (1685) et fonde les forts de Saint-Antoine et de Saint-Nicolas (1689). À la suite de l'édit qui supprime les congés de traite et ordonne la fermeture des postes de l'Ouest en 1696, Perrot s'établit sur sa concession à Bécancour. Pendant les années de sa retraite, il prépare des mémoires sur la situation des tribus indiennes de l'Ouest. De ces mémoires adressés à l'intendant Michel Bégon, un seul a été publié en 1864. Les autres mémoires ont été insérés pour la plupart, par Le Roy de La Potherie dans le volume 2 de son *Histoire de l'Amérique septentrionale* (1701). Ils renferment un récit de la guerre des Iroquois contre les nations d'en haut et les Illinois, ainsi qu'une relation des trahisons fréquentes dont les Amérindiens, surtout les Hurons et les Outaouais, s'étaient rendus coupables. Dans les *Mémoires sur les mœurs, coustumes et relligion des sauvages de l'Amérique septentrionale*, il n'y a que peu de repères chronologiques. Perrot aussi laisse transpercer son mépris envers les « sauvages ». Il demeure cependant que ce récit est le meilleur témoignage de la situation des Amérindiens dans la dernière moitié du XVIIᵉ siècle. « Il raconte, écrit Claude Perrault, ce qu'il sait, ce qu'il a vu de ses propres yeux, sans prétention littéraire [...]. L'évidente imperfection de la forme est amplement rachetée par la vérité et l'exactitude de ses renseignements ».

ŒUVRE

Mémoires sur les mœurs, coustumes et relligion des sauvages de l'Amérique septentrionale, publié pour la première fois par le R.P.J. Tailhan de la Compagnie de Jésus, Leipzig et Paris, Librairie A Franck, 1864, viii, 342, xxxix p. Ill. Cartes. (Texte, p. 1-156, notes, p. 157-341) ; New York, The Johnson Reprint Corporation, 1968, (fac-similé de l'édition de 1864) ; The Hague, Mouton, 1968 (fac-similé de l'édition de 1864) ; Montréal, Éditions Élysée, 1973 (fac-similé de l'édition de 1864). Traduction anglaise par Emma H. Blair : *The Indian Tribes of the Upper Mississippi Valley and Region of the Great Lakes*, Cleveland, The Arthur Clark Company, 1911-1912, 2 vol. : vol. 1, 1911, 372 p. ; vol. 2, 1912, 412 p. Ill. Cartes. Préface du traducteur.

ÉTUDES

Gérald Malchelosse, *Nicolas Perrot au fort Saint-Antoine*, CD, vol. 17, 1952, p. 111-136.

Raymond Douville, *Quelques Notes inédites sur Nicolas Perrot de sa famille*, CD, vol. 28, 1963, p. 43-62.

John Hare, *Les Canadiens français aux quatre coins du monde*, Québec, Société historique de Québec, 1964, p. 40.

Claude Perrault, *Perrot, Nicolas*, DBC, t. 2, 1966, p. 540-543.

PERSAN. Voir **DUGAS, MARCEL.**

PESTIEAU, JOSEPH (1938-   ). Philosophe et anthropologue, né à Froidchapelle (Belgique). Il fait ses humanités classiques au Collège de Bonne-Espérance (B.A., 1956), fait deux années d'études universitaires de droit (1957-1959), puis étudie la philosophie à l'Université de Louvain (licence et première épreuve du doctorat, 1959-1962), et fréquente la London School of Economics (1962-1963). Il obtient son diplôme de doctorat de Louvain, en 1973 ; émigré au Canada en 1963, il suit des cours d'anthropologie à l'Université de Montréal (1974-1977) et obtient une maîtrise pour une thèse intitulée « Guerres et Paix sans État » (1977). À partir de 1963, il est professeur de philosophie au Collège de Saint-Laurent où il occupe aussi les postes de directeur de département, directeur général adjoint... En outre, il est chargé de cours à l'Université du Québec (1970) et à l'Université de Montréal (1979), il collabore à divers périodiques tels *Sciences religieuses, Philosophiques, Dialogue...* Son *Essai contre le défaitisme politique* (1973) n'est pas très goûté par André Vachet pour qui, en dépit de « l'intuition souvent vaste et profonde », la pensée sombre facilement dans la banalité et « un éclectisme de mauvais aloi ». Le lecteur ne peut, cependant, rester indifférent « tant est fort le pouvoir de suggestion » de l'ouvrage. *L'Espoir incertain* (1983) est un essai sur le conditionnement socio-culturel de la liberté « mené avec maîtrise », selon Henri-Paul Bergeron. Et Robert Vigneault écrit : « On trouvera, dans ce livre, des développements substantiels, articulés avec une rare précision ».

ŒUVRES

Essai contre le défaitisme politique. Imagination politique et intelligence économique, Montréal, PUM, 1973, 255 p.

L'Espoir incertain, Essai sur le pouvoir, Montréal, Hurtubise HMH, 1983, 283 p. « Sciences de l'homme et Humanisme » ; Louvain-la-Neuve, Éditions de l'Institut supérieur de philosophie, 1984, « Essais philosophiques ».

Guerres et Paix sans État, anarchie et ordre coutumier (essai), Montréal, L'Hexagone, 1984, 138 p. « Positions philosophiques ».

ÉTUDES

André Vachet, *Joseph Pestieau. Essai conte le défaitisme politique*, LAQ 1973, p. 303.

Henri-Paul Bergeron, *Pestieau (Joseph). L'Espoir incertain : essai sur le pouvoir*, dans *Nos livres*, vol. 14, déc. 1983, nᵒ 5486.

Robert Vigneault, *S'avancer vers la liberté*, LQ, nᵒ 35, automne 1984, p. 71–72.

Michel Pilon, *Pestiau (Joseph). Guerres et Paix sans État, anarchie et ordre coutumier*, dans *Nos livres*, vol. 16, mai 1985, nᵒ 6188.

PETIT, JEAN-CLAUDE (1943–   ). Théologien et essayiste, né à Montréal. Il fait des études classiques au Collège de Saint-Laurent (B.A., 1964), puis à la Faculté de théologie de l'Université de Montréal (licence, 1968). En 1969, il est à Fribourg, à l'Université Albert-Ludurgs, où il termine, en 1973, une thèse sur Tillich ; l'étude paraîtra en volume, l'année suivante, chez Fides. À partir de 1973, il est professeur à la Faculté de théologie de l'Université de Montréal où on lui confie la responsabilité des programmes de perfectionnement en études catéchétiques. « Toute l'œuvre de Tillich, écrit-il, est de montrer comment Dieu et l'homme s'appartiennent déjà en quelque manière. Dans sa *Systematic Theology*, son effort s'appellera : méthode de corrélation ». C'est dans cette perspective que Jean-Claude Petit s'est appliqué dans sa thèse à démontrer d'une manière cohérente et claire la philosophie de la religion de Paul Tillich.

ŒUVRES

La Philosophie de la religion de Paul Tillich. Genèse et évolution. La période allemande 1919–1933 (essai), Montréal, Fides, 1974, 252 p. « Héritage et Projet ».

Artisans d'une Église nouvelle. Communautés et ministères, Paris, Éditions du Cerf, 1976, 82 p. Collab. Jean Rigal.

L'Homme en mouvement : le sport, le jeu, la fête, sociologie, philosophie, théologie, Montréal, Fides, 1976, 210 p. Éditeur avec Maurice Boutin et Éric Volant.

Répertoire bibliographique sur l'herméneutique, avec une section consacrée à H.-G. Gadamer, [Montréal], Université du Québec à Montréal, Département de philosophie, 1984, 79 p.

La « Méthode de corrélation » de Paul Tillich. Quelques remarques, dans *Science et Esprit*, vol. 26, nᵒ 1, janv.–avril 1974, p. 145–159.

La Seconde Évangélisation de Jacques Grand'Maison, dans *Le Livre canadien*, vol. 7, févr. 1974, nᵒ 54.

L'Enseignement religieux au secondaire et la Formation des maîtres, Dev, vol. 67, nᵒ 284, 2 août 1974, p. 4.

Fernand Guimet. Existence et Éternité, dans *Science et Esprit*, vol. 26, nᵒ 3, oct.–déc. 1974, p. 451–453.

PETIT, JEAN-PIERRE [Jean-Pierre Petits] (1947–   ). Poète né à Saint-Marc-sur-Richelieu (Verchères). Il fait ses études classiques au Séminaire de Saint-Hyacinthe (B.A., 1968), puis il obtient, à l'Université de Montréal, un baccalauréat spécialisé (1971) et une maîtrise en histoire (1974) pour un mémoire sur l'« Histoire de l'industrie automobile au Canada ». Entré au service du ministère des Affaires extérieures du Canada, il est nommé diplomate en poste à Bangkok (Thaïlande), de 1974 à 1976, en Afrique du Nord jusqu'en 1979, et à San José (Costa Rica) en 1980. Son premier livre, *Le Bel Ici* (1972), est un recueil de poèmes « bien équilibré », lit-on dans *Le Livre canadien*, « habité d'une espérance irréductible », et qui « laisse pressentir une âme en ‹ immense harmonie › avec son univers ». Un second recueil, *L'Île fortunée*, paraît en 1977. En 1982, *La Terrasse du roi lépreux*, sorte de poème épique sur Angkor, enthousiasme Michel Beaulieu : « L'essentielle simplicité de la poésie de Jean-Pierre Petits témoigne de la profondeur de sa vision du monde [...]. Voilà une poésie majestueuse à tous égards, bouleversante de simplicité, dont les images fulgurantes sont faites pour émouvoir, pour émerveiller. [...] La voix de Jean-Pierre Petits est l'une des moins connues dans son propre pays ; elle est pourtant l'une des plus hautes ».

ŒUVRES

Le Bel Ici. Poèmes, Montréal, Fides, 1972, 121 p. « Voix québécoises ».

L'Île fortunée (poésie), Montréal, Hurtubise HMH, 1977, 127 p. « Sur parole ».

La Terrasse du roi lépreux. Poèmes, Ville LaSalle, Hurtubise HMH, 1982, 118 p. Sous le nom de Petits. Ill. de Mario Arroyabe. «Sur parole».

ÉTUDES

[Anonyme], *Petit (Jean-Pierre). Le Bel Ici*, dans *Le Livre canadien*, vol. 5, janv. 1974, n° 27.
Michel Beaubien, *À travers le Cambodge*, dans *Le Livre d'ici*, vol. 7, n° 52, 29 oct. 1982, p. 2.
Antonio D'Alphonso, *Petits (Jean-Pierre). La Terrasse du roi lépreux*, dans *Nos livres*, vol. 13, déc. 1982, n° 479.

PETITCLAIR, PIERRE [Labrador, Rialctitep] (1813-1860). Dramaturge, poète et pédagogue, né à Saint-Augustin-de-Portneuf. Après quelques années d'études à l'école de Joseph-François-Perrault (au Faubourg Saint-Louis de Québec), il entre au Petit Séminaire de Québec, en octobre 1825. En 1829, il devient commis au greffe judiciaire, et trois ans plus tard, grâce à son ami François-Xavier Garneau, il est copiste dans l'étude d'Archibald Campbell où il travaille jusqu'en 1837. L'année suivante, il est engagé comme précepteur chez Guillaume-Louis Labadie, enrichi dans le commerce des pelleteries. Chargé de l'éducation de douze enfants, il accompagne la famille dans ses nombreux déplacements. Il ne revient que rarement à Québec pour régler les affaires de ses éditions ou pour assister à la représentation de ses pièces. Il meurt le 15 août 1860 à l'Anse-aux-Dunes, sur la Côte Nord, selon plusieurs contemporains; mais un parent, Joseph Savard, prétend qu'il est décédé à Point-au-Pot près du Labrador. Les critiques s'accordent sur les dons exceptionnels de Petitclair: vivement intéressé aux mathématiques et à la philosophie, compétent en musique et en chant, poète et bon comique, excellent en peinture et en calligraphie. On le regarde comme l'un des esprits les plus cultivés de son temps. Il écrit des poèmes teintés déjà d'un romantisme lamartinien, des récits de circonstance inspirés de sa propre vie, et surtout des pièces de théâtre qui lui valent la distinction d'avoir été, avec Quesnel, un des premiers auteurs comiques du Canada français. Farce en trois actes, *Griphon ou La Vengeance d'un valet* (1837) est essentiellement une comédie d'aventures, de même que *La Donation*, pièce légèrement ironique en deux actes, créée le 16 novembre 1842 par les Amateurs typographes de Québec et souvent jouée par la suite. *Une partie de campagne* (1856) s'approche davantage de la comédie de caractères et traite du même travers canadien-français que *L'Anglomanie ou Le Dîner à l'anglaise* de Joseph Quesnel.

Seuls les titres de deux autres pièces de théâtre nous sont parvenus: «Qui trop embrasse mal étreint» (sans doute, le premier titre du Griphon) et «Le Brigand». Petitclair ne vise qu'à amuser, et il le fait dans un style allègre et coloré. Cependant, il multiplie exagérément les quiproquos et les imbroglios, ce qui retarde le développement de l'intrigue. L'ensemble de son œuvre — poésie, récits, comédies — est, au Québec, à l'origine de ce que Casgrain appelle «la littérature nationale».

ŒUVRES

Griphon ou La Vengeance d'un valet. Comédie en trois actes, À Québec, Chez William Cowan, imprimeur, 1837, 90 p.
Une partie de campagne. Comédie en deux actes, Québec, Imprimé et publié par Joseph Savard, typographe, 1865, 61 p. Préface de Joseph Savard.

Le Revenant (récit en vers), dans *Le Canadien*, vol. 2, n° 2, 27 juillet 1831, p. 1. (Signé d'initiales «P.P.»).
Comédie (prospectus de «Qui trop embrasse mal étreint»), dans *Le Canadien*, vol. 6, n° 78, 7 nov. 1836, p. 2. (Il s'agit probablement de la pièce intitulée par la suite *Griphon ou La Vengeance d'un valet*).
Le Bon Parti (poème), dans *Le Télégraphe*, vol. 1, n° 3, 24 mars 1837, p. 1. (Six couplets d'octosyllabes chantés sur l'air «Que j'aime à voir les hirondelles»).
Le Somnambule (poème), écrit en 1835 et reproduit dans James Huston, *Le Répertoire national*, 1848, vol. 1, p. 278; 1893, vol. 1, p. 322.
Sombre est mon âme comme vous (poème), dans *Le Fantasque*, vol. 2, n° 11, 1er oct. 1829, p. 81; dans James Huston, *Le Répertoire national*, 1848, vol. 2, p. 126-127.
Une aventure au Labrador (récit), dans *Le Fantasque*, vol. 2, n° 46, 2 nov. 1840, p. 361-363; n° 47, 9 nov. 1840, p. 369-374; dans James Huston, *Le Répertoire national*, 1848, vol. 2, p. 150-162; 1893, vol. 2, p. 175-187.
La Donation (comédie), dans *L'Artisan*, vol. 1, n°s 20-24, 15, 19, 22, 26 et 29 déc. 1842; dans James Huston, *Le Répertoire national*, 1848, vol. 2, p. 234-270; 1893, vol. 2, p. 262-304.
Pauvre soldat! qu'il doit souffrir (poème), dans *L'Artisan*, vol. 1, n° 15, 28 nov. 1842, p. 1; dans James Huston, *Le Répertoire national*, 1848, vol. 2, p. 281; 1893, vol. 2, p. 315-316.
À Flore (poème), dans *L'Artisan*, vol. 1, n° 19, 12 déc. 1842, p. 1; dans James Huston, *Le Répertoire national*, 1848, vol. 2, p. 227-228; 1893, vol. 2, p. 255-256.
Le Règne du Juste (poème), dans *L'Artisan*, vol. 1, n° 25, 2 janv. 1843, p. 1; dans *Le Canadien*, vol. 12, n° 102, p. 2; *Le Journal de Québec*, 1re année, n° 12, 10 janv. 1843; dans James Huston, *Le Répertoire national*, 1848, vol. 2, p. 306-307; 1893, vol. 2, p. 342-343; dans

Jules Fournier, *Anthologie des poètes canadiens*, Montréal, [s.é.], 1920, p. 39–41 ; Granger Frères, 1920, p. 39–41 ; 1933, p. 35–36.

ÉTUDES

S.A., *M. Petitclair*, dans *Le Journal de l'Instruction publique*, vol. 4, n° 12, déc. 1860, p. 208.

B... E..., *Revue dramatique*, dans *Le Canadien*, 35ᵉ année, n° 117, 10 janv. 1866, p. 2.

Henry J. Morgan, *Bibliotheca Canadiensis*, Ottawa, G.-E. Desbarats, 1867, p. 308–309.

Louis-Michel Darveau, [*Pierre Petitclair*] dans *Nos hommes de lettres*, Montréal, A.-A. Stevenson, 1873, 276 p. ; surtout p. 61–74.

Maximilien Bibaud, *Pierre Petitclair*, dans *Le Panthéon canadien*, Montréal, J.-M. Valois, 1891, p. 223.

James Huston, *Pierre Petitclair* (notice biographique), dans *Répertoire national*, Montréal, J.-M. Valois et Cie, 1893, vol. 1, p. 322–323.

Philéas Gagnon, *Pierre Petitclair*, dans *Essai de bibliographie canadienne*, Québec, A. Côté et Cie, 1895, p. 370–371.

Pierre-Georges Roy, *Les Œuvres de Pierre Petitclair*, BRH, vol. 21, n° 2, févr. 1915, p. 61.

Le R.P. L[ouis] Le Jeune, *Petitclair, Pierre*, dans *Dictionnaire général du Canada*, Ottawa, Université d'Ottawa, 1931, t. 2, p. 433.

Victor Morin, *Un pionnier du théâtre canadien : Pierre Petitclair*, dans *La Revue moderne*, 14ᵉ année, n° 2, déc. 1932, p. 6.

Jean-Claude Noël, « Pierre Petitclair, sa vie, son œuvre et le théâtre de son époque ». Thèse de doctorat, Ottawa, Université d'Ottawa, 1975, 2 vol. : vol. 1 : viii, 466 f. ; vol. 2, 373 f. (Œuvres de Petitclair, théâtre et autres écrits).

Id., *Le Théâtre de Pierre Petitclair*, dans *Le Théâtre canadien-français*, Montréal, Fides, 1976, p. 127–136. « ALC » 5.

Id., *Notre premier auteur comique : Pierre Petitclair (1813–1860)*, VI, vol. 6, n° 1, automne 1980, p. 117–126.

réal. Ses *Notes de la salle de rédaction* (1983) contiennent un choix de ses meilleurs articles parus surtout dans *Le Devoir*, de 1977 à 1982, et des commentaires autocritiques. « Elle est, dans tous les sens du terme, ‹ outsider › et agressive, écrit Chantal Théry. [...] Mais sa franchise véhémente et son refus de la médiocrité s'emballent sur leurs lancées ! [...] ‹ Prière de nous détester › pourrait être le slogan des critiques d'humeur. [...] Il y a peut-être place pour la dignité, la sensibilité et la magie blanche des textes écrits par désir ».

ŒUVRES

Nathalie Petrowski, prix Jules-Fournier 1981 (choix de textes), Québec, Gouvernement du Québec, 1981, 35 p. Ill. (Préparé par le Service des communications du Conseil de la langue française).

Notes de la salle de rédaction (articles), Montréal, Les Éditions coopératives Albert Saint-Martin, 1983, 313 p. « Communications ».

ÉTUDES

Jean Royer, *Nathalie Petrowski, prix Jules-Fournier*, Dev, vol. 72, n° 194, 27 oct. 1981, p. 17.

Id., *Un prix mérité pour Nathalie Petrowski*, Dev, vol. 72, n° 195, oct. 1981, p. 17.

Marie Laurier, *Nathalie Petrowski, lauréate du prix Judith-Jasmin*, Dev, vol. 74, n° 261, 11 nov. 1983, p. 1–12.

Chantal Théry, *Notes de la salle de rédaction*, LQ, n° 33, printemps 1984, p. 86–87.

Patrick Imbert, *Nathalie Petrowski. Notes de la salle de rédaction*, dans *Communication Information*, vol. 7, n° 1, janv. 1985, p. 112–115.

PETITS, JEAN-PIERRE. Voir **PETIT, JEAN-PIERRE.**

PEUPLE. Voir **LENOIR, JOSEPH.**

PETROWSKI, NATHALIE (1954–). Journaliste, née à Paris. Arrivée au Canada en bas âge, elle étudie au Collège Marie-de-France et au Cégep de Saint-Laurent (D.E.C., 1972), puis elle poursuit ses études en arts et en lettres à l'Université Concordia (B.A., 1975). Elle devient alors journaliste au *Journal de Montréal* et, en 1976, elle passe au *Devoir* où elle travaille aux pages culturelles. Elle collabore également à des émissions radiophoniques et télévisées. En 1981, le Conseil de la langue française lui décerne le prix Jules-Fournier — attribué pour la première fois — pour sa contribution à la qualité de la langue française. En 1983, elle remporte le prix Judith-Jasmin, catégorie de la presse écrite, décerné par le Cercle des femmes journalistes, pour *L'Héritage de Duddy Kravitz*, article sur la naissance du quartier juif de Mont-

PHANEUF, RICHARD (1944–). Romancier et poète, né à Montréal. Il fait ses études à la Maison Sacré-Cœur de Rosemère et à l'École normale centrale de Montréal (Brevet A, B. Péd., 1966), puis il obtient, à l'Université de Montréal, un baccalauréat spécialisé en éducation (1972) et une maîtrise en technologie éducative (1974). De 1966 à 1974, il enseigne à Saint-Gabriel-de-Brandon, à Montréal et à Outremont. En 1974, il est nommé conseiller pédagogique et responsable du service des moyens techniques d'enseignement, à Ville Saint-Laurent. Il est connu comme peintre et possède sa propre galerie d'art. Il publie un premier recueil de poésie, *Feuilles de saison*, en 1975, un roman, *Le Mille-pattes*, en 1979, et un autre recueil de poèmes, *Ille*, en 1983. Réginald Martel est sévère pour le roman auquel il reproche «l'avalanche des épithètes», un «appareil stylistique fabriqué», de «l'incohérence du discours», même s'il y a dans l'œuvre «une idée de poème». Claude Beausoleil dit que *Ille* «veut poser par l'écriture un autre contrat entre le masculin et le féminin».

ŒUVRES

Feuilles de saisons (poésie), Montréal, Librairie Déom, 1975, 72 p. «PC».

Le Mille-pattes (roman), Montréal, CLF Pierre Tisseyre, 1979, 133 p. Quatre dessins de l'auteur. «L'Instant d'après».

Ille (poésie), Saint-Lambert, Éditions du Noroît, 1983, 67 p.

Brisé (poésie), dans *Estuaire*, n° 6, déc. 1977, p. 3.

ÉTUDES

Réginald Martel, *À part...*, Pr, 91ᵉ année, n° 113, 12 mai 1975, p. D-13.

Philippe Haeck, *La Critique sociale de Desbiens et Toupin*, Dev, vol. 64, n° 132, 7 juin 1975, p. 17.

Gaëtan Dostie, *Trois poètes mis à jour*, dans *Le Jour*, vol. 2, n° 178, 4 oct. 1975, p. 15.

Réginald Martel, *Un pitre, un prisonnier, une folle, un amoureux*, Pr, 96ᵉ année, n° 57, 8 mars 1980, p. D-3.

Madeleine Ouellette-Michalska, *Richard Phaneuf : en attendant le pays*, Dev, vol. 71, n° 68, 22 mars 1980, p. 21.

PHARE-À-BRAS. Voir **BILODEAU, ERNEST.**

PHELPS, ANTHONY (1928–   ). Poète, romancier, dramaturge et essayiste, né à Port-au-Prince (Haïti). Il fait ses humanités au Collège Saint-Louis-de-Gonzague (B.A., 1947). Après quelque temps de journalisme à la radio, il étudie la chimie à Seton Hall University (É.-U., 1950–1953), puis la céramique et le modelage à l'École des beaux-arts de Montréal (1953). Rentré dans son pays, il est céramiste, photographe... Avec quelques amis il fonde le Studio Radio-Cacique et la revue *Semences*, il anime la troupe de théâtre Prisme et le groupe Haïti littéraire (1960–1964). Émigré au Canada en 1964, il est caméraman aux Productions Ville-Marie, comédien avec le Théâtre de l'Estoc de Québec et à la télévision, et journaliste à la salle de nouvelles de la télévision de Radio-Canada à partir de décembre 1965. Il donne des récitals de poésie, et il collabore à une vingtaine de périodiques de plusieurs pays, tels *Semences* et *Conjonction* (Haïti), *Marginales* (Belgique), *Présence africaine* (France), *Maintenant*,

Lettres et Écritures..., ainsi qu'à des productions cinématographiques. Il reçoit le prix de poésie Casa de las Americas 1980 pour *La Bélière caraïbe*. Entre 1960 et 1983, il publie — outre plusieurs disques — douze ouvrages dont huit recueils de poésie. Phelps est avant tout poète. Ses premiers recueils ont paru en Haïti, les autres à Montréal ou à Paris. Claude Thomas écrit que *La Bélière caraïbe*, septième recueil, est «sans doute son plus achevé. Non pas que les précédents ne l'étaient pas à leur façon, mais nulle part ailleurs on ne sent sa parole aussi vibrante, aussi dépouillée, aussi essentielle». Maximilien Laroche dit que *Mémoire en colin-maillard* «est un roman de poète. Et il témoigne avant tout du bonheur d'écrire». Pour Réginald Martel, cet ouvrage sur l'oppression du peuple haïtien est «un roman achevé, définitif, dont chaque mot, chaque image sont nécessaires. [... L'auteur] est un des plus remarquables écrivains québécois d'origine haïtienne».

ŒUVRES

Été... (poésie), [Port-au-Prince, Imprimerie N.A. Théodore], 1960, 31 p. Ill. de Grace Phelps.

Présence. Poème, [Port-au-Prince, s.é.], 1961, [n.p., 10 p.]. Ill. de Luckner Lazard. «Haïti littéraire».

Éclats de silence. Poèmes, [Port-au-Prince, s.é.], 1962, [n.p., 49 p.]. Ill. «Haïti littéraire».

Points cardinaux (poésie), Montréal, Holt, Rinehart et Winston ltée, 1966, 60 p. «Le Chant du monde».

Mon pays que voici [suivi de] *Les Dits du feu-aux-cailloux* (contes), Paris/Honfleur, Pierre Jean Oswald, 1968, 142 p.

Le Conditionnel (théâtre), Montréal/Toronto, Holt, Rinehart et Winston ltée, 1970, 40 p. (Paru d'abord dans *Théâtre vivant*, n° 4, févr. 1968, p. 7–44).

Et moi je suis une île (contes), [Montréal], Leméac, 1973, 95 p. «Francophonie vivante».

Moins l'infini. Roman haïtien, Paris, Les Éditeurs français réunis, 1973, 217 p.

Mémoire en colin-maillard. Roman, Montréal, Éditions Nouvelle Optique, 1976, 153 p. «Caliban & Cie».

Motifs pour le temps saisonnier. Poèmes, Paris, Pierre Jean Oswald, 1976, 89 p. «J'exige la parole».

Trente ans de pouvoir noir en Haïti (essai), Montréal, Collectif Paroles, 1976, 270 p. Collab.

La Bélière Caraïbe (poésie), [Montréal], Nouvelle Optique, 1980, 135 p. «Poésie»; La Habana, Cuba, Premio Casa de las Americas, 133 p.

Même le soleil est nu, Montréal, Nouvelle Optique, 1983, 53 p. «Poésie».

Haïti ! Haïti ! Roman, Montréal, Libre Expression, 1985, 160 p. Collab. Gary Klang.

Orchidée nègre (poésie), Montréal, Triptyque, 1987, 103 p.

Il était une fois une main (poésie), dans *Image et Verbe*, Montréal, Ive, 1966, p. 26-36.

DISCOGRAPHIE

Mon pays que voici, Montréal, Coumbite, 1966, 33⅓ tours.
Une araignée du soir, Montréal, Coumbite, 1967, 33⅓ tours.
Pierrot le noir, Montréal, Coumbite, 1968, 33⅓ tours. Collab. Émile Ollivier et Jean-Richard Laforest.

ÉTUDES

Louis Martin Tard, *Où le verbe s'allie à la poésie de l'image*, P, vol. 87, n° 45, 13 nov. 1966, p. 63.

Paul Gladu, *Un album d'images qui a de l'originalité, de la gueule*, PJ, vol. 41, n° 4, 20 nov. 1966, p. 61.

[Anonyme], *Parution du premier volume de la collection « Le Chant du monde »*, dans *L'Action*, vol. 60, n° 17866, 20 janv. 1967, p. 14.

Jean-Yves Théberge, *Un poète haïtien parmi nous*, CF, vol. 107, n° 39, 16 févr. 1967, p. 26.

Louis-Paul Hamel, *Points cardinaux*, So, vol. 70, n° 45, 18 févr. 1967, p. 30.

Ernest Pallascio-Morin, *Entre le feu qui fait l'acier, entre la mer et la toundra, un qui veut aimer*, dans *L'Action*, vol. 60, n° 17896, 24 févr. 1967, p. 17.

Olivier Marchand, *Micheline Gagnon et Anthony Phelps : sobre plainte et large chant*, Pr, vol. 83, n° 57, 11 mars 1967, p.5.

Guy Robert, *Points cardinaux d'Anthony Phelps*, LAC 1967, p. 103.

Maximilien Laroche, *Le Conditionnel d'Anthony Phelps et Trou de Dieu de Frank Fouché*, LAC 1968, p. 77-78.

Willy Allante-Lima, *Les Livres*, dans *Présence africaine*, n° 71, 3ᵉ trimestre 1969, p. 109-111.

Maximilien Laroche, *Et moi je suis une île d'Anthony Phelps*, LAQ 1973, p. 41-42.

[Anonyme], *Phelps (Anthony). Et moi je suis une île*, dans *Le Livre canadien*, vol. 6, mai 1975, n° 204.

Réginald Martel, *L'Angoisse mouvante et l'horreur hevée*, Pr, 93ᵉ année, n° 42, 19 févr. 1977, p. D-3.

Maximilien Laroche, *Anthony Phelps. Mémoire en colin-maillard*, LAQ 1977, p. 73-74.

Claude Thomas, *Anthony Phelps. Une poésie truffée de surprises*, dans *Le Livre d'ici*, vol. 5, n° 48, 3 sept. 1980.

Michel Savard, *Anthony Phelps. La Bélière Caraïbe*, LAQ 1980, p. 129-131.

Madeleine Bellemare, *Phelps (Anthony). La Bélière Caraïbe*, dans *Nos livres*, vol. 12, mars 1981, n° 150.

PHIL (TANTE). Voir **CARBET, MARIE-MAGDELEINE.**

PHILIP, MICHEL [Michel Stéphane] (1932–   ). (Renvoi à Stéphane) Critique littéraire et romancier, né à Prades (France). Il fait ses études classiques au Lycée de garçons de Perpignan (B.A., 1950). Poursuivant ses études à la Sorbonne et à l'École normale supérieure, il obtient une licence ès lettres (1954), un diplôme d'études supérieures (1956), et il est

reçu à l'agrégation en 1957. Professeur de lettres classiques à l'École normale d'instituteurs d'Orléans (1957-1961), il devient professeur de littérature et civilisation françaises aux États-Unis, à l'Université Yale, en 1961, puis à l'Université du Massachusetts à partir de 1967. Il collabore à *Revue des sciences humaines, Yale French Studies, Études françaises, Nouvelle Revue française...* En 1971, il publie un ouvrage de critique littéraire, *Lectures de Lautréamont*. En 1982 paraît, sous le pseudonyme de Michel Stéphane, *Feux de joie*, roman sur la passion d'un homme de quarante ans pour un garçon de vingt ans. « Il donne curieusement à lire l'homosexualité comme l'héritière absolue [...] du mouvement de la contre-culture américaine née au début des années 60 », écrit René Lapierre. Pour Réginald Martel, c'est « le procès d'une Amérique plus mythique que réelle ».

ŒUVRES

Lectures de Lautréamont (essai), Paris, Librairie Armand Colin, 1971, 272 p. « U » 2.

Feux de joie. Roman, Montréal, HMH, 1982, [6], 185 p. « A ». Sous le pseudonyme de Michel Stéphane.

Le Cœur de Rousseau, EF, vol. 3, n° 4, nov. 1967, p. 355-370.

Le Satanisme des Diaboliques, EF, vol. 4, n° 1, févr. 1968, p. 72-76.

Deus ex machina (nouvelle), dans *Minuit*, n° 11, 4ᵉ trimestre 1974, p. 56-72.

Le Paladin du monde accidentel (nouvelle), dans *Nouvelle Revue française*, n° 309, oct. 1978, p. 7-20.

Dandysme et Androgynie dans les Diaboliques, dans *Nouvelle Revue française*, nᵒˢ 342-343, juillet-août 1981, p. 141-149.

Saint-John Perse : une poésie planétaire, dans *Nouvelle Revue française*, n° 353, juin 1982, p. 50-58.

ÉTUDES

Réginald Martel, *Lecture en diagonale. De désir, de plaisir et de douleur*, Pr, 98ᵉ année, n° 264, 13 nov. 1982, p. C-2.

René Lapierre, *Les Bons Sentiments et les Autres*, Dev, vol. 73, n° 278, 27 nov. 1982, p. 24.

Sylvie Trottier, *Michel Stéphane. Feux de joie*, LAQ 1982, p. 78-79.

Michèle Mailhot, *Lectures II. Feux de joie de Michel Stéphane* LQ, n° 29, printemps 1983, p. 71.

Claire de Lamirande, « *Feux de joie* », *de Michèle Stéphane. Les jeunes hommes en fleur*, Dr, 70ᵉ année, n° 304, 26 mars 1983, p. 30.

PIAZZA, FRANÇOIS (1932–   ). Poète, journaliste et critique littéraire, né à Marseille. Il fait ses études au Lycée Carnot et au Collège classique de Cannes

(B.A., 1951). Il poursuit ensuite des études en droit, en lettres et en psychologie, et obtient la « capacité en droit » en 1954. Émigré au Canada en 1960, il est décorateur adjoint pour Niagara Films (1961-1963), éditeur de la maison Ive (1964-1966), directeur des Éditions Holt, Rinehart et Winston (1967-1968), rédacteur et écrivain pour le *Mémorial du Québec* (1979-1981). Mais on peut dire qu'il fait surtout carrière dans le journalisme à partir de son arrivée au Québec, collaborateur occasionnel à un bon nombre de périodiques, tels *Cité libre, Petit Journal, Échos-Vedettes, Liberté, Le Devoir...*, et critique littéraire à *Montréal-Matin, Photo-Journal* et *Perspectives* (1971-1978). François Piazza reçoit le prix Du Maurier (1965) pour son premier recueil de poésie, *Les Chants d'Amérique*. Dans une forme simple et claire dont le lyrisme monte jusqu'à l'épique, le poète chante l'Amérique-femme qui va du Nord au Sud, l'anglo-saxonne et la latine, avec ses réussites comme ses injustices, continent qui nourrit toutes les cultures et prend tous les langages. La critique se montre favorable. Elle l'est moins pour le second recueil, *L'Identification* (1966). Gilles Marcotte lui reproche « des influences parfois voyantes ». Pour Maximilien Laroche, cette poésie manque de densité et de nécessité, « aussi bien dans le style que dans le ton ».

ŒUVRES

Les Chants de l'Amérique. Poème, Longueuil, Éditions Image et Verbe, 1965, 28 p.

L'Identification. Poèmes, Longueuil, Image et Verbe, Éditions Le Crible, 1966, 53 p.

Image et Verbe. D'après trente collages d'Irène Chiasson des poèmes de François Piazza, Longueuil, Image et Verbe, éditions, 1966, xxxi, 64 p. Préface de Robert Klein.

Le Mémorial du Québec. Tome III (1832-1889) (histoire), Montréal, La Société des Éditions du Mémorial (Québec), 1980, 375 p. Collab. Éliane Catela de Bordes *et al.* Ill.

Le Mémorial du Québec. Tome IV (1890-1917) (histoire), Montréal, La Société des Éditions du Mémorial (Québec), 1981, 375 p. Collab. Éliane Catela de Bordes, Michel Prévost *et al.* Ill.

Blues note. Nouvelles, Montréal, VLB, 1986, 114 p.

L'Affaire Bradet, dans *Miroir du Québec*, vol. 1, nº 2, 4 sept. 1965, p. 24-25.

Chant du phoenix barbare (poème), dans *Passe-Partout*, vol. 1, nº 9, sept. 1965, p. 11-15.

Notre théâtre en pleine crise... de croissance !, dans *Échos-Vedettes*, vol. 4, nº 3, 5 févr. 1966, p. 4.

Poèmes, L, vol. 8, nºˢ 5-6, sept.-déc. 1966, p. 100-106.

L'Homme devant l'ordinateur, dans *Sept-Jours*, vol. 1, nº 3, 1ᵉʳ oct. 1966, p. 26-27, 45.

Présence du théâtre québécois, dans *Théâtre vivant*, nº 3, juin 1967, p. 3-8.

Notre critique du théâtre, dans *Échos-Vedettes*, vol. 5, nº 25, 8 juillet 1967, p. 12.

Le Festival des jeunes compagnies, dans *Écho-Vedettes*, vol. 5, nº 35, 16 sept. 1967, p. 29.

ÉTUDES

Maximilien Laroche, *Les Chants d'Amérique de François Piazza*, LAC 1965, p. 79.

Rudel-Tessier, *Les Poèmes de François Piazza*, dans *Photo-Journal*, vol. 29, nº 44, 18 févr. 1966, p. 36.

Reine Malouin, *Poésie pure ou cérébrale ?*, dans *Poésie*, vol. 1, nº 1, hiver 1966, p. 7.

Jean-Yves Théberge, *Parmi des hommes parfois sanguinaires*, CF, vol. 106, nº 41, 3 mars 1966, p. 26.

Gilles Marcotte, *Du régionalisme à l'identification. Des nouvelles de Madeleine Ferron, des poèmes de Marcelle Desjardins et de François Piazza*, Pr, 82ᵉ année, nº 60, 12 mars 1966, p. 4.

[Anonyme], *François Piazza devient éditeur*, dans *Échos-Vedettes*, vol. 4, nº 34, 10 sept. 1966, p. 4.

Louis-Martin Tard, *Où le verbe s'allie à la poésie de l'image*, P, vol. 87, nº 45, 13 nov. 1966, p. 63.

Maximilien Laroche, *L'Identification de François Piazza*, LAC 1966, p. 106-107.

Gérald Godin, *Interview de François Piazza*, MM, vol. 7, nº 3, mars 1967, p. 61.

Bernard Valiquette, *François Piazza assure l'intérim...*, dans *Échos-Vedettes*, vol. 5, nº 27, 22 juillet 1967, p. 21.

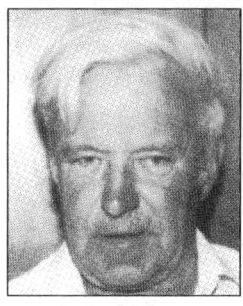

PICHÉ, ALPHONSE (1917-). Poète, né à Chicoutimi. Il fait ses études au Séminaire de Trois-Rivières où il travaille ensuite comme comptable. Son premier recueil de poèmes écrits au temps de sa jeunesse, *Ballades de la petite extrace*, est favorablement accueilli par la critique. De 1948 à 1950, Alphonse Piché est membre du conseil de la Société des écrivains canadiens. Sa poésie se veut simple, sans prétention, toujours au diapason du populaire, à l'affût des beautés qui s'offrent volontiers à la strophe qui peut être celle de la ballade ou celle de la chanson. « Certains manifestent beaucoup d'intérêt depuis quelque temps, pour la poésie d'Alphonse Piché, constate Guy Robert. Pour ma part, j'y trouve seulement une simplicité bonhomme, un goût vieillot de terroir, et la pâle nostalgie de Villon et Ronsard ». Il y a, cependant, plus dans la poésie de Piché que des échos confus de Villon et de Ronsard. Dans une forme d'apparence vieillotte, parfois légèrement négligée, s'entrecroisent, au carrefour des strophes et envois, des courants de grande sensibilité humaine. Dans *Remous*, l'auteur manifeste le désir d'une forme plus achevée : rythme plus balancé, image plus expressive, vocables recherchés, imprévus. Dans *Voie d'eau* (1950), cette recherche est poussée encore plus loin. Mais l'essentiel de la poésie d'Alphonse Piché est cette nostalgie coulée dans des rythmes de ballades et de chansons, nostalgie qui tonifie le mot accroché aux choses simples, nostalgie située entre le monde de Jean Narrache et celui de Clément Marchand. Son lyrisme aux traits sobres, attendrissants, rarement goguenards, verse d'un recueil à l'autre dans une mélancolie de plus en plus prononcée. L'œuvre d'Alphonse Piché n'est pas achevée : elle s'est formée par une rupture inexplicable pour le lecteur et sans doute douloureuse pour le poète. Au moment de la publication de *Dernier Profil*, Jean Éthier-Blais voit en Piché deux poètes, celui « de l'instant intérieur » et celui des « séquences méditatives », tous les deux situés dans un large espace du vécu. Dans les deux cas, « il s'agit du même homme. L'impossible est véritablement ici immense, puisqu'il est interdit à l'homme d'affronter vivant l'éternité ».

ŒUVRES

Ballades de la petite extrace (poésie), Montréal, Éditions Fernand Pilon, 1946, 102 p. Ill. d'Aline Piché. Introduction de Clément Marchand.

Remous. Poèmes, Montréal, Éditions Fernand Pilon, [1947 ?], 79 p.

Voie d'eau (poésie), Montréal, Éditions Fernand Pilon, 1950, 60 p.

Poèmes, 1946–1950. Ballades de la petite extrace. Remous, Voie d'eau, [Trois-Rivières], Éditions du Bien public, 1966, 106 p.

Poèmes (1946–1968), Montréal, Éditions de l'Hexagone, 1976, 205 p. « Rétrospectives ».

Dernier Profil (poésie), [Trois-Rivières], Écrits des Forges, 1982, 52 p. « Radar ».

Fenêtre/Haïku (poésie), [Trois-Rivières, Atelier Presse papier], 1986, [portefeuille, n.p. 9 f.]. Estampes de Louise Lavoie Maheux. (Édition de luxe. Tirage limité).

Sursis (poésie), Trois-Rivières, Écrits des Forges, 1987, 50 p.

ÉTUDES

François Hertel, *Ballades de la petite extrace*, AmF, 5ᵉ année, nº 10, déc. 1946, p. 44–45.

Alain Grandbois, *Ballades de la petite extrace*, dans *Liaison*, nº 5, mai 1947, p. 297–298.

Guy Sylvestre, *Voie d'eau*, dans *La Nouvelle Revue canadienne*, vol. 1, nº 4, sept.-oct. 1951, p. 61–65.

Claire Roy, *Alphonse Piché, poète de la mélancolie sereine*, No, vol. 46, nº 275, 24 sept. 1966, p.14.

Guy Robert, *Poèmes 1946–1950 d'Alphonse Piché*, LAC 1966, p. 96.

Donald Smith, *Alphonse Piché, un poète qui nous est rendu*, LQ, nº 2, mai 1976, p. 34–37.

André Gaulin, *Alphonse Piché, Poèmes (1946–1968)*, LAQ 1976, p. 151–153.

Gaëtan Dostie, *Alphonse Piché, poète populaire*, dans *Le Jour*, vol. 1, nº 7, 18 au 24 mars 1977, p. 33–34.

Gabrielle Poulin, *Honneur au vaincu : Alphonse Piché*, Dr, 65ᵉ année, nº 121, 20 août 1977, p. 16.

Gérald Gaudet, *Alphonse Piché : ce cri nécessaire avant d'être vaincu*, Dev, vol. 73, nº 281, 4 déc. 1982, p. 22.

Jean Éthier-Blais, *Les Carnets de Jean Éthier-Blais*, Dev, vol. 74, nº 99, 30 avril 1983, p. 20.

PICHETTE, ROBERT (1936–   ). Historien et essayiste, né à Edmundston (Nouveau-Brunswick). Il fait ses études au Collège Saint-Louis d'Edmundston et au Collège de Saint-Laurent de Montréal (1947–1953). En 1959, une bourse du Conseil des Arts lui permet de poursuivre ses recherches en héraldique canadienne. À compter de 1960, il est tour à tour journaliste à *L'Évangéline*, annonceur et réalisateur aux postes CBAF de Moncton et CKCH de Hull, chef de cabinet adjoint du premier ministre du Nouveau-Brunswick, directeur général du Pavillon des provinces maritimes à l'Expo 67, fonctionnaire au Conseil des Arts du Canada, à Information Canada, et, à partir de 1977, représentant du Commissaire aux langues officielles dans la région de l'Atlantique. Médaillé du Centenaire du Canada, « fellow » de la Royal Society of Arts de Londres et de la Société héraldique du Canada, Robert Pichette est surtout connu comme fondateur de la Société héraldique du Canada et par ses nombreux écrits dans le domaine de l'héraldique.

ŒUVRES

Bref Aperçu historique sur la famille d'Amours (essai), Edmundston, Imprimerie Fortin, 1953, 14 p.

A Book of Mottoes (essai), Edmundston, Imprimerie Fortin, 1954, 12 p.

Biographical Sketch of the Hon. John F. Rice (biographie), Edmundston, Le Madawaska, 1955, 11 p.

Essai d'Armorial de l'Ordre du Saint-Sépulcre au Canada (essai), Ottawa, Imprimerie de la Reine pour le Canada, 1975, 11 p.

An Exhibition of Armorial Silver from « The Henry Birks Collection of Canadian Silver/Exposition d'argenterie armoriée de «La Collection Henry Birks d'argenterie canadienne» (essai), Ottawa, La Société héraldique du Canada/Les Archives publiques du Canada, 1976, 49 p. Collab. Auguste Vachon.

Chimères. Poèmes d'amour et d'eau claire, Moncton, Éditions d'Acadie, 1982, 46 p.

Where Life's Harvest Mellows. A Guide for Volunteers Preparing for Pastoral Care Visiting/Où la moisson de la vie mûrit. Guide à l'usage de bénévoles se préparant au ministère auprès des personnes âgées, Toronto, Canadian Institute of Religion and Gerontology/Institut canadien de religion et de gérontologie, 1983, 38, 31 p. Sœur St.Michael Guinan et John A. Macpherson, éditeurs. Texte français par Robert Pichette.

Prudent-L. Mercure a-t-il écrit l'histoire du Madawaska?, RHAF, vol. 8, nº 2, sept. 1954, p. 230–240.

Le Démon des écritures, I, vol. 1, nº 1, nov. 1962, p. 3–7.

Marc Lescarbot et son Théâtre de Neptune, dans *Cahiers de la Société historique acadienne*, nº 8, mai 1965, p. 21–32.

Essai d'Armorial canadien, dans *L'Héraldique au Canada*, vol. 3, nº 1, mars 1969, p. 20–28.

Une Québécoise duchesse de Bassano, dans *L'Héraldique au Canada*, vol. 5, nº 4, déc. 1971, p. 20–21.

De Tocqueville au Canada, dans *L'Héraldique au Canada*, vol. 6, nº 1, mars 1972, p. 18–19.

Les Blasons de quelques dames en Nouvelle-France, dans *L'Héraldique au Canada*, vol. 6, nº 2, juin 1972, p. 22–26.

Aymar de Clermont de Chaste, dans *L'Héraldique au Canada*, vol. 6, nº 4, déc. 1972, p. 31–33.

Un blason prophétique : le blason du Père Marquette, dans *L'Héraldique au Canada*, vol. 7, nº 3, sept. 1973, p. 20–22.

Madame de Sévigné et le Canada, dans *L'Héraldique au Canada*, vol. 9, nº 1, mars 1975, p. 4–9.

PIERRE, ANNE. Voir **GRIGNON-LAPIERRE, MONIQUE.**

PIERRE-ANDRÉ. Voir **CHERRIER, ANDRÉ-ROMUALD.**

PIERROT-LE-FOU. Voir **LÉGER, PIERRE.**

PIETRO. Voir **L'ÉCUYER, FRANÇOIS PASCAL EUGÈNE.**

PILON, JEAN-GUY (1930–). Poète et critique littéraire, né à Saint-Polycarpe (Soulange). Il fait ses études classiques au Collège de Rigaud (B.A., 1951) et ses études de droit à l'Université de Montréal où il obtient sa licence en droit, en 1954. Il devient réalisateur à Radio-Canada et, à partir de 1960, superviseur des émissions littéraires. À partir de 1970, il est directeur du Service des émissions culturelles à Radio-Canada. Il s'intéresse aussi à la poésie, et écrit des poèmes et des articles critiques qui paraissent dans des journaux, surtout dans *Le Devoir*. En 1959, en compagnie de quelques amis dont Jacques Godbout, il fonde la revue *Liberté*. Il mérite le prix de la Province de Québec (section poésie) en 1955, le prix David en 1956, le prix Louise-Labé (1964), le prix France-Canada (1969) et le prix du Gouverneur général (1970). Il succède à Roger Duhamel à la présidence de l'Académie canadienne-française en 1982. Boursier de la Fondation Canada en 1958, du Conseil des Arts du Canada en 1961, Jean-Guy Pilon voyage beaucoup en Europe et en Amérique latine, participe aux jurys littéraires et colloques internationaux et organise des rencontres d'écrivains. Membre du Conseil des Arts du Québec où il dirige la Commission des arts et des lettres, il est élu membre de la Société royale du Canada en 1968. D'année en année, il suit attentivement la production poétique québécoise et publie des bilans littéraires. Sa création poétique proprement dite a commencé sous le signe de René Char et d'Alain Grandbois. Pour Jean-Guy Pilon, la poésie est essentiellement miracle du mot dans lequel filtre sa « présence naturelle ». D'apparence peu révolutionnaire, elle l'est pourtant par ses impératifs de l'amour et le désir de nommer le pays dans des images toujours plus expressives. Rêve animé par une sensibilité raffinée, sa poésie reprend, à sa façon, le passé et le projette vers l'avenir. Elle s'inspire de ce que sa vision apporte aux êtres et aux choses. Jean-Guy Pilon lui-même, dans un témoignage paru dans *La Poésie canadienne-française*, définit son effort poétique : « Ma poésie n'a jamais été, je crois, intellectuelle. Je l'imagine toute simple, charnelle, à ras des mots et de la réalité. Des choses et des êtres. Un éclair tout autant sur moi-même que projeté hors de moi ». Dans l'optique d'une libération progressive de sa thématique et de son écriture, Jean-Guy

PILON

Pilon rejoint la réalité qui signifie femme, pays, rêve, plaisir de nommer les choses... Jean-Louis Major accorde une place importante à ce poète dans ce qu'il appelle l'aventure de l'Hexagone. «Depuis *Les Cloîtres de l'été*, écrit-il, jusqu'à la très belle coulée de *La parole est à naître*, Jean-Guy Pilon chante la découverte du monde, la chaleur, la lumière, la vie, la femme : ‹nudité chantante›, et la terre qui peu à peu s'accorde à la femme, et l'homme qui naît de leur conjonction, face à tous ceux qui ne savent plus vivre».

ŒUVRES

La Fiancée du matin. Poèmes, Montréal, Éditions Amicitia, 1953, 60 p.

Les Cloîtres de l'été (poésie), Montréal, Éditions de l'Hexagone, 1954, 30 p. Avant-propos de René Char. «Les Matinaux»; 1964.

L'Homme et le Jour (poésie), Montréal, Éditions de l'Hexagone, 1957, 53 p.

La Mouette et le Large (poésie), [Montréal], Éditions de l'Hexagone, 1960, 70 p. «Panorama».

Poetry 62 (anthologie), Toronto, Ryerson Press, 1961, [X], 116 p. Textes français et anglais. Présentation de Éli Mandel. Textes choisis par Jean-Guy Pilon et Éli Mandel.

Recours au pays (poésie), [Montréal], Éditions de l'Hexagone, 1961, [n.p., 25 p.]. Ill. de Liliane Goulet. «Panorama».

Pour saluer une ville (poésie), Paris/Montréal, Pierre Seghers, Éditeur/HMH, 1963, 75 p.

Solange. Récit, Montréal, Éditions du Jour, 1966, 116 p. «RJ».

Saisons pour la continuelle (poésie), Paris, Seghers, 1969, 45 p. Ill. de Bella Idelson. (Tirage limité).

Comme eau retenue. Poèmes 1954–1963, [Montréal], Éditions de l'Hexagone, 1970, 195 p. Avant-propos de René Char; *Comme eau retenue. Poèmes 1954–1977*, 1985, 226 p. (Édition revue, corrigée et augmentée), coll. «Typo».

Poèmes 70 (anthologie), Montréal, L'Hexagone, 1970, 111 p. Avant-propos et notices de Jean-Guy Pilon.

Poèmes 71. Anthologie des poèmes de l'année au Québec, Montréal, L'Hexagone, 1972, 91 p. Présentation et choix de poèmes par Jean-Guy Pilon.

Silences pour une souveraine (poésie), Ottawa, EUO, 1972, 51 p. «Voix vivantes».

L'Écrivain et l'espace, communications de la douzième rencontre québécoise internationale des écrivains tenue à Québec du 27 avril au 1er mai 1984, Montréal, L'Hexagone, 1985, 186 p. (Pilon éditeur).

Réflexions sur la poésie américaine, L, vol. 7, n° 4, juillet–août 1965, p. 390.

Trois propositions, Dev, vol. 56, n° 254, 30 oct. 1965, p. 37.

Paris et le Roman canadien, Dev, vol. 57, n° 250, 27 oct. 1966, p. 12.

Qu'est-ce que la poésie féminine?, Dev, vol. 57, n° 299, 24 déc. 1966, p. 10.

Poésie, Dev, vol. 58, n° 35, 11 févr. 1967, p. 14.

Une sorte de mythe, CL, n° 32, printemps 1967, p. 79–80.

Je murmure le nom de mon pays, dans Guy Sylvestre et H. Gordon Green, *Un siècle de littérature canadienne. A century of Canadian Literature*, Montréal/Toronto, HMH/Ryerson Press, 1967, p. 546–547.

Dictionnaire politique et culturel du Québec. Montréal, L, n° 61, janv.–févr. 1969, p. 37–40.

Le Salaire de l'écrivain, L, n° 69, mai–juin 1970, p. 51–60.

ÉTUDES

Gérald Godin, *Recours au pays*, LAC 1961, p. 35.

Maureen Burrel, *La Poésie de Jean-Guy Pilon et d'Yves Préfontaine*, L, vol. 4, n°s 19–20, janv.–févr. 1962, p. 54–62, surtout p. 54–58.

Manuel Maître, *La Poésie se porte bien au Québec*, P, vol. 87, n° 35, 4 sept. 1966, p. 44.

Jean Basile, *Un étranger canadien en Espagne*, Dev, vol. 57, n° 211, 10 sept. 1966, p.13.

Alain Pontaut, *Portrait d'un conformiste ou Le Poète fourvoyé*, Pr, 82e année, n° 210, 10 sept. 1966, p. 4.

Jean-Yves Théberge, *Après la poésie...*, CF, vol. 107, n° 19, 29 sept. 1966, p. 42.

Monique Bosco, *Solange*, MM, vol. 6, n° 11, nov. 1966, p. 78–79.

André Renaud, *Comme eau retenue I et II*, Dr, 56e année, n° 284, 1er mars 1969, p. 7 et n° 290, 8 mars 1969, p. 7.

Joseph Bonenfant, *Lumière et Violence dans la poésie de Jean-Guy Pilon*, EF, vol. 6, n° 1, févr. 1970, p. 69–90.

Laurent Mailhot, *Silences pour une souveraine de Jean-Guy Pilon*, LAQ 1972, p. 164.

Axel Maugey, *Jean-Guy Pilon*, dans *Poésie et Société au Québec (1937–1970)*, Québec, PUL, 1972, p. 164–171.

Jean Royer, *Jean-Guy Pilon. Le poète de l'amitié*, Dev, vol. 70, n° 227, 29 sept. 1979, p. 17.

Jacques Godbout, *Jean-Guy Pilon et Liberté : plus de vingt ans au service de nos lettres*, LQ, n° 18, été 1980, p. 75–76.

PILON-QUIVIGER, ANDRÉE (1940–).

Essayiste, née à Montréal. Après ses premières études, elle poursuit sa formation au Centre d'orientation et de réadaptation de Montréal et à la Pension Giroux, et elle obtient un certificat en psycho-pédagogie à l'Université de Montréal. Arrivée à Paris en 1963, elle est catéchète à la paroisse de Mont-Rouge et s'inscrit à l'Institut catholique de Paris où elle obtient, en 1967, une maîtrise en pastorale catéchétique et un doctorat en pédagogie. Rentrée au Canada, elle participe à la rédaction de manuels pour l'Office de catéchèse du Québec, elle est professeur au Cégep Marie-Victorin et à l'Université de Montréal, elle est psycho-thérapeute au Centre d'orientation et de réadaptation de Montréal... En outre, elle collabore à *Souffle*, *Éducation et Société, Relations, Action pédagogique.* La critique accueille avec faveur ses premiers ouvrages. Dans *Enfants de nos amours* (1979), une mère évoque les débuts dans la vie de ses trois enfants, l'amour conjugal et la famille, dans «une langue admirable, une densité poétique, un sens de la formule rarement atteint» (André Janoël). Les mêmes qualités d'écriture — à quelques restrictions près — se retrouvent dans *L'Éden éclaté* (1981) qui mérite le prix du Gouverneur général. «Enfin une femme ose tisser ses expériences de maternité, de relations amoureuses sur la trame de l'Évangile», écrit Monique Dumais. Et Robert Vigneault: «À tous les niveaux, un essai remarquablement lucide sur les limites réelles de la condition humaine, une lecture résolument *incarnée* de la vie». *Au coin de la quarante-septième* (1983) est un vibrant témoignage sur une expérience communautaire dans un quartier pauvre de Montréal.

ŒUVRES

Enfants de nos amours (essai), [Montréal], Leméac, 1979, 167 p. Ill. «Second Regard».

Épigenèse affective 2, Montréal, La Librairie de l'Université de Montréal, 1979-1980, [pagination multiple]. Sous le nom d'Andrée Quiviger. (Notes de cours).

L'Éden éclaté (essai), [Montréal], Leméac, 1981, 148 p. Postface de Jacques Grand'Maison. «À hauteur d'homme».

Au coin de la quarante-septième (témoignage), [Montréal], Leméac, 1983, 177 p. Ill. Postface de l'auteur. «À hauteur d'homme».

ÉTUDES

André Janoël, *Pilon-Quiviger (Andrée). Enfants de nos amours*, dans *Nos livres*, vol. 10, déc. 1979, n° 418.

Diane Améras, *Femmes nées d'une femme*, Rel, n° 474, oct. 1981, p. 280-281.

Monique Dumais, *Andrée Pilon-Quiviger. L'Éden éclaté*, LAQ 1981, p. 318-319.

Robert Vigneault, *Mère ou Mante religieuse? Une femme conjure littéralement sa peur de la maternité. L'Éden éclaté de Andrée Pilon-Quiviger*, LQ, n° 27, automne 1982, p. 81-83.

Suzanne Lafrenière, *Au coin de la quarante-septième. Conjuguer le verbe être au futur collectif*, Dr, 71e année, n° 267, 11 avril 1984, p. 32.

Raymond Laprés, *Pilon-Quiviger (Andrée). Au coin de la quarante-septième*, dans *Nos livres*, vol. 15, avril 1984, n° 5673.

PILOU. Voir **DEGUIRE-MORRIS**, CÉLINE.

PINCE FILS, JEAN. Voir **BEAULIEU**, GERMAIN.

PINCE, JEAN. Voir **BEAULIEU**, GERMAIN.

PINEL. Voir **LAFRANCE**, HENRI.

PINSONNEAULT, JEAN-PAUL (1923-1978). Romancier et dramaturge, né à Waterloo (Shefford). Il fait ses études au Collège de Saint-Laurent (B.A., 1944). D'abord professeur à son ancien collège, en 1949 il devient rédacteur de *Mes fiches* et de la revue *Lectures* chez Fides. À partir de 1954, il dirige l'hebdomadaire *Salaberry*, à Salaberry-de-Valleyfield. De 1961 à 1974, Jean-Paul Pinsonneault assume les fonctions de directeur littéraire aux éditions Fides. Il écrit pour la télévision deux pièces de théâtre: «Cette terre de faim» (1956) et «Électre» (1957); une autre pièce en deux actes, *Terre d'aube*, est créée à Montréal par la troupe du Rideau Vert. Son roman, *Les Terres sèches*, lui vaut le prix France-Canada et le prix du Gouverneur général (1964). Jean-Paul Pinsonneault traite dans ses romans des problèmes de l'incommunicabilité des êtres et des générations. Il tente d'analyser l'homme aux prises avec les jeux de la passion et de la grâce. Le visage d'homme perpétué dans ses romans est celui d'un être traqué par la solitude. Dans *Le Mauvais Pain*, l'avare, Ruth Villemure lutte et meurt comme une «bête tuée» par une sorte de fatalité. Jérôme Aquin, le héros du second roman, doit quitter le séminaire et vivre dans un isolement comparable à l'enfer au sein d'une famille hostile. Le journal intime des *Abîmes de l'aube*, le troisième roman de Pinsonneault, révèle le cœur d'un adolescent, Jean Lebrun, frustré par un amour mal mûri, histoire à laquelle la mère adoptive ne peut ajouter que de l'amertume: l'aube apparue à la suite d'un suicide manqué est l'emblème de la renaissance dans les limbes d'une inexplicable solitude. Cette atmosphère se prolonge dans *Les Terres sèches* où l'apparente effervescence dans la paroisse d'Aumont n'est au fond qu'un désert au milieu duquel on cherche fébrilement la source fortifiante, la Paix, c'est-à-dire: Dieu. L'univers romanesque de Pinsonneault a toujours pour ressort psychologique un conflit qui se termine par une fuite, une mort, une tentative de suicide.

En réalité, c'est un plongeon délibéré dans la problématique de l'existence dont le personnage n'est qu'un mandataire. Le style ferme et lucide du romancier, soigneusement articulé dans la phrase et dans le dialogue, a contribué à l'édification d'une œuvre à l'image d'une vie complexe qui connaît au même degré le poids du péché et de la grâce.

ŒUVRES

Le Mauvais Pain (roman), Montréal/Paris, Fides, 1958, 113 p. «GD».

Jérôme Aquin. Roman, Montréal, Beauchemin, 1960, 211 p.

Les Abîmes de l'aube. Roman, Montréal, Beauchemin, 1962, 174 p.

Les Terres sèches. Roman, Montréal, Éditions Beauchemin, 1964, 305 p.

Terre d'aube, pièce en deux actes, Montréal/Paris, Fides, 1967, 165 p.

Littérature et Contemplation, dans *Lectures*, t. 8, nº 5, janv. 1952, p. 209–213.

[*Témoignages...*], dans *Le Roman canadien-français*, Montréal/Paris, Fides, 1969, p. 377–382. «ALC» 3.

« *Encore cinq minutes* » de Françoise Loranger, dans *Le Théâtre canadien-français*, Montréal, Fides, 1976, p. 647–653. «ALC» 5.

ÉTUDES

Rita Leclerc, « *Le Mauvais Pain* », dans *Lectures*, vol. 5, nº 4, 15 oct. 1958, p. 51–52.

Normand Leroux, *Les Abîmes de l'aube de Jean-Paul Pinsonneault*, LAC 1962, p. 27–28.

Georges Descent, *Les Terres sèches*, LAC 1964, p. 30–32.

Paul-Émile Roy, *Jean-Paul Pinsonneault: Les Terres sèches*, dans *Lectures*, vol. 11, nº 2, oct. 1964, p. 32–35.

Adrien Grenier, *Les Terres sèches*, ES, vol. 44, nº 2, mars-avril 1965, p. 115–116.

Monique Bosco, *Un roman, deux prix littéraires. Les Terres sèches*, MM, vol. 5, nº 6, juin 1965, p. 63.

André Melançon, *Jean-Paul Pinsonneault*, dans *Lectures*, vol. 12, nº 2, oct. 1965, p. 35–38.

Jean Éthier-Blais, *Jean-Paul Pinsonneault — Mauriac parmi nous*, dans *Signets II*, Montréal, CLF, 1967, p. 219–223.

P.L. Voir **DESMARCHAIS, REX.**

PIOTTE, JEAN-MARC (1940–   ). Politicologue, né à Montréal. Il obtient un baccalauréat en pédagogie (1961) à l'École normale Jacques-Cartier, puis une licence en philosophie (1963) à l'Université de Montréal pour un mémoire sur « La Dictature de prolétariat chez Lénine », et un doctorat en sociologie (1969) à la Sorbonne dont la thèse s'intitule *La Pensée politique de Gramsci*. Il est animateur social au Bureau d'aménagement de l'Est du Québec (1963–1964), puis professeur de français à la Régionale de Chambly (1964–1966), professeur de philosophie au Cégep de Saint-Laurent (1969–1970), et de sciences politiques à l'Université du Québec à Montréal, à compter de 1970. Il s'occupe activement de syndicalisme, publie de nombreux articles, est directeur-fondateur de la revue *Parti Pris* (1963–1966) et de la revue *Chroniques* (1975–1976). Entre 1970 et 1980, seul ou en collaboration, Piotte publie une dizaine d'ouvrages portant principalement sur la situation du syndicalisme au Québec et sur la situation du marxisme, à partir de la pensée de Gramsci et de Lénine confrontée à la forme que les théories ont prise dans la pratique. André Vachet dit qu'« en visant à démystifier Lénine [dans *Sur Lénine*, 1972] à le remettre dans le contexte de sa pratique, [...] l'on peut facilement impliquer une vision ou une compréhension nouvelle de la pensée marxiste elle-même ». Et Claude Lagadec écrit, à propos de *Marxisme et Pays socialistes* (1979): « Le cheminement de la pensée de Piotte est cependant très net. [... Il] s'approche tout doucement d'un constat d'échec, d'une impasse du marxisme historique. [...] Cette fois, le mot de la fin, toujours important chez Piotte, dit que les forces révolutionnaires doivent dominer, de l'extérieur dit-il, les forces bureaucratiques ».

ŒUVRES

La Pensée politique de Gramsci (essai), Montréal/Paris, Éditions Parti Pris, 1970, 302 p. « Sociologie et Connaissance »; Paris, Éditions Anthropos, 1970.

Sur Lénine (essai), Montréal, Parti Pris, 1972, 302 p. « Aspects ».

Gilles cinéma Groulx, le lynx inquiet, 1971, [Montréal], Cinémathèque québécoise: Éditions québécoises, [Entre 1972 et 1979], 142 p. Ill. (Édition en fac-similé).

La Lettre syndicale chez les enseignants (essais), Montréal, Parti Pris, 1973, 163 p. Collab.

Les Travailleurs contre l'État bourgeois, avril et mai 1972 (essais), Montréal, L'Aurore, 1975, 277 p. Collab. Diane Éthier et Jean Reynolds. « Luttes ».

Un syndicalisme de combat (essai), Montréal, Éditions Albert Saint-Martin, 1977, 268 p. « Recherches et Documents ».

Marxisme et Pays socialistes (essai), Montréal, VLB éditeur, 1979, 179 p.

Un parti pris politique (essais), Montréal, VLB éditeur, 1979, 251 p.

Jour après jour, dans *Québec occupé* (essais), Montréal, Parti Pris, 1971, p. 13–68. Collab.

Le Famicide, dans *Portraits de voyage* (nouvelles), Montréal, L'Aurore, 1975, p. 7–31. Collab. Madeleine Gagnon et Patrick Straram. « Écrire ».

ÉTUDES

André-J. Bélanger, *La Pensée politique de Gramsci*, LAQ 1970, p. 232.

André Vachet, *Sur Lénine de Jean-Marc Piotte*, LAQ 1972, p. 304–306.

Hélène Chassé, *J.-M. Piotte, Madeleine Gagnon, P. Straram le bison ravi. Portraits de voyage*, LAQ 1975, p. 87.

Denis Monière, *Diane Éthier, Jean-Marc Piotte et Jean Reynolds. Les Travailleurs contre l'État bourgeois*, LAQ 1975, p. 257–258.

Marie-France Moore, *Qu'en pensent nos marxistes?*, dans *Le Livre d'ici*, vol. 4, n° 37, 20 juin 1979, p. 1.

Claude Lagadec, *Jean-Marc Piotte. Marxisme et Pays socialistes*, LAQ 1979, p. 323–324.

Hector Bibeau, *Piotte (Jean-Marc). Un parti pris politique*, dans *Nos livres*, vol. 12, févr. 1981, n° 99.

La Vie intime des Québécois (essai), Montréal, Éditions internationales Alain Stanké, 1978, 133 p. Préface de Jacques Languirand.

L'Empailleuse de chats (roman), Paris, P. Belfond, 1978, 255 p.

ÉTUDES

Jean Royer, « *Un tel puits de mots en moi...* », Dev, vol. 69, n° 261, 12 nov. 1977, p. 33.

Gilles Marcotte, *Des chats et des hommes*, Dev, vol. 69, n° 285, 10 déc. 1977, p. 36.

André Vanasse, *Jouer du couteau... ou La Flûte enchantée*, Dr, vol. 65, n° 222, 17 déc. 1977, p. 18.

André Berthiaume, *Simone Piuze. Les Cercles concentriques*, LAQ 1977, p. 67–69.

André Janoël, *La Vie intime des Québécois*, dans *Nos livres*, vol. 10, févr. 1979, n° 72.

PIUZE, SIMONE (1946–   ). Romancière et journaliste, née à Montréal. Après des études à l'École normale de Joliette et à l'École nationale de Théâtre (1969), elle passe quelque temps à Hollywood. De retour à Montréal, elle fait des commerciaux avant de devenir journaliste à *Perspectives*, en 1977. La même année, elle gagne le prix du Cercle du livre de France pour son roman *Les Cercles concentriques*. À partir de 1979, elle s'installe en Suisse où elle collabore à la revue *Fémina* (1979–1980). Sa pièce, « La Chambre à louer », montée à Genève en 1980, est reprise plusieurs fois en Suisse. Elle publie d'autres romans et un volume de reportages, *La Vie intime des Québécois* (1978) que André Janoël juge comme un « étalage d'exhibitionnistes complaisants ou fanfaronnades de vieux adolescents en mal d'épater ». Quant à son premier roman, Gilles Marcotte le considère comme « très mauvais ». Selon André Berthiaume : « L'auteur veut donner à sa fiction une dimension tragique mais celle-ci est occultée par des images alambiquées ou des observations d'une banalité désarmante. » André Vanasse considère cependant que ce roman révèle « une nouvelle romancière dont l'écriture sensuelle est non seulement une promesse mais une heureuse révélation ».

ŒUVRES

Les Cercles concentriques (roman), Montréal, CLF, 1977, 261 p.

PLANTE, RAYMOND (1947–   ). Romancier, dramaturge, chansonnier et critique littéraire, né à Montréal. Il fait ses humanités au Collège de l'Assomption, aux écoles Saint-Viateur et Sauvé et à l'École normale Sainte-Marie (1960–1967). Il termine ensuite le baccalauréat ès arts au Collège Sainte-Marie (1974) et prépare un baccalauréat en lettres à l'Université du Québec à Montréal. Après avoir enseigné au primaire à Montréal (1967–1972), il devient scripteur à la radio et à la télévision en 1973. Dix ans plus tard, il aura rédigé plus de six cents textes radiophoniques et télévisuels, séries pour enfants : « Minute Moumoute ! », « La Boîte à lettres », « Es-tu d'accord ? », « Pop-Citrouille »... ; dramatiques, documentaires et séries pour adultes : « Du tac au tac », « Manger comme tout le monde »... Il faut ajouter à cela des centaines de chansons, des articles pour *La Presse*, *Liberté*, *Voix et Images du pays*..., des livres pour adultes et pour enfants. Raymond Plante remporte le prix de L'Actuelle (1974) pour *La Débarque*, le Prix belgo-québécois (1982) pour *Monsieur Genou* et le prix de l'ACELF (1982) pour *La Machine à beauté*. *La Débarque*, son premier roman pour adultes, reçoit un accueil partagé. Jean-Pierre Boucher lui décerne le « prix citron » pour les clichés, les lieux communs, la psychologie simpliste, alors que Réginald Martel en aime l'humour et que Pierre Julien y voit « un bon petit roman, sans prétention ». Par ailleurs, les récits pour enfants plaisent beaucoup. À propos de *Une fenêtre dans ma tête* (1979), Renée Rowan écrit : l'auteur « raconte dans une langue à la fois

PLANTE

originale et poétique [...]. C'est tout un art que de savoir jouer avec les mots. Raymond Plante les manie avec un rare bonheur ».

ŒUVRES

La Débarque (roman), Montréal, L'Actuelle, 1974, 126 p.

Le Vieil Arbre et les Amis. Souvenir de ma Première Communion (conte), Ottawa, Novalis, 1976, [n.p., 24 p.]. Ill. de Judith Klein.

Une fenêtre dans ma tête (conte), Montréal, Éditions de la Courte Échelle, 1979, 2 vol. : vol. 1, [n.p., 21 p.] ; vol. 2, [n.p., 21 p.]. Ill. de Roger Paré. « L'Étoile filante ».

La couleur chante au pays (théâtre pour enfants), Montréal, Québec/Amérique, 1981, 192 p. Collab. Diane Bouchard, Suzanne Lebeau et Michèle Poirier. Ill. « Jeunes Publics ».

Monsieur Genou (litt. jeunesse), [Montréal], Leméac, 1981, 156 p. Ill. de Renée Veillet. « Jours de fête ».

Clin d'œil et Pieds de nez (chansons pour enfants), Montréal, Éditions La Courte Échelle, 1982, [n.p., 23 p.]. Ill. de Johanne Pépin.

La Machine à beauté. Roman, Montréal, Québec/Amérique, 1982, 127 p. Ill. de Renée Veillet. « Jeunesse/Romans ».

Le Record de Philibert Dupont. Roman, Montréal, Québec/Amérique, 1984, 125 p. Ill. de Stéphane Poulin. « Jeunesse-Romans ».

Le Train sauvage. Roman, Montréal, Québec/Amérique, 1984, 201 p. « Littérature d'Amérique ».

Minibus. Nouvelles, Montréal, Québec/Amérique, 1985, 127 p. Ill. de Stéphane Poulin. « Jeunesse-Romans ».

Le Dernier des raisins. Roman, Montréal, Québec/Amérique, 1986, 163 p.

Les agneaux sont lâchés, L, vol. 14, n° 3, mai–juin 1972, p. 109–123.

PB Loves JS (nouvelle), L, n° 86, vol. 15, n° 2, mai 1973, p. 44–60.

La P'tite Gripette, Des bleus aux cuisses, Ti-Ploune mange sa claque (nouvelles), L, vol. 15, n° 5, oct. 1973, p. 65–85 ; *La P'tite Gripette* (micro-théâtre), ECF, n° 38, 1974, p. 153–168.

DISCOGRAPHIE

Les Étoiles de neige. Le secret du luthier, [Montréal], Novalis, 1975, ST 57700-01, 33⅓ tours. Paroles de Raymond Plante. Musique de Jean Daniel.

ÉTUDES

Réginald Martel, *Notre identité pour un revolver*, Pr, 90ᵉ année, n° 82, 6 avril 1974, p. E-3.

Jean Éthier-Blais, *Un prix. Pourquoi pas ?*, Dev, vol. 65, n° 93, 20 avril 1974, p. 21.

Jean Basile, *L'Échec accepté d'avance, ou Le Chauvinisme mâle*, Dev, vol. 65, n° 274, 23 nov. 1974, p. 11.

Jean-Pierre Boucher, *Raymond Plante. La Débarque*, LAQ 1974, p. 63–64.

Renée Rowan, *Les Bêtes heureuses*, dans *Le Livre d'ici*, vol. 4, n° 34, 30 mai 1979, p. 1.

Marie-Jeanne Robin, *Raymond Plante* (entrevue), dans *Communication-jeunesse*, n° 5, printemps 1980, 4 p.

Michelle Provost, *Monsieur Genou de Raymond Plante*, dans *Communication-jeunesse*, n° 9, automne 1981, p. 8.

Caroline Barrett, *Diane Bouchard, Suzanne Lebeau, Raymond Plante, Michèle Poirier. La couleur chante au pays*, LAQ 1981, p. 160–163.

Michel Laurin, *Plante (Raymond). La Machine à beauté*, dans *Nos livres*, vol. 13, oct. 1982, n° 405.

Madeleine Bellemare, *Plante (Raymond). Monsieur Genou*, dans *Nos livres*, vol. 14, avril 1983, n° 5222.

Claire de Lamirande, « *Le Train sauvage* », de Raymond Plante. *Les rêves sont des spoutniks*, Dr, 72ᵉ année, n° 150, 22 sept. 1984, p. 26.

PLESSIS, **JOSEPH-OCTAVE** (1763–1825). Prédicateur, mémorialiste, évêque de Québec, né à Montréal. Il fait ses études primaires et secondaires au Collège de Montréal. À l'automne de 1778, il se rend au Séminaire de Québec pour terminer sa philosophie. En 1780, il reçoit la tonsure des mains de Mgr Briand. Le jeune Plessis est chargé des classes de belles-lettres et de rhétorique au Collège de Montréal. En 1783, il est appelé à Québec où il devient secrétaire à l'évêché. Ordonné prêtre en 1786, il est nommé curé de Notre-Dame de Québec en 1792. Disciple de Mgr Briand, il prononce une oraison funèbre remarquable le jour des obsèques de ce dernier, en 1894. Quand Mgr Denaut est nommé évêque de Québec, en 1897, il choisit l'abbé Plessis comme coadjuteur, et il le consacre en 1801. Puisque l'évêque en titre habite Longueuil, Mgr Plessis s'occupe spécialement des affaires du district de Québec et des relations toujours délicates avec le gouvernement. Évêque en titre en 1806, il doit faire face à plusieurs problèmes : l'attitude hostile des autorités qui veulent soumettre l'érection des paroisses et la pratique de la religion catholique au bon plaisir du gouverneur, ainsi que l'anticléricalisme d'une partie de l'élite imbue des principes démocratiques hérités de la Révolution française. Mgr Plessis combat sur plusieurs fronts, dénonçant toute remise en question de l'autorité et toute atteinte à la morale traditionnelle, comme en témoignent ses condamnations des tentatives de création de troupes de théâtre à Québec. Ses services, pendant la guerre de 1812, lui acquièrent l'estime des autorités britanniques et, en 1817, il est nommé membre du Conseil législatif de la province. Seul évêque catholique d'un diocèse qui s'étendait de Halifax à Sandwich (Windsor), et même au-delà, Mgr Plessis souhaitait de le diviser en cinq vicariats. À cette fin, en 1819, il fait un voyage en Europe, voyage dont il laisse un récit très vivant. Pie VII et le Gouvernement britannique approuvent son projet de division du diocèse. Mgr Plessis a joué un rôle de premier plan pendant cette époque difficile. Ses sermons se situent dans la grande tradition de l'art oratoire français.

ŒUVRES

Discours à l'occasion de la victoire remportée par les forces navales de Sa Majesté Britannique dans la Méditerranée le 1 et 2 août 1798, sur La Flotte Françoise. Prononcé dans l'église cathédrale de Québec le 10 janvier 1799, À Québec, Imprimé au profit des pauvres de la paroisse, et se vend à l'imprimerie John Neilson, [1799], [4], 24 p.; Dussault et Proulx, [1906], 25 p. (Paru aussi dans ECF, no 30, 1970, p. 223–254).

Sermon prêché par l'Évêque catholique de Québec dans sa cathédrale, le IVᵉ dimanche du carême, 1ᵉʳ avril 1810, à la suite de la Proclamation de son Excellence le Gouverneur en chef, du 21 mars de la même année, Québec, Imprimé à la Nouvelle-Imprimerie, 1810, 11 p. (Paru aussi dans *Confrontations. Ideas in Conflict 1806–1810*, Montréal, Boréal Express, 1971, p. 165–171. Textes présentés par John Hare et Jean-Pierre Wallot).

Journal de la mission de 1812. Voyage de Mgr Plessis, [s.l., s.é.], 1812, 409 p. Traduction anglaise par Arthur Leblanc et A.A. Johnston: *The Plessis Diary of 1811 and 1812*, [s.l., s.é.], 1954, 133 p.

Journal de la mission de Mgr J.-O. Plessis, évêque de Québec au Haut-Canada en 1816, St-Jean-Port-Joli, [s.é.], 1833, 200 p.

Journal du voyage fait par Monseigneur Jos.-Oct. Plessis dans les années 1819 et 20 en Europe, [s.l., s.é.], 1837, 469 p.; *Journal d'un voyage en Europe par Mgr Joseph-Octave Plessis 1819–1820*, Québec, Pruneau de Kirouac, 1903. Publié par Henri Têtu.

Journal des visites pastorales de 1815 et 1816, Québec, [Imprimerie franciscaine missionnaire], 1903, 205, 72 p. Publié par Henri Têtu.

Oraison funèbre de Mgr Jean-Olivier Briand, ancien évêque de Québec, prononcée dans la cathédrale de Québec le 27 juin 1794, Lévis, P.-G. Roy, 1906, 26 p.

Thanksgiving sermon for the victory of Great Britain at the battle of the Nile. Preached in the cathedral at Quebec, January 10th 1799, Québec, Dussault & Proulx, 1906, 40 p. Traduit en anglais par Sir Henry Joly de Lotbinière.

Le Journal des visites pastorales en Acadie de Mgr Joseph-Octave Plessis, 1811, 1812, 1815, Moncton, Société historique acadienne, 1980.

Mandements, lettres pastorales et circulaires (1806–1825), dans *Mandements, lettres pastorales et circulaires des évêques de Québec*, vol. 3, Québec, A. Côté et Cie, 1888, p. 13–208. Publiés par Mgr H. Têtu et l'abbé C.-O. Gagnon.

Inventaire de la correspondance de Mgr Joseph-Octave Plessis, archevêque de Québec, 1797–1825, dans *Rapport de l'archiviste de la province de Québec, 1927–1928*, p. 213–316; 1928–1929, p. 89–208. Publié par Ivanhoë Caron.

Sermon prêché à la cathédrale de Québec par Mgr Plessis, à l'occasion de la Paix américaine, le jour fixé pour célébrer, à savoir le jeudi, 6 avril 1815, BRH, vol. 35, 1929, p. 161–172.

ÉTUDES

Jean-Baptiste-Antoine Ferland, *Mgr Joseph-Octave Plessis, Évêque de Québec*, dans *Les Soirées canadiennes*, vol. 1, 1863, p. 70–318; Québec, L. Brousseau, 1876, 288 p.; 1878.

L.-O. David, *Monseigneur Joseph-Octave Plessis, premier archevêque de Québec*, Montréal, Librairie Saint-Joseph, Cadieux & Derome, 1883, 112 p. Portrait. (Édition revue, corrigée et considérablement augmentée).

[Henri Têtu], *Monseigneur Plessis*, dans *Mandements, lettres pastorales et circulaires des évêques de Québec*, vol. 3, Québec, A. Côté et Cie, 1888, p. 5–12.

Ivanhoë Caron, *La Nomination de Mgr Joseph-Octave Plessis, évêque de Québec, au Conseil législatif de Québec*, MSRC, 3ᵉ série, vol. 27, 1933, p. 1–32.

Id., *Le Premier Archevêque de Québec, Mgr Plessis*, BRH, vol. 40, 1934, p. 24–26.

Id., *Monseigneur Joseph-Octave Plessis*, MSRC, 3ᵉ série, vol. 31, 1937, p. 97–118.

Id., *Monseigneur Joseph-Octave Plessis, curé de Notre-Dame-de-Québec (1792–1805)*, MSRC, 3ᵉ série, vol. 32, 1938, p. 21–40.

Id., *Joseph-Octave Plessis*, CF, vol. 27, 1939–1940, p. 193–214, 309–320, 826–841; vol. 28, 1940–1941, p. 180–195, 274–292, 784–796, 1029–1036.

Fernand Ouellet, *Mgr Plessis et la Naissance d'une bourgeoisie canadienne (1797–1810)*, RSCHE, 1955–1956, p. 83–99.

Jean-Pierre Wallot, *Un Québec qui bougeait*, Montréal, Boréal Express, 1973, p. 183–224.

PLEXE, PÈRE. Voir **BILODEAU, ERNEST.**

PLOURDE, GILLES. Voir **LEDUC, JEAN.**

POÈTE-TI-GUY. Voir **LIZOTTE, GUY DANIEL.**

POIRIER, JEAN-MARC. Voir **LEVAC, ALEXANDRE.**

POIRIER, LÉONIE Marie (1930–). Dramaturge et essayiste, née à Meteghan Center (Nouvelle-Écosse). Elle obtient son baccalauréat à Saint Mary's University (1969) et les certificats d'enseignement n° 5 (1969) et n° 6 (1975). Elle enseigne à Dartmouth et à Halifax, et elle poursuit ses études en France au cours des étés de 1973 à 1976, boursière du Consulat français et du Secrétariat d'État. Léonier Poirier, écrit Henri-Dominique Paratte, « est la première à reconnaître que la situation oblige tout Acadien néo-écossais à être, fondamentalement, bilingue [...] et qu'il est loin d'être prouvé, à l'heure actuelle, [qu'on] puisse empêcher l'assimilation graduelle des groupes linguistiquement minoritaires ». Elle milite pour la défense des droits des Acadiens à divers niveaux : à la Teachers' Union, à la Canadian Authors' Association dont elle est présidente de la section néo-écossaise (1974), et tout particulièrement à la Writers' Federation of Nova Scotia dont elle est membre fondateur (1974). Par ses articles sur la culture et la généalogie des Acadiens, elle essaie de faire comprendre à ses compatriotes de langue anglaise et française l'importance historique de la culture acadienne en Nouvelle-Écosse. Deux pièces de théâtre militent en ce sens. Dans *La Nuit blanche* (1978), écrite « en acadien de l'année 1922 », l'auteur fait vivre l'angoisse d'une famille acadienne (les Saulnier) sur le point de perdre ses terres après la disparition du fils aîné dans une partie de chasse, terres qu'un riche propriétaire écossais (MacKinnon), profitant de la situation, cherche à s'approprier. Dans *A Night with a Stranger*, pièce écrite en anglais (1978), Léonie Poirier fouille davantage ces conflits ethniques et met en relief au sein même d'un foyer le drame d'une épouse amérindienne qui tue son mari, un Blanc coupable d'exploiter éhontément les Indiens. Henri-Dominique Paratte voit dans ce théâtre la conscience communautaire de l'Acadienne et, en quelque sorte, « une défense de l'humanité exploitée, souffrante, minoritaire ».

ŒUVRES

A Night with a Stranger (théâtre), Halifax, Dramatists' Co-op, 1980, 17 p.
La Nuit blanche (théâtre), Halifax, Dramatists' Co-op, 1980, 21 p. Traduction anglaise : *The White Night*, Dramatists' Co-op, 1980, 21 p.
My Acadian Heritage (mémoires), Hantsport (N.-É.), Lancelot Press, 1985, 100 p. Sous le nom de Léonie Comeau Poirier. Préface de Henri-Dominique Paratte. Ill.

Timely Anecdote, dans *Maritime Farmer*, 1977, [n.p.].

Deux familles nobles du nom de Comeau, dans *Le Petit Courier*, 1978, [n.p.].
Nova Scotia Acadians in Louisiana, dans *The Halifax Chronicle*, 1978, [n.p.].

ÉTUDE

Paratte, Henri-Dominique, *Acadie menacée, symbolique théâtrale et conscience d'autrui : Léonie Poirier et son théâtre dans le contexte néo-écossais*, dans *Présence francophone*, n° 20, printemps 1980, p. 107–120.

POISSANT, MARC-ANDRÉ [Brigitte Saint-Clair] (1953–). Romancier, né à Duvernay (Île-Jésus). Il étudie au Collège Saint-Ignace et au Cégep Ahuntsic (D.E.C., 1972), puis il fait des études de lettres et de philosophie à l'Université de Montréal (1972–1974). Professeur de yoga à l'Université de Montréal de 1974 à 1978, il devient ensuite directeur littéraire aux Éditions Québécor. Entre 1978 et 1983, il publie six romans. Pierre L'Hérault dit du premier, *Paul Desormaux, étudiant* (1978) : « un produit promis à la grande consommation. Ce qui ne l'empêche pas d'être fascinant », car son auteur sait écrire et composer. « Il le fait avec une aisance et une assurance qui laissent à entendre que ce jeune auteur pourrait bien se tailler une solide place dans le monde littéraire québécois ». La critique voit dans l'ensemble de l'œuvre des récits pour le grand public, bien structurés, dont les personnages sont peu profonds mais bien campés. Cependant, Monique Chartier trouve dans *Le Divorcé* (1980) beaucoup de « mots inutiles » et de « redites ». Et Normand Desjardins est sévère pour *L'Anniversaire de mariage* : « Roman à suspense, certes, qui sait nous entraîner par bouts » mais dont l'action n'est pas suffisamment structurée.

ŒUVRES

Le Miroir de la folie (roman), Montréal, Éditions Quebecor, 1978, 149 p.
Paul Desormeaux, étudiant (roman), Montréal, Éditions Quebecor, 1978, 266 p. « Roman ».
Journal de nuit. Roman, Montréal, Éditions Quebecor, 1979, 182 p. « Roman ».
Le Divorcé ou La Naissance d'un comédien. Roman, Montréal, Éditions Quebecor, 1980, 216 p. « Roman ».
L'Anniversaire de mariage. Roman, Montréal, Éditions Quebecor, 1981, 199 p. « Roman ».
Histoire d'une passion. Roman, Montréal, Libre Expression, 1983, 233 p.
Mes amants de vacances. Journal intime d'une femme libre, Montréal, Éditions Quebecor, 1983, 223 p. Sous le pseudonyme de Brigitte Saint-Clair. « Roman ».

L'Album de mon chat (litt. jeunesse), [Montréal], Libre Expression, 1984, [n.p., 32 p.]. Ill. de Darcia Labrosse.

Boy George. Culture Club (biographie), Montréal, Éditions Quebecor, 1984, 94 p. Ill. « Célébrités ». (Non signé, attribué à Marc-André Poissant).

Michael Jackson (biographie), Montréal, Éditions Quebecor, 1984, 95 p. Ill. « Célébrités ». (Non signé, attribué à Marc-André Poissant).

Double Vie (roman), Montréal, Libre Expression, 1985, 255 p.

ÉTUDES

Pierre L'Hérault, *Marc-André Poissant. Paul Desormeaux, étudiant*, LAQ 1978, p. 70–71.

Patrick Coppens, *Choix de lectures*, Dev, vol. 70, n° 275, 24 nov. 1979, p. 9.

Monique Chartier, *Poissant (Marc-André). Le Divorcé ou La Naissance d'un comédien*, dans *Nos livres*, vol. 12, janv. 1981, n° 39.

Normand Desjardins, *Poissant (Marc-André). L'Anniversaire de mariage*, dans *Nos livres*, vol. 12, juin–juillet 1981, n° 308.

Id., *Poissant (Marc-André). Histoire d'une passion*, dans *Nos livres*, vol. 14, juillet–août 1983, n° 5326.

POISSON, Jules ADOLPHE (1849–1922). Poète et conteur, né à Gentilly (Nicolet). Il fait son cours classique au Collège de Nicolet et au Séminaire de Québec. Après des études de droit à l'Université Laval, il est admis au barreau en 1873. La même année il est nommé « registraire » du comté d'Arthabaska. Il le demeure jusqu'à son décès, en 1922. Son premier recueil, *Chants canadiens à l'occasion du 24 juin 1880*, est suivi en 1894, des *Heures perdues*. La même année, il entre à la Société royale. En 1902, il publie *Sous les pins*, recueil de poèmes, illustré par Henri Julien. Ses derniers poèmes paraissent sous le titre de *Chants du soir*, en 1917. Poisson a aussi publié des poésies et des contes dans *La Revue canadienne*, *La Revue nationale*, *Les Nouvelles Soirées canadiennes*, *Le Canada français* (1888–1891), *L'Opinion publique*, *Le Bulletin du parler français au Canada*... « Dans tous ses recueils, écrit Camille Roy, on retrouve la même sorte de lyrisme, solide sans éclat, toujours ému, d'inspiration délicate, où la pensée parfois s'élève et se double de vives émotions ». Mais ce lyrisme est essentiellement celui de la petite poésie de circonstance dont la seule ouverture sur le monde ne se fait qu'à travers l'espace champêtre et quelques évocations historiques. Influencé par Crémazie, Poisson se veut parfois le chantre de l'épopée nationale, sans pour autant aboutir à l'originalité qu'il voudrait atteindre par un pathétique trop mièvre.

ŒUVRES

Le Prince impérial (poésie), [s.l., s.é., 1879], 6 p.

Chants canadiens à l'occasion du 24 juin 1880, Québec, P.G. Delisle, 1880, 78 p.

Heures perdues. Poésie, Québec, Imprimerie générale A. Côté et Cie, 1894, viii, 256 p. ; 1895, xii, 256 p. Avertissement de l'auteur.

Sous les pins (poésie), Montréal, Librairie Beauchemin, 1902, 338 p. Ill. d'Henri Julien.

Chants du soir (poésie), [s.l., s.é., 1917], 224 p.

ÉTUDES

P. Saint-Marcel, *Heures perdues*, dans *Polybiblion* (Paris), vol. 73, janv. 1895, p. 25.

Camille Roy, *Adolphe Poisson : Sous les pins*, dans *Essais sur la littérature canadienne*, Québec, Garneau, 1907, p. 69–79.

Charles ab der Halden, *M. Adolphe Poisson*, dans *Revue d'Europe et des colonies*, juin 1907, p. 375–386.

Camille Roy, *Chants du soir*, BPF, vol. 16, sept. 1917, p. 37–38.

Id., *Adolphe Poisson*, CF, vol. 8, juin 1922, p. 331–333.

POITRAS, ÉMILE. Voir **GIGUÈRE, GEORGES-ÉMILE.**

POL. Voir **SARRAZIN, CLAUDE-GÉRARD.**

POLIQUIN, DANIEL (1953–   ). Traducteur, romancier et nouvelliste, né à Ottawa. Il fait ses humanités au Collège Saint-Jean de Béthune (Versailles, France) et à l'Université d'Ottawa (B.A., 1974), puis il obtient, à l'Université Carleton d'Ottawa, un baccalauréat spécialisé (1975), une maîtrise en allemand pour un mémoire sur « *Amerika* et l'Amérique de Franz Kafka » (1978), et une maîtrise de littérature comparée (1982). Il prépare ensuite un doctorat en lettres canadiennes à l'Université d'Ottawa. Chargé de cours d'allemand à l'Université Carleton, de 1975 à 1979, il devient traducteur à la fonction publique d'Ottawa, en 1976. Daniel Poliquin est un ardent partisan des luttes pour la reconnaissance des droits des Franco-Ontariens. Il publie des nouvelles dans l'anthologie *Bing sur la ring* et dans *L'Apropos*, revue de l'Outaouais. L'action de son roman, *Temps pascal* (1982), se déroule à Sudbury, durant une grève de mineurs. Réginald Martel en souligne certaines faiblesses, mais il ajoute : « Il reste que ce roman révèle chez l'auteur la capacité de créer des situations dramatiques et l'aptitude à inventer des personnages qui s'imposent. Pour un premier roman, ce n'est pas rien ».

ŒUVRES

Temps pascal. Roman, Montréal, CLF Pierre Tisseyre, 1982, 161 p.

Nouvelles de la capitale, Montréal, Québec/Amérique, 1987, 137 p.

L'Obomisawin. Roman, Sudbury, Prise de Parole, 1987, 160 p.

Jack Kerouac, Pic, traduit de l'Américain par Daniel Poliquin, Montréal, Québec/Amérique, 1987, 152 p.

───────────

Le Retard (nouvelle), dans Diane Desaulniers et Madeleine Dubé, *Bing sur la ring, Bang sur la rang. L'anthologie française de l'Outaouais*, Ottawa, Livres Commoner's, 1979, p. 118–120.

Pourquoi les écureuils d'Ottawa sont noirs (nouvelle), dans *L'Apropos*, vol. 2, nᵒ 2, 1984, p. 72–79.

ÉTUDES

Réginald Martel, *Un premier roman de Daniel Poliquin. Des défauts mais autre chose*, Pr, 99ᵉ année, nᵒ 77, 2 avril 1983, p. B-3.

Guy Houle, *Temps pascal ou... Quand il est question de survivre*, dans *Liaison*, nᵒ 26, mars–avril 1983, p. 27.

POMMINVILLE, LOUISE (1940–   ). Conteuse et illustratrice de livres pour enfants, née à Outremont (Île-de-Montréal). Elle étudie à l'Institut familial et social de Montréal (1953–1958), puis elle poursuit des études à l'Institut des arts appliqués (1958–1962), et elle suit en même temps des cours à la Valentine School of Art de Montréal. En 1962 elle travaille à l'École de dessin et de sculpture de Belleville (Paris). Rentrée au pays, elle devient maquettiste et graphiste à l'Office national du film où elle réalise aussi des films d'animation. De 1966 à 1971, elle dirige sa propre galerie d'art à Québec. Nouveau voyage de perfectionnement à Paris, en 1972. Elle enseigne l'émail et la céramique à Longueuil (1973–1975) et à Outremont (1980–1981), et elle est assistante-conceptrice de Claude Lafortune aux émissions télévisées « La Bible en papier » et « L'Église en papier ». Elle mérite quatre Oscars et le premier prix d'illustration de livres pour enfants de l'association The Look of Books de Toronto pour ses *Pitatou*, en 1973, et le prix Alvine-Bélisle pour ses illustrations de *Ma vache Bossie* de Gabrielle Roy, en 1976. Elle illustre plusieurs magazines dont le *Reader's Digest*, elle exécute une grande murale pour la Bibliothèque Nelligan à Laval, etc. Entre 1972 et 1982, elle publie sept volumes des aventures de l'oiseau Pitatou dans sa collection pour enfants « Les Merveilleux Oiseaux de la forêt de nulle part ». La critique est unanime à admirer les textes et les dessins. Une exception pour *L'Abé-*

cédaire, et encore sur le seul choix du vocabulaire. À propos de *Pitatou et la Neige*, François Larue-Langlois souligne la beauté, la tendresse et l'intérêt marqué de ses histoires ». En 1984 paraît *Pomme raconte*, livre d'un genre nouveau qui raconte sereinement aux enfants l'histoire du cancer.

ŒUVRES

Pitatou et les Pommiers (litt. jeunesse), [Montréal], Éditions Leméac, 1972, [n.p., 25 p.]. Ill. de l'auteur. « Les Merveilleux Oiseaux de la forêt de nulle part ».

Pitatou et le Printemps (litt. jeunesse), [Montréal], Éditions Leméac, 1972, [n.p., 23 p.]. Ill. de l'auteur. « Les Merveilleux Oiseaux de la forêt de nulle part ».

Pitatou et la Gaspésie (litt. jeunesse), [Montréal], Éditions Leméac, 1973, [n.p., 25 p.]. Ill. de l'auteur. « Les Merveilleux Oiseaux de la forêt de nulle part ».

Pitatou et le Sport amateur (litt. jeunesse), [Montréal], Éditions Leméac, 1976, [n.p., 39 p.]. Ill. de l'auteur. « Les Merveilleux Oiseaux de la forêt de nulle part ».

Pitatou et la Neige (litt. jeunesse), [Montréal], Éditions Leméac, 1978, [n.p., 24 p.]. Ill. de l'auteur. « Les Merveilleux Oiseaux de la forêt de nulle part ».

L'Abécédaire de Pitatou (litt. jeunesse), [Montréal], Éditions Leméac, 1979, 64 p. Ill. de l'auteur.

Pitatou et le Bon Manger (litt. jeunesse), [Montréal], Éditions Leméac, 1982, [n.p., 24 p.]. Collab. Marie-Rose Dèprez. Ill. de l'auteur. « Les Merveilleux Oiseaux de la forêt de nulle part ».

Pomme raconte. Le cancer, une grosse tempête dans le jardin de ta vie, Montréal, Leucan, 1984, 55 p. Collab. Jocelyn Demers. Ill. de Louise Pomminville. (Avec un disque, 33⅓ tours). Traduction anglaise de James Parry : *Pomme Recounts. The Story of Cancer, a Big Storm in the Garden of Your Life*.

Pomme raconte. Le cancer, une grosse tempête dans le jardin de ta vie. Livre à colorier/Pomme Recounts. The Story of Cancer, a Big Storm in the Garden of Your Life. Coloring Book, Montréal, Leucan, 1984, 32 p.

ÉTUDES

[Anonyme], *Pitatou et les Pommiers, Pitatou et le Printemps de Louise Pomminville*, dans *Le Livre canadien*, vol. 4, janv. 1973, nᵒ 26.

Madeleine Bellemare, *Pomminville (Louise) et Dèprez (Marie-Rose). Pitatou et le Sport amateur*, dans *Nos livres*, vol. 9, avril 1978, nᵒ 178.

Hélène Roberge, *Louise Pomminville. Pitatou et la Neige*, LAQ 1978, p. 258.

Françoys Larue-Langlois, *Il a neigé sur Pitatou*, dans *Le Livre d'ici*, vol. 4, nᵒ 33, 23 mai 1979, p. 1.

Claude Simard, *Louise Pomminville. L'Abécédaire de Pitatou*, LAQ 1979, p. 261.

Madeleine Bellemare, *Pomminville (Louise). Pitatou et le Bon Manger*, dans *Nos livres*, vol. 14, mai–juin 1983, nᵒ 5268.

PONTAUT, ALAIN (1925–). Journaliste, critique, romancier et dramaturge, né à Bordeaux (France) où il fait une licence classique. Il poursuit ses études littéraires à la Sorbonne, tout en étant attaché de presse des « Journées du cinéma » (1957). Alors qu'il est de passage au Québec dans le cadre d'échanges internationaux, Gérard Pelletier le convainc d'y rester et lui propose de collaborer aux pages internationales de *La Presse* (1962). Après quelques mois, il passe à la section *Arts et Lettres*, où il travaille jusqu'en 1969, sauf pour un séjour de deux ans au *Devoir* (1964–1966). Il devient dialoguiste à Radio-Québec, puis éditeur de textes dramatiques chez Leméac. Sa carrière continue principalement dans le domaine de la critique littéraire, mais son activité s'étend à l'enseignement (Université Laval, 1964–1965), à la publication de nombreux ouvrages poétiques, romanesques et théâtraux, à la collaboration à divers périodiques dont *Maclean*. Il a aussi fait partie des jurys des prix David et de Montréal. Il est éditorialiste au journal *Le Jour* pendant un certain temps, directeur littéraire des Éditions Leméac et conseiller culturel au cabinet du Premier ministre du Québec. Alain Pontaut, affirme Michel Têtu, « possède une richesse d'invention verbale qui lui permet de passer aisément d'un épisode à l'autre et d'emporter le tout dans sa fantaisie ». Ce jugement que portait Michel Têtu sur le roman *La Tutelle*, s'applique fort bien aux autres récits de Pontaut. Il s'intéresse aussi au théâtre. Sa première pièce est montée en 1970, par le Théâtre du Nouveau Monde. En 1983, après un silence, il écrit *Madame Jocaste*, une réécriture du mythe que Stéphane Lépine qualifie d'« histoire, dans une forme non-signifiante ».

ŒUVRES

La Tutelle (roman), [Montréal], Leméac, 1968, 141 p. « RoC ».

La Grande Aventure du fer (récit), [Montréal], Leméac, 1970, 127 p. Collab. Gilles Vigneault, Georges Dor, M. Dubé, *et al*. Ill. « Le Monde de l'avenir ».

Un bateau que Dieu sait qui avait monté et qui flottait comme il pouvait, c'est-à-dire mal. Pièce en deux parties, [Montréal], Leméac, 1970, 105 p. Introduction de Jacques Brault. « TC ».

Le Tour du lac (poésie), [Montréal], Leméac, 1971, 109 p.

La Bataille du livre au Québec. Oui à la culture française, non au colonialisme culturel, [Montréal], Leméac, 1972, 137 p. Collab. Pierre de Bellefeuille *et al*. Préface de J.-Z. Léon Patenaude.

Dictionnaire critique du théâtre québécois, [Montréal], Leméac, 1972, 161 p. « Documents ».

L'Illusion de midi [*suivi de*] *L'Aventure* (théâtre), [Montréal], Leméac, 1973, 69 p. Préface de Marcel Dubé.

Le Grand Jeu rouge (théâtre), [Montréal], Leméac, 1975, 138 p. « Théâtre ».

La Sainte Alliance (roman), [Montréal], Leméac, 1977, 261 p. « Roman québécois ».

Madame Jocaste (théâtre), [Montréal], Leméac, 1983, xiv, 87 p. « Théâtre ».

René Lévesque ou « L'Idéalisme pratique », [Montréal], Leméac, 1983, 229 p. Ill.

Santé et Sécurité. Un bilan du régime québécois de santé et sécurité du travail, 1885–1985, Montréal, Boréal Express, [1985?], 249 p.

Le Train des limbes, suivi de Sonnets noirs, [Montréal], Éditions Leméac, 1985, 59 p.

Les Yeux de givre (poésie), ECF, n° 19, 1965, p. 171–197.

Seul à seul, CuV, n° 1, 1966, p. 37–40.

L'Écrivain et l'État, L, vol. 13, n° 2, mars–avril 1971, p. 31–37.

Jacques Grand'Maison. L'urgence de remettre l'homme en perspective, dans *Le Jour*, vol. 1, n° 13, 29 avril 1977, p. 33.

Un état français auquel Londres et l'histoire nous donnent droit depuis deux cents ans, dans *Le Jour*, vol. 1, n° 13, 29 avril 1977, p. 10–12.

ÉTUDES

Réginald Martel, *La Liberté au bout de la démence*, Pr, vol. 84, n° 256, 2 nov. 1968, p. 25.

André Major, *Alain Pontaut fabuliste de l'aliénation*, Dev, vol. 59, n° 282, 30 nov. 1968, p. 15.

André Renaud, *Être de ce pays*, Dr, vol. 56, n° 220, 14 déc. 1968, p. 9.

Michel Têtu, *La Tutelle d'Alain Pontaut*, LAC 1968, p. 27.

Pierre Lacroix, *Alain Pontaut. Le Tour du lac*, LAQ 1971, p. 158.

Laurent Mailhot, *L'Illusion de midi*, EF, vol. 9, n° 4, nov. 1973, p. 365–366.

Georges-L. Bérubé, *Alain Pontaut, Le Grand Jeu rouge*, LAQ 1975, p. 159–160.

Réginald Martel, *Pour la fin de la tutelle*, Pr, 93ᵉ année, n° 168, 16 juillet 1977, p. D-3.

René Lapierre, *La Sainte Alliance d'Alain Pontaut*, dans *Le Jour*, vol. 1, n° 29, 19 au 25 août 1977, p. 24–25.

Bernard Andrès, *Entre l'allégorie et la caricature : La Sainte Alliance d'Alain Pontaut*, LQ, vol. 1, n° 8, nov. 1977, p. 10–11.

Yvan Lepage, *Alain Pontaut. La Sainte Alliance*, LAQ 1977, p. 85–86.

Stéphane Lépine, *Pontaut (Alain). Madame Jocaste*, dans *Nos livres*, vol. 15, févr. 1984, n° 5607.

PONTBRIAND, JEAN-NOËL (1933–). Poète, né à Saint-Guillaume-d'Upton (Yamaska). Il étudie au Pensionnat des Frères du Sacré-Cœur d'Arthabaska et termine le baccalauréat ès arts (1959) à l'Université de Montréal où il obtient aussi, en 1965, une licence en philosophie pour une étude sur

« Nature, individu, personne chez Emmanuel Mounier ». Il fait ensuite, à l'Université de Strasbourg, une maîtrise en lettres (1970) dont le mémoire porte sur « Le Dualisme de Saint-Denys Garneau », et un doctorat en philosophie-lettres (1970) pour une thèse intitulée « Poésie et Métaphysique ». À partir de 1952 il enseigne à différents niveaux, et, en 1974, il devient professeur de lettres à l'Université Laval. Il collabore à *Poésie*, *Québec français*, *Livres et Auteurs québécois*, ainsi qu'au *Dictionnaire des œuvres littéraires du Québec*. Pontbriand publie son premier recueil de poèmes, *Cri des vents*, en 1965. Cinq autres recueils paraissent entre 1972 et 1982. À propos de *L'Envers du cri*, Sliman Henchiri dit que les poèmes brefs sont nettement les meilleurs par la densité et les images. Paul Wyczynski est du même avis sur *Les Eaux conjuguées*, et il note l'omniprésence de l'eau (mer, fleuve, sources...), thème majeur dans toute l'œuvre du poète. Cécile Cloutier et Pierre Nepveu sont assez sévères pour *Étreintes* et *Transgressions*, mais Robert Giroux est heureux des *Éphémérides* parce qu'il y trouve « une expression proche de son contenu, un rythme en accord avec le sens sans cesse fuyant ou ailleurs martelant jusqu'à l'obsession ».

ŒUVRES

Cri des vents (poésie), Arthabaska, Chez l'auteur, 1965, 49 p.

L'Envers du cri (poésie), Québec, Éditions Garneau, 1972, 62 p. « Poésie ».

Les Eaux conjuguées suivi de La Saison éclatée (poésie), Québec, Éditions Garneau, 1974, 114 p. « Poésie ».

Étreintes (poésie), Saint-Lambert, Éditions du Noroît, 1976, 93 p. Avec 5 gravures de Célyne Fortin.

Transgressions (poésie), Saint-Lambert, Éditions du Noroît, 1979, 89 p. Ill. de Céline Racine.

Éphémérides, précédé de Débris 19 nov. 82 (poésie), Saint-Lambert, Éditions du Noroît, 1982, 116 p.

ÉTUDES

Sliman Henchiri, *L'Envers du cri de Jean-Noël Pontbriand*, LAQ 1972, p. 176.

Paul Wyczynski, *Jean-Noël Pontbriand. Les Eaux conjuguées suivi de La Saison éclatée*, LAQ 1974, p. 133–134.

André Gaulin, *Les Eaux conjuguées suivi de La Saison éclatée de Jean-Noël Pontbriand*, dans *Québec français*, n° 17, févr. 1975, p. 9.

Id., *Étreintes de Jean-Noël Pontbriand*, dans *Québec français*, n° 23, oct. 1976, p. 10.

Cécile Cloutier, *Jean-Noël Pontbriand. Étreintes*, LAQ 1976, p. 169–170.

Renée Cimon, *Pontbriand (Jean-Noël). Les Eaux conjuguées suivi de La Saison éclatée*, dans *Nos livres*, vol. 8, déc. 1977, n° 419.

André Gaulin, *Transgressions de Jean-Noël Pontbriand*, dans *Québec français*, n° 36, déc. 1979, p. 10.

André Janoël, *Pontbriand (Jean-Noël). Transgressions*, dans *Nos livres*, vol. 10, déc. 1979, n° 419.

Gérald Gaudet, *Jean-Noël Pontbriand. Transgressions*, LAQ 1979, p. 160–161.

Jean-Léonard Binet, *Six auteurs. Des poèmes à la pelletée*, dans *Le Livre d'ici*, vol. 5, n° 16, 23 janv. 1980, p. 1.

Robert Giroux, *Jean-Noël Pontbriand, Éphémérides, précédé de Débris*, LAQ 1982, p. 132–133.

PORTAL, MARCEL. Voir **LAPOINTE, MARCEL.**

POTIER, PIERRE-PHILIPPE (1708–1781). Lexicographe et mémorialiste, né à Blandain (Hainaut, Belgique). Pierre-Philippe Potier (orthographié aussi Potié, Pothié, Pothier) fait ses études au Collège de Tournai et à Douai, et entre au noviciat des Jésuites en 1729. Après ses derniers vœux prononcés en février 1743, il part pour la Nouvelle-France. Il séjourne à la mission huronne de Lorette pour apprendre la langue des indigènes, puis rejoint, en septembre 1744, la mission de l'île aux Bois-Blancs, à l'embouchure de la rivière Détroit. En 1747, la mission est transportée à La Pointe de Montréal (site de la ville de Windsor, Ontario). C'est là que le Père Potier passe le reste de sa vie à s'occuper des Hurons et des Canadiens. En 1767, il fonde la paroisse Notre-Dame-de-l'Assomption, la plus ancienne paroisse catholique de l'Ontario. Il y meurt le 16 juillet 1781. Malgré son isolement, il exerce une activité intellectuelle intense. Il a laissé au moins trente-deux cahiers de notes déposés aux Archives du Séminaire de Québec, aux Archives de la Compagnie de Jésus (Saint-Jérôme) et à la Bibliothèque municipale de Montréal. Les plus intéressants comprennent ses journaux de voyages, ses études sur la langue huronne et ses notes sur les « Façons de parler » des Canadiens recueillies de 1743 à 1758.

ŒUVRES

Façons de parler proverbiales, triviales, figurées, etc. des Canadiens au XVIIIe siècle, dans *Bulletin du parler français au Canada*, vol. 3, 1904–1905, p. 213–220, 252–255, 291–293 ; vol. 4, 1905–1906, p. 29, 63–65, 103, 146–149, 224–226, 264–267.

Selections from the Diary and Gazette of Father Pierre Potier, S.J. (1708–1781), E.R.Ott, editor, dans *Mid-America* (Chicago), vol. 18, 1936, p. 199–207, 260–265.

ÉTUDES

Marcel Juneau, *Un pionnier de la lexicologie québécoise : le père Pierre-Philippe Potier, s.j.*, dans *Langue et Linguistique* (Québec), vol. 1, 1975, p. 51–68.

Robert Toupin, *Pierre-Philippe Potier*, DBC, t. 4, 1980, p. 692-693.

POTVIN, BERTHE. Voir **FRANCHEVILLE, GENEVIÈVE DE.**

POTVIN, CLAUDE (1943-   ). Bibliographe acadien, né à La Baie (Chicoutimi). Il fait ses humanités au Collège Saint-Édouard de La Baie et au Petit Séminaire de Chicoutimi (B.A., 1964). Il obtient ensuite un baccalauréat en bibliothéconomie à l'Université d'Ottawa ((1966) et une maîtrise à l'Université McGill (1971). Bibliothécaire à l'Université de Moncton, en 1966, il devient l'année suivante, directeur adjoint de la Bibliothèque régionale Albert-Westmorland-Kent de Moncton dont il est nommé directeur, en 1970. Membre de plusieurs associations professionnelles, Claude Potvin est connu surtout comme bibliographe de la littérature de jeunesse. Claude Aubry notait dans sa préface à la première édition de *La Littérature de jeunesse au Canada français* (1972), que cette bibliographie était essentielle pour permettre aux bibliothécaires de s'y retrouver. Potvin est de plus cotraducteur d'une bonne quinzaine d'ouvrages pour enfants, et il anime différentes chroniques sur les livres.

ŒUVRES

La Littérature de jeunesse au Canada français. Bref historique. Sources bibliographiques. Répertoire des livres, Montréal, Association canadienne des bibliothécaires de langue française, 1972, 110 p.

Directory of New Brunswick Libraries / Répertoire des bibliothèques du Nouveau-Brunswick, [Moncton], Council of Head Librarians of New Brunswick, 1976, 88 p. Compilé par Alban Arsenault et Claude Potvin ; 1977 ; 1979.

Spotlights on the Albert-Westmorland-Kent Regional Library, 1957-1977 / Pleins feux sur la Bibliothèque régionale Albert-Westmorland-Kent, 1957-1977, Moncton, Albert-Westmorland-Kent Regional Library, 1977, 112 p. Ill. Préface de James F. MacEacheron. Textes compilés par Claude Potvin.

Acadiana, 1980-1982. Une bibliographie annotée / Acadiana, 1980-1982. An Annotated Bibliography, Moncton, Éditions CRP, 1983, 110 p. Préface de Ronald LeBlanc.

———

Les Services français de bibliothèque chez les francophones des Maritimes, dans *Bulletin de l'ACBLF*, vol. 14, n° 3, sept. 1968, p. 79-82.

Sources bibliographiques sur la littérature enfantine au Canada français, dans *Bulletin de l'ACBLF*, vol. 16, n° 2, juin 1970, p. 55-61.

Recent Acadiana : An Annoted List, dans *APLA Bulletin*, vol. 44, n° 1, juillet 1980, p. 12 ; n° 2, sept. 1980, p. 18-19 ; n° 6, mai 1981, p. 75-76.

POTVIN, DAMASE [Graindesel, Jean Sainte-Foy] (1879-1964). Journaliste et romancier, né à Bagotville (Bagot). Après des études commerciales et classiques au Séminaire de Chicoutimi (1894-1901), il entre chez les Pères blancs d'Afrique. Incapable de s'adapter au climat d'Alger, il revient au Québec. Il opte finalement pour le journalisme et travaille successivement au *Progrès du Saguenay* (1906), au *Devoir* (1910), tout en collaborant à divers journaux et revues (*Chasse et Pêche, Culture, Le Samedi, Le Terroir, Le Canada français*). Il est chroniqueur parlementaire à *L'Événement* (1911-1922), au *Soleil* (1922-1925) et à *La Presse* (1925-1954). En 1945, il est nommé fonctionnaire au département de l'Instruction publique, section des manuels, fonction qu'il occupe jusqu'à sa retraite en 1957. En 1927, il fonde, à Québec, « La Société des arts, sciences et lettres » (dont il est secrétaire et animateur jusqu'en 1942) ; il organise, en 1938, le « Club des journalistes de Québec » dont il est secrétaire jusqu'en 1954. Membre de la Galerie de la presse au Parlement de Québec, de la Société historique de Montréal, de celle de Québec, de l'Institut canadien de Québec, de l'École littéraire de Montréal, de la Société des écrivains canadiens-français, Damase Potvin reçoit, en 1937, le prix David et, en 1940, le prix du ministère des Mines pour son roman *Sous le signe du quartz*. Son premier roman, *Restons chez nous* (1908), marque déjà la voie qu'il va suivre dans toute une série de récits. Cet apôtre du terroir et de l'agriculturalisme considère le roman comme une œuvre de prosélytisme. Il prône le retour à la terre comme seul véritable moyen d'épanouissement et d'enrichissement moral pour l'homme aux abords du Saint-Laurent.

ŒUVRES

Restons chez nous. Roman canadien, Québec, J. Alf. Guay, Librairie française, 1908, 243 p. ; Montréal, Granger, 1945, 221 p.

Le « Membre ». Roman de mœurs politiques québécoises, Québec, L'Événement, 1916, 159 p. Sous le pseudonyme de Graindesel.

L'Appel des souvenirs (étude), Québec, L'Événement, 1918, 41 p. Sous le pseudonyme de Jean Sainte-Foy.

L'Appel de la terre. Roman de mœurs canadiennes, Québec, L'Événement, 1919, vi, 186 p. Préface de Léon Lorrain.

Le Tour du Saguenay historique, légendaire et descriptif (guide touristique), Québec, [s.é.], 1920, [xx], 172 p. Préface de Benjamin Sulte. Avant-propos de l'auteur. Ill. Traduction anglaise en collaboration avec M.W. O'Farrell : *The Saguenay Trip. Historical, Legendary, Descriptive,* Québec, [s.é.], 1923, [x], 86 p. ; Montréal, Canada Steamship Lines, [194 ?], 118, xii p. Ill. ; [1952].

Le Français. Roman paysan du «pays de Québec», Montréal, Éditions Édouard Garand, 1925, x, 346 p.

La Baie. Récit d'un vieux colon canadien français, Montréal, Éditions Édouard Garand, 1925, 90 p.

Sur la grand'route. Nouvelles, contes et croquis, Québec, Chez l'auteur, 1927, [viii], 216 p. ; Tournai (Belgique), Casterman, 1930, 156 p.

Les Îlets Jérémie. Histoire d'une ancienne mission du Domaine du roi. Louis Jobin sculpteur sur bois, Québec, Édition du Terroir, 1928, 93 p. Ill.

En zigzag sur la côte et dans l'île. Simples notes d'un journaliste, Québec, Chez l'auteur, 1929, 80 p. Ill.

... Plaisant Pays de Saguenay... (récit), Québec, Ernest Tremblay, 1931, 199 p.

Contes et Croquis de la campagne canadienne, Paris/ Tournai, Éditions Casterman, 1932, 127 p. Ill. d'Henry de Renancour.

La Robe noire. Récit des temps héroïques où fut fondée la Nouvelle-France, Lille/Paris, Le Mercure universel, 1932, 236 p.

La Rivière-à-Mars. Roman, Montréal, Les Éditions du Totem, 1934, 222 p.

Bonjour messieurs (récit), Québec, Le Soleil, 1936, 75 p.

Peter McLeod. Grand récit canadien inédit, Québec, Chez l'auteur, 1937, [ii], 207 p. ; Alma, Les Éditions du Royaume, 1983. Préparé et présenté par Aurélien Boivin. Frontispice.

Puyjalon. Le Solitaire de l'Île-à-la-chasse (biographie romancée), Québec, Le Quotidien, 1938, 168 p. Préface de L.-A. Richard.

Six coins historiques du vieux Québec (souvenirs), Québec, Le Quotidien, 1939, 47 p.

Sous le signe du quartz. Histoire romancée des mines du nord-ouest du Québec, Montréal, Valiquette, 1940, 263 p. ; 1942.

Le Saint-Laurent et ses îles. Histoire, légendes, anecdotes, description, topographie, Montréal, Éditions B. Valiquette, 1941, 413 p. ; Québec, Garneau, 1945, 425 p. ; Montréal, Leméac, 1983, 245 p.

Un ancien contait... (récit et nouvelles), Québec, Éditions du Terroir, 1942, 175 p. Avant-propos d'Henri Pourrat et de l'auteur. (Reprend *La Baie,* avec trois autres contes) ; Montréal, Éditions Bernard Valiquette, 1942, xvi, 175 p.

Aux fenêtres du Parlement de Québec (souvenirs), Québec, Éditions de la Tour de pierre, 1942, 339 p. Ill.

Les Oubliés. Le commandant Pierre Fortin. Le capitaine J.-E. Bernier. Nap. Comeau. H. de Puyjalon. Joseph Bureau. Ths. Fortin. David Têtu. Arthur Buies. Louis Jobin. F. van Bruysell. L'amiral Bayfield. Écrivains nordiques (biographies), Québec, Roch Poulin, [1944], 239 p.

La Librairie Garneau. Le centenaire d'une maison historique, Québec, Bibliothèque de l'Action catholique, 1944, 16 p.

Thomas. Le dernier de nos coureurs de bois. Le Parc des Laurentides (récit), Québec, Les Éditions Garneau, 1945, [x], 273 p. Préface de L.-A. Taschereau. Ill.

Fossembault. Lac St-Joseph, Valcartier, Ste-Catherine, Duchesnay, Lac Sergent, Lac des Sept-Îles (étude), Québec, [E. Tremblay], 1946, 144 p. Ill. Cartes.

Miettes d'histoire du Canada, [Lévis, Le Quotidien], 1946, 64 p.

La « Dame française » du duc de Kent. Récits historiques canadiens. Les prisonniers de Phipps. Au nez du roi de France. À la pointe de la carriole. Ce «Royaume»..., Québec, Éditions Garneau, 1948, [iv], 141 p.

Le Roman d'un roman. Louis Hémon à Péribonka (roman biographique), Québec, Éditions du Quartier latin, 1950, 191 p. Ill.

Le Roi du golfe. Le Dr P.-E. Fortin, ancien commandant de la «Canadienne» (biographie), Québec, Éditions du Quartier latin, [1952], 183 p.

Trois petits clochers (étude), Québec, Le Soleil, 1953, 95 p.

Un héros de l'air. L'heureuse aventure de Roméo Vachon (biographie), Québec, [s.é.], 1955, 62 p. Ill.

La Baie des Hahas. Histoire, description, légendes et anecdotes : paroisses, vieilles familles, gens et choses de la région, [s.l.], Chambre de commerce de la Baie des Hahas, 1957, 427 p. Ill.

Bonheur clos d'hier, Paris, Éditions Saint-Germain-des-Prés, 1973, 24 p.

Les Visages de l'histoire, C, vol. 7, n° 2, juin 1946, p. 140–150.

Habitant vs Paysan, RUL, vol. 13, n° 4, déc. 1958, p. 340–345.

ÉTUDES

Camille Roy, *Restons chez nous,* dans *Érables en fleurs,* Québec, L'Action sociale, 1923, p. 149–152.

Henri Pourrat, *La Baie,* dans *Le Terroir,* vol. 7, n° 3, juillet 1926, p. 282–283.

Maurice Hébert, *La Baie. Sur la grand'route,* CF, vol. 15, n° 4, déc. 1927, p. 278–286.

Hervé Griffon, *La Rivière-à-Mars,* AN, 3e année, vol. 5, n° 3, mars 1935, p. 174–180.

Valdombre, *Sous le signe du quartz,* PV, 3e année, n° 12, nov. 1939, p. 431–437.

Romain Légaré, *Le Roman d'un roman,* C, vol. 12, n° 2, juin 1951, p. 200–201.

Claude Racine, *La «Petite Patrie» de Damase Potvin,* VIP, n° 1, 1967, p. 7–16.

Id., «Le Régionalisme chez Henri Pourrat et Damase Potvin». Mémoire de maîtrise, Montréal, Université de Montréal, 1968, vii, 113 f.

Aurélien Boivin, Jean-Marc Bourgeois et Raymond Desgagné, *Damase Potvin écrivain saguenéen (1879-1964). Exposition consacrée à l'homme et à son œuvre et préparée par la Bibliothèque centrale de prêt du Saguenay-Lac-Saint-Jean*, Alma, Éditions du Royaume, 1983, 28 p.

POULIN. Voir **BEAUDOIN, DOROTHÉE.**

Jac Guy

POULIN, GABRIELLE (1929–   ). Essayiste, critique et romancière, née à Saint-Prosper (Beauce-Sud). Après ses études à l'École normale de Valleyfield, elle fait ses humanités au Collège Jésus-Marie d'Outremont (B.A., en 1962). À l'Université de Montréal, elle obtient la licence ès lettres (1967), le diplôme d'études supérieures (1968), puis le doctorat (1974) à l'Université de Sherbrooke pour une thèse sur Paul Éluard. Elle a été boursière du Gouvernement français et du Conseil des Arts du Canada. Elle mérite le prix de l'Ambassade de Suisse au Canada en 1967, et en 1979 le prix littéraire de La Presse et le prix Champlain pour son roman *Cogne la caboche*. De 1949 à 1969, elle enseigne, surtout les lettres françaises et québécoises, dans diverses institutions secondaires de Montréal et de Saint-Lambert, puis de 1968 à 1975, elle est chargée de cours dans les universités de Montréal, de Sherbrooke et d'Ottawa. Elle collabore à une bonne dizaine de périodiques tels que *Relations, University of Toronto Quarterly, Lettres québécoises, Le Droit, Le Devoir*, à titre de critique littéraire, fonction qu'elle remplit aussi à Radio-Canada à partir de 1977. La critique voit dans son premier livre, *Les Miroirs d'un poète* (1969), « une contribution magistrale à l'étude de Paul Éluard », ainsi que l'écrit Jean Godin. « Le grand mérite de Gabrielle Poulin n'est pas seulement d'avoir placé l'univers d'un poète sous le signe du miroir, mais encore d'avoir expliqué la naissance et la vie de cette image qui parcourt l'œuvre comme un leitmotiv ». Ses chroniques critiques, en partie reprises dans *Romans du pays*, outre le plaisir de quelques fines pages de style qu'elles procurent au lecteur, lui apportent non un quelconque bavardage mais une intelligente présentation des œuvres. Ses romans, *Cogne la caboche* (1979) et *Un cri trop grand* (1980) ont été accueillis comme d'incontes-

tables réussites. Le premier est, selon Jean Royer « un plaidoyer essentiel au Québec de la vie au féminin, qui se passe ici entre la peur de mourir et le désir de vivre ». « Déjà, dans *Cogne la caboche*, écrit Paul Gay, transpirait cet amour viscéral des tout-petits et de la famille. En ce sens, *Un cri trop grand* continue *Cogne la caboche*. Il le reprend également dans la manière d'écrire : Gabrielle Poulin noie la réalité dans le rêve, ou mieux le rêve continue dans la réalité en agrandissant les masses d'ombres. [...] *Un cri trop grand* se classe parmi les grands ouvrages sur l'enfance ».

ŒUVRES

Les Miroirs d'un poète. Image et reflets de Paul Éluard (essai), Paris/Montréal, Desclée de Brouwer/Les Éditions Bellarmin, 1969, 170 p. « Essais pour notre temps ».

Cogne la caboche. Récit, Montréal, Stanké, 1979, 245 p. Traduction anglaise par Jane Pentland : *All the Way Home*, [Toronto], Oberon Press, 1984, 206 p.

L'Âge de l'interrogation, 1937-1952, Montréal, La Presse, 1980, [x], 463 p. Collab. René Dionne. (Volume IV de *L'Anthologie de la littérature québécoise* sous la direction de Gilles Marcotte).

Un cri trop grand. Roman, Montréal, Les Éditions Bellarmin, 1980, 335 p.

Romans du pays, 1968-1979 (critique), Montréal, Les Éditions Bellarmin, 1980, 454 p. Collab. René Dionne.

Les Mensonges d'Isabelle. Roman, Montréal, Québec/Amérique, 1983, 210 p. « Littérature d'Amérique ».

« *Mémoire* » *de Jacques Brault*, Rel, 29e année, no 334, janv. 1969, p. 13-16.

Jos Carbone ou La Puissance du feu, Rel, 29e année, no 340, juillet-août 1969, p. 208-209.

Le Surréalisme et le Jeu, dans *Critère*, no 3, janv. 1971, p. 61-73.

Jean-Marie Poupart : entre la tendresse et la rage, Rel, 31e année, no 363, sept. 1971, p. 251-252.

Un roman piégé, Rel, 32e année, no 371, mai 1972, p. 154-155.

Donner à voir : la poétique de Paul Éluard, dans *Critère*, nos 6-7, sept. 1972, p. 302-325.

Folie ou Mysticisme ? — Victor-Lévy Beaulieu : de Malcom Hudd à Jos Connaissant, Rel, 32e année, no 376, nov. 1972, p. 312-314.

La Conscience incertaine d'un « pays incertain ». Le roman québécois en 1972, Rel, 32e année, no 377, déc. 1972, p. 341-343.

La Statue de Paul Éluard, EF, vol. 9, no 1, févr. 1973, p. 55-62.

D'Évangéline à la Sagouine — le pays d'Antonine Maillet, Rel, 33e année, no 380, mars 1973, p. 87-88.

Un cercle enchanté. L'Élan d'Amérique d'André Langevin, Rel, 33e année, no 382, mai 1973, p. 153-154.

Aéodat le Québécois, Rel, 33ᵉ année, nᵒ 388, déc. 1973, p. 346-347.

Du « Cabochon » à « L'Épouvantail » d'André Major, Rel, vol. 34, nᵒ 387, oct. 1974, p. 286-287.

Une « ombre enchanteresse ». La poésie de Rémi-Paul Forgues, Rel, vol. 35, nᵒ 400, janv. 1975, p. 26-28.

Le Journal dénoué de Fernand Ouellette, Rel, vol. 35, nᵒ 410, déc. 1975, p. 345-347.

Une lecture de trois poèmes d'Éluard, CoI, vol. 6, nᵒ 1, févr. 1976, p. 5-21.

« La Nouvelle Héloïse » québécoise. Une lecture des Enfants du Sabbat, Rel, vol. 36, nᵒ 413, mars 1976, p. 92-94.

Une saison dans la vie des Français ou « Une liaison parisienne », LQ, vol. 1, nᵒ 2, mai 1976, p. 3-5.

Au village du Québec. Histoire de déserteurs : la trilogie d'André Major, Rel, vol. 36, nᵒ 416, juin 1976, p. 189-190.

La Féerie de l'écriture. « Les Enfantômes », de Réjean Ducharme, LQ, vol. 1, nᵒ 3, sept. 1976, p. 3-5.

« Le Déroulement », de Wilfrid Lemoine. Le roman « que j'ai-vu-m'émerveiller », Dr, 64ᵉ année, nᵒ 181, 30 oct. 1976, p. 18.

La Baleine et le Dragon. « Blanche forcée », de Victor-Lévy Beaulieu, « L'Isle au dragon », de Jacques Godbout, LQ, vol. 1, nᵒ 4, nov. 1976, p. 6-9.

Romans québécois féminins des années '70. La femme et le pays toujours futurs, Rel, vol. 36, nᵒ 421, déc. 1976, p. 347-350.

Les « Voyageries » de Victor-Lévy Beaulieu. N'évoque plus que le désenchantement de ta ténèbre, mon si pauvre Abel, Rel, vol. 37, nᵒ 424, mars 1977, p. 92-93.

Une vie d'homme, « Moi, Pierre Huneau » d'Yves Thériault, LQ, vol. 1, nᵒ 6, avril-mai 1977, p. 5-7.

L'Envers des choses en robe « demi-deuil » : la poésie de Michel Lemaire, Rel, vol. 3, nᵒ 427, juin 1977, p. 190-191.

Une histoire brodée de fils d'or, Dr, 65ᵉ année, nᵒ 81, 2 juillet 1977, p. 19.

Voies rapides et Épisodes de Pierre Nepveu, poète du macadam, Rel, vol. 37, nᵒ 428, juillet-août 1977, p. 222-223.

« Histoires de déserteurs » d'André Major. Les trois volets du miroir, LQ, vol. 1, nᵒ 7, août-sept. 1977, p. 6-8.

Une merveilleuse histoire d'amour. « Ces enfants de ma vie » de Gabrielle Roy, LQ, vol. 1, nᵒ 8, nov. 1977, p. 5-9.

L'Analyse linguistique en poésie : réponse à Joseph Bonenfant, dans *Revue de l'Université laurentienne*, vol. 10, nᵒ 2, févr. 1978, p. 37-40.

Cordes de bois et Chaise berçante. Il n'y a pas de bessoune... sans besson, LQ, vol. 1, nᵒ 9, févr. 1978, p. 5-7.

Le Miroir de Salomé, d'Andrée Maillet. Tour d'ivoire ou Tour de Babel ?, LQ, vol. 1, nᵒ 10, avril 1978, p. 5-8.

Une parabole pour lecteurs avertis, « Dodécaèdre » de René Champagne, LQ, vol. 1, nᵒ 11, sept. 1978, p. 20.

« La Mornifle », de Jacques Garneau. Un beau roman manqué, Dr, 64ᵉ année, nᵒ 269, 12 févr. 1979, p. 19.

Pour l'imaginaire. Quatre champs pour le rêve, Dev, vol. 70, nᵒ 275, 24 nov. 1979, p. 18.

« Cogne la caboche » de Gabrielle Poulin. Le prix Champlain 79 (discours), Dr, 68ᵉ année, nᵒ 95, 19 juillet 1980, p. 14.

Une aventure au pays des romans, dans *Québec français*, nᵒ 40, déc. 1980, p. 54-86.

« L'Enfant du cinquième nord », de Pierre Billon. Une histoire captivante, Dr, 70ᵉ année, nᵒ 24, 24 avril 1982, p. 30.

ÉTUDES

René Dionne, *À travers les miroirs de Paul Éluard de Gabrielle Poulin*, Rel, nᵒ 339, juin 1969, p. 175-176.

Louis Morice, *Les Miroirs d'un poète de Gabrielle Poulin*, LAQ 1969, p. 154.

Jean Godin, *Les Miroirs d'un poète, image et reflets de Paul Éluard de Gabrielle Poulin*, dans *Critère*, nᵒ 1, févr. 1970, p. 104-105.

André Vanasse, *« Cogne la caboche » de Gabrielle Poulin : la Belle au bois dormant reposait-elle dans un couvent ?*, Dr, 67ᵉ année, nᵒ 28, 28 avril 1979, p. 21.

Aurélien Boivin, *Cogne la caboche de Gabrielle Poulin*, LAQ 1979, p. 71-73.

Roger Sylvestre, *Romans du pays 1968-1979, de Gabrielle Poulin*, Rel, vol. 40, nᵒ 461, juillet-août 1980, p. 221.

Réginald Martel, *Gabrielle Poulin, la fidélité créatrice*, Pr, 96ᵉ année, nᵒ 199, 23 août 1980, p. B-3.

André Vanasse, *Romans du pays de Gabrielle Poulin*, LQ, nᵒ 19, automne 1980, p. 80.

Aurélien Boivin, *Romans du pays, 1968-1979, Gabrielle Poulin*, dans *Québec français*, nᵒ 40, déc. 1980, p. 15-16.

Paul Gay, *« Un cri trop grand », de Gabrielle Poulin : l'éclaboussant bonheur de l'enfance*, Dr, 68ᵉ année, nᵒ 246, 17 janv. 1981, p. 14.

Madeleine Ouellette-Michalska, *Gabrielle Poulin : les pièges du songe*, Dev, vol. 72, nᵒ 37, 14 févr. 1981, p. 21.

Axel Maugey, *Gabrielle Poulin et Pierre de Boisdeffre. Deux critiques francophones à lire*, Dr, 68ᵉ année, nᵒ 294, 14 mars 1981, p. 221.

Andrien Thério, *Un cri trop grand de Gabrielle Poulin*, LQ, nᵒ 21, printemps 1981, p. 51.

Graham C. Jones, *« Cogne la caboche » et S'ouvre la vie*, VI, vol. 6, nᵒ 2, hiver 1981, p. 279-291.

François Hébert, *De bourgeoises et d'épicières*, Dev, vol. 74, nᵒ 286, 10 déc. 1983, p. 20.

Michel Laurin, *Poulin (Gabrielle). Les Mensonges d'Isabelle*, dans *Nos livres*, vol. 15, févr. 1984, nᵒ 5608.

Donald Smith, *Gabrielle Poulin : le romancier moderne ne peut rester accroché à une rive du passé* (entrevue), dans *Liaison*, nᵒ 34, printemps 1985, p. 34-37.

POULIN, GAÉTAN (1959-   ). Romancier, né à Saint-Ferdinand (Mégantic). Atteint en bas âge de paralysie cérébrale, il réussit à faire ses études à l'École Saint-Joseph, à la polyvalente de Black Lake et au Collège de Limoilou (D.E.C., 1982). Il poursuit ensuite des études en communication à l'Université de Montréal. Très tôt, il s'intéresse aux gens qui se trouvent dans une situation semblable à la sienne : au collège, il est responsable des étudiants handicapés ; il collabore à des émissions du poste CFRL-FM ; il publie des articles dans *Le Courrier de Frontenac*. On joue deux de ses pièces et on passe un vidéo de sa création au poste CTUCR de Black Lake. Dans son premier roman, *Abel* (1982), un jeune handicapé raconte sa vie, son cheminement. « L'important, selon Raymond Laprés, n'est pas dans le récit lui-même, mais dans le compte rendu de ses révoltes, de son désespoir ». Il y a aussi des moments de bonheur, l'amitié, la découverte de l'amour, l'acceptation de lui-même, le travail pour les handicapés.

ŒUVRES

Abel (roman), [Montréal], Leméac, 1982, 107 p. « Voix plurielles ».

Administrez-vous : guide pratique de la rentabilité et de la prospérité personnelle, Montréal, Nouveau Monde, 1983, 322 p. Collab. Guy Jalbert et Margot Michaud.

ÉTUDE

Raymond Laprés, *Poulin (Gaétan). Abel*, dans *Nos livres*, vol. 13, nov. 1982, nº 435.

POULIN, JACQUES (1937–   ). Romancier, né à Saint-Gédéon-de-Beauce. Il fait ses études classiques aux Séminaires de Saint-Georges et de Nicolet (B.A., 1957). Après ses études en lettres et en psychologie à l'Université Laval (licence en orientation professionnelle, 1960, et licence ès lettres, 1964), Jacques Poulin fait d'abord de la traduction commerciale et occupe, durant quelques années, les fonctions de conseiller en orientation au Collège Bellevue de Québec. Dès la publication de son second roman, il quitte ses fonctions et se consacre désormais à son métier d'écrivain. Sa carrière commence en 1967, avec le roman *Mon cheval pour un royaume*. À la fin de 1967, paraît son deuxième roman, *Jimmy*. Il obtient le prix La-Presse pour son quatrième roman, *Faites de beaux rêves* (1974) et, en 1978, le prix du Gouverneur général pour *Les Grandes Marées*. « Cette œuvre d'apparence si légère se révèle hantée, traversée, par la problématique essentielle de la modernité », écrit Gilles Marcotte. Jacques Poulin traite de l'Église, de la terre, de l'amour, des affaires politiques du Québec avec une grâce et un humour attachants où l'angoisse et une certaine amertume jaillissent souvent. En 1984, à la parution de *Volkswagen Blues*, Hélène de Billy écrit, « Écrivain américain, Jacques Poulin veut bâtir des romans d'action, avec des personnages forts, vivants ».

ŒUVRES

Mon cheval pour un royaume. Roman, Montréal, Éditions du Jour, [1967], 130 p. « RJ ». Traduction anglaise par Sheila Fischman : *The Jimmy Trilogy*, Toronto, Anansi, 1979, 250 p. (Traduit avec *Jimmy*).

Jimmy. Roman, Montréal, Éditions du Jour, 1969, 158 p. « RJ » ; [1978], 171 p. ; [Montréal], Stanké, 1985, 165 p. Traduction anglaise par Sheila Fischman : *The Jimmy Trilogy*, Toronto, Anansi, 1979, 250 p. (Traduit avec *Mon cheval pour un royaume*).

Le Cœur de la baleine bleue. Roman, Montréal, Éditions du Jour, 1970, 201 p. « RJ » ; 1979.

Faites de beaux rêves (roman), Montréal, L'Actuelle, 1974, 163 p.

Les Grandes Marées (roman), [Montréal], Leméac, 1978, 201 p. ; 1986. Traduction anglaise par Sheila Fischman : *Spring Tides*, Toronto, Anansi, 1986, 166 p.

Volkswagen Blues. Roman, Montréal, Québec/Amérique, 1984, 290 p. « Littérature d'Amérique » ; Le Club Québec Loisir inc.

ÉTUDES

Odette Leroux, *Mon cheval pour un royaume*, LAC 1967, p. 58.

Gilles Marcotte, *Jimmy*, EF, vol. 5, nº 2, mai 1969, p. 236-237.

Gilles Cossette, *Jimmy*, LAQ 1969, p. 12.

Jeanne Demers, *Le Cœur de la baleine bleue*, LAQ 1970, p. 46.

André-G. Vachon, *Le Cœur de la baleine bleue*, EF, vol. 7, nº 4, nov. 1971, p. 411.

[*Jacques Poulin*], dans *Nord nº 2*, 1972. (Numéro spécial).

Réginald Martel, *Du bon usage de la tendresse*, Pr, 90e année, nº 148, 22 juin 1974, p. C-3.

Roland Bourneuf, *Jacques Poulin. Faites de beaux rêves*, LAC 1974, p. 51-53.

Lise Gauvin, *Une voix discrète*, Dev, vol. 69, nº 99, 29 avril 1978, p. 33.

François Ricard, *Jacques Poulin : Charlie Brown dans la Bible*, L, vol. 20, nº 3, mai-juin 1978, p. 85-88.

Gabriel-Pierre Ouellette, *Jacques Poulin. Les Grandes Marées*, LAQ 1978, p. 71-74.

André Renaud, *Jacques Poulin. Les Grandes Marées*, VI, vol. 5, nº 1, automne 1979, p. 193-195.

Jean Royer, *Jacques Poulin. Romancier artisan*, Dev, vol. 69, nº 99, 29 avril 1981, p. 33.

Hélène de Billy, *Une Amérique panoramique sur la pointe des pieds*, Dev, vol. 75, nº 117, 19 mai 1984, p. 25, 33.

Jean-Paul Soulié, *Jacques Poulin après Volkswagen Blues. D'abord vivre une histoire d'amour*, Pr, 100e année, nº 173, 7 juillet 1984, p. B-1.

POULIOT, LÉON (1898–   ). Historien et archiviste, né à Holyoke (Mass., É.-U.). À la fin de ses études au Séminaire Saint-Charles-Borromée de Sherbrooke (1914-1917), il entre chez les Jésuites. Pour parfaire ses études et sa formation, il séjourne et enseigne à la Maison Saint-Joseph de Sault-au-Récollet (1919–1921), à la Maison Saint-Louis de Jersey, en Angleterre (1921–1924), au Scolasticat de l'Immaculée-Conception de Montréal (1927–1931) et à l'Université grégorienne de Rome (1932–1935) où il obtient un doctorat en théologie et un doctorat en philosophie. Membre directeur de la Société historique de Montréal, secrétaire de la Société canadienne d'histoire de l'Église catholique, secrétaire de la Société historique du Canada, Léon Pouliot est, de 1948 à 1954, provincial de la Société de Jésus au Canada. Collaborateur de la *Revue d'histoire de l'Amérique française*, de la *Canadian Historical Review* et des revues publiées par les Jésuites, il est l'auteur de plusieurs biographies de missionnaires jésuites sous le régime français. Son grand œuvre demeure la monographie du deuxième évêque de Montréal, Ignace Bourget, publiée en cinq tomes.

ŒUVRES

Trois grands artisans du diocèse de Montréal, Montréal, Éditions du Messager canadien, 1936, 80 p. Avec une carte comparée du diocèse en 1836 et en 1936.

La Mission Saint-Joseph de Sillery, Montréal, L'Œuvre des tracts, 1937, 16 p.

Étude sur les Relations des Jésuites de la Nouvelle-France (1632–1672), Montréal/Paris, Scolasticat de l'Immaculée-Conception/Desclée de Brouwer et Cie, 1940, 319 p. « Studia ».

Jean Nicolet-Nicolas Point, Toronto, Sudbury, Société historique du Nouvel-Ontario, 1940, 48 p. Collab. Gérard Hébert. « Documents historiques ».

Ville-Marie dans les « Relations », Montréal, L'Entr'Aide, 1940, 100 p. Ill. « Frangipani ».

Premiers Ouvriers de Nouvelle-France. Les Pères Ennemond Massé et Anne de Noue, missionnaires jésuites, Montréal, Le Messager canadien, 1940, 150 p. Ill. de Louis Archambault et de Raymond Fortin. Préface de l'auteur ; *Aventurier de l'Évangile. Le Père Ennemond Massé, premier missionnaire jésuite au Canada*, Montréal, Les Éditions Bellarmin, 1961, 117 p. Ill. de Louis Archambault. (Réédition de la première partie de *Premiers Ouvriers de Nouvelle-France*).

Montréal aux premiers jours. Pages des Relations des Jésuites, 1637–1672, [Montréal, L'Entr'Aide], 1942, 178 p. Ill. Cartes « Frangipani ».

La Réaction catholique de Montréal, 1840–1841, Montréal, Imprimerie du Messager, 1942, 121 p. Lettre de S. Exc. Mgr Joseph Charbonneau en guise de préface. Ill.

Les Saints Martyrs canadiens, Montréal, Bellarmin, [1949], 174 p. Ill. Carte. « Service de Dieu ».

Monseigneur Bourget et son temps, 4 t. : t. 1, *Les Années de préparation (1799–1840)*, Montréal, Éditions Beauchemin, 1955, 209 p. Lettre préface du Cardinal Léger.

Ill. ; t. 2, *L'Évêque de Montréal. Première partie : L'Organisation du diocèse de Montréal (1840–1846)*, 1956, 277 p. Ill. ; t. 3, *L'Évêque de Montréal. Deuxième partie : La Marche en avant du diocèse (1846–1876)*, Montréal, Les Éditions Bellarmin, 1972, 197 p. ; t. 4, *Affrontement avec l'Institut canadien (1858–1870). 1. Texte 2. Documents*, 1976, 160 p.

Le Père Paul Le Jeune, s.j., Montréal, Fides, 1957, 95 p. « CC ». Textes choisis et présentés par Léon Pouliot.

François-Xavier de Charlevoix, s.j., Sudbury, Société historique du Nouvel-Ontario, 1957, 95 p. Ill. Cartes. « Documents historiques ».

Le Premier Retraitant du Canada : Joseph Chihouaten-houa, huron (1640), Montréal, Bellarmin, [1958], 93 p. Ill. Cartes. « Service de Dieu ».

Charlevoix, Montréal, Fides, 1959, 94 p. Textes choisis et présentés par Léon Pouliot. « CC ».

Les Dernières Années (1876–1885) et la Survie de Mgr Bourget, Montréal, Éditions Beauchemin, 1960, 63 p. Ill.

Mgr Lartigue et les Troubles de 1837, CF, vol. 24, n° 5, janv. 1937, p. 413–421 ; n° 6, févr. 1937, p. 517–529 ; n° 7, mars 1937, p. 613–625.

Les Évêques du Bas-Canada et le Projet d'Union (1840), RHAF, vol. 8, n° 2, sept. 1954, p. 157–170.

Le « Nouveau Monde » et la Question du Nord-Ouest, RHAF, vol. 11, n° 3, déc. 1957, p. 353–360.

L'Enseignement universitaire catholique au Canada français de 1760 à 1860, RHAF, vol. 12, n° 2, sept. 1958, p. 155–169.

L'Institut canadien de Montréal et l'Institut national, RHAF, vol. 14, n° 4, mars 1961, p. 481–487.

Mgr de Mazenod et Mgr Bourget, RHAF, vol. 15, n° 1, juin 1961, p. 3–23.

La Part du P. Claude Allouez dans les « Sentiments » qui lui sont attribués, RHAF, vol. 15, n° 3, déc. 1961, p. 379–395.

Impulsion donnée par Mgr Bourget à la pratique religieuse, RHAF, vol. 16, n° 1, juin 1962, p. 66–80.

La Difficile Érection du diocèse de Montréal (1836), RHAF, vol. 16, n° 14, mars 1963, p. 506–535.

Mgr Bourget et les Instituts contemplatifs, RHAF, vol. 17, n° 1, juin 1963, p. 12–18.

Mgr Bourget et la Reconstruction de la cathédrale de Montréal, RHAF, vol. 17, n° 3, déc. 1963, p. 340–362 ; vol. 17, n° 4, mars 1964, p. 471–489 ; vol. 18, n° 1, juin 1964, p. 30–38.

Premières Pages du Journal des Jésuites de Québec, 1632–1645, RAPQ, 1963, vol. 41, p. [1]–119.

Inventaire analytique de la correspondance de Mgr Ignace Bourget pour l'année 1845, RAPQ, 1961–1964, vol. 42, p. [9]–68.

Inventaire analytique de la correspondance de Mgr Ignace Bourget pour l'année 1846, RAPQ, 1965, vol. 43, p. [87]–132.

Lord Gosford et Mgr Lartigue, CHR, vol. 49, n° 3, sept. 1965, p. 238–246.

Il y a cent ans: le démembrement de la paroisse Notre-Dame, RHAF, vol. 19, n° 3, déc. 1965, p. 350-383.

Inventaire analytique de la correspondance de Mgr Ignace Bourget pour l'année 1847, RAPQ, vol. 44, 1966, p. [191]-252.

Du Journal des Jésuites à la Relation. La harangue de M. d'Ailleboust (1658), RHAF, vol. 20, n° 3, déc. 1966, p. 345-348.

Les Relations des Jésuites de la Nouvelle-France, 1632-1672, dans *Histoire du Canada*, n° 5, juillet 1967, p. 7-17.

Un siècle d'expansion religieuse, RHAF, vol. 21, n° 3a, 1967, p. 659-666.

Inventaire analytique de la correspondance de Mgr Ignace Bourget pour l'année 1848, RAPQ, 1967, vol. 45, p. [123]-170.

Inventaire analytique de la correspondance de Mgr Ignace Bourget pour les années 1849-1850, RAPQ, 1969, vol. 48, p. [1]-146. Collab. François Beaudin.

Le Cas de conscience de Gonzalve Doutre, RHAF, vol. 23, n° 2, sept. 1969, p. 213-245.

ÉTUDES

Archange Godbout, *Pouliot Léon. Étude sur les Relations des Jésuites de la Nouvelle-France*, C, vol. 2, n° 1, mars 1941, p. 100-102.

Yvon Charron, *Léon Pouliot. Les Saints martyrs canadiens*, RHAF, vol. 3, n° 3, déc. 1949, p. 467-468.

Lionel Groulx, *Mgr Bourget et son temps. Vol. 1*, RHAF, vol. 9, n° 2, sept. 1955, p. 285-288.

Thomas Charland, *Léon Pouliot. Monseigneur Bourget et son temps, Tome II*, RHAF, vol. 11, n° 1, juin 1957, p. 113-114.

Marie-Claire Daveluy, *Léon Pouliot. F.-X. de Charlevoix*, RHAF, vol. 11, n° 4, mars 1958, p. 597-598.

Lionel Groulx, *Léon Pouliot. Nombre et qualité des baptisés dans les Relations des Jésuites. Sciences ecclésiastiques*, RHAF, vol. 12, n° 3, déc. 1958, p. 437.

Id., *Le Premier Retraitant du Canada : Joseph Chihouatenhoua, huron*, RHAF, vol. 21, n° 4, mars 1959, p. 587-588.

Id., *Léon Pouliot. Aventurier de l'Évangile, le Père Ennemond Massé*, RHAF, vol. 15, n° 2, sept. 1961, p. 308-309.

POUPART, JEAN-MARIE (1946–   ). Romancier, conteur, essayiste et critique littéraire, né à Saint-Constant (Laprairie). Il fait ses études classiques au Séminaire de Saint-Jean-d'Iberville (B.A., 1966). Inscrit à l'Université de Montréal, il obtient une licence ès lettres en 1969. À compter de 1970, il est professeur de français et de cinéma au Collège Saint-Jean-sur-Richelieu. Chroniqueur de cinéma au *Devoir*, puis à *L'Actualité*, il collabore aussi à *Liberté*, *La Barre du jour*... Entre 1969 et 1981, il est lecteur aux éditions Leméac, du Jour et Quinze dont il est l'un des fondateurs. Il est membre de l'Union des écrivains québécois, de la Société des auteurs, recherchistes, documentalistes et compositeurs (Sardec), de l'Association des critiques de cinéma. Écrivain prolifique, Jean-Marie Poupart rallie les suffrages, à ses débuts, par son talent et sa bonne humeur dans *Angoisse Play* (1968), mais il va assez vite diviser les critiques. Ainsi, Patrick Imbert dira (DOLQ, t. 4, p. 28) qu'*Angoisse Play* repose « sur une déconstruction débridée », et Robert Mélançon verra dans ses œuvres le continuel recommencement du « premier roman de jeune écrivain ». Pour d'autres, cependant, « un nouveau Poupart, c'est une joyeuse promesse » (Réginald Martel). Le problème réside dans la technique littéraire de l'auteur : « Peu d'œuvres ont attaqué la notion même du roman aussi violemment que ne l'a fait Poupart avec ses premiers titres », écrit Michel Beaulieu qui l'admire. Pour l'un *Ruches* (1978) est « la déception comme stratégie littéraire » (Mélançon), pour l'autre c'est « passionnant » (Martel).

ŒUVRES

Angoisse Play. Roman, Montréal, Éditions du Jour, 1968, 110 p. « RJ » ; [Montréal], Leméac, 1980, 86 p. « Roman québécois ». (Nouvelle édition entièrement revue par l'auteur).

Que le diable emporte le titre. Roman, Montréal, Éditions du Jour, 1969, 147 p. « RJ ».

Ma tite vache a mal aux pattes. Roman, Montréal, Éditions du Jour, 1970, 244 p. « RJ ».

Les Récréants. Essai portant, entre autres choses, sur le roman policier, Montréal, Éditions du Jour, 1972, 123 p. « Littérature du Jour ».

Chère Touffe, c'est plein de fautes dans ta lettre d'amour. Roman, Montréal, Éditions du Jour, 1973, 262 p. « RJ ».

C'est pas donné à tout le monde d'avoir une belle mort. Récit de soulagement, drôle d'histoire un peu démodée, Montréal, Éditions du Jour, 1974, 146 p. « RJ ».

Bourru mouillé. Pour ceux qui savent parler aux enfants (contes), Montréal, Stanké/Quinze, 1975, 99 p. Ill. de Mireille Levert. Préface de Jacques Boulerice.

Ruches (roman), [Montréal], Leméac, 1978, 339 p. « Roman québécois ».

Terminus. Récit, [Montréal], Leméac, 1979, 296 p. « Roman québécois ».

Le Champion de cinq heures moins dix (Traduit du goguenard par l'auteur lui-même) (journal), [Montréal], Leméac, 1980, 302 p. « Roman québécois ».

Une journée dans la vie de Craquelin 1er, roi de Soupe-au-lait (litt. jeunesse), [Montréal], Leméac, 1981, 166 p. Ill. de Mireille Levert. « Jours de fête ».

Drôle de pique-nique pour le roi Craquelin (litt. jeunesse), [Montréal], Leméac, 1982, 144 p. Ill. de Mireille Levert. « Jours de fête ».

Rétroviseurs. Récit, [Montréal], Leméac, 1982, 111 p. Collab. Yvan Lafontaine. Ill. « Roman québécois ».

Nuits magiques (litt. jeunesse), Montréal, Éditions de la Courte Échelle, 1982, [n.p., 22 p.]. Ill. de Suzanne Duranceau.

Beaux Draps. Roman, Montréal, Boréal, 1987, 395 p.

Écrire pour ici. L'écrivain de demain, L, nº 74, mars–avril 1971, p. 73–77.

Une fois parti, je suis pas arrêtable..., EF, vol. 10, nº 1, févr. 1974, p. 5–12.

Pfittt !, NBJ, nºs 68–69, sept. 1978, p. 150–155.

Comment en moins d'un an les écrivains québécois gagnèrent et perdirent un lecteur, L, vol. 21, nº 3, mai–juin 1979, p. 59–62.

Pour l'imaginaire. Pour les fieffés menteurs !, Dev, vol. 70, nº 275, 24 nov. 1979, p. 19.

J'aimerais faire des photos de votre groupe, dans *Fuites et Poursuites* (nouvelles policières), Montréal, Quinze, 1982, p. 61–76.

ÉTUDES

[Anonyme], *Un jeune, Jean-Marie Poupart : du roman-cinéma au spectacle*, Dev, vol. 59, nº 216, 14 sept. 1968, p. 12.

André Major, *Le Délire de Blaise Augustin*, Dev, vol. 59, nº 228, 28 sept. 1968, p. 16.

Jean-Cléo Godin, *Jean-Marie Poupart, Angoisse Play*, EF, vol. 5, nº 1, févr. 1969, p. 103–105.

Réginald Martel, *Jean-Marie Poupart : « Que le diable emporte le titre »*, Pr, 85e année, nº 107, 8 mai 1969, p. 19.

Jacques Ferron, *« J'ai mon voyage »*, PJ, vol. 43, nº 39, 20 juillet 1969, p. 83.

Gabrielle Poulin, *Jean-Marie Poupart : entre la tendresse et la rage*, Rel, nº 363, sept. 1971, p. 251–252.

Joseph Bonenfant, *Chère Touffe, c'est plein de fautes dans ta lettre d'amour*, LAQ 1973, p. 22–24.

Réginald Martel, *La Lecture d'un roman malgré lui*, Pr, 90e année, nº 130, 1er juin 1974, p. E-22.

Marcel Labine, *Jean-Marie Poupart. Ce n'est pas donné à tout le monde d'avoir une belle mort*, LAC 1974, p. 78–79.

Réginald Martel, *Merci beaucoup, monsieur Poupart*, 94e année, nº 183, 9 déc. 1978, p. D-3.

Robert Major, *Jean-Marie Poupart. Ruches*, LAQ 1978, p. 75.

Michel Beaulieu, *Poupart l'insaisissable*, dans *Le Livre d'ici*, vol. 4, nº 16, 24 janv. 1979, p. 1.

Robert Mélançon, *Ruches de Jean-Marie Poupart. La déception comme stratégie littéraire*, Dev, vol. 70, nº 22, 27 janv. 1979, p. 20.

Claude Beausoleil, *Terminus ou L'Angoisse d'écrire*, Dev, vol. 70, nº 287, 8 déc. 1979, p. 26.

Pierre L'Hérault, *Jean-Marie Poupart. Terminus*, LAQ 1979, p. 73–75.

Jacques Michon, *Un discours classique*, dans *Spirale*, nº 9, mai 1980, p. 5.

Noël Audet, *Un « épars Poupart ». Un journal, pour quoi faire ?*, Dev, vol. 71, nº 234, 11 oct. 1980, p. 23.

Réjean Beaudoin, *Jean-Marie Poupart. Le Champion de cinq heures moins dix*, LAQ 1980, p. 62–64.

Jean-Louis Major, *Du goguenard comme écriture. « Le Champion de cinq heures moins dix » de Jean-Marie Poupart*, LQ, nº 21, printemps 1981, p. 53–54.

Michelle Provost, *Jean-Marie Poupart. Une journée dans la vie de Craquelin Ier, roi de Soupe-au-lait*, LAQ 1981, p. 254–255.

Gilles Cossette, *Fuites et Poursuites*, LQ, nº 28, hiver 1982–1983, p. 32–33.

POUTRÉ, FÉLIX (1816–1885). Mémorialiste, né à Saint-Jean. Ouvrier agricole, il est recruté en novembre 1838 par le mouvement révolutionnaire au Bas-Canada. Il se rend à Napierville, mais se sauve avant la bataille. Arrêté le 13 novembre près de Saint-Jean, il est incarcéré à la prison de Montréal, où il accepte de servir d'indicateur pour le gouvernement. Devant les soupçons des autres prisonniers, le docteur Arnoldi, médecin de la prison, lui aurait suggéré de simuler la folie. C'est ainsi qu'il est libéré le 26 novembre. Il fait partie de la police secrète en 1839 et 1840 : les rapports qu'il a faits à Pierre E. Leclère, surintendant de la police, démontrent qu'il était responsable de la surveillance de sa paroisse et qu'il a espionné aussi dans la région du lac Champlain, aux États-Unis. Dans les années 1840 et 1850, il s'occupe du commerce du foin. C'est en 1862 que paraissent les célèbres *Souvenirs d'un prisonnier d'État canadien en 1838* qui auraient été rédigés par Médéric Lanctôt à partir des témoignages de Poutré. Ce dernier se mue en grand patriote qui aurait réussi à tromper les autorités en simulant la folie. Dans sa pièce de théâtre, *Félix Poutré*, jouée à Québec le 22 novembre 1862, Louis Fréchette utilise de larges extraits des *Souvenirs*. Poutré s'approprie les droits sur la pièce qui est publiée en 1871 et souvent jouée par la suite. Les *Souvenirs* jouissent également d'un grand succès : au moins quatre éditions en français et deux en anglais. Poutré lui-même fait des conférences sur les rebellions de 1837 et 1838, et vend ses brochures lors des représentations de la pièce. Il s'établit à Montréal vers 1872 et meurt en 1885. En 1913, Gustave Lanctot révèle les documents démontrant la fausseté des *Souvenirs*. La maison Beauchemin retire alors son édition du marché.

ŒUVRE

Échappé de la potence. Souvenirs d'un prisonnier d'État canadien en 1838, Montréal, Imprimé pour l'auteur par De Montigny et cie, 1862, 130 p. ; Montréal, Senécal, 1862, 47 p. ; Montréal, [s.é.], 1869, 70 p. ; Montréal, Beauchemin & Valois, Librairies-Imprimeurs, 1884, 139 p. (Deuxième édition, revue et corrigée) ; Montréal, C.O. Beauchemin & fils, [s.d.], 139 p. ; Montréal, Librairie Beauchemin limitée, [s.d.], 139 p., Ill. d'Henri Julien. « Troisième édition, revue et corrigée » ; Montréal, Rééditions-Québec, 1968, vii, 70 p. Introduction par Jean-Pierre Chalifoux. (Réimpression en fac-similé de l'édition de 1869). Traduction anglaise : *Escaped from the Gallows. Souvenirs of a Canadian State Prisoner in 1838*, Montréal, Printed for the Author by De Montigny, 1862, 48 p. ; Montréal, Beauchemin & Valois, 1885, 160 p.

ÉTUDE
Gustave Lanctot, *Faussaires et Faussetés en histoire canadienne*, Montréal, Les Éditions Variétés, 1948, p. 201-224.

POWELL, MADELEINE. Voir **FRANCHEVILLE**, GENEVIÈVE DE.

POZNANSKA, ALICIA. Voir **PARIZEAU**, ALICE.

POZIER, BERNARD (1955–   ). Poète, né à Trois-Rivières. Il étudie au Collège De-la-Salle et au Collège Laflèche (D.E.C., 1973), puis il termine son baccalauréat (1976) à l'Université du Québec à Trois-Rivières où il obtient aussi une maîtrise ès arts (1980) pour un « Essai sur l'intentionnalité comme processus de création ». Il prépare ensuite un doctorat à l'Université de Sherbrooke. Pendant plusieurs années il fait de la mise en ondes à l'UQTR et il réalise des séries radiophoniques au poste CFCQ-FM de Trois-Rivières. En outre, il enseigne un an au Collège Laflèche et au Collège de Joliette, il est cofondateur de l'Atelier de production littéraire de la Mauricie, il participe à plusieurs spectacles de poésie, il collabore à divers périodiques, tels *Le Nouvelliste*, *Estuaire*, *Hobo-Québec*... De 1976 à 1983, seul ou en collaboration, il publie onze recueils. À ses premières publications, la critique essaie de comprendre, s'amuse ou non des jeux de mots, parle d'influence américaine (Michel Beaulieu), s'impatiente (Max Roy) ou s'irrite : « Un regrettable accident de parcours », dit Pierre Nepveu de *Manifeste* (1977). Bon enfant, Philippe Haeck pense que ce sont des « travaux d'étudiant » de Gatien Lapointe — ainsi, *Double Tram* (1979) — qu'il faut juger comme tels. Puis Richard Giguère explique que plus d'une fois il s'agit davantage de théorie que de poésie, et que plusieurs recueils ne sont que des parties d'un projet plus vaste dont *Tête de lecture* (1980) « fournit le code, les principes ». Ce livre explique aussi *Manifeste*. Mais « il y a autre chose. Cette autre chose, c'est une théorie de l'écriture basée sur des schémas de communication, des tableaux tirés de manuels d'électronique » [...]. Et Claude Beausoleil écrit à propos de *Lost Angeles*,

que Pozier vient, avec quelques autres « donner une texture américaine à notre poésie qui ne finit plus de se transformer et d'être à l'affût des scénarios de l'actuel. [...] Son travail de critique et de poète en font l'un des écrivains les plus actifs de sa génération ».

ŒUVRES
Des soirs d'ennui et du temps platte (poésie), Trois-Rivières, Atelier de production littéraire de la Mauricie, 1976, [n.p.]. Collab. Yves Boisvert.
À l'aube, dans l'dos... (poésie), Trois-Rivières, Écrits des Forges, 1977, 76 p. « Les Rouges-gorges ».
Manifeste. Jet/usage/résidu, Trois-Rivières, Écrits des Forges, 1977, 76 p. Collab. Yves Boisvert et Louis Jacob. Ill. « Les Rouges-gorges ».
Code d'oubli (manifeste), Trois-Rivières, Écrits des Forges, 1978, 83 p. Collab. Yves Boisvert et Gilles Lemire. « Les Rouges-gorges ».
Odeurs de ruines (poésie et prose), Trois-Rivières, Atelier de production littéraire de la Mauricie, 1978, 39 p. Éditeur avec René Coulombe. Ill.
Aut'bord, à travers ! (poésie), Trois-Rivières, Atelier de production littéraire de la Mauricie, 1979, 58 p.
Double Tram (récit), Trois-Rivières, Écrits des Forges, 1979, 77 p. Collab. Louis Jacob. Ill. de André Jacob. « Les Rivières ».
Tête de lecture (poésie), Trois-Rivières, Écrits des Forges, 1980, 76 p. Ill. « Les Rouges-gorges ».
Écrivains de la Mauricie (biographies), Trois-Rivières, Le Bien public, 1981, 272 p. Collab. Gaétan Brulotte et Alexis Klimov.
Platines déphasées (poésie), Trois-Rivières, Sextant, 1981, 36 f.
45 tours (poésie), Trois-Rivières, Écrits des Forges, 1981, 88 p. Ill. Préface de Lucien Francœur. « Les Rouges-gorges ».
Lost Angeles (poésie), Montréal, L'Hexagone, 1982, 45 p. « H ».
Caroline Romance (récit), Montréal, Éditions Arcade, 1983, 65 p.
Bacilles de tendresse (poésie), Trois-Rivières, Écrits des Forges, 1985, 110 p. « Radar ».

ÉTUDES
Max Roy, *Bernard Pozier. À l'aube dans l'dos*, LAQ 1977, p. 131-132.
Michel Beaulieu, *Une nouvelle cuvée aux Écrits des Forges*, dans *Le Livre d'ici*, vol. 3, nº 20, 22 févr. 1978, p. 1.
Pierre Nepveu, *La poésie qui se fait et celle qui ne se fait pas*, LQ, nº 9, févr. 1978, p. 15-17.
Jean Fisette, *Poésie. Parutions récentes*, VI, vol. 3, nº 3, avril 1978, p. 499-500.
Hugues Corriveau, *Boisvert, Lemire, Pozier. Code d'oubli*, LAQ 1978, p. 94-96.
Philippe Haeck, *Bernard Pozier, Louis Jacob. Double Tram*, LAQ 1979, p. 169.
Jean-Léonard Binet, *Poèmes en vrac*, dans *Le Livre d'ici*, vol. 5, nº 25, 26 mars 1980, p. 1.

Michel Beaulieu, *Les Forges de l'âme poétique*, dans *Le Livre d'ici*, vol. 6, n° 39, 27 mai 1981, p. 2.

Richard Giguère, *La Relève de la poésie québécoise ?*, LQ, n° 21, printemps 1981, p. 29–31.

Joseph Bonenfant, *Notes sur la poésie*, VI, vol. 6, n° 3, printemps 1981, p. 485.

Marie-Andrée Hamel, *Le Sextant voit le jour, sur les bords de la St-Maurice*, dans *Le Livre d'ici*, vol. 6, n° 47, 26 août 1981, p. 1.

François de Vernal, *Lettre du Canada*, dans *Revue indépendante*, vol. 40, n° 164, août–sept. 1981, p. 35–36.

Michel Beaulieu, *Gatien Lapointe. Une voix qu'on aime entendre...*, dans *Le Livre d'ici*, vol. 7, n° 9, 2 déc. 1981, p. 1.

Pierre-Justin Déry, *Bernard Pozier, 45 tours*, LAQ 1981, p. 140–141.

André Dionne, *Pozier (Bernard). 45 tours*, dans *Nos livres*, vol. 13, mai 1982, n° 228.

Claude Beausoleil, *Bernard Pozier : l'écriture et les panneaux-réclame*, Dev, vol. 74, n° 117, 21 mai 1983, p. 22.

PRATTE, JOSETTE (1951–   ). Romancière, auteure de chroniques et scénariste, née à Québec. Elle étudie chez les Ursulines et au Collège des Jésuites de Québec, ainsi qu'au Collège Jean-de-Brébeuf de Montréal, puis elle suit des cours d'histoire à l'Université de Montréal (1967). En 1968, elle est vendeuse à Londres chez Harrod's of Knights Bridge, puis directrice d'équipes ouvrières aux Protim Services à compter de 1969. De retour à Montréal, elle est attachée de presse aux Éditions La Presse (1971–1973), et travaille par la suite chez le joaillier Gabriel Lucas (1974–1975), et chez Hachette International (1976–1978). En 1979, elle s'établit en France d'abord, dans le Haut Doubs, puis en Suisse où elle travaille pour le romancier Bernard Clavel, chargée de recherches historiques et des relations avec les éditeurs et les média. Elle collabore à *L'Information médicale et paramédicale*, *Montréal ce mois-ci*, *Perspectives*, *Femina* (Suisse), *Panorama aujourd'hui* (France)... Son premier roman, *Et je pleure* (1981), est généralement bien accueilli. « Roman tout en subtilité, écrit Monique Roy, en retenue, en sensibilité, en intériorité [...]. Josette Pratte recrée avec bonheur le climat feutré et les habitudes de vie d'une certaine bourgeoisie de Québec d'avant la Révolution tranquille ». Madeleine Bellemare pense cependant que « les descriptions sentent trop l'application » et que le roman « aurait dû être émondé ». À partir de 1981, Josette Pratte rédige en collaboration avec Bernard Clavel le scénario des « Colonnes du ciel » pour la première chaîne de la télévision française.

ŒUVRES

Félicien le fantôme (litt. jeunesse), Paris / Montréal, J.P. Delarge / Fides, 1980, 29 p. Collab. Bernard Clavel. Ill. de Jean Garonnaire.

Et je pleure (roman), Paris, Éditions Robert Laffont, 1981, 204 p. ; Éditions J'ai lu, 188 p.

Les Persiennes (roman), Paris, Robert Laffont, 1985, 275 p. ; France loisirs, 1986.

ÉTUDES

Réginald Martel, *Deux romans de femmes. Les moyens de la confidence*, Pr, 97ᵉ année, n° 264, 7 nov. 1981, p. D-3.

Monique Roy, *À la découverte des années mortes*, dans *Le Livre d'ici*, vol. 7, n° 8, 25 nov. 1981, p. 2.

Madeleine Ouellette-Michalska, *Écho de correspondances intimes*, Dev. vol. 72, n° 284, 5 déc. 1981, p. 21.

Raymonde Bergeron, *Josette Pratte : de l'étoffe littéraire en laine du pays*, Pe, vol. 24, n° 9, 27 févr. 1982, p. 8–9.

Gilles Marcotte, *Un prix Médicis israélien à lire de toute urgence*, dans *L'Actualité*, vol. 7, n° 4, avril 1982, p. 117.

Madeleine Bellemare, *Pratte (Josette). Et je pleure*, dans *Nos livres*, vol. 14,, juillet–août 1983, n° 5328.

PRÉFONTAINE, YVES (1937–   ). Poète, né à Montréal. Il fait ses études classiques au Collège Stanislas. Par la suite, il étudie la radiophonie et la télévision à l'Université Laval (1956). Il est producteur d'émissions de radio à Montréal de 1956 à 1966. Pendant cette période, il prépare aussi un baccalauréat (1964) et une maîtrise (1966) en anthropologie à l'Université de Montréal. De 1966 à 1970, il séjourne en France où il anime des émissions pour l'ORTF et poursuit des études en sociologie. À son retour, il travaille au ministère des Communications du Québec (1971–1972) et enseigne à l'Université du Québec à Montréal (1974–1975). En 1977, il est nommé conseiller auprès du ministère de l'Éducation ; de 1978 à 1980, il est directeur de cabinet du ministre d'État au Développement culturel et, à partir de 1980, il travaille au Conseil exécutif du gouvernement du Québec. Poète, il est cofondateur de *Liberté* en 1959, et rédacteur en chef en 1961–1962. Il collabore aussi au *Devoir*, au *Nouveau Journal* et à *La Presse*. Il mérite le prix de la Province de Québec et le prix France-Québec pour son recueil *Pays sans parole* (1967). Le sens de sa poésie évolue dans un désir d'instaurer « une écriture française d'Amérique ». Son art se distingue par la force de l'image et du rythme qui atteignent le maximum d'expressivité dans le recueil *Pays sans parole*. « La poésie de Préfontaine, écrit René Pageau, interroge non seulement la réalité québécoise dans son passé, son présent et son devenir, mais elle interroge aussi le langage lui-même. Cette poésie engage toute l'existence du poète et pourtant le thème n'est pas nouveau : il est question du pays, du pays à recréer ». Son vocabulaire, dense et violent, s'attaque à l'antipathie du milieu à l'égard de l'humain et du poète, que Maureen Burrell définit comme « le seul être qui ait du sang, de la vie, [...] entouré de cadavres : ses compatriotes et les institutions de son pays ». Poésie politiquement engagée, certes, mais aussi poésie qui se cherche opiniâtrement aux niveaux des mots, des rythmes et des images, poésie-langage, indispensable à incarner la parole dans une forme, toujours au diapason de la conscience créatrice. En 1981, il publie ses poèmes, écrits entre 1964 et 1970, sous le titre *Nuaison*.

ŒUVRES

Boréal (poésie), [Montréal], Éditions d'Orphée, 1957, 109 p. ; Montréal, Les Éditions Esterel, 1967, 45 p. « Lettres québécoises ». (Édition corrigée par l'auteur et comprenant un poème inédit).

Les Temples effondrés (poésie), [Montréal], Éditions d'Orphée, 1957, 83 p.

La Poésie et Nous, Montréal, L'Hexagone, 1958, 93 p. Collab. « Les Voix ».

L'Antre du poème (poésie), Trois-Rivières, Éditions du Bien public, 1960, 87 p.

Pays sans parole (poésie), Montréal, Éditions de l'Hexagone, 1967, 77 p.

Débâcle suivi de À l'orée des travaux (poésie), [Montréal], Éditions de l'Hexagone, 1970, 79 p.

Nuaison. Poèmes 1964-1970, Montréal, L'Hexagone, 1981, 75 p. (Extraits parus dans *Estuaire*, no 20, été 1981, p. 59-89).

Le Désert maintenant (poésie), Trois-Rivières, Écrits des Forges, 1987, 103 p. « Radar ».

Les Mots d'un homme, L, vol. 8, no 1, janv.-févr. 1966, p. 57-60.

Logie, Percé et l'Octobre (poème), BJ, vol. 2, oct.-nov. 1966, p. 4-11.

À ras de souvenir à ras d'avenir, L, vol. 13, no 1, 1971, p. 43-48.

DISCOGRAPHIE

Nouvelles Routes ouvertes vers la mer, [Montréal], Radio-Canada International, [1976 ?], 33⅓ tours.

Noël, Montréal, Société nouvelle d'enregistrement, SNE 1003, 1984, 33⅓ tours.

ÉTUDES

Maureen Burrell, *La Poésie de Jean-Guy Pilon et d'Yves Préfontaine*, L, vol. 4, nos 19-20, janv.-févr. 1962, p. 54-63.

Maximilien Laroche, *La Conscience américaine de la nouvelle poésie québécoise*, CSM, no 1, mai 1967, p. 73-78.

Bernard Lévy, *Poète du froid*, dans *Sept-Jours*, vol. 2, no 10, 19-25 nov. 1967, p. 45.

Laurent Mailhot, *Pays sans parole*, EF, vol. 5, no 1, févr. 1969, p. 105-106.

René Pageau, *Trois grands poètes : Préfontaine, Marsolais, Dumont*, AN, vol. 60, no 10, juin 1971, p. 865-871, surtout p. 865-867.

Axel Maugey, *Yves Préfontaine*, dans *Poésie et Société au Québec (1937-1970)*, Québec, PUL, 1972, p. 183-191.

Agnès Bastien, *Yves Préfontaine. Nuaison*, LAQ 1981, p. 101-102.

Hughes Corriveau, *Jeux de textes. Nuaison de Yves Préfontaine, Vitraux d'éclipse de Yves Boisvert, Passe de Patrick Coppens*, LQ, no 26, été 1986, p. 41-44.

PRIEUR, FRANÇOIS-XAVIER (1814-1891). Mémorialiste, né aux Cèdres (Soulanges), d'une famille de cultivateurs. À treize ans, il est commis chez un marchand de l'endroit. En 1835, il ouvre un magasin général à Saint-Timothée. C'est au cours de cette période qu'il entre en contact avec les Patriotes. Nommé commandant des insurgés du village de Saint-Timothée, en 1838, il est fait prisonnier par l'armée britannique, et il est condamné à mort le 24 janvier 1839. Cette peine est cependant commuée en exil en Australie. Après l'amnistie, il revient au pays en 1846. Il s'établit d'abord à Sainte-Martine, puis, quelques années plus tard, à Beauharnois. Conservateur en politique, il devient l'un des hommes les plus influents du comté. Vers 1855, il ouvre avec Louis Renaud un commerce d'importation de vaisselle et de poterie anglaises. Il est nommé surintendant du pénitencier Saint-Vincent-de-Paul en 1860. En 1868, il est l'un des trois directeurs de toutes les prisons du gouvernement canadien ; il démissionne lors du changement du système pénitencier en 1875. Il meurt en 1891. Comme auteur, il est connu par ses *Notes d'un condamné politique*, confiées aux *Soirées canadiennes* en 1864. C'est un document d'époque qui demeure intéressant par sa franchise, par le récit minutieux des événements et les précisions sur la condition des exilés.

ŒUVRE

Notes d'un condamné politique de 1838, Montréal, Librairie Saint-Joseph, Cadieux & Derome, 1884, 240 p. Portrait. Introduction de l'auteur ; *Journal d'un exilé politique aux terres australes*, Léandre Ducharme [suivi de] *Notes d'un condamné politique de 1838*, François-Xavier Prieur, Montréal, Éditions du Jour, 1974, 250 p. Présentation d'Hubert Aquin. Préface de Léandre Ducharme. Traduction anglaise par George Mackaness : *Notes of a Convict of 1838*, Sidney (Australia), D.S. Ford, Printers, 1949, 142 p. Portrait. Ill. Introduction et notes de George Mackaness.

PRIEUR

ÉTUDES

Émile Falardeau, *Prieur l'idéaliste*, Montréal, [s.é.], 1944, 28 p.
Denis Vaugeois, *Le Vrai Visage de la répression*, dans *Le Jour*, vol. 1, n° 38, 13 avril 1974, p. V-3.

PRINCE-FALMAGNE, THÉRÈSE (1927–   ). Historienne, née à Sainte-Thérèse-de-Blainville. Elle fait son cours classique au Collège Notre-Dame de l'Assomption de Nicolet (B.A., 1949). Elle obtient à l'Université Laval son baccalauréat en philosophie (1952) ; à l'Université de Montréal, elle prépare un baccalauréat en pédagogie (1954), une licence en histoire (1956), un doctorat ès lettres en histoire (1959). Ses recherches dans le domaine de l'histoire la mènent à Paris, à Rome, à Bruxelles, à Athènes. Dès 1958, elle est professeure d'histoire à l'Université de Montréal où elle devient professeure agrégée en 1967. Elle fait des fouilles archéologiques avec l'École française en 1964, 1966, 1969–1970. En 1967, elle présente à l'Archaeological Institute of America (Boston), une communication très importante sur l'interprétation de la légende de Rémus et de Romulus. En 1968, elle donne à Radio-Canada une série de cours et d'entretiens sur l'interprétation de l'histoire de Rome. Elle s'intéresse aussi à l'histoire du Canada. Elle publie, en 1965, *Un marquis du grand siècle Jacques-René de Brisay de Denonville, gouverneur de la Nouvelle-France, 1637–1710*. « Par l'abondance des recherches et par son ordonnance générale et l'esprit critique de l'auteur, ce ‹ Denonville › pourrait être l'un des meilleurs ouvrages d'histoire parus en ces dernières années au Canada français » (Lionel Groulx).

ŒUVRES

Un marquis du grand siècle, Jacques-René de Brisay de Denonville, gouverneur de la Nouvelle-France, 1637–1710, Montréal, Leméac, 1965, 341 p. Ill.
Histoire de Rome, Montréal, Librairie de l'Université de Montréal, 1969, 55 p.
Cahiers d'histoire romaine : des origines à la mort de César, Montréal, Librairie de l'Université de Montréal, t. 1, 1972, 408 p. Ill.
Recueil de textes pour servir au cours d'histoire de l'Antiquité et du Moyen-Âge. Histoire romaine, [Montréal], Librairie de l'Université de Montréal, [1980], 89 p. Ill. Textes compilés par Thérèse Prince-Falmagne.
Recueil de textes pour servir au cours d'histoire de l'Antiquité grecque et romaine, Montréal, Librairie de l'Université de Montréal, 1982, 235 p. Textes compilés par Thérèse Prince-Falmagne.

Marie-Claire Daveluy : la Société de Notre-Dame de Montréal 1639–1663, son histoire, ses membres, son manifeste, Pe, vol. 2, n° 1, févr. 1966, p. 1–46.
Les Jumeaux fondateurs de Rome : essai d'interprétation topographique, dans *Cahiers des études anciennes*, 1er trimestre 1974, p. 17–22.

ÉTUDES

Jean-Charles Bonenfant, *Les Études sociales*, dans *University of Toronto Quarterly*, vol. 35, n° 4, 1965–1966, p. 524–536.
André Lachance, *Un marquis du grand siècle, Jacques-René de Brisay de Denonville de Thérèse Prince-Falmagne*, LAC 1965, p. 128.
Lionel Groulx, *Un marquis du grand siècle, Jacques-René de Brisay de Denonville, gouverneur de la Nouvelle-France, 1637–1710*, RHAF, vol. 19, n° 3, déc. 1965, p. 477–481.
Id., *Un marquis du grand siècle*, dans *Québec 66*, vol. 3, n° 8, oct. 1966, p. 93–96.

PRINCE-LACHANCE, CATHERINE (1938–   ). Poète et essayiste, née à Sainte-Thérèse-de-Blainville (Terrebonne). Elle fait ses humanités au Pensionnat de Sainte-Thérèse et au Collège de Notre-Dame-de-Bellevue de Québec (B.A., 1960). Après un stage en Afrique du Nord (1961–1964), elle étudie la philosophie à l'Institut médiéval (B.Ph., 1966) et Centre universitaire (L.Ph., 1967) de l'Université de Montréal, puis elle obtient une maîtrise (1968) à l'Université du Québec à Trois-Rivières pour un mémoire sur « La ‹ Participation › chez Maimonide d'après le *Guide des égarés* ». Plus tard, elle fait la scolarité du doctorat à l'UQTR (1983) et prépare une thèse sur l'ontologie du symbole chez Gertrude d'Helfta. Elle enseigne dix-sept ans à la pige, dit-elle, et à temps partiel dans différents collèges, écoles normales et cégeps du Québec, fait quatre ans d'enseignement au Sénégal (1973–1975) et au Zaïre (1978–1980), outre un stage au Liban et en Israël en 1976, et devient professeure de philosophie au Conservatoire de musique de Montréal en 1980. Elle collabore à *Regards sur Israël*, au *Devoir* et à *L'Esplumoir*. Catherine Prince-Lachance publie d'abord sous le même titre général, *Sans issue* (1975), deux volumes de philosophie sur l'homme. Suivent deux recueils de poésie dont le second, *Le Rire de Saraï* (1981) impatiente Stéphane Lépine qui en trouve le vocabulaire recherché et le ton « spiritualisant ». Un essai de 1982, *Itinéraire du phallus à l'esprit*, fait dire à Antonio D'Alfonso que, malgré quelques lacunes, « ceux et celles qui s'intéressent aux religions devront jeter un coup d'œil sur ce livre ».

ŒUVRES

Sans issue, tome I (essai), Laval, Les Éditions Géoproduction, 1975, 161 p. Ill. «Le Vécu»; *Sans issue, tome II* (essai), Montréal, Société de Belles-Lettres Guy Maheux inc., 1976, [n.p.], «Le Chariot».

Israël, mon amour (poésie), Montréal, Société de Belles-Lettres Guy Maheux inc., 1977, 77 p. Ill. «La Papesse».

Le Rire de Saraï (poésie), Montréal, La Licorne, 1981, 73 p. Ill. «Premier-Vert».

Itinéraire du phallus à l'esprit à travers les sacrifices rituels d'hier à demain (essai), Montréal, La Licorne, 1982, 181 p.

ÉTUDES

Stéphane Lépine, *Prince-Lachance (Catherine). Le Rire de Saraï*, dans *Nos livres*, vol. 13, févr. 1982, nº 79.

Antonio D'Alfonso, *Prince-Lachance (Catherine). Itinéraire du phallus à l'esprit à travers les sacrifices rituels d'hier à demain*, dans *Nos livres*, vol. 13, mai 1982, nº 230.

PROBUS, LECTOR. Voir **BEAULIEU, GERMAIN.**

PROTEAU, LORENZO [Larry] (1928–   ). Romancier, généalogiste et lexicologue, né à Saint-Sébastien (Beauce). Après ses études secondaires, il s'établit à Montréal en 1947 et commence à travailler pour la revue *Le Foyer rural* et pour *Le Devoir* à titre de représentant. Il s'inscrit à divers cours du soir en littérature, en administration, en coopération... En 1952, il entre au service de la Société d'Assurance-Vie Desjardins. Intéressé à la généalogie, il publie *Mes ancêtres*, en 1981. Il fait paraître aussi deux romans, *Grand-mère Toinette m'a raconté...* (1981) et *Les Placoteuses* (1982), ainsi qu'un répertoire d'expressions populaires, *La Parlure québécoise* (1982). Les romans participent de l'écriture du terroir par certains aspects anecdotiques et folkloriques. Quant au glossaire sur la «parlure», il a une certaine valeur de compilation.

ŒUVRES

Grand-mère Toinette m'a raconté... (roman), Saint-Lambert, Les Éditions Priorités, 1981, 191 p. Portrait. Ill. Préface d'Oscar Mercure.

Mes ancêtres (généalogie), Boucherville, Éditions Proteau, 1982, 381 p. Ill.

La Parlure québécoise (glossaire), Boucherville, Éditions Proteau, 1982, 230 p. Ill. de Métyvié.

Les Placoteuses (roman), Boucherville, Éditions Proteau, 1982, 327 p. Ill. de Métyvié.

500 questions-réponses sur l'assurance-vie, Boucherville, Éditions Proteau, [1983?], 410 p. Ill.

Les Grands Voiliers, hier et aujourd'hui, Boucherville, Concilium, 1984, 196, [8] p. Collab. Yves Proteau, F. Leclerc et J. Flamand. Ill.

Nos annonces déclassées, Boucherville, Proteau Publications, 1985, 134 p. Ill. de Métyvié.

ÉTUDES

[Anonyme], *Avec son livre Lorenzo Proteau recrée une époque disparue*, dans *La Tribune*, vol. 76, nº 234, 28 nov. 1981, p. C-5.

J. Thérèse Legendre, *Lorenzo Proteau réalise un vieux rêve! écrire*, dans *Le Courrier de Magog*, 9 déc. 1981, p. 12.

Yvon Rousseau, *Lorenzo Proteau lance une maison d'édition pour aider les auteurs qui essaient de percer* (entrevue), dans *La Tribune*, vol. 77, nº 203, 26 oct. 1982, p. 7.

Michelle Roy-Guérin, *Lorenzo Proteau, assureur, écrivain et aussi éditeur* (entrevue), dans *Le Nouvelliste*, vol. 63, nº 9, 11 nov. 1982, p. 43.

PROULX, ANTONIN (1881–1950). Dramaturge et romancier, né à Hull. À la suite d'études à l'Académie de La Salle, il se joint au journal *Le Temps* d'Ottawa (1903–1905). En 1906, il entre à la Bibliothèque Carnegie d'Ottawa comme conservateur adjoint, poste qu'il occupe jusqu'à sa retraite. Il collabore à de nombreux journaux et revues dont *Le Droit* et *Le Pays Laurentien*. Auteur d'un roman populaire intitulé *Le cœur est le maître* (1930), Antonin Proulx est surtout connu comme auteur d'une dizaine de pièces créées pour la plupart par des troupes amateurs de l'Outaouais et dont neuf ont été publiées. Les textes d'au moins trois autres pièces dont la création est signalée dans les journaux, demeurent introuvables : «Les Grands Moyens» (janvier 1915) ; «L'Âme belge» (janvier 1920) ; «Tante Estelle» (février 1922). Les pièces de Proulx ont habituellement reçu un accueil sympathique des critiques. Mais comme le signale Marcel Fortin, «les textes souffrent de cette surenchère qui donne un ton affecté aux dialogues».

ŒUVRES

L'Enjôleuse. Dévotion. L'Amour à la poste. Pièces de théâtre, Ottawa, Ateliers typographiques de l'Imprimerie canadienne, 1916, 289 p. (Extrait de *Dévotion*, dans Jan Doat, *Anthologie du théâtre québécois 1606–1970*, Québec, Éditions La Liberté, 1973, p. 222–226).

Le cœur est le maître (roman), Montréal, Éditions Édouard Garand, 1930, 347 p.

De l'audace, jeune homme ! Comédie en un acte, Montréal, Éditions Édouard Garand, 1930, 14 p. «Le Théâtre canadien».

L'Intime souffrance. Drame en un acte, Montréal, Éditions Édouard Garand, 1930, 14 p. (Paru aussi dans *La Revue nationale*, vol. 1, nºs 3-4, mars-avril 1920).

Le Prix du bonheur. Comédie dramatique en 4 actes, Montréal, Éditions Édouard Garand, [1931], 39 p. « Le Théâtre canadien ».

Pas possible. Saynète, dans *Le Pays Laurentien*, vol. 1, nº 8, août 1916, p. 197–203.

Pour être reporter. Saynète, dans *Le Pays Laurentien*, vol. 2, nº 8, août 1917, p. 121–125.

Le Succès. Comédie en un acte, dans *La Revue nationale*, vol. 2, nº 1, janv. 1921, p. 13–14 ; nº 2, févr. 1921, p. 10–11 ; nº 3, mars 1921, p. 12–13.

ÉTUDE

Marcel Fortin, « Le Théâtre d'expression française dans l'Outaouais des origines à 1967 ». Thèse de doctorat, Ottawa, Université d'Ottawa, 1985, f. 398–402.

PROULX, JEAN-BAPTISTE [Johannes Iovhanné] (1846–1904). Dramaturge et essayiste, né à Sainte-Anne-de-Bellevue (Île-de-Montréal). Il fait ses études au Collège de Sainte-Thérèse de Blainville et est ordonné prêtre en 1869. Missionnaire au Manitoba pendant quelques années, il retourne au Collège Sainte-Thérèse en 1880 comme professeur de littérature. C'est pendant cette période qu'il compose des pièces de théâtre à l'intention des étudiants. En 1888, il est nommé vice-recteur de l'Université Laval de Montréal avec le titre de professeur d'histoire moderne. Jean-Baptiste Proulx est mêlé de près aux controverses entre le Séminaire de Québec et la recherche de l'autonomie de l'Université de Montréal. Il écrit plusieurs brochures sur la question de l'enseignement universitaire et fait plusieurs voyages à Rome. Sa carrière de dramaturge débute par une pièce de circonstances, *Les Écoliers en vacances*, imitée d'une opérette française et jouée en 1879. Par la suite, il écrit au moins quatre autres pièces : *Le Mal du Jour de l'An* inspiré par la vie quotidienne des pensionnats ; *L'Hôte à Valiquet ou Le Fricot sinistre* ayant pour sujet les « funestes » effets de l'ivrognerie ; *Édouard le confesseur, roi d'Angleterre* met en scène un événement de l'histoire de la Grande-Bretagne ; *Les Pionniers du Lac Nominingue ou Les Avantages de la colonisation*. Il publie aussi plusieurs récits de voyage et plusieurs contes dans *La Minerve*. Il meurt à Ottawa le 1er mars 1904.

ŒUVRES

Édouard le confesseur, roi d'Angleterre. Tragédie en cinq actes, Montréal, Beauchemin & Valois, libraires-imprimeurs, 1880, 106 p. Sous le pseudonyme de Johannes Iovhanné ; 1897, 98 p.

M. Joseph Charles Ducharme et son œuvre, Montréal, Beauchemin & Valois, [1880?], 125 p.

L'Hôte à Valiquet ou Le Fricot sinistre. Tragi-comédie en trois actes, Montréal, Beauchemin & Valois, libraires-imprimeurs, 1881, 54 p. (Publié d'abord dans *Les Annales Térésiennes*, févr.–avril, 1881, p. 188–204, 243–264, 289–302).

Voyage au lac Abitibi ou, Visite pastorale de Mgr J.-Thomas Duhamel dans le Haut de l'Ottawa, [Montréal, J. Chapleau et fils, 1881], 244 p. ; *Visite pastorale de Mgr J.-Thomas Duhamel dans le haut de l'Ottawa*, Montréal, Cadieux et Derome, 1885, 137 p. Ill.

Allocution prononcée dans l'église de Sainte-Thérèse à l'occasion de la visite de Monseigneur Ignace Bourget, archevêque de Martianopolis, le 7 mars 1880, Montréal, Beauchemin & Valois, 1882, 9 p.

Le Mal du Jour de l'An ou Scènes de la vie écolière (théâtre), Montréal, Beauchemin & Valois, libraires-imprimeurs, 1882, 54 p. Sous le pseudonyme de Joannes Iovhanné.

Sermon prononcé dans l'église de Notre-Dame de Montréal le 26 juin 1882, à l'occasion de la St-Jean-Baptiste, fête patronale des Canadiens-Français, Montréal, Beauchemin & Valois, libraires-imprimeurs, 1882, 19 p.

Voyage du lac Long dans le canton de Preston, [St. Jérôme, Imprimerie du Nord], 1882, 68 p.

Les Pionniers du lac Nominingue ou Les Avantages de la colonisation, Drame en trois actes, Montréal, Beauchemin & Valois, libraires-imprimeurs, 1883, 53 p. Sous le pseudonyme de Joannes Iovhanné.

Le Canada, le Curé Labelle et la Colonisation, Paris, Imprimerie de l'Œuvre de Saint-Paul, 1885, 64 p.

Le Guide du colon français au Canada, Paris, Œuvre de Saint-Paul, 1885, 56 p.

À la baie d'Hudson ou Récit de la première visite pastorale de Mgr N.-Z. Lorrain, évêque de Cythène et vicaire apostolique de Pontiac, dans ses missions sauvages de Témiscamingue, d'Abitibi, de New-Port, de Moose et d'Albany, Montréal, Librairie Saint-Joseph, Cadieux & Derome, 1886, ii, 285 p. Ill.

L'Enfant perdu et retrouvé, ou Pierre Cholet, Mile-End, Institution des Sourds-Muets, 1887, xiv, 204 p. ; Montréal, Beauchemin, 1887, 123 p. ; Mile-End, Institution des Sourds-Muets, 1891, xiv, 204 p. ; Montréal, C.O. Beauchemin, [1892], xiv, 194 p. ; 1912, 140 p. Ill. ; 1926, 123 p. ; 1931, 124 p. Ill. ; 1940 ; 1946 ; 1949 ; Fides, [1978], Ill. de Suzanne Cholette-Lonstin. Version anglaise traduite par M.J. Murphy : *Pierre Cholet : or, The Recovered Kidnapped Child*, Mile End, Institute for Deaf Mutes, 1888, 184 p. Ill.

Cinq mois en Europe ou Voyage du Curé Labelle en France en faveur de la colonisation, Montréal, C.-O. Beauchemin & fils, libraires-imprimeurs, 1888, [4], 258 p. Ill.

Collection de documents se rapportant à certaines questions universitaires à Montréal, [Rome, Imprimerie A. Befani], 1890, 132 p. Compilées par J.-B. Proulx.

Mémoire sur la nécessité de l'influence épiscopale dans le règlement de nos difficultés universitaires à Montréal, [Rome, Imprimerie A. Befani], 1890, 48 p. ; Montréal, C.-O. Beauchemin, 1891, 16 p.

Mémoire sur les comptes du Séminaire de Québec contre la succursale de l'Université Laval à Montréal, Rome, Imprimerie A. Befani, 1890, 56 p.

Mémoire sur les ressources à créer pour la succursale de l'Université Laval à Montréal, Rome, Imprimerie A. Befani, 1890, 54 p.

Mémoire sur l'union de la Faculté de médecine de l'Université Laval à Montréal et de l'École de médecine et de chirurgie de Montréal, Rome, Imprimerie A. Befani, 1890, 23 p.

Rapport sur sa mission à Rome à Sa Grandeur Mgr Édouard Charles Fabre, archevêque de Montréal, [Rome, Imprimerie A. Befani], 1890, 110 p.

En Europe, par ci, et par là, Joliette, Librairie de « L'Étudiant », 1891, 293 p.

En route pour la baie d'Hudson, Tours, A. Mame, 1891, 157 p. Ill. ; 1893 ; 1899.

Ma justification pour avoir fait triompher des décrets romains au Canada, Montréal, C.-O. Beauchemin, 1891, iv, 348 p.

Mémoire sur le projet de loi pour incorporer civilement les administrateurs de l'Université Laval à Montréal, 25 novembre 1891, Rome, Imprimerie A. Befani, [1891], 38 p. Collab. Antoine Racine.

Premier Rapport sur sa gestion universitaire, fait à Rome à Sa Grandeur Mgr Éd. Chs Fabre, archevêque de Montréal, Montréal, C.-O. Beauchemin, 1891, iv, 387 p.

Projet de loi pour constituer en corporation les administrateurs de l'Université Laval à Montréal, soumis à l'examen du Saint-Siège, Montréal, C.-O. Beauchemin, 1891, 56 p.

Les Quatre mémoires sur la question universitaire présentés à Son Éminence le cardinal Simeoni, préfet de la S.C. de la propagande, Montréal, C.-O. Beauchemin, 1891, iv, 339 p.

Quelques Lettres de Mgr. B. Paquet, recteur de l'Université Laval, suivies de quelques remarques par l'abbé J.-B. Proulx, Montréal, C.-O. Beauchemin, 1891, 44 p.

Questions diverses faisant partie du troisième rapport sur la question universitaire à Sa Grandeur Mgr Édouard Chs Fabre, archevêque de Montréal, Montréal, C.-O. Beauchemin, 1891, 208 p.

Rapport sur sa gestion universitaire à Sa Grandeur Mgr Édouard Chs Fabre, archevêque de Montréal, le 31 décembre 1890, Montréal, C.-O. Beauchemin, 1891, 288 p.

Réplique à la lettre de Mgr B. Paquet, recteur de l'Université Laval, datée du 28 février 1891, Montréal, C.-O. Beauchemin, 1891, 41 p.

Réponse de l'abbé J.-B. Proulx, vice-recteur de l'Université Laval à Montréal, à Mgr B. Paquet, recteur de l'Université Laval, devant le Conseil supérieur de l'Université, le 25 septembre, 1890, Montréal, C.-O. Beauchemin, 1891, 40 p.

Résumé de l'allocution prononcée à l'occasion de l'ouverture des cours universitaires, le 13 octobre 1890, Montréal, C.-O. Beauchemin, 1891, 4 p.

Troisième Rapport sur sa gestion universitaire à Sa Grandeur Mgr Éd. Chs. Fabre, archevêque de Montréal, Montréal, C.-O. Beauchemin, 1891, v, 348 p.

Devant Québec et Rome ou Collection de documents se rapportant au projet de loi pour incorporer les administrateurs de l'Université Laval à Montréal, Montréal, C.-O. Beauchemin, 1892, 2 vol.

Enfin ! ou Cinquième Rapport sur sa question universitaire à Sa Grandeur Mgr Édouard Chs Fabre, archevêque de Montréal, Montréal, C.-O. Beauchemin, 1892, 239 p.

Quatrième Rapport sur sa gestion universitaire à Sa Grandeur Mgr Édouard Chs Fabre, archevêque de Montréal, avril 1892, Montréal, Beauchemin, 1892, 146 p.

À Rome pour la troisième fois ou Journal de voyage, 1891, 1892, Joliette, Imprimerie du « Bon Combat », du « Couvent » et de « La Famille », 1893, 226 p. ; 1895.

Neuf mois de gestion universitaire ou, Sixième Rapport, de juillet 1892 à mars 1893, Montréal, C.-O. Beauchemin, 1893, iv, 392 p.

Les Actes des administrateurs, gouverneurs et vice-recteur de l'Université Laval à Montréal, Rome, Imprimerie A. Befani, 1895, vi, 458 p. Compilé par J.-B. Proulx.

Mémoire sur la prétention du Séminaire de Québec à une indemnité monétaire sur la province ecclésiastique de Montréal, 31 décembre 1894, [Rome, Imprimerie A. Befani], 1895, 64 p. ; *Appendice au Mémoire sur la prétention du Séminaire de Québec à une indemnité monétaire sur la province ecclésiastique de Montréal, 16 février 1895,* Rome, Imprimerie A. Befani, 1895, 34 p.

Mémoire sur les garanties de catholicité et de succès de la constitution spéciale que le Saint-Siège et la nécessité des circonstances ont données à l'Université Laval à Montréal, Rome, Imprimerie A. Befani, 1895, 68 p.

Documents pour servir à l'intelligence de la question des écoles de Manitoba ; avec quelques notes explicatives, Rome, Imprimerie A. Befani, 1896, 173 p.

Journal de mes pas et démarches dans le diocèse de Hartford au sujet de la question de Danielson, août 1896, [Rome, Imprimerie A. Befani], 1896, 16 p.

Dans la ville éternelle pendant que se discutait au Canada la question des écoles du Manitoba. Journal de voyage, Montréal, Granger frères, libraires-éditeurs, 1897, xv, 287 p.

ÉTUDES

Léon Ledieu, *Jean-Baptiste Proulx,* dans *Le Monde illustré,* vol. 4, nº 180, 15 oct. 1887, p. 187.

Élie-J. Auclair, *Un pionnier de la foi dans le Nouvel-Ontario, feu l'abbé J.-Bte Proulx,* dans *La Voix nationale,* vol. 8, nº 7, janv. 1935, p. 10–11.

Yolande Chartier, « Essai de bibliographie. Monsieur l'abbé Jean-Baptiste Proulx », Mémoire, Montréal, École de bibliothécaires de l'Université de Montréal, 1952, 57 f.

PROVENCHER, JEAN (1943–   ). Historien, né à Trois-Rivières. Après son cours classique au Séminaire Saint-Joseph, il obtient, à l'Université Laval, une licence en histoire et un certificat en sciences sociales (1967), puis un diplôme d'études supérieures en histoire (1969). Il fait ensuite la scolarité du doctorat à l'Institut des hautes études de l'Amérique latine de Paris (1969-1970). Il est tour à tour documentaliste à la Commission Henri Dorion (1967-1969), recherchiste au ministère des Affaires intergouvernementales du Québec (1970-1972), recherchiste à l'Université Laval (1972-1973) et au *Dictionnaire biographique du Canada* (1973-1978), et, à partir de 1978, consultant attaché à divers projets : auprès de la Société scénographique, du ministère des Affaires culturelles, des Productions Cinégraphe... De 1968 à 1984, seul ou en collaboration, il publie une dizaine d'ouvrages, et il collabore à *La Revue française*, *Le Maclean*, le *Dictionnaire biographique du Canada*, *Perspectives*... À propos de *Québec sous la loi des mesures de guerre 1918*, on note dans *Le Livre canadien* que « l'auteur se contente de rassembler les pièces de l'intrigue », et Jean Parizeau lui reproche de négliger une partie importante de la bibliographie sur le sujet. Réginald Hamel dit de la pièce tirée de ce livre, *Québec, printemps 1918* : « C'est un bon reportage dramatique, ce n'est pas une grande pièce ». En 1980 paraît le premier volume d'une tétralogie sur les quatre saisons dans l'histoire de la vie du Québec au siècle dernier, *C'était le printemps*. Suivront, en 1982, 1984 et 1986, *C'était l'été*, *C'était l'automne* et *C'était l'hiver*. Ce sont des ouvrages vivants, documentés, bien illustrés, qui font revivre le passé dans son portrait physique et dans ses coutumes. L'accueil de la critique est enthousiaste. « Cette remarquable encyclopédie du souvenir, écrit Michel Laurin, [...] devrait avoir une place de choix dans toute bibliothèque familiale ».

ŒUVRES

Québec sous la loi des mesures de guerre 1918 (essai), Montréal, Boréal Express, 1971, 149 p. Ill. Préface de Fernand Dumont.

René Lévesque. Portrait d'un Québécois (essai), Montréal, La Presse, 1973, 270 p. Portrait. Ill. Traduction anglaise par David Ellis : *René Lévesque. Portrait of a Quebecois*, Markham (Ont.), Paperjacks, 272 p. Portrait. Ill.

La Grande Peur d'octobre 1970 (essai), Montréal, L'Aurore, 1974, 123 p. Préface de Bilodeau et Léger. « Connaissance des pays québécois ».

Québec, printemps 1918 (théâtre), Montréal, L'Aurore, 1974, 156 p. Collab. Gilles Lachance. « Entre le parvis et le boxon ».

C'était le printemps. La vie rurale traditionnelle dans la vallée du Saint-Laurent (essai), Montréal, Boréal Express, 1980, 240 p. Collab. Johanne Blanchet. Ill. Préface de Michèle Guay. « Histoire populaire du Québec ».

Brève Histoire du Québec (essai), Montréal, Boréal Express, 1981, 169 p. Collab. Jean Hamelin. Ill. « Histoires »; 1983, 160 p. (Nouvelle édition revue et corrigée).

C'était l'été. La vie rurale traditionnelle dans la vallée du Saint-Laurent (essai), Montréal, Boréal Express, 1982, 251 p. Ill. « Histoire populaire du Québec ».

C'était l'automne. La vie rurale traditionnelle dans la vallée du Saint-Laurent (essai), Montréal, Boréal Express, 1984, 240 p. Ill. « Histoire populaire du Québec ».

Le Patrimoine agricole et horticole au Québec. État de la situation et recommandations, [Québec], Commission des biens culturels du Québec, 1984, 94 p. Ill. Rapport préparé par Jean Provencher.

C'était l'hiver. La vie traditionnelle rurale dans la vallée du Saint-Laurent (essai), Montréal, Boréal, 1986, 278 p. Ill. « Histoire populaire du Québec ».

ÉTUDES

Jean Parizeau, *Québec sous la loi des mesures de guerre 1918*, LAQ 1971, p. 227.

[Anonyme], *Québec sous la loi des mesures de guerre 1918*, dans *Le Livre canadien*, vol. 3, 1972, n⁰ 64.

Yvan Lamonde, *Une biographie qui nous concerne tous*, Pr, 89ᵉ année, n⁰ 305, 22 déc. 1973, p. D-5.

Richard Jones, *Jean Provencher. René Lévesque, portrait d'un Québécois*, LAQ 1973, p. 281-282.

[Anonyme], *Provencher (Jean). René Lévesque*, dans *Le Livre canadien*, vol. 5, févr. 1974, n⁰ 66.

Réginald Hamel, *La Dramaturgie et l'Histoire*, LAQ 1974, p. 183-184.

Serge Gagnon, *Jean Provencher. La Grande Peur d'octobre 1970*, LAQ 1974, p. 335-336.

[Anonyme], *Provencher (Jean). La Grande Peur d'octobre 1970*, dans *Le Livre canadien*, vol. 6, févr. 1975, n⁰ 67.

Jean Royer, *C'était le printemps*, Dev, vol. 71, n⁰ 281, 6 déc. 1980, p. 25.

Jean-Pierre Bonhomme, *Un certain printemps québécois*, Pr, 96ᵉ année, n⁰ 299, 20 déc. 1980, p. C-2.

Michel Laurin, *Provencher (Jean) et Blanchet (Johanne). C'était le printemps*, dans *Nos livres*, vol. 12, janv. 1981, n⁰ 42.

Madeleine Bellemare, *Hamelin (Jean) et Provencher (Jean). Brève Histoire du Québec*, dans *Nos livres*, vol. 12, nov. 1981, n⁰ 442.

Jean Paré, *Histoire brève et Petites Histoires*, dans *L'Actualité*, vol. 7, n⁰ 4, avril 1982, p. 122.

Jean Royer, *La Vie quotidienne au siècle dernier*, Dev, vol. 74, n⁰ 23, 29 janv. 1983, p. 22.

Michel Laurin, *Provencher (Jean). C'était l'été*, dans *Nos livres*, vol. 14, févr. 1983, n⁰ 5074.

Id., Provencher (Jean). C'était l'automne, dans *Nos livres*, vol. 16, févr. 1985, n° 6056.

Gatien Lapointe, *Au cœur du Québec : les Écrits des Forges*, dans *Estuaire*, n°s 9-10, déc. 1978, p. 118, 134, 136.

PROVENCHER, JEAN (1951–). Poète, né à Gentilly (Nicolet). Il étudie au Séminaire Saint-Antoine et au Cégep de Trois-Rivières (D.E.C., 1970), puis il poursuit des études de lettres québécoises à l'Université du Québec à Trois-Rivières (B.A. spéc., 1974) où il prépare une maîtrise (1978) après un séjour en Europe. Il enseigne le français au Cégep de Limoilou à partir de 1978. Il participe à plusieurs spectacles de poésie. Les deux recueils de poésie qu'il publie, en 1974, sont bien accueillis par la critique. Maurice Émond dit à propos du premier, *Les Sangles* : « L'auteur a su trouver des images neuves qui n'ont pas encore tout dit ». Et sur *Douleur du fragment*, Suzanne Paradis écrit : « Sur le ton mi-tragique, mi-provoquant qui est le sien, Jean Provencher tient le langage de la vie ». Et Pierre Nepveu parle de « la très grande sûreté de cette poésie, à l'intensité un peu sauvage, [...] sans doute l'une des plus belles révélations des Éditions des Forges ».

ŒUVRES

Les Sangles (poésie), Trois-Rivières, Écrits des Forges, 1974, 88 p. Avec 3 dessins de Jeanne Cossette. « Les Rouges-gorges ».
Douleur du fragment (poésie), Trois-Rivières, Écrits des Forges, 1974, 74 p. Dessins de Danielle Paradis. « Les Rouges-gorges ».
La Dérive urbaine. Dossier n° 1 (essai), Trois-Rivières, Groupe de planification des dérives urbaines, 1976, 56 p. Collab. André Rousseau. Ill.

But : insertion (poésie), dans *Graphiques*, Trois-Rivières, Atelier de production littéraire de la Mauricie, avril–juin 1980, p. 85–87.

ÉTUDES

Réginald Martel, *Poésie d'ici. Jean Provencher. Les Sangles*, Pr, 90ᵉ année, n° 110, 11 mai 1974, p. E-3.
Gaétan Dostie, *Jean Provencher : se libérer des sangles*, dans *Le Jour*, vol. 1, n° 73, 25 mai 1974, p. V-3.
Maurice Émond, *Jean Provencher. Les Sangles*, LAQ 1974, p. 135–136.
Jacques Michon, *Surréalisme et Modernité*, EF, vol. 11, n° 2, mai 1975, p. 122–123.
[Anonyme], *Provencher (Jean). Les Sangles*, dans *Le Livre canadien*, vol. 6, mai 1975, n° 191.
Philippe Haeck, *Quand les poètes veulent parler de la mort*, Dev, vol. 66, n° 156, 5 juillet 1975, p. 12.
Suzanne Paradis, *Écrits des forges. Jean Provencher. Douleur du fragment*, LAQ 1975, p. 126.
Pierre Nepveu, *La poésie qui se fait et celle qui ne se fait pas*, LQ, n° 9, févr. 1978, p. 15.

PROVOST, HONORIUS (1909–). Archiviste et historien, né à Sainte-Marie de Beauce. Après ses études classiques au Petit Séminaire du Québec (B.A., 1930), il entre au Grand Séminaire où il obtient une licence en philosophie (1932) et une licence en théologie (1934). Ordonné prêtre en 1934, il enseigne la théologie morale (1934–1936) et l'histoire du Canada (1938–1940) au Séminaire de Québec. Après la guerre, il effectue un stage en archivistique à Washington (1945) et prépare une maîtrise ès arts à l'Institut d'histoire de l'Université Laval (1947–1950). Il œuvre surtout au Service des archives du Petit Séminaire de Québec : sous-archiviste (1936–1966) sous la direction d'Amédée Gosselin et Arthur Maheux, puis archiviste (1966–1974). Membre fondateur (1937) et ancien président de la Société historique de Québec, Honorius Provost est membre de nombreuses associations d'histoire laïque et religieuse au Canada. En 1969, la Société historique du Canada lui décerne un certificat de mérite, en hommage à ses travaux et recherches ; Honorius Provost exploite, à bon escient, les riches archives du Séminaire et sa connaissance de l'histoire de la Beauce, pour publier d'utiles monographies, bien documentées, écrites dans un style simple et agréable.

ŒUVRES

Compte rendu des fêtes du deuxième centenaire de Sainte-Marie de Beauce, du 5 au 9 juillet 1944, Sainte-Marie de Beauce, Comité des fêtes du deuxième centenaire, 1944, 152 p.
Vieilles Maisons de Québec, Québec, Société d'histoire régionale de Québec, 1947, 47 p. Ill. « Cahiers d'histoire ».
Les Abénaquis sur la Chaudière, Saint-Joseph de Beauce, Société historique de la Chaudière, 1948, 27 p. « Publications » ; Québec, Éditions de la Nouvelle-Beauce, 1983, [iv], 72 p. Préface de l'auteur.
La Bonne Sainte-Anne de Beauce, Saint-Joseph de Beauce, Société historique de la Chaudière, 1950, 59 p. « Publications ».
Historique de la Faculté des arts de l'Université Laval (1852–1952), Québec, Université Laval, [1953], 102 p.
La Censive Notre-Dame de Québec, Québec, Société historique de Québec, 1954, 32 p. « Cahiers d'histoire ».
Le Couvent de Sainte-Marie de Beauce, Sainte-Marie de Beauce, Société historique de la Chaudière, 1957, 64 p. Ill. « Publications ».
La Dévotion à la Sainte-Famille au Canada, Québec, PUL, 1964, 24 p.

Le Séminaire de Québec: documents et biographies, [Québec], Université Laval et Séminaire de Québec, [1965], xviii, 542 p. «Publications des Archives du Séminaire de Québec».

Voirie et Peuplement du Canada français — La Nouvelle Beauce, Sainte-Marie de Beauce et Québec, Société historique de la Chaudière, 1965, 36 p. Collab. John Hare. «Publications».

Sainte-Marie de la Nouvelle Beauce, 2 vol.: vol. 1, *Histoire religieuse*, Québec, Société historique de la Chaudière, 1967, xii, 625 p. Ill. Cartes. Introduction de l'auteur; vol. 2, *Histoire civile*, Québec, Éditions de la Nouvelle-Beauce, 1970, viii, 807 p. Ill. Cartes. Avant-propos de l'auteur.

Le Grand Chemin de la Beauce, Québec, Société historique de Québec, 1968, 28 p. Carte. «Textes».

La Vallée de la Chaudière, géographie et histoire. Notes d'enseignement, Québec, Éditions de la Nouvelle-Beauce, 1970, [ii], 125, ix p. Ill. Cartes.

Bottin paroissial et historique de Sainte-Marie de Beauce, Sainte-Marie de Beauce, Éditions de la Nouvelle-Beauce, 1972, xvi, 152 p. Ill.

Chaudière-Kennebec. Grand chemin séculaire, Québec, Éditions de la Nouvelle-Beauce, 1974, 452 p.

Sources et Ressources de la petite histoire (essai), Québec, La Société historique de Québec, 1974, 18 p.

Notre-Dame-de-la-Garde de Québec (1877-1977), Québec, La Société historique de Québec, 1977, 279 p. Ill. Cartes. Préface de Gaston Clermont. Introduction de l'auteur. «Cahiers d'histoire».

La Ferme des Coteaux. Une ferme typique de St-Joachim, Québec, Séminaire de Québec, 1982, 34 p. Portrait.

Les Premiers Anglo-Canadiens à Québec. Essai de recensement 1759-1775, Québec, Institut québécois de recherche sur la culture, 1984, 67 p. «Documents et recherche».

Les Abénaquis du Canada et le Pouvoir civil, Québec, La Société historique de Québec, 1985, 31 p. Portrait de l'auteur.

Le Régime des cures au Canada français, RSCHE, Rapport 1947-1948, p. 19-35.

Le Séminaire de Québec et les Missions d'Acadie, RHAF, vol. 2, no 4, mars 1949, p. 613-621.

Au berceau du petit Séminaire de Québec, BRH, vol. 59, 1952, p. 5-10.

Le Régime des cures au Canada français, RSCHE, Rapport 1954-1955, p. 85-103.

Les Origines éloignées du Séminaire de Québec, RSCHE, Rapport 1955-1956, p. 25-31.

Établissement du Séminaire royal pour les missions d'Amérique, RHAF, vol. 9, no 4, mars 1956, p. 502-511.

Le Séminaire de Québec dans le plan de Mgr de Laval, RSCHE, Rapport 1959, p. 19-29.

Le Premier Livre de comptes du Séminaire de Québec, RHAF, vol. 16, no 1, juin 1962, p. 37-42.

Historique du Séminaire de Québec, RUL, vol. 17, 1962-1963, p. 591-599.

Le Séminaire de Québec, premier logement, premier esprit, RUL, vol. 17, 1962-1963, p. 787-797.

La Fondation du Séminaire de Québec, dans *Le Rapport*, La Société historique du Canada, 1963, p. 19-30.

Le Petit Séminaire de Québec devenu collège, RUL, vol. 18, 1963-1964, p. 787-800.

Propos sur l'histoire du Séminaire de Québec, RUL, vol. 18, 1963-1964, p. 883-891.

Archives et Archivistes du Séminaire de Québec, RUL, vol. 19, 1964-1965, p. 731-740.

Fragments d'histoire paroissiale, RHAF, vol. 19, no 2, sept. 1965, p. 270-295.

Le Séminaire de Québec et celui de Paris, RUL, vol. 20, 1965-1966, p. 541-559, 625-635.

Noël dans nos traditions (contes), dans *L'Action*, vol. 59, no 17846, 24 déc. 1966, p. 12.

ÉTUDES

Lionel Groulx, *Honorius Provost. La Censive Notre-Dame de Québec*, RHAF, vol. 8, no 1, juin 1954, p. 133-134.

Édith Labbé, «Bio-bibliographie de l'abbé Honorius Provost». Mémoire de bibliothéconomie, Québec, Université Laval, 1962, 48 f.

Lionel Groulx, *Honorius Provost. Le Séminaire de Québec documents et biographies*, RHAF, vol. 20, no 1, juin 1966, p. 131-132.

Pierre Lombard, *Sainte-Marie de la Nouvelle-Beauce*, dans *L'Action*, vol. 60, no 18043, 18 août 1967, p. 17.

Lorenzo Cadieux, *Honorius Provost. Sainte-Marie de la Nouvelle-Beauce*, RHAF, vol. 21, no 2, sept. 1967, p. 318-319.

Benoît Bernier, *Sainte-Marie de la Nouvelle-Beauce. Histoire religieuse, de Honorius Provost*, LAC 1967, p. 132.

Paul-André Linteau, *Honorius Provost. Sainte-Marie de la Nouvelle-Beauce, histoire civile*, RHAF, vol. 24, no 3, déc. 1970, p. 437-438.

Benoît Bernier, *Honorius Provost. La Vallée de la Chaudière, géographie et histoire. Notes d'enseignement*, RHAF, vol. 25, no 2, sept. 1971, p. 261-262.

PRUDHOMME, EUSTACHE (1845-1927). Poète et essayiste, né à Sainte-Geneviève-de-Pierrefonds; près de Montréal. Il fait des études au Collège de Montréal (1857-1865). Compagnon de Louis Riel avec qui il causait de poésie, Prudhomme écrit ses premiers vers au collège. Pendant sa cléricature, il participe avec enthousiasme à la vie littéraire et subit la fascination de sa ville natale: «Autour de nous tout s'agite et tout semble dans un état d'ébullition», écrit-il dans une de ses chroniques de *La Revue canadienne*; la ville lui apparaît comme l'image de l'homme dans un long poème, «Un soir dans la cité», publié en mars 1866. «Nul autre des poètes canadiens de l'époque, écrit Jeanne d'Arc Lortie, n'a su comme le Montréalais Prudhomme ressentir et exprimer la poésie multiple d'une cité ». Inscrit au concours littéraire de l'Université Laval, en 1867, il remporte le troisième prix. L'année suivante, on lui accorde le deuxième prix ; son long poème, *Les Martyrs de la foi en Canada*, paraît en 1869 et sera réédité en 1928. On juge alors assez sévèrement « cet infructueux essai d'épopée ». Écrivain mineur, Prudhomme apporte une contribution valable au renouveau littéraire de 1860 à 1880, époque où Montréal donnait déjà des signes de la métropole qu'elle allait devenir. Reçu notaire en 1868, il se marie en 1874. À part ses chroniques dans *La Revue canadienne*, il publie une cinquantaine de pièces poétiques dans plusieurs périodiques : *La Revue canadienne, L'Opinion publique, L'Album de la Minerve littéraire et musicale, Le Nouveau Monde, Le Canadien, Le Journal de Québec*, etc.

ŒUVRE

Les Martyrs de la foi en Canada. Concours de poésie de 1868 à l'Université Laval, Québec, Typographie d'Augustin Côté et cie, 1869, 32 p. ; Montréal, Thérien Frères, 1928, 81 p. (Paru d'abord dans *L'Annuaire de l'Université Laval pour 1869-1870*, Québec, Typographie d'Augustin Côté et cie, [1869], p. 27-56.

ÉTUDES

Séraphin Marion, [*Eustache Prudhomme*], dans *En feuilletant nos écrivains*, Montréal, L'Action canadienne-française, 1931, p. 9-22.

Jules-S. Lesage, [*Eustache Prudhomme*], dans *Propos littéraires. IIe série*, Québec, L'Action catholique, 1933, p. 13-20.

Jeanne d'Arc Lortie, [*Eustache Prudhomme*], dans *La Poésie nationaliste au Canada français (1606-1867)*, Québec, PUL, 1975, p. 381-384.

John E. Hare, [*Eustache Prudhomme*], dans *Anthologie de la poésie québécoise du XIXe siècle (1790-1890)*, Montréal, HMH, 1979, p. 327-332.

Q

QUATREMAI. Voir **CINQ-MARS**, ALONZO.

QUESNEL, JOSEPH-Marie (1746–1809). Dramaturge et poète, né à Saint-Malo (France) en 1746 (et non en 1749 comme l'ont toujours écrit ses biographes). Selon l'acte de baptême son prénom est Joseph-Marie. Fils de commerçant, il voyage pendant une dizaine d'années comme représentant de la maison familiale, à Madagascar, aux Antilles et en Amérique du Sud. En 1779, il est amené à Halifax par la marine britannique qui arraisonne le bateau, *L'Espoir*, à bord duquel il est en route vers les États-Unis. Grâce au gouverneur Haldimand, Quesnel peut s'établir à Montréal où il épouse, en 1780, la fille d'un riche trafiquant de fourrures. Il s'occupe activement de ce commerce jusqu'en 1793, et accumule ainsi une fortune suffisante pour s'établir à Boucherville. Dès son arrivée à Montréal, en 1780, il participe aux activités théâtrales. Après un court séjour en France, il écrit *Colas et Colinette* (1789), premier opéra comique composé en Amérique du Nord, et joué, l'année suivante, par la troupe du Théâtre de société. Mais la vocation littéraire de Quesnel ne date vraiment que de 1799. Ses trois longs poèmes : « L'Épître à Labadie », « Le Rimeur dépité » et « La Nouvelle Académie », révèlent son désir de se faire connaître comme poète. Il n'a pas publié de recueil : quelques poèmes parurent dans des journaux et des revues, et quinze de ses trente-quatre textes poétiques sont encore inédits. Son œuvre comprend surtout des poèmes de circonstance et des épigrammes. Il est également l'auteur d'une pièce de théâtre, *L'Anglomanie*, et d'un second opéra, *Lucas et Cécile*. On lui attribue aussi une autre pièce, *Les Républicains français*. À son époque, il est connu surtout par son théâtre. *Colas et Colinette*, sa première pièce, n'a rien de spécifiquement canadien : les personnages incarnent des stéréotypes de la comédie d'amour du théâtre français du XVIIIe siècle. Les airs chantés sont du style de Grétry, de Philidor et de Monsigny. L'autre pièce, *Les Républicains français*, se déroule pendant la Terreur, sous Robespierre, et consiste en un long dialogue de six citoyens réunis dans un cabaret parisien. C'est un réquisitoire contre le comité du Salut public. *L'Anglomanie*, la pièce la plus intéressante du théâtre de Quesnel, se situe dans le contexte québécois. L'auteur y raille les travers des militaires et des seigneurs qui singent les mœurs anglaises ; il prend pour modèle une famille connue de Boucherville. Selon Baudoin Burger, « Quesnel est un homme d'ancien régime : de la même manière qu'il veut conserver les structures sociales traditionnelles, il écrit des comédies qui suivent les formes littéraires traditionnelles et reconnues. Il est poète et musicien, auteur dramatique, acteur et directeur de troupe, bref, il est l'apôtre culturel de cette bourgeoisie montréalaise de plus en plus mercantile et aussi de plus en plus dominée ». Il apporte au Canada la culture française de la fin du XVIIIe siècle. La popularité de ses écrits est due à la finesse de son esprit. Le culte de Quesnel, « le père de nos amours », est demeuré vivant longtemps après sa mort.

ŒUVRES

Colas et Colinette, ou Le Bailli dupé. Comédie en trois actes et en prose, mêlée d'ariettes, À Québec, Chez John Neilson, 1808, vi, 78 p. ; Montréal, Rééditions Québec, 1968. Préface de Gilles Potvin. (Réimpression en fac-similé de l'édition de 1808) ; *Colas et Colinette, ou, Le Bailli dupé. Comédie-Vaudeville*, Toronto, G.V. Thompson, 1974, 72 p. Partition chant-piano, français et anglais : reconstitution musicale par Godfrey Ridout, avec la version anglaise traduite par Michel S. Lecavalier et Godfrey Ridout et une introduction de Helmut Kallmann. (Paru aussi dans James Huston, *Le Répertoire national*, 1848, t. 1, p. 7–56 ; 1893, t. 1, p. 18–72). Disque : arrangement de Godfrey Ridout, orchestre de Radio-Canada, Sélect SSC-24 160.

Joseph Quesnel (1749–1809). Quelques poèmes et chansons selon les manuscrits dans la collection Lande / Selected Poems and Songs after the Manuscripts in the Lande Collection, Montréal, The Lawrence M. Lande Foundation, McGill University, 1970, 60 p. Édité par Michael Gnarowski avec une traduction de l'Épître à Généreux Labadie par John Glassco.

L'Anglomanie ou Le Dîner à l'anglaise. Comédie en un acte et en vers, 1802, CF, vol. 20, 1932–1933, p. 341–350, 448–460, 549–557; BJ, vol. 1, n°s 3-4-5, 1965, p. 117–140. Présentation de Claude Savoie.

Les Républicains français, ou La Soirée du Cabaret. Comédie en un acte et en prose, mêlée de couplets. An IX de la République, BJ, n° 25, été 1970, p. 60–88. Préface de Baudouin Burger.

Note : John Hare prépare depuis plusieurs années l'édition critique des *Œuvres complètes* de Joseph Quesnel en collaboration avec Helmut Kallmann, musicologue.

ÉTUDES

[Michel Bibaud], *Littérature*, BC, vol. 2, n° 1, déc. 1825, p. 16–17.

James Huston [*Joseph Quesnel*], dans *Le Répertoire national*, Montréal, 1848, vol. 2, p. 7–71; 1893, vol. 1, p. xvi–xviii, 18–86.

Camille Roy, *Étude sur l'histoire de la littérature canadienne 1800-1820*, MSRC, série 2, vol. 11, section 1, 1905, p. 89–133, surtout p. 110–115.

É.-Z. Massicotte, *La Famille du poète Quesnel*, BRH, vol. 23, n° 11, 1917, p. 339–342.

Jean Charbonneau, *Des influences françaises au Canada*, Montréal, Beauchemin, 1918, vol. 2, p. 167–171.

Georges Bellerive, *Joseph Quesnel*, dans *Nos auteurs dramatiques anciens et contemporains*, Québec, Garneau, 1933, p. 9–12.

Jules Léger, *Joseph Quesnel*, dans *Le Canada et son expression littéraire*, Paris, Nizet, 1938, p. 54–57.

Helmut Kallmann, *Joseph Quesnel*, dans *A History of Music in Canada, 1534-1914*, Toronto, UTP, 1960, p. 62–67, 104, 121–122, 188.

Gilles Potvin, *180 ans de musique canadienne*, dans *Circuit fermé*, vol. 5, n° 2, 30 janv. 1969, p. 1–2.

John Glassco, *Consolatory Epistle to Généreux Labadie, Esq.*, CaL, n° 38, printemps 1971, p. 61–67.

Yves Chartier, *La Reconstitution musicale de « Colas et Colinette » de Joseph Quesnel*, dans *Bulletin du Centre de recherche en civilisation canadienne-française*, vol. 2, n° 2, avril 1972, p. 11–14.

Baudouin Burger, *L'Activité théâtrale au Québec (1765-1825)*, Montréal, Éditions Parti Pris, 1974, 410 p., surtout p. 199–215.

Jean Marmier, *Joseph Quesnel : quelques vers inédits ou inaccessibles*, dans *Études canadiennes*, n° 6, 1979, p. 81–85.

R

R, JI. Voir **RENAUD, JACQUES.**

R.V. Voir **BILODEAU, ERNEST.**

RABY, GEORGES (1934–   ). Nouvelliste, romancier, dramaturge, essayiste, né à Montréal. Il étudie au Collège Jean-de-Brébeuf jusqu'en rhétorique (1952), puis il occupe divers emplois pour gagner sa vie tout en voyageant deux ans (1954–1956) au Canada, aux États-Unis et au Mexique. De 1956 à 1967, il s'occupe beaucoup de théâtre : régisseur au Théâtre de Dix heures, directeur de plateau au Théâtre Club, administrateur au Théâtre populaire du Québec. Il publie une pièce de théâtre, *Germain le magnifique* (1965), qui marque le début de sa carrière d'écrivain. De 1968 à 1978, il est journaliste à la pige et fait paraître de nombreux reportages et des nouvelles dans *Perspectives* surtout, mais aussi dans *Châtelaine, Mœbius, La Presse, Culture vivante...* Il fonde avec Jean Roy le journal underground *Le Carré* qui disparaît après quatre numéros, à l'été de 1969. De 1973 à 1978, il fait de l'animation culturelle au Carré et donne des cours de journalisme au Cégep du Vieux-Montréal. En 1979 et 1980, il est interviewer avec Michel Bujold à Radio-Centreville. *L'Idéaliste récalcitrant* (1977) est un récit qui paraît « quelque peu squelettique » à Raymond Roy, mais qui comprend, selon J. Larue-Langlois, « une cinquantaine de pages des désopilantes aventures dans lesquelles [l'auteur] semble avoir le don de s'empêtrer avec entrain, grâce et candeur ».

ŒUVRES

Germain le magnifique (théâtre), Montréal, Chez l'auteur, 1965, 56 p. (Tirage limité).

L'Idéaliste récalcitrant (récit), Montréal, Éditions du Bouc, 1977, 53 p. « Histoires possibles ».

Le Jardinage sans terre. Tout sur la culture hydroponique, Montréal/Paris, Éditions l'Étincelle, 1978, 140 p. Ill. de Madeleine Hébert, Mariette Loranger et Louise Roy.

L'Insulte (nouvelle), dans *Le Montréaliste*, avril 1967, p. 5–8, 30.

Les Oiseaux de Miriam (nouvelle), Ch, vol. 13, n° 5, mai 1972, p. 28–29, 79–81.

L'Invitée de l'aube (nouvelle), dans *L'Actualité*, vol. 12, n° 7, juillet 1972, p. 38–42.

L'Amour infini (nouvelle), dans *Moebius*, n° 8, 1979, p. 19–20.

Le Corps nuptial (nouvelle), dans *Moebius*, n°s 10–11, 1980, p. 57–68.

ÉTUDES

J. Larue-Langlois, *Un brin de folie par-ci, par-là !*, dans *Le Livre d'ici*, vol. 3, n° 15, 18 janv. 1978, p. 1.

Raymond Roy, *Raby (Georges). L'Idéaliste récalcitrant*, dans *Nos livres*, vol. 9, nov. 1978, n° 404.

Léo Beaudoin, *Raby (Georges). Le Jardinage sans terre. Tout sur la culture hydroponique*, dans *Nos livres*, vol. 9, nov. 1978, n° 405.

Christian Allègre, *L'hydroponique n'est plus de la science-fiction*, Dev, vol. 69, n° 200, 2 déc. 1978, p. 30.

RABY, RAYMOND (1938–   ). Poète, né à Montréal. Il passe son enfance à Saint-Eustache, dans le comté des Deux-Montagnes. Après des études classiques au Collège Bourget de Rigaud, il poursuit des études en pédagogie à l'École normale Laval et à l'École normale Jacques-Cartier. Il enseigne à la CECM. « Il y a des poètes qui s'imposent dès leur premier chant, et Raymond Raby, écrit Pierre Mathieu, est de ces chantres authentiques d'une réalité toujours renaissante. [...] Ses poésies peuvent se résumer en une aventure mystique du réel au-delà des mots et des images connues de nos fausses éternités ».

ŒUVRES

Tangara. Poèmes, Montréal, Éditions du Cri, 1966, [n.p., 47 p.]. Introduction d'Alain Grandbois.

Les Méthodes de la science I (essai), Toronto, Clarke, Irwin, 1983, xviii, 414 p. Ill. Traduction française par Raymond Raby et Roger Gauthier du livre de George W. Erwin *et al.* : *Methods of Science Today*.

Les Bourreaux accomplis et Petite Prose quotidienne (poèmes), L, vol. 10, n° 31, mai–juin 1968, p. 130–132.

Le Danger de l'été (poème), I, n°s 14–15, avril 1969, p. 16–18.

ÉTUDES

Pierre Mathieu, *Tangara*, LAC 1966, p. 88.

Roch Poisson, *Tangara*, dans *Photo-Journal*, 24–31 mai 1967, p. 68.

RACETTE, GENEVIÈVE (1945–   ). Pédagogue et essayiste, née à Montréal. Elle fait ses études classiques au Collège Marie-de-France (B.A., 1965), puis elle obtient, à l'Université de Montréal, une licence en histoire (1968), une maîtrise en enseignement (1970) pour un mémoire sur «Les Travaux libres en histoire en 8ᵉ et 9ᵉ années secondaires», et un doctorat en sciences de l'éducation (1977) pour sa thèse : «Une pédagogie nouvelle pour favoriser l'apprentissage de la démarche historique chez l'élève du secondaire II». De 1968 à 1977, elle enseigne à l'École Pierre-Laporte, et elle devient professeure au Département des sciences de l'éducation de l'Université du Québec à Montréal, en 1977. Elle collabore au *Courrier pédagogique québécois*, au *Bulletin de la Société des professeurs d'histoire du Québec* et à plusieurs ouvrages collectifs. Ses publications portent sur des questions de pédagogie et d'administration. Gilbert Vaillancourt dit que son index analytique du *Courrier pédagogique* comble une lacune et peut être très utile aux chercheurs. À propos de *Financement des universités*, Michel Allard écrit : «Geneviève Racette synthétise d'une brillante façon ce sujet fort complexe dans ses multiples ramifications».

ŒUVRES

Les Travaux libres en histoire. Une recherche (essai), Trois-Rivières, Boréal Express, 1971, 69 p. Préface de Bernard Jasmin. «Cahiers du Groupe de recherche en didactique de l'histoire».

Initiation à l'histoire : une démarche historique (manuel), Montréal, Guérin, 1975, 171 p. Ill. Cartes.

Initiation à l'histoire : une démarche historique (guide), Montréal, Guérin, 1976, 149 p.

L'Histoire au secondaire. Généralités, initiation à l'histoire, histoire nationale, Montréal, Guérin, 1978, 222 p. Ill. Sous la direction de Geneviève Racette, Michel Allard et André Lefebvre.

Le Courrier pédagogique « Le Jeu de la vie » (1969–1971) et Le Courrier pédagogique québécois (1971–1976). Index analytique, Montréal, Guérin, 1980, 89 p.

Le Contingentement général des programmes à l'UQAM. Une mesure inacceptable (essai), Montréal, SPUQAM, 1981, 47 p. Présentation de Gilbert Vaillancourt. «Études et Documents».

Financement des universités et Accessibilité à l'enseignement supérieur (essai), Montréal, SPUQAM, 1981, 34 p. Présentation de Gilbert Vaillancourt. «Études et Documents».

Essais de pédagogie universitaire en sciences sociales et en formation des enseignants, Montréal, Guérin, 1982, 224 p. Sous la direction de Geneviève Racette, Pierre Ansard et Michel Allard.

Le Rôle du professeur d'université. Défense et illustration, Montréal, Syndicat des professeurs de l'Université du Québec à Montréal, 1982, 48 p.

La Notion du passé chez des élèves de huitième et de neuvième années, dans *Cahiers de l'Université du Québec*, nᵒ 25, 1970, p. 101–108.

À la recherche d'un programme d'histoire pour secondaire II, dans *Le Courrier pédagogique québécois*, vol. 4, nᵒ 1, 2, 3 et 4, sept.–nov. 1972, janv.–mars 1973, p. 22–29, 71–83, 134–150, 185–192.

La Rénovation de l'enseignement de l'histoire au premier cycle du secondaire, dans *Cahiers du Groupe de recherche en didactique de l'histoire*, nᵒ 7, 1978, p. 79–99.

Cheminement vers une pédagogie nouvelle de l'histoire en secondaire II, dans *Cahiers du Groupe de recherche en didactique de l'histoire*, nᵒ 7, 1978, p. 133–166.

L'Évolution : l'exemple de l'Université du Québec à Montréal, dans *Actes du colloque de l'Université de Paris 7, 5 mai 1979*, Paris, 1980, p. 59–65.

Les Publications de la Société des professeurs d'histoire du Québec (Index 1962–1980), dans *Bulletin de liaison de la Société d'histoire du Québec*, vol. 18, nᵒ 4, oct. 1980, p. 2–39.

Les Anti-manuels dans l'enseignement de l'histoire en secondaire II, dans *Bulletin de liaison de la Société des professeurs d'histoire du Québec*, vol. 19, nᵒ 3, juin 1981, p. 12–13.

ÉTUDES

Michel Allard, *Racette, Geneviève, Financement des universités et Accessibilité à l'enseignement supérieur*, dans *Revue des sciences de l'éducation*, vol. 7, nᵒ 2, printemps 1981, p. 367.

Gilbert Vaillancourt, *Le Courrier pédagogique « Le Jeu de la vie » (1969–1971) et le Courrier pédagogique québécois (1971–1976)*, dans *Revue des sciences de l'éducation*, vol. 7, nᵒ 2, printemps 1981, p. 383–384.

RACINE, JEAN. Voir **DUCHARME, RÉJEAN.**

RACINE, JEAN-E. (1918–1970). Poète et mémorialiste, né à Montréal. Il fait ses études classiques au Collège Jean-de-Brébeuf (B.A., 1938). Il étudie ensuite le commerce à l'École des hautes études commerciales, puis il entre, en 1940, à l'entreprise familiale C.-E. Racine à titre de courtier en douanes et transit international, et il y demeure pratiquement jusqu'à sa mort. Atteint d'une maladie incurable, avec le sentiment aigu du peu de temps qu'il lui reste à vivre, il rédige des souvenirs remplis de sa réflexion profonde, des pages de journal intime, des poèmes, des fragments de fiction, tous écrits pour se retrouver d'abord lui-même, mais dans lesquels il trouve aussi la littérature. Ses *Souvenirs en lignes brisées* paraissent en 1969. Selon Roméo Arbour, c'est « un livre dense, puissant et émouvant ». La réflexion de Jean-E. Racine « est concrète, bien ajustée à sa réalité individuelle, à la réalité canadienne ». Deux autres volumes paraissent après sa mort : *Poèmes posthumes* (1977) et *Fragments indicatifs* (1982). André Gaulin note la sincérité de ces « poèmes/essais », la beauté « toute faite de silence, de modestie, d'élans d'une ferveur intense », et la forme qui « rappelle celle de Saint-Denys Garneau qui vaincrait sa morbidité » (DOLQ, t. 4, p. 700). Et Jean Royer écrit, à propos des *Fragments*, que Racine est « un écrivain dont on ne peut plus mésestimer la prose poétique ». Il était le père du poète Luc Racine.

ŒUVRES

Souvenirs en lignes brisées (mémoires), [Montréal], Leméac, 1969, 207 p. « Vies et Mémoires ».
Poèmes posthumes 1958-1969, [Montréal], Leméac, 1977, 181 p. « Poésie Leméac ».
Fragments indicatifs. Récits posthumes, Montréal, Hurtubise HMH, 1982, 305 p. Préface de Laurent Mailhot. « A ».

Notes pour une autre fois (extraits de journal), ECF, nº 28, 1969, p. 129–214.

ÉTUDES

Roméo Arbour, *Souvenirs en lignes brisées de Jean E. Racine*, LAQ 1969, p. 57-58.
Jean Éthier-Blais, *S'expliquer en fonction de la vie*, Dev, vol. 61, nº 11, 14 janv. 1970, p. 13.
Roger Duhamel, *Les Jeux variés de l'écriture*, Dr, vol. 57, nº 61, 14 mars 1970, p. 9.
Michel Beaulieu, *Quatre nouveaux vieux poètes...*, dans *Le Livre d'ici*, vol. 3, nº 7, 23 nov. 1977, p. 1.
Luc Bouvier, *Jean-E. Racine. Poèmes posthumes (1958-1969)*, LAQ 1977, p. 168.
Jean Royer, *À la découverte de Jean Racine*, Dev, vol. 74, nº 93, 23 avril 1983, p. 19.

RACINE, LUC (1943–   ). Anthropologue, sociologue et poète, né à Montréal. Il fait ses études classiques au Collège Jean-de-Brébeuf (1954–1961), puis il obtient, à l'Université de Montréal, un baccalauréat en anthropologie (1964) et une maîtrise pour son mémoire : « Analyse structurale du mythe

aztèque des quatre soleils » (1965). Après un doctorat obtenu à l'Université de Paris IV (Sorbonne, 1973), Luc Racine devient professeur de sociologie à l'Université de Montréal. Sa thèse, publiée sous le titre *Théories de l'échange et Circulation des produits sociaux* (1979), « représente, écrit Georges Leroux, une contribution de première valeur au déblocage de l'épistémologie des sciences sociales ». Luc Racine collabore à divers périodiques, tels *La Barre du jour, Parti Pris, Socialisme québécois, Possibles...* Dans *Enfance et Société nouvelles* (1982), il décrit la genèse et l'évolution des rapports parents-enfants. « Ouvrage pessimiste, certes, dit Michel Pilon, mais qui, à sa manière, nous indique des voies possibles de réconciliations ». Ce disciple de Lucien Goldmann se double d'un poète. Entre 1966 et 1972, il publie cinq recueils. *Les Dormeurs* (1966), qui traduit surtout le mal d'être, est regardé alors par Guy Robert comme « un des plus beaux livres de la jeune poésie du Québec ». Dans *Opus I* (1969) le poète s'exprime dans une forme inspirée de la musique sérielle de l'Autrichien Anton Webern. Gilles Marcotte juge dangereuse cette transposition d'esthétique, mais Gatien Lapointe trouve « admirable » cette « étonnante transcription poétique ». En 1982, *L'Enfant des mages* vient « nous rappeler, écrit Claude Beausoleil, l'exceptionnelle maîtrise de la langue et de l'image » des recueils précédents.

ŒUVRES

Les Dormeurs (poésie), Montréal, Les Éditions Estérel, 1966, 144 p.
Opus I (poésie), Montréal, Éditions du Jour, 1969, 74 p. « PJ ».
Villes (poésie), Montréal, Éditions du Jour, 1970, 56 p. « PJ ».
Les Jours de mai (poésie), Montréal, Éditions du Jour, 1971, 129 p. « PJ ».
Le Pays saint. Poésie, Montréal, Éditions du Jour, 1972, 101 p. « PJ ».
Pour changer la vie (essai), Montréal, Éditions du Jour, 1973, 154 p. Collab. Guy Sarrazin.
Théories de l'échange et Circulation des produits sociaux (essai), Montréal, PUM, 1979, 397 p.
L'Enfant des mages (poésie), Montréal, Nouvelle Optique, 1982, 105 p. « Poésie ».
Enfance et Société nouvelles (essai), Montréal, Hurtubise HMH, 1982, 207 p. « L'Homme dans la société ».

Saisons (poésie), BJ, vol. 2, nº 1, été 1966, p. 28–29.
Histoire et Idéologie, PP, vol. 4, nºˢ 5–6, janv.–févr. 1967, p. 33–51. Collab. Gilles Bourque.
La Parole et le Chant, dans *Quoi*, vol. 1, nº 2, mars–avril 1967, p. 34–51.

Les Mouvements nationalistes au Québec et la Lutte pour le socialisme, dans *Socialisme '68*, nᵒ 15, 1968, p. 37-47.

Parti Pris : un enjeu, BJ, nᵒˢ 31-32, hiver 1972, p. 81-86.

La Hiérarchie des Wamani : essai sur la pensée classificatoire Quéchua, dans *Recherches amérindiennes au Québec*, vol. 2, nᵒˢ 1-2, 1974, p. 167-187. Collab. J. Morissette.

Le Prince-Voyant (extraits), dans *Possibles*, vol. 1, nᵒ 2, hiver 1977, p. 135.

Échange et Circulation d'objets dans des groupes d'enfants en activités libres, dans *Information sur les sciences sociales*, vol. 19, nᵒ 3, 1980, p. 543-580.

Crise écologique et Symbolisme de l'apocalypse, dans *Sociologie et Société*, vol. 13, nᵒ 1, 1981, p. 99-116.

ÉTUDES

Guy Robert, *Luc Racine. Les Dormeurs*, LAC 1966, p. 81.

Luc Racine, *Tendances et Orientations de la nouvelle littérature* (témoignages), CuV, nᵒ 5, 1967, p. 59-60, 65.

Guy Robert, *Luc Racine. Opus I*, LAC 1969, p. 110.

Gilles Marcotte, *La Poésie*, EF, vol. 6, nᵒ 2, mai 1970, p. 237-238.

Gatien Lapointe, *Luc Racine. Villes*, LAQ 1970, p. 134-135.

Gilles Marcotte, *La Poésie*, EF, vol. 7, nᵒ 1, févr. 1971, p. 112.

Yrénée Bélanger, *Luc Racine. Les Jours de mai*, LAQ 1971, p. 153.

Georges Leroux, *Racine (Luc). Théories de l'échange et Circulation des produits sociaux*, LAQ 1979, p. 325-327.

Claude Beausoleil, *Poésie. D'amour et de changement*, Dev, vol. 73, nᵒ 66, 20 mars 1982, p. 18.

Michel Pilon, *Racine (Luc). Enfance et Société nouvelles*, dans *Nos livres*, vol. 13, déc. 1982, nᵒ 484.

RAGUENEAU, PAUL (1608-1680). Historien et mémorialiste, né à Paris. Membre de la Compagnie de Jésus, il vient en Nouvelle-France pendant les années 1630 et consacre plus de 25 ans aux missions de sa congrégation. Il est aussi supérieur des missions huronnes (1645-1650) et supérieur général des Jésuites en Nouvelle-France (1650-1653). En 1662, il retourne à Paris où il est nommé procureur des missions canadiennes. On s'accorde généralement à lui attribuer les *Relations* des années 1646 à 1652. De 1650 à 1662, il est le directeur de conscience de Catherine de Saint-Augustin, religieuse de l'Hôtel-Dieu de Québec et par la suite il continue à correspondre avec elle jusqu'à sa mort. En 1671, à la demande de Mgr de Laval, le Père Ragueneau publie *La Vie de mère Catherine de Saint-Augustin*. L'ouvrage d'apologétique présente les grandes étapes de sa vie spirituelle et offre de larges extraits de son journal et de sa correspondance. Les historiens n'ont pas toujours apprécié les témoignages de cette religieuse tels que présentés par le Père Ragueneau. François-Xavier Garneau ne voit que chimères sous l'effet d'une imagination détraquée.

Henri-Raymond Casgrain et Lionel Groulx ne mettent pas en doute les visions mystiques de la religieuse, mais Groulx surtout regrette le style peu attrayant du récit.

ŒUVRES

Relation des Jésuites (1646-1652). Voir la description complète à la suite de la biographie de Paul Le Jeune.

La Vie de mère Catherine de Saint-Augustin, religieuse hospitalière de la Miséricorde de Québec en la Nouvelle-France, À Paris, Chez Florentin Lambert, 1671, 385 p. ; [Québec, Imprimerie de l'Action sociale limitée, 1923], 227 p.

ÉTUDES

Lionel Groulx, *Une petite canadienne devant l'histoire (Mère Catherine de Saint-Augustin)*, Québec, Université Laval, 1953, 23 p.

Léon Pouliot, *Ragueneau, Paul*, DBC, t. 1, 1966, p. 574-576.

RAINIER, LUCIEN. Voir **MELANÇON, JOSEPH-MARIE.**

RAJIC, NÉGOVAN [Zivko Vuletic] (1923-   ). Romancier et nouvelliste, né à Belgrade (Yougoslavie). Il fait ses humanités au Lycée Alexandre 1ᵉʳ. Pendant la Seconde Guerre mondiale, il exerce divers métiers dont ceux de technicien dentaire et de télégraphiste. En 1945, il commence des études de génie à l'Université de Belgrade, mais il doit s'enfuir de son pays en 1946, parvient en France en 1947, travaille tour à tour comme manœuvre, ouvrier d'usine, pigiste à la radio. Grâce à une bourse du Comité pour l'Europe libre, il reprend ses études d'ingénieur en 1950, est ingénieur de recherche à l'École Polytechnique de Paris (1956-1963), obtient son diplôme du Conservatoire des Arts et Métiers (1962), puis enseigne l'électronique dans un lycée de Strasbourg, à partir de 1963. Émigré au Canada en 1969, il devient professeur de mathématiques au Cégep de Trois-Rivières. Il publie sa première nouvelle en 1970 dans la revue *Nasa Rec* (Notre Parole) de Londres. Il collabore aussi au *Bien public*. En 1978, son roman *Les Hommes-taupes* mérite le prix Esso et sa nouvelle, *Une histoire de chien*, le prix Air Canada en 1980. Sur le roman, l'appréciation des critiques tant français qu'anglais — l'ouvrage est traduit en 1980 — va généralement de « bon roman » à « grand livre ». Ce qui frappe d'abord le lecteur dans cette œuvre kafkaenne, c'est l'économie des moyens, la sobriété et l'efficacité de l'écriture. Robert Mélançon écrit : « Quelques mots simples, des phrases brèves, des sensations notées avec précision, cela suffit à imposer une voix, une atmosphère [...]. Ce livre d'apparence si unie a un grand pouvoir ».

ŒUVRES

Les Hommes-taupes. Récit, Montréal, CLF Pierre Tisseyre, 1978, 154 p. Ill. de Monique Mercier. Traduction anglaise par David Lobdell : *The Mole-men*, [Ottawa], Oberon Press, 1980, 95 p.

Propos d'un vieux radoteur. Nouvelles, Montréal, CLF Pierre Tisseyre, 1982, 207 p.

Interrogation, dans *Le Bien public*, vol. 66, nº 24, 13 juin 1977, p. 3.

La Terre d'aucun homme (conte), dans *Le Bien public*, vol. 66, nº 26, 30 juin 1977, p. 3.

La Gitane (conte), dans *Le Bien public*, vol. 67, nº 5, 3 févr. 1978, p. 3.

ÉTUDES

Robert Mélançon, *Le Commissaire, le Médecin, le Témoin*, Dev, vol. 69, nº 262, 11 nov. 1978, p. 23.

Réginald Martel, *Le Destin heureux d'une peine d'amour*, Pr, 94ᵉ année, nº 165, 18 nov. 1978, p. D-3.

Réjean Beaudoin, *Négovan Rajic. Les Hommes-taupes*, LAQ 1978, p. 76.

Pierre Berthiaume, *Les Nouvelles Voix romanesques. Prix Esso du Cercle du livre de France et Prix Jean-Béraud-Molson*, LQ, nº 13, févr. 1979, p. 13-15.

Madeleine Ouellette-Michalska, *Nous rêvons tous, même en enfer*, Dev, vol. 74, nº 87, 16 avril 1983, p. 23.

André Janoël, *Rajic [Négovan]. Propos d'un vieux radoteur*, dans *Nos livres*, vol. 14, juillet–août 1983, nº 5330.

RANCOURT, JACQUES (1946–   ). Poète et essayiste, né à Lac-Mégantic (Frontenac). Il fait ses études à l'Externat classique de Lac-Mégantic et au Séminaire Saint-Charles-Borromée de Sherbrooke (B.A., 1966). Il obtient ensuite une licence ès lettres à l'Université Laval (1971), une maîtrise à l'Université de Paris X (Nanterre, 1972) et un doctorat à la Sorbonne (1976) pour une thèse sur « La Poésie d'Afrique noire et des Antilles depuis 1950 », dont de larges extraits sont incorporés dans *Poètes et Poèmes contemporains* (1980). De 1966 à 1968, il enseigne à Lac-Mégantic. Établi à Paris en 1971, il s'occupe de poésie, devient membre du comité de rédaction de la revue *Poésie* aux Éditions Saint-Germain-des-Prés, puis lecteur pour différentes maisons à partir de 1977. Il est aussi directeur du festival annuel franco-anglais de poésie. Toutes publiées en France, ses œuvres — critique, poésie, anthologie — sont peu connues au Québec. Jean-Noël Pontbriand écrit que « durer », dans le recueil

La journée est bien partie pour durer (1974), « signifie poursuivre la trajectoire imposée par l'élan [...], rien d'autre que : mouvement routinier » que rien n'éclaire. « Reste alors un certain cynisme », et parfois un espoir. Selon André Dionne, l'anthologie *Poésie de l'identité québécoise* « mérite qu'on s'y arrête pour redécouvrir certains aspects de notre présence au monde ».

ŒUVRES

L'eau bascule (poésie), Méry-sur-Oise, Éditions Raymond Marquès, 1974, [n.p.]. « Voûte romane ».

La journée est bien partie pour durer (poésie), Paris, Librairie Saint-Germain-des-Prés, 1974, 44 p. « Poésie sans frontière ».

Le Soir avec les autres (poésie), Paris, Éditions G.D., 1977, [n.p.]. Ill. de Alix Haxthansen.

La Poésie érotique du XXᵉ siècle (anthologie), Paris, La Pibole, 1980, 171 p. « Anthologie poétique ».

Le Pont verbal (poésie), Paris, Éditions Saint-Germain-des-Prés, 1980, 80 p. « Poètes contemporains ».

Poètes et Poèmes contemporains. Approches de la poésie de langue française en Afrique noire, île Maurice, Antilles françaises et Haïti depuis 1950 (essai), Paris, Éditions Saint-Germain-des-Prés, 1981, 201 p. « Les Cahiers de poésie I ».

Poésie de l'identité québécoise, suivi de Les Voix nouvelles (anthologie), dans *Poésie I*, nº 67, janv.–févr. 1982, Paris, Éditions Saint-Germain-des-Prés, 1982, 224 p.

Break-Through, La Brèche. Poèmes, de Lindy Henny, Paris, Éditions Saint-Germain-des-Prés, 1982, [n.p.]. Traduction de Jacques Rancourt.

Livre II : Québec, dans Serge Brindeau (éd.), dans *La Poésie contemporaine de langue française depuis 1945*, Paris, Éditions Saint-Germain-des-Prés, 1973, p. 525–612. Ill. Collab.

La Littérature québécoise du XXᵉ siècle et *La Littérature négro-africaine de langue française*, dans *Histoire littéraire de la France*, Paris, Éditions Sociales, 1980, p. 355–373.

ÉTUDES

Jean-Noël Pontbriand, *Poètes québécois publiés en France*, LAQ 1975, p. 134-135.

André Dionne, *Poésie de l'identité québécoise, suivi de Les Voix nouvelles*, LQ, nº 28, hiver 1982–1983, p. 84.

RAPIDIEU, HENRI. Voir **LAMARCHE, GUSTAVE.**

RAT (LE). Voir **DUGAS, MARCEL.**

RAYMOND, GILLES (1951–   ). Romancier, né à Donnacona (Portneuf). Après le secondaire, il étudie à l'École normale Saint-Joseph de Pont-Rouge (1967–1969), puis il obtient un baccalauréat en philosophie à l'Université de Moncton (1971). Il est ensuite ouvrier pour Main Knitting Mills, Gazebo, Domtar Packaging. Il s'occupe de syndicalisme, collabore à des périodiques comme *Mobilisation, Perspectives, Nouvel Est* (Rimouski), prépare et anime un cours d'écriture pour des syndicats et des groupes communautaires. Il écrit aussi des pièces de théâtre : ainsi, en collaboration avec le Théâtre des Gens d'En Bas, « On est parti pour rester » (1979), ou avec des comités de citoyens, « La Pouding aux chômeurs » et « Quand l'école décolle » ; il rédige des poèmes pour venir en aide à des grévistes de Rimouski, « Poèmes du premier mai » (1980). *Pour sortir de nos cages* (1979) est un roman prolétarien écrit à des fins sociales et devant lequel la critique reste hésitante. L'intérêt d'un second roman, *Un moulin, un village, un pays* (1981), « où l'aspect qui y est le mieux traité, consiste à nous faire découvrir la prise de conscience progressive des ouvriers [...]. Mais même cette importante trame ne semble pas suffisamment soulignée », écrit Noël Audet qui reproche à l'auteur de mal maîtriser son abondante matière historique et sociale, d'user d'une technique narrative « pas au point ». Pour Réginald Martel, ce livre « déroute par la variété de son propos et de ses effets. Peut-être, mais ce roman est aussi et surtout l'expression d'une manière et d'une matière qui font reculer les frontières souvent si étroites du roman social. [...] Roman populaire en tout cas, accessible à tout le monde ».

ŒUVRES

Pour sortir de nos cages (roman), [Rimouski], Éditeur : Les Gens d'En-Bas, 1979, 143 p. Avant-propos de l'auteur.
Poèmes du premier mai, Rimouski, Les grévistes de la Caisse populaire de Rimouski, 1980, [n.p.].
Un moulin, un village, un pays. Roman, Montréal, VLB Éditeur, 1981, 204 p.

Polémique/Mon cher Victor..., Dev, vol. 72, nº 234, 12 déc. 1981, p. 43.

ÉTUDES

Réginald Martel, *Mort d'un ouvrier, suite*, Pr, 96e année, nº 27, 2 févr. 1980, p. B-2.
Noël Audet, *Une ébauche de roman social*, Dev, vol. 72, nº 289, 12 déc. 1981, p. 31.
Philippe Haeck, *La Triste Réalité*, Dev, vol. 72, nº 295, 19 déc. 1981, p. 32.

Réginald Martel, *Chroniques du temps passé. Des histoires d'enfance, d'amours et de combats*, Pr, 98e année, nº 7, 9 janv. 1982, p. C-3.
Pol Chantraine, *Bons, brutes et truands de village*, dans *Le Livre d'ici*, vol. 7, nº 17, 27 janv. 1982, p. 2.
Michèle Mailhot, *Gilles Raymond. Un moulin, un village, un pays*, Dr, 70e année, nº 12, 10 avril 1982, p. 14.

RAYMOND, LOUIS-MARCEL (1915–1972). Critique littéraire et botaniste, né à Saint-Jean (Iberville). Il fait ses études classiques au Collège de Saint-Jean, au Collège Sainte-Marie et au Collège Bourget de Rigaud (B.A., 1940). Il étudie la botanique à l'Université de Montréal, complétant sa licence en 1950. En 1943, il entre comme chercheur au Jardin botanique de Montréal sous la direction du Frère Marie-Victorin. Lorsqu'il prend sa retraite en 1970, il y occupe le poste de conservateur. Jeune, il s'intéresse particulièrement au théâtre, publiant des critiques et des études dans *Le Devoir, La Relève, La Nouvelle-Relève* et *Le Canada français*. En 1939, il publie une biographie d'Henri Ghéon et, en 1943, un livre, *Le Jeu retrouvé*, regroupant une série d'études sur le théâtre français de l'entre-guerres. Ce livre « intelligent et chaleureux », selon Laurent Mailhot (DOLQ, t. 3, p. 541) mérite une mention élogieuse du Père Émile Legault. Raymond signe aussi des études dans les *Écrits du Canada français* et publie plus de 200 études de botanique qui lui valent « l'appréciation et l'estime » des spécialistes selon Lionel Cinq-Mars. Il est élu à la Société Royale du Canada en 1954 et devient membre honoraire à vie de l'American Gloxinia Society, en 1962. L'ACFAS lui décerne la médaille Marie-Victorin en 1969. Selon Jean Éthier-Blais : « Marcel Raymond a ajouté par ses livres, par son action, par son dynamisme d'administrateur et d'animateur, à notre patrimoine, une dimension érudite et civilisée qui dépasse le cadre où il a vécu ».

ŒUVRES

Henri Ghéon, Montréal, les Éditions du Centre d'éditions populaires, 1939, 156 p. Ill. Lettre-préface d'Henri Ghéon.
Le Jeu retrouvé. Copeau — Le Vieux Colombier — Les Quinze — Pitœff — Baty — Dullin — Jouvet — Chancerel — Ghéon — Cohen, Montréal, Éditions de l'Arbre, [1943], xiii–240 p. Préface de Gustave Cohen.
Un Canadien à Paris, 1945, Montréal, À l'enseigne des compagnons, 1947, 167 p.
Le Sens de la qualité. Propos sur la culture et la situation de l'homme, [Neuchatel], À la Baconnière, [1948], 70 p.

Esquisse phytogéographique du Québec, [Montréal, le Jardin Botanique de Montréal, 1950], 147 p. « Mémoires du Jardin Botanique de Montréal ».

Géographies. Essais, Montréal, Hurtubise HMH, 1971, 211 p.

Tchékov, ECF, vol. 1, 1954, p. 97-135.

Éloge de Saint-John Perse, ECF, n° 9, 1961, p. 61-108.

ÉTUDES

Émile Legault, *Chroniques. Vie de l'esprit. Le Jeu retrouvé*, dans *L'Action nationale*, nov. 1943, p. 240-243.

Pierre Dansereau, *Les Livres. Le Jeu retrouvé de Marcel Raymond*, dans *La Nouvelle Relève*, vol. 3, n° 8, nov. 1944, p. 489-492.

[Anonyme], *Un Canadien à Paris*, dans *L'Action universitaire*, 14ᵉ année, n° 2, 1948, p. 188-189.

Jean Éthier-Blais, *Géographies*, dans *Québec*, 8ᵉ année, mai 1971, p. 162-164.

Id., *Marcel Raymond est mort*, Dev, vol. 63, n° 197, 26 août 1972, p. 15.

Bernard Boivin et Guy Sylvestre, *Marcel Raymond (Louis-Marcel Raymond) 1915-1972*, MSRC, 4ᵉ série, t. 11, 1973, p. 81-84.

Bernard Boivin, *Marcel Raymond, 1915-1972*, dans *Taxon*, vol. 22, n°ˢ 2-3, 1973, p. 275-278.

Lionel Cinq-Mars, *Marcel Raymond, 1915-1972*, dans *Le Naturaliste canadien*, n° 99, 1973, p. 557-560.

RAYMOND, MARCEL-FABIEN (1943-). Essayiste et poète, né à Montréal. Il fait ses études à l'École Jean-Baptiste-Meilleur et à l'Institut Alie (1957-1961), puis au Technical Drafting Institute (1961-1962). Intéressé au journalisme, il dirige un hebdomadaire estival, *Bonjour Beaulac* (1964, 1968-1969). Retourné aux études, il obtient un baccalauréat à l'Université Sir George Williams (1973). Il est ensuite assistant-ingénieur à la Société Canadair pendant quelques années, puis il fonde les Éditions MFR en 1978, et il devient secrétaire exécutif de Domicile J.C. Inc. en 1979. Marcel Raymond s'intéresse à la vie canadienne sur laquelle il a fait paraître un essai, *Les Jardins* (1975). Il publie aussi des récits et de la poésie.

ŒUVRES

Les Jardins (essais), Montréal, Éditions MFR, 1978, 87 p. Ill. ; 1980, 91 p.

Anniversaire insolite (poésie), Montréal, Éditions MFR, 1980, 38 p. Ill.

Secondes (récit), Montréal, Éditions MFR, 1980, 46 p.

Voyages (poésie), Île Bizard, Éditions MFR, 1981, 72 p. Ill.

Le Frondeur calligraphié (poésie), Montréal, Éditions MFR, 1983, [n.p., 30 p.]. Ill.

Journal de bord, Montréal, Éditions MFR, 1984, 31 p. Ill.

R.B. JOURNALISTE. Voir **ROBITAILLE, LOUIS-BERNARD.**

RÉAL. Voir **DESMARCHAIS, REX.**

REDJAL, NOËL. Voir **DESROCHERS, ALFRED.**

Michel Cloutier

REEVES, HUBERT (1932-). Astrophysicien, humaniste et essayiste, né à Montréal. Il fait ses études classiques au Collège Jean-de-Brébeuf (B.A., 1950). Inscrit à la Faculté de sciences de l'Université de Montréal, il obtient un baccalauréat ès sciences en physique (1953). Puis à l'Université McGill, il présente un mémoire de maîtrise : « Formation of Positronium in Hydrogen and Helium » (1955). Il poursuit ses études en astrophysique nucléaire à l'Université Cornell (Ithaca, N.Y.) où il soutient sa thèse de doctorat (1960) sur la « Thermonuclear Reaction Involving Medium Light Nuclei ». De 1960 à 1964, il est professeur de physique à l'Université de Montréal, tout en étant conseiller scientifique à la National Aeronautics and Space Administration (NASA) des États-Unis. Professeur invité à l'Université de Bruxelles en 1964-1965, il est, à partir de 1966, directeur de recherche au Centre d'études nucléaires de Saclay. En plus de ses livres, il publie de nombreux travaux, seul ou en collaboration, dans des revues scientifiques comme *Bulletin of American Physics, The Astronomical Journal, Institute for Space Studies, Planetary and Space Physics, Physics Review, Publications de l'Institut Interuniversitaire de Sciences nucléaires de Belgique, Journal de physique et du radium, École de physique théorique de Les Houches...* Hubert Reeves sait aussi adapter ses travaux à des périodiques et revues populaires : *Larousse, Ciel et Space, Art Press, La Recherche...* À ses écrits s'ajoutent des films et des audio-cassettes distribués par des médias tels TF1 et FR3. Aussi Reeves a-t-il mérité plusieurs distinctions : chevalier de l'Ordre du Mérite (France, 1976) ; prix de la Fonction de France (1982) ; docteur honorifique de l'Université de Montréal (1983) ; chevalier de la

Légion d'Honneur (1986)... Ses écrits ont été traduits en plusieurs langues. Gilles Provost parle de « chef-d'œuvre de vulgarisation qui fait éclater notre vision de l'univers », à propos de *Patience dans l'azur*. En 1986, *L'Heure de s'enivrer*, où il est question du sens de l'univers, devient un best-seller autant au Québec qu'en France. Hubert Reeves examine les choix qui s'offrent à la communauté humaine alors que l'auto-élimination de l'espèce devient possible. Cet auteur se classe parmi les scientifiques les plus éminents de notre époque.

ŒUVRES

Évolution stellaire et Nucléosynthèse (essai), Paris/Londres, [s.é.], 1960, 100 p.; Bruxelles, [s.é.], 1964, viii, 122 p.; Paris, Dunod, 1968, xiii, 100 p. Version anglaise : *Stellar Evolution and Nucleosynthesis*, Montréal/New York, Université de Montréal/Space Studies, 1963, 184 p.; New York, Gordon and Breach, 1968, 114 p.

Nuclear Reactions in Stellar Surfaces and their Relations with Stellar Evolution (essais), New York, Gordon and Breach, 1972, x, 87 p. Ill.

L'Origine du système solaire/On the Origin of the Solar System, Nice/Paris, Symposium sur l'origine du système solaire/Centre National de la recherche scientifique, 1972-1974, xi, 383 p. Ill. Éditeur.

Soleil (essai), Paris, La Noria, 1977, [n.p.]. Collab. Jacques Véry, Éliane Dauphin-Lemerre et les enfants d'un CES; 1980 (édition revue et augmentée).

Patience dans l'azur : l'évolution cosmique (essai), Paris, Éditions du Seuil, 1981, 328 p., Ill. « Science ouverte »; Québec, PUQ/Québec Science, 1981, 268 p. Ill.; 1984, 1985; 1987; Paris, 1988, 352 p. « Points Sciences ». Traduction anglaise par Ruth A. Lewis et John S. Lewis : *Atoms of Silence : an Exploration of Cosmic Evolution*, Cambridge, Mass., Massachussetts Institute of Technology, 1984, xii, 244 p. Ill.

Poussières d'étoiles (essai), Paris, Éditions du Seuil, 1984, 195 p. Ill. « Science ouverte ».

La Synchronicité, l'âme et la science : existe-t-il un ordre a-causal? (essais), Paris, Poicsis, 1985, 182 p. Collab. Michel Cazenave, Pierre Solié, Karl Pribram, Hansueli F. Etter, Marie-Louise Von Franz.

L'Heure de s'enivrer. L'univers a-t-il un sens? (essai), Paris, Éditions du Seuil, 1986, 284 p. Ill. « Science ouverte ».

Pour comprendre l'univers, Paris, Éditions Universitaires, 1988, 222 p. Collab. A.H. Delsemme, J.C. Pecker.

CASSETTES ET FILMS

a) Cassettes

Conflits et tensions du point de vue d'un physicien (audio-cassette), Paris, Groupe d'Études, C.G. Jung, 1979.

La Formation du système solaire et de la terre (audio-cassette), Paris, France-Culture, 1980, série « Connaissance de l'Univers ».

Images d'astrophysique (trois audio-cassettes), Paris, France-Culture, 1980.

b) Films

Les Étoiles naissent aussi (film), Paris, Centre National de la documentation pédagogique, 1979.

Le Soleil, notre étoile (film), Paris, Centre National de la documentation pédagogique, 1980.

La Vie dans l'univers (films), Paris, FR3, 1982, (15 émissions de 30 minutes).

Cosmologie (diaspora), Paris, 1982. Collab. Alain Saperbie et Michel Gonzalès.

Un soir, une étoile, série de 66 émissions de deux minutes (TF1, 1984), Paris, Éditions « Fox-Trot », S. Goldman.

ÉTUDES

Gilles Provost, *Patience du cosmos*, Dev, vol. 73, n° 12, 16 janv. 1982, p. 13.

Jacqueline Blouin, « *L'Homme doit dominer son pouvoir de domination de l'univers* » *(Hubert Reeves)*, dans *Forum*, vol. 17, n° 36, 31 mai 1983, p. 1, 3.

Timothy Ferris, *Atoms of Silence; an Exploration of Cosmic Evolution (Hubert Reeves)*, dans *New York Times Book Review*, 23 sept. 1984, p. 12.

Will Kyselka, *Atoms of Science; an Exploration of Cosmic Evolution (Hubert Reeves)*, dans *Science Books and Films 20*; 138, janv.-févr. 1985.

Chantal Renaud, *Hubert Reeves, le poète de l'astrophysique*, (interview), Ch, vol. 28, n° 11, nov. 1987, p. 36-42.

[Collectif], *Reeves (Hubert)*, dans *Who's Who in France*, 1987, p. 1230.

Pierre-Noël Mayaud, *A.H. Delsemme, J.C. Pecker, H. Reeves. Pour comprendre l'univers*, dans *Études*, t. 370, n° 3, mars 1989, p. 414.

RÉGIS. Voir **GRISÉ-ALLARD, JEANNE.**

REINRUOF, ENER. Voir **FOURNIER, RENÉ.**

RÉMILLARD, JEAN-ROBERT (1928-   ). Poète et dramaturge, né à Montréal. Il fait ses humanités au Collège de Saint-Jean et à l'Université de Montréal (B.Ph., 1948) où il complète la scolarité de la maîtrise et du doctorat en lettres françaises. De 1948 à 1956, à part un an à Radio-Canada, il est professeur de français, de sciences naturelles et d'histoire aux collèges de Saint-Laurent, Stanislas et Saint-Denis. Puis il passe plusieurs années à sa ferme des Deux-Montagnes à s'occuper de sa bergerie et à écrire. Il retourne à l'enseignement au Collège Saint-Denis, en 1963, et, à partir de 1964, au Séminaire de Sainte-Thérèse-de-Blainville (devenu Collège Lionel-Groulx) où il fonde en 1968 et dirige l'option théâtre pendant plusieurs années. En outre, il milite pour le Rassemblement de l'indépendance nationale, fait de l'action syndicale, et collabore à des périodiques, tels *Parti Pris, Châtelaine, Perspectives*... Il écrit une trentaine de pièces de théâtre dont les trois-quarts ont été jouées à la radio, à la télévision ou à la scène, quatre ou cinq recueils de poèmes et une dizaine de nouvelles, mais il ne publie qu'un recueil et une pièce. La poésie engagée des *Sonnets archaïques* (1966) est accueillie avec des réserves. « Militantisme n'est pas talent. Générosité n'est pas lyre », écrit Alain Pontaut. En 1974, les Éditions Leméac publient *Cérémonial funèbre sur le corps de Jean-Olivier Chénier*, pièce jouée avec succès l'année précédente, et qui se déroule autour d'une profanation plausible du corps de Chénier après la bataille de Saint-Eustache. Réginald Hamel pense que l'auteur a tracé un portrait bien équilibré de son héros. De plus, « Rémillard sait écrire du théâtre épique sans tomber dans le ridicule ».

ŒUVRES

Sonnets archaïques pour ceux qui verront l'indépendance, suivis de Complaintes du pays des porteurs d'eau (poésie), Montréal, Éditions Parti Pris, 1966, 61 p. « P ».
Cérémonial funèbre sur le corps de Jean-Olivier Chénier (théâtre), Montréal, Leméac, 1974, 118 p. Ill. de Robert-André Juteau. « TC ».

Prières (poèmes), M, n°s 68–69, 15 sept. 1967, p. 241.

ÉTUDES

André Major, *Œuvres de cinq poètes canadiens*, dans *Le Petit Journal*, vol. 40, n° 34, 19 juin 1966, p. 57-58.
Alain Pontaut, *Jean-Robert Rémillard : archaïsme et actualité*, Pr, 82e année, n° 181, 6 août 1966, p. 4.
René Dionne, *Jean-Robert Rémillard*, Rel, n° 313, févr. 1967, p. 59.
[Anonyme], *Le Théâtre au Collège*, Pr, 84e année, n° 229, 1er oct. 1968, p. 40.
André Bertrand, *Le CEGEP forme des contestataires mais aussi des comédiens*, P, 19 janv. 1969, p. 47.
Réginald Hamel, *La Dramaturgie et l'Histoire*, LAQ 1974, p. 184-185.

REMUNA, JEAN. Voir BESSETTE, ARSÈNE.

RENAUD, ALIX (1945–   ). Poète, romancier, dramaturge et terminologue, né à Port-au-Prince (Haïti). Il fait ses études classiques (B.A., 1963), puis il étudie au Conservatoire national d'art dramatique de Port-au-Prince (1964-1967). En 1968, il obtient un diplôme en électronique à New York. Il émigre au Canada et travaille comme traducteur-rédacteur pour Simpsons-Sears de Québec jusqu'en 1973. Retourné aux études à l'Université Laval, il obtient une licence en linguistique (1975) et prépare une maîtrise en terminologie. Il est aide-terminologue à l'Office de la langue française (1973-1975), puis terminologue au Secrétariat d'État du Québec, à compter de 1976. Il a aussi été lecteur au ministère des Affaires culturelles (1972-1979). Membre de plusieurs associations culturelles et scientifiques, il collabore à divers périodiques, tels *L'Action*, *Le Soleil*, *L'Actualité terminologique...*, et il présente de nombreux textes (pièces de théâtre, nouvelles, documentaires) aux émissions FM de Radio-Canada. Il publie d'abord plusieurs recueils de poésie en France et au Québec. À propos de *Extase exacte* (1976), recueil aux formes et rythmes réguliers ou libres, Maximilien Laroche parle des « jeux acrobatiques sur les mots, les sons et finalement les sens ». Pour André Janoël, les nouvelles du *Mari* (1980) « ont en commun un style ironique, incisif, teinté d'un certain cynisme » ; l'écriture en est « originale et d'une qualité peu commune ».

ŒUVRES

Carême (poésie), Paris, Éditions St-Germain-des-Prés, 1972, 57 p. « Miroir oblique ».
De ma fenêtre (poésie), Québec, Zyx, 1974, [n.p.].
Extase exacte (poésie), Paris, La Pensée universelle, 1976, 59 p. « Poètes du temps présent ».
Grâces. Poème de chevet, Québec, Éditions de l'Erbium, 1979, [n.p.]. Ill. de Marie Laberge.
Le Mari. Nouvelles, Sherbrooke, Éditions Naaman, 1980, 93 p. « Création ».
Dictionnaire de l'audiophonie / Audio Dictionary Ottawa / Québec, Montréal/Paris, Éditions Ville-Marie/Fernand Nathan, 1981, 312 p. Préface de Jean Darbelnet.
Dix secondes de sursis. Nouvelles, Marseille/Québec, Le Temps parallèle-Éditions / Les Éditions Laliberté inc., 1983, 135 p.
Merdiland. Roman, Marseille, Le Temps parallèle — Éditions, 1983, 68 p.
À corps joie. Roman, Montréal, Nouvelle Optique, 1985, 253 p. « Éros 2000 ».

ÉTUDES

Maximilien Laroche, *Alix Renaud. Extase exacte*, LAQ 1976, p. 141-142.
Madeleine Ouellette-Michalska, *Quêtes d'identité*, Dev, vol. 71, n° 194, 2 août 1980, p. 12.
Léonce Cantin, *Alix Renaud. Le Mari*, LAQ 1980, p. 64-65.
André Janoël, *Renaud (Alix). Le Mari*, dans *Nos livres*, vol. 12, avril 1981, n° 211.
Maximilien Laroche, *Alix Renaud. Dictionnaire de l'audiophonie/ Audio Dictionary Québec/ Ottawa*, LAQ 1981, p. 223.
Jacqueline Gendrot, *Un dictionnaire de l'audiophonie*, dans *Science et Technologie*, vol. 1, n° 2, avril-mai 1982, p. 56.
[Anonyme], *Renaud, Alix. Dix secondes de sursis. Nouvelles*, dans *Sélection*, vol. 1, n° 1, 1984, p. 27.

RENAUD, ANDRÉ (1938–   ). Essayiste et critique littéraire, né à Buckingham (Papineau). Il fait ses études secondaires au Collège Saint-Michel de Buckingham et ses humanités au Petit Séminaire d'Ottawa et à l'Université d'Ottawa (B.A., 1959). Il obtient, en 1961, une maîtrise ès arts en français pour une thèse sur la prose poétique de Silvio. Grâce aux bourses du Conseil des Arts et de l'Institute of Citizenship of Toronto, il poursuit ses études de doctorat en littérature à la Faculté des lettres de l'Université de Montréal (1965-1967). Il fait également un séjour d'étude à l'Université Paul-Valéry de Montpellier. Professeur agrégé au Département des lettres françaises de l'Université d'Ottawa, il passe au service du Conseil des Arts du Canada à l'été de 1975. Par la suite, il devient traducteur et rédacteur de textes et dirige sa propre entreprise. Il a été critique littéraire au *Droit* (1963-1965, 1968-1971) et il a collaboré activement à *Livres et Auteurs québécois* et *Incidences*, à la revue *Europe* et aux *Nouvelles littéraires*. Avec Réjean Robidoux, il a donné une série de cours télévisés, publiés par la suite en recueil sous le titre : *Le Roman canadien-français du XXᵉ siècle*. Il a été également scénariste pour le ministère de l'Éducation de l'Ontario et aux émissions radiophoniques *Français d'aujourd'hui*.

ŒUVRES

Le Roman canadien-français du XXᵉ siècle (essai), Ottawa, EUO, 1966, 213 p. Collab. Réjean Robidoux.
Recueil de textes littéraires canadiens-français (anthologie), Montréal, Éditions du Renouveau pédagogique, 1969, 320 p. Ill. Cartes.

Silvio, poète prosateur, dans *L'École littéraire de Montréal*, Montréal/Paris, Fides, 1963, p. 335-351. « ALC » 2.
Vigneault en marge de Vigneault, I, nᵒ 6, 1964, p. 21-29.
L'Héroïne du roman canadien et l'Expérience de l'amour, dans *Le Roman canadien-français*, Montréal/Paris, Fides, 1964, p. 183-196. « ALC » 3.
Introduction, bio-bibliographie, dans F.-A. Savard, *Menaud maître-draveur*, Montréal/Paris, Fides, 1965, p. 7-30.

ÉTUDES

Gilles Marcotte, *Ouvrages de critique*, Pr, 82ᵉ année, nᵒ 95, 23 avril 1966, p. 4.
Paul Gay, « *Le Roman canadien-français du XXᵉ siècle* », Dr, vol. 54, nᵒ 41, 14 mai 1966, p. 16.
Naïm Kattan, *Les Essais*, dans *Bulletin du cercle juif*, vol. 12, nᵒ 113, mai 1966, p. 4.
André Major, *Une très belle critique esthétique*, PJ, vol. 40, nᵒ 37, 19 juillet 1966, p. 36.

Laurent Mailhot, *Une critique qui se fait*, EF, vol. 2, nᵒ 3, oct. 1966, p. 328-347.
François Gallays, « *Le Roman canadien-français du XXᵉ siècle* » *de Réjean Robidoux et André Renaud*, LAC 1966, p. 132-134.

RENAUD, BERNADETTE (1945–   ). Conteuse, romancière et dramaturge pour la jeunesse, née à Ascot Corner (Sherbrooke). Après le secondaire à Waterloo et l'école normale à Granby (Brevet B, 1964), elle travaille comme assistante-bibliothécaire (1964-1967) et enseigne au primaire à Waterloo (1967-1970), puis elle retourne aux études au Collège Maisonneuve de Montréal (D.E.C., option psychologie, 1972). Secrétaire de direction à Montréal de 1972 à 1976, elle se consacre ensuite à l'écriture pour les jeunes. Elle est en outre membre du conseil d'administration de *Communication-Jeunesse* à compter de 1977, et elle rencontre de nombreux groupes d'enfants des écoles. Entre 1976 et 1982, elle publie près d'une trentaine de contes et romans, et une pièce de théâtre. Son premier roman, *Émilie, la baignoire à pattes* (1976), connaît une grande vogue et remporte le prix de Littérature de jeunesse (1976) et le prix Alvine-Bélisle (1977). « Finement racontée, cette charmante histoire d'une baignoire à patte suscite et soutient l'intérêt du lecteur du début à la fin » (Carole Badger). Un second roman, *Le Chat de l'oratoire* (1978), est « plus réaliste » que le premier et, selon Hélène Roberge, « beaucoup mieux réussi ». Dans *La Révolte de la courtepointe* (1979), Bernadette Renaud « revient à une technique qui lui a réussi déjà, soit l'animation et la personnification d'objets si familiers qu'on ne leur prête plus guère attention » (Michèle Hudon).

ŒUVRES

Émilie, la baignoire à pattes (roman), Montréal, Éditions Héritage, 1976, 126 p. Ill. de France Bédard. « Pour lire avec toi ». (D'après une idée originale de Gertrude Scalabrini) ; *Émilie la baignoire à pattes* (litt. jeunesse), Saint-Lambert, 1978, 16 p. Ill. de Félix Vincent. « Albums Héritage ».
[*L'Autobus scolaire en colère* (litt. jeunesse), Boucherville, Le Sablier inc.], 1978, 16 p. Ill. de Lucie Ledoux. « Tic, tac, toc ».
[*La Carte de Noël* (litt. jeunesse), Boucherville, Le Sablier inc.], 1978, 16 p. Ill. de Lucie Ledoux. « Tic, tac, toc ».
[*Le Chat de l'oratoire* (litt. jeunesse), Boucherville, Le Sablier inc.], 1978, 16 p. Ill. de Lucie Ledoux. « Tic, tac, toc » ; Montréal, Les Éditions Fides, 1983, 90 p. Ill. de Josette Michaud. (Édition revue et corrigée).

[*Le Dentiste* (litt. jeunesse), Boucherville, Le Sablier inc.], 1978, 16 p. Ill. de Lucie Ledoux. « Tic, tac, toc ».

[*La Fête de la citrouille* (litt. jeunesse), Boucherville, Le Sablier inc.], 1978, 16 p. Ill. de Lucie Ledoux. « Tic, tac, toc ».

[*Les Matins de Martin* (litt. jeunesse), Boucherville, Le Sablier inc.], 1978, 16 p. Ill. de Lucie Ledoux. « Tic, tac, toc ».

[*Le Ménage du samedi* (litt. jeunesse), Boucherville, Le Sablier inc.], 1978, 16 p. Ill. de Lucie Ledoux. « Tic, tac, toc ».

[*Oscar a disparu* (litt. jeunesse), Boucherville, Le Sablier inc.], 1978, 16 p. Ill. de Lucie Ledoux. « Tic, tac, toc ».

[*Le Petit Pompier* (litt. jeunesse), Boucherville, Le Sablier inc.], 1978, 16 p. Ill. de Lucie Ledoux. « Tic, tac, toc ».

[*Sophie à l'épicerie* (litt. jeunesse), Boucherville, Le Sablier inc.], 1978, 16 p. Ill. de Lucie Ledoux. « Tic, tac, toc ».

[*La Tempête de neige* (litt. jeunesse), Boucherville, Le Sablier inc.], 1978, 16 p. Ill. d'Iseult Ferron. « Tic, tac, toc ».

[*Les 4 saisons de Branchu* (litt. jeunesse), Boucherville, Le Sablier inc.], 1978, 16 p. Ill. de Lucie Ledoux. « Tic, tac, toc ».

[*Ça ira mieux demain* (litt. jeunesse), Boucherville, Le Sablier inc.], 1979, 16 p. Ill. d'Iseult Ferron. « Tic, tac, toc ».

[*Le Gâteau d'anniversaire* (litt. jeunesse), Boucherville, Le Sablier inc.], 1979, 16 p. Ill. d'Iseult Ferron. « Tic, tac, toc ».

[*Les Jouets* (litt. jeunesse), Boucherville, Le Sablier inc.], 1979, 16 p. Ill. de Lucie Ledoux. « Tic, tac, toc ».

La Maison tête de pioche (roman), Montréal, Éditions Héritage, 1979, 124 p. Ill. de Lucie Ledoux. « Pour lire avec toi ».

La Révolte de la courtepointe (roman), Montréal, Fides, 1979, 95 p. Ill. de Lucie Ledoux.

[*C'est maman qui travaille* (litt. jeunesse), Boucherville, Le Sablier inc.], 1980, 16 p. Ill. de Robert Bolduc. « Tic, tac, toc ».

[*Les Manèges* (litt. jeunesse), Boucherville, Le Sablier inc.], 1980, 16 p. Ill. de Lucie Ledoux. « Tic, tac, toc ».

[*Marie-Jo a la grippe* (litt. jeunesse), Boucherville, Le Sablier inc.], 1980, 16 p. Ill. de Lucie Ledoux. « Tic, tac, toc ».

[*Papa vient dimanche* (litt. jeunesse), Boucherville, Le Sablier inc.], 1980, 16 p. Ill. de Line Tremblay. « Tic, tac, toc ».

[*Sur le chemin de l'école* (litt. jeunesse), Boucherville, Le Sablier inc.], 1980, 16 p. Ill. de Robert Bolduc. « Tic, tac, toc ».

[*Un chat, jamais* (litt. jeunesse), Boucherville, Le Sablier inc.], 1980, 16 p. Ill. de Lucie Ledoux. « Tic, tac, toc ».

La Dépression de l'ordinateur (litt. jeunesse), Montréal, Fides, 1981, 103 p. « Des Mille Îles ». Traduction anglaise par Frances Morgan : *The Computer Revolts*, Victoria/Toronto, Press Porcépic, 1984, 83 p.

Une boîte magique très embêtante (litt. jeunesse), [Montréal], Leméac, 1981, 123 p. Ill. « Théâtre pour enfants ».

La Grande Question de Tomatelle (litt. jeunesse), [Montréal], Leméac, 1982, 100 p. Ill. de Suzanne Langlois. Préface de Madeleine des Rivières.

Comment on fait un livre ? La réalisation d'un livre avec illustrations, Montréal, Éditions du Méridien, 1983, 79 p. Ill. de Christine Dufour.

Bach et Bottine. Roman, Montréal, Québec/Amérique, 1986, 208 p. Ill. de Jean Demers. « Jeunesse/romans ». (Inspiré du scénario du film du même auteur, réalisé par André Melançon).

ÉTUDES

Carole Badger, *Romans pour les jeunes*, LAQ 1976, p. 304.

Francine Larose, *Histoire de rêver un peu*, dans *Le Livre d'ici*, vol. 2, nº 7, 13 avril 1977, p. 1.

Danielle Simpson, *Rencontre avec Bernadette Renaud* (entrevue), dans *Lurelu*, vol. 1, nº 4, hiver 1978, p. 10-11.

Michèle Gélinas, *Émilie, la baignoire à pattes de Bernadette Renaud*, dans *Lurelu*, vol. 1, nº 1, printemps 1978, p. 1.

Francoys Larue-Langlois, *La Belle Émilie*, dans *Le Livre d'ici*, vol. 4, nº 11, 20 déc. 1978, p. 1.

Hélène Roberge, *Bernadette Renaud. Le Chat de l'oratoire*, LAQ 1978, p. 258-259.

André Janoël, *Renaud (Bernadette). Le Chat de l'oratoire*, dans *Nos livres*, vol. 10, févr. 1979, nº 84.

Francoys Larue-Langlois, *Entretien. Les enfants de Bernadette Renaud*, dans *Le Livre d'ici*, vol. 4, nº 19, 14 févr. 1979, p. 1.

Louise Labory, *Le Chat de l'oratoire de Bernadette Renaud*, dans *Lurelu*, vol. 2, nº 1, printemps 1979, p. 5.

Monique Khonzam, *Émilie, la baignoire à pattes (album), de Bernadette Renaud*, dans *Lurelu*, vol. 2, nº 1, printemps 1979, p. 10.

Michèle Hudon, *Bernadette Renaud. La Révolte de la courtepointe*, LAQ 1979, p. 261-262.

Renée Cimon, *Renaud (Bernadette). La Maison tête de pioche. La Révolte de la courtepointe*, dans *Nos livres*, vol. 11, févr. 1980, nᵒˢ 68-69.

Françoise Salto, *Les Révoltés de Bernadette Renaud*, dans *Le Livre d'ici*, vol. 5, nº 30, 30 avril 1980, p. 2.

Solange Boudreau, *Émilie, la baignoire à pattes de Bernadette Renaud*, dans *Des livres et des jeunes*, vol. 2, nº 6, juin 1980, p. 37.

Michèle Gélinas, *La Maison tête de pioche de Bernadette Renaud*, dans *Lurelu*, vol. 3, nº 1, printemps 1980, p. 8.

Anne Richer, *Un goût du Québec*, Pr, 96ᵉ année, nº 301, 20 déc. 1980, p. C-6.

Monique Chartier, *Renaud (Bernadette). Une boîte magique très embêtante*, dans *Nos livres*, vol. 13, févr. 1982, nº 80.

Madeleine Bellemare, *Renaud (Bernadette). La Dépression de l'ordinateur*, dans *Nos livres*, vol. 13, août-sept. 1982, nº 350.

Michel Laurin, *Renaud (Bernadette). La Grande Question de Tomatelle*, dans *Nos livres*, vol. 14, juillet-août 1983, nº 5331.

RENAUD, JACQUES [Ji R] (1943–). Romancier et poète, né à Montréal où il fait ses études primaires et secondaires. Il suit des cours de diction et de phonétique sous la direction de Suzanne Marot. Ensuite, il passe à l'École normale de Ville-Marie pour entrer par la suite à l'École nationale de Théâtre. Au bout de quelques mois, il abandonne ses études pour se livrer entièrement à l'écriture. En 1963, il se joint au journal *Indépendance*, fondé par Pierre Bourgault, organe officiel du Rassemblement pour l'indépendance nationale. À cette époque, il rencontre aussi le jeune poète-éditeur Gilbert Langevin ; c'est celui-ci qui publie le premier recueil de poésies de Renaud, intitulé *Électrodes* (1962). Le jeune poète participe au groupe du Bar des arts, y présente ses textes de prose et de poésie. En 1965, il devient chroniqueur au journal *Métro-Express*, fondé par Jacques Brillant. Membre du groupe de *Parti Pris*, il publie en 1964 son premier roman, *Le Cassé*, qui d'un coup le rend célèbre à la suite d'une polémique autour de la langue du récit. Après avoir travaillé quelques mois au bureau de publicité de Cockfield and Brown, Jacques Renaud entre aux services de Radio-Canada. Boursier du Conseil des Arts du Canada, il part pour l'Europe et y poursuit ses recherches sur l'écriture romanesque. De retour à Montréal en avril 1968, il travaille pendant quelques mois pour la Compagnie des jeunes Canadiens, dirigée par Martin Béliveau. En 1970, il publie son deuxième roman : *En d'autres paysages*. Une deuxième bourse du Conseil des Arts du Canada lui permet de partir pour l'Inde, à Pondichéry, où il entre en contact avec les penseurs de l'Orient et approfondit avec eux ses notions d'écriture. De retour à Montréal en 1971, il se consacre entièrement à la littérature. En janvier 1975 paraissent ses deux récits poétiques : *La Nuit des temps* et *Le Chant d'Erradia*. Il collabore régulièrement au *Devoir*, *Vie des arts* et *Perspectives*. Tout en poursuivant sa carrière de pigiste, il donne des cours de littérature à l'Université du Québec à Montréal. Au sujet de son roman le plus connu, Jean Éthier-Blais remarque : « *Le Cassé* est plus qu'un cri ; c'est un rugissement. Le portrait est terrible, la déchéance absolue. [...] L'univers de Jacques Renaud est clos et la dégradation triomphe. [...] Il est hautement symbolique que *Le Cassé* soit écrit dans la langue des Canadiens français les moins évolués ; texte qu'il faut lire à voix haute, en imitant l'accent de ce milieu, pour le comprendre. Le miroir est fidèle ; c'est ainsi que parlent les humiliés et les offensés [...] *Le Cassé* n'est nulle part. Sa patrie, c'est la pauvreté abjecte ». Par la suite, ses écrits n'attirent guère l'attention. Cependant, en 1980, Michel Beaulieu remarque : « L'automne dernier Jacques Renaud revenait en force avec *La Colombe et la Brisure éternité* qui témoignait d'une quête fondamentale beaucoup plus que particularisée. Et la parution récente de *Clandestine(s)* risque fort de faire époque ».

ŒUVRES

Électrodes. Poèmes, Montréal, Les Éditions Atys, 1962, [n.p., 36 p.].

Le Cassé (roman), Montréal, Éditions Parti Pris, 1964, 127 p. Préface d'André Major. « P » ; *Le Cassé suivi de Quelques Nouvelles*, 1968, 125 p. ; *Le Cassé et Autres Nouvelles suivi de Le Journal du Cassé*, 1977, 200 p. « Projections libérantes ». (Édition revue et augmentée). Traduction anglaise par Gérald Robitaille : *Flat Broke and Beat*, Montréal, Bélier, [1964], 123 p. Traduction anglaise par David Homel : *Broke City*, Guernica Éditions, 1984, 95 p. Préfaces de Gérald Godin et Ray Ellenwood.

En d'autres paysages (roman), Montréal, Éditions Parti Pris, 1970, 123 p. « P ».

Le fond pur de l'errance irradie (roman), Montréal, Éditions Parti Pris, 1975, 61 p.

Rapport sur la dotation et le développement des ressources humaines, Québec, Gouvernement du Québec, Comité de gestion des documents, 1978, 127 f. Présentation de Jacques Renaud et Robert Garon. (Texte polycopié).

La Colombe et la Brisure éternité. Roman, Montréal, Le Biocreux, 1979, 115 p. « Première ».

Le Cycle du scorpion (poésie), [Montréal], Éditions de la Lune occidentale, 1979, 39 p. Encres de Gilles Langlois.

[*L'Inde, le Karma, la Croix et la Compassion. À propos d'un texte du Père Edmond Robillard*], Montréal, Éditions du Transplutonien, 1979, 6 p.

Arcane seize. Poème, Montréal, Éditions de la Lune occidentale, 1980, [n.p., 18 p.]. Collab. Élie-Pierre Ysraël. Ill.

Clandestine(s) ou La Tradition du couchant. Roman, Montréal, Le Biocreux, 1980, 504 p. Ill.

D'ailes et d'îles (poésie), Montréal, Éditions de la Marotte, 1980, 7 f. Collab. Leonard Cohen, Claude Haeffeley et Michael Lachance. Lithographies de Kittie Bruneau.

Notes pour une postface au « Cassé », Montréal, Éditions du Transplutonien, 1980, [n.p., 22 f.]. (Texte polycopié).

La Nuit des temps (récit), Montréal, Éditions de la Lune occidentale et du Transplutonien, 1981, 105 f. Ill. ; Triptyque, 1984, 123 p.

Par la main du soleil. (Poèmes) précédé de Les Saisons du saphir, 1974-1975, Montréal, La Lune occidentale, 1981, 59 p. Sous le pseudonyme de Ji R.

Tarot-Qabbale, Montréal, Éditions du Transplutonien, 1981, 38 p.

La Ville. Vénus et la mélancolie, Montréal, Éditions de la Lune occidentale, [s.d., n.p.].

Les cycles du Scorpion (poésie), Montréal, L'Hexagone, 1989, n.p.

La Farce de l'enquête sur le bilinguisme, dans *Indépendances*, vol. 1, n° 10, juillet-août 1963, p. 3.

And on Earth Peace, PP, vol. 1, n° 7, avril 1964, p. 25-39.

Poèmes, PP, vol. 2, n° 2, nov. 1964, p. 43-49.

Comme tout le monde ou Le Post-scriptum, PP, vol. 2, nº 5, janv. 1965, p. 20–24.

Les Pieds sur la terre (poésie), dans *Passe-Partout*, vol. 1, nº 3, mars 1965, p. 4–5.

Le Cœur en girouette, Ch, vol. 6, nº 7, juillet 1965, p. 27, 49–52.

Le Génoc, dans *Le Montréaliste*, vol. 1, nº 1, mars 1966, p. 31, 34, 39.

Les Bronches à l'air pur (poésie), PP, vol. 4, nº 1, sept.–oct. 1966, p. 78–81.

La Patène, *Les Lettres nouvelles*, déc. 1966–janv. 1967, p. 145–149.

Vingt Ans! (poésie), dans *Poésie*, vol. 2, nº 2, printemps 1967, p. 9.

À propos d'esthétique, dans *Quoi*, vol. 1, nº 2, printemps-été 1967, p. 51–54.

Témoignages d'écrivains, EF, vol. 3, nº 3, août 1967, p. 302–307.

En d'autres paysages (extraits), PP, vol. 5, nº 4, janv. 1968, p. 54–56.

Qui a peur d'un alexandrin?, Dev, vol. 69, nº 127, 4 juin 1977, p. 16.

Les Revues ou La Poésie en parcelles, Dev, vol. 69, nº 203, 3 sept. 1977, p. 11.

Les bons sentiments ne font pas la poésie... les mauvais non plus, Dev, vol. 69, nº 243, 22 oct. 1977, p. 34.

Épilogue au «Cassé», Dev, vol. 69, nº 81, 8 avril 1978, p. 36.

Le Chant montant de l'amour pur, L, vol. 21, nº 3, mai–juin 1979, p. 81–88.

L'auteur de «Clandestine» répond à son critique, Dev, vol. 72, nº 43, 21 févr. 1981, p. 21.

Une journée dans la vie du poète Emile Newspapp (récit), dans *Le Québec littéraire*, nº 2, hiver 1989, p. 120–128.

ÉTUDES

Guy Robert, *Électrodes de Jacques Renaud*, LAC 1962, p. 41.

Laurent Girouard, *En lisant Le Cassé*, PP, vol. 2, nº 4, déc. 1964, p. 62–64.

Léandre Bergeron, *Le Cassé de Jacques Renaud*, LAC 1964, p. 35–36.

Normand Cloutier, *Le Scandale du joual*, MM, vol. 6, nº 2, févr. 1966, p. 10, 11, 26, 28, 30.

André Major, *Écrire pour des gens qui n'existeraient peut-être pas*, Dev, vol. 57, nº 75, 31 mars 1966, p. 20.

Jean-Pierre Tremblay, *Pour une littérature québécoise avec Parti Pris*, dans *Le Confident*, vol. 1, nº 19, oct. 1966, p. 18–19.

Ronald Sutherland, *Twin Solitudes*, CaL, nº 31, hiver 1967, p. 5–24.

François Hertel, *Du misérabilisme intellectuel, du besoin de se renier... et de quelques chefs-d'œuvre*, AN, vol. 56, nº 8, avril 1967, p. 827–835.

Marie Letellier, *Jacques Renaud*, dans *Le Quartier latin*, vol. 50, nº 6, 5 oct. 1967, p. 10–11.

Jean Bouthillette, *Le Cassé, c'était l'enfer*, Pe, vol. 9, nº 45, 11 nov. 1967, p. 38–41.

André Renaud, *En d'autres paysages de Jacques Renaud*, LAQ 1970, p. 44.

Robert Barberis, *L'Affaire du Cassé*, dans *De la clique des Simard à Paul Desrochers... en passant par le joual*, Montréal, Éditions Québécoises, 1973, p. 30–82.

François Hébert, *Jacques Renaud. Le fond pur de l'errance irradie*, LAQ 1975, p. 49–50.

Robert Major, *Le Joual comme langue littéraire*, dans *Canadian Literature*, nº 75, hiver 1977, p. 41–51.

Pierre-Louis Vaillancourt, *Entrevue: Jacques Renaud*, LQ, nº 10, avril 1978, p. 37–40.

Henri-Paul Jacques, *Le Cas C. «Le Cassé» sur le tchesteurfilde, un cas pour les psychanalystes (dit-il) ou d'une esthétique du bâton, S-T-Tick: stick (dit-il)*, VI, vol. 4, nº 1, sept. 1978, p. 77–96; nº 2, déc. 1978, p. 300–318.

André Vanasse, *Jacques Renaud. La Colombe et la Brisure éternité*, LAQ 1979, p. 76–77.

Pierre-Louis Vaillancourt, *Jacques Renaud déhiscent*, LQ, nº 16, hiver 1979–1980, p. 24–25.

Claude Filteau, *«Le Cassé» de Jacques Renaud: un certain parti-pris sur le vernaculaire français québécois*, VI, vol. 5, nº 2, hiver 1980, p. 271–289.

André Brochu, *Jacques Renaud. Clandestine(s)*, LAQ 1980, p. 65–67.

Jacques Larue-Langlois, *Jacques Renaud. Réponses introuvables sous un déluge de mots*, Dev, vol. 72, nº 19, 24 janv. 1981, p. 23.

RENAUD, THÉRÈSE (1927–). Poète et mémorialiste, née à Montréal. Après le secondaire à Outremont, elle poursuit des études de théâtre et de chant. Éprise de poésie et d'art, elle découvre à seize ans les Automatistes, assiste à leurs réunions, publie un premier recueil de poésie, *Les Sables du rêve*, en 1946. La même année, elle part pour Paris où elle épouse, en 1947, le peintre Fernand Leduc avec qui elle signe le *Refus global* (1948). Rentrée au Canada en 1953, elle chante à la radio et à la télévision, puis retourne en France (1959) où elle s'installera à Champseru (Eure et Loire) en 1974, après un autre séjour au Québec de 1970 à 1974. *Les Sables du rêve* font peu de bruit en 1946, mais ils sont bien accueillis à leur réédition de 1975. Selon André-G. Bourassa, ce recueil «nous situe dans un univers de contrastes dont l'incohérence opère l'effet de dépaysement cher aux surréalistes [...]. Thérèse Renaud, plus qu'un poète de l'hallucination ou de la surréalité, est le premier écrivain automatiste québécois». Après 1970, elle revient à l'écriture, collabore sporadiquement à *Perspectives*, *Écrits du Canada français*, *Voix et Images* et *Vie des arts*, puis fait paraître un récit autobiographique, *Une mémoire déchirée* (1978), dont l'écriture et le contenu laissent sceptiques Jean-Louis Major et Y. Pratte-Beaudoin, alors que Madeleine Dubuc y voit le «tableau vibrant d'un être qui vit pleinement une époque».

ŒUVRES

Les Sables du rêve (poésie), Montréal, Fernand Leduc, 1946, 37 p. Ill. de Jean-Paul Mousseau. «Les Cahiers de la file indienne »; *Les Herbes rouges*, n° 29, août 1975, [n.p., 27 p.].

Une mémoire déchirée. Récit, Montréal, HMH, 1978, 164 p. Préface d'André Brochu. « A ».

Plaisirs immobiles. Récits et poèmes, Saint-Lambert, Éditions du Noroît, 1981, 115 p. Ill. de Raymonde Godin.

Au temps du refus global, Pe, vol. 13, n° 49, 4 déc. 1971, p. 22–28.

Récit d'une errance, ECF, n° 34, 1972, p. 125–147.

La poésie est mon athanor. Entretien avec Guy Lafond, VI, vol. 4, n° 2, déc. 1978, p. 179–186.

Guy Lafond et « Les Cloches d'autres mondes », VI, vol. 4, n° 2, déc. 1978, p. 205–216.

La Sagacité de Pierre Loeb, dans *Vie des arts*, vol. 24, n° 97, hiver 1979–1980, p. 12–13.

Frontenac et la Nouvelle-France, dans *Vie des arts*, vol. 26, n° 103, été 1981, p. 61–62.

ÉTUDES

André-G. Bourassa, *Poésie automatiste. Poésie surréaliste*, LAQ 1975, p. 104–106.

Philippe Haeck et Claire Savary, *Le Rire de la reine (notes sur les Sables du rêve de Thérèse Renaud)*, VI, vol. 2, n° 1, sept. 1976, p. 13–19.

Madeleine Dubuc, *Le Zigzag intérieur de Thérèse Renaud*, Pr, 94ᵉ année, n° 129, 3 juin 1978, p. D-3.

Yves Thériault, *Le Montréal des années 30 et 40*, dans *Le Livre d'ici*, vol. 4, n° 2, 18 oct. 1978, p. 1.

Véronique Dassas, *Une mémoire déchirée*, dans *Le Temps fou*, n° 3, sept.–nov. 1978, p. 54–55.

Jacques Beauchamp-Forget, *Renaud (Thérèse). Une mémoire déchirée*, dans *Nos livres*, vol. 9, nov. 1978, n° 406.

Jean-Louis Major, *Mémoire, création/clichés*, LQ, n° 12, nov. 1978, p. 34–35.

Y. Pratte-Beaudoin, *Thérèse Renaud. Une mémoire déchirée*, LAQ 1978, p. 78.

Julie Stanton, *Plaisirs immobiles*, dans *La Gazette des femmes*, vol. 3, n° 3, sept. 1981, p. 5.

Madeleine Ouellette-Michalska, *L'Avant et l'Après d'une passion*, Dev, vol. 72, n° 277, 26 sept. 1981, p. 23.

Michel Beaulieu, *Capsules poétiques d'automne*, dans *Le Livre d'ici*, vol. 7, n° 4, 28 oct. 1981, p. 2.

Réjean Thomas, *Renaud (Thérèse). Plaisirs immobiles*, dans *Nos livres*, vol. 12, déc. 1981, n° 516.

Roger Chamberland, *Trois fois le Noroît*, dans *Estuaire*, n° 24, été 1982, p. 79–82.

RENÉ. Voir **DORÉ-JOYAL, YVETTE.**

REVAI, ÉLISABETH (1906–   ). Romancière, dramaturge, bibliographe et essayiste, née à Budapest (Hongrie). Elle obtient un baccalauréat au Lycée Maria-Terézia (1924) et un doctorat ès lettres à l'Université Pàzmany Péter de Budapest (1931) pour une thèse sur « La Psychologie de la volonté

chez Stendhal ». Écrivain et journaliste à Budapest (1932–1947), elle va à Paris où elle travaille comme journaliste (1947–1949) et comme traductrice (1949–1951). Émigrée au Canada en 1951, elle obtient un diplôme en traduction à l'Université McGill (1954) et un baccalauréat en bibliothéconomie à l'Université de Montréal (1960). Entre temps elle est vendeuse, secrétaire (1951–1955), professeure dans des écoles de langue anglaise (1956–1958), professeure de littérature française à l'Université Sir George Williams (1958–1960) et au Séminaire de Sainte-Thérèse (1961–1962). De 1962 à 1974, elle est bibliothécaire à l'Université de Montréal. En 1975 paraît une biographie d'*Alexandre Vattemare*. Selon Marcel Lajeunesse, c'est un apport important à la connaissance des relations culturelles entre la France, les États-Unis et le Canada au XIXᵉ siècle. Membre de plusieurs associations culturelles et professionnelles, Élizabeth Revai collabore à *Perspectives*, à la *Revue d'histoire de l'Amérique française*, au *Bulletin de l'Association canadienne des bibliothécaires de langue française*, etc. Elle présente deux textes dramatiques à Radio-Canada, « Rafale hivernale » (1981) et « L'Homme nu » (1983).

ŒUVRES

Az ak arat pszichologiaja Stendhalnal (La Psychologie de la volonté chez Stendhal) (essai), Budapest, Pázmány Péter Tudomanyegyetem, 1931, 130 p. Sous le nom de Erzsébet Révai.

Les Périodiques de la collection Canadiana de Louis Melzack. Journaux de langue française (bibliographie), Montréal, Université de Montréal, 1974, 59 p.

Alexandre Vattemare. Trait d'union entre deux mondes. Le Québec et les États-Unis à l'aube de leurs relations culturelles avec la France au XIXᵉ siècle. D'après des documents en grande partie inédits, certains provenant des familles Vattemare et Faribault (biographie), Montréal/Paris, Les Éditions Bellarmin/Desclée de Brouwer, 1975, 221 p. « Essais pour notre temps ».

Allomas tol allomasig (D'une station à l'autre) (contes), Budapest, Légrady Nyomda, [s.d.], 107 p. Sous le nom de Erzsébet Révai.

Igy tortént (C'est arrivé...) (roman), Budapest, Magyar Szépirodalmat Partolok, [s.d.], 164 p.

Le Voyage d'Alexandre Vattemare au Canada, RHAF, vol. 22, n° 2, juin 1970, p. 257–259.

Ni limonade, ni eau de cerise, Pe, vol. 18, n° 14, 3 avril 1976, p. 12–14.

Sports et Loisirs d'autrefois, Pe, vol. 18, n° 28, 10 juillet 1976, p. 6–8.

Quand on chassait le chien ours, Pe, vol. 8, n° 43, 24 oct. 1976, p. 6–11.

Ce n'est pas d'aujourd'hui, Pe, vol. 18, n° 52, 25 déc. 1976, p. 4–5.

Les Sautes d'humeur printanières, Pe, vol. 9, n° 14, 3 avril 1977, p. 10–12.

L'Ascendance de François Charron, dans *Mémoires de la Société généalogique canadienne-française*, vol. 28, n° 3, 1977, p. 215–224.

Les Apothicaires, Pe, vol. 10, n° 20, 21 mai 1978, p. 14–17.

La Médecine, Pe, vol. 10, n° 42, 22 oct. 1978, p. 16–21.

La Découverte du Canada, Pe, vol. 10, n° 49, 9 déc. 1978, p. 10–13.

Le Traîneau au siècle dernier, Pe, vol. 11, n° 1, 7 janv. 1979, p. 10–13.

Les Femmes et les Automates, Dev, vol. 70, n° 215, 15 sept. 1979, p. 28.

ÉTUDES

L. Van Der Bellen, *Le Voyage d'A. Vattemare au Canada*, dans *Bulletin de l'Association canadienne des bibliothécaires de langue française*, vol. 15, n° 2, juin 1969, p. 104–105.

Marcel Lajeunesse, *Révai, Élisabeth. Alexandre Vattemare trait d'union entre deux mondes*, dans *Documentation et Bibliothèques*, déc. 1975, p. 228–229.

Serge Gagnon, *Élisabeth Reval [sic]. Alexandre Vattemare trait d'union entre deux mondes*, LAQ 1975, p. 298.

Yvan Lamonde, *Le Transport de la culture*, Pr, 92e année, n° 26, 31 janv. 1976, p. D-19.

Denise Reuillard, *A. Vattemare trait d'union entre deux mondes d'Élisabeth Révai*, dans *Bulletin des bibliothèques de France*, t. 21, n°s 9–10, sept.–oct. 1976, n° 2208.

Clotilde Frigiolini, *L'Œuvre passionnée du mime et ventriloque français Alexandre Vattemare (1796–1864) dans le domaine des échanges internationaux, ses rapports avec les états italiens « Smithsonian Institution » de Washington*, dans *Revue française d'histoire du livre*, nouvelle série, n° 23, 1977, p. 391, 396, 406.

RÉVAI, G. Voir **HÉNAULT, GILLES.**

REX, MAXIME. Voir **TÉTREAU, JEAN.**

REYNIER, LUCIEN. Voir **MELANÇON, JOSEPH-MARIE.**

RIALCTITEP. Voir **PETITCLAIR, PIERRE.**

RICARD, ANDRÉ (1938–   ). Dramaturge et poète, né à Sainte-Anne-de-Beaupré (Montmorency). Il fait une partie de ses humanités au Collège des Jésuites de Québec (1951–1957), et poursuit ses études à l'Université Laval où il obtient un baccalauréat en pédagogie (1959) et une licence ès lettres (1962). De 1962 à 1965, il fréquente le Conservatoire d'art dramatique de Québec (certificat). Cofondateur du Théâtre de l'Estoc, il y est directeur artistique et metteur en scène (1957–1968), et il y monte sa pièce en un acte, « Le Triangle et le Hamac » (1964). Il donne des cours à l'Université Laval (1962–1980) et au Conservatoire d'art dramatique (1968–1974). En outre, à partir de 1967, il est scripteur à la radio et à la télévision de Radio-Canada, écrit plusieurs radiothéâtres, collabore à des dramatiques avec Claire France et Jean Royer, ainsi qu'à « Phares du Saint-Laurent » avec Rodrigue Gignac, présente des poèmes à l'Atelier des inédits, prépare des courts métrages (prix Court Métrage 1976 de la Communauté des radios de langue française), traduit, adapte, etc. Le théâtre de Ricard est de la satire politico-sociale sur le thème général de prise et perte du pouvoir, du moins dans les trois premières pièces qu'il publie. Renald Bérubé déclare « très grande pièce » *La Vie exemplaire d'Alcide 1er* (1973), sorte de saga familiale baroque à grand déploiement qui n'est guère jouable. À l'opposé, *La Gloire des filles à Magloire* (1975), est de facture presque classique. C'est une forte histoire de bordel sur la lutte du capital et de la morale, écrite dans une langue populaire et crue. Les deux pièces réussissent mal en dépit de leurs mérites, alors que *Le Casino voleur* (1978) que Michel Vaïs juge moins convaincant, remporte un vif succès. Une quatrième pièce, *Le Tir à blanc* (1983), porte sur les rapports homme-femme.

ŒUVRES

La Vie exemplaire d'Alcide 1er, le pharamineux, et de sa proche descendance (théâtre), [Montréal], Leméac, 1973, 174 p. Ill. de François Brunelle. Introduction de Pierre Filion. « TC ».

La Gloire des filles à Magloire (théâtre), [Montréal], Leméac, 1975, 151 p. Préface de Pierre Filion. « Théâtre ».

Le Casino voleur (théâtre), [Montréal], Leméac, 1978, 165 p. Portrait. Avant-propos de l'auteur. « Théâtre ».

Le Tir à blanc (théâtre), [Montréal], Leméac, 1983, 147 p. Portrait. Préface de l'auteur. « Théâtre Leméac ».

La Longue Marche dans les Avents (théâtre), [Montréal], Leméac, 1984, 192 p. Portrait. Introduction de Jean Royer. « Théâtre Leméac ».

Le Désespoir des larmes (théâtre), Montréal, Guérin littérature, 1988, 120 p. Coll. « Théâtre ».

La Découverte de l'Amérique (poésie), ECF, n° 33, 1971, p. 87–119.

L'Écrivain d'aujourd'hui devant la société, L, n° 136, juillet–août 1981, p. 42–46.

ÉTUDES

Denis Saint-Jacques, *L'Exemple d'Alcide Ier* , dans *Nord*, n°s 4-5, automne 1972-hiver 1973, p. 29-37.

Renald Bérubé, *André Ricard. La Vie exemplaire d'Alcide Ier le Pharamineux et de sa proche descendance*, LAQ 1973, p. 148-151.

Id., André Ricard. La Gloire des filles à Magloire, LAQ 1975, p. 161-162.

[Anonyme], *Ricard [André]. La Gloire des filles à Magloire*, dans *Le Livre canadien*, vol. 7, nov. 1976, n° 355.

[Anonyme], *Ricard [André], La Vie exemplaire d'Alcide Ier le pharamineux et de sa proche descendance*, dans *Le Livre canadien*, vol. 7, nov. 1976, n° 356.

Michel Vaïs, *André Ricard. Le Casino voleur*, LAQ 1978, p. 167-169.

Madeleine Bellemare, *Ricard [André]. Le Casino voleur*, dans *Nos livres*, vol. 10, févr. 1979, n° 64.

Robert Lévesque, *Le Féminisme remis en question*, Dev, vol. 74, n° 40, 18 févr. 1983, p. 13.

Stéphane Lépine, *Ricard (André). La Longue Marche dans les Avents*, dans *Nos livres*, déc. 1984, n° 5995.

Carol Dunlop

RICARD, FRANÇOIS (1947–   ). Critique littéraire, né à Shawinigan (Saint-Maurice). Il fait ses études classiques au Séminaire Sainte-Marie de Shawinigan (B.A., 1966), s'inscrit en lettres à l'Université McGill et obtient une maîtrise ès arts, en soutenant une thèse sur Félix-Antoine Savard (1968), publiée chez Fides en 1972. Il poursuit ses études à la Sorbonne et à l'Université d'Aix-en-Provence. Sa thèse de doctorat, soutenue en 1971, porte sur *Le Décor romanesque chez Romain Rolland*. À partir de 1971, il est professeur à l'Université McGill. Il collabore, en tant que critique littéraire, au *Jour* et à *Liberté*. Il est aussi animateur de « Book-Club », une émission hebdomadaire de Radio-Canada (CBF-FM). En 1974, la maison Leméac lui confie la direction de la collection « Indépendances ». Jacques Blais écrit au sujet de son essai *L'Art de Félix-Antoine Savard dans « Menaud, maître-draveur »* : « Voilà une étude nécessaire, depuis longtemps attendue, et qui fait notablement progresser la connaissance de l'œuvre de Savard dans une voie assez peu explorée jusqu'ici, celle de l'aspect esthétique de son maître-livre, du travail de l'écriture [...] ; il était temps que l'on étudie *Menaud* sous cet angle, et non plus seulement dans la perspective réductrice du message et de la thèse nationaliste ». En 1985, François Ricard publie *La Littérature contre elle-même* qui mérite le prix du Gouverneur général. Il s'agit ici, écrit Gérald Gaudet, d'« un livre de passion [...]. Car, pour l'auteur, la littérature n'est pas un savoir supérieur aux autres ; elle vise plutôt à montrer au lecteur des failles dans le champ de son savoir [...]. Déception sans doute. Humilité. Mais amour tout de même et nécessité de poursuivre l'insoutenable débat de l'être ».

ŒUVRES

L'Art de Félix-Antoine Savard dans « Menaud, maître-draveur » (essai), Montréal, Fides, 1972, 142 p.

Gabrielle Roy (essai), Montréal, Fides, 1975, 192 p. Ill.

Le Prince et la Ténèbre. Conte, Paris, Atelier Lacourière et Frélaut, 1980, [n.p., 14 f.]. Tailles-douces de Lucie Lambert.

L'Incroyable Odyssée. Récit d'une jeunesse, [Montréal], Éditions du Sentier, 1981, 76 p. Ill.

La Littérature contre elle-même. Essais, Montréal, Boréal Express, 1985, 196 p. Préface de Milan Kundera. « Papiers collés ».

Histoire du Québec contemporain, t. 2, *Le Québec depuis 1930*, Montréal, Boréal, 1986, 739 p. Collab. René Durocher, Paul-André Linteau et Jean-Claude Robert. Ill. Présentation des auteurs.

L'Europe de Jean-Christophe, dans *Littératures* (McGill), Montréal, HMH, 1971, p. 155-157.

Le Décor romanesque, EF, vol. 8, n° 4, nov. 1972, p. 343-362.

Gabrielle Roy ou L'Impossible Choix, dans *Critère*, n° 10, janv. 1974, p. 97-102.

Giguère et Ducharme « revisited », L, vol. 16, n° 1, janv.-févr. 1974, p. 95-105.

Une chaîne dans le parc d'André Langevin : désillusion et liberté, dans *Le Jour*, vol. 1, n° 172, 21 sept. 1974, p. v-2.

Jacques Poulin : la douceur et la mort, L, vol. 16, n° 5, sept.-oct. 1974, p. 97-105.

Le Manteau de Rubén Dario et Jean Éthier-Blais : entre le jeune homme et le vieillard, dans *Le Jour*, vol. 1, n° 213, 9 nov. 1974, p. 14.

Introduction, dans Marcel Dubé, *Virginie*, Montréal, Leméac, 1974, p. 7-28.

Lionel Groulx — Action française — État français, dans *Voix et Images du pays 9*, Montréal, PUQ, 1975, p. 11-33.

Présentation, dans Roland Lepage, *Le Temps d'une vie*, Montréal, Leméac, 1974, p. 7-20.

Mistagance. Nouvelle, ECF, n° 38, 1974, p. 225-253.

Michel Garneau, poète et dramaturge, L, vol. 17, n°s 97-98, janv.-avril 1975, p. 302-316.

Livres de poésie, L, vol. 17, n° 100, juillet-août 1975, p. 100-111.

La Commensale de Gérard Bessette ou Le Double visage de Jérôme Chayer, L, vol. 17, n° 102, nov.-déc. 1975, p. 95-107.

Le Cercle enfin uni des hommes. Hommage à Gabrielle Roy pour sa trentième année de création littéraire, L, vol. 18, n⁰ 103, janv.–févr. 1976, p. 59–78.

Trois styles. Archambault, Major, Rivard, L, vol. 18, n⁰ 108, nov.–déc. 1976, p. 182–192.

La Fuite circulaire, L, vol. 21, n⁰ 3, mai–juin 1979, p. 99–107.

Éloge de la littérature, L, vol. 22, n⁰ 1, janv.–févr. 1980, p. 11–18.

ÉTUDES

Jacques Blais, *L'Art de Félix-Antoine Savard dans « Menaud maître-draveur » de François Ricard*, LAQ 1972, p. 190–191.

Robert Vigneault, *La Critique et l'Essai entre l'humain et le sacré*, EF, vol. 9, n⁰ 2, mai 1973, p. 167–170.

Jean-Guy Martin, *François Ricard : « Pour écrire, pas besoin de s'enfermer dans une bibliothèque... »*, dans *Le Journal de Montréal*, vol. 16, n⁰ 348, 31 mai 1980, p. 17. (Supplément du samedi).

Réginald Martel, *Jean O'Neil et François Ricard. Pour l'humour et pour le style*, Pr, 98ᵉ année, n⁰ 49, 27 février 1982, p. C-3.

Noël Audet, *La Femme de rêve (pas celle du voisin)*, Dev, vol. 73, n⁰ 94, 24 avril 1982, p. 23.

Adrien Thério, *Des récits qu'on aimera d'autres qu'on aimera moins. C'est selon*, LQ, n⁰ 26, été 1982, p. 83–87.

Gérald Gaudet, *L'Extase prosaïque*, Dev, vol. 76, n⁰ 272, 23 nov. 1985, p. 28.

Pierre Vadeboncœur, *La Littérature contre elle-même. À la recherche de vérités dépouillées à travers la lecture de divers auteurs*, dans *L'Incunable*, 19ᵉ année, n⁰ 4, déc. 1985, p. 24–25.

RICARD, JEAN-JULES (1911–1975). Romancier, né à Saint-Raphaël (Bellechasse). Il entreprend des études classiques à Ottawa mais il décide encore jeune d'entreprendre des voyages partout en Amérique parmi les chemineaux (hobos). Pendant la Seconde Guerre, il est soldat en Europe et se distingue dans des combats. Blessé, il revient au pays et perpétue son aventure guerrière sous la forme d'un premier roman : *Neuf jours de haine* (1948). À partir de ce moment, tout en étant journaliste à la pige et employé à la télévision de Radio-Canada, il commence à édifier une œuvre romanesque qui compte onze volumes. L'action de ses romans et de ses nouvelles est liée soit à sa propre vie, soit à l'histoire, soit à l'examen de l'injustice sociale. Son deuxième roman, celui qui procure à l'auteur une certaine célébrité, *Le Feu dans l'amiante* (1956), traite d'un grand conflit ouvrier au Québec. Ces deux romans dans un registre grave, collent aux problèmes de la condition humaine. Les récits subséquents — à l'exception de *Exovide, Louis Riel* qui est un roman historique — révèlent un auteur qui essaie de changer de ton et de style : il conte avec un certain sourire, voire de l'ironie, sait découvrir le merveilleux et l'humour dans la grisaille des jours. Sous cet angle, *Journal d'un hobo* constitue un point tournant : après les visages angoissée des soldats et des mineurs, voilà celui d'un hippie à la recherche de son propre Klondyke. L'humour et l'ironie atteindront un degré de symbiose parfaite dans *Le Voyage en rond* (1973) où tout se mêle au Québec, au rythme des quatre saisons, le gai et le sérieux, les grands écrivains et les grands critiques : un récit loufoque, amusant, dans le meilleur style de la Comedia dell'Arte. Même si le prix Jean-Béraud lui est attribué en 1970, Jean-Jules Richard est un écrivain relativement méconnu au Québec. Le mérite de son message, ce qui assurera la survie de ses œuvres, c'est probablement la franchise avec laquelle l'auteur aborde la vie. « Écrire pour moi, confiait Jean-Jules Richard à Jean-Claude Trait, n'est pas mon but. Je regarde d'abord, j'écoute, j'analyse ». Voilà en résumé sa devise d'écrivain que l'œuvre ne pourrait pas démentir.

ŒUVRES

Neuf jours de haine. Roman, Montréal, Éditions de l'Arbre, 1948, 353 p. ; CLF, 1968, 363 p. « PoC » ; L'Actuelle, 1972, 353 p.

Ville rouge. Nouvelles, Montréal, Éditions Tranquille, 1949, 285 p. ; [Montréal], Leméac, 1976, 285 p.

Le Feu dans l'amiante. Roman, [s.l.], Chez l'auteur, 1956, 287 p. ; Réédition-Québec, 1971, 212 p. Portrait.

Journal d'un hobo. L'air est bon à manger. Roman, Montréal, Éditions Parti Pris, 1965, 292 p. « P » ; 1971.

Faites-leur boire le fleuve. Roman, Montréal, CLF, 1970, 302 p.

Carré Saint-Louis (roman), Montréal, L'Actuelle, 1971, 252 p.

Exovide, Louis Riel (roman), Montréal, Éditions La Presse, 1972, 260 p. « Roman historique ».

Le Voyage en rond. Roman, Montréal, CLF, 1972, 295 p.

Centre-ville (roman), Montréal, L'Actuelle, 1973, 232 p.

Comment réussir à 50 ans. Roman d'humour, [Montréal], V.B.R./de l'Heure, 1973, 168 p.

Pièges (roman), Montréal, L'Actuelle, 1973, 173 p.

La Femme du portage (nouvelle), L, vol. 13, n⁰ˢ 4–5, juillet–août 1971, p. 21–34.

ÉTUDES

G.-G. Daigneau, *Neuf jours de haine*, C, vol. 9, n⁰ 2, juin 1948, p. 212–213.

Émile Bégin, *Neuf jours de haine*, ESC, vol. 28, n⁰ 1, oct. 1948, p. 65–67.

André Giroux, *Ville rouge*, C, vol. 10, n⁰ 4, déc. 1949, p. 437–438.

Patrick Straram, *Le Manuscrit trouvé à même la terre Québec*, PP, vol. 3, n⁰ˢ 3–4, oct.–nov. 1965, p. 89–93.

Pierre de Grandpré, *Naissance du roman social, Jean-Jules Richard : Le Feu dans l'amiante*, dans *Dix ans de vie littéraire au Canada français*, Montréal, Beauchemin, 1966, p. 122–127.

Réal Girard, *Carré Saint-Louis*, LAQ 1971, p. 76–78.

Réginald Martel, *Jean-Jules Richard au présent*, L, vol. 14, n° 3, 1972, p. 40–52.

Jean-Claude Trait, *Jean-Jules Richard, un vagabond gagné par l'écriture*, Pr, 89ᵉ année, n° 47, 24 févr. 1973, p. 3.

Paul-André Bourque, *Jean-Jules Richard : de la haine à l'amour par le rire*, LAQ 1973, p. 345–363.

Yves Bolduc, *Jean-Jules Richard. Ville rouge*, LAQ 1976, p. 74–75.

RICHARD, LOUISE. Voir GAUDET-SMET, FRANÇOISE.

RICHARD, LOUISE-ROBERT. Voir DESMARCHAIS, REX.

RICHARD, Ralph ZACHARY (1950–). Poète, musicien et chanteur, né à Lafayette (Louisiane).

Après des études en histoire à l'Université Tulane de la Nouvelle-Orléans (B.A., 1971), il poursuit une carrière en musique et en recherches culturelles sur les Acadiens (Cajuns) de l'État de la Louisiane. Il passe ensuite quelque temps à New York où il enregistre pour la CBS. De retour en Louisiane, il fonde le groupe The Bayou Drifter Band qui sillonne la Louisiane où il découvre ses origines culturelles et surtout la musique des Cajuns. Dans les années soixante-dix, il séjourne au Québec où, par ses chansons et ses propos engagés, il acquiert une réputation enviable, et où il participe à la Veillée des veillées de Montréal (1975). En 1980, la France lui décerne le prix de la Jeune Chanson. Il parcourt également la Gaspésie et le Nouveau-Brunswick (*Hommage à la musique acadienne*, 1975). Il dit de lui-même, au sujet de cette époque : « J'étais un jeune homme. Je venais de découvrir le fait d'être Acadien ». Il se donne même un drapeau (« Solidarité et Fierté »). Il chante et lit ses poèmes à Lafayette devant un public agacé qui n'y comprend rien. Jean Barry Ancelet écrit : « Ses feux révolutionnaires un peu calmés, Zachary a poursuivi sa carrière musicale. [...] Il n'est pas moins concerné qu'avant ni moins engagé envers la survie de sa culture, mais il a appris à surveiller l'expression de son engagement ».

ŒUVRE

Migration, Ballade de Beausoleil, Réveille (poésie), dans *Littérature française de la Louisiane*, Bedford (N.H.), New Materials Development Center for French and Creole, 1981, p. 344–348.

DISCOGRAPHIE

Bayou des mystères, Montréal, Kébec Disc, KD 913, 33⅓ tours.

Mardi Gras, Montréal/New York, CBS, Arged 1005, 33⅓ tours.

Migration, Montréal/New York, CBS, 1978, PFC 80009, 33⅓ tours.

Allons danser, Montréal/New York, CBS, 1979, PFC 80032, 33⅓ tours.

Jaloux, Montréal, Kébec-Disc, [1979 ?], KD-961, 33⅓ tours.

Zachary Richard. Live, Montréal/New York, CBS, 1980, GFS 90623, 33⅓ tours (2 disques).

Vent d'été, Montréal, Kébec-Disc, 1982, KD 541, 33⅓ tours.

Zack-attack, Saint-Laurent, Apache, 1984, 33⅓ tours.

ÉTUDES

Mathé Allain et Barry Ancelet, [*Zachary Richard*], dans *Littérature française de la Louisiane* (anthologie), Bedford, New Materials Development Center, for French and Creole, 1981, 360 p.

Barry Jean Ancelet et Elenore Morgan Jr, [*Zachary Richard*], dans *Musiciens cadiens et créoles/The Makers of Cajun Music*, Montréal/Huston, PUQ/University of Texas Press, 1984, p. 93–99, 159.

RICHER, LÉOPOLD (1902–1961). Journaliste et essayiste, né à Ottawa.

Après ses études à l'Université d'Ottawa, il se consacre au journalisme et à sa carrière d'essayiste ; il publie, de 1933 à 1941, plusieurs études biographiques et quelques essais à caractère politique. Correspondant parlementaire à Ottawa du *Droit* (1927–1937) et du *Devoir* (1937–1944), il quitte ce poste pour fonder et diriger, l'année suivante, *Notre Temps*, auquel il consacre dès lors toutes ses énergies. Détenteur d'un prix d'Action intellectuelle (1943), membre de l'Académie canadienne-française, membre de la Société des écrivains canadiens, Léopold Richer reçoit, en 1952, un doctorat honorifique de l'Université Laval. Ainsi sont reconnues les qualités de style et la pensée de ce journaliste de combat.

ŒUVRES

Marché de dupes ? La Conférence impériale d'Ottawa (1932) (essai), Montréal, Albert Lévesque, 1933, 209 p. « Documents économiques ».

Nos chefs à Ottawa. R.-B. Bennett, Mackenzie King, J.-S. Woodsworth, Ernest Lapointe, H.-H. Stevens, C.-H. Cahan, Arthur Sauvé, Fernand Rinfret, J.-F. Pouliot et les autres (biographies), Montréal, Éditions Albert Lévesque, 1935, 183 p. Ill. de R. La Palme. « FC ».

Notre problème politique (essai), Montréal, Éditions de L'A.C.F., 1938, 157 p. « Documents politiques ».

Le Statut de Westminster, 1931 (essai), Montréal, Imprimerie populaire, 1938, 23 p.

Le Canada et le Bloc anglo-saxon (essai), Montréal, Éditions du Devoir, 1940, 157 p.

Silhouettes du monde politique (biographies), Montréal, Les Éditions du Zodiaque, 1940, 266 p. «Zodiaque deuxième».

Vers l'accomplissement de notre destin américain (essai), Québec, Éditions du Cap Diamant, 1941, 38 p.

L'Éducation nationale populaire, AN, 2e année, no 4, déc. 1934, p. 219-236.

ÉTUDE

Édouard Laurent, *Le Canada et le Bloc anglo-saxon*, C, vol. 2, no 1, mars 1941, p. 114-115.

RIEL, LOUIS (1844-1882). Orateur, essayiste et poète, né à Saint-Vital (Territoires du Nord-Ouest). Après des études au Collège de Montréal, il retourne dans l'Ouest en 1868, et prend la tête du mouvement des Métis. Président du gouvernement provisoire établi par ce groupe en 1870, il tente sans succès une entente avec le Gouvernement du Canada sur l'avenir des Métis et leur autonomie dans la région de la Rivière-Rouge. Mis en accusation, il doit se réfugier aux États-Unis. Élu député de Provancher au parlement fédéral, il ne peut siéger à cause du mandat d'arrestation émis contre lui. Réélu en 1874, il est expulsé et se réfugie au Québec d'abord et aux États-Unis par la suite. C'est à cette époque qu'il publie *L'Amnistie* où il fait l'apologie de son mouvement politique et demande une amnistie en faveur des Métis qui avaient participé à la résistance armée. En 1884, il reprend la direction du mouvement de revendication et participe activement au soulèvement de 1884-1885. Capturé par les troupes canadiennes à Batouche le 12 mai 1885, il est accusé de haute trahison et trouvé coupable en juillet. Il est pendu à Regina le 16 novembre 1885, ce qui a soulevé beaucoup de passion au Québec où il est considéré comme un martyr, mort pour la cause des francophones catholiques. L'année suivante on publie ses *Poésies religieuses et politiques*. En 1985, les écrits de Riel paraissent en cinq volumes. En même temps, les études de sa carrière se multiplient. Sa vie fournit le sujet à quelques pièces de théâtre et à un opéra.

ŒUVRES

L'Amnistie. Mémoire sur les causes des troubles du Nord-Ouest et sur les négociations qui ont amené leur règlement amiable, Montréal, Bureau du «Nouveau Monde», 1874, 22 p. ; Ottawa, [s.é.], 1874, 43 p.

Les Métis (essai), [Montréal, s.é., 1885], 8 p.

Poésies religieuses et politiques, Montréal, Imprimerie de «l'Étendard», 1886, 51 p. ; Saint-Boniface, Éditions des Plaines, [1979].

The Diaries of Louis Riel, Edmonton, Hurtig, 1976, 187 p. Édité par Thomas Flanagan.

Louis Riel. Poésies de jeunesse, Saint-Boniface, Les Éditions du Blé, 1977, x, 160 p. Texte établi et annoté par Glen Campbell, Thomas Flanagan et Gilles Martel.

The Collected Writings of Louis Riel/ Les Écrits complets de Louis Riel, Edmonton, University of Alberta Press, 1985, 5 vol. : vol. 1, *1861-1875* ; vol. 2, *1875-1884* ; vol. 3, *1884-1885* ; vol. 4, *La Poésie* ; vol. 5, *Les Références*. Sous la direction de George F.S. Stanley.

ÉTUDES

André-Napoléon Montpetit, *Louis Riel à la Rivière-du-Loup*, Lévis, Mercier, 1885, lxii, 111 p.

Robert Rumilly, *Riel*, Montréal, Valiquette, [1941], 315 p.

Frank W. Anderson, *Riel's Manitoba Uprising*, [Calgary, Frontier Pub.], 1974, 64 p.

Gilles Martel, *Le Messianisme de Louis Riel*, Ottawa, Corporation canadienne des sciences religieuses, 1984, 492 p.

RILEU, JOSEPH. Voir **LÉVESQUE, RICHARD.**

RINGUET [X Philippe Panneton] (1895-1960). Romancier et essayiste, né à Trois-Rivières. Après ses études classiques aux séminaires de Joliette et de Trois-Rivières et au Collège Sainte-Marie, il entre à la Faculté de médecine de Québec puis de Montréal (licence en médecine, 1920). Il fait ensuite un séjour en Europe (1920-1922) où il se spécialise en oto-rhino-laryngologie. À son retour, il pratique la médecine à l'Hôpital Notre-Dame de Montréal, tout en étant médecin consultant à l'Hôpital Saint-Eusèbe de Joliette (1923-1940). Professeur agrégé à la Faculté de médecine de l'Université de Montréal (1935), il est chargé du cours d'histoire de la médecine (1942-1950), puis nommé professeur titulaire en 1945. Il est envoyé en mission culturelle au Brésil (1946) et délégué à Paris, en 1952, par l'Académie canadienne-française aux fêtes en l'honneur de Victor Hugo. La même année, l'Université Laval lui confère un doctorat *honoris causa*. Nommé ambassadeur du Canada au Portugal (1956), il occupe ce poste jusqu'à sa mort, en 1960. Membre fondateur de l'Académie canadienne-française (dont il est président de 1947 à 1953), Ringuet reçoit successivement le prix du Gouverneur général et le prix de l'Académie française (1939), le prix des Vikings et le Prix de la province de Québec (1940), le prix de l'Académie française (1953), le prix Duvernay (1955); le titre de professeur émérite de l'Université de Montréal lui est conféré en 1957; la médaille Lorne-Pierce, de la Société royale du Canada, lui est accordée en 1959. La parution de *Trente arpents* (1938) marque l'apogée du roman régionaliste canadien-français. Ce premier roman de Ringuet, le plus important de sa carrière, pose le problème de la permanence de la terre. Sous cet angle le vaste tableau de Ringuet annonce la fin d'un règne au Canada français, fixé depuis longtemps par la fidélité au champ ancestral; c'est une nouvelle vie qui s'annonce pour les paysans et le début de leur exode vers la ville. «*30 arpents* fut un événement capital de notre histoire littéraire, remarque Gilles Marcotte, [...] surtout parce qu'il posait dans son ampleur le problème éternel de la terre, la terre insensible qui survit indifférente à tous ceux qui, croyant la posséder, en sont les esclaves». Pierre Angers a démontré de quelle façon le mythe de la terre s'est associé chez Ringuet, à l'art romanesque : «L'œuvre, explique-t-il, projette sur le monde agricole une vive lumière; l'observation la plus exacte s'allie à la poésie la plus intense. L'excellence du récit, conduit selon un dessin pur et achevé, qu'un art consommé rapproche des œuvres de Flaubert et de Maupassant; le tableau d'une famille de cultivateurs dont la vie simple et unie est bouleversée par l'avènement de la technique; la peinture de l'existence quotidienne, saisie au fil des jours, est telle que l'a vécu le terrien du premier quart de siècle; une puissante évocation de la terre; un document sociologique, apparenté des renseignements les plus précieux sur les mœurs et les activités d'une ferme québécoise : ce rapide inventaire donne à entendre la richesse d'une œuvre dotée de tous les sortilèges d'une langue que Ringuet a cultivée avec passion et maîtrisée avec puissance». Bien plus que dans ses contes et nouvelles *L'Héritage* ou dans son roman *Le Poids du jour* (1949), Ringuet a donné la vraie mesure de son talent dans *Trente arpents*. La terre vue à travers l'âme d'Euchariste Moisan atteint la puissance d'un mythe. C'est l'art original de conter et de peindre qui confère à l'ouvrage le souffle d'une véritable épopée paysanne dans un style semblable à celui du Polonais Ladislas Reymont.

ŒUVRES

Littératures à la manière de... (pastiches), Montréal, Édouard Garand, 1924, 132 p. Collab. Louis Francœur; Les Éditions Variétés, [s.d.], 120 p.

30 arpents. Roman, Paris, Flammarion, [1938], 293 p. (Plusieurs réimpressions au Canada jusqu'à la fin de la Seconde Guerre mondiale, en vertu d'un arrêté exceptionnel du Commissaire des brevets); *Trente arpents*, 1946. (Édition imprimée en conformité d'une entente entre les Éditions Variétés de Montréal et l'éditeur Ernest Flammarion de Paris); Montréal, Fides, [1957], 307 p. Préface de Luc Lacourcière. «N»; 1971, 328 p. «BCF». Préface de Jacques Cotnam; Paris, Flammarion, 1980, 319 p. «J'ai lu». Traduction de Felix et Dorothea Walter : *Thirty Acres*, Toronto, The MacMillan Company of Canada Limited, 1940, 324 p.; McClelland and Stewart, 1960, 249 p. Traduction allemande : *Dreissig Morgen Land*, Einsiedeln, Benziger, 1940, 394 p.

Un monde était leur empire (histoire), Montréal, Éditions Variétés, 1943, 350 p. Ill.

L'Héritage et Autres Contes, Montréal, Éditions Variétés, 1946, 180 p.; Fides, 1971, 181 p. Note préliminaire de Jean Panneton. «N».

Fausse Monnaie. Roman, Montréal, Éditions Variétés, 1947, 236 p.; Stanké, 1983, 243 p.

Le Poids du jour. Roman, Montréal, Éditions Variétés, 1949, 410 p.

L'Amiral et le Facteur ou Comment l'Amérique ne fut pas découverte (histoire), Montréal, Dussault, 1954, 206 p.

Confidences (souvenirs), Montréal, Éditions Fides, 1965, 198 p. Ill.

ÉTUDES

Valdombre, *Les «Trente arpents» d'un canayen ou Le Triomphe du régionalisme*, PV, 3e année, no 3, févr. 1939, p. 93-145.

Léo-G. Morin, *Un monde était leur empire*, C, vol. 5, no 1, mars 1944, p. 85-88.

Marc-A. Perron, *Fausse Monnaie*, AN, vol. 31, no 3, mars 1948, p. 233-237.

Clément Lockquell, *Le Poids du jour*, RUL, vol. 4, no 5, janv. 1950, p. 454-459.

Gilles Marcotte, *Ringuet romancier*, AN, vol. 35, no 1, janv. 1950, p. 64-76.

Jean LeMoyne, *Ringuet et le Contexte canadien-français*, RD, vol. 56, no 1, févr. 1950, p. 80-90.

Jean-Paul Pinsonneault, *L'Œuvre de Ringuet ou La Quête d'un bonheur fuyant*, dans *Lectures*, t. 9, no 9, mai 1953, p. 385-394.

Pierre Angers, *Trente Arpents*, dans *Le Roman canadien-français*, Montréal/Paris, Fides, 1964, p. 123-131. «ALC» 3.

Benoît Brouillette, *Géographie et Littérature*, MSRC, 4e série, vol. 3, section 1, 1965, p. 13-18, surtout p. 14-18.

Jean Marcel, *Retour à Ringuet*, AN, vol. 55, no 3, nov. 1965, p. 345-349.

RINGUET

Victor Barbeau, *Ringuet*, dans *La Face et l'Envers*, Montréal, Les Publications de l'Académie canadienne-française, 1966, p. 29–37.

Jacques Cotnam, *En guise de préface à « Trente arpents »*, ES, vol. 46, n° 1, janv.-févr. 1967, p. 20–31.

Raymond Turcotte, *Ringuet ou Le Pays incertain*, VIP, n° 1, avril 1967, p. 17–27.

Jean Panneton, *Ringuet*, Montréal, Fides, 1970, 190 p. « ECA ».

Jacques Viens, *« La Terre » de Zola et « Trente arpents » de Ringuet. Étude comparée*, Sherbrooke, Éditions Cosmos, 1970, 150 p. Préface de Jean Panneton.

Antoine Sirois, *Grove et Ringuet : témoins d'une époque*, CaL, n° 49, été 1971, p. 20–27.

Mireille Servais-Maquoi, *Ringuet*, dans *Le Roman de la terre au Québec*, Québec, PUL, 1974, p. 151–188.

René Labonté, *Le Paysage ringuétien. Étude de style*, dans *Voix et Images du Pays 11*, 1975, p. 139–160.

Jean-Pierre Boucher, *Le Grain de sable dans la machine. Trente arpents de Ringuet*, dans *Instantanés de la condition québécoise*, Montréal, HMH, 1977, p. 57–69.

Patrick Imbert, *« Trente arpents » ou Le Pastiche masqué ?*, LQ, n° 15, août–sept. 1979, p. 40–41.

Monique Chartier, *Ringuet. Fausse Monnaie*, dans *Nos livres*, vol. 15, avril 1984, n° 5698.

RIONEL. Voir **LENOIR, JOSEPH.**

RIOUX, HÉLÈNE (1949–   ). Poète, nouvelliste et romancière, née à Montréal. Elle étudie au Collège Esther-Blondin et au Cégep du Vieux-Montréal (D.E.C., 1971), puis elle fait deux ans d'études russes à l'Université de Montréal (1973–1975). À partir de 1979, elle est traductrice et journaliste à la pige. Elle voyage beaucoup en Europe et au Moyen-Orient, et elle représente le Québec à la Foire internationale du livre de Mexico, en 1983. Son premier recueil de poésie, *Suite pour un visage* (1970), passe à peu près inaperçu. Le second, *Finitudes* (1972), présente un voyage intérieur « sans mièvrerie, sans éloquence factice », dit Suzanne Paradis : « une romancière peut-être, plus qu'un poète ». Suivront de fait, entre 1975 et 1982, quatre récits à teinte autobiographique sur lesquels les critiques diffèrent. Ainsi, *Yes Monsieur* (1973) est pour Madeleine Ouellette-Michalska « étonnamment réussi ». Normand Desjardins pense que dans *Une histoire gitane* (1982), « malgré un style concis, précis », et « une histoire bien de ce temps », Hélène Rioux « donne quand même dans le déjà vu ». Madeleine Ouellette-Michalska écrit que les situations « sont le plus souvent effleurées. Mais le rythme est rapide, les dialogues efficaces, et l'atmosphère parfaitement restituée ».

ŒUVRES

Suite pour un visage (poésie), [Montréal, s.é.], 1970, [n.p., 25 p.]. Ill. de Michel Alain.

Finitudes (poésie), Montréal, Les Éditions d'Orphée, 1972, 63 p.

Yes Monsieur (récit), Montréal, La Presse, 1973, 135 p.

Un sens à ma vie (récit), Montréal, La Presse, 1975, 116 p. « Chroniqueurs des deux mondes ».

J'Elle. Récit, [Montréal], Stanké, 1978, 147 p.

Une histoire gitane. Roman, Montréal, Québec/Amérique, 1982, 122 p. Ill. « Littérature d'Amérique ».

L'Homme de Hong Kong. Nouvelles, Montréal, Québec/Amérique, 1986, 130 p. Ill. « Littérature d'Amérique ».

« Je suis longtemps demeurée dissociée... », dans Jean Hallal, *Le Décalage*, Montréal, L'Hexagone, 1980, p. 14–17, 20, 23–25, 28, 33–36, 45.

ÉTUDES

Suzanne Paradis, *Finitudes de Hélène Rioux*, LAQ 1972, p. 183.

Réginald Martel, *Chronique amère de l'âge d'amour*, Pr, 89ᵉ année, n° 233, 29 sept. 1973, p. E-3.

[Anonyme], *Rioux (Hélène). Yes Monsieur*, dans *Le Livre canadien*, vol. 4, déc. 1973, n° 329.

[Anonyme], *Rioux (Hélène). Un sens à ma vie*, dans *Le Livre canadien*, vol. 6, juin–juillet 1975, n° 233.

Madeleine Ouellette-Michalska, *Raconter sa vie au fil de l'encre*, Ch, vol. 20, n° 7, juillet 1979, p. 10.

Gilles Dorion, *Hélène Rioux. J'Elle*, LAQ 1979, p. 77–78.

Gaétane Payeur-Minot, *Rioux (Hélène). J'Elle*, dans *Nos livres*, vol. 11, juin–juillet 1980, n° 208.

Madeleine Ouellette-Michalska, *Impasse en Andalousie*, Dev, vol. 73, n° 275, 27 nov. 1982, p. 27.

Adrien Thério, *Le Mythe de l'étranger et la Recherche de l'amour. Une histoire gitane de Hélène Rioux*, LQ, n° 29, printemps 1983, p. 25–26.

Normand Desjardins, *Rioux (Hélène). Une histoire gitane*, dans *Nos livres*, vol. 14, mars 1983, n° 5165.

RIOUX, JEAN-EUDES (1934–   ). Romancier, né à Rivière-à-Claude (Matane). Il fait le cours classique au Séminaire de Gaspé, à l'Université Saint-Louis d'Edmunston et à l'Université Laval (B.A., 1956). Il fait un an de médecine à l'Université Laval (1957), étudie en 1961 à l'École normale Laval et obtient une licence en pédagogie en 1973. Il enseigne, entre 1956 et 1964, à Chutes-aux-Outardes, à Saint-Alban, à Tadoussac, à Gagnonville et à Plessisville, puis, à partir de 1964, à Loretteville. En 1980, il publie son premier roman, *Le Fonctionnaire*, histoire à la fois kafkaenne et humoristique. « Ce roman de Jean-Eudes Rioux est simple et bien mené, écrit Monique Chartier. L'intrigue est soutenue par une langue juste et un ton amusant ». Un second roman, *Où est passé Monsieur Murphy ?*, satire sociale humoristique, paraît en 1983.

ŒUVRES

Le Fonctionnaire (roman), Montréal, Cercle littéraire
ésotérique, 1980, 105 p.

Où est passé Monsieur Murphy? Roman, Montréal,
CLF Pierre Tisseyre, 1983, 241 p. « Conquêtes ».

ÉTUDE

Monique Chartier, *Rioux (Jean-Eudes). Le Fonctionnaire*, dans
Nos livres, vol. 11, août-sept. 1980, n° 269.

J.Y. Létourneau

RIOUX, MARCEL (1919–
). Sociologue, né à
Amqui (Matapédia). Il
fait son baccalauréat au
Séminaire de Rimouski et
poursuit ses études en philosophie au Collège théo-
logique et philosophique
des dominicains. Ayant
obtenu une maîtrise ès arts
de l'Université de Mont-
réal, il s'inscrit à l'Université de Paris où il obtient
une licence en sciences politiques et sociales. Il se
spécialise également en ethnologie au Musée de
l'Homme à Paris. De retour au pays, il entre au
service du Gouvernement canadien comme chercheur au Musée de l'Homme à Ottawa (1947-1959).
Il publie alors deux ouvrages importants : *Description de la culture à l'Île Verte* (1954) et *Belle-Anse*
(1957). Il enseigne à l'Université Carleton
(1959-1961) et, à partir de 1961, à l'Université de
Montréal en tant que professeur titulaire de sociologie. Ses travaux portent principalement sur les
Iroquois, les communautés rurales et urbaines, la
jeunesse québécoise. Comme recherchiste, il collabore aux travaux de la Commission royale d'enquête
sur le bilinguisme et le biculturalisme. De 1966 à
1968, il préside la Commission royale d'enquête
sur l'enseignement des arts au Québec. Il mérite la
médaille Parizeau (ACFAS), en 1956, le prix Montcalm (Paris), en 1970 et le prix Léon-Gérin en 1978.
« On n'ignore pas Marcel Rioux, écrit Yvan Lamonde. Les bouquins et l'université ont été chez lui
des moyens d'engagement dans la politique et dans
la recherche sur le terrain ». En 1978, Marcel Rioux
publie un bilan de son engagement sous le titre,
Essai de sociologie critique. Marie-France Moore
le situe, avec raison, parmi « nos maîtres à penser ».

ŒUVRES

Description de la culture de l'Île Verte (monographie),
Ottawa, Musée national du Canada, 1954, 98 p. « Série
anthropologique » ; 1965.

Belle-Anse (monographie), Ottawa, Musée national du
Canada, 1957, 125 p. Ill. « Série anthropologique » ;
Ministère du Nord canadien et des Ressources naturelles,
1961, Ill. Cartes.

French-Canadian Society (essai), Toronto, McClelland
and Stewart, 1964, vol. 1, *Sociological Studies*, 407 p.
Éditeur avec Yves Martin. « The Carleton Library ».
Version française : *La Société canadienne-française*,
Montréal, Hurtubise HMH, 1971, 404 p.

*Les Nouveaux Citoyens. Enquête sociologique sur les
jeunes du Québec*, Montréal, Ici Radio-Canada, 1964,
113 p. Collab. Robert Sévigny.

La Nation et l'École (essai), Montréal, Mouvement laïque
de langue française, 1966, 23 p.

*Rapport pour la Commission royale d'enquête B.B. sur
certaines opinions et attitudes des jeunes du Québec
âgés de 18 à 21 ans*, [Montréal, s.é., 1966?], 223 f.

*Jeunesse et Société contemporaine. Leçon inaugurale
faite à l'Université de Montréal le jeudi 11 mars 1965*,
Montréal, PUM, 1969, 49 p.

La Question du Québec (essai), Paris, Éditions Seghers,
1969, 197 p. ; 1971, 245 p. ; Montréal, Parti Pris, 1976,
263 p. ; 1977, 271 p. ; 1978, Montréal, L'Hexagone,
1987, 275 p. Coll. « Typo ». Traduction anglaise par
James Boake : *Quebec in Question*, Toronto, James
Lewis and Samuel, 1971, 191 p. ; J. Lorimer, 1978,
209 p.

*Rapport de la Commission d'enquête sur l'enseignement
des arts au Québec*, Montréal, L'Éditeur officiel du
Québec, 1969, 3 vol. : vol. 1, 304 p. ; vol. 2, 389 p. ;
vol. 3, 205 p. Collab. J. Ouellet, J. Deslauriers, J. Filiatrault, *et al.*

*Aliénation et Idéologie dans la vie quotidienne des Mont-
réalais francophones* (essai), Montréal, PUM, 1973,
2 vol. : [993 p.]. Sous la direction d'Yves Lamarche,
Robert Sévigny et Marcel Rioux.

Données sur le Québec (essai), Montréal, PUM, 1974,
270 p. Collab. R. Boily, A. Dubuc et F.-M. Gagnon.

Les Québécois (essai), [Paris], Éditions du Seuil, 1974,
189 p. Ill. « Le temps qui court ».

Essai de sociologie critique, Montréal, Hurtubise HMH,
1978, [viii], 182 p. « Cahiers du Québec. Sociologie ».

Deux pays pour vivre. Un plaidoyer (essai), Laval, Éditions
coopératives Albert Saint-Martin, 1980, 119 p. Collab.
Susan Crean. Version anglaise : *Two Nations. An Essay
on the Culture and Politics of Canada and Quebec in a
World of American Pre-eminence*, Toronto, Lorimer,
1983, 167 p.

Pour prendre publiquement congé de quelques salauds
(essai), Montréal, L'Hexagone, 1980, 76 p.

Le Besoin et le Désir ou Le Code et le Symbole. Essai,
Montréal, L'Hexagone, 1984, 135 p.

Une saison à la renardière (chronique), Montréal, L'Hexagone, 1988, 87 p. Coll. « Essai ».

À propos d'autogestion et d'émancipation (essais), Québec,
Institut québécois de recherche sur la culture, 1988,
190 p. Collab. Gabriel Gagnon.

Qu'est-ce qu'une nation?, AN, vol. 26, sept. 1945, p. 25–37.

État et Nation, AN, vol. 27, janv. 1946, p. 6–18.

Remarques sur la notion de culture en anthropologie, RHAF, vol. 4, n° 3, déc. 1950, p. 311–321.

Remarques sur l'éducation secondaire et la culture canadienne-française, CL, vol. 1, n° 2, févr. 1951, p. 34–42.

Les Sociétés paysannes, méthodes d'études, RHAF, vol. 5, n° 4, mars 1952, p. 493–504.

Idéologie et Crise de conscience du Canada français, CL, n° 14, déc. 1955, p. 1–29.

Rapport préliminaire de l'étude sur la culture acadienne du Nouveau-Brunswick, dans *Rapport annuel du Musée national*, n° 147, avril 1955–1956, p. 62–64.

Socialisme. Cléricalisme et Nouveau Parti, CL, 12e année, n° 33, janv. 1961, p. 4–8.

Visions tragiques et optimistes de l'histoire, ECF, n° 8, 1961, p. 233–257.

L'Étude de la culture canadienne-française. Aspects microsociologiques, RS, vol. 3, n°s 1–2, janv.–août 1962, p. 267–272.

L'Art et l'Éducation des adultes, CL, 13e année, n° 48, juin–juillet 1962, p. 20.

Les Classes sociales au Canada français, dans *Revue de sociologie* (Paris), vol. 3, n° 3, juillet–sept. 1962, p. 290–300. Collab. Jacques Dofny.

Aliénation culturelle et Roman canadien, RS, vol. 5, n°s 1–2, juin–août 1964, p. 145–150.

Conscience ethnique et Conscience de classe au Québec, RS, vol. 6, n° 1, janv.–avril 1965, p. 23–32.

Ce que je crois, M, n°s 66–67, juin–juillet 1967, p. 210.

ÉTUDES

Yves Leclerc et Bernard Morrier, *Les Arts: rien ne sera fait tant que la mésentente entre Québec et les étudiants ne sera pas réglée*, Pr, vol. 82, n° 57, 9 mars 1966, p. 3.

[Anonyme], *Les Nouveaux Citoyens*, dans *Culture-Information*, vol. 1, n° 3, 20 juin–20 juillet 1966, p. 6–7.

[Anonyme], *Considérations de Marcel Rioux sur l'affaire Dora*, dans *Le Quartier latin*, vol. 49, n° 34, 9 févr. 1967, p. 4.

Nicole Charest, *Pourquoi les jeunes se révoltent-ils?*, Pe, vol. 9, n° 28, 8 juillet 1967, p. 8.

Robert Pouliot, *Il faut se rendre au Japon pour connaître les « barbouilleurs » de Nicolet*, No, 48e année, n° 47, 27 janv. 1968, p. 5.

Jean Basile, *Congrès: Marcel Rioux avant le Rapport Rioux*, Dev, vol. 59, n° 241, 15 oct. 1968, p. 14.

[Anonyme], *Il n'appartient pas à M. Rioux de forcer la main au gouvernement*, dans *Montréal-Matin*, vol. 39, n° 218, 21 mars 1969, p. 8.

Jacques Dallaire, *Bertrand s'en prend au président de la Commission d'enquête sur les arts*, dans *L'Action*, 62e année, n° 18729, 21 mars 1969, p. 1.

Jean-Pierre Guay, *Le Rapport n'a pas été fait pour plaire à un ministre du jour*, dans *L'Action*, 62e année, n° 18730, 22 mars 1969, p. 1.

Jacques Thériault, *Notre société qui a réprimé l'imaginaire doit le réintégrer*, Dev, vol. 60, n° 121, 26 mai 1969, p. 13.

Richard Jones, *La Question du Québec, de Marcel Rioux*, LAQ 1969, p. 196.

Gilbert Tarrab, *Marcel Rioux. Les Québécois*, LAQ 1974, p. 278–280.

Angèle Dagenais, *Prix Léon-Gérin. Marcel Rioux*, Dev, vol. 69, n° 232, 7 oct. 1978, p. 19–20.

Yvan Lamonde, *Marcel Rioux: voir les possibles*, Dev, vol. 69, n° 292, 16 déc. 1978, p. 30.

Marie-France Moore, *Nos maîtres à penser...*, dans *Le Livre d'ici*, vol. 4, n° 29, 25 avril 1979, p. 1.

Gilbert Tarrab, *Quand Marcel Rioux règle ses comptes*, Pr, 97e année, n° 300, 19 déc. 1981, p. D-8.

Vincent Nadeau, *Marcel Rioux. Pour prendre publiquement congé de quelques salauds*, LAQ 1981, p. 320–321.

RIVARD, ADJUTOR (1868–1945). Avocat, écrivain et linguiste, né à Saint-Grégoire (Nicolet). Il fait ses études à l'Académie commerciale des Frères des Écoles chrétiennes, au Petit Séminaire de Québec, à l'École normale Laval, puis à la Faculté de droit de l'Université Laval. En 1891, il ouvre un bureau d'avocat à Chicoutimi et donne des cours de diction au Séminaire de Chicoutimi, avant de revenir à Québec, en 1895; l'année suivante, il est nommé professeur agrégé d'élocution à la Faculté des arts de l'Université Laval. Avec l'abbé S.-A. Lortie et Eugène Rouillard, il fonde, en 1902, la Société du Parler français au Canada dont il est secrétaire pendant dix ans. En septembre 1902, paraît le premier numéro du *Bulletin du Parler français au Canada*, remplacé, en 1918, par *Le Canada français*, publication de la Société du Parler français et de l'Université Laval. Avec les abbés S.-A. Lortie et Paul-Eugène Roy, il fonde, en 1907, *L'Action sociale catholique* qui devient *L'Action catholique* en 1915, puis *L'Action* en 1962. Organisateur du 1er Congrès de la langue française au Canada (1912), il est nommé bâtonnier de la province de Québec en 1919, puis juge à la Cour du Banc du Roi (1922–1942). Membre de la Société royale du Canada (1908), chevalier de l'Ordre de Saint-Grégoire-le-Grand (1914), Adjutor Rivard obtient le prix Devaine de l'Académie française, en 1920, pour son recueil, *Chez nous*, puis la médaille Lorne Pierce pour l'ensemble de son œuvre (1931). Une grande partie de son œuvre est consacrée à la défense et à l'illustration de la langue française et reflète un véritable attachement au passé et à ses traditions. Émile Dubois distingue dans *Chez nous* « une forte odeur du terroir [... cependant] chez lui les mots du terroir n'envahissent pas la phrase mais l'enrichissent; au lieu de la gêner, ils lui donnent plus de sens et de clarté ».

ŒUVRES

Monseigneur de Laval. Discours prononcé à l'Université Laval à une séance donnée à l'occasion du 264e anniversaire de la naissance de Mgr de Laval, Lévis, Pierre-Georges Roy, 1891, 20 p.

L'Art de dire. Traité de lecture et de récitation, Québec, Typographie de H. Chassé, 1898, 277 p.

Manuel de la parole. Traité de prononciation, Québec, J.-P. Garneau, 1901, 303 p.; 1928, 314, ix p.

L'Origine et le Parler des Canadiens français (étude), Paris, Champion, 1903, 37 p. Collab. abbé S.-A. Lortie.

Bibliographie du parler français au Canada. Catalogue analytique des ouvrages traitant de la langue française au Canada, Paris/Québec, Champion/Marcotte, 1906, 99 p. Collab. James Geddes.

Legendre (biographie), Ottawa, Société royale du Canada, 1909-1910, 14 p.

Le Ralliement catholique et français en Amérique. Appel aux patriotes et aux croyants de la nationalité française au Nouveau-Monde (essai), Québec, Comité permanent de la langue française, 1913, 4 p.

Chez nous (récits), Québec, L'Action sociale catholique, 1914, 145 p.; 1918, 135 p.; 1919, 256 p.; Montréal, Bibliothèque de l'Action française, 1923, 90 p. Ill.; Québec, Garneau, 1935, 257 p.; 1941, 264 p. Ill. de Géo Duquet; 1943; Éditions Garneau, 1976, 264 p. Traduction anglaise par W.-H. Blake : *Chez nous (Our Old Quebec Home)*, Toronto, McClelland and Stewart, 1924, 201 p. Ill. de A.-Y. Jackson.

Études sur les parlers de France au Canada, Québec, J.-P. Garneau, 1914, 281 p.

Chez nos gens (récits), Québec, Éditions de l'Action sociale catholique, 1918, 136 p.; Montréal, Bibliothèque de l'Action française, 1923, 95 p. Ill. de Berthe Le Moyne.

De la liberté de la presse (traité), Québec, Garneau, 1923, 125 p.

Chez nous, Chez nos gens (récits), Montréal, Bibliothèque de L'Action française, 1924, 163 p. Ill. de Berthe Le Moyne. (Plusieurs des textes ont déjà été publiés dans *Chez nous* et *Chez nos gens*).

Le Collège du Québec. Conférences de M. le Juge Adjutor Rivard, Québec, Ateliers d'Action catholique, 1935, 21 p.

Manuel de la Cour d'appel, juridiction civile : organisation, compétence, procédure (traité), Montréal, Éditions Variétés, 1941, 406 p.

Contes et Propos divers, Québec, Librairie Garneau limitée, 1944, 246 p.

Les Canadiens anglais et le Parler des Canadiens français, dans *La Semaine religieuse de Québec*, vol. 14, n° 20, 4 janv. 1902, p. 307-311.

Le Parler franco-canadien, BPF, vol. 2, n° 2, oct. 1903, p. 38-46; n° 3, nov. 1903, p. 65-73.

La Francisation des mots anglais dans le franco-canadien, BPF, vol. 5, n° 7, mars 1907, p. 252-264.

Un poète illettré, MSRC, 3e série, vol. 4, section 1, 1911, p. 41-44.

La Question de la réforme orthographique, MSRC, 3e série, vol. 8, section 1, 1914, p. 1-24.

ÉTUDES

Camille Roy, *Les Parlers de France au Canada*, BPF, vol. 13, n° 3, nov. 1914, p. 105-111.

Lionel Groulx, *Leçon d'explication des auteurs, Rivard : Le Poêle (Chez nous)*, ESC, vol. 1, mai 1917, p. 281-286.

Arthur Maheux, *Chez nos gens*, BPF, vol. 16, n° 8, avril 1918, p. 354-359.

Émile Dubois, *Chez nous*, dans *Autour du métier*, Montréal, Bibliothèque de l'Action française, 1922, p. 53-59.

Émile Chartier, *Hommage au parler des aïeux. (Rivard : Études sur les parlers de France au Canada, toste final)*, ESC, vol. 6, n° 9, janv. 1927, p. 505-521.

Arthur Maheux, *Un grand Canadien : Adjutor Rivard*, CF, vol. 33, n° 1, sept. 1945, p. 39-42.

Frère Léo, « Adjutor Rivard : régionaliste, philologue, critique ». Mémoire de maîtrise, Ottawa, Université d'Ottawa, 1950, 286 f.

Maurice Lebel, *Adjutor Rivard (1868-1945)*, dans *Le Journal de l'Instruction publique*, vol. 3, n° 5, janv. 1959, p. 441-445.

RIVARD, YVON (1945-   ). Romancier, poète et critique littéraire, né à Sainte-Thècle (Champlain). Après ses études classiques au Collège Sainte-Marie de Shawinigan (B.A., 1965), il découvre Rilke et la littérature allemande. Il obtient ensuite, à l'Université McGill, une maîtrise en littérature pour un mémoire sur « Julien Green, romancier de l'exil » (1968), puis un doctorat (1971) à l'Université d'Aix-Marseille dont la thèse paraît sous le titre *L'Imaginaire et le Quotidien. Essai sur les romans de G. Bernanos* (1978). Yvon Rivard a vécu en France, en Grèce et en Espagne, et il a enseigné au Vermont (É.-U.). Il est professeur au Département d'études françaises de l'Université McGill, et il est membre du comité de rédaction de la revue *Liberté*. Son premier roman, *Mort et Naissance de Christophe Ulric* (1976), le classe parmi les écrivains les plus exigeants des lettres québécoises. Louis Lasnier trouve que « tout se passe comme si le matériel avait été gâché : les mots noient non seulement l'intrigue, mais le récit lui-même ». Dans l'ensemble les critiques sont très favorables ; Jacques Pelletier parle de « l'extraordinaire réussite que constitue ce premier roman ». Comme le précédent, *L'Ombre et le Double* (1979) invite le lecteur à une vaste quête dans un univers d'apparences. « Le roman de Rivard, écrit Joseph Bonenfant, ne conte pas d'abord une histoire ; il se fait plutôt *histoire* et offre une conception de la littérature qui passe par celle de la *chronique*. Aux encadrements empiriques se mêlent des débordements fantasmatiques rigoureusement contrôlés. [...] Ce roman opère un éclatement dans notre écriture québécoise ». En 1987, il obtient le prix du Gouverneur général pour son roman *Les Silences du corbeau*.

ŒUVRES

Frayère (poésie), Saint-Boniface, Atelier Lucie Lambert, 1976, [portefeuille, n.p., 21 f.]. Gravures de Lucie Lambert.

Mort et Naissance de Christophe Ulric. Roman, Montréal, La Presse, 1976, 203 p. ; [Montréal], Leméac, 1986, 283 p. « Poche L Québec ».

L'Imaginaire et le Quotidien. Essai sur les romans de Georges Bernanos, Paris, Minard, 1978, 255 p. « Lettres modernes ».

L'Ombre et le Double (roman), [Montréal], Stanké, 1979, 247 p.

Les Silences du corbeau (roman), Montréal, Boréal, 1986, 266 p.

De l'image au poème, L, vol. 19, n° 110, mars–avril 1977, p. 35–36.

La Poésie de Guy Lafond, L, vol. 19, n°ˢ 112–113, juillet–oct. 1977, p. 343–351.

L'Enfant prodigue, L, vol. 22, n° 1, janv.–févr. 1980, p. 35–37.

ÉTUDES

François Ricard, *Trois styles. (Archambault, Major, Rivard)*, L, vol. 18, n° 108, nov.–déc. 1976, p. 182–192.

Jacques Pelletier, *Nouvelles Voix*, LAQ 1976, p. 42–44.

Louis Lasnier, *Rivard (Yvon). Mort et Naissance de Christophe Ulric*, dans *Nos livres*, vol. 8, mai 1977, n° 181.

Conrad Bernier, *Le Refus de la facilité et du mépris du lecteur* (entrevue), Pr, 94ᵉ année, vol. 24, 3 juin 1978, p. D-2.

Robert Mélançon, *Yvon Rivard : de deux romans l'un*, Dev, vol. 70, n° 239, 13 oct. 1979, p. 21.

Marie-Andrée Hamel, *Ce que je lis... Yvon Rivard* (entrevue), dans *Le Livre d'ici*, vol. 5, n° 4, 31 oct. 1979, p. 1.

Id., *Incriminé et Incarcéré pour écrits subversifs !*, dans *Le Livre d'ici*, vol. 5, n° 7, 21 nov. 1979, p. 1.

Louis Lasnier, *Rivard (Yvon). L'Ombre et le Double*, dans *Nos Livres*, vol. 10, déc. 1979, n° 400.

Jacques Michaud, *Se perdre au centre de la terre, au cœur de l'écriture, l'Ombre et le Double d'Yvon Rivard*, LQ, n° 16, hiver 1979–1980, p. 16–19.

Joseph Bonenfant, *Yvon Rivard. L'Ombre et le Double*, LAQ 1979, p. 78–80.

Jacques Michon, *L'Ombre des mots*, dans *Spirale*, n° 5, janv. 1980, p. 6.

Gabrielle Pascal, *L'Idéalisme d'Yvon Rivard*, VI, vol. 6, n° 3, printemps 1981, p. 473–480.

France Simard, *La Réalité d'Yvon Rivard... Poète de cœur, romancier de fait*, Dr, 74ᵉ année, n° 229, 27 déc. 1986, p. 41.

RIVERAIN, MICHEL. Voir **TREMBLAY,** VICTOR.

RIVERINE, LUCIEN. Voir **ACHARD,** EUGÈNE.

RIVES, EUGÈNE DE. Voir **CASGRAIN,** HENRI-RAYMOND.

RIVIÈRES, MADELEINE DES [née Madeleine Morisset] (1922–   ). Conteuse pour les jeunes, traductrice et biographe, née à Québec. Après ses études à l'Académie Notre-Dame du Chemin et à l'Hôpital de l'Enfant-Jésus, elle obtient de l'Université Laval une licence en Sciences infirmières en 1943 et étudie, de 1968 à 1972, l'anthropologie biblique et la traduction. Très active à Québec dans le mouvement de la Jeunesse étudiante catholique (JEC), elle en devient présidente, en 1939. Elle exerce sa profession d'infirmière de 1943 à 1947. Elle commence à écrire pour la jeunesse et remporte, pour ses contes de Noël, plusieurs prix du Journal *Le Soleil* (1950 à 1965) et le prix du *Nouvelliste* en 1967. Son recueil *Ronde autour de mon pays* qui regroupe dix contes, un pour chaque province, lui vaut un prix du Centenaire de la Confédération canadienne, en 1967. Membre agréée et présidente de la Société des traducteurs du Québec, (1979-1980), elle travaille comme pigiste, puis devient traductrice pour la compagnie de pétrole Ultramar Inc., de 1977 à 1985. Elle est lauréate du concours Yvette-Rousseau (1975) organisé par la Fédération des femmes du Québec. Membre de la Société des écrivains canadiens, elle collabore aux revues *Virevent*, *Étincelles*, *Jeunesse en marche*, *Santé mentale* et au *Dictionnaire des œuvres littéraires du Québec*. Déjà, dans ses conférences sur Dietrich Bonhoeffer (1975) et Rainer Maria Rilke (1979), elle témoigne d'un goût pour la biographie. Très impliquée dans la Société Saint-Vincent-de-Paul, Madeleine des Rivières publie une biographie du fondateur de ce mouvement de charité : *Ozanam. Un savant chez les pauvres* (1984), coédité à Montréal et à Paris et traduit en portugais, en japonais et en anglais. Sous le titre *Une femme, mille enfants*, l'auteure raconte, en 1987, la vie d'une autre pionnière, Justine Lacoste Beaubien, fondatrice de l'Hôpital Sainte-Justine, de Montréal. L'œuvre de Madeleine des Rivières est marquée d'une grande sensibilité. Son intérêt pour les valeurs sociales et religieuses est constant. Ses récits révèlent un réel talent de conteuse.

ŒUVRES

Ronde autour de mon pays. Contes canadiens, Québec, Éditions Jeunesse, [1968], 127 p. (Plusieurs de ces contes et nouvelles ont été reproduits dans des manuels scolaires francophones et anglophones).

Ozanam. Un savant chez les pauvres, Montréal/Paris, Bellarmin/Cerf, 1984, 166 p.

Justine Lacoste Beaubien. Une femme, mille enfants, Montréal, Bellarmin, 1987, 250 p.

« *Zabu* », dans *Le Dernier Courrier du Cardinal*, sous la direction d'André Lamoureux, Montréal, Fides, [1968], p. 64–69.

ÉTUDES

Odette Leroux, *Ronde autour de mon pays*, LAC 1968, p. 63.

Jean-Paul Labelle, *Ronde autour de mon pays*, Rel, n° 345, janv. 1970, p. 31.

Jean Martel, *Ozanam. Un savant chez les pauvres. La vie d'un homme préoccupé par la foi*, So, vol. 88, n° 255, 20 oct. 1984, p. F-8.

Anselme Longpré, *Bibliographie. Des Rivières, Madeleine. Ozanam. Un savant chez les pauvres*, Montréal/Paris, Bellarmin/ Cerf, 1984, dans *L'Église canadienne*, vol. 18, n° 10, 17 janv. 1985, p. 319.

Louise Perrin, *Livres. Ozanam, un savant chez les pauvres de Madeleine des Rivières*, dans *Pastorale Québec*, vol. 97, n° 2, 4 févr. 1985, p. 46.

[Anonyme], *Deux nouveaux livres sur Ozanam*, dans *Cahiers Ozanam*, n° 87, janv.–mars 1985, p. 59–61.

T. Arm, « *M. des Rivières, Ozanam. Un savant chez les pauvres* », dans *Nouvelle Revue théologique*, Namur (Belgique), juillet–août 1985, t. 107, p. 632–633.

ROBERT, GUY. Voir **DESMARCHAIS,** REX.

ROBERT, GUY [L'Estoc] (1933–   ). Poète, critique littéraire et critique d'art, né à Sainte-Agathe-des-Monts (Terrebonne). Il fait son cours classique au Collège de Sainte-Thérèse et au Collège André-Grasset (B.A., 1955). À l'Université de Montréal il obtient une maîtrise en littérature (1962) et, en 1977, il soutient une thèse de doctorat en esthétique à l'Université de Paris X. Directeur de la collection « Poésie canadienne » chez Déom, éditeur de poésie et d'ouvrages d'art, il est professeur d'esthétique et d'art moderne dans plusieurs institutions du Québec. Fondateur du Musée d'art contemporain de Montréal, il est directeur de l'exposition internationale de sculpture contemporaine à l'Expo'67. Il collabore assidûment aux revues : *La Barre du jour*, *Maintenant*, *Liberté*, *Livres et Auteurs québécois*, et *Vie des arts*... Guy Robert tente d'analyser objectivement la production artistique de son temps. Les volumes qu'il a préparés sur Alfred Pellan et sur Jean-Paul Lemieux se distinguent par un sens averti de la peinture et aussi par une mise en pages remarquable. Il est l'auteur de plusieurs recueils de poésie dans lesquels l'image, fréquente et d'une charge métaphorique saillante, constitue le trait caractéristique de son langage poétique.

ŒUVRES

Émile Zola. Principes et caractères généraux de son œuvre, Paris, Société d'édition les belles lettres, 1952, 205 p.

Vers un humanisme contemporain : Camus, Malraux, Sartre, Saint-Exupéry (essai), Montréal, [s.é.], 1956, 68 p.

Broussailles givrées (poésie), [Montréal], Éditions Goglin, 1959, 71 p. Ill. (Tirage limité).

La Poétique du songe. Introduction à l'œuvre d'Anne Hébert (essai), [Montréal], A.G.E.U.M., 1962, 125 p. « Les Cahiers ».

Connaissance nouvelle de l'art. Approche esthétique de l'expérience artistique contemporaine (essai), Montréal, Librairie Déom, 1963, 270 p. Liminaire de René Huyghe.

Et le soleil a chaviré (poésie), Montréal, Librairie Déom, 1963, 56 p. « PC ».

Pellan, sa vie et son œuvre/ His Life and His Art (essai), Montréal, Éditions du Centre de psychologie et de pédagogie, 1963, 135 p. Ill. « Artistes canadiens ». (Traduction anglaise en regard par George Lach).

L'Eau et la Pierre, poème en sept chants de Guy Robert, en sept images de Roland Pichet, Montréal, Édition Robert, 1964, [portefeuille, n.p., 15 f.]. Ill. (Édition de luxe. Tirage limité).

École de Montréal, situation et tendances/ Situation and Trends (essai), Montréal, Éditions du Centre de psychologie et de pédagogie, 1964, 151 p. Ill. « Artistes canadiens ». (Traduction anglaise en regard par George Lach).

Littérature du Québec, tome 1. Témoignages de 17 poètes (textes choisis), Montréal, Librairie Déom, 1964, 333 p. ; *Littérature du Québec, poésie actuelle*, 1970, 405 p. (Édition revue et augmentée).

Robert Roussil, 18 novembre 1965–2 janvier 1966, Montréal, Musée d'art contemporain, 1965, 63 p. Ill.

Symposium du Québec 1965 (monographie), Montréal, Musée d'art contemporain, 1966, 56 p.

Sculpture (livre d'art), Montréal, Expo 67, 1967, 128 p.

Jean-Paul Lemieux, la poétique de la souvenance (essai), Québec, Éditions Garneau, 1968, 137 p. Ill. (Il a été tiré de cette œuvre une édition de luxe à tirage limité).

Une mémoire déjà. Poème, 1959–1967, Québec, Librairie Garneau, 1968, 99 p.

Ailleurs se tisse. Poèmes à variantes mobiles, Québec, Éditions Garneau, 1969, [n.p., 84 p.], Ill. (Toutes les pages sont coupées horizontalement).

Intrême-Orient. Poème en sept images de Monique Charbonneau en sept chants de Guy Robert, Montréal, Éditions du Songe, 1969, [portefeuille, n.p., 21 f.]. Ill. (Édition de luxe. Tirage limité).

Jérôme, un frère jazzé (essai), Montréal, Éditions du Songe, 1969, 87 p. Ill. (Une édition à part, limitée, sous emboîtage, contient une composition originale de l'artiste Jérôme).

Québec se meurt (poésie), Montréal, Éditions du Songe, 1969, 91 p. « PQ ».

Le Su et le Tu (récit), Montréal, Éditions du Songe, 1969, 91 p. Ill.

Syntaxe pour Lardera (essai), Montréal, Éditions du Songe, 1969, [portefeuille, n.p., 26 f.]. Ill. Gravure originale de Berto Lardera. (Édition de luxe. Tirage limité).

Trans-apparence, poème en cinq images de Berto Lardera, en cinq chants de Guy Robert, Montréal, Éditions du Songe, 1969, [portefeuille, n.p., 13 f.]. Ill. (Édition de luxe. Tirage limité).

Albert Dumouchel ou La Poétique de la main (essai), [Montréal], PUQ, 1970, 95 p. Ill. « Studio ».

Aspects de la littérature québécoise (essai), Montréal, Beauchemin, 1970, 193 p.

Riopelle ou La Poétique du geste (essai), Montréal, Éditions de l'Homme, 1970, 219 p. Ill.

Yves Trudeau sculpteur (essai), [s.l.], Association des sculpteurs du Québec, [1970 ?], xxvi, 61 p. Ill. (Une traduction anglaise partielle par René Chicoine suit le texte français).

[*Le Grand Théâtre*] (essai), Sainte-Adèle, Éditions du Songe, 1971, [n.p., 34 p.]. Ill. Traduction en regard par Leslie Kelly-Régnier. (Paru d'abord dans *Culture vivante*, n° 17, mai 1970).

Bergeron aède de la Ferraille (essai), [s.l.], Association des sculpteurs du Québec, 1972, 82 p. Ill.

Borduas (essai), [Montréal], PUQ, 1972, 339 p. Ill.

Michel Aubin sculpteur (essai), [s.l.], Association des sculpteurs du Québec, 1972, 79 p. Ill.

L'Art au Québec depuis 1940 (essai), Montréal, La Presse, 1973, 501 p. Ill. ; Sainte-Adèle, Éditions du Songe. Relief sculpté par Yves Trudeau. (Édition de luxe. Tirage limité).

« *La Galaxie pourpre du Désir* », *texte en 3 mouvements pour le plaisir de l'œil* (essai lyrique), Sherbrooke, [s.é.], 1974, [n.p., 51 p.]. Ill. de Marcel Bombardier.

Niska (essai), Montréal, Les Presses libres, 1974, 93 p. Ill. Traduction anglaise en regard par Donald Bryant.

Jordi Bonet (essai), Sainte-Adèle, Éditions du Songe, 1975, 132 p. Ill. Traduction anglaise en regard par Donald J. Bryant ; 1975. Ill. (Édition de luxe. Tirage limité).

Lemieux (essai), Montréal, Stanké, 1975, 303 p. Ill. Traduction anglaise par John David Allan : *Lemieux*, Toronto / Vancouver / Calgary / Montréal, Gage Publishing, 1978, 303 p. Ill.

La Grande Fête de Hull. Rétrospective Jean Dallaire (essai), [s.l.], Campeau Corporation, [1975 ?, n.p., 38 p.]. Ill.

Marc-Aurèle Fortin, l'homme à l'œuvre (essai), Montréal, Éditions internationales Alain Stanké ltée, 1976, 301 p. Ill.

Textures (1969–70) (poésie), Montréal, Librairie Déom, 1976, 107 p. « Poésie ».

Borduas ou Le Dilemne culturel québécois (essai), [Montréal], Stanké, 1977, 253 p. Ill.

Stelio Sole (essai), Sainte-Adèle, Éditions des Songes, 1977, [n.p., 31 p.]. Ill. (Tirage limité).

Migrations en dix tableaux pour d'imaginaires musées (essai), Sainte-Adèle, Éditions du Songe / Iconia, 1978, [portefeuille, n.p., 21 f.]. Dix estampes originales de Gaston Petit. (Édition de luxe. Tirage limité).

La Peinture au Québec depuis ses origines (essai), Sainte-Adèle, Iconia, 1978, 221 p. Ill.

Rousseau et le Moulin des arts (essai), Montréal, Marcel Broquet Éditeur, 1979, 149 p. Ill. (Il a été tiré de ce livre une édition de luxe comportant une double gravure originale numérotée et signée par Albert Rousseau).

Dallaire ou L'Œil panique (essai), Montréal, Éditions France-Amérique, 1980, 263 p. Ill.

Helmut Gransow, Montréal, Galerie Bernard Desroches, 1980, [n.p., 32 p.]. Ill.

Suite québécoise : Charlevoix (essai), Sainte-Adèle, Iconia / Éditions du Songe, 1980, [portefeuille, n.p., 15 f.]. Portrait. Sept gravures originales d'Albert Rousseau. (Édition de luxe. Tirage limité).

Icare ou Le Cycle des éléments (poésie), Montréal, Iconia / Éditions du Songe, 1981, [portefeuille, n.p., 21 f.]. Sept gravures d'Adriano Lambe. « Verbimaginer ». (Édition de luxe. Tirage limité).

Mouvante Spirale du regard (poésie), Montréal, Iconia / Éditions du Songe, 1981, [portefeuille, n.p., 20 f.]. Sept gravures de Jean-Claude Bergeron. « Verbimaginer ». (Édition de luxe. Tirage limité).

Riopelle chasseur d'images (essai), Montréal, Éditions France-Amérique, 1981, 279 p. Ill. (Il a été tiré de ce livre une édition de luxe limitée à 150 exemplaires accompagnés de lithographies originales par Riopelle).

Fortin. L'œuvre et l'homme, Montréal, Éditions France-Amérique, 1982, 224 p. Ill.

Vieux-Québec (essai lyrique), Montréal, Éditions du Songe / Iconia, 1982, [portefeuille, n.p., 19 f.]. Neuf gravures d'Albert Rousseau. « Suite québécoise ». (Édition de luxe. Tirage limité).

Art actuel au Québec depuis 1970, Mont-Royal, Iconia, 1983, 255 p. Ill.

Aux couleurs et saisons d'Armande Ricard, Nicolet, Imprimerie de la Rive Sud, 1983, 93 p. Ill.

Déborder l'hiver. En six scènes de Guy Robert et six gravures de Roland Pichet, Montréal, Éditions P.R.B.,

1983, [portefeuille, n.p.]. (Édition de luxe. Tirage limité).

Art et Non finito. Esthétique et dynamogénie du non finito, Montréal, France-Amérique, 1984, 315 p. Ill.

Dominique, Montréal, Galerie Claude Lafitte, 1985, 150 p. Ill.

Pinsonnault (essai), Montréal, Iconia, 1986, 41 p. Ill. Traduction anglaise par Jacques Gouin.

Bellefleur ou La ferveur à l'œuvre (essai), Montréal, Iconia, 1988, 239, [13 p.].

Fonction du poète : vivre et dire, M, nᵒ 18, juin 1963, p. 211-212.

Essai sur le comique et le tragique, RUL, vol. 21, nᵒ 2, oct. 1965, p. 126-134.

Apologie de la tendresse (poème), L, vol. 13, nᵒ 1, janv.-févr. 1971, p. 49-55.

Les Dynamiques de l'écrivain et de l'État, L, vol. 13, nᵒ 2, mars-avril 1971, p. 38-46.

ÉTUDES

Pierre Gobin, *La Poétique du songe*, LAC 1962, p. 64.

Jean Marcel, *Analyses sur la littérature du Québec*, AN, vol. 54, nᵒ 1, sept. 1964, p. 77-84, surtout p. 80-84.

Henri-Paul Bergeron, *Pellan, sa vie, son œuvre*, dans *Lectures*, vol. 11, nᵒ 4, déc. 1964, p. 90-91.

Jacques de Roussan, *L'École de Montréal*, LAC 1964, p. 110-111.

Laurent Mailhot, *Une mémoire déjà*, EF, vol. 4, nᵒ 4, nov. 1968, p. 452-454.

Claude Beausoleil, *Aspects de la littérature québécoise*, LAQ 1970, p. 156.

Jean-Charles Falardeau, *Aspects de la littérature québécoise*, RHAF, vol. 25, nᵒ 3, déc. 1971, p. 426.

Robert Giroux, *Guy Robert. Textures*, LAQ 1976, p. 143-144.

Denis Chartrand, *Guy Robert. Marc-Aurèle Fortin, l'homme à l'œuvre*, LAQ 1976, p. 316-317.

Gilles Daigneault, *Lemieux de Guy Robert : quelque part entre la métaphysique et les invectives*, L, vol. 18, nᵒ 105, mai-juin 1976, p. 62-69.

Michel Cantin, « *Borduas ou Le Dilemne culturel québécois* », de *Guy Robert*, LQ, vol. 1, nᵒ 10, avril 1978, p. 51-52.

Jean-Marcel Duciaume, *Guy Robert : vingt-cinq ans de métier* (entrevue), LQ, nᵒ 14, avril-mai 1979, p. 49-56.

Paul Gay, *La Peinture au Québec depuis ses origines*, Dr, 65ᵉ année, nᵒ 97, 21 juillet 1979, p. 19.

Suzanne Joubert, *Notre Dallaire*, Dr, 68ᵉ année, nᵒ 218, 13 déc. 1980, p. 21.

Jean Royer, *Dallaire ou L'Œil panique*, Dev, vol. 71, nᵒ 287, 13 déc. 1980, p. 21, 40.

Suzanne Joubert, *Le Graveur et l'Écrivain*, Dr, 69ᵉ année, nᵒ 43, 16 mai 1981, p. 19.

ROBERT, JEAN-CLAUDE (1943-   ). Historien, né à Montréal. Il fait ses humanités au Séminaire Marie-Médiatrice et à l'Université de Montréal (B.A., 1966) où il obtient ensuite une licence (1969) et une maîtrise en histoire (1971) pour un mémoire sur « L'Activité économique de Barthélémy Joliette et la Fondation du Village d'Industrie (Joliette),

1824-1850 ». Boursier du Conseil des Arts du Canada et du Gouvernement français, il poursuit des études de doctorat à l'École des Hautes Études en sciences sociales (Paris I) où il soutient, en 1977, une thèse intitulée « Montréal 1821-1871 : aspects de l'urbanisation ». Pendant ses études il est employé de bureau à Montréal (1960-1966), professeur à la Commission scolaire régionale Maisonneuve de Laval (1967-1969), animateur socio-culturel au Cégep de Joliette (1969-1971) ; puis, en 1975, il devient professeur d'histoire à l'Université du Québec à Montréal. Il collabore à divers périodiques, tels que *Revue d'histoire de l'Amérique française*, *Histoire sociale*, *Archives*. En 1975, Robert publie *Du Canada français au Québec libre*. Le livre porte surtout sur les périodes allant de 1840 à 1959 et de 1960 à 1973. Sur la première, René Durocher dit qu'en dépit de certaines faiblesses, cette « analyse des réalités matérielles et sociales éclaire beaucoup les aspects politiques et idéologiques de l'histoire du Québec ». Et il ajoute sur la seconde période que cette synthèse courageuse, « même fragile et provisoire n'en est pas moins valable et utile pour rendre compte du Québec d'aujourd'hui ». En 1979 paraît le premier tome de l'*Histoire du Québec contemporain*, ouvrage écrit en collaboration avec Paul-André Linteau et René Durocher, et salué comme un « événement », vaste synthèse dont Richard Jones dit qu'elle « vient combler une lacune sérieuse dans l'historiographie québécoise ». Le deuxième tome : *Le Québec depuis 1930*, paraît en 1986.

ŒUVRES

Du Canada français au Québec libre. Histoire d'un mouvement indépendantiste (essai), Paris, Flammarion, 1975, 324 p. Cartes. « Histoire vivante ».

Histoire du Québec contemporain, 2 vol. : vol. 1 : *De la Confédération à la crise*, [Montréal], Boréal Express, 1979, 660 p. Collab. René Durocher et Paul-André Linteau ; vol. 2, *Le Québec depuis 1930*, Montréal, Boréal, 1986, 739 p. Collab. René Durocher, Paul-André Linteau et François Ricard. Ill. Présentation des auteurs. Traduction anglaise du volume 1 par Robert Chodos : *Quebec. A History 1867-1929*, Toronto, J. Lorimer, 1983, xviii, 602 p. Ill.

Un seigneur entrepreneur : Barthélémy Joliette et la fondation du village d'Industrie (Joliette), 1822-1850, RHAF, vol. 26, nᵒ 3, déc. 1972, p. 375-395.

Propriété foncière de société : Montréal : une hypothèse, RHAF, vol. 28, nᵒ 1, juin 1974, p. 45-65. Collab. P.-A. Linteau.

Les Notables de Montréal au XIXᵉ siècle, dans *Histoire sociale/Social History*, vol. 8, nᵒ 15, mai 1975, p. 54-76.

Un recensement et son recenseur : le cas de Montréal en 1825, dans *Archives*, vol. 8, n° 2, sept. 1976, p. 29–36. Collab. P.-A. Linteau.

La Structure professionnelle de Montréal en 1825, RHAF, vol. 30, n° 3, déc. 1976, p. 383–415. Collab. J.-P. Bernard et P.-A. Linteau.

ÉTUDES

René Durocher, *Du Canada français au Québec libre : histoire d'un mouvement indépendantiste de Jean-Claude Robert*, RHAF, vol. 29, n° 3, déc. 1975, p. 437–439.

Groupe de recherche et d'étude en histoire du Québec, *Jean-Claude Robert, Du Canada français au Québec libre, histoire d'un mouvement indépendantiste*, LAQ 1975, p. 288–289.

R. Périn, *Histoire du Québec contemporain*, dans *Cahiers de l'Histoire*, vol. 61, n° 3, sept. 1980, p. 391–394.

B.-L. Vigod, *Histoire du Québec contemporain*, dans *Labour / Le Travailleur*, n° 7, printemps 1981, p. 191–192.

Richard Jones, *Histoire du Québec contemporain : vol. 1 : De la Confédération à la crise*, RHAF, vol. 34, n° 4, mars 1981, p. 642–644.

ROBERT, LOUISE-RICHARD. Voir **DESMARCHAIS**, REX.

ROBERT, SERGE (1948–   ). Logicien, épistémologiste et historien de la philosophie des sciences, né à Montréal. Il fait ses études classiques à l'École Saint-Pierre-Claver et au Collège Sainte-Marie (B.A., 1969). Il poursuit ensuite des études de philosophie à l'Université du Québec à Montréal et à l'Université de Montréal, et il obtient une licence en philosophie (1970), une maîtrise dont le mémoire s'intitule « Essai d'explication de la différence entre la raison classique et la raison moderne à partir de l'œuvre de Michel Foucault » (1972), et un doctorat (1975) pour une thèse sur la « Théorie générale des ruptures épistémologiques ». Il est professeur de philosophie au Collège Édouard-Montpetit de 1971 à 1977, et à l'Université du Québec à Montréal à partir de 1977. Il collabore à diverses revues de philosophie, principalement à *Dialogue* et *Philosophiques*. Remaniée, sa thèse paraît sous le titre *Les Révolutions du savoir* (1975). « C'est, écrit Claude Lagadec, une vaste fresque qui interprète l'un par l'autre l'apprentissage de la pensée chez l'enfant, et le développement des sociétés occidentales, des primitifs à la société industrielle, dans leurs incidences économiques, sociales et philosophiques. L'ouvrage de Robert est donc une histoire et une théorie de l'histoire ». L'approche est « à la fois génétique et structurale, freudienne et marxiste ».

ŒUVRES

La Logique, son histoire, ses fondements (manuel) [Longueuil], Éditions Le Préambule, 1978, 290 p. « Science et Théorie ».

Les Révolutions du savoir. Théorie générale des ruptures épistémologiques (essai), [Longueuil], Le Préambule, 1979, 307 p. Ill. « Science et Théorie ».

L'Organisation de l'éducation des adultes au Québec (essai), Montréal, Agence d'Arc, 1984, xiv, 253 p. Collab. André Lemieux.

———

Les Ouvrages d'Yvon Gauthier, étude critique, dans *Philosophiques*, vol. 6, n° 1, janv. 1979, p. 119–130.

Réplique à Yvon Gauthier à propos de « La Logique, son histoire, ses fondements », dans *Dialogue*, vol. 18, n° 3, automne 1979, p. 415–417.

Pourquoi cette tendance à la souveraineté au Québec ?, dans *La Confédération : qu'en pensent les philosophes ?*, Montréal, Association canadienne de philosophie, 1979, p. 239–244.

Au-delà de l'opposition de la découverte et de la justification, dans *Dialogue*, vol. 20, n° 2, printemps 1981, p. 269–280.

ÉTUDES

Claude Lagadec, *Un discours de la méthode*, Dev, vol. 70, n° 116, 19 mai 1979, p. 22.

Laurent-Michel Vacher, *Un discours tragique*, dans *Spirale*, oct. 1979, p. 7, 14.

Yvon Gauthier, *À propos de « La Logique, son histoire, ses fondements » par Serge Robert*, dans *Dialogue*, vol. 18, n° 3, automne 1979, p. 412–415.

Normand Lacharité, *Serge Robert. Les Révolutions du savoir*, LAQ 1979, p. 327–331.

Maurice Gagnon, *« Les Révolutions du savoir » par Serge Robert*, dans *Dialogue*, vol. 19, n° 3, automne 1980, p. 492–504.

ROBERT, SUZANNE (1948–   ). Romancière, née à Montréal. Elle fait ses études classiques au Pensionnat Mont-Royal et au Collège Jésus-Marie d'Outremont (B.A., 1968), puis elle étudie l'anthropologie à l'Université de Montréal et obtient un baccalauréat (1971) et une maîtrise (1975) dont le mémoire s'intitule « Analyse génétique d'une population indienne Cri du Poste-de-la-Baleine, Nouveau Québec ». Elle exerce ensuite diverses fonctions : traductrice pour des experts-comptables ; correctrice de textes, de thèses, de scénarios ; auteure de chroniques occasionnelles à Radio-Canada (« Littérature au pluriel »). En outre, elle collabore à *Hobo-Québec*, au *Devoir* et à *Défense de l'animal*. Son univers romanesque est « étrange », écrit Gabrielle Poulin, et « à l'écart des modes et des courants actuels [...]. À l'instar d'André Breton, Suzanne Robert fait du désir le nœud et le ferment de son univers ». L'attitude des critiques à l'égard de l'œuvre est assez variée. Ainsi, Pol Chantraine dit des *Trois sœurs de personne* (1980) que « cette belle prose est méticuleusement tissée, avec une richesse de mots qui font tressaillir », tandis que Normand Desjardins en a trouvé la lecture laborieuse. Gabrielle Poulin exprime quelque réticence devant « cet univers de jeux dirigés et trop bien organisés » de *Vulpera* (1983) et Madeleine Ouellette-Michalska trouve « ce livre intelligent, admirablement écrit, construit ».

ŒUVRES

La Dame morte (roman), Montréal, Éditions du Jour, 1973, 115 p. « Proses du Jour ».

Les trois sœurs de personne. Roman, Montréal, Quinze, 1980, 221 p. « Prose entière ».

Vulpera (roman), Montréal, Quinze, 1983, 123 p. « Prose entière ».

Le Guide Primeur des auberges et hôtelleries du Québec/ Inns and Manoirs of Quebec, Montréal, Primeur, 1984, 226 p. Ill. Cartes. Pauline Guetta en collaboration avec Suzanne Robert.

Anthropologie et Démographie, dans *Perspectives anthropologiques*, Montréal, Renouveau pédagogique, 1979, p. 71–88. Collab. Francine Mayer.

Rien à déclarer (poésie), dans *Hobo/Anita*, nᵒˢ 44–45, printemps-été 1981, p. 48.

Apercevoir et Signaler, Dev, vol. 72, nᵒ 296, 19 déc. 1981, p. 30.

Émotions dans les zoos : les aras, dans *Défendre l'animal*, vol. 1, nᵒ 1, sept. 1982, p. 6.

Émotions dans les zoos : la girafe, dans *Défendre l'animal*, vol. 1, nᵒ 2, déc. 1982, p. 5.

Émotions dans les zoos : le lynx au regard mystérieux, dans *Défendre l'animal*, vol. 1, nᵒ 3, mai 1983, p. 10–11.

Émotions dans les zoos : les merveilles du désert, dans *Défendre l'animal*, vol. 2, nᵒ 1, sept. 1983, p. 8.

ÉTUDES

Monique Brunet-Weinmann, *Suzanne Robert. La Dame morte*, LAQ 1973, p. 70–71.

Marie-Thérèse Ribeyron, *Nos écrivains au travail*, Pe, vol. 16, nᵒ 35, 31 août 1974, p. 4.

Madeleine Ouellette-Michalska, *Suzanne Robert : un art qui sort de l'ordinaire*, Dev, vol. 71, nᵒ 127, 31 mai 1980, p. 19.

René Lapierre, *Ouvrir le mystère*, L, nᵒ 129, mai-juin 1980, p. 101–104.

Pol Chantraine, *L'Inconnu féminin*, dans *Le Livre d'ici*, vol. 5, nᵒ 40, 9 juillet 1980, p. 2.

Réjean Beaudoin, *Suzanne Robert. Les trois sœurs de personne*, LAQ 1980, p. 67–68.

Normand Desjardins, *Robert (Suzanne). Les trois sœurs de personne*, dans *Nos livres*, vol. 12, mars 1981, nᵒ 154.

Réginald Martel, *De si aimables petits riens*, Pr, 99ᵉ année, nᵒ 112, 14 mai 1983, p. D-3.

Madeleine Ouellette-Michalska, *Vulpera : suspense, amour et envoûtement*, Dev, vol. 73, nᵒ 124, 28 mai 1983, p. 19.

Gilles Marcotte, *Lectures*, dans *L'Actualité*, vol. 8, nᵒ 9, sept. 1983, p. 108.

Serge Trudel, *Robert (Suzanne). Vulpera*, dans *Nos livres*, vol. 14, oct. 1983, nᵒ 5428.

Gabrielle Poulin, *L'Action par dévoilement*, LQ, nᵒ 31, automne 1983, p. 19–20.

ROBERTO, EUGÈNE (1927–   ). Critique littéraire, né à Marseille (France). Il obtient une licence ès lettres de l'Université d'Aix-en-Provence (1949) et un doctorat d'État (1955). Après avoir enseigné en France de 1950 à 1962, il est nommé professeur de littérature française à l'Université d'Ottawa. Intéressé par l'œuvre de Paul Claudel sur qui il avait publié *Visions de Claudel*, en 1958, il fonde les *Cahiers canadiens Claudel* où il fait paraître sept ouvrages entre 1963 et 1977. Comme l'écrit André-G. Bourassa, M. Roberto a « largement contribué à démystifier le personnage ». Il participe aussi à la fondation de la collection *Cahiers d'inédits* dans laquelle il publie une édition du *Combat pour le sol* de Victor Segalen (1974). Intéressé aussi par la symbolique littéraire, il collabore à divers périodiques dont *Lettres québécoises* et le *Bulletin de la société Paul Claudel* (Paris). À propos de la présentation de *Claudel et l'Amérique II*, Louis Morice écrit : « Introduction presque trop belle pour des lettres si pauvres [...]. Pages pénétrantes qui sont pour le grand claudélien qu'est M. Roberto l'occasion de revenir sur la conversion du convertisseur ». Et Jacqueline Ferry dit de l'étude sur Miron : « *Structure sur l'imaginaire* [...] constitue, à mon avis, un instrument de travail solide, inspirant et indispensable à tout enseignant désireux de traiter de *Courtepointes* ».

ŒUVRES

Visions de Claudel (essai), Marseille, Le Conte, 1958, viii, 282 p.

« *L'Endormie* » *de Claudel ou La Naissance du génie* (édition critique), Ottawa, EUO, 1963, 203 p. « Cahiers canadiens Claudel ».

Claudel et l'Amérique I (essai), Ottawa, EUO, 1964, 265 p. Collab. « Cahiers canadiens Claudel » ; *Claudel et l'Amérique II. Lettres de Paul Claudel à Agnès Meyer (1928-1929). Note-Book d'Agnès Meyer (1929).* Ottawa, EUO, 1969, 322 p. Ill. Édition établie, avec introduction et notes par Eugène Roberto. « Cahiers canadiens Claudel ».

Géographie poétique de Claudel, Ottawa, EUO, 1966, 232 p. Collab. « Cahiers canadiens Claudel ».

Forme et Figures (essai), Ottawa, EUO, 1967, 204 p. Collab. « Cahiers canadiens Claudel ».

Le Repos du septième jour. Sources et orientations (essai), Ottawa, EUO, 1973, 176 p. Collab. Zoël Richard. « Cahiers canadiens Claudel ».

« *Le Combat pour le sol* » *de Victor Segalen*, Ottawa, EUO, 1974, 164 p. Édition critique préparée par Eugène Roberto. « Cahiers d'inédits ».

Claudel insolite (essai), Ottawa, EUO, 1977, 121 p. Ill. « Cahiers canadiens Claudel ».

Structures de l'imaginaire dans « Courtepointes » de Miron (essai), Ottawa, EUO, 1979, 169 p.

La Gorgone dans « Morts sans sépulture » de Sartre, Ottawa, EUO, 1987, 168 p.

Réflexion littéraire : Claudel, RUO, vol. 35, nᵒ 3, 1965, p. 342–356.

Le Livre des Merveilles de Nathaniel Hathorne, et Paul Claudel, RUO, vol. 37, nᵒ 1, 1967, p. 139–145.

Miron, poète classique, LQ, vol. 1, nᵒ 2, mai 1976, p. 43–45.

ÉTUDES

Louis Morice, *Claudel et l'Amérique d'Eugène Roberto*, LAQ 1969, p. 146–147.

André-G. Bourassa, *Les Insolences d'Eugène Roberto*, Dr, 66ᵉ année, nᵒ 24, 22 avril 1978, p. 20.

Jacqueline Ferry, *Structures de l'imaginaire dans « Courtepointes » de Miron d'Eugène Roberto*, LQ, nᵒ 18, été 1980, p. 76–78.

ROBIDOUX, RÉJEAN (1928–). Essayiste et critique, né à Sorel (Richelieu). Après ses études classiques au Séminaire de Chambly (1940–1946), il obtient une licence en philosophie (1950) et une licence en théologie (1954) à l'Université Angelicum (Rome), une licence ès lettres (1957) et un diplôme d'études supérieures (1958) à l'Université Laval, et un doctorat de la Sorbonne (Paris, 1962) pour une thèse sur Roger Martin du Gard. Professeur au Département des lettres françaises de l'Université d'Ottawa (1954–1967), professeur invité, puis régulier à l'Université de Toronto (1967–1974) et, à partir de 1974, de nouveau à l'Université d'Ottawa où il est directeur du département de 1978 à 1985, il a aussi été professeur invité à l'Université de Montréal (1968) et à l'Université Queen's (1974). Il collabore à un grand nombre de périodiques, tels *Incidences, Revue de l'Université d'Ottawa, The Canadian Modern Language Review, University of Toronto Quarterly, Voix et Images, Le Droit, Lettres québécoises* dont il est adjoint au directeur, etc. Il reçoit le prix du Gouverneur général (1964) pour *Roger Martin du Gard et la Religion*, il est élu membre de la Société royale du Canada en 1980, et il obtient la prestigieuse bourse Killam en 1985. Paulette Smith-Roy insiste sur les qualités d'érudition et d'analyse de l'auteur du *Martin du Gard* : « L'abondante matière réunie dans sa thèse est impressionnante mais le sont davantage la compétence avec laquelle il la soupèse et l'ordonne, et la discipline intellectuelle dont il fait preuve en la présentant ». Le sens critique de Réjean Robidoux se révèle avec autant d'acuité et d'originalité dans ses travaux sur le roman canadien-français, et particulièrement dans ses études sur Gérard Bessette et Gabrielle Roy. Enfin, pour Jacques Cotnam, *Le Traité du Narcisse* est « une admirable édition critique. [...] Ce commentaire et ces considérations [de l'introduction] entrouvrent des voies nouvelles à la critique gidienne, tout en présentant une bonne synthèse des connaissances au préalable acquises ».

ŒUVRES

Roger Martin du Gard et la Religion (essai), [Paris], Aubier, 1964, 395 p.

Le Roman canadien-français. Évolution, témoignages, bibliographie, Montréal/Paris, Fides, 1965, 458 p. Ill. « ALC » 3. Sous la direction de Paul Wyczynski, Bernard Julien, Jean Ménard et Réjean Robidoux ; 1971, 514 p. (Édition augmentée) ; 1977.

Le Roman canadien-français du vingtième siècle (essai), Ottawa, EUO, 1966, 215 p. Collab. André Renaud. « ViLC ».

La Poésie canadienne-française. Perspectives historiques et thématiques, profils de poètes, témoignages, bibliographie, Montréal/Paris, Fides, 1969, 701 p. Ill. « ALC » 4. Sous la direction de Paul Wyczynski, Bernard Julien, Jean Ménard et Réjean Robidoux.

Le Traité du Narcisse (Théorie du symbole) d'André Gide (essai), Ottawa, EUO, 1978, 133 p. « Cahiers d'inédits ».

Crémazie et Nelligan (essais), Montréal, Fides, 1981, 188 p. Sous la direction de Réjean Robidoux et Paul Wyczynski. (Colloque de l'Université d'Ottawa, 1979).

Solitude rompue (essais), Ottawa, EUO, 1986, 429 p. Ill. Textes réunis par Cécile Cloutier-Wojciechowska et Réjean Robidoux en hommage à David M. Hayne.

La Création de Gérard Bessette. Essai, Montréal, Québec/Amérique, 1987, 210 p. « Littérature d'Amérique ».

Les Soirées canadiennes et Le Foyer canadien dans le mouvement littéraire de 1860, RUO, vol. 28, nᵒ 4, oct.–déc. 1958, p. 411–452.

Fortunes et Infortunes de l'abbé Casgrain, dans *Mouvement littéraire de 1860*, Ottawa, EUO, 1961, p. 209–229. «ALC» 1.

Claudel, poète de la connaissance : La Muraille intérieure de Tokyo, dans *Formes et Figures*, Cahiers canadiens Claudel 5, Ottawa, EUO, 1967, p. 15–51.

Le Roman au tournant des années 40, dans *Europe* (*Littérature du Québec*), févr.–mars 1969, p. 33–36.

La Signification de Nelligan, dans *La Poésie canadienne-française*, Montréal, Fides, 1969, p. 305–321. «ALC» 4.

Octave Crémazie, DBC, t. 10, 1972, p. 221–224.

Le Roman et la Recherche du sens de la vie. Vocation : écrivain, dans *Mélanges de civilisation canadienne-française offerts au professeur Paul Wyczynski*, Ottawa, EUO, 1977, p. 225–235.

Exégèse d'Artémis, RUO, vol. 47, n⁰ 3, juillet–sept. 1977, p. 270–281.

Jean-Louis Major et la Création de Radiguet-Cocteau, Dr, 66ᵉ année, n⁰ 18, 15 avril 1978, p. 21.

Problèmes historiques posés par la note esthético-morale du Traité du Narcisse, dans *André Gide 6 : perspectives contemporaines* (Actes du colloque Gide, Université de Toronto, 1975), Paris, Lettres modernes, Minard, 1979, p. 39–51.

Gérard Bessette : articles parus à des dates différentes, et réunis dans : *Propos sur la littérature outaouaise et franco-ontarienne II*, Ottawa, Société des écrivains canadiens (section d'Ottawa-Hull), 1979, p. 105–155; t. III, 1981, p. 89–102; t. IV, 1983, p. 141–151.

Le Poète «écho sonore» ou créateur de réalités, dans *Crémazie et Nelligan* (Actes du colloque Crémazie-Nelligan, Université d'Ottawa, 1979), Montréal, Fides, 1981, p. 119–124.

D'un animateur littéraire (esquisse historique), VI, vol. 7, n⁰ 1, automne 1981, p. 27–34.

Le Roman depuis 1895 jusqu'à la Seconde Guerre mondiale, dans *Le Québécois et sa littérature*, Sherbrooke, Éditions Naaman, 1984, p. 87–98.

Fonder une littérature nationale : Henri-Raymond Casgrain, dans *L'Essai et la Prose d'idées au Québec*, Montréal, Fides, 1985, p. 271–280. «ALC» 6.

Gérard Bessette, lecteur de Gilbert LaRocque, dans *Gilbert LaRocque, l'écriture du rêve*, Montréal, Québec/Amérique, 1985, p. 89–102.

Le Cas Nelligan, dans *Les Littératures de langues européennes au tournant du siècle : lectures d'aujourd'hui*, série C, *L'Optique nord-américaine*, cahier 1, *La Perspective critique québécoise*, 1985, p. 71–82.

L'Apprentissage nelliganien d'une prosodie, dans *Solitude rompue*, Ottawa, EUO, 1986, p. 322–331. «CCRCCF».

Nelligan n'était pas fou, il acceptait seulement de passer pour ce fou qui s'appelait Nelligan, LQ, n⁰ 44, hiver 1986-1987, p. 74–76.

ÉTUDES

Paulette Smith-Roy, *Roger Martin du Gard et la Religion*, LAC 1964, p. 107–108.

Jean-Louis Major, *Roger Martin du Gard et la Religion*, I, n⁰ 7, 1965, p. 31–33.

André-G. Vachon, *Martin du Gard et la Religion*, EF, vol. 2, n⁰ 1, févr. 1966, p. 117–119.

Gilles Marcotte, *Ouvrages de critique*, Pr, 82ᵉ année, n⁰ 95, 23 avril 1966, p. 4.

Paul Gay, *Le Roman canadien-français du XXᵉ siècle*, Dr, 54ᵉ année, n⁰ 41, 14 mai 1966, p. 16.

François Gallays, *Le Roman canadien-français du XXᵉ siècle de Réjean Robidoux et André Renaud*, LAC 1966, p. 132–134.

Jean-Charles Falardeau, *Sur quelques critiques de notre littérature*, RS, vol. 8, n⁰ 1, janv.–avril 1967, p. 105–109, surtout p. 107–109.

Pierre Gaudet, *Une étude de Réjean Robidoux. Le Traité du Narcisse*, Dr, 66ᵉ année, n⁰ 12, 8 avril 1978, p. 22.

Jacques Cotnam, *Réjean Robidoux. Le Traité du Narcisse d'André Gide*, dans *University of Toronto Quarterly*, vol. 48, n⁰ 4, été 1979, p. 425–427.

Daniel Moutote, *Réjean Robidoux. Le Traité du Narcisse d'André Gide*, dans *La Revue d'histoire littéraire de la France*, 80ᵉ année, n⁰ 4, juillet–août 1980, p. 651–652.

Paul Perron, *La Création de Gérard Bessette de Réjean Robidoux*, VI, vol. 14, n⁰ 1, automne 1988, p. 125–127.

ROBILLARD, HYACINTHE-MARIE. Voir **ROBILLARD,** JOSEPH ÉDOUARD-EDMOND.

ROBILLARD, Joseph ÉDOUARD-EDMOND [Hyacinthe-Marie Robillard] (1917–   ). Théologien, poète et dramaturge, né à Saint-Paul-l'Ermite (Assomption). Il fait ses études classiques au Collège de l'Assomption (B.A., 1934; B.S., 1936). Devenu Frère Prêcheur, il obtient d'abord sa licence en théologie (Dominican House of Studies, Washington D.C.), en 1943, ensuite son doctorat en théologie (Université de Montréal, 1946) pour une thèse intitulée : « *Saint Thomas d'Aquin et les missions divines* ». Professeur de théologie (Couvent dominicain d'Ottawa 1943-1950; Université de Montréal 1955–   ) il allie les préoccupations du théologien à celle de l'homme de lettres, poursuivant des cycles d'études à Degerndorf et à Bonn (Allemagne), à Cambridge et à Birmingham (Angleterre), de même qu'à l'École biblique de Jérusalem. Il collabore à divers périodiques, traitant soit de spiritualité, soit de littérature : *Revue Dominicaine, Maintenant, Le Devoir, Laval théologique-philosophique, Revue des sciences religieuses, Revue eucharistique du clergé*, etc. Plus récemment il participait, à titre de rédacteur en chef, à la fondation de la revue littéraire et culturelle SEM. Quinze ans plus tôt, assisté de Alma de Chantal, il dirigeait *Le Courrier littéraire*, bulletin qui voulait faciliter les échanges entre poètes francophones de tout le Canada. Il publie aussi des ouvrages de morale chrétienne : *Québec Blues : une raison de vivre ? Réflexions chrétiennes sur le suicide* (1984) et *Nos racines chrétiennes* (1985). À propos du recueil *Blanc et Noir*, Guy Robert écrit : « C'est aux couleurs des Dominicains que s'inscrit ce très beau livre de poèmes, poèmes d'humaine tendresse et d'humaine révolte, poèmes de grande parole et de souffle ému ».

ŒUVRES

L'Esprit de travail, Montréal, Les Éditions du Lévrier, 1961, 232 p. Traduction du livre du Cardinal Stephan Wyszynski.

Blanc et Noir. Poèmes de nature et de grâce, Montréal, Les Éditions du Lévrier, 1963, 96 p. Sous le nom de Hyacinthe-Marie Robillard.

De l'analogie et du concept de l'être. Traduction, commentaires et index, Montréal, PUM, 1963, 439 p. Préface de Louis Lachance. Traduction du livre de Thomas de Vio Cajetan : *De nominum analogia. De conceptu entis*.

L'Unicorne. Tragédie en cinq actes, Montréal, CLF, 1967, 93 p.

L'Idée d'université, Montréal, CLF, 1968, 518 p. Collab. Maurice Lebel. Traduction du livre de John Henry Newman : *The Idea of a University*.

L'Esprit et l'Homme, Montréal/Paris, Bellarmin/Desclée de Brouwer, 1973, 167 p. Traduction du livre de John Henry Newman.

Jeux olympiques et Jeu des hommes, Montréal, Fides, 1976, 108 p. Ill. Collab. Fernand Landry et Éric Volant.

Les Conférences sur la doctrine de la justification, Montréal, Éditions Albert-le-Grand, 1980, xvi, 492 p. Collab. Maurice Labelle. Introduction et notes de Edmond Robillard. Traduction du livre de John Henry Newman.

Le Temps d'une peau... : poèmes, Montréal, Éditions Albert-le-Grand, 1980, n. p.

La Réincarnation, rêve ou réalité, Montréal, Éditions Paulines, 1981, 191 p. Ill. Traduction anglaise par K.D. Whitehead : *Reincarnation, Illusion or Reality ?*, New York, Alba House, 1982, xi, 182 p. Ill.

Québec Blues : une raison de vivre ? Réflexions chrétiennes sur le suicide, Montréal/Paris, Éditions Paulines/Médiaspaul, 1983, 173 p. Préface de Nicole Durand-Lutzy.

Nos racines chrétiennes dans l'histoire d'Israël et du monde méditerranéen, Montréal, Fides, 1985, 299 p.

Félix, l'Allégorie et les Sœurs de Charité, Dev, vol. 57, n⁰ 29, 5 févr. 1966, p. 11.

Marie-Claire Blais ou Le Nécessaire Bistouri, M, n⁰ 54, juin 1966, p. 211-213.

Lettre ouverte à propos de « Refus global », Pr, 84ᵉ année, n⁰ 256, 2 nov. 1968, p. 41.

L'Épître de Barnabé : trois époques, trois théologies, trois rédacteurs, dans *Revue biblique*, vol. 78, n⁰ 2, avril 1971, p. 184-209.

ÉTUDES

Guy Robert, *Blanc et Noir de H.-M. Robillard*, LAC 1963, p. 51.

Jean Basile, *Quelques Écrits sur le théâtre*, Dev, vol. 58, n⁰ 273, 25 nov. 1967, p. 13.

Normand Leroux, *L'Unicorne d'Edmond Robillard*, LAC 1967, p. 78-79.

[Anonyme], *Le Conseil des Arts du Canada donne $55,570 à l'aide à la création*, Dev, vol. 59, n⁰ 21, 26 janv. 1968, p. 10.

ROBIN, ÉTIENNE. Voir **BASTIEN, HERMAS.**

ROBITAILLE, CLAUDE (1946–   ). Romancier, né à Montréal. Il fait ses études à l'École Le Plateau et au Collège du Vieux-Montréal (D.E.C., 1971), puis il prépare une maîtrise en lettres françaises à l'Université Laval. À compter de 1981, il est chargé d'enseignement à l'Université Laval et à l'Université du Québec à Rimouski. Fondateur et directeur de la revue *Hobo-Québec* (1972) où il publie de nombreux articles, il collabore en outre à *Estuaire* et au *Dictionnaire des œuvres littéraires du Québec*. Son premier recueil de nouvelles, *Rachel-du-hasard*, est « d'une étonnante perfection formelle », selon Patricia Smart. « Déchiré entre la nécessité et l'impossibilité de l'action, le narrateur se meut dans un espace intermédiaire, à mi-chemin entre le virtuel et le réel ». Le second recueil, *Le temps parle et rien ne se passe* (1974) est caractérisé par une dislocation progressive du langage, à un degré tel dans la dernière nouvelle « qu'on glisse vers l'écriture automatique », écrit Yvan G. Lepage. L'écriture du second roman, *Le Corps bissextil* (1977), apparaît à Pierre Berthiaume comme « le prolongement ultime » de cette technique qui va jusqu'au « refus de communication ». Plus d'un critique exprime de l'agacement devant ce livre qui ne contient aucun signe de ponctuation, mais pour Michel Beaulieu « il s'agit là certainement de l'un des romans les plus captivants » de l'année.

ŒUVRES

Rachel-du-hasard. Nouvelles, Montréal, HMH, 1971, 178 p. « A ».

« Le temps parle et rien ne se passe » (nouvelles), Montréal, Les Éditions Danielle Laliberté, 1974, 147 p.

Le Corps bissextil. Roman, Montréal, L'Hexagone, 1977, 139 p.

Les Œuvres poétiques complètes tome I de Denis Vanier :
un événement en « soie », dans *Estuaire*, n° 19, printemps
1981, p. 107-109.

ÉTUDES

Patricia Smart, *Rachel-du-hasard de Claude Robitaille*, LAQ
1971, p. 46-47.

[Anonyme], *Rachel-du-hasard de Claude Robitaille*, dans *Le*
Livre canadien, juillet 1972, n° 232.

Yvan G. Lepage, *Claude Robitaille. Le temps parle et rien ne se*
passe, LAQ 1974, p. 67.

Michel Beaulieu, *Un romancier témoigne. La difficulté de vivre*,
dans *Le Livre d'ici*, vol. 3, n° 40, 12 juillet 1978, p. 1.

Madeleine Bellemare, *Robitaille (Claude). Le Corps bissextil*,
dans *Nos livres*, vol. 9, août-sept. 1978, n° 321.

Andrée Bergens, *Le Corps bissextil. Un roman pas comme les*
autres, Dr, 67ᵉ année, n° 114, 11 août 1979, p. 17.

ROBITAILLE, GEORGES (1883-1950). Historien,
né à Joliette. Après ses études classiques au Séminaire de Joliette (B.A., 1903), il fait sa théologie au
Grand Séminaire de Montréal et est ordonné prêtre
en 1906 ; la même année, il part pour Rome où il
obtient, à l'Université de la Propagande, un doctorat
en philosophie (1907) et un doctorat en théologie
(1909). À son retour au Séminaire de Joliette, il est
nommé professeur de la classe de versification
(1909-1913), puis professeur de littérature et d'histoire dans les classes de belles-lettres et de rhétorique
(1913-1927) ; il sera aussi professeur de théologie
dogmatique des séminaristes. En 1921, l'Université
Laval lui octroie une maîtrise ès arts pour ses
publications. Il collabore à la *Revue dominicaine*,
au *Devoir*, au *Canada français*, à l'*Enseignement*
secondaire, à l'*Action française*. En 1927, il est
nommé curé de Saint-Alexis-de-Montcalm, puis,
en 1937, à l'Épiphanie (L'Assomption) où il demeure
jusqu'à sa mort. En 1929, il réunit en volume ses
études sur François-Xavier Garneau : « Le langage
de l'auteur, écrit Séraphin Marion, évite la note
sentencieuse, la fastuosité des développements [...].
Il se soucie simplement de solliciter l'attention du
lecteur par l'intermédiaire d'un vocabulaire concret,
souverainement clair et à la portée de tout le
monde ». Gustave Lanctot dit que *Montcalm et ses*
historiens (1936) « constitue une excellente et très
efficace rectification de l'histoire ». Après son élection
à la Société royale (1937), Georges Robitaille publie
dans les *Mémoires* de la Société les premiers chapitres d'un ouvrage resté inachevé sur la guerre de
Sept Ans.

ŒUVRES

Études sur Garneau. Critique historique, Montréal, Librairie d'Action canadienne-française, 1929, 255 p. ;
1930.

Washington et Jumonville. Étude critique, Montréal,
Le Devoir, 1933, 69 p. Ill.

Montcalm et ses historiens. Étude critique, Montréal,
Granger frères, 1936, 241 p. Ill.

Telle qu'elle fut. Études critiques sur Marie de l'Incarnation,
Montréal, Éditions Beauchemin, 1939, 178 p. Ill. ;
1940, 181 p.

Marie de l'Incarnation et nos martyrs (essai), [Montréal,
L'Imprimerie populaire (Le Devoir)], 1941, 16 p.

Les Origines d'une famille joliettaine (généalogie), Lévis,
Chez l'auteur, 1942, 13 p.

Servir la vérité, RD, 30ᵉ année, n° 5, mai 1924, p. 207-223.
(Tiré à part sous le titre de *Saint-Thomas d'Aquin*, St-
Hyacinthe, Revue Dominicaine, 1924, 17 p.).

Marie de l'Incarnation, MSRC, 3ᵉ série, t. 32, 1938,
p. 115-132.

Les Préliminaires de la guerre de Sept Ans, MSRC,
3ᵉ série, t. 33, 1939, p. 109-126 ; t. 34, 1940, p. 91-99.

Les Débuts de la guerre de Sept Ans (1756-1757), MSRC,
3ᵉ série, t. 35, 1941, p. 147-160.

La Guerre de Sept Ans ; l'année 1758 en Europe, MSRC,
3ᵉ série, t. 36, 1942, p. 95-102.

La Guerre de Sept Ans en Europe. L'année 1759, MSRC,
3ᵉ série, t. 37, 1943, p. 111-115.

Nouvel effort vers la paix entre la France et l'Angleterre,
de mai à septembre 1761, MSRC, 3ᵉ série, t. 39, 1945,
p. 177-193.

Les Tentatives de paix en 1759-1760, MSRC, 3ᵉ série,
t. 40, 1946, p. 101-110.

ÉTUDES

Séraphin Marion, *Études sur Garneau*, dans *En feuilletant nos*
écrivains, Montréal, Librairie d'Action canadienne-française,
1931, p. 131-147.

J.-B.-A. Allaire, *Robitaille (l'abbé Georges)*, dans *Dictionnaire*
biographique du clergé canadien-français, Saint-Hyacinthe,
Imprimerie du Courrier de Saint-Hyacinthe, t. 6, 1934, p. 481.

Alphonse Désilets, *Montcalm et ses historiens*, dans *Le Terroir*,
vol. 18, n° 1, juin 1936, p. 12-13.

Gustave Lanctot, *Montcalm et ses historiens*, RUO, janv.-mars
1937, p. 38.

Alphonse De Grandpré, *La Critique historique. Monsieur l'abbé*
Georges Robitaille, dans *Propos d'un éducateur*, Montréal,
Librairie Saint-Viateur, 1944, p. 96-101.

Georges Simard, *Le Chanoine Georges Robitaille (1883-1950)*,
MSRC, 3ᵉ série, t. 45, 1951, p. 105-106.

Lucie Robitaille, « Bio-bibliographie de M. le Chanoine Robitaille
S.R.C. », Montréal, École de bibliothéconomie, Université de
Montréal, 1952, 93 f. Préface de Donatien Frémont.

Philippe Lamarche, *Georges Robitaille*, RUL, vol. 7, n° 6, févr.
1953, p. 535-546 ; n° 7, mars 1953, p. 628-638.

ROBITAILLE, GÉRALD (1923–   ). Romancier et essayiste, né à Montréal. Il a dix ans quand sa famille s'installe à Ottawa, et il fréquente l'école Garneau et l'Académie de La Salle. Après la mort de son père, il entre, en 1941, au service du Gouvernement fédéral. À vingt-trois ans, il déménage à Montréal où il découvre Henry Miller, l'auteur de *Tropique du Cancer*, qu'il rencontre à Paris en 1953. Bientôt il devient son secrétaire et le suit partout pendant une vingtaine d'années. En 1964, il publie un premier roman en anglais, *The Book of Knowledge*. Il s'agit d'une histoire d'amour qui n'est pas sans provoquer un petit scandale à cause de descriptions de scènes sexuelles assez osées pour l'époque. En 1967, il publie *Le Père Miller. Essai indiscret sur Henry Miller*. Ce livre soulève la colère de gens qui croient connaître Miller mieux que Robitaille. Patrick Straram considère que le livre « ne raconte qu'une seule et même chose : c'est de lui que Robitaille nous entretient ». Après avoir quitté Miller, il retourne à Paris où il fait de la traduction et enseigne l'anglais. Voulant renouer avec ses racines québécoises, il publie un roman, *Pays perdu et retrouvé* (1980). « Pourquoi écrire ? se demande Gérald Robitaille. Pour oublier le côté tragique de la vie. [...] Je veux oublier un peu ce tourbillon dans lequel je me suis laissé emporter ».

ŒUVRES

The Book of Knowledge (roman), Paris, Éditions Le Chichotte, 1964, 90 p. Version française par l'auteur : *Le Livre de la connaissance*, Montréal, Nouvelle Optique, 1985, 155 p.

Un Huron à la recherche de l'art (histoire de l'art), Paris, Éric Losfeld, Terrain Vague, [1967], 216 p.

Images. Poèmes et Essai, Montréal, Delta, 1969, 44 p. ; Londres, Calder & Boyars, 1971.

Le Père Miller. Essai indiscret sur Henry Miller, Paris, Éric Losfeld, Terrain Vague, 1971, 190 p. ; Saint-Lambert, Héritage Plus, 1980.

Pays perdu et retrouvé (roman), Saint-Lambert, Héritage Plus, 1980, 373 p.

Toi que j'aime (essai), Montréal, Albert Saussan, 1985.

ÉTUDES

Patrick Straram le Bison ravi, *Blues clair. Le Père Miller*, dans *Le Livre d'ici*, vol. 6, n° 9, 12 avril 1980, p. 1.

Jean Royer, *Gérald Robitaille. Le fils québécois d'Henry Miller*, Dev, vol. 71, n° 105, 10 mai 1980, p. 21.

Réginald Martel, *Gérald Robitaille. J'avais maudit ce continent*, Pr, 96ᵉ année, n° 210, 6 sept. 1980, p. C-1, C-3.

ROBITAILLE, LOUIS-BERNARD [R.B. Journaliste] (1946–   ). Journaliste et essayiste, né à Montréal.

Il fait ses études classiques aux collèges Brébeuf et Sainte-Marie (B.A., 1966), puis il obtient une maîtrise ès arts à l'Université McGill pour un mémoire sur « L'Idée de littérature dans *Parti-Pris* » (1972). En 1968, il commence une carrière de journaliste au *Devoir*, passe à *La Presse* (1968-1972), puis s'installe à Paris pour *La Presse*. En outre, il collabore régulièrement à *L'Actualité* et sporadiquement au *Quotidien de Paris*, au *Matin* et au *Nouvel Observateur*. Ses premiers essais politiques paraissent chez Parti Pris et dans la revue *Socialisme québécois*. En 1982, il publie *Erreurs de parcours, essais sur la crise des socialismes.* « Son récit, selon Daniel Latouche, est celui du désarroi de toute une intelligentsia occidentale devant les horreurs sans cesse renouvelées de toutes ces expériences qui se prétendent apparentées au modèle marxiste... On le sent hésitant ».

ŒUVRE

Erreurs de parcours. Essais sur la crise des socialismes, Montréal, Boréal Express, 1982, 215 p.

Une information « totalitaire » prise à son piège, dans *Québec occupé* (essai), Montréal, Parti Pris, 1971, 249 p. Sous le pseudonyme de R.B. Journaliste.

L'Information au Québec : de la politique à la consommation, dans *Socialisme québécois*, nᵒˢ 21-22, avril 1971, p. 79-108.

ÉTUDE

Lysiane Gagnon, *Les Paradis perdus*, Pr, 98ᵉ année, n° 14, 23 janv. 1982, p. 7.

ROCAND, ÉTIENNE. Voir **BASTIEN**, HERMAS.

ROCHER, GUY (1924–   ). Sociologue, né à Berthierville (Berthier). Il fait ses études classiques au Collège de l'Assomption (B.A., 1943). Au cours de ses études en sociologie à l'Université de Montréal, il milite au sein de la J.E.C. dont il est président national de 1946 à 1948, après avoir présidé la section de Montréal (1944-1946). Guy Rocher obtient une maîtrise ès arts de l'Université Laval (1950), puis un doctorat de l'Université Harvard (1958). De 1952 à 1960, il enseigne à l'École de Service social de l'Université Laval, qu'il dirige (1958-1960) avant d'être nommé professeur titulaire au Département de sociologie de l'Université de Montréal en 1960. Deux ans plus tard, il exerce les fonctions de vice-doyen de la Faculté des sciences sociales de l'Université de Montréal (1962–1967). Sa carrière de sociologue et de chercheur le conduit à participer à divers projets de recherche dont « Aspirations scolaires et Orientations profession-nelles des étudiants du Québec ». Il participe égale-ment à de nombreuses commissions : membre de la Commission royale d'enquête sur l'enseignement dans la province de Québec (1961–1965), président du comité chargé d'étudier les modalités de création d'une université de langue française à Montréal (1965) ; membre du Bureau des gouverneurs de la radio-diffusion (1966–1968). En janvier 1977, il est nommé secrétaire général associé au Conseil exécutif et sous-ministre au Développement culturel du Gouvernement du Québec. En 1979, il retourne à l'Université de Montréal comme chercheur au Centre de recherche en droit public. Il est membre du comité de rédaction de plusieurs revues, telles *Recherches sociographiques*, *Sociologie et Sociétés*, *Québec-Science*, *Maintenant*. Membre de la Société royale du Canada, il est nommé Compagnon de l'Ordre du Canada en décembre 1971. Guy Rocher se classe parmi les sociologues les plus dynamiques du Québec contemporain.

ŒUVRES

The Development of Education in Quebec, [Ottawa, s.é., 1965 ?], 35 f. Collab. David Munroe.

Introduction à la sociologie générale, Montréal, HMH, 1968–1969, 3 vol. : vol. 1, 153 p. ; vol. 2, xvi, 321 p. ; vol. 3, xix, –554 p. Traduction anglaise par Peta Sheriff : *A General Introduction to Sociology. A Theoretical perspective*, Toronto, MacMillan Co. of Canada, 1972, xxxi, 580 p. ; New York, St Martin's Press. Traduction espagnole par José Pombo : *Introduction a la sociologia general*, Barcelona, Editorial Herder, 1973, xxii, 710 p. ; 1978. Traduction italienne par Vittoria Vigo, Andreina Franco et Anna Orsini : *Introduzione alla sociologia generale ; l'azione e l'organizzazione sociale, il cambia-mento sociale*, Milano, Sugar Co., 1980, 564 p.

École et Société au Québec. Éléments d'une sociologie de l'éducation, Montréal, Hurtubise HMH, 1970, 465 p. Collab. Pierre W. Bélanger ; 1975, 2 vol. : vol. 1, ix, 218 p. Avant-propos des auteurs ; vol. 2, ix, –493 p. (Édition revue et augmentée).

Talcott Parsons et la Sociologie américaine, Paris, PUF, 1972, 238 p. Traduction anglaise par Barbara et Stephen Mennell : *Talcott Parsons and American Sociology*, London, Nelson, 1974, xv, 186 p. Introduction de Stephen Mennell ; New York, Barnes & Noble, 1975.

What the Individual Expects of the School, Ottawa, Canadian Teachers Federation, 1972, v, 26 p.

Le Québec en mutation, Montréal, Hurtubise HMH, 1973, 345 p. Ill.

Génération, Maturation et Conjoncture. Une étude des changements d'attitudes dans le Québec des années *1970*, Québec/ Montréal, Faculté des sciences de l'édu-cation, Université Laval/ Département de sociologie, Université de Montréal, [1980], ii, 175 p. Collab. Léon Bernier et Pierre W. Bélanger. Ill.

Les Sciences sociales : un large éventail de carrières nou-velles, dans *Choix*, vol. 4, 1967, p. 45–47.

La réponse est simple, payez !, PJ, vol. 41, n° 13, 22 janv. 1967, p. 2–4.

Un principe d'injustice sociale, dans *Jeune-Québec*, vol. 1, n° 5, 14–20 févr. 1967, p. 5.

Un enseignement pas comme les autres ?, CCL, vol. 17, n° 5, 15 juin 1967, p. 5–11.

L'Ontario et l'Intégration de l'enseignement supérieur, dans *Bulletin SPUM*, vol. 2, n° 5, avril 1968, p. 8–11.

Multiplication des élites et Changement social au Canada français, dans *Revue de l'Institut de sociologie*, Université libre de Bruxelles, 1968, p. 79–95.

ÉTUDES

[Anonyme], *Ouvrages à paraître*, VP, vol. 2, n° 1, janv. 1966, p. 33.

Lise Bissonnette, *Urgence à l'Universitaire public*, dans *Le Quartier latin*, vol. 48, n° 27, 3 févr. 1966, p. 8.

[Anonyme], *Introduction à la sociologie générale de Guy Rocher*, dans *Canadian Journal of Economics and Political Science*, 3 févr. 1970, p. 530.

Gilbert Tarab, *L'Éducation dans son cadre social québécois*, Pr, 86e année, n° 283, 5 déc. 1970, p. E-10.

[Anonyme], *École et Société au Québec de Guy Rocher*, dans *Culture française*, n° 4, 1970, p. 32.

[Anonyme], *Introduction à la sociologie générale de Guy Rocher*, dans *Quinzaine littéraire* (Paris), 1er–15 sept. 1971, p. 21.

[Anonyme], *Le Québec en mutation*, dans *Le Livre canadien*, nov. 1973, n° 299.

André Vachet, *Le Québec en mutation de Guy Rocher*, LAQ 1973, p. 294–295.

ROCHON, ESTHER [née Blackburn] (1948–   ). Auteure de romans de science-fiction, née à Québec. Après ses études classiques au Collège Marie-de-France (Montréal, 1958–1964), elle poursuit des études de mathématiques à l'Université de Mont-réal où elle obtient un baccalauréat ès sciences (1968) et une maîtrise pour un mémoire intitulé « Extentions algébriques de PF-corps » (1969). Elle fait ensuite la scolarité du doctorat, tout en étant démonstratrice en mathématiques. Rédactrice de manuels techniques d'informatique pour la Société STRTC, elle se consacre aussi à l'écriture, collabore à *Médium-média* (O.N.F.), la *Nouvelle Barre du jour*, *Magic Realism*, et surtout à *Imagine* et *Re-quiem* (*Solaris*). En 1975–1976, elle rédige le scénario du film « L'Arménien » avec Vartkes Cholakian. Son roman, *En hommage aux araignées* (1974), reçoit de beaux éloges. « Dès son premier roman, écrit Réginald Martel, Esther Rochon s'impose en effet par la rigueur et la précision de son style, par la cohérence de l'organisation de la matière romanesque. Ce qui fait la force remarquable de ce roman, c'est que la symbolique, très riche, demeure tout de même assez discrète pour ne pas étouffer l'action ». Un second roman, *Le Rêveur dans la citadelle*, paraît d'abord en allemand, en 1977, avant d'être partiellement repris dans la revue de science-fiction *Imagine*, en 1979-1980. Esther Rochon s'apparente aux écrivains américains d'*Analog* et à Lovecraft.

ŒUVRES

En hommage aux araignées (roman), Montréal, L'Actuelle, 1974, 127 p.

Coquillage (roman), [Montréal], La Pleine Lune, 1985, 145 p.

L'Épuisement du soleil. Roman, Longueuil, Le Préambule, 1985, 271 p. Carte. (De larges extraits ont paru d'abord dans *Imagine*, vol. 1, nº 1, sept.–nov. 1979, p. 9–35 ; nº 2, déc. 1979-janv.–févr. 1980, p. 18–45 ; vol. 2, nº 1, sept. 1980, p. 63–90. Une partie de ce roman, *Le Rêveur dans la Citadelle*, version 1975, à été traduit en allemand par Otto Martin : *Der Träumer in der Zitadelle*, Munich, Heyne Verlag, 1977, 123 p. « Fantasy ».).

L'Étranger sous la ville (litt. jeunesse), Montréal, Éditions Paulines, 1986, 123 p. Carte.

Le Traversier (roman), Montréal, La Pleine Lune, 1987, 188 p.

La Famille et le Décor, dans *Médium-média*, printemps 1976, p. 15–21.

Lovecraft et Québec, dans *Requiem (Solaris)*, nº 18, déc. 1977, p. 8–11.

Voyage à Chicoutimi, dans *Imagine*, vol. 1, nº 1, sept.–nov. 1979, p. 92–94.

Notes sur L'Épuisement du soleil, dans *Imagine*, vol. 1, nº 3, mars–mai 1980, p. 24–38.

Alien, dans *Imagine*, vol. 1, nº 4, juin 1980, p. 39–40.

« *Le Labyrinthe* » (nouvelle), dans *Les Années-lumière*, Montréal, VLB éditeur, 1983, p. 209–229.

« *La Double Jonction des ailes* », dans Stéphane Nicot, *Fiction Spécial*, nº 34, Paris, Opta, 1984, p. 160–170.

« *L'Enclave* » (nouvelle), dans *Imagine...*, nº 21, 1984, p. 17–19.

ÉTUDES

Réginald Martel, *Il est né le nouvel écrivain*, Pr, 90ᵉ année, nº 304, 21 déc. 1974, p. C-3.

Jacques Pelletier, *Deux premiers romans du dépaysement*, LAQ 1974, p. 105–106.

Jean Royer, *Le Grand Prix logidisque de la science-fiction et du fantastique est attribué à Esther Rochon*, Dev, vol. 78, nº 87, 14 avril 1987, p. 11.

RODRIGUE, RÉAL (1938–   ). Philosophe et essayiste, né à Magog. Il fait ses études classiques au Collège Sainte-Croix, au Collège Saint-Romuald et au Séminaire Saint-Jean d'Iberville (B.A., 1960). Inscrit aux facultés des sciences sociales et de philosophie de l'Université de Montréal, il obtient un baccalauréat en sciences sociales (1961), un baccalauréat en philosophie (1963), une licence en philosophie pour un mémoire sur « Le Rapport de la pensée et du sentir dans la philosophie concrète de Gabriel Marcel » (1964), et il prépare un doctorat sur « La Philosophie des origines ». Réal Rodrigue enseigne d'abord au Collège Sainte-Anne-de-la-Pocatière (1964–1967), puis, à compter de 1968, au Cégep Édouard-Montpetit où il fonde, avec Claude Giasson et Claude Gagnon, en 1979, *La Petite Revue de philosophie*. Son premier livre, *Défaire l'histoire* (1980), est une analyse du phénomène nationaliste à travers le temps et les œuvres, surtout celles de Miron, Brault, Grandbois, Borduas, Minville...

ŒUVRES

Défaire l'histoire (essai), [Longueuil], Le Préambule, 1980, 107 p.

Christianisme et Art de vivre, Longueuil, Le Préambule, 1982, 98 p.

Fernand Dumont et la Tradition : être fidèle et critique, LAQ 1971, p. 231–236. Collab. Raymond Lemieux.

Sauvages ou Civilisés ?, dans *La Petite Revue de philosophie*, vol. 1, nº 1, 1979, p. 91–100.

ROLLIN, HÉLÈNE. Voir **FADETTE.**

RONFARD, JEAN-PIERRE (1919–   ). Dramaturge et metteur en scène, né à Thivencelles (France). Il fait ses études classiques au Collège Saint-Jean de Douai, puis il obtient, à l'Université de Lille, une licence ès lettres et un diplôme d'études supérieures pour une « Étude scénique du *Curculio* de Plante », après quoi il est admis à l'agrégation de grammaire et philologie. De 1953 à 1960, il est professeur et animateur de théâtre en Algérie, en Grèce, au Portugal et en Autriche. Après son arrivée au Canada (1966) il est nommé directeur artistique de la section française de l'École nationale de Théâtre ; plus tard il devient membre du Théâtre expérimental de Montréal. Ronfard a fait de nombreuses mises en scène, d'Eschyle à Ionesco et Arabal, de Gauvreau et Ducharme à Claing. En 1981, la création de *Vie et Mort du roi boiteux*, cycle de six pièces avec prologue et épilogue, provoque de l'enthousiasme : c'est un événement théâtral, tant par sa réussite que par l'originalité de son cheminement. « Il ne s'agit pas dans *Le Roi boiteux* d'une ‹ lecture › moderne de mythes anciens [...], écrit André Bourassa, non plus d'une parodie d'une tragédie ancienne [...]. Il s'agit plutôt de la lecture d'un fait divers à travers un modèle actantiel qui lui donne une profondeur inattendue, une profondeur de champ spatiale et temporelle, avec une ironie d'autant plus mordante qu'elle est exprimée en termes tragiques ». *La Mandragore* (1982) qui « renoue avec la comédie classique où rien n'est superflu » (Alonzo LeBlanc), est une farce poivrée où le rire triomphe. Ronfard crée encore, en 1984, « Californie », création collective, et « Les Mille et Une nuits », récit à tiroirs plein de verve.

ŒUVRES

Vie et Mort du roi boiteux (théâtre), [Montréal], Leméac, 1981, 2 t. : t. 1, 207 p. ; t. 2, 307 p. Ill. Portrait. Préface de Jean-Cléo Godin et de Pierre Lavoie. « Théâtre ».
La Mandragore (théâtre), [Montréal], Leméac, 1982, 163 p. Ill. d'André Le Coz. Préface de l'auteur. « Théâtre ».
Don Quichotte (théâtre), [Montréal], Leméac, 1985, 143 p. « Théâtre Leméac ».
Les Mille et Une nuits (théâtre), [Montréal], Leméac, 1985, 109 p. « Théâtre Leméac ».
Le Titanic (théâtre), [Montréal], Leméac, 1986, 119 p. Portrait. « Théâtre Leméac ».

Lear (texte 1), dan *Trac* (Théâtre expérimental de Montréal), avril 1977, p. 20–21.
Plaidoyer en faveur de l'autogestion comme mode de production artistique, dans *Pratiques théâtrales*, nº 13, printemps 1981, p. 63–70.

ÉTUDES

Michel Beaulieu, *À la question : Jean-Pierre Ronfard* (entrevue), dans *Jeu*, nº 3, été-automne 1976, p. 67.
Josette Féral et Michel Laporte, *Vie et Mort du roi boiteux. Un texte en délire. Gérer la création*, dans *Pratiques théâtrales*, nº 13, printemps 1981, p. 32–38.
Martial Dassylva, *Ronfard et l'Épopée-feuilleton*, Pr, 97e année, nº 176, 25 juillet 1981, p. C-1, C-2.
Normand Desjardins, *Ronfard (Jean-Pierre). Vie et Mort du roi boiteux*, dans *Nos livres*, vol. 12, nov. 1981, nºˢ 454–456.
Josette Féral, *Jean-Pierre Ronfard. Vie et Mort du roi boiteux*, LAQ 1981, p. 190–192.
André Bourassa, *Le Théâtre qu'on publie. Tête d'or et pieds d'argiles. Un cycle de six pièces de Jean-Pierre Ronfard*, LQ, nº 24, hiver 1981–1982, p. 42–43.
Robert Lévesque, *Un grand divertissement théâtral*, Dev, vol. 73, nº 269, 20 nov. 1982, p. 27.

Alonzo LeBlanc, *Jean-Pierre Ronfard. La Mandragore*, LAQ 1982, p. 183–184.
Louise Vigeant, *Ronfard (Jean-Pierre). La Mandragore*, dans *Nos livres* vol. 14, avril 1983, nº 5224.
Jean-Pierre Bonhomme, *Le Retour de Jean-Pierre Ronfard. « Californie » ou Vers un ailleurs québécois*, Pr, 100e année, nº 29, 4 févr. 1984, p. B-7.
Paul Lefebvre, *« Les Mille et Une nuits ». La fête à Bagdad-sur-Fullum*, Dev, vol. 75, nº 142, 19 juin 1984, p. 18.

ROQUEBRUNE, ROBERT DE [X Robert Laroque de Roquebrune] [Dick Berton] (1889–1978). Romancier et essayiste, né à l'Assomption (Montcalm). Après des études au Mont-Saint-Louis, il étudie au Collège de France et à la Sorbonne. Par ses origines et sa carrière, il est nourri d'histoire. Il passe son enfance dans un antique manoir où l'on conservait les traditions de l'ancienne aristocratie seigneuriale canadienne-française, où l'on évoquait ses ancêtres : Saint-Ours, Irumberry de Salaberry, Hertel de Rouville. Après un séjour en Europe, il s'établit à Belœil en 1912 ; il collabore à l'*Action* de Jules Fournier et participe, en 1918, à la fondation de la revue *Le Nigog* dont il est l'un des principaux collaborateurs. En 1919, il entre aux Archives publiques du Canada et s'établit à Paris. Robert de Roquebrune passe la plus grande partie de sa vie à dépouiller des archives françaises pour y découvrir les sources de l'histoire canadienne. En 1939, il rentre au pays. Après la Seconde Guerre mondiale, il retourne à Paris, comme directeur des Archives publiques en France. Il collabore à plusieurs périodiques : *La Mouette* (hebdomadaire quibernois, Bretagne), *La Revue moderne*, *La Patrie*, *Le Canada*, *Nova Francia*, *Paris-Canada*, *L'Ordre*, *La Presse*... Ses articles (au-delà de cinq cents) parurent dans une cinquantaine de périodiques français et canadiens. En 1926, il signe avec Fernand Préfontaine sous le pseudonyme collectif de Dick Berton, un roman détectif, *La Banque en détresse*, œuvre qu'il a tenté de faire oublier par la suite. Les autres romans, les études historiques et les mémoires de Robert de Roquebrune évoquent le charme d'une époque révolue. Le souvenir et le document socio-historique sont à l'origine de ses récits. Qu'il s'agisse des romans à psychologie très simple (*Les Habits*

rouges, Les Dames Le Marchand, D'un océan à l'autre), ou des mémoires présentés sous forme de sketches (*Testament de mon enfance, Quartier Saint-Louis, Cherchant mes souvenirs*), tout un passé se reconstitue sous la plume de Roquebrune, plein de voix anciennes et de poésie exquise. Romancier, mémorialiste, conteur, l'auteur l'est toujours dans ses écrits dont l'action renvoie le lecteur au monde de ses ancêtres. « Son nom même, remarque Paulette Collet, aux syllabes viriles, un peu rudes, évoque déjà la vieille France, l'époque où, épée au côté et cape au vent, d'audacieux cavaliers chevauchaient sur des routes hérissées de dangers. Faut-il s'étonner que, fidèle à son nom, Roquebrune ait choisi de peindre dans son œuvre un passé plein d'héroïsme ou de poésie ? Il a dit les exploits des fondateurs de la Nouvelle-France ; il a raconté ses souvenirs. Si ceux-ci appartiennent à une époque, somme toute, assez récente, ils paraissent souvent très lointains parce qu'ils font partie d'une civilisation disparue. Et c'est parce qu'il a été le témoin sensible et éveillé de cette civilisation que l'œuvre de Roquebrune a tant de charme ». Deux de ses romans, « Élise Dagenais » et « Sais-tu que je t'aime depuis longtemps ? » demeurent à l'état de manuscrit.

ŒUVRES

Hommage à Charles Michel de Salaberry, héros de Châteauguay (essai), [Montréal ?, s.é. 1913 ?], 20 p.

L'Invitation à la vie suivie de Paysages et Autres Romans, [s.l., s.é., 1915 ?, n.p., 31 p.]. Avant-dire de l'auteur.

Les Habits rouges. Roman canadien, Paris, Éditions du Monde nouveau, 1923, 280 p. Sous le nom de Robert de Roquebrune. Avant-propos de l'auteur ; *Les Habits rouges. Roman canadien. La Nuit de Noël du Capitaine Allan. Conte*, Bibliothèque de la Société d'histoire du Canada/Librairie Gabriel Énault, 1930, 220 p. Ill. de Claire Fauteux ; *Les Habits rouges. Roman*, Montréal, Fides, 1948, 170 p. Avant-propos de l'auteur ; Montréal/Paris, 1955, 127 p. Ill. « La Grande Aventure » ; 1960, 143 p. Ill. de Maurice Petitdidier. « Alouette des jeunes » ; Montréal, 1978, 137 p. Ill. de Josée Guberek. « Goéland ».

D'un océan à l'autre. Roman canadien, Paris, Éditions du Monde nouveau, 1924, 255 p. Sous le nom de Robert de Roquebrune ; *D'un océan à l'autre. Roman*, Montréal/Paris, Fides, 1958, 127 p. Ill. de G. de Beney. « Le Pélican ».

La Banque en détresse (roman), Paris, Éditions du Monde moderne, 1926, 127 p. Sous le pseudonyme de Dick Berton. Collab. Fernand Préfontaine.

Les Dames Le Marchand. Roman, Paris, Éditions du Monde moderne, 1927, 199 p. Sous le nom de Robert de Roquebrune. « RoC » ; Montréal/Paris, Fides, 1964, 210 p. Préface de l'auteur. « AB ».

Contes du soir et de la nuit, Montréal, Éditions Bernard Valiquette, 1942, 151 p. Sous le nom de Robert de Roquebrune.

La Guerre et l'Amour au Canada d'autrefois (essai), [Montréal], Compagnie de publications provinciales ltée, 1945, 31 p. Sous le nom de Robert de Roquebrune. (Publié aussi dans *Les Cahiers Reflets*, vol. 1, n° 6, 1945).

Testament de mon enfance. Récit, Montréal/Paris, Palatine/Librairie Plon, 1951, 247 p. Sous le nom de Robert de Roquebrune ; Paris, Librairie Plon, Les petits-fils de Plon et Nourit, 1951, 247 p. ; Montréal/Paris, Fides, 1958, 183 p. Préface de Claude Galarneau. « N » ; *Testament de mon enfance*, Montréal, Fides, 1979, 195 p. Préface de Claude Galarneau. Jugements critiques. Chronologie et bibliographie préparées par Jean-Guy Hudon. « BQ ». (Trilogie comprenant *Quartier Saint-Louis* et *Cherchant mes souvenirs 1911–1940*). Traduction anglaise par Felix Walter : *Testament of my Childhood*, Toronto, UTP, [1964], 160 p.

La Seigneuresse. Roman, Montréal/Paris, Fides, 1960, 270 p. « GD » ; Montréal, 1977, 271 p. « Intermondes ».

Les Canadiens d'autrefois. Essais, Montréal/Paris, Fides, 1962, 291 p. Sous le nom de Robert de Roquebrune. Préface de l'auteur ; *Les Canadiens d'autrefois. Deuxième série*, 1966, 189 p.

Quartier Saint-Louis. Récit, Montréal/Paris, Fides, 1966, 199 p. Sous le nom de Robert de Roquebrune. « N » ; [Montréal], 1981, 209 p. Chronologie, bibliographie et jugements critiques préparés par Jean-Guy Hudon. « BQ ». (Trilogie comprenant *Testament de mon enfance* et *Cherchant mes souvenirs 1911–1940*).

Cherchant mes souvenirs 1911–1940 (mémoires), Montréal/Paris, Fides, 1968, 243 p. Sous le nom de Robert de Roquebrune. « N ». (Dernier volume de la trilogie qui comprend *Testament de mon enfance* et *Quartier Saint-Louis*).

Séjours en France, RD, 47e année, mai 1941, p. 248–255.

La Direction de la Nouvelle-France par le ministère de la Marine, RHAF, vol. 6, n° 4, mars 1953, p. 470–488.

Roberval, sa généalogie, son père et le procès du Maréchal de Gié, le portrait de Chantilly, RHAF, vol. 9, n° 2, sept. 1955, p. 157–175.

[*Témoignages...*], dans *Le Roman canadien-français*, Montréal/Paris, Fides, 1964, p. 316–317. « ALC » 3.

DISCOGRAPHIE

L'auteur lit des extraits de ses œuvres, Montréal, Fides, [1970 ?], 17-8302–8383, 33⅓ tours. « Écrivains du Québec ».

ÉTUDES

Marcel Dugas, *M. Robert Laroque de Roquebrune*, dans *Apologies*, Montréal, Paradis-Vincent, 1916, p. 85–91.

Camille Roy, *Les Habits rouges*, CF, vol. 11, n° 2, oct. 1923, p. 93–102.

Harry Bernard, *Les Habits rouges*, AF, vol. 11, n°1, janv. 1924, p. 34–43.

Jean-Charles Harvey, *Les Habits rouges*, dans *Pages critiques*, Québec, Le Soleil, 1926, p. 114-121.

Maurice Hébert, *D'un océan à l'autre*, CF, vol. 13, n° 10, juin-juillet-août 1926, p. 711-719 ; dans *De livres en livres*, Montréal, Louis Carrier et Cie, 1929, p. 121-123.

Marjorie McKenzie, *Canadian History in the French Canadian Novel*, dans *Queen's Quarterly*, vol. 34, n° 1, juillet-août-sept. 1926, p. 63-77 ; n° 2, oct.-nov.-déc. 1926, p. 203-214, surtout p. 210-214.

Louis Deligny, *Les Dames Le Marchand*, ACF, vol. 19, n° 3, mars 1928, p. 179-185.

Roland-M. Charland, *Testament de mon enfance*, dans *Lectures*, t. 9, n° 5, janv. 1953, p. 203-208.

Michel Têtu, *Quartier Saint-Louis*, LAC 1966, p. 58-59.

Paulette Collet, *Robert de Roquebrune aux yeux du souvenir*, LAC 1968, p. 220-227.

Roger Duhamel, *Robert de Roquebrune*, CACF, vol. 14, 1972, p. 5-18.

Réginald Martel, *Le Premier Roman de Roquebrune*, Pr, 94ᵉ année, n° 112, 16 sept. 1978, p. D-4.

Réjean Beaudoin, *Robert de Roquebrune. Testament de mon enfance (réédition)*, LAQ 1979, p. 80-81.

Jean-Louis Major, « *Une sorte d'éternité heureuse* ». *Testament de mon enfance de Robert de Roquebrune*, LQ, n° 16, hiver 1979-1980, p. 43-46.

ROSEMARIE, TANTE. Voir BISSONNETTE, ROSEMARIE.

ROUSSAN DE THORENC, JACQUES DE, [Le Bouquiniste] (1929-   ). Journaliste, peintre, critique d'art, essayiste, poète et romancier, né à Paris. Après l'obtention de sa licence ès lettres (1948) de l'Université de Paris, il arrive au Canada en 1952. Il s'inscrit à l'École des arts graphiques, section imprimerie. De 1955 à 1958, il dirige *Le Petit Journal* (magazine). En 1959, il est nommé secrétaire de rédaction de *Perspectives* et de *Perspectives-dimanche* que publient chaque semaine, à titre de supplément, les grands périodiques québécois. Tout en poursuivant sa carrière de journaliste et d'écrivain, il est nommé rédacteur en chef de *Vie des arts* ; il est à la fois trésorier de la Société des écrivains canadiens, vice-président des Jeunesses littéraires du Québec, vice-président de la Société des poètes canadiens-français, directeur-fondateur de *Vient de paraître*, de la collection « Panorama » (Lidec), des Éditions du Saint-Laurent, des Cahiers de la Société d'histoire de Longueuil. À ces activités littéraires s'ajoutent ses activités de peintre. En effet, à partir de 1970, il expose régulièrement aux galeries Whitney, Bienvenue, Bourguignon et dans divers centres culturels de la province, entre autres, celui de Trois-Rivières (1970). Il a su s'affirmer non seulement en tant que journaliste et critique d'art, mais également dans les domaines de la poésie et de l'essai.

ŒUVRES

Mes anges sont des diables (récits humoristiques), Montréal, Éditions de l'Homme, 1961, 126 p.

Le Pouvoir de vivre (poésie), Montréal, Éditions Atys, 1961, 44 p.

Paradoxes (essai), Montréal, Éditions À la page, 1962, 148 p.

Éternités humaines (poésie), Montréal, Librairie Déom, 1963, 51 p.

Mon père, vous avez la lèpre (biographie), Montréal, Fides, 1963, 100 p.

Les Canadiens et Nous (document), Montréal, Éditions de l'Homme, 1964, 123 p. Collab. Édouard Doucet. (Traduction ou interprétation d'articles de journaux canadiens-anglais.)

Israël, terre de promesses (document), Montréal, CLF, 1964, 228 p.

Pénultiennes (nouvelles), Montréal, À la page, 1964, 112 p.

Le Guide du lecteur canadien-français (chroniques), Montréal, Imprimerie Judiciaire, 1965, 77 p.

Art (Expo 67), Montréal, Toundra, 1967, 60 p.

Enfants (Expo 67), Montréal, Toundra, 1967, 60 p.

Gaston Petit (biographie), Montréal, Lidec, 1967, 36 p.

Kittie Bruneau (biographie), Montréal, Lidec, 1967, 36 p.

Normand Hudon (biographie), Montréal, Lidec, 1967, 36 p.

Richard Lacroix (biographie), Montréal, Lidec, 1967, 36 p.

Sculpture (Expo 67), Montréal, Toundra, 1967, 40 p.

Philip Surrey (biographie), Montréal, Lidec, 1968, 28 p.

Réal Arsenault (biographie), Montréal, Lidec, 1968, 25 p.

L'aïeule qui venait de Duroritz (récit), Montréal, Toundra, 1969, [n.p.].

Mario Merola (biographie), Montréal, Lidec, 1970, [n.p.].

Jacques Ferron. Quatre itinéraires (biographie), Montréal, PUQ, 1971, 95 p. Portrait.

Au-delà du soleil/Beyond the Sun (récit), Montréal, Livres Toundra, 1972, [n.p., 28 f.]. Ill. de Luc Benoît.

Fleurs sauvages du Québec, Montréal, Éditions du Jour, 1973, 90 p.

If I Came from Mars/Si j'étais Martien (litt. jeunesse), Montréal, Tundra Books, 1977, [n.p., 28 p.]. Ill.

L'Homme programmé. Les nouvelles armes des manipulateurs de cerveau (essai), [Montréal], Éditions internationales Alain Stanké, 1978, 399 p. Traduction de l'œuvre de Alan W. Scheflin et d'Edward M. Opton, Jr.

Paul Tex Lecor (biographie), [Montréal], Stanké, 1980, 62 p. Ill.

M.A. Fortin (biographie), [Laprairie], Éditions Marcel Broquet, 1982, 104 p. Ill.

Le Nu dans l'art au Québec, Laprairie, Marcel Broquet, 1982, 223 p. Ill.

ROUSSAN DE THORENC

Roger Cavalli. Le magicien de l'universalité (biographie), Laprairie, Éditions Marcel Broquet, 1984, 95 p. Ill.

Pichet (biographie), [Laprairie], Éditions Marcel Broquet, 1985, 103 p. Ill. Préface de Gilles Vigneault.

Jordi Bonet (biographie), [Laprairie], Éditions Marcel Broquet, 1986, 108 p. Ill. Préface de Huguette Bouchard-Bonet.

Montréal et la « Francité », Dev, vol. 57, n° 75, 31 mars 1966, p. 37.

La Tour de garde de nos lettres : Réginald Hamel, Pe, vol. 6, n° 18, 30 avril 1966, p. 18–20.

Gaston Petit, peintre canadien, missionnaire au Japon, CL, vol. 16, n° 87, juin 1966, p. 29–32.

En 30 ans, les Dix ont été 23, Pe, vol. 8, n° 41, 8 oct. 1966, p. 20, 22–24.

Les Peintres de la Colombie-Britannique et leur environnement, dans *Vie des arts*, n° 44, automne 1966, p. 76–84.

ÉTUDES

Gilles Hénault, *Jeunes Ardeurs*, LAC 1961, p. 35.

Raynald Desmeules, *Paradoxes de Jacques de Roussan*, LAC 1962, p. 60.

Maximilien Laroche, *Éternités humaines de Jacques de Roussan*, LAC 1963, p. 69.

Raynald Desmeules, *Mon père, vous avez la lèpre de Jacques de Roussan*, LAC 1963, p. 128.

Francis Parmentier, *Pénultiennes de Jacques de Roussan*, LAC 1964, p. 22.

Raynald Desmeules, *Israël terre de promesses de Jacques de Roussan*, LAC 1964, p. 119.

Antoine Goulet, *La Société des poètes canadiens-français*, dans *Le Travailleur*, vol. 36, n° 1, 6 janv. 1966, p. 14.

[Anonyme], *Journée d'étude de la Société des écrivains canadiens*, So, vol. 69, n° 20, 20 janv. 1966, p. 9.

[Anonyme], *Jacques de Roussan, rédacteur des Cahiers du nursing*, dans *Cahiers du nursing*, vol. 40, n° 2, févr. 1967, p. 20.

Guy Robert, *Collection «panorama» de Jacques de Roussan*, LAC 1967, p. 168–169 ; LAC 1968, p. 150.

Julia Richer, *Une collection pour amateurs d'arts*, dans *L'Information médicale et paramédicale*, vol. 21, n° 18, 4 mars 1969, p. 26.

Gérard Dufour, *Jacques Ferron de Jacques de Roussan*, LAQ 1971, p. 210.

ROUSSAN, WANDA DE [née Malatynska]

(1929–   ). Journaliste et romancière, née à Varsovie (Pologne). Après l'obtention de sa licence ès lettres à l'Université de Cracovie (1949), elle poursuit, à Paris, durant deux ans des études supérieures à l'Institut des sciences politiques. Installée au Canada depuis 1952, elle se livre au journalisme et à l'enseignement. De 1955 à 1969, elle dirige les Éditions du Saint-Laurent. En 1969, elle est élue présidente du Conseil scolaire polonais de Montréal et devient professeur au Lycée Adam Mickiewicz. Entre temps, elle publie un roman remarquable qui s'adresse surtout à la jeunesse, *Les Rois de la mer* et elle soutient aussi une thèse de maîtrise ès arts à l'Université de Montréal : « La Signification du personnage de l'étrangère dans le roman québécois contemporain ». Au sujet du roman *Les Rois de la mer*, Huguette Uguay écrit : « Ce récit répond au besoin de sensations, à la ‹ pulsation › dirions-nous, de la jeunesse d'aujourd'hui. Aventures, sacrifices, perfidies, devoir, amour, tout y est ».

ŒUVRE

Les Rois de la mer. Roman, Montréal/ Paris, Fides, 1963, 212 p. « RV ».

Malgré tout, Varsovie, tu n'as pas changé, Pe, vol. 6, n° 46, 14 nov. 1964, p. 28–33.

63 jours de terreur à Varsovie, Pe, vol. 11, n° 31, 2 août 1969, p. 12–16.

On demande des héros, Pe, vol. 12, n° 14, 5 avril 1970, p. 2–5.

Il n'arrêta pas le soleil, Pe, vol. 15, n° 7, 18 févr. 1973, p. 8–10.

L'Éducation du berceau à la tombe, Pe, vol. 16, n° 19, 12 mai 1974, p. 6–10.

Cégeps 74, Pe, vol. 16, n° 33, 18 août 1974, p. 6–10.

ÉTUDE

Huguette Uguay, *Les Rois de la mer de Wanda de Roussan*, LAC 1963, p. 142–143.

ROUSSEAU, CLAUDE

(1926–   ). Poète, né à Vallée-Jonction (Beauce). Il fait ses études classiques jusqu'en rhétorique (1945) à Nicolet, à Trois-Rivières et à l'École Ouellet de Québec. Il fait un an de pharmacie à l'Université Laval (1946), après quoi il occupe divers postes d'annonceur, de gérant et de directeur de programme à Radio-Nord, à Rouyn, à Amos et à Val d'Or. À compter des années 1950, il se retrouve dans la région de Québec à CKRB (St-Georges-de-Beauce) et à CKCV (Québec). Il publie des poèmes dans *La Nouvelle Relève*, *L'Amérique française* et *Le Jour*. Ses premiers recueils, *Jeux d'eau* (1947) et *Feux nocturnes* (1960) sont publiés à compte d'auteur dans des éditions à tirage très limité. En 1971, il reprend l'essentiel de ses poèmes sous le titre *Les rats aussi ont de beaux yeux. Choix de poèmes 1947-1968.* « Ce recueil, déclare Gatien Lapointe, jette sur notre pré-histoire une nuance nouvelle et subtile ». Comme écrit René Dionne, « Cette poésie est toute de solitude aride [...] froids fruits, ciselés à même le marbre des mots par le laser d'un impitoyable regard second ».

ŒUVRES

Jeux d'eau (poésie), Sainte-Marie-de-Beauce, Les Éditions « le Guide enrg. », 1947, [n.p., 69 p.]. (Reproduits dans *Les rats aussi ont de beaux yeux. Choix de poèmes 1947-1968,* [Montréal], Éditions de l'Hexagone, [1971], p. 7-16).

Feux nocturnes. Poèmes, [St-Georges-de-Beauce, Imprimerie « Nova Lux »], 1960, 77 p. (Reproduits dans *Les rats aussi ont de beaux yeux. Choix de poèmes 1947-1968,* [Montréal], Éditions de l'Hexagone, [1971], p. 17-43).

Les rats aussi ont de beaux yeux. Choix de poèmes 1947-1968, [Montréal], Éditions de l'Hexagone, [1971], 62 p.

Poèmes pour l'œil gauche, Montréal, Parti Pris, 1974, 64 p. « P ».

ÉTUDES

Rina Lasnier, *Jeux d'eau,* dans *Liaison,* janv. 1948, p. 35-36.

René Dionne, *Sur les voies de notre poésie (I),* Rel, nº 361, déc. 1971, p. 341.

Gatien Lapointe, *Les rats aussi ont de beaux yeux de Claude Rousseau,* LAQ 1971, p. 156-157.

ROUSSEAU, EDMOND (1850-1909). Romancier et essayiste, né à Château-Richer (Montmorency). Il fait ses études classiques au Séminaire de Québec et son cours de droit à l'Université Laval. Par la suite, il est journaliste à *L'Événement* de Québec et au *Constitutionnel* de Trois-Rivières. Il entre aux Archives judiciaires de Québec, poste qu'il conserve jusqu'à sa mort. En 1886, il publie son premier roman historique, *Le Château de Beaumanoir,* suivi bientôt de deux autres. Edmond Rousseau se veut le défenseur de l'honneur des Canadiens d'autrefois, « de mettre en regard les actions de nos pères et celles de leurs aïeux » (préface du *Château de Beaumanoir*). Il écrit aussi des récits divers réunis en volume : *Deux récits* (1903). Fondateur de la Société antialcoolique de Québec, il rédige plusieurs brochures dont *Le Grand Fléau du jour* (1904).

ŒUVRES

Petit Manuel du cultivateur, à l'usage des écoles primaires, Québec, Typographie de C. Darveau, 1880, vi-64 p. ; 1890 ; P. Gauvreau, 1904, vi, 71 p.

Le Château de Beaumanoir. Roman canadien, Lévis, Mercier et cie, Éditeurs, 1886, vii, 276 p. ; Québec, La Cie de Publication « Le Soleil », 1916, vi, 235 p.

Les Exploits d'Iberville (roman), Québec, Typographie de C. Darveau, 1888, xi, 255 p. ; Québec, Imprimé par la Cie « Le Soleil », 1912, x, 239 p. ; 1913 ; Tours / Montréal, Maison Alfred Mame & Fils / Granger Frères limitée, [1930], 231 p.

Histoire du Canada popularisée. La Monongahéla (roman), Québec, Typographie de C. Darveau, 1890, 237 p. ; Québec, La Cie de Publication « Le Soleil », 1915. Ill. ; *La Monongahéla,* Tours / Montréal, Maison Alfred Mame & Fils / Granger Frères limitée, [1930], 235 p. Dessins d'André Fournier.

Éléments de physique, de chimie et de cosmographie à l'usage des écoles primaires, Québec, J.-A. Langlais, 1892, 120 p.

Deux récits. À Carillon. Dans un yacht, Montréal, Décarie, Hébert & Beauchesne, 1903, 190 p. ; Québec, Charrier & Dugal, 1918, 174 p.

Alcool et Alcoolisme. Causerie sur l'intempérance, Québec, « Le Soleil », 1905, xvi, 168 p. Ill. ; 1906, 280 p. Ill.

Petit Catéchisme de tempérance et de tuberculose avec l'approbation de Mgr l'archevêque de Québec, Québec, La Cie de Publication « Le Soleil », 1909, [n.p., 58 p.]. Ill. ; 1910, viii, 58 p. (Édition revue et corrigée).

ÉTUDES

J.-S. Lesage, *Edmond Rousseau ; le romancier,* dans *Notes biographiques — Propos littéraires,* Québec, Action sociale, 1931, p. 181-192.

Damase Potvin, *Edmond Rousseau, 1853-1916,* RUL, vol. 8, nº 4, 1954, p. 358-370.

David M. Hayne, *Edmond Rousseau,* dans *Bibliographie critique du roman canadien-français,* Québec, PUL, 1968, p. 119-121.

Maurice Lemire, [*Edmond Rousseau*], dans *Les Grands Thèmes nationalistes du roman historique canadien-français,* Québec, PUL, 1970, p. 84-92.

ROUSSEAU, GEORGES (Mme). Voir **BERNIER, JOVETTE-ALICE.**

ROUSSEAU, GUILDO (1938-). Bibliographe, critique et historien des lettres, né à Saint-Éleuthère (Kamouraska). Après le secondaire à l'École Saint-Michel de Sherbrooke, il étudie à l'École normale de Sherbrooke (B.Péd., 1961), puis il s'inscrit en lettres à l'Université de Sherbrooke où il obtient un baccalauréat ès arts (1964), une licence en enseignement secondaire (1966), une licence ès lettres (1967), une maîtrise pour un mémoire sur Jean-Charles Harvey (1968), et un doctorat (1973) pour une thèse sur *L'Image des États-Unis dans la littérature québécoise*. À partir de 1961, il enseigne à Coaticook, à Montréal, au Collège et à l'Université de Sherbrooke, et il devient professeur régulier de français à l'Université du Québec à Trois-Rivières (1976) où il remplit diverses fonctions et dirige la collection « Guides bibliographiques ». Il collabore à *Vie française, Journal of Canadian Fiction, Voix et Images...*, et il donne de nombreux articles au *Dictionnaire des œuvres littéraires du Québec*. La critique accorde à son ouvrage sur Jean-Charles Harvey le mérite de faire connaître l'œuvre romanesque de Harvey et d'avoir réuni une imposante documentation, mais Robert Vigneault est sévère sur la méthode de ce travail. *Préfaces des romans québécois du XIXᵉ siècle* (1970) constitue une source précieuse pour l'histoire du roman canadien. *L'Image des États-Unis dans la littérature québécoise* (1981) mérite à Guildo Rousseau le prix Albert B.-Corey 1982. Selon Jacques Michon, « les ambiguïtés méthodologiques ne doivent pas nous faire oublier cependant l'utilité pratique de ce travail et sa valeur encyclopédique. L'exhaustivité de l'enquête [...] et son ampleur chronologique en font un ouvrage de référence essentiel en ce qui concerne la question américaine et l'histoire des idées de notre littérature ».

ŒUVRES

La femme ouvrière refuse le travail de nuit (essai), Sherbrooke, Éditions Paulines, 1964, 80 p. Collab. Yvette Rousseau.

Jean-Charles Harvey et son œuvre romanesque (essai), Montréal, Centre éducatif et culturel, 1969, 200 p. Ill. Préface d'Antoine Naaman. « Reflets ».

Préfaces des romans québécois du XIXᵉ siècle (anthologie), Sherbrooke, Éditions Cosmos, 1970, 111 p. Recueillies et présentées par Guildo Rousseau. Préface de David-M. Hayne. « Textes et Commentaires ».

Index littéraire de « L'Opinion publique » (1870–1883), Trois-Rivières, Centre de documentation en lettres québécoises, 1978, 107 p. Établi et présenté par Guildo Rousseau. « Guides bibliographiques ».

Fonds Bertrand Vac : inventaire descriptif, Trois-Rivières, Centre de documentation en lettres québécoises, 1979, 15 p. Sous la direction de Guildo Rousseau. Établi et présenté par Mario Audet. « Guides bibliographiques ».

Fonds Hélène B. Beauséjour : inventaire descriptif, Trois-Rivières, Centre de documentation en lettres québécoises, 1979, 13 p. Sous la direction de Guildo Rousseau. « Guides bibliographiques ».

Fonds Hervé Biron : inventaire descriptif, Trois-Rivières, Centre de documentation en lettres québécoises, 1979, 32 p. Sous la direction de Guildo Rousseau. Établi et présenté par Mario Audet. « Guides bibliographiques ».

Répertoire des collections et des fonds d'archives en théâtre québécois conservés au Centre de documentation en lettres québécoises de l'Université du Québec à Trois-Rivières, Trois-Rivières, Centre de documentation en lettres québécoises, 1979, 172 p. Sous la direction de Guildo Rousseau. « Guides bibliographiques ».

Répertoire des fonds privés conservés au Centre de documentation en lettres québécoises de l'Université du Québec à Trois-Rivières, Trois-Rivières, Centre de documentation en lettres québécoises, 1979, 26 p. Sous la direction de Guildo Rousseau. Présentation de Mario Audet. « Guides bibliographiques ».

Tables provisoires des pièces de théâtre représentées de 1920 à 1950. Index établi d'après les articles et les comptes rendus de la presse parus dans le journal « Le Nouvelliste de Trois-Rivières », Trois-Rivières, Centre de documentation en lettres québécoises, 1979, 329 p. Sous la direction de Guildo Rousseau. « Guides bibliographiques ».

L'Image des États-Unis dans la littérature québécoise (1775–1930), (essai), Sherbrooke, Éditions Naaman, 1981, 356 p. Ill. « Études ».

Contes et Récits de la Mauricie. Anthologie, Trois-Rivières, Éditions Cédoleq, 1982, 154 p. Ill. ; *Contes et Récits littéraires de la Mauricie, 1850–1950. Essai de bibliographie régionale*, Trois-Rivières, Éditions Cédoleq, 178 p.

The Iroquoise. A North American Legend/L'Iroquoise. Une légende nord-américaine, Sherbrooke, Éditions Naaman, 1984, 77 p. Ill. Textes introduits et annotés par Guildo Rousseau.

Jean-Charles Harvey, *Les Demi-civilisés* (roman), Montréal, PUM, 1988, 301 p. Édition critique par Guildo Rousseau. « Bibliothèque du Nouveau Monde ».

La Nature et les Paysages de l'Ouest dans les récits de voyage des Canadiens français de 1800–1935, dans *Vie française en Amérique*, vol. 27, nᵒˢ 3–4, nov. 1972, p. 59–75.

La Ruée vers l'or en Californie dans le roman et le conte québécois, de 1850 à 1945, dans *Journal of Canadian Fiction*, nᵒˢ 25–26, 1979, p. 99–114.

Discours romanesque et Discours urbain, VI, vol. 7, nᵒ 1, automne 1981, p. 97–117.

ÉTUDES

René Berthiaume, *Jean-Charles Harvey réactualisé grâce à Guildo Rousseau*, dans *La Tribune*, vol. 60, nᵒ 34, 29 mars 1969, p. 12.

Jean-Yves Théberge, *Jean-Charles Harvey et son œuvre*, CF, 109ᵉ année, nᵒ 46, 9 avril 1969, p. 30.

Paul Roux, *L'Œuvre romanesque de Harvey — Une histoire de la littérature québécoise — Un roman raté*, dans So, 72ᵉ année, nᵒ 88, 12 avril 1969, p. 40.

Robert Vigneault, *Jean-Charles Harvey et son œuvre romanesque de Guildo Rousseau*, LAQ 1969, p. 132–134.

Jean Éthier-Blais, *Jean-Charles Harvey ou Le Destin d'un demi-civilisé*, Dev, vol. 61, n° 119, 23 mai 1970, p. 13.

Roger Duhamel, *Jean-Charles Harvey, l'écrivain d'un âge révolu*, Dr, vol. 58, n° 72, 20 juin 1970, p. 13.

René Dionne, *Préfaces des romans québécois du XIXᵉ siècle, recueillies et présentées par Guildo Rousseau*, Rel, n° 356, janv. 1971, p. 20–21.

Pierre Savard, *Préfaces des romans québécois du XIXᵉ siècle, recueillies et présentées par Guildo Rousseau*, RHAF, vol. 27, n° 2, sept. 1973, p. 282.

Jean Ménard, *Préfaces des romans québécois du XIXᵉ siècle, recueillies et présentées par Guildo Rousseau*, dans *Revue d'histoire littéraire de France*, 73ᵉ année, n° 6, nov.–déc. 1973, p. 1104.

Marie-André Hamel, *La Littérature québécoise et l'Influence américaine*, dans *Le Livre d'ici*, vol. 7, n° 1, 7 oct. 1981, p. 27.

André Ferretti, *Le Mirage américain dans notre littérature*, Dev, vol. 72, n° 228, 5 déc. 1981, p. 24.

Sylvain Simard, *Guildo Rousseau. L'Image des États-Unis dans la littérature québécoise (1775-1930)*, LAQ 1981, p. 226–227.

Jacques Michon, *Les États-Unis de notre petite bourgeoisie, de 1800 à 1930*, LQ, n° 25, printemps 1982, p. 72–73.

Raymond Laprés, *Rousseau (Guildo). The Iroquoise. A North American Legend / L'Iroquoise. Une légende nord-américaine*, dans *Nos livres*, vol. 15, nov. 1984, n° 5948.

ROUSSEAU, JACQUES (1905–1970). Botaniste et ethnologue, né à Saint-Lambert (Chambly). Il étudie au Séminaire de Sainte-Thérèse, au Collège Sainte-Marie (Montréal) et au Collège de Sainte-Anne-de-la-Pocatière (B.A., 1926), puis il obtient une licence ès sciences à l'Université de Montréal. Après quelques années d'enseignement à Montréal, il continue ses études (1931–1934) dans les universités Cornell, du Nouveau-Mexique, du Vermont et Harvard, et il termine en 1934 sa thèse de doctorat sur les astragales du Québec. Professeur et chef de travaux pratiques à l'Institut de botanique de l'Université de Montréal à partir de 1928, il devient sous-directeur du Jardin botanique de Montréal (1938), puis directeur (1944–1955). En 1956, il est nommé directeur du Muséc de l'Homme du Canada. De 1959 à 1962, il séjourne à Paris comme professeur à la Sorbonne et à l'École des Hautes Études. Il rentre au Canada en 1962 et occupe le poste de directeur de recherches et professeur d'ethnologie au Centre des études nordiques de l'Université Laval. Il participe à de nombreux colloques, publie dans divers périodiques, et est membre d'un bon nombre de sociétés nationales et internationales (Société canadienne d'histoire naturelle, Société de géographie du Québec, Botanical Society of America, Société botanique de France, International Union for Biological Sciences...). Ses travaux lui méritent de nombreuses distinctions : élection à la Société royale du Canada, médaille de la National Academy of Sciences (É.-U.), médaille de l'ACFAS, médaille Georges-Lauson de la Canadian Botanical Association, Ordre du Canada... « Marquée au coin de l'éclectisme, l'œuvre de Jacques Rousseau se répartit dans divers domaines : botanique, ethnologie, linguistique et géographie. Toutefois, elle évolue dans un sens bien déterminé : le terroir québécois. Que ce soit dans ses travaux scientifiques, historiques ou littéraires, on retrouve toujours sa préoccupation sous-jacente : l'homme dans son milieu naturel. Il a tenté de décrire les diverses régions du Québec par la végétation surtout, mais sans jamais oublier les autres éléments de l'écosystème, depuis l'assise géologique jusqu'aux populations humaines en passant par le sol, les plantes, les animaux, le folklore, l'histoire, la langue et bien d'autres manifestations » (René Pomerleau).

ŒUVRES

Les Astragalus du Québec et leurs alliés immédiats, New York / Montréal / Leipzig, H.G. Fiedler / Institut botanique, Université de Montréal / T.O. Weigel, 1933, 61 p. Ill.

La Botanique canadienne à l'époque de Jacques Cartier, New York / Montréal, H.G. Fiedler / Institut botanique, Université de Montréal, 1937, 86 p.

Bibliographie des travaux botaniques contenus dans les « Mémoires et Comptes rendus de la Société royale du Canada », de 1882 à 1936 inclusivement, New York / Montréal, H.G. Fiedler / Institut botanique, Université de Montréal, 1939, 117 p. Collab. Marcelle Gauvreau et Claire Morin.

Histoire de la nomenclature de l'Acer saccharophorum K. Koch (A. saccharum Marshall) depuis 1753, New York / Montréal, H.G. Fiedler / Institut botanique de l'Université de Montréal, 1940, 66 p. Ill.

Études ethnobotaniques québécoises, Montréal, Université de Montréal, Institut de botanique, 1945, 154 p. Ill.

L'Hérédité et l'Homme (essai), Montréal, Éditions de l'Arbre, 1945, 245 p. Ill. « France Forever ».

Bataille de sextants autour du lac Mistassini (essai), Montréal, Université de Montréal, [1948?], 18 p.

Un quart de siècle à la Société canadienne d'histoire naturelle, [Montréal, s.é., 1949?], 49 p.

La Cartographie de la région du lac Mistassini (essai), Montréal, [s.é.], 1949, 24 p.

Curriculum vitae et Bibliographie, [Montréal, Chez l'auteur, 1955?], 60 p.

The National Museum Affair. Declaration, [Ottawa, s.é., 1959?], 3 f.

Les Raisons du rattachement du Labrador à Terre-Neuve en 1763 (essai), [Québec, s.é., 1970?], 277 p. Cartes.

Le Parler canadien et le Français universel (essai), Trois-Rivières, Éditions du Bien public, 1971, 61 p. (Paru d'abord dans CD, n° 34, 1969, p. 181–237).

Voyage de Pehr Kalm au Canada en 1749 (journal), Montréal, Pierre Tisseyre, 1977, clxv, 674 p. Ill. Cartes. Traduction annotée du journal de route par Jacques Rousseau et Guy Béthune avec le concours de Pierre Morisset.

Le Voyage d'André Michaux au lac Mistassini en 1792, RHAF, vol. 2, n° 3, déc. 1948, p. 390–423.

Les Voyages du père Albanel au lac Mistassini et à la Baie James, RHAF, vol. 3, n° 4, mars 1950 p. 556–586.

Samuel de Champlain, botaniste mexicain et antillais, CD, n° 16, 1951, p. 39–61.

Persistances païennes chez les Amérindiens de la forêt boréale, CD, n° 17, 1952, p. 183–208.

Rites païens de la forêt québécoise : la tente tremblante et la suerie, CD, n° 18, 1953, p. 129–155.

L'Origine et l'Évolution du mot esquimau, CD, n° 20, 1955, p. 179–198.

Les Américanismes du parler canadien-français, CD, n° 21, 1956, p. 98–103.

Ces gens qu'on dit sauvages, CD, n° 23, 1958, p. 53–90.

Les Premiers Canadiens, CD, n° 25, 1960, p. 9–64.

La Trame forestière de l'histoire canadienne, CD, n° 26, 1961, p. 17–54.

Le Canada aborigène dans le contexte historique, RHAF, vol. 18, n° 1, juin 1964, p. 39–62.

La fleur-de-lys est l'emblème floral du Québec, CD, n° 31, 1966, p. 27–78.

ÉTUDES

Louis-Edmond Hamelin, *Jacques Rousseau (1905-1970)*, dans *Cahiers de géographie de Québec*, vol. 14, n° 32, 1970, p. 257–260.

René Pomerleau, *Jacques Rousseau, 1905-1970*, dans *Le Naturaliste canadien*, vol. 98, n° 3, mai-juin 1971, p. 215–224.

Marcel Raymond, *Jacques Rousseau (1905-1970)*, MSRC, 4ᵉ série, vol. 9, part. 2, 1971, p. 99–100.

Madeleine-A. Rousseau, *À la mémoire de Jacques Rousseau*, Pe, vol. 22, n° 22, 31 mai 1980, p. 4.

ROUSSEAU, NORMAND (1939-   ). Romancier et nouvelliste, né à Plessisville (Mégantic). Après ses études à Saint-Jérôme et à Laval-des-Rapides (B.Péd., 1961), il obtient un baccalauréat ès arts à l'Université de Sherbrooke (1964), une maîtrise en sciences religieuses à l'Université d'Ottawa pour un mémoire intitulé « Catéchèse et Chansons québécoises » (1965), un baccalauréat spécialisé en littérature et linguistique à l'Université de Montréal (1975) et une maîtrise en lettres françaises à l'Université d'Ottawa (1979) pour un travail de création : « Piège pour un rat » (paru sous le titre *Le Déluge blanc*). De 1961 à 1978, il enseigne au Mont-Saint-Louis (Montréal), à Laval-des-Rapides, au Maroc, à Pont-Viau, au Bureau des langues du Canada. En 1978 il devient réviseur technique aux éditions du ministère fédéral de l'Agriculture. Son premier roman, *Les Pantins* (1973), paraît à Paris. Le second, *La Tourbière* (1975), est bien accueilli : un roman « fascinant », écrit Donald Smith, qui est « à la fois un récit sur l'effritement de la vieille famille canadienne-française et un conte fantastique ». Les jugements varient beaucoup sur *À l'ombre des tableaux noirs* (1977), prix Jean-Béraud-Molson : peu original, « excessif et maladroit », selon René Lapierre, alors que pour Gabrielle Poulin le romancier « s'impose d'emblée » avec « l'un des meilleurs romans de l'année ». En 1979, on accorde le prix Esso du Cercle du livre de France aux *Jardins secrets*, récit bien fait mais qui manque de vie, dit Jacques Michaud. Paru en 1981, *Le Déluge blanc* est classé parmi les romans fantastiques.

ŒUVRES

Les Pantins (roman), Paris, La Pensée universelle, 1973, 242 p.

La Tourbière (roman), [Montréal], La Presse, 1975, 174 p.

Réal Caouette : Canada ! (biographie), Saint--Lambert, Éditions Héritage, 1976, 193 p. Collab. Jean-Guy Chaussé et Judith Richard. Ill.

À l'ombre des tableaux noirs. Roman, Montréal, CLF Pierre Tisseyre, 1977, 254 p.

Les Jardins secrets. Roman, Montréal, CLF Pierre Tisseyre, 1979, 254 p.

Le Déluge blanc (roman), [Montréal], Leméac, 1981, 215 p. « Roman québécois ».

Dans la démesure du possible. Nouvelles, Montréal, CLF Pierre Tisseyre, 1983, 256 p.

Le Grand Dérangement (roman), [Montréal], Stanké, 1984, 445 p.

L'Examen médical, Ma femme, un laideron ?, *Le Miroir* (nouvelles), ECF, n° 40, 1976, p. 171–204.

La Poétique de l'espace dans « Une forêt pour Zoé », dans *Journal of Canadian Fiction*, nᵒˢ 25-26, 1979, p. 212–226.

ÉTUDES

Réginald Martel, *Une tragédie loufoque*, Pr, 89ᵉ année, n° 191, 11 août 1973, p. E-3.

Jean Basile, *Tourbière intéressante mais complaisante*, Dev, vol. 66, n° 115, 17 mai 1975, p. 21.

Donald Smith, *Normand Rousseau. La Tourbière*, LAQ 1975, p. 65–66.

Léo Beaudoin, *Rousseau (Normand) — Chaussé (Jean-Guy) [...]. Réal Caouette : Canada !*, dans *Nos livres*, vol. 8, avril 1977, n° 138.

Gabrielle Poulin, *L'un des meilleurs romans de l'année*, Dr, vol. 65, n° 217, 10 déc. 1977, p. 8.

René Lapierre, *Normand Rousseau. À l'ombre des tableaux noirs*, LAQ 1977, p. 83–85.

André Vanasse, *Les Nouvelles Voix romanesques. À l'ombre des tableaux noirs de Normand Rousseau*, LQ, n⁰ 9, févr. 1978, p. 9-10.

Réginald Martel, *Autour et à propos d'un prix de roman*, Pr, 95ᵉ année, n⁰ 281, 24 nov. 1979, p. D-3.

Jacques Michaud, *La Violence comme un autre amour*, Dr, vol. 66, n⁰ 254, 2 févr. 1979, p. 11.

Marie-France Richards, *Le Déluge blanc*, Dr, vol. 69, n⁰ 130, 26 sept. 1981, p. 6.

Gilles Cossette, *Science fiction et fantastique : des écrivains d'ici en savent long sur le sujet*, LQ, n⁰ 24, hiver 1981–1982, p. 32-33.

Normand Desjardins, *Rousseau (Normand). Le Déluge blanc*, dans *Nos livres*, vol. 12, oct. 1981, n⁰ 408.

Noël Audet, *Des romans quasi sympathiques*, Dev, vol. 73, n⁰ 48, 27 févr. 1982, p. 19.

Normand Desjardins, *Rousseau (Normand). Dans la démesure du possible*, dans *Nos livres*, vol. 14, mai–juin 1983, n⁰ 5271.

France Simard, « *Le Grand Dérangement* » *de Normand Rousseau. Quand la langue dérange*, Dr, 72ᵉ année, n⁰ 75, 23 juin 1984, p. 29.

ROUSSEL, PIERRETTE. Voir BUSSIÈRES, SIMONE.

ROUSSIN, CLAUDE (1941–   ). Dramaturge, né à Montréal. Bachelier en pédagogie de l'Université de Montréal (1963) et bachelier ès arts en géographie de l'Université d'Ottawa (1969), il enseigne dans les écoles secondaires du Québec. Il s'intéresse d'abord à la dramaturgie en tant que scénariste et metteur en scène, travaillant avec James Rousselle. Sa première pièce, *Une job*, est présentée dans le cadre du festival de l'A.Q.J.T., en 1972, et reprise aux lundis du TNM, en décembre de la même année. En 1974, à l'invitation de Jean-Louis Roux, Roussin écrit un texte dramatique, *Marche, Laura Secord*. En octobre 1974, le Théâtre de Quat'Sous présente *Le Sauteur de Beaucanton*. Cette pièce marque le vrai début de l'écrivain et témoigne de ses orientations quant à l'écriture. À cet égard Martial Dassylva précise : « *Le Sauteur de Beaucanton* est à la réalité québécoise ce que ‹ Little Abner › est à la réalité américaine, c'est-à-dire qu'il portraiture les gens de la campagne pour l'édification et l'amusement des gens de la ville ».

ŒUVRES

Le Sauteur de Beaucanton (théâtre), Montréal, Leméac, 1974, 95 p. Collab. James Rousselle. Portrait. « RQ ».

Une job (théâtre), Montréal, L'Aurore, 1975, 82 p. Collab. James Rousselle et Jacques Fortier. Ill. Préface de Claude Des Landes. « Entre le parvis et le boxon ». Traduction anglaise par Allan Van Meer : *Looking for a Job*, [Toronto, Simon & Pierre Publishing Company Limited], 1978, 32 p. Portrait. Ill. « A Collection of Canadian Plays ».

Marche, Laura Secord ! (théâtre), Montréal, L'Aurore, 1976, 136 p. Ill. Préface de Claude Des Landes. « Entre le parvis et le boxon ».

ÉTUDES

Michel Bélair, « *Une job ou On a les héros qu'on peut* » : *se dégager de l'hystérie familiale*, Dev, vol. 64, n⁰ 291, 6 déc. 1972, p. 9.

Martial Dassylva, *Comment décoller T.-Paul Latraverse ?*, Pr, 90ᵉ année, n⁰ 249, 18 oct. 1974, p. 15.

Id., *Claude Roussin pour un théâtre de l'éternuement*, Pr, 90ᵉ année, n⁰ 250, 19 oct. 1974, p. D-5–D-6.

André Gruslin, *Sur une comédie rurale pour le monde de ta ville*, Dev, vol. 66, n⁰ 251, 26 oct. 1974, p. 17.

Normand Leroux, *Claude Roussin, Une job*, LAQ 1975, p. 162-164.

Robert Claing, *Claude Roussin, Marche, Laura Secord !*, LAQ 1976, p. 192-193.

ROUSSIN, MARCEL (1918–   ). Essayiste, né à Joliette (L'Assomption). Il fait ses études classiques chez les Clercs de Saint-Viateur et à l'Université de Montréal (B.A., 1938). Par la suite il y obtient une licence en sciences sociales, économiques et politiques (1940) et un doctorat en sciences politiques à l'Université d'Ottawa (1945). Un intérêt marqué pour les pays d'Amérique latine l'amène, en 1945 et à quelques reprises durant les années qui suivent, à l'Universidade nacional de Rio de Janeiro et à l'American University de Washington où il étudie l'histoire des Amériques. Marcel Roussin entre à la fonction publique du Canada en 1941 où il occupe différents postes au sein du Conseil national des recherches, au Secrétariat d'État, à la Chambre des communes et au ministère des Affaires extérieures. Puis le Gouvernement du Québec l'emploie à l'Office de la langue française (1979–1980). En 1949, il fonde l'Institut interaméricain à l'Université d'Ottawa, qu'il dirige jusqu'en 1955. Auteur d'innombrables articles sur l'Amérique latine dans des revues et journaux tels *L'Estudiant*, *Le Jour*, la *Revista brasileria de direito international*, *L'Action universitaire*, etc. Il est également l'auteur d'un ouvrage important intitulé *Le Canada et le Système interaméricain* (1959).

ŒUVRE

Le Canada et le Système interaméricain (essai), Ottawa, EUO, 1959, ix, 285 p.

───────────

Vers une mentalité canadienne, CV, 9ᵉ année, n⁰ 2, avril 1944, p. 105-112.

L'Amérique latine vue par les Canadiens, dans *Review of Inter-American Bibliography* (Washington, D.C.), vol. 1, n° 1, 1951, p. 22–28.

L'Amérique latine. Ses ressources et son importance stratégique, dans *Actualités,* vol. 3, n° 5, 1er sept. 1952, p. 3–19.

ROUTHIER, ADOLPHE-BASILE [Jan Piquefort] (1839–1920). Essayiste, critique littéraire, romancier, né à Saint-Placide (Deux-Montagnes). Il fait ses études classiques au Séminaire de Sainte-Thérèse, et son cours de droit à l'Université Laval. Admis au barreau en 1861, il pratique le droit à Kamouraska. Il publie dans *Le Courrier du Canada* une série d'études littéraires reprise plus tard dans *Causeries du dimanche* (1871). Ses polémiques avec son ancien ami Fréchette font l'objet d'une autre série d'articles publiés dans *Le Nouveau Monde,* en 1872. L'année suivante, Routhier s'attaque à l'abbé Casgrain et à Joseph Marmette dans des études biographiques parues dans *Le Courrier du Canada* et réunies dans *Portraits et Pastels littéraires* (1873) sous le pseudonyme de Jean Piquefort. En politique il est conservateur par conviction. Candidat dans le comté de Kamouraska aux élections de 1873, il est défait. La même année il est nommé juge puîné à la Cour supérieure pour le district du Saguenay ; il est transféré à celui de Québec en décembre 1889. En mars 1897 il devient juge de la Cour de l'Amirauté. Il occupe la chaire de droit civil, puis celle de droit international à l'Université Laval. En 1904, il est promu juge en chef à la Cour supérieure. En l'absence du lieutenant-gouverneur, il agit comme administrateur de la Province de Québec (1904–1905). Il a été président de la Société Saint-Jean-Baptiste, Chevalier de Saint-Grégoire, récipiendaire de la Grande-Croix de Saint-Michel et de Saint-Georges, président de la Société royale du Canada, et il a été nommé docteur en droit et docteur ès lettres. Adolphe Routhier a beaucoup écrit : essais critiques, portraits littéraires, esquisses historiques, récits de voyage, poèmes, romans..., et même un drame, *Montcalm et Lévis* (1918). Cet écrivain, très populaire au XIXe siècle, représentant de l'élite bien pensante, se caractérise, selon Pierre Savard, par une « pensée profondément conservatrice et catholique ». Son nom reste surtout lié à son poème « Ô Canada », composé sur la musique de Calixa Lavallée en 1880, et joué pour la première fois à Québec par trois corps de musique, sous la direction de Joseph Vézina, le soir du 24 juin, à l'occasion de la Convention nationale des Canadiens français. Le chant s'imposa très vite comme hymne national des Canadiens français, fut traduit ou adapté une vingtaine de fois en anglais au cours du XXe siècle, et fut enfin proclamé officiellement hymne national du pays le premier juillet 1980.

ŒUVRES

Causeries du dimanche (essais), Montréal, C.-O. Beauchemin et Valois, 1871, xii, 294 p. Introduction de l'auteur.

Placet aux Chambres. La bourse ou la vie (essai), Québec, Huot, 1873, 16 p.

Portraits et Pastels littéraires, Québec, Léger Brousseau, 1873, 3 vol. : vol. 1, 54 p. (Consacré à H.-R. Casgrain) ; vol. 2, 48 p. (Consacré à F.-A.-H. LaRue et à Joseph Marmette) ; vol. 3, 60 p. (Traite de Louis-H. Fréchette et d'Hector Fabre). Sous le pseudonyme de Jean Piquefort. (Publié aussi dans A. Laperrière, *Les Guêpes canadiennes,* Ottawa, A. Bureau, 1881, 1re série, p. 255–401).

Jugement de Son Honneur le juge Routhier. Contestation de l'élection de l'honorable Hector Langevin, député fédéral du comté de Charlevoix, Québec, Léger Brousseau, 1876, 37 p.

En canot. Petit voyage au Lac Saint-Jean (récit), Québec, O. Fréchette, éditeur, 1881, 203 p. ; Paris et Tournai, Éditions Casterman, [1900], Ill. de L.R.

À travers l'Europe. Impressions et Paysages, Québec/Paris, Typographie de P.-G. Delisle/Librairie de la Société bibliographique, 1881–1883, 2 vol. : vol. 1, 1881, 410 p. ; vol. 2, 1883, 408 p. ; Montréal, Cadieux et Derome, 1884–1885, 2 vol. Ill.

Les Échos (poésie), Québec, Typographie de P.-G. Delisle, 1882, 287 p.

À travers l'Espagne. Lettres de voyage, Québec, A. Côté et Cie, 1889, 406 p.

Conférences et Discours, Montréal, C.-O. Beauchemin & Fils libraires-imprimeurs, 1889, 434 p. Avant-propos des éditeurs.

Les Grands Drames (essai), Montréal, Beauchemin, 1889, 449 p.

Discours au concert de charité donné à Québec par Madame Albani le 13 mai 1890, Québec, A. Côté et Cie, 1890, 22 p.

Nouveaux Chemins de la croix. Méditations, Québec, A. Côté, 1891, 64 p.

De Québec à Victoria (récit), Québec, L.-J. Demers & Frère, 1893, 392 p.

La Reine Victoria et son jubilé, Québec, C. Darveau, 1898, 224 p. Ill.

Québec et Lévis à l'aurore du XXᵉ siècle, Montréal, La Compagnie de Publication Samuel de Champlain, 1900, [viii], 353, ii, 140 p. Ill. Traduction anglaise : *Quebec, A Quaint Mediaeval French City at the Dawn of the XXᵗʰ Century. Its Topography, History, Legends and Historical Treasures and Surroundings*, Montréal, The Sir Joshua Reynold's Art Publishing Co., 1904, viii, 400 p. Ill. ; Montréal, Montreal Printing & Publ. Co., 1909.

Saint-Jean-Baptiste de Québec, Lévis, Pierre-Georges Roy, 1901, 30 p. Collab. Benjamin Demers et David Gosselin.

Conférences et Discours. Deuxième série, Montréal, Librairie Beauchemin, 1904, 426 p. Avant-propos des éditeurs ; *Conférences et Discours*, Librairie Beauchemin Limitée, 1913, 139 p. « BC Laval » (Réédition partielle) ; 1925, 125 p.

L'Église et la France, conférence donnée à Québec le 4 février 1907, Québec, Laflamme et Proulx, 1907, 33 p.

Le Centurion. Roman des temps messianiques, Québec, L'Action sociale, 1909, 461 p. ; 1909 ; Lille, Société Saint-Augustin, Desclée, De Brouwer et Cie, [s.d.], xiv, 463 p.

La Tempérance et les Destinées du Canada, Québec, Imprimerie de l'Action sociale, 1911, 14 p.

Conférence sur Sir George-É. Cartier, Montréal, [s.é.], 1912, 15 p. Portrait.

De l'homme à Dieu. Essai d'apologétique pour les hommes du monde, Lille / Québec, Desclée, de Brouwer et Cie / J.P. Garneau, 1913, x, 294 p. Lettres du Card. Merry del Val et de Louis-Adolphe Paquet.

Montcalm et Lévis. Drame historique en cinq actes avec prologue et six tableaux, Québec, Imprimerie Franciscaine missionnaire, 1918, 175 p. ; 1918.

Paulina. Roman des temps apostoliques, Québec, Imprimerie Franciscaine missionnaire, 1918, xxiv, 382 p. (Plusieurs réimpressions).

Les Voix du monde, dans *Le Foyer canadien*, vol. 4, 1866, p. 525-531.

Le Premier de l'An, 1869, scène de famille, RC, vol. 6, 1869, p. 52-56.

Au pays du soleil (récit de voyage), NSC, vol. 1, 1882, p. 63-73, 103-117, 256-267, 297-315.

Polémique entre l'hon. A.-B. Routier, M.L. Fréchette et l'hon. L.-A. Dessaulles, au sujet de la publication des « causeries du dimanche », dans *Les Guêpes canadiennes*, Ottawa, A. Bureau, 1882, 2ᵉ série, p. 19-162.

Lettre d'un volontaire du 9ᵉ Voltigeurs, campé à Calgary, MSRC, vol. 3, 1885, p. 29-34.

L'Idylle des ranchs (récit de voyage), RC, vol. 29, 1893, p. 19-29.

Mon journal de voyage, RC, nouvelle série, vol. 3, 1909, p. 411-424.

Le Dualisme canadien, MSRC, 3ᵉ série, vol. 9, 1915, p. xlix, lvii.

Souvenirs d'enfance, RC, nouvelle série, vol. 25, 1920, p. 161-167, 248-254, 362-368.

ÉTUDES

Camille Roy, *Le Centurion par Sir Adolphe Routier*, dans *Nouveaux Essais sur la littérature canadienne*, Québec, L'Action sociale, 1914, p. 216-234.

Élie-J. Auclair, *Sir Adolphe Routhier — son œuvre d'homme de lettres*, RC, vol. 26, mai 1921, p. 321-342 ; juin 1921, p. 401-413.

Id., [*Adolphe-Basile Routhier*], dans *Figures canadiennes*, Montréal, A. Lévesque, 1933, p. 131-137.

Andrée Descarriers, « Bio-bibliographie de Sir Adolphe-Basile Routhier », Mémoire, Montréal, École de bibliothécaires de l'Université de Montréal, 1943, 116 f.

Claire Daigneault, « Bio-bibliographie de Sir Adolphe-Basile Routhier ». Mémoire, Montréal, École de bibliothécaires de l'Université de Montréal, 1951, vi, 43 p.

Roger Le Moyne, [*Adolphe-Basile Routhier*], dans *Joseph Marmette, sa vie et son œuvre*, Québec, PUL, 1968, p. 53-56.

Jacques Cotnam, *Du sentiment national dans le théâtre québécois*, Montréal, Fides, 1976, p. 341-368. « ALC » 5.

Gilles Potvin, *L'Ô Canada. Un chant patriotique n'empêche pas l'exil*, Dev, vol. 71, nᵒ 141, 21 juin 1980, p. 28.

Mario Fontaine, *Notre nouvel hymne national. Tout le pays invité à chanter « Ô Canada »*, à midi pile, mardi, Pr, 96ᵉ année, nᵒ 152, 28 juin 1980, p. 2.

Adolphe Routhier, *Quelques Notes historiques sur l'Ô Canada*, Dr, 68ᵉ année, nᵒ 97, 22 juillet 1980, p. 6.

ROUTIER, SIMONE [Marie de Villiers] (1900-). Poète et essayiste, née à Québec. Petite-nièce de l'historien François-Xavier Garneau, elle fait ses études chez les Ursulines de Québec, à l'Université Laval, à Paris et à Ottawa où elle obtient un diplôme de l'Institut dominicain de philosophie. Sa carrière, orientée vers la diplomatie, la conduit à l'étranger durant une trentaine d'années : dessinatrice en cartographie aux Archives du Canada à Paris (1930-1940), archiviste-adjointe à Ottawa (1940-1950), attachée de presse et d'information à l'Ambassade du Canada à Bruxelles (1950-1955), attachée au Consulat général du Canada à Boston (1955-1957), elle est nommée, en 1957, vice-consul à Boston. Membre de la Société des poètes canadiens-français (1929-1940), de l'Institut dominicain de philosophie (1940-1950), de l'Académie canadienne-française (1947), Simone Routier est déléguée de la Société des écrivains canadiens-français et de l'Académie au Congrès international des écrivains de langue française à Anvers (1939 et 1953), aux Biennales internationales de poésie de Knokke-le-Zulte (1952 et 1954), à Luxembourg (1953), à Venise (1964). Son œuvre est couronnée, dès 1929, par le prix David (pour *L'Immortel Adolescent*), puis, par le diplôme des Jeux Floraux de Languedoc (France), par la médaille Carrel du Lieutenant-gouverneur (1942). L'œuvre de Simone Routier se révèle l'itinéraire d'une âme amenée au dépouillement intérieur par la force des événements et par la soif de l'absolu. Sa poésie, d'une authentique sensibilité féminine, est écrite dans une forme — strophe et vers, rythme et prosodie — déjà passablement libérée des entraves de la versification traditionnelle. « Par sa thématique l'œuvre de Simone Routier est une poésie qui reste humainement vraie dans la Vérité, où le goût sincère des réalités terrestres s'allie au goût simple et prenant de Dieu. [...] Toute son œuvre est l'expression d'un chant intérieur bien à elle ; en la lisant on a l'impression de respirer de son âme » (Sœur Hélène de la Providence).

ŒUVRES

L'Immortel Adolescent (poésie), Québec, Le Soleil, 1928, 190 p. ; 1929, 201 p.

Ceux qui seront aimés (poésie), Paris, Éditions Pierre Roger, 1931, 31 p. Préface de Louis Dantin.

Paris, Amour, Deauville (poésie), Paris, Éditions Pierre Roger, 1932, 161 p. Ill. de Marie-L. Gangloff. Préface de Gaston Picard.

Les Tentations (poésie), Paris, Éditions de La Caravelle, 1934, 195 p. Bois gravés d'André Margot. Dessins à la plume de Bernard Laborie. Préface de Fernand Gregh.

Adieu, Paris ! journal d'une évacuée canadienne, 10 mai-17 juin 1940, Ottawa, Éditions du Droit, 1940, 159 p. ; Montréal, Beauchemin, 1941 ; 1944, 198 p. (Édition revue et considérablement augmentée).

Réponse à « Désespoir de vieille fille » (essai), Montréal, Beauchemin, 1940, 126 p. Sous le pseudonyme de Marie de Villiers, 1943.

Les Psaumes du jardin clos (poésie), Paris/Montréal, Éditions de La Lyre et de La Croix/Éditions du Lévrier, 1947, 43 p.

Le Long Voyage (poésie), Paris, Éditions de La Lyre et de La Croix, 1947, 156 p.

Le Choix de Simone Routier dans l'œuvre de Simone Routier, [Notre-Dame-des-Laurentides], Presses laurentiennes, 1981, 79 p. Ill.

Le Cantique des cantiques, dans *Regards*, vol. 3, nᵒ 7, avril 1942, p. 309–310.

Je demande, CV, nᵒ 2, 1947, p. 119–121.

[Témoignages...], dans *La Poésie canadienne-française*, Montréal/Paris, Fides, 1969, p. 399–405. « ALC » 4.

ÉTUDES

Séraphin Marion, *L'Immortel Adolescent*, CF, vol. 16, nᵒ 4, déc. 1928, p. 240–245.

Camille Roy, *L'Immortel Adolescent*, ESC, vol. 8, nᵒ 7, avril 1929, p. 506–512.

Maurice Hébert, « *Les Tentations* », CF, vol. 22, nᵒ 2, oct. 1934, p. 160–165.

Jacques Tremblay, *Paix et Poésie*, dans *Lectures*, t. 5, nᵒ 4, déc. 1948, p. 201–204.

Élie Goulet, *Sur deux œuvres de Simone Routier*, RD, vol. 55, nᵒ 1, avril 1949, p. 243–247.

Sœur Hélène de la Providence, *Simone Routier*, dans *Lectures*, vol. 12, nᵒ 4, déc. 1965, p. 91–94.

Maurice Lebel, *Simone Routhier* [sic] *et Alain Grandbois*, Dr, 67ᵉ année, nᵒ 172, 2 oct. 1979, p. 18.

René Pageau, *Rencontres avec Simone Routier suivies des Lettres d'Alain Grandbois*, Joliette, Éditions de la Parabole, 1979, 219 p. Ill.

Jean Éthier-Blais, *Les Carnets*, Dev, vol. 74, nᵒ 81, 9 avril 1983, p. 20.

ROUX, JEAN-LOUIS (1923–   ). Comédien, metteur en scène et dramaturge, né à Montréal. Après ses études au Collège Sainte-Marie, il s'inscrit à la Faculté de médecine de l'Université de Montréal ; bénéficiaire d'une bourse du Gouvernement français, il se rend à Paris suivre des cours d'art dramatique, de 1947 à 1950. Sa carrière de comédien déjà commencée avec les Compagnons de Saint-Laurent et la troupe de Ludmilla Pitoeff, à Montréal, se poursuit ainsi sur les scènes parisiennes du Théâtre Gaumont, du Théâtre Sarah Bernhardt, de la Comédie des Champs-Élysées. À son retour, Jean-Louis Roux fonde le Théâtre d'Essai de Montréal, en 1950, puis, avec Jean Gascon, le Théâtre du Nouveau Monde dont il est le directeur artistique de 1966 à 1984. Tout en tenant plusieurs rôles à la télévision (téléromans et téléthéâtres) et à la scène, Jean-Louis Roux écrit des scénarios et des adaptations de textes. À la fois comédien, metteur en scène et auteur, il s'occupe activement de tout ce qui touche les arts du spectacle : tour à tour président de la Société des auteurs, secrétaire administratif, puis président du Centre du théâtre canadien, il voit ses efforts couronnés par le prix Victor-Morin (1975) et le prix Molson du Conseil des Arts (1977). Il est nommé président du bureau des gouverneurs de l'École nationale de Théâtre en 1976. Jean-Louis Roux apporte à la vie du théâtre au Québec une contribution de grande importance.

ŒUVRES

Dix ans de Théâtre du Nouveau Monde (album-souvenirs), [Montréal], Éditions Leméac, 1961, [n.p., 148 p.]. Collab. Éloi de Grandmont et Normand Hudon. Portrait. Ill.

Bois-brûlés, reportage épique (théâtre), Montréal, Éditions du Jour, 1968, 221 p. Ill. d'André LeCoz. « TJ ».

The Tragedy of/Le Drame de Julius Caesar (théâtre), Montréal, Éditions du Jour, 1973, 198 p. Ill. Traduction et interprétation de l'œuvre de Shakespeare.

Equus (théâtre), [Montréal], Leméac, 1976, 157 p. Traduction et adaptation de l'œuvre de Peter Shaffer. « Traduction et Adaptation ».

Les 25 ans du TNM. Son histoire par les textes, [Montréal], Leméac, 1976–1977, 2 t. : t. 1, 1976, 195 p. ; t. 2, 1977, 225 p. Collab. Jean-Guy Sabourin.

L'École/The School. [*Le premier quart de siècle de l'École nationale de Théâtre du Canada/The First Quarter of a Century of the National Theater School of Canada*], [Montréal], Stanké, 1985, 204, [16] p. Ill. Conçu et réalisé par Michel Garneau et Tom Hendry sous la direction de Jean-Louis Roux.

Rose Latulippe (théâtre), CV, vol. 16, n⁰ 1, janv. 1951, p. 19–23.

Jardins du Palais-Royal (récit), ECF, n⁰ 6, 1960, p. 91–99.

Anecdotes, dans *Sept costumes et un décor de Pellan pour « La Nuit des Rois de Shakespeare »*, Montréal, Éditions de la Guilde graphique, 1971, [portefeuille, n.p., 10 f.]. Ill. d'Alfred Pellan. (Édition de luxe. Tirage limité).

ÉTUDES

Jacques Thériault, *Jean-Louis Roux et ses Bois-Brûlés, même si on y crie : « à bas le Canada »*, Dev, vol. 58, n⁰ 255, 4 nov. 1967, p. 17.

Jean Garon, *Bois-Brûlés, un diamant brut*, So, vol. 70, n⁰ 263, 6 nov. 1967, p. 37.

Jean Basile, *Bois-Brûlés*, dans *Québec*, 5ᵉ année, févr. 1968, p. 90–91.

Laurent Mailhot, *Bois-Brûlés*, LAC 1968, p. 70.

Alain Pontaut, *Jean-Louis Roux*, dans *Dictionnaire critique du théâtre québécois*, Montréal, Leméac, 1972, p. 129.

Denis Saint-Jacques, *Sous la direction de Jean-Louis Roux et Jean-Guy Sabourin, Les Vingt-cinq ans du TNM*, LAQ 1977, p. 255–256.

Robert Lévesque, *Jean-Louis Roux quitte le TNM pour l'École nationale de Théâtre*, Dev, vol. 72, n⁰ 181, 10 oct. 1981, p. 40.

Id., *Avec le départ de Jean-Louis Roux : le TNM sort de l'âge des fondateurs*, Dev, vol. 73, n⁰ 100, 1ᵉʳ mai 1982, p. 34.

Id., *Jean-Louis Roux. Le secret d'un acteur et de son personnage*, Dev, vol. 79, n⁰ 71, 26 mars 1983, p. 17, 32.

Yves Robitaille

ROY, ANDRÉ (1944–). Poète, né à Montréal. Il fait ses études à l'École Saint-Jean-Vianney de Gatineau et au Collège de Hull (B. Péd., 1965). Il fera, plus tard, une maîtrise en littérature à l'Université de Sherbrooke avec une thèse de création (1982). Il est chargé de cours au Collège de Rosemont (1975–1979), puis à l'Université Concordia à partir de 1979. Devenu journaliste à la pige au milieu des années soixante-dix, il collabore à *Hobo-Québec* d'abord, puis à *Chroniques* où il signe la rubrique du cinéma ; il écrit aussi dans *Le Jour, Spirale, La Barre du jour, Cinéma-Québec*... En 1982, il est nommé codirecteur des *Herbes rouges* et collabore ainsi avec Roger DesRoches et François Charron. Son premier livre, *N'importe qu'elle page* (1973) paraît aux *Herbes rouges* où il publie par la suite la plupart de ses recueils de poésie, parus de 1973 à 1986. Dès ses débuts littéraires, les critiques notent chez lui une maîtrise remarquable et un travail de renouvellement poétique par une « volonté de dislocation » de la syntaxe, selon l'expression d'Éva Kushner, « jusqu'à un mode d'expression voisin de l'hermétisme ». On observe aussi que son écriture évolue assez rapidement, se faisant de plus en plus lisible, visuelle et ironique ou humoristique. « Son œuvre, écrit Jean Royer, s'est tour à tour déployée dans les thèmes du corps, du cinéma et de la peinture puis de l'amour homosexuel », en particulier dans *Les Passions du samedi* (1979). Son recueil *L'Accélérateur d'intensité* remporte le prix de poésie 1987 de la Fondation Les Forges. Écrivain inlassable, André Roy l'est surtout dans l'approfondissement de sa vision de l'amour et aussi dans la recherche de sa propre écriture ajustée de mieux en mieux à son lyrisme.

ŒUVRES

N'importe qu'elle page. Poèmes, Montréal, *Les Herbes rouges*, n⁰ 11, août 1973, 34 p. Ill. de Roger Des Roches.

En image de ça (poésie), Montréal, L'Aurore, 1974, 75 p. Ill. de Roger Des Roches. Préface de Patrick Straram le Bison ravi. « Lecture en vélocipède ».

L'Espace de voir (poésie), Montréal, L'Aurore, 1974, 54 p. Ill. de Roger Des Roches. « Lecture en vélocipède ».

Vers mauve (poésie), Montréal, *Les Herbes rouges*, n⁰ 28, juillet 1975, 28 p.

D'un corps à l'autre (poésie), Montréal, *Les Herbes rouges*, nᵒˢ 36-37, juillet 1976, 59 p.

Corps qui suivent (poésie), Montréal, *Les Herbes rouges*, nᵒ 46, févr. 1977, 44 p.

Formes. Choix de poèmes, Liège, Atelier de l'Agneau, 1977, 55 p. Ill. de Roger Des Roches.

Le Sentiment du lien (poésie), Montréal, *Les Herbes rouges*, nᵒ 62, avril 1978, 24 p.

Les Passions du samedi (poésie), Montréal, Les Herbes rouges, 1979, 95 p. « Lecture en vélocipède ».

Petit Supplément aux passions (poésie), Montréal, *Les Herbes rouges*, nᵒˢ 79-80, févr.-mars 1980, 52 p.

Marguerite Duras à Montréal (entrevues et commentaires), Montréal, Spirale, 1981, 173 p. Ill. Textes réunis et présentés par Suzanne Lamy et André Roy ; 1984.

Monsieur Désir (poésie), Montréal, *Les Herbes rouges*, nᵒˢ 88-89, 1981, 56 p. Traduction anglaise par Daniel Sloate : *The Passions of Mr. Desire*, Montréal, Guernica, 1986.

La Leçon des ténèbres, [Paris], Ecbolade, 1983.

Les Lits de l'Amérique (poésie), Montréal, *Les Herbes rouges*, nᵒˢ 116-117, 1983, 62 p.

N'importe qu'elle page suivi de L'Extrait d'elle, Montréal, *Les Herbes rouges*, 1984, 44 p. Ill.

Nuits (poésie), Montréal, *Les Herbes rouges*, nᵒ 126, 1984, 42 p.

Les Sept jours de la jouissance. Poèmes, Montréal, Les Herbes rouges, 1984, 107 p.

Action writing. Vers et proses, 1973-1984, Montréal, Les Herbes rouges, 1985, 110 p.

Question de cinéma 1. Essais, Montréal, *Les Herbes rouges*, nᵒ 139, 1985, 65 p.

C'est encore le solitaire qui parle, Montréal, *Les Herbes rouges*, nᵒ 144, 1986, 56 p.

L'Accélérateur d'intensité, Trois-Rivières, Écrits des Forges/Le Castor Astral, 1987, 115 p.

Fragments, versions, dans *Chroniques*, vol. 1, nᵒˢ 6-7, juin-juillet 1975, p. 85-89.

La Poésie actuelle ou Le joual qui fuit au galop..., dans *Le Jour*, 11 sept. 1975, p. 8.

Godard : hétérogène justement, dans *Chroniques*, vol. 2, nᵒˢ 24-25, déc.-janv. 1976-1977, p. 146-160.

La Dérive, le Passage, dans *Chroniques*, vol. 3, nᵒ 27, mars 1977, p. 64-69.

Looking for Mr. Goodbar, dans *Cinéma-Québec*, vol. 6, nᵒ 3, mars 1978, p. 45-46.

La Friction vive, dans *Journal of Canadian Fiction*, nᵒˢ 25-26, printemps 1979, p. 31-40.

Le Cinéphile, le Cinéaste et les Autres, dans *Spirale*, nᵒ 1, sept. 1979, p. 1, 3.

Le Spectacle de la fuite, dans *Spirale*, nᵒ 17, mars 1981, p. 13.

ÉTUDES

Éva Kushner, *Vers une poésie de la poésie ?*, LAQ 1974, p. 117.

Philippe Haeck, *Lire la poésie formaliste*, Dev, vol. 67, nᵒ 228, 2 oct. 1976, p. 22.

Pierre Nepveu, *André Roy : le cinéma en miettes*, LQ, nᵒ 4, nov. 1976, p. 16-18.

Raymond Bédard, *Roy (André). L'Espace de voir*, dans *Nos livres*, vol. 8, avril 1977, nᵒ 139.

Claude Beausoleil, *Maintenant les formes parlent*, Dev, vol. 70, nᵒ 179, 28 juillet 1979, p. 15.

Hugues Corriveau, *André Roy. Les Passions du samedi*, LAQ 1979, p. 161-163.

Michel Beaulieu, *Les Samedis d'André Roy*, dans *Le Livre d'ici*, vol. 4, nᵒ 52, 3 oct. 1979, p. 1.

Pierre Nepveu, *Du corps et de quelques poètes*, LQ, nᵒ 16, hiver 1979-1980, p. 21-23.

Claude Beausoleil, *André Roy. De la suite dans les passions*, Dev, vol. 71, nᵒ 1511, 28 juin 1980, p. 15.

Joseph Bonenfant et Richard Giguère, *Les Passions de l'écriture. Interview avec André Roy*, LQ, nᵒ 22, été 1981, p. 49-55.

Jean Royer, *André Roy. L'écriture injustifiable*, Dev, vol. 72, nᵒ 157, 12 sept. 1981, p. 19, 36.

Antonio D'Alfonso, *Roy (André). Les Lits de l'Amérique*, dans *Nos livres*, vol. 15, avril 1984, nᵒ 5699.

ROY, ANTOINE (1905–   ). Archiviste, né à Lévis. Il est le fils de Pierre-Georges Roy, archiviste de la Province de Québec. Après ses études au Collège de Lévis et à l'Université Laval, il va à Paris, à l'École des Chartes, à la Sorbonne, au Collège de France (1927-1930) et obtient un doctorat ès lettres. À son retour, il enseigne à l'Université Laval, puis remplace son père comme archiviste de la Province de Québec (1941-1960). Membre de diverses sociétés, directeur de l'Institut canadien de Québec, directeur et éditeur du *Bulletin des recherches historiques*, directeur de la Society of American Archivists, Antoine Roy est membre de la Société royale du Canada (1934) et de la Société des Dix (1953). Il reçoit le prix David en 1931 et la médaille de vermeil de l'Académie française. Outre les bibliographies de généalogies et d'histoires de paroisses qui sont des instruments de recherche fort utiles, l'ouvrage le plus remarquable d'Antoine Roy est sans contredit sa thèse de doctorat, publiée en 1930 : *Les Lettres, les Sciences et les Arts au Canada sous le Régime français*. Même si on y décèle une tendance à exagérer l'ampleur des activités artistiques et scientifiques, l'ouvrage demeure un inventaire des plus complets des manifestations culturelles de la population de la Nouvelle-France. Il est également important de souligner la participation d'Antoine Roy à la publication du *Rapport de l'archiviste de la province de Québec* et de l'*Inventaire des greffes des notaires du Régime français*.

ŒUVRES

L'Œuvre historique de Pierre-Georges Roy. Bibliographie analytique, Paris, Jouve & cie, 1928, 268 p.

Les Lettres, les Sciences et les Arts au Canada sous le Régime français. Essai de contribution à l'histoire de la civilisation canadienne, Paris, Jouve & cie, 1930, xvi, 292 p.

Les Événements de 1837 dans la province de Québec : causes directes et indirectes, Lévis, [s.é.], 1931, 11 p.

Louis Normand du Faradon, *Aveu et Dénombrement de Montréal*, Québec, Archives de la province de Québec, [1943], 176 p. Publié par Antoine Roy.

Index de l'histoire de la seigneurie de Lauzon, Lévis, Société d'histoire régionale de Lévis, 1984, 82, 115 p. (Bio-bibliographie de Joseph-Edmond Roy et Gérard Martin).

Bibliographie des monographies et histoires de paroisse, dans *Le Rapport de l'archiviste de la province de Québec*, vol. 17, 1937–1938, p. 254–364.

Bibliographie de généalogies et histoires de familles, RAPQ, vol. 21, 1940–1941, p. 95–332.

Ce qu'ils lisaient, CD, vol. 20, 1955, p. 199–215.

Visiteurs français de marque à Québec, 1800–1850, CD, vol. 21, 1956, p. 223–235 ; vol. 22, 1957, p. 213–226.

Les Patriotes de la région de Québec pendant la Rébellion de 1837–1838, CD, vol. 24, 1959, p. 241–254.

Sur quelques ventes aux enchères de bibliothèques privées, CD, vol. 27, 1962, p. 219–223.

ÉTUDES

Camille Roy, *Les Lettres, les Sciences et les Arts au Canada sous le Régime français*, ESC, vol. 11, n° 2, nov. 1931, p. 92–94.

Mgr Olivier Maurault, *Présentation de M. Antoine Roy*, dans *Présentation*, Société royale du Canada, n° 6, 1948–1949, p. 65–69.

ROY, BRUNO (1943–   ). Essayiste et poète, né à Montréal. Il étudie à l'Orphelinat Saint-Georges, au Collège Louis-Querbes et à l'École normale Saint-Viateur qui lui octroie un brevet d'enseignement (1969), puis il obtient, à l'Université de Montréal, un baccalauréat en études littéraires (1976) et une maîtrise (1980) pour une thèse sur la « Pratique de l'écriture poétique en classe ». À partir de 1969, il enseigne le français au secondaire, et il devient également chargé de cours à l'Université de Montréal, en 1978. Il envoie des articles à *La Presse*, au *Devoir*, à *L'Action nationale*... Ses ouvrages sur la chanson littéraire et politique du Québec reçoivent, si on excepte la critique négative de Robert Saint-Amour, un assez bon accueil de la critique. Raymond Roy reproche au *Panorama de la chanson au Québec* un « manque de rigueur stylistique » et des conclusions qui « manquent de souffle », mais il loue la documentation « suffisante », les opinions présentées sous plusieurs aspects, les chapitres sur le western et la chanson d'inspiration religieuse.

Michel Laurin affirme que *Et cette Amérique chante en québécois* est un ouvrage « fascinant, même si tous ne seront pas nécessairement d'accord avec les affirmations de son auteur », auquel il sait gré « de nous avoir proposé un texte si dense et si riche en questions qu'il suscite ».

ŒUVRES

Panorama de la chanson au Québec (essai), [Montréal], Leméac, 1977, 169 p. Avant-propos de l'auteur. « Beaux Arts ».

Et cette Amérique chante en québécois (essai), [Montréal], Leméac, 1978, 294 p. « Beaux Arts ».

Littérature françoise du Moyen Âge, Montréal, Librairie de l'Université de Montréal, 1982–1983, 206 f. Ill. Textes polycopiés et compilés par Bruno Roy ; 1983–1984, 223 f.

Fragments de ville, suivi de Le crayon remplace la lame (poésie), Montréal, Éditions Arcade, 1984, 67 p.

Imaginer pour écrire. Ateliers d'écriture et enseignement de la poésie (essai), Montréal, Nouvelle Optique, 1984, 216 p. « Matériaux », Montréal, VLB éditeur, 1988, 218 p. Coll. « Second souffle, 3 ».

Pouvoir chanter (essai), Montréal, Nouvelle Optique, 1985, 600 p. « Matériaux ».

L'Envers de l'éveil (poésie), Montréal, Triptyque, 1988, 82 p.

Un essai douteux : « Québec, chant des possibles », Dev, vol. 70, n° 219, 23 sept. 1978, p. 22.

Marie-Paule Martin : un réveil qui chante, dans *Le Madawaska*, 24 août 1979, p. 4.

De nos chansonniers, AN, vol. 69, n° 6, févr. 1980, p. 461–482.

Le Oui-dire des chansonniers = oui, Pr, 96ᵉ année, n° 106, 13 mai 1980, p. A-13.

Chanter au Québec : une nécessité, AN, vol. 70, n° 7, mars 1981, p. 547–566.

ÉTUDES

Bruno Dostie, *En veillant sur l'perron : histoire ou nostalgie ?*, dans *Le Jour*, vol. 1, n° 19, 17 23 juin 1977, p. 32–33.

Raymond Roy, *Roy (Bruno). Panorama de la chanson au Québec*, dans *Nos livres*, vol. 8, nov. 1977, n° 343.

André Gaulin, *Panorama de la chanson au Québec de Bruno Roy*, dans *Québec-français*, n° 28, déc. 1977, p. 9.

Réal Saint-Amour, *Le feu sacré ne suffit pas*, Dr, 66ᵉ année, n° 201, 18 nov. 1978, p. 21.

Id., *Ce bon vieux Boileau...*, Dr, 67ᵉ année, n° 82, 30 juin 1979, p. 17.

Michel Laurin, *Roy (Bruno). Et cette Amérique chante en québécois*, dans *Nos livres*, vol. 10, août-sept. 1979, n° 369.

André Gaulin, *Et cette Amérique chante en québécois de Bruno Roy*, dans *Québec français*, n° 35, oct. 1979, p. 15.

Stéphane Lépine, *Roy (Bruno). Imaginer pour écrire. Ateliers d'écriture et enseignement de la poésie*, dans *Nos livres*, vol. 15, nov. 1984, n° 5949.

ROY, CAMILLE [Louis de Maizerets, Viator] (1870–1943). Essayiste et critique littéraire, né à Berthier-en-bas (Montmagny). Au sortir du Petit Séminaire de Québec, il étudie à l'Université Laval où il obtient un doctorat en philosophie ; il continue d'étudier à l'Institut catholique de Paris et à la Sorbonne où il prépare une licence ès lettres en 1900. Ordonné prêtre en 1894, il occupe la chaire de littérature française à l'Université Laval dès l'année suivante et, mis à part son séjour à Paris, il la conserve jusqu'en 1927 ; de 1918 à 1923, il est préfet des études au Petit Séminaire de Québec, avant d'être nommé recteur de l'Université Laval (1924-1927, 1932-1938). Membre de la Société royale du Canada à partir de 1904 (il en est élu président en 1928), président de la Société du Parler français (1906-1908), Camille Roy est le fondateur des revues *L'Enseignement secondaire au Canada* (1915) et *Le Canada français* (1918). En 1924, le prix David lui est attribué pour *À l'ombre des érables* ; l'année suivante, il est nommé protonotaire apostolique et chevalier de la Légion d'honneur de France ; il obtient aussi une médaille d'or de l'Académie française. Docteur *honoris causa* des universités d'Ottawa et de Toronto (1927), Camille Roy est invité, en 1933, à la Sorbonne pour y prononcer une série de cinq conférences sur la littérature canadienne-française. Bien que ses écrits soient aujourd'hui dépassés, l'œuvre de Camille Roy a été à son époque celle d'un pionnier. Après les essais de Casgrain, de Chauveau et de Lareau, c'est Camille Roy qui, par ses efforts soutenus, donne un grand élan aux études d'histoire littéraire au Québec. Son *Manuel d'histoire de la littérature canadienne de langue française* est resté, durant plusieurs décennies, le livre de base pour l'enseignement de la littérature dans les écoles québécoises. Le *Manuel* subit des modifications au cours des années, comme l'explique Lucie Robert dans son étude fouillée. Le changement le plus important se fait remarquer en 1939 : « l'humanisme remplace ici encore un terroirisme qui paraît être devenu désuet ». Comme le souligne Arthur Maheux, il a mis en valeur la littérature canadienne-française par son indulgence et un choix approprié de bons textes. « Habile à faire de notre passé littéraire une résurrection, Camille Roy voulut aussi se faire l'animateur d'une littérature dont on contestait même l'existence ; il émoussa le scalpel de la critique littéraire et s'appliqua à trouver dans la production littéraire plus de qualités que de défauts. C'était rompre avec une tradition bien établie au pays ».

ŒUVRES

Theses ex utroque fonte tum philosophico tum theologico selectae quas auspice ac praeside illustrissimo et reverendissimo viro Francisco Satolli in Statibus Foederatis legato apostolico necnon S. Thomae Aquinatis interprete clarissimo propugnandas suscipiunt Camillus Roy et Josephus Grandbois, Universitatis Lavallensis alumni, die 17 octobris 1894, [Quebeci, L. Brousseau, 1894], 11 p.

L'Université Laval et les Fêtes de cinquantenaire (histoire), Québec, Dussault et Proulx, 1903, viii, 395 p.

Essais sur la littérature canadienne, Québec, Garneau, 1907, 377 p. ; Montréal, Librairie Beauchemin ltée, 1913, 232 p. « Ch ».

Tableau de l'histoire de la littérature canadienne-française, Québec, L'Action sociale, 1907, 83 p. ; 1911, 92 p. (Première version de son futur *Manuel d'histoire de la littérature canadienne-française*).

Nos origines littéraires, Québec, L'Action sociale, 1909, 355 p.

Les Fêtes du troisième centenaire de Québec (1608–1908), Québec, Typographie Laflamme et Proulx, 1911, 630 p. Ill.

Propos canadiens (essais), Québec, L'Action sociale, 1912, 326 p. ; Montréal, Granger, 1912, 189 p. ; Éditions A. Lévesque, 1932, 189 p. ; Librairie Granger frères limitée, 1946, viii, 190 p. (Édition revue, remaniée et corrigée).

L'Abbé Henri-Raymond Casgrain. La formation de son esprit ; l'historien ; le poète et le critique littéraire, Montréal, Librairie Beauchemin, 1913, 141 p. « BC. Dollard » ; 1925, 122 p.

French-Canadian Literature, Toronto/Glasgow, Brook, 1913, 489 p.

Propos rustiques (essais), Montréal, Librairie Beauchemin limitée, 1913, 138 p. « BC. Dollard » ; 1924, 121 p. ; 1930. (Extraits de *Propos canadiens*).

Nouveaux Essais sur la littérature canadienne, Québec, L'Action sociale, 1914, iv, 391 p.

La Critique littéraire au 19e siècle. De Mme de Staël à Émile Faguet. Conférences de l'Institut canadien 1917-1918, Québec, L'Action sociale, 1918, 236 p.

Manuel d'histoire de la littérature canadienne-française, Québec, L'Action sociale, 1918, 120 p. ; 1920, 122 p. ; 1923 ; 1925, 132 p. ; *Histoire de la littérature canadienne,* Québec, Imprimerie de L'Action sociale, 1930, 310 p. Ill. ; *Manuel d'histoire de la littérature canadienne de langue française,* Montréal, Librairie Beauchemin, 1939, 191 p. (Nouvelle édition) ; 1940, 1942 ; 1945, 201 p. ; 1947 ; 1954 ; 1955 ; 1956 ; 1962.

Érables en fleurs. Pages de critique littéraire, Québec, L'Action sociale, 1923, 234 p.

Mgr de Laval, 1623–1708. Le troisième centenaire (1623–1923). Le fondateur de l'Église du Canada. L'apôtre de la tempérance. L'apôtre de l'éducation. Notes biographiques sur la vie de Mgr de Laval (essai), Québec, Imprimerie franciscaine missionnaire, 1923, 85 p.

À l'ombre des érables. Hommes et livres (essai), Québec, L'Action sociale, 1924, 349 p.

Études et Croquis. « Pour faire mieux aimer la patrie », Montréal/New York, Louis Carrier & Cie/Les Éditions du Mercure, 1928, 252 p. ; Québec, Éditions Émile Robitaille, 1936, 252 p.

Les Leçons de notre histoire. Discours, Québec, L'Action sociale ltée, 1929, 331 p.

Regards sur les lettres (études), Québec, L'Action sociale, 1931, 241 p.

Le Rôle actuel des universités catholiques. Discours prononcé à la messe du Saint-Esprit à l'Université Laval, le 14 septembre 1932, Québec, L'Action sociale, 1932, 11 p.

La Rédemption de l'Esprit. Discours prononcé à la messe du Saint-Esprit à l'Université Laval, le 13 septembre 1933, Québec, Ateliers de l'Action catholique, 1933, 15 p.

Devenez savants, restez chrétiens. Discours prononcé à la messe du Saint-Esprit, à l'Université Laval le 12 septembre 1934, Québec, [s.é.], 1934, 12 p.

Morceaux choisis d'auteurs canadiens, Montréal, Librairie Beauchemin limitée, 1934, 443 p. ; 1938 ; 1942 ; 1945 ; 1947 ; 1948 ; 1951 ; 1957.

Nos raisons canadiennes de rester français, Québec, Cyrille-F. Delâge, Surintendant de l'Instruction publique, 1934, 16 p. (Article reproduit des *Études*, livraison du 20 juillet 1933, Paris).

Poète de chez nous. Études extraites des Essais et Nouveaux Essais sur la littérature canadienne, Montréal, Éditions Beauchemin, 1934, 193 p.

Historiens de chez nous. Études extraites des Essais et Nouveaux Essais sur la littérature canadienne, Montréal, Éditions Beauchemin, 1935, 191 p.

Les Jésuites et l'Humanisme chrétien (discours), Montréal, L'Œuvre des tracts, 1935, 16 p.

Nos disciplines classiques. Conférence prononcée au Cercle universitaire de Montréal, le samedi 26 janvier 1935, Montréal, Imprimerie populaire, 1935, 15 p.

Nos problèmes d'enseignement (essai), Montréal, Éditions Albert Lévesque, 1935, 223 p. « Documents sociaux ».

Pour former des hommes nouveaux. Discours prononcé à la messe du Saint-Esprit, à l'Université Laval, le 11 septembre 1935, Québec, L'Action catholique, 1935, 11 p. ; *Pour former des hommes nouveaux. Discours aux jeunes gens*, Montréal, Éditions Bernard Valiquette, 1941, 207 p.

Romanciers de chez nous. Études extraites des Essais et Nouveaux Essais sur la littérature canadienne, Montréal, Beauchemin, 1935, 196 p.

Le Problème universitaire du Québec. Allocution prononcée à la séance de clôture et de collation des diplômes, à l'Université Laval, vendredi le 29 mai 1936, Québec, Ateliers de l'Action catholique, 1936, 7 p.

La Semence de vie. Discours prononcé à la messe du Saint-Esprit à l'Université Laval, le 16 septembre 1936, Québec, Les Ateliers de l'Action catholique, 1936, 13 p.

Allocution prononcée au déjeuner universitaire du 8 décembre 1937. Nos préoccupations. Des Facultés nouvelles. Espoirs et regrets. Vœux de bonne année aux anciens de Laval, Québec, [s.é.], 1937, 11 p.

Pour conserver votre héritage français (essai), Montréal, Beauchemin, 1937, 187 p.

L'Avenir des minorités françaises au Canada. Discours prononcé au 9ᵉ Congrès général de l'Association canadienne-française d'éducation d'Ontario, à Ottawa, le 12 octobre 1938, Québec, L'Action catholique, 1938, 14 p.

Générations solidaires. Allocution prononcée au banquet de clôture de la Journée universitaire, lundi soir, 7 février 1938, Québec, [s.é.], 1938, 7 p.

L'Université Laval. Son œuvre — ses besoins. Causerie de Mgr Camille Roy, vice-recteur, à la Radio, poste CKCV, Québec, le 5 décembre 1938, Québec, [s.é.], 1938, 11 p.

Pour bâtir la cité. Discours prononcé à la messe du Saint-Esprit, à l'Université Laval, le 11 septembre 1940, Québec, L'Action catholique, 1940, 14 p.

Vous êtes la race élue. Le racisme surnaturel. Discours prononcé à la messe du Saint-Esprit en la Basilique, Québec, le 10 septembre 1941, Québec, L'Action catholique, 1941, 14 p.

Vous êtes des images de Dieu. Discours prononcé à la messe du Saint-Esprit à l'Université Laval, le 9 septembre 1942, Québec, L'Action catholique, 1942, 12 p.

Du fleuve aux océans (essai), Montréal, Beauchemin, 1943, 189 p.

Semences de vie (discours), Québec, Les Éditions de l'Action catholique, 1943, 199 p.

La Nationalisation de la littérature canadienne, BPF, vol. 3, nᵒ 4, déc. 1904, p. 116–123 ; nᵒ 5, janv. 1905, p. 133–144.

Étude sur l'histoire de la littérature canadienne 1800–1820, MSRC, 2ᵉ série, vol. 11, section 1, 1905, p. 89–133.

Notre patriotisme littéraire en 1860, BPF, vol. 4, nᵒ 2, oct. 1915, p. 51–58 ; nᵒ 3, nov. 1915, p. 99–110.

Critique et Littérature nationale, CF, vol. 19, nᵒ 1, sept. 1931, p. 7–13 ; nᵒ 2, oct. 1931, p. 73–82.

Nos disciplines classiques, dans *Le Document*, nᵒ 17, févr. 1938, p. 1–15.

ÉTUDES

Émile Chartier, « *La Meilleure de nos études critiques* », dans *Nouvelle-France*, t. 7, nᵒ 6, juin 1908, p. 279–286.

Lionel Groulx, *Les « Propos canadiens »*, dans *Nouvelle-France*, t. 11, nᵒ 8, août 1912, p. 346–353.

Lorne Pierce, *Monseigneur Camille Roy*, dans *Queen's Quarterly*, vol. 35, nᵒ 5, automne 1928, p. 541–558.

Arthur Maheux, *Deux livres de Mgr Camille Roy*, ESC, vol. 8, nᵒ 7, avril 1929, p. 480–490.

Maurice Hébert, *Regards sur les lettres*, CF, vol. 20, n° 4, déc. 1932, p. 357–364.

R.F. Ludovic, f.é.c., « Bio-bibliographie de Mgr Camille Roy ». Mémoire, Montréal, École de bibliothécaires de l'Université de Montréal, 1940, 105 f.

J.-E. B., *Monseigneur Camille Roy*, CF, vol. 31, n° 1, sept. 1943, p. 7–11.

Henri Fontaine, *En marge de l'œuvre critique de Mgr Roy*, C, vol. 4, n° 3, sept. 1943, p. 393–398.

Arthur Maheux, *Camille Roy (1870–1943)*, MSRC, 3e série, vol. 38, appendice C, 1944, p. 115–117.

Jean Éthier-Blais, *Monseigneur Camille Roy : témoin d'une époque littéraire*, RSCHE, 1959, p. 51–56.

Émile Chartier, *Mgr Camille Roy (1870–1943)*, dans *Lectures*, vol. 6, n° 7, mars 1960, p. 196–198.

Lucie Robert, *Le Manuel d'histoire de la littérature canadienne de Mgr Camille Roy*, Québec, Institut québécois de recherche sur la culture, 1982, 196 p. « Edmond-de-Nevers ».

ROY, GABRIELLE [Mme Marcel Carbotte] (1909–1983). Romancière, née à Saint-Boniface (Manitoba). Après ses études à l'Académie Saint-Joseph de Saint-Boniface et à l'École normale de Winnipeg, elle devient institutrice, de 1929 à 1937, tout en participant au Cercle Molière. Elle enseigne à Marchand, à Cardinal et à l'Académie Provencher de Saint-Boniface. Après un séjour de deux ans en Europe (1937–1939, France et Angleterre) où elle étudie l'art dramatique, elle s'installe au Québec et collabore à de nombreux journaux et revues : *Le Jour, Le Canada, La Revue moderne, Le Bulletin des agriculteurs, Maclean's Magazine, Revue de Paris, Nouvelle Revue canadienne, Nouvelle Revue moderne*. Elle y publie ses reportages, ses descriptions, ses premiers récits. Elle épouse, le 30 août 1947, à Saint-Vital (Manitoba), le docteur Marcel Carbotte. Gabrielle Roy connaît la gloire dès son premier roman : *Bonheur d'occasion* (1945). Inspiré par la vie d'un quartier pauvre de la ville de Montréal, l'ouvrage est un roman réaliste. La critique se plaît à souligner l'exactitude de la description et l'équilibre de la composition dans l'ensemble du vaste récit. La romancière fait valoir des dons d'observation et d'imagination qui se complètent à merveille dans la structuration des personnages et dans le déroulement de la trame romanesque. « À chaque page, écrivent Roger Duhamel et Pierre de Grandpré

(*Histoire de la littérature française du Québec, t. 4*), c'est une observation d'une vérité criante, l'analyse habile d'un sentiment quasi-inexprimable, ce sont quelques lignes qui nous font éprouver toute la poésie insoupçonnée qui habite les humbles ; plus exactement toute la poésie authentique, de la plus belle qualité, qui jaillit de la plume, toujours réservée, de Gabrielle Roy ». Le roman deviendra, en 1983, la source du film de Claude Fournier auquel François Dompierre fournira la trame sonore. *Bonheur d'occasion* sera suivi d'autres romans et recueils de récits où se retrouveront les dons essentiels de l'écriture et de la fidélité au vrai. Après *La Petite Poule d'eau* (1950), située dans le nord manitobain, *Alexandre Chenevert* (1954) est l'histoire touchante d'un humble caissier de Montréal. *Rue Deschambault* (1955) et, plus tard, *La Route d'Altamont* (1966) sont l'histoire d'une enfance et d'une jeunesse, proches de celles de l'auteure où se joue le destin d'une vocation d'écrivain. *La Montagne secrète* (1961) et *La Rivière sans repos* (1970) sont en fait de grandes paraboles où la dimension allégorique et mythique tend à l'emporter sur le réalisme, cependant que *Cet été qui chantait* (1972) voudrait n'être que poésie des êtres et des choses. D'autres titres importants s'ajoutent, parmi lesquels *Ces enfants de ma vie* (1977) et *De quoi t'ennuies-tu, Éveline ?* (1982). Gabrielle Roy est l'une des plus authentiques écrivains du Canada français. On a su reconnaître ses mérites d'artiste : pour *Bonheur d'occasion* elle a reçu le prix Fémina (1947) en plus d'être un « best-seller » de la Literary Guild of America (1947) ; elle est aussi la première femme du pays à être admise à la Société royale du Canada (1947). Son œuvre est régulièrement saluée par des distinctions : médaille de l'Académie canadienne-française (1946), prix du Gouverneur général (1947), médaille Lorne-Pierce (1948), prix du Gouverneur général à nouveau en 1955, pour *Rue Deschambault* et en 1977 pour *Ces enfants de ma vie*, à quoi s'ajoute le prix Duvernay, accordé à l'auteure en 1956, pour l'ensemble de son œuvre. En 1971, elle reçoit le prix David et en 1978, le prix Molson, en plus d'être nommée compagnon de l'Ordre du Canada. Cette reconnaissance confirme les qualités exceptionnelles de l'œuvre de Gabrielle Roy. « De même que Balzac est français, Dickens anglais, Gabrielle Roy, elle, est canadienne. Son roman appartient au Canada par les mœurs typiques qu'il décrit, les lieux où il s'installe, le pittoresque de la langue ; mais il entre dans le domaine universel par la force de l'étude psychologique, par son message bien écrit qui passe au-dessus des modes ou des pirouettes intellectuelles du moment ». Monique Genuist souligne ainsi la pérennité de l'univers romanesque de Gabrielle Roy, de même que l'ampleur d'un monde perçu à travers sa « douce émotion artistique ». Dans ses dernières années, elle écrit des récits pour les jeunes et des textes de nature autobiographique. Vers 1975, elle commence la rédaction de ses souvenirs. L'œuvre devait comporter au moins quatre parties. Cependant, la longue maladie qui l'emporte en juillet 1983, ne permet que l'esquisse des deux premières parties. C'est ainsi que *La Détresse et l'Enchantement* (1984), couvre un peu moins de la moitié de sa vie, depuis son enfance au Manitoba, jusqu'à son établissement à Montréal au début de la Seconde Guerre mondiale, après un séjour de deux ans en Europe. Le regard et la pensée de Gabrielle Roy communiquent constamment avec la vie des milieux divers. « La courbe générale de signification que semble décrire l'ensemble de son œuvre romanesque, précise Réjean Robidoux (*Le Roman et la Recherche du sens de la vie. Vocation d'écrivain*), étrangère au calcul cérébral comme au pur hasard, procède d'un de ces infaillibles enchaînements d'instincts qui sont la marque distinctive du véritable artiste et du romancier-né. Pourtant — on peut aujourd'hui, avec François Ricard, en faire la constatation rétrospective — la ligne directrice de l'œuvre entière est tout de même celle d'une interrogation sur la démarche artistique ou plus précisément, dans l'esprit le plus moderne, une réflexion symbolique sur la littérature comme vocation et comme accomplissement éminent du sens de la vie ». À la question « Quel idéal visez-vous en écrivant un roman ? », elle répond, en 1964, à l'enquête des « Archives » : « quelque belle histoire simple et vraie en laquelle se reconnaîtraient et se reposeraient le plus grand nombre possible de mes semblables ».

ŒUVRES

Bonheur d'occasion (roman), Montréal, Société des Éditions Pascal, 1945, 2 vol. : vol. 1, 294 p. ; vol. 2, -532 p. ; *Bonheur d'occasion. Roman*, Paris, Flammarion, 1947, 473 p. ; Montréal, Éditions Beauchemin, 1947, 2 vol. : vol. 1, 294 p. ; vol. 2, -532 p. ; 1965, 345 p. (Nouvelle édition) ; 1967 ; [Genève, Éditions Edito-Service, 1968], 455 p. Distribué par le Cercle du bibliophile. Portrait. Préface d'Henriette Guex-Rolle. « Le Club des grands prix littéraires » ; Montréal, Beauchemin, 1973, 345 p. ; Librairie Beauchemin, 1976 ; Éditions internationales Alain Stanké, 1978, 396 p. « Québec 10/10 », (Texte revu). Traduction anglaise par Hannah Josephson : *The Tin Flute*, New York, Reynal & Hitchcock, 1947, 315 p. ; Toronto, McClelland & Stewart Limited, xi,

274 p. ; London, Heinemann, 1948, 341 p. ; Toronto, McClelland & Stewart Limited, 1958. Introduction de Hugo McPherson. « New Canadian Library » ; 1969. Traduction par Alan Brown : *The Tin Flute*, 1980, 383 p. Portrait. Traduction espagnole par Carlos Juan Vega : *Felicidad Ocasional*, Buenos Aires, S.A. Editorial Bell, 1948, 350 p. Traduction danoise par Merete Engberg, *Blikflojten*, Copenhague, Guldendal Norsk Forlag, 1949, 330 p. Traduction slovaque par Fedor Jessensky : *Prilezitostné Stastie*, Zivena, Turciansky Svaty Martin, 1949, 408 p. Traduction suédoise par Eionar Malm : *Trumpet av Bleck och Drömmar*, Stockholm, Wahlström & Widstrand, 1949, 319 p. Traduction norvégienne par Caro Olden : *Blikkfljten*, Oslo, Gyldendal Norsk Forlah, 1950, 356 p. Traduction roumaine par Elvira Borgdan : *Fericire Intimplatoare*, Bucarest, Editura Pentru Literatura Universala, 1968, 343 p. Traduction russe par I. Crushetskaya : *Schast'e to Sluchagu*, Moskva, Izdatel' stvo, Khudozhestvennaja Literatura, 1972, 358 p.

La Petite Poule d'eau (roman), Montréal, Éditions Beauchemin, 1950, 272 p. ; Paris, Flammarion éditeur, 1951, 237 p. ; Genève, Éditions S.A.R.I., 1953, 221 p. ; Montréal, Éditions Beauchemin, 1957, 272 p. ; 1965. (Édition définitive) ; Paris, Éditions du Burin et Martinsart, 1967, 257 p. ; Montréal, Éditions Beauchemin, 1970, 272 p. ; Gilles Corbeil éditeur, 1971, 133 p. Avec 20 estampes originales de Jean-Paul Lemieux. (Édition de luxe) ; Éditions Beauchemin, 1975 ; [Montréal], Éditions internationales Alain Stanké, 1980, 292 p. « Québec 10/10 ». (Comprend : *Petite Histoire de la Petite Poule d'eau* par Gabrielle Roy, p. 275-281). Traduction anglaise par Harry L. Binsse : *Where Nests the Water Hen*, New York, Harcourt, Brace and Company, 1951, 251 p. ; Toronto/London, McClelland & Stewart Limited/Heinemann, 1952, 226 p. ; *La Petite Poule d'eau*, Toronto/Vancouver, Clarke, Irwin & Company Limited, 1956, xvii, 230 p. Édition scolaire en français avec une introduction en anglais éditée par R.W. Torrens. (Réimprimé en 1959, 1961 et 1964) ; *Where Nests the Water Hen*, Clarke, Irwin & Co., 1956, 230 p. ; London/Toronto/Wellington/Sydney, George G. Harrap & Co. Ltd, 1957, 175 p. Introduction et notes de Joseph Marks ; Toronto, McClelland & Stewart Limited, 1961, 160 p. Introduction de Gordon Roper. « New Canadian Library » ; 1965 ; Vancouver, Evergreen Press, 1965. Traduction allemande par Theodor Rocholl ; *Das Kleine Wasserhuhn*, Münche, Paul List Verlag, 1953, 236 p. ; 1959, 171 p. ; Zurich, Schweizer Druckund Verlagshaus A.G., 235 p.

Alexandre Chenevert. Roman, Montréal, Beauchemin, 1954, 373 p. ; CLF/Beauchemin ; *Alexandre Chenevert, caissier*, Paris, Flammarion éditeur, 1954, 297 p. ; *Alexandre Chenevert. Roman*, Montréal, Beauchemin, 1964, 373 p. ; 1973, 384 p. (Édition révisée) ; [Montréal], Éditions internationales Alain Stanké, 1979, 397 p. « Québec 10/10 ». Traduction anglaise par Harry L. Binsse : *The Cashier*, Toronto, McClelland and Stewart, 1955, 251 p.; New York, Harcourt, Brace and Co.; Melbourne/London/Toronto, William Heinemann Ltd. 1956, 278 p.; Toronto, McClelland & Stewart Limited, 1963, 217 p. Introduction de W.C. Longheed. « New Canadian Library » ; 1970. Traduction allemande par Theodor Rocholl : *Gott Geht Weister als wir Menschen*, München, Paul List Verlag, 1956, 278 p.

Rue Deschambault (roman), Montréal, Librairie Beauchemin Limitée, 1955, 261 p.; Paris, Flammarion, 1955, 234 p.; Montréal, Librairie Beauchemin Limitée, 1956, 261 p.; 1960; 1967; 1971, 295 p.; [Montréal], Éditions internationales Alain Stanké, 1980, 307 p. « Québec 10/10 ». Traduction anglaise par Harry L. Binsse : *Street of Riches*, Toronto, McClelland & Stewart, 1957, 246 p.; New York, Harcourt, Brace and Company, 1957; Toronto, McClelland & Stewart, 1967, 159 p. Introduction de Brandon Conron. « New Canadian Library ».

La Montagne secrète. Roman, Montréal, Librairie Beauchemin Limitée, 1961, 222 p.; Paris, Flammarion éditeur, 1962, 218 p.; Montréal, Librairie Beauchemin Limitée, 1966, 222 p.; 1974; Montréal, Éditions La Frégate, 1975. Avec 12 lithographies de René Richard. (Sous emboîtage); [Montréal], Éditions internationales Alain Stanké, 1978, 226 p. « Québec 10/10 ». Traduction anglaise par Harry L. Binsse : *The Hidden Mountain*, Toronto, McClelland & Stewart, 1962, 186 p. Introduction de Mary Jane Edwards ; 1974. « New Canadian Library ».

La Route d'Altamont. Roman, Montréal, Édition HMH, 1966, 263 p. « A »; Paris, Flammarion éditeur, 1967, 231 p.; [Montréal], Éditions internationales Alain Stanké, 1985, 268 p. « Nouvelles 10/10 ». (*La Route d'Altamont* selon Gabrielle Roy, p. 259-260). Traduction anglaise par Joyce Marshall : *The Road Past Altamont*, New York, Harcourt, Brace and Co., 1966, 146 p.; Toronto, McClelland & Stewart Limited, 1976, xi, 146 p. Introduction de la traductrice. « New Canadian Library » ; 1976. Traduction allemande en 1970.

La Rivière sans repos (trois nouvelles esquimaudes et un roman), Montréal, Librairie Beauchemin limitée, 1970, 317 p.; *La Rivière sans repos. Roman*, Paris, Flammarion éditeur, 1970, 235 p.; *La Rivière sans repos. Roman précédé de trois nouvelles esquimaudes*, [Montréal], Éditions internationales Alain Stanké, 1979, 331 p. « Québec 10/10 ». Traduction anglaise par Joyce Marshall : *Windflower*, Toronto, McClelland & Stewart Limited, 1970, 152 p.; 1975. Introduction de Lorraine McMullen. « New Canadian Library ».

Cet été qui chantait (nouvelles), Québec/Montréal, Les Éditions françaises, 1972, 207 p. Ill. de Guy Lemieux ; [Montréal], Éditions internationales Alain Stanké, 1979, 215 p. « Québec 10/10 ». Traduction anglaise par Joyce Marshall : *Enchanted Summer*, Toronto, McClelland & Stewart, 1976, 127 p.

Un jardin au bout du monde et Autres Nouvelles, Montréal, Librairie Beauchemin, 1975, 219 p. Préface de l'auteur. Traduction anglaise par Alan Brown : *Garden in the Wind*, Toronto, McClelland & Stewart, 1977, 176 p.; *Garden in the Wind. Enchanted Summer*, 1984, 401 p. « New Canadian Library ».

Ma vache Bossie (litt. jeunesse), [Montréal], Leméac, 1976, 45 p. Ill. de Louise Pomminville ; 1982. « Littérature de jeunesse ».

Ces enfants de ma vie (nouvelles), [Montréal], Stanké, 1977, 213 p.; [1983]. Traduction anglaise par Alan Brown : *Children of my Heart*, Toronto, McClelland & Stewart, 1979, 171 p.; McClelland and Stewart/Bantam Limited, 1980, 167 p. « Seal Books ».

Fragiles Lumières de la terre. Écrits divers 1942-1970, Montréal, Quinze, 1978, 239 p. Présentation de l'auteur. Notes de François Ricard. « Prose entière » ; Montréal/Paris, Stanké, 1982, 249 p. « Essais 10/10 ». Traduction anglaise par Alan Brown : *The Fragile Lights of Earth. Articles and Memories 1942-1970*, Toronto, McClelland and Stewart, 1982, 222 p.

Courte-Queue (conte), [Montréal], Stanké, 1979, [n.p., 47 p.]. Ill. de François Olivier. Traduction anglaise par Alan Brown : *Cliptail*, Toronto, McClelland and Stewart, 1980, [n.p., 47 p.]. Ill.

De quoi t'ennuies-tu, Éveline ? Récit, Montréal, Éditions du Sentier, 1982, 76 p. Bois gravé et calligraphies de Martin Dufour ; *De quoi t'ennuies-tu Éveline ? suivi de Ély ! Ély ! Ély !*, Montréal, Boréal Express, 1984, 125 p.

La Détresse et l'Enchantement, (autobiographie), Montréal, Boréal Express, 1984, 507 p. Avertissement de l'éditeur François Ricard ; Éditions du Club Québec Loisirs inc.

L'Espagnole et la Pékinoise (conte pour enfants), Montréal, Boréal jeunesse, 1986, 42 p. Ill. de Jean-Yves Ahern.

Ma chère petite sœur. Lettres à Bernadette 1943-1970 (correspondance), Montréal, Boréal, 1988, 260 p.

Où en est Saint-Boniface, dans *La Revue Populaire*, 32e année, n° 9, sept. 1940, p. 7.

La Belle Aventure de la Gaspésie, dans *Le Bulletin des agriculteurs*, vol. 36, n° 11, nov. 1940, p. 8-9.

Sainte-Anne-La-Palud, dans *Nouvelle Revue canadienne*, vol. 1, n° 2, avril-mai 1951, p. 12-18.

Souvenirs du Manitoba, MSRC, 3e série, vol. 48, section 1, 1954, p. 1-6.

Interview, Ch, vol. 7, n° 4, avril 1966, p. 44, 118-123, 137-140.

[Témoignage], dans *Le Roman canadien-français*, Montréal, Fides, 1971, p. 339-343. « ALC » 3.

Le Cercle Molière... porte ouverte... Souvenir du Cercle Molière, 1936-1938, dans *Chapeau bas. Réminiscence de la vie théâtrale et musicale du Canada français*, Saint-Boniface, Les Éditions du Blé, 1980, première partie, p. 115-124. Ill.

ÉTUDES

Ampleman, *Gabrielle Roy*, NR, vol. 5, n° 6, déc. 1945, p. 547-549.

Rex Desmarchais, *Gabrielle Roy vous parle d'elle et de son roman*, dans *Le Bulletin des agriculteurs*, vol. 43, n° 5, mai 1947, p. 8-9, 36-39, 43-44.

Gilles Marcotte, *En relisant « Bonheur d'occasion »*, AN, vol. 35, n° 3, mars 1950, p. 197-206.

Annette Décarie, *La Petite Poule d'eau*, RD, vol. 57, n° 1, févr. 1951, p. 79-91.

Gérard Bessette, *Bonheur d'occasion*, AU, 18e année, n° 4, juillet 1952, p. 53-74.

Alan Brown, *Gabrielle Roy and The Temporary Provincial*, dans *Tamarack Review*, n° 1, automne 1956, p. 61-70.

Hugo McPherson, *The Garden and the Cage*, dans *Canadian Literature*, n° 1, été 1959, p. 46-57.

André Brochu, « *Quelques Réflexions sur la littérature canadienne d'expression française* », dans *La Littérature par elle-même*, Montréal, A.G.E.U.M., 1962, p. 51-54.

Paul-Émile Roy, *Gabrielle Roy ou La Difficulté de s'ajuster à la réalité*, dans *Lectures*, vol. 11, n° 3, nov. 1964, p. 55-61.

Albert LeGrand, *Gabrielle Roy ou L'Être partagé*, EF, 1re année, n° 2, juin 1965, p. 39-65.

John-J. Murphy, *Alexandre Chenevert : Gabrielle Roy's Crucified Canadian*, dans *Queen's Quarterly*, vol. 72, n° 2, été 1965, p. 334-346.

André Brochu, *Thèmes et Structures de « Bonheur d'occasion »*, ECF, n° 22, 1966, p. 163-208.

Jacques Allard, *Le chemin qui mène à La Petite Poule d'eau*, dans *Littérature canadienne*, mai 1966, p. 55-67.

Monique Genuist, *La Création romanesque chez Gabrielle Roy*, Montréal, CLF, 1966, 174 p.

Réjean Robidoux et André Renaud, *Le Roman canadien-français du vingtième siècle*, Ottawa, EUO, 1966, 215 p. surtout, *Bonheur d'occasion*, p. 75-91. « VLC ».

Jean-Noël Samson, *Gabrielle Roy*, Montréal, Fides, 1967, 90 p. « DDLC ».

Maurice Lemire, *Bonheur d'occasion ou Le Salut par la guerre*, RS, vol. 10, n° 1, janv.-avril 1969, p. 23-35.

Gérard Bessette, *Alexandre Chenevert de Gabrielle Roy*, EL, vol. 2, n° 2, août 1969, p. 177-202.

Phyllis Grosskurth, *Gabrielle Roy*, Toronto, Forum House, 1969, 64 p.

Jacques Blais, *L'Unité organique de Bonheur d'occasion*, EF, vol. 6, n° 1, févr. 1970, p. 25-50.

Ben-Z. Shek, *L'Espace et la Description symbolique dans les romans « montréalais » de Gabrielle Roy*, L, vol. 13, n° 1, janv.-févr. 1971, p. 78-96.

Sushil Rumar Jain, *Gabrielle Roy : A French-Canadian Novelist*, C, vol. 32, n° 1, mars 1971, p. 391-399.

Phyllis Grosskurth, *Canadian Writers and their Works, Gabrielle Roy*, Toronto, Forum House, 1972, 64 p.

Gérard Bessette, *Gabrielle Roy*, dans *Trois romanciers québécois*, Montréal, Éditions du Jour, 1973, p. 179-237.

Marc Gagné, *Visages de Gabrielle Roy*, Montréal, Beauchemin, 1973, 328 p. Bibliographie : p. 287-324.

Agnès Whitfield, *Alexandre Chenevert, cercle vicieux et évasions manquées*, VIP, n° 8, 1974, p. 107-126.

François Ricard, *Gabrielle Roy* (essai), Montréal, Fides, 1975, 192 p. « ECA ».

Id., *Gabrielle Roy. Un jardin au bout du monde et Autres Nouvelles*, LAQ 1975, p. 22-24.

Anne Srabian de Fabry, *À la recherche de l'ironie perdue, chez Gabrielle Roy et Flaubert*, dans *Présence francophone*, n° 11, automne 1975, p. 89-104.

Yannick Resch, *La Problématique urbaine dans deux romans montréalais de Gabrielle Roy : Bonheur d'occasion et Alexandre Chenevert*, dans *Études canadiennes / Canadian Studies*, Bordeaux, Centre d'études canadiennes, Université de Bordeaux, n° 1, 1975, p. 79-87.

Annette Saint-Pierre, *Sous le signe du rêve*, Saint-Boniface, Éditions du Blé, 1975, 137 p. Ill.

Marc Gagné, *La Rivière sans repos de Gabrielle Roy. Étude mythocritique incluant Voyage en Ungava par Gabrielle Roy*, RUO, vol. 46, n°s 1-3 ; n° 1, janv.-mars 1976, p. 82-107 ; n° 2, avril-juin 1976, p. 180-199 ; n° 3, juillet-sept. 1976, p. 364-390.

Marie Grenier-Francœur, *Étude de la structure anaphorique, dans La Montagne secrète de Gabrielle Roy*, VI, vol. 1, n° 3, avril 1976, p. 387-405.

Alain Houle, *René Richard et Gabrielle Roy : le Nord fascinant*, Pr, vol. 92, n° 312, 31 déc. 1976, p. C-17, C-18.

Patrick Imbert, *Rue Deschambault ou L'Ouverture au monde*, LQ, vol. 1, n° 5, févr. 1977, p. 32-33.

Thuong Vuong-Riddick, *Aspects du monde de Gabrielle Roy. « La Rivière sans repos » (1970). « Cet été qui chantait ». « Un jardin au bout du monde » (1975)*, LQ, vol. 1, n° 7, août-sept. 1977, p. 47-50.

Gilles Marcotte, *Gabrielle Roy et l'Institutrice passionnée*, Dev, vol. 69, n° 220, 24 sept. 1977, p. 15.

Id., « *Ces enfants de ma vie* ». *Gabrielle Roy dans la plénitude de son art*, Dev, vol. 69, n° 248, 26 oct. 1977, p. 20.

Gabrielle Poulin, *Une merveilleuse histoire d'amour. « Ces enfants de ma vie » de Gabrielle Roy*, LQ, vol. 1, n° 8, nov. 1977, p. 5-9.

Jean-Pierre Boucher, *Regarder passer le train. Bonheur d'occasion de Gabrielle Roy*, dans *Instantanés de la condition québécoise*, Montréal, HMH, 1977, p. 71-89.

André Brochu, *Gabrielle Roy. Ces enfants de ma vie*, LAQ 1977, p. 39-43.

Réjean Robidoux, *Le Roman et la Recherche du sens de la vie. Vocation : Vocation écrivains*, dans *Mélanges de civilisation canadienne-française offerts au professeur Paul Wyczynski*, Ottawa, EUO, 1977, p. 225-235. « CCRCCF ».

Yves Thériault, *Les Enfants de la vie de Gabrielle Roy*, dans *Le Livre d'ici*, vol. 3, n° 19, 15 févr. 1978, p. 1.

Réjean Rodiboux, *Gabrielle Roy. La merveille du retour à la source*, Dr, 66e année, n° 48, 20 mai 1978, p. 21 ; Rel, n° 439, juillet-août 1978, p. 219-221.

Yannick Resch, *La Ville et son expression romanesque dans « Bonheur d'occasion » de Gabrielle Roy*, VI, vol. 4, n° 2, déc. 1978, p. 244-257.

André Vanasse, *Gabrielle Roy. Fragiles Lumières de la terre*, LAQ 1978, p. 79-80.

Jacques Godbout, *Gabrielle Roy : Notre-Dame des Bouleaux. Elle a 68 ans, elle est belle, elle est écrivain, elle connaît le succès...*, dans *L'Actualité*, vol. 4, n° 1, janv. 1979, p. 30-34.

Antoine Sirois, *Costume, Maquillage et Bijoux dans « Bonheur d'occasion »*, dans *Présence francophone*, n° 18, printemps 1979, p. 159-163.

Andrée Bergens, *Alexandre Chenevert, caissier*, Dr, 67e année, n° 190, 10 nov. 1979, p. 18.

Gabrielle Pascal, *La Condition féminine dans l'œuvre de Gabrielle Roy*, VI, vol. 5, n° 1, automne 1979, p. 143-163.

Solange Boudreau, *Gabrielle Roy. Courte-Queue*, LAQ 1979, p. 262-263.

Paul Socken, *An Annotated Bibliography*, dans R. Lecken et J. David, éditeurs, *The Annotated Bibliography of Canada's Major Authors I*, Downsview (Ont.), ECW Press, 1979, p. 213-261.

Gabrielle Pascal, *La Femme dans l'œuvre de Gabrielle Roy*, RUO, vol. 50, n° 1, janv.-mars 1980, p. 55-61.

François Gallays, *À propos de quelques recensions de « Ces enfants de ma vie » de Gabrielle Roy*, I, vol. 4, n°s 2-3, mai-déc. 1980, p. 7-47.

Françoise Côté, *Hommage à Gabrielle Roy*, Dr, 68ᵉ année, nᵒ 116, 14 août 1980, p. 3.

Novella Novelli, *Concomitances et Coïncidences dans « Bonheur d'occasion »*, VI, vol. 7, nᵒ 1, automne 1981, p. 131–146.

Paula Gilbert Lewis, « *The Last of the Great Storytellers* »: *A Visit with Gabrielle Roy*, dans *The French Review*, vol. 55, nᵒ 2, déc. 1981, p. 207–215.

René Juéry, *Interprétation de quelques formes des discours de Gabrielle Roy*, VI, vol. 6, nᵒ 2, hiver 1981, p. 293–317.

Alexandre Amprimoz, *Fonction gestuelle : Bonheur d'occasion de Gabrielle Roy*, dans *Présence francophone*, nᵒ 24, printemps 1982, p. 123–137.

Luc Perrault, *Claude Fournier tourne « Bonheur d'occasion ». Un sprint de cent jours*, Pr, 98ᵉ année, nᵒ 130, 5 juin 1982, p. C-12.

Graham C. Jones, « *Alexandre Chenevert* » *et* « *Kamouraska* »; *une lecture australienne*, VI, vol. 7, nᵒ 2, hiver 1982, p. 329–341.

Nicole Bourbonnais, *La Symbolique de l'espace dans les récits de Gabrielle Roy*, VI, vol. 7, nᵒ 2, hiver 1982, p. 367–384.

Paul Socken, *Concordance de Bonheur d'occasion de Gabrielle Roy*, Downsview, ECW Press, 1982, 1136 p.

[Anonyme], *Gabrielle Roy succombe à un infarctus. Toute une vie d'écriture*, Dr, 71ᵉ année, nᵒ 90, 14 juillet 1983, p. 1, 2.

Lia Lévesque, *Gabrielle Roy : des mémoires inachevés. « Un pilier de la littérature québécoise »*, Dr, 71ᵉ année, nᵒ 91, 15 juillet 1983, p. 17.

Roger Duhamel, *Gabrielle Roy : l'honneur de notre littérature*, Dev, vol. 74, nᵒ 162, 16 juillet 1983, p. 9, 14.

Fulgence Charpentier, *Témoignage. Gabrielle Roy ou la condition humaine*, Dr, 71ᵉ année, nᵒ 98, 23 juillet 1983, p. 6.

Gabrielle Poulin, *De quoi t'ennuies-tu Éveline ?* « *À la veille du grand départ* » *et Entre de doute et la joie* « *Le Grand voyage* », Dr, 71ᵉ année, nᵒ 127, 27 août 1983, p. 28.

Richard Gay, *Bonheur d'occasion : la vertu d'émouvoir*, Dev, vol. 74, nᵒ 204, 3 sept. 1983, p. 15, 24.

Yves Taschereau, *Un « Bonheur d'occasion » fidèle à Gabrielle Roy*, Ch, vol. 24, nᵒ 9, sept. 1983, p. 72–74, 76–77, 80.

Allison Mitcham, *The Literary Achievement of Gabrielle Roy*, Frédéricton, N.B., York Press, 1983, 38 p.

François Hébert, *Deux maîtres livres, issus de l'humour du cœur*, Dev, vol. 75, nᵒ 111, 12 mai 1984, p. 21.

Réginald Martel, *De quoi t'ennuies-tu Éveline ? La parole fraternelle de Gabrielle Roy*, Pr, 100ᵉ année, nᵒ 147, 9 juin 1984, p. C-2.

Gilles Marcotte, *Le Testament de Gabrielle Roy*, dans *L'Actualité*, vol. 9, nᵒ 9, sept. 1984, p. 127.

François Hébert, *Que de force derrière l'apparente précarité*, Dev, vol. 75, nᵒ 233, 6 oct. 1984, p. 21, 28.

Jean Royer, *Marcel Carbotte : une vie avec Gabrielle Roy*, Dev, vol. 75, nᵒ 233, 6 oct. 1984, p. 21, 28.

Réginald Martel, *L'Autobiographie de Gabrielle Roy. Une lumière sur la vie*, Pr, 101ᵉ année, 20 oct. 1984, p. E-3.

François Ricard, *Les Mémoires secrets d'une jeune fille pas très rangée*, dans *L'Actualité*, vol. 9, nᵒ 10, oct. 1984, p. 15–16, 18.

Réjean Robidoux, *Gabrielle Roy, au lendemain du grand départ*, LQ, nᵒ 32, hiver 1983–1984, p. 17–19.

Roy, Gabrielle, EL, vol. 17, nᵒ 3, hiver 1984. (Numéro spécial).

Paul-Émile Roy, *Roy (Gabrielle). La Détresse et l'Enchantement*, dans *Nos livres*, vol. 16, mars 1985, nᵒ 6129.

M.G. Hesse, *Gabrielle Roy par elle-même*, Montréal, Éditions internationales Alain Stanké, 1985, 179 p. Traduit de l'anglais par Michelle Tisseyre. Préface d'Alain Stanké.

Jean Morency, *Un roman du regard. La Montagne secrète de Gabrielle Roy*, Québec, Centre de recherche en littérature québécoise, Université Laval, 1985, 99 p. « Essais ».

Ellen Reisman, *The Play of Language and Spectacle : A Structural Reading of Selected Texts by Gabrielle Roy*, Toronto, ECW Press, 1985, 122, [10] p.

André Brochu, *La Détresse et l'Enchantement, ou le roman intérieur*, dans *Revue d'histoire littéraire du Québec et du Canada français*, Frontières, nᵒ 12, été–automne 1986, p. 201–210.

ROY, JEAN-LOUIS (1941–   ). Politicologue, historien, poète et romancier, né à Normandin (Lac-Saint-Jean-Ouest). Il fait ses humanités à Vallée-Jonction (Beauce), à Church Point (Nouvelle-Écosse) et à l'Université Laval (B.A., 1962), puis il obtient, à l'Université de Montréal, une licence en philosophie (1964) et une maîtrise en études médiévales (1965) pour un mémoire intitulé « Législation et Éducation dans les lois de Platon ». Il prépare ensuite un doctorat en histoire à l'Université McGill (1972) dont la thèse porte sur Édouard-Raymond Fabre. De 1966 à 1980, il est professeur de philosophie et d'histoire à l'Université McGill où il occupe diverses fonctions, entre autres, celle de directeur du Centre d'études canadiennes-françaises. Il est en outre président de la Ligue des droits de l'homme... Il collabore à plusieurs ouvrages collectifs et à divers périodiques, tels la *Revue d'histoire de l'Amérique française*, *Histoire sociale*, *L'Actuel*, etc., et particulièrement au *Devoir* dont il devient directeur en 1980. Son œuvre se partage entre la littérature et l'histoire. Les critiques pensent généralement que sa poésie, plutôt conservatrice, manque d'originalité, et *La Beauceronne* est un roman qui, selon Léon Beaudoin, « rejoint ce courant littéraire régionaliste qui nous a notamment valu, jadis, *La Scouine*, *Trente arpents*, *Le Survenant*, *Marie-Didace* ». On apprécie davantage l'œuvre d'histoire sociale et politique bien documentée et agréable à lire de Jean-Louis Roy. Ainsi, Anne Légaré écrit que *Le Choix d'un pays* (1979) « est un des plus précieux documents qu'il nous ait été donné sur le fédéralisme dans ces dernières années ».

ŒUVRES

Maîtres chez nous. (Dix années d'Action française, 1917–1927) (essai), [Montréal], Leméac, 1968, 77 p.

Les Programmes électoraux du Québec. Un siècle de programmes politiques québécois (essai), [Montréal], Leméac, 1970, 2 t. : t. 1, xviii, 238 p. ; t. 2, p. 237–465. « Québecana ».

Les Frontières défuntes (poésie), Montréal, Librairie Déom, 1972, 141 p. « Poésie canadienne ».

Rameaux du vieil arbre (récit), Sherbrooke, Éditions Cosmos, 1973, 61 p. « Relances ».

Édouard-Raymond Fabre, libraire et patriote canadien (1799-1854). *Contre l'isolement et la sujétion* (essai), Montréal, Hurtubise HMH, 1974, 220 p. « Cahiers du Québec. Histoire et Documents d'histoire ».

L'Arche dans le regard (poésie), Québec, Éditions Garneau, 1975, 159 p. « Garneau Poésie ».

La Marche des Québécois. Le temps des ruptures (1945-1960) (essai), [Montréal], Leméac, 1976, [viii], 383 p. Ill.

La Beauceronne. Marie à Georges à Joseph. Roman, Québec, Éditions Garneau, 1977, 159 p. « Garneau Roman ».

Le Choix d'un pays. Le débat constitutionnel Québec-Canada 1960-1970 (essai), [Montréal], Leméac, 1978, 366 p. Ill.

Terre féconde (poésie), [Montréal], Leméac, 1979, 181 p. Ill. de Louis Hébert. « Poésie Leméac ».

Un Français au Brésil au XVIe siècle, André Théoret, cosmographe, RHAF, vol. 21, n° 3, déc. 1967, p. 363-396.

L'Histoire sociale, dans André Lefebvre et Michel Allard, *L'Histoire et son enseignement*, Montréal, PUQ, 1970, p. 143-148. « Les Cahiers de l'Université du Québec ».

Les Programmes des partis politiques depuis 1867, les grandes constantes et les thèmes récents, dans Claude Ryan (éd.), *Le Québec qui se fait*, Montréal, HMH, 1971, p. 155-160.

Le Québec, nationalisme en devenir, dans *L'Actuel*, vol. 1, n° 2, mars-avril 1976, p. 58-65.

Le Nationalisme québécois, dans *Revue canadienne des études sur le nationalisme*, vol. 5, n° 2, 1978-1979, 106 p. (Jean-Louis Roy, éd.).

L'Essai au Québec (1945-1975), dans *L'Essai et la Prose d'idées au Québec*, Montréal, Fides, 1985, p. 43-71. « ALC » 6.

ÉTUDES

Susan Mann Robertson, « *Maîtres chez nous* », RHAF, vol. 22, n° 3, déc. 1968, p. 477-478.

Fernand Ouellet, *Jean-Louis Roy. Édouard-Raymond Fabre, libraire et patriote canadien*, l.AQ 1974, p. 284-286.

[Anonyme], *Roy (Jean-Louis). L'Arche dans le regard*, dans *Le Livre canadien*, vol. 7, oct. 1976, n° 305.

André Vachet, *Jean-Louis Roy. La Marche des Québécois, le temps des ruptures (1945-1960)*, LAQ 1976, p. 388-390.

Léo Beaudoin, *Roy (Jean-Louis). La Beauceronne — Marie à Georges à Joseph*, dans *Nos livres*, vol. 9, mai 1978, n° 209.

Gaëtan Racine, *Jean-Louis Roy. Terre féconde*, LAQ 1979, p. 163-164.

Anne Légaré, *Jean-Louis Roy. Le Choix d'un pays*, LAQ 1979, p. 333-335.

Michel Laurin, *Roy (Jean-Louis). Le Choix d'un pays — le débat constitutionnel Québec-Canada 1960-1976*, dans *Nos livres*, vol. 11, janv. 1980, n° 15.

Noël Audet, *Des écritures nécessaires et des croûtes*, Dev, vol. 71, n° 84, 2 avril 1980, p. 21.

ROY, JEAN-YVES (1940–). Poète, né à Lévis. Après le secondaire chez les frères Maristes, il fréquente l'École normale Laval et l'Université Laval où il obtient le brevet A d'enseignement (1970) et un certificat en pédagogie du français (1980). Il enseigne au secondaire de 1960 à 1965, à Baie Saint-Paul, à Saint-Pamphile de l'Islet et à Québec, puis il se cantonne « par vocation » dans l'enseignement primaire, à partir de 1965, à Québec. Il collabore à l'Atelier des inédits de Radio-Canada, fait de l'animation culturelle avec des enfants dans les écoles et à la radio, envoie des poèmes à *Québec français*, *Poésie*, *Estuaire* et *Parnasse contemporain*, participe à des récitals de poésie, effectue deux séjours d'animation et d'enseignement en France (1972-1973, 1976-1977)... Il écrit de la poésie pour adultes qui va de l'exubérance amoureuse à des notes sombres, et de la poésie pour enfants qui est d'une grande fraîcheur. « Au fil des textes, écrit Michel Laurin à propos de *Mon ami Pierrot*, la qualité ne se dément pas, et les enfants de 7 à 10 ans qui ont appris à goûter la poésie seront heureux de faire de ce recueil leur livre de chevet ».

ŒUVRES

À plein corps (poésie), Québec, Éditions Garneau, 1970, 102 p.

J'ai ma terre en tête (poésie), Paris, Éditions Saint-Germain-des-Prés, 1972-1973, 55 p.

Au clair de la lune (litt. jeunesse), Québec, Presses laurentiennes, 1981, 63 p. Ill. de Renée Le Blanc. « Le Poète et l'Enfant ».

Mon ami Pierrot. Poèmes pour enfants, Sherbrooke, Éditions Naaman, 1984, 62 p. Ill. de Marie Laberge. « Jeunesse ».

Changer la farce de la vie (poésie), dans *Québec français*, n° 20, déc. 1975, p. 13.

Territoires dévastés (poésie), dans *Québec français*, n° 32, déc. 1978, p. 42.

ÉTUDE

Michel Laurin, *Roy (Jean-Yves). Mon ami Pierrot*, dans *Nos livres*, vol. 15, oct. 1984, n° 5885.

ROY, JOSEPH-EDMOND (1858-1913). Archiviste et historien, né à Notre-Dame-de-la-Victoire (Lévis). Il fait ses études au Petit Séminaire de Québec (1867-1877) dont il rapporte les petits et hauts faits dans *Souvenirs d'une classe*. Il obtient un baccalauréat ès lettres de l'Université Laval, étudie le droit et est admis à la pratique du notariat en 1880. Il publie abondamment. En 1891, il est élu membre de la Société royale du Canada dont il devient président en 1908. En 1908 également, il est attaché au bureau des Archives fédérales à Ottawa, à titre d'archiviste adjoint, poste qu'il occupe jusqu'à sa mort. Il enseigne la géographie, fonde la *Revue du notariat* et collabore au *Quotidien de Lévis*, à *La Revue canadienne*, au *Bulletin des recherches historiques*... Dans ses œuvres, il insiste beaucoup sur l'histoire des familles et sur la reconstitution de la vie de la collectivité. On peut appliquer à toute son œuvre un jugement de Thomas Chapais sur l'*Histoire de la Seigneurie de Lauzon*. Chapais loue fort ce « travail de bénédictin » et ajoute que dans les détails d'histoire locale « l'auteur a su disséminer des renseignements historiques, des traits, des scènes et des descriptions qui raniment et retiennent l'attention, et font de ces précieux volumes quelque chose de plus et quelque chose de mieux qu'une histoire locale ».

ŒUVRES

Biographie de l'honorable Georges Couture, représentant au Conseil législatif de la division de Lauzon, Lévis, Mercier et cie, libraires-imprimeurs, 1884, 32 p.

Guillaume Couture, premier colon de la Pointe-Lévy (histoire), Lévis, Mercier et cie, libraires-imprimeurs, 1884, 160, ii p. Ill.; 1947; 1986. Présentation par Richard Couture. (On retrouve ce livre également sous le titre: *Le Premier Colon de Lévis, Guillaume Couture*).

Monseigneur Déziel. Sa vie, ses œuvres, Lévis, Mercier et cie, éditeurs, 1885, vii, 160, xx, ii p.

L'Ordre de Malte en Amérique (histoire), Québec, Imprimerie générale A. Côté et cie, 1888, 68 p. Ill.

Au royaume du Saguenay. Voyage au pays de Tadoussac, Québec, Imprimerie générale A. Côté et cie, 1889, 235 p. Traduction anglaise de G.M. Ward [Mrs. Pennee]: *In and Around Tadousac* [*sic*], Lévis, Mercier, 1891, 250 p.

La Justice seigneuriale de Notre-Dame-des-Anges, Montréal, [s.é.], 1890, 23 p. (Paru d'abord dans RC, vol. 26, 1890, p. 594–616).

Claude de Bermen, sieur de la Martinière (1636–1719) (histoire), Lévis, Imprimerie de l'Union canadienne, 1891, 101, xxi p.

Lettres du R. P. F.-X. Duplessis de la Compagnie de Jésus, Lévis, Mercier et cie, 1892, lxxxv, 303, xxx p. Portrait. Ill.

Jean Bourdon et la Baie d'Hudson (histoire), Lévis, « Bulletin des recherches historiques », 1896, 19 p.

Rapport sur les affaires de la Corporation de la ville de Lévis pour l'année 1896, lu et soumis à la séance du 11 janvier 1897, Québec, Imprimerie du Quotidien, 1897, 19 p.

L'Ancien Barreau du Canada, conférence donnée devant le barreau de Québec dans la salle de la Cour d'assises au mois de février 1897, Montréal, C. Théoret, 1897, 91 p.

Nicolas Le Roy et ses descendants. Notes pour servir à l'histoire de la famille Le Roy, Québec, Imprimerie générale A. Côté et cie, 1897, xii, 254 p.

Histoire de la seigneurie de Lauzon, Lévis, 1897–1904, 5 vol.: vol. 1, Mercier et cie, libraires-imprimeurs, 1897, lxiii, 495, lxxxvi p. Ill. Carte; vol. 2, Chez l'auteur, 1898, 416, lxii, v p.; vol. 3, 1900, 442, xxxix, iv p.; vol. 4, 1904, 406, ix, iv p. Ill.; vol. 5, 1904, 525, lxiv, vi p. Portrait. Ill.; Société d'histoire régionale de Lévis, 1984, 5 vol. Portrait. Ill.

La Charte de la ville de Lévis, comprenant le texte de la loi de refonte de 1872, 36 Victoria, chapitre 60 et tous les amendements adoptés par la législature de Québec, Lévis, [s.é.], 1899, vi, 426, vii p.

Règlements de la ville de Lévis adoptés par le Conseil de 1861 à 1899, mis en ordre et révisés, avec une table alphabétique des matières, Lévis, La Ville, 1899, 104, ii p.

Notice historique sur la famille de René de la Voye, (Canada), Lévis, Imprimerie de l'auteur, 1899, 198, ii p. Ill.

Histoire du notariat au Canada depuis la fondation de la colonie jusqu'à nos jours, Lévis, Imprimé à La Revue du notariat, 1899–1902, 4 vol.: vol. 1, 1899, xxvi, 390, v p.; vol. 2, 1900, 594, viii, vi, ii, x, v p.; vol. 3, 1901, 483, xii p.; vol. 4, 1902, 636, v p. Ill.

Voyage de Kalm au Canada, Lévis, Imprimé à la Revue du notariat, 1900, 34 p. Ill.

Le Baron de Lahontan (histoire), Lévis, Imprimé à La Revue du notariat, 1903, 257 p.; *Le Baron de Lahontan. Conversations de l'auteur de ces voyages avec Adario, sauvage distingué*, Montréal, Éditions Élysée, 1974, 257 p. Ill. Carte. « Mémoires pittoresques de la Nouvelle-France ». (*Conversations...*: paru d'abord dans MSRC, vol. 12, section 1, 1894, p. 63–310).

L'Abbé Benjamin Demers. Notice biographique, [s.l., s.é., s.d., 1905?], 37 p. Portrait.

Souvenirs d'une classe au Séminaire de Québec (1867–1877), Lévis, Imprimerie de l'auteur, 1905, 528 p.

M. de Montmagny, Québec, Imprimerie de la Cie de l'Événement, 1906, 54 p. (Paru d'abord dans *Nouvelle-France*, t. 5, no 3, mars 1906, p. 105–121; no 4, août 1906, p. 161–173; no 9, août 1906, p. 417–428; no 11, nov. 1906, p. 520–530).

Principes de gouvernement chez les Indiens du Canada, Québec, Dussault et Proulx, 1907, 24 p. (Paru d'abord dans *Congrès international des Américanistes*, vol. 1, 1901, p. 161–178).

Rapport sur les archives de France relatives à l'histoire du Canada, Ottawa, Imprimeur du Roi, 1911, iv, 1093 p. Publié avec l'autorisation du ministre de l'Agriculture, sous la direction de l'archiviste.

François Bissot, sieur de la Rivière, MSRC, 1892, vol. 10, section 1, p. 29–40.

Claude-Charles Le Roy de la Potherie, MSRC, 2ᵉ série, vol. 3, section 1, 1897, p. 3-44.

Des fils de famille envoyés au Canada: Claude le Beau, MSRC, 2ᵉ série, vol. 7, section 1, 1901, p. 7-33.

La vie que l'on menait il y a cent ans, dans *Nouvelle-France*, t. 3, nᵒ 4, avril 1904, p. 165-189.

Essai sur Charlevoix, MSRC, 3ᵉ série, vol. 1, section 1, 1907, p. 3-95.

De la propriété littéraire, MSRC, 3ᵉ série, vol. 3, section 1, 1909, p. lxxviii-cxxxiii.

Les Archives du Canada à venir à 1872, MSRC, 3ᵉ série, vol. 4, section 1, 1910, p. 57-123.

Napoléon au Canada, MSRC, 3ᵉ série, vol. 5, section 1, 1911, p. 69-117.

Une maison d'habitant en 1820, dans *Québec, hier et aujourd'hui*, Montréal, McGill University Press, 1967, p. 126-128.

ÉTUDES

Thomas Chapais, *L'Histoire de la Seigneurie de Lauzon*, dans *Nouvelle-France*, t. 4, nᵒ 12, déc. 1905, p. 559-563.

Thomas Chapais et Louvigny de Montigny, *Joseph-Edmond Roy*, MSRC, 3ᵉ série, vol. 7, 1913, p. xxi-xxviii.

Revue du notariat, Lévis, 15ᵉ année, nᵒ 11, 15 juin 1913, p. 321-352. (Numéro spécial).

Gérard Martin, « Bio-bibliographie de J.-Edmond Roy ». Mémoire. Montréal, École de bibliothécaires de l'Université de Montréal, 1945, 158 f.

Madeleine Verret, « Bibliographie de Joseph-Edmond Roy ». Mémoire. Québec, Université Laval, 1947, 22 f. Préface de Gérard Martin.

Serge Gagnon, [*Joseph-Edmond Roy*], dans *Le Québec et ses historiens, de 1840 à 1920. La Nouvelle-France de Garneau à Groulx*, Québec, PUL, 1978, 474 p. « Les Cahiers d'histoire de l'Université Laval ».

ROY, LOUISE (1945-   ). Dramaturge, née à Sullivan (Abitibi). Elle fait ses études au Pensionnat Sainte-Marie d'Amos et au Collège Marie-Anne de Montréal. Elle fréquente ensuite l'École des beaux-arts (1963-1967), et elle fait de la peinture et de l'illustration pendant plusieurs années avant de commencer à écrire pour la scène. En 1976, elle écrit avec Louis Saia *Une amie d'enfance* qui est un succès immédiat à sa création, en février 1977. Avec Saia encore elle remporte le premier prix du concours des œuvres dramatiques de Radio-Canada, en 1977, pour « Impressions de voyage ». Avec le même collaborateur, elle crée « Ida Lachance » (1978) et *Bachelor* (1979). Elle écrit aussi avec Michel Chevrier (« Les Dernières Chaleurs », « Transport en commun », 1981), et avec Marie Perreault (« La trampoline est à deux pieds du plafond », 1983), etc. Partout le succès est considérable, et rares sont les notes discordantes dans la critique. *Une amie d'enfance* est reprise plusieurs fois, traduite en anglais, et devient un film réalisé par Francis Mankiewicz. Laurent Mailhot déclare que la pièce « compte parmi les pièces les plus importantes des années soixante-dix. Elle sonne juste, elle dit vrai ». Les pièces peuvent être complexes comme « Ida Lachance » qui compte quarante-cinq personnages, ou simples comme *Une amie d'enfance*, ou *Bachelor* qui n'a qu'un personnage. Partout le rire et ce que Robert Lévesque appelle « l'humour faussement féroce » de Louise Roy. « La langue coule drôle, réaliste et drue », dit Madeleine Bellemare. Et Michel René: « Si à la lecture la langue utilisée d'abord nous rebute, la cohérence maquillée du discours nous entraîne ».

ŒUVRES

Une amie d'enfance (théâtre), [Montréal], Leméac, 1980, 127 p. Collab. Louis Saia. Préface de Laurent Mailhot. « Théâtre ».

Bachelor (théâtre), [Montréal], Leméac, 1981, 69 p. Collab. Louis Saia et Michel Rivard. « Théâtre ».

Les Nouilles (théâtre), [Montréal], Leméac, 1986, 168 p. Collab. Yves Desgagnés. Ill.

ÉTUDES

Martial Dassylva, *Enfin, un nouvel auteur comique !*, Pr, 93ᵉ année, nᵒ 23, 5 févr. 1977, p. C-2.

Id., *Les Plaisirs des retrouvailles et de la vie à Laval*, Pr, 93ᵉ année, nᵒ 40, 17 sept. 1977, p. D-6.

Adrien Gruslin, *Écrire à deux « Ida Lachance »*, Dev, vol. 68, nᵒ 36, 11 févr. 1978, p. 45.

Id., *Ida Lachance au Conventum: drôle, confus, interminable*, Dev, vol. 68, nᵒ 44, 21 févr. 1978, p. 20.

André Dionne, *Le théâtre qu'on joue. Bachelor*, LQ, nᵒ 15, août-sept. 1979, p. 31-32.

Id., *Entrevue. Louis Saia et Louise Roy*, LQ, nᵒ 16, hiver 1979-1980, p. 33-38.

Léonce Cantin, *Louise Roy et Louis Saia. Une amie d'enfance*, LAQ 1980, p. 170-171.

André Dionne, *Roy (Louise) et Saia (Louis). Une amie d'enfance*, dans *Nos livres*, vol. 12, mars 1981, nᵒ 155.

Madeleine Bellemare, *Roy (Louise) et Saia (Louis). Bachelor*, dans *Nos livres*, vol. 12, oct. 1981, nᵒ 410.

Michel René, *Michel Rivard, Louise Roy et Louis Saia. Bachelor*, LAQ 1981, p. 188-190.

Robert Lévesque, *À La Licorne, deux comédiens à applaudir*, Dev, vol. 74, nᵒ 70, 25 mars 1983, p. 15.

Martial Dassylva, *Au Théâtre d'aujourd'hui. Louise Roy et le plaisir d'être jouée*, Pr, 99ᵉ année, nᵒ 94, 23 avril 1983, p. B-6.

ROY, MARCELLE [Marcelle Paré] (1935-   ). Poète et conteuse, née à Nicolet. Elle fait ses études classiques au Collège Notre-Dame de l'Assomption à Nicolet (B.A., 1956), poursuit des études en architecture à l'École des beaux-arts de Montréal, ainsi que des études en céramique à l'Institut des arts appliqués. En 1974, elle devient rédactrice adjointe à la revue *Décormag*, puis rédactrice en chef en 1975. Elle passe ensuite à la rédaction de la revue *Recherches amérindiennes au Québec* en 1978. En 1973, « L'Urgence de vivre », suite de poèmes, est présentée sur les ondes de Radio-Canada. Elle collabore aussi à *Châtelaine* et à *L'Interdit*. En 1982 paraît son recueil *Traces*. Sa poésie reflète une société en train de se remettre en question par une recherche de la justification du passé à travers un genre de journal intime. Comme elle écrit : « Je suis incongrue avec mes réponses, avec mes mots, avec mes présences multiples faites du renflement démesuré en moi de tout ce qui ne ressemble à rien ».

ŒUVRES

Traces (poésie), Montréal, VLB éditeur, 1982, 105 p.
L'Hydre à deux cœurs (poésie), Saint-Lambert, Éditions du Noroît, 1986, 92 p. Ill. de l'auteur.

Rue Saint-Denis, début mai (nouvelle), Ch, vol. 16, nº 6, juin 1975, p. 36–37, 59–60, 62, 64. Sous le nom de Marcelle Paré.
Regards sur un paysage familier (reportage), dans *L'Interdit*, nº 274, mai–juin 1980, p. 3. Sous le nom de Marcelle Paré.
Forêt dans la ville (essai), Dev, vol. 73, nº 269, 20 nov. 1982, p. 9, 14.

ÉTUDE

Doris Hamel, *Marcelle Roy, peintre et poète*, dans *Le Nouvelliste*, 62ᵉ année, nº 246, 11 sept. 1982, p. 11.

ROY, MARIE-ANNA-ADÈLE (1896–1979). Romancière, née à Saint-Léon, au Manitoba. Après ses études secondaires à l'Institut collégial Saint-Joseph de Saint-Boniface, elle fréquente l'École normale de Winnipeg, l'Université Queen's et l'Université d'Edmonton où elle obtient un baccalauréat ès arts (1934). Durant trente-cinq ans, elle enseigne dans les écoles bilingues rurales du Manitoba, de la Saskatchewan et de l'Alberta. Forcée à abandonner l'enseignement à la suite d'un accident, elle se consacre désormais à la littérature. Par ses romans, ses récits de voyage, ses monographies historiques, Marie-Anna Roy est considérée comme une pionnière de la littérature régionaliste de l'Ouest canadien. Elle contribue à faire connaître, par l'exactitude et la précision de ses récits, ce que fut la vie sociale et culturelle francophone du Manitoba. C'est en ce sens que Georges Bugnet compare *Valcourt ou La Dernière Étape* aux *Anciens Canadiens* et à *Jean*

Rivard, car Marie-Anna Roy, comme Aubert de Gaspé et Gérin-Lajoie, dépeint avec saveur et nostalgie les grands faits de la quotidienneté : « Nos futurs historiens pourront se servir avec profit d'une foule de renseignements et d'indications que déjà la présente génération semble assez peu soucieuse de sauvegarder », tant il est vrai que les romans de Marie-Anna Roy font aussi œuvre historique.

ŒUVRES

Le Pain de chez nous. Histoire d'une famille manitobaine..., Montréal, Les Éditions du Lévrier, 1954, 256 p.
Valcourt ou La Dernière Étape. Roman du Grand Nord canadien, Beauceville, [s.é.], 1958, 414 p.
La Montagne Pembina au temps des colons. Historique des paroisses de la région de la montagne Pembina et biographies des principaux pionniers, Winnipeg, [s.é.], 1970, 230 p. Ill. Avant-propos de l'auteur.
Les Visages du vieux Saint-Boniface (histoire), Winnipeg, [s.é.], 1971, 167 p. Ill.
Les Capucins de Toutes-Aides, Manitoba, Canada et leurs dignes confrères (histoire), Montréal, Éditions franciscaines, 1977, 183 p. Ill.
Le Miroir du passé (récit), Montréal, Québec/Amérique, 1979, 279 p. Ill. ; Éditions du Club Québec-Loisirs inc., 1980.

ÉTUDES

Simon Presmier, *Pain de chez nous*, dans *La Survivance*, 1ᵉʳ sept. 1954, p. 8.
Père d'Anjou, *Pain de chez nous*, Rel, 1954–1955, p. 12.
Georges Bugnet, *Valcourt*, dans *La Liberté* (Winnipeg), 15 juin 1959, p. 6.
Maurice Delorme, *Notre chronique des livres*, dans *Revue d'informations*, nᵒˢ 19–20, 1971, p. 27.
Georges Bugnet, *Visages du vieux Saint-Boniface*, dans *Franco-Albertain*, 1972, p. 2.
Sylvie Francœur, *Les Capucins de Toutes-Aides*, dans *Le Travailleur*, août 1978, p. 7.
Monique Genuist, *Lecture au féminin de l'œuvre de Marie-Anna A. Roy*, dans *Cultures du Canada français*, nº 4, 1987, p. 44–52.

ROY, PAUL-ÉMILE (1928–   ). Essayiste, né à Saint-Cyprien (Dorchester). Ses parents ayant déménagé à Edmundston (N.-B.), il fait ses études primaires et secondaires dans cette ville, puis ses humanités et études classiques au Séminaire Sainte-Croix, à Ville Saint-Laurent. Après une année de noviciat chez les Pères de Sainte-Croix, à Pointe-Claire, il termine ses études au Collège de Saint-Laurent (B.A., 1951). Ses études de théologie terminées en 1955, il enseigne les éléments latins au Collège de Saint-Laurent. De 1956 à 1958, il est inscrit à l'Institut catholique de Paris où il obtient une maîtrise ès arts. De retour à Montréal, il enseigne d'abord dans les collèges classiques et, par la suite, au Cégep de Saint-Laurent. Il prépare à l'Université de Montréal une thèse sur le roman québécois de 1940 à 1965. Très tôt ses ouvrages sont remarqués par la critique : *Claudel, poète mystique de la Bible*, suivi, en 1961, de *L'Engagement chrétien*, méritent des prix dont celui du Grand Jury des lettres. En 1978, il publie un essai intitulé *Croyant aujourd'hui*. Il collabore activement à plusieurs revues et journaux : *L'Action universitaire*, *Lectures*, *Le Devoir*, *L'Enseignement secondaire*, *L'Action nationale*, *La Revue dominicaine* et la *Revue de l'Université d'Ottawa*. Au sujet des *Intellectuels dans la cité*, Gilles Marcotte fait cette remarque : « Paul-Émile Roy nous avait donné un livre estimable, *L'Engagement chrétien*, qui témoignait d'une solide culture et d'une belle générosité d'esprit. Dans *Les Intellectuels dans la cité*, qui est un ouvrage beaucoup moins considérable, il entreprend de définir le rôle social de l'intellectuel ; en général, mais aussi en fonction du rôle nouveau, et particulièrement important, que lui impose la crise de conscience du Canada français ».

ŒUVRES

Claudel. Poète mystique de la Bible (essai), Montréal, Fides, 1957, 143 p.
L'Engagement chrétien (essai), Montréal, Fides, 1961, 213 p.
Les Intellectuels dans la cité (essai), Montréal, Fides, 1963, 87 p. « Présence ».
Libres dans la foi. Religieux et religieuses dans un monde en transformation (essai), Montréal, Fides, 1968, 85 p.
Croyant aujourd'hui (essai), [s.l.], Les Éditions du Bouleau, 1978, 89 p.

***

L'Œuvre de Claudel, un abîme, AU, 19e année, nº 3, avril 1953, p. 36–60.
La Bible et la Pensée moderne, RUO, 20e année, nº 2, janv. 1954, p. 10–23.
Vie moderne et Contemplation, RD, 61e année, janv.–févr. 1955, p. 4–16.
Quelques réflexions sur la jeunesse, AN, vol. 46, nº 7, mars 1956, p. 495–515.
La Quête de la vérité, ES, vol. 35, nº 8, mai 1956, p. 317–321.
Eucharistie et Histoire, RUO, vol. 27, nº 4, oct.–déc. 1957, p. 252–267.
Éducation et Littérature, ES, vol. 40, nº 1, oct. 1960, p. 3–10.
Les Terres sèches de Jean-Paul Pinsonneault, dans *Lectures*, vol. 11, nº 2, oct. 1964, p. 32–35.

Littérature et Société canadienne-française, dans *Lectures*, vol. 11, nº 10, juin 1965, p. 271–280.
L'Hiver dans le roman canadien-français par Paulette Collet, dans *Lectures*, vol. 12, nºs 9–10, mai–juin 1966, p. 241–243.
Nous donner un visage français, Dev, vol. 61, nº 55, 15 mars 1974, p. 4.

ÉTUDES

[G.D.], *L'Engagement chrétien de Paul-Émile Roy*, LAQ 1961, p. 81–82.
Yves Martin, *Les Intellectuels dans la cité de Paul-Émile Roy*, LAC 1963, p. 86.
Gilles Marcotte, *Théorie et Pratique : le rôle de l'intellectuel*, Pr, 79e année, nº 280, 30 nov. 1963, p. 5.

ROY, PAUL-EUGÈNE (1859–1926). Orateur et essayiste, né à Berthier-en-Bas (Montmagny). Il fait ses études classiques et théologiques au Séminaire de Québec. Par la suite, il obtient une licence ès lettres à Paris tout comme son frère Camille Roy. Ordonné prêtre en 1886, il se fait une renommée comme prédicateur. En 1907, il devient premier directeur de l'Action sociale catholique du diocèse de Québec. Sacré évêque auxiliaire de Québec l'année suivante, il s'occupe tout particulièrement du mouvement de tempérance et de l'Action catholique auprès des jeunes. À la mort du cardinal Bégin, il prend possession du siège archiépiscopal de Québec en juillet 1925. Il meurt sept mois plus tard. Après son décès, les dirigeants de l'Action sociale catholique entreprennent la publication de ses écrits. Les trois volumes de discours dénotent un orateur de grand talent. On publie aussi, en 1927, un volume de sa correspondance.

ŒUVRES

Sermon prononcé dans l'église de Sainte-Marie de la Beauce, le 19 décembre 1888, [Québec, s.é., 1888], 26 p.
L.-A. Olivier (biographie), Lévis, Pierre-Georges Roy, 1891, 30 p.
Discours religieux et patriotiques, Québec, Imprimerie de l'Action sociale limitée, 1926, 244 p.
Action sociale catholique et tempérance (discours), Québec, Secrétariat des Œuvres d'Action sociale, 1927, 301 p.
Apôtres et Apostolat (discours), Québec, Secrétariat des Œuvres, 1927, 268 p.
D'une âme à une autre. Correspondance spirituelle et familière avec une âme consacrée à Dieu, Montréal, Imprimerie des Frères des Écoles chrétiennes, 1927, 342 p. Ill.
À travers l'Évangile. Le Sermon sur la montagne. Méditations et Commentaires, Québec, Secrétariat des Œuvres, 1928, 88 p.

La Sainte-Vierge. Immaculée Conception. Nativité. Le Nom de Marie, Québec, Secrétariat des Œuvres, 1928, 182 p.

ÉTUDES

Narcisse Dégagné, *L'Œuvre oratoire de Mgr Roy, archevêque de Québec*, dans *Le Canada français*, févr. 1927, p. 377-387.

Amadeus Welton, *Un orateur apôtre Mgr Paul-Eugène Roy, archevêque de Québec (1859-1926)*, Québec, Les Éditions de l'Action catholique, 1941, 394 p.

ROY, PIERRE-GEORGES [Raoul de Tilly] (1870–1953). Archiviste et historien, né à Lévis. Après ses études au Collège de Lévis et au Séminaire de Québec, il s'oriente vers le journalisme : éditeur du *Moniteur* de Lévis (1893–1896), rédacteur du *Canadien* et du *Quotidien*, il fonde, en 1890, une revue mensuelle de littérature et d'histoire, *Le Glaneur*, à l'existence éphémère. Il connaît cependant plus de succès quand il crée, en 1895, le *Bulletin des recherches historiques* dont il est l'éditeur durant plus de cinquante ans. En 1920, Pierre-Georges Roy est nommé archiviste de la Province de Québec ; il y reste une vingtaine d'années pendant lesquelles il présente le *Rapport* annuel et organise le Musée de Québec dont il est nommé conservateur en 1931. Docteur ès lettres *honoris causa* de l'Université Laval (1911) et de l'Université d'Ottawa (1925), docteur en droit *honoris causa* de l'Université Notre-Dame de l'Indiana (1918), officier de l'Instruction publique de France (1906), commandeur de l'Ordre pontifical de Saint-Grégoire-le-Grand (1919), chevalier de la Légion d'honneur, il est lauréat de l'Institut de France en 1926 ; membre de la Société royale du Canada (1910), il en reçoit la médaille Tyrrell en 1932. Pierre-Georges Roy appartient à cette génération d'historiens prolifiques du début du vingtième siècle, qui ont produit peu de grandes synthèses mais une grande quantité de biographies, de monographies de familles et de paroisses. Ses recherches, orientées vers l'étude de l'Ancien Régime, illustrent les tendances conservatrices au début du vingtième siècle. L'histoire est davantage redevable à Pierre-Georges Roy pour les nombreux répertoires et inventaires qu'il a publiés (environ cinquante volumes).

ŒUVRES

Premier Voyage de Jacques Cartier au Canada, Lévis, Travailleur de Lévis, 1890, 71 p. (Édition canadienne du Discours du voyage fait par Jacques Cartier publié par Pierre-Georges Roy, sous le pseudonyme de Raoul de Tilly).

La Réception de Monseigneur le vicomte d'Argenson par toutes les nations du païs de Canada à son entrée au gouvernement de la Nouvelle-France, Québec, Imprimerie L. Brousseau, 1890, 23 p. Publié par Pierre-Georges Roy.

L.-A. Olivier, Lévis, Roy, 1891, 30 p.

Oraison funèbre du comte de Frontenac, prononcée dans l'église des Récollets de Québec, le 19 décembre 1698 par Olivier Goyer, Lévis, Bulletin des recherches historiques, 1895, 39 p. Publié par Pierre-Georges Roy.

La Législature de Québec. Galerie des membres du Conseil législatif et des députés à l'Assemblée législative, Lévis, Bulletin des recherches historiques, 1897, 207 p. Ill. ; *La Dixième Législature de Québec. Galerie des membres du Conseil législatif et des députés à l'Assemblée législative*, 1901.

Étienne Marchand, *Les Troubles dans l'Église du Canada en 1728. Poème héroï-comique composé à l'occasion des funérailles de Mgr de Saint-Vallier*, Lévis, Bulletin des recherches historiques, 1897, 20 p. Publié par Pierre-Georges Roy.

Bibliographie de la poésie franco-canadienne, Lévis, [s.é.], 1900, 14 p.

L'Annonciation de Notre-Dame de Bonsecours de l'Islet, Lévis, Bulletin des recherches historiques, 1901, 28 p. Ill.

Saint-Jean-Baptiste de Québec, Lévis, [Chez l'auteur], 1901, 30 p. Ill.

Sainte-Julie de Somerset, Lévis, Bulletin des recherches historiques, 1901, 16 p. Ill.

La Famille Frémont, Lévis, [s.é] 1902, 84 p. Portrait.

La Famille d'Estimauville de Beaumouchel, Lévis, [s.é.], 1903, 80 p. Ill.

La Famille Juchereau Duchesnay, Lévis, [s.é.], 1903, xxiv, 456 p. Ill.

La Famille Godefroy de Tonnancour, Lévis, [s.é.], 1904, 128 p. Ill.

La Famille Taché, Québec, J.-A.-K. Laflamme, imprimeur, 1904, 200 p.

Un procès criminel à Québec au dix-septième siècle. Anne Edmond accusée de s'être travestie en homme et d'avoir répandu de fausses nouvelles, Lévis, Bulletin des recherches historiques, 1904, 38 p. Publié par Pierre-Georges Roy.

La Famille d'Irumberry de Salaberry, Lévis, J.-A.-K. Laflamme, 1905, 200 p. Ill.

La Famille Rocbert de La Morandière, Lévis, [s.é.], 1905, 88 p. Portrait.

Louis Jolivet, *Oraison funèbre de Mgr H.-M. Dubreil de Pontbriand, évêque de Québec, prononcée dans l'église paroissiale de Montréal, le 25 juin 1760*, Lévis, Bulletin des recherches historiques, 1905, 28 p. Publiée par Pierre-Georges Roy.

La Famille Des Champs de Boishébert, Lévis, [s.é.], 1906, 40 p. Ill.

La Famille Panet, Lévis, [s.é.], 1906, 212 p. Ill.

Les Noms géographiques de la province de Québec, Lévis, Imprimé par « La Cie de publication le Soleil », 1906, 514 p.

La Famille Aubert de Gaspé, Lévis, Cie J.E. Mercier, 1907, 199 p. Ill.

La Famille Boisseau, Lévis, [s.é.], 1907, 86 p.

La Famille Renaud d'Avène des Méloizes, Lévis, [s.é.], 1907, 50 p. Ill.

La Famille Adhémar de Lantagnac, Lévis, [s.é.], 1908, 21 p.

La Famille Jarret de Verchères, Lévis, [s.é.], 1908, 44 p.

La Famille Mariauchau d'Esgly, Lévis, [s.é.], 1908, 13 p.

Autour de la buvette, Lévis, [Imprimerie Edge], 1910, 223 p.

La Famille de Ramezay, Lévis, [s.é.], 1910, 54 p.

Le Grand Menteur, Imprimerie de l'Action sociale, 1911, 191 p.

L'Église paroissiale de Notre-Dame-de-la-Victoire de Lévis. Notes et souvenirs, Lévis, [s.é.], 1912, 296 p. Ill. Recueillis par Pierre-Georges Roy.

La Famille Des Bergères de Rigauville, Lévis, [s.é.], 1912, 26 p.

La Famille Faribault, Lévis, [s.é.], 1913, 47, [62] p.

La Famille Foucault, Lévis, [s.é.], 1915, 13 p.

La Famille de Chavigny de la Chevrotière, Lévis, L'Action sociale ltée, 1916, 166 p.

La Famille Glackemeyer, Lévis, [s.é.], 1916, 15 p.

La Famille Bailly de Messein, Lévis, [s.é.], 1917, 47 p.

La Famille Guillimin, Lévis, [s.é.], 1917, 35 p.

La Famille Margane de Lavaltrie, Lévis, [s.é.], 1917, 40 p.

Inventaire d'une collection de pièces judiciaires, notariales, etc., etc., conservées aux Archives judiciaires de Québec, Beauceville, La Cie de L'Éclaireur, 1917, 2 vol., iv, 585 p.

Un corsaire canadien. Jean Léger de la Grange, Lévis, [s.é.], 1918, 37 p.

Sieur de Vincennes Identified, Indianapolis [É.-U.], C.E. Pauley, [1918?], 130 p. Ill.

Les Officiers d'état-major des gouvernements de Québec, Montréal et Trois-Rivières sous le régime français, Lévis, [s.é.], 1919, 270 p.

Les Petites Choses de notre histoire, Lévis, [s.é.], 1919-1944, 7 vol. : vol. 1, 1919, 300 p. ; vol. 2, 300 p. ; vol. 3, 1922, 304 p. ; vol. 4, 304 p. ; vol. 5, 1928, 303 p. ; vol. 6, 1931, 304 p. ; vol. 7, Québec, Éditions Garneau, 1944, 301 p.

Le Projet de conquête de la Nouvelle-York de M. de Callières en 1689, Lévis, [s.é.], 1919, 76 p.

La Seigneurie du Cap-Saint-Claude ou Vincennes, Lévis, [s.é.], 1919, 46 p.

Le Sieur de Vincennes, fondateur de l'Indiana, et sa famille, Québec, Charrier & Dugal, 1919, xvi, 365 p.

La Famille Rouer de Villeray, Lévis, [s.é.], 1920, 84 p.

Glanures lévisiennes, Lévis, [s.é.], 1920-1921, 2 vol. : vol. 1, 1920, 229 p. ; vol. 2, 1921, 231 p.

Inventaire des insinuations du Conseil Souverain de la Nouvelle-France, Beauceville, L'Éclaireur, 1921, 325 p.

La Famille Tarieu de Lanaudière, Lévis, [s.é.], 1922, 230 p.

Les Monuments commémoratifs de la province de Québec, Québec, Imprimé par L.-A. Proulx, imprimeur du Roi, 1923, 2 vol. : vol. 1, 357 p. ; vol. 2, 360 p. Ill.

Le Vieux Québec, Québec, 1923-1931, 2 vol. : vol. 1, *Québec*, [Imprimerie d'Arthabaska], 1923, 300 p. ; vol. 2, *Lévis*, [Imprimerie Le Quotidien], 1931, 300 p.

Les Vieilles Églises de la province de Québec, 1647-1800, Québec, Imprimé par L.-A. Proulx, 1925, viii, 323 p. Ill.

Les Archives de la province et nos inventaires, Québec, Les Archives, 1926, 22 p.

Vieux Manoirs, Vieilles Maisons. Première série, Québec, Imprimeur du Roi, 1927, viii, 336 p. Ill. Traduction anglaise : *Old Manors, Old Houses. First Series*.

Inventaire des concessions en fief et seigneurie, fois et hommages et aveux et dénombrements conservés aux Archives de la province de Québec, Beauceville, L'Éclaireur limitée, 1927-1929, 6 vol.

L'Île d'Orléans, Québec, Imprimeur du Roi/L.-A. Proulx, 1928, viii, 505 p. Ill. ; Librairie Garneau, 1976, vii, 571 p. Ill. Édition mise à jour par Luc Noppen. Traduction anglaise : *L'Île d'Orléans*, Québec, Published by the Historic Monuments Commission of the Province of Quebec, 1928, viii, 505 p. Ill.

La Ville de Québec sous le Régime français, Québec, Service des Archives du Gouvernement de la Province de Québec/Rédempti Paradis, imprimeur de Sa Majesté le Roi, 1930, 2 vol. : vol. 1, [10], 548 p. Préface de L.A. Taschereau ; vol. 2, [6], 519 p. Ill.

La Famille Dazemard de Lusignan, Lévis, [s.é.], 1931, 31 p.

Archives du Québec. Papier terrier de la Compagnie des Indes occidentales, 1667-1668, Beauceville, L'Éclaireur, 1931, 378 p. Publié par Pierre-Georges Roy.

Bibliographie lévisienne, Lévis, [s.é.], 1932, 24 p.

Dates lévisiennes, Lévis, [s.é.], 1932-1940, 12 vol. : vol. 1, *Premier Volume, 1848-1869*, 1932, 328 p. ; vol. 2, *Deuxième Volume, 1870-1880*, 311 p. ; vol. 3, *Troisième Volume, 1881-1888*, 1933, 298 p. ; vol. 4, *Quatrième Volume, 1889-1898*, 306 p. ; vol. 5, *Cinquième Volume, 1899-1908*, 314 p. ; vol. 6, *Sixième Volume, 1909-1914*, 288 p. ; vol. 7, *Septième Volume, 1915-1920*, 1934, 305 p. ; vol. 8, *Huitième Volume, 1921-1926*, 288 p. ; vol. 9, *Neuvième Volume, 1927-1932*, 295 p. ; vol. 10, *Dixième Volume. Appendice*, 1935, 317 p. ; vol. 11, *Onzième Volume. Index*, 1940, 224 p. ; vol. 12, *Douzième Volume. Index*, 463 p.

Les Rues de Québec, Lévis, [s.é.], 1932, 220 p.

Fils de Québec, Lévis, [s.é.], 1933, 4 vol. : vol. 1, *Première Série*, 196 p. ; vol. 2, *Deuxième Série*, 196 p. ; vol. 3, *Troisième Série*, 196 p. ; vol. 4, *Quatrième Série*, 196 p.

Les Juges de la province de Québec, Québec, Imprimeur du Roi, Publié par le Service des archives du Gouvernement de la Province de Québec, 1933, xxvii, 588 p.

La Famille Dupont de Neuville, Lévis, [s.é.], 1934, 22 p.

La Famille Martel de Brouage, Lévis, [s.é.], 1934, 39 p.

La Famille Martel de Magesse, Lévis, [s.é.], 1934, 27 p.

La Famille Pinguet de Vaucour, Lévis, [s.é.], 1934, 39 p.

La Famille Berthelot d'Artigny, Lévis, [s.é.], 1935, 38 p.

La Famille de Lino, Lévis, [s.é.], 1935, 39 p.

La Famille Gaillard de Saint-Laurent, Lévis, [s.é.], 1935, 22 p.

La Famille Hazeur, Lévis, [s.é.], 1935, 31 p.

La Famille Hiché, Lévis, [s.é.], 1935, 32 p.

La Famille Lanoullier, Lévis, [s.é.], 1935, 48 p.

La Famille Perthuis, Lévis, [s.é.], 1935, 31 p.

La Famille Soupiran, Lévis, [s.é.], 1935, 36 p.

Les Avocats de la région de Québec, Lévis, [Le Quotidien limitée], 1936, 487 p.

La Famille Lefebvre Duplessis Faber, Lévis, [s.é.], 1937, 25 p.

La Famille de Rigaud de Vaudreuil, Lévis, [s.é.], 1938, 216 p. Portrait.

À travers l'histoire de l'Hôtel-Dieu de Québec, Lévis, [s.é.], 1939, 221 p.

À travers l'histoire des Ursulines de Québec, Lévis, [s.é.], 1939, 213 p.

La Famille de La Porte de Louvigny, Lévis, [s.é.], 1939, 47 p.

Nos coutumes et nos traditions françaises, Montréal, Éditions des Dix, 1939, 64 p.

Index des jugements et délibérations du Conseil souverain de 1663 à 1716, Québec, [s.é.], 1940, 287 p.

Les mots qui restent, Québec, Éditions Garneau, 1940, 2 vol. : vol. 1, 277 p. ; vol. 2, 277 p.

Ce que j'ai vu, Lévis, [Le Quotidien], 1941, 336 p.

Les Cimetières de Québec, Lévis, Le Quotidien, 1941, 270 p. ; [Pawtucket (R.I.), Quintin Pub., 1982], 270, iii p.

La Famille Le Comte Dupré, Lévis, [s.é.], 1941, 208 p.

Inventaire des testaments, donations et inventaires du Régime français conservés aux archives judiciaires de Québec, Québec, [s.é.], 1941, 3 vol.

La Famille Amyot, Lévis, [s.é.], 1942, 317, 23 p.

La Traverse entre Québec et Lévis, [Lévis, Le Quotidien], 1942, 169 p.

À travers Les Anciens Canadiens de Philippe Aubert de Gaspé, Montréal, G. Ducharme, 1943, 279 p.

À travers les Mémoires de Philippe Aubert de Gaspé, Montréal, G. Ducharme, 1943, 296 p.

À travers l'histoire de Beaumont, Lévis, [s.é.], 1943, 309 p. ; Beaumont, Comité de promotion du patrimoine de Beaumont, [1983], 309 p.

La Famille de Berey des Essarts, Lévis, [s.é.], 1944, 56 p.

Toutes Petites Choses du régime français, Québec, Éditions Garneau, 1944, 2 vol. : vol. 1, *Première Série*, 304 p ; vol. 2, *Deuxième Série*, 304 p.

À propos de Crémazie, Québec, Éditions Garneau, 1945, 302 p. Ill.

La Famille Charly Saint-Ange, Lévis, [s.é.], 1945, 23 p.

La Famille Amyot de Vincelotte, Lévis, [s.é.], 1946, 31 p.

La Famille de Saint-Vincent de Narcy, Lévis, [s.é.], 1946, 30 p.

Hommes et Choses du fort Saint-Frédéric, Montréal, Éditions des Dix, 1946, 351 p.

Toutes Petites Choses du régime anglais, Québec, Garneau, 1946, 2 vol. : vol. 1, *Première Série*, 300 p. ; vol. 2, *Deuxième Série*, 300 p.

La Chambre de commerce de Lévis, 1872–1947, Lévis, Imprimerie Le Quotidien, 1947, 120 p.

Le Frère André, Lévis, [s.é.], 1947, 20 p.

Profils lévisiens, Lévis, [s.é.], 1948, 2 vol. : vol. 1, 302 p. ; vol. 2, 301 p. Ill.

Bigot et sa bande, et l'Affaire du Canada, Lévis, [s.é.], 1950, 370 p.

Les Conseillers au Conseil souverain, MSRC, 3e série, vol. 9, section 1, 1915, p. 173–187.

Rapport de l'Archiviste de la province de Québec, 1920–1940.

La Paroisse et l'Habitant canadien sous le régime français, dans *Catholic Historical Review*, vol. 18, 1933, p. 472–491.

Les Légendes canadiennes, CD, vol. 2, 1937, p. 45–92.

La Construction royale de Québec, CD, vol. 11, 1946, p. 141–190.

ÉTUDES

Maurice Hébert, *L'Île d'Orléans*, CF, vol. 16, n° 4, déc. 1928, p. 254–258.

Antoine Roy, *L'Œuvre historique de Pierre-Georges Roy* (biographie analytique), Paris, Jouve, 1928, 268 p. Préface de Claude de Bonnault.

Camille Roy, *La Petite Histoire*, ESC, vol. 11, n° 3, déc. 1931, p. 199–200.

Rolande Dorais, « Bio-bibliographie de Pierre-Georges Roy ». Mémoire. Montréal, École de bibliothécaires de l'Université de Montréal, 1943, 43 f.

W.-S. Wallace, *Pierre-Georges Roy and the B.R.H.*, CHR, vol. 25, n° 1, mars 1944, p. 29–32.

Guy Frégault, *Bigot et sa bande et l'Affaire du Canada*, RHAF, vol. 3, n° 4, mars 1950, p. 609–613.

Victor Morin, *À la mémoire de Pierre-Georges Roy*, CD, vol. 18, 1953, p. 11–15.

Jean Bruchési, *Pierre-Georges Roy (1870–1953)*, MSRC, 3e série, vol. 48, appendice B, 1954, p. 97–101.

Jeanne Demers et Lise Gauvin, *Documents : cinq versions de « Rose Latulipe »*, EF, vol. 12, nos 1–2, avril 1976, p. 25–50.

ROY, RAOUL (1914–   ). Historien, politicologue et polémiste, né à Beauceville (Beauce). Autodidacte, dit-il, il exerce diverses professions dont l'une des dernières a été celle de journaliste à Radio-Canada. Il a fondé plusieurs revues éphémères : *La Revue socialiste* (1959), *L'Indépendantiste* (1968), *Les Cahiers de la décolonisation du Franc-Canada* (1969),

La Revue indépendantiste (1977), *Le Canada réel* (1980). Toutes ces revues aux titres assez explicites portent sur l'indépendance du Québec dans un univers socialiste. Il publie en outre une dizaine d'ouvrages polémiques sur le drapeau (1965), sur Jésus (1975), sur les Juifs (1979), etc. À propos de *Jésus guerrier de l'indépendance*, Micheline Paunet écrit : « Bien évidemment, l'interprétation de Raoul Roy tire sa cohérence du parti pris systématique qui a guidé toute sa recherche, et qu'il ne songe pas à dissimuler ». Et Léo Beaudoin dit au sujet des *Patriotes indomptables de La Durantaye* : « L'auteur de cette plaquette [...] semble avoir choisi d'écrire l'histoire comme il eût voulu qu'elle se déroulât ».

ŒUVRES

Pour un drapeau indépendantiste (essai), Montréal, Éditions du Franc-Canada, 1965, 216 p.

Résistance indépendantiste 1793-1798. Notes pour servir à l'histoire du Franc-Canada (essai), Montréal, Éditions Québécoises, 1973, 304 p.

Jésus guerrier de l'indépendance (essai), Montréal, Éditions Parti Pris, 1975, 415 p. Ill. de l'auteur. « Aspects ». Traduction italienne : *Gesu guerrigliero dell'indipendenza*, Milan, Ugo Mursia editore, 1979.

Les églises vont-elles disparaître ? Dossier de la lutte pour sauver de la démolition l'église, la chapelle et le presbytère de la paroisse Sainte-Catherine-d'Alexandrie à Montréal (essai), Montréal, Éditions du Franc-Canada, 1976, 150 f. Ill. (Texte polycopié).

Socialisme : lequel ? (essai), Montréal, Les Éditions du Franc-Canada, 1976, 64 p.

Autodétermination ou Soumission ? Lettre au pape (essai), Montréal, Les Éditions Franc-Canada, 1977, 47 p. « Les Cahiers de la décolonisation du Franc-Canada ».

Les Canadiens français et les Indépendantistes américains (essai), Montréal, Les Éditions du Franc-Canada, 1977, 64 p. Cartes.

Marxisme : mépris des peuples colonisés ? (essai), Montréal, Les Éditions du Franc-Canada, 1977, 131 p. « Les Cahiers de la décolonisation du Franc-Canada ».

Les Patriotes indomptables de La Durantaye (essai), [Montréal], Éditions Parti Pris, 1977, 62 p. « Aspects ».

Les Canadiens français et les Indépendantistes américains 1774-1783. Une occasion manquée, Montréal, Les Éditions du Franc-Canada, 1979, 64 p. « Les Cahiers de la décolonisation du Franc-Canada ».

Lettre aux Juifs de Montréal. Le secret des Juifs (essai), Montréal, Les Éditions du Franc-Canada, 1979, 253 p. « Les Cahiers de la décolonisation du Franc-Canada ».

Le Canada réel, [Montréal, s.é.], 1980, 30 p. Ill.

Lettre à René Lévesque, [Montréal], Franc-Canada, [1980 ?], 48 p.

Jalons de reconstruction nationale. Mémoire présenté à la Société Saint-Jean-Baptiste (essai), Montréal, Éditions du Franc-Canada, 1981, 148 p. « Les Cahiers de la décolonisation du Franc-Canada ».

Manifeste. Comité pour le réveil indépendantiste (essai), Montréal, Éditions du Franc-Canada, 1981, 12 p.

On est canadien ou bien on l'est pas ! Oui à notre nom de Canadiens ! Non au surnom de Québécois ! (essai), Montréal, Les Éditions du Franc-Canada, 1981, 119 p. Collab. François-Albert Angers, André Biron, Joseph Bolduc *et al.* Ill. d'Alain Bouvrette. « Les Cahiers de la décolonisation du Franc-Canada ».

René Lévesque était-il un imposteur ?, Montréal, Éditions du Franc-Canada, 1985, 344 p. Ill. d'Alain Bouvrette et René Bouvier.

ÉTUDES

Micheline Paunet, *Relire l'Évangile, refaire l'histoire « Jésus guerrier de l'indépendance » de Raoul Roy*, dans *Le Monde diplomatique*, 23ᵉ année, nº 273, déc. 1976, p. 8-11.

Léo Beaudoin, *Roy (Raoul). Les Patriotes indomptables de La Durantaye*, dans *Nos livres*, vol. 9, juin-juillet 1978, nº 263.

ROY, RÉGIS [Willy de Grécourt] (1864-1944). Dramaturge, romancier, conteur et historien, né à Ottawa. Il étudie à l'Académie de La Salle. En 1882, il entre au ministère de l'Agriculture et, en 1884, au ministère de la Marine. Régis Roy consacre ses loisirs à la littérature et collabore aux journaux et périodiques dont *Le Monde illustré*, *Le Bulletin des recherches historiques*, *Le Pays laurentien*, *Le Droit*. Il est président de l'Institut canadien-français d'Ottawa et membre de la Société des auteurs dramatiques de Paris. Entre 1896 et 1930, il écrit des pièces dont le comique repose surtout sur les jeux de mots faciles et les calembours maladroits. Selon Jean Béraud, Régis Roy est un cas curieux qui « s'est complu à imaginer pour la scène des farces d'Almanach ». Ses pièces toutefois remportent un succès non-négligeable auprès des troupes amateurs de l'Outaouais. Il faut noter surtout *L'Auberge du numéro 3* dont l'action se passe dans une auberge de campagne où, à la suite d'un accident de train, un voyageur des États-Unis doit passer la nuit avec un noir. Roy écrit également trois romans sur des sujets historiques dont *Le Cadet de La Vérendrye* publié en feuilleton dans *Le Monde illustré* (1896-1897) et dont le tableau d'ouverture demeure une réussite. Il écrit aussi de nombreuses nouvelles. En mars 1899, il pose sa candidature à l'École littéraire de Montréal mais il n'est pas accepté par le comité d'administration. Sans réaliser des œuvres de grande qualité, Régis Roy demeure néanmoins un des plus prolifiques auteurs franco-ontariens de son époque.

ŒUVRES

*Consultations gratuites. Farce en un acte, à trois person-
nages, suivie du dialogue-bouffe : le Sourd*, Montréal,
C.-O. Beauchemin et fils, [1896], 47 p. (Un extrait dans
Étienne-F. Duval et Jean Laflamme, *Anthologie thématique du théâtre québécois au XIXᵉ siècle*, Montréal, Leméac, 1978, p. 269–274).

*On demande un acteur. Farce en un acte, suivie du
fameux discours de Baptiste Tranchemontagne : « Qu'est-
ce que la politique ? »*, Montréal, C.-O. Beauchemin et
fils, [1896], 35 p. Ill. ; 1904, 30 p. (Un extrait de *On
demande un acteur* dans Étienne-F. Duval et Jean
Laflamme, *Anthologie thématique du théâtre québécois
au XIXᵉ siècle*, Montréal, Leméac, 1978, p. 437–443 ;
« *Qu'est-ce que la politique ?* », dans Laurent Mailhot
et Doris-Michel Montpetit, *Monologues québécois
1890-1980*, Montréal, Leméac, 1980, p. 45–47).

Le Sourd, ou L'Auberge pleine (théâtre), Montréal,
C.-O. Beauchemin et fils, 1896, 13 p.

*Le Cadet de la Vérendrye ou Le Trésor des montagnes de
roche. Épisode d'un voyage de découverte de la mer de
l'ouest en 1750–51–52*, Montréal, Leprohon & Leprohon,
Libraires-Éditeurs, 1897, 74 p. (Paru d'abord sous le
titre : *Le Cadet de La Vérendrye ou Le Trésor des
montagnes de roche*, dans *Le Monde illustré*, vol. 13,
nᵒˢ 653–665, 7 nov. 1896–30 janv. 1897) ; *Le Secret de
l'amulette. Roman canadien historique inédit*, Montréal, Éditions Édouard Garand, [1926], 48 p. Ill. d'Albert
Fournier. « Le Récit canadien ». (Nouvelle version avec
un avant-propos sur la famille Gauthier de Varennes
de la Vérendrye).

Nous divorçons. Comédie en un acte, Montréal, C.-O.
Beauchemin et fils, [1897], 23 p. (Un extrait dans
Étienne-F. Duval et Jean Laflamme, *Anthologie thématique du théâtre québécois au XIXᵉ siècle*, Montréal, Leméac, 1978, p. 325–329).

L'Auberge du numéro 3. Farce en un acte, Montréal,
C.-O. Beauchemin et fils, 1899, 40 p. (Un extrait dans
Étienne-F. Duval et Jean Laflamme, *Anthologie thématique du théâtre québécois au XIXᵉ siècle*, Montréal, Leméac, 1978, p. 429–436).

E. Grangé, E. De Courcelle, Th. Barrière, *La Tête de
Martin. Comédie en un acte*, Montréal, C.-O. Beauchemin, 1900, 42 p. (Arrangé pour des cercles de jeunes
gens par Régis Roy).

La Cause de Baptiste. Comédie en un acte, Montréal,
« Le Passe-Temps », 1906, 11 p. Collab. Georges Robert.
(Paru d'abord dans *Le Passe-Temps* en mars 1905).

Les Joyeux Petits Contes canadiens, Ottawa, Mortimer,
1906, 83 p. Sous le pseudonyme de Willy de Grécourt.

La Visite de Champoireau. Comédie en un acte, Ottawa,
[s.é.], 1908, 29 p.

*Pour le premier prix. Comédie en un acte, suivie du
monologue Les Aventures de St-Laurent à Montréal*,
Ottawa, [s.é.], 1910, 36 p.

*Issacet Alexandre Berthier, capitaines au régiment de
Carignan*, Ottawa, Société royale du Canada, 1914,
12 p.

Armorial du Canada français, Montréal, Librairie Beauchemin, 1915–1918, 2 vol. Collab. É.-Z. Massicotte. Ill.
d'Alfred Asselin. Préface par A. Couillard Després.

L'Épluchette. Contes joyeux des champs, Montréal, G. Malchelosse, 1916, 134 p.

La Famille d'Ailleboust (histoire), Montréal, Le Pays
laurentien, [1916], 11 p.

*Le Régiment de Carignan : son organisation et son expé-
dition en Canada* (histoire), Montréal, G. Ducharme,
1925, 130 p. Collab. Gérard Malchelosse. Préface de
Aegidius Fauteux.

*Joyeux Propos de Gros-Jean. Petits monologues comiques
en prose rimée*, Montréal, Cahiers populaires, 1928,
104 p. Ill. d'Albéric Bourgeois.

Le Manoir hanté. Récit canadien (roman), Montréal/
New York, Les Cahiers populaires/Louis Carrier 1928,
227 p.

L'Oncle de Baptiste. Nouvelle pièce comique en un acte,
Montréal, Éditions Édouard Garand, [1930], 12 p.

La Main de fer. Roman historique canadien, Montréal,
Éditions Édouard Garand, 1931, 54 p. « Le Roman
canadien ». (Suivi de *La Vie canadienne*, nᵒ 51, mai 1931,
p. 55–68). (Paru d'abord sous le titre : *Le Chevalier
Henri de Tonti ou Main de fer*, MI, vol. 16, nᵒˢ 804–813,
30 sept.–2 déc. 1899).

ÉTUDES

G[eorges] Bellerive, *Régis Roy*, dans *Nos auteurs dramatiques ;
anciens et contemporains. Répertoire analytique*, [Québec],
1933, p. 33–38.

Jacques Langlois, « Bio-bibliographie analytique de Régis Roy ».
Mémoire. Montréal, École de bibliothécaires de l'Université de
Montréal, 1947, iv, 106 f.

ROY-HEWITSON, LUCILLE (1943–   ). Poète,
romancière et critique littéraire, née à Thunder Bay
(Ontario). Elle fait ses humanités au Port Arthur
Collegiate de Thunder Bay et à l'Université Queen's
de Kingston (B.A., 1965). Elle obtient ensuite un
doctorat d'université à Strasbourg (1968) pour une
thèse sur « La Genèse du dynamisme de Jean-
Christophe », et un doctorat de troisième cycle à
l'Université de Bordeaux (1969) pour une seconde
thèse sur « La Dialectique de la lumière et de
l'ombre dans l'œuvre d'Anne Hébert », publiée en
1984 sous un titre un peu changé. En 1969, elle est
nommée professeure titulaire de français au Collège
Dawson de Montréal. Elle collabore à *Études françaises*, *The French Review*, *Voix et Images*... Son
premier recueil de poésie, *Harmonies d'un songe*,
paraît à Paris, en 1979. « À travers un choix restreint
de symboles [...], on entrevoit les données essentielles
de ces poèmes » (Daniel E. Rivas). Sur *L'Impasse*,
roman de 1980, Madeleine Ouellette-Michalska
écrit : « Lucille Roy-Hewitson sait tenir le fil d'un

récit, et son narrateur intériorise assez bien les situations vécues ». Et Michel Laurin dit que *Entre la lumière et l'ombre* est « un outil qui projette un éclairage nouveau sur l'œuvre exceptionnel d'Anne Hébert, qui permet d'en saisir ‹ l'unité fondamentale et la dynamique secrète ›. »

ŒUVRES

Harmonies d'un songe. Poèmes, Paris, Nouvelles Éditions Debresse, 1979, 92 p. « Poésie ».

L'Impasse. Roman, Sherbrooke, Éditions Naaman, 1980, 125 p. « Création ».

Entre la lumière et l'ombre. L'univers poétique d'Anne Hébert (essai), Sherbrooke, Éditions Naaman, 1984, 201 p. Sous le nom de Lucille Roy. « Thèses ou Recherches ».

L'Appassionata (roman), Sudbury, Prise de parole, 1985, 188 p.

Jacques Langirand: de la nostalgie à l'impuissance, EF, vol. 5, nᵒ 2, mai 1969, p. 207–216.

Menaud maître-draveur: un homme et son pays, L, vol. 2, nᵒ 6, nov.–déc. 1969, p. 89–98.

Le Dualisme de la liberté et de la nécessité dans l'œuvre de Romain Rolland, dans *Bulletin des jeunes romanistes*, nᵒ 17, déc. 1970, p. 45–50.

Anne Hébert: Le Torrent ou L'intégration au cosmos, dans *The French Review*, vol. 53, nᵒ 6, mai 1980, p. 826–833.

Anne Hébert ou Le Désert du monde, VI, vol. 7, nᵒ 3, printemps 1982, p. 483–503.

ÉTUDES

Madeleine Ouellette-Michalska, *Quêtes d'identité*, Dev, vol. 71, nᵒ 177, 26 juillet 1980, p. 17.

Daniel E.-Rivas, *Roy-Hewitson, Lucille. Harmonies d'un songe*, dans *The French Review*, vol. 54, nᵒ 5, avril 1981, p. 769–770.

Paula Gilbert Lewis, *Roy-Hewitson, Lucille. L'Impasse*, dans *The French Review*, vol. 55, nᵒ 1, oct. 1981, p. 163.

Suzanne Lafrenière, *Entre les lignes. Lucille Roy-Hewitson: L'Impasse*, Dr, 69ᵉ année, nᵒ 199, 21 nov. 1981, p. 30.

Michel Laurin, *Roy (Lucille). Entre la lumière et l'ombre. L'univers poétique d'Anne Hébert*, dans *Nos livres*, vol. 15, mai 1984, nᵒ 5753.

Agnès Whitfield, *Entre la lumière et l'ombre. L'univers poétique d'Anne Hébert de Lucille Roy*, LQ, nᵒ 35, automne 1984, p. 67–68.

ROYAL, JOSEPH (1837–1902). Essayiste et journaliste, né à Repentigny. Après des études classiques au Collège des Sulpiciens et au Collège des Jésuites à Montréal, il entre à *La Minerve* (1857). En 1858, il fonde *L'Ordre* qu'il doit vendre à J.-A. Plinguet en 1860, faute de fonds. Membre fondateur de *La Revue canadienne* (1864), il y publie de nombreux articles, tout en achevant ses études de droit qui le font admettre au barreau la même année. Cofondateur du *Nouveau Monde* (1867), il en devient rédacteur et participe activement à la campagne de recrutement des zouaves pontificaux en 1868. Deux ans plus tard, il entreprend une carrière politique au Manitoba. Élu membre de l'Assemblée législative du Manitoba (1870–1879), il est successivement président (orateur) de l'Assemblée (1871–1872), secrétaire provincial (1872–1876), ministre des Travaux publics (1874–1876) et procureur général (1876–1878). Élu député fédéral de Provencher (1879–1888), il est ensuite nommé lieutenant-gouverneur des Territoires du Nord-Ouest. Il revient à Montréal où il est directeur de *La Minerve* en 1894. On lui attribue la création de plusieurs lois importantes, comme la loi scolaire de 1871 et la loi visant à l'abolition du Conseil législatif. Surintendant de l'éducation, il est fondateur du premier journal français du Manitoba, *Le Métis* (1871), devenu *Le Manitoba* en 1882. Il devient membre de la Société royale en 1893. Figure politique dominante des débuts de la Province du Manitoba, Joseph Royal a été un ardent défenseur de l'idéologie conservatrice. On retrouve dans son œuvre l'interprétation clériconationaliste de l'histoire du Canada qui veut que le pays n'ait pas subi les contrecoups de la Révolution française, ni souffert des tares de la société américaine. Sur le plan politique, il considère l'Union comme un moyen d'assimilation des Canadiens français. Fédéraliste, Royal préconise l'indépendance politique du Canada à l'égard de Londres. À l'instar de Tardivel, il souligne les dangers du socialisme et en particulier l'influence grandissante des syndicats américains au Canada.

ŒUVRES

Benjamin Franklin, Montréal, [s.é.], 1868. [n.p.].

La Vallée de la Mantawa: récit de voyage, Montréal, Typographie Le Nouveau Monde, 1869, 170 p.

Rapport du surintendant de l'instruction publique pour les écoles catholiques de la province de Manitoba, Saint-Boniface, Le Métis, 1872, 17 p.

Biographie de l'hon. D.B. Viger, Montréal, J.-A. Plinguet, [1874?], 34 p. (Suivi d'une notice par C.S. Cherrier).

Speech on the Execution of Louis Riel, House of Commons, March 12ᵗʰ, 1886, [Ottawa, Maclean, Roger], 1886, 11 p.

La Crise actuelle. Le Canada républicain ou colonie, Montréal, Eusèbe Senécal & fils, 1894, 105 p. Traduction anglaise: *A Republic or a Colony? Some Remarks on the Present Crisis*, 103 p.

Histoire du Canada, 1841 à 1867. Période comprise entre l'Union législative des provinces du Haut et du Bas Canada et la Confédération des provinces continentales de l'Amérique Britannique du Nord, Montréal, Librairie Beauchemin, 1909, 527 p.

Le Traité de réciprocité, RC, vol. 1, janv. 1864, p. 84–103.

Vie politique de Sir Louis-H. Lafontaine, RC, vol. 1, août 1864, p. 477–497 ; sept. 1864, p. 551–569.

Considérations sur les nouveaux changements constitutionnels de l'Amérique Britannique du Nord, RC, vol. 2, févr. 1865, p. 95–117 ; mars 1865, p. 115–169 ; vol. 3, janv. 1866, p. 23–49.

Le Naturalisme de Benjamin Franklin, RC, vol. 5, déc. 1868, p. 923–937.

Le Capitaine Maillé (nouvelle), MSRC, 1re série, vol. 11, 1894, p. 109–113.

Le Socialisme aux États-Unis et au Canada, MSRC, 1re série, vol. 12, section 1, 1894, p. 49–61.

Les Amours d'un notaire (nouvelle), dans *La Revue nationale*, vol. 1, 1895, p. 15–39.

Une histoire de revenant (récit), RC, vol. 31, nos 3–4, 1895, p. 168–178, 226–235.

ÉTUDES

Joseph Tassé, *Le 38e Fauteuil ou Souvenirs parlementaires*, Montréal, Eusèbe Senécal et fils, 1891, p. 165–226.

L.-A. Prud'homme, *L'Honorable Joseph Royal*, MSRC, 2e série, vol. 10, section 1, 1904, p. 3–24.

Les Frères des Écoles chrétiennes, *Joseph Royal*, dans *À travers la littérature canadienne-française*, Montréal, [s.é.], 1re série, 1928, p. 237–249.

François Royer

ROYER, JEAN (1938–). Poète et essayiste, né à Saint-Charles (Bellechasse). Après le baccalauréat ès arts au Petit Séminaire de Québec (1959), il obtient à l'Université Laval un baccalauréat en philosophie et une licence ès lettres (1959–1963). Il exerce plusieurs métiers à la fois, à Québec : réalisateur et scripteur au poste CHRC (1959–1969), professeur de littérature (1961–1963), écrivain pour Radio-Canada (1961–1976), directeur littéraire et critique d'art à *L'Action* (1963–1971), chroniqueur littéraire au *Soleil* (1973–1977). Il participe à plusieurs nuits de poésie (1970, 1971, 1976, 1980), à la fondation des Éditions de l'Aile et de la revue *Inédits* qu'il dirige (1970–1971) ; il fonde et anime le Galendor, théâtre de l'Île d'Orléans (1971–1973), il est cofondateur de la revue *Estuaire* (1976), consacrée à la poésie. De 1978 à 1982, il est directeur des pages culturelles du *Devoir* auquel il continue à collaborer

par la suite, ainsi qu'à plusieurs autres périodiques. Il donne de nombreuses conférences en Europe et y dirige des dossiers sur la littérature québécoise pour diverses publications en France : *Livraisons* (1982), *Les deux rives* (1984), *Magazine littéraire* (1986) et la revue *Europe*. Dès le début de son premier recueil, *À patience d'aimer* (1966), Jean Royer révèle le grand thème de son œuvre, l'amour : « Je tisse une chanson à parole de tendresse ». Partout se retrouvent l'amour, la femme, le pays, « mais, en dernier recours, remarque Roger Chamberland à propos de ce premier livre, c'est toujours l'amour qui gouverne toute attitude, tout songe, tout souvenir » (DOLQ, t. 4, p. 36). Pensée et art mouvants, cependant, notera la critique : érotisme plus explicite dans *Nos corps habitables* (1969), diminution du « moi » et évolution de la notion du temps dans *Les Heures nues* (Wanda de Roussan) ; images moins nombreuses, concision nettement plus grande dans la réédition de 1974 de *Nos corps habitables*. Roland Bourneuf voit dans *Faim souveraine* (1980) « un rassemblement du poète en tant qu'artisan du langage et en tant qu'être humain ». À propos du critique littéraire, Gérald Gaudet écrit que le deuxième tome des « entretiens » d'*Écrivains contemporains* où Jean Royer s'efface le plus possible devant la pensée de ses interlocuteurs, est un livre qui « offre les éléments majeurs d'une histoire littéraire vivante ». Son recueil, *Depuis l'amour*, lui vaut un des Grands Prix littéraires 1987 du *Journal de Montréal*, ainsi que le prix Claude-Sernet, décerné en juin 1988 aux journées de la poésie de Rodez, en France.

ŒUVRES

À patience d'aimer (poésie), Québec, Éditions de l'Aile, 1966, 82 p. Ill. de Marie Laberge.

Nos corps habitables (poésie), Sillery, Éditions de l'Arc, 1969, 105 p. « De l'Escarfel ».

La parole me vient de ton corps suivi de Nos corps habitables. Poèmes 1969-1973, Montréal, Nouvelles Éditions de l'Arc, 1974, 126 p. Dessins de Muriel Hamel. « De l'Escarfel ». (Version revue et refondue de *Nos corps habitables*).

Pays intimes. Entretiens 1966-1976, [Montréal], Leméac, 1976, 241 p.

Les Heures nues (poésie), Montréal, Nouvelles Éditions de l'Arc, 1979, 59 p. « De l'Escarfel ».

Faim souveraine. Poèmes, Montréal, L'Hexagone, 1980, 60 p. Dessin de Roland Giguère.

L'Intime Soif (poésie), [Montréal], Éditions du Silence, 1981, 25 p. Avec un bois original de Janine Leroux-Guillaume.

Écrivains contemporains. Entretiens, Montréal, L'Hexagone, 1982-1985, 3 vol. : vol. 1, *Entretiens 1 : 1976,*

1979, 1982, 250 p. ; vol. 2, *Entretiens 2 : 1977–1980*, 1983, 218 p. ; vol. 3, *Entretiens 3 : 1980–1983*, 1985, 325 p. ; vol. 4, *Entretiens 4 : 1981–1986*, 1987, 292 p. Ill.

Jours d'atelier (poésie), Saint-Lambert, Éditions du Noroît, 1984, 93 p. Avec une gravure de Kittie Bruneau. « L'Instant d'après ».

Le Chemin brûlé. Poèmes, Montréal, L'Hexagone, 1986, 55 p. Portrait.

Depuis l'amour. Poème, Montréal, Éditions de l'Hexagone et de la Table Rase, 1987, 65 p.

Le Québec en poésie. Anthologie, Paris / Montréal, Gallimard / Lacombe, 1987, 142 p. Ill.

La Poésie québécoise contemporaine. Anthologie, Paris / Montréal, La Découverte / L'Hexagone, 1987, 255 p.

Introduction à la poésie québécoise (essai), Montréal, Leméac, 1989, 295 p. « BQ ».

[*Témoignages...*], dans *La Poésie canadienne-française*, Montréal / Paris, Fides, 1969, p. 596–599. « ALC » 4.

Se remettre à vif..., NBJ, n° 59, oct. 1977, p. 78–79.

Ces petites choses venues du Noroît..., NBJ, n° 60, nov. 1977, p. 65–68.

Faim souveraine, dans *Estuaire*, n° 7, mars 1978, p. 59–74.

Pour célébrer Roland Giguère. La main libère la parole, Dev, vol. 70, n° 28, 3 févr. 1979, p. 1, 21.

Pierre Perrault. « L'homme essaie par le poème de se situer dans l'univers », Dev, vol. 70, n° 70, 24 mars 1979, p. 21–22.

Naissances (1974–1979), dans *Estuaire*, n° 12, mai 1979, p. 49–57.

Jacques Brault. Du côté du silence, Dev, vol. 70, n° 134, 9 juin 1979, p. 15.

Claire Lejeune. L'esprit d'atelier, Dev, vol. 70, n° 168, 21 juillet 1979, p. 11–12.

Claude Jasmin. Écrivain populaire, Dev, vol. 70, n° 215, 15 sept. 1979, p. 19–20.

Victor-Lévy Beaulieu. Le prix de l'écriture, Dev, vol. 70, n° 221, 22 sept. 1979, p. 17–18.

Hubert Aquin en deux épisodes. Un film contre le mythe ?, Dev, vol. 70, n° 257, 3 nov. 1979, p. 27.

Michèle Lalonde, écrivain, Dev, vol. 70, n° 269, 17 nov. 1979, p. 19–20.

Antonine Maillet, prix Goncourt, Dev, vol. 70, n° 281, 1er déc. 1979, p. 29.

Julien Bigras. Du côté de la fiction, Dev, vol. 70, n° 287, 8 déc. 1979, p. 21–22.

Marie-Claire Blais. Écrire contre la mort, Dev, vol. 71, n° 15, 19 janv. 1980, p. 18.

François Charron. « Toucher à la Mère », Dev, vol. 71, n° 57, 8 mars 1980, p. 17–18.

Anne Hébert. Comment séparer le songe du réel ?, Dev, vol. 71, n° 74, 29 mars 1980, p. 19.

Le Théâtre de Tremblay-Brassard, Dev, vol. 71, n° 84, 18 avril 1980, p. 18–19.

Marie Uguay. Faire mon livre du monde, Dev, vol. 71, n° 99, 3 mai 1980, p. 21.

Gérald Robitaille. Le fils québécois d'Henry Miller, Dev, vol. 71, n° 105, 10 mai 1980, p. 21–22.

Présence de Gatien Lapointe, Dev, vol. 73, n° 36, 13 févr. 1982, p. 19.

La Vie littéraire, Dev, vol. 73, n° 66, 20 mars 1982, p. 19.

Écrire se fait avec des mots. Mais l'amour ?, Dev, vol. 74, n° 93, 23 avril 1983, p. 17, 32.

ÉTUDES

Guy Robert, *À patience d'aimer*, LAC 1966, p. 79.

Jean-Guy Pilon, *Nos corps habitables*, LAQ 1969, p. 99–100.

Jacques Lemieux, *Les Poèmes du pays... et les Poèmes du paysage intérieur*, Dev, vol. 65, n° 246, 26 oct. 1974, p. 14.

Gaétan Dostie, *Jean Royer : une poésie de la faim*, dans *Le Jour*, 1re année, n° 231, 30 nov. 1974, p. 12.

Pierre-André Arcand, *Jean Royer. La parole me vient de ton corps suivi de Nos corps habitables*, LAQ 1974, p. 145–146.

Guy Laflèche, *Jean Royer. Pays intimes (Entretiens, 1966–1976)*, LAQ 1976, p. 277.

Wanda de Roussan, *Jean Royer. Les Heures nues*, LAQ 1979, p. 164–165.

Michel Beaulieu, *Oui... à l'amour*, dans *Le Livre d'ici*, vol. 5, n° 43, 30 juillet 1980, p. 1.

André-G. Bourassa, *Rapprochements*, LQ, n° 18, été 1980, p. 30–32.

Roland Bourneuf, *Jean Royer. Faim souveraine*, LAQ 1980, p. 134–135.

Claire de Lamirande, *Entretiens 1 : 1976–1979, de Jean Royer. Écrivains contemporains*, Dr, 70e année, n° 204, 27 nov. 1982, p. 20.

Athé, *Jean Royer ou La Satisfaction du travail bien fait*, LQ, n° 27, automne 1982, p. 89–90.

Michel Laurin, *Royer (Jean). Écrivains contemporains. Entretiens 2 : 1977–1980*, dans *Nos livres*, vol. 15, avril 1984, p. 26.

Gilles Archambault, *Le Dernier Ouvrage de Jean Royer. De l'art pour un écrivain d'interviewer un autre écrivain*, dans *L'Incunable*, 18e année, n° 2, juin 1984, p. 22–23.

Gérald Gaudet, *Un livre de tendresse et d'intimité sur les poètes québécois*, Dev, vol. 75, n° 274, 24 nov. 1984, p. 29.

Claire de Lamirande, *Écrivains contemporains. La clé des chants*, Dr, 74e année, n° 14, 12 avril 1986, p. 28.

RUDEL-TESSIER, JOSEPH (1913–1989). Journaliste, romancier, auteur radiophonique, né à Ottawa. Après ses études au Petit Séminaire d'Ottawa et à l'école secondaire de Rockland (1925–1929), il est journaliste au *Droit* d'Ottawa jusqu'à la guerre de 1939–1945 pendant laquelle il est militaire dans l'armée canadienne. Au retour, il devient directeur littéraire des éditions Bernard Valiquette. Il commence alors une carrière d'auteur radiophonique, en écrivant plusieurs textes pour la série « Contes de chez nous » (1945–1946) et les émissions historiques « À l'heure de notre mort »... du poste CKAC où il est aussi le réalisateur de « Et puis après » (1947–1949). Parallèlement, il écrit pour CBF « Les Étapes du cœur » (1946), « Le

Prince blanc » (1948)..., et surtout un grand feuilleton : « Maman Jeanne » (1948–1957). Il continue son feuilleton pendant son séjour en France (1950–1953), après lequel il écrit encore des pièces radiophoniques : « L'Affiche » et « Il n'y a pas d'innocents » (1957). Il fait aussi de la critique dramatique à Radio-Canada et revient au journalisme, travaillant une dizaine d'années à *Photo-Journal* et autant à *La Presse*, collaborant de plus au *Petit Journal*, à *Perspectives*, etc. En 1976, il publie une biographie du musicien canadien André Mathieu et un roman policier, *Julien Noir fait ce qu'il peut*, dont Roland-M. Chartrand loue l'écriture et les dialogues « rapides, écrits avec un sens habile du naturel et du raccourci ». Puis, en 1983, Rudel-Tessier fait paraître *Roquelune*, autobiographie un peu romancée de son enfance et de son adolescence. L'écriture est « élégante », note Réginald Martel, « parfaitement transparente. L'humour supporte tout le reste ».

ŒUVRES

André Mathieu, un génie (biographie), Montréal, Éditions Héritage, 1976, 364 p. Ill.
Julien Noir fait ce qu'il peut (roman), Montréal, Éditions Héritage, 1976, 144 p. « Montréal-Mystère ».
Roquelune. Roman, Montréal, Boréal Express, 1983, 302 p.

ÉTUDES

Claude Gingras, *André Mathieu et les Olympiques : un disque, un livre*, Pr, 92ᵉ année, nᵒ 188, 7 août 1976, p. D-2.
Roland-M. Charland, *Rudel-Tessier (J.). Julien Noir fait ce qu'il peut*, dans *Nos livres*, vol. 8, févr. 1977, nᵒ 65.
Renée Legris, *Rudel-Tessier, Joseph*, dans *Dictionnaire des auteurs du radio-feuilleton québécois*, Montréal, Fides, 1981, p. 192–194.
Réginald Martel, *Rudel-Tessier, romancier. Une enfance heureuse à Roquelune*, Pr, 99ᵉ année, nᵒ 275, 26 nov. 1983, p. E-3.
André Janoël, *Rudel-Tessier (Joseph). Roquelune*, dans *Nos livres*, vol. 15, févr. 1984, nᵒ 5610.

RUEST, PAUL (1947–   ). Romancier et dramaturge, né à Saint-Boniface (Manitoba). Il fait ses études classiques au Collège de Saint-Boniface (B.A., 1967) et ses études en pédagogie à l'Université du Manitoba (Winnipeg) où il obtient un baccalauréat (1970), une maîtrise en éducation (1981) et prépare un doctorat dans la même discipline. Il se consacre à l'éducation, commence à enseigner en 1967, est successivement directeur de plusieurs institutions, puis de divisions scolaires, et devient recteur du Collège universitaire de Saint-Boniface, en 1981. Il publie un premier roman, *Le Pensionnaire*

(1977), en collaboration avec Roger Legal, histoire d'un adolescent pensionnaire à Saint-Boniface. Pour Louis Lasnier, l'histoire est banale et manifeste trop de conservatisme pour être vraie et intéressante. Une pièce de Ruest et Legal, *Les Manigances d'une bru*, ouvre la saison 1977–1978 de la troupe du Cercle Molière et obtient, comme le roman, un bon succès au Manitoba. La pièce n'a pour but que de divertir et, selon Stéphane Lépine, est destinée à la « consommation locale ».

ŒUVRES

Le Pensionnaire (roman), Saint-Boniface, Éditions du Blé, 1976, 168 p. Collab. Roger Legal. Préface d'Annette Saint-Pierre ; 1978, 173 p.
Les Manigances d'une bru (théâtre), Saint-Boniface, Éditions des Plaines, 1982, 93 p. Collab. Roger Legal. Ill. Préface de Robert Trudel.

ÉTUDES

Louis Lasnier, *Legal (Roger) et Ruest (Paul). Le Pensionnaire*, dans *Nos livres*, vol. 8, mai 1977, nᵒ 176.
Stéphane Lépine, *Legal (Roger) et Ruest (Paul). Les Manigances d'une bru*, dans *Nos livres*, vol. 13, juin-juillet 1982, nᵒ 281.
Marily Baszczynski, *Paul Ruest et Roger Legal. Les Manigances d'une bru*, dans *Histoire du théâtre au Canada*, vol. 4, nᵒ 1, printemps 1983, p. 97–99.

RUKALSKI, SIGMUND (1925–   ). Nouvelliste, romancier et essayiste, né à Varsovie (Pologne). Peu après la fin de la Seconde Guerre mondiale, libéré des camps nazis, il passe en France, termine ses études de lycée, puis obtient une licence ès lettres à la Sorbonne (1951). Il prépare ensuite un doctorat au St. John's College de l'Université de Cambridge dont la thèse s'intitule « Guy de Maupassant and Anton Chekhov. A Comparative Study » (1958) ; de larges extraits de ce travail ont paru dans les *Études slaves et est-européennes* et la *Revue canadienne des slavistes*. Émigré au Canada en 1951, il devient professeur à l'Université de la Colombie-Britannique (1958–1962), professeur et directeur de département au Collège Spelman de l'Université d'Atlanta (1962–1966), professeur à l'Université des Antilles, à La Barbade, sous l'égide de l'ACDI (1966–1972), et à la Commission de la fonction publique d'Ottawa à partir de 1974. Après un récit paru en Suisse et des nouvelles publiées en espagnol au Venezuela, il fait paraître trois recueils de nouvelles aux Éditions Naaman de Sherbrooke : *Solitudes* (1979), *Au-delà de la vie* (1982) et *Cercles de retour* (1984), et il mérite un diplôme d'honneur dans la section « nouvelle » des Jeux floraux du

Québec, en 1981 et 1983. Inspirées surtout par la guerre et les misères de la déportation, ce sont des nouvelles qui n'en sont presque pas : « L'événement autour duquel se groupent les descriptions et narrations semble disparaître au profit des portraits, du simple journal ou de l'essai » (Paul Gay). Elles sont écrites dans « une langue qui épouse le contour de la pensée, souvent très belle et d'une grande puissance d'évocation » (Raymond Laprés).

ŒUVRES

Voyages d'un emmuré. Récit, Neuchâtel (Suisse), La Baconnière, 1970, 195 p.

En la tormenta (nouvelles), Caracas, Monte-Avila Editores, 1973, 247 p. Traduit du français par Pierre de Place et Angela Rosemblat. « Donaire ».

Solitudes. Douze nouvelles, Sherbrooke, Naaman, 1979, 115 p. « Création ».

Au-delà de la vie. Quatorze nouvelles, Sherbrooke, Éditions Naaman, 1982, 138 p. « Création ».

Cercles de retour. Nouvelles, Sherbrooke, Éditions Naaman, 1984, 125 p. « Création ».

Human Problems in the Works of Maupassant and Chekhov, dans *Études slaves et est-européennes*, vol. 3, n° 2, été 1958, p. 80-85.

Anton Chekhov and Guy de Maupassant : Their Views on Art and Life, dans *Études slaves et est-européennes*, vol. 5, nos 3-4, automne-hiver 1960-1961, p. 178-189.

The Shawl. The Fly (nouvelles), dans *The Best of Recall*, New York/London, Yoseloff, 1967, p. 57-66, 241-245.

Maupassant and Chekhov : Similarities, dans *Revue canadienne des slavistes*, vol. 11, n° 3, automne 1969, p. 346-359.

Maupassant and Chekhov : Differences, dans *Revue canadienne des slavistes*, vol. 13, n° 4, hiver 1971, p. 374-403.

Une critique raisonnée de l'approche fonctionnelle, dans *Revue des sciences de l'éducation*, vol. 6, n° 2, printemps 1980, p. 267-279.

ÉTUDES

Jacques Flamand, *Solitudes*, Dr, 67e année, n° 260, 2 févr. 1980, p. 19.

Darquise Timmerman, « *Au-delà de la vie* » décrit une nuit dans une prison de la Gestapo. Primé aux Jeux floraux du Québec, Dr, vol. 69, n° 79, 26 juin 1981, p. 6.

Raymond Laprés, *Rukalski (Sigmund). Au-delà de la vie*, dans *Nos livres*, vol. 14, févr. 1983, n° 5114.

Gilles Cossette, *Au-delà de la vie, de Sigmund Rukalski*, LQ, n° 29, printemps 1983, p. 79.

Paul Gay, « *La Brûlure du souvenir* ». *Cercles de retour*, Dr, 72e année, n° 227, 22 déc. 1984, p. 30.

RUMILLY, ROBERT (1897-1983). Historien, né à Fort-de-France (La Martinique). Après une enfance passée en Indochine, il étudie au Lycée Buffon et au Lycée Louis-le-Grand où il obtient le baccalauréat ès lettres et le baccalauréat ès sciences. Il fait la guerre 1914-1918 et, au retour, s'associe à son beau-frère dans le commerce de l'imprimerie. En 1928, il immigre au Canada ; il donne des cours de littérature française à l'Université McGill (1928-1929), collabore au *Petit Journal* (1929-1934), puis occupe un emploi de traducteur au Parlement d'Ottawa, avant d'être attaché au ministère fédéral du Bien-Être social. Durant cette longue période, il publie plusieurs articles dans *La Petite Revue*, *Le Journal d'agriculture*, *La Revue moderne*, *Le Canada*, *Le Soleil*, et prépare sa volumineuse *Histoire de la province de Québec*. Membre fondateur de l'Académie canadienne-française, Robert Rumilly reçoit le prix Duvernay en 1967. Dans ses nombreux écrits, il essaie de reconstituer le passé historique du Québec sous l'angle des particularismes locaux. « Sans doute, écrit Jean Blain, Rumilly fait fi de la discipline scientifique ; il donne ses sources quand il en a le loisir, compose sans plan déterminé et se répète avec une prodigieuse aisance d'un ouvrage à l'autre et souvent à l'intérieur d'une même œuvre. [...] Mais on doit prendre son œuvre — j'entends ici son *Histoire de la province de Québec* — pour ce qu'elle est. [...] C'est une œuvre, comme on disait tout bonnement jadis, plaisante et instructive. Surtout elle parvient à ressusciter, mieux peut-être que tout ouvrage rigoureusement scientifique, le climat de l'époque, cet élément important de la reconstitution du passé que nos historiens ont trop souvent négligé ». En plus des 42 volumes de son *Histoire de la province de Québec*, Rumilly a signé plus de 40 autres ouvrages. Il a commis aussi des pamphlets contre ce qu'il disait être l'infiltration des forces de gauche dans des institutions qu'il aurait voulu préserver du changement. Et Rumilly ne faisait pas mystère de son pétainisme, ce qui ne le réhabilitera pas auprès des anti-fascistes. Controversé certes, l'historien Rumilly a le mérite d'avoir traité selon une chronologie rigoureuse les faits marquants de l'histoire de sa patrie d'adoption.

ŒUVRES

Littérature française moderne, Montréal, Librairie d'Action canadienne-française, 1931, 225 p. « J ».

Sir Wilfrid Laurier (biographie), Paris, Flammarion, 1931, 209 p. Préface de René Doumic.

Canada, Paris, Larousse, 1932, 231 p. Collab. Paul Bertin. Ill.

Sainte-Anne-de-Beaupré (histoire), Paris, Ernest Flammarion, 1932, 179 p.

La Vérendrye, découvreur canadien (histoire), Montréal, Albert Lévesque, 1933, 135 p. « FC » ; 1935, 121 p. ; *La Vérendrye, découvreur canadien, suivi de Mackenzie*, Éditions de l'A.C.-F., 1938, 149 p. Ill.

Chefs de file (biographies), Montréal, Zodiaque, 1934, 266 p. « Z ».

Kateri Tekakwitha. Le Lys de la Mohawk, la fleur du Saint-Laurent (biographie), Paris, Bouasse-Jeune et Cie, 1934, [n.p., 55 p.]. Ill. de Paul Coze. Préface de Jacques-H. Hilden.

Papineau (biographie), Paris, Ernest Flammarion, 1934, 309 p. ; Montréal, Bernard Valiquette. 1944, 281 p.

Artisans du miracle canadien (histoire), Montréal, Albert Lévesque, 1936, 2 vol. : vol. 1, *Régime français*, 270 p. ; vol. 2, *Régime anglais*, 167 p.

Marguerite Bourgeoys (biographie), Paris, Éditions Spes, [1936], 243 p.

Marie Barbier, mystique canadienne (biographie), Montréal, Albert Lévesque, 1936, 145 p. « FC ».

Mercier (biographie), Montréal, Éditions du Zodiaque, 1936, 545 p. « Z ».

Mgr Laflèche et son temps (biographie), Montréal, Éditions du Zodiaque, 1936, 424 p. ; 1938 ; Éd. B.-D. Simpson, 1945, 460 p.

Histoire de la Province de Québec, Montréal, Éditions Bernard Valiquette, vol. 1–16 : vol. 1, *George-Étienne Cartier*, 1940, 365 p. ; vol. 2, *Le Coup d'État*, 1941, 239 p. ; vol. 3, *Chapleau*, 211 p. ; vol. 4, *Les Castors*, 241 p. ; vol. 5, *Riel*, 315 p. ; vol. 6, *Les Nationaux*, 346 p. ; vol. 7, *Taillon*, 283 p. ; vol. 8, *Laurier*, 1942, 230 p. ; vol. 9, *Marchand*, 315 p. ; vol. 10, *Israël Tarte*, 262 p. ; vol. 11, *S.N. Parent*, 244 p. ; vol. 12, *Les Écoles du Nord-Ouest*, 232 p. ; vol. 13, *Henri Bourassa*, 213 p. ; vol. 14, *Sir Lomer Gouin*, 176 p. ; vol. 15, *Mgr Bruchési*, 211 p. ; vol. 16, *Défaite de Laurier*, 221 p. ; Montréal-Éditions, vol. 17–23 : vol. 17, *Les Écoles du Keewatin*, 1945, 244 p. ; vol. 18, *Le Règlement 17*, 282 p. ; vol. 19, *1914*, 192 p. ; vol. 20, *Philippe Landry*, 211 p. ; vol. 21, *Courcelette*, 269 p. ; vol. 22, *La Conscription*, 256 p. ; vol. 23, *L'Armistice*, 207 p. ; Les Éditions Chanteclerc ltée, vol. 24–26 : vol. 24, *Succession de Laurier*, 1952, 246 p. ; vol. 25, *Alexandre Taschereau*, 255 p. ; vol. 26, *Rayonnement de Québec*, 1953, 287 p. ; Montréal/ Paris, Fides, vol. 27–41 : vol. 27, *Rivalité Gouin-Lapointe*, 1956, 320 p. ; vol. 28, *La Rue Saint-Jacques*, 340 p. ; vol. 29, *Vers l'âge d'or*, 242 p. ; vol. 30, *Camilien Houde*, 1958, 256 p. ; vol. 31, *Léonide Perron*, 1959, 266 p. ; vol. 32, *La Dépression*, 262 p. ; vol. 33, *La Plaie du chômage*, 1961, 261 p. ; vol. 34, *L'Action libérale nationale*, 1963, 238 p. ; vol. 35, *Chute de Taschereau*, 1966, 262 p. ; vol. 36, *L'Autonomie provinciale*, 1967, 286 p. ; vol. 37, *Premier Gouvernement Duplessis*, 1968, 282 p. ; vol. 38, *La Guerre de 1939–1945. Ernest Lapointe*, 318 p. ; vol. 39, *La Guerre de 1939–1945. Le Plébiscite*, 1969, 295 p. ; vol. 40, *La Guerre de 1939–1945. Le Bloc populaire*, 301 p. ; vol. 41, *La Guerre de 1939–1945. Duplessis reprend les rênes*, 321 p. ; Montréal, Fides, vol. 1, 1971, 365 p. ; vol. 2, 239 p. ; vol. 3, 1972, 526 p. ; vol. 4, 1973, 313 p. ; vol. 5, vol. 6, 1974, 345 p. ; vol. 7, 1975, 384 p. ; vol. 8, 1977, 232 p., 233 p. ; vol. 9, 316 p. ; vol. 10, 263 p. ; vol. 11, 1980, 244 p. ; vol. 12, 232 p. ; vol. 13, 214 p. ; vol. 14, vol. 15, 211 p. (Édition révisée et illustrée).

La Gaspésie. Enquête économique, Québec, Le Soleil, 1944, 188 p. Ill. Préface de Perrault Casgrain.

La Plus Riche Aumône. Histoire de la Société Saint-Vincent-de-Paul au Canada, Montréal, Éditions de l'Arbre, 1946, 240 p.

Honoré Mercier (biographie), [Québec, Éditions du Richelieu, 1947], 22 p.

L'Autonomie provinciale, Montréal, Éditions de l'Arbre, 1948, 302 p.

Le Frère Marie-Victorin et son temps (biographie), Montréal, Les Frères des Écoles chrétiennes, 1949, 459 p. Portrait.

Pages d'histoire politique, [Montréal], La Ligue de l'autonomie des provinces, 1949, 47 p.

La Vérité sur la résistance et l'épuration en France (essai), [Québec, s.é.], 1949, 24 p.

Histoire du Canada, Paris, La Clé d'or, 1951, 592 p. Ill.

Les Îles de la Madeleine (histoire), Montréal, Chanteclerc, 1951, 200 p. Ill.

L'Histoire de Sillery, 1630–1950, [s.l., s.é.], 1952, 117 p. Collab. Paul-A. Lamontagne. Ill.

Henri Bourassa. La vie publique d'un grand Canadien, Montréal, Chanteclerc, 1953, 791 p. ; Éditions de l'Homme, 1969.

Petite Histoire du Canada, [Paris], Mame, 1953, 87 p. Ill. de Paul Beaulieu.

Histoire des Acadiens, Montréal/ Paris, Fides, 1955, 2 vol. : vol. 1, 548 p. ; vol. 2. p. 549–1038.

À propos d'un mémoire « confidentiel », réponse à MM. les abbés Dion et O'Neil, Montréal, Notre Temps, [1956], 12 p.

L'Infiltration gauchiste au Canada français (essai), Montréal, [s.é.], 1956, 147 p. « Mon cahier ».

Quinze ans de réalisations ; les faits parlent (essai), Montréal, [s.é.], 1956, 237 p. « Mon cahier ».

La Tactique des gauchistes démasquée (essai), Montréal, Chez l'auteur, [1957], 74 p.

Histoire des Franco-Américains, Montréal, Chez l'auteur, [1958], 552 p.

Les Socialistes dominent le réseau gauchiste (essai), Montréal, [s.é.], 1959, 166 p. « Mon cahier ».

Conférence de M. Robert Rumilly sur le Parti libéral et l'infiltration gauchiste dans la Province de Québec, [Québec, Quebec Newspaper Ltd., 1960], 30 p.

Problème national des Canadiens français (essai), Montréal, Fides, 1961, 146 p. Préface de Gustave Lamarche.

Quel monde ! Communisme ! Socialisme ! Séparatisme ! (essai), Montréal, Éditions Actualités, 1965, 96 p.

Histoire de l'École des Hautes Études commerciales de Montréal, 1907-1967, Montréal, Beauchemin, 1967, 214 p.

Cent ans d'éducation ! Le Collège Notre-Dame, 1869-1969, Montréal, Fides, 1969, 341 p.

Histoire de Montréal, Montréal, Fides, 1970-1974, 5 vol. : vol. 1, 1970, 475 p. ; vol. 2, 419 p. ; vol. 3, 1972, 526 p. ; vol. 4, 1974, 313 p. ; vol. 5, *1939-1967*, 297 p.

Histoire de Saint-Laurent, Montréal, Beauchemin, 1970, 310 p. Traduction anglaise par Cameron Nish : *History of Saint-Laurent*, Montreal, Beauchemin, [1970], 308 p.

Maurice Duplessis et son temps, Montréal, Fides, 1973-1976, 2 vol. : vol. 1, *(1890-1944)*, 1973, 722 p. ; vol. 2, *(1944-1959)*, 1976, 750 p. « Vies canadiennes » ; 1978, 2 vol. : vol. 1, 720 p. ; vol. 2, 747 p. « Bibliothèque canadienne-française. Histoire et documents ».

Histoire de Longueuil, Longueuil, Société d'histoire de Longueuil, 1974, 472 p. Ill. Cartes.

Histoire de la Société Saint-Jean-Baptiste de Montréal, des Patriotes au Fleurdelisé 1834-1948, Montréal, L'Aurore, 1975, 564 p. Ill. « Connaissance du pays québécois ».

Histoire d'Outremont, 1875-1975, [Montréal], Leméac, 1975, 469 p. Ill. Cartes.

Honoré Mercier et son temps, Montréal, Fides, 1975, 2 vol. : vol. 1, *(1840-1888)*, 418 p. Note de l'auteur ; vol. 2, *(1888-1894)*, 418 p. « Vies canadiennes ».

Papineau et son temps, Montréal, Fides, 1977, 2 vol. : vol. 1, *(1791-1838)*, 646 p. ; vol. 2, *(1838-1871)*, 574 p. « Vies canadiennes ».

Boscoville (histoire), Montréal, Fides, 1978, 174 p. Ill. Préface de Pier Angelo Achille.

La Compagnie du Nord-Ouest. Une épopée montréalaise, Montréal, Fides, 1980, 2 vol. : vol. 1, 299 p. ; vol. 2, 309 p. Ill.

L'Acadie française (1497-1713), Montréal, Fides, 1981, 254 p. Carte.

L'Acadie anglaise (1713-1755), Montréal, Fides, 1983, 355 p. Ill.

ÉTUDES

Alphonse Désilets, *Louis-Joseph Papineau par Robert Rumilly*, CF, vol. 22, n° 3, 1934, p. 356-361.

Arthur Laurendeau, *Histoire de la Province de Québec*, AN, vol. 18, nov. 1941, p. 230-237.

Jean-Marc Léger, *Nos écrivains : Robert Rumilly*, dans *Lectures*, vol. 5, n° 1, 1948, p. 21-25.

Lionel Groulx, *L'Autonomie provinciale*, RHAF, vol. 2, n° 3, 1948, p. 440-446.

Auguste Benoît, *Deux histoires du Canada (Groulx, Rumilly)*, CV, n° 2, 1952, p. 113-125.

Michel Brunet, *Histoire du Canada*, RHAF, vol. 5, n° 4, 1952, p. 589-593.

Id., *Histoire de la Province de Québec*, RHAF, vol. 7, n° 1, 1953, p. 121-128.

Patrick Allen, *Le Bourassa de Rumilly, deux appréciations*, AN, vol. 43, n° 1, 1954, p. 187-198.

Jean Blain, *Les trois ou quatre derniers Rumilly*, AN, vol. 45, n° 10, 1956, p. 914-950.

Marc La Terreur, *Le Problème national des Canadiens français*, RHAF, vol. 15, n° 4, 1962, p. 604-608.

Bruno Deshaies, *Introduction à l'étude de l'Histoire de la Province de Québec*, dans *La Revue d'École normale*, déc. 1966, p. 59-82.

Joseph Levitt, *Robert Rumilly, historien des relations entre francophones et anglophones depuis la Confédération*, RS, vol. 15, n° 1, 1974, p. 57-76.

[Anonyme], *Robert Rumilly. Histoire de la Société Saint-Jean-Baptiste de Montréal 1834-1948*, LAQ 1975, p. 289-291.

Jean-Paul Bernard, *Papineau et son temps, de Robert Rumilly*, VI, vol. 4, n° 1, sept. 1978, p. 141-143.

Robert Migner, *Pour la parution de « La Compagnie du Nord-Ouest ». Pleins feux sur Robert Rumilly*, Dev, vol. 71, n° 109, 15 mai 1980, p. 11.

Léon Thériault, *Robert Rumilly. L'Acadie française (1497-1713)*, LAQ 1981, p. 321-322.

Roger Duhamel, *Robert Rumilly. Le bénédictin de l'histoire québécoise*, Dev, vol. 74, n° 59, 12 mars 1983, p. 17.

Michel Brunet, *Historien et Homme d'action*, Dev, vol. 74, n° 64, 18 mars 1983, p. 7.

RUNTE, ROSEANN (1948–   ). Poète et critique littéraire, née à Kingston (New York, É.-U.). Après des études à la State University of New York (B.A., 1968), elle s'inscrit à l'University of Kansas où elle obtient une maîtrise (1969) et un doctorat, pour une thèse intitulée « La Fontaine's Heritage : His Reputation and Influence in 18th Century France » (1974). En 1972, elle devient professeur à l'Université Dalhousie (N.-É.) ; en 1983, elle est nommée recteur de l'Université Sainte-Anne à Pointe-de-l'Église. Roseann Runte publie plusieurs études sur la littérature française du XVIIIe siècle. En 1982, elle fait paraître un recueil de poésie *Brumes bleues* qui est jugé « inégal » par Antonio D'Alfonso, « ce qui a pour résultat de nous éloigner de l'auteure là où le rapprochement est nécessaire ».

ŒUVRE

Brumes bleues (poésie), Sherbrooke, Éditions Naaman, 1982, 64 p. « Création ».

The Matron of Ephesus in Eighteenth-Century France, dans *Studies in Eighteenth-Century Culture*, vol. 6, 1977, p. 361-375.

Gil Blas and Roderick Random : Food for Thought, dans *French Review*, vol. 50, n° 5, 1977, p. 698-705.

Robert Challe : An Early Visitor to Acadia, dans *Nova Scotia Historical Quarterly*, vol. 9, n° 3, 1979, p. 201-214.

Reconstruction and Deconstruction : Aesop, La Fontaine and the Eighteenth-Century Fabulist, dans *Papers on*

Seventeenth-Century French Literature, n° 11, 1979, p. 20–50.

L'Acadie en 33 tours, dans *Écriture française*, vol. 2, n°s 1–2, 1980, p. 21–26.

ÉTUDE

Antonio D'Alfonso, *Brumes bleues*, dans *Nos livres*, vol. 14, mars 1983, n° 5166.

S

S... DE C... Voir **AUMASSON DE COURVILLE, LOUIS-LÉONARD.**

SABELLA, MARCEL (1928–). Poète, né à Alexandrie où il passe sa jeunesse et fait ses études. Il collabore à divers périodiques, tel *La Réforme illustrée* d'Alexandrie, et publie son premier recueil de poésie, *Les Silex et les Ronces*, à Paris, en 1968. Après son arrivée au Canada, il obtient un certificat de traduction à l'Université McGill. Il est membre de la Société des traducteurs du Québec. Deux nouveaux recueils de poésie paraissent chez Fides : *Pour qui chantent les fontaines* (1972) et *Le Jour incendié* (1974). Jean-Guy Pilon dit du premier : « Nous sommes en présence d'une belle sincérité, d'un désir de la parole, mais les moyens manquent un peu d'originalité ». Le critique déclare cependant que les poèmes en prose de Sabella ont cette originalité qu'ils « ne sont pas lourds » : « contrairement à tous les nouveaux poètes qui emploient ce mode d'écriture extrêmement difficile, il réussit à y imposer un ton personnel et ferme ». Les textes du *Jour incendié* manifestent une plus grande maîtrise du métier poétique.

ŒUVRES

Les Silex et les Ronces. Poèmes, Paris, Paragraphes littéraires de Paris, 1968, 31 p.
Pour qui chantent les fontaines. Poèmes, Montréal, Fides, 1972, 54 p. « Voix québécoises ».
Le Jour incendié. Poèmes, Montréal, Fides, 1974, 63 p. Portrait. « Voix québécoises ».

ÉTUDES

Joce-Lyne Giroux, *Un poète et un assassin*, So, 77ᵉ année, nᵒ 60, 10 mars 1973, p. 39.
Jean-Guy Pilon, *Quelques Questions sur le langage poétique*, Dev, vol. 64, nᵒ 116, 19 mai 1973, p. xiv. (Supplément littéraire.)
Paul Wyczynski, *Voix québécoises*, LAQ 1974, p. 136–138, surtout p. 137–138.

SABOURIN, JEAN-GUY (1934–). Dramaturge, comédien et animateur de théâtre, né à L'Orignal (Ontario). Il fait ses humanités à l'Externat classique Sainte-Croix (B.A., 1956). Il obtient ensuite une licence ès lettres à l'Université de Montréal (1964) et une maîtrise ès arts à l'Université d'Ottawa (1972). Avant tout animateur de théâtre, à compter de 1956, il fonde et dirige Les Apprentis-sorciers (1956–1966), la section française du Centre national des arts d'Ottawa (1968–1971), le Théâtre populaire du Québec (1972–1975), le Théâtre de la Grande Réplique à l'Université du Québec à Montréal (1976). Il tient le premier rôle dans le film d'Alec Pelletier, « Le Festin des morts » (1964), et il monte une bonne cinquantaine de pièces de théâtre, dont celles de Pierre Perrault et de Madeleine Greffard. Il prépare avec Jean-Louis Roux l'anthologie *Les Vingt-cinq ans du TNM* qui contient des souvenirs, des extraits d'un journal de bord, des textes de présentation de spectacles. Après *L'Amour en peine* (1977), le Théâtre de la Grande Réplique propose un autre « collage scénique », *George-Étienne Cartier ou La Prise par surprise* (1978) : avec cette pièce, écrit Bernard Andrès, « Jean-Guy Sabourin réussit une excellente intégration des éléments déjà convoqués dans d'autres spectacles. [...] Théâtre didactique ? Certes, au sens noble du mot, dans la mesure où rien n'est imposé de l'extérieur. Aucune lourdeur de discours ou de mise en scène ».

ŒUVRES

Les Vingt-cinq ans du TNM. Son histoire par les textes, Montréal, Leméac, 1976–1977, 2 vol. : vol. 1, 1976, 195 p. ; vol. 2, 1977, 225 p. Collab. Jean-Louis Roux. Ill.
L'Amour en peine (théâtre), Montréal, La Grande Réplique, 1977, 5 p.
George-Étienne Cartier ou La Prise par surprise (théâtre), Montréal, La Grande Réplique, 1978, 5 p.

Les Règles de fonctionnement des groupes autogérés, dans *Pratiques théâtrales*, nᵒ 13, automne 1981, p. 59–62.

ÉTUDES

Angèle Dagenais, *Une première réplique qui en dit long...*, Dev, vol. 68, nᵒ 263, 10 nov. 1977, p. 23.
Denis Saint-Jacques, *Sous la direction de Jean-Louis Roux et de Jean-Guy Sabourin, Les Vingt-cinq ans du TNM*, LAQ 1977, p. 255–256.
Bernard Andrès, *De quoi réconcilier histoire et théâtre*, Dev, vol. 69, nᵒ 247, 25 oct. 1978, p. 17.

SABOURIN

Martial Dassylva, *À l'occasion de « Galilée ». Jean-Guy Sabourin et le droit à la création*, Pr, 96ᵉ année, nᵒ 250, 18 oct. 1980, p. C-6.

SABOURIN, LOUIS (1935–). Avocat, politicologue et spécialiste en coopération internationale, né à Québec. Après son baccalauréat en science politique à l'Université d'Ottawa (1956), il poursuit des études à l'Institut d'études politiques de Paris et y obtient, en 1957, un diplôme en relations internationales. Il obtient aussi, à la Sorbonne, un diplôme en littérature française contemporaine. Rentré au Canada, il étudie le droit et est admis au barreau du Québec en 1962. Il poursuit des études supérieures en droit et en relations internationales à l'Université Columbia de New York où il obtient son doctorat (1964). À l'âge de vingt-neuf ans, il est nommé doyen de la Faculté des sciences sociales de l'Université d'Ottawa où il donne des cours en science politique et en droit. Il enseigne également le droit international à l'Université Laval. Il s'occupe activement de coopération internationale, met sur pied un programme de formation pour les fonctionnaires francophones des pays en voie de développement, fonde en 1968, l'Institut de coopération internationale de l'Université d'Ottawa. Ses travaux le conduisent dans de nombreux pays à travers le monde. En 1969, il est invité par l'Iran à faire partie du comité qui prépare un rapport sur « Le Tiers-Monde de l'an 2000 ». L'Université nationale du Dahomey lui décerne un doctorat honorifique, en 1973, pour sa contribution aux études africaines et aux relations internationales. Louis Sabourin est membre de nombreuses sociétés savantes, et il est élu à la Société royale du Canada en 1977. Il a été professeur invité dans plusieurs universités américaines et européennes. À la fin de 1977, il devient président du Centre de développement de l'Organisation de coopération et de développement économique, à Paris. Après son retour, en 1981, il est nommé directeur du Groupe d'études et de recherches en formation internationale, à l'École nationale d'administration publique, à Montréal. Auteur de plusieurs volumes et d'un grand nombre d'articles sur la politique canadienne et la politique internationale, Louis Sabourin se distingue par une connaissance profonde des relations internationales. Ses écrits constituent une contribution importante à la connaissance des institutions canadiennes fédérales et québécoises, de même qu'à celles du développement socio-culturel du Tiers-Monde.

ŒUVRES

Système politique du Canada : institutions fédérales et québécoises, Ottawa, EUO, 1968, xi, 507 p. « Cahiers des sciences sociales ».

Multilateral Aid and the Coordination of Aid, Ottawa, Institute for International Co-operation, University of Ottawa, 1969, 49 p.

La Dualité culturelle dans les activités internationales du Canada, Ottawa, Information Canada, 1970, xiv, 136 p. (Document nᵒ 9 de la Commission royale d'enquête sur le bilinguisme et le biculturalisme).

Canadian Federalism and International Organizations. The Theory of Operational Constitutionalism as Applied Mainly to Quebec, Ottawa, Institut de coopération internationale, 1971, 505 f. (Texte polycopié).

Le Canada et le Développement international : perspectives et analyses, Ottawa, Institut de coopération internationale, 1972, 430 p.

Allier la théorie à la pratique : le développement de la Chine nouvelle, Ottawa, Institut de coopération internationale, 1973, 101 p.

Contrôle parlementaire et politique canadienne de développement international : une analyse de cas. Examen de l'ACDI par le comité permanent des Affaires extérieures et de la Défense nationale, Ottawa, Université d'Ottawa, 1975, 25 p.

The African Relationship : A Vital and Growing Dimension of Canada's International Policy, Ottawa, Université d'Ottawa, 1976, 20 p.

Examen critique de la coopération universitaire : les leçons d'une enquête de l'Aupelf, Ottawa, Institut de coopération internationale, Université d'Ottawa, 1976, 18 f. (Texte polycopié).

L'Action internationale du Québec expression et recherche de compétence, Ottawa, Université d'Ottawa, 1977, 14 p.

L'Assistance au développement, Ottawa, Université d'Ottawa, 1977, 25 p.

Canadian Education and the Third World : A Matter of Relevance or Understanding, [Ottawa], Institute for International Co-operation, University of Ottawa, 1977, 23 p.

Dimensions politiques de la francophonie : de la problématique culturelle à la dynamique internationale, Ottawa, Université d'Ottawa, 1977, 11 p.

La Recherche d'un statut endogène québécois : trois stades de connaissance mutuelle, Ottawa, Université d'Ottawa, 1977, 23 p.

Relevance or Understanding ? : Canadian Educational Involvement with the Third World, Ottawa, Canadian Bureau for International Education, 1977, 35 p.

La Participation des provinces canadiennes aux organisations internationales, dans *L'Annuaire canadien de droit international/Canadian Yearbook of International Law*, Vancouver, The Publications Centre of the University of British Columbia, 1965, p. 73–100.

Politique étrangère et « État du Québec », dans *International Journal*, vol. 20, été 1965, p. 350–361.

Biculturalism and Canadian Foreign Policy, dans Gordon King, *Canada's Role as a Middle Power*, Toronto, Canadian Institute of International Affairs, 1966, p. 167–193.

Le Québec et la Vie internationale, dans *Québec et le Canada de demain*, Montréal, Éditions du Jour, 1967, p. 167–175. Traduction anglaise : *Quebec and International Life*, dans *Quebec in the Canada of Tomorrow*, Toronto, Ontario Advisory Committee on Confederation, novembre 1967, p. LL1–LL10.

La Vie politique au Canada français, dans *Esquisses du Canada français*, Montréal, Éditions Fides, 1967, p. 316–334. Traduction anglaise : *Political Life*, dans *Facets of French Canada*, Montréal, Fides, 1967, p. 316–334.

De Gaulle, le Québec et le monde, dans *International Journal*, vol. 23, printemps 1968, p. 265–280.

A Special International Status for Quebec, dans Stephen Clarkson, *An Independant Foreign Policy for Canada?*, Toronto, McClelland and Stewart, 1968, p. 97–109.

A Two Nation Foreign Policy? The Case for Quebec, dans Diane P. Rogers et Roger J. Clark, *Inside World Politics*, Toronto, MacMillan, 1969, p. 197–200.

Le Canada et l'Afrique francophone, dans *La Revue française d'études politiques africaines* (Paris-Dakar), juillet 1970, p. 32–44.

Fédéralisme et Conventions internationales des droits de l'homme, dans Allan Gotlieb, *Les Droits de l'homme, le Fédéralisme et les Minorités/Human Rights, Federalism and Minorities*, Toronto, Institut canadien des Affaires internationales/Canadian Institute of International Affairs, 1970, p. 67–107.

Politique étrangère des puissances moyennes : des intérêts nationaux, dans *Mythes et Réalités. Individu–État–Communauté internationale*, Paris, Éditions Pedone, 1972, p. 45–48.

Le Rôle de l'université dans le développement international, Dr, 62e année, no 106, 31 juillet 1974, p. 7.

ÉTUDES

Henri Brun, *Le Système politique du Canada : institutions fédérales et québécoises*, LAC 1968, p. 191.

J. W. Samuels, *Human Rights, Federalism and Minorities — Les Droits de l'homme, le Fédéralisme et les Minorités*, dans *La Revue du Barreau canadien*, vol. 49, no 3, sept. 1971, p. 494–496.

[Anonyme], *L'Ouverture sur l'extérieur devient concrètement opérationnelle*, dans *Daho-Express* (Dahomey), 10 déc. 1973, p. 3–4.

Ghyslain Charron, *Le « Numéro 2 » de l'OCDE, Louis Sabourin, un Hullois sur la scène mondiale*, Dr, 65e année, no 239, 9 janv. 1978, p. 3.

[Anonyme], *Sabourin à l'OCDE : cimenter les liens du village global*, dans *La Gazette de l'Université d'Ottawa*, vol. 14, no 3, févr. 1979, p. 2.

SAGARD, GABRIEL (avant 1600–1650?). Chroniqueur et missionnaire. En 1614, Théodat Sagard, frère Gabriel en religion, devient, après un séjour à Metz, secrétaire privé du provincial des Récollets à Paris. Désigné pour les missions de la Nouvelle-France, il quitte Paris comme adjoint du père Nicolas Viel, au printemps de 1623, et débarque à Québec le 28 juin. Installé au pays des Hurons en août, il y demeure jusqu'en mai 1624, alors qu'il est appelé à Paris par le provincial Polycarpe du Fay. *Le Grand Voyage du pays des Hurons*, paru en 1632, raconte les aventures du missionnaire, dépeint les mœurs et les coutumes huronnes, la flore et la faune du pays, et donne en appendice un « Dictionnaire de la langue huronne ». Quatre ans plus tard, Sagard publie son *Histoire du Canada* en quatre livres. Le premier décrit l'activité missionnaire des Récollets, de 1615 à 1623; les livres deux et trois reproduisent *Le Grand Voyage*, revu et augmenté; enfin le dernier livre reprend l'histoire de la colonie jusqu'en 1629. Après la parution de son *Histoire*, en 1636, Sagard quitte les Récollets, et il obtient, en 1638, la permission de demeurer chez les Franciscains. On ne connaît pas la date précise de sa mort qui survint probablement vers 1650. Son œuvre, d'une importance capitale pour ceux qui veulent connaître les premiers temps de la colonie française en Amérique, retrace les principaux événements auxquels furent mêlés les Récollets. Selon Jean-de-la-Croix Rioux, « Sagard s'attache au détail des choses, à la vie quotidienne des Indiens. [... Il] est précis et exact. À ces qualités s'ajoutent une langue savoureuse, un style direct, d'une seule coulée mais non sans bavures; [...] très peu possèdent cette plume toute d'abandon, de naturel et de simplicité ».

ŒUVRES

Le Grand Voyage du pays des Hurons, situé en l'Amérique vers la Mer douce, és derniers confins de la nouvelle France, dite Canada. Où il est amplement traité de tout ce qui est du pays, des mœurs & du naturel des Sauvages, de leur gouvernement & façons de faire, tant dedans leurs pays, qu'allans en voyages : De leur foy & croyance; De leurs conseils & guerres, & de quel genre de tourmens ils font mourir leurs prisonniers. Comme ils se marient et eslevent leurs enfants : De leurs Medecins & des remedes dont ils usent à leurs maladies : De leurs dances et chansons : De la chasse, de la pesche & des oyseaux et animaux terrestres & acquatiques qu'ils ont. Des richesses du pays: Comme ils cultivent les terres, & accommodent leur Menestre. De leur deüil, pleurs & lamentations, et comme ils ensevelissent & enterrent leurs morts. Avec un Dictionnaire de la langue huronne, pour la commodité de ceux qui ont à voyager dans le pays, & n'ont l'intelligence d'icelle langue, Paris, Denys Moreau, 1632, [23], 380 p.; *Le Grand Voyage du pays des Hurons situé en l'Amérique vers la mer douce, és derniers confins de la Nouvelle France dite Canada: avec un dictionnaire de la langue huronne,* Paris, Librairie Tross, 1865, 2 t.: t. I, xxv, 206 p.; t. II, –268 p. Édité par Émile Chevalier; *Trois voyages au Canada, par Jacques Cartier et S. de Champlain, publiés par Bertrand Guégan. Voyages faits au pays des Hurons en l'an 1624, par Fr. Gabriel Sagard,* Paris, Éd. du Carrefour, [1929], 270 p.; *Le Grand Voyage du pays des Hurons,* [Montréal], Hurtubise HMH, 1976, liii, 268 p. Ill. Présentation par Marcel Trudel. « Documents et Histoire ». Traduction anglaise par H.H. Langton, *The Long Journey to the Country of the Hurons* [suivi de: *Le Grand Voyage du pays des Hurons...*], Toronto, The Champlain Society, 1939, xlvii, 406, xii p. Ill. Introduction et notes par George M. Wrong.; New York, Greenwood Press, 1968, xlvii, 411 p.

Dictionnaire de la langue huronne nécessaire à ceux qui n'ont l'intelligence d'icelle, et ont à traiter avec les sauvages du pays, À Paris, Chez Denys Moreau, 1632, 12, 132 p.; Paris, Librairie Tross, 1865.

Histoire du Canada et Voyages que les Frères mineurs Recollects y ont faicts pour la conversion des infidelles. Divisez en quatre livres. Où est amplement traicté des choses principales arrivées dans le pays depuis l'an 1615 jusques à la prise qui en a este faicte par les Anglois. Des biens & commoditez qu'on en peut esperer. Des mœurs, ceremonies, creance, loix & coustumes merveilleuses de ses habitants. De la conversion & baptesmes de plusieurs, & des moyens necessaires pour les amener à la cognoissance de Dieu. L'entretien ordinaire de nos Mariniers, & autres particularitez qui se remarquent en la suite de l'histoire, À Paris, Chez Claude Sonnius, 1636, 27, [1], 312, [8], 313–1005, [47] p.; *Histoire du Canada et Voyages que les Frères mineurs Recollects y ont faicts pour la conversion des infidèles depuis l'an 1615, avec un dictionnaire de la langue huronne, nouvelle édition publiée par M. Edwin Tross,* Paris, Librairie Tross, 1866, 4 t.: t. 1, lxiv, 272 p.; t. 2, –542 p.; t. 3, –825 p.; t. 4, –922 p.

Una composizione musicale per i selvassi huroni d'uno dei primi missionari del Canadà cioè il francescano frate Gabriele Sagard Teodato al principio des secolo XVII, [Rome, s.é., 1890], 8, [2] p. Préparée par Fr. Marcellino da Civezza.

Gabriel Sagard Théodat, Montréal, Fides, 1964, 95 p. Ill. Textes choisis et présentés par Jean-de-la-Croix Rioux. « CC ».

ÉTUDES

Odoric-M. Jouve, *Les Franciscains et le Canada,* vol. 1, *L'Établissement de la foi, 1615-1629,* Québec, Couvent des SS. Stigmates, 1915, 504 p.

Hugolin Lemay, *Bibliographie des travaux édités en Europe sur les Récollets du Canada,* MSRC, 1933, section 1, p. 87–109.

J.-C. Cayer, *Gabriel Sagard-Théodat,* dans Jean-Jacques Lefebvre, éditeur, *Centenaire de l'Histoire du Canada de François-Xavier Garneau,* [Montréal], Société historique de Montréal, 1945, p. 171–200.

Archange Godbout, *L'Historien Sagard,* dans *Les Récollets et Montréal,* Montréal, Éditions Franciscaines, 1955, p. 89–97.

Jean-de-la-Croix Rioux, *Sagard, Gabriel (baptisé Théodat),* DBC, t. 1, 1966, p. 604–605.

Jean Blanchet, « La Découverte de la nature américaine dans Sagard ». Mémoire de licence. Québec, Université Laval, 1970, ix, 67 f.

Jack Warwick, *Humanisme chrétien et Bons Sauvages (Gabriel Sagard, 1623-1636),* dans *XVIIᵉ siècle* (Paris), 1972, p. 25–49.

Denis Monière, *Gabriel Sagard. Le Grand Voyage du pays des Hurons,* LAQ 1976, p. 402.

SAGUENAY, JEAN. Voir TREMBLAY, VICTOR.

SAIA, LOUIS (1950–   ). Dramaturge, scénariste et metteur en scène, né à Montréal. Il fait ses humanités aux collèges Nicolas-Viel et Saint-Ignace, enseigne pendant un an, et fait deux années d'études de théâtre au Cégep Lionel-Groulx. De 1976 à 1982, il écrit les textes d'une vingtaine de spectacles — pièces, scénarios et sketches pour la scène, la télévision ou le cinéma —, la plupart du temps en collaboration, surtout avec Louise Roy et Claude Meunier. La première pièce, *Une amie d'enfance,* composée en 1976 avec Louise Roy, créée au début de 1977 avec grand succès, reprise plusieurs fois, traduite en anglais et mise en film, est classée par Laurent Mailhot « parmi les pièces québécoises les plus importantes des années soixante-dix ». En 1977, il remporte le premier prix du concours de Radio-Canada pour « Impressions de voyages », rédigées avec Louise Roy. C'est avec elle qu'il obtient ses succès les moins contestés. André Dionne écrit, à propos de *Bachelor,* pièce à un seul personnage: « Louise Roy et Louis Saia ne théorisent pas. Ils créent un personnage très vivant. Émotif. L'humour dénonce. Le cliché frappe ». Et il ajoute sur la mise en scène: « Saia travaille avec la précision d'un horloger. Chaque mot, chaque geste étonne ». À part « Broue » qui remporte un énorme succès, en 1979 et après, ses pièces avec d'autres collaborateurs suscitent des jugements assez partagés. André Dionne reproche des longueurs et un « humour cru, gros » à *Appelez-moi Stéphane* (1979), pièce qui, retouchée et reprise à la télévision en 1982, est appelée « une brillante soirée de théâtre » par Jean Basile. Robert Lévesque dit que « Monogamy » est « raté sur toute la ligne », alors que pour André Bourassa c'est, de même que *Les Voisins*, une pièce bien bâtie, « type du théâtre d'été ».

ŒUVRES

Une amie d'enfance (théâtre), [Montréal], Leméac, 1980, 127 p. Préface de Laurent Mailhot. Collab. Louise Roy. « Théâtre Leméac ».
Appelez-moi Stéphane (théâtre), [Montréal], Leméac, 1981, 129 p. Collab. Claude Meunier. « Théâtre Leméac ».
Bachelor (théâtre), [Montréal], Leméac, 1981, 69 p. Collab. Louise Roy. « Théâtre Leméac ».
Les Voisins (théâtre), [Montréal], Leméac, 1982, 191 p. Collab. Claude Meunier. « Théâtre Leméac ».

ÉTUDES

Martial Dassylva, *Enfin, un nouvel auteur comique !*, Pr, 93ᵉ année, nº 23, 5 févr. 1977, p. C-2.
Adrien Gruslin, *Ida Lachance au Conventum : drôle, confus, interminable*, Dev, vol. 68, nº 44, 21 févr. 1978, p. 20.
André Dionne, *Le théâtre qu'on joue. Bachelor*, LQ, nº 15, août-sept. 1979, p. 31-32.
Id., Entrevue. Louis Saia et Louise Roy, LQ, nº 16, hiver 1979-1980, p. 36-38.
Léonce Cantin, *Louise Roy et Louis Saia. Une amie d'enfance*, LAQ 1980, p. 170-171.
André Dionne, *Le théâtre qu'on joue. Les Voisins*, LQ, nº 22, été 1981, p. 44.
Madeleine Bellemare, *Roy (Louise) et Saia (Louis). Bachelor*, dans *Nos livres*, vol. 12, oct. 1981, nº 410.
Michel René, *Michel Rivard, Louise Roy et Louis Saia. Bachelor*, LAQ 1981, p. 188-190.
Paul Lefebvre, *Louis Saia (entretiens)*, dans *Jeu*, nº 21, 1981, p. 71-80.
Martial Dassylva, *Reprise au Saint-Denis. « Broue » en voie de battre « Tit-Coq »*, Pr, 98ᵉ année, nº 61, 13 mars 1982, p. C-8.
Adrien Gruslin, *Claude Meunier et Louis Saia. La grenouille qui veut se faire plus grosse que le bœuf...*, dans *Le Livre d'ici*, vol. 7, nº 36, 9 juin 1982, p. 2.
Jean Basile, *Une brillante soirée de théâtre*, Dev, vol. 73, nº 235, 12 oct. 1982, p. 13.

SAINT-ANDOCHE. Voir **BOULIZON, GUY.**

SAINT-AUBIN, BERNARD (1922-   ). Journaliste et historien, né à Montréal. Il fait ses humanités à l'Externat classique Saint-Sulpice (Collège Grasset) et au Collège de l'Assomption, puis il suit des cours libres en histoire à l'Université de Montréal. En 1945, il commence une carrière de journaliste à *Montréal-Matin* où il travaille jusqu'en 1961, date où il entre au service international de Radio-Canada.

En 1950, il publie un premier livre, *Les Origines de la guerre de 1939*. Un second essai, *La Guerre froide (1917-1962)*, paru en 1968, reçoit un bon accueil. Fernand Beauregard y voit « une excellente synthèse [...]. Le livre de Bernard Saint-Aubin comporte une mine de renseignements indispensables à celui qui veut comprendre comment la ‹ Guerre froide › a pris naissance et pourquoi elle dure ». *Duplessis et son époque* (1979) et *King et son époque* (1982) sont également bien accueillis. Selon Michel Laurin, le *Duplessis* présente une bonne vision des événements politiques et sociaux de la première moitié du XXᵉ siècle. « Duplessis n'en sort ni plus grand ni diminué, mais sans doute plus humain ». De même, les lecteurs « trouveront dans [*King*] des renseignements précis et précieux » (Roger Duhamel).

ŒUVRES

Les Origines de la guerre de 1939 (essai), Montréal, [Chez l'auteur], 1950, 123 p.
La Guerre froide (1917-1962) (essai), [Montréal], Leméac, 1968, 172 p.
Duplessis et son époque (essai), Montréal, La Presse, 1979, 279 p. « Jadis et Naguère ».
King et son époque (essai), Montréal, La Presse, 1982, 413 p. Préface de Jacques Monet. « Jadis et Naguère ».
Louis Riel. Un destin tragique (essai), Montréal, La Presse, 1985, 313 p. Ill.

ÉTUDES

Fernand Beauregard, *La Guerre froide vue par Bernard Saint-Aubin*, Pr, 84ᵉ année, nº 180, 3 août 1968, p. 21.
Michel Laurin, *Saint-Aubin (Bernard). Duplessis et son époque*, dans *Nos livres*, vol. 10, déc. 1979, nº 401.
Vincent Prince, *Un pan d'histoire du Canada*, Pr, 98ᵉ année, nº 270, 20 nov. 1982, p. 6.
Roger Duhamel, *À la recherche de Mackenzie King*, Dev, vol. 73, nº 293, 18 déc. 1982, p. 29.

SAINT-CLAIR, BRIGITTE. Voir **POISSANT, MARC-ANDRÉ.**

SAINT-DENIS, DENYS (1938-   ). Dramaturge, né à Montréal. Après ses études classiques au Collège Sainte-Marie qu'il quitte en 1958, il poursuit, à l'Université de Montréal, des études supérieures en lettres, puis en sciences économiques. Sa carrière de dramaturge débute en 1955, au cours de ses études, par une collaboration continue aux émissions de télévision « Kim » et « Images en tête » (1955-1959). Professeur de français (1961-1964), il est aussi pigiste à Radio-Canada. Sa première pièce,

«IL», remporte un vif succès au festival d'art dramatique du Canada de 1966 ; il est alors invité par le gouvernement français à monter sa pièce dans divers centres culturels. De retour de France, il participe à la fondation du Centre d'essai des auteurs dramatiques, devient régisseur au théâtre de la Place Ville-Marie et publie ses premiers textes dialogués pour les enfants. La lecture publique de sa seconde pièce, *Le monde est une machine qui marche bien*, a lieu le 6 avril 1966 au théâtre de l'Égrégore. À l'Expo 67, il est chargé d'organiser le comité de réception des diverses troupes pour le festival mondial du théâtre amateur ; l'année suivante, il est directeur de spectacles à Terre des Hommes. Il rédige des textes pour Radio-Canada et l'ONF et, en 1972-1973, il est chargé des cours de scénarisation à l'Université du Québec à Montréal. C'est François Piazza qui résume le mieux l'effort complexe de Denys Saint-Denis, en affirmant qu'il s'agit chez lui «d'un nouveau langage, apparenté à l'ancien [...]. En utilisant les techniques modernes et l'espace, il renouvelle la dramaturgie en créant une grammaire et des structures».

ŒUVRES

Le monde est une machine qui marche bien (théâtre), Montréal, HRW, 1967, 49 p. «Théâtre vivant».
Bobo l'éléphanteau (théâtre), Montréal, HRW, 1967, 28 p.
Jeu dramatique, vol. 1, *La Rentrée*, Saint-Laurent, Études vivantes, 1983, 15 p. Ill. de Johanne Bertrand-Côté ; vol. 4, *Chicoula*, 22 p.

ÉTUDES

Jean Basile, *Prix de la meilleure production aux «Nouveaux Dieux»*, Dev, vol. 56, 5 avril 1965, p. 6.
Charles Petit-Martinon, *Les Français verront «IL»*, PJ, vol. 40, n° 14, 30 janv. 1966, p. 36.
François Piazza, *Notre théâtre en pleine crise de croissance*, dans *Échos-Vedettes*, vol. 4, n° 3, 5 févr. 1966, p. 4.
Virginie Boulanger et Pascal Desgranges, *«IL» rêve de fonder son théâtre expérimental*, PJ, vol. 40, n° 22, 27 mars 1966, p. 9.
Roch Poisson, *Critique express*, dans *Photo-Journal*, vol. 30, n° 46, 1-8 mars 1967, p. 73.

SAINT-DENIS, JANOU (1930-   ). Essayiste, poète, comédienne et metteur en scène, née à Montréal. Après le secondaire au Couvent d'Hochelaga, elle fait des études de commerce et étudie ensuite le théâtre au Conservatoire Lassalle (1948-1951), avec Henri Norbert (1952), à l'atelier du Théâtre du Nouveau Monde (1952, 1956), et à Paris (1961). Elle travaille à la radio de Saint-Boniface (Manitoba), à la télévision dans «Jeunesse dorée» et

«Joie de vivre» de Jean Desprez, et surtout au théâtre. Après la mort de son mari, Jean Saint-Denis, elle fonde sa propre compagnie de théâtre, Les Satellites, en 1957, qui joue André-Pierre Boucher, Félix Leclerc... Au Festival national de 1961, elle remporte le trophée de la meilleure comédienne de soutien dans une pièce de Ghelderode. En 1959, elle inaugure ses dimanches de lectures publiques de poésie au café El Cortijo, puis au Mas. De 1961 à 1971 elle vit à Paris où elle fait du théâtre et continue ses lectures de poésie pour faire connaître les auteurs québécois. Elle rentre à Montréal, en 1971, après la mort de son grand ami Claude Gauvreau qui l'avait rebaptisée «Janou», surnom qu'elle a toujours gardé. En février 1975, elle fonde à la Casanous les mercredis «Place aux poètes» dont elle anime les lectures avec un enthousiasme inépuisable : on l'a appelée la «pasionaria des poètes». Elle collabore à *Moebius*, *Cahiers de la femme*, *Voix et Images*... En 1972 et 1977, paraissent à ses propres Éditions du Soudain, *Mots à dire* et *Place aux poètes*, poèmes qui font dire à Jacques Renaud que si Janou Saint-Denis n'est pas l'un de nos plus grands poètes, elle est «l'un des plus généreux, [...] l'un des plus percutants». Son *Claude Gauvreau, le Cygne* (1978), écrit le plus souvent en vers libres, est «un témoignage» sur «Gauvreau individu», «une anthologie abondamment commentée» de l'idole «portée à l'extrême du mythe» (Jean Fisette), et un beau livre qui «révèle toute une époque» (Michel Beaulieu). Dans les trois recueils des «Carnets de l'audace» (1981), le lyrisme éclaté, écrit Michel Beaulieu, «se dirige autant du côté du jeu sonore que de la dénonciation, du cri du cœur et du corps comme du cri social».

ŒUVRES

Mots à dire. Maux à dire, mots dits, maudit (poésie), Montréal, Éditions du Soudain, 1972, 20 p. Ill.
Place aux poètes (poésie et prose), Montréal, Éditions du Soudain, 1977, 111 p. Ill.
Claude Gauvreau. Le Cygne (témoignage-essai), Montréal, Les Presses de l'Université du Québec/Éditions du Noroît, 1978, 295 p. Ill. Préface de Gilbert Langevin.
Dollars désormais (poésie), Montréal, Éditions de la Pleine Lune, 1981, 27 p. Ill. «Les Carnets de l'audace».
Mise à part (poésie), Montréal, Éditions de la Pleine Lune, 1981, 31 p. Ill. «Les Carnets de l'audace».
Poème à l'anti-gang et l'Escouade vlimeuse (poésie), Montréal, Éditions de la Pleine Lune, 1981, 28 p. Ill. «Les Carnets de l'audace».
La Roue du feu secret (poésie), [Montréal], Leméac, 1985, 301 p. En liminaire : hommages de J.-P. Daoust,

F. Déry, M. Dubé, C. Jasmin, M. Laberge, S. Paradis, C. Péloquin, A. Pontaut, J.-P. Ronfard, C. Saint-Denis. « Poésie ».

Poème du vingt-cinq avril, et *Je*, dans *Moebius*, n° 2, avril–juin 1977, p. 12–15.
Pour Gauvreau : un témoignage, VI, vol. 3, n° 1, sept. 1977, p. 39.
Menu, dans *Cahiers de la femme*, vol. 1, n° 1, janv.–mars 1978, p. 104, 112–113.
Jasette au Bic, dans *Sorcières* (Paris), n° 14, sept. 1978, p. 7–9.
Poèmes, dans *Échancrures*, n° 5, 1979, p. 39–41.
Prose poétique, dans *Du silence*, n° 8, 1979, p. 80–84.
Poèmes, dans *Graphiques*, n° 10, 1980, p. 46–49.
(Intervention. Au congrès des femmes écrivains en Amérique), RUO, vol. 50, n° 1, janv.–mars 1980, p. 12–14.

ÉTUDES

Jacques Renaud, *Et la nature engendra Janou Saint-Denis*, Dev, vol. 69, n° 265, 9 nov. 1977, p. 20.
Angèle Dagenais, *Janou Saint-Denis. Femme de parole*, Dev, vol. 69, n° 103, 6 mai 1978, p. 45.
Jean Fisette, *Janou Saint-Denis. Claude Gauvreau, le Cygne*, LAQ 1978, p. 238–239.
Jean-Paul Brousseau, *Saint-Denis, Gauvreau, les effraies et les alouates*, Pr, 95e année, n° 28, 3 févr. 1979, p. E-2.
Michel Beaulieu, *Le Géant Gauvreau*, dans *Le Livre d'ici*, vol. 4, n° 25, 28 mars 1979, p. 1.
Jean Roger, *L'Éternel Gauvreau de Janou Saint-Denis*, Dev, vol. 70, n° 82, 7 avril 1979, p. 23.
Jean Larose, *Janou Saint-Denys [sic]. Claude Gauvreau, le Cygne*, VI, vol. 5, n° 1, automne 1979, p. 203–204.
Nathalie Petrowski, *Une fête foraine en hommage à Pedro*, Dev, vol. 70, n° 229, 3 oct. 1979, p. 14.
Id., *La Casanous prend la route de la Gaspésie*, Dev, vol. 71, n° 13, 16 janv. 1980, p. 18.
Réginald Martel, *Janou Saint-Denis. La poésie, quand même et encore*, Pr, 102e année, n° 49, 7 déc. 1985, p. E-3.

SAINT-FOY. Voir **POTVIN, DAMASE.**

SAINT-HILAIRE, JOSEPH. Voir **BEAULIEU, GERMAIN.**

SAINT-JACQUES, Mme MAURICE. Voir **FADETTE.**

SAINT-JULES, JOCELYNE (1950–   ). Poète, née à Montréal. Pendant ses études primaires chez les Sœurs de Sainte-Anne et ses études secondaires (sciences-lettres) chez les Filles de la Sagesse, elle s'initie déjà à l'écriture poétique : ses premiers poèmes ont été écrits à l'âge de neuf ans. En 1970, elle réunit ses premiers écrits sous le titre « Un nénuphar dans une mare d'infini » ; toutefois, l'éditeur Camille Laverdière préfère le deuxième recueil au premier : *Flocon* qui verra le jour en 1974. Sa poésie est très bien accueillie par la critique ; Jacques Lemieux commente ainsi *Flocon* : « Le texte se dilate d'un mot à l'autre et certains thèmes, comme le pays géographique ou l'eau, ne sont souvent que prétextes à rendre visible une recherche toute intérieure ».

ŒUVRE

Flocon (poésie), Montréal, Éditions du Nouveau-Québec, 1974, 71 p. Ill.

ÉTUDES

Jacques Lemieux, *Les Poèmes du pays... et les Poèmes du paysage intérieur*, Dev, vol. 66, n° 237, 26 oct. 1974, p. 13.
Réginald Martel, *Poésie d'ici, Jocelyne Saint-Jules*, Pr, 90e année, n° 292, 7 déc. 1974, p. E-3.

SAINT-LAURENT. Voir **BILODEAU, ERNEST.**

SAINT-MARTIN, FERNANDE (1927–   ). Journaliste et critique d'art, née à Montréal. Elle fait ses études primaires et secondaires au Couvent d'Hochelaga et au Collège Jésus-Marie d'Outremont. À l'Université de Montréal, elle obtient un baccalauréat en sciences médiévales (1947) et un baccalauréat en philosophie (1948) ; à l'Université McGill, lui sont décernés un baccalauréat ès arts en études françaises (1951) et une maîtrise ès arts en littérature française (1952). Sa thèse de maîtrise, sur l'évolution des théories du langage et des formes littéraires au XXe siècle, constitue la trame de son livre, *La Littérature et le Non-verbal*, publié en 1958. Fernande Saint-Martin remplace Laure Hurteau à *La Presse*, en 1954, et y garde la direction des pages féminines jusqu'à la création de *Châtelaine* dont elle est la première rédactrice en chef (1960-1972). Elle est alors nommée, en 1972, à la direction du Musée d'art contemporain, poste qu'elle conserve jusqu'en 1977. En 1973, elle obtient un doctorat ès lettres de l'Université de Montréal pour une thèse sur Samuel Beckett ;

l'année suivante, elle devient membre de l'Académie canadienne-française. En 1982, elle devient membre de la Société royale du Canada. Pendant plusieurs années, elle collabore régulièrement aux revues : *Liberté*, *Art international*, *Vie des arts*, *Les Herbes rouges* ; fondatrice de la revue *Situations*, elle préside le Cercle des femmes journalistes et le Congrès des écrivains canadiens-français. À partir de 1977, elle enseigne, d'abord à l'Université Laval (1977-1979) et par la suite à l'Université du Québec à Montréal. Gérard Bessette résume la carrière de Fernande Saint-Martin, dans sa critique de *Structures de l'espace pictural*. Son œuvre, écrit-il « me paraît un des essais les plus denses et les plus originaux de notre littérature. Que l'on accepte on non toutes les prises de positions esthétiques et philosophiques exprimées dans son volume, il faut placer Fernande Saint-Martin aux tout premiers rangs de nos penseurs ».

ŒUVRES

La Littérature et le Non-verbal (essai), Montréal, Éditions d'Orphée, 1958, 195 p.

La Femme et la Société cléricale, Montréal, Mouvement laïque de langue française, 1967, 16 p.

Structures de l'espace pictural, Montréal, Éditions HMH, 1968, 172 p.

Samuel Beckett et l'Univers de la fiction, Montréal, PUM, 1976, 271 p.

Les Fondements topologiques de la peinture. Essai sur les modes de représentation de l'espace, à l'origine de l'art enfantin et de l'art abstrait, Ville LaSalle, Éditions HMH, 1980, 184 p. Ill.

La Fiction du réel. Poèmes 1953-1975, Montréal, Éditions de l'Hexagone, 1985, 300 p.

Introduction to a Semiology of Visual Language, Kingston, Queen's University, 1985, 85 p.

Sémiologie du langage visuel, Sillery, Presses de l'Université du Québec, 1987, xviii, 307 p. Ill.

Poèmes, L, vol. 7, n° 4, juillet-août 1965, p. 333-336.

Lucien Goldmann et le nouveau roman, L, vol. 8, n° 4, juillet-août 1966, p. 94-101.

Le Dynamisme des plasticiens de Montréal, dans *Vie des arts*, n° 44, automne 1966, p. 44-51.

La Galaxie de Gutenberg, ou Le Point de vue de Sirius sur l'Occident, L, vol. 9, n° 5, sept.-oct. 1967, p. 21-37.

Poèmes, dans *Les Herbes rouges*, n° 6, 1970, [n.p.].

ÉTUDES

Michel Van Schendel, *Langage, Poésie et Engagement*, L, vol. 1, n° 1, janv.-févr. 1959, p. 11-21.

[Anonyme], *Fernande Saint-Martin chez les femmes journalistes*, Dr, vol. 53, n° 61, 14 mars 1966, p. 10.

Valérie Côté, *Les Lauréates des concours littéraires du centenaire*, Pr, vol. 83, n° 180, 5 août 1967, p. 19.

Maryse Gagnon, *Cinq femmes gagnent un premier prix*, CF, vol. 108, n° 13, 24 août 1967, p. 41.

Bernard Valiquette, *Publications récentes*, dans *Échos-Vedettes*, vol. 6, n° 45, 23 nov. 1968, p. 32.

Gérard Bessette, *Structures de l'espace pictural de Fernande Saint-Martin*, LAC 1968, p. 151-153.

Yvon Boucher, *Un ouvrage de Fernande Saint-Martin*, Dev, vol. 68, n° 247, 16 oct. 1976, p. 16.

Robert Fink, *Fernande Saint-Martin, Samuel Beckett et l'Univers de la fiction*, LAQ 1976, p. 255-256.

Naïm Kattan, *Présentation de Madame Fernande Saint-Martin par Naïm Kattan*, dans *Présentations*, Société royale du Canada, 1982-1983, p. 73-76.

SAINT-MICHEL, JULIEN. Voir **CIRCÉ-CÔTÉ,** ÉVA.

SAINT-ONGE, PAULE (1922–). Romancière et journaliste, née à Montréal. Elle fait des études en lettres et en sciences au Pensionnat Mont-Royal. Ensuite, elle poursuit des études supérieures à la Faculté des lettres de l'Université de Montréal (1939). Elle collabore au journal *Le Clairon*, prépare un premier roman et publie au Cercle du livre de France, en 1961, *Ce qu'il faut de regrets*. En 1962, elle obtient le prix de l'ACELF (section littérature jeunesse), pour son recueil de nouvelles : *Le Temps des cerises*. Elle collabore ensuite activement au *Droit*, à la revue *Tel quel* (Ottawa) et à *Incidences*. En juillet 1965, elle prend la direction de la section littéraire de *Châtelaine*, poste qu'elle quitte en 1974 afin de se consacrer tout particulièrement au reportage et à la traduction pour cette même revue. Entre temps, elle est élue, en 1965, présidente de la Société des écrivains canadiens (section d'Ottawa). Elle écrit de nombreuses nouvelles et quelques romans. À propos de *La Saison de l'inconfort* (1968), Alain Pontaut précise « Comme un grand nombre de romans québécois féminins, il est écrit à la première personne, il utilise fréquemment le procédé du journal, art d'agrément qui a la vie plus dure que le piano, l'aquarelle et la tapisserie, et semble emprunter à l'autobiographie ses événements et son décor, ses découvertes et ses personnages [...]. Un bon roman victime de l'inflation verbale ». À la parution de *La Vie défigurée*, Suzanne Gason remarque que ce récit de Paule Saint-Onge est « une réflexion salutaire sur la vie, l'amour, la mort et l'éducation ».

ŒUVRES

Ce qu'il faut de regrets. Roman, [Montréal], CLF, 1961, 159 p. ; Montréal, 1969, 184 p. « PoC ».

Le Temps des cerises. Recueil de nouvelles, Montréal, Centre de psychologie et de pédagogie, 1962, 96 p. « Jeunesse ».

La Maîtresse. Nouvelles, [Montréal], CLF, 1963, 185 p.

La Saison de l'inconfort. Roman, [Montréal], CLF, [1968], 183 p.

La Vie défigurée (autobiographie), Montréal, La Presse, 1979, 198 p. « Témoignages ».

Solitude (nouvelle), I, nᵒ 2, mars 1963, p. 50–51.

Les Hommes d'ici, I, nᵒ 5, avril 1964, p. 9–12.

Propos sur le roman, Dr, 52ᵉ année, nᵒˢ 267–279, 14–28 nov. 1964.

Le Sempiternel Roman d'analyse, Dr, 52ᵉ année, nᵒ 285, 5 déc. 1964, p. 21.

Ce qu'est l'écriture pour l'écrivain, Dr, 52ᵉ année, nᵒ 291, 12 déc. 1964, p. 12.

[*Témoignages*], dans *La Poésie canadienne-française*, Montréal/Paris, Fides, 1969, p. 363–368. « ALC » 4.

ÉTUDES

Guy Robert, *Ce qu'il faut de regrets*, dans *Le Quartier latin*, vol. 44, nᵒ 6, 5 oct. 1961, p. 5–6.

Jean Éthier-Blais, *Paule St-Onge et Adrienne Choquette*, Dev, vol. 52, nᵒ 258, 4 nov. 1961, p. 10.

Michèle-A. Mailhot, *Ce qu'il faut de regrets*, Ch, vol. 3, nᵒ 1, janv. 1962, p. 42.

Hélène Charbonneau, *Lectures-jeunesse*, Dev, vol. 54, nᵒ 21, 26 janv. 1963, p. 14.

Yvan MacDonald, *Notices bibliographiques : Le Temps des cerises*, dans *Lectures*, vol. 10, nᵒ 5, janv. 1964, p. 119–120.

Georges-André Vachon, *La Maîtresse*, Rel, nᵒ 277, janv. 1964, p. 21.

Michèle-A. Mailhot, *Du rose masculin au noir féminin*, Ch, vol. 5, nᵒ 3, mars 1964, p. 72.

Cécile Cloutier, *L'Homme dans les romans écrits par des femmes*, I, nᵒ 5, avril 1964, p. 9–12.

Jacques Keable, *Pourquoi les romanciers d'ici ne sont-ils pas heureux ?*, Pr, vol. 81, nᵒ 60, 13 mars 1965, p. 1–3.

Jacques Coulon, *C'est mon homme, hélas*, Pe, vol. 8, nᵒ 17, 23 avril 1966, p. 2–6.

André Major, *Fournier et Saint-Onge : l'enfer de la chair ?*, Dev, vol. 59, nᵒ 82, 6 avril 1968, p. 31.

Alain Pontaut, *Un bon roman victime de l'inflation verbale*, Pr, vol. 84, nᵒ 83, 6 avril 1968, p. 31.

Yvon Morin, *La Saison de l'inconfort*, dans *L'Évangéline*, 81ᵉ année, nᵒ 8896, 4 mai 1968, p. 4.

Monique Roy, *La Vie défigurée*, Dev, vol. 70, nᵒ 299, 22 déc. 1979, p. 19.

Jean-Louis Major, *Une toute petite vie. La Vie défigurée de Paule Saint-Onge*, LQ, nᵒ 18, été 1980, p. 51–52.

Suzanne Gason, *« La Vie défigurée », de Paule Saint-Onge. Visage de l'amour fragile*, Dr, 68ᵉ année, nᵒ 123, 23 août 1980, p. 18.

SAINT-PIERRE, ANNETTE (1925–   ). Critique littéraire et romancière, née à Saint-Germain (Kamouraska). Elle fait ses études au Couvent Saint-Joseph et au Scolasticat Saint-Joseph de Saint-Hyacinthe (Brevet d'enseignement, 1950). Elle poursuit ses études à l'Université d'Ottawa où elle obtient un baccalauréat ès arts (1961), une maîtrise (1970) pour un mémoire intitulé *Gabrielle Roy sous le signe du rêve*, et un doctorat (1979) dont la thèse paraît sous le titre *Le rideau se lève au Manitoba*. De 1950 à 1970, à part deux ans à Saint-Hyacinthe (1967–1969), elle enseigne aux niveaux primaire et secondaire dans des écoles du Manitoba. En 1970, elle devient professeure de littérature canadienne au Collège de Saint-Boniface, où elle inaugure le premier cours universitaire sur la littérature canadienne-française de l'Ouest. Très active dans les milieux culturels, elle est cofondatrice des Éditions du Blé (1974), du Centre d'études franco-canadiennes de l'Ouest (1978) et des Éditions des Plaines (1979), et elle organise plusieurs colloques sur la recherche et la vie française dans l'Ouest. Louise Filteau dit du *Rideau se lève* : « Annette Saint-Pierre est la première à avoir entrepris de lever le voile sur l'histoire et la place du théâtre au Manitoba français ». Bourré de détails, d'une documentation considérable, l'ouvrage est « plus qu'un livre sur le théâtre, écrit Alan MacDonnell. C'est aussi l'histoire de la survie d'une minorité culturelle et linguistique ». *La Fille bègue* (1982) est un roman intéressant et optimiste sur « l'éveil de la conscience et la fierté de soi reconquise » (Annie Brisset). En 1984, elle publie, en collaboration, une importante anthologie des écrivains de langue française de l'Ouest. La même année, elle est la première lauréate du prix accordé par l'Alliance française à un auteur francophone du Canada.

ŒUVRES

Gabrielle Roy sous le signe du rêve (essai), Saint-Boniface, Éditions du Blé, 1975, 137 p. Ill. « Soleil ».

Le rideau se lève au Manitoba (essai), Saint-Boniface, Éditions des Plaines, 1980, 318 p. Ill. Préface de Paul Savoie.

La Fille bègue (roman), Saint-Boniface, Les Éditions des Plaines, 1982, 201 p.

Répertoire de la littérature de l'Ouest canadien (anthologie), Saint-Boniface, Centre d'études franco-canadiennes de l'Ouest, 1984, ix, 368 p. Collab. Portraits. Présentation d'Annette Saint-Pierre.

La Langue, la Culture et la Société des francophones de l'Ouest : les actes du quatrième colloque du Centre d'études franco-canadiennes de l'Ouest tenu au Collège universitaire de Saint-Boniface les 23 et 24 novembre 1984, Saint-Boniface (Manitoba), Le Centre, 1985, vii, 251 p. Ill. Textes établis par Annette Saint-Pierre et Liliane Rodriguez.

Sans bon sang (roman), Saint-Boniface, Les Éditions des Plaines, 1987, 246 p.

ÉTUDES

[Anonyme], *Saint-Pierre (Annette). Gabrielle Roy sous le signe du rêve*, dans *Le Livre canadien*, vol. 7, juin 1976, n° 238.

Alan MacDonnell, *Le rideau se lève au Manitoba*, dans *Bulletin du Centre d'études franco-canadiennes de l'Ouest*, n° 6, oct. 1980, p. 19–21.

Michael Klementowicz, *Le rideau se lève au Manitoba*, dans *Histoire du théâtre au Canada*, vol. 2, n° 1, printemps 1981, p. 67–71.

Léonard E. Doucette, *Le rideau se lève au Manitoba*, dans *Canadian Theatre Review*, printemps 1981, p. 127–129.

Louise Filteau, « *Le rideau se lève au Manitoba* », dans *Jeu*, n° 20, 1981, p. 140–143.

Annie Brisset, *Roman de la parole retrouvée. La Fille bègue*, LQ, n° 29, printemps 1983, p. 67–68.

Suzanne Lafrenière, *Du lointain Manitoba, La Fille bègue*, Dr, 71ᵉ année, n° 41, 14 mai 1983, p. 22.

Darquise Timmerman, *Première lauréate du prix Alliance française Canada*, Dr, 72ᵉ année, n° 162, 6 oct. 1984, p. 33.

SAINT-YVES, ALAIN (1951–   ). Poète, né à Louiseville (Maskinongé). Il étudie à Oka, à la Polyvalente de Louiseville et au Cégep de Trois-Rivières (D.E.C., 1973), puis il obtient un baccalauréat en linguistique à l'Université de Montréal, après quoi il devient professeur à Gaspé. Il est membre de l'Association des auteurs de l'Est du Québec, il participe à des émissions de Radio-Gaspésie et de Radio-Rimouski, monte des spectacles de chansons et de poésie à Gaspé avec des amis, s'occupe du ciné-club et de l'atelier de théâtre du Cégep de la Gaspésie, et collabore à la revue *Urgence*. Son premier recueil paraît en 1980 : « Dans les textes que rassemble *Cahier brouillon*, écrit Pierre Rastoul, on retrouve derrière les mots simples le poids de l'expérience que nous vivons tous. [...] Les textes de Saint-Yves apparaissent [...] comme porteurs d'émotions plutôt que de significations ».

ŒUVRES

Cahier brouillon (poésie), [s.l.], Les Éditions éphémères improvisées, 1980, 223 p. Ill.

Transparole (poésie), [s.l.], Les Éditions éphémères improvisées, 1984, 150 p. Ill. de Jacques Gratton et Marius Jomphe.

ÉTUDE

Pierre Rastoul, *Des livres*, dans *Gaspésie*, nᵒˢ 72–73, hiver 1981, p. 76.

SAINT-YVES, DENUIS [X Denis Saint-Yves] (1952–   ). Poète, né à Louiseville (Maskinongé). Après le secondaire à Louiseville, il obtient un D.E.C. en philosophie au Cégep de Trois-Rivières (1974), puis un baccalauréat en littérature québécoise à l'Université du Québec à Trois-Rivières (1978), après quoi il devient professeur de français à l'École des pêcheries de Grande-Rivière (Gaspé-Est). Il collabore à plusieurs périodiques, tels *Estuaire*, *La Nouvelle Barre du jour*, *Atelier de production littéraire de la Mauricie*, *Dérives*... Ses premiers recueils paraissent aux Écrits des Forges dirigés par Gatien Lapointe dont la rencontre a été sur lui décisive. Philippe Haeck voit ces publications comme des travaux d'étudiant qu'il faut juger comme tels. « Une curieuse poésie ancienne, malgré son apparente modernité, s'inscrit tout au long du recueil *En débordement de quoi* [...]. Constamment bousculé entre la métaphore et le style direct, entre l'automatisme, le surréalisme et la confidence lyrique, le lecteur ne sait pas trop bien à quoi se raccrocher ». Pierre-Justin Déry dit que *Parler ne s'entend pas* (1981) est une « véritable poésie-laboratoire ». C'est un discours imprimé sur un double plan fort original : d'un côté, des lettres poétiques à son éditeur à propos des questions de l'auteur sur l'écriture ; de l'autre, sur les pages de droite, les poèmes qui en résultent.

ŒUVRES

En débordement de quoi (poésie), Trois-Rivières, Écrits des Forges, 1978, 101 p. « Les Rouges-gorges ».

Mourir. S'attendre quelque part (poésie), Trois-Rivières, Écrits des Forges, 1979, 76 p. « Les Rouges-gorges ».

Temps traversier tout (poésie), Trois-Rivières, Éditions du Bien public, 1979, 90 p.

Petite Transe en Je (poésie), [Trois-Rivières], Éditions du Bien public, 1980, 122 p. Ill. de Margaret Patterson.

Parler ne s'entend pas (poésie), [Trois-Rivières], Écrits des Forges, 1981, [n.p., 62 p.]. « Radar ».

Orifices (poésie), Trois-Rivières, Écrits des Forges, 1984, 69 p. « Les Rivières ».

Pour équarrir l'absolu (poésie), Trois-Rivières, Écrits des Forges, 1986, 62 p.

ÉTUDES

Hugues Corriveau, *Denuis Saint-Yves. En débordement de quoi*, LAQ 1978, p. 95–96.

Philippe Haeck, *Denuis Saint-Yves. Mourir. S'attendre quelque part*, LAQ 1979, p. 167–168.

Pierre-Justin Déry, *Denuis Saint-Yves. Parler ne s'entend pas*, LAQ 1981, p. 143–144.

Claude Beausoleil, *Entendre la parole*, Dev, vol. 73, nº 42, 20 févr. 1982, p. 19.

André Dionne, *Saint-Yves (Denuis). Parler ne s'entend pas*, dans *Nos livres*, vol. 13, juin–juillet 1982, nº 302.

SALES LATERRIÈRE, PIERRE DE [Laterrière, Pierre de Sales] (1747–1815).

Médecin et mémorialiste, né dans la région du Languedoc-Roussillon (France). Dans ses mémoires, il se dit fils de Jean-Pierre de Sales, comte de Languedoc, mais certains affirment qu'il est le fils d'un nommé Fabre, du diocèse d'Albi, et qu'il aurait adopté le patronyme de Sales dans les années 1780. Il prétend avoir étudié la médecine avant sa venue au Canada où il arrive avec son oncle Pascal Rustan, en 1766. Il est associé à l'exploitation des Forges du Saint-Maurice jusqu'en 1779. Soupçonné de sympathies pour les révolutionnaires américains, il passe trois ans et demi en prison. En 1784, il se fixe dans la région de Gentilly et pratique la médecine, puis il va parfaire ses études de médecine au Harvard College de Boston (1788–1789) et publie sa thèse sur la fièvre puerpérale. Entre 1789 et 1815, il s'établit successivement à la Baie-du-Febvre, à Trois-Rivières, à Québec et aux Éboulements dont il devient propriétaire de la seigneurie en 1810. Pendant ses dernières années, il rédige ses *Mémoires* qui ont servi à Henri-Raymond Casgrain dans son étude sur la famille de Sales Laterrière. En 1873, Alfred Garneau édite ces *Mémoires* dont les historiens Benjamin Sulte et Gérard Malchelosse ont démontré les incorrections, les contradictions et les invraisemblances. Selon Kenneth Landry, «l'ouvrage tient plus du roman que du journal intime» (DOLQ, t. 1, p. 485).

ŒUVRES

A Dissertation on the Puerperal fever, delivered at a public examination for the degree of bachelor in medicine, before the Reverend Joseph Willard, S.T.D. president, the medical professors, and the governors of the university at Cambridge, in America, Boston, Printed by Samuel Hall, at nº 58, Cornhill, MDCCLXXXIX (1789), 18 p.

Mémoires de Pierre de Sales Laterrière et de ses traverses, Québec, De l'Imprimerie de «l'Événement», 1873, 271 p.; [Montréal], Leméac, 1980, 271 p. (Fac-similé de l'édition de 1873). (Extraits dans ECF, nº 8, 1961, p. 259–337; nº 9, 1962, p. 261–348).

ÉTUDES

Henri-Raymond Casgrain, *La Famille de Sales Laterrière*, Québec, L. Brousseau, 1870, 63 p.

David Heald, «*The Harvard Medical School in 1788–89*», dans *The Boston Medical and Surgical Journal*, vol. 162, nº 16, avril 1910, p. 517–524.

Benjamin Sulte, [*Pierre de Sales Laterrière*], dans *Mélanges historiques*, t. 6, Montréal, G. Ducharme, 1920, p. 145–168.

Gérard Malchelosse, *Mémoires romancés*, dans *Cahiers des Dix*, nº 25, 1960, p. 103–144.

Pierre Dufour et Jean Hamelin, *Pierre de Sales Laterrière*, DBC, t. 5, 1983, p. 808–811.

SALIDA, RENÉ. Voir LEDUC, JEAN.

SAM ET PAT. Voir BILODEAU, ERNEST.

SANCHE, RAOUL. Voir FAUTEUX, AEGIDIUS.

SANTERRE, LOUIS-ANGE (1924–).

Journaliste et essayiste, né à Baie-des-Sables (Matane). Il commence ses études classiques au Collège Saint-Alexandre de Limbour (1939–1942), les interrompt et exerce plusieurs métiers, les continue au séminaire de Saint-Victor (Beauce, 1951–1956). Par la suite, il suivra des cours par correspondance sur la littérature, le mouvement coopératif, la bibliothéconomie et l'administration. En 1956, il s'établit à Sept-Îles où il fonde une imprimerie-librairie, l'année suivante. En avril 1959, paraît *Le Nouveau Québec* qu'il fonde avec François Côté: c'est un hebdomadaire qui deviendra *Le Bastion* en 1965. Santerre collabore aussi au *Nordet*, au *Devoir*... En 1965, il devient directeur de la bibliothèque municipale de Sept-Îles et il est nommé directeur du Service des loisirs et de la culture de la ville, en 1978. Entre temps il fonde la Bibliothèque circulante de la Côte-Nord, il est président fondateur de la Société historique du Golfe, président de la Commission scolaire de Sept-Îles... Très intéressé à la vie et à l'histoire de la Côte-Nord, il publie plusieurs guides historiques et touristiques. Madeleine Bellemare écrit que *De Sept-Îles à Blanc-Sablon* (1981) est un «livre intéressant» qui «emmêle l'histoire, la géographie et la vie actuelle».

ŒUVRES

Sept-Îles. Terre promise, Sept-Îles, Édition Abitation Vieux Fort, 1964, iv, 96 p. Ill. Carte.

La Grande Aventure du fer (guide), [Montréal], Leméac, 1970, 128 p. Collab. Alain Pontaut, Marcel Dubé, André Drweski avec la collaboration de Georges Dor et Gilles Vigneault. «Le Monde de l'Avenir».

SANTERRE

De Tadoussac à Sept-Îles (guide), [Montréal], Leméac, 1971, 172 p. Ill. Cartes. « Guides historiques et touristiques ».

De Sept-Îles à Blanc-Sablon. 750 kilomètres par voie d'eau (guide), [Montréal], Leméac, 1981, 167 p. Ill. « Guides historiques et touristiques ».

ÉTUDES

Danièle Potier, *Panoramique sur Louis-Ange Santerre. Un passionné par la Côte-Nord*, dans *Le Nordic Week-End*, 18 avril 1981, p. 9.

Pierre Thibeault, *Les Gens d'la côte. Louis-Ange Santerre. Un passionné de l'écriture*, dans *Le Nordic Week-End*, 2 oct. 1981, p. 9.

Madeleine Bellemare, *Santerre (Louis-A.). De Sept-Îles à Blanc-Sablon*, dans *Nos livres*, vol. 12, oct. 1981, n° 411.

SANTERRE, RICHARD (1943–   ). Historiographe et essayiste franco-américain, né à Lowell (Massachusetts). Après ses études secondaires à Lowell, il obtient, au Boston College (Chestnut Hill, Mass.), un baccalauréat ès arts (1966), une maîtrise (1968) et un doctorat en lettres françaises (1974) dont la thèse porte sur « Le Roman franco-américain en Nouvelle-Angleterre, 1875–1943 ». Il est professeur au Boston College (1974–1975) et à l'Université du Massachusetts (1975–1977), puis il entre au Pope John XXIII National Seminary (Weston, Mass., 1978) où il obtient une maîtrise en théologie, en 1982. La même année, il est ordonné prêtre. Il a publié plusieurs petits ouvrages d'histoire, mais son travail principal est sans doute sa vaste *Anthologie de la littérature franco-américaine de la Nouvelle-Angleterre* qui va du dix-neuvième siècle à un peu plus de la première moitié du vingtième. Il ne s'agit pas simplement d'un choix à partir du dépouillement d'œuvres, mais aussi d'un patient travail de reconstitution du fonds franco-américain. Les neuf volumes de l'anthologie présentent vingt-neuf auteurs dont le premier est Honoré Beaugrand, né en 1848, et le dernier Rosaire Dion-Lévesque, mort en 1974. La plupart des choix sont purement littéraires — poésie, conte, roman, théâtre —, et certains textes, contes et même romans, sont reproduits en entier. Ce n'est pas toujours de la grande littérature, note Pierre Anctil, mais elle se compare souvent bien aux écrits québécois de l'époque, et surtout, elle exprime « l'état d'esprit et l'idéologie sociale » des gens instruits de la Nouvelle-Angleterre d'alors, et elle a « valeur de document historique, de témoignage de première main ».

ŒUVRES

History of the Marist Brothers in Lowell, Mass., 1892–1967, Lowell (Mass.), Le Comité de la Fête, 1967, 42 p.

Historique de la célébration de la fête Saint-Jean-Baptiste à Lowell, Mass., 1868–1968, Lowell (Mass.), Le Comité de la Fête, 1968, 36 p.

Bibliographie des imprimés franco-américains parus à Lowell, Mass., de 1837 à 1968, Manchester (N.H.), Ballard Press, 1969, 59 p.

1921–1971, 50ᵉ anniversaire. Conseil Rév. J.-M. Côté n° 376, l'Union Saint-Jean-Baptiste, Amesbury, Mass. (essai), Lowell (Mass.), Le Comité de la Fête, 1971, 8 p.

The Franco-Americans of Lowell, Massachusetts (essai), Lowell (Mass.), Le Comité de la Fête, 1972, 28 p. Ill.

Seventy-Five Years of Community Spirit. Le Club social de Pawtucketville, 1897–1972 (essai), Lowell (Mass.), Le Comité de la Fête, 1972, 24 p.

Fraternité, Unité, Charité. Le Club des citoyens américains, 1898–1973, (essai), Lowell (Mass.), Le Comité de la Fête, 1973, 41 p.

Anthologie de la littérature franco-américaine de la Nouvelle-Angleterre, Bedford (N.H.), National Materials Development Center for French, 1980–1981, 9 tomes : t. 1, xii, 320 p. ; t. 2, xii, 250 p. ; t. 3, xiv, 260 p. ; t. 4, xii, 215 p. ; t. 5, x, 378 p. ; t. 6, xii, 328 p. ; t. 7, x, 294 p. ; t. 8, x, 360 p. ; t. 9, xii, 364 p. Ill.

« Le Roman franco-américain en Nouvelle-Angleterre, 1878–1943 ». Thèse de doctorat. Boston College (Chestnut Hill, Mass.), 1974, iv, 352 f. (Microfilm à la Bibliothèque nationale du Canada).

Les Franco-Américains. Le retour aux sources, dans *Forces*, n° 43, avril–juin 1978, p. 52–57.

En quoi le français peut-il encore être utile en Amérique du Nord ?, dans *Forces*, nᵒˢ 46–47, janv.–juin 1979, p. 48–57.

ÉTUDES

Pierre Anctil, *Anthologie de la littérature franco-américaine de la Nouvelle-Angleterre de Richard Santerre*, RHAF, vol. 35, n° 2, sept. 1981, p. 270–273.

Armand B. Chartier, *Santerre, Richard. Anthologie de la littérature franco-américaine de la Nouvelle-Angleterre*, dans *The French Review*, vol. 55, n° 2, déc. 1981, p. 308–309.

SAPHO. Voir **HARVEY**, JEAN-CHARLES.

SARRAULT, ALEXANDRE. Voir **LANGEVIN**, GILBERT.

SAUREL, PIERRE. Voir **DAIGNEAULT**, PIERRE.

SAUVAGE (UN). Voir **HARVEY**, JEAN-CHARLES.

SAUVAGE EAU. Voir **BERTRAND, CLAUDINE.**

SARRAZIN, CLAUDE-GÉRARD [D.W. Gilbert, Pol, Lionel Escler] (1936–   ). Essayiste, romancier et musicien, né à Alger. Il fait ses humanités au Lycée Luteaud (devenu Lycée Albert-Camus ; B.A., 1954), puis il fréquente l'École normale d'Alger (B.Péd., 1955). Il obtient aussi un diplôme en musique au Conservatoire d'Alger (1956) et le certificat d'aptitudes pédagogiques (1959). Il enseigne à Alger de 1956 à 1962, émigre au Canada en 1962, est directeur de la musique au Collège Sainte-Marie (1962-1965) et professeur de français à Outremont (1965-1971). Il effectue entre-temps des études à l'Université de Montréal et à l'Université du Québec à Montréal, obtient un baccalauréat en psychologie et le Brevet A, puis devient professeur de religion et de sciences au secondaire, à Sainte-Thérèse. Il donne des récitals de piano et publie de nombreux articles dans *Maintenant, Famille d'aujourd'hui, Cosmos Express, La Vie au soleil,* etc. Son œuvre est abondante et variée, car il s'intéresse à de nombreux sujets : religion, psychologie, musique, ésotérisme, sexologie, fiction... Sur son premier essai paru à Montréal, *Éveil et Musique* (1973), on lit dans *Le Livre canadien* : « Le style de Claude-Gérard Sarrazin se fait parfois mordant, moqueur, agressif, mais sans cesse varié, direct ; ce qui force l'attention du lecteur ». Dans la même revue on lit qu'il est difficile de cerner la signification des nouvelles fantastiques *Karma* (1974), mais qu'il y a « toujours plaisir à lire un livre bien écrit ».

ŒUVRES
Comment avoir de la valeur (essai), Paris, Scorpion, 1959, 156 p. « Alternance ».
Comment éduquer petits et grands (essai), Paris, Scorpion, 1959, 158 p. « Alternance ».
Le Pijean, méthode de flûte douce (pédagogie), Paris, H. Lemoine, 1961, 50 p.
Éveil et Musique. L'audition musicale. Une porte ouverte sur la concentration, la relaxation, la méditation trans-cendentale, les pouvoirs de l'esprit (essai), Montréal, Beauchemin, 1973, 189 p.
Un chemin de Damas (roman), Jonquière, Cosmos, 1973, 32 p.
Caractères et Tempéraments, Montréal, Éditions de l'Homme, 1974, 147 p. Ill. de l'auteur ; Montréal, Presses Sélect, 1980, 147 p.
L'Homme, l'École et l'Éducation (essai), Jonquière, Cosmos, 1975, 50 p.
Karma. Trois nouvelles ésotériques. Karma. La Mutation spirituelle. Agni, Jonquière, Éditions Hélios, [1975?], 224 p.

Les Pouvoirs de l'esprit, Montréal, Éditions Éclair, 1975, 98 p. « Mini-poche ».
Astrologie, bilan critique, Jonquière, Fondation Cosmos, 1976, 76 p. Collab. Mario Turcotte. Ill. de l'auteur.
Les Bases de la médecine naturelle, Jonquière, Cosmos, 1976, 48 p.
Sciences occultes et Sciences sacrées, Jonquière, Cosmos, 1976, 34 p.
Concevoir et Présenter un travail (essai), [Montréal, Guérin], 1977, 73 f.
Introduction à l'étymologie de la langue française (pédagogie), Montréal, Guérin, 1977, 57 p.
Jalons sexologiques (essai), Montréal, Guérin, 1978, 390 p.
Phosphoros (roman), Montréal, Guérin éditeur limitée, 1978, 191 p. « Les Romans de l'ère incertaine ».
Ton corps et ton sexe : garçon (pédagogie), Montréal, Guérin, 1978, 86 p. Ill. de l'auteur.
Le Moi total. Équilibre corporel et psychologique, dé-couverte du subconscient, des pouvoirs paranormaux et de l'extase mystique, Montréal, Presses Sélect, 1980, 185 p. Ill.
La Porte des dieux (récits), Montréal, Presses Sélect, 1980, 224 p. « Poche Sélect ».
Votre personnalité. Analyse du caractère par l'étude des formes du corps et du visage, Montréal, Presses Sélect, 1980, 146 p. Ill.
Le Développement des facultés psi. Télépathie, télékinésie, clairvoyance, chiromancie, radiesthésie, magnétisme, voyage astral, auto-guérison, etc., Montréal, Presses Sélect, 1981, 204 p. Ill. de l'auteur. « Les Cahiers de la connaissance ».
Le Symbolisme du corps humain. La clé des symboles fondamentaux, de la magie, de la numérologie, de la graphologie, des visions et des rêves, Montréal, Éditions Sélect, 1981, 187 p. Ill. de l'auteur. « Les Cahiers de la connaissance ».
Types humains et Sexualité, Montréal, Presses Sélect, 1981, 141 p. Ill. de l'auteur. « Guides du peuple ».
L'Éducation sexuelle à la maison (psychologie populaire), Montréal, Éditions Presses Sélect, 1982, 159 p. Ill. de l'auteur. « Guides Sélect ».
Mère Meera ou Le Cetanâ-yoga, Boucherville, Éditions de Mortagne, 1983, 251 p.
Le Retour des Atlantes (roman), Montréal, Louise Courteau éditrice, 1984, 155 p.
Êtes-vous atlante ?, Montréal, Louise Courteau éditrice, [1985], 228 p. Collab. Stéphane Prévost. Ill.

ÉTUDES
[Anonyme], *Sarrazin (Claude-Gérard). Éveil et Musique,* dans *Le Livre canadien,* vol. 5, mars 1974, nº 98.
[Anonyme], *Sarrazin (Claude-Gérard). Caractères et Tempéra-ments,* dans *Le Livre canadien,* vol. 5, mai 1974, nº 180.
[Anonyme], *Sarrazin (Claude-Gérard). Karma,* dans *Le Livre canadien,* vol. 6, sept. 1975, nº 290.
Martin Thisdale, *Sarrazin, (Claude-Gérard). Le Retour des At-lantes,* dans *Nos livres,* vol. 16, mars 1985, nº 6130.

SAUVAGEAU [X Yves Hébert] (1946–1970). Dramaturge, né à Waterloo (Shefford). Il fait ses études primaires dans sa ville natale, puis entre au Juvénat Champagnat (près de Sherbrooke), et passe ensuite au Grand Juvénat Saint-Joseph à Saint-Vincent-de-Paul. Il retourne à Waterloo pour y terminer ses études secondaires. Il suit aussi des cours de diction chez France Arbour. Il fonde une troupe de théâtre, La Lanterne (1962–1963), s'occupe des loisirs (section théâtre) pour la ville et écrit ses premiers monologues. En 1962, il retourne aux études et monte des pièces de Tchekhov, d'Audiberti, de Molière. En septembre 1963, il entre à l'École normale de l'Université de Sherbrooke où il rencontre Lionel Racine, alors directeur de l'Union théâtrale de Sherbrooke. Cet événement l'oriente définitivement vers le théâtre. Il participe en tant que comédien et metteur en scène à plusieurs présentations de pièces de Tennessee Williams, Jean Cocteau, etc. Il remporte le premier et le troisième prix au sixième concours des jeunes auteurs de Radio-Canada. À la fin de ses études de théâtre à l'École nationale de théâtre de Montréal en 1968, il part en tournée avec les jeunes comédiens du TNM. L'année suivante, il fait partie du Théâtre d'aujourd'hui où il sera tour à tour comédien et scripteur. Les Archives du Centre d'essai des auteurs dramatiques possèdent de nombreux textes inédits de Sauvageau dont : « Qui prendra son rôle » (1964), « Le Sel » (1964), « Je ne veux pas entrer chez moi, maman m'attend » (1966), « Les Mûres de Pierre » (1966), « Les Couilles du vampire ou Meurtre à Father » (1969), « Mononstres et Manattentes » (1970 ?), « À la queue-leu-leu » (1970), « On s'aime à mort » (1970), « La Grosse Malheureuse » [s.d.]. Quelques semaines avant sa mort, le 13 octobre 1970, il avait préparé l'adaptation de *Désirs sous les ormes* d'Eugène O'Neill ; le travail fut achevé par Jean-Louis Roux. La première lecture de la pièce *Wouf-Wouf* eut lieu en mars 1969 au Centre d'essai des auteurs dramatiques sous la direction de Claude Deslandes. Ensuite, la pièce fut montée à l'Université de Montréal, en février 1971. Sauvageau a aussi laissé de nombreux poèmes et textes divers. « *Wouf-Wouf*, écrit Adrien Gruslin, charrie toutes les idées de son créateur. En 1970, l'idée de bâtir une machinerie revue théâtrale avec musique, chansons, textes, frappait. [...] À l'époque, il s'en dégageait une volonté de briser les cadres. [...] Tous les clichés du théâtre moderne s'y retrouvent. [...] Dans cet univers tourmenté tous finiront par être anéantis, avalés dans le gouffre de l'anonymat ». En 1977, Jean-Claude Germain monte « Chpeux pas rester, on m'attend », texte bâti à partir des ébauches laissées par Sauvageau. Selon Martial Dassylva, la pièce « en plus d'être disparate [...] manque de densité ». À cette époque, Jean-Claude Germain soutient que Sauvageau « n'avait pas le talent de son génie ». La même année, on publie cinq de ses pièces sous le titre : *Les Mûres de Pierre*.

ŒUVRES

Wouf-wouf, machinerie-revue (théâtre), [Montréal], Leméac, 1970, 109 p. Portrait. Présentation de Jean-Claude Germain. « TC ».

Les Mûres de Pierre (théâtre), Montréal, Librairie Déom, 1977, 205 p. Portrait. Ill. Présentation de Jean-Claude Germain. (Comprend aussi *Les Enfants, Je ne veux pas rentrer chez moi, maman m'attend..., Jean et Marie* et *Papa*).

Les Enfants (théâtre), ECF, nᵒ 21, 1966, p. 169–188.
Le Rôle (théâtre), ECF, nᵒ 21, 1966, p. 221–254.

ÉTUDES

Jean-Cléo Godin, *Wouf-Wouf de Sauvageau*, LAQ 1970, p. 84.
Martial Dassylva, *Montmorency et le grand flot d'Yves Sauvageau*, Pr, 90ᵉ année, nᵒ 256, 26 oct. 1974, p. E-4.
Adrien Gruslin, *Wouf Wouf le « freak for all » de l'Atelier Minuit NCT*, Dev, vol. 65, nᵒ 253, 2 nov. 1974, p. 18.
Robert Lévesque, *Wouf Wouf au Gesù, un coup de vent sur le théâtre*, dans *Québec-Presse*, 6ᵉ année, nᵒ 37, 3–9 nov. 1974, p. 26.
Adrien Gruslin, *Spectacle Sauvageau au Théâtre d'aujourd'hui*, Dev, vol. 69, nᵒ 16, 22 janv. 1977, p. 19.
Martial Dassylva, *Sauvageau exhumé à juste raison ?*, Pr, 93ᵉ année, nᵒ 19, 24 janv. 1977, p. A-11.

SAVARD. Voir **MARIE PAULE**.

SAVARD, FÉLIX-ANTOINE (1896–1982). Romancier, poète, dramaturge, conteur et folkloriste, né à Québec. Fixé très tôt à Chicoutimi, il y fréquente l'école des Frères maristes et le Grand Séminaire. Ordonné prêtre en 1922, il demeure attaché pendant quatre ans à son Alma Mater, en qualité de professeur de rhétorique. Après un bref séjour chez les Bénédictins, il devient vicaire à Bagotville, puis à Sainte-Anne-de-Charlevoix où il découvre « les plus belles montagnes » de son pays. Il fonde, en 1931, la nouvelle paroisse de Saint-Philippe-de-Clermont : il y travaille jusqu'en 1945. Intéressé à la littérature depuis son enfance, Félix-Antoine Savard devient célèbre en 1937, au moment de la parution de son *Menaud, maître-draveur*. Ce récit lyrique où retentit un fort appel à la liberté, est devenu depuis un classique de la littérature canadienne-française. D'abord impressions engendrées par le Saguenay, la vision s'est transformée en « image verbalisée » au contact d'un draveur authentique, Joseph Boies, que F.-A. Savard avait rencontré sur les bords de la Malbaie. Ce roman poétique est suivi de *L'Abatis*, inspiré par la vie des colons en pleine forêt. F.-A. Savard est nommé professeur de littérature française à l'Université Laval, puis y assume les fonctions de doyen de la Faculté des lettres de 1950 à 1957. Dans les années 1940, il entreprend, avec Luc Lacourcière, de vastes enquêtes ethnologiques dans le comté de Charlevoix, en Gaspésie et en Acadie : il cueille ainsi la documentation de ses contes et romans aux sources mêmes de la tradition populaire vivante. De 1950 à 1955, il est président de la Société du parler français au Canada et, durant de longues années, président de la Société de la colonisation du diocèse de Québec. Bien connu au Canada et à l'étranger, prélat romain à partir de 1950, Félix-Antoine Savard est membre de plusieurs associations culturelles et littéraires, notamment de l'Académie canadienne-française et de la Société royale du Canada. Son œuvre lui vaut de nombreuses distinctions au Canada et en France : médaille de l'Académie française (1938), prix David (1939), médaille Lorne-Pierce (1945) pour *L'Abatis*, prix du Gouverneur général (1960) pour *Le Barachois*, prix du Grand Jury des lettres (1961). Félix-Antoine Savard a été attaché de recherche à l'Université d'Ottawa de 1970 à 1973. Son prestige d'écrivain tient à son amour du pays et à la belle tenue de son langage. Dans tous ses écrits, la poésie est manifeste : l'auteur aime remonter les courants des signes à travers les mots obstinément étudiés. Sa *Symphonie du Misereor* constitue un exemple typique de cette démarche créatrice. L'auteur a le don du paysage où tout devient ce bel espace où chantent les racines de son être au diapason de la collectivité québécoise et de l'humanité entière. Religieusement, il s'est épris de la poésie de la permanence dont la mer, le fleuve et la montagne sont pour lui les symboles les plus authentiques. Il est difficile alors de marquer la frontière entre la contemplation et la prière, entre le paysage de Charlevoix et celui de son âme. « Je m'arrête, dit-il, je regarde et regarde ; j'essaye d'approfondir les êtres et d'y trouver, même chez

les humbles, le signe ineffable dont la contemplation conduit à la prière ». André Major écrit avec raison que Félix-Antoine Savard a tracé au Canada français des images qui résistent aux rigueurs des saisons : ce poète a communié avec l'âme de ses habitants. En lisant ses récits, on n'ouvre pas seulement un livre mais « aussi les pans d'un grand poème porté par le souffle violent du nord, ce nord qui hante chaque mot comme un fantôme ». Écrivain le plus prestigieux du Québec d'autrefois, et du Québec de toujours, Félix-Antoine Savard demeure pendant de longues années à Saint-Joseph-de-la-Rive, au pied d'une grande montagne, face au fleuve et y rédige ses mémoires et son journal dont les Éditions Fides ont publié deux volumes. Il s'en dégage un homme sage et un paysage grandiose. Farouchement attaché à ce qu'il croit être la règle d'or de toute vraie poésie, il associe la musique au nombre. Dans la nature, il choisit ses signes, les convertit en symboles, les associe aux mots pour chanter la vie. Écrire pour lui est une marche vers la beauté, cette marche obscure, comme il le dit lui-même dans son témoignage inséré dans *La Poésie canadienne-française*, marche qui se révèle nécessaire afin « de suggérer des formes, de provoquer des voix grâce auxquelles s'éveillent [et] œuvrent les puissances mystérieuses, les admirables vertus innées d'intuition, de connaissance et d'art qui sont en nous ». Mais c'est surtout *Menaud, maître-draveur* qui demeurera son œuvre la plus durable ; ce roman repris plusieurs fois au cours d'une trentaine d'années a connu cinq versions distinctes dont trois principales. Il restera comme un modèle de labeur patient.

ŒUVRES

Menaud, maître-draveur (roman), Québec, Librairie Garneau, 1937, 265 p. ; [1938], 271 p. Enrichi d'un petit glossaire, p. 267–271 ; publié en feuilleton dans *L'Action catholique*, du 20 mars au 22 avril 1939 ; Montréal, Fides, 1944, 153 p. « N ». (Deuxième version modifiée) ; 1945 ; 1948 ; 1949 ; 1953, 133 p. ; 1960, 215 p. « AB » ; 1965. Présentation, notice biographique et bibliographique par André Renaud. « BCF ». (Troisième version modifiée) ; 1968, 149 p. « N » ; 1969 ; 1978, 215 p. Chronologie et bibliographie de base d'Aurélien Boivin. Présentation d'André Renaud. « BCF » ; [Montréal], Éditions La Frégate, 1979, [portefeuille, 188 p.]. Ill. de Renée Richard ; Montréal, Fides, 1982, 237 p. Chronologie, bibliographie et jugements critiques d'Aurélien Boivin. Traduction anglaise : *Boss of the River*, Toronto, Ryerson Press, 1947 ; traduction par John Stuart Stowe : *A Race Which Refuses to Die*, 1975, 7, lii, 135 p.

L'Abatis (roman), Montréal, Fides, 1943, 209 p. Ill. d'André Morency ; 1949, 171 p. « N » ; 1964, 159 p. ;

1969, 168 p. Ill. Précédé d'une chronologie, d'une bibliographie et de jugements critiques ; 1971.

La Minuit (roman), Montréal, Fides, 1948, 177 p. ; 1949. « Avertissement » de Luc Lacourcière. « N ».

Le Barachois (roman), Montréal/ Paris, Fides, 1959, 207 p. Notes explicatives ; 1963, 173 p. Préface du R.P. Benoît Lacroix.

Martin et le Pauvre (nouvelle), Montréal/ Paris, Fides, 1959, 61 p. (Édition de luxe).

La Folle (drame lyrique en trois tableaux), Montréal/ Paris, Fides, 1960, 91 p.

La Dalle-des-Morts (drame en trois actes), Montréal/ Paris, 1965, 153 p. Préface de l'auteur ; 1966 ; *La Dalle-des-Morts. Drame en trois actes, suivi de La Folle. Drame lyrique en trois tableaux*, Montréal, Fides, 1975, 237 p. Préface de Jean du Berger.

Symphonie du Misereor (poésie), Ottawa, EUO, 1968, 43 p. Ill. de l'auteur. « Voix vivantes ».

Le Bouscueil (poésie et prose), Montréal, Fides, 1972, 249 p.

Journal et Souvenirs, Montréal, Fides, 1973–1975, 2 t. : t. 1, *1961–1962*, 1973, 222 p. ; t. 2, *1963–1964*, 1975, 261 p.

Aux marges du silence, Châteauguay, M. Nantel, 1974, [portefeuille, 127 p.]. Gravures de Monique Charbonneau. (Édition de luxe. Tirage limité) ; Québec, Garneau, 1975, 107 p.

Discours, Montréal, Fides, 1975, 155 p. Présentation de Luc Lacourcière.

Discours d'un vieux sachem huron à l'occasion des fêtes du tricentenaire du diocèse de Québec, [Lacolle], Les Éditions Michel Nantel Inc., 1975, [portefeuille, 13 p.]. (Édition de luxe. Tirage limité).

Carnet du soir intérieur, Montréal, Fides, 1978–1979, 2 t. : t. 1, 1978, 207 p. ; t. 2, 1979, 156 p.

Le Choix de Félix-Antoine Savard dans l'œuvre de Félix-Antoine Savard, [Notre-Dame-des-Laurentides], Les Presses laurentiennes, 1981, 77 p. Ill. « Le Choix de... ».

Le Paysan et la Nature, CF, vol. 26, nᵒ 10, juin 1939, p. 959–975.

Les Devoirs de l'écrivain et de l'éditeur, dans *Lectures*, t. 1, nᵒ 3, nov. 1946, p. 129–131.

L'Écrivain canadien et la Langue française, dans *Le Journal de l'Instruction publique*, vol. 4, nᵒ 9, mai 1960, p. 723–726.

Le théâtre que je rêve, RUL, vol. 15, nᵒ 5, janv. 1961, p. 427–429.

Le Docteur Adélard Riverin, dans *Saguenayensia*, vol. 9, nᵒ 3, 1967, p. 63–64.

[Témoignages...], dans *Le Roman canadien-français*, Montréal, Fides, 1969, p. 326–329. « ALC » 3 ; dans *La Poésie canadienne-française*, 1971, p. 417–419. « ALC » 4.

L'auteur de « Menaud » livre au Québec son testament politique, Dr, 65ᵉ année, nᵒ 239, 9 janv. 1978, p. 7.

Cantique des bénédictions, dans *L'Église canadienne*, vol. 11, nᵒ 13, 9 mars 1978, p. 387–388.

ÉTUDES

Valdombre, *S'agirait-il d'un chef-d'œuvre ?*, PV, 1ʳᵉ année, nᵒ 9, 1ᵉʳ août 1937, p. 377–395.

Maurice Hébert, « *Menaud, maître-draveur* », CF, vol. 25, nᵒ 2, oct. 1937, p. 225–232 ; nᵒ 3, nov. 1937, p. 320–335.

Jean Genest, *Une grappe de beautés*, AN, vol. 23, févr. 1944, p. 153–161.

Jean-Marie Gauvreau, *Présentation de Mgr Félix-Antoine Savard*, dans *Société royale du Canada*, nᵒ 3, 1945–1946, p. 37–50.

Romain Légaré, *La Minuit*, C, vol. 9, nᵒ 4, déc. 1948, p. 462–464.

Élie Goulet, *Mgr Savard, un maître de notre littérature*, RUL, vol. 6, nᵒ 8, avril 1952, p. 648–658.

Flavien Charbonneau, c.s.c., *La Portée sociale de l'œuvre de Mgr Savard*, dans *Lectures*, t. 9, nᵒ 1, sept. 1952, p. 5–14.

Auguste Viatte, *Un Menaud français : les yeux en face des trous*, RUL, vol. 14, nᵒ 4, déc. 1959, p. 320–325.

Jean Éthier-Blais, *Le Vol des oies sauvages*, EF, vol. 2, nᵒ 1, févr. 1966, p. 99–105.

Jean-Noël Samson et Roland-M. Charland, *Félix-Antoine Savard*, dans *Lectures*, vol. 12, nᵒˢ 6–7, févr.–mars 1966, p. 138–194. (Numéro spécial).

André Brochu, *Menaud ou L'Impossible Fête*, AN, vol. 56, nᵒ 3, nov. 1966, p. 266–291.

André Major, « *La Dalle-des-Morts* » *ou La Liberté maudite*, VIP, nᵒ 1, 1967, p. 29–35. « CSM ».

Thérèse-du-Carmel, s.s.j., [X Lucienne Blais], *Bibliographie analytique de l'œuvre de Félix-Antoine Savard*, Montréal/ Paris, Fides, 1967, 229 p.

André Major, *Félix-Antoine Savard*, Montréal/ Paris, Fides, 1968, 190 p. « ECA ».

Monseigneur F.A. Savard, I, nᵒ 13, hiver 1968, 25 p. (Numéro spécial).

Laurent Mailhot, *Symphonie du Misereor*, EF, vol. 5, nᵒ 2, mai 1969, p. 242–243.

Lucille Roy-Hewitson, « *Menaud, maître-draveur* » : un homme et son pays, L, vol. 11, nᵒ 6, nov.–déc. 1969, p. 89–98.

Jean-Noël Samson et Roland-M. Charland, c.s.c., *F.-Ant. Savard*, Montréal, Fides, 1969, 65 p. « DDLC ».

François Ricard, *L'Art de Félix-Antoine Savard dans « Menaud, maître-draveur »*, Montréal, Fides, 1972, 142 p.

[*Félix-Antoine Savard*], CoI, vol. 2, nᵒ 3, nov. 1972, p. 3–52. (Numéro spécial).

Jean-Noël Pontbriand, *Félix-Antoine Savard, Aux marges du silence*, LAQ 1975, p. 109–110.

André Brochu, *Félix-Antoine Savard, Journal et Souvenirs, 2 (1963–1964). Discours*, LAQ 1975, p. 168–169.

Donald Smith, *Félix-Antoine Savard, un écrivain qui s'incarne en nous*, LQ, vol. 1, nᵒ 3, sept. 1976, p. 32–34.

Pierre Perrault, *Réponse de Menaud à Savard. Le Royaume des pères à l'encontre des fils*, Dev, vol. 69, nᵒ 23, 28 janv. 1978, p. 33, 48.

Heinz Weinmann, *Menaud, fils de Perrault ou de Savard ?*, VI, vol. 7, nᵒ 3, avril 1978, p. 396–407.

Jean-Louis Major, *Présence de Félix-Antoine Savard*, LQ, nᵒ 14, avril–mai 1979, p. 38–40.

Suzanne Lafrenière, *Le Choix de Félix-Antoine Savard*, Dr, 70ᵉ année, nᵒ 48, 22 mai 1982, p. 18.

Jean-Louis Roy, *Félix-Antoine Savard*, Dev, vol. 73, nᵒ 196, 25 août 1982, p. 10.

Jean Éthier-Blais, *Les Carnets de...*, Dev, vol. 73, nᵒ 199, 28 août 1982, p. 14.

André Major, *Hommage à Félix-Antoine Savard*, Dev, vol. 73, nᵒ 199, 28 août 1982, p. 13.

Paul Wyczynski, *Le Dernier Accord de la symphonie du Misereor*, Dr, 70ᵉ année, nº 134, 4 sept. 1982, p. 15.

Adrien Thério, *Félix-Antoine Savard, homme de filiation*, LQ, nº 28, hiver 1982–1983, p. 9.

Roger LeMoine, *Le Sang bleu de Menaud*, dans *Cultures du Canada français*, automne 1984, p. 11–32.

Id., *Lucon fictif, Lucon réel*, dans *Solitude rompue*, Ottawa, EUO, 1986, p. 234–247.

SAVARD, MARIE [Marie] (1936–   ). Poète et dramaturge, née à Québec. Après son baccalauréat ès arts obtenu au Collège Jésus-Marie (1958) et son baccalauréat ès sciences préparé à l'Université Laval (1960), elle s'installe à Montréal et écrit, autour de 1965, plusieurs textes pour Radio-Canada, destinés aux enfants. Elle chante au Patriote en même temps qu'elle publie aux Éditions de l'Arc de Gilles Vigneault, *Les Coins de l'Ove*, son premier recueil de poèmes. En 1968, elle rédige des textes pour l'Office national du film et présente, au Studio d'essai, sa première pièce poétique, *Bien à moi, marquise*, créée, en février-mars 1970, au Théâtre de Quat'Sous, après avoir été publiée dans *Liberté*. Cette pièce radiophonique connaît un notable succès et vaut à l'auteur — de même qu'à son réalisateur — le Prix des échanges francophones (1971). Lors de la crise d'octobre 1970, Marie Savard milite au sein de plusieurs mouvements féministes et lance son disque « Québékiss », en collaboration avec Dyne Mousso, Michel Chartrand et André Lejeune. En 1974, les Éditions de l'Aurore, dirigées par Victor-Lévy Beaulieu, publient l'un de ses pamphlets dans *Calendrier québécois, 1975, année internationale des femmes*. Marie Savard est surtout connue comme l'auteur de *Bien à moi, marquise*, qui, d'après Annie Bergeron, est une caricature sociale : cette pièce « aux accents parfois douloureux de lucidité [...] nous entraîne sans pudeur dans son voyage au bout de l'Être ». Cette « lucidité parfois douloureuse », c'est précisément ce qu'avait aussi souligné Clément Marchand dans *La Presse*, lors de la parution de *Coins de l'Ove*, en 1965. En 1975, Marie Savard fonde les Éditions de la Pleine Lune qu'elle dirige et où paraît son deuxième livre : *Le Journal d'une folle*. En 1981, elle lance un disque, *La Folle du logis*, où se trouvent ses meilleures chansons. C'est « un hymne à la belle folie poétique, celle de l'imagination et de l'imaginaire », commente Jocelyne Lepage. La même année, on joue « Le Journal d'une folle », texte écrit en 1974. On y découvre « toute la hargne qu'une femme peut développer envers un homme et un système qui oblige les gens » à se soumettre (André Dionne). À

la parution de *Sur l'air d'Iphigénie* (1984), Jean Royer écrit qu'« elle assume jusqu'au bout sa voix de femme contre les fabulateurs de l'Histoire [...]. L'œuvre de Marie Savard défait le moule des idées reçues ».

ŒUVRES

Les Coins de l'Ove (poésie), Québec, Éditions de l'Arc, 1965, 72 p. Ill. de François Gagnon. « L'Escarfel ». (Tirage limité).

Le Journal d'une folle (essai-roman), [Montréal], Éditions de la Pleine Lune, 1975, 89 p.

Bien à moi (théâtre), Montréal, Éditions de la Pleine Lune, 1979, 61 p. (Paru d'abord sous le titre : *Bien à moi, marquise*, L, vol. 12, nº 4, 1970, p. 12–28).

Sur l'air d'Iphigénie (théâtre), Montréal, Les Éditions de la Pleine Lune, 1984, 81 p. Portrait. « Théâtre ».

Kaléidoscope québécois (théâtre poétique), L, vol. 12, nº 4, juillet-août 1970, p. 29–38.

Robert (pamphlet), dans *Calendrier québécois 1975, année internationale des femmes*, Montréal, Éditions de l'Aurore, 1974, p. 3–21.

DISCOGRAPHIE

La Folle du logis, [Montréal], Éditions La Pleine Lune (CAPAC), 1981, CCL 33-165, 33⅓ tours.

ÉTUDES

André Brosseau, *Marie Savard, cette inconnue*, dans *Jeunesses littéraires*, vol. 3, nº 4, avril 1966, p. 3, 10.

Marc-F. Gélinas, *Marie, la marquise*, MM, vol. 10, nº 6, juin 1970, p. 52, 54.

Gabrielle Frémont, *Marie Savard. Bien à moi*, LAQ 1979, p. 201–202.

Madeleine Ouellette-Michalska, *Une voix pour l'amour et le désespoir*, Dev, vol. 71, nº 15, 19 janv. 1980, p. 19.

Jocelyne Lepage, *Marie Savard. La Folle du logis*, Pr, 97ᵉ année, nº 116, 16 mai 1980, p. C-2.

Nicole Campeau, *Marie Savard : une recherche du plaisir*, Dev, vol. 72, nº 175, 3 oct. 1981, p. 27.

Jacques Larue-Langlois, *Une splendide scénarisation du Journal d'une folle à l'Ex-Tasse*, Dev, vol. 72, nº 237, 16 déc. 1981, p. 18.

André Dionne, *Journal d'une folle de Marie Savard*, LQ, nº 25, printemps 1982, p. 50.

Jean Royer, *Marie Savard. Du théâtre poétique sur l'air d'Iphigénie*, Dev, vol. 76, nº 45, 23 févr. 1985, p. 27.

SAVARD, MICHEL (1953–   ). Poète, né à Rivière-du-Loup. Il étudie à l'Externat classique Mgr Langevin, au Cégep de Rivière-du-Loup (D.E.C., 1973), puis il obtient un baccalauréat spécialisé en lettres françaises (1977) à l'Université du Québec à Rimouski. Il exerce ensuite plusieurs métiers : animateur et réalisateur à la Radio communautaire de l'Est du Québec (Rimouski, 1977), professeur de français suppléant à Rimouski (1979, 1980)..., et il devient moniteur de français langue seconde à Saint John's (Terre-Neuve) en 1982. Il collabore à *La Barre du jour, Urgences, Estuaire* et *La Nouvelle Barre du jour*. Pour son premier recueil, *Forages* (1982), Michel Savard reçoit le prix de poésie du Gouverneur général. Dans les quatre parties du recueil (« mon pays une petite valise », « l'aquarium », « les grands fonds », « le poids de la mort »), « le poète reste branché sur l'imaginaire en tant que construction subjective de la réalité, écrit Max Roy. [...] L'univers se construit à partir d'une phénoménologie de l'eau. Le thème marin inspire en effet la plupart des images tout en assurant une unité de sens plus qu'élémentaire ». « Un recueil plein de ressources, de surprises merveilleuses, d'inattendus féconds », dit Richard Giguère. Poésie « d'apparence facile semblant couler de source, mais en fait extrêmement travaillée ».

ŒUVRES

Forages (poésie), Saint-Lambert, Éditions du Noroît, 1982, 85 p. Ill. de Martin Cormier. « L'Instant d'après ».

Cahiers d'anatomie (complicités) (poésie), Saint-Lambert, Éditions du Noroît, 1985, 157 p. Ill. de Martin Cormier.

Dernière Heure, BJ, nᵒ 52, sept.–oct. 1976, p. 66–76.
Golems, dans *Urgences*, nᵒ 1, avril–juin 1981, p. 71–77.
Gloire des nébuleuses, dans *Estuaire*, nᵒ 22, oct.–déc. 1981, p. 33–39.
Extraits de Calendrier, dans *Urgences*, nᵒ 3, oct.–déc. 1981, p. 7–16.
10 X 10, NBJ, nᵒ 109, janv. 1982, p. 27–32.
10 X 10 II et III, NBJ, nᵒ 114, mai 1982, p. 33–45.
Conditions du contrat, dans *Urgences*, nᵒ 6, oct.–déc. 1982, p. 71–84.
Repentir, dans *Estuaire*, nᵒ 20, oct.–déc. 1982, p. 13–25.
Fettucine, NBJ, nᵒ 122, févr. 1983, p. 22–24.

ÉTUDES

Max Roy, *Michel Savard. Forages*, LAQ 1982, p. 137–138.
Richard Giguère, *Le Noroît en 1982-1983 : une nouvelle collection et deux prix littéraires*, LQ, nᵒ 31, automne 1983, p. 40–44, surtout p. 42.

SAVARD, PIERRE (1936–). Historien, né à Québec. Il fait ses études au Séminaire de Québec et à l'Université Laval (B.Ph., 1957, licence en histoire, 1960). Il obtient son diplôme d'études supérieures en histoire de l'Université de Lyon (1961) et son doctorat (histoire) de l'Université Laval (1965). À partir de 1961, il enseigne à l'Université Laval, d'abord comme chargé de cours, ensuite comme professeur régulier et comme directeur du Département d'histoire. En 1972, il passe au Département d'histoire de l'Université d'Ottawa où il succède en 1973 à Paul Wyczynski à la direction du Centre de recherche en civilisation canadienne-française. En 1985, il est nommé directeur du Département d'histoire. Il fait partie de plusieurs organismes : Conseil international des études canadiennes, Conseil d'administration de la Fondation d'études du Canada, Canadian Ethnic History Advisory Panel au Secrétariat d'État, Comité consultatif des affaires académiques au ministère des Affaires extérieures, Conseil canadien de recherches sur les humanités, Multicultural History Society of Ontario, Société historique du Canada, Comité international d'historiens et de géographes, Membre de la Société des Dix depuis 1979... Il est élu membre de la Société royale du Canada en 1975. Il est directeur de la *Revue d'histoire de l'Amérique française* (1972–1975) et de la *Revue de l'Université d'Ottawa* (1976–1985). Il collabore à plusieurs ouvrages collectifs : *Histoire de la littérature française du Québec* de Pierre de Grandpré, *Dictionnaire biographique du Canada, Dictionnaire des œuvres littéraires du Québec, The Canadian Encyclopedia*. Ses articles paraissent aussi dans de nombreuses revues québécoises, canadiennes et européennes : *Livres et Auteurs québécois, Culture, Recherches sociographiques, Revue d'histoire de l'Amérique française, Contact, Revue de l'Université d'Ottawa, Mémoires de la Société royale du Canada, Bulletin du Centre de recherche en civilisation canadienne-française, Revue d'histoire du Québec et du Canada français, Société canadienne d'histoire de l'Église, Revue d'histoire diplomatique...* Son livre sur Jean-Paul Tardivel mérite le prix Raymond-Casgrain en 1967. Les recherches de Pierre Savard portent sur le Canada du XIXᵉ siècle, les relations Québec-France, l'histoire du catholicisme au Québec. « Tous ceux qui travaillent sur l'histoire de l'Église canadienne du XIXᵉ siècle, remarque Nive Voisine, ont eu déjà l'occasion de souligner combien les écrits de Savard traçaient des pistes nouvelles de recherches et proposaient des interprétations éclairantes ». Il s'intéresse aussi à l'Ontario français. Son rapport sur les arts dans la vie des Franco-Ontariens a grandement contribué à mieux connaître leur situation socio-culturelle. Savard fait partie d'un groupe qui a publié un dictionnaire sur la francophonie hors Québec. Avec Paul Wyczynski, il prépare l'édition critique des œuvres complètes de François-Xavier Garneau. Il est associé à une entreprise d'envergure, *Les Textes poétiques du Canada français, 1606-1867.*

ŒUVRES

Histoire générale, Montréal, Centre éducatif et culturel inc., 1966-1968, 3 vol. : vol. 1, *Histoire générale. L'Orient, la Grèce et Rome*, 1966, 320 p. ; vol. 2, *Histoire générale. De 1328 à 1815*, 1967, 320 p. ; vol. 3, *Histoire générale. De 1815 à nos jours*, 1968, 320 p. Collab. H. Dussault. (Ouvrage accompagné de guides de l'enseignement et de cahiers d'exercices).

Jules-Paul Tardivel, la France et les États-Unis, 1851-1905, Québec, PUL, 1967, xxxvii, 499 p.

Aspects de l'enseignement au Petit Séminaire de Québec (1765-1945), Québec, La Société historique de Québec, 1968, 221 p. Collab. Marc Lebel et Raymond Vézina.

Paysans et Ouvriers québécois d'autrefois. Paysan de Saint-Irénée de Charlevoix en 1861 et 1862, par Gauldrée-Boilleau et Compositeur typographe de Québec en 1903, par Lortie, Québec, PUL, 1968, 153 p. Éditeur.

Jules-Paul Tardivel, Montréal, Fides, 1969, 94 p. « CC ». Textes choisis et présentés par Pierre Savard.

Le Consulat général de France à Québec et à Montréal de 1859 à 1914, Paris/Québec, Pedone/PUL, 1970, 132 p.

Répertoire des historiens du Québec et du Canada français, Québec, Section québécoise du Comité international des historiens et géographes francophones, 1971, [n.p.]. Éditeur ; 1973 ; 1977 ; [s.l.], 1980, 268 p. ; 1986.

La Ville de Québec au miroir de la littérature, 1860-1900, Québec, La Société historique de Québec, 1971, 36 p.

Cultiver sa différence. Rapport sur les arts dans la vie franco-ontarienne présenté au Conseil des arts de l'Ontario, [s.l., s.é.], 1977, xiii, 225 p. Planches et cartes. (Rapport préparé par un groupe d'étude sous la présidence de Pierre Savard). Version anglaise : *Arts with A Difference : A Report on French-Speaking Ontario : Presented to the Ontario Arts Council by Pierre Savard, Rhéal Beauchamp, Paul Thompson*, [Study Group on the Arts in French-Speaking Ontario], 1977, xiii, 206 p.

Mélanges de civilisation canadienne-française offerts au professeur Paul Wyczynski, Ottawa, EUO, 1977, 304 p. Portrait. Avant-propos de Pierre Savard. Éditeur.

François-Xavier Garneau, 1809-1866, Ottawa, Bibliothèque nationale du Canada, 1978, 78 p. Collab. Paul Wyczynski. Ill. (Catalogue bilingue d'une exposition tenue à la Bibliothèque nationale du Canada en 1977 et 1978, et l'année suivante, à Paris, au Centre culturel canadien).

Mélanges d'histoire du Canada français offerts au professeur Marcel Trudel, Ottawa, EUO, 1978, 252 p. Portrait. Éditeur.

Aspects du catholicisme canadien-français au XIXᵉ siècle, Montréal, Fides, 1980, 196 p.

La Voix de l'Ontario, 1913-1920. Guide d'utilisation, Montréal, Études vivantes, 1980, 40 p. Collab. Gaetan Vallières.

Guy Frégault, 1918-1977. Actes du colloque tenu au Centre de recherche en civilisation canadienne-française de l'Université d'Ottawa, le 7 novembre 1980, recueillis et présentés par Pierre Savard, Montréal, Éditions Bellarmin, 1981, 91 p. Ill.

The Quebec and Acadian Diaspora in North America, Toronto, The Multicultural History Society of Ontario, 1982, xix, 199 p. Collab. Raymond Breton.

Aspects de la civilisation canadienne-française, Ottawa, EUO, 1983, 341 p. Éditeur. « CCRCCF ».

Québec et Ontario français : mythes et réalité, numéro de la *Revue de l'Université d'Ottawa/ University of Ottawa Quarterly*, vol. 55, nº 2, avril-juin 1985, 156 p. Éditeur.

Les Textes poétiques du Canada français, 1606-1867, Montréal, Éditions Fides, vol. 1, *1606-1806*, 1987, lxvii, 613 p. Édition intégrale annotée. Collab. Jeanne d'Arc Lortie, s.c.o. et Paul Wyczynski ; vol. 2, *1806-1826*, 1989, lxxiii, 739 p. Édition intégrale annotée. Collab. Yolande Grisé, Jeanne d'Arc Lortie, s.c.o. et Paul Wyczynski.

Dictionnaire de l'Amérique française, Ottawa, PUO, 1988, 386 p. Collab. Charles Dufresne, Jacques Grimard, André Lapierre et Gaetan Vallières. Préface de Jeanne Sauvé.

La Presse québécoise et la Guerre de Sécession, dans *Mosaïque québécoise*, Québec, La Société historique de Québec, 1961, p. 112-128. « Cahiers d'histoire ».

Voyageurs canadiens-français en Italie au dix-neuvième siècle, dans *Vie française*, vol. 16, 1961, p. 15-24.

François-Xavier Garneau, dans Laurier-L. Lapierre, éditeur, *Four O'Clock Lectures. French Canadian Thinkers of the Nineteenth and Twentieth Centuries*, Montréal, McGill University Press, 1966, p. 23-39.

Évolution de la notion d'école confessionnelle au Québec : un point de vue historique, dans *Les Valeurs chrétiennes et l'éducation*, Québec, PUL, 1967, p. 107-122.

L'Immigration française au Canada vue par les représentants de la France de 1859 à la fin du 19ᵉ siècle, dans W.L. Morton, éditeur, *Le Bouclier d'Achille. Regards sur le Canada à l'ère victorienne*, Toronto, McClelland and Stewart, 1968, p. 275-285.

Sept ans de production historique au Canada français 1961-1968, LAC 1968, p. 158-166.

Relations Between French-Canadian and American Catholics in the Last Third of the Nineteenth Century, C, vol. 31, mars 1970, p. 24–39.

Le Catholicisme canadien-français au 19e siècle, HS, no 7, avril 1971, p. 68–73.

L'Historien et la Religion populaire au Canada français, dans Benoît Lacroix et Piedro Boglioni, éditeurs, Les Religions populaires. Colloque international 1970, Québec, PUL, 1972, p. 97–107.

Un quart de siècle d'historiographie québécoise, 1947–1972, RS, vol. 15, no 1, janv.–avril 1974, p. 77–96.

Les Rééditions de l'« Histoire du Canada » de François-Xavier Garneau devant la critique, 1913–1946, RHAF, vol. 28, no 4, mars 1975, p. 539–553.

The Critical Edition of the Œuvres complètes of François-Xavier Garneau, dans Francess G. Halpenny, éditeur, Editing Canadian Texts. Papers Given at the Conference on Editorial Problems, Toronto, A.M. Hakkert Ltd., 1975, p. 75–80.

Les Canadiens français et la France de la « Cession » à la Révolution tranquille, dans Paul Painchaud, éditeur, Le Canada et le Québec sur la scène internationale, Québec, Centre québécois de relations internationales, 1977, p. 471–495.

Voyageurs, Pèlerins et Récits de voyage canadiens-français en Europe de 1850 à 1960, dans Mélanges de civilisation canadienne-française offerts au professeur Paul Wyczynski, Ottawa, EUO, 1977, p. 241–265. « CCRCCF ».

De la difficulté d'être Franco-Ontarien, dans Relations, no 436, avril 1978, p. 105–108 ; aussi dans L'Avenir de la francophonie ontarienne. Actes de colloque, Sudbury, Institut franco-ontarien, Université Laurentienne, 1981, p. 24–35.

Montalembert au Canada français. Un aspect des Relations culturelles des deux mondes (1830–1930), dans Canadian Literature, hiver 1979, p. 32–49.

Des lumières au milieu du XXe siècle, dans La Religion populaire, Paris, 17–19 octobre 1977, Paris, Éditions du Centre national de recherche scientifique, 1979, p. 141–149.

Études canadiennes et québécoises : esquisse de bilan et réflexions, dans Mémoires de la Société royale du Canada, 4e série, t. 18, 1980, p. 127–136.

Ancien et Nouveau Monde dans le « Voyage » de F.-X. Garneau, dans Revue d'histoire littéraire du Québec et du Canada français, no 2, 1980–1981, p. 108–114.

Autobiographie inédite de Denis Lanctôt (1878–1903), le meilleur ami de Nelligan, dans Revue d'histoire littéraire du Québec et du Canada français, no 3, 1981–1982, p. 139–141.

Deux voyageurs canadiens-français, dans L'Irlande d'il y a cent ans, dans Contacts (Dublin), no 22, automne 1982, p. 50–55.

Le Passé, le Présent et l'Avenir du Canada français selon François-Xavier Garneau, dans Zeitschrift der Gesellschaft für Kanada-Studien, no 1, 1982, p. 87–93.

Le Centre de recherche en civilisation canadienne-française de l'Université d'Ottawa, dans Quatre siècles d'identité

canadienne. Actes d'un colloque tenu au Centre de recherche en civilisation canadienne-française de l'Université d'Ottawa, Montréal, Éditions Bellarmin, 1983, p. 97–112.

L'implantation du scoutisme au Canada français, dans Les Cahiers des Dix, no 43, La Liberté, Sainte-Foy, 1983, p. 207–262.

Voyageurs canadiens-français dans l'Allemagne de Bismarck et de Guillaume II, dans Zeitschrift der Gesellschaft für Kanada-Studien, no 1, 1983, p. 55–64.

François-Xavier Garneau et l'historien français Henri Martin, dans Revue d'histoire littéraire du Québec et du Canada français, no 7, hiver-printemps 1984, p. 11–19.

À la recherche de Tardivel ou Quatre lustres chez les ultramontains, dans L'Essai et la Prose d'idées au Québec, Montréal, Fides, 1985, p. 313–318. « ALC » 6.

Sur le mythe normand au Canada français, dans Études canadiennes / Canadian Studies, revue interdisciplinaire des études canadiennes en France, 12e année, no 21, t. 1, p. 47–57.

Sylvain Simard, Mythe et Reflet de France, PHAM, vol. 42, no 2, automne 1988, p. 304–307.

ÉTUDES

Michel Brunet, Jules-Paul Tardivel, la France et les États-Unis (1851–1905), LAC 1967, p. 144.

André Lavallée, Jules-Paul Tardivel, la France et les États-Unis (1851–1905), RHAF, vol. 21, no 4, mars 1968, p. 829–831.

Jean Darbelnet, Jules-Paul Tardivel, la France et les États-Unis (1851–1905), EL, vol. 2, no 1, avril 1969, p. 120–122.

Jean-Charles Bonenfant, Le Consulat général de France à Québec et à Montréal de 1859 à 1914, LAQ 1970, p. 205–206.

Clément Moisan, Trois nouveaux classiques canadiens, LAQ 1970, p. 135.

Murray Maltais, Le Rapport Savard. Un coup d'épée dans l'eau ?, Dr, vol. 65, no 244, 14 janv. 1978, p. 17.

Paul Gay, Les Franco-Ontariens. Ces prétendus « Invisible French », Dr, 66e année, no 81, 30 juin 1978, p. 4.

Yvan Lamonde, Histoire / Des clefs maîtresses, Dev, vol. 70, no 82, 7 avril 1978, p. 22.

Paul Gay, La Mentalité religieuse des Québécois du XIXe siècle, Dr, 68e année, no 101, 26 juillet 1980, p. 14.

René Dionne, Gaetan Vallières et Pierre Savard. La Voix de l'Ontario (1913–1920), Dr, 68e année, no 194, 15 nov. 1980, p. 16.

Nive Voisine, Comptes rendus, RS, vol. 22, no 1, janv.–avril 1981, p. 141.

SAVARD, RÉMI (1934–   ). Anthropologue, né à Québec. Il fait ses humanités au Collège Garnier (B.A., 1955), puis il obtient à l'Université Laval un baccalauréat (1958) et une maîtrise en sciences sociales (1960). En 1964, il soutient, à l'Université de Paris, une thèse de doctorat en ethnologie qui paraît sous le titre Mythologie esquimaude. Analyse de textes nord-groenlandais. Il est professeur au

Département d'anthropologie de l'Université de Montréal (1964-1969), aux Sciences de l'éducation de l'Université Laval (1969-1974), et de nouveau à l'Université de Montréal à partir de 1974. Comme chercheur, il occupe divers postes : directeur du Groupe de recherche nordique, vice-président de Recherche amérindienne au Québec, directeur des bureaux de l'Institut d'études des aborigènes d'Amérique du Nord, etc. Il collabore à plusieurs périodiques, tels *Anthropologica, Interprétation, Recherches amérindiennes au Québec, Études françaises, Sociologie et Société, Le Devoir*... Les recherches de Rémi Savard s'élaborent particulièrement autour de la notion de territoire et des relations entre Blancs et Amérindiens. « Il est rare, écrit Daniel Latouche, qu'un écrivain réussisse [...] à nous faire prendre conscience que les conflits territoriaux entre Autochtones et Blancs du Canada soient autre chose qu'une mauvaise plaisanterie ». Jean-Marie Moreau déclare, à propos de *Destins d'Amérique* (1979) : « Il y a des livres nécessaires, celui de Rémi Savard est un de ceux là. C'est l'ouvrage d'un homme de savoir qui a le courage de se mettre au service d'une cause et qui la défend avec talent et générosité ».

ŒUVRES

Mythologie esquimaude. Analyse de textes nord-groenlandais, Québec, Centre d'études nordiques, Université Laval, 1966, 242 p. Ill.

What They Used to Tell About : Indian Legends from Labrador, Toronto, The Canadian Publishers McClelland and Stewart Ltd., 1969, 92 p. Éditeur.

Carcajou et le Sens du monde. Récits montagnais-naskapi, Québec, Éditeur officiel du Québec, 1971, 141 p. ; 1972 ; 1974. Ill. « Civilisation du Québec ».

Le Rire précolombien dans le Québec d'aujourd'hui (essai), Montréal, L'Hexagone/Parti Pris, 1977, 157 p. Ill. de l'auteur.

Destins d'Amérique. Les Autochtones et nous (essai), Montréal, L'Hexagone, 1979, 189 p. Ill.

Contes indiens de la Basse-Côte-Nord du Saint-Laurent, Montréal/Ottawa, Musée national de l'homme, 1979, vi, 99 p. Ill. « Mercure ».

Le Sol américain. Propriété privée ou terre-mère... L'en deçà et l'au-delà des conflits territoriaux entre Autochtones et Blancs du Canada (essai), Montréal, L'Hexagone, 1981, 53 p. Ill.

Canada. Derrière l'épopée, les Autochtones (essai), Montréal, L'Hexagone, 1982, 234 p. Collab. Jean-René Proulx. Ill.

La Différentiation des activités sexuelles et alimentaires, dans *Anthropologica*, vol. 7, n° 1, 1965, p. 39-58.

Le Père : approche anthropologique, dans *Interprétation*, vol. 3, nᵒˢ 1-2, janv.-juin 1969, p. 25-34.

L'Hôte maladroit : analyse d'un récit montagnais, dans *Interprétation*, vol. 3, n° 4, oct.-déc. 1969, p. 5-52.

Et les autres Québécois, dans *Interprétation*, vol. 4, n° 3, juillet–sept. 1970, p. 117-131.

Note sur le mythe indien de Ayaseur à partir d'une vision montagnaise, dans *Recherches amérindiennes au Québec*, vol. 2, n° 1, 1972, p. 3-16.

La Transcription des contes oraux, EF, vol. 12, nᵒˢ 1-2, janv.-juin 1976, p. 51-60.

Pour un dialogue possible avec l'autochtone québécois, dans *Possibles*, vol. 1, nᵒˢ 3-4, 1977, p. 1-11.

Mythologie et Calendrier ! Note de recherche, dans *Anthropologie et Sociétés*, vol. 1, n° 3, 1978, p. 131-135.

À la recherche d'une culture perdue, dans *Sociologie et Société*, vol. 11, n° 1, 1979, p. 7.

ÉTUDES

Lise Gauvin, *Récits de voyageurs : Cartier-Savard*, dans *Le Jour*, vol. 1, n° 48, 30 déc. 1977-5 janv. 1978, p. 26.

Gérald Le Blanc, *Aurons-nous une crise d'octobre autochtone ?*, dans *Le Livre d'ici*, vol. 5, n° 11, 19 déc. 1979, p. 1.

Marc Turgeon, *Rémi Savard. Destins d'Amérique. Les Autochtones et nous*, LAQ 1979, p. 335-336.

Gilles Archambault, *À l'étalage*, dans *Le Livre d'ici*, vol. 5, n° 19, 13 févr. 1980, p. 1.

Jean-Marie Moreau, *Savard (Rémi). Destins d'Amérique. Les Autochtones et nous*, dans *Nos livres*, vol. 11, mars 1980, n° 94.

C. Trudel, *Note de lecture*, Dev, vol. 72, n° 79, 4 avril 1981, p. 37.

Daniel Latouche, *À qui appartient cette terre ?*, dans *Le Livre d'ici*, vol. 6, n° 33, 18 mai 1981, p. 2.

André Janoël, *Savard (Rémi). Le Sol américain : propriété privée ou terre-mère...*, dans *Nos livres*, vol. 12, déc. 1981, n° 520.

SAVARY, CHARLOTTE (1913-   ). Dramaturge et romancière, née à Ottawa. Elle fait ses études classiques au Couvent des Ursulines de Québec ; passionnée de littérature, elle fréquente l'Université Laval, puis la Sorbonne (1933-1934) où elle obtient un diplôme de lettres. À son retour au Canada, elle se lance dans le journalisme et collabore en particulier à *L'Œil* et à *Pédagogie et Orientation*. Tout en préparant ses romans, elle écrit pour Radio-Canada où elle présente quelques portraits remarqués de femmes célèbres, « Les Visages de l'amour ». En 1947, elle écrit un premier radiothéâtre, « L'Île mystérieuse ». En 1949-1950, elle collabore avec André Giroux et Roger Lemelin à la série « Trois de Québec » ; elle produit une vingtaine de textes. En 1950, paraît son premier roman, *Isabelle de Frêneuse*, qui mérite à l'auteur une bourse de la Société des écrivains canadiens. Elle passe donc deux années à Paris où elle suit des cours à la Sorbonne, écrit des dramatiques pour l'émission

« Nouveautés dramatiques » et publie un deuxième roman, *Et la lumière fut* (1951). L'œuvre la plus célèbre de cette période demeure sans doute « Marguerite d'Youville, la plus belle de céans » diffusée à Radio-Canada, le 3 mai 1959, et dont la réalisation provoque un scandale. En 1961, elle publie un autre roman, *Le Député* et, en 1971-1972, une pièce pour enfants, « Bouboule en Amérique ». Membre de la Société des auteurs dramatiques et de la Société des écrivains canadiens, Charlotte Savary écrit, dans un style aisé et imagé, des romans dont le scénario toujours séduisant paraît parfois artificiel.

ŒUVRES

Isabelle de Frêneuse (roman), Québec, Institut littéraire du Québec, 1950, 252 p. « Belle Équipe ».
Et la lumière fut (roman), Québec, Institut littéraire du Québec, 1951, 224 p.
Le Député (roman), Montréal, Éditions du Jour, 1961, 219 p. « RJ ».

———

Julie Papineau, symbole d'un peuple déçu, L, vol. 7, n° 37, 1965, p. 14-145.

ÉTUDES

Théophile Bertrand, *Isabelle de Frêneuse*, dans *Lectures*, t. 7, n° 4, déc. 1950, p. 198-199.
Roland-M. Charland, *Et la lumière fut*, dans *Lectures*, t. 8, n° 5, janv. 1952, p. 214-216.
Paul Gay, *Le Député*, dans *Lectures*, vol. 9, n° 1, sept. 1962, p. 16.
Jean Blouin, *Pour la patrie, Lachesnaie, Le Député : trois romans, une aliénation*, VIP, vol. 9, 1975, p. 63-85.
Renée Legris, [*Charlotte Savary*], dans *Dictionnaire des auteurs du radio-feuilleton québécois*, Montréal, Fides, 1981, p. 195-200.

en publicité au Collège Algonquin et à l'Université du Québec à Hull, il est membre du Conseil régional de la culture de l'Outaouais... En 1963, il publie *La Véritable Histoire du F.L.Q.* « À cause du peu de temps écoulé depuis cette Affaire, écrit Raynald Desmeules, et du nombre considérable de personnes intéressées de près ou de loin, il était difficile de tout dire sans trop dire. Savoie a fait un compromis fort ingénieux : une bonne partie des noms et des circonstances extérieures de son histoire sont fictifs ». En 1979 paraissent *Les Crises de Pierre Elliott Trudeau*, écrites dans un style polémique non dépourvu d'humour.

ŒUVRES

La Véritable Histoire du F.L.Q. (essai), Montréal, Les Éditions du Jour, 1963, 120 p.
Les Crises de Pierre Elliott Trudeau (essai), [Montréal], Guérin, 1979, 223 p. « La Clé du savoir ».

———

Une plaque de métal doré, Retour (poèmes), BJ, vol. 1, n° 1, févr. 1965, p. 33-34.
Le Canard aux pommes (nouvelle), BJ, vol. 1, n° 2, mai-juin 1965, p. 34-38.
Présentation des inédits de Quesnel, BJ, vol. 1, n° 3, juillet-déc. 1965, p. 113-116.

ÉTUDES

Raynald Desmeules, *La Véritable Histoire du F.L.Q. de Claude Savoie*, LAC 1963, p. 128-129.
Pierrette Roy, *Il ne faut pas que notre littérature se résume à Little Beaver* (entrevue), dans *La Tribune*, 6 mars 1979.
Murray Maltais, *La Production audio-visuelle dans l'Outaouais québécois. Publicité rime avec efficacité. Les Productions Claude Savoie*, Dr, 70ᵉ année, n° 18, 17 avril 1982, p. 31.

SAVOIE, CLAUDE (1942-   ). Essayiste et poète, né à Montréal. Il fait ses humanités au Collège de Saint-Laurent, au Collège Saint-Denis et à la Faculté des arts de l'Université de Montréal, puis il étudie la science politique à l'Université d'Ottawa. En outre, il effectue des stages en communication à l'Université de Montréal et en informatique en France (1974). De 1962 à 1965, il est journaliste pigiste au *Petit Journal*, à *Photo-Journal*, à *Maclean*, à *L'Actualité*..., enseigne un an à Lanaudière (1965-1966), est recherchiste et interviewer à Radio-Canada (1966-1973) aux émissions « Ni ange ni bête », « Sur le vif »..., travaille à l'Informathèque de l'Université d'Ottawa (1973-1975), est responsable en communication à Montréal (1975-1976) et à Hull (1977), puis fonde en 1978 les Productions Claude Savoie à Hull. Il est aussi chargé de cours

SAVOIE, JACQUES Jean (1951-   ). Romancier, poète et musicien acadien, né à Edmundston (Nouveau-Brunswick). Il fait ses humanités au Collège Saint-Louis d'Edmundston et au Collège de Bathurst (B.A., 1972). Boursier de France-Acadie, il obtient une maîtrise en lettres modernes (1973) à l'Université d'Aix-Marseille et termine la scolarité du doctorat (1976). À son retour, il fonde avec Isabelle Roy, Claude Fournier et Jean-Gabriel Comeau le Groupe Beausoleil-Broussard qui se taille une réputation internationale enviable (prix de la Jeune Chanson française, 1978) et dont il est le parolier. En septembre 1980, il quitte le groupe pour se consacrer à l'écriture. Ses premiers poèmes, publiés dans *L'Anti-livre* (1972), en collaboration avec Herménégilde Chiasson et Gilles Savoie, ont passé inaperçus. En 1979 paraît son premier roman,

Raconte-moi Massabielle (prix de l'Association francophone internationale, 1980), récit de l'expropriation d'un village acadien et de sa défense par un fou, histoire attachante à laquelle, en dépit du « talent très sûr » de l'auteur (Réginald Martel), la critique reproche des faiblesses de structure, des incorrections et « la constante oscillation entre langue et parlure » (Ginette Michaud). Jacques Savoie en fait un film pour l'ONF, en 1982. Un second roman, *Les Portes tournantes* (1984), provoque des louanges presque générales. « Roman exceptionnellement riche » (Michel Laurin). « Une histoire de tendresse, de folies, de musiques, qui est une des choses les plus justes et les plus émouvantes qui se soient racontées au Québec ces derniers temps » (Gilles Marcotte).

ŒUVRES

L'Anti-livre (poésie), Moncton, Les Éditions de l'Étoile magannée, 1972, [n.p.]. Collab. Herménégilde Chiasson et Gilles Savoie. (Texte polycopié).
Raconte-moi Massabielle, Moncton, Éditions d'Acadie, 1979, 153 p.
Les Portes tournantes. Roman, Montréal, Boréal Express, 1984, 159 p.
Le Récif du Prince. Roman, Montréal, Boréal, 1986, 158 p.
Une histoire de cœur (roman), Montréal, Boréal, 1988, 228 p.

ÉTUDES

Michel Beaulieu, *On nous écrit d'Acadie*, dans *Le Livre d'ici*, vol. 5, nᵒ 30, 30 avril 1980, p. 1.
Réginald Martel, *Caron, Savoie et Moreau, livres d'artistes ou non*, Pr, 96ᵉ année, nᵒ 105, 3 mai 1980, p. D-3.
Gilles Savoie, *Un sourire d'Acadie, Beausoleil Broussard*, Pe, vol. 22, nᵒ 20, 12–17 mai 1980, p. 3.
Ginette Michaud, *La Version acadienne d'une double expropriation*, Dev, vol. 71, nᵒ 269, 22 nov. 1980, p. 20, 40.
Gilles Cossette, *Raconte-moi Massabielle de Jacques Savoie*, LQ, nᵒ 19, automne 1980, p. 70–71.
Michel Laurin, *Les Portes tournantes, de Jacques Savoie*, dans *Nos livres*, vol. 15, avril 1984, p. 3–5 (entrevue) et nᵒ 5702.
François Hébert, *Savoie : un livre qui sonne juste, une découverte*, Dev, vol. 75, nᵒ 83, 7 avril 1984, p. 21.
Gilles Marcotte, *La Preuve d'un joli talent d'écrivain*, dans *L'Actualité*, vol. 9, nᵒ 6, juin 1984, p. 132.
Louise Milot, *Les Portes tournantes de Jacques Savoie*, LQ, nᵒ 35, automne 1984, p. 17–18.
Marie-Claire Girard, « *Une histoire de cœur*, de Jacques Savoie. Un écrivain au talent étincelant, Dr, 76ᵉ année, nᵒ 130, 15 oct. 1988, p. 51.

SAVOIE, PAUL W. (1946–   ). Poète et chansonnier, né à Saint-Boniface (Manitoba). Après ses études classiques au Collège de Saint-Boniface

(B.A., 1967), il suit des cours de littérature française à l'Université Laval et termine sa maîtrise en 1969 à l'Université du Manitoba. De 1970 à 1972 il enseigne la littérature française au Collège de Saint-Boniface. En 1974, il obtient une maîtrise en littérature comparée et en littérature anglaise, puis il enseigne la littérature anglaise au Collège de Saint-Boniface (1974–1975). Il compose de la musique et des chansons avec son frère François. En 1974, les Éditions du Blé publient son premier recueil de poésie, *Salamandre*, où alternent les poèmes en vers libres et la prose poétique. À l'occasion des Jeux olympiques de Montréal, en 1976, il participe au Solstice de la poésie. À la même date, il s'établit à Ottawa et devient traducteur-pigiste. Son deuxième recueil de poésie, *Nahanni*, paraît en 1976, suivi d'un troisième, en 1979, *La Maison sans murs*. Il écrit en français et en anglais. Sa poésie est riche par ses formes et ses couleurs ; elle est cérébrale dans sa thématique. « Savoie met l'accent sur la technique, remarque Richard Giguère : style travaillé, recherche de concision et de densité du langage, concentration des images, neutralité du ton ».

ŒUVRES

Salamandre. Poésie, Saint-Boniface, Les Éditions du Blé, 1974, 167 p. Dessin de Bernard Mulaire.
Nahanni. Poésie, Saint-Boniface, Les Éditions du Blé, 1976, 102 p. Ill. de Micheline Rochetie.
La Maison sans murs (poésie), Hull, Éditions Asticou, 1979, 79 p. Ill. de Suzanne Gauthier. « Poètes de l'Outaouais ».
Acrobats (poésie), Toronto, Aya Press, 1982, 70 p. Ill. de Jerry Silverberg. « Poetry Series ».
À la façon d'un charpentier (poésie et prose), Saint-Boniface, Les Éditions du Blé, 1984, 208 p. Ill. de B. Mulaire, S. Gauthier, D. Hlynsky, J. Fleury, M. Piché, J. Silverberg et S. Vinette.

ÉTUDES

Dave Carpenter, « *Salamandre* », dans *Contemporary Verse*, vol. 1, nᵒ 1, printemps 1975, p. 12–13.
Stéphane-Albert Boulais, « *La Maison sans murs* » de Paul Savoie ; le risque de l'intelligence, Dr, 67ᵉ année, nᵒ 226, 22 déc. 1979, p. 18.
Marthe Lemery, « *La Maison sans murs* » ou L'Exploration de demain, Dr, 67ᵉ année, nᵒ 152, 17 oct. 1979, p. 43.
Luc Bouvier, *Paul Savoie. La Maison sans murs*, LAQ 1979, p. 119.
Richard Giguère, *En d'autres lieux (de poésie)*, LQ, nᵒ 17, printemps 1980, p.. 30–31.
Rossel Vien, *Un poète à relire*, dans *Saint-Boniface Courrier*, vol. 10, nᵒ 545, p. 10.
François Paré, *Paul Savoie. Recueillir sa vie en poésie*, Dr, 74ᵉ année, nᵒ 200, 22 nov. 1986, p. 20.

SAVOIE, ROGER (1933–   ). Essayiste acadien, né à Moncton (Nouveau-Brunswick). Il fait ses humanités au Collège de l'Assomption de Moncton et au Séminaire de philosophie de Montréal (B.A., B.Ph., 1953). En 1957, il obtient un baccalauréat en pédagogie à Moncton et une licence en théologie à l'Université de Montréal. Il obtiendra encore une maîtrise en lettres à l'Université Laval (1961), une licence en philosophie à l'Université Saint-Thomas de Rome (1964), un doctorat en philosophie pour une thèse sur « Religion et Existence profane » (1970) ; à l'Université de Strasbourg il soutient aussi une thèse de doctorat d'État (1972) sur « L'Occident et la Passion prophétique ». Il est professeur de littérature française à Moncton (1957–1962), puis professeur de philosophie à l'Université de Moncton (1965–1967), à l'Université de Montréal (1967–1968), au Cégep de Rosemont (1968–1969) et au Cégep de Saint-Laurent à partir de 1972. Il collabore à divers périodiques, tels *La Nouvelle Barre du jour* et *Philosophiques*. En 1980 paraît *Le Philosophe-chat*, ouvrage dans lequel « l'auteur règle ses comptes avec la pensée en général et plus spécifiquement avec la philosophie », dépassant même un irrationalisme très ancien, invitant à ne plus penser du tout. « Et pourtant cette envolée hystérique contre la philosophie ne pourrait que provoquer un malaise chez celui qui la pratique [...], parce que *Le Philosophe-chat* va l'obliger à se demander pourquoi il fait de la philosophie. C'est là le côté intéressant du livre » (Serge Robert).

ŒUVRE

Le Philosophe-chat ou Les Ruses du désir (essai), Montréal, Éditions Quinze, 1980, 165 p. « Prose exacte ».

Le Métèque du sexe, dans Luc Benoit *et al.*, *Sortir*, Montréal, L'Aurore, 1978, 303 p.
Phagie. Petit traité de cannibalisme, NBJ, n⁰ 76, mars 1979, p. 55–71.

ÉTUDES

Serge Robert, *Roger Savoie. Le Philosophe-chat*, LAQ 1980, p. 313–314.
Jacques Dufresne, *La Pensée miou miou*, Dev, vol. 71, n⁰ 216, 20 sept. 1980, p. 19.

SAVOY, ANN [née Ann Allen] (1952–   ). Musicienne et folkloriste louisianaise, née à Saint Louis au Missouri (É.-U.). Très tôt elle suit ses parents à Richmond (Va.) où elle étudie au Mary Baldwin College (B.A., 1974 et un certificat en pédagogie en 1976). Elle passe quelques années en Suisse et à Paris avant de s'établir à Richmond où elle enseigne le français et la musique. Par la suite, elle s'installe à Eunice et fait des recherches sur la musique et le folklore « cajun », en compagnie du musicien Marc Savoy, et enregistre plusieurs disques. En 1985, elle fait paraître un ouvrage fort intéressant sur les traditions populaires des Cajuns, ouvrage qui comprend une anthologie de chansons, des entrevues et une bibliographie des disques de musique cajune populaire.

ŒUVRE

Cajun Music : A Reflection of a People (essai et anthologie), Eunice, La., Bluebird Press, 1985, t. 1, 210 p. Ill.

SCALABRINI, RITA (1919–   ). Peintre et conteuse pour enfants, née à Sainte-Edwidge-de-Clifton (Compton). Elle étudie aux écoles des beaux-arts de Québec (1959–1960) et de Montréal (1960–1964), suit des cours d'histoire de l'art à l'Université de Montréal (1963–1965), reçoit un brevet spécialisé pour l'enseignement des arts (1965), et va étudier à l'École du Louvre de Paris (1966, 1969). Elle enseigne l'art à la Commission des écoles catholiques de Montréal à partir de 1968, fait de nombreuses expositions de ses œuvres au Québec, au Nouveau-Brunswick, en Ontario et à New York, dessine le décor et les costumes de *La Sagouine*, etc. À sa peinture s'ajoutent ses talents de conteuse, et elle publie plusieurs livres pour les enfants. *Le Livre canadien* dit du *Petit Chocola Cho* : « Nous sommes loin, Dieu merci ! du trait fignolé, léché, traditionnel, quoi ! Et c'est heureux ! Le vocabulaire reste simple et suggestif ». On loue de même *L'Acadie et la Mer* (1973) qui fait apprendre aux enfants un pays et ses légendes. La série *La Famille Citrouillard* remporte aussi du succès, mais le second, *La Famille Citrouillard au temps des sucres* (1976), déçoit Christiane Duchesne, car dessins et texte lui semblent froids, et il s'agit d'une « narration éducative qui arrive un peu tard », vu disparition des techniques artisanales. D'une manière générale, Rita Scalabrini marie bien ses qualités de peintre à son talent de conteur-poète.

ŒUVRES

Le Petit Chocola Cho (litt. jeunesse), [Montréal], Leméac, 1972, [n.p., 26 p.]. Ill. de l'auteur. « Jeunesse ».
L'Acadie et la Mer (litt. jeunesse), [Montréal], Leméac, 1973, 46 p. Ill. « Chicouté ».
L'Acadie pour quasiment rien. Guide historique, touristique et humoristique d'Acadie (guide), [Montréal], Leméac, 1973, 133 p. Collab. Antonine Maillet. Ill.

La Famille Citrouillard (litt. jeunesse), [Montréal], Leméac, 1974, 25 p. Ill. « Jeunesse ».

La Famille Citrouillard au temps des sucres (litt. jeunesse), [Montréal], Leméac, 1976, 32 p. Ill. « Jeunesse ».

La Famille Citrouillard aux poissons des chenaux (litt. jeunesse), [Montréal], Leméac, 1979, 40 p. Ill. « Jeunesse ».

Non, je ne suis pas né, [Montréal], Leméac, 1985, 45 p. Ill. de l'auteur.

ÉTUDES

[Anonyme], *Le Petit Chocola Cho de Rita Scalabrini*, dans *Le Livre canadien*, vol. 3, déc. 1972, nº 316.

[Anonyme], *Scalabrini (Rita), L'Acadie et la Mer*, dans *Le Livre canadien*, vol. 6, janv. 1975, nº 26.

Renée Cimon, *Scalabrini (Rita). La Famille Citrouillard au temps des sucres*, dans *Nos livres*, vol. 8, mai 1977, nº 201.

Christiane Duchesne, *Les Citrouillard*, dans *Le Livre d'ici*, vol. 2, nº 41, 20 juillet 1977, p. 1.

Renée Rowan, *Au temps des étrennes... On offre à nos jeunes des albums chouettes*, dans *Le Livre d'ici*, vol. 5, nº 10, 12 déc. 1979, p. 1.

SCHENCK, ERNEST (1892–   ). Journaliste, né à Gentilly (Minnesota, É.-U.). Après ses études, il devient journaliste au *Devoir* (1914–1924). Entré dans la fonction publique canadienne, il occupe les fonctions de traducteur à la Chambre des communes qu'il quitte après vingt-sept ans pour devenir rédacteur au Service international de Radio-Canada en 1957 ; il y demeure jusqu'à sa retraite (1968). Sa vaste expérience, acquise au cours de nombreux voyages à travers le monde, le conduit à publier, pour le compte des chemins de fer nationaux, des brochures remarquables sur la manière de voyager, soit à travers le Canada, soit à travers la province de Québec. En 1970, il publie *Silhouettes de journalistes*, croquis et remarques sur les journalistes célèbres qu'il a rencontrés au cours de sa longue carrière.

ŒUVRES

La Grande Aventure (voyage), Montréal, Chemin de fer national du Canada, 1927, 111 p. Gravures d'Octave Bélanger.

La Doulce Province, Montréal, Chemin de fer national du Canada, [192 ?], 63 p. Collab. Claude Melançon et Jean-Charles Harvey. Ill.

Silhouettes de journalistes. Vedettes et simples troupiers, sans fiel et sans fard. Aussi, souvenirs d'un imprimeur, Montréal, [Chez l'auteur], 1970, 40 p.

SCHOLASTIQUES, LES. Voir **LAMARCHE, GUSTAVE.**

SCRUTATEURS. Voir **LAMARCHE, GUSTAVE.**

SEERS, EUGÈNE. Voir **DAUTIN, LOUIS.**

SÉGUIN, LIONEL (1886–1963). Historien, essayiste et dramaturge, né à Ottawa. Après des études en droit canon à Rome et en architecture à Louvain, il est nommé vicaire à la cathédrale de North Bay (Ontario). Il y fonde la paroisse Saint-Vincent-de-Paul. Nommé successivement curé des paroisses de Warren (1914), de Saint-Charles (1918 et 1937), de Cartier (1926), de Lavigne (1928), de Hamner (1930) et de Chelmsford (1945), il travaille à l'épanouissement de la communauté franco-ontarienne. Il collabore à plusieurs périodiques et écrit des ouvrages sur le fait français en Ontario : *Historique de la paroisse Saint-Charles* et *Historique de la paroisse de Chelmsford*. Il est, en outre, l'auteur de quelques pièces de théâtre. Comme le remarque Yolande Grisé, l'abbé Séguin a des « yeux d'artiste peintre », il sait recréer « les traits caractéristiques d'un tableau familier ».

ŒUVRES

Historique de la paroisse Saint-Charles, Saint-Charles, [Chez l'auteur], 1945, 490 p.

Historique de la paroisse de Chelmsford, Ontario, [Sudbury, s.é.], 1948, 341 p.

ÉTUDE

Yolande Grisé, *Anthologie de textes littéraires franco-ontariens*, Montréal, Fides, 1982, t. 4, *Pour se faire un nom*, p. 111–112.

SÉGUIN, MAURICE (1918–1984). Historien, né à Horse-Creek (Saskatchewan). Il fait ses études classiques aux Collèges Saint-Ignace et Brébeuf de Montréal (B.A., 1942). Licencié ès lettres de l'Université de Montréal (1944), il prépare un doctorat ès lettres (histoire) à la même université ; en 1948, il soutient une thèse intitulée « La Nation canadienne et l'Agriculture, 1760–1850 » publiée en 1970. À partir de 1948, Maurice Séguin enseigne l'histoire à l'Université de Montréal. Sans avoir une œuvre considérable, cet historien, au dire de Michel Brunet, est le maître à penser de toute une génération d'historiens, de ceux surtout qu'on nomme « L'École de Montréal ». « Nous sommes nombreux à partager le privilège d'avoir bénéficié de son action intellectuelle unique au Canada français depuis la défense de sa thèse de doctorat ». Cette influence profonde,

Serge Gagnon l'explique ainsi : par ses préoccupations économiques, la thèse de Séguin « constituait une révélation de notre problématique historique. Malgré sa publication tardive que d'aucuns ont déplorée, ceux qui s'intéressent au régime britannique ne peuvent l'ignorer ». Scruter la vocation nationale du peuple canadien-français en partant de l'économie attentivement étudiée, voilà l'essentiel de la thèse de Maurice Séguin.

Serge Gagnon, *La Nation canadienne et l'Agriculture 1760–1850 de Maurice Séguin*, LAQ 1970, p. 190–192.
Michel Brunet, *Feu Maurice Séguin. Les étapes de l'historien et du maître à penser*, Dev, vol. 75, nº 209, 8 sept. 1984, p. 11, 14.
Jean-Pierre Wallot, *À la recherche de la nation : Maurice Séguin (1918–1984)*, RHAF, vol. 38, nº 4, 1985, p. 569–590.
Maurice Séguin, historien du pays québécois, vu par ses contemporains (ouvrage collectif), suivi de *Les Normes*, Montréal, VLB éditeur, 1987, 308 p. « Études québécoises ».

ŒUVRES

L'Idée d'indépendance au Québec. Genèse et historique (essai), Trois-Rivières, Éditions Boréal Express, 1967, 66 p. ; 1971 ; 1977. (Extraits parus dans J.-P. Bernard, *Les Rébellions de 1837–1838*, Montréal, Boréal Express, 1983, p. 173–189).
La Nation canadienne et l'Agriculture (1760–1850). Essai d'histoire économique, Trois-Rivières, Boréal Express, 1970, 284 p.
Documents sur le British North America, 1846–1848, Montréal, Librairie de l'Université de Montréal, 1973, 92 f. (Texte polycopié) ; PUM, 142 p.

La Conquête et la Vie économique des Canadiens, AN, vol. 28, nº 4, déc. 1946, p. 308–326 ; aussi dans R. Durocher et P.-A. Linteau, *Le « Retard » du Québec et l'Infériorité économique des Canadiens français*, Trois-Rivières, Boréal Express, 1971, p. 93–111.
Le Régime seigneurial au pays du Québec (1760–1864), RHAF, vol. 1, nº 3, déc. 1947, p. 382–402 ; vol. 1, nº 4, mars 1948, p. 519–532.
Genèse et Historique de l'idée séparatiste au Canada français, dans *Laurentie*, nº 119, 1962, p. 964–996 ; aussi dans *Québec : hier et aujourd'hui*, Toronto, Mac-Millan, 1967, p. 226–229. Traduction anglaise par Paul Franklin : *Origin and Historical Record of the Separatist Idea in French Canada. A Study*, Waterloo (Ont.), Dept. of History, University of Waterloo, 1964, 25 f.
Le Québec (essai), dans *Québec-Canada*, Paris, Éditions du Burin, 1973, p. 43–167. Ill. Préface de René Lévesque. Avant-propos de Claude Ryan.

ÉTUDES

Serge Gagnon, *Pour une conscience historique de la révolution québécoise*, CL, vol. 16, nº 83, janv. 1966, p. 4–19.
Michel Lapalme, *Le Nouveau Chanoine Groulx s'appelle Séguin*, MM, vol. 6, nº 4, avril 1966, p. 16, 48, 50, 54.
Pierre Savard, *Sept ans de production historique au Canada français, 1961–1968*, LAC 1968, p. 161.
Réginald Martel, *L'Histoire et son rôle au Québec*, Pr, 85e année, nº 15, 18 janv. 1969, p. 29.
Michel Brunet, *Les Canadiens après la conquête, 1759–1775*, Montréal, Fides, 1969, p. 11.
Fernand Ouellet, *L'Idée d'indépendance*, RHAF, vol. 22, nº 4, 1969, p. 637–643.
Jean Blain, *Maurice Séguin ou La Rationalisation de l'histoire nationale*, dans *La Nation canadienne et l'Agriculture*, Trois-Rivières, Boréal Express, 1970, p. 17–40.

SÉGUIN, ROBERT-LIONEL (1920–1982). Ethnologue et historien, né à Rigaud (Vaudreuil). Diplômé d'études supérieures en histoire de l'Université Laval, licencié en sciences sociales, économiques et politiques, il obtient un doctorat ès lettres de l'Université Laval (1961). Au cours des années 1950, il travaille au dépouillement d'actes notariés pour le compte du Musée du Québec. De 1960 à 1966, d'abord sous les auspices du Musée national du Canada, ensuite sous l'égide du Musée national des arts et traditions populaires de Paris, il parcourt plusieurs régions rurales de la France pour retrouver des prototypes de spécimens québécois d'outils de la technologie agricole et textile. En 1972, il soutient une thèse de doctorat en ethnologie à la Sorbonne. À titre de professeur, on le retrouve chargé de cours en folklore. Il enseigne ensuite à l'Université Laval en 1966, puis à l'Université de Montréal en 1969, et à l'Université du Québec à Trois-Rivières en 1972. À partir de 1950, il est chercheur invité au CELAT de l'Université Laval. Il dirige à partir de 1972, la collection des Éditions Hurtubise (HMH) : « Les Cahiers d'ethnographie ». Lauréat de l'Académie française (prix Broquette-Gonin), membre de la Société royale du Canada (1969), de la Société des Dix et de la Société d'ethnographie française de Paris, Robert-Lionel Séguin reçoit, en 1968, le prix du Gouverneur général pour *La Civilisation traditionnelle de l'« habitant » aux XVIIe et XVIIIe siècles*. En plus de rédiger une quinzaine de volumes, il publie plus de 300 articles sans compter ses participations hebdomadaires aux journaux *L'Interrogation* de Rigaud (1941–1951), *Le Salaberry* (1945–1953) et *La Presqu'île* de Dorion (1952–1959). Pendant plusieurs années, il dirige la *Revue d'ethnologie du Québec*, publiée chez Leméac. Il fait œuvre de pionnier en essayant de répertorier les éléments essentiels de la civilisation traditionnelle québécoise. « Son désir était, remarque Jean-Claude Dupont, d'en arriver, au moyen d'objets d'époque, à reconstituer tous les moments de l'existence de l'homme et de la femme au Québec au temps de la civilisation traditionnelle ».

ŒUVRES

Le Mouvement insurrectionnel dans la presqu'île de Vaudreuil 1837–1838 (histoire), Montréal, Librairie Ducharme, 1955, 160 p.

L'Équipement de la ferme canadienne aux XVIIe et XVIIIe siècles (ethnologie), Montréal, Librairie Ducharme, 1959, 126 p.

La Sorcellerie au Canada français du XVIIe au XIXe siècle (ethnologie), Montréal, Librairie Ducharme, 1959, 192 p. ; 1961 ; *La Sorcellerie au Québec du 17e au 19e siècle*, Leméac, 1971, 245 p. ; *La Sorcellerie au Québec du XVIIe au XIXe siècle*, Montréal/Paris, Leméac/Payot, 1978, 250 p.

Les Granges du Québec du XVIIe au XIXe siècle, Ottawa, Ministère du Nord canadien et des Ressources nationales, 1963, vii, 128 p. Ill. « Bulletin d'histoire » ; Montréal, Éditions Quinze, 1976, vii, 128 p. Ill.

Les Moules du Québec (ethnologie), Ottawa, Ministère du Nord canadien et des Ressources nationales, 1963, vii, 141 p. Ill. « Bulletin d'histoire ».

La Victoire de Saint-Denis (histoire), Montréal, Parti Pris, 1964, 45 p. ; 1968.

La Civilisation traditionnelle de l'« habitant » aux XVIIe et XVIIIe siècles (ethnologie), Montréal/Paris, Fides, 1967, 701 p. Ill. « FL » ; Montréal, Fides, 1973.

Le Costume civil en Nouvelle-France (ethnologie), Ottawa, Ministère du Nord canadien et des Ressources nationales, 1968, xvi, 330 p. Ill. « Bulletin de folklore ».

Les Divertissements en Nouvelle-France (ethnologie), Ottawa, Ministère du Nord canadien et des Ressources nationales, 1968, xvii, 79 p. Ill. « Bulletin de folklore ».

La Maison en Nouvelle-France (ethnologie), Ottawa, Ministère du Nord canadien et des Ressources nationales, 1968, xiv, 92 p. Ill.

Les Jouets anciens du Québec (ethnologie), [Montréal], Leméac, 1969, 109 p. Ill. ; 1976, 123 p. (Édition revue et augmentée).

Ethnologie québécoise I, Montréal, Hurtubise HMH, 1972, 201 p. « Cahiers du Québec ». Collab.

Les Ustensiles en Nouvelle-France (ethnologie), [Montréal], Leméac, 1972, 143 p.

La Vie libertine en la Nouvelle-France du XVIIe siècle (histoire), [Montréal], Leméac, 1972, 600 p.

L'Esprit révolutionnaire dans l'art québécois. De la déportation des Acadiens au premier conflit mondial, Montréal, Éditions Parti Pris, 1973, 579 p. Ill.

L'Injure en Nouvelle-France, [Montréal], Leméac, 1976, 250 p.

La Couverture de lit du Québec ancien, Vaudreuil, Musée régional de Vaudreuil-Soulanges, 1980, 24 p. Ill.

La Danse traditionnelle au Québec, Sillery, Presses de l'Université du Québec, 1986, 176 p. Ill.

L'Équipement aratoire et horticole du Québec ancien (XVIIe, XVIIIe et XIXe siècles), Montréal, Guérin littérature, 1989, 2 tomes, 436 et 595 p. Coll. « Culture populaire ».

Les Cent Associés (1627–1663), AN, vol. 43, nos 7–8, juillet–août 1954, p. 534–565 ; vol. 44, no 1, sept. 1954, p. 79–83.

L'Île aux tourtres, avant-poste de peuplement, RHAF, vol. 8, no 2, sept. 1954, p. 243–253.

L'Habitant et ses véhicules aux 17e et 18e siècles, RHAF, vol. 11, no 2, sept. 1957, p. 242–269.

Les Techniques agricoles en Nouvelle-France, CD, no 28, 1963, p. 255–288.

Les Patriotes étaient-ils bien armés ?, L, vol. 7, no 37, janv.–avril 1965, p. 18–32.

Le Romancero des Séguin, CD, no 31, 1966, p. 243–301.

Quelques Techniques et Métiers traditionnels, CD, no 34, 1969, p. 165–180.

ÉTUDES

Lionel Groulx, *Le Mouvement insurrectionnel dans la presqu'île de Vaudreuil 1837–1838*, RHAF, vol. 9, no 2, sept. 1955, p. 289–291.

Lucien Campeau, *La Civilisation traditionnelle de l'« habitant » aux XVIIe et XVIIIe siècles*, RHAF, vol. 22, no 1, juin 1968, p. 114–116.

Jacques Gouin, *La Victoire de Saint-Denis*, RHAF, vol. 22, no 1, juin 1968, p. 122–124.

Roger Pinon, *Le Costume civil en Nouvelle-France*, RS, vol. 11, nos 1–2, janv.–août 1970, p. 177–182.

Victor-Lévy Beaulieu, *Pour nos gouvernans, ça n'existe pas*, Pe, vol. 14, no 31, 29 juillet 1972, p. 2–5.

Jean-Pierre Légaré, *Le Québec à travers la lunette d'un sorcier*, Pr, 88e année, no 147, 29 juillet 1972, p. D-3.

Serge Gagnon, *La Vie libertine en Nouvelle-France au XVIIe siècle*, LAQ 1972, p. 270–273.

Alain Duhamel, *Robert-Lionel Séguin et notre patrimoine populaire*, dans *Le Jour*, 2e année, no 232, 6 déc. 1975, p. 35.

Yvan Lamonde, *Histoire d'ici et Ethnologie*, Pr, 92e année, no 162, 26 juin 1976, p. E-2, E-3.

Jacques Benoît, *L'ethnologue québécois Robert-Lionel Séguin meurt subitement à 61 ans*, Pr, 98e année, no 217, 18 sept. 1982, p. E-5.

La Vie quotidienne au Québec. Histoire, métiers, techniques et traditions. Mélanges à la mémoire de Robert-Lionel Séguin, Sillery, PUQ, 1983, xii, 395 p. Ill. Publiés sous les auspices de la Société québécoise des ethnologues.

SÉLAVY, RROSE. Voir **VILLEMAIRE, YOLANDE.**

SENÉCAL, Marie ÉVA (1905–   ). Poète et romancière, née à La Patrie (Compton), fille d'un cultivateur. Après le cours primaire dans son village natal, elle continue ses études à l'École normale de Saint-Hyacinthe (1918–1921). En 1923, elle doit faire un séjour au Sanatorium du Lac Édouard où elle prend goût à l'écriture. De 1920 à 1930, elle est correspondante à *La Patrie* et, de 1933 à 1935, elle travaille au bureau du shérif de Montréal. En 1936, elle est nommée rédactrice au ministère des Affaires extérieures à Ottawa ; par la suite, elle s'occupe de la traduction française des délibérations du Sénat. En 1937, elle retourne à la maison s'occuper de son père blessé dans un accident de voiture et, en 1940, elle se marie. Par la suite, elle se réfugie à la campagne, proche de la nature. « La lecture, l'étude et peu après la poésie ont été pour moi une évasion, une porte ouverte sur le domaine merveilleux », confie-t-elle à Adrienne Choquette. Son premier recueil, *Un peu d'angoisse... un peu de fièvre*, paraît en 1927 ; l'année suivante, elle remporte le premier prix du « Concours du Salon des Poètes de Lyon ». Son second recueil de poèmes, *La Course dans l'aurore* (1929), lui mérite le prix de l'Action intellectuelle (section poésie). Ce recueil, divisé en quatre sections, « le beau rêve », « azur et beauté », « l'heure amoureuse », « chimères et douleurs », est remarquable par son lyrisme. « Je sens [...] quelque chose de frais, de printanier, de virginal, écrit Louis Dantin ; une voix absolument sincère dont l'éloquence vient du dedans, où le mot a jailli de la poitrine sans passer presque par l'esprit ». Et Alfred DesRochers ajoute : « C'est l'œuvre d'un auteur féminin qui me satisfait le plus jusqu'à date au Canada... » Par la suite, elle semble délaisser la poésie au profit du roman. En 1931, son livre *Dans les ombres* inaugure chez Albert Lévesque la collection « les Romans de la jeune génération ». Si Jules Larivière en dénonce l'immoralité, Séraphin Marion souligne l'impression de sincérité et « l'impression de vie » du roman. La polémique s'engage aussitôt entre les tenants de la thèse moraliste et ceux qui y voient une œuvre de grande promesse. « Entre les pages de ce petit livre, écrit Maurice Hébert, mademoiselle Senécal a enfermé toute l'histoire d'une femme maladive, suprasensible, que sa curiosité et ses instincts d'amoureuse ont littéralement jetée dans les bras d'un beau passant, et que la nature elle-même accable ». Son dernier roman, *Mon Jacques*, paraît en 1933 et témoigne d'une belle maturité, même si Albert Dandurand juge que ce roman ne possède que « peu d'originalité ». Cependant, il ajoute : « le récit se développe en une suite naturelle et facile ; le style procède par des touches brèves et précieuses ». Le roman « reflète,

selon Antoine Sirois, une authentique sensibilité et un don vrai de l'expression » (DOLQ, 2, p. 727).

ŒUVRES

Un peu d'angoisse... un peu de fièvre (poésie), Montréal, « La Patrie », 1927, 73 p.

La Course dans l'aurore (poésie), Sherbrooke, Éditions de « La Tribune », 1929, 159 p. Préface de Louis-Philippe Robidoux.

Dans les ombres (roman), Montréal, Éditions Albert Lévesque, 1931, 150 p. Ill. de J.-Paul Audet. « Romans de la jeune génération ».

Mon Jacques. Roman, Montréal, Éditions Albert Lévesque, 1933, 222 p.

ÉTUDES

Gaëtane de Montreuil, *Une peu d'angoisse... un peu de fièvre*, dans *Mon Magazine*, vol. 2, n° 6, sept. 1927, p. 48.

Maurice Hébert, *Un peu d'angoisse... un peu de fièvre*, dans *Le Canada français*, vol. 15, n° 3, nov. 1927, p. 228–229.

Albert Pelletier, *La Course dans l'aurore*, dans *La Revue moderne*, 11e année, n° 1, nov. 1929, p. 8.

Alfred DesRochers, *La Course dans l'aurore : poèmes de Mlle Éva Senécal*, dans *Paragraphes, (Interviews littéraires)*, Montréal, Librairie d'Action canadienne-française, 1931, p. 151–166.

Camille Roy, *La Course dans l'aurore*, dans *L'Enseignement secondaire*, vol. 9, n° 5, juin 1930, p. 308–311 ; repris dans *Regards sur les lettres*, Québec, L'Action sociale limitée, 1931, p. 128–134.

Jules Larivière, *Dans les ombres*, dans *Mon Magazine*, vol. 6, n° 7, sept. 1931, p. 5.

Camille Roy, *Dans les ombres*, dans *L'Enseignement secondaire au Canada*, vol. 11, n° 2, nov. 1931, p. 94–97.

Des Esseintes, *Dans les ombres*, dans *La Revue populaire*, vol. 24, n° 12, déc. 1931, p. 24.

Maurice Hébert, *Au tournant romanesque de nos lettres*, dans *Le Canada français*, vol. 19, n° 5, janv. 1932, p. 373–375, 381–383.

Id., *Dans les Ombres, par Éva Senécal*, dans ... *Et d'un livre à l'autre*, Montréal, Éditions Albert Lévesque, 1932, p. 245–256.

Jean Bruchési, *Dans les ombres*, dans *La Revue moderne*, 13e année, n° 4, févr. 1932, p. 16.

Séraphin Marion, *Trois romans de la jeune génération*, dans *La Revue dominicaine*, 38e année, juin–juillet–août 1932, p. 345–351, 412–422.

[Anonyme], *Mon Jacques*, dans *Le Terroir*, vol. 14, n° 11, avril 1933, p. 6–7.

Jean Bruchési, *Mon Jacques*, dans *La Revue moderne*, 14e année, n° 7, mai 1933, p. 9.

Louis Dantin, *Éva Senécal. « La Course dans l'Aurore »*, dans *Poètes de l'Amérique française 11e série*, Montréal, Éditions Albert Lévesque, 1934, p. 169–179.

Albert Dandurand, *Le Roman canadien-français*, Montréal, Éditions Action canadienne-française, 1937, p. 230–231.

Adrienne Choquette, *Éva Senécal*, dans *Confidences d'écrivains*, Trois-Rivières, Les Éditions du Bien public, 1939, p. 205–209.

SERNINE, DANIEL [X Alain Lortie] (1955–   ). Romancier et nouvelliste de science-fiction et de fantastique, né à Montréal. Il étudie aux collèges Notre-Dame et Jean-de-Brébeuf de Montréal

(D.E.C., 1972), puis il obtient, à l'Université de Montréal, un baccalauréat en histoire (1975) et une maîtrise en bibliothéconomie (1977). Il s'intéresse tôt à la science-fiction et commence, dès 1975, à publier contes et nouvelles dans *Requiem* (revue devenue *Solaris*), *Espace-Temps*, *Pour ta belle gueule d'ahuri*, *Antarès* (France). En 1977, il remporte le premier prix Dagon pour *Exode 5*, meilleure nouvelle québécoise de science-fiction de l'année. Écrivain prolifique, il fait paraître, de 1979 à 1985, quatre recueils de contes et nouvelles et neuf romans signés du pseudonyme Sernine. Norbert Spehner dit du premier recueil, *Les Contes de l'ombre* (1979), qu'on pourra reprocher à ces contes de la « complaisance dans le macabre et le morbide » et « un certain abus d'adjectifs et de superlatifs », mais il ajoute que Sernine est « un excellent conteur ». De son côté, Pierre Monette trouve que *Le Trésor du « Scorpion »* (1980) est prétexte à morale bien pensante et à représentation de valeurs conservatrices. Dans l'ensemble et à mesure que s'édifie l'œuvre de Sernine, la critique est favorable, et la remarque d'André Janoël à propos des contes de *Quand vient la nuit* (1983) la résume fort bien : « Ce qui retient ici c'est l'intérêt soutenu des récits, l'habileté de la construction, la qualité d'une langue et d'un style qui ne se dément pas ». En 1985, Sernine obtient le prix de littérature jeunesse pour son roman *Le Cercle violet*.

ŒUVRES

Les Contes de l'ombre (contes), Montréal, Presses Sélect ltée, 1979, 190 p.

Légendes du vieux manoir (contes), Montréal, Presses Sélect ltée, 1979, 149 p.

Organisation Argus (roman), Montréal, Éditions Paulines, 1979, 113 p. Ill. de Gabriel de Beney. « Jeunesse-Pop ».

Le Trésor du « Scorpion » (roman), Montréal, Éditions Paulines, 1980, 144 p. Ill. « Jeunesse-Pop ».

L'Épée Arhapal (roman), Montréal, Éditions Paulines, 1981, 174 p. « Jeunesse-Pop ».

Le Vieil Homme et l'Espace (nouvelles), Longueuil, Le Préambule, 1981, 241 p. « Chroniques du Futur ».

La Cité inconnue (roman), Montréal, Éditions Paulines, 1982, 160 p. « Jeunesse-Pop ».

Argus intervient (roman), Montréal, Éditions Paulines, 1983, 159 p.

Ludovic. Roman, Montréal, CLF Pierre Tisseyre, 1983, 274 p. Ill.

Les Méandres du temps. Roman, Longueuil, Le Préambule, 1983, 357 p.

Quand vient la nuit. Contes fantastiques, Longueuil, Le Préambule, 1983, 267 p. « Chroniques de l'au-delà ».

Le Cercle violet. Roman, Montréal, CLF Pierre Tisseyre, 1984, 231 p. Ill.

Les Envoûtements (roman), Montréal, Éditions Paulines, 1985, 109 p. Ill.

Écrire pour son plaisir, dans *Solaris*, vol. 6, n° 1, févr. 1980, p. 14–15.

Atelier d'écriture 80, dans *Solaris*, vol. 6, n° 4, août–sept. 1980, p. 24–25.

La Bande dessinée / Aventure d'un écrivain au pays de la bande dessinée, dans *Solaris*, vol. 8, n° 1, févr. 1982, p. 15–20. Collab. Luc Pomerleau.

Les Amis de Monsieur Soon, dans *Aurores boréales 1*, Longueuil, Le Préambule, 1983, p. 159–180. « Chroniques du futur ».

Loin des vertes prairies, dans *Aurores boréales 2*, Longueuil, Le Préambule, 1985, p. 215–252.

ÉTUDES

Norbert Spehner, *Trois voyages dans l'imaginaire. De la rue St-Denis à la Michikouagouk en passant par les déserts de Mars...*, LQ, n° 15, août–sept. 1979, p. 47–48.

Hélène Roberge, *Daniel Sernine. Organisation Argus*, LAQ 1979, p. 264–265.

Luc Bernier, *Science-fiction pour jeunes*, dans *Solaris*, vol. 6, n° 2, avril 1980, p. 43.

Madeleine Bellemare, *Sernine (Daniel). Organisation Argus*, dans *Nos livres*, vol. 11, mai 1980, n° 177.

Pierre Monette, *Daniel Sernine. Le Trésor du « Scorpion »*, LAQ 1980, p. 233.

Michel Laurin, *Sernine (Daniel). Le Trésor du « Scorpion »*, dans *Nos livres*, vol. 12, mars 1981, n° 159.

Jean-Pierre Moumon et Martine Blond, *Rencontre avec Daniel Sernine* (entrevue), dans *Antarès* (La Volette, France), vol. 1, n° 1, printemps 1981, p. 130–140.

Claude Janelle, *Science-fiction et Fantastique au Québec*, dans *Solaris*, vol. 8, n° 1, févr. 1982, p. 3.

Michel Laurin, *Sernine (Daniel). L'État Arhapal*, dans *Nos livres*, vol. 13, juin–juillet 1982, n° 303.

Id., *Sernine (Daniel). La Cité inconnue*, dans *Nos livres*, vol. 14, mars 1983, n° 5167.

André Janoël, *Sernine (Daniel). Quand vient la nuit*, dans *Nos livres*, vol. 15, août–sept. 1984, n° 5850.

Dominique Demers, *Daniel Sernine. Un terre-à-terre qui fuit le réalisme*, Dev, vol. 76, n° 205, 5 sept. 1985, p. 23.

SI-BÉMOL. Voir **LORTIE, LÉON.**

SICARD. Voir **CLAPIN, SYLVA.**

SICOTTE, SYLVIE [née Sylvie Gélinas] (1936–1989). Poète, nouvelliste et essayiste, née à Montréal, fille de Gratien Gélinas. Elle fait ses études au Pensionnat d'Outremont (1950–1951) et au Collège Jésus-Marie (B.A., 1952–1956). Inscrite en lettres à l'Université de Montréal (1956–1957), elle devient comédienne à Radio-Canada (1958), puis reporter à *La Presse*

(1959–1960), se retire dans sa famille (1960–1964), commence à écrire de la poésie, retourne aux études à l'Université de Montréal où elle obtient une licence ès lettres (1971) et une maîtrise (1975). En 1979, elle suit des cours de production télévisuelle à l'Université de Californie à Los Angeles. Elle est membre de la Société des écrivains canadiens, de l'Union des écrivains québécois, du Pen Club et de la Société des auteurs, recherchistes, documentalistes et compositeurs ; elle collabore à *Voix et Images*, à *Livres et Auteurs québécois*, au *Dictionnaire des œuvres littéraires du Québec*..., et elle écrit des dramatiques pour la radio, ainsi qu'un téléthéâtre, « Entre le soleil et l'eau », joué en 1980. Son premier recueil de poésie, *Pour appartenir* (1968), reçoit un accueil favorable : Suzanne Paradis y découvre, malgré « la faiblesse de l'expression littéraire, [...] un univers de nuances, de repères presque invisibles, mais multipliés à l'infini ». En 1973, Paul Wyczynski voit dans *Infrajour* « une magnifique cohérence de la parole et une prolifération des formes qui la renouvellent sans cesse ». Avec la nature et l'amour, les Amérindiens sont devenus un grand thème dans *Femmes de la forêt* (1975) et *Sur la pointe des dents* (1978) : « Pour exprimer son appartenance naturelle à la grande entité amérindienne, Sylvie Sicotte dispose d'un vocabulaire puisé à même la géographie et une stylistique qui va droit au but, sans toujours respecter les exigences du poème » (Suzanne Paradis).

ŒUVRES

Pour appartenir (poésie), Montréal, Librairie Déom, 1968, 109 p. Ill. de Sonia Waldstein. « PC ».

Infrajour (poésie), Montréal, Librairie Déom, 1973, 121 p. « PC ».

Femmes de la forêt (poésie), [Montréal], Éditions Leméac, 1975, 121 p. « Poésie Leméac ».

L'Arbre dans la poésie de Rina Lasnier (étude), Sherbrooke, Éditions Cosmos, 1977, 111 p. Portrait. « Études ».

Sur la pointe des dents (poésie), Paris, Éditions Saint-Germain-des-Prés, 1978, 88 p. « Poésie sans frontière ». (Une édition de luxe a été tirée à part, ornée d'une eau-forte originale de Francine Beauvais).

Clairvoyances (poème), [Québec, s.é., 1983, portefeuille]. Calligraphie de Jacques Pigeon. (Tirage limité).

Non, je n'ai pas dansé nue (textes et nouvelles), Montréal, Éditions de la Pleine Lune, 1984, 165 p.

Pour te plaire (poésie), dans *Poésie*, vol. 4, n° 1, hiver 1969, p. 5–7.

ÉTUDES

Olivier Marchand, *La Belle Voix grave de Sylvie Sicotte*, Pr, 84e année, n° 149, 22 juin 1968, p. 29.

Jean-Guy Pilon, *D'agréables surprises*, Dev, vol. 59, n° 187, 10 août 1968, p. 9.

Gatien Lapointe, *À la découverte d'un poète authentique*, So, 71e année, n° 219, 4 sept. 1968, p. 40.

Suzanne Paradis, *Pour appartenir de Sylvie Sicotte*, LAC 1968, p. 96–97.

Renée Cimon, *Pour appartenir*, dans *Poésie*, vol. 4, n° 1, hiver 1969, p. 24.

Paul Wyczynski, *Infrajour de Sylvie Sicotte*, LAQ 1973, p. 104–106.

[Anonyme], *Sicotte (Sylvie). Femmes de la forêt*, dans *Nos livres*, vol. 7, mai 1976, n° 198.

Pierre-Justin Déry, *Sylvie Sicotte. L'Arbre dans la poésie de Rina Lasnier*, LAQ 1977, p. 248–249.

Michel Savard, *Sylvie Sicotte. Sur la pointe des dents*, LAQ 1979, p. 172–174.

Clément Trudel, *Sylvie Sicotte. Entre le soleil et l'eau*, Dev, vol. 71, n° 269, 22 nov. 1980, p. 21.

Jacques Dufresne, *Entre l'eau et le soleil*, Dev, vol. 71, n° 275, 29 nov. 1980, p. 19.

SIGNORI-LAFOREST, MONIQUE (1929–   ). Bibliothécaire et archiviste, née à Montréal. Elle fait ses études secondaires au Pensionnat Saint-Jean (Saint-Jean, 1942–1946), et elle obtient, en 1973, un diplôme (D.E.C.) au Cégep Édouard-Montpetit de Longueuil. Bibliothécaire à la Bibliothèque municipale de Saint-Jean-sur-Richelieu, puis archiviste-bibliothécaire au diocèse de Saint-Jean, elle s'intéresse à l'histoire régionale et dresse l'important *Inventaire analytique des Archives du diocèse de Saint-Jean-de-Québec, 1688–1900*, travail très bien accueilli par les spécialistes. Un second ouvrage, *Une église, une cathédrale* (1980), a été préparé à l'occasion d'une campagne pour sauver un monument historique, la cathédrale de Saint-Jean. « Cette brève monographie, écrit André Janoël, retrace à grands traits l'histoire de la paroisse et de la cathédrale. Sans prétention, c'est un petit compendium bien documenté des faits saillants. En conclusion, quelques ‹ glanures › ne manquent pas de saveur ».

ŒUVRES

Inventaire analytique des Archives du diocèse de Saint-Jean-de-Québec, 1688–1900, Québec, Centre de documentation, Service de l'inventaire des biens culturels, 1976, ix, 751 p. Préface de Mgr Coderre.

Une église, une cathédrale, Saint-Jean L'Évangéliste (essai), Saint-Jean-sur-Richelieu, Éditions Mille Roches, 1980, 63 p. Collab. Maurice Laforest. Ill.

ÉTUDES

Claude-V. Marsolais, *Inventaire des archives du Québec*, Pr, 92e année, n° 250, 18 oct. 1976, p. C-2.

Jean-Yves Théberge, *Les Archives du diocèse, une œuvre de patience*, CF, 97ᵉ année, nᵒ 27, 24 nov. 1976, p. 43.

Marcel Caya, *Comptes rendus*, dans *Archives*, vol. 8, nᵒ 3, déc. 1976, p. 42–43.

Michel Phaneuf, *Ouvrage sur la cathédrale publié aux « Mille Roches »*, CF, 120ᵉ année, nᵒ 52, 30 avril 1980, p. C-19.

André Janoël, *Signori (Monique), Laforest (Maurice). Une église, une cathédrale, Saint-Jean L'Évangéliste*, dans *Nos livres*, vol. 11, août–sept. 1980, nᵒ 274.

SIGOUIN, GÉRALD (1944–   ). Essayiste, né à Montréal. Il fait ses études classiques à la Maison Sacré-Cœur de Rosemère et au Collège Marie-Victorin de Montréal-Nord (B.A., 1966), puis il obtient, à l'Université de Montréal, une licence ès lettres (1971) et une maîtrise (1977) pour un mémoire publié sous le titre *Théâtre en lutte. Le Théâtre Euh !* (1982). Il enseigne le français à la Commission des écoles catholiques de Montréal (1966–1972) et au Collège Marie-Victorin (1972–1978), puis il devient conseiller et animateur pédagogique au Collège Marie-Victorin, en 1978. Louise Vigeant explique que dans son livre sur le Théâtre Euh ! « Sigouin fait l'histoire de cette troupe innovatrice qui a mené parallèlement des remises en question politiques et esthétiques et qui a opté pour un travail de ‹ dénonciation des exploitations ›, d'‹ explication du monde › et d'‹ appel à la lutte › ». Il faut le féliciter de ce beau travail, mais « on reste sur sa faim devant l'adhésion presque parfaite qu'on sent chez Sigouin aux idées de la troupe », car on pouvait s'attendre à une véritable analyse et à une évaluation des essais du groupe, réflexion qui reste à faire. « Son travail sert finalement de documentation ».

ŒUVRE

Théâtre en lutte. Le Théâtre EUH ! Essai, Montréal, VLB éditeur, 1982, 303 p. Ill. Préface de Laurent Mailhot.

Orientations et Mutations du Théâtre EUH !, dans *Jeu*, nᵒˢ 2–3, 1976, printemps/automne 1976, p. 55–81.

L'Expression dramatique et utopique, dans *L'Association des professeurs d'expression dramatique*, vol. 3, nᵒ 1, janv.–juin 1978, p. 14–44.

ÉTUDES

Robert Lévesque, *Le Théâtre EUH ! à distance*, Dev, vol. 74, nᵒ 247, 23 oct. 1982, p. 21.

Linda Lamarche, *Théâtre en lutte, le Théâtre EUH ! de Gérald Sigouin*, dans *Québec français*, nᵒ 48, déc. 1982, p. 7–8.

Louise Vigeant, *Sigouin (Gérald). Théâtre en lutte, le Théâtre EUH !*, dans *Nos livres*, vol. 13, déc. 1982, nᵒ 486.

Philippe Turcotte, *Théâtre en lutte, le Théâtre Euh !*, dans *Medium*, nᵒ 19, printemps 1983, p. 39.

SIMARD, ANDRÉ (1949–   ). Dramaturge, né à Chicoutimi. Il étudie au Petit Séminaire et au Cégep de Chicoutimi (D.E.C., 1969), puis il obtient, à l'Université Laval, une licence ès lettres (1973), un certificat d'enseignement collégial (1973) et une maîtrise en création littéraire (1981) pour un travail intitulé « Création dramatique et Réflexion sur l'élaboration d'un texte dramatique ». À partir de 1973, il est professeur de littérature au Collège de Limoilou. Pendant ses études à Québec (1969–1973), il est membre de la troupe universitaire, Les Treize, avec laquelle il participe à des créations collectives et pour laquelle il écrit ses premières pièces dont « La Vie troublante et troublée du sergent Jean Frappé » (1971). Entre 1971 et 1983 il compose dix-huit pièces, presque toutes jouées ou lues en public par le Centre d'essai des auteurs dramatiques dont il est membre de 1973 à 1977, et il écrit des textes pour la radio et la télévision, pour un théâtre d'enfants (Le Sakatou), ainsi qu'un scénario, « Make-up » (1976). Sur ses pièces publiées, trois en 1974 et cinq en 1976, la critique littéraire est plutôt sévère : pour *Le Livre canadien*, *La Soirée du fockey* est d'un déroulement embrouillé et « d'un réalisme un peu court ». André Simard obtient du succès à la scène, et Martial Dassylva, parlant d'un spectacle en trois pièces « Le Clan Simard » (1977), écrit que la critique sociale est « toujours assortie d'un humour sans férocité, souvent très gros, mais très efficace. [...] En résumé, c'est un spectacle bon enfant, pas prétentieux pour deux sous et assez agréable ».

ŒUVRES

La Soirée du fockey. — Le Temps d'une pêche. — Le Vieil Homme et la Mort (théâtre), [Montréal], Leméac, 1974, 89 p. Préface de Normand Chouinard. « RQ ». Traduction anglaise du *Temps d'une pêche* par Aviva Ravel : *Time Out for Fishing*, Toronto, Simon and Pierre, 1980, 15 p.

Cinq pièces en un acte (théâtre), [Montréal], Leméac, 1976, xv, 147 p. Préface de Robert Gurik. Portrait. « Théâtre Leméac ». Comprend : *En attendant Gaudreault* ; *Une affaire de force* ; *La Mort d'un pigeon voyageur* ; *Butch* ; et *Mon dernier quarante-cinq tours*. Traduction anglaise de *En attendant Gaudreault* par Henry Beissel et Arlette Francière : *Waiting for Gaudreault*, [Toronto, Simon and Pierre], 1978, 48 p. « A Collection of Canadian Plays ».

ÉTUDES

[Anonyme], *Simard (André). La Soirée du fockey — Le Temps d'une pêche — Le Vieil Homme et la Mort*, dans *Le Livre canadien*, vol. 7, déc. 1976, nᵒ 386.

Gilbert David, *André Simard. Cinq pièces en un acte*, LAQ 1976, p. 201.

Fernand Villeneuve, *Mon dernier quarante-cinq tours*, dans *Jeu : cahiers de théâtre*, n° 5, printemps 1977, p. 138–139.

Martial Dassylva, *Agréable et Sans prétention*, Pr, 93ᵉ année, n° 34, 10 févr. 1977, p. C-11.

Martine Corrivault, *Il y a des auteurs plus malheureux qu'André Simard...*, So, 81ᵉ année, n° 48, 22 févr. 1977, p. D-7.

Claude Des Landes, *Quatre dramaturges québécois à la nouvelle génération*, dans *Jeu : cahiers de théâtre*, n° 8, printemps 1978, p. 43–60.

André Dionne, *Jeu 8 : dramaturgie actuelle*, LQ, n° 12, nov. 1978, p. 22.

SIMARD, FRANÇOIS-XAVIER (1948–   ). Essayiste, né à Chicoutimi. Il fait ses humanités au Séminaire de Chicoutimi, puis il obtient à la Sorbonne (Paris) une licence en journalisme (1969), une maîtrise en lettres pour un mémoire sur « Le Cornet à dés de Max Jacob » (1972), et un doctorat pour une thèse sur « L'Importance de Combray chez Proust » (1977). Il a de plus fréquenté l'Institut de musicologie de Paris (1967–1972). Fonctionnaire au ministère de l'Éducation du Québec (1972–1974), il passe ensuite au ministère des Affaires extérieures du Canada (1975–1977), puis, à partir de 1977, au ministère de l'Énergie, des Mines et des Ressources du Canada. Membre de plusieurs associations scientifiques et culturelles, il collabore aux *Cahiers canadiens de musique* et à *Énergie, Mines et Ressources*, et il participe à divers colloques sur la francophonie. Son premier livre contient un historique des Biennales de la langue française, un rapport commenté de celle d'Echternach (Luxembourg, 1975) et plusieurs études sur le français et sa place dans le monde. À propos du second, *Une vue canadienne sur la crise mondiale de notre fin de siècle* (1981), Maurice Lebel écrit : « Ce livre est fait pour être, non pas lu d'affilée, mais consulté à loisir. Il renferme une mine de renseignements utiles et révélateurs ».

ŒUVRES

Le Français langue internationale et la Biennale d'Echternach (rapport), Ottawa, Imprimerie Le Droit, 1977, 122 p. Ill. d'Alain Damiani. Préface d'Alain Guillerman.

Néologie française et Économie d'énergie. Allocution présentée à l'occasion de la VIIIᵉ Biennale de la langue française, Montréal, François L. de Martigny éditeur, [1980], 19 p.

Une psychanalyse de la francophonie. Allocution présentée à l'occasion de la Quinquennale canadienne de la francophonie, [Winnipeg, s.é., 1980], 25 p.

Une vue canadienne sur la crise mondiale de notre fin de siècle (essai), Montréal, François L. de Martigny éditeur, 1981, 142 p. Préface de Fulgence Charpentier.

ÉTUDES

Maurice Lebel, « *Le Français langue internationale et la Biennale d'Echternach* » de François-Xavier Simard. *Le français universel et la francophonie*, Dr, 66ᵉ année, n° 304, 24 mars 1979, p. 22.

Jean-Marc Brunet, *La Santé de notre planète. Une situation tragique*, dans *Le Journal de Montréal*, vol. 20, n° 190, 20 juillet 1981, p. 43.

Maurice Lebel, *Chronique du livre*, dans *La Francophonie*, vol. 1, n° 1, avril-mai-juin 1982, p. 2.

SIMARD, GEORGES (1878–1956). Théologien et essayiste, né à la Baie-Saint-Paul (Charlevoix). Il fréquente l'École normale de Québec (1894–1897) dont il reçoit deux diplômes d'enseignement. Il termine ses humanités au Juniorat du Sacré-Cœur d'Ottawa (1898–1899), et entre chez les Oblats à Lachine (1899–1900). À la suite d'études philosophiques et théologiques au Scolasticat Saint-Joseph d'Ottawa, il est ordonné prêtre en 1905. Il enseigne au Juniorat de 1906 à 1910. De 1910 à 1916, sa mauvaise santé le force au repos à Montréal où il occupe les fonctions d'archiviste de la communauté. De 1916 à 1947, il est professeur d'histoire ecclésiastique à la Faculté de théologie de l'Université d'Ottawa dont il est doyen de 1932 à 1938. Il est un des fondateurs de *La Revue de l'Université d'Ottawa* et de la Société historique d'Ottawa. En 1938, il reçoit une médaille de l'Académie française ; en 1940, il est élu membre de la Société royale du Canada et reçoit un doctorat honorifique de l'Université de Montréal. Spécialiste de la pensée de saint Augustin, le Père Simard s'intéresse aussi aux questions touchant la pensée sociale de l'Église ainsi que de la situation des Canadiens français dans leur pays, comme en témoignent plusieurs essais, tels *Études canadiennes* (1938), *Les Universités catholiques* (1939), *Pour l'éducation dans un Canada souverain* (1945). Émilien Lamirande appelle le Père Simard, « cet homme au langage et aux gestes d'Ancien Régime, cet universitaire qui, grâce à saint Augustin, s'était imposé par l'ampleur de ses vues ou l'audace de ses rapprochements et de ses synthèses [...] ».

ŒUVRES

L'Université d'Ottawa. I. Histoire du passé. II. L'Orientation de l'avenir, Québec, [s.é.], 1910, 42 p. (Paru d'abord dans *La Revue franco-américaine*, juillet-août 1910).

L'Université d'Ottawa (essai), [Québec, Imprimerie de
l'Événement], 1915, 39 p. (Paru d'abord dans *La Nouvelle France*, avril, mai, juin 1915). Traduction anglaise :
University of Ottawa, Ottawa, [s.é], 1917, 30 p.

Tradition et Évolution dans l'enseignement classique,
Ottawa, [Imprimerie du Droit], 1923, 36 p.

*Saint Augustin, éducateur idéal. Saint Thomas d'Aquin,
sa mission intellectuelle*, Ottawa, Université d'Ottawa,
1925, 47 p.

La Physionomie de saint François d'Assise (essai), Ottawa,
Université d'Ottawa, 1926, 23 p.

Qu'est-ce que l'histoire de l'Église du Canada ?, Ottawa,
Université d'Ottawa, 1926, 35 p. (Paru d'abord dans
La Semaine d'histoire du Canada, 1ʳᵉ session, compte
rendu et mémoires, Montréal, 1926, p. 321-343).

*Le Père Tabaret, O.M.I., et son œuvre d'éducation. Un
centenaire*, Ottawa, Université d'Ottawa, 1928, 40 p.

La Question romaine (essai), Ottawa, Université d'Ottawa,
1929, 28 p.

Saint Augustin, apôtre de la paix, Ottawa, Université
d'Ottawa, 1930.

Les Universités dans l'Église (essai), Ottawa, Université
d'Ottawa, [1935], 32 p.

Les Maîtres chrétiens de nos pensées et de nos vies (essai),
Ottawa, EUO, 1937, 206 p.

*Principes et Faits en histoire : État idéal et État canadien,
et séparatisme* (essai), [Ottawa, s.é., 1937], 29 p.

Le Canada d'aujourd'hui et de demain (essai), Montréal,
Éditions Beauchemin, 1938, 39 p.

Études canadiennes. Éducation, politique, choses d'Église,
Montréal, Éditions Beauchemin, 1938, 218 p.

*Les Universités catholiques. Leurs gloires passées, leurs
tâches présentes*, Montréal, Beauchemin, 1939, 119 p.

Maux présents et Foi chrétienne (essais), Montréal, Éditions Beauchemin, 1940, 206 p.

Les États chrétiens et l'Église (essai), Montréal, Fides,
1942, 218 p.

Pour l'éducation dans un Canada souverain (essai), Ottawa,
EUO, 1945, 243 p.

ÉTUDES

E. Marcotte, « *Un ouvrier de la pensée* ». *Le Père Georges Simard
o.m.i.*, RUO, vol. 27, 1957, p. 6-20.

Émilien Lamirande, *Le Père Georges Simard, o.m.i. (1878-1956).
Un disciple de saint Augustin à l'Université d'Ottawa*, Ottawa,
EUO, 1981, 93 p. Préface de Pierre Savard.

SIMARD, JEAN (1916-
). Romancier, drama-
turge et essayiste, né à Québec. Après ses études au
Petit Séminaire de Québec
et à l'École des beaux-
arts de Montréal (1933-
1939), il y enseigne le dessin à partir de 1939, est
chef de section et membre
du conseil pédagogique
(1954-1963), et directeur des études (1961-1962). Il
enseigne aussi au Centre d'art de Baie Comeau en
1954. En 1969, il devient professeur à l'Université
du Québec à Montréal. En outre, il est conférencier
à la section « L'art et la vie » du programme « Radio-
Collège » de Radio-Canada (1952-1958), et il participe à l'émission « Femme d'aujourd'hui » en 1966
et 1967. Il collabore à plusieurs périodiques dont
Le Devoir, Liberté (1961-1965) et *Écrits du Canada
français* (1965-   ) où il fait partie des comités de
rédaction. Son œuvre, partagée principalement
entre le roman, l'essai et la traduction, lui a valu
plusieurs récompenses : prix Kormann de l'Académie
française (1947), prix du Cercle du livre de France
(1956), prix Duvernay (1963), prix de traduction
du Conseil des arts du Canada (1976). Il est élu à la
Société royale du Canada en 1962, et il est aussi
membre de la Société des écrivains, du jury du prix
du Cercle du livre de France, du Conseil provincial
des arts. Dans l'œuvre de cet homme d'une grande
culture, l'artiste est aussi un philosophe et un
moraliste qui s'interroge longuement sur sa condition
d'homme québécois, sur le monde et sur son époque.
Cette caractéristique apparaît dès son premier roman, *Félix* (1947), tout comme un trait distinctif de
sa langue alerte et colorée : l'ironie. Selon Réjean
Robidoux, « l'ironie à l'égard des institutions et
des individus, en face de la société, de la famille et
de soi-même est, chez Jean Simard, un attribut
fondamental du style ». *Les Sentiers de la nuit*
(1959) reste son meilleur roman. *Répertoire*, paru
en 1961 et suivi de *Nouveau Répertoire* en 1965,
présente une série d'essais qui connaissent un retentissement considérable. On a qualifié l'ouvrage
de fourre-tout où l'essayiste donne libre cours à ses
humeurs et à ses réflexions sur ses lectures, sur la
vie quotidienne, sur tout. L'ensemble est assez
touffu et les critiques l'ont jugé assez diversement,
mais l'œuvre compte parmi les plus importantes de
l'époque et a joui d'un impact sérieux sur la pensée
québécoise des années soixante. Selon Jean Le
Moine, le *Répertoire* de Jean Simard devrait être

considéré comme l'un des essais les plus remarquables de l'époque.

ŒUVRES

Félix. Livre d'enfant pour adultes, Montréal, Les Éditions Variétés Dussault et Péladeau, 1947, 135 p. Ill. ; Les Éditions Estérel, 1966, 149 p. « Lettres québécoises ». (Édition revue et corrigée par l'auteur) ; Montréal, Stanké, 1986, 153 p. « Québec 10/10 ».

Hôtel de la Reine (roman), Montréal, Les Éditions Variétés Dussault et Péladeau, 1949, 205 p.

Mon fils pourtant heureux. Roman, Montréal, CLF, 1956, 228 p. ; 1968, 194 p. « PoC ».

Les Sentiers de la nuit. Roman, Montréal, CLF, 1959, 228 p.

Le Musée des beaux-arts de Montréal, Montréal, Musée des beaux-arts, 1960, [8], 192, [8] p. Ill. Préface et avant-propos de Evan H. Turner. Traduction du livre de Brenda Bowman Turner. (Catalogue du centenaire).

L'Ange interdit. Pièce en trois tableaux, [Montréal], CLF, 1961, 96 p.

Répertoire. Essai, [Montréal], CLF, 1961, 319 p.

13 récits, Montréal, Éditions HMH, 1964, 201 p. « A ».

Nouveau Répertoire. Essai, Montréal, Les Éditions HMH, 1965, 419 p. « C ».

Le temps tournera au beau. Roman, Montréal, Éditions HMH, 1966, 298 p. « A ». Traduction du roman de Hugh MacLennan : *Barometer Rising*.

Le Matin d'une longue nuit. Roman, Montréal, Éditions HMH, 1967, 407 p. « A ». Traduction du roman de Hugh MacLennan : *The Watch that Ends the Night*.

Pouvoirs de l'imagination. Essai, Montréal, Éditions HMH, 1969, 168 p. Préface de Northrop Frye. « C ». Traduction du livre de Northrop Frye : *The Educated Imagination*.

La Séparation. Roman, Montréal, HMH, 1970, 378 p. « A ».

L'Appel du Nord dans la littérature canadienne-française. Essai, Montréal, Hurtubise/HMH, 1972, 249 p. Préface de Jack Warwick. Avant-propos de Jean Simard. « C ». Traduction du livre de Jack Warwick : *The Long Journey*.

Une façon de parler. Essai sur les implications du langage, Montréal, Hurtubise HMH, 1973, 154 p. « C ».

Mon père, ce héros... (roman), Montréal, CLF, 1975, 351 p. « Des deux solitudes ». Traduction du roman de Mordecai Richler : *Son of a Smaller Hero*.

L'Apprentissage de Duddy Kravitz (roman), Montréal, CLF Pierre Tisseyre, 1976, 488 p. Traduction du roman de Mordecai Richler : *The Apprenticeship of Duddy Kravitz*.

Jacob Deux-Deux et le Vampire masqué (roman pour jeunes), Montréal, CLF Pierre Tisseyre, 1977, 93 p. Ill. « Des deux solitudes juvéniles ». Traduction du roman de Mordecai Richler : *Jacob Two-Two Meets the Hooded Fang*.

Le Fol Été de Sheila Redden (roman), Montréal, CLF Pierre Tisseyre, 1978, 293 p. « Des deux solitudes ». Traduction du roman de Brian Moore : *The Doctor's Wife*.

Noëls nordiques. Les rêves de Noël d'un garçon des Prairies, Montréal, Fides, 1979, [n.p., 45 p.]. Ill. de William Kurelek. Traduction du livre de William Kurelek : *A Northern Nativity*.

Le Cave (roman pour adolescents), Montréal, Fides, 1981, 141 p. « Des mille îles ». Traduction du roman de Paul Kropp : *Wilted*.

Le Singe et le Perroquet. Récits, Montréal, CLF Pierre Tisseyre, 1983, 203 p.

Le Canada et la Création artistique, AN, vol. 39, n° 2, mars 1952, p. 140–160.

Un départ (conte), ECF, n° 3, 1957, p. 6–30.

Vers une synthèse des arts majeurs, L, vol. 1, n° 3, mai–juin 1959, p. 145–151.

Personnages ou Fantômes, L, nos 13–14, janv.–févr. 1961, p. 414–418.

Une école neutre, L, nos 15–16, mars–avril 1961, p. 612–617.

Un naufrage (nouvelle), L, vol. 4, n° 22, avril 1962, p. 198–206.

American, Go Home, L, n° 35, sept.–oct. 1964, p. 392–395.

[Témoignages...], dans *Le Roman canadien-français*, Montréal, Fides, 1964, p. 307–314. « ALC » 3.

Le roman a-t-il évolué depuis cinq ans ?, L, vol. 7, n° 42, nov.–déc. 1965, p. 466–467.

ÉTUDES

Alain Grandbois, *Félix*, dans *Liaison*, n° 6, juin 1947, p. 364–365.

Gilles Marcotte, *Faites vos jeux. Littérature. Trois personnages*, CL, n° 18, nov. 1957, p. 46–50.

Louis-Philippe Cormier, *Jean Simard et la Satire du milieu canadien*, C, vol. 19, n° 2, juin 1958, p. 165–176.

Gilles Marcotte, *Mon fils pourtant heureux*, L, vol. 1, n° 2, mars–avril 1959, p. 106–107.

Id., *L'Expérience du vertige dans le roman canadien-français*, ECF, n° 16, 1963, p. 229–246.

Paul Wyczynski, *Jean Simard. Répertoire*, dans *L'École littéraire de Montréal*, Montréal/Paris, 1963, p. 315–317. « ALC » 2.

Jean-Charles Falardeau, *Présentation de M. Jean Simard*, dans *Présentation*, Société royale du Canada, 1963–1964, p. 27–32.

Jean-Guy Pilon, *Nouveau Répertoire*, L, vol. 7, n° 41, sept.–oct. 1965, p. 450.

Jean Marcel, *Les Forces provisoires de l'intelligence*, LAC 1965, p. 23–32.

Pierre de Grandpré, *La satire affûte ses traits. Mon fils pourtant heureux*, dans *Dix ans de vie littéraire au Canada français*, Montréal, Éditions Beauchemin, 1966, p. 112–117.

Romain Légaré, *Nouveau Répertoire*, C, vol. 28, n° 1, mars 1967, p. 70–72.

Pierre-H. Lemieux, « L'Œuvre de Jean Simard ou Le Mal de vivre ». Thèse de maîtrise. Ottawa, Université d'Ottawa, 1967, 121 f.

Réginald Martel, *Un vaurien de grande valeur*, Pr, 93e année, n° 18, 22 janv. 1977, p. D-3.

François Hébert, *Le Singe, le Perroquet et le Poète*, Dev, vol. 74, n° 29, 4 févr. 1984, p. 19.

SIMARD, JEAN (1941–   ). Ethnologue et historien, né à Québec. Après des études secondaires à l'École Saint-Fidèle, il s'inscrit en pédagogie à l'Université Laval (B.Péd., 1962). L'année suivante, il obtient un baccalauréat en philosophie à l'Université de Montréal. De retour à l'Université Laval, il reçoit une licence ès lettres en histoire et un diplôme de l'École normale supérieure en histoire (1966). De 1966 à 1969, il poursuit des études de doctorat à l'Université de Strasburg ; il y soutient sa thèse de doctorat, « Bérulle et l'Iconographie dévote de l'École française (1629–1680) » en 1972. Agent culturel au ministère des Affaires culturelles à partir de 1969, il est nommé professeur d'arts et de traditions populaires au département d'histoire de l'Université Laval, en 1972. Il collabore activement à la *Revue d'art canadienne* où il est responsable des comptes rendus (1976–1979). De son premier livre, *Une iconographie du clergé français au XVIIe siècle* (1976), Gérard Lavallée écrit qu'il « intéressera au plus haut point les spécialistes... ». Pendant l'été 1976, il présente une série de causeries au réseau français de Radio-Canada, en collaboration avec Jocelyne Milot et René Bouchard, causeries publiées sous le titre *Un patrimoine méprisé : la religion populaire des Québécois* (1979). « Ce livre, riche d'illustrations, écrit Ghislaine Pesant, constitue une entrée en matière fort appréciable pour un sujet d'ailleurs captivant pour peu que l'on s'y arrête ».

ŒUVRES

Une iconographie du clergé français au XVIIe siècle. Les dévotions de l'École française et les sources de l'imagerie religieuse en France et au Québec, Québec, PUL, 1976, 264 p. Ill. « Travaux du laboratoire d'histoire religieuse ».

Un patrimoine méprisé : la religion populaire des Québécois, Montréal, Hurtubise HMH, 1979, 309 p. Ill. Collab. Jocelyne Milot et René Bouchard. « Cahiers du Québec ».

Cultes liturgiques et Dévotions populaires dans les Comtés de Portneuf et du lac St-Jean, dans *Sessions d'études de la Société canadienne de l'Église catholique*, 1977, p. 5–14.

Croix de chemin et Frontières culturelles des francophones au Québec et au Canada, dans *Mélanges en l'honneur de Luc Lacourcière*, Montréal, Leméac, 1978, p. 393–412.

L'Imagerie religieuse et son discours sur le travail des hommes, dans *Revue de l'Université Laurentienne*, vol. 12, n° 1, nov. 1979, p. 65–86.

L'Art populaire au Québec/Quebec Folk Art, dans *Canadian Antiques and Art Review*, vol. 1, n° 4, déc.–janv. 1979–1980, p. 19–23.

ÉTUDES

Gérard Lavallée, *Jean Simard. Une iconographie du clergé français au XVIIe siècle*, dans *Nos livres*, vol. 8, 1977, n° 270.

Anita Caron, *Jean Simard en collaboration avec Jocelyne Milot et René Bouchard. Un patrimoine méprisé*, LAQ 1977, p. 336–337.

Ghislaine Pesant, *L'Âme populaire des Québécois*, dans *Le Livre d'ici*, vol. 4, 5 sept. 1979, n° 48.

SIMARD, SYLVAIN (1945–   ). Essayiste et critique littéraire, né à Chicoutimi. Il fait ses études secondaires au Petit Séminaire de Chicoutimi (1957–1960) et, à la même institution, il commence ses études collégiales (1960–1963) qu'il poursuit au Collège de Jonquière (1963–1965). Il obtient un baccalauréat en pédagogie à l'Université de Montréal (1967), une maîtrise à l'Université McGill (1971) et un doctorat à l'Université de Bordeaux III (1971), pour une thèse intitulée « L'Image du Canada en France, 1850–1914 ». Entre 1969 et 1976, il enseigne dans plusieurs universités à titre de chargé de cours : Université McGill, Université Laval, Université de Montréal, Université du Québec à Montréal. En 1976, il devient professeur à l'Université d'Ottawa. Entre 1981 et 1984, il est d'abord vice-président, puis président de l'Exécutif national du Parti québécois. Il prononce de nombreuses conférences et collabore à plusieurs journaux et revues, notamment *Le Droit*, *Revue d'histoire de l'Amérique française*, *Livres et Auteurs québécois*, *Review...* Remaniée, sa thèse de doctorat paraît en 1987 aux Presses de l'Université d'Ottawa et obtient le prix France-Canada.

ŒUVRES

Inventaire chronologique et analytique d'une correspondance de Louis-Antoine Dessaulles (1817–1895), Québec, Ministère des Affaires culturelles, Archives nationales, 1978, xxiv, 80 p. Collab. Yvan Lamonde. (Microfiche).

« *Lettres sur le Canada d'Arthur Buies* », Montréal, L'Étincelle, 1978, 94 p. Préface et notes de Sylvain Simard.

L'Essai et la Prose d'idées au Québec, Montréal, Fides, 1985, 926 p. « ALC » 6. Éditeur avec Paul Wyczynski et François Gallays.

Les Littératures de langues européennes au tournant du siècle : lectures d'aujourd'hui, série C, L'Optique nord-américaine, cahier I, La perspective critique québécoise, Ottawa, Research Group « 1900 », Comparative Literature, Carleton University, 1985, 121 p. Éditeur avec Pierre-Louis Vaillancourt.

Mythe et Reflet de la France. L'image du Canada en France, 1850–1914 (essai), Ottawa, EUO, 1987, 465 p.

Le Nigog, Montréal, Fides, 1987, 390 p. « ALC » 6. Éditeur avec Paul Wyczynski et François Gallays.

Les Français et le Canada : 1850–1914. Identité et perception, dans *Revue d'histoire de l'Amérique française*, vol. 29, n⁰ 2, sept. 1975, p. 209–240.

Chronologie des relations France-Canada, Les Écrits français sur le Canada, inventaire et essai d'interprétation, Bibliographie des écrits français sur le Canada, dans *France-Canada au XIXᵉ siècle*, 3ᵉ cahier, Paris, Centre culturel canadien, 1975, p. 9–12, 19–34, 85–109.

Quelques Réflexions sur l'autobiographie et sur l'œuvre d'Henry Miller, dans *Le Discours et le Sujet*, n⁰ 2, Paris, Institut de français, Centre d'étude des sciences de la littérature, Université de Paris X, Nanterre, avril 1975, p. 82–104.

La Diffusion du livre canadien en France avant 1914, dans *Études canadiennes / Canadian Studies*, n⁰ 6, sept. 1979, p. 75–80.

L'Essai québécois au XIXᵉ siècle, VI, vol. 6, n⁰ 2, hiver 1981, p. 261–269.

Le Journal du siège de Paris face à l'histoire, dans Réjean Robidoux et Paul Wyczynski, *Crémazie et Nelligan*, Montréal, Fides, 1981, p. 49–64.

Naïm Kattan romancier. La Promesse retrouvée, VI, vol. 11, n⁰ 1, automne 1985, p. 33–45.

Hector Fabre, essayiste et homme de lettres, dans *L'Essai et la Prose d'idées au Québec*, Montréal, Fides, 1985, p. 281–293. « ALC » 6.

ÉTUDES

André Renaud, *L'Image du Canada en France, 1850–1914*, LQ, n⁰ 48, hiver 1987–1988, p. 52–53.

Jean Éthier-Blais, *Une borne blanche au bord de notre histoire intellectuelle*, Dev, vol. 79, n⁰ 12, 16 janv. 1988, p. 14.

Pierre Savard, *Mythe et Reflet de France*, RHAF, vol. 42, n⁰ 2, automne 1988, p. 304–307.

Joanne Collie, *Sylvain Simard. Mythe et Reflet de France*, dans *British Journal of Canadian Studies*, vol. 3, n⁰ 1, déc. 1988, p. 180–181.

SIMARD-SAINT-GELAIS, JULIETTE (1921–   ). Poète et peintre, née à Baie-Saint-Paul (Charlevoix-Ouest). Après ses études à l'École normale des Sœurs de la Congrégation de Notre-Dame (1938), elle est institutrice à Baie-Saint-Paul de 1939 à 1944. Elle étudie aussi la peinture chez François Forté. Membre de la Société des poètes canadiens-français et de l'Association des artistes de Chicoutimi, elle collabore au *Soleil*, à *Plein Jour*, à *Confident*, à la *Revue de Sainte-Anne-de-Beaupré*. Elle publie plusieurs recueils de poèmes et de pensées qui, comme sa peinture, sont marqués au coin du terroir et de la ferveur mystique.

ŒUVRES

Sur les ailes du temps (poésie), [Baie-Saint-Paul, Chez l'auteur, 1972], 60 p. Ill. de l'auteur.

Palette sur jadis (poésie), [Baie-Saint-Paul, Chez l'auteur], 1973, 76 p. Ill. de l'auteur. Préface de François Forté. (Comprend *Ombres et Lumières*).

Allégories (pensées), [Baie-Saint-Paul, Chez l'auteur], 1976, 90 p. Ill. de l'auteur.

Paysage intime (poésie), [Baie-Saint-Paul, Chez l'auteur], 1978, 101 p. Ill. de l'auteur.

Ombres et Lumières (poésie), [Baie-Saint-Paul, Chez l'auteur], 1981, 108 p. Préface d'Adrien Grenier.

Aphorismes et Rêveries, Baie-Saint-Paul, Éditions JSSG, 1985, 134 p. Ill. de l'auteur.

Randonnée et Réflexions, Baie-Saint-Paul, Éditions JSSG, 1986, 145 p. Ill.

ÉTUDE

J. Boulanger, *Un hommage de l'Almanach du peuple aux artistes de chez-nous*, dans *Almanach du peuple*, vol. 111, n⁰ 1, Montréal, Éditions Beauchemin, 1981, p. 732.

SIMONEAU, JEAN (1943–   ). Poète, romancier et essayiste, né à Magog (Stanstead). Jusqu'en 1983, il partage son temps entre les études, le journalisme, l'action sociale et l'écriture. Après le secondaire à l'Académie du Sacré-Cœur de Coaticook (1960), il devient journaliste à *La Tribune* de Sherbrooke (1960–1963) et à *Voix du Sud* de Lac-Etchemin (1963–1964), est rédacteur en chef de *L'Aiglon*, hebdomadaire de Beauceville, et de *Limoilou-nouvelles* (1964–1965). Il complète une année de philosophie au Collège des Jésuites de Québec (1965), écrit de la poésie, remporte le prix Normandie-Canada (1967), publie *Hymnes à l'amour* (1968). Il retourne ensuite à *La Tribune* (1968–1972), fait de l'animation socio-culturelle, reprend des études à l'École normale et au Cégep de Sherbrooke (D.E.C., 1980), enseigne pendant un an, fréquente l'Université du Québec à Montréal où il obtient un baccalauréat en enseignement des lettres et des langues (1983). Entre 1970 et 1981, seul ou en collaboration, il publie des recueils de poésie, des romans, des essais d'engagement politique et social, participe au Solstice de la poésie québécoise de 1976 et collabore à *Indépendantiste* et *Prends ton pays en main*.

ŒUVRES

Hymnes à l'amour, le vice, la révolte (poésie), Québec, [Chez l'auteur], 1968, 144 p.

Re-Jean (récit), Windsor, Les Auteurs réunis, [1970], 27 p. « Les Carnets des auteurs réunis ».

L'Homo-vicièr (roman), Sherbrooke, Éditions du temps, 1972, 104 p. Ill. de Réginald Dupuis.

Chair de poule, Sherbrooke, Les Éditions Tic-tac, 1973, 45 p. Collab. Pierre Brisson.

Il était une fois dans les Cantons de l'Est ou Lettres ouvertes aux gens de par chez-nous, Montréal, Éditions Kébécoises, 1973, 110 p. Collab. Pierre Brisson. Ill. de Francine Quinty.

D'une mare à l'autre : le parti rhinocéros programmé, tout ce que vous n'avez pas besoin de savoir sur un parti politique fédéral comme les autres (essai), Montréal, L'Aurore, 1974, 95 p. Collab. Jacques Ferron et al. « Parti ».

Avant de se retrouver tout nu dans la rue. Le problème du logement (essai), Montréal, Parti Pris, 1977, 444 p. Sous la direction de Jean Simoneau. Ill. Introduction de Gilles Dupont.

Vivre à moitié. Analyse du livre beige : aspects économiques (essai), Sherbrooke, Éditions du temps, 1980, t. 1, 100 p. Collab. François-Albert Angers, Daniel Gauthier, Alban d'Amour et la Société nationale des québécois des Cantons ; *Vivre à moitié. Analyse du livre beige : aspects culturels*, t. 2, 96 p. Collab. Daniel Gauthier et M. Rancourt.

Laissez venir à moi les petits gars (roman), Montréal, Parti Pris, 1981, 160 p. Ill.

***

Dossier pédérastie, dans *Le Berdache*, nº 15, nov. 1980, p. 25-46.

ÉTUDES

Suzanne Paradis, *Hymnes à l'amour, le vice et la révolte de Jean Simoneau*, LAC 1968, p. 114.

Gilbert Dion, *Une liberté déculottée*, dans *Le Berdache*, nº 21, juin 1981, p. 50-52.

SINOÉ, JANEK. Voir **BEAUDET, ANDRÉ.**

SIROIS, ANTOINE (1925–). Essayiste et critique littéraire, né à Sherbrooke. Après ses études classiques au Séminaire de Sherbrooke (B.A., 1945), il poursuit, dans la même ville, ses études théologiques (1945-1949). Il obtient sa licence ès lettres à l'Université de Montréal en 1960. En 1967, il soutient à Paris sa thèse de doctorat, *Montréal dans le roman canadien*, qui est publiée chez Didier l'année suivante. Sa carrière de professeur, commencée d'abord à l'Externat classique du Lac Mégantic (1952-1958), se poursuit à partir de 1960 à l'Université de Sherbrooke où Antoine Sirois devient professeur titulaire de littérature française en 1971 et vice-doyen à la recherche et aux études supérieures en 1975. Son étude sur *Montréal dans le roman canadien* a été bien accueillie par la critique. « On peut considérer, écrit Clément Moisan, l'ouvrage d'Antoine Sirois, comme l'une des premières études comparées de littérature canadienne. Il s'agit, en effet, d'une investigation détaillée des romans d'auteurs français, anglais ou juifs qui ont pris pour lieu et pour situation la ville de Montréal ». Antoine Sirois collabore à plusieurs périodiques dont la *Revue de l'Université de Sherbrooke*, *Présence francophone* et *Canadian Literature*. Il publie, en 1986, une édition critique d'*Un homme et son péché* de Claude-Henri Grignon.

ŒUVRES

Montréal dans le roman canadien (essai), Montréal, M. Didier, 1968, xlvi, 195 p. Ill. Préface de Gilles Marcotte.

L'Essor culturel de Sherbrooke et de la région depuis 1950, Sherbrooke, Département d'études françaises, Université de Sherbrooke, 1985, x, 292 p. Cartes. Sous la direction d'Antoine Sirois et d'Agnès Bastin.

Claude-Henri Grignon, *Un homme et son péché*, Montréal, PUM, 1986, 257 p. Édition critique par Antoine Sirois et Yvette Francoli. « Bibliothèque du Nouveau Monde ».

***

Le Mythe de la Terre-mère et Trente arpents, dans *Revue de l'Université de Sherbrooke*, vol. 1, nº 2, janv. 1961, p. 85-94.

Le Mythe du Nord dans La Montagne secrète de Gabrielle Roy, dans *Dossiers de documentation sur la littérature canadienne-française*, Montréal, Fides, 1967, p. 65-70.

Le Roman canadien-français, miroir de la société, dans *Le Campus estrien*, avril 1968, p. 4.

Deux littératures?, CaL, n° 43, hiver 1970, p. 36–41.
Grove et Ringuet, CaL, n° 49, été 1971, p. 20–27.
Une littérature québécoise?, dans *Québec français*, n° 7, oct. 1972, p. 9.
Les Masques urbains, dans *Problèmes d'analyse symbolique*, Montréal, PUQ, 1972, p. 225–229.
Espace et Temps dans La Terre paternelle, dans *Journal of Canadian Fiction*, été 1973, p. 62–64.

ÉTUDES

[René Berthiaume], *Un ouvrage d'Antoine Sirois : Montréal dans le roman canadien*, dans *La Tribune*, vol. 60, n° 112, 1er juillet 1969, p. 7.
Jean Basile, *Thèse de doctorat — Antoine Sirois : Montréal dans le roman canadien*, Dev, vol. 60, n° 157, 5 juillet 1969, p. 10.
Paule Saint-Onge, *Du passé, du présent et de l'avenir du Québec*, Ch, vol. 10, n° 9, sept. 1969, p. 18.
René Dionne, *Le Creuset montréalais, ordalie du Québec*, Rel, n° 343, nov. 1969, p. 304–306.
Clément Moisan, *Montréal dans le roman canadien d'Antoine Sirois*, LAQ 1969, p. 139–140.
Richard Giguère, *La Réalité complexe de Montréal*, CaL, n° 49, été 1971, p. 86–87.

SIROIS, SERGE (1953–   ). Dramaturge, né à Sainte-Agnès-de-Belle-Combe (Rouyn-Noranda). Après ses études primaires et secondaires à Québec, il exerce divers métiers dont la plupart touchent au domaine de l'audio-visuel. À dix-huit ans, il écrit sa première pièce, *Aujourd'hui peut-être*, publiée chez Leméac en 1974. « Dodo l'enfant do » est présentée par Paul Buissonneault au Théâtre de Quat'Sous, en novembre 1972, puis à l'Université de Montréal, en janvier 1973. Cette pièce est suivie de « Collégiale I et II ». L'année 1974 est chargée d'événements significatifs pour la carrière de Serge Sirois : en mars, le Centre Sidaï-Bronfman présente « Vacances d'été » tandis que Paul Blorian réalise à la télévision de Radio-Canada, « Aujourd'hui peut-être ». En avril, le Play-Wrights Work Shop présente en anglais « Dodo l'enfant do ». À partir du 16 avril, le TNM joue pendant plus de cinq semaines « Un jour ce sera notre tour ». Enfin l'écrivain-réalisateur André Major passe sur les ondes FM de Radio-Canada : « Vacances d'été », « Le monde est p'tit », « Sorties ». En décembre, le Cégep de Saint-Hyacinthe porte à la scène « Cendrillon moins la bottine ». La critique voit en Serge Sirois, malgré son jeune âge, un dramaturge prometteur. Alain Pontaut émet ce jugement : « *Aujourd'hui peut-être*, une œuvre dense, tragique qui augure bien de la carrière de ce très jeune auteur qu'est Serge Sirois ». En 1981, on joue « Les Pommiers en fleurs » au théâtre de Quat'Sous. Cette pièce qui tente d'éclairer les mystérieuses séries d'assassinats d'adolescents aux États-Unis, ne convainc pas la critique.

ŒUVRES

Aujourd'hui peut-être (théâtre), [Montréal], Éditions Leméac, 1974, 83 p. Présentation de Martial Dassylva. « RQ ».
Dodo, l'enfant do (théâtre), Toronto, Simon & Pierre Publishing Company Limited, 1978, 32 p. Ill. « Canadian Plays ». Traduction anglaise par John Van Burek.
Les Pommiers en fleurs (théâtre), Montréal, Québec/ Amérique, 1981, 231 p. « Première ».

ÉTUDES

Martial Dassylva, *Paroxysme*, Pr, 88e année, n° 244, 20 nov. 1972, p. 15.
Michel Bélair, *Sirois plus cohérent*, Dev, vol. 63, n° 25, 29 janv. 1973, p. 12.
Jean-Paul Brousseau, *Une action sur une multiplicité de niveaux*, Pr, 89e année, n° 25, 29 janv. 1973, p. 15.
Daniel Pinard, *Aujourd'hui demain*, Dev, vol. 63, n° 62, 16 mars 1973, p. 12.
Michel Bélair, *Serge Sirois et le Théâtre québécois*, Dev, vol. 63, n° 84, 15 avril 1973, p. 15.
Alain Pontaut, *Une œuvre forte de Serge Sirois*, dans *Le Jour*, vol. 1, n° 17, 19 mars 1974, p. 15.
André Vanasse, *Serge Sirois. Aujourd'hui peut-être*, LAQ 1974, p. 169–170.
Jacques Larue-Langlois, *« Les Pommiers en fleurs » au théâtre de Quat'Sous. Une réflexion troublante mais statique*, Dev, vol. 72, n° 60, 13 mars 1981, p. 22.
Alonzo LeBlanc, *Serge Sirois. Les Pommiers en fleurs*, LAQ 1981, p. 192–193.

SIXTE LE DÉBONNAIRE. Voir **DUGAS, MARCEL.**

SMART, PATRICIA Eileen [née Patricia Eileen Purcell] (1940–   ). Essayiste et critique littéraire, née à Toronto. Après son baccalauréat à l'Université de Toronto (1961) et sa maîtrise ès arts à l'Université Laval (1963), elle étudie à l'Université Queen's où elle obtient un doctorat en 1977 pour une dissertation intitulée « L'Ironie et ses techniques dans les romans de Jacques Godbout, d'Hubert Aquin et de Réjean Ducharme ». À partir de 1979, elle enseigne à l'Université Carleton où elle devient coordonnatrice du programme d'études canadiennes et, en 1987–1988, directrice de l'Institute of Canadian Studies. Elle collabore à de nombreuses revues — *Canadian Literature*, *Revue de l'Université d'Ottawa*, *Études françaises*, *Voix et Images*, *University of Toronto Quarterly* —, et fait partie du bureau de direction des *Voix et Images*, *Canadian Forum*,

Atlantis et *Dalhousie French Studies*. Son article sur France Théoret mérite, en 1986, le prix Marion-Porter, décerné par le Canadian Research Institute for the Advancement of Women, au meilleur article de thématique féministe de l'année. En 1985, elle gagne la bourse de recherche Marston-LaFrance qui lui permet de consacrer, pendant un an, tout son temps à l'étude du roman moderne. Elle publie, en 1973, son premier essai, *Hubert Aquin, agent double*, bien reçu par la critique. « Avec une admirable perspicacité, écrit Robert Vigneault, secondée par une étonnante connaissance des sciences humaines, Patricia Smart circule dans l'univers baroque de *Prochain Épisode* et de *Trou de mémoire* comme ce superlecteur qui nous apprend à lire ces livres énigmatiques comme ils doivent être lus ». Son deuxième essai, *Écrire dans la maison du père* (1988), lui vaut le prix du Gouverneur général. L'ouvrage est le fruit d'une dizaine d'années de réflexions. La lauréate « a décrypté, explique Guy Ferland, des auteurs féministes actuelles, [...] en les comparant aux Germaine Guèvremont, Gabrielle Roy, Anne Hébert, sans oublier les Claude-Henri Grignon, Félix-Antoine Savard, Hubert Aquin, Saint-Denys Garneau. Cherchant une explication à la tragédie, à l'errance, à la noirceur, au mysticisme exacerbé qui hante les œuvres des écrivains masculins québécois, Patricia Smart jette ainsi un regard éclairant et incontestablement neuf sur les ‹ classiques › de notre patrimoine littéraire ».

ŒUVRES

Hubert Aquin, agent double. La dialectique de l'art et du pays dans « Prochain Épisode » et « Trou de mémoire », Montréal, Les Presses de l'Université de Montréal, 1973, 138 p.

Écrire dans la maison du père : l'émergence du féminin dans la tradition littéraire du Québec, Montréal, Éditions Québec/Amérique, 1988, 337 p. « Littérature d'Amérique ».

The Agonizing Solitude : The Poetry of Anne Hébert, CaL, nº 10, automne 1961, p. 51–61.

Une analyse psychocritique du « Dompteur d'ours » d'Yves Thériault, RUO, vol. 40, nº 1, janv.–mars 1970, p. 5–24.

Relire l'« Incubation », EF, vol. 6, nº 2, mai 1970, p. 193–213.

« Neige noire », Hamlet et la coïncidence des contraires, EF, vol. 2, nº 2, mai 1975, p. 151–160.

L'Ironie comme médiation entre le littéraire et le politique dans quelques romans québécois, dans *Cahiers de l'Institut supérieur des sciences humaines*, Québec, PUL, 1976, p. 173–186. « Études sur le Québec ».

Voices of Discovery and Commitment : Women Writers in French Canada, dans *Room of One's Own*, vol. 4, nᵒˢ 1–2, automne 1978, p. 7–18.

La Poésie d'Anne Hébert : une perspective féminine, RUO, vol. 50, nº 1, janv.–mars 1980, p. 62–68.

Un cadavre sous les fondations de l'édifice : la violence faite à la femme dans le roman québécois contemporain, dans *Violence in the Canadian Novel since 1960* (sous la direction de T. Goldie and V. Harger-Grinling), Memorial University St. John's, 1981, p. 25–32.

L'Espace de nos fictions : quelques réflexions sur nos deux cultures, VI, vol. 10, nº 1, automne 1984, p. 23–36.

L'Écriture autre : le féminisme dans la littérature québécoise récente, dans *Canadiana : Studies in Canadian Literature* (sous la direction de Jorn Carlsen et Knud Larsen), Canadian Studies Conference, Aarhus (Denmark), 1984, p. 74–80.

Du Dieu canadien-français au texte moderne : les débats des intellectuels au Québec depuis la décennie 1960, dans *University of Toronto Quarterly*, vol. 54, nº 4, été 1985, p. 492–498.

Quand la fille du bar se met à parler : la poésie de France Théoret, dans *Dalhousie French Studies*, numéro spécial sur *La Poésie québécoise depuis 1975*, 1985, p. 153–162.

Hubert Aquin, essayiste, dans *L'Essai et la Prose d'idées au Québec*, Montréal, Fides, 1985, p. 513–525. « ALC » 6.

Woman as Object, Women as Subjects and the Consequences for Narrative : Hubert Aquin's « Neige noire » and the Impasse of Post-modernism, CaL, nᵒˢ 113–114, été–automne 1987, p. 168–178.

France Théoret, narratrice de la subjectivité, VI, 1988, numéro spécial dédié à France Théoret, présenté par Patricia Smart.

ÉTUDES

Françoise de Labsade, *Hubert Aquin, agent double*, LAQ 1973, p. 223.

Christina H. Roberts-Van Oordt, *Hubert Aquin, agent double*, dans *Queen's Quarterly*, automne 1974, p. 476–477.

Robert Vigneault, *Du semblable à l'autre*, EF, vol. 10, nº 2, mai 1974, p. 180–182.

Françoise Iqbal, *Patricia Smart, Hubert Aquin, agent double*, dans *Revue des langues romanes*, vol. 81, 1975, p. 339–342.

David M. Hayne, *Hubert Aquin, agent double*, dans *French Studies*, juillet 1978, p. 365–366.

Guy Ferland, *Les Prix littéraires du Gouverneur général*, Dev, vol. 80, nº 53, 4 mars 1989, p. D-1, D-5–D-6. (Avec le portrait des récipiendaires : Jacques Folch-Ribas — roman et nouvelles ; Patricia Smart — études et essais ; Marcel Labine — poésie ; Michèle Marineau — littérature jeunesse ; Jean-Marc Dalpé — théâtre ; Philippe Béha — illustration jeunesse).

SMITH, ANDRÉ (1943–   ). Essayiste, né à Montréal. Après un baccalauréat aux Hautes Études commerciales (1964) et un baccalauréat ès arts au

Collège Sainte-Marie (1965), il obtient une maîtrise de l'Université McGill (1967) pour un mémoire sur « Le Vertige de Bordanu *Voyage au bout de la nuit* », et un doctorat de l'Université de Paris-Nanterre (1970) dont la thèse paraît sous le titre *La Nuit de Louis-Ferdinand Céline*. En 1970, il devient professeur de français à l'Université McGill. Il collabore à divers périodiques, tels *Études françaises, Voix et Images, Incidences*. Son second essai, *L'Univers romanesque de Jacques Godbout* (1977), reçoit un accueil partagé : « Cette étude, écrit Irène Duranleau-Perrault, permettra sûrement à Godbout de mieux comprendre son univers de fantasmes, [...] servira aux psychanalystes sans client à vérifier l'exactitude des renseignements fournis sur les comportements oedipiens, mais demeurera stérile pour ceux qui s'intéressent au fonctionnement des textes littéraires ». Mais pour Jean Éthier-Blais, cette étude « permet de donner au texte global de Jacques Godbout une unité qui sourd de la psychanalyse et de l'instinct sémantique. [...] André Smith est plus rigoureux que tendre et on a peu l'habitude d'entendre parler ainsi d'un écrivain québécois ».

ŒUVRES

La Nuit de Louis-Ferdinand Céline (essai), Paris, Bernard Grasset, 1971, 222 p.

L'Univers romanesque de Jacques Godbout (essai), Montréal, Éditions Aquila, 1976, 95 p. « Figures du Québec ».

L'Enlèvement de la Saint-Jean, Montréal, Éditions Aquila, 1979, 64 p. Collab. Ian Campbell. Ill.

ÉTUDES

Paul Morelle, « *Céline et les Universitaires ou La Fin d'un purgatoire* », dans *Le Monde*, 3 mai 1973, p. 17.

Robert Faurisson, « *À quand la libération* », dans *Les Nouvelles littéraires*, 28 mai 1973, p. 1.

Marc Bugeot, « *Le Pire des mondes possibles* », dans *Le Nouvel Observateur*, n° 459, 27 août 1973, p. 44.

Irène Duranleau-Perrault, *André Smith. L'Univers romanesque de Jacques Godbout*, LAQ 1977, p. 240–241.

Adrien Thério, *L'Univers romanesque de Jacques Godbout*, LQ, n° 12, nov. 1978, p. 56.

Axel Maugey, *L'Univers romanesque de Jacques Godbout*, dans *Journal of Canadian Fiction*, n°s 25–26, 1979, p. 294–296.

SMITH, DONALD (1946–   ). Critique littéraire, né à Toronto (Ont.). Après des études à l'Université York et à la Sorbonne où il obtient une maîtrise pour une thèse intitulée « Le Comique et la Fantaisie dans les romans de Boris Vian ou Le Monde vu par un œil de verre » (1970), il s'inscrit au doctorat à l'Université d'Ottawa où il soutient une thèse sur

« Les Idées sociales dans l'œuvre de Jacques Ferron » (1978). Professeur à l'Université Carleton à partir de 1970, il collabore activement à *Lettres québécoises, Voix et Images, Études françaises*... En 1985, il est nommé éditeur aux Éditions Québec/Amérique. Il publie en 1973 un *Manuel pratique du français canadien* qui soulève une certaine controverse. En 1983 paraît *L'Écrivain devant son œuvre*, recueil d'entrevues parues antérieurement dans *Lettres québécoises*. Cette édition remaniée est reçue avec beaucoup d'éloges. Son étude sur Gilles Vigneault (1984) fait dire à Suzanne Lafrenière : « L'œuvre de Gilles Vigneault : toute une épopée, une histoire d'aventures, de misères et d'amour. *Gilles Vigneault, conteur et poète*, un volume tout de grâce et de poésie ».

ŒUVRES

Claude Jasmin, Pleure pas, Germaine, Montréal, Centre éducatif et culturel, 1973, 159 p. Édition scolaire préparée par Donald Smith et Sinclair Robinson ; 1983.

Practical Handbook of Canadian French/Manuel pratique du français canadien (dictionnaire bilingue), Toronto, Macmillan, 1973, 172 p. Collab. Sinclair Robinson ; 1975 ; 1976 ; 1978.

L'Écrivain devant son œuvre (essai), Montréal, Québec/Amérique, 1983, 360 p. Ill. « Littérature d'Amérique. Essais ». Traduction anglaise par Larry Shouldice : *Voices of Deliverance. Interviews with Quebec and Acadian Writers*, Toronto, House of Anansi, 1986, 365 p.

Practical Handbook of Quebec and Acadian French/Manuel pratique du français québécois et acadien, Toronto/Buffalo, House of Anansi, 1984, 302 p. Collab. Sinclair Robinson et Antonine Maillet.

Gilles Vigneault, conteur et poète (essai), Montréal, Québec/Amérique, 1984, 160 p. Ill. « Littérature d'Amérique. Essais » ; Éditions du Club Québec loisirs, 1985.

Gilbert La Rocque. L'Écriture du rêve (essai), Montréal, Québec/Amérique, 1985, 142 p. Collab. Gilles Dorion, Réjean Robidoux et André Vanasse.

Images et Symboles chez Ignace Bourget, dans Adrien Thério, éditeur, *Ignace Bourget, écrivain*, Montréal, Éditions Jumonville, 1975, p. 87–108.

Jacques Ferron, un théâtre mythique : Les Grands Soleils et La Tête du roi, EF, vol. 12, n°s 3–4, 1976, p. 293–341.

Vers l'établissement d'une norme québécoise dans l'enseignement du français, dans *Identité culturelle et francophone dans les Amériques*, [Québec], Centre international de recherche sur le bilinguisme, 1980, p. 92–94.

Adrien Thério : critique littéraire, animateur, polémiste et romancier, VI, vol. 8, n° 1, 1981, p. 7–26.

Jacques Ferron et les écrivains, VI, vol. 8, n° 3, 1983, p. 437–454.

ÉTUDES

Louis Lasnier, *L'Écrivain devant son œuvre. Entrevues*, dans *Nos livres*, vol. 14, oct. 1983, n° 5431.

André Vanasse, *L'Écrivain devant son œuvre de Donald Smith*, LQ, n° 31, hiver 1983, p. 71.

Suzanne Lafrenière, *Gilles Vigneault, conteur et poète*, Dr, 72ᵉ année, n° 232, 29 déc. 1984, p. 26.

Adrien Thério, *Présentation. Gilles Vigneault, conteur et poète*, LQ, n° 37, printemps 1985, p. 77.

SŒUR M. LOUISE-GABRIELLE. Voir **CHAPUT,** ʜÉʟÈɴᴇ **Marguerite**.

SOLANGE. Voir **BOISSONNAULT,** Mᵐᵉ ʟᴜᴄɪᴇɴ.

SOLANGE. Voir **BUJOLD,** ɢɪsÈʟᴇ.

SOLITAIRE. Voir **FAUTEUX,** ᴀᴇɢɪᴅɪᴜs.

SOLOMON, ᴍɪᴄʜᴇʟ (1909–   ). Romancier et journaliste, né à Galatz (Roumanie). Il obtient un baccalauréat en 1928, à Bucarest, et une licence en droit à l'Université de Montpellier (France) en 1932. Rentré en Roumanie, il collabore aux quotidiens *Timpul* et *Argus* et se spécialise dans les questions internationales, ce qui l'amène à effectuer des reportages au Moyen-Orient. En octobre 1939, alors qu'il est correspondant de guerre à Londres, il s'enrôle dans l'armée britannique ; il participera à la campagne d'Afrique orientale. Rapatrié en Roumanie après la guerre, il est arrêté comme espion par les Soviétiques, d'abord condamné à mort, puis déporté en Sibérie. Il passe dix-sept ans dans des camps de travaux forcés, tant en URSS que dans son pays. Ayant obtenu de quitter la Roumanie, il arrive à Montréal en juin 1965 et reprend son métier de journaliste pour la United Press International, puis la Jewish Telegraphic Agency. En 1970, il devient rédacteur en chef du mensuel *Regards sur Israël*, et il collabore à des périodiques comme *Le Devoir*, *La Presse*, *Relations*, *La Voix sépharade*. Son œuvre romanesque, en bonne partie autobiographique, relate en détail les péripéties de sa vie des camps soviétiques et des geôles roumaines. Son œuvre s'apparente à celle d'Arthur Koestler et de Jacques Derogy. L'auteur raconte la misère des Juifs de Roumanie après la disparition de la royauté sous laquelle, selon Solo-mon, les Juifs appartenaient à la classe privilégiée. « Poignants d'authenticité, ses récits autobiographiques sont écrits dans une langue souple et nuancée » (Léo Beaudoin).

ŒUVRES

Magadan (roman), Montréal/New York, Chateau Books Limited, publishers, 1971, xii, 243 p. Carte. Préface d'Irving Layton ; Princeton/New York/Philadelphia/London, A verted Book, 1971, 243 p. ; Montréal, Les Éditions de l'Homme, 1973, 390 p. Carte. Traduit de l'anglais par Jacques Lasalle ; Bonn, Hestia Verlag, 1978, 475 p.

Le Struma (roman), Montréal, Les Éditions de l'Homme, 1974, 326 p. Traduction anglaise par Carrol Dunlap-Hébert, *The Struma Incident. A Novel of the Holocaust*, Toronto, McClelland and Stewart, 1979, 174 p. Nouvelle traduction anglaise par Gilbert Larocque, 1979, 294 p.

Mon calvaire roumain (roman), Montréal, Les Éditions de l'Homme, 1976, 391 p. Préface de Fernand Ouellette. Avant-propos de l'auteur. (Suite de *Magadan*).

Éden retrouvé. Roman, Montréal, Québec-Amérique, 1980, 479 p. Édition du Club Québec Loisirs inc. 1981 ; Paris, Éditions France-Empire, 1982. « Deux continents ».

L'Étrange destin d'Émilia. Roman, Montréal, Québec/Amérique, 1984, 329 p. ; Édition du Club Québec Loisirs inc.

ÉTUDES

Prince Vincent, *Quand la haine durcit le cœur*, Pr, 90ᵉ année, n° 280, 23 nov. 1974, p. D-2.

[Anonyme], *Solomon (Michel). Le Struma*, dans *Nos livres*, vol. 6, janv. 1975, n° 28.

Jean-Paul Soulié, *Michel Solomon. Entre le goulag et l'utopie an 2025*, Pr, 100ᵉ année, n° 87, 7 avril 1984, p. D-1, D-2.

François Hébert, *Guerre et Paix : de Jérusalem à Saint-Anaclet*, Dev, vol. 75, n° 89, 14 avril 1984, p. 21.

John Evans

SOMCYNSKY, ᴊᴇᴀɴ-ꜰʀᴀɴÇᴏɪs (1943–   ). Romancier, nouvelliste et poète, né à Paris. Sa famille s'installe à Buenos Aires, en 1950, puis à Montréal, en 1957, où il poursuit ses études à l'École le Plateau et à l'École normale Jacques-Cartier (1957-1960). Il obtient ensuite, à l'Université d'Ottawa, un baccalauréat ès arts (1968) et une maîtrise en science économique pour un mémoire intitulé « The Canadian Economic Gap » (1970). Il est président de la Fédération des étudiants de cette université, en 1968-1969. Après divers emplois temporaires et un an et demi au ministère des Finances à Ottawa, Jean-François Somcynsky devient fonctionnaire au ministère des Affaires extérieures, en 1971. Écrivain, il collabore à des périodiques tels *Écrits du Canada français*, *La Forge* et *Solaris* dont il mérite le prix en 1981 pour sa nouvelle *2500* ; en outre, il écrit deux pièces de théâtre, « Galois » et « Le Coup d'État », pour la radio et la télévision. Son premier roman, *Les Rapides*, paraît en 1967 : cette histoire révolutionnaire est d'un « tissu composite » et d'une écriture inégale, selon Jacques Allard. De 1971 à 1978 paraissent trois autres livres. Le talent du conteur s'affirme et sa production s'intensifie. De 1980 à 1983, quatre romans, deux recueils de nouvelles et un recueil de poésie. L'auteur se découvre une voie nouvelle dans le fantastique et la science-fiction où il trouve, dit Michel Lord, « le moule idéal pour couler son monde de désir ». Le thème de l'amour physique prend en effet une place considérable dans l'œuvre. Écrit dans cette veine, *La Frontière du milieu* (1983) obtient le prix Esso. Selon Gilles Marcotte, « c'est un roman bien fabriqué, proprement écrit, habile ».

ŒUVRES

Les Rapides (roman), Montréal, CLF, 1967, 222 p.

Encore faim. Roman, Montréal, CLF, 1971, 260 p. « Nouvelle-France ».

Les Grimaces (nouvelles), Montréal, CLF Pierre Tisseyre, 1975, 245 p.

Le Diable du Mahani (roman), Montréal, CLF Pierre Tisseyre, 1978, 174 p.

Les Incendiaires (roman), Montréal, CLF Pierre Tisseyre, 1980, 138 p.

Peut-être à Tokyo. Nouvelles, Sherbrooke, Éditions Naaman, 1981, 139 p. Carte. « Création ».

La Planète amoureuse (roman), Longueuil, Le Préambule, 1982, 166 p. « Chroniques du futur ».

Trois voyages. Chants poétiques, Hull, Éditions Asticou, 1982, 79 p. Carte. « Poètes de l'Outaouais ».

La Frontière du milieu. Roman, [Montréal], CLF Pierre Tisseyre, 1983, 149 p.

Vingt minutes d'amour. Roman, Montréal, CLF Pierre Tisseyre, 1983, 100 p.

J'ai entendu parler d'amour. Nouvelles, Hull, Éditions Asticou, 1984, 177 p. « Nouvelles nouvelles ».

Un tango fictif. Roman, Sherbrooke, Éditions Naaman, 1986, 174 p. « Création ».

Les Visiteurs du Pôle Nord (roman), Montréal, Éditions Pierre Tisseyre, 1987, 319 p. « Anticipations ».

Au Vietnam ou ailleurs (nouvelle), ECF, n° 23, 1967, p. 237–258.

Quarante Canadiens en Afrique (récit), ECF, n° 27, 1969, p. 147–184.

Le cœur du monde bat encore (nouvelle), dans *Solaris*, n° 37, vol. 7, n° 1, févr. 1981, p. 6–12.

Histoire d'un voyage inutile (nouvelle), dans *Imagine*, n° 10, sept. 1981, p. 117–126.

Un départ difficile (nouvelle), dans *Solaris*, n° 40, vol. 7, n° 4, sept. 1981, p. 17–21.

« *2500* » (nouvelle), dans *Solaris*, n° 42, vol. 7, n° 6, déc. 1981, p. 19–26.

ÉTUDES

André Major, *Terrorisme et Soleil*, Dev, vol. 58, n° 35, 11 févr. 1967, p. 15.

Jacques Allard, *Les Rapides de Jean F. Somcynsky*, LAC 1967, p. 50–51.

Alain Pontaut, *Permanence des « Écrits du Canada français »*, Pr, 84e année, n° 17, 20 janv. 1968, p. 23.

[Anonyme], *Encore faim de Jean F. Somcynsky*, dans *Le Livre canadien*, vol. 2, n° 24, janv. 1972, p. 24.

Jean-Marc Gouavanic, *L'Utopie érotique de J.-F. Somcynsky* et *Rencontre avec Jean-François Somcynsky*, dans *Imagine*, n° 6, vol. 2, n° 2, déc. 1980, p. 45–64.

Réginald Martel, *Trois écrivains. La terreur, Dieu et le néant*, Pr, 97e année, n° 7, 10 janv. 1981, p. C-3.

Élisabeth Vonarburg, *Science-fiction et Fantastique au Québec*, dans *Solaris*, n° 40, vol. 7, n° 4, sept. 1981, p. 28–29.

Réginald Martel, *Peut-être à Tokyo. Histoires de désir et de plaisir*, Pr, 97e année, n° 294, 12 déc. 1981, p. C-4.

Gilles Cossette, *Le Froid et les Flammes. Peut-être à Tokyo de Jean-François Somcynsky*, LQ, n° 25, printemps 1982, p. 35.

Antonio D'Alfonso, *Somcynsky (Jean-François). Trois voyages. Chants poétiques*, dans *Nos livres*, vol. 13, juin–juillet 1982, n° 306.

Michel Lord, *Deux histoires de possession. 2. L'amour fabuleux : La Planète amoureuse de Jean-François Somcynsky*, LQ, n° 29, printemps 1983, p. 36–37.

Madeleine Ouellette-Michalska, *De l'amour et des hôtels*, Dev, vol. 74, n° 99, 30 avril 1983, p. 19.

SOUBLIÈRE, ROGER (1942–   ). Poète, né à Montréal. Il fait ses études à l'Université de Montréal et à l'Université du Québec où il obtient un baccalauréat ès arts (1968), une licence ès lettres (1971) et une maîtrise ès arts (1973). Grand voyageur, il visite de nombreux pays d'Europe et d'Amérique. Il anime plusieurs rencontres d'écrivains et fonde la revue *La Barre du jour* avec Nicole Brossard, et y publie de nombreux articles. Il est chargé de cours à l'Université du Québec à Montréal à compter de 1972. Sa recherche formelle de l'écriture poétique l'amène à reprendre d'une manière originale la démarche des automatistes et des surréalistes dans son recueil sur l'objet poétique, *L'Anti-can* qui est une sorte d'événement littéraire. « L'entreprise de Roger Soublière, écrit Gilles Marcotte, est plus singulière ou du moins l'est de façon plus visible.

Non content d'agir sur le contenu, sur le texte, il transforme le contenant : le livre devient une boîte de conserves. L'idée de Roger Soublière est excellente, et parfaitement réalisée ».

ŒUVRE

L'Anti-can (objet poétique), Montréal, Les Éditions Pro-Con, 1969, 101 cartes numérotées dans une boîte ronde de métal avec un couvercle de plastique transparent. Dessins de Marcel Saint-Pierre.

Bilan, L, vol. 13, n° 74, mars–avril 1971, p. 84–87.
Prétexte, Les Salopettes, Le Grand Tétrame et autres textes, BJ, printemps 1972, p. 68–83.

ÉTUDES

Nicole Lamoureux, *La Poésie dans la rue*, dans *Le Quartier latin*, vol. 52, n° 5, 12–26 nov. 1969, p. 37.
[Réginald Martel], *La poésie est emballée*, Pr, 85ᵉ année, n° 260, 15 nov. 1969, p. 41.
Jean-Guy Pilon, *Roger Soublière. L'Anti-can*, LAQ 1969, p. 94.
Gilles Marcotte, *La Poésie*, EF, vol. 6, n° 2, mai 1970, p. 239.

SOUCY, CHARLES (1933–). Romancier, né à Pabos (Gaspé-Est). Il fait une partie du cours classique au Petit Séminaire de Rimouski et au Collège du Sacré-Cœur de Bathurst (Nouveau-Brunswick, 1947–1950). Il voyage au Nouveau-Brunswick, au Québec et en Ontario, passe quelques mois en France, exerce divers métiers, est secrétaire administratif à la Fédération des Jeunes Chambres du Canada français (1964–1968), puis devient fonctionnaire. En 1962, il publie une nouvelle dans *Châtelaine* et trois autres dans les *Écrits du Canada français*. Son premier roman, *Le Voyage à l'imparfait* (1968), raconte un drame œdipien assez sombre que la critique accueille avec prudence : il « hésite entre deux ou trois styles, dit Georges-André Vachon, comme entre les deux ou trois récits qu'il contient en germe. Telle est la richesse, et aussi l'ambiguïté, » de cet ouvrage. *Heureux ceux qui possèdent* (1973), récit qui remporte le prix Jean-Béraud-Molson, « porte la marque d'un indiscutable talent de conteur », selon *Le Livre canadien*. *À travers la mer* (1974) montre la déchéance progressive d'un fils de la mer. Pour Louis Pelletier, « il faut considérer Charles Soucy comme un des initiateurs de l'entité gaspésienne. [...] L'écrivain a le souffle des poètes épiques qui ont su inscrire dans les esprits les valeurs d'une civilisation ». Réginald Martel, malgré quelques réserves sur les *Chroniques des saisons gaspésiennes* (1978) reconnaît que le livre mérite d'être lu : « Ce qui en fait l'unité, c'est le pays gaspésien lui-même ».

ŒUVRES

Le Voyage à l'imparfait. Roman, Montréal, CLF, 1968, 158 p.
Heureux ceux qui possèdent (récit), Montréal, CLF, 1973, 136 p.
À travers la mer (roman), Montréal, CLF, 1974, 144 p.
Chroniques des saisons gaspésiennes (nouvelles), Montréal, CLF Pierre Tisseyre, 1978, 220 p.

Un jour dans une vie (nouvelle), Ch, vol. 2, n° 5, mai 1962, p. 20.
Une visite à la mer, Une lettre pour mon aimée, La Candeur de l'enfance (nouvelles), ECF, vol. 12, 1962, p. 205–251.

ÉTUDES

Yvan Morin, « *Le Voyage à l'imparfait* », dans *L'Évangéline*, 81ᵉ année, n° 8941-141, 15 juin 1968, p. 4.
André Major, *Trop artificiel pour y croire*, Dev, vol. 59, n° 147, 22 juin 1968, p. 19.
Georges-André Vachon, « *Le Voyage à l'imparfait* », EF, vol. 4, n° 4, nov. 1968, p. 449.
Simon Drolet, *Le Voyage à l'imparfait de Charles Soucy*, LAC 1968, p. 56–57.
[Anonyme], *Soucy (Charles). Heureux ceux qui possèdent*, dans *Le Livre canadien*, vol. 5, avril 1974, n° 146.
Louis Pelletier, *Charles Soucy. À travers la mer*, LAQ 1974, p. 70–72.
Réginald Martel, *Les Jeux de l'amour et de la politique*, Pr, 95ᵉ année, n° 23, 27 janv. 1979, p. D-3.

SOUCY, JEAN-YVES (1945–). Romancier et conteur, né à Causapscal (Matapédia). Ses études, commencées au primaire à Amqui, Beloeil et Ville Jacques-Cartier, se terminent avec le secondaire, à Amos, en 1961. Il exercera des métiers forts divers : travailleur forestier, vendeur itinérant, travailleur social avec les Petits Frères des pauvres, comptable dans des banques, journaliste à Radio-Canada International, rédacteur-scénariste pour la radio et la télévision à partir de 1976. Il collabore à divers périodiques, particulièrement au *Livre d'ici*. Adonné très tôt à l'écriture, il compose plusieurs romans dont l'un à 16 ans, mais le premier publié et qui lui apporte la notoriété est *Un dieu chasseur*, gagnant du prix des *Études françaises* (1976) et du prix de *La Presse* (1978). Selon François Ricard, « malgré quelques faiblesses, ce livre, écrit avec un soin extrême porté à chaque mot, à chaque phrase, et un sens très sûr de la composition romanesque, est certainement l'un des bons romans de la saison ». Pour Louis Lasnier « l'œuvre fournit une synthèse du lyrisme de Savard et de la violence de Thériault, sans les dépasser ». *Les Chevaliers de la nuit* (1978) suscite des louanges : « Une œuvre magistrale, un roman-fleuve extraordinaire qui le [Soucy] situe désormais parmi nos meilleurs romanciers » (Réginald Martel) ; « magnifique roman », « récit épique se doublant d'une longue quête initiatique » (Madeleine Ouellette-Michalska). Pourtant, Gabrielle Poulin se déclare « terriblement déçue » par ce « livre bavard ». Les contes de *L'Étranger au ballon rouge* (1981) ne provoquent pas le même intérêt. *Parc Lafontaine* (1983) est « attachant par sa simplicité » (François Hébert) et pose bien le problème du vieillissement, mais, en dépit de très belles pages, n'a pas le souffle des romans précédents (Réginald Martel).

ŒUVRES

Un dieu chasseur. Roman, Montréal, PUM, 1976, 203 p. « Prix de la revue *Études françaises* » ; La Presse, 1978, 214 p. Traduction anglaise par John Glassco : *Creatures of the Chase*, Toronto, McClelland and Stewart, 1979, 161 p.

Les Chevaliers de la nuit (roman), Montréal, Les Éditions La Presse, 1980, 329 p. « Romans d'aujourd'hui ». Traduction anglaise : *The Knights of Darkness*, Toronto, McClelland and Stewart, 1984.

L'Étranger au ballon rouge. Contes, Montréal, La Presse, 1981, 159 p.

Parc Lafontaine... et je mourrai sans être vieux (roman), Montréal, Libre Expression, 1983, 270 p.

Erica. Roman, [Montréal], Libre Expression, 1984, 139 p.

La Buse et l'araignée (récits), Montréal, Les Herbes rouges, 1988, 213 p.

ÉTUDES

François Ricard, *Le Dernier des coureurs des bois*, Dev, vol. 68, n° 253, 30 oct. 1976, p. 16.

Réginald Martel, *Un drôle de dieu d'hier*, Pr, vol. 92, n° 266, 6 nov. 1976, p. D-3.

Jacques Larue-Langlois, *Un grand prix couronne... une vie de trappeur québécois*, dans *Le Livre d'ici*, vol. 2, n° 8, déc. 1976, p. 1.

Claude Filteau, *Jean-Yves Soucy. Un dieu chasseur*, LAQ 1976, p. 99-101.

Louis Lasnier, *Soucy (Jean-Yves). Un dieu chasseur*, dans *Nos livres*, vol. 8, févr. 1977, n° 66.

Gabrielle Poulin, *Mathieu, maître-chasseur. Un dieu chasseur de Jean-Yves Soucy*, Rel, vol. 37, n° 426, mai 1977, p. 151-153.

Marcel Dubé, *Remise du prix littéraire « La Presse ». Hommage à un dieu chasseur*, Dev, vol. 69, n° 268, 18 nov. 1978, p. 8.

Réginald Martel, *Les Grands Jeux de nuit de l'enfance qui meurt*, Pr, 96ᵉ année, n° 70, 22 mars 1980, p. D-3.

Madeleine Ouellette-Michalska, *Jean-Yves Soucy. Un enfant tue le surhomme*, Dev, vol. 71, n° 150, 5 juillet 1980, p. 15.

Gabrielle Poulin, *Le « Saint », le « bon sauvage » et le « chevalier »*, LQ, n° 19, automne 1980, p. 22.

André Vanasse, *Jean-Yves Soucy. Les Chevaliers de la nuit*, LAQ 1980, p. 68-69.

Réginald Martel, *Jean-Yves Soucy. C'est bien beau vivre mais il faut rêver* (entrevue), Pr, 97ᵉ année, n° 56, 7 mars 1981, p. C-1, C-3.

Clément Trudel, *Jean-Yves Soucy. Ce besoin de raconter*, Dev, vol. 72, n° 67, 21 mars 1981, p. 17.

Noël Audet, *Jean-Yves Soucy et la Fable sociale*, Dev, vol. 72, n° 67, 21 mars 1981, p. 19.

Jacques Thériault, *Jean-Yves Soucy m'a conté* (entrevue), dans *Le Livre d'ici*, vol. 6, n° 27, 8 avril 1981, p. 1.

Michel Laurin, *Soucy (Jean-Yves). L'Étranger au ballon rouge*, dans *Nos livres*, vol. 12, mai 1981, n° 253.

Gilles Cossette, *Tranche de vie, tranches de néant : le conte et la nouvelle au Québec en 1981*, LQ, n° 23, automne 1981, p. 26-27.

André Vanasse, *Jean-Yves Soucy. L'Étranger au ballon rouge*, LAQ 1981, p. 76-77.

Réginald Martel, *Jean-Yves Soucy. Pour mourir sans être vieux*, Pr, 99ᵉ année, n° 263, 12 nov. 1983, p. D-3.

François Hébert, *Parc Lafontaine : un roman attachant sur cet âge qu'on dit d'or*, Dev, vol. 74, n° 262, 12 nov. 1983, p. 19.

Id., *Petite bonne Femme de vie...*, Dev, vol. 75, n° 221, 22 sept. 1984, p. 23.

SOUDEYNS, MAURICE (1944–   ). Poète né à Montréal. Il étudie au Mont-Saint-Louis, à l'École Simon-Sanguinet et à l'École Cinq-Mars ; il fait une première année à l'École des beaux-arts (1963) et plus tard un an d'études françaises à l'Université du Québec à Montréal (1973). En 1962, il fonde avec Barnabé Garcia la Fédération anarchiste canadienne ; en 1963, il ouvre les ateliers du El Cortijo pour la promotion de la peinture, de la sculpture et de la poésie, et, en 1964, la Villa des beaux-arts. En 1969, il enseigne chez Berlitz et fonde l'École de formation des langues. Lié pendant deux ans au Front de libération du Québec à partir de 1965, il milite pour la libération du taxi en 1966, et, outre le cinéma, le théâtre et le graphisme, il exerce cinquante métiers pour vivre, de chauffeur de taxi à agent de sécurité, de barman à laveur de vitres, de professeur à employé libraire. Il est avant tout écrivain : poète, nouvelliste, romancier, dramaturge, scénariste. Entre 1972 et 1984 il ne publie en volumes que de la poésie. Dans *L'Orée de l'éternité* (1972) « Soudeyns présente ses premiers chants pleins de promesses » (René Pageau). « Un recueil de grande qualité malgré la recherche parfois agaçante des mots rares » (Sliman Henchiri). Dans *La Trajectoire* (1974), François Piazza trouve « un poète oral qui joue, tout en gardant leur sens, avec les sons des mots et qui essaie de créer une musique ». Qui invente aussi des mots : « La parole [...] va au-delà de la parole, atteint le dehors où chaque chose paraît éternelle, où le verbe n'a, en définitive, de cesse que par sa qualité sonore » (Michel LeBel). *Vlamer* (1984) est un poème en quatre chants qui constituent, selon le communiqué de presse, les étapes des difficultés d'apprendre.

ŒUVRES

L'Orée de l'éternité (poésie), Montréal, L'Hexagone, 1972, 50 p. Ill. d'Andrée Duplantie et Loïs Siegel. « Les Matinaux ».

Chas (poésie et dessins), [Montréal], Cul Q, 1974, [n.p., 31 f.]. Ill. de l'auteur.

La Trajectoire (poésie), Montréal, L'Hexagone, 1974, 66 p. Avec 15 dessins de l'auteur.

Vlamer (poésie), Montréal, Soudeyns-Donzé Éditeurs, 1984, 79 p. Ill. de l'auteur. Partitions de Jean-Pierre Demers.

ÉTUDES

Réginald Martel, *Poésie d'ici. Maurice Soudeyns*, Pr, 92e année, n° 22, 27 janv. 1973, p. D-3.

[Anonyme], *L'Orée de l'éternité de Maurice Soudeyns*, dans *Le Livre canadien*, vol. 4, avril 1973, n° 135.

René Pageau, *Horic-Soudeyns-Charron*, dans *L'Information médicale et paramédicale*, vol. 25, n° 12, 1er mai 1973, p. 47.

Sliman Henchiri, *L'Orée de l'éternité de Maurice Soudeyns*, LAQ 1973, p. 157-158.

Michel Lebel, *Maurice Soudeyns. La Trajectoire*, LAQ 1974, p. 126-127.

François Piazza, *Pour commencer avec du neuf...*, dans *Dimanche-Matin*, 12 janv. 1975, p. 24.

Gaëtan Dostie, *En toute lettres. Des poètes mis à jour*, dans *Le Jour*, vol. 2, n° 14, 15-16 mars 1975, p. 12.

[Anonyme], *Soudeyns (Maurice). La Trajectoire*, dans *Le Livre canadien*, vol. 6, mai 1975, n° 206.

André Janoël, *Soudeyns (Maurice). Vlamer*, dans *Nos livres*, vol. 15, déc. 1984, n° 5997.

SOULIÈRES, ROBERT (1950–   ). Conteur et romancier pour la jeunesse, né à Montréal. Il fait ses humanités aux collèges Notre-Dame et Saint-Ignace (B.A., 1969), puis il obtient un baccalauréat spécialisé en information à l'Université du Québec à Montréal (1972). Professeur au secondaire à Lachute, de 1972 à 1974, il devient agent d'information à la commission scolaire de Saint-Jérôme en 1974. Il est chroniqueur littéraire à la station de radio CJEN, et il écrit des textes et chansons pour les émissions télévisées pour enfants « Mystère et Boule de gomme » (1976) et « Capucine » (1978). Il collabore à divers périodiques, tels *Video-Presse*, *Écho du Nord*, *Guide des Laurentides*, et *Lurelu*, revue pour les jeunes, dont il est nommé directeur en 1981. Ses premiers contes paraissent en 1979. « Le récit du *Bal des chenilles* est bien mené », écrit Louise Warren. *Max le magicien* est un album bien joli selon Renée Rowan, mais « porteur d'un message un peu trop moralisateur ». Hélène Biron loue l'originalité d'*Une bien mauvaise grippe* (1980), féerie cocasse fondée sur le vraisemblable : « Pareil schéma répétitif, pareille trame mi-farfelue, mi-plausible et réelle sauront se mériter la faveur des jeunes en quête de rêves tout autant que de découvertes ». *Le Visiteur du soir* (1980) est un roman policier d'une facture neuve. « Dans le roman, dit Louise Warren, tous les personnages adultes se comportent comme des adolescents, ce qui encore est bien différent du roman de jeunesse classique où les enfants sont des adultes ». Le livre mérite le prix Alvine-Bélisle. Soulières remporte aussi le prix Communication-Jeunesse pour son conte *Seul au monde* (1982). Au sujet de *Tony et Vladimir* (1984), Dominique Demers écrit : « À la fois dense et aérien, le récit intègre habilement humour, poésie et philosophie sans jamais s'alourdir ou devenir prétentieux ».

ŒUVRES

Le Bal des chenilles (litt. jeunesse), Montréal, CLF Pierre Tisseyre, 1979, 22 p. Ill. de Michèle Lemieux.

Max le Magicien (litt. jeunesse), Montréal, La Courte Échelle, 1979, [n.p., 23 p.]. Ill. de Christiane Valcourt.

La Baleine fantastique (litt. jeunesse), Montréal, CLF Pierre Tisseyre, 1980, [n.p., 21 p.]. Ill. de Michèle Lemieux. « Le Marchand de sable ».

L'Homme aux oiseaux (litt. jeunesse), Montréal, Québec/Amérique, 1980, [n.p., 32 p.]. Ill. de M. Gravel-Pelletier. « Jeunesse ».

Ma Tante Marie-Blanche (litt. jeunesse), Montréal, Québec/Amérique, 1980, [n.p., 32 p.]. Ill. de M. Gravel-Pelletier. « Jeunesse ».

Une bien mauvaise grippe (litt. jeunesse), Montréal, CLF Pierre Tisseyre, 1980, 21 p. Ill. de Michèle Lemieux.

Le Visiteur du soir. Roman, Montréal, CLF Pierre Tisseyre, 1980, 147 p. Ill. « Conquêtes ».

Le Voyage de Monsieur Fernand (litt. jeunesse), Saint-Lambert, Éditions Héritage, 1981, [n.p., 16 p.]. Ill. de Lorraine Laflamme. « Brindille ».

Seul au monde. Conte, Montréal, Éditions Québec/Amérique, 1982, [n.p., 30 p.]. Ill. de Philippe Béha. « Jeunesse ».

Un été sur le Richelieu (roman), Montréal, CLF Pierre Tisseyre, 1982, 136 p. « Conquêtes ».

Tony et Vladimir (litt. jeunesse), Montréal, CLF Pierre Tisseyre, 1984, 31 p. Ill. de Philippe Béha.

Le Baiser maléfique (litt. jeunesse), Sillery, Ovalex, 1985, [n.p., 24 p.]. Ill. de Stéphane Jorisch. Adaptation de Robert Soulières.

Casse-tête chinois. Roman, Montréal, CLF Pierre Tisseyre, 1985, 180 p. Ill. de Serge Rousseau.

Trois rats sur un radeau (litt. jeunesse), Montréal, CLF Pierre Tisseyre, 1985, [n.p.].

ÉTUDES

Louise Warren, *Robert Soulières. Le Bal des chenilles*, LAQ 1979, p. 265-266.

Id., *Robert Soulières. Max le Magicien*, LAQ 1979, p. 266-267.

Id., *Robert Soulières. Le Visiteur du soir*, LAQ 1980, p. 234-235.

SOULIÈRES

Hélène Biron, *Robert Soulières. Une bien mauvaise grippe*, LAQ 1980, p. 233–234.
Réginald Martel, *Robert Soulières. Un été sur le Richelieu*, LAQ 1982, p. 238.
Dominique Demers, *Le chat qui voulait devenir vedette. Tony et Valdimir de Robert Soulières et Philippe Béha* [...], Dev, vol. 75, n° 244, 2 oct. 1984, p. 29.

SPECTATEUR TRANQUILLE. Voir **JAUTARD, VALENTIN.**

STADACONA. Voir **DICK, VENCESLAS EUGÈNE.**

STANTON, JULIE (1938–   ). Poète, romancière et journaliste, née à Québec. Elle fait ses études classiques au Collège Notre-Dame-de-Bellevue (B.A., 1958). En 1974, elle s'inscrit à l'Université Laval et obtient une licence en histoire et communication (1978). Elle collabore à *Châtelaine*, *Perspectives*, *La Gazette des femmes*, à diverses revues gouvernementales et particulièrement au secteur culturel du *Devoir*. Elle participe à la Nuit de la poésie de l'Université du Québec à Montréal, puis elle publie son premier recueil, *Je n'ai plus de cendre dans la bouche* (1980), livre qui «exprime sans haine un besoin de rétablir la justice, dit Hélène de Billy. Cette poésie affirme aussi un refus de la mort, défend une conception du bonheur [...]». Le récit autobiographique, *Ma fille comme une amante* (1983), est un succès d'édition comme l'ouvrage précédent : l'auteur relate avec émotion le cheminement d'une mère et de sa fille qui se retrouvent et reconstruisent leur relation. «Dans l'alternance de la prose et de la poésie, écrit Réginald Martel, le livre de Julie Stanton acquiert [...] une profondeur et une densité qui sont pourtant bien littéraires». *La Nomade* (1982) est, selon Richard Giguère, «un beau chant» d'exorcisme et de libération des femmes «dont il n'est pas question de remettre en cause la pertinence, mais qui arrive un peu tard, après tous les autres».

ŒUVRES
Je n'ai plus de cendre dans la bouche (poésie), Montréal, Les Éditions de La Pleine Lune, 1980, 43 p. Ill. de Jovette Marchessault. «Poésie».
Ma fille comme une amante. Récit, [Montréal], Leméac, 1981, 95 p. «Roman québécois».
La Nomade (poésie), Montréal, L'Hexagone, 1982, 61 p. Dessins d'Andrée Veilleux-Cossette.
Du mirage de sel (fragments) (poésie), Québec, Les Éditions À mains nues, 1983, 45 p. Ill. de Louise Duchesne. «Poésie».
À vouloir vaincre l'absence. Poèmes, Montréal, L'Hexagone, 1984, 60 p.
Une meilleure gestion des archives tout à votre avantage ! Loi sur les archives, [Québec], Archives nationales du Québec, 1984, 19 p.

ÉTUDES
Anne-Marie Voizard, *De Ginette à Julie un long chemin de violence et d'amour*, So, vol. 83, n° 118, 17 mai 1980, p. C-11.
Hélène de Billy, *Julie Stanton «Je n'ai plus de cendre dans la bouche»* (entrevue), dans *La Gazette des femmes*, vol. 2, n° 2, juin 1980, p. 6–7.
Louis-Guy Lemieux, *Une mère et une fille toutes nues*, So, vol. 84, n° 103, 2 mai 1981, p. F-3.
Madeleine Dubuc, *Le Livre de tendresse d'une femme tendre*, Pr, 97ᵉ année, n° 110, 9 mai 1981, p. B-15.
Marie Laporte, *Une fille se cherche une mère s'est trouvée*, dans *Dimanche-Matin*, vol. 28, n° 20, 24 mai 1981, p. B-10.
Réginald Martel, *Julie Stanton et Andrée Lebel : femme amante, femme sorcière*, Pr, 97ᵉ année, n° 140, 13 juin 1981, p. C-3.
André Dionne, *Julie Stanton. Ma fille comme une amante*, LAQ 1981, p. 77–78.
Hélène de Billy, *On a l'âge de ses livres*, Dev, vol. 73, n° 94, 24 avril 1982, p. 17–18.
Marie Laporte, *Julie Stanton : l'écriture de la révolte*, dans *Dimanche-Matin*, vol. 29, n° 19, 16 mai 1982, p. B-13.
Richard Giguère, *Les Écritures de femmes en 1982 : intériorisation et transformation*, LQ, n° 27, automne 1982, p. 35–36.

STEINBERG, CARL. Voir **LANGEVIN, GILBERT.**

STEINHOUT, YVAN. Voir **LEFRANÇOIS, ALEXIS.**

STELLO. Voir **GRIGNON, CLAUDE-HENRI.**

STÉPHANE, MICHEL. Voir **PHILIP, MICHEL.**

STEVENS, PAUL (1830–1881). Conteur, né en Belgique. Arrivé au Canada en 1854, il se fixe d'abord à Berthier où il épouse, l'année suivante, Marie Valier dit Léveillé. Par la suite il déménage à Montréal où il collabore au *Pays*, à *L'Ordre*, au *National* et à *L'Avenir* ; en 1857, il est rédacteur de *La Patrie*. Pendant cette période, il est aussi principal du Collège de Chambly et professeur de français à Montréal. En 1860, il fonde *L'Artiste*, journal littéraire et artistique qui ne compte que deux numéros. Il participe aux travaux du Cabinet de lecture paroissial. À Montréal, il enseigne aussi le français et devient, un peu plus tard, précepteur des familles Chaussegros de Léry et Saveuse de Beaujeu, à Coteau-du-Lac où il meurt en 1881. Son premier livre, *Fables* (1857), réunit 64 petits textes publiés dans les journaux de Montréal. Il s'agit essentiellement d'un travail d'imitation (Esope, La Fontaine, etc.). Son véritable talent se voit dans ses *Contes populaires* (1867). Cette vocation date de mars 1859 lorsqu'il livre à *L'Écho du Cabinet de lecture paroissial* son premier conte. L'année suivante il lance un appel aux jeunes en faveur de l'exploration du «vaste champ de nos glorieuses légendes encore ensevelies dans un honteux oubli» (*L'Artiste*, mai 1860). Par la suite, il en publie une douzaine d'autres qu'il réunit en recueil, y ajoutant trois inédits. Paul Stevens s'inspire essentiellement de la tradition orale. Ses contes sont réimprimés plusieurs fois. Son conte le mieux réussi, «Les Trois diables», présente une des rares versions littéraires de la légende du diable dupé par un humain.

ŒUVRES

Fables, Montréal, De l'Imprimerie de John Lovell, 1857, 119 p.

Contes populaires, Ottawa, G.-E. Desbarats, imprimeur-éditeur, 1867, xiii, 253 p. (16 contes) ; Montréal, Librairie Beauchemin limitée, 1922, 139 p. «BC. Dollard». (5 contes seulement) ; 1924, 123 p.

ÉTUDES

[Anonyme], *Bibliographie. Contes populaires par Paul Stevens*, dans *L'Écho du cabinet de lecture paroissial*, vol. 9, 1867, p. 399–400.

É.-Z. Massicotte, *Paul Stevens, fabuliste et conteur*, BRH, vol. 51, 1945, p. 373–374.

Aurélien Boivin, [*Paul Stevens*], dans *Le Conte littéraire québécois au XIXᵉ siècle*, Montréal, Fides, 1975, p. 337–344.

STEWART, PIERRE (1940–). Romancier, né à Saint-Alexandre (Iberville). Il fait ses études classiques au Séminaire de Saint-Jean (B.A., 1959), puis il poursuit des études en sciences à l'Université de Montréal et obtient un baccalauréat (1962) et une maîtrise en physique (1965). Professeur de physique au Séminaire de Saint-Jean de 1962 à 1964, il devient analyste-programmeur (1965), puis directeur adjoint (1973) du Centre de calcul et d'informatique de l'Université de Montréal. En 1984, il est nommé directeur des éditions de la même université. En 1958, il remporte le prix de poésie de la Société des auteurs canadiens-français,

puis le prix du Cercle du livre de France, en 1975, pour son premier roman, *L'Amour d'une autre*. La critique est généralement favorable : «Découpé un peu comme le scénario d'un film, le roman est rédigé d'une écriture dépouillée, les images sont rares mais nettes, le style simple» (*Le Livre canadien*). André Vanasse écrit que «malgré une préciosité un peu gauche [...], le déroulement de cette idylle jamais réalisée est absolument fascinant».

ŒUVRES

L'Amour d'une autre. Sotie, Montréal, CLF Pierre Tisseyre, 1975, 159 p.

La Gisante. Roman, Montréal, CLF Pierre Tisseyre, 1978, 157 p.

ÉTUDES

Raymond Plante, *Les Prix du CLF. Amour au féminin et liberté au masculin*, dans *Le Livre d'ici*, vol. 1, nº 25, 10 mai 1976, p. 1.

[Anonyme], *Stewart (Pierre). L'Amour d'une autre*, dans *Le Livre canadien*, vol. 7, juin 1976, nº 239.

André Vanasse, *Pierre Stewart. «L'Amour d'une autre» ou un amour de Swann!*, LQ, nº 4, nov. 1976, p. 10–11.

Alain Piette, *Pierre Stewart. L'Amour d'une autre*, LAQ 1976, p. 62–63.

STRARAM, PATRICK [Bison ravi] (1934–1988). Poète, essayiste et critique de cinéma, né à Paris. Il fait ses études primaires et secondaires à l'école de Monfort-l'Amaury, et à Paris au Lycée Jeanson-de-Sailly. Il abandonne très tôt l'école pour exercer divers métiers, tout en participant à un mouvement, l'internationale situationniste. Il arrive au Canada en 1954 et s'installe pendant quatre ans à Vancouver où il travaille comme forestier, écrit son premier roman, *La Faim de l'énigme* (qui ne sera publié qu'en 1975) et collabore à une revue surréaliste belge, *Les Lèvres nues*. Venu à Montréal, en 1959, il écrit pour Radio-Canada une série radiophonique «Manuscrit sous le signe du cancer» (1959-1960), puis deux textes aux nouveautés dramatiques, «Trains de nuit», et «Curieuses Fiançailles». Les *Écrits du Canada français* publient l'une de ses nouvelles, *Tea for one* (1960). Il s'engage à fond dans le milieu littéraire de la métropole et collabore activement comme critique de cinéma à *Sept Jours*, *Parti Pris*, *Les Herbes rouges*, *Chroniques*, *Hobo-Québec*. Il publie plusieurs recueils de poésie, de critique et d'essais. À la suite de la parution de *One + One*, Dominique Noguez écrit : « Straram est le premier critique qui ait eu ici une conscience «tricontinentale» ». Et Guy Cloutier de poursuivre : « En le lisant, je découvre tout un monde. Une expérience poétique authentique : un langage, une parole forgée à même le vécu. Un univers à dimensions multiples où les différents paliers d'expérience sont intégrés à une vision fortement personnelle ». À la parution de *La Faim de l'énigme*, Patrick Imbert note qu'il « dramatise une remise en question de valeurs culturelles et sociales et un dépassement de la coupure entre l'intellectuel et la collectivité ». En 1979, Patrick Straram « le Bison ravi » anime l'émission « Blues Clair » à Radio-Canada. Mais l'émission ne dure que peu de temps puisque la direction ne prise pas la façon d'écrire de Straram. En 1983 et en 1984, il publie deux nouveaux recueils de textes : *Blues clair* (1983) et *Blues clair, quatre quatuors en trains qui amour advienne* (1984).

ŒUVRES

Entrain d'être en train vers où être, Québec. Graffiti, folk-rock (essai), L'Obscène Nyctalope, 1971, 28 p. Ill.

Gilles-cinéma-Groulx, le lynx inquiet (essai), Montréal, Éditions Québécoises, 1971, 142 p. Ill.

One + One Cinémarx et Rolling Stones (essai), Montréal, Les Herbes rouges, 1971, 109 p.

Irish coffees and No Name Bar & Vin rouge Valley of the Moon. Graffiti, folk-rock (poésie), Montréal, L'Obscène Nyctalope, 1972, 254 p. Ill.

Portraits de voyages (essai), Montréal, L'Aurore, 1974, 96 p. Collab. Jean-Marc Piotte et Madeleine Gagnon.

4 + 4 (poésie), dans *Les Herbes rouges*, nº 16, janv. 1974, 64 p.

Questionnement socia/cri/tique (essai), Montréal, L'Aurore, 1974, 267 p.

Bribes I (essai), Montréal, L'Aurore, 1975, 153 p.

Bribes II (essai), Montréal, L'Aurore, 1975, 96 p.

La Faim de l'énigme (roman), Montréal, L'Aurore, 1975, 170 p. « L'Amélanchier ».

Blues clair. Tea for One. No More Tea (poésie), Montréal, Les Herbes rouges, nos 113–115, 1983, 64 p.

Blues clair, quatre quatuors en trains qui amour advienne (poésie), Saint-Lambert, Éditions du Noroît, 1984, 125 p. Collab. Francine Simonin. Ill.

L'Air de nager (souvenirs), dans *Cahier pour un paysage à inventer I*, [s.é., 1960], p. 36–52. Collab. Gilles Leclerc, Gaston Miron, Lowy Caron, Marie-France O'Leary, Paul-Marie Lapointe, Gilles Hénault, Serge Garant, Marcel Dubé, Asger Torn, Gilles Fwain, Guy-Ernest Debord et Louis Portugais.

Situations d'une critique et d'une production, dans *Cahier pour un paysage à inventer I*, Montréal, [s.é., 1960], p. 68–80.

Tea for One (nouvelle), ECF, nº 6, 1960, p. 125–154.

20,000 draughts sous les tables (nouvelle), dans *Écrits de la taverne royale*, Montréal, Éditions de l'Homme, 1962, 139 p.

Nationalité ? Domicile ?, PP, vol. 2, nos 10–11, juin–juillet 1965, p. 52–79.

Interprétation de la vie quotidienne, PP, vol. 3, nº 6, janv. 1966, p. 52–56.

Jean-Pierre Lefebvre, dans *Sept-Jours*, vol. 1, nº 2, 24 sept. 1966, p. 44.

Mon pays, c'est..., dans *Sept-Jours*, vol. 1, nº 17, 7 janv. 1967, p. 40–41.

Cinéma de Robert Desnos, dans *Sept-Jours*, vol. 1, nº 21, 4 févr. 1967, p. 38.

Plante surveillance, dans *Sept-Jours*, vol. 1, nº 37, 27 mai 1967, p. 40–41.

Blues clair / demande d'emploi suivi de Aux quatre coins, dans *Estuaire*, nº 21, automne 1981, p. 67–82.

ÉTUDES

Réginald Martel, *Propos du Bison ravi*, Pr, 87e année, nº 107, 8 mai 1971, p. D-3.

Dominique Noguez, *Patrick Straram*, dans *Champ Libre 1. Cahiers québécois de cinéma*, Montréal, HMH, 1971, p. 13–27.

François Gallays, *En train d'être en vers où être, Québec... de Patrick Straram*, LAQ 1971, p. 166.

Guy Cloutier, *Irish Coffees and No Name Bar & Vin rouge Valley of the Moon de Patrick Straram*, LAQ 1972, p. 158–159.

Spécial-Straram, dans *Hobo-Québec*, nos 9–11, oct.–nov. 1973, 63 p. (Numéro spécial).

Jean Basile, *Spécial-Straram, Jean-Marc Piotte et leur clique grinçante*, Dev, vol. 66, nº 299, 28 déc. 1974, p. 12.

Paul-André Bourque, *Avatars de l'«underground» (?) !*, LAQ 1974, p. 146–147.

Guy Laflèche, *Patrick Straram. Questionnement socia/cri/tique*, LAQ 1974, p. 221–223.

Robert Barberis, *Une parabole inquiétante*, dans *Le Jour*, 2e année, nº 14, 15 mars 1975, p. 12.

Hélène Chassé, *J.M. Piotte, Madeleine Gagnon, P. Straram le Bison ravi, Portraits de voyages*, LAQ 1975, p. 87.

Claude Janelle, *Patrick Straram. La Faim de l'énigme*, LAQ 1975, p. 80–90.

Patrick Imbert, *La Faim de l'énigme ou La Contre-pseudo-culture de Patrick Straram*, Dr, 63e année, nº 271, 14 févr. 1976, p. 18.

France Théoret, *Qu'est-ce qu'écouter ?*, dans *Spirale*, nº 2, oct. 1979, p. 3, 15.

Robert Lévesque, *Patrick Straram n'a pas osé être acteur*, Dev, vol. 79, nº 246, 22 oct. 1988, p. C-5.

STRATFORD, GASTON JAMES (1948–   ). Poète, dramaturge et essayiste, né à Saint-François-Xavier-de-Brompton (Richmond). Il fait ses humanités à l'Externat classique de Windsor, au Séminaire Salésien et à l'Université de Sherbrooke (B.A., 1969) où il obtient aussi une licence ès lettres avec option linguistique (1970) et une maîtrise (1975) pour un mémoire sur les «Structures formelles des mots nouveaux du *Nouveau Petit Larousse*, édition de 1968». À compter de 1969, il occupe diverses fonctions à l'Université de Sherbrooke : au Département d'études françaises et au Centre d'étude des littératures d'expression française ; au Bureau des relations publiques ; au Comité de terminologie ; à la direction du journal *Liaison* et à la direction du Service de l'information à partir de 1976. Il dirige aussi des stages en «rédaction-recherche». En outre, il est membre actif de plusieurs associations culturelles et sociales, il collabore à *Connaissance et Vie*, *Grimoire*, *Les Cahiers du psychologue québécois*, *Liaison*... Stratford a publié de la poésie, du théâtre et un essai. *Le bonheur n'est pas pour demain* est une pièce d'idées aux personnages symboliques ; *La Mort à dix-neuf ans*, partie du même volume, est le récit d'un rêve qui «témoigne d'imagination et d'une bonne connaissance de la langue», écrit André Janoël. *La Bombe C...* («C» pour coopérative) est un essai qui propose d'utiliser l'énergie spirituelle dans du concret, les caisses populaires.

ŒUVRES

Tétrasordide (poésie), Windsor, Chez les auteurs réunis, 1969, 44 p. «Cahiers des auteurs réunis».

Le temps s'en va (poésie), Sherbrooke, Éditions Sherbrooke, 1979, 96 p. «Cahiers du hibou».

La Bombe «C»... (essai), Sherbrooke, [Chez l'auteur], 1980, 23 p. Ill.

Le bonheur n'est pas pour demain ou Mes deux fesses suivi de La Mort à dix-neuf ans (théâtre), Sherbrooke, Éditions Naaman, 1980, 57 p. «Création».

Une quête vers la spiritualité, dans *Connaissance et Vie*, vol. 1, n° 2, janv.-févr. 1980, p. 25–27.

Aux membres du mouvement coopératif, dans *Les Cahiers du psychologue québécois*, vol. 3, n° 3, 1981, p. 26–28.

Démocratie d'ignorants..., dans *Grimoire*, vol. 4, n° 6, juin–juillet 1981, p. 7.

ÉTUDES

Michèle de Laplante, *Vivre par la poésie*, dans *Grimoire*, vol. 2, n° 12, nov. 1979, p. 2, 3, 6.

Nicole Poulin, *Une dimension spirituelle à l'entreprise coopérative, est-ce possible ?*, dans *Connaissance et Vie*, vol. 1, n° 3, mars–avril 1980, p. 23.

Jacques Côté, *Recette de bonheur*, dans *Grimoire*, vol. 4, n° 3, mars 1981, p. 7–8.

Daniel Gagnon, *D'un livre à l'autre*, dans *Grimoire*, vol. 4, n° 3, mars 1981, p. 6–7.

Agnès Bastien, *Gaston J. Stratford* (entrevue), dans *Grimoire*, vol. 4, n° 3, mars 1981, p. 6.

André Janoël, *Stratford (Gaston James). Le bonheur n'est pas pour demain ou Mes deux fesses suivi de La Mort à dix-neuf ans*, dans *Nos livres*, vol. 12, avril 1981, n° 216.

SULTE, BENJAMIN [Joseph Amusard] (1841–1923). Journaliste, critique, poète, historien, né à Trois-Rivières. Son aïeul, Jean Sulte, surnommé Vadeboncœur, vint de Lille en 1740 avec le régiment de Montcalm. Son père, Benjamin Sulte, était navigateur et périt dans le naufrage de sa goélette, à la Rivière-au-renard, en 1847. À l'âge de dix ans, le jeune Sulte quitte l'école pour subvenir aux besoins de sa mère et de sa sœur Émilie. Commis de magasin, teneur de livres, payeur à bord d'un bateau faisant la navette entre Trois-Rivières et Montréal, gérant d'un magasin de confection, comptable chez A.-A. Gouin et compagnie, l'adolescent n'a que ses soirées pour lire et étudier. Autodidacte, il compose, à partir de 1860, des chansons que les journaux distribuent en prime à leurs abonnés. En 1862 et 1863 paraissent ses premiers récits : *La Chasse à l'Ours* dans *La Sentinelle*, et *Les Canotiers du Saint-Laurent* dans *L'Écho du Cabinet de lecture paroissial*. En 1863 il s'engage dans une compagnie d'infanterie et devient sergent en 1865. Il entre par la suite à l'école militaire de Québec et obtient le brevet de capitaine au 60e régiment des carabiniers royaux. En 1866, il est de nouveau en service actif. Il quitte l'armée quelques mois après, et il est engagé comme rédacteur du *Canada* à Ottawa. Il devient fonctionnaire un peu plus tard, d'abord comme traducteur à la Chambre des communes, puis comme chef de section au ministère de la Milice où il travaille jusqu'en 1903, année de sa retraite. Membre fondateur de la Société royale du Canada (1882), il en devient président en 1904. Il est aussi membre de la Commission des sites historiques en 1908. Benjamin Sulte a collaboré à plusieurs journaux et revues : *La Sentinelle*, *La Minerve*, *Revue canadienne*, *Mémoires de la Société royale*, etc. Il a donné de nombreuses conférences à l'Institut canadien-français d'Ottawa. Son œuvre principale est l'*Histoire des Canadiens français*, publiée en huit volumes, de 1882 à 1885. Son disciple Gérard Malchelosse a recueilli ses écrits historiques et littéraires : ainsi parurent, entre 1918 et 1934, vingt-cinq volumes qui constituent l'essentiel de sa production. Selon Jules Lesage, Benjamin Sulte «reste sans contredit un de nos meilleurs anecdotiers, soutenu toujours par une prodigieuse documentation. Si on ne rencontre pas dans ses travaux historiques de puissantes synthèses, [...] il sait merveilleusement tirer parti de certains événements décisifs qui éclairent et mettent en relief tout un passé ».

ŒUVRES

Mélanges d'histoire et de littérature, Ottawa, Joseph Bureau, 1867, 499 p.

Les Marchés de la ville des Trois-Rivières. Notes historiques, [Trois-Rivières, L.A. Bergeron], 1868, 32 p. Cartes.

Les Laurentiennes (poésie), Montréal, Eusèbe Senécal, 1869, 208 p. ; 1870 ; Montréal/ Paris, Éditions Leméac/ Éditions d'Ajourd'hui, 1978. « Introuvables québécois ». (Fac-similé de l'édition de 1869).

Histoire de la ville des Trois-Rivières et de ses environs, Montréal, Eusèbe Senécal, 1870, 126 p. Carte.

L'Expédition militaire de Manitoba, 1870, Montréal, Eusèbe Senécal imprimeur-éditeur, 1871, 50 p.

Le Canada en Europe, Montréal, Eusèbe Senécal, 1873, 62 p.

Sir George Étienne Cartier, baronnet, [s.l., s.é., 1873], 16 p.

La Caverne de Wakefield, comté d'Ottawa, Montréal, Burland-Desbarats, 1875, 28 p.

Le Collège de Rimouski. Qui l'a fondé ?, [Québec, O. Fréchette, 1876 ?], viii, 40 p.

Mélanges d'histoire et de littérature, Ottawa, Imprimerie Joseph Bureau, 1876, 499 p.

Au coin du feu. Histoire et fantaisie, Québec, Blumhardt et Cie, 1877, 208 p. ; C. Darveau, 1881, 213 p. ; 1882 ; 1883, 209 p.

Chronique trifluvienne (1637-1665), Montréal, Cie d'imprimerie canadienne, 1879, 237 p.

Chants nouveaux (poésie), Ottawa, Imprimerie du Canada, 1880, 68 p.

Album de l'histoire des Trois-Rivières comprenant : 1634. Première page des registres de l'église. 1648. Élection d'un syndic. 1648-90. Signatures des habitants. 1685. Plan de la ville. 1685-1709. Cadastre des seigneuries du gouvernement des Trois-Rivières. 1700. La ville et les terres dans un circuit d'une lieue. 1704. Plan de la ville, avec légende. 1721. Vue de la ville, [Montréal, G.E. Desbarats, 1981, n.p., 34 p.]. Ill. Cartes.

Histoire des Canadiens-français, 1608-1880. Origine, histoire, religion, guerres, découvertes, colonisation, coutumes, vie domestique, sociale et politique, développement, avenir, Montréal, Wilson & cie, 1882-1884, 8 t. : t. 1, 160 p. ; t. 3, 162 p. ; t. 4, 160 p. ; t. 5, 161 p. ; t. 6, 160 p. ; t. 7, 161 p. ; t. 8, 160 p. Ill. Cartes ; Montréal, Éditions Elysée, 1977.

Les Premiers Seigneurs du Canada, 1634-1664, Ottawa, [s.é.], 1883, 7 p.

Réponse aux critiques, [Montréal, s.é.], 1883, 8 p.

Histoire de Montferrand, l'athlète canadien, Montréal, J.B. Camyré et Cie, 1884, 48 p. Ill. ; Beauchemin, 1899, 126 p. ; Éditions de Montréal, 1975.

L'Hiver en Canada, [Paris, s.é., 1884], 22 p.

Poutrincourt en Acadie, 1604-1623, [Montréal, Dawson], 1884, 20 p.

Prétendues origines des Canadiens français, [Ottawa, s.é.], 1885, 16 p.

Situation de la langue française au Canada. Origines, modifications, accent, histoire, situation présente, avenir, Montréal, Imprimerie générale, 1885, 26 p.

Ferdinand Gagnon, sa vie et ses œuvres : notice biographique et œuvres de Ferdinand Gagnon, accompagnées de l'oraison funèbre prononcée à l'église Notre-Dame des Canadiens, de Worcester, par M. le chanoine J.-R. Ouellette, supérieur du Séminaire de St-Hyacinthe, province de Québec, Worcester (Mass.), Lawrence, 1886, 249 p. Portrait.

Histoire de Saint-François-du-Lac, Montréal, Imprimerie de l'Étendard, 1886, 120 p.

Les Pays des grands lacs au XVIIᵉ siècle, Québec, Le Canada français, 1890, 118 p.

Causons du pays et de la colonisation. Entretiens, Montréal, Granger Frères, 1891, 250 p. Sous le pseudonyme de Joseph Amusart.

Église St-Vincent-de-Paul, Montréal. Décorations intérieures, [Montréal, s.é., 1891 ?], 11 p. Ill.

La Famille de Callières, [Montréal, Dawson, 1891], 22 p.

Pages d'histoire du Canada, Montréal, Granger frères, 1891, vii, 471 p.

Morel de la Durantaye, Ottawa, J. Durie, 1895, 23 p.

Histoire de la milice canadienne-française, 1760-1897, Montréal, Desbarats, 1897, 147 p. Ill.

Origin of the French Canadians. Read Before the British Association, Toronto, August, 1897, Ottawa, A. Bureau, 1897, 14 p.

La Langue française en Canada, Lévis, P.-G. Roy, 1898, 107 p.

La Bataille de Châteauguay, Québec, Raoul Renault, 1899, 128 p. Ill.

Histoire populaire du Canada. Quatre cents ans des annales de la moitié d'un continent, Toronto, J.C. Winston, [1900], xvi, 698 p. Ill. Traduction du livre de John Castell Hopkins.

A History of Quebec. Its Resources and People, Montréal/ Toronto, The Canada History Company, 1908, 2 vol. : vol. 1, xxv, 497 p. Ill. Introduction des auteurs ; vol. 2, v, –908 p.

[*Historiettes et Fantaisies*, Montréal, A.-P. Pigeon éditeur, 1910], 96 p.

Histoire de la paroisse de Champlain, Trois-Rivières, Imprimerie « Le Bien public », 1915-1917, 2 vol. : vol. 1, 1915, 521 p. ; vol. 2, 1917, 672 p. Collab. Ill. Introduction de Benjamin Sulte.

Mélanges historiques. Études éparses et inédites de Benjamin Sulte, Montréal, G. Ducharme libraire-éditeur, 1918-1934, 21 vol. : vol. 1, 1918, 162 p. Préface de Gérard Malchelosse ; vol. 2, 1919, 156 p. ; vol. 3, 148 p. ; vol. 4, *Sir George-Étienne Cartier*, 103 p. ; vol. 5, 126 p. ; vol. 6, *Les Forges Saint-Maurice*, 1920, 216 p. Ill. Préface de Gérard Malchelosse ; vol. 7, 1921, 163 p. ; vol. 8, *Le Régiment de Carignan*, 1922, 144 p.

Ill. Préface de Gérard Malchelosse ; vol. 9, *Le Fort de Chambly*, 74 p. Ill. Préface de Gérard Malchelosse ; vol. 10, 160 p. ; vol. 11, 1923, 98 p. ; vol. 12, *Jos. Montferrand. Histoire du jeu des échecs*, 1924, 102 p. ; vol. 13, *Papineau et son temps*, 1925, 96 p. Portrait. Avant-propos de Gérard Malchelosse ; vol. 14, Éditions Édouard Garand, 1928, 96 p. ; vol. 15, *La Saint-Jean-Baptiste, 1634-1852*, 1929, 130 p. Portrait. Préface de Victor Morin ; vol. 16, *L'Acadie française*, 1930, 96 p. Avant-propos de Gérard Malchelosse ; vol. 17, *Défense de nos origines*, 131 p. Préface d'Aegidius Fauteux ; vol. 18, *Trois-Rivières d'autrefois. Première série*, 1931, 96 p. ; vol. 19, *Trois-Rivières d'autrefois. Deuxième série*, 1932, 96 p. Préface d'Albert Tessier ; vol. 20, *Trois-Rivières d'autrefois. Troisième série*, 1933, 96 p. ; vol. 21, *Trois-Rivières d'autrefois. Quatrième série*, 1934, 96 p. Préface d'Henri Vallée. Ill. Études compilées, annotées et publiées par Gérard Malchelosse.

Des contes... Le Loup-garou. Une chasse à l'ours. La Trompette effrayante. La Taloche. L'Esprit frappeur. Le Rêve du capitaine. Mordant mordu. Les Enfants de Thalie. Fleurs fanées. Sous les bois. Brin-de-fil, Montréal, G. Ducharme libraire-éditeur, 1925, 125 p. Portrait. Textes recueillis et publiés par Gérard Malchelosse.

Mélanges littéraires, Montréal, G. Ducharme libraire-éditeur, 1925-1926, 2 vol. : vol. 2, *Historiettes*, 1926, 95 p.

Marie de l'Incarnation, mère, 1599-1672. Lettres historiques de la Vénérable mère Marie de l'Incarnation sur le Canada, Québec, Action sociale, 1927, 147 p. Portrait. Compilation de Benjamin Sulte.

Note : Pour les articles de Sulte, voir Gérard Malchelosse, *Cinquante-six ans de vie littéraire. Benjamin Sulte et son œuvre...*, Montréal, Le Pays laurentien, 1916, 78 p.

ÉTUDES

A.-B. Routhier, *Les Laurentiennes*, RC, vol. 7, 1870, p. 229-234. Aussi *Causeries du dimanche*, Montréal, Beauchemin, 1871, p. 239-248.

Prosper Bender, *Benjamin Sulte*, dans *Literary Sheaves ou La Littérature au Canada français*, Montréal, Dawson Bros., 1881, p. 149-152.

James-M. Le Moine, *Monographies et Esquisses*, [s.l., s.é.], 1885, p. 89-92.

[Anonyme], *Le Premier Centenaire de la Revue canadienne*, NSC, vol. 6, 1887, p. 544-562.

É.-Z. Massicotte, *Nos hommes de lettres*, dans *Le Glaneur*, vol. 1, 1890, p. 341-352 ; vol. 1, 11e livraison, févr. 1892.

J.-G. Bourinot, [*Benjamin Sulte*], dans MSRC, 1894, p. 73-74.

H.-J. Morgan, *The Writings of Benjamin Sulte*, dans *American Booklore* (Milwaukee, É.-U.), vol. 1, 1898, p. 33-37 ; aussi, Milwaukee, Ed. Keogh, 1898, 12 p.

L.-O. David, *Souvenirs et Biographies, 1870-1910*, Montréal, Beauchemin, 1911, p. 257-264.

Gérard Malchelosse, *Cinquante-six ans de vie littéraire. Benjamin Sulte et son œuvre. Essai de bibliographie des travaux historiques et littéraires (1860-1916) de ce polygraphe canadien*, précédé d'une notice biographique par Gérard Malchelosse, d'un poème inédit par Albert Ferland et d'une préface par Casimir Hébert,

Montréal, Éditeurs « Le Pays laurentien », 1916, 78 p. (Collection Laurentienne).

Aegidius Fauteux, *Benjamin Sulte*, MSRC, 1924, p. iv-viii.

Jules-S. Lesage, *Benjamin Sulte*, dans *Écrivains d'hier*, Québec, L'Action catholique, 1933, 2e série, p. 60-71.

Hervé Biron, *Benjamin Sulte intime*, C, vol. 3, no 1, mars 1942, p. 3-16.

Gérard Malchelosse, *Les Idées politiques de Benjamin Sulte*, BRH, vol. 57, 1951, p. 5-7.

Albert Tessier, *Dans l'intimité de Benjamin Sulte*, CD, no 21, 1956, p. 159-177.

Victor Morin, *Benjamin Sulte intime*, CD, no 27, 1962, p. 177-186.

Aurélien Boivin, [*Benjamin Sulte*], dans *Le Conte littéraire québécois au XIXe siècle*, Montréal, Fides, 1975, p. 344-355.

SUMNER, CLAUDE (1919-). Philosophe, ethnologue, linguiste et poète, né à Saskatoon (Saskatchewan). Peu après la mort de son père, il s'établit à Saint-Boniface (Manitoba) avec sa mère canadienne-française qui tient à lui donner une formation française. Il fait son cours classique au Collège de Saint-Boniface (1939) où il reçoit son baccalauréat de l'Université du Manitoba. Entré chez les Jésuites, il poursuit ses études à l'Université de Montréal (L.Ph., 1945), enseigne au Collège Brébeuf (1945-1948), retourne à l'Université où il obtient une maîtrise en littérature anglaise (1949), une licence en théologie (1952) et un doctorat en linguistique (1952). En 1953, sa communauté l'envoie au Collège universitaire d'Addis-Ababa enseigner la philosophie. C'est le début d'une longue carrière qui continue après la fondation de l'Université Hailé-Sallasié Ier, en 1961, dont il devient, la même année, directeur du Département des humanités. En 1970, il est nommé membre du Centre international de logique et de sciences comparées de Bologne (Italie). Sa vaste connaissance des langues et des cultures africaines l'amène à participer à de nombreux organismes mondiaux, dont l'Organisation internationale de la justice et du développement (OIJD), la Fondation pour la protection de la santé et de l'environnement, l'Association internationale de phonétique de Londres... Il organise un Séminaire international sur la philosophie africaine, en 1976. Ses activités intellectuelles ne se limitent pas à ses champs professionnels de philosophie et de linguistique qui lui ont valu une renommée mondiale C'est aussi un poète remarquable dont les trois volumes des *Poésies éthiopiennes* : *Kebero, Alem, Krar*, font dire à Roger Brien : « Claude Sumner décrit magistralement l'âme et les coutumes et la culture de l'Éthiopie dans cette suite admirable de drames humains où l'histoire de l'humanité se joue avec puissance». En plus de sa collaboration aux revues *Ekklesiastikos Pharos* et *Abba Salama*, Claude Sumner a produit une œuvre considérable dans les domaines de la philosophie et de l'ethno-linguistique africaines. Le professeur Methodios Fouyas écrit à ce sujet : «C'est une œuvre d'unité parmi les hommes, dans un dialogue constant entre toutes les familles spirituelles et les idéologies du monde».

ŒUVRES

Ode sur la Nativité (poésie), Addis Ababa, University College Press, 1956, 25 p.

Étude expérimentale de l'amharique moderne, d'après la prononciation d'Abraha François (essai), Addis Ababa, University College Press, 1957, xl, 89 p. Ill.

The Ethiopic Liturgy, Addis Ababa, University College Press, 1958, 71 p.

Jalons de lumière (poésie), Nicolet, Centre marial canadien, 1959, 40 p.

Eight Types of Ethical Theory (essai), Addis Ababa, University College Press, 1962, 213 p.

The Philosophy of Man, Addis Ababa, Central Printing Press, 1973–1975, 3 vol. : vol. 1, 1973, 288 p. ; vol. 2, 1974, 376 p. ; vol. 3, 1975, 383 p.

Ethiopian Philosophy, Addis Ababa, Central Printing Press, 1974–1980, 4 vol. : vol. 1, 1974, 455 p. ; vol. 2, 1976, 352 p. ; vol. 3, 1978, 367 p. ; vol. 4, 1980, 500 p.

The Book of the Wise Philosophers, [Addis Ababa, Central Printing Press], 1974, xv, 455 p.

Kebero (poésie), Addis Ababa, Ministère de la Culture et des Sports, 1976, 177 p.

Alem. Heptalogie éthiopienne (poésie), Addis Ababa, Ministère de la Culture et des Sports, 1977, ix, 371 p. Ill.

Krar. Odes d'inspiration éthiopienne, Addis Ababa, Ministère de la Culture et des Sports, 1978, viii, 269 p.

Poésies éthiopiennes, Addis Ababa, [s.é.], 1976–1978, 3 vol.

The Treatise of Zära Ya'eqob and of Wäldä Heywat. Text and Authorship, Addis Ababa, Printed for Addis Ababa University by Commercial Printing Press, 1976, ix, 352 p.

La Couleur de mon chant (poésie dramatique), Yaoundé, Les Éditions CLE, 1977, 125 p.

Proceedings of the Seminar on African Philosophy, Addis Ababa, 1–3 December 1976 / Actes du séminaire sur la philosophie africaine, Addis Ababa, 1–3 decembre 1976, [Addis Ababa], Printed for the Addis Ababa University by Chamber Printing House, 1980, xxii, 473 p. Ill. Éditeur.

Zénâ Skandas, tabib — The Life of Skandas the Wise. Critical ed. of the Ethiopic text, Addis Ababa, Printed for the Ministry of Culture and Sports by Commercial Printing Press, 1981, vi, 24 p.

The Life and Maxims of Skandas, Addis Ababa, Printed for the Ministry of Culture and Sports by Commercial Printing Press, 1981, xiv, 499 p.

The Fisalswos, Addis Ababa, Printed for Addis Ababa University by Commercial Printing Press, 1982, viii, 362 p.

Sagesse éthiopienne, Paris, Éditions Recherches sur les civilisations, 1983, 83 p. Collab. Maxime Joinville-Ennezat.

Classical Ethiopian Philosophy, Addis Ababa, Commercial Printing Press, 1985, xiv, 318 p. Carte.

The Source of African Philosophy : The Ethiopian Philosophy of Man. Aethiopistische Forschungun, tome 20, Stuttgart, Franz Steiner Verlag, 1986.

Ciels de saint Jean, Montréal, Éditions Fides, 1988, 160 p. Collab. Mia et Klaus.

Aux sources éthiopiennes de la philosophie africaine : La philosophie de l'homme. Recherches Philosophiques Africaines. Études publiées par le Département de Philosophie et Religions Africaines, tome 12, Kirshasa (Zaïre), Faculté de théologie catholique, 1988.

ÉTUDES

A. Klingenheben, *Claude Sumner. Étude expérimentale de l'amharique moderne*, dans *Zeitschrift für Phonetik*, vol. 3, n° 4, 1956, p. 261–266.

F.R. Palmer, *Claude Sumner. Étude expérimentale de l'amharique moderne*, dans *Bulletin of the School of Oriental and African Studies*, vol. 22, n° 3, 1959, p. 6.

Wolf Leslan, *Claude Sumner. Étude expérimentale de l'amharique moderne*, dans *Middle Eastern Affairs*, vol. 13, n° 2, févr. 1962, p. 59.

Gebre Ghiorgis Solomon, *Profile : Prof. C. Sumner. Philosopher, Poet at HSI University*, dans *The Ethiopian Herald*, vol. 9, n° 289, 12 déc. 1971, p. 3, 9.

Michael Pomedli, *West Can Learn from Ethiopia*, dans *Prairie Messenger*, vol. 50, n° 12, 12 août 1972, p. 1, 16.

Léo-Paul Bourassa, *Nous avons beaucoup à apprendre de l'Afrique*, dans *Le Brigand*, n° 328, janv.–févr. 1973, p. 10–11.

Léopold Prévost, *Le Philosophe itinérant*, dans *Le Brigand*, n° 332, sept.–oct. 1973, p. 14–15.

Richard Rankhurst, *Abuna Petros. An Ethiopian Patriot Martyr in the Modern Amharic Theatre*, dans *Ethiopia Observer*, vol. 16, n° 2, 1973, p. 118–124.

P.G. Fougas, *Prof. Sumner's Second Volume on Philosophy*, dans *The Ethiopian Herald*, vol. 30, n° 1051, 8 juin 1974, p. 1, 3.

Georges Jouin, *La différence chante l'unité*, dans *Addis-Soir*, vol. 9, n° 168, 13 juin 1974, p. 4.

P.G. Fougas, *Philosophy's Origins*, dans *Africa Today*, vol. 1, n° 1, juin 1974, p. 60.

Feride Akber, *Quelques Instants avec Claude Sumner*, dans *Addis-Soir*, vol. 10, n° 22, 10 avril 1975, p. 1, 4.

Feride Akber, *La Sagesse des philosophes : un entretien avec Claude Sumner*, dans *Le Progrès socialiste*, vol. 1, n° 17, 3 janv. 1976, p. 8 ; n° 18, 10 janv. 1976, p. 12.

Madeleine Bernier, *Former Manitoban Gets High Greek Honor*, dans *The Tribune*, 3 oct. 1976, p. 18.

Feride Akber, *Ces philosophes éthiopiens méconnus*, dans *Le Progrès socialiste*, vol. 2, n° 8, 30 oct. 1976, p. 6.

Patricia Johnson, *Claude Sumner : The Man and his Work : A Study in Unity*, dans *Abba Salama*, vol. 8, 1977, p. 256–260.

SUTAL, LOUIS [X Normand Côté] (1939–   ). Romancier pour la jeunesse, né à Montréal. Il fait ses études de lettres à l'Université de Montréal (L. ès L., 1969 ; M.A., 1970). À compter de 1971, il enseigne le français aux immigrants pour le Service d'éducation des adultes de la ville de Montréal. Il publie des reportages dans *Vidéo-Presse*, dont une série de dix reportages sur la situation des immigrants au Canada. Il est surtout connu comme romancier d'anticipation pour les jeunes. Déjà, dans son mémoire de maîtrise sur Constantin-Weyer, on pouvait entrevoir son goût pour la science-fiction. Marielle Durand a critiqué sévèrement *La Mystérieuse Boule de feu*, premier roman de Norman, mais elle considère la *Menace sur Montréal* : « Beaucoup mieux [dont] l'action est palpitante, pleine de suspence et très intéressante ». Cependant, la critique redevient sévère pour les ouvrages postérieurs.

ŒUVRES

La Mystérieuse Boule de feu (roman), Sherbrooke, Éditions Paulines, 1971, 111 p. Ill. de Louis Dario. « Jeunesse-Pop ».
Menace sur Montréal (roman), Sherbrooke, Éditions Paulines, 1972, 125 p. Ill. de Gabriel de Beney. « Jeunesse-Pop ».
Le Piège à bateaux (roman), Sherbrooke, Éditions Paulines, 1973, 125 p. « Jeunesse-Pop ».
Révolte secrète (roman), Montréal, Éditions Paulines, 1974, 125 p. Ill. de Gabriel de Beney. « Jeunesse-Pop ».
La Planète sous le joug (roman), Sherbrooke, Éditions Paulines, 1976, 111 p. « Jeunesse-Pop ».
Panne dans l'espace (roman), Montréal, Éditions Paulines, 1977, 107 p. « Jeunesse-Pop ».

ÉTUDES

Marielle Durand, *La Mystérieuse Boule de feu de Louis Sutal*, LAQ 1971, p. 83-84.
Id., *Romans de science-fiction ou d'anticipation*, LAQ 1972, p. 103.
Carole Badger, *Romans québécois 1977*, LAQ 1977, p. 287-290.

SYLVAIN, ALAIN. Voir BERGERON, GÉRARD.

SYLVAIN, PHILIPPE [Robert Sylvain] (1915–   ). Historien, né à Saint-Elzéar (Beauce). Il étudie au Juvénat des Frères des écoles chrétiennes et à l'École normale à Sainte-Foy (B.A., 1937). Il continue ses études à l'Université Laval (licence ès science, 1940 ; licence ès lettres et M.A., 1943). De 1950 à 1954, il poursuit ses recherches en Europe, couronnées par un doctorat de l'université de la Sorbonne.

Sa thèse, *La vie et l'Œuvre de Henry de Courcy*, publiée en 1955, reçoit, l'année suivante, le premier prix David d'Action intellectuelle. En 1958, Philippe Sylvain est nommé professeur d'histoire religieuse contemporaine à l'Institut d'histoire de l'Université Laval. Directeur de l'Institut d'histoire, membre de la Société royale du Canada et de la Société des Dix, membre de la Société d'histoire moderne de Paris et de l'Instituto per la storia del Risorgimento italiano de Rome, Philippe Sylvain est reconnu au Canada et en Europe comme spécialiste de l'histoire religieuse. Sa biographie du célèbre Alessandro Gavazzi, publiée en 1962, reçoit le deuxième prix de la section des sciences morales et politiques des concours littéraires du Québec, le prix Kornmann de l'Académie française et la médaille Benemerito della cultura italiana du Gouvernement italien. Depuis quelques années, il prépare une histoire de l'Université Laval en plusieurs volumes. Ses études, écrites dans une langue alerte, témoignent d'une grande vocation de chercheur et d'une largeur de vue remarquable. Pierre Savard écrit au sujet de Philippe Sylvain : « érudition sans faille, jugement sûr, talent d'exposition appréciable chez un historien ‹ scientifique › ». Il est en fait un des pionniers de l'histoire des idées au Québec. Son essai sur le libéralisme et l'ultramontanisme au Canada français entre 1840 et 1865, est considéré comme un classique ; « il a publié aussi une vingtaine d'articles et autant de biographies qui sont des matériaux indispensables à l'édification d'une synthèse de l'histoire des courants de pensée au Canada français » (Jean Hamelin et Nive Voisine).

ŒUVRES

La Vie et l'Œuvre de Henry de Courcy (1820-1861) premier historien de l'Église catholique aux États-Unis, Québec, PUL, 1955, 347 p.
Clerc, Garibaldien, Prédicant des deux mondes : Alessandro Gavazzi (1809-1889), Québec, Le Centre pédagogique, 1962, 2 vol. : vol. 1, viii, 280 p. Avant-propos de l'auteur ; vol. 2, –587 p. Ill.
Les Ultramontains canadiens-français, Montréal, Boréal Express, 1985, 347 p. Sous la direction de Nive Voisine et Jean Hamelin.

Lamartine et les Catholiques de France et du Canada, RHAF, vol. 4, nos 1-2-3, 1950-1951, p. 29-60, 233-248, 375-397.
Le Premier Disciple canadien de Montalembert : l'abbé Joseph-Jobin Raymond, RHAF, vol. 17, no 1, 1963, p. 93-103.
Quand les tables dansaient et parlaient : les débuts du spiritisme au dix-neuvième siècle, MSRC, 4e série, vol. 1, 1963, p. 221-235.

Les Débuts du « Courrier du Canada » et les Progrès de l'ultramontanisme canadien-français, CD, 32, 1967, p. 255-277.

Le Rôle de « La Minerve » dans l'échec au cardinalat de Monseigneur Darboy, DC, 33, 1968, p. 193-211.

Libéralisme et Ultramontanisme au Canada français : affrontement idéologique et doctrinal (1840-1865), dans W.L. Morton éditeur, *The Shield of Achilles — Le Bouclier d'Achille*, Toronto, McClelland and Stewart, 1968, p. 111-138, 220-255.

Un disciple canadien de Lamenais : Louis-Antoine Dessaulles, CD, 34, 1969, p. 61-83.

Auguste-Eugène Aubry (1819-1899), CD, 35, 1970, p. 191-225.

Les Difficiles Débuts de l'Université Laval, CD, 36, 1971, p. 221-234.

Cyrille Boucher (1834-1865) disciple de Louis Veuillot, CD, 37, 1972, p. 295-317.

Louis-Jacques Casault, fondateur de l'Université Laval, CD, 38, 1973, p. 117-131.

Un frère méconnu d'Antoine Gérin-Lajoie, Elzéar Gérin, RUO, vol. 47, nᵒˢ 1-2, janv.-avril 1977, p. 214-225.

ÉTUDES

Maurice Lebel, *La Vie et l'Œuvre de Henry de Courcy*, RHAF, vol. 10, nᵒ 1, 1956, p. 123-126, 131.

Pierre Savard, *Alessandro Gavazzi de Philippe Sylvain*, LAC 1962, p. 73-74.

Lionel Groulx, *Clerc, Garibaldien, Prédicant des deux mondes, Alessandro Gavazzi*, RHAF, vol. 16, nᵒ 4, 1963, p. 600-602.

Maurice Lebel, *Présentation de M. Philippe Sylvain*, dans *Présentation*, nᵒ 20, Société Royale du Canada, 1965-1966, p. 47-55.

Yvan Lamonde, *Philippe Sylvain, historien*, Dev, vol. 76, nᵒ 70, 25 févr. 1985, p. 7.

SYLVAIN, ROBERT. Voir **SYLVAIN, PHILIPPE.**

John Evans

SYLVESTRE, Joseph GUY [Jean Bruneau, Blaise Orlier] (1918-   ). Essayiste, critique littéraire, historien de la littérature, né à Sorel. Il étudie au Collège Sainte-Marie à Montréal et à l'Université d'Ottawa où il obtient un baccalauréat général en 1939, un baccalauréat en philosophie en 1941, et une maîtrise ès arts en 1942. Il est critique littéraire au *Droit* (1940-1948), traducteur au Secrétariat d'État (1942-1944), attaché d'édition à la Commission d'information en temps de guerre (1944-1945), secrétaire particulier adjoint du ministre de la Justice (1945-1947), secrétaire particulier du secrétaire d'État aux Affaires extérieures (1947-1948), et secrétaire particulier du Premier ministre du Canada, l'honorable Louis Saint-Laurent (1948-1950). Après avoir assumé le poste d'administrateur au ministère des Ressources et du Développement économique (1950-1953), il devient bibliothécaire adjoint de la Bibliothèque du Parlement à Ottawa (1953-1956), bibliothécaire associé (1956-1968) et, en 1968, il est nommé directeur général de la Bibliothèque nationale, poste qu'il occupe jusqu'à sa retraite en 1983. Président, secrétaire, membre de plusieurs associations — Société des écrivains canadiens, Alliance française d'Ottawa, Section canadienne de l'Association interparlementaire Canada-France, Association canadienne des bibliothécaires de langue française — Guy Sylvestre préside la Rencontre mondiale de poésie (Expo'67), est délégué du Canada à la Conférence générale de l'Unesco, à Paris, en 1949, 1971, 1973, 1974. Élu membre de la Société royale du Canada en 1952, il se voit confier la présidence générale de cette Société pour l'année 1973-1974. Membre de l'Académie canadienne-française depuis 1954, il est aussi membre à vie de la Canadian Library Association et commandeur de l'Ordre international du Bien public. En 1969, l'Université d'Ottawa confère à Guy Sylvestre un doctorat honorifique en bibliothéconomie ; deux autres doctorats honorifiques, en littérature et en droit, lui sont offerts respectivement en 1970 et en 1974, par l'Université Mount Allison de Sackville (N.-B.) et l'Université de Toronto. Les premiers écrits de Guy Sylvestre paraissent en 1939 dans *La Rotonde*, journal des étudiants de l'Université d'Ottawa. Il collabore par la suite à plusieurs journaux et revues : *Le Droit, Le Devoir, Notre temps, Revue dominicaine, Revue de l'Université d'Ottawa, Canada français, L'Action universitaire, La Nouvelle Relève, La Nouvelle Revue canadienne, Culture, Amérique française, Liberté, Les Carnets viatoriens, L'Enseignement secondaire, Canadian Poetry, Canadian Library Journal*... Pendant dix ans, de 1958 à 1968, Guy Sylvestre publie, dans *University of Toronto Quarterly*, une chronique annuelle sur la poésie canadienne-française. De septembre 1943 à l'été de 1946, il dirige la revue *Gants du ciel* dont il est le fondateur, le directeur et le principal animateur. Avec non moins d'intérêt, il étudie la littérature française (*Poètes catholiques de la France contemporaine*, 1943 ; *Sondages*, 1945) et la littérature canadienne-française (*Louis Francœur, journaliste*, 1941 ; *Panorama des lettres canadiennes-françaises*,

1964). Mais son œuvre la mieux connue est l'*Anthologie de la poésie canadienne-française*, plusieurs fois rééditée et augmentée depuis 1942. Tantôt auteur, tantôt éditeur, Guy Sylvestre collabore à plusieurs ouvrages collectifs. Lecteur assidu des œuvres contemporaines, attentif à la beauté esthétique d'un texte, Guy Sylvestre s'impose, autour des années 50, comme un critique au goût raffiné et un guide sûr auprès du public.

ŒUVRES

Louis Francœur, journaliste (essai), Ottawa, Éditions du Droit, 1941, 31 p. Sous le pseudonyme de Blaise Orlier.

Situation de la poésie canadienne : Regards et Jeux dans l'espace, Axes et parallaxes (essai), Ottawa, Éditions du Droit, 1941, 30 p. Préface de Raïssa Maritain.

Anthologie de la poésie canadienne d'expression française, précédée d'une introduction, Montréal, Valiquette, 1942, 141 p. ; Beauchemin, 1958, 298 p. ; 1961 ; 1963, 376 p. ; 1966 ; 1971 ; *Anthologie de la poésie québécoise*, Montréal, Beauchemin, 1974, 412 p.

Poètes catholiques de la France contemporaine (essai), Montréal, Fides, 1943, 119 p. Préface de Jean Bruchési.

La Poésie française au Canada, guide du lecteur (essai), Ottawa, Services éducatifs de la Légion canadienne, 1944, 24 p.

Sondages (essai), Montréal, Beauchemin, 1945, 157 p.

Impressions de théâtre : Paris-Bruxelles, 1949 (essai), Ottawa, Le Droit, 1950, 55 p.

Amours, Délices et Orgues (pastiche), Québec, Institut littéraire de Québec, 1953, 177 p. Sous le pseudonyme de Jean Bruneau.

James Patrick Manion, *A Canadian Errant. Twenty-five Years in the Canadian Foreign Service*, Toronto, Ryerson Press, 1960, 196 p. Ill. Éditeur.

Canadian Universities Today. Symposium Presented to the Royal Society of Canada in 1960/Les Universités canadiennes aujourd'hui, Toronto, UTP, 1961, x, 97 p. Ill. Colloque de la Société royale du Canada, 1960. Éditeur avec Georges Stanley.

Écrivains canadiens. Canadian writers, Montréal, Éditions HMH, 1964, xvi, 163 p. Éditeur avec Brandon Conron et Carl F. Klinck. Version anglaise : *Canadian Writers. A Biographical Dictionary*, Toronto, Ryerson Press, 1966, xviii, 186 p. ; 1967, xvii, 184 p. (Édition révisée).

Panorama des lettres canadiennes-françaises (essai), Québec, Ministère des Affaires culturelles, 1964, 77 p. ; 1964, 82 p. ; *Literature in French Canada*, Québec, Department of Cultural Affairs, 1967, 80 p.

Structures sociales du Canada français. Études de membres de la Section I de la Société royale du Canada, Québec, UTP, 1966, 120 p. Éditeur.

A Century of Canadian Literature/Un siècle de littérature canadienne, Toronto/Montréal, Ryerson Press/Éditions HMH, 1967, xxxi, [27], 599 p. Éditeur avec Gordon Green.

Note : Le lecteur trouvera à la Bibliothèque nationale du Canada, plusieurs textes dactylographiés de rapports et de communications de Guy Sylvestre.

Saint-Denys Garneau's World of Spiritual Communion, dans *Canadian Poetry*, vol. 6, mars 1943, p. 5–11.

Jules Laforgue, dans *Gants du ciel*, vol. 1, n° 2, déc. 1943, p. 33–41.

Situation de Jules Supervielle, dans *Gants du ciel*, vol. 3, n° 7, mars 1945, p. 17–28.

Un jeune dieu, dans *Gants du ciel*, vol. 3, n° 8, juin 1945, p. 65–85.

Qu'est-ce que l'existentialisme ?, NR, vol. 4, avril 1946, p. 891–902.

Existentialisme et Littérature, RUL, vol. 1, n° 2, févr. 1947, p. 423–433.

Tendances nouvelles de la littérature française, AU, vol. 14, n°s 7, 10, avril, juillet 1948, p. 209–225, 329–349.

Aspects de la poésie canadienne de langue française, AU, vol. 17, n°s 1 et 4, oct. 1950 et janv. 1951, p. 3–16, 31–45.

Les Origines de notre littérature, dans *Nouvelle Revue canadienne*, vol. 1, n° 1, févr.–mars 1951, p. 39–48.

Le Rapport Massey et l'écrivain, MSRC, 3e série, vol. 46, 1952, p. 81–88.

De la valeur de toute œuvre littéraire (réponse), dans *Présentation*, Ottawa, Société royale du Canada, 1952, p. 47–59.

Celui qui croyait au ciel, celui qui n'y croyait pas, AU, vol. 18, n° 7, avril 1952, p. 31–55.

Introduction à l'histoire de la littérature canadienne, RUO, vol. 23, n°s 1–2, janv.–mars et avril–juin 1953, p. 84–109, 187–215.

Présentation de M. Robert Élie, dans *Présentation*, Ottawa, Société royale du Canada, 1957, p. 47–53.

Traduction et Évolution au Canada français, dans Malcolm Ross, *The Arts in Canada*, Toronto, Macmillan, 1958, p. 126–131.

François-Xavier Garneau, dans *Our Living Tradition*, Toronto, UTP, 1959, p. 170–184.

Lettre à Jean-Guy Pilon sur l'Homme sans rivages, L, n° 60, mai–août 1960, p. 162–165.

Un continent littéraire à découvrir, dans *Bulletin of Humanities Association*, vol. 12, hiver 1962, p. 57–59, 71.

La Recherche en littérature canadienne-française, dans Louis Baudoin, *La Recherche au Canada français*, Montréal, PUM, 1968, p. 149–161.

La Recherche littéraire et la Bibliothèque nationale du Canada, dans *Recherche et Littérature canadienne-française*, Ottawa, EUO, 1969, p. 54–62.

Présentation de M. Jean-Guy Pilon, dans *Présentation 24*, Ottawa, Société royale du Canada, 1969, p. 29–33.

Présentation de M. Paul Wyczynski, dans *Présentation 26*, Ottawa, Société royale du Canada, 1970, p. 25–31.

La Poésie, dans Léopold Lamontagne, *Visages de la civilisation au Canada français*, Toronto/Québec, UTP/PUL, 1970, p. 14–26.

Developing National Library Network of Canada, dans *Library Resources and Technical Services*, vol. 16, hiver 1972, p. 48–60.

ÉTUDES

Raymond Robichaud, *Hommage à Guy Sylvestre*, Dr, vol. 37, n⁰ 158, 9 juillet 1949, p. 2.

[Anonyme], *Guy Sylvestre New Fellow of Royal Society*, dans *Ottawa Citizen*, vol. 109, n⁰ 204, 25 févr. 1952, p. 15.

Pierre Daviault, *Présentation de Guy Sylvestre*, dans *Présentation 8*, Ottawa, Société royale du Canada, 1952, p. 35–45.

Paul Wyczynski, *Histoire et Critique littéraires au Canada français*, dans *Littérature et Société canadiennes-françaises*, Québec, PUL, 1964, p. 11–69, surtout p. 29–30.

Jean Basile, *Anthologie de la poésie canadienne-française*, dans *Québec*, 1ʳᵉ année, n⁰ 7, mai 1964, p. 77–79.

Claude Beauchamp, *Guy Sylvestre. Structures sociales du Canada français*, RS, vol. 8, n⁰ 1, janv.–avril 1967, p. 95–96.

[Anonyme], *Publication de la première anthologie littéraire bilingue canadienne*, So, vol. 70, n⁰ 257, 30 oct. 1967, p. 19.

Jean Éthier-Blais, *Deux anthologies*, Dev, vol. 58, n⁰ 261, 11 nov. 1967, p. 13.

Adrien Thério, *Un siècle de littérature de Guy Sylvestre*, LAC 1967, p. 122.

[Anonyme], *Guy Sylvestre élu président de la Société des écrivains*, Dr, vol. 56, n⁰ 34, 6 mai 1968, p. 4.

[Anonyme], *Guy Sylvestre est nommé bibliothécaire national*, Dev, vol. 59, n⁰ 127, 30 mai 1968, p. 3.

Desmond Pacey, *Un siècle de littérature canadienne*, CaL, n⁰ 38, automne 1968, p. 71–77.

Auguste M. Morisset, *Doctorat honorifique offert par l'Université d'Ottawa à M. Guy Sylvestre*, dans *Bulletin de l'Association canadienne des bibliothécaires de langue française*, vol. 16, n⁰ 1, mars 1970, p. 21–22.

SYLVESTRE, PAUL-FRANÇOIS (1947–   ). Journaliste, romancier, historien, essayiste et nouvelliste, né à Windsor (Ontario). Il fait ses humanités au Séminaire de Mazenod et à l'Université d'Ottawa (B.A., B.Ph, 1969) où il poursuit ensuite des études en récréologie (B.Sc, 1971). Il est secrétaire de l'Assemblée provinciale des mouvements de jeunes de l'Ontario français (1969–1971), responsable des activités-jeunesse pour les francophones hors Québec au Secrétariat d'État (1971–1974), conseiller spécial en bilinguisme et éducation auprès du secrétaire d'État (1974–1976), conseiller en politiques culturelles au ministère des Communications (1976–1982). En 1982, il travaille pour le poste de Radio-Canada CBEF-Windsor, pour le Centre franco-ontarien de ressources pédagogiques..., collabore au *Droit*, au *Rempart* et au *Temps*. Son premier livre, *Propos pour une libération (homo)sexuelle* (1976), tient du journal et de l'essai. Selon Jacques Larue-Langlois, l'ouvrage « donne à réfléchir sur le poids des préjugés », mais se trouve affaibli par la naïveté de la pensée et du style. Pour André Janoël, si les nouvelles

d'*Amour, Délice et Orgie* (1980) ne sont pas de la grande littérature, on y découvre cependant « plus que des promesses ». *Bougrerie en Nouvelle-France* (1983) reçoit un jugement sévère de Michel Laurin. À la vérité, c'est dans l'histoire et la littérature de sa province que ce militant franco-ontarien a trouvé sa voie. La critique accueille favorablement ses travaux déjà nombreux sur *Pénetang, Mattawa...*, sur *Les Communautés religieuses* et *Les Journaux de l'Ontario français*.

ŒUVRES

Propos pour une libération (homo)sexuelle (journal intime), Montréal, L'Aurore, 1976, 157 p. Ill.

Les homosexuels s'organisent au Québec et ailleurs (essai), Montréal, Éditions Homeureux, 1979, 166 p. Ill.

Amour, Délice et Orgie. Trois nouvelles, Montréal, Édition Homeureux, 1980, 98 p.

Penetang : l'école de la résistance (histoire), Sudbury, Éditions Prise de Parole, 1980, 109 p. Ill.

Bougrerie en Nouvelle-France (essai), Hull, Éditions Asticou, 1983, 92 p. Ill.

Mattawa [*1884–1984*] (manuel d'histoire), Ottawa, Centre franco-ontarien de ressources pédagogiques, 1983, [2], viii, 142 p. Ill. « Pro-F-Ont ».

Pain Court et Grande-Pointe (manuel d'histoire), Ottawa, Centre franco-ontarien de ressources pédagogiques, 1983, [2], vi, 140 p. Ill. « Pro-F-Ont ».

Agenda historique de l'Ontario français, Ottawa, Centre franco-ontarien de ressources pédagogiques, 1984, [n.p., 103 p.]. Collab. Guy Morrissette. Ill. Préface de Gisèle Lalonde.

Les Communautés religieuses en Ontario français. Sur les traces de Joseph Le Caron (histoire), Montréal, Éditions Bellarmin, 1984, 142 p. Ill.

Les Journaux de l'Ontario français 1858–1983 (histoire), Sudbury, Société historique du Nouvel-Ontario, Université de Sudbury, 1984, [4], ii, 59 p. Ill.

Le Discours franco-ontarien, Ottawa, Éditions l'Interligne, 1985, [8], 114 p. Ill. (Textes choisis et réunis par Paul-François Sylvestre à l'occasion du 75ᵉ anniversaire de l'Association canadienne française de l'Ontario).

130 ans au service de l'excellence. Le Conseil des écoles séparées catholiques d'Ottawa, 1856–1986, [Ottawa], Le Conseil, 1986, 41 p.

Des œufs frappés (roman), Sudbury, Prise de Parole, 1986, 141 p.

Les Évêques franco-ontariens, 1833–1986, Hull, Éditions Asticou, 1986, 142 p. Ill.

Nos parlementaires, Ottawa, L'Interligne, 1986, ix, 131 p. Ill. Préface de Bernard Grandmaître.

Obéissance ou Résistance. Récit, Montréal, Éditions Bellarmin, 1986, 150 p.

Le Concours de français. Une page d'histoire franco-ontarienne, Sudbury, Prise de Parole, 1987, 154 p. Ill.

La marginalité reçoit ses lettres de noblesse (prix Goncourt à Yves Navarre), Dr, 6 déc. 1980, p. 18.

Anniversaire de la mort de Mgr Fallon. Le Commandant en chef de la guerre anglo-française en Ontario, dans *Le Temps*, vol. 3, n⁰ 1, 11 févr. 1981, p. 3.

La Feuille d'érable : une page d'histoire, dans *Le Temps*, vol. 3, n⁰ 8, août 1981, p. 8.

Le Rempart a 15 ans, dans *Le Rempart* (cahier spécial), 25 nov. 1981, p. 1-A.

Lettres ontaroises, dans *Le Temps*, vol. 4, n⁰ 1, janv. 1982, p. 1-8.

ÉTUDES

Jacques Larue-Langlois, *Les Minorités sexuelles...*, dans *Le Livre d'ici*, vol. 2, n⁰ 41, 20 juillet 1977, p. 1.

Christian Bédard, *Amour, Délice et Orgie de Paul-François Sylvestre*, dans *Le Berdache*, n⁰ 9, avril 1980, p. 40-41.

André Janoël, *Sylvestre (Paul-François). Amour, Délice et Orgie*, dans *Nos livres*, vol. 11, juin-juillet 1980, n⁰ 228.

Madeleine Bellemare, *Sylvestre (Paul-François). Penetang : l'école de la résistance*, dans *Nos livres*, vol. 12, août 1981, n⁰ 217.

[Anonyme], *Écrivain, journaliste et historien. Une entrevue avec Paul-François Sylvestre*, dans *Le Temps*, vol. 5, n⁰ 7, oct. 1983, p. 12.

Michel Laurin, *Sylvestre (Paul-François). Bougrerie en Nouvelle-France*, dans *Nos livres*, vol. 15, oct. 1984, n⁰ 5912.

Paul Gay, « *Les Communautés religieuses en Ontario français* », *par Paul-François Sylvestre. Une contribution herculéenne*, Dr, 72ᵉ année, n⁰ 191, 10 nov. 1984, p. 26.

Paul Gay, « *Les Journaux de l'Ontario français* ». « *L'avenir est à ceux qui luttent* », Dr, 72ᵉ année, n⁰ 221, 15 déc. 1984, p. 26.

SYLVIA, MARIE. Voir BRANDA, JEANNE-LOUISE.

SYLVINE. Voir FRANCHEVILLE, GENEVIÈVE DE.

SZESZMER, MICHEL. Voir FOUGÈRES, MICHEL.

SZUCSANY, DÉSIRÉE (1955-   ). Romancière, nouvelliste et poète, née à Montréal. Elle fait ses études à la Polyvalente Joseph-François-Perrault, à Regina Assumpta, à la Polyvalente Louis-Joseph-Papineau et au Cégep du Vieux-Montréal (D.E.C., 1973). Elle obtient ensuite un certificat d'études hispaniques à l'Université de Madrid (1974), et elle apprend l'allemand à l'Université de Montréal. Elle exerce diverses professions : gérante d'un ma-gasin Direct Film, responsable et animatrice culturelle au Club de Rosemont, ouvrière-enseignante au village forestier Kormak (Ontario), chanteuse itinérante en Martinique... et, à partir de 1980, traductrice à la pige pour les Éditions de l'Homme. Elle publie des romans, des nouvelles et de la poésie. En 1980, elle fonde les éditions Déesse où elle publie un premier roman, *La Chasse-gardée*. Le travail est un peu « rudimentaire » et le roman « maladroit », pense Michel Beaulieu, « mais il est habité de passion, de fureur et de tendresse à tel point qu'on passe aisément par-dessus les défauts ». Les six récits de *La Passe* laissent Réginald Martel « perplexe » malgré le talent, mais Madeleine Ouellette-Michalska se déclare éblouie « devant la capacité de transformer des gestes et des paroles banales en événement dont la répercussion intérieure se poursuit après la lecture comme un enchantement et une plainte ». Elle reste très louangeuse devant le « chant tragique » de *Violon*, roman qui « tant dans sa thématique que dans sa structure et son expression, introduit une marque forte, originale, dans la littérature québécoise ou même nord-américaine ».

ŒUVRES

La Chasse-gardée (roman), Montréal, Éditions Déesse, 1980, 167 p.

La Passe. Récit, Montréal, Quinze, 1981, 125 p. « Prose entière ».

Le Violon. Roman, Montréal, Éditions Québec/Amérique, 1981, 133 p. Ill. « Littérature d'Amérique ».

L'Aveugle (poésie), Montréal, Éditions de la Pleine Lune, 1983, 65 p. Ill. « Les Carnets de l'audace ».

Les Filets (nouvelles), Montréal, Éditions de la Pleine Lune, 1984, 173 p.

ÉTUDES

Réginald Martel, *Albée en Rose. Gérard Bessette chez les bourgeois, les douleurs de la chasse*, Pr, 96ᵉ année, n⁰ 111, 24 mai 1980, p. C-3.

Michel Beaulieu, *Poètes ? Oui...*, dans *Le Livre d'ici*, vol. 6, n⁰ 2, 15 oct. 1980, p. 2.

Réginald Martel, *Pour l'amour de l'amour. Paysages exotiques*, Pr, 97ᵉ année, n⁰ 110, 23 mai 1981, p. C-4.

Normand Desjardins, *Szucsany (Désirée). La Passe*, dans *Nos livres*, vol. 12, oct. 1981, n⁰ 416.

Madeleine Ouellette-Michalska, *Lectures. Désirée Szucsany : envoûter par le chant*, LQ, n⁰ 24, hiver 1981-1982, p. 48.

Réginald Martel, *Un explorateur des voies du fantastique*, Pr, 98ᵉ année, n⁰ 37, 13 févr. 1982, p. C-3.

Madeleine Ouellette-Michalska, *La Ligne brisée du rêve*, Dev, vol. 73, n⁰ 42, 20 févr. 1982, p. 17, 31.

Normand Desjardins, *Szucsany (Désirée), Le Violon*, dans *Nos livres*, vol. 13, avril 1982, n⁰ 183.

T

TACHÉ, ALEXANDRE-ANTONIN (1823–1894). Historien et essayiste, né à Saint-Patrice de Rivière-du-Loup. Il fait ses études classiques au Collège de Saint-Hyacinthe et ses études théologiques au Grand Séminaire de Montréal. En 1844, il entre au noviciat des Oblats de Marie-Immaculée. Ordonné prêtre à Saint-Boniface (Manitoba) en 1845, il exerce son ministère dans cette région. Évêque coadjuteur de Saint-Boniface en 1851, il devient évêque en titre en 1853. À la demande du supérieur général des Oblats, il prépare une histoire du travail missionnaire accompli par cette communauté depuis 1845; le texte est publié dans la revue *Les Missions de la Congrégation des missionnaires oblats de Marie-Immaculée*, en 1865, puis en volume, l'année suivante, sous le titre de *Vingt Années de missions dans le Nord-Ouest de l'Amérique*. Paru à l'époque où les Québécois sont de plus en plus attirés par l'Ouest, le volume connaît un succès considérable. En 1868, il publie les premiers chapitres d'une étude plus complète de l'histoire de cette région dans la revue des Oblats et l'année suivante l'ouvrage intitulé *Esquisse sur le Nord-Ouest de l'Amérique* paraît en librairie. Pendant longtemps son travail fut la seule histoire valable de l'Ouest canadien en français. En 1870, à la suite du soulèvement des métis, monseigneur Taché joue le rôle de pacificateur. Nommé archevêque en 1871, il publie, en 1874 et en 1875, deux brochures sur la question de l'amnistie aux rebelles. À la suite de la pendaison de Louis Riel, il prône de nouveau la modération dans sa brochure, *La Situation au Nord-Ouest* (1885). Par la suite, il s'occupe de la situation scolaire des catholiques francophones.

ŒUVRES

Vingt années de missions dans le Nord-Ouest de l'Amérique (histoire), Montréal, Eusèbe Senécal, 1866, xiii, 245 p.; Librairie Saint-Joseph, Cadieux & Derome, 1888, 238 p. Préface de Thomas-Alfred Bernier; New York, The Johnson Reprint Corporation, 1969, xiii, 245 p. (Reproduction de l'édition de 1866).

Esquisse sur le Nord-Ouest de l'Amérique (histoire), Montréal, Typographie du « Nouveau Monde », 1869, 146 p.; C.-O. Beauchemin et fils, 1901, 184 p. Traduction anglaise du capitaine D.R. Cameron: *Sketch of the North-West of America*, Montreal, Printed by John Lovell, 1870, 216 p. (Comprend aussi des extraits de *Vingt années de missions dans le Nord-Ouest de l'Amérique*).

Un auguste document. Histoire et origine des troubles du Nord-Ouest, racontée sous serment par S.G. Mgr l'Archevêque de St-Boniface, [s.l., s.é.], 1874, 57 p.

L'Amnistie (essai), Montréal, Imprimé par le journal « Le Nouveau Monde », 1874, 72 p.

Encore l'amnistie (essai), [Saint-Boniface], Imprimerie du journal « Le Métis », 1875, 42 p.

La Situation au Nord-Ouest (essai), Québec, J.-O. Filteau, libraire, 1885, 22 p.

Two Letters of Archbishop Taché on the School Question, [s.l., s.é.], 1889, 9 p.

Les écoles dites écoles publiques du Manitoba sont des écoles protestantes, Saint-Boniface, la Compagnie canadienne de publication, 1893, 32 p.

Mémoire de Monseigneur Taché sur la question des écoles, en réponse au rapport du comité de l'honorable Conseil privé du Canada, Montréal, C.-O. Beauchemin & fils, libraires-imprimeurs, 1894, 64 p. Traduction anglaise: *Memorial of Archbishop Taché on the School Question, in answer to a Report of the Committee of the Honorable the Privy Council of Canada*, Montréal, C.-O. Beauchemin & fils, 1894, 67 p.

ÉTUDES

H. De Lamothe, *Cinq mois chez les Français d'Amérique. Voyage au Canada et à la Rivière Rouge du Nord*, Paris, Librairie Hachette et cie, 1879, p. 266–267.

Paul Benoît, *Vie de Mgr Taché, archevêque de St-Boniface*, Montréal, Librairie Beauchemin, 1904, 2 t.: t. 1, ix, 610 p.; t. 2, 936 p.

TACHÉ, JOSEPH-CHARLES [Gaspard le Mage] (1820–1894). Essayiste, journaliste et nouvelliste, né à Kamouraska. Il fait ses études classiques au Séminaire de Québec. Il s'inscrit ensuite aux études médicales et devient médecin en 1844. Député conservateur à l'Assemblée législative du Canada-Uni de 1847 à 1857, il représente son pays à l'Exposition universelle de Paris, en 1855. En 1854, il publie *La Pléiade rouge* avec

P.-J.-O. Chauveau, sous le pseudonyme de Gaspard le Mage. Le style et le ton satirique de l'ouvrage en font un des meilleurs exemples de la littérature polémique du XIXᵉ siècle. À Paris, il se fait connaître par sa brochure *Esquisse sur le Canada au point de vue économique*. Délaissant pour quelques années la politique active, il fonde, en février 1857, avec Hector-Louis Langevin et Alfred Garneau, *Le Courrier du Canada*, journal conservateur et ultramontain (1857–1859). Pendant ce temps, il prépare sur le projet de la Confédération une série d'articles repris en volume en 1858, sous le titre : *Des provinces de l'Amérique du Nord et d'une union fédérale*. Première étude sérieuse de la question traitée par un Canadien français, ce volume n'a pas été sans influence sur l'attitude du parti conservateur du Québec. Un des fondateurs des *Soirées canadiennes* (1861), il y publie ses œuvres les plus durables, notamment : *Trois légendes de mon pays* (1861) et *Forestiers et Voyageurs* (1863). Professeur de physiologie à l'Université Laval en 1860, il est nommé sous-ministre de l'Agriculture à Ottawa en 1864, poste qu'il occupe jusqu'à sa retraite, en 1888. Dans la préface qu'il a écrite pour la réédition de *Forestiers et Voyageurs*, Luc Lacourcière déclare que « c'est Joseph-Charles Taché qui rallia dans les *Soirées canadiennes* de 1861 à 1865, les principaux littérateurs de son temps : historiens, romanciers, poètes ». Dans *Trois légendes de mon pays*, surtout dans *L'Îlet au massacre*, Taché parvient à montrer le charme de la forêt canadienne. Dans l'*Histoire de la littérature française du Québec*, Arsène Lauzière souligne ainsi les qualités de *Forestiers et Voyageurs* : « Un personnage central, le père Michel, prototype du vieux forestier, raconte ses souvenirs à l'âge de la retraite. Ils sont pleins de la vie des voyageurs des pays d'en-haut et des mœurs des hommes des chantiers. Ces récits constituent un précieux document folklorique, sont légèrement romancés, mais on y retrouve la simple et authentique grandeur de l'homme des bois, rude mais humain. Si le style manque de souplesse ou de nuance, il est vigoureux et musclé comme le bras du forestier ».

ŒUVRES

De la tenure seigneuriale au Canada et le projet de commutation, Québec, Lovell et Lamoureux, 1854, xix, 63 p.

Esquisse sur le Canada considéré sous le point de vue économiste, Paris, Hector Bossange et fils, 1855, 180 p. Carte.

La Pléiade rouge, Montréal, La Minerve, 1855, 24 p. Sous le pseudonyme de Gaspard le Mage. Ill.

Le Canada et l'Exposition universelle de 1855 (rapport), Toronto, John Lovell, 1856, 480 p.

Des provinces de l'Amérique du Nord et d'une union fédérale, Québec, J.-T. Brousseau, 1858, 252 p.

Notice historiographique sur la fête célébrée à Québec le 16 juin 1859, jour du deux centième anniversaire de l'arrivée de Monseigneur de Montmorency-Laval en (sic) Canada, Québec, J.-T. Brousseau, 1859, 73 p.

Collection des produits des eaux et des forêts du Bas-Canada. Recueillie et ordonnée pour l'Exposition Universelle de Londres, année 1862 (rapport et catalogue), Québec, Léger Brousseau, 1862, 20 p.

Mémoire sur le choléra, Ottawa, Bureau de l'Agriculture et des Statistiques, 1866, 52 p.

Trois légendes de mon pays ou L'Évangile ignoré, l'évangile prêché, l'évangile accepté (contes), Québec, A. Côté et Cie, 1876, 162 p. (Paru d'abord dans *Les Soirées canadiennes*, vol. 1, 1861, p. 11–110) ; Montréal, Librairie Saint-Joseph, 1884, 111 p. ; Montréal, Librairie Beauchemin Limitée, 1912, 141 p. « BC » ; Beauchemin & Valois, [1917], 123 p. ; Beauchemin, 1922, 141 p. ; 1924, 123 p. ; Montréal, Fides, 1956, 2 vol. : vol. 1, *L'Îlet au massacre*, 63 p. ; vol. 2, *Le Sagamo du Kapskouk*, 58 p.

La Mouche ou la Chrysomèle des patates (Chrysomela Decemlineata) et le Moyen d'en combattre les ravages, Montréal, Burland-Desbarats, 1877, 38 p.

Les Histoires de M. Sulte. Protestation, Montréal, Librairie Saint-Joseph, Cadieux & Derome, 1883, 32 p. (Paru aussi dans A. Laperrière, *Les Guêpes canadiennes*, Ottawa, A. Bureau, 1883, 2ᵉ série, p. 215–265).

Forestiers et Voyageurs (légendes), Montréal, Librairie Saint-Joseph, 1884, 240 p. (Paru d'abord dans *Les Soirées canadiennes*, vol. 3, 1863, p. 13–260) ; Montréal, Fides, 1946, 230 p. Préface de Luc Lacourcière. « N » ; 1964, 190 p.

Les Asiles d'aliénés de la province de Québec et leurs détracteurs, Hull, Imp. La Vallée d'Ottawa, 1885, 51 p. Traduction anglaise par Jean-Paul Tardivel : *The Lunatic Asylums of the Province of Quebec and Their Defamers*, Québec, L. Brousseau, 1885, 51 p.

Les Sablons (L'Île de Sable) et l'Île Saint-Barnabé (histoire), Montréal, Librairie Saint-Joseph, Cadieux & Derome, 1885, 155 p. ; *Les Sablons (Île de Sable)*, Tours/Montréal, Maison Alfred Mame et fils/Granger Frères Limitée, 1930, 165 p. Ill. d'André Fournier. « Canadienne ».

Le Braillard de la montagne (légende en vers), dans *Les Soirées canadiennes*, vol. 4, 1864, p. 97–109.

ÉTUDES

F.-Z. Decelles, *La Langue populaire dans les « Forestiers et Voyageurs » de J.-C. Taché*, BPF, vol. 5, nº 5, janv. 1907, p. 161–168.

Réjean Robidoux, *Les Soirées canadiennes et Le Foyer canadien dans le mouvement littéraire québécois de 1860*, RUO, vol. 28, nº 4, 1958, p. 411–452.

Id., *Fortunes et infortunes de l'abbé Casgrain*, dans *Le Mouvement littéraire de Québec, 1860*, Ottawa, EUO, 1961, p. 209-229. «ALC» 1.

Philippe Sylvain, *Les Débuts du «Courrier du Canada» et les progrès de l'ultramontanisme canadien--français*, CD, n° 32, 1967, p. 255-278.

Évelyne Bossé, *Un grand représentant de l'élite canadienne-française*, Québec, Éditions Garneau, 1971, 324 p.

Michelle Lavoie, *Du Coureur de bois au Survenant, (filiation ou aliénation?)*, dans *Les Cahiers de l'Université du Québec*, n°s 22-23, 1970, p. 11-25.

Aurélien Boivin, [*Joseph-Charles Taché*], dans *Le Conte littéraire québécois au XIXᵉ siècle*, Montréal, Fides, 1975, p. 355-366.

Paul Gay, *Les Voyageurs d'autrefois. Forestiers et Voyageurs*, Dr, 65ᵉ année, n° 47, 21 mai 1977, p. 20.

TANGHE, RAYMOND (1898-1969). Essayiste, bibliographe et bibliothécaire, né à Tourcoing (France). Ses humanités au Collège du Sacré-Cœur de Tourcoing terminées, il étudie à l'École normale de Roubaix. Après la Première Guerre mondiale où il est fait prisonnier par les Allemands, il arrive au Canada en 1920 en qualité de libraire-importateur de livres français. Inscrit à l'Université de Montréal, il y termine sa licence en sciences politiques en 1924, puis obtient un doctorat en sciences économiques, en 1928, en présentant une thèse sur la *Géographie humaine de Montréal* qui paraît en volume la même année et lui mérite le prix David et le prix de l'Action intellectuelle (1929). Il devient citoyen canadien et enseigne dans diverses écoles dont le Collège Stanislas, le Collège Jean-de-Brébeuf et l'Université de Montréal, tout en donnant de nombreuses conférences radiophoniques sur l'économie politique. En 1941, on le nomme directeur des bibliothèques de l'Université de Montréal, poste qu'il conserve durant plus de dix ans. À cette époque débutent également les cours à Radio-Collège et les émissions «Opinions» qu'il prépare avec Jean-Charles Bonenfant. En 1953, le Premier ministre du Canada, Louis Saint-Laurent, fait appel à ses services et le nomme bibliothécaire en chef adjoint à la Bibliothèque nationale; il demeure dans la fonction publique jusqu'à sa retraite. Presque aussitôt après, le gouvernement canadien fait encore appel à ses services et le nomme directeur de la Maison des étudiants canadiens, à la Cité universitaire de Paris. Il est officier de l'Académie française et membre de plusieurs associations dont la Société royale du Canada. Par son œuvre écrite, Raymond Tanghe contribue grandement à faire connaître la géographie québécoise de même qu'il fait valoir l'importance de la science bibliographique.

ŒUVRES

La Canalisation du Saint-Laurent (essai), Montréal, Librairie d'Action canadienne-française, 1928, 15 p.

Géographie humaine de Montréal (essai), Montréal, Librairie d'Action canadienne-française, 1928, 334 p. Ill.

Au pays de l'énergie (essai), Trois-Rivières, Éditions du Bien public, 1932, 46 p. Collab. Moïsette Olier.

Le Conflit italo-éthiopien (essai), Montréal, Éditions Albert Lévesque, 1936, 113 p.

Montréal (essai), Montréal, Éditions Albert Lévesque, 1936, 193 p.

Le Facteur humain (essai), Montréal, Fides, 1942, 39 p.

Initiation à la géographie humaine (essai), Montréal, Fides, 1943, 198 p.

Opinions (essai), Montréal, Fides, 1943, 159 p. Collab.

La Population de Montréal (essai), Montréal, Fides, 1943, 128 p.

Le Canada dans l'ordre international (essai), Montréal, Fides, 1944, 346 p. Collab.

Géographie économique du Canada (essai), Montréal, Fides, 1944, 278 p.

Itinéraire canadien (essai), Montréal, Éditions B.D. Simpson, 1945, 252 p. Lettre-préface d'André Siegfried.

Esquisse américaine (essai), Montréal, Fides, 1947, 231 p. Préface de Gilbert Chinard.

Pour un système cohérent de bibliothèques au Canada français (essai), Montréal, Fides, 1952, 38 p. Lettre de S. E. Mgr P.-E. Léger. Préface de Paul-Aimé Martin.

Laurier, artisan de l'unité canadienne 1841-1919 (essai), Tours, Mame, 1960, 189 p. Traduction anglaise par Hugh Bingham Myers: *Laurier, Architect of Canadian Unity*, Montréal, Harvest House, 1967, 124 p.

Bibliographie des bibliographies canadiennes (essai), Toronto, UTP, 1960, 206 p. Édition anglaise: *Bibliography of Canadian Bibliographies*, Toronto, UTP/The Bibliographical Society of Canada, 1960, 206 p.

Le Bibliothécariat (essai), Montréal, Fides, 1962, 117 p.

L'École de bibliothécaires de l'Université de Montréal (essai), Montréal, Fides, 1962, 69 p.

ÉTUDES

Roger Sylvestre, *Clefs pour une jeune littérature*, dans *Le Livre canadien*, 1969, p. 21-24.

Guy Sylvestre, *Raymond Tanghe (1898-1969)*, dans *Bulletin de l'ACBLF*, vol. 15, n° 4, déc. 1969, p. 172-173.

TANGUAY, CYPRIEN [Félix] (1819-1902). Généalogiste et historien, né à Québec. Après quelques mois au Collège de Sainte-Anne-de-la-Pocatière, il poursuit ses études secondaires, collégiales et théologiques, au Séminaire de Québec. Ordonné prêtre en 1843, il exerce son ministère à Trois-Pistoles et à Rimouski. En 1854, il ouvre une école qui deviendra plus tard le Collège de Rimouski. En 1865, il est nommé archiviste au Bureau des statistiques à Québec, et par la suite à Ottawa, poste qu'il occupe pendant trente-cinq ans. Dès sa sortie du séminaire, il conçoit l'œuvre magistrale qu'est le *Dictionnaire généalogique des familles canadiennes*, pour lequel il a consulté les archives de France et les registres paroissiaux du Canada, ouvrage imprimé en sept volumes entre 1871 et 1890. Membre fondateur de la Société royale du Canada, il y présente plusieurs études. L'Université Laval lui confère le grade de docteur ès lettres en 1883. Il est nommé prélat pontifical en 1887. Selon L.-A. Paquet, Cyprien Tanguay « a planté les jalons d'une histoire détaillée de nos familles et de leurs mouvements à travers le pays ». Pour le Père Arthur Lebœuf qui a continué ce travail, le *Dictionnaire* est, en dépit de ses lacunes et de ses erreurs, « un colossal monument érigé à la mémoire des fondateurs et des ancêtres des Canadiens français », une « publication unique en son genre ».

ŒUVRES

Répertoire général du clergé canadien par ordre chronologique depuis la fondation de la colonie jusqu'à nos jours, Québec, C. Darveau, 1868, ii, 321, xxix p. ; Montréal, Senécal et fils, 1893, xiii, 526, xlvi p.

Épisode. Voyage en France, Belgique, Prusse, Allemagne et Italie. Conférence, Ottawa, Le Courrier d'Ottawa, 1870, 20 p.

Dictionnaire généalogique des familles canadiennes depuis la fondation de la colonie jusqu'à nos jours, [Montréal], Eusèbe Senécal, 1871-1890, 7 t. : t. 1, *Depuis 1608 jusqu'à 1700*, 1871, xxviii, 623 p. Portrait ; t. 2, [*Abel-Chapuy*], 1886, xxiv, 622 p. ; t. 3, [*Charbonneau-Ezéquiel*], 1887, [viii], 607 p. ; t. 4, [*Fabias-Jinines*], 1887, [vi], 608 p. ; t. 5, [*Joachim-Mercier*], 1888, viii, 608 p. ; t. 6, [*Mercin-Robidoux*], 1889, [iv], 608 p. ; t. 7, [*Robillard-Ziseuse*], 1890, xii, 688 p. ; New York, AMS Press, 1969 ; Montréal, Éditions Élysée, 1975.

Le Collège de Rimouski. Qui l'a fondé ?, [s.l., s.é.], 1876, viii, 40 p. Sous le pseudonyme de Félix.

Registres de l'état des personnes. Conférence de l'Abbé Cyp. Tanguay à la Convention littéraire de l'Institut canadien-français d'Ottawa, jeudi, le 25 octobre 1877, Ottawa, Imprimerie du « Foyer Domestique », 1878, 19 p.

Monseigneur de Lauberivière, cinquième évêque de Québec, 1739-1740. Documents annotés par C. Tanguay, Montréal, Eusèbe Senécal et fils, 1885, 159 p. Portrait.

À travers les registres, Montréal, Librairie Saint-Joseph, Cadieux et Derome, 1886, viii, 276 p. Portrait ; Éditions Élysée, 1978.

Familles canadiennes, MSRC, vol. 1, 1882, p. 39-40.

Étude sur les noms, MSRC, vol. 1, 1883, p. 119-123.

Étude sur une famille canadienne ; famille De Catalogne, MSRC, vol. 2, 1884, p. 7-14.

À travers les registres, MSRC, vol. 3, 1885, p. 137-144.

ÉTUDES

Charles Guay, *Chronique de Rimouski*, Québec, P.-G. Delisle, 1873, vol. 2, p. 273-276.

Edmond Lareau, *L'Abbé Tanguay*, dans *Histoire de la littérature canadienne*, Montréal, John Lovell, 1874, p. 213-217.

L.-A. Paquet, « *Éloge de Mgr Cyprien Tanguay* », dans *Discours et Allocutions*, Québec, Imprimerie Franciscaine missionnaire, 1915, p. 241-255.

P.G.R., *Ouvrages publiés par Cyprien Tanguay*, BRH, vol. 31, nº 9, 1925, p. 349-350.

Adrien Laurendeau, « Notes bio-bibliographiques sur Mgr Cyprien Tanguay ». Mémoire, Montréal, École de bibliothécaires de l'Université de Montréal, 1949, 24 p.

Guy Massicotte, *Cyprien Tanguay : du Collège de Rimouski à l'érudition québécoise*, dans *Revue d'histoire du Bas Saint-Laurent*, vol. 1, nº 2, juin 1974, p. 21-24.

TANTANA. Voir **CARBET, MARIE-MAGDELEINE.**

TANTE PHIL. Voir **CARBET, MARIE-MAGDE-LEINE.**

TARDIF. Voir **LAMARCHE, GUSTAVE.**

TARDIF, MARIE-ANTOINE. Voir **LE NORMAND, MICHELLE.**

TARDIF, THÉRÈSE (1912-   ). Essayiste et romancière, née à Ottawa. Après des études primaires et secondaires dans sa ville natale, elle entre au service du gouvernement fédéral comme traductrice et collabore à plusieurs périodiques dont *Vers demain*, *La Nouvelle Relève*, *Amérique française*... Elle est membre de la Canadian Author's Association, de la Canadian Writer's Foundation et de la Société des écrivains canadiens dont elle assume la présidence de la section Ottawa-Hull pendant une dizaine d'années. En 1943, elle publie *Désespoir de vieille fille*, sorte de cri du cœur que l'auteur qualifie de « feuillets détachés ». Thérèse Tardif jette un regard amer sur le rôle des femmes et les « tentations » de la chair ; son désespoir est accentué par le tableau qu'offre l'humanité de son époque. La pensée « révolutionnaire » a attiré à l'auteur des critiques parfois acerbes. Simone Routier publie une longue *Réponse à « Désespoir de vieille fille »* (1943) sous le pseudonyme de « Marie de Villiers » où elle s'applique à dénigrer les propos de la romancière, propos que Guy Sylvestre trouve « de mauvais goût». Pierre Gélinas la situe dans le sillage d'une certaine modernité: «pour une fois, chez nous, un prosateur écoute son démon».

ŒUVRES

Désespoir de vieille fille, Montréal, L'Arbre, 1943, 124 p.
La Vie quotidienne. Roman, [Ottawa, Tardif, 1951], 180 p. (Notée «Édition préliminaire»).

Autour du «Désespoir», dans *La Nouvelle Relève*, juin–juillet 1944, p. 257–268.
Renvois littéraires, dans *Amérique française*, vol. 3, no 5, 1951, p. 54–58.

ÉTUDES

Georges Dufresne, *Désespoir de vieille fille*, CV, 8e année, no 3, 1943, p. 219–220.
Pierre Gélinas, «*Désespoir de vieille fille*» *de Thérèse Tardif*, dans *Le Jour*, 30 oct. 1943, p. 7.
Guy Sylvestre, *Réponse à «Désespoir de vieille fille»*, Dr, 18 déc. 1943, p. 5.
Père Hillaire, *Littérature. Les désespérés... «Désespoir de vieille fille» de Thérèse Tardif*, RUO, vol. 13, no 4, 1943, p. 431–440.
Marie de Villiers [Simone Routier], *Réponse à «Désespoir de vieille fille»*, Montréal, Éditions Beauchemin, [1943], 125 p.
B.G., «*Désespoir de vieille fille*», CF, vol. 31, no 7, mars 1944, p. 555–556.
Jean-Noël Tremblay, «*La Vie quotidienne*», RD, vol. 57, no 2, 1951, p. 11–19.
R.A., «*La Vie quotidienne*», CV, 17e année, no 1, 1952, p. 75.

TARDIVEL, JULES-PAUL (1851–1905). Journaliste, essayiste et romancier, né à Covington, Kentucky (États-Unis). Il est élevé par son oncle, l'abbé Julius Brent, et par sa tante, à Saint-Luc-de-Danville (Ohio). Il passe quelques années à Mount Vernon (New York), puis il va terminer sa formation au Petit Séminaire de Saint-Hyacinthe. Il y arrive en 1868, connaissant à peine le français. À la fin de ses études classiques, il retourne aux États-Unis. Au bout de quelques mois, déçu, il rentre à Saint-Hyacinthe, en janvier 1873, et commence modestement sa carrière journalistique. Il est l'homme à tout faire au *Courrier de Saint-Hyacinthe*, puis à *La Minerve* (Montréal) où il ne demeure que dix mois. À la mort de son ami Oscar Dunn, sa situation se trouve précaire. En juillet 1874, il s'installe à Québec comme «sous rédacteur» — chargé des faits divers et de la traduction des nouvelles étrangères — au *Canadien* réorganisé en journal quotidien sous la direction d'Israël Tarte. Mais il devient bientôt rédacteur et s'engage dans les polémiques du temps. L'amitié entre Tarte et lui ne résistera pas aux événements, car Tardivel ne pardonnera pas à Tarte de s'être joint aux libéraux en 1883. Israël Tarte incarne à ses yeux le journaliste sans scrupule, et il servira de modèle à Hercule Saint-Simon dans son roman *Pour la Patrie* (1895). Le goût littéraire de Tardivel se forme au contact de Joseph-Octave Fontaine qui est, à son avis, «le critique littéraire le plus accompli». À partir de 1877, Tardivel publie plusieurs articles de critique littéraire dans *Le Canadien*, articles repris en partie dans le premier tome de ses *Mélanges* (1887). En 1878 paraît son premier livre, *Vie du pape Pie IX*; l'année suivante, il prononce sa célèbre conférence, *L'Anglicisme, voilà l'ennemi*. Pendant ses sept années au *Canadien*, il rédige la chronique politique. En 1878, il devient courriériste parlementaire à Ottawa. Enfin, en mai 1881, il possède suffisamment d'économies pour quitter *Le Canadien*, alors que le Père Zacharie Lacasse l'invite à fonder un journal «foncièrement catholique». C'est ainsi que paraît, le 14 juillet 1881, la première livraison de l'hebdomadaire *La Vérité*. Désormais toute la carrière de Tardivel sera associée à cette feuille qui connaît un grand rayonnement au Québec. Jules Tardivel s'est intéressé à tous les problèmes du Canada pendant plus de trente ans. Il a publié des centaines d'articles et un bon nombre de brochures et de livres. En 1895, il fait paraître un roman d'anticipation, *Pour la Patrie*, dont l'action socio-politique se situe en 1945 : ce texte demeure la meilleure expression de son nationalisme fougueux autant que de son messianisme.

ŒUVRES

Vie du pape Pie IX. Ses œuvres et ses douleurs, Québec, J.-N. Duquet, 1878, 121 p. Portrait.
Borrowed and Stolen Feathers or a Glance through Mr. J.M. Lemoine's Latest Work «The Chronicles of the St. Lawrence», Québec, «Le Canadien», 1878, 33 p.
Le Canada et les Basques. Critique, [s.l., s.é.], 1879, 4 p.
L'Anglicisme, voilà l'ennemi. Causerie faite au Cercle catholique de Québec, le 17 décembre 1879, Québec, Imprimerie du «Canadien», 1880, 28 p.
À son Éminence le cardinal J. Simeoni, préfet de la Sacrée Congrégation de la Propagande, Québec, 28 octobre 1881, Québec, [s.é., 1881], 5 p.
The Lunatic Asylums of the Province of Quebec and their Defamers, Québec, L. Brousseau, 1885, 51 p. Traduction

du livre de Joseph-Charles Taché : *Les Asiles d'aliénés de la province de Québec et leurs détracteurs.*

Mélanges ou Recueil d'études religieuses, sociales, politiques et littéraires, 1ʳᵉ série, 3 t. : t. 1, Québec, La Vérité, 1887, 393, iv p. ; t. 2, Québec, Demers et Frère, 1901, 402 p. ; t. 3, 1903, 349 p.

Le Treizième Fils de Jean-Pierre, de Charles Buet, *Le Cas extraordinaire du Dʳ Jekyll et de M. Hyde,* de R.L. Stevenson, Québec, L. Drouin, 1888, 171 p. Traduction par J.-P. Tardivel. (Paru d'abord dans *La Vérité* du 15 janv. au 16 avril 1887).

Notes de voyages en France, Italie, Espagne, Irlande, Angleterre, Belgique et Hollande, Montréal, Eusèbe Senécal & fils, 1890, 461 p. Ill.

Polémique à propos d'enseignement entre M. J.-P. Tardivel et M. C.-J. Magnan, Québec, L.J. Demers & Frère, 1894, 111 p.

Pour la Patrie. Roman du XXᵉ siècle, Montréal, Cadieux et Derome, 1895, 451 p. ; «La Croix», 1936, 379 p. ; Hurtubise HMH Ltée, 1976, 271 p. Présentation de John Hare. «Les Cahiers du Québec».

La Situation religieuse aux États-Unis. Illusions et réalités, Montréal, Cadieux et Derome, 1900, viii, 302 p. ; Lille, Desclée de Brouwer.

La Langue française au Canada. Conférence lue devant l'Union catholique de Montréal, le 10 mars 1901, Montréal, La Compagnie de publication de la *Revue canadienne,* 1901, [x], xviii, 75 p. Portrait.

Jules-Paul Tardivel, Montréal, Fides, 1969, 95 p. Textes choisis et présentés par Pierre Savard. «CC».

Les Poètes anglais, dans *Annuaire de l'Institut canadien de Québec,* n° 4, 1877, p. 63–90.

ÉTUDES

A.B., *Pour la Patrie,* RC, vol. 31, 1895, p. 566–569.

Jules-Paul Tardivel, dans *La Vérité,* vol. 24, n° 24, 29 avril 1905. (Numéro spécial).

Jean-Charles Magnan, *J.-P. Tardivel,* RC, vol. 49, 1905, p. 94–98.

J. L.-P. Fèvre, *Vie et Travaux de J.-P. Tardivel fondateur du journal La Vérité à Québec,* Paris, A. Savaète, 1906, 245 p.

Élie Auclair, *J.-P. Tardivel,* dans *Figures canadiennes,* Montréal, A. Lévesque, 1933, t. 2, p. 195–200.

Georgette Jarry, « Notes bio-bibliographiques sur Monsieur Jules-Paul Tardivel ». Mémoire. Montréal, École de bibliothécaires de l'Université de Montréal, 1951, x, 84 f.

André Laurendeau, *Sur une polémique entre Bourassa et Tardivel,* AN, vol. 43, n° 2, 1954, p. 248–259.

Séraphin Marion, *Jules-Paul Tardivel, pionnier de la presse indépendante et catholique au Canada français,* dans *Rapport de la Société canadienne d'histoire de l'Église, 1954–1955,* p. 13–23.

John Hare, *Nationalism in French Canada and Tardivel's Novel Pour la Patrie,* C, vol. 22, n° 4, déc. 1961, p. 403–412.

Pierre Savard, *Voyageurs canadiens-français en Italie au dix-neuvième siècle,* dans *Vie française,* vol. 16, 1961, p. 15–24.

Id., *Jules-Paul Tardivel, un ultramontain devant les problèmes et les hommes de son temps,* CHAR, 1963, p. 125–140.

Id., *Jules-Paul Tardivel, 1851–1905 : héraut du Canada français traditionnel,* LAQ 1965, p. 170–171.

Id., *Jules-Paul Tardivel : la France et les États-Unis, 1851–1905,* Québec, PUL, 1967, xxxvii, 499 p.

Mathieu Girard, *La Pensée politique de Jules-Paul Tardivel,* RHAF, vol. 21, n° 3, 1967, p. 397–428.

Gaétan Dostie, [...] *Jules-Paul Tardivel. Pour la Patrie,* LAQ 1976, p. 65–66.

Bernard Andrès, *Tardivel et le Roman chrétien de combat,* VI, vol. 2, n° 7, sept. 1976, p. 99–109.

TARRAB, GILBERT (1940–   ). Psychologue, romancier et essayiste, né à Beyrouth (Liban). Il fait ses études à la Sorbonne (licence, 1962, diplôme d'études supérieures, 1964, licence en sociologie et doctorat en psychologie, 1967). Il commence

Ted Liontos

sa carrière dans l'enseignement à l'Université de Montréal (1964–1965, 1969–1976). À partir de 1977, il est professeur à l'Université du Québec à Montréal. À la suite d'un concours littéraire organisé par la maison Hachette, il publie son premier roman, *Les Désabusés* (1962). Il oriente ensuite ses travaux de recherche vers la psychologie appliquée au monde de l'industrie et, plus récemment, au monde du théâtre. Selon Louis Francœur, Gilbert Tarrab «se propose d'étudier dans quelle mesure la structure des œuvres d'un certain nombre de dramaturges peut révéler la structure de la société dans laquelle elles ont été écrites». Le moins que l'on puisse ajouter c'est que les travaux de Gilbert Tarrab, en psychologie appliquée au théâtre québécois, ont le mérite d'ouvrir de nouvelles avenues sous le signe de l'originalité. En examinant le théâtre québécois avec les méthodes de la psychologie appliquée, Gilbert Tarrab a le mérite de mesurer avec plus d'exactitude la portée sociale du discours dramatique et de sa mise en scène.

ŒUVRES

Les Désabusés (roman), Paris, Éditions du Scorpion, 1962, 200 p.

La Route des grandes vacances (essai), Marlyle-Roi, Institut national d'éducation populaire, 1968, 250 p.

Ionesco à cœur couvert (essai), Montréal, CLF, 1970, 120 p.

Initiation à la pratique du test de Rorschach, Montréal, PUM, 1971, 269 p. Avant-propos de l'auteur. (Texte polycopié).

Mythes et Symboles en dynamique de groupe (essai), Montréal, Éditions Aquila, 1971, 218 p.

Introduction à la psychologie industrielle (essai), Montréal, La Presse, 1973, 160 p. Ill.

Le Théâtre du nouveau langage. Essai sur le drame de la parole, Montréal, CLF, 1973-1974, 2 t. : t. 1, 1973, 309 p. Préface de Fernand Dumont ; t. 2, 1974, 311 p. Préface de Marcel Rioux.

Culture, Territoire et Aménagement, Montréal, Éditions Georges Le Pape, 1976, viii, 194 p. Collab. Guy Dubreuil. Ill.

La Polémique québécoise autour de la question de l'avortement et l'Affaire Morgentaler, Montréal, Éditions Aquila, 1976, 194 p. Textes colligés et choisis par Gilbert Tarrab. Préface d'André Normandeau.

Actes du colloque sur les nouvelles formes d'organisation du travail, [Ottawa], Travail Canada, 1980, 144 p. (Textes préparés et colligés par Pierre D'Aragon et Gilbert Tarrab).

L'Entreprise participatoire au Québec et en Ontario (essai), Montréal, PUQ, 1980, 250 p. Collab. Pierre D'Aragon.

Jacques Grand'Maison. Le roc et la source. Entretiens avec Gilbert Tarrab, [Montréal], Nouvelle Optique, 1980, 179 p. Ill.

La Participation dans les entreprises. Les expériences québécoises et ontariennes, Québec, PUQ, 1980, 184 p. Collab. Pierre D'Aragon et Donald V. Nightingale. Ill.

Les Sciences administratives à travers les textes, Anjou, Éditions Sciences et Culture, 1980, vii, 215 p.

Le Sens de l'événement, [Montréal], Nouvelle Optique, 1980, 173 p. Préface de Guy Rocher.

L'Homme d'affaires québécois des années 80, Montréal, Hurtubise HMH, 1983, 418 p. Collab. Michel G. Bédard et Léo-Paul Lauzon. Ill.

Psychologie organisationnelle au Québec, Montréal, PUM, 1983, 504 p. Collab. Ill.

Partenaires sociaux et Entrepreneurship québécois, LaSalle, Hurtubise HMH, 1985, 336 p. Ill. Entrevues réalisées par Gilbert Tarrab. Préface d'Alfred Sauvy.

Évaluation des tâches et Rémunération, Boucherville, Éditions Vermette, 1986, 171 p.

Une gestion au féminin. Nouvelles réalités, Boucherville, Éditions G. Vermette, 1986, 263 p. Collab. Carolle Simard. Ill. Préface de Louise Roy.

Théâtre, Montréal, Éditions Pierre Tisseyre, 1987.

Voix de femmes : le pouvoir féminin en France, Montréal, Québec/Amérique, 1987, 326 p. Collab. Jacques Salzer. Préface de Pauline Marois.

Théâtre et Psychodrames, dans *Revue d'histoire du théâtre*, 20e année, no 1, janv.–mars 1968, 102 p. (Numéro spécial entièrement de Tarrab).

Essai d'explication psycho-sociologique de « Lysistrata » de M. Tremblay, dans *L'Envers du décor*, no 1, oct. 1969, p. 2–22.

Le Happening : phénomène social d'époque ?, dans *Lettres et Écritures*, vol. 6, 1969, p. 45–63.

L'Art permutationnel, dans *Sociologie et Sociétés*, vol. 2, no 2, nov. 1970, [n.p.].

La Sociologie du théâtre et de la littérature, d'après Lucien Goldmann, dans *Sociologie et Sociétés*, vol. 3, no 1, mai 1971, 5 p.

ÉTUDES

Louis Francœur, *Le Théâtre du nouveau langage*, LAQ 1973, p. 201–202.

Martial Dassylva, *À propos d'un essai de Gilbert Tarrab*, Pr, 90e année, no 52, 2 mars 1974, p. D-5.

R. Giroux, *Le Langage en question*, EF, vol. 10, no 2, mai 1974, p. 168–171.

Gilbert David, *Gilbert Tarrab. Le Théâtre du nouveau langage (II)*, LAQ 1974, p. 217–218.

Danielle Juteau-Lee, *Gilbert Tarrab. La Polémique québécoise autour de la question de l'avortement et l'affaire Morgentaler*, LAQ 1976, p. 379–381.

Christine Garon-Hargreaves, *Guy Dubreuil et Gilbert Tarrab. Culture, Territoire et Aménagement*, LAQ 1976, p. 384–387.

Gérald LeBlanc, *Jacques Grand'Maison. Un chanoine prolifique : 17 livres en 15 ans*, dans *Le Livre d'ici*, vol. 5, no 52, 1er oct. 1980, p. 1.

Patrick Straram le Bison ravi, *Blues clair. Contre-culturel ?*, dans *Le Livre d'ici*, vol. 6, no 4, 29 oct. 1980, p. 1.

TASSÉ, JOSEPH (1848–1895). Essayiste et journaliste, né à L'Abord-à-Plouffe (Laval). Après des études classiques au Collège Bourget de Rigaud, il étudie le droit à Montréal, Plattsburg et Ottawa. Il se consacre ensuite au journalisme, collabore au *Canada* (1867–1868), à *La Minerve* (1869–1872) et à la *Revue canadienne*. Traducteur à la Chambre des communes durant plusieurs années, Joseph Tassé est nommé président de l'Institut canadien d'Ottawa (1872–1873) et président de la Société Saint-Jean-Baptiste. Il est l'un des fondateurs de la Société de construction canadienne (1875–1876). Il rapporte d'un long périple en Europe un *Récit de voyage* qui exprime sa vision de l'ancien monde. À l'âge de trente ans, Tassé se donne à la politique active à laquelle il sera fidèle jusqu'à la fin de sa vie. Député d'Ottawa à la Chambre des communes de 1878 à 1887, il est nommé sénateur en 1891. Officier d'Académie et membre fondateur de la Société royale du Canada (1882), il est considéré comme un journaliste marquant et comme un fervent défenseur des Canadiens français de l'Ontario. Ses ouvrages portent sur les mœurs et la géographie économique ; ils constituent un témoignage intéressant sur la vie de l'époque.

ŒUVRES

Philémon Wright ou Colonisation et Commerce de bois, Montréal, Des Presses à vapeur de la Minerve, 1871, iv, 77 p. Portrait.

F.-X. Aubry, Montréal, Eusèbe Senécal, 1871, 21 p.

Vital Guérin, Montréal, Eusèbe Senécal, 1871, 12 p.

Le Chemin de fer canadien du Pacifique, Montréal, Eusèbe Senécal, 1872, 63 p.

Deux discours prononcés par M. Joseph Tassé, président de l'Institut canadien-français d'Ottawa : dans les séances du 4 décembre 1872 et du 2 avril 1873, Montréal, Eusèbe Senécal, 1873, 21 p.

La Vallée de l'Outaouais. Sa condition géographique ; ses ressources agricoles et industrielles ; ses exploitations forestières ; ses richesses minérales ; ses avantages pour la colonisation et l'immigration ; ses canaux et ses chemins de fer, Montréal, Eusèbe Senécal, 1873, 58 p.

Éloge funèbre de Mgr Guigues évêque d'Ottawa, Montréal, Eusèbe Senécal, 1874, 11 p.

Les Canadiens de l'Ouest, Montréal, Cie d'Imprimerie canadienne, 1878, 2 t. : t. 1, xlii, 364 p. ; t. 2, [x], 413 p. Portraits ; Berthiaume et Sabourin, 1882 ; Paris, Sauton, [1884] ; Imprimerie Générale, 1886. Ill.

La France et le Canada français : discours prononcés au banquet donné le 18 novembre 1880 par les citoyens de Montréal à MM. Thors, de Molinari et de Lalonde, délégués français, Montréal, Imprimé aux ateliers de la Minerve, 1880, viii, 62 p.

Un parallèle. Lord Beaconsfield et Sir John Macdonald, Ottawa, Imprimerie du «Canada», 1880, 41 p. Ill. Traduction anglaise par James Penny : *Lord Beaconsfield and Sir John A. Macdonald : A Political and Personal Parallel*, Montréal, [s.é.], 1891, 36 p. Ill.

Official Report on the Speech Delivered by Mr. Joseph Tassé, on French Domination, Ottawa, Printed by MacLean, Roger, 1882, 23 p.

Aux Canadiens français émigrés. Discours de M. Joseph Tassé, député d'Ottawa, prononcé à la Convention franco-canadienne du Massachusetts, tenue à Lowell le 4 octobre 1882, Ottawa, Imprimerie du Canada, 1883, 14 p.

Au château des Roches, Montréal, Impr. générale, 1886, 7 p.

The Ottawa River Canal System (discours), Montréal, Impr. Générale, 1886, 22 p.

La Question Riel. Discours de M. Tassé, m.p., prononcé devant le Cercle Lafontaine d'Ottawa, le 19 février 1886, [Ottawa ?, s.é., 1886], 13 p.

Au Témiskaming, lettres de voyage, [Montréal, Imprimerie Générale ?], 1887, 15 p.

The French Question (discours), Montréal, Impr. Générale, 1888, 87 p.

Le 38e fauteuil ou Souvenirs parlementaires, Montréal, Eusèbe Senécal et fils, 1891, [vi], 301 p. Portraits.

Discours de Sir George Cartier, baronnet, accompagnés de notices, Montréal, Eusèbe Senécal et fils, 1893, xii, 817 p. Présentation et notes de Joseph Tassé. Portrait.

Voltaire, Mme de Pompadour et Quelques Arpents de neige, Lévis, Pierre-Georges Roy éditeur, 1898, 103 p.

Un épisode de la Guerre de 1812 (conte), RC, vol. 7, 1870, p. 753–755.

Deux braves (récit), dans *La Minerve*, vol. 1, n° 3, 29 déc. 1883, p. 3.

ÉTUDE

[Anonyme], *Mort de Joseph Tassé*, dans *La Vérité*, vol. 14, n° 27, 26 janv. 1895, p. 6.

TAVI. Voir **TESSIER, ALBERT.**

TEBOUL, VICTOR (1945–   ). Essayiste, né à Alexandrie (Égypte). Sa famille s'étant établie à Paris, il fait ses études secondaires dans un lycée privé. Émigré à Montréal en 1963, il obtient un baccalauréat à l'Université Concordia (1969), une maîtrise ès arts à l'Université McGill (1971) pour une thèse intitulée *Mythe et Images du Juif au Canada*. Il est boursier du ministère de l'Éducation du Québec, puis de l'Université de Montréal où il fait son doctorat tout en enseignant la littérature québécoise à l'Université McGill (1971-1976), puis au Cégep Lionel-Groulx à partir de 1977. Sa thèse de doctorat (1981) s'intitule « Idéologie, Culture et Littérature dans *Le Jour* de Jean-Charles Harvey, 1937-1940 ». La parution de *Mythe et Images* a déclenché une polémique chez certains Québécois qui admettaient mal le point de vue de Teboul sur l'antisémitisme dans l'histoire du Québec. Les uns, comme Jacques Ferron, y voyaient des phénomènes entièrement dépassés par l'évolution historique de la province, les autres niaient même ces phénomènes en raison de la méthodologie défectueuse de l'analyse. « Quoi qu'il en soit, écrit Jacques Renaud, et ses propos sont repris par Yves Thériault, Teboul vient nous dire à la manière d'un miroir, qu'il trouve contraignantes les images d'un Juif que notre littérature véhicule depuis longtemps, et qu'il ait tort ou raison, il nous rend et il se rend un grand service ».

ŒUVRES

Mythe et Images du Juif au Québec. Essai d'analyse critique, Montréal, Éditions de Lagrave, 1977, 235 p. « Liberté ».

Le Jour. Émergence du libéralisme moderne au Québec (essai), Montréal, Hurtubise HMH, 1984, 436 p. « Cahiers du Québec. Communications ».

La Juive québécoise, dans *Actualité*, vol. 11, n° 11, nov. 1971, p. 60–65.

Antisémitisme au Québec, VI, vol. 9, févr. 1975, p. 89–112.

La Communauté juive au Québec: de la présence à la participation, Dev, vol. 70, n° 9, 10 janv. 1979, p. 5.

Agrandir la petite patrie, Dev, vol. 70, n° 19, 20 janv. 1979, p. 4.

J'chuis un gars d'Alex (nouvelle), dans *Le Temps fou*, n° 6, juin–juillet–août 1979, p. 54–58.

Au-delà des barrières culturelles, Dev, vol. 71, n° 89, 29 avril 1980, p. 7.

ÉTUDES

Michel M. Solomon, *Mythe et Images du Juif au Québec* (entrevue), dans *Regards sur Israël*, vol. 6, n° 2, nov. 1977, p. 16.

Jacques Ferron, *La Judéité québécoise*, dans *Le Jour*, vol. 1, n° 47, 23 déc. 1977, p. 28.

Jean-Paul de Lagrave, *Un tour de force de Jacques Ferron*, Dev, vol. 69, n° 5, 6 janv. 1978, p. 4.

Jacques Renaud, *Mythe et Images du Juif au Québec: la nomenclature d'une symbiose*, Dev, vol. 69, n° 13, 14 janv. 1978, p. 37.

Yves Thériault, *Juifs et Québécois*, dans *Le Livre d'ici*, vol. 3, 7 déc. 1978, n° 40.

TELLIER, HENRI. Voir **LAFORTUNE, AMBROISE.**

TELLIER, LUC-NORMAND (1944–   ). Économiste, né à Montréal. Il fait ses études classiques au Collège de Montréal et au Séminaire de philosophie (B.A., 1964). Il obtient ensuite à l'Université de Montréal un baccalauréat en science économique (1968) et une maîtrise en urbanisme (1971), puis, à l'Université de Pennsylvanie (É.-U.), une maîtrise (1971) et un doctorat (1973) en science régionale pour une thèse intitulée « An Interaction Probability Density Approach to Human Gravity ». À son retour, il est adjoint au directeur de la planification de la Société de développement de la Baie James (1973–1974), professeur d'économie à l'Université de Montréal (1974–1977), directeur du Département d'études urbaines de l'Université du Québec à Montréal (1976–1981) et, à compter de 1981, directeur du Département d'urbanisation à l'Institut national de la recherche scientifique. Président de l'Association des économistes québécois, il collabore à *Geographical Analysis*, *Journal of Regional Science*, *Actualité immobilière*, *Le Devoir*..., participe à des émissions télévisées, visite de nombreux pays. En plus de diriger des travaux d'équipe et de préparer l'édition d'ouvrages en collaboration, il publie plusieurs livres sur l'urbanisme et l'économie, dont le premier, *Le Québec, État nordique* (1977), lui acquiert une certaine notoriété. Il s'agit d'une idée d'association entre le Québec, les autres provinces canadiennes et les pays scandinaves. « Quel que soit le sort réservé à cette hypothèse, écrit Michel Nadeau, elle a l'immense mérite de situer l'évolution du Québec dans un cadre international ». Nive Voisine voit là un « retour à l'utopie », non à cause d'obstacles insurmontables, mais parce que la thèse « suppose, telle qu'exposée, un changement de mentalité qui ne peut qu'être très très lent ».

ŒUVRES

Économie et Indépendance (essai), Montréal, Quinze, 1977, 335 p. Éditeur. « Économie et Développement ».

Le Québec, État nordique (essai), Montréal, Quinze, 1977, 232 p. Carte. « Économie et Développement ».

Problèmes actuels de l'économie québécoise (essais), Montréal, Quinze, 1978, 367 p. Éditeur. « Économie et Développement ».

Qui décide au Québec? Les centres de décision de l'économie québécoise (essai), Montréal, Quinze, 1978, 227 p. Éditeur avec Jean-Yves Desrosiers. « Économie et Développement ».

Études des possibilités de rapprochement économique entre le Québec, le Canada et les pays scandinaves (essai), Québec, Éditeur officiel du Québec, 1979, 139 p.

Le Québec et ses partenaires économiques canadiens: perspectives d'avenir (essai), Montréal, Quinze, 1979, 246 p. Collab. Michel Boisvert, Caroline Pestieau et Mario Polèse.

Rentabilité de la voie maritime du Saint-Laurent pour le Québec (rapport), Québec, Éditeur officiel, 1979, 85 p. Cartes. « Dossier ».

La Problématique et l'Aménagement des voies fluviales de l'archipel de Montréal. Rapport du comité de consultation, Québec, Gouvernement du Québec, Secrétariat à l'aménagement et à la décentralisation, 1982, 116 p. Collab. Gilles Boileau et Jean Rousselle.

Prospective économique et Équilibre alimentaire dans le cadre du Tiers monde. Un modèle non linéaire (essai), Montréal, Institut national de la recherche scientifique, 1983, 128 p. « Études et Documents ».

Rationalité économique de l'espace habité (manuel), Chicoutimi, Gaëtan Morin éditeur, 1985, xix, 277 p. Ill.

Guide de l'intervenant municipal, Montréal, Éditions Stellio, 1986, 139 p. Collab. P.-Y. Guay, L.-M. Baillargeon, J.-M. Duval, N. Fortier et J. O'Shea. Cartes.

ÉTUDES

Michel Nadeau, *Un Québec nordique*, dans *Le Livre d'ici*, vol. 3, n° 2, 19 nov. 1977, p. 1.

Jacques Forget, *Le Québec, État nordique*, dans *Le Banquier*, 5e année, n° 1, janv.–févr. 1978, p. 55–57.

Nive Voisine, *Un retour à l'utopie. Le Québec, État nordique de Luc-Normand Tellier*, LQ, n° 9, févr. 1978, p. 47–48.

Marc-A. Lessard, *Luc-Normand Tellier. Le Québec, État nordique*, RS, vol. 19, n° 2, 1978, p. 281.

Paul Painchaud, *La Nordicité: nouveau mythe canado-québécois de politique étrangère*, dans *Études internationales*, n° 3, sept. 1979, p. 614–624.

TESSIER, ALBERT [Tavi] (1895-1976). Historien et éducateur, né à Sainte-Anne-de-la-Pérade (Champlain). Il fait ses études au Séminaire Saint-Joseph de Trois-Rivières (1910-1916), puis à l'Angelicum de Rome (1921-1923) et à l'Institut catholique de Paris (1923-1924). Il enseigne la rhétorique et est préfet des études au Séminaire Saint-Joseph de Trois-Rivières, avant d'occuper la chaire d'histoire à l'Université Laval. Collaborateur des *Cahiers des Dix* (1935-1961), propagandiste de l'éducation familiale, conférencier et animateur, Mgr Tessier est membre émérite du Groupe des Dix et membre de la Société royale du Canada (1945). En tant qu'éditeur, il publie un nombre respectable d'ouvrages dont, dans les années 1940, les premiers livres de Félix Leclerc. Albert Tessier a encouragé les écrivains et les artistes : les peintres comme Duguay, les poètes comme Clément Marchand, les historiens de la Mauricie comme Hervé Biron. Entre 1925 et 1960, il se fait pionnier du cinéma québécois et tourne une cinquantaine de films. Les Éditions du Boréal Express ont publié la Filmographie d'Albert Tessier. Mgr Tessier cherche constamment à édifier la vie selon l'exemple des pères, y consacrant tous ses moyens, comme le note Adrienne Choquette : «Cet écrivain qui, malgré les tâches les plus absorbantes, trouve moyen d'écrire des livres, de taper des articles, de filmer nos paysages et d'en emprisonner les traits sur la pellicule photographique, cet animateur-né, pour avoir humanisé l'enseignement mérite notre reconnaissance et nous la lui devons comme à celui qui a contribué à intensifier notre culte des choses du passé afin que l'exemple des morts soit aux vivants la leçon dont ils ont besoin pour édifier leur œuvre et survivre à leur tour dans la mémoire émue de ceux qui viendront après eux». Mgr Albert Tessier a grandement contribué à la promotion des études régionales en Mauricie. En 1975 paraissent ses *Souvenirs en vrac* qui sont, selon *Le Livre canadien*, «à l'image de l'homme : chaleureux, marqués par l'amour du pays [...] et par cette sorte de détachement de celui qui regarde son passé avec amertume». En 1980, le gouvernement du Québec institue le prix Albert-Tessier, accompagné d'un montant de 15 000 $, attribué annuellement à un personnage du cinéma québécois.

ŒUVRES

Fastes trifluviens (essai), Trois-Rivières, Éditions du Bien public, 1931, 48 p.

Jacques Buteux, le premier évangélisateur de la région du St-Maurice (1634-1652), Trois-Rivières, Éditions du Bien public, 1934, 91 p.

Les Trois-Rivières : quatre siècles d'histoire, 1535-1935, Trois-Rivières, Le Nouvelliste, 1934, 167 p. Ill. ; 1935, 199 p.

Ceux qui firent notre pays (essais, discours et conférences), Montréal, Éditions du Zodiaque, 1936, 205 p. «Z».

Servir sans faiblir, Montréal, Hôpital Général Sœurs Grises, 1938, 19 p.

Ouvre tes yeux et regarde (essai), Trois-Rivières, Éditions du Bien public, 1941, 111 p. Ill. (litt. jeunesse).

Ton univers (litt. jeunesse), Trois-Rivières, Éditions Trifluviennes, 1941, 111 p. Ill.

Congrès eucharistique des Trois-Rivières, Trois-Rivières, Le Nouvelliste, 1942, 494 p.

Femmes de maison dépareillées (essais), Montréal, Fides, 1942, 98 p. Ill. «Les Beaux Albums Tavi» ; *Femmes dépareillées*, Québec, Éditions du Pélican, 1962, 48 p. Ill.

Notre mère la terre (essais), Montréal, Fides, 1942, 48 p. Ill. «Les Beaux Albums Tavi».

La Patrie, c'est ça (litt. jeunesse), Montréal, Fides, 1942, 48 p. Ill. «Les Beaux Albums Tavi».

Pèlerinages dans le passé (histoire), Montréal, Éditions Fides, 1942, 212 p. Ill. de Roland Boulanger. «RC».

L'Énigme américaine (essai), Montréal, Fides, 1943, 189 p. Ill. «RC».

Vers les pays d'En-Haut (essais), Montréal, Fides, 1944, 243 p. Collab. Hervé Biron. Dessins d'Henri Beaulac.

Aux sources de l'industrie américaine. Les vieilles forges (essai), Montréal, Éditions Reflets, 1945, 56 p. Ill.

C'est l'aviron qui nous mène (essais), Montréal, Fides, 1945, 48 p. Ill. «Les Beaux Albums Tavi».

Fleurs vivantes (essais), Montréal, Fides, 1945, 48 p. «Les Beaux Albums Tavi».

Une fleur du Richelieu (essai), Montréal, Fides, 1945, 48 p. Dessins de Roland Boulanger.

Canadiennes (essais), Montréal, Fides, 1946, 160 p. «RC» ; 1962.

Pleine Floraison (essais), Montréal, Fides, 1946, 48 p. «Les Beaux Albums Tavi».

Le Miracle du Curé Chamberland (histoire), Trois-Rivières, Éditions du Bien public, 1950, 118 p. Ill. «HR».

Les Forges Saint-Maurice, 1729-1883 (histoire), Trois-Rivières, Éditions du Bien public, 1952, 192 p. «HR» ; Montréal, Éditions du Boréal Express, 1974, 197 p. Ill. Carte.

Histoire du Canada, t. 1, Neuve-France, Trois-Rivières, Éditions du Bien public, 1956, 348 p. ; Québec, Éditions du Pélican, 1958, 231 p. ; t. 2, *Québec Canada, 1763-1958*, 1958, xii, 308 p.

Jean Crête et la Mauricie (biographie), Trois-Rivières, Éditions du Bien public, 1956, 126 p. «HR».

Mère d'Youville (histoire), Québec, Éditions du Pélican, 1956, 61 p.

Les Sœurs des Petites-Écoles, 1874-1894, Rimouski, Maison mère des Sœurs de Notre-Dame du Saint-Rosaire, 1962, xv, 282 p. Ill. Carte.

Sainte-Anne-de-la-Pérade. Bref historique de trois siècles de vie paroissiale, Trois-Rivières, Éditions du Bien public, 1972, 39 p. Ill.

Louis-François Laflèche. Sa vie missionnaire, 1844–1856, Trois-Rivières, Éditions du Bien public, 1974, 32 p. Ill.

Mon enfance au Bas-de-Sainte-Anne, 1895–1910, Trois-Rivières, Éditions du Bien public, 1975, 32 p. Ill.

Petite Histoire de notre petit poisson des chenaux, Trois-Rivières, Éditions du Bien public, 1975, 28 p. Ill.

Souvenirs en vrac, Sillery, Éditions du Boréal Express, 1975, 267 p. Préface d'Hervé Biron.

Rétrospective, Montréal, Bibliothèque nationale du Québec, 1977, 63 p. Ill. Sous la direction d'Eugénie Lévesque.

La Vie urbaine vers 1800, CD, nᵒ 8, 1943, p. 155–179.

Le Visage humain du Canada au début du 19ᵉ siècle, CD, nᵒ 9, 1944, p. 101–120.

La Vie rurale vers 1800, CD, nᵒ 10, 1945, p. 169–189.

ÉTUDES

Émile Bégin, *Ceux qui firent notre pays*, ESC, vol. 16, nᵒ 3, nov. 1936, p. 181–184.

Maurice Hébert, *Critique et Régionalisme*, CF, vol. 24, nᵒ 3, nov. 1936, p. 253–265, surtout p. 259–265.

Adrienne Choquette, *Albert Tessier*, dans *Confidences d'écrivains canadiens-français*, Trois-Rivières, Éditions du Bien public, 1939, p. 219–223.

Mgr Olivier Maurault, *Présentation de Mgr Albert Tessier*, dans *Présentation*, Société royale du Canada, nᵒ 2, 1944–1945, p. 25–29.

Damase Potvin, *Les Forges Saint-Maurice, 1729–1883*, C, vol. 14, nᵒ 2, juin 1955, p. 212–213.

Émile Chartier, *Mgr Albert Tessier*, dans *Lectures*, vol. 7, nᵒ 9, mai 1961, p. 259–260.

Rosario Bilodeau, *Canadiennes*, RHAF, vol. 16, nᵒ 2, sept. 1962, p. 289–291.

René Bouchard, *Filmographie d'Albert Tessier*, Trois-Rivières, Boréal Express, 1973, 179 p. Ill. « Documents filmiques du Québec ».

Philippe Sylvain, *Albert Tessier. Souvenirs en vrac*, LAQ 1975, p. 268–271.

Pierre Gravel, *Albert Tessier, un homme qui savait voir*, Pr, 92ᵉ année, nᵒ 230, 25 sept. 1976, p. F-29.

[Anonyme], *Tessier (Mgr Albert). Souvenirs en vrac*, dans *Le Livre canadien*, vol. 7, oct. 1976, nᵒ 311.

[Anonyme], *Industrie cinématographique. Québec lance le prix Albert-Tessier*, Dr, 68ᵉ année, nᵒ 128, 28 août 1980, p. 31.

TESSIER, ʙᴇɴᴏîᴛ. Voir **THÉRIAULT**, ʏᴠᴇs.

TÉTREAU, ꜰʀᴀɴçᴏɪs (1953–   ). Poète, né à Rimouski. Selon son dire, il fait « peu » d'études. À diverses reprises, il obtient des bourses de création du Conseil des Arts (1979, 1980, 1982). À titre de pigiste il collabore à *Vie des arts, Jungle, Obsidiane...* Son premier recueil de poésie, *Cirque électrique*

(1974), est remarqué par la critique. Éva Kushner le place parmi les auteurs qui expriment une « volonté de renouvellement poétique strict et intégral ». Claude Beausoleil fait observer que la critique passe sous silence les travaux de Tétreau dans *Cantiques de cuir* (1975) et *Origine du deuil* (1978), « comme si on voulait ignorer le débat qu'ils soulignent ». Mais *L'Architecture pressentie* (1981) attire plus d'attention : pour Beausoleil, c'est un « grand ouvrage » qui, entre autres choses, « reformule le lien entre le langage et le corps de [la] ville [...]. Ici la texture se donne avec ses allures de dandysme, ce léger détachement qui manque très souvent à la poésie québécoise. En cela les poèmes de François Tétreau sont utiles puisqu'ils disent d'autres possibilités que le formalisme, ou la poésie en prose écrite au ‹ je › qui en ce moment semblent définir un peu ce qu'est la poésie d'ici. Ils sont construits comme des petits tableaux elliptiques, contiennent une trame narrative [...] ».

ŒUVRES

Cirque électrique (poésie), Montréal, Éditions d'Orphée, 1974, 50 p.

Cantiques de cuir (poésie), Montréal, Éditions d'Orphée, 1975, [n.p., 45 p.].

Origines du deuil. Tombeaux chansons et autres poèmes, Montréal, Orphée, 1978, [n.p., 51 p.]. Préface de Paul-Georges Leroux.

L'Architecture pressentie. (Précis d'intention) (poésie), Montréal, L'Hexagone, 1981, 37 p. « H ».

Séquence particulière (poésie), Paris, Éditions du Castor astral, 1982, 57 p. Ill. de Jean Knoll. « Matin du monde ».

Portrait de femme sur une table, [Montréal], Éditions d'Orphée, 1985, [portefeuille, n.p.].

ÉTUDES

Éva Kushner, *Vers une poésie de la poésie ?*, LAQ 1974, p. 115–117.

Claude Beausoleil, *François Tétreau : un nouveau romantisme urbain*, Dev, vol. 72, nᵒ 240, 14 nov. 1981, p. 22.

Pierre Des Ruisseaux, *François Tétreau. L'Architecture pressentie*, LAQ 1981, p. 102–103.

Stéphane Lépine, *Tétreau (François). L'Architecture pressentie. Précis d'intention*, dans *Nos livres*, vol. 13, janv. 1982, nᵒ 49.

TÉTREAU, ᴊᴇᴀɴ [Maxime Rex] (1923–   ). Essayiste, romancier et nouvelliste, né à Montréal. Il fait ses études classiques aux collèges Bourget de Rigaud et André-Grasset de Montréal (1940–1946), dirige par intérim la revue *Amérique française* (1947) puis devient rédacteur publicitaire au poste radiophonique CJBR de Rimouski (1948–1954).

Passé à Radio-Canada, il est rédacteur des nouvelles à Montréal (1954–1960) et directeur des informations à Paris (1960–1965). Rédacteur et traducteur à la pige à Montréal et à Hull de 1965 à 1983, il entre au service du Secrétariat d'État en 1983. Entre temps il apprend l'allemand, le russe et le chinois, fait partie de la Guilde des journalistes (1954–1956) et de la Société culturelle Québec/URSS (1971–1974), traduit des contes russes, collabore à *L'Action nationale*, *Rythmes et Couleurs* (Paris), *L'Information médicale et paramédicale*, *Le Devoir*... Entre 1950 et 1983, il publie une quinzaine d'ouvrages : essais, romans, contes et nouvelles. Les quatre premiers sont des essais dont trois paraissent en France ; ils révèlent un humaniste sceptique et ironique mais aussi un écrivain de talent qui aime bien écrire et illustre volontiers ses analyses et ses maximes de courts récits et de nouvelles. Michel Gaulin est sévère pour les histoires de *Volupté de l'amour et de la mort* (1968), mais Yvan Lepage y retrouve le « sens aigu de l'observation » et l'ironie de l'essayiste « universaliste ». Les nouvelles anglaises de *Treize histoires en noir et blanc* (1970) sont pour David Hayne « de jolis contes exotiques ». Et André Janoël lit « avec plaisir et un intérêt soutenu [les] contes d'une écriture précise et nette » de *La Messe en si mineur* (1983). *Les Nomades* (1967) est un roman « d'une anticipation somme toute très rassurante » (Françoise de Labsade).

ŒUVRES

Essais et Mélanges, Paris, Renée Lacoste et Cie, 1950, 93 p. Sous le pseudonyme de Maxime Rex.

Journal d'un célibataire (essai), Paris, Renée Lacoste et Cie, 1952, 153 p. Sous le pseudonyme de Maxime Rex.

Essais sur l'homme, Montréal, Jean Tétreau, 1960, 247 p.

Le Moraliste impénitent (essai), Paris, Éditions de la Diaspora française, 1965, 229 p. « Les Essais ».

Lettre sur la philosophie naturelle (essai), Montréal, Éditions de l'Action nationale, 1967, 45 p.

Les Nomades. Roman, Montréal, Éditions du Jour, 1967, 261 p. « RJ ».

Volupté de l'amour et de la mort. Histoires fantastiques, Montréal, Éditions du Jour, 1968, 247 p. « RJ ».

Un seul problème : connaître (essai), Montréal, Les Éditions d'Orphée, 1969, 41 p.

Treize histoires en noir et blanc. Nouvelles, Montréal, Éditions du Jour, 1970, 213 p. « RJ ».

L'Univers invisible. Essai de cosmologie déductive, Montréal, Les Éditions d'Orphée, 1971, 81 p.

Vieille Russie. Contes et récits de Gogol, Montréal, Éditions Québec/URSS, 1972, 112 p.

Le Réformateur. (Pièce en cinq actes), [Ville Saint-Laurent, Chez l'auteur], 1973, 203 p. Préface de l'auteur.

Remarques sur l'étude du chinois moderne (essai), [Montréal], Éditions de l'Action nationale, 1976, 31 p. (Texte polycopié).

Prémonitions. Roman, Montréal, CLF Pierre Tisseyre, 1978, 132 p.

La Messe en si mineur (contes de la nuit noire), Montréal, CLF Pierre Tisseyre, 1983, 183 p.

Hertel, l'homme et l'œuvre (étude), Montréal, CLF Pierre Tisseyre, 1986, xii, 339 p.

Contes en forme de médaillons, AN, vol. 56, n° 4, déc. 1966, p. 377–385.

Lettre sur la situation internationale, AN, vol. 56, n° 7, mars 1967, p. 704–719.

Dialogues impossibles (théâtre), AN, vol. 58, n° 8, avril 1968, p. 699–706.

L'Esprit de Königsberg, AN, vol. 68, n° 8, avril 1979, p. 26.

Transcendance et Contingence, AN, vol. 70, n° 7, mars 1981, p. 5.

ÉTUDES

Jean Marcel, *Jean Tétreau, moraliste impénitent*, AN, vol. 55, n° 8, avril 1966, p. 981–985.

Pierre Olivier, « *Les Nomades* » ou Les Méfaits du moralisme, Pr, 83e année, n° 81, 8 avril 1967, p. 24.

Jean-Yves Théberge, *Un monde nouveau mais semblable au nôtre*, CF, vol. 107, n° 48, 20 avril 1967, p. 28.

François Hertel, *Jean Tétreau, écrivain*, dans *L'Information médicale et paramédicale*, vol. 19, n° 13, 16 mai 1967, p. 35

Françoise de Labsade, *Les Nomades de Jean Tétreau*, LAC 1967, p. 59.

André Major, *Jean Tétreau*, Dev, vol. 59, n° 157, 6 juillet 1968, p. 11.

Michel Gaulin, *Volupté de l'amour de Jean Tétreau*, LAC 1968, p. 54.

David M. Hayne, *Treize histoires en noir et blanc de Jean Tétreau*, LAQ 1970, p. 47–48.

Louise Anaouïl, *Vous doutez ?*, dans *Le Livre d'ici*, vol. 4, n° 22, 7 mars 1979, p. 1.

Robert Mélançon, *Ô temps, suspends ton vol !*, Dev, vol. 70, n° 104, 5 mai 1979, p. 21.

Léo Beaudoin, *Tétreau (Jean). Prémonitions*, dans *Nos livres*, vol. 10, juin-juillet 1979, n° 228.

Réginald Martel, *Les Contes de Jean Tétreau. Au plus sombre des âmes*, Pr, 100e année, n° 23, 28 janv. 1984, p. D-3.

TÊTU, Louis David HENRI (1849–1915). Historien, né à Rivière-Ouelle (Kamouraska). Il fait ses études classiques au Collège de Sainte-Anne-de-la-Pocatière et ses études théologiques au Séminaire de Québec ; il est ordonné prêtre en 1873. Après avoir été secrétaire-adjoint à l'Archevêché de Québec (1870–1879), il est chapelain de plusieurs institutions de la ville : de garnison, du Couvent de Bellevue et de la prison de Québec. Nommé prélat domestique en 1889, il se consacre désormais à ses travaux d'histoire religieuse du diocèse de Québec, surtout aux biographies des évêques et à la publication des mandements épiscopaux. Il s'agit essentiellement de compilations dotées d'une écriture agréable mais sans beaucoup de profondeur.

ŒUVRES

Souvenir des noces d'or de la Société de Saint-Vincent de Paul célébrées à Québec les 20, 21 et 22 mai 1883, Québec, C. Darveau, 1883, 72 p.

Mandements. Lettres pastorales et Circulaires des évêques de Québec, Québec, Imprimerie générale A. Côté, 1887-1890, 6 vol. Collab. C.-O. Gagnon.

Monseigneur de Laval, premier évêque de Québec. Esquisse biographique, [Québec], Imprimerie de P.-G. Delisle, 1887, 121 p.

Les Évêques de Québec. Notices biographiques, Québec, Narcisse-S. Hardy, éditeur, 1889, 692 p. Ill.; Tours, Alfred Mame, 1892, 144 p.; Montréal, Granger frères, 1930, 573 p.

David Têtu et Les Raiders de Saint-Aubin. Épisode de la guerre américaine, 1864-1865, Québec, N.S. Hardy, 1891, 187 p. Ill.

S. E. Le Cardinal Taschereau, archevêque de Québec. Notice biographique, Québec, N.S. Hardy, libraire-éditeur, 1891, 99 p. Ill.; 1898, 117 p.

Histoire du palais épiscopal de Québec, [Québec], Pruneau & Kirouac, libraires-éditeurs, 1896, 304 p. Ill.

Les Noces d'or de la Société de Saint-Vincent-de-Paul de Québec, 1846-1897, Québec, Pruneau & Kirouac, libraires-éditeurs, 1897, 382 p.

Notice biographique : le R. P. Bouchard, missionnaire apostolique, Québec, Pruneau & Kirouac, libraires-éditeurs, 1897, 232 p. Ill.

L'Abbé David-Henri Têtu, curé de Saint-Roch des Aulnaies (biographie), Québec, Dussault & Proulx, imprimeurs, 1898, 94 p. Ill.

Histoire des familles Têtu, Bonenfant, Dionne et Perrault, Québec, Dussault & Proulx, imprimeurs, 1898, 636 p.

Noces d'or de la Sainte-Enfance, [s.l., s.é.], 1901.

Joseph-Octave Plessis, *Journal des visites pastorales de 1815 et 1816*, Québec, Imprimerie Franciscaine missionnaire, 1903, 205, 72 p. Publié par Henri Têtu avec notes et introduction.

Journal d'un voyage en Europe, 1819-1820, Québec, Pruneau & Kirouac, libraires-éditeurs, 1903, 469 p.

Biographies de Monseigneur de Laval et de Monseigneur Plessis, évêques de Québec, Montréal, Librairie Beauchemin limitée, 1913, 140 p.; 1925, 125 p.

ÉTUDE

Louis Lejeune, [*Henri Têtu*], dans *Dictionnaire général*, Ottawa, EUO, 1931, t. 2, p. 712-713.

THEAU, JEAN Frédéric Louis (1925–   ). Philosophe, né à Puylagarde (Tarn et Garonne, France).

Il fait ses humanités au Lycée Ingres (B.A., 1943) et au Lycée Pierre-Fermat (1943-1946). En 1943-1944, il prend part à la Résistance contre les Allemands. Il obtient une licence à la Sorbonne (1947) et un doctorat d'État (Aix-en-Provence, 1969). Il enseigne dans un collège à Toulouse de 1952 à 1968. Il émigre aux États-Unis, enseigne la philosophie à Baltimore en 1969-1970 et devient professeur à l'Université d'Ottawa à partir de 1970. Membre de plusieurs associations philosophiques, il est l'auteur de nombreux articles et livres sur les questions philosophiques où il étudie surtout les concepts de la durée à la lumière des écrits de Bergson et de Sartre.

ŒUVRES

La Critique bergsonienne du concept (essai), Paris/ Toulouse, PUF/E. Privat, 1967, 621 p.; Toulouse, PUF, 1968.

La Conscience de la durée et le Concept de temps (essai), Toulouse, Privat, 1969, 311 p.

La Philosophie de Jean-Paul Sartre (essai), Ottawa, EUO, 1977, 101 p. «Philosophica».

La Philosophie française dans la première moitié du XXᵉ siècle (essai), Ottawa, EUO, 1977, 203 p. «Philosophica».

Certitudes et Questions de la raison philosophique (essai), Ottawa, EUO, 1985, xi, 541 p. «Philosophica».

Le Crépuscule de l'homme (essai), Montréal, Éditions Bellarmin, 1986, 161 p.

———————————

Le Rapport quantité-qualité chez Hegel et chez Bergson, dans *Philosophiques*, vol. 2, nº 1, 1975, p. 3-21.

La Logique et la Pensée, dans *Dialogue*, nº 1, 1977, p. 68-103.

Le Droit à la vie et la Peine de mort, dans *Dialogue*, nº 21, 1982, p. 95-110.

La Conception hégélienne du rapport absolu, dans *Dialogue*, nº 22, 1983, p. 203-277.

L'Ordre du connaître et l'Ordre de l'être, dans *Dialogue*, nº 23, 1984, p. 571-595.

THÉBERGE, JEAN-YVES (1937–   ). Poète et essayiste, né à Saint-Mathieu de Rimouski. Il commence ses humanités au Juniorat du Sacré-Cœur d'Ottawa (1951-1958) et les termine à l'Université d'Ottawa où il obtient un baccalauréat ès arts en 1960 et un baccalauréat en sciences sociales en 1962. Établi à Saint-Jean-sur-Richelieu, il dirige les pages littéraires du *Canada-français* (1963-1976) et enseigne à la Régionale Honoré-Mercier où il devient conseiller pédagogique, en 1966. Il collabore à *Liberté*, *Livres et Auteurs québécois*, et il fait paraître ses premiers poèmes dans *La Barre du jour*. En 1976, il fonde les Éditions Mille Roches. Son premier recueil de poésie, *Entre la rivière et la montagne* (1969), reçoit un accueil assez froid de la critique qui y voit, par exemple, une influence marquée de Jean-Guy Pilon et de Gatien Lapointe. En 1970, il publie six récits pour enfants et poursuit sur le Haut-Richelieu des recherches qui aboutiront à la publication d'une bibliographie critique (1978). Avec *Saison de feu* (1972) « nous redécouvrons, note Éva LeGrand, le pays du Québec au temps ardent de la parole et de la révolte 70. [...] Très dense, chacune des strophes de ce recueil a la plénitude d'un poème ; ensemble, elles ont la cohérence d'un chant ». En 1972, en collaboration avec Marcel Colin, il commence la publication d'anthologies thématiques de la poésie québécoise destinées aux jeunes et que les milieux de l'enseignement accueillent favorablement. En 1978 paraît aux Éditions du Noroît *De temps en temps*, « un des quelques beaux recueils d'une saison poétique plus riche en quantité qu'en qualité », au dire de Réginald Martel. Dans l'ensemble la critique est louangeuse : « Le poète décrit et médite une marche à la mort feutrée et très consciente, écrit Suzanne Paradis. [...] Tout y est fluide et limpidité. Cette volonté de dire en douceur absorbe le texte au point de reléguer les poèmes plus agressifs au rang de trouble fête qu'on apaise facilement d'un geste de la main ».

ŒUVRES

Entre la rivière et la montagne (poésie), Montréal, Éditions du Jour, 1969, 79 p.

Escale à Percé (litt. jeunesse), Saint-Jean, Éditions du Richelieu, 1970, [n.p., 16 p.]. Ill. de Robert Lavaill. « Clopin clopan, soldat de fortune ».

La glace est rompue (litt. jeunesse), Saint-Jean, Éditions du Richelieu, 1970, [n.p., 16 p.]. Ill. de Robert Lavaill. « Clopin clopan, soldat de fortune ».

N'est pas bûcheron qui veut (litt. jeunesse), Saint-Jean, Éditions du Richelieu, 1970, [n.p., 16 p.]. Ill. de Robert Lavaill. « Clopin clopan, soldat de fortune ».

Sentinelle de choc (litt. jeunesse), Saint-Jean, Éditions du Richelieu, 1970, [n.p., 16 p.]. Ill. de Robert Lavaill. « Clopin clopan, soldat de fortune ».

Touriste déçu (litt. jeunesse), Saint-Jean, Éditions du Richelieu, 1970, [n.p., 16 p.]. Ill. de Robert Lavaill. « Clopin clopan, soldat de fortune ».

Trappeur sans peur (litt. jeunesse), Saint-Jean, Éditions du Richelieu, 1970, [n.p., 16 p.]. Ill. de Robert Lavaill. « Clopin clopan, soldat de fortune ».

Histoire de l'homme, approche pédagogique (essai), Montréal, Éditions du Renouveau pédagogique, 1971, 76 p. Collab. Yves Choquette.

Histoire de l'homme. Guide à l'intention des maîtres, Montréal, Éditions du Renouveau pédagogique, 1971, 76 p. Collab. Yves Choquette et Ronald Tougas. Ill.

Saison de feu (poésie), Montréal, Éditions du Jour, 1972, 68 p. « PJ ».

Terre de Québec (anthologie de poésie), Montréal, Éditions du Renouveau pédagogique, 1972, 69 p. Collab. Marcel Colin. Ill.

Terre de Québec. Guide du maître, Montréal, Éditions du Renouveau pédagogique, 1972, 57 p. Collab. Marcel Colin.

Tout au long du fleuve (anthologie de poésie), Montréal, Éditions du Renouveau pédagogique, 1973, 67 p. Collab. Marcel Colin. Ill.

Tout au long du fleuve. Guide du maître, Montréal, Éditions du Renouveau pédagogique, 1973, 59 p. Collab. Marcel Colin.

Marche à l'amour (anthologie de poésie), [Montréal], Éditions du Renouveau pédagogique, 1976, 83 p. Collab. Marcel Colin. Ill.

... À pied dans le vieux Saint-Jean (guide touristique), Saint-Jean-sur-Richelieu, Éditions Mille Roches, 1978, 119 p. Ill. de Roch Tanguay.

Bibliographie du Haut-Richelieu, Saint-Jean, Commission scolaire régionale Honoré-Mercier, 1978, 86 p.

De temps en temps (poésie), Saint-Lambert, Éditions du Noroît, 1978, 77 p. Ill. de Susan Savard.

La Mise en chair, suivi de Les Vesses-de-loup (poésie), Saint-Lambert, Éditions du Noroît, 1983, 76 p. Ill. de Vincent Théberge.

La MRC du Haut-Richelieu. D'hier à aujourd'hui (panorama historique), Saint-Jean-sur-Richelieu, Éditions Mille Roches, 1984, 47 p. Collab. Réal Fortin. Ill. Cartes.

ÉTUDES

Gatien Lapointe, *Entre la rivière et la montagne*, CF, 109e année, n° 41, 5 mars 1969, p. 24.

Julia Richer, *Entrevue-éclair avec Jean-Yves Théberge*, VP, vol. 5, n° 2, avril 1969, p. 25-33.

Guy Robert, *Entre la rivière et la montagne de Jean-Yves Théberge*, LAQ 1969, p. 104.

Gilles Marcotte, *La Poésie*, EF, vol. 6, n° 2, mai 1970, p. 230-231.

Jacques Boulerice, *La Paix de l'arrière-pays*, CF, 112e année, n° 40, 22 mars 1972, p. 46.

M.-A. Gruslin, *Plutôt la vie*, CF, 112e année, n° 48, 5 avril 1972, p. 62.

Éva LeGrand, *Saison de feu de Jean-Yves Théberge*, LAQ 1972, p. 181.

Kenneth Landry, *Secondaire, une formule originale d'anthologie*, dans *Québec français*, n° 15, juin 1974, p. 2.

Ghislaine Pesant, *Saint-Jean à pied*, dans *Le Livre d'ici*, vol. 4, n° 9, 6 déc. 1978, p. 1.

André-G. Bourassa, *Poèmes de veille, Poèmes du temps*, Dr, 66e année, n° 280, 24 févr. 1979, p. 20.

Michel Beaulieu, *Théberge récidive au Noroît*, dans *Le Livre d'ici*, vol. 4, n° 36, 13 juin 1979, p. 1.

Suzanne Paradis, *Pour rejoindre le silence*, Dev, vol. 70, n° 234, 6 oct. 1979, p. 19.

André Gaulin, *Jean-Yves Théberge. De temps en temps*, LAQ 1979, p. 174-176.

Denise Coutu

THÉORET, FRANCE (1942–). Essayiste, poète et romancière, née à Montréal. Elle obtient son baccalauréat à l'École normale Cardinal-Léger (1965), puis, à l'Université de Montréal, une licence ès lettres (1968) et une maîtrise pour un mémoire sur « Discours du moi et discours de l'autre dans *Les oranges sont vertes* de Claude Gauvreau » (1977), et à l'Université de Sherbrooke, un doctorat (1982) dont la thèse s'intitule « Essais de l'écriture plurielle : pour une mise en situation des textes concomitants ». Elle a fait, en outre, des études en sémiologie et en psychanalyse à Paris, entre 1972 et 1974. Elle est professeur de français au Cégep Ahuntsic à partir de 1968. Membre du comité de direction de *La Barre du jour* de 1967 à 1969, cofondatrice du journal féministe *Les Têtes de pioche* (1976) et du magazine culturel *Spirale* (1979), elle collabore aussi à *La Nouvelle Barre du jour, Estuaire, Études littéraires, Change* (Paris), *Sorcières* (Paris), *Les Cahiers de la femme, Room of One's Own, Exile, Chroniques, Liberté*... Elle est l'auteure de *L'Échantillon* dans *La Nef des sorcières* qui connut un succès de spectacle et d'édition, lors de sa création au Théâtre du Nouveau Monde, en 1976. *La Nef* était la prise de parole des femmes dans le monde des hommes, et c'est de là que se construit l'œuvre de France Théoret. « Elle fait partie, écrit Réginald Martel, de celles et de ceux dont l'entreprise d'écriture a été surtout révélée par *Les Herbes rouges* ». Elle pratique plusieurs genres et une écriture elliptique aux paroles pressées, bousculées, cri : « L'envie d'écrire est l'envie de hurler », dit-elle, et elle appelle cela « déparler ». Très engagée, féministe, son œuvre est la recherche d'une voix de femme décidée à réinventer son identité à partir d'un « intérieur » dévasté, dépossédé depuis des âges, la voix de l'identité féminine, du rapport de la femme à la société et à soi-même, rapport qui trouve son expression dans « le discours du corps », selon un mot qui a fait fortune. Pierre Nepveu dit que les premiers ouvrages de France Théoret, *Bloody Mary* (1977) et *Une voix pour Odile* (1978), ont fait « une profonde impression ». « D'emblée, ces deux livres établissent un ton panique, affolé, décomposé, très caractéristique de tout ce qu'écrit Théoret. Je connais très peu d'écrivains qui savent dire ‹ je › avec une telle nudité ». Difficile à classer, cette écriture est autant confession,

journal ou récit que poésie à laquelle on est toujours ramené. Si les critiques sont plus d'une fois en désaccord, ils sont à peu près unanimes à reconnaître le talent et l'art en voie de perfectionnement. « Avec *Intérieurs* (1984), écrit Jean Royer, France Théoret n'aura pas dévié de la thématique qu'explore son écriture depuis *Une voix pour Odile* jusqu'à *Nous parlerons comme on écrit*. De plus, elle arrive dans ce livre au poème avec une pureté lapidaire qui en fait une des plus hautes voix de la poésie actuelle. [...] Désormais, on ne pourra plus oublier à l'avant-garde de notre poésie la voix de France Théoret, qui ne cesse d'interroger sa présence de femme ».

ŒUVRES

La Nef des sorcières (théâtre), Montréal, Éditions Quinze, 1976, 80 p. Collab. Luce Guilbeault, Marthe Blackburn *et al.* Ill. Préface de Nicole Brossard et de France Théoret.

Bloody Mary (poésie), Montréal, *Les Herbes rouges*, n° 45, janv. 1977, 24 p. Ill. de Marcel Saint-Pierre. Traduction à Mexico, à La Balsa y la Vida, 1981 (poème affiche).

Une voix pour Odile (poésie), Montréal, Les Herbes rouges, 1978, 76 p. « Lecture en vélocipède » ; [1983 ?].

Vertiges (poésie), Montréal, *Les Herbes rouges*, n° 71, janv. 1979, 39 p. Ill. de François Charron.

Nécessairement putain (poésie), Montréal, *Les Herbes rouges*, n° 82, mai-juin 1980, 50 p. Ill. ; 1984.

Nous parlerons comme on écrit (roman), Montréal, Les Herbes rouges, 1982, 173 p. « Lecture en vélocipède ».

Intérieurs (poésie), Montréal, *Les Herbes rouges*, n° 125, 1984, 39 p. Ill.

Transit. Théâtre musical, Montréal, *Les Herbes rouges*, n° 129, 1984, 45 p. Ill. Musique de Micheline Coulombe Saint-Marcoux.

Entre raison et déraison (essai), Montréal, Les Herbes rouges, 1987, 163 p.

Dépendances, BJ, n° 50, hiver 1975, p. 28–29.

Cochonnerie, BJ, n°s 56–57, mai-août 1977, p. 12–19.

Fragment d'une lettre, *Ibid.*, p. 196–200.

Pour une lecture critique des textes de femmes, NBJ, n° 66, mai 1978, p. 76–79.

Cartes postales d'Acapulco !, NBJ, n° 77, avril 1979, p. 42–47.

Des fragments levés à même le tissu quotidien, NBJ, n° 88, mars 1980, p. 95–107.

L'Implicite et l'Explicite de « la nouvelle écriture », NBJ, n°s 90–91, mai 1980, p. 163–170.

Ne pas peser sur la terre, NBJ, n°s 100–101, mars 1981, p. 125–128.

Petite Galerie, NBJ, n° 106, oct. 1981, p. 61–67.

Le Cri, la Lenteur, l'Autonomie, dans Suzanne Lamy et André Roy, éditeurs, *Marguerite Duras à Montréal* (essai), Montréal, Éditions Spirales, 1981 p. 91–95.

La Vieille Petite Fille, dans Marcelle Brisson, éditrice, *Célibataire, pourquoi pas* (essai), Québec, Éditions Serge Fleury, 1981, p. 133–141.

La mère peut-elle être moderne?, NBJ, n° 116, sept. 1982, p. 47–50.

ÉTUDES

Yolande Villemaire, *Autour de La Nef des sorcières*, dans *Jeu: cahiers de théâtre*, printemps 1976, p. 16–21.

Denis Saint-Jacques, « *La Nef des sorcières* » *ou les Paramécides massacrés*, LQ, vol. 1, n° 3, sept. 1976, p. 17–18.

Joseph Bonenfant, *France Théoret. Bloody Mary*, LAQ 1977, p. 157–160.

Robert Giroux, *France Théoret. Une voix pour Odile*, LAQ 1978, p. 147–150.

Hugues Corriveau, *Poésie: des lèvres et des vertiges*, NBJ, n° 81, sept. 1979, p. 87–90.

Philippe Haeck, *France Théoret. Nécessairement putain*, LAQ 1980, p. 98–100.

Pierre Nepveu, *Nicole Brossard et France Théoret: la pensée/ l'impensable*, LQ, n° 20, hiver 1980–1981, p. 24–27.

Jean Royer, *France Théoret. Les sciences exactes de l'être* (entrevue), Dev, vol. 73, n° 112, 15 mai 1982, p. 19, 36.

Madeleine Ouellette-Michalska, *Vivre comme on écrit?*, *Ibid.*, p. 19, 36.

Réginald Martel, *Un roman de France Théoret. Trancher le nœud des générations*, Pr, 98e année, n° 124, 29 mai 1982, p. C-3.

Michel Beaubien, *France Théoret: des mémoires fascinantes*, dans *Le Livre d'ici*, n° 47, 25 août 1982, p. 1.

Michèle Salesse, *Le Roman 111. « Nous parlerons comme on écrit »*, LQ, n° 28, hiver 1982–1983, p. 23–24.

Normand Desjardins, *Théoret (France). Nous parlerons comme on écrit*, dans *Nos livres*, vol. 14, juillet–août 1983, n° 5332.

THÉRAMÈNE. Voir **PALLASCIO-MORIN, ERNEST.**

THÉRIAULT, ADRIEN. Voir **THÉRIO, ADRIEN.**

Afra Malenotti

THÉRIAULT, MARIE-JOSÉ (1945–   ). Poète, conteuse, parolière, traductrice, née à Montréal. Elle fait ses études à Villa-Maria et au Collège Marie-de-France. Intéressée aux langues étrangères et au spectacle, elle fréquente l'Université de Florence et l'Académie de ballet Daria Collin de Florence, perfectionne ses connaissances des arts de la scène à Montréal chez Marthe Mercure, Michel Martin et Lucile Dumont. Entre 1963 et 1966, elle obtient ses premiers contrats de danse, est soliste dans la Julio Piedra and his Spanish Dance Company, effectue des tournées au Canada et aux États-Unis. En 1967–1968, elle continue à étudier la danse à Barcelone, puis débute dans la chanson à Milan où elle enregistre son premier disque: *Dove passa il fiume* (1968). De 1968 à 1973, au Canada et à l'étranger, elle mène de front la danse et le chant, fait aussi de la mise en scène, puis abandonne progressivement le spectacle, mais continue jusqu'en 1980 à la radio et la télévision. En 1972, elle participe à « L'Atelier des inédits » de Radio-Canada, est coordonnatrice de la revue *Entr'Acte* (1973–1975), est engagée en 1975 comme responsable des éditions et de la production littéraire des Éditions Hurtubise HMH dont elle devient aussi la directrice littéraire en 1978. Elle collabore à diverses revues. Après 1971, elle publie quelques traductions, plusieurs recueils de poésie et de contes. Assez dure pour *Poèmes* (1972) et *Pourtant le Sud...* (1976) qu'elle trouve trop proche de Saint-John Perse et Claudel, la critique se fait déjà beaucoup plus accueillante pour *Lettera amorosa* (1978), et elle est presque unanime à louer l'art des contes de *La Cérémonie* (1978). « Les lecteurs [...], écrit Robert Mélançon, reconnaîtront dans *La Cérémonie*, compte tenu des transformations qu'entraîne le passage du chant lyrique à la narration, la voix de l'univers imaginaire d'un écrivain à qui on doit reconnaître une indéniable originalité, ainsi qu'une constance et une fidélité à soi assez remarquables. [...] Marie-José Thériault s'impose comme un écrivain auquel il faudra désormais accorder beaucoup plus d'attention qu'on ne l'a fait à ce jour ».

ŒUVRES

Poèmes. Comme une offrande aux grandes bêtes. À jour fermant (poésie), Montréal, Fides, 1972, 93 p. « Voix québécoises ».

Notre royaume est de promesses (poésie), Montréal, Fides, 1974, 59 p. « Voix québécoises ».

Pourtant le sud... Poème, Montréal, Hurtubise HMH, 1976, 75 p. Ill. « Sur parole ».

La Cérémonie. Contes, Montréal, La Presse, 1978, 139 p. Ill. Traduction anglaise par David Lobdell: *The Ceremony*, Ottawa, Oberon Press, 1980, 105 p. Ill.

Lettera amorosa. Poèmes, Montréal, Hurtubise HMH, 1978, 89 p. Ill. de Michelle Thériault. « Sur parole ».

Invariance (poésie), Montréal, Art Global, 1980, portefeuille, 48 p. Six lithographies de Charles Lemay. (Édition de luxe. Tirage limité) ; *Invariance, suivi de Célébration du prince*, Saint-Lambert, Éditions du Noroît, 1982, 81 p. Neuf dessins de Charles Lemay.

Amour et Sexualité des Québécoises, Montréal, Quebecor, 1981, 140 p.

Agnès et le Singulier Bestiaire. Contes pour adultes-enfants, Montréal, Éditions Pierre Tisseyre, 1982, 63 p. Ill. de Darcia Labrosse.

Les Demoiselles de Numidie, Montréal, Boréal Express, 1984, 244 p.

Noël à travers le monde, Montréal, Éditions Paulines, 1985, 187 p. Ill. de Carla Ruffinelli. Sous la direction de Marcella Contardi. Traduction de l'italien de Marie-José Thériault.

Le Choix de Marie-José Thériault dans l'œuvre d'Yves Thériault, Charlesbourg, Les Presses laurentiennes, 1986, 78 p. Portrait.

L'Envoleur de chevaux et Autres Contes, Montréal, Boréal, 1986, 174 p.

Les Chants de l'oiseleur (poésie), Montréal, Art Global, 1987, [21 p.], [16] f., [8] f.

Le vent dehors écache les barrières (poème), dans *Vagabondages* (Paris), n° 11, sept. 1979, p. 68–69.

Cinquante fables assez invitantes, dans *Le Livre d'ici*, vol. 5, n° 7, 21 nov. 1979, p. 1.

L'Alcyon de Carnac (conte), Ch, vol. 20, n° 12, déc. 1979, p. 12.

Autoportrait, dans *Québec français*, n° 37, mars 1980, p. 60–61.

Lucrèce, NBJ, n° 89, avril 1980, p. 36–43.

La Dernière Lettre, Dev, vol. 73, n° 269, 20 nov. 1982, p. 12.

DISCOGRAPHIE

Dove passa il fiume/ La Speranza di rivederti, producteur CIP-Cantanti, CI-3499, CBS-Italia, 1968.

Vivre ma vie/ Mon silence, producteur André Gagnon, C4-7081, Columbia, 1969.

Le Garçon de plein soleil/ Notre amour, producteur André Gagnon, C4-7118, Columbia, 1969.

Marie José Thériault chante Jacques Blanchet, Don Mills (Ontario), CBS, 1982.

ÉTUDES

François Siguret, *Marie-José Thériault. Poèmes*, LAQ 1973, p. 129.

Gilles Marcotte, *Les mots comme des choses*, EF, vol. 10, n° 2, mai 1974, p. 131.

Raymond Roy, *Pourtant le sud*, dans *Le Livre canadien*, vol. 8, n° 68, févr. 1977, p. 68.

Réginald Martel, *La Poésie, art obscur?*, Pr, 94ᵉ année, n° 261, 23 oct. 1978, p. D-3.

Pierre-Louis Vaillancourt, *Lettera amorosa : l'amour ventriloque*, Dr, 17 févr. 1979, p. 21.

Noël Audet, *Au sujet d'une lettre d'amour, en poésie. Marie-José Thériault*, VI, vol. 4, n° 3, avril 1979, p. 542–543.

André Vanasse, *Un bestiaire, quelques bananes et un journal qui s'écrit à l'envers*, LQ, n° 14, avril-mai 1979, p. 14–15.

André Gaulin, *Lettera amorosa*, dans *Québec français*, n° 32, déc. 1979, p. 70.

Jean-Pierre Duquette, *Sous bénéfice d'inventaire*, LAQ 1979, p. 20.

Gabriel-Pierre Ouellette, *Marie-José Thériault. La Cérémonie*, LAQ 1979, p. 82–84.

Alexandre Amprimoz, *La Cérémonie*, dans *The Antigonish Review*, n° 42, été 1980, p. 88–90.

Gilles Pellerin, *Un bestiaire par le mot et par l'image*, Dev, vol. 73, n° 234, 9 oct. 1982, p. 17.

Gilles Cossette, *Agnès et le singulier bestiaire*, LQ, n° 28, hiver 1982–1983, p. 83.

François Hébert, *Un roman exotique bien d'ici*, Dev, vol. 75, n° 250, 27 oct. 1984, p. 23.

Jean Royer, *Marie-José Thériault. Le rêve, mode d'emploi*, Dev, vol. 77, n° 224, 27 sept. 1986, p. C-1, C-4.

THÉRIAULT, SERGE A. (1947–   ). Essayiste, né à Saint-Côme (Berthier). Il fait une bonne partie de ses humanités au Séminaire Montfort de Papineauville et au Collège Sainte-Croix de Montréal, puis il obtient un baccalauréat en pédagogie (1969) et un baccalauréat ès arts (1970) à l'Université de Montréal, un baccalauréat en éducation culturelle (1972) et une maîtrise en littérature pour une thèse sur Jean-Jacques Rousseau (1974) à l'Université du Québec à Montréal, une maîtrise en counseling pastoral à l'Université Saint-Paul d'Ottawa (1978), un diplôme en théologie au Collège dominicain d'Ottawa (1978), un doctorat en lettres françaises à l'Université d'Ottawa pour une thèse sur Anne Hébert (1978). Il détient en outre une licence de praticien en médecine naturopathique de l'Ontario (1973). À partir de 1968, il enseigne à Greenfield-Park, à Ville de Laval, à l'Université d'Ottawa, et il devient professeur à l'Université du Québec à Hull, en 1976. Actif dans différentes organisations culturelles et religieuses, il écrit dans plusieurs périodiques, tels *Prévenir, Horizon-Santé, Journal canadien de recherche sémiotique, The Evangelical Catholic...* À propos d'*Approches structurales des textes*, Patrick Charbonneau dit que si « on peut discuter de la validité de la méthode agencée par Serge Thériault », il faut reconnaître que la section du livre écrite par lui « est exemplaire au plan de la pédagogie ».

ŒUVRES

Alimentation et Santé (essai), Montréal, Aries, 1971, 140 p. Préface de Jacques Baugé-Prévost.

What is Naturopathic Medecine? (essai), Ottawa, Bahkti Press, 1975, 36 p.

Jean-Jacques Rousseau et la Médecine naturelle (essai), [Montréal], Éditions Univers/ L'Aurore, 1979, 150 p.

La Quête d'équilibre dans l'œuvre romanesque d'Anne Hébert (essai), Hull, Éditions Asticou, 1980, 223 p. Ill. « Centre d'études universitaires dans l'Ouest québécois ».

Approches structurales des textes (essai), Hull, Éditions Asticou, 1980, 240 p. Collab. René Juéry. « Centre d'études universitaires dans l'Ouest québécois ».

Pour que son Règne vienne. Étude sur la signification de la relation pastorale, Hull, Éditions Asticou, 1980, 96 p. « Centre d'études universitaires dans l'Ouest québécois ».

Problématique de l'enseignement de la littérature au secondaire (essai), Hull, Éditions Asticou, 1980, 96 p. « Centre d'études universitaires dans l'Ouest québécois ».

Dominique-Marie Varlet. Lettres du Canada et de la Louisiane, 1713-1724. Contribution à l'étude de l'œuvre d'un ancien vicaire général du diocèse de Québec qui est à l'origine de l'Église vieille-catholique d'Utrecht, Sillery, PUQ, 1985, 112 p. Ill.

Créativité et Enseignement d'une langue seconde, dans *Médium*, vol. 2, n° 1, sept. 1976, p. 42-49.

Décors d'amour de Serge Dion, LQ, n° 13, févr. 1979, p. 28.

La Femme et le Dragon, dans *Le Journal canadien de recherche sémiotique*, vol. 7, n° 2, hiver 1979-1980, p. 69-78.

Women Priests in Christ's Holy Catholic Church ?, dans *The Evangelical Catholic*, vol. 3, n° 22, août 1980, p. 1-3.

ÉTUDES

Jacques Lefebvre, *Un livre de Serge Thériault. Jean-Jacques Rousseau et la Médecine naturelle*, Dr, 66e année, n° 326, 11 avril 1979, p. 29.

Patrick Imbert, *J.-J. Rousseau et la Médecine naturelle, de Serge Thériault ou... le naturisme et nous*, Dr, 66e année, n° 354, 29 avril 1979, p. 20.

René Juéry, *L'Œuvre romanesque d'Anne Hébert vue par Serge Thériault. Une quête d'équilibre*, Dr, 67e année, n° 300, 22 mars 1980, p. 13.

Jean-Claude Gagnon, *Approches structurales des textes de Serge-A. Thériault et René Juéry*, dans *Québec-français*, n° 40, déc. 1980, p. 16.

Robert Giroux, *La Quête d'équilibre dans l'œuvre romanesque d'Anne Hébert*, LQ, n° 20, hiver 1980-1981, p. 42-44.

THÉRIAULT, YVES [Benoît Tessier] (1915-1983). Romancier, conteur, nouvelliste, dramaturge et essayiste, né à Québec. Très tôt sa famille déménage à Montréal. Il étudie à l'école paroissiale Notre-Dame-de-Grâce et un an au Mont-Saint-Louis (1921-1929). Pendant quelques années, il exerce divers métiers : chauffeur, trappeur, boxeur, vendeur... puis annonceur, réalisateur et scripteur à la radio dans plusieurs villes : Montréal, New Carlisle, Québec, Trois-Rivières, Hull et Rimouski. Il devient ensuite scripteur à l'Office national du film (1942-1945) et à Radio-Canada (1945-1950). Boursier du Gouvernement français, en 1950, il fait un séjour à Paris, puis il voyage autour du monde et séjourne un long moment en Italie. Désormais, il se consacre à l'écriture, excepté de 1965 à 1967, alors qu'il est directeur des Affaires culturelles au ministère des Affaires indiennes, à Ottawa, et pendant le long arrêt forcé que lui impose une trombose cérébrale en 1970. Le désir d'écrire lui vient très tôt. Il lit beaucoup, étudie le dictionnaire, dissèque quelques auteurs qu'il aime, comme Mauriac, ébauche des romans, fait paraître un premier conte dans *Le Jour*, le 11 janvier 1941. Son premier livre, *Contes pour un homme seul*, paraît en 1944. Il s'agit d'une vingtaine de récits assez brefs, de formes variées, d'une écriture serrée et dense, souvent poétique, qui raconte des histoires étranges aux personnages entiers, excessifs, révoltés, créatures d'instinct et de violence qu'on reverra souvent dans l'œuvre de Thériault. La critique est agréablement surprise, et Guy Sylvestre déclare que le conteur renouvelle le genre. De son côté, le public est conquis du premier coup et restera fidèle à l'auteur. Yves Thériault ne s'arrêtera presque plus et deviendra l'écrivain le plus prolifique du Québec, l'un des rares à vivre de sa plume. Son œuvre comprend une quarantaine de romans, contes et récits pour adultes, une vingtaine de livres pour enfants, plusieurs pièces de théâtre, sans compter quelque 1200 textes pour la radio, plus de 200 pour la télévision, outre quelques centaines de petits romans populaires parus sous le couvert de l'anonymat ou de pseudonymes, qu'il a composés pour se faire la main et gagner des sous. Il affirmait pouvoir rédiger de sept à huit pages à l'heure, ce qui n'aboutit pas toujours aux meilleurs résultats. Lui-même partiellement de sang montagnais, Yves Thériault s'est fait aussi le romancier des minorités canadiennes : inuit (*Agaguk*...), indienne (*Ashini*), juive (*Aaron*), scandinave (*Kesten*), etc. *Agaguk* (1958), traduit en une vingtaine de langues, lui acquiert une notoriété internationale, et est un des romans les plus lus au Québec dans les années soixante.. Certains de ses ouvrages ont été moins bien accueillis de la critique, mais à mesure que l'œuvre grandit, l'unanimité se fait, et François Ricard écrit en 1977 : « On a pu parler de l'épuisement d'Yves Thériault, de la facilité et des redondances [...]. Qu'ils soient fondés ou non, ces bruits ne devront plus avoir cours depuis [...] *Moi, Pierre Huneau* [...], une œuvre forte, rigoureuse, profondément originale ». Selon André Major, « ce qui frappe chez Thériault, c'est ce plaisir de conter, que le lecteur partage dès qu'il est le moindrement sensible à cette parole drue et dure jusqu'à la cruauté parfois, d'une grande sobriété s'accordant naturellement au propos : une tumultueuse suite de conflits résolus, la plupart du temps, dans la mort. [...] Et puis, tout à coup, avec *Moi, Pierre Huneau*, vient l'apaisement, la sereine acceptation du malheur ». L'œuvre d'Yves Thériault lui a valu plusieurs récompenses : prix de la Province de Québec (1954, 1958), élection à la Société royale du Canada (1959), prix du Gouverneur général (1960), prix David (1979)... À sa mort survenue à Rawdon, en octobre 1983, l'homme est acclamé comme le père des lettres québécoises. Que restera-t-il de son œuvre, se demande Réginald Martel qui répond : « *Agaguk*, mais aussi dix, peut-être quinze livres inoubliables, de ceux qui réinventent chaque fois le plaisir de lire ».

ŒUVRES

Contes pour un homme seul, Montréal, Éditions de l'Arbre, 1944, 197 p. ; Éditions HMH, 1965, 205 p. « A ». (Nouvelle édition suivie de deux contes inédits) ; 1972 ; LaSalle, Éditions Hurtubise HMH, 1982.

La Fille laide. Roman, Montréal, Éditions Beauchemin, 1950, 224 p. ; Les Éditions de l'Homme, 1962, 157 p. ; L'Actuelle, 1971, 204 p. ; Quinze, 1980. « Présence » ; 1981, 211 p. « Roman 10/10 ».

Les Vendeurs du temple. Roman, [Québec, Institut littéraire du Québec, 1950], 263 p. ; Montréal, Les Éditions de l'Homme, 1964, 220 p. ; L'Actuelle, 1973 ; Quinze, 1980. « Présence ».

Le Dompteur d'ours, Montréal, CLF, 1951, 188 p. ; Éditions de l'Homme, 1965, 159 p. ; L'Actuelle, 1971 ; Quinze, 1980. « Présence ».

Aaron. Roman, Québec, Institut littéraire du Québec, 1954, 163 p. ; Paris, Bernard Grasset éditeur, 1957, 206 p. ; Montréal, Éditions de l'Homme, 1965, 158 p. ; L'Actuelle, 1971 ; Quinze, 1980, 175 p. Postface critique de Laurent Mailhot. « Présence » ; 1981, 157 p. « Roman 10/10 ».

Agaguk. Roman esquimau, Paris/Québec, Bernard Grasset/Institut littéraire du Québec, 1958, 298 p. ; Paris, Bernard Grasset éditeur, 315 p. ; Montréal, Les Éditions de l'Homme, 1961, 2 t. : t. 1, 159 p. ; t. 2, 158 p. ; 318 p. ; 1969 ; L'Actuelle, 1971, 330 p. Dessins de Siasi Irgumia ; *Agaguk. Roman,* Quinze, 1980. « Présence » ; 1981, 342 p. « Roman 10/10 ». Traduction anglaise de Miriam Chapin : *Agaguk,* Toronto, The Ryerson Press, 1963, 229 p. Ill. ; London, J.M. Dent & Sons Ltd., 1967. Traduction allemande par Madeleine

Jean : *Agaguk. Roman einer Eskimo-Ehe,* Berlin/Grunewald, F.A. Herbig, 1960, 250 p. ; 1978. Traduction yougoslave par Srecko Dzamonja : *Agaguk. Romano eskimima,* Zagreb, Znanje, 1960, 359 p. « Zanimljiva Biblioteka ». Traduction italienne par Olga Ceretti Borsini : *Agaguk. Romanzo eschimese,* Milano, Aldo Martello Editore, 1962, 347 p. « La Piramide ». Traduction polonaise par Beata Hlasko : *Agaguk,* Warszawa, Instytut Wydawniczy Pax, 1972, 232 p. Traduction slovaque par Eva Janovcovà : *Agaguk,* Praha, Cesckoslovensky Spisovatel, 1972, 255 p. Il existe aussi d'autres traductions.

Ashini, Montréal/Paris, Fides, 1960, 173 p. Ill. ; 164 p. « N » ; Montréal, 1961, 145 p. Chronologie, bibliographie et jugements critiques. « BC » ; 1972 ; 1980, 143 p. Chronologie, bibliographie et jugements critiques d'Aurélien Boivin. « BQ ». Traduction anglaise par Gwendolyn Moore : *Ashini,* Montreal, Harvest House, 1972, 134 p.

Roi de la Côte Nord. La vie extraordinaire de Napoléon-Alexandre Comeau, Montréal, Éditions de l'Homme, 1960, 123 p.

Amour au goût de mer. Roman, Montréal, Éditions Beauchemin, 1961, 132 p. ; [Montréal], Libre Expression, 1981, 130 p.

Les Commettants de Caridad. Roman, Québec, Institut littéraire du Québec, 1961, 300 p. ; Montréal, Les Éditions de l'Homme, 1966, 175 p.

Cul-de-sac. Roman, Québec, Institut littéraire du Québec, 1961, 223 p. ; Montréal, Éditions de l'Homme, 1968, 191 p. ; L'Actuelle, 1970 ; Quinze, 1981, 198 p. « Roman 10/10 ».

Séjour à Moscou, Montréal, Fides, 1961, 192 p.

Le Vendeur d'étoiles et Autres Contes, Montréal, Fides, 1961, 125 p. Ill. « RV ».

Nakika, le petit Algonquin (litt. jeunesse), Montréal, Éditions Leméac, 1962, 23 p. Ill. de Nicole Lapointe. « Castor ».

Si la bombe m'était contée, Montréal, Éditions du Jour, 1962, 124 p.

Avéa, le petit tramway, Montréal, Beauchemin, 1963, 66 p. Ill. de Jean Spandonide.

Le Grand Roman d'un petit homme, Montréal, Éditions du Jour, 1963, 143 p. « RJ » ; 1969.

Maurice le Moruceau, Montréal, Beauchemin, 1963, 67 p. Ill. de Vincent Raynal.

Nauya le petit esquimau, [Montréal], Beauchemin, 1963, 62 p. Ill. ; 1978.

Le Ru d'Ikoué. Roman, Montréal, Éditions Fides, 1963, 96 p. « Goéland » ; 123 p. Ill. de Michelle Poirier.

Ti-Jean et le Grand Géant, Montréal, Beauchemin, 1963, 67 p. Ill. de Hughes de Jouvencourt.

La Rose de Pierre. Histoires d'amour, Montréal, Les Éditions du Jour, 1964, 137 p. « RJ » ; 1970 ; [Montréal], Libre Expression, 1981.

Zibou et Coucou (litt. jeunesse), Montréal, Leméac, 1964, 23 p. Ill. « Castor ».

La Montagne creuse (litt. jeunesse), Montréal, Lidec, 1965, 140 p. « Lidec-aventure. Série Volpek » ; *La Montagne creuse. Une aventure de Volpek*, Centre éducatif et culturel, 1980, ix, 107 p. Ill. Édition annotée par Anthony Mollica.

Le Secret de Mufjarti (litt. jeunesse), Montréal, Lidec, 1965, 135 p. « Lidec-aventure. Série Volpek » ; *Le Secret de Mufjarti. Une aventure de Volpek*, Centre éducatif et culturel, 1981, ix, 115 p. Édition annotée par Anthony Mollica.

Le Temps du Carcajou. Roman, Québec, Institut littéraire du Québec, 1965, 244 p. ; Paris, Robert Laffont, 1966, 246 p. ; Montréal, Les Éditions de l'Homme, 1969, 244 p. ; L'Actuelle, 1976 ; Quinze, 1982, 254 p. « Roman 10/10 ».

Le Château des petits hommes verts (litt. jeunesse), Montréal, Lidec, 1966, 134 p. « Lidec-aventure. Série Volpek » ; *Le Château des petits hommes verts. Une aventure de Volpek*, Centre éducatif et culturel, 1981, 92 p. Édition annotée par Anthony Mollica.

Les Dauphins de Monsieur Yu (litt. jeunesse), Montréal, Lidec, 1966, 142 p. « Lidec-aventure. Série Volpek » ; *Les Dauphins de Monsieur Yu. Une aventure de Volpek*, Centre éducatif et culturel, 1981, v, 102 p. Édition annotée par Anthony Mollica.

Le Dernier Rayon (litt. jeunesse), Montréal, Lidec, 1966, 134 p. « Lidec-aventure. Série Volpek » ; *Le Dernier Rayon. Une aventure de Volpek*, Centre éducatif et culturel, 1982, 93 p. Ill. Édition annotée par Anthony Mollica.

L'Appelante. Roman, Montréal, Éditions du Jour, 1967, 125 p. « RJ » ; [Montréal], Libre Expression, 1979.

La Bête à 300 têtes (litt. jeunesse), Montréal, Lidec, 1967, 118 p. « Lidec-aventure. Série Volpek » ; *La Bête à 300 têtes. Une aventure de Volpek*, Centre éducatif et culturel, 1982, 101 p. Ill. Édition annotée par Anthony Mollica.

Les Pieuvres (litt. jeunesse), Montréal, Lidec, 1967, 128 p. « Lidec-aventure. Série Volpek » ; *Les Pieuvres. Une aventure de Volpek*, Centre éducatif et culturel, 1982, 107 p. Édition annotée par Anthony Mollica.

L'Île introuvable. Nouvelles, Montréal, Éditions du Jour, 1968, 173 p. « RJ » ; [Montréal], Libre Expression, 1980.

Kesten. Roman, Montréal, Éditions du Jour, 1968, 123 p. « RJ » ; [Montréal], Libre Expression, 1979.

Mahigan. Récit, [Montréal], Leméac, 1968, 107 p.

Le Marcheur. Pièce en trois actes, [Montréal], Leméac, 1968, 111 p. Ill. Présentation de Renald Bérubé. « TC » ; 1982.

La Mort d'eau (roman), Montréal, Les Éditions de l'Homme, 1968, 117 p.

N'Tsuk (roman), Montréal, Les Éditions de l'Homme, 1968, 107 p. ; L'Actuelle, 1971. Traduction anglaise par Gwendolyn Moore : *N'Tsuk. A Novel*, Montreal, Harvest House, 1972, 110 p.

Antoine et sa montagne. Roman, Montréal, Éditions du Jour, 1969, 170 p. « RJ » ; [Montréal], Libre Expression, 1980.

L'Or de la felouque. Roman, Québec, Éditions Jeunesse, 1969, 138 p. ; LaSalle, Hurtubise HMH, 1981, 110 p.

Tayaout, fils d'Agaguk, Montréal, Les Éditions de l'Homme, 1969, 158 p. ; L'Actuelle, 1971 ; Quinze, 1981, 165 p. « Roman 10/10 ».

Textes et Documents, Montréal, Leméac, 1969, 133 p. « Documents ».

Valérie (scénario), Montréal, Les Éditions de l'Homme, 1969, 123 p.

Le Dernier Havre (roman), Montréal, L'Actuelle, 1970, 143 p. ; [Montréal], Quinze, 1982, 152 p. « Roman 10/10 ».

Fredange. Pièce en deux actes suivi de Les Terres neuves. Pièce en deux actes, [Montréal], Leméac, 1970, 147 p. Introduction de Guy Beaulne. « TC ».

La Passe-au-Crachin (roman), Montréal, Ferron éditeur, 1972, 156 p.

Le Haut Pays. Roman, Montréal, René Ferron éditeur, 1973, 110 p.

Agoak, l'héritage d'Agaguk, Montréal, Quinze, 1975, 236 p. ; [Montréal], Éditions internationales Alain Stanké, 1979, 245 p. « Roman 10/10 ». Traduction anglaise par John David Allan : *Agoak. The Legacy of Agaguk*, Toronto, McGraw-Hill Ryerson Limited, 1979, 160 p.

Œuvre de chair (récits), Montréal, Stanké, 1975, 170 p. Ill. de Louisa Nicol. *Œuvre de chair. Récits érotiques*, VLB éditeur, 1982, 166 p. Ill. de Tibo. Traduction anglaise par Jean David : *Ways of the Flesh*, Agincourt, Gage Publishing, 1977, 177 p. Ill.

Moi, Pierre Huneau. Narration, Montréal, HMH, 1976, 136 p. Ill. « A ».

Les Aventures d'Ori d'or (litt. jeunesse), Montréal, Éditions Paulines, 1979, 45 p. Ill. de Michel Poirier.

Cajetan et la Taupe (litt. jeunesse), Montréal, Éditions Paulines, 1979, 15 p. Ill. de Michel Poirier. « Contes du pays ».

Le Partage de minuit (roman), Montréal, Éditions Quebecor, 1980, 203 p.

Popok, le petit esquimau (litt. jeunesse), Montréal, Éditions Quebecor, 1980, 103 p. Ill. de Pierre Desrosiers.

La Quête de l'ours (roman), [Montréal], Stanké, 1980, 384 p. ; Éditions du Club Québec Loisirs inc.

L'Étreinte de Vénus. Contes policiers, Montréal, Quebecor, 1981, 180 p.

La Femme Anna et Autres Contes, Montréal-Nord, VLB éditeur, 1981, 325 p. Ill. Préface de Victor-Lévy Beaulieu.

Kuanuten, vent d'est, Montréal, Éditions Paulines, 1981, 125 p. Dessins d'Anik Lafrenière.

Pierre Gilles Dubois (monographie), LaPrairie, Éditions Marcel Broquet, 1981, 108 p. Ill. Préface d'André Fortier.

Valérie et le Grand Canot. Récits, Montréal, VLB éditeur, 1981, 288 p. Ill. Préface de Victor-Lévy Beaulieu.

Le Coureur de marathon, Joliette, J. Gauvreau, 1982, [portefeuille, n.p., 78 p.]. Ill. de Jules Gauvreau. (D'après une idée originale de Jules Gauvreau. Édition de luxe. Tirage limité) ; Montréal, Hurtubise HMH, 1983, [n.p., 78 p.].

Les Vampires de la rue Monsieur le Prince. Une aventure de Volpek, Montréal, Centre éducatif et culturel, 1982, viii, 111 p. Édition annotée par Anthony Mollica.

L'Herbe de tendresse. Récits, Montréal, VLB éditeur, 1983, 241 p. Ill. Préface de Victor-Lévy Beaulieu.

Yves Thériault se raconte. Entretiens avec André Carpentier, Montréal, VLB éditeur, 1985, 188 p. Ill. Préface de Michel Thériault.

Le Choix de Marie-José Thériault dans l'œuvre d'Yves Thériault, Charlesbourg, Les Presses Laurentiennes, 1986, 79 p. Portrait.

___

Le Samaritain (radio-théâtre), ECF, n° 4, 1958, p. 221–254.

Nous détruisons les Indiens, MM, vol. 7, n° 8, août 1967, p. 20–21, 34–36.

ÉTUDES

Guy Sylvestre, *Contes pour un homme seul*, Dr, 32e année, n° 291, 16 déc. 1944, p. 2.

Jean Ménard, *Yves Thériault ou L'Évolution d'un romancier*, RD, vol. 65, n° 2, nov. 1960, p. 206–215.

Adrien Plouffe, *Présentation de M. Yves Thériault*, Société royale du Canada, n° 15, 1960–1961, p. 55–59.

Gilbert Farthing, *An Indian Tragedy. Ashini*, CaL, n° 10, automne 1961, p. 84–85.

Gérard Bessette, *French Canadian Society as Seen By Contemporary Novelists*, dans *Queen's Quarterly*, vol. 69, n° 2, été 1962, p. 177–197, surtout p. 181–188.

Roland Jacob, *Yves Thériault, romancier*, RUL, vol. 17, n° 4, déc. 1962, p. 352–359.

André Brochu, *Yves Thériault et la Sexualité*, PP, vol. 1, nos 9–10–11, été 1964, p. 141–155.

Claude Racine, *La Critique sociale dans Ashini, d'Yves Thériault*, dans *Littérature canadienne*, mai 1966, p. 47–54. « CSM ».

Réjean Robidoux et André Renaud, *Agaguk*, dans *Le Roman canadien-français du vingtième siècle*, Ottawa, EUO, 1966, p. 92–103.

Renald Bérubé, *La Fuite et le Retour aux sources dans Agaguk d'Yves Thériault*, VIP, n° 1, CSM, n° 4, avril 1967, p. 75–86. « CSM ».

Caroline Tanguay, « *Ashini* ou Le Passage du ‹ démoniaque › ». Mémoire, Ottawa, Université d'Ottawa, 1967, xi, 195 f.

Renald Bérubé, *Yves Thériault ou La Lutte de l'homme contre les puissances obscures*, LAC 1968, p. 15–25.

Gérard Bessette, *Le Primitivisme dans les romans de Thériault*, dans *Une littérature en ébullition*, Montréal, Éditions du Jour, 1968, p. 111–216.

Rose-Aline-Marie Fedorus, « La Réception critique d'*Agaguk* ». Mémoire, Edmonton, Université d'Alberta, 1969, 124 f.

Patricia Smart, *Une analyse psychocritique du « Dompteur d'ours » d'Yves Thériault*, RUO, vol. 40, n° 1, janv.–mars 1970, p. 5–24.

Pierre L'Hérault, « La Violence dans l'œuvre d'Yves Thériault ». Mémoire, Montréal, McGill University, 1970, 143 f.

M.-G. Hesse, *The Significance of Death in the Work of Yves Thériault*, dans *Journal of Canadian Fiction*, vol. 2, n° 1, hiver 1972, p. 43–48.

Renald Bérubé, « Suite et Discontinuité entre *Agaguk* et *Tayaout, fils d'Agaguk* ». Mémoire, Montréal, Université de Montréal, 1972, 115 f.

Harvey Chatlain, « L'Isolement et la Solitude dans les romans d'Yves Thériault ». Mémoire, Saskatoon, University of Saskatchewan, 1973, 167 f.

Maurice Émond, *Yves Thériault et le Combat de l'homme*, Montréal, Hurtubise HMH, 1973, 170 p. « Cahiers du Québec ».

Robert Larin, *Essai de psychocritique d'Agaguk d'Yves Thériault*, VIP, n° 7, 1973, p. 13–50.

James P. McCormick, « Le Thème de l'individu et de la société dans l'œuvre d'Yves Thériault ». Mémoire, Hamilton, McMaster University, 1973, iv, 107 f.

Renald Bérubé, *Yves Thériault. Agoak (L'héritage d'Agaguk)*, LAQ 1975, p. 19–22.

Id., *Yves Thériault. Moi, Pierre Huneau, œuvre de chair*, LAQ 1976, p. 68–71.

François Ricard, *Pierre Huneau raconte sa vie*, Dev, vol. 69, n° 5, 8 janv. 1977, p. 15.

Jean Lévesque, *Yves Thériault, l'homme et l'écrivain* (entrevue), Pr, 95e année, n° 163, 14 juillet 1979, p. B-1, B-3.

André Major, *Yves Thériault. En guise d'hommage*, Dev, vol. 70, n° 215, 15 sept. 1979, p. 23.

Maurice Émond, *Yves Thériault. L'Appelante, Kesten*, LAQ 1979, p. 84–86.

Jean-Paul Simard, *Rituel et Langage chez Yves Thériault*, Montréal, Fides, 1979, 148 p.

Gabrielle Poulin, *Le « Saint », le « bon sauvage » et le « chevalier »*, LQ, n° 19, automne 1980, p. 18–22.

Françoise Dumoulin-Tessier, *Yves Thériault. La Quête de l'ours*, LAQ 1980, p. 70–71.

Yves Thériault : dossier de presse 1944–1981, Sherbrooke, Bibliothèque du Séminaire, 1981, [n.p.]. Ill. Portrait.

Réginald Martel, *Personnelle, courageuse aussi, est son œuvre*, Pr, 99e année, n° 245, 22 oct. 1983, p. A-11.

Denis Carrier, *Bibliographie analytique d'Yves Thériault, 1940–1984*, Québec, Centre de recherche en littérature québécoise, Université Laval, 1985, 326 p.

THÉRIO, ADRIEN [Adrien Thériault] (1925–   ). Romancier, conteur, dramaturge, essayiste et critique littéraire, né à Saint-Modeste (Rivière-du-Loup). Il fait ses études classiques au Collège Saint-Alexandre à Limbour, au Séminaire de Rimouski et à l'Université d'Ottawa (B.A., 1950). Il prépare ensuite, à l'Université Laval, une thèse de maîtrise (1952) sur « L'Aspect canadien dans l'œuvre de Marie Le Franc » et un doctorat (1953) sur *Jules Fournier, journaliste de combat*. Boursier Rockefeller, il étudie la littérature américaine à l'Université Harvard (1955-1956), puis il obtient une maîtrise en science politique (1959) à l'Université Notre-Dame (Indiana). Pendant ce temps, il enseigne le français au Bellarmine College de Louisville (Kentucky, 1954–1956) et à l'Université Notre-Dame (1956–1959). Par la suite, il est professeur à l'Université de Toronto (1959–1960), au Collège militaire royal de Kingston (1960–1969) où il dirige le département de français (1962–1969), puis à l'Université d'Ottawa à partir de 1969. Membre de la Société royale du Canada (1970) et de plusieurs sociétés savantes, collaborateur à divers périodiques, il est particulièrement connu comme fondateur de *Livres et Auteurs canadiens* (1961), revue consacrée à la production annuelle des lettres, devenue *Livres et Auteurs québécois* en 1969 et dont la direction passe à l'Université Laval, en 1972, jusqu'à sa disparition, en 1983. En outre, Adrien Thério dirige la revue *Incidences* rebaptisée *Co-Incidences* (1970–1972), et il fonde en 1976 l'importante revue d'actualité littéraire *Lettres québécoises* dont il assume seul la mise de fonds et les risques financiers pendant plusieurs années, comme il l'avait fait pour *Livres et Auteurs*, avec un dévouement exemplaire. « Pionnier des lettres québécoises, dit André Vanasse, il a été l'un de ceux qui ont le plus fait pour [les] diffuser ». Écrivain prolifique, Adrien Thério publie une trentaine d'ouvrages entre 1953 et 1984, romans, contes, pièces de théâtre, essais, anthologies..., œuvre considérable où romans et contes occupent la plus grande place. Il s'attache surtout à la vie du Bas-Saint-Laurent, notamment à celle du Chemin Taché du comté de Rivière-du-Loup. « J'essaie d'exprimer de moi cet individu, cette personnalité que j'ai façonnée, bâtie au contact d'une civilisation donnée ». Jusqu'au mythe. Il faut lire à ce propos des livres comme *Soliloque en hommage à une femme, La Colère du père, C'est ici que le monde a commencé.* L'œuvre s'édifie autour des thèmes de l'enfance, du père, de l'amour, avec des personnages volontairement anticonformistes, notamment du côté religieux, dans « un langage simple, direct et fort alerte » (André Vanasse).

ŒUVRES

Les Brèves Années. Roman, Montréal, Fides, 1953, 171 p. ; 1961, 214 p. « Alouette bleue ». (Édition revue et corrigée).

Jules Fournier, journaliste de combat (étude), Montréal, Fides, 1955, 244 p. Ill.

Jules Fournier (étude), Montréal, Fides, 1957, 93 p. « CC » ; 1967.

Contes des belles saisons (roman pour adolescents), Montréal, Beauchemin, 1958, 109 p.

La Soif et le Mirage. Roman, Montréal, CLF, 1960, 222 p.

Flamberge au vent (roman pour adolescents), Montréal, Beauchemin, 1961, 136 p. Ill. de Pierre Peyskens.

Mes beaux meurtres. Nouvelles, Montréal, CLF, 1961, 185 p. ; 1973, 146 p. « PoC ».

Le Journal d'un chien (roman pour adolescents), Montréal, Éditions de l'Homme, 1962, 127 p.

Le printemps qui pleure (roman), Montréal, Éditions de l'Homme, 1962, 127 p.

Un Yankee au Canada, Montréal, Éditions de l'Homme, 1962, 143 p. Traduction du livre de Henry David Thoreau : *A Yankee in Canada.*

Ceux du Chemin-Taché. Contes, Montréal, Éditions de l'Homme, 1963, 164 p. ; Éditions Jumonville, 1974.

Mon encrier de Jules Fournier (anthologie), Montréal, Fides, 1964, 350 p. « N ».

Les Renégats. Pièce en trois actes et cinq tableaux, Montréal, Éditions Jumonville, 1964, 127 p.

Conteurs canadiens-français. Époque contemporaine (anthologie), Montréal, Librairie Déom, 1965, 322 p. ; 1970, 377 p. (Édition augmentée) ; 1973 ; 1976.

Le Mors aux flancs. Roman, Montréal, Éditions Jumonville, 1965, 199 p.

L'Humour au Canada français. Anthologie, Montréal, CLF, 1968, 290 p.

Soliloque en hommage à une femme. Roman, Montréal, CLF, 1968, 161 p.

Témoins du monde français (anthologie), New York, Appleton-Century-Crofts, 1968, 166 p. Éditeur avec James F. Burks. Ill. de James Phillips ; Irvington Publishers, 1978.

Un païen chez les pingouins (récit), Montréal, CLF, 1970, 153 p.

Les Fous d'amour (roman), Montréal, Éditions Jumonville, 1973, 212 p.

La Colère du père (récit), Montréal, Éditions Jumonville, 1974, 179 p.

Des choses à dire. Journal littéraire 1973-1974, Montréal, Éditions Jumonville, 1975, 175 p. (Retiré du commerce).

Ignace Bourget, écrivain, Montréal, Éditions Jumonville, 1975, 195 p. Collab. Donald Smith et Patrick Imbert.

La Tête en fête. Histoires étranges, Montréal, Éditions Jumonville, 1975, 142 p.

C'est ici que le monde a commencé. Récit-reportage, Montréal, Éditions Jumonville, 1978, 324 p.

Le Roi d'Aragon [*ou, Le Procès des possédants*]. *Drame en 2 actes*, Montréal, Éditions Jumonville, 1979, 103 p.

Marie-Ève, Marie-Ève. Roman, Montréal, Québec/Amérique, 1983, 139 p. « Littérature d'Amérique ».

Conteurs québécois 1900-1940 (anthologie), Ottawa, Presses de l'Université d'Ottawa, 1987, 130 p. « Cahiers du CRCCF ».

L'Arrosoir (conte), RUL, vol. 7, n° 8, avril 1953, p. 730-737.

Le Journalisme au Canada français, CaL, n° 17, été 1963, p. 34–43.

[*Témoignages...*], dans *Le Roman canadien-français*, Montréal/Paris, Fides, 1964, p. 352–358. « ALC » 3.

ÉTUDES

Élise Goulet, *Les Brèves Années*, RUL, vol. 8, n° 3, nov. 1953, p. 278–279.

Michel Brunet, *Jules Fournier, journaliste de combat*, RHAF, vol. 9, n° 1, juin 1955, p. 136–138.

Georges-A. Klinck, *La Soif et le Mirage*, dans *Canadian Modern Language Review*, vol. 16, n° 4, été 1960, p. 56–57.

Gérard Bessette, *Mes beaux meurtres*, LAC 1961, p. 9–10.

Gilles Archambault, *Un conteur vigoureux*, CaL, n° 20, printemps 1964, p. 72.

Bertrand Lombard, *Les Renégats d'Adrien Thério*, RUL, vol. 19, n° 3, nov. 1964, p. 272–274.

Guy LeHouillier, *Adrien Thério*, dans *Lectures*, vol. 11, n° 6, févr. 1965, p. 151–153.

Jack Warwick, *Conteurs canadiens-français*, LAC 1965, p. 114–115.

Jean-Guy Pilon, *Soliloque en hommage à une femme, roman par Adrien Thério*, L, vol. 10, n° 3, mai–juin 1968, p. 210–211.

André Renaud, *Un païen chez les pingouins*, LAQ 1970, p. 48–49.

Clément Lockquell, *Présentation d'Adrien Thério*, dans *Présentation*, Société royale du Canada, n° 26, 1970–1971, p. 9–15.

André Vanasse, *Adrien Thério. La Colère du père*, LAQ 1974, p. 59–60.

Gabrielle Poulin, *Rivières-berceaux et Rivières berçantes*, Rel, vol. 39, n° 446, mars 1979, p. 92–94.

André Vanasse, « *C'est ici que le monde a commencé* », *d'Adrien Thério. Mythe, désir et utopie*, Dr, 67e année, n° 11, 7 avril 1979, p. 21.

[*Adrien Thério*], VI, vol. 7, n° 1, automne 1981, p. 7–76. (Numéro spécial).

Madeleine Ouellette-Michalska, *Adrien Thério. Un romancier discret, fidèle à ses racines*, Dev, vol. 74, n° 274, 26 nov. 1983, p. 17, 24.

Claire de Lamirande, « *Marie-Ève, Marie-Ève* », *d'Adrien Thério. Pourquoi tant de beauté soudain?*, Dr, 71e année, n° 285, 3 mars 1984, p. 32.

THIBAULT. Voir **BUJOLD, GISÈLE**.

THIBODEAU, FÉLIX Élie (1909–   ). Folkloriste acadien né à Pointe-à-l'Église (Nouvelle-Écosse). Il fait ses études classiques au Collège Sainte-Anne (B.A., 1933) et des études en pédagogie au Teachers' College de Truro (1935–1936, 1956–1957) où il obtient un diplôme d'enseignement. Il est instituteur dans les écoles de Clare, comté de Digby, de 1936 à 1956, puis il enseigne l'art industriel à l'École supérieure de Clare, de 1957 à 1972. Il se fait ensuite collectionneur, recherchiste, historien..., est membre de diverses associations acadiennes, publie quelques articles historiques dans *Le Courrier de la Nouvelle-Écosse*, et fait paraître, sur la petite histoire,

deux recueils de dialogues écrits « dans la langue de la Baie Sainte-Marie » : *Dans note temps avec Marc et Philippe* (1976), et *Dans note temps avec Mélonie et Philomène* (1978).

ŒUVRES

Dans note temps avec Marc et Philippe (essai), [Yarmouth (N.-É.), Imprimerie Lescarbot, 1977 ?], 110 p. Ill.

Dans note temps avec Mélonie et Philomène (essai), Yarmouth (N.-É.), Éditions Lescarbot, 1978, 75 p.

La Pierre magique. Idylle acadienne du temps jadis, [Church Point (N.-É.)], F.E. Thibodeau, 1985, iv, 138 p. Ill.

THISDEL, JACQUES (1948–   ). Poète, dessinateur et peintre, né à Québec. Il fait ses humanités à l'Externat classique Saint-Jean-Eudes (B.A., 1967), puis, après un an et demi en architecture (1967–1968) à l'Université Laval, il prépare et obtient un licence en arts plastiques (1973). Il enseigne les arts plastiques et graphiques au Cégep de Rivière-du-Loup en 1973–1974 et de nouveau à partir de 1977, tout en poursuivant une carrière d'artiste et en faisant plusieurs expositions de ses œuvres. Son premier recueil poétique, *Après-midi, j'ai dessiné un oiseau* (1976), est salué unanimement par la critique comme une réussite. « Le mot est ici réduit, écrit Alexis Lefrançois, à n'être qu'un simple élément d'un ensemble dont le sens poétique est rendu tout autant par le dessin ou l'autographie que par le texte lui-même. [...] C'est l'adulte qui se souvient de son enfance ou, plus justement : le poète qui pose sur le monde qui l'entoure son regard d'enfant, qui tente de percevoir les choses comme les enfants naturellement, spontanément les sentent, afin d'en débusquer toute la fantaisie et l'imprévu. [...] Poésie à fleur de peau, à fleur de jour, comme une brise l'été sur l'eau d'un lac, comme un sourire ». Son travail se situe, dit Michel Beaulieu à propos de *Soit dit en marchant...* (1981), « à mi-chemin de la bande dessinée et de l'écriture. L'auteur est un tendre doublé d'un ironiste faussement naïf ». Jacques Thisdel publie aussi en collaboration des guides pratiques d'art.

ŒUVRES

Après-midi, j'ai dessiné un oiseau (poésie), Saint-Lambert, Éditions du Noroît, 1976, [n.p., 125 p.]. Ill. de l'auteur.

Roses (poésie), Saint-Lambert, Éditions du Noroît, 1978, [n.p., 93 p.]. Ill. de l'auteur.

Savoir dessiner (guide), Saint-Lambert, Héritage +Plus, 1979, 140 p. Collab. Aline Martineau et Christiane Martel. Ill. Préface de René Bonenfant. « Savoir-faire ».

Lignes, Formes et Couleurs (manuel), Saint-Lambert, Héritage + Plus, 1981, 143 p. Collab. Aline Martineau et Christiane Martel. Ill. « Savoir-faire ».

Soit dit en marchant... (poésie), Saint-Lambert, Éditions du Noroît, 1981, [n.p., 97 p.]. Ill.

ÉTUDES

Alexis Lefrançois, *Après-midi, j'ai dessiné un oiseau*, L, nov.-déc. 1976, p. 193-198.

Richard Giguère, *Trois tendances de la poésie québécoise*, LAQ 1976, p. 114-116.

Renée Cimon, *Thisdel, Roses*, dans *Nos livres*, vol. 9, juin-juillet 1978, n° 268.

Michel Beaulieu, *Capsules poétiques d'automne*, dans *Le Livre d'ici*, vol. 7, n° 4, 28 oct. 1981, p. 2.

Madeleine Bellemare, *Thisdel (Jacques). Soit dit en marchand...*, dans *Nos livres*, vol. 12, oct. 1981, n° 419.

TILLEMONT, JEAN. Voir **BASTIEN, HERMAS.**

TISSEYRE, PIERRE (1909–   ). Romancier et essayiste, né à Paris. Il fait ses études au Lycée Pasteur de Neuilly et au Lycée Chaptal (B.A., 1928). Il poursuit des études de droit à Paris (licence, 1931). Il se spécialise dans les droits d'auteurs et, alors qu'il poursuit des études de doctorat en droit, il est nommé conseiller juridique aux films Paramount, à Paris. En 1935, il accomplit, avec deux amis, un raid automobile trans-africain, d'Alger au Cap, en un temps record de quatre-vingt-neuf jours, et découvre ainsi l'attrait de la carrière de journaliste. Lors d'une tournée de conférences pour l'Alliance française, il se fixe à New York où il devient correspondant occasionnel de *Candide* et de *Gringoire*. À la déclaration de la guerre, il est correspondant du *Petit Journal* et de *La Petite Gironde*. Mobilisé en 1940, il est fait prisonnier quelques semaines plus tard et passera cinq ans dans des camps en Silésie et dans les Sudètes. C'est au cours de cette captivité qu'il écrit *55 heures de guerre*, couronné par le prix Cazes (1943). Libéré en 1945, il retourne à New York où un groupe de financiers, ayant des intérêts au Canada, lui donne l'occasion et les moyens de lancer des éditions canadiennes de revues et journaux français. En 1946, il fonde ainsi l'édition canadienne du *Monde français* et de *Carrefour*, tout en collaborant à *L'Équipe*, comme envoyé spécial. Directeur, en 1948, du bureau montréalais du Cercle du livre de France, Pierre Tisseyre acquiert des actions dans cette compagnie dont il devient ensuite propriétaire et président-directeur général. Avec ses associés, il fonde, en 1952, le Cercle du livre romanesque, en 1960, les messageries du Saint-Laurent, en 1965, les éditions du Renouveau pédagogique, et, en 1971, les éditions Mirabel. Président de l'Association des éditeurs canadiens (1958-1960), Pierre Tisseyre est également, pendant de longues années, président du Conseil supérieur du livre. En 1979, il reçoit l'Ordre du Canada et la Légion d'honneur. À leur parution, ses mémoires, publiés sous forme d'entretiens, sous le titre *Lorsque notre littérature était jeune*, sont reçus diversement. Réginald Martel se montre « irrité » par « tant de complaisance ». Par contre, Paul Gay y voit « un grand témoignage » de « l'énorme travail de Pierre Tisseyre pour l'édition canadienne ».

ŒUVRES

55 heures de guerre (chronique), Paris, Flammarion, 1943, 196 p. ; *55 heures de guerre, écrit en captivité*, New York/Montréal, CLF, 1947, 201 p.

Tu m'aimeras deux fois (roman), Montréal, Cercle du livre romanesque, 1960, 212 p. ; Paris, Tallandier, 1960, 188 p.

Le Canada (essai), Montréal, CLF, 1965, 224 p.

Le Rapport du Conseil économique du Canada sur la propriété intellectuelle, Montréal, Société canadienne-française de protection du droit d'auteur, 1971, 6 f.

La Littérature et l'Unité nationale, [s.l., s.é., 1978], 9 f.

Lorsque notre littérature était jeune. Propos de Pierre Tisseyre, Montréal, Pierre Tisseyre, 1983, 264 p. Recueillis et présentés par Jean-Pierre Guay. Ill.

Les Œuvres dérivées, [Québec], Gouvernement du Québec, Service gouvernemental de la propriété intellectuelle et du statut de l'artiste, 1983, 16 p.

ÉTUDES

Réginald Martel, *M. Pierre Tisseyre raconte une histoire un peu courte*, Pr, 99e année, n° 106, 7 mai 1983, p. B-3.

Paul Gay, *Lorsque notre littérature était jeune*, Dr, 71e année, n° 70, 18 juin 1983, p. 32.

TOUGAS, GÉRARD (1921–   ). Essayiste et historien de la littérature, né à Edmonton (Alberta). Il étudie successivement à l'Université d'Alberta (B.A.), à l'Université McGill (M.A.) et à l'Université de Paris (1946-1948). Il obtient son doctorat à l'Université Stanford (É.-U.) pour une thèse sur la critique de Marcel Proust. De 1948 à 1950, il est interprète auprès des Nations-Unies, à Genève. Sa carrière de professeur commence à l'Université Stanford (Californie), où il est chargé de cours de 1951 à 1953. Il enseigne à l'Université de Colombie-Britannique de 1953 à 1985 en collaborant occasionnellement avec d'autres institutions. Pendant un an, 1961–1962, il est directeur du Département des études françaises au Collège militaire de Kingston. En 1962, il entreprend une série de voyages de recherche qui le mènent successivement en Afrique, au Liban, en Égypte, à Madagascar, à l'Île Maurice, aux Antilles, en Louisiane ainsi que dans certains pays de l'Afrique anglophone (Nigéria, Gambie, Kenya). Il est l'invité officiel de la République du Sénégal (1964), de la République Malgache (1966), de la République d'Haïti (1971), du ministère des Affaires étrangères de France (1961, 1971). Élu membre de la Société royale du Canada en 1973, il reçoit, l'année suivante, le prix Halphen de l'Académie française. Gérard Tougas s'est fait remarquer dans le domaine de l'enseignement et de la critique littéraire. L'Université de Colombie-Britannique lui doit — de même qu'au professeur G. Tucker — l'organisation d'une imposante section de bibliothèque de canadiana, comme en témoigne la *Liste de références d'imprimés relatifs à la littérature canadienne-française*, publiée en 1958. Nombreux sont ses articles parus dans des revues européennes, américaines et canadiennes : *Canadian Literature*, *French Review*, *Revue de littérature comparée*... L'œuvre de Gérard Tougas touche à plusieurs domaines : histoire littéraire, critique littéraire, bibliographie, sociologie. En 1950, il publie, à Paris, son roman *Les Onusiens*. Il s'intéresse vivement à la francophonie comme l'attestent trois de ses ouvrages : *Littérature romande et Culture française* (1963), *La Francophonie en péril* (1967) et *Les Écrivains d'expression française et la France* (1973). Ces livres ont ouvert un large horizon sur le patrimoine des pays francophones. Mais l'ouvrage essentiel de l'auteur demeure son *Histoire de la littérature canadienne-française*, cinq fois rééditée depuis 1960. Comme toutes les études de Tougas, elle se distingue par une riche documentation, un style soigné et des jugements pertinents autant que nuancés ; en 1960, elle fut unanimement reconnue par la critique comme un nouveau départ dans le domaine des recherches d'histoire littéraire au Canada. En 1979, il publie *Puissance littéraire des États-Unis*. Ayant souvent souligné l'importance, pour les Québécois, de se pencher sur l'évolution de la littérature américaine, l'auteur en dégage la leçon qui, selon lui, sera valable pour les lettres québécoises. Son livre, *Destin littéraire du Québec*

(1982) soulève des controverses : selon Jean Royer, le livre « relève plus de la politique que de la littérature elle-même ». En effet, Tougas déclare que « parmi les pays francophones, seul le Québec possède les attributs de la souveraineté littéraire ».

ŒUVRES

Les Onusiens (roman), Paris, Éditions « Je sers », 1950, 107 p.

Liste de références d'imprimés relatifs à la littérature canadienne-française, Vancouver, University of British Columbia Library, 1958, 93 p. ; University of British Columbia Press, 1973, 174 p. Traduction anglaise : *A Checklist of Printed Materials Relating to French-Canadian Literature*, Vancouver, University of British Columbia Library, 1958, 93 p. ; University of British Columbia Press, 1973, xvi, 174 p.

Histoire de la littérature canadienne-française, Paris, PUF, 1960, 286 p. ; 1964, 312 p. ; 1966 ; 1967 ; *La Littérature canadiene-française*, 1974, 270 p. Traduction anglaise par Alta Lind Cook : *A History of French Canadian Literature*, Toronto, Ryerson Press, 1966, ix, 301 p. ; *History of French-Canadian Literature*, Westport (Conn.), Greenwood Press, 1976, 301 p.

Littérature romande et Culture française. Essais, Paris, Seghers, 1963, 101 p.

La Francophonie en péril, Montréal, CLF, 1967, 181 p.

Littérature canadienne-française contemporaine, Toronto, Oxford University Press, 1969, x, 310 p.

Les Écrivains d'expression française et la France. Essai, Paris, Denoël, 1973, 271 p.

Puissance littéraire des États-Unis, Lausanne, Éditions L'Âge d'homme, 1979, 219 p.

Destin littéraire du Québec, Montréal, Québec/Amérique, 1982, 208 p. Ill.

La Liberté de conscience, Gérard Bessette. *Le Libraire*, CaL, n⁰ 5, été 1960, p. 67–68.

Une poésie non figurative, CaL, n⁰ 6, automne 1960, p. 71–73.

« *La Poésie de Nelligan* » de Paul Wyczynski, CaL, n⁰ 7, hiver 1961, p. 62–65.

Jean Autret, *L'Influence de Ruskin sur la vie, les idées et l'œuvre de Marcel Proust*, Genève, Droz et Lille, Giard, 1955, 178 p., dans *Revue de littérature comparée*, 35e année, 1961, p. 315–316.

Une littérature qui se fait de Gilles Marcotte, LAC 1962, p. 61–62.

Historique, État présent et Avenir des études canadiennes-françaises à l'Université de Colombie-Britannique, dans *Recherche et Littérature canadienne-française*, Ottawa, EUO, 1969, p. 178–186.

ÉTUDES

Auguste Viatte, *Gérard Tougas. Histoire de la littérature canadienne-française*, Paris, PUF, 1960, 286 p., dans *Revue de littérature comparée*, 34e année, 1960, p. 636–639.

Paul Wyczynski, *Gérard Tougas — Histoire de la littérature canadienne-française*, dans *Le Mouvement littéraire de Québec, 1860. Bilan littéraire de l'année 1960*, Ottawa, EUO, 1961, p. 298-301. « ALC » 1.

Roger Duhamel, *Littérature romande et Culture française de Gérard Tougas*, LAC 1963, p. 87.

Jean Éthier-Blais, *The Role of Literature. Gérard Tougas, History of French-Canadian Literature*, dans *Canadian Literature*, nº 29, [été] 1966, p. 58-61.

Francis Parmentier, *La Francophonie en péril*, LAC 1967, p. 112-113.

René Dionne, *La Puissance du lecteur*, LQ, nº 18, été 1980, p. 60-61.

Michel Tétu, *Les Écrivains d'expression française et la France*, LAQ 1973, p. 185-187.

Pierre Quesnel, *L'Apothéose du vulgaire*, Dev, vol. 71, nº 204, 6 sept. 1980, p. 15.

La Littérature québécoise dans les universités canadiennes-anglaises (entrevue), LQ, nº 25, printemps 1982, p. 67-70.

Jean Éthier-Blais, *L'Indépendance littéraire du Québec*, Dev, vol. 73, nº 245, 23 oct. 1982, p. 19, 36.

Réginald Martel, *Notre littérature selon Gérard Tougas. Des lendemains qui chantent déjà*, Pr, 98ᵉ année, nº 258, 6 nov. 1982, p. C-3.

Jean Royer, *Le Répertoire national : une réédition — événement*, Dev, vol. 73, nº 281, 1ᵉʳ déc. 1982, p. 21.

Robert Vigneault, *Épices et Aruspices. Destin littéraire du Québec de Gérard Tougas*, LQ, nº 29, printemps 1983, p. 63-66.

TOUPIN, PAUL (1918–). Journaliste, critique et homme de théâtre, né à Montréal. Il fait ses études au Collège Jean-de-Brébeuf de Montréal, à la Sorbonne et à l'Université Columbia. C'est au cours de son séjour à Paris (1936–1940), où il s'était inscrit à la Faculté de médecine, que Paul Toupin choisit le journalisme. Après avoir travaillé pour plusieurs quotidiens de Montréal et collaboré à différentes revues (*Les Idées, Liaison, Amérique française*), il entre au Service du Conseil des Arts du Canada. Par la suite, Paul Toupin devient professeur de littérature : il enseigne à l'Université de Sherbrooke et ensuite au Collège Loyola, devenu depuis Université Concordia. Lauréat, en 1952, du premier Prix de littérature de la province de Québec, l'Académie française (1960) lui accorde un prix pour *Souvenirs pour demain* (meilleur ouvrage écrit en français par un étranger) ; la même année il reçoit le prix du Gouverneur général. Paul Toupin est membre de l'Académie canadienne-française depuis 1959. Son refus du réalisme et de l'engagement fait de lui un auteur dramatique qui place la connaissance de soi au-dessus de toutes les autres préoccupations. Son *Brutus* est un retour à l'art classique et aux formes traditionnelles de la tragédie. Jean Hamelin y voit la première pièce canadienne, « vraiment construite en fonction de la scène, servie par un langage de théâtre authentique, enrobée par une poésie dramatique ferme et sobre ». Paul Toupin est le défenseur de la langue française dont il connaît à merveille les secrets du vocabulaire et du style. L'élément biographique occupe une place importante dans les écrits de Paul Toupin. « J'ai laissé vacante ma chaire de professeur pour ne m'occuper que de ma chair à moi », dit l'auteur dans son livre *De face et de profil*. « De la complaisance à soi, remarque Gilles Marcotte, Paul Toupin fait un art ».

ŒUVRES

Au-delà des Pyrénées (souvenirs), Montréal, [s.é.], 1949, 167 p.

Rencontre avec Berthelot Brunet (essai), Montréal, Fides, 1950, 43 p.

Brutus. Pièce en trois actes et un épilogue, Montréal, [s.é.], 1952, 147 p.

Le Mensonge (pièce en trois actes), Montréal, Éditions de l'Hexagone, 1960, 52 p. « Les Voix ». (Paru d'abord dans *Liberté 60*, février 1960).

Souvenirs pour demain (autobiographie), [Montréal], CLF, 1960, 101 p. ; 1968, 103 p. « PoC » ; Éditions du Renouveau pédagogique inc., 1979, 72 p. Portrait. Présentation et annotation de Claude Saint-Jacques. « LQ ».

Théâtre : Brutus, Le Mensonge, Chacun son amour, [Montréal], CLF, 1961, 207 p.

L'Écrivain et son théâtre (essais), [Montréal], CLF, 1964, 97 p.

Les Paradoxes d'une vie et d'une œuvre (biographie), [Montréal], CLF, 1965, 139 p. Préface de Marcel Valois.

Mon mal vient de plus loin (souvenirs), Montréal, CLF, 1969, 108 p.

Le cœur a ses raisons (roman), Montréal, CLF, 1971, 119 p.

Au commencement était le souvenir (souvenirs), Montréal, Fides, 1973, 205 p. Préface de Jean Éthier-Blais. « N ».

La Nouvelle Inquisition. Récit, Montréal, Pierre Tisseyre, 1975, 215 p. Traduction anglaise par Yves Saint-Pierre, mémoire de maîtrise, Sherbrooke, Université de Sherbrooke, 1982, 160 f.

De face et de profil (souvenirs), Montréal, Pierre Tisseyre, 1977, 107 p.

Son dernier rôle (théâtre), Montréal, Pierre Tisseyre, 1979, 106 p. Ill. Avant-propos de Jean Faucher.

Henri de Montherlant, AmF, 1ʳᵉ année, nᵒ 2, 24 déc. 1941, p. 42–43.

Le Dernier Mot sur Péguy, AmF, 1ʳᵉ année, nᵒ 6, mai 1942, p. 43–45.

La Vie abrégée de Berthelot Brunet, dans *Liaison*, vol. 4, janv. 1950, p. 25–30.

Le Choix (théâtre), dans *Liaison*, vol. 4, oct. 1950, p. 387–397.

Souvenirs pour demain (essai), ECF, nᵒ 1, 1954, p. 75–81.

Le Théâtre (essai), CACF, nᵒ 3, 1958, p. 110–123.

Berthelot Brunet (essai), CACF, nᵒ 7, 1963, p. 167–173.

Aperçus du théâtre américain, dans *La Revue de l'Université de Sherbrooke*, vol. 4, nᵒ 3, févr. 1964, p. 131–140.

ÉTUDES

Victor Barbeau, *Paul Toupin. Rencontre avec Berthelot Brunet*, dans *Liaison*, vol. 4, nᵒ 34, avril 1950, p. 228–229.

Jean-Paul Pinsonneault, *Brutus*, dans *Lectures*, vol. 9, nᵒ 2, oct. 1952, p. 54–57.

Jean Hamelin, *Vers une dramaturgie canadienne : de Tit-Coq à Brutus*, dans *Le Renouveau du théâtre au Canada français*, Montréal, Éditions du Jour, 1961, p. 42–51.

Gérard Bessette, *L'Écrivain et son théâtre*, LAC 1964, p. 103–104.

Jean Marcel, *Sur trois essais*, AN, vol. 54, nᵒ 9, mai 1965, p. 930–938, surtout p. 930–934.

Jacques Allard, *Les Paradoxes d'une vie et d'une œuvre*, LAC 1965, p. 113–114.

Jacques Godbout, *De la dramaturgie à la télévision*, L, vol. 9, nᵒ 1, janv.-févr. 1967, p. 71–74.

Jean Éthier-Blais, *Paul Toupin*, dans *Signets II*, Montréal, CLF, 1967, p. 195–212.

Victor-Lévy Beaulieu, *Paul Toupin*, dans *Quand les écrivains québécois jouent le jeu*, Montréal, Éditions du Jour, 1970, p. 251–254.

Fernand Roy, *Paul Toupin. La Nouvelle Inquisition*, LAQ 1976, p. 45–47.

Odette Condemine, *Paul Toupin*, dans *Le Théâtre canadien-français*, Montréal/Paris, Fides, 1976, p. 483–495. « ALC » 5.

Jean-Pierre Duquette, *Paul Toupin. De face et de profil*, LAQ 1977, p. 74–75.

Gilles Marcotte, *À l'écoute du passé : Victor Barbeau, Paul Toupin*, Dev, vol. 69, nᵒ 11, 14 janv. 1978, p. 33.

Jean-Louis Major, *Écrire sa vie. À propos de La Tentation du passé de Victor Barbeau et De face et de profil de Paul Toupin*, LQ, vol. 1, nᵒ 10, avril 1978, p. 41–44.

Jacques Michaud, *Paul Toupin, Claude Jasmin et Marcel Dubé. Quand le passé est encore sûr*, Dr, 68ᵉ année, nᵒ 294, 14 mars 1981, p. 20.

TOURANGEAU, LAURA. Voir **MARIE-ANASTASIE**.

TOURANGEAU, RÉMI (1938–   ). Bibliographe et historien des lettres, né à Sainte-Anne-du-Lac (Labelle). Il fait ses études classiques au Séminaire Saint-Joseph de Mont-Laurier et au Collège Saint-Viateur de Montréal-Nord, ses études en pédagogie à l'École normale Saint-Viateur de Rigaud (Brevet A, 1962), et il termine son baccalauréat à l'Université d'Ottawa (1964). Il obtient ensuite une licence ès lettres à l'Université Laval et un doctorat à l'Université de Rennes pour une thèse sur la « Notion de la médiocrité dans l'œuvre de Georges Bernanos » (1970). En 1980, il fait un stage à l'Institut d'études théâtrales de la Sorbonne. Artiste-peintre, il fait de nombreuses expositions et remporte le premier prix à l'exposition de Ville Laval en 1965. Il enseigne les lettres au Collège Saint-Maxime de Chomedey (1962-1965) et au Collège Bourget de Rigaud (1970-1972), il est chargé de cours et recherchiste à l'Université du Québec à Montréal et à Trois-Rivières (1972-1974), et il devient professeur de littérature et de théâtre à l'Université du Québec à Trois-Rivières, en 1974. Il collabore à divers périodiques, tels *Appoint*, *Les Cahiers de Cap-Rouge*, *L'Art dramatique canadien*... et au *Dictionnaire des œuvres littéraires du Québec*. Directeur de la collection des « Guides bibliographiques du théâtre québécois », il se fait particulièrement remarquer par un ouvrage écrit en collaboration avec Jean Laflamme, *L'Église et le Théâtre au Québec* (1979) dont le mérite est « d'avoir rendu accessible une documentation éparse et méconnue dans son ensemble, écrit Lorraine Camerlain. Son principal défaut réside cependant dans l'analyse [...] davantage axée sur le clergé que sur le théâtre ».

ŒUVRES

F. Georges-Étienne Gélinas, clerc de Saint-Viateur, 1926-1973, Montréal, Clercs de Saint-Viateur de Montréal, 1975, 19 p. Portrait.

L'Église et le Théâtre au Québec (essai), Montréal, Fides, 1979, 356 p. Collab. Jean Laflamme.

Tables provisoires du théâtre de Drummondville. Index établi d'après les articles et les comptes rendus de presse parus dans les périodiques drummondvillois, Trois-Rivières, Centre de documentation en lettres québécoises de l'Université du Québec à Trois-Rivières, 1980, 184 f. « Guides bibliographiques du théâtre québécois ».

Bibliographie du théâtre en Mauricie (première série). Sources imprimées : journaux trifluviens. Inventaire descriptif et analytique des articles et des comptes rendus de presse parus dans Le Constitutionnel (1868-1883) et Le Bien public (1909-1921), Trois-Rivières, Centre de documentation en lettres québécoises de l'UQTR, 1981, 121 p. « Guides bibliographiques du théâtre québécois ».

Bibliographie du théâtre en Mauricie (deuxième série), Trois-Rivières, Université du Québec à Trois-Rivières,

1981, 841 p. « Guides bibliographiques du théâtre québécois ».

Le Théâtre à Nicolet 1803-1969. Bibliographie régionale (première série), Trois-Rivières, Éditions CEDOLEQ, 1982, 394 p.

Répertoire des troupes de Trois-Rivières, Trois-Rivières, Éditions CEDOLEQ, 1984, 145 p. Éditeur avec Raymond Pagé. Ill.

Trois-Rivières en liesse. Aperçu historique des fêtes du tricentenaire, Trois-Rivières/Joliette, Éditions CEDOLEQ/Éditions Pleins Bords, 1984, 208 p. Ill.

125 ans de théâtre au Séminaire de Trois-Rivières, Trois-Rivières, Éditions CEDOLEQ, 1985, 180 p. Éditeur avec Julien Duhaime. Ill.

Louis-Joseph Papineau et Louis-Honoré Fréchette (introduction), dans *Papineau* (théâtre), Montréal, Leméac, 1974, p. 9-20. « TC ».

Le Pendu de Robert Gurik ou Le Jeu illusoire du bonheur, dans *Le Théâtre canadien-français*, Montréal, Fides, 1976, p. 675-683. « ALC » 5.

Le Théâtre et les Sulpiciens de Montréal, dans *Bulletin de la Bibliothèque nationale du Québec*, vol. 13, nᵒ 1, mars 1979, p. 13-14.

Le Théâtre au Québec condamné et réhabilité par les clercs, dans *Les Cahiers de Cap-Rouge*, vol. 6, nᵒ 3, juillet-sept. 1979, p. 41-51.

L'Activité « Théâtre et Culture » : une expérience d'enseignement à distance à reprendre et à répandre, dans *Pratiques pédagogiques de UQTR*, vol. 1, nᵒ 2, 1980, p. 9-12.

L'Église et le Théâtre au Québec ou L'Apparent paradoxe du clergé, dans *L'Art dramatique canadien*, vol. 7, nᵒ 1, printemps 1981, p. 19-29.

ÉTUDES

Lorraine Camerlain, *J. Laflamme et R. Tourangeau. L'Église et le Théâtre au Québec*, LAQ 1979, p. 217-219.

Adrien Gruslin, *L'Église et le Théâtre au Québec*, dans *Jeu*, nᵒ 4, déc. 1980, p. 126-128.

Michel Lord, *L'Église et le Théâtre au Québec de Jean Laflamme et Rémi Tourangeau*, LQ, nᵒ 20, hiver 1980-1981, p. 39-40.

Marcel Lajeunesse, *L'Église et le Théâtre au Québec de J. Laflamme et Rémi Tourangeau*, RHAF, vol. 35, nᵒ 1, juin 1981, p. 108-111.

TOURIGNY, PAULE [Paule Nord] (1940-   ). Poète, née à Montréal. Après ses études de lettres-sciences au Couvent du Sacré-Cœur (1954-1958), elle poursuit des études d'infirmière à l'Hôpital Saint-Luc (L.inf., 1962). Elle exerce la profession d'infirmière pendant quelques années, puis se consacre à l'écriture. En 1973-1974, elle suit des cours d'animation à l'Université Laval. Elle collabore à *Graphiques* et *Moebius*, est cofondatrice des éditions du Rassemblement des auteurs éditeurs autonomes,

participe aux activités de Place aux poètes fondée par Janou Saint-Denis en 1975, à la Nuit de la poésie en 1980, et donne des récitals de poésie. Sa poésie, distribuée à un petit nombre de lecteurs et liée à l'oralité, est mal connue de la critique. Paule Tourigny se situe à l'enseigne de la révolte, de l'engagement et de la dénonciation de la platitude du quotidien.

ŒUVRES

L'Anti-Durham (conte poétique), St-Casimir, Éditions de l'Areine, 1980, 16 p. Ill. de Marie Laberge ; Montréal, Rassemblement des auteurs éditeurs autonomes, 1980, 13 p.

La Venise américaine (poésie), Montréal, Publication de la Belle-Vie, 1981, [n.p.].

Résistance montréalaise (poésie), Montréal, Éditions du Huit, 1982, 32 p. (Tirage limité).

TRANQUILLE, HENRI (1916-   ). Critique, polémiste, libraire, né à Montréal. Il fréquente l'Académie Piché de Lachine, puis fait ses études classiques au Collège Sainte-Marie (B.A., 1937). À vingt et un ans il fonde à Montréal une librairie qui, durant trente-huit ans, jusqu'en 1975, sera pour les écrivains et les artistes un véritable foyer culturel. Il a été animateur, dépisteur de talents originaux, porte-étendard d'une certaine pensée libre de toutes contraintes religieuses et politiques. Il collabore à la revue *Les Idées*, d'Albert Pelletier, et écrit dans *Le Jour* aux côtés de Jean-Charles Harvey, participe aux polémiques autour de l'École des beaux-arts et du *Refus global*, fait de la critique dans *Sept-Jours*. Après 1970, il publie cinq ouvrages techniques sur les échecs et les dames. En 1977, il fait paraître ses *Lettres d'un libraire*, lettres de conseils aux écrivains, qui sont surtout de la période 1970-1975 et s'adressent particulièrement au romancier Yves Beauchemin. « Même si ces textes ne changeront probablement pas le monde, écrit Réjean Beaudoin, [ils] ont tout de même le mérite non négligeable de nous montrer le dévouement et la culture immense qu'un homme a su consacrer au service de notre littérature ». Ces lettres rappellent au lecteur le Henri Tranquille mémorialiste, moraliste, polémiste et critique qu'il n'a cessé d'être depuis ses premiers articles aux *Idées*.

ŒUVRES

Voir clair aux échecs (essai), Montréal, Éditions de l'Homme, 1972, 175 p. Ill. Traduction anglaise : *Visual Chess*, Habitex Books, 1973.

Voir clair aux dames (essai), Montréal, Éditions de l'Homme, 1973, 173 p. Collab. Gérard Lefebvre. Ill.

Fins de partie aux dames, Montréal, Éditions de l'Homme, 1974, 162 p. Collab. Gérard Lefebvre. Ill.

Lettres d'un libraire (correspondance, souvenirs), [Montréal], Leméac, 1976, 2 vol. : vol. 1, 146 p. ; vol. 2, 151 p.

Parties courtes aux échecs : au plus 15 coups ! 200 mats par les blancs après 1, e4, Montréal, Éditions de l'Homme, 1976, 149 p. Ill.

Petits Problèmes de dames, Montréal, La Presse, 1977, 165 p. Collab. Gérard Lefebvre. Ill.

Ouvertures et Parties courtes aux échecs, Montréal, S.C.E./L'Étincelle, 1980, 170 p. Ill.

Le Jeu de dames : 300 fins de partie par 300 compositeurs. Les blancs jouent et gagnent !, Montréal, Guérin, [1981], 188 p. Ill.

Coups pratiques aux dames : 200 12 x 12 gradués, de 4 à 11 mouvements, Montréal, Éditions Bergeron, 1982, 132 p. Collab. Gérard Lefebvre. Ill.

Échec et Mat par les noirs : 100 parties éclair, 100 moyens faciles de gagner, Montréal, Québécor, 1982, 117 p. Ill.

Des lettres sur nos lettres : écrivains, éditeurs, critiques, libraires, lecteurs, Montréal, Bergeron, 1984, 147 p. Portrait.

Liberté pour l'artiste, dans *Le Jour*, vol. 2, n° 28, 15 avril 1939, p. 4.

Éloge de la forme, dans *Le Jour*, vol. 2, n° 34, 27 mai 1939, p. 2.

Hommage à Rimbaud, dans *Le Jour*, vol. 5, n° 8, 15 nov. 1941, p. 7.

Modernisme et Raison, dans *Le Jour*, vol. 6, n° 51, 11 sept. 1943, p. 6.

Logique et Poésie, dans *Le Jour*, vol. 7, n° 11, 4 déc. 1943, p. 5.

Le Premier Parti-pris, Clémence Desrochers « Le Monde sont drôles », dans *Sept-Jours*, vol. 1, n° 2, 24 sept. 1966, p. 48.

« La Joue droite » de Claire Martin, dans *Sept-Jours*, vol. 1, n° 3, 1er oct. 1966, p. 47.

« Prochain Épisode » de Hubert Aquin, dans *Sept-Jours*, vol. 1, n° 3, 1er oct. 1966, p. 47.

« Solange » de Jean-Guy Pilon, dans *Sept-Jours*, vol. 1, n° 4, 8 oct. 1966, p. 47.

« Astérix », dans *Sept-Jours*, vol. 1, n° 5, 15 oct. 1966, p. 47.

« L'Avalée des avalés » de Réjean Ducharme, dans *Sept-Jours*, vol. 1, n° 6, 22 oct. 1966, p. 47.

« L'Itinéraire » de Simone Landry-Guillet, dans *Sept-Jours*, vol. 1, n° 7, 29 oct. 1966, p. 44.

« Archives », dans *Sept-Jours*, vol. 1, n° 8, 5 nov. 1966, p. 44.

« Les Patapharis » de Suzanne Prou, dans *Sept-Jours*, vol. 1, n° 9, 12 nov. 1966, p. 44.

« La Fugue » d'André Berthiaume, dans *Sept-Jours*, vol. 1, n° 10, 19 nov. 1966, p. 46.

« La Mort de mon joual » de Roland Lorrain, dans *Sept-Jours*, vol. 1, n° 11, 26 nov. 1966, p. 46.

« Le Taxi : métier de crève-faim » de Germain Archambault, dans *Sept-Jours*, vol. 1, n° 11, 26 nov. 1966, p. 46.

« Le 36e Dessous » de Daninos, dans *Sept-Jours*, vol. 1, n° 11, 26 nov. 1966, p. 46.

Robert Escarpit : « Lettre ouverte à Dieu », dans *Sept-Jours*, vol. 1, n° 12, 3 déc. 1966, p. 44.

« Jérémie et Barabas » de François Hertel, dans *Sept-Jours*, vol. 1, n° 13, 10 déc. 1966, p. 44.

« Félix » de Jean Simard, dans *Sept-Jours*, vol. 1, n° 14, 17 déc. 1966, p. 44.

Les Inédits de Charles Hamel (1914–1961), BJ, vol. 2, n° 3, janv.-févr. 1967, p. 52–53.

La Crise du livre au Québec — lettre de deux libraires à Alain Pontaux, Pr, 83e année, n° 117, 20 mai 1967, p. 26. Collab. Paul-André Ménard.

ÉTUDES

La Censure du livre ? Je n'en connais pas (Henri Tranquille), dans *Dernière Heure*, vol. 2, n° 13, 25 déc. 1966, p. 10.

Conrad Bernier, *400 nouveautés québécoises d'ici Noël*, Pr, 92e année, n° 218, 11 sept. 1976, p. C-2.

Louis-Paul Béguin, *Verve Tranquille*, dans *Le Devoir*, vol. 68, n° 258, 5 nov. 1976, p. 13.

Réginald Martel, *Un Tranquille qui dérange et qui déride*, Pr, 92e année, n° 278, 20 nov. 1976, p. D-3.

Réjean Beaudoin, *Henri Tranquille : une langue bien pendue*, dans *Le Livre d'ici*, vol. 2, n° 16, 26 janv. 1977, p. 1.

Alain Houle, *Henri Tranquille et sa boutique d'idées*, Dev, vol. 69, n° 34, 12 févr. 1977, p. 15.

Maurice Côté, *Henri Tranquille a deux amours : les livres et les dames (le jeu bien sûr !)*, dans *Le Journal de Montréal*, vol. 20, n° 291, 15 janv. 1984, p. 34.

TRAVERS, MARY. Voir **BOLDUC, MADAME ÉDOUARD.**

TRÉMAUDAN, AUGUSTE-HENRI DE [Prosper Williaume] (1874–1929). Historien, journaliste et dramaturge, né à Saint-Chrysostome (Châteauguay) de parents français venus au Canada après la guerre de 1870. La famille retourne en France en 1879, et le garçon étudie au collège de Guérande (Loire-Atlantique). À son retour au Canada (1893), la famille s'établit à Montmartre (Saskatchewan) où Auguste-Henri enseigne (1893–1902). Intéressé à la littérature, il devient membre correspondant de l'École littéraire de Montréal, le 28 avril 1898. L'un de ses premiers poèmes, « Rimes folles », paraît en 1900 dans *Les Soirées du Château de Ramezay*. De 1902 à 1911, il remplit les fonctions de notaire et d'agent d'immeubles, à Manor, puis il déménage au Pas (Manitoba, 1911) où il fonde un journal, *The Herald*. Admis au barreau du Manitoba en 1913, il devient gérant de la Winnipeg Trustee

Company, s'installe à Saint-Boniface, fonde un autre journal, *La Libre Parole* (1916), dans lequel, comme dans divers périodiques du pays, il défend la cause du français, sous le pseudonyme de Prosper Williaume. Laissant sa famille à Saint-Boniface, il va travailler à Sainte-Rose-du-Lac, village situé au nord de Winnipeg (1921), rentre chez lui en 1923, puis il part pour la Californie, l'année suivante, pour des raisons de santé. Établi à Los Angeles, il ouvre un bureau de courtage et continue à travailler pour la culture française et les Canadiens français. Il écrit plusieurs essais touchant l'Ouest canadien et une dizaine de pièces de théâtre d'allure mélodramatique dont la plupart ont été jouées et cinq publiées. Son *Histoire de la nation métisse dans l'Ouest canadien* est encore, écrit Alexandre Amprimoz, « indispensable à tous ceux qui désirent mieux comprendre la réalité de l'Ouest canadien ».

ŒUVRES

The Hudson Bay Road (1498–1915), London/Toronto, J.M. Dent and Sons Limited, 1915, 264 p. Ill. Cartes.

Pourquoi nous parlons français, [Winnipeg], Imprimerie de La Libre Parole, 1916, 32 p.

Le Sang français (essai), Winnipeg, Imprimerie de La Libre Parole Ltée, 1918, xxviii, 241 p. Portrait. Introduction de A.G. Morice.

Riel et la Naissance du Manitoba, [s.l., s.é.], 1921, 51 p.

De fil en aiguille. Mélodrame canadien-français en 3 actes, Los Angeles, Le Courrier français, 1925, 49 p.

L'Île au massacre. Roman canadien inédit, Montréal, Éditions É. Garand, 1928, 80 p. Sous le pseudonyme de Prosper Williaume. Ill.

Quand même ! Pièce canadienne en trois actes, Montréal, Éditions Édouard Garand, [1928], 31 p. « Théâtre canadien ».

Feu Follet. Comédie dramatique canadienne en quatre actes, Montréal, Éditions Édouard Garand, [1929], 36 p. « Théâtre canadien ».

Petit Baptiste. Comédie héroïque en quatre actes, Montréal, Éditions Édouard Garand, 1929, 36 p. « Théâtre canadien ».

Pureté. Pièce en un acte, Montréal, Éditions Édouard Garand, [1930], 13 p. « Théâtre canadien ».

Histoire de la nation métisse dans l'Ouest canadien, Montréal, Éditions Albert Lévesque, 1936, 450 p. « Documents historiques »; Saint-Boniface, Éditions du Blé, 1979, 448 p. ; Éditions des Plaines, 1984. Traduction anglaise par Élizabeth Maquet : *Hold High Your Heads (History of the Metis Nation in Western Canada)*, Winnipeg, Pemmican Publications, 1982, 210 p.

ÉTUDES

[Anonyme], *Cercle dramatique Leclaire*, Pr, 43ᵉ année, nº 25, 13 nov. 1926, p. 46.

[Anonyme], *M.H. de Trémaudan, autrefois du Canada, meurt à Los Angeles*, Pr, 46ᵉ année, nº 20, 7 nov. 1929, p. 1.

Georges Bellerive, [*Auguste-Henri Trémaudan*], dans *Nos auteurs dramatiques anciens et contemporains. Répertoire analytique*, [Québec, s.é.], 1933, p. 110–111.

Alexandre L. Amprimoz, « *Histoire de la nation métisse dans l'Ouest canadien* ». *L'histoire de l'Ouest canadien*, Dr, 67ᵉ année, nº 75, 23 juin 1979, p. 21.

Annette Saint-Pierre, « *Auguste-Henri de Trémaudan* », dans *Le Rideau se lève au Manitoba*, Saint-Boniface, Les Éditions des Plaines, 1980, p. 188–198. Préface de Paul Savoie.

Bernard Wilhelm, *Chronique de la vie quotidienne de Désiré de Tremaudan, pionnier de Montmartre, en Saskatchewan*, dans *Mélanges Auguste Viatte*, Paris, Académie des sciences d'outremer, 1981, p. 59.

[Anonyme], *Auguste-Henri de Trémaudan (1874–1929)*, dans *Répertoire littéraire de l'Ouest canadien*, Saint-Boniface, Centre d'études franco-canadiennes de l'Ouest, 1984, p. 343–344.

[Anonyme], *Trémaudan, Auguste-Henri. Histoire de la nation métisse dans l'Ouest canadien*, dans *Sélection*, vol. 1, nº 1, 1984, p. 55.

TREMBLAY, FRANCINE. Voir **PEOTTI, FRANCINE.**

TREMBLAY, GASTON Albert (1949–   ). Poète, né à Sturgeon Falls (Ontario). Après le secondaire à Sudbury et à Sturgeon Falls (1962–1969), il fait un an d'option théâtre au Cégep Lionel-Groulx de Sainte-Thérèse (1974) et trois ans à l'Université laurentienne de Sudbury (B.A., 1978). Il exerce divers métiers : mineur, journaliste, animateur, fonctionnaire, administrateur de théâtre. À compter de 1978, il est directeur des Éditions Prise de Parole de Sudbury. Coauteur d'un recueil de poésie, *Lignes Signes* (1973), et d'un dossier de poésie, *Au nord du silence* (1974), il publie, en 1976, *En attendant*, recueil dont Michel Beaulieu dit qu'il « utilise des données quotidiennes et véhicule dans une langue à la fois souple et simple une vision du monde qui procède par instantanés ». Un autre recueil, *Souvenances* (1979), pourra paraître à certains trop influencé par Saint-Denys Garneau et Anne Hébert, note Richard Giguère, « mais il faut aussi considérer les qualités de cette poésie : écriture soignée, composition réfléchie et exécutée avec beaucoup d'aplomb ».

ŒUVRES

En attendant (poésie), [Sudbury], Éditions Prise de Parole, 1976, 57 p. Ill. de Raymond Simond.

Souvenances (poésie), Sudbury, Éditions Prise de Parole, 1979, [n.p., 41 p.].

Poèmes et Chansons du Nouvel Ontario (anthologie), Sudbury, Prise de Parole, 1983, 108 p. Collab. Robert Dickson.

La Veuve rouge, Sudbury, Prise de Parole, 1986, 44 p.

Apprentissage. Dissolutions. Vagissements (poésie), dans *Lignes Signes*, Sudbury, Éditions Prise de Parole, 1973, 63 p. Collab.

Que s'est-il passé ?, dans *Au nord du silence* (dossier de poésie), Sudbury, Éditions Prise de Parole, 1975, 11 f. Collab.

ÉTUDES

Michel Beaulieu, *Quelques Poètes d'outre-frontière*, dans *Le Livre d'ici*, vol. 4, n° 34, 30 mai 1979, p. 1.

Paul Gay, *De la riche poésie de Gaston Tremblay à la poésie toute fraîche des jeunes*, Dr, 57ᵉ année, n° 231, 29 déc. 1979, p. 14.

Clément Moisan, *Gaston Tremblay. Souvenances*, LAQ 1979, p. 92.

Richard Giguère, *En d'autres lieux (la poésie)*, LQ, n° 17, printemps 1980, p. 33.

André-G. Bourassa, *Des choses à dire. Parole donnée aux Éditions Prise de Parole*, LQ, n° 17, printemps 1980, p. 83.

TREMBLAY, GEMMA (1925-1974). Poète, née à Saint-Moïse (Matapédia). Son enfance se passe à Sainte-Angèle-de-Mérici. Elle étudie chez les Sœurs du Saint-Rosaire, les Sœurs de la Congrégation Notre-Dame et chez les Ursulines où elle prépare un doctorat en musique. Organiste remarquable, membre de la Société des poètes de Québec, elle collabore aux revues littéraires : *Liberté*, *La Barre du jour*, *L'Action nationale*, *Maintenant*, *Rythmes et Couleurs*, *Poésie*. Attirée par la poésie, elle fait paraître, à partir de 1960, neuf recueils de poèmes dont le dernier, *Souffles du midi*, mérite le prix des poètes français en 1972. En 1965, Gemma Tremblay obtient le prix Du Maurier. Elle s'éteint dans la solitude la plus complète en mai 1974, dans un appartement du Carré Saint-Louis. Gemma Tremblay construisit laborieusement son œuvre poétique pendant une dizaine d'années : elle est inégale par son style et surtout en raison de ses images abondantes. Il y a partout dans cette œuvre un mélange de solitude et de souffrance qui évoque un passé douloureux et présage un avenir incertain.

ŒUVRES

Rhapsodie auburn. Poèmes des saisons, Montréal, Éditions Beauchemin, 1960, 62 p.

L'Aube d'ocre. Poèmes, Montréal, Éditions Beauchemin, 1961, 61 p.

Séquences du poème (poésie), Paris, Jean Grassin éditeur, 1964, 41 p. « Poètes présents ».

Cuivres et Violons marins (poésie), [Montréal], Éditions de l'Hexagone, 1965, 61 p.

Poèmes d'identité, Paris, Jean Grassin éditeur, 1965, 79 p. « Poètes présents ». (Tirage limité).

Cratères sous la neige (poésie), Montréal, Librairie Déom, 1966, 57 p. « PC ».

Les Feux intermittents (poésie), Paris, Jean Grassin éditeur, 1968, 39 p. « Poètes présents ». (Tirage limité).

Les Seins gorgés (poésie), Montréal, Éditions du Songe, 1969, 93 p. Portrait. « PQ ».

Souffles du midi (poésie), Paris, Jean Grassin éditeur, 1972, 80 p. « Poètes présents ». (Tirage limité).

Poèmes, L, vol. 7, n° 4, juillet–août 1965, p. 353–361.

Les Saisons mutilées (poésie), BJ, vol. 2, n° 3, janv.–févr. 1967, p. 45–47.

L'Homme né du limon (poésie), AN, vol. 56, n° 7, mars 1967, p. 693–695.

Mon être intégré (poésie), dans *Poésie*, vol. 2, n° 2, printemps 1967, p. 5.

Nostalgie sourde (poésie), M, nᵒˢ 68–69, 15 sept. 1967, p. 239.

Les Feux intermittents et Homme des îles et des eaux (poésie), dans *Poésie*, vol. 2, n° 4, automne 1967, p. 10–17.

Poèmes, L, n° 55, janv.–févr. 1968, p. 40–44.

7 poèmes, ECF, n° 24, 1968, p. 133–142.

Mon Dieu, souvenez-vous (poésie), dans *Rythmes et Couleurs*, 14ᵉ année, janv.–mars 1968, p. 17.

André Mathieu (poésie), CF, vol. 109, n° 5, 25 juin 1968, p. 24.

Hymne à la joie (poésie), dans *Poésie*, vol. 3, n° 4, automne 1968, p. 8.

[*Témoignage...*], dans *La Poésie canadienne-française*, Montréal, Fides, 1969, p. 539–543. « ALC » 4.

Poèmes, dans Guy Robert, *Poésie actuelle*, Montréal, Librairie Déom, 1970, p. 114–120.

ÉTUDES

Gilles Hénault, *L'Aube d'ocre*, LAC 1961, p. 36–37.

A. Bastien, *Séquences du poème de Gemma Tremblay*, LAC 1964, p. 68.

Jacques Mercklein, *Poèmes d'identité de Gemma Tremblay*, LAC 1965, p. 86.

Max Laroche, *Cuivres et Violons marins de Gemma Tremblay*, LAC 1965, p. 86–87.

Jean-Pierre Aubin, *La Démarche poétique de Gemma Tremblay*, dans *Le Quartier latin*, vol. 2, n° 21, 24 mars 1966, p. 7.

Jean-Yves Théberge, *Des fleurs parmi les pierres*, CF, vol. 106, n° 46, 7 avril 1966, p. 42.

Roland Bourneuf, *Échos percutants et Cratères imprévisibles*, So, vol. 69, n° 305, 24 déc. 1966, p. 36.

André Major, *Cratères sous la neige de Gemma Tremblay*, LAC 1966, p. 73–74.

Jean-Guy Pilon, *Un poète de classe, Gemma Tremblay*, dans *Dimensions*, vol. 6, n° 3, mars 1969, p. 24–25.

Reine Malouin, *Les Feux intermittents*, dans *Poésie*, vol. 4, n° 2, printemps 1969, p. 23.

Jean-Guy Pilon, *Les Seins gorgés de Gemma Tremblay*, LAQ 1969, p. 91–93.

Yves Bolduc, *Souffles du midi*, LAQ 1972, p. 155-156.
Gaétan Dostie, *L'Ultime Droit de Gemma Tremblay*, dans *Le Jour*, vol. 1, n° 62, 13 mai 1974, p. 11.

TREMBLAY, JACQUES. Voir **LAMARCHE, GUSTAVE.**

TREMBLAY, JULES (1879–1927). Journaliste, poète, conteur et historien autodidacte, né à Montréal, fils de Rémi Tremblay. Il est issu d'une famille toujours intéressée aux arts et aux lettres. Après avoir terminé des études au Collège Notre-Dame et à l'École normale Jacques-Cartier de Montréal, Jules Tremblay commence sa carrière de journaliste en 1896, l'abandonne et y revient en 1898 au *Canada français* de Saint-Jean, puis à *La Presse* de Montréal. Il devient successivement rédacteur au *Temps*, au *Citizen*, au *Journal*, à la *Justice* d'Ottawa (qu'il fonde avec Louis Morisset), à la *Patrie*, au *Canada*, au *Devoir* et au *Herald*. Il collabore à plusieurs revues du Canada et de l'Europe. Il participe aux différents mouvements sociaux et littéraires à Montréal et à Ottawa, étant tour à tour secrétaire de l'Association canadienne-française d'éducation d'Ontario, président de l'Alliance française d'Ottawa, de la Canadian Authors Association, président du Bureau d'administration de la Bibliothèque municipale d'Ottawa, directeur du Conservatoire royal de musique de Montréal, membre du Club littéraire d'Ottawa et l'un des quatre fondateurs de la Société technologique de langue française d'Ottawa. Il devient par la suite traducteur en chef à l'Ordre du jour de la Chambre des communes. Docteur en littérature de l'Université d'Ottawa, président de l'Institut littéraire, Officier de l'Académie française, Jules Tremblay fut fortement estimé comme animateur culturel, homme d'action et journaliste. Ses origines littéraires coïncident avec la forte tendance des jeunes écrivains en faveur du terroir: Albert Ferland, Charles Gill, Albert Lozeau, Hector Demers. Le 26 mars 1909, il est élu membre de l'École littéraire dont il sera le secrétaire pendant deux ans: de 1910 à 1912. Ses quatre recueils de poésie, écrits entre 1911 et 1918, révèlent le don de tirer des paysages et de l'histoire, les notes et les couleurs que seule une âme sensible peut saisir. Jean Charbonneau qui, en 1935, examine l'héritage de l'École littéraire de Montréal, portraiture ainsi son collègue: «Ce poète enthousiaste se montra d'une activité débordante qui ne s'est jamais ralentie. [...] Érudit et possédant à un haut degré le sens de l'esthétique, il a su donner à ses poèmes une forme savante et variée». L'œuvre littéraire de Jules Tremblay n'est que partiellement connue. Dans les archives de la famille Tremblay que la fille du poète, Yvette Tremblay, a léguées au Centre de recherche en civilisation canadienne-française de l'Université d'Ottawa, on trouve, à l'état de manuscrit, plusieurs études intéressantes qui portent sur l'histoire et la littérature canadiennes-françaises, de même que sur le folklore d'expression française en Amérique et la vie française en Ontario.

ŒUVRES

Des mots, des vers (poésie), Montréal, Librairie Beauchemin, 1911, 228 p. Préface d'Alphonse Beauregard.

Le Français en Ontario (essai), Montréal, Arthur Nault, 1913, 34 p.

Une opinion sur la littérature canadienne-française (essai), Ottawa, Beauregard, 1913, 29 p. (Texte d'une conférence donnée le jeudi, 4 déc. 1913, à la Bibliothèque Carnegie d'Ottawa).

Les ailes qui montent. Poème de guerre, Ottawa, Imprimerie Beauregard, 1917, 30 p.; *Les ailes qui montent. Hommage du Nouvel An 1919*, 1918.

Du crépuscule aux aubes; quatrains, Ottawa, Imprimerie Beauregard, 1917, 59 p.

Les Ferments (poésie), Ottawa, Imprimerie Beauregard, 1917, 77 p. Dessin de Jobson Paradis.

Arômes du terroir (poésie), Ottawa, Imprimerie Beauregard, 1918, 75 p. Préface de l'auteur.

Le «Foyer». La charité en action (essai), Ottawa, Au Foyer, 1920, 47 p.

L'Hôpital public d'Ottawa, rue Water (histoire), Ottawa, Syndicat des œuvres sociales, 1921, 23 p. Traduit en anglais par J. Thomas Keliker, 24 p.

Nos lettres (essai), Ottawa, Imprimerie du Courrier fédéral, 1921, 22 p.

Trouées dans les Novales. Scènes canadiennes (récit), Ottawa, Imprimerie Beauregard, 1921, 259 p.

Canadian Literature of French Expression, [Ottawa, s.é., 1922], 20 p. (Conférence prononcée au Club des arts et lettres d'Ottawa).

Ballads o'barleycorn, Ottawa, Graphic Pub, 1925, 164 p. Préface de P.B. Mellon. Traduction de Jules Tremblay.

Sainte-Anne d'Ottawa. Un résumé d'histoire, 1873-1923, Ottawa, Cie d'Imprimerie d'Ottawa, 1925, vi, 408 p. Ill.

Autour du roman. Les Anciens Canadiens, Manchester, L'Avenir national, 1926, 36 p. (Texte d'une conférence donnée à Ottawa en 1923 et à Manchester (New Hampshire) en 1926).

L'École littéraire de Montréal, Dev, vol. 2, n° 148, 2 juillet 1910, p. 6.

La Sépulture d'Étienne Brûlé, MSRC, section I, 3ᵉ série, vol. 9, 1915, p. 145-164.

La Vente de la poule noire (anecdote canadienne), MSRC, 3ᵉ série, vol. 13, 1919-1920, p. 87-94.

Le Folklore au théâtre, dans *L'Action catholique*, n° 3748, 27 avril 1920, p. 8.

ÉTUDES

[Anonyme], *Le Voyage de Rome*, dans *L'Action sociale*, 1ʳᵉ année, n° 262, 2 nov. 1908, p. 1, 5.

[Anonyme], *Des mots, des choses*, Dev, vol. 2, n° 13, 18 janv. 1911, p. 6.

Alphonse Beauregard, *Un beau livre*, Dev, vol. 2, n° 16, 21 janv. 1911, p. 3.

Olivar Asselin, *Quelques Livres canadiens*, dans *La Revue moderne*, 1ʳᵉ année, n° 1, nov. 1919, p. 17-18.

Émile Le Goffic, *Le Livre du Canada*, dans *L'Action catholique*, vol. 14, n° 4068, 16 mai 1921, p. 3.

Louis Dantin, *Trouées dans les Novales*, dans *La Revue moderne*, 3ᵉ année, n° 6, 15 avril 1922, p. 18-19.

Nérée Beauchemin, *Jules Tremblay*, Dev, vol. 18, n° 287, 10 déc. 1927, p. 1.

Jean Charbonneau, *Jules Tremblay*, dans *L'École littéraire de Montréal*, Montréal, Albert Lévesque, 1935, p. 247-250.

Suzanne Lafrenière, *Littérature outaouaise et franco-ontarienne (6). Quatre poètes du temps passé*, Dr, 64ᵉ année, n° 275, 19 févr. 1977, p. 16.

Id., *Littérature outaouaise et franco-ontarienne (3). L'Amour du passé*, Dr, 65ᵉ année, n° 274, 18 févr. 1978, p. 17.

TREMBLAY, LAURENT [Cyprien] (1905-   ). Dramaturge, historien et essayiste, né à Métabetchouan (Lac-Saint-Jean-Est). Il commence son cours classique au Séminaire de Chicoutimi en 1919. Il entre chez les Oblats en 1925, poursuit ses études au Scolasticat Saint-Joseph d'Ottawa et à l'Université d'Ottawa, obtient un baccalauréat ès arts, des licences en philosophie, théologie et droit canon, un doctorat en philosophie scolastique en 1931, et est ordonné prêtre la même année. Après un an d'enseignement au Séminaire de Chambly (1932-1933), il sera principalement, à partir de 1934, prédicateur de retraites paroissiales et de retraites fermées à travers le Canada et en Nouvelle-Angleterre. Dans les années quarante, il s'occupe aussi activement des Jeunesses ouvrières catholiques et des ligues catholiques. Son imposante production littéraire, qui commence en 1935, est profondément liée à son œuvre apostolique. Il fonde le Théâtre chrétien en 1951 et la maison d'édition Rayonnement en 1952. Il publie quelque vingt-cinq pièces de théâtre (toutes jouées) et autant de sketches radiophoniques d'ordre social, historique et religieux, vingt-cinq chœurs parlés « pageants », deux romans, une bonne douzaine de livres et brochures d'histoire ou de biographies, une douzaine de livres et brochures de piété... Il collabore en outre à un bon nombre de périodiques. Ses premières pièces de théâtre, *L'Abonneux*, *Le Curé Hébert* et *Margot*, sont regardées comme ses meilleures : « Le principal mérite de l'auteur, écrit Raymond Desgagné (DOLQ, t. 2, p. 4.) à propos de *L'Abonneux*, est d'utiliser ici un niveau de langage à la fois correct et populaire, parfaitement adapté aux personnages et aux structures de la pièce ». Selon Lucie Robert les pièces de la période 1940-1960 sont nettement plus dogmatiques et n'ont pas la même consistance et la même efficacité. (DOLQ, t. 3, p. 650-652).

ŒUVRES

L'Abonneux. Drame social en trois actes, Trois-Rivières, L'Association catholique des voyageurs de commerce, [1935], 108 p. Sous le pseudonyme de Cyprien. Préface d'Eugène L'Heureux.

Trois jours avec Dieu. Prières-Lectures-Cantiques à l'usage des retraites, Trois-Rivières, Éditions des Pères Oblats, 1936, 192 p.

Hommage à la langue française. (Chœur parlé) (théâtre), Montréal, Le Théâtre chrétien enr., 1937, 31 p. ; Hull, Comité central des Ligues de retraitants, 1937, 20 p.

« *Margot* ». *Drame social en trois actes*, Trois-Rivières, L'Association catholique des voyageurs de commerce, [1937], 174 p. Sous le pseudonyme de Cyprien ; « *Margot* ». *Comédie canadienne en trois actes*, Québec, Les Missionnaires Oblats de Marie-Immaculée, 1942, 111 p.

Centenaire du Saguenay (théâtre), Chicoutimi, Comité du centenaire, 1938, 24 p.

Le Curé Hébert. Drame social en trois actes avec épilogue, Notre-Dame d'Hébertville, Comité des fêtes du centenaire de Saguenay de Notre-Dame d'Hébertville, 1938, 97 p. Ill.

Une heure avec Dieu, Hull, Éditions des Pères Oblats, 1938, 128 p.

Les Chansons du Saguenay (folklore), Chicoutimi, Société historique du Saguenay, 1939, 12 p.

Jubilé d'argent (histoire), Port-Alfred, Paroisse de Port-Alfred, 1942, 40 p.

Mon fleuve et ma cité. Jeu du centenaire de Chicoutimi, Chicoutimi, Société historique du Saguenay, 1942, 68 p. Ill. « Publications ».

Le Diable au septième. Drame en trois actes, Montréal, Les Missionnaires Oblats de Marie Immaculée, 1944, 78 p.

Le Jeu de la famille. Jeu scénique en 3 tableaux, Montréal, Éditions de la L.O.C., 1944, 84 p.

Pageant de Lachine. 1669-1944. 275ᵉ anniversaire (théâtre), [Montréal, Comité de Lachine, 1944], 16 p. (Édition bilingue).

Pageant de Ste-Marie de Beauce (théâtre), Ste-Marie de Beauce, Comité de Ste-Marie de Beauce, 1944, 12 p.

Congé de Pâques. Drame en un acte, Montréal, Les Missionnaires Oblats de Marie Immaculée, 1945, 32 p.

L'Enfant prodigue (théâtre), Montréal, Éditions des Pères Oblats, 1945, 80 p.

Son équipe. Drame en trois actes, Montréal, Le Théâtre chrétien enr., 1946, 48 p.

Dialogues entre vifs. Sketches (1re série), Montréal, Les Missionnaires Oblats de Marie-Immaculée, 1950, 96 p.

Marchand de Québec. Pièce historique en 4 actes, Montréal, Les Missionnaires Oblats de M.I., 1950, 64 p.; Québec, La compagnie Paquet limitée, 1950.

Ma croisade (piété), Montréal, Les Missionnaires Oblats de Marie Immaculée, 1951, [n.p., 153 p.]. Ill. d'Odette Vincent Fumet.

Priez pour moi (piété), Montréal, Éditions Aide aux défunts, 1951, 32 p.

Dialogue des êtres (théâtre), Montréal, Le Théâtre chrétien, 1952, 93 p. Ill. d'Andrée S. de Groot.

Psaumes populaires, Montréal, Éditions des Pères Oblats, 1952, 20 p.

Mystique des fiancés (piété), Montréal, Le Théâtre chrétien, 1953, 16 p.

La Bible au village. Saynètes populaires illustrées, Montréal, Le Théâtre Chrétien, 1954, 145 p. Ill. de Géka.

Coup d'œil sur les Sœurs de l'Espérance (histoire), Montréal, Éditions Les Sœurs de l'Espérance, 1954, 54 p.

Drame en Judée. Tiré de l'Évangile et de la tradition chrétienne (théâtre), Montréal, Les Éditions Oblates, 1955, 149 p. Ill. de Géka.

L'Exploit de Madeleine. Drame acadien en un acte, Montréal, Le Théâtre Chrétien, 1955, 24 p. Tiré des *Causeries du grand-père Antoine* du Rév. A.T. Bourque.

Initiation OJC 1,2,3,4 (théâtre), Ottawa, O.J.C., 1955, 112, 26, 42 p.

Un matin tragique (théâtre), Montréal, Le Théâtre Chrétien, 1955, 28 p.

Semaine à quatre. Roman, Montréal, Les Éditions Oblates, 1956, 91 p. Ill. d'Odette Vincent Fumet.

Bonjour Jésus (piété), Montréal, Éditions Rayonnement, 1957, 12 p.

Je vous salue Marie (piété), Montréal, Éditions Rayonnement, 1957, 12 p.

Qui va me protéger (piété), Montréal, Éditions Rayonnement, 1957, 12 p.

Tout me vient de lui (piété), Montréal, Éditions Rayonnement, 1957, 12 p.

Un récit pour le roi, Montréal, Éditions Rayonnement, 1957, 64 p.

Un trésor dans les bois : mon aventure chez les Indiens (récit), Montréal, Éditions Oblates, 1957, 96 p. Ill.

L'Héritage. Roman tiré de l'Évangile, Montréal, Rayonnement, 1958, 149 p. Ill. de Géka.

Son crime. Roman tiré de l'Évangile, Montréal, Rayonnement, 1958, 125 p. Ill. de Géka.

Combats de la vie (théâtre), Montréal, Rayonnement, [1959?], 152 p.

Chez les Démons de l'Outaouais, Montréal, Rayonnement, 1960, 32 p.

Pasteur et Brebis noire, Montréal, Rayonnement, 1960, 32 p.

Entre deux livraisons 1913-1963 (historique du Droit), Ottawa, Le Droit, 1963, 216 p. Ill. de Paul le Blanc.

L'Avé, ma prière, [Montréal, Rayonnement, 1974?], 80 p.

Le Poids du Jour. Rapaillage de souvenirs, Montréal, Rayonnement, 1977, 172 p. Collab. Lionel Labrèche. Portrait.

Père Joseph Thomas, o.m.i., 1904-1977 (notice biographique), [Montréal], Rayonnement, [1978?], 16 p.

Roger Gagné et sa réussite, [Montréal], Rayonnement, [1978?], 177 p. Portrait.

Au service du royaume : spiritualité de l'abbé de Lamarre, [Montréal], Rayonnement/Sœurs Antoniennes de Marie, 1979, 260 p. Ill.

Le Père Victor-Marie Villeneuve oblat de Marie Immaculée 1901-1979. Esquisse biographique, Montréal, Rayonnement, 1980, 151 p. Ill.

Une poignée de Tremblay (histoire), Montréal, Rayonnement, 1981, 352 p.

Le Père André Guay oblat de Marie Immaculée 1905-1981. Esquisse biographique, Montréal, Rayonnement, 1983, 207 p. Traduction anglaise et adaptation par Ovila Gadouas : *Father André Guay, Oblate of Mary Immaculate, 1905-1981 : biographical sketch*, Ottawa, Rayonnement, 1983, 211 p.

ÉTUDES

Sœur Sainte-Marthe-de-la-Trinité, « Bio-bibliographie analytique de P. Laurent Tremblay », Chicoutimi, [s.é.], 1961, 75 f. (Texte dactylographié).

John E. Hare, *Bibliographie du théâtre canadien-français*, dans *Le Théâtre canadien-français*, Montréal, Fides, 1976, p. 996. « ALC » 5.

Lémidas Bélanger, *L'Œuvre du Père Laurent Tremblay, une marque de foi et d'érudition*, dans *Progrès-Dimanche*, 16 janv. 1977, p. 50.

Édouard Rinfret, [*Laurent Tremblay*], dans *Le Théâtre canadien d'expression française*, [Montréal], Leméac, 1977, t. 3, p. 298-322.

Gilberte Tremblay-Sarthon, « Laurent Tremblay, dramaturge canadien-français ». Mémoire, Trois-Rivières, Université du Québec à Trois-Rivières, 1978, 92 f.

TREMBLAY, MARC-ADÉLARD (1922-   ). Agronome et anthropologue, né aux Éboulements (Charlevoix-Ouest). Licencié en sciences agricoles de l'Institut agricole d'Oka (1948), maître ès arts en sociologie de l'Université Laval (1951), docteur en anthropologie de l'Université Cornell (1954), Marc-Adélard Tremblay bénéficie de bourses du Conseil de recherches agricoles de la province de Québec (1949-1953), de la Carnegie Foundation (1950-1953) et du Conseil des Arts du Canada (1969). Il est professeur invité à l'Université du Maine et à l'Université de Colombie-Britannique (1969), directeur de l'École des gradués de l'Université Laval (1971), professeur titulaire d'anthropologie appliquée à la même institution (1973). Président de la Commission de la recherche de l'Université Laval, il est membre de nombreuses sociétés, dont l'Association internationale des sociologues de langue française, la Société canadienne de sociologie et d'anthropologie, l'Académie des sciences morales et politiques, la Société royale du Canada. En plus de faire partie du Comité de rédaction des revues *Anthropologica*, *Recherches sociographiques*, *Agriculture*, *Revue canadienne de sociologie et d'anthropologie*, *Toxicomanies*, il collabore à plusieurs périodiques : *Relations*, *The Canadian Journal of Economics and Political Science*, *Revue d'histoire de l'Amérique française*. En 1965, le 2e prix du Concours littéraire de la province de Québec lui est décerné pour son ouvrage *Les Comportements économiques de la famille salariée du Québec*. Soit seul, soit avec des collaborateurs, il publie près d'une centaine de travaux qui enrichissent la littérature d'éléments sociologiques et anthropologiques. Parmi ses ouvrages, il faut signaler son *Initiation à la recherche dans les sciences humaines* (1967) qui sert d'instrument de base aux étudiants et chercheurs.

ŒUVRES

The Acadians of Portsmouth : A Study in Culture Change, Ithaca, (N.Y.), Cornell University, 1954, 363 p.

L'Anse des Lavallée : A Traditional Acadian Well Organized Community, [s.l., s.é., 195– ?], 68 p.

Les Conditions de vie, les besoins et les aspirations des familles salariées canadiennes-françaises. Résumé des rapports sur les études faites, [Québec, s.é., 1963 ?], 98 p. Collab. Gérald Fortin.

Les Comportements économiques de la famille salariée du Québec. Étude des conditions de vie, des besoins et des aspirations de la famille canadienne-française, Québec, PUL, 1964, 406 p. Collab. Gérald Fortin et Marc Laplante.

Les Fondements sociaux de la maturation chez l'enfant, Toronto, Conférence canadienne de l'enfance, [1965], iii, 178 p. Collab. Vincent Ross. Version anglaise : *The Social Bases of Maturity in Childhood*.

Rural Canada in Transition. A Multidimentional Study of the Impact of Technology and Urbanization on Traditional Society, Ottawa, Agricultural Economic Research Council of Canada, [1966], xiv, 415 p. Ill. Éditeur avec Walton J. Anderson.

A Survey of the Contemporary Indians of Canada. Political, Educational Needs and Policies, Ottawa, Imprimeur de la Reine, 1967. Collab.

Initiation à la recherche dans les sciences humaines, Montréal, McGraw-Hill, 1968, xxii, 425 p. Ill.

Les Changements socio-culturels à Saint-Augustin. Contribution à l'étude des isolats de la Côte-Nord du Saint-Laurent, Québec, PUL, 1969, x, 186 p. Collab. Paul Charest et Yvan Breton. Ill. « Travaux et Documents du Centre d'études nordiques ».

Famille et Parenté en Acadie. Évolution des structures et des relations familiales et parentales à l'Anse-des-Lavallée, Ottawa, Musées nationaux du Canada, 1971, xxii, 174 p. Collab. Marc Laplante.

Communautés et Culture. Éléments pour une ethnologie du Canada français, Montréal, Éditions HRW, 1973, xvii, 428 p. Éditeur avec Gérald-Louis Gold. Version anglaise : *Communities and Culture in French Canada*, Toronto, Holt, Rinehart and Winston of Canada, [1973], xiii, 364 p.

Les Facettes de l'identité amérindienne / The Patterns of Amerindian Identity, Québec, PUL, 1976, xi, 316 p. Éditeur. (Symposium sur les Amérindiens, Montmorency, Québec, 1974).

L'Anthropologie appliquée à l'Université Laval, 1956–1966. Les Stratégies et les processus d'intervention, [Québec], École des gradués, [1977], 46 f.

The Individual Language and Society in Canada / L'Individu, la langue et la société au Canada, Ottawa, Canada Council, 1977, 436 p. Éditeur avec W.H. Coons et Donald M. Taylor.

Conscience et Enquête. L'ethnologie des réalités canadiennes, Ottawa, Musées nationaux du Canada, 1983, viii, 407 p. Éditeur. Ill.

L'Identité québécoise en péril (essai), Sainte-Foy, Éditions Saint-Yves, 1983, 287 p. Ill. de Colette Tremblay.

Nouvelles technologies et Sociétés, Québec, Faculté des sciences sociales de l'Université Laval, 1985, 306 p. Éditeur.

ÉTUDES

Norbert Lacoste, *Recherches sociographiques*, RHAF, vol. 18, n° 1, juin 1964, p. 147–149.

Gérard Dion, *Présentation de M. Marc-Adélard Tremblay*, dans *Réception de M. Marc-Adélard Tremblay*, Société royale du Canada, 1971–1972, p. 9–13.

Yvan Lamonde, *Mosaïque de la vie au Canada français*, Pr, 89e année, n° 221, 15 sept. 1973, p. C-3.

Fernand Dorais, *Nulle Identité n'est donnée toute à l'avance*, dans *Liaison*, n° 28, sept. 1983, p. 70–71.

TREMBLAY, MARIE-CLAUDE B. [X Marie-Claude Bussière-Tremblay] (1945–   ). Romancière, née à Chicoutimi. Après quatre ans de secondaire classique au Collège du Bon-Pasteur (1958-1962), elle obtient un diplôme commercial (1969), puis, à l'Université du Québec à Chicoutimi, un baccalauréat d'enseignement en arts plastiques (1980) et des certificats en anglais et en connaissance de l'homme et du milieu. Elle travaille au journal *Le Soleil*

(Saguenay-Lac-Saint-Jean, 1963–1965), à l'École normale Cardinal-Bégin (1967–1969) et, à partir de 1969, à l'UQAC où elle devient responsable de la gestion des dossiers en 1977. Adonnée très tôt à l'écriture, elle ne publie le premier roman de sa trilogie *Rachel* qu'en 1978, mais de cette date à 1981 elle fait paraître sept autres romans. Elle participe à de nombreuses entrevues et rencontres à la télévision et dans des écoles au sujet de son œuvre d'écrivain et de peintre. C. Robert dit de cette romancière à succès populaire : « Abhorrant l'hermétisme intellectuel [...], c'est au public qu'elle destine les débordements de son imagination où les personnages qu'elle anime, vivent, aiment, souffrent, rient et pleurent sans grandes envolées philosophiques ».

ŒUVRES

Tendre Rachel. Roman, Montréal, Presses Sélect Ltée, 1978, 240 p.

Le temps des vents qui courent. Rachel II. Roman, Montréal, Presses Sélect Ltée, 1978, 261 p.

Mon ami, Hugues. Roman, Montréal, Presses Sélect Ltée, 1979, 181 p.

Parmi les feuilles mortes. Roman, Montréal, Presses Sélect Ltée, 1979, 265 p.

Un lourd héritage. Rachel III. Roman, Montréal, Presses Sélect Ltée, 1979, 222 p.

Retour au futur. Roman, Montréal, Presses Sélect Ltée, 1980, 224 p.

Suis ton destin. Roman, Montréal, Presses Sélect Ltée, 1980, 220 p.

Un ange veille (roman), Montréal, Éditions Sélect Ltée, 1981, 337 p.

Du diable au cœur. Roman, [Boucherville ?], Éditions de Mortagne, 1985, 530 p. ; [Montréal], Éditions du Club Québec Loisirs, [1985 ?].

ÉTUDES

C. Robert, *Marie-Claude B. Tremblay, la romancière de Chicoutimi*, dans *Dimanche-Matin*, vol. 27, n° 49, 7 déc. 1980, p. B-19.
France Simard, *Donner le goût du roman*, Dr, 71e année, n° 41, 14 mai 1983, p. 21.

TREMBLAY, MICHEL (1942–   ). Dramaturge, conteur, romancier, scénariste, traducteur-adaptateur, né à Montréal dans le Plateau Mont-Royal, secteur de l'Est de Montréal où il situe une grande partie de son œuvre. Après la onzième année du secondaire à l'École Saint-Stanislas, il étudie les arts graphiques et devient linotypiste comme son père à l'Imprimerie Judiciaire (1964–1966), puis magasinier des costumes à Radio-Canada (1966–1967). En 1964, il remporte le premier prix du concours des Jeunes Auteurs pour « Le Train », pièce écrite en 1959, jouée deux fois au petit théâtre de la Place Ville-Marie et produite à la télévision. Ses *Contes pour buveurs attardés*, parus en 1966, révèlent un écrivain par leur technique et le mélange du réel et du fantastique. Boursier du Conseil des Arts du Canada, il passe les mois de janvier et de février 1968 au Mexique où il écrit un roman fantastique, *La Cité dans l'œuf*. Mais ce sont *Les Belles-Sœurs* qui vont faire connaître Michel Tremblay et lui permettre de se consacrer à l'écriture. Rédigée en 1965, la pièce est d'abord refusée par les directeurs de théâtre, puis lue avec succès au théâtre des Apprentis-Sorciers le 4 mars 1968, et créée au Théâtre du Rideau Vert, le 28 août, par André Brassard. C'est un triomphe. Tableau de la vie quotidienne d'un groupe de femmes d'un quartier populaire de Montréal, la pièce, dans sa mise en scène chorale parodique, est une satire sociale et religieuse de l'aliénation du Québec. La caricature rejoint le réel, et les éclats de rire soulevés par les situations et le langage s'achèvent dans un goût amer de tragique. Quelques critiques ont été rebutés par le langage et des vulgarités, mais la plupart ont reconnu un grand dramaturge : sa technique est solide, la maîtrise de la langue du milieu excellente, les personnages très vivants. Le public est conquis sans réserve. En mettant sur scène le petit peuple, Michel Tremblay crée un théâtre nouveau qui va faire date. La pièce est reprise quatre fois avant la fin de 1973, elle est jouée en anglais à Toronto avec un vif succès, en avril de cette année-là, puis en décembre à Paris où l'accueil est enthousiaste. Tremblay développe ce microcosme d'un Québec aliéné, condamné, dans une suite de pièces — une douzaine — qu'on a appelées le cycle des Belles-Sœurs dans lequel reviennent le même quartier de Montréal, les mêmes personnages, monde composé en bonne partie de marginaux, gens du trottoir, travestis, etc., monde de malheureux et de solitaires. Signalons *À toi pour toujours, ta Marie-Lou* (1971), « une pièce parfaite » (André Dionne), *Bonjour là, bonjour* (1974), *Sainte Carmen de la Main* (1976), et *Damnée Manon, sacrée Sandra* (1977) qui, dit alors l'auteur, ferme le cycle. Tremblay le reprend cependant plus d'une fois, en particulier dans *Albertine en cinq temps* (1984), pièce où une femme de soixante-dix ans se revoit en même temps à cinq moments différents de sa vie. Pour Robert Lévesque et d'autres, c'est le chef-d'œuvre théâtral du dramaturge. Tremblay prolonge encore le cycle à la fin des années soixante-dix dans les « Chroniques du Plateau Mont-Royal », des romans cette fois, où il rajeunit de vingt-cinq ans des héros déjà connus, pour essayer de comprendre ce qu'il en a fait dans le cycle, dit-il. Entre-temps, à partir de 1973, son théâtre est traduit et joué en plusieurs langues, à travers le Canada et les États-Unis, en France, en Angleterre, en Allemagne et jusqu'au Japon..., dans une quinzaine de pays. Entre 1964 et 1986, Michel Tremblay reçoit une belle quantité de prix et décorations : prix du gala Meritas (1970, 1971, 1972), prix de la meilleure production étrangère (Paris, 1973), nommé le Montréalais le plus remarquable des vingt dernières années en matière de théâtre (1978), prix Victor-Morin (1979), prix France-Québec (1981), chevalier de l'Ordre des arts et des lettres de France (1984), grand prix de l'Association des critiques de théâtre (1985), prix Chalmers (1986)... À l'âge de quarante-cinq ans, Michel Tremblay a fait plus de vingt pièces de théâtre, deux comédies musicales, six romans, un recueil de contes, cinq scénarios de films, plusieurs traductions ou adaptations théâtrales, une douzaine de chansons... Et le rythme de production se maintient. « Avant Michel Tremblay, écrit Adrien Gruslin au moment de *Damnée Manon, sacrée Sandra*, aucun dramaturge québécois n'était parvenu à se faire l'accompagnateur perspicace d'une destinée collective. [...] Si marginal soit-il, son monde n'en constitue pas moins une expression stylisée de l'aventure de tout un peuple ». C'est l'un des écrivains les plus marquants de sa génération. Tel il reçoit, à l'âge de 46 ans, le prestigieux prix Athanase-David.

ŒUVRES

Contes pour buveurs attardés, Montréal, Les Éditions du Jour, 1966, 159 p. « RJ » ; 1979. « Le Petit Jour » ; Éditions internationales Alain Stanké, 1985, 172 p. « Contes 10/10 ». Traduction anglaise par Michael Bullock : *Stories for Late Night Drinkers*, Vancouver, Intermedia, 1977, 123 p.

Les Belles-Sœurs (théâtre), Montréal, Holt, Rinehart et Winston, 1968, 71 p. Présentation de Jean-Claude Germain. « Théâtre vivant » ; [Montréal], Leméac, 1972, vii, 156 p. Ill. Introduction d'Alain Pontaut. « TC » ; *Les Belles-Sœurs* (extraits), Art Global, 1982, un emboîtage. Lithographies originales rehaussées d'aquarelles de Régine Lhéritier. Traduction anglaise par John Van Burek et Bill Glassco, Vancouver, Talonbooks, 1974, 114 p.

La Cité dans l'œuf. Roman, Montréal, Éditions du Jour, 1969, 182 p. « RJ » ; Éditions internationales Alain Stanké, 1985, 192 p. « Roman 10/10 ».

Lysistrata, d'après Aristophane (théâtre), [Montréal], Leméac, 1969, 93 p. « RQ ». Adaptation en collaboration avec André Brassard.

L'Effet des rayons gamma sur les vieux garçons (théâtre), [Montréal], Leméac, 1970, 70 p. Portrait. Présentation d'Alain Pontaut. « Théâtre, traduction et adaptation ». Traduction et adaptation de l'œuvre de Paul Zindel : *The Effect of Gamma Rays on Man-in-the-Moon Marigolds*.

En pièces détachées et La Duchesse de Langeais. Version pour la télévision (théâtre), [Montréal], Leméac, 1970, 93 p. Ill. « RQ » ; 1972 ; 1976 ; *En pièces détachées*, 1982. « Théâtre/Leméac ». Traduction anglaise par Allan Van Meer : *En pièces détachées. A Play*, Vancouver, Talonbooks, 1972, 110 p. ; *Like Death Warmed Over*, Toronto, Playwrights Co-op, 1973, 49 f.

À toi, pour toujours, ta Marie-Lou (théâtre), [Montréal], Leméac, 1971, 94 p. Ill. Introduction de Michel Bélair. « TC ». Traduction anglaise par John Van Burek et Bill Glassco : *Forever Yours, Marie-Lou*, Vancouver, Talonbooks, 1975, 86 p.

... et Mademoiselle Roberge boit un peu... (théâtre), [Montréal], Leméac, 1971, 95 p. Ill. « Théâtre ». Traduction et adaptation de l'œuvre de Paul Zindel : *And Miss Reardon Drinks a Little*.

Trois petits tours... (théâtre), [Montréal], Leméac, 1971, 64 p. « RQ » ; *Trois petits tours. Triptyque composé de* « Berthe » » *Johny Mangano and his Astonishing Dogs* » « Gloria Stars », 1986, 87 p. Ill. « Théâtre Leméac ».

Demain matin, Montréal m'attend (théâtre), [Montréal], Leméac, 1972, 90 p. « RQ ».

Chez Fada. Bière, vins, liqueurs, repas, Montréal, Éditions Graffofone, 1973, [portefeuille, n.p., 13 f.]. Huit sérigraphies de Michel Leclair.

C't'à ton tour, Laura Cadieux. Roman, Montréal, Éditions du Jour, 1973, 137 p. « RJ » ; 1979 ; [Montréal], Stanké, 1985, 149 p. « Roman 10/10 ».

Hosanna [suivi de] *La Duchesse de Langeais* (théâtre), [Montréal], Leméac, 1973, 107 p. Ill. « RQ » ; 1984. « Théâtre Leméac ». Traduction anglaise par John Van Burek et Bill Glassco : *Hosanna*, Vancouver, Talonbooks, 1974, 102 p. Ill. Traduction de John Van Burek : *La Duchesse de Langeais & Other Plays*, Vancouver, Talonbooks, 1976, 125 p. Ill.

Bonjour, là, bonjour (théâtre), [Montréal], Leméac, 1974, 107 p. Ill. Introduction de Laurent Mailhot. « TC ». Traduction anglaise par John Van Burek et Bill Glassco : *Bonjour, là, bonjour. A Play*, Vancouver, Talonbooks, 1975, 93 p.

Il était une fois dans l'Est (scénario), Montréal, L'Aurore, 1974, 106 p. Collab. André Brassard. Ill. « Les Grandes Vues ».

Mademoiselle Marguerite (théâtre), [Montréal], Leméac, 1975, 96 p. « Théâtre, traduction et adaptation ». Traduction et adaptation de l'œuvre de Roberto Athayde : *Aparaceu a Margarida*.

Les Héros de mon enfance (comédie musicale), [Montréal], Leméac, 1976, 103 p. Portrait. « Théâtre/Leméac ».

Sainte Carmen de la Main (théâtre), [Montréal], Éditions Leméac, 1976, xviii, [2], 83 p. Portrait. Carte. Introduction d'Yves Dubé. « Théâtre/Leméac ». Traduction anglaise par John Van Burek : *Sainte-Carmen of the Main. A Play*, Vancouver, Talonbooks, 1981, 77 p.

Damnée Manon, sacrée Sandra, suivi de Surprise ! Surprise ! (théâtre), [Montréal], Leméac, 1977, 117 p. Portrait. Introduction par Pierre Filion. « Théâtre/Leméac ». Traduction anglaise par John Van Burek : *Damnée Manon, sacrée Sandra. A Play*, Vancouver, Talonbooks, 1981, 43 p.

La grosse femme d'à côté est enceinte (roman), [Montréal], Leméac, 1978, 329 p. « Roman québécois » (Chroniques du Plateau Mont-Royal, 1) ; Paris, Éditions Robert Laffont ; [Montréal], Leméac, 1986. « Poche L Québec ». Traduction anglaise par Sheila Fischman : *The Fat Woman Next Door is Pregnant. A Novel*, Vancouver, Talonbooks, 1981, 252 p.

L'Impromptu d'Outremont (théâtre), [Montréal], Leméac, 1980, 118 p. Introduction de Laurent Mailhot. « Théâtre/Leméac ». Traduction anglaise par John Van Burek : *The Impromptu of Outremont. A Play*, Vancouver, Talonbooks, 1981, 86 p.

Thérèse et Pierrette à l'école des Saints-Anges (roman), [Montréal], Leméac, 1980, 368 p. « Roman québécois » (Chroniques du Plateau Mont-Royal, 2) ; Paris, Bernard Grasset, 1983 ; [Montréal], Leméac, 1986. « Poche L Québec ». Traduction anglaise par Sheila Fischman : *Thérèse and Pierrette and the Little Hanging Angel. A Novel*, Toronto, McClelland and Stewart, 1984, 262 p.

Les Anciennes Odeurs (théâtre), [Montréal], Leméac, 1981, 93 p. Portrait. Introduction de Guy Ménard. « Théâtre/Leméac ». Traduction anglaise par John Stowe : *Remember Me. A Play*, Vancouver, Talonbooks, 1984, 58 p.

La Duchesse et le Roturier (roman), [Montréal], Leméac, 1982, 385 p. « Roman québécois » (Chronique du Plateau Mont-Royal, 3) ; Paris, Bernard Grasset, 1984, 385 p.

Oncle Vania (théâtre), [Montréal], Leméac, 1983, 125 p. Collab. Kim Yaroshevskaya. « Théâtre, traduction et adaptation ». Traduction et adaptation de la pièce d'Anton Tchekhov.

Albertine en cinq temps (théâtre), [Montréal], Leméac, 1984, 103 p. Portrait. « Théâtre/Leméac ». Traduction anglaise par John Van Burek et Bill Glassco : *Albertine in Five Times. A Play*, Vancouver, Talonbooks, 1986, 76 p.

Des nouvelles d'Édouard (roman), [Montréal], Leméac, 1984, 312 p. « Roman québécois » (Chroniques du Plateau Mont-Royal, 4).

Le Gars de Québec (théâtre), [Montréal], Leméac, 1985, 171 p. « Théâtre, traduction et adaptation ». Adaptation libre du *Revizor* de Gogol.

Le Cœur découvert. Roman d'amours, [Montréal], Leméac, 1986, 318 p. « Roman québécois ».

Du Vrai Monde ? (théâtre), Montréal, Leméac, 1987, 106 p. « Théâtre ».

Le Prix Victor-Morin. Les discours de Michel Tremblay et de Rudel Tessier, Dev, vol. 66, n° 289, 14 déc. 1974, p. 15.

ÉTUDES

Georges-Henri d'Auteuil, *Les Belles-Sœurs*, Rel, vol. 28, n° 331, oct. 1968, p. 286-287.

Laurent Mailhot, *Les Belles-Sœurs ou L'Enfer des femmes*, EF, vol. 6, n° 1, févr. 1970, p. 96-104 ; dans J.-C. Godin et L. Mailhot, *Le Théâtre québécois*, Montréal, Hurtubise HMH, 1973, p. 191-192.

Jean-Cléo Godin, *En pièces détachées, La Duchesse de Langeais*, LAQ 1970, p. 83.

André Turcotte, *Les Belles-Sœurs en révolte*, VIP, n° 3, 1970, p. 183-199.

J.-P. Ryngaert, *Du réalisme à la théâtralité : la dramaturgie de Michel Tremblay, dans Les Belles-Sœurs et À toi pour toujours, ta Marie-Lou*, LAQ 1971, p. 97-108.

Michel Bélair, *Michel Tremblay*, Montréal, PUQ, 1972, 95 p. « Studio ».

Raymond Joly, *Une douteuse libération. Le dénouement d'une pièce de Michel Tremblay*, EF, vol. 8, n° 4, nov. 1972, p. 363-374.

François Hébert, *C't'à ton tour Laura Cadieux de Michel Tremblay*, LAQ 1973, p. 30-31.

Raymond Joly, *Hosanna suivi de La Duchesse de Langeais*, LAQ 1973, p. 160-162.

Martial Dassylva, *Une réédition des « Belles-sœurs » et des inédits*, Pr, 89ᵉ année, n° 47, 24 févr. 1973, p. D-5.

Id., *Michel Tremblay à ses détracteurs : Écoutez ce que mes personnages ont à dire*, Pr, 90ᵉ année, n° 294, 10 déc. 1974, p. B-1.

[J-PT], *La Remise du prix Victor-Morin. Michel Tremblay : « Saluer debout la Mère Patrie... »*, dans *Le Jour*, vol. 1, n° 240, 11 déc. 1974, p. 13.

Jean O'Neil, *Sainte Carmen de la Main, priez pour nous !*, Pr, 92ᵉ année, n° 176, 24 juillet 1976, p. C-2.

Yolande Villemaire, *Les Héros de mon enfance*, dans *Jeu*, été-automne 1976, n° 3, p. 74-77.

[*Michel Tremblay*], dans *Canadian Drama/L'Art dramatique canadien*, vol. 2, n° 2, automne 1976. (3 articles sur Tremblay, p. 204-223, 236-238).

Paulette Collet, *Michel Tremblay. Les leitmotive de son théâtre*, dans *Le Théâtre canadien-français*, Montréal, Fides, 1976, p. 597-615. « ALC » 5.

André Fortier, *« Demain matin, Montréal m'attend » de Michel Tremblay, dans Le Théâtre canadien-français*, Montréal, Fides, 1976, p. 655-666. « ALC » 5.

Naïm Kattan, *L'Influence américaine sur le théâtre au Québec*, dans *Le Théâtre canadien-français*, Montréal, Fides, 1976, p. 431-435. « ALC » 5.

Maximilien Laroche, *Les Techniques théâtrales des dramaturges québécois. La mise en scène*, dans *Le Théâtre canadien-français*, Montréal, Fides, 1976, p. 368-398. « ALC » 5.

Micheline Cambron, *Michel Tremblay. Sainte Carmen de la Main*, LAQ 1976, p. 198-199 ; *Les Héros de mon enfance*, p. 99-200.

Martial Dassylva, *Quand Michel Tremblay traite du fanatisme en religion et en sexe*, Pr, vol. 93, n° 48, 26 févr. 1977, p. D-7.

Adrien Gruslin, *Avec « Damnée Manon, sacrée Sandra »* Michel Tremblay *achève un premier cycle*, Dev, vol. 69, nᵒ 46, 26 févr. 1977, p. 16.

Id., « *Damnée Manon, sacrée Sandra* ». *Les marginaux perdus de Tremblay*, Dev, vol. 69, nᵒ 48, 1ᵉʳ mars 1977, p. 12.

Yolande Villemaire, *Il était une fois dans l'est : l'empire des mots*, dans *Jeu*, nᵒ 8, printemps 1978, p. 61-75.

Réginald Martel, *Du grand Michel Tremblay en représentation privée*, Dr, 14ᵉ année, nᵒ 159, 11 nov. 1978, p. D-3.

André Juéry, *Michel Tremblay. Une interprétation psychanalytique des Belles-Sœurs*, dans *Études littéraires*, vol. 11, nᵒ 3, déc. 1978, p. 473-489.

André Smith, *Michel Tremblay. La grosse femme d'à côté est enceinte*, LAQ 1978, p. 80-84.

Daniel Drolet, *Michel Tremblay. La colère a fait place à la tendresse*, Dev, vol. 70, nᵒ 45, 23 févr. 1979, p. 8.

Martial Dassylva, *Michel Tremblay. Une nouvelle pièce piégeante* L'Impromptu d'Outremont, Pr, 96ᵉ année, nᵒ 81, 5 avril 1980, p. B-1, B-6.

J[ean] R[oyer], *Le Théâtre de Tremblay-Brassard*, Dev, vol. 71, nᵒ 84, 12 avril 1980, p. 19-20.

Michel Tremblay : une société qui s'éveille... (entrevue), dans *L'Actualité*, vol. 5, nᵒ 4, avril 1980, p. 13-15.

Murray Maltais, *Michel Tremblay, Outremont et la culture*, Dr, 68ᵉ année, nᵒ 61, 7 juin 1980, p. 17.

Réginald Martel, *Tant de monde à tant aimer !* Michel Tremblay, Pr, 96ᵉ année, nᵒ 251, 25 oct. 1980, p. C-1, C-3.

Jean-Cléo Godin, *Michel Tremblay. L'Impromptu d'Outremont*, LAQ 1980, p. 173-174.

André Dionne, *Michel Tremblay. Thérèse et Pierrette à l'école des Saints-Anges*, LAQ 1980, p. 72-75.

Jean-Cléo Godin, *Tremblay : marginaux en chœur*, dans J.-C. Godin et L. Mailhot, *Le Théâtre québécois*, 2, Montréal, Hurtubise HMH, 1980, p. 165-188.

Gabrielle Poulin, *Musique de chambre vs Concert symphonique : « Thérèse et Pierrette à l'école des Saints-Anges » de Michel Tremblay*, LQ, nᵒ 22, été 1981, p. 17-19.

Donald Smith, *Michel Tremblay et la Mémoire collective* (entrevue), LQ, nᵒ 23, automne 1981, p. 49-56.

Alonzo LeBlanc, *Michel Tremblay. Les Anciennes Odeurs*, LAQ 1981, p. 194-196.

M.C. Piccione et J.M. Lacroix, *Entretien avec Michel Tremblay*, dans *Études canadiennes*, nᵒ 10, 1981, p. 203-208.

André-G. Bourassa, *Impromptu/ Tremblay*, LQ, nᵒ 25, printemps 1982, p. 46-47.

Pierre Nepveu, « *Hosanna* » *au pays d'Élizabeth*, dans *Jeu*, nᵒ 22, 1982, 1, p. 113-114.

Réginald Martel, *Après Thérèse et Pierrette, la rue Fabre qui mène partout*, Pr, 98ᵉ année, nᵒ 235, 9 oct. 1982, p. C-2.

Daniel Drolet, « *La Duchesse et le Roturier* », de Michel Tremblay. *Un assortiment étonnant...*, Dr, 70ᵉ année, nᵒ 192, 13 nov. 1982, p. 26.

[*Michel Tremblay*], VI, vol. 7, nᵒ 2, hiver 1982, p. 213-326. (Numéro spécial).

Renate Usmiani, *Michel Tremblay*, Vancouver, Douglas & McIntyre, 1982, 177 p. « Studies in Canadian Literature ».

Martial Dassylva, *Michel Tremblay.* « *Sur le fond, ça n'a pas changé !* », Pr, 99ᵉ année, nᵒ 66, 19 mars 1983, p. E-1, E-6.

Robert Lévesque, *Au Théâtre Populaire du Québec. À toi, pour toujours, ta Marie-Lou, une pièce admirable*, Dev, vol. 74, nᵒ 72, 28 mars 1983, p. 7.

Gabrielle Poulin, *Le Désespoir créateur. La Duchesse et le Roturier de Michel Tremblay*, LQ, nᵒ 29, printemps 1983, p. 19-21.

Réginald Martel, *Michel Tremblay à Paris. Un bonheur insensé*, Pr, 99ᵉ année, nᵒ 135, 11 juin 1983, p. B-3.

Gabrielle Poulin, « *Des nouvelles d'Édouard* », de Michel Tremblay. *Pitoyable, drôle et sublime*, Dr, 72ᵉ année, nᵒ 191, 10 nov. 1984, p. 26.

Raymond Bernatchez, *Michel Tremblay.* « *Ça fait vingt ans que je traîne Albertine* », Pr, 101ᵉ année, nᵒ 22, 10 nov. 1984, p. E-1, E-10.

Robert Lévesque, *Le Chef-d'œuvre de Tremblay, une performance magistrale de Rita Lafontaine. Albertine, dont tous les âges crient au secours*, Dev, vol. 75, nᵒ 268, 17 nov. 1984, p. 29.

Réginald Martel, *Chroniques du plateau Mont-Royal IV. La grande virée d'Édouard*, Pr, 101ᵉ année, nᵒ 43, 1ᵉʳ déc. 1984, p. E-3.

Stéphane Lépine, *Albertine, en cinq temps, pièce de Michel Tremblay*, dans *Nos livres*, vol. 15, déc. 1984, p. 3-4.

Id., *Tremblay (Michel). Albertine, en cinq temps*, dans *Nos livres*, vol. 15, déc. 1984, p. 34.

Id., *Tremblay (Michel). Des nouvelles d'Édouard*, dans *Nos livres*, vol. 15, déc. 1984, p. 35-37.

Alain Pontaut, *Le Tragique de Michel Tremblay*, dans *L'Incunable*, 18ᵉ année, nᵒ 4, déc. 1984, p. 34-37.

Jean Royer, *Michel Tremblay. Pour le bonheur, contre la société*, Dev, vol. 77, nᵒ 271, 22 nov. 1986, p. C-4.

Réginald Martel, *Un roman d'amours de Michel Tremblay*, Pr, 103ᵉ année, nᵒ 34, 22 nov. 1986, p. E-3.

France Simard, *Michel Tremblay. Des succès qui s'accumulent*, Dr, 75ᵉ année, nᵒ 240, 10 janv. 1987, p. 49.

Peering Into the Soul of French Canada, dans *Maclean's*, vol. 100, nᵒ 15, 13 avril 1987, p. 46.

Jean Beaunoyer, *Tremblay : joué dans toutes les langues... même en français*, Pr, 105ᵉ année, nᵒ 3, 22 oct. 1988, p. E-7.

TREMBLAY, PIERRE-EUGÈNE (1952–   ). Poète, né à Montréal. Il fait ses études au Cégep Bois-de-Boulogne (D.E.C., 1974) et à l'Université de Montréal où il obtient, en 1982, un baccalauréat en philosophie et communications. Il est professeur suppléant à la Commission des écoles catholiques de Montréal (1976-1980), lance un journal d'étudiants, *Y'bout sur sa branche* (1976, 3 numéros), dirige le feuillet mensuel *L'Obligation* (1979-1982) et fonde les Éditions Michaël Jaulin, en 1979. Son premier recueil de poésie, *Rédemption supersonique* (1977) est profondément marqué par des questions sur la vie, la mort, l'engagement social.

ŒUVRES

Rédemption supersonique. Poésie, Rivières-des-Prairies, Chez l'auteur, 1977, 102 p. (Brochure polycopiée) ; Les Éditions Michaël Jaulin, 1980, 100 p. Ill. de Lise Monette, Benoît Poulin et Alain Soucy. « Poésie ».

Au nom de la guerre et du lys et du saint-sacrifice... ainsi le faut-il ? (roman), Montréal, Chez l'auteur, 1977, 35 f. (Polycopié).

Sans penser, voici cent pensées (aphorismes et apophtegmes), Rivière-des-Prairies, Chez l'auteur, 1977, [n.p., 10 f.].

Esthétique, dans *Phi zéro*, vol. 3, nº 3, juin 1975, p. 7–8.

ÉTUDES

Richard Léonard, *Hommage à Pierre-Eugène Tremblay*, dans *Y'bout sur sa branche*, vol. 2, nº 2, 18 févr. 1976, p. 27–28.
Réginald Martel, *Littérature — Bonne nouvelle*, Pr, 93ᵉ année, nº 10, 10 janv. 1977, p. B-8.

TREMBLAY, RÉMI (1847–1926). Poète, conteur et journaliste, né à Saint-Barnabé (Saint-Hyacinthe). En 1859, il émigre aux États-Unis et habite à Woonsocket, Rhode Island, avec ses parents. En 1863, à seize ans, pendant la guerre de Sécession, il s'engage dans l'armée du Nord et participe à toute la campagne du Potomac. Fait prisonnier, il s'évade au bout de six mois, rentre au Canada et s'inscrit à l'école militaire de Montréal où il devient officier. Il racontera plus tard ses souvenirs de guerre dans un roman autobiographique, *Un revenant* (1884). Il exerce divers métiers au Canada et aux États-Unis, devient journaliste, collabore à plusieurs journaux américains et canadiens. On le retrouve à Ottawa en 1880, traducteur aux Débats. Il retourne cependant à Montréal en 1888 et reprend son travail de journaliste. En 1896, il s'installe de façon définitive à Ottawa où il est traducteur à la Chambre des communes. Il reste cependant grand voyageur et meurt à la Guadeloupe. Poète satirique, il publie un premier volume de vers *Caprices poétiques*, en 1883, et un second en 1888, *Coups d'ailes et Coups de bec*. Il consacre les dernières années de sa vie à écrire le récit de ses voyages et à rédiger ses souvenirs. Selon Camille Roy, « Il y a de l'originalité parfois dans ses conceptions [... mais son style est] trop souvent embarrassé de lourdeurs, de prosaïsme ». Il demeure plutôt un animateur culturel plein de bonne volonté, servant son époque par des écrits fort simples et un talent qu'il sait lui-même limité.

ŒUVRES

Le Chansonnier politique du Canard, Montréal, Presses du Canard, 1879, 61 p. (Musique du Père Louison).
Caprices poétiques et Chansons satiriques, Montréal, A. Filiatrault & Cie, 1883, viii, 311 p.
Un revenant. Épisode de la guerre de Sécession aux États-Unis, Montréal, Typographie de la Patrie, 1884, 437 p.; *Un revenant. Un roman*, Bedford, NMDC, 1980, 348 p.
Coups d'aile et Coups de bec, Montréal, Imprimerie Gebhardt-Berthiaume, 1888, 268 p.
Restons Français. Chant de la Ligue des patriotes, Fall River (Mass.), L'Indépendant, [1888], 4 p. (Musique de Calixa Lavallée).

La Chanson du petit porteur de la Justice, Québec, [s.é.], 1889, [n.p., 1 p.].
Benjamin Sulte, [Montréal, s.é., 188– ?], 6 p. Portrait.
À trompeuse, trompeur et demi. Comédie en un acte, Fall-River (Mass.), L'Indépendant, 1893, 26 p.
Boutades et Rêveries, Fall-River (Mass.), L'Indépendant, 1893, 320 p.
Vers l'idéal (poésie), Ottawa, La Cie d'Impr. commerciale, 1912, 352 p.
Pierre qui roule. Souvenirs d'un journaliste, Montréal, Beauchemin, 1923, 234 p.
Mon dernier voyage à travers l'Europe, Montréal, Éditions É. Garand, 1925, 80 p. Préface de Stephen Coubé. Avant-propos de J.N. Dupuis. Avant-mot d'Émile Vaillancourt.

Constance et Loyauté (récit), dans *La Revue nationale*, vol. 1, 1895, p. 405–426.

ÉTUDES

Alexandre Bélisle, dans *Histoire de la presse franco-américaine*, Worcester (Mass.), L'Opinion publique, 1911, p. 296–299.
Adjutor Rivard, *Vers l'idéal*, BPF, vol. 10, nº 7, mars 1912, p. 268–270.
Gérard Malchelosse, *M. Rémi Tremblay*, dans *Le Pays laurentien*, vol. 3, nº 6, juin 1918, p. 102–106.
Camille Roy, *Rémi Tremblay. Vers l'idéal*, dans *Érables en fleurs*, Québec, [s.é.], 1923, p. 59–61.
Rémi Tremblay, BRH, vol. 32, 1926, p. 436.

TREMBLAY, VICTOR [Michel Riverain, J.S., Jean Saguenay, Robert Val, Jean Viez] (1892–1979). Historien, né à Saint-Jérôme de Métabetchouan (Lac-Saint-Jean-Est). Après des études à l'École normale Laval, il enseigne à Saint-Cœur-de-Marie et à Hébertville. Dans l'espoir de devenir journaliste, il prépare son baccalauréat au Séminaire de Chicoutimi. En 1915, il entre au Grand Séminaire de Chicoutimi et est ordonné prêtre en 1919. Professeur d'histoire au Séminaire de Chicoutimi à partir de cette date, il commence des recherches qui aboutissent à son *Histoire du Saguenay*. En 1934, il fonde la Société historique du Saguenay bientôt connue par ses publications et son important Centre de documentation. En 1954, la Société, toujours sous la direction du chanoine Tremblay, fonde la revue *Saguenayensia* qui remplace le *Bulletin de la Société*, publié depuis 1946. Conférencier recherché, essayiste et historien de marque, Mgr Victor Tremblay publie des centaines d'articles dans des revues et des journaux, notamment dans *Le Progrès du Saguenay* et dans *Saguenayensia*. Il reçoit la médaille de la Société historique de Montréal en 1966 et, la même année, la médaille de la Société des Dix. Sa biographie de Louis Hémon préparée en collaboration avec Alfred Ayotte, a frayé le chemin à d'autres études sur l'auteur de *Maria Chapdelaine*.

ŒUVRES

Le Temps de Jacques Cartier, causeries historiques, Chicoutimi, Publications de la Société historique du Saguenay, 1934, 130 p. Ill. ; 1970, 102 p.

Ils ont passé... Le monument du Coteau du Portage, Chicoutimi, Publications de la Société historique du Saguenay, 1937, 40 p.

L'Histoire du Saguenay depuis l'origine jusqu'à 1870, Chicoutimi, Publications de la Société historique du Saguenay, 1938, 331 p. Collab. Lorenzo Angers. Ill. ; Librairie régionale, 1968, 465 p. ; 1977.

Les Oblats du Saguenay, Chicoutimi, Publications de la Société historique du Saguenay, 1944, 22 p. Cartes.

Bon-Désir, un coin de la paroisse des Bergeronnes, Chicoutimi, Publications de la Société historique du Saguenay, 1945, 48 p. Ill.

L'Évangélisation du Saguenay par les Jésuites 1641–1782, Chicoutimi, Société historique du Saguenay, 1946, 15 p.

La Question de la baie des Hahas, Chicoutimi, [s.é.], 1947, 15 p.

Album du XVIIᵉ Congrès et de la 12ᵉ assemblée du Conseil général de la Corporation des agronomes de la Province de Québec, Chicoutimi, [s.é.], 1953, 162 p.

Aperçu historique de Roberval, 1854–1954, Roberval, Comité du Centenaire, 1954, 60 p.

Alma au Lac-Saint-Jean, son histoire, Chicoutimi, Société historique du Saguenay, 1967, 512 p. Ill.

Les Trente années de nos localités. Brefs historiques, Chicoutimi, Société historique du Saguenay, 1968, 262 p. Ill.

L'Aventure Louis Hémon, Montréal, Fides, 1974, 389 p. Collab. Alfred Ayotte. Ill. Cartes.

La Tragédie du Lac-Saint-Jean, Chicoutimi, Science moderne, 1979, 231 p. Ill.

Des premiers, dans *Alma Mater* (Chicoutimi), vol. 8, nᵒ 7, 31 mars 1924, p. 48–60.

Les Premières Pages de l'histoire du Saguenay, CHAR, 1925, p. 40–49.

La Plus Ancienne Carte de la province de Québec, BRH, vol. 32, nᵒ 5, 1926, p. 280–283.

La Consultation des vieillards, AN, vol. 11, nᵒ 6, 1938, p. 547–549.

La Conquête d'un pays, le Saguenay, dans *Le Monde rural*, 1943, p. 82–90.

Petit Dictionnaire de noms géographiques du Saguenay, dans *L'Annuaire « Guide » commercial*, 1944–1945, p. 93–103.

L'Évangélisation du Saguenay par les Jésuites, RSCHEC, 1945, p. 37–49.

Les Dires des vieillards, dans *Les Archives de folklore, I*, Montréal, Fides, 1946, p. 121–131.

La Question de la « Baie des Hahas », dans *Bulletin de la Société historique du Saguenay*, nᵒ 5, 1947, p. 2–14.

Consultation des vieillards en petite histoire, RHAF, vol. 3, nᵒ 2, 1949, p. 172–178.

Les Archives de la Société historique du Saguenay, RHAF, vol. 4, nᵒ 1, 1950, p. 3–16.

Anadabijou, grand chef des Montagnais, dans *Saguenayensia*, vol. 1, nᵒ 5, 1959, p. 98–101.

La Rivière Péribonka, dans *Saguenayensia*, vol. 1, nᵒ 6, 1959, p. 143–146 ; vol. 2, nᵒ 1, 1960, p. 17–24.

Nos représentants à l'Assemblée législative de 1792 à 1867, dans *Saguenayensia*, vol. 2, nᵒ 3, 1960, p. 76–80.

Nos représentants à la Chambre des Communes depuis 1867, dans *Saguenayensia*, vol. 2, nᵒ 5, 1960, p. 133–135.

Le Saguenay des Indiens, dans *Saguenayensia*, vol. 3, nᵒ 6, 1961, p. 123–127.

Vers le Royaume du Saguenay, dans *Saguenayensia*, vol. 4, nᵒ 2, 1962, p. 27–32.

Le Saguenay dans la cartographie de 1536 à 1600, dans *Saguenayensia*, vol. 5, nᵒ 4, 1963, p. 76–82.

Le Cas du lac de Conibas, dans *Saguenayensia*, vol. 7, nᵒ 3, 1965, p. 50–58.

L'Aventure du Carolina, dans *Saguenayensia*, vol. 10, nᵒˢ 5–6, 1968, p. 116–121 ; p. 152–153.

Histoire du nom de Jonquière, dans *Saguenayensia*, vol. 11, nᵒ 5, 1969, p. 129–134.

Le Chemin des Jésuites, dans *Saguenayensia*, vol. 12, nᵒ 5, 1970, p. 109–112.

Les Kirke à Tadoussac, dans *Saguenayensia*, vol. 13, nᵒ 2, 1971, p. 91–98.

Saint-Jean-Vianney de Shipshaw, dans *Saguenayensia*, vol. 13, nᵒ 6, 1972, p. 184–189.

Le Séminaire de mon temps, dans *Saguenayensia*, vol. 15, nᵒ 1, 1973, p. 3–10.

L'Académie St-François de Sales, dans *Saguenayensia*, vol. 15, nᵒ 4, 1973, p. 116–125.

ÉTUDES

Arthur Laurendeau, *Histoire de deux régions*, AN, vol. 13, nᵒ 5, 1939, p. 442–449.

[Anonyme], *Chanoine Victor Tremblay*, dans *Vedettes 1952. Le fait français au Canada*, Montréal, Société Nouvelle de publicité, 1953, p. 447–448.

Thérèse Dandurand, « Bio-bibliographie de Monsieur le Chanoine Victor Tremblay ». Mémoire, Québec, École de bibliothécaires de l'Université Laval, 1956, 106 f.

François Hébert, *Alfred Ayotte et Victor Tremblay. L'Aventure Louis Hémon*, LAQ 1974, p. 207–209.

Jean Blouin, *Le Saguenay est son royaume. Mgr Victor Tremblay, 84 ans, a passé sa vie à en faire l'histoire et à l'enseigner*, Pr, vol. 18, nᵒ 44, 30 oct. 1976, p. 6, 8.

TREMBLAY-DAVIAULT, CHRISTIANE (1944–). Essayiste, née à Montréal. Elle fait ses humanités au Collège Regina Assumpta et à l'Université de Montréal (B.A., 1968). Boursière du ministère de l'Éducation du Québec et du Conseil des Arts du Canada, elle obtient une maîtrise en littérature à l'Université McGill pour un mémoire intitulé « Lecture d'Hubert Aquin : *Prochain Épisode* » (1971), puis elle présente une thèse de doctorat à l'Université de Montréal (1979) : « Structures sociales et Idéologies dans la préhistoire du cinéma québécois (longs métrages de fiction de 1942 à 1955) ». Elle enseigne à l'Université McGill de 1968 à 1971, à titre de professeur adjoint. De 1975 à 1980, elle travaille au cinéma, tour à tour ou conjointement comme recherchiste, scénariste, assistante-réalisatrice, pour Éducfilm, les Films Cenatos et Multi-Media. En 1981, elle devient professeure à l'Université McGill. En 1982, elle publie sa thèse sous un titre modifié : *Un cinéma orphelin.* Il s'agit d'une lecture marxiste du cinéma entre 1942 et 1955. « L'ouvrage tente d'aller plus avant, écrit Adrien Gruslin, il dévoile les fondements, valeurs profondes révélées à même nos premières expériences cinématographiques. En ce sens, il a le grand mérite de mettre en lumière cette aliénation historique qui marque l'histoire québécoise ».

ŒUVRE

Un cinéma orphelin. Structures mentales et sociales du cinéma québécois (1942–1953) (essai), Montréal, Québec/Amérique, 1981, 353 p. Ill.

ÉTUDES

Louis-Guy Lemieux, *Le Cinéma québécois de 1942 à 1953*, So, vol. 86, nº 154, 19 déc. 1981, p. D-3.

Adrien Gruslin, *Ciné-Marx*, dans *Le Livre d'ici*, vol. 7, nº 20, 17 févr. 1982, p. 2.

André Roy, *Un cinéma orphelin*, Dev, vol. 73, nº 129, 5 juin 1982, p. 21.

TROBRIAND, RÉGIS DE [Philippe-Régis-Denis de Keredern, baron de Trobriand] (1816–1897). Romancier, mémorialiste et essayiste né au château des Rochettes, à Sainte-Radegonde, près de Tours. Destiné à une carrière militaire, il fait son cours au collège Saint-Louis, à Paris. Lors de l'établissement de la Monarchie de juillet (1830), son père quitte l'armée et se retire dans ses terres. Régis poursuit ses études au collège de Tours (1830–1834) et s'inscrit en droit ; il devient avocat en 1837, mais ne plaide jamais. À la mort de son père, il doit vendre le château afin de régler la succession. Attaché au ministère de l'Intérieur, il écrit un roman intitulé *Les Gentilshommes de l'Ouest.* Le livre a du succès et crée dans les cercles politiques des remous qui forcent Régis à démissionner. Il accompagne alors le comte Armand de Mac Carthy aux États-Unis. Au cours de l'été 1841, il visite le Québec où il est impressionné par la résistance des Canadiens français à l'emprise anglo-saxonne ; les troubles de 1837–1838, encore présents à tous les esprits, lui inspirent un deuxième roman politique, *Le Rebelle*, qui paraît en décembre 1841 dans *Le Courrier des États-Unis.* En janvier 1842, Napoléon Aubin l'édite en volume. Cette longue nouvelle fait du bruit au Québec, quand le libraire Louis Perrault de Montréal est condamné à six mois de prison pour l'avoir diffusée. Trobriand proteste énergiquement dans une longue lettre adressée le 2 avril 1842 au *Courrier des États-Unis* : « *Le Rebelle* n'était qu'une esquisse rapportée sur un album de voyage, un conte raconté au retour d'une excursion en pays étranger [...]. Mettre à l'index ce croquis littéraire, c'était en augmenter de beaucoup l'importance ». L'auteur ne se trompe pas sur la valeur littéraire de son roman, et c'est grâce aux seules allusions politiques que cette œuvre mal bâtie a été éditée au Québec à trois reprises au 19e siècle : en volume en 1842, dans *Le Littérateur canadien* en 1860, et dans *Les Nouvelles Soirées canadiennes* en 1882. Régis de Trobriand épouse en 1843 Mary Jones, fille du président de la *Chemical Bank.* Après leur mariage célébré à Paris, les époux voyagent à travers l'Europe avant de s'installer à Venise (1844–1847). Revenu à New York à la fin de 1847, Trobriand devient rédacteur en chef adjoint du *Courrier des États-Unis* ; en novembre 1849, il fonde la *Revue du Nouveau Monde*, bimensuel qui paraît jusqu'en octobre 1850. De nouveau, il séjourne en Europe, puis s'établit définitivement aux États-Unis en 1854. Il publie dans *Le Courrier des États-Unis*, du 11 décembre 1854 au 8 avril 1861, ses « Feuilletons du lundi », témoignage incomparable de la vie artistique et culturelle new-yorkaise. Devenu citoyen américain, en 1860, il prend l'année suivante la tête d'un régiment de volontaires français, les Gardes Lafayette (55e Régiment), pendant la guerre de sécession. Devenu brigadier général, puis major général intérimaire de l'armée du Potomac, il relate ses expériences dans *Quatre ans de campagnes à l'armée du Potomac* (1867–1868). À la fin de la guerre, il mérite le rang de colonel et, en 1866, il est brigadier général dans l'armée régulière ; de 1867 à 1869, il est chargé d'une mission de pacification dans le Dakota. Il prend sa retraite en 1879, et meurt à Bayport (Long Island) en 1897.

TROBRIAND

ŒUVRES

Les Gentilshommes de l'Ouest (roman), Paris, L. Desessart, 1841, 11, 365 p.

Le Rebelle. Histoire canadienne, Québec, Publié par N. Aubin et W.H. Rowen, imprimeurs, 1842, 38 p.; Rééditions Québec, 1968. (Paru d'abord dans *Le Courrier des États-Unis* (New York), vol. 14, nos 119–122, 2, 4, 7 et 9 décembre 1841).

Rachel à l'Amérique (poésie), New York, Imprimerie du *Courrier des États-Unis*, 1855, 8 p. Traduction anglaise par Bayard Taylor.

Quatre ans de campagnes à l'armée du Potomac, Paris, Librairie internationale; Bruxelles/Libourne, A. Lacroix, Verboeckhoven et cie, 1867–1868, 2 vol.: vol. 1, 1867, 348 p.; vol. 2, 1868, 397 p.; Paris, A. Lacroix, 1874, 2 vol. Traduction anglaise par George K. Dauchy: *Four Years with the Army of the Potomac*, Boston, Ticknor and Company, 1889, xix, 757 p.; Louisville (Kentucky), Lost Cause Press, 1957.

Vie militaire dans le Dakota. Notes et souvenirs (1867–1869), Paris, H. Champion, 1926, xvi, 407 p. Traduction anglaise par Georges Francis Will: *Army Life in Dakota, Selections from the Journal of Philippe Regis Denis de Keredern de Trobriand*, Chicago, The Lakeside Presse, R.R. Donnelley & Sons co., 1941, vii-xxxv, 387 p. Ill. Édité par Milo Milton Quaife; traduction anglaise par Lucile M. Kane: *Military Life in Dakota. The Journal of Philippe Régis de Trobriand*, St. Paul (Minn.) Alvord Memorial Commission, [1951], xxv, 395 p.; Lincoln (NE), University of Nebraska Press, [1982].

ÉTUDES

Marie Caroline de Trobriand Post, *The Life and Memoirs of Comte Régis de Trobriand, Major-General in the Army of the United States*, New York, E.P. Dutton and Company, 1910, ix, 539 p.

Albert Krebs, *Un épisode des relations littéraires franco-américaines. Régis de Trobriand et « La Revue du Nouveau Monde » (1849-1850)*, dans *La Revue de littérature comparée* (Paris), 27e année, no 1, 1953, p. 76–92.

Id., *Régis de Trobriand et « Le Courrier des États-Unis », journal français de New York (1841-1865)*, dans *Revue d'histoire moderne et contemporaine*, vol. 18, no 4, 1971, p. 574–588.

En 1957, il reçoit un certificat de l'International Graphoanalysis Society of Chicago, et il obtient en 1970 une maîtrise ès arts du Collège Rivier de Nashua dont le mémoire porte sur « Henri d'Arles et le Sens du beau ». Actif dans la vie franco-américaine, il est également membre de la Société des écrivains normands de Rouen et de la Société historique acadienne de Moncton. En 1955, il publie une traduction de l'*Évangéline* de Longfellow et il en présente une nouvelle, quelque vingt ans plus tard : selon Pierre Anctil, c'est une des meilleures traductions du grand poète. Il collabore au *Travailleur* de Worcester (Massachusetts) et, en 1965, il fait paraître *Envolées*, recueil de poèmes composés de vers rimés et de strophes libres inspirés en bonne partie par la nature. *À fleur de l'âge* (1981) est un livre de souvenirs revêtus de poésie.

ŒUVRES

Évangéline (poésie), Montréal, Chanteclerc, 1955, 117 p. Traduction du poème de Henry Longfellow; nouvelle traduction, Manchester (É.-U.), Éditions Lafayette, 1976, 78 p.; 1979.

Arimes de l'albâtre (pensées), Concord (É.-U.), Éditions Moniales Carmélites, 1964, 89 p. Traduction du livre de Mère Aloysius.

Envolées (poésie), Montréal, Beauchemin, 1965, 52 p. Sous le pseudonyme d'Edmond Villeray.

A Garden in the Kingdom of Love. The Biography of Mother Marie Léonie (biographie), Sherbrooke, Ed. Little Sisters of the Holy Family, 1967, 87 p.

Paroisse Sainte-Marie (monographie), Manchester (É.-U.), Éditions Lafayette, 1980, 171 p.

Song of my Youth/À la fleur de l'âge (poésie), Manchester (É.-U.), Éditions Lafayette, 1981, 87 p.

ÉTUDE

Pierre Anctil, *A Franco-American Bibliography. New England*, Bedford, National Materials Development Center/French and Creole, 1979, p. 92.

TROIS IXES. Voir **GRIGNON,** CLAUDE-HENRI.

TROTTIER, MAURICE-EDMOND [Edmond Villeray] (1917–   ). Historien, poète et traducteur, né à Manchester (New Hampshire, É.-U.). Il fait son cours classique au Séminaire Saint-Charles de Sherbrooke (B.A., 1937) et ses études de théologie au Grand Séminaire de Montréal. Ordonné prêtre en 1941, il exerce son ministère sacerdotal dans le diocèse de Manchester à partir de la même année.

TROTTIER, PIERRE (1925–   ). Poète et essayiste, né à Montréal. Il fait son cours classique aux collèges Sainte-Marie et Jean-de-Brébeuf (B.A., 1942). Il poursuit ses études à la Faculté de droit de l'Université de Montréal (licence, 1945). Par la suite, il s'oriente vers la diplomatie. Faisant partie du personnel du ministère des Affaires extérieures du Canada, il occupe des postes à Moscou, à Djarkarta, à Londres et à Paris. Membre du Conseil de rédaction à la revue *Liberté*, il reçoit, en 1960, le prix David. Pierre Trottier a créé une œuvre poétique marquée par la culture et les souvenirs ; il est, parmi les poètes québécois, l'un des penseurs profonds de l'aventure lyrique, analysant le perpétuel jeu de perspectives, allant du singulier à l'universel, du collectif à l'individuel. Dans *Mon Babel*, Pierre Trottier se révèle un essayiste perspicace, dévoilant l'itinéraire d'une conscience poétique ; Pierre de Grandpré y décèle, derrière les mots de Trottier, « un chant de vie, un appel à régénérer la vie. C'est en ces termes non équivoques qu'il faut continuellement traduire son message ambigu ». Par son souci de renouveler les formes poétiques et aussi par le regard pénétrant dont témoigne son essai *Mon Babel*, Pierre Trottier se révèle un poète de qualité et un essayiste de taille. En 1979, il publie *Un pays baroque* qui se veut une réflexion, somme toute assez complexe, sur l'état de son pays. C'est un ouvrage difficile à suivre, note Murray Maltais, quand il faut progresser « à travers les citations, les bonds successifs, les retours en arrière, l'histoire, la socio-politique et l'imaginaire ». Dans *Un pays baroque*, le titre le dit bien, l'auteur opte pour une vision de la réalité qui se veut globale dans toute sa mouvance fantastique des sujets et des problèmes.

ŒUVRES

Le Combat contre Tristan (poésie), Montréal, Éditions de Malte, 1951, 82 p.
Poèmes de Russie, Montréal, Les Éditions de l'Hexagone, 1957, 44 p.
Les Belles au bois dormant (poésie), [Montréal], Éditions de l'Hexagone, 1960, 56 p.
Mon Babel. Essai, Montréal, Éditions HMH, 1963, 217 p. « C ».
Sainte-Mémoire. Poèmes, Montréal, HMH, 1972, 183 p.
Un pays baroque, Montréal, La Presse, 1979, 138 p.
La Chevelure de Bérénice, ou, L'Angoisse et la Volupté d'être. Poésie, Montréal, L'Hexagone, 1986, 100 p.

Poème pour une jeune protestante de mon pays, CL, vol. 1, n° 2, févr. 1951, p. 27–28.
La Robe longue de ma mémoire, dans *Nouvelle Revue canadienne*, vol. 1, n° 2, avril–mai 1951, p. 19–22.
Capitale de mon âme, dans *Nouvelle Revue canadienne*, vol. 1, n° 5, nov.–déc. 1951, p. 9–11.
Le Retour d'Œdipe (poésie), ECF, n° 13, 1962, p. 71–95.
Retours. Poèmes, ECF, n° 29, 1970, p. 133–162.

ÉTUDES

René Garneau, *Le Combat contre Tristan*, dans *Nouvelle Revue canadienne*, vol. 1, n° 5, nov.–déc. 1951, p. 50–51.
W.-E. Collin, *The Poetry of a Dissolving Society*, dans *Canadian Modern Language Review*, vol. 11, n° 2, hiver 1955, p. 9–12.
Pierre de Grandpré, *Mon Babel, de Pierre Trottier*, L, vol. 6, n° 5, sept.–oct. 1964, p. 383–388.
Gilles Marcotte, *Diplomate, essayiste et poète, nouvel attaché culturel du Canada à Paris*, dans *Québec*, 1re année, n° 2, oct. 1964, p. 92–95.
Pierre de Grandpré, *Poèmes de Russie, Mon Babel*, dans *Dix ans de vie littéraire au Canada français*, Montréal, Éditions Beauchemin, 1966, p. 43–46, 234–241.
André Renaud, *Sainte-Mémoire de Pierre Trottier*, LAC 1972, p. 156.
Gilles Marcotte, *Sainte-Mémoire*, EF, vol. 9, n° 1, févr. 1973, p. 78–80.
Murray Maltais, *Pierre Trottier, diplomate-écrivain. Art et politique : un livre baroque*, Dr, 67e année, n° 16, 14 avril 1979, p. 19.

TRUDEAU, PIERRE ELLIOTT (1919–). Essayiste, né à Montréal. Après ses études classiques au Collège Jean-de-Brébeuf (B.A., 1940) et des études de droit à l'Université de Montréal, il est admis au barreau en 1943. Il obtient, en 1945, une maîtrise en sciences politiques de l'Université Harvard, puis il poursuit des études de perfectionnement à l'École des sciences politiques de Paris et à la London School of Economics. Économiste et conseiller à Ottawa (1949), Pierre Elliott Trudeau devient cofondateur et codirecteur de *Cité libre*, une des revues les plus importantes du Québec des années cinquante ; il collabore à plusieurs revues de l'époque, tout en pratiquant sa profession à titre de spécialiste du droit ouvrier et public. De 1961 à 1965, professeur agrégé à l'Université de Montréal, il enseigne le droit constitutionnel et est attaché à l'Institut de recherches en droit public. Il aborde la politique active en 1965 ; élu député de Mont-Royal à la Chambre des communes, il est nommé membre du Comité de la justice et des questions juridiques, du Comité des Affaires extérieures et du Comité du divorce. L'année suivante, il est nommé secrétaire parlementaire de l'honorable Lester B. Pearson et représentant du Canada à l'Assemblée générale des Nations unies. En 1967, après une visite en Afrique, il élabore un projet d'Association des États francophones, puis il est nommé ministre de la Justice du

Canada. L'année suivante, Pierre Elliott Trudeau est élu chef du Parti libéral et succède au Premier ministre Pearson. Membre du barreau du Québec et de celui de l'Ontario, membre de la Société royale du Canada, membre fondateur de la Ligue des droits de l'homme de Montréal, il reçoit, en 1968, un doctorat honorifique en droit de l'Université d'Alberta. Il est Premier ministre du Canada de 1968 à 1979, et de 1980 à 1984. Très jeune, ses nombreux voyages l'avaient familiarisé avec les affaires internationales dans toute leur complexité. Dans ses écrits, il aborde surtout les problèmes politiques et économiques du monde contemporain. Dans son introduction à l'ouvrage *Federalism and the French Canadians* (traduction de *Le Fédéralisme et la Société canadienne-française*), J.T. Saywell trace un profil de l'essayiste Pierre Trudeau : « Pour bien des gens, Pierre Elliott Trudeau est une énigme et un paradoxe ; un homme riche et pourtant un socialiste démocrate [...], un Canadien français fier de ses origines et de sa culture, et pourtant un critique acerbe de la société canadienne-française [...], un homme qui allie une calme indépendance d'esprit à un fort sens des valeurs sociales ».

ŒUVRES

La Grève de l'amiante. Une étape de la révolution industrielle au Québec (essais), Montréal, Éditions Cité libre, 1956, xviii, 430 p. Sous la direction de Pierre Elliott Trudeau. Ill. Traduction anglaise par James Boake : *The Asbestos Strike*, Toronto, James Lewis & Samuel, 1974, xvii, 382 p. Ill.

Deux innocents en Chine rouge (essai), Montréal, Éditions de l'Homme, 1961, 158 p. Collab. Jacques Hébert ; 1972, 158 p. Ill. Traduction anglaise par I.M. Owen : *Two Innocents in Red China*, Toronto, Oxford University Press, 1968, 152 p. Ill.

Le Fédéralisme et la Société canadienne-française (essai), Montréal, Éditions HMH, 1967, xiii, 227 p. Traduction anglaise : *Federalism and the French Canadians*, Toronto, Macmillan Co. of Canada, 1968, xxvi, 212 p. Introduction de John T. Saywell ; 1977.

Citations de P.E.T., Montréal, Petjo Maltest, 1968, 192 p. Ill. Recueil préparé par Inter-documentation sous la direction de Denise Boucher.

Réponses (essais), Montréal, Éditions du Jour, 1968, 127 p. Introduction de Gérard Pelletier ; 1968, 143 p. (Édition augmentée et mise à jour).

Les Cheminements de la politique (essais), Montréal, Éditions du Jour, 1970, 142 p. Traduction anglaise de I.M. Owen : *Approaches to Politics*, Toronto, Oxford University Press, 1970, 89 p. Introduction de Ramsay Cook. Note de Jacques Hébert.

Conversation with Canadians (recueil de discours), Toronto, UTP, 1972, vi, 214 p. Préface d'Ivan L. Head. Ill.

PM/Dialogue, Hull, High Hill Pub. House, 1972, 111 p. Textes compilés par Robert Moon.

The Best of Trudeau/A Compendium of Whimsical Wit and Querulous Quips by Canada's Putative Prince, Toronto, Modern Canadian Library, [1972], 160 p. Ill.

Trudeau en direct (recueil de discours), Montréal, Éditions du Jour, 1972, 139 p. Ill. Portrait.

Pierre Elliott Trudeau à la Chambre de commerce de Québec le 28 janvier 1977 (discours), [Montréal, La Presse, 1977], 38 p. Portrait.

Pierre Elliott Trudeau. Portrait intime, Montréal, Stanké, 1977, 175 p. Ill.

Pierre Elliott Trudeau, Montréal, Héritage, 1978, 160 p. Ill. Textes colligés par Charles Bordeleau.

Trudeau (biographie), Ottawa, Deneau Publishers, [1984, n.p., 180 p.]. Ill. Édition bilingue.

Pierre Elliott Trudeau. Lifting the Shadow of War, Edmonton, Hurtig, 1986, xx, 151 p. Préface de Pierre Elliott Trudeau. Introduction de Thomas Axworthy. David Crenna éditeur.

Politique fonctionnelle I, CL, n° 1, juin 1950, p. 8–15.

Politique fonctionnelle II, CL, n° 2, juillet 1951, p. 35–45.

Réflexions sur la politique au Canada français, CL, n° 6, déc. 1952, p. 53–66.

Matériaux pour servir à une enquête sur le cléricalisme, CL, n° 12, mai 1953, p. 5–10.

Le Père Cousineau, s.j. et la grève de l'amiante : critique d'une critique, CL, n° 23, mai 1959, p. 34–48.

L'Aliénation nationaliste, CL, n° 35, mars 1961, p. 3–5.

Faut-il refaire la Confédération ?, MM, juin 1962, p. 17–19, 63–68.

Federalism, Nationalism and Reason, dans P.A. Crépeau et C.B. MacPherson, *The Future of Canadian Federalism*, Toronto/Montréal, UTP/PUM, 1965, p. 16–35.

Le Québec est-il assiégé ?, CL, n° 86, avril–mai 1966, p. 7–10.

ÉTUDES

Jules Fontaine, *M. Pierre Trudeau, Premier ministre*, dans *Revue des Deux mondes*, n° 10, 1968, p. 213–217.

John Marshall et Gary Oakes, *Trudeau, l'homme de demain*, Montréal, HMH, 1969, 238 p.

Allan Ezra Gotlieb, *Human Rights, Federalism and Minorities by P.E. Trudeau and Others*, Toronto, Canadian Institute of International Affairs, 1970, 268 p.

Jacques Ferron, *Le Phénomène Trudeau [de Jean Pellerin]*, MM, vol. 12, n° 7, juillet 1972, p. 42.

P. Allon, *Dans le contexte des élections générales canadiennes du 30 octobre 1972. Réflexions sur l'unité canadienne et la politique du Gouvernement Trudeau*, AN, vol. 62, n° 4, déc. 1972, p. 267–281.

Jean Pellerin, *Le Phénomène Trudeau*, Paris, Seghers, 1972, 234 p.

Bruce Thordarson, *Trudeau and Foreign Policy*, Toronto, Oxford University Press, 1972, 231 p.

J. Genest, *Réflexions sur le vote québécois en faveur de Pierre Elliott Trudeau lors des élections générales du 30 octobre 1972*, AN, vol. 62, n° 5, janv. 1973, p. 345–348.

Richard Gwyn, *Le Prince* (biographie), Montréal, France-Amérique, 1981, 481 p.

David Lord, *Même s'il n'a pas vraiment modifié la politique étrangère du Canada, la personnalité de Trudeau a marqué la scène internationale*, Dev, vol. 75, nº 51, 1er mars 1984, p. 12.

Jean-Louis Roy, *La Fin d'un règne*, Dev, vol. 75, nº 51, 1er mars 1984, p. 10.

Michel C. Auger, *Pierre Trudeau. Ennemi juré du séparatisme et de la francophonie. Seize ans de « Guerre sainte »*, Dr, 71e année, nº 284, 2 mars 1984, p. 7.

Thad McIlroy, éditeur, *A Rose is a Rose. A Tribute to Pierre Elliott Trudeau in Cartoons and Quotes*, Toronto, Doubleday Canada, 1984, 160 p. Ill. Introduction de Jack Macleod.

TRUDEL, JEAN-PAUL (1915–   ). Historien et essayiste, né à Saint-Théophile (Champlain). Il fait ses études classiques au Séminaire Saint-Joseph de Trois-Rivières (B.A., 1936). Par la suite, il obtient une maîtrise ès lettres de l'Université de Montréal (1942). De 1945 à 1955, il enseigne le français et les langues classiques dans divers collèges et universités des États-Unis : Nebraska, Iowa, Californie. Entre temps, il étudie à l'Université de Californie (1946–1947) et, boursier de l'Université de Chicago, il effectue des recherches en philologie classique (1952–1954). Collaborateur de nombreuses revues, *L'Action nationale*, *L'Action universitaire*, *Culture*, *Collège et Famille*, etc., Jean-Paul Trudel est membre de la Société des écrivains canadiens, de la Société historique de l'Ouest du Québec, de la Société de généalogie d'Ottawa-Hull, de l'Association des traducteurs et interprètes de l'Ontario. Il a donné de nombreuses conférences aux États-Unis et en Europe. Son *Saint Augustin, humaniste* a retenu l'intérêt de la critique : c'est un livre d'érudition, ce que souligne Edmond Gaudron : « Ceux qui liront celui-ci apprendront tout ce qu'il y a d'avantages à remonter aux sources de notre culture. Mis entre les mains des jeunes, il pourra susciter d'autres travailleurs collaborant à la création d'une atmosphère intellectuelle que l'on voudrait davantage respirer ». Trudel est aussi un poète qui s'intéresse à la poésie mondiale. Son poème, « Prière pour un monde sans frontières » (1976) a été traduit en plusieurs langues.

ŒUVRES

Sporades (« pageant » historique), Shawinigan, Imprimerie Lacoursière, 1946, 48 p. (Publié pour le cinquantenaire de la ville de Shawinigan).

Saint Augustin, humaniste. Étude sur la place de saint Augustin dans l'histoire de la culture classique (essai), Trois-Rivières, Éditions du Bien public, 1954, 168 p.

La Culture humaniste à l'ère néo-technique ou Nos collèges classiques à la croisée des chemins, Montréal, [s.é.], 1961, 17 f.

Propos aigres-doux d'un fossile de 50 ans, dans *Le Ralliement*, vol. 7, nº 2, 1966, p. 10–11.

ÉTUDES

Lionel Groulx, *Saint Augustin, humaniste*, RHAF, vol. 8, nº 4, mars 1955, p. 585–587.

Julien Harvey, *Littérature, Éloquence*, Rel, août 1955, p. 223.

Edmond Gaudron, *Saint Augustin, humaniste*, C, vol. 16, nº 3, sept. 1955, p. 342–344.

Robert M. Grant, *Saint Augustin, humaniste*, dans *Classical Philology*, Université de Chicago, vol. 21, nº 3, juillet 1956, p. 214.

Yvan Sinotte, *La réforme de l'éducation n'est pas conforme à l'esprit des francophones*, Dr, 63e année, nº 248, 19 janv. 1976, p. 3.

[Anonyme], *Chez les historiens. En arriver à publier leurs recherches... avec efficacité*, dans *Loisirs-Science*, vol. 5, nº 2, nov. 1979, p. 5.

TRUDEL, MARCEL (1917–   ). Historien, né à Saint-Narcisse (Champlain). Il étudie au Collège séraphique (1930–1935) et au Séminaire Saint-Joseph (1935–1939) de Trois-Rivières, puis à l'Université Laval (1939–1941) et à l'Université Harvard (1945–1947). Entre temps, il enseigne les lettres au Collège Bourget de Rigaud (1941–1945), puis il devient professeur d'histoire du Canada, en 1947, à l'Université Laval où il œuvre durant plusieurs années comme directeur de l'Institut d'histoire et secrétaire de la Faculté des lettres. Après un an à l'Université Carleton (1965–1966), Marcel Trudel est nommé directeur du Département d'histoire à l'Université d'Ottawa (1966–1968), puis titulaire de recherche jusqu'à sa retraite en 1982. Membre de l'Académie canadienne-française, de la Société royale du Canada (1968–1972), de l'Académie berrichonne, président de la Société historique du Canada (1963–1964) et membre de la Commission des lieux et monuments historiques du Canada (1963–1969), il devient président du Conseil des arts du Québec en 1965. Les œuvres de Marcel Trudel occupent une place importante dans l'historiographie du Québec : *L'Influence de Voltaire au Canada* (second prix David, 1945) ; *Louis XVI, le congrès américain et le Canada*,

1774–1789 (premier prix David, 1951) ; *L'Esclavage au Canada français. Histoire et conditions de l'esclavage* (prix Casgrain, 1961) ; *Histoire de la Nouvelle-France*, vol. 1 : *Les Vaines Tentatives, 1524–1603* (premier prix des Concours littéraires et scientifiques du Québec, 1963). En 1966, la Société Saint-Jean-Baptiste de Montréal couronne l'ensemble de son œuvre par le prix Duvernay ; en 1967, *L'Histoire de la Nouvelle-France. Le Comptoir 1604–1627* mérite le prix du Gouverneur général et, en 1981, il reçoit le prix Molson. Après ses recherches sur le régime militaire et sur le XIXe siècle (*L'Influence de Voltaire au Canada* et *Chiniquy*), il se consacre désormais à l'étude du régime français. Son *Histoire de la Nouvelle-France* demeure un des tableaux les plus complets de l'histoire canadienne avant 1760. Marcel Trudel est à l'origine du renouveau méthodologique qui a donné une orientation nouvelle aux recherches historiques. Il est l'un de ceux qui ont combattu pour faire de l'histoire une discipline scientifique et qui l'ont sortie de la « chaire de rhétorique » ; son influence sur l'enseignement de l'histoire de la Nouvelle-France est considérable. « Il faut lire, dit Lucien Campeau *Les Débuts du régime seigneurial*, pour apprécier à son mérite l'éclairage qu'il répand sur cette période d'histoire ». Et sur *Montréal : la formation d'une société*, Robert Tremblay écrit : ... « il se dégage de cet exposé un souci constant de soumettre les sources à une méthodologie et un traitement rigoureux ». Excellent styliste, vivant autant que précis dans son discours d'historien, il sait aussi évoquer sa propre vie avec exactitude et humour — parfois avec ironie —, toujours en fidèle témoin de son époque dont il trace les ombres et lumières dans ses *Mémoires d'un autre siècle*.

ŒUVRES

L'Influence de Voltaire au Canada (histoire et critique), Montréal, Fides, 1945, 2 vol. : vol. 1, 221 p. ; vol. 2, 335 p. « L'Hermine ».

Vézine (roman), Montréal, Fides, 1946, 264 p. ; 1962, 286 p. « AB ». (Édition revue et corrigée).

Collection de cartes anciennes et modernes pour servir à l'étude de l'histoire de l'Amérique et du Canada (histoire), Québec, Institut d'histoire et de géographie de l'Université Laval, 1948, viii, 91 cartes. Préparé sous la direction de Marcel Trudel ; *Atlas historique du Canada français, des origines à 1867*, PUL, 1961, 93 p. (Édition remaniée) ; *Atlas de la Nouvelle-France/An Atlas of New France*, 1968, 219 p. Cartes, plans. (Refonte complète de l'ouvrage précédent) ; 1973.

Louis XVI, le congrès américain et le Canada, 1774–1789 (histoire), Québec, Éditions du Quartier latin, 1949,

xiii, 259 p. ; *La Révolution américaine : pourquoi la France refuse le Canada : 1775–1783*, Sillery, Éditions du Boréal Express, 1976, 291 p.

Notre héritage historique (histoire), Québec, Société historique de Québec, 1951, 19 p. « Cahiers d'histoire ». Collab. Silvio Dumas.

Histoire du Canada par les textes, Montréal, Fides, 1952, 297 p. Collab. Michel Brunet et Guy Frégault. Ill. ; 1956 ; 1961 ; 1963, 2 vol. : vol. 1, 262 p. ; vol. 2, 281 p. (Édition revue et augmentée).

Le Régime militaire dans le gouvernement des Trois-Rivières, 1760–1764 (histoire), Trois-Rivières, Éditions du Bien public, 1952, xxx, 236 p. « L'Histoire régionale ».

L'Affaire Jumonville (histoire), Québec, PUL, 1953, 43 p. (Extrait de RHAF, vol. 6, no 3, déc. 1952, p. 331–373). Traduction anglaise abrégée par Donald-H. Kent : *The Jumonville Affair*, Harrisburg, Pennsylvania Historical and Museum Commission, 1954, 33 p.

Chiniquy (histoire), Trois-Rivières, Éditions du Bien public, 1955, xxxviii, 339 p.

Champlain (histoire), Montréal, Fides, 1956, 94 p. « CC ». Texte présenté et annoté par Marcel Trudel ; 1968, 95 p. (Édition revue et augmentée).

L'Église canadienne sous le régime militaire, 1759–1764 (histoire), 2 vol. : vol. 1, *Les Problèmes*, Montréal, Institut d'histoire de l'Amérique française, 1956, xxxiii, 362 p. ; vol. 2, *Les Institutions*, Québec, PUL, 1957, viii, 490 p. Ill.

Le Régime seigneurial (histoire), Ottawa, Société historique du Canada, 1956, 20 p. « Les Brochures de la Société historique du Canada » ; 1967. (Édition revue et augmentée) ; 1971, 26 p. Traduction anglaise par Norah Story et Bernard Weilbrenner : *The Seigneurial Regime*, Canadian Historical Association, « Historical Booklets ». Ill. ; 1971, 26 p. (Édition révisée).

L'Esclavage au Canada français, histoire et conditions de l'esclavage, Québec, PUL, 1960, xxv, 432 p. ; *L'Esclavage au Canada français*, Montréal, Éditions de l'Horizon, 1963, 124 p. (Texte abrégé).

Histoire de la Nouvelle-France, Montréal, Fides, 1963–1966, 2 vol. : vol. 1, *Les Vaines Tentatives, 1524–1603*, 1963, xxii, 307 p. Ill. Cartes ; vol. 2, *Le Comptoir, 1604–1627*, 1966, xliv, 554 p. Ill. Cartes ; 1979.

Rapport d'une enquête sur les manuels d'histoire du Canada, [Ottawa], sept. 1965, iv, 302 p. Collab. Geneviève Jain. (Texte dactylographié) ; *L'Histoire du Canada. Enquête sur les manuels*, Ottawa, Imprimeur de la Reine pour le Canada, 1969, xix, 129 p. « Études de la Commission royale d'enquête sur le bilinguisme et le biculturalisme ». Version anglaise : *Canadian History Textbooks. A Comparative Study*, Ottawa, Queen's Printer, 1970, xix, 149 p. « Studies of the Royal Commission on Bilingualism and Biculturalism ».

Canada. Unité et diversité (histoire), Montréal, Holt Rinehart et Winston, 1968, 578 p. Collab. Paul

G. Cornell et al.; *Canada, Unity in Diversity*, Toronto, Holt Rinehart et Winston, 1967, xiii, 529 p.

Initiation à la Nouvelle-France. Histoire et institutions, Montréal, Holt Rinehart et Winston, 1968, xviii, 323 p. Ill.; *Introduction to New France*, Toronto, Holt Rinehart et Winston, 1968, xix, 300 p.

Jacques Cartier (histoire), Montréal, Fides, 1968, 95 p. «CC». Textes choisis et présentés par Marcel Trudel.

Le Québec de 1663, Québec, Société historique de Québec, 1972, 24 p. Ill.

The Beginnings of New France 1524-1663, Toronto, McClelland and Stewart, 1973, xii, 323 p.

La Population du Canada en 1663, Montréal, Fides, 1973, xl, 618 p. Ill.

Le Terrier du Saint-Laurent en 1663, Ottawa, EUO, 1973, xlv, 618 p. «CCRCCF».

Les Débuts du régime seigneurial au Canada, Montréal, Fides, 1974, xxxiii, 313 p. Ill. «Fleur de lys».

Gabriel Sagard, *Le Grand Voyage du pays des Hurons*, Montréal, Hurtubise HMH, 1976, iii, 268 p. Ill. Présentation de Marcel Trudel.

Montréal: la formation d'une société, 1642-1663, Montréal, Fides, 1976, xxviii, 328 p.

La Révolution américaine 1775-1783. Pourquoi La France refuse le Canada (essai), Montréal, Boréal, 1976, 292 p.

La Seigneurie des Cent-Associés 1627-1663, Montréal, Fides, 1979, lxxii, 489 p. Ill.

Catalogue des immigrants, 1632-1662, Montréal, Hurtubise HMH, 1983, 569 p.

Mémoires d'un autre siècle, Montréal, Boréal, 1987, 312 p.

Le Traité de 1783 laisse le Canada à l'Angleterre, RHAF, vol. 3, n° 2, sept. 1949, p. 179-199.

Les Forges Saint-Maurice sous le régime militaire (1760-1764), RHAF, vol. 5, n° 2, sept. 1951, p. 159-185.

Les Ursulines de Québec sous le régime militaire 1759-1764, C, vol. 14, n° 4, déc. 1953, p. 349-365; vol. 15, n° 1, mars 1954, p. 17-28; n° 2, juin 1954, p. 123-140.

La Nouvelle-France, CACF, vol. 2, 1957, p. 23-50.

La Servitude de l'Église catholique du Canada français sous le régime anglais, RSCHE, 1963, p. 11-33.

Des sujets de recherche, pour un siècle ou deux, RHAF, vol. 20, n° 2, sept. 1966, p. 228-235.

Réponse de M. Trudel de la Société royale du Canada, dans *Réception*, n° 23, Société royale du Canada, 1968, p. 87-99.

L'Homme de ma génération, homme d'ancien régime, RUO, vol. 47, n° 3, juillet-sept. 1977, p. 251-269.

ÉTUDES

Roger Duhamel, *L'Influence de Voltaire au Canada*, AN, vol. 26, déc. 1945, p. 307-310.

Bruno Lafleur, *L'Influence de Voltaire au Canada*, RD, vol. 52, n° 1, janv. 1946, p. 7-26.

Jean Éthier-Blais, *Vézine*, AmF, 6ᵉ année, n° 4, avril 1947, p. 45-46.

Léo-Paul Desrosiers, *Louis XVI, le congrès américain et le Canada, 1774-1789*, RHAF, vol. 3, n° 4, mars 1950, p. 598-602.

Léon Pouliot, *Marcel Trudel, Chiniquy*, RHAF, vol. 9, n° 1, juin 1955, p. 129-131.

François Soumande [X Émile Bégin], *L'Œuvre historique de Marcel Trudel: l'Église canadienne sous le régime militaire*, t. 1, RUL, vol. 11, n° 9, mai 1957, p. 824-826; vol. 12, n° 6, févr. 1958, p. 548-550.

Serge Gagnon, *Pour une conscience historique de la révolution québécoise*, CL, 16ᵉ année, n° 83, janv. 1966, p. 4-19, surtout p. 12-13.

André Vachon, *Histoire de la Nouvelle-France, t. 1*, RS, vol. 8, n° 3, sept.-déc. 1967, p. 414-418.

Jean-Charles Bonenfant, *Présentation de M. Marcel Trudel*, *Réception*, n° 23, Société royale du Canada, 1968, p. 79-86.

Hector Charbonneau, *Reconstitution de la population du Canada au 30 juin 1663 suivant Marcel Trudel*, RHAF, vol. 27, n° 3, 1973, p. 417-424.

Lucien Campeau, *Marcel Trudel. Les Débuts du régime seigneurial au Canada*, LAQ 1975, p. 252-253.

Robert Tremblay, *Marcel Trudel. Montréal, la formation d'une société 1642-1663*, LAQ 1976, p. 397-400.

Yvan Lamonde, *Québec sait faire son histoire*, Pr, 92ᵉ année, n° 312, 31 déc. 1976, p. C-4.

Serge Gagnon, *Le XVIᵉ siècle canadien de Narcisse-Eutrope Gagnon à Marcel Trudel (1891-1963)*, RUO, vol. 47, nᵒˢ 1-2, janv.-avril 1977, p. 65-83.

Pierre Berthiaume, *Gabriel Sagard, «Le Grand Voyage du pays des Hurons»*, LQ, vol. 1, n° 8, nov. 1977, p. 39-41.

Adrien Thério, *Hommages à deux travailleurs de la plume*, LQ, vol. 1, n° 10, avril 1978, p. 46-47.

Mélanges d'histoire du Canada français offerts au professeur Marcel Trudel, Ottawa, EUO, 1978, 249 p. «CCRCCF».

Jacques Mathieu, *Le Second Souffle de Marcel Trudel*, Dr, 71ᵉ année, n° 175, 2 août 1980, p. 9.

Daniel Latouche, *Morceaux de la Nouvelle-France. Marcel Trudel en présente une vision magistrale*, dans *Le Livre d'ici*, vol. 5, n° 44, 6 août 1980, p. 1.

[Anonyme], *Prix Molson. Le Conseil des arts couronne Marcel Trudel*, Dr, 69ᵉ année, n° 175, 24 oct. 1981, p. 3.

René Jetté, *Un inventaire des fondateurs du Canada*, Dr, vol. 75, n° 32, 8 févr. 1984, p. 7.

Michel Pilon-Lamarche, *«Mémoires d'un autre siècle de Marcel Trudel»*, dans *Nos livres*, vol. 19, n° 2, mars 1988, p. 5.

TRUDEL, SYLVIE (1959-   ). Dramaturge, née à Ville-Marie (Témiscamingue). Pendant ses études à l'École secondaire Thériault de Timmins (Ontario), où elle réside à partir de 1969, elle s'inscrit en 1974 aux cours d'art dramatique de Brian David, joue dans deux pièces de Félix Leclerc, écrit une pièce en un acte, « Maudit Joualvert », amorçant à quinze ans une carrière de théâtre. Les cinq années suivantes sont débordantes d'activité : elle compose sept ou huit pièces, quatre adaptations et traductions, deux scénarios de films, fonde avec Yves Malette la troupe La Bottine (1976), suit ou dirige des stages et des ateliers de théâtre, entre à l'École nationale de Théâtre à Montréal en 1977, tient des rôles dans plusieurs pièces, signe quelques mises en scène, rédige les textes d'une série d'émissions pour enfants sur le folklore du Nord de l'Ontario (été 1979), devient membre du comité directeur de Théâtre-Action en 1979... Puis elle voyage beaucoup, en Californie, au Mexique, en Europe... De son œuvre théâtrale, deux pièces seulement ont été publiées : *Porquis Junction* (1980) et *Strip* (1983). La première, écrite en 1978 et retravaillée en 1979 pour le Théâtre du Nouvel-Ontario, reçoit un accueil très favorable : « Tout en demi-teintes et en nuances, peint d'une manière impressionniste, écrit Josette Féral, *Porquis Junction* réussit à nous faire passer sans heurt du réel à l'imaginaire, les faisant parfois coexister tous deux [...] ». *Strip*, pièce écrite en collaboration et pièce à succès créée en 1980, reprise en 1981 et 1982–1983, traduite et jouée en anglais en 1982, déçoit les critiques lecteurs : « demi-réussite », dit Stéphane Lépine. Elle est « bien structurée », mais elle « pèche par un manque d'élaboration, de profondeur et de virulence ».

ŒUVRES

Porquis Junction ou Des rêves perdus dans le No-Where... (théâtre), Sudbury, Éditions Prise de Parole, 1980, 51 p. Ill.
Strip (théâtre), Sudbury, Éditions Prise de Parole, 1983, 48 p. Collab. Catherine Caron et Brigitte Haentjens. « Théâtre ».

ÉTUDES

Josette Féral, *Sylvie Trudel. Porquis Junction*, LAQ 1980, p. 174–175.
Danièle Vallée, « *Tu verras des rêves de femmes, des femmes de rêves...* », dans *Liaison*, n° 28, sept. 1983, p. 64.
Stéphane Lépine, *Caron (Catherine). Haentjens (Brigitte) et Trudel (Sylvie). Strip*, dans *Nos livres*, vol. 14, oct. 1983, n° 5404.

TUFTS, ÉDITH. Voir **COMEAU-TUFTS, ÉDITH.**

TURC. Voir **BARBEAU, VICTOR.**

TURC. Voir **DUGAS, MARCEL.**

TURCOT, MARIE-ROSE (1887–1977). Romancière, nouvelliste et poète, née à Laurierville (Mégantic). Fille du député de Mégantic au Parlement fédéral,

elle fait ses études dans cette ville. Encouragée par le chanoine Léon Lebel, alors professeur à l'Université d'Ottawa, elle écrit un conte intitulé « Nestor et Picolo » qui fut primé. Par la suite, elle publie un recueil de ses contes, *L'Homme du jour* (1920). De 1934 à 1950, elle collabore régulièrement à la page féminine du *Droit* et signe des articles dans divers journaux et revues, comme *L'Oiseau bleu*, *Annales de l'Institut canadien-français*, *Revue moderne*, *Revue populaire*, *Notre temps*, *Archives de folklore de l'Université Laval*, *La Terre et le Foyer*. En 1928 paraît *Le Carrousel*, considéré par Paul Gay comme l'œuvre la plus réussie de l'auteur. « D'instinct, l'âme simple de Marie-Rose comprend la nature et les bêtes [...]. D'instinct, [...] l'auteur recherche les mots vieux et poétiques ». Ses romans manquent cependant de densité psychologique et de rigueur dans la fabulation.

ŒUVRES

L'Homme du jour (contes et nouvelles), Montréal, Beauchemin, 1920, 206 p. ; 1924, 123 p.
Le Carrousel (contes et nouvelles), Montréal, Beauchemin, 1928, 120 p.
Nicolette Auclair. Roman, Montréal, Louis Carrier & Cie, 1930, 179 p.
Stéphane Dugré (contes), Montréal, Beauchemin, 1932, 182 p.
Un de Jasper. Roman, Montréal, Éditions A. Lévesque, 1933, 168 p.
Au pays des géants et des fées. Contes de folklore canadien, Ottawa, Le Droit, 1937, 71 p. Préface d'Alphonse de Larochelle. Ill. de James McIsaac ; Montréal, Fides, 1951, 106 p. « GA » ; 1955, 95 p.
Le Maître (récits et poèmes), Hull, Éditions de L'Éclair, 1940, 121 p.
La Belle Marie, Montréal, Fides, 1959, 29 p. Ill. de Maurice Petitdidier.
Les Bessons, Montréal, Fides, 1959, 28 p. Ill. de Maurice Petitdidier.
Le Chevreuil ensorcelé, Montréal, Fides, 1959, 29 p. Ill. de Maurice Petitdidier.
Le Chevreuil merveilleux, Montréal, Fides, [195-?], 16 p. Ill.
L'Oiseau vert, Montréal, Fides, 1959, 29 p. Ill. de Maurice Petitdidier.
Souris, Montréal, Fides, 1959, 31 p. Ill. ; *Souris. Un conte de folklore canadien*, Montréal, Fides, [1960?], 16 p. Ill. de Maurice Petitdidier.

———

[Témoignages...], dans *Le Roman canadien-français*, Montréal/Paris, Fides, 1964 ; p. 284–288. « ALC » 3.

ÉTUDES

Georges Bellerive, *Marie-Rose Turcot*, dans *Brèves Apologies de nos auteurs féminins*, Québec, Garneau, 1920, p. 128–130.

Camille Roy, *Le Carrousel*, ESC, vol. 12, n° 2, nov. 1932, p. 92.
Émile Bégin, *Un de Jasper*, ESC, vol. 14, n° 1, oct. 1934, p. 43–44.
Id., *Le Maître, par Marie-Rose Turcot*, ESC, vol. 20, n° 4, janv. 1941, p. 329–330.
Paul Gay, *Marie-Rose Turcot (1887-1977) une grande dame marquée par les fées de sa jeunesse*, Dr, 65ᵉ année, n° 266, 4 mars 1978, p. 19.

TURCOTTE, LOUIS-PHILIPPE (1842–1878). Historien, né à Saint-Jean, Île d'Orléans (Montmorency). Il abandonne ses études classiques au Petit Séminaire de Québec (1855-1858) pour devenir commis chez un de ses frères, marchand à Saint-Roch. Invalide à la suite d'un accident, en 1859, il consacre son temps à des recherches sur l'histoire de l'Île d'Orléans, et, en 1872, il devient bibliothécaire adjoint à la Bibliothèque du Parlement, à Québec. Membre de l'Institut canadien de Québec (1873), il y exerce les fonctions de bibliothécaire de 1874 à 1877, année où il est élu vice-président. Il est décédé peu après son accession à la présidence, en 1878. L'œuvre de Louis-Philippe Turcotte se limite à quelques titres de brochures, à une monographie (*Histoire de l'Île d'Orléans*) et à une synthèse historique (*Le Canada sous l'Union*). Même si le dernier essai manque quelque peu de relief, il n'en constitue pas moins une intéressante chronique des événements politiques de la période 1841–1867.

ŒUVRES

Histoire de l'Île d'Orléans, Québec, Atelier typ. du « Canadien », 1867, 164 p. Ill. ; Saint-Jean (Île d'Orléans), R. Létourneau, 1983, liii, 168 p. Portrait. Ill.
Le Canada sous l'Union, 1841-1867 (histoire), Québec, Des Presses mécaniques du Canadien, 1871-1872, 2 t. : t. 1, 225 p. ; t. 2, 617 p. ; De l'imprimerie de L.-J. Demers, 1882.
L'Honorable R.-E. Caron, lieutenant-gouverneur de la province de Québec, Québec, Atelier typ. de L. Brousseau, 1873, 56 p. Portrait.
L'Honorable Sir G.-E. Cartier, ministre de la milice, Québec, Atelier typ. de L. Brousseau, 1873, 80 p. Portrait.
Invasion du Canada et Siège de Québec en 1775-1776. Étude précédée d'un compte rendu de la célébration du centenaire de l'assaut de Québec en 1775, par J.-J.-B. Chouinard, Québec, A. Côté, 1876, 104 p. Ill.
Les Archives du Canada. Conférence prononcée à la convention littéraire d'Ottawa, le 25 octobre 1877, Québec, Imprimerie A. Côté et Cie, 1877, 15 p.
Catalogue de la bibliothèque de feu L.-P. Turcotte, [Québec, s.é., 1878 ?], 4 p.
La Société littéraire et historique de Québec. Conférence lue devant la Société le 19 déc. 1877, Québec, [s.é.], 1879, 32 p.

ÉTUDES

Edmond Lareau, *Louis-Philippe Turcotte*, dans *Histoire de la littérature canadienne*, Montréal, John Lovell, 1874, p. 224–229.
Jules-Paul Tardivel, *Notice biographique sur L.-P. Turcotte*, dans *Annuaire de l'Institut canadien de Québec*, n° 5, 1878, p. 75–80.
[Anonyme], *Louis-Philippe Turcotte*, MSRC, 1ʳᵉ série, vol. 1, section 1, 1882-1883, p. 111–118.
Henri d'Arles, *Louis-Philippe Turcotte*, dans *Nos historiens*, Montréal, Bibliothèque de l'Action française, 1921, p. 125–155.
Jean-Charles Bonenfant, *Louis-Philippe Turcotte*, DBC, vol. 10, 1983, p. 755.

TURGEON, LÉONIDA DITE LÉONISE. Voir **ORMES, RENÉE DES.**

TURGEON, PIERRE (1947–). Romancier, né à Québec. Il fait ses études classiques au Collège de Saint-Laurent et au Collège Sainte-Marie (B.A., 1968). Journaliste à *Perspectives* et à *L'Actualité* de 1969 à 1975, il collabore aussi à *T.V. Hebdo*, *Liberté*... De 1971 à 1975, il est animateur et critique aux émissions « Book Club », « Littérature au pluriel » et « Horizons » de Radio-Canada, et il est scénariste à l'Office national du film. En 1975, Pierre Turgeon prend part à la fondation des Éditions Quinze dont il devient président, puis, en 1977, il dirige les Presses de l'Université de Montréal, avant de prendre la direction des éditions du groupe Sogides (1978), des éditions Sogiciel (1982), Le Nordais-Logiciel (1983) et Primeur (1983). Il publie, en 1969, un premier roman en partie autobiographique, *Faire sa mort comme faire l'amour*, que la critique accueille avec grande faveur. André Vanasse s'émerveille de « son extraordinaire maîtrise de l'art d'écrire », et Adrien Thério dit « que Pierre Turgeon entre de plain-pied dans la catégorie des écrivains sur qui il faut compter ». Les romans suivants, *Un, deux, trois* (1970) et *Prochainement sur cet écran* (1973), sont jugés plus froidement, mais la pièce radiophonique de Pierre Turgeon et Jacques Godbout, *L'Interview* (1973), remporte le grand prix du concours de Radio-Canada. En 1981, son roman *La Première Personne* obtient le prix du Gouverneur général. La critique est louangeuse : C'est, écrit Réginald Martel, « à la fois un roman policier, une vertigineuse descente dans le vide existentiel, un portrait hallucinant de ce que pourrait être le monde de demain ». Pour Noël Audet, « le style, en phrases courtes et hachurées, en notations brèves, sert admirablement son propos ».

ŒUVRES

Faire sa mort comme faire l'amour. Roman, Montréal, Éditions du Jour, 1969, 182 p. « RJ » ; Quinze, 1980. « Présence ». Présentation critique de Réjean Beaudoin ; Édition du Club Québec Loisirs ; 1981. « Roman 10/10 ». Traduction anglaise par David Lobdell : *Sweet Poison... Coming Soon*, Ottawa, Oberon Press, 1983, 176 p.

Un, deux, trois. Roman, Montréal, Éditions du Jour, 1970, 171 p. « RJ » ; Quinze, 1980, 177 p. Présentation critique par Réjean Beaudoin. « Présence ».

L'Interview. (Texte radiophonique), [Montréal], Leméac, 1973, 59 p. Collab. Jacques Godbout. « RQ ».

Prochainement sur cet écran. Roman, Montréal, Éditions du Jour, 1973, 203 p. « RJ » ; Quinze, 1980, 207 p. Présentation critique de Réjean Beaudoin. « Présence ».

La Première Personne. Roman, Montréal, Quinze, 1980, 157 p. « Prose entière » ; 1982, « Roman 10/10 ». Traduction anglaise par David Lobdell : *The First Person*, Ottawa, Oberon Press, 1982, 79 p.

Le Bateau d'Hitler (roman), Montréal, Boréal, 1988, 224 p.

ÉTUDES

André Major, *Entrevue. Pierre Turgeon et le « Je »*, Dev, vol. 60, n° 74, 29 mars 1969, p. 17.

Id., *De la vie-sexe à la vie-mort*, Dev, vol. 60, n° 91, 19 avril 1969, p. 14.

Adrien Thério, *Faire sa mort comme faire l'amour de Pierre Turgeon*, LAQ 1969, p. 18-19.

Victor-Lévy Beaulieu, *La Nouvelle Relève du roman québécois* (entrevue), dans *Perspectives-dimanche*, vol. 2, n° 42, 18 oct. 1970, p. 16.

Gilles Cossette, *Un, deux, trois*, LAQ 1970, p. 70.

[Anonyme], *Un, deux, trois de Pierre Turgeon*, dans *Le Livre canadien*, vol. 2, janv. 1971, n° 9.

André Vanasse, *L'École du Jour*, MM, vol. 12, n° 12, déc. 1972, p. 23, 62.

Yves Lacroix, *Prochainement sur cet écran*, LAQ 1973, p. 26-27.

Id., *Jacques Godbout et Pierre Turgeon. L'Interview*, LAQ 1973, p. 157-158.

Donald Smith, *Pierre Turgeon romancier et éditeur* (entrevue), LQ, n° 9, févr. 1978, p. 37-42.

Réginald Martel, *Pierre Turgeon revient. Le roman sobre et violent d'une certaine Californie*, Pr, 96e année, n° 293, 13 déc. 1980, p. D-3.

Noël Audet, *Pierre Turgeon et l'Américanité*, Dev, vol. 71, n° 301, 20 déc. 1980, p. 21.

Réjean Beaudoin, *Pierre Turgeon. La Première Personne*, LAQ 1981, p. 80-81.

Gilles Marcotte, *Un thriller québécois superbe et effrayant*, dans *L'Actualité*, vol. 6, n° 3, mars 1981, p. 88.

Normand Desjardins, *Turgeon (Pierre). La Première Personne*, dans *Nos livres*, vol. 12, mai 1981, n° 256.

André Vanasse, *Les Prix littéraires. Un détective pour le Gouverneur et un amoureux pour Robert Cliche*, LQ, n° 23, automne 1981, p. 21-22.

U

Stéphan Kovacs

UGUAY, MARIE (1955–1981). Poète née à Montréal. Elle fait ses études à l'École Esther-Blondin, au Collège Marguerite-Bourgeoys (1968–1974) et elle poursuit des études de lettres à l'Université du Québec à Montréal. Elle collabore à *Estuaire*, *Vie des arts*, *Le Devoir* et *Possibles*, participe à la « Nuit de la poésie 1980 » et au film que Jean-Claude Labrecque tourne sur elle en 1981. La veille de sa mort survenue le 26 octobre 1981, cinq comédiens donnaient un récital de ses poèmes dans une mise en scène de sa tante Huguette Uguay, avec un accompagnement musical : « Il fait beau comme jamais ». La Fondation Nelligan lui décerne une médaille à titre posthume pour *Autoportraits*, et la ville de Montréal donne son nom à la bibliothèque de la maison de la culture de Ville-Émard. Initiée très jeune par son père à la beauté de l'univers et des mots, elle apprend progressivement, dans le jeu des mots toujours mieux maîtrisés, à exorciser sa peur de la vie et son angoisse devant le cancer qui la ronge. À la publication du premier recueil, *Signe et Rumeur* (1976), la critique note, sans plus, le « texte doux » fait de « mots très simples », « sans images spectaculaires » (Pierre Nepveu). Mais au second, *L'Outre-vie* (1979), Michel Beaulieu s'émerveille du progrès accompli : « l'écart est en effet si grand qu'on peut aisément parler d'une métamorphose ». La poète « a trouvé sa voix » et ses thèmes : l'enfance et la ville, la lumière et l'eau, le désir, l'amour, le corps, l'angoisse du temps. *Autoportraits* (1982), recueil posthume, détaille encore la vision poétique. « La poésie de Marie Uguay est lumineuse, écrit Jean Royer. [...] Elle éclaire la vie de ses mots les plus fulgurants et doux à la fois. Le poème devient l'instant perdu retrouvé dans la clarté de l'âme. Cette poésie est d'une extrême tendresse, d'une extrême douleur. Elle évoque la tragédie de la vie qui se défait en même temps que la joie fragile de l'instant ».

ŒUVRES

Signe et Rumeur (poésie), Saint-Lambert, Éditions du Noroît, 1976, [n.p., 75 p.]. Calligraphie et dessins de l'auteur.

L'Outre-vie (poésie), Saint-Lambert, Éditions du Noroît, 1979, 87 p. Ill. de Stephan Kovacs.

Autoportraits (poésie), Saint-Lambert, Éditions du Noroît, 1982, [n.p., 73 p.]. Ill. de Stephan Kovacs.

La Vie, la Poésie. Entretiens avec Jean Royer, Montréal, Éditions du Silence, 1983, 36 p. (Deux éditions à tirage limité).

Poèmes. Signe et Rumeur. L'Outre-vie. Autoportraits. Poèmes inédits, Saint-Lambert, Éditions du Noroît, 1986, 214 p. Ill. de Stephan Kovacs. Préface de Jacques Brault.

La Poésie de ce monde, Dev, vol. 70, n° 275, 24 nov. 1979, p. 18.

Les Possibles de la poésie, dans *Possibles*, vol. 3, n° 2, hiver 1979, p. 147–148.

Les Îles de Stephan Kovacs, dans *Vie des arts*, vol. 25, n° 101, hiver 1980–1981, p. 73.

ÉTUDES

Michel Beaulieu, *Uguay, Chabot et Lemaire, 3 poètes*, dans *Le Livre d'ici*, vol. 2, n° 19, 16 févr. 1977, p. 1.

Pierre Nepveu, *La Jeune Poésie et la Critique peut-être*, LQ, n° 6, avril–mai 1977, p. 15.

Monique Benoît, *Marie Uguay. L'Outre-vie*, LAQ 1979, p. 176–178.

Michel Beaulieu, *Marie Uguay : une poésie de chair et de sang*, dans *Le Livre d'ici*, vol. 5, n° 17, 30 janv. 1980, p. 1.

Suzanne Paradis, *L'Outre-vie, une poésie habitée*, Dev, vol. 71, n° 102, 3 mai 1980, p. 21.

Jean Royer, *Faire mon livre du monde*, Dev, vol. 71, n° 102, 3 mai 1980, p. 21.

Id., *La Poésie lumineuse de Marie Uguay*, Dev, vol. 72, n° 191, 23 oct. 1981, p. 17.

Michel Beaulieu, *Salut, Marie Uguay*, dans *Le Livre d'ici*, vol. 7, n° 5, 4 nov. 1981, p. 1.

Id., *La Rumeur essentielle*, Dev, vol. 73, n° 245, 23 oct. 1982, p. 25.

Suzanne Paradis, *Marie Uguay. Autoportraits*, LAQ 1982, p. 144–146.

UN ANCIEN DE JOLIETTE. Voir **LAMARCHE, GUSTAVE.**

UN DES DEUX TÉLÉMAQUES DE ROME (L'). Voir **AUCLAIR, Arthur** ÉLIE.

USÈNE, SERGE. Voir **DANTIN,** LOUIS.

UNTEL, FRÈRE. Voir **DESBIENS,** JEAN-PAUL.

V

VAC, BERTRAND [X Aimé Pelletier] (1914–   ). Romancier et essayiste, né à Saint-Ambroise-de-Kildare (Joliette). Il fait ses études au Séminaire de Joliette (B.A., 1934). Il complète ses études médicales à l'Université de Montréal (1940). De 1942 à 1946, il fait partie du corps médical de l'armée canadienne. Par la suite, il se spécialise à Paris et, en 1948, il est nommé chirurgien à l'Hôpital général de Verdun. Comme romancier, il utilise le pseudonyme « Bertrand Vac ». À trois reprises, il remporte le prix du Cercle du livre de France, d'abord, en 1950, pour *Louise Genest*, puis, en 1952, pour *Deux portes... une adresse* et, en 1965, pour *Histoires galantes*. Avec *L'Assassin dans l'hôpital*, il obtient, en 1956, le prix du Cercle du roman policier. Bertrand Vac est aussi l'auteur d'une pièce de théâtre, « Appelez-moi Amédée », présentée, en 1967, à bord du bateau-théâtre l'Escale. Dans ses récits, l'auteur affectionne les histoires compliquées et les personnages aux traits grossis. Le comique de la vie s'y situe, selon Gérard Tougas, « aux antipodes de la litote humoristique anglaise ou de l'esprit français, faits de réticence et de finesse ; [... Bertrand Vac appartient] à la famille des humoristes américains qui accèdent au comique par l'intermédiaire du burlesque ». Ce n'est pas, cependant, le cas de *Louise Genest* qui reste son meilleur récit. Vac continue d'écrire : il a en chantier un roman et une pièce de théâtre.

ŒUVRES

Louise Genest (roman), Montréal, CLF, 1950, 231 p. ; 1967, 172 p. « PoC ».
Deux portes... une adresse. Roman, Montréal, CLF, 1952, 240 p. Préface d'Antonin Lamarche.
Saint-Pépin, P.Q. Roman, Montréal, CLF, 1955, 272 p. ; 1969. « PoC ».
L'Assassin dans l'hôpital (roman), Montréal, Cercle du roman policier, 1956, 190 p.
La Favorite et le Conquérant. Roman, [Montréal], CLF, 1963, 397 p.
Histoires galantes (nouvelles), [Montréal], CLF, 1965, 194 p.
Mes pensées « profondes » (aphorismes), [Montréal], CLF, 1967, 124 p.
Le Carrefour des géants (Montréal 1820–1885) (histoire), Montréal, CLF, 1974, 274 p. Ill.

Jean C. Lallemand raconte (roman), Montréal, Louise Courteau éditrice, 1987, 330 p.
Bizarres (nouvelles), Montréal, Guérin littérature, 1988, 160 p. Coll. « Roman ».

ÉTUDES

Guy Sylvestre, *Louise Genest*, RD, vol. 56, n° 2, nov. 1950, p. 219–224.
J.-P. Beausoleil, *Louise Genest*, dans *Lectures*, t. 7, n° 4, déc. 1950, p. 193–197.
Roger Duhamel, *Louise Genest*, AU, 17e année, n° 3, avril 1951, p. 65–66.
Clément Lockquell, *Bertrand Vac, Louise Genest*, C, vol. 12, n° 4, déc. 1951, p. 434–436.
Jean-Paul Pinsonneault, *Deux portes... une adresse*, dans *Lectures*, t. 9, n° 4, déc. 1952, p. 155–157.
Guy Robert, *Trois livres de Bertrand Vac*, RD, vol. 62, n° 1, janv.-févr. 1956, p. 34–40.
Réjean Robidoux, *La Favorite et le Conquérant*, LAC 1963, p. 38–39.
Michel Tétu, *Histoires galantes*, LAC 1965, p. 62–63.
Bernard Lévy, *De l'humour...*, dans *Sept-Jours*, 2e année, n° 17, 7–13 janv. 1968, p. 39.
Guy Massicotte, *Bertrand Vac. Le Carrefour des géants*, LAQ 1974, p. 106–108.
Guy Ferland, *Alias Bertrand Vac*, Dev, vol. 79, n° 240, 15 oct. 1988, p. D-1, D-6.

VACHON, ANDRÉ (1933–   ). Historien, né à Québec. Après ses études classiques au Séminaire Saint-Alphonse et au Séminaire de Québec, il s'inscrit à la Faculté des lettres de l'Université Laval où il obtient une licence ès lettres et un diplôme d'études supérieures en histoire. Il est archiviste aux Archives de la Province de Québec de 1956 à 1961. Depuis 1962, André Vachon mène parallèlement deux carrières : l'administration et l'histoire. Administrateur, il est directeur des éditions (1962–1964), directeur adjoint (1964–1966) et directeur général (1966–1971), aux Presses de l'Université Laval, et conservateur des Archives nationales du Québec. Historien, il publie de nombreux articles et quatre ouvrages, dont l'*Histoire du notariat canadien 1621–1960*, qui lui vaut le prix Raymond-Casgrain et le prix Montcalm (Paris). Il enseigne l'histoire à l'Université Laval, est secrétaire général puis directeur adjoint du *Dictionnaire biographique du Canada/Dictionary of Canadian Biography* (1961–1971). Il dirige une collection d'études biographiques aux Presses de l'Université Laval et aux Presses de l'Université de Toronto et préside le comité canadien d'édition de l'*Encyclopaedia Universalis*. Il est en outre l'éditeur-délégué de la Société des Dix dont il devient membre en 1970, succédant à Jacques Rousseau. André Vachon détient un doctorat *honoris causa* en histoire de l'Université d'Ottawa, qui lui est décerné en 1971. Il est élu membre de la Société royale du Canada en 1974. Son effort d'historien porte également sur l'administration de la Nouvelle-France.

ŒUVRES

Histoire du notariat canadien, 1621-1960, Montréal, 1961, 211 p. Ill. (Édition de luxe, hors commerce, offerte par la Chambre des notaires de la province de Québec à l'occasion du VIᵉ congrès international du Notariat latin); *Histoire du notariat canadien, 1621-1960*, Québec, PUL, 1962, xxvii, 209 p. (Édition revue).

L'Édition universitaire en France, Québec, PUL, 1967, 66 p.

Éloquence indienne, Montréal/Paris, Fides, 1968, 96 p. « CC ».

L'Administration de la Nouvelle-France/ The Administration of New France, 1627-1760, Québec/Toronto, PUL/UTP, 1970, 87 p.

Madeleine de Verchères (biographie), Trois-Rivières, Éditions du Bien public, 1978, 35 p. Ill.

François de Laval (biographie), Montréal, Fides, 1980, 64 p.

Situation de la recherche sur la franco-américanie. Premier colloque de l'Institut français du Collège de l'Assomption, Worcester, Massachusetts, 15 mars 1980, Québec, Conseil de la vie française en Amérique, 1980, 100 p. Éditeur avec Claire Quintal.

Rêves d'empire: le Canada avant 1700, [Ottawa], Archives publiques Canada, 1982, xi, 387 p. Collab. Victorin Chabot et André Desrosiers. Ill. Traduction anglaise par John F. Flinn: *Dreams of Empire: Canada before 1700*.

La Recherche et la Publication à l'université, [Moncton], Chaire d'études acadiennes, Université de Moncton, 1983, 14 p.

La Chaire d'études acadiennes. Objectifs et moyens, Moncton, Chaire d'études acadiennes, Université de Moncton, 1984, 15 p.

L'Histoire éternelle suivi de Le Livre d'histoire, Moncton, Chaire d'études acadiennes, Université de Moncton, 1984, 19 p.

Études et Documents, [Moncton], Chaire d'études acadiennes, Université de Moncton, 1984, Ill.

La Famille Drouin au Perche, 1551-1636. Étudiée d'après des documents découverts et relevés par Madame Pierre Montagne, [Sainte-Anne-de-Beaupré], Revue Sainte-Anne-de-Beaupré, 1985, xiv, 93 p.

L'Enracinement: le Canada de 1700 à 1760, Ottawa, Archives publiques Canada, 1985, xiii, 312 p. Collab. Victorin Chabot et André Desrosiers. Ill. Cartes. Traduction anglaise par John F. Flinn: *Taking Root. Canada from 1700 to 1760*.

L'Eau-de-vie dans la société indienne, CHAR, Ottawa, 1960, p. 22-32.

L'Affaire du Long-Sault: valeur de la source huronne, RUL, vol. XVIII, nᵒ 6, févr. 1964, p. 495-515.

Dollard des Ormeaux, Adam, DBC, t. 1, 1966, p. 274-283.

Jolliet, Louis, DBC, t. 1, 1966, p. 404-410.

Talon, Jean, DBC, t. 2, 1969, p. 647.

Laval, François de, DBC, t. 2, 1969, p. 374-387.

La Restauration de la tour de Babel ou « La Vie à Québec au milieu du XVIIᵉ siècle », RHAF, vol. 24, nᵒ 2, sept. 1970, p. 167-250.

Colliers et Ceintures de porcelaine chez les Indiens de la Nouvelle-France, CD, vol. 35, 1970, p. 251-278.

Colliers et Ceintures de porcelaine dans la diplomatie indienne, CD, vol. 36, 1971, p. 179-192.

François de Laval, chanoine et archidiacre d'Évreux, CD, vol. 37, 1972, p. 223-238.

Félix-Antoine Savard, présentation. Que Félix-Antoine Savard fut avant tout un poète, nous le savions déjà, mais il est intéressant de l'entendre dire par la voix d'un historien qui remonte à Homère pour mieux comprendre Menaud, LQ, vol. 1, nᵒ 3, sept. 1976, p. 30-31.

ÉTUDES

Lionel Groulx, *André Vachon. Histoire du notariat canadien, 1621-1960*, RHAF, vol. 16, nᵒ 4, 1963, p. 596-598.

Fernand Dumont, *André Vachon. Histoire du notariat canadien, 1621-1960*, RS, vol. 6, nᵒ 2, 1965, p. 202-203.

VACHON, Georges-ANDRÉ (1926–). Critique littéraire et essayiste, né à Strasbourg (France). Après ses études classiques, il obtient une licence en philosophie (1949) à Montréal et une licence en théologie (1958) à Louvain. En 1963, l'Université de Paris lui décerne un doctorat pour sa thèse sur Claudel, dont la publication lui vaut le prix France-Canada (1965) et le prix du Gouverneur général (1966). Professeur de carrière, il enseigne au Collège de Sudbury (1950-1952), au Collège Brébeuf (1952-1954), et au Collège Sainte-Marie (1963-1964). Il fait de nombreux voyages d'étude en Belgique, en Espagne et en France. En

1965, il devient professeur à la Faculté des arts et des sciences de l'Université de Montréal. Entre 1966 et 1969, il dirige la revue *Études françaises*. Sa réputation de critique et d'essayiste l'amène à participer à de nombreux colloques ; il est régulièrement sollicité par diverses universités canadiennes comme professeur invité. Dans un article, Paulette Smith-Roy écrit au sujet de sa thèse sur Claudel : « Une telle objectivité et une telle honnêteté intellectuelle constituent le mérite premier de son étude critique ». Ses études ultérieures confirment ce souci et cette recherche de la vérité. En 1977, Georges-André Vachon publie *Rabelais tel quel*, fort bien accueilli par la critique. En 1980, il publie *Esthétique pour Patricia* qui soulève l'enthousiame de Michel Beaulieu : « Toute personne qui aspire à écrire des poèmes devrait avoir cet ouvrage à portée de la main, le lire et le relire, le méditer ». Suzanne Lafrenière remarque de ce livre « des pages magnifiques de poésie sur la mer ». En 1987, Georges-André Vachon publie *Toute la terre à dévorer*, son premier roman qui est une course folle, mi-réelle, mi-fantaisiste à travers les quartiers de Montréal.

ŒUVRES

Le Temps et l'Espace dans l'œuvre de Paul Claudel (essai), Paris, Éditions du Seuil, 1965, 455 p.

Les Idées politiques des Canadiens français, Ottawa, Commission Laurendeau-Dunton, 1966, 460 p. (Texte polycopié).

Une tradition à inventer (essai), Montréal, PUM, 1968, 27 p.

Ozias Leduc et Paul-Émile Borduas (essai), Montréal, PUM, 1973, 153 p. Collab. Jean Éthier-Blais et François Gagnon.

Le Surréalisme, Montréal, Librairie de l'Université de Montréal, 1974, 113 f. (Notes de cours. Texte polycopié).

Littérature française moderne I. Les sources de la modernité : romantisme, symbolisme, surréalisme, Montréal, Librairie de l'Université de Montréal, 1976, 67 f. (Notes de cours. Texte polycopié).

Rabelais tel quel (essai), Montréal, PUM, 1977, 144 p. Ill. « Lectures ».

Esthétique pour Patricia, suivi d'un écrit de Patricia B. (essai), Montréal, PUM, 1980, 144 p. « Lectures ».

Badlands (roman), Montréal, Hurtubise HMH, 1985, 270 p. Traduction du livre de R. Kroetsch.

Toute la terre à dévorer (roman), Paris, Aux Éditions du Seuil, 1987, 192 p. Publié sous le nom d'André Vachon.

L'Espace politique et social dans le roman québécois, RS, sept.-déc. 1966, p. 259–281.

Le Conflit des méthodes, EF, vol. 2, n° 2, 1966, p. 191–216.

Recherche universitaire et Société, dans *Recherche et Société canadienne-française*, Ottawa, EUO, 1969, p. 247–251.

Une littérature qui se louisianise ?, EF, vol. 7, n° 4, 1971, p. 411–425.

Le colonisé parle, EF, vol. 10, n° 1, févr. 1974, p. 61–78.

Saisons antérieures, EF, vol. 10, n° 2, mai 1974, p. 219–226.

Notes sur Ducharme et Lapointe (fragment d'un traité du vide), EF, vol. 11, n°s 3–4, oct. 1975, p. 355–387.

Jacques Brault à la recherche d'un lieu commun, EF, vol. 13, n°s 1–2, avril 1977, p. 181–188.

Lettre de Tampa, NBJ, n° 61, déc. 1977, p. 83–102.

ÉTUDES

Paulette Smith-Roy, *Le Temps et l'Espace dans l'œuvre de Claudel de Georges-André Vachon*, LAC 1965, p. 116–117.

Robert Barberis, *Un peuple sans littérature ?*, dans *Le Quartier latin* (Arts et Lettres), vol. 2, n° 19, 10 mars 1966, p. 7.

Id., *Littérature « québécoise »*, dans *Le Quartier latin* (Arts et Lettres), vol. 2, n° 20, 17 mars 1966, p. 6.

[P.C.], *Prix littéraires du Gouverneur général*, So, vol. 69, n° 132, 1er juin 1966, p. 2.

André Major, *Études françaises : « Conflit des méthodes »*, PJ, vol. 40, n° 41, 7 août 1966, p. 38.

Laurent Mailhot, *Une critique qui se fait*, EF, vol. 2, n° 3, oct. 1966, p. 328–347.

Gérald Godin, *Un prix pour la francité*, MM, vol. 6, n° 11, nov. 1966, p. 77.

Raymond M. Turcotte, *Littérature canadienne-française*, Pe, vol. 3, n° 6, déc. 1967, p. 412–413.

Alain Pontaut, *Pour redestiner le langage à la communauté des hommes*, Pr, 84e année, n° 256, 2 nov. 1968, p. 39.

Benoît Beaulieu, *G.-André Vachon, Rabelais tel quel*, LAQ 1977, p. 254–255.

Jacques Renaud, *Le Chant créateur de la féminité*, Dev, vol. 69, n° 93, 22 avril 1978, p. 31.

Michel Beaulieu, *Un texte fondamental. L'apprenti-poète...*, dans *Le Livre d'ici*, vol. 5, n° 48, 3 sept. 1980, p. 1.

Suzanne Lafrenière, *« Esthétique pour Patricia ». Réflexion sur l'écriture*, Dr, 69e année, n° 43, 16 mai 1981, p. 18.

Ginette Michaud, *« Esthétique pour Patricia suivi d'un écrit de Patricia B. », de G.-André Vachon*, VI, vol. 6, n° 2, hiver 1981, p. 333–335.

VADEBONCŒUR, PIERRE (1920–   ). Essayiste, né à Strathmore (Île-de-Montréal). Il fait ses études classiques au Collège Brébeuf (B.A., 1940). Par la suite, il s'inscrit à la Faculté de droit de l'Université de Montréal (licence, 1943). Fonctionnaire au Conseil des prix du commerce, il abandonne son poste pour se livrer pendant trois ans à la réflexion. Ses activités varient, allant de la traduction aux affaires. Il fait la connaissance de Paul-Émile Borduas et de Guy Viau. En 1947, il est de retour à la Chambre de commerce de Montréal. Il travaille en même temps comme pigiste à *La Patrie*, au *Petit Journal* et finalement au *Canada*. Il est aussi traducteur à la *Canadian Press*, mais ses tendances syndicalistes y sont peu appréciées. Il passe alors au *Journal de Rosemont*. Il y reste à peine un an, avant de s'impliquer à fond dans la grève de l'amiante. C'est à ce moment-là qu'il se joint à la C.T.C.C. (devenue en 1960 la C.S.N.). Il publie de nombreux essais parus dans diverses revues d'avant-garde : *Cité libre*, *Liberté*, *Socialisme*, *Parti Pris*. Ces essais constituent le noyau de futurs volumes qui marqueront profondément toute une génération engagée dans les luttes sociales au Québec. De 1969 à 1974, il est membre de l'équipe de la revue *Maintenant*. En 1971, il mérite le prix Duvernay. Robert Vigneault écrit : « Vadeboncœur, ce prophète de nos destinées politiques, pratique aussi une toute autre forme d'écriture, et avec un bonheur certain. D'ailleurs, le style incantatoire de cet essayiste passionné manifestait déjà que la poésie est aussi son domaine. Dans le récit intitulé, *Un amour libre*, elle jaillit en toute liberté ». Dans *La Dernière Heure et la Première*, « le ton reste toujours celui du penseur qui domine le débat et l'option indépendantiste qu'il présente comme étant la seule réponse réelle à la question réelle n'en acquiert que plus de poids ». Pour se consacrer à l'écriture, il abandonne, en 1975, sa carrière de conseiller syndical. En 1976, l'attribution du prix David couronne son œuvre d'écrivain qui est selon Michèle Lalonde, « une œuvre singulièrement persévérante [...] une œuvre quantitativement impressionnante et d'une grande facture stylistique ». En 1984, il obtient le prix France-Québec pour son volume *Trois essais sur l'insignifiance* et pour l'ensemble de son œuvre. Son livre-maître, *Les Deux royaumes*, mérite un accueil favorable. En 1985, à la parution de *L'Absence*, Jean Royer écrit que Vadeboncœur demeure toujours un écrivain « de première ligne ».

ŒUVRES

La Ligne du risque (essai), Montréal, Orphée, [1962], 58 p. (Paru d'abord comme numéro spécial de la revue *Situations*) ; Éditions HMH, 1963, 286 p. (Édition augmentée de plusieurs textes parus dans *La Nouvelle Relève*, *Cité libre* et *Écrits du Canada français*) ; 1969 ; [1977]. Préface de François Ricard.

L'Autorité du peuple (essai), [Québec], Éditions de l'Arc, 1965, 132 p. Préface de François Ricard ; Montréal, Éditions HMH, 1977.

Lettres et Colères (essais), Montréal, Parti Pris, 1969, 194 p.

Un amour libre. Récit, Montréal, HMH, 1970, 104 p.

La Dernière Heure et la Première. Essai, Montréal, Éditions de l'Hexagone / Éditions Parti Pris, 1970, 78 p.

366 jours et tant qu'il en faudra : vive les gars de Lapalme, [Montréal, Confédération des syndicats nationaux], 1971, 94 p. Ill. Collab. Syndicat des employés du transport postal de Montréal. Traduction anglaise : *366 Days and As Long as it Takes : Long Live the Lapalme Guys*, [Montreal, Confederation of National Trade Unions, 1971], 94 p. Ill.

Indépendances. Essai, Montréal, L'Hexagone / Parti Pris, 1972, 179 p.

Un génocide en douce. Écrits polémiques, Montréal, L'Hexagone, 1976, 190 p.

Chaque jour, l'indépendance..., [Montréal], Leméac, 1978, 118 p.

Les Deux royaumes. Essais, Montréal, L'Hexagone, 1978, 239 p.

To Be or Not to Be : That is the Question, Montréal, L'Hexagone, 1980, 169 p.

Trois essais sur l'insignifiance, Montréal, L'Hexagone, 1983, 114 p. ; *Trois essais sur l'insignifiance ; suivis de Lettre à la France*, Paris, A. Michel, 1983, 173 p.

L'Absence. Essai à la deuxième personne, Montréal, Boréal Express, 1985, 143 p.

Essais inactuels, Montréal, Boréal Express, 1987, 200 p.

ÉTUDES

Maurice Tremblay, *La Ligne du risque*, RS, vol. 4, n° 3, sept.–déc. 1963, p. 361–362.

Pierre Vallières, *La Ligne du risque*, CL, 15e année, vol. 63, janv. 1964, p. 30.

Jean-Marc Piotte, *Les Essais de Pierre Vadeboncœur*, PP, vol. 1, n° 5, févr. 1964, p. 51.

Jean Marcel (Paquette), *Les Forces provisoires de l'intelligence*, LAC 1965, p. 23–32.

Gérald Godin, *Comme un curé de gauche*, PP, vol. 3, n° 7, févr. 1966, p. 55–56.

Jacques Lamarche, *Démystifié, le bourgeois gentilhomme*, CL, 16e année, n° 85, mars 1966, p. 29.

Richard Arès, *L'Autorité du peuple*, Rel, n° 306, juin 1966, p. 194.

Victor-Lévy Beaulieu, *Pour saluer Pierre Vadeboncœur*, L, vol. 12, n° 4, juillet-août 1970, p. 3–10.

Laurent Mailhot, *D'un amour libre à un pays libéré, ou de l'autorité de l'enfant à celle d'un peuple*, LAQ 1970, p. 38–43.

Robert Vigneault, *L'Essai*, EF, vol. 7, n° 1, févr. 1971, p. 87–102, surtout p. 87–92.

Jacques Lazure, *Indépendances, le livre de la vraie contestation*, LAQ 1972, p. 289–290.

[Collab.], *Un homme libre, Pierre Vadeboncœur* (essai), [Montréal], Leméac, 1974, 136 p.

Marie-Andrée Hamel, *Les Lettres québécoises : une lecture de Vadeboncœur*, dans *Le Jour*, vol. 1, n° 113, 13 juillet 1974, p. V-2.

Gisèle Tremblay, *Un vrai intellectuel ouvrier, Pierre Vadeboncœur quitte la CSN pour écrire*, dans *Le Jour*, vol. 2, n° 113, 17 juillet 1975, p. 5.

Pierre Saint-Germain, *Pierre Vadeboncœur publie « Un génocide en douce » ou Le Québec vendu aux Américains*, Pr, 92e année, no 269, 4 nov. 1976, p. B-19.

François Ricard, *Pierre Vadeboncœur et la Découverte de l'adversaire*, Dr, 68e année, no 265, 13 nov. 1976, p. 19.

Michèle Lalonde, *Pierre Vadeboncœur, prix David. « Le simple honneur de parler franc »*, Dr, 68e année, no 289, 11 déc. 1976, p. 32.

Conrad Bernier, *L'Impitoyable Lucidité de Vadeboncœur*, Pr, 93e année, no 6, 8 janv. 1977, p. D-2.

Pierre Cantin, *Pierre Vadeboncœur : le désir de réécrire l'histoire. HMH vient de rééditer « La Ligne du risque » et « L'Autorité du peuple » de Pierre Vadeboncœur*, LQ, vol. 1, no 7, août-sept. 1977, p. 37-39.

Réjean Beaudoin, *Pierre Vadeboncœur essayiste*, dans *Le Jour*, vol. 1, no 30, 26 août au 1er sept. 1977, p. 23-24.

Conrad Bernier, *Vadeboncœur : la société qui se prépare m'inquiète*, Pr, 92e année, no 296, 11 déc. 1977, p. C-5.

Gilles Bourque, *Pierre Vadeboncœur. Chaque jour, l'indépendance...*, LAQ 1978, p. 297-298.

André Vidricaire, *Pierre Vadeboncœur. Les Deux royaumes*, LAQ 1978, p. 299-302.

Lise Gauvin, *Pierre Vadeboncœur. La royauté de l'écrit*, Dr, 70e année, no 40, 17 févr. 1979, p. 19.

François Ricard, *L'Amitié critique ou La Demi-métamorphose*, L, vol. 21, no 2, mars-avril 1979, p. 114-123.

Gabrielle Poulin, *Aux confins des deux royaumes*, LQ, no 15, août-sept. 1979, p. 35-37.

[*Pierre Vadeboncœur*], L, vol. 21, no 6, nov.-déc. 1979, p. 7-66. (Numéro spécial).

Gordon Lefèbvre, *À Pierre Trudeau... et les autres. La Gauche et le référendum*, dans *Spirale*, no 9, mai 1980, p. 9-10.

Réginald Martel, *À Propos de Proust. La modestie de Vadeboncœur*, Pr, vol. 98, no 37, 13 févr. 1982, p. C-2.

Suzanne Lafrenière, *Pierre Vadeboncœur. Trois essais sur l'insignifiance*, Dr, 71e année, no 75, 25 juin 1983, p. 28.

Gérald Gaudet, *La Pensée comme une confidence*, Dr, 76e année, no 254, 2 nov. 1985, p. 26.

Jean Royer, *Pierre Vadeboncœur. À la jeunesse de choisir l'avenir du Québec*, Dr, 76e année, no 254, 2 nov. 1985, p. 23.

Gabrielle Poulin, *L'Absence », de Pierre Vadeboncœur. Les stations de l'amour*, Dr, 73e année, no 219, 14 déc. 1985, p. 30.

Robert Vigneault, *Pierre Vadeboncœur : la promotion littéraire du dualisme*, dans *L'Essai et la Prose d'idées au Québec*, Montréal, Fides, 1985, p. 761-781. « ALC » 6.

VAILLANCOURT, ALINE. Voir LEDUC, JEAN.

VAILLANCOURT, JEAN (1923-1961). Romancier, né à Montréal. Il quitte l'école très jeune pour exercer plusieurs métiers : mineur, bûcheron, etc. En 1942, il s'engage au régiment des Fusilliers Mont-Royal et prend part aux combats en Europe, notamment comme brancardier sur le front de Belgique. Il participe à la campagne de Normandie en 1945, expérience qui sert de toile de fond à son roman *Les Canadiens errants* (1954). À la fin de la guerre, il suit les cours à l'École d'arts graphiques de Montréal. Par la suite, il se fixe à Sorel où il occupe la fonction de garde-chasse. C'est pendant ces années qu'il rédige son roman qui remporte le prix du Cercle du livre de France en 1954. Boursier du Conseil des Arts du Canada en 1960, il séjourne en Espagne et en France où il meurt subitement en juillet 1961. Son unique roman demeure un des meilleurs récits dédiés à la problématique de la guerre. La langue de ses personnages soulève à l'époque l'indignation de certaines critiques. Pour sa part, Andrée Maillet n'hésite pas à qualifier de réussite l'utilisation de ce « langage d'une verdeur saine ».

ŒUVRE

Les Canadiens errants (roman), [Montréal], CLF, [1954], 250 p. ; 1970, 217 p.

(Esquisse de présentation), dans *Bulletin de la Société d'étude et de conférences*, vol. 5, no 1, oct. 1954, p. 26-27.

ÉTUDES

R. Leclerc, *Les Canadiens errants*, dans *Lectures*, vol. 1, no 5, 6 nov. 1954, p. 34.

Robert Lucette, *Les Canadiens errants*, dans *La Revue populaire*, vol. 47, no 11, nov. 1954, p. 9.

Andrée Maillet, *Les Canadiens errants*, dans *Amérique française*, vol. 12, no 5, nov.-déc. 1954, p. 353.

Guy Robert, *Les Canadiens errants*, dans *La Revue dominicaine*, vol. 62, no 4, mai 1956, p. 207-217.

VAÏS, MICHEL (1946-). Dramaturge, comédien et critique dramatique, né à Tunis. Arrivé au Canada en 1958, il étudie au Baron Byng High School de Montréal (1958-1962), puis il reçoit un diplôme de traduction à l'Université McGill (1965). Il obtient ensuite un baccalauréat ès arts à l'Université de Montréal (1967), une maîtrise à l'Université McGill (1969) pour un mémoire sur « Le Sentiment d'étrangeté dans l'œuvre de René de Obaldia », et un doctorat en études théâtrales à l'Université de Paris VIII (1974), dont la thèse s'intitule « Du littérateur dramatique à l'écrivain scénique : les pouvoirs scéniques d'expression chez l'auteur de théâtre français depuis les années cinquante », parue sous le titre *L'Écrivain scénique* (1978). De la fin des années soixante à 1983, il donne des cours à l'Université McGill, à l'Université de Montréal, à la Fonction publique du Canada... ; à partir de 1983, il est professeur de français et de théâtre au Cégep Lionel-Groulx de Sainte-Thérèse. Actif dans les différents domaines du théâtre, il anime l'émission

« L'Art aujourd'hui » de Radio-Canada où il est aussi chroniqueur de théâtre, il est comédien et metteur en scène chez les Saltimbanques, au Théâtre d'Avant-garde. Il est membre du comité de rédaction de la revue *Jeu* à laquelle il donne de nombreux articles, collabore également à plusieurs autres périodiques, tels *Le Devoir, Cahiers de la Nouvelle Compagnie théâtrale, Livres et Auteurs québécois*... *Cui Cui, espèce d'antipièce*, jouée en 1966 et parue dans *La Barre du jour*, reçoit un accueil chaleureux. Au sujet de *L'Écrivain scénique*, la revue *Jeu* est élogieuse, mais Denis Saint-Jacques écrit que « la thèse est en porte à faux ».

ŒUVRES

Jeux et Activités pédagogiques. Enseignement du français langue seconde (essai), Montréal, CN/Air Canada, 1976, 93 p.
L'Écrivain scénique (essai), Montréal, PUQ, 1978, viii, 278 p. Ill.

Théâtre amateur au canal 2, Dev, vol. 57, n° 130, 4 juin 1966, p. 4.
Cui-Cui, espèce d'antipièce (théâtre), BJ, n° 7, vol. 2, n° 1, été 1966, p. 12–23.
Entretien avec André Veinstern, dans *Jeu*, n° 1, hiver 1976, p. 95–102.
Les Saltimbanques (1962–1969), dans *Jeu*, n° 2, printemps 1976, p. 22–43.
Auteur/Création collective : mythe et réalité, dans *Jeu*, n° 4, hiver 1977, p. 72–78.
Projet pour un bouleversement des sens ou Visions érotiques de Maria Chaplin, dans *Jeu*, n° 5, printemps 1977, p. 114–117.
Ti-Jésus, bonjour, dans *Jeu*, n° 7, hiver 1978, p. 106–107.
Esquisse au livre de Job, dans *Jeu*, n° 8, printemps 1978, p. 137–138.
L'Accueil fait au théâtre québécois en Europe, dans *Lectures européennes de la littérature québécoise. Actes du colloque international de Montréal (avril 1981)*, Montréal, Leméac, 1982, p. 354–363.

ÉTUDES

[Anonyme], *Le Festival de théâtre d'amateurs*, dans *Culture information*, vol. 1, n° 4, 20 juillet–20 août 1966, p. 2.
[Anonyme], *24 heures pour composer Cui-Cui*, Pr, vol. 82, n° 175, 30 juillet 1966, p. 2.
Jean-Yves Théberge, *Une revue littéraire qui vit ?*, dans *Le Canada français*, vol. 107, n° 14, 25 août 1966, p. 22.
Gilbert David, *L'Écrivain scénique de Michel Vaïs*, dans *Jeu*, n° 9, automne 1978, p. 128–131.
Denis Saint-Jacques, *Michel Vaïs. L'Écrivain scénique*, LAQ 1978, p. 239–241.

VAL, PIERRE. Voir **COURTEAU, BERNARD.**

VAL, ROBERT. Voir **TREMBLAY, VICTOR.**

VALDOMBRE. Voir **GRIGNON, CLAUDE-HENRI.**

VALLÉE, LIONEL (1931–   ). Ethnologue, né à Montréal. Après ses études classiques au Collège de Saint-Laurent (B.A., 1954), il s'inscrit à la Faculté des sciences sociales à l'Université de Montréal. En 1957, il obtient une maîtrise ès arts en service social pour sa thèse : « Effets des attitudes des parents sur le comportement des enfants » (1957). En 1964, il soutient une thèse de doctorat à l'Université Cornell (Ithaca, N.Y.), « The Negro Family of St. Thomas ». Durant ses années d'études supérieures, il sera tour à tour chargé de recherches et professeur adjoint au Département d'anthropologie de l'Université Cornell. À partir de 1964, il est professeur à l'Université de Montréal. De 1965 à 1968, il est directeur du Département d'anthropologie. Tout en poursuivant sa carrière de professeur, il collabore à de nombreuses revues spécialisées telles *Anthropologica, Revista indigenista, Revue canadienne de sociologie et d'anthropologie*. En 1967, il est le créateur, le directeur et le commissaire du pavillon « Les Visages de l'homme » à Terre des Hommes. Membre fondateur d'un programme de recherches sur l'Amérique latine (1971), il entreprend d'important travaux de recherches au Pérou, subventionnés par le Conseil des Arts du Canada. C'est dans le numéro d'octobre 1974 de la revue *Éducation Québec* que l'on définit le mieux les travaux ethnographiques du professeur Vallée et leur impact sur l'étude de la société québécoise.

ŒUVRES

Mothers and Children. A Study of Parent-Child Relationships in St. Thomas, [St. Thomas?], Dept. of Health, Virgin Islands (É.-U.), 1968, ii, 101 p. Collab. Robert H. Dalton of F. Ricuiti. Ill.
Réflexions anthropologiques : sur l'évolution et la variabilité culturelle, New York, Simon and Schuster, 1971, 161 p.
Compte rendu, voyage au Chili, décembre 1973/Report on a Trip to Chile, December 1973, Ottawa, Conseil canadien de recherche en sciences sociales, 1974, 14, 13 p.
L'Expérience anthropologique, Montréal, PUM, 1976, 143 p. Collab. Pierre Beaucage et Jacques Gomila. Ill. Présentation de Jacqueline Fry.
La Guerre chez les Shuar (Jivaro). La quête du pouvoir, Montréal, Service des publications G.R.A.L., 1983, 26 p. Collab. Robert Crépeau.

ÉTUDE

[Anonyme], *Écologie et Réforme agraire au Pérou*, dans *Éducation Québec*, vol. 5, n° 2, oct. 1975, p. 19–30.

VALLÉE, MIREILLE (1943–). Poète, né à Cap-de-la-Madeleine (Champlain). Elle fait ses humanités au Cégep Édouard-Montpetit de Longueuil et au Cégep de l'Outaouais (D.E.C., 1977). Elle occupe le poste de secrétaire aux éditions Novalis d'Ottawa (1963-1969), puis celui d'agent de recherche à Montréal (1974-1976). À partir de 1979, elle effectue des travaux littéraires et des recherches à la pige. Très engagée dans le mouvement féministe, elle rédige, en 1976, un rapport sur « La Femme collaboratrice de son mari dans une entreprise à but lucratif ». Elle écrit aussi des monologues présentés au Théâtre de l'Île en 1978. Son recueil de poésie, *Le Trille rouge* (1981), suscite des opinions divergeantes. Stéphane Lépine le trouve « insipide et ridicule », tandis que Michel Beaulieu note que cette poésie « expressionniste » s'attache plus directement à l'anecdote « qui lui sert de point de départ ». Claude Rochon y voit « une poésie sonore et émouvante ».

ŒUVRES

Le Trille rouge. Poèmes, Hull, Éditions Asticou, 1981, 64 p. « Poètes de l'Outaouais ».

Simulations de politiques économiques dans un modèle trimestriel de l'économie canadienne avec attentes rationnelles (essai), [Montréal, s.é.], 1983, i, 77 f.

ÉTUDES

Claude Rochon, « *Le Trille rouge* », de Mireille Vallée. *Une poésie sonore et émouvante*, Dr, 68° année, n° 276, 21 févr. 1981, p. 18.

Monique Trépanier, *Le Trille rouge de Mireille Vallée*, dans *Entrelles*, vol. 3, n° 2, mai 1981, p. 12.

Michel Beaulieu, *L'Outaouais en poésie*, dans *Le Livre d'ici*, vol. 6, n° 39, 1er juillet 1981, p. 3.

Stéphane Lépine, *Vallée (Mireille). Le Trille rouge*, dans *Nos livres*, vol. 12, nov. 1981, n° 459.

VALLERAND, NOËL (1937–1985). Historien, né à Lac Mégantic (Frontenac). Il fait ses études classiques au Collège Jean-de-Brébeuf (B.A., 1958) puis obtient une maîtrise en histoire à l'Université de Montréal en 1961. Il enseigne par la suite, de 1961 à 1973, au Collège Sainte-Marie, à l'Université de Montréal et à l'Université de Sherbrooke ; parallèlement à ses travaux d'historien, il écrit des textes pour Radio-Canada durant quatre ans. En 1971-1972, il est nommé vice-doyen de la Faculté des lettres de l'Université du Québec à Montréal et,

l'année suivante, il est délégué par l'UQAM comme observateur de la Commission des études au secteur des arts. À partir de 1971, il y poursuit sa carrière d'administrateur. En 1974, il passe au siège social de l'Université du Québec à Québec.

ŒUVRES

La Nouvelle-France, Montréal, Centre de psychologie et de pédagogie, 1967, 249 p. Collab. Denis Héroux et Robert Lahaise. Ill. Cartes. Avant-propos des auteurs ; *La Nouvelle-France 1524-1760*, Éditions Hurtubise HMH, 1977. Traduction anglaise : *New France. The French Empire in America and her Civilization*, Montréal, Centre de psychologie et de pédagogie, 1969, 44 p.

Manuel d'histoire de l'Amérique du Nord britannique, 1760-1867, Montréal, Centre de psychologie et de pédagogie, 1967, 370 p. Collab. Robert Lahaise ; 1971 ; *L'Amérique du Nord britannique, 1760-1867. Les Canadiens français, la colonisation britannique et la formation du Canada continental*, 1974, 370 p. Ill. Traduction anglaise : *Canada, 1760-1867. The British Colonization and the Evolution of Continental Canada*, Montréal, Centre de psychologie et de pédagogie, 1969, 60 p.

Réflexion sur l'art, Québec, Ministère des Affaires culturelles, 1980, 30 p.

ÉTUDES

Vincent Brousseau, *L'Éducation du mouvement*, dans *Le Magister*, vol. 3, n° 3, nov. 1967, p. 8–9.

Alain Pontaut, *Images de notre destin*, Pr, 83° année, n° 286, 9 déc. 1967, p. 21.

Brigitte Morissette, *Le Grand Nettoyage de trois jeunes historiens*, P, vol. 88, n° 49, 10 déc. 1967, p. 57.

Paul Gay, *La Nouvelle-France*, Dr, vol. 55, n° 229, 23 déc. 1967, p. 7.

André Lachance, *La Nouvelle-France de D. Héroux, R. Lahaise et N. Vallerand*, LAC 1967, p. 148–149.

Georges-Émile Giguère, *Héroux, Denis, Lahaise, Robert, Vallerand, Noël. La Nouvelle-France*, RHAF, vol. 22, n° 1, juin 1968, p. 108–112.

Réginald Martel, *Rendre « tentants » les manuels scolaires*, Pr, 85° année, n° 57, 8 mars 1969, p. 23.

Micheline Lachance, *Une histoire bien vulgarisée*, dans *Québec-Presse*, vol. 3, n° 46, 14–20 nov. 1971, p. 22.

Alain Renaud

VALLIÈRES, PIERRE (1937–). Journaliste et écrivain politique, né à Montréal. Il fait son cours primaire à Longueuil et ses études classiques au Collège de Chambly qu'il quitte après la rhétorique. Il travaille dans une manufacture, à la Banque provinciale, puis passe deux ans dans une maison de courtage (1956–1958), fait une année de noviciat chez les Franciscains de Québec (1959), travaille chez un libraire (1960–1961). Entretemps il collabore au *Devoir* (1957–1962) et à *Cité libre*. En 1962, il est ouvrier agricole en France. À son retour (1963), il entre au service des nouvelles internationales de *La Presse*. Directeur de *Cité libre* pendant quelques mois (1963–1964), il s'en sépare pour des raisons idéologiques, puis il fonde, avec Charles Gagnon, la revue mensuelle *Révolution québécoise* (1964–1965) qu'il dirige. Il collabore ensuite à *Parti Pris* (1965–1966). Profondément engagé dans l'action politique, il adhère au Front de libération du Québec (1965). Il est arrêté à New York, le 26 septembre 1966, lors d'une manifestation devant l'édifice des Nations-Unies, déporté à Montréal et condamné à la prison perpétuelle pour homicide involontaire. C'est là qu'il écrit *Nègres blancs d'Amérique* (1968). Acquitté cependant, en 1970, il retourne au journalisme et à ses rêves de socialisme révolutionnaire et indépendantiste. Les *Nègres blancs* ont provoqué une vive polémique, à leur parution, et ils demeurent un important document d'époque. Toute l'œuvre subséquente de Vallières, assoiffé de justice et de liberté, passionné, proche du pamphlet, porte sur le thème de la révolution politico-économique du Québec. On lui reconnaît le mérite de s'être impliqué avec beaucoup de courage. Et l'écrivain? Pas très bon, pense Robert Major : « La profonde unité de l'œuvre de Vallières, la permanence d'une passion, la liberté, et la récurrence d'un certain nombre de thèmes privilégiés, ne sont pas, en elles-mêmes, des indications de cette œuvre sur le plan de l'écriture ».

ŒUVRES

Nègres blancs d'Amérique. Autobiographie précoce d'un « terroriste » québécois (essai), Montréal, Parti Pris, 1968, 450 p. ; 1969, 402 p. ; Paris, Maspéro, 1969, 296 p. ; Parti Pris, 1974 ; 1983, 303 p. Avec préface de 1979. Traduction anglaise de J. Pirkham : *White Niggers of America*, Toronto, McClelland and Stewart, 1971, 278 p.

L'Urgence de choisir (essai), Montréal, Parti Pris, 1971, 159 p. ; 1972. « Aspects ». Traduction anglaise de P. Williams : *Choose*, Toronto, New Press, 1972, 132 p.

The Left and the P.Q., Montréal, Our Generation, 1972, [n.p.]. Collab. Charles Gagnon et Michel Chartrand.

L'Exécution de Pierre Laporte : les dessous de l'opération. Essai, Montréal, Québec/Amérique, 1977, 223 p. « Dossier Québec ».

Un Québec impossible (essai), Montréal, Éditions Québec/Amérique, [1977], 171 p.

Les Scorpions associés (essai), Montréal, Québec/Amérique, 1978, 156 p. « Dossier Québec ».

La Liberté en friche (recueil d'articles des années soixante), Montréal, Québec/Amérique, 1979, 228 p. « Dossier Québec ».

La Démocratie ingouvernable (essai), Montréal, Québec/Amérique, 1979, 232 p. « Dossier Québec ».

———

Lettre de Vallières à Bourbeau, dans *Le Carabin*, vol. 29, n° 19, 12 nov. 1968, p. 11.

Pourquoi le FLQ n'a plus de raison d'être aujourd'hui, Dev, vol. 62, n°s 287–288, 13–14 déc. 1971, p. 5–6.

ÉTUDES

[Anonyme], *Pierre Vallières, prisonnier politique*, dans *Lettre ouvrière*, vol. 4, n° 2, mars–avril 1968, p. 1.

[Revue canadienne], *Parution d'un livre-choc écrit par un présumé terroriste québécois*, dans *La Tribune*, 59e année, n° 21, 19 mars 1968, p. 8.

Roch Poisson, *Nègres blancs d'Amérique*, dans *Photo-Journal*, vol. 31, n° 50, 27 mars–3 avril 1968, p. 59–61.

Hubert Aquin, *Nègres blancs d'Amérique*, L, vol. 10, n° 56, mars–avril 1968, p. 71–72.

Pierre Renaud et Robert Tremblay, *Nègres blancs d'Amérique*, PP, vol. 5, n° 7, avril 1968, p. 17–25.

Jacques Larue-Langlois, *Vallières, Debray, Riel*, dans *Voyage*, vol. 1, n° 1, mai 1968, p. 10–12.

Pierre Saucier, *Pierre Vallières : à la défense des « nègres blancs »*, M, 15 mai–15 juin 1968, p. 136–139.

E. Lavoie, *Nègres blancs d'Amérique de Pierre Vallières*, LAC 1968, p. 187–188.

Pierre Richard, *Prônant le fin de l'agitation armée, Pierre Vallières rompt avec le FLQ*, Dev, vol. 62, n° 287, 13 déc. 1971, p. 1, 9.

Claude Ryan, *Le Choix de Pierre Vallières*, Dev, vol. 62, n° 288, 14 déc. 1971, p. 4.

Conrad Bernier, *Pierre Vallières : un roman et deux essais en chantier*, Pr, 93e année, n° 52, 5 mars 1977, p. D-2.

Pierre O'Neill, *L'Exécution de Pierre Laporte dans un scénario de Vallières*, Dev, vol. 69, n° 58, 12 mars 1977, p. 15, 28.

Jean Royer, *Le Nouveau Livre de Pierre Vallières : Un Québec impossible*, PP, vol. 19, n° 45, 5 nov. 1977, p. 6, 8–9.

Robert Lévesque, *Le Drap de Vallières*, dans *Spirale*, n° 1, sept. 1979, p. 1, 6.

Robert Major, *Pierre Vallières, essayiste*, dans *L'Essai et la Prose d'idées au Québec*, Montréal, Fides, 1985, p. 745–760. « ALC » 6.

VALMONT, LAURETTE DE. Voir **BENOÎT**, MADAME EMMANUEL PERSILLIER.

VALOIS, CHARLES. Voir **LAMARCHE**, GUSTAVE.

Athé

VANASSE, ANDRÉ (1942–
). Romancier et cri-
tique, né à Montréal. Il
fait ses études classiques
au Collège Sainte-Marie
où il obtient son bacca-
lauréat en 1961. Il les poursuit à l'Université de Montréal, soutient une maîtrise
en 1963 dont la thèse s'intitule « Le Temps et l'Es-
pace dans le roman paysan canadien (1914–1950) »,
et obtient une licence ès lettres en 1966. Il enseigne
au Collège Sainte-Marie de 1962 à 1968. Inscrit au
doctorat à l'Université de Paris-Vincennes en 1968,
il reçoit son grade en 1970 pour une thèse structuraliste : « L'Illusion et le Mensonge dans *À la recherche du temps perdu* de Marcel Proust ». À son
retour, il continue son enseignement de la littérature
à l'Université du Québec à Montréal (UQAM).
Depuis 1965, il collabore activement aux principales
revues littéraires québécoises : *Lettres et Écritures,
L'Action nationale, Livres et Auteurs québécois,
Voix et Images, Liberté, Lettres québécoises*. Il a
été boursier du Conseil des Arts du Canada et du
Gouvernement français de 1968 à 1970, puis il
mérite la bourse Killam pour la période de 1973 à
1975. Il obtient une mention pour les paroles d'une
chanson, en 1961, au concours international de
Radio-Canada, puis se classe parmi les finalistes
d'un concours dramatique de Radio-Canada avec
« Dialogue » (1974). En 1980, il publie un récit
alerte et humoristique remarqué, *La Saga des Lagacé* : « Il y a, écrit Réginald Martel, dans ce roman
farfelu dans lequel l'auteur ne s'embarrasse pas de
vraisemblance et c'est tant mieux, une coulée continue d'humour, de fantaisie, de fantastique, d'érotisme, de poésie bien tendre et même d'érudition.
André Vanasse mélange tout selon un dosage naturellement heureux [...] ».

ŒUVRES

La Saga des Lagacé (récit), Montréal, Libre Expression,
1980, 166 p. ; [Montréal], Leméac, 1986, 208 p.
La Vie à rebours (roman), Montréal, Québec/Amérique,
1987, 182 p.

La Notion de l'étranger dans la littérature canadienne,
dans *Lettres et Écritures*, vol. 1, n° 1, déc. 1963, p. 44 ;
n° 2, févr. 1964, p. 42 ; aussi paru dans AN, vol. 55,
n°s 2–6, oct. 1965–mars 1966, p. 230, 350, 484, 606,
844–851.
*Le Théâtre de Jacques Ferron : à la recherche d'une
identité*, LAQ 1969, p. 219–230.

*À propos d'une valise ou Esquisse psychocritique de
l'œuvre de Marcel Dubé*, LAQ 1971, p. 311–322.
Les Bibittes des autres, dans *Maclean*, vol. 12, n° 9,
sept. 1972, p. 21–23, 39.
*Victor-Lévy Beaulieu à la recherche du mysthère du bout
de la queue de Christ*, LAQ 1972, p. 385–396.
Introduction, dans Patrice Lacombe, *La Terre paternelle*
(roman), Montréal, HMH, 1972, 119 p.
Naïm Kattan. La Traversée... de Babylone, LQ, vol. 1,
n° 5, févr. 1977, p. 8–10.
*Analyse de textes de Réjean Ducharme et Victor-Lévy
Beaulieu : les mots et les choses*, VI, vol. 3, n° 2,
déc. 1977, p. 230–242.
*Antonine Maillet. Attention ! Les cordes-de-bois dé-
boulent !*, VI, vol. 3, n° 2, déc. 1977, p. 321.
*Au défaut de la cuirasse de Lise Lacasse. Connaissez-
vous l'ogresse qui avait l'air d'un cheval déguisé en
gorille ?*, LQ, n° 7, août–sept. 1977, p. 9–11.
Victor-Lévy Beaulieu. Monsieur Melville, LAQ 1978,
p. 182–186.
*Les Prix littéraires Esso et Molson du Cercle du livre de
France*, LQ, n° 9, févr. 1978, p. 8–10.
Quand un ange souffre de coliques, LQ, n° 12, nov. 1978,
p. 8–11.
Le Chroniqueur de la ville et le Chroniqueur des champs,
LQ, n° 13, févr. 1979, p. 10–13.
*Un bestiaire, quelques bananes et un journal qui s'écrit à
l'envers*, LQ, n° 14, avril–mai 1979, p. 14–17.
Nouveaux romans ?, LQ, n° 15, août–sept. 1979,
p. 14–18.
Un jupon dans les ridelles, LQ, n° 16, hiver 1979–1980,
p. 13–15.
Du politique, LQ, n° 17, printemps 1980, p. 18–22.
La Tendresse et l'Eau salée, LQ, n° 19, automne 1980,
p. 18–22.
Aline Beaudoin Beaupré. Blanche morte, LAQ 1981,
p. 28–29.

ÉTUDES

Réginald Martel, *Quand André Vanasse s'y met ça barde joyeusement !*, Pr, 96e année, n° 306, 27 déc. 1980, p. C-3.
Lucie Robert, *André Vanasse. La Saga des Lagacé*, LAQ 1980,
p. 75–77.
Jean-Guy Martin, *Un roman de l'absurde. André Vanasse nous
entraîne au cœur d'une famille éclatée*, dans *Le Journal de
Montréal*, vol. 17, n° 206, 10 janv. 1981, p. 50.
Madeleine Ouellette-Michalska, *La Passion des sagas*, Dev,
10 janv. 1981, p. 17.
Donald Smith, « *La Saga des Lagacé* », *d'André Vanasse. La
famille québécoise par le biais du fantastique*, Dr, 68e année,
n° 282, 28 févr. 1981, p. 18.
Adrien Thério, *La Saga des Lagacé d'André Vanasse ou L'Éclatement des anciens tabous*, LQ, n° 21, juin 1981, p. 67.

VANIER, DENIS (1949–   ). Poète, né à Longueuil
(Chambly). Il fait ses études au Collège de Longueuil
qu'il quitte après la neuvième année. En 1965, il
passe quelques mois à la librairie Sanders, à New

York, où il découvre la littérature américaine. Cette année-là il publie son premier recueil, *Je*, préfacé par Claude Gauvreau. Entre 1967 et 1981 il est critique littéraire à *Logos, Mainmise, Hobo-Québec* dont il est codirecteur de 1977 à 1982. Il est scénariste à Radio-Québec (1975) et recherchiste aux Éditions de l'Aurore (1978). Il publie des poèmes dans *Parti Pris, Les Herbes rouges, Village Voice* (New York), *The Torch* (Chicago), *Le Berdache*... Les critiques et les préfaciers de Denis Vanier notent dès les premiers recueils, le caractère subversif de son œuvre, indissociable de sa vie. Yves Bolduc dit de *Lesbiennes d'acid* (1972): « L'aventure rimbaldienne, l'expérience surréaliste, les ‹ voyages › de la drogue, la violence, la dénonciation, la provocation, le rejet de tous les interdits sont les charges explosives du poète. Un langage nouveau, essentiellement surprenant, est créé à partir de ces éclats». Pour Pierre Nepveu, *Je*, représente, « au beau milieu des années soixante, le coup d'envoi d'une anti-poésie du pays» quant aux *Lesbiennes*, il s'agit d'un texte «traversé par une laideur obscène, corrosive ». « Vanier appartient au courant le plus provocateur de la contre-culture ».

ŒUVRES

Je (poésie), Longueuil, Le Crible, Image/Verbe Éditions, 1965, 41 p. Avec 4 dessins à la plume de Reynald Connolly. Préface de Claude Gauvreau. «Poésie»; Montréal, L'Aurore, 1974, 153 p. Préface de Roger DesRoches. Note de l'auteur. «Lecture en vélocipède».

Pornographic delicatessen (poésie), Montréal, L'Estérel, 1968, [n.p.]. Postfaces de Claude Gauvreau et Patrick Straram.

Catalogue d'objets de base (poésie), Montréal, Éditions du Vampire, 1969, [n.p.].

Lesbiennes d'acid (poésie), Montréal, Parti Pris, 1972, 72 p. Ill. Préfaces de Claude Gauvreau, Patrick Straram, Lucien Francœur et Ed Sanders. «P».

Le Clitoris de la fée des étoiles (poésie), Montréal, Les Herbes rouges, nᵒ 17, 1974, [n.p., 64 p.]. Traduction anglaise de Jack Hirschman : *The Clitoris of the Fairy of the Stars*, San Francisco, Golden Mount Press, 1976, [n.p.].

Comme la peau d'un rosaire (poésie), Montréal, Parti Pris, 1977, 63 p. Ill. Préface de Paul Chamberland. «P».

L'Odeur d'un athlète (poésie), Montréal, Éditions Cul-Q, 1978, [n.p., 38 p.]. Ill. «Mium-Mium».

Œuvres poétiques complètes tome 1 (1965-1979), Montréal, VLB éditeur/Parti Pris, 1980, 337 p. Ill. Préfaces de Jacques Lanctôt, d'André-G. Bourassa *et al*.

Koréphilie (poésie), Trois-Rivières, Écrits des Forges, 1981, 51 p. Ill. «Radar».

Rejet de prince. Poésie, Montréal, VLB éditeur, 1983, 77 p. Ill. Préface de Suzanne Paradis.

L'Âme défigurée, Talence (France), Castor astral/Atelier de l'Agneau, 1984, 42 p. Collab. Josée Yvon. Ill.

Cette langue dont nul ne parle. Poésie, Montréal, VLB éditeur, 1985, 67 p. Dessins de Reynald Connolly. Préface de Jean Basile.

ÉTUDES

Pierre Léger, *La Sensation d'être un hors-la-loi*, MM, vol. 7, nᵒ 12, déc. 1967, p. 38-39.

Yves Bolduc, *Lesbiennes d'acid de Denis Vanier*, LAQ 1972, p. 160-161.

André-G. Bourassa, *Prolongements du surréalisme*, LAQ 1974, p. 368-369.

Id., *Chaîne et Trame*, LQ, nᵒ 5, févr. 1977, p. 11-12.

Renée Cimon, *Vanier (Denis). Comme la peau d'un rosaire*, dans *Nos livres*, vol. 10, mars 1979, nᵒ 118.

André-G. Bourassa, *Entre l'espace et le temps*, LQ, nᵒ 14, avril-mai 1979, p. 20.

Hugues Corriveau, *Denis Vanier. Œuvres poétiques complètes*, LAQ 1980, p. 137-140.

Michel Beaulieu, *Qui a peur de Denis Vanier*, dans *Le Livre d'ici*, vol. 6, nᵒ 15, 14 janv. 1981, p. 1.

Ivanhoé Beaulieu, *Denis Vanier: pas si maudit qu'on le dit*, Pr, 97ᵉ année, nᵒ 14, 17 janv. 1981, p. C-2.

Jean Royer, *Denis Vanier, langage de feu*, Dev, vol. 72, nᵒ 79, 4 avril 1981, p. 26.

Pierre Nepveu, *L'Écriture à la première personne: Vanier et Beausoleil*, LQ, nᵒ 21, printemps 1981, p. 26-28.

Ivanhoé Beaulieu, *Trop heavy de tendresse*, Pr, 98ᵉ année, nᵒ 19, 23 janv. 1982, p. C-3.

Pierre Nepveu, *Écriture-tatouage et Langage raréfié*, Dev, vol. 75, nᵒ 77, 31 mars 1984, p. 22.

Gilles Toupin, *Poésie d'ici. Denis Vanier et la langue de l'amour*, Pr, 101ᵉ année, 19 oct. 1985, p. D-3.

VAN RUTTEN, PIERRE Marie (1920–   ). Essayiste, né à Bruxelles (Belgique). Il étudie à l'Institut Saint-Louis de Louvain. En 1961, il obtient à la Sorbonne le diplôme de professeur de français. Ses études doctorales à l'Université d'Ottawa (1965–1970) se terminent par une thèse sur le langage poétique de Saint-John Perse (Ph.D., 1970). En 1983, par un décret ministériel, le gouvernement de Belgique lui confère le grade de docteur en philosophie et lettres. Officier de la résistance belge pendant la guerre, il passe ensuite douze ans en Afrique (Congo, Rwanda) où il s'initie à l'administration des affaires, et au journalisme ; il enseigne le français au Collège Albert 1ᵉʳ de Kinshasa (Zaïre) de 1960 à 1962. Pour les services rendus, le gouvernement belge lui décerne plusieurs distinctions : commandeur de l'Ordre de la Couronne, chevalier de l'Ordre de Léopold II avec palme, Croix de guerre avec palme, médaille de la Résistance... Au Canada depuis 1962, il enseigne le français au Collège Jean-de-Brébeuf de Montréal (1962-1965) et à l'Université d'Ottawa (1966-1970). Il devient directeur du Département de français à l'Université Laurentienne en 1970 et, un an après, il passe à l'Université Carleton où il est nommé professeur titulaire en 1977. Spécialisé dans le domaine de la critique littéraire contemporaine, il est internationalement reconnu pour ses études sur Saint-Joseph Perse. Il collabore à de nombreuses revues : *Synthèses, Revue de l'Université d'Ottawa, Le Français dans le monde, La Pensée, Europe, Les Problèmes des genres littéraires* (Lodz, Pologne), *Spicilogio moderno* (Bologne, Italie), *Le Journal canadien de recherche sémiotique, Meta...* Il a également prononcé de nombreuses conférences et a enseigné, à titre de professeur invité, en Belgique, en Italie et en Pologne. Pierre Van Rutten s'intéresse aux questions de stylistique, de littérature comparée et aux rapports entre la littérature et la linguistique.

ŒUVRES

Le Langage poétique de Saint-John Perse, La Haye, Mouton, 1975, 245 p.
Éloges de Saint-John Perse, Paris, Hachette, 1977, 94 p.

Philosophie et Physique, dans *Synthèses* (Bruxelles), n° 192, juin 1962, p. 238-240.
Style et Signification dans La Princesse de Clèves, dans *Le Français dans le monde* (Paris), n° 56, avril-mai 1968, p. 16-21.
Une querelle littéraire : Les Nourritures terrestres et Le Livre de Monelle, RUO, vol. 37, n° 2, juin 1969, p. 359-375.
La recherche et la critique qui se fait, dans *Recherches et Littérature canadienne-française*, Ottawa, EUO, 1969, p. 43-53.
L'Ordinateur et les Problèmes littéraires, dans *Revue de l'Université Laurentienne*, vol. 3, n° 2, novembre 1970, p. 18-25.
La Langue et l'Écrivain, dans *Synthèses*, n°s 307-308, janv.-févr. 1972, p. 26-31.
Le Paradoxe du style de François-Xavier Garneau, RUO, vol. 42, n° 2, avril-juin 1972, p. 294-312.
Le Style de feu de Barbusse, dans *La Pensée* (Paris), n° 172, déc. 1973, p. 125-134.
Les Principes poétiques de Saint-John Perse, dans *Les Lettres romanes* (Louvain), t. 28, juillet 1974, p. 103-134.
Northrop Frye et la littérature, dans *Études canadiennes* (Paris), n° 6, 1979, p. 137-155.

L'Organisation symbolique de « L'Annonce faite à Marie » de Claudel, dans *Le Journal canadien de recherche sémiotique*, vol. 7, n° 2, hiver 1979-1980, p. 51-68.
Le Problème du sens dans la « Divine Comédie », dans *Revue des genres littéraires* (Lodz, Pologne), vol. 25, déc. 1982, p. 75-91.

ÉTUDES

[Anonyme], *Le Langage poétique de Saint-John Perse*, dans *Bulletin critique du livre français*, n° 368, mars 1976, p. 575.
Gerhard Butters, *Le Langage poétique de Saint-John Perse*, dans *Zeitschrift für Französische Sprache und Literatur*, Wisbaden (Allemagne), vol. 87, n° 4, 1977, p. 359-361.
J.-M. Klinkenberg, *Pierre-M. Van Rutten. Le Langage poétique de Saint-John Perse*, dans *Le Français moderne*, 45e année, n° 2, avril 1977, p. 176-177.
R[obert]-L[éon] Wagner, *Pierre-M. Van Rutten. Le Langage poétique de Saint-Joseph Perse*, dans *Bulletin de la Société de linguistique de Paris*, tome 72, fascicule 2, 1977, p. 224-227.
Alain Germoz, *Nos humanités ont vingt ans*, dans *Pourquoi-pas ?* (Bruxelles), n° 3262, 4 juin 1981, p. 149-152.
[Anonyme], *A Life in Three Parts : Soldier, Settler, Scholar*, dans *This Week* (revue de l'Université Carleton), vol. 5, n° 24, 18 oct. 1984, p. 3.

VAN SCHENDEL, MICHEL (1929-   ). Poète et critique, né à Asnières (Belgique). Après avoir obtenu une licence et un diplôme d'études supérieures en droit, il arrive au Canada en 1952 où il se livre à l'écriture journalistique et tout particulièrement à la critique littéraire. Il collabore régulièrement à plusieurs journaux et revues : *La Presse, Maintenant, Maclean, La Barre du jour* et *Liberté*. À la carrière de critique vient se joindre celle de pédagogue, à l'Université de Montréal, puis à l'Université du Québec à Montréal. Comme poète, il publie un premier recueil en 1958 et un deuxième en 1964. Maximilien Laroche note que « les thèmes de Van Schendel, sont ceux de l'amour, de la guerre et du pays ». D'une manière générale, poursuit Laroche : « la symbolique de ses poèmes s'inspire des éléments de l'espace, du temps, des règnes naturels, de la mer, de la terre, des arbres [...], tout est en quelques sorte en demi-teintes ». Après plusieurs années de silence, Michel Van Schendel publie une suite poétique, *Veiller ne plus veiller* (1978), sorte de journal tenu entre septembre 1976 et mai 1977. En 1980, il regroupe ses poèmes écrits entre 1956 et 1976, sous le titre *De l'œil et de l'écoute*, ouvrage qui mérite le prix du Gouverneur général. Une poésie «qui fait appel aux sens et à la pragmatique» dit Claude Beausoleil. «L'essentiel, remarque Suzanne Paradis, est dans la perception globale, dans le style fascinant et dans l'étendue des références».

ŒUVRES

Poèmes de l'Amérique étrangère, Montréal, Éditions de L'Hexagone, 1958, 46 p.

La Poésie et Nous, Montréal, Éditions de L'Hexagone, 1958, 93 p.

Variations sur la pierre (poésie), Montréal, Éditions de L'Hexagone, 1964, 46 p.

Une révolution tranquille?, Montréal, HMH, 1965, 159 p. Traduction du livre de Thomas Sloan : *Quebec, the Not-So Quiet Revolution*.

Veiller ne plus veiller. Suite pour une grève. Poème daté 17 septembre 1976–30 avril 1977, Saint-Lambert, Éditions du Noroît, 1978, 91 p.

De l'œil et de l'écoute. Poèmes, 1956–1976, Montréal, Éditions de L'Hexagone, 1980, 247 p.

Autres, Autrement. Poèmes, Montréal, L'Hexagone, 1983, 94 p.

Extrême Livre des voyages. Poésie, Montréal, L'Hexagone, 1987, 149 p.

L'Amour dans la littérature canadienne-française, dans *Littérature et Société canadienne-française*, Québec, PUL, 1964, p. 153–165.

Le Poids du jour ou L'Échec du roman de la ville, Pr, vol. 81, n° 78, 3 avril 1965, p. 10.

L'Apprivoisement du vertige ou La Rencontre des nouvelles traditions, LAC 1965, p. 13–22.

Une vocation naturelle pour l'hydro : le téléphone, M, n° 52, avril 1966, p. 138–139.

Régionalisation : qu'est-ce que ça mange en hiver, MM, vol. 6, n° 5, mai 1966, p. 1.

Le Québec à l'heure américaine, dans *Socialisme 66*, n° 8, 1966, p. 7–28.

La Part de l'enseignement de la littérature dans l'acquisition d'une culture littéraire, L, n° 57, vol. 10, n°s 3–4, mai–juin 1968, p. 57–66.

Les Écrivains, la Littérature et les Masses médias, L, n° 63, vol. 11, n°s 3–4, mai–juin–juillet 1969, p. 74–86.

Émiettements (poème), BJ, n° 14, juin–juillet 1968, p. 32–40.

Ducharme l'inquiétant, dans *Littérature canadienne-française*, Montréal, PUM, 1969, p. 216–234. «Conférence J.A. de Sève».

Il dit (récit), VIP, n° 4, 1971, p. 175–200.

Impérialisme et Classe ouvrière au Québec (esquisse d'analyse), dans *Socialisme québécois*, n°s 21–22, 1971, p. 156–209.

Je le dis à ces amis, dans *Estuaire*, n° 16, juin 1980, p. 89–118.

Cammin', dans *Estuaire*, n° 25, hiver 1982, p. 41–58.

ÉTUDES

Gilles Marcotte, *Poème de l'Amérique étrangère*, L, vol. 1, n° 1, 1959, p. 47–49.

Max Laroche, *Variations sur la prière de Michel Van Schendel*, LAC 1964, p. 68–69.

Jacques Brault, *Une poésie du risque...*, CuV, n° 1, mars 1966, p. 41–45.

Clément Lockquell, «*Livres et Auteurs canadiens 1965*», So, vol. 69, n° 93, 16 avril 1966, p. 27.

Nicole Brossard, *Van Schendel*, dans *Quartier latin*, vol. 3, n° 6, 4 oct. 1966, p. 4–5.

Jean Gobert, *Teach-In à Montréal*, dans *Le Carabin*, vol. 27, n° 28, 13 déc. 1966, p. 6–8.

Vincent Lemieux, *Thomas Sloan :* «*Une révolution tranquille?*», *traduit de l'anglais par Michel Van Schendel*, RS, vol. 8, n° 1, janv.–avril 1967, p. 100–101.

André Major, «*Ducharme l'inquiétant*» *de Michel Van Schendel*, Dev, vol. 58, n° 65, 18 mars 1967, p. 13.

André Major, *Des livres et des hommes*, Dev, vol. 59, n° 238, 10 oct. 1968, p. 11.

André-G. Bourassa, *Poèmes de veille, poèmes du temps*, Dr, 66e année, n° 280, 24 févr. 1979, p. 20.

Jean Royer, *Michel Van Schendel. Ce délire au-delà de la fatigue*, Dev, vol. 70, n° 110, 12 mai 1979, p. 19.

Suzanne Paradis, *Veiller ne plus veiller*, Dev, vol. 70, n° 116, 19 mai 1979, p. 25.

Claude Beausoleil, *Michel Van Schendel. L'intelligence du réel*, Dev, vol. 70, n° 297, 27 déc. 1980, p. 16.

Luc Bouvier, *Michel Van Schendel. De l'œil et de l'écoute*, LAQ 1980, p. 141–143.

Suzanne Paradis, *De l'œil et de l'écoute de Michel Van Schendel*, dans *Estuaire*, n° 22, hiver 1982, p. 88–89.

VARENNES, MADAME DE. Voir **GRANDBOIS, MADELEINE.**

VAROUJEAN, VASCO (1936–   ). Romancier et nouvelliste, né à Késsab (Syrie). Il fait ses humanités au Lycée français de Beyrouth (Liban), au Collège Morat-Raphaël de Venise (Italie), et à l'École supérieure des lettres de Beyrouth, et il obtient un diplôme en journalisme à l'Université de Milan (1962). Critique littéraire pour plusieurs journaux libanais (1959–1962), correspondant pour des journaux suisses (1960–1967), il émigre au Canada (1967) et devient citoyen canadien. Rédacteur en chef de l'hebdomadaire *La Voix gaspésienne* (1971–1972), il occupe un poste semblable au mensuel des ingénieurs, *Plan*, à partir de 1974. En outre, il collabore au *Devoir* et à *Perspectives*. En 1972, il remporte le prix du meilleur éditorialiste de l'Association des Hebdos A1. Le recueil de nouvelles de Varoujean, *Le Moulin du diable* (1972), reçoit un accueil réservé : «Un style qui se cherche sans jamais parvenir à exister», lit-on dans *Le Livre canadien*. Un récit d'enfance, *Les Raisins verts*

(1975), ne subit pas un meilleur sort : « Même l'attrait de l'exotisme ne suffit pas à éveiller l'intérêt » (Dominique Gagnon).

ŒUVRES

Le Moulin du diable. Nouvelles, Montréal, CLF, 1972, 161 p.
Les Raisins verts. Récit, Montréal, CLF, 1975, 130 p.
Les Pâturages de la rancœur. Roman, Montréal, CLF Pierre Tisseyre, 1977, 256 p.

ÉTUDES

[Anonyme], *Le Moulin du diable de Vasco Varoujean*, dans *Le Livre canadien*, vol. 4, mars 1973, nº 99.
Dominique Gagnon, *Vasco Varoujean. Les Raisins verts*, LAQ 1975, p. 81.

VASIL, NORMANDE (1936–   ). Essayiste, née à Baie-Saint-Paul (Charlevoix-Ouest). Elle fait ses études aux écoles normales de Baie-Saint-Paul et de Chicoutimi (Brevet B, 1968). Après plusieurs années d'enseignement au primaire et au secondaire, et beaucoup d'études personnelles, elle publie *Un pas vers la non-violence* (1977). Elle collabore à des journaux locaux, donne des conférences et participe à plusieurs émissions de télévision. En 1979, elle s'inscrit à l'Université du Québec à Chicoutimi et prépare une maîtrise en sciences sociales. Son livre a été un succès de librairie, mais la critique lui a fait moins bon accueil.

ŒUVRE

Un pas vers la non-violence (essai), Montréal, La Société de belles-lettres Guy Maheux Inc., 1977, 246 p. Préface de Georges Hélal. « Le Chariot ».

ÉTUDE

Paul Forcier, *Vasil, Normande. Un pas vers la non-violence*, dans *Nos livres*, vol. 8, nov. 1977, nº 348.

VAUDERT, MICHEL DE. Voir **OLIGNY, ODETTE.**

VAUDREUIL, GUY DE. Voir **CHOQUETTE, ROBERT.**

VAUGEOIS, DENIS (1933–   ). Historien, né à Saint-Tite (Champlain). Il fait ses études classiques au Séminaire Saint-Joseph de Trois-Rivières (B.A., 1954), s'inscrit ensuite à l'École normale Jacques-Cartier de Montréal (Brevet « A », 1955) et à l'École normale secondaire de l'Université de Montréal (L.Péd., 1962). Il obtient aussi une licence ès lettres à l'Université de Montréal (1959). À l'Université Laval, il étudie l'histoire et obtient un diplôme d'études supérieures en 1967. Il enseigne au Séminaire Saint-Joseph de Trois-Rivières (1955–1956) et à l'École normale Duplessis de la même ville (1959–1965) ; il est également chargé de cours à l'externat classique d'Outremont, au Collège Saint-Maurice de Saint-Hyacinthe et à l'Université Laval. Il est directeur de la division de l'histoire à la direction générale des Programmes et des Examens du ministère de l'Éducation du Québec (1965–1967), directeur du Centre franco-québécois de développement pédagogique (1967–1969) et directeur général des relations internationales au ministère des Affaires intergouvernementales du gouvernement du Québec (1970–1974). Il effectue plusieurs missions en Europe et en Amérique latine. Représentant du Gouvernement du Québec au Conseil d'administration de l'Agence de coopération culturelle et technique (1971–1974), il agit comme conseiller spécial en relations internationales en matière d'ententes entre l'ACDI et le Gouvernement du Québec, au Pérou et au Maroc. Entre 1963 et 1977, il est éditeur aux Éditions Boréal Express, d'abord comme vice-président de l'entreprise, ensuite comme président à partir de 1968. Directeur de l'Association des éditeurs canadiens et délégué de cette association au Conseil supérieur du livre ainsi que président du Conseil facultatif du livre, en 1976, il est élu, la même année, député du Parti québécois à l'Assemblée nationale du Québec. En 1978, il devient ministre des Affaires culturelles du Québec, puis ministre des Communications en 1979. Après 1980, il retourne au monde de l'édition : p.d.g. du Centre éducatif et culturel (1985–1987). Comme historien, Denis Vaugeois s'est fait d'abord remarquer par son étude *Les Juifs et la Nouvelle-France*. Il est un des initiateurs du journal historique intitulé Boréal Express, fondé en 1962 et publié par la suite en trois volumes. Cet ouvrage connaît un succès de librairie mérité. En 1968, il publie en collaboration *Histoire, 1534–1968*, vite devenu le manuel scolaire le plus répandu.

ŒUVRES

L'Union des deux Canadas : nouvelle conquête ? (1791–1840), Trois-Rivières, Éditions du Bien public, 1962, xvi, 241 p.
Journal d'histoire du Canada 1524–1760, 1760–1810, 1810–1841, Trois-Rivières, Boréal Express, 1962, 580 p. Collab.

Histoire 1534–1968, Montréal, Éditions du Renouveau pédagogique, 1968, 616 p. Sous la direction de Denis Vaugeois, Jacques Lacoursière et Claude Bouchard. Rédaction : Jacques Lacoursière, Denis Vaugeois, Jean Provencher. Collab. Francine Nichols, Huguette Dussault, Paul-André Linteau ; *Canada-Québec. Synthèse historique*, 1969, 616 p. (Nouvelle édition corrigée et remise à jour) ; 1973, 619 p. ; 1977, 625 p. ; 1978.

Les Juifs et la Nouvelle-France, Trois-Rivières, Boréal Express, 1968, 154 p.

Les Troubles de 1837–1838, Montréal, Fides, 1969, [feuilles mobiles, n.p.]. Sous la direction de Denis Vaugeois et Jacques Lacoursière. Ill. Cartes. « Dossiers d'histoire du Canada ».

L'Acte de Québec [et] la Révolution américaine, Montréal, Fides, 1970, [feuilles mobiles, n.p.]. Collab. Jacques Lacoursière. Ill. Cartes. « Dossiers d'histoire du Canada ».

« *Le Rôle du député. Document* », Québec, Chez l'auteur, 1977, 11 f.

Les Défis de l'aménagement, Québec, Assemblée nationale du Québec, 1982, 368 p. Éditeur. Ill.

———

Les Positions religieuses de Moses Hart, Rapport de la Société canadienne d'histoire de l'Église catholique, 1966, p. 41–46.

François Bigot, son exil et sa mort, RHAF, vol. 21, n° 4, 1968, p. 731–748.

Michel Brunet. Les Canadiens après la conquête 1759–1775, RHAF, vol. 24, n° 3, 1970, p. 420–427.

Québec et le Monde extérieur, dans *Annuaire du Québec*, 1973, p. 156–159.

La Coopération du Québec avec l'extérieur, dans *Études internationales*, vol. 5, n° 2, 1974, p. 376–387.

ÉTUDES

Cameron Nish, *L'Union des deux Canadas, nouvelle conquête 1791–1840*, RHAF, vol. 16, n° 3, 1962, p. 448–451.

Elizabeth Nish, *Les Juifs et la Nouvelle-France*, RHAF, vol. 23, n° 1, 1969, p. 129–131.

VAUMARIN, HIPPOLYTE. Voir **BEAULIEU, GERMAIN.**

VERDI, MIMI. Voir **GRIGNON-LAPIERRE, MONIQUE.**

VERDY, PAULE. Voir **LEDUC, JEAN.**

VERNAL, FRANÇOIS DE (1933–   ). Poète, romancier, dramaturge et critique, né à Dijon (France).

Il fait ses humanités à Dijon (B.A., 1952) et des études de droit à l'Université d'Aix-en-Provence. Émigré au Canada en 1956, il est journaliste, scripteur pour Radio-Canada, professeur à Québec et à Moncton. En 1964–1965, il poursuit des études de lettres à l'Université d'Ottawa, puis il travaille au Sénégal et en Tunisie à titre de coopérant pour l'Agence canadienne de développement international (ACDI, 1965–1970). À son retour, en 1970, il devient professeur au Collège de Shawinigan. Pour la radio, il écrit dix-huit pièces, de 1958 à 1982, dont « Mathias roi » (1958), « Jean le Lâche » (1959), « Pauvre Charles » (1979), « L'Île des femmes » (1982), ainsi qu'une douzaine d'adaptations théâtrales. Il compose de très nombreux textes pour les séries « Une demi-heure avec... », « Portraits-Documents », etc. Journaliste, il collabore à *Vrai, Credo, L'Évangéline, Revue Indépendante* (France) dont il est le correspondant au Québec, *Le Nouvelliste...* Son premier recueil de poésie, *Pour toi* (1956), fait peu de bruit. Guy Robert écrit que le second, *Le Jardin de mon père* (1962), « marque un certain progrès » et est d'une « écriture moins prosaïque », mais qu'il « nous dit trop tout » et que « notre plaisir demeure à peine un demi-plaisir ». *D'amour et de douleur* (1967), est vu par Maximilien Laroche comme « un recueil qui psalmodie des confidences [...], de manière à la fois pudique et tendre [...]. Poésie simple, sans apprêts, quotidienne ».

ŒUVRES

Pour toi (poésie), Montréal, Éditions du Soir, 1956, 46 p.

La Villa du mystère (roman), Montréal, Éditions Beauchemin, 1959, 86 p. Ill. de Georges Lauda.

Le Jardin de mon père (poèmes), Montréal, Les Éditions Leméac ltée, 1962, 75 p.

Histoire de quelques poètes, de Walt Whitman à St-John Perse (essai), Moncton, Publication limitée, 1963, 47 p.

D'amour et de douleur (poésie), Honfleur/Paris, P[ierre]-J[ean] Oswald, 1967, 60 p. « Voix nouvelles ».

Jean le lâche (théâtre), Honfleur/Paris, Pierre-Jean Oswald, 1967, 56 p.

Vivre ou mourir (roman), Honfleur/Paris, Pierre-Jean Oswald, 1970, 58 p.

Grands Poètes du monde : de Walt Whitman à Patrice de la Tour du Pin (études poétiques), Trois-Rivières, Éditions du Bien public, 1981, 117 p.

———

Une demi-heure avec François-Xavier Garneau, dans *Les Textes choisis de Radio-Canada*, Montréal, Édition du Service des publications de Radio-Canada, Montréal, 1965, p. 40–44.

ÉTUDES

Guy Robert, *Déviation poétique*, LAC 1962, p. 49.

Maximilien Laroche, *D'amour et de souvenir (sic) de François de Vernal*, LAC 1967, p. 101.

VÉTÉRAN (LE). Voir BILODEAU, ERNEST.

VÉZINA, FRANCE (1946–   ). Poète, romancière et dramaturge, née à Saint-Hilaire (Rouville). Après ses études secondaires, elle exerce divers métiers et elle écrit beaucoup, mais elle ne publie qu'en 1974 son premier recueil de poésie, *Les Journées d'une anthropophage*. Puis, en 1979, paraissent *Slingshot* et *L'Hippocanthrope*. Le premier, « ce long poème-récit, d'allure autobiographique, raconte, par brides reprises inlassablement, la plus que pénible adolescence de la narratrice », écrit François Gallays pour qui « la forme semble parfois mal accordée au propos ». Selon Robert Mélançon, « il y a dans ce cri quelque chose de très personnel, probablement : on ne peut pas trouver ailleurs qu'en soi le souffle d'une telle colère ». Dans *L'Hippocanthrope*, « pièce de théâtre magistrale et décriée » (Michel Beaulieu), l'auteur reprend avec force le thème de l'opposition enfants-parents. Certains critiques, comme France Théoret, jugent la pièce « verbeuse » et remplie de redites et d'autres y notent un manque de structure théâtrale. Cependant, dans la mise en scène qu'en a faite Jean-Pierre Ronfard, la pièce « s'envole et nous transporte » (André Dionne).

ŒUVRES

Les Journées d'une anthropophage (poésie), Montréal, Les Grandes Éditions du Québec, 1974, 94 p. Ill. de Serge Otis.

L'Hippocanthrope (théâtre), Montréal, L'Hexagone, 1979, 130 p. Ill. « Théâtre ».

Slingshot ou La Petite Gargantua (poésie), Saint-Lambert, Éditions du Noroît, 1979, 191 p. Ill.

L'Androgyne (théâtre), Montréal, L'Hexagone, 1982, 141 p. Ill. « Théâtre ».

ÉTUDES

Robert Mélançon, *France Vézina. Écrire un long cri de révolte*, Dev, vol. 70, nᵒ 275, 24 sept. 1979, p. 21.

Martial Dassylva, *Jean-Pierre Ronfard et « L'Hippocanthrope »*, Pr, 95ᵉ année, nᵒ 236, 10 nov. 1979, p. C-3.

Id., *L'ennui naquit un soir de l'Hippocanthrope*, Pr, 95ᵉ année, nᵒ 240, 14 nov. 1979, p. C-8.

Louise Dupré, *France Vézina. Slingshot*, LAQ 1979, p. 178–179.

Claire Côté, *France Vézina. L'Hippocanthrope*, LAQ 1979, p. 205–206.

Michel Beaulieu, *France Vézina. Un salut par l'écriture mais aussi par les chevaux...*, dans *Le Livre d'ici*, vol. 5, nᵒ 22, 5 mars 1980, p. 1.

André Janoël, *Vézina (France). L'Hippocanthrope*, dans *Nos livres*, vol. 11, mars 1980, nᵒ 113.

André Dionne, *Le théâtre qu'on joue. L'Hippocanthrope au TNM*, LQ, nᵒ 17, printemps 1980, p. 39.

François Gallays, *Le Roman III. Slingshot ou La Petite Gargantua*, LQ, nᵒ 18, été 1980, p. 22–23.

Stéphane Lépine, *Vézina (France). L'Androgyne*, dans *Nos livres*, vol. 14, juillet-août 1983, nᵒ 5337.

VÉZINA, MEDJÉ [née Ernestine Vézina] (1896–   ). Poète, née à Montréal. À la suite de ses études au Couvent de Lachine (1914), elle obtient un lauréat de musique de l'Académie de musique de Québec. En 1926, elle entre à l'École d'art paysan de Québec où elle est codirectrice de la revue *Terre et Foyer* pendant plus d'un quart de siècle. Elle prend sa retraite en 1961. Medjé Vézina collabore au *Canada*, au *Jour*, à *La Revue populaire*, à *La Revue moderne* et à *Paysana*. En 1934, elle publie son unique recueil, *Chaque heure a son visage* qui révèle une sensibilité toute nouvelle en poésie québécoise. En 1962, Gilles Marcotte écrit que ce titre « ne laisse guère soupçonner les explosions d'ivresse amoureuse. C'est une poésie abondante, généreuse, un coup de force du cœur contre la raison, qui fait éclater d'un coup les prudences et les pudeurs d'un siècle de poésie canadienne-française ».

ŒUVRES

Chaque heure a son visage (poésie), Montréal, Éditions du Totem, 1934, 159 p.

Le Choix de Jacqueline Vézina dans l'œuvre de Medjé Vézina, [Charlesbourg], Les Presses laurentiennes, 1984, 78 p. Portrait.

ÉTUDES

Jovette Bernier, *Chaque heure a son visage*, dans *La Revue populaire*, vol. 27, nᵒ 6, juin 1934, p. 8.

Marie-D. Boissonnault, « *Chaque heure a son visage* », CF, vol. 22, nᵒ 1, sept. 1934, p. 64–68.

Carmel Brouillard, *Medjé Vézina*, dans *Les Idées*, 1ʳᵉ année, vol. 1, mars 1935, p. 186–192.

Louis Dantin, *Notes littéraires. Chaque heure a son visage*, dans *Poètes de l'Amérique française*, t. II, p. 180–193.

Gilles Marcotte, [*Medjé Vézina*], dans *Une littérature qui se fait*, Montréal, HMH, 1962, p. 123–128.

Jacques Blais, [*Medjé Vézina*], dans *De l'ordre et de l'aventure. La poésie au Québec de 1934 à 1944*, Québec, PUL, 1975, p. 64–66.

VÉZINA, RAYMOND (1940–). Historien de l'art et muséologue, né à L'Islet. Après ses études collégiales, il obtient une licence en histoire et le diplôme de l'École normale supérieure de l'Université Laval (1965), puis un diplôme d'études supérieures (1966) et un doctorat de troisième cycle (1971) en histoire de l'art à l'Université de Paris, pour une thèse sur « Goya et la Peinture de mœurs à Madrid dans la première moitié du XIXᵉ siècle ». Il fait en outre des études en Espagne, avant et après son doctorat, et il reçoit de l'Association des musées canadiens le diplôme de conservateur accrédité. Professeur d'histoire de l'art, il enseigne à l'Université Laval (1968–1975), à l'Université du Québec à Hull (1975–1984), et à l'Université du Québec à Montréal à partir de 1984. Il est cofondateur et premier directeur de la *Revue d'art canadienne* (RACAR, 1974), il crée et dirige le *Bulletin en iconographie canadienne* (1979), il est directeur de recherche... Conservateur de la collection d'art des Archives publiques du Canada (1975–1982), il est nommé responsable de la Section de l'inventaire des œuvres d'art créée en 1982. Quand paraît son *Cornelius Krieghoff* (1972), la critique est unanime à dire que c'est « un précieux instrument de travail pour le chercheur, sans rebuter le simple amateur » (*Le Livre canadien*). Son travail sur Théophile Hamel « éclaire les multiples aspects de l'œuvre du peintre » (Gilles Toupin) dont l'historien à retrouvé de nombreux tableaux. Il est aussi spécialiste de Napoléon Bourassa : avec soin et minutie Raymond Vézina « explore les influences artistiques encore mal connues » (Pierre Savard).

ŒUVRES

Aspects de l'enseignement au Petit Séminaire de Québec 1765–1945, Québec, Société historique de Québec, 1968, 221 p. Collab. Pierre Savard et Marc Lebel. Ill.

Cornelius Krieghoff, peintre de mœurs (1815–1872) (essai), Québec, Éditions du Pélican, 1972, 220 p. Ill.

Néo-classicisme. Étude d'un style, [Québec, s.é., 1974 ?], viii, 38 f. (Texte polycopié).

Érotisme. Bibliographie, [Québec, s.é.], 1975, 21 f. (Texte polycopié).

L'Insolite et le Fantastique. Art, cinéma, littérature. Cours sur l'insolite, [Québec, s.é.], 1975, 50 f. (Texte polycopié).

Théophile Hamel, peintre national (1817–1870) (essai), Montréal, Élysée, 1975, tome I, 301 p.

Catalogue des œuvres de Théophile Hamel, Montréal, Éditions Élysée, 1976, 64 p. « L'Art au Canada ».

Napoléon Bourassa (1827–1916). Introduction à l'étude de son art (essai), Montréal, Éditions Élysée, 1976, 264 p. Ill. Carte. « L'Art au Canada ».

Napoléon Bourassa (1827–1916). Soixantième anniversaire (catalogue), Ottawa, Archives publiques du Canada, 1976, [n.p.].

Agenda d'art canadien 1979 (agenda), Montréal, Éditions Élysée, 1978, 224 p.

Inventaire informatisé des œuvres d'art. Colloque du 1ᵉʳ au 3 novembre 1979, actes. Recueil d'études / Computerized Inventory Standards for Works of Art. Conference, November 1ˢᵗ, 2ⁿᵈ and 3ʳᵈ, 1979, Proceedings. Collection of Papers, Montréal, Fides, 1981, 287 p. Ill. Sous la direction de Raymond Vézina.

Kunichika, 1835–1900, Hull, La Galerie, [1981 ?], 20 f. Ill. (Exposition à la Galerie l'Estampe du 4 au 18 octobre 1981).

Lithographies d'André Bergeron, Hull, Galerie l'Estampe, 1981, 28 f. Ill. (Exposition à la Galerie l'Estampe du 22 mars au 12 avril 1981).

Kazumasa Nagai, graveur et affichiste, Hull (Québec), La Galerie, [1983 ?], 42 f. Ill. (Exposition à la Galerie l'Estampe).

Jean-Paul Lemieux et le Cycle de la vie humaine, dans *Vie des arts*, vol. 18, nᵒ 75, déc. 1974, p. 20–25.

L'Expression des corps vides en bécartab. Louis Pagé, dans *Vie des arts*, vol. 19, nᵒ 79, déc. 1975, p. 30.

Archivistes, Historiens de l'art et Documents oraux, dans *Journal of Canadian Oral History Association*, vol. 2, 1976–1977, p. 36–45.

Inventaire des collections iconographiques, dans *L'Archiviste*, vol. 5, nᵒ 3, mai–juin 1978, p. 1–4.

La Collection nationale d'affiches, dans *L'Archiviste*, vol. 5, nᵒ 5, sept.–oct. 1978, p. 5–7.

ÉTUDES

Gilles Toupin, *Cornélius Krieghoff, peintre de mœurs de Raymond Vézina*, LAQ 1973, p. 262–263.

[Anonyme], *Vézina, Raymond. Cornélius Krieghoff*, dans *Le Livre canadien*, vol. 4, déc. 1973, nᵒ 333.

Yvan Lamonde, *Le Regard étrange de Cornélius Krieghoff*, Pr, 91ᵉ année, nᵒ 213, 7 sept. 1975, p. D-18.

Gilles Toupin, *Livres d'art : de Théophile Hamel à Nicholas de Staël*, Pr, 91ᵉ année, nᵒ 308, 7 déc. 1975, p. C-18.

Ghislain Clermont, *Raymond Vézina. Théophile Hamel, peintre national (1817–1870)*, dans *Vie des arts*, vol. 20, nᵒ 82, printemps 1976, p. 76–78.

François Gagnon, *Théophile Hamel, peintre national*, LQ, nᵒ 2, mai 1976, p. 31–33.

Gilles Toupin, *Napoléon Bourassa*, Pr, 92ᵉ année, nᵒ 292, 11 déc. 1976, p. C-16.

Id., *Raymond Vézina. Théophile Hamel, peintre national (1817–1870). Catalogue des œuvres de Théophile Hamel*, LAQ 1976, p. 321–322.

Ghislain Clermont, *Bourassa portraitiste, décorateur et théoricien*, dans *Vie des arts*, vol. 21, nᵒ 87, été 1977, p. 85.

Id., *Ce qu'on écrit*, dans *La Revue moderne*, vol. 24, nº 11, mars 1943, p. 13, 28.

Germaine Bernier, *Les Précurseurs du nazisme en France : Gobineau, Taine, Renan*, Dev, vol. 36, nº 18, 24 janv. 1945, p. 5.

Louis Rougier, *M. Louis Rougier à M. Auguste Viatte* (polémique), Dev, vol. 36, nº 24, 31 janv. 1945, p. 2.

[Anonyme], *Un choix des œuvres de Voltaire*, Dev, vol. 39, nº 237, 9 oct. 1948, p. 8.

Marguerite Wilson, *Son quartier et son univers*, dans *La Revue moderne*, vol. 30, nº 11, mars 1949, p. 27.

Pierre de Grandpré, *La Fibre française dans nos lettres*, Dev, vol. 46, nº 205, 10 sept. 1955, p. 20.

[Anonyme], *Auguste Viatte et le Renouveau de la littérature canadienne*, Dev, vol. 53, nº 302, 27 déc. 1962, p. 8.

[AFP], *Les livres québécois font l'objet d'une critique dans le journal « La Croix »*, So, vol. 69, nº 259, 1er nov. 1966, p. 24.

Guy Sylvestre, *Clefs pour une jeune littérature*, dans *Le Livre canadien*, premier festival international, Montréal, 1969, p. 21-24.

Mélanges Auguste Viatte, Paris, Académie des sciences d'outremer, 1981, 167 p. Collab. Ill.

Marjorie A. Fitzpatrick, *Viatte, Auguste. Histoire comparée des littératures francophones*, dans *The French Review*, vol. 55, nº 6, mai 1982, p. 897-898.

VIAU, ROGER (1906–1986). Romancier, poète et historien, né à Montréal. Il fait ses études au Collège Sainte-Marie, au Collège Loyola et à l'École des Hautes Études commerciales. Après un court séjour comme stagiaire chez un agent de change, il se consacre à la peinture. Il étudie à Montréal, avec Adrien Hébert et Edwin Holgate, à Paris, avec Charles Jacquemot et à l'Académie Colarossi. Il expose à Montréal, au salon de printemps de l'Art Association, à Toronto, avec le Canadian Group of Painters et à l'exposition de New York (1939). Roger Viau est élu, en 1938, au Conseil d'administration de la Société Viau, fondée en 1867, par son grand-père, C.-T. Viau ; il devient, en 1940, président de la dite société, poste qu'il occupe jusqu'en 1967. Outre ses fonctions d'homme d'affaires, il est membre du Conseil du Musée des beaux-arts de Montréal (1950), des Concerts symphoniques de Montréal (1950), de la Société d'archéologie et de numismatique (1952) et de la Société des écrivains canadiens (1952). Son récit, *Au milieu, la montagne*, est un roman de la littérature urbaine, où Jean-Charles Bonenfant entrevoit la rupture salutaire avec le roman traditionnel de la terre : « C'est un des plus importants phéno-

mènes récents de nos lettres que d'avoir enfin épousé la réalité et M. Viau, par son roman, devient un des artisans de ce renouveau ».

ŒUVRES

Contes en noir et en couleur, Montréal, Éditions de L'Arbre, 1948, 259 p.

Au milieu, la montagne. Roman, Montréal, Beauchemin, 1951, 329 p.

Unis à l'inconnu (poésie), Montréal, Éditions Nocturne, 1957, 68 p.

Cavelier de La Salle (histoire), Tours, Mame, 1960, 183 p. « Figures canadiennes ».

Lord Durham (histoire), Montréal, Éditions HMH, 1962, 180 p. « Figures canadiennes ».

Mon temps et moi (souvenirs), Montréal, [Chez l'auteur], 1978, 551 p. Ill.

ÉTUDES

Roger Duhamel, *Courrier des lettres*, AU, vol. 15, nº 92, janv. 1949, p. 92-93.

Jean-Charles Bonenfant, *Les Livres canadiens. « Au milieu la montagne » de Roger Viau*, C, vol. 12, nº 4, déc. 1951, p. 440-446.

Émile Bégin, *« Au milieu, la montagne » de Roger Viau*, RUO, vol. 6, nº 9, mai 1952, p. 758-759.

Raymond Turcotte, *Étude sur les classes sociales dans « Au milieu, la montagne »*, dans *Littérature canadienne*, 1966, p. 33-48. « CSM ».

VIEN, ROSSEL [X Gilles Delanaudière] (1925–   ). Historien, nouvelliste et traducteur, né à Joliette. Il fait ses humanités au Séminaire de Joliette et au Séminaire de philosophie de Montréal. Il fera des stages d'études d'histoire à Chicoutimi et à l'Université de la Saskatchewan. Devenu annonceur et animateur radiophonique, il travaille au poste CFNS de Saskatoon (1955-1957), puis à CKSB de Saint-Boniface (1957-1964, 1967-1971). Il est aussi archiviste aux Archives provinciales du Manitoba (1964-1965), à la Société historique de Saint-Boniface (1972-1973, 1977-1978), puis au Collège universitaire de Saint-Boniface, et recherchiste-rédacteur au Centre d'études franco-canadiennes de l'Ouest. Il collabore aux *Écrits du Canada français*, au *Mocassin Telegraph*, à *La Liberté*..., et il publie des nouvelles sous le pseudonyme de Rossel Vien auquel il tient. Parmi ses traductions, il convient de noter *Louis Riel, un homme à pendre*, de E.B. Osler. Madeleine Bernier souligne ce mérite du traducteur qui retrouve le texte exact des sources françaises et utilise le *Journal de prison* et les journaux du temps. À propos de l'histoire de la *Radio française dans l'Ouest* (1977), Jacques Beauchamp-Forget

Jacques Lamarche, *Un appel aux 29 conseils municipaux du comté de Papineau*, dans *La Petite Nation*, vol. 16, n° 42, 15 sept. 1977, p. 5–8.

Pierre Savard, *Des livres, des idées et des hommes d'ici au XIX⁰ siècle*, RUO, vol. 49, n⁰ˢ 1–2, janv.–avril 1979, p. 117–123.

VIATOR. Voir **ROY,** CAMILLE.

VIATTE, AUGUSTE (1901–   ). Historien de la littérature et critique littéraire, né à Porrentruy (Suisse). Très tôt, il s'installe en France où, en 1927, il soutient à la Sorbonne une thèse de doctorat d'État, *Les Sources occultes du romantisme.* De 1925 à 1933, il est professeur invité de littérature française à Hunter College (New York). De 1933 à 1949, il enseigne à la Faculté des lettres de l'Université Laval où il exercera une influence très nette sur la pensée littéraire de toute une génération d'étudiants. Il donne aussi des cours dans divers collèges de Québec et prononce de nombreuses conférences. Il collabore à maints journaux et revues dont *La Revue d'histoire littéraire de la France, Revue de littérature comparée, Le Monde, La Croix, Le Devoir, La Revue moderne, La Nouvelle Relève, La Vie intellectuelle, Signes du temps, Conjonction, Présence de la francophonie.* De retour en France, il enseigne à l'Université de Nancy (1949–1952), avant de retourner en Suisse où il enseigne à l'École polytechnique fédérale de Zurich jusqu'à sa retraite en 1962, mais il demeure très actif : il écrit pour *La Croix* de nombreux articles sur les lettres québécoises et visite presque chaque année le Québec en tant que conférencier. Il se fait le défenseur de la francophonie auprès des universités nord-américaines telles que Fordham, Tulane, Université haïtienne de Port-au-Prince. Depuis 1958, il est membre de l'Académie des sciences morales et politiques et se joint, en 1972, à l'Association France-Québec. Son *Histoire littéraire de l'Amérique française* « impressionne, selon Pierre de Grandpré, par la somme de détails rapportés et par l'étendue, compte tenu de l'époque où elle a été rédigée, des connaissances de l'auteur ». Cet ouvrage est suivi d'une *Anthologie littéraire d'Amérique francophone* (1971) où la littérature québécoise est adéquatement représentée.

ŒUVRES

Le Catholicisme chez les romantiques (essai), Paris, De Broccard, 1922, 622 p. Avant-propos de A. Cherel.

Les Sources occultes du romantisme. Illuminisme — théosophie, 1770–1820 (essai), Paris, Librairie Honoré Champion éditeur, 1928, 2 t. : t. 1, *Le Préromantisme,* 331 p. Préface de l'auteur ; t. 2, *La Génération de l'Empire,* 332 p. ; 1969 ; 1979.

L'Extrême-Orient et Nous (essai), Montréal, Éditions de L'Arbre, 1942, 91 p.

Victor Hugo et les Illuminés de son temps (essai), Montréal, Éditions de L'Arbre, 1942, 284 p.

Histoire de la Congrégation de Jésus-Marie, 1818–1950, Québec, Charrier & Dugal, 1952, 309 p. Ill.

Histoire littéraire de l'Amérique française des origines à 1950, Montréal/Paris, PUL/PUF, 1954, xi, 545 p.

Les États-Unis : la vie américaine (essai), Paris, Flammarion, 1962, 218 p.

La Place de la littérature romande dans les lettres françaises, Zurich, Éditions Polygraphiques, 1968.

La Francophonie, Paris, Librairie Larousse, 1969, 205 p. Ill. Cartes.

Anthologie littéraire de l'Amérique francophone : littérature canadienne, louisianaise, haïtienne, de la Martinique, de la Guadeloupe et de la Guyane, Sherbrooke, Presses de l'Université de Sherbrooke, 1971, 519 p.

Histoire comparée des littératures francophones, Paris, Nathan, 1980, 215 p.

Dictionnaire général de la francophonie, Paris, Letouzey et Ané, 1986, 391 p. Cartes. Sous la direction de J.-J. Luthi, A. Viatte, G. Zananiri et sous le patronage du Haut Comité de la francophonie et du Secrétariat général de la langue française.

Grandeur et Décadence de Mussolini, dans *La Revue moderne,* vol. 25, n° 8, déc. 1943, p. 7–8.

Nouveaux Partisans, dans *La Revue moderne,* vol. 25, n° 10, févr. 1944, p. 9–10, 22.

M. Auguste Viatte à M. Louis Rougier, Dev, vol. 36, n° 30, 7 févr. 1945, p. 4.

Tendances de la littérature canadienne-française, Dev, vol. 36, n° 85, 14 avril 1945, p. 8.

Édition canadienne et Livre français, Dev, vol. 39, n° 83, 10 avril 1948, p. 10.

Le Centenaire de Balzac, Dev, vol. 40, n° 159, 11 juillet 1949, p. 6.

Le Centenaire de la République d'Haïti, Dev, vol. 44, n° 253, 30 oct. 1953, p. 4.

L'Œuvre acadienne de Mgr Savard, Dev, vol. 51, n° 224, 7 oct. 1960, p. 13.

Deux essayistes québécois, dans *L'Action,* vol. 59, n° 17583, 11 févr. 1966, p. 21.

La Querelle de la nouvelle critique, RUL, vol. 21, n° 4, déc. 1966, p. 323–331.

Chronique des lettres françaises hors de France : le Canada, dans *Conjonction,* n° 105, oct. 1967, p. 5–11.

Coordonner et Distinguer, dans *Présence francopho...* n° 1, automne 1970, p. 1–12.

ÉTUDES

Roger Duhamel, *Courrier des lettres,* Dev, vol. 34, 16 janv. 1943, p. 6.

Id., *En lisant les revues,* Dev, vol. 34, n° 59, 13 mars 19...

écrit qu'en dépit des « canadianismes de l'Ouest » et des coquilles, « le livre demeure intéressant à lire ».

ŒUVRES

Histoire de Roberval, cœur du Lac-Saint-Jean (monographie), Chicoutimi, Société historique du Saguenay, 1955, 369 p. Ill. Carte.

Louis Riel, un homme à pendre, Montréal, Éditions du Jour, 1963, 295 p. Traduction de *The Man Who Had to Hang : Louis Riel*, par E.B. Osler.

Et fuir encore (nouvelles), Montréal, Hurtubise HMH, 1972, 162 p. Sous le nom de Gilles Delanaudière.

Radio française dans l'Ouest (essai), Hurtubise HMH, 1977, 194 p. « Communications ».

ÉTUDES

Madeleine Bernier, *Louis Riel, un homme à pendre*, dans *Winnipeg Tribune*, 17 oct. 1964.

[Anonyme], *Et fuir encore de Gilles Delanaudière*, dans *Le Livre canadien*, vol. 3, févr. 1972, n° 42.

Jacques Beauchamp-Forget, *Vien (Rossel). Radio française dans l'Ouest*, dans *Nos livres*, vol. 9, janv. 1977, n° 29.

VIEUX DOC. Voir **GRIGNON, EDMOND**.

VIEUX, FERMIER. Voir **FRÉMONT, DONATIEN**.

VIEUXTEMPS, MARIE. Voir **DANDURAND, Mme RAOUL**.

VIEZ, JEAN. Voir **TREMBLAY, VICTOR**.

VIGER, DENIS-BENJAMIN [Un Canadien] (1774–1861). Journaliste et essayiste, né à Montréal. Il fait ses études classiques au Collège Saint-Raphaël. De 1794 à 1799, il poursuit des études de droit à Québec, sous la direction de Jean-Antoine Panet ; il est admis au barreau le 9 mars 1799. Sa carrière politique commence en 1808 : il siège à l'Assemblée législative du Bas-Canada, à l'Assemblée législative du Canada-Uni, puis au Conseil législatif jusqu'à sa mort. En 1792, *La Gazette de Montréal* publie son premier article. En 1809 paraît son premier opuscule : *Considérations sur les effets qu'ont produits au Canada la conservation des établissements, les mœurs, l'éducation de ses habitants*... Il collabore au *Canadien* de 1806 à 1810. Fondateur du *Spectateur* de Montréal, propriétaire de *L'Aurore des Canadas*, ami généreux de *La Minerve*, il entraîne à sa suite plusieurs jeunes littérateurs. Il mène des études polémiques sur tous les sujets de l'actualité politique, sociale et culturelle. Il lui arrive de temps à autre de composer un poème. Viger est officiellement choisi en 1828 par l'Assemblée législative pour présenter à Londres, avec John Neilson et Augustin Cuvillier, les griefs du peuple canadien contre l'administration du gouverneur Dalhousie. La Chambre le charge de nouveau d'aller à Londres en 1831 porter les accusations contre le procureur général James Stuart. C'est pendant cette deuxième mission qu'il visite une partie de l'Europe et mène une vraie guerre diplomatique, assisté de François-Xavier Garneau, son secrétaire et futur auteur de la célèbre *Histoire du Canada*. Emprisonné pendant dix-huit mois à la suite des événements de 1837, il écrit ses *Mémoires*. De retour à la politique en 1841, il publie à Kingston, en 1844, une brochure, *La Crise ministérielle*, dans laquelle il définit les fonctions du gouvernement responsable. Nationaliste apparenté à plusieurs familles célèbres (Lartigue, Papineau, Cherrier...), il reste néanmoins modéré dans ses opinions, partisan de l'étapisme et du parlementarisme renouvelé, ce qui explique le succès de sa carrière politique. Il accepte l'offre de Metcalfe (1843) de former un gouvernement avec W.H. Draper, en voulant servir d'interlocuteur canadien-français auprès du gouverneur. Il possède, à l'époque, une des meilleures bibliothèques au Canada. Par sa pensée, son art oratoire, ses écrits, son comportement comme député et diplomate, Viger contribua beaucoup à la culture du Canada français de la première moitié du XIXe siècle. Denis-Benjamin Viger, remarque Maurice Lebel, « a composé de nombreux articles de journaux sans jamais les signer - - il écrivait le premier à 18 ans — prononcé l'éloge d'Edmund Burke, laissé des *Considérations* à la manière de Saint-Evremond et de Montesquieu, sans oublier de nombreuses lettres en anglais et en français, des réflexions sur la littérature, la justice, la vérité, l'indépendance, l'art de gouverner ; il adorait faire l'éloge de la vertu et employer l'adjectif vertueux. Mais ce moraliste était aussi gai, car il aimait composer des chansons, des épigrammes et des fables pour se divertir de la politique et du droit. Après Bougainville, il a bien vu ce qui différenciait les Canadiens français des Français ».

ŒUVRES

Considérations sur les effets qu'ont produits en Canada la conservation des établissemens du pays, les mœurs, l'éducation, etc. de ses habitants : et les conséquences qu'entraîneroient leur décadence par rapport aux intérêts de la Grande-Bretagne. Par un Canadien, M.P.P. (essai), Montréal, Imprimé chez James Brown libraire, 1809, ii, 51 p.; Rééditions-Québec, 1970; dans *Confrontations — Ideas in Conflict*, Trois-Rivières, Boréal Express, 1971, p. 27–58. Textes présentés et annotés par John Hare et Jean-Pierre Wallot.

Analyse d'un entretien sur la conservation des établissemens du Bas-Canada, des loix, des usages, &c de ses habitans. Par un Canadien dans une lettre à un de ses amis (essai), Montréal, Imprimé chez James Lane, 1826, 46 p.

Mémoire de Denis Benjamin Viger, écuyer, et de Marie Amable Foretier, son épouse, appellans, contre Toussaint Pothier, écuyer, et autres, intimés, à la Cour provinciale d'appel, d'un jugement de la Cour du banc du Roi de Montréal, pour les causes civiles, du 20 février, 1827, Montréal, Imprimé chez James Lane, 1827, xiv, 170 p.

Considérations relatives à la dernière révolution de Belgique, Montréal, [s.é.], 1831, 67 p.; Imprimé par F. Cinq-Mars, 1842.

Letters from the Honorable Denis-B. Viger, to the Honorable Louis Joseph Papineau, Speaker of the Assembly of Lower Canada/ Lettre de l'honorable Denis-B. Viger, à l'honorable Louis Joseph Papineau, orateur de l'Assemblée du Bas-Canada, [Québec, s.é., 1832], 17 p.

Observations on a Letter from James Stuart, Esquire, to the Right Honorable Lord Viscount Goderich, Relating to Animadversions and imputations on his conduct and Character in Certain Proceedings of the Assembly of Lower Canada. Observations sur une lettre de James Stuart, écuyer, au Très Honorable Lord Vicomte Goderich, touchant certaines animadversions et imputations sur sa conduite et son caractère dans certains procédés de la Chambre d'Assemblée du Bas-Canada (essai), [Québec, s.é., 1832], 3 parties: I, 43 p.; II, 135 p.; III, 29 p.

Remarks of the Honorable Denis Benjamin Viger Relative to the Grievances Set Forth in the Address of the Commons of Lower Canada/ Observations de l'Honorable Denis Benjamin Viger relatives aux griefs articulés dans l'adresse des Communes du Bas-Canada, [Québec, s.é., 1832], 33 p.

Observations de l'Hon. D.-B. Viger, contre la proposition faite dans le Conseil Législatif, le 4 de mars 1835 de rejeter le bill de l'Assemblée, pour la nomination d'un Agent de la province, Montréal, Imprimé par Ludger Duvernay, 1835, iii, 79 p.

Mémoires relatifs à l'emprisonnement de l'honorable D.-B. Viger, Montréal, Imprimé par F. Cinq-Mars, 1840, ix, 57 p.

La Crise ministérielle et Mr. Denis-Benjamin Viger, etc. en deux parties. Première partie. Observations sur les procédés de la Chambre relatifs à la Résignation des Ministres. Seconde partie. Résumé d'observations faites en Chambre, par M. Viger, surtout le 2 décembre 1843, dans son discours relatif à la demande d'une adresse en faveur des ministres résignataires, Kingston, [s.é.], 1844,

vii, 46 p.; Montréal, Rééditions-Québec, 1970. Traduction anglaise: *The Ministerial Crisis and Mr. Denis Benjamin Viger, &c*, Kingston, [s.é.], 1844, vii, 46 p.

The Policy of Free Trade; in a series of letters addressed to the Honorable L.H. Lafontaine, [Montréal, Lovell & Gibson], 1849, 20 p. Ill.

Œuvres politiques. (Extraits), Montréal, Rééditions-Québec, 1970, ii, 51, vii, 46 p.

Poèmes, RN, vol. 1, [1893], p. 162–166; vol. 2, p. 341; dans Jules Fournier, *Anthologie des poètes canadiens*, Montréal, Granger Frères, 1920, p. 19–20.

ÉTUDES

Joseph Royal, *Denis-Benjamin Viger*, dans *Journal de l'Instruction publique*, vol. 5, n° 3, mars 1861, p. 45–48.

É.-Z. Massicotte, *Les Demeures de Denis-Benjamin Viger*, dans *Bulletin des recherches historiques*, vol. 47, 1941, p. 269–275.

Paul Wyczynski, [*Notes sur D.-B. Viger*], dans François-Xavier Garneau, *Voyage en Angleterre et en France dans les années 1831, 1832 et 1833*, Ottawa, EUO, 1968, p. 335–336.

Fernand Ouellet et André Lefort, *Viger, Denis-Benjamin*, DBC, vol. 9, 1977, p. 890–901.

Yvan Lamonde, *Les Obstinés. Denis-Benjamin Viger et les zouaves*, Dev, vol. 71, n° 234, 11 oct. 1980, p. 25.

Gérard Parizeau, *La Vie studieuse et obstinée de Denis-Benjamin Viger*, Montréal, Fides, 1980, 334 p. Ill.

Maurice Lebel, *Gérard Parizeau, Denis-Benjamin Viger (1774–1861)*, Dr, 69e année, n° 25, 25 avril 1981, p. 18.

Note: De nombreux documents sur la vie et l'œuvre littéraire et politique de Denis-Benjamin Viger se trouvent dans plusieurs fonds d'archives: APC: groupe Mg 24, B1, B2, B6, B24, B46; ANQ: articles de journaux de Viger; ASQ: fonds Viger-Verreau; ACAM: correspondance entre Viger et Mgr Lartigue.

VIGER, JACQUES (1787–1858). Essayiste, journaliste et historien, né à Montréal. Il fait ses études au Collège Saint-Raphaël (plus tard Collège de Montréal) en même temps que Michel Bibaud et le comte de Saint-Aulaire. Rédacteur au *Canadien* jusqu'en avril 1809, il s'oriente par la suite vers la fonction publique. Après la guerre de 1812 pendant laquelle il a été capitaine du Régiment des Voltigeurs, il devient inspecteur des ponts et chaussées de Montréal (1813), tout en exerçant les fonctions d'officier-rapporteur au cours des élections. Bien connu et estimé de ses compatriotes, il est élu, en 1833, maire de Montréal, mandat qui lui est renouvelé à deux reprises. Chevalier de l'Ordre de Saint-Grégoire-le-Grand, membre honoraire de la Société historique du Michigan et de l'Institut polytechnique, premier président de la Société nationale Saint-Jean-Baptiste, Jacques Viger déploie une activité intense dans l'administration, mais aussi dans les arts et les lettres. Dès 1812, il publie, en français et en anglais, la *Relation de la mort de Louis XVI* par l'abbé Edgeworth de Firmont, le dernier confesseur du roi. En 1825, après avoir effectué le recensement de l'Île de Montréal, il établit avec L. Guy les *Tablettes statistiques du comté de Montréal*. Si l'œuvre qu'il a publiée n'est pas considérable, il demeure la providence des historiens, comme il l'a été de son vivant par ses conseils généreux ou par ses efforts en vue de la fondation de la Société historique de Montréal. Sa célèbre « Saberdache » est en effet un imposant monument de documentation encore partiellement inexploité. Cette « Saberdache », déposée aux archives du Séminaire de Québec, est double : la Saberdache « bleue » renferme la correspondance et la « rouge » des documents et des curiosités historiques.

ŒUVRES

Henry Essex Edgeworth de Firmont, *Relation de la mort de Louis XVI, roi de France*, Montréal, Imprimerie de J. Brown, 1812, 46 p. Éditeur.

Sir, you may have been informed that the strongest and most declared opposition to the union of the Legislatures of Lower and Upper Canada, lately proposed in the Imperial Parliament, has been manifest throughout this province, and Upper Canada..., [Montréal, s.é., 1822], [2] p.

Extrait des procédés du Conseil de ville [de Montréal]. Rapport du Comité des chemins..., [Montréal, s.é., 1834], 8 p. (Viger agit comme président du Comité).

Observations et Améliorations des lois des chemins telles qu'en force dans le Bas-Canada, en 1825, Montréal, John Lovell, 1840, 36 p.

Rapports sur les chemins, rues, ruelles et ponts de la cité et paroisse de Montréal, Montréal, John Lovell, 1841, 32 p.

Archéologie religieuse du diocèse de Montréal 1850, Montréal, Imprimé par Lovell et Gibson, 1850, 22 p.

A Chronological Table of the Governors and Administrators of Canada..., Montréal, Lovell et Gibson, 1850, i, 56 planches.

Souvenirs historiques sur la seigneurie de La Prairie, Montréal, Senécal et Daniel, 1857, 13 p.

De l'esclavage au Canada, Montréal, Imprimé par Duvernay Frères, 1859, ii, 63 p. « Société historique de Montréal. Mémoires ».

Règne militaire en Canada, ou Administration judiciaire de ce pays par les Anglais du 8 septembre 1760 au 10 août 1764, Montréal, La Minerve, 1870, 328 p. « Société historique de Montréal. Mémoires ».

ÉTUDES

Camille Roy, *Jacques Viger*, BPF, vol. 8, n° 2, oct. 1909, p. 42–45.

Victor Morin, *Esquisse biographique de Jacques Viger*, MSRC, 3e série, vol. 32, sect. 1, 1938, p. 183–190.

Olivier Maurault, *Souvenirs canadiens. Album de Jacques Viger*, RAPQ, 1955-1957, t. 36-37, p. 31–176.

VIGNEAULT, GILLES (1928–). Chansonnier, compositeur, poète et conteur, né à Natashquan (Saguenay). Il fait ses études classiques au Séminaire de Rimouski (B.A., 1950) où il compose ses premiers vers. Il obtient ensuite une licence ès lettres à l'Université Laval (1953). Il participe aux activités théâtrales comme comédien et metteur en scène à Québec avec la Troupe des Treize dont il devient directeur en 1956. En 1958, la troupe remporte le trophée Calvert au Festival national d'art dramatique de l'Est du Québec. Gilles Vigneault fonde avec des amis, la revue *Émourie* (1953), et les Éditions de l'Arc (1959). Entre 1954 et 1961, il enseigne au Camp Valcartier et à l'Institut de technologie de Québec. À la même époque, il signe des monologues pour la télévision, et il compose pour Jacques Labrecque sa première chanson, « Jos Montferrand ». Deux autres chansons, « Jack Monoloy » (1964) et « Mon pays » (1965) sont couronnées au Festival international de la chanson, à Sopot. De nombreuses tournées au Québec, au Canada et à l'étranger assurent à l'artiste une grande renommée. Il reçoit un grand nombre de prix et récompenses : le prix Félix-Leclerc (1965), le prix du Lieutenant-gouverneur et le prix Calixa-Lavallée (1966), deux prix de l'Académie Charles-Cros (1970, 1984), des doctorats honorifiques de l'Université de Trent (1975) et de l'Université du Québec à Rimouski (1979), la Légion d'honneur (1986)... En 1978, à la parution de *Silences*, recueil qui réunit l'ensemble des poèmes publiés de Vigneault depuis vingt ans, Suzanne Paradis écrit que ces *Silences* sont de « la poésie bonne et bien faite, tiède à l'oreille et à l'œil, faite à la mesure du cœur furtif de l'homme moderne noyé dans le ressac monstrueux du temps ». La chanson et la poésie de Vigneault traduisent une volonté de vivre et témoignent de son sentiment d'appartenance. « Le poète, écrit Marc Gagné, dépasse, en ses aspirations profondes, le contexte du quotidien et de l'immédiat. Et s'il s'attarde à l'aujourd'hui, c'est pour le transcender, pour tendre à une affirmation dans l'essentiel où l'homme enfin assuré de son identité propre, pourra pleinement être lui-même. C'est-à-dire être plus que lui-même ». Vigneault chante la forêt, les chemins entre la campagne et la ville, la rivière, le ciel, la mélancolie, l'amour, ses amis, ses aïeux. Dans ses paysages vivent de grands espaces de la Côte-Nord, des horizons ouverts sur la beauté légendaire du folklore régional. « De Savard à Félix Leclerc et de Leclerc à Vigneault, il y a, remarque André Renaud, la parenté des poètes épiques, la fraternité des trouvères et d'eux tous à ceux qui les lisent ou les écoutent, au-dessus de chacun, le mystère de la poésie qui s'incarne dans les mots, prend le visage des hommes, crée une espèce d'envoûtement auquel on ne résiste pas ». La voix rauque de Vigneault chante le Québec de toujours ; sa parole est faite à la mesure de l'espace géographique et mythique ; la forme de ses chansons se module au creux d'un sentiment qui a pour source première son légendaire Natashquan.

ŒUVRES

Étraves (poésie), Québec, Éditions de l'Arc, 1959, 167 p. « L'Escarfel » ; 1971, 133 p.

Contes sur la pointe des pieds, Québec, Éditions de l'Arc, 1960, 126 p. Ill. « L'Escarfel » ; 1960, [n.p., 120 p.]. Ill. (Édition de luxe. Tirage limité). Traduction anglaise par Paul Allard ; *Tales sur la pointe des pieds*, Montréal, Press Porcépic, 1972, 79 p. (Texte français en regard).

Avec les vieux mots (paroles de chansons), Québec, Éditions de l'Arc, 1964, 91 p. Ill. « L'Escarfel » ; 1965 ; 1967 ; Montréal, Nouvelles Éditions de l'Arc, 1978, 88 p.

Balises (poésie), Québec, Éditions de l'Arc, 1964, 126 p. « L'Escarfel » ; Montréal, Nouvelles Éditions de l'Arc, 1978, 120 p.

Pour une soirée de chansons (monologues et chansons), Québec, Éditions de l'Arc, 1965, 42 p. Ill. « L'Escarfel ».

Quand les bateaux s'en vont (conte et paroles de chansons), Québec, Éditions de l'Arc, 1965, ix, 101 p. « L'Escarfel » ; Montréal, Nouvelles Éditions de l'Arc, 1971, 101 p. « L'Escarfel ».

Contes du coin de l'œil, Québec, Éditions de l'Arc, 1966, 79 p. Ill. « L'Escarfel ».

Québec, première ville française en Amérique. Où la lumière chante (poésie), Québec, PUL, 1966, [n.p., 131 p.]. Collab. François Lafortune. Ill.

Les Gens de mon pays (paroles de chansons), Québec, Éditions de l'Arc, 1967, 117 p. « L'Escarfel » ; Montréal, Nouvelles Éditions de l'Arc, 1971. « L'Escarfel » ; (litt. jeunesse), Paris, Études vivantes, 1980, [n.p., 25 p.]. Ill. « Chantimage ».

Tam ti delam (paroles de chansons), Québec, Éditions de l'Arc, 1967, 91 p. « L'Escarfel » ; Montréal, Nouvelles Éditions de l'Arc, 1971.

Ce que je dis c'est en passant (paroles de chansons), [Québec, Éditions de l'Arc ?], 1970, 93 p. Ill. « L'Escarfel ».

Les Dicts du voyageur sédentaire (contes), Yverdon (Suisse), Éditions des Égray, 1970, 162 p. Portrait. Ill. (Comprend *Contes sur la pointe des pieds*, *Du milieu du rêve* et *Contes du coin de l'œil*).

La Grande Aventure du fer, Montréal, Leméac, 1970, 129 p. Collab. Alain Pontaut et al. Ill.

Exergues (poèmes et paroles de chansons), Montréal, Nouvelles Éditions de l'Arc, 1971, 133 p. « L'Escarfel ».

Les Neuf couplets (paroles de chansons), Montréal, Nouvelles Éditions de l'Arc, 1973, 79 p. Portrait. Ill.

Je vous entends rêver (paroles de chansons), Montréal, Nouvelles Éditions de l'Arc, 1974, 89 p. Portrait. Ill. « L'Escarfel ».

Natashquan, le voyage immobile (poésie), Montréal, Nouvelles Éditions de l'Arc / Éditions internationales Alain Stanké ltée, 1976, [n.p., 123 p.]. Ill.

À l'encre blanche (poésie), Montréal, Stanké / L'Arc, 1977, [n.p., 85 p.]. Collab. Hugh John Barrett. Ill. (Édition de luxe. Comprend un disque).

Gilles Vigneault, vol. 1 (paroles de chansons), Montréal, Le Vent qui vire, 1978, 56 p. Ill.

Silences. 1957 — poèmes — 1977, Montréal, Nouvelles Éditions de l'Arc, 1978, 366 p.

Les Quatre saisons de Piquot (conte), Montréal, Nouvelles Éditions de l'Arc, 1979, 35 p. Ill. de Hugh John Barrett. (Comprend un disque).

La Petite Heure. 1959 — Contes — 1979, Montréal, Nouvelles Éditions de l'Arc, 1979, 206 p.

Avant que... l'hiver (poésie), Lausanne / Montréal, Éditions Prolitho / Nouvelles Éditions de l'Arc, 1981, [portefeuille, n.p., 72 f.]. Ill. de Monique Mercier. (Édition de luxe. Tirage limité.)

Quelques Pas dans l'univers d'Éva (litt. jeunesse), Montréal, Nouvelles Éditions de l'Arc, 1981, 32 p. Ill. (Comprend un disque).

Autant de fois que feuille tremble au vent (paroles de chansons), Montréal, Nouvelles Éditions de l'Arc, 1982, 61 p. Portrait. Ill. « L'Escarfel ».

Comptine pour endormir l'enfant qui ne veut rien savoir, Montréal, Nouvelles Éditions de l'Arc, 1983, Ill. (Comprend un disque).

Tenir paroles (recueils de chansons), Montréal, Nouvelles Éditions de l'Arc, 1983, 2 t. : t. 1, *1958 — chansons — 1967*, 288 p. Portrait. Ill. ; t. 2, *1968 — chansons — 1983*, -562 p. Portrait. Ill.

Assonances (paroles de chansons), Montréal, Nouvelles Éditions de l'Arc, 1984, 59 p. Ill. « L'Escarfel ».

Septuor maritime (poésie), Québec, Éditions de la Grande-Allée / Nouvelles Éditions de l'Arc, 1984, [portefeuille, n.p., 17 f.]. Ill. d'Antoine Prévost, Alfred Pellan, et al. (Édition de luxe. Tirage limité. Ouvrage publié à l'occasion du 450e anniversaire de la traversée de l'Atlantique par Jacques Cartier).

Contes, PP, vol. 1, n° 4, janv. 1964, p. 32–35.
Un roseau, dans *Estuaire*, n° 8, juin 1978, p. 45.

DISCOGRAPHIE

Gilles Vigneault, Columbia, [1962?], FS-538 et FL-292, 33⅓ tours. (Repris sous le titre *Jack Monoloy*, Harmonie, 1967, KHF 9008 2).

Gilles Vigneault chante et récite. Vol. II, Columbia, 1963, FS-544, 33⅓ tours. (Repris sous le titre *Chansons et Poèmes*, Colombia — Harmonie, 1974, KHF-90211).

Gilles Vigneault, Columbia, [1965?], FS-612, 33⅓ tours.

Gilles Vigneault à la Comédie canadienne, Columbia, [1965?], FS-632, 33⅓ tours. (Repris sous le titre *Récital à la Comédie canadienne*, Columbia — Harmonie, 1967, KHF 90233).

Mon pays, Columbia/CBS, 1965, FS-634, 33⅓ tours.

C'est le temps, Columbia, 1966, FS 90124, 33⅓ tours. (Comprend 2 disques). (Repris sous le même titre, CBS/Columbia, 1972, GFS 90125).

Gilles Vigneault enregistré à Paris, Columbia, 1966, FL 348 et FS 348, 33⅓ tours.

Tam ti delam, CBS, 1966, FS 746, 33⅓ tours.

La Manikoutai, Columbia, [1967?], FS 652, 33⅓ tours; CBS, 1968, 633302, 33⅓ tours.

Le Nord du Nord, Columbia, [1968?], FS 681, 33⅓ tours; CBS, 1970, 63634, 33⅓ tours.

Du milieu du pont, 1969, ESX 70501, 33⅓ tours.

Les Voyageurs, Columbia, 1969, 33⅓ tours.

Musicorama Gilles Vigneault, Columbia, 1970, FS-710, 33⅓ tours.

Le Voyageur sédentaire, 1970, ESX 70502, 33⅓ tours.

Le temps qu'il fait sur mon pays, Le Nordet, 1971, GVN-1003, 33⅓ tours.

Les Grands Succès de Gilles Vigneault, Columbia, [1972?], GFS-90003, 33⅓ tours. (Comprend 2 disques).

Qui êtes-vous, Gilles Vigneault, Radio-Canada international, 1972, F-678, 33⅓ tours.

« Pays du fond de moi », Le Nordet, 1973, GVN-1002, 33⅓ tours.

Gilles Vigneault. Enregistrement public au T.N.M., Le Nordet/Les Éditions du vent qui vire, [1974?], GVN-1005, 33⅓ tours.

Le Québec en chanson. Gilles Vigneault et d'autres, CBS, 1974, 80376, 33⅓ tours.

J'ai vu le loup, le renard, le lion, Les Productions du 13 août, 1975, VLC 13, 33⅓ tours. (Comprend 2 disques).

Il était une fois cinq, Kébec Disc, 1976, KD-923-24, 33⅓ tours. Collab. Robert Charlebois, Jean-Pierre Ferland *et al.* (Comprend 2 disques).

Gilles Vigneault à Bobino, Le Nordet/Les Éditions du vent qui vire, 1977, GVN-1008-09, 33⅓ tours. (Comprend 2 disques).

Gilles Vigneault « J'ai planté un chêne », Le Nordet/Les Éditions du vent qui vire, 1977, GVN-1007, 33⅓ tours.

« Comment vous donner des nouvelles... », Le Nordet/Les Éditions du vent qui vire, 1978, GVN-1010, 33⅓ tours.

Avec les mots du dimanche, Le Nordet/Les Éditions du vent qui vire, 1979, GVN-1011-12, 33⅓ tours. (Comprend 2 disques).

Je vous entends chanter, 1980, KD 507-508, 33⅓ tours.

Combien de fois faut-il parler d'amour, Le Nordet/Les Éditions du vent qui vire, 1982, GVN-1013, 33⅓ tours.

Un jour je ferai mon grand cerf-volant, Le Nordet/Les Éditions du vent qui vire, 1984, GVN-1014, 33⅓ tours.

ÉTUDES

André Renaud, *Vigneault en marge de Vigneault*, I, n° 6, oct. 1964, p. 21–30.

John Damant, *Phénomène au Québec*, dans *Compositeurs canadiens/Canadian Composers*, n° 1, mai 1965, p. 5, 33, 43, 46; n° 2, août 1965, p. 7, 36–37, 39; n° 3, oct. 1965, p. 11, 44.

Roger Fournier, *Gilles Vigneault*, L, vol. 8, n° 4, juillet–août 1966, p. 50–57.

Aline Robitaille, *Gilles Vigneault*, Montréal, Éditions de L'Hexagone, 1968, 148 p. Préface de Gérard Bergeron.

Fernand Séguin, *... rencontre Gilles Vigneault*, Montréal, Éditions Ici Radio-Canada/Éditions de l'Homme, 1968, 87 p. « Sel de la semaine ».

Gilles Marcotte, *Gilles Vigneault*, dans *Le Temps des poètes*, Montréal, Éditions Hurtubise HMH, 1969, p. 122–127.

Lucien Rioux, *Gilles Vigneault*, Paris, Éditions Pierre Seghers, 1969, 191 p. « Chansons d'aujourd'hui ».

Marc Gagné, *Essai sur la thématique de Gilles Vigneault*, C, vol. 31, n° 1, mars 1970, p. 3–23.

Robert Saint-Amour, *L'Espace dans Les Gens de mon pays de Gilles Vigneault*, VIP, n° 4, 1971, p. 53–81.

Roger Fournier, *Gilles Vigneault mon ami*, Montréal, Éditions La Presse, 1972, 205 p.

Marc Gagné, *Gilles Vigneault tel qu'en ses ancêtres*, dans *La Société historique acadienne*, vol. 5, n° 1, cahier n° 41, oct.–nov.–déc. 1973, p. 21–25.

Id., *Propos de Gilles Vigneault*, Montréal, Nouvelles Éditions de l'Arc, 1974, 127 p. « Le Pays par lui-même ».

Id., *Gilles Vigneault. Bibliographie descriptive et critique, discographie, filmographie, iconographie, chronologie*, Québec, PUL, 1977, 976 p.

François Régis Barbry, *François-Régis Barbry interroge Gilles Vigneault*, Paris, Éditions Le Centurion, 1978, 156 p. « Les Interviews ».

Luc Bouvier, *Silence*, LAQ 1978, p. 150–152.

Jean Royer, *Gilles Vigneault, poète*, Dev, vol. 69, n° 105, 6 mai 1978, p. 45.

Suzanne Paradis, *Gilles Vigneault, poète, « Le temps est si fragile... »*, Dev, vol. 69, n° 122, 27 mai 1978, p. 33.

Pierre Beaulieu, *« Cette année, je me fais reporter de fiction »* — *Gilles Vigneault*, Pr, 93e année, n° 204, 27 août 1978, p. D-7.

Charlotte Guérette, *Les Quatre saisons de Piquot*, LAQ 1979, p. 270–271.

Jean Royer, *Contes pour enchanter la vie*, Dev, vol. 70, n° 299, 22 déc. 1979, p. 17.

Cécile Dubé, *Les Gens de mon pays*, LAQ 1980, p. 236–237.

Pierre Beaulieu, *Gilles Vigneault « Même si le cœur n'y est plus comme avant »*, Pr, 96e année, n° 199, 24 août 1980, p. B-6.

Id., *Vigneault revient. La complainte du lendemain*, Pr, 98e année, n° 204, 4 sept. 1982, p. C-1.

Claude Goure, *Conversations avec Gilles Vigneault*, dans *Panorama aujourd'hui*, n° 167, janv. 1983, p. 24–29.

Réginald Martel, *Chansons de Gilles Vigneault. Des lettres à quelqu'un*, Pr, 99e année, n° 281, 3 déc. 1983, p. E-1.

Donald Smith, *Gilles Vigneault conteur et poète*, Montréal, Québec/Amérique, 1984, 158 p. Ill.

Julie Stanton, *Toujours l'indépendance !*, Dev, vol. 75, n° 106, 5 mai 1984, p. 85.

VIGNEAULT, ROBERT (1927–). Essayiste et critique, né à Toronto. Bachelier de l'Université Laval (1946), il entreprend aux facultés des Jésuites de Montréal, des études en philosophie et de théologie, et soutient deux thèses de licence : *Le Premier Principe et l'Intelligibilité de l'être* (1952) et *Le Sens théologique de la transfixion, à la lumière de l'exégèse actuelle* (1958). À l'Université Laval, il obtient une licence ès lettres en 1955. Enfin en 1966, il soutient, à l'Université d'Aix-Marseille, une thèse de doctorat publiée sous le titre : *L'Univers féminin dans l'œuvre de Charles Péguy. Essai sur l'imagination créatrice d'un poète.* Cet ouvrage lui vaut, en 1968, le prix des essais sur la littérature au Concours littéraire de la Province de Québec. Il est tour à tour professeur au Collège Jean-de-Brébeuf, à l'Université Laurentienne, à l'Université Carleton, à l'Université Laval, à l'Université McGill et à l'Université d'Ottawa à partir de 1976. Il collabore à divers périodiques comme *Études françaises, Livres et Auteurs québécois, Lettres québécoises...* Pierre Godin écrivait au sujet de l'ouvrage de Robert Vigneault sur Péguy : « agréable à lire, parfois même passionnant comme une enquête ‹ policière › ou l'étude psychologique d'un beau ‹ cas de sublimation › mais dont la méthode littéraire critique est au fait des recherches les plus neuves ». À propos du *Saint-Denys Garneau,* Françoise de Labsade déclare : « Robert Vigneault situe Saint-Denys Garneau dans le siècle de la poésie québécoise, en montrant l'importance de son expérience poétique, en tant qu'expression de la conscience d'être poète au Québec ». Enfin, selon Nicole Bourbonnais, l'ouvrage de Vigneault sur Claire Martin « est aussi une entreprise révélatrice car elle permet, d'une part, de jouer un rôle de sonde dans la structuration de la conscience québécoise des années 1960 et, enfin, d'apporter un nouvel éclairage sur la création romanesque de Claire Martin ».

ŒUVRES

L'Univers féminin dans l'œuvre de Charles Péguy. Essai sur l'imagination créatrice d'un poète, Bruges/Paris/Montréal, Desclée de Brouwer/Les Éditions Bellarmin, 1967, 334 p. « Essais pour notre temps ».

Avec ou Sans amour de Claire Martin, Montréal, Éditions du Renouveau pédagogique, 1969, 188 p. Édition présentée et annotée par Robert Vigneault.

Saint-Denys Garneau à travers Regards et Jeux dans l'espace (essai), Montréal, PUM, 1973, 70 p.

Claire Martin, son œuvre, les réactions de la critique (essai), Montréal, Éditions Pierre Tisseyre, 1975, 216 p. Portrait. Ill. Préface de Roger Le Moine.

Langue, Littérature, Culture au Canada français, Ottawa, EUO, 1977, 117 p. Éditeur. Conférences G.P. Vanier 1977. « CCRCCF ».

———

L'Essai, EF, vol. 7, nº 1, févr. 1971, p. 87–102.

Lecture et Critique, dans *Littératures*, Montréal, HMH, 1971, p. 257–263.

L'Essai québécois : la naissance d'une pensée, EL, vol. 5, nº 1, avril 1972, p. 59–73.

La Critique — Mille beaux endroits, pas une œuvre, EF, vol. 8, nº 2, mai 1972, p. 197–213.

La Critique et l'Essai — Entre l'humain et le sacré, EF, vol. 9, nº 2, mai 1973, p. 163–182.

Charles Péguy, écrivain québécois, dans *Critère. L'enracinement*, janv. 1974, p. 103–111.

Péguy et la Critique littéraire, d'après Clio, dans *Péguy mis à jour*, Québec, PUL, 1976, p. 195–222.

Pierre Vadeboncœur : la promotion littéraire du dualisme, dans *L'Essai et la Prose d'idées au Québec*, Montréal, Fides, 1985, p. 761–781. « ALC » 6.

ÉTUDES

Pierre-B. Godin, *L'Univers féminin dans l'œuvre de Charles Péguy de Robert Vigneault*, LAC 1968, p. 124–125.

Laurent Mailhot, *L'Univers féminin dans l'œuvre de Charles Péguy*, EF, vol. 5, nº 1, févr. 1969, p. 93–96.

Françoise de Labsade, *Poésie rêvée, poésie vécue*, LAQ 1969, p. 143.

Joseph Melançon, *Littératures*, LAQ 1971, p. 194.

Françoise de Labsade, *Saint-Denys Garneau à travers « Regards et Jeux dans l'espace »*, LAQ 1973, p. 224.

Nicole Bourbonnais, *Robert Vigneault à l'écoute de Claire Martin*, LQ, vol. 1, nº 3, sept. 1976, p. 27–29.

Réjean Robidoux, *Robert Vigneault. Claire Martin, son œuvre, les réactions de la critique*, LAQ 1976, p. 249–250.

VILLEMAIRE, YOLANDE (1949–). Poète, romancière et dramaturge, née à Saint-Augustin (Deux-Montagnes). Elle fait ses études classiques aux collèges Regina Assumpta et Sainte-Marie (B.A., 1969), et obtient un baccalauréat spécialisé en art dramatique (1970)

François Renaud

et une maîtrise pour un mémoire sur les « Éléments d'une morphologie de l'œuvre dramatique de Michel Tremblay » (1974), à l'Université du Québec à Montréal. Elle prépare ensuite un doctorat à l'Université de Montréal. Recherchiste pour les *Cahiers de la Nouvelle Compagnie théâtrale* (1971–1976), elle est professeur de français au Cégep de Saint-Jérôme (1971–1973), puis au Cégep de Rosemont à partir de 1974. Critique de théâtre à *Hobo-Québec* (1973–1977), elle collabore à plusieurs autres périodiques, tels *Jeu, Cul-Q, Mainmise, La Nouvelle Barre du jour, Le Devoir, La Presse*... Elle donne des « performances » à Véhicule Art, au Studio Z, au Conventum, au Théâtre du Nouveau Monde, à La Librairie des femmes... En 1980, elle remporte le prix du concours des œuvres radiophoniques de Radio-Canada pour *Belles de nuit* et le Prix des jeunes écrivains du *Journal de Montréal* pour *La Vie en prose*, puis le Grand Prix littéraire du même journal pour *La Constellation du Cygne* (1985). Son premier roman, *Meurtres à blanc* (1974) passe presque inaperçu, mais son recueil poétique paru la même année, *Machine-t-elle*, attire l'attention ; pour Richard Giguère, ce texte « coupé, hachuré, qui est le contraire même de tout lyrisme, est déjà la marque d'un poète qui maîtrise son écriture ». Les critiques n'aiment pas également *La Vie en prose* (1980), mais Gilles Marcotte y découvre « une écriture merveilleusement libre, riche, inventive, qui joue de tous les registres avec une aisance déconcertante ». Pierre Nepveu parle d'un « pouvoir quasi magique d'ensorcellement et de dépaysement », et il écrit à propos d'*Adrénaline* (1982) : « Bien peu d'écritures présentement au Québec, sont aussi constamment surprenantes, aussi joyeusement déroutantes et parviennent en même temps [...] à dire aussi bien une expérience bouleversante de l'éblouissement, à entrer dans la réalité comme dans un vertige sans fin ».

ŒUVRES

Machine-t-elle (poésie), Longueuil, Les Herbes rouges, n° 22, 1974, [n.p., 27 p.].

Meurtres à blanc (roman policier), Montréal, Guérin éditeur limitée, 1974, 164 p. « Le Cadavre exquis ».

Que de stage blood (récit), Montréal, Éditions Cul Q, 1977, 44 p. « Exit ».

Terre de mue (poésie), Montréal, Éditions Cul Q, 1978, [n.p., 45 p.]. « Mium mium ».

La Vie en prose (roman), Montréal, Les Éditions Les Herbes rouges, 1980, 261 p. « Lecture en vélocipède » ; *La Vie en prose. Roman*, 1984, 377 p. « Typo roman ».

Adrénaline. Poésie et prose 1973–1982, Saint-Lambert, Éditions du Noroît, 1982, 172 p. Ill. de Michel Lemieux.

Ange Amazone. Roman, Montréal, Les Herbes rouges, 1982, 100 p. « Lecture en vélocipède ».

Du côté hiéroglyphe de ce qu'on appelle le réel, suivi de Devant le temple de Louxor le 31 juillet 1980 (poésie), Montréal, Les Herbes rouges, n°s 101–102, 1982, 76 p. Ill.

Belles de nuit. Pièces radiophoniques, Montréal, Les Herbes rouges, 1983, 153 p.

Les Coïncidences terrestres (poésie), Montréal, Éditions de la Pleine Lune, 1983, [n.p., 53 p.]. « Rrose Sélavy ».

Jeunes Femmes rouges toujours plus belles (poésie), Montréal, Lèvres urbaines, 1984, 23 p. « Lèvres urbaines ».

La Constellation du Cygne (roman), Montréal, Éditions de la Pleine Lune, 1985, 179 p. « Rrose Sélavy ».

Quartz et Mica (poésie), Trois-Rivières, Écrits des Forges/ Le Castor astral, 1985, 54 p.

Baloune parlante (poésie), dans *Les Herbes rouges*, n° 9, juin 1973, [n.p.].

Hosanna ou La Mort du diable, dans *Hobo-Québec*, juin 1973, p. 22.

Yvon Dupuis Superstar, dans *Hobo-Québec*, n°s 9–11, oct.–nov. 1973, p. 56–57.

Tilt (poésie), dans *Cul-Q*, n° 1, automne 1973, p. 10–11.

Pourquoi attendre la postérité ? Devenez une légende maintenant, dans *Hobo-Québec*, n°s 12–13, déc. 1973, p. 32–33.

UQAM, Quat-Sous, TNM, dans *Hobo-Québec*, n°s 14–15, janv. 1974, p. 37–38.

Snoopy détective (poésie), BJ, n° 44, printemps 1974, p. 24–25.

La Scène érotomane, dans *Cul-Q*, n°s 2–3, hiver-printemps 1974, p. 7–20.

Collage Montréal/New York, dans *Hobo-Québec*, n° 19, sept.–oct. 1974, p. 24–25.

Pour une parthénogénèse de la parole « hystérique » (poésie), BJ, n° 46, déc. 1974, [n.p.].

Le French Kiss de la Vénus rouge, dans *Cul-Q*, n°s 8–9, 1976, p. 63–85.

Extraits du livre de bord de l'expédition Daslt/Swannson sur Polaris, NBJ, n°s 90–91, 1980, p. 175–188.

Astéroïde 823 (histoire d'écrire), NBJ, n° 97, 1980, p. 39–78.

ÉTUDES

Raymond Plante, *Des problèmes à plusieurs inconnus*, Pr, 90e année, n° 160, 6 juillet 1974, p. E-2.

Heinz Weinmann, *Une série québécoise de bon augure*, Dev, vol. 65, n° 227, 12 oct. 1974, p. 19.

Richard Giguère, *Les Herbes rouges : une grande « petite revue »*, LAQ 1975, p. 118–121.

Madeleine Ouellette-Michalska, *La Mort de la Dame en rose*, Dev, vol. 71, n° 55, 15 nov. 1980, p. 21.

Pierre Foglia, *C'est au tour des filles à avoir du fun*, Pr, 96e année, n° 285, 22 nov. 1980, p. C-28.

Réginald Martel, *Du flou au réel*, Pr, 97e année, n° 14, 17 janv. 1981, p. C-3.

Gilles Marcotte, *Un suspense et une vie en rose*, dans *L'Actualité*, vol. 6, n° 2, févr. 1981, p. 70–71.

Jean Royer, *Yolande Villemaire. La Vie en prose*, Dev, vol. 72, n° 55, 7 mars 1981, p. 21.

VILLEMAIRE

Paul Chanel Malenfant, *Yolande Villemaire : Du côté hiéroglyphe de ce qu'on appelle le réel; Ange Amazone*, LAQ 1982, p. 83–84.

Pierre Nepveu, *Yolande Villemaire. Adrénaline*, LAQ 1982, p. 146–149.

Stéphane Lépine, *Villemaire (Yolande). Ange Amazone*, dans *Nos livres*, vol. 15, mars 1984, n° 5661.

Michel Laurin, *Villemaire (Yolande). Belles de nuit, pièces radiophoniques*, dans *Nos livres*, vol. 15, avril 1984, n° 5706.

Claude Beausoleil, *Villemaire (Yolande). Les Coïncidences terrestres*, dans *Nos livres*, vol. 15, mai 1984, n° 5759.

Gabrielle Poulin, *Une mécanique solennelle, La Constellation du Cygne de Yolande Villemaire*, LQ, n° 39, automne 1985, p. 21–23.

VILLENEUVE, G.-OSCAR (1914–   ). Météorologue et lexicographe, né à Québec. Il fait ses études classiques au Séminaire de Québec (B.A., 1935), puis il fait des études en arpentage et en sciences appliquées à l'Université Laval (B.Arp., 1937 ; B.Sc., 1938). Il obtient ensuite une maîtrise en sciences à l'Université de New York (1941) et un doctorat à l'Université Yale pour une thèse intitulée *Climatic Conditions of the Province of Quebec and their Relationship to the Forests* (1946). En outre, il étudie l'allemand et l'espagnol et obtient une licence de la Corporation des arpenteurs-géomètres du Québec (1942) et un diplôme d'architecte-paysagiste de l'Université Des Moines (Iowa, É.-U., 1947). De 1938 à 1972, il travaille au Service de météorologie du ministère des Terres et Forêts (devenu ministère des Richesses naturelles en 1962) où il est conseiller cadre et rédacteur de *Ressources* de 1972 à 1975. Il enseigne les mathématiques au Séminaire de Québec (1947–1948) et, de 1947 à 1970, il est professeur de climatologie dans différents secteurs de l'Université Laval où il sera, de 1975 à 1981, conseiller professionnel du Centre de recherches sur l'eau et éditeur des *Cahiers de Centreau*. Il est aussi professeur de météorologie et de climatologie au Camp Marie-Victorin de 1954 à 1974. Membre d'un bon nombre de sociétés scientifiques et culturelles, il collabore à de nombreux périodiques : *Forêt et Conservation, Le Feuillet du géomètre, Le Feuillet du météorologue, Atmosphère, Royal Astronomical Society Bulletin...* Il a mérité plusieurs récompenses : médaille Patterson 1969 du Gouvernement du Canada, médaille de la Société de météorologie de Québec (1977), etc. Parmi ses très nombreuses publications, il convient de signaler son important *Glossaire de météorologie et de climatologie*.

ŒUVRES

Climatic Conditions of the Province of Quebec, and Their Relationship to the Forests, Québec, Forest Protection Service, 1946, xi, 123 p. Ill. Cartes.

La Fréquence des dangers d'incendie forestier en 1962 dans le Québec, Québec, Ministère des Richesses naturelles, Service de météorologie, 1963, 36 p. Cartes.

Observation de la précipitation, Québec, Ministère des Richesses naturelles, Service de météorologie, 1963, 28 p.

Observation de la pression atmosphérique, Québec, Ministère des Richesses naturelles, Service de météorologie, 1963, 23 p.

Observation de l'humidité relative et de l'évaporation, Québec, Ministère des Richesses naturelles, Service de météorologie, 1963, 48 p.

Observation de l'insolation, de la nébulosité, du vent et de quelques phénomènes oculaires, Québec, Ministère des Richesses naturelles, Service de météorologie, 1963, 44 p.

Station climatologique mobile, Québec, Ministère des Richesses naturelles, Service de météorologie, 1964, 24 p.

Fréquence des dangers d'incendie forestier au Québec en 1964, Québec, Ministère des Richesses naturelles, Service de météorologie, 1965, 39 p. Cartes.

Method of Computing Forest Fire Danger in Quebec, Québec, Ministère des Richesses naturelles, Service de météorologie, 1965, 90 p.

Les Dangers d'incendie forestier au Québec durant la période 1951–1965, Québec, Ministère des Richesses naturelles, Service de météorologie, 1966, 38 p. Cartes.

Données météorologiques de la forêt Montmorency, comté de Montmorency pour l'année 1965, Québec, Ministère des Richesses naturelles, Service de météorologie, 1966, 72 p. Cartes.

Données météorologiques de la station agronomique de Laval à St-Augustin de Portneuf pour l'année 1965, Québec, Ministère des Richesses naturelles, Service de météorologie, 1966, 19 p.

Écarts entre la température minimum dans l'herbe et la température minimum sous abri, Québec, Ministère des Richesses naturelles du Québec, Service de météorologie, 1966, 28 p. Ill.

Sommaire climatique du jardin botanique de Montréal, Québec, Ministère des Richesses naturelles, Service de météorologie, 1966, 64 p.

Sommaire climatique du Jardin zoologique de Québec, Québec, Ministère des Richesses naturelles du Québec, Service de météorologie, 1966, 51 p. Ill.

Sommaire des données hygrométriques du Québec, Québec, Ministère des Richesses naturelles du Québec, Service de météorologie, 1966, 43, [15] p. Collab. Armand Bolduc.

Aperçu climatique des Îles-de-la-Madeleine, Québec, Ministère des Richesses naturelles, Service de météorologie, 1967, 69 p.

Calcul de la longueur du jour, Québec, Ministère des Richesses naturelles, Service de météorologie, 1967, 27 p.

Données météorologiques de la forêt Montmorency pour l'année 1966, Québec, Ministère des Richesses naturelles, Service de météorologie, 1967, 99 p.

Données météorologiques de la Station agronomique de Laval pour l'année 1966, Québec, Ministère des Richesses naturelles, Service de météorologie, 1967, 77 p.

Sommaire climatique d'Amos : comté d'Abitibi, Québec, Ministère des Richesses naturelles, Service de météorologie, 1967, ii, 68 p.

Données météorologiques de la forêt Montmorency, comté de Montmorency pour l'année 1967, Québec, Ministère des Richesses naturelles, Service de métérologie, 1968, 158 p. Cartes.

Glossaire de météorologie et de climatologie, Québec, PUL, 1974, 560 p.

Cris et noms de bêtes (glossaire), Montréal, Leméac, 1981, 137 p. « Livres de français ».

VILLENEUVE, JOCELYNE (1941–   ). Poète, romancière, nouvelliste et conteuse, née à Val d'Or (Abitibi). Après le secondaire au Couvent Notre-Dame à Sudbury, elle obtient un baccalauréat en économie à l'Université Laurentienne, Sudbury (1962), un baccalauréat en bibliothéconomie à l'Université d'Ottawa (1964), et un baccalauréat spécialisé en littérature à l'Université Laurentienne (1973). Elle est bibliothécaire, puis chef du Service des acquisitions à la bibliothèque de l'Université Laurentienne, de 1962 à 1967. À la suite d'un accident de voiture, en 1967, elle se consacre entièrement à l'écriture. Elle publie des articles, des poèmes, des contes et nouvelles dans *Le Voyageur*, *Canadian Author and Bookman*, *L'Esplumoir*... Dans son premier livre, roman-poème, *Des gestes seront posés* (1977), Héloïse revit en une nuit son amour pour Abélard. Selon Paul Gay, « la force du style, la richesse et le symbolisme des images, le rythme des strophes soulèvent chaque page de ce volume et le rendent trépidant de vie ». *La Saison des papillons* (1980) est un recueil de poèmes rédigés à la façon des haïkaï japonais : « Le précieux petit livre que voici ! écrit Raymond Laprés, [...] poèmes délicatement œuvrés : vision du réel, expérience spirituelle, humour délicat ». Jocelyne Villeneuve possède un beau talent et soigne beaucoup ses écrits. Mais la recherche du style peut nuire parfois. Ainsi, Michel Laurin dit de l'écriture de la légende odjibwée, *La Princesse à la mante verte* (1983) : « L'accumulation de ces ‹ réussites › stylistiques absorbe tellement l'attention du lecteur qu'elles s'im-

posent bientôt comme un écran entre lui et le fil de la lecture ».

ŒUVRES

Des gestes seront posés (roman-poème), Sudbury, Éditions Prise de Parole, 1979, 101 p.

Contes des quatre saisons (contes pour enfants), Saint-Lambert, Éditions Héritage, 1978, 125 p. Ill. de France Bédard. « Pour lire avec toi ».

Le Coffre (nouvelle), Sudbury, Éditions Prise de Parole, 1979, 65 p. Ill. de Luc Robert.

La Saison des papillons. Recueil de poèmes rédigés à la façon des haïkaïs. Suivi de Propos sur le haïkaï (poésie), Sherbrooke, Éditions Naaman, 1980, 75 p. Ill. « Création ».

Nanna Bijou : le géant endormi (légende), Sudbury, Éditions Prise de Parole, 1981, 46 p. Ill. de Luc Robert ; 1983. Traduction anglaise : *Nanna Bijou : The Sleeping Giant*, Moonbeam, Penumbra Press, 1981, 46 p. Ill.

La Princesse à la mante verte (roman pour adolescents), Sudbury, Éditions Prise de Parole, 1983, 96 p. Ill. « Contes et légendes ».

Feuilles volantes, recueil de poèmes rédigés à la façon du haïkaï suivi d'une bibliographie sur le haïkaï, Sherbrooke, Éditions Naaman, 1985, 68 p.

La Ménagerie, Saint-Boniface, Éditions des Plaines, 1985, 186 p. Ill.

Terre des songes. Récit poétique, Ottawa, Éditions du Vermillon, 1986, 67 p. Ill. « Parole vivante ».

ÉTUDES

Christiane Charette, *M'as-tu vu, m'as-tu lu ?*, dans *Lurelu*, vol. 2, n° 2, été 1979, p. 9.

Hélène Biron, *Contes des quatre saisons de Jocelyne Villeneuve*, dans *Des livres et des jeunes*, vol. 2, n° 4, oct. 1979, p. 35.

Monique Chartier, *Villeneuve (Jocelyne). Contes des quatre saisons*, dans *Nos livres*, vol. 11, n° 109, 1980, p. 109.

Roger Chamberland, *Recueil de poésie aux éditions Naaman*, LAQ 1980, p. 123.

Raymond Laprés, *Villeneuve (Jocelyne). La Saison des papillons suivi de Propos sur le haïkaï*, dans *Nos livres*, vol. 12, n° 164, mars 1981, p. 164.

Paul Gay, *L'Œuvre de Jocelyne Villeneuve*, Dr, 69e année, n° 19, 18 avril 1984, p. 16.

[Anonyme], *Villeneuve, Jocelyne. Nanna Bijou. La Princesse à la mante verte*, dans *Sélection*, vol. 1, n° 1, 1984, p. 30-31.

Michel Laurin, *Villeneuve (Jocelyne). La Princesse à la mante verte*, dans *Nos livres*, vol. 15, mars 1984, n° 5648.

VILLENEUVE, PAUL (1944–   ). Romancier et dramaturge, né à Jonquière (Chicoutimi). Après ses études classiques au Collège de Jonquière (B.A., 1964), il poursuit des études en sociologie à l'Université de Montréal (1965-1968). Il travaille ensuite à la télévision éducative (1968), est sociologue à l'Hôpital Saint-Jean-de-Dieu (1970-1971) et professeur de sociologie au Cégep Ahuntsic (1972-1974).

Encore étudiant, il remporte le deuxième prix du concours des jeunes auteurs de Radio-Canada pour sa pièce de théâtre *Les Heures rouges* (1966). Il composera d'autres pièces radiophoniques : « Le Hangar à bois », « L'Auberge des quatre vents », mais il est surtout connu comme romancier. Ses deux premiers romans reçoivent un accueil réticent. *J'ai mon voyage* (1969) est le long monologue d'un jeune homme qui a des comptes à régler avec sa jeunesse, sa situation actuelle, son pays, et déballe ses obsessions sexuelles. Selon Yvon Bernier, malgré les incohérences du récit, « les impropriétés de toutes sortes », etc., ce livre révèle « un tempérament d'écrivain ». *Satisfaction garantie* (1970) veut être une œuvre à trois niveaux, une aventure ressentie simultanément par trois personnages. Tentative manquée, « soliloque à une voix », dit Claude Beausoleil, car les trois consciences « parlent la même langue et parlent d'un même souffle ». Il en va autrement pour *Johnny Bungalow* (1974), vaste chronique de la misère qui, selon Louis Morin, n'est pas sans défauts mais « se devait d'être tentée ». « Œuvre importante », écrit Jean Éthier-Blais. « Ce roman mérite qu'on le lise, car il foisonne de richesses, de dialogues serrés, écrits dans la langue véritable de notre peuple, de descriptions précises et poétiques, écrites dans l'euphorie et la découverte de la réalité vécue ».

ŒUVRES

J'ai mon voyage ! Roman, Montréal, Éditions du Jour, 1969, 156 p. « RJ ».
Satisfaction garantie. Récit, Montréal, Claude Langevin, éditeur, 1970, 157 p.
Le Pays souterrain (essai), Montréal, Éditions du Cri, 1971, 49 p. Ill. « Résistance ».
Johnny Bungalow. Chronique québécoise, 1937–1963 (roman), Montréal, Éditions du Jour, 1974, 400 p. « RJ ».

Les Heures rouges. Drame en 3 actes, ECF, n° 21, 1966, p. 189–220.
Deux poèmes, L, vol. 20, n° 3, mai–juin 1978, p. 69–76.

ÉTUDES

André Major, *J'ai mon voyage ! dit-il, mais il écrit quand même*, Dev, vol. 60, n° 149, 28 juin 1969, p. 13.
Yvon Bernier, *J'ai mon voyage ! de Paul Villeneuve*, LAQ 1969, p. 42–43.
Victor-Lévy Beaulieu, *Ils ont vingt ans et plusieurs livres publiés. La nouvelle relève du roman québécois*, dans *Perspectives-dimanche*, vol. 2, n° 42, 18 oct. 1970, p. 18–20.
Claude Beausoleil, *Satisfaction garantie de Paul Villeneuve*, LAQ 1970, p. 73–74.
Claude Janelle, *Un témoin littéraire et social*, dans *Le Jour*, vol. 1, n° 97, 22 juin 1974, p. V-2.

Jean Éthier-Blais, *Johnny Bungalow*, dans *Vient de paraître*, vol. 10, n° 3, sept. 1974, p. 57.
Jacques Pelletier, *Paul Villeneuve : naissance d'un romanesque épique*, L, vol. 16, n°s 95–96, sept.–déc. 1974, p. 106–111.
[Anonyme], *Villeneuve (Paul). Johnny Bungalow. Chronique québécoise, 1937–1963*, dans *Le Livre canadien*, vol. 5, déc. 1974, n° 359.
Louis Morin, *Paul Villeneuve. Johnny Bungalow*, LAQ 1974, p. 54–55.

VILLERAY, EDMOND. Voir **TROTTIER,** MAURICE-EDMOND.

VILLIERS, MARIE DE. Voir **ROUTIER,** SIMONE.

VINCENS, SIMONE (1922–   ). Essayiste, née à Paris. Après des études de lettres à l'Université de Paris et l'obtention de son diplôme de bibliothécaire (1947), elle devient bibliothécaire et documentaliste à l'UNESCO. Établie aux États-Unis, elle obtient une maîtrise en bibliothéconomie de Simmons College, à Boston (1953) et un doctorat en littérature française de l'University of Colorado (1969). Entre 1971 et 1981, elle occupe plusieurs postes dans des collèges et universités, surtout à Millersville State College (Pennsylvanie). En 1978, elle publie des lettres inédites de La Fayette dans *French Review*, ce qui lui vaut le prix Gilbert-Chinard. L'année suivante, elle publie *Madame Montour et son temps*, biographie de la fille d'un gouverneur qui devient l'épouse d'un chef iroquois. « Plus encore qu'une fresque historique, écrit Gérard Montbertrand, le livre de Vincens est une vibrante chronique qui se lit comme une œuvre de fiction et à travers laquelle palpite la destinée de l'Amérique ».

ŒUVRE

Madame Montour et son temps (biographie), Montréal, Québec/Amérique, 1979, 331 p. Ill.

Lettres de citoyens de la Pennsylvanie à La Fayette (1824–1825), dans *French Review*, vol. 51, n° 6, mai 1978, p. 824–834.
À la découverte d'Isabelle Montour, dans *Québec/Amérique*, vol. 2, n° 3, 1979, p. 15–17.

ÉTUDES

Édouard Doucet, *Isabelle Montour, coureuse de bois et interprète*, Pe, vol. 22, n° 12, 8 mars 1980, p. 3–4.
Gérard Montbertrand, *Simone Vincens. Madame Montour et son temps*, dans *French Review*, vol. 54, n° 5, avril 1981, p. 748–749.

VINCENTHIER, GEORGES [X Georges-V. Fournier] (1942–   ). Historien, né à Laterrière (Chicoutimi). Il fait le cours classique au Collège Saint-Antoine de Trois-Rivières et à l'Université de Sherbrooke (B.A., 1964) où il obtient aussi une licence en histoire (1967), puis une maîtrise (1971) pour un mémoire sur « L'Histoire des idées au Québec : jalons de la pensée québécoise » qui paraît en 1979 sous le titre *Une idéologie québécoise, de Louis-Joseph Papineau à Pierre Vallières*. Il enseigne à l'École normale de Sherbrooke (1967–1968), au Collège de Sherbrooke (1968–1971), à l'École normale supérieure de Libreville (Gabon), et de nouveau au Collège de Sherbrooke à partir de 1973. Il collabore à *Ellipse*, *Nord* et *Voix et Images*. Monique Chartier loue la clarté, la concision, le don de synthèse de Vincenthier dans *Une idéologie québécoise*, et René Dionne souligne l'intérêt de cette « vue particulière ». Plus d'un critique note la restriction de l'avertissement de l'auteur, à savoir que l'essai contient « plus d'émotion [...] que de cogitation sévère », et lui reproche de n'avoir « pas pris le temps ici de comparer ses résultats à d'autres qui proposent pourtant des interprétations différentes » (André Vidricaire et Normand Piché) et « d'avoir conclu trop vite, à partir d'épiphénomènes qu'il a dans l'ensemble assez bien caractérisés, à un choix de mort » (René Dionne). En 1983, Vincenthier publie *Histoire des idées au Québec*, anthologie divisée en chapitres expliqués dont les textes se rapportent surtout au nationalisme.

ŒUVRES

Une idéologie québécoise, de Louis-Joseph Papineau à Pierre Vallières (essai), Montréal, Hurtubise HMH, 1979, 119 p. « Cahiers du Québec. Histoire ».

Histoire des idées au Québec, des troubles de 1837 au référendum de 1980, Montréal, VLB éditeur, 1983, 468 p. Ill.

L'Histoire des idées au Québec, de Lionel Groulx à Paul-Émile Borduas, VI, vol. 2, n° 1, sept. 1976, p. 28–45.

Roch Carrier : A Quest for the Authentic, dans *Ellipse*, n° 4, été 1970, p. 35–42 ; aussi dans *Nord*, n° 6, automne 1976, p. 121–144.

ÉTUDES

René Dionne, *Vie passe idéologie*, LQ, n° 16, hiver 1979–1980, p. 41–42.

Gilles Dorion, *Une idéologie québécoise*, dans *Québec français*, n° 36, déc. 1979, p. 12.

Robert Lévesque, *Une idéologie québécoise*, dans *Spirale*, n° 4, déc. 1979, p. 3, 9.

André Vidricaire et Normand Piché, *Georges Vincenthier. Une idéologie québécoise*, LAQ 1979, p. 338–340.

Monique Chartier, *Vincenthier (Georges). Une idéologie québécoise, de Louis-Joseph Papineau à Pierre Vallières*, dans *Nos livres*, vol. 12, janv. 1981, n° 50.

Pierre Vernot, *Le Développement perpétuel des idéologies*, Pr, 99ᵉ année, n° 293, 17 déc. 1983, p. A-6.

VINDEX. Voir **FAUTEUX, AEGIDIUS.**

VINNCENT, JEANNE. Voir **GOLDIN, JEANNE.**

VIRGILE. Voir **FAUTEUX, AEGIDIUS.**

VIRGUL'. Voir **GIROUX, JEAN-FRANÇOIS.**

VITREY. Voir **LABBÉ, GUSTAVE.**

VOIDY, JEANNE [née Louise Demers, Dersem] (1922–   ). Conteuse, née à Saint-Romuald-d'Etchemin (Lévis). Elle fait ses études classiques au Collège Notre-Dame de Bellevue, à Québec (B.A., 1943). Elle suivra aussi des cours de psychologie aux universités Laval et McGill. De 1945 à 1947, elle est journaliste et auteure de chroniques au *Soleil*. En 1973, elle est finaliste au concours du Cercle du livre de France, et en 1976, au concours des contes et nouvelles fondé par Antoine Naaman à Sherbrooke. Son premier ouvrage, *Mes amours*, paru sous le pseudonyme de Dersem, passe inaperçu. Puis, en 1978, elle publie deux livres de contes. « Jeanne Voidy, écrit Réginald Martel, nous offre les *Contes de la source perdue*, contes gentils s'il en est et l'épithète n'est pas en soi ironique [...] ; la plupart des contes sont au contraire la transposition d'observations féroces (gentiment féroces) sur les comportements humains (prêtés aux animaux). [...] Tout cela est léger, parfois attendrissant, tout plein de surprises ».

ŒUVRES

Mes amours (essai), Montréal, Éditions Paulines, 1969, 110 p. Sous le pseudonyme de Dersem.

Les Contes de la source perdue, Montréal, HMH, 1978, 121 p. « A ».

Lectures brèves pour le métro (contes), Sherbrooke, Éditions Cosmos, 1978, 124 p. « Relances ».

ÉTUDES

Réginald Martel, *Des contes gentils pour enfants et adultes*, Pr, 94ᵉ année, nᵒ 228, 30 sept. 1978, p. D-2.

Robert Mélançon, *Jeanne Voidy*, Dev, vol. 69, nᵒ 239, 14 oct. 1978, p. 21.

Raymond Laprés, *Voidy, Jeanne. Lectures brèves pour le métro*, dans *Nos livres*, vol. 10, mai 1979, nᵒ 207.

VONARBURG, ÉLISABETH (1947–   ). Nouvelliste, romancière et critique, née à Paris. Elle fait ses humanités à Sens (B.A., 1965), puis elle obtient, à l'Université de Dijon, une maîtrise en lettres modernes dont le mémoire s'intitule « Fantastique et Science-fiction : évolution de quelques thèmes littéraires à travers les littératures conjecturales », un certificat d'aptitude à l'enseignement (C.A.P.E.S., 1971) et l'agrégation de lettres modernes (1972). Elle émigre au Canada en 1973 et devient professeur à l'Université du Québec à Chicoutimi. En outre, elle compose des chansons, dirige la section littéraire de la revue *Solaris*, collabore à d'autres périodiques de science-fiction : *Requiem, Réseau, Science-Fiction Studies*, ainsi qu'à *La Nouvelle Barre du jour*. Elle remporte le grand prix du Festival de la chanson du Saguenay et le prix Dagon pour la meilleure nouvelle de science-fiction en 1978, le prix Boréal pour le meilleur article critique en 1981, le Grand Prix littéraire de la science-fiction 1982 pour son roman *Le Silence de la Cité*. Michel Truchon dit de l'auteur de *L'Œil de la nuit* : « Ses récits sont ensorcelants, envoûtants. Et [...] ils abordent d'une façon originale et inédite des thèmes très profonds en science-fiction ». À propos du *Silence de la Cité*, dont le thème est celui de l'inégalité des sexes, Denis Côté écrit : « L'œuvre a déjà une place importante dans la science-fiction moderne et constitue un apport intéressant à la SF écrite par des femmes ».

ŒUVRES

L'Œil de la nuit (nouvelles), Longueuil, Le Préambule, 1980, 207 p. Postface de Norbert Spehner. « Chroniques du futur ».

Le Silence de la Cité. Roman, Paris, Denoël, 1981, 283 p. « Présence du futur ».

Janus. Nouvelles, Paris, Denoël, 1984, 285 p. « Présence du futur ».

Comment écrire des histoires. Guide de l'explorateur (essai), Belœil, La lignée, 1986, 229 p.

La Nourriture au futur, dans *Réseau*, vol. 77, nᵒ 5, janv. 1976, p. 13.

La SF au Québec?, dans *Requiem*, nᵒ 15, vol. 3, nᵒ 3, avril-mai 1977, p. 12-13.

Les Femmes et la Science-fiction, dans *Requiem*, nᵒ 17, vol. 3, nᵒ 5, sept. 1977, p. 10.

Marée haute (nouvelle), dans *Requiem*, nᵒ 19, vol. 4, nᵒ 1, janv. 1978, p. 8.

Réflexions sur la SF et l'écriture, dans *Requiem*, nᵒ 20, vol. 4, nᵒ 2, mars 1978, p. 22.

L'Œil de la nuit (nouvelle), dans *Requiem*, nᵒ 24, vol. 4, nᵒ 6, déc. 1978, p. 16.

L'Héroïc Fantasy, dans *Requiem*, nᵒ 25, vol. 5, nᵒ 1, févr. 1979, p. 18 ; nᵒ 27, vol. 5, nᵒ 3, juin 1979, p. 8 ; et dans *Solaris*, nᵒ 28, vol. 5, nᵒ 3, août 1979, p. 11.

L'Or, l'Encens et la Myrrhe (nouvelle), NBJ, nᵒˢ 79-80, juin 1979, p. 119.

ÉTUDES

Michel Truchon, *Un heureux départ pour la science-fiction québécoise*, So, 24 janv. 1981, p. D-8.

Yvon Paré, *Élisabeth Vonarburg. Elle nous propose des univers luxuriants*, dans *Le Quotidien*, 7 févr. 1981, p. A-9.

Claude Janelle, *SF au Québec*, dans *Solaris*, nᵒ 37, vol. 7, nᵒ 1, févr. 1981, p. 14-15.

Gilles Cossette, *Science-fiction et fantastique : des écrivains d'ici en savent long sur le sujet*, LQ, nᵒ 24, hiver 1981-1982, p. 33-34.

Denis Côté, *Élisabeth Vonarburg. Le Silence de la Cité*, LAQ 1982, p. 84-85.

Michel Lord, *Le Silence de la Cité d'Élisabeth Vonarburg*, LQ, nᵒ 28, hiver 1982-1983, p. 34-35.

VOORHIES, JACQUELINE K. (1923–   ). Essayiste, née à Bucarest (Roumanie). Après ses débuts scolaires à l'École Notre-Dame-de-Sion à Bucarest, elle poursuit, à partir de 1938, ses études au Lycée de Jeunes Filles à Versailles et à Auch (France), puis à l'Université de Toulouse où elle obtient, en 1941, un baccalauréat de l'enseignement secondaire. Installée en Louisiane (É.-U.), elle reçoit un baccalauréat spécialisé en français (1968) et une maîtrise (1971) à l'University of Southwestern Louisiana. En 1972, elle est nommée professeur à l'University of Southwestern Louisiana at LaFayette. Elle collabore activement à *Attalapas Gazette, Louisiana History, French Review* et fait paraître des ouvrages historiques sur les Acadiens de la Louisiane : *Écrits louisianais du dix-neuvième siècle* (1971), puis *Contes folkloriques de la jeunesse louisianaise* (1985). Elle est membre du bureau de direction du CODOFIL. À sa retraite depuis 1982, elle poursuit ses activités littéraires et culturelles.

ŒUVRES

Some Late Eighteenth Century Louisianians : Census Records of the Colony, 1758-1796, Lafayette, La., USL History Series, 1973, 613 p.

Écrits louisianais du dix-neuvième siècle : nouvelles, contes et fables (anthologie), Baton Rouge, La., LSU Press, 1979, 263 p. Collab. Gérard Labarre St. Martin. Préface de Patricia K. Rickels.

Contes folkloriques de la jeunesse louisianaise, Lafayette, La., Media-Louisiane, 1985, 192 p. Ill. de Kathleen Arceneaux.

VOX POPULI. Voir **BILODEAU, ERNEST**.

VOYANT, EUGÈNE. Voir **DANTIN, LOUIS**.

VULETIC, ZIVKO. Voir **RAJIC, NÉGOVAN**.

W

WALLOT, HUBERT (1945–   ). Poète et essayiste, né à Salaberry-de-Valleyfield (Beauharnois) où il fait ses études classiques (B.A., 1963). Inscrit à la Faculté des lettres de l'Université de Montréal, il obtient un baccalauréat en philosophie (1965) et une maîtrise ès arts (1966). En 1966, il poursuit ses études de lettres à l'Université de Paris. De retour, il étudie la médecine à l'Université de Sherbrooke (M.D., 1974), et fait des études littéraires à l'Université McGill où il présente un mémoire qui est publié sous le titre *L'Accès au monde littéraire ou Éléments pour une critique littéraire chez Maurice Merleau-Ponty* (1977). « Cet ouvrage, écrit Madeleine Bellemare, tient plus de l'inventaire — très succinct, mais bien fait, par ailleurs — que de la perspective; il permet de faire le point ». En 1978-1979, il se spécialise en psychiatrie à l'Université Harvard. Tout en enseignant au département des sciences économiques et administratives de l'Université du Québec à Chicoutimi à partir de 1981, il pratique la psychiatrie à Québec. Hubert Wallot collabore activement à des revues spécialisées et continue à écrire de la poésie. Son premier recueil, *Épitaphe*, date de 1972, suivi de *Aubes et Nuages* (1978) et d'*Intermèdes* (1981). « L'écriture de Wallot, remarque Denis Bachand en 1972, cristallise sous ses formes la tendre sensualité des premières approches du monde. Son poème se promène de l'amour à l'amitié, à la parole ».

ŒUVRES

Épitaphe (poésie), Montréal, Éditions Cosmos, 1972, 72 p. Ill. Préface de Denis Bachand. « Amorces ».

L'Accès au monde littéraire ou Éléments pour une critique littéraire chez Maurice Merleau-Ponty, précédé d'une philosophie de la perception (essai), Sherbrooke, Éditions Naaman, 1977, 135 p. Préface de Serge Doubrowsky. « Thèses ».

D'un sexe à l'autre. Différence entre les sexes (essai), Sherbrooke, Éditions Naaman, [1978], 77 p. Préface de François Péraldi.

Aubes et Nuages suivi de Adolescence interdite (poésie), Paris, La Pensée universelle, 1978, 126 p.

Intermèdes. Poésie et prose, Sherbrooke, Éditions Naaman, 1981, 84 p.

ÉTUDES

Madeleine Bellemare, *Wallot (Hubert). L'Accès au monde littéraire ou Éléments pour une critique littéraire chez Maurice Merleau-Ponty,* dans *Nos livres,* vol. 10, mai 1979, n° 208.

Michel Beaulieu, *Yergeau, Cotte, et Wallot. De la relève possible à la banalité stricte,* dans *Le Livre d'ici,* vol. 7, n° 25, 24 mars 1982, p. 1.

WALLOT, JEAN-PIERRE (1935–   ). Historien, né à Salaberry-de-Valleyfield (Beauharnois). Il fait ses études classiques au Séminaire de Valleyfield (B.A., 1954). Il obtient ensuite à l'Université de Montréal une licence ès lettres et une maîtrise en histoire (1957), puis un doctorat (1965) pour une thèse sur « Le Bas-Canada sous l'administration de Craig (1807-1811) ». De 1954 à 1960 il fait du journalisme au *Progrès de Valleyfield* auquel il continue de collaborer jusqu'en 1979. Ses reportages lui valent deux fois le prix Shawinigan (1958 et 1959). Maintes fois boursier du Gouvernement du Québec et du Conseil des Arts du Canada, il obtient aussi des subventions de recherche des universités de Montréal, de Toronto et Sir George Williams (Montréal). En 1973, il reçoit la médaille Marie-Tremaine de la Société bibliographique du Canada pour *Les Imprimés dans le Bas-Canada (1801-1810),* ouvrage préparé en collaboration avec John Hare. Sa carrière d'historien et de chercheur se déroule aux universités de Sherbrooke, de Toronto, de Sir George Williams et au Musée de l'Homme d'Ottawa, mais surtout à l'Université de Montréal où il enseigne de 1961 à 1969, puis à compter de 1973, alors qu'il y retourne comme directeur du Département d'histoire. Il devient ensuite vice-doyen aux études (1975) et à la recherche (1979) de la Faculté des arts et des sciences, puis vice-recteur aux études de la même institution (1980). Il est nommé archiviste fédéral en 1985. Professeur invité d'autres universités, il est en outre membre actif de plusieurs sociétés savantes et de différents organismes. Élu membre de la Société royale du Canada en 1978, il est nommé secrétaire de l'Académie I, en 1980. En 1982, on lui attribue la médaille Tyrrell, et il est élu membre de l'Académie canadienne-française. Auteur de plusieurs volumes, il a écrit aussi de nombreux articles dans des revues d'Amérique et d'Europe. Jean-Pierre Wallot se concentre principalement sur la fin du XVIIIe siècle et le début du XIXe, et il a entrepris avec Gilles Paquet de vastes recherches sur l'histoire économique de cette période. Parlant du *Un Québec qui bougeait*, Fernand Dumont louange l'ouverture d'esprit du savant dont la méthode invite ses lecteurs à la discussion. Il ajoute : « Mais le principal mérite de l'auteur est d'inventorier minutieusement les aspects divers des affrontements sociaux de la période étudiée et, selon une règle qui semble la plus logique, de les insérer ensuite dans un ensemble plus global qui puisse en rendre compte ».

ŒUVRES

Intrigues françaises et américaines au Canada (1800–1802), Montréal, Leméac, 1965, 142 p.

Les Imprimés dans le Bas-Canada (1801–1840). Bibliographie analytique, Tome I: 1801–1810, Montréal, PUM, 1967, xxiii, 383 p. Collab. John Hare.

Canada 1760–1850 : anamorphoses et prospective, Montréal, PUQ, 1969, 48 p. Collab. Gilles Paquet. (Paru aussi dans *Économie québécoise*, Montréal, PUQ, 1969, p. 255–300).

Confrontations : choix de textes sur des problèmes politiques, économiques et sociaux du Bas-Canada, 1806–1810 / Ideas in Conflit : A Selection of Texts on Political, Economic and Social Questions in Lower Canada, 1806–1810, Trois-Rivières, Éditions Boréal Express, 1970, 323 p. Collab. John Hare. Ill.

Documents sur le British North America, 1759–1775, [Montréal], Librairie de l'Université de Montréal, 1973, 95 f. Textes choisis et annotés par Jean-Pierre Wallot.

Patronage et Pouvoir dans le Bas-Canada (1794–1812). Un essai d'économie historique, Montréal, PUQ, 1973, xii, 182 p. Collab. Gilles Paquet. Ill.

Un Québec qui bougeait. Trame socio-politique du Québec au tournant du XIXe siècle, Trois-Rivières, Éditions du Boréal Express, 1973, 345 p.

Joseph-Edmond McCumber, *Mémoires d'un bourgeois de Montréal (1874–1949)*, Montréal, HMH, 1980, 301 p. Texte établi par Jean-Pierre Wallot et Rita Wallot.

Société rurale dans la France de l'Ouest et au Québec, XVIIe–XXe siècles : actes des colloques de 1979 et 1980, Montréal, Université de Montréal, 1981, [8], 254 p. Sous la direction de Joseph Goy et Jean-Pierre Wallot.

Nouvelle-France, Québec, Canadas : A World of Limited Identities, Ottawa, Faculté d'administration, Université d'Ottawa / Faculty of Administration, University of Ottawa, 1983, 73 p. Collab. Gilles Paquet. (Texte polycopié).

Structures sociales et Niveaux de richesse dans les campagnes du Québec, 1792–1812, Ottawa, Université d'Ottawa, Faculté d'administration / University of Ottawa, Faculty of Administration, 1983, 39 p. Collab. Gilles Paquet. (Texte polycopié).

Le Système financier bas-canadien au tournant du XIXe siècle, Ottawa, Université d'Ottawa, Faculté d'administration / University of Ottawa, Faculty of Administration, 1983, 54, 36 p. Collab. Gilles Paquet. (Texte polycopié).

À propos de l'habitant québécois : le chromo versus le modèle, Ottawa, Faculté d'administration, Université d'Ottawa / Faculty of Administration, University of Ottawa, 1985, 15 p. Collab. Gilles Paquet. (Texte polycopié).

Stratégie foncière de l'habitant : Québec, 1790–1835, Ottawa, Faculté d'administration, Université d'Ottawa / Faculty of Administration, University of Ottawa, 1985, 38 p. Ill.

Évolution et Éclatement du monde rural : structures, fonctionnement et évolution différentielle des sociétés rurales françaises et québécoises, XVIIe–XXe siècles, Paris / Montréal, Éditions de l'École des Hautes Études en sciences sociales / PUM, 1986, 520 p. Sous la direction de Joseph Goy et Jean-Pierre Wallot. Textes rassemblés par Rolande Bonnain. (Colloque franco-québécois d'histoire rurale comparée, 1982, à Rochefort-sur-Mer, France).

Une spectrographie des genres de vie dans la société rurale bas-canadienne, 1792–1835, Ottawa, Faculté d'administration, Université d'Ottawa / Faculty of Administration, University of Ottawa, 1986, 15, 5 p. Ill. Collab. Gilles Paquet. (Texte polycopié).

La Querelle des prisons dans le Bas-Canada (1805–1807), RHAF, vol. 14, nos 1–4, 1960–1961, p. 61–86, 259–276, 395–407, 559–582.

Sewell et son projet d'asservir le clergé canadien (1801), RHAF, vol. 16, no 4, 1963, p. 549–566.

Une émeute à Lachine contre la conscription (1812), RHAF, vol. 18, nos 1–2, 1964, p. 112–137, 202–232.

Le Canada français : classes sociales, idéologies et infériorité économique, RHAF, vol. 20, no 3, 1966, p. 477–498.

Les Canadiens français et les Juifs (1808–1809) : l'affaire Hart, dans *Cahier du Cercle juif de langue française*, no 2, 1967, p. 113–121.

Aperçu sur le commerce international et les prix domestiques dans le Bas-Canada (1793–1812), RHAF, vol. 21, no 3, 1968, p. 447–473. Collab. Gilles Paquet.

Courants d'idées dans le Bas-Canada à l'époque de la Révolution française, dans *L'Information historique*, no 30, 1968, p. 23–28, 70–78.

Le Régime seigneurial et son abolition au Canada, dans *Annales historiques de la Révolution française*, no 196, avril–juin 1969, p. 343–371.

Religion and French-Canadian Mores in the Early Nineteenth Century, CHR, vol. 52, nᵒ 1, 1971, p. 51–94.

Crise agricole et tensions socio-ethniques dans le Bas-Canada, 1801–1812 : éléments de réinterprétation, RHAF, vol. 26, nᵒ 2, 1972, p. 185–237 ; vol. 27, nᵒ 1, 1973, p. 79–86. Collab. Gilles Paquet.

Révolution et réformisme dans le Bas-Canada (1773–1815), dans *Annales historiques de la Révolution française*, nᵒ 213, 1973, p. 344–406.

Groupes sociaux et pouvoir : le cas canadien au tournant du XIXᵉ siècle, RHAF, vol. 27, nᵒ 4, 1974, p. 509–564. Collab. Gilles Paquet.

The Agricultural Crisis in Lower Canada, 1802–1812 : mise au point. A Response to T.J.A. LeGoff, CHR, vol. 56, nᵒ 2, 1975, p. 133–161. Collab. Gilles Paquet.

Les Inventaires après décès à Montréal au tournant du XIXᵉ siècle : préliminaires à une analyse, RHAF, vol. 30, nᵒ 2, sept. 1976, p. 163–221. Collab. Gilles Paquet.

Groulx historiographe, RHAF, vol. 32, nᵒ 3, déc. 1978, p. 407–433.

Pour une méso-histoire du XIXᵉ siècle canadien, RHAF, vol. 33, nᵒ 3, déc. 1979, p. 387–425. Collab. Gilles Paquet.

La Révolution américaine et le Québec, dans *Actes du colloque international sur « La Révolution américaine et l'Europe »*, Paris, 1980, p. 527–544.

L'Histoire et la Recherche du sens. Discours de réception à l'Académie canadienne-française, RHAF, vol. 37, mars 1984, p. 533–542.

Le Système financier bas-canadien au tournant du XIXᵉ siècle, dans *L'Actualité économique*, vol. 59, nᵒ 3, 1982, p. 483–513.

Stratégie foncière de l'habitant : Québec (1790–1835), RHAF, vol. 39, nᵒ 4, 1986, p. 551–581.

ÉTUDES

Richard Jones, *Intrigues françaises et américaines au Canada (1800–1802) de Jean-Pierre Wallot*, LAC 1965, p. 133.

Jacques de Roussan, *Intrigues françaises et américaines au Canada*, P, vol. 87, nᵒ 7, 20 févr. 1966, p. 57.

Joseph Médard Carrière, *Intrigues françaises et américaines au Canada 1800–1802 by Jean-Pierre Wallot*, dans *The American Historical Review*, vol. 72, nᵒ 1, oct. 1966, p. 343.

Jean-Charles Bonenfant, *Les Études sociales*, dans *University of Toronto Quarterly*, vol. 35, nᵒ 4, 1965–1966, p. 524–536.

Jean-Yves Théberge, *Les Imprimés et l'Histoire*, CF, vol. 108, nᵒ 44, 28 mars 1968, p. 32.

Joseph MacSween, *Des Canadiens de 1800 à ceux d'aujourd'hui*, Dr, 56ᵉ année, nᵒ 33, 4 mai 1968, p. 6.

Roger Duhamel, *Livres et Revues*, RHAF, vol. 22, nᵒ 1, juin 1968, p. 131–133.

Helen Taft Manning, *Les Imprimés dans le Bas-Canada 1801–1840 by John Hare and Jean-Pierre Wallot*, CHR, vol. 49, nᵒ 4, déc. 1968, p. 419.

Fernand Dumont, *Jean-Pierre Wallot. Un Québec qui bougeait*, RS, vol. 14, nᵒ 3, sept.-déc. 1973, p. 402–404.

[C.R.P. May], *The Battle for the Civil List*, dans *The Times Literary Supplement* (Londres) nᵒ 3738, 26 oct. 1973, p. 22.

Gilles Bourque, *Patronage et Pouvoir dans le Bas-Canada (1794–1812)*, LAQ 1973, p. 283–284.

Marc Vallières, *Un Québec qui bougeait*, LAQ 1973, p. 276–277.

Robert Migner, *Les Fonctions d'offre et de demande agricoles : essai critique et méthodologique*, RHAF, vol. 27, nᵒ 1, 1973, p. 79–83. (Réponse de Gilles Paquet et Jean-Pierre Wallot, *Une critique en porte-à-faux*, p. 84–86).

T.J.A. Le Goff, *Patronage et Pouvoir*, RHAF, vol. 27, nᵒ 4, 1974, p. 600–603.

Id., *The Agricultural Crisis in Lower Canada, 1802–1812 : A Review of a Controversy*, CHR, vol. 55, nᵒ 1, 1974, p. 1–31.

H. Neatby, *Patronage et Pouvoir*, dans *Journal of American History*, vol. 61, 1975, p. 1158.

WHISSEL-TREGONNING, MARGUERITE Marie Fleurette (1918–   ). Romancière, née à Saint-André-Avellin (Papineau). Elle étudie au Collège Bruyère d'Ottawa (1937) et au Collège de commerce de Sudbury (1938). De 1964 à 1967, elle s'occupe des admissions à l'Hôpital de Sudbury et, de 1969 à 1971, elle est secrétaire dans un bureau d'avocat. Son premier roman, *Kitty, le gai pinson* (1978), ne reçoit qu'un accueil mitigé de la part des critiques. « Dommage, écrit Paul Gay, que cet ouvrage si alerte et qui reflète si bien la vie de nos mères d'autrefois, soit abîmé par trop d'anglicismes ». Son récit recèle une large part d'autobiographie.

ŒUVRE

Kitty, le gai pinson. Résumé de la vie d'une pionnière du Nord de l'Ontario, écrit en français-canadien (roman biographique), Sudbury, Éditions Prise de Parole, 1978, 218 p. Ill.

ÉTUDE

Paul Gay, *La Grandeur toute simple d'une maman d'autrefois*, Dr, vol. 70, nᵒ 40, 17 févr. 1979, p. 21.

WHISSEL, MARC-LOUIS. Voir JOBIN, EDGAR.

WHITE, RUTH Lamenn (1924–   ). Essayiste et historienne des lettres, née à Vancouver. Elle fait son cours secondaire au Kitsilano High School de Vancouver, obtient un baccalauréat spécialisé de l'Université de la Colombie-Britannique (1945), reçoit plusieurs bourses, étudie à Paris à l'Institut de phonétique et à la Sorbonne (D.U.P., 1951). Elle enseigne dans une école secondaire (1946–1962), dans un collège régional (1962–1966), puis devient professeure à l'Université de la Colombie-Britannique en 1966. Elle est membre de plusieurs associations, telles la Société des amis de Lamennais et la Pacific Northwest C.F.L. Ses recherches portent principalement sur Lamennais, Verlaine et Louis-Joseph Papineau. Partout dans ses études, Ruth L.

White s'appuie sur une documentation détaillée et précise. Le portrait de Lamennais qu'elle brosse est étroitement lié aux témoignages de la presse de l'époque ; celui de Louis-Joseph Papineau en exil, à Paris (1839-1845), est fait d'après la correspondance que le chef des Patriotes a écrite pendant son séjour en France. En 1985, le Gouvernement français la nomme chevalier de l'Ordre de palmes académiques.

ŒUVRES

Chacun son goût, Don Mills, Longmans Canada, 1969, vii, 247 p. Ill. Textes compilés par Sadie M. Boyles, Gertrude A. Langridge et Ruth L. White.

L'Avenir de Lamennais. Son rôle dans la presse de son temps (essai), Paris, Klincksieck, 1974, 239 p. « Bibliothèque française et romane. Études littéraires ».

Louis-Joseph Papineau et Lamennais. Le chef des Patriotes canadiens à Paris (1839-1845) (essai et documents), Montréal, Hurtubise HMH, 1983, 643 p. « Cahiers du Québec. Documents d'histoire ». Avant-propos de l'auteur. (Avec correspondance et documents inédits).

Verlaine et les Musiciens, Paris, Minard, 1987, 250 p. « Lettres modernes ». (Avec documents inédits et catalogue chronologique de mises en musique en appendice).

Lamennais et l'Amérique du Nord, dans *Actes du Colloque Lamennais (1982), Cahiers Mennaisiens*, n° spécial, n°s 16-17, 1983-1984, p. 113-117.

WIESEL, ELIE (1928-). Essayiste, romancier et dramaturge, né à Sighet (Roumanie). Ses premières années sont consacrées à l'étude de la *Torah*, le *Talmud* et les éléments fondamentaux du mysticisme à travers la *Cabale*. En 1944, sa famille est déportée à Auschwitz, puis à Buchenwald. À la fin de la guerre, il en est le seul survivant. Weisel s'installe en France où il étudie la philosophie à la Sorbonne (1948-1951). Par la suite, il est correspondant pour des périodiques français à Tel Aviv. Ayant appris l'anglais, il est envoyé aux États-Unis comme reporter du *Yedioth Ahronoth* de Tel Aviv. À la suite d'un accident d'auto, il doit demeurer aux États-Unis ; plus tard, il obtient sa citoyenneté américaine (1963). Il travaille comme correspondant du quotidien *The Jewish Daily Forward*. C'est au contact des écrivains français Malraux, Camus et tout particulièrement Mauriac qu'Elie Weisel se découvre une âme d'écrivain. Naissent alors une série d'ouvrages partiellement autobiographique sur les horreurs des camps de concentration : *La Nuit* (1954), avec une préface de Mauriac ; *L'Aube* (1960) ; *Le Jour* (1961), etc. En 1969, son roman *Mendiant de Jérusalem* reçoit le prix Médicis. Tout en poursuivant une brillante carrière d'écrivain, il est successivement professeur à l'Université de New York, au City College de New York et à l'Université de Boston à partir de 1976. Directeur de l'organisme *The United States Holocaust Memorial Council*, il obtient le prix Nobel de la paix en 1986. Il est aussi récipiendaire de plusieurs doctorats honorifiques. Appelé « l'archiviste spirituel de l'holocauste », il s'est donné comme mission de garder vivant le souvenir des souffrances des Juifs pendant la guerre.

ŒUVRES

La Nuit (roman), Paris, Éditions de Minuit, 1956, 178 p. Préface de François Mauriac ; Éditions du Seuil, 1969, 297 p.

L'Aube (récit), Paris, Éditions du Seuil, 1960, 140 p. ; 1969.

Le Jour (roman), Paris, Éditions du Seuil, 1961, 142 p. ; 1969.

La Ville de la chance (roman), Paris, Éditions du Seuil, 1962, 203 p.

Les Portes de la forêt (roman), Paris, Éditions du Seuil, 1964, 235 p.

Le Chant des morts (nouvelles), Paris, Éditions du Seuil, 1966, 222 p.

Les Juifs du silence (témoignage), Paris, Éditions du Seuil, 1966, 143 p.

Zalmen, ou la Folie de Dieu (théâtre), Paris, Éditions du Seuil, 1968, 175 p.

Le Mendiant de Jérusalem (roman), Paris, Éditions du Seuil, 1968, 189 p.

Entre deux soleils (roman), Paris, Éditions du Seuil, 1970, 253 p.

Célébration hassidique : portraits et légendes, Paris, Éditions du Seuil, 1972, 287 p.

Le Serment de Kolvillàg (roman), Paris, Éditions du Seuil, 1973, 253 p.

Célébrations bibliques : portraits et légendes, Paris, Éditions du Seuil, 1975, 198 p.

Un juif d'aujourd'hui : récits, essais, dialogues, Paris, Éditions du Seuil, 1977, 248 p.

Le Procès de Shamgorod tel qu'il se déroula le 25 février 1649 (théâtre), Paris, Éditions du Seuil, 1979, 136 p.

Le Testament d'un poète juif assassiné (roman), Paris, Éditions du Seuil, 1980, 300 p. ; 1981, 352 p.

Paroles d'étranger : textes, contes et dialogues, Paris, Éditions du Seuil, 1982, 188 p.

Le Cinquième Fils (roman), Paris, Grasset, 1983, 260 p.

Signes d'exode : histoires, dialogues, Paris, Grasset, 1985, 243 p.

ÉTUDE

J.-Y. Friedmann, *Le Rire dans l'univers tragique d'Elie Weisel*, Paris, Nizet, 1981, 155 p.

WILHELM, BERNARD (1927–   ). Essayiste, né à Chaux-de-Fonds (Suisse). Après ses humanités à l'Université de Berne (B.A., 1947) et à l'Université de Neuchâtel (licence ès lettres, 1950), il poursuit des études en linguistique à la New York State University. De retour en Suisse, il enseigne au Collège de Delémont (1957–1967) et il présente une thèse de doctorat sur « Hemingway et Malraux » à l'Université de Berne (1966). Émigré au Canada en 1967, il est nommé professeur au Département des langues modernes à l'Université de Saskatchewan. Il collabore aux revues littéraires en Suisse et en France et prépare des monographies sur les francophones de l'Ouest dont *Montmartre* (1969), *Willow Branch* (1970) et *Zénon Park* (1976). Il se fait remarquer par son ouvrage *Lettres du Canada* (1971), qui a suscité des réactions diverses chez les critiques.

ŒUVRES

Hemingway et Malraux devant la guerre d'Espagne (essai), [Porrentry (Suisse), Éditions La Berne Presse,] 1966, 239 p.

Montmartre, un village en Saskatchewan, Régina, Centre d'études bilingues, 1969, [n.p.]

Willow Branch et Bellegarde (histoire), Régina, Centre d'études bilingues, 1970, [n.p.]. Collab. Michael Jackson.

Lettres du Canada (récits), Sherbrooke/Lausanne, Éditions Cosmos/Payot, [1971], 126 p.

Zénon Park (histoire), Régina, Centre d'études bilingues, Université de Régina, 1976, 160 p. Collab. Dominique Galopin et Michael Jackson.

Expérience SASKABEC (U-9) (essai), [Régina, Université de Régina, 1979], 100 p. Collab. Micheline Tremblay. Version anglaise : *Saskebec (U-9) experiment*, [Regina, University of Regina], iii, 20 p.

La Langue, la Culture et la Société des francophones de l'Ouest : les actes du troisième colloque du Centre d'études franco-canadiennes de l'Ouest tenu au Centre d'études bilingues, Université de Régina, les 25 et 26 novembre 1983, Régina, Institut de recherche du Centre d'études bilingues, University of Regina, [1984], 258 p. Collab. Pierre-Yves Mocquais et André Lalonde. Ill.

ÉTUDES

Françoise de Labsade, *Lettres du Canada de Bernard Wilhelm*, LAC 1971, p. 207–208.

G.D. et S.M., *Bernard Wilhelm*, dans *Auteurs francophones des prairies*, Saint-Boniface, Centre de ressources éducatives françaises du Manitoba, 1981, p. 47.

WILLIAUME, PROSPER. Voir **TRÉMAUDAN, AUGUSTE-HENRI.**

WILSON, VICTOR EMMANUEL ROBERTO (1928–   ). Dramaturge, essayiste et peintre, né à Port-au-Prince (Haïti). Après ses études au Collège Simon-Bolivar, au Lycée Alexandre-Pétion et au Collège de Port-au-Prince (B.A., 1945), il s'inscrit à l'Université de Pennsylvanie et à l'Académie des beaux-arts de Philadelphie. En 1952, il émigre au Canada. Au Saguenay, il anime une émission de radio et poursuit sa carrière de peintre (exposition de ses toiles au Palais Montcalm de Québec, en 1956). Établi ensuite à Québec, il présente à la télévision de la Vieille Capitale des textes dont « Le Fruit défendu » est le premier téléthéâtre diffusé à Québec, en 1957. Entré à l'emploi du Gouvernement du Québec, en 1964, il occupe successivement les postes d'agent d'information, d'agent culturel et de directeur des relations interparlementaires de l'Assemblée nationale du Québec. Il est membre de nombreuses associations littéraires et culturelles. Sa biographie du général Dumas mérite la médaille d'argent de la Ville de Paris, en 1977. La publication d'*Aguanamo* et du *Général Alexandre Dumas* « confirme, selon Christiane Neave, le talent d'un écrivain ».

ŒUVRES

Légende Arrawak. Poème dramatique en vers libres et en six tableaux, Québec, [s.é.], 1972, 90 p. Ill. ; *Aguanamo. Légende Arrawak. Poèmes en vers libres et en six tableaux*, Québec, Éditions Garneau, 1974, 129 p. Ill. Préface de Jean-Charles Magnan.

Le Général Alexandre Dumas, soldat de la liberté (biographie), Québec, Quisqueya–Québec, 1977, 286 p. Préface de Christiane Neave.

Simon Bolivar vu par un citoyen du Québec (biographie), [La Prairie], Éditions Marcel Broquet, 1983, 391 p. Ill.

ÉTUDE

Christiane Neave, *Le Général Alexandre Dumas*, dans *Bulletin de la Société des amis d'Alexandre Dumas*, n° 7, nov. 1978, p. 34–36.

WOJCIECHOWSKA, CÉCILE. Voir **CLOUTIER, CÉCILE.**

WRZOS, PAWEL. Voir **WYCZYNSKI, PAUL.**

WYCZYNSKI, PAUL [Pawel Wrzos] (1921-   ). Historien des lettres, critique littéraire et comparatiste, né à Zelgoszcz (Pologne). Ses études collégiales au Gimnazjum de Starogard sont interrompues par la guerre. Il est membre fondateur d'une organisation clandestine de résistance : Jaszczurka. Il termine son baccalauréat (1946) au Lycée polonais de Salzbourg. Il obtient ensuite, à l'Université de Lille, une licence ès lettres (1949) et un diplôme d'études supérieures (1950). Au Canada depuis 1951, il enseigne à l'Université d'Ottawa où il entreprend de vastes recherches sur la littérature canadienne-française. La même institution lui décerne un doctorat (1957) pour sa thèse sur Émile Nelligan. Il est directeur fondateur du Centre de recherche en littérature canadienne-française (devenu Centre de recherche en civilisation canadienne-française en 1969) de l'Université d'Ottawa qu'il dirige pendant quinze ans (1958-1973). Il crée, entre autres, les collections « Archives des lettres canadiennes » et « Cahiers du CRCCF ». Professeur invité dans plusieurs universités (Laval, Montréal, Colombie-Britannique, Queen's), il collabore à divers périodiques, tels que : *Revue de l'Université d'Ottawa, Canadian Literature, Revue d'histoire littéraire de la France, Revue de littérature comparée*... Il est aussi consultant pour *The Canadian Encyclopedia* où il publie des articles sur la poésie, Nelligan et Laberge. Membre de la Commission royale d'enquête sur le bilinguisme et le biculturalisme (1963), il travaille plusieurs années, avec neuf autres commissaires, à la préparation d'un rapport en six volumes. Nommé professeur de l'année à l'Université d'Ottawa en 1968, il est élu membre de la Société royale du Canada en 1969. Il est nommé titulaire de recherche en 1970. Il fait partie de plusieurs associations : Association de littérature comparée, Société des écrivains canadiens-français, Société française d'outre-mer, Institut polonais des sciences et lettres en Amérique du Nord... Le domaine privilégié de Paul Wyczynski est la littérature comparée. En littérature québécoise, il concentre ses efforts sur l'œuvre d'Émile Nelligan, l'École littéraire de Montréal, Albert Laberge, François-Xavier Garneau. Il a reçu plusieurs prix et distinctions : médaille de la Reine Élisabeth II pour « la qualité des services rendus » (1977), doctorat honorifique de l'Université Laurentienne (1978), médaille d'argent de la Fondation Nelligan (1979), médaille Jean-Paul II de l'Université catholique de Lublin (1980), médaille du centenaire de la Société royale du Canada pour l'ensemble de son œuvre (1983), bourse Killam pour la continuation de ses travaux sur Nelligan (1984), notamment biographie et album Nelligan... Outre ses ouvrages de critique et d'histoire littéraire, Paul Wyczynski publie des travaux de biographie et de bibliographie, participe à des colloques, établit une édition critique de *La Scouine* de Laberge (prix Champlain 1986) et prépare, avec Pierre Savard, celle des œuvres de François-Xavier Garneau. Avec Réginald Hamel et John Hare il publie le *Dictionnaire pratique des auteurs québécois* (1976). En décembre 1988, il devient membre de l'Ordre des francophones d'Amérique. En 1989, l'Université Guelph et l'Université Laval lui confèrent, respectivement, un doctorat ès lettres *honoris causa*. À la parution de son *Émile Nelligan*, en 1960, Luc Lacourcière le qualifie de « livre le plus important qui ait jamais été consacré à un poète canadien », et Pierre Savard écrit, dans l'avant-propos des *Mélanges* offerts au professeur, en 1977 : « Tant par son enseignement que par ses recherches, Paul Wyczynski joue, depuis près d'un quart de siècle, un rôle unique dans le développement des études canadiennes-françaises à l'Université d'Ottawa. Son rayonnement dépasse largement les murs de cette institution... »

ŒUVRES

Noc Betlejemska (théâtre), Lille, Drukarnia polska, 1949, 60 p. Sous le pseudonyme de Pawel Wrzos. (En polonais).

Émile Nelligan. Sources et originalité de son œuvre (essai), Ottawa, EUO, 1960, 349 p. « ViLC ».

« Archives des lettres canadiennes », collection en collaboration dont Paul Wyczynski est le fondateur et le coordonnateur :

Vol. 1 — *Mouvement littéraire de Québec de 1860/Bilan littéraire de l'année 1960*, Ottawa, EUO, 1961, 221 p., surtout *Dans les coulisses du théâtre de Fréchette*, p. 100-128. Paru comme numéro spécial de *Revue de l'Université d'Ottawa*.

Vol. 2 — *L'École littéraire de Montréal*, Montréal/Paris, Fides, 1963, 383 p., surtout *L'École littéraire de Montréal : origines, évolution, rayonnement*, p. 11-36 ; Montréal, 1972, 353 p. (Augmentée de deux articles, amputée du « Bilan littéraire »).

Vol. 3 — *Le Roman canadien-français. Évolution. Témoignages. Bibliographie*, Montréal/Paris, Fides, 1964,

458 p., surtout *Panorama du roman canadien-français*, p. 11–35 et *Témoignages des romanciers canadiens-français ; enquête littéraire*, p. 265–374 ; Montréal, 1977, 514 p. (Augmentée d'un article, de deux témoignages et d'un supplément bibliographique).

Vol. 4 — *La Poésie canadienne-française. Perspectives historiques et thématiques. Profils de poètes. Témoignages. Bibliographie*, Montréal, Fides, 1969, 701 p., surtout *L'Héritage poétique de l'École littéraire de Montréal*, p. 75–108.

Vol. 5 — *Le Théâtre canadien-français. Évolution. Témoignages. Bibliographie*, Montréal, Fides, 1976, 1005 p.

Vol. 6 — *L'Essai et la Prose d'idées au Québec. Naissance et évolution d'un discours d'ici. Recherche et érudition. Forces de la pensée et de l'imaginaire. Bibliographie*, Montréal, Fides, 1985, 926 p., surtout *Essai sur la littérature des origines à 1960*, p. 75–108.

Vol. 7 — *Le Nigog*, Montréal, Fides, 1987, 388 p.

Poésie et Symbole (essai), Montréal, Librairie Déom, 1965, 253 p. « Horizons ».

François-Xavier Garneau. Aspects littéraires de son œuvre (essais), Ottawa, EUO, 1966, 208 p. Collab. Odette Condemine, François Gallays, Charles Bolduc et Sœur Paul du Sauveur. « ViLC ». (Ouvrage publié à l'occasion du centenaire de la mort de François-Xavier Garneau).

Émile Nelligan (essai), Montréal, Fides, 1967, 192 p. « ECA ».

François-Xavier Garneau, Voyage en Angleterre et en France, dans les années 1831, 1832 et 1833, Ottawa, EUO, 1968, 379 p. Édition critique établie par Paul Wyczynski. « Présence ».

Albert Laberge — Charles Gill (catalogue descriptif en français et en anglais), Ottawa, Bibliothèque nationale du Canada, 1971, 84 p. Préface de Guy Sylvestre.

Nelligan et la Musique (essai), Ottawa, EUO, 1971, 151 p. « CCRCCF ».

Bibliographie descriptive et critique d'Émile Nelligan, Ottawa, EUO, 1973, 319 p. Ill. Préface de David M. Hayne.

Dictionnaire pratique des auteurs québécois, Montréal, Fides, 1976, 725 p. Collab. Réginald Hamel et John Hare. Ill.

François-Xavier Garneau, 1809–1866 (catalogue descriptif en français et en anglais), Ottawa, Bibliothèque nationale du Canada, 1977, 80, 80 p. Collab. Pierre Savard. Ill.

Octave Crémazie, Émile Nelligan (catalogue descriptif en français et en anglais), Ottawa, Bibliothèque nationale du Canada, 1979, 98, 107 p. Collab. Odette Condemine. Ill.

W slonecznej ciemni (poésie), Toronto, Glos Polski, 1980, 149 p. Publié sous le nom de Pawel Wrzos-Wyczynski. Ill. de Zygmunt Nowak et de Stefan Mrozewski.

Crémazie et Nelligan, Montréal, Fides, 1981, 188 p. Recueil d'études préparé sous la direction de Réjean Robidoux et Paul Wyczynski.

Domino Deo Nostro, Ottawa, Paroisse Saint-Hyacinthe, 1982, 376 p. Éditeur et collaborateur. Livre en polonais, imprimé à Toronto, à l'imprimerie de Glos Polski.

Louis-Joseph Béliveau et la Vie littéraire de son temps, suivi d'un Album-souvenir par l'École littéraire de Montréal, Montréal, Fides, 1984, 189 p. Ill.

Albert Laberge, *La Scouine*, Montréal, PUM, 1986, 299 p. Édition critique établie par Paul Wyczynski. « Bibliothèque du Nouveau Monde ».

Nelligan, 1879–1941. Biographie, Montréal, Fides, 1987, xvi, 635 p. « Le Vaisseau d'Or ».

Les Textes poétiques du Canada français 1606–1867, Montréal, Fides, vol. 1, *1606–1806*, 1987, lxvii, 613 p. Collab. Jeanne d'Arc Lortie, s.c.o., et Pierre Savard ; vol. 2, *1806–1826*, 1989, lxxiii, 739 p. Collab. Jeanne d'Arc Lortie, s.c.o., Yolande Grisé et Pierre Savard.

Adam Mickiewicz ou L'Expression polonaise de l'époque romantique, RUO, vol. 25, n° 4, oct.–déc. 1955, p. 436–456.

Les Débuts poétiques de Joseph Melançon, RUO, vol. 26, n° 4, oct.–déc. 1956, p. 419–434.

Charles Gill intime, RUO, vol. 29, n° 4, oct.–déc. 1959, p. 447–472.

Les Origines de l'École littéraire de Montréal, dans *Thought* (Learned Societies of Canada), Toronto, W.J. Gage, 1960, p. 211–255.

Arthur de Bussières (1877–1913), dans *Lectures*, nouvelle série, vol. 9, n° 1, sept. 1962, p. 3–6.

La Littérature dans ses valeurs véritables, dans *La Littérature par elle-même*, Cahiers 2 de l'A.G.E.U.M. (Association générale des étudiants de l'Université de Montréal), 1962, p. 7–20.

Sur les traces de saint Hyacinthe, dans *Sub Signo sancti Hyacinthi*, Ottawa, [s.é.], 1963, p. 16–45.

Histoire et Critique littéraires au Canada français, RS, vol. 5, n°s 1–2, 1964, p. 11–69. Suivi d'un commentaire critique de Benoît Lacroix ; aussi dans *Littérature et Société canadienne-française*, Québec, PUL, 1964, p. 11–69.

Vers le roman-poème, I, n° 8, mai 1965, p. 31–38.

Critique et Recherche universitaire, dans Pierre de Grand-pré, *Histoire de la littérature française au Québec*, Montréal, Librairie Beauchemin limitée, 1969, p. 352–371.

Centre de recherches en littérature canadienne-française de l'Université d'Ottawa, dans *Recherche et Littérature canadiennes-françaises*, Ottawa, EUO, 1969, p. 111–133.

L'Influence de Verlaine sur Nelligan, dans *La Revue d'histoire littéraire de la France*, 69e année, n° 5, sept.–oct. 1969, p. 776–794.

Nelligan et Baudelaire, dans *Réception*, Société royale du Canada, 1970, p. 33–53.

Gérard Bessette, critique de la poésie, dans *Québec littéraire 1*, 1974, p. 39–50.

Die Kraftlinien des Franko-Kanadischen Romans, dans *Dokumente. Zeitschrift für übernationale Zusamenarbeit* (de Köln), 34ᵉ année, n° 34, mars 1978, p. 65–76.

François-Xavier Garneau et la Pologne, dans *Mélanges d'histoire du Canada français offerts au professeur Marcel Trudel*, Ottawa, EUO, 1978, p. 237–247. « CCRCCF ».

Le Monde ukrainien dans « La Petite Poule d'eau » de Gabrielle Roy, dans *Studia Ucrainica I*, Ottawa, EUO, 1978, p. 99–110.

François-Xavier Garneau : aspects bibliographiques, dans *Papers of the Bibliographical Society of Canada / Cahiers de la Société bibliographique du Canada*, n° 18, 1979, p. 55–77.

« Le Vaisseau d'Or » d'Émile Nelligan : genèse, structure, signification, dans *Crémazie et Nelligan*, Montréal, Fides, 1981, p. 75–91.

Homme de culture, dans *Jean-Paul II, une Église au rendez-vous*, Montréal, Éditions Paulines, 1984, p. 23–28.

La Poésie de 1895 à 1935, dans *Le Québécois et sa littérature*, Sherbrooke/Paris, Éditions Naaman/Agence de coopération culturelle et technique, 1984, p. 154–175.

Le Monde poétique d'Émile Nelligan, dans *Solitude rompue*, Ottawa, EUO, 1986, p. 415–429. Textes réunis par Cécile Cloutier-Wojciechowska et Réjean Robidoux en hommage à David M. Hayne.

ÉTUDES

Gérard Bessette, *Paul Wyczynski : Émile Nelligan, sources et originalité de son œuvre*, RUO, vol. 31, n° 2, avril–juin 1960, p. 304–307.

Benoît Lacroix, *Émile Nelligan relu par Paul Wyczynski*, dans *Lectures*, nouvelle série, vol. 6, n° 10, juin 1960, p. 291–292.

Carlo Cordié, *Paul Wyczynski : Émile Nelligan*, dans *Paideia* (Gênes), vol. 16, 1961, p. 142–144.

[Gilles Marcotte], *Poésie et Symbole : un ouvrage de Paul Wyczynski*, Pr, 81ᵉ année, n° 231, 6 oct. 1965, p. 35.

Louis Morice, *Poésie et Symbole*, So, 13 nov. 1965, p. 50.

Éva Kushner, *Émile Nelligan de Paul Wyczynski*, LAC 1968, p. 126–128.

[Anonyme], *Conférencier Dow de l'Université d'Ottawa*, Dr, 56ᵉ année, n° 270, 13 févr. 1969, p. 4.

Gérard Tougas, *Paul Wyczynski*, dans *Littérature canadienne-française*, Toronto, Oxford University Press, 1969, p. 212–216.

Guy Sylvestre, *Présentation de M. Paul Wyczynski*, dans *Réception*, Société royale du Canada, n° 26, 1970, p. 25–31.

Jean Éthier-Blais, *Nelligan et la Musique, selon Wyczynski*, Dev, vol. 62, n° 99, 1ᵉʳ mai 1971, p. 11.

Georgette Lamoureux, *Entretien avec Paul Wyczynski, professeur, écrivain et chercheur*, Dr, 58ᵉ année, n° 234, 2 janv. 1971, p. 7.

[C.R.P. May], *The Quiet Revolution of Quebec*, dans *Literary Times* (Londres), 7 avril 1972, TLS, 399.

Jean Éthier-Blais, *Émile Nelligan... de pied en cap*, Dev, vol. 65, n° 68, 23 mars 1974, p. 19.

Jacques Michon, *Paul Wyczynski : Bibliographie descriptive et critique d'Émile Nelligan*, LAQ 1974, p. 210–213.

Pierre Savard [éditeur], *Mélanges de civilisation canadienne-française offerts au professeur Paul Wyczynski*, Ottawa, EUO, 1977, 304 p. « CCRCCF ».

Paul Wyczynski, essayiste, critique et historien des lettres. Interview, LQ, n° 42, été 1986, p. 40–46.

Jean Éthier-Blais, *Le Nelligan de Wyczynski : un si beau cadeau*, Dev, vol. 78, n° 297, 24 déc. 1987, p. C-13.

Jean Basile, *Quand Nelligan ressuscite sous nos yeux. Une biographie de Paul Wyczynski qui fait date par sa rigueur et son art*, Pr, 104ᵉ année, n° 92, 23 janvier 1988, p. J 1–2.

Philippe Gélinas, c.r., *Émile Nelligan de Paul Wyczynski (Fides, 1987)*, dans *L'Action nationale*, vol. 78, n° 8, oct. 1988, p. 743–746.

WYL, JEAN-MICHEL (1942–1980). Romancier et journaliste, né à Alger. Il fait ses études aux universités d'Alger et de Strasbourg (B.A.). Pendant la guerre d'indépendance de l'Algérie, il travaille en même temps comme messager au *Journal d'Alger*, porte-parole des colons français. Il sert dans la marine française jusqu'à la fin du conflit colonial. Après les accords d'Evian, sa famille rentre en France pour échapper aux attentats. En 1967, il émigre au Canada et travaille aux Éditions du Bélier où il fait paraître son premier roman, *Les Chiens de Satan*, qui relate un épisode de la guerre civile algérienne. Il collabore pendant quelques mois à la revue *Sept-Jours*, puis il obtient un poste à l'*Écho abitibien* de Val d'Or et à l'*Écho d'Abitibi-Ouest* de La Sarre (1968–1977). En 1972, il fonde l'hebdomadaire *Abitibi Dimanche* dont la carrière sera brève. De retour à Montréal, il devient publicitaire chez Walter Thompson et pigiste à Radio-Canada, en 1977. Décédé prématurément le 22 décembre 1980, Jean-Michel Wyl a écrit cinq romans sur lesquels la critique est très partagée : Patrick Imbert trouve « une immense fraîcheur » dans *L'Exil* et déclare que *Québec Banana State* est « un très bon livre » ; Ginette Michaud se montre assez réticente sur *À l'été des Indiens* ; Jean Basile (sur *L'Exil*) et Réginald Martel (sur *À l'été des Indiens*) sont nettement hostiles à l'écriture de Wyl, n'y voyant que confusion et manque de profondeur. Par ailleurs, Bernard Andrès souligne l'orientation philosophique de l'œuvre.

ŒUVRES

Les Chiens de Satan (essai), Montréal, Le Bélier, 1968, 374 p.

L'Exil. Roman, Montréal, La Presse, 1976, 137 p.

Québec Banana State. Roman, [Montréal], Beauchemin, 1978, 339 p.

Quand meurent les dauphins. Roman, [Montréal], Inédit/Beauchemin, 1979, 98 p.

À l'été des Indiens (roman), [Montréal], Libre Expression, 1980, 147 p.

WYL

L'Aurore, l'enfant martyr ou Le Charnier des « innocents »,
Dev, vol. 68, nᵒ 43, 21 févr. 1976, p. 21.

Lettre à Bernard Clavel, Dev, vol. 70, nᵒ 192, 18 août 1979,
p. 15.

Les Critiques, ces tueurs à gages, Pr, 96ᵉ année, nᵒ 103,
2 mai 1980, p. A-8.

L'Édition québécoise souvent victime de ses minables,
LQ, nᵒ 17, printemps 1980, p. 84–85.

ÉTUDES

[Anonyme], Wyl, Jean-Michel. L'Exil, dans Le Livre canadien,
vol. 7, oct. 1976, nᵒ 314.

Bernard Andrès, Jean-Michel Wyl. L'Exil, LAQ 1976, p. 94–95.

Jean Basile, Le cœur qui saigne et l'amour du monde, Dev,
vol. 68, nᵒ 79, 3 avril 1976, p. 14.

Jean-Léonard Binet, Le Plaisir de noircir du papier..., dans Le
Livre d'ici, vol. 1, nᵒ 48, 11 oct. 1976, p. 1.

Michel Bélanger, Un cinquième roman de Jean-Michel Wyl.
Auto-portrait, Dev, vol. 71, nᵒ 89, 19 avril 1980, p. 27.

Réginald Martel, Un roman très confus, Pr, 96ᵉ année, nᵒ 78,
5 avril 1980, p. B-3.

Michelle Guérin, Y en a marre de tous ces satrapes, Pr, 96ᵉ année,
nᵒ 57, 21 mai 1980, p. A-7.

Daniel Rolland, Jean-Michel Wyl, une présence plus grande
encore, Pr, 97ᵉ année, nᵒ 1, 3 janv. 1981, p. C-3.

X

X.D. Voir **DESMARCHAIS, REX.**

XX. Voir **MONTIGNY, GASTON DE.**

XXX. Voir **DESMARCHAIS, REX.**

Y

YAUGUD, LUÔAR. Voir **DUGUAY, RAOUL**.

YERGEAU, ROBERT (1956–   ). Poète, né à Cowansville (Missisquoi). Il fait ses études classiques au Collège de Sherbrooke (D.E.C., 1976), puis il poursuit des études littéraires à l'Université de Sherbrooke (B.A., 1979). Par la suite, il obtient une maîtrise pour un mémoire intitulé « Courants poétiques d'avant-garde dans le champ littéraire québécois (1965–1980) ». À la suite d'une bourse du ministère des Affaires culturelles en 1981–1982, il se consacre à la création littéraire. Ses poèmes sont publiés dans *La Nouvelle Barre du jour*, dans *Moebius* et dans *Estuaire*. Il publie, à compte d'auteur, un recueil, *Les miroirs chavirent* (1976). En 1980, il mérite le prix Gaston-Gouin pour un recueil inédit qui paraît l'année suivante sous le titre *L'Oralité de l'émeute*. Comme écrit Richard Giguère : « Yergeau surprend par des images tranchantes, des séries de flashes, d'étincelles qui traversent ses textes ». À la parution de *Déchirure de l'ombre* (1982), Claude Beausoleil remarque que « le style est ample et se déploie en tentant de circonscrire l'image du temps comme obsession ».

ŒUVRES

Les miroirs chavirent (poésie), Sherbrooke, [Chez l'auteur], 1976, 30 p.
L'Oralité de l'émeute. Poésie, Sherbrooke, Éditions Naaman, 1981, 60 p. Préface de Pierre Nepveu.
Présence unanime. Poème, Ottawa, EUO, 1981, 65 p. « L'Astrolabe ».
Déchirure de l'ombre suivi de Le Poème dans la poésie, (poésie), Saint-Lambert, Éditions du Noroît, 1982, 61 p. Ill. de Christian Tisari. « L'Instant d'après ».
L'Usage du réel suivi de Exercices de tir (poésie), Saint-Lambert, Éditions du Noroît, 1986, 150 p.
Le Tombeau d'Adélina Albert (poésie), Saint-Lambert, Éditions du Noroît, 1987, 68 p.

ÉTUDES

Hélène Lafrance, *Robert Yergeau. L'Oralité de l'émeute*, LAQ 1981, p. 110–111.
Claude Beausoleil, *Poésie. Des images de vie*, Dev, vol. 73, n° 49, 27 févr. 1982, p. 20.
Id., *Les Mots et le Poème*, Dev, vol. 73, n° 129, 5 juin 1982, p. 22.
Richard Giguère, *Les « Nouvelles Écritures ». Un rapport d'étape*, LQ, n° 25, p. 40–43.

Michel Beaulieu, *Yergeau, Cotté et Wallot. De la relève possible à la stricte banalité*, dans *Le Livre d'ici*, vol. 7, n° 25, 24 mars 1982, p. 1.

YOURCENAR, MARGUERITE (1903–1987). Romancière, dramaturge, essayiste et poète, née Marguerite de Crayencour à Bruxelles. Elle fit ses humanités classiques dans diverses institutions privées et obtient son baccalauréat à Aix-en-Provence (1919). Elle voyage beaucoup avec son père, à travers l'Italie, la Suisse et la Grèce. Réfugiée aux États-Unis pendant la guerre, elle s'y installe définitivement à partir de 1958 et obtient la citoyenneté américaine. Elle enseigne au Sarah Lawrence College de New York et effectue plusieurs traductions, notamment de Virginia Woolf, de Henry James et de Hortense Flexner. Dans son œuvre littéraire on peut distinguer trois grandes périodes : la première allant d'*Alexis* (1929) à *Le Coup de grâce* (1939) ; la seconde période débute avec *Mémoires d'Hadrien* (1951), ouvrage qui lui acquiert une renommée mondiale ; enfin, la dernière période de son œuvre semble se circonscrire autour de ses recherches ancestrales : *Souvenirs pieux* (1974), *Archives du Nord* (1977) et *Quoi ? L'éternité* (1988). Depuis 1982, la maison Gallimard publie l'édition complète de l'œuvre de Yourcenar. Le premier tome, préparé par le professeur québécois Yvon Bernier, fournit une remarquable chronologie de la vie de la romancière, ainsi qu'une excellente bibliographie de ses œuvres romanesques. Récipiendaire de nombreux prix littéraires, dont le prix Fémina pour *L'Œuvre au noir* (1968), le prix Combat pour *Sous bénéfice d'inventaire* (1962) ; elle est membre de l'Académie royale de Belgique (1971) et de l'Académie française (1980). Dès 1949, Henri Clouard notait la contribution de cette femme de lettres à la littérature onirique : « Elle est l'auteur de romans sans action, ouvrages de moraliste, *La*

Nouvelle Eurydice, Le Coup de grâce qui la préparaient à écrire un puissant livre d'histoire réinventée par la psychologie, *Mémoires d'Hadrien*. » « Elle est d'abord romancière, dit Jean d'Ormessan. Elle ne joue pas avec des idées, des époques, des régions — ni même avec des sentiments : elle parle simplement de ces hommes et de ces femmes qui sont bien obligés de vivre dans l'espace et dans le temps, de poursuivre des desseins, de se débrouiller avec leurs passions et de s'aimer — ou de se haïr — les uns les autres. Elle n'incarne pas des théories dans des personnages. Elle prend des êtres de chair. Il se trouve qu'ils ont une âme. [...] Elle est d'avance classique. »

ŒUVRES

Le Jardin des chimères (poésie), Paris, Perrin, 1921, 122 p.

Alexis ou Le Traité du vain combat (roman), Paris, Au Sans Pareil, 1929, 182 p. ; Plon, 1952, 191 p. ; Le Club français du livre, 1955, 194 p. « Romans » ; Plon, 1965, 193 p. « Nouvelle bibliothèque française » ; 1969, 149 p. ; Les Cent-une, 1971, 157 p. Ill. de Salvador Dali ; Gallimard, 1971, 251 p. « Blanche » (comprend aussi *Le Coup de grâce*) ; Le Livre de poche, 1974, 283 p. ; Gallimard, 1976, 246 p. ; 1978, 255 p. « Folio ».

La Nouvelle Eurydice. Roman, Paris, B. Grasset, [1931], 240 p.

Pindare (essai et traduction), Paris, B. Grasset, [1932], 289 p.

La Mort conduit l'attelage (nouvelles), Paris, B. Grasset, 1933, 241 p. ; 1934, 239 p. (Comprend : « D'après Greco » et « D'après Rembrandt »).

Denier du rêve (roman), Paris, B. Grasset, 1934, 237 p. ; Plon, 1959, ix, 237 p. ; Club des éditeurs, 1959, 253 p. ; Plon, 1969, 253 p. ; Gallimard, 1971, 209 p. « Blanche ».

Feux (nouvelles), Paris, B. Grasset, 1936, 221 p. ; Plon, 1957, 215 p. ; 1968, 221 p. ; Gallimard, 1974, 216 p. « Blanche ». (Comprend : « Feux », « Doux amours d'Achille », « Complainte de Marie-Madeleine », « Aveux de Clytemnestre », « Antigone-Phèdre », « Suicide de Sappho »). Traduction anglaise de Dori Katz en collaboration avec l'auteur. *Fires*, New York, Farrar, Straus and Giroux, 1981, 130 p.

Nouvelles Orientales, Paris, Gallimard, 1938, 195 p. ; 1963, 172 p. ; 1975, 186 p. « Blanche » ; 1976, 186 p. ; 1978, 152 p. « L'Imaginaire ». (Comprend : « Kali décapitée », « Comment Wang-Fô fut sauvé », « Le Sourire de Marko », « Le Lait de la Mort », « L'homme qui a aimé les Néréides », « Le Dernier Amour du prince Genghi »).

Les Songes et les Sorts (essai), Paris, B. Grasset, [1938], 222 p.

Le Coup de grâce (roman), Paris, Gallimard, [1939], 168 p. ; 1953 ; Le Livre de poche, 1966, 160 p. ; 1971, 251 p. « Blanche » ; Le Livre de poche, 1974, 283 p. ;

Gallimard, 1978, 255 p. « Folio ». Traduction anglaise : *Coup de grace*, New York, Farrar, Straus and Cuhady, 1957, 151 p. Traduction de Grace Frick en collaboration avec l'auteur ; Farrar, Straus and Giroux, 1981, 151 p.

Sous bénéfice d'inventaire (essai), Paris, Gallimard, [1942], 271 p. ; [1962] ; 1979, 312 p. « Idées ».

Théâtre I et II, Paris, Plon, 1942-1947 : *Mystère d'Alceste*, 1942 ; *Electre ou La Chute des masques,* 1943 ; *Qui n'a pas son Minotaur ?*, 1947.

Mémoires d'Hadrien (roman), Paris, Plon, 1951, 323 p.; Le Club du meilleur livre, 1953, 472 p. ; Club des libraires de France, 1956, 423 p. ; Le Livre de poche, 1957, 439 p. ; Plon, 1958, 358 p. ; 1962, 359 p. « Nouvelle bibliothèque française » ; Le Club français du livre, 1963, 296 p. « Romans » ; Gallimard, 1971, 359 p. ; Le Livre de poche, 1973, 494 p. ; 1974, 364 p. (suivi de *Carnets de notes*) ; Gallimard, 1977, 369 p. « Folio » ; Éditions du Club France loisirs, 1981, 351 p. Traduction anglaise par Grace Frick en collaboration avec l'auteur : *Memoirs of Hadrian* : New York, Farrar, Straus and Young, 1954, 313 p.

Les Charités d'Alcippe et autres poèmes, Liège, Flûte enchantée, 1956, 35 p. Ill. d'Aristide Maillol.

Fleuve profond, sombre rivière ; les Negro spirituals. Commentaires et traductions, Paris, Gallimard, 1964, 251 p.

L'Œuvre au noir (roman), Paris, Gallimard, 1968, 342 p. « Blanche » ; 1969. « Soleil » ; Le Livre de poche, 1971, 384 p. ; Gallimard, 1976, 469 p. « Folio » ; 1980, 347 p. « Blanche ». (Comprend : « Les Derniers Voyages de Zénon », « La Conversation à Innsbruck », « La Mort à Munster », « Les Temps troublés »). Traduction anglaise par Grace Frick en collaboration avec l'auteur : *The Abyss*, New York, Farrar, Straus and Giroux, 1976, 374 p.

Discours de réception à l'Académie royale de Belgique, Paris, Gallimard, 1971, 65 p.

Souvenirs pieux suivi de l'Album de Fernande, Monaco, Éd. Alphée, 1973, 334 p. Ill. ; Paris, Gallimard, 1974, 302 p.

Archives du Nord (essai), Paris, Gallimard, 1977, 376 p.

Comment Wang-Fô fut sauvé (nouvelle), Paris, Gallimard, 1979, 26 p. Ill. de Georges Lemoine. « Enfantimages ».

La Couronne et la Lyre ; poèmes traduit du grec, Paris, Gallimard, 1979, 481 p.

Michima ou La Vision du vide (biographie), Paris, Gallimard, 1980, 124 p.

Anna, soror (nouvelle), Paris, Gallimard, 1981 158 p.

Discours de réception de Mme Marguerite Yourcenar à l'Académie française et réponse de M. Jean d'Ormessan, Paris, Gallimard, 1981, 87 p.

Comme l'eau qui coule (nouvelles), Paris, Gallimard, 1982, 266 p. « Blanche ». (Comprend : « Anna, soror », « Un homme obscur » et « Incident dans l'Acadie de Champlain », paru d'abord dans *Études littéraires*, vol. 12, nᵒ 1, 1979, p. 37-41).

Œuvres romanesques, Paris, Gallimard, 1982, 1237 p. Introduction, notes, chronologie et bibliographie par

Yvon Bernier. «Bibliothèque de la Pléiade». (Comprend : *Alexis ou Le Traité du vain combat ; Denier de rêve ; Feux ; Nouvelles Orientales ; Le Coup de grâce ; Mémoires d'Hadrien ; L'Œuvre au noir ; Comme l'eau qui coule*).

ÉTUDES

Henri Clouard, *Histoire de la littérature française du symbolisme à nos jours*, Paris, Albin Michel, t. 2, 1949, p. 235.

Matthieu Galey, *Le Songe et les Sorts*, dans *Magazine littéraire*, nᵒ 153, oct. 1979, p. 9–11.

Odile Gandon, *Un regard en liaison sur la Grèce antique*, dans *Magazine littéraire*, nᵒ 153, oct. 1979, p. 16–17.

Catherine Clément, *L'Androgynie imaginaire de Marguerite Yourcenar*, dans *Magazine littéraire*, nᵒ 153, oct. 1979, p. 19–21.

Jean d'Ormessan, *Yourcenar ou La Rigueur dans l'art*, dans *Magazine littéraire*, nᵒ 153, oct. 1979, p. 20–21.

Matthieu Galey, *Les Yeux ouverts : entretiens avec Matthieu Galey*, Paris, Le Centurian, 1980, 336 p.

Madeleine Ouellette-Michalska, *Marguerite Yourcenar, académicienne*, dans *Perspectives*, vol. 22, nᵒ 20, 17 mai 1980, p. 18–21.

Jacques Bernier, *Yourcenar, Marguerite*, dans *Dictionnaire des auteurs*, Paris, Laffont, 1980, t. 4, p. 732–733.

Agence France-Presse. Mount Desert Island, *Marguerite Yourcenar, écrivain de l'appartenance au monde*, Pr, 104ᵉ année, nᵒ 61, 19 décembre 1987, p. E-15.

Réginald Hamel, *Entre La Condition humaine et l'Espoir, le... denier du rêve*, dans *Les adieux du Québec à Marguerite Yourcenar*, Québec, Les Presses laurentiennes, 1988, p. 71–78.

Marie-Claire Girard, *L'éternelle Marguerite Yourcenar*, Dev, 76ᵉ année, nᵒ 226, 4 févr. 1989, p. 59.

YVON, JOSÉE (1950–   ). Poète et romancière, née à Montréal. Elle fait ses études classiques chez les Sœurs de Sainte-Anne-Marie, au Collège Sainte-Marie et ses études théâtrales à l'Université du Québec à Montréal (B.A., 1971). Par la suite, elle exerce plusieurs métiers : éclairagiste, régisseur, scénariste et professeure au Collège de Rosemont. À partir de 1978, elle se consacre à sa carrière littéraire et donne de nombreux spectacles de poésie. Josée Yvon collabore régulièrement aux revues d'avant-garde : *Hobo-Québec, Les Herbes rouges, Dérives, Mainmise, Cul Q*, etc. Ses écrits ne ren-

contrent pas l'unanimité chez les critiques. À la parution de son premier recueil, *Filles-commandos bandées* (1976), Lucie Robert écrit : « L'alliance du sexuel et du textuel dans une syntaxe impossible à maintenir, mène au viol d'un poème qui se refuse dans une tentative d'exorcisme ». D'autre part, Richard Giguère trouve que *Travesties-Kamikaze* (1979), sorte de roman poétique, « est le récit d'un défi quotidien lancé à la mort. Pour ce genre de livre, l'écriture [...] se révèle très efficace ». Jean Royer remarque que l'auteur « inscrit dans ses livres un monde où règne la misère morale ».

ŒUVRES

Filles-commandos bandées (poésie), Montréal, Les Herbes rouges, 1976, [n.p., 40 p.]. Ill. Postfaces de Paul Chamberland et de Denis Vanier.

La Chienne de l'hôtel Tropicana (récit), Montréal, Éditions Cul Q, 1977, 40 p. Ill. « Exit ».

Travesties-Kamikaze (roman), [Montréal], Les Herbes rouges, 1979, 144 p. Ill. ; 1980.

Koréphilie (poésie), Trois-Rivières, Écrits des Forges, 1981, 51 p. Collab. Denis Vanier. Ill.

Danseuses-mamelouk. Récit, Montréal, VLB, 1982, 147 p. Ill. Préface de Carole David.

L'Âme défigurée (poésie), Talence (France), Castor Astral / L'Atelier de l'Agneau, 1984, 42 p. Collab. Denis Vanier. Ill.

Filles-missiles (poésie), Trois-Rivières, Écrits des Forges, 1986, 72 p.

Maîtresses-Cherokees. Récit, Montréal, VLB, 1986, 132 p. Ill.

ÉTUDES

Lucie Robert, *À la recherche d'une poésie « cruelle »*, LAQ 1976, p. 118.

Claude Beausoleil, *Le Réel éclaté de Josée Yvon*, Dev, vol. 71, nᵒ 203, 30 août 1980, p. 14.

Richard Giguère, *Poésie II, l'un chante, l'autre pas*, LQ, nᵒ 20, 1981, p. 29–30.

Jean Royer, *Josée Yvon : douce folie sauvage*, Dev, vol. 74, nᵒ 24, 31 janv. 1983, p. 10.

André Dionne, *Koréphilie*, LQ, nᵒ 28, 1983, p. 80.

Jean-Pierre Soulié, *Josée Yvon, poète, au nom des petites filles sans nom*, Pr, 102ᵉ année, nᵒ 224, 7 juin 1986, p. E-3.

Z

ZEMGANNO (LES FRÈRES). Voir **GRIGNON, CLAUDE-HENRI.**

ZO, MARSAL. Voir **CINQ-MARS, ALONZO.**

ZUMTHOR, PAUL (1915–). Romancier, poète, dramaturge, critique, historien et médiéviste, né à Genève. Sa famille s'établit à Paris (1922) où il commence ses humanités qu'il continue à Orléans (1928). Bachelier en 1933, il poursuit des études de lettres à la Sorbonne (licence, 1935), puis à l'Université de Genève (M.A., 1936), et de nouveau à Paris où il obtient son doctorat en 1943. Il enseigne dans un collège de Bâle (1938–1942), à l'Université de Bâle (1942–1948), devient professeur titulaire de lettres françaises à Amsterdam (1948–1970), à Vincennes (1970–1972), puis il émigre au Canada et enseigne à l'Université de Montréal (1972). Il prend sa retraite en 1980 et se consacre entièrement à ses recherches. Ses nombreux travaux lui méritent un prix de l'Académie française en 1961 et le prix international Veillon en 1970. Il est fait chevalier de la Légion d'honneur (France) et Officier du mérite (Italie), membre de l'Académie néerlandaise des sciences (1968) et de la Medieval Academy of America (1973) ; il est élu membre de la Société royale du Canada en 1979. Son œuvre abondante comprend des romans, de la poésie et du théâtre, mais ce sont particulièrement ses travaux sur le Moyen Âge qui lui ont valu une réputation international et une autorité enviable. Ainsi, Eugene Vance écrit au sujet de l'*Essai de poétique médiévale* qu'« avec la publication de ce livre une page est maintenant tournée de façon irréversible, non seulement dans les études romanes sur le Moyen Âge mais dans le champ de la poétique elle-même ».

ŒUVRES

Le Chevalier (poèmes), Paris, Cercle Dante, 1938, [n.p.]

Le Feu sur la moisson. Drame en trois actes, [s.l.], Édition La Bourbonnière, 1939, 95 p.

Merlin, le prophète. Un thème de la littérature polémique de l'historiographie et des romans, Lausanne, Payot, 1943, 303 p. ; Genève, Slatkine Reprints, 1973, 303 p.

Saint-Bernard de Clairvaux. Choix de textes (anthologie), Fribourg / Paris, Egloff, [1944], 291 p. Traduction et préface par Albert Séguin et Paul Zumthor.

Antigone ou L'Espérance (essai), Neuchâtel, Cahiers du Rhône, 1945, 78 p. «Cahiers du Rhône» ; Neuchâtel, Éditions de la Bourbonnière, 1945, 78 p. «Série blanche».

Victor Hugo, poète de Satan (essai), Paris, Laffont, 1946, 338 p. ; Genève, Slatkine Reprints, 1973, 339 p.

Lettres d'Abélard et Héloïse (traduction), Lausanne, Mermod, 1950, 180 p. ; Paris, Union générale d'éditions, 1978, 181 p. «10/18. Les Amoureuses».

Miroirs de l'amour (essai), Paris, Plon, 1952, 256 p. «L'Épi. Nouvelle série».

Histoire littéraire de la France médiévale, Paris, PUF, 1954, vii, 344 p. ; Genève, Slatkine Reprints, 1973, vii, 344 p.

Charles le Chauve (histoire), Paris, Club français du livre, 1957, 258 p. ; Paris, J. Tallandier, 1981, 304 p.

La Griffe (roman), Paris, Plon, 1957, 249 p.

Les Hautes Eaux (roman), Paris, Del Duca, [1958] 256 p. «Le Demi-siècle du roman».

Précis du français contemporain, Berne, A. Francke, 1958, 400 p. Collab. Walther von Wartburg.

Le Vie quotidienne en Hollande au temps de Rembrandt (histoire), Paris, Hachette, 1960, 368 p. «La Vie quotidienne».

Les Contrebandiers (roman), Paris, Del Duca, 1962, 245 p.

Langue et Technique poétiques à l'époque romane XIe–XIIIe siècles, Paris, Librairie C. Klincksieck, 1963, 225 p. Avant-propos de l'auteur. «Bibliothèque française et romane».

Guillaume le Conquérant et la Civilisation de son temps (histoire), Paris, Hachette, 1964, 416 p. «Histoire» ; Club du livre sélectionné, [s.d.], 396 p. ; *Guillaume le Conquérant*, Tallandier, 1978, 484 p. Ill.

Le Puits de Babel (roman), [Paris], Gallimard, [1969], 267 p.

Le Langage de la chanson de geste (essai), Urbino, Universität d'Urbino, Centro Internazionale di Semioticae di linguistica, 1971, 14 p.

Essai de poétique médiévale, Paris, Le Seuil, 1972, 518 p. Ill. «Poétique».

ZUMTHOR

Précis de syntaxe du français contemporain, [Berne], Francke Verlag, 1973, 400 p. Collab. Walther von Wartburg.

Langue, Texte, Énigme (histoire littéraire), Paris, Le Seuil, [1975], 272 p. « Poétique ».

Anthologie des grands rhétoriqueurs, Paris, Union générale d'éditions, 1978, 294 p. « 10/18 ».

Le Masque et la Lumière. La poétique des grands rhétoriqueurs (essai), Paris, Éditions du Seuil, 1978, 315 p. « Poétique ».

Parler du Moyen Âge (essai), Paris, Éditions de Minuit, 1980, 112 p. « Critique ». Traduction anglaise par Sarah White : *Speaking of the Middle Ages*, Lincoln, University of Nebraska Press, 1986, xi, 102 p. Préface d'Eugene Vance.

Introduction à la poésie orale (essai), Paris, Le Seuil, 1983, 307 p.

La Poésie et la Voix dans la civilisation médiévale, Paris, PUF, 1984, 117 p. « Essais et Conférences du Collège de France ».

Jeux de mémoire. Aspects de la mnémotechnie médiévale, Montréal, PUM, 1985, 224 p. Ill. Sous la direction de Bruno Roy et Paul Zumthor.

Stèles suivi de Avents, Laval, TROIS, 1986, 91 p.

La Fête des fous (roman), Montréal, L'Hexagone, 1987, 233 p.

Le Langage parlé à Saint-Gingolph (Valois). Contribution à l'histoire des « français locaux », dans *Annales valoisiennes ; bulletin trimestriel de la Société d'histoire du Valois normand*, 2e série, 37e année, no 1, [1962], p. 207-276.

Le Texte médiéval et l'Histoire : propositions méthodologiques, dans *Romanic Review*, vol. 64, no 1, janv. 1973, p. 5-15.

ÉTUDES

[C.R.P. May], *Essai de poétique médiévale de Paul Zumthor*, dans *Times Literary Supplement*, no 3682, 29 sept. 1972, p. 1152.

Daniel Poirion, *Essai de Paul Zumthor. Enquête d'une « poétique »*, dans *Le Monde*, 22e année, no 8660, 17 nov. 1972, p. 18.

Eugene Vance, *The Modernity of the Middle Ages*, dans *Romanic Review*, vol. 64, no 2, mars 1973, p. 140-151.

P. Haidn, *Making it [New] in the Middle Ages : Towards a Problematics of Aleterity*, dans *Diacritics*, vol. 4, no 2, été 1974, p. 2-11.

Daniel Poirion, *Paul Zumthor. Langue, Texte, Énigme*, dans *Cahiers de civilisation médiévale*, vol. 20, no 4, oct.-déc. 1977, p. 395-397.

Jacqueline Cerquiglini, *Le Masque et la Lumière de Paul Zumthor*, dans *La Quinzaine littéraire*, no 283, 15-31 juillet 1978, p. 19-20.

Mathieu Lindon, *Le Masque de la Lumière (la poétique des grands rhétoriqueurs), par Paul Zumthor*, dans *Le Nouvel Observateur*, no 721, 2-10 sept. 1978, p. 14.

Jacques Goimard, *Relève des grands rhétoriqueurs*, dans *Le Monde*, 35e année, no 10453, 8 sept. 1978, p. 17.

Heinz Weinmann, *« Je suis foutrement moyenâgeux... »*, Dev, vol. 75, no 292, 15 déc. 1984, p. 32.

Typographie et mise en pages : Graphiti inc.

Achevé d'imprimer le 30 mars 1990,
à Beauceville, sur les presses de l'Imprimerie Interglobe inc.,
pour le compte des Éditions Fides.